日本件名図書目録

2014

Ⅰ 人名・地名・団体名

日外アソシエーツ

Subject Guide to Japanese Books
2014
Pt.1 Personal Names, Place-Names, and
Organization-Names Index

Compiled by
NICHIGAI ASSOCIATES, INC.

©2015 by Nichigai Associates, Inc.
Printed in Japan

本書はディジタルデータでご利用いただくことが
できます。詳細はお問い合わせください。

●編集担当● 尾崎 稔

2014年版の刊行にあたって

　『日本件名図書目録』は、テーマを表すことば（件名）を手がかりに関連図書を探すことのできる図書目録である。1984年10月に21分野の全30冊からなる『日本件名図書目録77/84』を発刊し、1986年1月の完結後は、各年の図書情報を年単位でまとめた年刊版として、1986年春に1985年版を刊行した。以来、早いもので年刊版も今年で30年目を迎える。1993〜1994年に刊行した遡及版の70/76年版、56/69年版とあわせ、現在では50年以上の期間をカバーする図書目録となった。シリーズの内訳は次のとおりである。

　56/69（件名五十音順、全10冊セット）

　70/76（件名五十音順、全13冊セット）

　77/84（21分野、全30冊）

　1985年版〜2014年版（各年2部構成全3冊 ×30年分）

　本シリーズでは件名見出しの用語統制を行っているので、各年の最新図書を調べられるだけにとどまらず、同じ見出しの下、過去にさかのぼっての調査も容易であり、詳細な書誌事項まで簡単に一覧することができる。図書館のレファレンスや選書に必要な図書を調査するツールとして、幸いにも多くの図書館・調査研究機関でご支持をいただいている。2014年版でも前版までの方針を引き継いで、固有名から検索する「人名・地名・団体名」編と、主題名・資料形式名などから検索する「一般件名」編との2部構成で刊行する。従前にも増して広く利用されるよう祈りたい。

　なお、各図書の書誌事項等の調査には、主に JAPAN/MARC と BOOKPLUS を使用した。関係の各位に厚くお礼を申し上げたい。

　2015年3月

日外アソシエーツ

凡　例

1．内　容

　本書は、日本国内で刊行された、人名・地名・団体名などに関係する図書をそれぞれの名称から検索できるようにした図書目録である。

2．収録対象

　2014(平成 26)年 1 月から 12 月までに刊行された図書、および 2013(平成 25)年に刊行され前版に未収録の図書を収録した。収録点数は商業出版物、官庁出版物、私家版などのべ 35,275 点である。

3．件名見出し

1) 主件名

　　(1) 人名・姓氏・家名——それぞれの名称を主件名とし、人名については生没年を、姓氏については〈氏〉を、家名については〈家〉を〔　〕で補記した。

　　　　〈例〉　　徳川 家康〔1542 ～ 1616〕

　　　　　　　　上杉〔氏〕

　　　　　　　　ブルボン〔家〕

　　(2) 国名・地名——国名、州名、都道府県名、市名、郡名、町村名のほか、地方名、地域名、島名、山岳名、河川名、街道名、藩名、神社・仏閣名、遺跡名などを主件名とした。

　　　　〈例〉　　大韓民国

　　　　　　　　東京都世田谷区

　　　　　　　　飯舘村〔福島県〕

　　　　　　　　九州地方

　　　　　　　　熊野〔和歌山県〕

　　　　　　　　東海道

　　　　　　　　浅草寺〔東京都台東区〕

　　(3) 企業・団体名——企業名、官庁名、学会・協会・組合名、国際機関名、学校名、博物館名などを以下の要領で主件名とした。

　　　(a) 日本の企業・団体名は原則として正式名を採用したが、〈株式会社〉〈財団法人〉等で始まるものは、排列の都合上これらの部分を省いた。

　　　　〈例〉　　良品計画

　　　　　　　　日本スポーツ振興センター

　　　(b) 外国の企業・団体名は原則として片仮名で表記した。但し、欧文名が一般

(5)

的な場合はそれを採用した。

〈例〉　アマゾン・ドット・コム

GLS銀行

(c) 国際機関名は原則として日本語名で表記した。

〈例〉　世界貿易機関

2)　副件名（細目）

主件名だけではそのもとに多数の図書が集中して検索に不便となるような場合、あるいは主件名だけではそのもとに集まる図書の内容を十分に表現できないような場合、主題・時代区分・形式などを表す副件名によってその主件名をさらに細分化した。

〈例〉　沖縄県（経済―統計）

アメリカ合衆国（教育―歴史―20世紀）

4．件名見出しの排列

まず主件名の読みの五十音順に排列し、副件名のあるものはさらにその五十音順にとした。なお、姓・名が区別できる人物については、姓の部分を主件名とみなした。

1) 濁音・半濁音は清音扱い、促音・拗音は直音扱いとし、長音符(ー)は無視した。また、ヴァ→バ、ヴィ→ビ、ヴ→ブ、ヴェ→ベ、ヴォ→ボ、ヂ→ジ、ヅ→ズとみなして排列し、「日本」は「ニホン」に読みを統一した。

2) 欧文の略称はアルファベット1字ずつの読みとしたが、略称が一語として呼び慣わされている場合にはその発音により排列した。

5．図書の記述

書誌事項等は次の順序で記載した。

書名／副書名／巻次／各巻書名／著者表示／版表示／出版地（東京以外を表示）／出版者／出版年月／ページ数または冊数／大きさ／叢書名／注記／内容細目／ISBN（Ⓘで表示）／NDC（Ⓝで表示）／定価

6．図書の排列

同一件名の図書は、書名の読みの五十音順に排列した。

7．書誌事項等の出所

本目録に掲載した各図書の書誌事項等の調査は主に次の資料を使用した。

JAPAN/MARC　（国立国会図書館）

BOOKPLUS　（日外アソシエーツ）

目　次

【あ】

アアルト, A.〔1898～1976〕 ················· 1
IMF →国際通貨基金を見よ
相生市（遺跡・遺物）················· 1
相生市（学校─歴史）················· 1
相生市（歴史）················· 1
哀川　翔〔1961～ 〕················· 1
愛国婦人会················· 1
アイザワ, S.〔1930～2006〕················· 1
愛沢　えみり〔1988～ 〕················· 1
愛新覚羅　溥儀 →溥儀を見よ
会津················· 1
会津　八一〔1881～1956〕················· 1
会津藩················· 1
会津坂下町〔福島県〕（地誌）················· 1
藍住町〔徳島県〕（遺跡・遺物）················· 1
藍住町〔徳島県〕（男女共同参画）················· 1
アイスランド（紀行・案内記）················· 1
会津若松市（遺跡・遺物）················· 1
会津若松市（災害医療）················· 2
相田　みつを〔1924～1991〕················· 2
愛知教育大学················· 2
愛知きわみ看護短期大学················· 2
愛知県················· 2
愛知県（遺跡・遺物─安城市）················· 2
愛知県（遺跡・遺物─稲沢市）················· 2
愛知県（遺跡・遺物─犬山市）················· 2
愛知県（遺跡・遺物─大府市）················· 2
愛知県（遺跡・遺物─岡崎市）················· 2
愛知県（遺跡・遺物─春日井市）················· 2
愛知県（遺跡・遺物─小牧市）················· 2
愛知県（遺跡・遺物─新城市）················· 2
愛知県（遺跡・遺物─瀬戸市）················· 2
愛知県〔遺跡・遺物─東海市〕················· 2
愛知県（遺跡・遺物─豊田市）················· 2
愛知県（遺跡・遺物─豊橋市）················· 3
愛知県（遺跡・遺物─日進市）················· 3
愛知県（遺跡・遺物─保存・修復─稲
　沢市）················· 3
愛知県（一般廃棄物─豊田市）················· 3
愛知県（医療）················· 3
愛知県（医療─歴史─史料）················· 3
愛知県（衛生行政）················· 3
愛知県（衛生行政─歴史─史料）················· 3
愛知県（神楽）················· 4
愛知県（河川）················· 4
愛知県（河川汚濁）················· 4
愛知県（学校─岡崎市─統計）················· 4
愛知県（家庭用電気製品─リサイクル）··· 4
愛知県（環境影響評価条例）················· 4
愛知県（環境行政─春日井市）················· 4
愛知県（議員─豊田市）················· 4
愛知県（企業）················· 4
愛知県（企業城下町─豊田市）················· 4
愛知県（紀行・案内記─歴史─史料）··· 4
愛知県（教育）················· 4
愛知県（教育─統計─岡崎市）················· 4
愛知県（教育─豊田市）················· 4
愛知県（教育行政─豊田市）················· 4
愛知県（行政）················· 4

愛知県（行政─春日井市）················· 4
愛知県（行政─小牧市）················· 4
愛知県（行政─弥富市）················· 4
愛知県（協働〔行政〕─豊中市）················· 4
愛知県（郷土玩具）················· 4
愛知県（郷土芸能）················· 4
愛知県（金融─知多市─歴史）················· 5
愛知県（空襲─岡崎市）················· 5
愛知県（原子力災害）················· 5
愛知県（原子力災害─防災）················· 5
愛知県（原子力災害─防災─春日井市）·· 5
愛知県（工業政策）················· 5
愛知県（工業立地─岡崎市）················· 5
愛知県（工業立地─豊田市）················· 5
愛知県（公衆衛生─歴史─史料）················· 5
愛知県（交通─歴史）················· 6
愛知県（高齢者─豊田市）················· 6
愛知県（高齢者福祉─北名古屋市）················· 6
愛知県（高齢者福祉─豊田市）················· 6
愛知県（災害予防）················· 6
愛知県（財産評価）················· 6
愛知県（祭祀─豊橋市）················· 6
愛知県（財政─豊田市）················· 6
愛知県（祭礼）················· 6
愛知県（祭礼─岡崎市）················· 6
愛知県（祭礼─岡崎市─写真集）················· 6
愛知県（産業─統計─岡崎市）················· 6
愛知県（産業─豊橋市）················· 6
愛知県（産業クラスター）················· 6
愛知県（持続可能な開発のための教育）··· 6
愛知県（紙幣─犬山市─歴史）················· 6
愛知県（紙幣─知多市─歴史）················· 6
愛知県（社会教育計画）················· 6
愛知県（社会福祉）················· 6
愛知県（写真集─稲沢市）················· 6
愛知県（写真集─清須市）················· 6
愛知県（就労支援〔生活困窮者〕─豊
　中市）················· 6
愛知県（小学校─阿久比町─歴史）················· 6
愛知県（植物─豊田市）················· 6
愛知県（女性労働）················· 6
愛知県（書目）················· 7
愛知県（城跡─保存・修復─小牧市）····· 7
愛知県（人口─統計─豊田市）················· 7
愛知県（震災予防）················· 7
愛知県（震災予防─岡崎市）················· 7
愛知県（震災予防─春日井市）················· 7
愛知県（神社─小牧市）················· 7
愛知県（水害予防）················· 7
愛知県（精神衛生）················· 7
愛知県（精神障害者福祉）················· 7
愛知県（生産─新城市）················· 7
愛知県（選挙─統計）················· 7
愛知県（戦争遺跡─新城市）················· 7
愛知県（男女共同参画─北名古屋市）··· 7
愛知県（男女共同参画─豊田市）················· 7
愛知県（地域開発─岡崎市）················· 7
愛知県（地域開発─豊田市）················· 7
愛知県（地域社会）················· 7
愛知県（力石）················· 7
愛知県（治山）················· 7
愛知県（地誌）················· 7
愛知県（地誌─大府市）················· 7
愛知県（地誌─春日井市）················· 7
愛知県（地誌─豊川市）················· 7
愛知県（地方公務員─新城市）················· 7

愛知県（地方自治─犬山市）················· 7
愛知県（地方選挙）················· 7
愛知県（地名）················· 7
愛知県（中小企業）················· 7
愛知県（中小企業金融）················· 8
愛知県（津波）················· 8
愛知県（田楽）················· 8
愛知県（伝記）················· 8
愛知県（統計─豊田市）················· 8
愛知県（陶磁器〔日本〕─歴史）················· 8
愛知県（読書指導─岡崎市）················· 8
愛知県（特別支援教育）················· 8
愛知県（鳥）················· 8
愛知県（農業教育─日進市）················· 8
愛知県（農業水利─歴史）················· 8
愛知県（排気ガス─排出抑制）················· 8
愛知県（廃棄物処理─豊田市）················· 8
愛知県（病院─歴史─史料）················· 8
愛知県（風水害─岡崎市）················· 8
愛知県（風水害─防災）················· 8
愛知県（風水害─防災─春日井市）················· 8
愛知県（風俗・習慣─豊田市）················· 9
愛知県（武家住宅─保存・修復─豊田
　市）················· 9
愛知県（部落問題─歴史）················· 9
愛知県（文化活動─半田市）················· 9
愛知県（文化行政─武豊町）················· 9
愛知県（文学者）················· 9
愛知県（文学上）················· 9
愛知県（文化財─豊田市）················· 9
愛知県（防災計画）················· 9
愛知県（防災計画─岡崎市）················· 9
愛知県（防災計画─半田市）················· 9
愛知県（民家─豊田市）················· 9
愛知県（民家─保存・修復─豊田市）··· 9
愛知県（民具）················· 9
愛知県（名簿）················· 9
愛知県（妖怪─豊橋市）················· 9
愛知県（歴史）················· 9
愛知県（歴史─刈谷市）················· 9
愛知県（歴史─史料）················· 9
愛知県（歴史─史料─安城市）················· 9
愛知県（歴史─史料─岡崎市）················· 9
愛知県（歴史─史料─刈谷市）················· 10
愛知県（歴史─史料─書目─蒲郡市）··· 10
愛知県（歴史─史料─田原市）················· 10
愛知県（歴史─史料─津島市）················· 10
愛知県（歴史─史料─豊田市）················· 10
愛知県（歴史─史料─西尾市）················· 10
愛知県（歴史─史料─碧南市）················· 10
愛知県（歴史─豊田市）················· 10
愛知県（歴史─半田市）················· 10
愛知県（労働市場─統計）················· 10
愛知県（路線価）················· 10
愛知工業大学総合技術研究所················· 10
愛南町〔愛媛県〕（産業─歴史）················· 10
愛南町〔愛媛県〕（風俗・習慣）················· 10
始良市（歴史─史料）················· 11
アイル〔1991年〕················· 11
アイルランド（移民・植民─アメリカ
　合衆国）················· 11
アイルランド（紀行・案内記）················· 11
アイルランド（聖地）················· 11
アイルランド（塔─歴史）················· 11
アイルランド（文学上）················· 11
アイルランド（歴史）················· 11

アイルランド

アイルランド（歴史―1945～）…………11
アインシュタイン，A.〔1879～1955〕……11
アウグスティヌス，A.〔354～430〕……11
アウシュビッツ強制収容所 …………11
和える …………11
蒼井 優〔1985～〕…………11
青ヶ島 …………11
青ヶ島村〔東京都〕（発電計画）…………11
アオキ，S.〔1977～〕…………11
青木 佐知〔1983～〕…………11
青木 周弼〔1803～1863〕…………11
青木 てる〔1814～1877〕…………11
青木 晁雄〔1903～1935〕…………11
青木松風庵 …………11
青木村〔長野県〕（石仏―目録）…………11
青根温泉 …………11
青森県 …………11
青森県（医師―統計）…………12
青森県（遺跡・遺物）…………12
青森県（遺跡・遺物―青森市）…………12
青森県（遺跡・遺物―五所川原市）…………12
青森県（遺跡・遺物―つがる市）…………12
青森県（遺跡・遺物―八戸市）…………12
青森県（遺跡・遺物―平川市）…………12
青森県（遺跡・遺物―弘前市）…………12
青森県（遺跡・遺物―三沢市）…………12
青森県（NPO）…………13
青森県（エネルギー政策―鰺ヶ沢町）…………13
青森県（海藻）…………13
青森県（学校）…………13
青森県（環境教育）…………13
青森県（救急医療）…………13
青森県（教育―条例）…………13
青森県（行政）…………13
青森県（郷土教育）…………13
青森県（漁業政策）…………13
青森県（金石・金石文）…………13
青森県（軍事基地―鰺ヶ沢町―歴史）…………13
青森県（経済）…………13
青森県（原子力災害）…………13
青森県（鉱山―歴史）…………13
青森県（子育て支援―名簿）…………13
青森県（古地図―八戸市）…………13
青森県（災害予防）…………13
青森県（魚）…………13
青森県（山岳崇拝―むつ市）…………13
青森県（産業）…………13
青森県（自然保護）…………13
青森県（漆工芸―板柳町―歴史）…………13
青森県（社会教育）…………13
青森県（住民運動―大間町）…………13
青森県（食生活―歴史）…………13
青森県（書目）…………13
青森県（城跡―保存・修復―南部町）…………13
青森県（森林保護）…………13
青森県（青少年）…………14
青森県（青少年教育）…………14
青森県（青少年問題）…………14
青森県（生物多様性）…………14
青森県（選挙―統計）…………14
青森県（男女共同参画）…………14
青森県（地域開発）…………14
青森県（地域社会）…………14
青森県（地方選挙）…………14
青森県（年中行事）…………14
青森県（農業機械化）…………14

青森県（農業政策）…………14
青森県（俳人）…………14
青森県（博物誌―むつ市）…………14
青森県（風俗・習慣）…………14
青森県（風俗・習慣―弘前市）…………14
青森県（文学者―野辺地町）…………14
青森県（文化財―八戸市）…………14
青森県（噴火災害―歴史―史料）…………14
青森県（ペット―保護）…………14
青森県（貿易商―名簿）…………14
青森県（方言）…………14
青森県（方言―辞書）…………14
青森県（防災計画―階上町）…………14
青森県（墓碑）…………14
青森県（埋没林）…………14
青森県（民俗音楽）…………14
青森県（昔話）…………14
青森県（名簿）…………14
青森県（木造住宅）…………15
青森県（野生動物）…………15
青森県（力士〔相撲〕）…………15
青森県（林業―歴史）…………15
青森県（林業政策）…………15
青森県（歴史）…………15
青森県（歴史―青森市）…………15
青森県（歴史―黒石市）…………15
青森県（歴史―史料）…………15
青森県（歴史―史料―書目）…………15
青森県（歴史―史料―書目―八戸市）……15
青森県（歴史―史料―八戸市）…………15
青森県（歴史―八戸市）…………15
青森県（歴史―平川市）…………15
青森県（歴史―弘前市）…………15
青森県（歴史地理―八戸市）…………15
青森県歌人懇話会 …………15
青森県立青森南高等学校 …………15
青森県立美術館 …………15
青森県立三沢航空科学館 …………16
青森市（遺跡・遺物）…………16
青森市（歴史）…………16
青森市西部市民センター …………16
青柳 志解樹〔1929～〕…………16
青山 士〔1878～1963〕…………16
青山 千世〔1857～1947〕…………16
赤磐市（遺跡・遺物）…………16
アカギ …………16
赤木 攻一〔1909～1994〕…………16
明石 海人〔1902～1939〕…………16
明石 元二郎〔1864～1919〕…………16
明石市（遺跡・遺物）…………16
明石市（祭礼）…………16
明石市（山車）…………16
明石市（風俗・習慣―歴史）…………16
赤瀬川 原平〔1937～2014〕…………16
赤津 一二 …………16
赤塚 豊子〔1947～〕…………16
赤塚 不二夫〔1935～2008〕…………16
阿賀野川 …………16
赤星 ふし美〔1927～〕…………16
アカマイ・テクノロジーズ …………16
赤松〔氏〕…………16
赤松 良子〔1929～〕…………16
小明 …………16
アガンベン，G.〔1942～〕…………16
秋里 籬島〔江戸後期〕…………16
昭島市（行政）…………17

昭島市（地方鉄道―歴史―史料）………17
秋月 定良〔1924～〕…………17
秋田県 …………17
秋田県（維管束植物）…………17
秋田県（遺跡・遺物）…………17
秋田県（遺跡・遺物―秋田市）…………17
秋田県（遺跡・遺物―大館市）…………17
秋田県（遺跡・遺物―男鹿市）…………17
秋田県（遺跡・遺物―北秋田市）…………17
秋田県（遺跡・遺物―大仙市）…………17
秋田県（遺跡・遺物―保存・修復―鹿
　　角市）…………17
秋田県（遺跡・遺物―由利本荘市）……17
秋田県（遺跡・遺物―横手市）…………17
秋田県（一里塚）…………17
秋田県（稲―栽培―歴史）…………17
秋田県（移民・植民―満州）…………17
秋田県（NPO）…………17
秋田県（学習指導―初等教育）…………17
秋田県（神楽）…………17
秋田県（環境教育）…………17
秋田県（紀行・案内記）…………17
秋田県（希少植物）…………17
秋田県（救急医療）…………17
秋田県（教育課程―小学校）…………17
秋田県（教育行政）…………18
秋田県（行政―秋田市）…………18
秋田県（グリーンツーリズム―由利本
　　荘市）…………18
秋田県（高校野球―歴史）…………18
秋田県（公民館）…………18
秋田県（公有財産）…………18
秋田県（産業政策）…………18
秋田県（産業廃棄物）…………18
秋田県（寺院）…………18
秋田県（ジオパーク―湯沢市）…………18
秋田県（自殺予防）…………18
秋田県（児童―歴史）…………18
秋田県（社会福祉―北秋田市）…………18
秋田県（宿泊施設―由利本荘市）………18
秋田県（縄文土器）…………18
秋田県（書目）…………18
秋田県（城跡―保存・修復―男鹿市）……18
秋田県（スポーツ）…………18
秋田県（スポーツ振興基本計画）…………18
秋田県（雪害）…………18
秋田県（選挙―統計）…………18
秋田県（地誌）…………18
秋田県（地誌―仙北市）…………18
秋田県（地方選挙）…………18
秋田県（中小企業）…………18
秋田県（中小企業金融）…………18
秋田県（鉄道）…………18
秋田県（伝記）…………18
秋田県（伝説―横手市）…………18
秋田県（日本料理）…………18
秋田県（年中行事―上小阿仁村）…………19
秋田県（年中行事―北秋田市）…………19
秋田県（農業―秋田市）…………19
秋田県（農業普及事業）…………19
秋田県（農村―科学）…………19
秋田県（廃棄物処理）…………19
秋田県（風俗・習慣）…………19
秋田県（風俗・習慣―秋田市）…………19
秋田県（風俗・習慣―北秋田市）…………19
秋田県（文化活動―大館市）…………19

秋田県（文化活動―北秋田市）……………19
秋田県（文化財―男鹿市）………………19
秋田県（防災教育〔学校〕）……………19
秋田県（民謡）……………………………19
秋田県（名簿）……………………………19
秋田県（野球）……………………………19
秋田県（遊戯〔児童〕―歴史）…………19
秋田県（有機農業―歴史）………………19
秋田県（歴史）……………………………19
秋田県（歴史―史料）……………………19
秋田県（歴史―史料―秋田市）…………19
秋田県（歴史―史料―書目）……………19
秋田県（歴史―史料―湯沢市）…………19
秋田県（歴史―横手市）…………………19
秋田県中学校体育連盟……………………20
秋田県立新屋高等学校……………………20
秋田県立大館工業高等学校………………20
秋田県立平成高等学校……………………20
秋田港………………………………………20
秋田今野商店………………………………20
秋田市（遺跡・遺物）……………………20
秋田市（行政）……………………………20
秋田市（農業）……………………………20
秋田市（農村）……………………………20
秋田市（風俗・習慣）……………………20
秋田市（歴史―史料）……………………20
秋田城………………………………………20
秋田赤十字病院……………………………20
秋田大学教育文化学部附属小学校………20
秋田大学大学院工学資源学研究科附属
　鉱業博物館………………………………20
秋月第一町内会……………………………20
アキボウ……………………………………20
あきる野市（遺跡・遺物）………………20
あきる野市（環境行政）…………………20
あきる野市（森林保護）…………………20
あきる野市（生物多様性）………………20
あきる野市（博物誌）……………………20
アギーレ, J.〔1958～ 〕………………20
あきんどスシロー…………………………20
阿久 悠〔1937～2007〕…………………20
アクアスキュータム………………………20
阿久比町〔愛知県〕（小学校―歴史）…20
阿久比町〔愛知県〕（風俗・習慣）……20
アークス……………………………………20
芥川 竜之介〔1892～1927〕……………20
芥川 瑠璃子〔1916～2007〕……………21
上尾市（遺跡・遺物）……………………21
上尾市（行政）……………………………21
上尾市（行政―歴史―史料―書目）……21
上尾市（水道―歴史）……………………21
上尾市（世論）……………………………21
明智 光秀〔1528～1582〕………………21
明延鉱山……………………………………21
赤穂市（遺跡・遺物）……………………21
赤穂市（美術―図集）……………………21
赤穂城………………………………………21
あこがれ……………………………………21
阿含宗………………………………………21
浅井 忠〔1856～1907〕…………………21
浅丘 ルリ子〔1940～ 〕…………………21
朝霞市（遺跡・遺物）……………………21
朝霞市（高齢者福祉）……………………21
朝霞市博物館………………………………21
朝香宮 允子…………………………………21
朝香宮 鳩彦…………………………………21

朝河 貫一〔1873～1948〕………………21
浅川 伯教〔1884～1964〕………………21
浅草〔東京都台東区〕……………………21
浅口市（文学碑）…………………………21
朝倉〔氏〕〔越前国〕……………………21
朝倉 孝景〔1428～1481〕………………21
朝来市（遺跡・遺物）……………………21
浅田 次郎〔1951～ 〕……………………21
浅田 孝〔1921～1990〕…………………22
浅田 真央……………………………………22
麻田藩………………………………………22
浅野 祥雲〔1891～1978〕………………22
浅原 才市〔1851～1932〕………………22
旭川きくの会………………………………22
旭川市（維管束植物―便覧）……………22
旭川市（ひきこもり）……………………22
旭川市（歴史）……………………………22
旭市（遺跡・遺物）………………………22
旭市（介護保険）…………………………22
旭市（高齢者福祉）………………………22
旭市（災害復興）…………………………22
旭市（消費者保護）………………………22
旭市（男女共同参画）……………………22
旭酒造株式会社……………………………22
朝日神社〔真庭市〕………………………22
朝日新聞社…………………………………22
アサヒビール株式会社……………………22
朝日町〔山形県〕（歴史―史料）………22
朝日町歴史博物館〔三重県〕……………22
旭山動物園〔旭川市〕……………………22
麻布学園……………………………………22
麻布高等学校………………………………22
麻布中学校…………………………………22
浅間山………………………………………22
麻美 ゆま……………………………………22
アジア………………………………………22
アジア（3R〔廃棄物〕）…………………22
アジア（安全保障）………………………23
アジア（遺跡・遺物）……………………23
アジア（移民・植民）……………………23
アジア（移民・植民―アメリカ合衆国）…23
アジア（埋立処分場）……………………23
アジア（映画）……………………………23
アジア（エネルギー政策）………………23
アジア（絵画―歴史―近代）……………23
アジア（海外派遣者）……………………23
アジア（外国会社）………………………23
アジア（外国関係）………………………23
アジア（外国関係―アメリカ合衆国）…23
アジア（外国関係―中国―歴史―漢時
　代）………………………………………23
アジア（外国関係―中国―歴史―清時
　代）………………………………………23
アジア（外国関係―中国―歴史―南北
　朝時代―南朝）…………………………23
アジア（外国関係―日本）………………24
アジア（外国関係―日本―歴史―1868
　～1945）…………………………………24
アジア（外国関係―日本―歴史―1945
　～）………………………………………24
アジア（外国関係―歴史）………………24
アジア（外国関係―歴史―近代）………24
アジア（外国関係―歴史―史料―書
　目）………………………………………24
アジア（外国関係―ロシア）……………24

アジア（外国関係―ロシア―歴史―
　1991～）…………………………………24
アジア（外国銀行―歴史）………………24
アジア（外国留学）………………………24
アジア（化学物質―安全管理）…………24
アジア（家族計画）………………………24
アジア（紙パルプ工業）…………………24
アジア（環境政策）………………………24
アジア（環境的に持続可能な交通）……24
アジア（環境法）…………………………25
アジア（環境問題）………………………25
アジア（企業）……………………………25
アジア（紀行・案内記）…………………25
アジア（技術援助〔日本〕）……………25
アジア（郷土教育）………………………25
アジア（キリスト教）……………………25
アジア（金融）……………………………25
アジア（経営者）…………………………25
アジア（経済）……………………………25
アジア（経済援助〔日本〕）……………25
アジア（言語）……………………………25
アジア（工芸美術―会議録）……………25
アジア（交通）……………………………25
アジア（高齢化社会）……………………25
アジア（国際投資〔中国〕）……………26
アジア（国際投資〔日本〕）……………26
アジア（国際投資〔日本〕―論文集）…26
アジア（災害予防―情報サービス）……27
アジア（在留日本人）……………………27
アジア（里山）……………………………27
アジア（資本主義）………………………27
アジア（市民メディア）…………………27
アジア（社会）……………………………27
アジア（社会―論文集）…………………27
アジア（社会調査）………………………27
アジア（社会福祉）………………………27
アジア（証券市場）………………………28
アジア（商品流通）………………………28
アジア（食生活）…………………………28
アジア（女性問題）………………………28
アジア（女性労働者）……………………28
アジア（人名辞典）………………………28
アジア（森林保護）………………………28
アジア（神話）……………………………28
アジア（水道）……………………………28
アジア（政治）……………………………28
アジア（生殖補助医療）…………………28
アジア（政党）……………………………28
アジア（石油化学工業）…………………28
アジア（租税制度）………………………28
アジア（大気汚染物質―排出抑制）……28
アジア（太平洋戦争〔1941～1945〕―
　被害）……………………………………28
アジア（地下運動―歴史―1914～
　1945）……………………………………28
アジア（津波）……………………………28
アジア（鉄道）……………………………28
アジア（伝記）……………………………28
アジア（伝統的工芸品産業―会議録）…28
アジア（陶磁器―図集）…………………29
アジア（陶磁器―歴史）…………………29
アジア（都市計画―歴史）………………29
アジア（二酸化炭素―排出抑制）………29
アジア（日系企業）………………………29
アジア（農業）……………………………29
アジア（農村）……………………………29

アジア（農村生活）………29
アジア（廃棄物処理）………29
アジア（干潟）………29
アジア（貧困）………29
アジア（風俗・習慣）………29
アジア（仏教）………29
アジア（仏教美術―図集）………29
アジア（物流業）………29
アジア（文化）………29
アジア（墳墓）………29
アジア（貿易―日本―歴史）………30
アジア（貿易―歴史）………30
アジア（昔話）………30
アジア（郵便切手）………30
アジア（リサイクル〔廃棄物〕）………30
アジア（リージョナリズム）………30
アジア（歴史）………30
アジア（歴史―近代）………30
アジア（労働移動）………30
アジア〔西部〕（歴史―古代）………30
アジア〔東部〕（安全保障）………30
アジア〔東部〕（遺跡・遺物）………30
アジア〔東部〕（移民・植民）………30
アジア〔東部〕（移民・植民―歴史―20世紀）………30
アジア〔東部〕（運送）………31
アジア〔東部〕（衛生）………31
アジア〔東部〕（エコシティ）………31
アジア〔東部〕（エネルギー政策）………31
アジア〔東部〕（海運）………31
アジア〔東部〕（海運―歴史―19世紀）………31
アジア〔東部〕（海運―歴史―20世紀）………31
アジア〔東部〕（外国関係）………31
アジア〔東部〕（外国関係―アメリカ合衆国―歴史―19世紀）………31
アジア〔東部〕（外国関係―中国）………31
アジア〔東部〕（外国関係―日本）………31
アジア〔東部〕（外国関係―日本―歴史―1945～）………32
アジア〔東部〕（外国関係―日本―歴史―古代）………32
アジア〔東部〕（外国関係―日本―歴史―昭和前期）………32
アジア〔東部〕（外国関係―日本―歴史―明治以後）………32
アジア〔東部〕（外国関係―歴史）………32
アジア〔東部〕（外国関係―歴史―16世紀）………32
アジア〔東部〕（外国関係―歴史―17世紀）………32
アジア〔東部〕（外国関係―歴史―20世紀）………32
アジア〔東部〕（外国関係―ロシア―歴史―20世紀）………32
アジア〔東部〕（階層）………32
アジア〔東部〕（学術―歴史―近代）………32
アジア〔東部〕（環境政策）………32
アジア〔東部〕（環境問題）………33
アジア〔東部〕（企業）………33
アジア〔東部〕（企業提携）………33
アジア〔東部〕（紀行・案内記）………33
アジア〔東部〕（気候変化）………33
アジア〔東部〕（教育）………33
アジア〔東部〕（教育―歴史―1945～）………33
アジア〔東部〕（教育行政）………33
アジア〔東部〕（軍事）………33
アジア〔東部〕（軍隊）………33
アジア〔東部〕（経済）………33
アジア〔東部〕（経済関係）………33
アジア〔東部〕（経済関係―歴史―19世紀）………33
アジア〔東部〕（経済関係―歴史―20世紀）………33
アジア〔東部〕（言語―論文集）………34
アジア〔東部〕（公害防止産業）………34
アジア〔東部〕（航空運送）………34
アジア〔東部〕（小売商）………34
アジア〔東部〕（雇用）………34
アジア〔東部〕（コンテナ輸送）………34
アジア〔東部〕（山岳）………34
アジア〔東部〕（史跡名勝）………34
アジア〔東部〕（社会）………34
アジア〔東部〕（社会調査）………34
アジア〔東部〕（社会保障）………34
アジア〔東部〕（宗教）………34
アジア〔東部〕（書―歴史）………34
アジア〔東部〕（植民地〔日本〕―歴史―昭和前期）………34
アジア〔東部〕（植民地〔日本〕―歴史―昭和前期―史料―書目）………34
アジア〔東部〕（女性問題）………34
アジア〔東部〕（信仰―歴史）………34
アジア〔東部〕（信仰―歴史―古代）………35
アジア〔東部〕（神話）………35
アジア〔東部〕（政治）………35
アジア〔東部〕（葬制）………35
アジア〔東部〕（村落）………35
アジア〔東部〕（大学―歴史）………35
アジア〔東部〕（地域開発）………35
アジア〔東部〕（知識階級―歴史―20世紀）………35
アジア〔東部〕（庭園―歴史）………35
アジア〔東部〕（伝記）………35
アジア〔東部〕（陶磁器―図集）………35
アジア〔東部〕（都城―歴史）………35
アジア〔東部〕（ナショナリズム）………35
アジア〔東部〕（美術―歴史―20世紀）………35
アジア〔東部〕（美術―歴史―20世紀―図集）………36
アジア〔東部〕（美術家）………36
アジア〔東部〕（仏教―歴史）………36
アジア〔東部〕（文化）………36
アジア〔東部〕（文化―歴史）………36
アジア〔東部〕（文化―歴史―近代）………36
アジア〔東部〕（文書館）………36
アジア〔東部〕（貿易―日本―歴史―古代）………36
アジア〔東部〕（民家）………36
アジア〔東部〕（民間信仰―歴史―近代）………36
アジア〔東部〕（昔話）………36
アジア〔東部〕（リージョナリズム）………36
アジア〔東部〕（歴史）………36
アジア〔東部〕（歴史―1914～1945）………37
アジア〔東部〕（歴史―1945～）………37
アジア〔東部〕（歴史―19世紀）………37
アジア〔東部〕（歴史―20世紀）………37
アジア〔東部〕（歴史―古代）………37
アジア〔東部〕（歴史―論文集）………37
アジア〔東部〕（労働市場）………37
ASIAN KUNG-FU GENERATION………38
足尾銅山………38
足利〔氏〕………38
足利 氏満〔1359～1398〕………38
足利 義昭〔　～1538〕………38
足利市（写真集）………38
足利市（伝説）………38
鰺ヶ沢町〔青森県〕（エネルギー政策）………38
鰺ヶ沢町〔青森県〕（軍事基地―歴史）………38
鰺ヶ沢町〔青森県〕（歴史）………38
阿食 更一郎〔1933～〕………38
葦北郡〔熊本県〕………38
芦北町〔熊本県〕（遺跡・遺物）………38
味の素株式会社………38
芦別市（遺跡・遺物）………38
芦別市（写真集）………38
芦屋市（遺跡・遺物）………38
芦屋市（文化財）………38
芦屋市国際交流協会………38
芦屋市霊園協力会………38
アジャータシャトル〔494?～459?B.C.〕………38
アジャンター………38
明日香〔1963～2013〕………39
明日香村〔奈良県〕（遺跡・遺物）………39
アスペルガー, H.〔　～1980〕………39
安曇〔氏〕………39
安曇野市（遺跡・遺物）………39
安曇野市（甲虫類）………39
アズワンコミュニティ鈴鹿………39
ASEAN →東南アジア諸国連合を見よ
アゼルバイジャン（紀行・案内記）………39
アゼルバイジャン（経済）………39
アゼルバイジャン（経済援助〔日本〕）………39
麻生 太吉〔1857～1933〕………39
麻生 久〔1891～1940〕………39
阿蘇市（古墳）………39
阿蘇市（水害）………39
與 真司郎………39
足立 昌勝〔1943～〕………39
足立美術館………39
新しい歴史教科書をつくる会………39
アチェ州〔インドネシア〕（災害復興）………39
アチェ州〔インドネシア〕（民族問題）………39
阿智村〔長野県〕（歴史）………39
厚木市（遺跡・遺物）………40
厚木市（風俗・習慣―歴史―史料）………40
厚木市立図書館………40
厚沢部町〔北海道〕（遺跡・遺物―保存・修復）………40
厚沢部町〔北海道〕（城跡）………40
ATSUSHI〔1980～〕………40
アップル………40
厚真町〔北海道〕（遺跡・遺物）………40
アデナウアー, K.〔1876～1967〕………40
跡見〔氏〕………40
アドラー, A.〔1870～1937〕………40
アナトリア地方………40
阿南工業高等専門学校………40
アバ………40
アーバンギャルド………40
安彦 洋一郎〔1929～〕………40
我孫子市（遺跡・遺物）………40
我孫子市（行政）………41
安平町〔北海道〕（行政）………41
アブエライシュ, I.〔1955～〕………41
アフガニスタン（犬―保護）………41
アフガニスタン（学校）………41
アフガニスタン（教育援助〔日本〕）………41

アフガニスタン（経済援助〔日本〕）‥‥‥‥41
アフガニスタン（石窟寺院—バーミ
　ヤーン）‥‥‥‥‥‥‥‥‥‥‥‥‥‥41
アフガニスタン（農業普及事業）‥‥‥‥41
アフガニスタン（壁画—保存・修復—
　バーミヤーン）‥‥‥‥‥‥‥‥‥‥‥41
アフガニスタン（昔話）‥‥‥‥‥‥‥‥41
阿武隈川‥‥‥‥‥‥‥‥‥‥‥‥‥‥‥41
アブダビ（国際投資〔日本〕）‥‥‥‥‥41
阿仏尼〔1209～1283〕‥‥‥‥‥‥‥‥41
油ヶ淵‥‥‥‥‥‥‥‥‥‥‥‥‥‥‥‥41
アフリカ（遺跡・遺物）‥‥‥‥‥‥‥‥41
アフリカ（外国関係—歴史）‥‥‥‥‥‥41
アフリカ（環境問題）‥‥‥‥‥‥‥‥‥41
アフリカ（教育）‥‥‥‥‥‥‥‥‥‥‥41
アフリカ（漁業）‥‥‥‥‥‥‥‥‥‥‥41
アフリカ（漁民）‥‥‥‥‥‥‥‥‥‥‥41
アフリカ（経済）‥‥‥‥‥‥‥‥‥‥‥41
アフリカ（経済援助）‥‥‥‥‥‥‥‥‥42
アフリカ（経済援助〔日本〕）‥‥‥‥‥42
アフリカ（憲法）‥‥‥‥‥‥‥‥‥‥‥42
アフリカ（鉱業）‥‥‥‥‥‥‥‥‥‥‥42
アフリカ（国際投資）‥‥‥‥‥‥‥‥‥42
アフリカ（国際保健協力）‥‥‥‥‥‥‥42
アフリカ（市場）‥‥‥‥‥‥‥‥‥‥‥42
アフリカ（社会）‥‥‥‥‥‥‥‥‥‥‥42
アフリカ（食生活）‥‥‥‥‥‥‥‥‥‥42
アフリカ（地域開発）‥‥‥‥‥‥‥‥‥42
アフリカ（内乱）‥‥‥‥‥‥‥‥‥‥‥42
アフリカ（風俗・習慣）‥‥‥‥‥‥‥‥42
アフリカ（物産）‥‥‥‥‥‥‥‥‥‥‥42
アフリカ（舞踊）‥‥‥‥‥‥‥‥‥‥‥42
アフリカ（ポピュラー音楽—楽曲解
　説）‥‥‥‥‥‥‥‥‥‥‥‥‥‥‥‥42
アフリカ（民俗音楽）‥‥‥‥‥‥‥‥‥42
アフリカ（薬物犯罪）‥‥‥‥‥‥‥‥‥42
アフリカ（郵便切手）‥‥‥‥‥‥‥‥‥43
アフリカ（流行歌—楽曲解説）‥‥‥‥‥43
アフリカ〔西部〕（移民・植民—フラ
　ンス）‥‥‥‥‥‥‥‥‥‥‥‥‥‥‥43
アフリカ〔西部〕（紀行・案内記）‥‥‥43
アフリカ〔西部〕（自然保護）‥‥‥‥‥43
アフリカ〔西部〕（社会）‥‥‥‥‥‥‥43
アフリカ〔西部〕（水産資源）‥‥‥‥‥43
アフリカ〔西部〕（地域社会）‥‥‥‥‥43
アフリカ〔東部〕（昔話）‥‥‥‥‥‥‥43
アフリカ〔南部〕（キリスト教—歴史）‥43
アフリカ〔南部〕（歴史）‥‥‥‥‥‥‥43
アフリカ〔北部〕（社会）‥‥‥‥‥‥‥43
アフリカ〔北部〕（電気機械・器具工
　業）‥‥‥‥‥‥‥‥‥‥‥‥‥‥‥‥43
アフリカ〔北部〕（歴史）‥‥‥‥‥‥‥43
安倍〔氏〕‥‥‥‥‥‥‥‥‥‥‥‥‥‥43
安部〔氏〕‥‥‥‥‥‥‥‥‥‥‥‥‥‥43
安部磯雄〔1865～1949〕‥‥‥‥‥‥‥43
阿部薫〔1949～1978〕‥‥‥‥‥‥‥‥43
阿部国博〔1924～　〕‥‥‥‥‥‥‥‥43
安部公房〔1924～1993〕‥‥‥‥‥‥‥43
安倍晋三〔1954～　〕‥‥‥‥‥‥‥‥43
安倍晴明〔921～1005〕‥‥‥‥‥‥‥43
阿部利之〔1937～　〕‥‥‥‥‥‥‥‥43
アーベル, N.H.〔1802～1829〕‥‥‥‥43
アポイ岳‥‥‥‥‥‥‥‥‥‥‥‥‥‥‥44
アポログループ‥‥‥‥‥‥‥‥‥‥‥‥44
尼崎市（遺跡・遺物）‥‥‥‥‥‥‥‥‥44
尼崎市（殺人）‥‥‥‥‥‥‥‥‥‥‥‥44

尼崎市（産業—統計）‥‥‥‥‥‥‥‥‥44
尼崎市（就労支援〔障害者〕）‥‥‥‥‥44
尼崎市（就労支援〔生活困窮者〕）‥‥‥44
尼崎市（人口—統計）‥‥‥‥‥‥‥‥‥44
尼崎市（世帯—統計）‥‥‥‥‥‥‥‥‥44
尼崎市立女性勤労婦人センター‥‥‥‥‥44
天城町〔鹿児島県〕（遺跡・遺物）‥‥‥44
天草二郎〔1971～　〕‥‥‥‥‥‥‥‥44
天草市（環境問題）‥‥‥‥‥‥‥‥‥‥44
天草市（景観保全）‥‥‥‥‥‥‥‥‥‥44
天草市（ダム）‥‥‥‥‥‥‥‥‥‥‥‥44
天草市（電気事業—歴史）‥‥‥‥‥‥‥44
天草市（農村）‥‥‥‥‥‥‥‥‥‥‥‥44
天草市（文化的景観）‥‥‥‥‥‥‥‥‥44
天草市（方言）‥‥‥‥‥‥‥‥‥‥‥‥44
天草市立大江小学校‥‥‥‥‥‥‥‥‥‥44
海部郡〔愛知県〕（歴史—史料）‥‥‥‥44
アマゾニア‥‥‥‥‥‥‥‥‥‥‥‥‥‥44
アマゾン・ドット・コム‥‥‥‥‥‥‥‥44
天田愚庵〔1854～1904〕‥‥‥‥‥‥‥44
天野篤〔1955～　〕‥‥‥‥‥‥‥‥‥44
天野マスミ〔1925～　〕‥‥‥‥‥‥‥45
天野祐吉〔1933～2013〕‥‥‥‥‥‥‥45
天野貴元〔1985～　〕‥‥‥‥‥‥‥‥45
海士町〔島根県〕（伝記）‥‥‥‥‥‥‥45
奄美大島‥‥‥‥‥‥‥‥‥‥‥‥‥‥‥45
奄美諸島‥‥‥‥‥‥‥‥‥‥‥‥‥‥‥45
甘利庸子‥‥‥‥‥‥‥‥‥‥‥‥‥‥‥45
あまんきみこ〔1931～　〕‥‥‥‥‥‥45
AMIAYA‥‥‥‥‥‥‥‥‥‥‥‥‥‥‥45
阿見町〔茨城県〕（行政）‥‥‥‥‥‥‥45
阿見町〔茨城県〕（史跡名勝）‥‥‥‥‥45
アームストロング, L.〔1971～　〕‥‥‥45
天日槍‥‥‥‥‥‥‥‥‥‥‥‥‥‥‥‥45
アメリカ（紀行・案内記）‥‥‥‥‥‥‥45
アメリカ（写真集）‥‥‥‥‥‥‥‥‥‥45
アメリカ（食生活）‥‥‥‥‥‥‥‥‥‥45
アメリカ（歴史）‥‥‥‥‥‥‥‥‥‥‥46
アメリカ合衆国‥‥‥‥‥‥‥‥‥‥‥‥46
アメリカ合衆国（アニメーション）‥‥‥46
アメリカ合衆国（アニメーター—歴
　史）‥‥‥‥‥‥‥‥‥‥‥‥‥‥‥‥46
アメリカ合衆国（安全保障）‥‥‥‥‥‥46
アメリカ合衆国（医学教育）‥‥‥‥‥‥46
アメリカ合衆国（位置情報サービス）‥‥46
アメリカ合衆国（移民・植民）‥‥‥‥‥46
アメリカ合衆国（移民・植民〔アイル
　ランド〕）‥‥‥‥‥‥‥‥‥‥‥‥‥46
アメリカ合衆国（移民・植民〔アジ
　ア〕）‥‥‥‥‥‥‥‥‥‥‥‥‥‥‥46
アメリカ合衆国（移民・植民〔日本〕
　—歴史）‥‥‥‥‥‥‥‥‥‥‥‥‥‥46
アメリカ合衆国（移民・植民〔日本〕
　—歴史—1868～1945）‥‥‥‥‥‥‥46
アメリカ合衆国（移民・植民〔メキシ
　コ〕）‥‥‥‥‥‥‥‥‥‥‥‥‥‥‥46
アメリカ合衆国（移民・植民—歴史）‥‥46
アメリカ合衆国（医療）‥‥‥‥‥‥‥‥46
アメリカ合衆国（医療制度）‥‥‥‥‥‥47
アメリカ合衆国（医療保険）‥‥‥‥‥‥47
アメリカ合衆国（印刷業）‥‥‥‥‥‥‥47
アメリカ合衆国（宇宙開発）‥‥‥‥‥‥47
アメリカ合衆国（映画）‥‥‥‥‥‥‥‥47
アメリカ合衆国（映画—歴史）‥‥‥‥‥47
アメリカ合衆国（映画—歴史—1945
　～）‥‥‥‥‥‥‥‥‥‥‥‥‥‥‥‥47

アメリカ合衆国（映画産業）‥‥‥‥‥‥47
アメリカ合衆国（エリート）‥‥‥‥‥‥47
アメリカ合衆国（音楽家—歴史—20世
　紀）‥‥‥‥‥‥‥‥‥‥‥‥‥‥‥‥47
アメリカ合衆国（絵画—歴史）‥‥‥‥‥47
アメリカ合衆国（絵画—歴史—20世紀
　—画集）‥‥‥‥‥‥‥‥‥‥‥‥‥‥47
アメリカ合衆国（海軍）‥‥‥‥‥‥‥‥47
アメリカ合衆国（会計監査—歴史）‥‥‥47
アメリカ合衆国（外国関係）‥‥‥‥‥‥47
アメリカ合衆国（外国関係—アジア）‥‥48
アメリカ合衆国（外国関係—アジア
　〔東部〕—歴史—19世紀）‥‥‥‥‥‥48
アメリカ合衆国（外国関係—イスラエ
　ル）‥‥‥‥‥‥‥‥‥‥‥‥‥‥‥‥48
アメリカ合衆国（外国関係—イラク）‥‥48
アメリカ合衆国（外国関係—カナダ—
　歴史）‥‥‥‥‥‥‥‥‥‥‥‥‥‥‥48
アメリカ合衆国（外国関係—キュー
　バ）‥‥‥‥‥‥‥‥‥‥‥‥‥‥‥‥48
アメリカ合衆国（外国関係—大韓民
　国）‥‥‥‥‥‥‥‥‥‥‥‥‥‥‥‥48
アメリカ合衆国（外国関係—中国）‥‥‥48
アメリカ合衆国（外国関係—日本）‥‥‥48
アメリカ合衆国（外国関係—日本—歴
　史）‥‥‥‥‥‥‥‥‥‥‥‥‥‥‥‥49
アメリカ合衆国（外国関係—日本—歴
　史—1868～1945）‥‥‥‥‥‥‥‥‥49
アメリカ合衆国（外国関係—日本—歴
　史—1933～1945）‥‥‥‥‥‥‥‥‥49
アメリカ合衆国（外国関係—日本—歴
　史—1945～）‥‥‥‥‥‥‥‥‥‥‥49
アメリカ合衆国（外国関係—日本—歴
　史—1945～1952）‥‥‥‥‥‥‥‥‥49
アメリカ合衆国（外国関係—日本—歴
　史—20世紀—史料）‥‥‥‥‥‥‥‥49
アメリカ合衆国（外国関係—日本—歴
　史—江戸末期）‥‥‥‥‥‥‥‥‥‥‥49
アメリカ合衆国（外国関係—日本—歴
　史—近代）‥‥‥‥‥‥‥‥‥‥‥‥‥49
アメリカ合衆国（外国関係—日本—歴
　史—昭和後期）‥‥‥‥‥‥‥‥‥‥‥49
アメリカ合衆国（外国関係—日本—歴
　史—明治以後）‥‥‥‥‥‥‥‥‥‥‥49
アメリカ合衆国（外国関係—ミクロネ
　シア—歴史—20世紀）‥‥‥‥‥‥‥‥50
アメリカ合衆国（外国関係—歴史）‥‥‥50
アメリカ合衆国（外国関係—歴史—
　1901～1945）‥‥‥‥‥‥‥‥‥‥‥50
アメリカ合衆国（外国関係—歴史—
　1933～1945）‥‥‥‥‥‥‥‥‥‥‥50
アメリカ合衆国（外国関係—歴史—
　1945～）‥‥‥‥‥‥‥‥‥‥‥‥‥50
アメリカ合衆国（外国関係—歴史—近
　代）‥‥‥‥‥‥‥‥‥‥‥‥‥‥‥‥50
アメリカ合衆国（外国関係—ロシア）‥‥50
アメリカ合衆国（外国関係—ロシア—
　歴史—1945～）‥‥‥‥‥‥‥‥‥‥50
アメリカ合衆国（外国人労働者）‥‥‥‥50
アメリカ合衆国（外国留学）‥‥‥‥‥‥50
アメリカ合衆国（科学技術研究）‥‥‥‥50
アメリカ合衆国（科学技術政策）‥‥‥‥51
アメリカ合衆国（学生）‥‥‥‥‥‥‥‥51
アメリカ合衆国（学校評価）‥‥‥‥‥‥51
アメリカ合衆国（企業）‥‥‥‥‥‥‥‥51

アメリカ合衆国

アメリカ合衆国（企業会計原則）………51	
アメリカ合衆国（企業スポーツ）………51	
アメリカ合衆国（紀行・案内記）………51	
アメリカ合衆国（技術教育）………51	
アメリカ合衆国（希少植物―写真集）………51	
アメリカ合衆国（希少動物―写真集）………51	
アメリカ合衆国（救貧制度）………51	
アメリカ合衆国（給与）………51	
アメリカ合衆国（教育）………51	
アメリカ合衆国（教育―歴史）………51	
アメリカ合衆国（教育―歴史―20世紀）………51	
アメリカ合衆国（教育行政）………51	
アメリカ合衆国（教育政策）………51	
アメリカ合衆国（行政）………51	
アメリカ合衆国（強制収容所―歴史―1933～1945―写真集）………51	
アメリカ合衆国（キリスト教と社会問題―歴史）………51	
アメリカ合衆国（金融）………51	
アメリカ合衆国（金融政策）………52	
アメリカ合衆国（空軍）………52	
アメリカ合衆国（軍事）………52	
アメリカ合衆国（軍需品）………52	
アメリカ合衆国（軍隊）………52	
アメリカ合衆国（軍用機）………52	
アメリカ合衆国（経営者）………52	
アメリカ合衆国（経済）………52	
アメリカ合衆国（経済―歴史―1945～）………52	
アメリカ合衆国（経済関係）………52	
アメリカ合衆国（経済関係―中国）………52	
アメリカ合衆国（経済関係―中国―歴史―1949～）………52	
アメリカ合衆国（経済関係―日本）………52	
アメリカ合衆国（経済関係―日本―歴史―1945～）………52	
アメリカ合衆国（経済政策）………52	
アメリカ合衆国（刑事裁判）………52	
アメリカ合衆国（刑事訴訟法―判例）………52	
アメリカ合衆国（芸術教育―歴史―20世紀）………52	
アメリカ合衆国（刑務所）………52	
アメリカ合衆国（憲法）………53	
アメリカ合衆国（憲法―判例）………53	
アメリカ合衆国（公益法人）………53	
アメリカ合衆国（工業デザイン―歴史―19世紀―図集）………53	
アメリカ合衆国（航空機―歴史―1901～1945―図集）………53	
アメリカ合衆国（高速道路）………53	
アメリカ合衆国（高齢者―雇用）………53	
アメリカ合衆国（黒人）………53	
アメリカ合衆国（黒人―歴史）………53	
アメリカ合衆国（国防）………53	
アメリカ合衆国（国立公園）………53	
アメリカ合衆国（雇用政策）………53	
アメリカ合衆国（コンピュータ教育）………53	
アメリカ合衆国（財政政策）………53	
アメリカ合衆国（在留外国人）………53	
アメリカ合衆国（在留ドイツ人）………53	
アメリカ合衆国（在留日本人―歴史―20世紀）………53	
アメリカ合衆国（三次元プリンター―特許）………53	
アメリカ合衆国（慈善事業）………53	

アメリカ合衆国（実業家）………53	
アメリカ合衆国（自動車産業）………54	
アメリカ合衆国（社会）………54	
アメリカ合衆国（社会―歴史）………54	
アメリカ合衆国（社会―歴史―1865～1900）………54	
アメリカ合衆国（社会教育―歴史）………54	
アメリカ合衆国（社会保障）………54	
アメリカ合衆国（ジャーナリズム―歴史―1933～1945）………54	
アメリカ合衆国（宗教）………54	
アメリカ合衆国（宗教と政治―歴史）………54	
アメリカ合衆国（従軍看護婦―歴史―1913～1921）………54	
アメリカ合衆国（出版―歴史）………54	
アメリカ合衆国（出版―歴史―20世紀）………54	
アメリカ合衆国（主婦）………54	
アメリカ合衆国（障害児教育）………54	
アメリカ合衆国（証券市場）………54	
アメリカ合衆国（少年法）………54	
アメリカ合衆国（消費―歴史―1945～）………54	
アメリカ合衆国（消費金融）………54	
アメリカ合衆国（商品流通）………54	
アメリカ合衆国（職業訓練）………54	
アメリカ合衆国（職業指導）………55	
アメリカ合衆国（食品工業）………55	
アメリカ合衆国（植民地行政―フィリピン―歴史―20世紀）………55	
アメリカ合衆国（女性―伝記）………55	
アメリカ合衆国（女性作家―歴史―19世紀）………55	
アメリカ合衆国（女性福祉―歴史―20世紀）………55	
アメリカ合衆国（女性労働）………55	
アメリカ合衆国（女性労働―歴史―20世紀）………55	
アメリカ合衆国（女性労働者―歴史―19世紀）………55	
アメリカ合衆国（女優）………55	
アメリカ合衆国（人口移動―歴史）………55	
アメリカ合衆国（人種差別）………55	
アメリカ合衆国（人種問題）………55	
アメリカ合衆国（人種問題―歴史）………55	
アメリカ合衆国（新聞―歴史―19世紀）………55	
アメリカ合衆国（水産業―歴史）………55	
アメリカ合衆国（スポーツ産業）………55	
アメリカ合衆国（政治）………55	
アメリカ合衆国（政治―歴史―1933～1945）………56	
アメリカ合衆国（政治―歴史―1945～）………56	
アメリカ合衆国（政治思想）………56	
アメリカ合衆国（青少年）………56	
アメリカ合衆国（精神医療社会事業）………56	
アメリカ合衆国（精神衛生）………56	
アメリカ合衆国（性犯罪）………56	
アメリカ合衆国（選挙―歴史―21世紀）………56	
アメリカ合衆国（選挙運動）………56	
アメリカ合衆国（租税法）………56	
アメリカ合衆国（大学）………56	
アメリカ合衆国（大学院）………56	
アメリカ合衆国（大統領選挙）………56	

アメリカ合衆国（対日報道）………56	
アメリカ合衆国（短期大学）………56	
アメリカ合衆国（男性）………56	
アメリカ合衆国（地域経済）………57	
アメリカ合衆国（地域社会学校）………57	
アメリカ合衆国（地誌）………57	
アメリカ合衆国（知識階級―歴史）………57	
アメリカ合衆国（知識階級―歴史―20世紀）………57	
アメリカ合衆国（地方債）………57	
アメリカ合衆国（地方自治）………57	
アメリカ合衆国（中小企業金融）………57	
アメリカ合衆国（著作権法）………57	
アメリカ合衆国（鉄道―歴史）………57	
アメリカ合衆国（テレビドラマ―歴史―1945～）………57	
アメリカ合衆国（伝記）………57	
アメリカ合衆国（電子商取引）………57	
アメリカ合衆国（電信―歴史―19世紀）………57	
アメリカ合衆国（倒産法）………57	
アメリカ合衆国（独立革命〔1775～1789〕）………57	
アメリカ合衆国（図書館―歴史）………57	
アメリカ合衆国（図書館―歴史―20世紀）………57	
アメリカ合衆国（特許）………57	
アメリカ合衆国（特許法）………57	
アメリカ合衆国（特許法―判例）………57	
アメリカ合衆国（日系企業）………57	
アメリカ合衆国（日系人―歴史―1865～1900）………57	
アメリカ合衆国（日系人―歴史―1901～1945）………58	
アメリカ合衆国（日系人―歴史―1933～1945）………58	
アメリカ合衆国（日系人―歴史―1933～1945―写真集）………58	
アメリカ合衆国（入学試験―大学）………58	
アメリカ合衆国（人形―歴史―1865～1900―図集）………58	
アメリカ合衆国（人形―歴史―1901～1945―図集）………58	
アメリカ合衆国（農業法）………58	
アメリカ合衆国（陪審制度）………58	
アメリカ合衆国（博物館）………58	
アメリカ合衆国（犯罪捜査）………58	
アメリカ合衆国（美術館）………58	
アメリカ合衆国（貧困）………58	
アメリカ合衆国（夫婦）………58	
アメリカ合衆国（不動産投資）………58	
アメリカ合衆国（不法行為―法令）………58	
アメリカ合衆国（文化）………58	
アメリカ合衆国（文化―歴史）………58	
アメリカ合衆国（文化―歴史―1945～）………58	
アメリカ合衆国（文化―歴史―20世紀）………58	
アメリカ合衆国（文学者）………58	
アメリカ合衆国（文学上）………59	
アメリカ合衆国（平和運動―歴史）………59	
アメリカ合衆国（平和教育）………59	
アメリカ合衆国（貿易―日本―歴史―1945～）………59	
アメリカ合衆国（貿易政策）………59	
アメリカ合衆国（法律）………59	

アメリカ合衆国（保守主義）...............59
アメリカ合衆国（ポピュラー音楽―歴
　史―20世紀）...............59
アメリカ合衆国（ホラー映画）...............59
アメリカ合衆国（漫画―歴史）...............59
アメリカ合衆国（民営職業紹介業）...............59
アメリカ合衆国（民間社会福祉事業）......59
アメリカ合衆国（民主主義）...............59
アメリカ合衆国（民法）...............59
アメリカ合衆国（野球）...............59
アメリカ合衆国（野球―歴史）...............59
アメリカ合衆国（薬物犯罪）...............59
アメリカ合衆国（ユダヤ人）...............59
アメリカ合衆国（ユダヤ人―歴史）...............59
アメリカ合衆国（ユダヤ人―歴史―20
　世紀）...............59
アメリカ合衆国（預金保険制度―歴
　史）...............59
アメリカ合衆国（陸軍―歴史）...............60
アメリカ合衆国（流行歌）...............60
アメリカ合衆国（歴史）...............60
アメリカ合衆国（歴史―1945―一年
　表）...............60
アメリカ合衆国（歴史―19世紀）...............60
アメリカ合衆国（歴史―20世紀―年
　表）...............60
アメリカ合衆国（労働運動）...............60
アメリカ合衆国（労働運動―歴史）...............60
アメリカ合衆国（労働市場）...............60
アメリカ合衆国（労働者災害補償）...............60
アメリカ合衆国（労働政策）...............60
アメリカ合衆国（ロック音楽―歴史―
　20世紀―楽曲解説）...............60
アメリカ合衆国沿岸警備隊...............60
アメリカ合衆国議会...............60
アメリカ合衆国航空宇宙局...............60
アメリカ合衆国国防総省...............60
アメリカ合衆国国家安全局...............60
アメリカ合衆国中央情報局...............60
アメリカ合衆国連邦捜査局...............61
綾川 武治〔1891〜1966〕...............61
綾川町〔香川県〕（遺跡・遺物）...............61
怪しい秘密基地まぼろし博覧会...............61
綾部市（遺跡・遺物）...............61
綾部市（歴史）...............61
AYAMO〔1987〜 〕...............61
鮎川 信夫〔1920〜1986〕...............61
新井 明卿〔1694〜1741〕...............61
新井 奥邃〔1846〜1922〕...............61
新井 白石〔1657〜1725〕...............61
新井 道子〔1945〜 〕...............61
新井 守太郎...............61
荒井 良二〔1956〜 〕...............61
荒川...............61
荒川 勝茂〔1832〜1908〕...............61
荒川 俊治...............61
荒木 飛呂彦〔1960〜 〕...............61
荒木 光太郎〔1894〜1951〕...............61
嵐...............61
嵐 義人〔1944〜 〕...............62
アラスカ州（エスキモー）...............62
アラスカ州（エスキモー―写真集）......62
アラスカ州（昔話）...............62
新津 甚一〔1907〜1993〕...............62
アラビア（移民・植民）...............62
アラビア（外国人労働者）...............62

アラブ首長国連邦（経済）...............62
アラブ諸国（医薬品工業）...............62
アラブ諸国（社会）...............62
アラブ諸国（政治）...............62
アラブ諸国（奴隷―歴史）...............62
アラブ諸国（文化）...............62
荒屋遺跡...............62
アラン〔1868〜1951〕...............62
アラン, M.〔1885〜1969〕...............62
有明海...............62
有賀 長伯〔1662〜1737〕...............63
アリストテレス〔384〜322B.C.〕......63
アリゾナ州（社会）...............63
阿里巴巴公司...............63
有馬 朗人〔1930〜 〕...............63
有馬 源内〔1852〜1892〕...............63
有馬温泉病院...............63
有村 竜太朗...............63
有吉 秋津〔1904〜 〕...............63
有賀 万之助〔1926〜 〕...............63
アルキメデス〔287?〜212B.C.〕...............63
アルザス地方〔フランス〕（紀行・案
　内記）...............63
アルザス地方〔フランス〕（ワイン）...63
アルジェリア（外国関係―日本―歴
　史）...............63
アルゼンチン（移民・植民〔日本〕―
　歴史）...............63
アルゼンチン（音楽―楽曲解説）...............63
アルゼンチン（サッカー―伝記）...............63
アルチュセール, L.〔1918〜1990〕...63
アルトー, A.〔1896〜1948〕...............63
アルビオン...............63
アルビレックス新潟...............63
アルムスタファー国際大学...............64
アルメニア（紀行・案内記）...............64
アレン, E.〔1919〜2010〕...............64
阿波市（歴史）...............64
淡路 恵子〔1933〜2014〕...............64
淡路市（遺跡・遺物）...............64
淡路市（活断層）...............64
淡路島...............64
アンコール・ワット...............64
安西 正〔1917〜 〕...............64
安西 水丸〔1942〜2014〕...............64
アン・サリー...............64
鞍山（歴史―年表）...............64
安城市（遺跡・遺物）...............64
安城市（歴史―史料）...............64
アンダルシア地方（紀行・案内記）...64
アンデス山脈...............64
安藤 昌益〔江戸中期〕...............64
安藤 武彦〔1933〜 〕...............64
安藤 忠雄〔1941〜 〕...............65
アントニオ猪木〔1943〜 〕...............65
安中市（遺跡・遺物）...............65
安中市（製糸業―歴史）...............65
安野 光雅〔1926〜 〕...............65
安養寺〔一関市〕...............65

【い】

李 光洙〔1892〜1954〕...............65
李 小仙〔1929〜2011〕...............65
李 昌鎬〔1975〜 〕...............65

井伊〔氏〕...............65
井伊 直弼〔1815〜1860〕...............65
飯澤 喜志朗〔1944〜 〕...............65
飯島 伸子〔1938〜2001〕...............65
飯島 晴子〔1921〜2000〕...............65
飯塚市（遺跡・遺物）...............65
飯綱町〔長野県〕（遺跡・遺物）...............65
飯田〔家〕〔常総市〕...............65
飯田市（遺跡・遺物）...............65
飯田市（古地図）...............65
飯田市（風俗・習慣）...............65
飯田市（歴史）...............65
飯舘村〔福島県〕（教育）...............65
飯舘村〔福島県〕（福島第一原発事故
　〔2011〕―被害）...............65
飯舘村〔福島県〕（歴史）...............65
飯豊山...............65
飯野 賢治〔1970〜2013〕...............65
伊江島...............66
イエス・キリスト →キリストを見よ
イエズス会...............66
イェーデ, F.〔1887〜1970〕...............66
家永 三郎〔1913〜2002〕...............66
伊江村〔沖縄県〕（昔話）...............66
イェルサン, A.〔1863〜1943〕...............66
イェンゼン, W.〔1837〜1911〕...............66
硫黄島（太平洋戦争〔1941〜1945〕―
　会戦）...............66
伊賀市...............66
伊賀市（遺跡・遺物）...............66
伊賀市（行政）...............66
伊賀市（歴史）...............66
伊方町〔愛媛県〕（棟札）...............66
五十嵐 智〔1934〜 〕...............66
五十嵐 良雄〔1930〜2011〕...............66
猪狩 勝雄〔1928〜 〕...............66
斑鳩町〔奈良県〕（遺跡・遺物）...............66
イカロス茂田〔1972〜 〕...............66
壱岐市（遺跡・遺物）...............66
壱岐市（御船祭）...............67
壱岐市（風俗・習慣）...............67
生月町〔長崎県〕（カトリック教会―
　歴史）...............67
いきものがかり...............67
イギリス（医療制度）...............67
イギリス（印刷業―ロンドン）...............67
イギリス（ウィスキー―スコットラン
　ド）...............67
イギリス（演劇）...............67
イギリス（演劇―歴史―1485〜1642）......67
イギリス（王室―歴史）...............67
イギリス（王室―歴史―ヴィクトリア
　女王時代）...............67
イギリス（音楽）...............67
イギリス（絵画―歴史―18世紀―画
　集）...............67
イギリス（絵画―歴史―19世紀―画
　集）...............67
イギリス（絵画―歴史―20世紀―画
　集）...............67
イギリス（絵画―歴史―ヴィクトリア
　女王時代―画集）...............67
イギリス（外国関係―インド―歴史―
　イギリス統治時代〔1765〜1947〕）......67
イギリス（外国関係―エジプト―歴史
　―19世紀）...............67

イギリス（外国関係―カナダ―歴史）‥‥67
イギリス（外国関係―日本―歴史―
　1868～1945）‥‥‥‥‥‥‥‥‥67
イギリス（外国関係―日本―歴史―
　1945～）‥‥‥‥‥‥‥‥‥‥‥67
イギリス（外国関係―日本―歴史―江
　戸末期）‥‥‥‥‥‥‥‥‥‥‥67
イギリス（外国関係―歴史―19世紀）‥67
イギリス（外国関係―歴史―20世紀）‥67
イギリス（外国関係―歴史―近代）‥‥67
イギリス（外国留学―ケンブリッジ）‥68
イギリス（科学―歴史―17世紀）‥‥‥68
イギリス（家政婦―歴史―20世紀）‥‥68
イギリス（家庭医）‥‥‥‥‥‥‥‥68
イギリス（為替政策―歴史―1914～
　1945）‥‥‥‥‥‥‥‥‥‥‥‥68
イギリス（企業会計原則）‥‥‥‥‥68
イギリス（紀行・案内記）‥‥‥‥‥68
イギリス（貴族）‥‥‥‥‥‥‥‥‥68
イギリス（貴族―歴史―19世紀）‥‥‥68
イギリス（貴族―歴史―20世紀）‥‥‥68
イギリス（救貧制度―歴史）‥‥‥‥68
イギリス（教育）‥‥‥‥‥‥‥‥‥68
イギリス（教育行政）‥‥‥‥‥‥‥68
イギリス（キリスト教―歴史）‥‥‥68
イギリス（キリスト教―歴史―ウェー
　ルズ）‥‥‥‥‥‥‥‥‥‥‥‥68
イギリス（キリスト教と政治―歴史―
　17世紀）‥‥‥‥‥‥‥‥‥‥‥68
イギリス（金融政策）‥‥‥‥‥‥‥68
イギリス（景観計画）‥‥‥‥‥‥‥68
イギリス（経済―歴史）‥‥‥‥‥‥68
イギリス（経済学―歴史）‥‥‥‥‥68
イギリス（芸術―歴史―17世紀）‥‥‥68
イギリス（芸術―歴史―チュードル王
　朝時代〔1485～1603〕）‥‥‥‥‥68
イギリス（芸術―歴史―ロンドン）‥‥69
イギリス（芸術教育―歴史―近代）‥‥69
イギリス（芸能人）‥‥‥‥‥‥‥‥69
イギリス（契約法）‥‥‥‥‥‥‥‥69
イギリス（幻想文学）‥‥‥‥‥‥‥69
イギリス（建築―歴史）‥‥‥‥‥‥69
イギリス（公共サービス）‥‥‥‥‥69
イギリス（工芸美術―図集）‥‥‥‥69
イギリス（交通政策）‥‥‥‥‥‥‥69
イギリス（公的扶助）‥‥‥‥‥‥‥69
イギリス（高等教育―歴史）‥‥‥‥69
イギリス（公民教育）‥‥‥‥‥‥‥69
イギリス（高齢者）‥‥‥‥‥‥‥‥69
イギリス（高齢者福祉）‥‥‥‥‥‥69
イギリス（港湾―歴史―ブリストル）‥69
イギリス（国債―歴史―19世紀）‥‥‥70
イギリス（国際投資―歴史―19世紀）‥70
イギリス（国際投資―歴史―20世紀）‥70
イギリス（サッカー）‥‥‥‥‥‥‥70
イギリス（サッカー―歴史）‥‥‥‥70
イギリス（殺人）‥‥‥‥‥‥‥‥‥70
イギリス（左翼）‥‥‥‥‥‥‥‥‥70
イギリス（産業クラスター―ケンブ
　リッジ）‥‥‥‥‥‥‥‥‥‥‥70
イギリス（社会）‥‥‥‥‥‥‥‥‥70
イギリス（社会―歴史―18世紀）‥‥‥70
イギリス（社会―歴史―1945～）‥‥‥70
イギリス（社会―歴史―19世紀）‥‥‥70
イギリス（社会―歴史―20世紀）‥‥‥70
イギリス（社会調査―歴史―20世紀）‥70

イギリス（社会的養護）‥‥‥‥‥‥70
イギリス（社会保険）‥‥‥‥‥‥‥70
イギリス（社会保障）‥‥‥‥‥‥‥70
イギリス（ジャーナリズム）‥‥‥‥70
イギリス（宗教―歴史）‥‥‥‥‥‥70
イギリス（従軍看護婦―歴史―20世
　紀）‥‥‥‥‥‥‥‥‥‥‥‥‥71
イギリス（樹木）‥‥‥‥‥‥‥‥‥71
イギリス（障害児教育）‥‥‥‥‥‥71
イギリス（証券市場）‥‥‥‥‥‥‥71
イギリス（肖像画―歴史）‥‥‥‥‥71
イギリス（食生活―歴史―ヴィクトリ
　ア女王時代）‥‥‥‥‥‥‥‥‥71
イギリス（植民地―北アメリカ―歴
　史）‥‥‥‥‥‥‥‥‥‥‥‥‥71
イギリス（食糧政策―歴史―20世紀）‥71
イギリス（女性―歴史―19世紀）‥‥‥71
イギリス（女性労働―歴史―20世紀）‥71
イギリス（女性労働者―歴史―20世
　紀）‥‥‥‥‥‥‥‥‥‥‥‥‥71
イギリス（スポーツ）‥‥‥‥‥‥‥71
イギリス（生活）‥‥‥‥‥‥‥‥‥71
イギリス（政治）‥‥‥‥‥‥‥‥‥71
イギリス（政治―歴史―1945～）‥‥‥71
イギリス（政治思想）‥‥‥‥‥‥‥71
イギリス（政治思想―歴史―18世紀）‥71
イギリス（租税制度―歴史）‥‥‥‥71
イギリス（大学）‥‥‥‥‥‥‥‥‥71
イギリス（多文化教育）‥‥‥‥‥‥72
イギリス（男女共同参画）‥‥‥‥‥72
イギリス（地図―歴史―1485～1642）‥72
イギリス（地方公務員）‥‥‥‥‥‥72
イギリス（通貨政策―歴史―1914～
　1945）‥‥‥‥‥‥‥‥‥‥‥‥72
イギリス（通貨政策―歴史―1945～）‥72
イギリス（鉄道―歴史）‥‥‥‥‥‥72
イギリス（陶磁器）‥‥‥‥‥‥‥‥72
イギリス（都市計画―歴史―ブリスト
　ル）‥‥‥‥‥‥‥‥‥‥‥‥‥72
イギリス（取調べ）‥‥‥‥‥‥‥‥72
イギリス（日系企業）‥‥‥‥‥‥‥72
イギリス（農村―歴史―近代）‥‥‥‥72
イギリス（博覧会―歴史―19世紀）‥‥72
イギリス（博覧会―歴史―20世紀）‥‥72
イギリス（美術）‥‥‥‥‥‥‥‥‥72
イギリス（貧困―歴史―20世紀）‥‥‥72
イギリス（風俗・習慣―歴史）‥‥‥72
イギリス（風俗・習慣―歴史―18世
　紀）‥‥‥‥‥‥‥‥‥‥‥‥‥72
イギリス（文化）‥‥‥‥‥‥‥‥‥72
イギリス（文化―便覧）‥‥‥‥‥‥72
イギリス（文化―歴史―ヴィクトリア
　女王時代）‥‥‥‥‥‥‥‥‥‥72
イギリス（文学者）‥‥‥‥‥‥‥‥72
イギリス（文学と政治―歴史―17世
　紀）‥‥‥‥‥‥‥‥‥‥‥‥‥73
イギリス（弁護士）‥‥‥‥‥‥‥‥73
イギリス（貿易―カナダ―歴史）‥‥‥73
イギリス（法制史）‥‥‥‥‥‥‥‥73
イギリス（マスメディア）‥‥‥‥‥73
イギリス（昔話―スコットランド）‥‥73
イギリス（幽霊―ロンドン）‥‥‥‥73
イギリス（ラグビー―歴史）‥‥‥‥73
イギリス（歴史）‥‥‥‥‥‥‥‥‥73
イギリス（歴史―1399～1485）‥‥‥73
イギリス（歴史―1945～）‥‥‥‥‥73

イギリス（歴史―19世紀）‥‥‥‥‥‥73
イギリス（歴史―20世紀）‥‥‥‥‥‥73
イギリス（歴史小説―歴史―ヴィクト
　リア女王時代）‥‥‥‥‥‥‥‥73
イギリス連邦（歴史）‥‥‥‥‥‥‥73
生田　勝義〔1944～〕‥‥‥‥‥‥‥73
生田　長江〔1882～1936〕‥‥‥‥‥74
生田神社〔神戸市〕‥‥‥‥‥‥‥‥74
イーグルス‥‥‥‥‥‥‥‥‥‥‥74
IKEA‥‥‥‥‥‥‥‥‥‥‥‥‥74
池上　季実子〔1959～〕‥‥‥‥‥‥74
池田〔家〕〔岡山市〕‥‥‥‥‥‥‥74
池田〔家〕〔鳥取市〕‥‥‥‥‥‥‥74
井桁　貞義〔1948～〕‥‥‥‥‥‥‥74
池田　重子‥‥‥‥‥‥‥‥‥‥‥74
池田　澄子〔1936～〕‥‥‥‥‥‥‥74
池田　草庵〔1812～1878〕‥‥‥‥‥74
池田　大作〔1928～〕‥‥‥‥‥‥‥74
池田　綱政〔1638～1714〕‥‥‥‥‥74
池田　利夫〔1931～2012〕‥‥‥‥‥74
池田　徳孝〔1976～〕‥‥‥‥‥‥‥75
池田　勇人〔1899～1965〕‥‥‥‥‥75
池田高等学校野球部‥‥‥‥‥‥‥75
池田市（遺跡・遺物）‥‥‥‥‥‥‥75
池田市（殺人）‥‥‥‥‥‥‥‥‥‥75
池田市（住宅建築―歴史）‥‥‥‥‥75
池田市（醸造業―歴史―史料）‥‥‥75
池田市（年貢―歴史―史料）‥‥‥‥75
池田市（歴史）‥‥‥‥‥‥‥‥‥‥75
池田市（歴史―史料）‥‥‥‥‥‥‥75
池田小学校〔池田市立〕‥‥‥‥‥‥75
池田町〔岐阜県〕（歴史―史料―書目）‥75
池田町〔長野県〕（行政）‥‥‥‥‥75
池波　正太郎〔1923～1990〕‥‥‥‥75
生駒市（介護福祉）‥‥‥‥‥‥‥‥75
生駒市（交通―歴史）‥‥‥‥‥‥‥75
生駒市（高齢者福祉）‥‥‥‥‥‥‥75
石井　一久〔1973～〕‥‥‥‥‥‥‥75
石井　志都子〔1942～〕‥‥‥‥‥‥75
石井　修三〔　～1857〕‥‥‥‥‥‥75
石井　隆匡〔1924～1991〕‥‥‥‥‥75
石井　琢朗〔1970～〕‥‥‥‥‥‥‥75
石井　筆子〔1861～1944〕‥‥‥‥‥75
石井　桃子〔1907～2008〕‥‥‥‥‥75
石井　露月〔1873～1928〕‥‥‥‥‥76
石岡　好憲〔1927～〕‥‥‥‥‥‥‥76
石岡市（遺跡・遺物）‥‥‥‥‥‥‥76
石垣市（遺跡・遺物）‥‥‥‥‥‥‥76
石垣市（医療）‥‥‥‥‥‥‥‥‥‥76
石垣市（歴史―史料）‥‥‥‥‥‥‥76
石狩市（教育）‥‥‥‥‥‥‥‥‥‥76
石川　雲蝶〔1814～1883〕‥‥‥‥‥76
石川　淳〔1899～1987〕‥‥‥‥‥‥76
石川　鷹彦‥‥‥‥‥‥‥‥‥‥‥76
石川　啄木〔1885～1912〕‥‥‥‥‥76
石川県‥‥‥‥‥‥‥‥‥‥‥‥‥76
石川県（雨乞）‥‥‥‥‥‥‥‥‥‥76
石川県（遺跡・遺物―金沢市）‥‥‥76
石川県（遺跡・遺物―小松市）‥‥‥77
石川県（遺跡・遺物―七尾市）‥‥‥77
石川県（遺跡・遺物―野々市市）‥‥77
石川県（遺跡・遺物―能美市）‥‥‥77
石川県（遺跡・遺物―白山市）‥‥‥77
石川県（遺跡・遺物―保存・修復―金
　沢市）‥‥‥‥‥‥‥‥‥‥‥‥77

日本件名図書目録2014　Ⅰ
イタリア

石川県（遺跡・遺物―保存・修復―羽
　咋市）……………………………77
石川県（遺跡・遺物―輪島市）………77
石川県（衛生―統計）…………………77
石川県（衛生行政）……………………77
石川県（観光開発―白山市―歴史）…77
石川県（企業）…………………………77
石川県（紀行・案内記―金沢市）……77
石川県（漁業）…………………………77
石川県（軍事基地―内灘町）…………77
石川県（建設業）………………………77
石川県（建設行政）……………………77
石川県（県民性）………………………78
石川県（工業―統計）…………………78
石川県（工芸美術）……………………78
石川県（財産評価）……………………78
石川県（財政）…………………………78
石川県（祭礼―七尾市）………………78
石川県（山菜）…………………………78
石川県（寺院建築―保存・修復―金沢
　市）……………………………78
石川県（史跡名勝―金沢市）…………78
石川県（写真集）………………………78
石川県（商業）…………………………78
石川県（商店街―金沢市―歴史）……78
石川県（食物）…………………………78
石川県（書目）…………………………78
石川県（人口）…………………………78
石川県（新田開発）……………………78
石川県（森林）…………………………78
石川県（水質汚濁）……………………78
石川県（選挙―統計）…………………78
石川県（地域開発―金沢市）…………78
石川県（力石）…………………………78
石川県（地誌―金沢市）………………78
石川県（地質）…………………………78
石川県（地方選挙）……………………78
石川県（蝶―写真集）…………………78
石川県（庭園―保存・修復―能登町）…78
石川県（電気事業）……………………78
石川県（土壌汚染）……………………78
石川県（図書館）………………………78
石川県（日本料理）……………………79
石川県（美術教育―金沢市）…………79
石川県（風俗・習慣―小松市）………79
石川県（風俗・習慣―珠洲市）………79
石川県（風俗・習慣―白山市）………79
石川県（文化活動）……………………79
石川県（防災計画―金沢市）…………79
石川県（町屋―保存・修復―金沢市）…79
石川県（民家―保存・修復―輪島市）…79
石川県（名簿）…………………………79
石川県（有料道路―歴史）……………79
石川県（歴史）…………………………79
石川県（歴史―金沢市）………………79
石川県（歴史―写真集）………………79
石川県（歴史―史料）…………………79
石川県（歴史―史料―書目）…………79
石川県（歴史―史料―書目―輪島市）…79
石川県（歴史―七尾市）………………79
石川県（路線価）………………………79
石川県工業試験場………………………80
石川県立金沢錦丘高等学校……………80
石川県立看護大学附属地域ケア総合セ
　ンター……………………………80
石川県立大学……………………………80

石川県輪島漆芸美術館…………………80
石川町〔福島県〕（鉱物）……………80
石川町〔福島県〕（歴史―史料―書目）…80
石黒　宗麿〔1893～1968〕…………80
石坂産業株式会社………………………80
石田　敏子〔1925～　〕……………80
石田　梅巌〔1685～1744〕…………80
石田　波郷〔1913～1969〕…………80
石田　久〔1936～　〕………………80
石田　三成〔1560～1600〕…………80
石巻市（仮設住宅）……………………80
石巻市（災害復興）……………………80
石巻市（地域開発）……………………80
石巻市（地域経済）……………………80
石巻市（津波）…………………………80
石巻市（東日本大震災〔2011〕―被害）…80
石巻市（東日本大震災〔2011〕―被害
　―写真集）………………………81
石巻市（被災者支援）…………………81
石巻市（無形文化財―情報サービス）…81
石巻市（料理店）………………………81
石巻商工会議所…………………………81
石巻市立大川小学校……………………81
石巻専修大学……………………………81
石ノ森　章太郎〔1938～1998〕……81
石破　茂〔1957～　〕………………81
石橋　湛山〔1884～1973〕…………81
石橋　信夫〔1921～2003〕…………81
石原　莞爾〔1886～1949〕…………81
石原　俊介〔1942～2013〕…………81
石原　慎太郎〔1932～　〕…………81
石原時計店………………………………81
石原プロモーション……………………81
石丸　安世〔1834～1902〕…………81
石丸神明宮〔砺波市〕…………………81
石牟礼　道子〔1927～　〕…………81
石原　吉郎〔1915～1977〕…………81
いすゞ自動車株式会社…………………82
イスタンブール（紀行・案内記）……82
井筒　俊彦〔1914～1993〕…………82
伊豆の国市（防災計画）………………82
イズミ……………………………………82
泉　鏡花〔1873～1939〕……………82
泉　常次郎〔　～1978〕……………82
和泉　由紀〔1931～　〕……………82
泉大津市（遺跡・遺物）………………82
泉大津市（写真集）……………………82
泉大津市（歴史―史料―書目）………82
いすみ市（エネルギー政策）…………82
出水市（遺跡・遺物）…………………82
出水市（鶴―保護）……………………82
出水市（歴史―史料）…………………82
和泉市（遺跡・遺物）…………………82
和泉市（小学校―歴史）………………82
和泉市（歴史―史料）…………………82
泉の台保育園……………………………82
出雲市（遺跡・遺物）…………………82
出雲市（観光事業―歴史）……………82
出雲市（古墳）…………………………82
出雲市（書目―解題）…………………83
出雲大社〔出雲市〕……………………83
出雲の阿国………………………………83
イスラエル（外国関係―アメリカ合衆
　国）………………………………83
イスラエル（紀行・案内記）…………83
イスラエル（宗教―歴史）……………83

イスラエル（情報機関）………………83
イスラエル（歴史―古代）……………83
イスラム圏（外国関係）………………83
イスラム圏（紀行・案内記）…………83
イスラム圏（キリスト教徒）…………83
イスラム圏（国際投資〔日本〕）……83
イスラム圏（社会）……………………83
イスラム圏（少数者集団）……………83
イスラム圏（情報化社会）……………83
イスラム圏（食品工業）………………83
イスラム圏（女性問題）………………84
イスラム圏（政治）……………………84
イスラム圏（政治思想）………………84
イスラム圏（図書―歴史）……………84
イスラム圏（歴史）……………………84
イスラム国………………………………84
伊勢崎市（遺跡・遺物）………………84
伊勢崎市（障害者福祉）………………84
伊勢市（遺跡・遺物）…………………84
伊勢市（行政）…………………………84
伊勢市（地域社会）……………………84
伊勢市（図書館建築―保存・修復）…84
伊勢志摩………………………………84
伊勢神宮〔伊勢市〕……………………85
伊勢原市（遺跡・遺物）………………85
伊勢原市（史跡名勝）…………………85
伊勢原市（文化財）……………………86
伊勢湾…………………………………86
伊仙町〔鹿児島県〕（遺跡・遺物）…86
磯崎　新〔1931～　〕………………86
板尾　創路………………………………86
板垣　雄三〔1931～　〕……………86
板倉　武子………………………………86
伊丹市（遺跡・遺物）…………………86
伊丹市（協働〔行政〕）………………86
伊丹市（自然保護）……………………86
伊丹市（生物多様性）…………………86
伊丹市（男女共同参画）………………86
伊丹市（地名―歴史）…………………86
伊丹市立美術館…………………………86
板柳町〔青森県〕（漆工芸―歴史）…86
イタリア（医療）………………………86
イタリア（絵画―画集）………………86
イタリア（絵画―画集―トスカーナ
　州）………………………………86
イタリア（絵画―歴史）………………86
イタリア（紀行・案内記）……………86
イタリア（教育）………………………86
イタリア（教会建築）…………………87
イタリア（協同組合）…………………87
イタリア（君主政治）…………………87
イタリア（軍用機）……………………87
イタリア（経済）………………………87
イタリア（建築―歴史―1914～1945）…87
イタリア（公文書）……………………87
イタリア（サッカー）…………………87
イタリア（社会福祉）…………………87
イタリア（出版―歴史―ベネチア）…87
イタリア（障害児教育）………………87
イタリア（生活協同組合）……………87
イタリア（精神衛生）…………………87
イタリア（世界遺産）…………………87
イタリア（都市計画―トリノ）………87
イタリア（都市計画―歴史―ベネチ
　ア）………………………………87
イタリア（都市再開発―トリノ）……87

（15）

イタリア（美術―歴史）……………87	伊藤 清〔1945～ 〕………………91	茨城キリスト教学園中学校……………93
イタリア（美術―歴史―15世紀）……87	伊藤 邦幸〔1931～1993〕…………91	茨城県………………………………93
イタリア（美術―歴史―16世紀）……88	伊藤 圭介〔1803～1901〕…………91	茨城県（遺跡・遺物―石岡市）………93
イタリア（美術家）………………88	伊東 玄朴〔1800～1871〕…………91	茨城県（遺跡・遺物―稲敷市）………93
イタリア（ファシズム）…………88	伊藤 若冲〔1716～1800〕…………91	茨城県（遺跡・遺物―牛久市）………93
イタリア（服装―歴史）…………88	伊藤 信徳〔1633～1698〕…………91	茨城県（遺跡・遺物―小美玉市）……93
イタリア（文化政策―歴史―ベネチ	伊藤 末治郎〔1932～ 〕…………91	茨城県（遺跡・遺物―かすみがうら市）…93
ア）………………………………88	伊藤 聡美〔1937～ 〕……………91	茨城県（遺跡・遺物―古河市）………93
イタリア（文書館）………………88	伊藤 緻誉乎〔1949～ 〕…………91	茨城県（遺跡・遺物―桜川市）………93
イタリア（歴史）…………………88	伊藤 伝右衛門〔1860～1947〕……91	茨城県（遺跡・遺物―下妻市）………93
イタリア（歴史教育）……………88	伊東 豊雄〔1941～ 〕……………91	茨城県（遺跡・遺物―つくば市）……93
イタリア（ワイン）………………88	伊東 正義〔1913～1994〕…………91	茨城県（遺跡・遺物―土浦市）………94
イタリア〔南部〕（フレスコ―保存・	伊藤鞄製作所………………………91	茨城県（遺跡・遺物―取手市）………94
修復）……………………………88	伊東市（歴史―史料）……………91	茨城県（遺跡・遺物―坂東市）………94
市井 紗耶香〔1983～ 〕…………88	伊藤内科医院………………………91	茨城県（遺跡・遺物―常陸太田市）…94
市貝町〔栃木県〕（遺跡・遺物）……88	糸賀 一雄〔1914～1968〕…………91	茨城県（遺跡・遺物―常陸大宮市）…94
市川〔兵庫県〕……………………88	糸島市（遺跡・遺物）……………91	茨城県（遺跡・遺物―日立市）………94
市川 兼三〔1944～ 〕……………88	糸原 久恵〔1951～ 〕……………91	茨城県（遺跡・遺物―ひたちなか市）…94
市川 金次郎〔1925～ 〕…………89	糸満市（教育行政）………………91	茨城県（遺跡・遺物―水戸市）………94
市川 団十郎〔7代目 1791～1859〕…89	糸満市（社会福祉）………………91	茨城県（衛生―統計）……………94
市川 房枝〔1893～1981〕…………89	糸満市（風俗・習慣）……………91	茨城県（学徒勤労動員）…………94
市川 雷蔵〔1931～1969〕…………89	稲垣 孝二〔1922～1945〕…………91	茨城県（学校図書館）……………94
市川市（遺跡・遺物）……………89	稲垣 米太郎〔1920～1943〕………91	茨城県（家庭用電気製品―リサイク
市川市（高齢者）…………………89	猪名川広域水道事務所……………91	ル）………………………………94
市川市（社会福祉）………………89	猪名川町〔兵庫県〕（遺跡・遺物）……91	茨城県（家庭用電気製品―リサイクル
市川市（写真集）…………………89	稲城市（子育て支援）……………91	―土浦市）………………………94
市川市（神社）……………………89	稲沢市（遺跡・遺物）……………92	茨城県（環境教育）………………95
市川市（バリアフリー〔交通〕）……89	稲沢市（遺跡・遺物―保存・修復）……92	茨城県（環境行政―つくば市）………95
市川市（風俗・習慣）……………89	稲沢市（写真集）…………………92	茨城県（環境行政―水戸市）…………95
市川市（墳墓）……………………89	伊那市（歴史）……………………92	茨城県（行政―高萩市）…………95
市川市（墓地）……………………89	稲敷市（遺跡・遺物）……………92	茨城県（行政―水戸市）…………95
市川市（歴史）……………………89	伊那食品工業株式会社……………92	茨城県（行政―世論）……………95
市川市（歴史―史料）……………89	稲葉 篤紀………………………92	茨城県（原子力行政）……………95
一条〔家〕〔高知県窪川町〕…………89	いなべ市（鉄道災害）……………92	茨城県（原子力災害―防災）…………95
一乗院〔和歌山県高野町〕…………89	いなべ市（農業水利）……………92	茨城県（原子力発電所―東海村）……95
一関市（遺跡・遺物）……………89	稲盛 和夫〔1932～ 〕……………92	茨城県（工業政策―那珂市）…………95
一関市（写真集）…………………89	犬山市（遺跡・遺物）……………92	茨城県（交通―歴史）……………95
一関市（風俗・習慣）……………89	犬山市（紙幣―歴史）……………92	茨城県（公文書）…………………95
一関市（文化財）…………………89	犬山市（地方自治）………………92	茨城県（高齢者―常陸太田市）………95
一戸 直蔵〔1877～1920〕…………89	犬山城………………………………92	茨城県（高齢者福祉―つくば市）……95
一戸町〔岩手県〕（歴史―史料）……89	猪野 正明〔1951～2013〕…………92	茨城県（古墳―土浦市）…………95
市原刑務所…………………………89	伊能 忠敬〔1745～1818〕…………92	茨城県（災害復興―神栖市）…………95
市原市（遺跡・遺物）……………89	いのうえ……………………………92	茨城県（災害復興―ひたちなか市）…95
市原市（行政）……………………90	井上〔氏〕…………………………92	茨城県（祭礼―土浦市）…………95
市原市（行政改革）………………90	井上 円了〔1858～1919〕…………92	茨城県（殺人―土浦市）…………95
市原市（産業政策）………………90	井上 理〔1978～ 〕………………92	茨城県（サービス産業）…………95
市原市（選挙―統計）……………90	井上 馨〔1835～1915〕……………92	茨城県（産業―歴史―常陸太田市）…95
市原市（歴史―史料）……………90	井上 和子〔1927～ 〕……………92	茨城県（社会福祉）………………95
市村 清〔1900～1968〕……………90	井上 庚〔1930～ 〕………………92	茨城県（社会福祉―鉾田市）…………95
市村 宏〔1904～1989〕……………90	井上 井月〔1822～1887〕…………92	茨城県（住宅建築―保存・修復―ひた
イチロー〔1973～ 〕……………90	井上 尚弥〔1993～ 〕……………93	ちなか市）………………………95
五木村〔熊本県〕（遺跡・遺物）……90	井上 ひさし〔1934～2010〕………93	茨城県（宿駅）……………………95
五木村〔熊本県〕（祭礼―写真集）……90	井上 正彦〔1944～ 〕……………93	茨城県（商業政策―那珂市）…………95
厳島…………………………………90	井上 守〔1936～1998〕……………93	茨城県（書目）……………………95
厳島神社〔廿日市市〕………………90	井上 靖〔1907～1991〕……………93	茨城県（城跡―保存・修復―笠間市）…95
一灯園………………………………90	井上 義江〔 ～2013〕……………93	茨城県（人口―統計―水戸市）………95
井手 教義〔1937～ 〕……………90	井上 芳雄…………………………93	茨城県（震災予防）………………95
井手町〔京都府〕（遺跡・遺物）……90	井上眼科病院………………………93	茨城県（スポーツ振興基本計画―つく
出光 佐三〔1885～1981〕…………90	伊野商業高等学校〔高知県立〕……93	ば市）……………………………95
糸魚川市（遺跡・遺物）…………90	猪瀬 直樹〔1946～ 〕……………93	茨城県（石塔―那珂市）…………96
糸魚川市（エネルギー政策）………90	いの町〔高知県〕（遺跡・遺物）……93	茨城県（石仏―土浦市）…………96
糸魚川市（地質）…………………90	伊庭 八郎〔1843～1869〕…………93	茨城県（石仏―那珂市）…………96
糸魚川市議会………………………90	井端 弘和〔1975～ 〕……………93	茨城県（選挙―統計）……………96
伊東〔氏〕…………………………91	井原 西鶴〔1642～1693〕…………93	茨城県（淡水生物）………………96
イトウ，S.〔1924～ 〕……………91	茨木 のり子〔1926～2006〕………93	茨城県（地域開発）………………96
伊藤 熹朔〔1899～1967〕…………91	茨城キリスト教学園高等学校…………93	茨城県（地域社会―常陸太田市）……96

茨城県（地誌）................................96
茨城県（地誌—つくば市）..............96
茨城県（地方選挙）........................96
茨城県（地名—水戸市）..................96
茨城県（津波）................................96
茨城県（鉄道）................................96
茨城県（伝記）................................96
茨城県（伝記—笠間市）..................96
茨城県（伝記—常総市）..................96
茨城県（伝記—高萩市）..................96
茨城県（伝記—常陸太田市）..........96
茨城県（道標—守谷市）..................96
茨城県（道路）................................96
茨城県（図書館協力）....................96
茨城県（鳥—かすみがうら市）......96
茨城県（鳥—水戸市）....................96
茨城県（二酸化炭素—排出抑制—鹿嶋
　市）..96
茨城県（農業水利—水戸市—歴史）.......96
茨城県（博物誌）............................96
茨城県（PR—水戸市）....................96
茨城県（東日本大震災〔2011〕—被害
　—神栖市）....................................96
茨城県（被災者支援—ひたちなか市）..96
茨城県（美術—図集）....................96
茨城県（風害）................................97
茨城県（風水害—防災）................97
茨城県（福島第一原発事故〔2011〕—
　被害）..97
茨城県（文化財）............................97
茨城県（文化財—常陸大宮市）......97
茨城県（ペット—保護）................97
茨城県（方言）................................97
茨城県（防災計画）........................97
茨城県（ボランティア活動）........97
茨城県（マイクログリッド—鹿嶋市）....97
茨城県（民間社会福祉事業—つくば
　市）..97
茨城県（名簿）................................97
茨城県（歴史）................................97
茨城県（歴史—写真集）................97
茨城県（歴史—常総市）................97
茨城県（歴史—史料—書目）........97
茨城県（歴史—史料—書目—土浦市）....97
茨城県（歴史—史料—土浦市）....97
茨城県（歴史—史料—取手市）....97
茨城県（歴史—史料—常陸大宮市）....97
茨城県（歴史—日立市）................97
茨城県自然博物館............................97
茨城県自然博物館友の会................97
茨城工業高等専門学校....................97
茨木市（遺跡・遺物）....................97
茨木市（教育行政）........................98
茨木市（歴史—史料）....................98
茨城町立青葉中学校........................98
井原町（方言）................................98
揖斐川町〔岐阜県〕（写真集）......98
井深 八重〔1897～1989〕............98
伊吹 留香〔1980～ 〕..................98
伊吹山..98
伊福部 昭〔1914～2006〕............98
指宿市（遺跡・遺物）....................98
井伏 鱒二〔1898～1993〕............98
今井 正〔1912～1991〕................98
今井 華〔1992～ 〕......................98
今井田 勲〔1915～1989〕............98

今川〔氏〕..98
今里 隆〔1928～ 〕......................98
今田 美奈子〔1935～ 〕..............98
今西 錦司〔1902～1992〕............98
今治市（遺跡・遺物）....................98
伊万里市（地誌）............................98
IMALU〔1989～ 〕........................98
忌野 清志郎〔1951～2009〕........98
射水市（遺跡・遺物）....................98
射水市（祭礼）................................98
射水市（山車）................................99
井山 裕太〔1989～ 〕..................99
EU →欧州連合を見よ
伊予市（遺跡・遺物）....................99
イラク（外国関係—アメリカ合衆国）...99
イラク（社会）................................99
イラク（政治）................................99
伊良部 秀輝〔1969～2011〕........99
イラン（イスラム教育）................99
イラン（映画—歴史—1945～）....99
イラン（外国関係）........................99
イラン（議会）................................99
イラン（技術援助〔日本〕）........99
イラン（社会）................................99
イラン（社会—歴史—1945～）....99
イラン（宗教）................................99
イラン（政治）................................99
イラン（政治—歴史—1945～）....99
入江 雄三〔1930～ 〕..................99
西表島..99
入来 祐作〔1972～ 〕..................99
イリス商会..99
イリノイ州（社会）........................99
入間市（遺跡・遺物）....................99
入間市（衛生行政）........................99
入間市（感染症対策）....................99
入間市（社会福祉）........................99
入間市（写真集）............................99
入間市博物館....................................99
岩井 希久子〔1955～ 〕..............99
岩泉町〔岩手県〕（遺跡・遺物）........99
岩泉町〔岩手県〕（災害復興）....100
岩男 潤子..100
岩上 力〔1947～ 〕....................100
岩城 賢〔1936～ 〕....................100
岩木山..100
いわき市（遺跡・遺物）..............100
いわき市（児童福祉）..................100
いわき市（被災者支援）..............100
いわき市（歴史）..........................100
いわき地域復興センター..............100
岩国市（石油コンビナート）......100
岩国市（歴史）..............................100
岩国藩..100
岩隈 久志..100
岩倉 政治〔1903～2000〕..........100
岩佐 又兵衛〔1578～1650〕......100
岩崎〔氏〕......................................100
岩崎 岩男〔1946～2013〕..........100
岩崎 清七〔1865～1946〕..........100
岩崎 太郎〔1921～ 〕................100
岩崎 ちひろ〔1918～1974〕......100
岩崎 夏海..101
岩崎 弥太郎〔1834～1885〕......101
岩宿遺跡..101
岩瀬 大輔..101

岩瀬 英子〔1926～ 〕................101
磐田市（遺跡・遺物）..................101
磐田市（歴史—史料）..................101
岩館 真理子〔1957～ 〕............101
岩手経済同友会..............................101
岩手県..101
岩手県（遺跡・遺物）..................101
岩手県（遺跡・遺物—一関市）..101
岩手県（遺跡・遺物—奥州市）..101
岩手県（遺跡・遺物—釜石市）..101
岩手県（遺跡・遺物—北上市）..101
岩手県（遺跡・遺物—久慈市）..102
岩手県（遺跡・遺物—滝沢市）..102
岩手県（遺跡・遺物—遠野市）..102
岩手県（遺跡・遺物—宮古市）..102
岩手県（遺跡・遺物—盛岡市）..102
岩手県（医療）..............................102
岩手県（衛生行政）......................102
岩手県（エネルギー政策—野田村）..102
岩手県（絵画〔日本〕—画集）..102
岩手県（開拓）..............................102
岩手県（学習指導—初等教育）..102
岩手県（学習指導—中等教育）..102
岩手県（学校）..............................102
岩手県（学校—大槌町）..............102
岩手県（環境教育）......................102
岩手県（議会—名簿）..................102
岩手県（紀行・案内記）..............102
岩手県（行政—名簿）..................102
岩手県（郷土舞踊）......................103
岩手県（金工—図集）..................103
岩手県（金石・金石文）..............103
岩手県（警察）..............................103
岩手県（下水道）..........................103
岩手県（健康管理—西和賀町—歴史）..103
岩手県（建設業）..........................103
岩手県（工業—統計）..................103
岩手県（洪水）..............................103
岩手県（公文書）..........................103
岩手県（公文書—保存・修復—陸前高
　田市）..103
岩手県（公民館）..........................103
岩手県（災害医療）......................103
岩手県（災害救助）......................103
岩手県（災害復興）......................103
岩手県（災害復興—岩泉町）......103
岩手県（災害復興—大槌町）......103
岩手県（災害復興—大船渡市）..104
岩手県（災害復興—釜石市）......104
岩手県（災害復興—歴史）..........104
岩手県（山村—歴史）..................104
岩手県（自然地理—宮古市）......104
岩手県（自然地理—山田町）......104
岩手県（自然保護—金ケ崎町）..104
岩手県（社会教育施設—盛岡市）..104
岩手県（社会福祉施設）..............104
岩手県（写真集—一関市）..........104
岩手県（住宅建築）......................104
岩手県（障害者福祉）..................104
岩手県（女性問題）......................104
岩手県（書目）..............................104
岩手県（震災予防）......................104
岩手県（森林）..............................104
岩手県（スマートシティ—釜石市）....104
岩手県（精神衛生）......................104

岩手県（生物多様性―金ケ崎町）……104
岩手県（選挙―統計）……104
岩手県（大工）……104
岩手県（地域開発）……104
岩手県（地域開発―大槌町）……105
岩手県（地域社会―大船渡市）……105
岩手県（地域社会開発）……105
岩手県（地域情報化―山田町）……105
岩手県（地域包括ケア）……105
岩手県（地誌）……105
岩手県（地誌―奥州市）……105
岩手県（地誌―二戸市）……105
岩手県（地方公務員）……105
岩手県（中学校）……105
岩手県（津波）……105
岩手県（津波―釜石市）……105
岩手県（津波―宮古市―歴史）……105
岩手県（津波―陸前高田市）……105
岩手県（伝説―遠野市）……105
岩手県（土器）……105
岩手県（都市―歴史）……105
岩手県（都市計画）……105
岩手県（土壌汚染）……105
岩手県（図書館―大槌町）……105
岩手県（農村生活―盛岡市）……105
岩手県（発電計画―久慈市）……105
岩手県（発電計画―雫石町）……105
岩手県（東日本大震災〔2011〕―被害）……105
岩手県（東日本大震災〔2011〕―被害―大槌町）……105
岩手県（東日本大震災〔2011〕―被害―釜石市）……105
岩手県（東日本大震災〔2011〕―被害―釜石市―写真集）……106
岩手県（東日本大震災〔2011〕―被害―野田村）……106
岩手県（東日本大震災〔2011〕―被害―宮古市）……106
岩手県（東日本大震災〔2011〕―被害―山田町）……106
岩手県（東日本大震災〔2011〕―被害―陸前高田市）……106
岩手県（東日本大震災〔2011〕―被害―陸前高田市―写真集）……106
岩手県（被災者支援）……106
岩手県（被災者支援―宮古市）……106
岩手県（風俗・習慣―一関市）……106
岩手県（風俗・習慣―陸前高田市）……106
岩手県（風俗・習慣―歴史―大船渡市）……106
岩手県（プロテスタント教会―社会事業）……106
岩手県（文化遺産―平泉町）……106
岩手県（文化財―一関市）……106
岩手県（文化財―花巻市）……106
岩手県（文化財―保存・修復）……106
岩手県（方言―田野畑村―辞書）……106
岩手県（防災教育〔学校〕）……106
岩手県（民間伝承―遠野市）……106
岩手県（民謡）……106
岩手県（昔話―遠野市）……106
岩手県（名簿）……106
岩手県（洋館―盛岡市）……107
岩手県（歴史―大船渡市）……107
岩手県（歴史―北上市）……107

岩手県（歴史―史料―奥州市）……107
岩手県（歴史―史料―久慈市）……107
岩手県（歴史―史料―花巻市）……107
岩手県（湧き水―大槌町）……107
岩手県医師会……107
岩手県交通安全協会……107
岩手県中学校長会……107
岩手県山田町北浜老人クラブ……107
岩手県ユネスコ協会連盟……107
岩手県立大学社会福祉学部……107
岩手大学……107
岩手大学農学部……107
岩手中高等学校囲碁将棋部……107
岩間温泉……107
岩見 ちゑ〔1920～ 〕……107
石見銀山……107
岩美町〔鳥取県〕（陶磁器）……107
岩本 素白〔1883～1961〕……107
殷〔中国〕（歴史）……107
イングランド銀行……107
印西市（遺跡・遺物）……107
印西市（行政）……108
印西市（男女共同参画）……108
印西市（仏像）……108
International Business Machines Corporation……108
インディテックス社……108
インド（イスラム）……108
インド（医療）……108
インド（外国関係―イギリス―歴史―イギリス統治時代〔1765～1947〕）……108
インド（外国関係―中国）……108
インド（外国関係―日本）……108
インド（カースト―ウッタルプラデーシュ州）……108
インド（環境問題）……108
インド（企業―名簿）……108
インド（紀行・案内記）……108
インド（技術援助〔日本〕）……108
インド（給与）……109
インド（経済）……109
インド（経済―歴史―1947～）……109
インド（経済援助〔日本〕）……109
インド（経済成長）……109
インド（経済法）……109
インド（芸術）……109
インド（言語）……109
インド（言語政策）……109
インド（建築―図集）……109
インド（国際投資〔日本〕）……109
インド（寺院）……109
インド（失業―ウッタルプラデーシュ州）……109
インド（社会）……109
インド（社会集団）……109
インド（消費者）……109
インド（商品流通）……109
インド（食糧問題）……109
インド（初等教育）……109
インド（私立学校）……110
インド（人口）……110
インド（スラム）……110
インド（政治）……110
インド（政治―歴史―イギリス統治時代〔1765～1947〕）……110

インド（青年―ウッタルプラデーシュ州）……110
インド（賎民）……110
インド（知的財産権）……110
インド（鉄道―歴史）……110
インド（電気通信）……110
インド（特許法）……110
インド（ナショナリズム）……110
インド（日系企業）……110
インド（農業）……110
インド（農村）……110
インド（廃棄物処理）……110
インド（売春）……110
インド（貧困）……110
インド（仏教徒）……110
インド（仏教美術―マハーラーシュトラ州）……110
インド（仏像―図集―カジュラーホ〔マディヤプラデーシュ州〕）……111
インド（舞踊）……111
インド（文化）……111
インド（壁画―保存・修復―マハーラーシュトラ州）……111
インド（壁画―マハーラーシュトラ州）……111
インド（マイクロファイナンス）……111
インド（民族運動）……111
インド（リサイクル〔廃棄物〕）……111
インド（歴史―古代）……111
インド（歴史―ムガル朝〔1526～1857〕）……111
インド〔南部〕（国際投資〔日本〕）……111
インド〔北部〕（地域開発）……111
インドシナ戦争〔1946～1954〕……111
インドネシア（3R〔廃棄物〕）……111
インドネシア（イスラム―歴史―20世紀）……111
インドネシア（温室効果ガス―排出抑制）……111
インドネシア（環境行政）……111
インドネシア（環境政策）……111
インドネシア（環境的に持続可能な交通）……112
インドネシア（紀行・案内記）……112
インドネシア（技術援助〔日本〕）……112
インドネシア（給与）……112
インドネシア（漁港―ジャカルタ）……112
インドネシア（軍政―歴史―史料）……112
インドネシア（経済）……112
インドネシア（国際投資〔日本〕）……112
インドネシア（災害復興）……112
インドネシア（災害復興―アチェ州）……112
インドネシア（在留華僑）……112
インドネシア（自動車産業）……112
インドネシア（女性問題）……112
インドネシア（震災）……112
インドネシア（人道支援）……112
インドネシア（水産加工業）……112
インドネシア（政治）……112
インドネシア（政治―歴史―1945～）……112
インドネシア（染織工芸―図集）……112
インドネシア（太平洋戦争〔1941～1945〕）……112
インドネシア（地誌）……112
インドネシア（津波）……112
インドネシア（鉄道）……112

日本件名図書目録2014　Ⅰ　　　　　　　　　　　　　　　　　　　　　　　　　　雲南省

インドネシア（電気機械・器具工業）‥112
インドネシア（日系企業）‥‥‥‥113
インドネシア（農業政策）‥‥‥‥113
インドネシア（廃棄物処理）‥‥‥113
インドネシア（廃棄物処理―ジャカルタ）‥‥‥‥113
インドネシア（文化財保護法）‥‥‥113
インドネシア（民族問題―アチェ州）‥113
インドネシア（リサイクル〔廃棄物〕）‥113
インドネシア（歴史―18世紀）‥‥‥113
インドネシア（歴史―19世紀）‥‥‥113
インド洋‥‥‥113
印旛沼‥‥‥113
斎部 広成〔平安時代〕‥‥‥113

【う】

ウィトゲンシュタイン, L.〔1889～1951〕‥‥‥113
ウィルソン, A.〔1945～2005〕‥‥‥113
ウィルプランニング‥‥‥113
ウィーン〔オーストリア〕（音楽―歴史）‥‥‥113
ウィーン〔オーストリア〕（歌劇）‥‥‥113
ウィーン〔オーストリア〕（文化―歴史）‥‥‥113
ウィーン国立歌劇場‥‥‥113
ウェイツキン, J.‥‥‥113
ウェイリー, A.〔1889～1966〕‥‥‥113
ウェクスラー, J.〔1917～2008〕‥‥‥113
ウェザーリポート‥‥‥113
上杉〔家〕〔米沢市〕‥‥‥113
上杉〔氏〕‥‥‥113
上杉 顕定〔1454～1510〕‥‥‥113
上杉 景勝〔1555～1623〕‥‥‥114
上杉 謙信〔1530～1578〕‥‥‥114
上杉 慎吉〔1878～1929〕‥‥‥114
ウェスレー, J.〔1703～1791〕‥‥‥114
上田〔氏〕‥‥‥114
上田 秋成〔1734～1809〕‥‥‥114
上田 和男〔1944～ 〕‥‥‥114
植田 紳爾〔1933～ 〕‥‥‥114
上田 貞治郎〔1860～1944〕‥‥‥114
上田 宜珍〔1755～1829〕‥‥‥114
上田 若渚〔2000～ 〕‥‥‥114
ウエダ建設‥‥‥114
上田市（遺跡・遺物）‥‥‥114
上田市（家族―歴史）‥‥‥114
上田市（城下町）‥‥‥114
上田市（女性―歴史）‥‥‥114
上田市（水害予防―歴史）‥‥‥114
上田市（石仏―目録）‥‥‥114
上地 完文〔1877～1948〕‥‥‥114
植野 有砂‥‥‥114
上野 喜一郎〔1929～2008〕‥‥‥114
上野 英信〔1923～1987〕‥‥‥114
ウェーバー, A.R.〔1841～1920〕‥‥‥114
ウェーバー, M.〔1864～1920〕‥‥‥114
上原 浩治〔1975～ 〕‥‥‥114
上原 敏〔1910～1944〕‥‥‥114
植村 直己〔1941～1984〕‥‥‥114
ウェールズ（キリスト教―歴史）‥‥‥114
ウェルチ, J.〔1935～ 〕‥‥‥114
魚津市（遺跡・遺物）‥‥‥114
魚津市（自然保護）‥‥‥115
魚津市（生物多様性）‥‥‥115

魚沼市（遺跡・遺物）‥‥‥115
魚沼市（昆虫）‥‥‥115
魚沼市（植物）‥‥‥115
魚沼市（鳥）‥‥‥115
魚沼市（昔話）‥‥‥115
ウォーホル, A.〔1928～1987〕‥‥‥115
ウォーラーステイン, I.M.〔1930～ 〕‥115
ウォール街‥‥‥115
ウォルト・ディズニー・カンパニー‥‥‥115
ウォルト・ディズニー・ワールド‥‥‥115
ウォルマート‥‥‥115
鵜飼 徹定〔1814～1891〕‥‥‥115
鵜飼 春美〔1949～ 〕‥‥‥116
ウガンダ（技術援助〔日本〕）‥‥‥116
ウガンダ（農業機械化）‥‥‥116
宇城市（景観保全）‥‥‥116
宇城市（港湾施設―保存・修復）‥‥‥116
宇城市（文化の景観）‥‥‥116
宇喜多〔氏〕‥‥‥116
うきは市（遺跡・遺物）‥‥‥116
ウクライナ（外国関係―ロシア）‥‥‥116
ウクライナ（強制収容所）‥‥‥116
ウクライナ（政治）‥‥‥116
ウクライナ（チェルノブイリ原発事故〔1986〕―被害）‥‥‥116
ウクライナ（妖怪）‥‥‥116
宇崎 竜童〔1946～ 〕‥‥‥116
宇佐市（遺跡・遺物）‥‥‥116
宇佐市（遺跡・遺物―保存・修復）‥‥‥116
宇佐美 百合子〔1954～ 〕‥‥‥116
宇沢 弘文〔1928～2014〕‥‥‥116
牛久市（遺跡・遺物）‥‥‥116
宇治市（遺跡・遺物）‥‥‥116
宇治市（観光開発）‥‥‥116
宇治市（歴史）‥‥‥116
宇治田原町〔京都府〕（茶業―歴史）‥116
宇治橋〔伊勢市〕‥‥‥116
碓氷社‥‥‥116
ウスリー地方（紀行・案内記）‥‥‥116
羽前千歳駅‥‥‥116
歌川 国芳〔1797～1861〕‥‥‥116
歌川 広重〔初代 1797～1858〕‥‥‥116
宇田川 榕庵〔1798～1846〕‥‥‥117
宇谷 安雄〔1946～2013〕‥‥‥117
内川 聖一〔1982～ 〕‥‥‥117
内子町〔愛媛県〕（町屋―保存・修復）‥‥‥117
内田 篤人‥‥‥117
内田 淳正〔1947～ 〕‥‥‥117
内田 加保留〔1925～ 〕‥‥‥117
内田 里美〔1962～ 〕‥‥‥117
内田 吐夢〔1898～1970〕‥‥‥117
内田 百間〔1889～1971〕‥‥‥117
内田 裕也〔1939～ 〕‥‥‥117
内田 祥哉〔1925～ 〕‥‥‥117
内田 義彦〔1913～1989〕‥‥‥117
内灘町〔石川県〕（軍事基地）‥‥‥117
内村 鑑三〔1861～1930〕‥‥‥117
内蒙古（紀行・案内記）‥‥‥117
内蒙古（ジェノサイド―歴史）‥‥‥117
内蒙古（ジェノサイド―歴史―史料）‥117
内蒙古（社会）‥‥‥117
内蒙古（地誌）‥‥‥118
内蒙古（風俗・習慣）‥‥‥118
内蒙古（文化）‥‥‥118
内蒙古（民族問題―歴史）‥‥‥118

内蒙古（歴史）‥‥‥118
内山 節〔1950～ 〕‥‥‥118
内山書店‥‥‥118
宇宙航空研究開発機構‥‥‥118
ウッタルプラデーシュ州〔インド〕（カースト）‥‥‥118
ウッタルプラデーシュ州〔インド〕（失業）‥‥‥118
ウッタルプラデーシュ州〔インド〕（青年）‥‥‥118
宇都宮〔氏〕‥‥‥118
宇都宮 鎮房〔1536～1588〕‥‥‥118
宇都宮市（遺跡・遺物）‥‥‥118
宇都宮市（美術―図集）‥‥‥119
宇都宮市（民家―保存・修復）‥‥‥119
宇都宮大学生涯学習教育研究センター‥119
内海 託二〔1904～1968〕‥‥‥119
内海 忠司〔1884～1968〕‥‥‥119
有働 由美子〔1969～ 〕‥‥‥119
宇土市（遺跡・遺物）‥‥‥119
ウナギトラベル‥‥‥119
宇野〔氏〕‥‥‥119
宇野 弘蔵〔1897～1977〕‥‥‥119
宇野 千代〔1897～1996〕‥‥‥119
宇野 マサシ〔1948～ 〕‥‥‥119
生方 ななえ〔1979～ 〕‥‥‥119
宇部港‥‥‥119
馬路村〔高知県〕（森林鉄道）‥‥‥119
宇美町〔福岡県〕（遺跡・遺物）‥‥‥119
梅田 雲浜〔1815～1859〕‥‥‥119
梅田 良忠〔1900～1961〕‥‥‥119
梅原 猛〔1925～ 〕‥‥‥119
浦 昭二〔1927～2012〕‥‥‥119
浦 義博〔1939～ 〕‥‥‥119
浦上 玉堂〔1745～1820〕‥‥‥119
浦添市（遺跡・遺物）‥‥‥119
浦添市（歴史）‥‥‥119
浦安自然まるごと探検隊‥‥‥119
浦和学院高等学校‥‥‥119
浦和高等学校〔埼玉県立〕‥‥‥119
浦和レッドダイヤモンズ‥‥‥119
ウランバートル（住民運動）‥‥‥119
ウランバートル（女性）‥‥‥119
ウランバートル（大気汚染）‥‥‥120
瓜田 純士‥‥‥120
ウルバヌス2世〔1042?～1099 教皇〕‥120
ウルフ, V.〔1882～1941〕‥‥‥120
うるま市（遺跡・遺物）‥‥‥120
うるま市（古文書―保存・修復）‥‥‥120
うるま市（闘牛―写真集）‥‥‥120
うるま市（歴史―史料）‥‥‥120
虚淵 玄〔1972～ 〕‥‥‥120
宇和島市（遺跡・遺物）‥‥‥120
宇和島市（土地改良―歴史）‥‥‥120
宇和島市（歴史―史料―書目）‥‥‥120
宇和島藩‥‥‥120
宇和宮神社〔栗東市〕‥‥‥120
運慶〔 ～1223〕‥‥‥120
雲岡石窟‥‥‥120
雲仙市（遺跡・遺物）‥‥‥121
雲仙市（民家―保存・修復）‥‥‥121
雲南市（遺跡・遺物）‥‥‥121
雲南市（生物）‥‥‥121
雲南市（地誌）‥‥‥121
雲南省（演劇）‥‥‥121
雲南省（紀行・案内記）‥‥‥121

雲南省（小学校）………………… 121
雲南省（少数民族）……………… 121
雲南省（森林利用）……………… 121
雲南省（日中戦争〔1937〜1945〕—会
　戦）……………………………… 121
雲南省（仏教）…………………… 121
雲南省（林業政策）……………… 121
雲南農業協同組合………………… 121
運輸省第五港湾建設局…………… 121

【え】

エアハース・インターナショナル株式
　会社……………………………… 121
エー・アンドエー株式会社……… 121
エー・アンド・デイ……………… 121
永 六輔〔1933〜〕……………… 122
永慶寺〔甲府市〕………………… 122
AKB48……………………………… 122
エイケンヘッド, M.〔1787〜1858〕…… 122
栄西〔1141〜1215〕……………… 122
AC長野パルセイロ………………… 122
英泉〔1714〜1782〕……………… 122
HSコーポレーション……………… 122
H. M.〔1926〜2008〕……………… 122
永平寺町〔福井県〕（遺跡・遺物）… 122
エウクレイデス…………………… 122
慧鶴〔1685〜1768〕……………… 122
恵曇〔平安時代初期〕…………… 122
エカチェリーナ2世〔1729〜1796 ロシ
　ア女王〕………………………… 122
江川 卓〔1955〜〕……………… 122
江川 太郎左衛門〔1801〜1855〕… 122
江川 淑夫〔1935〜〕…………… 122
エクアドル（民族運動）………… 122
エクアドル（民族問題）………… 122
EXILE……………………………… 122
エクソンモービル………………… 122
江国 香織〔1964〜〕…………… 122
エコギャラリー新宿……………… 122
江﨑 潔〔1950〜〕……………… 123
江差町〔北海道〕（医療）……… 123
江差町〔北海道〕（地域包括ケア）… 123
枝幸町〔北海道〕（衛生行政）… 123
エジプト（遺跡・遺物）………… 123
エジプト（エネルギー資源）…… 123
エジプト（音楽）………………… 123
エジプト（外国関係—イギリス—歴史
　—19世紀）……………………… 123
エジプト（開発計画）…………… 123
エジプト（議会）………………… 123
エジプト（紀行・案内記）……… 123
エジプト（祭礼—歴史—古代）… 123
エジプト（情報化社会）………… 123
エジプト（女性）………………… 123
エジプト（政治）………………… 123
エジプト（帝王—歴史—古代）… 123
エジプト（美術—歴史—古代—図集）… 123
エジプト（舞踊）………………… 123
エジプト（ムスリム）…………… 123
エジプト（歴史—古代）………… 123
慧信尼〔1185〜1263〕…………… 123
SAP………………………………… 124
エスグラントコーポレーション… 124
SCSK株式会社…………………… 124
エース証券株式会社……………… 124
SPC Japan………………………… 124

江角 ヤス〔1899〜1980〕……… 124
江副 浩正〔1936〜2013〕……… 124
蝦夷地……………………………… 124
蝦夷地（歴史—史料）…………… 124
江田〔家〕〔福島県塙町〕……… 124
エチオピア（国際投資〔日本〕）… 124
エチオピア（社会）……………… 124
エチオピア（社会集団）………… 124
エチオピア（社会的差別）……… 124
エチオピア（宗教）……………… 124
エチオピア（風俗・習慣—写真集）… 124
エチオピア（民族）……………… 124
越前市（製紙）…………………… 124
越前市（歴史—史料）…………… 124
越前市（和紙）…………………… 124
越前藩……………………………… 124
エッソ石油株式会社……………… 124
江戸………………………………… 124
江戸川 乱歩〔1894〜1965〕…… 125
江戸切子協同組合………………… 125
江戸城……………………………… 125
エトルリア………………………… 125
恵那市（遺跡・遺物）…………… 125
恵那市（歴史）…………………… 125
恵那市（歴史—史料）…………… 125
恵那たんぽぽ作業所……………… 125
恵庭市（遺跡・遺物）…………… 125
NHK →日本放送協会を見よ
江の島……………………………… 125
榎本 其角〔1661〜1707〕……… 125
榎本 武揚〔1836〜1908〕……… 125
榎本 保郎〔1925〜1977〕……… 125
エピクロス………………………… 125
蛭子 能収〔1947〜〕…………… 125
蛯名 健一………………………… 125
海老名市（遺跡・遺物）………… 125
えびの市（男女共同参画）……… 126
愛媛県……………………………… 126
愛媛県（遺跡・遺物—今治市）… 126
愛媛県（遺跡・遺物—伊予市）… 126
愛媛県（遺跡・遺物—宇和島市）… 126
愛媛県（遺跡・遺物—大洲市）… 126
愛媛県（遺跡・遺物—四国中央市）… 126
愛媛県（遺跡・遺物—東温市）… 126
愛媛県（遺跡・遺物—松山市）… 126
愛媛県（行政情報化）…………… 126
愛媛県（行政組織）……………… 126
愛媛県（漁業）…………………… 126
愛媛県（キリスト教—歴史）…… 126
愛媛県（経済）…………………… 127
愛媛県（研究開発）……………… 127
愛媛県（交通安全）……………… 127
愛媛県（災害廃棄物処理—松山市）… 127
愛媛県（財産評価）……………… 127
愛媛県（産業）…………………… 127
愛媛県（写真集—四国中央市）… 127
愛媛県（住民訴訟）……………… 127
愛媛県（小学校—西予市—歴史）… 127
愛媛県（書目）…………………… 127
愛媛県（震災予防—松山市）…… 127
愛媛県（神社）…………………… 127
愛媛県（森林計画）……………… 127
愛媛県（生活問題—一世論）…… 127
愛媛県（選挙—統計）…………… 127
愛媛県（地誌）…………………… 127
愛媛県（地方選挙）……………… 127

愛媛県（地名—松山市）………… 127
愛媛県（中小企業）……………… 127
愛媛県（中小企業—東温市）…… 127
愛媛県（中小企業—松山市）…… 127
愛媛県（都市計画）……………… 127
愛媛県（土地改良—宇和島市—歴史）… 127
愛媛県（農業）…………………… 127
愛媛県（俳諧—松山市—歴史）… 128
愛媛県（風俗・習慣—書目）…… 128
愛媛県（仏像）…………………… 128
愛媛県（文化活動）……………… 128
愛媛県（文学碑—松山市）……… 128
愛媛県（文化財—鬼北町）……… 128
愛媛県（貿易商—名簿）………… 128
愛媛県（町屋—保存・修復—内子町）… 128
愛媛県（棟札—伊方町）………… 128
愛媛県（名簿）…………………… 128
愛媛県（林業）…………………… 128
愛媛県（歴史）…………………… 128
愛媛県（歴史—史料）…………… 128
愛媛県（歴史—史料—書目—宇和島
　市）……………………………… 128
愛媛県（歴史—松山市）………… 128
愛媛県（路線価）………………… 128
愛媛県海外協会…………………… 128
愛媛県神道青年会………………… 128
愛媛県林業研究グループ連絡協議会…… 128
愛媛大学…………………………… 128
愛媛大学女性未来育成センター… 129
FC東京……………………………… 129
エフテック………………………… 129
FBI →アメリカ合衆国連邦捜査局を見よ
エフビー介護サービス株式会社… 129
江別市（地域社会）……………… 129
エベレスト山（登山）…………… 129
烏帽子形城………………………… 129
MSS Project……………………… 129
エラスムス, D.〔1469〜1536〕… 129
エリアス, N.〔1897〜1990〕…… 129
エリアーデ, M.〔1907〜1986〕… 129
エリイ……………………………… 129
エリオット, G.〔1819〜1880〕… 129
エリオット, T.S.〔1888〜1965〕… 129
エリクソン, M.H.〔1901〜1980〕… 129
エリザベス1世〔1533〜1603 イギリス
　女王〕…………………………… 129
エリーザベト〔1837〜1898 オースト
　リア皇妃〕……………………… 129
エル・グレコ〔1541?〜1614〕… 129
エルサルバドル（経済援助〔日本〕）… 129
エルセラーン化粧品……………… 129
エルンスト, M.〔1891〜1976〕… 129
沿岸技術研究センター…………… 129
円空〔1632〜1695〕……………… 129
エンゲル, E.〔1821〜1896〕…… 129
エンゲルス, F.〔1820〜1895〕… 130
円光寺〔飛騨市〕………………… 130
エンスヘデ〔オランダ〕（災害復興）… 130
円地 文子〔1905〜1986〕……… 130
円珍〔814〜891〕………………… 130
遠藤 栄松〔1930〜〕…………… 130
遠藤 賢治〔1943〜〕…………… 130
遠藤 周作〔1923〜1996〕……… 130
遠藤 正彦………………………… 130
遠藤 実〔1932〜2008〕………… 130

遠藤 保仁······················130
遠藤製作所·····················130
えんなか会····················130
円仁〔794～864〕··············130
延辺〔中国〕（教育―歴史）·····130
延辺〔中国〕（日本語教育―歴史）·····130
延暦寺〔大津市〕···············130

【 お 】

呉 在植〔1933～ 〕··············130
オアシス21·····················131
オイスカ·······················131
おいらせ町〔青森県〕（遺跡・遺物）··131
王 希天〔1896～1923〕··········131
王 貞治〔1940～ 〕··············131
王 守仁〔1472～1528〕··········131
汪 兆銘〔1885～1944〕··········131
王 勃〔647～675〕···············131
オウィディウス, P.〔43B.C.～A.D.
17?〕························131
オーウェル, G.〔1903～1950〕·····131
応其〔1537～1608〕··············131
欧州安全保障協力機構···········131
奥州街道·······················131
奥州市（遺跡・遺物）···········131
奥州市（地誌）·················131
奥州市（歴史―史料）···········131
欧州連合·······················131
欧州連合（銀行）···············132
欧州連合（金融）···············132
欧州連合（金融政策）···········132
欧州連合（経済）···············132
欧州連合（憲法）···············132
欧州連合（社会政策）···········132
欧州連合（農業政策）···········132
欧州連合（農業政策―歴史）·····132
欧州連合（農村計画）···········132
欧州連合（貿易政策）···········132
欧州連合（法律）···············132
王将フードサービス·············132
追手門学院大学·················132
鴨東萩父·······················132
近江絹糸紡績株式会社···········132
近江八幡市（遺跡・遺物）·······132
近江八幡市（水路―保存・修復）··132
近江八幡市（選挙―統計）·······132
近江八幡市（地域開発）·········133
近江八幡市（地方選挙）·········133
近江八幡市（歴史）·············133
オウム真理教···················133
青梅市（遺跡・遺物）···········133
青梅市（選挙―統計）···········133
青梅電気鉄道株式会社···········133
邑楽町〔群馬県〕（写真集）·····133
大網白里市（遺跡・遺物）·······133
大洗町〔茨城県〕（遺跡・遺物）··133
大井 篤〔1902～1994〕··········133
大井川·························133
大石 英司〔1961～ 〕···········133
大石 誠之助〔1867～1911〕······133
大石 まどか〔1972～ 〕·········133
大石田町〔山形県〕（遺跡・遺物）··133
大泉町〔群馬県〕（遺跡・遺物）··133
大磯町〔神奈川県〕（宿駅―歴史―史
料―書目）····················133

大磯町〔神奈川県〕（歴史―史料―書
目）··························133
大分銀行·······················133
大分県（医学―中津市―歴史―史料）··133
大分県（遺跡・遺物）···········133
大分県（遺跡・遺物―宇佐市）···133
大分県（遺跡・遺物―大分市）···134
大分県（遺跡・遺物―杵築市）···134
大分県（遺跡・遺物―佐伯市）···134
大分県（遺跡・遺物―中津市）···134
大分県（遺跡・遺物―日田市）···134
大分県（遺跡・遺物―豊後大野市）·····134
大分県（遺跡・遺物―別府市）···134
大分県（遺跡・遺物―保存・修復―宇
佐市）························134
大分県（遺跡・遺物―由布市）···134
大分県（温泉―由布市）·········134
大分県（海浜生物―中津市）·····134
大分県（観光開発―由布市）·····134
大分県（観音巡り）·············135
大分県（紀行・案内記）·········135
大分県（基準地価格）···········135
大分県（気象）·················135
大分県（教育―統計）···········135
大分県（教員研修）·············135
大分県（行政）·················135
大分県（行政研修）·············135
大分県（漁業）·················135
大分県（公益法人）·············135
大分県（公企業）···············135
大分県（公示地価）·············135
大分県（国土計画）·············135
大分県（個人情報保護）·········135
大分県（昆虫）·················135
大分県（寺院）·················135
大分県（就職―統計）···········135
大分県（障害者福祉）···········135
大分県（消費者行動）···········135
大分県（情報公開制度）·········135
大分県（食生活）···············135
大分県（植物）·················135
大分県（植物―目録）···········135
大分県（書目）·················135
大分県（人権教育）·············135
大分県（震災予防）·············135
大分県（森林）·················135
大分県（進路指導）·············135
大分県（水害）·················135
大分県（水産養殖）·············135
大分県（石造美術）·············136
大分県（石仏）·················136
大分県（選挙―統計）···········136
大分県（ダム―竹田市）·········136
大分県（地誌―竹田市）·········136
大分県（地方公営事業）·········136
大分県（地方公務員）···········136
大分県（地方自治）·············136
大分県（津波）·················136
大分県（庭園―日出町）·········136
大分県（道路―統計）···········136
大分県（読書指導）·············136
大分県（都市計画）·············136
大分県（都市計画―佐伯市）·····136
大分県（土壌汚染）·············136
大分県（図書館―竹田市）·······136

大分県（農業水利―豊後大野市―歴
史）··························136
大分県（農民一揆―竹田市―歴史―史
料）··························136
大分県（農民一揆―豊後大野市―歴史
―史料）······················136
大分県（干潟―中津市）·········136
大分県（風水害―防災）·········136
大分県（物産）·················136
大分県（文化政策―歴史）·······136
大分県（防災計画）·············136
大分県（名簿）·················136
大分県（歴史）·················136
大分県（歴史―写真集―別府市）··136
大分県（歴史―史料―書目）·····136
大分県（歴史―日田市）·········136
大分県企業局···················136
大分県立歴史博物館·············136
大分交響楽団···················136
大分市（遺跡・遺物）···········136
おおい町〔福井県〕（原子力発電所）··137
おおい町〔福井県〕（住民訴訟）··137
大内〔氏〕〔山口県〕···········137
大内 義興〔1477～1528〕········137
大内 義隆〔1507～1551〕········137
大浦 溥〔1934～ 〕·············137
大江〔氏〕·····················137
大江 磯吉〔1868～1902〕········137
大江 健三郎〔1935～ 〕·········137
大江町〔山形県〕（遺跡・遺物）··137
大江町〔山形県〕（歴史―史料―書
目）··························137
大賀 竜吉〔1922～ 〕···········137
大垣市（遺跡・遺物）···········137
大垣市（祭礼）·················137
大垣市（祭礼―歴史―史料）·····137
大垣市（宿駅―歴史―史料）·····137
大垣市（男女共同参画）·········137
大垣市（歴史）·················137
大垣市（歴史―史料―書目）·····137
大垣藩·························137
大潟村〔秋田県〕（伝記）·······137
大潟村〔秋田県〕（歴史）·······137
大川 周明〔1886～1957〕········137
大川市（民家）·················137
大儀見 優季〔1987～ 〕·········137
大久保 佳代子·················137
大久保 武雄〔1903～1996〕······137
大久保 利通〔1830～1878〕······137
大久保 嘉人···················138
大隈 重信〔1838～1922〕········138
大熊町〔福島県〕（山岳）·······138
大熊町〔福島県〕（福島第一原発事故
〔2011〕―被害）··············138
大倉 喜八郎〔1837～1928〕······138
大蔵 清三〔1904～1979〕········138
大蔵 貢〔1899～1978〕··········138
大川遺跡·······················138
大河内工務店···················138
大坂 讓治〔1924～2013〕········138
大坂 多惠子〔1926～2014〕······138
大阪駅·························138
大阪ガス国際交流財団···········138
大阪機械器具卸商協同組合·······138
大阪経済法科大学···············138
大阪港·························138

大阪コピーライターズクラブ ……………… 138
大阪狭山市（遺跡・遺物）……………… 138
大阪狭山市（溜池）……………… 138
大阪狭山市（歴史）……………… 138
大阪市（遺跡・遺物）……………… 138
大阪市（演劇）……………… 139
大阪市（教育―歴史）……………… 139
大阪市（教育行政）……………… 139
大阪市（建設行政）……………… 139
大阪市（建設行政―論文集）……………… 139
大阪市（建築）……………… 139
大阪市（公園）……………… 139
大阪市（高層建築）……………… 139
大阪市（社会福祉）……………… 139
大阪市（障害者福祉）……………… 139
大阪市（商店街―歴史）……………… 139
大阪市（生活保護）……………… 139
大阪市（租税―条例）……………… 139
大阪市（地域開発）……………… 139
大阪市（地下鉄道）……………… 140
大阪市（地誌）……………… 140
大阪市（都市計画）……………… 140
大阪市（どや街）……………… 140
大阪市（日雇労働者センター）……………… 140
大阪市（文化活動）……………… 140
大阪市（放置自転車）……………… 140
大阪市（遊廓）……………… 140
大阪市（料理店）……………… 140
大阪市（歴史）……………… 140
大阪市（歴史―写真集）……………… 140
大阪市（歴史―史料）……………… 140
大阪市（路線価）……………… 140
大阪城……………… 140
大阪市立五条小学校 ……………… 140
大阪市立総合医療センター臨床研究セ
　ンター ……………… 140
大阪市立大学理学部附属植物園 ……………… 140
大阪大学大学院医学系研究科精神医学
　教室 ……………… 140
大阪府……………… 140
大阪府（遺跡・遺物）……………… 140
大阪府（遺跡・遺物―池田市）……………… 141
大阪府（遺跡・遺物―泉大津市）……………… 141
大阪府（遺跡・遺物―和泉市）……………… 141
大阪府（遺跡・遺物―茨木市）……………… 141
大阪府（遺跡・遺物―大阪狭山市）……………… 141
大阪府（遺跡・遺物―貝塚市）……………… 141
大阪府（遺跡・遺物―柏原市）……………… 141
大阪府（遺跡・遺物―交野市）……………… 141
大阪府（遺跡・遺物―門真市）……………… 141
大阪府（遺跡・遺物―河内長野市）……………… 141
大阪府（遺跡・遺物―岸和田市）……………… 141
大阪府（遺跡・遺物―四条畷市）……………… 141
大阪府（遺跡・遺物―吹田市）……………… 141
大阪府（遺跡・遺物―泉南市）……………… 141
大阪府（遺跡・遺物―大東市）……………… 141
大阪府（遺跡・遺物―高石市）……………… 141
大阪府（遺跡・遺物―高槻市）……………… 141
大阪府（遺跡・遺物―豊中市）……………… 141
大阪府（遺跡・遺物―富田林市）……………… 142
大阪府（遺跡・遺物―寝屋川市）……………… 142
大阪府（遺跡・遺物―羽曳野市）……………… 142
大阪府（遺跡・遺物―阪南市）……………… 142
大阪府（遺跡・遺物―枚方市）……………… 142
大阪府（遺跡・遺物―藤井寺市）……………… 142

大阪府（遺跡・遺物―保存・修復―枚
　方市）……………… 142
大阪府（遺跡・遺物―松原市）……………… 142
大阪府（遺跡・遺物―箕面市）……………… 142
大阪府（遺跡・遺物―八尾市）……………… 142
大阪府（遺跡・遺物―論文集―高槻
　市）……………… 142
大阪府（医療）……………… 142
大阪府（インターンシップ）……………… 142
大阪府（衛生行政）……………… 142
大阪府（介護保険）……………… 142
大阪府（河川）……………… 142
大阪府（感染症対策―寝屋川市）……………… 142
大阪府（教育行政―茨木市）……………… 142
大阪府（教育行政―寝屋川市）……………… 143
大阪府（行政）……………… 143
大阪府（行政―岸和田市）……………… 143
大阪府（行政―高槻市）……………… 143
大阪府（行政―統計）……………… 143
大阪府（行政改革）……………… 143
大阪府（原子力災害―防災）……………… 143
大阪府（県民性）……………… 143
大阪府（工業）……………… 143
大阪府（高齢者）……………… 143
大阪府（高齢者福祉）……………… 143
大阪府（古墳―高槻市）……………… 143
大阪府（古墳―保存・修復―羽曳野
　市）……………… 143
大阪府（古墳―保存・修復―藤井寺
　市）……………… 143
大阪府（財産評価）……………… 143
大阪府（財政―統計）……………… 143
大阪府（殺人―池田市）……………… 143
大阪府（産業政策）……………… 143
大阪府（産業連関表）……………… 143
大阪府（児童虐待）……………… 143
大阪府（児童福祉）……………… 143
大阪府（地主―歴史）……………… 143
大阪府（社会福祉）……………… 143
大阪府（社会福祉―歴史）……………… 143
大阪府（写真集―泉大津市）……………… 144
大阪府（住宅建築―池田市―歴史）……………… 144
大阪府（障害者福祉）……………… 144
大阪府（小学校―和泉市―歴史）……………… 144
大阪府（醸造業―池田市―歴史―史
　料）……………… 144
大阪府（食品安全）……………… 144
大阪府（女性労働―歴史）……………… 144
大阪府（書目）……………… 144
大阪府（城―歴史）……………… 144
大阪府（城跡―保存・修復―河内長野
　市）……………… 144
大阪府（人口移動―豊中市）……………… 144
大阪府（森林）……………… 144
大阪府（水害―摂津市―歴史）……………… 144
大阪府（水生生物）……………… 144
大阪府（水道―豊中市）……………… 144
大阪府（成年後見制度）……………… 144
大阪府（藻類）……………… 144
大阪府（村落―歴史）……………… 144
大阪府（大衆運動―歴史）……………… 145
大阪府（溜池―大阪狭山市）……………… 145
大阪府（溜池―歴史）……………… 145
大阪府（男女共同参画）……………… 145
大阪府（地域開発―八尾市）……………… 145
大阪府（地域社会―高槻市）……………… 145

大阪府（地域ブランド―豊中市）……………… 145
大阪府（力石）……………… 145
大阪府（地誌―河内長野市）……………… 145
大阪府（地誌―泉南市）……………… 145
大阪府（地誌―阪南市）……………… 145
大阪府（地方自治）……………… 145
大阪府（地方鉄道―歴史）……………… 145
大阪府（中小企業）……………… 145
大阪府（鉄道）……………… 145
大阪府（道路計画―豊中市）……………… 145
大阪府（都市再開発）……………… 145
大阪府（土壌汚染）……………… 145
大阪府（図書館）……………… 145
大阪府（図書館―名簿）……………… 145
大阪府（日本文学）……………… 145
大阪府（年貢―池田市―歴史―史料）……………… 145
大阪府（農業水利―歴史）……………… 146
大阪府（排気ガス―排出抑制）……………… 146
大阪府（美術―図集）……………… 146
大阪府（百貨店―歴史）……………… 146
大阪府（貧困）……………… 146
大阪府（VOC汚染）……………… 146
大阪府（風俗・習慣―八尾市）……………… 146
大阪府（不当労働行為―裁決）……………… 146
大阪府（文化財―PR―八尾市）……………… 146
大阪府（墳墓―八尾市）……………… 146
大阪府（弁護士―名簿）……………… 146
大阪府（方言）……………… 146
大阪府（防災計画）……………… 146
大阪府（法律事務所―名簿）……………… 146
大阪府（墓地―八尾市）……………… 146
大阪府（町屋―高槻市）……………… 146
大阪府（漫画）……………… 146
大阪府（民具―八尾市）……………… 146
大阪府（名簿）……………… 146
大阪府（歴史）……………… 146
大阪府（歴史―池田市）……………… 147
大阪府（歴史―大阪狭山市）……………… 147
大阪府（歴史―史料―池田市）……………… 147
大阪府（歴史―史料―和泉市）……………… 147
大阪府（歴史―史料―茨木市）……………… 147
大阪府（歴史―史料―書目―泉大津
　市）……………… 147
大阪府（歴史―史料―書目―柏原市）……………… 147
大阪府（歴史―史料―書目―交野市）……………… 147
大阪府（歴史―史料―書目―箕面市）……………… 147
大阪府（歴史―史料―大東市）……………… 147
大阪府（歴史―史料―八尾市）……………… 147
大阪府（歴史―高槻市）……………… 147
大阪府（歴史―八尾市）……………… 147
大阪府（労働運動―歴史）……………… 147
大阪府（路線価）……………… 147
大阪府印刷工業組合……………… 147
大阪府こども会育成連合会……………… 147
大阪府在日外国人教育研究協議会……………… 147
大阪府女子専門学校……………… 147
大阪府立港南造形高等学校 ……………… 147
大阪府立産業技術総合研究所……………… 147
大阪弁護士会 ……………… 147
大崎市（遺跡・遺物）……………… 147
大崎市（東日本大震災〔2011〕―被
　害）……………… 148
大崎市（被災者支援）……………… 148
大崎市（歴史）……………… 148
大澤　亮〔1972～ 〕……………… 148
大塩　平八郎〔1793～1837〕……………… 148

日本件名図書目録2014　I　　岡山県

大鹿村〔長野県〕（歴史）……………148
大重〔氏〕…………………………………148
大島〔家〕〔京都市〕……………………148
大島〔東京都〕……………………………148
大島 渚〔1932〜2013〕…………………148
大島 浩〔1886〜1975〕…………………148
大島 美幸〔1947〜 〕……………………148
大島 弓子〔1947〜 〕……………………148
大島 義清〔1882〜1957〕………………148
大島漁業協同組合…………………………148
大島町〔東京都〕（石神）………………148
大島町〔東京都〕（災害復興）…………148
大島町〔東京都〕（土砂災害）…………148
大島町〔東京都〕（風水害）……………148
大城 光代〔1932〜 〕……………………148
大城 盛俊〔1932〜 〕……………………148
大杉 栄〔1885〜1923〕…………………148
大洲市（遺跡・遺物）……………………148
大津町〔熊本県〕（遺跡・遺物）………148
大関株式会社………………………………148
太田 玉茗〔1871〜1927〕………………148
太田 清一〔 〜2013〕……………………149
太田 南畝〔1749〜1823〕………………149
太田 雄寧〔1851〜1881〕………………149
大滝 詠一〔1948〜2013〕………………149
大滝 十二郎〔1933〜1998〕……………149
大多喜町〔千葉県〕（官庁建築）………149
大竹 英雄〔1942〜 〕……………………149
大竹市（石油コンビナート）……………149
太田市（遺跡・遺物）……………………149
太田市（史跡名勝）………………………149
太田市（写真集）…………………………149
太田市（宿駅）……………………………149
太田市（人形）……………………………149
太田市（歴史）……………………………149
大田市（遺跡・遺物）……………………149
大田市（寺院建築）………………………149
大田市（神社建築）………………………149
大田市（石造美術）………………………149
大田市（地誌）……………………………149
大田市（墓地）……………………………149
大田市（歴史）……………………………149
大田市（歴史―史料）……………………149
大館市（遺跡・遺物）……………………149
大館市（文化活動）………………………149
大谷 光瑞〔1876〜1948〕………………150
大谷 ノブ彦〔1972〜 〕…………………150
大田原市（地名―辞書）…………………150
大塚 喜三男〔1924〜 〕…………………150
大塚 久雄〔1907〜1996〕………………150
大塚 益美〔1947〜 〕……………………150
大塚倉庫株式会社…………………………150
大槻 ケンヂ〔1966〜 〕…………………150
大槻 文彦〔1847〜1928〕………………150
大津市（いじめ）…………………………150
大津市（遺跡・遺物）……………………150
大津市（教育行政）………………………150
大津市（住宅建築―保存・修復）………150
大槌町〔岩手県〕（学校）………………150
大槌町〔岩手県〕（災害復興）…………150
大槌町〔岩手県〕（地域開発）…………150
大槌町〔岩手県〕（図書館）……………150
大槌町〔岩手県〕（東日本大震災
　〔2011〕―被害）………………………150
大槌町〔岩手県〕（湧き水）……………150
大出 實〔1928〜 〕………………………150

大手前短期大学……………………………150
大伴〔氏〕…………………………………151
大友〔氏〕…………………………………151
大伴 昌司〔1936〜1973〕………………151
大友 武〔1934〜 〕………………………151
大伴 家持〔718〜785〕…………………151
大友 由美〔1944〜 〕……………………151
大豊町〔高知県〕（歴史）………………151
邑南町〔島根県〕（歴史）………………151
大西 巨人〔1919〜2014〕………………151
大西 孝之〔1939〜 〕……………………151
大西 滝治郎〔1891〜1945〕……………151
大貫 妙子〔1953〜 〕……………………151
大野 篤美〔1925〜 〕……………………151
大野 耐一〔1912〜1990〕………………151
大野 誠夫〔1914〜1984〕………………151
大野 誠〔1932〜 〕………………………151
太 安麻呂〔 〜723〕……………………151
大野市（遺跡・遺物）……………………151
大野市（紀行・案内記）…………………151
大野市消防団………………………………151
大野城市（遺跡・遺物）…………………151
大野ダム……………………………………152
大野町〔岐阜県〕（遺跡・遺物）………152
大場 茂俊〔1923〜1998〕………………152
大橋 巨泉〔1934〜 〕……………………152
大橋 忠一〔1893〜1975〕………………152
大橋製作所…………………………………152
大浜 徹也〔1937〜 〕……………………152
大原野歴史同好会…………………………152
大平 正芳〔1910〜1980〕………………152
大平 まゆみ〔1957〜 〕…………………152
大府市（遺跡・遺物）……………………152
大府市（地誌）……………………………152
大船渡市（災害復興）……………………152
大船渡市（地域社会）……………………152
大船渡市（風俗・習慣―歴史）…………152
大船渡市（歴史）…………………………152
大町市（地域開発）………………………152
大町市（歴史―写真集）…………………152
大間町〔青森県〕（住民運動）…………152
大神〔氏〕…………………………………152
大神神社〔桜井市〕………………………152
大牟田 稔〔1930〜2001〕………………152
大牟田市（遺跡・遺物）…………………152
大牟田市（化石）…………………………152
大村 益次郎〔1824〜1869〕……………152
大村市（遺跡・遺物）……………………153
大村市（郷土教育）………………………153
大村市（歴史）……………………………153
大本教………………………………………153
大森 荘蔵〔1921〜1997〕………………153
大森 優江〔1966〜 〕……………………153
大屋 夏南〔1987〜 〕……………………153
大山 秀隆〔1941〜 〕……………………153
大山祇神社〔今治市〕……………………153
大山祇命神示教会…………………………153
岡 映〔1912〜2006〕……………………153
丘 浅次郎〔1868〜1944〕………………153
岡 潔〔1901〜1978〕……………………153
岡 長平……………………………………153
岡 益巳〔1948〜 〕………………………153
岡 吉胤〔1833〜1907〕…………………153
岡倉 天心〔1862〜1913〕………………153
岡崎 乾二郎〔1955〜 〕…………………153
岡崎 慎司〔1986〜 〕……………………153

岡崎 清吾〔1926〜 〕……………………154
岡崎市（遺跡・遺物）……………………154
岡崎市（学校―統計）……………………154
岡崎市（教育―統計）……………………154
岡崎市（空襲）……………………………154
岡崎市（工業立地）………………………154
岡崎市（祭礼）……………………………154
岡崎市（祭礼―写真集）…………………154
岡崎市（産業―統計）……………………154
岡崎市（震災予防）………………………154
岡崎市（地域開発）………………………154
岡崎市（読書指導）………………………154
岡崎市（風水害）…………………………154
岡崎市（防災計画）………………………154
岡崎市（歴史―史料）……………………154
岡崎城………………………………………154
岡崎市立図書館……………………………154
岡崎藩………………………………………154
岡崎美術協会………………………………154
小笠原 由松〔1888〜1948〕……………154
小笠原諸島…………………………………154
小笠原村〔東京都〕（行政）……………154
小笠原村〔東京都〕（写真集）…………154
小笠原村〔東京都〕（地域開発）………154
小笠原村〔東京都〕（鳥）………………154
小笠原村〔東京都〕（野外教育）………154
小笠原村〔東京都〕（歴史―史料）……154
男鹿市（遺跡・遺物）……………………155
男鹿市（城跡―保存・修復）……………155
男鹿市（文化財）…………………………155
岡田 以蔵〔1838〜1865〕………………155
緒方 研堂〔1816〜1871〕………………155
緒方 洪庵〔1810〜1863〕………………155
緒方 貞子〔1927〜 〕……………………155
岡田 重精〔1920〜2013〕………………155
岡田 准一〔1980〜 〕……………………155
岡田 孝子〔1944〜 〕……………………155
緒方 竹虎〔1888〜1956〕………………155
岡田 宏美〔1977〜2014〕………………155
岡田 文淑〔1940〜 〕……………………155
岡田 温〔1870〜1949〕…………………155
岡根 芳樹〔1964〜 〕……………………155
岡藩…………………………………………155
岡見〔氏〕…………………………………155
岡村〔家〕〔秋田市〕……………………155
岡村 重夫〔1906〜2001〕………………155
岡本〔家〕〔宇和島市〕…………………155
岡本 かの子〔1889〜1939〕……………155
岡本 太郎〔1911〜1996〕………………155
岡本 陸郎〔1943〜 〕……………………155
岡谷市（遺跡・遺物）……………………155
岡山 一成〔1978〜 〕……………………155
岡山朝日高等学校〔岡山県立〕…………155
岡山学芸館高等学校………………………156
岡山県………………………………………156
岡山県（遺跡・遺物）……………………156
岡山県（遺跡・遺物―赤磐市）…………156
岡山県（遺跡・遺物―津山市）…………156
岡山県（エネルギー政策―美作市）……156
岡山県（環境教育―倉敷市）……………156
岡山県（企業）……………………………156
岡山県（企業―名簿）……………………156
岡山県（紀行・案内記）…………………156
岡山県（行政）……………………………156
岡山県（行政組織）………………………156
岡山県（近代化遺産―備前市）…………156

（23）

岡山県

岡山県（倉敷市）……………………156
岡山県（景観計画―津山市）…………156
岡山県（工業―統計）…………………156
岡山県（工場建築―笠岡市）…………156
岡山県（産業―歴史）…………………156
岡山県（湿原―総社市）………………156
岡山県（児童福祉―歴史）……………156
岡山県（社会福祉―津山市）…………156
岡山県（写真集）………………………156
岡山県（写真集―倉敷市）……………156
岡山県（写真集―総社市）……………156
岡山県（荘園―新見市）………………156
岡山県（食生活）………………………157
岡山県（植物―備前市）………………157
岡山県（書目）…………………………157
岡山県（生物―総社市）………………157
岡山県（石油コンビナート―笠岡市）‥157
岡山県（選挙―統計）…………………157
岡山県（地域開発）……………………157
岡山県（地域開発―倉敷市）…………157
岡山県（地誌）…………………………157
岡山県（鉄道）…………………………157
岡山県（伝記―倉敷市）………………157
岡山県（統計）…………………………157
岡山県（道路）…………………………157
岡山県（図書館員）……………………157
岡山県（美術―図集）…………………157
岡山県（仏教美術―倉敷市―図集）…157
岡山県（文化活動）……………………157
岡山県（文学碑―浅口市）……………157
岡山県（文化財保護―備前市）………157
岡山県（文化的景観―津山市）………157
岡山県（弁護士―名簿）………………157
岡山県（方言）…………………………157
岡山県（方言―井原市）………………157
岡山県（防災計画）……………………157
岡山県（昔話―奈義町）………………157
岡山県（名簿）…………………………157
岡山県（妖怪）…………………………157
岡山県（留学生）………………………157
岡山県（歴史―倉敷市）………………158
岡山県（歴史―史料）…………………158
岡山県（歴史―史料―津山市）………158
岡山県（歴史―史料―真庭市）………158
岡山県立大学…………………………158
岡山県立図書館………………………158
岡山孤児院……………………………158
岡山市（遺跡・遺物）…………………158
岡山市（空襲）…………………………158
岡山市（古墳―保存・修復）…………158
岡山市（災害廃棄物処理）……………158
岡山市（震災予防）……………………158
岡山市（デイサービス）………………158
岡山市（風俗・習慣）…………………158
岡山市（歴史）…………………………158
岡山大学………………………………158
岡山藩…………………………………159
小川 孝〔1930～ 〕…………………159
小川 未明〔1882～1961〕…………159
小川 芳宏〔1936～ 〕………………159
小川町〔埼玉県〕（紀行・案内記）…159
小川町〔埼玉県〕（製糸業―歴史）…159
小城市（遺跡・遺物）…………………159
小城市（歴史）…………………………159
小城市（歴史―史料）…………………159
小城市（和菓子―歴史）………………159

息長〔氏〕……………………………159
冲中記念成人病研究所………………159
沖縄県…………………………………159
沖縄県（遺跡・遺物）…………………159
沖縄県（遺跡・遺物―石垣市）………160
沖縄県（遺跡・遺物―浦添市）………160
沖縄県（遺跡・遺物―うるま市）……160
沖縄県（遺跡・遺物―宜野湾市）……160
沖縄県（遺跡・遺物―那覇市）………160
沖縄県（遺跡地図―宜野湾市）………160
沖縄県（医療―石垣市）………………160
沖縄県（エネルギー政策）……………160
沖縄県（音楽―歴史）…………………160
沖縄県（外客）…………………………160
沖縄県（学習指導―初等教育）………160
沖縄県（学習指導―中等教育）………160
沖縄県（学習指導―特別支援教育）…160
沖縄県（学習塾）………………………160
沖縄県（歌手）…………………………160
沖縄県（観光開発）……………………160
沖縄県（観光事業）……………………160
沖縄県（看護教育）……………………160
沖縄県（企業）…………………………160
沖縄県（紀行・案内記）………………160
沖縄県（教育）…………………………160
沖縄県（教育―歴史）…………………160
沖縄県（教育行政）……………………161
沖縄県（教育行政―糸満市）…………161
沖縄県（教員―歴史）…………………161
沖縄県（行政―歴史）…………………161
沖縄県（郷土芸能―宜野座村）………161
沖縄県（軍事基地）……………………161
沖縄県（軍事基地―宜野湾市）………161
沖縄県（景観保全―渡名喜村）………161
沖縄県（経済）…………………………161
沖縄県（経済―統計）…………………161
沖縄県（芸術家）………………………161
沖縄県（芸者―那覇市―歴史）………161
沖縄県（言語政策―歴史）……………161
沖縄県（県民性）………………………161
沖縄県（口承文学）……………………161
沖縄県（交通）…………………………161
沖縄県（国勢調査）……………………161
沖縄県（子育て支援）…………………161
沖縄県（古文書―保存・修復―うるま
市）…………………………………161
沖縄県（昆虫）…………………………162
沖縄県（祭祀―南城市）………………162
沖縄県（祭礼―久米島町）……………162
沖縄県（祭礼―写真集）………………162
沖縄県（祭礼―宮古島市）……………162
沖縄県（雑誌―歴史）…………………162
沖縄県（産業）…………………………162
沖縄県（産業政策）……………………162
沖縄県（産児調節―歴史）……………162
沖縄県（史跡名勝）……………………162
沖縄県（失業）…………………………162
沖縄県（社会）…………………………162
沖縄県（社会福祉―糸満市）…………162
沖縄県（障害児教育―歴史―年表）…162
沖縄県（消費者保護）…………………162
沖縄県（食生活―歴史）………………162
沖縄県（女性問題）……………………162
沖縄県（書目）…………………………162
沖縄県（人口）…………………………163
沖縄県（人口―歴史）…………………163

沖縄県（水底遺跡）……………………163
沖縄県（生活問題）……………………163
沖縄県（姓氏）…………………………163
沖縄県（精神障害者福祉―歴史）……163
沖縄県（選挙―統計）…………………163
沖縄県（染織工芸―図集）……………163
沖縄県（戦争遺跡）……………………163
沖縄県（租税制度―歴史―史料）……163
沖縄県（大衆運動）……………………163
沖縄県（太平洋戦争〔1941～1945〕―
会戦）………………………………163
沖縄県（太平洋戦争〔1941～1945〕―
被害）………………………………163
沖縄県（煙草―歴史）…………………163
沖縄県（ダム）…………………………163
沖縄県（地域開発）……………………163
沖縄県（地域社会）……………………163
沖縄県（地域社会開発）………………163
沖縄県（地誌―那覇市）………………163
沖縄県（地方自治）……………………163
沖縄県（地名）…………………………164
沖縄県（闘牛―うるま市―写真集）…164
沖縄県（陶磁器―歴史）………………164
沖縄県（土壌）…………………………164
沖縄県（図書館―歴史）………………164
沖縄県（土地制度―渡名喜村―歴史）…164
沖縄県（年鑑）…………………………164
沖縄県（農業）…………………………164
沖縄県（農業経営）……………………164
沖縄県（農業試験）……………………164
沖縄県（農業政策―歴史―史料）……164
沖縄県（博物館）………………………164
沖縄県（博物誌―恩納村）……………164
沖縄県（美術家）………………………164
沖縄県（病院―名簿）…………………164
沖縄県（風俗画）………………………164
沖縄県（風俗・習慣）…………………164
沖縄県（風俗・習慣―糸満市）………164
沖縄県（舞踊）…………………………164
沖縄県（文化）…………………………164
沖縄県（文化―歴史）…………………165
沖縄県（墳墓）…………………………165
沖縄県（平和教育）……………………165
沖縄県（保育）…………………………165
沖縄県（宮古島市）……………………165
沖縄県（民間信仰）……………………165
沖縄県（民謡）…………………………165
沖縄県（民謡―宮古島市）……………165
沖縄県（昔話）…………………………165
沖縄県（昔話―伊江村）………………165
沖縄県（名簿）…………………………165
沖縄県（遊廓―那覇市―歴史）………165
沖縄県（幼児教育）……………………165
沖縄県（緑地計画）……………………165
沖縄県（歴史）…………………………165
沖縄県（歴史―浦添市）………………166
沖縄県（歴史―史料）…………………166
沖縄県（歴史―史料―石垣市）………166
沖縄県（歴史―史料―うるま市）……166
沖縄県（歴史―史料―書目）…………166
沖縄県（歴史―論文集）………………166
沖縄県（労働市場）……………………166
沖縄県（労働問題）……………………166
沖縄県（ロック音楽）…………………166
沖縄県議会……………………………166
沖縄県立八重山病院…………………166

沖縄児童文化福祉協会 …………… 166
沖縄小林流空手道協会 …………… 166
沖永良部島 ………………………… 166
沖島〔福岡県〕 …………………… 167
隠岐の島町〔島根県〕（闘牛）…… 167
小城藩 ……………………………… 167
オキーフ, G.〔1887～1986〕…… 167
奥秋 源次〔1931～ 〕…………… 167
奥井 清澄 ………………………… 167
奥出雲町〔島根県〕（歴史）……… 167
奥尻島 ……………………………… 167
奥尻町〔北海道〕（災害復興）…… 167
奥尻町〔北海道〕（児童福祉）…… 167
奥田 聖應〔1938～ 〕…………… 167
奥田 民生〔1965～ 〕…………… 167
奥田 透 …………………………… 167
奥田 靖雄〔1919～2002〕……… 167
奥多摩湖 …………………………… 168
奥多摩町〔東京都〕（地誌）……… 168
奥多摩町〔東京都〕（博物誌）…… 168
オークニー諸島 …………………… 168
小国町〔熊本県〕（温泉）………… 168
奥原 晴湖〔1837～1913〕……… 168
小熊 和子〔1920～ 〕…………… 168
小熊 秀雄〔1901～1940〕……… 168
小熊 義人〔1911～2008〕……… 168
奥村 多喜衛〔1865～1951〕…… 168
奥村 真〔1949～2009〕………… 168
奥山 章〔1926～1972〕………… 168
小椋 冬美 ………………………… 168
小倉 昌男〔1924～2005〕……… 168
オークランド〔カリフォルニア州〕
　（火災）………………………… 168
オークランド〔カリフォルニア州〕
　（住宅―復旧）………………… 168
小栗 忠順〔1827～1868〕……… 168
小栗 風葉〔1875～1926〕……… 168
桶川市（遺跡・遺物）…………… 168
オーケストラ・アンサンブル金沢 …… 168
小郡市（遺跡・遺物）…………… 168
オコナー, F.〔1925～1964〕…… 169
お好み焼きひらの ………………… 169
尾崎 英二郎 ……………………… 169
尾崎 晋也〔1959～ 〕…………… 169
尾崎 忠征〔1810～1890〕……… 169
小佐野 賢治〔1918～1986〕…… 169
大仏 次郎〔1897～1973〕……… 169
小沢 征爾〔1935～ 〕…………… 169
忍城〔行田市〕…………………… 169
小島 祐馬〔1881～1966〕……… 169
オシム, I. ………………………… 169
小千谷市（高齢者）……………… 169
小千谷市（災害復興）…………… 169
小津 安二郎〔1903～1963〕…… 169
オースティン〔テキサス州〕（産業ク
　ラスター）……………………… 169
オースティン, J.〔1775～1817〕… 169
オーストラリア（移民・植民〔日本〕）… 169
オーストラリア（外国関係―日本―歴
　史）……………………………… 169
オーストラリア（開発教育）…… 169
オーストラリア（観光行政）…… 170
オーストラリア（教育）………… 170
オーストラリア（強制収容所）… 170
オーストラリア（社会）………… 170
オーストラリア（障害児教育）… 170

オーストラリア（職業指導）…… 170
オーストラリア（食生活―シドニー）… 170
オーストラリア（神話）………… 170
オーストラリア（伝説）………… 170
オーストリア（音楽―歴史―ウィー
　ン）……………………………… 170
オーストリア（歌劇―ウィーン）… 170
オーストリア（紀行・案内記）… 170
オーストリア（教育）…………… 170
オーストリア（強制収容所）…… 170
オーストリア（経済）…………… 170
オーストリア（経済学―歴史）… 170
オーストリア（世界戦争〔1939～
　1945〕―会戦）………………… 170
オーストリア（葬制）…………… 170
オーストリア（地誌）…………… 170
オーストリア（歴史―1945～）… 170
オーストリア菓子サイラージャパン … 170
オスマン帝国 ……………………… 170
オスマン帝国（教育）…………… 170
オスマン帝国（憲法）…………… 170
オスマン帝国（政治）…………… 170
オスラー, W.〔1849～1919〕…… 171
尾瀬 ………………………………… 171
オセアニア（金融）……………… 171
オセアニア（経済援助〔日本〕）… 171
オセアニア（地誌）……………… 171
オセアニア（美術）……………… 171
オセアニア（郵便切手）………… 171
小田 富弥〔1895～1990〕……… 171
織田 信長〔1534～1582〕……… 171
小高神社〔袖ヶ浦市〕…………… 171
小田急電鉄株式会社 …………… 171
小田急不動産株式会社 ………… 171
オータ事務所株式会社 ………… 171
小谷村〔長野県〕（地域社会）… 171
小樽市（日本文学―歴史）……… 171
小樽市（歴史―写真集）………… 171
小田原市（遺跡・遺物）………… 171
小田原市（エネルギー政策）…… 172
小田原市（風俗・習慣）………… 172
小田原城 ………………………… 172
落合 誠一〔1944～ 〕…………… 172
落合 博満〔1953～ 〕…………… 172
オックスフォード大学 ………… 172
尾辻 克彦〔1937～2014〕……… 172
オッフェンバック, J.〔1819～1880〕… 172
OTO〔1956～ 〕………………… 172
おとも自然の会 ………………… 172
小野 大輔〔1978～ 〕…………… 172
小野 不由美〔1960～ 〕………… 172
小野 正吉〔1918～1997〕……… 172
尾上 菊之助〔5代目 1977～ 〕… 172
小野市（遺跡・遺物）…………… 172
小野市（地誌）…………………… 172
小野寺 信〔1897～1987〕……… 172
尾道市（遺跡・遺物）…………… 172
尾道市（海運―歴史）…………… 172
尾道市（地域学）………………… 173
尾道美術協会 …………………… 173
小幡 欣治〔1928～2011〕……… 173
小畑 実〔1923～1979〕………… 173
尾花沢市（遺跡・遺物）………… 173
オバマ, B. ……………………… 173
小浜市（遺跡・遺物）…………… 173
帯広市（空港）…………………… 173

おぶすまの里 ……………………… 173
小布施町〔長野県〕（景観計画）… 173
御前崎港 …………………………… 173
御前崎市（文化財）……………… 173
御前崎市（労働災害）…………… 173
オマル・ハイヤーム〔 ～1123〕… 173
オマーン（技術援助〔日本〕）…… 173
小美玉市（遺跡・遺物）………… 173
表 棹影〔1891～1909〕………… 173
小矢部市（歴史―史料）………… 173
小矢部野球連盟 ………………… 173
尾山 篤二郎〔1889～1963〕…… 173
小山市（遺跡・遺物）…………… 173
小山市（祭礼）…………………… 173
小山市（人口―統計）…………… 173
小山市（農業水利―歴史）……… 173
小山市（仏教美術）……………… 173
小山市（文化財）………………… 173
オーラル・ヒストリー総合研究会 …… 173
オランダ（医療）………………… 173
オランダ（医療制度）…………… 173
オランダ（絵画―歴史―19世紀―画
　集）……………………………… 173
オランダ（外国関係―日本―歴史―江
　戸時代）………………………… 173
オランダ（外国関係―日本―歴史―江
　戸初期）………………………… 174
オランダ（画家）………………… 174
オランダ（教育）………………… 174
オランダ（経済）………………… 174
オランダ（高齢者福祉）………… 174
オランダ（災害復興―エンスヘデ）… 174
オランダ（住宅政策）…………… 174
オランダ（女性問題）…………… 174
オランダ（都市計画）…………… 174
オランダ（ワークシェアリング）… 174
折口 信夫〔1887～1953〕……… 174
オリックス株式会社 …………… 174
オリックスバファローズ ……… 174
オルセー美術館 ………………… 174
オルテガ＝イ＝ガセット, J.〔1883～
　1955〕…………………………… 174
俺の株式会社 …………………… 174
尾鷲市（歴史―史料）…………… 174
小和田 哲男〔1944～ 〕………… 174
尾張藩 …………………………… 175
御岳山 …………………………… 175
オンデザインパートナーズ …… 175
恩納村〔沖縄県〕（遺跡・遺物）… 175
恩納村〔沖縄県〕（博物誌）…… 175

【か】

カー, M.〔1983～ 〕…………… 175
海 卓子〔1909～2011〕………… 175
艾 未未 ………………………… 175
海軍兵学校第77期会 …………… 175
会計検査院 ……………………… 175
開高 健〔1930～1989〕………… 175
外国（在留朝鮮人）……………… 175
甲斐市（郷土教育）……………… 175
海上自衛隊 ……………………… 175
貝塚市（遺跡・遺物）…………… 175
会輔社 …………………………… 175
開成高等学校 …………………… 175
開成高等学校硬式野球部 ……… 175

開成中学校 ……………………………… 175
回天楠公社〔下呂市〕 ………………… 176
開堂 慈寛〔1952〜〕 …………………… 176
海藤 忠男〔1948〜〕 …………………… 176
海渡神社〔福島県大熊町〕 …………… 176
海南市（遺跡・遺物） ………………… 176
海南市（歴史―史料） ………………… 176
海南省（社会） ………………………… 176
海南島 …………………………………… 176
甲斐バンド ……………………………… 176
外務省 …………………………………… 176
海洋堂 …………………………………… 176
ガウディ, A.〔1852〜1926〕 ………… 176
カエサル, G.J.〔102〜44B.C.〕 ……… 176
加賀藩 …………………………………… 176
鏡石町〔福島県〕（東日本大震災
　〔2011〕―被害） …………………… 176
各務原市（歴史―史料） ……………… 176
加賀屋 …………………………………… 176
香川 進〔1910〜1998〕 ……………… 176
賀川 はる子〔1888〜1982〕 ………… 176
香川県（遺跡・遺物） ………………… 176
香川県（遺跡・遺物―観音寺市） …… 176
香川県（遺跡・遺物―坂出市） ……… 176
香川県（遺跡・遺物―善通寺市） …… 176
香川県（遺跡・遺物―高松市） ……… 177
香川県（遺跡・遺物―丸亀市） ……… 177
香川県（遺跡・遺物―三豊市） ……… 177
香川県（海岸） ………………………… 177
香川県（官庁建築―保存・修復―丸亀
　市） …………………………………… 177
香川県（教育） ………………………… 177
香川県（教育課程―小学校―高松市） … 177
香川県（行政組織） …………………… 177
香川県（経済） ………………………… 177
香川県（建築家） ……………………… 177
香川県（交通―歴史） ………………… 177
香川県（祭礼） ………………………… 177
香川県（産業） ………………………… 177
香川県（自然地理―高松市） ………… 177
香川県（巡礼〔仏教〕） ……………… 177
香川県（女性労働者） ………………… 177
香川県（書目） ………………………… 177
香川県（水質汚濁） …………………… 178
香川県（地域開発） …………………… 178
香川県（地誌） ………………………… 178
香川県（伝記） ………………………… 178
香川県（伝記―東かがわ市） ………… 178
香川県（伝説―観音寺市） …………… 178
香川県（仏教美術―図集） …………… 178
香川県（仏像） ………………………… 178
香川県（文化活動） …………………… 178
香川県（昔話―観音寺市） …………… 178
香川県（名簿） ………………………… 178
香川県（力士〔相撲〕） ……………… 178
香川県（歴史） ………………………… 178
香川県（歴史―写真集―さぬき市） … 178
香川県（歴史―史料―書目） ………… 178
香川県（歴史―史料―書目―丸亀市） … 178
香川県（歴史―高松市） ……………… 178
香川県（歴史―三豊市） ……………… 178
香川県文化財保護協会 ………………… 178
鍵 英之〔1965〜〕 …………………… 178
柿本 人麻呂 …………………………… 178
郭 承敏〔1927〜2012〕 ……………… 178
郭 台銘 ………………………………… 178

カクイックスグループ ………………… 178
鰐淵寺〔出雲市〕 ……………………… 178
角田市（遺跡・遺物） ………………… 178
角田市（東日本大震災〔2011〕―被
　害） …………………………………… 178
角田市（歴史―史料） ………………… 178
覚鑁〔1095〜1143〕 …………………… 178
革命的共産主義者同盟全国委員会 …… 178
核融合科学研究所 ……………………… 178
鶴林寺〔加古川市〕 …………………… 179
掛川市（遺跡・遺物） ………………… 179
梯 郁太郎〔1930〜〕 ………………… 179
掛布 雅之〔1955〜〕 ………………… 179
加古 里子〔1926〜〕 ………………… 179
加古川市（選挙―統計） ……………… 179
加古川市（地方選挙） ………………… 179
鹿児島県 ………………………………… 179
鹿児島県（遺跡・遺物） ……………… 179
鹿児島県（遺跡・遺物―出水市） …… 179
鹿児島県（遺跡・遺物―指宿市） …… 179
鹿児島県（遺跡・遺物―鹿児島市） … 179
鹿児島県（遺跡・遺物―鹿屋市） …… 180
鹿児島県（遺跡・遺物―霧島市） …… 180
鹿児島県（遺跡・遺物―薩摩川内市） … 180
鹿児島県（遺跡・遺物―志布志市） … 180
鹿児島県（遺跡・遺物―保存・修復） … 180
鹿児島県（遺跡・遺物―南さつま市） … 180
鹿児島県（エネルギー政策） ………… 180
鹿児島県（貝―屋久島町） …………… 180
鹿児島県（科学技術） ………………… 180
鹿児島県（カトリック教会―歴史） … 180
鹿児島県（観光事業―統計） ………… 180
鹿児島県（観光事業―PR） ………… 180
鹿児島県（感染症対策） ……………… 180
鹿児島県（行政） ……………………… 180
鹿児島県（行政―鹿児島市） ………… 180
鹿児島県（行政組織―鹿児島市） …… 180
鹿児島県（協同組合―名簿） ………… 180
鹿児島県（郷土芸能） ………………… 180
鹿児島県（郷土舞踊） ………………… 180
鹿児島県（空襲―霧島市） …………… 180
鹿児島県（軍事基地―霧島市） ……… 180
鹿児島県（経済） ……………………… 180
鹿児島県（研究開発） ………………… 180
鹿児島県（言語政策―歴史） ………… 180
鹿児島県（原子力災害） ……………… 180
鹿児島県（工業） ……………………… 180
鹿児島県（工場建築―保存・修復―鹿
　児島市） ……………………………… 180
鹿児島県（災害医療） ………………… 181
鹿児島県（魚―与論町―図集） ……… 181
鹿児島県（産業） ……………………… 181
鹿児島県（自然保護） ………………… 181
鹿児島県（自然保護―霧島市） ……… 181
鹿児島県（社会科―小学校） ………… 181
鹿児島県（社会教育） ………………… 181
鹿児島県（写真集） …………………… 181
鹿児島県（住宅建築） ………………… 181
鹿児島県（消費者行動） ……………… 181
鹿児島県（人権） ……………………… 181
鹿児島県（人権教育） ………………… 181
鹿児島県（人口―統計） ……………… 181
鹿児島県（森林） ……………………… 181
鹿児島県（水害） ……………………… 181
鹿児島県（生物多様性） ……………… 181

鹿児島県（生物多様性―霧島市） …… 181
鹿児島県（石塔） ……………………… 181
鹿児島県（世帯―統計） ……………… 181
鹿児島県（選挙―統計） ……………… 181
鹿児島県（総合学習―小学校） ……… 181
鹿児島県（田遊び―南種子町） ……… 181
鹿児島県（地域開発） ………………… 181
鹿児島県（地誌） ……………………… 181
鹿児島県（地誌―曽於市） …………… 181
鹿児島県（地誌―枕崎市） …………… 181
鹿児島県（地方選挙） ………………… 181
鹿児島県（中小企業金融） …………… 181
鹿児島県（鶴―保護―出水市） ……… 182
鹿児島県（庭園―保存・修復―鹿児島
　市） …………………………………… 182
鹿児島県（伝記） ……………………… 182
鹿児島県（洞穴遺跡―知名町） ……… 182
鹿児島県（陶磁器―歴史） …………… 182
鹿児島県（土壌汚染） ………………… 182
鹿児島県（農業―歴史） ……………… 182
鹿児島県（農民―歴史） ……………… 182
鹿児島県（博物館） …………………… 182
鹿児島県（博物誌） …………………… 182
鹿児島県（発電計画―三島村） ……… 182
鹿児島県（風俗画） …………………… 182
鹿児島県（武家住宅―保存・修復―肝
　付町） ………………………………… 182
鹿児島県（文化財） …………………… 182
鹿児島県（噴火災害） ………………… 182
鹿児島県（墳墓―鹿児島市） ………… 182
鹿児島県（方言―与論町） …………… 182
鹿児島県（民謡） ……………………… 182
鹿児島県（名簿） ……………………… 182
鹿児島県（門―保存・修復―肝付町） … 182
鹿児島県（留学生〔中国〕） ………… 182
鹿児島県（歴史） ……………………… 182
鹿児島県（歴史―薩摩川内市） ……… 183
鹿児島県（歴史―史料） ……………… 183
鹿児島県（歴史―史料―姶良市） …… 183
鹿児島県（歴史―史料―出水市） …… 183
鹿児島県（歴史―西之表市） ………… 183
鹿児島県（歴史―日置市） …………… 183
鹿児島県（湧き水） …………………… 183
鹿児島県立大島高等学校野球部 ……… 183
鹿児島県歴史資料センター黎明館 …… 183
鹿児島市（遺跡・遺物） ……………… 183
鹿児島市（行政） ……………………… 183
鹿児島市（行政組織） ………………… 183
鹿児島市（工場建築―保存・修復） … 183
鹿児島市（庭園―保存・修復） ……… 183
鹿児島市（墳墓） ……………………… 183
鹿児島大学 ……………………………… 183
鹿児島紡績所技師館〔鹿児島市〕 …… 183
葛西 紀明〔1972〜〕 ………………… 183
笠井 彦乃〔1896〜1920〕 …………… 183
葛西 利行〔1935〜〕 ………………… 183
笠岡市（工場建築） …………………… 183
笠岡市（石油コンビナート） ………… 183
風間 士郎〔1938〜〕 ………………… 183
風間 ゆみえ …………………………… 184
笠間市（城跡―保存・修復） ………… 184
笠間市（伝記） ………………………… 184
ガザーリー〔1058〜1111〕 ………… 184
カザルス, P.〔1876〜1973〕 ………… 184
加治 時次郎〔1858〜1930〕 ………… 184
カシオ計算機株式会社 ………………… 184

日本件名図書目録2014　Ⅰ　　神奈川県

梶栗 玄太郎〔1937～2012〕…………184
橿原市（遺跡・遺物）……………………184
鹿島アントラーズ………………………184
鹿島建設株式会社土木設計本部………184
鹿島港……………………………………184
鹿嶋市〔茨城県〕（遺跡・遺物）………184
鹿嶋市〔茨城県〕（二酸化炭素―排出
　抑制）…………………………………184
鹿嶋市〔茨城県〕（マイクログリッ
　ド）……………………………………184
鹿島市〔佐賀県〕（歴史）………………184
鹿島神宮〔茨城県鹿嶋市〕……………184
鹿島美術財団……………………………184
カシミール（紀行・案内記）…………184
カジュラーホ〔インド・マディヤプラ
　デーシュ州〕（仏像―図集）…………184
菓匠Shimizu……………………………184
柏崎市（遺跡・遺物）……………………184
柏崎市（近代化遺産―写真集）………184
柏崎市（工場建築―写真集）…………184
柏崎市（古地図）…………………………184
柏市（遺跡・遺物）………………………185
柏市（社会教育施設）……………………185
柏市（写真集）……………………………185
柏市（地域包括ケア）……………………185
柏市（歴史）………………………………185
カシワバラコーポレーション…………185
柏原市（遺跡・遺物）……………………185
柏原市（歴史―史料―書目）…………185
春日井市（遺跡・遺物）…………………185
春日井市（環境行政）……………………185
春日井市（行政）…………………………185
春日井市（原子力災害―防災）………185
春日井市（震災予防）……………………185
春日井市（地誌）…………………………185
春日井市（風水害―防災）………………185
春日市（学校）……………………………185
春日市（教育行政）………………………185
春日市（協働〔行政〕）…………………185
春日市（地域社会学校）…………………185
春日神社〔笛吹市〕………………………185
春日大社〔奈良市〕………………………185
春日部市（遺跡・遺物）…………………185
カスティリャ地方………………………185
カストロ，F.〔1926～ 〕………………185
鹿会館（遺跡・遺物―保存・修復）……186
霞会館……………………………………186
かすみがうら市（遺跡・遺物）………186
かすみがうら市（鳥）……………………186
糟谷 磯丸〔1764～1848〕………………186
嘉瀬 誠次〔1922～ 〕…………………186
加瀬 勉〔1934～ 〕……………………186
風野 真知雄〔1951～ 〕………………186
加須市（遺跡・遺物）……………………186
カーソン，R.L.〔1907～1964〕………186
片岡 仁左衛門〔15代目 1944～ 〕…186
片倉 景綱〔1557～1615〕………………186
方倉 陽二〔1949～1997〕………………186
交野市（遺跡・遺物）……………………186
交野市（歴史―史料―書目）…………186
ガタリ，F.〔1930～1992〕………………186
ガダルカナル島（太平洋戦争〔1941～
　1945〕―会戦）………………………186
ガタロ〔1949～ 〕………………………186
勝 孝………………………………………186
勝 安芳〔1823～1899〕…………………186

勝井 三雄〔1931～ 〕…………………186
勝浦川……………………………………186
カックス，R.〔1926～2008〕…………187
月山神社〔鹿角市〕………………………187
葛飾 北斎〔1760～1849〕………………187
勝又 和夫〔1948～ 〕…………………187
勝山市（遺跡・遺物）……………………187
勝山市（遺跡・遺物―保存・修復）……187
勝山市（金石・金石文）…………………187
勝山市（史跡名勝）………………………187
勝山製糸会社……………………………187
勝山藩〔岡山県〕…………………………187
かつらぎ町〔和歌山県〕（金石・金石
　文）……………………………………187
かつらぎ町〔和歌山県〕（荘園）………187
桂離宮……………………………………187
家庭問題情報センター大阪ファミリー
　相談室…………………………………187
ガーデンカフェ・グリーンローズ……187
加藤 和彦〔1947～2009〕………………187
加藤 完治〔1884～1967〕………………187
加藤 清正〔1562～1611〕………………187
加藤 徳成〔1830～1865〕………………187
加藤 晴男〔1928～ 〕…………………187
加藤 仁〔1945～ 〕……………………187
加藤 一二三〔1940～ 〕………………187
加藤 弁三郎〔1899～1983〕……………187
加藤 ミリヤ〔1988～ 〕………………187
加藤 嘉明〔1563～1631〕………………187
ガードナー，H.〔1943～ 〕……………187
門真市（遺跡・遺物）……………………187
角海〔氏〕…………………………………187
香取 慎吾〔1977～ 〕…………………187
楫取 美和子〔1843～1921〕……………187
楫取 素彦〔1829～1912〕………………188
香取市（遺跡・遺物）……………………188
香取市（歴史―史料―書目）…………188
カトリック北十一条教会………………188
ガーナ（経済援助〔日本〕）……………188
ガーナ（土壌）……………………………188
カナー，L.〔1894～1981〕……………188
神奈川芸術文化財団……………………188
神奈川県…………………………………188
神奈川県（遺跡・遺物）…………………188
神奈川県（遺跡・遺物―厚木市）………188
神奈川県（遺跡・遺物―伊勢原市）……188
神奈川県（遺跡・遺物―海老名市）……189
神奈川県（遺跡・遺物―小田原市）……189
神奈川県（遺跡・遺物―鎌倉市）………189
神奈川県（遺跡・遺物―茅ヶ崎市）……189
神奈川県（遺跡・遺物―秦野市）………189
神奈川県（遺跡・遺物―平塚市）………189
神奈川県（遺跡・遺物―藤沢市）………190
神奈川県（遺跡・遺物―保存・修復）…190
神奈川県（遺跡・遺物―横須賀市）……190
神奈川県（遺跡・遺物―論文集）………190
神奈川県（エネルギー政策―小田原
　市）……………………………………190
神奈川県（環境行政―座間市）………190
神奈川県（環境行政―横須賀市）………190
神奈川県（感染症対策―横須賀市）……190
神奈川県（官庁建築）……………………190
神奈川県（関東大震災〔1923〕―被害
　―藤沢市）……………………………190
神奈川県（企業―名簿）…………………190
神奈川県（紀行・案内記―鎌倉市）……190

神奈川県（給与―地方公務員）………190
神奈川県（教育）…………………………190
神奈川県（教育行政―逗子市）………190
神奈川県（教育行政―横須賀市）………190
神奈川県（行政）…………………………190
神奈川県（行政―大和市）………………190
神奈川県（行政―横須賀市）……………190
神奈川県（協働〔行政〕―藤沢市）……190
神奈川県（近代化遺産）…………………190
神奈川県（軍事基地―座間市）………190
神奈川県（芸能人―歴史）………………190
神奈川県（下水道―大和市）……………190
神奈川県（建設業―名簿）………………190
神奈川県（建築）…………………………190
神奈川県（建築―横須賀市―歴史）……191
神奈川県（工業地帯）……………………191
神奈川県（高校生）………………………191
神奈川県（高校野球―伝記）……………191
神奈川県（災害復興―藤沢市）………191
神奈川県（財政―横須賀市）……………191
神奈川県（里山―鎌倉市）………………191
神奈川県（産業―横須賀市）……………191
神奈川県（史跡名勝）……………………191
神奈川県（史跡名勝―伊勢原市）………191
神奈川県（史跡名勝―鎌倉市）………191
神奈川県（史跡名勝―茅ヶ崎市）………191
神奈川県（自然保護）……………………191
神奈川県（地蔵―鎌倉市）………………191
神奈川県（社会福祉―大和市）………191
神奈川県（写真集―鎌倉市）……………191
神奈川県（写真集―逗子市）……………191
神奈川県（宗教団体―名簿）……………191
神奈川県（自由民権運動）………………191
神奈川県（宿駅―大磯町―歴史―史料
　―書目）………………………………191
神奈川県（樹木）…………………………191
神奈川県（商業政策―大和市）………191
神奈川県（職業指導―秦野市）………191
神奈川県（植物―藤沢市―写真集）……191
神奈川県（書目）…………………………191
神奈川県（震災予防）……………………191
神奈川県（神社）…………………………191
神奈川県（森林保護―鎌倉市）………192
神奈川県（水利―平塚市―歴史）………192
神奈川県（生活）…………………………192
神奈川県（清掃事業―逗子市）………192
神奈川県（青年運動―歴史）……………192
神奈川県（生物―三浦市）………………192
神奈川県（石仏―平塚市）………………192
神奈川県（石油コンビナート）………192
神奈川県（選挙―統計）…………………192
神奈川県（騒音〔鉄道〕―横須賀市）…192
神奈川県（大気汚染）……………………192
神奈川県（男女共同参画）………………192
神奈川県（男女共同参画―秦野市）……192
神奈川県（男女共同参画―大和市）……192
神奈川県（淡水魚）………………………192
神奈川県（淡水動物）……………………192
神奈川県（地誌）…………………………192
神奈川県（地誌―書目）…………………192
神奈川県（地質）…………………………192
神奈川県（地名―茅ヶ崎市）……………192
神奈川県（底生動物）……………………192
神奈川県（鉄道）…………………………192
神奈川県（伝記）…………………………192
神奈川県（読書指導）……………………192

（27）

神奈川県

神奈川県（特定健康診査―逗子市）……192
神奈川県（都市計画―大和市）……192
神奈川県（都市再開発―藤沢市）……192
神奈川県（土地価格）……192
神奈川県（ドメスティックバイオレンス）……192
神奈川県（鳥―鎌倉市）……192
神奈川県（鳥―茅ヶ崎市）……192
神奈川県（生ごみ―逗子市）……193
神奈川県（ニュータウン）……193
神奈川県（農業機械化）……193
神奈川県（農村生活―湯河原町）……193
神奈川県（排気ガス―排出抑制）……193
神奈川県（干潟―三浦市）……193
神奈川県（美術教育―横須賀市）……193
神奈川県（風俗・習慣―小田原市）……193
神奈川県（風俗・習慣―歴史―史料―厚木市）……193
神奈川県（仏像―鎌倉市）……193
神奈川県（文化行政―大和市）……193
神奈川県（文化財―伊勢原市）……193
神奈川県（文化財―藤沢市）……193
神奈川県（文化政策）……193
神奈川県（文化政策―横須賀市）……193
神奈川県（防災計画）……193
神奈川県（砲台―横須賀市―歴史）……193
神奈川県（名簿）……193
神奈川県（要塞―横須賀市―歴史）……193
神奈川県（歴史）……193
神奈川県（歴史―鎌倉市）……193
神奈川県（歴史―座間市）……193
神奈川県（歴史―史料―逗子市）……193
神奈川県（歴史―横須賀市）……193
神奈川県（労働条件）……193
神奈川県（路線価）……193
神奈川県会……194
神奈川県山岳連盟……194
神奈川県種苗協同組合……194
神奈川県女性薬剤師会……194
神奈川県立総合教育センター……194
神奈川県立図書館……194
神奈川県立保健福祉大学……194
神奈川大学……194
金沢 庄三郎〔1872～1967〕……194
金澤 ダイスケ〔1980～ 〕……194
金沢泉丘高等学校〔石川県立〕……194
金沢海みらい図書館……194
金沢市（遺跡・遺物）……194
金沢市（遺跡・遺物―保存・修復）……194
金沢市（紀行・案内記）……194
金沢市（寺院建築―保存・修復）……194
金沢市（史跡名勝）……194
金沢市（商店街―歴史）……194
金沢市（地域開発）……195
金沢市（地誌）……195
金沢市（美術教育）……195
金沢市（防災計画）……195
金沢市（町屋―保存・修復）……195
金沢市（歴史）……195
金沢城……195
金沢21世紀美術館……195
カナダ（移民・植民〔日本〕―歴史）……195
カナダ（移民・植民―歴史）……195
カナダ（インディアン―歴史）……195
カナダ（音楽）……195

カナダ（外国関係―アメリカ合衆国―歴史）……195
カナダ（外国関係―イギリス―歴史）……195
カナダ（紀行・案内記）……195
カナダ（教育）……195
カナダ（在留外国人）……195
カナダ（在留日本人―歴史）……195
カナダ（狩猟）……195
カナダ（女性―歴史）……195
カナダ（地誌）……195
カナダ（統合教育）……195
カナダ（農業政策）……195
カナダ（貿易―イギリス―歴史）……195
カナダ（貿易政策―歴史）……196
カナダ（民族）……196
金原 至〔1932～ 〕……196
金丸〔氏〕……196
金目川……196
金森 徳次郎〔1886～1959〕……196
カナリス, W.〔1887～1945〕……196
瓜南 直子〔1955～2012〕……196
河南町〔大阪府〕（遺跡・遺物）……196
可児市（遺跡・遺物）……196
鹿沼市粟野財産区……196
金ケ崎町〔岩手県〕（遺跡・遺物）……196
金ケ崎町〔岩手県〕（自然保護）……196
金ケ崎町〔岩手県〕（生物多様性）……196
金ケ崎町〔岩手県〕（地誌）……196
カーネギー, A.〔1835～1919〕……196
カーネギー, D.〔1888～1955〕……196
金子 堅太郎〔1853～1942〕……196
金子 哲雄〔1971～2012〕……196
金子 兜太〔1919～ 〕……196
金子 知太郎〔1923～2014〕……196
金子 みすゞ〔1903～1930〕……196
金子 光晴〔1895～1975〕……196
金田 直次郎〔1951～2012〕……196
ガネット, R.S.〔1923～ 〕……197
兼常 清佐〔1885～1957〕……197
カネボウ株式会社……197
兼松商店……197
包行〔氏〕……197
嘉納 愛子〔1907～ 〕……197
狩野 山雪〔1589～1651〕……197
嘉納 治五郎〔1860～1938〕……197
加納 宗七〔1827～1887〕……197
狩野 探幽〔1602～1674〕……197
狩野 豊太郎〔1923～2013〕……197
加納 久朗〔1886～1963〕……197
叶 雄作〔1949～ 〕……197
鹿屋市（遺跡・遺物）……197
蒲島 郁夫〔1947～ 〕……197
椛島 勝一〔1888～1965〕……197
樺戸集治監……197
カフェーパウリスタ……197
カフェ・ヴィヴモン・ディモンシュ……197
カフカ, F.〔1883～1924〕……197
歌舞伎町〔東京都新宿区〕……197
カブドットコム証券株式会社……198
鏑木 清方〔1878～1972〕……198
河北新報社……198
河北町〔山形県〕（歴史―史料）……198
河北町〔山形県〕（歴史―史料―書目）……198
釜石市（遺跡・遺物）……198
釜石市（災害復興）……198

釜石市（スマートシティ）……198
釜石市（津波）……198
釜石市（東日本大震災〔2011〕―被害）……198
釜石市（東日本大震災〔2011〕―被害―写真集）……198
釜ヶ崎芸術大学……198
鎌ケ谷市（遺跡・遺物）……198
鎌ケ谷市（歴史）……198
鎌倉市（遺跡・遺物）……198
鎌倉市（紀行・案内記）……198
鎌倉市（里山）……198
鎌倉市（史跡名勝）……199
鎌倉市（地蔵）……199
鎌倉市（写真集）……199
鎌倉市（森林保護）……199
鎌倉市（鳥）……199
鎌倉市（仏像）……199
鎌倉市（歴史）……199
かまくら落語会……199
蒲郡市（歴史―史料―書目）……199
嘉麻市（歴史）……199
鎌田 緑〔1986～ 〕……199
蒲池〔氏〕……199
釜臥山……199
上泉 秀信〔1897～1951〕……199
上岡 竜太郎〔1942～ 〕……199
上勝町〔徳島県〕（農村生活）……199
神川町〔埼玉県〕（遺跡・遺物）……199
神河町〔兵庫県〕（文化財）……199
上小阿仁村〔秋田県〕（年中行事）……199
上郡町〔兵庫県〕（遺跡・遺物）……199
神栖市（災害復興）……199
神栖市（東日本大震災〔2011〕―被害）……199
上沼 恵美子……199
上沼 真平……199
上三川町〔栃木県〕（遺跡・遺物）……199
上山市（観光開発）……199
上山市（歴史―年表）……199
香美町〔兵庫県〕（古墳）……199
香美町〔兵庫県〕（風俗・習慣）……200
上谷 謙二〔1925～ 〕……200
神谷 美恵子〔1914～1979〕……200
神谷 光信〔1934～ 〕……200
神谷コーポレーション株式会社……200
神山 イチロー〔1941～ 〕……200
神山町〔徳島県〕（地域開発）……200
神山町〔徳島県〕（UJIターン）……200
カミュ, A.〔1913～1960〕……200
カムクワンバ, W.……200
嘉村 礒多〔1897～1933〕……200
亀井 凱夫〔1896～1944〕……200
亀岡市（緑地計画）……200
亀岡市（歴史）……200
亀時間……200
亀山 昇〔1862～1943〕……200
亀山市（宿駅―歴史）……200
カメルーン（カカオ―栽培）……200
カメルーン（森林保護）……200
カメルーン（農業）……200
仮面館……200
鴨 長明〔1153～1216〕……200
ガモウ……200
蒲生 靖子〔1928～ 〕……200
鴨川 俊作〔1928～1998〕……200

日本件名図書目録2014 Ⅰ 　　　　　　　　　　　　　　　　　　　　　　　　　　　　　　　　　　　　　　　神埼市

加茂市（遺跡・遺物）……………… 200
加茂神社〔福井県おおい町〕………… 200
加茂水族館〔鶴岡市立〕…………… 200
カモンイス, L.〔1524?〜1580〕………… 200
加悦鉄道株式会社 ………………… 200
樫寺〔東京都台東区〕……………… 201
加山 雄三〔1937〜 〕……………… 201
カーライル, T.〔1795〜1881〕……… 201
唐津市（遺跡・遺物）……………… 201
唐津市（児童—歴史）……………… 201
唐橋 ユミ〔1974〜 〕……………… 201
カラハリ砂漠 ……………………… 201
樺太（移民・植民〔日本〕—歴史）… 201
樺太（紀行・案内記）……………… 201
樺太（口承文学）…………………… 201
樺太（鉄道）………………………… 201
樺太（図書館）……………………… 201
樺太（農業—歴史）………………… 201
樺太（昔話）………………………… 201
カリフォルニア州（火災—オークラン
　ド）………………………………… 201
カリフォルニア州（火災—バーク
　レー）……………………………… 201
カリフォルニア州（紀行・案内記）… 201
カリフォルニア州（教科書）……… 201
カリフォルニア州（在留朝鮮人）… 202
カリフォルニア州（在留日本人）… 202
カリフォルニア州（住宅—復旧—オー
　クランド）………………………… 202
カリフォルニア州（住宅—復旧—バー
　クレー）…………………………… 202
カリフォルニア州（商店街—サンフラ
　ンシスコ）………………………… 202
カリフォルニア州（情報産業）…… 202
カリフォルニア州（情報産業—歴史—
　写真集）…………………………… 202
カリフォルニア州（スーパーマーケッ
　ト—サンフランシスコ）………… 202
カリフォルニア州（都市再開発—サン
　フランシスコ）…………………… 202
カリフォルニア州（日本語教育）… 202
カリフォルニア州（日本人学校）… 203
カリフォルニア州（風俗・習慣）… 203
カリフォルニア州（ワイン—ナパ）… 203
カリブ海沿岸地域（紀行・案内記）… 203
刈谷市（歴史）……………………… 203
刈谷市（歴史—史料）……………… 203
ガリレイ, G.〔1564〜1642〕……… 203
軽井沢町〔長野県〕………………… 203
軽井沢町〔長野県〕（軍事基地—歴
　史）………………………………… 203
軽井沢町〔長野県〕（宿駅—歴史）… 203
軽井沢町〔長野県〕（保養地—歴史）… 203
ガルシア＝マルケス, G.〔1928〜
　2014〕……………………………… 203
カルティエ社 ……………………… 204
カルドア, N.〔1908〜1986〕……… 204
カルニエテ〔家〕…………………… 204
カルバリ, W.〔1929〜2002〕……… 204
カルペパー, N.〔1616〜1654〕…… 204
カレリア（葬制）…………………… 204
カレリア（民謡）…………………… 204
河合 栄治郎〔1891〜1944〕……… 204
河井 寛次郎〔1890〜1966〕……… 204
河合 曽良〔1649〜1710〕………… 204

河井 タツ子〔1913〜2012〕……… 204
河合 隼雄〔1928〜2007〕………… 204
河井 弥八〔1877〜1960〕………… 204
河合町〔奈良県〕（遺跡・遺物）… 204
川内村〔福島県〕（災害復興）…… 204
河上 丈太郎〔1889〜1965〕……… 204
川上村〔奈良県〕（歴史）………… 204
川口 由一〔1939〜 〕……………… 204
川口市（遺跡・遺物）……………… 204
川口市（衛生行政）………………… 204
川口市（震災予防）………………… 204
川口市（防災計画）………………… 204
川口信用金庫 ……………………… 205
川越市（遺跡・遺物）……………… 205
川越市（古地図）…………………… 205
川越市（自治会）…………………… 205
川越市（歴史）……………………… 205
川越市（歴史—史料—書目）……… 205
川越藩 ……………………………… 205
川古川 ……………………………… 205
川崎 九淵〔1874〜1961〕………… 205
川崎 宗則 …………………………… 205
川崎港 ……………………………… 205
川崎市（遺跡・遺物）……………… 205
川崎市（一般廃棄物）……………… 205
川崎市（NPO）……………………… 205
川崎市（環境教育）………………… 205
川崎市（環境行政）………………… 205
川崎市（企業）……………………… 205
川崎市（教育行政）………………… 205
川崎市（行政）……………………… 205
川崎市（行政—情報サービス）…… 205
川崎市（行政改革）………………… 205
川崎市（下水道）…………………… 205
川崎市（工業—名簿）……………… 205
川崎市（工業用水道）……………… 205
川崎市（公有財産）………………… 206
川崎市（産業）……………………… 206
川崎市（産業政策）………………… 206
川崎市（自然保護）………………… 206
川崎市（自治会）…………………… 206
川崎市（児童虐待）………………… 206
川崎市（社会福祉）………………… 206
川崎市（情報公開制度）…………… 206
川崎市（条例）……………………… 206
川崎市（職業）……………………… 206
川崎市（人権—児童）……………… 206
川崎市（人口—統計）……………… 206
川崎市（水道）……………………… 206
川崎市（生活保護）………………… 206
川崎市（青少年教育）……………… 206
川崎市（生物多様性）……………… 206
川崎市（選挙—統計）……………… 206
川崎市（男女共同参画）…………… 206
川崎市（地誌）……………………… 206
川崎市（地方自治）………………… 206
川崎市（地方選挙）………………… 206
川崎市（中小企業）………………… 206
川崎市（通過儀礼）………………… 206
川崎市（伝記）……………………… 206
川崎市（都市計画）………………… 206
川崎市（図書館）…………………… 207
川崎市（文化財保護）……………… 207
川崎市（民間社会福祉事業）……… 207
川崎市（緑地計画）………………… 207
川崎市（労働市場）………………… 207

川崎市（路線価）…………………… 207
川崎市議会 ………………………… 207
川崎市文化協会 …………………… 207
川崎フロンターレ ………………… 207
川崎町〔福岡県〕（遺跡・遺物）… 207
川崎町〔福岡県〕（文化活動—歴史）… 207
川路 聖謨〔1801〜1868〕………… 207
川島 永嗣〔1983〜 〕……………… 207
川島 堯〔1883〜1957〕…………… 207
川島 つゆ〔1892〜1972〕………… 207
川嶋 真人〔1944〜 〕……………… 207
川島 雄三〔1918〜1963〕………… 207
川田 甕江〔1830〜1896〕………… 207
川田 貞治郎〔1879〜1959〕……… 207
川田 靖子〔1934〜 〕……………… 207
川棚町〔長崎県〕（ダム）………… 207
河内長野市（遺跡・遺物）………… 207
河内長野市（城跡—保存・修復）… 208
河内長野市（地誌）………………… 208
川中 なほこ〔1929〜 〕…………… 208
河鍋 暁斎〔1831〜1889〕………… 208
川西市（遺跡・遺物）……………… 208
川西市（写真集）…………………… 208
川西市（鉄道—歴史）……………… 208
川西町〔山形県〕（昔話）………… 208
河野 滋〔1950〜 〕………………… 208
河野 貴輝〔1972〜 〕……………… 208
河野 正憲〔1944〜 〕……………… 208
川畑 要〔1979〜 〕………………… 208
川端 博〔1944〜 〕………………… 208
川端 康成〔1899〜1972〕………… 208
河原 清〔1925〜 〕………………… 209
河原 雅彦〔1969〜 〕……………… 209
川原 竜三郎〔1940〜2012〕……… 209
川淵 依子〔1923〜2012〕………… 209
河村〔氏〕…………………………… 209
河村 勧 ……………………………… 209
河村 たかし〔1948〜 〕…………… 209
河村 宏〔1947〜 〕………………… 209
川村 昌子 …………………………… 209
川村学園女子大学 ………………… 209
香春町〔福岡県〕（遺跡・遺物）… 209
川和保育園 ………………………… 209
漢〔中国〕（外国関係—アジア—歴
　史）………………………………… 209
漢〔中国〕（政治—歴史—後漢）… 209
漢〔中国〕（法制史）……………… 209
漢〔中国〕（歴史）………………… 209
漢〔中国〕（歴史—後漢）………… 209
漢〔中国〕（歴史—前漢）………… 209
関 羽〔160〜219〕………………… 209
韓 慶愈 ……………………………… 209
菅 茶山〔1748〜1827〕…………… 209
姜 尚中〔1950〜 〕………………… 209
観音寺市（遺跡・遺物）…………… 209
観音寺市（伝説）…………………… 209
観音寺市（昔話）…………………… 210
咸宜園 ……………………………… 210
環境省 ……………………………… 210
元興寺〔奈良市〕…………………… 210
韓国 →大韓民国を見よ
関西学生サッカー連盟 …………… 210
関西詩人協会 ……………………… 210
関西大学 …………………………… 210
関西電力株式会社 ………………… 210
神埼市（遺跡・遺物）……………… 210

（29）

監査懇話会

監査懇話会 …………………………… 210	関東地方（ベンチャーキャピタル）…… 213
患者の権利オンブズマン東京 ………… 210	関東地方（方言）………………………… 213
甘粛省（遺跡・遺物）………………… 210	関東地方（墓地）………………………… 213
甘粛省（紀行・案内記）……………… 210	関東地方（民間社会福祉事業）……… 213
観世 元章〔1722～1774〕…………… 210	関東地方（歴史）………………………… 213
関西学院 ………………………………… 210	関東連合 ………………………………… 213
関西学院大学 …………………………… 210	管野 すが〔1881～1911〕…………… 213
関西学院大学商学部 ………………… 210	菅野 直〔1921～1945〕……………… 213
関西学院大学図書館 ………………… 210	菅野 廉〔1889～1988〕……………… 213
神田〔東京都千代田区〕……………… 210	神野織物株式会社 ……………………… 213
神田 香織〔1957～ 〕………………… 210	観音院〔鳥取市〕………………………… 213
神田 唯憲〔1899～1984〕…………… 210	カンパーバッチ, B.〔1976～ 〕…… 213
苅田町〔福岡県〕（遺跡・遺物）…… 210	カンボジア（遺跡・遺物）…………… 213
ガンディー, M.K.〔1869～1948〕…… 210	カンボジア（外国関係―日本）……… 214
カント, I.〔1724～1804〕…………… 210	カンボジア（紀行・案内記）………… 214
関東学院大学体育会アメリカンフット	カンボジア（技術援助〔日本〕）…… 214
ボール部 ……………………………… 211	カンボジア（教育援助〔日本〕）…… 214
関東学院大学ラグビー部 …………… 211	カンボジア（経済）……………………… 214
関東黒島郷友会 ………………………… 211	カンボジア（国際投資〔日本〕）…… 214
関東州（気象）………………………… 211	カンボジア（社会）……………………… 214
関東地方（遺跡・遺物）……………… 211	カンボジア（宗教建築―歴史）……… 214
関東地方（運送）……………………… 211	カンボジア（小水力発電）…………… 214
関東地方（会社―名簿）……………… 211	カンボジア（商品流通）……………… 214
関東地方（河川行政）………………… 211	カンボジア（著作権法）……………… 214
関東地方（家庭用電気製品―リサイク	カンボジア（内乱―歴史―1945～）… 214
ル）…………………………………… 211	カンボジア（売春）……………………… 214
関東地方（家庭用電気製品―リサイク	かんぽ生命 ……………………………… 214
ル―PR）……………………………… 211	関馬尋常小学校〔栃木県〕…………… 214
関東地方（観音巡り）………………… 211	冠 松次郎〔1883～1970〕…………… 214
関東地方（観音霊場）………………… 211	咸臨丸子孫の会 ………………………… 214
関東地方（企業―名簿）……………… 211	
関東地方（紀行・案内記）…………… 211	**【 き 】**
関東地方（郷土芸能）………………… 211	
関東地方（郊外）……………………… 211	魏〔中国〕（歴史―三国時代）……… 214
関東地方（高速道路）………………… 211	キェルケゴール, S.A.〔1813～1855〕… 214
関東地方（交通）……………………… 211	祇園 ……………………………………… 215
関東地方（交通調査）………………… 211	祇園橋 …………………………………… 215
関東地方（高齢化社会）……………… 211	企画院 …………………………………… 215
関東地方（国勢調査）………………… 211	菊川市（遺跡・遺物）………………… 215
関東地方（古墳）……………………… 212	菊川市（歴史）………………………… 215
関東地方（財産評価）………………… 212	菊池 華秋〔1888～1946〕…………… 215
関東地方（祭祀遺跡）………………… 212	菊地 一富〔1934～ 〕………………… 215
関東地方（山岳崇拝）………………… 212	菊池 花仙〔1888～1967〕…………… 215
関東地方（住宅）……………………… 212	菊地 友一〔1912～1993〕…………… 215
関東地方（住宅問題）………………… 212	菊地 信義〔1943～ 〕………………… 215
関東地方（縄文土器）………………… 212	菊池 浩〔1927～1988〕……………… 215
関東地方（震災予防）………………… 212	菊池 良〔1987～ 〕…………………… 215
関東地方（水質汚濁）………………… 212	菊池 涼介〔1990～ 〕………………… 215
関東地方（水道）……………………… 212	菊池市（遺跡・遺物）………………… 215
関東地方（石油コンビナート―安全管	菊池市（城跡）………………………… 215
理）…………………………………… 212	菊池市（文化財）……………………… 215
関東地方（石器）……………………… 212	菊陽町立菊陽西小学校〔熊本県〕…… 215
関東地方（大気汚染）………………… 212	キケロ, M.T.〔106～43B.C.〕……… 215
関東地方（宅地開発―歴史）………… 212	木古内町〔北海道〕（遺跡・遺物）… 215
関東地方（ダム）……………………… 212	木更津市（遺跡・遺物）……………… 216
関東地方（地域開発）………………… 212	岸 恵子〔1932～ 〕…………………… 216
関東地方（地質）……………………… 212	来住 史郎〔1928～ 〕………………… 216
関東地方（鉄道）……………………… 212	岸 信介〔1896～1987〕……………… 216
関東地方（鉄道貨物輸送―歴史）…… 212	岸田 吟香〔1833～1905〕…………… 216
関東地方（鉄道政策）………………… 213	岸田 劉生〔1891～1929〕…………… 216
関東地方（伝記）……………………… 213	岸田 麗子〔1914～1962〕…………… 216
関東地方（都市）……………………… 213	岸浪〔氏〕……………………………… 216
関東地方（都市計画）………………… 213	木島平村〔長野県〕（高齢者福祉）… 216
関東地方（病院―名簿）……………… 213	岸本 清美〔1940～ 〕………………… 216
関東地方（風俗・習慣）……………… 213	気象庁 …………………………………… 216
関東地方（噴火災害―歴史―史料）… 213	岸和田市（遺跡・遺物）……………… 216

岸和田市（行政）……………………… 216
木津川市（遺跡・遺物）……………… 216
木瀬 勝野〔1901～1986〕…………… 216
木瀬 喜太郎〔1897～1972〕………… 216
徽宗〔1082～1135〕…………………… 216
貴族院 …………………………………… 216
基礎生物学研究所 ……………………… 216
北 一輝〔1883～1937〕……………… 216
木田 元〔1928～2014〕……………… 216
木田 宏〔1922～2005〕……………… 217
北 杜夫〔1927～2011〕……………… 217
北アイルランド（社会）……………… 217
北秋田市（遺跡・遺物）……………… 217
北秋田市（社会福祉）………………… 217
北秋田市（年中行事）………………… 217
北秋田市（風俗・習慣）……………… 217
北秋田市（文化活動）………………… 217
北アメリカ（インディアン）………… 217
北アメリカ（外国会社）……………… 217
北アメリカ（国際投資〔日本〕）…… 217
北アメリカ（植民地〔イギリス〕―歴
史）…………………………………… 217
北アメリカ（博物館）………………… 217
北アメリカ（郵便事業）……………… 217
北鬼江八幡宮〔魚津市〕……………… 217
北垣 国道〔1836～1916〕…………… 217
喜多方市（遺跡・遺物）……………… 217
喜多方市（遺跡・遺物―保存・修復）… 217
喜多方市（祭礼）……………………… 217
喜多方市（城跡―保存・修復）……… 217
喜多方市（美術―図集）……………… 217
喜多方市（歴史）……………………… 217
北上市（遺跡・遺物）………………… 217
北上市（歴史）………………………… 218
喜多川 歌麿〔1753～1806〕………… 218
北川 智恵子〔1937～ 〕……………… 218
北川 悠仁〔1977～ 〕………………… 218
北九州港 ………………………………… 218
北九州市（遺跡・遺物）……………… 218
北九州市（観光開発）………………… 218
北九州市（機械工業―歴史）………… 218
北九州市（経営者）…………………… 218
北九州市（史跡名勝）………………… 218
北九州市（社会福祉）………………… 218
北九州市（就労支援〔生活困窮者〕）… 218
北九州市（スポーツ産業）…………… 219
北九州市（選挙―統計）……………… 219
北九州市（淡水動物）………………… 219
北九州市（地域開発）………………… 219
北九州市（電気機械・器具工業―歴
史）…………………………………… 219
北九州市（都市計画）………………… 219
北九州市（二酸化炭素―排出抑制）… 219
北九州市（文化活動）………………… 219
北九州市（マイクログリッド）……… 219
北九州市若松区医師会 ………………… 219
北九州地方（歴史）…………………… 219
北里 柴三郎〔1852～1931〕………… 219
北里研究所〔2008年〕………………… 219
北沢 豪〔1968～ 〕…………………… 219
北塩原村〔福島県〕（遺跡・遺物）… 219
北塩原村〔福島県〕（城跡）………… 219
北島 進 ………………………………… 219
北大東島 ………………………………… 219
北大東村〔沖縄県〕（写真集）……… 219
北太平洋 ………………………………… 219

北太平洋地域（貿易―ロシア―歴史―
　近代）…………………………… 219
北朝鮮 →朝鮮民主主義人民共和国を見よ
北名古屋市（高齢者福祉）………… 219
北名古屋市（男女共同参画）……… 219
木谷〔氏〕…………………………… 219
北野 さき〔1904～1999〕………… 219
北野 武 →ビートたけしを見よ
北野 大〔1942～ 〕………………… 219
北野天満宮〔京都市〕……………… 219
北畠 顕家〔1318～1338〕………… 219
北原 怜子〔1929～1958〕………… 219
北原 白秋〔1885～1942〕………… 219
北原 正司〔1943～ 〕……………… 220
北広島町〔広島県〕（郷土芸能）… 220
北広島町〔広島県〕（農耕儀礼）… 220
北広島町〔広島県〕（博物誌）…… 220
北見市（遺跡・遺物）……………… 220
北見市（洪水―歴史）……………… 220
北見市（石器）……………………… 220
北見市（治水―歴史）……………… 220
北村 薫〔1958～ 〕………………… 220
北村 透谷〔1868～1894〕………… 220
北村 龍平〔1969～ 〕……………… 220
北本市（遺跡・遺物）……………… 220
北本市（観光行政）………………… 220
奇譚クラブ…………………………… 220
吉祥寺バウスシアター……………… 220
吉祥女子高等学校…………………… 220
吉祥女子中学校……………………… 220
吉瀬 美智子〔1975～ 〕…………… 221
杵築市（遺跡・遺物）……………… 221
吉林省（経済）……………………… 221
吉林省（社会）……………………… 221
城戸 幹……………………………… 221
木戸 幸一〔1889～1977〕………… 221
キトラ古墳…………………………… 221
キートン, D.〔1946～ 〕…………… 221
ギニア（技術援助〔日本〕）……… 221
紀の川………………………………… 221
紀の川市（遺跡・遺物）…………… 221
宜野座村〔沖縄県〕（郷土芸能）… 221
木下 順二〔1914～2006〕………… 221
木下 寿美子〔1902～2001〕……… 221
木下 隆〔1938～ 〕………………… 221
木下 杢太郎〔1885～1945〕……… 221
木下 夕爾〔1914～1965〕………… 221
宜野湾市（遺跡・遺物）…………… 221
宜野湾市（遺跡地図）……………… 221
宜野湾市（軍事基地）……………… 221
木原 淳也〔1989～ 〕……………… 221
キハラ株式会社……………………… 221
岐阜県………………………………… 221
岐阜県（遺跡・遺物）……………… 221
岐阜県（遺跡・遺物―恵那市）…… 221
岐阜県（遺跡・遺物―大垣市）…… 221
岐阜県（遺跡・遺物―可児市）…… 222
岐阜県（遺跡・遺物―岐阜市）…… 222
岐阜県（遺跡・遺物―下呂市）…… 222
岐阜県（遺跡・遺物―高山市）…… 222
岐阜県（遺跡・遺物―土岐市）…… 222
岐阜県（遺跡・遺物―中津川市）… 222
岐阜県（遺跡・遺物―飛騨市）…… 222
岐阜県（遺跡・遺物―保存・修復―中
　津川市）………………………… 222
岐阜県（遺跡・遺物―瑞浪市）…… 222

岐阜県（遺跡地図―瑞浪市）……… 222
岐阜県（学校―統計）……………… 222
岐阜県（学校衛生―中津川市―歴史）・222
岐阜県（家庭用電気製品―リサイク
　ル）……………………………… 222
岐阜県（環境行政―多治見市）…… 222
岐阜県（企業―名簿）……………… 222
岐阜県（教育―統計）……………… 222
岐阜県（教育―歴史―史料―中津川
　市）……………………………… 222
岐阜県（教育行政）………………… 222
岐阜県（教育行政―御嵩町）……… 222
岐阜県（景気）……………………… 222
岐阜県（経済）……………………… 223
岐阜県（経済―統計）……………… 223
岐阜県（建築―高山市）…………… 223
岐阜県（校歌―高山市）…………… 223
岐阜県（工業―統計）……………… 223
岐阜県（鉱業―統計）……………… 223
岐阜県（鉱業―歴史―史料―書目）… 223
岐阜県（交通―歴史）……………… 223
岐阜県（交通―歴史―中津川市）… 223
岐阜県（交通―歴史―飛騨市）…… 223
岐阜県（交通政策―中津川市）…… 223
岐阜県（高齢者―岐阜市）………… 223
岐阜県（高齢者福祉―岐阜市）…… 223
岐阜県（財産評価）………………… 223
岐阜県（祭礼―大垣市）…………… 223
岐阜県（祭礼―大垣市―歴史―史料）・223
岐阜県（産業廃棄物―岐阜市）…… 223
岐阜県（社会教育―御嵩町）……… 223
岐阜県（社会福祉―岐阜市）……… 223
岐阜県（宿駅―大垣市―歴史―史料）… 223
岐阜県（宿泊施設―高山市）……… 223
岐阜県（障害者福祉―岐阜市）…… 223
岐阜県（植物―中津川市）………… 223
岐阜県（植物―御嵩町）…………… 223
岐阜県（所得―統計）……………… 223
岐阜県（書目）……………………… 223
岐阜県（人権）……………………… 223
岐阜県（人権―児童―多治見市）… 223
岐阜県（人口―統計）……………… 223
岐阜県（森林）……………………… 224
岐阜県（水質汚濁）………………… 224
岐阜県（青少年教育―中津川市）… 224
岐阜県（選挙―岐阜市―統計）…… 224
岐阜県（戦没者―白川村）………… 224
岐阜県（高山市）…………………… 224
岐阜県（多文化教育―高山市）…… 224
岐阜県（ダム―白川村）…………… 224
岐阜県（男女共同参画―大垣市）… 224
岐阜県（男女共同参画―関市）…… 224
岐阜県（男女共同参画―多治見市）… 224
岐阜県（淡水動物―保護）………… 224
岐阜県（地域社会―岐阜市）……… 224
岐阜県（地域社会―羽島市）……… 224
岐阜県（地誌）……………………… 224
岐阜県（地誌―岐阜市）…………… 224
岐阜県（地方選挙）………………… 224
岐阜県（地方選挙―岐阜市）……… 224
岐阜県（地名）……………………… 224
岐阜県（中小企業）………………… 224
岐阜県（都市再開発―岐阜市）…… 224
岐阜県（土壌汚染）………………… 224
岐阜県（土地区画整理―瑞浪市）… 224
岐阜県（博物誌―岐阜市）………… 224

岐阜県（発電計画―高山市）……… 224
岐阜県（美術―図集）……………… 224
岐阜県（不法投棄―岐阜市）……… 224
岐阜県（文化活動）………………… 224
岐阜県（文化財）…………………… 224
岐阜県（文化財保護）……………… 224
岐阜県（名簿）……………………… 225
岐阜県（歴史）……………………… 225
岐阜県（歴史―恵那市）…………… 225
岐阜県（歴史―大垣市）…………… 225
岐阜県（歴史―史料―恵那市）…… 225
岐阜県（歴史―史料―各務原市）… 225
岐阜県（歴史―史料―岐阜市）…… 225
岐阜県（歴史―史料―書目―大垣市）・・225
岐阜県（歴史―史料―書目―岐阜市）・・225
岐阜県（歴史―史料―中津川市）… 225
岐阜県（労働問題―統計）………… 225
岐阜県（路線価）…………………… 225
岐阜高等学校〔岐阜県立〕………… 225
岐阜市（遺跡・遺物）……………… 225
岐阜市（高齢者）…………………… 225
岐阜市（高齢者福祉）……………… 225
岐阜市（産業廃棄物）……………… 225
岐阜市（社会福祉）………………… 225
岐阜市（障害者福祉）……………… 225
岐阜市（選挙―統計）……………… 225
岐阜市（地域社会）………………… 225
岐阜市（地誌）……………………… 225
岐阜市（地方選挙）………………… 225
岐阜市（都市再開発）……………… 225
岐阜市（博物誌）…………………… 225
岐阜市（不法投棄）………………… 225
岐阜市（歴史―史料）……………… 225
岐阜市（歴史―史料―書目）……… 226
岐阜聖公会訓盲院…………………… 226
ギブソン……………………………… 226
岐阜盲学校〔岐阜県立〕…………… 226
キプロス（外国関係）……………… 226
奇兵隊………………………………… 226
紀宝町〔三重県〕（水害）………… 226
鬼北町〔愛媛県〕（文化財）……… 226
木俣 修〔1906～1983〕…………… 226
君津市（遺跡・遺物）……………… 226
君津市文化協会……………………… 226
君津市立中央図書館………………… 226
金 日成〔1912～1994〕…………… 226
金 正恩……………………………… 226
金 亨律〔1970～2005〕…………… 226
木村 秋則…………………………… 226
木村 芥舟〔1830～1901〕………… 226
木村 和也〔1969～ 〕……………… 226
木村 久夫〔1918～1946〕………… 226
木村 敏〔1931～ 〕………………… 226
木村 政彦〔1917～1993〕………… 226
木村 勝〔1901～1987〕…………… 226
木村 礎〔1924～2004〕…………… 226
肝付町〔鹿児島県〕（武家住宅―保
　存・修復）……………………… 226
肝付町〔鹿児島県〕（門―保存・修
　復）……………………………… 226
キヤノン株式会社…………………… 226
キャパ, R.〔1913～1954〕………… 226
キャベル, E.〔1865～1915〕……… 227
木山 捷平〔1904～1968〕………… 227
旧共楽館……………………………… 227
九州共立大学野球部………………… 227

九州交響楽団

九州交響楽団	227
九州産交バス株式会社	227
九州大学	227
九州大学医学部	227
九州大学文学部	227
九州地方（遺跡・遺物）	227
九州地方（遺跡・遺物―会議録）	227
九州地方（駅伝競走―歴史）	227
九州地方（エコツーリズム）	227
九州地方（会社―名簿）	227
九州地方（海洋汚染）	227
九州地方（科学技術研究）	227
九州地方（火山）	227
九州地方（貸本屋）	227
九州地方（観光開発）	227
九州地方（企業）	228
九州地方（企業―名簿）	228
九州地方（近代化遺産）	228
九州地方（経済）	228
九州地方（芸術家）	228
九州地方（研究開発）	228
九州地方（県民性）	228
九州地方（工業）	228
九州地方（国勢調査）	228
九州地方（災害予防―情報サービス）	228
九州地方（祭祀遺跡）	228
九州地方（里海）	228
九州地方（山岳崇拝）	228
九州地方（山岳崇拝―歴史）	228
九州地方（産業クラスター）	228
九州地方（産業政策）	228
九州地方（ジオパーク）	228
九州地方（自然災害）	228
九州地方（自然保護）	228
九州地方（持続可能な開発）	229
九州地方（真宗―歴史）	229
九州地方（水上生活者）	229
九州地方（水路誌）	229
九州地方（姓氏）	229
九州地方（大気汚染）	229
九州地方（地域開発）	229
九州地方（地域ブランド）	229
九州地方（底質悪化）	229
九州地方（鉄器）	229
九州地方（鉄道）	229
九州地方（鉄道―歴史）	229
九州地方（陶磁器〔日本〕―図集）	229
九州地方（土器―歴史）	229
九州地方（農業―統計）	229
九州地方（農業経営）	229
九州地方（農商工連携）	229
九州地方（農村）	229
九州地方（花―図集）	229
九州地方（病院―名簿）	229
九州地方（部落問題―歴史）	229
九州地方（方言）	229
九州地方（歴史）	229
九州地方（歴史―会議録）	230
九州電力株式会社川内原子力発電所	230
九州旅客鉄道株式会社	230
九州ルーテル学院大学	230
キューバ（移民・植民〔日本〕）	230
キューバ（外国関係―アメリカ合衆国）	230
キューバ（紀行・案内記）	230
キューバ（社会）	230

キュリー, M.〔1867～1934〕	230
許 自昌〔1578～1623〕	230
教王護国寺〔京都市〕	230
京鹿子社	230
行基〔670～749〕	230
共産主義インターナショナル	230
行秀	230
行田市（遺跡・遺物）	230
行田市（金石・金石文）	230
行田市（産業―歴史）	230
行田市（風俗・習慣）	230
行田市（歴史）	230
行田市郷土博物館	230
京田辺市（遺跡・遺物）	230
京田辺市（子育て支援）	230
京田辺市（都市計画）	230
京丹後市（遺跡・遺物）	230
京丹後市（寺院建築）	230
京丹後市（ジオパーク）	230
京丹後市（神社建築）	230
京丹後市（単親家庭）	231
京丹後市（統計）	231
京丹後市（風俗・習慣）	231
京丹後市（歴史―史料）	231
共働学舎新得農場	231
京都工芸繊維大学	231
京都国立博物館	231
京都御所	231
京都サンガFC	231
京都市	231
京都市（遺跡・遺物）	231
京都市（衛生行政）	232
京都市（エネルギー政策）	232
京都市（介護保険）	232
京都市（学校図書館）	232
京都市（祇園祭）	232
京都市（紀行・案内記）	232
京都市（技術教育―歴史）	232
京都市（芸者）	232
京都市（芸術教育）	232
京都市（高齢者福祉）	232
京都市（個人情報保護）	232
京都市（昆虫）	232
京都市（祭礼）	232
京都市（殺人）	232
京都市（産業―統計）	233
京都市（産業政策）	233
京都市（自殺予防）	233
京都市（司書教諭）	233
京都市（史跡名勝）	233
京都市（地蔵）	233
京都市（自転車駐車場）	233
京都市（老舗）	233
京都市（地場産業）	233
京都市（社会福祉）	233
京都市（小学校―歴史）	233
京都市（情報公開制度）	233
京都市（職人）	233
京都市（人口―統計）	233
京都市（水質汚濁）	233
京都市（水道）	233
京都市（生活）	233
京都市（世帯―統計）	233
京都市（染色）	233
京都市（租税―条例）	233
京都市（大学）	233

京都市（山車）	233
京都市（地誌）	233
京都市（地名）	233
京都市（庭園）	233
京都市（庭園―保存・修復）	234
京都市（伝統的工芸品産業）	234
京都市（陶磁器―歴史）	234
京都市（土地利用―統計）	234
京都市（年中行事）	234
京都市（葉書―歴史）	234
京都市（博物館）	234
京都市（風俗・習慣）	234
京都市（部落問題―歴史）	234
京都市（文学上）	234
京都市（文学碑）	234
京都市（墳墓）	234
京都市（放置自転車）	234
京都市（町屋）	234
京都市（町屋―保存・修復）	234
京都市（町屋―歴史）	234
京都市（民家―保存・修復）	234
京都市（民間信仰）	234
京都市（民間防衛―歴史）	234
京都市（歴史）	234
京都市（歴史―写真集）	235
京都市（歴史―史料）	235
京都市（歴史地図）	235
京都市（路線価）	235
京都市左京区	235
京都精華大学	235
京都大学	235
京都大学工学部建築学教室	235
京都大学大学院公共政策教育部	235
京都大学大学院公共政策連携研究部	235
京都大学大学院法学研究科	235
京都大学フィールド科学教育研究センター瀬戸臨海実験所	235
京都大学法学部	235
京都府	235
京都府（遺跡・遺物）	235
京都府（遺跡・遺物―綾部市）	235
京都府（遺跡・遺物―宇治市）	235
京都府（遺跡・遺物―木津川市）	235
京都府（遺跡・遺物―京田辺市）	235
京都府（遺跡・遺物―京丹後市）	235
京都府（遺跡・遺物―城陽市）	235
京都府（遺跡・遺物―長岡京市）	235
京都府（遺跡・遺物―南丹市）	235
京都府（遺跡・遺物―向日市）	235
京都府（遺跡・遺物―八幡市）	236
京都府（医療）	236
京都府（衛生行政）	236
京都府（衛生行政―精華町）	236
京都府（衛生行政―長岡京市）	236
京都府（介護保険）	236
京都府（観光開発―宇治市）	236
京都府（感染症対策）	236
京都府（企業）	236
京都府（紀行・案内記）	236
京都府（教育―歴史）	236
京都府（教育行政）	236
京都府（教員）	236
京都府（行政）	236
京都府（行政―舞鶴市）	236
京都府（行政改革）	236
京都府（経済）	236

日本件名図書目録2014　I

草津市

京都府（下水処分）……………236
京都府（原子力災害─防災）……236
京都府（建設事業─歴史）………236
京都府（公益法人─長岡京市）…236
京都府（工芸家）…………………236
京都府（子育て支援─京田辺市）…236
京都府（子ども文庫）……………236
京都府（財産評価）………………236
京都府（寺院）……………………236
京都府（寺院建築─京丹後市）…237
京都府（ジオパーク─京丹後市）…237
京都府（自然災害─歴史）………237
京都府（自然保護）………………237
京都府（漆工芸─図集）…………237
京都府（社会福祉）………………237
京都府（写真集）…………………237
京都府（写真集─城陽市）………237
京都府（写真集─八幡市）………237
京都府（住宅政策─八幡市）……237
京都府（食育─久御山町）………237
京都府（書目）……………………237
京都府（神社）……………………237
京都府（神社建築─京丹後市）…237
京都府（森林計画）………………237
京都府（水道）……………………237
京都府（スポーツ）………………237
京都府（スポーツ振興基本計画）…237
京都府（生物多様性）……………237
京都府（セミ）……………………237
京都府（選挙─統計）……………237
京都府（蔬菜）……………………237
京都府（村落─歴史）……………237
京都府（体育─小学校）…………237
京都府（単親家庭─京丹後市）…237
京都府（地域開発）………………237
京都府（地誌）……………………237
京都府（地名）……………………238
京都府（茶業─宇治田原町─歴史）…238
京都府（鉄道）……………………238
京都府（特別支援教育）…………238
京都府（都市計画─京田辺市）…238
京都府（都市再開発─八幡市）…238
京都府（人形─目録）……………238
京都府（農業）……………………238
京都府（農業経営）………………238
京都府（農民─歴史）……………238
京都府（美術─八幡市─図集）…238
京都府（フィルムアーカイブ）…238
京都府（風俗・習慣─京丹後市）…238
京都府（風俗・習慣─歴史）……238
京都府（仏像─図集）……………238
京都府（部落問題─歴史）………238
京都府（文学上）…………………238
京都府（文化財─南丹市）………238
京都府（文化的景観─宮津市）…238
京都府（名簿）……………………238
京都府（窯業─歴史）……………238
京都府（緑地計画─亀岡市）……238
京都府（歴史）……………………238
京都府（歴史─綾部市）…………238
京都府（歴史─宇治市）…………238
京都府（歴史─亀岡市）…………239
京都府（歴史─写真集）…………239
京都府（歴史─史料─京丹後市）…239
京都府（歴史─史料─書目─南丹市）…239
京都府（歴史─南丹市）…………239

京都府（路線価）…………………239
京都府太鼓連合会………………239
京都府町村議会議長会…………239
京都府農業会議…………………239
京都府立医科大学眼科学教室…239
京都府立総合資料館……………239
京都ライオンズクラブ…………239
京都ワークハウス………………239
教如〔1558〜1614〕……………239
凝然〔1240〜1321〕……………239
清河 八郎〔1830〜1863〕……239
旭水町内会………………………239
極地（便覧）……………………239
曲亭 馬琴〔1767〜1848〕……239
極東〔ロシア〕（遺跡・遺物）…239
極東〔ロシア〕（開発計画）……239
極東〔ロシア〕（石炭産業）……239
極東〔ロシア〕（石油産業）……239
極東〔ロシア〕（石器）…………239
極東〔ロシア〕（天然ガス）……239
清沢 満之〔1863〜1903〕……240
清須市（写真集）………………240
清瀬市（郷土芸能）……………240
清瀬市（祭祀）…………………240
清瀬市（労働運動）……………240
清武 弘嗣〔1989〜〕…………240
ギリシア（紀行・案内記）……240
ギリシア（商人）………………240
ギリシア（数学─歴史─古代）…240
ギリシア（政治思想─歴史─古代）…240
ギリシア（文化─歴史─古代）…240
ギリシア（法制史─古代）……240
ギリシア（歴史─古代）………240
霧島市（遺跡・遺物）…………240
霧島市（空襲）…………………240
霧島市（軍事基地）……………240
霧島市（自然保護）……………240
霧島市（生物多様性）…………240
キリスト…………………………240
キリスト（美術上）……………240
キリスト教福音宣教会…………240
桐竹 勘十郎〔3代目〕…………240
キリックスグループ……………240
桐生市（遺跡・遺物）…………240
桐生市（辞書）…………………241
桐生市桜木婦人会………………241
キリンホールディングス株式会社…241
キルギス（婚姻─写真集）……241
キルギス（女性問題─写真集）…241
ギルモア, L.〔1873〜1933〕……241
喜和田鉱山………………………241
キーン, D.〔1922〜〕…………241
金 天海〔1899〜〕……………241
金 佩華〔1952〜〕……………241
近畿大学…………………………241
近畿大学梅友会静岡県支部……241
近畿大学附属豊岡高等学校……241
近畿地方（遺跡・遺物）………241
近畿地方（エコシティ）………241
近畿地方（外国人労働者）……241
近畿地方（会社─名簿）………241
近畿地方（観光事業）…………241
近畿地方（企業）………………241
近畿地方（企業─名簿）………241
近畿地方（紀行・案内記）……242
近畿地方（近代化遺産）………242

近畿地方（空港）………………242
近畿地方（経営者）……………242
近畿地方（経済）………………242
近畿地方（建築─歴史）………242
近畿地方（航空運送）…………242
近畿地方（高齢者福祉）………242
近畿地方（国勢調査）…………242
近畿地方（サブカルチャー）…243
近畿地方（算額）………………243
近畿地方（山岳崇拝─歴史）…243
近畿地方（住宅産業─名簿）…243
近畿地方（出版─歴史）………243
近畿地方（城）…………………243
近畿地方（水質汚濁）…………243
近畿地方（姓氏）………………243
近畿地方（中小企業）…………243
近畿地方（鉄道）………………243
近畿地方（鉄道─写真集）……243
近畿地方（鉄道─歴史）………243
近畿地方（電気事業─歴史）…243
近畿地方（電車）………………243
近畿地方（都市交通）…………243
近畿地方（土砂災害）…………243
近畿地方（農業）………………243
近畿地方（病院─名簿）………243
近畿地方（風俗・習慣）………243
近畿地方（仏教美術）…………243
近畿地方（方言）………………243
近畿地方（料理店）……………243
近畿地方（歴史）………………243
銀座〔東京都中央区〕…………243
銀座くらま会……………………244
金城 眞吉〔1944〜〕…………244
今上天皇 →天皇陛下を見よ
金田一 京助〔1882〜1971〕…244
金田一 春彦〔1913〜2004〕…244
金田一 秀穂〔1953〜〕………244
近鉄バファローズ………………244
筋肉少女帯………………………244
金文会……………………………244
金融庁……………………………244
金鈴荘……………………………244
キンレイ・ドルジ〔1958〜〕……244

【く】

盧 千惠……………………………244
グアテマラ（紀行・案内記）……244
グアム（紀行・案内記）………244
グアルディオラ, P.〔1971〜〕…244
クウェート（廃棄物処理）……244
空海〔774〜835〕………………244
グエン, ティ・ビン〔1927〜〕……245
グエン, ドク〔1981〜〕………245
九鬼 周造〔1888〜1941〕……245
久喜剣友会………………………245
久喜市（遺跡・遺物）…………245
久喜市（神楽）…………………245
久喜市（写真集）………………245
久喜市（歴史）…………………245
グーグル…………………………245
久坂 玄瑞〔1840〜1864〕……245
草津温泉…………………………245
草津市（遺跡・遺物）…………245
草津市（公共施設）……………245
草津市（宿駅─保存・修復）…245

(33)

草津市（文化財）……………… 245
草津町〔群馬県〕（花）……… 245
草野産業株式会社……………… 245
久慈川…………………………… 245
久慈市（遺跡・遺物）………… 245
久慈市（発電計画）…………… 246
久慈市（歴史―史料）………… 246
串田 孫一〔1915～2005〕…… 246
櫛部 武俊〔1951～ 〕……… 246
釧路工業高等専門学校………… 246
釧路市（郷土芸能）…………… 246
釧路市（産業―歴史）………… 246
釧路市（生活保護）…………… 246
釧路市（石炭鉱業―歴史）…… 246
釧路市（地方鉄道―歴史）…… 246
葛原 しげる〔1886～1961〕… 246
楠部 三吉郎〔1938～ 〕…… 246
玖珠町〔大分県〕（遺跡・遺物）… 246
くすり博物館…………………… 246
九頭竜大社〔京都市〕………… 246
具体美術協会…………………… 246
久高島…………………………… 246
下松市（写真集）……………… 246
朽木〔氏〕……………………… 246
グッチ…………………………… 246
グッドデザインカンパニー…… 246
宮藤 官九郎〔1970～ 〕…… 246
工藤 公康…………………… 246
工藤 堅太郎〔1941～ 〕…… 246
工藤 俊作〔1901～1979〕…… 246
工藤 吉隆〔 ～1264〕……… 246
宮内卿〔 ～1207〕…………… 246
グナイスト, R.〔1816～1895〕… 246
宮内庁…………………………… 246
国木田 独歩〔1871～1908〕… 246
国東半島………………………… 246
国立市（遺跡・遺物）………… 247
国立市（女性教育）…………… 247
国立市公民館…………………… 247
国友 藤兵衛〔1778～1840〕… 247
久邇宮 朝彦〔1824～1891〕… 247
国見町〔福島県〕（遺跡・遺物）… 247
久能 隆博〔 ～2012〕……… 247
久保〔家〕〔鹿児島県市来町〕… 247
久保 敬治〔1920～2012〕…… 247
久保 忠夫〔1926～ 〕……… 247
窪田 空穂〔1877～1967〕…… 247
窪田 次郎〔1835～1902〕…… 247
久保田 英夫〔1937～ 〕…… 247
窪田 弘〔1931～2013〕……… 247
隈 研吾〔1954～ 〕………… 247
熊井 眞知子…………………… 247
熊谷 直実〔1141～1208〕…… 247
熊谷 守一〔1880～1977〕…… 247
熊谷市（遺跡・遺物）………… 247
熊谷市（教育―歴史）………… 247
熊谷市（地租改正）…………… 247
熊谷市（風俗・習慣）………… 247
久万高原町〔愛媛県〕（遺跡・遺物）… 247
熊坂 台州〔1739～1803〕…… 247
熊沢 友雄〔1831～1896〕…… 247
熊沢 蕃山〔1619～1691〕…… 247
熊田 千佳慕〔1911～2009〕… 248
熊取町〔大阪府〕（遺跡・遺物）… 248
熊野〔和歌山県〕……………… 248
熊野 義孝〔1899～1981〕…… 248

熊野街道………………………… 248
熊野三山………………………… 248
熊野市（庚申塔）……………… 248
熊野市（地域社会）…………… 248
熊野市（文化財）……………… 248
熊野那智大社…………………… 248
熊本 典道〔1937～ 〕……… 248
熊本県…………………………… 248
熊本県（遺跡・遺物）………… 248
熊本県（遺跡・遺物―宇土市）… 248
熊本県（遺跡・遺物―菊池市）… 248
熊本県（遺跡・遺物―玉名市）… 248
熊本県（医療）………………… 248
熊本県（衛生行政）…………… 248
熊本県（温泉―小国町）……… 248
熊本県（果樹栽培―統計）…… 248
熊本県（環境問題―天草市）… 249
熊本県（希少植物）…………… 249
熊本県（希少動物）…………… 249
熊本県（教育）………………… 249
熊本県（教育行政）…………… 249
熊本県（教員養成）…………… 249
熊本県（行政）………………… 249
熊本県（行政―八代市）……… 249
熊本県（郷土舞踊―八代市）… 249
熊本県（近代化遺産）………… 249
熊本県（景観保全―天草市）… 249
熊本県（景観保全―宇城市）… 249
熊本県（経済）………………… 249
熊本県（経済―統計）………… 249
熊本県（工業―統計）………… 249
熊本県（鉱業―統計）………… 249
熊本県（公有財産）…………… 249
熊本県（港湾施設―保存・修復―宇城
　市）…………………………… 249
熊本県（子育て支援）………… 249
熊本県（古墳―阿蘇市）……… 249
熊本県（祭礼―五木村―写真集）… 249
熊本県（産学連携）…………… 249
熊本県（産業）………………… 249
熊本県（自然保護）…………… 249
熊本県（写真集）……………… 249
熊本県（宗教団体―名簿）…… 249
熊本県（障害者福祉）………… 249
熊本県（所得―統計）………… 249
熊本県（書目）………………… 249
熊本県（城跡―菊池市）……… 249
熊本県（城跡―山鹿市）……… 250
熊本県（森林計画）…………… 250
熊本県（水害―阿蘇市）……… 250
熊本県（スポーツ振興基本計画）… 250
熊本県（戦争遺跡）…………… 250
熊本県（耐震建築）…………… 250
熊本県（棚田―山都町―歴史）… 250
熊本県（ダム）………………… 250
熊本県（ダム―天草市）……… 250
熊本県（男女共同参画）……… 250
熊本県（単親家庭）…………… 250
熊本県（地域開発）…………… 251
熊本県（地域社会）…………… 251
熊本県（地誌）………………… 251
熊本県（地質）………………… 251
熊本県（治水）………………… 251
熊本県（地層）………………… 251
熊本県（中小企業金融）……… 251
熊本県（伝記）………………… 251

熊本県（電気事業―天草市―歴史）… 251
熊本県（統計）………………… 251
熊本県（図書館―名簿）……… 251
熊本県（ドメスティックバイオレン
　ス）…………………………… 251
熊本県（鳥）…………………… 251
熊本県（農業経営）…………… 251
熊本県（農村―天草市）……… 251
熊本県（農村―歴史）………… 251
熊本県（廃棄物処理施設―八代市）… 251
熊本県（発電計画―南阿蘇村）… 251
熊本県（プロテスタント教会―歴史）… 251
熊本県（文化財―菊池市）…… 251
熊本県（文化的景観―天草市）… 251
熊本県（文化的景観―宇城市）… 251
熊本県（方言―天草市）……… 251
熊本県（水俣市）……………… 251
熊本県（名簿）………………… 251
熊本県（歴史）………………… 251
熊本県（歴史―写真集）……… 251
熊本県（歴史―史料）………… 252
熊本県（歴史―史料―人吉市）… 252
熊本県立菊池農業高等学校…… 252
熊本県立工業学校土木科……… 252
熊本県立図書館………………… 252
熊本県立氷川高等学校………… 252
熊本市…………………………… 252
熊本市（遺跡・遺物）………… 252
熊本市（学生）………………… 252
熊本市（行政）………………… 252
熊本市（ペット―保護）……… 252
熊本市動物愛護センター……… 252
熊本市保育園連盟……………… 252
熊本大学………………………… 252
熊本大学薬学部………………… 252
熊本藩…………………………… 253
熊本放送………………………… 253
久御山町〔京都府〕（写真集）… 253
久御山町〔京都府〕（食育）… 253
久米島…………………………… 253
久米島町〔沖縄県〕（遺跡・遺物）… 253
久米島町〔沖縄県〕（祭礼）… 253
久米島町〔沖縄県〕（風俗・習慣）… 253
クライフ, J.〔1947～ 〕…… 253
クライン, M.〔1882～1960〕… 253
クラウゼヴィッツ, K.v.〔1780～
　1831〕………………………… 253
クラウン少女合唱団…………… 253
倉敷市…………………………… 253
倉敷市（環境教育）…………… 253
倉敷市（写真集）……………… 253
倉敷市（地域開発）…………… 253
倉敷市（伝記）………………… 253
倉敷市（仏教美術―図集）…… 253
倉敷市（歴史）………………… 253
藏重 淳〔1940～ 〕………… 253
倉田 徹也〔1954～ 〕……… 253
倉田 春雄〔1931～ 〕……… 253
クラッシュ……………………… 253
クラッシュギャルズ…………… 253
グラバー, T.B.〔1838～1911〕… 253
グラバー園……………………… 253
クラプトン, E.〔1945～ 〕… 253
グラミン・アメリカ…………… 253
グラミン銀行…………………… 253
グラムシ, A.〔1891～1937〕… 254

日本件名図書目録2014　I　　　気仙沼市

倉本 康子 …………………………… 254
グランヴィル, J.J.〔1803～1847〕……… 254
栗木 京子〔1954～ 〕………………… 254
栗城 史多 …………………………… 254
栗崎 由子〔1955～ 〕………………… 254
クリスティー, A.〔1890～1976〕……… 254
クリティバ〔ブラジル〕（環境行政）… 254
クリティバ〔ブラジル〕（都市計画）… 254
栗原 明子〔1926～ 〕………………… 254
クリフバー社 ………………………… 254
グリム, J.〔1785～1863〕……………… 254
グリム, W.〔1786～1859〕…………… 254
グリモ・ド・ラ・レニエール, A.-B.-L.
　〔1758～1837〕……………………… 254
栗山 大膳〔1591～1652〕……………… 254
グルジア（紀行・案内記）…………… 254
クルーズ, T.〔1962～ 〕……………… 254
クルスク（世界戦争〔1939～1945〕―
　会戦）………………………………… 254
クルティーヌ, J.-J. ………………… 254
グールド, G.〔1932～1982〕………… 254
車田 勝彦〔1941～ 〕………………… 254
車谷 長吉〔1945～ 〕………………… 254
クルム伊達 公子 …………………… 254
久留米市（遺跡・遺物）…………… 254
久留米市（地誌）…………………… 255
久留米市（地方自治）……………… 255
久留米市立大城小学校 ……………… 255
クレー, P.〔1879～1940〕…………… 255
呉海軍病院 …………………………… 255
呉市（行政）………………………… 255
呉市（軍港―歴史）………………… 255
呉市（祭礼）………………………… 255
呉市（酒場）………………………… 255
呉市（産業―歴史）………………… 255
呉市（年中行事）…………………… 255
グレース妃〔1929～1982 モナコ公妃〕… 255
クレッツマー, K.〔1954～ 〕……… 255
クレッパー, J.〔1903～1942〕……… 255
クレンペラー, O.〔1885～1973〕…… 255
クロ, C.〔1842～1888〕……………… 255
クロアチア（アニメーション―歴史）… 255
クロアチア（紀行・案内記）……… 255
クロアチア（社会―歴史―近代）… 255
黒石市（歴史）……………………… 255
黒川 つ江子〔1921～ 〕……………… 255
黒木 国昭〔1945～ 〕………………… 256
黒木 圭子〔1938～ 〕………………… 256
黒沢 明〔1910～1998〕……………… 256
黒沢 清〔1955～ 〕…………………… 256
クロスキャット ……………………… 256
クロソウスキー, P.〔1905～2001〕… 256
黒田〔家〕…………………………… 256
黒田 一久 …………………………… 256
黒田 清輝〔1866～1924〕……………… 256
黒田 源次〔1886～1957〕……………… 256
黒田 辰秋〔1904～1982〕……………… 256
黒田 孝高〔1546～1604〕……………… 256
グロティウス, H.〔1583～1645〕…… 256
クローナー, R.〔1884～1974〕……… 256
黒部市（女性議員）………………… 256
黒部市議会 …………………………… 256
黒柳 徹子〔1933～ 〕………………… 257
桑島 久男 …………………………… 257
桑名市（文学上）…………………… 257

桑名市（歴史―史料―書目）……… 257
くわばた りえ ……………………… 257
訓子府小学校〔北海道訓子府町立〕… 257
群馬県 ………………………………… 257
群馬県（遺跡・遺物）……………… 257
群馬県（遺跡・遺物―安中市）…… 257
群馬県（遺跡・遺物―伊勢崎市）… 257
群馬県（遺跡・遺物―太田市）…… 257
群馬県（遺跡・遺物―桐生市）…… 257
群馬県（遺跡・遺物―渋川市）…… 257
群馬県（遺跡・遺物―高崎市）…… 257
群馬県（遺跡・遺物―館林市）…… 258
群馬県（遺跡・遺物―富岡市）…… 258
群馬県（遺跡・遺物―沼田市）…… 258
群馬県（遺跡・遺物―藤岡市）…… 258
群馬県（遺跡・遺物―前橋市）…… 258
群馬県（遺跡・遺物―みどり市）… 258
群馬県（衛生行政）………………… 258
群馬県（NPO）……………………… 258
群馬県（河川―館林市）…………… 258
群馬県（家庭用電気製品―リサイクル
　―前橋市）………………………… 258
群馬県（観光開発）………………… 258
群馬県（紀行・案内記）…………… 258
群馬県（絹織物）…………………… 258
群馬県（教育行政）………………… 259
群馬県（行政）……………………… 259
群馬県（行政―藤岡市）…………… 259
群馬県（金石・金石文―高崎市）… 259
群馬県（渓谷）……………………… 259
群馬県（下水処分）………………… 259
群馬県（建築）……………………… 259
群馬県（県民性）…………………… 259
群馬県（工芸美術）………………… 259
群馬県（公示地価）………………… 259
群馬県（洪水）……………………… 259
群馬県（交通安全）………………… 259
群馬県（公有財産）………………… 259
群馬県（祭礼―玉村町）…………… 259
群馬県（蚕業―写真集）…………… 259
群馬県（蚕業―歴史）……………… 259
群馬県（自殺予防）………………… 259
群馬県（辞書―桐生市）…………… 259
群馬県（詩人）……………………… 259
群馬県（史跡名勝―太田市）……… 259
群馬県（自然保護）………………… 259
群馬県（社会福祉）………………… 259
群馬県（写真集―太田市）………… 259
群馬県（写真集―館林市）………… 259
群馬県（宿駅―太田市）…………… 259
群馬県（障害者福祉―伊勢崎市）… 259
群馬県（食生活―前橋市）………… 259
群馬県（女性労働者―富岡市―歴史）… 259
群馬県（書目）……………………… 259
群馬県（城）………………………… 259
群馬県（人権教育―館林市）……… 260
群馬県（森林計画）………………… 260
群馬県（森林災害）………………… 260
群馬県（水害）……………………… 260
群馬県（水害予防）………………… 260
群馬県（製糸業―安中市―歴史）… 260
群馬県（製糸業―歴史）…………… 260
群馬県（選挙―統計）……………… 260
群馬県（治山）……………………… 260
群馬県（地誌）……………………… 260
群馬県（地質―下仁田町）………… 260

群馬県（鉄道）……………………… 260
群馬県（鉄道災害―高崎市）……… 260
群馬県（鳥）………………………… 260
群馬県（人形―太田市）…………… 260
群馬県（博物誌）…………………… 260
群馬県（花）………………………… 260
群馬県（花―草津町）……………… 260
群馬県（花―中之条町）…………… 260
群馬県（防災計画―高崎市）……… 260
群馬県（民謡）……………………… 260
群馬県（昔話―前橋市）…………… 260
群馬県（名簿）……………………… 260
群馬県（林業）……………………… 260
群馬県（歴史）……………………… 260
群馬県（歴史―太田市）…………… 260
群馬県（歴史―史料）……………… 260
群馬県（歴史―高崎市）…………… 260
群馬県（歴史―みどり市）………… 260
群馬県童謡作詞作曲家協会 ………… 261
群馬県童謡文化協会 ………………… 261
群馬県藤岡保健所 …………………… 261
群馬県立産業技術センター ………… 261
群馬大学医学部 ……………………… 261
群馬大学大学院医学系研究科 ……… 261

【け】

K〔1983～ 〕………………………… 261
k. m. p ……………………………… 261
慶應義塾茨城通信三田会 …………… 261
慶応義塾大学 ………………………… 261
慶應義塾大学アルペンフェライン山岳
　会 …………………………………… 261
慶応義塾大学医学部 ………………… 261
慶應義塾大学先端生命科学研究所から
　だ館がん情報ステーション ……… 261
慶応義塾大学理工学部 ……………… 261
慶応義塾普通部 ……………………… 261
慶応義塾幼稚舎 ……………………… 261
慶應義塾横浜初等部 ………………… 261
京王電鉄バス株式会社 ……………… 261
景戒 …………………………………… 261
経済産業省 …………………………… 261
経済団体連合会 ……………………… 261
計算科学センター …………………… 261
警視庁 ………………………………… 261
敬順 …………………………………… 261
京城帝国大学 ………………………… 261
慶尚南道（地誌）…………………… 261
京成電鉄株式会社 …………………… 261
継体天皇 ……………………………… 261
K2 ……………………………………… 262
京阪電気鉄道株式会社 ……………… 262
京浜急行電鉄株式会社 ……………… 262
京浜急行バス株式会社 ……………… 262
京浜デパート ………………………… 262
恵文社 ………………………………… 262
ケインズ, J.M.〔1883～1946〕……… 262
劇団四季 ……………………………… 262
ケージ, J.〔1912～1992〕…………… 262
ゲゼル, S.〔1862～1930〕…………… 262
気仙沼ケーブルネットワーク株式会社… 262
気仙沼市（健康管理―情報サービス）… 262
気仙沼市（高齢者福祉―情報サービ
　ス）………………………………… 262
気仙沼市（災害復興）……………… 262

（35）

気仙沼市

気仙沼市（社会教育施設）·················· 262
気仙沼市（小学校）························· 262
気仙沼市（商店街）························· 262
気仙沼市（中学校）························· 262
気仙沼市（年中行事）······················ 263
気仙沼市（東日本大震災〔2011〕—被
害）··································· 263
気仙沼市（方言）·························· 263
気多神社〔羽咋市〕························ 263
ゲーテ，J.W.〔1749～1832〕················ 263
ゲート，A.L.〔1908～1946〕················ 263
ケニア（乾燥地帯）························ 263
ケニア（紀行・案内記）···················· 263
ケニア（教育援助〔日本〕）·················· 263
ケニア（経済）···························· 263
ケニア（児童）···························· 263
ケニア（呪術）···························· 263
ケニア（地域社会開発）···················· 263
ケニア（野生動物—保護）·················· 263
ケネディ，C.〔1957～ 〕·················· 263
ケネディ，J.F.〔1917～1963〕·············· 263
ケネディ・オナシス，J.〔1929～1994〕···· 263
ゲバラ，E.〔1928～1967〕················· 263
ケプラー，J.〔1571～1630〕················ 263
ケベック州（社会）························ 263
ケラー，H.A.〔1880～1968〕··············· 263
ケルゼン，H.〔1881～1973〕··············· 263
下呂市（遺跡・遺物）······················ 264
元〔中国〕（美術—歴史—図集）·········· 264
玄海町〔佐賀県〕（住民運動）·············· 264
研究会··································· 264
源空〔1133～1212〕······················ 264
源氏 →源〔氏〕（みなもと・し）を見よ
兼寿〔1415～1499〕······················ 264
原子力規制委員会························· 264
源信〔942～1017〕······················· 264
建設業労働災害防止協会···················· 264
建設コンサルタンツ協会···················· 264
現代思潮社······························ 264
現代彫刻センター························· 264
現代美術懇談会·························· 264
建長寺〔鎌倉市〕·························· 264
建仁寺〔京都市〕·························· 264
原発事故から命と環境を守る会·············· 264
ケンブリッジ〔イギリス〕（外国留
学）··································· 264
ケンブリッジ〔イギリス〕（産業クラ
スター）······························ 265
見坊 豪紀〔1914～1992〕················· 265
憲法問題研究会〔1958年〕················ 265
剣持 章行〔1790～1871〕················· 265
研友社··································· 265
元老院··································· 265
兼六園··································· 265

【こ】

呉 清源〔1914～2014〕··················· 265
高 漢容〔1903～1983〕··················· 265
小池 隆一〔1943～ 〕··················· 265
小石川後楽園···························· 265
小石川後楽園庭園保存会···················· 265
小泉 純一郎〔1942～ 〕················· 265
小泉 信三〔1888～1966〕················· 265
小泉 節子〔1868～1932〕················· 265

小泉 八雲〔1850～1904〕················· 265
小磯 明〔1960～ 〕····················· 265
小出 満二〔1879～1955〕················· 265
小岩井 浄〔1897～1959〕················· 265
洪 応明〔明代〕·························· 265
黄 爵滋〔1793～1853〕··················· 265
耿 諄〔1914～2012〕····················· 265
洪 仁玕〔1822～1864〕··················· 266
洪 邁〔1123～1202〕····················· 266
洪 亮吉〔1746～1809〕··················· 266
高エネルギー加速器研究機構················ 266
高円寺あずま通り商店会···················· 266
黄海··································· 266
公害研究委員会·························· 266
甲賀市（遺跡・遺物）······················ 266
甲賀市（道標）···························· 266
甲賀市（歴史）···························· 266
皇学館大学······························ 266
江川··································· 266
航空自衛隊······························ 266
上毛町〔福岡県〕（遺跡・遺物）·········· 266
皇后陛下〔1934～ 〕····················· 266
光厳天皇〔1313～1364〕··················· 266
工作舎··································· 266
高山寺〔京都市〕·························· 266
神島 作太郎〔1895～1948〕··············· 266
甲州街道································· 266
甲州市（遺跡・遺物）······················ 266
郷荘神社〔和泉市〕························ 267
神津島村〔東京都〕（鳥）·············· 267
江西省（鉱山労働）························ 267
江西省（石炭鉱業）························ 267
公正取引委員会·························· 267
厚生年金事業振興団······················ 267
厚生労働省······························ 267
皎然〔唐代〕···························· 267
興禅寺〔鳥取市〕·························· 267
江蘇省（産業廃棄物）······················ 267
江蘇省（廃棄物処理）······················ 267
古宇田 清平〔1893～1990〕··············· 267
皇太子殿下〔1960～ 〕··················· 267
皇太子妃殿下〔1963～ 〕················· 267
講談社··································· 267
高知県（空き家）·························· 267
高知県（遺跡・遺物—高知市）·············· 267
高知県（遺跡・遺物—香南市）·············· 267
高知県（遺跡・遺物—南国市）·············· 267
高知県（医療）···························· 267
高知県（衛生行政）························ 267
高知県（エネルギー政策）·················· 267
高知県（海岸）···························· 267
高知県（学校施設・設備）·················· 267
高知県（感染症対策）······················ 267
高知県（気候変化）························ 267
高知県（教育行政）························ 268
高知県（行政—高知市）···················· 268
高知県（行政組織）························ 268
高知県（協働〔行政〕）···················· 268
高知県（建設行政）························ 268
高知県（工業用水道）······················ 268
高知県（小売市場—高知市）················ 268
高知県（財産評価）························ 268
高知県（産学連携）························ 268
高知県（史跡名勝）························ 268
高知県（自然保護）························ 268
高知県（写真集—高知市）·················· 268

高知県（巡礼〔仏教〕）···················· 268
高知県（書目）···························· 268
高知県（震災予防）························ 268
高知県（森林）···························· 268
高知県（森林鉄道—馬路村）················ 268
高知県（生物多様性）······················ 268
高知県（選挙—統計）······················ 268
高知県（地域開発）························ 268
高知県（地域社会）························ 268
高知県（伝記—高知市）···················· 268
高知県（電気事業）························ 268
高知県（土壌汚染）························ 268
高知県（入札）···························· 269
高知県（農商工連携）······················ 269
高知県（被災者支援）······················ 269
高知県（美術—図集）······················ 269
高知県（風俗・習慣—歴史—高知市）·· 269
高知県（仏教美術—図集）·················· 269
高知県（仏像）···························· 269
高知県（仏像—四万十町）·················· 269
高知県（仏像—図集）······················ 269
高知県（仏像—日高村）···················· 269
高知県（保育所—安全管理）················ 269
高知県（盆踊）···························· 269
高知県（名簿）···························· 269
高知県（幼稚園—安全管理）················ 269
高知県（予算・決算）······················ 269
高知県（歴史）···························· 269
高知県（歴史—史料）······················ 269
高知県議会······························ 269
高知県立大学···························· 269
高知工業高等学校〔高知県立〕·············· 269
高知工業高等専門学校···················· 269
高知市（遺跡・遺物）······················ 269
高知市（行政）···························· 269
高知市（小売市場）························ 269
高知市（写真集）·························· 269
高知市（伝記）···························· 270
高知市（風俗・習慣—歴史）················ 270
交通エコロジー・モビリティ財団········ 270
江津市（遺跡・遺物）······················ 270
厚東〔氏〕〔宇部市〕······················ 270
江東区立小学校PTA連合会················ 270
香南市（遺跡・遺物）······················ 270
甲南大学································· 270
公認会計士監査審査会···················· 270
河野 一郎〔1898～1965〕················· 270
河野 聖子······························ 270
河野 実〔1941～ 〕····················· 270
河野 保雄〔1936～2013〕················· 270
鴻池 清司〔1937～ 〕··················· 270
鴻巣市（遺跡・遺物）······················ 270
鴻巣市（食生活）·························· 270
光風会··································· 270
幸福会ヤマギシ会························· 270
興福寺〔奈良市〕·························· 270
幸福実現党······························ 270
幸福の科学······························ 270
甲府市（遺跡・遺物）······················ 272
甲府市（日本文学—歴史）·················· 272
甲府城··································· 272
神戸市··································· 272
神戸市（遺跡・遺物）······················ 272
神戸市（環境行政）························ 272
神戸市（感染症対策）······················ 272
神戸市（教育行政）························ 272

神戸市（行政）………………………… 272
神戸市（高齢者）……………………… 273
神戸市（災害復興）…………………… 273
神戸市（災害予防）…………………… 273
神戸市（財政）………………………… 273
神戸市（産業―統計）………………… 273
神戸市（産業―歴史）………………… 273
神戸市（史跡名勝）…………………… 273
神戸市（自治会）……………………… 273
神戸市（単親家庭）…………………… 273
神戸市（地域社会）…………………… 273
神戸市（地誌）………………………… 273
神戸市（読書指導）…………………… 273
神戸市（都市計画）…………………… 273
神戸市（文化活動）…………………… 273
神戸市（砲台―歴史―史料）………… 273
神戸市（民家―保存・修復）………… 273
神戸市（歴史）………………………… 273
神戸市（歴史―写真集）……………… 273
神戸市（歴史―史料―書目）………… 273
神戸市（路線価）……………………… 273
神戸市（路面電車―歴史）…………… 273
神戸市外国語大学……………………… 273
神戸市看護大学………………………… 273
神戸市北区……………………………… 273
神戸市東灘区…………………………… 273
神戸市民病院機構……………………… 273
神戸大学体育会陸上競技部…………… 273
神戸大学附属住吉小学校……………… 273
神戸高塚高等学校〔兵庫県立〕……… 273
高弁〔1173～1232〕…………………… 273
孝明天皇〔1831～1866〕……………… 274
公明党…………………………………… 274
高野山…………………………………… 274
高野町〔和歌山県〕（墓誌）………… 274
高野町〔和歌山県〕（歴史）………… 274
高麗〔朝鮮〕（外国関係―日本―歴
　史）…………………………………… 274
高麗〔朝鮮〕（科学技術―歴史）…… 274
高麗〔朝鮮〕（公文書―歴史）……… 274
高麗〔朝鮮〕（美術―歴史―図集）… 274
浩寮……………………………………… 274
広陵高等学校野球部…………………… 274
光林寺〔花巻市〕……………………… 274
肥沼信次〔1908～1946〕……………… 274
桑折町〔福島県〕（遺跡・遺物）…… 274
郡山市（遺跡・遺物）………………… 274
郡山市（観光行政）…………………… 274
郡山市（工業―名簿）………………… 274
郡山市（児童福祉）…………………… 274
郡山市（社会福祉）…………………… 274
郡山市（障害者福祉）………………… 275
郡山市（男女共同参画）……………… 275
郡山市（防災計画）…………………… 275
郡山市（歴史）………………………… 275
郡山市（歴史―史料―書目）………… 275
五街道 雲助〔1948～〕……………… 275
コーカサス（外国関係）……………… 275
コーカサス（紀行・案内記）………… 275
コーカサス（民族問題）……………… 275
古河市（遺跡・遺物）………………… 275
小金井市（住民運動）………………… 275
小金井市（伝記）……………………… 275
小金井市（歴史―史料）……………… 275
小金井市子ども文庫サークル連絡会… 275
古河藩…………………………………… 275

五霞町〔茨城県〕（遺跡・遺物）…… 275
後漢〔中国〕（政治―歴史―漢時代）‥ 275
後漢〔中国〕（歴史―漢時代）……… 275
後久洋家具店…………………………… 275
国際基督教大学………………………… 275
国際刑事裁判所………………………… 275
国際通貨基金…………………………… 275
国際ビフレンダーズ宮崎自殺防止セン
　ター…………………………………… 275
国際復興開発銀行……………………… 276
国際油濁補償基金……………………… 276
国際連合………………………………… 276
国際連合開発計画……………………… 276
国際連合食糧農業機関………………… 276
国際労働組合総連合…………………… 276
国税庁…………………………………… 276
国鉄 →日本国有鉄道を見よ
国鉄労働組合…………………………… 276
国土交通省……………………………… 276
国土交通省（名簿）…………………… 276
国土交通省国土技術政策総合研究所… 276
国分寺〔国分寺市〕…………………… 276
国分寺市（遺跡・遺物）……………… 276
国分寺市（遺跡・遺物―保存・修復）… 276
国分寺市（歴史）……………………… 276
国民協会〔1920年〕…………………… 276
国民自由党……………………………… 276
国立教育政策研究所…………………… 276
国立競技場……………………………… 276
国立劇場おきなわ……………………… 276
国立重度知的障害者総合施設のぞみの
　園……………………………………… 277
国立障害者リハビリテーションセン
　ター自立支援局函館視力障害セン
　ター…………………………………… 277
国立西洋美術館………………………… 277
国立病院機構いわき病院……………… 277
国立療養所大島青松園………………… 277
国立療養所邑久光明園………………… 277
国立療養所多磨全生園………………… 277
国立歴史民俗博物館…………………… 277
護国寺〔東京都文京区〕……………… 277
こころネット株式会社………………… 277
湖西市（遺跡・遺物）………………… 277
湖西市（関所―保存・修復―歴史）… 277
湖西市（都市計画）…………………… 277
小坂鉄道株式会社……………………… 277
古座川町〔和歌山県〕（地誌）……… 277
越谷市（昆虫）………………………… 277
越谷市（写真集）……………………… 277
越谷市（消費者行動）………………… 277
越谷市（植物）………………………… 277
越谷市（鳥）…………………………… 277
越谷松伏水道企業団…………………… 277
小柴昌俊〔1926～〕…………………… 277
小島慶子………………………………… 277
小島頓宮法楽連歌会…………………… 277
コジモ1世〔1519～1574 トスカナ大
　公〕…………………………………… 277
五條市（水害）………………………… 277
五所川原市（遺跡・遺物）…………… 277
後白河天皇〔1127～1192〕…………… 278
小杉あさ〔1881～1969〕……………… 278
小菅康行〔1939～〕…………………… 278
後崇光院〔1372～1456〕……………… 278
コスタリカ（社会）…………………… 278

コスモス………………………………… 278
古関裕而〔1909～1989〕……………… 278
古関れん〔1995～〕…………………… 278
御所市（遺跡・遺物）………………… 278
御所市（年中行事）…………………… 278
小平市（歴史―索引）………………… 278
小平市（歴史―史料―書目）………… 278
小平市（歴史―年表）………………… 278
古代ローマ（遺跡・遺物）…………… 278
古代ローマ（キリスト教―歴史―帝政
　時代）………………………………… 278
古代ローマ（婚姻）…………………… 278
古代ローマ（性風俗）………………… 278
古代ローマ（地方行政―歴史―帝政時
　代）…………………………………… 278
古代ローマ（帝王）…………………… 278
古代ローマ（風俗・習慣―歴史）…… 278
古代ローマ（文化―歴史）…………… 278
古代ローマ（歴史）…………………… 278
古代ローマ（歴史―共和政時代）…… 278
古代ローマ（歴史―帝政時代）……… 279
小高賢〔1944～2014〕………………… 279
古高俊太郎〔1829～1864〕…………… 279
小玉和文〔1955～〕…………………… 279
児玉佳与子〔1933～〕………………… 279
小玉暁村〔1881～1942〕……………… 279
児玉清〔1934～2011〕………………… 279
児玉源太郎〔1852～1906〕…………… 279
小玉誠三………………………………… 279
小玉正巳〔1911～2002〕……………… 279
児玉誉士夫〔1911～1984〕…………… 279
ゴーチエ, T.〔1811～1872〕………… 279
国会……………………………………… 279
国家開発銀行…………………………… 279
国家社会主義ドイツ労働者党………… 279
ゴッホ, V.〔1853～1890〕…………… 279
小寺彰〔1952～2014〕………………… 279
御殿場市（遺跡・遺物）……………… 280
後藤新平〔1857～1929〕……………… 280
後藤せき子〔1929～〕………………… 280
後藤洋央紀〔1979～〕………………… 280
後藤昌幸〔1933～〕…………………… 280
後藤又兵衛〔1560～1615〕…………… 280
後藤夜半〔1895～1976〕……………… 280
五島市（洋上風力発電）……………… 280
琴欧洲勝紀〔1983～〕………………… 280
コートジボワール（国際投資〔日本〕）‥ 280
後鳥羽天皇〔1180～1239〕…………… 280
子ども大学かわごえ…………………… 280
コトラー, P.…………………………… 280
小浪幸子〔1946～〕…………………… 280
湖南市（特別支援教育）……………… 280
狐野扶実子〔1969～〕………………… 281
近衛文麿〔1891～1945〕……………… 281
近衛家熙〔1667～1736〕……………… 281
近衛秀麿〔1898～1973〕……………… 281
小橋健太〔1967～〕…………………… 281
小林一三〔1873～1957〕……………… 281
小林一茶〔1763～1827〕……………… 281
小林英治〔1934～〕…………………… 281
小林賢太郎〔1973～〕………………… 281
小林章一………………………………… 281
小林善九郎〔1885～1946〕…………… 281
小林武史〔1931～〕…………………… 281
小林徳三郎〔1884～1949〕…………… 281
小林ハル〔1900～2005〕……………… 281

小林 秀雄〔1902～1983〕……………281
小林 正夫〔1947～ 〕………………281
小林古径記念美術館………………281
小林市（遺跡・遺物）………………281
小林市（衛生行政）…………………281
小林市（環境行政）…………………281
小林市（感染症対策）………………281
小林市（行政）………………………281
小林市（事業継続管理）……………281
小林市（自殺予防）…………………281
小林市（男女共同参画）……………281
小林市（地名）………………………281
コバルトーレ女川……………………281
小比類巻 貴之………………………282
コペルニク……………………………282
小堀 鞆音〔1864～1931〕…………282
狛江市（遺跡・遺物）………………282
狛江市（介護保険）…………………282
狛江市（環境行政）…………………282
狛江市（教育行政）…………………282
狛江市（行政）………………………282
狛江市（行政改革）…………………282
狛江市（高齢者福祉）………………282
狛江市（国民保護計画）……………282
狛江市（子育て支援）………………282
狛江市（古墳）………………………282
狛江市（商店街）……………………282
狛江市（震災予防）…………………282
狛江市（選挙―統計）………………282
狛江市（男女共同参画）……………282
狛江市（都市計画）…………………282
狛江市（風水害）……………………282
狛江市（防災計画）…………………282
狛江市（民間信仰）…………………282
駒ケ岳〔北海道〕……………………282
駒ヶ根市（地域開発）………………282
駒木 銀三郎〔5代目 1931～ 〕…282
小牧 太〔1967～ 〕…………………282
小牧市（遺跡・遺物）………………282
小牧市（行政）………………………282
小牧市（城跡―保存・修復）………283
小牧市（神社）………………………283
小松 アキエ〔1932～ 〕……………283
小松鋼機株式会社……………………283
小松市（遺跡・遺物）………………283
小松市（風俗・習慣）………………283
小松島市（歴史―史料）……………283
小松能美メンタルヘルスボランティア
　友の会………………………………283
こまどり姉妹…………………………283
小峯 隆生〔1959～ 〕………………283
小宮 一哲〔1976～ 〕………………283
小宮山〔家〕〔東京都〕………………283
小村 雪岱〔1887～1940〕…………283
コメニウス, J.A.〔1592～1670〕……283
ゴヤ, F.J.〔1746～1828〕……………283
小山 薫堂〔1964～ 〕………………283
小山 晃佑〔1929～2009〕…………283
小山 富太郎〔1918～1995〕………283
五来 欣造〔1875～1944〕…………283
五稜郭…………………………………283
コルトレーン, J.〔1926～1967〕……283
コールハース, R.〔1944～ 〕………283
Gorbachev, Mikhail Sergeevich〔1931
　～ 〕…………………………………283
コルバン, A.〔1936～ 〕……………283

是枝 裕和〔1962～ 〕………………284
コレクティブハウスかんかん森………284
惟喬親王〔844～897〕………………284
五郎丸 歩〔1986～ 〕………………284
コロッケ〔1960～ 〕…………………284
衣浦港…………………………………284
コロラド州……………………………284
コロンビア（移民・植民〔日本〕―歴
　史）…………………………………284
コロンビア（経済援助〔日本〕）……284
コロンビア（石炭産業）……………284
金戒光明寺〔京都市〕………………284
金光学園………………………………284
金光教…………………………………284
金剛寺〔河内長野市〕………………284
金剛福寺〔土佐清水市〕……………284
金剛峯寺〔和歌山県高野町〕………284
金剛輪寺〔滋賀県愛荘町〕…………284
コンサドーレ札幌……………………284
コンデ, M.〔1937～ 〕………………284
コント, A.〔1798～1857〕…………284
近藤 あや〔1991～ 〕………………284
近藤 謙司………………………………284
近藤 ちよ〔1913～1996〕…………284
近藤 等則〔1948～ 〕………………284
近藤 富蔵〔1805～1887〕…………284
近藤 夏子〔1985～ 〕………………284
権藤 博………………………………284
近藤 文夫〔1947～ 〕………………284
近藤 守重〔1771～1829〕…………284
今野 大力〔1904～1935〕…………284
今野 浩〔1940～ 〕…………………285
今野 敏〔1955～ 〕…………………285
近野教育振興会………………………285
金春 禅竹〔1405～ 〕………………285
コンラッド, J.〔1857～1924〕………285

【 さ 】

西域 →シルクロードを見よ
佐伯市（遺跡・遺物）………………285
佐伯市（都市計画）…………………285
西行〔1118～1190〕…………………285
西教寺〔和泉市〕……………………285
三枝 博音〔1892～1963〕…………285
西郷 隆盛〔1827～1877〕…………285
最高裁判所……………………………285
西条 八十〔1892～1970〕…………285
済生丸…………………………………285
西大寺〔岡山市〕……………………285
埼玉県…………………………………285
埼玉県（遺跡・遺物―上尾市）……285
埼玉県（遺跡・遺物―朝霞市）……285
埼玉県（遺跡・遺物―入間市）……285
埼玉県（遺跡・遺物―桶川市）……285
埼玉県（遺跡・遺物―春日部市）…286
埼玉県（遺跡・遺物―加須市）……286
埼玉県（遺跡・遺物―川口市）……286
埼玉県（遺跡・遺物―川越市）……286
埼玉県（遺跡・遺物―北本市）……286
埼玉県（遺跡・遺物―行田市）……286
埼玉県（遺跡・遺物―久喜市）……286
埼玉県（遺跡・遺物―熊谷市）……286
埼玉県（遺跡・遺物―鴻巣市）……286
埼玉県（遺跡・遺物―坂戸市）……286
埼玉県（遺跡・遺物―志木市）……286

埼玉県（遺跡・遺物―白岡市）……287
埼玉県（遺跡・遺物―鶴ヶ島市）…287
埼玉県（遺跡・遺物―所沢市）……287
埼玉県（遺跡・遺物―戸田市）……287
埼玉県（遺跡・遺物―新座市）……287
埼玉県（遺跡・遺物―蓮田市）……287
埼玉県（遺跡・遺物―羽生市）……287
埼玉県（遺跡・遺物―飯能市）……287
埼玉県（遺跡・遺物―日高市）……287
埼玉県（遺跡・遺物―深谷市）……287
埼玉県（遺跡・遺物―ふじみ野市）…287
埼玉県（遺跡・遺物―本庄市）……287
埼玉県（遺跡・遺物―八潮市）……287
埼玉県（遺跡・遺物―和光市）……287
埼玉県（衛生行政―入間市）………287
埼玉県（衛生行政―川口市）………287
埼玉県（NPO）………………………287
埼玉県（エネルギー政策）…………287
埼玉県（織物工業―飯能市―歴史）…288
埼玉県（貝塚―蓮田市）……………288
埼玉県（貝塚―保存・修復―蓮田市）…288
埼玉県（科学教育）…………………288
埼玉県（学童保育）…………………288
埼玉県（神楽―久喜市）……………288
埼玉県（窯跡）………………………288
埼玉県（環境行政―富士見市）……288
埼玉県（環境問題―条例）…………288
埼玉県（観光行政―北本市）………288
埼玉県（岩石）………………………288
埼玉県（感染症対策）………………288
埼玉県（感染症対策―入間市）……288
埼玉県（教育―歴史―熊谷市）……288
埼玉県（教育行政）…………………288
埼玉県（教員）………………………288
埼玉県（教員―統計）………………288
埼玉県（行政）………………………288
埼玉県（行政―上尾市）……………288
埼玉県（行政―幸手市）……………288
埼玉県（行政―書目）………………288
埼玉県（行政―歴史―史料―書目―上
　尾市）………………………………288
埼玉県（協働〔行政〕）………………288
埼玉県（金石・金石文）……………288
埼玉県（金石・金石文―行田市）…288
埼玉県（軍事基地）…………………288
埼玉県（建築行政）…………………288
埼玉県（公共事業）…………………288
埼玉県（公共施設―日高市）………288
埼玉県（高齢者福祉―朝霞市）……288
埼玉県（古地図―川越市）…………288
埼玉県（昆虫―越谷市）……………288
埼玉県（財政）………………………288
埼玉県（財政―条例）………………289
埼玉県（財政―所沢市）……………289
埼玉県（祭礼―秩父市）……………289
埼玉県（産業―歴史―行田市）……289
埼玉県（史跡名勝）…………………289
埼玉県（自治会―川越市）…………289
埼玉県（社会福祉―入間市）………289
埼玉県（社会福祉―鶴ヶ島市）……289
埼玉県（写真集―入間市）…………289
埼玉県（写真集―久喜市）…………289
埼玉県（写真集―越谷市）…………289
埼玉県（写真集―狭山市）…………289
埼玉県（写真集―羽生市）…………289
埼玉県（宿駅―幸手市―歴史）……289

日本件名図書目録2014　Ⅰ　　　佐賀藩

埼玉県（商業）……………………289
埼玉県（小説家―草加市）………289
埼玉県（小中一貫教育）…………289
埼玉県（消費）……………………289
埼玉県（消費者行動―越谷市）…289
埼玉県（食生活―鴻巣市）………289
埼玉県（植物―越谷市）…………289
埼玉県（植物―図集）……………289
埼玉県（書目）……………………289
埼玉県（書目―富士見市）………289
埼玉県（人権教育）………………289
埼玉県（人口―統計―草加市）…289
埼玉県（人口―日高市）…………289
埼玉県（震災予防）………………289
埼玉県（震災予防―川口市）……289
埼玉県（進路指導）………………289
埼玉県（水害予防―歴史）………290
埼玉県（水道―上尾市―歴史）…290
埼玉県（製糸業―小川町―歴史）…290
埼玉県（青少年教育―新座市）…290
埼玉県（石造美術）………………290
埼玉県（村落―坂戸市―歴史）…290
埼玉県（男女共同参画）…………290
埼玉県（地域開発）………………290
埼玉県（地域開発―草加市―歴史）…290
埼玉県（地域社会―八潮市）……290
埼玉県（地域情報化）……………290
埼玉県（地誌）……………………290
埼玉県（地租改正―熊谷市）……290
埼玉県（地名）……………………290
埼玉県（中小企業金融）…………290
埼玉県（定時制高等学校）………290
埼玉県（鉄道）……………………290
埼玉県（図書館）…………………290
埼玉県（図書館協力）……………290
埼玉県（土地価格）………………290
埼玉県（鳥―越谷市）……………290
埼玉県（農業行政―三郷市）……290
埼玉県（農産製造）………………290
埼玉県（排気ガス―排出抑制）…290
埼玉県（風俗・習慣―行田市）…290
埼玉県（風俗・習慣―熊谷市）…290
埼玉県（風俗・習慣―秩父市）…290
埼玉県（物産）……………………291
埼玉県（文学碑）…………………291
埼玉県（文化財）…………………291
埼玉県（平和教育―東松山市）…291
埼玉県（防災教育〔学校〕）……291
埼玉県（防災計画）………………291
埼玉県（防災計画―川口市）……291
埼玉県（防災計画―富士見市）…291
埼玉県（民家―保存・修復―八潮市）…291
埼玉県（名簿）……………………291
埼玉県（世論―上尾市）…………291
埼玉県（歴史）……………………291
埼玉県（歴史―川越市）…………291
埼玉県（歴史―行田市）…………291
埼玉県（歴史―久喜市）…………291
埼玉県（歴史―史料）……………291
埼玉県（歴史―史料―書目）……291
埼玉県（歴史―史料―書目―川越市）…291
埼玉県（歴史―史料―吉川市）…291
埼玉県（歴史―秩父市）…………291
埼玉県（歴史―年表―新座市）…291
埼玉県（歴史―本庄市）…………291
埼玉県立浦和西高等学校………291

埼玉県立大宮高等学校……………291
埼玉県立越谷北高等学校…………291
さいたま市（遺跡・遺物）………291
さいたま市（庚申塔）……………292
さいたま市（桜草―保護）………292
さいたま市（人口）………………292
さいたま市（地域社会開発）……292
さいたま市（読書指導）…………292
さいたま市（都市計画）…………292
さいたま市（馬頭観音）…………292
さいたま市（文化行政）…………292
さいたま市（歴史）………………292
埼玉西武ライオンズ………………292
最澄〔767～822〕………………292
斎藤〔氏〕…………………………292
齋藤　玲〔1933～　〕…………292
斎藤　惇夫〔1940～　〕………293
齋藤　絹子〔1931～　〕………293
西東　三鬼〔1900～1962〕……293
齋藤　彰一……………………293
斉藤　宗次郎〔1877～1968〕…293
斎藤　隆夫〔1870～1949〕……293
齋藤　徳重〔1926～　〕………293
斎藤　一〔1844～1915〕………293
斎藤　茂吉〔1882～1953〕……293
斉藤　安子〔1941～　〕………293
西都市（遺跡・遺物）……………293
西都市（古墳―保存・修復）……293
THEイナズマ戦隊…………………293
サイバーエージェント……………293
サイパン島（太平洋戦争〔1941～
　1945〕―会戦）………………293
最明寺〔守山市〕…………………293
財務省………………………………293
財務省財務局………………………293
Silent Siren………………………293
幸倶楽部……………………………293
サウジアラビア（歴史）…………293
佐伯　祐正〔1896～1945〕……294
佐伯　泰英〔1942～　〕………294
サエコ〔1986～　〕……………294
蔵王山………………………………294
蔵王町〔宮城県〕（遺跡・遺物）…294
早乙女　直枝〔　～2008〕……294
早乙女　りん〔1900～1996〕…294
坂井〔家〕〔新潟市〕……………294
酒井　景都…………………………294
坂井　犀水〔1871～1940〕……294
坂井　忠〔1938～　〕…………294
酒井　伴四郎〔1834～　〕……294
坂井市（遺跡・遺物）……………294
堺市（遺跡・遺物）………………294
堺市（行政）………………………294
堺市（写真集）……………………294
堺市（障害児福祉）………………294
堺市（地方自治）…………………294
堺市（地方選挙）…………………294
堺市（鉄器）………………………294
堺市（歴史）………………………294
堺市（路線価）……………………295
坂出市（遺跡・遺物）……………295
寒河江市（遺跡・遺物）…………295
寒河江市（歴史―史料）…………295
栄村〔長野県〕（地震）…………295
坂上　忍〔1967～　〕…………295
榊原　亀三郎〔1868～1925〕…295

坂城町〔長野県〕（遺跡・遺物）………295
坂城町〔長野県〕（地名）………295
阪口　裕樹〔1987～　〕………295
佐賀県（遺跡・遺物）……………295
佐賀県（遺跡・遺物―小城市）…295
佐賀県（遺跡・遺物―唐津市）…295
佐賀県（遺跡・遺物―神埼市）…295
佐賀県（遺跡・遺物―佐賀市）…295
佐賀県（遺跡・遺物―多久市）…295
佐賀県（遺跡・遺物―保存・修復―佐
　賀市）……………………………295
佐賀県（貝塚―佐賀市）…………295
佐賀県（行政―武雄市）…………296
佐賀県（近代化遺産―佐賀市）…296
佐賀県（下水処分―佐賀市）……296
佐賀県（原子力行政）……………296
佐賀県（交通―統計）……………296
佐賀県（財政―歴史）……………296
佐賀県（児童―唐津市―歴史）…296
佐賀県（写真集）…………………296
佐賀県（住民運動―玄海町）……296
佐賀県（障害者福祉）……………296
佐賀県（書目）……………………296
佐賀県（城跡）……………………296
佐賀県（清酒製造業）……………296
佐賀県（石造美術―佐賀市）……296
佐賀県（選挙―統計）……………296
佐賀県（地域学）…………………296
佐賀県（地誌―伊万里市）………296
佐賀県（地方選挙）………………296
佐賀県（中小企業）………………296
佐賀県（陶磁器〔日本〕―図集）…296
佐賀県（農業試験）………………296
佐賀県（被災者支援―鳥栖市）…296
佐賀県（法制史―史料）…………296
佐賀県（砲台―佐賀市―歴史―史料）…296
佐賀県（名簿）……………………296
佐賀県（歴史）……………………296
佐賀県（歴史―小城市）…………297
佐賀県（歴史―写真集）…………297
佐賀県（歴史―史料）……………297
佐賀県（歴史―史料―小城市）…297
佐賀県（歴史―年表）……………297
佐賀県（和菓子―小城市―歴史）…297
佐賀市（遺跡・遺物）……………297
佐賀市（遺跡・遺物―保存・修復）…297
佐賀市（貝塚）……………………297
佐賀市（近代化遺産）……………297
佐賀市（下水処分）………………297
佐賀市（石造美術）………………297
佐賀市（砲台―歴史―史料）……297
佐潟…………………………………297
坂田　三吉〔1870～1946〕……297
坂田　章〔1929～　〕…………297
坂田　晋作〔　～2013〕………297
坂田　武雄〔1919～　〕………297
坂田　道太〔1916～2004〕……297
酒田港………………………………297
酒田市（漁撈）……………………297
酒田市（二酸化炭素―排出抑制）…297
酒田市（マイクログリッド）……297
酒田市（歴史）……………………297
嵯峨天皇〔786～842〕…………297
坂戸市（遺跡・遺物）……………297
坂戸市（村落―歴史）……………297
佐賀藩………………………………298

（39）

相模鉄道株式会社

相模鉄道株式会社	298
相模原市（遺跡・遺物）	298
相模原市（協働〔行政〕）	298
相模原市（高齢者教育）	298
相模原市（高齢者福祉）	298
相模原市（子育て支援）	298
相模原市（財政）	298
相模原市（産業）	298
相模原市（障害者福祉）	298
相模原市（食育）	298
相模原市（城跡）	298
相模原市（墓地）	298
相模原市（歴史）	298
相模屋食料株式会社	298
坂本 九〔1941～1985〕	298
坂本 進一郎〔1941～ 〕	298
坂本 孝〔1940～ 〕	298
坂本 太郎〔1901～1987〕	298
坂本 俊篤〔1858～1941〕	299
坂本 直寛〔1853～1911〕	299
坂本 美雨〔1980～ 〕	299
さかもと 未明〔1965～ 〕	299
坂本 竜馬〔1835～1867〕	299
相良 知安〔1836～1906〕	299
サカリャンスキー, I.A.〔1889～1960〕	299
佐喜眞美術館	299
崎本 宜子〔1931～ 〕	299
佐久市	299
佐久市（遺跡・遺物）	299
佐久市（伝記）	299
佐久市（歴史―史料）	299
佐久市（歴史―史料―書目）	299
佐久穂町〔長野県〕（歴史―史料）	299
佐久間〔氏〕	299
佐久間 象山〔1811～1864〕	299
さくら ももこ〔1965～ 〕	300
桜井 郁子	300
桜井 良子〔1945～ 〕	300
桜井市（遺跡・遺物）	300
桜井市（古墳）	300
桜川市（遺跡・遺物）	300
さくら市（遺跡・遺物）	300
佐倉市（遺跡・遺物）	300
佐倉市（祭礼）	300
佐倉市（男女共同参画）	300
佐倉市（歴史）	300
桜島	300
桜庭 和志〔1969～ 〕	300
さくら保育園	300
ザ クレイジーSKB〔1968～ 〕	300
ザ・グレート・カブキ〔1948～ 〕	300
ザ50回転ズ	300
左近允 孝之進〔1870～1909〕	300
笹川 陽平〔1939～ 〕	301
佐々木 明〔1981～ 〕	301
佐々木 喜善〔1886～1933〕	301
佐々木 邦〔1883～1964〕	301
佐々木 静子〔1926～ 〕	301
佐々木 到一〔1886～1955〕	301
佐々木 長淳〔1830～1916〕	301
佐々木 弘綱〔1828～1891〕	301
笹本 恒子〔1914～ 〕	301
笹森 儀助〔1845～1915〕	301
篠山市（古文書）	301
篠山市（町屋―保存・修復）	301
篠山市（歴史）	301

ささゆり会	301
佐世保市（遺跡・遺物）	301
佐世保市（殺人）	301
佐世保市（少年犯罪）	301
佐多 稲子〔1904～1998〕	301
ザッカーバーグ, M.	301
五月 みどり〔1939～ 〕	301
サックス, M.〔1927～ 〕	301
ザッケローニ, A.	301
佐々 成政〔 ～1588〕	301
サッチャー, M.〔1925～2013〕	301
幸手市（行政）	301
幸手市（宿駅―歴史）	301
札幌弓道連盟	301
札幌市	301
札幌市（遺跡・遺物）	301
札幌市（一般廃棄物）	302
札幌市（衛生行政）	302
札幌市（エネルギー政策）	302
札幌市（介護福祉―統計）	302
札幌市（介護保険）	302
札幌市（観光行政）	302
札幌市（感染症対策）	302
札幌市（キノコ―図集）	302
札幌市（給水装置―条例）	302
札幌市（教育行政）	302
札幌市（行政）	302
札幌市（協働〔行政〕）	302
札幌市（下水処分）	302
札幌市（健康管理―世論）	302
札幌市（建築―条例）	302
札幌市（交通調査―統計）	302
札幌市（高齢者）	302
札幌市（高齢者福祉）	302
札幌市（高齢者福祉―統計）	302
札幌市（子育て支援）	302
札幌市（災害予防）	302
札幌市（自殺予防）	302
札幌市（自治会）	302
札幌市（障害者福祉）	302
札幌市（食品安全）	302
札幌市（食品衛生）	302
札幌市（人口）	302
札幌市（人口―統計）	303
札幌市（水道―条例）	303
札幌市（スポーツ振興基本計画）	303
札幌市（生活環境―条例）	303
札幌市（雪害―世論）	303
札幌市（選挙―統計）	303
札幌市（宅地造成）	303
札幌市（男女共同参画）	303
札幌市（単親家庭）	303
札幌市（地域開発）	303
札幌市（鉄道行政）	303
札幌市（読書指導）	304
札幌市（読書調査）	304
札幌市（都市交通）	304
札幌市（廃棄物処理）	304
札幌市（ひきこもり）	304
札幌市（不動産投資）	304
札幌市（保育所）	304
札幌市（ボランティア活動）	304
札幌市（雪―世論）	304
札幌市（リサイクル〔廃棄物〕）	304
札幌市（緑地計画）	304
札幌市（歴史）	304

札幌市元町団地自治会	304
札幌農学校	304
薩摩川内市（遺跡・遺物）	304
薩摩川内市（歴史）	304
薩摩川内市川内歴史資料館	304
薩摩藩	304
サティ, E.A.L.〔1866～1925〕	304
佐渡 裕〔1961～ 〕	304
佐渡〔家〕〔松本市〕	304
佐渡 昭子〔1928～2010〕	304
佐藤 一斎〔1772～1859〕	304
佐藤 可士和〔1965～ 〕	304
佐藤 勝〔1915～ 〕	304
佐藤 元萇〔1818～1897〕	304
佐藤 佐太郎〔1909～1987〕	305
佐藤 暁〔1928～ 〕	305
佐藤 しのぶ〔1958～ 〕	305
佐藤 誠三郎〔1932～1999〕	305
佐藤 卓〔1955～ 〕	305
佐藤 忠男〔1930～ 〕	305
佐藤 玉枝	305
佐藤 勉〔1940～ 〕	305
佐藤 信男〔1935～ 〕	305
佐藤 春夫〔1892～1964〕	305
佐藤 久男〔1943～ 〕	305
佐藤 寿人〔1982～ 〕	305
佐藤 仙務〔1991～ 〕	305
佐藤 博〔1934～ 〕	305
佐藤 優〔1960～ 〕	305
佐藤 真海〔1982～ 〕	305
佐藤 幹夫	305
佐藤 泰志〔1949～1990〕	305
佐藤鉄工株式会社	305
佐渡市（遺跡・遺物）	305
佐渡市（遺跡・遺物―会議録）	305
佐渡市（金―鉱山―歴史）	306
佐渡市（銀―鉱山―歴史）	306
佐渡市（鉱山）	306
佐渡市（鉱山―会議録）	306
佐渡市（版画―画集）	306
佐渡市（町屋―保存・修復―歴史）	306
佐渡市（歴史）	306
里庄町〔岡山県〕（遺跡・遺物）	306
佐渡市立羽茂中学校	306
里田 啓〔1930～ 〕	306
里見〔氏〕	306
佐土原城	306
佐土原藩	306
真田〔氏〕	306
真田 幸隆〔1513～1574〕	306
真田 幸村〔1567～1615〕	306
さぬき市（歴史―写真集）	306
実重 毎子〔1933～ 〕	306
佐野 ぬい〔1932～ 〕	306
佐野市（遺跡・遺物）	306
佐野市（写真集）	307
佐野市（人権教育）	307
佐野市（男女共同参画）	307
佐野市（文化財保護）	307
佐野市（昔話）	307
鯖江市（家庭用電気製品―リサイクル）	307
鯖江市（金石・金石文）	307
鯖江藩	307
サパタ, E.〔1879～1919〕	307
サハラ	307

日本件名図書目録2014　Ⅰ
滋賀県

佐原 洋子〔1926〜〕 307
サハリン →樺太を見よ
サピア, E.〔1884〜1939〕 307
サファヴィー朝 307
佐分利 貞男〔1879〜1929〕 307
さぽうと21 307
佐保会大阪支部 307
座間市（環境行政） 307
座間市（軍事基地） 307
座間市（歴史） 307
サマーシュ 307
様似民族文化保存会 307
サミット株式会社 307
寒川神社〔神奈川県寒川町〕 307
寒川町〔神奈川県〕（遺跡・遺物） 307
サムスン電子株式会社 307
佐村河内 守 307
鮫川村〔福島県〕（昔話） 307
狭山市（写真集） 307
佐用町〔兵庫県〕（遺跡・遺物） 307
佐用町〔兵庫県〕（災害復興） 307
佐用町〔兵庫県〕（水害） 307
サルトル, J.P.〔1905〜1980〕 308
猿払村〔北海道〕（歴史） 308
沢 恩〔1923〜〕 308
沢木 興道〔1880〜1965〕 308
沢田 秀雄〔1951〜〕 308
沢辺 琢磨〔1834〜1913〕 308
沢村 貞子〔1908〜1996〕 308
沢柳 政太郎〔1865〜1927〕 308
三愛 308
三愛石油株式会社 308
サンアド 308
三一書房 308
ⅢⅠスコール会 308
山陰海岸国立公園 308
山陰信販株式会社 308
山陰地方（遺跡・遺物） 308
山陰地方（童謡） 308
山陰地方（昔話） 308
三角寺〔四国中央市〕 308
三ケ神明社〔魚津市〕 308
参議院 308
産業技術総合研究所 308
サンクトペテルブルク（文学上） 308
サンクロン 308
三条高等学校〔新潟県立〕 308
三条市（遺跡・遺物） 308
三条市（職人） 309
三条市（被災者支援） 309
三条市（避難所） 309
サンスベリー, C.K.〔1905〜1993〕 309
サンソン〔家〕 309
三代目 J Soul Brothers 309
三田市（遺跡・遺物） 309
三田市（伝記） 309
三田藩 309
サン＝テグジュペリ, A.〔1900〜
1944〕 309
サンテレビジョン 309
サンド, G.〔1804〜1876〕 309
三東アパレルグループ 309
SANDWICH 309
山東省（遺跡・遺物） 309
山東省（紀行・案内記） 309
山東省（鉄道） 309

サントリーホールディングス株式会社 309
三内丸山遺跡 309
サンパウロ〔ブラジル〕（ボランティ
ア活動） 309
ザンビア（技術援助〔日本〕） 309
ザンビア（経済援助〔日本〕） 309
ザンビア（農業経営） 309
三仏寺〔鳥取県三朝町〕 309
サンフランシスコ 309
サンフランシスコ（商店街） 309
サンフランシスコ（スーパーマーケッ
ト） 309
サンフランシスコ（都市再開発） 310
三瓶山 310
山武市（歴史一史料） 310
三遊亭 円歌〔3代目 1929〜〕 310
山陽地方（遺跡・遺物） 310
山陽地方（宿駅） 310
山陽地方（文学上） 310
三洋電機株式会社 310
山陽道 310
三陸鉄道株式会社 310

【し】

CIA →アメリカ合衆国中央情報局を見よ
シアトル〔ワシントン州〕（産業クラ
スター） 310
椎名 へきる〔1974〜〕 310
椎名 林檎〔1978〜〕 310
椎名 麟三〔1911〜1973〕 310
ジェイアイエヌ 310
JRグループ 310
ジェイアール東海エージェンシー 310
JR東日本 →東日本旅客鉄道株式会社を
見よ
シェイクスピア, W.〔1564〜1616〕 310
自衛隊 311
自衛隊（年鑑） 311
自衛隊（便覧） 311
ジェイムズ, W.〔1842〜1910〕 311
シエナ（歴史） 311
ジェネシスオブエンターテイメント 311
シェパード, S.〔1943〜〕 311
ジェファーソン, T.〔1743〜1826〕 311
シェーファー・ヴィンヤーズ 311
シェープキン, M.S.〔1788〜1863〕 311
ジェームズ, C.L.R.〔1901〜1989〕 311
ジェームズ1世〔1566〜1625 イングラ
ンド王〕 311
ジェラテリア・イル・ブリガンテ 311
シェリー, M.W.〔1797〜1851〕 311
シェリング, F.W.J.v.〔1775〜1854〕 312
GLS銀行 312
GLA総合本部 312
慈円〔1155〜1225〕 312
塩竈港運送株式会社 312
塩澤 幸登〔1947〜〕 312
塩尻 公明〔1901〜1969〕 312
塩尻市（町屋一保存・修復） 312
塩尻市（民家一保存・修復） 312
ジオノ, J.〔1895〜1970〕 312
塩野 和夫〔1952〜〕 312
慈恩寺〔山形県〕 312
志賀 直哉〔1883〜1971〕 312

滋賀医科大学 312
視覚障害をもつ医療従事者の会 312
滋賀県 312
滋賀県（いじめ一大津市） 312
滋賀県（遺跡・遺物） 312
滋賀県（遺跡・遺物一近江八幡市） 312
滋賀県（遺跡・遺物一大津市） 312
滋賀県（遺跡・遺物一草津市） 313
滋賀県（遺跡・遺物一甲賀市） 313
滋賀県（遺跡・遺物一高島市） 313
滋賀県（遺跡・遺物一長浜市） 313
滋賀県（遺跡・遺物一東近江市） 313
滋賀県（遺跡・遺物一彦根市） 313
滋賀県（遺跡・遺物一保存・修復） 314
滋賀県（遺跡・遺物一保存・修復一高
島市） 314
滋賀県（遺跡・遺物一米原市） 314
滋賀県（遺跡・遺物一野洲市） 314
滋賀県（遺跡・遺物一栗東市） 314
滋賀県（屋外広告一条例） 314
滋賀県（絵画〔日本〕一画集） 314
滋賀県（官庁建築） 314
滋賀県（企業） 314
滋賀県（紀行・案内記） 314
滋賀県（技術者） 314
滋賀県（給与一地方公務員） 314
滋賀県（教育） 314
滋賀県（教育行政一大津市） 314
滋賀県（教員研修） 314
滋賀県（行政） 314
滋賀県（景観計画一長浜市） 314
滋賀県（広域行政） 314
滋賀県（工業一名簿） 314
滋賀県（公共施設一草津市） 314
滋賀県（公的扶助一歴史） 314
滋賀県（湖沼） 314
滋賀県（個人情報保護） 314
滋賀県（雇用） 314
滋賀県（財産評価） 315
滋賀県（産業政策） 315
滋賀県（自殺予防） 315
滋賀県（住宅建築一保存・修復一大津
市） 315
滋賀県（宿駅一保存・修復一草津市） 315
滋賀県（商人一日野町一歴史） 315
滋賀県（商人一歴史） 315
滋賀県（情報公開制度） 315
滋賀県（植物一長浜市一図集） 315
滋賀県（書目） 315
滋賀県（城跡一保存・修復一長浜市） 315
滋賀県（神社一長浜市） 315
滋賀県（神道美術一図集） 315
滋賀県（森林計画） 315
滋賀県（水害一高島市） 315
滋賀県（水底遺跡） 315
滋賀県（水路一保存・修復一近江八幡
市） 315
滋賀県（生活） 315
滋賀県（生物多様性） 315
滋賀県（選挙一近江八幡市一統計） 315
滋賀県（選挙一統計） 315
滋賀県（前方後円墳） 315
滋賀県（騒音〔鉄道〕一彦根市） 315
滋賀県（男女共同参画） 315
滋賀県（地域開発） 316
滋賀県（地域開発一近江八幡市） 316

(41)

滋賀県

滋賀県（地誌）………………………316
滋賀県（地誌―米原市）……………316
滋賀県（地方公務員―条例）………316
滋賀県（地方選挙）…………………316
滋賀県（地方選挙―近江八幡市）…316
滋賀県（伝説）………………………316
滋賀県（道標―甲賀市）……………316
滋賀県（特別支援教育―湖南市）…316
滋賀県（都城）………………………316
滋賀県（図書館）……………………316
滋賀県（土地価格）…………………316
滋賀県（鳥―長浜市―図集）………316
滋賀県（長屋門―保存・修復―彦根
　市）…………………………………316
滋賀県（農業金融―条例）…………316
滋賀県（農業政策）…………………316
滋賀県（農業普及事業）……………316
滋賀県（花）…………………………316
滋賀県（仏教美術―図集）…………316
滋賀県（仏像）………………………316
滋賀県（仏像―長浜市）……………316
滋賀県（文学碑）……………………316
滋賀県（文化財―草津市）…………316
滋賀県（母子保健）…………………316
滋賀県（町屋―保存・修復―東近江
　市）…………………………………316
滋賀県（水ビジネス）………………316
滋賀県（昔話）………………………316
滋賀県（名簿）………………………316
滋賀県（歴史）………………………317
滋賀県（歴史―近江八幡市）………317
滋賀県（歴史―甲賀市）……………317
滋賀県（歴史―史料―書目―東近江
　市）…………………………………317
滋賀県（歴史―高島市）……………317
滋賀県（歴史―長浜市）……………317
滋賀県（歴史―東近江市）…………317
滋賀県（歴史―彦根市）……………317
滋賀県（労働組合―歴史）…………317
滋賀県（労働争議―歴史）…………317
滋賀県（路線価）……………………317
滋賀県庁舎本館………………………317
滋賀県立石山高等学校………………317
シカゴ（社会）………………………317
紫香楽宮………………………………317
志木市（遺跡・遺物）………………317
式子内親王〔　～1201〕……………317
敷島製パン株式会社…………………317
重光　葵〔1887～1957〕……………317
慈眼寺〔笛吹市〕……………………317
始皇帝〔259～210B.C.〕……………317
四国タオル工業組合…………………317
四国地方（鬼瓦）……………………317
四国地方（会社―名簿）……………317
四国地方（神楽）……………………317
四国地方（家庭用電気製品―リサイク
　ル）…………………………………318
四国地方（企業―名簿）……………318
四国地方（紀行・案内記）…………318
四国地方（軍事施設―歴史）………318
四国地方（国勢調査）………………318
四国地方（寺院）……………………318
四国地方（ジャズ喫茶）……………318
四国地方（巡礼〔仏教〕）…………318
四国地方（巡礼〔仏教〕―歴史）…318

四国地方（巡礼〔仏教〕―歴史―史
　料）…………………………………318
四国地方（食農教育）………………318
四国地方（地域社会）………………318
四国地方（都市―歴史）……………318
四国地方（病院―名簿）……………318
四国地方（哺乳類）…………………319
四国地方（水資源）…………………319
四国地方（UJIターン）……………319
四国地方（歴史）……………………319
四国中央市（遺跡・遺物）…………319
四国中央市（写真集）………………319
四国電力株式会社伊方原子力発電所 …319
ジジェク, S.〔1949～ 〕……………319
G.G.佐藤〔1978～ 〕………………319
慈受院〔京都市〕……………………319
四条畷市（遺跡・遺物）……………319
酒々井町〔千葉県〕（遺跡・遺物）…319
静岡県…………………………………319
静岡県（遺跡・遺物）………………319
静岡県（遺跡・遺物―磐田市）……319
静岡県（遺跡・遺物―掛川市）……319
静岡県（遺跡・遺物―菊川市）……320
静岡県（遺跡・遺物―湖西市）……320
静岡県（遺跡・遺物―御殿場市）…320
静岡県（遺跡・遺物―島田市）……320
静岡県（遺跡・遺物―袋井市）……320
静岡県（遺跡・遺物―藤枝市）……320
静岡県（遺跡・遺物―富士市）……320
静岡県（遺跡・遺物―富士宮市）…320
静岡県（遺跡・遺物―三島市）……320
静岡県（衛生―西伊豆町）…………320
静岡県（エネルギー資源）…………320
静岡県（屋外広告）…………………320
静岡県（介護福祉）…………………320
静岡県（会社―名簿）………………320
静岡県（花卉市場―統計）…………320
静岡県（環境管理）…………………320
静岡県（祇園祭―富士市）…………320
静岡県（帰化植物）…………………320
静岡県（基準地価格）………………320
静岡県（教育行政）…………………320
静岡県（行政）………………………320
静岡県（行政―沼津市）……………321
静岡県（行政―歴史―史料―富士宮
　市）…………………………………321
静岡県（健康管理）…………………321
静岡県（原子力行政）………………321
静岡県（原子力災害―防災―焼津市）…321
静岡県（県民性）……………………321
静岡県（工業―統計）………………321
静岡県（公共建築―図集）…………321
静岡県（公共施設）…………………321
静岡県（広告業―名簿）……………321
静岡県（交通安全）…………………321
静岡県（高齢者福祉）………………321
静岡県（古墳）………………………321
静岡県（災害予防）…………………321
静岡県（財産評価）…………………321
静岡県（作物）………………………321
静岡県（産業）………………………321
静岡県（産業―統計）………………321
静岡県（産業政策）…………………321
静岡県（寺院―南伊豆町）…………321
静岡県（寺院―焼津市）……………321
静岡県（自然保護）…………………321

静岡県（地場産業）…………………321
静岡県（住宅政策）…………………321
静岡県（住民運動）…………………321
静岡県（宿駅―三島市）……………321
静岡県（条例）………………………321
静岡県（条例―焼津市）……………321
静岡県（食育―富士市）……………321
静岡県（植物）………………………322
静岡県（植物―富士宮市）…………322
静岡県（書籍商）……………………322
静岡県（書目）………………………322
静岡県（人権）………………………322
静岡県（震災予防）…………………322
静岡県（診療所―名簿）……………322
静岡県（森林計画）…………………322
静岡県（水産業）……………………322
静岡県（水産業―焼津市）…………322
静岡県（水田農業）…………………322
静岡県（水利）………………………322
静岡県（水利―三島市）……………322
静岡県（スポーツ振興基本計画）…322
静岡県（関所―保存・修復―湖西市―
　歴史）………………………………322
静岡県（選挙―統計）………………322
静岡県（蔬菜栽培―統計）…………322
静岡県（地域社会）…………………322
静岡県（地域社会―歴史）…………322
静岡県（地誌）………………………322
静岡県（地方選挙）…………………323
静岡県（地名）………………………323
静岡県（茶業）………………………323
静岡県（茶業―歴史）………………323
静岡県（中小企業）…………………323
静岡県（津波）………………………323
静岡県（伝説）………………………323
静岡県（道路―下田市）……………323
静岡県（読書指導）…………………323
静岡県（都市計画）…………………323
静岡県（都市計画―湖西市）………323
静岡県（土壌）………………………323
静岡県（ドメスティックバイオレン
　ス）…………………………………323
静岡県（農業政策）…………………323
静岡県（バス事業）…………………323
静岡県（風俗・習慣―沼津市）……323
静岡県（福祉作業所―名簿）………323
静岡県（文化活動）…………………323
静岡県（文化財―御前崎市）………323
静岡県（文化財―裾野市）…………323
静岡県（噴火災害）…………………323
静岡県（噴火災害―歴史）…………323
静岡県（防災計画）…………………323
静岡県（防災計画―伊豆の国市）…323
静岡県（防災計画―焼津市）………323
静岡県（ミカン―栽培―統計）……323
静岡県（水資源）……………………323
静岡県（名簿）………………………324
静岡県（屋号―焼津市）……………324
静岡県（歴史）………………………324
静岡県（歴史―菊川市）……………324
静岡県（歴史―史料）………………324
静岡県（歴史―史料―伊東市）……324
静岡県（歴史―史料―磐田市）……324
静岡県（歴史―史料―書目―三島市）…324
静岡県（歴史―史料―富士市）……324
静岡県（歴史―藤枝市）……………324

日本件名図書目録2014　Ⅰ

静岡県 （労働災害―御前崎市） ………… 324
静岡県 （路線価） ……………………… 324
静岡県立清水南高等学校 ……………… 324
静岡県立清水南高等学校中等部 ……… 324
静岡市 （遺跡・遺物） ………………… 324
静岡市 （行政） ………………………… 324
静岡市 （空襲） ………………………… 324
静岡市 （公園） ………………………… 324
静岡市 （個人情報保護） ……………… 324
静岡市 （情報公開制度） ……………… 324
静岡市 （地域開発） …………………… 324
静岡市 （都市計画） …………………… 325
静岡市 （農業） ………………………… 325
静岡市 （風俗・習慣） ………………… 325
静岡市 （方言） ………………………… 325
静岡市 （緑地計画） …………………… 325
静岡市 （歴史） ………………………… 325
静岡市 （歴史―史料） ………………… 325
静岡市 （路線価） ……………………… 325
静岡大学 ………………………………… 325
静岡大学教育学部附属特別支援学校 … 325
静岡文化芸術大学 ……………………… 325
雫石町 〔岩手県〕 （遺跡・遺物） …… 325
雫石町 〔岩手県〕 （発電計画） ……… 325
自然社 …………………………………… 325
四川省 （紀行・案内記） ……………… 325
宍粟市 （郷土教育―歴史―史料） …… 325
宍粟市 （歴史―史料） ………………… 325
志田 忠儀 〔1916〜 〕 ………………… 325
紫竹 昭葉 〔1927〜 〕 ………………… 325
幣原 喜重郎 〔1872〜1951〕 ………… 325
四天王寺 〔大阪市〕 …………………… 325
市東 〔氏〕 ……………………………… 325
自動車検査独立行政法人 ……………… 325
自動車リサイクル促進センター ……… 325
持統天皇 〔645〜702〕 ………………… 325
至徳堂 …………………………………… 325
シドニー 〔オーストラリア〕 （食生
　活） …………………………………… 325
シトローエン自動車会社 ……………… 326
品川 弥二郎 〔1843〜1900〕 ………… 326
品川台場 ………………………………… 326
信濃川 …………………………………… 326
信濃橋画廊 ……………………………… 326
篠田 桃紅 〔1913〜 〕 ………………… 326
篠原 欣子 〔1934〜 〕 ………………… 326
篠原 儀治 〔1924〜 〕 ………………… 326
篠宮 龍三 ……………………………… 326
司馬 光 〔1019〜1086〕 ……………… 326
司馬 遷 〔145〜86B.C.〕 ……………… 326
司馬 遼太郎 〔1923〜1996〕 ………… 326
芝浦グループ …………………………… 326
柴田 勝頼 〔1979〜 〕 ………………… 326
柴田 紗希 〔1991〜 〕 ………………… 326
新発田市 （遺跡・遺物） ……………… 326
芝山町 〔千葉県〕 （遺跡・遺物） …… 326
ジバンシィ, H.〔1927〜 〕 …………… 326
渋川 玄耳 〔1872〜1926〕 …………… 326
渋川市 （遺跡・遺物） ………………… 326
渋沢 栄一 〔1840〜1931〕 …………… 327
志布志市 （遺跡・遺物） ……………… 327
ジブチ （経済援助 〔日本〕） ………… 327
渋谷 弘利 〔1931〜 〕 ………………… 327
澁谷 洋子 ……………………………… 327
渋谷駅 …………………………………… 327
標津町 〔北海道〕 （遺跡・遺物） …… 327

シベリア （開発計画） ………………… 327
シベリア （紀行・案内記） …………… 327
シベリア （狩猟） ……………………… 327
シベリア （食生活） …………………… 327
シベリア （鉄道） ……………………… 327
シーボルト, P.F.〔1796〜1866〕……… 327
島尾 忠男 〔1924〜 〕 ………………… 327
志摩市 （遺跡・遺物） ………………… 327
島津 〔家〕 ……………………………… 327
島津 〔氏〕 ……………………………… 327
島津 重豪 〔1745〜1833〕 …………… 328
島田 叡 〔1901〜1945〕 ……………… 328
島田 武雄 〔1914〜1963〕 …………… 328
島田市 （遺跡・遺物） ………………… 328
嶋谷 〔氏〕 ……………………………… 328
島根県 （石工） ………………………… 328
島根県 （遺跡・遺物） ………………… 328
島根県 （遺跡・遺物―出雲市） ……… 328
島根県 （遺跡・遺物―雲南市） ……… 328
島根県 （遺跡・遺物―大田市） ……… 328
島根県 （遺跡・遺物―江津市） ……… 328
島根県 （遺跡・遺物―浜田市） ……… 328
島根県 （遺跡・遺物―益田市） ……… 328
島根県 （遺跡・遺物―松江市） ……… 328
島根県 （神楽） ………………………… 328
島根県 （河川行政） …………………… 328
島根県 （学校図書館） ………………… 328
島根県 （観光開発） …………………… 328
島根県 （観光事業―出雲市―歴史） … 328
島根県 （紀行・案内記） ……………… 328
島根県 （希少植物） …………………… 328
島根県 （希少動物） …………………… 329
島根県 （教育行政） …………………… 329
島根県 （行政） ………………………… 329
島根県 （行政組織） …………………… 329
島根県 （原子力災害） ………………… 329
島根県 （工業） ………………………… 329
島根県 （古墳―出雲市） ……………… 329
島根県 （狛犬） ………………………… 329
島根県 （災害救助） …………………… 329
島根県 （里海） ………………………… 329
島根県 （産業） ………………………… 329
島根県 （産業―歴史） ………………… 329
島根県 （寺院―松江市―歴史―史料―
　書目） ………………………………… 329
島根県 （寺院建築―大田市） ………… 329
島根県 （ジオパーク） ………………… 329
島根県 （史跡名勝） …………………… 329
島根県 （紙幣―歴史） ………………… 329
島根県 （社会福祉―松江市） ………… 329
島根県 （城下町―松江市） …………… 329
島根県 （植物） ………………………… 329
島根県 （書目） ………………………… 329
島根県 （書目―解題―出雲市） ……… 329
島根県 （城跡） ………………………… 329
島根県 （震災） ………………………… 329
島根県 （震災予防） …………………… 329
島根県 （神社―松江市―歴史―史料―
　書目） ………………………………… 329
島根県 （神社建築―大田市） ………… 329
島根県 （森林） ………………………… 329
島根県 （水害） ………………………… 330
島根県 （水質汚濁） …………………… 330
島根県 （生物―雲南市） ……………… 330
島根県 （石造美術） …………………… 330
島根県 （石造美術―大田市） ………… 330

島根県 （選挙―統計） ………………… 330
島根県 （地域開発―松江市） ………… 330
島根県 （地誌） ………………………… 330
島根県 （地誌―雲南市） ……………… 330
島根県 （地誌―大田市） ……………… 330
島根県 （地方選挙） …………………… 330
島根県 （闘牛―隠岐の島町） ………… 330
島根県 （道路） ………………………… 330
島根県 （土壌汚染） …………………… 330
島根県 （日本文学―歴史） …………… 330
島根県 （風水害） ……………………… 330
島根県 （貿易―統計） ………………… 330
島根県 （防災計画） …………………… 330
島根県 （墓地―大田市） ……………… 330
島根県 （昔話） ………………………… 330
島根県 （名簿） ………………………… 331
島根県 （薬用植物） …………………… 331
島根県 （歴史） ………………………… 331
島根県 （歴史―大田市） ……………… 331
島根県 （歴史―写真集―松江市） …… 331
島根県 （歴史―写真集―安来市） …… 331
島根県 （歴史―史料―大田市） ……… 331
島根県 （歴史―史料―松江市） ……… 331
島根県 （歴史―松江市） ……………… 331
島根大学医学部附属病院 ……………… 331
島根大学教育学部附属学校園 ………… 331
島原藩 …………………………………… 331
島村 速雄 〔1858〜1923〕 …………… 331
島本 小雪 〔1940〜 〕 ………………… 331
島本町 〔大阪府〕 （遺跡・遺物） …… 331
四万十町 〔高知県〕 （風俗・習慣） … 331
四万十町 〔高知県〕 （仏像） ………… 331
清水 アキラ 〔1954〜 〕 ……………… 331
清水 卯三郎 〔1838〜1910〕 ………… 331
清水 健彦 〔1980〜 〕 ………………… 331
清水 鉄平 〔1990〜 〕 ………………… 331
清水 藤太郎 〔1886〜1976〕 ………… 332
清水 比庵 〔1883〜1975〕 …………… 332
清水 浩昭 〔1943〜 〕 ………………… 332
シミズオクト …………………………… 332
自民党 →自由民主党を見よ
志村 壽榮 〔1924〜2013〕 …………… 332
シメオネ, D.〔1970〜 〕 ……………… 332
下出 民義 〔1861〜1952〕 …………… 332
下伊那郡 〔長野県〕 …………………… 332
下岡 蓮杖 〔1823〜1914〕 …………… 332
下川町 〔北海道〕 （遺跡・遺物） …… 332
下川町 〔北海道〕 （地域開発） ……… 332
下川町 〔北海道〕 （林業経営） ……… 332
下北半島 ………………………………… 332
下郷町 〔福島県〕 （宿駅） …………… 332
下郷町 〔福島県〕 （歴史―史料） …… 332
下諏訪町 〔長野県〕 （ダム） ………… 332
下田 靖司 〔1933〜 〕 ………………… 332
下田 大気 〔1976〜 〕 ………………… 332
下田市 （道路） ………………………… 332
下野三楽園 ……………………………… 332
下野市 （遺跡・遺物） ………………… 332
下野市 （埴輪） ………………………… 332
下毛野 〔氏〕 …………………………… 332
下妻市 （遺跡・遺物） ………………… 332
下仁田町 〔群馬県〕 …………………… 333
下仁田町 〔群馬県〕 （遺跡・遺物） … 333
下仁田町 〔群馬県〕 （地質） ………… 333
下関市 …………………………………… 333
下関市 （遺跡・遺物） ………………… 333

（43）

下関市（博物誌）……………………………333
下関市（領事館―保存・修復）………………333
下村 博文〔1954～〕…………………………333
下柳 剛〔1968～ 〕……………………………333
ジャイアント馬場〔1938～1999〕…………333
釈迦……………………………………………333
ジャガー, M.〔1943～ 〕……………………333
社会福祉医療事業団…………………………333
ジャカルタ（漁港）……………………………333
ジャカルタ（廃棄物処理）……………………333
釈 迢空 →折口信夫を見よ
石神井公園……………………………………333
釈尊 →釈迦を見よ
ジャクソン, J.H.〔1835～1911〕……………333
ジャクソン, M.〔1958～2009〕……………333
寂本〔1631～1701〕…………………………333
積丹町〔北海道〕（高齢者）…………………333
ジャコブ, A.M.〔1879～1954〕……………333
ジャコメッリ, M.〔1925～2000〕…………333
ジャニーズ事務所……………………………333
ジャーニュ, B.〔1872～1934〕……………334
シャネル, C.〔1883～1971〕………………334
ジャパネットたかた…………………………334
シャープ, G.〔1928～ 〕……………………334
ジャマイカ（ボランティア活動―写真
　集）…………………………………………334
斜里町立峰浜小学校〔北海道〕……………334
斜里町〔北海道〕（遺跡・遺物）……………334
斜里町〔北海道〕（行政）……………………334
斜里町〔北海道〕（歴史）……………………334
JAL →日本航空株式会社を見よ
JALインフォテック……………………………334
ジャルパック…………………………………334
ジャレット, K.〔1945～ 〕…………………334
シャロー, P.〔1883～1950〕………………334
ジャワ島………………………………………334
シャーン, B.〔1898～1969〕………………334
ジャンティ, P.…………………………………334
ジャンヌ・ダルク〔1412～1431〕…………334
上海（紀行・案内記）…………………………334
上海（国際見本市）……………………………334
上海（社会）……………………………………334
上海（ジャーナリズム―歴史）………………334
上海（図書館―情報サービス）………………334
上海（文学上）…………………………………334
上海（歴史）……………………………………334
朱 熹〔1130～1200〕…………………………334
周〔中国〕（祭祀―歴史）……………………335
周〔中国〕（歴史）……………………………335
秋 瑾〔1877～1907〕…………………………335
習 近平…………………………………………335
周 桂生〔 ～1985〕…………………………335
自由が丘産能短期大学………………………335
週刊プレイボーイ編集部……………………335
衆議院…………………………………………335
十郷用水………………………………………335
住心院〔京都市〕………………………………335
住宅金融支援機構……………………………335
周南市（写真集）………………………………335
周南市（鵜―保護）……………………………335
周南市（歴史）…………………………………335
周南市文化会館………………………………335
周南文化協会…………………………………335
秀峰会…………………………………………335
自由民主党……………………………………335

聚楽館…………………………………………335
修学院離宮……………………………………335
宿谷〔氏〕………………………………………335
シューズセレクション………………………335
シュタイナー, R.〔1861～1925〕…………335
主体美術協会…………………………………336
シュタイン, E.〔1891～1942〕……………336
シュタイン, L.v.〔1815～1890〕…………336
首都大学東京…………………………………336
シュトラウス, R.〔1864～1949〕…………336
シュナイダー, R.〔1903～1958〕…………336
ジュノー, M.〔1904～1961〕………………336
シュパイツァー, L.〔1942～ 〕……………336
ジュピターテレコム…………………………336
シュプランガー, E.〔1882～1963〕………336
シューベルト, F.P.〔1797～1828〕………336
シューマン, C.〔1819～1896〕……………336
シュミット, C.〔1888～1985〕……………336
シュミット, F.〔1554～1634〕……………336
シュライアマハー, F.〔1768～1834〕……336
シュリーマン, H.〔1822～1890〕…………336
シュルツ, B.〔1892～1942〕………………336
ジュルヌ, F.-P.〔1957～ 〕…………………336
シュレーダー, G.〔1944～ 〕………………336
シュレーバー, D.P.〔1842～1911〕………336
荀子……………………………………………336
潤徳学園………………………………………336
徐 鍇……………………………………………336
徐 市〔秦代〕…………………………………336
ジョイス, J.〔1882～1941〕………………337
蒋 介石〔1887～1975〕………………………337
上越市（遺跡・遺物）…………………………337
上越市（原子力災害―防災）………………337
上越市（自然災害―防災）…………………337
上越市（震災予防）……………………………337
上越市（水害予防）……………………………337
上越市（津波）…………………………………337
上越市（防災計画）……………………………337
上越市（歴史）…………………………………337
上越タイムス社………………………………337
勝央町〔岡山県〕（遺跡・遺物）……………337
上覚〔鎌倉時代〕………………………………337
松下村塾………………………………………337
紹瑾〔1268～1325〕…………………………337
性璧〔1628～1706〕…………………………337
尚絅学園………………………………………337
昭憲皇太后〔1850～1914〕…………………337
証券取引等監視委員会………………………337
聖護院〔京都市〕………………………………337
淞高会…………………………………………337
庄司 彰〔1942～ 〕…………………………337
聖壽禅寺〔盛岡市〕……………………………337
承章〔1592～1668〕…………………………338
上信越高原……………………………………338
笑生十八番〔1951～ 〕………………………338
城泉寺〔熊本県湯前町〕………………………338
正倉院…………………………………………338
常総市（伝記）…………………………………338
常総市（歴史）…………………………………338
正田 竜…………………………………………338
上智学院………………………………………338
上智大学イベロアメリカ研究所……………338
聖徳太子〔574～622〕………………………338
称徳天皇〔718～770〕………………………338
小豆島…………………………………………338

庄内町〔山形県〕（昔話）……………………338
湘南学園〔大津市〕……………………………338
湘南軽便鉄道…………………………………338
城南信用金庫…………………………………338
湘南地方………………………………………338
城端織物工業協同組合………………………338
庄原市（遺跡・遺物）…………………………338
庄原市（風俗・習慣）…………………………339
庄原市（歴史）…………………………………339
消費者庁………………………………………339
笑福亭 晃瓶〔1960～ 〕……………………339
正法寺〔奥州市〕………………………………339
聖武天皇〔701～756〕………………………339
上毛新聞社……………………………………339
霄友会…………………………………………339
城陽市（遺跡・遺物）…………………………339
城陽市（写真集）………………………………339
正力 松太郎〔1885～1969〕………………339
昭和天皇〔1901～1989〕……………………339
Joel, Billy……………………………………339
食品安全委員会………………………………339
食品公害を追放し安全な食べ物を求め
　る会…………………………………………339
女子学院高等学校……………………………339
女子学院中学校………………………………339
書肆吾輩堂……………………………………339
女性のためのアジア平和国民基金…………339
ショパン, F.〔1810～1849〕………………339
ジョブズ, S.〔1955～2011〕………………339
ショーペンハウアー, A.〔1788～
　1860〕………………………………………339
ジョモ・ケニヤッタ農工大学………………339
ジョーンズ, E.S.〔1884～1973〕…………339
ジョンソン, S.〔1709～1784〕……………339
シラー, J.C.F.v.〔1759～1805〕…………339
白石 直治〔1857～1919〕…………………340
白岡市（遺跡・遺物）…………………………340
白神山地………………………………………340
白川……………………………………………340
白川 昌生〔1948～ 〕………………………340
白河旭高等学校〔福島県立〕………………340
白川村〔岐阜県〕（戦没者）…………………340
白川村〔岐阜県〕（ダム）……………………340
白川村〔岐阜県〕（歴史）……………………340
新羅〔朝鮮〕（美術―歴史）…………………340
白鷺城 →姫路城を見よ
白洲 正子〔1910～1998〕…………………340
白鷹町〔山形県〕（歴史）……………………340
白土 三平〔1932～ 〕………………………340
白浜町〔和歌山県〕（遺跡・遺物）…………340
白百合学園……………………………………340
白百合女子大学………………………………340
シリア（外国関係）……………………………340
シリア（社会）…………………………………340
シリア（政治）…………………………………340
シリア（文化財保護）…………………………340
シリュルニク, B.………………………………340
シルクロード…………………………………340
シルクロード（紀行・案内記）………………341
シルバーラブクマ〔1938～ 〕……………341
シレジウス〔1624～1677〕…………………341
白井市（遺跡・遺物）…………………………341
白石市（遺跡・遺物）…………………………341
白石市（災害復興）……………………………341
白石市（文化財―保存・修復）………………341
白石町老人クラブ連合会……………………341

シロタ・ゴードン, B. 〔1923〜2012〕 … 341
白鳥 省吾〔1890〜1973〕 … 341
塩飽諸島（歴史）… 341
紫波町〔岩手県〕（遺跡・遺物）… 341
晋〔中国〕（中国詩―歴史―東晋）… 341
晋〔中国〕（仏教―歴史―東晋）… 341
晋〔中国〕（歴史）… 341
秦〔中国〕（法制史）… 341
秦〔中国〕（陵墓―歴史）… 341
秦〔中国〕（歴史）… 341
清〔中国〕（演劇―歴史）… 341
清〔中国〕（音楽―歴史）… 341
清〔中国〕（外交官―歴史）… 341
清〔中国〕（外国関係―アジア―歴史）… 341
清〔中国〕（外国関係―中央アジア―歴史）… 342
清〔中国〕（外国関係―日本―歴史）… 342
清〔中国〕（外国関係―歴史）… 342
清〔中国〕（キリスト教―歴史）… 342
清〔中国〕（警察―歴史）… 342
清〔中国〕（政治―歴史）… 342
清〔中国〕（政治―歴史―史料）… 342
清〔中国〕（性風俗―歴史）… 342
清〔中国〕（知識階級―歴史）… 342
清〔中国〕（中国戯曲―歴史）… 342
清〔中国〕（中国思想―歴史）… 342
清〔中国〕（ナショナリズム―歴史）… 342
清〔中国〕（歴史）… 342
新石垣空港 … 342
新エネルギー産業技術総合開発機構 … 342
シンガポール（海運）… 342
シンガポール（紀行・案内記）… 342
シンガポール（給与）… 342
シンガポール（経済）… 342
シンガポール（国際投資〔日本〕）… 342
シンガポール（社会）… 342
シンガポール（政治）… 343
シンガポール（戦争遺跡）… 343
シンガポール（造船業）… 343
シンガポール（租税制度）… 343
シンガポール（都市）… 343
シンガポール（日系企業）… 343
新疆（音楽）… 343
新疆（高齢者）… 343
新疆（テレビ放送）… 343
新疆（民族問題）… 343
新疆（ムスリム―歴史）… 343
新宮 涼庭〔1787〜1854〕… 343
新宮港 … 343
神功皇后 … 343
新宮市（民家―保存・修復）… 343
新宮市（歴史）… 343
新宮町〔福岡県〕（遺跡・遺物）… 343
神鋼鋼線工業株式会社 … 343
新興国 … 343
新興国（経済）… 343
新興国（経済援助―発展途上国）… 343
新興国（自動車産業）… 343
真言宗智山派 … 343
壬子会 … 344
宍道湖 … 344
神社本庁 … 344
新宿NSビル … 344
新宿区勤労者仕事支援センター … 344

真珠湾（太平洋戦争〔1941〜1945〕―会戦）… 344
新勝寺〔成田市〕… 344
新庄市（気象）… 344
新庄市（歴史）… 344
新城市（遺跡・遺物）… 344
新城市（生物）… 344
新城市（戦争遺跡）… 344
新城市（地方公務員）… 344
人星亭 喜楽駄朗〔1948〜〕… 344
神石高原町〔広島県〕（遺跡・遺物）… 344
新撰組 … 344
神蔵寺〔名古屋市〕… 344
深大寺小学校〔調布市立〕… 344
新地町〔福島県〕（遺跡・遺物）… 344
新地町〔福島県〕（災害復興）… 344
真長寺〔岐阜市〕… 344
新藤 兼人〔1912〜2012〕… 344
新東宝 … 345
榛東村〔群馬県〕（遺跡・遺物）… 345
慎獨寮 … 345
新富町〔宮崎県〕（遺跡・遺物）… 345
新内 勝知〔1937〜2013〕… 345
新日本プロレスリング株式会社 … 345
神野 政夫〔1925〜〕… 345
シンバイオ製薬株式会社 … 345
新橋駅 … 345
新ひだか町〔北海道〕（歴史）… 345
新民会 … 345
新村 利夫〔1932〜〕… 345
神馬 … 345
親鸞〔1173〜1262〕… 345
進和建設工業株式会社 … 346

【す】

スアレス, L.〔1987〜〕… 346
隋〔中国〕（墳墓―歴史）… 346
瑞雲院〔浜松市〕… 346
水城高等学校 … 346
スイス（化学教育―歴史）… 346
スイス（紀行・案内記）… 346
スイス（教科書）… 346
スイス（銀行）… 347
スイス（経済）… 347
スイス（憲法）… 347
スイス（産業）… 347
スイス（社会）… 347
スイス（森林保護）… 347
スイス（歴史）… 347
スイス（歴史学―歴史―19世紀）… 347
スイス連邦工科大学 … 347
瑞泉寺〔南砺市〕… 347
吹田市（遺跡・遺物）… 347
スウェーデン（介護福祉）… 347
スウェーデン（環境政策）… 347
スウェーデン（紀行・案内記）… 347
スウェーデン（義務教育）… 347
スウェーデン（給与）… 347
スウェーデン（教育費）… 347
スウェーデン（高齢者福祉）… 347
スウェーデン（雑貨）… 347
スウェーデン（持続可能な開発）… 347
スウェーデン（室内装飾―図集）… 347
スウェーデン（住宅政策）… 347
スウェーデン（女性問題）… 347

スウェーデン（民芸）… 347
スウェーデン（労使関係）… 347
スウェーデン（労働協約）… 348
スウォッチグループ … 348
末田 順子 … 348
須恵町〔福岡県〕（遺跡・遺物）… 348
末松 貞子〔1909〜1977〕… 348
末吉 哲郎〔1932〜〕… 348
スエロ, D.〔1961〜〕… 348
周防大島町〔山口県〕（歴史）… 348
須賀 敦子〔1929〜1998〕… 348
須賀 次郎〔1935〜〕… 348
菅 虎雄〔1864〜1943〕… 348
菅江 真澄〔1754〜1829〕… 348
須賀川市（遺跡・遺物）… 348
須賀川市（歴史）… 348
菅沼 タエ子〔1925〜〕… 348
菅谷 規矩雄〔1936〜1989〕… 348
菅谷 初穂〔1914〜2011〕… 348
須川 展也〔1961〜〕… 348
菅原〔氏〕… 348
菅原 信男〔1938〜〕… 348
菅原 道真〔845〜903〕… 348
菅原孝標女〔1008〜〕… 348
杉 滝子〔1807〜1890〕… 348
杉 良太郎〔1944〜〕… 348
杉岡 三千雄〔1933〜〕… 348
杉田 成道 … 349
杉谷 和男 … 349
杉戸町〔埼玉県〕（遺跡・遺物）… 349
杉原 美津子〔1944〜2014〕… 349
スキマスイッチ … 349
杉村 太蔵〔1979〜〕… 349
杉本 キクエ〔1898〜1983〕… 349
杉本 てるこ〔1941〜〕… 349
杉本 宏之〔1977〜〕… 349
スギモトグループ … 349
杉森 建〔1966〜〕… 349
杉山 茂丸〔1864〜1935〕… 349
杉山 進〔1932〜〕… 349
スクリャービン, A.N.〔1871〜1915〕… 349
スコットランド（ウィスキー）… 349
スコットランド（教育）… 349
スコットランド（昔話）… 349
スコリモフスキ, J.… 349
須坂市（遺跡・遺物）… 349
須坂市（地誌）… 349
須坂市（風俗・習慣）… 349
須坂市（歴史―史料―書目）… 349
須崎 博通〔1943〜〕… 349
すさみ町〔和歌山県〕（遺跡・遺物）… 349
スザンヌ〔1986〜〕… 349
逗子市（教育行政）… 349
逗子市（写真集）… 349
逗子市（清掃事業）… 349
逗子市（特定健康診査）… 349
逗子市（生ごみ）… 350
逗子市（歴史―史料）… 350
鈴鹿市（遺跡・遺物）… 350
鈴鹿市（祭礼―写真集）… 350
鈴鹿市（年中行事―写真集）… 350
鈴鹿市（歴史）… 350
鈴川 卓也〔1975〜〕… 350
鈴木 明子〔1985〜〕… 350
鈴木 あや〔1990〜〕… 350
鈴木 おさむ〔1972〜〕… 350

鈴木 克美〔1934～ 〕....................350
鈴木 貫太郎〔1867～1948〕............350
鈴木 邦男〔1943～ 〕................350
鈴木 健志........................350
鈴木 健次郎〔1976～ 〕..............350
鈴木 宗音〔1930～ 〕................350
鈴木 修学〔1902～1962〕.............350
鈴木 俊隆〔1904～1971〕.............350
鈴木 信太郎〔1895～1989 画家〕.......350
鈴木 大地〔1967～ 〕................350
鈴木 孝夫〔1926～ 〕................350
鈴木 隆行〔1976～ 〕................350
鈴木 忠勝〔1907～1990〕.............350
鈴木 ちなみ〔1989～ 〕..............350
鈴木 輝隆........................350
鈴木 敏夫〔1948～ 映画プロデューサー〕....350
鈴木 敏文〔1932～ 〕................350
鈴木 則文〔1933～2014〕.............350
鈴木 富志郎〔1932～ 〕..............350
鈴木 正惠〔1947～ 〕................350
鈴木 政吉〔1859～1944〕.............350
スズキ株式会社..................350
鈴木書店........................350
薄田 泣菫〔1877～1945〕.............350
珠洲市（風俗・習慣）...............350
スズトクホールディングス株式会社....351
鈴村 興太郎〔1944～ 〕.............351
裾野市（文化財）.................351
菅田 将暉〔1993～ 〕..............351
スタジオジブリ.................351
スターバックス社................351
スターリン, I.V.〔1879～1953〕......351
スタンレー, P.〔1952～ 〕.........351
寿都町〔北海道〕（歴史）...........351
スティグレール, B.................351
スティムソン, H.L.〔1867～1950〕....351
崇徳天皇〔1119～1164〕.............351
ストレイテナー..................351
ストーン, B....................351
角南 攻〔1944～2014〕.............351
洲之内 徹〔1913～1987〕...........351
スノーデン, E.J.〔1983～ 〕........351
春原 始〔1922～ 〕...............351
スノーピーク...................351
スーパーホテル.................351
スピノザ, B.〔1632～1677〕.........351
スペイン（遺跡・遺物）............351
スペイン（絵画―歴史―20世紀―画集）....351
スペイン（観光開発）.............351
スペイン（紀行・案内記）..........352
スペイン（旧石器時代）...........352
スペイン（恐竜類―化石―図集）.....352
スペイン（経済）...............352
スペイン（雇用政策）............352
スペイン（サッカー）............352
スペイン（社会）...............352
スペイン（写真集）.............352
スペイン（巡礼〔キリスト教〕）.....352
スペイン（植民地―ラテンアメリカ―歴史）....352
スペイン（政治―歴史―20世紀）......352
スペイン（世界遺産）............352
スペイン（地誌）...............352
スペイン（洞穴遺跡）............352

スペイン（都市計画）............352
スペイン（都市再開発―バルセロナ）..352
スペイン（美術―歴史―1945～―図集）....352
スペイン（壁画）...............352
スペイン（法制史―中世）.........353
スペイン（養豚）...............353
スペイン（歴史）...............353
スーヴェストル, P.〔1874～1914〕....353
SMAP..........................353
角 淳一〔1945～ 〕.............353
スミス, A.〔1723～1790〕.........353
隅田川..........................353
すみだ水族館.................353
住友〔家〕...................353
住友財閥....................353
住吉 昭信〔1934～ 〕...........353
住吉大社〔大阪市〕.............353
ズーム.....................353
洲本市（遺跡・遺物）...........353
スーラ, G.〔1859～1891〕........353
スリランカ（外国関係―日本―歴史）..353
スリランカ（紀行・案内記）.......353
スリランカ（技術援助〔日本〕）....353
スリランカ（経済）............353
スリランカ（経済援助〔日本〕）....354
スリランカ（国際投資）.........354
スリランカ（国際労働力移動）.....354
スリランカ（女性労働者）........354
スリランカ（仏教―歴史）........354
スリランカ（歴史）............354
駿河湾港....................354
スロベニア（紀行・案内記）......354
諏訪 等....................354
諏訪湖.....................354
諏訪市（遺跡・遺物）...........354
諏訪市（紀行・案内記）.........354
諏訪市博物館友の会............354
諏訪市立諏訪中学校............354
諏訪大社....................354
駿府城.....................354

【せ】

世阿弥〔1363～1443〕...........354
西域 →シルクロードを見よ
西域（紀行・案内記）...........354
西欧 →ヨーロッパ〔西部〕を見よ
清華大学....................354
生活協同組合コープやまぐち......354
精華町〔京都府〕（衛生行政）.....354
精華町〔京都府〕（行政）........354
政教社.....................354
清凈寺〔山梨県身延町〕.........354
成蹊大学法学部宇野ゼミナール....354
誠行社.....................354
成城石井....................354
成城高等学校.................354
成城高等女学校...............355
星城大学....................355
清少納言〔平安時代〕...........355
済々黌関西地区同窓会...........355
西太后〔1835～1908〕..........355
生長の家....................355
西南学院....................355
西武グループ.................355

西武鉄道株式会社..............355
西武バス株式会社..............355
西武ライオンズ................355
聖母マリア..................355
生命尊重センター..............355
西洋（外国関係―日本）.........355
西洋（科学者）...............355
西洋（児童文学―書目）.........355
西洋（社会思想―歴史―近代）.....355
西洋（人種差別―歴史―近代）.....355
西洋（政治思想―歴史）.........355
西洋（政治思想―歴史―19世紀）...355
西洋（哲学者）...............355
西洋（伝記）................355
西洋（美術家）...............355
西洋（歴史）................355
西洋（歴史―20世紀）..........356
西洋（歴史―会議録）..........356
西予市（小学校―歴史）........356
生理学研究所................356
聖路加国際病院...............356
セイロン →スリランカを見よ
世界基督教統一神霊協会........356
世界銀行...................356
世界人権問題研究センター......356
世界平和パゴダ〔北九州市〕.....356
世界貿易機関................356
セガン, E.〔1812～1880〕.......356
関 勝男〔1944～ 〕..........356
関 孝和〔1643～1708〕........356
関 信義〔1937～ 〕..........356
関 緑介〔1943～ 〕..........356
関市（男女共同参画）.........356
積水アクアシステム株式会社....356
関根 麻里..................356
関野 貞〔1867～1935〕........356
セザンヌ, P.〔1839～1906〕.....357
セーシェル（昔話）...........357
世親〔4世紀頃〕.............357
セゾンファクトリー...........357
瀬田 貞二〔1916～1979〕......357
世田谷美術館分館宮本三郎記念美術館..357
摂津 幸彦〔1947～1996〕......357
摂津市（水害―歴史）.........357
瀬戸内 寂聴〔1922～ 〕......357
瀬戸市（遺跡・遺物）.........357
瀬戸内海...................357
瀬戸内海地方（海運―歴史）....357
瀬戸内海地方（海洋汚染）.....357
瀬戸内海地方（紀行・案内記）...357
瀬戸内海地方（里海）........357
瀬戸内海地方（島）..........357
瀬戸内海地方（水路誌）.......357
瀬戸内海地方（地誌）........357
瀬戸内海地方（通信―歴史）....357
瀬戸内海地方（歴史）........357
瀬長 亀次郎〔1907～2001〕....357
セネカ, L.A.〔4B.C.～A.D.65〕..357
セネガル（技術援助〔日本〕）...357
セネット, M.〔1880～1960〕....358
ゼネラル・エレクトリック社....358
ゼネラルモーターズ社........358
妹尾〔氏〕.................358
脊振山....................358
セブン-イレブン・ジャパン.....358
世羅町〔広島県〕（遺跡・遺物）..358

世羅町［広島県］（エネルギー政策）‥358
芹沢 光治良〔1897〜1993〕‥‥‥‥358
セルビア（技術援助〔日本〕）‥‥‥‥358
セレッソ大阪‥‥‥‥‥‥‥‥‥‥‥358
千 玄室〔1923〜 〕‥‥‥‥‥‥‥358
千 宗旦〔1578〜1658〕‥‥‥‥‥358
銭 稲孫〔1887〜1962〕‥‥‥‥‥358
前漢〔中国〕（歴史―漢時代）‥‥‥358
善光寺〔長野市〕‥‥‥‥‥‥‥‥‥358
全国間税会総連合会‥‥‥‥‥‥‥‥358
全国教職員互助団体協議会‥‥‥‥‥358
全国市町村国際文化研修所‥‥‥‥‥358
全国市町村保健活動協議会‥‥‥‥‥358
全国商業高等学校協会‥‥‥‥‥‥‥358
全国商業高等学校長協会‥‥‥‥‥‥358
全国人権教育研究協議会‥‥‥‥‥‥358
全国生協労働組合連合会‥‥‥‥‥‥358
全国大学保健管理協会‥‥‥‥‥‥‥358
全国玉葱商業団体連合会‥‥‥‥‥‥358
全国内航輸送海運組合‥‥‥‥‥‥‥358
全国防犯協会連合会‥‥‥‥‥‥‥‥358
千住 真理子〔1962〜 〕‥‥‥‥‥359
千手院〔奈良県平群町〕‥‥‥‥‥‥359
専修大学‥‥‥‥‥‥‥‥‥‥‥‥‥359
専修大学社会知性開発研究センター社
　会関係資本研究センター‥‥‥‥‥359
専修寺〔栃木県二宮町〕‥‥‥‥‥‥359
浅草寺〔東京都台東区〕‥‥‥‥‥‥359
千田 登文〔1847〜1929〕‥‥‥‥359
仙台いのちの電話‥‥‥‥‥‥‥‥‥359
仙台印刷工業団地協同組合‥‥‥‥‥359
仙台建設業協会‥‥‥‥‥‥‥‥‥‥359
仙台高等専門学校‥‥‥‥‥‥‥‥‥359
仙台市‥‥‥‥‥‥‥‥‥‥‥‥‥‥359
仙台市（遺跡・遺物）‥‥‥‥‥‥‥359
仙台市（NPO）‥‥‥‥‥‥‥‥‥359
仙台市（学生）‥‥‥‥‥‥‥‥‥‥359
仙台市（企業）‥‥‥‥‥‥‥‥‥‥359
仙台市（紀行・案内記）‥‥‥‥‥‥359
仙台市（協働〔行政〕）‥‥‥‥‥‥360
仙台市（郷土舞踊）‥‥‥‥‥‥‥‥360
仙台市（災害復興）‥‥‥‥‥‥‥‥360
仙台市（写真集）‥‥‥‥‥‥‥‥‥360
仙台市（手工業）‥‥‥‥‥‥‥‥‥360
仙台市（職人）‥‥‥‥‥‥‥‥‥‥360
仙台市（人口―統計）‥‥‥‥‥‥‥360
仙台市（成年後見制度）‥‥‥‥‥‥360
仙台市（選挙―統計）‥‥‥‥‥‥‥360
仙台市（村落―歴史）‥‥‥‥‥‥‥360
仙台市（地誌）‥‥‥‥‥‥‥‥‥‥360
仙台市（地方選挙）‥‥‥‥‥‥‥‥360
仙台市（津波）‥‥‥‥‥‥‥‥‥‥360
仙台市（日本料理）‥‥‥‥‥‥‥‥360
仙台市（年中行事）‥‥‥‥‥‥‥‥360
仙台市（東日本大震災〔2011〕―被
　害）‥‥‥‥‥‥‥‥‥‥‥‥‥‥360
仙台市（東日本大震災〔2011〕―被害
　―写真集）‥‥‥‥‥‥‥‥‥‥‥360
仙台市（風俗・習慣―目録）‥‥‥‥360
仙台市（文化財―保存・修復）‥‥‥360
仙台市（民生委員）‥‥‥‥‥‥‥‥360
仙台市（洋館）‥‥‥‥‥‥‥‥‥‥360
仙台市（歴史）‥‥‥‥‥‥‥‥‥‥360
仙台市議会‥‥‥‥‥‥‥‥‥‥‥‥360
仙台市博物館‥‥‥‥‥‥‥‥‥‥‥360
仙台藩‥‥‥‥‥‥‥‥‥‥‥‥‥‥360

全駐留軍労働組合沖縄地区本部‥‥‥360
善通寺市（遺跡・遺物）‥‥‥‥‥‥361
善導〔613〜681〕‥‥‥‥‥‥‥‥361
全東京電力活動者会議埼玉支部‥‥‥361
仙洞御所‥‥‥‥‥‥‥‥‥‥‥‥‥361
宣統帝〔清〕　→溥儀を見よ
泉南市（遺跡・遺物）‥‥‥‥‥‥‥361
泉南市（地誌）‥‥‥‥‥‥‥‥‥‥361
全日本空輸株式会社‥‥‥‥‥‥‥‥361
全日本国立医療労働組合‥‥‥‥‥‥361
全日本自治団体労働組合全国一般評議
　会‥‥‥‥‥‥‥‥‥‥‥‥‥‥‥361
全日本スキー連盟‥‥‥‥‥‥‥‥‥361
全日本不動産協会宮城県本部‥‥‥‥361
全日本プロレス‥‥‥‥‥‥‥‥‥‥361
専念寺〔妙高市〕‥‥‥‥‥‥‥‥‥361
千芭‥‥‥‥‥‥‥‥‥‥‥‥‥‥‥361
千波沼‥‥‥‥‥‥‥‥‥‥‥‥‥‥361
善福寺公園‥‥‥‥‥‥‥‥‥‥‥‥361
仙北市（地誌）‥‥‥‥‥‥‥‥‥‥361
善養寺 隆一〔1966〜 〕‥‥‥‥‥361
全羅南道（小作）‥‥‥‥‥‥‥‥‥361
全羅南道（小作料）‥‥‥‥‥‥‥‥361
全羅南道（地誌）‥‥‥‥‥‥‥‥‥361
善鸞〔 〜1286〕‥‥‥‥‥‥‥‥361
ゼンリン‥‥‥‥‥‥‥‥‥‥‥‥‥361
全労済埼玉県本部‥‥‥‥‥‥‥‥‥361

【そ】

宋〔中国〕（軍制―歴史）‥‥‥‥‥361
宋〔中国〕（社会―歴史）‥‥‥‥‥361
宋〔中国〕（政治―歴史―北宋）‥‥362
宋〔中国〕（美術―歴史―図集）‥‥362
宋〔中国〕（法制史）‥‥‥‥‥‥‥362
宗 瑾‥‥‥‥‥‥‥‥‥‥‥‥‥‥362
宋 慶齢〔1890〜1981〕‥‥‥‥‥362
宗 左近〔1919〜2006〕‥‥‥‥‥362
荘 綽〔宋〕‥‥‥‥‥‥‥‥‥‥‥362
宋 美齢〔1901〜2003〕‥‥‥‥‥362
創価学会‥‥‥‥‥‥‥‥‥‥‥‥‥362
草加市（小説家）‥‥‥‥‥‥‥‥‥363
草加市（人口―統計）‥‥‥‥‥‥‥363
草加市（地域開発―歴史）‥‥‥‥‥363
創価大学通信教育部‥‥‥‥‥‥‥‥363
総合地球環境学研究所‥‥‥‥‥‥‥363
匝瑳市（防災計画）‥‥‥‥‥‥‥‥363
荘子‥‥‥‥‥‥‥‥‥‥‥‥‥‥‥363
総持寺〔輪島市〕‥‥‥‥‥‥‥‥‥363
総社市（湿原）‥‥‥‥‥‥‥‥‥‥363
総社市（写真集）‥‥‥‥‥‥‥‥‥363
総社市（生物）‥‥‥‥‥‥‥‥‥‥363
相馬〔氏〕‥‥‥‥‥‥‥‥‥‥‥‥363
相馬市（災害復興）‥‥‥‥‥‥‥‥363
相馬市（写真集）‥‥‥‥‥‥‥‥‥363
相馬市（震災）‥‥‥‥‥‥‥‥‥‥363
相馬市（農業）‥‥‥‥‥‥‥‥‥‥364
総務省‥‥‥‥‥‥‥‥‥‥‥‥‥‥364
ソウル（社会）‥‥‥‥‥‥‥‥‥‥364
ソウル・フラワー・ユニオン‥‥‥‥364
副島 種臣〔1828〜1905〕‥‥‥‥364
曽於市（地誌）‥‥‥‥‥‥‥‥‥‥364
曽我〔氏〕‥‥‥‥‥‥‥‥‥‥‥‥364
曽我 蕭白〔1720〜1782〕‥‥‥‥364
ソクラテス‥‥‥‥‥‥‥‥‥‥‥‥364
そごう‥‥‥‥‥‥‥‥‥‥‥‥‥‥364

ソシュール, F.〔1857〜1913〕‥364
疎石〔1275〜1351〕‥‥‥‥‥‥‥364
袖ケ浦市（遺跡・遺物）‥‥‥‥‥‥364
ソニー不動産株式会社‥‥‥‥‥‥‥364
曽根 威彦〔1944〜 〕‥‥‥‥‥‥364
曽根 中生〔1937〜2014〕‥‥‥‥365
曽野 綾子〔1931〜 〕‥‥‥‥‥‥365
ソビエト連邦 →ロシアを見よ
ソフトバンク株式会社‥‥‥‥‥‥‥365
ソポクレス‥‥‥‥‥‥‥‥‥‥‥‥365
空知地方（歴史―写真集）‥‥‥‥‥365
ゾルゲ, R.〔1895〜1944〕‥‥‥‥365
ソロモン諸島（太平洋戦争〔1941〜
　1945〕―会戦）‥‥‥‥‥‥‥‥365
孫 過庭〔唐代〕‥‥‥‥‥‥‥‥‥365
宋 君哲〔1952〜 〕‥‥‥‥‥‥‥365
孫 文〔1866〜1925〕‥‥‥‥‥‥365
孫 正義〔1957〜 〕‥‥‥‥‥‥‥365
孫子‥‥‥‥‥‥‥‥‥‥‥‥‥‥‥366

【た】

タイ（3R〔廃棄物〕）‥‥‥‥‥‥366
タイ（遺跡・遺物）‥‥‥‥‥‥‥‥366
タイ（外国人教育）‥‥‥‥‥‥‥‥366
タイ（紀行・案内記）‥‥‥‥‥‥‥366
タイ（給与）‥‥‥‥‥‥‥‥‥‥‥366
タイ（経済―統計）‥‥‥‥‥‥‥‥366
タイ（経済援助〔日本〕）‥‥‥‥‥366
タイ（産業―統計）‥‥‥‥‥‥‥‥366
タイ（自動車産業）‥‥‥‥‥‥‥‥366
タイ（社会）‥‥‥‥‥‥‥‥‥‥‥366
タイ（人権―児童）‥‥‥‥‥‥‥‥366
タイ（政治）‥‥‥‥‥‥‥‥‥‥‥367
タイ（地域開発）‥‥‥‥‥‥‥‥‥367
タイ（地域福祉）‥‥‥‥‥‥‥‥‥367
タイ（地誌）‥‥‥‥‥‥‥‥‥‥‥367
タイ（都市―バンコク）‥‥‥‥‥‥367
タイ（都市交通―歴史―バンコク）‥367
タイ（難民〔ミャンマー〕）‥‥‥‥367
タイ（日系企業）‥‥‥‥‥‥‥‥‥367
タイ（農業）‥‥‥‥‥‥‥‥‥‥‥367
タイ（農村生活）‥‥‥‥‥‥‥‥‥367
タイ（廃棄物処理施設）‥‥‥‥‥‥367
タイ（廃棄物発電）‥‥‥‥‥‥‥‥367
タイ（売春）‥‥‥‥‥‥‥‥‥‥‥367
タイ（仏教）‥‥‥‥‥‥‥‥‥‥‥367
タイ（仏教―歴史―中世）‥‥‥‥‥367
タイ（平和運動―歴史―1945〜）‥367
タイ（歴史）‥‥‥‥‥‥‥‥‥‥‥367
戴 震〔1723〜1777〕‥‥‥‥‥‥367
第一印刷所‥‥‥‥‥‥‥‥‥‥‥‥367
第一勧業銀行‥‥‥‥‥‥‥‥‥‥‥367
第一生命保険相互会社‥‥‥‥‥‥‥367
大映株式会社‥‥‥‥‥‥‥‥‥‥‥367
大栄車輌株式会社‥‥‥‥‥‥‥‥‥367
大学キリスト者の会‥‥‥‥‥‥‥‥367
大覚寺〔京都市〕‥‥‥‥‥‥‥‥‥367
大学評価学位授与機構‥‥‥‥‥‥‥367
大韓民国（移民法）‥‥‥‥‥‥‥‥367
大韓民国（外国関係）‥‥‥‥‥‥‥367
大韓民国（外国関係―アメリカ合衆
　国）‥‥‥‥‥‥‥‥‥‥‥‥‥‥367
大韓民国（外国関係―台湾―歴史―
　1945〜）‥‥‥‥‥‥‥‥‥‥‥368
大韓民国（外国関係―中国）‥‥‥‥368

大韓民国

大韓民国（外国関係―日本）............ 368
大韓民国（外国関係―日本―歴史）..... 369
大韓民国（外国関係―日本―歴史―昭
和後期）............................ 369
大韓民国（外国関係―日本―歴史―明
治以後）............................ 369
大韓民国（外国関係―ベトナム共和
国）................................ 369
大韓民国（化学物質―安全管理）..... 369
大韓民国（家族）.................... 369
大韓民国（企業）.................... 369
大韓民国（紀行・案内記）............ 369
大韓民国（給与）.................... 369
大韓民国（教育）.................... 369
大韓民国（教員）.................... 369
大韓民国（教員研修）................ 369
大韓民国（行政情報化）.............. 369
大韓民国（橋梁―写真集）............ 369
大韓民国（経済）.................... 369
大韓民国（経済関係―日本）.......... 370
大韓民国（経済政策）................ 370
大韓民国（芸能）.................... 370
大韓民国（刑法―歴史）.............. 370
大韓民国（高等教育）................ 370
大韓民国（高齢者―雇用）............ 370
大韓民国（国籍法）.................. 370
大韓民国（国防）.................... 370
大韓民国（国民性）.................. 370
大韓民国（個人情報保護）............ 370
大韓民国（国境―日本）.............. 370
大韓民国（諺）...................... 370
大韓民国（コンテンツビジネス）..... 370
大韓民国（コンピューターゲーム―統
計）................................ 370
大韓民国（サブカルチャー―歴史）... 370
大韓民国（社会）.................... 370
大韓民国（社会的差別）.............. 371
大韓民国（社会保障）................ 371
大韓民国（住宅建築）................ 371
大韓民国（書）...................... 371
大韓民国（消防）.................... 371
大韓民国（情報政策）................ 371
大韓民国（女性問題―会議録）........ 371
大韓民国（女性労働）................ 371
大韓民国（水田農業）................ 371
大韓民国（政治）.................... 371
大韓民国（青年―雇用）.............. 371
大韓民国（成年後見制度）............ 371
大韓民国（賤民）.................... 371
大韓民国（相続税）.................. 371
大韓民国（大気汚染）................ 371
大韓民国（大統領―歴史）............ 371
大韓民国（男性）.................... 371
大韓民国（テレビドラマ）............ 371
大韓民国（電気事業―歴史）.......... 371
大韓民国（都市計画―歴史）.......... 371
大韓民国（都市再開発）.............. 371
大韓民国（日系企業）................ 372
大韓民国（農業）.................... 372
大韓民国（農業政策）................ 372
大韓民国（売春）.................... 372
大韓民国（博物館）.................. 372
大韓民国（バリアフリー〔建築〕―釜
山）................................ 372
大韓民国（バリアフリー〔交通〕―釜
山）................................ 372

大韓民国（美術）.................... 372
大韓民国（風俗・習慣）.............. 372
大韓民国（文化）.................... 372
大韓民国（文化財）.................. 372
大韓民国（文化政策―歴史）.......... 372
大韓民国（法科大学院）.............. 372
大韓民国（民間伝承）................ 372
大韓民国（民主化）.................. 372
大韓民国（野球）.................... 372
大韓民国（有機農業）................ 372
大韓民国（リージョナリズム）........ 372
大韓民国（歴史）.................... 372
大韓民国（労働運動）................ 373
大韓民国（労働法）.................. 373
大気社.............................. 373
大紀町〔三重県〕（遺跡・遺物）...... 373
タイ共産党.......................... 373
醍醐寺〔京都市〕.................... 373
第三舞台............................ 373
大志会.............................. 373
太子町〔兵庫県〕（遺跡・遺物）...... 373
太子町〔兵庫県〕（歴史）............ 373
太樹寺〔岡崎市〕.................... 373
大正製薬株式会社.................... 373
大成建設株式会社.................... 373
大西洋.............................. 373
大西洋（紀行・案内記）.............. 373
大雪山.............................. 373
大雪消防組合........................ 373
大仙市（遺跡・遺物）................ 373
大山町〔鳥取県〕（遺跡・遺物）...... 373
ダイソン，F.J.〔1923～ 〕.......... 374
ダイソン，G.〔1953～ 〕............ 374
タイソン，M.〔1966～ 〕............ 374
泰澄〔683～768〕.................... 374
たいとう絵本の泉.................... 374
大東京竹橋野球団Sライターズ........ 374
大東市（遺跡・遺物）................ 374
大東市（歴史―史料）................ 374
大徳寺〔登米市〕.................... 374
胎内市（遺跡・遺物）................ 374
胎内市（遺跡・遺物―保存・修復）... 374
台南（紀行・案内記）................ 374
大日本飛行協会...................... 374
大日本雄弁会講談社.................. 374
太平洋.............................. 374
太平洋（紀行・案内記）.............. 374
太平洋諸島（観光事業）.............. 374
太平洋諸島（太平洋戦争〔1941～
1945〕―会戦）...................... 374
太平洋諸島（地域社会）.............. 374
太平洋諸島（貿易―日本）............ 374
太平洋地域（安全保障）.............. 374
太平洋地域（外国関係―ロシア―歴史
―1991～）.......................... 375
太平洋地域（環境政策）.............. 375
太平洋地域（技術援助〔日本〕）...... 375
太平洋地域（経済援助〔日本〕）...... 375
太平洋地域（歴史―19世紀）.......... 375
太平洋地域（歴史―20世紀）.......... 375
大坊珈琲店.......................... 375
台北（紀行・案内記）................ 375
台北帝国大学........................ 375
大丸松坂屋百貨店.................... 375
たいめいけん........................ 375
ダイヤ工業株式会社.................. 375

ダイヤ精機株式会社.................. 375
太陽生命保険株式会社................ 375
平 将門〔 ～940〕.................. 375
大連静浦小学校校友会................ 375
台湾（医師―歴史―日本統治時代）.... 375
台湾（映画）........................ 375
台湾（映画―歴史）.................. 375
台湾（映画―歴史―日本統治時代―目
録）................................ 375
台湾（外国関係―大韓民国―歴史―
1945～）............................ 375
台湾（外国関係―日本）.............. 375
台湾（外国関係―日本―歴史―明治以
後）................................ 375
台湾（外国関係―日本―歴史―明治以
後―会議録）........................ 375
台湾（階層）........................ 375
台湾（学生運動）.................... 375
台湾（学生運動―歴史―1945～）..... 375
台湾（果実）........................ 375
台湾（企業）........................ 375
台湾（企業法）...................... 375
台湾（紀行・案内記）................ 376
台湾（給与）........................ 376
台湾（教育）........................ 376
台湾（教育―歴史―日本統治時代）.... 376
台湾（教育―歴史―日本統治時代―史
料）................................ 376
台湾（軍事―歴史―1945～）.......... 376
台湾（経済）........................ 376
台湾（経済―統計）.................. 376
台湾（警察―歴史）.................. 376
台湾（原住民）...................... 377
台湾（原住民―歴史―日本統治時代）. 377
台湾（国際投資〔日本〕）............ 377
台湾（在留日本人）.................. 377
台湾（産業）........................ 377
台湾（産業―歴史）.................. 377
台湾（史跡名勝）.................... 377
台湾（社会）........................ 377
台湾（社会―歴史）.................. 377
台湾（社会―歴史―日本統治時代）.... 377
台湾（社会運動）.................... 377
台湾（住宅問題）.................... 377
台湾（植民政策〔日本〕）............ 377
台湾（植民地行政〔日本〕）.......... 377
台湾（女性問題）.................... 377
台湾（信託法）...................... 378
台湾（政治）........................ 378
台湾（成年後見制度）................ 378
台湾（多文化主義）.................. 378
台湾（地誌）........................ 378
台湾（知的財産権）.................. 378
台湾（鉄道）........................ 378
台湾（電気機械・器具工業―名簿）.... 378
台湾（電子工業）.................... 378
台湾（特許）........................ 378
台湾（日系企業）.................... 378
台湾（日本語教育）.................. 378
台湾（美術―図集）.................. 378
台湾（文化）........................ 378
台湾（貿易―日本）.................. 379
台湾（貿易―歴史）.................. 379
台湾（民主化―歴史―1945～）....... 379
台湾（郵便切手）.................... 379

台湾（料理店）……………………379
台湾（歴史―日本統治時代）……379
台湾（労働者災害補償）…………379
タウト, B.〔1880～1938〕………379
高家 博成〔1941～〕………………379
高石市（遺跡・遺物）……………379
高岩 とみ〔1893～1984〕…………379
高岡 早紀〔1972～〕………………379
高岡アルミニウム懇話会…………379
高岡市（遺跡・遺物）……………379
高岡市（祭礼）……………………379
高岡市（山車）……………………379
高岡市（地域社会）………………379
高岡市（文化政策）………………379
高岡市（歴史）……………………379
高岡市（歴史―史料）……………379
高岡市立西広谷小学校……………379
高岡市立平米公民館………………380
高木 貞治〔1875～1960〕…………380
高久 道子〔1933～〕………………380
高倉 健〔1931～2014〕……………380
高倉 洋彰〔1943～〕………………380
高崎市（遺跡・遺物）……………380
高崎市（金石・金石文）…………380
高崎市（鉄道災害）………………380
高崎市（防災計画）………………380
高崎市（歴史）……………………380
高砂市（遺跡・遺物）……………380
高砂市（歴史）……………………380
高下 恭介〔1882～〕………………380
高島 彩…………………………380
高島 弘之〔1934～〕………………380
高島市（遺跡・遺物）……………380
高島市（遺跡・遺物―保存・修復）…380
高島市（水害）……………………380
高島市（歴史）……………………380
高島炭鉱…………………………380
高島屋…………………………380
髙島屋スペースクリエイツ株式会社…380
多賀城…………………………380
多賀城市（遺跡・遺物）…………380
多賀城市（災害復興）……………381
多賀神社〔札幌市〕………………381
高杉 晋作〔1839～1867〕…………381
高須藩…………………………381
鷹栖町〔北海道〕（歴史）………381
高瀬 慶子〔1925～〕………………381
高園寿親睦会……………………381
高田 和夫〔1939～〕………………381
高田 好胤〔1924～1998〕…………381
高田 純次〔1947～〕………………381
高田 時雄〔1959～〕………………381
高津川〔島根県〕…………………381
高槻市（遺跡・遺物）……………381
高槻市（遺跡・遺物―論文集）…381
高槻市（行政）……………………381
高槻市（古墳）……………………381
高槻市（地域社会）………………381
高槻市（町屋）……………………382
高槻市（歴史）……………………382
高取町〔奈良県〕（遺跡・遺物）…382
高梨 健吉〔1919～2010〕…………382
高鍋藩…………………………382
高根沢町〔栃木県〕（遺跡・遺物）…382
高野病院〔1980年〕………………382
高萩市（行政）……………………382

高萩市（伝記）……………………382
高橋〔家〕〔北上市〕………………382
高橋 愛〔1986～〕…………………382
高橋 志保〔1980～〕………………382
高橋 シュン〔1914～2013〕………382
高橋 長明…………………………382
高橋 仁平〔1949～〕………………382
タカハシ マイ〔1992～〕…………382
高橋 正雄〔1912～1995〕…………382
高橋 貢〔1971～〕…………………382
高橋 由一〔1828～1894〕…………382
高橋 慶彦〔1957～〕………………382
高畠町〔山形県〕（遺跡・遺物）…382
高畠町〔山形県〕（採石）…………382
高浜 虚子〔1874～1959〕…………382
高濱 秀…………………………382
高原 千代の〔1925～〕……………382
多可町〔兵庫県〕（遺跡・遺物）…382
多可町〔兵庫県〕（年中行事）……382
多賀町〔滋賀県〕（遺跡・遺物―保
　存・修復）……………………382
高松 次郎〔1936～1998〕…………383
高松 光代〔1909～2006〕…………383
高松市（遺跡・遺物）……………383
高松市（教育課程―小学校）……383
高松市（自然地理）………………383
高松市（歴史）……………………383
高松城…………………………383
高松宮 宣仁〔1905～1987〕………383
高松ロータリークラブ…………383
鷹見 泉石〔1785～1858〕…………383
高見株式会社……………………383
高峰 秀子〔1924～2010〕…………383
高村 光太郎〔1883～1956〕………383
高本 栄…………………………383
高森町〔長野県〕（遺跡・遺物）…383
高山 右近〔1552～1614〕…………383
高山 専蔵〔1854～1921〕…………384
高山 長五郎〔1830～1886〕………384
高山 樗牛〔1871～1902〕…………384
高山 冨重〔1856～1915〕…………385
高山 文五郎〔　～1883〕…………385
高山市…………………………385
高山市（遺跡・遺物）……………385
高山市（建築）……………………385
高山市（校歌）……………………385
高山市（宿泊施設）………………385
高山市（多文化教育）……………385
高山市（発電計画）………………385
高山市ハンドボール協会…………385
宝塚歌劇団………………………385
宝塚市（歴史―写真集）…………385
太川 陽介〔1959～〕………………385
田川市（鉱山労働―歴史）………385
滝川 儀作〔1874～1963〕…………385
滝川市教育委員会………………385
多伎藝神社〔出雲市〕……………385
滝口 修造〔1903～1979〕…………385
滝沢 克己〔1909～1984〕…………385
滝沢 主税〔1930～〕………………385
滝沢市（遺跡・遺物）……………386
滝沢村議会〔岩手県〕……………386
滝山寺〔岡崎市〕…………………386
多気町〔三重県〕（遺跡・遺物）…386
多久市（遺跡・遺物）……………386
拓殖大学…………………………386

田口 守一〔1944～〕………………386
宅間 宏〔1930～2010〕……………386
宅間 守〔1963～2004〕……………386
武 豊〔1969～〕……………………386
武井 武雄〔1894～1983〕…………387
竹内 智香〔1983～〕………………387
竹内 洋岳…………………………387
竹内 実〔1923～2013〕……………387
竹内 桃子〔1991～〕………………387
武雄市（行政）……………………387
武雄市図書館歴史資料館…………387
竹笹堂…………………………387
武里柔道クラブ…………………387
武志 伊八郎信由〔1751～1824〕…387
たけし軍団………………………387
武田〔氏〕…………………………387
武田 勝頼〔1546～1582〕…………387
武田 久美子〔1968～〕……………387
武田 七郎〔1937～〕………………387
武田 真治〔1972～〕………………387
武田 正〔1930～2013〕……………387
武田 秀夫〔1945～〕………………387
武田 専〔1923～2013〕……………387
竹田 和平〔1933～〕………………387
武田科学振興財団………………387
竹田市（ダム）……………………387
竹田市（地誌）……………………387
竹田市（図書館）…………………387
竹田市（農民一揆―歴史―史料）…387
竹鶴 政孝〔1894～1979〕…………387
竹鶴 リタ〔1894～1961〕…………388
竹富町〔沖縄県〕…………………388
武豊町〔愛知県〕（遺跡・遺物）…388
武豊町〔愛知県〕（文化行政）……388
竹中 正久〔1933～1985〕…………388
竹中大工道具館…………………388
竹橋 知秀〔1978～〕………………388
竹原 春朝斎〔　～1800〕…………388
竹久 夢二〔1884～1934〕…………388
竹本 住大夫〔7代目 1924～〕……388
竹山 修身〔1950～〕………………388
太宰 治〔1909～1948〕……………388
太宰府市（遺跡・遺物）…………389
太宰府市（祭祀）…………………389
太宰府市（男女共同参画）………389
太宰府市（部落問題）……………389
太宰府市（文化財）………………389
太宰府市（宮座）…………………389
太宰府市（歴史）…………………389
田崎 藤蔵〔1870～1922〕…………389
タジキスタン（経済援助〔日本〕）…389
田島 隆宏〔1955～〕………………389
多治見市（環境行政）……………389
多治見市（人権―児童）…………389
多治見市（男女共同参画）………389
田尻町〔大阪府〕（遺跡・遺物）…389
田代 国次郎〔1935～2014〕………389
多田 宏…………………………389
多田 北烏〔1889～1948〕…………389
只見町〔福島県〕（遺跡・遺物）…389
只見町〔福島県〕（水害）…………389
只見町〔福島県〕（土砂災害）……389
只見町〔福島県〕（風俗・習慣）…390
立井 貞子〔1923～2009〕…………390
立川市（歴史―史料）……………390
たちばな…………………………390

立花 宗茂〔1569～1642〕……………… 390
タッキーフーズ株式会社 ……………… 390
脱原発福島ネットワーク ……………… 390
立浪 和義 ……………………………… 390
辰野 金吾〔1854～1919〕……………… 390
辰野高等学校〔長野県〕……………… 390
たつの市（美術―図集）……………… 390
たつの市（歴史）……………………… 390
辰野町〔長野県〕（遺跡・遺物）…… 390
辰巳 栄一〔1895～1988〕……………… 390
辰巳 ヨシヒロ〔1935～ 〕…………… 390
伊達 政宗〔1567～1636〕……………… 390
伊達 宗城〔1818～1892〕……………… 390
伊達 盛重〔1553～1615〕……………… 390
立川 談志〔5代目 1936～2011〕…… 390
立川 談春 ……………………………… 390
伊達市〔福島県〕（遺跡・遺物）…… 390
伊達市〔福島県〕（災害復興）……… 390
伊達市〔福島県〕（史跡名勝）……… 390
伊達市〔福島県〕（地誌）…………… 390
伊達市〔北海道〕（遺跡・遺物）…… 390
伊達市〔北海道〕（貝塚）…………… 390
伊達市〔北海道〕（歴史）…………… 390
建畠 哲〔1947～ 〕…………………… 391
館林市（遺跡・遺物）………………… 391
館林市（河川）………………………… 391
館林市（写真集）……………………… 391
館林市（人権教育）…………………… 391
館林市体育協会 ……………………… 391
立山 …………………………………… 391
館山市（漁撈）………………………… 391
館山市（城跡―保存・修復）………… 391
立山町〔富山県〕（山岳崇拝）……… 391
立山町〔富山県〕（消防）…………… 391
田所 静枝〔1924～2009〕……………… 391
多度津町〔香川県〕（遺跡・遺物）… 391
田中 角栄〔1918～1993〕……………… 391
田中 きみ〔1926～ 〕………………… 391
田中 恭一〔1931～ 〕………………… 391
田中 軍吉〔1905～1948〕……………… 391
田中 功起 ……………………………… 391
田中 正造〔1841～1913〕……………… 391
田中 善平〔1932～ 〕………………… 391
田中 束〔1927～ 〕…………………… 391
田中 敏溥 ……………………………… 391
田中 友子〔1941～2013〕……………… 391
田中 久重〔1799～1881〕……………… 391
田中 英光〔1913～1949〕……………… 391
田中 真澄〔1946～2011〕……………… 391
田中 将大 ……………………………… 391
田中 美絵子〔1975～ 〕……………… 392
田中 森一〔1943～2014〕……………… 392
棚橋 小虎〔1889～1973〕……………… 392
棚橋 弘至 ……………………………… 392
田辺 聖子〔1928～ 〕………………… 392
田邊 剛〔1934～ 〕…………………… 392
田辺市立美術館 ……………………… 392
谷 彦範〔1944～ 〕…………………… 392
谷 昌恒〔1922～ 〕…………………… 392
谷川 雁〔1923～1995〕………………… 392
谷川 健一〔1921～2013〕……………… 392
谷 俊太郎〔1931～ 〕………………… 392
谷口 稜曄〔1929～ 〕………………… 392
谷口 善太郎〔1899～1974〕…………… 392
谷口 蕪村〔1716～1783〕……………… 392
谷口 藍田〔1822～1902〕……………… 392

谷崎 潤一郎〔1886～1965〕…………… 392
谷村 久太郎〔1914～1998〕…………… 392
谷本 富〔1867～1946〕………………… 392
谷山 浩子〔1956～ 〕………………… 392
種子島 ………………………………… 392
種田 山頭火〔1882～1940〕…………… 392
種田 陽平〔1960～ 〕………………… 392
種村 季弘〔1933～2004〕……………… 393
田野畑村〔岩手県〕（方言―辞書）… 393
田原 栄一〔1936～ 〕………………… 393
田原 総一朗〔1934～ 〕……………… 393
田原市（歴史―史料）………………… 393
ダビデ〔イスラエル王〕……………… 393
田布施町〔山口県〕（遺跡・遺物）… 393
WTO →世界貿易機関を見よ
多摩川 ………………………………… 393
玉川上水 ……………………………… 393
玉川大学体育会剣道部 ……………… 393
玉川村〔福島県〕（遺跡・遺物）…… 393
玉城町〔三重県〕（遺跡・遺物）…… 393
多摩市（遺跡・遺物）………………… 393
多摩市（エネルギー政策）…………… 393
多摩市（歴史―史料）………………… 393
多摩市（歴史―史料―書目）………… 393
玉寿司 ………………………………… 393
田町ビル ……………………………… 393
玉名高等学校〔熊本県立〕…………… 393
玉名（遺跡・遺物）…………………… 393
多摩南部地域病院 …………………… 394
玉村町〔群馬県〕（遺跡・遺物）…… 394
玉村町〔群馬県〕（祭祀）…………… 394
玉村山の会 …………………………… 394
田村 俊子〔1884～1945〕……………… 394
田村 亮〔1972～ 〕…………………… 394
タメット, D.〔1979～ 〕…………… 394
為永 春水〔初代 1789～1843〕……… 394
タモリ〔1945～ 〕…………………… 394
田山 花袋〔1871～1930〕……………… 394
田山 輝明〔1944～ 〕………………… 394
田山 利三郎〔1897～1952〕…………… 394
ダリ, S.〔1904～1989〕……………… 394
垂井町〔岐阜県〕（遺跡・遺物）…… 394
垂井町〔岐阜県〕（遺跡・遺物―保
　存・修復）………………………… 394
田原本町〔奈良県〕（歴史）………… 394
壇 蜜〔1980～ 〕……………………… 394
タンギー, Y.〔1900～1955〕………… 394
タンザニア（学術探検）……………… 394
タンザニア（技術援助〔日本〕）…… 394
タンザニア（経済援助）……………… 394
タンザニア（農業）…………………… 395
タンザニア（農業機械化）…………… 395
タンザニア（民族）…………………… 395
団長〔歌手〕…………………………… 395
ダンテ・アリギエーリ〔1265～1321〕… 395
丹波市（陣屋―保存・修復）………… 395
丹波市（昔話）………………………… 395
たんぽぽ介護センター ……………… 395
団楽 斗星〔1925～ 〕………………… 395

【ち】

地域総合整備財団 …………………… 395
ちいろば園 …………………………… 395
チェ・ゲバラ →ゲバラ, E.を見よ
チェコ（アニメーション―歴史）…… 395

チェコ（イラストレーション―画集）… 395
チェコ（絵本）………………………… 395
チェコ（経済）………………………… 395
チェコ（歴史―中世）………………… 395
チェコスロバキア（葬制）…………… 395
チェスター・ビーティー・ライブラ
　リィ ………………………………… 395
チェーホフ, A.〔1860～1904〕……… 395
崔 昌華〔1930～1995〕………………… 395
知恩院 ………………………………… 395
茅ヶ崎市（遺跡・遺物）……………… 395
茅ヶ崎市（史跡名勝）………………… 395
茅ヶ崎市（地名）……………………… 395
茅ヶ崎市（鳥）………………………… 395
近角 常観〔1870～1941〕……………… 395
智顗〔538～597〕……………………… 395
筑紫 哲也〔1934～2008〕……………… 395
築上町〔福岡県〕（遺跡・遺物）…… 395
筑前町〔福岡県〕（遺跡・遺物）…… 396
千国街道（紀行・案内記）…………… 396
筑豊炭田 ……………………………… 396
千曲川 ………………………………… 396
千曲市（遺跡・遺物）………………… 396
千曲市（史跡名勝）…………………… 396
千曲市（自然保護）…………………… 396
千島（歴史）…………………………… 396
智真〔1239～1289〕…………………… 396
知多市（金融―歴史）………………… 396
知多市（紙幣―歴史）………………… 396
知多半島 ……………………………… 396
秩父市（祭礼）………………………… 396
秩父市（風俗・習慣）………………… 396
秩父市（歴史）………………………… 396
秩父地方 ……………………………… 396
地中海 ………………………………… 396
地中海諸国（歴史）…………………… 397
地中海諸国（歴史―15世紀）………… 397
地中海諸国（歴史―16世紀）………… 397
地中海諸国（歴史―17世紀）………… 397
千歳市（遺跡・遺物）………………… 397
知名町〔鹿児島県〕（洞穴遺跡）…… 397
茅野市（観光開発）…………………… 397
茅野市（財産区）……………………… 397
千葉〔氏〕……………………………… 397
千葉 繁 ……………………………… 397
千葉 胤雄〔1898～1950〕……………… 397
ちば てつや〔1939～ 〕……………… 397
千葉県 ………………………………… 397
千葉県（遺跡・遺物―旭市）………… 397
千葉県（遺跡・遺物―我孫子市）…… 397
千葉県（遺跡・遺物―市川市）……… 397
千葉県（遺跡・遺物―市原市）……… 397
千葉県（遺跡・遺物―印西市）……… 398
千葉県（遺跡・遺物―大網白里市）… 398
千葉県（遺跡・遺物―柏市）………… 398
千葉県（遺跡・遺物―香取市）……… 398
千葉県（遺跡・遺物―鎌ケ谷市）…… 398
千葉県（遺跡・遺物―木更津市）…… 398
千葉県（遺跡・遺物―君津市）……… 398
千葉県（遺跡・遺物―佐倉市）……… 398
千葉県（遺跡・遺物―白井市）……… 399
千葉県（遺跡・遺物―袖ケ浦市）…… 399
千葉県（遺跡・遺物―東金市）……… 399
千葉県（遺跡・遺物―富里市）……… 399
千葉県（遺跡・遺物―流山市）……… 399
千葉県（遺跡・遺物―成田市）……… 399

日本件名図書目録2014　Ⅰ　　中国

千葉県（遺跡・遺物―野田市）………399
千葉県（遺跡・遺物―船橋市）………399
千葉県（遺跡・遺物―保存・修復―富
　津市）…………………………………400
千葉県（遺跡・遺物―松戸市）………400
千葉県（遺跡・遺物―茂原市）………400
千葉県（遺跡・遺物―八街市）………400
千葉県（遺跡・遺物―八千代市）……400
千葉県（遺跡・遺物―四街道市）……400
千葉県（医療）…………………………400
千葉県（衛生行政）……………………400
千葉県（駅）……………………………400
千葉県（エネルギー政策―いすみ市）・400
千葉県（絵馬―横芝光町―図集）……400
千葉県（貝―図集）……………………400
千葉県（介護保険―旭市）……………400
千葉県（開拓―歴史―史料）…………400
千葉県（河川運送―歴史）……………401
千葉県（環境行政―成田市）…………401
千葉県（観光行政）……………………401
千葉県（観光事業）……………………401
千葉県（感染症対策―成田市）………401
千葉県（官庁建築―大多喜町）………401
千葉県（希少植物）……………………401
千葉県（希少動物）……………………401
千葉県（教育行政―八街市）…………401
千葉県（教員研修）……………………401
千葉県（行政）…………………………401
千葉県（行政―我孫子市）……………401
千葉県（行政―市原市）………………401
千葉県（行政―印西市）………………401
千葉県（行政―四街道市）……………401
千葉県（行政―歴史）…………………401
千葉県（行政改革―市原市）…………401
千葉県（漁撈―館山市）………………401
千葉県（軍事基地）……………………401
千葉県（健康管理）……………………401
千葉県（交通安全）……………………401
千葉県（高齢者―市川市）……………401
千葉県（高齢者福祉―旭市）…………401
千葉県（災害復興―旭市）……………401
千葉県（採石―富津市）………………401
千葉県（祭礼―佐倉市）………………401
千葉県（産業政策―市原市）…………401
千葉県（地盤沈下）……………………401
千葉県（社会運動―歴史）……………401
千葉県（社会教育施設―柏市）………401
千葉県（社会福祉―市川市）…………401
千葉県（写真集―市川市）……………402
千葉県（写真集―柏市）………………402
千葉県（住宅政策）……………………402
千葉県（醸造業―流山市―歴史）……402
千葉県（消費者行政）…………………402
千葉県（消費者保護―旭市）…………402
千葉県（植物）…………………………402
千葉県（植物―野田市）………………402
千葉県（書目）…………………………402
千葉県（城跡―保存・修復―館山市）・402
千葉県（震災予防）……………………402
千葉県（神社―市川市）………………402
千葉県（水害予防）……………………402
千葉県（石油コンビナート）…………402
千葉県（選挙―市原市―統計）………402
千葉県（選挙―統計）…………………402
千葉県（選挙―松戸市―統計）………402
千葉県（男女共同参画―旭市）………402

千葉県（男女共同参画―印西市）………402
千葉県（男女共同参画―佐倉市）………402
千葉県（淡水漁業）……………………402
千葉県（地域包括ケア―柏市）………402
千葉県（地下水）………………………402
千葉県（地誌）…………………………402
千葉県（地方選挙）……………………402
千葉県（地方選挙―松戸市）…………402
千葉県（地名―流山市）………………402
千葉県（地名―船橋市）………………402
千葉県（鉄道）…………………………402
千葉県（鉄道―歴史）…………………402
千葉県（伝記―船橋市）………………403
千葉県（土地改良）……………………403
千葉県（土地価格）……………………403
千葉県（日本文学―野田市―歴史）…403
千葉県（ニュータウン）………………403
千葉県（農産物―統計）………………403
千葉県（農村計画）……………………403
千葉県（排気ガス―排出抑制）………403
千葉県（バリアフリー〔交通〕―市川
　市）……………………………………403
千葉県（東日本大震災〔2011〕―被
　害）……………………………………403
千葉県（美術上―船橋市）……………403
千葉県（風俗・習慣）…………………403
千葉県（風俗・習慣―市川市）………403
千葉県（風俗・習慣―松戸市）………403
千葉県（仏像―印西市）………………403
千葉県（文学者）………………………403
千葉県（墳墓―市川市）………………403
千葉県（防災計画）……………………403
千葉県（防災計画―匝瑳市）…………403
千葉県（防災計画―横芝光町）………403
千葉県（墓地―市川市）………………403
千葉県（漫画―野田市―画集）………403
千葉県（名簿）…………………………403
千葉県（歴史）…………………………403
千葉県（歴史―市川市）………………403
千葉県（歴史―柏市）…………………403
千葉県（歴史―鎌ケ谷市）……………404
千葉県（歴史―佐倉市）………………404
千葉県（歴史―史料―市川市）………404
千葉県（歴史―史料―市原市）………404
千葉県（歴史―史料―山武市）………404
千葉県（歴史―史料―書目）…………404
千葉県（歴史―史料―書目―香取市）・404
千葉県（歴史―史料―野田市）………404
千葉県（歴史―流山市）………………404
千葉県（歴史―年表―銚子市）………404
千葉県（路線価）………………………404
千葉県高等学校長協会…………………404
千葉県職員保健師会……………………404
千葉市（遺跡・遺物）…………………404
千葉市（医療費）………………………404
千葉市（介護保険）……………………404
千葉市（科学教育）……………………404
千葉市（高齢者福祉）…………………404
千葉市（障害者福祉）…………………404
千葉市（食育）…………………………404
千葉市（人口）…………………………404
千葉市（道路―復旧）…………………405
千葉市（道路公害）……………………405
千葉市（廃棄物）………………………405
千葉市（PR）…………………………405
千葉市動物公園…………………………405

千葉市立幸町第三小学校………………405
千原ジュニア……………………………405
千葉ロッテマリーンズ…………………405
チベット（映画）………………………405
チベット（紀行・案内記）……………405
チベット（社会）………………………405
チベット（仏教美術―図集）…………405
チミノ, M.〔1939～　〕……………405
チャイコフスキー, P.I.〔1840～1893〕‥405
チャスラフスカ, V.………………………405
翁爺岳（登山）…………………………405
チャーチル, W.〔1874～1965〕………405
チャベス, H.〔1954～2013〕…………405
チャリティーサンタ……………………405
中欧　→ヨーロッパ〔中央部〕を見よ
中央アジア（イスラム―歴史―19世
　紀）……………………………………405
中央アジア（イスラム―歴史―20世
　紀）……………………………………405
中央アジア（遺跡・遺物―保存・修
　復）……………………………………405
中央アジア（外国関係）………………405
中央アジア（外国関係―中国―歴史―
　清時代）………………………………405
中央アジア（紀行・案内記）…………406
中央アジア（経済）……………………406
中央アジア（言語）……………………406
中央アジア（社会）……………………406
中央アジア（社会―歴史）……………406
中央アジア（農業水利―歴史）………406
中央アジア（美術―歴史―古代）……406
中央アジア（文化財保護）……………406
中央アジア（法制史）…………………406
中央アメリカ（紀行・案内記）………406
中央アメリカ（経済）…………………406
中央アメリカ（歴史）…………………406
中央市（遺跡・遺物）…………………406
中央大学…………………………………406
中央大学基督教青年会白羊会…………406
中央電気倶楽部…………………………406
中央電力株式会社………………………406
中央葡萄酒株式会社……………………406
中華人民共和国人民解放軍……………406
中華蕎麦とみ田…………………………406
中京大学…………………………………406
中近東（環境問題）……………………406
中近東（辞書）…………………………406
中近東（社会）…………………………406
中近東（政治）…………………………407
中近東（郵便切手）……………………407
中国………………………………………407
中国（圧力団体）………………………407
中国（安全保障）………………………407
中国（遺跡・遺物）……………………407
中国（移民・植民〔ポルトガル〕―歴
　史―澳門）……………………………407
中国（移民・植民―ヨーロッパ）……407
中国（イラストレーション―歴史―明
　時代）…………………………………407
中国（医療制度）………………………407
中国（医療保険）………………………407
中国（運送）……………………………407
中国（運送法）…………………………407
中国（映画―チベット）………………407
中国（映画―香港）……………………407
中国（映画―歴史）……………………407

(51)

中国

中国（エネルギー政策）・・・・・・・・・・・・・・・ 408
中国（演劇―雲南省）・・・・・・・・・・・・・・・・ 408
中国（演劇―歴史）・・・・・・・・・・・・・・・・・・ 408
中国（演劇―歴史―20代）・・・・・・・・・・・・ 408
中国（演劇―歴史―近代）・・・・・・・・・・・・ 408
中国（演劇―歴史―清時代）・・・・・・・・・・ 408
中国（オフショア開発〔日本〕）・・・・・・・・ 408
中国（音楽―新疆）・・・・・・・・・・・・・・・・・・ 408
中国（音楽―歴史）・・・・・・・・・・・・・・・・・・ 408
中国（音楽―歴史―清時代）・・・・・・・・・・ 408
中国（温室効果ガス―排出抑制）・・・・・・・ 408
中国（絵画）・・・・・・・・・・・・・・・・・・・・・・・・ 408
中国（絵画―画集）・・・・・・・・・・・・・・・・・・ 408
中国（絵画―歴史）・・・・・・・・・・・・・・・・・・ 408
中国（絵画―歴史―明代）・・・・・・・・・・・・ 408
中国（海軍）・・・・・・・・・・・・・・・・・・・・・・・・ 408
中国（外交官―歴史―清時代）・・・・・・・・ 409
中国（外国会社）・・・・・・・・・・・・・・・・・・・・ 409
中国（外国関係）・・・・・・・・・・・・・・・・・・・・ 409
中国（外国関係―アジア〔東部〕）・・・・・・ 409
中国（外国関係―アジア―歴史―漢時
代）・・・・・・・・・・・・・・・・・・・・・・・・・・・・・・ 409
中国（外国関係―アジア―歴史―清時
代）・・・・・・・・・・・・・・・・・・・・・・・・・・・・・・ 409
中国（外国関係―アジア―歴史―南北
朝時代―南朝）・・・・・・・・・・・・・・・・・・ 409
中国（外国関係―アメリカ合衆国）・・・・・ 409
中国（外国関係―インド）・・・・・・・・・・・・ 410
中国（外国関係―大韓民国）・・・・・・・・・・ 410
中国（外国関係―中央アジア―歴史―
清時代）・・・・・・・・・・・・・・・・・・・・・・・・ 410
中国（外国関係―朝鮮―歴史）・・・・・・・・ 410
中国（外国関係―朝鮮―歴史―明時
代）・・・・・・・・・・・・・・・・・・・・・・・・・・・・・・ 410
中国（外国関係―朝鮮民主主義人民共
和国）・・・・・・・・・・・・・・・・・・・・・・・・・・ 410
中国（外国関係―東南アジア）・・・・・・・・ 410
中国（外国関係―日本）・・・・・・・・・・・・・・ 410
中国（外国関係―日本―歴史）・・・・・・・・ 411
中国（外国関係―日本―歴史―1868～
1945）・・・・・・・・・・・・・・・・・・・・・・・・・・ 412
中国（外国関係―日本―歴史―1945
～）・・・・・・・・・・・・・・・・・・・・・・・・・・・・・・ 412
中国（外国関係―日本―歴史―1949
～）・・・・・・・・・・・・・・・・・・・・・・・・・・・・・・ 412
中国（外国関係―日本―歴史―近代）・・ 412
中国（外国関係―日本―歴史―古代）・・ 412
中国（外国関係―日本―歴史―昭和後
期）・・・・・・・・・・・・・・・・・・・・・・・・・・・・・・ 412
中国（外国関係―日本―歴史―史料）・・ 413
中国（外国関係―日本―歴史―清時
代）・・・・・・・・・・・・・・・・・・・・・・・・・・・・・・ 413
中国（外国関係―日本―歴史―大正時
代）・・・・・・・・・・・・・・・・・・・・・・・・・・・・・・ 413
中国（外国関係―日本―歴史―平安時
代）・・・・・・・・・・・・・・・・・・・・・・・・・・・・・・ 413
中国（外国関係―日本―歴史―明時
代）・・・・・・・・・・・・・・・・・・・・・・・・・・・・・・ 413
中国（外国関係―日本―歴史―明治以
後）・・・・・・・・・・・・・・・・・・・・・・・・・・・・・・ 413
中国（外国関係―日本―歴史―明治時
代）・・・・・・・・・・・・・・・・・・・・・・・・・・・・・・ 413
中国（外国関係―日本―歴史―明治時
代―史料）・・・・・・・・・・・・・・・・・・・・・・ 413

中国（外国関係―日本―歴史―論文
集）・・・・・・・・・・・・・・・・・・・・・・・・・・・・・・ 413
中国（外国関係―歴史）・・・・・・・・・・・・・・ 413
中国（外国関係―歴史―1949～）・・・・・ 413
中国（外国関係―歴史―近代）・・・・・・・・ 413
中国（外国関係―歴史―春秋時代）・・・・ 413
中国（外国関係―歴史―清時代）・・・・・・ 413
中国（外国関係―歴史―戦国時代）・・・・ 413
中国（解散〔法人〕）・・・・・・・・・・・・・・・・・・ 413
中国（海洋汚染）・・・・・・・・・・・・・・・・・・・・ 413
中国（画家―歴史）・・・・・・・・・・・・・・・・・・ 413
中国（科学技術）・・・・・・・・・・・・・・・・・・・・ 413
中国（科学技術―歴史）・・・・・・・・・・・・・・ 414
中国（科学技術研究）・・・・・・・・・・・・・・・・ 414
中国（化学物質―安全管理）・・・・・・・・・・ 414
中国（学術―歴史）・・・・・・・・・・・・・・・・・・ 414
中国（学生）・・・・・・・・・・・・・・・・・・・・・・・・ 414
中国（河川）・・・・・・・・・・・・・・・・・・・・・・・・ 414
中国（カトリック教会―歴史）・・・・・・・・・・ 414
中国（為替管理）・・・・・・・・・・・・・・・・・・・・ 414
中国（環境政策）・・・・・・・・・・・・・・・・・・・・ 414
中国（環境問題）・・・・・・・・・・・・・・・・・・・・ 414
中国（企業）・・・・・・・・・・・・・・・・・・・・・・・・ 414
中国（企業会計）・・・・・・・・・・・・・・・・・・・・ 414
中国（紀行・案内記）・・・・・・・・・・・・・・・・ 414
中国（技術援助〔日本〕）・・・・・・・・・・・・・・ 414
中国（貴族―歴史―唐時代）・・・・・・・・・・ 415
中国（給与）・・・・・・・・・・・・・・・・・・・・・・・・ 415
中国（給与―香港）・・・・・・・・・・・・・・・・・・ 415
中国（教育）・・・・・・・・・・・・・・・・・・・・・・・・ 415
中国（教育―歴史―民国時代）・・・・・・・・ 415
中国（教育援助〔日本〕）・・・・・・・・・・・・・・ 415
中国（教育行政）・・・・・・・・・・・・・・・・・・・・ 415
中国（教員）・・・・・・・・・・・・・・・・・・・・・・・・ 415
中国（教員研修）・・・・・・・・・・・・・・・・・・・・ 415
中国（教員養成―歴史―1949～）・・・・・ 415
中国（行政区画）・・・・・・・・・・・・・・・・・・・・ 415
中国（橋梁―写真集）・・・・・・・・・・・・・・・・ 415
中国（キリスト教―歴史―清時代）・・・・・・ 415
中国（金石・金石文）・・・・・・・・・・・・・・・・ 415
中国（金融政策）・・・・・・・・・・・・・・・・・・・・ 415
中国（空軍）・・・・・・・・・・・・・・・・・・・・・・・・ 415
中国（グループホーム）・・・・・・・・・・・・・・ 415
中国（軍艦）・・・・・・・・・・・・・・・・・・・・・・・・ 415
中国（軍事）・・・・・・・・・・・・・・・・・・・・・・・・ 415
中国（軍人―名簿）・・・・・・・・・・・・・・・・・・ 416
中国（軍制―歴史―宋時代）・・・・・・・・・・ 416
中国（経営管理）・・・・・・・・・・・・・・・・・・・・ 416
中国（経営者―香港）・・・・・・・・・・・・・・・・ 416
中国（軽工業）・・・・・・・・・・・・・・・・・・・・・・ 416
中国（経済）・・・・・・・・・・・・・・・・・・・・・・・・ 416
中国（経済―歴史）・・・・・・・・・・・・・・・・・・ 417
中国（経済―歴史―1949～）・・・・・・・・・ 417
中国（経済―歴史―民国時代）・・・・・・・・ 417
中国（経済関係―アメリカ合衆国）・・・・・ 417
中国（経済関係―アメリカ合衆国―歴
史―1949～）・・・・・・・・・・・・・・・・・・・・ 417
中国（経済関係―東南アジア）・・・・・・・・ 417
中国（経済関係―日本）・・・・・・・・・・・・・・ 417
中国（経済関係―日本―歴史―1949
～）・・・・・・・・・・・・・・・・・・・・・・・・・・・・・・ 417
中国（経済政策―歴史―1949～）・・・・・ 417
中国（経済発展）・・・・・・・・・・・・・・・・・・・・ 417
中国（経済法）・・・・・・・・・・・・・・・・・・・・・・ 417
中国（警察―歴史―清時代）・・・・・・・・・・ 417
中国（刑事法―会議録）・・・・・・・・・・・・・・ 418

中国（契約法）・・・・・・・・・・・・・・・・・・・・・・ 418
中国（建設業）・・・・・・・・・・・・・・・・・・・・・・ 418
中国（建築）・・・・・・・・・・・・・・・・・・・・・・・・ 418
中国（建築―写真集）・・・・・・・・・・・・・・・・ 418
中国（建築―歴史）・・・・・・・・・・・・・・・・・・ 418
中国（憲法―歴史）・・・・・・・・・・・・・・・・・・ 418
中国（公害）・・・・・・・・・・・・・・・・・・・・・・・・ 418
中国（公企業民営化）・・・・・・・・・・・・・・・・ 418
中国（工業）・・・・・・・・・・・・・・・・・・・・・・・・ 418
中国（工芸美術―図集）・・・・・・・・・・・・・・ 418
中国（鉱山労働―江西省）・・・・・・・・・・・・ 418
中国（高齢者―新疆）・・・・・・・・・・・・・・・・ 418
中国（高齢者福祉）・・・・・・・・・・・・・・・・・・ 418
中国（古瓦―目録）・・・・・・・・・・・・・・・・・・ 418
中国（国際投資）・・・・・・・・・・・・・・・・・・・・ 418
中国（国際投資〔日本〕）・・・・・・・・・・・・・・ 418
中国（国際投資〔日本〕―香港）・・・・・・・・ 419
中国（国際投資〔日本〕―名簿）・・・・・・・・ 419
中国（国際投資〔日本〕―歴史―明治
時代）・・・・・・・・・・・・・・・・・・・・・・・・・・・・ 419
中国（国際投資―アジア）・・・・・・・・・・・・ 419
中国（国際保健協力）・・・・・・・・・・・・・・・・ 419
中国（国際見本市―上海）・・・・・・・・・・・・ 419
中国（国際見本市―香港）・・・・・・・・・・・・ 419
中国（国防）・・・・・・・・・・・・・・・・・・・・・・・・ 419
中国（国民性）・・・・・・・・・・・・・・・・・・・・・・ 419
中国（国境）・・・・・・・・・・・・・・・・・・・・・・・・ 419
中国（諺）・・・・・・・・・・・・・・・・・・・・・・・・・・ 419
中国（コンピュータ犯罪）・・・・・・・・・・・・・・ 419
中国（祭祀―歴史―周時代）・・・・・・・・・・ 419
中国（祭祀―歴史―史料―書目）・・・・・・ 419
中国（財閥―香港）・・・・・・・・・・・・・・・・・・ 419
中国（裁判―歴史―古代）・・・・・・・・・・・・ 419
中国（在留朝鮮人）・・・・・・・・・・・・・・・・・・ 419
中国（在留日本人）・・・・・・・・・・・・・・・・・・ 419
中国（在留日本人―歴史）・・・・・・・・・・・・ 420
中国（産学連携）・・・・・・・・・・・・・・・・・・・・ 420
中国（産業）・・・・・・・・・・・・・・・・・・・・・・・・ 420
中国（産業クラスター）・・・・・・・・・・・・・・・・ 420
中国（産業廃棄物―江蘇省）・・・・・・・・・・ 420
中国（ジェノサイド―歴史―内蒙古）・・ 420
中国（ジェノサイド―歴史―史料―内
蒙古）・・・・・・・・・・・・・・・・・・・・・・・・・・・・ 420
中国（自動車産業）・・・・・・・・・・・・・・・・・・ 420
中国（自動車産業―名簿）・・・・・・・・・・・・ 420
中国（自動車販売）・・・・・・・・・・・・・・・・・・ 420
中国（地主―歴史）・・・・・・・・・・・・・・・・・・ 420
中国（司法制度）・・・・・・・・・・・・・・・・・・・・ 420
中国（資本主義）・・・・・・・・・・・・・・・・・・・・ 420
中国（社会）・・・・・・・・・・・・・・・・・・・・・・・・ 420
中国（社会―歴史―近代）・・・・・・・・・・・・ 422
中国（社会―歴史―古代）・・・・・・・・・・・・ 422
中国（社会―歴史―宋時代）・・・・・・・・・・ 422
中国（社会―歴史―民国時代）・・・・・・・・ 422
中国（社会運動）・・・・・・・・・・・・・・・・・・・・ 422
中国（社会思想）・・・・・・・・・・・・・・・・・・・・ 422
中国（社会思想―歴史―近代―伝記）・・ 422
中国（社会福祉）・・・・・・・・・・・・・・・・・・・・ 422
中国（社会保険）・・・・・・・・・・・・・・・・・・・・ 422
中国（ジャーナリスト）・・・・・・・・・・・・・・・・ 422
中国（ジャーナリズム）・・・・・・・・・・・・・・・・ 422
中国（ジャーナリズム―歴史―上海）・・ 423
中国（宗教）・・・・・・・・・・・・・・・・・・・・・・・・ 423
中国（住宅―写真集―香港）・・・・・・・・・・ 423
中国（儒学―歴史―1949～）・・・・・・・・・ 423
中国（儒学―歴史―戦国時代）・・・・・・・・ 423

日本件名図書目録2014　Ⅰ　　　　　　　　　　　　　　　　　　　　　　　　　　　　　　　　　中国地方

中国（書―書跡集）……423
中国（小学校―雲南省）……423
中国（少数民族）……423
中国（少数民族―雲南省）……423
中国（浄土教）……423
中国（消費者）……423
中国（条約―日本―歴史―昭和後期）…423
中国（食生活）……423
中国（食品安全）……423
中国（食品衛生）……423
中国（食品工業）……423
中国（植民地行政〔日本〕）……423
中国（植民地行政〔日本〕―歴史）……423
中国（女性問題―歴史）……423
中国（女性労働）……423
中国（所得税）……424
中国（森林利用―雲南省）……424
中国（神話）……424
中国（水利―歴史―民国時代）……424
中国（推理小説―歴史）……424
中国（政治）……424
中国（政治―歴史―1949～）……424
中国（政治―歴史―漢時代―後漢）…424
中国（政治―歴史―近代）……425
中国（政治―歴史―清時代）……425
中国（政治―歴史―清時代―史料）……425
中国（政治―歴史―宋時代―北宋）……425
中国（政治―歴史―民国時代）……425
中国（政治家―名簿）……425
中国（政治家―歴史―近代）……425
中国（政治機構）……425
中国（政党―歴史―近代）……425
中国（青銅器）……425
中国（性風俗―歴史―清時代）……425
中国（生物工学―特許）……425
中国（石炭鉱業―江西省）……425
中国（石炭産業）……425
中国（禅宗―伝記）……425
中国（造船業）……425
中国（租税制度）……425
中国（大学）……425
中国（大気汚染）……425
中国（大衆運動）……425
中国（玉―図集）……425
中国（担保物権）……425
中国（地域社会―歴史―1949～）……425
中国（地誌）……426
中国（知識階級―歴史―清時代）……426
中国（治水）……426
中国（治水―歴史―民国時代）……426
中国（地方財政）……426
中国（地名）……426
中国（中小企業）……426
中国（通貨政策）……426
中国（鉄鋼業）……426
中国（鉄道）……426
中国（鉄道―山東省）……426
中国（テレビ放送―新疆）……426
中国（伝記）……426
中国（電気通信）……426
中国（陶磁器―図集）……426
中国（陶磁器―歴史）……426
中国（陶磁器―歴史―図集）……426
中国（都市化）……426
中国（都市計画）……426
中国（都市再開発）……427

中国（図書―歴史）……427
中国（都城―歴史―古代）……427
中国（土壌汚染）……427
中国（図書館―情報サービス―上海）…427
中国（土地制度―歴史）……427
中国（土地制度―歴史―唐時代）……427
中国（特許）……427
中国（特許訴訟）……427
中国（ナショナリズム）……427
中国（ナショナリズム―歴史―清時代）……427
中国（ナショナリズム―歴史―民国時代）……427
中国（日系企業）……427
中国（日系企業―香港）……427
中国（日中戦争〔1937～1945〕―会戦―雲南省）……428
中国（日本語教育）……428
中国（日本語教育―歴史―延辺）……428
中国（農業協同組合）……428
中国（農産物市場）……428
中国（農村）……428
中国（農民）……428
中国（廃棄物処理―江蘇省）……428
中国（博物館）……428
中国（博覧会―歴史）……428
中国（美術）……428
中国（美術―歴史）……428
中国（美術―歴史―元時代―図集）……428
中国（美術―歴史―宋時代―図集）……428
中国（武術）……428
中国（仏教―雲南省）……428
中国（仏教―歴史）……428
中国（仏教―歴史―書目―解題）……429
中国（仏教―歴史―晋時代―東晋）……429
中国（仏教―歴史―南北朝時代―南朝）……429
中国（仏教美術―図集―チベット）……429
中国（物権法）……429
中国（仏像―図集）……429
中国（物流業）……429
中国（物流業―名簿）……429
中国（不動産登記）……429
中国（文化）……429
中国（文化―歴史）……429
中国（文化―歴史―近代）……429
中国（文化―歴史―古代）……429
中国（文学者―歴史―民国時代）……430
中国（墳墓―歴史―隋時代）……430
中国（墳墓―歴史―唐時代）……430
中国（壁画―保存・修復―敦煌）……430
中国（貿易）……430
中国（貿易―東南アジア）……430
中国（貿易―日本）……430
中国（貿易政策）……430
中国（法制史）……430
中国（法制史―漢時代）……430
中国（法制史―古代）……430
中国（法制史―秦時代）……430
中国（法制史―宋時代）……431
中国（法制史―唐時代）……431
中国（法律）……431
中国（ボランティア活動）……431
中国（漫画）……431
中国（水ビジネス）……431
中国（民間伝承）……431

中国（民主化）……431
中国（民族）……431
中国（民族運動―歴史―民国時代）……431
中国（民族問題）……431
中国（民族問題―新疆）……431
中国（民族問題―歴史―内蒙古）……431
中国（ムスリム―歴史―新疆）……431
中国（木簡・竹簡）……431
中国（焼絵―歴史）……431
中国（郵便切手）……431
中国（立憲主義―歴史）……431
中国（陵墓―歴史―秦時代）……432
中国（林業政策）……432
中国（林業政策―雲南省）……432
中国（林業労働）……432
中国（歴史）……432
中国（歴史―1949～）……432
中国（歴史―殷時代）……432
中国（歴史―漢時代）……432
中国（歴史―漢時代―後漢）……432
中国（歴史―漢時代―前漢）……432
中国（歴史―近代）……432
中国（歴史―古代）……432
中国（歴史―三国時代）……433
中国（歴史―三国時代―魏）……433
中国（歴史―三国時代―伝記）……433
中国（歴史―周時代）……433
中国（歴史―春秋時代―伝記）……433
中国（歴史―晋時代）……433
中国（歴史―秦時代）……433
中国（歴史―清時代）……433
中国（歴史―唐時代）……433
中国（歴史―南北朝時代）……433
中国（歴史―明時代）……433
中国（歴史―遼）……433
中国（歴史小説―歴史―明時代）……433
中国（労働組合―歴史―1949～）……433
中国（労働者）……433
中国〔西南部〕（紀行・案内記）……433
中国〔西北部〕（民族）……433
中国〔西北部〕（歴史）……433
中国〔中部〕（工業）……433
中国〔中部〕（湖沼）……434
中国〔中部〕（商業）……434
中国〔東北部〕（紀行・案内記）……435
中国〔東北部〕（村落）……435
中国〔東北部〕（鉄道橋）……435
中国〔東北部〕（歴史）……435
中国〔南部〕（産業）……435
中国〔南部〕（社会）……435
中国〔北部〕（稲―栽培）……435
中国〔北部〕（農村―歴史）……435
中国〔北部〕（歴史）……435
中国共産党……435
中国新聞社……436
中国地方（会社―名簿）……436
中国地方（神楽）……436
中国地方（学校図書館―会議録）……436
中国地方（家庭用電気製品―リサイクル）……436
中国地方（環境教育）……436
中国地方（観光開発）……436
中国地方（企業―名簿）……436
中国地方（軍事基地―歴史）……436
中国地方（経済）……436
中国地方（建築―保存・修復）……436

（53）

中国地方

中国地方（国勢調査）‥‥‥‥‥436
中国地方（産業）‥‥‥‥‥‥‥436
中国地方（持続可能な開発のための教育）‥‥‥‥‥‥‥‥‥436
中国地方（食農教育）‥‥‥‥‥436
中国地方（畜産業―歴史）‥‥‥437
中国地方（鉄道）‥‥‥‥‥‥‥437
中国地方（都市―歴史）‥‥‥‥437
中国地方（農業）‥‥‥‥‥‥‥437
中国地方（バス事業）‥‥‥‥‥437
中国地方（病院―名簿）‥‥‥‥437
中国地方（歴史）‥‥‥‥‥‥‥437
中日実業株式会社‥‥‥‥‥‥‥437
中日ドラゴンズ‥‥‥‥‥‥‥‥437
中皮腫・アスベスト疾患・患者と家族の会‥‥‥‥‥‥‥‥‥437
中皮腫・じん肺・アスベストセンター‥‥437
中部産業遺産研究会‥‥‥‥‥‥437
中部地方（会社―名簿―会議録）‥‥‥437
中部地方（学校図書館―会議録）‥‥‥437
中部地方（家庭用電気製品―リサイクル）‥‥‥‥‥‥‥‥‥437
中部地方（観光開発）‥‥‥‥‥437
中部地方（観光事業―歴史）‥‥437
中部地方（企業）‥‥‥‥‥‥‥437
中部地方（企業―名簿）‥‥‥‥437
中部地方（軍事基地―歴史）‥‥437
中部地方（工業―統計）‥‥‥‥437
中部地方（鉱業―統計）‥‥‥‥437
中部地方（国勢調査）‥‥‥‥‥437
中部地方（産業―統計）‥‥‥‥438
中部地方（産業―歴史）‥‥‥‥438
中部地方（寺院建築）‥‥‥‥‥438
中部地方（史跡名勝）‥‥‥‥‥438
中部地方（実業家）‥‥‥‥‥‥438
中部地方（宿駅）‥‥‥‥‥‥‥438
中部地方（城）‥‥‥‥‥‥‥‥438
中部地方（神社建築）‥‥‥‥‥438
中部地方（鉄道―歴史）‥‥‥‥438
中部地方（都市―歴史）‥‥‥‥438
中部地方（都市交通）‥‥‥‥‥438
中部地方（病院―名簿）‥‥‥‥438
中部電力株式会社浜岡原子力発電所‥‥438
チュニジア（紀行・案内記）‥‥438
張　学良〔1898～2001〕‥‥‥438
張　千恵子‥‥‥‥‥‥‥‥‥‥438
趙　南富〔1935～2011〕‥‥‥438
長久寺〔中津市〕‥‥‥‥‥‥‥438
重源〔1121～1206〕‥‥‥‥‥438
銚子市（歴史―年表）‥‥‥‥‥438
長州藩‥‥‥‥‥‥‥‥‥‥‥‥438
朝鮮〔1948～　大韓民国〕　→大韓民国を見よ
朝鮮〔1948～　民主主義人民共和国〕→朝鮮民主主義人民共和国を見よ
朝鮮（遺跡・遺物）‥‥‥‥‥‥438
朝鮮（移民・植民―日本―歴史―昭和時代）‥‥‥‥‥‥‥‥‥438
朝鮮（映画）‥‥‥‥‥‥‥‥‥439
朝鮮（王室―歴史―李朝時代）‥439
朝鮮（絵画―歴史―日本統治時代）‥439
朝鮮（外国関係―中国―歴史）‥439
朝鮮（外国関係―中国―歴史―明時代）‥‥‥‥‥‥‥‥‥439
朝鮮（外国関係―日本）‥‥‥‥439
朝鮮（外国関係―日本―歴史）‥‥‥439

朝鮮（外国関係―日本―歴史―1945～）‥‥‥‥‥‥‥‥‥439
朝鮮（外国関係―日本―歴史―江戸時代）‥‥‥‥‥‥‥‥‥439
朝鮮（外国関係―日本―歴史―江戸初期）‥‥‥‥‥‥‥‥‥439
朝鮮（外国関係―日本―歴史―近代）‥439
朝鮮（外国関係―日本―歴史―原始時代）‥‥‥‥‥‥‥‥‥439
朝鮮（外国関係―日本―歴史―高麗時代）‥‥‥‥‥‥‥‥‥439
朝鮮（外国関係―日本―歴史―古代）‥439
朝鮮（外国関係―日本―歴史―明治以後）‥‥‥‥‥‥‥‥‥439
朝鮮（外国関係―日本―歴史―明治時代）‥‥‥‥‥‥‥‥‥439
朝鮮（外国関係―日本―歴史―李朝時代）‥‥‥‥‥‥‥‥‥439
朝鮮（科学技術―歴史―高麗時代）‥‥439
朝鮮（科学技術―歴史―古代）‥440
朝鮮（紀行・案内記）‥‥‥‥‥440
朝鮮（儀式典例―歴史―李朝時代）‥‥440
朝鮮（教育―歴史―日本統治時代）‥‥440
朝鮮（金石・金石文）‥‥‥‥‥440
朝鮮（芸術）‥‥‥‥‥‥‥‥‥440
朝鮮（検閲―歴史―近代）‥‥‥440
朝鮮（鉱業）‥‥‥‥‥‥‥‥‥440
朝鮮（公文書―歴史―高麗時代）‥‥440
朝鮮（公文書―歴史―李朝時代）‥‥440
朝鮮（古瓦―目録）‥‥‥‥‥‥440
朝鮮（小作―全羅南道）‥‥‥‥440
朝鮮（小作―平安北道）‥‥‥‥440
朝鮮（小作料―全羅南道）‥‥‥440
朝鮮（小作料―平安北道）‥‥‥441
朝鮮（古銭）‥‥‥‥‥‥‥‥‥441
朝鮮（在留日本人）‥‥‥‥‥‥441
朝鮮（辞書）‥‥‥‥‥‥‥‥‥441
朝鮮（社会）‥‥‥‥‥‥‥‥‥441
朝鮮（宗教）‥‥‥‥‥‥‥‥‥441
朝鮮（職業）‥‥‥‥‥‥‥‥‥441
朝鮮（植民地行政〔日本〕）‥‥441
朝鮮（食用植物）‥‥‥‥‥‥‥441
朝鮮（女性―歴史―李朝時代―伝記）‥441
朝鮮（書目―解題）‥‥‥‥‥‥441
朝鮮（水路誌）‥‥‥‥‥‥‥‥441
朝鮮（青銅器―歴史）‥‥‥‥‥441
朝鮮（説話）‥‥‥‥‥‥‥‥‥441
朝鮮（中国語教育―歴史―李朝時代）‥441
朝鮮（鉄道）‥‥‥‥‥‥‥‥‥441
朝鮮（伝記）‥‥‥‥‥‥‥‥‥441
朝鮮（陶磁器）‥‥‥‥‥‥‥‥441
朝鮮（陶磁器―図集）‥‥‥‥‥441
朝鮮（美術―歴史―高麗時代―図集）‥441
朝鮮（美術―歴史―新羅）‥‥‥441
朝鮮（美術―歴史―李朝時代―図集）‥441
朝鮮（美術上）‥‥‥‥‥‥‥‥442
朝鮮（病院）‥‥‥‥‥‥‥‥‥442
朝鮮（仏教―歴史―近代）‥‥‥442
朝鮮（兵役―歴史―日本統治時代）‥‥442
朝鮮（貿易―日本―歴史―江戸時代）‥442
朝鮮（木簡・竹簡）‥‥‥‥‥‥442
朝鮮（焼絵―歴史）‥‥‥‥‥‥442
朝鮮（郵便切手―歴史―1945～）‥‥442
朝鮮（林業政策）‥‥‥‥‥‥‥442
朝鮮（歴史）‥‥‥‥‥‥‥‥‥442

朝鮮（歴史―1945～）‥‥‥‥‥442
朝鮮（歴史―古代）‥‥‥‥‥‥442
朝鮮（歴史―日本統治時代）‥‥442
朝鮮（歴史―李朝時代）‥‥‥‥442
澄禅〔1613～1680〕‥‥‥‥‥442
長善館〔1833年〕‥‥‥‥‥‥442
朝鮮総督府‥‥‥‥‥‥‥‥‥‥442
朝鮮民主主義人民共和国（外国関係）‥442
朝鮮民主主義人民共和国（外国関係―中国）‥‥‥‥‥‥‥‥‥442
朝鮮民主主義人民共和国（外国関係―日本）‥‥‥‥‥‥‥‥‥442
朝鮮民主主義人民共和国（紀行・案内記）‥‥‥‥‥‥‥‥‥443
朝鮮民主主義人民共和国（共産主義）‥443
朝鮮民主主義人民共和国（軍人―名簿）‥‥‥‥‥‥‥‥‥443
朝鮮民主主義人民共和国（社会）‥443
朝鮮民主主義人民共和国（写真集）‥443
朝鮮民主主義人民共和国（情報機関）‥443
朝鮮民主主義人民共和国（食糧政策）‥443
朝鮮民主主義人民共和国（人権）‥443
朝鮮民主主義人民共和国（政治）‥443
朝鮮民主主義人民共和国（政治―歴史）‥‥‥‥‥‥‥‥‥443
朝鮮民主主義人民共和国（政治家―名簿）‥‥‥‥‥‥‥‥‥443
朝鮮民主主義人民共和国（鉄道橋）‥‥443
朝鮮民主主義人民共和国（法律）‥443
朝鮮民主主義人民共和国（民族）‥443
朝鮮労働党‥‥‥‥‥‥‥‥‥‥443
長宗我部〔氏〕〔土佐国〕‥‥443
長宗我部　元親〔1539～1599〕‥443
蝶野　正洋〔1963～　〕‥‥‥443
調布市（エネルギー政策）‥‥‥443
調布市（環境問題）‥‥‥‥‥‥443
調布市（行政）‥‥‥‥‥‥‥‥443
調布市（行政―歴史―史料）‥‥443
調布市（行政改革）‥‥‥‥‥‥444
調布市（行政手続―条例）‥‥‥444
調布市（協働〔行政〕）‥‥‥‥444
調布市（景観計画）‥‥‥‥‥‥444
調布市（個人情報保護）‥‥‥‥444
調布市（子育て支援）‥‥‥‥‥444
調布市（災害廃棄物処理）‥‥‥444
調布市（自然保護）‥‥‥‥‥‥444
調布市（社会教育―名簿）‥‥‥444
調布市（社会福祉）‥‥‥‥‥‥444
調布市（写真集）‥‥‥‥‥‥‥444
調布市（小学生）‥‥‥‥‥‥‥444
調布市（情報公開制度）‥‥‥‥444
調布市（条例）‥‥‥‥‥‥‥‥444
調布市（人権教育）‥‥‥‥‥‥444
調布市（選挙―統計）‥‥‥‥‥444
調布市（男女共同参画）‥‥‥‥444
調布市（地域開発）‥‥‥‥‥‥444
調布市（中学生）‥‥‥‥‥‥‥444
調布市（特別支援教育）‥‥‥‥444
調布市（都市計画）‥‥‥‥‥‥444
調布市（排出抑制〔廃棄物〕）‥‥444
調布市（リサイクル〔廃棄物〕）‥‥444
調布市（歴史）‥‥‥‥‥‥‥‥444
調布市議会‥‥‥‥‥‥‥‥‥‥444
調布市青少年交流館‥‥‥‥‥‥444
調布市西部公民館‥‥‥‥‥‥‥444
調布市立第六中学校‥‥‥‥‥‥444

調布市立図書館 …………………… 444
朝陽〔遺跡・遺物〕 …………………… 444
長楽寺〔群馬県尾島町〕 …………… 444
長林寺〔足利市〕 …………………… 444
チョーサー, G.〔1340?～1400〕 …… 445
千代鶴 貞秀〔初代 1906～1999〕 … 445
千代鶴 貞秀〔2代目 1944～ 〕 …… 445
全 仲潤〔1919～2014〕 …………… 445
チリ〔環境アセスメント―法令〕 …… 445
チリ〔産業安全〕 …………………… 445
チリ〔労働衛生〕 …………………… 445
チリンの会 …………………………… 445
陳 寿〔233～297〕 ………………… 445
陳 亮〔1143～1194〕 ……………… 445
鎮西学院 …………………………… 445

【つ】

ツイッター社 ………………………… 445
ツェラン, P.〔1920～1970〕 ……… 445
塚本 邦雄〔1922～2005〕 ………… 445
塚本 正一郎〔1893～1920〕 ……… 445
塚本 高史〔1982～ 〕 …………… 445
塚本 学〔1927～2013〕 …………… 445
つがる市〔遺跡・遺物〕 …………… 445
津軽藩 ……………………………… 445
津軽半島 …………………………… 445
津川 安正〔1924～2012〕 ………… 445
月岡 芳年〔1839～1892〕 ………… 445
月形 潔〔1847～1894〕 …………… 445
月形町〔北海道〕〔写真集〕 ……… 445
築地小劇場 ………………………… 446
月島〔東京都中央区〕 …………… 446
月星海運株式会社 ………………… 446
月本 昭男〔1948～ 〕 …………… 446
津久井 督六〔1936～ 〕 ………… 446
津久井町〔神奈川県〕〔歴史〕 …… 446
つくば市〔遺跡・遺物〕 …………… 446
つくば市〔環境行政〕 …………… 446
つくば市〔高齢者福祉〕 …………… 446
つくば市〔スポーツ振興基本計画〕 … 446
つくば市〔地誌〕 ………………… 446
つくば市〔民間社会福祉事業〕 …… 446
筑波大学 …………………………… 446
月読尊 ……………………………… 446
津下 猛〔1949～ 〕 ……………… 446
つげ 義春〔1937～ 〕 …………… 446
津市〔遺跡・遺物〕 ……………… 446
津市〔女性―伝記〕 ……………… 447
津市〔庭園―保存・修復〕 ……… 447
辻 惟雄〔1932～ 〕 ……………… 447
辻 政信〔1902～ 〕 ……………… 447
対馬 ………………………………… 447
対馬市〔観光開発〕 ……………… 447
津島市〔歴史―史料〕 …………… 447
対馬藩 ……………………………… 447
津田 重憲〔1945～2012〕 ………… 447
津田 博明〔1944～2007〕 ………… 447
津田 政隣〔1756～1814〕 ………… 447
津田学園台自治会 ………………… 447
蔦谷 竜岬〔1868～1933〕 ………… 447
ツタンカーメン …………………… 447
土浦 亀城〔1897～1996〕 ………… 447
土浦市〔遺跡・遺物〕 …………… 447
土浦市〔家庭用電気製品―リサイク
ル〕 ………………………………… 447

土浦市〔古墳〕 …………………… 447
土浦市〔祭礼〕 …………………… 447
土浦市〔殺人〕 …………………… 447
土浦市〔石仏〕 …………………… 447
土浦市〔歴史―史料〕 …………… 448
土浦市〔歴史―史料―書目〕 …… 448
土田 英順 ………………………… 448
土屋 文明〔1890～1990〕 ………… 448
筒井 順慶〔1549～1584〕 ………… 448
堤 清二〔1927～2013〕 …………… 448
堤 義明〔1934～ 〕 ……………… 448
津南町〔長野県〕 ………………… 448
津南町〔新潟県〕〔遺跡・遺物〕 … 448
津南町〔新潟県〕〔文化活動〕 …… 448
津南町〔新潟県〕〔文化行政〕 …… 448
津南町〔新潟県〕〔歴史―史料〕 … 448
恒藤 恭〔1888～1967〕 …………… 448
椿 れい〔1952～ 〕 ……………… 448
燕市〔ダム〕 ……………………… 448
燕市〔歴史〕 ……………………… 448
津藩 ………………………………… 448
円谷 英二〔1901～1970〕 ………… 448
津別町〔北海道〕〔遺跡・遺物〕 … 448
壺屋華鳳会 ………………………… 448
妻木 頼黄〔1859～1916〕 ………… 448
嬬恋村〔群馬県〕〔遺跡・遺物〕 … 448
津村 節子〔1928～ 〕 …………… 448
津山工業高等専門学校 …………… 448
津山市〔遺跡・遺物〕 …………… 448
津山市〔景観計画〕 ……………… 449
津山市〔社会福祉〕 ……………… 449
津山市〔文化的景観〕 …………… 449
津山市〔歴史―史料〕 …………… 449
津留 健二 ………………………… 449
鶴岡市〔遺跡・遺物〕 …………… 449
鶴岡市〔産学連携〕 ……………… 449
鶴岡市〔地域開発〕 ……………… 449
鶴岡市〔地誌〕 …………………… 449
鶴岡市〔バイオベンチャー〕 …… 449
鶴岡市〔歴史―史料―書目〕 …… 449
鶴岡市芸術文化協会 ……………… 449
敦賀市〔自然保護〕 ……………… 449
敦賀市〔湿原〕 …………………… 449
敦賀市〔松―保護〕 ……………… 449
鶴ヶ島市〔遺跡・遺物〕 ………… 449
鶴ヶ島市〔社会福祉〕 …………… 449
鶴来高等学校〔石川県立〕 ……… 449
ツルゲーネフ, I.S.〔1818～1883〕 … 449
鶴田 朋也〔1940～ 〕 …………… 449
都留文科大学 ……………………… 449
都留文科大学文学部英文学科 …… 449
鶴見大学 …………………………… 450
津和野町〔島根県〕〔伝記〕 …… 450

【て】

デアフィールド校 ………………… 450
デイ, T.〔1748～1789〕 ………… 450
鄭 成功〔1624～1662〕 …………… 450
ディアギレフ, S.〔1872～1929〕 … 450
DNP文化振興財団 ……………… 450
DMG森精機株式会社 …………… 450
TM network ……………………… 450
ティエラコム ……………………… 450
ディキンスン, E.E.〔1830～1886〕 … 450
ディケンズ, C.〔1812～1870〕 …… 450

帝国京都博物館 …………………… 450
帝国劇場 …………………………… 450
帝国ホテル ………………………… 450
Teishoku美松 …………………… 450
通信ビル …………………………… 450
ディズニー, W.〔1901～1966〕 …… 450
ディズニーランド ………………… 450
ティツィアーノ・ヴェチェッリオ
〔1490～1576〕 …………………… 450
帝都高速度交通営団 ……………… 451
デイヴィス, M.〔1926～1991〕 …… 451
ディミトロフ, G.〔1882～1949〕 … 451
ティムール〔1336～1405〕 ……… 451
ティムール朝 ……………………… 451
ディラン, B.〔1941～ 〕 ………… 451
ティリッヒ, P.〔1886～1965〕 …… 451
ティルマンス, W.〔1968～ 〕 …… 451
手賀沼 ……………………………… 451
デカルト, R.〔1596～1650〕 ……… 451
出川 秀征〔1942～ 〕 …………… 451
テキサス州〔産業クラスター―オース
ティン〕 …………………………… 451
適々斎塾 …………………………… 451
出口 王仁三郎〔1871～1948〕 …… 451
テーゲ, J.〔1970～ 〕 …………… 451
デジタルガレージ ………………… 451
豊島横尾館 ………………………… 451
手塚 治虫〔1926～1989〕 ………… 451
帝塚山学院泉ヶ丘高等学校 ……… 452
帝塚山学院泉ヶ丘中学校 ………… 452
帝塚山大学 ………………………… 452
テスコ ……………………………… 452
TED ……………………………… 452
鉄道建設運輸施設整備支援機構鉄道建
設本部 …………………………… 452
鉄道信号株式会社 ………………… 452
鉄道友の会 ………………………… 452
デッドボール ……………………… 452
デトロイト〔ミシガン州〕〔都市計
画〕 ………………………………… 452
テプフェール, R.〔1799～1846〕 … 452
デヴォス, R.M. ………………… 452
出目〔氏〕 ………………………… 452
デューイ, J.〔1859～1952〕 ……… 452
DUKE H. MYURA〔1942～ 〕 … 452
テューダー, T.〔1914～2008〕 …… 452
デュポン社 ………………………… 452
デュラス, M.〔1914～1996〕 …… 452
デュルケーム, É.〔1858～1917〕 … 452
寺内 正毅〔1852～1919〕 ………… 452
寺川 正人〔 ～1992〕 …………… 452
寺田 寅彦〔1878～1935〕 ………… 452
寺山 修司〔1936～1983〕 ………… 452
テラ・ルネッサンス …………… 453
デリダ, J.〔1930～2004〕 ………… 453
デル・ボスケ, V.〔1950～ 〕 …… 453
テレサ〔1515～1582〕 …………… 453
テレサ〔カルカッタの〕 →マザー・テレサ
を見よ
テレビ北海道 ……………………… 453
デロイト・ハスキンズ・アンド・セル
ズ会計士事務所 ………………… 453
田 健治郎〔1855～1930〕 ………… 453
天海〔1536～1643〕 ……………… 453
天華の救済 ………………………… 453

電気Groove……453
天智天皇〔626〜671〕……453
デンソー……453
デンソーグループ……453
電通……453
天童市（遺跡・遺物）……453
天王寺〔東京都台東区〕……453
天皇陛下〔1933〜 〕……453
でんぱ組inc……453
でん八……453
テンプル騎士団……453
デンマーク（企業）……454
デンマーク（教育）……454
デンマーク（住宅政策）……454
デンマーク（障害者福祉）……454
デンマーク（女性問題）……454
デンマーク（男女共同参画）……454
デンマーク（伝記）……454
デンマーク（都市計画）……454
デンマーク（歴史）……454
天武天皇〔 〜686〕……454
天理市（遺跡・遺物）……454
天理市（古墳）……454
天竜川……454
電力公害研究会……454

【と】

杜 甫〔712〜770〕……454
土井 邦雄〔1939〜 〕……454
土井 雪広〔1983〜 〕……454
戸石 三雄〔1926〜 〕……454
戸石 美江……454
ドイツ〔1949〜1990 —民主共和国〕 →ドイツ民主共和国を見よ
ドイツ〔1949〜1990 —連邦共和国〕 →ドイツ連邦共和国を見よ
ドイツ（安全保障）……454
ドイツ（医学—書目）……454
ドイツ（医事法）……455
ドイツ（遺伝子診断—法令）……455
ドイツ（移民・植民）……455
ドイツ（エネルギー政策）……455
ドイツ（演劇—歴史—1918〜1933）……455
ドイツ（音楽—歴史—20世紀）……455
ドイツ（音楽教育—歴史—20世紀）……455
ドイツ（外国関係）……455
ドイツ（外国関係—日本）……455
ドイツ（外国関係—日本—歴史—1945〜）……455
ドイツ（外国関係—日本—歴史—昭和前期）……455
ドイツ（外国関係—フランス—歴史）……455
ドイツ（外国関係—ヨーロッパ—歴史—1918〜1933）……455
ドイツ（外国人参政権）……455
ドイツ（歌曲）……455
ドイツ（歌曲—歴史）……455
ドイツ（環境問題—歴史）……455
ドイツ（機械工業）……455
ドイツ（企業会計）……455
ドイツ（紀行・案内記）……455
ドイツ（教育）……456
ドイツ（行政）……456
ドイツ（キリスト教と政治—歴史—16世紀）……456

ドイツ（キリスト教と政治—歴史—1933〜1945）……456
ドイツ（空軍—歴史—1933〜1945）……456
ドイツ（駆逐艦—歴史）……456
ドイツ（軍艦—歴史—1933〜1945）……456
ドイツ（軍事—歴史—近代）……456
ドイツ（軍需品—歴史—1933〜1945）……456
ドイツ（軍人—歴史—1933〜1945）……456
ドイツ（軍政）……456
ドイツ（経済）……456
ドイツ（芸術—歴史—1871〜1918）……456
ドイツ（芸術—歴史—1918〜1933）……456
ドイツ（芸術教育—歴史—20世紀）……456
ドイツ（原子力発電所）……456
ドイツ（憲法—歴史）……456
ドイツ（憲法裁判）……457
ドイツ（口承文学）……457
ドイツ（口承文学—歴史—18世紀）……457
ドイツ（口承文学—歴史—19世紀）……457
ドイツ（公的扶助）……457
ドイツ（高等教育）……457
ドイツ（公法）……457
ドイツ（国際投資〔日本〕）……457
ドイツ（国際見本市—ニュルンベルク）……457
ドイツ（国防—歴史）……457
ドイツ（債権法）……457
ドイツ（在留ロシア人—歴史—20世紀）……457
ドイツ（左翼）……457
ドイツ（山岳）……457
ドイツ（死刑—歴史—16世紀）……457
ドイツ（社会）……457
ドイツ（社会—歴史—1871〜）……457
ドイツ（社会調査—歴史—19世紀）……457
ドイツ（社会保障）……457
ドイツ（ジャーナリズム—歴史）……458
ドイツ（証券取引法）……458
ドイツ（消費者保護—法令）……458
ドイツ（商法）……458
ドイツ（女性問題—歴史—20世紀）……458
ドイツ（新聞—歴史—17世紀）……458
ドイツ（スポーツ—歴史）……458
ドイツ（スポーツ政策）……458
ドイツ（政治）……458
ドイツ（政治—歴史—20世紀）……458
ドイツ（青少年教育）……458
ドイツ（世界遺産）……458
ドイツ（世界戦争〔1939〜1945〕）……458
ドイツ（戦車）……458
ドイツ（戦車—歴史—1933〜1945）……458
ドイツ（潜水艦—歴史—1871〜1918）……458
ドイツ（戦闘機—歴史—1933〜1945）……458
ドイツ（総合型地域スポーツクラブ）……458
ドイツ（葬制）……458
ドイツ（大学—歴史—18世紀）……458
ドイツ（チェルノブイリ原発事故〔1986〕—被害）……458
ドイツ（デザイン—歴史—ベルリン）……458
ドイツ（伝記）……459
ドイツ（伝説）……459
ドイツ（伝説—歴史—中世）……459
ドイツ（統計行政—歴史—19世紀）……459
ドイツ（難民）……459
ドイツ（日系企業）……459
ドイツ（陪審制度）……459

ドイツ（病院）……459
ドイツ（風俗・習慣—歴史）……459
ドイツ（不法行為—法令）……459
ドイツ（プロテスタント教会—歴史—1933〜1945）……459
ドイツ（文化）……459
ドイツ（兵器—歴史—1933〜1945）……459
ドイツ（平和教育）……459
ドイツ（弁護士—法令）……459
ドイツ（貿易政策）……459
ドイツ（法制史—近代）……459
ドイツ（法律）……459
ドイツ（法律学—歴史）……459
ドイツ（保険法）……459
ドイツ（民間信仰—歴史—中世）……459
ドイツ（民芸）……459
ドイツ（ユダヤ人—歴史—1918〜1933）……460
ドイツ（妖怪）……460
ドイツ（養子）……460
ドイツ（幼稚園—歴史）……460
ドイツ（歴史）……460
ドイツ（歴史—1918〜1933）……460
ドイツ（歴史—1933〜1945）……460
ドイツ（歴史—1945〜）……460
ドイツ（歴史—20世紀）……460
ドイツ（歴史—近代）……460
ドイツ（歴史—中世）……460
ドイツ（労働者）……460
ドイツ（労働法）……460
ドイツ（ロック音楽—歴史—1945〜—楽曲解説）……460
ドイツ社会民主党……460
ドイツ民主共和国（紀行・案内記）……460
ドイツ連邦共和国（外国関係—ヨーロッパ〔東部〕—歴史）……460
ドイツ連邦共和国（外国関係—ロシア—歴史）……460
ドイル, C.〔1859〜1930〕……460
唐〔中国〕（貴族—歴史）……461
唐〔中国〕（土地制度—歴史）……461
唐〔中国〕（墳墓—歴史）……461
唐〔中国〕（法制史）……461
唐〔中国〕（歴史）……461
塔 和子〔1929〜2013〕……461
陶 潜〔365〜427〕……461
統一教会 →世界基督教統一神霊協会を見よ
東映フライヤーズ……461
トウェイン, M.〔1835〜1910〕……461
トウォ, D.N.〔1954〜 〕……461
東欧 →ヨーロッパ〔東部〕を見よ
東温市（遺跡・遺物）……461
東温市（中小企業）……461
東海遠洋漁業株式會社……461
東海市（遺跡・遺物）……461
東海体育学会……461
東海大学芸術工学部……461
東海地方（遺跡・遺物）……461
東海地方（経済）……462
東海地方（災害予防）……462
東海地方（地震）……462
東海地方（震災）……462
東海地方（姓氏）……462
東海地方（地質）……462
東海地方（歴史—論文集）……462
東海地方（老人福祉施設—名簿）……462

東海道 ················· 462	東京都 （印刷業） ·············· 465	東京都 （下水道―省エネルギー） ······· 468
東海道 （紀行・案内記） ········ 462	東京都 （埋立処分場） ·········· 465	東京都 （研究開発） ············ 468
東海道 （史跡名勝） ············ 462	東京都 （衛生） ·············· 465	東京都 （建設事業―歴史） ········ 468
東海道新幹線 ················· 462	東京都 （衛生―統計） ·········· 465	東京都 （建築） ·············· 468
東海村〔茨城県〕（原子力発電所） ··· 462	東京都 （衛生行政） ············ 465	東京都 （公園） ·············· 468
東金市 （遺跡・遺物） ·········· 462	東京都 （駅） ················ 465	東京都 （公園―町田市） ·········· 468
東京アマチュアマジシャンズクラブ ··· 462	東京都 （NPO） ·············· 465	東京都 （公園―歴史） ·········· 468
東京医科歯科大学歯学部附属歯科技工	東京都 （エネルギー政策―多摩市） ····· 466	東京都 （郊外―町田市） ·········· 468
士学校 ···················· 462	東京都 （エネルギー政策―調布市） ····· 466	東京都 （公害防止条例） ·········· 469
東京駅 ····················· 462	東京都 （織物工業―八王子市―歴史） ···· 466	東京都 （光化学スモッグ） ········ 469
東京海上日動火災保険株式会社 ······ 462	東京都 （音楽祭） ·············· 466	東京都 （工業） ·············· 469
東京学芸大学 ················· 462	東京都 （介護保険―狛江市） ······ 466	東京都 （工業―名簿） ·········· 469
東京急行電鉄株式会社 ··········· 463	東京都 （外来種―福生市） ········ 466	東京都 （公共施設―福生市） ······ 469
東京キワニスクラブ ············ 463	東京都 （学童保育） ············ 466	東京都 （口腔衛生） ············ 469
東京港 ····················· 463	東京都 （神楽） ·············· 466	東京都 （庚申塔） ·············· 469
東京国税局 ·················· 463	東京都 （火山） ·············· 466	東京都 （洪水） ·············· 469
東京国立近代美術館 ············ 463	東京都 （河川汚濁） ············ 466	東京都 （交通安全） ············ 469
東京国立博物館 ··············· 463	東京都 （学校―名簿） ·········· 466	東京都 （交通調査―統計） ········ 469
東京ゴルフ倶楽部 ·············· 463	東京都 （学校建築） ············ 466	東京都 （公文書） ·············· 469
東京シティガイドクラブ ········· 463	東京都 （環境行政―あきる野市） ···· 466	東京都 （高齢者福祉） ·········· 469
東京証券取引所 ··············· 463	東京都 （環境行政―狛江市） ······ 466	東京都 （高齢者福祉―狛江市） ······ 469
東京商工会議所 ··············· 463	東京都 （環境行政―町田市） ······ 466	東京都 （国民保護計画―狛江市） ···· 469
東京商法会議所 ··············· 463	東京都 （環境問題―調布市） ······ 466	東京都 （個人情報保護―調布市） ···· 469
東京消防庁消防学校 ············ 463	東京都 （環境問題―町田市） ······ 466	東京都 （子育て支援） ·········· 469
東京女学館短期大学 ············ 463	東京都 （観光開発） ············ 466	東京都 （子育て支援―稲城市） ······ 469
東京スカパラダイスオーケストラ ···· 463	東京都 （感染症対策―町田市） ······ 466	東京都 （子育て支援―狛江市） ······ 469
東京ステーションギャラリー ······ 463	東京都 （官庁会計―条例） ········ 466	東京都 （子育て支援―調布市） ······ 469
東京大学 ··················· 463	東京都 （関東大震災〔1923〕―被害） ··· 466	東京都 （子育て支援―福生市） ······ 469
東京大学運動会スキー山岳部 ······ 463	東京都 （機械工業） ············ 466	東京都 （古地図） ·············· 469
東京大学大学院 ··············· 464	東京都 （企業） ·············· 466	東京都 （古墳―狛江市） ·········· 469
東京大学大学院医学系研究科内科学専	東京都 （紀行・案内記） ········ 466	東京都 （コミュニティバス） ······ 469
攻器官病態内科学講座循環器内科学	東京都 （希少植物） ············ 467	東京都 （雇用） ·············· 469
教室 ···················· 464	東京都 （希少植物―保護―府中市） ···· 467	東京都 （昆虫―武蔵野市） ········ 469
東京大学大学院法学政治学研究科附属	東京都 （希少動物） ············ 467	東京都 （災害廃棄物処理―調布市） ···· 469
ビジネスロー比較法政研究センター ··· 464	東京都 （救急医療―名簿） ········ 467	東京都 （災害復興） ············ 469
東京大学第二工学部 ············ 464	東京都 （給与―統計） ·········· 467	東京都 （災害復興―大島町） ······ 469
東京大学柏葉会合唱団 ··········· 464	東京都 （教育行政） ············ 467	東京都 （災害予防―会議録） ······ 469
東京大学非行研究会 ············ 464	東京都 （教育行政―狛江市） ······ 467	東京都 （災害予防―福生市） ······ 470
東京宝塚劇場 ················· 464	東京都 （教育行政―福生市） ······ 467	東京都 （祭祀―清瀬市） ·········· 470
東京地下鉄株式会社 ············ 464	東京都 （教育行政―町田市） ······ 467	東京都 （財政） ·············· 470
東京地方労働組合評議会 ········· 464	東京都 （行政） ·············· 467	東京都 （財政―便覧） ·········· 470
東京帝国大学スキー山岳部 ········ 464	東京都 （行政―昭島市） ·········· 467	東京都 （祭礼） ·············· 470
東京ディズニーリゾート ········· 464	東京都 （行政―狛江市） ·········· 467	東京都 （酒場） ·············· 470
東京鐵骨橋梁 ················· 464	東京都 （行政―調布市） ·········· 467	東京都 （坂道） ·············· 470
東京電灯従業員組合 ············ 464	東京都 （行政―東村山市） ········ 467	東京都 （サービス産業） ·········· 470
東京都 ····················· 464	東京都 （行政―福生市） ·········· 467	東京都 （産学連携） ············ 470
東京都 （石神―大島町） ·········· 464	東京都 （行政―町田市） ·········· 467	東京都 （産業） ·············· 470
東京都 （遺跡・遺物） ·········· 464	東京都 （行政―武蔵野市） ········ 467	東京都 （産業―日野市） ·········· 470
東京都 （遺跡・遺物―あきる野市） ··· 464	東京都 （行政―名簿） ·········· 467	東京都 （産業―歴史） ·········· 470
東京都 （遺跡・遺物―青梅市） ······ 464	東京都 （行政―世論） ·········· 468	東京都 （産業―歴史―史料） ······ 470
東京都 （遺跡・遺物―会議録） ······ 464	東京都 （行政―歴史） ·········· 468	東京都 （産業―歴史―八王子市） ···· 470
東京都 （遺跡・遺物―国立市） ······ 464	東京都 （行政―歴史―史料―調布市） ··· 468	東京都 （産業政策―町田市） ······ 470
東京都 （遺跡・遺物―国分寺市） ···· 465	東京都 （行政改革―狛江市） ······ 468	東京都 （産業廃棄物） ·········· 470
東京都 （遺跡・遺物―狛江市） ······ 465	東京都 （行政改革―調布市） ······ 468	東京都 （サンショウウオ） ········ 470
東京都 （遺跡・遺物―多摩市） ······ 465	東京都 （行政手続―条例―調布市） ···· 468	東京都 （寺院） ·············· 470
東京都 （遺跡・遺物―西東京市） ···· 465	東京都 （協働〔行政〕―調布市） ······ 468	東京都 （市街地―町田市） ········ 470
東京都 （遺跡・遺物―八王子市） ···· 465	東京都 （郷土芸能―清瀬市） ······ 468	東京都 （獅子舞―町田市） ········ 470
東京都 （遺跡・遺物―東久留米市） ··· 465	東京都 （漁業―歴史） ·········· 468	東京都 （獅子舞―武蔵村山市） ······ 470
東京都 （遺跡・遺物―保存・修復―国	東京都 （軍事基地） ············ 468	東京都 （地すべり） ············ 470
分寺市） ·················· 465	東京都 （軍事基地―瑞穂町） ······ 468	東京都 （史跡名勝） ············ 470
東京都 （遺跡・遺物―保存・修復―町	東京都 （景観計画） ············ 468	東京都 （自然公園―条例） ········ 470
田市） ·················· 465	東京都 （景観計画―調布市） ······ 468	東京都 （自然保護） ············ 470
東京都 （遺跡・遺物―町田市） ······ 465	東京都 （景観保全） ············ 468	東京都 （自然保護―調布市） ······ 470
東京都 （遺跡・遺物―三鷹市） ······ 465	東京都 （景観保全―日野市） ······ 468	東京都 （自然保護―日野市） ······ 470
東京都 （医療） ·············· 465	東京都 （芸術家―歴史） ·········· 468	東京都 （自然保護―武蔵野市） ······ 470
東京都 （医療施設―名簿） ········ 465	東京都 （芸術教育） ············ 468	東京都 （児童虐待） ············ 470

東京都

東京都（児童養護施設）……………… 470
東京都（社会教育）………………………… 471
東京都（社会教育―調布市―名簿）…… 471
東京都（社会教育計画―町田市）…… 471
東京都（社会的養護）…………………… 471
東京都（社会福祉）………………………… 471
東京都（社会福祉―調布市）…………… 471
東京都（社会福祉施設）………………… 471
東京都（写真集）…………………………… 471
東京都（写真集―調布市）……………… 471
東京都（ジャズ喫茶）…………………… 471
東京都（住宅建築）………………………… 471
東京都（住宅政策―府中市）…………… 471
東京都（住宅政策―福生市）…………… 471
東京都（住宅問題）………………………… 471
東京都（住民運動―小金井市）……… 471
東京都（自由民権運動）………………… 471
東京都（宿駅―八王子市―歴史―史
　料）……………………………………… 471
東京都（障害者福祉）…………………… 471
東京都（小学生―調布市）……………… 471
東京都（商業―名簿）…………………… 471
東京都（商店街―狛江市）……………… 471
東京都（情報公開制度―調布市）…… 471
東京都（条例）……………………………… 471
東京都（条例―調布市）………………… 471
東京都（条例―羽村市）………………… 471
東京都（条例―福生市）………………… 471
東京都（食育―町田市）………………… 471
東京都（食生活）…………………………… 472
東京都（食生活―歴史）………………… 472
東京都（食品安全）………………………… 472
東京都（食品衛生）………………………… 472
東京都（植物―武蔵野市）……………… 472
東京都（女性―武蔵野市―伝記）…… 472
東京都（女性教育―国立市）…………… 472
東京都（女性労働）………………………… 472
東京都（女性労働者）…………………… 472
東京都（書目）……………………………… 472
東京都（人権教育）………………………… 472
東京都（人権教育―調布市）…………… 472
東京都（人口）……………………………… 473
東京都（人口―八王子市）……………… 473
東京都（震災予防）………………………… 473
東京都（震災予防―狛江市）…………… 473
東京都（神社）……………………………… 473
東京都（身体障害者福祉）……………… 473
東京都（身体障害者福祉―歴史）…… 473
東京都（森林）……………………………… 473
東京都（森林保護―あきる野市）…… 473
東京都（水害）……………………………… 473
東京都（水害予防）………………………… 473
東京都（水産行政）………………………… 473
東京都（水利―歴史）…………………… 473
東京都（スポーツ振興基本計画―町田
　市）……………………………………… 473
東京都（生活）……………………………… 473
東京都（生活―西東京市）……………… 473
東京都（生活環境―武蔵野市）……… 473
東京都（生活困窮者）…………………… 473
東京都（生活保護）………………………… 473
東京都（生活問題―世論）……………… 473
東京都（青少年教育―町田市）……… 474
東京都（製品開発）………………………… 474
東京都（性風俗）…………………………… 474
東京都（生物多様性）…………………… 474

東京都（生物多様性―あきる野市）…… 474
東京都（世帯―統計）…………………… 474
東京都（選挙）……………………………… 474
東京都（選挙―青梅市―統計）……… 474
東京都（選挙―狛江市―統計）……… 474
東京都（選挙―調布市―統計）……… 474
東京都（選挙―日野市―統計）……… 474
東京都（選挙―府中市―統計）……… 474
東京都（選挙―町田市―統計）……… 474
東京都（選挙―武蔵野市―統計）…… 474
東京都（選挙―世論）…………………… 474
東京都（総合型地域スポーツクラブ）‥ 474
東京都（租税）……………………………… 474
東京都（租税―条例）…………………… 475
東京都（体育施設―名簿）……………… 475
東京都（宅地造成）………………………… 475
東京都（男女共同参画―狛江市）…… 475
東京都（男女共同参画―調布市）…… 475
東京都（男女共同参画―町田市）…… 475
東京都（地域開発）………………………… 475
東京都（地域開発―小笠原村）……… 475
東京都（地域開発―調布市）…………… 475
東京都（地域開発―八王子市）……… 475
東京都（地域開発―日野市）…………… 475
東京都（地域社会―西東京市）……… 475
東京都（地域情報化―西東京市）…… 475
東京都（地域包括ケア）………………… 475
東京都（地誌）……………………………… 475
東京都（地誌―西東京市）……………… 475
東京都（地誌―八王子市）……………… 475
東京都（地図）……………………………… 475
東京都（地方公務員）…………………… 475
東京都（地方財政―統計）……………… 475
東京都（地方税―統計）………………… 475
東京都（地方選挙）………………………… 475
東京都（地方選挙―日野市）…………… 476
東京都（地方選挙―町田市）…………… 476
東京都（地方選挙―武蔵野市）……… 476
東京都（地方選挙―世論）……………… 477
東京都（地方鉄道―昭島市―歴史―史
　料）……………………………………… 477
東京都（地名）……………………………… 477
東京都（中学生）…………………………… 477
東京都（中学生―調布市）……………… 477
東京都（中高一貫教育）………………… 477
東京都（中小企業）………………………… 477
東京都（庭園）……………………………… 477
東京都（鉄道）……………………………… 477
東京都（鉄道―歴史）…………………… 477
東京都（鉄道工事―歴史）……………… 477
東京都（伝記）……………………………… 477
東京都（伝記―小金井市）……………… 477
東京都（統計―福生市）………………… 477
東京都（投票―世論）…………………… 477
東京都（道路―福生市）………………… 477
東京都（道路交通―統計）……………… 477
東京都（読書指導―東久留米市）…… 477
東京都（読書指導―町田市）…………… 477
東京都（特別支援教育―調布市）…… 477
東京都（都市）……………………………… 477
東京都（都市―歴史）…………………… 477
東京都（都市計画）………………………… 478
東京都（都市計画―狛江市）…………… 478
東京都（都市計画―調布市）…………… 478
東京都（都市計画―福生市）…………… 478

東京都（都市計画―町田市）…………… 478
東京都（都市計画―歴史）……………… 478
東京都（都市再開発）…………………… 478
東京都（都市再開発―町田市）……… 478
東京都（都市農業）………………………… 478
東京都（都市農業―町田市）…………… 478
東京都（土砂災害―大島町）…………… 478
東京都（土壌汚染）………………………… 478
東京都（図書館協力）…………………… 478
東京都（土地価格）………………………… 478
東京都（土地利用―統計）……………… 478
東京都（土地利用―町田市）…………… 478
東京都（ドメスティックバイオレン
　ス）……………………………………… 478
東京都（どや街）…………………………… 478
東京都（鳥―小笠原村）………………… 478
東京都（鳥―神津島村）………………… 478
東京都（ニュータウン）………………… 478
東京都（年中行事）………………………… 478
東京都（年中行事―歴史）……………… 478
東京都（農業―統計）…………………… 479
東京都（農業行政―日野市）…………… 479
東京都（農業行政―町田市）…………… 479
東京都（農業経営）………………………… 479
東京都（排気ガス―排出抑制）……… 479
東京都（廃棄物処理）…………………… 479
東京都（廃棄物処理施設―日野市）…… 479
東京都（排出抑制〔廃棄物〕―調布
　市）……………………………………… 479
東京都（博物誌―あきる野市）……… 479
東京都（博物誌―奥多摩町）…………… 479
東京都（発電計画―青ヶ島村）……… 479
東京都（バリアフリー〔建築〕）…… 479
東京都（バリアフリー〔交通〕）…… 479
東京都（被災者支援）…………………… 479
東京都（美術館）…………………………… 479
東京都（美術館―町田市）……………… 479
東京都（日雇労働者）…………………… 479
東京都（病院―名簿）…………………… 479
東京都（風水害―大島町）……………… 479
東京都（風水害―狛江市）……………… 479
東京都（風水害―防災）………………… 479
東京都（風俗・習慣）…………………… 479
東京都（風俗・習慣―歴史）…………… 480
東京都（不動産投資）…………………… 480
東京都（不当労働行為―裁決）……… 480
東京都（文化活動）………………………… 480
東京都（文化活動―三宅村）…………… 480
東京都（文学上）…………………………… 480
東京都（文化財―目録）………………… 480
東京都（ペット―保護）………………… 480
東京都（防災計画―狛江市）…………… 480
東京都（防災計画―日野市）…………… 480
東京都（防災計画―福生市）…………… 480
東京都（放置自転車）…………………… 480
東京都（暴力団排除条例）……………… 480
東京都（母子福祉）………………………… 480
東京都（墓碑）……………………………… 480
東京都（ホームレス）…………………… 480
東京都（町田市）…………………………… 480
東京都（民間社会福祉事業）…………… 480
東京都（民間信仰―狛江市）…………… 480
東京都（名簿）……………………………… 480
東京都（名簿―八王子市）……………… 480
東京都（野外教育―小笠原村）……… 480

東京都（山崩）...480
東京都（浴場）...480
東京都（リサイクル〔廃棄物〕―調布
　市）...481
東京都（料理店）...481
東京都（緑地計画―福生市）...481
東京都（緑地計画―歴史）...481
東京都（林業政策）...481
東京都（歴史）...481
東京都（歴史―国分寺市）...481
東京都（歴史―索引―小平市）...481
東京都（歴史―史料）...481
東京都（歴史―史料―小金井市）...481
東京都（歴史―史料―書目）...481
東京都（歴史―史料―書目―小平市）...481
東京都（歴史―史料―書目―多摩市）...481
東京都（歴史―史料―立川市）...481
東京都（歴史―史料―多摩市）...481
東京都（歴史―史料―八王子市）...481
東京都（歴史―史料―東大和市）...481
東京都（歴史―史料―武蔵野市）...481
東京都（歴史―調布市）...481
東京都（歴史―年表―小平市）...481
東京都（歴史―八王子市）...481
東京都（歴史―日野市）...482
東京都（歴史地図）...482
東京都（歴史地理）...482
東京都（老人福祉施設）...482
東京都（労働運動―清瀬市）...482
東京都（労働市場―統計）...482
東京都（路線価）...482
東京都足立区 ...482
東京都足立区（一般廃棄物）...482
東京都足立区（運送―歴史）...482
東京都足立区（行政―世論）...482
東京都足立区（行政―世論―統計）...482
東京都足立区（子育て支援）...482
東京都足立区（条例）...482
東京都足立区（書目）...482
東京都足立区（人口―統計）...482
東京都足立区（青少年教育）...483
東京都足立区（世帯―統計）...483
東京都足立区（選挙―統計）...483
東京都足立区（土地利用）...483
東京都足立区（鳥）...483
東京都足立区（廃棄物処理）...483
東京都足立区（防災計画）...483
東京都荒川区（環境行政）...483
東京都荒川区（感染症対策）...483
東京都荒川区（教育行政）...483
東京都荒川区（教育政策）...483
東京都荒川区（行政）...483
東京都荒川区（郷土教育）...483
東京都荒川区（下水処分）...483
東京都荒川区（建築―保存・修復）...483
東京都荒川区（工業）...483
東京都荒川区（子育て支援）...483
東京都荒川区（史跡名勝）...483
東京都荒川区（集合住宅）...483
東京都荒川区（手工業）...483
東京都荒川区（障害者福祉）...483
東京都荒川区（条例）...483
東京都荒川区（職人）...483
東京都荒川区（書目）...483
東京都荒川区（選挙―統計）...483
東京都荒川区（地方選挙）...483

東京都荒川区（伝統的工芸品産業）...483
東京都荒川区（都市計画）...483
東京都荒川区（バリアフリー〔建築〕）...483
東京都荒川区（バリアフリー〔交通〕）...483
東京都荒川区（風俗・習慣）...483
東京都荒川区（文化政策）...483
東京都荒川区（歴史―史料）...484
東京都板橋区（介護福祉）...484
東京都板橋区（学校建築）...484
東京都板橋区（学校施設・設備）...484
東京都板橋区（環境問題―条例）...484
東京都板橋区（教育行政）...484
東京都板橋区（行政）...484
東京都板橋区（景観計画）...484
東京都板橋区（公立学校）...484
東京都板橋区（高齢者）...484
東京都板橋区（高齢者福祉）...484
東京都板橋区（財政）...484
東京都板橋区（児童福祉）...484
東京都板橋区（条例）...484
東京都板橋区（植物―保護）...484
東京都板橋区（書目）...484
東京都板橋区（選挙―統計）...484
東京都板橋区（男女共同参画）...484
東京都板橋区（廃棄物処理）...484
東京都板橋区（文化財）...484
東京都板橋区（防災計画）...484
東京都板橋区（名簿）...484
東京都板橋区立赤塚第二中学校 ...484
東京都印刷工業組合 ...484
東京都江戸川区（ガラス工芸）...484
東京都江戸川区（書目）...484
東京都江戸川区（選挙―統計）...484
東京都江戸川区（地方選挙）...484
東京都江戸川区（伝統的工芸品産業）...485
東京都江戸川区（歴史）...484
東京都大田区 ...485
東京都大田区（機械工業）...485
東京都大田区（教育行政）...485
東京都大田区（行政）...485
東京都大田区（社会福祉）...485
東京都大田区（書目）...485
東京都大田区（選挙―統計）...485
東京都大田区（中小企業）...485
東京都大田区（文学者）...485
東京都大田区（名簿）...485
東京都大田区（歴史）...485
東京都葛飾区（遺跡・遺物）...485
東京都葛飾区（教育行政）...485
東京都葛飾区（コンピュータ教育）...485
東京都葛飾区（書目）...485
東京都葛飾区（選挙―統計）...485
東京都葛飾区（地方選挙）...485
東京都葛飾区（防災計画）...485
東京都葛飾区（歴史）...485
東京都管工事工業協同組合練馬東支部
　練水会 ...485
東京都北区（遺跡・遺物）...485
東京都北区（貝塚）...485
東京都北区（書目）...486
東京都北区（選挙―統計）...486
東京都北区（美術上）...486
東京都北区（緑地計画）...486
東京都北区（歴史）...486
東京都建築士事務所協会 ...486

東京都交通局 ...486
東京都江東区（行政）...486
東京都江東区（高齢者）...486
東京都江東区（子育て支援）...486
東京都江東区（障害者福祉）...486
東京都江東区（条例）...486
東京都江東区（女性―歴史）...486
東京都江東区（書目）...486
東京都江東区（選挙―統計）...486
東京都江東区（文化財保護）...486
東京都江東区（防災計画）...486
東京都江東区（名簿）...486
東京都個人タクシー協同組合 ...486
東京都品川区（遺跡・遺物）...486
東京都品川区（交通安全）...486
東京都品川区（子育て支援）...486
東京都品川区（社会教育施設）...486
東京都品川区（社会福祉）...486
東京都品川区（書目）...486
東京都品川区（男女共同参画）...486
東京都品川区（中小企業）...486
東京都品川区（文化財）...486
東京都品川区（保育所）...486
東京都品川区（名簿）...486
東京都品川区（歴史）...486
東京都品川区（歴史―史料）...486
東京都品川区（労働運動―歴史）...487
東京都渋谷区（遺跡・遺物）...487
東京都渋谷区（建築）...487
東京都渋谷区（昆虫）...487
東京都渋谷区（酒場）...487
東京都渋谷区（殺人）...487
東京都渋谷区（樹木）...487
東京都渋谷区（樹木―写真集）...487
東京都渋谷区（商店街）...487
東京都渋谷区（植物）...487
東京都渋谷区（地域社会）...487
東京都渋谷区（鳥）...487
東京都渋谷区（名簿）...487
東京都渋谷区（歴史）...487
東京都渋谷区（歴史―写真集）...487
東京都渋谷区（歴史―史料）...487
東京都新宿区 ...487
東京都新宿区（遺跡・遺物）...487
東京都新宿区（介護保険）...487
東京都新宿区（感染症対策）...488
東京都新宿区（行政）...488
東京都新宿区（高齢者福祉）...488
東京都新宿区（社会病理）...488
東京都新宿区（住宅建築）...488
東京都新宿区（住宅団地）...488
東京都新宿区（障害者福祉）...488
東京都新宿区（条例）...488
東京都新宿区（女性―歴史―年表）...488
東京都新宿区（書目）...488
東京都新宿区（選挙―統計）...488
東京都新宿区（耐震建築）...488
東京都新宿区（都市）...488
東京都新宿区（防災計画）...488
東京都新宿区（名簿）...488
東京都新宿区（歴史―史料）...488
東京都杉並区（遺跡・遺物）...488
東京都杉並区（介護保険）...488
東京都杉並区（環境行政）...488
東京都杉並区（教育行政）...488

東京都杉並区（公共施設）……………488
東京都杉並区（高齢者）………………488
東京都杉並区（高齢者福祉）…………488
東京都杉並区（財政）…………………488
東京都杉並区（事業継続管理）………488
東京都杉並区（自転車駐車場）………489
東京都杉並区（社会教育）……………489
東京都杉並区（住宅政策）……………489
東京都杉並区（障害者福祉―統計）……489
東京都杉並区（小学生）………………489
東京都杉並区（条例）…………………489
東京都杉並区（書目）…………………489
東京都杉並区（震災予防）……………489
東京都杉並区（スポーツ振興基本計
画）…………………………………489
東京都杉並区（青少年）………………489
東京都杉並区（青少年教育）…………489
東京都杉並区（選挙―統計）…………489
東京都杉並区（地域社会）……………489
東京都杉並区（地方自治）……………489
東京都杉並区（地方選挙）……………489
東京都杉並区（中学生）………………489
東京都杉並区（都市計画）……………489
東京都杉並区（土地利用）……………489
東京都杉並区（風水害）………………489
東京都杉並区（文化財保護）…………489
東京都杉並区（保育所）………………489
東京都杉並区（防災計画）……………489
東京都杉並区（放置自転車）…………489
東京都杉並区（名簿）…………………489
東京都杉並区（幼・保・小の連携）……489
東京都墨田区（遺跡・遺物）…………489
東京都墨田区（医療）…………………490
東京都墨田区（衛生行政）……………490
東京都墨田区（家庭用電気製品―リサ
イクル）……………………………490
東京都墨田区（省エネルギー）………490
東京都墨田区（条例）…………………490
東京都墨田区（書目）…………………490
東京都墨田区（選挙―統計）…………490
東京都墨田区（名簿）…………………490
東京都墨田区（歴史）…………………490
東京都墨田区（歴史―史料）…………490
東京都世田谷区（遺跡・遺物）………490
東京都世田谷区（行政）………………490
東京都世田谷区（市場―歴史）………490
東京都世田谷区（書目）………………490
東京都世田谷区（宅地開発―歴史）……490
東京都世田谷区（都市計画）…………490
東京都世田谷区（農業教育）…………490
東京都世田谷区（バリアフリー〔交
通〕）………………………………490
東京都世田谷区（民家―保存・修復）……490
東京都世田谷区（名簿）………………490
東京都世田谷区（歴史）………………490
東京都世田谷区（歴史―史料）………490
東京都台東区（遺跡・遺物）…………490
東京都台東区（介護福祉）……………491
東京都台東区（科学教育）……………491
東京都台東区（行政）…………………491
東京都台東区（協働〔行政〕）………491
東京都台東区（高齢者）………………491
東京都台東区（高齢者福祉）…………491
東京都台東区（子育て支援）…………491
東京都台東区（自治会）………………491

東京都台東区（社会教育計画）………491
東京都台東区（住宅政策）……………491
東京都台東区（住宅問題）……………491
東京都台東区（障害者福祉）…………491
東京都台東区（商店街）………………491
東京都台東区（書目）…………………491
東京都台東区（青少年教育）…………491
東京都台東区（選挙―統計）…………491
東京都台東区（男女共同参画）………491
東京都台東区（地域包括ケア）………491
東京都台東区（地名―歴史―史料）……491
東京都台東区（庭園―保存・修復）……491
東京都台東区（都市計画）……………491
東京都台東区（どや街）………………491
東京都台東区（文化活動）……………491
東京都台東区（ボランティア活動）……491
東京都台東区（名簿）…………………491
東京都台東区（歴史―史料）…………491
東京都中央区（遺跡・遺物）…………491
東京都中央区（記念碑）………………492
東京都中央区（行政）…………………492
東京都中央区（建築）…………………492
東京都中央区（建築―保存・修復）……492
東京都中央区（商店）…………………492
東京都中央区（条例）…………………492
東京都中央区（書目）…………………492
東京都中央区（清掃事業）……………492
東京都中央区（選挙―統計）…………492
東京都中央区（地誌）…………………492
東京都中央区（特定健康診査）………492
東京都中央区（都市再開発）…………492
東京都中央区（廃棄物処理）…………492
東京都中央区（名簿）…………………492
東京都千代田区（遺跡・遺物）………492
東京都千代田区（環境行政）…………492
東京都千代田区（紀行・案内記）……492
東京都千代田区（建築―保存・修復）……492
東京都千代田区（古書店）……………492
東京都千代田区（植物）………………492
東京都千代田区（書目）………………492
東京都千代田区（都市再開発）………492
東京都千代田区（土地区画整理）……492
東京都千代田区（二酸化炭素―排出抑
制）…………………………………492
東京都千代田区（名簿）………………492
東京都千代田区（歴史）………………492
東京都千代田区（歴史―史料）………492
東京都庭園美術館……………………492
東京都豊島区（遺跡・遺物）…………493
東京都豊島区（衛生行政）……………493
東京都豊島区（演劇）…………………493
東京都豊島区（介護福祉）……………493
東京都豊島区（環境行政）……………493
東京都豊島区（感染症対策）…………493
東京都豊島区（行政）…………………493
東京都豊島区（口腔衛生）……………493
東京都豊島区（高齢者）………………493
東京都豊島区（高齢者福祉）…………493
東京都豊島区（産業政策）……………493
東京都豊島区（社会福祉）……………493
東京都豊島区（住宅政策）……………493
東京都豊島区（住宅問題）……………493
東京都豊島区（障害者福祉）…………493
東京都豊島区（商店街）………………493
東京都豊島区（書目）…………………493
東京都豊島区（選挙―統計）…………493

東京都豊島区（読書調査）……………493
東京都豊島区（都市計画）……………493
東京都豊島区（バリアフリー〔交通〕）……493
東京都豊島区（舞踊）…………………493
東京都豊島区（名簿）…………………494
東京都豊島区（歴史―写真集）………494
東京都豊島区（歴史―史料）…………494
東京都中野区（感染症対策）…………494
東京都中野区（行政）…………………494
東京都中野区（自転車駐車場）………494
東京都中野区（条例）…………………494
東京都中野区（書目）…………………494
東京都中野区（生活問題）……………494
東京都中野区（選挙―統計）…………494
東京都中野区（放置自転車）…………494
東京都中野区（名簿）…………………494
東京都練馬区（遺跡・遺物）…………494
東京都練馬区（環境行政）……………494
東京都練馬区（高校生）………………494
東京都練馬区（子育て支援）…………494
東京都練馬区（児童福祉）……………494
東京都練馬区（条例）…………………494
東京都練馬区（書目）…………………494
東京都練馬区（選挙―統計）…………494
東京都練馬区（地方選挙）……………494
東京都練馬区（中学生）………………494
東京都練馬区（伝記）…………………494
東京都練馬区（美術家）………………494
東京都練馬区（名簿）…………………494
東京都文京区（遺跡・遺物）…………494
東京都文京区（教育行政）……………495
東京都文京区（行政）…………………495
東京都文京区（障害者福祉）…………495
東京都文京区（書目）…………………495
東京都文京区（地方自治）……………495
東京都文京区（民家）…………………495
東京都文京区（名簿）…………………495
東京都文京区（歴史―写真集）………495
東京都文京区（歴史―史料）…………495
東京都保護司会連合会………………495
東京都港区（遺跡・遺物）……………495
東京都港区（行政）……………………495
東京都港区（建築）……………………495
東京都港区（高齢者福祉）……………496
東京都港区（殺人）……………………496
東京都港区（自然保護）………………496
東京都港区（児童福祉）………………496
東京都港区（障害者福祉）……………496
東京都港区（条例）……………………496
東京都港区（書目）……………………496
東京都港区（生物多様性）……………496
東京都港区（選挙―統計）……………496
東京都港区（耐震建築）………………496
東京都港区（単親家庭）………………496
東京都港区（文化財保護）……………496
東京都港区（名簿）……………………496
東京都港区（歴史―史料）……………496
東京都目黒区（遺跡・遺物）…………496
東京都目黒区（衛生行政）……………496
東京都目黒区（介護福祉）……………496
東京都目黒区（介護福祉―統計）……496
東京都目黒区（環境行政）……………496
東京都目黒区（行政）…………………496
東京都目黒区（健康管理）……………496
東京都目黒区（公共施設）……………496
東京都目黒区（高齢者福祉）…………496

日本件名図書目録2014　Ⅰ

東京都目黒区（高齢者福祉―統計）‥‥‥496
東京都目黒区（子育て支援）‥‥‥‥‥496
東京都目黒区（産業―統計）‥‥‥‥‥496
東京都目黒区（自然保護）‥‥‥‥‥‥496
東京都目黒区（社会福祉）‥‥‥‥‥‥497
東京都目黒区（条例）‥‥‥‥‥‥‥‥497
東京都目黒区（書目）‥‥‥‥‥‥‥‥497
東京都目黒区（人権）‥‥‥‥‥‥‥‥497
東京都目黒区（生物）‥‥‥‥‥‥‥‥497
東京都目黒区（生物多様性）‥‥‥‥‥497
東京都目黒区（選挙―統計）‥‥‥‥‥497
東京都目黒区（都市計画）‥‥‥‥‥‥497
東京都目黒区（平和教育）‥‥‥‥‥‥497
東京都目黒区（名簿）‥‥‥‥‥‥‥‥497
東京都目黒区（歴史―史料）‥‥‥‥‥497
東京都目黒区（労働運動―歴史）‥‥‥497
東京都立荒川工業高等学校‥‥‥‥‥‥497
東京都立大森高等学校同窓会‥‥‥‥‥497
東京都立小山台高等学校野球班‥‥‥‥497
東京都立産業技術研究センター‥‥‥‥497
東京二十三区清掃一部事務組合‥‥‥‥497
東京のつむじ風〔1945～〕‥‥‥‥‥497
東京富士美術館‥‥‥‥‥‥‥‥‥‥‥497
東京防災設備保守協会‥‥‥‥‥‥‥‥497
東京モノレール株式会社‥‥‥‥‥‥‥497
東京ヤクルトスワローズ‥‥‥‥‥‥‥497
東京よみうりカントリークラブ‥‥‥‥497
東京労音合唱団‥‥‥‥‥‥‥‥‥‥‥497
東京湾‥‥‥‥‥‥‥‥‥‥‥‥‥‥‥497
峠　三吉〔1917～1953〕‥‥‥‥‥‥497
桃月庵　白酒〔1968～〕‥‥‥‥‥‥497
道元〔1200～1253〕‥‥‥‥‥‥‥‥498
東光院〔豊中市〕‥‥‥‥‥‥‥‥‥‥498
東港金属株式会社‥‥‥‥‥‥‥‥‥‥498
統合進歩党‥‥‥‥‥‥‥‥‥‥‥‥‥498
同志社女子高等学校‥‥‥‥‥‥‥‥‥498
同志社女子中学校‥‥‥‥‥‥‥‥‥‥498
同志社大学‥‥‥‥‥‥‥‥‥‥‥‥‥498
同志社大学政策学部‥‥‥‥‥‥‥‥‥498
同志社ワーキングコーラス‥‥‥‥‥‥498
堂島地下街株式会社‥‥‥‥‥‥‥‥‥498
東洲斎　写楽〔江戸中期〕‥‥‥‥‥‥498
東条　英機〔1884～1948〕‥‥‥‥‥498
東照宮〔日光市〕‥‥‥‥‥‥‥‥‥‥498
道成寺〔和歌山県日高川町〕‥‥‥‥‥498
唐招提寺〔奈良市〕‥‥‥‥‥‥‥‥‥498
東晋〔中国〕（中国詩―歴史―晋時
　　代）‥‥‥‥‥‥‥‥‥‥‥‥‥‥498
東晋〔中国〕（仏教―歴史―晋時代）‥498
ドゥーセ，D.〔1961～〕‥‥‥‥‥‥498
東漸寺〔取手市〕‥‥‥‥‥‥‥‥‥‥498
東大寺〔奈良市〕‥‥‥‥‥‥‥‥‥‥498
塔短歌会‥‥‥‥‥‥‥‥‥‥‥‥‥‥499
藤堂　高虎〔1556～1630〕‥‥‥‥‥499
藤堂　平助〔1844～1867〕‥‥‥‥‥499
東陶機器株式会社‥‥‥‥‥‥‥‥‥‥499
道頓堀‥‥‥‥‥‥‥‥‥‥‥‥‥‥‥499
東南アジア（遺跡・遺物―保存・修
　　復）‥‥‥‥‥‥‥‥‥‥‥‥‥‥499
東南アジア（映画）‥‥‥‥‥‥‥‥‥499
東南アジア（エネルギー資源）‥‥‥‥499
東南アジア（海外派遣者）‥‥‥‥‥‥499
東南アジア（外国関係―中国）‥‥‥‥499
東南アジア（外国関係―日本）‥‥‥‥499
東南アジア（外国関係―日本―歴史―
　　昭和前期）‥‥‥‥‥‥‥‥‥‥‥499

東南アジア（海洋開発）‥‥‥‥‥‥‥499
東南アジア（紀行・案内記）‥‥‥‥‥499
東南アジア（技術援助〔日本〕）‥‥‥499
東南アジア（教育援助―発展途上国）‥499
東南アジア（経済）‥‥‥‥‥‥‥‥‥499
東南アジア（経済関係）‥‥‥‥‥‥‥500
東南アジア（経済関係―中国）‥‥‥‥500
東南アジア（経済関係―日本）‥‥‥‥500
東南アジア（芸術）‥‥‥‥‥‥‥‥‥500
東南アジア（芸能―歴史）‥‥‥‥‥‥500
東南アジア（航空運送）‥‥‥‥‥‥‥500
東南アジア（国際投資）‥‥‥‥‥‥‥500
東南アジア（国際投資〔日本〕）‥‥‥500
東南アジア（祭祀―歴史）‥‥‥‥‥‥500
東南アジア（在留華僑）‥‥‥‥‥‥‥500
東南アジア（在留華僑―歴史）‥‥‥‥500
東南アジア（在留日本人）‥‥‥‥‥‥500
東南アジア（産業）‥‥‥‥‥‥‥‥‥501
東南アジア（寺院）‥‥‥‥‥‥‥‥‥501
東南アジア（自然保護）‥‥‥‥‥‥‥501
東南アジア（湿原）‥‥‥‥‥‥‥‥‥501
東南アジア（社会）‥‥‥‥‥‥‥‥‥501
東南アジア（宗教）‥‥‥‥‥‥‥‥‥501
東南アジア（少数民族）‥‥‥‥‥‥‥501
東南アジア（食生活）‥‥‥‥‥‥‥‥501
東南アジア（食品工業）‥‥‥‥‥‥‥501
東南アジア（植物）‥‥‥‥‥‥‥‥‥501
東南アジア（森林保護）‥‥‥‥‥‥‥501
東南アジア（生物多様性）‥‥‥‥‥‥501
東南アジア（石炭産業）‥‥‥‥‥‥‥501
東南アジア（石油産業）‥‥‥‥‥‥‥501
東南アジア（租税法）‥‥‥‥‥‥‥‥501
東南アジア（太平洋戦争〔1941～
　　1945〕）‥‥‥‥‥‥‥‥‥‥‥‥501
東南アジア（地域開発）‥‥‥‥‥‥‥501
東南アジア（地誌）‥‥‥‥‥‥‥‥‥501
東南アジア（知的財産権）‥‥‥‥‥‥501
東南アジア（二酸化炭素―排出抑制）‥501
東南アジア（日系企業）‥‥‥‥‥‥‥502
東南アジア（美術―図集）‥‥‥‥‥‥502
東南アジア（仏教）‥‥‥‥‥‥‥‥‥502
東南アジア（文化）‥‥‥‥‥‥‥‥‥502
東南アジア（文化財保護）‥‥‥‥‥‥502
東南アジア（貿易）‥‥‥‥‥‥‥‥‥502
東南アジア（貿易―中国）‥‥‥‥‥‥502
東南アジア（民族）‥‥‥‥‥‥‥‥‥502
東南アジア（林業経営）‥‥‥‥‥‥‥502
東南アジア（林業労働）‥‥‥‥‥‥‥502
東南アジア諸国連合‥‥‥‥‥‥‥‥‥503
東武鉄道株式会社‥‥‥‥‥‥‥‥‥‥503
東武電設工業株式会社‥‥‥‥‥‥‥‥503
東邦学園‥‥‥‥‥‥‥‥‥‥‥‥‥‥503
東宝株式会社‥‥‥‥‥‥‥‥‥‥‥‥503
東峰村〔福岡県〕（遺跡・遺物）‥‥‥503
東北学院‥‥‥‥‥‥‥‥‥‥‥‥‥‥503
東北学院大学‥‥‥‥‥‥‥‥‥‥‥‥503
東北学院榴ケ岡高等学校‥‥‥‥‥‥‥503
東北工業大学‥‥‥‥‥‥‥‥‥‥‥‥503
東北新幹線‥‥‥‥‥‥‥‥‥‥‥‥‥503
東北大学‥‥‥‥‥‥‥‥‥‥‥‥‥‥503
東北大学学生相談所‥‥‥‥‥‥‥‥‥504
東北大学病院看護部‥‥‥‥‥‥‥‥‥504
東北地方（遺跡・遺物）‥‥‥‥‥‥‥504
東北地方（会社―名簿）‥‥‥‥‥‥‥504
東北地方（海浜生物）‥‥‥‥‥‥‥‥504
東北地方（仮設住宅）‥‥‥‥‥‥‥‥504

東北地方（学校建築）‥‥‥‥‥‥‥‥504
東北地方（学校図書館―会議録）‥‥‥504
東北地方（活断層―会議録）‥‥‥‥‥504
東北地方（機械工業）‥‥‥‥‥‥‥‥504
東北地方（企業―名簿）‥‥‥‥‥‥‥504
東北地方（紀行・案内記）‥‥‥‥‥‥504
東北地方（気象）‥‥‥‥‥‥‥‥‥‥504
東北地方（郷土芸能）‥‥‥‥‥‥‥‥504
東北地方（漁業）‥‥‥‥‥‥‥‥‥‥504
東北地方（経済）‥‥‥‥‥‥‥‥‥‥504
東北地方（芸術行政）‥‥‥‥‥‥‥‥504
東北地方（原子力発電所）‥‥‥‥‥‥504
東北地方（建設事業）‥‥‥‥‥‥‥‥504
東北地方（建築彫刻―図集）‥‥‥‥‥504
東北地方（県民性）‥‥‥‥‥‥‥‥‥504
東北地方（工業）‥‥‥‥‥‥‥‥‥‥504
東北地方（考古学）‥‥‥‥‥‥‥‥‥504
東北地方（交通―歴史）‥‥‥‥‥‥‥504
東北地方（小売市場）‥‥‥‥‥‥‥‥505
東北地方（小売商）‥‥‥‥‥‥‥‥‥505
東北地方（高齢者）‥‥‥‥‥‥‥‥‥505
東北地方（高齢者福祉）‥‥‥‥‥‥‥505
東北地方（国勢調査）‥‥‥‥‥‥‥‥505
東北地方（雇用）‥‥‥‥‥‥‥‥‥‥505
東北地方（災害医療）‥‥‥‥‥‥‥‥505
東北地方（災害救助）‥‥‥‥‥‥‥‥505
東北地方（災害廃棄物処理）‥‥‥‥‥505
東北地方（災害復興）‥‥‥‥‥‥‥‥505
東北地方（災害復興―歴史）‥‥‥‥‥506
東北地方（祭礼）‥‥‥‥‥‥‥‥‥‥506
東北地方（酒場）‥‥‥‥‥‥‥‥‥‥506
東北地方（山岳―写真集）‥‥‥‥‥‥506
東北地方（産業クラスター）‥‥‥‥‥506
東北地方（寺院）‥‥‥‥‥‥‥‥‥‥506
東北地方（地震―歴史）‥‥‥‥‥‥‥506
東北地方（湿原）‥‥‥‥‥‥‥‥‥‥506
東北地方（児童福祉）‥‥‥‥‥‥‥‥506
東北地方（地場産業）‥‥‥‥‥‥‥‥507
東北地方（障害者福祉）‥‥‥‥‥‥‥507
東北地方（植物）‥‥‥‥‥‥‥‥‥‥507
東北地方（書籍商）‥‥‥‥‥‥‥‥‥507
東北地方（信仰）‥‥‥‥‥‥‥‥‥‥507
東北地方（森林）‥‥‥‥‥‥‥‥‥‥507
東北地方（森林保護）‥‥‥‥‥‥‥‥507
東北地方（水産業）‥‥‥‥‥‥‥‥‥507
東北地方（水質汚濁）‥‥‥‥‥‥‥‥507
東北地方（水道）‥‥‥‥‥‥‥‥‥‥507
東北地方（青年）‥‥‥‥‥‥‥‥‥‥507
東北地方（石器）‥‥‥‥‥‥‥‥‥‥507
東北地方（村落―歴史）‥‥‥‥‥‥‥507
東北地方（地域開発）‥‥‥‥‥‥‥‥507
東北地方（地域経済）‥‥‥‥‥‥‥‥507
東北地方（地域社会―歴史）‥‥‥‥‥507
東北地方（地域包括ケア）‥‥‥‥‥‥507
東北地方（畜産業）‥‥‥‥‥‥‥‥‥507
東北地方（地誌）‥‥‥‥‥‥‥‥‥‥507
東北地方（地方自治）‥‥‥‥‥‥‥‥507
東北地方（地名）‥‥‥‥‥‥‥‥‥‥507
東北地方（中小企業）‥‥‥‥‥‥‥‥507
東北地方（津波）‥‥‥‥‥‥‥‥‥‥508
東北地方（津波―歴史）‥‥‥‥‥‥‥508
東北地方（鉄道）‥‥‥‥‥‥‥‥‥‥508
東北地方（電気事業―復旧）‥‥‥‥‥508
東北地方（道路）‥‥‥‥‥‥‥‥‥‥508
東北地方（都市―歴史）‥‥‥‥‥‥‥508
東北地方（日本文学―歴史）‥‥‥‥‥508

（61）

東北地方

東北地方（東日本大震災〔2011〕―被
　害）……………………………………508
東北地方（東日本大震災〔2011〕―被
　害―写真集）………………………508
東北地方（干潟）………………………508
東北地方（被災者支援）………………508
東北地方（避難所）……………………508
東北地方（風俗・習慣）………………508
東北地方（プロテスタント教会―社会
　事業）…………………………………508
東北地方（方言）………………………508
東北地方（母子保健）…………………508
東北地方（ボランティア活動）………509
東北地方（無形文化財）………………509
東北地方（歴史）………………………509
東北地方（歴史―史料）………………509
東北電力株式会社………………………509
東北薬科大学……………………………509
東北楽天ゴールデンイーグルス………509
当真　洋一〔1935～　〕………………509
道明　美保子……………………………509
同盟90　緑の党…………………………509
同盟通信社〔1936年〕…………………509
東洋（天文学―歴史）…………………509
東洋大学通信教育部……………………509
東洋大学陸上競技部……………………509
東予港……………………………………509
東横百貨店………………………………509
東林館高等学校…………………………510
ドゥルーズ, G.〔1925～1995〕………510
トゥルン・ウント・タクシス〔家〕…510
トーエネック……………………………510
十日町市（温泉）………………………510
十日町市（地すべり―歴史）…………510
十日町市（地域社会）…………………510
十日町市（文化活動）…………………510
十日町市（文化行政）…………………510
遠野市（遺跡・遺物）…………………510
遠野市（伝説）…………………………510
遠野市（民間伝承）……………………510
遠野市（昔話）…………………………510
遠野まごころネット……………………510
遠野物語研究所…………………………510
融　道玄〔1872～1918〕………………510
栂　善夫……………………………………510
富樫　穎〔1941～　〕…………………511
十勝地方…………………………………511
土岐市（遺跡・遺物）…………………511
ときど〔1985～　〕……………………511
常磐会学園大学…………………………511
ドーキンス, R.〔1941～　〕…………511
徳川〔家〕………………………………511
徳川　家康〔1542～1616〕……………511
徳川　綱吉〔1646～1709〕……………511
徳川　斉昭〔1800～1860〕……………511
徳川　宗春〔1696～1764〕……………511
徳川　慶勝〔1824～1883〕……………511
徳川　慶喜〔1837～1913〕……………511
徳川　吉宗〔1684～1751〕……………511
徳島医療福祉専門学校…………………511
徳島県（遺跡・遺物）…………………511
徳島県（遺跡・遺物―徳島市）………511
徳島県（遺跡・遺物―美馬市）………511
徳島県（エネルギー政策）……………511
徳島県（絵画〔日本〕―画集）………511
徳島県（海岸）…………………………511

徳島県（学校）…………………………512
徳島県（環境行政）……………………512
徳島県（行政）…………………………512
徳島県（行政組織）……………………512
徳島県（協同組合―名簿）……………512
徳島県（工業―統計―徳島市）………512
徳島県（工業―名簿）…………………512
徳島県（交通―歴史）…………………512
徳島県（古墳）…………………………512
徳島県（山岳）…………………………512
徳島県（史跡名勝）……………………512
徳島県（住民運動―三好市）…………512
徳島県（巡礼〔仏教〕）…………………512
徳島県（商業）…………………………512
徳島県（商業―名簿）…………………512
徳島県（書目）…………………………512
徳島県（人口―統計）…………………512
徳島県（人口―統計―徳島市）………512
徳島県（人口移動―統計）……………512
徳島県（神社）…………………………512
徳島県（世帯―徳島市―統計）………512
徳島県（選挙―統計）…………………512
徳島県（ダム―三好市）………………512
徳島県（男女共同参画―藍住町）……512
徳島県（地域開発―神山町）…………512
徳島県（地方選挙）……………………513
徳島県（庭園）…………………………513
徳島県（統計―徳島市）………………513
徳島県（農村生活―上勝町）…………513
徳島県（仏教美術―図集）……………513
徳島県（仏像）…………………………513
徳島県（文化活動―歴史）……………513
徳島県（貿易商―名簿）………………513
徳島県（方言）…………………………513
徳島県（民間伝承―徳島市）…………513
徳島県（名簿）…………………………513
徳島県（UJIターン―神山町）………513
徳島県（歴史）…………………………513
徳島県（歴史―阿波市）………………513
徳島県（歴史―史料―小松島市）……513
徳島県（歴史―吉野川市）……………513
徳島県立阿波高等学校…………………513
徳島県立中央病院………………………513
徳島市（遺跡・遺物）…………………513
徳島市（工業―統計）…………………513
徳島市（人口―統計）…………………513
徳島市（世帯―統計）…………………513
徳島市（統計）…………………………513
徳島市（民間伝承）……………………513
徳島城……………………………………513
徳島藩……………………………………514
徳島ヴォルティス………………………514
とくし丸…………………………………514
徳洲会〔1975年〕………………………514
徳生　健太郎〔1968～　〕……………514
徳蔵寺〔東村山市〕……………………514
徳富　蘇峰〔1863～1957〕……………514
特別区協議会……………………………514
特別区人事厚生事務組合………………514
徳山下松港………………………………514
土光　敏夫〔1896～1988〕……………514
床次　竹二郎〔1866～1935〕…………514
常呂川……………………………………514
所沢インターナショナルファミリー…514
所沢市（遺跡・遺物）…………………514
所沢市（財政）…………………………514

土佐藩……………………………………514
Toshi〔1965～　〕………………………514
豊島岡女子学園高等学校………………514
豊島岡女子学園中学校…………………514
ドージャー, C.K.〔1879～1933〕……514
図書館とともだち鎌倉…………………514
トスカーナ州〔イタリア〕（絵画―画
　集）……………………………………514
鳥栖市（被災者支援）…………………514
ドストエフスキー, F.〔1821～1881〕…514
戸田〔氏〕………………………………515
戸田　奈津子〔1936～　〕……………515
戸田　冨美子〔1930～　〕……………515
戸田市（遺跡・遺物）…………………515
栃木県……………………………………515
栃木県（遺跡・遺物）…………………515
栃木県（遺跡・遺物―宇都宮市）……515
栃木県（遺跡・遺物―小山市）………515
栃木県（遺跡・遺物―さくら市）……515
栃木県（遺跡・遺物―佐野市）………515
栃木県（遺跡・遺物―下野市）………515
栃木県（遺跡・遺物―那須烏山市）…515
栃木県（遺跡・遺物―真岡市）………515
栃木県（NPO）…………………………516
栃木県（屋外広告―条例）……………516
栃木県（外国人教育）…………………516
栃木県（化石―図集）…………………516
栃木県（河川運送―歴史）……………516
栃木県（環境教育）……………………516
栃木県（企業―名簿）…………………516
栃木県（基準地価格）…………………516
栃木県（給与―地方公務員）…………516
栃木県（行政）…………………………516
栃木県（協働〔行政〕）…………………516
栃木県（金石・金石文）………………516
栃木県（建設事業）……………………516
栃木県（工業地帯―名簿）……………516
栃木県（鉱物）…………………………516
栃木県（国民保護計画）………………516
栃木県（古墳）…………………………516
栃木県（災害復興）……………………516
栃木県（祭礼―小山市）………………516
栃木県（産業）…………………………516
栃木県（史跡名勝）……………………516
栃木県（社会教育）……………………516
栃木県（写真集―足利市）……………516
栃木県（写真集―佐野市）……………516
栃木県（商業）…………………………516
栃木県（書目）…………………………516
栃木県（人権教育―佐野市）…………516
栃木県（人口―統計―小山市）………516
栃木県（振動〔鉄道〕）…………………516
栃木県（森林）…………………………516
栃木県（水質汚濁）……………………516
栃木県（スポーツ）……………………516
栃木県（製紙―那須烏山市―歴史）…517
栃木県（生物）…………………………517
栃木県（生物―日光市）………………517
栃木県（選挙―統計）…………………517
栃木県（騒音〔鉄道〕）…………………517
栃木県（男女共同参画―佐野市）……517
栃木県（畜産業）………………………517
栃木県（地誌）…………………………517
栃木県（地誌―那須塩原市）…………517
栃木県（地名―辞書―大田原市）……517
栃木県（地名―辞書―那須塩原市）…517

栃木県（鉄道）……………517
栃木県（伝説─足利市）………517
栃木県（土砂災害）………517
栃木県（土壌汚染）………517
栃木県（日本文学）………517
栃木県（入学試験─高等学校）……517
栃木県（農業）……………517
栃木県（農業行政）………517
栃木県（農業水利─小山市─歴史）……517
栃木県（農村）……………517
栃木県（埴輪─下野市）………517
栃木県（東日本大震災〔2011〕─被害
　─那須町）………517
栃木県（被災者支援─那須町）……517
栃木県（美術─宇都宮市─図集）……517
栃木県（風害）……………517
栃木県（仏教美術─小山市）……517
栃木県（文化財）………517
栃木県（文化財─小山市）……517
栃木県（文化財保護─佐野市）……517
栃木県（保育）……………518
栃木県（防災計画）………518
栃木県（民家─保存・修復─宇都宮
　市）………518
栃木県（昔話─佐野市）………518
栃木県（名簿）……………518
栃木県（幼児教育）………518
栃木県（林野行政）………518
栃木県（歴史）……………518
栃木県（歴史─史料）………518
栃木県社会福祉士会………518
栃木県立宇都宮東高等学校……518
栃木県立学悠館高等学校……518
栃木県林業センター………518
とちぎボランティアNPOセンター……518
どついたるねん……………518
十津川高等学校〔奈良県立〕……518
十津川村〔奈良県〕（水害）……518
十津川村〔奈良県〕（地域社会）……518
獨協医科大学看護学部………518
鳥取県（遺跡・遺物）………518
鳥取県（遺跡・遺物─書目）……518
鳥取県（遺跡・遺物─鳥取市）……518
鳥取県（遺跡・遺物─米子市）……518
鳥取県（観光開発）………518
鳥取県（企業─名簿）………519
鳥取県（紀行・案内記）………519
鳥取県（教育─歴史）………519
鳥取県（行政）……………519
鳥取県（行政組織）………519
鳥取県（郷土芸能）………519
鳥取県（原子力災害─防災）……519
鳥取県（公衆衛生─会議録）……519
鳥取県（獅子舞）………519
鳥取県（写真集）………519
鳥取県（女性─歴史）………519
鳥取県（書目）……………519
鳥取県（森林）……………519
鳥取県（選挙─統計）………519
鳥取県（選挙運動）………519
鳥取県（地域開発）………519
鳥取県（地方選挙）………519
鳥取県（伝記）……………519
鳥取県（統計）……………519
鳥取県（陶磁器─岩美町）……519
鳥取県（読書指導）………519

鳥取県（特別支援教育─歴史）……519
鳥取県（土壌汚染）………519
鳥取県（鳥）………519
鳥取県（人形劇）………519
鳥取県（博覧会）………519
鳥取県（防災計画）………519
鳥取県（民家─八頭町─写真集）……519
鳥取県（名簿）……………519
鳥取県（歴史）……………519
鳥取県（歴史─鳥取市）………519
鳥取県立厚生病院………519
鳥取県立図書館………519
鳥取市（遺跡・遺物）………519
鳥取市（歴史）……………520
鳥取藩………520
トップリバー………520
ドトール・日レスホールディングス……520
渡名喜村〔沖縄県〕（景観保全）……520
渡名喜村〔沖縄県〕（土地制度─歴
　史）………520
砺波郷土資料館〔砺波市立〕……520
砺波市（遺跡・遺物）………520
砺波市（衛生行政）………520
砺波市（環境行政）………520
砺波市（感染症対策）………520
砺波市（景観計画）………520
砺波市（樹木）……………520
砺波市（城跡─保存・修復）……520
砺波市（租税─統計）………520
砺波市（文化財）………520
砺波市老人クラブ連合会……520
トナミホールディングス株式会社……520
利根川………520
どの子も伸びる研究会………520
ドバイ（国際投資〔日本〕）……520
ドバイ（社会）……………520
鳥羽市（紀行・案内記）………521
鳥羽市（風俗・習慣）………521
飛島〔山形県〕………521
ドビュッシー，C.〔1862〜1918〕……521
土木学会………521
土木研究所………521
土木研究所水災害リスクマネジメント
　国際センター………521
苫小牧港………521
苫小牧工業高等専門学校……521
苫小牧市（遺跡・遺物）………521
トーマス，T.〔1835〜1905〕……521
トマス・アクィナス〔1225?〜1274〕……521
富岡 惣一郎〔1922〜1994〕……521
富岡市（遺跡・遺物）………521
富岡市（女性労働者─歴史）……521
富岡製糸所………521
富加町〔岐阜県〕（遺跡・遺物）……522
富加町〔岐阜県〕（統計）………522
富里市（遺跡・遺物）………522
富沢 赤黄男〔1902〜1962〕……522
富澤 清行〔1946〜 〕………522
富田 忠雄〔1932〜 〕………522
富田 好久〔1926〜 〕………522
冨永〔氏〕………522
冨永 愛………522
富永 公文〔1956〜 〕………522
とみもと 卓………522
戸村 茂樹………522
登米市（遺跡・遺物）………522

登米市（自然保護）………522
登米市（生物多様性）………522
ともさか りえ〔1979〜 〕………522
土門拳記念館………522
戸谷 成雄〔1947〜 〕………522
富山県………522
富山県（雨乞）……………522
富山県（遺跡・遺物─射水市）……522
富山県（遺跡・遺物─魚津市）……522
富山県（遺跡・遺物─高岡市）……523
富山県（遺跡・遺物─砺波市）……523
富山県（遺跡・遺物─富山市）……523
富山県（遺跡・遺物─南砺市）……523
富山県（遺跡・遺物─氷見市）……523
富山県（医療）……………523
富山県（医療費）………523
富山県（衛生行政）………523
富山県（衛生行政─砺波市）……523
富山県（屋外広告─条例）………523
富山県（家庭用電気製品─リサイク
　ル）………523
富山県（環境行政─砺波市）……524
富山県（環境問題）………524
富山県（観光開発─歴史）………524
富山県（感染症対策）………524
富山県（感染症対策─砺波市）……524
富山県（教育─歴史）………524
富山県（教育行政）………524
富山県（教員養成）………524
富山県（行政）……………524
富山県（行政─南砺市）………524
富山県（漁撈）……………524
富山県（景観計画─砺波市）……524
富山県（県民性）………524
富山県（公有財産）………524
富山県（災害廃棄物処理）………524
富山県（財産評価）………524
富山県（財政）……………524
富山県（祭礼─射水市）………524
富山県（祭礼─高岡市）………524
富山県（祭礼─氷見市）………524
富山県（山岳崇拝─立山町）……524
富山県（史跡名勝）………524
富山県（自然保護─魚津市）……524
富山県（樹木─砺波市）………524
富山県（消費者）………524
富山県（消費者保護）………524
富山県（消防─立山町）………524
富山県（食育）……………524
富山県（食物）……………524
富山県（女性議員─黒部市）……524
富山県（書目）……………524
富山県（城跡─保存・修復─砺波市）……525
富山県（人権教育）………525
富山県（森林）……………525
富山県（スポーツ）………525
富山県（青少年教育）………525
富山県（生物多様性─魚津市）……525
富山県（石造美術─富山市）……525
富山県（租税─砺波市─統計）……525
富山県（体育）……………525
富山県（山車─射水市）………525
富山県（山車─高岡市）………525
富山県（男女共同参画）………525
富山県（地域社会─高岡市）……525

富山県

日本件名図書目録2014　Ⅰ

富山県（地域情報化）………… 525
富山県（地誌―滑川市）……… 525
富山県（地質）………………… 525
富山県（地図―目録）………… 525
富山県（地方選挙）…………… 525
富山県（中小企業）…………… 525
富山県（彫刻〔日本〕―滑川市―図
　集）…………………………… 525
富山県（土壌汚染）…………… 525
富山県（土地改良）…………… 525
富山県（土地改良―富山市―歴史）…… 525
富山県（土地改良―南砺市―歴史）…… 525
富山県（農業行政）…………… 525
富山県（農業金融）…………… 525
富山県（博物誌）……………… 525
富山県（美術）………………… 525
富山県（風俗・習慣―南砺市）… 525
富山県（風俗・習慣―氷見市）… 525
富山県（風俗・習慣―歴史―南砺市）… 525
富山県（文化活動）…………… 525
富山県（文化財―砺波市）…… 525
富山県（文化政策―高岡市）… 525
富山県（民具―南砺市）……… 526
富山県（昔話）………………… 526
富山県（名簿）………………… 526
富山県（木材工業）…………… 526
富山県（予算・決算―南砺市）… 526
富山県（留学生）……………… 526
富山県（歴史）………………… 526
富山県（歴史―写真集）……… 526
富山県（歴史―写真集―滑川市）… 526
富山県（歴史―写真集―氷見市）… 526
富山県（歴史―史料―小矢部市）… 526
富山県（歴史―史料―書目）… 526
富山県（歴史―史料―高岡市）… 526
富山県（歴史―高岡市）……… 526
富山県（歴史―南砺市）……… 526
富山県（路線価）……………… 526
富山県医師会…………………… 526
富山県城同好会………………… 526
富山県青年学級振興協議会…… 526
富山県立大学…………………… 526
富山国際学園…………………… 526
富山市（遺跡・遺物）………… 526
富山市（石造美術）…………… 527
富山市（土地改良―歴史）…… 527
富山シティフィルハーモニー管弦楽団… 527
富山城…………………………… 527
富山第一高等学校男子サッカー部… 527
富山大学………………………… 527
豊岡市（コウノトリ―保護）… 527
豊岡市議会……………………… 527
豊川市（地誌）………………… 527
豊澤　團隰〔1878～1940〕…… 527
豊田　英二〔1913～2013〕…… 527
豊田　恵美子〔1948～2008〕… 527
豊田市（遺跡・遺物）………… 527
豊田市（一般廃棄物）………… 527
豊田市（議員）………………… 527
豊田市（企業城下町）………… 527
豊田市（教育）………………… 528
豊田市（教育行政）…………… 528
豊田市（工業立地）…………… 528
豊田市（高齢者）……………… 528
豊田市（高齢者福祉）………… 528
豊田市（財政）………………… 528

豊田市（植物）………………… 528
豊田市（人口―統計）………… 528
豊田市（男女共同参画）……… 528
豊田市（地域開発）…………… 528
豊田市（統計）………………… 528
豊田市（廃棄物処理）………… 528
豊田市（風俗・習慣）………… 528
豊田市（武家住宅―保存・修復）… 528
豊田市（文化財）……………… 528
豊田市（民家）………………… 528
豊田市（民家―保存・修復）… 528
豊田市（歴史）………………… 528
豊田市（歴史―史料）………… 528
豊田市議会……………………… 528
トヨタ自動車株式会社………… 528
トヨタ自動車工業株式会社…… 529
豊臣〔家〕……………………… 529
豊臣　秀吉〔1536～1598〕…… 529
豊臣　秀頼〔1593～1615〕…… 529
豊富温泉………………………… 529
豊中市（遺跡・遺物）………… 529
豊中市（協働〔行政〕）……… 529
豊中市（就労支援〔生活困窮者〕）… 529
豊中市（人口移動）…………… 529
豊中市（水道）………………… 529
豊中市（地域ブランド）……… 529
豊中市（道路計画）…………… 529
豊中市豊島西公民分館………… 529
豊橋市（遺跡・遺物）………… 529
豊橋市（祭祀）………………… 529
豊橋市（産業）………………… 529
豊橋市（妖怪）………………… 529
豊橋市図書館…………………… 529
ドライデン, J.〔1631～1700〕… 529
ドラッカー, P.〔1909～2005〕… 530
ドラモンド, B.〔1953～　〕… 530
鳥居　清長〔1752～1815〕…… 530
鳥居　ユキ〔1943～　〕…… 530
取手市（遺跡・遺物）………… 530
取手市（歴史―史料）………… 530
トリノ〔イタリア〕（都市計画）… 530
トリノ〔イタリア〕（都市再開発）… 530
鳥浜　トメ〔1902～1992〕…… 530
鳥山　英雄〔1924～　〕……… 530
トールキン, J.R.R.〔1892～1973〕… 530
トルコ（遺跡・遺物）………… 530
トルコ（王室―歴史）………… 530
トルコ（議会）………………… 530
トルコ（紀行・案内記）……… 530
トルコ（経済）………………… 530
トルコ（国際投資〔日本〕）… 530
トルコ（在留アルメニア人）… 531
トルコ（ジェノサイド）……… 531
トルコ（民族問題―歴史）…… 531
トルコ（歴史学―歴史）……… 531
トルストイ, L.〔1828～1910〕… 531
トルーマン, H.S.〔1884～1972〕… 531
トルンペルドール, J.〔1880～1920〕… 531
トレンドマイクロ社…………… 531
トロ, G.d.……………………… 531
ド・ロ, M.M.〔1840～1914〕… 531
登呂遺跡………………………… 531
ドワンゴ………………………… 531
トンガ（紀行・案内記）……… 531
ドン・キホーテ………………… 531
トンキン（農民）……………… 531

敦煌（壁画―保存・修復）…… 531
富田林市（遺跡・遺物）……… 531
曇鸞〔476～542〕……………… 531

【　な　】

内外通信社……………………… 531
内閣府…………………………… 531
内閣法制局……………………… 531
内航大型船輸送海運組合……… 531
ナイチンゲール, F.〔1820～1910〕… 531
内藤〔家〕……………………… 531
内藤　誠〔1936～　〕………… 531
内藤　美代子〔1917～2012〕… 531
内藤証券株式会社……………… 531
ナウエン, H.J.M.〔1932～1996〕… 531
ナウル（歴史）………………… 531
苗木藩…………………………… 532
直江　兼続〔1560～1619〕…… 532
直木　三十五〔1891～1934〕… 532
直木　倫太郎〔1876～1943〕… 532
那珂　梧楼〔1827～1879〕…… 532
永井　荷風〔1879～1959〕…… 532
中井　久夫〔1934～　〕……… 532
永井　秀彦〔1962～　〕……… 532
中居　正広〔1972～　〕……… 532
中井　祐樹〔1970～　〕……… 532
長井市（遺跡・遺物）………… 532
長井市（地域開発）…………… 532
長井市（文化財）……………… 532
長泉町〔静岡県〕（遺跡・遺物）… 532
中海……………………………… 532
中岡　昌太〔1933～　〕……… 532
長岡　三重子〔1914～　〕…… 532
長岡　安平〔1842～1925〕…… 532
長岡技術科学大学……………… 532
長岡京市（遺跡・遺物）……… 532
長岡京市（衛生行政）………… 533
長岡京市（公益法人）………… 533
長岡工業高等専門学校………… 533
長岡市（遺跡・遺物）………… 533
長岡市（衛生行政）…………… 533
長岡市（開拓―歴史）………… 533
長岡市（神楽）………………… 533
長岡市（感染症対策）………… 533
長岡市（気象）………………… 533
長岡市（行政）………………… 533
長岡市（協働〔行政〕）……… 533
長岡市（空襲）………………… 533
長岡市（口腔衛生）…………… 533
長岡市（産業―統計）………… 533
長岡市（市街地）……………… 533
長岡市（食育）………………… 533
長岡市（震災予防）…………… 533
長岡市（雪害）………………… 533
長岡市（津波）………………… 533
長岡市（都市計画）…………… 533
長岡市（風水害）……………… 533
長岡市（文化財）……………… 533
長岡市（防災計画）…………… 533
長岡戦災資料館………………… 533
長岡天満宮〔長岡京市〕……… 533
中上　健次〔1946～1992〕…… 533
中川　翔子〔　　　　　〕…… 533
中川　静也〔1931～　〕……… 533
那珂川町〔栃木県〕（遺跡・遺物）… 534

（64）

那珂川町〔福岡県〕（遺跡・遺物）……534
那珂川町〔福岡県〕（歴史）……534
中城村〔沖縄県〕（遺跡・遺物―保存・修復）……534
長久保 赤水〔1717～1801〕……534
中込 とし朗……534
長崎県……534
長崎県（遺跡・遺物）……534
長崎県（遺跡・遺物―壱岐市）……534
長崎県（遺跡・遺物―雲仙市）……534
長崎県（遺跡・遺物―大村市）……534
長崎県（遺跡・遺物―佐世保市）……534
長崎県（遺跡・遺物―長崎市）……534
長崎県（遺跡・遺物―保存・修復―松浦市）……534
長崎県（医療）……534
長崎県（英語教育―中学校）……534
長崎県（御船祭―壱岐市）……534
長崎県（音楽祭）……534
長崎県（カトリック教会―生月町―歴史）……534
長崎県（カトリック教会―歴史）……534
長崎県（環境教育）……534
長崎県（観光開発―対馬市）……534
長崎県（企業）……534
長崎県（教育行政―長与町）……534
長崎県（教会建築）……534
長崎県（郷土教育―大村市）……534
長崎県（近代化遺産―長崎市）……535
長崎県（原子力災害）……535
長崎県（祭礼―長崎市）……535
長崎県（殺人―佐世保市）……535
長崎県（刺繍―図集）……535
長崎県（自然保護）……535
長崎県（写真集）……535
長崎県（写真集―長崎市）……535
長崎県（少年犯罪―佐世保市）……535
長崎県（女性―歴史）……535
長崎県（書目）……535
長崎県（人権教育）……535
長崎県（震災予防）……535
長崎県（生物多様性）……535
長崎県（石炭鉱業―長崎市―歴史）……535
長崎県（選挙―統計）……535
長崎県（ダム―川棚町）……535
長崎県（地域開発―長崎市）……535
長崎県（地誌）……535
長崎県（地方選挙）……535
長崎県（統計）……535
長崎県（道路―統計）……535
長崎県（読書指導）……535
長崎県（土地改良）……535
長崎県（土地利用）……535
長崎県（農業普及事業）……536
長崎県（農村計画）……536
長崎県（風俗・習慣―壱岐市）……536
長崎県（方言）……536
長崎県（防災計画）……536
長崎県（民家―保存・修復―雲仙市）……536
長崎県（名簿）……536
長崎県（洋上風力発電―五島市）……536
長崎県（歴史―大村市）……536
長崎県（歴史―史料）……536
長崎県（歴史―長崎市）……536
長崎県（歴史―南島原市）……536
長崎県議会……536

長崎県日中親善協議会……536
長崎港……536
長崎市（遺跡・遺物）……536
長崎市（近代化遺産）……536
長崎市（原子爆弾投下〔1945〕）……536
長崎市（原子爆弾投下〔1945〕―被害）……536
長崎市（祭礼）……536
長崎市（写真集）……537
長崎市（石炭鉱業―歴史）……537
長崎市（地域開発）……537
長崎市（歴史）……537
長崎純心聖母会……537
中里 介山〔1885～1944〕……537
仲里 清〔1954～ 〕……537
長沢〔氏〕……537
長沢 鼎〔1852～1934〕……537
長澤 恒子〔1925～2011〕……537
中澤 佑二〔1978～ 〕……537
長沢 蘆雪〔1753～1799〕……537
那珂市（工業政策）……537
那珂市（商業政策）……537
那珂市（石塔）……537
那珂市（石仏）……537
中島 安里紗〔1989～ 〕……537
中島 健蔵〔1903～1979〕……537
中島 貞夫〔1934～ 〕……537
長島 茂雄〔1936～ 〕……537
中島 繁治〔1937～ 〕……537
中島 静子〔1934～ 〕……537
中島 建〔1936～ 〕……537
中島 春雄……537
中嶋 秀次〔1921～2013〕……537
中嶋 康行……537
中島 らも〔1952～2004〕……537
中島特殊鋼株式会社……537
中島村〔福島県〕（遺跡・遺物）……538
中島村〔福島県〕（古墳）……538
中城 ふみ子〔1922～1954〕……538
永杉 喜輔〔1909～2008〕……538
永瀬 清子〔1906～1995〕……538
永瀬 正敏〔1966～ 〕……538
中山道……538
中山道（紀行・案内記）……538
中曽根 康弘〔1918～ 〕……538
中田 クルミ〔1991～ 〕……538
仲代 達矢〔1932～ 〕……538
中田エンヂニアリング株式会社……538
長塚 節〔1879～1915〕……538
中津川市（遺跡・遺物）……538
中津川市（遺跡・遺物―保存・修復）……538
中津川市（学校衛生―歴史）……538
中津川市（教育―歴史―史料）……538
中津川市（交通―歴史）……538
中津川市（交通政策）……538
中津川市（植物）……538
中津川市（青少年教育）……538
中津川市（歴史―史料）……538
中津市（医学―歴史―史料）……538
中津市（遺跡・遺物）……538
中津市（海浜生物）……539
中津市（干潟）……539
中辻 直行〔1950～2013〕……539
中津藩……539
長門市（写真集）……539
中臣〔氏〕……539

長友 佑都……539
中西 珠子〔1919～2008〕……539
中西 亨〔1925～ 〕……539
中西 俊夫〔1956～ 〕……539
中西 麻耶……539
長沼町〔北海道〕（遺跡・遺物）……539
中野 和馬〔1966～2009〕……539
中野 邦一〔1884～1965〕……539
中野 重治〔1902～1979〕……539
中野 二郎〔1902～2000〕……539
長野 士郎〔1917～2006〕……539
中野 鈴子〔1906～1958〕……539
中野 昭慶……539
中野 北溟〔1923～ 〕……539
長野 義言〔1815～1862〕……539
中院雅忠女〔1258～ 〕……539
長野県……539
長野県（遺跡・遺物）……539
長野県（遺跡・遺物―安曇野市）……539
長野県（遺跡・遺物―飯田市）……540
長野県（遺跡・遺物―上田市）……540
長野県（遺跡・遺物―岡谷市）……540
長野県（遺跡・遺物―佐久市）……540
長野県（遺跡・遺物―須坂市）……540
長野県（遺跡・遺物―諏訪市）……540
長野県（遺跡・遺物―千曲市）……540
長野県（遺跡・遺物―中野市）……540
長野県（遺跡・遺物―松本市）……540
長野県（遺跡地区―中野市）……540
長野県（移民・植民―満州）……540
長野県（医療―名簿）……540
長野県（衛生）……540
長野県（衛生―名簿）……540
長野県（エネルギー政策）……540
長野県（貝）……540
長野県（介護保険施設―名簿）……540
長野県（河川行政）……540
長野県（家族―上田市―歴史）……540
長野県（環境問題）……541
長野県（観光開発―茅野市）……541
長野県（紀行・案内記）……541
長野県（紀行・案内記―諏訪市）……541
長野県（希少植物）……541
長野県（教育）……541
長野県（教育―歴史―松本市）……541
長野県（行政―長野市）……541
長野県（協働〔行政〕）……541
長野県（橋梁―保存・修復）……541
長野県（軍事基地―軽井沢町―歴史）……541
長野県（景観計画―小布施町）……541
長野県（経済）……541
長野県（県歌）……541
長野県（公営住宅）……541
長野県（甲虫類―安曇野市）……541
長野県（甲虫類―松本市）……541
長野県（交通政策）……541
長野県（高齢者福祉―木島平村）……541
長野県（古地図―飯田市）……541
長野県（古地図―長野市）……541
長野県（鏝絵―原村）……541
長野県（古墳）……541
長野県（財産区―茅野市）……541
長野県（財政）……541
長野県（佐久市）……541
長野県（砂防設備―保存・修復）……541
長野県（産業）……541

長野県

長野県（市街地―長野市―歴史）………541
長野県（地震）………541
長野県（地震―栄村）………542
長野県（史跡名勝）………542
長野県（史跡名勝―千曲市）………542
長野県（自然保護―千曲市）………542
長野県（社会福祉）………542
長野県（社会福祉―歴史）………542
長野県（写真集）………542
長野県（宿駅―軽井沢町―歴史）………542
長野県（城下町―上田市）………542
長野県（女性―上田市―歴史）………542
長野県（書目）………542
長野県（城）………542
長野県（城跡）………542
長野県（陣屋）………542
長野県（森林計画）………542
長野県（水害予防―上田市―歴史）………542
長野県（水質汚濁）………542
長野県（青年運動―歴史）………542
長野県（石仏―青木村―目録）………542
長野県（石仏―上田市―目録）………542
長野県（選挙―統計）………542
長野県（多文化主義―松本市）………542
長野県（ダム―下諏訪町）………542
長野県（地域開発）………542
長野県（地域開発―大町市）………543
長野県（地域開発―駒ヶ根市）………543
長野県（地域社会―小谷村）………543
長野県（力石）………543
長野県（地誌）………543
長野県（地誌―須坂市）………543
長野県（地誌―長野市）………543
長野県（治水）………543
長野県（治水―松本市―歴史）………543
長野県（地方選挙）………543
長野県（地名）………543
長野県（蝶）………543
長野県（津南町）………543
長野県（庭園―長野市）………543
長野県（鉄道―歴史）………543
長野県（伝記―佐久市）………543
長野県（伝説―長野市）………543
長野県（道路橋）………543
長野県（中野市）………543
長野県（農村）………543
長野県（農村―歴史）………543
長野県（農村計画―歴史）………543
長野県（博物館―長野市）………543
長野県（バス事業）………543
長野県（美術上）………544
長野県（風俗・習慣―飯田市）………544
長野県（風俗・習慣―須坂市）………544
長野県（武家住宅―長野市）………544
長野県（仏像―松本市―図集）………544
長野県（噴火災害）………544
長野県（噴火災害―写真集）………544
長野県（文化財保護―長野市）………544
長野県（保養地―軽井沢町―歴史）………544
長野県（町屋―保存・修復―塩尻市）………544
長野県（民家―保存・修復―塩尻市）………544
長野県（名簿）………544
長野県（歴史）………544
長野県（歴史―飯田市）………544
長野県（歴史―伊那市）………544
長野県（歴史―写真集―大町市）………544

長野県（歴史―写真集―松本市）………544
長野県（歴史―史料―佐久市）………544
長野県（歴史―史料―書目）………544
長野県（歴史―史料―書目―佐久市）………544
長野県（歴史―史料―書目―須坂市）………544
長野県（歴史―史料―書目―長野市）………544
長野県（歴史―長野市）………544
長野県（歴史―松本市）………544
長野県議会………544
長野県立こども病院………544
中野市 ………545
中野市（遺跡・遺物）………545
中野市（遺跡地図）………545
長野市（行政）………545
長野市（古地図）………545
長野市（市街地―歴史）………545
長野市（地誌）………545
長野市（庭園）………545
長野市（伝説）………545
長野市（博物館）………545
長野市（武家住宅）………545
長野市（文化財保護）………545
長野市（歴史）………545
長野市（歴史―史料―書目）………545
長野市災害ボランティア委員会 ………545
中之条町〔群馬県〕（遺跡・遺物）………545
中之条町〔群馬県〕（地誌）………545
中之条町〔群馬県〕（地名）………545
中之条町〔群馬県〕（花）………545
中能登町〔石川県〕（遺跡・遺物）………545
長野原町〔群馬県〕（遺跡・遺物）………545
中野渡 進 ………545
中畑 清〔1954～ 〕………545
長浜 晴子〔1946～ 〕………545
長濱 文子〔1929～ 〕………545
中浜 万次郎〔1828～1898〕………545
長浜市（遺跡・遺物）………545
長浜市（景観計画）………546
長浜市（植物―図集）………546
長浜市（城跡―保存・修復）………546
長浜市（神社）………546
長浜市（鳥―図集）………546
長浜市（仏像）………546
長浜市（歴史）………546
中原 市五郎〔1867～1941〕………546
中原 中也〔1907～1937〕………546
長淵 剛〔1956～ 〕………546
永渕 洋三〔1942～ 〕………546
長嶺 ヤス子〔1936～ 〕………546
中村 アン〔1987～ 〕………546
中村 薫 ………546
中村 和行〔1951～ 〕………546
中村 鴈治郎〔4代目 1959～ 〕………546
中村 錦之助〔1932～1997〕………546
中村 憲剛 ………546
中村 修二〔1954～ 〕………546
中村 俊也〔1942～2013〕………546
中村 祥子〔バレリーナ〕………546
中村 真一郎〔1918～1997〕………546
中邑 真輔 ………546
中村 天風〔1876～1968〕………546
中村 トシ子〔1932～ 〕………546
中村 元〔1912～1999〕………546
中村 八大〔1931～1992〕………546
中村 ひとし ………546
中村 不折〔1866～1943〕………547

なかむら 陽子〔1941～ 〕………547
中村藩 ………547
中森 明菜〔1965～ 〕………547
中山 千夏〔1948～ 〕………547
中山 雅史〔1967～ 〕………547
中山 律子〔1942～ 〕………547
長与町〔長崎県〕（教育行政）………547
流 亀太郎〔1923～ 〕………547
流山市（遺跡・遺物）………547
流山市（醸造業―歴史）………547
流山市（地名）………547
流山市（歴史）………547
長和町〔長野県〕（遺跡・遺物）………547
奈義町〔岡山県〕（昔話）………547
名古屋駅 ………547
名古屋学院大学 ………547
名古屋学院大学法学部 ………547
名古屋グランパスエイト ………547
名古屋港 ………547
名古屋市 ………547
名古屋市（遺跡・遺物）………547
名古屋市（イベント）………547
名古屋市（衛生行政）………547
名古屋市（演劇）………547
名古屋市（外来種）………548
名古屋市（学生）………548
名古屋市（学校施設・設備）………548
名古屋市（家庭用電気製品―リサイクル）………548
名古屋市（環境行政）………548
名古屋市（感染症対策）………548
名古屋市（紀行・案内記）………548
名古屋市（教育―歴史）………548
名古屋市（行政）………548
名古屋市（景観計画）………548
名古屋市（公営住宅）………548
名古屋市（公園）………548
名古屋市（公共施設）………548
名古屋市（高校生）………548
名古屋市（公立学校）………548
名古屋市（子育て支援）………548
名古屋市（古地図）………548
名古屋市（古墳―保存・修復）………548
名古屋市（災害予防）………548
名古屋市（産業―統計）………548
名古屋市（史跡名勝）………548
名古屋市（自転車駐車場）………548
名古屋市（社会福祉）………548
名古屋市（写真集）………548
名古屋市（障害者福祉）………548
名古屋市（商店街）………548
名古屋市（食生活）………549
名古屋市（人権）………549
名古屋市（人口―統計）………549
名古屋市（震災予防）………549
名古屋市（水道―歴史）………549
名古屋市（生活保護―統計）………549
名古屋市（青少年）………549
名古屋市（生物）………549
名古屋市（世帯―統計）………549
名古屋市（選挙）………549
名古屋市（選挙―統計）………549
名古屋市（租税―条例）………549
名古屋市（耐震建築）………549
名古屋市（男女共同参画）………549
名古屋市（単親家庭）………549

日本件名図書目録2014　I　　　　　　　　　　　　　　　　　　　　　　　　　　　　　　　　　　　　南砺市

名古屋市（地域開発）…………………549
名古屋市（地誌）………………………549
名古屋市（地方自治）…………………549
名古屋市（地方選挙）…………………549
名古屋市（道路公害）…………………549
名古屋市（都市計画）…………………549
名古屋市（都市交通）…………………549
名古屋市（ドメスティックバイオレン
　ス）……………………………………549
名古屋市（二酸化炭素―排出抑制）……550
名古屋市（ひきこもり）………………550
名古屋市（病院）………………………550
名古屋市（放置自転車）………………550
名古屋市（ホームレス）………………550
名古屋市（マイクログリッド）………550
名古屋市（緑地計画）…………………550
名古屋市（歴史）………………………550
名古屋市（歴史―史料）………………550
名古屋市（労働市場）…………………550
名古屋市（路線価）……………………550
名古屋市会………………………………550
名古屋市千種区…………………………550
名古屋市守山区…………………………550
名古屋市役所本庁舎……………………550
名古屋市立大学…………………………550
名古屋大学………………………………550
名古屋大学教育学部附属高等学校……550
名古屋大学教育学部附属中学校………550
名古屋大学農学国際教育協力研究セン
　ター……………………………………550
名古屋鉄道株式会社……………………550
名古屋電気学園…………………………550
NASA →アメリカ合衆国航空宇宙局を見よ
那須烏山市（遺跡・遺物）……………550
那須烏山市（製紙―歴史）……………550
那須塩原市（地誌）……………………551
那須塩原市（地名―辞書）……………551
那須野ケ原………………………………551
那須町〔栃木県〕（地名―辞書）……551
那須町〔栃木県〕（東日本大震災
　〔2011〕―被害）……………………551
那須町〔栃木県〕（被災者支援）……551
名田　惣二郎〔1933～　〕……………551
灘高等学校………………………………551
ナターシャ………………………………551
灘中学校…………………………………551
ナダル, G.〔1507～1580〕……………551
那智勝浦町〔和歌山県〕（祭祀）……551
那智勝浦町〔和歌山県〕（水害）……551
那智勝浦町〔和歌山県〕（田楽）……551
夏目　漱石〔1867～1916〕……………551
名取　洋之助〔1910～1962〕…………552
名取市（東日本大震災〔2011〕―被害
　―写真集）……………………………552
名取市（方言）…………………………552
七尾市（遺跡・遺物）…………………552
七尾市（祭礼）…………………………552
七尾市（歴史）…………………………552
七ツ寺共同スタジオ……………………552
難波宮……………………………………552
ナパ〔カリフォルニア州〕（ワイン）…552
那覇市（遺跡・遺物）…………………552
那覇市（芸者―歴史）…………………552
那覇市（地誌）…………………………552
那覇市（遊廓―歴史）…………………552
名張市（遺跡・遺物）…………………552

名張市（統計）…………………………552
ナビ………………………………………552
ナフィーシー, A.………………………552
ナブロアース……………………………553
なべ　おさみ〔1939～　〕……………553
鍋島〔氏〕………………………………553
鍋島　直正〔1814～1871〕……………553
生江　孝之〔1867～1957〕……………553
なまら癖X………………………………553
浪江　慶〔1910～1999〕………………553
浪江　八重子〔1910～1993〕…………553
浪江町〔福島県〕（東日本大震災
　〔2011〕―被害）……………………553
浪江町〔福島県〕（東日本大震災
　〔2011〕―被害―写真集）…………553
浪江町〔福島県〕（福島第一原発事故
　〔2011〕―被害）……………………553
並木　秀之〔1953～　〕………………553
並木　栗水〔1829～1914〕……………553
ナミビア（経済援助〔日本〕）………553
滑川市（地誌）…………………………553
滑川市（彫刻〔日本〕―図集）………553
滑川市（歴史―写真集）………………553
滑川市老人クラブ連合会………………553
名寄市（キノコ―図集）………………553
奈良　裕也〔1980～　〕………………553
奈良学園…………………………………553
奈良県（遺跡・遺物）…………………553
奈良県（遺跡・遺物―橿原市）………553
奈良県（遺跡・遺物―御所市）………554
奈良県（遺跡・遺物―桜井市）………554
奈良県（遺跡・遺物―天理市）………554
奈良県（遺跡・遺物―奈良市）………554
奈良県（医療）…………………………554
奈良県（衛生行政）……………………554
奈良県（介護福祉―生駒市）…………554
奈良県（介護保険）……………………554
奈良県（紀行・案内記）………………554
奈良県（紀行・案内記―奈良市）……554
奈良県（教育）…………………………554
奈良県（行政）…………………………554
奈良県（郷土芸能）……………………554
奈良県（近代化遺産）…………………554
奈良県（交通―歴史―生駒市）………554
奈良県（高齢者）………………………554
奈良県（高齢者福祉）…………………554
奈良県（高齢者福祉―生駒市）………554
奈良県（古瓦）…………………………554
奈良県（古墳）…………………………554
奈良県（古墳―桜井市）………………554
奈良県（古墳―天理市）………………555
奈良県（災害―歴史）…………………555
奈良県（財産評価）……………………555
奈良県（寺院）…………………………555
奈良県（史跡名勝）……………………555
奈良県（社会科―小学校）……………555
奈良県（住宅産業）……………………555
奈良県（書目）…………………………555
奈良県（震災予防）……………………555
奈良県（神社）…………………………555
奈良県（神道美術―奈良市）…………555
奈良県（森林）…………………………555
奈良県（水害）…………………………555
奈良県（水害―五條市）………………555
奈良県（水害―十津川村）……………555
奈良県（選挙―統計）…………………555

奈良県（前方後円墳）…………………555
奈良県（男女共同参画）………………555
奈良県（地域社会―十津川村）………555
奈良県（地誌）…………………………555
奈良県（地層）…………………………555
奈良県（茶業―歴史）…………………555
奈良県（都市交通）……………………555
奈良県（土砂災害）……………………555
奈良県（土壌汚染）……………………555
奈良県（年鑑）…………………………555
奈良県（年中行事―御所市）…………555
奈良県（仏教）…………………………555
奈良県（仏教美術―奈良市）…………555
奈良県（仏像―奈良市）………………556
奈良県（墳墓）…………………………556
奈良県（防災計画）……………………556
奈良県（墓誌）…………………………556
奈良県（民間信仰）……………………556
奈良県（昔話）…………………………556
奈良県（名簿）…………………………556
奈良県（野外教育）……………………556
奈良県（歴史）…………………………556
奈良県（歴史―史料―大和郡山市）…556
奈良県（路線価）………………………556
奈良県水泳連盟…………………………556
奈良県立奈良病院附属看護専門学校…556
奈良産業大学……………………………556
奈良市（遺跡・遺物）…………………556
奈良市（紀行・案内記）………………556
奈良市（神道美術）……………………556
奈良市（仏教美術）……………………556
奈良市（仏像）…………………………556
奈良女子大学……………………………556
奈良橋　陽子〔1947～　〕……………556
楢葉ベースボールクラブ………………556
成田　公一〔1939～　〕………………556
成田国際空港……………………………556
成田市（遺跡・遺物）…………………556
成田市（環境行政）……………………557
成田市（感染症対策）…………………557
成瀬〔氏〕………………………………557
成瀬　仁蔵〔1858～1919〕……………557
成瀬　巳喜男〔1905～1969〕…………557
鳴門教育大学……………………………557
南海電気鉄道株式会社…………………557
南海ホークス球団………………………557
南関町〔熊本県〕（遺跡・遺物）……557
南極海……………………………………557
南極地方…………………………………557
南極地方（学術探検）…………………557
南極地方（探検―歴史）………………557
南国市（遺跡・遺物）…………………557
南国殖産株式会社………………………557
南山学園…………………………………557
ナンシー関〔1962～2002〕……………557
南城市（祭祀）…………………………557
南丹市（遺跡・遺物）…………………557
南丹市（文化財）………………………557
南丹市（歴史）…………………………557
南丹市（歴史―史料―書目）…………557
南朝〔中国〕（外国関係―アジア―歴
　史―南北朝時代）……………………558
南朝〔中国〕（仏教―歴史―南北朝時
　代）……………………………………558
南砺市（遺跡・遺物）…………………558
南砺市（行政）…………………………558

（67）

南砺市

南砺市（土地改良―歴史）………… 558
南砺市（風俗・習慣）……………… 558
南砺市（風俗・習慣―歴史）……… 558
南砺市（民具）……………………… 558
南砺市（予算・決算）……………… 558
南砺市（歴史）……………………… 558
南砺市菊花協会……………………… 558
難波 勲〔1949～ 〕……………… 558
南原 繁〔1889～1974〕………… 558
南部〔家〕〔盛岡市〕……………… 558
南部 直政〔1661～1699〕……… 558
南部杜氏協会………………………… 558
南部町〔青森県〕（遺跡・遺物）… 558
南部町〔青森県〕（城跡―保存・修
　復）………………………………… 558
南部町〔鳥取県〕（遺跡・遺物）… 558
南陽市（遺跡・遺物）……………… 558
南陽市（歴史―史料）……………… 558

【 に 】

新垣 隆〔1970～ 〕……………… 559
新潟県………………………………… 559
新潟県（遺跡・遺物）……………… 559
新潟県（遺跡・遺物―糸魚川市）… 559
新潟県（遺跡・遺物―魚沼市）…… 559
新潟県（遺跡・遺物―会議録―佐渡
　市）………………………………… 559
新潟県（遺跡・遺物―柏崎市）…… 559
新潟県（遺跡・遺物―加茂市）…… 559
新潟県（遺跡・遺物―佐渡市）…… 559
新潟県（遺跡・遺物―三条市）…… 559
新潟県（遺跡・遺物―新発田市）… 559
新潟県（遺跡・遺物―上越市）…… 559
新潟県（遺跡・遺物―胎内市）…… 559
新潟県（遺跡・遺物―長岡市）…… 559
新潟県（遺跡・遺物―保存・修復―胎
　内市）……………………………… 560
新潟県（遺跡・遺物―目録）……… 560
新潟県（医療）……………………… 560
新潟県（衛生行政）………………… 560
新潟県（衛生行政―長岡市）……… 560
新潟県（駅）………………………… 560
新潟県（エネルギー政策―糸魚川市）‥560
新潟県（温泉―十日町市）………… 560
新潟県（絵画〔日本〕―画集）…… 560
新潟県（絵画―画集）……………… 560
新潟県（会社―名簿）……………… 560
新潟県（開拓―長岡市―歴史）…… 560
新潟県（神楽―長岡市）…………… 560
新潟県（河川行政）………………… 560
新潟県（環境教育）………………… 560
新潟県（看護師）…………………… 560
新潟県（感染症対策―長岡市）…… 560
新潟県（気象―長岡市）…………… 560
新潟県（教育行政）………………… 560
新潟県（行政）……………………… 560
新潟県（行政―長岡市）…………… 560
新潟県（協働〔行政〕―長岡市）… 560
新潟県（金―鉱山―佐渡市―歴史）… 560
新潟県（銀―鉱山―佐渡市―歴史）… 560
新潟県（近代化遺産―柏崎市―写真
　集）………………………………… 560
新潟県（空襲―長岡市）…………… 560
新潟県（原子力災害―防災）……… 560
新潟県（原子力災害―防災―上越市）‥561

新潟県（工業―名簿）……………… 561
新潟県（口腔衛生）………………… 561
新潟県（口腔衛生―長岡市）……… 561
新潟県（鉱山―佐渡市）…………… 561
新潟県（鉱山―佐渡市―会議録）… 561
新潟県（工場建築―柏崎市―写真集）… 561
新潟県（高齢者―小千谷市）……… 561
新潟県（古地図―柏崎市）………… 561
新潟県（昆虫―魚沼市）…………… 561
新潟県（災害復興）………………… 561
新潟県（災害復興―小千谷市）…… 561
新潟県（産業―統計―長岡市）…… 561
新潟県（寺院）……………………… 561
新潟県（ジオパーク）……………… 561
新潟県（市街地）…………………… 561
新潟県（市街地―長岡市）………… 561
新潟県（歯科医療）………………… 561
新潟県（地すべり―十日町市―歴史）… 561
新潟県（自然災害―防災―上越市）… 561
新潟県（自然保護）………………… 561
新潟県（社会福祉―歴史―論文集）… 561
新潟県（住宅政策）………………… 561
新潟県（商業―名簿）……………… 561
新潟県（消費者行動）……………… 561
新潟県（縄文土器）………………… 561
新潟県（食育）……………………… 561
新潟県（食育―長岡市）…………… 561
新潟県（職業教育）………………… 561
新潟県（職人―三条市）…………… 561
新潟県（植物―魚沼市）…………… 561
新潟県（女性）……………………… 562
新潟県（書籍商）…………………… 562
新潟県（書目）……………………… 562
新潟県（震災予防―上越市）……… 562
新潟県（震災予防―長岡市）……… 562
新潟県（陣屋）……………………… 562
新潟県（森林）……………………… 562
新潟県（森林計画）………………… 562
新潟県（水害予防―上越市）……… 562
新潟県（水産業）…………………… 562
新潟県（水質汚濁）………………… 562
新潟県（製紙―越前市）…………… 562
新潟県（雪害―長岡市）…………… 562
新潟県（選挙―統計）……………… 562
新潟県（ダム―燕市）……………… 562
新潟県（地域開発）………………… 562
新潟県（地域社会―十日町市）…… 562
新潟県（地域ブランド）…………… 562
新潟県（地誌）……………………… 562
新潟県（地質）……………………… 562
新潟県（地質―糸魚川市）………… 562
新潟県（津波―上越市）…………… 562
新潟県（津波―長岡市）…………… 562
新潟県（庭園）……………………… 562
新潟県（鉄道）……………………… 562
新潟県（鉄道―歴史）……………… 562
新潟県（陶磁器）…………………… 562
新潟県（都市計画―長岡市）……… 563
新潟県（土壌汚染）………………… 563
新潟県（鳥―魚沼市）……………… 563
新潟県（農業）……………………… 563
新潟県（農村計画）………………… 563
新潟県（版画―佐渡市―画集）…… 563
新潟県（被災者支援―三条市）…… 563
新潟県（美術―図集）……………… 563
新潟県（避難所―三条市）………… 563

新潟県（風水害―長岡市）………… 563
新潟県（風俗・習慣）……………… 563
新潟県（文化活動―津南町）……… 563
新潟県（文化活動―十日町市）…… 563
新潟県（文化行政―津南町）……… 563
新潟県（文化行政―十日町市）…… 563
新潟県（文化財―長岡市）………… 563
新潟県（方言）……………………… 563
新潟県（防災計画―上越市）……… 563
新潟県（防災計画―長岡市）……… 563
新潟県（保健師）…………………… 563
新潟県（町屋―保存・修復―佐渡市―
　歴史）……………………………… 563
新潟県（民謡）……………………… 563
新潟県（昔話―魚沼市）…………… 563
新潟県（名簿）……………………… 564
新潟県（林業）……………………… 564
新潟県（歴史―佐渡市）…………… 564
新潟県（歴史―上越市）…………… 564
新潟県（歴史―燕市）……………… 564
新潟県（労働争議）………………… 564
新潟県（和紙―越前市）…………… 564
新潟県印刷工業組合………………… 564
新潟県教職員厚生財団……………… 564
新潟県立柏崎工業高等学校………… 564
新潟県立柏崎総合高等学校………… 564
新潟県立加茂高等学校……………… 564
新潟県立長岡向陵高等学校………… 564
新潟県立新潟北高等学校…………… 564
新潟県立新潟江南高等学校………… 564
新潟県立新潟向陽高等学校………… 564
新潟県立新潟商業高等学校………… 564
新潟港………………………………… 564
新潟市（遺跡・遺物）……………… 564
新潟市（環境行政）………………… 564
新潟市（行政）……………………… 564
新潟市（子育て支援）……………… 564
新潟市（古墳）……………………… 564
新潟市（選挙―統計）……………… 565
新潟市（地域開発）………………… 565
新潟市（被災者支援）……………… 565
新潟市（歴史）……………………… 565
新潟市新津美術館…………………… 565
新潟大学教育学部附属特別支援学校…565
新潟大学大学院医歯学総合研究科口腔
　生命科学専攻
新潟テレビ21……………………… 565
新冠町〔北海道〕（地名―便覧）… 565
新冠町観光協会……………………… 565
新座市（遺跡・遺物）……………… 565
新座市（青少年教育）……………… 565
新座市（歴史―年表）……………… 565
新島 襄〔1843～1890〕……… 565
新島 八重子〔1845～1932〕… 565
新浪 博士〔1962～ 〕………… 565
新野〔家〕〔八王子市〕…………… 565
新美 南吉〔1913～1943〕…… 565
新見市（荘園）……………………… 565
二階堂学園………………………… 565
仁賀保町農業協同組合……………… 565
ニコラウス・クザーヌス, C.〔1401～
　1464〕…………………………… 565
西 周〔1829～1897〕………… 565
西会津町〔福島県〕（遺跡・遺物）… 566
西伊豆町〔静岡県〕（衛生）……… 566
西インド諸島（歴史）……………… 566

西内 ひろ〔1989～ 〕…………………566
ニジェール（社会）…………………566
ニジェール（土地制度）……………566
ニジェール（農村）…………………566
ニジェール（風俗・習慣）…………566
西岡 琳奈〔1995～ 〕………………566
西尾さん………………………………566
西尾市（歴史―史料）………………566
西尾信用金庫…………………………566
西川 紀光〔1940～ 〕………………566
西川 忠敬〔1944～ 〕………………566
西川町〔山形県〕（行政）…………566
錦織 圭………………………………566
西田 幾多郎〔1870～1945〕………566
西田 忠次郎〔1930～1999〕………566
西出 大三〔1913～1995〕…………566
西鉄ライオンズ………………………566
西ドイツ →ドイツ連邦共和国を見よ
西東京市（遺跡・遺物）……………566
西東京市（生活）……………………566
西東京市（地域社会）………………566
西東京市（地域情報化）……………566
西東京市（地誌）……………………566
西東京バス株式会社…………………566
西日本鉄道株式会社…………………566
西野 カナ〔1989～ 〕………………566
西之表市（歴史）……………………567
西ノ島町〔島根県〕（行政）………567
西宮市（遺跡・遺物）………………567
西宮市（歴史）………………………567
西村 泰重〔1935～ 〕………………567
西目屋村〔青森県〕（遺跡・遺物）…567
西米良村〔宮崎県〕（農村生活）……567
西山 徹〔1974～ 〕…………………567
21_21 Design Sight…………………567
二松学舎大学国際政治経済学部………567
西淀川経営改善研究会………………567
西和賀町〔岩手県〕（健康管理―歴
　史）…………………………………567
日亜化学工業株式会社………………567
ニーチェ, F.W.〔1844～1900〕……567
日謙〔1746～1829〕…………………567
日源〔 ～1315〕………………………567
日南市（醸造業―歴史）……………567
日南市（都市計画）…………………567
日南町〔鳥取県〕（遺跡・遺物）……567
日蓮〔1222～1282〕…………………568
ニッカウヰスキー株式会社…………568
日華化学株式会社……………………568
日活株式会社…………………………568
日韓文化交流基金……………………568
日光街道………………………………568
日光市（生物）………………………568
日産グループ…………………………568
日産工機株式会社……………………568
日産自動車株式会社…………………568
日彰館高等学校〔広島県立〕………568
日進市（遺跡・遺物）………………568
日進市（農業教育）…………………568
日清食品ホールディングス株式会社…568
日生劇場………………………………568
新田 嘉一……………………………568
日中経済貿易センター………………568
日澄寺〔鴨川市〕……………………568
日東精工株式会社……………………568
日東富士製粉株式会社………………568

ニップコーポレーション……………568
ニッポン・アクティブライフ・クラブ
　天の川クラブ………………………568
新渡戸 稲造〔1862～1933〕………568
二戸市（遺跡・遺物）………………568
二戸市（地誌）………………………568
二宮 尊徳〔1787～1856〕…………569
ニーバー, R.〔1892～1971〕………569
日本……………………………………569
日本（3R〔廃棄物〕）………………569
日本（3R〔廃棄物〕―PR）………569
日本（3R〔廃棄物〕―法令）………569
日本（愛国心）………………………569
日本（ICカード―特許）……………569
日本（空き家）………………………569
日本（アクチュエーターナノテクノロ
　ジー―特許）………………………569
日本（アートマネジメント）………569
日本（アニメーション）……………569
日本（アニメーション―歴史―1945
　～）…………………………………570
日本（アニメーション―歴史―昭和後
　期）…………………………………570
日本（アニメーション―歴史―平成時
　代）…………………………………570
日本（アニメーター）………………570
日本（アパレル製造業―歴史）……570
日本（アマノリ―養殖）……………570
日本（暗号―特許）…………………570
日本（安全管理）……………………570
日本（安全保障）……………………570
日本（安全保障―歴史―1945～）…571
日本（医学―賞）……………………571
日本（医学―歴史）…………………571
日本（医学―歴史―江戸時代）……571
日本（医学教育）……………………571
日本（医学教育―名簿）……………571
日本（医学教育―歴史）……………571
日本（医学教育―歴史―江戸時代）…571
日本（医学教育―歴史―江戸末期）…572
日本（医学教育―歴史―明治以後）…572
日本（医学者）………………………572
日本（異業種交流）…………………572
日本（イギリス国教会―伝道―歴史―
　昭和前期）…………………………572
日本（生贄）…………………………572
日本（囲碁―歴史―昭和時代）……572
日本（遺産相続―判例）……………572
日本（医師）…………………………572
日本（医師―名簿）…………………572
日本（医師―歴史―江戸時代）……572
日本（石垣―保存・修復）…………572
日本（医事紛争）……………………572
日本（医事法）………………………572
日本（いじめ）………………………573
日本（意匠法―判例）………………573
日本（イスラム―歴史）……………573
日本（遺跡・遺物）…………………573
日本（遺跡・遺物―辞書）…………574
日本（遺跡・遺物―書目）…………574
日本（遺跡・遺物―保存・修復）……574
日本（遺跡・遺物―保存・修復―歴史
　―明治以後）………………………574
日本（遺跡・遺物―論文集）………574
日本（逸失利益）……………………574
日本（一般廃棄物）…………………574

日本（移転価格税制）………………575
日本（犬―保護）……………………575
日本（稲―栽培）……………………575
日本（衣服―歴史）…………………575
日本（イベント産業）………………575
日本（イベント産業―安全管理）……575
日本（移民・植民）…………………575
日本（移民・植民〔朝鮮〕―歴史―昭
　和時代）……………………………575
日本（移民・植民―アメリカ合衆国―
　歴史）………………………………575
日本（移民・植民―アメリカ合衆国―
　歴史―1868～1945）………………575
日本（移民・植民―アルゼンチン―歴
　史）…………………………………576
日本（移民・植民―オーストラリア）…576
日本（移民・植民―カナダ―歴史）…576
日本（移民・植民―樺太―歴史）……576
日本（移民・植民―キューバ）………576
日本（移民・植民―コロンビア―歴
　史）…………………………………576
日本（移民・植民―ハワイ州―歴史）…576
日本（移民・植民―ブラジル―歴史）…576
日本（移民・植民―満州）…………576
日本（移民・植民―満州―歴史―史
　料）…………………………………576
日本（移民・植民―メキシコ）………576
日本（移民・植民―メキシコ―歴史）…576
日本（移民・植民―歴史）…………576
日本（移民・植民―歴史―昭和時代）…576
日本（医薬品）………………………576
日本（医薬品―特許）………………576
日本（医薬品―便覧）………………576
日本（医薬品工業）…………………577
日本（医薬品工業―名簿）…………577
日本（医用工学―特許）……………577
日本（イラストレーション―画集）…577
日本（イラストレーション―歴史―
　1868～1945）………………………577
日本（イラストレーション―歴史―
　1868～1945―画集）………………577
日本（医療）…………………………577
日本（医療―統計）…………………578
日本（医療―歴史―1945～）………578
日本（医療器械―特許）……………579
日本（医療器械―法令）……………579
日本（医療事故）……………………579
日本（医療事故―法令）……………579
日本（医療施設）……………………579
日本（医療社会事業）………………579
日本（医療従事者）…………………579
日本（医療制度）……………………579
日本（医療費）………………………580
日本（医療保険）……………………580
日本（医療保険―統計）……………580
日本（医療連携）……………………580
日本（印刷回路―特許）……………580
日本（印刷業）………………………580
日本（印刷業―名簿）………………580
日本（インターネット―法令）………580
日本（インターネット選挙運動）……581
日本（インテリア産業―名簿）………581
日本（ウィスキー）…………………581
日本（請負工事―法令）……………581
日本（宇宙開発）……………………581
日本（ウミガメ）……………………581

日本（右翼）581
日本（右翼—歴史—1868～1945—名簿）581
日本（運送—名簿）581
日本（運送業）581
日本（運送業—安全管理）581
日本（運送法）581
日本（運送法—歴史—1945～）582
日本（運動選手）582
日本（映画）582
日本（映画—歴史）582
日本（映画—歴史—1945～）583
日本（映画—歴史—昭和後期）583
日本（映画—歴史—明治以後）583
日本（映画館—統計）583
日本（映画監督）583
日本（映画産業）583
日本（映画産業—統計）583
日本（映画産業—歴史—1945～1952）583
日本（映画産業—歴史—昭和後期）583
日本（映画俳優—写真集）583
日本（映画俳優—歴史—昭和後期）583
日本（英語教育—小学校）583
日本（衛生—法令）583
日本（衛生行政）583
日本（映像作家—名簿）584
日本（栄養—法令）584
日本（絵入り本—歴史）584
日本（駅）584
日本（エコシティ）584
日本（SF映画—歴史—昭和前期）584
日本（NPO）584
日本（NPO—会計）584
日本（NPO—歴史—年表）584
日本（エネルギー教育）584
日本（エネルギー産業）584
日本（エネルギー資源）584
日本（エネルギー政策）584
日本（エネルギー政策—会議録）585
日本（エネルギー政策—歴史）585
日本（エネルギー政策—歴史—1945～）585
日本（エネルギーマネジメントシステム）585
日本（絵本—歴史—昭和前期）585
日本（エリート）586
日本（LED照明—特許）586
日本（エレベーター—法令）586
日本（演劇）586
日本（演劇—歴史—明治以後）586
日本（演劇—歴史—明治時代）586
日本（演劇教育—歴史—明治以後）586
日本（狼—保護）586
日本（オフショア開発—中国）586
日本（親子関係）586
日本（卸売）586
日本（卸売—統計）586
日本（卸売—名簿）587
日本（卸売市場—統計）587
日本（音楽）587
日本（音楽—賞—便覧）587
日本（音楽—歴史—昭和時代）587
日本（音楽—歴史—明治以後）587
日本（音楽—歴史—明治以後—年表）587
日本（音楽—歴史—明治時代）587
日本（音楽産業—統計）587

日本（音楽産業—歴史—昭和後期）587
日本（温泉）587
日本（温泉—歴史—江戸時代）587
日本（蛾）587
日本（貝）587
日本（海運）587
日本（海運—法令）587
日本（海運—名簿）587
日本（海運—歴史—江戸時代）587
日本（海運業—歴史）587
日本（絵画—画集）587
日本（絵画—歴史—1868～1945—画集）588
日本（絵画—歴史—昭和時代—画集）588
日本（絵画—歴史—昭和前期—画集）588
日本（絵画—歴史—大正時代—画集）588
日本（絵画—歴史—平成時代—画集）588
日本（絵画—歴史—明治以後）588
日本（絵画—歴史—明治以後—画集）588
日本（絵画—歴史—明治時代）589
日本（絵画—歴史—明治時代—画集）589
日本（海岸）589
日本（海岸林）589
日本（外客）589
日本（階級—歴史—1868～1945）589
日本（海軍）589
日本（海軍—伝記）589
日本（海軍—歴史）589
日本（海軍—歴史—1868～1945）589
日本（海軍—歴史—昭和前期）589
日本（会計学）590
日本（会計監査）590
日本（会計監査—歴史）590
日本（外形標準課税）590
日本（会計法）590
日本（解雇）590
日本（介護—安全管理）590
日本（解雇—判例）590
日本（外国会社）590
日本（外国為替—法令）590
日本（外国関係）590
日本（外国関係—アジア）591
日本（外国関係—アジア〔東部〕）591
日本（外国関係—アジア〔東部〕—歴史—1945～）591
日本（外国関係—アジア〔東部〕—歴史—古代）592
日本（外国関係—アジア〔東部〕—歴史—昭和前期）592
日本（外国関係—アジア〔東部〕—歴史—明治以後）592
日本（外国関係—アジア—歴史—1868～1945）592
日本（外国関係—アジア—歴史—1945～）592
日本（外国関係—アメリカ合衆国）592
日本（外国関係—アメリカ合衆国—歴史）592
日本（外国関係—アメリカ合衆国—歴史—1868～1945）592
日本（外国関係—アメリカ合衆国—歴史—1933～1945）592
日本（外国関係—アメリカ合衆国—歴史—1945～）593
日本（外国関係—アメリカ合衆国—歴史—1945～1952）593

日本（外国関係—アメリカ合衆国—歴史—20世紀—史料）593
日本（外国関係—アメリカ合衆国—歴史—江戸末期）593
日本（外国関係—アメリカ合衆国—歴史—近代）593
日本（外国関係—アメリカ合衆国—歴史—昭和後期）593
日本（外国関係—アメリカ合衆国—歴史—明治以後）593
日本（外国関係—アルジェリア—歴史）593
日本（外国関係—イギリス—歴史—1868～1945）593
日本（外国関係—イギリス—歴史—1945～）593
日本（外国関係—イギリス—歴史—江戸末期）593
日本（外国関係—インド）593
日本（外国関係—オーストラリア—歴史）594
日本（外国関係—オランダ—歴史—江戸時代）594
日本（外国関係—オランダ—歴史—江戸初期）594
日本（外国関係—カンボジア）594
日本（外国関係—スリランカ—歴史）594
日本（外国関係—西洋）594
日本（外国関係—大韓民国）594
日本（外国関係—大韓民国—歴史）595
日本（外国関係—大韓民国—歴史—昭和後期）595
日本（外国関係—大韓民国—歴史—明治以後）595
日本（外国関係—台湾）595
日本（外国関係—台湾—歴史—明治以後）595
日本（外国関係—台湾—歴史—明治以後—会議録）595
日本（外国関係—中国）596
日本（外国関係—中国—歴史）597
日本（外国関係—中国—歴史—1868～1945）597
日本（外国関係—中国—歴史—1945～）597
日本（外国関係—中国—歴史—1949～）598
日本（外国関係—中国—歴史—近代）598
日本（外国関係—中国—歴史—古代）598
日本（外国関係—中国—歴史—昭和後期）598
日本（外国関係—中国—歴史—史料）598
日本（外国関係—中国—歴史—清時代）598
日本（外国関係—中国—歴史—大正時代）598
日本（外国関係—中国—歴史—平安時代）598
日本（外国関係—中国—歴史—明時代）598
日本（外国関係—中国—歴史—明治以後）598
日本（外国関係—中国—歴史—明治時代）598

日本件名図書目録2014　Ⅰ　　　日本

日本（外国関係―中国―歴史―明治時
　代―史料）………………………… 599
日本（外国関係―中国―歴史―論文
　集）………………………………… 599
日本（外国関係―朝鮮）…………… 599
日本（外国関係―朝鮮―歴史）…… 599
日本（外国関係―朝鮮―歴史―1945
　～）………………………………… 599
日本（外国関係―朝鮮―歴史―江戸時
　代）………………………………… 599
日本（外国関係―朝鮮―歴史―江戸初
　期）………………………………… 599
日本（外国関係―朝鮮―歴史―近代）‥ 599
日本（外国関係―朝鮮―歴史―原始時
　代）………………………………… 599
日本（外国関係―朝鮮―歴史―高麗時
　代）………………………………… 599
日本（外国関係―朝鮮―歴史―古代）‥ 599
日本（外国関係―朝鮮―歴史―明治以
　後）………………………………… 599
日本（外国関係―朝鮮―歴史―明治時
　代）………………………………… 599
日本（外国関係―朝鮮―歴史―李朝時
　代）………………………………… 599
日本（外国関係―朝鮮民主主義人民共
　和国）……………………………… 599
日本（外国関係―ドイツ）………… 600
日本（外国関係―ドイツ―歴史―1945
　～）………………………………… 600
日本（外国関係―ドイツ―歴史―昭和
　前期）……………………………… 600
日本（外国関係―東南アジア）…… 600
日本（外国関係―東南アジア―歴史―
　昭和前期）………………………… 600
日本（外国関係―フランス―歴史―江
　戸末期）…………………………… 600
日本（外国関係―フランス―歴史―昭
　和前期）…………………………… 600
日本（外国関係―フランス―歴史―大
　正時代）…………………………… 600
日本（外国関係―フランス―歴史―明
　治時代）…………………………… 600
日本（外国関係―ベトナム）……… 600
日本（外国関係―ベトナム―歴史）… 600
日本（外国関係―ポルトガル―歴史―
　16世紀）…………………………… 600
日本（外国関係―ポルトガル―歴史―
　17世紀―史料）…………………… 600
日本（外国関係―ユーラシア―歴史―
　1868～1945）……………………… 600
日本（外国関係―ヨーロッパ）…… 600
日本（外国関係―ヨーロッパ―歴史―
　安土桃山時代）…………………… 600
日本（外国関係―ヨーロッパ―歴史―
　江戸初期）………………………… 601
日本（外国関係―世論）…………… 601
日本（外国関係―歴史）…………… 601
日本（外国関係―歴史―1868～1945）‥ 601
日本（外国関係―歴史―1945～）… 601
日本（外国関係―歴史―江戸末期）… 601
日本（外国関係―歴史―江戸末期―史
　料）………………………………… 601
日本（外国関係―歴史―古代）…… 601
日本（外国関係―歴史―古代―史料）‥ 601
日本（外国関係―歴史―昭和後期）… 601

日本（外国関係―歴史―昭和時代）… 601
日本（外国関係―歴史―昭和前期）… 601
日本（外国関係―歴史―昭和前期―史
　料）………………………………… 602
日本（外国関係―歴史―史料）…… 602
日本（外国関係―歴史―平成時代）… 602
日本（外国関係―歴史―明治以後）… 602
日本（外国関係―歴史―明治時代）… 602
日本（外国関係―歴史―明治時代―史
　料）………………………………… 602
日本（外国関係―ロシア）………… 602
日本（外国関係―ロシア―歴史）… 602
日本（外国関係―ロシア―歴史―1868
　～1945）…………………………… 602
日本（外国関係―ロシア―歴史―江戸
　中期）……………………………… 603
日本（外国関係―ロシア―歴史―江戸
　末期）……………………………… 603
日本（外国関係―ロシア―歴史―昭和
　後期）……………………………… 603
日本（外国関係―ロシア―歴史―明治
　以後―伝記）……………………… 603
日本（外国関係―ロシア―歴史―明治
　時代）……………………………… 603
日本（外国人教育）………………… 603
日本（外国人参政権）……………… 603
日本（外国人労働者）……………… 603
日本（外国人労働者―雇用）……… 603
日本（外国留学）…………………… 603
日本（外国留学―歴史―昭和前期―史
　料）………………………………… 604
日本（介護者支援）………………… 604
日本（介護福祉）…………………… 604
日本（介護福祉―統計）…………… 605
日本（介護福祉―法令）…………… 605
日本（介護保険）…………………… 605
日本（介護保険―統計）…………… 606
日本（介護保険―法令）…………… 606
日本（解散〔法人〕）……………… 606
日本（海事）………………………… 606
日本（海事―法令）………………… 606
日本（会社）………………………… 606
日本（会社―名簿）………………… 606
日本（会社税務―法令）…………… 606
日本（会社法―判例）……………… 606
日本（海上衝突予防法）…………… 606
日本（海上保安―法令）…………… 606
日本（海商法）……………………… 607
日本（外食産業）…………………… 607
日本（海水魚―図集）……………… 607
日本（階層）………………………… 607
日本（開拓―歴史―昭和時代）…… 607
日本（怪談）………………………… 607
日本（怪談―歴史―大正時代）…… 607
日本（海底資源）…………………… 607
日本（海難審判―裁決）…………… 607
日本（海浜生物）…………………… 607
日本（海浜生物―図集）…………… 607
日本（海浜動物―図集）…………… 607
日本（外務行政―法令）…………… 607
日本（海洋汚染）…………………… 607
日本（海洋開発）…………………… 608
日本（海洋動物―図集）…………… 608
日本（外来種）……………………… 608
日本（街路樹）……………………… 608
日本（画家―名簿）………………… 608

日本（化学―特許）………………… 608
日本（科学―歴史―1868～1945）… 608
日本（科学技術）…………………… 608
日本（科学技術―歴史）…………… 608
日本（科学技術―歴史―1945～）… 608
日本（科学技術―歴史―江戸時代）… 608
日本（科学技術行政）……………… 608
日本（科学技術行政―法令）……… 608
日本（科学技術研究）……………… 608
日本（科学技術政策）……………… 608
日本（科学技術政策―歴史―1945～）‥ 609
日本（科学教育）…………………… 609
日本（科学教育―歴史―明治以後）… 609
日本（化学工業）…………………… 609
日本（化学工業―統計）…………… 609
日本（化学工業―名簿）…………… 609
日本（科学者）……………………… 609
日本（科学者―人名辞典）………… 610
日本（化学者―歴史―1868～1945）… 610
日本（科学者―歴史―江戸時代）… 610
日本（化学繊維工業）……………… 610
日本（科学捜査）…………………… 610
日本（化学物質―安全管理）……… 610
日本（化学物質―安全管理―法令）… 610
日本（歌曲）………………………… 610
日本（家具工業―名簿）…………… 610
日本（家具工業―歴史―1945～）… 610
日本（学者）………………………… 610
日本（学習塾）……………………… 610
日本（学習塾―統計）……………… 610
日本（学習塾―名簿）……………… 610
日本（学習塾―歴史―明治時代）… 610
日本（学術）………………………… 610
日本（学術―情報サービス）……… 611
日本（学術―歴史）………………… 611
日本（学術―歴史―明治以後）…… 611
日本（学生）………………………… 611
日本（学生―歴史―平成時代）…… 612
日本（学生運動―歴史―1945～）… 612
日本（学生運動―歴史―昭和後期）… 612
日本（学生運動―歴史―昭和前期）… 612
日本（確定拠出年金）……………… 612
日本（確定拠出年金―法令）……… 612
日本（学童保育）…………………… 612
日本（火災）………………………… 612
日本（火災予防）…………………… 612
日本（火災予防―法令）…………… 612
日本（菓子―便覧）………………… 613
日本（貸金業）……………………… 613
日本（貸金業―法令）……………… 613
日本（家事審判）…………………… 613
日本（家事審判―書式）…………… 613
日本（家事調停）…………………… 613
日本（家事調停―書式）…………… 613
日本（果実）………………………… 613
日本（カジノ）……………………… 613
日本（貸家―書式）………………… 613
日本（貸家―判例）………………… 613
日本（貸家―法令）………………… 613
日本（歌手）………………………… 613
日本（果樹栽培）…………………… 614
日本（ガス事業）…………………… 614
日本（ガス事業―法令）…………… 614
日本（ガスタービン―特許）……… 614
日本（家政教育―歴史―昭和後期）… 614
日本（河川）………………………… 614

（71）

日本（河川—法令） ……………… 614
日本（河川汚濁） ………………… 614
日本（家族） ……………………… 614
日本（家族—歴史—平成時代） … 615
日本（家族—歴史—明治時代） … 615
日本（家族計画） ………………… 615
日本（家族制度） ………………… 615
日本（家族制度—歴史） ………… 615
日本（家族制度—歴史—古代） … 615
日本（家族制度—歴史—中世） … 615
日本（家族法） …………………… 615
日本（過疎問題） ………………… 615
日本（楽器） ……………………… 615
日本（楽器—図集） ……………… 615
日本（楽器—歴史—1868〜1945） … 615
日本（学校） ……………………… 615
日本（学校—歴史—書目） ……… 616
日本（学校安全） ………………… 616
日本（学校衛生） ………………… 616
日本（学校経営—法令） ………… 616
日本（学校事故—判例） ………… 616
日本（学校事故—法令） ………… 616
日本（学校司書） ………………… 616
日本（学校施設・設備—復旧） … 616
日本（学校施設・設備—法令） … 616
日本（学校職員） ………………… 616
日本（学校図書館） ……………… 616
日本（学校評価） ………………… 616
日本（活断層） …………………… 616
日本（合併〔企業〕） …………… 616
日本（家庭用電気製品—省エネル
　ギー） …………………………… 617
日本（家庭用電気製品—リサイクル） … 617
日本（家庭用品—歴史—1868〜1945） … 617
日本（カトリック教会） ………… 617
日本（カトリック教会—伝道—歴史—
　安土桃山時代） ………………… 617
日本（カトリック教会—伝道—歴史—
　江戸初期） ……………………… 617
日本（カトリック教会—名簿） … 617
日本（カトリック教会—歴史—安土桃
　山時代） ………………………… 617
日本（カトリック教会—歴史—江戸時
　代） ……………………………… 617
日本（カトリック教会—歴史—江戸初
　期） ……………………………… 617
日本（カトリック教会—歴史—明治時
　代） ……………………………… 617
日本（株式会社） ………………… 617
日本（株式会社—法令） ………… 617
日本（貨幣） ……………………… 617
日本（貨幣制度—歴史—江戸時代） … 618
日本（カーボンナノチューブ—特許） … 618
日本（紙—リサイクル） ………… 618
日本（紙パルプ工業） …………… 618
日本（紙パルプ工業—統計） …… 618
日本（紙パルプ工業—名簿） …… 618
日本（カモシカ—保護） ………… 618
日本（歌謡—歴史—古代） ……… 618
日本（からくり人形） …………… 618
日本（ガラス工芸—図集） ……… 618
日本（ガラス工芸—歴史—安土桃山時
　代—図集） ……………………… 618
日本（過労死—判例） …………… 618
日本（環境運動） ………………… 618
日本（環境基準） ………………… 618

日本（環境教育） ………………… 618
日本（環境行政） ………………… 618
日本（環境行政—PR） ………… 619
日本（環境共生住宅） …………… 619
日本（環境政策） ………………… 619
日本（環境法） …………………… 619
日本（環境問題） ………………… 620
日本（環境問題—伝記） ………… 620
日本（環境問題—世論） ………… 620
日本（玩具） ……………………… 620
日本（玩具—図集） ……………… 620
日本（玩具—歴史—1868〜1945） … 620
日本（玩具—歴史—昭和後期） … 620
日本（玩具—歴史—昭和時代—図集） … 620
日本（玩具—歴史—明治以後—図集） … 620
日本（玩具工業） ………………… 620
日本（観光開発） ………………… 620
日本（観光開発—歴史—明治以後） … 620
日本（観光教育） ………………… 620
日本（観光行政） ………………… 620
日本（観光事業） ………………… 620
日本（観光事業—統計） ………… 621
日本（観光事業—歴史—1945〜） … 621
日本（観光政策） ………………… 621
日本（看護教育） ………………… 621
日本（看護師） …………………… 621
日本（看護師—雇用） …………… 621
日本（看護師—法令） …………… 621
日本（冠婚葬祭） ………………… 621
日本（冠婚葬祭—歴史） ………… 621
日本（監査基準） ………………… 621
日本（観察） ……………………… 621
日本（官職—歴史—江戸時代—名簿） … 621
日本（関税） ……………………… 621
日本（関税法） …………………… 621
日本（関税率表） ………………… 622
日本（感染症対策） ……………… 622
日本（官庁会計） ………………… 622
日本（官庁会計—法令） ………… 622
日本（官庁建築） ………………… 622
日本（官庁出版物） ……………… 622
日本（官僚） ……………………… 622
日本（官僚—歴史—昭和前期） … 622
日本（官僚—歴史—大正時代） … 622
日本（官僚制—歴史—1945〜1952） … 622
日本（官僚制—歴史—古代） …… 622
日本（議員） ……………………… 622
日本（機械—安全管理） ………… 622
日本（機械工業） ………………… 622
日本（機械工業—統計） ………… 622
日本（機械工業—法令） ………… 622
日本（機械工業—名簿） ………… 622
日本（企業） ……………………… 622
日本（企業—統計） ……………… 624
日本（企業—名簿） ……………… 624
日本（企業—歴史） ……………… 624
日本（企業—歴史—1868〜1945） … 624
日本（企業—歴史—1945〜） …… 624
日本（企業会計） ………………… 624
日本（企業会計—法令） ………… 624
日本（企業会計原則） …………… 624
日本（企業再生—書式） ………… 624
日本（企業集中） ………………… 624
日本（企業提携） ………………… 624
日本（企業倒産—判例） ………… 624
日本（企業買収） ………………… 624

日本（企業買収—判例） ………… 625
日本（企業法） …………………… 625
日本（企業法—判例） …………… 625
日本（危険物取締—法令） ……… 625
日本（気候） ……………………… 625
日本（紀行・案内記） …………… 625
日本（紀行・案内記—歴史—江戸時
　代） ……………………………… 627
日本（紀行文学—歴史—明治時代） … 627
日本（気候変化） ………………… 627
日本（気候変化—歴史） ………… 627
日本（儀式典例—歴史—古代） … 627
日本（技術） ……………………… 627
日本（技術—歴史—明治以後） … 627
日本（技術援助） ………………… 627
日本（技術援助—アジア） ……… 627
日本（技術援助—イラン） ……… 628
日本（技術援助—インド） ……… 628
日本（技術援助—インドネシア） … 628
日本（技術援助—ウガンダ） …… 628
日本（技術援助—オマーン） …… 628
日本（技術援助—カンボジア） … 628
日本（技術援助—ギニア） ……… 628
日本（技術援助—ザンビア） …… 628
日本（技術援助—スリランカ） … 628
日本（技術援助—セネガル） …… 628
日本（技術援助—セルビア） …… 628
日本（技術援助—太平洋地域） … 628
日本（技術援助—タンザニア） … 628
日本（技術援助—中国） ………… 628
日本（技術援助—東南アジア） … 628
日本（技術援助—発展途上国） … 628
日本（技術援助—パプアニューギニ
　ア） ……………………………… 628
日本（技術援助—フィリピン） … 628
日本（技術援助—ブルキナファソ） … 629
日本（技術援助—ベトナム） …… 629
日本（技術援助—ペルー） ……… 629
日本（技術援助—ホンジュラス） … 629
日本（技術援助—マレーシア連邦） … 629
日本（技術援助—南アフリカ共和国） … 629
日本（技術援助—ミャンマー） … 629
日本（技術援助—モンゴル） …… 629
日本（技術援助—ロシア） ……… 629
日本（技術経営—法令） ………… 629
日本（技術者） …………………… 629
日本（技術提携—歴史—1945〜） … 629
日本（技術法） …………………… 629
日本（気象） ……………………… 629
日本（気象—情報サービス） …… 629
日本（気象—歴史—古代） ……… 630
日本（気象災害） ………………… 630
日本（議事録—書式） …………… 630
日本（貴族—歴史—平安時代） … 630
日本（喫茶店） …………………… 630
日本（記念碑） …………………… 630
日本（記念日） …………………… 630
日本（機密費—歴史—昭和前期—史
　料） ……………………………… 630
日本（キャスク〔核燃料〕—安全管
　理） ……………………………… 630
日本（キャッチフレーズ） ……… 630
日本（キャラクター—図集） …… 630
日本（キャラクター—歴史—1945〜） … 630
日本（キャラクター—歴史—昭和後
　期） ……………………………… 630

日本件名図書目録2014　Ⅰ

日本

日本（休暇—判例）……………… 630
日本（救急医療）………………… 630
日本（救急業務—法令）………… 630
日本（旧石器時代）……………… 631
日本（旧石器時代—研究・指導）… 631
日本（給与）……………………… 631
日本（給与—医療従事者—統計）… 631
日本（給与—看護師）…………… 631
日本（給与—公務員—法令）…… 631
日本（給与—国家公務員）……… 631
日本（給与—地方公務員）……… 631
日本（給与—電気事業—歴史—史料）… 632
日本（給与—統計）……………… 632
日本（給与—判例）……………… 632
日本（教育）……………………… 632
日本（教育—会議録）…………… 633
日本（教育—統計）……………… 633
日本（教育—年鑑）……………… 633
日本（教育—歴史）……………… 633
日本（教育—歴史—1868〜1945）… 633
日本（教育—歴史—1945〜）…… 633
日本（教育—歴史—江戸時代）… 634
日本（教育—歴史—古代）……… 634
日本（教育—歴史—昭和前期）… 634
日本（教育—歴史—中世）……… 634
日本（教育—歴史—明治以後）… 634
日本（教育—歴史—明治以後—写真
　集）……………………………… 634
日本（教育—歴史—明治時代）… 634
日本（教育—歴史—明治時代—史料）… 634
日本（教育援助—アフガニスタン）… 635
日本（教育援助—カンボジア）… 635
日本（教育援助—ケニア）……… 635
日本（教育援助—中国）………… 635
日本（教育家—歴史—1868〜1945）… 635
日本（教育家—歴史—江戸時代—肖
　像）……………………………… 635
日本（教育学—伝記）…………… 635
日本（教育学—歴史—明治時代）… 635
日本（教育格差）………………… 635
日本（教育課程—高等学校）…… 635
日本（教育課程—小学校）……… 635
日本（教育課程—大学）………… 635
日本（教育課程—大学院）……… 636
日本（教育課程—中学校）……… 636
日本（教育課程—幼稚園）……… 636
日本（教育行政）………………… 636
日本（教育計画—歴史—昭和後期）… 636
日本（教育財政）………………… 636
日本（教育政策）………………… 636
日本（教育政策—歴史—1945〜）… 637
日本（教育制度）………………… 637
日本（教育制度—歴史—史料）… 637
日本（教育制度—歴史—明治以後）… 637
日本（教育費）…………………… 637
日本（教育法）…………………… 637
日本（教員）……………………… 638
日本（教員—高等学校）………… 639
日本（教員—小学校）…………… 639
日本（教員—大学）……………… 639
日本（教員—大学—名簿）……… 639
日本（教員—中学校）…………… 639
日本（教員研修）………………… 639
日本（教員養成）………………… 640
日本（教員養成—歴史—明治以後）… 640
日本（教科書）…………………… 640

日本（教科書—歴史—昭和前期）… 640
日本（教科書—歴史—明治時代）… 640
日本（行刑—歴史—明治以後）… 641
日本（共済組合—法令）………… 641
日本（共産主義）………………… 641
日本（教職大学院）……………… 641
日本（行政）……………………… 641
日本（行政改革）………………… 641
日本（行政監査）………………… 641
日本（行政救済）………………… 642
日本（行政救済—法令）………… 642
日本（強制執行法）……………… 642
日本（行政情報化）……………… 642
日本（行政争訟）………………… 642
日本（行政争訟—判例）………… 642
日本（行政組織）………………… 642
日本（行政手続）………………… 642
日本（行政手続法）……………… 642
日本（行政法）…………………… 642
日本（行政法—判例）…………… 643
日本（矯正保護）………………… 643
日本（協働〔行政〕）…………… 643
日本（協同組合）………………… 643
日本（教頭・副校長）…………… 643
日本（郷土資料）………………… 643
日本（橋梁—写真集）…………… 643
日本（橋梁—歴史）……………… 643
日本（漁業）……………………… 643
日本（漁業—統計）……………… 644
日本（漁業—歴史—1945〜）…… 644
日本（漁業—歴史—史料—書目）… 644
日本（漁業経営—統計）………… 644
日本（漁業政策）………………… 644
日本（漁業法）…………………… 644
日本（居住福祉）………………… 644
日本（漁村—世論）……………… 644
日本（漁撈）……………………… 644
日本（漁撈—歴史—古代）……… 644
日本（キリスト教—社会事業—歴史—
　明治以後）……………………… 644
日本（キリスト教—伝道—歴史）… 644
日本（キリスト教—歴史—安土桃山時
　代）……………………………… 644
日本（キリスト教—歴史—江戸初期）… 644
日本（キリスト教—歴史—昭和前期）… 644
日本（キリスト教—歴史—室町時代）… 644
日本（キリスト教—歴史—明治以後）… 644
日本（キリスト教教育）………… 644
日本（キリスト教と社会問題）… 645
日本（キリスト教と政治）……… 645
日本（記録映画）………………… 645
日本（記録映画—歴史—昭和後期）… 645
日本（記録映画—歴史—明治以後）… 645
日本（金—鉱山—歴史）………… 646
日本（銀—鉱山—歴史）………… 646
日本（銀行）……………………… 646
日本（金工—歴史）……………… 646
日本（金工—歴史—安土桃山時代—図
　集）……………………………… 646
日本（金石・金石文）…………… 646
日本（金属工業）………………… 646
日本（金属工業—統計）………… 646
日本（近代化遺産）……………… 646
日本（金融）……………………… 646
日本（金融—判例）……………… 646
日本（金融—法令）……………… 646

日本（金融—歴史—江戸時代）… 647
日本（金融機関）………………… 647
日本（金融機関—名簿）………… 647
日本（金融政策）………………… 647
日本（金融政策—歴史—1945〜）… 647
日本（金融政策—歴史—平成時代）… 647
日本（金融政策—歴史—明治以後）… 647
日本（空気—浄化—特許）……… 647
日本（空港）……………………… 647
日本（空想科学小説—歴史—1945〜）… 647
日本（草）………………………… 648
日本（草—図集）………………… 648
日本（駆逐艦—歴史）…………… 648
日本（グラフィックデザイナー）… 648
日本（グリーン購入）…………… 648
日本（グループホーム）………… 648
日本（グループホーム—歴史）… 648
日本（軍歌—歴史）……………… 648
日本（軍歌—歴史—昭和前期）… 648
日本（軍艦）……………………… 648
日本（軍艦—歴史—1868〜1945）… 648
日本（軍艦—歴史—昭和前期）… 648
日本（軍艦—歴史—昭和前期—写真
　集）……………………………… 648
日本（軍艦—歴史—明治以後）… 648
日本（軍師）……………………… 648
日本（軍事）……………………… 648
日本（軍事—歴史）……………… 649
日本（軍事—歴史—1945〜）…… 649
日本（軍師—歴史—安土桃山時代）… 649
日本（軍事—歴史—昭和前期）… 649
日本（軍師—歴史—室町時代）… 649
日本（軍事—歴史—明治以後）… 649
日本（軍事基地）………………… 649
日本（軍事郵便—歴史—大正時代—図
　集）……………………………… 649
日本（軍事郵便—歴史—明治時代—図
　集）……………………………… 649
日本（軍需工業）………………… 649
日本（軍人）……………………… 649
日本（軍人—歴史—昭和前期）… 649
日本（軍制—歴史—江戸末期）… 649
日本（軍制—歴史—明治時代）… 649
日本（軍隊—歴史）……………… 649
日本（軍隊—歴史—1868〜1945）… 649
日本（軍隊—歴史—明治以後）… 649
日本（軍隊生活—歴史—昭和前期）… 649
日本（軍閥—歴史—昭和前期）… 649
日本（軍服—歴史）……………… 649
日本（軍法）……………………… 649
日本（軍用機）…………………… 650
日本（軍用機—歴史—1945〜1952）… 650
日本（軍用機—歴史—昭和前期）… 650
日本（軍用機—歴史—昭和前期—写真
　集）……………………………… 650
日本（経営管理）………………… 650
日本（経営者）…………………… 650
日本（経営者—歴史—明治以後）… 652
日本（景観計画）………………… 652
日本（景観保全）………………… 652
日本（軽工業）…………………… 652
日本（経済）……………………… 652
日本（経済—伝記）……………… 654
日本（経済—歴史）……………… 654
日本（経済—歴史—1945〜）…… 654

（73）

日本

日本（経済―歴史―安土桃山時代）……654
日本（経済―歴史―江戸時代）………654
日本（経済―歴史―昭和時代）………654
日本（経済―歴史―大正時代）………654
日本（経済―歴史―中世）……………654
日本（経済―歴史―平成時代）………654
日本（経済―歴史―室町時代）………654
日本（経済―歴史―明治時代）………654
日本（経済援助）………………………654
日本（経済援助―アジア）……………655
日本（経済援助―アゼルバイジャン）‥655
日本（経済援助―アフガニスタン）……655
日本（経済援助―アフリカ）…………655
日本（経済援助―インド）……………655
日本（経済援助―エルサルバドル）……655
日本（経済援助―オセアニア）………655
日本（経済援助―ガーナ）……………655
日本（経済援助―コロンビア）………655
日本（経済援助―ザンビア）…………655
日本（経済援助―ジブチ）……………655
日本（経済援助―スリランカ）………655
日本（経済援助―タイ）………………655
日本（経済援助―太平洋地域）………655
日本（経済援助―タジキスタン）……655
日本（経済援助―ナミビア）…………655
日本（経済援助―ネパール）…………655
日本（経済援助―パキスタン）………655
日本（経済援助―発展途上国）………655
日本（経済援助―フィリピン）………655
日本（経済援助―ブータン）…………655
日本（経済援助―ベトナム）…………655
日本（経済援助―マレーシア連邦）……655
日本（経済援助―南アフリカ共和国）‥655
日本（経済援助―ミャンマー）………655
日本（経済援助―ラオス）……………655
日本（経済学―歴史―明治以後）………656
日本（経済関係）………………………656
日本（経済関係―アメリカ合衆国）……656
日本（経済関係―アメリカ合衆国―歴
　史―1945～）……………………656
日本（経済関係―大韓民国）…………656
日本（経済関係―中国）………………656
日本（経済関係―中国―歴史―1949
　～）………………………………656
日本（経済関係―東南アジア）………656
日本（経済関係―歴史）………………656
日本（経済関係―ロシア―歴史―1945
　～）………………………………656
日本（経済刑法）………………………656
日本（経済政策）………………………656
日本（経済政策―歴史―昭和後期）……657
日本（経済政策―歴史―平成時代）……657
日本（経済成長）………………………657
日本（経済犯罪）………………………657
日本（経済法）…………………………657
日本（警察）……………………………657
日本（警察官）…………………………658
日本（警察官―法令）…………………658
日本（警察法）…………………………658
日本（刑事裁判）………………………658
日本（刑事事件）………………………659
日本（刑事訴訟法）……………………659
日本（刑事訴訟法―判例）……………659
日本（刑事法）…………………………659
日本（刑事法―会議録）………………660
日本（刑事法―判例）…………………660

日本（刑事法―論文集）………………660
日本（芸術）……………………………660
日本（芸術―図集）……………………660
日本（芸術―歴史―昭和後期）………660
日本（芸術―歴史―明治以後）………660
日本（芸術家）…………………………660
日本（芸術教育）………………………660
日本（珪藻―化石―図集）……………660
日本（芸能）……………………………660
日本（芸能―賞―便覧）………………661
日本（芸能―名簿）……………………661
日本（芸能―歴史）……………………661
日本（芸能―歴史―江戸時代）………661
日本（芸能―歴史―中世）……………661
日本（芸能―歴史―明治以後―人名辞
　典）………………………………661
日本（芸能人）…………………………661
日本（芸能人―歴史）…………………661
日本（競馬）……………………………661
日本（競売〔法律〕―書式）…………661
日本（刑罰）……………………………661
日本（軽犯罪法）………………………661
日本（警備保障業）……………………661
日本（刑法）……………………………661
日本（刑法―判例）……………………662
日本（刑法―論文集）…………………662
日本（刑務所）…………………………662
日本（刑務所―歴史―明治以後）………663
日本（契約）……………………………663
日本（契約〔公法〕）…………………663
日本（契約―書式）……………………663
日本（契約法）…………………………663
日本（契約法―判例）…………………663
日本（鶏卵―PR）………………………663
日本（劇作家）…………………………663
日本（化粧品―特許）…………………663
日本（下水処分）………………………663
日本（下水処分―名簿）………………663
日本（下水道）…………………………663
日本（結核予防）………………………663
日本（結晶光学―特許）………………664
日本（ゲーム産業―歴史）……………664
日本（検閲―歴史―1868～1945）………664
日本（検閲―歴史―1945～1952）………664
日本（検閲―歴史―明治以後）………664
日本（研究開発）………………………664
日本（研究開発―歴史―1945～）………664
日本（研究機関）………………………664
日本（健康管理）………………………664
日本（健康管理―世論）………………665
日本（健康産業）………………………665
日本（健康食品―品質管理）…………665
日本（原子力―安全管理）……………665
日本（原子力教育）……………………665
日本（原子力行政）……………………665
日本（原子力災害）……………………665
日本（原子力災害―情報サービス）……665
日本（原子力災害―防災）……………665
日本（原子力政策）……………………665
日本（原子力政策―歴史―1945～）……665
日本（原子力損害賠償措置）…………665
日本（原子力発電―PR）………………666
日本（原子力発電所）…………………666
日本（原子力法）………………………666
日本（建設業）…………………………666
日本（建設業―安全管理）……………667

日本件名図書目録2014　I

日本（建設業―会計）…………………667
日本（建設業法）………………………667
日本（建設事業）………………………667
日本（建設事業―法令）………………667
日本（建設事業―歴史―明治以後）……667
日本（建設事業―歴史―明治時代）……667
日本（建築）……………………………667
日本（建築―図集）……………………667
日本（建築―法令）……………………667
日本（建築―目録）……………………668
日本（建築―歴史―1868～1945―図
　集）………………………………668
日本（建築―歴史―1945～）…………668
日本（建築―歴史―昭和前期）………668
日本（建築―歴史―明治以後）………668
日本（建築家）…………………………668
日本（建築教育）………………………668
日本（建築教育―名簿）………………668
日本（建築行政）………………………668
日本（建築士）…………………………668
日本（建築設備―法令）………………668
日本（建築装飾―歴史―昭和前期）……668
日本（建築彫刻―図集）………………668
日本（建築彫刻―歴史―江戸時代）……668
日本（建築紛争）………………………668
日本（憲兵―歴史―昭和前期―史料）……668
日本（憲法）……………………………668
日本（憲法―判例）……………………671
日本（憲法―歴史）……………………671
日本（憲法改正）………………………671
日本（憲法改正―歴史―昭和後期―史
　料）………………………………672
日本（高圧ガス容器―耐震構造―法
　令）………………………………672
日本（広域行政）………………………672
日本（公益法人）………………………672
日本（公益法人―会計）………………672
日本（公園）……………………………672
日本（公園―統計）……………………672
日本（公害）……………………………672
日本（公害―歴史―1945～）…………672
日本（公害行政）………………………673
日本（公害訴訟）………………………673
日本（公害防止産業）…………………673
日本（高額所得者）……………………673
日本（公企業）…………………………673
日本（公企業―会計）…………………673
日本（工業）……………………………673
日本（興行―統計）……………………673
日本（工業―統計）……………………673
日本（鉱業―統計）……………………674
日本（工業―名簿）……………………674
日本（鉱業―歴史―中世）……………674
日本（工業教育）………………………674
日本（工業教育―歴史―1868～1945）‥674
日本（公共建築）………………………674
日本（公共サービス）…………………674
日本（公共事業）………………………674
日本（公共施設）………………………674
日本（工業政策）………………………675
日本（工業デザイン）…………………675
日本（工業デザイン―図集）…………675
日本（工業立地―統計）………………675
日本（航空・宇宙産業）………………675
日本（航空・宇宙産業―特許）………675
日本（航空運送）………………………675

日本件名図書目録2014　Ⅰ

日本（航空機）………………………675
日本（航空機―歴史―1868～1945―写真集）…………………………675
日本（航空機―歴史―1868～1945―図集）…………………………675
日本（航空政策）……………………675
日本（航空法）………………………675
日本（工芸美術）……………………676
日本（工芸美術―図集）……………676
日本（工芸美術―歴史―平成時代―図集）…………………………676
日本（工芸美術―歴史―明治以後）…676
日本（工芸美術―歴史―明治以後―索引）…………………………676
日本（口腔衛生）……………………676
日本（高校生）………………………676
日本（高校中退）……………………677
日本（考古学）………………………677
日本（考古学―歴史）………………677
日本（考古学―歴史―1945～）……677
日本（広告）…………………………677
日本（公告―書式）…………………677
日本（広告―伝記）…………………678
日本（広告―年鑑）…………………678
日本（広告業―伝記）………………678
日本（広告業―統計）………………678
日本（広告業―名簿）………………678
日本（広告業―歴史―明治以後）……678
日本（広告法）………………………678
日本（交際費―判例）………………678
日本（鉱山―歴史―明治以後）……678
日本（高山植物）……………………678
日本（高山植物―図集）……………678
日本（鉱山労働―歴史―昭和前期）…678
日本（公衆衛生）……………………678
日本（公衆衛生―歴史―江戸時代）…678
日本（公衆衛生法）…………………678
日本（工場）…………………………678
日本（口承文学）……………………678
日本（口承文学―歴史―中世）……678
日本（厚生行政）……………………678
日本（公正証書―書式）……………678
日本（公正取引―審決）……………678
日本（公正取引―判例）……………679
日本（更生保護）……………………679
日本（高層建築）……………………679
日本（高層建築―写真集）…………679
日本（高速道路）……………………679
日本（校長）…………………………680
日本（交通）…………………………680
日本（交通―統計）…………………680
日本（交通―年鑑）…………………680
日本（交通―歴史）…………………680
日本（交通―歴史―江戸時代）……680
日本（交通―歴史―江戸時代―史料）…680
日本（交通―歴史―古代）…………680
日本（交通安全）……………………680
日本（交通行政）……………………680
日本（交通行政―歴史―江戸時代―史料）…………………………680
日本（交通警察）……………………681
日本（交通事故―判例）……………681
日本（交通政策）……………………681
日本（交通調査）……………………681
日本（交通法―歴史―江戸時代―史料）…………………………681

日本（公的医療機関）………………681
日本（公的医療機関―歴史）………681
日本（公的扶助）……………………681
日本（高等学校）……………………681
日本（高等学校―歴史―1945～）……682
日本（高等教育）……………………682
日本（高等教育―歴史）……………682
日本（高等教育―歴史―1945～）……682
日本（高分子材料―特許）…………682
日本（公文書）………………………682
日本（公文書―歴史―江戸時代）……683
日本（公法）…………………………683
日本（公民教育）……………………683
日本（公務員）………………………683
日本（公務員法）……………………683
日本（広葉樹）………………………683
日本（小売市場）……………………683
日本（小売商）………………………683
日本（小売商―統計）………………683
日本（小売商―名簿）………………684
日本（公立学校）……………………684
日本（公立大学）……………………684
日本（公立大学―会計）……………684
日本（高齢化社会）…………………684
日本（高齢化社会―世論）…………685
日本（高齢者）………………………685
日本（高齢者―雇用）………………685
日本（高齢者―統計）………………686
日本（高齢者虐待）…………………686
日本（高齢者専用住宅）……………686
日本（高齢者専用住宅―法令）……686
日本（高齢者福祉）…………………686
日本（高齢者福祉―統計）…………688
日本（高齢者福祉―特許）…………688
日本（高齢者福祉―法令）…………688
日本（港湾）…………………………688
日本（港湾行政）……………………688
日本（港湾行政―歴史―明治以後）…688
日本（港湾法）………………………688
日本（古瓦）…………………………688
日本（古瓦―目録）…………………688
日本（国語教育）……………………688
日本（国語・国字問題）……………689
日本（国語・国字問題―世論）……689
日本（国歌）…………………………689
日本（国際金融―法令）……………689
日本（国際航空）……………………689
日本（国際私法）……………………689
日本（国際私法―判例）……………689
日本（国際投資）……………………689
日本（国際投資―アジア）…………690
日本（国際投資―アジア―論文集）…690
日本（国際投資―アブダビ）………691
日本（国際投資―イスラム圏）……691
日本（国際投資―インド）…………691
日本（国際投資―インド〔南部〕）…691
日本（国際投資―インドネシア）……691
日本（国際投資―エチオピア）……691
日本（国際投資―カンボジア）……691
日本（国際投資―北アメリカ）……691
日本（国際投資―コートジボワール）…691
日本（国際投資―シンガポール）……691
日本（国際投資―台湾）……………691
日本（国際投資―中国）……………691
日本（国際投資―中国―名簿）……692

日本（国際投資―中国―歴史―明治時代）…………………………692
日本（国際投資―ドイツ）…………692
日本（国際投資―東南アジア）……692
日本（国際投資―ドバイ）…………692
日本（国際投資―トルコ）…………692
日本（国際投資―発展途上国）……692
日本（国際投資―バングラデシュ）…692
日本（国際投資―ベトナム）………692
日本（国際投資―香港〔中国〕）……692
日本（国際投資―マレーシア連邦）…692
日本（国際投資―南アジア）………692
日本（国際投資―南アメリカ）……692
日本（国際投資―ミャンマー）……692
日本（国際投資―モンゴル）………693
日本（国際労働力移動〔フィリピン〕）…693
日本（国税）…………………………693
日本（国税―法令）…………………693
日本（国勢調査）……………………693
日本（国籍法）………………………693
日本（国土計画）……………………693
日本（国防）…………………………693
日本（国防―便覧）…………………694
日本（国防―法令）…………………694
日本（国防―歴史）…………………694
日本（国防―歴史―1945～）………694
日本（国防―歴史―1945～1952）……694
日本（国防政策）……………………694
日本（国防政策―歴史―1945～）……694
日本（国防政策―歴史―昭和後期）…694
日本（国民健康保険―法令）………694
日本（国民性）………………………694
日本（国有財産）……………………694
日本（国立公園）……………………694
日本（国立大学）……………………694
日本（国立大学―名簿）……………694
日本（湖沼）…………………………694
日本（古書店）………………………695
日本（個人情報保護）………………695
日本（個人情報保護法）……………695
日本（子育て支援）…………………695
日本（古地図）………………………695
日本（古地図―江戸時代）…………695
日本（古地図―中世）………………695
日本（国家公務員）…………………696
日本（国家公務員―統計）…………696
日本（国家公務員―歴史）…………696
日本（国家公務員法）………………696
日本（国旗）…………………………696
日本（国境）…………………………696
日本（国境―大韓民国）……………696
日本（固定資産税）…………………696
日本（固定資産税―判例）…………696
日本（孤独死）………………………696
日本（諺）……………………………696
日本（諺―辞書）……………………697
日本（コミュニティFM）…………697
日本（コミュニティビジネス）……697
日本（ゴム工業―統計）……………697
日本（ゴム工業―便覧）……………697
日本（米）……………………………697
日本（米―歴史―1945～）…………697
日本（古文書）………………………697
日本（古文書―歴史―江戸時代）……697
日本（古文書―歴史―古代）………697

（75）

日本（古文書―歴史―中世）………… 697
日本（雇用）………………………… 697
日本（雇用政策）…………………… 698
日本（暦）…………………………… 698
日本（娯楽―辞書）………………… 698
日本（娯楽―歴史―昭和時代）…… 698
日本（婚姻）………………………… 698
日本（婚姻―歴史）………………… 699
日本（婚姻―歴史―昭和時代）…… 699
日本（婚姻―歴史―平安時代）…… 699
日本（昆虫―図集）………………… 699
日本（コンテンツビジネス）……… 699
日本（コンピュータ―歴史―昭和後
　期）………………………………… 699
日本（コンピュータ教育）………… 699
日本（コンピューターゲーム―統計）‥ 699
日本（婚礼）………………………… 699
日本（災害―情報サービス）……… 699
日本（災害―法令）………………… 699
日本（災害―歴史）………………… 699
日本（災害―歴史―平成時代―年表）‥ 699
日本（災害医療）…………………… 699
日本（災害救助）…………………… 700
日本（災害救助―法令）…………… 700
日本（災害廃棄物処理）…………… 700
日本（災害復興）…………………… 700
日本（災害復興―情報サービス）…… 700
日本（災害復興―法令）…………… 700
日本（災害予防）…………………… 700
日本（災害予防―情報サービス）…… 701
日本（災害予防―法令）…………… 702
日本（災害予防―歴史）…………… 702
日本（債券）………………………… 702
日本（債権回収）…………………… 702
日本（債権法）……………………… 702
日本（債権法―判例）……………… 702
日本（財産税）……………………… 702
日本（財産法）……………………… 703
日本（祭祀）………………………… 703
日本（祭祀―歴史）………………… 703
日本（祭祀―歴史―原始時代）…… 703
日本（祭祀―歴史―古代）………… 703
日本（祭祀遺跡）…………………… 703
日本（財政）………………………… 703
日本（財政―歴史―1945～）……… 704
日本（財政―歴史―江戸時代―史料）‥ 704
日本（財政―歴史―平成時代）…… 704
日本（財政―歴史―明治時代）…… 704
日本（財政―歴史―明治時代―史料）‥ 704
日本（再生医療―法令）…………… 704
日本（財政政策）…………………… 704
日本（財政政策―歴史―1945～）…… 705
日本（財政投融資）………………… 705
日本（財政法）……………………… 705
日本（採石―統計）………………… 705
日本（在宅医療）…………………… 705
日本（在宅福祉）…………………… 705
日本（財団―名簿）………………… 706
日本（最低賃金）…………………… 706
日本（財閥―歴史）………………… 706
日本（裁判）………………………… 706
日本（裁判―歴史―1945～）……… 706
日本（裁判官）……………………… 706
日本（細胞培養―特許）…………… 706
日本（在留イギリス人）…………… 706
日本（在留外国人）………………… 706

日本（在留外国人―歴史―江戸末期）‥ 707
日本（在留外国人―歴史―明治時代）‥ 707
日本（在留華僑）…………………… 707
日本（在留資格）…………………… 707
日本（在留中国人）………………… 707
日本（在留朝鮮人）………………… 707
日本（在留朝鮮人―歴史）………… 708
日本（在留朝鮮人―歴史―昭和時代）‥ 708
日本（在留ロシア人）……………… 708
日本（祭礼）………………………… 708
日本（魚）…………………………… 708
日本（酒場）………………………… 708
日本（酒場―歴史―江戸時代）…… 708
日本（作物）………………………… 709
日本（作物栽培）…………………… 709
日本（作物栽培―歴史―原始時代）‥ 709
日本（桜草―栽培―歴史）………… 709
日本（酒―図集）…………………… 709
日本（酒―法令）…………………… 709
日本（サッカー）…………………… 709
日本（雑貨）………………………… 710
日本（サッカー―伝記）…………… 710
日本（サッカー―歴史）…………… 710
日本（雑貨―歴史―昭和後期）…… 710
日本（殺菌―特許）………………… 710
日本（雑誌）………………………… 710
日本（雑誌―歴史）………………… 710
日本（雑誌―歴史―1945～）……… 710
日本（雑誌―歴史―昭和時代）…… 710
日本（雑誌―歴史―明治以後）…… 710
日本（殺人）………………………… 710
日本（殺人―歴史―1945～）……… 710
日本（殺人―歴史―明治以後）…… 710
日本（里海）………………………… 710
日本（里親制度）…………………… 710
日本（里山）………………………… 710
日本（サービス産業）……………… 711
日本（サービス産業―統計）……… 711
日本（サブカルチャー）…………… 711
日本（サブカルチャー―歴史―1945
　～）………………………………… 711
日本（左翼）………………………… 711
日本（左翼―歴史―1945～）……… 711
日本（左翼―歴史―明治以後）…… 711
日本（サラリーマン）……………… 711
日本（山岳）………………………… 711
日本（山岳崇拝）…………………… 712
日本（山岳崇拝―歴史）…………… 712
日本（産学連携）…………………… 712
日本（産業）………………………… 712
日本（産業―統計）………………… 712
日本（蚕業―歴史）………………… 713
日本（産業―歴史―1945～）……… 713
日本（蚕業―歴史―明治以後）…… 713
日本（蚕業―歴史―明治時代）…… 713
日本（産業安全）…………………… 713
日本（産業安全―書式）…………… 714
日本（産業医）……………………… 714
日本（産業観光）…………………… 714
日本（産業クラスター）…………… 714
日本（産業災害）…………………… 714
日本（産業財産権）………………… 714
日本（産業財産権―情報サービス）…… 714
日本（産業財産権―PR）…………… 714
日本（産業財産権―法令）………… 714
日本（産業財産権―歴史―明治時代）‥ 714

日本（産業政策）…………………… 714
日本（産業廃棄物）………………… 714
日本（産業廃棄物処理施設）……… 714
日本（三次元プリンター―特許）…… 714
日本（山村）………………………… 715
日本（寺院）………………………… 715
日本（寺院―歴史）………………… 715
日本（寺院―歴史―古代）………… 715
日本（寺院―歴史―明治時代―名簿）‥ 715
日本（寺院建築）…………………… 715
日本（寺院建築―歴史―中世―図集）‥ 715
日本（GMP〔医薬品〕）…………… 715
日本（歯科医院）…………………… 715
日本（歯科医院―安全管理）……… 715
日本（市街地）……………………… 715
日本（歯科医療）…………………… 715
日本（歯科学―法令）……………… 715
日本（自家経営）…………………… 715
日本（事業継続管理）……………… 715
日本（事業承継―法令）…………… 716
日本（事業税）……………………… 716
日本（事業税―歴史―明治以後）…… 716
日本（死刑）………………………… 716
日本（死刑囚―歴史―1945～）…… 716
日本（資源）………………………… 716
日本（資源―統計）………………… 716
日本（自殺）………………………… 716
日本（自殺予防）…………………… 716
日本（GCP〔医薬品〕）…………… 716
日本（刺繍―図集）………………… 716
日本（司書教諭）…………………… 716
日本（詩人）………………………… 716
日本（地震）………………………… 716
日本（地震―歴史）………………… 716
日本（詩人―歴史―1945～）……… 716
日本（詩人―歴史―明治以後）…… 717
日本（地震保険）…………………… 717
日本（磁性材料―特許）…………… 717
日本（史跡名勝）…………………… 717
日本（史跡名勝―名簿）…………… 717
日本（自然災害）…………………… 717
日本（自然災害―歴史）…………… 717
日本（自然保護）…………………… 717
日本（自然保護教育）……………… 717
日本（持続可能な開発）…………… 717
日本（持続可能な開発―歴史）…… 717
日本（持続可能な開発のための教育）‥ 718
日本（持続可能な開発のための教育―
　世論）……………………………… 718
日本（示談―書式）………………… 718
日本（自治会）……………………… 718
日本（市町村合併）………………… 718
日本（市町村税―条例）…………… 718
日本（失業）………………………… 718
日本（実業家）……………………… 718
日本（湿原）………………………… 718
日本（室内装飾）…………………… 718
日本（室内装飾―貿易―法令）…… 718
日本（室内装飾―歴史―1945～）…… 718
日本（児童）………………………… 719
日本（児童―統計）………………… 719
日本（児童―法令）………………… 719
日本（児童―歴史―昭和後期）…… 719
日本（児童―歴史―昭和時代―写真
　集）………………………………… 719
日本（児童虐待）…………………… 719

日本件名図書目録2014　Ⅰ　　　　　　　　　　　　　　　　　　　　　　　　　　　　　　　　　日本

日本（児童虐待―会議録）………… 719
日本（児童雑誌―歴史―昭和後期）…… 719
日本（自動車―雑誌―歴史）………… 719
日本（自動車―特許）………………… 719
日本（自動車―法令）………………… 719
日本（自動車―リサイクル）………… 719
日本（自動車運送）…………………… 719
日本（自動車運送―法令）…………… 719
日本（自動車運送―歴史―1945～）… 719
日本（自動車解体業）………………… 720
日本（自動車交通）…………………… 720
日本（自動車交通―特許）…………… 720
日本（自動車産業）…………………… 720
日本（自動車産業―歴史―1945～）… 720
日本（自動車事故―判例）…………… 720
日本（自動車整備業）………………… 720
日本（自動車賃貸業―統計）………… 720
日本（自動車部品―リサイクル―名
　簿）…………………………………… 720
日本（自動車部品―リユース）……… 720
日本（児童図書―書目）……………… 720
日本（児童図書―書目―解題）……… 720
日本（児童図書―歴史―昭和後期）… 720
日本（児童図書―歴史―明治時代）… 720
日本（児童福祉）……………………… 720
日本（児童福祉―法令）……………… 721
日本（児童福祉―歴史―1868～1945）… 721
日本（児童福祉施設）………………… 721
日本（児童文化）……………………… 721
日本（児童文化―歴史―昭和後期）… 721
日本（児童文学）……………………… 721
日本（児童文学―歴史―昭和前期）… 721
日本（児童文学―歴史―明治以後）… 721
日本（児童養護施設）………………… 721
日本（児童養護施設―写真集）……… 721
日本（老舗）…………………………… 722
日本（老舗―歴史―明治以後）……… 722
日本（地場産業）……………………… 722
日本（司法）…………………………… 722
日本（司法行政―歴史―1868～1945）… 722
日本（司法制度）……………………… 722
日本（資本主義）……………………… 722
日本（資本主義―歴史）……………… 722
日本（資本主義―歴史―明治以後）… 722
日本（島）……………………………… 722
日本（市民メディア）………………… 723
日本（社会）…………………………… 723
日本（社会―歴史）…………………… 724
日本（社会―歴史―1945～）………… 724
日本（社会―歴史―1945～1952）…… 724
日本（社会―歴史―江戸時代）……… 724
日本（社会―歴史―江戸中期）……… 724
日本（社会―歴史―江戸末期）……… 724
日本（社会―歴史―昭和後期）……… 724
日本（社会―歴史―昭和時代）……… 724
日本（社会―歴史―昭和前期）……… 725
日本（社会―歴史―大正時代）……… 725
日本（社会―歴史―中世）…………… 725
日本（社会―歴史―平成時代）……… 725
日本（社会―歴史―明治以後）……… 725
日本（社会―歴史―明治時代）……… 725
日本（社会運動）……………………… 725
日本（社会運動―歴史―1945～）…… 725
日本（社会運動―歴史―昭和後期）… 725
日本（社会運動―歴史―昭和前期）… 725
日本（社会学―歴史―1945～）……… 725

日本（社会教育）……………………… 725
日本（社会教育―歴史―1868～1945）… 726
日本（社会教育施設―名簿）………… 726
日本（社会参加［高齢者］）………… 726
日本（社会思想）……………………… 726
日本（社会思想―歴史）……………… 726
日本（社会思想―歴史―1868～1945）… 726
日本（社会思想―歴史―1945～）…… 726
日本（社会思想―歴史―昭和後期）… 726
日本（社会思想―歴史―昭和時代）… 726
日本（社会資本）……………………… 726
日本（社会資本―維持管理）………… 727
日本（社会資本―法令）……………… 727
日本（社会主義）……………………… 727
日本（社会主義―歴史）……………… 727
日本（社会政策）……………………… 727
日本（社会政策―歴史―1945～）…… 727
日本（社会調査）……………………… 727
日本（社会調査―論文集）…………… 727
日本（社会的企業）…………………… 727
日本（社会的差別）…………………… 728
日本（社会的差別―歴史）…………… 728
日本（社会的排除）…………………… 728
日本（社会的養護）…………………… 728
日本（社会的養護―歴史―1945～）… 728
日本（社会病理）……………………… 728
日本（社会福祉）……………………… 728
日本（社会福祉―歴史）……………… 729
日本（社会福祉―歴史―明治以後）… 729
日本（社会福祉施設）………………… 729
日本（社会福祉施設―会計）………… 729
日本（社会福祉施設―歴史―1945～
　1952―史料）……………………… 729
日本（社会福祉法）…………………… 729
日本（社会福祉法人―会計）………… 730
日本（社会福祉法人―会計―法令）… 730
日本（社会法）………………………… 730
日本（社会保険）……………………… 730
日本（社会保険―法令）……………… 731
日本（社会保障）……………………… 731
日本（社会保障―統計）……………… 732
日本（社会保障―便覧）……………… 732
日本（社会保障―法令）……………… 732
日本（社会問題）……………………… 732
日本（借地―書式）…………………… 732
日本（借地―判例）…………………… 732
日本（写真―歴史）…………………… 732
日本（写真―歴史―昭和後期）……… 732
日本（写真―歴史―明治時代）……… 732
日本（写真家）………………………… 732
日本（写真家―歴史―江戸末期）…… 732
日本（写真家―歴史―明治時代）…… 733
日本（写真集）………………………… 733
日本（ジャズ）………………………… 733
日本（ジャズ―歴史―昭和時代）…… 733
日本（ジャーナリスト）……………… 733
日本（ジャーナリスト―歴史―1868～
　1945―人名辞典）………………… 733
日本（ジャーナリスト―歴史―1945～
　―人名辞典）……………………… 733
日本（ジャーナリズム）……………… 733
日本（シャマニズム）………………… 733
日本（宗教）…………………………… 733
日本（宗教―歴史）…………………… 733
日本（宗教―歴史―江戸時代）……… 734
日本（宗教―歴史―古代）…………… 734

日本（宗教―歴史―明治以後）……… 734
日本（宗教政策―歴史―1868～1945）… 734
日本（宗教政策―歴史―江戸時代）… 734
日本（宗教政策―歴史―室町時代）… 734
日本（宗教団体）……………………… 734
日本（宗教団体―会計）……………… 734
日本（宗教と政治―歴史）…………… 734
日本（宗教と政治―歴史―1868～
　1945）……………………………… 734
日本（宗教と政治―歴史―江戸時代）… 734
日本（宗教と政治―歴史―明治時代）… 734
日本（従軍看護婦―歴史―1868～
　1945）……………………………… 734
日本（従軍看護婦―歴史―大正時代）… 734
日本（集合住宅）……………………… 734
日本（集合住宅―維持管理）………… 734
日本（集合住宅―維持管理―法令）… 735
日本（集合住宅―法令）……………… 735
日本（自由主義―歴史―1868～1945）… 735
日本（就職）…………………………… 735
日本（住宅）…………………………… 735
日本（住宅金融）……………………… 735
日本（住宅金融―法令）……………… 735
日本（住宅建築）……………………… 735
日本（住宅建築―図集）……………… 736
日本（住宅建築―特許）……………… 736
日本（住宅建築―法令）……………… 736
日本（住宅建築―歴史―昭和時代）… 736
日本（住宅建築―歴史―明治以後―写
　真集）……………………………… 736
日本（住宅産業）……………………… 736
日本（住宅産業―名簿）……………… 736
日本（住宅政策）……………………… 736
日本（住宅団地）……………………… 736
日本（住宅問題）……………………… 736
日本（集団的自衛権）………………… 737
日本（集団犯罪）……………………… 738
日本（住民運動）……………………… 738
日本（住民運動―歴史―年表）……… 738
日本（住民登録―法令）……………… 738
日本（就労支援［障害者］）………… 738
日本（就労支援［生活困窮者］）…… 738
日本（儒学―歴史）…………………… 739
日本（儒学―歴史―江戸時代）……… 739
日本（祝祭日）………………………… 739
日本（宿泊施設）……………………… 739
日本（手工業―歴史）………………… 739
日本（儒者―歴史―平安時代）……… 739
日本（呪術）…………………………… 739
日本（呪術―歴史）…………………… 739
日本（酒税―法令）…………………… 739
日本（出入国管理―法令）…………… 739
日本（出版）…………………………… 739
日本（出版―統計）…………………… 740
日本（出版―名簿）…………………… 740
日本（出版―歴史―1868～1945）…… 740
日本（出版―歴史―江戸時代）……… 740
日本（出版―歴史―昭和前期）……… 740
日本（出版目録）……………………… 740
日本（出版目録―歴史―江戸時代）… 740
日本（主婦）…………………………… 740
日本（樹木）…………………………… 740
日本（樹木―写真集）………………… 741
日本（樹木―図集）…………………… 741
日本（狩猟）…………………………… 741
日本（狩猟―歴史―古代）…………… 741

（77）

日本 （手話） ……………………… 741
日本 （手話—辞書） ……………… 741
日本 （手話通訳—法令） ………… 741
日本 （循環型社会—世論） ……… 741
日本 （殉教者—歴史—安土桃山時代）… 741
日本 （殉教者—歴史—江戸時代） … 741
日本 （書—雑誌—書目） ………… 741
日本 （書—書跡集） ……………… 741
日本 （書—歴史—中世） ………… 741
日本 （書—歴史—明治以後） …… 742
日本 （書—歴史—明治時代—書蹟集） ‥ 742
日本 （省エネルギー） …………… 742
日本 （荘園—歴史—中世） ……… 742
日本 （障害児教育） ……………… 742
日本 （障害児教育—歴史—明治以後）… 742
日本 （障害児福祉） ……………… 742
日本 （障害児福祉—歴史—明治以後） … 742
日本 （障害者虐待） ……………… 743
日本 （障害者教育） ……………… 743
日本 （障害者教育—1945～） …… 743
日本 （障害者教育—歴史—1945～） … 743
日本 （障害者雇用） ……………… 743
日本 （障害者サービス〔図書館〕）… 743
日本 （障害者スポーツ） ………… 743
日本 （障害者福祉） ……………… 743
日本 （障害者福祉—法令） ……… 744
日本 （障害者福祉—歴史—1945～） … 744
日本 （障害認定） ………………… 744
日本 （障害年金） ………………… 744
日本 （消火設備—法令） ………… 745
日本 （小学校） …………………… 745
日本 （小学校—名簿） …………… 745
日本 （小学校—歴史—明治時代） … 745
日本 （商業—名簿） ……………… 745
日本 （商業—歴史） ……………… 745
日本 （商業—歴史—江戸時代） … 745
日本 （商業—歴史—中世） ……… 745
日本 （商業登記） ………………… 745
日本 （証券—法令） ……………… 745
日本 （証券会社） ………………… 745
日本 （証券会社—会計） ………… 745
日本 （証券市場） ………………… 745
日本 （証券市場—歴史—昭和前期） ‥‥ 746
日本 （証券取引法—判例） ……… 746
日本 （商行為法） ………………… 746
日本 （商工会議所） ……………… 746
日本 （硝酸汚染） ………………… 746
日本 （少子化） …………………… 746
日本 （少女） ……………………… 746
日本 （上水道） …………………… 746
日本 （小説家） …………………… 746
日本 （小説家—歴史—1945～） … 746
日本 （小説家—歴史—昭和後期） … 747
日本 （商店街） …………………… 747
日本 （浄土教—歴史） …………… 747
日本 （小児医療） ………………… 747
日本 （商人—歴史） ……………… 747
日本 （少年院） …………………… 747
日本 （少年教護） ………………… 747
日本 （少年教護—法令） ………… 747
日本 （少年審判） ………………… 747
日本 （少年犯罪） ………………… 747
日本 （少年犯罪—歴史—明治以後） … 747
日本 （少年非行） ………………… 747
日本 （少年法） …………………… 747
日本 （消費） ……………………… 748

日本 （消費—歴史—1868～1945） … 748
日本 （消費金融） ………………… 748
日本 （消費金融—統計） ………… 748
日本 （消費者） …………………… 748
日本 （消費者運動） ……………… 748
日本 （消費者教育） ……………… 748
日本 （消費者行政） ……………… 748
日本 （消費者行政—世論） ……… 748
日本 （消費者行動） ……………… 748
日本 （消費者団体訴訟制度） …… 748
日本 （消費者保護） ……………… 748
日本 （消費者保護—法令） ……… 749
日本 （消費税） …………………… 749
日本 （消費税—判例） …………… 750
日本 （消費税—法令） …………… 750
日本 （商標） ……………………… 750
日本 （商標法） …………………… 750
日本 （商品） ……………………… 750
日本 （商品先物取引—判例） …… 751
日本 （商品先物取引—法令） …… 751
日本 （商品流通） ………………… 751
日本 （商品流通—歴史—江戸時代） … 751
日本 （娼婦） ……………………… 751
日本 （娼婦—歴史） ……………… 751
日本 （娼婦—歴史—1868～1945） … 751
日本 （商法） ……………………… 751
日本 （消防） ……………………… 751
日本 （商法—判例） ……………… 751
日本 （消防—名簿） ……………… 751
日本 （消防—歴史） ……………… 751
日本 （情報化社会） ……………… 751
日本 （消防官） …………………… 752
日本 （情報機関） ………………… 752
日本 （情報機関—歴史） ………… 752
日本 （情報技術） ………………… 752
日本 （情報公開制度） …………… 752
日本 （情報産業） ………………… 752
日本 （情報産業—統計） ………… 752
日本 （情報産業—名簿） ………… 752
日本 （情報政策） ………………… 752
日本 （消防法） …………………… 753
日本 （条約） ……………………… 753
日本 （条約—中国—歴史—昭和後期）… 753
日本 （条約—歴史—江戸末期） … 753
日本 （条約—歴史—明治時代—史料）… 753
日本 （条例） ……………………… 753
日本 （女教員—歴史） …………… 753
日本 （女教員—歴史—1868～1945） ‥‥ 753
日本 （食育） ……………………… 753
日本 （職業） ……………………… 753
日本 （職業—女性） ……………… 754
日本 （職業—統計） ……………… 754
日本 （職業—歴史） ……………… 754
日本 （職業教育） ………………… 754
日本 （職業訓練） ………………… 755
日本 （職業訓練〔障害者〕） …… 755
日本 （職業指導） ………………… 755
日本 （職業指導—歴史—1868～1945） ‥ 756
日本 （食生活） …………………… 757
日本 （食生活—歴史） …………… 757
日本 （食生活—歴史—江戸時代） … 757
日本 （職人—歴史） ……………… 757
日本 （食農教育） ………………… 758
日本 （触媒—特許） ……………… 758
日本 （食品安全） ………………… 758

日本 （食品安全—統計） ………… 758
日本 （食品衛生） ………………… 758
日本 （食品衛生—特許） ………… 758
日本 （食品衛生法） ……………… 758
日本 （食品工業） ………………… 758
日本 （食品工業—安全管理） …… 759
日本 （食品工業—特許） ………… 759
日本 （食品工業—名簿） ………… 759
日本 （食品工業—歴史—明治以後） … 759
日本 （食品包装—特許） ………… 759
日本 （食品流通—名簿） ………… 759
日本 （植物） ……………………… 759
日本 （植物—図集） ……………… 759
日本 （植民政策—台湾） ………… 759
日本 （植民政策—歴史—昭和時代） … 759
日本 （植民地） …………………… 759
日本 （植民地—アジア〔東部〕—歴史
　—昭和前期） …………………… 759
日本 （植民地—アジア〔東部〕—歴史
　—昭和前期—史料—書目） …… 759
日本 （植民地行政—台湾） ……… 759
日本 （植民地行政—中国） ……… 760
日本 （植民地行政—中国—歴史） … 760
日本 （植民地行政—朝鮮） ……… 760
日本 （食物） ……………………… 760
日本 （食糧） ……………………… 760
日本 （食糧安全保障） …………… 760
日本 （食料産業クラスター） …… 760
日本 （食糧自給率—世論） ……… 760
日本 （食糧政策） ………………… 760
日本 （食糧政策—歴史—昭和後期） … 760
日本 （食料品商） ………………… 760
日本 （食料品商—名簿） ………… 760
日本 （食糧問題） ………………… 760
日本 （女性） ……………………… 760
日本 （女性—賞—便覧） ………… 761
日本 （女性—伝記） ……………… 761
日本 （女性—統計） ……………… 761
日本 （女性—歴史—1868～1945） … 761
日本 （女性—歴史—安土桃山時代—伝
　記） ……………………………… 761
日本 （女性—歴史—江戸時代） … 761
日本 （女性—歴史—江戸時代—伝記） ‥ 761
日本 （女性—歴史—江戸初期） … 761
日本 （女性—歴史—江戸末期—伝記） ‥ 761
日本 （女性—歴史—昭和時代） … 761
日本 （女性—歴史—昭和前期） … 763
日本 （女性—歴史—大正時代） … 763
日本 （女性—歴史—大正時代—伝記） ‥ 765
日本 （女性—歴史—中世） ……… 765
日本 （女性—歴史—明治以後—肖像） … 765
日本 （女性—歴史—明治以後—伝記） … 765
日本 （女性—歴史—明治時代—伝記） … 765
日本 （女性医師） ………………… 765
日本 （女性議員） ………………… 765
日本 （女性教育—歴史—1868～1945） ‥ 765
日本 （女性教育—歴史—明治以後） … 765
日本 （女性教育—歴史—明治時代） … 765
日本 （女性教育—歴史—明治時代—伝
　記） ……………………………… 765
日本 （女性作家） ………………… 765
日本 （女性作家—歴史—1945～） … 765
日本 （女性作家—歴史—大正時代） … 765
日本 （女性作家—歴史—明治以後） … 765
日本 （女性作家—歴史—明治時代） … 765
日本 （女性施設—情報サービス） … 765

日本件名図書目録2014　Ⅰ

日本

日本（女性団体―名簿）…………………766
日本（女性福祉）…………………………766
日本（女性問題）…………………………766
日本（女性問題―会議録）………………766
日本（女性問題―伝記）…………………766
日本（女性問題―歴史―1945～）………766
日本（女性問題―歴史―1945～1952）…766
日本（女性問題―歴史―明治以後）……767
日本（女性労働）…………………………767
日本（女性労働―法令）…………………768
日本（女性労働―世論）…………………768
日本（女性労働―歴史―昭和後期）……768
日本（女性労働―歴史―平成時代）……768
日本（女性労働者）………………………768
日本（女性労働者―雇用）………………769
日本（女性労働者―歴史―昭和前期）…769
日本（女性労働者―歴史―大正時代）…769
日本（書籍商）……………………………769
日本（除染〔放射性物質〕）……………769
日本（除染〔放射性物質〕―特許）……769
日本（食器―図集）………………………769
日本（ショッピングセンター）…………769
日本（初等教育）…………………………769
日本（初等教育―歴史―明治時代）……769
日本（所得）………………………………769
日本（所得税）……………………………769
日本（所得税法）…………………………770
日本（所得税法―判例）…………………770
日本（女優）………………………………770
日本（女優―歴史―昭和後期）…………770
日本（私立学校）…………………………771
日本（私立学校―法令）…………………771
日本（私立学校―名簿）…………………771
日本（私立大学）…………………………771
日本（シルバー産業）……………………771
日本（城）…………………………………771
日本（城―歴史―安土桃山時代）………771
日本（城―歴史―江戸時代）……………772
日本（城―歴史―江戸初期）……………772
日本（城―歴史―江戸末期）……………772
日本（城―歴史―古代）…………………772
日本（城―歴史―中世）…………………772
日本（城―歴史―室町時代）……………772
日本（城―歴史―明治時代）……………772
日本（城―歴史―論文集）………………772
日本（城跡）………………………………772
日本（城跡―保存・修復）………………772
日本（シングルマザー）…………………772
日本（人権）………………………………772
日本（人権―児童）………………………773
日本（人権―障害者―判例）……………773
日本（人権―女性）………………………773
日本（人権―判例）………………………773
日本（人権教育）…………………………773
日本（人権教育―歴史）…………………773
日本（信仰）………………………………773
日本（人口）………………………………773
日本（人口―統計）………………………773
日本（信仰―歴史）………………………773
日本（人口―歴史）………………………774
日本（信仰―歴史―中世）………………774
日本（震災）………………………………774
日本（震災―歴史）………………………774
日本（人材派遣業）………………………774
日本（震災予防）…………………………774

日本（人事管理―判例）…………………774
日本（人事管理―法令）…………………774
日本（人事行政）…………………………774
日本（人事行政―法令）…………………774
日本（人事行政―歴史―1945～）………774
日本（新宗教）……………………………774
日本（人種差別）…………………………774
日本（人身売買―歴史―安土桃山時
　代）………………………………………775
日本（人身売買―歴史―昭和後期）……775
日本（人身売買―歴史―室町時代）……775
日本（神像―歴史―平安時代―図集）…775
日本（親族法）……………………………775
日本（親族法―判例）……………………775
日本（身体障害者福祉）…………………775
日本（身体障害者福祉―法令）…………775
日本（信託）………………………………775
日本（信託会社―会計）…………………775
日本（信託法）……………………………775
日本（信託法―判例）……………………776
日本（新聞）………………………………776
日本（新聞―統計）………………………776
日本（新聞―歴史―明治時代）…………776
日本（新聞記者―歴史―明治以後）……776
日本（新聞社）……………………………776
日本（新聞社―名簿）……………………776
日本（人名辞典）…………………………776
日本（新薬開発―歴史―1945～）………776
日本（新薬承認）…………………………776
日本（信用組合―名簿）…………………776
日本（森林）………………………………776
日本（森林計画）…………………………776
日本（森林鉄道）…………………………776
日本（森林法）……………………………776
日本（森林保護）…………………………776
日本（森林利用―歴史―江戸時代―会
　議録）……………………………………776
日本（森林利用―歴史―原始時代）……777
日本（神話）………………………………777
日本（神話―歴史―中世）………………777
日本（水害）………………………………777
日本（水害予防）…………………………777
日本（水源林）……………………………777
日本（水産加工業）………………………777
日本（水産業）……………………………777
日本（水産業―統計）……………………777
日本（水産業―特許）……………………778
日本（水産業―法令）……………………778
日本（水産業協同組合）…………………778
日本（水産行政）…………………………778
日本（水産資源）…………………………778
日本（水産物）……………………………778
日本（水質汚濁）…………………………778
日本（水生昆虫―観察）…………………778
日本（水生植物―図集）…………………778
日本（水生生物）…………………………778
日本（水田農業）…………………………778
日本（水道）………………………………778
日本（水道―統計）………………………778
日本（炊飯器―特許）……………………778
日本（水利）………………………………778
日本（推理小説）…………………………778
日本（推理小説―小説集）………………778
日本（推理小説―歴史―昭和後期）……778
日本（推理小説―歴史―明治以後）……778
日本（水路誌）……………………………778

日本（スーパーマーケット）……………778
日本（スーパーマーケット―法令）……778
日本（スポーツ）…………………………779
日本（スポーツ―伝記）…………………779
日本（スポーツ―統計）…………………779
日本（スポーツ―法令）…………………779
日本（スポーツ―世論）…………………779
日本（スポーツ―歴史―昭和前期）……779
日本（スポーツ産業）……………………779
日本（スポーツ産業―統計）……………779
日本（スポーツ政策）……………………779
日本（スマートシティ）…………………779
日本（スマートハウス）…………………779
日本（青果市場）…………………………779
日本（生活）………………………………779
日本（生活―統計）………………………779
日本（生活環境―条例）…………………779
日本（生活協同組合）……………………779
日本（生活協同組合―会議録）…………779
日本（生活協同組合―統計）……………780
日本（生活協同組合―名簿）……………780
日本（生活困窮者）………………………780
日本（生活設計―高齢者）………………780
日本（生活排水）…………………………780
日本（生活保護）…………………………780
日本（生活問題）…………………………781
日本（生活問題―世論）…………………781
日本（生活問題―歴史―1945～1952）…781
日本（性教育）……………………………781
日本（生計費―統計）……………………781
日本（政策評価）…………………………781
日本（性差別）……………………………782
日本（政治）………………………………782
日本（政治―歴史）………………………784
日本（政治―歴史―1868～1945）………784
日本（政治―歴史―1868～1945―写真
　集）………………………………………784
日本（政治―歴史―1945～）……………784
日本（政治―歴史―1945～1952）………785
日本（政治―歴史―江戸末期）…………785
日本（政治―歴史―古代）………………785
日本（政治―歴史―昭和後期）…………785
日本（政治―歴史―昭和後期―史料）…785
日本（政治―歴史―昭和時代）…………785
日本（政治―歴史―昭和前期）…………785
日本（政治―歴史―大正時代）…………785
日本（政治―歴史―奈良時代）…………785
日本（政治―歴史―平安時代）…………785
日本（政治―歴史―平成時代）…………785
日本（政治―歴史―室町時代）…………786
日本（政治―歴史―明治以後）…………786
日本（政治―歴史―明治時代）…………786
日本（政治家）……………………………786
日本（政治家―歴史―1945～）…………786
日本（政治家―歴史―昭和前期）………786
日本（政治家―歴史―明治以後）………786
日本（政治機構―歴史―1868～1945）…786
日本（製糸業―歴史）……………………786
日本（製糸業―歴史―明治時代―伝
　記）………………………………………786
日本（政治思想）…………………………786
日本（政治思想―歴史―1868～1945）…787
日本（政治思想―歴史―江戸時代）……787
日本（政治思想―歴史―昭和後期）……787
日本（政治思想―歴史―大正時代）……787
日本（政治思想―歴史―明治以後）……787

（79）

日本

日本（政治思想―歴史―明治時代）…… 787
日本（青少年）……………………… 787
日本（青少年―統計）……………… 787
日本（青少年教育）………………… 787
日本（青少年問題）………………… 788
日本（青少年問題―法令）………… 788
日本（生殖補助医療）……………… 788
日本（精神衛生）…………………… 788
日本（精神科病院）………………… 788
日本（精神障害者―雇用）………… 788
日本（精神障害者福祉）…………… 788
日本（精神障害者福祉―法令）…… 789
日本（清掃事業）…………………… 789
日本（製造者責任―判例）………… 789
日本（聖地）………………………… 789
日本（政党）………………………… 789
日本（政党―歴史―昭和前期）…… 789
日本（政党―歴史―大正時代）…… 789
日本（政党―歴史―明治時代）…… 789
日本（青銅器―歴史）……………… 789
日本（青年）………………………… 789
日本（青年―雇用）………………… 790
日本（成年後見制度）……………… 790
日本（成年後見制度―法令）……… 791
日本（性犯罪）……………………… 791
日本（製品開発）…………………… 791
日本（性風俗）……………………… 791
日本（性風俗―歴史）……………… 791
日本（性風俗―歴史―1945～）…… 791
日本（性風俗―歴史―江戸時代）… 791
日本（性風俗―歴史―平安時代）… 791
日本（制服〔労働者〕）…………… 791
日本（生物多様性）………………… 791
日本（税務会計―法令）…………… 792
日本（税務争訟）…………………… 792
日本（生命表）……………………… 792
日本（生命保険）…………………… 792
日本（生命保険―判例）…………… 792
日本（性問題）……………………… 792
日本（性問題―歴史―1945～）…… 793
日本（清涼飲料製造業―名簿）…… 793
日本（世界遺産）…………………… 793
日本（石造美術）…………………… 793
日本（石炭鉱業―歴史―明治時代）…… 793
日本（石炭産業―歴史―1945～）… 793
日本（石塔）………………………… 793
日本（石仏）………………………… 793
日本（石油コンビナート）………… 793
日本（世帯）………………………… 793
日本（世帯―統計）………………… 793
日本（雪害）………………………… 793
日本（石器）………………………… 793
日本（設備投資）…………………… 794
日本（説話）………………………… 794
日本（繊維工業―統計）…………… 794
日本（繊維工業―名簿）…………… 794
日本（繊維工業―歴史―1945～）… 794
日本（船員）………………………… 794
日本（船員法）……………………… 794
日本（選挙）………………………… 794
日本（選挙―統計）………………… 794
日本（選挙運動）…………………… 794
日本（選挙区）……………………… 794
日本（選挙制度）…………………… 794
日本（全国書誌）…………………… 794
日本（センサー―特許）…………… 794

日本（戦車）………………………… 794
日本（戦車―写真集）……………… 794
日本（禅宗―寺院―歴史―中世）… 794
日本（禅宗―歴史―中世）………… 794
日本（染色―歴史）………………… 794
日本（染織工芸）…………………… 795
日本（染織工芸―図集）…………… 795
日本（潜水艦―歴史―1945～）…… 795
日本（潜水艦―歴史―昭和前期）… 795
日本（戦争遺跡）…………………… 795
日本（戦争文学）…………………… 795
日本（戦争文学―歴史―昭和前期）…… 795
日本（戦闘機）……………………… 795
日本（戦闘機―歴史―昭和前期）… 795
日本（船舶安全法）………………… 795
日本（船舶法）……………………… 795
日本（賤民―歴史）………………… 795
日本（賤民―歴史―江戸時代）…… 795
日本（専門職）……………………… 795
日本（専門職大学院）……………… 796
日本（葬儀業）……………………… 796
日本（葬儀業―統計）……………… 796
日本（総合型地域スポーツクラブ）… 796
日本（倉庫業）……………………… 796
日本（葬式）………………………… 796
日本（掃除機―特許）……………… 796
日本（双翅類―目録）……………… 796
日本（葬制）………………………… 796
日本（葬制―歴史）………………… 796
日本（葬制―歴史―原始時代）…… 796
日本（葬制―歴史―古代）………… 797
日本（造船業）……………………… 797
日本（造船業―名簿）……………… 797
日本（相続税）……………………… 797
日本（相続税―歴史―1868～1945―史
料）………………………………… 798
日本（相続法）……………………… 799
日本（相続税―判例）……………… 799
日本（贈与税）……………………… 799
日本（僧侶）………………………… 800
日本（造林）………………………… 800
日本（測量―法令）………………… 800
日本（蔬菜）………………………… 800
日本（蔬菜栽培）…………………… 800
日本（組織再編成〔企業〕）……… 800
日本（組織再編成〔企業〕―判例）… 800
日本（組織再編成制）……………… 800
日本（ソーシャルインクルージョン）… 800
日本（訴訟）………………………… 801
日本（租税）………………………… 801
日本（租税―判例）………………… 801
日本（租税制度）…………………… 801
日本（租税制度―歴史―1868～1945）… 802
日本（租税制度―歴史―古代）…… 802
日本（租税制度―歴史―昭和前期）…… 802
日本（租税法）……………………… 802
日本（租税法―裁決）……………… 803
日本（ソフトウェア産業）………… 803
日本（ソフトウェア産業―会計）… 803
日本（損害賠償―判例）…………… 803
日本（損害保険）…………………… 803
日本（損失補償―法令）…………… 803
日本（村落―歴史―江戸時代）…… 803
日本（村落―歴史―江戸末期）…… 803
日本（村落―歴史―明治時代）…… 803
日本（体育）………………………… 803

日本（体育―歴史―1945～）……… 803
日本（大学）………………………… 803
日本（大学―PR）………………… 804
日本（大学―歴史）………………… 804
日本（大学院）……………………… 804
日本（大学院生）…………………… 805
日本（大気汚染）…………………… 805
日本（大気汚染防止法）…………… 805
日本（大衆運動）…………………… 805
日本（大衆運動―歴史―1945～）… 805
日本（大衆演芸）…………………… 805
日本（大衆演芸―歴史―1868～1945）… 805
日本（大衆演芸―歴史―昭和後期―写
真集）……………………………… 805
日本（大衆演芸―歴史―昭和時代）… 805
日本（退職金）……………………… 805
日本（退職金―法令）……………… 805
日本（退職年金）…………………… 805
日本（退職年金―法令）…………… 805
日本（耐震建築）…………………… 805
日本（耐震建築―法令）…………… 806
日本（台所用品―貿易―法令）…… 806
日本（太平洋戦争〔1941～1945〕―戦
没者―名簿）……………………… 806
日本（太平洋戦争〔1941～1945〕―プ
ロパガンダ）……………………… 806
日本（太陽光発電―特許）………… 806
日本（太陽光発電―法令）………… 806
日本（体力―世論）………………… 806
日本（宅地）………………………… 806
日本（宅地開発）…………………… 806
日本（立退料）……………………… 806
日本（脱税―判例）………………… 806
日本（棚田）………………………… 806
日本（多文化教育）………………… 806
日本（多文化主義）………………… 807
日本（卵―図集）…………………… 807
日本（ダム―写真集）……………… 807
日本（短角亜目―目録）…………… 807
日本（短期大学）…………………… 807
日本（男女共同参画）……………… 807
日本（単親家庭）…………………… 807
日本（淡水魚）……………………… 807
日本（淡水魚―図集）……………… 807
日本（男性）………………………… 807
日本（炭素―ナノテクノロジー―特
許）………………………………… 807
日本（炭素繊維―特許）…………… 807
日本（団体―名簿）………………… 807
日本（団体交渉）…………………… 807
日本（断熱材―特許）……………… 808
日本（担保物権）…………………… 808
日本（担保物権―判例）…………… 808
日本（担保物権―法令）…………… 808
日本（治安立法―歴史―昭和前期）… 808
日本（地域開発）…………………… 808
日本（地域開発―歴史―古代）…… 810
日本（地域開発―歴史―昭和前期）… 810
日本（地域看護）…………………… 810
日本（地域金融機関）……………… 810
日本（地域経済）…………………… 811
日本（地域社会）…………………… 811
日本（地域社会―歴史）…………… 812
日本（地域社会―歴史―明治時代）…… 812
日本（地域社会開発）……………… 812
日本（地域情報化）………………… 812

日本件名図書目録2014 Ⅰ

日本（地域福祉）………812
日本（チェーンストア）………813
日本（地下水）………813
日本（地下水汚染）………813
日本（稚魚—図集）………813
日本（畜産業—統計）………813
日本（畜産業—名簿）………813
日本（蓄電池—特許）………813
日本（竹林）………813
日本（地形）………813
日本（治山）………813
日本（地産地消）………813
日本（地誌）………814
日本（地質）………814
日本（地図）………814
日本（治水）………814
日本（地層）………814
日本（知的財産権）………814
日本（知的財産権—判例）………815
日本（知的財産権—法令）………815
日本（知的障害者—法的地位）………815
日本（知的障害者福祉）………815
日本（知的障害者福祉—名簿）………815
日本（知的障害者福祉—歴史—1945〜）………815
日本（地方議会）………815
日本（地方議会—辞書）………816
日本（地方議会—書式）………816
日本（地方議会—名簿）………816
日本（地方行政）………816
日本（地方行政—法令）………817
日本（地方行政—名簿）………817
日本（地方行政—歴史—1945〜）………817
日本（地方銀行）………817
日本（地方計画）………817
日本（地方公務員）………817
日本（地方債）………818
日本（地方財政）………818
日本（地方財政—歴史—1945〜）………818
日本（地方財政—歴史—昭和前期）………818
日本（地方紙）………818
日本（地方史—雑誌—書目）………818
日本（地方自治）………819
日本（地方自治—歴史—明治以後）………820
日本（地方自治法）………820
日本（地方税）………820
日本（地方選挙）………820
日本（地方選挙—法令）………820
日本（地方鉄道）………820
日本（地方鉄道—歴史）………821
日本（地方分権）………821
日本（地名）………821
日本（茶業—歴史）………821
日本（茶碗—歴史—明治以後—図集）………821
日本（中間貯蔵施設—安全管理）………821
日本（中高年齢者）………821
日本（中高年齢者—雇用）………821
日本（中国史学）………822
日本（中古住宅）………822
日本（中小企業）………822
日本（中小企業—統計）………824
日本（中小企業—法令）………824
日本（中小企業—論文集）………824
日本（中小企業金融）………824
日本（中等教育）………825
日本（厨房設備—特許）………825

日本（蝶）………825
日本（超硬工具—特許）………825
日本（彫刻）………825
日本（彫刻—図集）………825
日本（彫刻—歴史—平成時代—図集）………825
日本（彫刻—歴史—明治以後—図集）………825
日本（彫刻家）………825
日本（鳥獣害）………825
日本（直接請求）………825
日本（直流機—特許）………825
日本（著作家）………825
日本（著作権）………825
日本（著作権法）………826
日本（ちらし—図集）………826
日本（ちらし—歴史）………826
日本（ちらし—歴史—江戸末期）………826
日本（ちらし—歴史—大正時代）………826
日本（ちらし—歴史—明治時代）………826
日本（地理学—歴史—江戸時代）………826
日本（地理学者—歴史—明治以後—人名辞典）………826
日本（地理教育）………826
日本（賃金管理）………826
日本（通過儀礼）………826
日本（通貨政策）………827
日本（通信制高等学校）………827
日本（通信制高等学校—名簿）………827
日本（通信と放送の融合）………827
日本（通信販売—法令）………827
日本（通信法）………827
日本（津波）………827
日本（津波—歴史）………827
日本（津波—歴史—1868〜1945）………827
日本（庭園）………827
日本（庭園—会議録）………827
日本（庭園—歴史）………827
日本（庭園—歴史—1868〜1945）………827
日本（庭園—歴史—中世）………827
日本（庭園—歴史—室町時代）………827
日本（庭園—歴史—明治以後—写真集）………827
日本（デイサービス）………827
日本（定時制高等学校）………827
日本（定時制高等学校—名簿）………828
日本（底質悪化）………828
日本（ディスクロージャー〔経営〕—法令）………828
日本（手形法）………828
日本（デザイナー）………828
日本（デザイン）………828
日本（デザイン—図集）………828
日本（デザイン—統計）………828
日本（鉄鋼業—歴史—古代）………828
日本（鉄鋼業）………828
日本（鉄鋼業—統計）………828
日本（鉄鋼業—歴史—1945〜）………828
日本（鉄道）………828
日本（鉄道—伝記）………829
日本（鉄道—歴史）………829
日本（鉄道—歴史—1945〜）………829
日本（鉄道—歴史—江戸末期）………829
日本（鉄道—歴史—昭和後期）………829
日本（鉄道—歴史—昭和前期）………829
日本（鉄道—歴史—明治以後）………829
日本（鉄道—歴史—明治時代）………830
日本（鉄道運賃）………830

日本（鉄道貨物輸送—歴史）………830
日本（鉄道行政）………830
日本（鉄道行政—歴史—昭和前期）………830
日本（鉄道工学—特許）………830
日本（鉄道災害）………830
日本（鉄道政策）………830
日本（鉄道政策—歴史）………830
日本（鉄道法）………830
日本（テレビドラマ）………830
日本（テレビドラマ—歴史—1945〜）………831
日本（テレビ放送）………831
日本（テレビ放送—歴史）………831
日本（テレビ放送—歴史—昭和後期）………831
日本（伝記）………831
日本（伝記—書目）………833
日本（電気—法令）………833
日本（電気化学—特許）………833
日本（電気機械・器具工業）………833
日本（電気機械・器具工業—歴史—1945〜）………833
日本（電気事業）………833
日本（電気事業—名簿）………833
日本（電気事業—歴史—明治以後）………833
日本（電気設備—安全管理）………833
日本（電気通信）………833
日本（電気鉄道—歴史）………833
日本（電源装置—特許）………833
日本（電子機械・器具—特許）………834
日本（電子機械・器具工業）………834
日本（電子工業）………834
日本（電子債権）………834
日本（電子商取引）………834
日本（電子商取引—法令）………834
日本（電子書籍）………834
日本（電子図書館）………834
日本（電子部品工業）………834
日本（電車—歴史—1945〜）………834
日本（電車—歴史—昭和時代）………834
日本（伝説）………834
日本（電装品〔自動車〕—特許）………834
日本（電池—特許）………834
日本（天文学—歴史—江戸時代）………834
日本（電力）………834
日本（電力—省エネルギー）………834
日本（電力—情報サービス）………834
日本（電力—法令）………834
日本（電力自由化）………834
日本（登記—法令）………834
日本（銅鏡）………835
日本（統計）………835
日本（統計—書目）………835
日本（統計行政）………835
日本（統合教育）………835
日本（動産担保融資）………835
日本（倒産法）………835
日本（倒産法—判例）………836
日本（投資）………836
日本（陶磁器）………836
日本（陶磁器—図集）………836
日本（陶磁器—伝記）………836
日本（陶磁器—歴史—昭和前期—図集）………836
日本（陶磁器—歴史—大正時代—図集）………836
日本（投資信託）………836
日本（銅像—歴史—明治以後）………836

日本（灯台）…… 836
日本（投票）…… 836
日本（動物病院）…… 836
日本（童謡）…… 836
日本（道路）…… 836
日本（道路―歴史）…… 836
日本（道路―歴史―古代）…… 837
日本（道路行政）…… 837
日本（道路計画）…… 837
日本（道路公害）…… 837
日本（道路交通）…… 837
日本（道路交通―情報サービス）…… 837
日本（道路交通―歴史―古代）…… 837
日本（道路交通法）…… 837
日本（道路トンネル）…… 837
日本（道路法）…… 837
日本（土偶）…… 837
日本（読書指導）…… 837
日本（独占禁止法）…… 837
日本（督促手続―書式）…… 838
日本（特別養護老人ホーム―条例）…… 838
日本（都市）…… 838
日本（都市―歴史―昭和後期）…… 838
日本（都市―歴史―中世）…… 838
日本（都市銀行）…… 838
日本（都市計画）…… 838
日本（都市計画法）…… 839
日本（都市交通）…… 839
日本（都市再開発）…… 839
日本（都市再開発法）…… 839
日本（都市農業）…… 839
日本（土砂災害）…… 839
日本（図書）…… 839
日本（図書―歴史）…… 839
日本（図書―歴史―江戸時代―書目）…… 839
日本（図書―歴史―明治時代―書目）…… 839
日本（都城）…… 839
日本（土壌―分類）…… 839
日本（都城―歴史―飛鳥時代）…… 839
日本（土壌汚染）…… 840
日本（図書館）…… 840
日本（図書館員）…… 840
日本（図書館利用教育―情報サービス）…… 840
日本（土地）…… 840
日本（土地改良）…… 840
日本（土地価格）…… 840
日本（土地区画整理）…… 840
日本（土地収用―裁決）…… 840
日本（土地収用―法令）…… 840
日本（土地政策）…… 840
日本（土地税制）…… 840
日本（土地制度）…… 841
日本（土地利用）…… 841
日本（土地利用―統計）…… 841
日本（特許）…… 841
日本（特許―判例）…… 841
日本（特許審判）…… 841
日本（特許訴訟）…… 841
日本（特許法）…… 841
日本（特許法―判例）…… 841
日本（土木構造物―保存・修復）…… 841
日本（ドメスティックバイオレンス）…… 841
日本（ドラッグデリバリーシステム―特許）…… 841
日本（鳥）…… 841

日本（鳥―図集）…… 842
日本（鳥―保護）…… 842
日本（取調べ）…… 842
日本（度量衡―歴史―中世）…… 842
日本（内閣―法令）…… 842
日本（内閣―歴史―昭和前期）…… 842
日本（内閣総理大臣）…… 842
日本（内閣総理大臣―歴史―1945～）…… 842
日本（内航海運）…… 842
日本（ナショナリズム）…… 842
日本（ナショナリズム―歴史―1945～）…… 842
日本（ナショナリズム―歴史―明治以後）…… 842
日本（ナショナリズム―歴史―明治時代）…… 842
日本（ナノインプリント―特許）…… 842
日本（鍋料理）…… 842
日本（肉食）…… 842
日本（二酸化炭素―排出抑制）…… 842
日本（二酸化炭素―排出抑制―PR）…… 843
日本（日記文学―歴史―平安時代）…… 843
日本（ニッチトップ）…… 843
日本（日中戦争〔1937～1945〕―戦没者―名簿）…… 843
日本（日中戦争〔1937～1945〕―プロパガンダ）…… 843
日本（入学試験―私立中学校）…… 843
日本（入学試験―大学）…… 843
日本（入札）…… 843
日本（ニュータウン）…… 843
日本（人形―図集）…… 844
日本（熱中症―情報サービス）…… 844
日本（熱電変換―特許）…… 844
日本（年鑑）…… 844
日本（年鑑―書目）…… 844
日本（年金）…… 844
日本（年少労働―歴史―1868～1945）…… 844
日本（年少労働―歴史―1945～1952）…… 844
日本（年少労働―歴史―昭和後期）…… 846
日本（年少労働―歴史―昭和後期―統計）…… 846
日本（年中行事）…… 846
日本（年中行事―歴史―江戸時代）…… 846
日本（燃料電池―特許）…… 846
日本（農学）…… 846
日本（農業）…… 846
日本（農業―統計）…… 847
日本（農業―歴史―江戸時代―史料）…… 847
日本（農業―歴史―原始時代）…… 848
日本（農業―歴史―昭和後期）…… 848
日本（農業機械化）…… 848
日本（農業技術―特許）…… 848
日本（農業教育）…… 848
日本（農業行政）…… 848
日本（農業協同組合）…… 848
日本（農業協同組合―名簿）…… 848
日本（農業協同組合―歴史）…… 848
日本（農業共同経営）…… 848
日本（農業金融）…… 848
日本（農業経営）…… 849
日本（農業経営―統計）…… 850
日本（農業水利）…… 850
日本（農業水利―歴史―古代）…… 850
日本（農業政策）…… 850
日本（農業政策―歴史―1945～）…… 850

日本（農業政策―歴史―江戸時代―史料）…… 850
日本（農業政策―歴史―昭和前期）…… 850
日本（農業普及事業）…… 850
日本（農業法）…… 850
日本（農業補助金）…… 850
日本（農業労働者）…… 850
日本（農耕儀礼）…… 850
日本（農産製造）…… 850
日本（農産物市場）…… 851
日本（農産物直売所）…… 851
日本（農商工連携）…… 851
日本（農村）…… 851
日本（農村―世論）…… 851
日本（農村計画）…… 851
日本（農村女性）…… 852
日本（農村生活）…… 852
日本（農村生活―歴史―昭和後期）…… 852
日本（農地）…… 852
日本（農地法）…… 852
日本（農民―歴史―古代）…… 852
日本（農民―歴史―昭和時代）…… 852
日本（農民―歴史―中世）…… 852
日本（農民一揆―歴史―江戸時代）…… 852
日本（農民運動―歴史―1945～）…… 852
日本（農民運動―歴史―昭和時代）…… 852
日本（バイオインダストリー）…… 852
日本（バイオマスエネルギー―特許）…… 852
日本（排気ガス―排出抑制）…… 853
日本（廃棄物）…… 853
日本（廃棄物処理）…… 853
日本（廃棄物処理―PR）…… 853
日本（廃棄物処理―名簿）…… 853
日本（廃棄物処理―有料化）…… 853
日本（廃棄物処理施設）…… 853
日本（廃墟）…… 853
日本（排出権取引）…… 853
日本（排出抑制〔廃棄物〕）…… 853
日本（売春）…… 853
日本（売春―歴史―1945～1952）…… 853
日本（俳優）…… 853
日本（博物館）…… 853
日本（博物館―法令―歴史―明治以後―年表）…… 854
日本（博物館―名簿）…… 854
日本（薄膜―特許）…… 854
日本（破産法）…… 854
日本（バス）…… 854
日本（バス事業）…… 854
日本（バス事業―歴史）…… 854
日本（爬虫類）…… 854
日本（爬虫類―観察）…… 854
日本（発光ダイオード―特許）…… 854
日本（花）…… 854
日本（花―写真集）…… 854
日本（花―図集）…… 854
日本（バプティスト派―伝道―歴史）…… 854
日本（パワーハラスメント―判例）…… 855
日本（版画―画集）…… 855
日本（版画―目録）…… 855
日本（版画―歴史―明治以後―画集）…… 855
日本（パン・菓子製造業）…… 855
日本（判決）…… 855
日本（犯罪）…… 855
日本（犯罪―歴史―1945～）…… 855
日本（犯罪―歴史―昭和後期）…… 855

日本件名図書目録2014　I

日本

日本（犯罪—歴史—明治以後）………855
日本（犯罪捜査）………855
日本（犯罪捜査—書式）………855
日本（犯罪予防）………855
日本（犯罪予防—法令）………855
日本（反社会的勢力）………855
日本（半導体—特許）………855
日本（半導体記憶装置—特許）………855
日本（半導体産業）………855
日本（半導体産業—名簿）………855
日本（判例）………856
日本（PR）………856
日本（PRTR—PR）………856
日本（PFI）………856
日本（皮革工業—環境管理）………856
日本（干潟）………856
日本（ひきこもり）………856
日本（被災者支援）………856
日本（被災者支援—法令）………856
日本（美術）………856
日本（美術—図集）………856
日本（美術—目録）………857
日本（美術—歴史—1868〜1945）………858
日本（美術—歴史—1945〜）………858
日本（美術—歴史—大正時代—図集）………858
日本（美術—歴史—平成時代—図集）………858
日本（美術—歴史—明治以後）………858
日本（美術—歴史—明治以後—図集）………858
日本（美術—歴史—明治時代—図集）………858
日本（美術家—名簿）………858
日本（美術館）………858
日本（美術館—歴史—昭和後期）………858
日本（美術教育）………858
日本（美術品—保存・修復）………858
日本（非常勤教員—大学）………859
日本（非上場株—判例）………859
日本（非正社員—雇用）………859
日本（非正社員—法令）………859
日本（微生物工業）………859
日本（ひとり暮らし高齢者）………859
日本（避難所）………859
日本（PPP〔行政〕）………859
日本（美容院）………859
日本（美容院—図集）………859
日本（病院—歴史）………859
日本（病院給食—法令）………859
日本（肥料—特許）………859
日本（ビルメインテナンス業）………859
日本（貧困）………859
日本（貧困児童）………859
日本（貧民—歴史—江戸時代）………860
日本（ファッション—雑誌）………860
日本（ファッション—歴史—1945〜）………860
日本（ファッション—歴史—明治以後）………860
日本（ファッション産業）………860
日本（ファッション産業—伝記）………860
日本（VOC汚染）………860
日本（フィギュアスケート）………860
日本（風景画—歴史）………860
日本（風景画—歴史—江戸時代）………860
日本（風水害）………860
日本（風俗画—歴史—江戸時代）………860
日本（風俗関連営業）………860
日本（風俗関連営業—判例）………860
日本（風俗・習慣）………860

日本（風俗・習慣—歴史）………861
日本（風俗・習慣—歴史—江戸時代）………861
日本（風俗・習慣—歴史—江戸末期）………862
日本（風俗・習慣—歴史—昭和後期）………862
日本（風俗・習慣—歴史—昭和時代）………862
日本（風俗・習慣—歴史—中世）………862
日本（風俗・習慣—歴史—平安時代）………862
日本（風俗・習慣—歴史—明治以後）………862
日本（風俗・習慣—歴史—明治時代）………862
日本（夫婦）………862
日本（風力発電—特許）………862
日本（フォークソング—歴史—昭和後期）………862
日本（フォークリフト—特許）………862
日本（武具—歴史—古代）………862
日本（福祉機器—特許）………862
日本（服装—歴史）………862
日本（服装—歴史—古代）………862
日本（福利厚生）………862
日本（福利厚生—統計）………863
日本（福利厚生—歴史—1868〜1945）………863
日本（父子家庭）………863
日本（物価）………863
日本（仏教）………863
日本（仏教—社会事業）………863
日本（仏教—社会事業—歴史—明治以後）………863
日本（仏教—宗派）………863
日本（仏教—歴史）………863
日本（仏教—歴史—鎌倉時代）………863
日本（仏教—歴史—古代）………863
日本（仏教—歴史—昭和前期）………864
日本（仏教—歴史—中世）………864
日本（仏教—歴史—平安時代）………864
日本（仏教—歴史—明治以後）………864
日本（仏教教育）………864
日本（仏教教育—歴史—中世）………864
日本（仏教美術—図集）………864
日本（仏教美術—歴史）………864
日本（仏教美術—歴史—中世）………864
日本（仏教美術—歴史—平安時代—図集）………864
日本（物権法—判例）………864
日本（物権法—判例）………864
日本（物産）………864
日本（仏像）………865
日本（仏像—歴史）………865
日本（仏像—歴史—中世—図集）………865
日本（仏塔）………865
日本（物理教育）………865
日本（物理教育—会議録）………865
日本（物流業）………865
日本（不動産—歴史）………865
日本（不動産—判例）………866
日本（不動産—法令）………866
日本（不動産業）………866
日本（不動産業—会計）………866
日本（不動産登記）………866
日本（不動産投資）………867
日本（不法行為）………867
日本（不法行為—判例）………867
日本（不法行為—法令）………867
日本（不法就労）………867
日本（不法投棄）………868
日本（舞踊—歴史—明治以後）………868
日本（舞踊家）………868

日本（舞踊家—写真集）………868
日本（プライベートブランド）………868
日本（プライベートブランド—法令）………868
日本（プラスチック—リサイクル）………868
日本（プロテスタント教会—社会事業）………868
日本（プロテスタント教会—伝道）………868
日本（プロテスタント教会—歴史—明治以後）………868
日本（プロパガンダ）………868
日本（文化）………868
日本（文化—辞書）………869
日本（文化—歴史）………869
日本（文化—歴史—1945〜）………869
日本（文化—歴史—江戸時代）………869
日本（文化—歴史—古代）………870
日本（文化—歴史—明治以後）………870
日本（文化—歴史—明治時代）………870
日本（文化—歴史—論文集）………870
日本（文化活動）………870
日本（文化行政）………870
日本（文化行政—歴史—明治以後）………870
日本（文学教育）………870
日本（文学教育—歴史—明治時代）………871
日本（文学者）………871
日本（文学者—歴史—1945〜）………871
日本（文学者—歴史—江戸時代）………871
日本（文学者—歴史—昭和後期）………871
日本（文学者—歴史—昭和時代）………871
日本（文学者—歴史—明治以後）………871
日本（文学者—歴史—明治時代）………871
日本（文学と政治—歴史—1868〜1945）………871
日本（文学と政治—歴史—昭和時代）………871
日本（文学と政治—歴史—明治以後）………871
日本（文学碑）………871
日本（文化財）………871
日本（文化財—保存・修復）………871
日本（文化財保護）………872
日本（文化財保護—歴史—明治以後）………872
日本（文化的景観）………872
日本（文書館）………872
日本（文書管理—情報システム—特許）………873
日本（墳墓）………873
日本（墳墓—歴史）………873
日本（墳墓—歴史—江戸時代）………873
日本（墳墓—歴史—原始時代）………873
日本（墳墓—歴史—古代）………873
日本（兵器）………873
日本（兵器—歴史）………873
日本（平和運動）………873
日本（平和教育）………873
日本（壁画）………873
日本（ペット—法令）………873
日本（ペット—保護）………873
日本（ペットビジネス）………873
日本（弁護士）………874
日本（弁護士—名簿）………874
日本（弁護士—歴史）………874
日本（ベンチャーキャピタル）………874
日本（ベンチャービジネス）………874
日本（保育）………874
日本（保育—法令）………875
日本（保育—歴史）………875
日本（保育所）………875

（83）

日本

日本（保育所―安全管理）……………875
日本（保育所―会計）………………875
日本（保育所―法令）………………875
日本（保育所―歴史―1868～1945）……875
日本（貿易）……………………875
日本（貿易―アジア〔東部〕―歴史―
　古代）………………………876
日本（貿易―アジア―歴史）…………876
日本（貿易―アメリカ合衆国―歴史―
　1945～）……………………876
日本（貿易―太平洋諸島）……………876
日本（貿易―台湾）…………………876
日本（貿易―中国）…………………876
日本（貿易―朝鮮―歴史―江戸時代）……876
日本（貿易―法令）…………………876
日本（貿易―歴史―安土桃山時代）……876
日本（貿易―歴史―江戸初期）………876
日本（貿易実務）……………………876
日本（貿易政策）……………………876
日本（貿易品―法令）………………876
日本（法教育）………………………876
日本（防災教育〔学校〕）……………876
日本（防災計画）……………………876
日本（法社会学）……………………876
日本（放射線医学―特許）……………876
日本（放射線防護―法令）……………877
日本（法人税）………………………877
日本（法人税法）……………………878
日本（法人税法―裁決）………………878
日本（法人登記―書式）………………878
日本（法制史―1868～1945）…………878
日本（法制史―江戸時代）……………878
日本（法制史―江戸時代―史料）……878
日本（法制史―古代）………………878
日本（法制史―中世）………………878
日本（法制史―中世―史料）…………878
日本（放送広告）……………………879
日本（放送事業）……………………879
日本（放送事業―安全管理）…………879
日本（放送事業―年鑑）………………879
日本（放送事業―名簿）………………879
日本（訪問介護）……………………879
日本（法律）…………………………879
日本（法律―辞書）…………………880
日本（法律―世論）…………………880
日本（法律家）………………………880
日本（法律学）………………………880
日本（法律事務所）…………………880
日本（法律事務所―名簿）……………880
日本（法令）…………………………880
日本（法令―便覧）…………………881
日本（簿記）…………………………881
日本（簿記―歴史）…………………881
日本（墨書土器）……………………881
日本（保険）…………………………881
日本（保険会社）……………………881
日本（保健師）………………………881
日本（保険法）………………………881
日本（保険法―判例）………………881
日本（保護観察）……………………881
日本（母子福祉）……………………882
日本（母子保健）……………………882
日本（母子保健―世論）………………882
日本（保守主義）……………………882
日本（補助金）………………………882
日本（補助金―歴史―昭和前期）………883

日本（ポスター―図集）………………883
日本（ポスター―歴史―明治以後）……883
日本（ポストドクター―雇用）………883
日本（墓地）…………………………883
日本（墓地―歴史）…………………883
日本（ホテル）………………………883
日本（ホテル―歴史）………………883
日本（哺乳類）………………………883
日本（ポピュラー音楽）………………883
日本（ポピュラー音楽―会議録）………883
日本（ポピュラー音楽―歴史）………883
日本（ポピュラー音楽―歴史―1945
　～）…………………………883
日本（ホームセンター―名簿）………883
日本（ホームレス）…………………883
日本（ホームレス―雇用）……………883
日本（ボランティア活動）……………883
日本（ボランティア活動―歴史―年
　表）…………………………883
日本（ボランティア教育）……………883
日本（マイクロファイナンス）………884
日本（マスコミュニケーション）……884
日本（マスメディア）………………884
日本（魔除―図集）…………………884
日本（マラソン競走―歴史）…………884
日本（漫画）…………………………884
日本（漫画―歴史―1945～）…………884
日本（漫画―歴史―昭和後期）………884
日本（漫画家）………………………884
日本（漫画雑誌―歴史―1945～）……884
日本（水資源）………………………884
日本（水処理―特許）………………885
日本（密教―歴史―中世）……………885
日本（密教美術―図集）………………885
日本（ミニコミ）……………………885
日本（身分―歴史―江戸時代）………885
日本（見本市）………………………885
日本（見本市―写真集）………………885
日本（民営職業紹介業）………………885
日本（民家）…………………………885
日本（民間社会福祉事業）……………885
日本（民間社会福祉事業―歴史―1945
　～1952―史料）……………885
日本（民間社会福祉事業―歴史―昭和
　後期―史料）………………885
日本（民間信仰）……………………885
日本（民間信仰―歴史）………………885
日本（民間信仰―歴史―江戸時代）……885
日本（民間伝承）……………………885
日本（民具）…………………………886
日本（民具―写真集）………………886
日本（民具―歴史―江戸時代）………886
日本（民具―歴史―明治時代）………886
日本（民芸）…………………………886
日本（民事裁判）……………………886
日本（民事訴訟法）…………………886
日本（民事訴訟法―書式）……………887
日本（民事調停―書式）………………887
日本（民事法）………………………887
日本（民事法―判例）………………887
日本（民主主義）……………………887
日本（民主主義―歴史―1945～）……887
日本（民族問題）……………………887
日本（民族問題―歴史―江戸時代）……887
日本（民法）…………………………887
日本（民法―判例）…………………888

日本（民法総則―判例）………………888
日本（民謡）…………………………888
日本（昔話）…………………………888
日本（無形文化財）…………………889
日本（無政府主義）…………………889
日本（メタンハイドレート―特許）……889
日本（綿業）…………………………889
日本（木材―トレーサビリティ）……889
日本（木造住宅）……………………889
日本（木版画―歴史―大正時代―画
　集）…………………………889
日本（木版画―歴史―明治以後―画
　集）…………………………889
日本（持株会社）……………………889
日本（モデル業）……………………889
日本（紋章）…………………………889
日本（野外教育）……………………889
日本（焼絵―歴史）…………………889
日本（野球）…………………………889
日本（野球―伝記）…………………891
日本（野球―歴史）…………………891
日本（野球―歴史―1945～）…………891
日本（野球―歴史―昭和時代）………891
日本（野球―歴史―昭和前期）………891
日本（役員〔経営〕―判例）…………891
日本（薬害）…………………………891
日本（薬業）…………………………891
日本（薬事法）………………………891
日本（薬物犯罪）……………………892
日本（薬用植物―図集）………………892
日本（野生動物）……………………892
日本（野生動物―保護）………………892
日本（薬局方）………………………892
日本（遊園地―統計）………………892
日本（遊園地事業―統計）……………892
日本（遊廓―歴史―1945～―写真集）……892
日本（有価証券）……………………892
日本（遊戯〔児童〕―歴史―江戸時代
　―辞書）……………………892
日本（遊戯〔児童〕―歴史―昭和時
　代）…………………………892
日本（有機EL―特許）………………892
日本（有機エレクトロルミネッセンス
　照明―特許）………………892
日本（有機農業）……………………892
日本（有産階級）……………………892
日本（郵便切手）……………………892
日本（郵便切手―歴史―昭和後期）……893
日本（郵便切手―歴史―昭和時代）……893
日本（郵便切手―歴史―大正時代）……893
日本（郵便切手―歴史―明治時代）……893
日本（郵便局）………………………893
日本（郵便事業）……………………893
日本（郵便スタンプ）………………893
日本（幽霊）…………………………893
日本（UJIターン）…………………893
日本（妖怪）…………………………893
日本（妖怪―歴史―江戸時代）………893
日本（洋菓子）………………………893
日本（窯業―統計）…………………893
日本（養子）…………………………893
日本（幼児教育）……………………893
日本（幼児教育―法令）………………893
日本（幼児教育―歴史―1868～1945）……894
日本（幼児教育―歴史―明治以後）……894
日本（幼稚園）………………………894

日本件名図書目録2014　I

日本

日本（幼稚園―安全管理）……………894
日本（幼稚園―名簿）………………894
日本（養蜂）…………………………894
日本（浴場）…………………………894
日本（予算・決算）…………………894
日本（予算・決算―歴史―昭和後期）…894
日本（世論）…………………………894
日本（ライセンス契約）……………894
日本（酪農経営）……………………894
日本（ラグビー）……………………894
日本（ラジオ放送）…………………894
日本（ラップ〔音楽〕）……………894
日本（ラップ〔音楽〕―伝記）……894
日本（陸軍）…………………………894
日本（陸軍―名簿）…………………894
日本（陸軍―歴史―1868～1945）…894
日本（陸軍―歴史―昭和前期）……895
日本（陸軍―歴史―大正時代）……895
日本（陸軍―歴史―明治以後―写真
　集）…………………………………895
日本（陸軍―歴史―明治時代）……895
日本（離婚）…………………………895
日本（離婚―歴史―江戸時代）……895
日本（リサイクル〔廃棄物〕）……895
日本（リース業―統計）……………895
日本（リチウムイオン電池―特許）…895
日本（立憲主義）……………………895
日本（立憲主義―歴史）……………896
日本（立法）…………………………896
日本（リハビリテーション）………896
日本（留学生）………………………896
日本（留学生〔アジア〕―歴史）…896
日本（留学生〔中国〕―名簿）……896
日本（留学生―雇用）………………897
日本（流行）…………………………897
日本（流行歌）………………………897
日本（流行歌―歴史）………………897
日本（流行歌―歴史―1945～）……897
日本（流行歌―歴史―1945～―楽曲解
　説）…………………………………897
日本（流行歌―歴史―昭和後期）……897
日本（流行歌―歴史―昭和時代）……897
日本（流行歌―歴史―昭和時代―楽曲
　解説）………………………………897
日本（流通経路）……………………897
日本（リユース〔廃棄物〕）………897
日本（量刑）…………………………897
日本（両棲類）………………………898
日本（両棲類―観察）………………898
日本（料理店）………………………898
日本（旅客）…………………………898
日本（旅客機）………………………898
日本（緑地計画）……………………898
日本（緑地計画―法令）……………898
日本（旅行業―安全管理）…………898
日本（旅行業―統計）………………898
日本（旅行業―名簿）………………898
日本（旅行業―歴史―1945～）……898
日本（林業）…………………………898
日本（林業―統計）…………………899
日本（林業―法令）…………………899
日本（林業―歴史―1945～）………899
日本（林業―歴史―江戸時代）……899
日本（林業―歴史―江戸時代―論文
　集）…………………………………899
日本（林業―歴史―明治時代）………899

日本（林業経営）……………………899
日本（林業政策）……………………899
日本（林業労働）……………………899
日本（林野行政）……………………899
日本（倫理学―歴史）………………899
日本（レアメタル―リサイクル）…899
日本（歴史）…………………………900
日本（歴史―1868～1945）…………901
日本（歴史―1945～）………………901
日本（歴史―1945～―写真集）……901
日本（歴史―1945～1952）…………901
日本（歴史―飛鳥時代）……………901
日本（歴史―安土桃山時代）………902
日本（歴史―安土桃山時代―史料）…902
日本（歴史―江戸時代）……………902
日本（歴史―江戸時代―書目）……903
日本（歴史―江戸時代―史料）……903
日本（歴史―江戸時代―伝記）……903
日本（歴史―江戸時代―便覧）……903
日本（歴史―江戸時代―論文集）……903
日本（歴史―江戸初期）……………903
日本（歴史―江戸初期―史料）……903
日本（歴史―江戸中期）……………904
日本（歴史―江戸中期―史料）……904
日本（歴史―江戸末期）……………904
日本（歴史―江戸末期―写真集）……904
日本（歴史―江戸末期―史料）……904
日本（歴史―江戸末期―伝記）……904
日本（歴史―鎌倉時代）……………905
日本（歴史―鎌倉時代―史料）……905
日本（歴史―鎌倉時代―伝記）……905
日本（歴史―原始時代）……………905
日本（歴史―古代）…………………905
日本（歴史―古代―史料）…………908
日本（歴史―古代―人名辞典）……908
日本（歴史―古代―伝記）…………908
日本（歴史―昭和後期）……………908
日本（歴史―昭和後期―写真集）……908
日本（歴史―昭和時代）……………908
日本（歴史―昭和時代―写真集）……908
日本（歴史―昭和時代―書評集）……908
日本（歴史―昭和時代―史料）……908
日本（歴史―昭和時代―伝記）……908
日本（歴史―昭和前期）……………908
日本（歴史―昭和前期―史料―書目）…909
日本（歴史―史料）…………………909
日本（歴史―大化改新時代）………909
日本（歴史―大正時代）……………909
日本（歴史―大正時代―史料―書目）…910
日本（歴史―中世）…………………910
日本（歴史―中世―史料）…………910
日本（歴史―中世―伝記）…………911
日本（歴史―中世―論文集）………911
日本（歴史―奈良時代）……………911
日本（歴史―奈良時代―史料）……911
日本（歴史―奈良時代―論文集）……911
日本（歴史―南北朝時代）…………911
日本（歴史―南北朝時代―史料）……911
日本（歴史―年表）…………………911
日本（歴史―平安時代）……………911
日本（歴史―平安時代―史料）……911
日本（歴史―平安時代―論文集）……911
日本（歴史―平成時代）……………912
日本（歴史―室町時代）……………912
日本（歴史―室町時代―史料）……912
日本（歴史―室町時代―人名辞典）……913

日本（歴史―室町時代―論文集）……913
日本（歴史―明治以後）……………913
日本（歴史―明治以後―伝記）……914
日本（歴史―明治時代）……………914
日本（歴史―明治時代―写真集）……914
日本（歴史―明治時代―史料）……914
日本（歴史―明治時代―伝記）……914
日本（歴史―大和時代）……………914
日本（歴史―論文集）………………915
日本（歴史家）………………………915
日本（歴史学）………………………915
日本（歴史教育）……………………915
日本（歴史小説）……………………915
日本（歴史地理）……………………915
日本（レーベリング―法令）………915
日本（恋愛小説―歴史―明治以後）…915
日本（連結納税制度）………………915
日本（労使関係）……………………915
日本（労使関係―法令）……………915
日本（老人福祉施設）………………916
日本（老人保健施設―条例）………916
日本（老人ホーム）…………………916
日本（労働委員会―法令）…………916
日本（労働移動）……………………916
日本（労働運動）……………………916
日本（労働運動―歴史―1945～）……916
日本（労働運動―歴史―昭和後期）…916
日本（労働運動―歴史―史料）……916
日本（労働運動―歴史―平成時代）…916
日本（労働衛生）……………………916
日本（労働衛生―書式）……………917
日本（労働衛生―判例）……………917
日本（労働衛生―法令）……………917
日本（労働基準法）…………………917
日本（労働行政）……………………917
日本（労働行政―名簿）……………917
日本（労働組合）……………………917
日本（労働組合―歴史―1945～）……918
日本（労働組合法）…………………918
日本（労働組合法―歴史―史料）……918
日本（労働契約）……………………918
日本（労働災害）……………………918
日本（労働時間）……………………918
日本（労働時間―判例）……………918
日本（労働市場）……………………918
日本（労働市場―統計）……………919
日本（労働者）………………………919
日本（労働者―歴史―江戸時代）……919
日本（労働者災害補償）……………919
日本（労働者災害補償―判例）……919
日本（労働者災害補償保険―判例）…919
日本（労働条件）……………………919
日本（労働条件―統計）……………919
日本（労働政策）……………………920
日本（労働生産性）…………………920
日本（労働争議）……………………920
日本（労働法）………………………920
日本（労働法―判例）………………921
日本（労働問題）……………………921
日本（労働問題―統計）……………922
日本（労働問題―年鑑）……………922
日本（労働問題―歴史）……………922
日本（労働力）………………………922
日本（労働力―統計）………………922
日本（ロック音楽）…………………922
日本（ロック音楽―写真集）………922

（85）

日本（ロック音楽—伝記）………… 922
日本（ロック音楽—歴史—昭和後期—
　楽曲解説）………… 922
日本（ロック音楽—歴史—平成時代）‥922
日本（ロックフェスティバル）………… 922
日本（露店—歴史）………… 923
日本（路面電車）………… 923
日本（ワイン）………… 923
日本（和解—書式）………… 923
日本（ワーキングプア）………… 923
日本（ワークシェアリング）………… 923
日本アムウェイ合同会社………… 923
日本アルプス………… 923
日本アルプス（登山）………… 923
日本アルプス（登山—歴史）………… 923
日本医科大学………… 923
日本移植学会………… 923
日本いのちの花協会………… 923
日本オストミー協会岩手県支部………… 923
日本おもちゃ図書館財団………… 923
日本オリンピック委員会………… 923
日本海………… 923
日本学術振興会………… 923
日本学生支援機構………… 923
日本革命的共産主義者同盟革命的マル
　クス主義派………… 923
日本合唱指揮者協会………… 923
日本カトリック司教協議会………… 923
日本貨物検数協会………… 923
日本空手協会………… 923
日本カルヴィニスト協会………… 924
日本環境アセスメント協会………… 924
日本漢字能力検定協会………… 924
日本患者同盟………… 924
日本キャリアデザイン学会………… 924
日本教育公務員弘済会山形県支部………… 924
日本共産党………… 924
日本基督教団………… 924
日本基督教団諫早教会………… 924
日本基督教団和泉教会………… 924
日本基督教団大曲教会………… 924
日本基督教団金城教会………… 924
日本基督教団光明園家族教会………… 924
日本基督教団篠ノ井教会………… 924
日本基督教団芝教會………… 924
日本基督教団瀬戸永泉教会………… 924
日本基督教団名古屋北教会………… 924
日本基督教団仁川教会………… 924
日本基督教団別府不老町教会………… 924
日本基督教団横手教会………… 924
日本銀行………… 924
日本建設産業職員労働組合協議会………… 925
日本建築材料協会………… 925
日本航空………… 925
日本航空株式会社………… 925
日本口腔外科学会………… 925
日本更生保護協会………… 925
日本交通医学会………… 925
日本交通公社………… 925
日本弘道会野田支会………… 925
日本公認会計士協会………… 925
日本国有鉄道………… 925
日本CRO協会………… 925
日本自動車殿堂………… 925
日本社会党………… 925
日本写真家協会………… 925

日本周産期新生児医学会………… 925
日本習字教育財団………… 925
日本樹木医会兵庫県支部………… 925
日本証券業協会………… 925
日本商工会議所………… 925
日本食品化学研究振興財団………… 925
日本食糧協会………… 925
日本女子体育連盟………… 925
日本女子大学家政学部家政経済学科………… 925
日本女子大学理学部………… 925
日本女子大学校………… 925
日本審美歯科協会………… 925
日本新聞社………… 926
日本スーザ協会………… 926
日本スポーツ振興センター………… 926
日本生花通信配達協会………… 926
日本生活協同組合連合会………… 926
日本聖公会京都復活教会………… 926
日本政策金融公庫………… 926
日本製紙株式会社石巻工場………… 926
日本精神保健福祉士協会………… 926
日本赤十字社………… 926
日本総合病院精神医学会………… 926
日本惣菜協会………… 926
日本体育大学………… 926
日本大学………… 926
日本大学工学部………… 926
日本大学生物資源学部九州人会………… 926
日本調剤株式会社………… 926
日本テクノ株式会社〔1969年〕………… 926
日本鉄道技術協会日本鉄道サイバネ
　ティクス協議会………… 926
日本電気産業労働組合………… 926
日本電気制御機器工業会………… 926
日本電子回路工業会………… 926
日本ドキュメンタリストユニオン………… 926
日本南極地域観測隊………… 927
日本脳神経血管内治療学会………… 927
日本発明振興協会………… 927
日本バプテスト同盟………… 927
日本バプテスト連合………… 927
日本パン工業会………… 927
日本ファルコム株式会社………… 927
日本福音ルーテル教会………… 927
日本仏教保育協会………… 927
日本物理学会………… 927
日本保育協会………… 927
日本放送協会………… 927
日本マイクロサージャリー学会………… 927
日本マクドナルド株式会社………… 927
二本松市（遺跡・遺物）………… 927
二本松市（地名）………… 928
二本松市（方言）………… 928
日本ミルクコミュニティ株式会社………… 928
日本薬剤師会………… 928
日本薬科機器協会………… 928
日本郵政株式会社………… 928
日本羊腸輸入組合………… 928
日本臨床検査同友会………… 928
日本臨床整形外科学会………… 928
日本列島………… 928
日本労働組合総連合会………… 928
日本労働組合総連合会福島県連合会福
　島地区連合会………… 928
日本ロボット工業会………… 928
日本笑い学会関東支部………… 928

ニューオーリンズ〔ルイジアナ州〕
　（災害復興）………… 928
ニューオーリンズ〔ルイジアナ州〕
　（地域社会）………… 928
ニューカレドニア島（社会）………… 928
ニューギニア島（太平洋戦争〔1941～
　1945〕—会戦）………… 928
ニュージーランド（教育）………… 928
ニュージーランド（経済）………… 928
ニュージーランド（国際投資）………… 928
ニュージーランド（社会）………… 928
ニュージーランド（水道）………… 928
ニュージーランド（農業）………… 928
ニュージーランド（防災教育〔学校〕）………… 928
ニューヨーク（紀行・案内記）………… 928
ニューヨーク（社会）………… 929
ニュルンベルク〔ドイツ〕（国際見本
　市）………… 929
ニューロティカ………… 929
丹羽 利充〔1951～ 〕………… 929
庭のホテル東京………… 929

【ぬ】

額田王………… 929
貫前神社〔富岡市〕………… 929
布川 徹郎………… 929
沼崎 笑子〔1916～ 〕………… 929
沼津港深海水族館シーラカンス・
　ミュージアム………… 929
沼津市（行政）………… 929
沼津市（風俗・習慣）………… 929
沼津兵学校………… 929
沼田市（遺跡・遺物）………… 929
沼田市役所青雲山岳部………… 929

【ね】

寧夏回族自治区（風俗・習慣）………… 929
ネイマール〔1992～ 〕………… 929
ねぎしフードサービス………… 929
Negicco………… 929
根来寺〔岩出市〕………… 929
ネパール（紀行・案内記）………… 929
ネパール（経済援助〔日本〕）………… 929
ネパール（宗教）………… 930
ネパール（性問題）………… 930
ネパール（薬用植物）………… 930
ネフスキー，N.A.〔1892～1938〕………… 930
寝屋川市（遺跡・遺物）………… 930
寝屋川市（感染症対策）………… 930
寝屋川市（教育行政）………… 930
ネルー，J.〔1889～1964〕………… 930
年金積立金管理運用独立行政法人………… 930

【の】

ノイラート，O.〔1882～1945〕………… 930
農業環境技術研究所………… 930
農水産業協同組合貯金保険機構………… 930
農林省蚕糸試験場第一蚕室………… 930
農林水産省………… 930
直方市（遺跡・遺物）………… 930
直方市（史跡名勝）………… 930
乃木 希典〔1849～1912〕………… 930
野口 シカ〔1853～1918〕………… 930

野口 建〔1944～ 〕.................930
野崎 伝助〔 ～1731〕.................930
野﨑 武左衛門〔1789～1864〕.........930
野尻 武敏〔1924～ 〕.................930
能代港.................930
ノース, M.〔1830～1890〕.............930
ノースヒルズ.................930
能勢町〔大阪府〕 （遺跡・遺物）......930
野田 泉光院〔1756～1835〕...........930
野田 秀樹〔1955～ 〕.................930
野田市 （遺跡・遺物）................931
野田市 （植物）.....................931
野田市 （日本文学―歴史）...........931
野田市 （漫画―画集）...............931
野田市 （歴史―史料）...............931
野田村〔岩手県〕 （遺跡・遺物）......931
野田村〔岩手県〕 （エネルギー政策）・931
野田村〔岩手県〕 （東日本大震災
〔2011〕―被害）...................931
能登半島.................931
能登町〔石川県〕 （庭園―保存・修
復）.............................931
野中古墳.................931
野々市市 （遺跡・遺物）.............931
野平 匡邦〔1947～ 〕.................931
延岡市 （遺跡・遺物）...............931
延岡市 （郷土資料―保存・修復）.....931
延岡市 （震災予防）.................931
野辺地町〔青森県〕 （文学者）.......931
野辺地町〔青森県〕 （文学上）.......931
能美市 （遺跡・遺物）...............931
野村 克也〔1935～ 〕.................931
野村 胡堂〔1882～1963〕.............931
野村 作十郎〔1815～1871〕...........932
野村 豊弘〔1943～ 〕.................932
野村証券株式会社.................932
野本 三吉〔1941～ 〕.................932
乗松巖記念館エスパス21.............932
ノルウェー （社会）.................932
ノルマンディ地方〔世界戦争〔1939～
1945〕―会戦）...................932
野呂 芳男〔1925～2010〕.............932

【 は 】

馬 雲.................932
パアララン・パンタオ...............932
海爾.................932
ハイエク, F.A.〔1899～1992〕.........932
バイオメディカル・ファジィ・システ
ム学会...........................932
倍賞 千恵子〔1941～ 〕...............932
俳人協会.................932
ハイチ （災害医療）.................932
ハイチ （地震）.....................932
ハイデイ日高.................932
ハイデガー, M.〔1889～1976〕.........932
ハイネ, H.〔1797～1856〕.............933
バイマー・ヤンジン.................933
ハイラー, F.〔1892～1967〕...........933
ハイレッド・センター...............933
ハウ, A.L.〔1852～1943〕.............933
ハウステンボス.................933
パウロ.................933
パウンド, E.L.〔1885～1972〕.........933
パーカー, S.J..................933

芳賀 一太〔1946～ 〕.................933
葉加瀬 太郎〔1968～ 〕...............933
袴田 八重子〔1909～1967〕...........933
バカラック, B.〔1928～ 〕.............933
萩尾 望都〔1949～ 〕.................933
萩市 （写真集）.....................933
パキスタン （イスラム）.............933
パキスタン （経済援助〔日本〕）.....933
パキスタン （政治―歴史）...........933
パキスタン （文化）.................933
萩野 靖乃〔1937～2012〕.............933
萩原 朔太郎〔1886～1942〕...........933
萩原 英雄〔1913～2007〕.............933
パーク, E.〔1729～1797〕.............933
白 居易〔772～846〕.................933
朴 正熙〔1917～1979〕...............934
莫 邦富〔1953～ 〕...................934
博愛会.................934
羽咋市 （遺跡・遺物―保存・修復）...934
白隠慧鶴 →慧鶴を見よ
白山.................934
白山国立公園.................934
白山市 （遺跡・遺物）...............934
白山市 （観光開発―歴史）...........934
白山市 （風俗・習慣）...............934
博進社〔1897年〕.................934
パークハイアット東京...............934
博文館.................934
バークレー〔カリフォルニア州〕 （火
災）.............................934
バークレー〔カリフォルニア州〕 （住
宅―復旧）.......................934
函館工業高等専門学校...............934
函館市 （遺跡・遺物）...............934
函館市 （空港）.....................934
函館市 （経済―統計）...............934
函館市 （産業―統計）...............934
函館市 （写真集）...................934
函館市 （人口―統計）...............934
函館市 （地域開発）.................934
函館商業高等学校〔北海道〕.........934
函館病院〔函館市〕.................934
階上町〔青森県〕 （遺跡・遺物）.....934
階上町〔青森県〕 （防災計画）.......934
橋川 文三〔1922～1983〕.............935
端島〔長崎県〕.................935
羽島市 （地域社会）.................935
橋本 皎〔1936～ 〕...................935
橋本 一明〔1927～1969〕.............935
橋本 左内〔1835～1859〕.............935
橋本 真也〔1965～2005〕.............935
橋本 綱常〔1845～1909〕.............935
橋下 徹〔1969～ 〕...................935
橋本市 （地誌）.....................935
橋本市 （方言）.....................935
パース, C.S.〔1839～1914〕...........935
パスカル, B.〔1623～1662〕...........935
蓮田市 （遺跡・遺物）...............935
蓮田市 （貝塚）.....................935
蓮田市 （貝塚―保存・修復）.........935
パストリアス, J.〔1951～1987〕.......935
HASUNA.................935
長谷川 等伯〔1539～1610〕...........935
長谷川 如是閑〔1875～1969〕.........935
長谷川 弘〔1810～1887〕.............935
長谷川 陽平.................935

支倉 常長〔1571～1622〕.............935
長谷寺〔桜井市〕.................935
長谷部 誠〔1984～ 〕.................935
畑 喜美夫〔1965～ 〕.................936
バタイユ, G.〔1897～1962〕...........936
秦野市 （遺跡・遺物）...............936
秦野市 （職業指導）.................936
秦野市 （男女共同参画）.............936
畑谷 光代〔1919～2001〕.............936
パタンジャリ.................936
八王子市 （遺跡・遺物）.............936
八王子市 （織物工業―歴史）.........936
八王子市 （産業―歴史）.............936
八王子市 （宿駅―歴史―史料）.......936
八王子市 （人口）...................936
八王子市 （地域開発）...............936
八王子市 （地誌）...................936
八王子市 （名簿）...................936
八王子市 （歴史）...................936
八王子市 （歴史―史料）.............936
バチカン.................937
八丈島.................937
八戸工業高等専門学校...............937
八戸市 （遺跡・遺物）...............937
八戸市 （古地図）...................937
八戸市 （文化財）...................937
八戸市 （歴史）.....................937
八戸市 （歴史―史料）...............937
八戸市 （歴史―史料―書目）.........937
八戸市 （歴史地理）.................937
八戸藩.................937
八葉寺〔姫路市〕.................937
八郎潟.................938
廿日市市 （地誌）...................938
バッキー井上.................938
ハッチンズ, R.M.〔1899～1977〕......938
ばってん荒川〔1937～2006〕.........938
発展途上国 （エコシティ）...........938
発展途上国 （海外派遣者）...........938
発展途上国 （環境政策）.............938
発展途上国 （技術援助〔日本〕）.....938
発展途上国 （教育援助）.............938
発展途上国 （教育援助〔東南アジア〕）・938
発展途上国 （経済）.................938
発展途上国 （経済援助〔新興国〕）...938
発展途上国 （経済援助〔日本〕）.....938
発展途上国 （国際投資〔日本〕）.....938
発展途上国 （コンピュータ教育）.....938
発展途上国 （少女）.................938
発展途上国 （食糧安全保障）.........938
発展途上国 （森林保護）.............938
発展途上国 （中小企業）.............938
発展途上国 （都市計画）.............938
発展途上国 （二酸化炭素―排出抑制）・939
発展途上国 （農業）.................939
発展途上国 （貧困）.................939
発展途上国 （貿易）.................939
発展途上国 （貿易政策）.............939
発展途上国 （リユース〔廃棄物〕）...939
服部 敬雄〔1899～1991〕.............939
服部時計店.................939
バッハ, J.S.〔1685～1750〕...........939
パティシエエスコヤマ...............939
パティニール, J.〔1485?～1524〕......939
バード, I.L.〔1831～1904〕...........939
鳩沢 佐美夫〔1934～1971〕...........939

ハートフレンド ……………………… 939
鳩山町〔埼玉県〕（遺跡・遺物）…… 939
ハナ 肇〔1930～1993〕…………… 939
花井 泰子〔1935～ 〕……………… 939
華園 摂信〔1808～1877〕………… 939
花園天皇〔1297～1348〕………… 939
花田 清輝〔1909～1974〕………… 939
花巻市（文化財）…………………… 940
花巻市（歴史―史料）……………… 940
花巻電鉄株式会社 ………………… 940
花見 弘平〔1909～1994〕………… 940
塙 保己一〔1746～1821〕………… 940
埴谷 雄高〔1910～1997〕………… 940
羽生 結弦〔1994～ 〕……………… 940
羽生市（遺跡・遺物）……………… 940
羽生市（写真集）…………………… 940
羽田 澄子〔1926～ 〕……………… 940
馬場 典子〔1974～ 〕……………… 940
馬場都々古別神社〔福島県棚倉町〕…… 940
ハーバード大学 …………………… 940
ハーバードビジネススクール ……… 940
ハーバーマス, J.〔1929～ 〕……… 940
ハビアン〔1565～1621〕………… 940
羽曳野市（遺跡・遺物）…………… 940
羽曳野市（古墳―保存・修復）…… 940
ハビビ, B.J.〔1936～ 〕…………… 940
ハビビ, H.A.〔1937～2010〕…… 940
パプアニューギニア（技術援助〔日
　本〕）……………………………… 940
パプアニューギニア（児童）……… 940
パプアニューギニア（社会）……… 940
パプアニューギニア（風俗・習慣）…… 940
パプアニューギニア（民族）……… 940
ハーフェズ〔14世紀〕……………… 940
バフェット, W.〔1930～ 〕………… 940
ハプスブルク, W.〔1895～1949〕…… 941
浜北郷土クラブ …………………… 941
浜崎 あゆみ〔1978～ 〕…………… 941
浜田 真理子〔1964～ 〕…………… 941
浜田市（遺跡・遺物）……………… 941
浜地 八郎〔1864～1955〕………… 941
浜頓別町〔北海道〕（遺跡・遺物）…… 941
浜松市（遺跡・遺物）……………… 941
浜松市（条例）……………………… 941
浜松市（石仏）……………………… 941
浜松市（選挙―統計）……………… 941
浜松市（地誌）……………………… 941
浜松市（鉄道災害）………………… 941
浜松市（道標）……………………… 941
浜松市（歴史―史料）……………… 941
浜松ホトニクス株式会社 ………… 941
バーミヤーン〔アフガニスタン〕（遺
　跡・遺物）……………………… 941
バーミヤーン〔アフガニスタン〕（遺
　跡・遺物―保存・修復）……… 941
バーミヤーン〔アフガニスタン〕（石
　窟寺院）………………………… 941
バーミヤーン〔アフガニスタン〕（壁
　画―保存・修復）……………… 941
羽村市（条例）……………………… 941
早川〔家〕〔富山県上市町〕………… 941
林 市蔵〔1867～1952〕…………… 942
林 修〔1965～ 〕…………………… 942
林 鵞峰〔1618～1680〕…………… 942
林 主税〔1922～2010〕…………… 942
林 忠四郎〔1920～2010〕………… 942

林 光〔1931～2012〕……………… 942
林 芙美子〔1904～1951〕………… 942
林 鳳岡〔1644～1732〕…………… 942
林 羅山〔1583～1657〕…………… 942
林 良斎〔1807～1849〕…………… 942
林葉 直子〔1968～ 〕……………… 942
林原 ………………………………… 942
林家 正蔵〔8代目 1895～1982〕…… 942
速星神社〔富山県〕………………… 942
葉山 修平〔1930～ 〕……………… 942
葉山町〔神奈川県〕（写真集）…… 942
速水 堅曹〔1839～1913〕………… 942
原〔氏〕……………………………… 942
原 采蘋〔1798～1859〕…………… 942
原 三溪〔1868～1939〕…………… 942
原 石鼎〔1886～1951〕…………… 942
原 節子〔1920～ 〕………………… 942
原 敬〔1856～1921〕……………… 942
原 民喜〔1905～1951〕…………… 943
原 ナナ子〔1934～ 〕……………… 943
原 不二夫〔1943～ 〕……………… 943
原 貢〔1936～2014〕……………… 943
パラオ（太平洋戦争〔1941～1945〕―
　会戦）…………………………… 943
原崎 秀司〔1903～1966〕………… 943
原三溪市民研究会 ………………… 943
原島〔家〕〔東京都大田区〕………… 943
原嶋 宏昌〔1928～ 〕……………… 943
原田 一範〔1977～ 〕……………… 943
原田 キヌ〔1844～1872〕………… 943
原田 熊雄〔1888～1946〕………… 943
原田 二郎〔1849～1930〕………… 943
原田 智子〔1963～ 〕……………… 943
原村〔長野県〕（遺跡・遺物）…… 943
原村〔長野県〕（鍍絵）…………… 943
パリ（オペレッタ）………………… 943
パリ（紀行・案内記）……………… 943
パリ（芸術―歴史）………………… 943
パリ（建築）………………………… 943
パリ（公衆衛生―歴史）…………… 943
パリ（国際見本市）………………… 943
パリ（雑貨）………………………… 943
パリ（雑貨店）……………………… 943
パリ（室内装飾）…………………… 943
パリ（社会）………………………… 944
パリ（住宅建築―歴史―1914～1945）…… 944
パリ（女性）………………………… 944
パリ（生活）………………………… 944
パリ（伝染病―歴史）……………… 944
パリ（文房具店）…………………… 944
パリ（歴史）………………………… 944
バリ島 ……………………………… 944
播磨灘 ……………………………… 944
バール, E.〔1922～ 〕……………… 944
ハール, L.V.〔1958～ 〕…………… 944
バルカン諸国（紀行・案内記）…… 944
バルカン諸国（地誌）……………… 944
バルザック, H.〔1799～1850〕…… 944
バルセロナ〔スペイン〕（紀行・案内
　記）……………………………… 944
バルセロナ〔スペイン〕（都市再開
　発）……………………………… 944
バルテュス〔1908～2001〕……… 944
バルドー, B.〔1934～ 〕…………… 944
バルト, K.〔1886～1968〕………… 944

バルト, R.〔1915～1980〕………… 944
バルト三国（工芸美術）…………… 944
バルト三国（地誌）………………… 944
バルト三国（歴史）………………… 944
春名 風花〔2001～ 〕……………… 945
春野 守夫〔1928～ 〕……………… 945
哈爾浜（紀行・案内記）…………… 945
哈爾浜（歴史）……………………… 945
バレエ・リュス …………………… 945
パレスチナ（社会）………………… 945
バロ, R.〔1908～1963〕…………… 945
ハーロウ, H.F.〔1905～1981〕…… 945
バロウズ, W.S.〔1914～1997〕…… 945
バロッテリ, M.〔1990～ 〕……… 945
ハワイ州（移民・植民〔日本〕―歴
　史）……………………………… 945
ハワイ州（紀行・案内記）………… 945
ハワイ州（キリスト教―歴史）…… 945
ハワイ州（宗教―歴史）…………… 945
ハワイ州（神話）…………………… 945
ハワイ州（精神衛生）……………… 945
ハワイ州（日系人―歴史）………… 945
ハワイ州（布教―歴史）…………… 945
ハワイ州（文化）…………………… 945
ハワイ州（文化―歴史）…………… 945
ハワイ州（流行歌―歴史）………… 945
バーン, E.〔1910～1970〕………… 945
班 固〔32～92〕…………………… 945
ハンガリー（経済）………………… 945
ハンガリー（国際投資）…………… 945
ハンガリー（災害復興）…………… 946
ハンガリー（地誌）………………… 946
ハンガリー（保育）………………… 946
ハンガリー（幼児教育）…………… 946
番画廊 ……………………………… 946
阪急電鉄株式会社 ………………… 946
阪急ブレーブス …………………… 946
バンクシー〔1974～ 〕…………… 946
バングラデシュ（経済）…………… 946
バングラデシュ（工業）…………… 946
バングラデシュ（国際投資〔日本〕）…… 946
バングラデシュ（児童）…………… 946
バングラデシュ（女性労働）……… 946
バングラデシュ（船舶―リサイクル）…… 946
バングラデシュ（労働移動）……… 946
バングラデシュ（労働者）………… 946
バンコク（紀行・案内記）………… 946
バンコク（社会）…………………… 946
バンコク（都市）…………………… 946
バンコク（都市交通―歴史）……… 946
ハンサリム生活協同組合 ………… 946
パンジー保育園 …………………… 946
バーン＝ジョーンズ, E.C.〔1833～
　1898〕…………………………… 946
阪神タイガース …………………… 946
阪神電気鉄道株式会社 …………… 947
バーンスタイン, L.〔1918～1990〕…… 947
半田 孝淳 ………………………… 947
半田 良平〔1891～1945〕………… 947
磐梯朝日国立公園 ………………… 947
磐梯町〔福島県〕（遺跡・遺物）…… 947
半田市（文化活動）………………… 947
半田市（防災計画）………………… 947
半田市（歴史）……………………… 947
阪東 妻三郎〔1901～1953〕……… 947
坂東 真砂子〔1958～2014〕……… 947

日本件名図書目録2014　I　　兵庫県

坂東市（遺跡・遺物）‥‥‥‥‥‥947
阪南市（遺跡・遺物）‥‥‥‥‥‥947
阪南市（地誌）‥‥‥‥‥‥‥‥‥947
飯能市（遺跡・遺物）‥‥‥‥‥‥947
飯能市（織物工業―歴史）‥‥‥‥947
ヴァンフォーレ甲府‥‥‥‥‥‥‥947
ハンムラビ〔バビロン王〕‥‥‥‥947
播隆〔1782～1840〕‥‥‥‥‥‥948
ヴァン・ロンク, D.〔1936～2002〕‥948

【ひ】

ビアンキ, A.〔1958～ 〕‥‥‥‥948
稗貫忠〔1938～ 〕‥‥‥‥‥‥‥948
PL教団‥‥‥‥‥‥‥‥‥‥‥‥948
日置市（歴史）‥‥‥‥‥‥‥‥‥948
日垣隆〔1958～ 〕‥‥‥‥‥‥‥948
東吾妻町〔群馬県〕（遺跡・遺物）‥948
東近江市（遺跡・遺物）‥‥‥‥‥948
東近江市（町屋―保存・修復）‥‥948
東近江市（歴史）‥‥‥‥‥‥‥‥948
東近江市（歴史―史料―書目）‥‥948
東大宮七丁目自治会‥‥‥‥‥‥‥948
東かがわ市（伝記）‥‥‥‥‥‥‥948
東神楽環境企業組合‥‥‥‥‥‥‥948
東神楽町〔北海道〕（行政）‥‥‥948
東神楽町〔北海道〕（公民館）‥‥949
東久邇稔彦〔1887～1990〕‥‥‥949
東久留米市（遺跡・遺物）‥‥‥‥949
東久留米市（読書指導）‥‥‥‥‥949
東ドイツ →ドイツ民主共和国を見よ
東日本ハウス株式会社‥‥‥‥‥‥949
東日本福祉経営サービス‥‥‥‥‥949
東日本旅客鉄道株式会社‥‥‥‥‥949
東日本旅客鉄道株式会社東京総合指令
　室‥‥‥‥‥‥‥‥‥‥‥‥‥‥949
東根市（祭礼）‥‥‥‥‥‥‥‥‥949
東根市（年中行事）‥‥‥‥‥‥‥949
東根市（農民一揆）‥‥‥‥‥‥‥949
東播磨港‥‥‥‥‥‥‥‥‥‥‥‥949
東広島郷土史研究会‥‥‥‥‥‥‥949
東広島市（衛生行政）‥‥‥‥‥‥949
東広島市（海洋汚染）‥‥‥‥‥‥949
東広島市（社会福祉）‥‥‥‥‥‥949
東広島市（防災計画）‥‥‥‥‥‥949
東広島市（歴史―写真集）‥‥‥‥949
東松島市（地誌）‥‥‥‥‥‥‥‥949
東松島市（被災者支援）‥‥‥‥‥949
東松島市社会福祉協議会‥‥‥‥‥949
東松山市（平和教育）‥‥‥‥‥‥949
東三河地方‥‥‥‥‥‥‥‥‥‥‥949
東村〔沖縄県〕（写真集）‥‥‥‥949
東村〔沖縄県〕（風俗・習慣）‥‥949
東村山市（行政）‥‥‥‥‥‥‥‥950
東山魁夷〔1908～1999〕‥‥‥‥950
東大和市（歴史―史料）‥‥‥‥‥950
ピカソ, P.〔1881～1973〕‥‥‥‥950
光が丘公園‥‥‥‥‥‥‥‥‥‥‥950
光市（写真集）‥‥‥‥‥‥‥‥‥950
光市医師会‥‥‥‥‥‥‥‥‥‥‥950
ヴィガレロ, G.〔1941～ 〕‥‥‥‥950
氷川下セツルメント‥‥‥‥‥‥‥950
氷川町〔熊本県〕（遺跡・遺物）‥950
斐川町〔島根県〕（遺跡・遺物）‥950
ピクサー・アニメーション・スタジオ‥950
樋口季一郎〔1888～1970〕‥‥‥950

樋口享子〔1958～1981〕‥‥‥‥950
樋口行雄〔1928～ 〕‥‥‥‥‥‥950
ヴィクトリア女王〔1819～1901〕‥950
ヴィクトリアズ・シークレット‥‥950
B倉八兵衛〔1961～2014〕‥‥‥950
髭‥‥‥‥‥‥‥‥‥‥‥‥‥‥‥950
ピケティ, T.〔1971～ 〕‥‥‥‥950
ビゴー, G.〔1860～1927〕‥‥‥‥950
ヴィゴツキー, L.S.〔1896～1934〕‥950
彦根市（遺跡・遺物）‥‥‥‥‥‥950
彦根市（騒音〔鉄道〕）‥‥‥‥‥950
彦根市（長屋門―保存・修復）‥‥950
彦根市（歴史）‥‥‥‥‥‥‥‥‥950
彦根城‥‥‥‥‥‥‥‥‥‥‥‥‥951
久岡史明〔1986～ 〕‥‥‥‥‥‥951
久賀島‥‥‥‥‥‥‥‥‥‥‥‥‥951
久野カズヱ〔1932～ 〕‥‥‥‥‥951
久山町〔福岡県〕（遺跡・遺物）‥951
ピサロ, C.〔1830～1903〕‥‥‥‥951
ビザンチン帝国‥‥‥‥‥‥‥‥‥951
土方巽〔1928～1986〕‥‥‥‥‥951
土方歳三〔1835～1869〕‥‥‥‥951
土方久功〔1900～1977〕‥‥‥‥951
土方与志〔1898～1959〕‥‥‥‥951
菱田雄介‥‥‥‥‥‥‥‥‥‥‥‥951
日出町〔大分県〕（庭園）‥‥‥‥951
非常階段‥‥‥‥‥‥‥‥‥‥‥‥951
備前市（近代化遺産）‥‥‥‥‥‥951
備前市（植物）‥‥‥‥‥‥‥‥‥951
備前市（文化財保護）‥‥‥‥‥‥951
日高川町〔和歌山県〕（仏像―図集）‥951
日高市（遺跡・遺物）‥‥‥‥‥‥951
日高市（公共施設）‥‥‥‥‥‥‥951
日高市（人口）‥‥‥‥‥‥‥‥‥951
日高村〔高知県〕（仏像）‥‥‥‥951
飛騨山脈‥‥‥‥‥‥‥‥‥‥‥‥951
飛騨山脈（登山）‥‥‥‥‥‥‥‥951
日田市（遺跡・遺物）‥‥‥‥‥‥951
日田市（歴史）‥‥‥‥‥‥‥‥‥951
飛騨市（遺跡・遺物）‥‥‥‥‥‥951
飛騨市（交通―歴史）‥‥‥‥‥‥951
常陸太田市（遺跡・遺物）‥‥‥‥951
常陸太田市（高齢者）‥‥‥‥‥‥951
常陸太田市（産業―歴史）‥‥‥‥951
常陸太田市（地域社会）‥‥‥‥‥951
常陸太田市（伝記）‥‥‥‥‥‥‥952
常陸太田市立小里小学校‥‥‥‥‥952
常陸大宮市（遺跡・遺物）‥‥‥‥952
常陸大宮市（文化財）‥‥‥‥‥‥952
常陸大宮市（歴史―史料）‥‥‥‥952
日立市（遺跡・遺物）‥‥‥‥‥‥952
日立市（歴史）‥‥‥‥‥‥‥‥‥952
日立市天気相談所‥‥‥‥‥‥‥‥952
日立製作所‥‥‥‥‥‥‥‥‥‥‥952
ひたちなか市（遺跡・遺物）‥‥‥952
ひたちなか市（災害復興）‥‥‥‥952
ひたちなか市（住宅建築―保存・修
　復）‥‥‥‥‥‥‥‥‥‥‥‥‥952
ひたちなか市（被災者支援）‥‥‥952
日立ライフ‥‥‥‥‥‥‥‥‥‥‥952
B.I.G. JOE‥‥‥‥‥‥‥‥‥‥‥952
ぴっころ‥‥‥‥‥‥‥‥‥‥‥‥952
尾藤二洲〔1745～1813〕‥‥‥‥952
ビートたけし〔1947～ 〕‥‥‥‥952
一橋大学‥‥‥‥‥‥‥‥‥‥‥‥952
一柳満喜子〔1884～1969〕‥‥‥952

人と防災未来センター‥‥‥‥‥‥952
人見勝太郎〔1843～1922〕‥‥‥952
人吉市（歴史―史料）‥‥‥‥‥‥952
ヒトラー, A.〔1889～1945〕‥‥‥952
ビートルズ‥‥‥‥‥‥‥‥‥‥‥953
日向優莉‥‥‥‥‥‥‥‥‥‥‥‥953
火野葦平〔1907～1960〕‥‥‥‥953
日野郡〔鳥取県〕（歴史）‥‥‥‥953
日野市（景観保全）‥‥‥‥‥‥‥953
日野市（産業）‥‥‥‥‥‥‥‥‥953
日野市（自然保護）‥‥‥‥‥‥‥953
日野市（選挙―統計）‥‥‥‥‥‥953
日野市（地域開発）‥‥‥‥‥‥‥953
日野市（地方選挙）‥‥‥‥‥‥‥953
日野市（農業行政）‥‥‥‥‥‥‥953
日野市（廃棄物処理施設）‥‥‥‥953
日野市（防災計画）‥‥‥‥‥‥‥953
日野市（歴史）‥‥‥‥‥‥‥‥‥953
ひの社会教育センター‥‥‥‥‥‥953
日出寿会‥‥‥‥‥‥‥‥‥‥‥‥953
日野町〔滋賀県〕（商人―歴史）‥953
日野町〔滋賀県〕（歴史）‥‥‥‥953
響画廊‥‥‥‥‥‥‥‥‥‥‥‥‥953
ViViD‥‥‥‥‥‥‥‥‥‥‥‥‥953
ピープス, S.〔1633～1703〕‥‥‥954
ヴィヴェーカーナンダ, S.〔1863～
　1902〕‥‥‥‥‥‥‥‥‥‥‥‥954
ピーボディ, E.P.〔1804～1894〕‥954
ピーボディ・ホーソン, S.〔1809～
　1871〕‥‥‥‥‥‥‥‥‥‥‥‥954
ピーボディ・マン, M.T.〔1806～
　1887〕‥‥‥‥‥‥‥‥‥‥‥‥954
美幌町〔北海道〕（遺跡・遺物）‥954
美幌町〔北海道〕（消防―歴史）‥954
美幌町社会福祉協議会‥‥‥‥‥‥954
ヒマラヤ山脈（登山）‥‥‥‥‥‥954
ヒマラヤ地方（食生活）‥‥‥‥‥954
氷見市（遺跡・遺物）‥‥‥‥‥‥954
氷見市（祭礼）‥‥‥‥‥‥‥‥‥954
氷見市（風俗・習慣）‥‥‥‥‥‥954
氷見市（歴史―写真集）‥‥‥‥‥954
姫路市（遺跡・遺物）‥‥‥‥‥‥954
姫路市（祭礼）‥‥‥‥‥‥‥‥‥955
姫路市（地域包括ケア）‥‥‥‥‥955
姫路市（地誌）‥‥‥‥‥‥‥‥‥955
姫路市（歴史―史料）‥‥‥‥‥‥955
姫路市（歴史―史料―書目）‥‥‥955
姫路城‥‥‥‥‥‥‥‥‥‥‥‥‥955
白光真宏会‥‥‥‥‥‥‥‥‥‥‥955
白虎隊‥‥‥‥‥‥‥‥‥‥‥‥‥955
桧山進次郎‥‥‥‥‥‥‥‥‥‥‥955
日向市（遺跡・遺物）‥‥‥‥‥‥955
ヒューム, D.〔1711～1776〕‥‥‥955
兵庫医科大学病院‥‥‥‥‥‥‥‥955
兵庫県（遺跡・遺物）‥‥‥‥‥‥955
兵庫県（遺跡・遺物―相生市）‥‥955
兵庫県（遺跡・遺物―明石市）‥‥955
兵庫県（遺跡・遺物―赤穂市）‥‥955
兵庫県（遺跡・遺物―朝来市）‥‥955
兵庫県（遺跡・遺物―芦屋市）‥‥955
兵庫県（遺跡・遺物―尼崎市）‥‥955
兵庫県（遺跡・遺物―淡路市）‥‥955
兵庫県（遺跡・遺物―伊丹市）‥‥956
兵庫県（遺跡・遺物―小野市）‥‥956
兵庫県（遺跡・遺物―川西市）‥‥956
兵庫県（遺跡・遺物―三田市）‥‥956

（89）

兵庫県

兵庫県（遺跡・遺物―洲本市）	956
兵庫県（遺跡・遺物―高砂市）	956
兵庫県（遺跡・遺物―西宮市）	956
兵庫県（遺跡・遺物―姫路市）	956
兵庫県（遺跡・遺物―三木市）	956
兵庫県（遺跡・遺物―南あわじ市）	956
兵庫県（遺跡・遺物―養父市）	956
兵庫県（猪―保護）	956
兵庫県（衛生行政）	957
兵庫県（学校―相生市―歴史）	957
兵庫県（活断層―淡路市）	957
兵庫県（給与―地方公務員）	957
兵庫県（協働〔行政〕―伊丹市）	957
兵庫県（郷土教育―宍粟市―歴史―史料）	957
兵庫県（郷土芸能）	957
兵庫県（建築〔日本〕）	957
兵庫県（コウノトリ―保護―豊岡市）	957
兵庫県（公有財産）	957
兵庫県（古墳―香美町）	957
兵庫県（古文書―篠山市）	957
兵庫県（災害廃棄物処理）	957
兵庫県（災害復興―佐用町）	957
兵庫県（財産評価）	957
兵庫県（祭礼）	957
兵庫県（祭礼―明石市）	957
兵庫県（祭礼―姫路市）	957
兵庫県（殺人―尼崎市）	957
兵庫県（産業）	957
兵庫県（産業―統計―尼崎市）	957
兵庫県（自然災害―歴史）	958
兵庫県（自然保護―伊丹市）	958
兵庫県（児童虐待）	958
兵庫県（児童福祉）	958
兵庫県（地主―歴史）	958
兵庫県（社会福祉）	958
兵庫県（写真集―川西市）	958
兵庫県（就労支援〔障害者〕―尼崎市）	958
兵庫県（就労支援〔生活困窮者〕―尼崎市）	958
兵庫県（条例―三木市）	958
兵庫県（植物）	958
兵庫県（書目）	958
兵庫県（城）	958
兵庫県（人権）	958
兵庫県（人口―統計―尼崎市）	958
兵庫県（陣屋―保存・修復―丹波市）	958
兵庫県（森林計画）	958
兵庫県（水害―佐用町）	958
兵庫県（生物多様性―伊丹市）	958
兵庫県（世帯―尼崎市―統計）	958
兵庫県（選挙―加古川市―統計）	958
兵庫県（選挙運動）	958
兵庫県（村落―歴史）	958
兵庫県（山車）	959
兵庫県（山車―明石市）	959
兵庫県（男女共同参画―伊丹市）	959
兵庫県（地域開発）	959
兵庫県（地域包括ケア―姫路市）	959
兵庫県（地誌）	959
兵庫県（地誌―小野市）	959
兵庫県（地誌―姫路市）	959
兵庫県（地方選挙）	959
兵庫県（地方選挙―加古川市）	959
兵庫県（地名―歴史―伊丹市）	959

兵庫県（鉄道）	959
兵庫県（鉄道―川西市―歴史）	959
兵庫県（伝記―三田市）	959
兵庫県（都市再開発）	959
兵庫県（土地改良―歴史）	959
兵庫県（土地区画整理）	959
兵庫県（年中行事―多可町）	959
兵庫県（排気ガス―排出抑制）	959
兵庫県（美術―赤穂市―図集）	959
兵庫県（美術―たつの市―図集）	959
兵庫県（病院）	959
兵庫県（風俗・習慣―養父市）	959
兵庫県（風俗・習慣―歴史―明石市）	959
兵庫県（仏塔）	959
兵庫県（文化財―芦屋市）	959
兵庫県（文化財―神河町）	959
兵庫県（文化財保護）	960
兵庫県（町屋―保存・修復―篠山市）	960
兵庫県（町屋―三木市）	960
兵庫県（昔話―丹波市）	960
兵庫県（名簿）	960
兵庫県（歴史）	960
兵庫県（歴史―相生市）	960
兵庫県（歴史―篠山市）	960
兵庫県（歴史―写真集）	960
兵庫県（歴史―写真集―宝塚市）	960
兵庫県（歴史―史料―宍粟市）	960
兵庫県（歴史―史料―書目―姫路市）	960
兵庫県（歴史―史料―姫路市）	960
兵庫県（歴史―高砂市）	960
兵庫県（歴史―たつの市）	960
兵庫県（歴史―西宮市）	960
兵庫県（労働運動―歴史）	960
兵庫県（路線価）	960
兵庫県子どもの図書館研究会	960
兵庫県珠算連盟	961
兵庫県立大学経済学部	961
兵庫県立ピッコロ劇団	961
平等院	961
日吉神社〔東近江市〕	961
ヒョンビン〔1982～ 〕	961
平井 英路〔1917～1945〕	961
平井 直衛〔1893～1967〕	961
平井 文人〔1944～ 〕	961
平泉	961
平泉町〔岩手県〕（遺跡・遺物）	961
平泉町〔岩手県〕（文化遺産）	961
平生 釟三郎〔1866～1945〕	961
平岡 昭三〔1928～ 〕	961
枚方市（遺跡・遺物）	961
枚方市（遺跡・遺物―保存・修復）	961
平川市（遺跡・遺物）	961
平川市（歴史）	961
平田〔氏〕	961
平田 オリザ〔1962～ 〕	961
平塚市（遺跡・遺物）	961
平塚市（水利―歴史）	962
平塚市（石仏）	962
平塚市テニス協会	962
平取町〔北海道〕（遺跡・遺物）	962
平野 謙〔1907～1978〕	962
平松〔氏〕	962
平松 楽斎〔1792～1852〕	962
平山 善吉〔1934～ 〕	962
平谷村〔長野県〕（遺跡・遺物）	962
ヴィラール・ド・オヌクール	962

ビリービン, I.I.〔1876～1942〕	962
ビリャ, P.〔1878～1923〕	962
蛭ケ岳	962
蛭田 正次〔1922～ 〕	962
ビルマ →ミャンマーを見よ	
ビルロ, A.〔1979～ 〕	962
Hiro〔1969～ 〕	962
広井 勇〔1862～1928〕	962
弘兼 憲史〔1947～ 〕	962
弘前市（遺跡・遺物）	962
弘前市（風俗・習慣）	962
弘前市（歴史）	962
弘前大学	962
弘前南高等学校〔青森県立〕	962
広島県	962
広島県（遺跡・遺物―尾道市）	963
広島県（遺跡・遺物―庄原市）	963
広島県（遺跡・遺物―福山市）	963
広島県（遺跡・遺物―三次市）	963
広島県（遺跡・遺物―論文集）	963
広島県（医療）	963
広島県（医療費）	963
広島県（エネルギー政策―世羅町）	963
広島県（海運―尾道市―歴史）	963
広島県（海洋汚染―東広島市）	963
広島県（かくれ切支丹―三原市）	963
広島県（河川行政）	963
広島県（鐘）	963
広島県（観光行政）	963
広島県（基準地価格）	964
広島県（教育―福山市）	964
広島県（行政）	964
広島県（行政―呉市）	964
広島県（行政組織）	964
広島県（郷土芸能―北広島町）	964
広島県（軍港―呉市―歴史）	964
広島県（建設業―名簿）	964
広島県（高齢者福祉）	964
広島県（昆虫―便覧）	964
広島県（財政）	964
広島県（祭礼―呉市）	964
広島県（酒場―呉市）	964
広島県（サッカー―歴史）	964
広島県（山岳）	964
広島県（産業）	964
広島県（産業―歴史―呉市）	964
広島県（自動車交通）	964
広島県（社会福祉―東広島市）	964
広島県（障害者福祉）	964
広島県（商店街―福山市）	964
広島県（書目）	964
広島県（震災予防）	965
広島県（水産業）	965
広島県（石油コンビナート）	965
広島県（石油コンビナート―大竹市）	965
広島県（石油コンビナート―福山市）	965
広島県（選挙―統計）	965
広島県（戦災復興）	965
広島県（地域開発）	965
広島県（地域学―尾道市）	965
広島県（地誌）	965
広島県（地誌―廿日市市）	965
広島県（地誌―三原市）	965
広島県（地方選挙）	965
広島県（道路）	965
広島県（土砂災害）	965

日本件名図書目録2014　Ｉ　　　福井県

広島県（土地価格）…………………… 965
広島県（年中行事―呉市）…………… 965
広島県（農業労働）…………………… 965
広島県（農耕儀礼―北広島町）……… 965
広島県（農村生活）…………………… 965
広島県（博物誌―北広島町）………… 965
広島県（風水害）……………………… 966
広島県（風俗・習慣―庄原市）……… 966
広島県（仏像―三原市―図集）……… 966
広島県（文化財保護―論文集）……… 966
広島県（防災計画）…………………… 966
広島県（防災計画―東広島市）……… 966
広島県（墓碑―三原市）……………… 966
広島県（名簿）………………………… 966
広島県（歴史―写真集―東広島市）… 966
広島県（歴史―庄原市）……………… 966
広島県（歴史―史料―福山市）……… 966
広島県（歴史―福山市）……………… 966
広島県（歴史―三次市）……………… 966
広島県（歴史地理）…………………… 966
広島県（和菓子―歴史）……………… 966
広島県立広島高等学校………………… 966
広島県立広島中学校…………………… 966
広島県立府中高等学校………………… 967
広島市（衛生行政）…………………… 967
広島市（芸術上）……………………… 967
広島市（原子爆弾投下〔1945〕）…… 967
広島市（原子爆弾投下〔1945〕―被
　害）…………………………………… 967
広島市（原子爆弾投下〔1945〕―報
　道）…………………………………… 967
広島市（工業―名簿）………………… 967
広島市（コンピュータ教育）………… 967
広島市（酒場）………………………… 967
広島市（社会福祉）…………………… 967
広島市（商業―名簿）………………… 967
広島市（商店街）……………………… 967
広島市（地域社会）…………………… 967
広島市（地誌）………………………… 967
広島市（土砂災害―写真集）………… 967
広島市（平和運動―歴史）…………… 967
広島市（野外教育）…………………… 968
広島市（歴史）………………………… 968
広島市現代美術館……………………… 968
広島市畑賀地区社会福祉協議会……… 968
広島市立大学…………………………… 968
広島大学大学院工学研究科…………… 968
広島東洋カープ………………………… 968
広島文芸懇話会………………………… 968
ひろしま万葉会………………………… 968
ピロスマニ, N.〔1862?～1918〕…… 968
広瀬 香美……………………………… 968
広瀬 宰平〔1828～1914〕…………… 968
広瀬 淡窓〔1782～1856〕…………… 968
広田 弘毅〔1878～1948〕…………… 968
廣田 奈穂美…………………………… 968
弘中 数實〔1920～2013〕…………… 968
廣庭 基介〔1932～ 〕………………… 968
広川町〔福島県〕（災害医療）……… 968
琵琶湖…………………………………… 968
びわこ学園……………………………… 969
琵琶湖博物館〔滋賀県立〕…………… 969
ピンチョン, T.〔1937～ 〕………… 969

【ふ】

ファイザーヘルスリサーチ振興財団 …… 969
ファイブイズホーム…………………… 969
ファインドスターグループ…………… 969
ファーガソン, A.〔1941～ 〕……… 969
ファーストリテイリング……………… 969
ファニング, E.〔1998～ 〕………… 969
ファーマフーズ………………………… 969
ファン, D.〔1891～ 〕……………… 969
ファンケル……………………………… 969
フィッシャー, B.〔1943～2008〕… 969
フィッシャー, H.〔1909～1958〕… 969
フィヒテ, J.G.〔1762～1814〕…… 969
フィリピン（海外派遣者）…………… 969
フィリピン（看護師）………………… 969
フィリピン（企業）…………………… 969
フィリピン（紀行・案内記）………… 969
フィリピン（技術援助〔日本〕）…… 969
フィリピン（給与）…………………… 970
フィリピン（教育）…………………… 970
フィリピン（教育―歴史―20世紀）… 970
フィリピン（軍隊）…………………… 970
フィリピン（経済）…………………… 970
フィリピン（経済援助〔日本〕）…… 970
フィリピン（国際労働力移動―日本）… 970
フィリピン（社会）…………………… 970
フィリピン（植民地行政〔アメリカ合
　衆国〕―歴史―20世紀）…………… 970
フィリピン（水害）…………………… 970
フィリピン（政治）…………………… 970
フィリピン（太平洋戦争〔1941～
　1945〕）……………………………… 970
フィリピン（日系企業）……………… 970
フィリピン（農業水利）……………… 970
フィリピン（被災者支援）…………… 970
フィリピン（不動産投資）…………… 970
フィリピン（プラスチック―リサイク
　ル）…………………………………… 970
フィリピン（文化財保護）…………… 970
フィリピン（民芸）…………………… 970
フィリピン（民族）…………………… 971
フィリピン（労使関係）……………… 971
フィレンツェ（歴史）………………… 971
フィンランド（英語教育―小学校）… 971
フィンランド（官庁建築）…………… 971
フィンランド（紀行・案内記）……… 971
フィンランド（教育）………………… 971
フィンランド（教科書）……………… 971
フィンランド（経済）………………… 971
フィンランド（社会）………………… 971
フィンランド（住宅建築）…………… 971
フィンランド（食器―図集）………… 971
フィンランド（生物教育）…………… 971
フィンランド（世界戦争〔1939～
　1945〕―会戦）……………………… 971
フィンランド（デザイン）…………… 971
フィンランド（陶磁器―図集）……… 971
フェイゲン, D.〔1948～ 〕………… 971
フェヒナー, G.T.〔1801～1887〕… 971
フェリス女学院大学…………………… 971
フェルメール, J.〔1632～1675〕… 971
プエロ・バリェホ, A.〔1916～2000〕… 971
フェンダー・ミュージカル・インス
　トゥルメンツ社……………………… 971

フォークランド諸島…………………… 971
フォースター, E.M.〔1879～1970〕… 971
フォッサマグナ………………………… 971
フォルラン, D.〔1979～ 〕………… 971
フォンテーン, R.〔1924～2002〕… 972
深井 てる子〔1947～ 〕…………… 972
深井 人詩〔1935～ 〕……………… 972
深江 今朝夫〔1944～ 〕…………… 972
深尾 精一〔1949～ 〕……………… 972
深川西高等学校〔北海道〕…………… 972
深沢 多市〔1874～1934〕…………… 972
深澤 翠〔1985～ 〕………………… 972
深澤 吉充〔1941～ 〕……………… 972
深志神社〔松本市〕…………………… 972
深代 惇郎〔1929～1975〕…………… 972
深田 弥行〔1928～ 〕……………… 972
深谷 義治〔1915～ 〕……………… 972
深谷市（遺跡・遺物）………………… 972
溥儀〔1906～1967〕…………………… 972
福井〔家〕〔東京都中央区〕………… 972
福井 栄治……………………………… 972
福井県…………………………………… 972
福井県（遺跡・遺物）………………… 972
福井県（遺跡・遺物―大野市）……… 972
福井県（遺跡・遺物―小浜市）……… 972
福井県（遺跡・遺物―勝山市）……… 972
福井県（遺跡・遺物―坂井市）……… 972
福井県（遺跡・遺物―福井市）……… 972
福井県（遺跡・遺物―保存・修復―勝
　山市）………………………………… 973
福井県（医療）………………………… 973
福井県（衛生）………………………… 973
福井県（衛生行政）…………………… 973
福井県（街路樹―福井市）…………… 973
福井県（科学技術研究）……………… 973
福井県（河川）………………………… 973
福井県（過疎問題）…………………… 973
福井県（家畜衛生）…………………… 973
福井県（家庭用電気製品―リサイク
　ル）…………………………………… 973
福井県（家庭用電気製品―リサイクル
　―鯖江市）…………………………… 973
福井県（紀行・案内記―大野市）…… 973
福井県（教育）………………………… 973
福井県（行政）………………………… 973
福井県（漁業）………………………… 973
福井県（漁村）………………………… 973
福井県（金石・金石文―勝山市）…… 973
福井県（金石・金石文―鯖江市）…… 973
福井県（研究開発）…………………… 973
福井県（健康管理）…………………… 973
福井県（原子力発電所―安全管理）… 973
福井県（原子力発電所―おおい町）… 974
福井県（公民館）……………………… 974
福井県（財産評価）…………………… 974
福井県（財政）………………………… 974
福井県（産業）………………………… 974
福井県（史跡名勝―勝山市）………… 974
福井県（自然保護―敦賀市）………… 974
福井県（湿原―敦賀市）……………… 974
福井県（社会福祉）…………………… 974
福井県（住民訴訟―おおい町）……… 974
福井県（障害者福祉）………………… 974
福井県（書目）………………………… 974
福井県（人口―統計）………………… 974
福井県（神話）………………………… 974

(91)

福井県（水質汚濁）……974
福井県（青少年教育）……975
福井県（選挙—統計）……975
福井県（単親家庭）……975
福井県（力石）……975
福井県（都市計画）……975
福井県（都市計画—福井市）……975
福井県（ドメスティックバイオレンス）……975
福井県（廃棄物処理—福井市）……975
福井県（貿易商—名簿）……975
福井県（松—保護—敦賀市）……975
福井県（民間信仰）……975
福井県（昔話—福井市）……975
福井県（名簿）……975
福井県（歴史）……975
福井県（歴史—史料—越前市）……975
福井県（路線価）……975
福井県立福井特別支援学校……975
福井市（遺跡・遺物）……975
福井市（街路樹）……975
福井市（都市計画）……975
福井市（廃棄物処理）……975
福井市（昔話）……975
福岡県（遺跡・遺物—飯塚市）……975
福岡県（遺跡・遺物—糸島市）……975
福岡県（遺跡・遺物—うきは市）……975
福岡県（遺跡・遺物—大野城市）……975
福岡県（遺跡・遺物—大牟田市）……976
福岡県（遺跡・遺物—小郡市）……976
福岡県（遺跡・遺物—久留米市）……976
福岡県（遺跡・遺物—太宰府市）……977
福岡県（遺跡・遺物—直方市）……977
福岡県（遺跡・遺物—福津市）……977
福岡県（遺跡・遺物—豊前市）……977
福岡県（遺跡・遺物—みやま市）……977
福岡県（遺跡・遺物—柳川市）……977
福岡県（遺跡・遺物—八女市）……977
福岡県（遺跡・遺物—行橋市）……977
福岡県（医療連携）……977
福岡県（海岸）……977
福岡県（化石—大牟田市）……977
福岡県（学校—春日市）……977
福岡県（環境問題）……978
福岡県（観音巡り）……978
福岡県（紀行・案内記）……978
福岡県（希少動物）……978
福岡県（教育）……978
福岡県（教育行政）……978
福岡県（教育行政—春日市）……978
福岡県（行政）……978
福岡県（協働〔行政〕—春日市）……978
福岡県（下水道）……978
福岡県（県民性）……978
福岡県（公企業—統計）……978
福岡県（鉱山労働—田川市—歴史）……978
福岡県（古墳—写真集）……978
福岡県（古墳—八女市）……978
福岡県（雇用）……978
福岡県（祭祀—太宰府市）……978
福岡県（祭祀遺跡—宗像市）……978
福岡県（史跡名勝—直方市）……978
福岡県（写真集）……978
福岡県（樹木）……978
福岡県（女性問題）……978
福岡県（女性労働者）……978

福岡県（書目）……978
福岡県（城跡）……978
福岡県（神社）……978
福岡県（神社建築—保存・修復—宗像市）……979
福岡県（森林）……979
福岡県（森林保護—宗像市）……979
福岡県（選挙—統計）……979
福岡県（男女共同参画—太宰府市）……979
福岡県（地域社会—八女市）……979
福岡県（地域社会学校—春日市）……979
福岡県（地誌）……979
福岡県（地誌—久留米市）……979
福岡県（地方公営事業—統計）……979
福岡県（地方自治—久留米市）……979
福岡県（地方選挙）……979
福岡県（中小企業）……979
福岡県（土壌汚染）……979
福岡県（仏像）……979
福岡県（部落問題—太宰府市）……979
福岡県（部落問題—歴史）……979
福岡県（文化活動—川崎町—歴史）……979
福岡県（文化財—太宰府市）……979
福岡県（方言）……979
福岡県（宮座—太宰府市）……979
福岡県（民家—大川市）……979
福岡県（民家—みやこ町）……979
福岡県（名簿）……979
福岡県（留学生）……979
福岡県（留学生〔インドネシア〕）……979
福岡県（歴史）……979
福岡県（歴史—嘉麻市）……980
福岡県（歴史—写真集）……980
福岡県（歴史—史料）……980
福岡県（歴史—史料—書目）……980
福岡県（歴史—太宰府市）……980
福岡県（歴史—福津市）……980
福岡県議会……980
福岡県立香住丘高等学校……980
福岡県立修猷館高等学校……980
福岡県立大学人間社会学部公共社会学科……980
福岡コピーライターズクラブ……980
福岡市……980
福岡市（医学—歴史）……980
福岡市（遺跡・遺物）……980
福岡市（産業政策）……981
福岡市（大衆運動）……981
福岡市（地域開発）……981
福岡市（文化財—目録）……981
福岡市（ベンチャービジネス）……981
福岡市（歴史）……981
福岡市（歴史—史料—書目）……981
福岡市博多区……981
福岡市立大名小学校……981
福岡ソフトバンクホークス……981
福岡大学……981
福岡地区水道企業団……981
福岡藩……981
福岡東ロータリークラブ……981
福里 栄記〔1940～ 〕……981
福沢 諭吉〔1834～1901〕……981
福澤諭吉記念文明塾……981
福祉の里……981
福島 佐知〔1929～ 〕……981
福嶋 進〔1957～ 〕……981

福島 忠和……981
福島県……981
福島県（遺跡・遺物—会津若松市）……981
福島県（遺跡・遺物—いわき市）……982
福島県（遺跡・遺物—喜多方市）……982
福島県（遺跡・遺物—郡山市）……982
福島県（遺跡・遺物—須賀川市）……982
福島県（遺跡・遺物—二本松市）……982
福島県（遺跡・遺物—保存・修復—喜多方市）……982
福島県（遺跡地図）……982
福島県（移民・植民—ブラジル）……982
福島県（医療）……982
福島県（衛生）……982
福島県（衛生行政）……982
福島県（NPO—名簿）……982
福島県（エネルギー政策）……983
福島県（海洋汚染）……983
福島県（仮設住宅）……983
福島県（家族）……983
福島県（学校衛生）……983
福島県（歌舞伎—歴史）……983
福島県（環境教育）……983
福島県（観光行政—郡山市）……983
福島県（教育）……983
福島県（教育計画）……983
福島県（行政）……983
福島県（行政—福島市）……983
福島県（郷土芸能—歴史）……983
福島県（経済）……983
福島県（下水道）……983
福島県（原子力発電所）……983
福島県（原子力発電所—歴史）……983
福島県（工業—名簿—郡山市）……983
福島県（公衆衛生）……983
福島県（鉱物—石川町）……983
福島県（高齢者）……983
福島県（子育て支援）……983
福島県（古墳—中島村）……983
福島県（米）……983
福島県（災害医療）……983
福島県（災害医療—会津若松市）……983
福島県（災害医療—広野町）……983
福島県（災害復興）……983
福島県（災害復興—川内村）……984
福島県（災害復興—新地町）……984
福島県（災害復興—相馬市）……984
福島県（災害復興—伊達市）……984
福島県（災害復興—福島市）……984
福島県（災害予防）……984
福島県（祭礼—喜多方市）……984
福島県（作物—統計）……984
福島県（山岳—大熊町）……984
福島県（産業）……984
福島県（児童福祉—いわき市）……984
福島県（児童福祉—郡山市）……984
福島県（社会福祉—郡山市）……984
福島県（写真集）……984
福島県（写真集—相馬市）……984
福島県（住宅政策）……985
福島県（宿駅—下郷町）……985
福島県（狩猟）……985
福島県（障害者福祉—郡山市）……985
福島県（障害者福祉—福島市）……985
福島県（小学校）……985
福島県（食生活—歴史）……985

日本件名図書目録2014 Ⅰ   藤原

福島県 (植物) ……………… 985
福島県 (女性―伝記) …………… 985
福島県 (除染〔放射性物質〕) …… 985
福島県 (書目) …………………… 985
福島県 (城跡―北塩原村) ……… 985
福島県 (城跡―保存・修復―喜多方
　市) ……………………………… 985
福島県 (震災―相馬市) ………… 985
福島県 (森林保護) ……………… 985
福島県 (水害―只見町) ………… 985
福島県 (生物) …………………… 985
福島県 (石仏) …………………… 985
福島県 (選挙―統計) …………… 986
福島県 (男女共同参画) ………… 986
福島県 (男女共同参画―郡山市) … 986
福島県 (男女共同参画―福島市) … 986
福島県 (地域開発) ……………… 986
福島県 (地域開発―歴史) ……… 986
福島県 (地域情報化―福島市) …… 986
福島県 (地域包括ケア) ………… 986
福島県 (地誌) …………………… 986
福島県 (知的障害者福祉) ……… 986
福島県 (地方自治) ……………… 986
福島県 (地名―二本松市) ……… 986
福島県 (鉄道) …………………… 986
福島県 (鉄道―歴史) …………… 986
福島県 (伝記) …………………… 986
福島県 (伝統的工芸品産業) …… 986
福島県 (統計) …………………… 986
福島県 (土砂災害―只見町) …… 986
福島県 (土壌汚染) ……………… 986
福島県 (図書館―名簿) ………… 986
福島県 (猫―保護) ……………… 986
福島県 (農業) …………………… 986
福島県 (農業―相馬市) ………… 986
福島県 (農業災害) ……………… 986
福島県 (農村女性) ……………… 987
福島県 (花) ……………………… 987
福島県 (東日本大震災〔2011〕―被害
　―鏡石町) ……………………… 987
福島県 (東日本大震災〔2011〕―被害
　―浪江町) ……………………… 987
福島県 (東日本大震災〔2011〕―被害
　―浪江町―写真集) …………… 987
福島県 (東日本大震災〔2011〕―被害
　―南相馬市) …………………… 987
福島県 (被災者支援) …………… 987
福島県 (被災者支援―いわき市) … 987
福島県 (被災者支援―福島市) …… 987
福島県 (美術―喜多方市―図集) … 987
福島県 (病院) …………………… 987
福島県 (福島第一原発事故〔2011〕―
　被害) …………………………… 987
福島県 (福島第一原発事故〔2011〕―
　被害―飯舘村) ………………… 987
福島県 (福島第一原発事故〔2011〕―
　被害―大熊町) ………………… 987
福島県 (福島第一原発事故〔2011〕―
　被害―浪江町) ………………… 987
福島県 (福島第一原発事故〔2011〕―
　被害―双葉町) ………………… 987
福島県 (プロテスタント教会―社会事
　業) ……………………………… 987
福島県 (文化財保護) …………… 987
福島県 (方言) …………………… 987
福島県 (方言―二本松市) ……… 988

福島県 (防災計画―郡山市) …… 988
福島県 (法律扶助) ……………… 988
福島県 (昔話―鮫川村) ………… 988
福島県 (無形文化財) …………… 988
福島県 (名簿) …………………… 988
福島県 (木材工業) ……………… 988
福島県 (野外教育) ……………… 988
福島県 (陸水誌) ………………… 988
福島県 (歴史) …………………… 988
福島県 (歴史―いわき市) ……… 988
福島県 (歴史―喜多方市) ……… 988
福島県 (歴史―郡山市) ………… 988
福島県 (歴史―史料―書目) …… 988
福島県 (歴史―史料―書目―郡山市) … 988
福島県 (歴史―須賀川市) ……… 988
福島県 (歴史―福島市) ………… 988
福島県 (歴史―南相馬市) ……… 988
福島県 (歴史地理―福島市) …… 988
福島県会津保健福祉事務所 …… 988
福島県社会福祉事業団 ………… 988
福島県立安積黎明高等学校 …… 988
福島県立田島高等学校 ………… 988
福島県立富岡養護学校 ………… 988
福島県立福島西高等学校 ……… 988
福島市 (行政) …………………… 989
福島市 (災害復興) ……………… 989
福島市 (障害者福祉) …………… 989
福島市 (男女共同参画) ………… 989
福島市 (地域情報化) …………… 989
福島市 (被災者支援) …………… 989
福島市 (歴史) …………………… 989
福島市 (歴史地理) ……………… 989
福島市小鳥の森 ………………… 989
福島第一聖書バプテスト教会 … 989
福島大学 ………………………… 989
福島朝鮮初中級学校 …………… 989
フクシマの子どもの未来を守る家 … 989
福島民友新聞社 ………………… 989
福島屋 …………………………… 989
福田 秋秀〔1940～ 〕 ………… 989
福田 恒存〔1912～1994〕 …… 989
福智町〔福岡県〕 (遺跡・遺物) … 989
福津市 (遺跡・遺物) …………… 989
福津市 (歴史) …………………… 989
福田会育児院 …………………… 989
福徳神社〔東京都中央区〕 …… 989
福永 武彦〔1918～1979〕 …… 989
福原 麟太郎〔1894～1981〕 … 989
福本 和夫〔1894～1983〕 …… 989
福山 雅治〔1969～ 〕 ………… 989
福山市 (遺跡・遺物) …………… 989
福山市 (教育) …………………… 989
福山市 (商店街) ………………… 989
福山市 (石油コンビナート) …… 989
福山市 (歴史) …………………… 989
福山市 (歴史―史料) …………… 990
福山城 …………………………… 990
福山藩 …………………………… 990
袋井市 (遺跡・遺物) …………… 990
フーコー, M.〔1926～1984〕 … 990
釜山 (紀行・案内記) …………… 990
釜山 (バリアフリー〔建築〕) … 990
釜山 (バリアフリー〔交通〕) … 990
藤井〔氏〕 ……………………… 990
藤井 建夫〔1943～ 〕 ………… 990
藤井 千秋〔1923～1985〕 …… 990

藤井 弥太郎〔1934～2013〕 … 990
藤井 悠〔1980～ 〕 …………… 990
藤井 リナ〔1984～ 〕 ………… 990
藤井寺市 (遺跡・遺物) ………… 990
藤井寺市 (古墳―保存・修復) … 990
藤枝市 (遺跡・遺物) …………… 990
藤枝市 (歴史) …………………… 990
藤岡 弘〔1946～ 〕 …………… 990
藤岡市 (遺跡・遺物) …………… 990
藤岡市 (行政) …………………… 990
富士川 英郎〔1909～2003〕 … 990
藤川 素子〔1931～ 〕 ………… 991
富士河口湖町〔山梨県〕 (風俗・習
　慣) ……………………………… 991
富士河口湖町〔山梨県〕 (歴史―史料
　―書目) ………………………… 991
藤木 久三〔1941～ 〕 ………… 991
藤木 正之〔1934～ 〕 ………… 991
伏木富山港 ……………………… 991
プーシキン, A.S.〔1799～1837〕 … 991
フジコー ………………………… 991
藤子 不二雄A〔1934～ 〕 …… 991
藤子 不二雄F〔1933～1996〕 … 991
藤沢市 (遺跡・遺物) …………… 991
藤沢市 (関東大震災〔1923〕―被害) … 991
藤沢市 (協働〔行政〕) ………… 991
藤沢市 (災害復興) ……………… 991
藤沢市 (植物―写真集) ………… 991
藤沢市 (都市再開発) …………… 991
藤沢市 (文化財) ………………… 991
富士山 …………………………… 991
富士山 (登山) …………………… 992
富士市 (遺跡・遺物) …………… 992
富士市 (祇園祭) ………………… 992
富士市 (食育) …………………… 992
富士市 (歴史―史料) …………… 992
藤田 和育〔1946～ 〕 ………… 992
藤田 一良〔1929～2013〕 …… 992
藤田 勝利〔1944～ 〕 ………… 992
藤田 順三〔1951～ 〕 ………… 992
藤田 湘子〔1926～2005〕 …… 992
藤田 省三〔1927～2003〕 …… 992
藤田 晋〔1973～ 〕 …………… 992
藤田 民次郎〔　～1813〕 …… 992
藤田 嗣治〔1886～1968〕 …… 992
藤田 東湖〔1806～1855〕 …… 992
藤田 信雄〔　～1997〕 ………… 992
藤田 信吉〔1558～1616〕 …… 992
藤田 祐幸〔1942～ 〕 ………… 992
藤田 幽谷〔1774～1826〕 …… 993
富士通株式会社 ………………… 993
フジドリームエアラインズ …… 993
藤波 不二雄〔1947～ 〕 ……… 993
富士宮市 (遺跡・遺物) ………… 993
富士宮市 (行政―歴史―史料) … 993
富士宮市 (植物) ………………… 993
富士ビーエス …………………… 993
富士見市 (環境行政) …………… 993
富士見市 (書目) ………………… 993
富士見市 (防災計画) …………… 993
ふじみ野市 (遺跡・遺物) ……… 993
富士見町〔長野県〕 (遺跡・遺物) … 993
藤本 章〔1949～ 〕 …………… 993
藤森 栄一〔1911～1973〕 …… 993
藤原〔氏〕〔奥州〕 …………… 993
藤原 兼輔〔877～933〕 ……… 993

(93)

藤原 鎌足〔614〜669〕·············993
藤原 清衡〔1056〜1128〕·········993
藤原 公任〔966〜1041〕···········993
藤原 研司〔1937〜2012〕·········993
藤原 定家〔1162〜1241〕·········993
藤原 隆家〔979〜1044〕···········993
藤原 俊成〔1114〜1204〕·········993
藤原 洋〔1954〜 〕···············993
藤原俊成女〔 〜1254〕··········993
フス, J.〔1369?〜1415〕·········994
布施 辰治〔1880〜1953〕·········994
豊前市（遺跡・遺物）···········994
二木 隆〔1938〜 〕···············994
双葉高等学校野球部·············994
二葉亭 四迷〔1864〜1909〕······994
双葉町〔福島県〕···············994
双葉町〔福島県〕（写真集）·····994
双葉町〔福島県〕（福島第一原発事故
〔2011〕一被害）···········994
二荒山神社〔日光市〕···········994
ブータン（医療）···············994
ブータン（経済援助〔日本〕）···994
ブータン（社会）···············994
プチジャン, B.〔1829〜1884〕···994
府中市〔東京都〕（遺跡・遺物）···994
府中市〔東京都〕（遺跡・遺物一保
存・修復）···················994
府中市〔東京都〕（希少植物一保護）··994
府中市〔東京都〕（行政）·······994
府中市〔東京都〕（行政一歴史）···994
府中市〔東京都〕（住宅政策）···994
府中市〔東京都〕（条例）·······994
府中市〔東京都〕（選挙一統計）···994
府中市〔東京都〕（歴史一写真集）·····995
府中文化団体連絡協議会·········995
福建省（名簿）·················995
福建省（歴史）·················995
福建省（歴史一史料）···········995
復興庁·························995
福生市（外来種）···············995
福生市（教育行政）·············995
福生市（行政）·················995
福生市（公共施設）·············995
福生市（子育て支援）···········995
福生市（災害予防）·············995
福生市（住宅政策）·············995
福生市（条例）·················995
福生市（統計）·················995
福生市（道路）·················995
福生市（都市計画）·············995
福生市（防災計画）·············995
福生市（緑地計画）·············995
フッサール, E.〔1859〜1938〕···995
プッサン, N.〔1593〜1665〕·····995
ブッシェル, R.〔1910〜1944〕···995
ブッシュ, G.〔1924〜 〕·········995
佛性寺〔水戸市〕···············995
富津市（遺跡・遺物一保存・修復）·····995
富津市（採石）·················995
不動岡高等学校〔埼玉県立〕·····995
不動産保証協会宮城県本部·······995
船井 幸雄〔1933〜2014〕·······995
府内藩·························995
舟川ダム·······················996
舩橋 節子·······················996
船橋市（遺跡・遺物）···········996

船橋市（地名）·················996
船橋市（伝記）·················996
船橋市（美術上）···············996
舟橋村〔富山県〕（遺跡・遺物）······996
船山 馨〔1914〜1981〕·········996
船山 春子〔1910〜1981〕·······996
普遍アントロポゾフィー協会·····996
冬 敏之〔1935〜2002〕·········996
フライターグ···················996
ブラウン, A.〔1983〜 〕·········996
ブラウン, L.R.〔1934〜 〕·······996
ブラウン, レイ〔1926〜2002〕···996
ブラウン, ローズマリー〔1916〜2001〕··996
ブラジリア〔ブラジル〕（都市計画）··996
ブラジル（移民・植民〔日本〕一歴
史）···························996
ブラジル（移民・植民〔福島県〕）···996
ブラジル（環境行政一クリティバ）·····996
ブラジル（環境問題）···········996
ブラジル（紀行・案内記）·······996
ブラジル（給与）···············996
ブラジル（経済政策）···········996
ブラジル（国民性）·············996
ブラジル（サッカー）···········996
ブラジル（サッカー一伝記）·····997
ブラジル（サッカー一歴史）·····997
ブラジル（産業）···············997
ブラジル（史跡名勝）···········997
ブラジル（社会）···············997
ブラジル（社会政策）···········997
ブラジル（生物一写真集）·······997
ブラジル（鉄道一歴史）·········997
ブラジル（都市計画一クリティバ）·····997
ブラジル（都市計画一ブラジリア）·····997
ブラジル（日系企業）···········997
ブラジル（日系人）·············997
ブラジル（仏教）···············997
ブラジル（文化）···············997
ブラジル（ポピュラー音楽）·····997
ブラジル（ポピュラー音楽一楽曲解
説）···························997
ブラジル（ボランティア活動一サンパ
ウロ）·······················997
ブラジル（薬用植物）···········997
ブラジル（歴史）···············997
ブラック, J.R.〔1827〜1880〕···997
ブラックウォーター·············997
ブラックモア, R.〔1945〜 〕·····997
bloodthirsty butchers·········997
プラトン·······················997
富良野市（教育行政）···········998
富良野市（建築）···············998
富良野市（小水力発電）·········998
ブラマンテ, D.〔1444?〜1514〕···998
ブラームス, J.〔1833〜1897〕···998
フランクル, V.E.〔1905〜1997〕···998
フランシスコ〔1936〜 教皇〕···998
フランシスコ〔アッシジの〕〔1182〜
1226〕·······················998
ブランショ, M.〔1907〜2003〕···998
フランス（遺跡・遺物一保存・修復）··998
フランス（移民・植民〔アフリカ〔西
部〕〕）·······················998
フランス（医療制度）···········998
フランス（映画）···············998

フランス（映画一歴史一1945〜）········998
フランス（衛生行政）···········998
フランス（エコシティ）·········998
フランス（演劇一歴史一17世紀）···998
フランス（演劇一歴史一近代）···998
フランス（王室一歴史一1589〜1789）··998
フランス（オペレッターパリ）···998
フランス（絵画一歴史）·········998
フランス（絵画一歴史一19世紀）···998
フランス（絵画一歴史一19世紀一画
集）···························999
フランス（絵画一歴史一20世紀一画
集）···························999
フランス（絵画一歴史一近代一画集）··999
フランス（外国関係一ドイツ一歴史）··999
フランス（外国関係一日本一歴史一江
戸末期）·····················999
フランス（外国関係一日本一歴史一昭
和前期）·····················999
フランス（外国関係一日本一歴史一大
正時代）·····················999
フランス（外国関係一日本一歴史一明
治時代）·····················999
フランス（外国留学）···········999
フランス（歌劇一歴史一17世紀）···999
フランス（紀行・案内記）·······999
フランス（教育）···············999
フランス（教育一歴史一19世紀）···999
フランス（教職員組合一歴史一19世
紀）···························999
フランス（教職員組合一歴史一20世
紀）···························999
フランス（キリスト教と政治一歴史一
16世紀）·····················999
フランス（軍事一歴史一1799〜1815）··999
フランス（軍服一歴史一1799〜1815）··999
フランス（軍用機一歴史一1914〜
1945）·······················999
フランス（経済）···············999
フランス（経済学一歴史一18世紀）···1000
フランス（刑事法）·············1000
フランス（芸術）···············1000
フランス（芸術一歴史一パリ）···1000
フランス（建築一パリ）·········1000
フランス（工業デザイン一歴史一1945
〜）···························1000
フランス（公衆衛生一歴史一パリ）···1000
フランス（国際見本市一パリ）···1000
フランス（昆虫）···············1000
フランス（サッカー）···········1000
フランス（雑貨）···············1000
フランス（雑貨一パリ）·········1000
フランス（雑貨店一パリ）·······1000
フランス（室内装飾一パリ）·····1000
フランス（司法行政一歴史一19世
紀）···························1000
フランス（社会）···············1000
フランス（社会運動一歴史一1870〜
1940）·······················1000
フランス（社会教育一歴史一19世
紀）···························1000
フランス（社会思想一歴史一19世
紀）···························1000
フランス（社会政策）···········1000
フランス（住宅建築一歴史一1914〜
1945一パリ）·················1001

フランス（住宅建築―歴史―19世紀）…… 1001
フランス（住宅政策）…… 1001
フランス（少子化）…… 1001
フランス（植民政策）…… 1001
フランス（植民地―歴史）…… 1001
フランス（植民地行政―ベトナム―歴史）…… 1001
フランス（食物）…… 1001
フランス（女性―パリ）…… 1001
フランス（女性問題）…… 1001
フランス（初等教育―歴史―19世紀）…… 1001
フランス（生活―パリ）…… 1001
フランス（政治思想―歴史―16世紀）…… 1001
フランス（政治思想―歴史―18世紀）…… 1001
フランス（政治思想―歴史―20世紀）…… 1001
フランス（世界遺産）…… 1001
フランス（世界戦争〔1914～1918〕―会戦）…… 1001
フランス（大学）…… 1001
フランス（大学院生）…… 1001
フランス（男女共同参画）…… 1001
フランス（地域社会）…… 1001
フランス（中等教育）…… 1001
フランス（庭園）…… 1001
フランス（哲学―歴史―20世紀）…… 1002
フランス（哲学者―歴史―20世紀）…… 1002
フランス（伝記）…… 1002
フランス（伝染病―歴史―パリ）…… 1002
フランス（天理教―布教）…… 1002
フランス（陶磁器―歴史―19世紀―図集）…… 1002
フランス（同性婚）…… 1002
フランス（都市計画）…… 1002
フランス（図書館員）…… 1002
フランス（土地登記―法令）…… 1002
フランス（美術―歴史―近代）…… 1002
フランス（美食―歴史―1789～1900）…… 1002
フランス（文化）…… 1002
フランス（文化財保護）…… 1002
フランス（文房具店―パリ）…… 1002
フランス（法制史）…… 1002
フランス（法制史―近代）…… 1002
フランス（マスメディア―歴史―19世紀）…… 1002
フランス（昔話）…… 1002
フランス（洋菓子）…… 1003
フランス（歴史）…… 1003
フランス（歴史―14世紀）…… 1003
フランス（歴史―1589～1789）…… 1003
フランス（歴史―15世紀）…… 1003
フランス（歴史―16世紀）…… 1003
フランス（歴史―1848～1870）…… 1003
フランス（歴史―1945～）…… 1003
フランス（歴史―中世）…… 1003
フランス（歴史―ルイ14世時代）…… 1003
フランス（ワイン）…… 1003
フランス（ワイン―アルザス地方）…… 1003
フランソワ, S.〔1924～1970〕…… 1003
フランソワ1世〔1494～1547 フランス国王〕…… 1003

プラント, R.〔1948～ 〕…… 1004
プリオコーポレーショングループ …… 1004
ブリストル〔イギリス〕（港湾―歴史）…… 1004
ブリストル〔イギリス〕（都市計画―歴史）…… 1004
フリードリヒ, C.D.〔1774～1840〕…… 1004
フリードリヒ2世〔1712～1786 プロシア王〕…… 1004
フリートレンダー, S.〔1871～1946〕…… 1004
フリーメーソン …… 1004
フリーメーソン（歴史）…… 1004
ブリュッヒャー, H.〔1899～1970〕…… 1004
フリール, B.〔1929～ 〕…… 1004
プリンス自動車工業株式会社 …… 1004
プリンスモータリストクラブ・スポーツ …… 1004
古井 由吉〔1937～ 〕…… 1004
古川 喜美男 …… 1004
古川 喬雄〔1913～2002〕…… 1004
古川 緑波〔1903～1961〕…… 1004
古川製作所 …… 1004
古城 茂幸〔1976～ 〕…… 1004
ブルキナファソ（技術援助〔日本〕）…… 1004
ブルクハルト, J.〔1818～1897〕…… 1004
ブルクミュラー, F.〔1806～1874〕…… 1004
古堅 ツル子〔1923～ 〕…… 1004
ブルゴーニュ〔家〕…… 1004
プルースト, M.〔1871～1922〕…… 1004
古田 新太〔1965～ 〕…… 1004
古田 重然〔1544～1615〕…… 1004
ブルックナー, A.〔1824～1896〕…… 1005
フルトヴェングラー, W.〔1886～1954〕…… 1005
ブルーナ, D.〔1927～ 〕…… 1005
ブルーナー, J.S.〔1915～ 〕…… 1005
ブルネイ（紀行・案内記）…… 1005
ブルネイ（社会）…… 1005
フルベッキ, G.〔1830～1898〕…… 1005
ブルボン〔家〕…… 1005
古海 卓二〔1894～1961〕…… 1005
古谷 誠章〔1955～ 〕…… 1005
古谷 政勝〔1927～ 〕…… 1005
古屋 安雄〔1926～ 〕…… 1005
フレイレ, P.〔1921～1997〕…… 1005
ブレッド＆バター …… 1005
プレハブ建築協会住宅部会展示場分科会 …… 1005
フレーベル, F.W.A.〔1782～1852〕…… 1005
フレンド・ワン …… 1005
フロイト, S.〔1856～1939〕…… 1005
プロクター・アンド・ギャンブル社 …… 1006
フローベール, G.〔1821～1880〕…… 1006
フロム, E.〔1900～1980〕…… 1006
ブロンテ〔家〕…… 1006
ブロンテ, A.〔1820～1849〕…… 1006
ブロンテ, C.〔1816～1855〕…… 1006
ブロンテ, E.J.〔1818～1848〕…… 1006
文化堂〔1969年〕…… 1006
文化屋雑貨店 …… 1006
文京学園 …… 1006
文芸春秋 …… 1006
豊後大野市（遺跡・遺物）…… 1006
豊後大野市（農業水利―歴史）…… 1006

豊後大野市（農民一揆―歴史―史料）…… 1006
分子科学研究所 …… 1006

【へ】

平安京 …… 1006
平安北道（小作）…… 1006
平安北道（小作料）…… 1006
米国西北部聯絡日本人会 …… 1006
ベイブルース …… 1006
ベイリー, D.〔1930～2005〕…… 1006
碧南市（歴史―史料）…… 1006
北京（社会）…… 1006
北京近代科学図書館 …… 1006
北京大学 …… 1007
白 貞基〔1896～1934〕…… 1007
ベクトルグループ …… 1007
ベケット, S.〔1906～1989〕…… 1007
ヘーゲル, G.W.F.〔1770～1831〕…… 1007
ベーコン, F.〔1909～1992〕…… 1007
ペスタロッチ, J.H.〔1746～1827〕…… 1007
ベストケア株式会社 …… 1007
ベゾス, J.〔1964～ 〕…… 1007
ベッカー, R.Z.〔1759～1822〕…… 1007
別海町〔北海道〕（遺跡・遺物―保存・修復）…… 1007
別海町〔北海道〕（宿駅）…… 1007
別海町〔北海道〕（歴史）…… 1007
ベッカム, D.〔1975～ 〕…… 1007
ベッカライ・ビオブロート …… 1007
ヘッシェル, A.J.〔1907～1972〕…… 1007
ヘッセ, H.〔1877～1962〕…… 1007
別府市（遺跡・遺物）…… 1007
別府市（歴史―写真集）…… 1007
ペティ, W.〔1623～1687〕…… 1008
べてるの家 …… 1008
ベトナム（3R〔廃棄物〕）…… 1008
ベトナム（3R〔廃棄物〕―ホーチミン）…… 1008
ベトナム（遺跡・遺物）…… 1008
ベトナム（外国関係―日本）…… 1008
ベトナム（外国関係―日本―歴史）…… 1008
ベトナム（環境政策）…… 1008
ベトナム（議員―名簿）…… 1008
ベトナム（企業）…… 1008
ベトナム（紀行・案内記）…… 1008
ベトナム（技術援助〔日本〕）…… 1008
ベトナム（給与）…… 1008
ベトナム（教育政策）…… 1008
ベトナム（行政―名簿）…… 1008
ベトナム（経済援助〔日本〕）…… 1008
ベトナム（建設業）…… 1008
ベトナム（建設廃棄物―リサイクル）…… 1008
ベトナム（建築）…… 1008
ベトナム（工業）…… 1008
ベトナム（港湾行政）…… 1008
ベトナム（国際投資〔日本〕）…… 1008
ベトナム（山岳）…… 1009
ベトナム（産業クラスター）…… 1009
ベトナム（少数民族）…… 1009
ベトナム（情報産業）…… 1009
ベトナム（植民地行政〔フランス〕―歴史）…… 1009

ベトナム（女性―歴史―1945～）…… 1009
ベトナム（水道―ホーチミン）…… 1009
ベトナム（電気通信）……………… 1009
ベトナム（電力）…………………… 1009
ベトナム（統計―年鑑）…………… 1009
ベトナム（陶磁器―歴史―14世紀）… 1009
ベトナム（陶磁器―歴史―15世紀）… 1009
ベトナム（都市交通）……………… 1009
ベトナム（土地制度―歴史―19世
　紀）………………………………… 1009
ベトナム（土地制度―歴史―20世
　紀）………………………………… 1009
ベトナム（日系企業）……………… 1009
ベトナム（日系企業―名簿）……… 1009
ベトナム（日本語教育―歴史）…… 1009
ベトナム（博物館）………………… 1010
ベトナム（風俗・習慣）…………… 1010
ベトナム（文化）…………………… 1010
ベトナム（法令）…………………… 1010
ベトナム（歴史）…………………… 1010
ベトナム共和国（外国関係―大韓民
　国）………………………………… 1010
「ベトナムに平和を！」市民連合… 1010
ベートーヴェン, L.〔1770～1827〕… 1010
ペトロ ……………………………… 1010
ベナン（紀行・案内記）…………… 1010
ベネズエラ（政治）………………… 1010
ベネチア〔イタリア〕（出版―歴史）… 1010
ベネチア〔イタリア〕（都市計画―歴
　史）………………………………… 1010
ベネチア〔イタリア〕（美術上）… 1010
ベネチア〔イタリア〕（文化政策―歴
　史）………………………………… 1010
ベネルクス（紀行・案内記）……… 1010
ヘプバーン, A.〔1929～1993〕…… 1010
ヴェブレン, T.〔1857～1929〕…… 1010
ペマ・ツェテン〔1969～ 〕……… 1010
ヘミングウェイ, E.〔1899～1961〕… 1010
ベラスケス, D.R.〔1599～1660〕… 1010
ベラスコ, A.〔1909～2003〕……… 1010
ベリー, M.C.〔1794～1858〕……… 1010
ペルー（技術援助〔日本〕）……… 1011
ペルー（畜産業）…………………… 1011
ペルー（農業―歴史）……………… 1011
ペルー（文化財保護）……………… 1011
ペール, P.〔1647～1706〕………… 1011
ベルギー（経済）…………………… 1011
ベルギー（歴史）…………………… 1011
ベルク ……………………………… 1011
ベルクソン, H.L.〔1859～1941〕… 1011
ヴェルサイユ宮殿 ………………… 1011
ヘルダー, J.G.〔1744～1803〕…… 1011
ヘルダーリン, F.〔1770～1843〕… 1011
ヴェルディ, G.〔1813～1901〕…… 1011
ヴェールト, G.〔1822～1856〕…… 1011
ベルナルド〔 ～1557〕…………… 1011
ヴェルヌ, J.〔1828～1905〕……… 1011
ベルリン（デザイン―歴史）……… 1011
ベルリン（文化―歴史）…………… 1011
ベルリン・フィルハーモニー管弦楽
　団 ………………………………… 1011
ベレック, G.〔1936～1982〕……… 1011
ベーレルス, F.J.〔1910～1945〕… 1011
ベーレンス, P.〔1868～1940〕…… 1011
ベロー, S.〔1915～2005〕………… 1011

ベロット, B.〔1721～1780〕……… 1011
ベンガル（貿易―歴史）…………… 1011
ベンサム, J.〔1748～1832〕……… 1011
ヘンデル, G.F.〔1685～1759〕…… 1012
ヘンドリックス, J.〔1942～1970〕… 1012
辺見 じゅん〔1940～2011〕……… 1012
ベンヤミン, W.〔1892～1940〕…… 1012
ヘンリィ, A.〔1922～1997〕……… 1012

【 ほ 】

ポー, E.A.〔1809～1849〕………… 1012
ボーア, N.H.D.〔1885～1962〕…… 1012
ボアソナード, G.〔1825～1910〕… 1012
ボーイスカウト横浜第61団 ……… 1012
ボイド＝オア, J.〔1880～1971〕… 1012
ボイドン, F.L.〔1879～1972〕…… 1012
法安寺〔亀山市〕…………………… 1012
防衛省 ……………………………… 1012
防衛省海上幕僚監部 ……………… 1012
法音寺〔名古屋市〕………………… 1012
伯耆町〔鳥取県〕（遺跡・遺物）… 1012
實珠宗實珠会 ……………………… 1012
茅盾〔1896～1981〕……………… 1012
北条〔氏〕〔小田原〕……………… 1012
傲襄会 ……………………………… 1013
北条高等学校〔兵庫県立〕………… 1013
法政大学 …………………………… 1013
房総半島 …………………………… 1013
房総半島（文学上）………………… 1013
法道寺〔堺市〕……………………… 1013
防府市（遺跡・遺物）……………… 1013
防府市（写真集）…………………… 1013
防府市（歴史）……………………… 1013
宝満山 ……………………………… 1013
法隆寺〔奈良県斑鳩町〕…………… 1013
ボーエン, J.〔1979～ 〕………… 1013
ホーガース, W.〔1697～1764〕… 1013
ホーキング, S.W.〔1942～ 〕… 1013
北欧 →ヨーロッパ〔北部〕を見よ
北宋〔中国〕（政治―歴史―宋時代）… 1013
北斗市（遺跡・遺物）……………… 1013
北杜市（遺跡・遺物）……………… 1013
北杜市（農村生活）………………… 1013
ほくやく …………………………… 1013
北陸青少年自立援助センターPeaceful
　Houseはぐれ雲 ………………… 1013
北陸地方（会社―名簿）…………… 1013
北陸地方（科学者）………………… 1013
北陸地方（紀行・案内記）………… 1014
北陸地方（キノコ―図集）………… 1014
北陸地方（建築彫刻―図集）……… 1014
北陸地方（女性労働者）…………… 1014
北陸地方（男女共同参画）………… 1014
北陸地方（農業―歴史）…………… 1014
北陸電機製造株式会社 …………… 1014
北竜町〔北海道〕（行政）………… 1014
ほけんの窓口グループ株式会社 … 1014
鉾田市（社会福祉）………………… 1014
星 晃〔1918～2012〕……………… 1014
星野〔家〕〔千葉県御宿町〕……… 1014
星野 和央〔1934～ 〕…………… 1014
星野 仙一〔1947～ 〕…………… 1014
星野 通〔1900～1976〕…………… 1014
ボス, H.〔1450?～1516〕………… 1014

ボスコ, G.〔1815～1888〕………… 1014
細川〔家〕…………………………… 1014
細川〔氏〕…………………………… 1014
細川忠興妻〔1564～1600〕……… 1014
細迫 兼光〔1896～1972〕………… 1014
細野 晴臣〔1947～ 〕…………… 1014
細見 綾子〔1907～1997〕………… 1014
細谷 昭雄〔1927～2014〕………… 1014
ホーソーン, N.〔1804～1864〕…… 1014
ボーダレス・アートミュージアムNO-
　MA ……………………………… 1014
ホーチミン〔ベトナム〕（3R〔廃棄
　物〕）……………………………… 1015
ホーチミン〔ベトナム〕（水道）… 1015
北海高等学校相撲部 ……………… 1015
北海電気工事株式会社 …………… 1015
北海道 ……………………………… 1015
北海道（3R〔廃棄物〕）…………… 1015
北海道（維管束植物―旭川市―便
　覧）………………………………… 1015
北海道（遺跡・遺物）……………… 1015
北海道（遺跡・遺物―芦別市）…… 1015
北海道（遺跡・遺物―恵庭市）…… 1015
北海道（遺跡・遺物―北見市）…… 1015
北海道（遺跡・遺物―千歳市）…… 1015
北海道（遺跡・遺物―苫小牧市）… 1015
北海道（遺跡・遺物―函館市）…… 1015
北海道（遺跡・遺物―北斗市）…… 1015
北海道（遺跡・遺物―室蘭市）…… 1015
北海道（医療―江差町）…………… 1016
北海道（衛生―統計）……………… 1016
北海道（衛生行政―枝幸町）……… 1016
北海道（駅）………………………… 1016
北海道（温泉）……………………… 1016
北海道（会社―名簿）……………… 1016
北海道（貝塚―伊達市）…………… 1016
北海道（開拓―歴史）……………… 1016
北海道（海洋廃棄物）……………… 1016
北海道（環境教育）………………… 1016
北海道（観光開発）………………… 1016
北海道（企業）……………………… 1016
北海道（企業―名簿）……………… 1016
北海道（紀行・案内記）…………… 1016
北海道（気候変化）………………… 1016
北海道（キノコ）…………………… 1016
北海道（キノコ―名寄市―図集）… 1016
北海道（教育―石狩市）…………… 1016
北海道（教育―名簿）……………… 1016
北海道（教育―歴史）……………… 1016
北海道（教育課程―小学校）……… 1016
北海道（教育課程―中学校）……… 1016
北海道（教育行政）………………… 1016
北海道（教育行政―富良野市）…… 1016
北海道（教育行政―歴史）………… 1017
北海道（行政）……………………… 1017
北海道（行政―夕張市）…………… 1017
北海道（行政組織）………………… 1017
北海道（協働〔行政〕―室蘭市）… 1017
北海道（郷土教育）………………… 1017
北海道（郷土芸能―釧路市）……… 1017
北海道（橋梁）……………………… 1017
北海道（漁業―歴史）……………… 1017
北海道（金石・金石文―稚内市）… 1017
北海道（空港―帯広市）…………… 1017
北海道（空港―函館市）…………… 1017
北海道（経済）……………………… 1017

北海道（経済―統計―函館市）……… 1017
北海道（経済―歴史）………………… 1017
北海道（警察）………………………… 1017
北海道（建設事業）…………………… 1017
北海道（建築―富良野市）…………… 1017
北海道（建築彫刻―図集）…………… 1017
北海道（県民性）……………………… 1017
北海道（工業―名簿）………………… 1017
北海道（鉱山労働）…………………… 1017
北海道（洪水―北見市―歴史）……… 1017
北海道（公民館―東神楽町）………… 1017
北海道（公有財産）…………………… 1017
北海道（高齢者―積丹町）…………… 1017
北海道（高齢者福祉―統計）………… 1017
北海道（国勢調査）…………………… 1017
北海道（国有財産）…………………… 1018
北海道（湖沼）………………………… 1018
北海道（雇用）………………………… 1018
北海道（昆虫）………………………… 1018
北海道（災害復興―奥尻町）………… 1018
北海道（災害予防）…………………… 1018
北海道（財産評価）…………………… 1018
北海道（裁判所―歴史）……………… 1018
北海道（産業）………………………… 1018
北海道（産業―統計―函館市）……… 1018
北海道（産業―歴史―釧路市）……… 1018
北海道（産業廃棄物）………………… 1018
北海道（山菜）………………………… 1018
北海道（湿原）………………………… 1018
北海道（児童）………………………… 1018
北海道（児童福祉）…………………… 1018
北海道（児童福祉―奥尻町）………… 1018
北海道（写真集）……………………… 1018
北海道（写真集―芦別市）…………… 1018
北海道（写真集―函館市）…………… 1018
北海道（宿駅―別海町）……………… 1018
北海道（樹木―図集）………………… 1018
北海道（省エネルギー）……………… 1018
北海道（小水力発電―富良野市）…… 1018
北海道（消防―美幌町―歴史）……… 1018
北海道（食生活―歴史）……………… 1018
北海道（食物）………………………… 1018
北海道（書目）………………………… 1019
北海道（城跡―厚沢部町）…………… 1019
北海道（人口―統計―函館市）……… 1019
北海道（森林）………………………… 1019
北海道（森林計画）…………………… 1019
北海道（水産資源）…………………… 1019
北海道（水路誌）……………………… 1019
北海道（生活保護―釧路市）………… 1019
北海道（石炭鉱業―釧路市―歴史）… 1019
北海道（石器）………………………… 1019
北海道（石器―北見市）……………… 1019
北海道（戦争遺跡―室蘭市）………… 1019
北海道（騒音〔鉄道〕）……………… 1019
北海道（地域開発）…………………… 1019
北海道（地域開発―下川町）………… 1019
北海道（地域開発―函館市）………… 1019
北海道（地域経済）…………………… 1019
北海道（地域社会―江別市）………… 1019
北海道（地域社会開発）……………… 1019
北海道（地域包括ケア）……………… 1019
北海道（地域包括ケア―江差町）…… 1019
北海道（地下水―幌延町）…………… 1019
北海道（畜産業―歴史）……………… 1020
北海道（地誌）………………………… 1020

北海道（地図―目録）………………… 1020
北海道（治水―北見市―歴史）……… 1020
北海道（知的財産権）………………… 1020
北海道（地方行政）…………………… 1020
北海道（地方財政）…………………… 1020
北海道（地方鉄道―釧路市―歴史）… 1020
北海道（地名―室蘭市）……………… 1020
北海道（鉄道）………………………… 1020
北海道（伝記）………………………… 1020
北海道（動物―写真集）……………… 1020
北海道（道路―統計）………………… 1020
北海道（土壌汚染）…………………… 1020
北海道（図書館）……………………… 1020
北海道（ドメスティックバイオレン
　ス）…………………………………… 1020
北海道（トンネル）…………………… 1020
北海道（日本文学―小樽市―歴史）… 1020
北海道（入札）………………………… 1020
北海道（農業）………………………… 1020
北海道（農業教育―歴史）…………… 1020
北海道（農業普及事業）……………… 1020
北海道（農業労働）…………………… 1020
北海道（廃棄物処理）………………… 1020
北海道（廃棄物処理―室蘭市）……… 1020
北海道（馬頭観音）…………………… 1020
北海道（花―図集）…………………… 1021
北海道（ひきこもり―旭川市）……… 1021
北海道（文学者―人名辞典）………… 1021
北海道（文学上）……………………… 1021
北海道（噴火災害―歴史―史料）…… 1021
北海道（墳墓）………………………… 1021
北海道（弁護士―歴史）……………… 1021
北海道（方言）………………………… 1021
北海道（補助金）……………………… 1021
北海道（民家）………………………… 1021
北海道（民具）………………………… 1021
北海道（民謡）………………………… 1021
北海道（名簿）………………………… 1021
北海道（野生動物）…………………… 1021
北海道（要塞―室蘭市―歴史）……… 1021
北海道（林業経営―下川町）………… 1021
北海道（歴史）………………………… 1021
北海道（歴史―旭川市）……………… 1021
北海道（歴史―写真集―小樽市）…… 1021
北海道（歴史―史料）………………… 1021
北海道（歴史―史料―書目）………… 1021
北海道（歴史―三笠市）……………… 1021
北海道（歴史―稚内市）……………… 1021
北海道（路線価）……………………… 1021
北海道雨竜高等養護学校……………… 1022
北海道小樽商業高等学校……………… 1022
北海道家庭学校………………………… 1022
北海道議会……………………………… 1022
北海道私学共済年金者の会…………… 1022
北海道市町村振興協会………………… 1022
北海道神宮……………………………… 1022
北海道新聞社…………………………… 1022
北海道川柳連盟………………………… 1022
北海道大学……………………………… 1022
北海道大学アイソトープ総合セン
　ター…………………………………… 1022
北海道大学医学部……………………… 1022
北海道大学遺伝子病制御研究所……… 1022
北海道大学スラブ・ユーラシア研究セ
　ンター………………………………… 1022
北海道大学大学院医学研究科………… 1022

北海道大学大学院薬学研究院………… 1022
北海道大学薬学部……………………… 1022
北海道日本ハムファイターズ………… 1022
北海道旅客鉄道株式会社……………… 1022
北極海…………………………………… 1022
北極海（海洋汚染）…………………… 1022
北極地方………………………………… 1022
北極地方（資源）……………………… 1022
北極地方（少数民族）………………… 1022
北極地方（探検）……………………… 1022
法華寺〔奈良市〕……………………… 1023
北国街道（紀行・案内記）…………… 1023
堀田　シヅエ〔1920〜　〕…………… 1023
堀田　哲爾〔1935〜2012〕…………… 1023
堀田　正俊〔1634〜1684〕…………… 1023
ポッツ，P.〔1970〜　〕……………… 1023
ホッブズ，T.〔1588〜1679〕………… 1023
北方領土　→千島を見よ
ポートマン，N.………………………… 1023
ボードレール，C.P.〔1821〜1867〕… 1023
ボヌフォワ，Y.〔1923〜　〕………… 1023
ポープ，A.〔1688〜1744〕…………… 1023
ホーム・リンガー商会………………… 1023
ホメイニー，A.R.〔1900〜1989〕…… 1023
ホメーロス……………………………… 1023
ボラ・ブランカ〔1952〜　〕………… 1023
ホラン　千秋〔1988〜　〕…………… 1023
ポランコ，J.-A.〔1516〜1577〕……… 1023
ポーランド（アニメーション―歴
　史）…………………………………… 1023
ポーランド（絵画―画集）…………… 1023
ポーランド（教育）…………………… 1023
ポーランド（教育―歴史―20世紀）… 1023
ポーランド（キリスト教―歴史―16世
　紀）…………………………………… 1023
ポーランド（経済関係）……………… 1023
ポーランド（憲法―歴史）…………… 1023
ポーランド（在留ドイツ人）………… 1023
ポーランド（美術―歴史―1945〜）… 1023
ポーランド（文化―歴史）…………… 1023
ポーランド（歴史―20世紀）………… 1024
堀　霧澄…………………………………… 1024
堀　辰雄〔1904〜1953〕……………… 1024
堀　哲三郎〔1951〜　〕……………… 1024
堀　義人………………………………… 1024
堀　竜児〔1943〜　〕………………… 1024
堀川……………………………………… 1024
堀河天皇〔1079〜1107〕……………… 1024
堀家　七子……………………………… 1024
堀越　辰五郎〔1928〜　〕…………… 1024
ヴォーリズ，W.M.〔1880〜1964〕…… 1024
ホリデー………………………………… 1024
堀場　清子〔1930〜　〕……………… 1024
堀場製作所……………………………… 1024
ボリビア（カーニバル―歴史）……… 1024
ボリビア（国際保健協力）…………… 1024
ボリビア（農業―歴史）……………… 1024
ボリビア（民族運動）………………… 1024
ボルカー，P.A.〔1927〜　〕………… 1024
ホルクハイマー，M.〔1895〜1973〕… 1024
ポール・スチュアート………………… 1025
ポルトガル（移民・植民―歴史―澳門
　〔中国〕）…………………………… 1025
ポルトガル（外国関係―日本―歴史―
　16世紀）……………………………… 1025

ポルトガル

ポルトガル（外国関係―日本―歴史―
　17世紀―史料）·············· 1025
ポルトガル（紀行・案内記）·········· 1025
ポルトガル（憲法）·············· 1025
ポルトガル（植民政策―モザンビーク
　―歴史）·············· 1025
ポルトガル（世界遺産）·········· 1025
ポルトガル（料理店）·········· 1025
ボルネオ島（紀行・案内記）·········· 1025
ヴォレンオーヴェン, J.v.〔1877～
　1918〕·············· 1025
ポロック, J.〔1912～1956〕·········· 1025
幌延町〔北海道〕（地下水）·········· 1025
ホロヴィッツ, V.〔1904～1989〕······ 1025
ホワイトヘッド, A.N.〔1861～1947〕·· 1025
北郷〔氏〕·············· 1025
本郷 孔洋〔1945～ 〕·········· 1025
香港（映画）·············· 1025
香港（紀行・案内記）·········· 1025
香港（給与）·············· 1025
香港（経営者）·············· 1025
香港（国際投資〔日本〕）·········· 1025
香港（国際見本市）·········· 1025
香港（財閥）·············· 1025
香港（在留日本人）·········· 1025
香港（社会）·············· 1025
香港（社会―歴史）·········· 1026
香港（社会―論文集）·········· 1026
香港（住宅―写真集）·········· 1026
香港（商業―書目）·········· 1026
香港（日系企業）·········· 1026
本州化学工業株式会社·········· 1026
ホンジュラス（技術援助〔日本〕）···· 1026
ホンジュラス（社会）·········· 1026
本庄 繁長〔1539～1613〕·········· 1026
本証寺〔安城市〕·········· 1026
本庄市（遺跡・遺物）·········· 1026
本庄市（歴史）·············· 1026
本多 猪四郎〔1911～1993〕·········· 1026
本田 圭佑·············· 1026
本多 利明〔1744～1821〕·········· 1026
本多 やや〔1596～1668〕·········· 1026
本多 庸一〔1848～1912〕·········· 1026
本田技研工業株式会社·········· 1026
ボンヘッファー, D.〔1906～1945〕···· 1026
本法寺〔京都市〕·········· 1026
本門仏立宗·············· 1026

【ま】

舞鶴市（行政）·············· 1027
舞鶴市立舞鶴幼稚園·········· 1027
舞の海 秀平〔1968～ 〕·········· 1027
米原市（遺跡・遺物）·········· 1027
米原市（地誌）·············· 1027
マイ・ブラッディ・ヴァレンタイン·· 1027
前澤 政司〔1934～ 〕·········· 1027
前田〔家〕·············· 1027
前田 くにひろ·············· 1027
前田 耕作〔1933～ 〕·········· 1027
前田 純孝〔1880～1911〕·········· 1027
前田 智徳·············· 1027
前田 希美·············· 1027
前田 光世〔1878～1941〕·········· 1027
前田 裕暗〔1934～ 〕·········· 1027
前野 良沢〔1723～1803〕·········· 1027

前橋育英高等学校野球部·········· 1027
前橋市（遺跡・遺物）·········· 1027
前橋市（家庭用電気製品―リサイク
　ル）·············· 1027
前橋市（食生活）·········· 1027
前橋市（昔話）·············· 1027
前原 寿子〔1938～ 〕·········· 1027
前原 弘道〔1937～ 〕·········· 1027
前原 深〔1913～1995〕·········· 1027
前原 正憲·············· 1028
澳門（移民・植民〔ポルトガル〕―歴
　史）·············· 1028
マガジンハウス·············· 1028
真木 蔵人〔1972～ 〕·········· 1028
真木 太一〔1944～ 〕·········· 1028
真木 保臣〔1813～1864〕·········· 1028
牧野〔氏〕·············· 1028
牧野 恭三〔1921～ 〕·········· 1028
牧野 賢治〔1934～ 〕·········· 1028
牧野 成一〔1935～ 〕·········· 1028
牧野 富太郎〔1862～1957〕·········· 1028
槙原 智章〔1987～ 〕·········· 1028
纒向遺跡·············· 1028
マキャベリ, N.〔1469～1527〕·········· 1028
マクシミリアン〔1832～1867 メキシ
　コ皇帝〕·············· 1028
マクドナルド, R.〔1824～1894〕·········· 1028
枕崎市（地誌）·············· 1028
枕崎市立枕崎小学校·········· 1028
馬毛島·············· 1028
正岡 子規〔1867～1902〕·········· 1028
正門 喜作·············· 1028
松前町〔愛媛県〕（地誌）·········· 1028
雅子〔1964～ 〕·········· 1029
マサチューセッツ工科大学·········· 1029
マザー・テレサ〔1910～1997〕·········· 1029
益城町〔熊本県〕（遺跡・遺物）·········· 1029
マーシャル·············· 1029
マーシャル諸島（原子力災害）·········· 1029
マスク, E.〔1971～ 〕·········· 1029
益田 愛蓮〔1930～ 〕·········· 1029
益田 太郎冠者〔1875～1953〕·········· 1029
増田 友也〔1914～1981〕·········· 1029
益田高等学校〔島根県立〕·········· 1029
益田市（遺跡・遺物）·········· 1029
桝谷 多紀子·············· 1029
マスード, A.S.〔1953～2001〕·········· 1029
舛ノ山 大晴〔1990～ 〕·········· 1029
増村 保造〔1924～1986〕·········· 1029
マダガスカル（風俗・習慣）·········· 1029
班目〔氏〕·············· 1029
町田 典子〔1936～ 〕·········· 1029
町田市（遺跡・遺物）·········· 1029
町田市（遺跡・遺物―保存・修復）··· 1029
町田市（環境行政）·········· 1029
町田市（環境問題）·········· 1029
町田市（感染症対策）·········· 1029
町田市（教育行政）·········· 1029
町田市（行政）·············· 1029
町田市（公園）·············· 1030
町田市（郊外）·············· 1030
町田市（産業政策）·········· 1030
町田市（市街地）·········· 1030
町田市（獅子舞）·········· 1030
町田市（社会教育計画）·········· 1030

町田市（食育）·············· 1030
町田市（スポーツ振興基本計画）······ 1030
町田市（青少年教育）·········· 1030
町田市（選挙―統計）·········· 1030
町田市（男女共同参画）·········· 1030
町田市（地方選挙）·········· 1030
町田市（読書指導）·········· 1030
町田市（都市計画）·········· 1030
町田市（都市再開発）·········· 1030
町田市（都市農業）·········· 1030
町田市（土地利用）·········· 1030
町田市（農業行政）·········· 1030
町田市（美術館）·········· 1030
町野 武馬〔1875～1968〕·········· 1030
松居 一代〔1957～ 〕·········· 1030
松井 簡治〔1863～1945〕·········· 1030
松居 桃楼〔1910～1994〕·········· 1030
松井 秀喜〔1974～ 〕·········· 1030
松浦 寿子〔1922～ 〕·········· 1030
松浦 利弘〔1933～ 〕·········· 1030
松浦 美穂〔1960～ 〕·········· 1030
松浦市（遺跡・遺物―保存・修復）·········· 1030
松江工業高等専門学校·········· 1030
松江市（遺跡・遺物）·········· 1030
松江市（寺院―歴史―史料―書目）··· 1031
松江市（社会福祉）·········· 1031
松江市（城下町）·········· 1031
松江市（神社―歴史―史料―書目）·········· 1031
松江市（地域開発）·········· 1031
松江市（歴史）·············· 1031
松江市（歴史―写真集）·········· 1031
松江市（歴史―史料）·········· 1031
松江城·············· 1031
松尾 芭蕉〔1644～1694〕·········· 1031
松尾 稔〔1939～ 〕·········· 1031
松尾 八重子〔1929～ 〕·········· 1031
マッカーサー, D.〔1880～1964〕·········· 1031
マッカートニー, P.〔1942～ 〕·········· 1031
松木 重雄〔1917～2010〕·········· 1032
マック鈴木〔1975～ 〕·········· 1032
マックスファクトリー·········· 1032
松坂 南〔1984～ 〕·········· 1032
松阪市（遺跡・遺物）·········· 1032
松阪市（行政）·············· 1032
松阪市（民家）·············· 1032
松阪市（歴史―史料）·········· 1032
松阪市民病院·············· 1032
松下 昭〔1928～ 〕·········· 1032
松下 圭一〔1929～ 〕·········· 1032
松下 幸之助〔1894～1989〕·········· 1032
松下 正司〔1937～ 〕·········· 1032
松代藩·············· 1032
松田 新之助〔1867～1947〕·········· 1032
松田 聖子〔1962～ 〕·········· 1032
松田 猛〔1944～ 〕·········· 1033
松田 照夫〔1946～ 〕·········· 1033
松田 解子〔1905～2004〕·········· 1033
松田 隆智〔1938～2013〕·········· 1033
松平〔家〕·············· 1033
松平 治郷〔1751～1818〕·········· 1033
松平 慶永〔1828～1890〕·········· 1033
マツダ株式会社·········· 1033
松谷 蒼一郎〔1928～ 〕·········· 1033
松戸市（遺跡・遺物）·········· 1033
松戸市（選挙―統計）·········· 1033
松戸市（地方選挙）·········· 1033

松戸市（風俗・習慣）……………… 1033
松濤 明〔1922~1949〕…………… 1033
マッハ, E.〔1838~1916〕………… 1033
松原 ネルソン〔1951~ 〕………… 1033
松原 のぶえ〔1961~ 〕…………… 1033
松原市（遺跡・遺物）……………… 1033
松久 信幸 ……………………………… 1033
松村 英一〔1889~1981〕………… 1033
松村 寿巌〔1943~ 〕……………… 1033
松村 緑〔1909~1978〕…………… 1033
松本 幸四郎〔9代目 1942~ 〕… 1034
松本 清張〔1909~1992〕………… 1034
松本 善明〔1926~ 〕……………… 1034
松本 崇 ………………………………… 1034
松本 守正 …………………………… 1034
松本市（遺跡・遺物）……………… 1034
松本市（教育―歴史）……………… 1034
松本市（甲虫類）…………………… 1034
松本市（多文化主義）……………… 1034
松本市（治水―歴史）……………… 1034
松本市（仏像―図集）……………… 1034
松本市（歴史）……………………… 1034
松本市（歴史―写真集）…………… 1034
松本山雅フットボールクラブ …… 1034
松山 三四六〔1970~ 〕…………… 1034
松山 英樹〔プロゴルファー〕…… 1034
松山市（遺跡・遺物）……………… 1034
松山市（災害廃棄物処理）………… 1034
松山市（震災予防）………………… 1034
松山市（地名）……………………… 1034
松山市（中小企業）………………… 1034
松山市（俳諧―歴史）……………… 1034
松山市（文学碑）…………………… 1034
松山市（歴史）……………………… 1034
松山大学 …………………………… 1034
松山ロータリークラブ …………… 1035
松浦〔氏〕…………………………… 1035
マディヤプラデーシュ州〔インド〕
　（仏像―図集―カジュラーホ）……… 1035
マーティン …………………………… 1035
馬奈木 昭雄〔1942~ 〕…………… 1035
マナーキッズプロジェクト ……… 1035
真鍋 祐子〔1963~ 〕……………… 1035
間部 理仁〔1989~ 〕……………… 1035
真庭市（歴史―史料）……………… 1035
マヌーツィオ, A.〔1449?~1515〕…… 1035
真野能楽会 …………………………… 1035
マハーラーシュトラ州〔インド〕（仏
　教美術）……………………………… 1035
マハーラーシュトラ州〔インド〕（壁
　画）…………………………………… 1035
マハーラーシュトラ州〔インド〕（壁
　画―保存・修復）………………… 1035
マーラー, G.〔1860~1911〕……… 1035
マライ（イスラム）………………… 1035
マライ（社会）……………………… 1035
マラマッド, B.〔1914~1986〕……… 1035
マラルメ, S.〔1842~1898〕……… 1035
マリ（遺跡・遺物）………………… 1035
マリ（紀行・案内記）……………… 1036
マリ（社会）………………………… 1036
マリ（風俗・習慣）………………… 1036
マリア →聖母マリアを見よ
マリア・テレジア〔1717~1780〕…… 1036
マリー・アントワネット〔1755~
　1793〕……………………………… 1036

マリオン, J.-L.〔1946~ 〕………… 1036
マリメッコ社 ……………………… 1036
マリーン5清水屋 …………………… 1036
丸 佳浩〔1989~ 〕………………… 1036
丸岡高等学校〔福井県立〕………… 1036
丸亀市（遺跡・遺物）……………… 1036
丸亀市（官庁建築―保存・修復）… 1036
丸亀市（歴史―史料―書目）……… 1036
丸亀俘虜収容所 …………………… 1036
丸木 政臣〔1924~2013〕………… 1036
マルク, F.〔1880~1916〕………… 1036
マルクス, K.〔1818~1883〕……… 1036
マルケル, C.〔1921~2012〕……… 1037
マルタ騎士団 ……………………… 1037
マルブランシュ, N.〔1638~1715〕… 1037
丸谷 オー〔1925~2012〕………… 1037
丸山 一郎〔1942~2008〕………… 1037
丸山 圭子〔1954~ 〕……………… 1037
丸山 久明〔1938~ 〕……………… 1037
丸山 真男〔1914~1996〕………… 1037
マレーシア（紀行・案内記）……… 1037
マレーシア連邦（3R〔廃棄物〕）… 1037
マレーシア連邦（イスラム―歴史―20
　世紀）……………………………… 1037
マレーシア連邦（イスラム教育）… 1037
マレーシア連邦（英語）…………… 1037
マレーシア連邦（技術援助〔日本〕）… 1038
マレーシア連邦（給与）…………… 1038
マレーシア連邦（教育政策―歴史）… 1038
マレーシア連邦（経済援助〔日本〕）… 1038
マレーシア連邦（高等教育）……… 1038
マレーシア連邦（国際投資〔日本〕）… 1038
マレーシア連邦（社会）…………… 1038
マレーシア連邦（蝶）……………… 1038
マレーシア連邦（日系企業）……… 1038
マレーシア連邦（貿易政策）……… 1038
マン, T.〔1875~1955〕…………… 1038
マン, T.E. …………………………… 1038
卍元 師蛮〔1626~1710〕………… 1038
万歳楼 袖彦〔江戸時代後期〕…… 1038
満州 ………………………………… 1038
満州（移民・植民〔秋田県〕）…… 1038
満州（移民・植民〔長野県〕）…… 1038
満州（移民・植民〔日本〕）……… 1038
満州（移民・植民〔日本〕―歴史―史
　料）………………………………… 1038
満州（音楽―歴史）………………… 1038
満州（外国関係―ロシア―歴史）… 1038
満州（開拓）………………………… 1038
満州（企業―年鑑）………………… 1039
満州（紀行・案内記）……………… 1039
満州（気象）………………………… 1039
満州（行政―年鑑）………………… 1039
満州（経済）………………………… 1039
満州（経済―年鑑）………………… 1039
満州（在留日本人）………………… 1039
満州（在留日本人―歴史―史料）… 1039
満州（社会）………………………… 1039
満州（宗教）………………………… 1039
満州（中国語教育）………………… 1040
満州（鉄道）………………………… 1040
満州（日本人学校）………………… 1040
満州（博物館）……………………… 1040
満州（歴史）………………………… 1040
満州（歴史―年表）………………… 1040
マンスール, A.J.〔712?~775〕…… 1040

満鉄 →南満州鉄道株式会社を見よ
マンデラ, N.〔1918~2013〕……… 1040
まんのう町〔香川県〕（遺跡・遺物）… 1041

【み】

三池炭鉱 …………………………… 1041
三浦 綾子〔1922~1999〕………… 1041
三浦 知良〔1967~ 〕……………… 1041
三浦 貴大〔1985~ 〕……………… 1041
三浦 樗良〔1729~1780〕………… 1041
三浦 哲郎〔1931~2010〕………… 1041
三浦 友和〔1952~ 〕……………… 1041
三浦 梅園〔1723~1789〕………… 1041
三浦 雄一郎〔1932~ 〕…………… 1041
三浦市（生物）……………………… 1041
三浦市（干潟）……………………… 1041
三重県 ……………………………… 1041
三重県（伊賀市）…………………… 1041
三重県（遺跡・遺物）……………… 1041
三重県（遺跡・遺物―伊賀市）…… 1041
三重県（遺跡・遺物―伊勢市）…… 1041
三重県（遺跡・遺物―志摩市）…… 1041
三重県（遺跡・遺物―鈴鹿市）…… 1041
三重県（遺跡・遺物―津市）……… 1041
三重県（遺跡・遺物―名張市）…… 1042
三重県（遺跡・遺物―松阪市）…… 1042
三重県（遺跡・遺物―四日市市）… 1042
三重県（伊勢信仰）………………… 1042
三重県（映画祭）…………………… 1042
三重県（歌人―歴史）……………… 1042
三重県（学校―統計）……………… 1042
三重県（家庭用電気製品―リサイク
　ル）………………………………… 1042
三重県（紀行・案内記―鳥羽市）… 1042
三重県（教育―統計）……………… 1042
三重県（行政―伊賀市）…………… 1042
三重県（行政―伊勢市）…………… 1042
三重県（行政―松阪市）…………… 1042
三重県（行政―四日市市）………… 1042
三重県（庚申塔―熊野市）………… 1042
三重県（財産評価）………………… 1042
三重県（祭礼―鈴鹿市―写真集）… 1042
三重県（市町村合併）……………… 1042
三重県（宿駅―亀山市―歴史）…… 1042
三重県（消防）……………………… 1042
三重県（女性―津市―伝記）……… 1042
三重県（書目）……………………… 1042
三重県（水害―紀宝町）…………… 1042
三重県（生物）……………………… 1042
三重県（石仏）……………………… 1042
三重県（選挙―統計）……………… 1042
三重県（蘚苔類）…………………… 1042
三重県（大気汚染）………………… 1042
三重県（地域社会―伊勢市）……… 1042
三重県（地域社会―熊野市）……… 1043
三重県（地域社会―御浜町）……… 1043
三重県（地誌―四日市市）………… 1043
三重県（庭園―保存・修復―津市）… 1043
三重県（鉄道災害―いなべ市）…… 1043
三重県（伝記―四日市市）………… 1043
三重県（統計―名張市）…………… 1043
三重県（図書館建築―保存・修復―伊
　勢市）……………………………… 1043
三重県（年中行事―鈴鹿市―写真
　集）………………………………… 1043

三重県

日本件名図書目録2014 Ⅰ

三重県（農業水利―いなべ市）……… 1043
三重県（排気ガス―排出抑制）……… 1043
三重県（俳人―歴史）……… 1043
三重県（風俗・習慣―鳥羽市）……… 1043
三重県（富士信仰）……… 1043
三重県（物価―統計）……… 1043
三重県（文学上）……… 1043
三重県（文学上―桑名市）……… 1043
三重県（文化財）……… 1043
三重県（文化財―熊野市）……… 1043
三重県（貿易商―名簿）……… 1043
三重県（方言）……… 1043
三重県（民家―松阪市）……… 1043
三重県（名簿）……… 1043
三重県（歴史）……… 1043
三重県（歴史―伊賀市）……… 1043
三重県（歴史―史料―尾鷲市）……… 1043
三重県（歴史―史料―書目―桑名
　市）……… 1043
三重県（歴史―史料―松阪市）……… 1043
三重県（歴史―鈴鹿市）……… 1043
三重県（歴史―四日市市）……… 1043
三重県（労働市場―統計）……… 1043
三重県（路線価）……… 1044
三重交通株式会社 ……… 1044
三重大学 ……… 1044
ミオ塾 ……… 1044
三笠市（歴史）……… 1044
三笠市議会 ……… 1044
三笠宮 寛仁〔1946～2012〕……… 1044
三ケ島 葭子〔1886～1927〕……… 1044
三日月百子 ……… 1044
三甲野 隆優〔1940～ 〕……… 1044
三上 照夫〔1928～1994〕……… 1044
三木市（遺跡・遺物）……… 1044
三木市（条例）……… 1044
三木市（町屋）……… 1044
ミクロネシア（外国関係―アメリカ合
　衆国―歴史―20世紀）……… 1044
ミクロネシア（紀行・案内記）……… 1044
ミクロネシア（写真集）……… 1044
ミクロネシア（太平洋戦争〔1941～
　1945〕―会戦）……… 1044
ミクロネシア連邦（遺跡・遺物）……… 1044
三郷市（農業行政）……… 1044
美里町〔埼玉県〕（遺跡・遺物）……… 1044
美郷町〔宮崎県〕（歴史）……… 1044
三澤 了〔1942～2013〕……… 1044
三沢市（遺跡・遺物）……… 1044
ミシガン州（都市計画―デトロイ
　ト）……… 1045
三島 中洲〔1830～1919〕……… 1045
三島 由紀夫〔1925～1970〕……… 1045
三島市（遺跡・遺物）……… 1045
三島市（宿駅）……… 1045
三島市（水利）……… 1045
三島市（歴史―史料―書目）……… 1045
ミシマ社 ……… 1045
三島市連合勤労者福祉協議会 ……… 1045
三島村〔鹿児島県〕（発電計画）……… 1045
ミシュレ，J.〔1798～1874〕……… 1045
水落 千二 ……… 1045
水樹 奈々 ……… 1045
水木洋子市民サポーターの会 ……… 1045
水島 恭愛〔1936～ 〕……… 1045
水谷 浩〔1906～1971〕……… 1045

水津 仁郎〔1924～ 〕……… 1045
瑞浪市（遺跡・遺物）……… 1045
瑞浪市（遺跡地図）……… 1045
瑞浪市（土地区画整理）……… 1045
水野 昭夫〔1943～ 〕……… 1045
水野 隆志〔1968～ 〕……… 1045
水野 忠精〔1832～1884〕……… 1045
水原 秋桜子〔1892～1981〕……… 1046
ミース・ファン・デル・ローエ，L.
　〔1886～1969〕……… 1046
みずほフィナンシャルグループ ……… 1046
瑞穂町〔東京都〕（軍事基地）……… 1046
三瀬 周三〔1839～1877〕……… 1046
禊教 ……… 1046
溝口 健二〔1898～1956〕……… 1046
三鷹市（遺跡・遺物）……… 1046
御嵩町〔岐阜県〕（教育行政）……… 1046
御嵩町〔岐阜県〕（社会教育）……… 1046
御嵩町〔岐阜県〕（植物）……… 1046
三谷 清〔1887～1964〕……… 1046
三谷 隆正〔1889～1944〕……… 1046
道重 さゆみ〔1989～ 〕……… 1046
道端 アンジェリカ ……… 1046
道端 カレン〔1979～ 〕……… 1046
道端 ジェシカ ……… 1046
三井〔家〕……… 1046
三井 孝昭〔1921～2008〕……… 1046
三井住友フィナンシャルグループ ……… 1046
三井物産株式会社 ……… 1046
Micco〔1986～2013〕……… 1046
三越 ……… 1046
三越伊勢丹 ……… 1047
三越呉服店 ……… 1047
光田〔氏〕……… 1047
三菱合資会社 ……… 1047
三菱財閥 ……… 1047
三菱重工業株式会社横浜製作所 ……… 1047
三菱重工業株式会社横浜造船所 ……… 1047
三菱商事ロジスティクス株式会社 ……… 1047
三菱電機ビルテクノサービス株式会
　社 ……… 1047
三菱東京フィナンシャル・グループ ……… 1047
三森 祐昌〔1929～ 〕……… 1047
水戸市（遺跡・遺物）……… 1047
水戸市（環境行政）……… 1047
水戸市（行政）……… 1047
水戸市（人口―統計）……… 1047
水戸市（地名）……… 1047
水戸市（鳥）……… 1047
水戸市（農業水利―歴史）……… 1047
水戸市（PR）……… 1047
水戸藩 ……… 1047
三豊市（遺跡・遺物）……… 1047
三豊市（歴史）……… 1047
三豊総合病院 ……… 1048
みどり市（遺跡・遺物）……… 1048
みどり市（歴史）……… 1048
南方 熊楠〔1867～1941〕……… 1048
水上 勉〔1919～2004〕……… 1048
ミナペルホネン ……… 1048
水俣市 ……… 1048
南 能衛〔1886～1952〕……… 1048
南相木村〔長野県〕（歴史）……… 1048
南アジア（イスラム）……… 1048
南アジア（国際投資〔日本〕）……… 1048
南アジア（宗教）……… 1048

南アジア（宗教家）……… 1048
南阿蘇村〔熊本県〕（発電計画）……… 1048
南アフリカ（移民・植民〔モザンビー
　ク〕―歴史）……… 1048
南アフリカ（金―採掘―歴史）……… 1048
南アフリカ共和国（アフリカ象―保
　護）……… 1048
南アフリカ共和国（技術援助〔日
　本〕）……… 1048
南アフリカ共和国（経済援助〔日
　本〕）……… 1048
南アフリカ共和国（政治運動）……… 1048
南アフリカ共和国（知的財産権）……… 1048
南アメリカ（インディアン）……… 1048
南アメリカ（紀行・案内記）……… 1048
南アメリカ（国際投資〔日本〕）……… 1048
南アメリカ（猿）……… 1048
南アメリカ（宗教）……… 1049
南アメリカ（日系企業）……… 1049
南アルプス市（遺跡・遺物）……… 1049
南アルプス市（遺跡・遺物―保存・修
　復）……… 1049
南あわじ市（遺跡・遺物）……… 1049
南伊豆町〔静岡県〕（寺院）……… 1049
南伊勢町〔三重県〕（遺跡・遺物）……… 1049
南九州地方（遺跡・遺物）……… 1049
南九州地方（神楽―歴史）……… 1049
南九州地方（方言）……… 1049
南さつま市（遺跡・遺物）……… 1049
南三陸町〔宮城県〕（災害復興）……… 1049
南三陸町〔宮城県〕（産業）……… 1049
南三陸町〔宮城県〕（東日本大震災
　〔2011〕―被害）……… 1049
南三陸町〔宮城県〕（東日本大震災
　〔2011〕―被害―写真集）……… 1049
南シナ海 ……… 1049
南島原市（歴史）……… 1049
南相馬市（東日本大震災〔2011〕―被
　害）……… 1049
南相馬市（歴史）……… 1049
南種子町〔鹿児島県〕（田遊び）……… 1050
美波町〔徳島県〕（行政）……… 1050
美波町〔徳島県〕（地誌）……… 1050
南満州鉄道株式会社 ……… 1050
源〔氏〕……… 1050
源 実朝〔1192～1219〕……… 1050
源 俊頼〔平安末期〕……… 1050
源 頼朝〔1147～1199〕……… 1050
源 頼政〔1104～1180〕……… 1050
三縄中央老友会 ……… 1050
みぬま福祉会 ……… 1050
峯尾 節堂〔1885～1919〕……… 1050
美祢市（古地図）……… 1050
美祢市（写真集）……… 1050
美祢市（風俗・習慣）……… 1050
峰地 光重〔1890～ 〕……… 1050
美祢市立下郷小学校 ……… 1050
みの もんた〔1944～ 〕……… 1050
箕面市（遺跡・遺物）……… 1050
箕面市（歴史―史料―書目）……… 1050
身延町〔山梨県〕（遺跡・遺物）……… 1050
箕輪町〔長野県〕（遺跡・遺物）……… 1050
三橋 美智也〔1930～1996〕……… 1050
美浜町〔福井県〕（交通―歴史）……… 1050
御浜町〔三重県〕（地域社会）……… 1050
三原市（かくれ切支丹）……… 1050

日本件名図書目録2014　Ⅰ　　　　　　　　　　　　　　　　　　　　　　　　　　　　　　　　　　宮崎県

三原市（地誌）……………………… 1050
三原市（仏像―図集）……………… 1050
三原市（墓碑）……………………… 1051
三船 秋香…………………………… 1051
三船 敏郎〔1920〜1997〕………… 1051
御船町〔熊本県〕（遺跡・遺物）… 1051
美作市（エネルギー政策）………… 1051
美馬市（遺跡・遺物）……………… 1051
宮内 貞之介〔1922〜1974〕……… 1051
宮内 得應〔初代 1843〜1914〕…… 1051
宮内 得應〔2代目 1869〜1952〕… 1051
宮内 義彦〔1935〜 〕……………… 1051
宮川 文平〔1861〜1931〕………… 1051
宮城 聡〔1895〜 〕………………… 1051
宮城県………………………………… 1051
宮城県（遺跡・遺物）……………… 1051
宮城県（遺跡・遺物―大崎市）…… 1051
宮城県（遺跡・遺物―角田市）…… 1051
宮城県（遺跡・遺物―白石市）…… 1051
宮城県（遺跡・遺物―多賀城市）… 1051
宮城県（遺跡・遺物―登米市）…… 1051
宮城県（イチゴ―栽培―山元町）… 1051
宮城県（イチゴ―栽培―亘理町）… 1051
宮城県（犬―保護）………………… 1051
宮城県（稲―栽培）………………… 1051
宮城県（医療）……………………… 1051
宮城県（衛生行政）………………… 1051
宮城県（温泉―歴史）……………… 1051
宮城県（海岸林）…………………… 1051
宮城県（仮設住宅―石巻市）……… 1051
宮城県（飢饉―歴史）……………… 1052
宮城県（紀行・案内記）…………… 1052
宮城県（基準地価格）……………… 1052
宮城県（教育）……………………… 1052
宮城県（行政）……………………… 1052
宮城県（郷土舞踊）………………… 1052
宮城県（健康管理―情報サービス―気
　仙沼市）…………………………… 1052
宮城県（原子力行政）……………… 1052
宮城県（原子力災害）……………… 1052
宮城県（建築―歴史）……………… 1052
宮城県（公衆衛生）………………… 1052
宮城県（高齢者）…………………… 1052
宮城県（高齢者福祉―情報サービス―
　気仙沼市）………………………… 1052
宮城県（災害医療）………………… 1052
宮城県（災害廃棄物処理）………… 1052
宮城県（災害復興）………………… 1052
宮城県（災害復興―石巻市）……… 1053
宮城県（災害復興―気仙沼市）…… 1053
宮城県（災害復興―白石市）……… 1053
宮城県（災害復興―多賀城市）…… 1053
宮城県（災害復興―南三陸町）…… 1053
宮城県（災害復興―山元町）……… 1053
宮城県（災害復興―歴史）………… 1053
宮城県（災害復興―亘理町）……… 1053
宮城県（災害予防）………………… 1053
宮城県（自然保護）………………… 1053
宮城県（自然保護―登米市）……… 1053
宮城県（児童福祉）………………… 1053
宮城県（社会教育施設―気仙沼市）… 1053
宮城県（住宅問題）………………… 1053
宮城県（小学校）…………………… 1053
宮城県（小学校―気仙沼市）……… 1053
宮城県（商店街―気仙沼市）……… 1053
宮城県（職業訓練）………………… 1053

宮城県（食生活―歴史）…………… 1053
宮城県（食品流通―歴史）………… 1053
宮城県（書目）……………………… 1053
宮城県（振動〔鉄道〕）…………… 1054
宮城県（水運―亘理町）…………… 1054
宮城県（水産業）…………………… 1054
宮城県（水産物―歴史）…………… 1054
宮城県（生活困窮者）……………… 1054
宮城県（生物多様性）……………… 1054
宮城県（生物多様性―登米市）…… 1054
宮城県（騒音〔鉄道〕）…………… 1054
宮城県（大気汚染）………………… 1054
宮城県（大豆―栽培）……………… 1054
宮城県（単親家庭）………………… 1054
宮城県（地域開発―石巻市）……… 1054
宮城県（地域経済―石巻市）……… 1054
宮城県（地域包括ケア）…………… 1054
宮城県（地誌）……………………… 1054
宮城県（地誌―東松島市）………… 1054
宮城県（地方選挙）………………… 1054
宮城県（地名）……………………… 1054
宮城県（中学校―気仙沼市）……… 1054
宮城県（津波）……………………… 1054
宮城県（津波―石巻市）…………… 1054
宮城県（読書指導）………………… 1055
宮城県（土地利用）………………… 1055
宮城県（猫―保護）………………… 1055
宮城県（年中行事―気仙沼市）…… 1055
宮城県（農業）……………………… 1055
宮城県（農村）……………………… 1055
宮城県（東日本大震災〔2011〕―被
　害）………………………………… 1055
宮城県（東日本大震災〔2011〕―被害
　―石巻市）………………………… 1055
宮城県（東日本大震災〔2011〕―被害
　―石巻市―写真集）……………… 1055
宮城県（東日本大震災〔2011〕―被害
　―大崎市）………………………… 1055
宮城県（東日本大震災〔2011〕―被害
　―角田市）………………………… 1055
宮城県（東日本大震災〔2011〕―被害
　―気仙沼市）……………………… 1055
宮城県（東日本大震災〔2011〕―被害
　―写真集）………………………… 1055
宮城県（東日本大震災〔2011〕―被害
　―名取市―写真集）……………… 1055
宮城県（東日本大震災〔2011〕―被害
　―南三陸町）……………………… 1055
宮城県（東日本大震災〔2011〕―被害
　―南三陸町―写真集）…………… 1055
宮城県（被災者支援―石巻市）…… 1055
宮城県（被災者支援―大崎市）…… 1055
宮城県（被災者支援―東松島市）… 1055
宮城県（文化財―保存・修復―白石
　市）………………………………… 1055
宮城県（文化財保護）……………… 1055
宮城県（方言―気仙沼市）………… 1055
宮城県（方言―名取市）…………… 1056
宮城県（防災教育―会議録）……… 1056
宮城県（防災計画）………………… 1056
宮城県（法律扶助）………………… 1056
宮城県（道の駅）…………………… 1056
宮城県（民間社会福祉事業―亘理
　町）………………………………… 1056
宮城県（民具―山元町―目録）…… 1056
宮城県（麦―栽培）………………… 1056

宮城県（無形文化財）……………… 1056
宮城県（無形文化財―情報サービス―
　石巻市）…………………………… 1056
宮城県（名簿）……………………… 1056
宮城県（薬物犯罪）………………… 1056
宮城県（料理店―石巻市）………… 1056
宮城県（林業）……………………… 1056
宮城県（歴史）……………………… 1056
宮城県（歴史―大崎市）…………… 1056
宮城県（歴史―史料）……………… 1056
宮城県（歴史―史料―角田市）…… 1056
宮城県（労働行政）………………… 1056
宮城県（和算―歴史）……………… 1056
宮城県（綿―栽培）………………… 1056
宮城県合気道連盟…………………… 1056
宮城県看護協会……………………… 1056
宮城県芸術協会……………………… 1056
宮城県建設業協会…………………… 1056
宮城県詩人会………………………… 1057
みやぎ生活協同組合………………… 1057
宮城谷 昌光〔1945〜 〕…………… 1057
宮城ハンセン協会…………………… 1057
みやぎボランティア友の会………… 1057
三宅 寄斎〔1580〜1649〕………… 1057
三宅 久之〔1930〜2012〕………… 1057
三宅 弘〔1953〜 〕………………… 1057
三宅 洋平〔1978〜 〕……………… 1057
三宅村〔東京都〕（文化活動）…… 1057
三宅村〔東京都〕（ポスター―図集）… 1057
宮古市（遺跡・遺物）……………… 1057
宮古市（自然地理）………………… 1057
宮古市（津波―歴史）……………… 1057
宮古市（東日本大震災〔2011〕―被
　害）………………………………… 1057
宮古市（被災者支援）……………… 1057
宮古島市……………………………… 1057
宮古島市（祭礼）…………………… 1057
宮古島市（民謡）…………………… 1057
宮古諸島……………………………… 1057
都城市（遺跡・遺物）……………… 1057
都城市（祭礼）……………………… 1057
都城市（地域社会）………………… 1057
都城市（地誌）……………………… 1057
都城市（文化財）…………………… 1057
みやこ町〔福岡県〕（遺跡・遺物）… 1058
みやこ町〔福岡県〕（民家）……… 1058
宮古湾………………………………… 1058
宮崎 八郎〔1851〜1877〕………… 1058
宮崎 駿〔1941〜 〕………………… 1058
宮崎 秀吉〔1910〜 〕……………… 1058
宮崎 学〔1945〜 〕………………… 1058
宮崎 良夫〔1944〜 〕……………… 1058
宮崎 竜介〔1892〜1971〕………… 1058
宮崎県（遺跡・遺物）……………… 1058
宮崎県（遺跡・遺物―小林市）…… 1058
宮崎県（遺跡・遺物―西都市）…… 1058
宮崎県（遺跡・遺物―延岡市）…… 1058
宮崎県（遺跡・遺物―日向市）…… 1058
宮崎県（遺跡・遺物―都城市）…… 1058
宮崎県（遺跡・遺物―宮崎市）…… 1059
宮崎県（衛生行政―小林市）……… 1059
宮崎県（エネルギー政策）………… 1059
宮崎県（神楽）……………………… 1059
宮崎県（学校―歴史）……………… 1059
宮崎県（環境行政―小林市）……… 1059
宮崎県（感染症対策―小林市）…… 1059

（101）

宮崎県

宮崎県（帰化植物）·················· 1059
宮崎県（教育―歴史）·················· 1059
宮崎県（教育行政―宮崎市）·········· 1059
宮崎県（教師教育）·················· 1059
宮崎県（行政―小林市）·············· 1059
宮崎県（行政―名簿）·················· 1059
宮崎県（郷土資料―保存・修復―延岡
　市）···································· 1059
宮崎県（漁業政策）·················· 1059
宮崎県（校歌）······················ 1059
宮崎県（工業）······················ 1059
宮崎県（古墳―西都市―保存・修復）·· 1059
宮崎県（古墳―保存・修復―西都市）·· 1059
宮崎県（祭礼―都城市）·············· 1059
宮崎県（事業継続管理―小林市）······ 1059
宮崎県（自殺予防―小林市）·········· 1059
宮崎県（史跡名勝）·················· 1059
宮崎県（写真集―宮崎市）············ 1059
宮崎県（醸造業―日南市―歴史）······ 1059
宮崎県（焼酎）······················ 1059
宮崎県（書目）······················ 1059
宮崎県（人権）······················ 1059
宮崎県（震災予防―延岡市）·········· 1059
宮崎県（森林計画）·················· 1060
宮崎県（水産業）···················· 1060
宮崎県（選挙―統計）················ 1060
宮崎県（男女共同参画―えびの市）··· 1060
宮崎県（男女共同参画―小林市）······ 1060
宮崎県（地域開発）·················· 1060
宮崎県（地域社会―都城市）·········· 1060
宮崎県（畜産業―歴史）·············· 1060
宮崎県（地形）······················ 1060
宮崎県（地誌―都城市）·············· 1060
宮崎県（地質）······················ 1060
宮崎県（地方選挙）·················· 1060
宮崎県（地名―小林市）·············· 1060
宮崎県（中小企業）·················· 1060
宮崎県（伝説）······················ 1060
宮崎県（都市計画―日南市）·········· 1060
宮崎県（農村生活―西米良村）········ 1060
宮崎県（病院―名簿）················ 1060
宮崎県（文化財―都市）·············· 1060
宮崎県（方言）······················ 1060
宮崎県（防災計画）·················· 1060
宮崎県（名簿）······················ 1060
宮崎県（歴史）······················ 1060
宮崎県（歴史―史料）················ 1060
宮崎県議会·························· 1060
宮崎県立芸術劇場···················· 1060
宮崎県立高原高等学校················ 1060
宮崎市（遺跡・遺物）················ 1060
宮崎市（教育行政）·················· 1061
宮崎市（写真集）···················· 1061
宮里 辰彦〔1917～1993〕············ 1061
宮沢 賢治〔1896～1933〕············ 1061
宮澤 弘幸〔1919～1947〕············ 1061
宮沢 ミッシェル〔1963～ 〕········· 1061
宮地 団四郎〔1838～ 〕·············· 1061
宮代町〔埼玉県〕（遺跡・遺物）······ 1061
宮津市（文化的景観）················ 1061
宮田 栄次郎〔1926～2013〕·········· 1061
宮田 聡子〔1988～ 〕················ 1061
宮田 力松〔1916～ 〕················ 1061
宮永〔氏〕··························· 1061
宮永 汪仁〔1947～ 〕················ 1061
宮原 松男〔1915～1939〕············ 1061

雅山 哲士〔1977～ 〕················ 1061
みやま市（遺跡・遺物）·············· 1062
宮本 亜門〔1958～ 〕················ 1062
宮本 慎也〔1970～ 〕················ 1062
宮本 祖豊〔1960～ 〕················ 1062
宮本 武之輔〔1892～1941〕·········· 1062
宮本 常一〔1907～1981〕············ 1062
宮本 武蔵〔1584～1645〕············ 1062
ミャンマー（医療）·················· 1062
ミャンマー（外国関係―歴史）········ 1062
ミャンマー（環境行政）·············· 1062
ミャンマー（紀行・案内記）·········· 1062
ミャンマー（技術援助〔日本〕）······ 1062
ミャンマー（経済援助〔日本〕）······ 1062
ミャンマー（国際投資〔日本〕）······ 1062
ミャンマー（社会）·················· 1062
ミャンマー（写真集）················ 1062
ミャンマー（森林保護）·············· 1062
ミャンマー（水道）·················· 1062
ミャンマー（政治―歴史）············ 1062
ミャンマー（染織工芸）·············· 1062
ミャンマー（租税制度）·············· 1062
ミャンマー（太平洋戦争〔1941～
　1945〕―会戦）··················· 1062
ミャンマー（鉄道）·················· 1063
ミャンマー（難民―タイ）············ 1063
ミャンマー（廃棄物処理施設―ヤンゴ
　ン）······························ 1063
ミャンマー（廃棄物発電―ヤンゴ
　ン）······························ 1063
ミャンマー（貧困）·················· 1063
ミャンマー（仏教）·················· 1063
ミャンマー（歴史）·················· 1063
美優〔1987～ 〕····················· 1063
ミュンター, J.〔1844～1921〕······ 1063
妙見寺〔稲城市〕···················· 1063
妙法院〔京都市〕···················· 1063
明満〔1718～1810〕·················· 1063
三好〔氏〕·························· 1063
三好 達治〔1900～1964〕············ 1063
三好 長慶〔1523～1564〕············ 1063
三好市（住民運動）·················· 1063
三好市（ダム）······················ 1063
三次市（遺跡・遺物）················ 1063
三次市（歴史）······················ 1063
ミル, J.S.〔1806～1873〕············ 1063
ミルトン, J.〔1608～1674〕········· 1064
ミレー, J.F.〔1814～1875〕········· 1064
三輪 恭嗣〔1937～ 〕················ 1064
明〔中国〕（イラストレーション―歴
　史）······························ 1064
明〔中国〕（絵画―歴史）············ 1064
明〔中国〕（外国関係―朝鮮―歴史）·· 1064
明〔中国〕（外国関係―日本―歴史）·· 1064
明〔中国〕（歴史）·················· 1064
明〔中国〕（歴史小説―歴史）········ 1064
民具製作技術保存会·················· 1064
民社党······························ 1064
民主党〔日本〕······················ 1064

【む】

向井〔氏〕·························· 1064
向井 喜代子〔1925～ 〕·············· 1064
向井 豊昭〔1933～2008〕············ 1064
向切田町内会························ 1064

向田 麻衣·························· 1064
ムガル朝〔1526～1857〕〔インド〕（歴
　史）······························ 1064
むかわ町〔北海道〕（遺跡・遺物）··· 1064
むかわ町〔北海道〕（伝記）·········· 1064
むくどりホームふれあいの会·········· 1065
向日市（遺跡・遺物）················ 1065
向島百花園·························· 1065
向田 邦子〔1929～1981〕············ 1065
むこうまち歴史サークル·············· 1065
向山 洋一〔1943～ 〕················ 1065
武蔵野······························ 1065
武蔵野市（行政）···················· 1065
武蔵野市（昆虫）···················· 1065
武蔵野市（自然保護）················ 1065
武蔵野市（植物）···················· 1065
武蔵野市（女性―伝記）·············· 1065
武蔵野市（生活環境）················ 1065
武蔵野市（選挙―統計）·············· 1065
武蔵野市（地方選挙）················ 1065
武蔵野市（歴史―史料）·············· 1065
武蔵野美術大学······················ 1065
武蔵村山市（獅子舞）················ 1065
武者小路 実篤〔1885～1976〕········ 1065
むつ小川原港························ 1065
むつ市（山岳崇拝）·················· 1065
むつ市（博物誌）···················· 1065
陸奥湾······························ 1065
武藤 敬司〔1962～ 〕················ 1065
武藤 山治〔1867～1934〕············ 1065
武藤 誠〔1922～2013〕·············· 1065
棟方 志功〔1903～1975〕············ 1066
宗像市（祭祀遺跡）·················· 1066
宗像市（神社建築―保存・修復）······ 1066
宗像市（森林保護）·················· 1066
宗像大社〔宗像市〕·················· 1066
ムニクー, P.〔1825～1871〕········· 1066
宗尊親王〔1242～1274〕·············· 1066
村井 智建〔1981～ 〕················ 1066
村井正誠記念美術館·················· 1066
村岡 花子〔1893～1968〕············ 1066
村上 忠順〔1812～1884〕············ 1066
村上 竜男〔1939～ 〕················ 1066
村上 春樹〔1949～ 〕················ 1066
村上 芳子〔1917～2011〕············ 1066
村上開新堂························· 1066
村上水軍··························· 1066
村上農園··························· 1066
村木 厚子〔1955～ 〕················ 1066
ムラキ テルミ···················· 1066
紫式部〔平安中期〕·················· 1067
村田 彰〔1953～ 〕·················· 1068
村田 直樹〔1953～ 〕················ 1068
村田 久〔1935～2012〕·············· 1069
村田町〔宮城県〕（地誌）············ 1069
村田町〔宮城県〕（歴史）············ 1069
村田町〔宮城県〕（歴史―史料）······ 1069
村松 標左衛門〔1762～1841〕········ 1069
村山 史彦〔1935～2013〕············ 1069
村山 実〔1936～1998〕·············· 1069
村山市（遺跡・遺物）················ 1069
室 鳩巣〔1658～1734〕·············· 1069
室生 犀星〔1889～1962〕············ 1069
室蘭工業大学······················ 1069
室蘭市（遺跡・遺物）················ 1069
室蘭市（協働〔行政〕）·············· 1069

日本件名図書目録2014　Ⅰ　　　　　　　　　　　　　　　　　　　　　　　　　　　　　　　　　　　　　　野洲市

室蘭市（戦争遺跡）……………… 1069
室蘭市（地名）…………………… 1069
室蘭市（廃棄物処理）…………… 1069
室蘭市（要塞—歴史）…………… 1069
文 東建〔1917～1987〕………… 1069

【 め 】

名桜大学……………………………… 1069
明治学院…………………………… 1069
明治大学…………………………… 1070
明治大学商学部…………………… 1070
明治大学政治経済学部…………… 1070
明治天皇〔1852～1912〕………… 1070
明治安田厚生事業団……………… 1070
明晴学園…………………………… 1070
名鉄 →名古屋鉄道株式会社を見よ
明法高等学校……………………… 1070
明法中学校………………………… 1070
明和町〔三重県〕（遺跡・遺物）… 1070
メーカーズシャツ鎌倉株式会社… 1070
メガハウス………………………… 1070
メキシコ（移民・植民〔日本〕）… 1070
メキシコ（移民・植民〔日本〕—歴
　史）……………………………… 1070
メキシコ（移民・植民—アメリカ合衆
　国）……………………………… 1070
メキシコ（インディアン）……… 1070
メキシコ（紀行・案内記）……… 1070
メキシコ（経済）………………… 1070
メキシコ（工芸美術）…………… 1070
メキシコ（自動車産業）………… 1070
メキシコ（出版—歴史）………… 1070
メキシコ（地域開発）…………… 1070
メキシコ（地域社会）…………… 1070
メキシコ（薬物犯罪）…………… 1070
メコン河流域……………………… 1070
メスナー, J.〔1891～1984〕…… 1071
メソポタミア……………………… 1071
メソポタミア（図書館）………… 1071
メソポタミア（論文集）………… 1071
メッシ, L.〔1987～ 〕…………… 1071
メディチ, G.〔1498～1526〕…… 1071
メナシェ, D.……………………… 1071
メーヘレン, H.v.〔1889～1947〕… 1071
メラネシア（社会）……………… 1071
メラメド, L.〔1932～ 〕………… 1071
メリマン, B.〔1747?～1805〕…… 1071
メルケル, A.〔1954～ 〕………… 1071
メルヴィル, H.〔1819～1891〕… 1071
メルロ＝ポンティ, M.〔1908～1961〕… 1071
メンツェル, A.〔1815～1905〕… 1071
メンデルスゾーン, F.〔1809～1847〕… 1071

【 も 】

モア, T.〔1478～1535〕………… 1071
藻岩山……………………………… 1071
毛 沢東〔1893～1976〕………… 1071
蒙古（社会—歴史）……………… 1071
孟子………………………………… 1071
毛利〔氏〕………………………… 1072
毛利 輝元〔1553～1625〕……… 1072
毛利 元就〔1497～1571〕……… 1072
モウリーニョ, J.………………… 1072

真岡市（遺跡・遺物）…………… 1072
最上〔氏〕………………………… 1072
最上町〔山形県〕（博物誌）…… 1072
最上町〔山形県〕（歴史）……… 1072
百草観音堂〔日野市〕…………… 1072
百草八幡神社〔日野市〕………… 1072
杢目金屋…………………………… 1072
モザンビーク（移民・植民—南アフリ
　カ—歴史）……………………… 1072
モザンビーク（植民政策〔ポルトガル〕
　—歴史）………………………… 1072
モース, E.S.〔1838～1925〕…… 1072
百舌鳥古墳群……………………… 1072
モスフードサービス……………… 1072
モーセ……………………………… 1072
望月 美由紀〔1977～ 〕………… 1072
持田記念医学薬学振興財団……… 1072
モーツァルト, W.A.〔1756～1791〕… 1072
モディアノ, P.〔1945～ 〕……… 1072
茂出木 浩司〔1967～ 〕………… 1073
茂木 優〔1950～ 〕……………… 1073
本居 宣長〔1730～1801〕……… 1073
本木 昭子〔1942～1996〕……… 1073
モーニング娘。…………………… 1073
物部〔氏〕………………………… 1073
茂原市（遺跡・遺物）…………… 1073
ももいろクローバーZ…………… 1073
桃華 絵里………………………… 1073
モヨロ貝塚………………………… 1073
森 有正〔1911～1976〕………… 1073
森 鷗外〔1862～1922〕………… 1073
森 恪〔1883～1932〕…………… 1073
森 巻耳〔1855～1914〕………… 1073
森 源太〔1978～ 〕……………… 1073
森 浩一〔1928～2013〕………… 1073
森 繁和〔1954～ 〕……………… 1074
森 正蔵〔1900～1953〕………… 1074
森 武徳……………………………… 1074
森 祇晶〔1937～ 〕……………… 1074
森 昌也〔1910～2013〕………… 1074
森内 俊之〔1970～ 〕…………… 1074
森岡 薫〔1979～ 〕……………… 1074
盛岡市（遺跡・遺物）…………… 1074
盛岡市（社会教育施設）………… 1074
盛岡市（農村生活）……………… 1074
盛岡市（洋館）…………………… 1074
盛岡藩……………………………… 1074
森下 忠〔1924～ 〕……………… 1074
森下 哲也〔1939～ 〕…………… 1074
森下 博〔1869～1943〕………… 1074
森田 慶一〔1895～1983〕……… 1074
森田 実〔1932～ 〕……………… 1074
森原 和之……………………………… 1074
森町〔北海道〕（遺跡・遺物）… 1074
森村 茂樹〔1916～1979〕……… 1074
森村 西三〔1897～1949〕……… 1074
森本 孝〔1934～ 〕……………… 1074
守谷市（道標）…………………… 1074
森山 大道〔1938～ 〕…………… 1074
守山市〔滋賀県〕（遺跡・遺物）… 1074
モルトマン, J.〔1926～ 〕……… 1075
モレッツ, C.〔1997～ 〕………… 1075
モロッコ（紀行・案内記）……… 1075
諸橋 轍次〔1883～1982〕……… 1075
文覚〔鎌倉時代前期〕…………… 1075
モンク, T.S.〔1920～1982〕…… 1075

モンゴメリ, L.M.〔1874～1942〕… 1075
モンゴル（紀行・案内記）……… 1075
モンゴル（技術援助〔日本〕）… 1075
モンゴル（国際投資〔日本〕）… 1075
モンゴル（社会）………………… 1075
モンゴル（社会主義—歴史—20世
　紀）……………………………… 1075
モンゴル（住民運動—ウランバート
　ル）……………………………… 1075
モンゴル（女性—ウランバートル）… 1075
モンゴル（女性—歴史—20世紀）…… 1076
モンゴル（大気汚染—ウランバート
　ル）……………………………… 1076
モンゴル（大気汚染物質—排出抑
　制）……………………………… 1076
モンゴル（土地利用）…………… 1076
モンゴル（法律）………………… 1076
モンゴル（養蜂）………………… 1076
モンゴル帝国……………………… 1076
モンサンミシェル修道院………… 1076
モンテーニュ, M.〔1533～1592〕… 1076
文部科学省………………………… 1076
文部科学省（名簿）……………… 1076
モンベル…………………………… 1076

【 や 】

焼津市（原子力災害—防災）…… 1076
焼津市（寺院）…………………… 1076
焼津市（条例）…………………… 1076
焼津市（水産業）………………… 1076
焼津市（防災計画）……………… 1076
焼津市（屋号）…………………… 1076
ヤイユーカラの森………………… 1076
八重山群島………………………… 1076
矢道 純一〔1935～ 〕…………… 1076
八尾市（遺跡・遺物）…………… 1076
八尾市（地域開発）……………… 1077
八尾市（風俗・習慣）…………… 1077
八尾市（文化財—PR）………… 1077
八尾市（墳墓）…………………… 1077
八尾市（墓地）…………………… 1077
八尾市（民具）…………………… 1077
八尾市（歴史）…………………… 1077
八尾市（歴史—史料）…………… 1077
薬王院〔八王子市〕……………… 1077
薬師寺〔奈良市〕………………… 1077
屋久島……………………………… 1077
屋久島町〔鹿児島県〕（貝）…… 1077
矢口 新〔1913～1990〕………… 1077
ヤクルト本社……………………… 1077
焼岳………………………………… 1077
ヤーコプゾーン, S.〔1881～1926〕… 1077
八坂神社〔京都市〕……………… 1077
八潮市（遺跡・遺物）…………… 1077
八潮市（地域社会）……………… 1077
八潮市（民家—保存・修復）…… 1077
やしき たかじん〔1949～2014〕… 1077
屋島………………………………… 1077
矢島 楫子〔1833～1925〕……… 1077
矢島 信男〔1928～ 〕…………… 1077
八代 亜紀〔1950～ 〕…………… 1077
安井 愛美………………………… 1078
安来市（歴史—写真集）………… 1078
靖国神社…………………………… 1078
野洲市（遺跡・遺物）…………… 1078

（103）

安田 侃〔1945～〕………………… 1078
保田 圭〔1973～〕………………… 1078
安田 顕〔1973～〕………………… 1078
安田 未知子 ………………………… 1078
安冨 信哉〔1944～〕……………… 1078
安野 侑志〔1943～2012〕………… 1078
ヤスパース, K.〔1883～1969〕…… 1078
八頭町〔鳥取県〕（遺跡・遺物） 1078
八頭町〔鳥取県〕（民家―写真集）… 1078
八街市（遺跡・遺物）……………… 1078
八街市（教育行政）………………… 1079
八千代市（遺跡・遺物）…………… 1079
八千代市合気道連盟………………… 1079
八鹿酒造株式会社…………………… 1079
八代海 ………………………………… 1079
八代港 ………………………………… 1079
八代工業高等専門学校……………… 1079
八代市（行政）……………………… 1079
八代市（郷土舞踊）………………… 1079
八代市（廃棄物処理施設）………… 1079
谷津干潟自然観察センター ……… 1079
弥富市（行政）……………………… 1079
矢内原 忠雄〔1893～1961〕……… 1079
柳川 れい〔 ～2001〕…………… 1079
柳川市（遺跡・遺物）……………… 1079
柳河藩 ………………………………… 1079
柳 宗悦〔1889～1961〕…………… 1079
柳沢 吉保〔1658～1714〕………… 1079
柳田 国男〔1875～1962〕………… 1079
柳田 邦男〔1936～〕……………… 1080
柳家 喜多八〔1949～〕…………… 1080
柳家 小三治〔10代目 1939～〕… 1080
柳原 白蓮〔1885～1967〕………… 1080
やなせ たかし〔1919～2013〕… 1080
矢野 謙次〔1980～〕……………… 1080
矢野 徳弥〔1924～〕……………… 1080
矢萩 多聞〔1980～〕……………… 1080
八幡 港二〔1932～〕……………… 1080
矢巾町〔岩手県〕（遺跡・遺物）… 1080
屋比久 勲〔1938～〕……………… 1081
ヤフー株式会社……………………… 1081
矢吹 孝男〔1946～〕……………… 1081
養父市（遺跡・遺物）……………… 1081
養父市（風俗・習慣）……………… 1081
山内 得立〔1890～1982〕………… 1081
山尾 庸三〔1837～1917〕………… 1081
山岡 荘八〔1907～1978〕………… 1081
山岡 鉄舟〔1836～1888〕………… 1081
山鹿 素行〔1622～1685〕………… 1081
山鹿市（城跡）……………………… 1081
山形 裕子 …………………………… 1081
山形県 ………………………………… 1081
山形県（空き家）…………………… 1081
山形県（遺跡・遺物）……………… 1081
山形県（遺跡・遺物―尾花沢市）… 1081
山形県（遺跡・遺物―寒河江市）… 1081
山形県（遺跡・遺物―鶴岡市）…… 1081
山形県（遺跡・遺物―天童市）…… 1081
山形県（遺跡・遺物―長井市）…… 1082
山形県（遺跡・遺物―南陽市）…… 1082
山形県（遺跡・遺物―村山市）…… 1082
山形県（遺跡・遺物―山形市）…… 1082
山形県（遺跡・遺物―米沢市）…… 1082
山形県（医療費―統計）…………… 1082
山形県（梅）………………………… 1082
山形県（衛生行政）………………… 1082

山形県（エネルギー政策）………… 1082
山形県（神楽）……………………… 1082
山形県（河川）……………………… 1082
山形県（観光開発―上山市）……… 1082
山形県（企業―名簿）……………… 1082
山形県（紀行・案内記）…………… 1082
山形県（気象―新庄市）…………… 1082
山形県（行政）……………………… 1082
山形県（漁撈―酒田市）…………… 1082
山形県（金石・金石文―山形市）… 1082
山形県（芸術―歴史）……………… 1082
山形県（工業―名簿）……………… 1082
山形県（口腔衛生）………………… 1082
山形県（高齢者福祉―統計）……… 1082
山形県（採石―高畠町）…………… 1082
山形県（祭礼）……………………… 1082
山形県（祭礼―東根市）…………… 1083
山形県（産学連携―鶴岡市）……… 1083
山形県（産業）……………………… 1083
山形県（産業政策）………………… 1083
山形県（ジャーナリズム―歴史）… 1083
山形県（出版目録）………………… 1083
山形県（書―書跡集）……………… 1083
山形県（消費者行動）……………… 1083
山形県（植物）……………………… 1083
山形県（書目）……………………… 1083
山形県（森林計画）………………… 1083
山形県（水質汚濁）………………… 1083
山形県（選挙―統計）……………… 1083
山形県（地域開発―鶴岡市）……… 1083
山形県（地域開発―長井市）……… 1083
山形県（地域学）…………………… 1083
山形県（地誌―鶴岡市）…………… 1083
山形県（中小企業）………………… 1083
山形県（鉄道）……………………… 1083
山形県（伝記）……………………… 1083
山形県（特別支援教育）…………… 1083
山形県（土地制度―歴史）………… 1083
山形県（二酸化炭素―排出抑制―酒田
　市）………………………………… 1083
山形県（年中行事―東根市）……… 1083
山形県（農村―歴史）……………… 1083
山形県（農民―歴史）……………… 1083
山形県（農民一揆―東根市）……… 1083
山形県（バイオベンチャー―鶴岡
　市）………………………………… 1083
山形県（博物誌―最上町）………… 1084
山形県（風俗・習慣―歴史）……… 1084
山形県（風力発電所）……………… 1084
山形県（文化活動）………………… 1084
山形県（文化活動―歴史）………… 1084
山形県（文化財―長井市）………… 1084
山形県（文化団体）………………… 1084
山形県（ベンチャービジネス）…… 1084
山形県（マイクログリッド―酒田
　市）………………………………… 1084
山形県（昔話―川西町）…………… 1084
山形県（昔話―庄内町）…………… 1084
山形県（昔話―米沢市）…………… 1084
山形県（名簿）……………………… 1084
山形県（歴史）……………………… 1084
山形県（歴史―酒田市）…………… 1084
山形県（歴史―史料）……………… 1084
山形県（歴史―史料―寒河江市）… 1084
山形県（歴史―史料―書目―鶴岡
　市）………………………………… 1084

山形県（歴史―史料―書目―山形
　市）………………………………… 1084
山形県（歴史―史料―南陽市）…… 1084
山形県（歴史―新庄市）…………… 1084
山形県（歴史―年表―上山市）…… 1084
山形県（歴史―山形市）…………… 1084
山形県（歴史―論文集）…………… 1084
山形県（歴史地理）………………… 1084
山形県民書道会……………………… 1084
山形県立東根工業高等学校………… 1084
山形市（遺跡・遺物）……………… 1085
山形市（金石・金石文）…………… 1085
山形市（歴史）……………………… 1085
山形市（歴史―史料―書目）……… 1085
山形市議会 …………………………… 1085
山形大学 ……………………………… 1085
山形マスターズ陸上競技連盟……… 1085
山川 菊栄〔1890～1980〕………… 1085
山川 健次郎〔1854～1931〕……… 1085
山川 咲〔1983～〕………………… 1085
山川 均〔1880～1958〕…………… 1085
山口〔家〕〔蓮田市〕……………… 1085
山口〔氏〕…………………………… 1085
山口 厚〔1953～〕………………… 1085
山口 幸二〔1968～〕……………… 1085
山口 春三〔1934～〕……………… 1085
山口 昇二〔1936～〕……………… 1085
山口 誓子〔1901～1994〕………… 1085
山口 高志〔1950～〕……………… 1085
山口 彊〔1916～2010〕…………… 1085
山口 哲夫〔1928～〕……………… 1085
山口 瞳〔1926～1995〕…………… 1085
山口 冨士夫〔1949～2013〕……… 1085
山口 昌男〔1931～2013〕………… 1085
山口 百恵〔1959～〕……………… 1085
山口組 ………………………………… 1085
山口県 ………………………………… 1085
山口県（遺跡・遺物―下関市）…… 1085
山口県（遺跡・遺物―防府市）…… 1085
山口県（遺跡・遺物―山口市）…… 1085
山口県（医療）……………………… 1086
山口県（衛生行政）………………… 1086
山口県（エネルギー政策―山口市）… 1086
山口県（看護師）…………………… 1086
山口県（行政組織）………………… 1086
山口県（原子力災害―防災）……… 1086
山口県（港湾）……………………… 1086
山口県（古地図―美祢市）………… 1086
山口県（災害予防―情報サービス）… 1086
山口県（山岳）……………………… 1086
山口県（産業）……………………… 1086
山口県（産業―歴史）……………… 1086
山口県（史跡名勝）………………… 1086
山口県（自然災害）………………… 1086
山口県（下関市）…………………… 1086
山口県（社会福祉―山口市）……… 1086
山口県（写真集―下松市）………… 1086
山口県（写真集―周南市）………… 1086
山口県（写真集―長門市）………… 1086
山口県（写真集―萩市）…………… 1086
山口県（写真集―光市）…………… 1086
山口県（写真集―防府市）………… 1086
山口県（写真集―美祢市）………… 1086
山口県（写真集―山口市）………… 1086
山口県（障害者福祉）……………… 1086

山口県（書目）	1086	山田 方谷〔1805～1877〕	1088	山梨県（地域社会―歴史）	1092

山口県（書目）……………………… 1086
山口県（震災予防）………………… 1086
山口県（森林）……………………… 1086
山口県（水害）……………………… 1086
山口県（水害予防）………………… 1086
山口県（水産業）…………………… 1086
山口県（水質汚濁）………………… 1087
山口県（精神衛生）………………… 1087
山口県（石油コンビナート）……… 1087
山口県（石油コンビナート―岩国
　市）………………………………… 1087
山口県（選挙―統計）……………… 1087
山口県（大気汚染）………………… 1087
山口県（地誌）……………………… 1087
山口県（地方選挙）………………… 1087
山口県（鶴―保護―周南市）……… 1087
山口県（統計）……………………… 1087
山口県（読書指導）………………… 1087
山口県（土壌汚染）………………… 1087
山口県（農業）……………………… 1087
山口県（農業試験）………………… 1087
山口県（博物誌―下関市）………… 1087
山口県（風俗・習慣―美祢市）…… 1087
山口県（文化政策）………………… 1087
山口県（方言―辞書）……………… 1087
山口県（防災計画）………………… 1087
山口県（名簿）……………………… 1087
山口県（領事館―保存・修復―下関
　市）………………………………… 1087
山口県（歴史）……………………… 1087
山口県（歴史―岩国市）…………… 1087
山口県（歴史―周南市）…………… 1087
山口県（歴史―史料）……………… 1087
山口県（歴史―防府市）…………… 1087
山口県（労働衛生）………………… 1087
山口県議会………………………… 1087
山口県立美祢高等学校…………… 1087
山口県連合婦人会………………… 1087
山口市（遺跡・遺物）……………… 1087
山口市（エネルギー政策）………… 1088
山口市（社会福祉）………………… 1088
山口市（写真集）…………………… 1088
山崎 闇斎〔1618～1682〕………… 1088
山崎 京子〔1925～ 〕……………… 1088
山崎 十生〔1947～ 〕……………… 1088
山崎 武司………………………… 1088
山崎 兵藏〔1887～1963〕………… 1088
山地 悠一郎〔1927～ 〕…………… 1088
山下 清〔1922～1971〕…………… 1088
山下 谷次〔1872～1936〕………… 1088
山下 洋輔〔1942～ 〕……………… 1088
山下 善伸〔1940～ 〕……………… 1088
山下 りん〔1857～1939〕………… 1088
山下新日本汽船海上OB会……… 1088
山城 富崗〔1932～ 〕……………… 1088
山添 喜三郎〔1843～1923〕……… 1088
山田〔家〕〔中野市〕……………… 1088
山田 昭男〔1931～2014〕………… 1088
山田 顕義〔1844～1892〕………… 1088
山田 耕筰〔1886～1965〕………… 1088
山田 純三郎〔1876～1960〕……… 1088
山田 宗徧〔初代 1627～1708〕…… 1088
山田 忠雄〔1916～1996〕………… 1088
山田 利治〔1936～ 〕……………… 1088
山田 暢久………………………… 1088
山田 花子〔1967～1992〕………… 1088

山田 方谷〔1805～1877〕………… 1088
山田 まりや〔1980～ 〕…………… 1089
山田 美枝子〔1930～2008〕……… 1089
山田 幸男〔1925～ 〕……………… 1089
山田 善し〔1974～ 〕……………… 1089
山田 良政〔1868～1900〕………… 1089
邪馬台国…………………………… 1089
山田食品産業株式会社…………… 1089
山田町〔岩手県〕（遺跡・遺物）… 1089
山田町〔岩手県〕（自然地理）…… 1089
山田町〔岩手県〕（写真集）……… 1090
山田町〔岩手県〕（地域情報化）… 1090
山田町〔岩手県〕（東日本大震災
　〔2011〕―被害）………………… 1090
山田湾……………………………… 1090
矢祭町〔福島県〕（遺跡・遺物）… 1090
ヤマト運輸株式会社……………… 1090
やまと興業株式会社……………… 1090
大和郡山市（歴史―史料）……… 1090
大和市（行政）……………………… 1090
大和市（下水道）…………………… 1090
大和市（社会福祉）………………… 1090
大和市（商業政策）………………… 1090
大和市（男女共同参画）…………… 1090
大和市（都市計画）………………… 1090
大和市（文化行政）………………… 1090
山都町〔熊本県〕（遺跡・遺物）… 1090
山都町〔熊本県〕（棚田―歴史）… 1090
山名〔氏〕………………………… 1090
山中 伸弥………………………… 1090
山梨学院生涯学習センター……… 1090
山梨勤労者医療協会……………… 1090
山梨県……………………………… 1090
山梨県（遺跡・遺物）……………… 1090
山梨県（遺跡・遺物―甲州市）… 1090
山梨県（遺跡・遺物―甲府市）… 1090
山梨県（遺跡・遺物―中央市）… 1090
山梨県（遺跡・遺物―北杜市）… 1090
山梨県（遺跡・遺物―保存・修復―南
　アルプス市）……………………… 1090
山梨県（遺跡・遺物―南アルプス市）… 1090
山梨県（遺跡・遺物―山梨市）… 1091
山梨県（環境管理）………………… 1091
山梨県（環境行政）………………… 1091
山梨県（基準地価格）……………… 1091
山梨県（教育行政）………………… 1091
山梨県（郷土教育―甲斐市）…… 1091
山梨県（建設業）…………………… 1091
山梨県（高齢者）…………………… 1091
山梨県（高齢者福祉）……………… 1091
山梨県（祭礼）……………………… 1091
山梨県（地すべり）………………… 1091
山梨県（自然公園）………………… 1091
山梨県（自然保護）………………… 1091
山梨県（地場産業）………………… 1091
山梨県（植物）……………………… 1091
山梨県（書目）……………………… 1091
山梨県（城）………………………… 1091
山梨県（城跡）……………………… 1091
山梨県（水害予防）………………… 1091
山梨県（水道）……………………… 1091
山梨県（水利―歴史）……………… 1091
山梨県（生活困窮者）……………… 1092
山梨県（青少年教育）……………… 1092
山梨県（選挙―統計）……………… 1092
山梨県（地域開発）………………… 1092

山梨県（地域社会―歴史）……… 1092
山梨県（治水―歴史）……………… 1092
山梨県（地方選挙）………………… 1092
山梨県（地名）……………………… 1092
山梨県（伝説）……………………… 1092
山梨県（ドメスティックバイオレン
　ス）………………………………… 1092
山梨県（日本文学―甲府市―歴史）… 1092
山梨県（農村生活―北杜市）…… 1092
山梨県（博物誌）…………………… 1092
山梨県（風俗・習慣―山梨市）…… 1092
山梨県（文化活動）………………… 1092
山梨県（文化財―図集）…………… 1092
山梨県（水資源）…………………… 1092
山梨県（名簿）……………………… 1092
山梨県（山崩）……………………… 1092
山梨県（歴史）……………………… 1092
山梨県（路線価）…………………… 1092
山梨県防災新館…………………… 1092
山梨県立峡南高等学校…………… 1092
山梨県立甲府昭和高等学校……… 1092
山梨県立巨摩高等学校…………… 1093
山梨市（遺跡・遺物）……………… 1093
山梨市（風俗・習慣）……………… 1093
山梨放送…………………………… 1093
山梨メープルクラブ……………… 1093
山仁〔家〕〔村上市〕……………… 1093
ヤマニ醬油株式会社……………… 1093
山野井 泰史〔1965～ 〕…………… 1093
山内 清男〔1902～1970〕………… 1093
やまのうち とよのり〔1937～1990〕… 1093
山端 庸介〔1917～1966〕………… 1093
山藤 章二〔1937～ 〕……………… 1093
山本 五十六〔1884～1943〕……… 1093
山本 賀前〔1809～ 〕……………… 1093
山本 作兵衛〔1892～1984〕……… 1093
山本 繁〔1933～ 〕………………… 1093
山本 周五郎〔1903～1967〕……… 1093
山本 次郎〔1931～ 〕……………… 1093
山本 友英〔1932～ 〕……………… 1093
山本 直〔1963～ 〕………………… 1093
山本 ふみ………………………… 1093
山本 文子〔1944～ 〕……………… 1093
山本 美香〔1967～2012〕………… 1093
山本 裕典〔1988～ 〕……………… 1093
山本 陽子〔1943～1984〕………… 1093
山本 耀司〔1943～ 〕……………… 1093
山本鼎記念館〔上田市〕………… 1093
山元町立中浜小学校〔宮城県〕… 1093
山元町〔宮城県〕（遺跡・遺物）… 1093
山元町〔宮城県〕（イチゴ―栽培）… 1093
山元町〔宮城県〕（災害復興）…… 1093
山元町〔宮城県〕（民具―目録）… 1094
山脇 道子………………………… 1094
八女市（遺跡・遺物）……………… 1094
八女市（古墳）……………………… 1094
八女市（地域社会）………………… 1094
八幡市（遺跡・遺物）……………… 1094
八幡市（写真集）…………………… 1094
八幡市（住宅政策）………………… 1094
八幡市（都市再開発）……………… 1094
八幡市（美術―図集）……………… 1094
梁 世勲…………………………… 1094
ヤンゴン〔ミャンマー〕（廃棄物処理
　施設）……………………………… 1094

ヤンゴン 〔ミャンマー〕（廃棄物発
電）……………………………… 1094
ヤンソン, L.F.〔1926～2000〕……… 1094
ヤンソン, T.〔1914～2001〕………… 1094
ヤンマー株式会社 ………………… 1094

【ゆ】

油井 正一〔1918～1998〕…………… 1094
游 日龍〔1922～ 〕………………… 1094
結城市議会 ………………………… 1094
ゆうちょ銀行 ……………………… 1094
祐天寺〔東京都目黒区〕…………… 1094
夕張市（行政）…………………… 1094
宥弁〔江戸時代前期〕……………… 1094
ユカ ………………………………… 1095
湯川村〔福島県〕（遺跡・遺物）… 1095
湯河原町〔神奈川県〕（農村生活）… 1095
行正 り香〔1966～ 〕……………… 1095
行橋市（遺跡・遺物）…………… 1095
ユゴー, V.M.〔1802～1885〕………… 1095
ユーゴスラビア（プロパガンダ―歴
史）……………………………… 1095
ユーゴスラビア（歴史）………… 1095
遊佐 未森〔1964～ 〕……………… 1095
湯沢市（ジオパーク）…………… 1095
湯沢市（歴史―史料）…………… 1095
ユダ〔イスカリオテの〕…………… 1095
ユナイトアンドグロウ株式会社 …… 1095
ユニオン〔1985年〕………………… 1095
ユニクロ →ファーストリテイリングを見よ
ユニ・チャーム株式会社 ………… 1095
ユニバーサル・スタジオ ………… 1095
ユニバーサル・スタジオ・ジャパン … 1095
ユニバーサルディスプレイ ……… 1095
柚木 沙弥郎〔1922～ 〕…………… 1095
由布市（遺跡・遺物）…………… 1095
由布市（温泉）…………………… 1095
由布市（観光開発）……………… 1096
夢野 久作〔1889～1936〕…………… 1096
湯山台歩こう会 …………………… 1096
ユーラシア（遺跡・遺物―論文集）… 1096
ユーラシア（外国関係―日本―歴史―
1868～1945）…………………… 1096
ユーラシア（紀行・案内記）…… 1096
ユーラシア（国境）……………… 1096
ユーラシア（宗教）……………… 1096
ユーラシア（都市―歴史）……… 1096
ユーラシア〔歴史〕……………… 1096
ユーラシア（歴史―古代）……… 1096
由利本荘市（遺跡・遺物）……… 1096
由利本荘市（グリーンツーリズム）… 1096
由利本荘市（宿泊施設）………… 1096
ユング, C.G.〔1875～1961〕………… 1096

【よ】

余市町〔北海道〕（遺跡・遺物）…… 1097
洋菓子舗ウエスト ………………… 1097
揚輝荘 ……………………………… 1097
丁野 永正〔1943～ 〕……………… 1097
揺籃社 ……………………………… 1097
横井 小楠〔1809～1869〕…………… 1097
横内 正典〔1944～ 〕……………… 1097
横芝光町〔千葉県〕（絵馬―図集）… 1097
横芝光町〔千葉県〕（防災計画）…… 1097

横須賀市（遺跡・遺物）………… 1097
横須賀市（環境行政）…………… 1097
横須賀市（感染症対策）………… 1097
横須賀市（教育行政）…………… 1097
横須賀市（行政）………………… 1097
横須賀市（建築―歴史）………… 1097
横須賀市（財政）………………… 1097
横須賀市（産業）………………… 1097
横須賀市（騒音〔鉄道〕）……… 1097
横須賀市（美術教育）…………… 1097
横須賀市（文化政策）…………… 1097
横須賀市（砲台―歴史）………… 1097
横須賀市（要塞―歴史）………… 1097
横須賀市（歴史）………………… 1097
横須賀美術館 ……………………… 1097
横瀬 夜雨〔1878～1934〕…………… 1097
横手市（遺跡・遺物）…………… 1097
横手市（伝説）…………………… 1098
横手市（歴史）…………………… 1098
横浜港 ……………………………… 1098
横浜国立大学経済学部 …………… 1098
横浜市 ……………………………… 1098
横浜市（アーティストインレジデン
ス）……………………………… 1098
横浜市（アートマネジメント）… 1098
横浜市（遺跡・遺物）…………… 1098
横浜市（学童保育）……………… 1098
横浜市（河川）…………………… 1098
横浜市（環境行政）……………… 1098
横浜市（行政）…………………… 1098
横浜市（行政区画）……………… 1098
横浜市（協働〔行政〕）………… 1098
横浜市（国際見本市）…………… 1098
横浜市（国民保護計画）………… 1098
横浜市（古地図）………………… 1098
横浜市（災害予防）……………… 1098
横浜市（産業―統計）…………… 1098
横浜市（集合住宅）……………… 1098
横浜市（住宅団地―歴史）……… 1098
横浜市（植物）…………………… 1098
横浜市（女性労働）……………… 1098
横浜市（選挙―統計）…………… 1098
横浜市（戦災復興）……………… 1098
横浜市（男女共同参画）………… 1098
横浜市（地域開発）……………… 1098
横浜市（地誌）…………………… 1099
横浜市（地方選挙）……………… 1099
横浜市（中華街）………………… 1099
横浜市（都市計画）……………… 1099
横浜市（年中行事―歴史）……… 1099
横浜市（バリアフリー〔建築〕）… 1099
横浜市（バリアフリー〔交通〕）… 1099
横浜市（風水害―防災）………… 1099
横浜市（文化活動）……………… 1099
横浜市（防災計画）……………… 1099
横浜市（民間信仰）……………… 1099
横浜市（緑地計画）……………… 1099
横浜市（歴史）…………………… 1099
横浜市（歴史―写真集）………… 1099
横浜市（歴史―史料）…………… 1099
横浜市（歴史―史料―書目）…… 1099
横浜市（歴史地理）……………… 1099
横浜市（路線価）………………… 1099
横浜市港北区 ……………………… 1099
横浜市南区 ………………………… 1099
横浜市歴史博物館 ………………… 1099

横浜翠嵐高等学校〔神奈川県立〕…… 1099
横浜DeNAベイスターズ ………… 1099
横光 利一〔1898～1947〕…………… 1100
横山 健〔1970～ 〕………………… 1100
横山 大観〔1868～1958〕…………… 1100
横山 松三郎〔1838～1884〕………… 1100
横山 光輝〔1934～2004〕…………… 1100
横山 義治 ………………………… 1100
横山 義幸〔1936～ 〕……………… 1100
横山医院 …………………………… 1100
与謝野 晶子〔1878～1942〕………… 1100
与謝野 鉄幹〔1873～1935〕………… 1100
与謝野町〔京都府〕（遺跡・遺物）… 1100
与沢 翼〔1982～ 〕………………… 1100
吉井 和哉〔1966～ 〕……………… 1100
吉岡 しげ美〔1949～ 〕…………… 1100
吉岡 弥生〔1871～1959〕…………… 1100
吉川 英治〔1892～1962〕…………… 1100
吉川 廣和 ………………………… 1100
吉川建設株式会社 ………………… 1100
吉川市（歴史―史料）…………… 1100
吉澤 康伊〔1934～ 〕……………… 1100
吉田 五十八〔1894～1974〕………… 1100
吉田 健一〔1912～1977〕…………… 1100
吉田 兼好〔1282～1350〕…………… 1100
吉田 茂〔1878～1967〕……………… 1101
吉田 松陰〔1830～1859〕…………… 1101
吉田 隆子〔1910～1956〕…………… 1101
吉田 敬〔1973～ 〕………………… 1101
吉田 拓郎〔1946～ 〕……………… 1101
吉田 武三〔1902～1978〕…………… 1101
吉田 稔麿〔1841～1864〕…………… 1101
吉田 日出子〔1944～ 〕…………… 1101
吉田 房彦〔1935～ 〕……………… 1101
吉田 麻也〔1988～ 〕……………… 1101
吉田 光華 ………………………… 1101
吉田 怜香〔1987～ 〕……………… 1101
吉永 小百合〔1945～ 〕…………… 1101
吉野 伊佐男〔1942～ 〕…………… 1101
吉野 登美子〔1905～1999〕………… 1101
吉野 文六〔1918～ 〕……………… 1102
吉野川市（歴史）………………… 1102
吉野山 ……………………………… 1102
吉原 正喜〔1919～1944〕…………… 1102
吉増 剛造〔1939～ 〕……………… 1102
吉水 咲子〔1949～ 〕……………… 1102
吉満 義彦〔1904～1945〕…………… 1102
吉見町〔埼玉県〕（遺跡・遺物）… 1102
吉村 昭〔1927～2006〕……………… 1102
吉村 公三郎〔1911～2000〕………… 1102
吉村 豊雄〔1948～ 〕……………… 1102
吉本 隆明〔1924～2012〕…………… 1102
吉本 富男〔1925～ 〕……………… 1102
吉本興業株式会社 ………………… 1102
吉行 和子〔1935～ 〕……………… 1102
吉原遊廓 …………………………… 1102
吉原遊廓（歴史）………………… 1102
ヨーゼフ2世〔1741～1790 神聖ローマ
皇帝〕…………………………… 1102
四日市市（遺跡・遺物）………… 1102
四日市市（行政）………………… 1102
四日市市（地誌）………………… 1102
四日市市（伝記）………………… 1102
四日市市（歴史）………………… 1102
四街道市（遺跡・遺物）………… 1102
四街道市（行政）………………… 1103

四下 則之〔1946〜〕...................... 1103
淀川 1103
淀城 1103
与那国島 1103
与那国町〔沖縄県〕（歴史）.............. 1103
米子市（遺跡・遺物）.................... 1103
米子市子ども会連合会 1103
米沢 富美子〔1938〜〕.................... 1103
米沢市（遺跡・遺物）.................... 1103
米沢市（昔話）.......................... 1103
米沢市上郷コミュニティセンター 1103
米沢市芸術文化協会 1103
米沢藩 1103
米田 有希〔1978〜〕...................... 1103
米長 邦雄〔1943〜2012〕.................. 1103
ヨハネ23世〔1881〜1963 教皇〕.......... 1103
読売ジャイアンツ 1103
読売書法会 1103
読谷村〔沖縄県〕（紀行・案内記）...... 1103
代々木公園 1103
寄居町〔埼玉県〕（遺跡・遺物）........ 1103
ヨレンテ, S.〔1906〜1989〕.............. 1104
万 鉄五郎〔1885〜1927〕................ 1104
万屋 錦之介〔1932〜1997〕.............. 1104
ヨーロッパ（医学―歴史―中世）...... 1104
ヨーロッパ（移民・植民〔中国〕）...... 1104
ヨーロッパ（医療―歴史―中世）...... 1104
ヨーロッパ（医療制度）................ 1104
ヨーロッパ（映画）...................... 1104
ヨーロッパ（音楽家―歴史―20世
　　紀）.................................. 1104
ヨーロッパ（海運）...................... 1104
ヨーロッパ（絵画―歴史―近代）...... 1104
ヨーロッパ（解雇）...................... 1104
ヨーロッパ（外国関係―ドイツ―歴史
　　―1918〜1933）...................... 1104
ヨーロッパ（外国関係―日本）.......... 1104
ヨーロッパ（外国関係―日本―歴史―
　　安土桃山時代）...................... 1104
ヨーロッパ（外国関係―日本―歴史―
　　江戸初期）.......................... 1104
ヨーロッパ（外国関係―歴史）........ 1104
ヨーロッパ（外国関係―歴史―近
　　代）.................................. 1104
ヨーロッパ（外国人教育）.............. 1104
ヨーロッパ（外国人労働者）............ 1104
ヨーロッパ（介護福祉）................ 1104
ヨーロッパ（海事―歴史）.............. 1105
ヨーロッパ（海事―歴史―近代）...... 1105
ヨーロッパ（画家）...................... 1105
ヨーロッパ（画家―歴史―近代）...... 1105
ヨーロッパ（科学―歴史―16世紀）...... 1105
ヨーロッパ（科学―歴史―17世紀）...... 1105
ヨーロッパ（科学技術―歴史）........ 1105
ヨーロッパ（家具―歴史―20世紀）...... 1105
ヨーロッパ（ガス事業）................ 1105
ヨーロッパ（楽器―便覧）.............. 1105
ヨーロッパ（カトリック教会―歴史―
　　中世）.............................. 1105
ヨーロッパ（仮面―写真集）............ 1105
ヨーロッパ（看板―写真集）............ 1105
ヨーロッパ（紀行・案内記）............ 1105
ヨーロッパ（宮殿）...................... 1105
ヨーロッパ（救貧制度）................ 1105
ヨーロッパ（教育）...................... 1105
ヨーロッパ（教育行政）................ 1105

ヨーロッパ（漁業―歴史）.............. 1105
ヨーロッパ（キリスト教―歴史―中
　　世）.................................. 1105
ヨーロッパ（キリスト教教育―歴史―
　　中世）.............................. 1105
ヨーロッパ（キリスト教と政治―歴史
　　―近代）............................ 1106
ヨーロッパ（キリスト教と政治―歴史
　　―中世）............................ 1106
ヨーロッパ（金融）...................... 1106
ヨーロッパ（軍事―歴史）.............. 1106
ヨーロッパ（軍事―歴史―近代）...... 1106
ヨーロッパ（軍隊）...................... 1106
ヨーロッパ（景観計画―歴史―近
　　代）.................................. 1106
ヨーロッパ（経済）...................... 1106
ヨーロッパ（経済―歴史）.............. 1106
ヨーロッパ（経済―歴史―1914〜
　　1945）................................ 1106
ヨーロッパ（経済―歴史―近代）...... 1106
ヨーロッパ（経済―歴史―中世）...... 1106
ヨーロッパ（経済学―歴史）............ 1106
ヨーロッパ（芸術―雑誌）.............. 1106
ヨーロッパ（芸術―歴史）.............. 1106
ヨーロッパ（芸術―歴史―19世紀）...... 1106
ヨーロッパ（劇作家）.................... 1107
ヨーロッパ（劇作家―歴史―19世
　　紀）.................................. 1107
ヨーロッパ（劇作家―歴史―20世
　　紀）.................................. 1107
ヨーロッパ（広域行政）................ 1107
ヨーロッパ（高齢者福祉）.............. 1107
ヨーロッパ（国民性）.................... 1107
ヨーロッパ（国民投票）................ 1107
ヨーロッパ（財政）...................... 1107
ヨーロッパ（財政政策）................ 1107
ヨーロッパ（在宅福祉）................ 1107
ヨーロッパ（裁判―歴史）.............. 1107
ヨーロッパ（祭礼―写真集）............ 1107
ヨーロッパ（サッカー）................ 1107
ヨーロッパ（作曲家―人名辞典）...... 1107
ヨーロッパ（作曲家―歴史）............ 1107
ヨーロッパ（作曲家―歴史―近代―人
　　名辞典）............................ 1107
ヨーロッパ（ジェノサイド―歴史―20
　　世紀）.............................. 1107
ヨーロッパ（刺繍）...................... 1107
ヨーロッパ（自然公園）................ 1107
ヨーロッパ（失業保険）................ 1108
ヨーロッパ（室内装飾―歴史―17世
　　紀）.................................. 1108
ヨーロッパ（室内装飾―歴史―18世
　　紀）.................................. 1108
ヨーロッパ（社会）...................... 1108
ヨーロッパ（社会―歴史―1945〜）... 1108
ヨーロッパ（社会―歴史―中世）...... 1108
ヨーロッパ（社会思想―歴史）........ 1108
ヨーロッパ（社会主義―歴史―19世
　　紀）.................................. 1108
ヨーロッパ（社会主義―歴史―20世
　　紀）.................................. 1108
ヨーロッパ（社会調査―歴史―近
　　代）.................................. 1108
ヨーロッパ（修道院―歴史―中世）... 1108
ヨーロッパ（出版―歴史）.............. 1108
ヨーロッパ（少数民族）................ 1108

ヨーロッパ（商人―歴史―中世）...... 1108
ヨーロッパ（情報化社会）.............. 1108
ヨーロッパ（職業―歴史）.............. 1108
ヨーロッパ（職業―歴史―中世）...... 1108
ヨーロッパ（職業安定所）.............. 1108
ヨーロッパ（職業訓練）................ 1109
ヨーロッパ（職業指導）................ 1109
ヨーロッパ（食品工業）................ 1109
ヨーロッパ（城）........................ 1109
ヨーロッパ（城―歴史―中世）........ 1109
ヨーロッパ（森林―歴史）.............. 1109
ヨーロッパ（神話）...................... 1109
ヨーロッパ（推理小説―歴史―20世
　　紀）.................................. 1109
ヨーロッパ（政治）...................... 1109
ヨーロッパ（政治―歴史）.............. 1109
ヨーロッパ（政治―歴史―近代）...... 1109
ヨーロッパ（政治学―歴史）............ 1109
ヨーロッパ（政治思想―歴史）........ 1109
ヨーロッパ（政党）...................... 1109
ヨーロッパ（説話）...................... 1109
ヨーロッパ（造船業）.................... 1109
ヨーロッパ（大学）...................... 1109
ヨーロッパ（地方行政）................ 1109
ヨーロッパ（地方債）.................... 1109
ヨーロッパ（中小企業金融）............ 1109
ヨーロッパ（庭園―歴史）.............. 1109
ヨーロッパ（鉄道）...................... 1109
ヨーロッパ（伝記）...................... 1109
ヨーロッパ（電気事業）................ 1110
ヨーロッパ（天文学―歴史―15世
　　紀）.................................. 1110
ヨーロッパ（天文学―歴史―16世
　　紀）.................................. 1110
ヨーロッパ（天文学―歴史―17世
　　紀）.................................. 1110
ヨーロッパ（統計行政）................ 1110
ヨーロッパ（特許法）.................... 1110
ヨーロッパ（ナショナリズム―歴史―
　　20世紀）............................ 1110
ヨーロッパ（農業）...................... 1110
ヨーロッパ（版画―歴史）.............. 1110
ヨーロッパ（美術館）.................... 1110
ヨーロッパ（非正社員―雇用）........ 1110
ヨーロッパ（風俗・習慣―歴史―中
　　世）.................................. 1110
ヨーロッパ（服装―歴史）.............. 1110
ヨーロッパ（服装―歴史―図集）...... 1110
ヨーロッパ（文化）...................... 1110
ヨーロッパ（文化―歴史）.............. 1110
ヨーロッパ（文化―歴史―20世紀）...... 1110
ヨーロッパ（文化―歴史―近代）...... 1110
ヨーロッパ（文化―歴史―中世）...... 1110
ヨーロッパ（兵器―歴史）.............. 1111
ヨーロッパ（法制史）.................... 1111
ヨーロッパ（法制史―論文集）........ 1111
ヨーロッパ（放送事業―歴史）........ 1111
ヨーロッパ（魔女裁判―歴史―近
　　代）.................................. 1111
ヨーロッパ（魔除―歴史）.............. 1111
ヨーロッパ（民営職業紹介業）........ 1111
ヨーロッパ（民間社会福祉事業）...... 1111
ヨーロッパ（民族問題）................ 1111
ヨーロッパ（民族問題―歴史―20世
　　紀）.................................. 1111
ヨーロッパ（薬用植物）................ 1111

ヨーロッパ（郵便事業）⋯⋯⋯⋯⋯ 1111
ヨーロッパ（郵便事業―歴史）⋯⋯⋯ 1111
ヨーロッパ（要塞―歴史―中世）⋯⋯ 1111
ヨーロッパ（リージョナリズム）⋯⋯ 1111
ヨーロッパ（歴史）⋯⋯⋯⋯⋯⋯⋯ 1111
ヨーロッパ（歴史―1945〜）⋯⋯⋯⋯ 1111
ヨーロッパ（歴史―20世紀）⋯⋯⋯⋯ 1111
ヨーロッパ（歴史―近代）⋯⋯⋯⋯⋯ 1111
ヨーロッパ（歴史―中世）⋯⋯⋯⋯⋯ 1111
ヨーロッパ（労働政策）⋯⋯⋯⋯⋯⋯ 1111
ヨーロッパ〔西部〕（海外派遣者）⋯ 1111
ヨーロッパ〔西部〕（紀行・案内記）⋯ 1112
ヨーロッパ〔西部〕（労使関係）⋯⋯ 1112
ヨーロッパ〔中央部〕（音楽―楽曲解
　説）⋯⋯⋯⋯⋯⋯⋯⋯⋯⋯⋯⋯⋯⋯ 1112
ヨーロッパ〔中央部〕（紀行・案内
　記）⋯⋯⋯⋯⋯⋯⋯⋯⋯⋯⋯⋯⋯⋯ 1112
ヨーロッパ〔中央部〕（記録映画―歴
　史）⋯⋯⋯⋯⋯⋯⋯⋯⋯⋯⋯⋯⋯⋯ 1112
ヨーロッパ〔中央部〕（芸術―歴史―
　20世紀）⋯⋯⋯⋯⋯⋯⋯⋯⋯⋯⋯⋯ 1112
ヨーロッパ〔中央部〕（芸術―歴史―
　21世紀）⋯⋯⋯⋯⋯⋯⋯⋯⋯⋯⋯⋯ 1112
ヨーロッパ〔中央部〕（室内装飾―図
　集）⋯⋯⋯⋯⋯⋯⋯⋯⋯⋯⋯⋯⋯⋯ 1112
ヨーロッパ〔中央部〕（私法）⋯⋯⋯ 1112
ヨーロッパ〔中央部〕（商店建築―図
　集）⋯⋯⋯⋯⋯⋯⋯⋯⋯⋯⋯⋯⋯⋯ 1112
ヨーロッパ〔中央部〕（地誌）⋯⋯⋯ 1112
ヨーロッパ〔東部〕（外国関係―ドイ
　ツ連邦共和国―歴史）⋯⋯⋯⋯⋯⋯ 1112
ヨーロッパ〔東部〕（家庭用品）⋯⋯ 1112
ヨーロッパ〔東部〕（紀行・案内記）⋯ 1112
ヨーロッパ〔東部〕（記録映画―歴
　史）⋯⋯⋯⋯⋯⋯⋯⋯⋯⋯⋯⋯⋯⋯ 1112
ヨーロッパ〔東部〕（私法）⋯⋯⋯⋯ 1112
ヨーロッパ〔東部〕（陶磁器）⋯⋯⋯ 1112
ヨーロッパ〔南部〕（紀行・案内記）⋯ 1112
ヨーロッパ〔南部〕（地誌）⋯⋯⋯⋯ 1112
ヨーロッパ〔北部〕（音楽）⋯⋯⋯⋯ 1112
ヨーロッパ〔北部〕（室内装飾―図
　集）⋯⋯⋯⋯⋯⋯⋯⋯⋯⋯⋯⋯⋯⋯ 1112
ヨーロッパ〔北部〕（商店建築―図
　集）⋯⋯⋯⋯⋯⋯⋯⋯⋯⋯⋯⋯⋯⋯ 1112
ヨーロッパ〔北部〕（地誌）⋯⋯⋯⋯ 1112
ヨーロッパ〔北部〕（デザイン）⋯⋯ 1113
ヨーロッパ〔北部〕（陶磁器―歴史―
　1945〜―図集）⋯⋯⋯⋯⋯⋯⋯⋯⋯ 1113
ヨーロッパ〔北部〕（妖精）⋯⋯⋯⋯ 1113
ヨーロッパ連合 →欧州連合を見よ
与論島 ⋯⋯⋯⋯⋯⋯⋯⋯⋯⋯⋯⋯⋯⋯ 1113
与論町〔鹿児島県〕（魚―図集）⋯⋯ 1113
与論町〔鹿児島県〕（方言）⋯⋯⋯⋯ 1113
42年白門会 ⋯⋯⋯⋯⋯⋯⋯⋯⋯⋯⋯⋯ 1113

【ら】

羅 貫中〔明代〕⋯⋯⋯⋯⋯⋯⋯⋯⋯⋯ 1113
頼 山陽〔1780〜1832〕⋯⋯⋯⋯⋯⋯⋯ 1113
ライオン株式会社 ⋯⋯⋯⋯⋯⋯⋯⋯⋯ 1113
ライカカメラAG ⋯⋯⋯⋯⋯⋯⋯⋯⋯⋯ 1113
LIFE ⋯⋯⋯⋯⋯⋯⋯⋯⋯⋯⋯⋯⋯⋯⋯ 1113
ライフイズテック株式会社 ⋯⋯⋯⋯⋯ 1113
ライフサイエンス振興財団 ⋯⋯⋯⋯⋯ 1113
ライブドア ⋯⋯⋯⋯⋯⋯⋯⋯⋯⋯⋯⋯ 1113
ライプニッツ, G.W.〔1646〜1716〕⋯ 1113

Live Music JIROKICHI ⋯⋯⋯⋯⋯⋯ 1113
ラウソン, J.A.〔1866〜1935〕⋯⋯⋯ 1113
ラオス（経済援助〔日本〕）⋯⋯⋯⋯ 1113
ラオス（国際投資）⋯⋯⋯⋯⋯⋯⋯⋯ 1113
ラカン, J.〔1901〜1981〕⋯⋯⋯⋯⋯ 1113
楽天イーグルス →東北楽天ゴールデンイー
　グルスを見よ
楽天株式会社 ⋯⋯⋯⋯⋯⋯⋯⋯⋯⋯⋯ 1113
酪農学園大学創世寮 ⋯⋯⋯⋯⋯⋯⋯⋯ 1113
ラジオシンフォニー ⋯⋯⋯⋯⋯⋯⋯⋯ 1114
ラスネール, P.-F.〔1800〜1836〕⋯⋯ 1114
ラセター, J. ⋯⋯⋯⋯⋯⋯⋯⋯⋯⋯⋯ 1114
ラッセル, B.〔1872〜1970〕⋯⋯⋯⋯ 1114
ラップランド（紀行・案内記）⋯⋯⋯ 1114
ラテンアメリカ（音楽―楽曲解説）⋯ 1114
ラテンアメリカ（紀行・案内記）⋯⋯ 1114
ラテンアメリカ（教育政策）⋯⋯⋯⋯ 1114
ラテンアメリカ（社会）⋯⋯⋯⋯⋯⋯ 1114
ラテンアメリカ（食生活）⋯⋯⋯⋯⋯ 1114
ラテンアメリカ（植民地〔スペイン〕
　―歴史）⋯⋯⋯⋯⋯⋯⋯⋯⋯⋯⋯⋯ 1114
ラテンアメリカ（神話）⋯⋯⋯⋯⋯⋯ 1114
ラテンアメリカ（政治）⋯⋯⋯⋯⋯⋯ 1114
ラテンアメリカ（大衆運動）⋯⋯⋯⋯ 1114
ラテンアメリカ（地域社会）⋯⋯⋯⋯ 1114
ラテンアメリカ（地誌）⋯⋯⋯⋯⋯⋯ 1114
ラテンアメリカ（地名―辞書）⋯⋯⋯ 1114
ラテンアメリカ（葉巻煙草）⋯⋯⋯⋯ 1114
ラテンアメリカ（美術―歴史―1945〜
　―図集）⋯⋯⋯⋯⋯⋯⋯⋯⋯⋯⋯⋯ 1114
ラテンアメリカ（美術―歴史―近
　代）⋯⋯⋯⋯⋯⋯⋯⋯⋯⋯⋯⋯⋯⋯ 1114
ラバウル（太平洋戦争〔1941〜1945〕
　―会戦）⋯⋯⋯⋯⋯⋯⋯⋯⋯⋯⋯⋯ 1114
ラブルースト, H.〔1801〜1875〕⋯⋯ 1114
ラーマクリシュナ〔1836〜1886〕⋯⋯ 1114
ラーマーヌジャ〔1017〜1137〕⋯⋯⋯ 1114
ラムステット, G.J.〔1873〜1950〕⋯ 1115
ランカウィ島 ⋯⋯⋯⋯⋯⋯⋯⋯⋯⋯⋯ 1115
ランサーズ株式会社 ⋯⋯⋯⋯⋯⋯⋯⋯ 1115

【り】

リー, H.〔1926〜 〕⋯⋯⋯⋯⋯⋯⋯ 1115
リー, L.〔1902〜1995〕⋯⋯⋯⋯⋯⋯ 1115
リー, クアンユー〔1923〜 〕⋯⋯⋯ 1115
李 承晩〔1875〜1965〕⋯⋯⋯⋯⋯⋯ 1115
李 春浩〔1950〜 〕⋯⋯⋯⋯⋯⋯⋯ 1115
リ ハナ ⋯⋯⋯⋯⋯⋯⋯⋯⋯⋯⋯⋯⋯ 1115
リー, ブルース〔1940〜1973〕⋯⋯⋯ 1115
リガ（紀行・案内記）⋯⋯⋯⋯⋯⋯⋯ 1115
理化学研究所 ⋯⋯⋯⋯⋯⋯⋯⋯⋯⋯⋯ 1115
リカード, D.〔1772〜1823〕⋯⋯⋯⋯ 1115
陸 九淵〔1139〜1192〕⋯⋯⋯⋯⋯⋯ 1115
陸 游〔1125〜1210〕⋯⋯⋯⋯⋯⋯⋯ 1115
陸軍参謀本部陸地測量部 ⋯⋯⋯⋯⋯⋯ 1115
陸軍中野学校 ⋯⋯⋯⋯⋯⋯⋯⋯⋯⋯⋯ 1115
陸軍登戸研究所 ⋯⋯⋯⋯⋯⋯⋯⋯⋯⋯ 1115
陸軍幼年学校 ⋯⋯⋯⋯⋯⋯⋯⋯⋯⋯⋯ 1115
陸上自衛隊 ⋯⋯⋯⋯⋯⋯⋯⋯⋯⋯⋯⋯ 1115
陸前高田市（公文書―保存・修復）⋯ 1116
陸前高田市（津波）⋯⋯⋯⋯⋯⋯⋯⋯ 1116
陸前高田市（東日本大震災〔2011〕―
　被害）⋯⋯⋯⋯⋯⋯⋯⋯⋯⋯⋯⋯⋯ 1116

陸前高田市（東日本大震災〔2011〕―
　被害―写真集）⋯⋯⋯⋯⋯⋯⋯⋯⋯ 1116
陸前高田市（風俗・習慣）⋯⋯⋯⋯⋯ 1116
リクール, P.〔1913〜2005〕⋯⋯⋯⋯ 1116
リクルートグループ ⋯⋯⋯⋯⋯⋯⋯⋯ 1116
リクルートホールディングス ⋯⋯⋯⋯ 1116
理源〔832〜909〕⋯⋯⋯⋯⋯⋯⋯⋯⋯ 1116
リサイクル洗びんセンター ⋯⋯⋯⋯⋯ 1116
リシャール・ミル ⋯⋯⋯⋯⋯⋯⋯⋯⋯ 1116
利尻島 ⋯⋯⋯⋯⋯⋯⋯⋯⋯⋯⋯⋯⋯⋯ 1116
リーチ, B.〔1887〜1979〕⋯⋯⋯⋯⋯ 1116
リチャーズ, E.H.〔1842〜1911〕⋯⋯ 1116
リチャーズ, K.〔1943〜 〕⋯⋯⋯⋯ 1116
李朝〔朝鮮〕（王室―歴史）⋯⋯⋯⋯ 1116
李朝〔朝鮮〕（外国関係―日本―歴
　史）⋯⋯⋯⋯⋯⋯⋯⋯⋯⋯⋯⋯⋯⋯ 1116
李朝〔朝鮮〕（儀式典例―歴史）⋯⋯ 1116
李朝〔朝鮮〕（公文書―歴史）⋯⋯⋯ 1116
李朝〔朝鮮〕（女性―歴史―伝記）⋯ 1116
李朝〔朝鮮〕（中国語教育―歴史）⋯ 1116
李朝〔朝鮮〕（朝鮮語―語彙―歴史）⋯ 1116
李朝〔朝鮮〕（美術―歴史―図集）⋯ 1116
李朝〔朝鮮〕（歴史）⋯⋯⋯⋯⋯⋯⋯ 1116
六花寮 ⋯⋯⋯⋯⋯⋯⋯⋯⋯⋯⋯⋯⋯⋯ 1116
立石寺〔山形市〕⋯⋯⋯⋯⋯⋯⋯⋯⋯ 1116
立正大学 ⋯⋯⋯⋯⋯⋯⋯⋯⋯⋯⋯⋯⋯ 1116
リッツ・カールトン ⋯⋯⋯⋯⋯⋯⋯⋯ 1117
リット, T.〔1880〜1962〕⋯⋯⋯⋯⋯ 1117
栗東市（遺跡・遺物）⋯⋯⋯⋯⋯⋯⋯ 1117
立命館大学 ⋯⋯⋯⋯⋯⋯⋯⋯⋯⋯⋯⋯ 1117
立命館大学産業社会学部 ⋯⋯⋯⋯⋯⋯ 1117
立命館大学文学部地理学教室 ⋯⋯⋯⋯ 1117
リトアニア（キリスト教―歴史―16世
　紀）⋯⋯⋯⋯⋯⋯⋯⋯⋯⋯⋯⋯⋯⋯ 1117
リトルジーニアス ⋯⋯⋯⋯⋯⋯⋯⋯⋯ 1117
リバネス ⋯⋯⋯⋯⋯⋯⋯⋯⋯⋯⋯⋯⋯ 1117
リビアス ⋯⋯⋯⋯⋯⋯⋯⋯⋯⋯⋯⋯⋯ 1117
リヒテル, S.〔1915〜1997〕⋯⋯⋯⋯ 1117
リービヒ, J.〔1803〜1873〕⋯⋯⋯⋯ 1117
リベルタ ⋯⋯⋯⋯⋯⋯⋯⋯⋯⋯⋯⋯⋯ 1117
リーマン・ブラザーズ ⋯⋯⋯⋯⋯⋯⋯ 1117
柳 景子〔1953〜 〕⋯⋯⋯⋯⋯⋯⋯ 1117
柳 宗元〔773〜819〕⋯⋯⋯⋯⋯⋯⋯ 1117
竜王町〔滋賀県〕（遺跡・遺物）⋯⋯ 1117
竜角寺〔千葉県栄町〕⋯⋯⋯⋯⋯⋯⋯ 1117
琉球（統計）⋯⋯⋯⋯⋯⋯⋯⋯⋯⋯⋯ 1117
琉球列島 ⋯⋯⋯⋯⋯⋯⋯⋯⋯⋯⋯⋯⋯ 1117
龍谷大学社会学部 ⋯⋯⋯⋯⋯⋯⋯⋯⋯ 1118
龍谷大学大学院経営学研究科 ⋯⋯⋯⋯ 1118
龍樹 ⋯⋯⋯⋯⋯⋯⋯⋯⋯⋯⋯⋯⋯⋯⋯ 1118
竜尾寺〔匝瑳市〕⋯⋯⋯⋯⋯⋯⋯⋯⋯ 1118
竜腹寺〔印西市〕⋯⋯⋯⋯⋯⋯⋯⋯⋯ 1118
リューベ株式会社 ⋯⋯⋯⋯⋯⋯⋯⋯⋯ 1118
遼〔中国〕（歴史）⋯⋯⋯⋯⋯⋯⋯⋯ 1118
良寛〔1758〜1831〕⋯⋯⋯⋯⋯⋯⋯⋯ 1118
遼寧省（教育―歴史）⋯⋯⋯⋯⋯⋯⋯ 1118
遼寧省（歴史）⋯⋯⋯⋯⋯⋯⋯⋯⋯⋯ 1118
良品計画 ⋯⋯⋯⋯⋯⋯⋯⋯⋯⋯⋯⋯⋯ 1118
了輪 隆〔 〜180B.C. 漢〕⋯⋯⋯⋯ 1118
呂太后〔 〜180B.C. 漢〕⋯⋯⋯⋯⋯ 1118
旅日福建同郷懇親会 ⋯⋯⋯⋯⋯⋯⋯⋯ 1119
リルケ, R.M.〔1875〜1926〕⋯⋯⋯⋯ 1119
リンガー〔家〕⋯⋯⋯⋯⋯⋯⋯⋯⋯⋯ 1119
リンネ, C.v.〔1707〜1778〕⋯⋯⋯⋯ 1119
リンプロダクツ ⋯⋯⋯⋯⋯⋯⋯⋯⋯⋯ 1119

【る】

ルイジアナ州（災害復興—ニューオー
　リンズ） ……………………………… 1119
ルイジアナ州（地域社会—ニューオー
　リンズ） ……………………………… 1119
ルイ・ヴィトン社 …………………………… 1119
ルカーチ, G.〔1885〜1971〕…………… 1119
ルクセンブルク, R.〔1870〜1919〕…… 1119
ル・コルビュジエ〔1887〜1965〕……… 1119
留守〔家〕……………………………………… 1119
ルーズベルト, F.D.〔1882〜1945〕…… 1119
ルソー, H.〔1844〜1910〕……………… 1119
ルソー, J.-J.〔1712〜1778〕…………… 1119
ルソン島 ……………………………………… 1120
ルソン島（太平洋戦争〔1941〜1945〕
　—会戦）……………………………… 1120
ルター, M.〔1483〜1546〕……………… 1120
ルーヴル美術館 …………………………… 1120
ルーマニア（紀行・案内記）……………… 1120
ルーマニア（経済）………………………… 1120
ルーマニア（詩人）………………………… 1120
ルーマニア（ロマ）………………………… 1120
ルーマン, N.〔1927〜1998〕…………… 1120
ルワンダ（ジェノサイド）………………… 1120
ルワンダ（民族問題）……………………… 1120

【れ】

レアル・マドリード ………………………… 1120
レイ, マン〔1890〜1976〕……………… 1120
霊松院〔1634〜1713〕…………………… 1120
冷泉 為秀〔　〜1372〕…………………… 1120
レオナルド・ダ・ヴィンチ〔1452〜
　1519〕………………………………… 1120
レオニドフ, I.I.〔1902〜1959〕………… 1121
レーガン, R.〔1911〜2004〕…………… 1121
レゴ社 ………………………………………… 1121
レジェ, F.〔1881〜1955〕……………… 1121
レスピナス, J.〔1732〜1776〕………… 1121
レソト（社会—歴史—近代）……………… 1121
レソト（土地利用）………………………… 1121
列子 …………………………………………… 1121
レッド・ツェッペリン ……………………… 1121
レッドベター, L.M.〔1938〜　〕……… 1121
レーナ・マリア〔1968〜　〕…………… 1121
レーニン, V.I.〔1870〜1924〕………… 1121
レニングラード（世界戦争〔1939〜
　1945〕—会戦）……………………… 1121
レーヴィ, P.〔1919〜1987〕…………… 1121
レヴィ＝ストロース, C.〔1908〜
　2009〕………………………………… 1121
レヴィナス, E.〔1906〜1995〕………… 1121
礼文島 ………………………………………… 1121
レーベン販売 ……………………………… 1121
蓮馨寺〔川越市〕…………………………… 1121
蓮月尼〔1791〜1875〕…………………… 1121
連合赤軍 …………………………………… 1121
レントゲン, W.K.〔1845〜1923〕……… 1122
連邦準備銀行 ……………………………… 1122
連邦預金保険公社 ………………………… 1122

【ろ】

ロイ, M.〔1882〜1966〕………………… 1122

ロイヤルパークホテル …………………… 1122
ロイヤルブルーティージャパン株式会
　社 …………………………………… 1122
老子〔579?〜499?B.C.〕………………… 1122
老舎〔1898〜1966〕……………………… 1122
労働安全衛生総合研究所 ……………… 1122
ロウントリー, B.S.〔1871〜1954〕…… 1122
ロェスラー, H.〔1834〜1894〕………… 1122
六郷水門 …………………………………… 1122
ロシア（遺跡・遺物—極東）……………… 1122
ロシア（演劇）……………………………… 1122
ロシア（音楽—歴史）……………………… 1122
ロシア（外国関係）………………………… 1123
ロシア（外国関係—アジア）……………… 1123
ロシア（外国関係—アジア〔東部〕—
　歴史—20世紀）……………………… 1123
ロシア（外国関係—アジア—歴史—
　1991〜）……………………………… 1123
ロシア（外国関係—アメリカ合衆
　国）…………………………………… 1123
ロシア（外国関係—アメリカ合衆国—
　歴史—1945〜）……………………… 1123
ロシア（外国関係—ウクライナ）………… 1123
ロシア（外国関係—太平洋地域—歴史
　—1991〜）…………………………… 1123
ロシア（外国関係—ドイツ連邦共和国
　—歴史）……………………………… 1123
ロシア（外国関係—日本）………………… 1123
ロシア（外国関係—日本—歴史）………… 1123
ロシア（外国関係—日本—歴史—1868
　〜1945）……………………………… 1123
ロシア（外国関係—日本—歴史—江戸
　中期）………………………………… 1123
ロシア（外国関係—日本—歴史—江戸
　末期）………………………………… 1123
ロシア（外国関係—日本—歴史—昭和
　後期）………………………………… 1123
ロシア（外国関係—日本—歴史—明治
　以後—伝記）………………………… 1123
ロシア（外国関係—日本—歴史—明治
　時代）………………………………… 1124
ロシア（外国関係—満州—歴史）………… 1124
ロシア（外国関係—歴史—ニコライ2
　世時代）……………………………… 1124
ロシア（開発計画—極東）………………… 1124
ロシア（科学技術—歴史）………………… 1124
ロシア（革命家）…………………………… 1124
ロシア（ガス事業）………………………… 1124
ロシア（歌謡—歴史—20世紀）………… 1124
ロシア（紀行・案内記）…………………… 1124
ロシア（技術援助〔日本〕）……………… 1124
ロシア（漁業—統計）……………………… 1124
ロシア（記録映画—歴史）………………… 1124
ロシア（軍需工業）………………………… 1124
ロシア（軍隊）……………………………… 1124
ロシア（軍用機—歴史—1925〜
　1953）………………………………… 1124
ロシア（経済）……………………………… 1124
ロシア（経済関係—日本—歴史—1945
　〜）…………………………………… 1124
ロシア（経済政策—歴史—1917〜
　1936）………………………………… 1124
ロシア（経済政策—歴史—ソビエト連
　邦時代）……………………………… 1124
ロシア（国際投資）………………………… 1124

ロシア（サブカルチャー）………………… 1124
ロシア（社会）……………………………… 1124
ロシア（社会主義）………………………… 1124
ロシア（出版—歴史—18世紀）………… 1124
ロシア（女性）……………………………… 1124
ロシア（人口—歴史—近代）……………… 1125
ロシア（政治）……………………………… 1125
ロシア（政治—歴史—1917〜）………… 1125
ロシア（政治—歴史—1925〜1953）… 1125
ロシア（政治—歴史—ニコライ2世時
　代）…………………………………… 1125
ロシア（石炭産業—極東）………………… 1125
ロシア（石油産業）………………………… 1125
ロシア（石油産業—極東）………………… 1125
ロシア（石器—極東）……………………… 1125
ロシア（戦車—歴史—1925〜1953）… 1125
ロシア（知識階級—歴史—19世紀）…… 1125
ロシア（知識階級—歴史—20世紀）…… 1125
ロシア（天然ガス—極東）………………… 1125
ロシア（廃棄物処理）……………………… 1125
ロシア（フィギュアスケート）…………… 1125
ロシア（武術）……………………………… 1125
ロシア（プロパガンダ—歴史—ソビエ
　ト連邦時代）………………………… 1125
ロシア（文化）……………………………… 1125
ロシア（文化—歴史）……………………… 1125
ロシア（文化—歴史—ニコライ2世時
　代）…………………………………… 1126
ロシア（貿易—北太平洋地域—歴史—
　近代）………………………………… 1126
ロシア（貿易—統計）……………………… 1126
ロシア（ポスター—歴史—1917〜1936
　—図集）……………………………… 1126
ロシア（ポスター—歴史—ニコライ2
　世時代—図集）……………………… 1126
ロシア（綿業—歴史—19世紀）………… 1126
ロシア（ユダヤ人—歴史）………………… 1126
ロシア（妖怪）……………………………… 1126
ロシア（流行歌—歴史—20世紀）……… 1126
ロシア（歴史）……………………………… 1126
ロシア（歴史—1925〜1953）…………… 1126
ロシア（歴史—近代）……………………… 1126
ロシア・アメリカ会社 …………………… 1126
ロジャース, C.R.〔1902〜1987〕……… 1126
魯迅〔1881〜1936〕……………………… 1126
ローソン …………………………………… 1126
ロータリークラブ ………………………… 1126
ローターン, J.P.〔1785〜1853〕……… 1126
六角 精児〔1962〜　〕…………………… 1126
ロック, J.〔1632〜1704〕……………… 1126
ロックフェラー, D.〔1915〜　〕……… 1126
六工社 ……………………………………… 1127
ロッシュ, L.〔1809〜1901〕…………… 1127
ロッテオリオンズ →千葉ロッテマリーンズ
　を見よ
ロトチェンコ, A.M.〔1891〜1956〕…… 1127
ロナウド, C.
ロブシャイト, W.〔1822〜1893〕……… 1127
ローマ（紀行・案内記）…………………… 1127
ローマ帝国 →古代ローマを見よ
ロマノフ〔家〕……………………………… 1127
ローリング, J.K.〔1965〜　〕………… 1127
ローリング・ストーンズ ………………… 1127
ロールズ, J.〔1921〜2002〕…………… 1127
ロレンス, D.H.〔1885〜1930〕………… 1127

ロレンス

ロレンス, T.E.〔1888～1935〕········· 1127
論談同友会 ······························· 1127
ロンドン（印刷業）······················· 1127
ロンドン（紀行・案内記）·············· 1127
ロンドン（芸術―歴史）·················· 1127
ロンドン（社会）·························· 1127
ロンドン（幽霊）·························· 1127
ロンドン（歴史）·························· 1127
ロンドン, J.〔1876～1916〕············· 1127

【 わ 】

YKK株式会社 ···························· 1127
ワイルド, C.〔1858～1898〕············ 1127
ワイルド, O.〔1854～1900〕············ 1127
若狭町〔福井県〕（遺跡・遺物）······ 1127
若杉 文吉〔1926～2012〕·············· 1127
若月 俊一〔1910～2006〕·············· 1127
若林 正恭〔1978～ 〕·················· 1128
和ケ原 聡司 ····························· 1128
若山 牧水〔1885～1928〕·············· 1128
和歌山県（遺跡・遺物）·················· 1128
和歌山県（遺跡・遺物―海南市）······· 1128
和歌山県（遺跡・遺物―紀の川市）··· 1128
和歌山県（遺跡・遺物―和歌山市）··· 1128
和歌山県（エコシティ―和歌山市）··· 1128
和歌山県（介護保険）·················· 1128
和歌山県（環境運動）·················· 1128
和歌山県（教育行政）·················· 1128
和歌山県（金石・金石文―かつらぎ
　町）····································· 1128
和歌山県（公共事業）·················· 1128
和歌山県（交通―統計）················ 1128
和歌山県（高齢者）····················· 1128
和歌山県（高齢者福祉）················ 1128
和歌山県（財産評価）·················· 1128
和歌山県（祭祀―那智勝浦町）········· 1128
和歌山県（祭礼）························· 1128
和歌山県（殺人―和歌山市）············ 1128
和歌山県（産学連携）·················· 1128
和歌山県（史跡名勝）·················· 1128
和歌山県（社会運動―歴史）············ 1128
和歌山県（巡礼〔仏教〕―歴史）······· 1129
和歌山県（荘園―かつらぎ町）········· 1129
和歌山県（城下町―和歌山市―歴
　史）····································· 1129
和歌山県（女性問題―歴史）············ 1129
和歌山県（書目）························· 1129
和歌山県（城―歴史）·················· 1129
和歌山県（震災予防）·················· 1129
和歌山県（水害―那智勝浦町）········· 1129
和歌山県（石油コンビナート）········· 1129
和歌山県（租税）························· 1129
和歌山県（地域社会開発）············· 1129
和歌山県（地誌）························· 1129
和歌山県（地誌―橋本市）············· 1129
和歌山県（中高年齢者）················ 1129
和歌山県（田楽―那智勝浦町）········· 1129
和歌山県（伝記）························· 1129
和歌山県（都市計画―和歌山市）······ 1129
和歌山県（二酸化炭素―排出抑制）··· 1129
和歌山県（入札）························· 1129
和歌山県（廃棄物処理）················ 1129
和歌山県（排出抑制〔廃棄物〕）······ 1129
和歌山県（仏像―日高川町―図集）··· 1129
和歌山県（部落問題―歴史―史料）··· 1129

和歌山県（文学上）····················· 1129
和歌山県（方言―橋本市）·············· 1129
和歌山県（防災教育〔学校〕）········· 1129
和歌山県（防災計画）·················· 1129
和歌山県（墓誌―高野町）·············· 1129
和歌山県（マイクログリッド）········· 1130
和歌山県（民家―保存・修復―新宮
　市）····································· 1130
和歌山県（名簿）························· 1130
和歌山県（歴史）························· 1130
和歌山県（歴史―史料―海南市）······ 1130
和歌山県（歴史―史料―書目）········· 1130
和歌山県（歴史―史料―和歌山市）··· 1130
和歌山県（歴史―新宮市）·············· 1130
和歌山県（歴史―和歌山市）············ 1130
和歌山県（路線価）····················· 1130
和歌山県（和歌山市）·················· 1130
和歌山県国民健康保険団体連合会 ····· 1130
和歌山市 ································· 1130
和歌山市（遺跡・遺物）················ 1130
和歌山市（エコシティ）················ 1130
和歌山市（殺人）························· 1130
和歌山市（城下町―歴史）············· 1130
和歌山市（都市計画）·················· 1130
和歌山市（歴史）························· 1131
和歌山市（歴史―史料）················ 1131
和歌山大学 ······························· 1131
脇 静子〔1939～ 〕···················· 1131
脇 蘭室〔1764～1814〕················ 1131
ワーグナー, R.〔1813～1883〕······· 1131
和光学園 ································· 1131
和光市（遺跡・遺物）·················· 1131
鷲尾 勘解治〔1881～1991〕············ 1131
輪島市（遺跡・遺物）·················· 1131
輪島市（民家―保存・修復）············ 1131
輪島市（歴史―史料―書目）············ 1131
ワシントン州（産業クラスター―シア
　トル）··································· 1131
ワシントン大学ボート部 ··············· 1131
ワーズワス, W.〔1770～1850〕········· 1131
早稲田大学 ······························· 1131
早稲田大学競走部 ······················· 1131
早稲田大学国語教育学会 ··············· 1131
和田 アサ子〔1935～ 〕··············· 1131
和田 莘〔1944～ 〕···················· 1131
ワダ エミ〔1937～ 〕················· 1131
和田国際交流財団 ······················· 1132
和田中学校〔東京都杉並区立〕········· 1132
渡辺〔家〕〔坂井市〕·················· 1132
渡辺〔氏〕································ 1132
渡辺 明 ································· 1132
渡邊 修〔1859～1932〕················ 1132
渡辺 崋山〔1793～1841〕·············· 1132
渡辺 鼎〔1858～1932〕················ 1132
渡辺 啓助〔1901～2002〕·············· 1132
渡邊 剛〔1958～ 〕···················· 1132
渡部 恒三〔1932～ 〕················· 1132
渡辺 淳〔1922～ 〕···················· 1132
渡辺 淳一〔1933～2014〕·············· 1132
渡辺 順三〔1894～1972〕·············· 1132
渡辺 恒雄〔1926～ 〕················· 1132
渡邊 楠亭〔1800～1854〕·············· 1132
渡邉 普相〔1931～2012〕·············· 1132
渡辺 優子 ································ 1132
渡辺 喜美〔1952～ 〕················· 1132
渡辺胃腸科外科病院 ···················· 1132

ワタミ株式会社 ·························· 1132
亘理町〔宮城県〕（イチゴ―栽培）··· 1132
亘理町〔宮城県〕（災害復興）········· 1132
亘理町〔宮城県〕（水運）·············· 1132
亘理町〔宮城県〕（民間社会福祉事
　業）····································· 1132
和知 鷹二〔1893～1978〕·············· 1132
和智 恒蔵〔1900～1990〕·············· 1132
稚内港 ··································· 1132
稚内市（金石・金石文）················ 1132
稚内市（歴史）··························· 1132
和辻 哲郎〔1889～1960〕·············· 1132
わっぱ小屋 ······························· 1132
ワトソン, E.〔1990～ 〕··············· 1132
わらしこ保育園 ·························· 1132
ワン・ダイレクション ················· 1133

【あ】

アアルト, A.〔1898～1976〕
◇アルヴァル・アールト光と建築　アルヴァル・アールト［作］,小泉隆写真・著　プチグラパブリッシング　2013.12　303p　22cm〈文献あり〉①978-4-903267-75-3　Ⓝ523.3892　［3800円］

◇セイナッツァロ役場＆夏の家―フィンランド1952, 1953　アルヴァ・アアルト［作］, 宮本和義撮影, 齊藤哲也解説　［東京］　バナナブックス　2014.1　71p　21cm（World architecture）〈英語併記〉①978-4-902930-30-6　Ⓝ526.31　［1700円］

IMF →国際通貨基金を見よ

相生市〔遺跡・遺物〕
◇西柄遺跡・宮ノ前遺跡　兵庫県まちづくり技術センター埋蔵文化財調査部編　神戸　兵庫県教育委員会　2014.2　1冊　30cm（兵庫県文化財調査報告　第456冊）〈相生市所在　一般国道2号相生有年道路事業に係る埋蔵文化財発掘調査報告書〉Ⓝ210.0254

相生市〔学校―歴史〕
◇写真でみる相生の学校史　［相生］　相生写真館グループ　2014.1　200p　30cm〈年表あり　文献あり　編集担当：橋本一彦〉Ⓝ372.164

相生市〔歴史〕
◇ふるさと相生つれづれ草　棚橋純子著, 松本恵司編　［相生］　相生いきいきネット　2014.4　215p　30cm　Ⓝ216.4　［1800円］

哀川 翔〔1961～ 〕
◇元不良、いま不良、これからも不良　哀川翔著　東邦出版　2014.5　223p　19cm〈背のタイトル：BAD GUY NO FUTURE,BUT YES FUTURE〉①978-4-8094-1224-0　Ⓝ778.21　［1389円］

愛国婦人会
◇戦時下愛国婦人会の軍事後援活動　2　献納・慰問袋　守田佳子著　新潟　太陽書房　2013.6　208p　21cm（シリーズ愛国婦人会 4-4）〈文献あり〉①978-4-86420-075-2　Ⓝ390.6　［2400円］

アイザワ, S.〔1930～2006〕
◇南太平洋の剛腕投手―日系ミクロネシア人の波瀾万丈　近藤節夫著　現代書館　2014.8　236p　19cm　①978-4-7684-5733-7　Ⓝ289.3　［1600円］

愛沢 えみり〔1988～ 〕
◇Emiri―愛沢えみりファッション＆ビューティーブック　愛沢えみり著　主婦の友インフォス情報社　2014.10　111p　21cm〈主婦の友社（発売）〉①978-4-07-297537-4　Ⓝ289.1　［1400円］

愛新覚羅 溥儀 →溥儀を見よ

会津
◇会津の歌舞伎史を訪ねる　渡部康人著　会津若松　歴史春秋出版　2014.1　179p　19cm（歴春ふくしま文庫 42）〈文献あり〉①978-4-89757-820-0　Ⓝ386.8126　［1200円］

◇会津の野仏　滝沢洋之著　会津若松　歴史春秋出版　2014.6　179p　19cm（歴春ふくしま文庫 40）〈文献あり〉①978-4-89757-828-6　Ⓝ718.4　［1200円］

◇新しい会津古代史　鈴木啓著　会津若松　歴史春秋出版　2013.12　218p　19cm〈文献あり〉①978-4-89757-814-9　Ⓝ212.6　［1500円］

◇奥会津　赤羽博志, 飯塚恒夫, 酒井哲也, 滝沢берез之, 新国勇, 平出美穂子著　会津若松　歴史春秋出版　2014.1　147p　30cm　①978-4-89757-819-4　Ⓝ291.26　［2000円］

◇幕末から明治に生きた会津女性の物語　会津若松　歴史春秋社出版　2014.3　206p　19cm　①978-4-89757-823-1　Ⓝ281.26　［1000円］

会津 八一〔1881～1956〕
◇雁魚来往　2　丹県康平・協平, 山田正平, 中田瑞穂と會津八一の往来書簡　會津八一・丹県康平・協平, 山田正平, 中田瑞穂［著］, 雁魚来往研究会, 會津八一記念館編　新潟　新潟市會津八一記念館　2014.3　118p　30cm〈複製を含む〉Ⓝ911.162

◇孤高の書人會津八一　角田勝久著　長野　龍鳳書房　2014.3　332p　22cm〈索引あり　内容：會津八一の初期の書と良寛

呉昌碩への傾倒　山田正平・銭痩鉄との関係　扁額《壷中居》の位置づけ　北大路魯山人との対立　昭和十五年十一月の扁額について　會津八一の様本　様本の制作年と晩年の制作かな書と歌　會津八一の書の意義〉①978-4-947697-47-9　Ⓝ728.216　［3500円］

会津藩
◇會津藩廳記録　1　オンデマンド版　東京大学出版会　2014.7　540p　22cm（日本史籍協会叢書 1）〈印刷・製本：デジタルパブリッシングサービス　覆刻再刊　昭和57年刊〉①978-4-13-009301-9　Ⓝ210.58　［11000円］

◇會津藩廳記録　2　オンデマンド版　東京大学出版会　2014.7　706p　22cm（日本史籍協会叢書 2）〈印刷・製本：デジタルパブリッシングサービス　覆刻再刊　昭和57年刊〉①978-4-13-009302-6　Ⓝ210.58　［15000円］

◇會津藩廳記録　3　オンデマンド版　東京大学出版会　2014.7　542p　22cm（日本史籍協会叢書 3）〈印刷・製本：デジタルパブリッシングサービス　覆刻再刊　昭和57年刊〉①978-4-13-009303-3　Ⓝ210.58　［11000円］

◇會津藩廳記録　4　オンデマンド版　東京大学出版会　2014.7　745p　22cm（日本史籍協会叢書 4）〈印刷・製本：デジタルパブリッシングサービス　覆刻再刊　昭和57年刊〉①978-4-13-009304-0　Ⓝ210.58　［15000円］

◇會津藩廳記録　5　オンデマンド版　東京大学出版会　2014.7　712p　22cm（日本史籍協会叢書 5）〈印刷・製本：デジタルパブリッシングサービス　覆刻再刊　昭和57年刊〉①978-4-13-009305-7　Ⓝ210.58　［15000円］

◇會津藩廳記録　6　オンデマンド版　東京大学出版会　2014.7　491p　22cm（日本史籍協会叢書 6）〈印刷・製本：デジタルパブリッシングサービス　覆刻再刊　昭和57年刊〉①978-4-13-009306-4　Ⓝ210.58　［11000円］

◇古文書にみる会津藩の食文化　平出美穂子著　会津若松　歴史春秋出版　2014.1　240p　26cm〈文献あり　年表あり〉①978-4-89757-817-0　Ⓝ383.8126　［3000円］

◇長州会津若松戦記―長州兵会津にてかく戦へり　河内山雅郎著　武蔵野　河内山雅郎　2014.1　164p　図版［27］枚　21cm〈文献あり　乱丁あり〉Ⓝ210.61

◇新島八重と幕末会津を生きた女たち　『歴史読本』編集部編　中経出版　2013.5　319p　15cm（新人物文庫 れ-1-37）①978-4-8061-4730-5　Ⓝ281.26　［733円］

◇幕末政治と倒幕運動　家近良樹著　オンデマンド版　吉川弘文館　2013.10　313,7p　22cm〈印刷・製本：デジタルパブリッシングサービス〉①978-4-642-04256-7　Ⓝ210.58　［12000円］

◇藤野家文書の内会津藩関係文書翻刻文　秋葉実編著　［標津町（北海道）］　標津町郷土研究会　2014.8　166p　30cm〈標題紙のタイトル：藤野家文書『會津様江子モロ場所追引渡諸書物目録』『万延二年酉正月ヨリ十一月迄士部津御用留写』翻刻文　内容：會津様江子モロ場所追引渡諸書物目録　万延二年酉正月ヨリ十一月迄士部津御用留写〉Ⓝ211

会津坂下町〔福島県〕〔地誌〕
◇会津坂下　吉田博行, 渡部智子, 舟木健治, 園城泉, 酒井彰子, 髙畑吉一, 古川利意, 佐々木長生著　会津若松　歴史春秋出版　2014.11　167p　30cm〈文献あり　年表あり〉①978-4-89757-837-8　Ⓝ291.26　［2000円］

藍住町〔徳島県〕〔遺跡・遺物〕
◇正貴寺跡発掘調査概要報告書　第1次・第2次調査　藍住町教育委員会編　藍住町（徳島県）　藍住町教育委員会　2014.3　19p　図版 5　30cm　Ⓝ210.0254

◇勝瑞―守護町勝瑞検証会議報告書　徳島県教育委員会編　徳島　徳島県教育委員会　2014.3　115p　30cm〈文献あり　年表あり〉Ⓝ218.1

藍住町〔徳島県〕〔男女共同参画〕
◇藍住町男女共同参画プラン―男女が共に個性と能力を発揮できる社会の実現をめざして　第2次　［藍住町（徳島県）］　徳島県藍住町　2014.3　62p　30cm　Ⓝ367.2181

アイスランド〔紀行・案内記〕
◇Iceland―made in earth　Masaki Takanashi［著］　The secret beach　2014　122p　30cm（The secret beach vol. 8）〈本文は日本語〉①978-4-9907670-0-6　Ⓝ293.89709　［1350円］

会津若松市〔遺跡・遺物〕
◇会津縦貫北道路遺跡発掘調査報告　14　福島県文化振興財団遺跡調査部編　福島　福島県教育委員会　2014.12　258p　30cm（福島県文化財調査報告書　第495集）〈文献あり　共

会津若松市（災害医療）

同刊行：福島県文化振興財団ほか　内容：桜町遺跡．5次　西木流C遺跡．2次　西木流D遺跡．1次　鶴沼B遺跡．1次〉Ⓝ210.0254

◇鶴沼C遺跡西坂才遺跡（1次）福島県文化振興財団遺跡調査部編　福島　福島県教育委員会　2014.12　276p　30cm（福島県文化財調査報告書 第496集）〈共同刊行：福島県文化振興財団ほか〉Ⓝ210.0254

◇西木流C遺跡．1次　福島県文化振興財団遺跡調査部編　福島　福島県教育委員会　2014.3　159p　30cm（福島県文化財調査報告書 第488集）〈共同刊行：福島県文化振興財団ほか〉Ⓝ210.0254

会津若松市（災害医療）

◇東日本大震災における活動報告書―全国からの支援に感謝を込めて　福島県会津保健福祉事務所編　会津若松　福島県会津保健福祉事務所　2013.3　147p　30cm Ⓝ498.02126

相田 みつを〔1924～1991〕

◇相田みつを肩書きのない人生　相田みつを著，相田一人編　文化学園文化出版局　2014.6　86p　21×21cm〈年譜あり〉①978-4-579-50193-9　Ⓝ728.21　［1500円］

愛知教育大学

◇外部評価報告書　2013　愛知教育大学評価委員会編　刈谷　愛知教育大学評価委員会　2014.3　80p　30cm Ⓝ377.1

◇高大連携スクール―平成25年度テキスト　愛知教育大学入試委員会高大連携特別選抜推薦入学試験部会編　刈谷　愛知教育大学出版会　2013.6　51p　30cm（愛知教育大学ブックレット）①978-4-903389-62-2　Ⓝ379.5　［非売品］

◇高大連携スクール―平成26年度テキスト　愛知教育大学，愛知教育大学附属高等学校共編　刈谷　愛知教育大学出版会　2014.6　48p　30cm（愛知教育大学ブックレット）①978-4-903389-65-3　Ⓝ379.5　［非売品］

◇自己点検・評価報告書　2012　愛知教育大学評価委員会編　刈谷　愛知教育大学評価委員会　2013.12　374p　30cm Ⓝ377.1

愛知きわみ看護短期大学

◇自己点検・評価報告書　9　2012年度　自己点検・評価委員会編　一宮　研伸学園愛知きわみ看護短期大学　2013.12　70p　30cm Ⓝ377.1

愛知県

◇愛知・名古屋の法則　愛知・名古屋の法則研究委員会編　泰文堂　2014.9　174p　18cm（リンダブックス）〈文献あり〉①978-4-8030-0591-2　Ⓝ291.55　［950円］

◇徹底比較！名古屋VS名古屋以外の愛知県―いつまで戦う？尾張と三河　造事務所編著　廣済堂出版　2014.8　175p　21cm〈文献あり〉①978-4-331-51867-0　Ⓝ302.155　［1300円］

愛知県（遺跡・遺物―安城市）

◇塚下遺跡　［安城］　安城市教育委員会　2014.3　265p　30cm（安城市埋蔵文化財発掘調査報告書 第32集）〈安城西鹿乗地区県営担い手育成基盤整備事業に伴う試掘・発掘調査〉Ⓝ210.0254

◇本證寺境内地　2　安城市教育委員会編　［安城］　安城市教育委員会　2014.3　283p　30cm（安城市埋蔵文化財発掘調査報告書 第33集）Ⓝ210.0254

愛知県（遺跡・遺物―稲沢市）

◇一色青海遺跡　3　遺構編　愛知県教育・スポーツ振興財団愛知県埋蔵文化財センター編　［弥富］　愛知県教育・スポーツ振興財団愛知県埋蔵文化財センター　2014.3　198p　図版76p　30cm（愛知県埋蔵文化財センター調査報告書 第186集）Ⓝ210.0254

◇一色青海遺跡　3　遺物・自然科学分析・総括編　愛知県教育・スポーツ振興財団愛知県埋蔵文化財センター編　［弥富］　愛知県教育・スポーツ振興財団愛知県埋蔵文化財センター　2014.3　216p　図版44p　30cm（愛知県埋蔵文化財センター調査報告書 第186集）Ⓝ210.0254

◇稲沢市内遺跡発掘調査概要報告書　3　稲沢市教育委員会編　稲沢　稲沢市教育委員会　2014.3　6p　30cm（稲沢市文化財調査報告書 59）〈愛知県稲沢市所在　内容：史跡尾張国分寺跡第17次調査〉Ⓝ210.0254

◇船橋市場遺跡発掘調査報告　稲沢市内遺跡発掘調査委員会編　［稲沢］　稲沢市内遺跡発掘調査委員会　2014.3　60p　図版［13］枚　30cm〈稲沢市建設部の委託による　愛知県稲沢市所在　市道7721号線築造事業に伴う発掘調査報告〉Ⓝ210.0254

愛知県（遺跡・遺物―犬山市）

◇史跡東之宮古墳　犬山市教育委員会編　［犬山］　犬山市教育委員会　2014.3　442p　図版92p　30cm（犬山市埋蔵文化財調査報告書 第12集）Ⓝ210.0254

愛知県（遺跡・遺物―大府市）

◇瀬戸C古窯群・久分古窯群　大府　愛知県大府市教育委員会　2014.3　139p　30cm（大府市文化財調査報告書 第11集）Ⓝ210.0254

愛知県（遺跡・遺物―岡崎市）

◇一ノ坪遺跡・安藤屋敷跡　岡崎市教育委員会社会教育課編　岡崎　岡崎市教育委員会社会教育課　2014.3　130p　図版［24］枚　30cm〈愛知県岡崎市所在〉Ⓝ210.0254

愛知県（遺跡・遺物―春日井市）

◇市内遺跡調査概要報告書　平成24年度　春日井市教育委員会編　春日井　春日井市教育委員会　2013.3　28p　30cm Ⓝ210.0254

◇白山神社古墳―白山神社古墳第1次発掘調査報告書・付編御旅所古墳出土遺物について　春日井市教育委員会編　［春日井］　春日井市教育委員会　2013.3　67p　図版［32］枚　30cm（春日井市遺跡発掘調査報告 第13集）Ⓝ210.0254

愛知県（遺跡・遺物―小牧市）

◇史跡小牧山主郭地区第4次発掘調査概要報告書　小牧市教育委員会編　小牧　小牧市教育委員会　2013.3　12p　30cm〈愛知県小牧市堀の内一丁目地内所在　内容：小牧山城〉Ⓝ210.0254

◇市内遺跡発掘調査報告書　21　小牧市教育委員会編　小牧　小牧市教育委員会　2013.3　11p　30cm〈愛知県小牧市所在　内容：浜井場遺跡　若宮遺跡　南外山遺跡　三ツ渕・東播州遺跡　高拍子遺跡〉Ⓝ210.0254

◇市内遺跡発掘調査報告書　22　小牧市教育委員会編　小牧　小牧市教育委員会　2013.11　8p　30cm〈愛知県小牧市所在　内容：南外山遺跡　浄音寺遺跡　多気神社西遺跡　天王塚遺跡〉Ⓝ210.0254

愛知県（遺跡・遺物―新城市）

◇新城城跡発掘調査報告書　3　イビソク編　岡崎　中部電力岡崎支店　2014.2　19p　図版8枚　30cm〈愛知県新城市所在　送電線鉄塔建替え工事に伴う発掘調査　共同刊行：新城市教育委員会〉Ⓝ210.0254

◇須長10号墳　愛知県教育・スポーツ振興財団愛知県埋蔵文化財センター編　［弥富］　愛知県教育・スポーツ振興財団愛知県埋蔵文化財センター　2014.3　50p　図版16p　30cm（愛知県埋蔵文化財センター調査報告書 第184集）Ⓝ210.0254

愛知県（遺跡・遺物―瀬戸市）

◇穴田窯跡　1　遺構編　瀬戸市文化振興財団編　瀬戸　瀬戸市文化振興財団　2014.3　89p　30cm（瀬戸市文化振興財団調査報告 第52集）Ⓝ210.0254

◇若宮遺跡―若宮町3-84地点　瀬戸市文化振興財団編　瀬戸　瀬戸市文化振興財団　2014.3　36p　図版4p　30cm（瀬戸市文化振興財団調査報告 第54集）Ⓝ210.0254

愛知県（遺跡・遺物―東海市）

◇畑間・東畑遺跡発掘調査報告　平成24年度　島田組中部営業所編　東海　愛知県東海市教育委員会　2014.3　178p　図版［43］枚　30cm〈愛知県東海市所在〉Ⓝ210.0254

◇畑間・東畑・郷中遺跡発掘調査報告―平成11-19（1999-2007）年度調査　本文編　国際文化財株式会社西日本支店編　東海　愛知県東海市教育委員会　2014.3　295p　図版31p　30cm〈愛知県東海市所在〉Ⓝ210.0254

◇畑間・東畑・郷中遺跡発掘調査報告―平成11-19（1999-2007）年度調査　図版編　国際文化財株式会社西日本支店編　東海　愛知県東海市教育委員会　2014.3　21,183p　30cm〈共通の付属資料が本文編にあり　愛知県東海市所在〉Ⓝ210.0254

◇松崎遺跡Ⅱ・上浜田遺跡　愛知県教育・スポーツ振興財団愛知県埋蔵文化財センター編　［弥富］　愛知県教育・スポーツ振興財団愛知県埋蔵文化財センター　2014.3　300p　図版［20］枚　30cm（愛知県埋蔵文化財センター調査報告書 第182集）Ⓝ210.0254

愛知県（遺跡・遺物―豊田市）

◇足助地区工事立会埋蔵文化財調査報告書　豊田市教育委員会，二友組編　［豊田］　豊田市教育委員会　2014.3　102p　図版20p　30cm（豊田市埋蔵文化財発掘調査報告書 第58集）Ⓝ210.0254

◇五反田遺跡　豊田市教育委員会，イビソク名古屋支店編　［豊田］　豊田市教育委員会　2014.3　43p　図版［9］枚　30cm（豊田市埋蔵文化財発掘調査報告書 第59集）〈愛知県豊田市所在〉Ⓝ210.0254

◇衣城（金谷城）跡・藪下遺跡　豊田市教育委員会，イビソク名古屋支店編　［豊田］　豊田市教育委員会　2014.3　83p　図版［16］枚　30cm（豊田市埋蔵文化財発掘調査報告書 第60集）〈愛知県豊田市所在〉Ⓝ210.0254

日本件名図書目録2014　I　　　　　　　　　　　　　　　　　　　　　　　　　　愛知県（衛生行政—歴史—史料）

◇挙母城（七州城）跡・衣城（金谷城）跡，稲荷塚古墳・内山畑遺跡　豊田市郷土資料館編　［豊田］　豊田市教育委員会　2014.3　98p　図版［10］枚　30cm　（豊田市埋蔵文化財発掘調査報告書　第56集）〈愛知県豊田市所在〉　Ⓝ210.0254

◇市内遺跡発掘調査事業概要報告書　平成24年度　豊田市教育委員会編　豊田　豊田市教育委員会　2014.3　40p　30cm　Ⓝ210.0254

◇寺部遺跡　4　12A・12B・12C区　豊田市教育委員会，二友組編　［豊田］　豊田市教育委員会　2014.3　174p　図版［41］枚　30cm　（豊田市埋蔵文化財発掘調査報告書　第61集）　Ⓝ210.0254

◇豊田市西部の山茶碗窯跡—金池1-3号窯跡，向山窯跡ほか17窯跡　豊田市郷土資料館編　［豊田］　豊田市教育委員会　2014.3　109p　図版［24］枚　30cm　（豊田市埋蔵文化財発掘調査報告書　第57集）　Ⓝ210.0254

愛知県（遺跡・遺物—豊橋市）

◇キジ山古墳群・晴雲寺址　愛知県教育・スポーツ振興財団愛知県埋蔵文化財センター　［弥富］　愛知県教育・スポーツ振興財団愛知県埋蔵文化財センター　2014.3　128p　30cm　（愛知県埋蔵文化財センター調査報告書　第188集）　Ⓝ210.0254

◇市内遺跡発掘調査　平成22年度　豊橋　豊橋市教育委員会教育部美術博物館　2013.3　221p　30cm　（豊橋市埋蔵文化財調査報告書　第127集）〈文献あり　奥付の出版年月（誤植）2012.3　内容：乗小路B2号墳発掘調査　橋良遺跡．　第9次発掘調査　普門寺旧境内．　第4次発掘調査〉　Ⓝ210.0254

◇東薬師遺跡　愛知県教育・スポーツ振興財団愛知県埋蔵文化財センター編　［弥富］　愛知県教育・スポーツ振興財団愛知県埋蔵文化財センター　2014.3　70p　図版［13］枚　30cm　（愛知県埋蔵文化財センター調査報告書　第185集）　Ⓝ210.0254

◇眼鏡下池北遺跡（Ⅵ）・西側北遺跡（Ⅲ）・西側遺跡（Ⅷ）・東側遺跡（Ⅱ）・洗島遺跡（Ⅲ）　豊橋　豊橋市教育委員会教育部美術博物館　2013.2　203p　図版104p　30cm　（豊橋市埋蔵文化財調査報告書　第125集）〈文献あり　牛川西部土地区画整理事業に伴う埋蔵文化財調査報告書〉　Ⓝ210.0254

愛知県（遺跡・遺物—日進市）

◇折戸（O）-110号窯跡発掘調査報告書　瀬戸市文化振興財団編　日進　日進市教育委員会　2014.3　66p　30cm　Ⓝ210.0254

愛知県（遺跡・遺物—保存・修復—稲沢市）

◇尾張国分寺跡史跡保存整備基本構想　稲沢市教育委員会事務局生涯学習課編　［稲沢］　愛知県稲沢市　2014.3　1冊　30cm　Ⓝ709.155

愛知県（一般廃棄物—豊田市）

◇包括外部監査の結果報告書　平成25年度　［豊田］　豊田市包括外部監査人　［2014］　146p　30cm〈タイトル関連情報：一般廃棄物処理に係る事務の執行等について〉　Ⓝ349.2155

愛知県（医療）

◇愛知県医療圏保健医療計画　名古屋　愛知県健康福祉部医療福祉計画課　2014.3　866p　30cm　Ⓝ498.1

愛知県（医療—歴史—史料）

◇近代都市の衛生環境　名古屋編6　疾病1　松浦國弘監修，近現代資料刊行会企画編集　近現代資料刊行会　2013.11　448p　22cm　（近代都市環境研究資料叢書4）〈複製　内容：ペスト予防要綱（愛知県・明治35年9月13日）　伝染病指針．　昭和3年6月（愛知県衛生課・昭和3年6月5日）〉Ⓘ978-4-86364-312-3,978-4-86364-303-1（set）　Ⓝ498.021

◇近代都市の衛生環境　名古屋編7　疾病2　松浦國弘監修，近現代資料刊行会企画編集　近現代資料刊行会　2013.11　441p　22cm　（近代都市環境研究資料叢書4）〈複製　内容：愛知県ペスト流行誌．　大正5-6年　上（愛知県・大正7年9月28日）〉Ⓘ978-4-86364-313-0,978-4-86364-303-1（set）　Ⓝ498.021

◇近代都市の衛生環境　名古屋編8　疾病3　松浦國弘監修，近現代資料刊行会企画編集　近現代資料刊行会　2013.11　409p　22cm　（近代都市環境研究資料叢書4）〈複製　内容：愛知県ペスト流行誌．　大正5-6年　下（愛知県・大正7年9月28日）〉Ⓘ978-4-86364-314-7,978-4-86364-303-1（set）　Ⓝ498.021

◇近代都市の衛生環境　名古屋編9　疾病4　松浦國弘監修，近現代資料刊行会企画編集　近現代資料刊行会　2013.11　374p　22cm　（近代都市環境研究資料叢書4）〈複製　内容：大正七年ヨリ十一年ニ亘ル5ヶ年間ノ西加茂郡病的死亡者統計（西加茂郡医師会事務所・大正15年12月5日）　寄生虫検査成績報告．　昭和2年11月（愛知県警察部衛生課・昭和2年11月25日）　名古屋市小学校児童寄生虫検査成績．　昭和11年3月　第2回報告（名古屋市衛生試験所「扉」）　結核の療養と予防のしるべ

（名古屋市保健部・昭和8年4月30日）　寄生虫の話（名古屋市保健部・昭和8年10月25日）　腸「チフス」と生牡蠣（名古屋市保健部・昭和9年3月20日）　性病の智識（名古屋市保健部）　小児伝染病と其の予防（山口静夫著（名古屋市保健部・昭和9年6月5日））　季節及び非常時局から見た消化器伝染病の流行（名古屋市保健部・昭和13年8月20日）　ヂフテリアとその予防法に就て（名古屋市保健部・昭和13年10月15日）〉Ⓘ978-4-86364-315-4,978-4-86364-303-1（set）　Ⓝ498.021

◇近代都市の衛生環境　名古屋編10　疾病5　松浦國弘監修，近現代資料刊行会企画編集　近現代資料刊行会　2013.11　392p　22cm　（近代都市環境研究資料叢書4）〈複製　内容：闘病教室（名古屋市中央放送局・昭和18年8月25日）　名古屋市ノ結核死亡ニ就テ（鶴見三三著）〉Ⓘ978-4-86364-316-1,978-4-86364-303-1（set）　Ⓝ498.021

◇近代都市の衛生環境　名古屋編11　病院1　松浦國弘監修，近現代資料刊行会企画編集　近現代資料刊行会　2014.2　349p　22cm　（近代都市環境研究資料叢書4）〈複製　内容：愛知県公立病院及医学校第一報告．　自明治6年至同13年（編輯局・明治13年12月「前言」）愛知病院及愛知医学校第二報告．　自明治13年至同14年（愛知県愛知医学校編輯局・明治14年12月「前言」）〉Ⓘ978-4-86364-317-8,978-4-86364-304-8（set）　Ⓝ498.021

◇近代都市の衛生環境　名古屋編12　病院2　松浦國弘監修，近現代資料刊行会企画編集　近現代資料刊行会　2014.2　227p　22cm　（近代都市環境研究資料叢書4）〈複製　内容：愛知医学校及愛知病院第三報告．　自明治16年至同15年（愛知県愛知医学校編輯局・明治16年6月「前言」）愛知医学校及愛知病院第四報告．　明治16年及明治17年（愛知医学校病院・明治26年4月「凡例」）〉Ⓘ978-4-86364-318-5,978-4-86364-304-8（set）　Ⓝ498.021

◇近代都市の衛生環境　名古屋編13　病院3　松浦國弘監修，近現代資料刊行会企画編集　近現代資料刊行会　2014.2　362p　22cm　（近代都市環境研究資料叢書4）〈複製　内容：愛知県立医学専門学校及愛知病院一覧．　明治44年12月〉Ⓘ978-4-86364-319-2,978-4-86364-304-8（set）　Ⓝ498.021

◇近代都市の衛生環境　名古屋編14　病院4　松浦國弘監修，近現代資料刊行会企画編集　近現代資料刊行会　2014.2　394p　22cm　（近代都市環境研究資料叢書4）〈複製　内容：愛知県立医学専門学校及愛知病院一覧．　大正3年12月〉Ⓘ978-4-86364-320-8,978-4-86364-304-8（set）　Ⓝ498.021

◇近代都市の衛生環境　名古屋編15　病院5　松浦國弘監修，近現代資料刊行会企画編集　近現代資料刊行会　2014.2　607p　22cm　（近代都市環境研究資料叢書4）〈複製　内容：愛知県立医学専門学校及愛知病院一覧．　大正6年12月　愛知医科大学愛知医科大学病院一覧．　大正12年5月〉Ⓘ978-4-86364-321-5,978-4-86364-304-8（set）　Ⓝ498.021

◇近代都市の衛生環境　名古屋編16　病院6　松浦國弘監修，近現代資料刊行会企画編集　近現代資料刊行会　2014.2　464p　22cm　（近代都市環境研究資料叢書4）〈複製　内容：愛知医科大学一覧．　大正14年5月　愛知医科大学一覧．　昭和5年5月〉Ⓘ978-4-86364-322-2,978-4-86364-304-8（set）　Ⓝ498.021

◇近代都市の衛生環境　名古屋編17　病院7　松浦國弘監修，近現代資料刊行会企画編集　近現代資料刊行会　2014.2　423p　22cm　（近代都市環境研究資料叢書4）〈複製　内容：名古屋市八事療養所年報．　第8回（昭和8年）昭和8年7月印刷「表紙」）名古屋市八事療養所年報．　第9回（昭和9年）（昭和10年8月印刷「表紙」）名古屋市八事療養所年報．　第11回（昭和11年）（昭和12年8月印刷「表紙」）名古屋市民病院創立五週年記念誌（名古屋市民病院・昭和12年11月28日）　公立伝染病院，隔離病舎台帳東浦村隔離病舎ほか二十二病舎（愛知県）公立伝染病院，隔離病舎台帳有松町伝染病隔離病舎ほか十五病舎（愛知県）　伝染病隔離病舎台帳犬山町外六ヶ村伝染病院（愛知県・昭和20年3月15日記載）〉Ⓘ978-4-86364-323-9,978-4-86364-304-8（set）　Ⓝ498.021

愛知県（衛生行政）

◇愛知県医療圏保健医療計画　名古屋　愛知県健康福祉部医療福祉計画課　2014.3　866p　30cm　Ⓝ498.1

愛知県（衛生行政—歴史—史料）

◇近代都市の衛生環境　名古屋編1　法制1　松浦國弘監修，近現代資料刊行会企画編集　近現代資料刊行会　2013.11　296p　22cm　（近代都市環境研究資料叢書4）〈複製　内容：愛知県布達類纂．　明治9年5月（愛知県）愛知県布達類纂．　明治9年明治10年　明治12年5月編成（愛知県・明治12年9月16日）〉Ⓘ978-4-86364-307-9,978-4-86364-303-1（set）　Ⓝ498.021

◇近代都市の衛生環境　名古屋編2　法制2　松浦國弘監修，近現代資料刊行会企画編集　近現代資料刊行会　2013.11　383p　22cm　（近代都市環境研究資料叢書4）〈複製　内容：愛知県布達類纂．　明治11年　明治13年3月編成（愛知県）愛知

愛知県（神楽）

あ

県布達類聚．明治12年　明治14年11月編成（愛知県・明治14年11月15日）　愛知県布達類聚．明治13年　明治15年5月編成（愛知県・明治15年5月22日）〉①978-4-86364-308-6,978-4-86364-303-1(set)　Ⓝ498.021

◇近代都市の衛生環境　名古屋編 3　法制 3　松浦國弘監修,近現代資料刊行会企画編集　近現代資料刊行会　2013.11　352p　22cm（近代都市環境研究資料叢書 4）〈複製　内容：愛知県布達類聚．明治14年　明治16年1月編成（愛知県・明治16年1月27日）　愛知県布達類聚．明治15年　明治17年2月編成（愛知県・明治17年2月）〉978-4-86364-309-3,978-4-86364-303-1(set)　Ⓝ498.021

◇近代都市の衛生環境　名古屋編 4　法制 4　松浦國弘監修,近現代資料刊行会企画編集　近現代資料刊行会　2013.11　423p　22cm（近代都市環境研究資料叢書 4）〈複製　内容：愛知県布達類聚．明治16年　明治17年12月編成（愛知県・明治17年12月）　愛知県布達類聚．明治17年　明治19年3月編成（愛知県・明治19年6月）　愛知県布達類聚．明治19年11月編成（愛知県・明治19年11月）　愛知県布達類聚．明治19年自1月至8月　明治24年4月制成（愛知県・明治20年4月）　愛知県布達類聚．明治19年自8月至12月　明治20年8月制成（愛知県・明治20年8月30日）〉①978-4-86364-310-9,978-4-86364-303-1(set)　Ⓝ498.021

◇近代都市の衛生環境　名古屋編 5　法制 5　松浦國弘監修,近現代資料刊行会企画編集　近現代資料刊行会　2013.11　300p　22cm（近代都市環境研究資料叢書 4）〈複製　内容：愛知県令達類聚．明治20年（愛知県）　愛知県令達類聚．明治21年（愛知県・明治22年2月26日）　愛知県令達類聚．明治22年（愛知県・明治23年3月26日）　愛知県令達類聚．明治23年（愛知県・明治27年3月25日）　愛知県令達類聚．明治24年（愛知県）　愛知県令達類聚．明治25年（愛知県）　愛知県令達類聚．明治26年（愛知県）　愛知県令達類聚．明治27年（愛知県・明治28年4月5日）　愛知県令達類聚．明治28年（愛知県・明治29年3月19日）　愛知県令達類聚．明治29年（愛知県・明治30年4月13日）　現行愛知県令訓類集．続編（愛知県・明治31年3月20日）〉①978-4-86364-311-6,978-4-86364-303-1(set)　Ⓝ498.021

愛知県（神楽）

◇奥三河のくらしと花祭・田楽—特別展　特別展「奥三河のくらしと花祭・田楽」実行委員会編　[名古屋]　特別展「奥三河のくらしと花祭・田楽」実行委員会　2013.11　143p　30cm〈文献あり　会期・会場：平成25年11月2日〜12月15日　名古屋市博物館〉Ⓝ386.8155

愛知県（河川）

◇愛知の川名矢作川水系—川名が語るふるさとの歴史　vol. 1　no. 1　稲武地区・旭地区　愛知の川名編集委員会編　名古屋　葵エンジニアリング　2014.1　3, 32, 15p　30cm　Ⓝ517.2155

◇愛知の川名矢作川水系—川名が語るふるさとの歴史　vol. 1　no. 2　足助地区・下山地区・松平地区・高橋地区・石野地区　愛知の川名編集委員会編　名古屋　葵エンジニアリング　2014.5　2, 39, 23p　30cm　Ⓝ517.2155

愛知県（河川汚濁）

◇水質自動観測所の記録—運用開始から業務終了まで　名古屋　愛知県環境部水地盤環境課　2014.3　93, 8p　30cm〈年表あり　共同刊行：愛知県環境調査センター企画情報部〉Ⓝ519.4

愛知県（学校—岡崎市—統計）

◇岡崎市の学校—学校基本調査結果　平成25年度　岡崎市編　岡崎　岡崎市　2014.3　43p　30cm　Ⓝ370.59

愛知県（家庭用電気製品—リサイクル）

◇小型電子機器等リサイクルシステム構築実証事業運営業務（中部地方その2）報告書　平成25年度　[名古屋]　環境省中部地方環境事務所　2014.3　124p　30cm〈請負先：三菱UFJリサーチ＆コンサルティング〉Ⓝ545.88

◇小型電子機器等リサイクルシステム構築実証事業運営業務（中部地方その3）報告書　平成25年度　[名古屋]　環境省中部地方環境事務所　2014.3　99p　30cm〈請負先：三菱UFJリサーチ＆コンサルティング〉Ⓝ545.88

愛知県（環境影響評価条例）

◇逐条解説愛知県環境影響評価条例　名古屋　愛知県環境部環境活動推進課　2014.3　403p　30cm　Ⓝ519.15

愛知県（環境行政—春日井市）

◇春日井市環境基本計画　環境部環境政策課編　改定　[春日井]　春日井市　2014.3　47p　30cm　Ⓝ519.1

◇環境報告書　平成25年版　春日井市環境部環境政策課編　[春日井]　春日井市　2014.2　129p　30cm　Ⓝ519.1

愛知県（議員—豊田市）

◇議員定数等の整理に係る委託調査結果報告書　[豊田]　豊田市議会　2014.3　63p　30cm　Ⓝ318.455

愛知県（企業）

◇企業等における女性の活躍状況調査報告書　名古屋　愛知県県民生活部男女共同参画推進課　2014.12　158p　30cm　Ⓝ366.38

愛知県（企業城下町—豊田市）

◇豊田とトヨタ—産業グローバル化先進地域の現在　丹辺宣彦,岡村徹也,山口博史編著　東信堂　2014.10　430p　22cm〈索引あり　内容：変貌する豊田と研究の視点（丹辺宣彦著）　産業グローバル化先進地域の経済活動と階層構成（丹辺宣彦著）　トヨタ自動車の地域戦略と組織再編（岡村徹也著）　豊田市のコミュニティ施策の展開（谷口功,丹辺宣彦著）　産業グローバル化先進都市豊田の地域コミュニティ形成（丹辺宣彦著）　自動車産業就業者の地域生活（丹辺宣彦,鄭南著）　女性たちの社会活動参加（丹辺宣彦,新城優子著）　周辺階層の形成メカニズムと社会的紐帯（丹辺宣彦著）　産業都市における市民団体の活動空間とネットワーク（山口博史,中根多惠著）　豊田市における市民活動の展開とその支援政策（菅原純子,木田勇輔著）　女性たちが担う市民活動の展開（中根多惠著）　トヨタ自動車のボランティア活動（岡村徹也著）　自動車産業退職者の定年帰農（中村麻理著）　多文化共生にかかわる市民活動（米勢治子,土井佳彦,山口博史著）　多文化共生をめぐる市民活動のかたち（大谷かがり著）　グローバル企業の人材獲得と育成（岡村徹也著）　岐路に立つ豊田とトヨタ（丹辺宣彦,岡村徹也,山口博史著）〉①978-4-7989-1234-9　Ⓝ361.78　[4600円]

愛知県（紀行・案内記—歴史—史料）

◇千代の松根一（乾）・（坤）　[竹尾善筑著],岡崎市立中央図書館古文書翻刻ボランティア会編　改訂　[岡崎]　岡崎市立中央図書館　2014.3　194p　30cm〈複製及び翻刻　共同刊行：岡崎市立中央図書館古文書翻刻ボランティア会〉Ⓝ291.55

愛知県（教育）

◇教育に生を求めて　宮田力松[著]　[半田]　[宮田力松]　2014.9　294p　19cm〈年譜あり　著作目録あり〉Ⓝ372.155

愛知県（教育—統計—岡崎市）

◇岡崎市の学校—学校基本調査結果　平成25年度　岡崎市編　岡崎　岡崎市　2014.3　43p　30cm　Ⓝ370.59

愛知県（教育—豊田市）

◇豊田の教育白書 2013　[豊田]　豊田市教職員組合　2013.9　36p　30cm〈タイトル関連情報：子どもたちに笑顔ひろがる未来を〉Ⓝ372.155

◇豊田の教育白書 2014　[豊田]　豊田市教職員組合　2014.9　36p　30cm〈2014のタイトル関連情報：子どもたちに夢と希望あふれる未来を〉Ⓝ372.155

愛知県（教育行政—豊田市）

◇豊田市の教育　平成26年度　豊田市教育委員会編　豊田　豊田市教育委員会　[2014]　108p　30cm〈年表あり〉Ⓝ373.2

愛知県（行政）

◇あいちビジョン2020—日本一の元気を暮らしの豊かさに　名古屋　愛知県　2014.3　102p　30cm　Ⓝ318.255

愛知県（行政—春日井市）

◇第五次春日井市総合計画基本計画—2013→2017　企画政策部企画政策課編　[春日井]　春日井市　2013.3　177p　30cm　Ⓝ318.555

愛知県（行政—小牧市）

◇第6次小牧市総合計画新基本計画—2014-2018　小牧市市長公室市政戦略課編　小牧　小牧市　2014.3　212p　21cm　Ⓝ318.255

愛知県（行政—弥富市）

◇人生—ふるさととともに　佐藤博著　[出版地不明]　[佐藤博]　2014.3　390p　20cm　Ⓝ318.255

愛知県（協働（行政）—豊中市）

◇豊中市との連携による生活困窮者の就労支援の制度化に関する調査研究報告書　三菱UFJリサーチ＆コンサルティング　2014.3　109, 15p　30cm〈平成25年度セーフティネット支援対策等事業費補助金社会福祉推進事業〉Ⓝ366.28

愛知県（郷土玩具）

◇愛知県郷土玩具資料集—三河を中心として　小林清司編著　[出版地不明]　[小林清司]　[2014]　146, 7, 7p　30cm〈文献あり　附『風車』（豊橋竹とんぼの会）各冊目録（創刊号-第24号）〉Ⓝ759.5

愛知県（郷土芸能）

◇愛知県の民俗芸能—愛知県民俗芸能緊急調査報告書　愛知県教育委員会編　[名古屋]　愛知県教育委員会　2014.3　274p　30cm〈文献あり〉Ⓝ386.8155

愛知県（金融―知多市―歴史）
◇知多市の金融機関のはじめ―岡田組と寺本四箇村会所　本美吉朗監修，尾州古札研究会編　半田　尾州古札研究会事務局　2014.9　1冊（ページ付なし）27cm〈奥付のタイトル：尾札庵古希記念〉Ⓝ338.2155

愛知県（空襲―岡崎市）
◇岡崎空襲体験記　第4集　総集編　岡崎　岡崎空襲を記録する会　2014.7　361p　21cm〈年表あり〉Ⓝ916　［1200円］

愛知県（原子力災害）
◇愛知県地域防災計画　平成25年5月30日修正　原子力災害対策計画　愛知県防災会議事務局（愛知県防災局防災危機管理課）編　名古屋　愛知県防災会議事務局　［2013］　52p　30cm　Ⓝ369.3

愛知県（原子力災害―防災）
◇愛知県地域防災計画　平成26年5月30日修正　原子力災害対策計画　愛知県防災会議事務局（愛知県防災局防災危機管理課）編　名古屋　愛知県防災会議事務局　［2014］　65p　30cm　Ⓝ369.3

愛知県（原子力災害―防災―春日井市）
◇春日井市地域防災計画―原子力災害対策計画　平成25年作成　春日井市防災会議編　［春日井］　春日井市防災会議　2013.10　55p　30cm　Ⓝ369.36

愛知県（工業政策）
◇ものづくり産業集積の研究―転換を迫られる名古屋経済圏と産業政策　梅原浩次郎著　京都　晃洋書房　2014.3　164p　22cm〈索引あり〉　内容：名古屋市の工業都市からの転換と都市機能変化　西三河自動車産業都市の発展と地域課題　愛知県の地域開発戦略の変遷と問題性　中部臨空都市事業による産業集積と愛知県企業庁会計　ポスト「万博・空港」戦略としての愛知県自治体政策　世界経済危機と東日本大震災が地域経済とトヨタに及ぼした影響と課題　名古屋圏ものづくり産業集積〉①978-4-7710-2537-0　Ⓝ509.1　［2700円］

愛知県（工業立地―岡崎市）
◇豊田・岡崎地区研究開発施設用地造成事業環境影響評価に係る事後調査報告書　平成24年次版　愛知県企業庁企業立地部研究施設用地開発課編　名古屋　愛知県企業庁企業立地部研究施設用地開発課　2013.6　82p　30cm　Ⓝ509.29
◇豊田・岡崎地区研究開発施設用地造成事業環境影響評価に係る事後調査報告書　平成25年次版　愛知県企業庁企業立地部研究施設用地開発課編　名古屋　愛知県企業庁企業立地部研究施設用地開発課　2014.6　84p　30cm　Ⓝ509.29

愛知県（工業立地―豊田市）
◇豊田・岡崎地区研究開発施設用地造成事業環境影響評価に係る事後調査報告書　平成24年次版　愛知県企業庁企業立地部研究施設用地開発課編　名古屋　愛知県企業庁企業立地部研究施設用地開発課　2013.6　82p　30cm　Ⓝ509.29
◇豊田・岡崎地区研究開発施設用地造成事業環境影響評価に係る事後調査報告書　平成25年次版　愛知県企業庁企業立地部研究施設用地開発課編　名古屋　愛知県企業庁企業立地部研究施設用地開発課　2014.6　84p　30cm　Ⓝ509.29

愛知県（公衆衛生―歴史―史料）
◇近代都市の衛生環境　名古屋編 18　衛生・保健　1　松浦國弘監修，近現代資料刊行会企画編集　近現代資料刊行会　2014.9　453p　22cm　（近代都市環境研究資料叢書 4）〈複製　内容：愛知県衛生課第一回年報．明治11年度及明治12年度（愛知県衛生課・明治17年3月「緒言」）愛知県衛生課第二回年報．自明治13年7月至明治14年6月（愛知県衛生課・明治17年7月「緒言」）　愛知県衛生課第三回年報．自明治14年7月至同年12月（愛知県衛生課・明治17年11月「緒言」）　愛知県衛生課第四回年報．自明治15年1月至同年12月（愛知県衛生課・明治17年12月「緒言」）〉①978-4-86364-324-6,978-4-86364-305-5(set)　Ⓝ498.021
◇近代都市の衛生環境　名古屋編 19　衛生・保健　2　松浦國弘監修，近現代資料刊行会企画編集　近現代資料刊行会　2014.9　417p　22cm　（近代都市環境研究資料叢書 4）〈複製　内容：愛知県衛生課第五回年報．自明治16年1月至同年6月（愛知県第2部衛生課・明治20年3月「緒言」）愛知県衛生課第七回年報．自明治17年1月至同年12月（愛知県衛生課）　昭和二年五月予防衛生施設概要（愛知県警察部衛生課・昭和6年5月「緒言」）　昭和七年十月防疫統計要覧（愛知県警察部衛生課・昭和7年10月25日）〉①978-4-86364-325-3,978-4-86364-305-5(set)　Ⓝ498.021
◇近代都市の衛生環境　名古屋編 20　衛生・保健　3　松浦國弘監修，近現代資料刊行会企画編集　近現代資料刊行会　2014.9　415p　22cm　（近代都市環境研究資料叢書 4）〈複

製　内容：名古屋市衛生機関ノ概要．大正13年10月（名古屋市衛生課「表紙」）名古屋市衛生施設概要．大正15年6月（名古屋市保健部衛生課「表紙」）名古屋市衛生施設概要．昭和4年5月（名古屋市保健部「表紙」）名古屋市衛生施設概要．昭和5年5月（名古屋市保健部・昭和5年5月25日）名古屋市衛生施設概要．昭和6年（名古屋市保健部・昭和6年7月25日）〉①978-4-86364-326-0,978-4-86364-305-5(set)　Ⓝ498.021
◇近代都市の衛生環境　名古屋編 21　衛生・保健　4　松浦國弘監修，近現代資料刊行会企画編集　近現代資料刊行会　2014.9　451p　22cm　（近代都市環境研究資料叢書 4）〈複製　内容：名古屋市衛生施設概要．昭和7年（名古屋市保健部・昭和7年5月25日）名古屋市衛生施設概要．昭和8年（名古屋市保健部・昭和8年5月22日）名古屋市衛生施設概要．昭和9年（名古屋市保健部・昭和9年5月22日）〉①978-4-86364-327-7,978-4-86364-305-5(set)　Ⓝ498.021
◇近代都市の衛生環境　名古屋編 22　衛生・保健　5　松浦國弘監修，近現代資料刊行会企画編集　近現代資料刊行会　2014.9　578p　22cm　（近代都市環境研究資料叢書 4）〈複製　内容：名古屋市衛生施設概要．昭和10年（名古屋市保健部・昭和10年7月15日）名古屋市衛生施設概要．昭和11年（名古屋市保健部・昭和11年8月20日）名古屋市衛生施設概要．昭和12年（名古屋市保健部・昭和12年11月30日）名古屋市衛生施設概要．昭和13年（名古屋市保健部・昭和13年11月30日）〉①978-4-86364-328-4,978-4-86364-305-5(set)　Ⓝ498.021
◇近代都市の衛生環境　名古屋編 23　衛生・保健　6　松浦國弘監修，近現代資料刊行会企画編集　近現代資料刊行会　2014.9　397p　22cm　（近代都市環境研究資料叢書 4）〈複製　内容：保健衛生施設概要2600．昭和15年度版（名古屋市厚生局保健部・昭和17年7月）厚生事業概要　昭和17年7月（名古屋市厚生局・昭和17年9月1日）事業要覧．昭和15年（名古屋市厚生局保健部体力課・昭和15年9月20日）　一宮市保健施設概要（一宮市役所・昭和12年5月「概説」）〉①978-4-86364-329-1,978-4-86364-305-5(set)　Ⓝ498.021
◇近代都市の衛生環境　名古屋編 24　衛生・保健　7　松浦國弘監修，近現代資料刊行会企画編集　近現代資料刊行会　2014.9　387p　22cm　（近代都市環境研究資料叢書 4）〈複製　内容：名古屋市衛生試験所業務概要．昭和3年1月（名古屋市衛生試験所・昭和2年12月25日）創立十周年記念報告（名古屋市衛生試験所・昭和9年3月24日）創立十周年記念・家庭衛生叢書．3（栄養と食事）（名古屋市衛生試験所・昭和9年3月23日）　我校に於ける学校衛生の実践（岡崎市三島尋常高等小学校・昭和10年7月「本文」）　本市小学校に於ける児童体位向上に関する適切なる方案．昭和9年1月初版・昭和9年4月再版（名古屋市教育部教務課・昭和9年1月「前言」）身長、身体重、胸囲、座高小学校之部．昭和15年度　身長、体重、胸囲、座高小学校之部．昭和15年度　名古屋市尋常高等小学校児童口腔診査統計表（昭和15年度）　名古屋市体育事業実施概況．昭和13年（名古屋市体育課「表紙」）〉①978-4-86364-330-7,978-4-86364-305-5(set)　Ⓝ498.021
◇近代都市の衛生環境　名古屋編 25　衛生・保健　8　松浦國弘監修，近現代資料刊行会企画編集　近現代資料刊行会　2014.9　330p　22cm　（近代都市環境研究資料叢書 4）〈複製　内容：名古屋市衛生組合ノ概要　衛生組合執務要項．大正12年7月（名古屋市衛生課・大正12年7月）名古屋市衛生組合概要　婦人博覧会誌（名古屋市総聯合衛生会・昭和12年4月10日）　婦人博覧会誌（名古屋市総聯合衛生会・大正12年4月10日）〉①978-4-86364-331-4,978-4-86364-305-5(set)　Ⓝ498.021
◇近代都市の衛生環境　名古屋編 26　衛生・保健　9　松浦國弘監修，近現代資料刊行会企画編集　近現代資料刊行会　2014.9　577p　22cm　（近代都市環境研究資料叢書 4）〈複製　内容：名古屋市衛生博覧会々誌（名古屋市総聯合衛生会・昭和2年8月20日）昭和七年開催名古屋衛生博覧会々誌（名古屋市総聯合衛生会・昭和8年4月15日）〉①978-4-86364-332-1,978-4-86364-305-5(set)　Ⓝ498.021
◇近代都市の衛生環境　名古屋編 27　衛生・保健　10　松浦國弘監修，近現代資料刊行会企画編集　近現代資料刊行会　2014.9　486p　22cm　（近代都市環境研究資料叢書 4）〈複製　内容：農村保健衛生実地調査報告（愛知県衛生課・大正12年3月10日）医務衛生概要．昭和6年9月（愛知県警察部衛生課「表紙」）愛知県ニ於ける妊娠出産育児に関する民俗資料（愛知県教育会・昭和11年5月1日発行「愛知教育」第581号抜刷）〉①978-4-86364-333-8,978-4-86364-305-5(set)　Ⓝ498.021
◇近代都市の衛生環境　名古屋編 28　衛生・保健　11　松浦國弘監修，近現代資料刊行会企画編集　近現代資料刊行会　2014.9　621p　22cm　（近代都市環境研究資料叢書 4）〈複製　内容：健康保険事業要覧．昭和8年（愛知県警察部健康保険課・昭和9年10月「表紙」）愛知県所在健康保険組合昭和十年度状勢要覧（愛知県警察部健康保険課・昭和11年11月10日）愛知県政府管掌健康保険昭和十一年版概況（愛知県警察部健康保険課・昭和11年11月10日）　牧野保健所事業年報．第1回

あ

（昭和14年度）（名古屋市牧野保健所・昭和15年4月「緒言」）名古屋薬学専門学校一覧．昭和17年度（名古屋薬学専門学校・昭和17年6月20日）救急処置法並防毒面取扱法．昭和18年4月（名古屋市防衛部・昭和18年5月5日）〉Ⓘ978-4-86364-334-5,978-4-86364-305-5（set）Ⓝ498.021

◇近代都市の衛生環境　名古屋編 29　衛生・保健　12　松浦國弘監修，近現代資料刊行会企画編集　近現代資料刊行会　2014.9　374p　22cm　（近代都市環境研究資料叢書 4）〈複製　内容：子供の衛生（保健文庫1）（名古屋市保健部・昭和8年5月3日）歯の衛生とその予防（保健文庫10）（名古屋市保健部・昭和8年11月20日）妊産婦の心得（保健文庫11）（名古屋市保健部・昭和8年12月25日）台所衛生（保健文庫12）（名古屋市保健部・昭和9年1月25日）冬の衛生（保健文庫13）（名古屋市保健部・昭和9年2月2日）医者の来るまで応急手当（保健文庫16）（名古屋市保健部・昭和9年3月25日）学童弁当と其の献立（保健文庫18）（名古屋市保健部・昭和9年6月30日）梅雨季の衛生（保健文庫19）（名古屋市保健部・昭和9年6月18日）内服ワクチン（保健文庫20）（名古屋市保健部・昭和9年8月18日）体育と衛生に就て（保健文庫22）（名古屋市保健部・昭和9年11月18日）栄養の常識（保健文庫23）（名古屋市保健部・昭和10年2月2日）常識としての家庭衛生指針（保健文庫24）（名古屋市保健部・昭和10年4月1日）衣と住の役目特に服装衛生に就て（保健文庫26）（名古屋市保健部）都市生活と健康維持（保健文庫28）（名古屋市保健部・昭和10年11月20日）働く人の健康法（保健文庫29）（名古屋市保健部・昭和10年12月25日）鼠及イエダニと其の駆除法（保健文庫30）（名古屋市保健部・昭和11年2月23日）栄養研究の進歩と其応用（保健文庫31）（名古屋市保健部・昭和11年3月31日）市民の健康増進に就て（保健文庫32）（名古屋市保健部・昭和11年5月20日）栄養の原理と児童の栄養附厨房衛生と主婦の心得（保健文庫33・34合本）（名古屋市保健部・昭和11年6月20日）初夏の衛生に就て（保健文庫35）（名古屋市保健部・昭和11年6月12日）虚弱児の育て方（保健文庫36）（名古屋市保健部・昭和12年4月25日）夏の栄養（保健文庫37）（名古屋市保健部・昭和12年7月20日）〉Ⓘ978-4-86364-335-2,978-4-86364-305-5（set）Ⓝ498.021

愛知県（交通―歴史）

◇平成美濃路ウォーク―地元の人も知らない郷土の歴史関ヶ原から名古屋まで　奥出光男著　半田　一粒書房　2014.9　236p　21cm〈年表あり　文献あり〉Ⓘ978-4-86431-304-9 Ⓝ291.53［1700円］

愛知県（高齢者―豊田市）

◇豊田市高齢者等実態調査結果報告書［豊田市］市民福祉部介護保険課編［豊田］豊田市　2014.3　379p　30cm　Ⓝ369.26

愛知県（高齢者福祉―北名古屋市）

◇高齢者の居場所づくりと役割づくり―とき、ひと、地域をつないだ地域回想法10年の軌跡　北名古屋　愛知県北名古屋市　2013.3　77p　30cm　Ⓝ369.26

愛知県（高齢者福祉―豊田市）

◇豊田市高齢者等実態調査結果報告書［豊田市］市民福祉部介護保険課編［豊田］豊田市　2014.3　379p　30cm　Ⓝ369.26

愛知県（災害予防）

◇東日本大震災と防災・減災まちづくり　part 2　社会調査実習・山田班［編］名古屋　名古屋市立大学人文社会学部現代社会学科　2013.3　76p　30cm　（名古屋市立大学人文社会学部現代社会学科社会調査実習報告書 2012年度 第1分冊）〈奥付のタイトル：2012年度社会調査実習報告書〉Ⓝ369.3

愛知県（財産評価）

◇評価倍率表―愛知県版　名古屋　新日本法規出版　c2013　406p　30cm　（財産評価基準書 平成25年分）Ⓘ978-4-7882-7730-4　Ⓝ345.5［10700円］

◇評価倍率表―財産評価基準書　平成26年分愛知県版　名古屋　新日本法規出版　c2014　404p　30cm〈索引あり〉Ⓘ978-4-7882-7875-2　Ⓝ345.5［11800円］

愛知県（祭祀―豊橋市）

◇春を呼ぶ、鬼と天狗とタンキリ飴豊橋鬼祭。［豊橋］豊橋市広報広聴課　2014.2　53p　26cm　（知るほど豊橋 ふるさと再発見ガイドブック その10）Ⓝ386.155［300円］

愛知県（財政―豊田市）

◇包括外部監査の結果報告書　平成25年度［豊田］豊田市包括外部監査人［2014］146p　30cm〈タイトル関連情報：一般廃棄物処理に係る事務の執行等について〉Ⓝ349.2155

愛知県（祭礼）

◇うま・午・馬―馬の塔を中心に：秋季企画展　熱田神宮文化部文化課編　名古屋　熱田神宮宮庁　2014.9　48p　26cm〈会期・会場：平成26年9月26日―10月28日 熱田神宮宝物館　編集：安江英男〉Ⓝ386.155

愛知県（祭礼―岡崎市）

◇御田扇祭り調査報告書　岡崎市教育委員会編　岡崎　岡崎市教育委員会　2014.3　79p 図版 2p　30cm　（岡崎市民俗文化財調査報告書 1）Ⓝ386.155

愛知県（祭礼―岡崎市―写真集）

◇瀧山寺鬼まつり―鬼まつりを内陣から撮る：鈴木智彦写真集　鈴木智彦著　岡崎　写真の店あさひ　2014.11　1冊（ページ付なし）20×21cm　Ⓘ978-4-9908023-0-1　Ⓝ386.155［1800円］

愛知県（産業―統計―岡崎市）

◇岡崎市の事業所―平成24年経済センサス―活動調査結果　岡崎市編　岡崎　岡崎市　2014.2　55p　30cm　Ⓝ605.9

愛知県（産業―豊橋市）

◇豊橋市の経済―平成24年経済センサス―活動調査結果報告書　豊橋市総務部行政課統計調査グループ編　豊橋　豊橋市　2014.7　144p　30cm　Ⓝ602.155

愛知県（産業クラスター）

◇ものづくり産業集積の研究―転換を迫られる名古屋経済圏と産業政策　梅原浩次郎著　京都　晃洋書房　2014.3　164p　22cm〈索引あり　内容：名古屋市の工業都市からの転換と都市機能変化　西三河自動車産業都市の発展と地域課題　愛知県の地域開発戦略の変遷と問題性　中部臨空都市事業による産業集積と愛知県企業庁会計　ポスト「万博・空港」戦略としての愛知県自治体政策　世界経済危機と東日本大震災が地域経済とトヨタに及ぼした影響と課題　名古屋圏ものづくり産業集積〉Ⓘ978-4-7710-2537-0　Ⓝ509.1［2700円］

愛知県（持続可能な開発のための教育）

◇自治体職員のためのESDハンドブック　名古屋　愛知県環境部環境政策課ESD会議支援室　2014.3　176p　30cm　Ⓝ519.07

愛知県（紙幣―犬山市―歴史）

◇犬山古札集―犬山藩内古札含む　本美吉朗監修，尾州古札研究会編［半田］［尾州古札研究会事務局］2014.9　1冊（ページ付なし）27cm　Ⓝ337.2155［非売品］

愛知県（紙幣―知多市―歴史）

◇知多市の金融機関のはじめ―岡田組と寺本四箇村会所　本美吉朗監修，尾州古札研究会編　半田　尾州古札研究会事務局　2014.9　1冊（ページ付なし）27cm〈奥付のタイトル：尾札庵古希記念〉Ⓝ338.2155

愛知県（社会教育計画）

◇愛知県生涯学習推進計画―自己を高め、地域とつながり、未来を築く生涯学習社会［名古屋］愛知県　2013.3　88p　30cm　Ⓝ379.1［1050円］

愛知県（社会福祉）

◇地域のメンタルヘルスケアの実態調査と改善方法の総合的研究―東三河を中心として　浅野俊夫，樋口義治，木之下隆夫，鎌倉利光，井藤寛志，吉岡昌子編著　豊橋　愛知大学中部地方産業研究所　2014.4　71p　26cm　（愛大中産研研究報告 第68号）〈平成23・24・25年度愛知大学研究助成（共同研究B-39）研究報告書〉Ⓘ978-4-901786-35-5　Ⓝ369.02155

愛知県（写真集―稲沢市）

◇稲沢・清須の昭和―写真アルバム　名古屋　樹林舎　2014.2　263p 図版 16p　31cm〈年表あり〉Ⓘ978-4-902731-63-7 Ⓝ215.5［9514円］

愛知県（写真集―清須市）

◇稲沢・清須の昭和―写真アルバム　名古屋　樹林舎　2014.2　263p 図版 16p　31cm〈年表あり〉Ⓘ978-4-902731-63-7 Ⓝ215.5［9514円］

愛知県（就労支援〔生活困窮者〕―豊中市）

◇豊中市との連携による生活困窮者の就労支援の制度化に関する調査研究報告書　三菱UFJリサーチ＆コンサルティング　2014.3　109, 15p　30cm〈平成25年度セーフティネット支援対策等事業費補助金社会福祉推進事業〉Ⓝ366.28

愛知県（小学校―阿久比町―歴史）

◇国民学校のころ　阿久比風土記の会編　阿久比町（愛知県）阿久比町立図書館　2014.3　60p　26cm　（阿久比風土記の会第8集）Ⓝ372.155

愛知県（植物―豊田市）

◇あすけの植物図集　第3集　一つの花篇 Ⅰ　岡田慶範［著］［出版地不明］［岡田慶範］2014.3　251p　30cm　Ⓝ472.155

愛知県（女性労働）

◇企業等における女性の活躍状況調査報告書　名古屋　愛知県県民生活部男女共同参画推進課　2014.12　158p　30cm　Ⓝ366.38

日本件名図書目録2014　Ⅰ　　　　　　　　　　　　　　　　　　　　　　　　　　　愛知県（中小企業）

愛知県（書目）

◇愛知県EL新聞記事情報リスト　2013-1　エレクトロニック・ライブラリー編　エレクトロニック・ライブラリー　2014.2　811p　31cm〈制作：日外アソシエーツ〉Ⓝ025.8155

◇愛知県EL新聞記事情報リスト　2013-2　エレクトロニック・ライブラリー編　エレクトロニック・ライブラリー　2014.2　p813-1607　31cm〈制作：日外アソシエーツ〉Ⓝ025.8155

◇愛知県EL新聞記事情報リスト　2013-3　エレクトロニック・ライブラリー編　エレクトロニック・ライブラリー　2014.2　p1609-2352　31cm〈制作：日外アソシエーツ〉Ⓝ025.8155

◇愛知県EL新聞記事情報リスト　2013-4　エレクトロニック・ライブラリー編　エレクトロニック・ライブラリー　2014.2　p2353-3140　31cm〈制作：日外アソシエーツ〉Ⓝ025.8155

◇愛知県EL新聞記事情報リスト　2013-5　エレクトロニック・ライブラリー編　エレクトロニック・ライブラリー　2014.2　p3141-4245　31cm〈制作：日外アソシエーツ〉Ⓝ025.8155

◇愛知県EL新聞記事情報リスト　2013-6　エレクトロニック・ライブラリー編　エレクトロニック・ライブラリー　2014.2　p4247-5313　31cm〈制作：日外アソシエーツ〉Ⓝ025.8155

◇愛知県EL新聞記事情報リスト　2013-7　エレクトロニック・ライブラリー編　エレクトロニック・ライブラリー　2014.2　p5315-6198　31cm〈制作：日外アソシエーツ〉Ⓝ025.8155

愛知県（城跡―保存・修復―小牧市）

◇信長のまちづくり―新しい時代の扉：報告書：こまき信長・夢フォーラム　小牧市教育委員会編　小牧　小牧市教育委員会　2014.3　63p　30cm〈会期・会場：平成25年9月22日　小牧市市民会館ホール　小牧山城築城450年記念事業〉Ⓝ709.155

愛知県（人口―統計―豊田市）

◇豊田市の人口　平成24年版　［豊田市］総務部庶務課編　豊田　愛知県豊田市　2014.3　257p　30cm　Ⓝ358.155　［800円］

愛知県（震災予防）

◇愛知県地域防災計画　平成26年5月修正　地震・津波災害対策計画　愛知県防災会議事務局（愛知県防災局防災危機管理課）編　名古屋　愛知県防災会議事務局　［2014］　265p　30cm　Ⓝ369.3

愛知県（震災予防―岡崎市）

◇岡崎市地域防災計画―地震災害対策計画　平成26年2月修正　岡崎市防災会議［著］, 岡崎市市長公室防災危機管理課編　岡崎　岡崎市市長公室防災危機管理課　2014.2　326p　30cm　Ⓝ369.31

愛知県（震災予防―春日井市）

◇春日井市地域防災計画―地震災害対策計画　平成25年修正　春日井市防災会議編　［春日井］　春日井市防災会議　2013.10　200p　30cm　Ⓝ369.31

愛知県（神社―小牧市）

◇小牧の神社　資料編　小牧市文化財資料研究員会編　小牧　小牧市教育委員会　2014.3　122p　26cm　Ⓝ175.955

愛知県（水害予防）

◇愛知県水防計画　平成26年度　［名古屋］　愛知県　［2014］　344p　30cm　Ⓝ369.33

◇水防計画　平成26年度　［名古屋］　愛知県尾張水害予防組合　［2014］　133p　30cm　Ⓝ369.33

愛知県（精神衛生）

◇精神保健福祉愛知　2013　愛知県精神保健福祉センター編　名古屋　愛知県精神保健福祉センター　2014.7　74p　30cm　Ⓝ498.02155

◇地域のメンタルヘルスケアの実態調査と改善方法の総合的研究―東三河を中心として　浅野俊夫, 樋口義治, 木之下隆夫, 鎌倉利光, 井藤寛志, 吉岡昌子編著　豊橋　愛知大学中部地方産業研究所　2014.4　71p　26cm　（愛大中産研研究報告　第68号）〈平成23・24・25年度愛知大学研究助成（共同研究B-39）研究報告書〉①978-4-901786-35-5　Ⓝ369.02155

愛知県（精神障害者福祉）

◇精神保健福祉愛知　2013　愛知県精神保健福祉センター編　名古屋　愛知県精神保健福祉センター　2014.7　74p　30cm　Ⓝ498.02155

愛知県（生物―新城市）

◇新城市の自然誌　昆虫・動物編　新城　新城市立鳳来寺山自然科学博物館　2014.2　335p　26cm〈文献あり〉Ⓝ402.9155

愛知県（選挙―統計）

◇愛知県選挙記録　平成24・25年版　愛知県選挙管理委員会編　名古屋　愛知県選挙管理委員会　［2014］　764p　30cm　Ⓝ314.8

愛知県（戦争遺跡―新城市）

◇戦国ウォーク長篠・設楽原の戦い　小和田哲男監修, 小林芳春, 設楽原をまもる会編著　名古屋　黎明書房　2014.8　254p　19cm〈文献あり〉①978-4-654-07634-5　Ⓝ210.48　［2500円］

愛知県（男女共同参画―北名古屋市）

◇北名古屋市男女共同参画プラン　改定版　北名古屋　北名古屋市総務部市民活動推進課　2013.4　50p　30cm　Ⓝ367.2155

愛知県（男女共同参画―豊田市）

◇豊田市男女共同参画社会に関する意識調査報告書―閲覧用　平成25年度　豊田　豊田市社会部共働推進室生涯学習課とよた男女共同参画センター　2014.3　120p　30cm　Ⓝ367.2155

愛知県（地域開発―岡崎市）

◇都市再生への道―夢のある街を求めて　小野宗芳［著］　岡崎　遊々舎　2014.7　215p　19cm　Ⓝ601.155

愛知県（地域開発―豊田市）

◇地域予算提案事業わくわく事業―事例集　平成25年度　豊田　豊田市社会部共働推進室地域支援課　［2013］　59p　30cm　Ⓝ601.155

愛知県（地域社会）

◇愛知県および周辺地域の再生と創造　［名古屋］　名古屋大学情報文化学部社会地域環境系　2013.3　192p　30cm　（名古屋大学情報文化学部社会地域環境系演習報告書　5）〈文献あり〉Ⓝ361.7

愛知県（力石）

◇愛知の力石　高島愼助著　岩田書院　2014.10　143p　22cm〈文献あり〉①978-4-87294-018-3　Ⓝ215.5　［2500円］

愛知県（治山）

◇治山事業の概要　名古屋　愛知県農林水産部農林基盤担当局森林保全課　2014.1　90p　30cm　Ⓝ656.5

愛知県（地誌）

◇愛知「地理・地名・地図」の謎―意外と知らない愛知県の歴史を読み解く！　大塚英二監修　実業之日本社　2014.7　191p　18cm　（じっぴコンパクト新書　193）〈文献あり〉①978-4-408-45508-2　Ⓝ291.55　［900円］

◇思わず人に話したくなる愛知学　県民学研究会編　洋泉社　2014.7　190p　18cm　（歴史新書）〈文献あり〉①978-4-8003-0442-1　Ⓝ291.55　［930円］

愛知県（地誌―大府市）

◇おおぶの歴史文化―わが街辞典　廣江安彦著　半田　一粒書房　2014.10　131p　30cm〈年表あり　文献あり〉①978-4-86431-328-5　Ⓝ291.55　［1200円］

愛知県（地誌―春日井市）

◇玉野のいま昔　［春日井］　玉野の昔話会　2014.3　147p　30cm　Ⓝ291.55

愛知県（地誌―豊川市）

◇豊川の歴史散歩　豊川市教育委員会編　新版　［豊川］　豊川市　2013.10　311p　21cm〈年表あり　文献あり〉Ⓝ291.55

愛知県（地方公務員―新城市）

◇自治体職員の感動意識―新城市役所実態調査報告　戸田敏行著, 感動行政研究会編　豊橋　愛知大学中部地方産業研究所　2014.3　92p　21cm　①978-4-901786-33-1　Ⓝ318.3

愛知県（地方自治―犬山市）

◇前例より、前進！―青い目の市会議員"奮戦記"　ビアンキアンソニー著　名古屋　風媒社　2014.10　214p　19cm　①978-4-8331-1109-6　Ⓝ318.255　［1500円］

愛知県（地方選挙）

◇愛知県選挙記録　平成24・25年版　愛知県選挙管理委員会編　名古屋　愛知県選挙管理委員会　［2014］　764p　30cm　Ⓝ314.8

愛知県（地名）

◇愛知の川名矢作川水系―川名が語るふるさとの歴史　vol.1 no.1　稲武地区・旭地区　愛知の川名編集委員会編　名古屋　葵エンジニアリング　2014.1　3, 32, 15p　30cm　Ⓝ517.2155

◇愛知の川名矢作川水系―川名が語るふるさとの歴史　vol.1 no.2　足助地区・下山地区・松平地区・高橋地区・石野地区　愛知の川名編集委員会編　名古屋　葵エンジニアリング　2014.5　2, 39, 23p　30cm　Ⓝ517.2155

愛知県（中小企業）

◇地域連携と中小企業の競争力―地域金融機関と自治体の役割を探る　家森信善編著　中央経済社　2014.2　255p　21cm〈内容：愛知県中小企業2012年アンケート調査の背景と結果の概要（家森信善, 冨村圭, 高久賢也著）　アンケート調査の概要と回答企業の状況分析（家森信善, 冨村圭, 高久賢也著）　中小企業から見た金融機関による支援の現状と課題（家森信善, 冨村

愛知県（中小企業金融）

圭, 高久賢也著）　中小企業から見た地方自治体による支援対
策の現状と課題（家森信善, 冨村圭, 高久賢也著）　中小企業の
産学連携・企業連携への取り組みの現状と課題（家森信善, 冨
村圭, 高久賢也著）　中小企業から見た中小企業行政および金
融行政の評価（家森信善, 冨村圭, 高久賢也著）　愛知県制度融
資の現状と課題（清水幹良著）　企業意識調査を読んで（永瀬
元喜, 林隆生, 岩田佳樹ほか著）　金融経済環境の変化に伴う東
海地区中小企業経営の課題（奥田真之著）　中小企業金融にお
ける名古屋金利の生成要因（織田薫著）　酒類行政の新展開と
「東海4県21世紀國酒研究会」の活動について（佐藤宜之著）
愛知県の産業構造と財政政策の効果（柳原光芳著）　地域金融
機関に関する経済の外部性効果の計測（打田委千弘著）　東海
地方の地域銀行の県外進出と融資行動（近藤万峰著）〉①978-
4-502-08760-8　Ⓝ335.35　[3700円]

愛知県（中小企業金融）
◇地域連携と中小企業の競争力―地域金融機関と自治体の役割
を探る　家森信善編著　中央経済社　2014.2　255p 21cm
〈内容：愛知県中小企業2012年アンケート調査の背景と結果の
概要（家森信善, 冨村圭, 高久賢也著）　アンケート調査の概要と
回答企業の状況分析（家森信善, 冨村圭, 高久賢也著）　中小企
業から見た金融機関による支援の現状と課題（家森信善, 冨村
圭, 高久賢也著）　中小企業から見た地方自治体による支援対
策の現状と課題（家森信善, 冨村圭, 高久賢也著）　中小企業の
産学連携・企業連携への取り組みの現状と課題（家森信善, 冨
村圭, 高久賢也著）　中小企業から見た中小企業行政および金
融行政の評価（家森信善, 冨村圭, 高久賢也著）　愛知県制度融
資の現状と課題（清水幹良著）　企業意識調査を読んで（永瀬
元喜, 林隆生, 岩田佳樹ほか著）　金融経済環境の変化に伴う東
海地区中小企業経営の課題（奥田真之著）　中小企業金融にお
ける名古屋金利の生成要因（織田薫著）　酒類行政の新展開と
「東海4県21世紀國酒研究会」の活動について（佐藤宜之著）
愛知県の産業構造と財政政策の効果（柳原光芳著）　地域金融
機関に関する経済の外部性効果の計測（打田委千弘著）　東海
地方の地域銀行の県外進出と融資行動（近藤万峰著）〉①978-
4-502-08760-8　Ⓝ335.35　[3700円]

愛知県（津波）
◇愛知県地域防災計画　平成26年5月修正　地震・津波災害対策
計画　愛知県防災会議事務局（愛知県防災局防災危機管理課）
編　名古屋　愛知県防災会議事務局　[2014]　265p 30cm
Ⓝ369.3

愛知県（田楽）
◇奥三河のくらしと花祭・田楽―特別展　特別展「奥三河のくら
しと花祭・田楽」実行委員会編　[名古屋]　特別展「奥三河
のくらしと花祭・田楽」実行委員会　2013.11　143p 30cm
〈文献あり　会期・会場：平成25年11月2日―12月15日　名古屋
市博物館〉Ⓝ386.8155

愛知県（伝記）
◇あなたの知らない愛知県ゆかりの有名人100　山本博文監修
洋泉社　2014.2　190p 18cm　[歴史新書]〈文献あり〉
①978-4-8003-0326-4　Ⓝ281.55　[870円]

愛知県（統計―豊田市）
◇豊田市統計書　平成24年版　愛知県豊田市総務部庶務課編
豊田　愛知県豊田市総務部庶務課　2014.3　418p 30cm
Ⓝ351.55　[1100円]

愛知県（陶磁器〈日本〉―歴史）
◇尾張のやきもの―古代・中世　名古屋市博物館編　名古屋
名古屋市博物館　2013.9　111p 30cm　（名古屋市博物館資
料図版目録 9）〈年表あり　文献あり〉Ⓝ751.1

愛知県（読書指導―岡崎市）
◇岡崎市子ども読書活動推進計画　第2次　岡崎　岡崎市文化芸
術部中央図書館　2014.12　44, 72p 30cm〈共同刊行：岡崎
市〉Ⓝ019.2

愛知県（特別支援教育）
◇愛知県特別支援教育推進計画―愛知・つながりプラン：すべて
の子どもへの適切な支援・指導の充実をめざして　名古屋
愛知県教育委員会　2014.3　53p 30cm　Ⓝ378.02155

愛知県（鳥）
◇西三河鳥類目録　西三河野鳥の会編　[出版地不明]　西三河
野鳥の会　2014.1　169p 30cm〈創立40周年記念事業〉
Ⓝ488.2155

愛知県（農業教育―日進市）
◇社会調査実習報告書　2012年度 第1巻　農育プロジェクト編
豊田　中京大学現代社会学部斉藤尚文研究室　2013.3　70p
30cm　Ⓝ361.91

愛知県（農業水利―歴史）
◇龍燈の湖（うみ）―油ヶ淵の過去・現在・そして未来へ：特別
展　安城市歴史博物館編　安城　安城市歴史博物館　2014.11
73p 30cm〈年表あり　会期：平成26年11月22日―平成27年1
月25日〉Ⓝ614.3155

愛知県（排気ガス―排出抑制）
◇総量削減進行管理調査　[名古屋]　愛知県　2014.3　128p
30cm〈平成25年度環境省委託業務結果報告書〉Ⓝ519.3

愛知県（廃棄物処理―豊田市）
◇包括外部監査の結果報告書　平成25年度　[豊田]　豊田市包
括外部監査人　[2014]　146p 30cm〈タイトル関連情報：
一般廃棄物処理に係る事務の執行等について〉Ⓝ349.2155

愛知県（病院―歴史―史料）
◇近代都市の衛生環境　名古屋編 11　病院 1　松浦國弘監修,
近現代資料刊行会企画編集　近現代資料刊行会　2014.2
349p 22cm　（近代都市環境研究資料叢書 4）〈複製　内容：
愛知県公立病院及医学校第一報告.　自明治6年至同13年（編輯
局・明治13年12月「前言」）愛知病院及医学校第二報告.
自明治13年至同14年（愛知県愛知医学校編輯局・明治14年12月
「前言」）〉①978-4-86364-317-8,978-4-86364-304-8（set）
Ⓝ498.021

◇近代都市の衛生環境　名古屋編 12　病院 2　松浦國弘監修,
近現代資料刊行会企画編集　近現代資料刊行会　2014.2
227p 22cm　（近代都市環境研究資料叢書 4）〈複製　内容：
愛知医学校及愛知病院第三報告.　自明治16年6月「前言」（愛
知県愛知学校編輯局・明治16年6月「前言」）愛知医学校及愛
知病院第四報告.　明治16年及明治17年（愛知医学校病院・明
治26年4月「凡例」）〉①978-4-86364-318-5,978-4-86364-304-8
（set）Ⓝ498.021

◇近代都市の衛生環境　名古屋編 13　病院 3　松浦國弘監修,
近現代資料刊行会企画編集　近現代資料刊行会　2014.2
362p 22cm　（近代都市環境研究資料叢書 4）〈複製　内容：
愛知県立医学専門学校及愛知病院一覧.　明治44年12月〉
①978-4-86364-319-2,978-4-86364-304-8（set）Ⓝ498.021

◇近代都市の衛生環境　名古屋編 14　病院 4　松浦國弘監修,
近現代資料刊行会企画編集　近現代資料刊行会　2014.2
394p 22cm　（近代都市環境研究資料叢書 4）〈複製　内容：
愛知県立医学専門学校及愛知病院一覧.　大正3年12月〉
①978-4-86364-320-8,978-4-86364-304-8（set）Ⓝ498.021

◇近代都市の衛生環境　名古屋編 15　病院 5　松浦國弘監修,
近現代資料刊行会企画編集　近現代資料刊行会　2014.2
607p 22cm　（近代都市環境研究資料叢書 4）〈複製　内容：
愛知県立医学専門学校及愛知病院一覧.　大正6年12月　愛知医
科大学愛知医科大学病院一覧.　大正12年5月〉①978-4-86364-
321-5,978-4-86364-304-8（set）Ⓝ498.021

◇近代都市の衛生環境　名古屋編 16　病院 6　松浦國弘監修,
近現代資料刊行会企画編集　近現代資料刊行会　2014.2 464p
22cm　（近代都市環境研究資料叢書 4）〈複製　内容：愛知医
科大学一覧.　大正14年5月　愛知医科大学一覧.　昭和5年5
月〉①978-4-86364-322-2,978-4-86364-304-8（set）Ⓝ498.021

◇近代都市の衛生環境　名古屋編 17　病院 7　松浦國弘監修,
近現代資料刊行会企画編集　近現代資料刊行会　2014.2
423p 22cm　（近代都市環境研究資料叢書 4）〈複製　内容：
名古屋市八事療養所年報.　第8回（昭和8年）（昭和9年7月印刷
「表紙」）名古屋市八事療養所年報.　第9回（昭和9年）（昭和10
年8月印刷「表紙」）名古屋市八事療養所年報.　第11回（昭和
11年）（昭和12年8月印刷「表紙」）　名古屋市民病院創立五週
年記念誌（名古屋市民病院・昭和12年11月28日）　公立伝染病
院、隔離病舎台帳美浦村隔離病舎ほか二十二病舎（愛知県）
公立伝染病院、隔離病舎台帳有松町伝染病院隔離病舎ほか十五病
舎（愛知県）　伝染病院隔離病舎台帳犬山町外六ヶ村伝染病院
（愛知県・昭和20年3月15日記帳）〉①978-4-86364-323-9,978-
4-86364-304-8（set）Ⓝ498.021

愛知県（風水害―岡崎市）
◇岡崎市地域防災計画―風水害等対策計画　平成26年2月修正
岡崎市防災会議［著］, 岡崎市市長公室防災危機管理課編　岡
崎　岡崎市市長公室防災危機管理課　2014.2　146p 30cm
Ⓝ369.3

愛知県（風水害―防災）
◇愛知県地域防災計画　平成26年5月30日修正　風水害等災害対
策計画　愛知県防災会議事務局（愛知県防災局防災危機管理
課）編　名古屋　愛知県防災会議事務局　[2014]　257p
30cm　Ⓝ369.3

愛知県（風水害―防災―春日井市）
◇春日井市地域防災計画―風水害等災害対策計画　平成25年修
正　春日井市防災会議編　[春日井]　春日井市防災会議
2013.10　199p 30cm　Ⓝ369.33

愛知県（風俗・習慣—豊田市）

◇足助の聞き書き　第4集　［豊田］　あすけ聞き書き隊　2014.3
116p　26cm〈折り込1枚　内容：足助の飲料水を護って（柴
田鋼一述，広田慶子聞き手）　炭焼きはやめれんだ（安藤昭二述，
小林誠聞き手）　鈴木正三物語（柴田豊述，櫻井彩聞き手）　お
客さんの笑顔がなにより（深見レイ述，寺下希菜子聞き手）　一
代で何でもやってきたよ（小野君子述，南郷愛子聞き手）　あり
がたいことです（杉浦教昭述，井上美知代聞き手）　難儀した甲
斐がある（鈴木よし枝述，水野咲姫聞き手）　暮らしを受け継
ぎ，守る（小澤浩述，澤目純一聞き手）　スケートが面白くて
はじめた香嵐渓スケートセンター（近藤敏男述，高木伸泰聞き
手）　今までのお礼に，鐙を大事にしとる。（藤井繁述，河合友理聞き
手）〉Ⓝ382.155

◇新修豊田市史　15　別編　民俗　Ⅰ　山地のくらし　新修豊田市
史編さん専門委員会編　豊田　愛知県豊田市　2013.3　852,
22p図版［16］枚　23cm〈文献あり〉Ⓝ215.5

愛知県（武家住宅—保存・修復—豊田市）

◇豊田市指定有形文化財遊佐家長屋門保存修理工事報告書　魚
津建築設計事務所編　豊田　豊田市教育委員会　2013.10
97p　30cm　Ⓝ521.853

愛知県（部落問題—歴史）

◇愛知県・近代部落問題研究　松浦國弘著　名古屋　地域人権
ネット　2014.5　369p　22cm　Ⓝ361.86　［6800円］

愛知県（文化活動—半田市）

◇新美南吉生誕100年—おもいでのアルバム：初めての南吉再び
出逢う南吉：2013半田　［半田］　新美南吉生誕100年記念事
業実行委員会　2014.3　49p　30cm〈共同刊行：半田市ほか〉
Ⓝ379.02155

愛知県（文化行政—武豊町）

◇武豊町文化創造プラン　第2次　ゆめたろうプラザ編　武豊町
（愛知県）ゆめたろうプラザ　2013.3　68p　30cm〈共同刊
行：武豊町〉Ⓝ709.155

愛知県（文学者）

◇あいち文学散歩　愛知県国語教育研究会高等学校部会編著，
『あいち文学散歩』編集委員会著　名古屋　浜島書店　2013.11
8,215p　21cm〈索引あり〉①978-4-8343-1110-5　Ⓝ910.2
［1300円］

愛知県（文学上）

◇あいち文学散歩　愛知県国語教育研究会高等学校部会編著，
『あいち文学散歩』編集委員会著　名古屋　浜島書店　2013.11
8,215p　21cm〈索引あり〉①978-4-8343-1110-5　Ⓝ910.2
［1300円］

愛知県（文化財—豊田市）

◇新修豊田市史　21　別編　美術・工芸　新修豊田市史編さん委
員会編　豊田　愛知県豊田市　2014.3　490p　31cm　Ⓝ215.5

愛知県（防災計画）

◇愛知県地域防災計画　平成25年5月30日修正　原子力災害対策
計画　愛知県防災会議事務局（愛知県防災局防災危機管理課）
編　名古屋　愛知県防災会議事務局　［2013］　52p　30cm
Ⓝ369.3

愛知県（防災計画—岡崎市）

◇岡崎市地域防災計画—風水害等対策計画　平成26年2月修正
岡崎市防災会議［著］，岡崎市市長公室防災危機管理課編　岡
崎　岡崎市市長公室防災危機管理課　2014.2　146p　30cm
Ⓝ369.33

◇岡崎市地域防災計画附属資料　平成26年修正　岡崎市防災会
議［著］，岡崎市市長公室防災危機管理課編　岡崎　岡崎市市
長公室防災危機管理課　［2014］　437p　30cm　Ⓝ369.3

愛知県（防災計画—半田市）

◇半田市地域防災計画　平成25年度修正　半田市防災会議編
［半田］　半田市防災会議　［2014］　513p　30cm　Ⓝ369.3

愛知県（民家—豊田市）

◇豊田市指定文化財旧紙屋鈴木家住宅且過寮修理工事報告書
豊田市教育委員会文化課足助分室編　［豊田］　豊田市教育
委員会　2013.11　180p　30cm　Ⓝ521.86

愛知県（民家—保存・修復—豊田市）

◇愛知県指定有形文化財旧山内家住宅保存修理工事報告書　豊
田　豊田市教育委員会　2014.3　105p　30cm　Ⓝ521.86

愛知県（民具）

◇奥三河のくらしと花祭・田楽—特別展　特別展「奥三河のくら
しと花祭・田楽」実行委員会編　［名古屋］　特別展「奥三河
のくらしと花祭・田楽」実行委員会　2013.11　143p　30cm
〈文献あり　会期・会場：平成25年11月2日—12月15日　名古屋
市博物館〉Ⓝ386.8155

愛知県（名簿）

◇愛知県人物・人材情報リスト　2015　第1巻　日外アソシエー
ツ株式会社編　日外アソシエーツ（制作）　2014.11　597p
30cm　Ⓝ281.55

◇愛知県人物・人材情報リスト　2015　第2巻　日外アソシエー
ツ株式会社編　日外アソシエーツ（制作）　2014.11　p599-1216
30cm　Ⓝ281.55

◇愛知県人物・人材情報リスト　2015　第3巻　日外アソシエー
ツ株式会社編　日外アソシエーツ（制作）　2014.11　p1217-
1874　30cm　Ⓝ281.55

◇愛知県人物・人材情報リスト　2015　第4巻　日外アソシエー
ツ株式会社編　日外アソシエーツ（制作）　2014.11　p1875-
2348，105p　30cm　Ⓝ281.55

愛知県（妖怪—豊橋市）

◇豊橋妖怪百物語　ばったり堂著　豊橋　豊川堂（発売）　2014.2
191p　21cm〈文献あり〉①978-4-938403-12-6　Ⓝ387.9155
［1500円］

愛知県（歴史）

◇戦国時代の東三河—牧野氏と戸田氏　山田邦明著　名古屋
あるむ　2014.3　106p　21cm（愛知大学綜合郷土研究所
ブックレット　23）〈文献あり〉①978-4-86333-082-5　Ⓝ215.
5　［1000円］

◇大学的愛知ガイド—こだわりの歩き方　愛知県立大学歴史文
化の会編　京都　昭和堂　2014.3　272,10p　21cm〈索引あ
り　内容：尾張・三河の前方後円墳めぐり（丸山裕美子著）古
寺巡礼と世界平和（上川通夫著）　地図で読み解く中近世の港
町熱田（山村亜希著）　尾張徳川家と定光寺（大塚英二著）　三
遠信国境の交通路（山田正浩著）　愛知に眠る「英霊」たち（樋
口浩造著）　三河木綿と崑崙人渡来伝説（遠志保著）　愛知の
近代遺産（中島茂著）　名古屋港の筏（井戸聡著）　愛知の民俗
祭礼（今野元著）　愛知ソシアリスト列伝（與那覇潤著）　外国
人住民（山本かほり著）　祭りが生み出す新しい愛知の文化
（松宮朝，加藤歩著）　愛知におけるラテンの言語と文化（糸魚
川美樹著）　異端者たちの多文化共生（川畑博昭著）〉①978-4-
8122-1347-6　Ⓝ215.5　［2300円］

◇知多半島郷土史往来　第4号　西まさるほか著　半田　はんだ
郷土史研究会　2014.9　152p　21cm〈内容：吉原遊郭を支配
した南知多衆（西まさる著）　尾州廻船が半田市に残した価値あ
る歴史遺産（本美元朗著）　世界を目指した先人たち海運会社
東海航業知多航業の航跡（森下高行著）「送り一札」と闕字・
平出・擡頭（竹内雄幸著）　船頭重吉の半田の居宅探し（竹内
和子著）　十返舎一九の半田と内海の足跡（編集部著）　四條
流包丁儀式（入口修三著）　半田市最初の銀行とお札（本美元
朗著）『金城新報』でみる陸海軍聯合大演習の実態（河合克己
著）　労働基準監督官の優良企業見聞録（小栗利治著）　鴉根
山の新見南吉と『狐』（西まさる著）〉Ⓝ215.5　［1000円］

◇知多半島歴史読本　続　河合克己著　大阪　新葉館出版
2013.3　276p　19cm　①978-4-86044-479-2　Ⓝ215.5　［2000
円］

愛知県（歴史—刈谷市）

◇刈谷城築城480年記念会記録全集　刈谷　刈谷頌和会　2014.3
91p　21cm〈会期・会場：平成25年8月10日　刈谷産業振興セ
ンター7階小ホール　記録・編集：印東宏紀〉Ⓝ215.5

愛知県（歴史—史料）

◇愛知県史　資料編　14　中世・織豊　愛知県史編さん委員会編
名古屋　愛知県　2014.3　1122，14p　23cm〈付属資料：8p：
月報〉Ⓝ215.5

◇愛知県史　資料編　15　近世　1（名古屋・熱田）　愛知県史編さ
ん委員会編　名古屋　愛知県　2014.3　988p　23cm〈付属資
料：8p：月報〉Ⓝ215.5

◇愛知県史　資料編　21（近世　7）　領主　1　愛知県史編さん委
員会編　名古屋　愛知県　2014.3　1056p　23cm〈文献あり
付属資料：8p：月報〉Ⓝ215.5

◇岡崎・三河東泉記—翻刻と校合による考察　［東泉坊教山原
著］，岡崎市立中央図書館古文書翻刻ボランティア会編　［岡
崎］　岡崎市立中央図書館　2014.10　1冊　30cm〈共同刊
行：岡崎市立中央図書館古文書翻刻ボランティア会〉Ⓝ215.5

愛知県（歴史—史料—安城市）

◇本證寺文書記録類　2　安城市教育委員会文化財課編　［安城］
安城市教育委員会文化財課　2013.3　186p　30cm（安城市
文書史料集成　第3集）Ⓝ215.5

愛知県（歴史—史料—岡崎市）

◇岡崎藩御用掛手控　岡崎市立中央図書館古文書翻刻ボランティ
ア会編　［岡崎］　岡崎市立中央図書館　2014.4　160p　30cm
〈複製及び翻刻　共同刊行：岡崎市立中央図書館古文書翻刻ボ
ランティア会〉Ⓝ215.5

愛知県（歴史―史料―刈谷市）

◇分限帳集成―刈谷土井家家臣録　刈谷古文書研究会,刈谷頌和
会編　［刈谷］　刈谷古文書研究会　2014.6　398p　22cm
〈刈谷叢書 第6輯〉〈共同刊行：刈谷頌和会〉Ⓝ215.5

愛知県（歴史―史料―書目―蒲郡市）

◇蒲郡市博物館所蔵文書目録　蒲郡市博物館編　［蒲郡］　蒲郡
市博物館　2014.1　60p　30cm　Ⓝ215.5

愛知県（歴史―史料―田原市）

◇田原の文化　第40号　田原　田原市教育委員会文化財課
2014.3　64p　30cm〈内容：闘目写本の検証（藤井忠者）渥美
半島における荘園公領制の成立と展開　その2（加藤克己著）
坪沢10号窯の窯詰め状況の復元（増山禎之著）『漂民聞書』と
ころどころ（山田哲夫著）〉Ⓝ215.5

愛知県（歴史―史料―津島市）

◇地方新聞集成―海部・津島　第1輯　園田俊介監修　津島　津
島市立図書館　2013.3　606p　42cm〈複製 内容：尾西タイ
ムス（大正8年8月〜大正10年4月）尾陽新報（大正8年9月〜大
正9年5月）尾川実業新聞（大正9年1月〜大正9年8月）　大日
本新聞（大正9年2月〜大正10年1月）　津島新聞（大正9年4月〜
大正10年1月）関西新聞（大正12年3月,昭和6年1月）　愛知
時事新聞（昭和28年2月〜昭和35年12月）東海民衆新聞（昭和
33年12月）ふるさとアサヒ（昭和63年9月〜平成5年3月）〉
Ⓝ215.5

◇地方新聞集成―海部・津島　第2輯　園田俊介監修　津島　津
島市立図書館　2014.3　532p　30×42cm〈複製 内容：東海
魁新聞（昭和12年5月〜昭和14年8月）自由評論（昭和22年9月
〜昭和28年1月）尾張時報（昭和23年8月〜昭和24年9月）　尾
西通信（昭和27年1月）〉Ⓝ215.5

愛知県（歴史―史料―豊田市）

◇新修豊田市史　7 資料編 近世 1　藤岡・小原・旭・稲武　新
修豊田市史編さん専門委員会編　豊田　愛知県豊田市　2014.
3　874p　23cm〈文献あり〉Ⓝ215.5

愛知県（歴史―史料―西尾市）

◇分限帳集成―刈谷土井家家臣録　刈谷古文書研究会,刈谷頌和
会編　［刈谷］　刈谷古文書研究会　2014.6　398p　22cm
〈刈谷叢書 第6輯〉〈共同刊行：刈谷頌和会〉Ⓝ215.5

愛知県（歴史―史料―碧南市）

◇訳注大浜陣屋日記　下　嘉永7（安政元）年7月―12月　碧南
碧南市教育委員会文化財課市史資料調査室　2014.9　171p
30cm　（碧南市史料 第70集）Ⓝ215.5

愛知県（歴史―豊田市）

◇挙母地方の歴史を尋ねて―郷土研究半世紀を今かえりみて
日尾野心清［述］,内藤学文公顕彰会編　［豊田］　内藤学文公
顕彰会　2014.3　101p　21cm　（総会記念講演記録 第19回）
〈会期：平成25年6月2日〉Ⓝ215.5

◇拓く―三軒屋区誌　三軒屋区誌編集委員会編　豊田　三軒屋
自治区　2014.3　114p　30cm〈年表あり〉Ⓝ215.5

愛知県（歴史―半田市）

◇半田の轍―半田繁盛記：片山市三が語る八〇年の変遷　続
片山市三資料提供・語り　半田　一粒社出版部　2014.11
61p　26cm〈文章作成：市野忠士〉Ⓘ978-4-86431-335-3
Ⓝ215.5　［非売品］

愛知県（労働市場―統計）

◇就業構造基本調査結果（愛知県分）平成24年　［名古屋］　愛
知県県民生活部統計課学事・農林統計グループ　2013.11
32p　30cm〈平成24年10月1日現在〉Ⓝ366.2155

愛知県（路線価）

◇路線価図―愛知県版（2）名古屋　新日本法規出版　c2013　1
冊　30cm　（財産評価基準書 平成25年分）〈内容：名古屋西
署　名古屋中村署　名古屋中署〉Ⓘ978-4-7882-7711-3
Ⓝ345.5　［8700円］

◇路線価図―愛知県版（3）名古屋　新日本法規出版　c2013　1
冊　30cm　（財産評価基準書 平成25年分）〈内容：昭和署〉
Ⓘ978-4-7882-7712-0　Ⓝ345.5　［7900円］

◇路線価図―愛知県版（4）名古屋　新日本法規出版　c2013　1
冊　30cm　（財産評価基準書 平成25年分）〈内容：熱田署〉
Ⓘ978-4-7882-7713-7　Ⓝ345.5　［7500円］

◇路線価図―愛知県版（6）名古屋　新日本法規出版　c2013　1
冊　30cm　（財産評価基準書 平成25年分）〈内容：豊橋署
新城署〉Ⓘ978-4-7882-7715-1　Ⓝ345.5　［12000円］

◇路線価図―愛知県版（7）名古屋　新日本法規出版　c2013　1
冊　30cm　（財産評価基準書 平成25年分）〈内容：岡崎署〉
Ⓘ978-4-7882-7716-8　Ⓝ345.5　［8600円］

◇路線価図―愛知県版（8）名古屋　新日本法規出版　c2013　1
冊　30cm　（財産評価基準書 平成25年分）〈内容：一宮署〉
Ⓘ978-4-7882-7717-5　Ⓝ345.5　［6300円］

◇路線価図―愛知県版（9）名古屋　新日本法規出版　c2013　1
冊　30cm　（財産評価基準書 平成25年分）〈内容：尾張瀬戸
署〉Ⓘ978-4-7882-7718-2　Ⓝ345.5　［5900円］

◇路線価図―愛知県版（10）名古屋　新日本法規出版　c2013
1冊　30cm　（財産評価基準書 平成25年分）〈内容：半田署〉
Ⓘ978-4-7882-7719-9　Ⓝ345.5　［20700円］

◇路線価図―愛知県版（11）名古屋　新日本法規出版　c2013
1冊　30cm　（財産評価基準書 平成25年分）〈内容：津島署〉
Ⓘ978-4-7882-7720-5　Ⓝ345.5　［8100円］

◇路線価図―愛知県版（12）名古屋　新日本法規出版　c2013
1冊　30cm　（財産評価基準書 平成25年分）〈内容：刈谷署〉
Ⓘ978-4-7882-7721-2　Ⓝ345.5　［12000円］

◇路線価図―愛知県版（13）名古屋　新日本法規出版　c2013
1冊　30cm　（財産評価基準書 平成25年分）〈内容：豊田署〉
Ⓘ978-4-7882-7722-9　Ⓝ345.5　［8600円］

◇路線価図―愛知県版（14）名古屋　新日本法規出版　c2013
1冊　30cm　（財産評価基準書 平成25年分）〈内容：西尾署〉
Ⓘ978-4-7882-7723-6　Ⓝ345.5　［5600円］

◇路線価図―愛知県版（15）名古屋　新日本法規出版　c2013
1冊　30cm　（財産評価基準書 平成25年分）〈内容：小牧署〉
Ⓘ978-4-7882-7724-3　Ⓝ345.5　［13200円］

◇路線価図―財産評価基準書 平成26年分愛知県版2　名古屋西
署 名古屋中村署 名古屋中署　名古屋　新日本法規出版
c2014　1冊　30cm〈索引あり〉Ⓘ978-4-7882-7856-1　Ⓝ345.
5　［9600円］

◇路線価図―財産評価基準書 平成26年分愛知県版3　昭和署
名古屋　新日本法規出版　c2014　1冊　30cm〈索引あり〉
Ⓘ978-4-7882-7857-8　Ⓝ345.5　［8700円］

◇路線価図―財産評価基準書 平成26年分愛知県版4　熱田署
名古屋　新日本法規出版　c2014　1冊　30cm〈索引あり〉
Ⓘ978-4-7882-7858-5　Ⓝ345.5　［8300円］

◇路線価図―財産評価基準書 平成26年分愛知県版6　豊橋署
新城署 名古屋　新日本法規出版　c2014　1冊　30cm〈索引
あり〉Ⓘ978-4-7882-7860-8　Ⓝ345.5　［13200円］

◇路線価図―財産評価基準書 平成26年分愛知県版7　岡崎署
名古屋　新日本法規出版　c2014　1冊　30cm〈索引あり〉
Ⓘ978-4-7882-7861-5　Ⓝ345.5　［10400円］

◇路線価図―財産評価基準書 平成26年分愛知県版8　一宮署
名古屋　新日本法規出版　c2014　1冊　30cm〈索引あり〉
Ⓘ978-4-7882-7862-2　Ⓝ345.5　［7100円］

◇路線価図―財産評価基準書 平成26年分愛知県版9　尾張瀬戸
署 名古屋　新日本法規出版　c2014　1冊　30cm〈索引あ
り〉Ⓘ978-4-7882-7863-9　Ⓝ345.5　［7100円］

◇路線価図―財産評価基準書 平成26年分愛知県版10　半田署
名古屋　新日本法規出版　c2014　1冊　30cm〈索引あり〉
Ⓘ978-4-7882-7864-6　Ⓝ345.5　［22800円］

◇路線価図―財産評価基準書 平成26年分愛知県版11　津島署
名古屋　新日本法規出版　c2014　1冊　30cm〈索引あり〉
Ⓘ978-4-7882-7865-3　Ⓝ345.5　［9800円］

◇路線価図―財産評価基準書 平成26年分愛知県版12　刈谷署
名古屋　新日本法規出版　c2014　1冊　30cm〈索引あり〉
Ⓘ978-4-7882-7866-0　Ⓝ345.5　［14400円］

◇路線価図―財産評価基準書 平成26年分愛知県版13　豊田署
名古屋　新日本法規出版　c2014　1冊　30cm〈索引あり〉
Ⓘ978-4-7882-7867-7　Ⓝ345.5　［10400円］

◇路線価図―財産評価基準書 平成26年分愛知県版14　西尾署
名古屋　新日本法規出版　c2014　1冊　30cm〈索引あり〉
Ⓘ978-4-7882-7868-4　Ⓝ345.5　［6800円］

◇路線価図―財産評価基準書 平成26年分愛知県版15　小牧署
名古屋　新日本法規出版　c2014　1冊　30cm〈索引あり〉
Ⓘ978-4-7882-7869-1　Ⓝ345.5　［14600円］

愛知工業大学総合技術研究所

◇愛知工業大学総合技術研究所20年史　愛知工業大学総合技術
研究所編　豊田　名古屋電気学園愛知工業大学総合技術研究
所　2014.3　72p　30cm〈年表あり　名古屋電気学園創立100
周年記念〉Ⓝ507.6

愛南町〔愛媛県〕（産業―歴史）

◇ふるさとのくらしと産業―えひめ、昭和の記憶　5　愛南町
松山　愛媛県教育委員会　2014.3　135p　30cm〈文献あり
平成25年度「ふるさと愛媛学」普及推進事業〉Ⓝ602.183

愛南町〔愛媛県〕（風俗・習慣）

◇ふるさとのくらしと産業―えひめ、昭和の記憶　5　愛南町
松山　愛媛県教育委員会　2014.3　135p　30cm〈文献あり
平成25年度「ふるさと愛媛学」普及推進事業〉Ⓝ602.183

始良市（歴史—史料）

◇始良市誌史料 2 始良市誌史料集刊行委員会編 始良 始良市教育委員会 2014.3 273p 30cm〈共同刊行：鹿児島県始良市〉Ⓝ219.7

アイル〔1991年〕

◇創発経営—アイルの常識は業界の非常識 鶴蒔靖夫著 IN通信社 2014.9 254p 20cm Ⓘ978-4-87218-399-3 Ⓝ007.35 ［1800円］

アイルランド（移民・植民—アメリカ合衆国）

◇アメリカを動かすスコッチ＝アイリッシュ—21人の大統領と「茶会派」を生みだした民族集団 越智道雄著 明石書店 2014.12 281p 20cm Ⓘ978-4-7503-4112-5 Ⓝ334.453 ［2800円］

アイルランド（紀行・案内記）

◇イギリス・アイルランド 池田あきこ著 神戸 出版ワークス 2014.10 140p 18cm（ダヤンの絵描き旅）〈河出書房新社（発売）「英国とアイルランドの田舎へ行こう」(中公文庫 2000年刊）の改題、加筆・修正〉Ⓘ978-4-309-92033-7 Ⓝ293.309 ［1500円］

アイルランド（聖地）

◇ケルト、神々の住む聖地—アイルランドの山々と自然 ヘクター・マクドネル著，山田美明訳 大阪 創元社 2014.2 71p 18cm（アルケミスト双書）Ⓘ978-4-422-21466-5 Ⓝ162.339 ［1200円］

アイルランド（塔—歴史）

◇ラウンドタワー—アイルランドの不思議な塔の物語 ヘクター・マクドネル著，富永佐知子訳 大阪 創元社 2014.12 65p 18cm（アルケミスト双書）Ⓘ978-4-422-21461-0 Ⓝ523.339 ［1200円］

アイルランド（文学上）

◇ベケットのアイルランド 川島健著 水声社 2014.2 260p 22cm〈年譜あり 内容：序論 境界線の女たち 越境するクーフリン ダンテ、ジョイスについて語ること 翻訳の不協和音 本当の名前と翻訳可能性 アイルランドを描くこと 廃墟の存在論 終章〉Ⓘ978-4-8010-0014-8 Ⓝ950.278 ［4000円］

アイルランド（歴史）

◇アイルランド—自然・歴史・物語の旅 渡辺洋子著 三弥井書店 2014.10 353p 20cm〈文献あり〉Ⓘ978-4-8382-3269-7 Ⓝ293.39 ［2500円］

アイルランド—1945〜

◇オックスフォード ブリテン諸島の歴史 11 20世紀—1945年以後 鶴島博和日本語版監修 キャスリーン・バーク編，西沢保監訳 慶應義塾大学出版会 2014.11 301,47p 22cm〈文献あり 年表あり 索引あり 内容：序論（キャスリーン・バーク著，西沢保訳）統治者、統治、統治される者（ジョン・ターナー著，長谷川淳一訳）経済成長、経済衰退（ジム・トムリンソン著，西沢保訳）伝統と変容（ジョゼ・ハリス著，椿建也訳）二つの文化か、一つの文化か、それともたくさんの文化か（ピーター・マンドラー著，市橋秀夫訳）一九四五年以降のイギリスと世界（デイヴィット・レノルズ著，菅一城訳）アイルランド一九四五〜二〇〇一年（ダーモット・キョー著，高神信一訳）世紀末（キャスリーン・バーク著，西沢保訳）〉Ⓘ978-4-7664-1651-0 Ⓝ233 ［6400円］

アインシュタイン，A.〔1879〜1955〕

◇アインシュタイン相対性理論 佐藤勝彦著 NHK出版 2014.3 157p 19cm（NHK「100分de名著」ブックス）〈文献あり 年譜あり タイトルは奥付等による.標題紙のタイトル：相対性理論アインシュタイン 2012年刊の一部加筆・修正、増補〉Ⓘ978-4-14-081594-6 Ⓝ421.2 ［1000円］

◇アインシュタインひらめきの言葉 アルバート・アインシュタイン〔著〕，弓場隆，ディスカヴァー編集部編訳 ディスカヴァー・トゥエンティワン 2014.5 159p 18cm Ⓘ978-4-7993-1493-7 Ⓝ289.3 ［1400円］

アウグスティヌス，A.〔354〜430〕

◇アウグスティヌス 宮谷宣史著 清水書院 2013.5 219p 19cm（Century Books）〈文献あり 年譜あり 索引あり〉Ⓘ978-4-389-41039-1 Ⓝ132.1 ［850円］

◇アウグスティヌス『告白録』のad te研究 文禎顕著 大阪 かんよう出版 2014.7 291p 22cm Ⓘ978-4-906902-29-3 Ⓝ132.1 ［4500円］

◇アウグスティヌスの教育の概念 神門しのぶ著 習志野 教友社 2013.11 316p 22cm〈文献あり〉Ⓘ978-4-902211-94-8 Ⓝ132.1 ［4200円］

◇聖アウグスティヌスの教育理論と実践 ジョージ・ハウイ著，増渕幸男，神門しのぶ訳 Sophia University Press上智大学出版 2014.7 340p 22cm〈ぎょうせい（発売）著作目録あり 年譜あり 索引あり〉Ⓘ978-4-324-09793-9 Ⓝ132.1 ［4200円］

アウシュビッツ強制収容所

◇溺れるものと救われるもの プリーモ・レーヴィ著，竹山博英訳 朝日新聞出版 2014.6 243p 19cm（朝日選書 922）〈朝日新聞社 2000年刊の加筆修正〉Ⓘ978-4-02-263022-3 Ⓝ209.74 ［1400円］

◇死の都の風景—記憶と心象の省察 オトー・ドフ・クルカ著，壁谷さくら訳 白水社 2014.5 184,9p 20cm Ⓘ978-4-560-08352-9 Ⓝ929.736 ［2200円］

和える

◇和える—伝統産業を子どもにつなぐ25歳女性起業家 矢島里佳著 早川書房 2014.7 230p 19cm Ⓘ978-4-15-209467-4 Ⓝ589.021 ［1400円］

蒼井 優〔1985〜 〕

◇蒼井優8740 DIARY—2011〜2014 蒼井優[著] 集英社 2014.10 205p 19cm〈タイトルは奥付・背による.標題紙・表紙のタイトル：8740DiARY YU AOi 内容：野田秀樹（野田秀樹述）宮森隆行（宮森隆行述）岩井俊二（岩井俊二述）タナダユキ（タナダユキ述）黒田育世（黒田育世述）小松真弓（小松真弓述）皆川明（皆川明述）ケンタロウ（ケンタロウ述）犬塚朋子（犬塚朋子述）市川猿之助（市川猿之助述）小泉今日子（小泉今日子述）野村萬斎（野村萬斎述）伊藤佐智子（伊藤佐智子述）朝海ひかる（朝海ひかる述）チャットモンチー（チャットモンチー述）笑福亭鶴瓶（笑福亭鶴瓶述）佐藤健（佐藤健述）香川照之（香川照之述）羽海野チカ（羽海野チカ述）古田新太（古田新太述）鈴木敏夫（鈴木敏夫述）上田智子（上田智子述）高橋ヨーコ（高橋ヨーコ述）リリー・フランキー（リリー・フランキー述）スズキタカユキ（スズキタカユキ述）深川栄洋（深川栄洋述）佐藤雅彦（佐藤雅彦述）水原希子（水原希子述）高崎卓馬（高崎卓馬述）柄本佑（柄本佑述）赤松絵利（赤松絵利述）山田優（山田優述）大竹しのぶ（大竹しのぶ述）〉Ⓘ978-4-08-780740-0 Ⓝ778.21 ［1300円］

青ヶ島

◇エイト・ブルービジョン—おじゃりやれ住みよけ島でーじけ島：平成25年度〜平成34年度 東京都八丈支庁編 八丈町（東京都）東京都八丈支庁 2014.3 92p 30cm Ⓝ601.1369

青ヶ島村〔東京都〕（発電計画）

◇地熱開発加速化支援・基盤整備事業（青ヶ島村）報告書 平成25年度 〔八丈町（東京都）〕八丈島産業育成会 2014.5 167p 30cm〈平成25年度環境省委託事業〉Ⓝ543.7

アオキ，S.〔1977〜 〕

◇EAT SLEEP CAKE REPEAT スティーヴ・アオキ著 パルコエンタテインメント事業部 2014.10 143p 18cm〈スペイン語、日本語抄訳付〉Ⓘ978-4-86506-097-3 Ⓝ764.7 ［1300円］

青木 佐知〔1983〜 〕

◇うちの夫はメジャーリーガー—青木宣親の妻が見たメジャーリーグの舞台裏 青木佐知著 カンゼン 2014.9 171p 19cm Ⓘ978-4-86255-261-7 Ⓝ289.1 ［1400円］

青木 周弼〔1803〜1863〕

◇青木周弼の西洋医学校構想 森川潤著 雄松堂書店 2013.12 261,20p 22cm（広島修道大学学術選書 61）〈索引あり〉Ⓘ978-4-8419-0660-8 Ⓝ490.7 ［4500円］

青木 てる〔1814〜1877〕

◇官営富岡製糸場工女取締青木てるの物語—養蚕と蚕糸 新田文子著 小川町（埼玉県）新田文子 2014.4 107p 19cm〈年表あり 文献あり〉Ⓝ586.42133 ［700円］

青木 馬雄〔1903〜1935〕

◇父と私の昭和—父の手紙を読む 青木秀夫著 ［出版地不明］〔青木秀夫〕 2014.10 182p 21cm Ⓝ289.1

青木松風庵

◇毎日食べたいお菓子のヒミツ 幻冬舎メディアコンサルティング 2014.3 159p 18cm〈幻冬舎（発売）年譜あり〉Ⓘ978-4-344-95224-9 Ⓝ588.36 ［1000円］

青木村〔長野県〕（石仏—目録）

◇川西・青木の石造文化財 小諸 風間野石仏の会 2014.7 528p 30cm（小縣石造文化財集成 第7章）〈背のタイトル：川西・青木〉Ⓝ718.4

青根温泉

◇江戸時代の温泉と交流—陸奥国柴田郡前川村佐藤仁右衛門家文書の世界 高橋陽一編著 仙台 東北大学東北アジア研究センター 2013.12 238p 26cm（東北アジア研究センター叢書 第50号）Ⓘ978-4-901449-88-5 Ⓝ212.3

青森県　　　　　　　　　　　　　　　　　　　　　　　　　　　　　日本件名図書目録2014　Ⅰ

青森県

◇青森あるある　長内三八郎著，前野コトブキ画　TOブックス　2014.12　159p　18cm　①978-4-86472-325-1　Ⓝ291.21　［1000円］

◇これでいいのか青森県―津軽VS南部で青森県は真っ二つ!?　鈴木士郎，佐藤圭亮編　マイクロマガジン社　2014.10　139p　26cm　〈文献あり　日本の特別地域特別編集〉　①978-4-89637-479-7　Ⓝ291.21　［1300円］

青森県（医師―統計）

◇青森県自治体「病院」勤務医等確保対策資料　青森県自治体病院開設者協議会編　青森　青森県自治体病院開設者協議会　2014.6　69p　30cm　〈共同刊行：青森県国民健康保険団体連合会〉　Ⓝ498.14

青森県（遺跡・遺物）

◇青森県遺跡詳細分布調査報告書　26　平成25年度　青森県教育庁文化財保護課編　［青森］　青森県教育委員会　2014.3　82p　30cm　（青森県埋蔵文化財調査報告書　第549集）Ⓝ210.0254

◇青森縄文王国　新潮社編　新潮社　2014.2　141p　21cm　①978-4-10-354023-6　Ⓝ212.1　［1600円］

◇亀ヶ岡文化の低湿地遺跡―秋田県戸平川遺跡、青森県亀ヶ岡遺跡・石郷遺跡群・八幡崎（1）遺跡・羽黒平（3）遺跡ボーリング調査報告書　上條信彦編　［弘前］　弘前大学人文学部北日本考古学研究センター　2014.5　272p　30cm　（冷温帯地域の遺跡資源の保存活用促進プロジェクト研究報告書　1）〈共同刊行：弘前大学人文学部日本考古学研究室〉　①978-4-907995-00-3　Ⓝ212.1

◇津軽海峡域の先史文化研究　福田友之著　六一書房　2014.2　344p　図版2p　27cm　①978-4-86445-039-3　Ⓝ212.1　［11000円］

青森県（遺跡・遺物―青森市）

◇石江遺跡群発掘調査報告書　7第1分冊　青森市教育委員会編　［青森］　青森市教育委員会　2014.2　143p　30cm　（青森市埋蔵文化財調査報告書　第116集―1）〈石江土地区画整理事業に伴う発掘調査　内容：石江遺跡調査概要編．2　高間（6）遺跡編　試掘・確認調査編〉　Ⓝ210.0254

◇石江遺跡群発掘調査報告書　7第2分冊　石江遺跡群鉄関連遺物編　青森市教育委員会編　［青森］　青森市教育委員会　2014.2　439p　30cm　（青森市埋蔵文化財調査報告書　第116集―2）〈石江土地区画整理事業に伴う発掘調査〉Ⓝ210.0254

◇石江遺跡群発掘調査報告書　7第3分冊　青森市教育委員会編　［青森］　青森市教育委員会　2014.2　357p　30cm　（青森市埋蔵文化財調査報告書　第116集―3）〈石江土地区画整理事業に伴う発掘調査　内容：新田（1）・（2）遺跡本文編　石江遺跡群補遺編　石江遺跡群分析編．5　石江遺跡群総括編〉Ⓝ210.0254

◇三内丸山遺跡　41　青森県教育庁文化財保護課編　［青森］　青森県教育委員会　2014.3　209p　図版4p　30cm　（青森県埋蔵文化財調査報告書　第546集）Ⓝ210.0254

◇市内遺跡発掘調査報告書　22　平成25年度　青森　青森市教育委員会　2014.3　43p　30cm　（青森市埋蔵文化財調査報告書　第117集）Ⓝ210.0254

青森県（遺跡・遺物―五所川原市）

◇十三盛遺跡　2　青森県埋蔵文化財調査センター編　［青森］　青森県教育委員会　2014.3　198p　30cm　（青森県埋蔵文化財調査報告書　第538集）〈一般国道101号五所川原西バイパス建設事業に伴う遺跡発掘調査報告〉Ⓝ210.0254

◇明神沼遺跡・福島城跡5　青森県教育庁文化財保護課編　［青森］　青森県教育委員会　2014.3　62p　図版2p　30cm　（青森県埋蔵文化財調査報告書　第548集）〈年表あり〉Ⓝ210.0254

青森県（遺跡・遺物―つがる市）

◇明神沼遺跡・福島城跡5　青森県教育庁文化財保護課編　［青森］　青森県教育委員会　2014.3　62p　図版2p　30cm　（青森県埋蔵文化財調査報告書　第548集）〈年表あり〉Ⓝ210.0254

青森県（遺跡・遺物―八戸市）

◇一王寺（1）遺跡―第1・2地点の発掘調査報告書　八戸市埋蔵文化財センター是川縄文館編　八戸　八戸市教育委員会　2014.3　38p　30cm　（八戸市埋蔵文化財調査報告書　第144集）Ⓝ210.0254

◇海と火山と縄文人―是川縄文館・東京大学共同研究展示：平成26年度秋季企画展図録　八戸市埋蔵文化財センター是川縄文館，東京大学大学院新領域創成科学研究科環境史研究室編　八戸　八戸市埋蔵文化財センター是川縄文館　2014.9　49p　30cm　〈会期：平成26年10月11日―11月24日　共同刊行：東京大学大学院新領域創成科学研究科環境史研究室〉Ⓝ212.1

◇狼走（2）遺跡北熊ノ沢（2）遺跡　八戸市埋蔵文化財センター是川縄文館編　八戸　八戸市教育委員会　2014.3　31p　30cm　（八戸市埋蔵文化財調査報告書　第145集）〈送電鉄塔建設に伴う緊急発掘調査報告書〉Ⓝ210.0254

◇潟野遺跡Ⅲ・松ヶ崎遺跡Ⅳ・楢館遺跡Ⅲ　青森県埋蔵文化財調査センター編　［青森］　青森県教育委員会　2014.3　165p　30cm　（青森県埋蔵文化財調査報告書　第537集）〈一般国道45号八戸南環状道路建設事業に伴う遺跡発掘調査報告〉Ⓝ210.0254

◇館平遺跡第27地点・咽平遺跡第3地点　八戸市埋蔵文化財センター是川縄文館編　八戸　八戸市教育委員会　2014.3　30cm　（八戸市埋蔵文化財調査報告書　第146集）〈古戸沢地内舗装工事・永福寺線道路改良工事に伴う発掘調査報告書〉Ⓝ210.0254

◇新井田古館遺跡第28地点　八戸市埋蔵文化財センター是川縄文館編　八戸　八戸市教育委員会　2014.3　64p　30cm　（八戸市埋蔵文化財調査報告書　第147集）〈集合住宅建築に伴う発掘調査報告書〉Ⓝ210.0254

◇新井田古館遺跡第29地点　八戸市埋蔵文化財センター是川縄文館編　八戸　八戸市教育委員会　2014.3　30p　30cm　（八戸市埋蔵文化財調査報告書　第148集）〈集合住宅建築に伴う発掘調査報告書〉Ⓝ210.0254

◇八戸市内遺跡発掘調査報告書　31　八戸市埋蔵文化財センター是川縄文館編　八戸　八戸市教育委員会　2014.3　230p　30cm　（八戸市埋蔵文化財調査報告書　第143集）〈山内遺跡第3地点　三社遺跡第1地点　白蛇遺跡第1地点　細越遺跡第1地点　熊野堂遺跡第2地点　駒ヶ沢遺跡第1地点　千石屋敷遺跡第6・7地点　八幡遺跡第6地点　田面木遺跡第42・43・44・45・46地点　館平遺跡第25・26・27地点　根城跡岡前館57・58地点　根城城下町第7地点　咽平遺跡第2・3地点　八戸城跡第29・30・31地点　林ノ前遺跡Ⅷ〉Ⓝ210.0254

青森県（遺跡・遺物―平川市）

◇原遺跡・猿賀浅井（1）遺跡・猿賀浅井（2）遺跡―平成25年度市内遺跡試掘調査報告書　平川市教育委員会編　平川　平川市教育委員会　2014.3　28p　30cm　（平川市埋蔵文化財調査報告書　第4集）Ⓝ210.0254

青森県（遺跡・遺物―弘前市）

◇油伝（1）遺跡発掘調査報告書　弘前市教育委員会文化財課埋蔵文化財係編　弘前　弘前市教育委員会文化財課埋蔵文化財係　2014.3　423p　30cm　〈市道独狐蒔苗線整備事業に係る発掘調査〉Ⓝ210.0254

◇上新岡館・薬師遺跡　第1分冊　青森県埋蔵文化財調査センター編　［青森］　青森県教育委員会　2014.3　386p　図版4p　30cm　（青森県埋蔵文化財調査報告書　第545集）〈県営一般農道整備事業（山村振興）に伴う遺跡発掘調査報告〉Ⓝ210.0254

◇上新岡館・薬師遺跡　第2分冊　青森県埋蔵文化財調査センター編　［青森］　青森県教育委員会　2014.3　292p　30cm　（青森県埋蔵文化財調査報告書　第545集）〈県営一般農道整備事業（山村振興）に伴う遺跡発掘調査報告〉Ⓝ210.0254

◇蔵主町遺跡　青森県教育庁文化財保護課編　［青森］　青森県教育委員会　2014.3　210p　図版4p　30cm　（青森県埋蔵文化財調査報告書　第547集）〈年表あり　県立弘前中央高等学校校舎等改築事業に伴う発掘調査報告〉Ⓝ210.0254

◇小栗山館遺跡発掘調査報告書　青森県弘前市，弘前市教育委員会編　［弘前］　青森県弘前市　2014.3　23p　30cm　〈市道小栗山沢部5号線道路改良工事に伴う発掘調査　共同刊行：弘前市教育委員会〉Ⓝ210.0254

◇史跡津軽氏城跡弘前城本丸発掘調査概報　1　弘前市都市環境部公園緑地課弘前城整備活用推進室編　弘前　弘前市都市環境部公園緑地課弘前城整備活用推進室　2014.3　44p　30cm　〈本丸石垣解体修理事業に係る発掘調査〉Ⓝ210.0254

◇史跡津軽氏城跡弘前城本丸南馬出し石段（武者屯坂）発掘調査報告書　弘前市編　弘前　弘前市　2014.3　97p　30cm　〈年表あり〉Ⓝ210.0254

◇史跡津軽氏城跡堀越城跡発掘調査報告書　15　青森県弘前市教育委員会編　弘前　青森県弘前市教育委員会　2014.3　53p　図版2p　30cm　〈年表あり〉Ⓝ210.0254

◇弘前市内遺跡発掘調査報告書　18　青森県弘前市教育委員会編　弘前　青森県弘前市教育委員会　2014.3　65p　30cm　〈内容：乳井茶臼館A・B地点　村元遺跡　石川城跡　詳細分布調査〉Ⓝ210.0254

◇早稲田遺跡発掘調査報告書　青森県弘前市教育委員会編　弘前　青森県弘前市教育委員会　2014.3　57p　30cm　〈民間企業による宅地造成に伴う発掘調査報告書〉Ⓝ210.0254

青森県（遺跡・遺物―三沢市）

◇猫又（2）遺跡　4　遺物編　2（その他遺構内出土遺物）　青森県三沢市教育委員会生涯学習課編　［三沢］　青森県三沢市教育委員会　2014.3　135p　30cm　（三沢市埋蔵文化財調査報告書　第28集）Ⓝ210.0254

日本件名図書目録2014　I

青森県（森林保護）

◇花園(2)遺跡　青森県三沢市教育委員会生涯学習課編　［三沢］　青森県三沢市教育委員会　2014.3　33p　30cm　（三沢市埋蔵文化財調査報告書　第29集）　Ⓝ210.0254

青森県（NPO）
◇つながれ青森の地域力―地域づくり団体活動事例集　青森県企画政策部地域活力振興課編　青森　青森県企画政策部地域活力振興課　2014.2　68p　30cm　Ⓝ601.121

青森県（エネルギー政策―鰺ケ沢町）
◇地域主導型再生可能エネルギー事業化検討委託業務(青森県鰺ケ沢町)成果報告書　平成25年度　［鰺ケ沢町(青森県)］　白神アグリサービス　2014.3　81p　30cm〈平成25年度環境省委託業務〉　Ⓝ501.6

青森県（海藻）
◇海藻標本集―みんなで作る津軽海峡ちぢり浜の海藻標本集　2012年度版　田中義幸著　［むつ］　海洋研究開発機構むつ研究所　2014.7　62p　15cm　①978-4-901833-05-9　Ⓝ474.02121

青森県（学校）
◇東日本大震災に係る教育関連記録集―3.11から学んだこと、伝えたいこと　青森県教育庁教育政策課編　［青森］　青森県教育委員会　2013.1　113p　30cm　Ⓝ372.121

青森県（環境教育）
◇まもろうみんなの地球わたしたちのふるさと―環境副読本：教師用手引書　2014　［青森］　青森県　2014.3　44p　30cm〈共同刊行：青森県教育委員会ほか〉　Ⓝ375

青森県（救急医療）
◇青森ドクターヘリ劇的救命日記―Non-stop document　今明秀著　毎日新聞社　2014.11　255p　19cm　①978-4-620-32281-0　Ⓝ498.02121　［1500円］

青森県（教育―条例）
◇教育関係者必携―青森県　平成26年版　青森県教育庁編　ぎょうせい　2014.8　1240,5,1225p　19cm　①978-4-324-09870-7　Ⓝ373.22　［6400円］

青森県（行政）
◇アウトルックレポート―青森県基本計画：未来を変える挑戦―強みをとことん、課題をチャンスに　2014　［青森］　青森県　2014.6　156p　30cm　Ⓝ318.221
◇アウトルックレポート―青森県基本計画未来への挑戦　2009-2013　［青森］　青森県　2013.6　300p　30cm　Ⓝ318.221
◇未来を変える挑戦―青森県基本計画：強みをとことん、課題をチャンスに　青森　青森県企画政策部企画調整課　2014.3　184p　30cm　Ⓝ318.221

青森県（郷土教育）
◇郷土資料にかかわる実践事例集―平成24年度道徳教育指導資料　小学校編　［青森］　青森県教育委員会　2013.3　65p　30cm　Ⓝ375.35
◇郷土資料にかかわる実践事例集―平成24年度道徳教育指導資料　中学校編　［青森］　青森県教育委員会　2013.3　69p　30cm　Ⓝ375.35

青森県（漁業政策）
◇「攻めの農林水産業」推進基本方針―期間：　平成26年度―平成30年度：産業力と地域力の強化による農林水産業の成長産業化　［青森］　青森県　［2014］　144p　30cm　Ⓝ611.1

青森県（金石・金石文）
◇青森県相撲の史跡　今靖行著　青森　相撲道研究会　2014.8　84p　19cm　Ⓝ788.1

青森県（軍事基地―鰺ケ沢町―歴史）
◇山田野―陸軍演習場・演習廠舎と跡地の100年　中田書矢、稲垣森太、村上亜弥峯、高瀬雅弘編著　弘前　弘前大学出版会　2014.10　126p　21cm　（弘大ブックレット　no. 12）〈年表あり〉　①978-4-907192-23-5　Ⓝ396.4　［900円］

青森県（経済）
◇よくわかる道南の産業と経済―新幹線がむすぶ津軽海峡交流圏　青森　青森銀行　［2014］　76p　30cm　Ⓝ602.118

青森県（原子力災害）
◇青森県原子力防災訓練の記録―東通原子力発電所対象　平成25年度　［青森］　青森県　2014.2　144p　30cm　Ⓝ369.36

青森県（鉱山―歴史）
◇北の世界遺産白神山地の歴史学的研究―森林・鉱山・人間：北方社会史の視座　歴史・文化・生活　別巻　長谷川成一著　大阪　清文堂出版　2014.1　362p　22cm〈内容：国絵図等の資料に見る江戸時代の白神山地　弘前藩の史料に見える白神山地　近世後期の白神山地　白神山地における森林資源の歴史的活用　近世前期津軽領鉱山の開発と白神山地　延宝・天和期の尾太銀銅山　天和～正徳期〈一六八一～一七一五〉における尾太銅鉛山の経営動向　一八世紀～二〇世紀の尾太鉱山史　一八世紀前半の白神山地で働いた人々　「天気不正」風説と白神山地　足羽次郎三郎考　足羽次郎三郎と大坂の住友泉屋〉　①978-4-7924-0999-9　Ⓝ212.1　［6500円］

青森県（子育て支援―名簿）
◇青森県子育てサークルリスト　平成25年度版　［青森］　青森県子ども家庭支援センター　2013.12　152p　30cm　Ⓝ369.4

青森県（古地図―八戸市）
◇復元八戸城下絵図―城下町八戸の発達と「文久改正八戸御城下略図」　三浦忠司著　八戸　八戸歴史研究会　2014.12　55p　26cm〈外箱入〉　Ⓝ291.21

青森県（災害予防）
◇青森県原子力防災訓練の記録―東通原子力発電所対象　平成25年度　［青森］　青森県　2014.2　144p　30cm　Ⓝ369.36

青森県（魚）
◇青森おさかな自慢―うまい魚はここにある　青森　青森県農林水産部水産局水産振興課　2013.8　64p　26cm　Ⓝ487.52121

青森県（山岳崇拝―むつ市）
◇釜臥山―下北半島の霊峰・山岳信仰と自然　森治、平井正和監修　［むつ］　下北野生生物研究所　2014.7　95p　30cm〈年表あり〉　Ⓝ387.02121　［1500円］

青森県（産業）
◇よくわかる道南の産業と経済―新幹線がむすぶ津軽海峡交流圏　青森　青森銀行　［2014］　76p　30cm　Ⓝ602.118

青森県（自然保護）
◇青森県生物多様性戦略―いきものたちを育み恵みを授ける自然と共に生きるあおもりを目指して　青森　青森県環境生活部自然保護課　2014.3　78p　30cm　Ⓝ519.8121
◇地域生物多様性保全計画(青森県生物多様性地域戦略)策定事業委託業務報告書　平成25年度　［青森］　青森県　2014.3　97p　30cm〈環境省委託事業〉　Ⓝ462.121

青森県（漆工芸―板柳町―歴史）
◇亀ヶ岡文化の漆工芸―青森県板柳町土井(1)遺跡漆製品の自然科学・保存科学的研究　1　片岡太郎,上條信彦編　弘前　弘前大学人文学部北日本考古学研究センター　2014.7　75p　30cm　（冷温帯地域の遺跡資源の保存活用促進プロジェクト研究報告書　2）　①978-4-907995-01-0　Ⓝ752.2

青森県（社会教育）
◇各世代が共に参画する地域コミュニティづくりに関する提言―今日的課題・地域課題への対応を踏まえて　青森県社会教育委員の会議［編］　青森　青森県教育庁生涯学習課　2014.10　64p　30cm　（青森県社会教育委員の会議調査研究報告書　第31期）　Ⓝ379.02121

青森県（住民運動―大間町）
◇大間・新原発を止めろ―核燃サイクルのための専用炉　稲沢潤子,三浦協子著　大月書店　2014.7　205p　19cm　①978-4-272-33083-6　Ⓝ543.5　［1800円］

青森県（食生活―歴史）
◇発酵食品パワー―ミクロのシェフとあおもり食文化：平成26年度特別展　青森県立郷土館編　［青森］　青森県立郷土館　2014.9　108p　30cm〈文献あり　会期：平成26年9月3日―10月19日〉　Ⓝ383.8121

青森県（書目）
◇青森県EL新聞記事情報リスト　2013-1　エレクトロニック・ライブラリー編　エレクトロニック・ライブラリー　2014.2　1101p　31cm〈制作：日外アソシエーツ〉　Ⓝ025.8121
◇青森県EL新聞記事情報リスト　2013-2　エレクトロニック・ライブラリー編　エレクトロニック・ライブラリー　2014.2　p1103-1976　31cm〈制作：日外アソシエーツ〉　Ⓝ025.8121
◇青森県EL新聞記事情報リスト　2013-3　エレクトロニック・ライブラリー編　エレクトロニック・ライブラリー　2014.2　p1977-2977　31cm〈制作：日外アソシエーツ〉　Ⓝ025.8121

青森県（城跡―保存・修復―南部町）
◇史跡聖寿寺館跡整備基本計画書　平成25年度　南部町教育委員会社会教育課史跡対策室編　［南部町(青森)］　青森県南部町　2014.3　83p　30cm〈年表あり　共同刊行：南部町教育委員会〉　Ⓝ709.121

青森県（森林保護）
◇青森県産材でエコな家づくり―あおもり産木材地産地消ガイドブック　4　ふるさとの木を生かし山を守る　木の家に暮らす会ネットワーク編　青森　青森県木材利用推進協議会　2014.3　119p　26cm　Ⓝ527

あ

13

青森県 (青少年)

青森県 (青少年)
◇「青少年の意識に関する調査」結果報告書　青森県環境生活部青少年・男女共同参画課編　青森　青森県環境生活部青少年・男女共同参画課　2013.3　153, 15p　30cm　Ⓝ367.68

青森県 (青少年教育)
◇青森県子ども・若者育成支援推進計画―あおもりの未来を切り拓く「子ども・若者」を育むために　青森　青森県環境生活部青少年・男女共同参画課　2013.1　75p　30cm　Ⓝ367.6121
◇命を大切にする心を育む絆づくり応援事業事業報告書　平成24年度　青森　青森県環境生活部青少年・男女共同参画課　2013.3　78p　30cm　Ⓝ379.3

青森県 (青少年問題)
◇青森県子ども・若者育成支援推進計画―あおもりの未来を切り拓く「子ども・若者」を育むために　青森　青森県環境生活部青少年・男女共同参画課　2013.1　75p　30cm　Ⓝ367.6121
◇若者自立支援のための実態把握調査報告書　平成24年度　青森　青森県環境生活部青少年・男女共同参画課　2013.3　110p　30cm　Ⓝ367.6121

青森県 (生物多様性)
◇青森県生物多様性戦略―いきものたちを育み恵みを授ける自然と共に生きるあおもりを目指して　青森　青森県環境生活部自然保護課　2014.3　78p　30cm　Ⓝ519.8121
◇地域生物多様性保全計画(青森県生物多様性地域戦略)策定事業委託業務報告書　平成25年度　[青森]　青森県　2014.3　97p　30cm　〈環境省委託事業〉　Ⓝ462.121

青森県 (選挙―統計)
◇選挙の記録　[青森]　青森県選挙管理委員会　[2014]　188p　30cm　〈参議院議員通常選挙 平成25年7月21日執行, 市町村長及び市町村議会議員選挙 平成25年4月―平成26年2月執行〉　Ⓝ314.8

青森県 (男女共同参画)
◇あおもり男女共同参画プラン21推進啓発事業実施報告書　第3次　青森県男女共同参画センター指定管理者ASTAC・G企画・編集　[青森]　青森県　2013.3　65p　30cm　〈平成24年度青森県委託事業〉　Ⓝ367.2121

青森県 (地域開発)
◇つながれ青森の地域力―地域づくり団体活動事例集　青森県企画政策部地域活力振興課編　青森　青森県企画政策部地域活力振興課　2014.2　68p　30cm　Ⓝ601.121

青森県 (地域社会)
◇各世代が共に参画する地域コミュニティづくりに関する提言―今日的課題・地域課題への対応を踏まえて　青森県社会教育委員の会議編　青森　青森県教育庁生涯学習課　2014.10　64p　30cm　（青森県社会教育委員の会議調査研究報告書 第31期）　Ⓝ379.02121

青森県 (地方選挙)
◇選挙の記録　[青森]　青森県選挙管理委員会　[2014]　188p　30cm　〈参議院議員通常選挙 平成25年7月21日執行, 市町村長及び市町村議会議員選挙 平成25年4月―平成26年2月執行〉　Ⓝ314.8

青森県 (年中行事)
◇津軽方言控／津軽の小正月　齋藤吉彦[著], 青森県史編さん民俗部会編　青森　青森県　2014.3　21p　30cm　「青森県史民俗編 資料 津軽 第Ⅱ部 民俗研究のあゆみ」の別冊〉　Ⓝ818.21

青森県 (農業機械化)
◇人・モノ・地域が産みだすローカル・イノベーション　弘前大学人文学部社会行動コース編　弘前　弘前大学人文学部社会行動コース　2013.2　61p　30cm　(弘前大学人文学部社会調査実習調査研究報告書 2012年度)　Ⓝ614.8

青森県 (農業政策)
◇「攻めの農林水産業」推進基本方針―期間：平成26年度―平成30年度：産業力と地域力の強化による農林水産業の成長産業化　[青森]　青森県　[2014]　144p　30cm　Ⓝ611.1

青森県 (俳人)
◇雑誌『ホトトギス』・『日本及日本人』と青森県の俳人たち　舘田勝弘編　弘前　青森県郷土作家研究会　2014.3　337p　21cm　(青森の文学 2)　Ⓝ911.367

青森県 (博物誌―むつ市)
◇釜臥山―下北半島の霊峰・山岳信仰と自然　森治, 平井正和監修　[むつ]　下北野生生物研究所　2014.7　95p　30cm　〈年表あり〉　[1500円]　Ⓝ387.02121

青森県 (風俗・習慣)
◇青森県史　民俗編 資料 津軽　青森県史編さん民俗部会編　青森　青森県　2014.3　715, 36p　31cm　〈年表あり 文献あり〉　Ⓝ212.1
◇津軽いのちの唄　坂口昌明著　ぷねうま舎　2014.8　261p　20cm　〈内容：回想の津軽三味線 弥三郎節異聞 お山参詣の宇宙 批評という行為(鷲見洋一著) 東北の詩・東北のエネルギー(坂口昌明, 村上善男述)〉　①978-4-906791-33-0　Ⓝ382.121　[3200円]

青森県 (風俗・習慣―弘前市)
◇弘前市鬼沢鬼神社の信仰と民俗　山田嚴子編　弘前　弘前大学人文学部文化財論講座　2014.3　98p　30cm　(弘前大学人文学部文化財論講座調査報告書 2)　〈文献あり〉　Ⓝ382.121

青森県 (文学者―野辺地町)
◇野辺地ふるさと文学散歩　「野辺地ふるさと文学散歩」編集委員会編　野辺地町(青森県)　野辺地町教育委員会　2014.3　73p　30cm　Ⓝ910.26

青森県 (文化財―八戸市)
◇はちのへ文化財ガイドブック　八戸市教育委員会社会教育課編　改訂版　八戸　八戸市教育委員会社会教育課　2013.3　58p　30cm　Ⓝ709.121

青森県 (噴火災害―歴史―史料)
◇北海道駒ヶ岳噴火史料集　津久井雅志編　千葉　津久井雅志　2014.3　103p　30cm　〈文献あり〉　Ⓝ369.31

青森県 (ペット―保護)
◇いのちの花―捨てられた犬と猫の魂を花に変えた私たちの物語　向井愛実著　WAVE出版　2014.8　87p　20cm　①978-4-87290-695-0　Ⓝ645.6　[1100円]

青森県 (貿易商―名簿)
◇青森貿易関連企業名簿　2014年　青森　日本貿易振興機構青森貿易情報センター　[2014]　135p　30cm　〈英語併記〉　Ⓝ678.035

青森県 (方言)
◇津軽弁と語源―日本語における方言の力　小笠原功著　弘前　北方新社　2013.12　241p　21cm　①978-4-89297-196-9　Ⓝ818.21　[2000円]
◇津軽方言控／津軽の小正月　齋藤吉彦[著], 青森県史編さん民俗部会編　青森　青森県　2014.3　21p　30cm　〈「青森県史民俗編 資料 津軽 第Ⅱ部 民俗研究のあゆみ」の別冊〉　Ⓝ818.21
◇発信！方言の魅力―体験する青森県の方言：平成25年度被災地における方言の活性化支援事業報告書　今村かほる編　[弘前]　弘前学院大学文学部今村かほる研究室　2014.2　153p　30cm　〈文化庁被災地における方言の活性化支援事業〉　Ⓝ818.21

青森県 (方言―辞書)
◇青森県上北地方の方言―東北弁を中心にして　3　田中茂著　五所川原　青森県文芸協会出版部　2014.3　607p　22cm　〈文献あり〉　Ⓝ818.21　[6000円]

青森県 (防災計画―階上町)
◇階上町地域防災計画　[階上町(青森県)]　階上町防災会議　[2013]　1冊　31cm　〈年表あり ルーズリーフ〉　Ⓝ369.3

青森県 (墓碑)
◇青森県相撲の史跡　今靖行著　青森　相撲道研究会　2014.8　84p　19cm　Ⓝ788.1

青森県 (埋没林)
◇下北半島の埋没林と海底林　奈良正義, 畑中盛著　[むつ]　下北自然史研究会　2013.12　101p　26cm　(下北半島の自然シリーズ 1)　Ⓝ457.7

青森県 (民俗音楽)
◇津軽いのちの唄　坂口昌明著　ぷねうま舎　2014.8　261p　20cm　〈内容：回想の津軽三味線 弥三郎節異聞 お山参詣の宇宙 批評という行為(鷲見洋一著) 東北の詩・東北のエネルギー(坂口昌明, 村上善男述)〉　①978-4-906791-33-0　Ⓝ382.121　[3200円]

青森県 (昔話)
◇津軽の民話落ち穂拾い―佐々木達司個人誌　第5号　佐々木達司[編]　五所川原　佐々木達司　2014.2　40p　21cm　Ⓝ388.121　[非売品]
◇津軽の民話落ち穂拾い―佐々木達司個人誌　第6号　佐々木達司[編]　五所川原　佐々木達司　2014.9　40p　21cm　Ⓝ388.121　[非売品]

青森県 (名簿)
◇青森県人物・人材情報リスト　2015　日外アソシエーツ株式会社編　日外アソシエーツ(制作)　2014.11　550, 22p　30cm　Ⓝ281.21

日本件名図書目録2014　Ⅰ　　　　　　　　　　　　　　　　　　　　　　　　青森県立美術館

青森県〔木造住宅〕
◇青森県産材でエコな家づくり―あおもり産木材地産地消ガイ
ドブック　4　ふるさとの木を生かし山を守る　木の家に暮ら
す会ネットワーク編　青森　青森県木材利用推進協議会
2014.3　119p　26cm　Ⓝ527

青森県〔野生動物〕
◇下北半島野生博物館　石毛良明著，小宮輝之監修　朝日新聞
出版　2014.2　79p　23cm　Ⓘ978-4-02-251140-9
〔1800円〕

青森県〔力士（相撲）〕
◇あおもり力士よもやま話　第3巻　奈月ひかる著　青森　北の
街社　2014.1　214p　19cm　Ⓘ978-4-87373-177-3
〔1429円〕

青森県〔林業―歴史〕
◇北の世界遺産白神山地の歴史学的研究―森林・鉱山・人間：北
方社会史の視座　歴史・文化・生活　別巻　長谷川成一著　大阪
清文堂出版　2014.1　362p　22cm　〈内容：国絵図等の資料に
見る江戸時代の白神山地　弘前藩の史料に見える白神山地
近世後期の白神山地　白神山地における森林資源の歴史的活
用　近世前期津軽領鉱山の開発と白神山地　延宝・天和期の
尾太銀銅山　天和～正徳期〈一六八一～一七一五〉における尾
太銅鉛山の経営動向　一八世紀～二〇世紀の尾太鉱山史　一
八世紀前半の白神山地で働いた人々　「天気不正」風説と白神
山地　足羽次郎三郎考　足羽次郎三郎と大坂の住友泉屋〉
Ⓘ978-4-7924-0999-9　Ⓝ212.1　〔6500円〕

青森県〔林業政策〕
◇「攻めの農林水産業」推進基本方針一期目：平成26年度―平
成30年度：産業力と地域力の強化による農林水産業の成長産
業化　〔青森〕　青森県　〔2014〕　144p　30cm　Ⓝ611.1

青森県〔歴史〕
◇菅江真澄と下北半島　石黒克彦著　名古屋　ブイツーソ
リューション　2014.7　203p　19cm　〈星雲社（発売）文献あ
り〉　Ⓘ978-4-434-19279-1　Ⓝ212.1　〔1800円〕
◇津軽落書考　畑山信一著　弘前　北方新社　2014.3　201p
21cm　Ⓘ978-4-89297-201-0　Ⓝ212.1　〔1700円〕

青森県〔歴史―青森市〕
◇新青森市史　通史編　第3巻　近代　青森市史編集委員会編
青森　青森市　2014.3　707p　図版〔13〕枚　22cm　Ⓝ212.1
◇新青森市史　通史編　第4巻　現代　青森市史編集委員会編
青森　青森市　2014.3　764p　図版〔13〕枚　22cm　Ⓝ212.1

青森県〔歴史―黒石市〕
◇弘前・黒石・平川の昭和―写真アルバム　長岡　いき出版
2014.10　279p　31cm　〈青森県図書教育用品（発売）〉　Ⓘ978-
4-904614-55-6　Ⓝ212.1　〔9250円〕

青森県〔歴史―史料〕
◇青森県史　資料編　近現代6　高度経済成長期の青森県　青森
県史編さん近現代部会編　青森　青森県　2014.3　713p　図版
48p　31cm　Ⓝ212.1
◇「滝屋文書」書状関係資料集―青森県立図書館所蔵　続1　青
森　青森県文化財保護協会　2014.3　241p　30cm　（みちの
く双書　第57集）〈複製及び翻刻〉　Ⓝ212.1
◇南部・八戸藩藩日記　天明元年　用人所　森越良解読　八戸
森越良　2014.1　130p　26cm　Ⓝ212.1　〔非売品〕
◇南部・八戸藩藩日記　天明2年　用人所　森越良解読　八戸
森越良　2014.2　104p　26cm　Ⓝ212.1　〔非売品〕
◇南部・八戸藩藩日記　天明3年　用人所　森越良解読　八戸
森越良　2014.2　113p　26cm　Ⓝ212.1　〔非売品〕
◇南部・八戸藩藩日記　天明4年　用人所　森越良解読　八戸
森越良　2014.2　125p　26cm　Ⓝ212.1　〔非売品〕
◇南部・八戸藩藩日記　天明6年　用人所　森越良解読　八戸
森越良　2014.2　83p　26cm　Ⓝ212.1　〔非売品〕
◇南部・八戸藩藩日記　天明7年　用人所　森越良解読　八戸
森越良　2014.2　93p　26cm　Ⓝ212.1　〔非売品〕
◇南部・八戸藩藩日記　天明8年　用人所　森越良解読　八戸
森越良　2014.2　78p　26cm　Ⓝ212.1　〔非売品〕
◇南部・八戸藩藩日記　寛政2年　用人所　森越良解読　八戸
森越良　2014.5　111p　26cm　Ⓝ212.1　〔非売品〕
◇南部・八戸藩藩日記　寛政3年　用人所　森越良解読　八戸
森越良　2014.5　96p　26cm　Ⓝ212.1　〔非売品〕
◇南部・八戸藩藩日記　寛政4年　用人所　森越良解読　八戸
森越良　2014.6　112p　26cm　Ⓝ212.1　〔非売品〕
◇南部・八戸藩藩日記　寛政5年　用人所　森越良解読　八戸
森越良　2014.6　179p　26cm　Ⓝ212.1　〔非売品〕

◇南部・八戸藩藩日記　寛政6年　用人所　森越良解読　八戸
森越良　2014.6　88p　26cm　Ⓝ212.1　〔非売品〕
◇南部・八戸藩藩日記　寛政7年　用人所　森越良解読　八戸
森越良　2014.6　110p　26cm　Ⓝ212.1　〔非売品〕
◇南部・八戸藩藩日記　寛政8年　用人所　森越良解読　八戸
森越良　2014.7　85p　26cm　Ⓝ212.1　〔非売品〕
◇南部・八戸藩藩日記　寛政9年　用人所　森越良解読　八戸
森越良　2014.8　173p　26cm　Ⓝ212.1　〔非売品〕
◇南部・八戸藩藩日記　寛政10年　用人所　森越良解読　八戸
森越良　2014.8　119p　26cm　Ⓝ212.1　〔非売品〕
◇南部・八戸藩藩日記　寛政11年　用人所　森越良解読　八戸
森越良　2014.8　153p　26cm　Ⓝ212.1　〔非売品〕
◇南部・八戸藩藩日記　寛政12年　用人所　森越良解読　八戸
森越良　2014.8　105p　26cm　Ⓝ212.1　〔非売品〕
◇南部・八戸藩藩日記　享和元年　用人所　森越良解読　八戸
森越良　2014.8　144p　26cm　Ⓝ212.1　〔非売品〕
◇南部・八戸藩藩日記　享和2年　用人所　森越良解読　八戸
森越良　2014.8　161p　26cm　Ⓝ212.1　〔非売品〕
◇南部・八戸藩藩日記　享和3年　用人所　森越良解読　八戸
森越良　2014.9　166p　26cm　Ⓝ212.1　〔非売品〕
◇南部・八戸藩藩日記　慶應元年　用人所　森越良解読　八戸
森越良　2014.8　166p　26cm　Ⓝ212.1　〔非売品〕

青森県〔歴史―史料―書目〕
◇滝屋文書　続6　青森　青森県立図書館　2014.3　67p　21cm
（解題書目　第42集）Ⓝ212.1

青森県〔歴史―史料―書目―八戸市〕
◇八戸市史収集文書目録　第11集　平成25年度　八戸市教育委
員会図書館市史編纂室編　八戸　八戸市教育委員会図書館市
史編纂室　2013.11　88p　30cm　〈内容：八戸産馬畜産組合資
料・本田敏男氏収集文書　山勝商店・山本家（十八日町）文書
石橋弘家（十六日町）文書　青霞堂絵葉書（大岡達夫氏収集）
青森県旋網漁業協同組合資料　栗村知弘氏収集文書・稲葉家
文書　石田家（鮫）文書　杉本家（鷹匠小路）文書　三浦忠司氏
収集資料　市史編纂室収集文書　平成24年度　二本柳家（根
城）文書　木村孝紀氏収集文書・古畑公幸氏収集資料　津島光
氏収集資料　市史編纂室収集文書〉　Ⓝ212.1
◇八戸市博物館収蔵資料目録　歴史編8　八戸市博物館編　八
戸　八戸市博物館　2014.3　45p　30cm　Ⓝ069.9

青森県〔歴史―史料―八戸市〕
◇新編八戸市史　中世資料編　別冊　写真/系図・由緒書　八戸
市史編纂委員会編　〔八戸〕　八戸市　2014.3　455p　27cm
〈表紙のタイトル：八戸市史〉Ⓝ212.1
◇新編八戸市史　中世資料編　編年資料　八戸市史編纂委員会編
〔八戸〕　八戸市　2014.3　501p　27cm　〈表紙のタイトル：八
戸市史〉Ⓝ212.1

青森県〔歴史―八戸市〕
◇新編八戸市史　通史編3　近現代　八戸市史編纂委員会編
〔八戸〕　八戸市　2014.3　568p　21cm　〈年表あり　表紙の
タイトル：八戸市史〉Ⓝ212.1

青森県〔歴史―平川市〕
◇弘前・黒石・平川の昭和―写真アルバム　長岡　いき出版
2014.10　279p　31cm　〈青森県図書教育用品（発売）〉　Ⓘ978-
4-904614-55-6　Ⓝ212.1　〔9250円〕

青森県〔歴史―弘前市〕
◇弘前・黒石・平川の昭和―写真アルバム　長岡　いき出版
2014.10　279p　31cm　〈青森県図書教育用品（発売）〉　Ⓘ978-
4-904614-55-6　Ⓝ212.1　〔9250円〕

青森県〔歴史地理―八戸市〕
◇海と火山と縄文人―是川縄文館・東京大学共同研究展示：平成
26年度秋季企画展図録　八戸市埋蔵文化財センター是川縄文
館，東京大学大学院新領域創成科学研究科環境史研究室　八
戸　八戸市埋蔵文化財センター是川縄文館　2014.9　49p
30cm　〈会期：平成26年10月11日―11月24日　共同刊行：東京
大学大学院新領域創成科学研究科環境史研究室〉Ⓝ212.1

青森県歌人懇話会
◇十年のあゆみ―創立六十周年記念誌：平成16年―平成25年
青森県歌人懇話会創立六十周年記念誌委員会編　青森　青森
県歌人懇話会　2014.4　63p　26cm　〈年表あり〉　Ⓝ911.106

青森県立青森南高等学校
◇青南高四十年のあゆみ―創立40周年記念誌　青森　青森県立青
森南高等学校　2014.11　109p　27cm　〈年表あり〉　Ⓝ376.48

青森県立美術館
◇青森県立美術館コンセプトブック　工藤健志編集・執筆　ス
ペースシャワーネットワーク　2014.1　272p　21cm
（〔SPACE SHOWER BOOks〕）〈索引あり　表紙のタイト

15

青森県立三沢航空科学館

ル：AOMORI MUSEUM OF ART CONCEPT BOOK〉
①978-4-906700-95-0 Ⓝ706.9 ［2000円］

青森県立三沢航空科学館
◇青森県立三沢航空科学館開館10周年記念　三沢　青森県立三沢航空科学館　2013.8　67p　30cm〈年表あり〉Ⓝ687.06

青森市（遺跡・遺物）
◇石江遺跡群発掘調査報告書　7　第1分冊　青森市教育委員会編［青森］青森市教育委員会　2014.2　143p　30cm（青森市埋蔵文化財調査報告書　第116集—1）〈石江土地区画整理事業に伴う発掘調査：石江遺跡群調査概要編．2　高間(6)遺跡編　試掘・確認調査編〉Ⓝ210.0254
◇石江遺跡群発掘調査報告書　7　第2分冊　石江遺跡群鉄関連遺物編　青森市教育委員会編［青森］青森市教育委員会　2014.2　439p　30cm（青森市埋蔵文化財調査報告書　第116集—2）〈石江土地区画整理事業に伴う発掘調査〉Ⓝ210.0254
◇石江遺跡群発掘調査報告書　7　第3分冊　青森市教育委員会編［青森］青森市教育委員会　2014.2　357p　30cm（青森市埋蔵文化財調査報告書　第116集—3）〈石江土地区画整理事業に伴う発掘調査：新田(1)・(2)遺跡本文編　石江遺跡群補遺編　石江遺跡群分析編．5　石江遺跡群総括編〉Ⓝ210.0254
◇三内丸山遺跡　41　青森県教育庁文化財保護課編［青森］青森県教育委員会　2014.3　209p　図版　4p　30cm（青森県埋蔵文化財調査報告書　第546集）Ⓝ210.0254
◇市内遺跡発掘調査報告書　22　平成25年度　青森　青森市教育委員会　2014.3　43p　30cm（青森市埋蔵文化財調査報告書　第117集）Ⓝ210.0254

青森市（歴史）
◇新青森市史　通史編　第3巻　近代　青森市史編集委員会編　青森　青森市　2014.3　707p　図版［13］枚　22cm　Ⓝ212.1
◇新青森市史　通史編　第4巻　現代　青森市史編集委員会編　青森　青森市　2014.3　764p　図版［13］枚　22cm　Ⓝ212.1

青森市西部市民センター
◇青森市西部市民センター開館10周年記念誌　青森市西部市民センター編　青森　青森市西部市民センター　2014.5　95p　26cm〈年表あり　タイトルは奥付による〉Ⓝ379.2

青柳 志解樹〔1929～〕
◇青柳志解樹の世界—自然即自然のこころ　青柳志解樹［作］，中村姫路著　北溟社　2014.3　251p　22cm　①978-4-89448-703-1　Ⓝ911.362　［3000円］

青山 士〔1878～1963〕
◇ボーイズ・ビー・アンビシャス　第4集　札幌農学校教授・技師広井勇と技師青山士—紳士の工学の系譜　藤沢　二宮尊徳の会　2014.2　208p　21cm〈年譜あり〉①978-4-9906069-5-4　Ⓝ281.04　［900円］

青山 千世〔1857～1947〕
◇おんな二代の記　山川菊栄著　岩波書店　2014.7　459p　15cm（岩波文庫　33-162-5）〈年譜あり　底本：山川菊栄集　9　1982年刊〉①978-4-00-331625-2　Ⓝ289.1　［1080円］

赤磐市（遺跡・遺物）
◇岡山県埋蔵文化財発掘調査報告　240　岡山県古代吉備文化財センター編　岡山　岡山県教育委員会　2014.3　136p　図版［14］枚　30cm〈経営体育成基盤整備事業（奥吉原地区）に伴う発掘調査　内容：辺谷製鉄遺跡　辺谷中道遺跡　成ル古屋遺跡　水口遺跡　谷山遺跡　ほか〉Ⓝ210.0254
◇着銅遺跡　岡山県赤磐市教育委員会編　赤磐　岡山県赤磐市教育委員会　2014.3　24p　図版　4p　30cm（赤磐市文化財調査報告　第7集）〈あかいわ山陽総合流通センター開発事業に伴う発掘調査〉Ⓝ210.0254

アカギ
◇いしずえ—株式会社アカギ創業五十周年記念社史　アカギ創業五十周年記念社史編集委員会編　アカギ　2013.9　491p　27cm　Ⓝ581.067

赤木 孜一〔1909～1994〕
◇赤木孜一の軌跡　赤木匠［著］［出版地不明］赤木匠　2014.2　191p　22cm〈年譜あり　著作目録あり〉Ⓝ289.1

明石 海人〔1902～1939〕
◇海人断想　梅林加津著　増補版　皓星社　2014.9　149p　19cm〈文献あり　年表あり〉①978-4-7744-0492-9　Ⓝ911.162　［1500円］

明石 元二郎〔1864～1919〕
◇寺内正毅宛明石元二郎書翰—付『落花流水』原稿〈『大秘書』明石元二郎［著］，尚友倶楽部史料調査室，広瀬順晧，日向玲理，長谷川貴志編集　芙蓉書房出版　2014.4　252p　21cm（尚

友ブックレット　27）〈年譜あり　国立国会図書館憲政資料室所蔵の翻刻〉①978-4-8295-0621-9　Ⓝ289.1　［2700円］

明石市（遺跡・遺物）
◇明石城下町町屋跡　兵庫県まちづくり技術センター埋蔵文化財調査部編　神戸　兵庫県教育委員会　2014.3　1冊　30cm（兵庫県文化財調査報告　第460冊）〈明石市所在　山陽電鉄本線（明石Ⅱ期）連続立体交差事業に係る埋蔵文化財発掘調査報告書〉Ⓝ210.0254

明石市（祭礼）
◇明石の布団太鼓—布団太鼓・だんじり・獅子舞　［明石］明石の布団太鼓プロジェクト　2014.3　120p　30cm　Ⓝ386.164

明石市（山車）
◇明石の布団太鼓—布団太鼓・だんじり・獅子舞　［明石］明石の布団太鼓プロジェクト　2014.3　120p　30cm　Ⓝ386.164

明石市（風俗・習慣—歴史）
◇まちのすがた今・昔—次世代への確かな伝承　『まちのすがた今・昔』編集委員会編　明石　鳥羽野々上自治会　2014.3　50p　30cm〈年表あり〉Ⓝ382.164

赤瀬川 原平〔1937～2014〕
◇尾辻克彦×赤瀬川原平—文学と美術の多面体展　町田市民文学館ことばらんど編　町田　町田市民文学館ことばらんど　2014.10　67p　26cm〈著作目録あり　会期：2014年10月18日—12月21日〉Ⓝ702.16

赤津 一二
◇人生は84歳から—レモンガスをつくり、アクアクララを日本一にした男からの提言　赤津一二著　ロングセラーズ　2014.2　355p　20cm　①978-4-8454-2311-8　Ⓝ289.1　［1300円］

赤塚 豊子〔1947～〕
◇高沢マキ詩と詩論　高沢マキ［著］仙台　荒蝦夷　2014.9　115p　19cm（東北の声叢書　31）〈内容：さんまのしっぽ　悲しみは清らかにながれる一声に出して読む赤塚豊子〉①978-4-904863-45-9　Ⓝ911.56　［1700円］

赤塚 不二夫〔1935～2008〕
◇赤塚不二夫というメディア—破戒と諧謔のギャグゲリラ伝説：「本気ふざけ」的解釈　Book2　名和広著　社会評論社　2014.8　351p　19cm〈文献あり　著作目録あり〉①978-4-7845-1911-8　Ⓝ726.101　［2200円］

阿賀野川
◇阿賀野川流域から世界へ—記録集　［新潟］新潟県立大学地域連携センター　2013.3　75p　30cm（新潟県立大学公開講座　第4号（平成24年度））〈会期：平成24年10月7日ほか　平成24年度新潟水俣病関連情報発信事業環境省補助事業〉Ⓝ519.07

赤星 ふじ美〔1927～〕
◇星霜—まっすぐの軌跡　赤星ふし美著　［出版地不明］［赤星ふし美］2014.7　169p　20cm　Ⓝ289.1

アカマイ・テクノロジーズ
◇アカマイ—知られざるインターネットの巨人　小川晃通［著］KADOKAWA　2014.8　225p　19cm（角川EPUB選書　013）①978-4-04-080017-2　Ⓝ007.35　［1500円］

赤松（氏）
◇戦国・織豊期赤松氏の権力構造　渡邊大門著　岩田書院　2014.10　233p　21cm（岩田選書）①978-4-87294-880-6　Ⓝ288.2　［2900円］
◇動乱！播磨の中世—赤松円心から黒田官兵衛まで：兵庫県立考古博物館特別展図録　兵庫県立考古博物館編　播磨町（兵庫県）兵庫県立考古博物館　2013.10　88p　30cm〈年表あり　会期・会場：平成25年10月5日～12月1日　兵庫県立考古博物館特別展示室〉Ⓝ216.4

赤松 良子〔1929～〕
◇忘れられぬ人々—赤松良子自叙伝　赤松良子著　ドメス出版　2014.8　209p　20cm〈年譜あり〉①978-4-8107-0810-3　Ⓝ289.1　［2200円］

小明
◇アイドル墜落日記　小明著　増補版　洋泉社　2014.2　254p　図版8枚　19cm　①978-4-8003-0323-3　Ⓝ779.9　［1200円］

アガンベン, G.〔1942～〕
◇ジョルジョ・アガンベン　アレックス・マリー著，高桑和巳訳　青土社　2014.11　296p　20cm（シリーズ現代思想ガイドブック）〈文献あり　索引あり〉①978-4-7917-6829-5　Ⓝ137　［2400円］

秋里 籬島〔江戸後期〕
◇秋里籬島と近世中後期の上方出版界　藤川玲満著　勉誠出版　2014.11　350,20p　22cm〈年譜あり　索引あり　内容：籬島の伝記　籬島の俳諧活動　『天橋立紀行』に見る交遊圏　吉野屋為八の出版活動　俳人三居庵古до小考　名所図会をめぐる書肆の動向　『信長記拾遺』考　『忠孝人竜伝』考　『都名所

日本件名図書目録2014　Ⅰ　　　　　　　　　　　　　　　　　　　　秋田県（教育課程―小学校）

図会』『拾遺都名所図会』考　『京の水』考　『大和名所図会』
考　『東海道名所図会』考　『蓮如上人御旧跡絵抄』の周辺）
①978-4-585-22107-4　Ⓝ023.16　［8500円］
◇名所図会でめぐる大阪　摂津1　高橋隆博, 黒田一充, 長谷洋一
監修, 中尾和昇編, 櫻木潤校訂　吹田　関西大学大阪都市遺産
研究センター　2014.3　333p　26cm　（大阪都市遺産叢
書 別編5）〈文部科学省私立大学戦略的研究基盤形成支援事業
（平成22年度―26年度）大阪都市遺産の史的検証と継承・発展・
発信を目指す総合的な研究拠点の形成　折り込 1枚〉Ⓝ291.63

昭島市（行政）
◇昭島市市民意識調査報告書　昭島　昭島市企画部秘書広報課
2014.2　184p　30cm　Ⓝ318.2365

昭島市（地方鉄道―歴史―史料）
◇青梅鉄道昭島関係史料集　昭島市教育委員会生涯学習社会
教育課文化財担当編　昭島　昭島市教育委員会生涯学習部社
会教育課文化財担当　2014.10　208p　30cm（昭島近代史調
査報告書 2）〈年表あり　青梅鉄道開業120年・市制施行60周
年記念　解読・入力・解説：三村章〉Ⓝ686.2136　［700円］

秋月 定良〔1924～〕
◇じいちゃんの青春―戦争の時代を生きぬいて　秋月枝利子著
福岡　海鳥社　2014.7　201p　19cm〈文献あり〉①978-4-
87415-913-2　Ⓝ289.1　［1400円］

秋田県
◇秋田県民の謎　ご当地探偵事務所著　KADOKAWA　2014.9
191p　18cm〈文献あり〉①978-4-04-600993-7　Ⓝ291.24
［1000円］

秋田県（維管束植物）
◇秋田県の絶滅のおそれのある野生生物―秋田県版レッドデー
タブック　2014　維管束植物　秋田県生活環境部自然保護課
編　秋田　秋田県生活環境部自然保護課　2014.3　204p　図版
20p　30cm〈文献あり〉Ⓝ462.124

秋田県（遺跡・遺物）
◇遺跡詳細分布調査報告書　秋田県埋蔵文化財センター編　秋
田　秋田県教育委員会　2014.3　43p　30cm（秋田県文化財
調査報告書 第491集）Ⓝ210.0254
◇亀ヶ岡文化の低湿地遺跡―秋田県戸平川遺跡, 青森県亀ヶ岡遺
跡・石郷遺跡群・八幡崎（1）遺跡・羽黒平（3）遺跡ボーリング
調査報告書　上條信彦編　［弘前］　弘前大学人文学部北日本
考古学研究センター　2014.5　272p　30cm（冷温帯地域の
遺跡資源の保存活用促進プロジェクト研究報告書 1）〈共同刊
行：弘前大学人文学部日本考古学研究室〉①978-4-907995-00-
3　Ⓝ212.1
◇払田柵跡―第146次・第147次調査関連遺跡の調査概要　秋田
県教育庁払田柵跡調査事務所編　秋田　秋田県教育委員会
2014.3　71p　30cm（秋田県文化財調査報告書 第492集）
〈年表あり〉Ⓝ210.0254

秋田県（遺跡・遺物―秋田市）
◇秋田市遺跡確認調査報告書　平成25年度　秋田　秋田市教育
委員会　2014.3　18p　30cm　Ⓝ210.0254
◇秋田城跡―秋田城跡調査事務所年報　2013　秋田市教育委
員会秋田城跡調査事務所編　秋田　秋田市教育委員会秋田城跡
調査事務所　2014.3　113p　30cm（折り込 1枚）Ⓝ210.0254

秋田県（遺跡・遺物―大館市）
◇大館市内遺跡詳細分布調査報告書　4　大館市教育委員会郷土
博物館編　大館　大館市教育委員会　2014.3　31p　30cm
（大館市文化財調査報告書 第10集）Ⓝ210.0254

秋田県（遺跡・遺物―男鹿市）
◇市内遺跡試掘・確認調査報告書　2　平成23年度―平成25年度
男鹿市教育委員会編　男鹿　男鹿市教育委員会　2014.3　86p
30cm（男鹿市文化財調査報告 第42集）Ⓝ212.4

秋田県（遺跡・遺物―北秋田市）
◇石倉岱遺跡―2012年度発掘調査報告書　國學院大學文学部考
古学研究室　2014.3　158p　図版 37p　30cm（國學院大學文
学部考古学実習報告 第49集）〈秋田県北秋田市所在　編集：
阿部昭典ほか〉Ⓝ210.0254
◇藤株遺跡　第2次　秋田県埋蔵文化財センター編　秋田　秋田
県教育委員会　2014.9　272p　図版［17］枚　30cm（秋田
県文化財調査報告書 第494集）Ⓝ210.0254

秋田県（遺跡・遺物―大仙市）
◇市内遺跡確認調査報告書　大仙市教育委員会文化財保護課編
大仙　大仙市教育委員会　2014.3　41p　30cm（大仙市文化
財調査報告書 第19集）Ⓝ210.0254
◇船戸遺跡　秋田県埋蔵文化財センター編　秋田　秋田県教育
委員会　2014.3　124p　図版 34p　30cm（秋田県文化財調査
報告書 第490集）〈文献あり〉Ⓝ210.0254

◇払田柵跡　第143・145・147次調査　秋田県埋蔵文化財セン
ター編　秋田　秋田県教育委員会　2014.9　146p　図版 20p
30cm　（秋田県文化財調査報告書 第495集）Ⓝ210.0254

秋田県（遺跡・遺物―保存・修復―鹿角市）
◇特別史跡大湯環状列石―第四次環境整備基本計画報告書　鹿
角市教育委員会生涯学習課編　［鹿角］　鹿角市教育委員会
2014.3　56p　30cm　Ⓝ709.124

秋田県（遺跡・遺物―由利本荘市）
◇遺跡詳細分布調査報告書　由利本荘市教育委員会編　由利本
荘　由利本荘市教育委員会　2014.3　54p　30cm　（由利本荘
市文化財調査報告書 第20集）Ⓝ210.0254

秋田県（遺跡・遺物―横手市）
◇十文字遺跡・宮下遺跡　横手市教育委員会教育総務部文化財
保護課遺跡調査事務所編　横手　横手市教育委員会　2014.3
72p　30cm（横手市文化財調査報告 第29集）〈農地集積加
速化基盤整備事業に伴う埋蔵文化財発掘調査報告書〉Ⓝ210.
0254
◇陣館遺跡―金沢柵推定地陣館遺跡第3次調査概報　横手市教育
委員会教育総務部文化財保護課遺跡調査事務所編　横手　横
手市教育委員会　2013.3　80p　30cm（横手市文化財調査報
告 第26集）Ⓝ210.0254
◇陣館遺跡・金沢城跡―金沢柵推定地陣館遺跡第4次調査概報
横手市教育委員会教育総務部文化財保護課遺跡調査事務所編
横手　横手市教育委員会　2014.3　80p　30cm（横手市文化
財調査報告 第28集）Ⓝ210.0254
◇宮東遺跡・十文字遺跡　横手市教育委員会教育総務部文化
保護課遺跡調査事務所編　横手　横手市教育委員会　2013.3
104p　30cm（横手市文化財調査報告 第25集）〈農地集積加
速化基盤整備事業に伴う埋蔵文化財発掘調査報告書〉Ⓝ210.
0254

秋田県（一里塚）
◇秋田・羽州街道の一里塚　佐藤晃之輔著　秋田　秋田文化出
版　2013.12　197p　19cm　①978-4-87022-552-7　Ⓝ682.124
［1500円］

秋田県（稲―栽培―歴史）
◇汝の食物を医薬とせよ―"世紀の干拓"大潟村で実現した理想
のコメ作り　宮﨑隆典著　藤原書店　2014.9　220p　19cm
①978-4-89434-990-2　Ⓝ616.2　［1800円］

秋田県（移民・植民―満州）
◇秋田県満蒙開拓青少年義勇軍外史　後藤和雄著　秋田　無明
舎出版　2014.10　382p　21cm〈年表あり〉①978-4-89544-
587-0　Ⓝ334.5124　［3600円］

秋田県（NPO）
◇能代山本地域NPO法人＆市民活動団体ガイドブック―みなさ
んの活動を応援します　能代　秋田県山本地域振興局総務企
画部地域企画課　2013.12　60p　30cm　Ⓝ335.89

秋田県（学習指導―初等科等教育）
◇秋田県式「授業の達人」10の心得―子どもの学力を高める！
矢ノ浦勝之著　小学館　2014.8　96p　26cm　（教育技術
MOOK）①978-4-09-106790-6　Ⓝ375.1　［1300円］

秋田県（神楽）
◇チョウクライロ―古代出羽国の謎のことば　長瀬一男著　学
文社　2014.11　136p　21cm〈文献あり〉①978-4-7620-
2483-2　Ⓝ386.8124　［1850円］

秋田県（環境教育）
◇まもろうみんなの地球わたしたちのふるさと―環境副読本：教
師用手引書　2014　［青森］　青森県　2014.3　44p　30cm
〈共同刊行：青森県教育委員会ほか〉Ⓝ375

秋田県（紀行・案内記）
◇秋田お國自慢―これ一冊で秋田がわかる！　秋田お國自慢
オールスターズ＆村上雅彦著　秋田　秋田魁新報社　2014.9
313p　21cm　①978-4-87020-363-1　Ⓝ291.24　［2700円］

秋田県（希少植物）
◇秋田県の絶滅のおそれのある野生生物―秋田県版レッドデー
タブック　2014　維管束植物　秋田県生活環境部自然保護課
編　秋田　秋田県生活環境部自然保護課　2014.3　204p　図版
20p　30cm〈文献あり〉Ⓝ462.124

秋田県（救急医療）
◇秋田県ドクターヘリ運航実績報告書　平成25年度　秋田県ド
クターヘリ運航調整委員会, 秋田赤十字病院企画調査課編
［秋田］　秋田県ドクターヘリ運航調整委員会　2014.12　71p
30cm〈基地病院：秋田赤十字病院〉Ⓝ498.02124

秋田県（教育課程―小学校）
◇新教育課程の実施状況調査―ベネッセ教育研究開発センター
の全国調査との比較から見えてきたもの　小学校編　新潟

秋田県（教育行政）

新潟教育会新潟教育研究所　2014.2　77p　30cm　（教育調査報告書 第5回）Ⓝ375

秋田県（教育行政）

◇あきたの教育振興に関する基本計画—平成25年度実施計画　秋田　秋田県教育庁総務課　2013.3　71p　30cm〈平成25年3月策定〉Ⓝ373.2

◇あきたの教育振興に関する基本計画—平成26年度実施計画　秋田　秋田県教育庁総務課　2014.3　72p　30cm〈平成26年3月策定〉Ⓝ373.2

秋田県（行政—秋田市）

◇秋田市しあわせづくり市民意識調査Ⅲ調査結果報告書　秋田市企画財政部企画調整課編　秋田　秋田市企画財政部企画調整課　2014.12　4, 148p　30cm　Ⓝ318.224

◇県都『あきた』成長プラン—第12次秋田市総合計画：推進計画：ともにつくりともに生きる人・まち・くらし　［秋田］［秋田市］　2014.4　156p　30cm　Ⓝ318.224

秋田県（グリーンツーリズム—由利本荘市）

◇農家民宿経営者のライフストーリー—地域発展論2012秋田県由利本荘市　楢本歩美編　秋田　国際教養大学　2013.3　80p　26cm〈平成23年度国際化拠点整備事業（文部科学省）大学の世界展開力強化事業報告書〉Ⓝ611.77

秋田県（高校野球—歴史）

◇翔球—秋田県高等学校野球史　2　秋田県高等学校野球連盟編　秋田　秋田県高等学校野球連盟　2013.3　507p　27cm〈年表あり〉Ⓝ783.7

秋田県（公民館）

◇知と行動が結びついた循環型社会構築に向けた公民館事業及び運営の在り方に関する調査研究—調査研究報告書　秋田県生涯学習センター編　秋田　秋田県生涯学習センター　2014.3　97p　30cm〈平成25年度文部科学省委託事業「公民館等を中心とした社会教育活性化支援プログラム」行動人連携学習プログラム開発事業　背のタイトル：文部科学省委託事業調査研究報告書〉Ⓝ379.2

秋田県（公有財産）

◇公有財産内訳書　平成25年3月31日現在　［秋田］　秋田県［2013］　167p　30cm　Ⓝ349.8

◇公有財産内訳書　平成26年3月31日現在　［秋田］　秋田県［2014］　167p　30cm　Ⓝ349.8

秋田県（産業政策）

◇産業労働部施策の概要　平成25年度　秋田　秋田県産業労働部産業政策課　2013.7　82p　30cm　Ⓝ601.124

秋田県（産業廃棄物）

◇秋田県産業廃棄物実態調査フォローアップ調査報告書　平成24年度　［秋田］　秋田県　2013.3　164p　30cm〈平成23年度実績〉Ⓝ519.7

◇秋田県産業廃棄物実態調査フォローアップ調査報告書　平成25年度　［秋田］　秋田県　2014.3　150p　30cm〈平成24年度実績〉Ⓝ519.7

秋田県（寺院）

◇あきたの寺—完全保存版　秋田魁新報社編　秋田　秋田魁新報社　2014.9　145p　30cm　①978-4-87020-362-4　Ⓝ185.9124　［2000円］

秋田県（ジオパーク—湯沢市）

◇ゆざわジオパーク総合ガイドブック　湯沢市ジオパーク推進協議会編　［湯沢］　湯沢市ジオパーク推進協議会　2014.3　125p　21cm　Ⓝ455.124

秋田県（自殺予防）

◇あなたを自殺させない—命の相談所「蜘蛛の糸」佐藤久男の闘い　中村智志著　新潮社　2014.10　302p　20cm〈文献あり〉①978-4-10-306702-3　Ⓝ368.3　［1500円］

秋田県（児童—歴史）

◇あきたのわらしだ—貧しい暮らしの中でも心豊かで笑顔のたえなかった日々の思い出イラスト文集　大石清美絵・文　大潟村（秋田県）　秋田ふるさと育英会　2014.12　99p　21×21cm　（秋田ふるさと選書 4）〈秋田文化出版（発売）〉①978-4-87022-563-3　Ⓝ384.5　［1500円］

秋田県（社会福祉—北秋田市）

◇地方自治体の福祉ガバナンス—「日本一の福祉」を目指した秋田県鷹巣町の20年　朴姫淑著　京都　ミネルヴァ書房　2014.1　363p　22cm　（現代社会政策のフロンティア 7）〈文献あり　索引あり〉①978-4-623-06779-4　Ⓝ369.11　［7000円］

秋田県（宿泊施設—由利本荘市）

◇農家民宿経営者のライフストーリー—地域発展論2012秋田県由利本荘市　楢本歩美編　秋田　国際教養大学　2013.3　80p

26cm〈平成23年度国際化拠点整備事業（文部科学省）大学の世界展開力強化事業報告書〉Ⓝ611.77

秋田県（縄文土器）

◇縄文時代土器集成　2　中期　秋田県埋蔵文化財センター編　大仙　秋田県埋蔵文化財センター　2014.3　59p　30cm　（秋田県埋蔵文化財基準資料 2）Ⓝ212.4

秋田県（書目）

◇秋田県EL新聞記事情報リスト　2013-1　エレクトロニック・ライブラリー編　エレクトロニック・ライブラリー　2014.2　740p　31cm〈制作：日外アソシエーツ〉Ⓝ025.8124

◇秋田県EL新聞記事情報リスト　2013-2　エレクトロニック・ライブラリー編　エレクトロニック・ライブラリー　2014.2　p741-1943　31cm〈制作：日外アソシエーツ〉Ⓝ025.8124

秋田県（城跡—保存・修復—男鹿市）

◇史跡脇本城跡整備基本計画書　秋田県男鹿市教育委員会編　［男鹿］　秋田県男鹿市教育委員会　2014.3　83p　30cm　（男鹿市文化財調査報告 第43集）〈年表あり　背のタイトル：史跡脇本城整備基本計画書〉Ⓝ709.124

秋田県（スポーツ）

◇全県体力テスト・スポーツ実態調査事業報告書　平成25年度　秋田県スポーツ推進委員協議会編　［秋田］　秋田県スポーツ推進委員協議会　2014.3　103p　30cm〈スポーツ立県あきた秋田県観光文化スポーツ部スポーツ振興課委託事業　奥付のタイトル：全県体力テスト・スポーツ実態調査事業〉Ⓝ780.2124

秋田県（スポーツ振興基本計画）

◇秋田県スポーツ推進計画「スポーツ立県あきた」推進プラン—2014-2017　秋田　秋田県観光文化スポーツ部スポーツ振興課［2014］　44p　30cm　Ⓝ780.2124

秋田県（雪害）

◇雪と共生する秋田　［秋田］　秋田県企画振興部地域活力創造課　2014.3　134p　30cm　Ⓝ451.66124

秋田県（選挙—統計）

◇選挙結果調　［秋田］　秋田県選挙管理委員会　2014.3　60, 2p　30cm〈秋田県知事選挙・秋田県議会議員補欠選挙 平成25年4月7日執行〉Ⓝ314.8

◇選挙結果調　［秋田］　秋田県選挙管理委員会　2014.3　204, 8p　30cm〈参議院議員通常選挙 平成25年7月21日執行〉Ⓝ314.8

秋田県（地誌）

◇秋田お國自慢—これ一冊で秋田がわかる！　秋田お國自慢オールスターズ＆村上雅彦著　秋田　秋田魁新報社　2014.9　313p　21cm　①978-4-87020-363-1　Ⓝ291.24　［2700円］

秋田県（地誌—仙北市）

◇中川村郷土誌　中川村郷土誌編集委員会編　［仙北］　中川地域運営体　2014.3　402p　27cm〈年表あり〉Ⓝ291.24

秋田県（地方選挙）

◇選挙結果調　［秋田］　秋田県選挙管理委員会　2014.3　60, 2p　30cm〈秋田県知事選挙・秋田県議会議員補欠選挙 平成25年4月7日執行〉Ⓝ314.8

秋田県（中小企業）

◇県内中小企業の事業承継に関する実態調査報告書　［秋田］　秋田県中小企業診断協会　［2014］　243p　30cm〈平成26年度秋田県委託事業〉Ⓝ335.35

秋田県（中小企業金融）

◇秋田県融資制度要綱集　平成26年度　［秋田］　秋田県産業労働部産業政策課　c2014　143p　30cm　Ⓝ338.63

◇秋田県融資制度要綱集　平成26年度　［秋田］　秋田県産業労働部産業政策課　c2014　143p　30cm〈有効期間：平成26年7月1日から〉Ⓝ338.63

秋田県（鉄道）

◇羽越線の全駅乗歩記　澤井泰著　文芸社　2014.8　323p　19cm　（出会い・発見の旅 第3部）〈文献あり〉①978-4-286-15299-8　Ⓝ686. 2141　［1600円］

秋田県（伝記）

◇近世・秋田人物列伝—秋田を彩った四十九人　笹尾哲雄著　秋田　秋田文化出版　2014.3　225p　19cm　①978-4-87022-553-4　Ⓝ281.24　［1000円］

秋田県（伝説—横手市）

◇ウソ？ホント？栄北区の伝説　黒沢せいこ著　横手　イズミヤ出版　2014.3　301p　21cm　Ⓝ388.124　［2000円］

秋田県（日本料理）

◇北東北のシンプルをあつめにいく　堀井和子［著］　講談社　2014.4　221p　16cm　（講談社＋α文庫 C110-3）①978-4-06-281551-2　Ⓝ596.21　［860円］

日本件名図書目録2014 Ｉ

秋田県（歴史―横手市）

秋田県（年中行事―上小阿仁村）

◇阿仁地方の万灯火―平成二四年度・変容の危機にある無形の民俗文化財の記録作成の推進事業　文化庁文化財部伝統文化課　2013.3　173p　30cm〈文献あり　調査・作成：TEM研究所〉Ⓝ386.124

秋田県（年中行事―北秋田市）

◇阿仁地方の万灯火―平成二四年度・変容の危機にある無形の民俗文化財の記録作成の推進事業　文化庁文化財部伝統文化課　2013.3　173p　30cm〈文献あり　調査・作成：TEM研究所〉Ⓝ386.124

秋田県（農業―秋田市）

◇農家のライフストーリー―地域発展論2013秋田県秋田市　春椿本歩美編　秋田　国際教養大学　2014.3　110p　26cm〈英語併載　平成23年度国際化拠点整備事業（文部科学省）大学の世界展開力強化事業報告書〉Ⓝ612.124

◇農家のライフストーリー―地域発展論2013秋田県秋田市　春椿本歩美編　秋田　国際教養大学　2014.3　106p　26cm〈英語併載　平成23年度国際化拠点整備事業（文部科学省）大学の世界展開力強化事業報告書〉Ⓝ612.124

秋田県（農業普及事業）

◇普及年報　平成24年度　秋田県仙北地域振興局農林部農業振興普及課　大仙　秋田県仙北地域振興局農林部農業振興普及課　2013.3　102p　30cm　Ⓝ611.15124

秋田県（農村―秋田市）

◇新波で学ぶ地域社会―PBL地域環境論2013秋田県秋田市　春椿本歩美編　秋田　国際教養大学　2014.3　104p　26cm〈英語併載　平成23年度国際化拠点整備事業（文部科学省）大学の世界展開力強化事業報告書〉Ⓝ361.76

◇新波で学ぶ地域社会―PBL地域環境論2013秋田県秋田市　春椿本歩美編　秋田　国際教養大学　2014.3　86p　26cm〈平成23年度国際化拠点整備事業（文部科学省）大学の世界展開力強化事業報告書〉Ⓝ361.76

秋田県（廃棄物処理）

◇秋田県産業廃棄物実態調査フォローアップ調査報告書　平成24年度　［秋田］　秋田県　2013.3　164p　30cm〈平成23年度実績〉Ⓝ519.7

◇秋田県産業廃棄物実態調査フォローアップ調査報告書　平成25年度　［秋田］　秋田県　2014.3　150p　30cm〈平成24年度実績〉Ⓝ519.7

秋田県（風俗・習慣）

◇あきた歳時記　山田實著　秋田　秋田魁新報社　2014.6　139p　11×18cm　（さきがけ新書 13）①978-4-87020-357-0　Ⓝ382.124　［800円］

◇もうひとつの秋田―秋田に暮らしながら見えてくるもの：photo guide book　中村政人監修，アートNPOゼロダテ編　大館　アートNPOゼロダテ　2014.10　192p　21cm　①978-4-9907363-2-3　Ⓝ382.124　［1800円］

秋田県（風俗・習慣―秋田市）

◇雄和繋地方　斉藤真一著　横手　イズミヤ出版　2014.7　155p　21cm　Ⓝ382.124　［2000円］

秋田県（風俗・習慣―北秋田市）

◇阿仁根子　東北芸術工科大学東北文化研究センター編　山形　東北芸術工科大学東北文化研究センター　2014.3　51p　26cm　（東北―万年のフィールドワーク 9）〈文部科学省私立大学戦略的研究基盤形成支援事業「環境動態を視点とした地域社会と集落形成に関する総合的研究」〉Ⓝ382.124

秋田県（文化活動―大館市）

◇コミュニティ・アートプロジェクト―ゼロダテ/絶望をエネルギーに変え、街を再生する　中村政人著，アートNPOゼロダテ編　大館　アートNPOゼロダテ　2013.10　239p　21cm〈年表あり〉①978-4-9907363-0-9　Ⓝ702.1924　［1800円］

秋田県（文化活動―北秋田市）

◇コミュニティ・アートプロジェクト―ゼロダテ/絶望をエネルギーに変え、街を再生する　中村政人著，アートNPOゼロダテ編　大館　アートNPOゼロダテ　2013.10　239p　21cm〈年表あり〉①978-4-9907363-0-9　Ⓝ702.1924　［1800円］

秋田県（文化財―男鹿市）

◇秋田県指定有形民俗文化財真山の万体仏―文化財収録作成調査報告書　秋田県教育委員会編　秋田　秋田県教育委員会　2014.3　90p　30cm　（秋田県文化財調査報告書 第493集）〈年表あり〉Ⓝ709.124

秋田県（防災教育（学校））

◇学校における防災教育の手びき　秋田　秋田県教育委員会　2013.11　126p　30cm〈年表あり　文献あり〉Ⓝ374.92

秋田県（民謡）

◇秋田民謡育ての親 小玉暁村　民族芸術研究所編　秋田　無明舎出版　2013.8　222p　19cm〈著作目録あり　年譜あり　内容：小玉暁村の人と業績（小田島清朗著）　俳人・暁村の感性が捉えた仙北民謡（工藤一絋著）　暁村の郷土芸能の研究や想いに学ぶこと（麻生正秋著）　この人こそ飾山囃子育ての親（根岸正幸著）　三一さんのレコードを手本に（千葉美子著）　藤田嗣治と小玉暁村（原田久美子著）　民謡仙北おばこ（楽天著）　民謡私論（寺冏啄味著）　にがた節情調（中川白芳著）　郷土芸術往来（仙北の歌踊）（抄）（小玉暁村著）　秋田民謡の味（小玉暁村著）　飾山囃子の再認識とお願（小玉暁村著）　田園の娯楽問題（小玉暁村著）　小玉暁村氏のこと（武田忠一郎著）　楽譜「おぼねだし」と「生保内節」〉①978-4-89544-573-3　Ⓝ388.9124　［1600円］

秋田県（名簿）

◇秋田県人物・人材情報リスト　2015　日外アソシエーツ株式会社編　日外アソシエーツ（制作）　2014.11　494, 22p　30cm　Ⓝ281.24

秋田県（野球）

◇熱球きらめく―第80回記念全県少年野球大会グラフ　2014　秋田　秋田魁新報社　2014.8　83p　30cm　①978-4-87020-359-4　Ⓝ783.7　［1250円］

秋田県（遊戯（児童）―歴史）

◇あきたのわらしだ―貧しい暮らしの中でも心豊かで笑顔のたえなかった日々の思い出イラスト文集　大潟村（秋田県）　秋田ふるさと育英会　2014.12　99p　21×21cm　（秋田ふるさと選書 4）〈秋田文化出版（発売）〉①978-4-87022-563-3　Ⓝ384.5　［1500円］

秋田県（有機農業―歴史）

◇汝の食物を医薬とせよ―"世紀の千拓"大潟村で実現した理想のコメ作り　宮﨑隆典著　藤原書店　2014.9　220p　19cm①978-4-89434-990-2　Ⓝ616.2　［1800円］

秋田県（歴史）

◇庄司博信北鹿地方史論考集 続　庄司博信著　秋田　無明舎出版　2014.5　359p　19cm〈文献あり〉①978-4-89544-581-8　Ⓝ212.4　［2500円］

◇最上氏と出羽の歴史　伊藤清郎編　高志書院　2014.2　338p　22cm〈文献あり　内容：戦国大名最上氏の時代　最上氏の呼称について（伊藤清郎著）　花押に見る最上氏の領主としての性格（安部俊治著）　最上義光の大工頭小澤若狭と天守閣図面（吉田歓著）　最上氏時代山形城絵図の再検討（齋藤豊人著）　寒河江白岩新町楯跡について（大場雅之著）　鶴岡市田川地域における中世城館跡の類型構造2（眞壁建著）　中近世における砂糖の容器と贈答（三上喜孝著）　中条氏系小田島氏の系譜（石井浩幸著）　出羽の考古と歴史　寒河江市平野山古窯出土瓦にみる出羽国府移設試論（大宮富善著）　白河院政期の出羽守と「都の武士」（誉田慶信著）　出羽出土金の一括出土銭の考察（須藤英之著）　庄内藩の納方手代（小野寺雅昭著）　近世後期村山郡半郷村における貢租負担基盤の実相（山内励著）　明治初年の南・北高擶村合併について（村山正市著）　大島正隆と森藤兵衛（柳原敏昭著）　山形県内における歴史公文書の保存と公開（佐藤正三郎著）　出羽の宗教と社会　中世出羽の屋敷墓（山口博之著）　葉山参詣の民俗誌（関口健著）　合戦と呪術・信仰（小関幸悦著）　山形県の「両墓制」（小田島建己著）　芭蕉「奥の細道」山寺の宿についての考察（相原一士著）「酒田山王祭り」構成要素の比較考察（菊地和博著）〉①978-4-86215-129-2　Ⓝ212.5　［8300円］

秋田県（歴史―史料）

◇黒澤家日記　天保10年　秋田市立佐竹史料館編　秋田　秋田市立佐竹史料館　2014.3　87p　26cm　（黒澤家日記解読資料集 15）Ⓝ212.4

秋田県（歴史―史料―秋田市）

◇戊辰戦争と秋田市―記録・写真・絵図から見る　秋田市総務部文書法制課編　秋田　秋田市　2014.3　157p　26cm　（秋田市歴史叢書 8）〈年表あり　文献あり〉Ⓝ212.4

秋田県（歴史―史料―書目）

◇戸村家文書目録　秋田県公文書館編　秋田　秋田県公文書館　2014.3　13, 189p　30cm　（秋田県公文書館所蔵古文書目録 第9集）Ⓝ212.4

秋田県（歴史―史料―湯沢市）

◇佐竹南家御日記　第10巻　自享保十七年至延享元年　湯沢市教育委員会編　［湯沢］　湯沢市　2014.3　910p　22cm　Ⓝ212.4　［8000円］

秋田県（歴史―横手市）

◇平鹿地方近代への出発―設立5周年記念誌　平鹿地方史研究会研究班編　［横手］　平鹿地方史研究会　2013.11　272p　30cm〈文献あり〉Ⓝ212.4　［2000円］

秋田県中学校体育連盟

◇栄光の記録　平成24年度　[秋田]　秋田県中学校体育連盟　[2013]　103p　30cm　Ⓝ780.6

秋田県立新屋高等学校

◇ももさだ―新屋高等学校創立30周年記念誌　秋田県立新屋高等学校創立30周年記念事業実行委員会編　[秋田]　秋田県立新屋高等学校　2014.9　100p　30cm　Ⓝ376.48

秋田県立大館工業高等学校

◇創立六十周年記念誌―あらがね　大館　秋田県立大館工業高等学校　2013.12　175p　30cm　〈年表あり　背のタイトル：大館工業高等学校創立六十周年記念誌〉　Ⓝ376.48

秋田県立平成高等学校

◇日日新、又日新―秋田県立平成高等学校二十周年記念誌　秋田県立平成高等学校編　[横手]　秋田県立平成高等学校　2014.10　56p　30cm　〈年表あり〉　Ⓝ376.48

秋田港

◇秋田港港湾計画書―一部変更　[秋田]　秋田県　2014.11　4p　30cm　（交通政策審議会港湾分科会資料　第58回）〈付属資料：1枚：秋田港港湾計画図〉　Ⓝ683.92124

秋田今野商店

◇もやし屋―秋田今野商店の100年　塩野米松著　秋田　無明舎出版　2013.11　276p　19cm　Ⓘ978-4-89544-577-1　Ⓝ588.51　[1700円]

秋田市（遺跡・遺物）

◇秋田市遺跡確認調査報告書　平成25年度　秋田　秋田市教育委員会　2014.3　18p　30cm　Ⓝ210.0254

◇秋田城跡―秋田城跡調査事務所年報　2013　秋田市教育委員会秋田城跡調査事務所編　秋田　秋田市教育委員会秋田城跡調査事務所　2014.3　113p　30cm　〈折り込 1枚〉　Ⓝ210.0254

秋田市（行政）

◇秋田市しあわせづくり市民意識調査Ⅲ調査結果報告書　秋田市企画財政部企画調整課編　秋田　秋田市企画財政部企画調整課　2014.12　4, 148p　30cm　Ⓝ318.224

◇県都『あきた』成長プラン―第12次秋田市総合計画：推進計画：ともにつくりともに生きる人・まち・くらし　[秋田]　[秋田市]　2014.4　156p　30cm　Ⓝ318.224

秋田市（農業）

◇農家のライフストーリー―地域発展論2013秋田県秋田市　春椿本歩美編　秋田　国際教養大学　2014.3　110p　26cm　〈英語併載　平成23年度国際化拠点整備事業（文部科学省）大学の世界展開力強化事業報告書〉　Ⓝ612.124

◇農家のライフストーリー―地域発展論2013秋田県秋田市　春椿本歩美編　秋田　国際教養大学　2014.3　106p　26cm　〈英語併載　平成23年度国際化拠点整備事業（文部科学省）大学の世界展開力強化事業報告書〉　Ⓝ612.124

秋田市（農村）

◇新波で学ぶ地域社会―PBL地域環境論2013秋田県秋田市　春椿本歩美編　秋田　国際教養大学　2014.3　104p　26cm　〈英語併載　平成23年度国際化拠点整備事業（文部科学省）大学の世界展開力強化事業報告書〉　Ⓝ361.76

◇新波で学ぶ地域社会―PBL地域環境論2013秋田県秋田市　春椿本歩美編　秋田　国際教養大学　2014.3　86p　26cm　〈平成23年度国際化拠点整備事業（文部科学省）大学の世界展開力強化事業報告書〉　Ⓝ361.76

秋田市（風俗・習慣）

◇雄和繁地方　斉藤真一著　横手　イズミヤ出版　2014.7　155p　21cm　Ⓝ382.124　[2000円]

秋田市（歴史―史料）

◇戊辰戦争と秋田市―記録・写真・絵図から見る　秋田市総務部文書法制課編　秋田　秋田市　2014.3　157p　26cm　（秋田市歴史叢書 8）〈年表あり　文献あり〉　Ⓝ212.4

秋田城

◇史跡秋田城跡保存管理計画書　秋田市教育委員会秋田城跡調査事務所編　秋田　秋田市教育委員会　2014.3　114p　30cm　〈年表あり　平成24・25年度史跡保存管理計画策定事業　奥付のタイトル：史跡秋田城跡保存管理計画〉　Ⓝ709.124

秋田赤十字病院

◇さきがけ新報に見る秋田赤十字病院の百年　秋田赤十字病院、秋田魁新報社共同編集　秋田　秋田魁新報社　2014.9　325p　19cm　〈年表あり〉　Ⓘ978-4-87020-361-7　Ⓝ498.16　[1200円]

秋田大学教育文化学部附属小学校

◇仲間と共につくる豊かな学び―「対話」を通して思考を深める授業づくり　秋田大学教育文化学部附属小学校編著　[秋田]

秋田大学教育文化学部附属小学校

　秋田大学教育文化学部附属小学校　2014.11　249p　30cm　〈研究紀要　平成26年度〉　Ⓝ375.1

秋田大学大学院工学資源学研究科附属鉱業博物館

◇鑛のきらめき―秋田大学鉱業博物館解説書　秋田大学大学院工学資源学研究科附属鉱業博物館編　[秋田]　秋田大学大学院工学資源学研究科附属鉱業博物館　2014.2　128p　30cm　〈年表あり〉　Ⓝ459.06

秋月第一町内会

◇秋月第一町内会創立45周年記念誌　[旭川]　秋月第一町内会　2013.6　90p　26cm　〈年表あり〉　Ⓝ318.814

アキボウ

◇無限の進歩―株式会社アキボウ70年史：1944-2014　社史編纂委員会編　堺　アキボウ　2014.4　245p　30cm　〈年表あり〉　Ⓝ536.86

あきる野市（遺跡・遺物）

◇草花遺跡・草花古墳群　東京都スポーツ文化事業団東京都埋蔵文化財センター編　多摩　東京都スポーツ文化事業団東京都埋蔵文化財センター　2014.2　6, 150p　30cm　〈東京都埋蔵文化財センター調査報告　第288集〉〈あきる野市所在　秋多3・4・6号線整備事業に伴う埋蔵文化財発掘調査〉　Ⓝ210.0254

あきる野市（環境保護）

◇あきる野市地球温暖化対策地域推進計画―みんなで進める地球温暖化対策　あきる野市環境経済部環境政策課編　あきる野　あきる野市　2014.6　128p　30cm　Ⓝ519.1

あきる野市（森林保護）

◇森林レンジャーあきる野活動報告書　平成22-24年度　[あきる野]　あきる野市環境経済部環境政策課環境の森推進係　[2013]　184p　30cm　Ⓝ654.021365

あきる野市（生物多様性）

◇森林レンジャーあきる野活動報告書　平成22-24年度　[あきる野]　あきる野市環境経済部環境政策課環境の森推進係　[2013]　184p　30cm　Ⓝ654.021365

あきる野市（博物誌）

◇あきる野市自然環境調査報告書―平成21年度―23年度　あきる野市環境委員会自然環境調査部会調査・編集　あきる野　あきる野市　2013.3　146p　30cm　〈文献あり〉　Ⓝ402.91365

アギーレ, J.〔1958～ 〕

◇アギーレ言葉の魔術師　小澤一郎著　ぱる出版　2014.10　223p　19cm　Ⓘ978-4-8272-0893-1　Ⓝ783.47　[1300円]

あきんどスシロー

◇まっすぐバカ正直にやり続ける。―スシローの哲学　豊﨑賢一著　ダイヤモンド社　2014.7　247p　19cm　Ⓘ978-4-478-02739-4　Ⓝ673.971　[1400円]

阿久 悠〔1937～2007〕

◇阿久悠研究　明治大学史資料センター編　明治大学　2014.12　420p　21cm　（大学史紀要　第19号）〈文献あり　内容：論文　阿久悠（吉田悦志著）　語彙から見た「阿久悠の歌詞」の諸相（奥原淳子著）　対談　阿久悠を語る（深田太郎, 吉田悦志著）　研究ノート　昭和歌謡曲大観（村松玄太著）　「津軽海峡・冬景色」の歌碑（阿部裕樹著）　資料　阿久悠作詞曲ディスコグラフィ（稿）（昭和歌謡史研究会, 深田太郎編）　資料紹介　草創期代言人『富田信英』の回顧談（村上一博著）　人権派弁護士・山崎今朝弥刊行『解放群書』書誌調査中間報告（人権派弁護士研究会編）　大学史ノート　長野国助（長沼秀明著）〉　Ⓝ911.52

アクアスキュータム

◇COAT BIBLE　gritzdesign　COAT BIBLE製作プロジェクト　2014.4　111p　26cm　（卓球王国（発売）　本文は日本語）　Ⓘ978-4-901638-42-5　Ⓝ589.2　[2400円]

阿久比町〔愛知県〕（小学校―歴史）

◇国民学校のころ　阿久比風土記の会編　阿久比町（愛知県）　阿久比町立図書館　2014.3　60p　26cm　（阿久比風土記の会第8集）　Ⓝ372.155

阿久比町〔愛知県〕（風俗・習慣）

◇国民学校のころ　阿久比風土記の会編　阿久比町（愛知県）　阿久比町立図書館　2014.3　60p　26cm　（阿久比風土記の会第8集）　Ⓝ372.155

アークス

◇アリの目から見た経営論　横山清著　札幌　財界さっぽろ　2014.12　201p　19cm　〈年譜あり〉　Ⓘ978-4-87933-514-2　Ⓝ673.868　[1500円]

芥川 竜之介〔1892～1927〕

◇芥川龍之介考　中村稔著　青土社　2014.9　260p　20cm　Ⓘ978-4-7917-6812-7　Ⓝ910.268　[2200円]

◇芥川龍之介と切支丹物―多声・交差・越境　宮坂覺編　翰林書房　2014.4　571p　22cm　〈年譜あり　著作目録あり〉　Ⓘ978-4-87737-369-6　Ⓝ910.268　[8000円]

◇芥川龍之介の童話—神秘と自己像幻視の物語　武藤清吾著　翰林書房　2014.2　220p　22cm　（広島経済大学研究双書　第41冊）〈文献あり　年表あり〉①978-4-87737-361-0　Ⓝ910.268　[2800円]

芥川 瑠璃子〔1916〜2007〕
◇百年の薔薇—芥川の家の中で　芥川瑠璃子, 芥川耿子著　春陽堂書店　2014.6　235p　20cm　①978-4-394-90313-0　Ⓝ289.1　[1800円]

上尾市（遺跡・遺物）
◇坂上遺跡　第3次調査　上尾　上尾市遺跡調査会　2014.1　56p　図版16p　26cm　（上尾市遺跡調査会調査報告書　第43集）Ⓝ210.0254

上尾市（行政）
◇上尾市市民意識調査結果報告書　平成25年度　[上尾]　上尾市企画財政部自治振興課　2014.3　184p　30cm　Ⓝ318.234

上尾市（行政—歴史—史料—書目）
◇原市町役場文書目録　下　上尾　上尾市教育委員会　2014.3　244p　26cm　（上尾市文化財調査報告　第100冊）Ⓝ318.234

上尾市（水道—歴史）
◇上尾の水道50年のあゆみ　上尾市上下水道部編　上尾　上尾市上下水道部　2014.10　56p　30cm　〈年表あり〉Ⓝ518.1

上尾市（世論）
◇上尾市市民意識調査結果報告書　平成25年度　[上尾]　上尾市企画財政部自治振興課　2014.3　184p　30cm　Ⓝ318.234

明智 光秀〔1528〜1582〕
◇明智光秀—浪人出身の外様大名の実像　谷口研語著　洋泉社　2014.5　239p　18cm　（歴史新書y 046）〈文献あり　年譜あり〉①978-4-8003-0421-6　Ⓝ289.1　[950円]
◇明智光秀—資料とともにたずねる智将明智光秀のゆかりの地と劇的な人生　信原克哉著　編集工房ソシエタス　2014.9　335p　26cm　〈年譜あり　文献あり〉①978-4-908121-00-5　Ⓝ289.1　[2500円]
◇明智光秀と本能寺の変　小和田哲男著　PHP研究所　2014.11　256p　15cm　（PHP文庫　お14-5）〈「明智光秀」（1998年刊）の改題, 加筆・修正〉①978-4-569-76271-5　Ⓝ289.1　[620円]
◇明智光秀の乱—天正十年六月政変織田政権の成立と崩壊　小林正信著　里文出版　2014.7　398p　19cm　〈文献あり〉①978-4-89806-417-7　Ⓝ210.48　[2500円]
◇ここまでわかった！明智光秀の謎　『歴史読本』編集部編　KADOKAWA　2014.9　287p　15cm　（新人物文庫　れ-1-49）〈年譜あり〉①978-4-04-601031-5　Ⓝ289.1　[750円]

明延鉱山
◇明延鉱山生活文化調査報告書　養父市教育委員会編　養父　養父市教育委員会　2014.3　88p　30cm　（兵庫県養父市文化財保護調査報告書　第6集）〈文献あり　年表あり〉Ⓝ382.164

赤穂市（遺跡・遺物）
◇有年原・クルミ遺跡　兵庫県まちづくり技術センター埋蔵文化財調査部編　神戸　兵庫県教育委員会　2014.2　1冊　30cm　（兵庫県文化財調査報告　第457冊）〈赤穂市所在　一般国道2号相生有年道路事業に伴う埋蔵文化財発掘調査報告書〉Ⓝ210.0254

赤穂市（美術—図集）
◇明治・大正ロマンの赤穂の美術—100年前のアートin Ako：平成26年度特別展　赤穂市立美術工芸館田淵記念館編　赤穂　赤穂市立美術工芸館田淵記念館　2014.11　93p　30cm　〈会期・会場：平成26年11月13日—平成27年1月12日　赤穂市立美術工芸館田淵記念館〉Ⓝ702.1964

赤穂城
◇名勝旧赤穂城庭園二之丸庭園整備概要報告書　2　赤穂　赤穂市教育委員会生涯学習課　2013.3　132p　図版2p　30cm　（赤穂市文化財調査報告書　77）Ⓝ629.21

あこがれ
◇帆船「あこがれ」の記録—1992-2013　舵社　2014.3　128p　30cm　①978-4-8072-1335-1　Ⓝ556.7　[1200円]

阿含宗
◇実践輪廻転生瞑想法　2　理想の未来をつくる輪廻転生曼羅瞑想法　桐山靖雄著　平河出版社　2014.12　64,55p　20cm　〈英語併訳〉①978-4-89203-346-9　Ⓝ169.1　[2800円]
◇輪廻転生瞑想法　3　あなたも仏陀になれる水晶龍神瞑想法　桐山靖雄著　平河出版社　2014.2　342p　20cm　①978-4-89203-345-2　Ⓝ169.1　[1700円]

浅井 忠〔1856〜1907〕
◇明治を彩る光芒—浅井忠とその時代　北脇洋子著　展望社　2014.10　345p　20cm　①978-4-88546-288-7　Ⓝ723.1　[2700円]

浅丘 ルリ子〔1940〜　〕
◇女優浅丘ルリ子　キネマ旬報社　2014.5　219p　26cm　〈作品目録あり　年譜あり〉①978-4-87376-428-3　Ⓝ778.21　[3000円]

朝霞市（遺跡・遺物）
◇朝霞市埋蔵文化財発掘調査報告集積　4　朝霞市教育委員会（文化財課）編　[朝霞]　朝霞市教育委員会　2014.3　82p　図版18p　30cm　（朝霞市埋蔵文化財発掘調査報告書　第40集）〈文献あり　内容：古屋敷遺跡．第1地点　行人塚・金子塚下遺跡．第2・3地点〉Ⓝ210.0254
◇朝霞市埋蔵文化財発掘調査報告集積　5　朝霞市教育委員会（文化財課）編　[朝霞]　朝霞市教育委員会　2014.3　57p　図版7p　30cm　（朝霞市埋蔵文化財発掘調査報告書　第41集）〈内容：大瀬戸遺跡．第9地点　立出遺跡．第1地点　北割・西原遺跡．第7地点　島の上遺跡．第1地点　稲荷山・郷戸遺跡．第7地点〉Ⓝ210.0254

朝霞市（高齢者福祉）
◇中間リーダー育成による介護予防促進と支え合い構築事業実施報告書　[朝霞]　中間リーダー育成による介護予防促進と支え合い構築事業協議会　2013.2　63p　30cm　〈埼玉県共助社会づくり支援事業〉Ⓝ369.26

朝霞市博物館
◇朝霞市博物館活用授業実践事例集　7　朝霞市博物館利用検討委員会編　朝霞　朝霞市博物館　2014.3　78p　30cm　Ⓝ375.14

朝香宮 允子
◇パリの皇族モダニズム—領収書が明かす生活と経済感覚　青木淳子著　[東京]　KADOKAWA　2014.12　253p　19cm　〈文献あり〉①978-4-04-653330-2　Ⓝ288.44　[1500円]

朝香宮 鳩彦
◇パリの皇族モダニズム—領収書が明かす生活と経済感覚　青木淳子著　[東京]　KADOKAWA　2014.12　253p　19cm　〈文献あり〉①978-4-04-653330-2　Ⓝ288.44　[1500円]

朝河 貫一〔1873〜1948〕
◇敗戦・沖縄・天皇—尖閣衝突の遠景　矢吹晋著　[東京]　花伝社　2014.8　315,9p　20cm　〈共栄書房（発売）〉①978-4-7634-0709-2　Ⓝ319.1053　[2400円]
◇100年前からの警告—福島原発事故と朝河貫一　武田徹, 梅田秀男, 佐藤博幸著　[東京]　花伝社　2014.5　184p　20cm　〈共栄書房（発売）　文献あり〉①978-4-7634-0701-6　Ⓝ289.1　[1700円]

浅川 伯教〔1884〜1964〕
◇浅川伯教をよむ—朝鮮古陶磁の神さま, その源流：没後50年特別展　浅川伯教[作], 浅川伯教・巧兄弟資料館編　[北杜]　北杜市教育委員会　2014.8　48p　26cm　〈年譜あり　会期・会場：2014年8月9日—11月3日　浅川伯教・巧兄弟資料館〉Ⓝ289.1

浅草〔東京都台東区〕
◇浅草謎解き散歩　川上千尋, 荒井修, 塩入亮乗編著　KADOKAWA　2014.4　319p　15cm　（新人物文庫　か-11-1）〈文献あり〉①978-4-04-600275-4　Ⓝ291.361　[850円]

浅口市（文学碑）
◇歌碑建立記念写真集—鴨方町・里庄町文芸　筒井大瀧編著　岡山　日本文教出版　2014.3　71p　31cm　①978-4-8212-9270-7　Ⓝ910.2　[3500円]

朝倉〔氏〕〔越前国〕
◇戦国朝倉—史跡からのリポート　吉川博和著　福井　創文堂印刷　2013.8　221p　21cm　①978-4-9907285-0-2　Ⓝ214.4　[1143円]

朝倉 孝景〔1428〜1481〕
◇朝倉孝景—戦国大名朝倉氏の礎を築いた猛将　佐藤圭著　戎光祥出版　2014.10　326p　19cm　（中世武士選書 23）〈文献あり　年譜あり〉①978-4-86403-126-4　Ⓝ289.1　[2600円]

朝来市（遺跡・遺物）
◇喜多垣遺跡　兵庫県まちづくり技術センター埋蔵文化財調査部編　神戸　兵庫県教育委員会　2014.3　1冊　30cm　（兵庫県文化財調査報告　第464冊）〈朝来市所在〉Ⓝ210.0254

浅田 次郎〔1951〜　〕
◇天切り松読本　浅田次郎監修, 集英社文庫編集部編　完全版　集英社　2014.1　315p　16cm　（集英社文庫　あ36-21）〈文献あり〉①978-4-08-745154-2　Ⓝ913.6　[600円]

浅田 孝〔1921～1990〕

◇浅田孝―つくらない建築家、日本初の都市プランナー 笹原克著 オーム社 2014.4 256p 21cm〈索引あり〉Ⓘ978-4-274-21538-4 Ⓝ518.8 ［2800円］

浅田 真央

◇浅田真央夢（ドリーム）の軌跡 ジャパンスポーツ写真, ワールド・フィギュアスケート編集部編集 新書館 2014.1 103p 30cm Ⓘ978-4-403-31083-6 Ⓝ784.65 ［1900円］

麻田藩

◇麻田藩と備中領口組―400年を辿り新たな一歩へ ［里庄町（岡山県）］ 里庄の歴史を語る会 2014.10 70p 図版6p 30cm〈文献あり〉Ⓝ216.3

◇摂津麻田藩図譜 豊中 豊中市教育委員会 2014.3 67p 30cm〈年表あり〉Ⓝ216.3

浅野 祥雲〔1891～1978〕

◇コンクリート魂―浅野祥雲大全 大竹敏之著 青月社 2014.9 207p 24cm〈文献あり 年譜あり〉Ⓘ978-4-8109-1278-4 Ⓝ712.1 ［2000円］

浅原 才市〔1851～1932〕

◇妙好人とシュタイナー 塚田幸三著 大法輪閣 2014.11 Ⓘ978-4-8046-1367-3 Ⓝ188.82 ［2500円］

旭川きくの会

◇追想―20周年の思い出 旭川 旭川きくの会 2014.12 51p 26cm〈年表あり〉Ⓝ327.5

旭川市〔維管束植物―便覧〕

◇旭川市維管束植物―標本を基にした目録 堀江健二, 土蔵寛二［著］, 堀江健二編 旭川 旭川市公園緑地協会 2014 119p 26cm〈文献あり 共同刊行：旭川市北邦野草園〉Ⓝ472.114

旭川市〔ひきこもり〕

◇ひきこもり地域拠点型アウト・リーチ支援事業報告書 田中敦監修 札幌 レター・ポスト・フレンド相談ネットワーク 2014.3 84, 9p 30cm〈独立行政法人福祉医療機構社会福祉振興助成事業〉Ⓝ369.4

旭川市〔歴史〕

◇知らなかった、こんな旭川 NHK旭川放送局編著 札幌 中西出版 2013.12 159p 21cm〈年表あり 文献あり〉Ⓘ978-4-89115-290-1 Ⓝ211.4 ［1600円］

◇東鷹栖鷹栖分村記載録 松田光春編 旭川 松田光春 2014.9 135p 26cm〈年表あり〉Ⓝ211.4

旭市〔遺跡・遺物〕

◇砂子山遺跡・長津台2号遺跡（第4次） 旭 旭市教育委員会 2014.3 33p 図版7p 30cm（千葉県旭市内遺跡発掘調査報告書 平成25年度）Ⓝ210.0254

◇後田遺跡（第3次）・西ノ崎遺跡 旭 旭市教育委員会 2014.3 11p 図版7p 30cm（千葉県旭市内遺跡発掘調査報告書 平成25年度）Ⓝ210.0254

旭市〔介護保険〕

◇旭市高齢者福祉計画・第6期介護保険事業計画策定のためのアンケート調査報告書 旭 旭市 2014.3 162p 30cm Ⓝ369.26

旭市〔高齢者福祉〕

◇旭市高齢者福祉計画・第6期介護保険事業計画策定のためのアンケート調査報告書 旭 旭市 2014.3 162p 30cm Ⓝ369.26

旭市〔災害復興〕

◇東日本大震災と千葉県旭市―地震・津波被災者支援活動の記録 平塚四郎編 旭 エクリプス 2014.3 190p 21cm〈年譜あり〉Ⓘ978-4-9907239-0-3 Ⓝ369.31 ［2000円］

旭市〔消費者保護〕

◇旭多重債務者生活再建マニュアル―市役所の総合力で旭市民が明るく暮らせるまちに ［旭］ ［旭市］商工観光課 2013.12 55p 30cm〈地方消費者行政活性化基金事業〉Ⓝ365.02135

旭市〔男女共同参画〕

◇旭市男女共同参画計画 旭市市民生活課編 ［旭］ 旭市 2014.3 41p 30cm〈年表あり〉Ⓝ367.2152

旭酒造株式会社

◇逆境経営―山奥の地酒「獺祭」を世界に届ける逆転発想法 桜井博志著 ダイヤモンド社 2014.1 208p 19cm Ⓘ978-4-478-02621-2 Ⓝ588.52 ［1500円］

◇獺祭―天翔ける日の本の酒 勝谷誠彦著 吹田 西日本出版社 2014.9 201p 20cm Ⓘ978-4-901908-91-7 Ⓝ588.52 ［1500円］

朝日神社〔真庭市〕

◇朝日神社誌―岡山県真庭市久世鎮座 朝日神社編 真庭 朝日神社 2014.3 105p 26cm〈年表あり〉Ⓝ175.9175

朝日新聞社

◇朝日新聞「戦時社説」を読む 室谷克実著 毎日ワンズ 2014.12 225p 19cm〈文献あり〉Ⓘ978-4-901622-81-3 Ⓝ070.21 ［1400円］

◇"朝日新聞の正義"を検証してみよう―『〈復刻版〉文春VS朝日』から読み解く、変わらぬその〈大権威主義〉 小板橋二郎著 ごま書房新社 2014.10 214p 19cm（「文春VS朝日」（ごま書房 1994年刊）の改題、新版）Ⓘ978-4-341-08599-5 Ⓝ070.21 ［1200円］

◇徹底検証朝日「慰安婦」報道 読売新聞編集局著 中央公論新社 2014.9 190p 18cm（中公新書ラクレ 509）〈文献あり 年表あり〉Ⓘ978-4-12-150509-5 Ⓝ329.67 ［720円］

◇なぜ朝日新聞はかくも安倍晋三を憎むのか 田母神俊雄著 飛鳥新社 2014.9 255p 19cm Ⓘ978-4-86410-333-6 Ⓝ070.21 ［1204円］

◇なにがおかしいのか？ 朝日新聞 古森義久著 海竜社 2014.12 238p 18cm Ⓘ978-4-7593-1413-7 Ⓝ070.21 ［1200円］

アサヒビール株式会社

◇奇跡のマーケティング―世紀の怪物・スーパードライはこうして生まれた 松井康雄著 日刊工業新聞社 2014.4 417p 19cm（B&Tブックス）〈「たかがビールされどビール」（2005年刊）の改題、加筆・修正した新装改訂版〉Ⓘ978-4-526-07252-9 Ⓝ588.54 ［1600円］

朝日町〔山形県〕〔歴史―史料〕

◇朝日町史編集資料 第32号 長学院文書・柴田家文書・花山家文書 朝日町教育委員会編 朝日町（山形県） 朝日町教育委員会 2014.3 198p 21cm Ⓝ212.5

朝日町歴史博物館〔三重県〕

◇朝日町歴史博物館紀要 第7号 朝日町教育文化施設朝日町歴史博物館編 朝日町（三重県） 朝日町教育文化施設朝日町歴史博物館 2014.3 62p 30cm〈表紙のタイトル：紀要〉Ⓝ215.6

旭山動物園〔旭川市〕

◇ヒトと生き物ひとつながりのいのち―旭山動物園からのメッセージ 坂東元著 天理 天理教道友社 2014.10 286p 17cm Ⓘ978-4-8073-0586-5 Ⓝ480.76 ［1000円］

麻布学園

◇麻布アメフト部員が育つまで―と、母が見た麻布 武部純子著 エール出版社 2014.7 190p 19cm（［YELL books］）Ⓘ978-4-7539-3262-7 Ⓝ376.31361 ［1500円］

麻布高等学校

◇「謎」の進学校麻布の教え 神田憲行著 集英社 2014.10 248p 18cm（集英社新書 0758）Ⓘ978-4-08-720758-3 Ⓝ376.31361 ［759円］

麻布中学校

◇「謎」の進学校麻布の教え 神田憲行著 集英社 2014.10 248p 18cm（集英社新書 0758）Ⓘ978-4-08-720758-3 Ⓝ376.31361 ［759円］

浅間山

◇浅間嶽一件 ［柏］ 古文書にみる柏歴史研究会 2014.1 69p 30cm（古文書にみる柏歴史研究会会誌 第1号）〈複製を含む〉Ⓝ369.31

麻美 ゆま

◇Re Start―どんな時も自分を信じて 麻美ゆま著 講談社 2014.5 255p 図版24p 19cm Ⓘ978-4-06-218548-6 Ⓝ779.9 ［1500円］

アジア

◇アジア動向年報 2014 アジア経済研究所／編 千葉 アジア経済研究所 2014.5 664p 21cm Ⓘ978-4-258-01014-1 ［6300円］

◇東京のディープなアジア人街 河畑悠著 彩図社 2014.10 239p 19cm Ⓘ978-4-8013-0029-3 Ⓝ291.361 ［1300円］

アジア〔3R〔廃棄物〕〕

◇アジア資源循環研究推進業務報告書 平成25年度 葉山町（神奈川県）地球環境戦略研究機関 2014.3 539p 30cm〈文献あり 英語併載 平成25年度環境省請負業務 奥付のタイトル：アジア資源循環研究推進業務業務報告書〉Ⓝ518.523

◇アジア太平洋3R推進フォーラム第5回会合運営支援・専門家招聘等業務報告書 ［東京］ イベントアンドコンベンションハウス 2014.3 329p 30cm〈英語併載〉Ⓝ518.52

◇「アジア大洋州3R推進フォーラム」における市民NGO連携促進業務報告書 平成25年度 ［名古屋］ 中部リサイクル運動市民の会 2014.3 59p 31cm Ⓝ519.7

アジア（安全保障）

◇再起する日本 緊張高まる東、南シナ海―年報 アジアの安全保障 2014‐2015 西原正/監修, 平和・安全保障研究所/編 朝雲新聞社 2014.7 269p 21cm ①978-4-7509-4036-6 [2250円]

アジア（遺跡・遺物）

◇アジアの王墓 アジア考古学四学会編 高志書院 2014.11 290p 22cm（アジアの考古学 2）〈文献あり 内容：東アジアの王墓 日本における王墓の出現（大塚初重著） 奈良盆地における古墳時代前期の王墓（橋本裕行著） 中国の王墓（中村慎一著） 朝鮮三国時代の王墓（高久健二著） 中国最南地域とベトナムの王墓（今村啓爾著） アジア西部の王墓 「王墓」なき社会（上杉彰紀著） 中央アジアの王墓（林俊雄著） メソポタミアの王墓（松本健著） アラビア湾岸古代文明の「王墓」（後藤健著） 地中海世界とヨーロッパの王墓 エジプトの王墓（馬場匡浩著） ギリシアの王墓（周藤芳幸著） ヨーロッパ最古の王墓（田尾誠敏著） ケルト人の王墓（津本英利著）〉①978-4-86215-141-4 Ⓝ220 [6500円]

アジア（移民・植民）

◇東アジアにおける移民労働者の法制度―送出国と受入国の共通基盤の構築に向けて 山田美和編 千葉 アジア経済研究所 2014.3 288p 22cm（研究双書 No.611）〈索引あり 内容：東アジアにおける移民労働者の法制度（山田美和著） 中国の労働者送り出し政策と法（大川昌之著） インドネシアの労働者送り出し政策と法（奥島美夏著） フィリピンの労働者送り出し政策と法（知花いづみ著） タイにおける移民労働者受け入れ政策の現状と課題（山田美和著） ベトナムにおける国際労働移動（石塚二葉著） カンボジアの移民労働者政策（初鹿野直美著） 東アジアにおける外国人雇用法制の考察（今泉慎也著）〉①978-4-258-04611-9 Ⓝ366.89 [3600円]

アジア（移民・植民―アメリカ合衆国）

◇憑依する過去―アジア系アメリカ文学におけるトラウマ・記憶・再生 小林富久子監修, 石原剛, 稲木妙子, 原恵理子, 麻生享志, 中垣恒太郎編 金星堂 2014.3 368p 22cm〈索引あり 内容：ヒサエ・ヤマモトの「ウィルシャー通りのバス」（稲木妙子著）「祝婚歌」から「フィレンツェの庭」へ（村山瑞穂著） 花木蘭は死んだ（杉山直子著） フィリピン系文学にみる日本の植民統治（河原崎やす子著） 日系アメリカ人が描いた〈ヒロシマ・ナガサキ〉（山本秀行著） 損傷を「言葉」にすること（中村理香著） トラウマ文学としてのコリア系「慰安婦小説」（小林富久子著） 人種混交の物語としての『ハイアシンスの心』（石原剛著） ノーノーボーイであることの病い（五島一美著） ハワイ日系二世の『人種形成』（岡島慶著） アメリカ大衆文化におけるアジア系表象の新潮流（中垣恒太郎著） 檀香山からシエラネヴァダ山脈へ（吉田美津著） 写真花嫁のトラウマ（池野みさお著） フィリップ・カン・ゴタンダがたどる日系アメリカ人家族の葛藤の歴史（谷佐保子著） ヒサエ・ヤマモトの作品におけるカトリック的モチーフとトラウマの実験的語り（牧野理英著） 沈黙を歌う（矢口裕子著） トランスナショナルなトラウマの演劇表象（原恵理子著） 八島太郎のトラウマ・ナラティヴ（中地幸著） キベイ二世の語りの読み直し（小坂恵理子著） 歴史のパターンをずらす（寺澤由紀子著） トラウマを超えて（麻生享志著）〉①978-4-7647-1134-1 Ⓝ930.29 [2500円]

アジア（埋立処分場）

◇埋立地ガス放出緩和技術のコベネフィットの比較検証に関する研究 平成22年度―平成24年度 国立環境研究所, 福岡大学[著] [東京] 環境省総合環境政策局総務課環境研究技術室 2013.5 75p 30cm（環境省環境研究総合推進費終了研究等成果報告書）〈共同刊行：環境省環境保健部環境安全課環境リスク評価室ほか〉Ⓝ518.52

アジア（映画）

◇アジアフォーカス・福岡国際映画祭―カタログ 第24回 2014 福岡 アジアフォーカス・福岡国際映画祭実行委員会 2014.9 109p 21cm〈英語併記〉Ⓝ778.22 [1200円]

アジア（エネルギー政策）

◇台頭するアジアのエネルギー問題 小山堅, 久谷一朗著 エネルギーフォーラム 2013.12 233p 18cm（エネルギーフォーラム新書 023）〈内容：世界の中のアジア（久谷一朗著） 中国のエネルギー需要急増をどう捉えるか（伊藤庄一著） インド：中国の二の舞となるか？（本藏満著） 躍進する東南アジア諸国（久谷一朗著） 中東とロシア（松本卓、栗田抄苗著） アジアの変化と日本（久谷一朗著）〉①978-4-88555-425-4 [900円]

アジア―歴史―近代

◇絵画の臨界―近代東アジア美術史の桎梏と命運 稲賀繁美著 名古屋 名古屋大学出版会 2014.1 581,189p 22cm〈文献あり 索引あり 内容：翻訳の政治学と全球化への抵抗 挿絵の想像力 西洋の日本美術像と日本の自画像 近代美術コレクションの形成 「他者としての美術」と「美術の他者」 岡倉覚三と「インド美術」の覚醒 『東洋の理想』と二人の女性 シスター・ニヴェディタと岡倉覚三 タゴール、ノンドラル・ボシュと荒井寛方 『白樺』と同時代の世界的モダニズム 黒田重太郎と京都モダニズム 東洋のセザンヌ 豊子愷の東洋画優位論とモダニズム 東洋美術のジレンマ 古蹟保存の植民地主義と植民地主義の文化遺産 「化膿」としての翻訳 白頭山・承徳・ハルハ河畔 ブエノス・アイレスの雪舟 小松清とヴェトナム 矢代幸雄における西洋と東洋 東西葛藤のなかの詩と彫刻 歴史のなかの絵画作品の運命 歴史教科書の善用と濫用 表象による憎悪を断ち切るために〉①978-4-8158-0749-8 Ⓝ723.2 [9500円]

アジア（海外派遣者）

◇アジアで勝ち抜くビジネススキル 秋山岳久著 パブラボ 2014.4 222p 19cm〈星雲社（発売）〉①978-4-434-19004-9 Ⓝ336.4 [1500円]

◇グローバル・マネジャーの育成と評価―日本人派遣者880人、現地スタッフ2192人の調査より 白木三秀編著 早稲田大学出版部 2014.8 338p 21cm〈索引あり 内容：本書のモチーフとアプローチ（白木三秀著） 日本人派遣者のコンピテンシーと仕事成果 1（白木三秀著） 日本人派遣者のコンピテンシーと仕事成果 2（ザカ・プランヴェラ著, 岸保行訳） ヒアリングとデータに見る日本人グローバル・マネジャーの特徴（井上詔三著） 海外勤務を魅力あるものにするには？（梅津祐良著） ローカル・スタッフによる日本人派遣者の評価 1（白木三秀著） ローカル・スタッフによる日本人派遣者の評価 2（韓敏恒著） ローカル・スタッフの賃金の決まり方（永野仁著） グローバル・マネジャーに求められる人材マネジメント（杉浦正和著） 現地法人における異文化コミュニケーションとその能力開発（堀井恵子著） 本社におけるグローバル人材の育成と内なる国際化（今村俊子著） 外部企業によるグローバル人材の育成（堀江徹著） グローバル経営人材育成のための適性評価ツール（松村幸輝著） グローバル・マネジメントの開発と活用の方向性（白木三秀著）〉①978-4-657-14012-8 Ⓝ336.3 [3500円]

◇台湾・韓国・マレーシア・インド・フィリピン駐在員の選任・赴任から帰任まで完全ガイド 藤井恵著 清文社 2014.3 383p 21cm〈文献あり〉①978-4-433-55983-0 Ⓝ336.4 [2800円]

アジア（外国会社）

◇タイ大洪水から見るアジアのサプライチェーン 大阪 アジア太平洋研究所 2013.5 86p 30cm（アジア太平洋研究所資料 13-11）〈文献あり〉①978-4-87769-656-6 Ⓝ338.922

アジア（外国関係）

◇重層的地域としてのアジア―対立と共存の構図 大庭三枝著 有斐閣 2014.11 343p 22cm〈文献あり 索引あり〉①978-4-641-14910-6 [3900円]

◇地域安全政策調査研究報告―アジア太平洋地域の中の沖縄 沖縄県知事公室地域安全政策課調査・研究班編 [那覇] [沖縄県知事公室地域安全政策課調査・研究班] 2014.3 221p 30cm〈年表あり〉Ⓝ319.8

アジア（外国関係―アメリカ合衆国）

◇ワシントンの中のアジア―グローバル政治都市での攻防 ケント・E・カルダー著, ライシャワー東アジア研究センター監修・監訳 中央公論新社 2014.6 325p 20cm〈文献あり 年表あり〉①978-4-12-004636-0 Ⓝ319.2 [2500円]

アジア（外国関係―中国―歴史―漢時代）

◇地図で読む『魏志倭人伝』と『邪馬台国』 武光誠著 PHP研究所 2014.11 243p 15cm（PHP文庫 た17-16）①978-4-569-76261-6 Ⓝ210.273 [660円]

アジア（外国関係―中国―歴史―清時代）

◇近代中国の在外領事とアジア 青山治世著 名古屋 名古屋大学出版会 2014.9 426,40p 22cm〈文献あり 索引あり 内容：領事制度と近代中国 在外領事像の模索 南洋華人調査の背景と西洋諸国との摩擦 南洋華人調査の実施 清朝政府の領事拡大論議 駐英公使薛福成の領事設置活動とその挫折 双務的領事裁判権をめぐる日清交渉 清朝の在朝鮮領事裁判規定の成立と変容 日本・朝鮮における清朝領事裁判の実態と変容 在ベトナム領事の設置をめぐる対仏交渉 近代日中の"交錯"と"分岐"の軌跡 近代アジア国際関係史への新たな視座〉①978-4-8158-0784-9 Ⓝ319.2202 [6800円]

アジア（外国関係―中国―歴史―南北朝時代―南朝）

◇梁職貢図と東部ユーラシア世界 鈴木靖民, 金子修一編 勉誠出版 2014.5 538p 22cm〈内容：清張庚諸番職貢図巻（尹龍九解題・翻刻） 東部ユーラシア世界史と東アジア世界史（鈴木靖民著） 梁職貢図と西域諸国（王素著, 菊地大, 速水大訳）

アジア（外国関係―日本）

梁への道（石見清裕著） 「梁職貢図」の国名記載順（中村和樹著） 南朝梁の外交とその特質（金子ひろみ著） 「梁職貢図」と『梁書』諸夷伝の上表文（新川登亀男著） 「梁職貢図」流伝と模本（尹龍九著，近藤剛訳） 台湾故宮博物院所蔵「南唐顧徳謙模梁元帝審客入朝図」について（深津行徳著） 「梁職貢図」逸文の集成と略解（澤本光弘，植田喜兵成智著） 木下杢太郎と芥川龍之介が見た北京の職貢図（片山章雄著） 中国における倭人情報（河内春人著） 孫呉・東晋と東南アジア諸国（菊地大著） 倭の五王の冊封と劉宋遣使（廣瀬憲雄著） 「梁職貢図」と東南アジア国書（河上麻由子著） 「梁職貢図」高句麗・百済・新羅の題記について（李成市著） 新出「梁職貢図」題記逸文の朝鮮関係記事二、三をめぐって（赤羽目匡由著） 「魯国」か「虜国」か（堀内淳一著） 北朝の国書（金子修一著）① 978-4-585-22060-2 ② 222.046 ［8500円］

アジア（外国関係―日本）
◇アジア親日の履歴書―アジアが日本を尊敬する本当のワケを調べてみた 丸山ゴンザレス著 辰巳出版 2014.6 255p 19cm〈文献あり〉① 978-4-7778-1296-7 ② 319.102 ［1300円］
◇大破局の「反日」アジア、大繁栄の「親日」アジア―そして日本経済が世界を制する 長谷川慶太郎著 PHP研究所 2014.9 222p 20cm ① 978-4-569-82033-0 ② 319.102 ［1400円］

アジア（外国関係―日本―歴史―1868〜1945）
◇アジア解放戦争の真実 森嶋雄仁著 元就出版社 2014.10 158p 20cm （団塊の世代から観た大東亜戦争 2）〈文献あり〉① 978-4-86106-231-5 ② 210.75 ［1600円］
◇アジア主義―その先の近代へ 中島岳志著 潮出版社 2014.7 455p 19cm〈文献あり〉① 978-4-267-01971-5 ② 210.6 ［1900円］

アジア（外国関係―日本―歴史―1945〜）
◇戦争責任―アジアのまなざしに応えて 内海愛子，大沼保昭，田中宏，加藤陽子著 岩波書店 2014.6 247,5p 20cm〈文献あり〉① 978-4-00-025854-8 ② 319.102 ［2600円］
◇戦後70年保守のアジア観 若宮啓文著 朝日新聞出版 2014.12 444,11p 19cm （朝日選書 927）〈文献あり 年表あり 索引あり 「戦後保守のアジア観」（朝日新聞社 1995年刊）と「和解とナショナリズム」（朝日新聞社 2006年刊）の改題、全面的に改訂① 978-4-02-263027-8 ② 319.102 ［1800円］
◇歴史のなかのアジア 5 戦後アジアの形成と日本 北岡伸一監修 宮城大蔵編，井上寿一，宮城大蔵，西野純也，アンドレア・プレセロ，後藤健太，佐々木卓也，末廣昭著 中央公論新社 2014.2 302p 20cm〈索引あり 内容：戦後日本社会にとって「アジア」とは何だったのか（井上寿一著） 自民党内派閥とアジア外交（宮城大蔵著） 韓国の経済開発をめぐる戦後日韓ネットワーク（西野純也著） ヴェトナム戦争後の東南アジア秩序と日本（アンドレア・プレセロ著） 戦後アジアの国際生産・流通ネットワークの形成と展開（後藤健太著） アメリカ外交と東アジア・太平洋秩序の形成（佐々木卓也著） 日本のアジア認識・政策の変容（末廣昭著）〉① 978-4-12-004574-5 ② 312.1 ［3000円］

アジア（外国関係―歴史）
◇資料体系アジア・アフリカ国際関係政治社会史 第10巻 38 アジア・アフリカ便覧 4. 1（第三世界） 浦野起央編著 パピルス出版 2014.5 552p 22cm ① 978-4-89473-074-8 ② 319.2 ［48000円］
◇資料体系アジア・アフリカ国際関係政治社会史 第10巻 38b アジア・アフリカ便覧 4. 2（第三世界） 浦野起央編著 パピルス出版 2014.7 p553-1028 22cm ① 978-4-89473-075-5 ② 319.2 ［46000円］

アジア（外国関係―歴史―近代）
◇宗主権の世界史―東西アジアの近代と翻訳概念 岡本隆司編 名古屋 名古屋大学出版会 2014.11 399p 22cm〈文献あり 索引あり 内容：世界史と宗主権（岡本隆司著） オスマン帝国における附庸国と「宗主権」の出現（黛秋津著） 主権と宗主権のあいだ（藤波伸嘉著） 宗主権と国際法と翻訳（岡本隆司著） 東西の君主号と秩序観念（岡本隆司，黛秋津，望月直人著） ロシアの東方進出と東アジア（山添博史著） Diplomacyから外交へ（森田吉彦著） 日清開戦前後の日本外交と清韓宗属関係（古結諒子著） モンゴル「独立」をめぐる翻訳概念（橘誠著） チベットの政治的地位とシムラ会議（小林亮介著） 中国における「領土」概念の形成（岡本隆司著） 宗主権と正教会（藤波伸嘉著）〉① 978-4-8158-0787-0 ② 319.2 ［5800円］

アジア（外国関係―歴史―史料―書目）
◇資料体系アジア・アフリカ国際関係政治社会史 第2巻 アジア 所収資料一覧 3 浦野起央編著 パピルス出版 2014.1

p989-1482 23cm〈著作目録あり〉① 978-4-89473-072-4 ② 319.2 ［45000円］
◇資料体系アジア・アフリカ国際関係政治社会史 第2巻 アジア 所収資料一覧 4 浦野起央編著 パピルス出版 2014.3 p1483-2011 23cm〈著作目録あり〉① 978-4-89473-073-1 ② 319.2 ［46000円］

アジア（外国関係―ロシア）
◇ロシアのオリエンタリズム―ロシアのアジア・イメージ、ピョートル大帝から亡命者まで デイヴィド・シンメルペンニンク＝ファン＝デル＝オイェ［著］，浜由樹子訳 横浜 成文社 2013.6 350p 22cm〈索引あり〉① 978-4-86520-000-3 ② 319.2 ［4000円］

アジア（外国関係―ロシア―歴史―1991〜）
◇アジア・太平洋のロシア―冷戦後国際秩序の模索と多国間主義 加藤美保子著 札幌 北海道大学出版会 2014.11 225p 22cm〈文献あり 索引あり 表紙のタイトル：Азиацко-Тихоокеанская Россия 布装〉① 978-4-8329-6809-7 ② 319.3802 ［6000円］

アジア（外国銀行―歴史）
◇国際銀行とアジア―1870〜1913 西村閑也，鈴木俊夫，赤川元章編著 慶應義塾大学出版会 2014.6 1511p 22cm〈文献あり 索引あり 内容：第一次グローバリゼーションとアジアにおける英系国際銀行（西村閑也著） 国際資本移動と国際労働移動1870-1913年（菅原歩著） 海底電信ケーブルの敷設と国際銀行（鈴木俊夫著） 国際銀行とロンドン金融市場（鈴木俊夫著） 銀本位制から金本位制へ（西村閑也著） 国際銀行の前史（菅原歩著） 東洋銀行1842-1884年（鈴木俊夫著） 香港上海銀行1865-1913年（西村閑也著） 香港上海銀行ロンドン店1875-1889年（蕭文嫺著） 香港上海銀行ハンブルク支店1890-1913年（蕭文嫺著） チャータード銀行1858-1890年（北林雅志著） チャータード銀行1890-1913年（西村閑也著） チャータード・マーカンタイル銀行1853-1892年（北林雅志著） マーカンタイル銀行1892-1913年（西村閑也著） 英系国際銀行のパフォーマンス（北林雅志著） ドイツ銀行・独亜銀行1870-1913年（赤川元章著） 露清銀行・インドシナ銀行1896-1913年（矢後和彦著） 横浜正金銀行1880-1913年（西村雄志著）〉① 978-4-7664-1890-3 ② 338.62 ［50000円］

アジア（外国留学）
◇アジアでMBA―もっと気軽に、もっと成長できる場所へ 梶並千春著 英治出版 2014.7 221p 21cm ① 978-4-86276-184-2 ② 377.6 ［1900円］

アジア（化学物質―安全管理）
◇アジア諸国の化学物質対策能力向上促進業務報告書 平成25年度 ［東京］ 海外環境協力センター 2014.3 1冊 30cm （環境省請負業務報告書 平成25年度） ② 574

アジア（家族計画）
◇アジアの出産と家族計画―「産む・産まない・産めない」身体をめぐる政治 小浜正子，松岡悦子編 勉誠出版 2014.3 286p 22cm〈内容：20世紀後半アジアにおけるリプロダクションの展開（小浜正子著） 「産む・産まない・産めない」と日本の戦後（田間泰子著） 日本一の出生率と沖縄の子産み（澤田佳世著） 「一人っ子政策」前夜の中国農村（小浜正子著） 国家プロジェクト、医療マーケットと女性身体の間（姚毅著） 「リプロダクションの文化」としての家族計画（幅崎麻紀子著） ラオスにおける「生殖コントロール」の様相（嶋澤恭子著） 医療化された出産への道程（松岡悦子著） 日本における不妊をめぐる身体政治（白井千晶著）〉① 978-4-585-23025-0 ② 498.2 ［3200円］

アジア（紙パルプ工業）
◇紙パルプ日本とアジア 2015 紙業タイムス社編 テックタイムス 2014.12 223p 26cm〈文献あり〉① 978-4-924813-20-5 ② 585.022 ［10000円］

アジア（環境政策）
◇アジア太平洋諸国低炭素社会構築支援方策調査検討業務報告書 平成25年度 ［東京］ 環境省 2014.3 49,96p 30cm （委託先：新日本有限責任監査法人） ② 519.1
◇コベネフィット・アプローチ推進に係る国際パートナーシップ等事務局業務業務報告書 1/2 葉山町（神奈川県） 地球環境戦略研究機関 2014.3 52p 30cm〈英語併載 平成25年度環境省請負業務 内容：アジア・コベネフィット・パートナーシップ（ACP）の事務局業務〉 ② 519.1
◇「日本モデル環境対策技術等の国際展開」に基づく環境技術普及のための調査及び情報発信・国際展開支援業務報告書 平成25年度 ［東京］ エックス都市研究所 2014.3 1冊 30cm〈環境省請負業務〉 ② 519.1

アジア（環境的に持続可能な交通）
◇地球温暖化を踏まえたASEANの長期交通行動計画に関する研究報告書 運輸政策研究機構 2014.6 424p 30cm （運政機構資料 250112）〈文献あり〉 ② 681.1

アジア（環境法）

◇アジア諸国における廃棄物管理に係る環境法遵守に関する資料—平成25年度廃棄物処理・3R推進分野における多国間協力への支援・調査・分析業務 葉山町（神奈川県）地球環境戦略研究機関 2014.3 201p 30cm〈英語併載 平成25年度環境省請負業務〉Ⓝ518.52

アジア（環境問題）

◇アジアの環境研究入門—東京大学で学ぶ15講 古田元夫監修, 卯田宗平編 東京大学出版会 2014.7 283p 21cm〈索引あり 内容：環境研究に”絶対解”はあるのか？（卯田宗平著）トンガ人はなぜ太る？（小西祥子著）病は誰が決めるのか？（宮本有紀著）環境改善でマラリアは予防できるか？（安岡潤子著）なぜ里山の生物多様性を守るのか？（大久保悟著）濁った海は汚いのか？（鯉渕幸生著）人は森林とどう暮らすか？（田中求著）スギは河川の生物にとって「悪者」か？（加賀谷隆著）国際保健事業とどのように関わるべきか？（安田佳代著）災害に「強い」社会とは？（萩原久美子著）グリーン・ツーリズムは地域再生に役立つか？（大堀研著）アジアの水は安全か？（小熊久美子著）新しいコンピューティング環境を創造できるのか？（鷲坂智則著）都市の大気汚染はなぜ解決されないのか？（星子智美著）どうして水不足が生じるのか？（本多了著）〉①978-4-13-060311-9 Ⓝ519.22［3800円］

◇Monthly Asian focus—持続可能なアジアへの視点：アジア太平洋地域環境専門家への12のインタビュー 2013 葉山町（神奈川県）地球環境戦略研究機関 c2014 38p 26cm（IGESインタビュー・シリーズ）①978-4-88788-161-7 Ⓝ519

アジア（企業）

◇アジア経営論—ダイナミックな市場環境と企業戦略 陳晋著 京都 ミネルヴァ書房 2014.9 263p 21cm〈索引あり〉①978-4-623-07061-9 Ⓝ335.22［2800円］

◇アジアのコーポレート・ガバナンス改革 佐久間信夫, 出見世信之編著 白桃書房 2014.4 170p 21cm ①978-4-561-25631-1 Ⓝ335.4［2500円］

アジア（紀行・案内記）

◇人生を変える「大人」のアジアひとり旅 荒木左地男著 双葉社 2014.11 277p 15cm（双葉文庫 あ-50-01）〈「おじさんだって、アジアに行きたい」（文春社 1999年刊）の改題、加筆・修正、再編集〉①978-4-575-71424-1 Ⓝ292.09［593円］

◇世界の記—「東方見聞録」対校訳 マルコ・ポーロ, ルスティケッロ・ダ・ピーサ［著］, 高田英樹訳 名古屋 名古屋大学出版会 2013.12 796p 23cm〈文献あり〉①978-4-8158-0756-6 Ⓝ292.09［18000円］

◇鉄道で楽しむアジアの旅 谷川一巳著 平凡社 2014.6 222p 18cm（平凡社新書 739）①978-4-582-85739-9 Ⓝ292.09［800円］

◇マイアミ発アジア紀行 鹿住一夫著 京成社 2014.10 246p 19cm Ⓝ292.09［非売品］

アジア（技術援助〔日本〕）

◇アジア太平洋3R推進フォーラム第5回会合運営支援・専門家招聘等業務報告書 ［東京］イベントアンドコンベンションハウス 2014.3 329p 30cm〈英語併載〉Ⓝ518.52

◇地球温暖化対策アジア太平洋地域セミナー事業運営及び地球温暖化対策に係る国際交渉関連調査業務業務報告書 平成25年度 ［東京］海外環境協力センター 2014.3 160p 30cm〈平成25年度環境省請負〉Ⓝ519.22

◇「日本モデル環境対策技術等の国際展開」に基づく環境技術普及のための調査及び情報発信・国際展開支援業務報告書 平成25年度 ［東京］エックス都市研究所 2014.3 1冊 30cm〈環境省請負業務〉Ⓝ519.1

アジア（郷土教育）

◇教育におけるグローバル化と伝統文化 山口大学大学院東アジア研究科編著, 福ънин隆眞, 石井由理編集責任 建帛社 2014.3 201p 22cm（山口大学大学院東アジア研究科東アジア研究叢書 2）〈内容：グローバル化時代の国際理解と伝統文化（石井由理著）グローバル化, 文化的融合, そして教育（羅永華著）文法ルールの言語教育（有元光彦著）東アジア伝統社会論と近世日本（森下徹著）「伝統や文化」の教育における論点と実践課題（吉川幸男著）美感と創新（林曼麗著）韓国の学校教育におけるグローバル化と伝統文化（金香美著）マレーシアの美術教育にみられる伝統文化と視覚言語（福田隆眞著）シンガポールの美術教育における伝統文化と現代化（佐々木宰著）美術教育における日本の伝統文化に関する指導の一事例（足立直之著）グローバル化と伝統文化（クーファー・ラム著）台湾と中国本土の学校音楽教育における大衆歌曲の活用に関する比較研究（何慧中著）音楽科教育と文明受容型国際化（高橋雅子著）日本伝統音楽の魅力を探る（阿川祥子著）〉①978-4-7679-7049-3 Ⓝ375［3200円］

アジア（キリスト教）

◇今日のアジアの教会におけるインカルチュレーション 古橋昌尚編 教文館 2014.2 146p 20cm〈内容：奪格の神学によるアジアのキリスト教史的な再定位（森本あんり著）今日のアジアにおけるインカルチュレーション（増田祐志著）ホセ・デ・メサの「積極的評価の解釈学」（古橋昌尚著）モンゴル国のキリスト教の過去と現在（バイカル著）〉①978-4-7642-9960-3 Ⓝ192.2［1800円］

アジア（金融）

◇海外の郵便貯金等リテール金融サービスの現状—インド、インドネシア、オーストラリア、ニュージーランド、シンガポール ゆうちょ財団 2014.3 147p 30cm Ⓝ338.22

アジア（経営者）

◇島耕作のアジア立志伝 鈴木真美, NHK取材班著 講談社 2014.4 225p 19cm ①978-4-06-218620-9 Ⓝ335.13［1400円］

アジア（経済）

◇アジア経営論—ダイナミックな市場環境と企業戦略 陳晋著 京都 ミネルヴァ書房 2014.9 263p 21cm〈索引あり〉①978-4-623-07061-9 Ⓝ335.22［2800円］

◇アジアの風・中東の嵐 牛久保順一著 全国日本語学校連合会 2014.1 121p 19cm（留学生通信 特別号）Ⓝ312.2［800円］

◇新興アジア経済論—キャッチアップを超えて 末廣昭著 岩波書店 2014.7 240p 20cm（シリーズ現代経済の展望）〈文献あり〉①978-4-00-028742-5 Ⓝ332.2［2400円］

◇転換期のアジア資本主義 植村博恭, 宇仁宏幸, 磯谷明徳, 山田鋭夫編 藤原書店 2014.4 496p 22cm〈内容：構造転換の世界経済と東アジア地域の制度化（平川均著）アジア資本主義の多様性（遠山弘徳, 原田裕治著）東アジア資本主義の制度的階層性とマクロ経済的多様性（西洋, 磯谷明徳, 植村博恭著）アジアにおける共同的な為替レート調整の可能性（宇仁宏幸著）中国経済の発展様式と国際システムの転換（ロベール・ボワイエ著, 藤田菜々子訳）中国経済の輸出主導型成長から内需主導型成長への転換条件（厳成男著）いわゆる中国経済モデル論の起源, 構成と問題点（宋磊著）韓国における金融システム変化と蓄積体制（梁峻豪著）韓国における非正規労働の増加と雇用の二重構造化（金埈永著）韓国現代自動車の低コスト生産システムの分析（金佑眞著）インドIT産業における高度化と能力構築（徳丸宜穂著）マレーシアにおける経済発展と労働（吉村真子著）インドネシアにおけるアグリビジネス改革（頼俊輔著）企業主義的調整の麻痺と社会保障改革（平野泰朗, 山田鋭夫著）日本における制度変化と新自由主義的政策（セバスチャン・ルシュバリエ著）賃金デフレと迷走する金融政策（服部茂幸著）日本経済の成長体制と脱工業化（田原慎二, 植村博恭著）結語（宇仁宏幸, 植村博恭著）〉①978-4-89434-963-6 Ⓝ332.2［5500円］

◇ネクスト・アジア—成長フロンティアは常に動く 後藤康浩著 日本経済新聞出版社 2014.3 242p 20cm〈表紙のタイトル：NEXT ASIA〉①978-4-532-35591-3 Ⓝ332.2［1800円］

アジア（経済援助〔日本〕）

◇アジア太平洋諸国低炭素社会構築支援方策調査検討業務報告書 平成25年度 ［東京］環境省 2014.3 49, 96p 30cm〈委託先：新日本有限責任監査法人〉Ⓝ519.1

アジア（言語）

◇図説アジア文字入門 東京外国語大学アジア・アフリカ言語文化研究所編 新装版 河出書房新社 2014.1 111p 22cm（ふくろうの本）〈文献あり 年表あり〉①978-4-309-76212-8 Ⓝ801.1［1800円］

アジア（工芸美術—会議録）

◇亞洲設計文化學會國際研討會—国際シンポジウムin台湾・高雄 第7届 亞洲設計文化學會編印 ［千葉］アジアデザイン文化学会 ［2013］110p, p863 30cm〈英語併載 中国語併載 会期・会場：2013年3月2日 國立高雄大學人文社會學院演講廳 2013 ADCS in Taiwan〉Ⓝ750.22

アジア（交通）

◇アジアの隠れた文化—乗り物に見るアジアの真実 澤喜司郎著 海文堂出版 2014.8 194p 19cm ①978-4-303-16403-4 Ⓝ682.2［1500円］

アジア（高齢化社会）

◇高齢社会の課題とアジア共同体 萩野浩基編 芦書房 2014.11 262p 20cm〈内容：アジア主義の歴史的考察（長谷川廣一著）アジア共同体論の現在（生田目学文著）社会福祉における北東アジアモデルの可能性（古川孝順著）北東アジアでの介護の社会化の現状と課題（白澤政和著）コミュニティソーシャルワークの視点からみた高齢社会とアジア共同体（大

あ

橋謙策著）移住労働者とNGO活動からみるアジア共同体（黒木保博著）高齢社会をめぐる諸課題とアジア共同体（小山剛著）アジアにおける金融面での経済協力について（鴨池治著）宗教の視点からみる高齢社会とアジア共同体（養輪顕量著）高齢社会における自然災害とアジア共同体（萩野寛雄著）韓国からみる高齢社会とアジア共同体（尹永洙著）グローバル化と高齢者介護におけるソーシャルワーカーの役割（フィン・ミン・ヒエン著）中国からみた高齢社会とアジア・アイデンティティ（崔保国著）アジア共同体の縮図（浅野勝人著）〉①978-4-7556-1271-8 Ⓝ367.7 ［1800円］

アジア（国際投資〔中国〕）

◇中国企業対外直接投資のフロンティア―「後発国型多国籍企業」の対アジア進出と展開　苑志佳著　創成社　2014.2　255p　22cm〈索引あり〉①978-4-7944-3148-6 Ⓝ335.5 ［2800円］

アジア（国際投資〔日本〕）

◇アジアへ進出する中堅・中小企業の"失敗しない"人材活用術　島森俊央，吉岡利之著　日本生産性本部生産性労働情報センター　2014.12　173p　21cm〈文献あり〉①978-4-88372-485-7 Ⓝ336.4 ［1500円］

◇アジア進出ハンドブック　三菱東京UFJ銀行国際業務部著　新版　東洋経済新報社　2014.9　318p　21cm　①978-4-492-44408-5 Ⓝ338.922 ［2400円］

◇海外進出支援実務必携　金融財政事情研究会編　金融財政事情研究会　2014.1　1003p　22cm〈きんざい（発売）索引あり〉①978-4-322-12383-8 Ⓝ338.922 ［8000円］

◇海外戦略ワークブック―「アジア・新興国」進出を成功させる　河瀬誠著　日本実業出版社　2014.11　220p　21cm〈文献あり〉①978-4-534-05230-8 Ⓝ338.922 ［2500円］

◇海外で働こう―世界へ飛び出した日本のビジネスパーソン　挑戦篇　25人のアプローダーズ　西澤亮一著　幻冬舎　2014.3　276p　19cm〈内容：日本人だからこそできるビジネスのやり方がある（原丈人述）世界から「外貨」と「誇り」の両方を手に入れたい（小渕宗二述）アジアで自分たちが提供できる価値を見極めたい（米山久述）日本と台湾の架け橋になる。それが私の使命（阪根嘉苗述）国境の壁は、思っているほど高くも険しくもない（佐野健一述）アジアはもはや海外にあらず（河野貴輝述）日本企業ならではの強みを意識しながら、アジアで戦う（間下直晃述）アジアなら、ベンチャー企業も一国の発展に寄与できる（河端伸一郎述）収縮する国内市場への強い危機感が自然と海外に向かわせた（高橋良太述）世界に出る理由は「そこにお客様がいるから」（谷孝大述）日本を出たときこそ、日本人のアイデンティティーを忘れない（佐久間将司述）海外でこそ、強い信念を持って自分の足で動く（坂本幸蔵述）海外への挑戦を助けるために自分たち自身がまず挑戦する（秋山勝述）世界を相手に、人のやっていないことをやりたい（柴崎洋平述）社会性の高いビジネスは、世界でも受け入れられる（東俊輔述）フィリピンは女性が活き活きと働ける国（寺田未来述）日本人にとって最大の弱点「英語」の克服に貢献したい（千葉栄一述）アジアのITマーケットを目指すインドネシアに商機あり！（桃井純述）これからのアジアにはバランス型リーダーが必要（榎原良樹述）日本人らしさが、日本人の付加価値となる（小椋啓太述）市場が変われば、本社の所在地も変わるべき（木島洋嗣述）人との出会いから生まれるビジネスは楽しい（黒川治郎述）海外にいる日本人は日本人に対してとても優しい（野中遼述）現地スタッフとのコミュニケーションは対日本人以上に密接に（中島奉文述）海外でのオフィス賃料はその国でビジネスを始める"入学金"（玄君先述）途中でやめなかったからこそ、今がある（小田原靖述）〉①978-4-344-02556-1 Ⓝ332.8 ［1200円］

◇海外メーカー開拓に取り組む中小企業の現状と課題―アジア新興国で欧米系・地場メーカーとの取引を実現した中小自動車部品サプライヤーのケーススタディ　日本政策金融公庫総合研究所　2014.9　113p　30cm　（日本公庫総研レポート no. 2014-3）Ⓝ537.1

◇激動するアジアを往く―中国リスクの分散先を求めて：京都大学東アジア経済研究センター協力会 社団法人大阪能率協会アジア・中国事業支援室 桜美林大学北東アジア総合研究所連携　京都大学東アジア経済研究センター協力会，大阪能率協会アジア・中国事業支援室共編，大森經德，板東慧，小島正憲，川西重忠編著　相模原　桜美林大学北東アジア総合研究所　2013.3　451p　21cm　（北東アジア研究叢書）〈内容：激動するアジアを往く（大森經德執筆）ASEAN共同市場からアジア共同体をめざして（板東慧執筆）中国の近代化とアジア近隣諸国への影響（川西重忠執筆）新しい局面を迎えた東南アジア経済（小林路義執筆）アジアに「中国の奇跡」の再現はない（小島正憲執筆）ミャンマーの変化と日本の対応（津守滋執筆）バングラデシュの投資環境（堀口松城執筆）インド経済の展開：その光と影（岡本幸治執筆）ロシアにとっての中国リスク（木村汎執筆）ベトナム中部高原における少数民族問題の現状について（大西広執筆）インドネシア自動車市場の現状と今後の展望（塩地洋執筆）拡大する中国リスクと背後にある内部矛盾（板東慧執筆）中国リスクの変遷（福喜多俊夫執筆）中国とミャンマー・バングラデシュ（喜多忠文執筆）友好と中国リスク（橋本裕夫執筆）重慶モデルと薄熙来的政治経済手法（瀬野清水執筆）日本からの提言（大森經德執筆）中国リスクをどう分散させるか〈タイの場合〉（樫山映執筆）当社におけるタイ進出決定の背景（米田芳弘執筆）ミャンマーの投資環境と日系企業進出動向（高原正樹執筆）分水嶺を越えたミャンマー（寺井融執筆）ミャンマーについて思うこと（前川明貴生執筆）日本に対して望むこと（イェ・トゥン・ウー執筆）陸の道、海の道　地政学上の戦略地域"ミャンマー"（森村龍友執筆）バングラデシュのビジネス環境（二宮信執筆）熱く燃える黄金のバングラー（里見駿介執筆）バングラデシュ訪問記（岡畑精記執筆）グラミン銀行訪問記録（伊藤彰一執筆）カンボジア（今村裕二執筆）親日国ベトナムの躍進（松村直治執筆）目まぐるしく変動するアジア経済の中でのベトナム（藤井孝男執筆）急速な発展を見せるインドネシアでのビジネスチャンス（木下一執筆）マレーシア（國分圭介執筆）「ASEANのハブ」シンガポール（國彰執筆）フィリピン　アジアで台頭（河合靖彦執筆）ラオスの経済環境（喜多忠文執筆）激動するアジアを往く―「香港」（伊東正裕執筆）台湾の投資環境（北嶋敬司執筆）日中韓トライアングルからみた韓国の投資環境（藤井裕之，吉田米次郎執筆）ロシア極東最新ビジネス事情（安木新一郎執筆）王政廃止以後のネパールの政治情勢（戸澤健次執筆）スリランカ国へ日本企業は進出可能か（日下大器，日下淑子執筆）〉①978-4-904794-29-6 Ⓝ338.922 ［2000円］

◇国際競争力の源泉としての物流・流通システム―アジアにおけるイノベーションの創出に向けて：第105回シンポジウム　21世紀政策研究所編　［東京］　21世紀政策研究所　2014.10　71p　18cm　（21世紀政策研究所新書 42）Ⓝ675.4

◇在アジア・オセアニア日系企業実態調査　2013年度調査　［東京］　日本貿易振興機構海外調査部アジア大洋州課　2013.12　56, 55欄　30cm〈共同刊行：日本貿易振興機構海外調査部中国北アジア課〉Ⓝ338.922

◇実態調査で見た中堅・中小企業のアジア進出戦略「光と陰」　安積敏政著　日刊工業新聞社　2014.8　384p　21cm〈文献あり 索引あり〉①978-4-526-07291-8 Ⓝ338.922 ［3000円］

◇世界から嫌われる中国と韓国感謝される日本　宮崎正弘著　徳間書店　2014.1　263p　18cm　（徳間ポケット 023）①978-4-19-863738-5 Ⓝ338.922 ［950円］

◇大資産家になるためのアジア副業マニュアル―100万円から実現できる人生改革　澤木恒則著　PHP研究所　2014.2　243p　18cm　（PHPビジネス新書 310）①978-4-569-81723-1 Ⓝ338.922 ［840円］

◇タイ大洪水から見るアジアのサプライチェーン　大阪　アジア太平洋研究所　2013.5　86p　30cm　（アジア太平洋研究所資料 13-11）〈文献あり〉①978-4-87769-656-6 Ⓝ338.922

◇日本企業のアジア進出総覧　2014　重化学工業通信社編　重化学工業通信社　2014.6　686p　26cm〈索引あり〉①978-4-88053-154-0 Ⓝ338.922 ［13000円］

◇日本企業のアジア・マーケティング戦略　マーケティング史研究会編　同文舘出版　2014.4　200p　21cm　（マーケティング史研究会実践史シリーズ 7）〈索引あり〉①978-4-495-64671-4 Ⓝ675 ［2500円］

◇3つのステージで考えるアジア事業投資とコンプライアンス戦略　ベーカー＆マッケンジー法律事務所（外国法共同事業）編　中央経済社　2014.1　280p　21cm　①978-4-502-08770-7 Ⓝ338.922 ［3400円］

◇我が国循環産業の戦略的国際展開・育成のための事業管理・支援業務報告書　平成25年度　［東京］　三菱総合研究所環境・エネルギー研究本部　2014.3　3, 118p　30cm　Ⓝ519.7

◇我が国循環産業の戦略的国際展開・育成のための調査・分析業務報告書　平成25年度　［東京］　三菱総合研究所環境・エネルギー研究本部　2014.3　4, 98p　30cm〈文献あり〉Ⓝ519.7

アジア（国際投資〔日本〕―論文集）

◇アジア大の分業構造と中小企業　同友館　2014.7　290p　21cm　（日本中小企業学会論集 33）〈内容：中国企業、中国市場といかに関わるか（駒形哲哉著）グローバリゼーションと集積間連携（渋井康弘著）直接投資と工業化・中小企業形成（前田啓一著）"早すぎる登用"と"実力に応じた登用"（林尚志著）オープン・イノベーションを活用した中小企業のコンバージョンEV事業参入（佐伯靖雄著）バーチャルバイオベンチャーのオプションゲーム分析（藤原孝男著）航空機サプライヤー・システムの創出と参入支援事業（田野穂著）地域における中小企業支援体制の構築（近藤健一，中村嘉雄著）地域

日本件名図書目録2014　Ⅰ　　　　　　　　　　　　　　　　　　　　　　　　　　　アジア（社会福祉）

経営における地場産業の役割（佐々木純一郎著）　デザインと起業による地域産業の活性化（許伸江著）　温州中小企業と温州民間信用危機（姜紅祥,辻田素子,西口敏宏著）　中小工業における規模別格差について（町田光弘著）　金型産業の技術競争力の再考（藤川健著）　中小企業の海外直接投資が国内事業に影響を及ぼすメカニズム（藤井辰紀著）　海外展開しない中小製造業に関する実証研究（森岡功著）　海外事業と国内事業の両立可能性（山藤竜太郎著）　商店街活性化支援と地域振興の考察（石澤雄一郎著）　経営改善及び事業再生時の中小企業及び個人事業者の課題（村山賢誌著）　中小企業の創業とアントレプレナー・起業家教育（川名和美著）　中小製造業のグローバル化に関する一考察（受注生産型中小メーカーの非代替要素と持続的競争優位に関する研究（光山博敏著）　アジア大の分業構造における愛知・日本の中小自動車部品メーカーの意義と役割（田中武憲著）　観光地間と観光地内の競争と協力（伊藤薫著）　中小企業運動の新たな課題（長谷川英伸著）　中小企業におけるイノベーション創出と組織能力（文能照之,井戸田博樹,辻正次著）　小規模ファミリービジネスにおける事業承継（中島章子著）　中小サービス業のITプラットフォーム活用に関する一考察（溝下博著）〉①978-4-496-05068-8　Ⓝ338.922　[2800円]

アジア（災害予防─情報サービス）
◇津波防災とアジアの放送局　放送番組国際交流センター　2013.12　68,65p　30cm　（JAMCOオンライン国際シンポジウム　第21回）〈文献あり　英語併記　会期：2013年3月14日─9月15日〉Ⓝ699

アジア（在留日本人）
◇アジアで花咲け！　なでしこたち　2　たかぎなおこ,NHK取材班著　メディアファクトリー　2013.6　119p　21cm　①978-4-8401-5208-2　Ⓝ366.38　[1000円]
◇女ひとり海外で働いてます！─ひうらさとるのアジアで花咲け！　なでしこたち　ひうらさとる,NHK取材班著　KADOKAWA　2014.5　107p　21cm　（メディアファクトリーのコミックエッセイ）①978-4-04-066734-8　Ⓝ366.38　[1000円]
◇ヤマザキマリのアジアで花咲け！　なでしこたち　ヤマザキマリ,NHK取材班著　メディアファクトリー　2013.5　109p　21cm　①978-4-8401-5197-9　Ⓝ366.38　[1000円]

アジア（里山）
◇アジアの里山食生活図鑑　養父志乃夫著　柏書房　2014.2　299,8p　27cm　〈文献あり　索引あり〉①978-4-7601-4317-7　Ⓝ383.82　[11000円]

アジア（資本主義）
◇転換期のアジア資本主義　植村博恭,宇仁宏幸,磯谷明徳,山田鋭夫編　藤原書店　2014.4　496p　22cm　〈内容：構造転換の世界経済と東アジア地域の制度化（平川均著）　アジア資本主義の多様性（遠山弘徳,原田裕治著）　東アジア資本主義の制度的階層性とマクロ経済的多様性（西洋,磯谷明徳,植村博恭著）　アジアにおける共同的な為替レート調整の可能性（宇仁宏幸著）　中国経済の発展様式と国際システムの転換（ロベール・ボワイエ著,藤田菜々子訳）　中国経済の輸出主導型成長から内需主導型成長への転換条件（厳成男著）　いわゆる中国経済モデル論の起源,構成と問題点（宋磊著）　韓国における金融システム変化と蓄積体制（梁峻豪著）　韓国における非正規労働の増加と雇用の二重構造化（金ironny永著）　韓国現代自動車の低コスト生産システムの分析（金伯眞著）　インドIT産業における高度化と能力構築（徳丸宜穂著）　マレーシアにおける経済発展と労働（吉村真子著）　インドネシアにおけるアグリビジネス改革（頼俊輔著）　企業主義的調整の麻痺と社会保障改革（平野泰朗,山田鋭夫著）　日本における制度変化と新自由主義的政策（セバスチャン・ルシュバリエ著）　賃金デフレと迷走する金融政策（服部茂幸著）　日本経済の成長体制と脱工業化（田原慎二,植村博恭著）　結語（宇仁宏幸,植村博恭著）〉①978-4-89434-963-6　Ⓝ332.2　[5500円]

アジア（市民メディア）
◇地域メディア力─日本とアジアのデジタル・ネットワーク形成　菅谷実編　中央経済社　2014.3　228p　21cm　〈内容：地域メディア・ネットワークと「地域メディア力」（菅谷実著）　日本のケーブルテレビ市場と独立系有力事業者（上原伸元著）　条件不利地域でのケーブルテレビ網整備と公的支援（高田義久著）　エリア放送による地域情報発信の可能性（豊嶋基暢著）　地域メディアの利活用（脇浜紀子著）　地方からの海外番組発信・販売（内山隆著）　日本における地域メディアとしての放送系メディア（佐伯千種著）　韓国における地上テレビとケーブルテレビ（金美林著）　中国における放送メディアの形成とケーブルテレビの役割（菅谷実,趙敬著）　台湾におけるテレビ

放送事業と地域メディアとしての役割（菅谷実,米谷南海著）　タイにおける公共放送局の成立と地域メディア育成政策（田中絵麻著）〉978-4-502-09030-1　Ⓝ699.21　[2800円]

アジア（社会）
◇アジアの隠れた文化─乗り物に見るアジアの真実　澤喜司郎著　海文堂出版　2014.8　194p　19cm　①978-4-303-16403-4　Ⓝ682.2　[1500円]
◇中東・アジアにおける市民社会組織　佐藤麻理絵編　[京都]　京都大学学際融合教育研究推進センター総合地域研究ユニット臨地教育支援センター　2014.3　110p　26cm　（国際研究発信力強化プログラム・リサーチC&M報告書　2013年度）〈文献あり　英語併載　内容：中東における市民社会組織　1　現代中東における市民社会組織をめぐる一考察（佐藤麻理絵著）　People 2 people empowerment: muslim civil society in Turkey and its transnational role in Palestine（Iyas Salim著）　中東における市民社会組織　2　現代イスラーム国家における宗教共存（黒田彩加著）　権威主義,代表,政治参加（渡邉駿著）　人口のポリティクスとパレスチナ問題（山本健介著）　市民社会組織に関する比較研究　子育てにおける社会関係と中間集団の役割（渡辺智之著）　Can Islamic micro-financing improve the lives of the clients（Tawat Noipom著）　Exploring the role of Islamic microfinance institution in poverty alleviation through microenterprises development（Nur Indah Riwajanti著）　マレーシアにおけるイスラーム型リテール金融商品─ラフン（イスラーム型担保融資）の性質とその社会的意義（上原健太郎著）〉①978-4-905518-07-5　Ⓝ335.8

アジア（社会─論文集）
◇アジアの未来へ─私の提案　vol.1　今西淳子編　東村山　ジャパンブック　2014.3　238p　27cm　（アジア未来会議優秀論文集　第1回）〈文献あり　英語併載　内容：記念講演　1-3　The fragile nature of peace（Yasuhi Akashi著）　何故東アジアなのか,そのアイデンティティーを如何に構築するのか（葛兆光著）　空間アジアを生み出す力（山室信一著）　Biomass utilization technologies to cope with future energy demand in Asia（Lahiru Niroshan Jayakodyほか著）　Solar technology and resource evaluation in the Gobi desert of Mongolia（Amarbayar Adiyabat, Kenji Otani著）　Renewable energy penetration limits（Yuki Ueno,Ken Nagasaka著）　Energy system innovation for the future of Asia（Hongbo Renほか著）　Long-term load forecasting of 9-Japanese power utilities（Mostafa Al Mamun,Sharmin Ferdous,Ken Nagasaka著）　Tsunami inundation hazard mapping as monitoring and conservation assessment in parangtritis coastal area,Indonesia（Ratih Fitria Putri, Josaphat Tetuko Sri Sumantyo,Hiroaki Kuze著）　Air pollution control and climate change measures in Fuxin city,Liaoning province,China（Xinling Feng, Tokuhisa Yoshida,Yutaka Tonooka著）　University-industry research collaboration on development of green mosque design（Yaik-Wah Lim,Mohd Hamdan Ahmad,Syed Iskandar Ariffin著）　The association of transportation and land use planning towards sustainable urban energy planning（Pawinee Iamtrakul著）　Dynamic simulation of land use change based on CA model（Dongjie Guan,Weici Su,Xueru Zhang著）　The dynamics of social networks in Philippine poor communities（Ferdinand C.Maquito著）　Revitalization of regional areas through an increase in international students（Yurioko Sato,Hiroko Hashimoto著）　Community-life school (CLS) model for sustainable agriculture-based rural development（Jose R.Medina,Rowena D.T.Baconguis著）　公共サービス均等化の実現に関する財政法上の考察（楊広平著）　中等教育の現代的課題（堀健志著）　ダブルリミテッドの子どもの第二言語教育を考える（郭凡嘉著）　日本語学習において情意面からのアプローチは可能か（陳姿青著）　東アジア民衆の連帯へ向けて（大田英昭著）　日本占領下の北京における「知日家」（鄒双双著）　日野強『伊犂紀行』における漢詩（董炳月著）〉978-4-902928-12-9　Ⓝ302.2　[3500円]

アジア（社会調査）
◇データから読むアジアの幸福度─生活の質の国際比較　猪口孝著　岩波書店　2014.8　167,74p　19cm　（岩波現代全書040）〈文献あり〉①978-4-00-029140-8　Ⓝ365.022　[2100円]

アジア（社会福祉）
◇アジアの社会福祉と国際協力　桂良太郎,西郷泰之編著　放送大学教育振興会　2014.3　237p　21cm　（放送大学教材）〈[NHK出版（発売）]　索引あり〉①978-4-595-31485-8　Ⓝ369.022　[2800円]

アジア（証券市場）

◇アジア上場の実務Q&A―香港・シンガポール・台湾・韓国・タイの株式市場徹底比較　KPMGアジア上場アドバイザリーグループ編　中央経済社　2014.7　513p　21cm　①978-4-502-09130-8　Ⓝ335.44　[5600円]

アジア（商品流通）

◇国際競争力の源泉としての物流・流通システム―アジアにおけるイノベーションの創出に向けて：第105回シンポジウム　21世紀政策研究所編　[東京]　21世紀政策研究所　2014.10　71p　18cm　（21世紀政策研究所新書 42）Ⓝ675.4

アジア（食生活）

◇アジアの里山食生活図鑑　養父志乃夫著　柏書房　2014.2　299,8p　27cm　〈文献あり　索引あり〉①978-4-7601-4317-7　Ⓝ383.82　[11000円]

◇海外ブラックグルメ　海外危険情報編集班編　彩図社　2014.2　191p　15cm　〈執筆：嵐よういちほか〉①978-4-88392-954-2　Ⓝ383.82　[590円]

アジア（女性問題）

◇現代アジアの女性たち―グローバル化社会を生きる　福原裕二,吉村慎太郎編　新水社　2014.10　370p　21cm　〈内容：ドイツに暮らすトルコ女性の自立の現状と課題（丸山英樹著）　あるレバノン家族から垣間見えるアラブの女性像（宇野昌樹著）　パレスチナ女性の語りに見る抵抗運動（錦田愛子著）　1979年革命後のイラン女性と社会変化（貫井万里, 森田豊子著）　UAE女性と私たち（黒田賢治著）　現代ウズベキスタンの女性たち（宗野ふもと著）　カザフスタンの体制移行を生きる女性（藤本透子著）　居場所づくりを始めたネパールの女性たち（辰己佳寿子著）　インドにおける女性の地位向上のための闘い（近藤高史著）　ヴェールを脱いでみたけれど（南出和余著）　ドイモイと社会主義体制の中のベトナム人女性たち（栗原浩英著）　後退する国家を生きる女性たち（関恒樹著）「上からの」中国フェミニズムと女性たち（飯塚央子著）　台湾の国際結婚におけるカンボジア人女性（徐幼恩著）　朝鮮民主主義人民共和国〈北朝鮮〉の女性の「理想」と「現実」（福原裕二著）　現代韓国社会における「女性問題」（金仙煕著）　現代日本の女性に課せられたくびき（中尾治子, 布川弘著）〉①978-4-88385-171-3　Ⓝ367.22　[3500円]

アジア（女性労働者）

◇アジアで花咲け！　なでしこたち　2　たかぎなおこ,NHK取材班著　メディアファクトリー　2013.6　119p　21cm　①978-4-8401-5208-2　Ⓝ366.38　[1000円]

◇女ひとり海外で働いてます！―ひうらさとるのアジアで花咲け！　なでしこたち　ひうらさとる,NHK取材班著　KADOKAWA　2014.5　107p　21cm　（メディアファクトリーのコミックエッセイ）①978-4-04-066734-8　Ⓝ366.38　[1000円]

◇ヤマザキマリのアジアで花咲け！　なでしこたち　ヤマザキマリ,NHK取材班著　メディアファクトリー　2013.5　109p　21cm　①978-4-8401-5197-9　Ⓝ366.38　[1000円]

アジア（人名辞典）

◇東洋人物レファレンス事典　政治・外交・軍事篇　日外アソシエーツ株式会社編集　日外アソシエーツ　2014.8　722p　21cm　〈紀伊國屋書店（発売）索引あり〉①978-4-8169-2494-1　Ⓝ282.03　[18500円]

アジア（森林保護）

◇二国間クレジット制度等の実施に向けたアジア地域におけるREDD＋の可能性調査事業委託業務報告書　平成25年度　葉山町（神奈川県）地球環境戦略研究機関　2014.3　109p　30cm　〈文献あり　英語併記　平成25年度環境省委託事業〉Ⓝ519.8

アジア（神話）

◇アジアの星物語―東アジア・太平洋地域の星と宇宙の神話・伝説　海部宣男監修, 杣田紀子, 川本光子邦訳, 「アジアの星」国際編集委員会編　万葉舎　2014.2　331p　22cm　①978-4-86050-072-6　Ⓝ388　[1900円]

◇西欧古代神話図像大鑑　続篇　東洋・新世界篇/本文補註/図版一覧　カルターリ[著], 大橋喜之訳　L.ピニョリア増補　八坂書房　2014.9　429,11p　23cm　〈索引あり〉①978-4-89694-176-0　Ⓝ164.3　[4800円]

アジア（水道）

◇水道産業国際展開推進事業報告書　平成25年度　[東京]　厚生労働省健康局水道課　2014.3　73p　30cm　〈折り込 3枚〉Ⓝ518.1

アジア（政治）

◇アジアの風・中東の嵐　牛久保順一著　全国日本語学校連合会　2014.1　121p　19cm　（留学生通信 特別号）Ⓝ312.2　[800円]

アジア（生殖補助医療）

◇アジアの生殖補助医療と法・倫理　日比野由利編著　京都法律文化社　2014.3　211p　22cm　〈年表あり　内容：韓国における生殖補助医療と法・倫理（渕上恭子著）ベトナムにおける生殖補助医療と法・倫理（斉藤善久著）インドにおける生殖補助医療と法・倫理（日比野由利著）マレーシアにおける生殖補助医療と法・倫理（桑原尚子著）シンガポールにおける生殖補助医療と法・倫理（桑原尚子著）タイにおける生殖補助医療と法・倫理（西澤希久男著）　生殖補助医療の定義と各国の規制状況（藤田真樹著）〉①978-4-589-03579-0　Ⓝ495.48　[4400円]

アジア（政党）

◇現代日本の政治と外交　3　民主主義と政党―ヨーロッパとアジアの42政党の実証的分析　猪口孝監修　猪口孝, ジャン・ブロンデル編　原書房　2014.10　270,22p　22cm　〈文献あり　索引あり　内容：序論（ジャン・ブロンデル, 猪口孝著, 小林朋則訳）イギリス（ジャン・ブロンデル著, 小林朋則訳）フランス（ジャン・ブロンデル, ジャン＝ルイ・ティエボー著, 小林朋則訳）ドイツ（マルティン・エルフ著, 小林朋則訳）イタリア（ジャン・ブロンデル, ニコロ・コンティ著, 龍和子訳）オランダ（ルディ・B・アンデヴェグ著, 龍和子訳）日本（猪口孝著, 角敦子訳）大韓民国（朴喆煕著, 角敦子訳）タイ（シリパン・ノクソワン・サワスディー著, 角敦子訳）インドネシア（サニー・タヌウィジャヤ著, 角敦子訳）フィリピン（フリオ・C・ティーハンキー著, 龍和子訳）結論…政党一般論の精査に向けて（猪口孝, ジャン・ブロンデル著, 龍和子訳）〉①978-4-562-04960-8　Ⓝ312.1　[4800円]

アジア（石油化学工業）

◇アジアの石油化学工業　2015年版　重化学工業通信社・化学チーム/編　重化学工業通信社　2014.12　569p　26cm　①978-4-88053-157-1　[37000円]

アジア（租税制度）

◇アジア諸国の税法―韓国/中国/台湾/香港/タイ/ベトナム/マレーシア/シンガポール/フィリピン/インドネシア/インド　トーマツ編　第8版　中央経済社　2014.1　849p　22cm　①978-4-502-07630-5　Ⓝ345.22　[9600円]

アジア（大気汚染物質―排出抑制）

◇コベネフィット・アプローチ推進に係る国際パートナーシップ等事務局業務業務報告書　1/2　葉山町（神奈川県）地球環境戦略研究機関　2014.3　52p　30cm　〈英語併載　平成25年度環境省請負業務　内容：アジア・コベネフィット・パートナーシップ（ACP）の事務局業務〉Ⓝ519.1

アジア（太平洋戦争〔1941～1945〕―被害）

◇私のヴィア・ドロローサ―「大東亜戦争」の爪痕をアジアに訪ねて　村岡崇光著　[東京]　日本聖書協会　2014.12　206p　19cm　〈教文館（発売）〉①978-4-7642-9966-5　Ⓝ210.75　[1500円]

アジア（地下運動―歴史―1914～1945）

◇上海「ヌーラン事件」の闇―戦間期アジアにおける地下活動のネットワークとイギリス政治情報警察　鬼丸武士著　書籍工房早山　2014.1　257p　22cm　〈文献あり　索引あり〉①978-4-904701-36-2　Ⓝ309.32　[2500円]

アジア（津波）

◇津波防災とアジアの放送局　放送番組国際交流センター　2013.12　68, 65p　30cm　（JAMCOオンライン国際シンポジウム 第21回）〈文献あり　英語併記　会期：2013年3月14日―9月15日〉Ⓝ699

アジア（鉄道）

◇鉄道で楽しむアジアの旅　谷川一巳著　平凡社　2014.6　222p　18cm　（平凡社新書 739）①978-4-582-85739-9　Ⓝ292.09　[800円]

アジア（伝記）

◇アジア再興―帝国主義に挑んだ志士たち　パンカジ・ミシュラ著, 園部哲訳　白水社　2014.11　411,31p　20cm　〈文献あり　索引あり〉①978-4-560-08395-6　Ⓝ220.6　[3400円]

アジア（伝統的工芸品産業―会議録）

◇亞洲設計文化學會國際研討會―国際シンポジウムin台湾・高雄　第7届　亞洲設計文化學會編印　[千葉]　アジアデザイン文化学会　[2013]　110p, p863　30cm　〈英語併記　中国語併記　会期・会場：2013年3月2日　國立高雄大學人文社會學院演講廳　2013 ADCS in Taiwan〉Ⓝ750.22

アジア（陶磁器―図集）

◇アジア現代陶芸展―Japan・Korea・China・Taiwan　2013　[瀬戸]　[愛知県陶磁美術館]　[2013]　199p　30cm〈ハングル・中国語併載　会期・会場：2013年6月18日～7月14日　金沢21世紀美術館ほか　主催：愛知県陶磁美術館ほか〉Ⓝ751.2

アジア（陶磁器―歴史）

◇陶磁器流通の考古学―日本出土の海外陶磁　アジア考古学四学会編　高志書院　2013.11　299p　22cm　（アジアの考古学1）〈文献あり　内容：歴史資料としての遺跡出土陶磁器（佐々木達夫著）　日本の陶磁生産と海外輸出（大橋康二著）西アジアの陶磁器生産と海外輸出（岡野智彦著）　中国唐宋元時代の陶磁生産と海外輸出（森達也著）　日本出土の中国唐宋元代の陶磁器（森達也著）　中国明清時代の陶磁と海外輸出（金沢陽著）　日本出土の中国明清時代の陶磁器（堀内秀樹、鈴木裕子著）　高麗・朝鮮時代の陶磁生産と海外輸出（片山まび著）　ベトナム陶磁の生産と海外輸出（阿部百里子、菊池誠一著）　タイ・ミャンマーの陶磁生産と海外輸出（向井亙著）ヨーロッパにおける陶磁生産と海外輸出（岡泰正著）　日本出土のヨーロッパ陶磁（山口美由紀著）〉①978-4-86215-127-8Ⓝ751.2　[6500円]

アジア（都市計画―歴史）

◇水都学　2　特集アジアの水辺　陣内秀信,高村雅彦編　法政大学出版局　2014.3　266p　21cm〈内容：上海黄浦江両岸の開発過程における工業化遺産の保護と再生（張松著,田村広子訳）　メコンデルタの都市（大田省一著）　竹の都市（青井哲人著）　タイの水都研究史（岩城考信著）　アジアの水辺（高村雅彦著）　アジアの水都を解読する（陣内秀信,大田省一,青井哲人ほか述）　アジアの大都市における水環境と水辺景観（谷口智雅著）　上諏訪小和田の空間構造（宮田駿介著）　水辺都市としての蘇州再生の可能性（寺田佳織著）　水の信仰都市バラーナシ（泉泰葉著）　地井昭夫著『漁師はなぜ、海を向いて住むのか?』（金谷匡高著）　岩井桃子著『水都アムステルダム―受け継がれるブルーゴールドの精神』（小島見和著）〉①978-4-588-78022-6　Ⓝ518.8　[3000円]

アジア（二酸化炭素―排出抑制）

◇二国間クレジット制度等の実施に向けたアジア地域におけるREDD＋の可能性調査事業委託業務報告書　平成25年度　葉山町（神奈川県）　地球環境戦略研究機関　2014.3　109p　30cm〈文献あり　英語併載　平成25年度環境省委託事業〉Ⓝ519.8

アジア（日系企業）

◇アジアへ進出する中堅・中小企業の”失敗しない”人材活用術　島森俊央,吉岡利之著　日本生産性本部生産性労働情報センター　2014.12　173p　21cm〈文献あり〉①978-4-88372-485-7　Ⓝ336.4　[1500円]

◇在アジア・オセアニア日系企業実態調査　2013年度調査　[東京]　日本貿易振興機構海外調査部アジア大洋州課　2013.12　56,55欄　30cm〈共同刊行：日本貿易振興機構海外調査部中国北アジア課〉Ⓝ338.922

アジア（農業）

◇アジアの「農」日本の「農」―グローバル資本主義と比較農業論　原洋之介著　書籍工房早山　2013.9　210p　20cm　（社会科学の冒険　2-8）〈文献あり〉①978-4-904701-35-5　Ⓝ612.2　[3300円]

◇海外農業・貿易事情調査分析事業（アジア・大洋州）　平成25年度　[東京]　農林水産省大臣官房国際部国際政策課　2014.3　293p　30cm〈委託先：日本総合研究所〉Ⓝ612.2

アジア（農村）

◇新興アジアの貧困削減と制度―行動経済学的視点を据えて　福井清一編著　勁草書房　2014.2　305p　22cm　①978-4-326-50393-3　Ⓝ368.2　[6000円]

アジア（農村生活）

◇アジアの里山食生活図鑑　養父志乃夫著　柏書房　2014.2　299,8p　27cm〈文献あり　索引あり〉①978-4-7601-4317-7　Ⓝ383.82　[11000円]

アジア（廃棄物処理）

◇アジア諸国における廃棄物管理に係る環境法遵守に関する資料―平成25年度廃棄物処理・3R推進分野における多国間協力への支援・調査・分析業務　葉山町（神奈川県）　地球環境戦略研究機関　2014.3　201p　30cm〈英語併載　平成25年度環境省請負業務〉Ⓝ518.52

◇循環産業の国際展開に資する日本及びアジア各都市の廃棄物処理・リサイクルに関する状況分析調査業務―報告書　平成25年度　[川崎]　日本環境衛生センター　2014.3　252p　30cm　Ⓝ518.523

アジア（干潟）

◇干潟の自然と文化　山下博由,李善愛編著　秦野　東海大学出版部　2014.11　253p　22cm〈索引あり　内容：干潟はどこで育まれるか（川瀬久美子著）　貝類の生息地としての干潟環境（山下博由著）　貝類利用からみた島嶼地域の渇水試論（池口明子著）　沖縄の入浜系塩田の形態（江上幹幸著）　南サハリン（樺太島）のロックロード：特殊な”干潟”か?（鯵坂哲朗著）　ホシムシはおいしい（野中健一著）　インド・マレー三角地帯含む西太平洋の干潟・河口性魚類の生物地理（ドナルドソン,T.J.、マイヤーズ,R.F.,関野正志、山下博由訳）　失われゆく”漁”の風景（藤永豪著）　失われた楽園（佐藤慎一著）　開発は誰のためなのか（李善愛著）〉①978-4-486-02054-7　Ⓝ454.7　[4800円]

アジア（貧困）

◇新興アジアの貧困削減と制度―行動経済学的視点を据えて　福井清一編著　勁草書房　2014.2　305p　22cm　①978-4-326-50393-3　Ⓝ368.2　[6000円]

アジア（風俗・習慣）

◇餓鬼浄土　石井光太著　河出書房新社　2014.1　289p　15cm（河出文庫　い33-1）①978-4-309-41268-9　Ⓝ382.2　[680円]

アジア（仏教）

◇アジア仏教の現在　4　躍動する仏教系NGO－その活動と展望　龍谷大学アジア仏教文化研究センター編　[京都]　龍谷大学アジア仏教文化研究センター　2013.11　68p　30cm〈国内シンポジウムプロシーディングス　2013年度　第1回〉〈会期・会場：2013年6月1日　龍谷大学大宮学舎清和館3階ホール　内容：報告　アジアの活動を被災地に生かす（茅野俊幸述）　アーユス事業の特質（茂田真澄述）　宗門の壁を越える課題（中村尚司述）〉Ⓝ182.2

◇研究報告書　2013年度　龍谷大学アジア仏教文化研究センター編　[京都]　龍谷大学アジア仏教文化研究センター　2014.3　371p　30cm〈文部科学省私立大学戦略的研究基盤形成支援事業アジア諸地域における仏教の多様性とその現代的可能性の総合的研究2010年度―2014年度〉Ⓝ182.2

アジア（仏教美術―図集）

◇仏教美術―木村定三コレクション　名古屋　愛知県美術館　2013.13　133p　26cm〈編集：深山孝彰ほか〉Ⓝ702.2

アジア（物流業）

◇国際競争力の源泉としての物流・流通システム―アジアにおけるイノベーションの創出に向けて：第105回シンポジウム　21世紀政策研究所編　[東京]　21世紀政策研究所　2014.10　71p　18cm　（21世紀政策研究所新書　42）Ⓝ675.4

アジア（文化）

◇アジアと考えるアジア―福岡アジア文化賞第25回記念　福岡アジア文化賞委員会事務局編,加藤暁子取材・文　福岡　西日本新聞社　2014.9　327p　21cm　①978-4-8167-0889-3　Ⓝ002　[1600円]

◇教育におけるグローバル化と伝統文化　山口大学大学院東アジア研究科編著,福田隆眞,石井由理編集責任　建帛社　2014.3　201p　22cm〈内容：グローバル化時代の国際理解と伝統文化（石井由理著）　グローバル化,文化的継承, そして教育（羅永華著）　文法ルールの言語教育（有元光彦著）　東アジア伝統社会論と近世日本（森下徹著）　「伝統や文化」の教育における論点と実践課題（吉川幸男著）　美感と創新（林曼麗著）　韓国の学校教育におけるグローバル化と伝統文化教育（金香美著）マレーシアの美術教育にみられる伝統文化と視覚言語（福田隆眞著）　シンガポールの美術教育における伝統文化と現代化（佐々木宰著）　美術教育における日本の伝統文化に関する指導の一事例（足立直之著）　グローバル化と伝統文化（チーフー・ラム著）　台湾と中国本土の学校音楽教育における大衆歌曲の活用に関する比較研究（何慧中著）　音楽科教育と文明受容型国際化（高橋雅子著）　日本伝統音楽の魅力を探る（阿川祥子著）〉①978-4-7679-7049-3　Ⓝ375　[3200円]

アジア（墳墓）

◇アジアの王墓　アジア考古学四学会編　高志書院　2014.11　290p　22cm　（アジアの考古学　2）〈文献あり　内容：東アジアの王墓　日本における王墓の出現（大塚初重著）　奈良盆地における古墳時代前期の王墓（橋本裕行著）　中国の王墓（中村慎一著）　朝鮮三国時代の王墓（高久健二著）　中国最南地域とベトナムの王墓（今村啓爾著）　アジア西部の王墓　「王墓」なき社会（上杉彰男著）　中央アジアの王墓（林俊雄著）　メソポタミアの王墓（松本健著）　アラビア湾岸古代文明の「王墓」（後藤健著）　地中海世界とヨーロッパの王墓　エジプトの王墓（馬場匡浩著）　ギリシアの王墓（周藤芳幸著）　ヨーロッパ最古の王墓（田尾誠敏著）　ケルト人の王墓（津本英利著）〉①978-4-86215-141-4　Ⓝ220　[6500円]

あ

アジア（貿易―日本―歴史）

◇大航海時代の日本と金属交易　平尾良光, 飯沼賢司, 村井章介編　京都　思文閣出版　2014.10　212p　26cm　（別府大学文化財研究所企画シリーズ 3）〈内容：日本中世に使用された中国銭の謎に挑む（飯沼賢司著）15・16世紀海洋アジアの海域交流（村井章介著）　鉛玉が語る日本の戦国時代における東南アジア交易（平尾良光著）　鉛の流通と宣教師（後藤晃一著）　金銀山開発をめぐる鉛需要について（仲野義文著）　江戸時代初期に佐渡金銀鉱山で利用された鉛の産地（魯禔玹, 平尾良光著）　大砲伝来（上野淳也著）〉 ①978-4-7842-1768-7　Ⓝ678.2102　［3500円］

アジア（貿易―歴史）

◇陶磁器流通の考古学―日本出土の海外陶磁　アジア考古学四学会編　高志書院　2013.11　299p　22cm　（アジアの考古学 1）〈文献あり　内容：歴史資料としての遺跡出土陶磁器（佐々木達夫著）日本の陶磁生産と海外輸出（大橋康二著）　西アジアの陶磁器生産と海外輸出（岡野智彦著）　中国唐宋元時代の陶磁生産と海外輸出（森達也著）　日本出土の中国唐宋元代の陶磁（森達也著）　中国明清時代の陶磁生産と海外輸出（金沢陽著）　日本出土の中国明清時代の陶磁器（堀内秀樹, 鈴木裕子著）　高麗・朝鮮時代の陶磁生産と海外輸出（片山まび著）　ベトナム陶磁の生産と海外輸出（阿部百里子, 菊池誠一著）　タイ・ミャンマーの陶磁生産と海外輸出（向井亙著）　ヨーロッパにおける陶磁生産と海外輸出（岡泰正著）　日本出土のヨーロッパ陶磁（山口美由紀著）〉 ①978-4-86215-127-8　Ⓝ751.2　［6500円］

アジア（昔話）

◇アジアの星物語―東アジア・太平洋地域の星と宇宙の神話・伝説　海部宣男監修, 杮田紀子, 川本光子邦訳, 「アジアの星」国際編集委員会編　万葉舎　2014.2　331p　22cm　①978-4-86050-072-6　Ⓝ388　［1900円］

アジア（郵便切手）

◇ビジュアル世界切手国名事典　アジア・オセアニア編　板橋祐己著　日本郵趣出版　2014.5　110p　21cm〈郵趣サービス社（発売）　文献あり　索引あり〉 ①978-4-88963-770-0　Ⓝ693.8　［1500円］

アジア（リサイクル〔廃棄物〕）

◇循環産業の国際展開に資する日本及びアジア各都市の廃棄物処理・リサイクルに関する状況分析調査業務―報告書　平成25年度　［川崎］　日本環境衛生センター　2014.3　252p　30cm　Ⓝ518.523

アジア（リージョナリズム）

◇重層的地域としてのアジア―対立と共存の構図　大庭三枝著　有斐閣　2014.11　343p　22cm〈文献あり　索引あり〉 ①978-4-641-14910-6　Ⓝ319.2　［3900円］

アジア（歴史）

◇アジアの国家史―民族・地理・交流　岩崎育夫著　岩波書店　2014.4　252,6p　19cm　（岩波現代全書 030）〈文献あり　年表あり〉 ①978-4-00-029130-9　Ⓝ220　［2300円］

アジア（歴史―近代）

◇アジア再興―帝国主義に挑んだ志士たち　パンカジ・ミシュラ著, 園部哲訳　白水社　2014.11　411,31p　20cm〈文献あり　索引あり〉 ①978-4-560-08395-6　Ⓝ220.6　［3400円］

アジア（労働移動）

◇東アジアにおける移民労働者の法制度―送出国と受入国の共通基盤の構築に向けて　山田美和編　千葉　アジア経済研究所　2014.3　288p　22cm　（研究双書 No.611）〈索引あり　内容：東アジアにおける移民労働者の法制度（山田美和著）　中国の労働者送り出し政策と法（小林昌之著）　インドネシアの労働者送り出し政策と法（奥島美夏著）　フィリピンの労働者送り出し政策と法（知花いづみ著）　タイにおける移民労働者受け入れ政策の現状と課題（山田美和著）　ベトナムにおける国際労働移動（石塚二葉著）　カンボジアの移民労働者政策（初鹿野直美著）　東アジアにおける外国人雇用法制の考察（今泉慎也著）〉 ①978-4-258-04611-9　Ⓝ366.89　［3600円］

アジア〔西部〕（歴史―古代）

◇西アジア文明学への招待　筑波大学西アジア文明研究センター編　悠書館　2014.12　283p　25cm〈年表あり　内容：西アジアの自然環境（安間了著）　西アジアの植生（中村徹著）　西アジアの大地形と地質（久田健一郎著）　地震の基礎知識と西アジアの地震活動（八木勇治著）　化学の目で読み解く古環境（丸岡照幸著）　西アジアの石器時代（三宅裕著）　農耕の始まりを出土植物から調査する（丹野研一著）　西アジアの動物利用（本郷一美著）　化学の目で読み解く土器・石器（黒澤正紀著）　都市文明へ（常木晃著）　古代西アジアの言語と文字（池田潤, 永井正勝著）　古代西アジアの歴史と文書史料（山田重郎著）　楔形文字文書と古代西アジアの社会・文化（柴田大輔著）　西アジアの文化遺産をまもる（谷口陽子著）　西アジア考古学の実践と現代社会（前田修著）〉 ①978-4-903487-96-0　Ⓝ227　［2500円］

アジア〔東部〕（安全保障）

◇アジア太平洋地域の多国間協力の可能性　防衛省防衛研究所編　防衛省防衛研究所　c2014　160p　21cm　（安全保障国際シンポジウム 平成25年度）〈内容：ASEAN、豪、中の安全保障観　インドネシアの動的均衡とASEAN中心性（レオナルド・セバスチャン著）　アジアの安全保障および多国間主義の見通し（ニック・ビズリー著）　東アジアにおける中国の新たな安全保障課題（リ・ミンジャン著）　印、日、韓、露、米の安全保障観　インドの多国間協力に関する安全保障観（ジャガナット・パンダ著）　アジア太平洋の安全保障環境に関する日本の視点と多国間協力へのアプローチ（庄司智孝著）　北東アジアにおける多国間安全保障協力（キム・テヒョ著）　ロシアと台頭するアジア（ドミトリー・トレーニン著）　アジア太平洋における多国間協力の見通し（サトゥ・リメイエ著）〉 ①978-4-86482-021-9　Ⓝ319.2

◇冷戦期日韓安全保障関係の形成　崔慶原著　慶應義塾大学出版会　2014.5　284p　22cm〈文献あり　索引あり〉 ①978-4-7664-2139-2　Ⓝ319.1021　［4300円］

アジア〔東部〕（遺跡・遺物）

◇中華文明の考古学　飯島武次編　同成社　2014.3　486p　27cm〈内容：良渚囲壁集落と良渚遺跡群（中村慎一著）　先史マカオの玉器製作におけるロクロの考察（鄧聡著, 劉宇毅訳）　大石鏟考（小柳美樹著）　海岱地区における生業に関する一考察（加藤里美著）　宮室建築と中原国家文明の形成（許宏著, 内田宏美訳）　二里頭遺跡の出現（大貫静夫著）　二里頭文化の長流壺に関する一考察（長尾宗史著）　殷文化の東方開拓と発展（劉緒著, 近藤はる香訳）　殷墟骨笄・象牙笄の広がり（鈴木舞著）　甲骨文字研究の成果蓄積とデジタル化技術（鈴木敦著）　青銅卣の法量規格（廣川守著）　馬牲の境界（菊地大樹著）　宝鶏石鼓山西周墓の発見と高領袋足鬲（西江清高著）　西周青銅器の生産、流通の分散化（近藤はる香著）　西周青銅戈毀兵行為に関する研究（田畑潤著）　西周時代の青銅明器（角道亮介著）　山東龍口帰城遺跡考（黄川田修著）　周式銅剣から見た巴蜀式青銅器の出現過程（宮本一夫著）　東周から漢時代にかけての黒陶着色技法（川村佳男著）　建国期における秦文化の一考察（高野晶文著）　江漢地域における秦墓の成立（小澤正人著）　咸陽厳家溝陵園における考古学的発見と探索（焦南峰著, 安食多嘉子訳）　中国鏡の出現（岸本泰緒子著）　名工孟氏伝（岡村秀典著）　漢代墓葬出土銭の研究（佐藤大樹著）　清代の銭貨流通（三宅俊彦著）　日韓の䍃と有孔広口壺（酒井清治著）　銅斧と銅剣の鋳型（千葉基次著）　高句麗東山洞壁画古墳出土の青磁獅子形燭台（早乙女雅博著）　弥生時代研究と侵略戦争（寺前直人著）　日本列島における方相氏の起源をめぐって（設楽博己著）　西の船・東の船団（杉山浩平著）　日本の神仙思想と道教的信仰（利部修著）　三角縁神獣鏡前半期の分有ネットワークの変遷（折原洋一著）　筒形器台の分類と編年（池野正男著）　日本における勾玉研究の意義（瀧音大著）　北方四島の考古学的研究（右代啓視著）　弥生後期十王台式期における集落の一様相（淺間陽著）　入間川上流域の古墳時代（油布憲昭著）　移民の土師器生産（藤野一之著）　GRONINGER MUSEUMの中国・日本磁器（高島裕之著）　民俗資料の貿易陶磁の壷（鈴木裕子著）〉 ①978-4-88621-658-8　Ⓝ220　［12000円］

アジア〔東部〕（移民・植民）

◇「移動」から見た女性美術家と視覚表象の研究―研究報告書　豊中　大阪大学文学研究科・日本学研究室　2014.3　126p　30cm〈2011（平成23）年度―2013（平成25）年度独立行政法人日本学術振興会・科学研究費補助金基盤研究（B）研究代表者：北原恵〉 Ⓝ702.8

アジア〔東部〕（移民・植民―歴史―20世紀）

◇帝国以後の人の移動―ポストコロニアリズムとグローバリズムの交錯点　蘭信三編著　勉誠出版　2013.11　981,9p　22cm〈索引あり　内容：帝国以後の人の移動（蘭信三著）　中華帝国の溶解と日本帝国の勃興（上田貴子著）　日本帝国と朝鮮人の移動（外村大著）　在中国朝鮮人の帰還（田中隆一著）　帝国崩壊後の中国東北をめぐる朝鮮人の移動と定住（花井みわ著）　朝鮮半島における日本人送還政策と実態（李淵植著, 李洪章訳）　サハリン先住民族ウイルタおよびニヴフの戦後・冷戦期の去就（田村将人著）　満洲引揚げにおける戦時性暴力（猪股祐介著）　引揚援護活動と女性引揚者の沈黙（中西美貴著）　沖縄における台湾引揚者の特徴（野入直美著）　沖縄出身南洋移民と家族の生活世界（森亜紀子著）　アルキあるいは見知らぬ祖国への帰還（松浦雄介著）　厄介な恋愛と不都合な再会（エヴェリナ・ブッハイム著, 今野裕子訳）　在日朝鮮人の戦後と私（金静媛著）　アメリカ占領期における「密航」朝鮮人の取締と植民地主義の継続（福本拓著）　中華人民共和国の建国と

「中国朝鮮族」の創出（李海燕著）　北方民族オロチョン社会における植民地秩序の崩壊と再編（坂部晶子著）　戦後農地改革のトランスナショナル・ヒストリー（安岡健一著）　戦後南米日系人移民社会と戦後補償に関する研究史（大場樹精著）　高度経済成長期後半の日本における外国人労働者問題（外村大著）　戦後における台湾から「琉球」への技術導入事業について（八尾祥平著）　戦後台湾をめぐる人の移動の研究史（中西美貴著）　フィリピン引揚者の「ダバオ体験」（飯島真里子著）　サハリン残留日本人（中山大将著）　「異国」を〈祖国〉として（張嵐著）　中国にルーツを持つ子どもたちへの中国語教育（高橋朋子著）　台湾における日本統治期の遺構の保存と再生（松田ヒロ子著）　日本語教育のトランスナショナル化（木下昭著）　インドネシア日系人の歴史と現在（林英一著）　日本人移民の子孫と国際婚外子（高畑幸著）〉①978-4-585-22061-9 ⑬334.42 〔12000円〕

アジア〔東部〕（運送）
◇東アジアの国際物流システム—最新図解　汪正仁著　増改訂版　別府　天同堂　2014.4　544p　22cm〈初版の出版者：文理閣〉①978-4-9906176-6-0 ⑬682.2 〔10000円〕

アジア〔東部〕（衛生）
◇East Asian social survey EASS 2012 network social capital module codebook　日本版総合的社会調査共同研究拠点大阪商業大学JGSS研究センター編　［東大阪］　日本版総合的社会調査共同研究拠点大阪商業大学JGSS研究センター　2014.3　326p　30cm〈本文は日本語　文部科学省「特色ある共同研究拠点の整備の推進事業」〉⑬361.92 〔非売品〕

アジア〔東部〕（エコシティ）
◇環境的に持続可能な都市に関する推進業務業務報告書　平成25年度　［葉山町（神奈川県）］　地球環境戦略研究機関　2014.3　1冊　30cm〈英語併載　平成25年度環境省委託請負業務〉⑬519.1

アジア〔東部〕（エネルギー政策）
◇東アジアのエネルギー・環境政策—原子力発電/地球温暖化/大気・水質保全　李秀澈著　昭和堂　2014.2　296p　22cm〈索引あり　内容：東アジアにおける原子力政策の政策決定過程（李態妍著）　東アジアにおける原子力発電の支援及び規制制度（朴勝俊、李秀澈、陳禮俊ほか著）　日本における高レベル放射性廃棄物の処理・処分問題の公共政策（李秀澈、植田和弘著）　福島原発事故後の原子力損害賠償制度（吉田央著）　東アジアにおける地球温暖化対策の比較分析（羅星仁著）　中国における地球温暖化対策（知足章宏著）　韓国における地球温暖化対策とガバナンス（尹順眞、羅星仁、李秀澈著）　台湾における地球温暖化対策（陳禮俊著）　東アジアにおける環境税制改革（朴勝俊、陳禮俊、李秀澈著）　中国における環境規制とその機能不全の要因（櫻井水郎著）　中国山東省における水汚染規制及び経済的手法の新展開（李天宏、知足章宏、劉哲著）　中国における都市生活汚水処理及び資金をめぐる構造的問題（宋国君、知足章宏、韓冬梅著）　韓国における水環境保全と水質汚染総量管理制度（文賢珠、李秀澈、吉田央著）　台湾における土壌及び地下水汚染管理政策（陳禮俊著）　韓国における首都圏大気環境規制政策（李廠旭、李秀澈著）　日本と韓国における軽油自動車排ガス規制の政治経済学（朴勝俊、洪鍾豪著）〉①978-4-8122-1353-7 ⑬501.6 〔4000円〕
◇フクシマ発未来行き特急—北東アジアエネルギー・環境共同体への道　杉本勝則著　相模原　桜美林大学北東アジア総合研究所　2013.7　215p　21cm〈文献あり〉①978-4-904794-36-4 ⑬501.6 〔1800円〕

アジア〔東部〕（海運）
◇犠牲量モデルによる国際フェリー・RORO船輸送の貨物流動推計　野田厳、岩崎幹平、渡部富博、井山繁、佐々木友子［著］［横須賀］　国土技術政策総合研究所　2014.7　4, 33p　30cm（国土技術政策総合研究所資料　第801号）⑬683.6

アジア〔東部〕（海運—歴史—19世紀）
◇近代東アジア海域の人と船—経済交流と文化交渉　松浦章著　吹田　関西大学出版部　2014.12　413p　22cm（関西大学東西学術研究所研究叢刊 49）〈索引あり　発行者：関西大学東西学術研究所　内容：近代東アジア海域の汽船航運と経済交流　清代沙船航運業と上海棉布荘の『邑闐荘牌簿』　1867年における寧波入港の船舶　清国上海銭荘の破綻と日治時代台湾経済への波及　1882年三菱郵便会社汽船により上海へ輸出された日本産昆布　清国山西合盛元銀行神戸支店　辛亥革命前の神戸華商麥少彭の経済破綻　辛亥革命と神戸華商　朝鮮郵船会社と朝鮮半島沿海の航運　日清汽船会社と中国　20世紀初期東アジア海域における近海郵船会社の航運　19世紀台湾をめぐる東アジア航運の展開　日本台湾統治時代の西洋型帆船　清代福州の木材輸出と日本統治時代台湾　近海郵船会社

の台湾航路について　近代東アジア海域の人と船）①978-4-87354-589-9 ⑬683.22 〔4000円〕

アジア〔東部〕（海運—歴史—20世紀）
◇近代東アジア海域の人と船—経済交流と文化交渉　松浦章著　吹田　関西大学出版部　2014.12　413p　22cm　（関西大学東西学術研究所研究叢刊 49）〈索引あり　発行者：関西大学東西学術研究所　内容：近代東アジア海域の汽船航運と経済交流　清代沙船航運業と上海棉布荘の『邑闐荘牌簿』　1867年における寧波入港の船舶　清国上海銭荘の破綻と日治時代台湾経済への波及　1882年三菱郵便会社汽船により上海へ輸出された日本産昆布　清国山西合盛元銀行神戸支店　辛亥革命前の神戸華商麥少彭の経済破綻　辛亥革命と神戸華商　朝鮮郵船会社と朝鮮半島沿海の航運　日清汽船会社と中国　20世紀初期東アジア海域における近海郵船会社の航運　19世紀台湾をめぐる東アジア航運の展開　日本台湾統治時代の西洋型帆船　清代福州の木材輸出と日本統治時代台湾　近海郵船会社の台湾航路について　近代東アジア海域の人と船）①978-4-87354-589-9 ⑬683.22 〔4000円〕

アジア〔東部〕（外国関係）
◇アジア共同体—その構想と課題　林華生編著　町田　蒼蒼社　2013.11　434p　22cm〈内容：アジア共同体の課題と展望（林華生著）　今こそ東アジア共同体は必要だ（谷口誠著）　東アジア共同体のもう一つの姿（西川潤著）　グローバリゼーションと東アジア地域主義（西川潤著）　東アジア地域意識から東アジア共同体への構想（陳奉林著）　領土問題に必要な大局的視点（西原春夫著）　成長する北東アジアの現状と課題（吉田進著）　東アジア統合と日中の課題（小島明著）　中朝経済関係の新展開（伊集院敦著）　急増する中国での労働争議とアジア経済（高見澤学著）　アジア共同体とは何か（奥島孝康著）　東アジア共同体と上海協力機構（SCO）（中川十郎著）　グローバリゼーションと新興経済の台頭（平川均著）　アジア共同体を考える（武石礼司著）　変容するアジアの「輸送システム」とその課題（岩間正春著）　やがて世界は一つになる（佐藤洋治著）　「東アジア共同体」内部のサブ・リージョンについて（多賀秀敏著）　成長理論と日本のGDP成長率（林崇椰著, 岩間正春訳）　越境政治の政治経済学（柯仲佑著, ヘレナ・ヴァッキー著, 片小田広大訳）　東アジアで勃興するインドとインド人（A.マニ著, 松本理可子訳）　新たな歴史の始まり（黄枝連著, 二木正明訳）〉①978-4-88360-119-6 ⑬319.2 〔3800円〕
◇中国・韓国・北朝鮮でこれから起こる本当のこと　井尻秀憲著　育鵬社　2014.12　203p　19cm〈扶桑社（発売）　文献あり　共同刊行：扶桑社〉①978-4-594-07173-8 ⑬319.2 〔1200円〕
◇東アジア共同体と沖縄の未来—沖縄、日本、東アジア—いまなぜ東アジア共同体か沖縄を平和の要石に　東アジア共同体研究所編, 鳩山友紀夫, 進藤榮一, 稲嶺進, 孫崎享, 高野孟著　［東京］　花伝社　2014.10　81p　21cm（友愛ブックレット）〈共栄書房（発売）　内容：沖縄を平和の要石に（鳩山友紀夫述）　東アジア共同体の中で琉球沖縄を考える（進藤榮一述）　訪米で見えてきた普天間移設の課題（稲嶺進述）　安倍政権下で何が起こっているのか（高野岳述）　集団的自衛権の本当の狙い（孫崎享述）〉①978-4-7634-0714-6 ⑬312.199 〔800円〕
◇民主と両岸関係についての東アジアの観点　馬場毅, 謝政諭編　東方書店（発売）　2014.3　275p　22cm〈索引あり　内容：東アジア民主社会の再構築の行方（趙永茂著, 小嶋祐輔訳）　台湾民主化の対外的波紋（河辺一郎著）　中国勃興後の東アジアへの外交行為（趙建民著, 佃隆一郎訳）　地政学の理論から東アジア情勢を見る（呉志中著, 大野太幹訳）　オバマの「戦略東移」と東アジア国際政治（加々美光行著）　両岸関係の進展の光と影（松本はる香著）　中国の世界産業政策にみる政治的境界と文化実体の国際的承認（加治宏基著）　九二共識（呉介民著, 広中一成訳）　中国におけるグローバル投資と社会適応（張家銘著, 有田義弘訳）　三・一一東日本大震災をめぐる台湾メディアの役割と災害意識に関する省察（謝政諭, 蔡蘭竹著, 加治宏基訳）　三・一一震災報道にみる国際関係（楊聰著）〉①978-4-497-21403-4 ⑬319.2 〔4000円〕

アジア〔東部〕（外国関係—アメリカ合衆国—歴史—19世紀）
◇朝鮮開国と日清戦争—アメリカはなぜ日本を支持し、朝鮮を見限ったか　渡辺惣樹著　草思社　2014.12　399p　20cm〈年表あり　索引あり〉①978-4-7942-2098-1 ⑬210.65 〔2800円〕

アジア〔東部〕（外国関係—中国）
◇南シナ海中国海洋覇権の野望　ロバート・D・カプラン著, 奥山真司訳　講談社　2014.10　273p　19cm①978-4-06-219244-6 ⑬319.22023 〔1800円〕

アジア〔東部〕（外国関係—日本）
◇転変する東アジアのなかの日本—私たちはいかなる道を選ぶのか　荒井利明著　日中出版　2014.7　300p　19cm　（検証・

アジア〔東部〕（外国関係─日本─歴史─1945〜）　　　　　　　　　　　日本件名図書目録2014　Ｉ

東アジア新時代 5）〈文献あり 年表あり〉①978-4-8175-
1265-9 Ⓝ319.102　［2200円］
◇那賀郡の軒瓦に見られる東アジアとの交流─シンポジウム報告
書 帝塚山大学考古学研究所編　〔奈良〕帝塚山大学考古学
研究所 2014.3 45p 30cm（紀の川市教育委員会・帝塚山
大学附属博物館共催展「日・中・韓の古代瓦」関連シンポジウ
ム 会期・会場：平成24年9月16日 紀の川市歴史民俗資料館
共同刊行：帝塚山大学附属博物館 内容：荒見廃寺の発掘調査
（立岡和人述）神祇と仏教が共存する国・紀伊（甲斐弓子述）
紀伊と軒瓦にみられる新羅的要素（清水昭博述）Ⓝ216.6
◇東アジアの危機─「本と新聞の大学」講義録 一色清, 姜尚中
モデレーター, 藤原帰一, 保阪正康, 金子勝, 吉岡桂子著 集英
社 2014.7 252p 18cm（集英社新書 0745）東北
アジアと日本の将来を考える（姜尚中述）アジアの軍縮・軍備
管理と日本（藤原帰一述）世界における歴史認識と日本（保
阪正康述）世界経済と日本（金子勝述）中国環境脅威論？
（吉岡桂子著）メディア激変は民主主義の味方か敵か（一色
清著）①978-4-08-720745-3 Ⓝ319.102　［760円］
◇不透明さ増す国際情勢と新政権の課題 遊川和郎, 秋田浩之,
平井久志, 奥田聡, 宮家邦彦著 武蔵野 亜細亜大学アジア研
究所 2014.3 219p 19cm（アジア研究所叢書 28）〔亜細
亜大学購買部ブックセンター（発売）内容：習近平体制の課題
と日中関係（遊川和郎著）オバマ政権のアジア外交と日本の
針路（秋田浩之著）継承と相克の権力形成（平井久志著）韓
国新政権の課題（奥田聡著）安部外交の課題と展望（宮家邦
彦著）①978-4-900521-28-5 Ⓝ319.102　［1200円］

アジア〔東部〕（外国関係─日本─歴史─1945〜）
◇転換期の日本へ─「パックス・アメリカーナ」か「パックス・
アジア」か ジョン・W・ダワー, ガバン・マコーマック著,
明田川融, 吉永ふさ子訳 NHK出版 2014.1 311p 18cm
（NHK出版新書 423）〈内容：サンフランシスコ体制（ジョ
ン・W・ダワー著, 明田川融訳）属国（ガバン・マコーマック
著, 吉永ふさ子訳）東アジアの現在を歴史から考える（ジョ
ン・W・ダワー, ガバン・マコーマック述, 明田川融訳）〉
①978-4-14-088423-2 Ⓝ319.1053　［860円］
◇日本劣化論 笠井潔, 白井聡著 筑摩書房 2014.7 270p
18cm（ちくま新書 1078）①978-4-480-06787-6 Ⓝ302.1
［840円］

アジア〔東部〕（外国関係─日本─歴史─古代）
◇海を渡ってきた古代倭王─その正体と興亡 小林惠子著 祥
伝社 2014.12 261p 19cm ①978-4-396-61513-0 Ⓝ210.3
［1600円］
◇古代日本外交史─東部ユーラシアの視点から読み直す 廣瀬
憲雄著 講談社 2014.2 254p 19cm（講談社選書メチエ
569）〈文献あり 年表あり 索引あり〉①978-4-06-258572-9
Ⓝ210.3　［1650円］

アジア〔東部〕（外国関係─日本─歴史─昭和前期）
◇〈外地〉日本語文学への射程 池内輝雄, 木村一信, 竹松良明,
土屋忍編 双文社出版 2014.3 278p 22cm〈内容：植民地
の多言語状況と小説の一言語性（西成彦著）一九三〇年代日
本文学の「野蛮」への共鳴をめぐって（垂水千恵著）
漂流民の台湾（土屋忍著）植民地下の日本語雑誌（神谷忠孝
著）朝鮮における日本語文学の形成と文芸欄の帝国主義（鄭
炳浩著）満州亀裂における初期の政治学（柳水晶著）
「満洲」文学の一側面（池内輝雄著）小泉譲の〈上海〉（竹松良
明著）日本統治下上海の文学的グレーゾーン（木田隆文著）
黒島傳治「武装せる市街」論（三上聡太著）森三千代の〈ジャ
ワの旅〉（木村一信著）記憶を反芻する（掛野剛史著）中島
敦の〈南洋行〉（橋本正志著）〉①978-4-88164-625-0 Ⓝ910.26
［6400円］

アジア〔東部〕（外国関係─日本─歴史─明治以後）
◇アジア主義思想と現代 長谷川雄一編著 慶應義塾大学出版
会 2014.7 330p 22cm〈索引あり 内容：華夷秩序とアジ
ア主義（茂木敏夫著）アジア認識の形成と「アジア主義」（ス
ヴェン・サーラ著）鹿子木員信とアジア主義（クリスト
ファー・W・A・スピルマン著）満州亀裂における初期
アジア主義の空間（長谷川雄一著）近衛文麿に見るアジア主義
の変化（庄司潤一郎著）重光葵の外交思想（波多野澄雄著）
マレーシアにおけるアジア主義（金子芳樹著）東アジア共同
体論の形成と展開（生田目学文著）〉①978-4-7664-2130-9
Ⓝ319.102　［3400円］

アジア〔東部〕（外国関係─日本─歴史）
◇知のユーラシア 5 交響する東方の知─漢文文化圏の輪郭
堀池信夫総編集 増尾伸一郎, 松崎哲之編 明治書院 2014.2
293p 21cm〈内容：渤海との交流と漢詩文（河野貴美子著）
三国仏法伝通史観の功罪（石井公成著）旅する禅僧（堀川貴

司著）キリシタンと浄土真宗（神田千里著）『春秋』の思想
と水戸の学問（松崎哲之著）琉球史書の特質と問題（木村淳
也著）南方熊楠における西欧学知（田村義也著）形成期の
日本民俗学とヨーロッパ（増尾伸一郎著）近代朝鮮社会と日
本語（三ツ井崇著）〉①978-4-625-62431-5 Ⓝ220　［2800円］
◇東アジア海域に漕ぎだす 6 海がはぐくむ日本文化 小島毅
監修 静永健編 東京大学出版会 2014.4 255,2p 21cm
〈文献あり〉①978-4-13-025146-4 Ⓝ220　［2800円］

アジア〔東部〕（外国関係─歴史─16世紀）
◇南蛮・紅毛・唐人─一六・一七世紀の東アジア海域 中島楽章
編 京都 思文閣出版 2013.12 405,3p 22cm〈内容：序
論（中島楽章著）ムラカ王国の勃興（山崎岳著）一五四〇年
代の東アジア海域と西欧式火器（中島楽章著）堺商人日比屋
と一六世紀半ばの対外貿易（岡本真著）ドイツ・ポルトガル
に現存する戦国大名絵画史料（鹿毛敏夫著）一六〜一七世紀
のポルトガル人によるアジア奴隷貿易（ルシオ・デ・ソウザ著,
小澤一郎, 岡美穂子訳）近世初期東アジア海域における情報
伝達と言説生成（藤田明良著）清朝の台湾征服とオランダ東
インド会社（鄭維中著, 郭陽訳）ポルトガル人のアジア交易
ネットワークとアユタヤ（岡美穂子著）〉①978-4-7842-1681-9
Ⓝ220　［6800円］

アジア〔東部〕（外国関係─歴史─17世紀）
◇南蛮・紅毛・唐人─一六・一七世紀の東アジア海域 中島楽章
編 京都 思文閣出版 2013.12 405,3p 22cm〈内容：序
論（中島楽章著）ムラカ王国の勃興（山崎岳著）一五四〇年
代の東アジア海域と西欧式火器（中島楽章著）堺商人日比屋
と一六世紀半ばの対外貿易（岡本真著）ドイツ・ポルトガル
に現存する戦国大名絵画史料（鹿毛敏夫著）一六〜一七世紀
のポルトガル人によるアジア奴隷貿易（ルシオ・デ・ソウザ著,
小澤一郎, 岡美穂子訳）近世初期東アジア海域における情報
伝達と言説生成（藤田明良著）清朝の台湾征服とオランダ東
インド会社（鄭維中著, 郭陽訳）ポルトガル人のアジア交易
ネットワークとアユタヤ（岡美穂子著）〉①978-4-7842-1681-9
Ⓝ220　［6800円］

アジア〔東部〕（外国関係─歴史─20世紀）
◇第一次世界大戦期の中国民族運動─東アジア国際関係に位置
づけて 笠原十九司著 汲古書院 2014.2 820p 22cm
（汲古叢書 115）〈索引あり 内容：第一次世界大戦の中国
民族運動の主体形成と日本・アメリカ 二十一ヵ条反対運動
日中軍事協定反対運動 山東主権回収運動 北京の五・四運
動 上海の五・四運動 第一次世界大戦終結後の東アジアの
民族運動と北京政府 第一次世界大戦期の中国民族運動と日
本・アメリカ 日本の友人への手紙 研究視点と研究史にお
ける位置づけ〉①978-4-7629-6014-7 Ⓝ222.07　［18000円］

アジア〔東部〕（外国関係─ロシア─歴史─20世紀）
◇満蒙─日露中の「最前線」 麻田雅文著 講談社 2014.8
318p 19cm（講談社選書メチエ 580）〈索引あり〉①978-
4-06-258583-5 Ⓝ319.3802　［1850円］

アジア〔東部〕（階層）
◇東アジアの労働市場と社会階層 太郎丸博編 京都 京都大
学学術出版会 2014.5 240p 22cm（変容する親密圏/公共
圏 7）〈索引あり 内容：東アジアの労働市場と社会階層（太
郎丸博著）グローバル化のなかでの失業リスクの変容とジェ
ンダー差（阪口祐介著）韓国における経済危機, 労働市場再編
成と職業移動（ファン・ハナム著, 山下嗣太, 太郎丸博訳）女
性のライフコースと就業パターン（大和礼子著）積極的労働
市場政策は親密性の自殺予防効果を高めるか（柴田悠著）性
別職域分離は地域によってどう異なるか（織田暁子, 大和礼子,
太郎丸博著）自営業の継続と安定化（村沢ト民久美著）物質
主義はどこで生き残っているのか（チャン・チンフェン, ジ・
キハ, 髙松里江ほか著, 山本耕平訳）①978-4-87698-379-7
Ⓝ366.22　［3200円］

アジア〔東部〕（学術─歴史─近代）
◇東アジアにおける近代知の空間の形成 孫江, 劉建輝編著 東
方書店（発売）2014.3 433p 22cm〈内容：東アジア近代の
知的システムを問いなおす（鈴木貞美著）西周と厳復（高柳
信夫著）乾隆・嘉慶期の学術と近代的専門学科の萌芽（張寿
安著, 倉田明子訳）清末西学書の編纂にみえる西洋知識の受
容（章清著, 中田妙美, 川尻文彦訳）近代知の濫觴（劉建輝著）
近代中国における日本情報受容の一側面（潘光哲著）「民主」
と「共和」（川尻文彦著）新語の政治文化史（黄興濤著）普
遍性を立法する（リディア・H・リウ著, 中里見敬訳）三つの
「致富新書」とその周辺（孫建軍著）黄帝はバビロンより来た
り（孫江著）『共産党宣言』の翻訳の問題（陳力衛著）清末
における国民形成のゆくえ（田中比呂志著）①978-4-497-
21405-8 Ⓝ002　［5000円］

アジア〔東部〕（環境政策）
◇環境的に持続可能な都市に関する推進業務業務報告書 平成
25年度 〔葉山町（神奈川県）〕地球環境戦略研究機関

2014.3　1冊　30cm〈英語併載　平成25年度環境省委託請負業務〉Ⓝ519.1

◇東アジアのエネルギー・環境政策―原子力発電/地球温暖化/大気・水質保全　李秀澈編　京都　昭和堂　2014.2　296p　22cm〈索引あり　内容：東アジアにおける原子力政策の政策決定過程（李態妍著）　東アジアにおける原子力発電の支援及び規制制度（朴勝俊, 李秀澈, 陳禮俊ほか著）　日本における高レベル放射性廃棄物の処理・処分問題の公共政策（李秀澈, 植田和弘著）　福島原発事故後の原子力損害賠償制度（吉田央著）　東アジアにおける地球温暖化対策の比較分析（羅星仁著）　中国における地球温暖化対策（知足章宏著）　韓国における地球温暖化対策とガバナンス（尹順眞, 羅星仁, 李秀澈著）　台湾における地球温暖化対策（陳禮俊著）　東アジアにおける環境税制改革（朴勝俊, 陳禮俊, 李秀澈著）　中国における環境規制とその機能不全の要因（櫻井次郎著）　中国山東省における水汚染規制及び経済的手法の新展開（李天汯, 知足章宏, 劉哲著）　中国における都市生活汚水処理及び資金をめぐる構造的問題（宋國君, 知足章宏, 韓冬梅著）　韓国における水環境保全と水質汚染総量管理制度（文賢珠, 李秀澈, 吉田央著）　台湾における土壌及び地下水汚染管理政策（李炳旭, 李秀澈著）　日本と韓国における軽油自動車排ガス規制の政治経済学（朴勝俊, 洪鍾豪著）〉Ⓘ978-4-8122-1353-7　Ⓝ501.6　[6800円]

アジア〔東部〕（環境問題）
◇日中韓三カ国環境大臣会合共同研究実施業務業務報告書　平成25年度　〔葉山町（神奈川県）〕　地球環境戦略研究機関　2014.3　1冊　30cm〈英語併載〉Ⓝ519.22

アジア〔東部〕（企業）
◇企業統治論―東アジアを中心に　菊池敏夫, 金山権, 新川本編著　税務経理協会　2014.4　148p　21cm〈索引あり〉Ⓘ978-4-419-06096-1　Ⓝ335.4　[2400円]

アジア〔東部〕（企業提携）
◇中国市場と日中台ビジネスアライアンス　郭洋春, 角田収編著　文眞堂　2014.10　180p　22cm〈索引あり　内容：日本多国籍企業の中国展開と日台ビジネスアライアンス（角田収著）　中国における日台アライアンスの基盤とその変化の可能性（伊藤信ird著）　グローバリゼーションと台湾企業の依存関係管理（田畠真弓著）　中国・台湾における日系多国籍企業の労働力の生成と編成（草原光明著）　日台中企業間の生産チェーンと国際的下請生産（福島久一著）　日・台・中産業連携と経済成長戦略（奥村晧一著）　日台中ビジネスアライアンスの発展と韓国多国籍企業の対応（郭洋春著）〉Ⓘ978-4-8309-4841-1　Ⓝ335.3　[2400円]

アジア〔東部〕（紀行・案内記）
◇アジアの日本人町歩き旅　下川裕治著, 中田浩資写真　KADOKAWA　2014.5　254p　図版16p　15cm　（新人物文庫し-13-1）Ⓘ978-4-04-600309-6　Ⓝ292.09　[750円]

アジア〔東部〕（気候変化）
◇脆弱な途上国における影響評価・適応効果の現地実証及び適応技術普及促進業務業務報告書　平成24年度　〔藤沢〕　慶應義塾大学SFC研究所　2013.3　190p　30cm〈平成24年度環境省請負業務　奥付のタイトル：脆弱な途上国における影響評価・適応効果の現地実証及び適応技術普及促進業務〉Ⓝ451.85
◇脆弱な途上国における影響評価・適応効果の現地実証及び適応技術普及促進業務業務報告書　平成25年度　〔藤沢〕　慶應義塾大学SFC研究所　2014.3　137, 52p　30cm〈平成25年度環境省請負業務　奥付のタイトル：脆弱な途上国における影響評価・適応効果の現地実証及び適応技術普及促進業務〉Ⓝ451.85

アジア〔東部〕（教育）
◇東アジアの学校教育　和井田清司, 張建, 牛志奎, 申智媛, 林明煌編著　名古屋　三恵社　2014.3　399p　21cm〈文献あり　年表あり〉Ⓘ978-4-86487-205-8　Ⓝ372.2　[2200円]
◇東アジアの未来をひらく学校改革―展望と挑戦　上野正道, 北田佳子, 申智媛, 齊藤英介編著, 肖霞, 黄郁倫, 高澤直美, 津久井純著　京都　北大路書房　2014.10　261p　21cm〈文献あり　索引あり　内容：グローバル時代の学校改革を展望する（上野正道著）　日本の学校改革と教師（北田佳子著）　韓国の学校改革（申智媛著）　中国における素質教育の展開（肖霞, 上野正道著）　グローバル化のなかで始動する台湾の学校改革（黄郁倫著）　シンガポールにおける学校改革の現状と課題（齊藤英介著）　インドネシアの教育政策の変遷と学校改革の新たな波（高澤直美著）　ドイモイを謳歌する教師の群像（津久井純著）〉Ⓘ978-4-7628-2877-5　Ⓝ372.2　[2700円]

アジア〔東部〕（教育―歴史―1945〜）
◇東アジアの学校教育―共通理解と相互交流のために　和井田清司, 張建, 牛志奎, 申智媛, 林明煌編著　名古屋　三恵社

2014.5　399p　21cm〈文献あり　年表あり〉Ⓘ978-4-86487-243-0　Ⓝ372.2　[3500円]

アジア〔東部〕（教育行政）
◇東アジアの未来をひらく学校改革―展望と挑戦　上野正道, 北田佳子, 申智媛, 齊藤英介編著, 肖霞, 黄郁倫, 高澤直美, 津久井純著　京都　北大路書房　2014.10　261p　21cm〈文献あり　索引あり　内容：グローバル時代の学校改革を展望する（上野正道著）　日本の学校改革と教師（北田佳子著）　韓国の学校改革（申智媛著）　中国における素質教育の展開（肖霞, 上野正道著）　グローバル化のなかで始動する台湾の学校改革（黄郁倫著）　シンガポールにおける学校改革の現状と課題（齊藤英介著）　インドネシアの教育政策の変遷と学校改革の新たな波（高澤直美著）　ドイモイを謳歌する教師の群像（津久井純著）〉Ⓘ978-4-7628-2877-5　Ⓝ372.2　[2700円]

アジア〔東部〕（軍事）
◇日本と中国・韓国・北朝鮮の軍事情勢地図　ライフサイエンス著　三笠書房　2014.6　253p　15cm　（知的生きかた文庫　ら2-6)〈文献あり〉Ⓘ978-4-8379-8270-8　Ⓝ392.2　[600円]

アジア〔東部〕（軍隊）
◇イラストでまなぶ！世界の特殊部隊　ロシア・ヨーロッパ・アジア編　ホビージャパン　2014.3　160p　19cm　Ⓘ978-4-7986-0795-5　Ⓝ392　[1300円]

アジア〔東部〕（経済）
◇朝鮮崩壊―米中のシナリオと日本　長谷川慶太郎著　実業之日本社　2014.6　223p　20cm　Ⓘ978-4-408-11075-2　Ⓝ302.2　[1500円]
◇東アジアにおける経済統合と共同体　廣田功, 加賀美充洋編　日本経済評論社　2014.4　387p　20cm〈索引あり　内容：東アジアにおける経済統合の動き（加賀美充洋著）　貿易自由化の経済学（加賀美充洋著）　欧州統合の歴史的経験とそこからの教訓（廣田功著）　東アジア経済の特徴（加賀美充洋著）　中国経済の現状と統合への立場（山本裕美著）　インド経済の現状と統合への立場（清水学著）　インドネシア経済の現状と統合への立場（長田博著）　韓国経済の現状と統合への立場（奥田聡著）　日本経済の現状と統合への立場（若山昇著）　米国経済の現状と統合への立場（松井範惇著）　現行経済統合の評価・課題（廣田功, 加賀美充洋著）　経済統合の今後の展望（廣田功, 加賀美充洋著）〉Ⓘ978-4-8188-2331-0　Ⓝ333.7　[1800円]

アジア〔東部〕（経済関係）
◇IISTアジア研究会「変貌するアジア（主要国の新しい動き）-2015年アセアン統合及び主要国指導者交代を見据えて―」報告書　平成25年度　貿易研修センター編　貿易研修センター　2014.3　49p　30cm　Ⓝ333.6
◇ASEAN大（メガ）市場統合と日本―TPP時代を日本企業が生き抜くには　深沢淳一, 助川成也著　文眞堂　2014.10　274p　21cm〈年表あり　内容：東アジア統合の黎明期（深沢淳一著）　東アジア大統合時代, ASEANで挑む日本企業（助川成也著）　東アジア大統合の展望（深沢淳一, 助川成也著）〉Ⓘ978-4-8309-4838-1　Ⓝ333.7　[2200円]
◇東アジア統合の経済学　黒岩郁雄編著　日本評論社　2014.1　368p　21cm〈索引あり　内容：東アジア統合の経緯と背景（黒岩郁雄著）　財貿易（石戸光, 伊藤恵子著）　サービス貿易（伊藤恵子, 石戸光著）　海外直接投資（田中清泰著）　労働移動（佐藤仁志, 町北明洋著）　農業問題（本間正義著）　通貨・金融統合（小川英治, 川崎健太郎著）　制度的枠組み（渡邊頼純著）　貿易コスト（熊谷聡著）　産業立地（黒岩郁雄著）　地域格差（黒岩郁雄, 坪田建明著）　技術革新（鍋嶋郁著）　東アジア統合の意義について（黒岩郁雄著）〉Ⓘ978-4-535-55758-1　Ⓝ333.7　[3300円]

アジア〔東部〕（経済関係―歴史―19世紀）
◇近代東アジア海域の人と船―経済交流と文化交渉　松浦章著　吹田　関西大学出版部　2014.12　413p　22cm　（関西大学東西学術研究所研究叢刊　49）〈索引あり　内容：近代東アジア海域の汽船航運と経済交流　清代沙船航運業と上海棉布荘の『邑關莊牌簿』　1867年における寧波入港の船舶　清国上海錢庄の破綻と日治時代台湾経済への波及　1882年三菱郵便会社汽船により上海へ輸出された日本産昆布　清国山西合盛元銀行神戸支店　辛亥革命前の神戸華商麥少彭の経済破綻　辛亥革命と神戸華商　朝鮮郵船会社と朝鮮半島沿海の航運　日清汽船会社と中国　20世紀初期東アジア海域における近海郵船会社の航運　19世紀台湾をめぐる東アジア航運の展開　日本台湾統治時代の西洋型帆船　清代福州の木材輸出と日本統治時代台湾　近海郵船会社の台湾航路について　近代東アジア海域の人と船〉Ⓘ978-4-87354-589-9　Ⓝ683.22　[4000円]

アジア〔東部〕（経済関係―歴史―20世紀）
◇近代東アジア海域の人と船―経済交流と文化交渉　松浦章著　吹田　関西大学出版部　2014.12　413p　22cm　（関西大学東西学術研究所研究叢刊　49）〈索引あり　発行者：関西大学東

アジア〔東部〕（言語─論文集）

西学術研究所　内容：近代東アジア海域の汽船航運と経済交流　清代沙船航運業と上海棉布荘の『邑關荘牌簿』1867年における寧波入港の船舶　清国上海錢荘の破綻と日治時代台湾経済への波及　1882年三菱郵便会社汽船により上海へ輸出された日本産昆布　清国山西合盛元銀行神戸支店　辛亥革命前の神戸華商麥少彭の経済破綻　辛亥革命と神戸華商　朝鮮郵船会社と朝鮮半島沿海の航運　日清汽船会社と中国　20世紀初期東アジア海域における近海郵船会社の航運　19世紀台湾をめぐる東アジア航運の展開　日本台湾統治時代の西洋型帆船　清代福州の木材輸出と日本統治時代台湾　近海郵船会社の台湾航路について　近代東アジア海域の人と船　①978-4-87354-589-9　Ⓝ683.22　[4000円]

アジア〔東部〕（言語─論文集）

◇Kotonoha　2013　古代文字資料館編　長久手　古代文字資料館　2013.12　312p　26cm　『Kotonoha』単刊 no.7　〈文献あり〉『Kotonoha．第120-133号』合冊本　①978-4-904038-07-9　Ⓝ802.2　[非売品]

アジア〔東部〕（公害防止産業）

◇日中韓環境産業円卓会議実施等委託業務報告書　第13回　平成25年度　[東京]　環境省総合環境政策局環境経済課　2014.1　193p　30cm　英語併載　平成25年度環境省委託業務、委託業務者：オーエムシー　奥付のタイトル：日中韓環境産業円卓会議報告書　Ⓝ519.19

アジア〔東部〕（航空運送）

◇アジアにおける格安航空会社（LCC）の路線展開・参入に関する基礎的分析　井上岳、山田幸宏、石黒毅治、坂田峻祐、小野正博［著］　[横須賀]　国土技術政策総合研究所　2013.9　4，36p　30cm　（国土技術政策総合研究所資料　第757号）〈文献あり〉Ⓝ687.22

アジア〔東部〕（小売商）

◇日本・中国・韓国における家電品流通の比較分析　関根孝著　同文舘出版　2014.4　206p　22cm　〈文献あり　索引あり〉①978-4-495-64641-7　Ⓝ673.7　[2800円]

アジア〔東部〕（雇用）

◇東アジアの雇用・生活保障と新たな社会リスクへの対応　末廣昭編　[東京]　東京大学社会科学研究所　2014.3　216p　26cm　（東京大学社会科学研究所研究シリーズ no.56）〈文献あり　内容：東アジアが直面する経済リスク（末廣昭著）大陸間比較から見た東アジアの福祉（上村泰裕著）　福祉国家化以降の韓国福祉国家（金成垣著）　2000年代の韓国における企業規模と福利格差（金炫成著）　韓国における協同組合の法制化（株本千鶴著）　中国の都市住民の経済リスクと公的保障への期待（木崎翠著）　タイ農村部における高齢者の生活保障（河森正人著）　上位中所得国家マレーシアの福祉政治（鈴木絢女著）　変わるインドネシアの社会保障制度（増原綾子著）　シンガポールにおける外国人家事労働者（浜島清史著）〉Ⓝ364.022

アジア〔東部〕（コンテナ輸送）

◇犠牲量モデルによる国際フェリー・RORO船輸送の貨物流動推計　野田巌、岩崎幹平、渡部富博、井山繁、佐々木友子［著］［横須賀］国土技術政策総合研究所　2014.7　4，33p　30cm　（国土技術政策総合研究所資料　第801号）Ⓝ683.6

アジア〔東部〕（山岳）

◇東アジア山岳文化研究会報告書　第3回　2013　信州大学山岳科学総合研究所編　松本　信州大学山岳科学総合研究所　2014.3　273p　26cm　ハングル・中国語併載　内容：東アジア山岳文化研究における農業と林業の視点（笹本正治著）近世山村の住まいと里山林（梅干野成央著）　文化的景観としての棚田・山村地域が示唆する新たな方向性（内川義行著）野焼きと焼畑（永松敦著）　海を渡る山、空を飛ぶ山（須永敬著）　智異山地の持続可能な村落発達と社会生活史（崔元碩、金鍾坤著）　清凉山誌の刊行様相と山の聖域化（全丙哲著）「神聖な山」から「文化の山」へ（周ට 嘉著）　古代中国泰山の生態保護研究（蔣鉄生著）　唐代における泰山の定例祭祀に関する考察（劉興順著）　泰山の森の変遷に関する考察（万昌華著）新たに発見された「重興五峰山霊岩法王墓表」から周玄真の一生の事跡を探す（張炳著）　水の空間（李傑玲著）　現在のベトナムにおける伝統的祭礼から見た山岳文化（チュー・ヴァン・トゥアン、チャン・マイン・クアン著）〉Ⓝ292.04

アジア〔東部〕（史跡名勝）

◇八景小考─詩歌と絵画の景：中国・韓国・台湾・日本　田中誠雄［著］［出版地不明］［田中誠雄］［2013］144p　30cm　〈文献あり〉Ⓝ292.02

アジア〔東部〕（社会）

◇東アジア新世紀─リゾーム型システムの生成　河森正人著　吹田　大阪大学出版会　2013.3　232p　19cm　（阪大リーブル41）〈文献あり〉①978-4-87259-323-5　Ⓝ302.2　[1900円]

◇東アジアのフィールドを歩く─女子大学生がみた日・中・韓のすがお　李泳采、恵泉女学園大学東アジアFSグループ編著　梨の木舎　2014.5　126p　21cm　〈文献あり〉①978-4-8166-1402-6　Ⓝ302.2　[1600円]

アジア〔東部〕（社会調査）

◇East Asian social survey EASS 2012 network social capital module codebook　日本版総合的社会調査共同研究拠点大阪商業大学JGSS研究センター編　[東大阪]　日本版総合的社会調査共同研究拠点大阪商業大学JGSS研究センター　2014.3　326p　30cm　本文は日本語　文部科学省「特色ある共同研究拠点の整備の推進事業」Ⓝ361.92　[非売品]

アジア〔東部〕（社会保障）

◇東アジアの雇用・生活保障と新たな社会リスクへの対応　末廣昭編　[東京]　東京大学社会科学研究所　2014.3　216p　26cm　（東京大学社会科学研究所研究シリーズ no.56）〈文献あり　内容：東アジアが直面する経済リスク（末廣昭著）大陸間比較から見た東アジアの福祉（上村泰裕著）　福祉国家化以降の韓国福祉国家（金成垣著）　2000年代の韓国における企業規模と福利格差（金炫成著）　韓国における協同組合の法制化（株本千鶴著）　中国の都市住民の経済リスクと公的保障への期待（木崎翠著）　タイ農村部における高齢者の生活保障（河森正人著）　上位中所得国家マレーシアの福祉政治（鈴木絢女著）　変わるインドネシアの社会保障制度（増原綾子著）　シンガポールにおける外国人家事労働者（浜島清史著）〉Ⓝ364.022

アジア〔東部〕（宗教）

◇在留外国人の宗教事情に関する資料集　東アジア・南アメリカ編　文化庁文化部宗務課編　文化庁　2014.3　136p　30cm　〈文献あり　文化庁「平成25年度宗教法人等の運営に係る調査」委託業務、委託先：三菱UFJリサーチ＆コンサルティング〉Ⓝ334.41

アジア〔東部〕（書─歴史）

◇料紙と書─東アジア書道史の世界　島谷弘幸編　京都　思文閣出版　2014.3　336p　22cm　〈内容：古筆における伝統と創造（島谷弘幸著）料紙について（赤尾栄慶著）「粘葉本和漢朗詠集」と「金沢本万葉集」にみる料紙の装飾と文様（太田彩著）　中国書法史における装幀加工紙について（富田淳著）日本の料紙装飾の技法における受容と発展について（髙橋裕次著）　料紙を中心とした「平家納経」鑑賞の記録（恵美千鶴子著）　下絵装飾と書（島谷弘幸著）〉①978-4-7842-1748-9　Ⓝ728.2　[5800円]

アジア〔東部〕（植民地（日本）─歴史─昭和前期）

◇日本語文学を読む　李郁蕙著　仙台　東北大学出版会　2014.2　265p　21cm　〈文献あり　内容：「日本語文学」とは何か　日本語の越境と変容　日本語の占有とその壁　「日本語人」の群像　表現の接点　戦前…重層化する力学　戦中…拡大する周縁　戦後…消え去る中心　現代．1　よみがえる日本文化　現代．2　語り継がれる「日本精神」〉①978-4-86163-236-5　Ⓝ910.263　[3000円]

アジア〔東部〕（植民地（日本）─歴史─昭和前期─史料─書目）

◇長崎大学経済学部所蔵戦前期文献目録　長崎大学経済学部編　長崎　長崎大学経済学部　2014.3　5，488p　30cm　Ⓝ210.69

アジア〔東部〕（女性問題）

◇「移動」から見た女性美術家と視覚表象の研究─研究報告書　豊中　大阪大学文学研究科・日本学研究室　2014.3　126p　30cm　〈2011（平成23）年度─2013（平成25）年度独立行政法人日本学術振興会・科学研究費補助金基盤研究（B）研究代表者：北原恵〉Ⓝ702.8

アジア〔東部〕（信仰─歴史）

◇東アジアの宗教文化─越境と変容　国立歴史民俗博物館、松尾恒一編　岩田書院　2014.3　467，3p　図版8p　21cm　〈文献あり　内容：儀礼と信仰の東アジア　舞楽「蘭陵王」（康保成著，王暁葵訳）　韓国仏教儀礼と芸能（洪潤植著）　日韓中世における国家の仏教儀礼と芸能の相関（尹光鳳著）　韓国における「霊山斎」の儀礼と芸能及び芸能（金應起著）　中国における孔子祭儀礼の形成と中日韓での伝承の比較考察（王霄冰著，徐銘訳）　広州東莞地域の「土地誕」習俗（賈靜波，楊洋，松尾恒一訳）　死霊をめぐる神楽と鎮魂（松尾恒一著）　広西柳江流域富祿鎮と葛亮村の媽祖信仰・花炮節（爆竹祭）の考察（黄潔，徐贇麗君，徐銘訳）　琉球における天妃信仰（本間浩著）水と儀礼（澤井真代著）　五輪塔と賽の河原（ハンク・グラスマン著，岸まどか訳）　中国の女紅をめぐる女性のコミュニティ（楊洋著）　宗教知識のネットワークと声・音・身体・物語　九、十世紀中国における斎会の隆盛と十王信仰（荒見泰史著）　中国の仏教修行における経典と講釈の意義・特質の考察（アレクサンダー・メイヤー著，荒見泰史，松尾恒一訳）　唐・五代時期における敦煌の仏教と葬送儀礼（徐銘著）　修験蔵書にみる宗教知識の位相（小池淳一著）　中世日本の儀礼テクストと芸能（阿部泰郎著）　日本中世のネットワーク僧と唱導聖教の伝播（ブライアン・小野坂・ルパート著）　平安・鎌倉期

の論義の儀礼と実践（三後明日香著）『勝賢表白集』の解読（マイケル・ジャメンツ著）謡曲『経政』にみる幽霊と他界（エリザベス・オイラー著, 若林晴子訳）〉①978-4-87294-863-9 Ⓝ162.2 ［4800円］

アジア〔東部〕(信仰―歴史―古代)

◇古代東アジアの「祈り」―宗教・習俗・占術　水口幹記編　森話社　2014.9　330p　20cm　(叢書・文化学の越境 22)〈内容：アマテラスをめぐる「祭祀」と「祈り」(斎藤英喜著)〈媒介者〉としての卜部(大江篤著)　陰陽道の祈り(山下克明著)　古代文学と陰陽道概説(中島和歌子著)『日本霊異記』の祈り(小林真由美著)　古代の祈雨儀礼(山口えり著)「怨霊」以前(山田雄司著)　海・髪・東アジア、そして祈り(水口幹記著)　天への祈り(佐野誠子著)　中国古代の占いと祈り(名和敏光著)　韓半島出土「龍王」木簡にみる新羅人の祈り(鄭淳一著)　ベトナムにおける安南都護高駢の妖術(ファム・レ・フイ著)〉①978-4-86405-068-5 Ⓝ162.2 ［3200円］

アジア〔東部〕(神話)

◇古事記の起源を探る創世神話　工藤隆, 真下厚, 百田弥栄子編　三弥井書店　2013.5　275p　21cm　(伝承文学比較双書)〈内容：日本の民間伝承と創世神話(真下厚執筆)　日本神話の原型に迫る(工藤隆執筆)　中国の創世史詩(百田弥栄子執筆)　奄美の創世神話(高橋一郎執筆)　琉球の創世神話(狩俣恵一執筆)　韓国の創世神話(金賛會執筆)　中国の洪水神話(百田弥栄子執筆)　イ族の創世叙事詩(草山洋平執筆)　白族の創世記(岡部隆志執筆)　少数民族神話と古典籍(富田美智江執筆)　東南アジア島嶼部・南太平洋島嶼部の創世神話(後藤明執筆)　韓国の創世神話伝承資料(金賛會執筆)　ワ族歴史神話"司崗里"の伝説(工藤隆, 遠藤耕太郎, 張正軍執筆)　天をうるおす洪水の物語(百田弥栄子執筆)〉①978-4-8382-3246-8 Ⓝ388.2 ［2800円］

アジア〔東部〕(政治)

◇朝鮮崩壊―米中のシナリオと日本　長谷川慶太郎著　実業之日本社　2014.6　223p　20cm　①978-4-408-11075-2 Ⓝ302.2 ［1500円］

アジア〔東部〕(葬制)

◇変容する死の文化―現代東アジアの葬送と墓制　国立歴史民俗博物館, 山田慎也, 鈴木岩弓編　東京大学出版会　2014.11　226,4p　22cm〈索引あり　内容：死の認識の変遷(鈴木岩弓著)　儀礼の変容(山田慎也著)　社会の無縁化と葬送墓制(槇村久子著)　死の自己決定と社会(森謙二著)「わたしの死」の行方(小谷みどり著)　国家の葬墓管理(王夫子著)　死生学の構築と政策(鄭志明著)　葬儀行政と産業(張萬石著)　葬儀と国家(田村和彦著)　東アジアの死をめぐる現状と課題(山田慎也著)〉①978-4-13-010411-1 Ⓝ385.6 ［5400円］

アジア〔東部〕(村落)

◇住まいと集落が語る風土―日本・琉球・朝鮮　森隆男編著　吹田　関西大学東西学術研究所　2014.3　323p　22cm　(関西大学東西学術研究所研究叢刊 45)〈発行所：関西大学出版部　内容：対馬の住まい(森隆男著)　クジラが運んだ文化のかたち(茶谷まりえ著)　奄美諸島における琉球と薩摩(高橋誠一著)　環東シナ海における「格子状集落」をめぐる一考察(山元貴継著)　琉球における集落の形成思想と伝統的集落景観(松井幸一著)　沖縄の共同店に関するノート(伊東理著)　保全すべき文化景観としての居住空間(中俣均著)　韓国伝統集住空間構成に関する研究(朴賛弼著)　済州特別自治道建築物美術作品関連制度及び設置現況に対する研究(金鳳愛, 文禎珢著)　朝鮮伝統農耕システムの核心とその伝播あるいは変形について(野間晴雄著)〉①978-4-87354-578-3 Ⓝ383.91 ［4200円］

アジア〔東部〕(大学―歴史)

◇帝国日本と植民地大学　酒井哲哉, 松田利彦編　ゆまに書房　2014.2　638p　22cm〈年表あり　文献あり〉①978-4-8433-4456-9 Ⓝ377.22 ［12000円］

アジア〔東部〕(地域開発)

◇東アジア中山間地域の内発的発展―日本・韓国・台湾の現場から　清水万由子, 尹誠國, 谷垣岳人, 大矢野修著　公人の友社　2014.4　125p　21cm　(地域ガバナンスシステム・シリーズ No.17)〈内容：東アジア中山間地域の内発的発展(清水万由子著)　韓国における内発的発展の現状と課題(尹誠國著)　台湾における生物多様性を活かした内発的発展(谷垣岳人著)　南信州・小規模自治体の自立構想と内発的発展(大矢野修著)　東アジア中山間地域の内発的発展―展望―(清水万由子著)〉①978-4-87555-642-8 Ⓝ601.2 ［1200円］

アジア〔東部〕(知識階級―歴史―20世紀)

◇講座東アジアの知識人　第4巻　戦争と向き合って―満洲事変～日本敗戦　趙景達, 原田敬一, 村田雄二郎, 安田常雄編　安田常雄本巻担当　有志舎　2014.3　396p　22cm〈内容：戦争と向き合って(安田常雄著)　橘孝三郎(岩崎正弥著)　北一輝(萩原稔著)　朝鮮農民社の知識人たち(松本武祝著)　晏陽初と陶行知(山本真著)　陳独秀(緒形康著)　白南雲(洪宗郁著)　戸坂潤(根津朝彦著)　人民戦線の人々(後藤嘉宏著)　ホー・チ・ミン(古田元夫著)　市川房枝(加納実紀代著)　崔麟(川瀬貴也著)　汪精衛(劉傑著)　林献堂(許雪姫著, 若林正丈訳)　三木清と尾崎秀実(太田亮吾著)　石原莞爾(ティノ・シェルツ著)　橘樸(山室信一著)　東亜聯盟運動に参加した朝鮮人(松田利彦著)　朴錫胤(水野直樹著)　明石順三(趙景達著)　金天海(樋口雄一著)　国崎定洞(加藤哲郎著)〉①978-4-903426-81-5 Ⓝ220.6 ［3600円］

◇講座東アジアの知識人　第5巻　さまざまな戦後―日本敗戦～1950年代　趙景達, 原田敬一, 村田雄二郎, 安田常雄編　趙景達, 原田敬一, 村田雄二郎, 安田常雄本巻担当　有志舎　2014.4　420p　22cm〈年表あり　内容：さまざまな戦後(趙景達, 原田敬一, 村田雄二郎ほか著)　ハーバート・ノーマン(中野利子著)　都留重人(安田常雄著)　張君勱(中村元哉著)　二・二八事件の人々(何義麟著)　丸山眞男(石田憲著)　竹内好(山田賢著)　雑誌『観察』と羅隆基(中村元哉著)　安在鴻(朴賛勝著, 伊藤俊介訳)　エドガー・スノー(江田憲治著)　儲安平(水羽信男著)　金達寿(宮本正明著)　中野重治(林淑美著)　武田泰淳と堀田善衛(渡邊一民著)　花森安治(天野正子著)　鶴見俊輔(安田常雄著)　費孝通(聶莉莉著)　梁漱溟と毛沢東(砂山幸雄著)　金九と李承晩(李景珉著)　石橋湛山と吉田茂(姜克實著)　プンツォク・ワンギェル(小林亮介著)　近現代東アジアのなかの知識人(趙景達, 原田敬一, 村田雄二郎ほか述)〉①978-4-903426-84-6 Ⓝ220.6 ［3600円］

アジア〔東部〕(庭園―歴史)

◇伝統を読みなおす　3　風月、庭園、香りとはなにか　野村朋弘編　京都造形芸術大学東北芸術工科大学出版局藝術学舎　2014.4　172p　21cm　(芸術教養シリーズ 24)〈幻冬舎(発売)　内容：中国古代漢詩にみる「風月」の空間美意識(余淳宗著)　韓国古代漢詩にみる「風月」の空間美意識(余淳宗著)　日本古代漢詩にみる「風月」の空間美意識(余淳宗著)　東アジア重陽の節句にみる空間美意識(余淳宗著)　中国曲水宴にみる庭園文化の形成(余淳宗著)　日本庭園の伝統的空間認識(尼﨑博正著)　庭園の立地環境を読み解く(尼﨑博正著)　庭園意匠の抽象化(尼﨑博正著)　近代日本庭園のめざした自然(尼﨑博正著)　現代の「市中の山居」をつくり出す(尼﨑博正著)　香りの「いろは」(小泉祐貴子著)　日本の香りが来た道(小泉祐貴子著)　香りの文化の広がり(小泉祐貴子著)『源氏物語』の風情を彩る庭園の香り(小泉祐貴子著)　桂離宮の「香り風景」、そして現代へ(小泉祐貴子著)〉①978-4-344-95193-8 Ⓝ702.2 ［2200円］

アジア〔東部〕(伝記)

◇韓南島嶼ノ富源 / 明治四十四年全羅南道道勢要覧 / 日清韓新三國志　度支部, 全羅南道, 春陽堂編　復刻版　龍溪書舎　2014.5　1冊　21cm　(韓国併合史研究資料 101)〈東京経済大学図書館蔵の複製〉①978-4-8447-0175-0 Ⓝ292.18 ［8000円］

アジア〔東部〕(陶磁器―図集)

◇東アジアの華陶磁名品展―2014年日中韓国立博物館合同企画特別展　東京国立博物館編　東京国立博物館　2014.9　143p　27cm〈会期・会場：2014年9月20日―11月24日　東京国立博物館本館特別5室〉①978-4-907515-06-5 Ⓝ751.2

アジア〔東部〕(都城―歴史)

◇近世東アジア比較都城史の諸相　新宮学編　白帝社　2014.2　316p　27cm〈執筆：妹尾達彦ほか　内容：近世東アジア比較都城史研究序説(新宮学著)　宮城をめぐる諸問題　大極宮から大明宮へ(妹尾達彦著)　朝鮮初期昌徳宮後苑小考(桑野栄治著)　清朝宮廷におけるモンゴル王公(中村篤志著)　都城空間をめぐる諸問題　開封廃都と臨安定都をめぐって(久保田和男著)　元の大都の形成過程(渡辺健哉著)　北京外城の出現(新宮学著)　六朝建康城の研究(張学鋒著, 小野孝夫訳)　日本古代宮都の獄(橋本義則著)　秦・前漢初期「関中」における関(津)・塞についての再考(馬彪著)　中国古代都城城市形態史評述(成一農著)〉①978-4-86398-151-5 Ⓝ292.018 ［6286円］

アジア〔東部〕(ナショナリズム)

◇日中韓を振り回すナショナリズムの正体　半藤一利, 保阪正康著　東洋経済新報社　2014.10　252p　19cm　①978-4-492-06193-0 Ⓝ311.3 ［1500円］

アジア〔東部〕(美術―歴史―20世紀)

◇近現代の芸術史　造形篇2　アジア・アフリカと新しい潮流　林洋子編　京都造形芸術大学東北芸術工科大学出版局藝術学舎　2013.10　204p　21cm　(芸術教養シリーズ 8)〈幻冬舎(発売)　年表あり　索引あり　内容：日本　1　明治後期から大正前期まで(河上眞理著)　日本　2　大正後期から戦時下まで(河上眞理著)　日本　3　復興期の美術(粟田大輔著)　日本　4　激動期の美術(粟田大輔著)　日本　5　消費社会の美術

あ

あ

（粟田大輔著）　日本　6　冷戦終結後の美術（粟田大輔著）　中国（古田真一著）　韓国（竹中悠美著）　非西洋の美術（川口幸也著）　写真（佐藤守弘著）　工芸（三上美和著）　建築（磯達雄著）　デザイン（藤崎圭一郎著）　ファッション（成実弘至著）　女性美術家（林洋子著）〉①978-4-344-95167-9　Ⓝ702.07　［2500円］

アジア〔東部〕（美術―歴史―20世紀―図集）

◇官展にみる近代美術―東京・ソウル・台北・長春　福岡　福岡アジア美術館　2014.2　320p　30cm〈年表あり　文献あり　会期・会場：2014年2月13日―3月18日 福岡アジア美術館ほか　編集：ラワンチャイクン寿子ほか　共同刊行：府中市美術館ほか〉Ⓝ702.2

アジア〔東部〕（美術家）

◇「移動」から見た女性美術家と視覚表象の研究―研究報告書　豊中　大阪大学文学研究科・日本学研究室　2014.3　126p　30cm〈2011（平成23）年度―2013（平成25）年度独立行政法人日本学術振興会・科学研究費補助金基盤研究（B）研究代表者：北原恵〉Ⓝ702.8

アジア〔東部〕（仏教―歴史）

◇天台仏教と東アジアの仏教儀礼　多田孝正著　春秋社　2014.6　685,17p　22cm〈文献あり 索引あり　布装　内容：南北朝の仏教と天台智顗　天台仏教の形成　天台仏教の基調とその諸相　明代の准提言信仰について　顕密円通成仏心要集の六字大明をめぐって　水陸会の現状について　韓国に現存する水陸儀軌諸本の考察　韓国本『法界聖凡水陸勝会修斎儀軌』不採用の袾宏本部分について　志磐について〉①978-4-393-11313-4　Ⓝ188.41　［22000円］

アジア〔東部〕（文化）

◇東アジア山岳文化研究会報告書　第3回　2013　信州大学山岳科学総合研究所編　松本　信州大学山岳科学総合研究所　2014.3　273p　26cm〈ハングル・中国語併載　内容：東アジア山岳文化研究における農業と林業の視点（笹本正治著）　近世山村の住まいと里山林（梅干野成央著）　文化的景観としての棚田・山村地域が示唆する新たな時代の方向性（内川義行著）　野焼きと焼畑（永松敦著）　海を渡る山、空を飛ぶ山（須永敬著）　智異山地の持続可能な村落発達と社会生活史（崔元碩, 金鎰坤著）　清涼山山誌の刊行様相と山の聖域化（全丙哲著）「神聖な山」から「文化の山」へ（周郢著）　古代中国泰山の生態保護研究（蒋鉄生著）　唐代における泰山の定例祭祀に関する考察（劉興順著）　泰山の森の変遷に関する考察（万昌華著）　新たに発見された「重興五峰山雲清周法主墓表」から周玄真の一生の事跡を探す（張琰著）　水の空間（李傑玲著）　現在のベトナムにおける伝統的祭礼から見た山岳文化（チュー・ヴァン・トゥアン, チャン・マイン・クアン著）〉Ⓝ292.04

◇メディア文化と相互イメージ形成―日中韓の新たな課題　大野俊編　新装版　福岡　九州大学出版会　2014.5　178p　19cm　（東アジア地域連携シリーズ 2）〈執筆：大野俊ほか　内容：越境するメディア文化と国民感情（大野俊著）　中日相互イメージの構図と今後の文化交流（崔世廣著）　中国における日本のポップカルチャー受容と若者のアイデンティティ（金嬴著）　韓国における日本映像文化の受容と対日認識の変化（金泳徳著）　文学を通した「東アジア共同体」実現に向けた模索（呉錫崙著）　日本における韓流の受容と在日コリアン（小川玲子著）　ネット文化と中日相互イメージの形成（賈璇著）〉①978-4-7985-0131-4　Ⓝ361.5　［1800円］

アジア〔東部〕（文化―歴史）

◇知のユーラシア　5　交響する東方の知―漢文文化圏の輪郭　堀池信夫総編集　増尾伸一郎, 松崎哲之編　明治書院　2014.2　293p　21cm〈内容：渤海との交流と漢詩文（河野貴美子著）　三国仏法伝通史観の功罪（石井公成著）　旅する禅僧（堀川貴司著）　キリシタンと浄土真宗（神田千里著）『春秋』の思想と水戸の学問（松崎哲之著）　琉球史書の特質と問題（木村淳也著）　南方熊楠における西欧学知（田村義也著）　形成期の日本民俗学とヨーロッパ（増尾伸一郎著）　近代朝鮮社会と日本語（三ツ井崇著）〉①978-4-625-62431-5　Ⓝ220　［2800円］

アジア〔東部〕（文化―歴史―近代）

◇韓流・日流―東アジア文化交流の時代　山本浄邦編　勉誠出版　2014.4　341p　22cm〈内容：東アジア自然学のネットワークの形成と分裂（魯相豪著）　前近代から近代への移行期における朝日関係（金潤煥著）　清末期中国人陸軍学生の精神教育（宮城由美子著）　朝鮮における野球の受容（小野容照著）　南京国民政府時期の「国貨運動」（石田亮著）「母性愛」の越境（梁仁實著）　韓国における日本大衆文化の受容と変容（李貞慜著）　文化史としてのK-pop（山本浄邦著）　韓国キリスト教と日本社会（李賢京著）　韓国における「負の遺産」の解体/再生と新たなコミュニケーションの可能性（金仙熙著）　中国における「韓流」（山本浄邦著）〉①978-4-585-22086-2　Ⓝ319.2　［5500円］

アジア〔東部〕（文書館）

◇東アジアにおけるアーカイブズ理念の受容と歴史的文化的情報資源の構築―日本・韓国・中国・台湾を中心として　1年次報告書　東アジア・アーカイブズ研究会　2014.3　190p　30cm〈平成24年度りそなアジア・オセアニア財団調査研究活動助成　研究代表：濱田英毅〉Ⓝ018.09

アジア〔東部〕（貿易―日本―歴史―古代）

◇日本古代王権と唐物交易　皆川雅樹著　吉川弘文館　2014.3　258,11p　22cm〈索引あり　内容：「唐物」研究の現状と課題　九世紀における「唐物」の史的意義　九～十一世紀の対外交易と「唐物」贈与　九～十一世紀における陸奥の金と「唐物」　香料の贈答　動物の贈答　琴の贈答　モノから見た遣唐使以後の交易　総括と今後の展望〉①978-4-642-04612-1　Ⓝ210.3　［9500円］

アジア〔東部〕（民家）

◇住まいと集落が語る風土―日本・琉球・朝鮮　森隆男編著　吹田　関西大学東西学術研究所　2014.3　323p　22cm　（関西大学東西学術研究所研究叢刊 45）〈発行所：関西大学出版部　内容：対馬の住まい（森隆男著）　クジラが運んだ文化のかたち（荼谷まりえ著）　奄美諸島における琉球と薩摩（高橋誠一著）　環東シナ海における「格子状集落」をめぐる一考察（山元貴継著）　琉球における集落の形成思想と伝統的集落景観（松井幸一著）　沖縄の共同店に関するノート（伊東理著）　保全すべき文化景観としての居住空間（中俣均著）　韓国伝統集住空間構成に関する研究（朴賛弼著）　済州特別自治道建築物美術作品関連制度及び設置現況に対する研究（金鳳愛, 文禎琅著）　朝鮮伝統農耕システムの核心とその伝播あるいは変形について（野間晴雄著）〉①978-4-87354-578-3　Ⓝ383.91　［4200円］

アジア〔東部〕（民間信仰―歴史―近代）

◇戦争・災害と近代東アジアの民衆宗教　武内房司編　有志舎　2014.3　313,3p　22cm〈内容：明清民間教派の「避劫银城」（曹新宇著, 折原幸恵訳）　近代道教の終末論（ヴァンサン・ゴーサール著, 梅川純代訳）　民間教派から慈善団体へ（小武海櫻子著）　世界紅卍字会の慈善観（宮田義矢著）　清末の災難における扶乩団体の慈善活動（王見川著, 小武海櫻子訳）　中国紅十字会と清末民初の標章問題（篠崎守利著）　植民地台湾の震災（胎中千鶴著）　戦場の遺体（孫江著）　道義（范純武著, 張士陽訳）　日本占領期香港におけるカトリックの救済活動（倉田明子著）　植民地朝鮮における仏法研究会の教理と活動（趙景達著）　先天道からカオダイ教へ（武内房司著）「ホーおじさん教」と戦争の記憶（今井昭夫著）〉①978-4-903426-82-2　Ⓝ162.2　［6600円］

アジア〔東部〕（昔話）

◇国際化時代を視野に入れた説話と教科書に関する歴史的研究―平成25年度広域科学教科教育学研究経費報告書　［小金井］　東京学芸大学　2014.3　112p　26cm〈文献あり　研究代表者：石井正巳〉Ⓝ375.9

アジア〔東部〕（リージョナリズム）

◇東北アジア平和共同体構築のための倫理的課題と実践方法―「IPCR国際セミナー2012」からの提言　韓国社会法人宗教平和国際事業団著, 世界宗教者平和会議日本委員会編, 山本俊正監修, 中央学術研究所編集責任　佼成出版社　2014.7　222,3p　18cm　（アーユスの森新書 009）〈内容：東アジア平和共同体構築の必要性とその方向性（丁世鉉述, 金永完訳）　東北アジアの信頼醸成とHRTF〈国際緊急人道支援部隊Humanitarian Relief Task Force〉構想（犬塚直史著）　儒教倫理と東北アジア平和共同体の人権保護体制（金永完著, 金永完訳）　韓国『在外同胞法』に対する再度の遺憲訴訟（厳海玉著, 金永完訳）　犬塚直史「東北アジアの信頼醸成とHRTF〈国際緊急人道支援部隊Humanitarian Relief Task Force〉構想」に対する所感（趙長衍著）　東北アジア平和共同体の構築と南北朝鮮〈半島〉問題（林炯眞著）　東北アジア平和共同体の構築（山本俊正著）　東北アジア経済共同体の成立を通じた倫理的市場経済秩序の創出（孫炳海著, 金永完訳）　日本人仏教徒からみた消費社会に関する一考察（川本貢市著）　東アジアの伝統と共同体の市場規律（李道剛著, 金永完訳）　経済的側面から見た東北アジア平和共同体構築のための倫理的課題と実践方法（呉尚烈著, 金永完訳）　平和のための堅実な社会基盤整備の拡充（刀述仁著, 金永完訳）　東北アジア平和共同体の構築と倫理の社会的・文化的役割と使命（眞田芳憲著）　キリスト教の自然理解と生命尊重に基づく平和的な実践（孫貞明著）「社会・文化的側面から見た東北アジア平和共同体構築のための倫理的課題と実践方法」に対する討論（金道公著）　東北アジア平和共同体構築のための倫理的課題と実践方法（李基浩著）　東北アジア平和共同体構築のための現代の生きた倫理観と食と自然への敬意（村上泰教著）〉①978-4-333-02672-2　Ⓝ319.2　［900円］

アジア〔東部〕（歴史）

◇環東アジア地域の歴史と「情報」 關尾史郎編 知泉書館 2014.3 296p 23cm （新潟大学人文学部研究叢書 11）〈内容：本質の記憶と記録（關尾史郎著）「華麗なる一族」のつくりかた（蓮田隆志著） 酒泉王家開5号墓天馬図の運足表現（高橋秀樹著） 奈良時代における「先人の遺風」としての「風流」とその展開（荻美津夫著） 西夏王国における交通制度の復原（佐藤貴保著） 屠牛と禁令（山内民博著） 支配錯綜地帯における地域的入用（原直史著） 清国における海産物市場の形成と市場情報（籠慎一著） 近代ハルハ・モンゴルにおける土地制度の系譜とその展開（広川佐保著） 南進論と日独伊三国同盟（芳井研一著）〉Ⓘ978-4-86285-183-3 Ⓝ220.04 ［6500円］

◇東アジア未来・共同体―日中韓平和交流in忠清南道/韓国 ［東京］「第13回東アジア青少年歴史体験キャンプ」実行委員会事務局 2014.12 143p 30cm （東アジア青少年歴史体験キャンプ記録集 第13回）〈会期：2014年8月5日～10日〉Ⓝ375.14

◇東アジア和解・未来―日中韓・青少年の平和交流in京都 ［東京］「第12回東アジア青少年歴史体験キャンプ」実行委員会事務局 2014.3 140p 30cm （東アジア青少年歴史体験キャンプ記録集 第12回）〈会期：2013年8月7日～12日〉Ⓝ375.14

アジア〔東部〕（歴史―1914～1945）

◇東アジア近現代通史―19世紀から現在まで 下 和田春樹、後藤乾一、木畑洋一、山室信一、趙景達、中野聡、川島真著 岩波書店 2014.9 256,10p 19cm （岩波現代全書 044）〈文献あり 年表あり 内容：アジア太平洋戦争と「大東亜共栄圏」（後藤乾一著） アジア諸戦争の時代（木畑洋一著） ベトナム戦争の時代（中野聡著） 経済発展と民主革命（和田春樹著） 共同討議和解と協力の未来へ（和田春樹、後藤乾一、木畑洋一ほか述,岩波書店編集部司会）〉Ⓘ978-4-00-029144-6 Ⓝ220.6 ［2300円］

アジア〔東部〕（歴史―1945～）

◇東アジア近現代通史―19世紀から現在まで 下 和田春樹、後藤乾一、木畑洋一、山室信一、趙景達、中野聡、川島真著 岩波書店 2014.9 256,10p 19cm （岩波現代全書 044）〈文献あり 年表あり 内容：アジア太平洋戦争と「大東亜共栄圏」（後藤乾一著） アジア諸戦争の時代（木畑洋一著） ベトナム戦争の時代（中野聡著） 経済発展と民主革命（和田春樹著） 共同討議和解と協力の未来へ（和田春樹、後藤乾一、木畑洋一ほか述,岩波書店編集部司会）〉Ⓘ978-4-00-029144-6 Ⓝ220.6 ［2300円］

アジア〔東部〕（歴史―19世紀）

◇東アジア近現代通史―19世紀から現在まで 上 和田春樹、後藤乾一、木畑洋一、山室信一、趙景達、中野聡、川島真著 岩波書店 2014.9 244,9p 19cm （岩波現代全書 043）〈文献あり 年表あり 内容：東アジアの近代（川島真著） 日露戦争と韓国併合（和田春樹著） 世界戦争と改造（趙景達著） 社会主義とナショナリズム（山室信一著） 新秩序の模索（山室信一著）〉Ⓘ978-4-00-029143-9 Ⓝ220.6 ［2300円］

アジア〔東部〕（歴史―20世紀）

◇アジアからの世界史像の構築―新しいアイデンティティを求めて 湯山トミ子,宇野重昭編著 東方書店 2014.6 329p 21cm （成蹊大学アジア太平洋研究センター叢書）〈索引あり 内容：アジアとヨーロッパの相互補完の時代へ（宇野重昭著） グローバルヒストリーのなかのアジアのアイデンティティ（濱下武志著） 中国から見える世界史像と複合的アイデンティティ（宇野重昭著） アジアの近代化と日本（光田剛著） 戦後日本思想史における"中国革命"（孫歌著,湯山トミ子訳） 中国から世界へ（湯山トミ子著） 植民地朝鮮における「宗教」と「政治」（川瀬貴也著） 通底する「朝鮮半島問題」の論理（福原裕二著）〉Ⓘ978-4-497-21409-6 Ⓝ220.7 ［3600円］

◇記憶と表象から読む東アジアの20世紀 チョン・グンシク,直野章子,波潟剛,三隅一人編 福岡 花書院 2014.3 217p 21cm 〈文献あり〉Ⓘ978-4-905324-91-1 Ⓝ220.7 ［2100円］

◇東アジア近現代通史―19世紀から現在まで 上 和田春樹、後藤乾一、木畑洋一、山室信一、趙景達、中野聡、川島真著 岩波書店 2014.9 244,9p 19cm （岩波現代全書 043）〈文献あり 年表あり 内容：東アジアの近代（川島真著） 日露戦争と韓国併合（和田春樹著） 世界戦争と改造（趙景達著） 社会主義とナショナリズム（山室信一著） 新秩序の模索（山室信一著）〉Ⓘ978-4-00-029143-9 Ⓝ220.6 ［2300円］

アジア〔東部〕（歴史―古代）

◇東アジア木簡学のために 角谷常子編 汲古書院 2014.4 305p 22cm 〈内容：木簡使用の変遷と意味（角谷常子著） 文書行政における常套句（冨谷至著） 古代東アジアにおける付札の展開（鷹取祐司著） 木簡の行方（藤田高夫著） 穀物の貸与と還納をめぐる文書行政システム一斑（關尾史郎著） 韓国

出土木簡と東アジア世界論（李成市著） 日本古代木簡の視覚機能（市大樹著） 荷札木簡に見える地名表記の多様性（舘野和己著） 考課・選叙の木簡と儀式（寺崎保広著） 書写技術の伝播と日本文字文化の基層（馬場基著） 墨書のある木製品とその機能（渡辺晃宏著） 歌木簡（ジョシュア・フライドマン著）〉Ⓘ978-4-7629-6522-7 Ⓝ220 ［6000円］

アジア〔東部〕（歴史―論文集）

◇東アジア古文化論攷 part 1 高倉洋彰編 福岡 中国書店 2014.4 481p 26cm 〈文献あり 内容：現代と考古学 古代山城研究とその保護の歴史（水ノ江和同著） 福岡県における太平洋戦争中及び戦後の文化財保護（伊﨑俊秋著） 発掘調査情報の共有化と、さらなる活用に向けた試み（市川創著） 鳥居龍蔵の日本国内調査（岡山真知子著） 松本清張文学にみる「添景」としての考古学（大津忠彦著） アイヌ民族の竪臼と竪杵、桶、手杵（上條信彦著） ユーラシア世界の考古学 東北アジア先史時代偶像・動物形製品の変遷と地域性（古澤義久著） 中国新石器時代の動物形容器の機能（今村佳子著） 中國東北地域河韓半島合鑄式銅剣の地弖鑄備的考察（李淸圭著） 高家堡遺跡と劉台子遺跡（甲元眞之著） 後漢鏡淮派の先駆者たち（岡村秀典著） 建武五年銘画文帯神獣鏡の文様と製作技術（辻田淳一郎著） 建武三年銘同向式神獣鏡の再検討（真野和夫著） 秦漢から曹魏の璽印（菅谷文則著） 新たに報告された楽浪塼室墓に関する考察（高久健二著） 中国出土の墓誌にみる亡命百済人について（清原倫子著） 中国福建省連江県定海沖の沈没船（辻尾榮市著） 日本と中国西南地区の兄妹婚神話に関する比較研究（金城初美著） 韓国青銅器時代における木製農工具の特性（田崎博之著） 朝鮮半島・日本列島における過去の気候変動データの比較検討（端野晋平著） 韓国扶余九鳳里遺跡出土細形銅矛の検討（武末純一著） 泗川勒島C地区住居址と温突（池淵謹著,田中聡一訳） 馬韓と倭をつなぐ（寺井誠著） 興蘭倉小考（六反田豊著） モンゴル出土人骨の頭蓋骨の計測値（金宰賢著） 土器製作における素地選択と調整技術の基礎的検討（鐘ヶ江賢二著） 鎖国期のヨーロッパ・マジョリカについて（松本啓子著） ホンジュラス共和国ラ・アラーダのネガティブ文様土器づくり（村野正景著）〉Ⓘ978-4-903316-37-6 (set) Ⓝ220.04

◇東アジア古文化論攷 part 2 高倉洋彰編 福岡 中国書店 2014.4 605p 26cm 〈文献あり 内容：原始古代の考古学 房総半島における縄文時代の遺体毀損事例（石川健著） 福岡市西新周辺の遺跡調査から見た地形形成環境（磯望、宗建郎著） 九州北部の弥生時代中・後期の墳墓標石（坂本嘉弘著） 弥生時代列状墓と親族構造（田中良之著） 弥生時代石器研究の現状と課題（禰宜田佳男著） 北部九州における石庖丁の生産と流通（能登原孝道著） 弥生時代の掘立柱建物（中尾祐太著） 弥生時代中期から後期における高松平野の集落動態（渡邉誠著） 中九州における弥生後期集落の変遷（福田匡朗著） 関東地方における弥生時代小形仿製鏡について（田尻義了著） 南九州における古墳時代のムラと墓（池畑耕一著） 古墳時代片流れ造り建物についての一試考（森本徹著） 古墳時代から奈良時代の集落と首長制（重藤輝行著） 杵築市小熊山古墳出土埴輪の胎土分析とその解釈（大西智和著） 井辺八幡山古墳出土の力士埴輪の再検討（冨加見泰彦著） ダンワラ古墳出土金銀錯嵌珠龍文鏡の基礎的研究（河野一隆著） 磯間岩陰遺跡出土人骨にみられる親族関係（舟橋京子著） 5世紀の倭王権（西川寿勝著） 北部における初期期須恵器の始原と生産背景（朴廣春著,田中聡一訳） ミヤケの考古学的研究のための予備的検討（岩永省三著） 沖ノ島国家型祭祀開始の契機とその背景（宇野愼敏著） 怡土城について（瓜生秀文著） 神亀・天平の計帳歴名に見える戸口変動（坂上康俊著） 堅穴建物とカマド（渡邉隆行著） 古代山城の倉庫群の形成について（赤司善彦著） その遺跡はもともと完成していたのか（亀田修一著） 箸の痕跡（小田裕樹著） 九州で平瓦一枚作りが普及しなかった理由（上角智希著） 観世音寺式伽藍配置と大寺（貞清世里著） 付属官衙からみた国府の変容（神保公久著） 奈良時代における山水楼閣の遺跡（福岡澄男著） 中世地の考古学 由布岳の性空上人（吉田扶希子著）「天文年造/製」銘小皿小考（木村幾多郎著） 離島の織豊系城郭群（中山圭著） 浦上村キリシタン改心者墓碑の意義（宮崎啓明著） 鋳造技術からみた芦屋釜の相対的編年（新郷英弘著） 宗像の狛犬1（石山勲著） 18世紀末の薩摩焼生産の様相（渡辺芳郎著）〉Ⓘ978-4-903316-37-6 (set) Ⓝ220.04

アジア〔東部〕（労働市場）

◇東アジアの労働市場と社会階層 太郎丸博編 京都 京都大学学術出版会 2014.5 240p 22cm （変容する親密圏/公共圏 7）〈索引あり 内容：東アジアの労働市場と社会階層（太郎丸博著） グローバル化のなかでの失業リスクの男女・ジェンダー差（阪口祐介著） 韓国における経済危機、労働市場再編成と職業移動（ファン・ハナム著、山下順子、太郎丸博訳） 女性のライフコースと職業パターン（大和礼子著） 韓国の親密的労働市場政策は親密性の自殺予防効果を高めるか（柴田悠著） 性別職域分離は地域によってどう異なるか（織田暁子、大和礼子、

太郎丸博著）　自営業の継続と安定化（竹ノ下弘久著）　物質主義はどこで生き残っているのか（チャン・チンフェン，ジ・キハ，髙松里江ほか著，山本耕平訳）〉 ①978-4-87698-379-7 Ⓝ366.22 ［3200円］

ASIAN KUNG-FU GENERATION

◇ジュウネン、キセキ。―ASIAN KUNG-FU GENERATION document graph September 14-15,2013　エムオン・エンタテインメント　2014.4　175p　24cm　①978-4-7897-3615-2 Ⓝ767.8 ［2500円］

足尾銅山

◇足尾銅山跡調査報告書　5　日光市教育委員会事務局文化財課編　日光　日光市教育委員会　2014.3　21, 56p　30cm　（日光市文化財調査報告 第7集） Ⓝ562.2

◇足尾銅山・朝鮮人強制連行と戦後処理　古庄正著　国分寺　創史社　2013.6　215p　19cm〈八月書館（発売）　著作目録あり　内容：八月十五日を迎えるたびに　強制連行における企業責任　朝鮮人強制連行と戦後処理　足尾銅山・朝鮮人強制連行と戦後処理　足尾銅山・朝鮮人戦時動員の企業責任　朝連資料に見る企業の戦後処理　供託をめぐる国家責任と企業責任〉 ①978-4-915970-43-6　Ⓝ366.8 ［2400円］

足利〔氏〕

◇戦国期足利将軍家の権力構造　木下昌規著　岩田書院　2014.10　388, 9p　22cm　（中世史研究叢書 27） ①978-4-87294-875-2　Ⓝ210.47 ［8900円］

足利 氏満〔1359～1398〕

◇関東足利氏の歴史　第2巻　足利氏満とその時代　黒田基樹編著　戎光祥出版　2014.4　262p　21cm〈年譜あり　内容：足利氏満と室町幕府（石橋一展著）　平一揆の乱と源姓畠山氏（清水亮著）　小山氏の乱（石橋一展著）　田村庄司の乱の展開と小山若犬丸・小田孝朝（杉山一弥著）　関東足利氏の御一家　1（谷口雄太著）　足利氏満の発給文書（駒見敬祐著）　足利氏満期の関東管領と守護（木下聡著）　氏満期の奉行人（植田真平著）　氏満期の上杉氏（黒田基樹著）　足利氏満の妻と子女（谷口雄太著）〉 ①978-4-86403-106-6　Ⓝ288.2 ［3600円］

足利 義昭〔 ～1538〕

◇信長と将軍義昭―連携から追放、包囲網へ　谷口克広著　中央公論新社　2014.8　245p　18cm　（中公新書 2278）〈文献あり 年表あり〉 ①978-4-12-102278-3　Ⓝ210.47 ［820円］

足利市（写真集）

◇足利・佐野の昭和―写真アルバム　長岡　いき出版　2014.6　279p　31cm〈栃木県教科書供給所（発売）〉 ①978-4-904614-47-1　Ⓝ213.2 ［9250円］

足利市（伝説）

◇北の郷物語　第3集　中島太郎文・画　足利　岩花文庫　2013.5　54p　21cm　Ⓝ388.132 ［500円］

鰺ヶ沢町〔青森県〕（エネルギー政策）

◇地域主導型再生可能エネルギー事業化検討委託業務（青森県鰺ヶ沢町）成果報告書　平成25年度　［鰺ケ沢町（青森県）］　白神アグリサービス　2014.3　81p　30cm〈平成25年度環境省委託業務〉 Ⓝ501.6

鰺ヶ沢町〔青森県〕（軍事基地―歴史）

◇山田野―陸軍演習場・演習廠舎と跡地の100年　中田書矢，稲垣森太，村上亜弥著，髙瀬雅弘編著　弘前　弘前大学出版会　2014.10　126p　21cm　（弘大ブックレット no. 12）〈年表あり〉 ①978-4-907192-23-5　Ⓝ396.4 ［900円］

鰺ヶ沢町〔青森県〕（歴史）

◇鰺ヶ沢歴史読本　桜井冬樹監修　［鰺ヶ沢町（青森県）］　［桜井冬樹］　2014.8　267p　21cm　Ⓝ212.1

阿食 更一郎〔1933～ 〕

◇以人為師八十年歴程　阿食更一郎著　［出版地不明］　［阿食更一郎］　2014.3　157p　31cm　Ⓝ289.1 ［非売品］

葦北郡〔熊本県〕

◇町在　6　天保12年―嘉永元年　城後尚年監修，七浦古文書会編　津奈木町（熊本県）　七浦古文書会　2014.1　158p　26cm　（芦北郡史料叢書 第15集）〈（公財）水俣・芦北地域振興財団助成事業　付属資料：8p：月報 第17号〉 Ⓝ219.4

◇町在　7　嘉永2年―安政3年　城後尚年監修，七浦古文書会編　津奈木町（熊本県）　七浦古文書会　2014.3　170p　26cm　（芦北郡史料叢書 第16集）〈（公財）水俣・芦北地域振興財団助成事業　付属資料：8p：月報 第18号〉 Ⓝ219.4

◇町在　8　安政4年―文久3年　城後尚年監修，七浦古文書会編　津奈木町（熊本県）　七浦古文書会　2014.9　183p　26cm　（芦北郡史料叢書 第17集）〈（公財）水俣・芦北地域振興財団助成事業　付属資料：10p：月報 第18号〉 Ⓝ219.4

芦北町〔熊本県〕（遺跡・遺物）

◇花岡木崎遺跡　熊本県教育委員会編　熊本　熊本県教育委員会　2014.3　488p　30cm　（熊本県文化財調査報告 第305集）〈南九州西回り自動車道（日奈久芦北道路）建設事業に伴う埋蔵文化財発掘調査〉 Ⓝ210.0254

味の素株式会社

◇吾が人生　藏重淳著　大阪　パレード　2013.11　151p　27cm〈文献あり〉 ①978-4-939061-88-2　Ⓝ588.7

芦別市（遺跡・遺物）

◇野花南周堤墓群　北海道埋蔵文化財センター編　江別　北海道立埋蔵文化財センター　2014.3　52p 図版［9］枚　30cm　（重要遺跡確認調査報告書 第9集）〈芦別市所在〉 Ⓝ210.0254

芦別市（写真集）

◇ポンモシリ―ふるさと滝里町写真集　長谷山隆博監修　［出版地不明］　ふるさと滝里町写真集発行委員会　2013.8　101p　23×25cm　Ⓝ211.5

芦屋市（遺跡・遺物）

◇芦屋市内遺跡発掘調査概要報告書　芦屋　芦屋市教育委員会　2013.3　141p　30cm　（芦屋市文化財調査報告 第95集）〈平成8年度国庫補助事業（1），阪神・淡路大震災復旧・復興事業に伴う埋蔵文化財発掘調査　内容：三条九ノ坪遺跡（第15地点）　月若遺跡（第35・37地点）　月若遺跡（第36地点）　業平遺跡（第26地点）　業平遺跡（第29地点）　業平遺跡（第31地点）　大原遺跡（第21地点）〉 Ⓝ210.0254

◇芦屋市内遺跡発掘調査概要報告書　芦屋　芦屋市教育委員会　2013.3　12p　30cm　（芦屋市文化財調査報告 第96集）〈平成23年度国庫補助事業　内容：寺田遺跡（第212地点）〉 Ⓝ210.0254

◇芦屋市内遺跡発掘調査概要報告書　芦屋　芦屋市教育委員会　2014.3　133p　30cm　（芦屋市文化財調査報告 第97集）〈平成8年度国庫補助事業（2），阪神・淡路大震災復旧・復興事業に伴う埋蔵文化財発掘調査　内容：芦屋廃寺遺跡（Z地点）　芦屋廃寺遺跡（第45地点）　芦屋廃寺遺跡（第49地点）　寺田遺跡（第77地点）　寺田遺跡（第89地点）　寺田遺跡（第90地点）　打出小槌遺跡（第22地点）〉 Ⓝ210.0254

芦屋市（文化財）

◇みんなで選んだ芦屋の未来遺産―芦屋文化の100年リレー：補完・解説版　芦屋ユネスコ協会編　芦屋　芦屋ユネスコ協会　2013.11　145p　30cm　Ⓝ709.164

芦屋市国際交流協会

◇芦屋市国際交流協会設立20周年記念誌　芦屋市国際交流協会編　［芦屋］　芦屋市国際交流協会　2014.7　82p　30cm〈年表あり〉 Ⓝ063

芦屋市霊園協力会

◇五十年のあゆみ―万霊の安らぎと芦屋市の発展を願って　芦屋市霊園協力会編　芦屋　芦屋市霊園協力会　2013.11　61p　30cm〈年表あり　奥付のタイトル：芦屋市霊園協力会五十年のあゆみ〉 Ⓝ629.8

アジャータシャトル〔494?～459?B.C.〕

◇阿闍世のすべて―悪人成仏の思想史　永原智行著　京都　法藏館　2014.9　318p　22cm〈文献あり 年譜あり〉 ①978-4-8318-8730-6　Ⓝ182.25 ［3000円］

アジャンター

◇アジャンター後期壁画の研究　福山泰子著　中央公論美術出版　2014.2　612p　26cm〈内容：アジャンター研究の現在　アジャンター第一七窟「ヴィシュヴァンタラ本生」図の物語表現について　アジャンター第一七窟「シンハラ物語」図について　インドにおける「帝釈窟説法」図の図像的特徴とその変遷　アジャンター石窟における「従三十三天降下」図について　アジャンター石窟における「舎衛城の神変」図の図像的変遷　アジャンター石窟における諸難救済観音像について　アジャンター石窟寺院にみる授記説話図について　アジャンターにみるガンダーラ美術の影響　ガンダーラ、ジナン・ワリ・デリ出土の新出壁画資料について　アジャンター第二窟後廊左後壁「舎衛城の神変」図の諸相　アジャンター石窟寺院における小規模寄進について　アジャンター第九窟後壁壁画の制作過程に関する一試論　結論　ピタルコーラー第三窟に残る後期壁画について　W・スピンクによる短期造営説〉 ①978-4-8055-0724-7　Ⓝ722.5 ［29000円］

◇アジャンター第2窟壁画の彩色材料分析　国立文化財機構東京文化財研究所文化遺産国際協力センター，インド考古局編　国立文化財機構東京文化財研究所文化遺産国際協力センター　2014.3　11, 159p　30cm　（インド―日本文化遺産保護共同事業報告 第4巻（資料編））〈共同刊行：インド考古局〉 Ⓝ722.5

◇アジャンター壁画の保存修復に関する調査研究―第2窟、第9窟壁画の保存修復と自然科学調査（2009-2011年）　国立文化財機構東京文化財研究所文化遺産国際協力センター，インド考古局編　国立文化財機構東京文化財研究所文化遺産国際協力セ

ンター 2014.3 162p 30cm （インドー日本文化遺産保護共同事業報告 第4巻）〈文献あり 共同刊行：インド考古局〉Ⓝ722.5

明日香〔1963～2013〕
◇生きて、ありがとう。 明日香著 名古屋 ゆいぽおと 2014.4 167p 19cm〈KTC中央出版（発売）年譜あり〉①978-4-87758-447-4 Ⓝ767.8 ［1200円］

明日香村〔奈良県〕（遺跡・遺物）
◇飛鳥京跡 6 奈良県立橿原考古学研究所編 橿原 奈良県立橿原考古学研究所 2014.3 91p 図版75p 31cm（奈良県立橿原考古学研究所調査報告 第117冊）〈文献あり 内容：吉野川分水の発掘調査〉①978-4-905398-24-0 Ⓝ210.0254
◇飛鳥・藤原と古代王権 西本昌弘著 同成社 2014.6 224p 22cm（同成社古代史選書 11）〈内容：斉明天皇陵の造営・修造と牽牛子塚古墳 建王の今城谷墓と酒船石遺跡 川原寺の古代史と伽藍・仏像 高市大寺〈大官大寺〉の所在地と藤原京朱雀大路 岸俊男氏の日本古代宮都論 大藤原京説批判 藤原京と新益京の語義再考〉①978-4-88621-655-7 Ⓝ210.33 ［5000円］

アスペルガー, H.〔 ～1980〕
◇自閉症論資料集の試み―ハンス・アスペルガーとレオ・カナー 高橋穀雄編著訳 文芸社 2014.7 199p 19cm〈文献あり 内容：訳者による解題 ハンス・アスペルガー「精神異常の子供」 レオ・カナー「情緒的接触の自閉的諸障害」 レオ・カナー「早期幼児自閉症」 「自閉症圏」の呼称を巡って 精神異常の子供（ハンス・アスペルガー著） 情緒的接触の自閉的諸障害（レオ・カナー著） 議論 評論 早期幼児自閉症（レオ・カナー著）〉①978-4-286-15179-3 Ⓝ493.937 ［1200円］

安曇〔氏〕
◇弥生時代を拓いた安曇族 亀山勝著 長野 龍鳳書房 2013.7 60p 21cm（龍鳳ブックレット）〈文献あり〉①978-4-947697-44-8 Ⓝ210.27 ［1000円］

安曇野市（遺跡・遺物）
◇明科遺跡群栄町遺跡 第4次 安曇野 安曇野市教育委員会 2014.3 59p 30cm（安曇野市の埋蔵文化財 第7集）Ⓝ210.0254
◇穂高古墳群―2013年度発掘調査報告書 國學院大學文学部考古学研究室 2014.7 68, 7p 図版16p 30cm（國學院大學文学部考古学実習報告 第50集）〈長野県安曇野市所在 編集：吉田恵二ほか〉Ⓝ210.0254

安曇野市（甲虫類）
◇北アルプス常念岳において腐肉トラップで捕獲された甲虫類の垂直分布と季節的消長―1960年の調査結果 上村清、林靖彦［著］ つくば 日本甲虫学会 2014.2 50p 26cm（地域甲虫自然史 第7号）Ⓝ486.6

アズワンコミュニティ鈴鹿
◇As one―一つの社会―やさしい社会をひも解く Piess Network 編集部編 鈴鹿 サイエンズ研究所 2014.8 208p 18cm（サイエンズ no. 4）①978-4-9907895-3-4 Ⓝ065 ［880円］
◇やさしい社会―will be as one サイエンズ研究所編 第2版 鈴鹿 サイエンズ研究所 2013.10 206p 18cm（サイエンズ no. 1）①978-4-9907895-0-3 Ⓝ065 ［880円］

ASEAN →東南アジア諸国連合を見よ

アゼルバイジャン（紀行・案内記）
◇カウベルの響き・コーカサス―民族攻防の地峡 角田富男著 ［釧路］ 釧路シルクロードの会 2014.3 270p 図版［22］枚 22cm（シルクロードの旅 17）Ⓝ292.99309

アゼルバイジャン（経済）
◇日本人の知らないアゼルバイジャン―今、知っておくべき最新51項 石田和靖、田邊政行著 パンローリング 2014.12 246p 図版32p 22cm（Modern Alchemists Series No.125）①978-4-7759-9132-9 Ⓝ302.2993 ［2800円］

アゼルバイジャン（経済援助〔日本〕）
◇アゼルバイジャン国土改良・灌漑機材整備計画フェーズ2準備調査報告書 ［東京］ 国際協力機構 2013.2 1冊 30cm〈共同刊行：片平エンジニアリング・インターナショナルほか〉Ⓝ333.804

麻生 太吉〔1857～1933〕
◇麻生太吉日記 第3巻 麻生太吉［著］、麻生太吉日記編纂委員会編 福岡 九州大学出版会 2013.12 506p 22cm〈布装〉①978-4-7985-0112-3 Ⓝ289.1 ［10000円］

麻生 久〔1891～1940〕
◇戦前政治家の喜走―誤った判断が招いた戦争への道 篠原昌人著 芙蓉書房出版 2014.3 234p 19cm〈文献あり〉①978-4-8295-0614-1 Ⓝ312.1 ［1900円］

阿蘇市（古墳）
◇考古学研究室報告 第49集 平原古墳群調査報告 2 熊本大学文学部考古学研究室編 熊本 熊本大学文学部考古学研究室 2014.3 28p 図版8p 30cm〈内容：2013年度考古学研究室の足跡〉Ⓝ210.025

阿蘇市（水害）
◇阿蘇地域記録誌―平成24年7月12日熊本広域大水害 被害編 阿蘇 熊本県県北広域本部阿蘇地域振興局 2014.3 47p 30cm Ⓝ369.33

與 真司郎
◇SHINJIRO'S PHOTOS―Travel & Style BOOK：Produced by Me!!!：2010-2014 與真司郎［著］ 主婦と生活社 2014.4 143p 22cm ①978-4-391-14484-0 Ⓝ767.8 ［2037円］

足立 昌勝〔1943～ 〕
◇近代刑法の現代的論点―足立昌勝先生古稀記念論文集 石塚伸一、岡本洋一、楠本孝、前田朗、宮本弘典編著 社会評論社 2014.3 568p 22cm〈著作目録あり 年譜あり〉〈内容：改正臓器移植法の問題点（浅田和茂著） 医療観察法と障害者権利条約（池原毅和著） 医療観察法の廃止について（内田博文著） 医療観察法施行五年の見直しの問題（内山真由美著） 組織的犯罪処罰法（遠藤憲一著） 少年司法に関する立法と行刑（岡田行雄著） 戦後日本における団体・結社に対する刑事立法について序論（岡本洋一著） 盗聴法〈通信傍受法〉の立法過程の批判的検討とその拡大をくいとめるための課題（海渡雄一著） 共謀罪立法の問題点（山下幸夫著） 共謀共同正犯論再考（大場史朗著） 医療事故と刑事司法（鈴木博康著） 自動車運転過失の重罰化と自動車運転過失致死傷罪（福永俊輔著） 騒乱罪の基礎（永嶋久義著） けん銃不法所持の共謀共同正犯とその主観的要件について（松宮孝明著） 危険社会における予防拘禁の復活？（石塚伸一著） 処罰段階の早期化としての予備ないし予備の予備の処罰（金尚均著） 新たな在留管理制度に関する覚書（楠本孝著） ファミリー・バイオレンスにおける刑事法の役割と限界（櫻庭総著） 監獄法改正後のひとつの側面（新村繁文著） 死刑存廃と釈尊の教え（堀敏明著） 思想の疎外と思想の処罰のあいだの刑法（本田稔著） ヘイト・クライム法研究の地平（前田朗著） 親密圏の刑罰（森川恭剛著） 新しい捜査手法と刑事手続への影響について（春日勉著） 接見禁止と弁護人宛信書の内容検査（葛野尋之著） 裁判員裁判と責任能力（齋藤由紀著） 庁舎管理権に基づく実力行使の限界（新屋達之著） 公訴時効の廃止に関する一考察（陶山二郎著） 裁判員裁判と直接主義・口頭主義（南川学著） 裁判員制度と自白依存司法（宮本弘典著）〉①978-4-7845-1490-8 Ⓝ326.04 ［5800円］

足立美術館
◇足立美術館―四季の庭園美と近代日本画コレクション 足立美術館監修 河出書房新社 2014.11 127p 21cm〈文献あり〉①978-4-309-25556-9 Ⓝ706.9 ［1800円］

新しい歴史教科書をつくる会
◇保守知識人を断罪す―「つくる会」苦闘の歴史 鈴木敏明著 総和社 2013.6 229p 19cm ①978-4-86286-072-9 Ⓝ375.932 ［1500円］

アチェ州〔インドネシア〕（災害復興）
◇災害復興で内戦を乗り越える―スマトラ島沖地震・津波とアチェ紛争 西芳実著 京都 京都大学学術出版会 2014.3 328p 21cm（災害対応の地域研究 2）〈文献あり 索引あり 内容：情報空白地域を襲う津波 統制を破る支援の波 支援で生まれる秩序 被災地にあふれる笑顔 さまざまな弔い方 住宅再建とコミュニティ 亀裂の修復と社会の再生 津波の経験を伝える 津波のうねり〉①978-4-87698-492-3 Ⓝ369.31 ［3400円］

アチェ州〔インドネシア〕（民族問題）
◇災害復興で内戦を乗り越える―スマトラ島沖地震・津波とアチェ紛争 西芳実著 京都 京都大学学術出版会 2014.3 328p 21cm（災害対応の地域研究 2）〈文献あり 索引あり 内容：情報空白地域を襲う津波 統制を破る支援の波 支援で生まれる秩序 被災地にあふれる笑顔 さまざまな弔い方 住宅再建とコミュニティ 亀裂の修復と社会の再生 津波の経験を伝える 津波のうねり〉①978-4-87698-492-3 Ⓝ369.31 ［3400円］

阿智村〔長野県〕（歴史）
◇清内路歴史と文化 第4号 坂本広徳, 河村真澄, 吉田伸之編 ［出版地不明］ 「清内路―歴史と文化」研究会 2014.3 57p 30cm〈内容：二〇一二年度調査報告 二〇一二年度清内路史料調査概要（坂本広徳著） 聞き取り調査記録 論文 戦後における部落有林の存廃と集落・行政村の展開（坂口正彦著） 研究ノート 大恐慌期の経済危機に清内路村における実態について（田中光著） 清内路〈蔵書〉の世界（芹口真結子著） 史

料研究ノート　天明の飢饉と清内路（青木太一著）〉①978-4-9907380-0-6　Ⓝ215.2

◇清内路歴史と文化　第5号　坂本広徳,吉田伸之,竹ノ内雅人,田中光編　［出版地不明］「清内路─歴史と文化」研究会　2014.9　149p　30cm〈内容：調査報告　二〇一三年度清内路史料調査概要（坂本広徳著）　桜井賢太郎氏預託文書目録（藤田壮介著）　桜井定美氏預託文書目録（坂口正彦著）　桜井伴氏預託文書目録（吉田伸之著）　報告要旨　近世清内路における耕地の拡大と畑作の動向（福元啓介著）　宝暦一一年の幕府巡見使と清内路（千葉拓真著）　近代「清内路村」成立期の産業（中西啓太著）　史料研究ノート　樽木代材木納開始前年の御林調査（廣瀬翔太著）〉①978-4-9907380-1-3　Ⓝ215.2

厚木市（遺跡・遺物）
◇及川十二天上遺跡　第2地点　厚木市教育委員会編　厚木　厚木市教育委員会　2014.3　26p　図版6p　30cm　（厚木市埋蔵文化財調査報告書　第9集）〈神奈川県厚木市所在〉Ⓝ210.0254

◇中依知遺跡群　第2次調査　横浜　かながわ考古学財団　2014.2　236p　図版44p　30cm　（かながわ考古学財団調査報告　297）〈一般国道468号（さがみ縦貫道路）及び246号（厚木秦野道路）建設事業に伴う発掘調査〉Ⓝ210.0254

◇東町遺跡第5地点発掘調査報告書　玉川文化財研究所編著　［横浜］　玉川文化財研究所　2014.3　64p　図版14p　30cm〈神奈川県厚木市所在〉Ⓝ210.0254

厚木市（風俗・習慣─歴史─史料）
◇厚木市史　民俗編1　生活記録集　厚木市教育委員会社会教育部文化財保護課文化財保護係編　厚木　厚木市　2014.3　774p　22cm〈文献あり〉Ⓝ213.7

厚木市立図書館
◇厚木の図書館　2013　厚木市教育委員会社会教育部中央図書館編　［厚木］　厚木市教育委員会社会教育部中央図書館　2014.7　37p　30cm〈年表あり〉Ⓝ016.2137

厚沢部町（北海道）（遺跡・遺物─保存・修復）
◇史跡松前氏城跡館城跡保存整備基本構想　厚沢部町教育委員会編　厚沢部町（北海道）厚沢部町　2014.3　68p　30cm　Ⓝ709.118

厚沢部町（北海道）（城跡）
◇史跡松前氏城跡館城跡保存整備基本構想　厚沢部町教育委員会編　厚沢部町（北海道）厚沢部町　2014.3　68p　30cm　Ⓝ709.118

ATSUSHI〔1980～ 〕
◇天音。　EXILE ATSUSHI［著］　幻冬舎　2014.4　245p　16cm　（幻冬舎文庫　あ-50-1）①978-4-344-42191-2　Ⓝ767.8　［500円］

◇瀬戸内寂聴×EXILE ATSUSHI　NHK『SWITCHインタビュー達人達』制作班,瀬戸内寂聴,EXILE ATSUSHI著　ぴあ　2014.4　128p　19cm　（SWITCHインタビュー達人達）①978-4-8356-1874-6　Ⓝ910.268　［800円］

アップル
◇アップルのデザイン戦略─カリスマなき後も「愛される理由」　日経デザイン編　［東京］　日経BP社　2014.5　183p　21cm〈日経BPマーケティング（発売）〉①978-4-8222-6488-8　Ⓝ548.2　［1900円］

◇沈みゆく帝国─スティーブ・ジョブズ亡きあと、アップルは偉大な企業でいられるのか　ケイン岩谷ゆかり著，井口耕二訳　［東京］　日経BP社　2014.6　538p　19cm〈日経BPマーケティング（発売）〉①978-4-8222-5023-2　Ⓝ548.2　［2000円］

厚真町（北海道）（遺跡・遺物）
◇厚幌1遺跡　3　厚真町教育委員会編　厚真町（北海道）厚真町教育委員会　2014.3　105p　図版4p　30cm　（厚幌ダム建設事業に伴う埋蔵文化財発掘調査報告書　7）〈厚真町所在〉Ⓝ210.0254

◇ヲチャラセナイ遺跡　厚真町教育委員会編　厚真町（北海道）厚真町教育委員会　2014.3　379p　図版8p　30cm　（厚幌ダム建設事業に伴う埋蔵文化財発掘調査報告書　9）〈厚真町所在〉Ⓝ210.0254

◇オニキシベ4遺跡　厚真町教育委員会編　厚真町（北海道）厚真町教育委員会　2014.3　321p　図版4p　30cm　（厚幌ダム建設事業に伴う埋蔵文化財発掘調査報告書　8）〈厚真町所在〉Ⓝ210.0254

◇オニキシベ6遺跡　厚真町教育委員会編　厚真町（北海道）厚真町教育委員会　2014.3　120p　図版2p　30cm　（厚幌ダム建設事業に伴う埋蔵文化財発掘調査報告書　10）〈厚真町所在〉Ⓝ210.0254

◇ショロマ3遺跡　厚真町教育委員会,シン技術コンサル編　［厚真町］（北海道）厚真町教育委員会　2014.3　151p　30cm

（厚幌ダム建設事業に伴う埋蔵文化財発掘調査報告書　11）〈厚真町所在　共同刊行：シン技術コンサル〉Ⓝ210.0254

アデナウアー，K.〔1876～1967〕
◇アデナウアー─現代ドイツを創った政治家　板橋拓己著　中央公論新社　2014.5　240p　18cm　（中公新書　2266）〈文献あり　年譜あり〉①978-4-12-102266-0　Ⓝ312.34　［820円］

跡見〔氏〕
◇写真でみる跡見家の軌跡　新座　跡見学園女子大学花蹊記念資料館　2014.3　57p　30cm　（収蔵品目録新シリーズ　1（2013））Ⓝ288.2

アドラー，A.〔1870～1937〕
◇アドラー─歩踏み出す勇気　中野明著　SBクリエイティブ　2014.9　247p　18cm　（SB新書　270）①978-4-7973-8043-9　Ⓝ146.1　［730円］

◇アドラーを読む─共同体感覚の諸相　岸見一郎著　改訂新版　アルテ　2014.4　189p　19cm〈星雲社（発売）文献あり〉①978-4-434-19065-0　Ⓝ146.1　［2000円］

◇アルフレッド・アドラー人生に革命が起きる100の言葉　小倉広解説　ダイヤモンド社　2014.2　1冊（ページ付なし）20cm〈文献あり〉①978-4-478-02630-4　Ⓝ146.1　［1600円］

◇比べてわかる！フロイトとアドラーの心理学　和田秀樹著　青春出版社　2014.8　187p　18cm　（青春新書INTELLIGENCE PI-430）〈文献あり〉①978-4-413-04430-1　Ⓝ146.13　［900円］

◇コミックでわかるアドラー心理学　向後千春監修,ナナトエリ作画　KADOKAWA　2014.10　162,4p　19cm〈文献あり　表紙のタイトル：Beginner's Guide to Adlerian Psychology〉①978-4-04-601011-7　Ⓝ146.1　［1000円］

◇人生が大きく変わるアドラー心理学入門　岩井俊憲著　かんき出版　2014.12　218p　19cm〈文献あり　索引あり〉①978-4-7612-7054-4　Ⓝ146.1　［1400円］

◇超図解勇気の心理学アルフレッド・アドラーが1時間でわかる本　中野明著　学研パブリッシング　2014.7　191p　19cm〈学研マーケティング（発売）文献あり　索引あり〉①978-4-05-406055-5　Ⓝ146.1　［1200円］

◇マンガでやさしくわかるアドラー心理学　岩井俊憲著，星井博文シナリオ制作，深森あき作画　日本能率協会マネジメントセンター　2014.7　220p　19cm①978-4-8207-1908-3　Ⓝ146.1　［1500円］

◇マンガでやさしくわかるアドラー心理学　2　実践編　岩井俊憲著，星井博文シナリオ制作，深森あき作画　日本能率協会マネジメントセンター　2014.12　232p　19cm①978-4-8207-1913-7　Ⓝ146.1　［1500円］

◇マンガで分かる心療内科　アドラー心理学編　ゆうきゆう原作，ソウ作画　少年画報社　2014.12　141p　21cm　（コミック　462）①978-4-7859-5424-6　Ⓝ493.09　［660円］

アナトリア地方
◇トロイアの真実─アナトリアの発掘現場からシュリーマンの実像を踏査する　大村幸弘著，大村次郷写真　山川出版社　2014.3　247p　19cm〈文献あり〉①978-4-634-64069-6　Ⓝ227.4　［2500円］

阿南工業高等専門学校
◇高専生活のてびき　平成26年度　阿南　阿南工業高等専門学校　2014.4　209p　30cm　Ⓝ377.9

アバ
◇ABBAザ・ディスコグラフィ　東山凛太朗著　牧歌舎東京本部　2014.7　273p　19cm〈星雲社（発売）文献あり〉①978-4-434-19576-1　Ⓝ767.8　［1200円］

◇ABBA、CHESS、劇団四季『マンマ・ミーア！』　東山凛太朗著　牧歌舎東京本部　2014.12　338p　19cm〈星雲社（発売）文献あり〉①978-4-434-20111-0　Ⓝ767.8　［1500円］

◇やっぱりABBA！　東山凛太朗著　牧歌舎東京本部　2014.4　180p　19cm〈星雲社（発売）文献あり〉①978-4-434-19020-9　Ⓝ767.8　［800円］

アーバンギャルド
◇yaso─特集＋アーバンギャルド・URBANGARDE　ステュディオ・パラボリカ　2014.7　199p　21cm〈作品目録あり　別タイトル：夜想〉①978-4-902916-31-7　Ⓝ767.8　［1800円］

安彦 洋一郎〔1929～ 〕
◇糖尿病を友として生きる─ある内科医の人生記録　安彦洋一郎著　横浜　神奈川新聞社　2014.1　184p　20cm〈文献あり　年譜あり〉①978-4-87645-515-7　Ⓝ289.1　［1500円］

我孫子市（遺跡・遺物）
◇下ヶ戸貝塚　1　我孫子　我孫子市教育委員会　2014.3　123p　30cm〈我孫子市埋蔵文化財報告　第48集〉Ⓝ210.0254

日本件名図書目録2014　Ⅰ　　　　　　　　　　　　　　　　　　　　　　　　　アフリカ（経済）

◇市内遺跡発掘調査報告書　平成25年度　我孫子　我孫子市教育委員会　2014.3　29p　図版6p　30cm　（我孫子市埋蔵文化財報告　第49集）　Ⓝ210.0254

我孫子市〔行政〕
◇我孫子市第三次総合計画―第7期実施計画：平成26年度―平成28年度　我孫子市企画財政部企画課編　我孫子　我孫子市企画財政部企画課　2014.6　150p　30cm　〈奥付のタイトル：我孫子市第7期実施計画〉　Ⓝ318.235

安平町〔北海道〕〔行政〕
◇安平町総合計画―後期基本計画　企画財政課編　安平町（北海道）　北海道安平町　2013.3　117p　30cm　Ⓝ318.214

アブエライシュ, I.〔1955～ 〕
◇それでも、私は憎まない―あるガザの医師が払った平和への代償　イゼルディン・アブエライシュ著，高月園子訳　亜紀書房　2014.1　325p　19cm　〈年表あり〉　①978-4-7505-1402-4　Ⓝ302.279　［1900円］

アフガニスタン〔犬―保護〕
◇犬たちを救え！―アフガニスタン救出物語　ペン・ファージング著，北村京子訳　作品社　2014.5　371p　19cm　①978-4-86182-477-7　Ⓝ645.6　［2600円］

アフガニスタン〔学校〕
◇アフガニスタンぼくと山の学校　長倉洋海著　京都　かもがわ出版　2014.10　193p　19cm　①978-4-7803-0728-3　Ⓝ372.271　［2000円］

アフガニスタン〔教育援助（日本）〕
◇アフガニスタンぼくと山の学校　長倉洋海著　京都　かもがわ出版　2014.10　193p　19cm　①978-4-7803-0728-3　Ⓝ372.271　［2000円］

アフガニスタン〔経済援助（日本）〕
◇アフガニスタン国カブール・チャリカル道路拡幅計画概略設計報告書　［東京］　国際協力機構　2013.2　1冊　30cm　〈共同刊行：八千代エンジニヤリングほか〉　Ⓝ333.804

アフガニスタン〔石窟寺院―バーミヤーン〕
◇バーミヤーン仏教石窟の建築調査　山内和也責任編集，木口裕史本文執筆　国立文化財機構東京文化財研究所文化遺産国際協力センター　2014.2　114p　30×42cm　（アフガニスタン文化遺産調査資料集別冊　第7巻）　〈英語併載　ユネスコ文化遺産保存日本信託基金「バーミヤーン遺跡保存事業」編集：鈴木環ほか＝アフガニスタン・イスラーム共和国情報文化省ほか〉　Ⓝ227.1

アフガニスタン〔農業普及事業〕
◇紛争復興支援のための農民リーダー研修事業報告書　平成25年度　［東京］　海外農業開発コンサルタンツ協会　2014.3　55, 10p　30cm　〈農林水産省補助事業〉　Ⓝ611.15271

アフガニスタン〔壁画―保存・修復―バーミヤーン〕
◇バーミヤーン仏教石窟壁画の保存修復　山内和也責任編集，谷口陽子本文執筆　国立文化財機構東京文化財研究所文化遺産国際協力センター　2013.6　75枚　30×42cm　（アフガニスタン文化遺産調査資料集別冊　第6巻）　〈英語併載　ユネスコ文化遺産保存日本信託基金「バーミヤーン遺跡保存事業」編集：鈴木環ほか＝共同刊行：アフガニスタン・イスラーム共和国情報文化省ほか〉　Ⓝ227.1

アフガニスタン〔昔話〕
◇風で運ばれたものは風に運ばれる　江藤セデカ監訳・絵，モハバット・セキナ訳　アフガニスタン民話の会　2014.5　73p　21cm　（アフガニスタンのアフサーナ（民話）　第3集）　Ⓝ388.271

阿武隈川
◇流れ遥かに―阿武隈川サミット20周年記念誌　阿武隈川サミット実行委員会事務局編　［福島］　阿武隈川サミット実行委員会　2014.10　106p　30cm　〈年表あり〉　Ⓝ517.212

アブダビ〔国際投資（日本）〕
◇トルコ・ドバイ・アブダビの投資・M&A・会社法・会計税務・労務　久野康成公認会計士事務所，東京コンサルティングファーム著，久野康成監修　［東京］　TCG出版　2014.11　467p　21cm　（海外直接投資の実務シリーズ）　〈出版文化社（発売）　索引あり〉　①978-4-88338-534-8　Ⓝ338.92274　［4500円］

阿仏尼〔1209～1283〕
◇おどろが下―実朝、後鳥羽院、阿仏尼を読む　山内太郎著　武蔵野　槻の木会　2014.6　255p　19cm　Ⓝ911.142　［2000円］

油ヶ淵
◇龍燈の湖（うみ）―油ヶ淵の過去・現在・そして未来へ：特別展　安城市歴史博物館編　安城　安城市歴史博物館　2014.11

73p　30cm　〈年表あり　会期：平成26年11月22日―平成27年1月25日〉　Ⓝ614.3155

アフリカ〔遺跡・遺物〕
◇ホモ・サピエンスの起源とアフリカの石器時代―ムトングウェ遺跡の再評価　名古屋　名古屋大学博物館　2014.3　70p　26cm　〈年表あり　執筆：門脇誠二〉　Ⓝ240

アフリカ〔外国関係―歴史〕
◇資料体系アジア・アフリカ国際関係政治社会史　第10巻　38　アジア・アフリカ便覧　4. 1（第三世界）　浦野起央編著　パピルス出版　2014.5　552p　22cm　①978-4-89473-074-8　Ⓝ319.2　［48000円］
◇資料体系アジア・アフリカ国際関係政治社会史　第10巻　38b　アジア・アフリカ便覧　4. 2（第三世界）　浦野起央編著　パピルス出版　2014.7　p553-1028　22cm　①978-4-89473-075-5　Ⓝ319.2　［46000円］

アフリカ〔環境問題〕
◇世界の環境問題　第9巻　中東・アフリカ　川名英之著　緑風出版　2014.1　545p　20cm　〈文献あり〉　①978-4-8461-1401-5　Ⓝ519.2　［3800円］

アフリカ〔教育〕
◇アフリカの生活世界と学校教育　澤村信英編著　明石書店　2014.12　274p　22cm　〈索引あり　内容：アフリカの生活世界と学校教育（澤村信英著）　南スーダン　大きな社会変動の中の学校教育（中村由輝著）　ナミビア　オバンボランドのクンと教育（高田明著）　ボツワナ　優等生国家における少数民族と学校教育（秋山裕之著）　モザンビーク　基礎教育改革と学校現場の対応（井ノ口一善著）　エチオピア　住民による学校支援の背景を探る（山田肖子著）　ケニア　スラムに暮らす小学校修了者の教育継続（大場麻代著）　タンザニア　住民の視点から見た教育普及（吉田和浩著）　マラウイ　家族の生活と学校の関係（川口純著）　ウガンダ　中等学校における理科授業の展開（小澤大成著）　ザンビア　住民と社会のつながり（中和渚,馬場卓也,小坂法美著）　南アフリカ　農村地域での生活と学校教育（小野由美子著）〉　①978-4-7503-4123-1　Ⓝ372.4　［4000円］

アフリカ〔漁業〕
◇アフリカ漁民の世界　中村亮,稲井啓之編著　名古屋　名古屋大学文学研究科比較人文学研究室　2014.3　305p　26cm　（アフロ・ユーラシア内陸乾燥地文明研究叢書 9）　〈文献あり　内容：海洋沿岸漁民文化　移動する海民（北窓時男著）　沙漠の漁撈民（中村亮,アーディル・ムハンマド・サーリフ著）　ギニア共和国沿岸地域における女性たちによる製塩業のあり方と地域資源の利用をめぐる「本音」（中川千草著）　ザンジバルにおけるダガー産業の概要（藤本麻里子著）　スワヒリ海村の干物考（中村亮著）　内陸河川・湖沼漁民文化　鮮魚取引における漁師―商人関係（稲井啓之著）　タンガニイカ湖のダガー産業（藤本麻里子著）　マラウイ国・内水面漁業の実情と課題（今井一郎著）　病をもたらす魚、薬としての魚（大石高典著）　ロゴヌエ川流域における河川民の世界（稲井啓之著）　ソルコ（伊ných未来著）〉　Ⓝ661.9

アフリカ〔漁民〕
◇アフリカ漁民の世界　中村亮,稲井啓之編著　名古屋　名古屋大学文学研究科比較人文学研究室　2014.3　305p　26cm　（アフロ・ユーラシア内陸乾燥地文明研究叢書 9）　〈文献あり　内容：海洋沿岸漁民文化　移動する海民（北窓時男著）　沙漠の漁撈民（中村亮,アーディル・ムハンマド・サーリフ著）　ギニア共和国沿岸地域における女性たちによる製塩業のあり方と地域資源の利用をめぐる「本音」（中川千草著）　ザンジバルにおけるダガー産業の概要（藤本麻里子著）　スワヒリ海村の干物考（中村亮著）　内陸河川・湖沼漁民文化　鮮魚取引における漁師―商人関係（稲井啓之著）　タンガニイカ湖のダガー産業（藤本麻里子著）　マラウイ国・内水面漁業の実情と課題（今井一郎著）　病をもたらす魚、薬としての魚（大石高典著）　ロゴヌエ川流域における河川民の世界（稲井啓之著）　ソルコ（伊ных未来著）〉　Ⓝ661.9

アフリカ〔経済〕
◇1冊でわかる！アフリカ経済―押さえておくべき54カ国のすべて　ワールドエコノミー研究会著　PHP研究所　2014.9　159p　19cm　〈文献あり〉　①978-4-569-82076-7　Ⓝ332.4　［1300円］
◇現代アフリカ経済論　北川勝彦,高橋基樹編著　京都　ミネルヴァ書房　2014.10　395p　21cm　（シリーズ・現代の世界経済 8）　〈年表あり　索引あり〉　①978-4-623-07172-2　Ⓝ332.4　［3500円］
◇ポレポレ日記―アフリカ旅行と思い出、そして現実―自然・社会・人間考　矢吹菊夫著　大阪　清風堂書店　2014.2　241p　19cm　〈内容：ポレポレ日記―アフリカ旅行と思い出、そして

41

アフリカ（経済援助）

現実 アフリカの現実の一端から〉①978-4-88313-812-8
Ⓝ294.5409 ［1500円］

アフリカ（経済援助）
◇アフリカ開発会議横浜開催の記録—アフリカ、ともに成長する
パートナーへ。 第5回 横浜 横浜市文化観光局観光コンベ
ンション振興部コンベンション振興課 ［2014］ 177p
30cm Ⓝ333.84

◇国際援助システムとアフリカ—ポスト冷戦期「貧困削減レジー
ム」を考える 古川光明著 日本評論社 2014.11 344p
22cm〈文献あり 索引あり〉①978-4-535-55801-4 Ⓝ333.84
［5500円］

◇新生アフリカの内発的発展—住民自立と支援 大林稔，西川潤，
阪本公美子編 京都 昭和堂 2014.1 349p 21cm〈索引あ
り 内容：内発的発展の国際政治経済学（勝俣誠著） エチオピ
アの開発と内発的な民主主義の可能性（西真如著） 内発的発
展を支えるコミュニティ種子システム（西川芳昭著） ニ
ジェール農民の生計戦略（関谷雄一著） アンゴラ移住民の
マーケット活動（村尾るみこ著） 自然保護への抵抗としての
内発性（岩井雪乃著）「周辺」から再考する内発的発展（阪本
公美子著） モザンビーク・プロサバンナ事業の批判的検討
（舩田クラーセンさやか著） アフリカでのMDGsおよびEFA
支援の功罪（石田洋子著） 開発援助政策の変遷と限界（尾和
潤美著） 内発的なガバナンス政策（笹岡雄一著） 可能環境
〈Enabling Environment〉アプローチ（大林稔著）〉①978-4-
8122-1335-3 Ⓝ601.4 ［3200円］

アフリカ（経済援助〔日本〕）
◇アフリカ地域人造り協力の在り方に係る情報収集・確認調査—
ファイナル・レポート ［東京］ 国際協力機構 2013.1 9,
164, 48p 30cm〈共同刊行：国際開発センターほか〉Ⓝ333.
804

◇アフリカン・ミレニアム・ビレッジ・イニシアティブへの支援
の評価—第三者評価：報告書：平成25年度外務省ODA評価
［東京］ みずほ情報総研 2014.2 9, 171p 30cm〈文献
あり〉Ⓝ333.84

アフリカ（憲法）
◇資料体系アジア・アフリカ国際関係政治社会史 第8巻［第3
分冊］ 憲法資料アフリカ 3 浦野起央，西修編著 パピルス
出版 2014.9 p1400-1861 23cm〈著作目録あり〉①978-4-
89473-076-2 Ⓝ319.2 ［46000円］

◇資料体系アジア・アフリカ国際関係政治社会史 第8巻［第4
分冊］ 憲法資料アフリカ 4 浦野起央，西修編著 パピルス
出版 2014.11 p1866-2031, 301p 23cm〈年表あり 著作
目録あり〉①978-4-89473-077-9 Ⓝ319.2 ［46000円］

アフリカ（鉱業）
◇成長する資源大陸アフリカを掘り起こせ—鉱業技術者が説く
資源開発のポテンシャルとビジネスチャンス 細井義孝著
日刊工業新聞社 2014.2 173p 21cm （B&Tブックス）
①978-4-526-07210-9 Ⓝ560.924 ［2000円］

アフリカ（国際投資）
◇最後の市場アフリカ—ビジネスチャンスとリスクはどこにあ
るのか 野村修一，ジェームス・クリア著 日本実業出版社
2014.2 222p 19cm ①978-4-534-05157-8 Ⓝ338.924
［1500円］

アフリカ（国際保健協力）
◇顧みられない熱帯病と国際協力—ブルーリ潰瘍支援における
小規模NGOのアプローチ 新山智基著 学文社 2014.9
169p 22cm〈文献あり 索引あり〉①978-4-7620-2473-3
Ⓝ498.024 ［3800円］

アフリカ（市場）
◇最後の市場アフリカ—ビジネスチャンスとリスクはどこにあ
るのか 野村修一，ジェームス・クリア著 日本実業出版社
2014.2 222p 19cm ①978-4-534-05157-8 Ⓝ338.924
［1500円］

アフリカ（社会）
◇アフリカと政治 紛争と貧困とジェンダー—わたしたちがアフ
リカを学ぶ理由 戸田真紀子著 改訂版 御茶の水書房
2013.9 212p 21cm〈年表あり 索引あり〉①978-4-275-
01027-8 Ⓝ302.4 ［2400円］

◇アフリカ紛争・共生データアーカイブ 第1巻 太田至編 京
都 京都大学アフリカ地域研究資料センター「紛争と共生」プ
ロジェクト事務局 2014.3 111p 30cm〈日本学術振興会科
学研究費補助金基盤研究（S）「アフリカの潜在力を活用した紛
争解決と共生の実現に関する総合的地域研究」〉①978-4-
905518-10-5 Ⓝ302.4

◇世界はフラットにもの悲しくて—特派員ノート1992-2014 藤
原章生著 テン・ブックス 2014.7 333p 19cm〈文献あ
り〉①978-4-88696-032-0 Ⓝ302.55 ［2500円］

アフリカ（食生活）
◇海外ブラックグルメ 海外危険情報編集班編 彩図社 2014.
2 191p 15cm〈執筆：嵐よういちほか〉①978-4-88392-
954-2 Ⓝ383.82 ［590円］

アフリカ（地域開発）
◇アフリカ開発会議横浜開催の記録—アフリカ、ともに成長する
パートナーへ。 第5回 横浜 横浜市文化観光局観光コンベ
ンション振興部コンベンション振興課 ［2014］ 177p
30cm Ⓝ333.84

◇新生アフリカの内発的発展—住民自立と支援 大林稔，西川潤，
阪本公美子編 京都 昭和堂 2014.1 349p 21cm〈索引あ
り 内容：内発的発展の国際政治経済学（勝俣誠著） エチオピ
アの開発と内発的な民主主義の可能性（西真如著） 内発的発
展を支えるコミュニティ種子システム（西川芳昭著） ニ
ジェール農民の生計戦略（関谷雄一著） アンゴラ移住民の
マーケット活動（村尾るみこ著） 自然保護への抵抗としての
内発性（岩井雪乃著）「周辺」から再考する内発的発展（阪本
公美子著） モザンビーク・プロサバンナ事業の批判的検討
（舩田クラーセンさやか著） アフリカでのMDGsおよびEFA
支援の功罪（石田洋子著） 開発援助政策の変遷と限界（尾和
潤美著） 内発的なガバナンス政策（笹岡雄一著） 可能環境
〈Enabling Environment〉アプローチ（大林稔著）〉①978-4-
8122-1335-3 Ⓝ601.4 ［3200円］

アフリカ（内乱）
◇アフリカ紛争・共生データアーカイブ 第1巻 太田至編 京
都 京都大学アフリカ地域研究資料センター「紛争と共生」
プロジェクト事務局 2014.3 111p 30cm〈日本学術振興会科
学研究費補助金基盤研究（S）「アフリカの潜在力を活用した紛
争解決と共生の実現に関する総合的地域研究」〉①978-4-
905518-10-5 Ⓝ302.4

アフリカ（風俗・習慣）
◇飢餓浄土 石牟礼道子著 河出書房新社 2014.1 289p 15cm
（河出文庫 い33-1）①978-4-309-41268-9 Ⓝ382.2 ［680円］

アフリカ（物産）
◇African fair—見つける、ふれあう、アフリカの輝き：TICAD
Ⅴ公式イベント：guide book 2013 ［東京］ 経済産業省
2013.5 158p 22cm〈会期・会場：2013年5月30日—6月2日
パシフィコ横浜（展示ホールB）共同刊行：日本貿易振興機
構〉Ⓝ606.9137

アフリカ（舞踊）
◇無形文化財の伝承・記録・教育—アフリカの舞踊を事例として
遠藤保子，相原進，高橋京子編著 京都 文理閣 2014.3
227p 21cm〈内容：舞踊研究の歴史と舞踊の記録・保存・伝
承 ナイジェリアの舞踊と舞踊のデジタル記録・解析 ガー
ナの舞踊と舞踊のデジタル記録・解析 日本におけるアフリ
カの舞踊。1 劇場におけるアフリカの民族舞踊公演を中心と
して 日本におけるアフリカの舞踊。2 ガーナの民族舞踊公
演を事例として スポーツ人類学と開発教育 アフリカの舞
踊とグローバル教育に関する基礎的研究 ガーナでの研究成
果の公表〉①978-4-89259-725-1 Ⓝ386.84 ［1900円］

アフリカ（ポピュラー音楽—楽曲解説）
◇アフロ・ポップ・ディスク・ガイド—CROSSBEAT presents
吉本秀純監修 シンコーミュージック・エンタテイメント
2014.8 221p 21cm〈索引あり〉①978-4-401-63944-1
Ⓝ764.7 ［2000円］

アフリカ（民俗音楽）
◇アフリカ音楽学の挑戦—伝統と変容の音楽民族誌 塚田健一
著 京都 世界思想社 2014.2 408p 22cm〈索引あり 内
容：アフリカ音楽といかに向き合うか アフリカ音楽総覧
アフリカ音楽学の展開 ルヴァレ社会の民族誌的背景 ムカ
ンダの音楽民族誌 分類基準としてのリズム 和声的多様性
の原理 太鼓音節とオノマトペ ファンティ社会の民族誌的
背景 社会を映す軍楽と宮廷音楽 文化政策の衝撃 伝統的
「著作権」意識の変容 宮廷音楽ハイライフ様式の成立 「音
楽学」のアイデンティティに向けて〉①978-4-7907-1617-4
Ⓝ762.4 ［5800円］

アフリカ（薬物犯罪）
◇アフリカ・ドラッグ考—交錯する生産・取引・乱用・文化・統
制 落合雄彦編著 京都 晃洋書房 2014.5 242p 22cm
（龍谷大学国際社会文化研究所叢書 16）〈索引あり 内容：西
アフリカの国際ドラッグ取引（スティーブン・エリス著，落合
雄彦，原口武彦訳） 文化の構成要素としてのドラッグ（鈴木裕
之著） 紛争後のリベリアにおけるドラッグ使用（金田知子著）
南アフリカのドラッグ乱用問題と社会の反応（佐藤千鶴子著）
エチオピアにおけるチャット文化（山本雄大著） ケニア中央
高地のミラー（石田慎一郎著） アフリカにおける薬剤の流通

アフリカ〔郵便切手〕

◇ビジュアル世界切手国名事典 中東・アフリカ編 板橋祐己著 日本郵趣出版 2014.9 119p 21cm〈郵趣サービス社（発売）文献あり 索引あり〉①978-4-88963-774-8 Ⓝ693.8 ［1600円］

アフリカ〔流行歌—楽曲解説〕

◇ポップ・アフリカ800—アフリカン・ミュージック・ディスク・ガイド 荻原和也著 アルテスパブリッシング 2014.8 270p 21cm〈文献あり 索引あり〉「ポップ・アフリカ700」（2009年刊）の改題、改訂増補 ①978-4-86559-106-4 Ⓝ767. ［2800円］

アフリカ〔西部〕〔移民・植民—フランス〕

◇フランスの西アフリカ出身移住女性の日常的実践—「社会・文化的仲介」による「自立」と「連帯」の位相 園部裕子著 明石書店 2014.2 448p 22cm〈文献あり 索引あり 表紙のタイトル：Pratiques quotidiennes des femmes d'Afrique de l'Ouest en France〉①978-4-7503-3952-8 Ⓝ334.435 ［7200円］

アフリカ〔西部〕〔紀行・案内記〕

◇竹のトロンボーンアフリカへ行く 金岩誠五著 表現社 2013.2 238p 19cm〈文藝書房（発売）〉①978-4-907158-11-8 Ⓝ294.409 ［1300円］

アフリカ〔西部〕〔自然保護〕

◇だれのための海洋保護区か—西アフリカの水産資源保護の現場から 關野伸之著 新泉社 2014.3 346,18p 20cm〈文献あり 年表あり〉①978-4-7877-1409-1 Ⓝ519.844 ［3200円］

アフリカ〔西部〕〔社会〕

◇サハラ地域におけるイスラーム急進派の活動と資源紛争の研究—中東諸国とグローバルアクターとの相互連関の視座から ［東京］日本国際問題研究所 2014.3 123p 30cm〈文献あり 平成25年度外務省外交・安全保障調査研究事業（調査研究事業）〉Ⓝ302.41

アフリカ〔西部〕〔水産資源〕

◇だれのための海洋保護区か—西アフリカの水産資源保護の現場から 關野伸之著 新泉社 2014.3 346,18p 20cm〈文献あり 年表あり〉①978-4-7877-1409-1 Ⓝ519.844 ［3200円］

アフリカ〔西部〕〔地域社会〕

◇だれのための海洋保護区か—西アフリカの水産資源保護の現場から 關野伸之著 新泉社 2014.3 346,18p 20cm〈文献あり 年表あり〉①978-4-7877-1409-1 Ⓝ519.844 ［3200円］

アフリカ〔東部〕〔昔話〕

◇カメレオンと森の怪物—南インド洋の島々のむかしばなし 川崎奈月編訳・絵 論創社 2014.1 214p 20cm〈文献あり 内容：花嫁のベール あくまの池 ヴァリハ弾き 黒いマリアさま おおへび だれがいちばん年をとっているか スルタンの嫁さがし シラオスの刺繍 ジャン・ラボール けち な男 カメレオンと森の怪物 最後の一頭 パイナップルのはなし バニラのひみつ ミザミザ カメとサル 貧しい若者と王女 やまびこ 三人のつんぼ 天と地 ネコとネズミ マリージョゼのはなし 川の娘 海の分 髪を四つに結った王さま 最後の海賊 末っ子アランチラヒのはなし ことわざ 野ウサギとカメ ライオンと靴職人 ひょうたん娘 コロファンの木のはなし バオバブ〉①978-4-8460-1303-5 Ⓝ388.49 ［2400円］

アフリカ〔南部〕〔キリスト教—歴史〕

◇宗教の始原を求めて—南部アフリカ聖霊教会の人びと 吉田憲司著 岩波書店 2014.6 263p 20cm〈文献あり〉①978-4-00-025980-4 Ⓝ192.48 ［3100円］

アフリカ〔南部〕〔歴史〕

◇アフリカの誘惑—映画で旅するアフリカの歴史 2-1 南アフリカの黄金伝説—喜望峰を越えて. 1 葉月悠, ひかわ玲子著 ［東京］翡翠楼 2014.8 72p 21cm（翡翠楼 15）Ⓝ240

◇アフリカの誘惑—映画で旅するアフリカの歴史 2-2 南アフリカの黄金伝説—喜望峰を越えて. 2 葉月悠, ひかわ玲子著 ［東京］翡翠楼 2014.8 68p 21cm（翡翠楼 16）Ⓝ240

アフリカ〔北部〕〔社会〕

◇サハラ地域におけるイスラーム急進派の活動と資源紛争の研究—中東諸国とグローバルアクターとの相互連関の視座から ［東京］日本国際問題研究所 2014.3 123p 30cm〈文献あり 平成25年度外務省外交・安全保障調査研究事業（調査研究事業）〉Ⓝ302.41

アフリカ〔北部〕〔電気機械・器具工業〕

◇北アフリカ白物家電市場調査報告書 日本電機工業会家電調査委員会 2014.1 150p 30cm〈折り込み 1枚〉Ⓝ545.88

アフリカ〔北部〕〔歴史〕

◇アフロ・ユーラシア大陸の都市と国家 八王子 中央大学出版部 2014.3 567p 22cm（中央大学人文科学研究所研究叢書 59）〈内容：漢晋間における綬制の変遷（阿部幸信著）北魏洛陽仏寺考増考（角山典幸著）東アジア都城時代の形成と都市網の変遷（妹尾達彦著）山西省代県所在の晋昱墓群（西村陽子著）明代辺境の軍站とその軍事活動（川越泰博著）二〇世紀前半期のムスリム住民の活動とスウェーデン伝道団（新免康著）サラディンの稀有で至高の歴史 その1（松田俊道訳）後期マムルーク朝の官僚と慈善事業（五十嵐大介著）中世ブリュッセルの都市と宗教（舟橋倫子著）〉①978-4-8057-5344-6 Ⓝ220.04 ［6500円］

安倍〔氏〕

◇安倍家ものがたり—陸奥豪族安倍氏の末裔 丸山学著 ［東京］ファミリーヒストリー記録社 2014.11 93p 21cm Ⓝ288.2

安部〔氏〕

◇「出雲国仁多郡稲田村安部家文書」貸方帳—奥出雲原口村に生きた人びと 相模原 廣田和吉 2013.1 198p 19×26cm〈標題紙・表紙のタイトル：「出雲国仁多郡稲田村安倍家文書」貸方帳〉Ⓝ217.3 ［非売品］

安部 磯雄〔1865～1949〕

◇嘉納治五郎と安部磯雄—近代スポーツと教育の先駆者 丸屋武士著 明石書店 2014.9 307p 20cm〈文献あり〉①978-4-7503-4070-8 Ⓝ789.2 ［2600円］

阿部 薫〔1949～1978〕

◇OUT TO LUNCH!—阿部薫写真集 五海ゆうじ写真・文 K&Bパブリッシャーズ 2013.10 86p 26cm〈作品目録あり 年譜あり 英語併記〉①978-4-902800-41-8 Ⓝ764.7 ［3800円］

阿部 国博〔1924～ 〕

◇十三年の日記 阿部國博［著］［東京］阿部國博 2014.2 351p 20cm Ⓝ289.1

安部 公房〔1924～1993〕

◇安部公房を語る一郷土誌「あさひかわ」の誌面から 渡辺三子, 田中スエコ編 旭川 あさひかわ社 2013.12 212p 26cm①978-4-9907525-0-7 Ⓝ910.268

安倍 晋三〔1954～ 〕

◇安倍官邸の正体 田崎史郎著 講談社 2014.12 257p 18cm（講談社現代新書 2294）〈文献あり 年表あり〉①978-4-06-288294-1 Ⓝ312.1 ［800円］

◇安倍政権365日の激闘 歳川隆雄著 東洋経済新報社 2014.1 253p 20cm①978-4-492-21214-1 Ⓝ312.1 ［1500円］

◇安倍政権のネット戦略 津田大介, 香山リカ, 安田浩一他著 創出版 2013.7 173p 18cm（創出版新書）〈内容：なぜ安倍首相をネット右翼は支えるのか（津田大介, 安田浩一, 鈴木邦男述）安倍政権はネットをどう利用しているのか（中川淳一郎著）民主党政権と安倍政権のメディア対応はどこが違うのか（香山リカ, 下村健一, マエキタミヤコ述）安倍首相からの「批難」に応える（香山リカ著）私が体験したニコニコ動画と政治との関わり（亀松太郎著）ヘイトスピーチ繰り返すネット右翼「嫌韓」の背景（安田浩一著）安倍政権のネット戦略が抱える「落とし穴」（高野孟述）〉①978-4-904795-25-5 Ⓝ311.14 ［720円］

◇国家の命運—安倍政権奇跡のドキュメント 小川榮太郎著 幻冬舎 2013.6 261p 20cm①978-4-344-02401-4 Ⓝ312. ［1500円］

◇第一次安倍晋三内閣・資料集 末次俊之編 志學社 2014.5 1067p 22cm①978-4-904180-41-9 Ⓝ312.1 ［4000円］

◇約束の日—安倍晋三試論 小川榮太郎［著］幻冬舎 2013.7 238p 16cm（幻冬舎文庫 お-39-1）①978-4-344-42066-3 Ⓝ312.1 ［533円］

安倍 晴明〔921～1005〕

◇裏天皇の謎と安倍晴明 斎藤忠著 学研パブリッシング 2014.5 333p 18cm（MU SUPER MYSTERY BOOKS）〈学研マーケティング（発売）文献あり〉①978-4-05-405976-4 Ⓝ210.3 ［980円］

阿部 利之〔1937～ 〕

◇花はどこへいった あべとしゆき著 K&Kプレス 2014.4 163p 19cm①978-4-906674-59-6 Ⓝ289.1 ［1000円］

アーベル, N.H.〔1802～1829〕

◇アーベル 前編 不可能の証明へ 高瀬正仁著 京都 現代数学社 2014.7 200p 19cm（双書・大数学者の数学 11）〈文献あり 索引あり〉①978-4-7687-0432-5 Ⓝ411.4 ［2000円］

アポイ岳
◇アポイ岳ジオパークガイドブック 改訂 [様似町(北海道)] 様似町 2013.7 166p 21cm 〈年表あり 文献あり 共同刊行:様似町アポイ岳ジオパーク推進協議会〉 Ⓝ454.5

アポログループ
◇克己心——一歩を踏み出す勇気と挑戦 來間克己著 文芸社 2014.9 245p 19cm ①978-4-286-15524-1 Ⓝ673.96 [1300円]

尼崎市(遺跡・遺物)
◇尼崎市内遺跡発掘調査等—概要報告書 尼崎市教育委員会社会教育部歴博・文化財担当編 尼崎 尼崎市教育委員会 2013.3 29p 30cm (尼崎市文化財調査報告 第42集) 〈平成23年度国庫補助事業〉 Ⓝ210.0254

尼崎市(殺人)
◇家族喰い—尼崎連続変死事件の真相 小野一光著 太田出版 2013.11 286p 20cm 〈年表あり〉 ①978-4-7783-1382-1 Ⓝ368.61 [1700円]

尼崎市(産業—統計)
◇尼崎市の事業所—経済センサス—活動調査市集計結果報告 平成24年 尼崎市総務局情報統計担当編 [尼崎] 尼崎市 2014.1 103p 30cm Ⓝ605.9

尼崎市(就労支援)(障害者)
◇顔をあげて。そばにおるで。—尼崎市の就労促進相談員の仕事 林美佐子著 メタモル出版 2014.12 159p 19cm ①978-4-89595-869-1 Ⓝ366.28 [1380円]

尼崎市(就労支援)(生活困窮者)
◇顔をあげて。そばにおるで。—尼崎市の就労促進相談員の仕事 林美佐子著 メタモル出版 2014.12 159p 19cm ①978-4-89595-869-1 Ⓝ366.28 [1380円]

尼崎市(人口—統計)
◇尼崎市の人口—町(丁)別・年齢別(5歳)世帯数及び人口, 地区・年齢(各歳)別人口, 地区別外国人登録者数 平成26年3月31日現在 尼崎 尼崎市総務局情報統計担当 [2014] 42p 30cm 〈住民基本台帳人口〉 Ⓝ358.164

尼崎市(世帯—統計)
◇尼崎市の人口—町(丁)別・年齢別(5歳)世帯数及び人口, 地区・年齢(各歳)別人口, 地区別外国人登録者数 平成26年3月31日現在 尼崎 尼崎市総務局情報統計担当 [2014] 42p 30cm 〈住民基本台帳人口〉 Ⓝ358.164

尼崎市立女性勤労婦人センター
◇40年のあゆみとこれから—尼崎市立女性・勤労婦人センター40周年記念誌 尼崎市女性センター記念誌発行実行委員会,尼崎市立女性・勤労婦人センター編 [尼崎] 尼崎市女性センター記念誌発行実行委員会 2014.3 78p 30cm 〈年表あり 共同刊行:尼崎市立女性・勤労婦人センター〉 Ⓝ379.46

天城町(鹿児島県)(遺跡・遺物)
◇中組遺跡 天城町教育委員会編 天城町(鹿児島県) 天城町教育委員会 2013.3 64p 図版 19p 30cm (天城町埋蔵文化財発掘調査報告書 6)〈伊仙天城線平土野工区道路改築事業に伴う埋蔵文化財発掘調査報告書〉 Ⓝ210.0254

天草 二郎(1971〜)
◇天草(ふるさと)に恩返し, そして師匠に恩返し 天草二郎著 山中企画 2014.7 221p 19cm 〈星雲社(発売)〉 ①978-4-434-19367-5 Ⓝ767.8 [1300円]

天草市(環境問題)
◇森と川と海を守りたい—住民があばく路木ダムの嘘 路木ダム問題ブックレット編集委員会編 [東京] 花伝社 2014.12 84p 21cm 〈共栄書房(発売) 年表あり 内容:羊角湾のすばらしさと路木ダム建設の影響(松本基督著) 生業の場・羊角湾を守る(中山健二著) 貴重な自然河川の生態系を破壊する路木ダム(金井塚務著) 荒瀬ダムの撤去から, 路木川・羊角湾を考える(つる詳子著) 世界一破廉恥なダム, 路木ダム(中島康彦著) 住民は証言する「路木川に水害はなかった」天草市民の生活を破壊する路木ダム問題どうなる水道料金(笠井洋子著) 路木ダム事業とダム反対運動の経緯(植村振作著) またも不要なダムがつくられてしまった(今本博健著)〉 ①978-4-7634-0723-8 Ⓝ517.7 [800円]

天草市(景観保全)
◇天草市大江の農村景観—保存調査報告書・保存計画書 天草 天草市教育委員会文化課世界遺産登録推進室 2013.3 350p 図版[12]枚 30cm 〈文献あり 奥付のタイトル:大江の農村景観〉 Ⓝ518.8

天草市(ダム)
◇森と川と海を守りたい—住民があばく路木ダムの嘘 路木ダム問題ブックレット編集委員会編 [東京] 花伝社 2014.12 84p 21cm 〈共栄書房(発売) 年表あり 内容:羊角湾のすばらしさと路木ダム建設の影響(松本基督著) 生業の場・羊角湾を守る(中山健二著) 貴重な自然河川の生態系を破壊する路木ダム(金井塚務著) 荒瀬ダムの撤去から, 路木川・羊角湾を考える(つる詳子著) 世界一破廉恥なダム, 路木ダム(中島康彦著) 住民は証言する「路木川に水害はなかった」天草市民の生活を破壊する路木ダム問題どうなる水道料金(笠井洋子著) 路木ダム事業とダム反対運動の経緯(植村振作著) またも不要なダムがつくられてしまった(今本博健著)〉 ①978-4-7634-0723-8 Ⓝ517.7 [800円]

天草市(電気事業—歴史)
◇天草電気の歴史100年史 松岡近[著] 天草 松岡近 2014.10 184p 31cm 〈年表あり〉 Ⓝ540.92194

天草市(農村)
◇天草市大江の農村景観—保存調査報告書・保存計画書 天草 天草市教育委員会文化課世界遺産登録推進室 2013.3 350p 図版[12]枚 30cm 〈文献あり 奥付のタイトル:大江の農村景観〉 Ⓝ518.8

天草市(文化的景観)
◇天草市大江の農村景観—保存調査報告書・保存計画書 天草 天草市教育委員会文化課世界遺産登録推進室 2013.3 350p 図版[12]枚 30cm 〈文献あり 奥付のタイトル:大江の農村景観〉 Ⓝ518.8

天草市(方言)
◇天草方言集—心に響くふるさとことば 鶴田功著 第8版 [出版地不明] [鶴田功] 2014.2 424p 26cm Ⓝ818.94

天草市立大江小学校
◇せんだん—大江小学校閉校記念誌:平成二十五年(二〇一三年)三月 大江小学校閉校記念事業実行委員会編 [天草] 大江小学校閉校記念事業実行委員会 2014.6 410p 31cm 〈年表あり〉 Ⓝ376.28

海部郡(愛知県)(歴史—史料)
◇地方新聞集成—海部・津島 第1輯 園田俊介監修 津島 津島市立図書館 2013.3 606p 42cm 〈複製 内容:尾西タイムス(大正8年8月〜大正10年4月) 尾陽新報(大正8年9月〜大正9年5月) 尾州実業新聞(大正9年1月〜大正9年5月) 大日本新聞(大正9年2月〜大正10年1月) 津島新聞(大正9年4月〜大正10年1月) 関西新聞(大正12年3月, 昭和16年1月) 愛知時事新聞(昭和28年2月〜昭和35年12月) 東海民衆新聞(昭和33年12月) ふるさとアサヒ(昭和63年9月〜平成5年3月)〉 Ⓝ215.5
◇地方新聞集成—海部・津島 第2輯 園田俊介監修 津島 津島市立図書館 2014.3 532p 30×42cm 〈複製 内容:東海魁新聞(昭和12年5月〜昭和14年8月) 自由評論(昭和22年9月〜昭和28年1月) 尾張時報(昭和23年8月〜昭和24年9月) 尾西通信(昭和27年1月)〉 Ⓝ215.5

アマゾニア
◇アマゾンがこわれる 藤原幸一写真・文 ポプラ社 2014.10 79p 26cm 〈文献あり 表紙のタイトル:AMAZON〉 ①978-4-591-14169-4 Ⓝ462.62 [1800円]

アマゾン・ドット・コム
◇Amazonで稼ぐ! Webショップ開店&販売コレだけ! 技 山口裕一郎著 技術評論社 2014.10 16,255p 21cm 〈索引あり〉 ①978-4-7741-6676-6 Ⓝ673.36 [1850円]
◇1分間ジェフ・ベゾス—Amazon.comを創った男の77の原則 西村克己著 SBクリエイティブ 2014.6 185p 18cm 〈文献あり 年譜あり〉 ①978-4-7973-7729-3 Ⓝ024.53 [952円]
◇ジェフ・ベゾス—アマゾンをつくった仕事術 桑原晃弥著 講談社 2014.8 206p 19cm 〈文献あり 年譜あり〉 ①978-4-06-219030-5 Ⓝ024.53 [1400円]
◇ジェフ・ベゾス果てなき野望—アマゾンを創った無敵の奇才経営者 ブラッド・ストーン著, 井口耕二訳 [東京] 日経BP社 2014.1 502p 19cm 〈日経BPマーケティング(発売) 文献あり〉 ①978-4-8222-4981-6 Ⓝ024.53 [1800円]
◇ネットでらくらく! Amazon個人輸出はじめる&儲ける超実践テク103 柿沼たかひろ著 技術評論社 2014.7 255p 21cm 〈索引あり〉 ①978-4-7741-6511-0 Ⓝ678.4 [1850円]

天田 愚庵(1854〜1904)
◇天田愚庵の生涯 川嶋隆史著 文學の森 2014.5 268p 19cm 〈文献あり 年譜あり〉 ①978-4-86438-201-4 Ⓝ911.162 [1429円]

天野 篤(1955〜)
◇熱く生きる 天野篤著 セブン&アイ出版 2014.2 283p 20cm 〈年譜あり〉 ①978-4-86008-627-5 Ⓝ289.1 [1600円]
◇アントニオ猪木×天野篤 NHK『SWITCHインタビュー達人達』制作班, アントニオ猪木, 天野篤著 ぴあ 2014.3 112p 19cm (SWITCH INTERVIEW達人達) ①978-4-8356-1871-5 Ⓝ788.2 [800円]

天野 マスミ〔1925～〕

◇真澄の空─自分史　天野マスミ［著］　知立　天野マスミ　2014.4　265p　20cm〈喜怒哀楽書房（制作印刷）〉Ⓝ289.1

天野 祐吉〔1933～2013〕

◇天野祐吉─経済大国に、野次を。　河出書房新社編集部編　河出書房新社　2014.8　191p　21cm〈著作目録あり　年譜あり　内容：広告も変わったねぇ。（天野祐吉著）　権力から遠く（谷川俊太郎著）　詩を書くこととコピーを書くこと（谷川俊太郎,天野祐吉述）『広告批評』は〈運動体〉だったんだ　思います。（東海林隆述,編集部聞き手）　さてはこの雑誌をつぶす気だな、だったらご協力いたしましょう（横尾忠則著）　わが家が壊される日（天野祐吉著）　一流の人（橋本治著）　天野祐吉からの宿題。（箭内道彦述,前島そう聞き手）　言葉の師匠・谷内六郎さん（天野祐吉著）　政府広報入門（天野祐吉著）　成熟社会人心得（杉浦日向子,天野祐吉述）　字の呪力（天野祐吉著）　批評すること、よく読むこと（糸井重里,天野祐吉述）　世を映す窓、見つめ続けた（川崎徹著）　天野祐吉は「神様」だった。（大貫卓也著）　こしあん、つぶあんどちらが好き？（天野伊佐子,高橋美佐子述,粟野亜美取材・文）　消費者が広告を「する」時代、でしょ？（伊藤直樹,天野祐吉述）　テレビCM60年（天野祐吉著）〉①978-4-309-02320-5　Ⓝ674.21　［1600円］

天野 貴元〔1985～〕

◇オール・イン─実録・奨励会三段リーグ　天野貴元著　宝島社　2014.3　239p　19cm　①978-4-8002-1937-4　Ⓝ289.1　［1238円］

海士町〔島根県〕（伝記）

◇海士伝　2　海士人を育てる─聞き書き人がつながる島づくり　赤嶺淳監修　巡の環編　名古屋　グローバル社会を歩く研究会　2014.3　205p　21cm〈グローバル社会を歩く　6〉〈新泉社（発売）1は「海士伝隠岐に生きる」が該当　内容：海士に魅せられて（林あかね,赤嶺淳著）　現状維持とは、挑戦すること（奥田和司述）　「ひと」が一番です（大脇安則述）　むかしとそんなに変わらない（斉藤チトリ述）　ひとりの力では生きとらん（高松ヒロ子述）　海士への思いを共有して（美濃芳樹述）　島への恩返し（田仲寿夫述）　親、恩師、友達にささえられて（山内雄述）　島に学ぶ大学おこし（赤嶺淳著）　海士に学び、足跡をつなぐ（柴田沙緒莉,津田成美,大高翔一ほか著）　フェリー、サザエのち聞き書き（目黒紀夫著）　「聞き書き」がつなぐ人と人の環（高橋亜紗子著）　「輝きの連鎖」が続く20年後を目指して（阿部裕志著）〉①978-4-7877-1321-6　Ⓝ281.73　［1000円］

奄美大島

◇奄美大島に於ける「家人」の研究─他、大島郡状態書、封建治下に於ける奄美大島の農業、二編　金久好著　鹿児島　南方新社　2014.10　220p　22cm〈文献あり　名瀬市史編纂委員会1963年刊の復刻版〉①978-4-86124-304-2　Ⓝ612.197　［5800円］
◇奄美大島の地域性─大学生が見た島/シマの素顔　須山聡編著　大津　海青社　2014.2　352p　22cm〈文献あり　索引あり〉①978-4-86099-299-6　Ⓝ291.97　［3400円］
◇奄美でカトリック排撃運動はなぜ起こったのか　日本カトリック正義と平和協議会編　カトリック中央協議会　2014.5　70p　21cm　（JP booklet）〈年表あり　内容：奄美でカトリック排撃運動はなぜ起こったのか（須崎慎一述）　奄美のカトリック迫害・上智大学生神社参拝拒否事件とカトリック教会の対応（谷大二述）〉Ⓝ198.22197
◇ぶらりあるき沖縄・奄美の博物館　中村浩,池田榮史著　芙蓉書房出版　2014.6　214p　21cm〈文献あり〉①978-4-8295-0622-6　Ⓝ069.02199　［1900円］

奄美諸島

◇奄美群島観光の動向　平成24年　［奄美］　奄美群島観光物産協会　〔2013〕　16p　30cm〈共同刊行：鹿児島県大島支庁〉Ⓝ689.059
◇奄美群島振興開発計画　平成26年度─平成30年度　［鹿児島］　鹿児島県　2014.5　123p　30cm　Ⓝ318.697
◇奄美群島振興開発事業実績調書　平成24年度　［鹿児島］　鹿児島県　2013.9　171p　21×30cm　Ⓝ601.197
◇奄美群島振興開発総合調査報告書　鹿児島　鹿児島県　2013.3　318p　30cm〈年表あり〉Ⓝ601.197
◇奄美諸島編年史料　古琉球期編上　石上英一編　吉川弘文館　2014.6　399p　22cm　①978-4-642-01417-5　Ⓝ219.7　［18000円］
◇奄美八月踊り唄の宇宙　清眞人,富島甫著　大阪　海風社　2013.6　250p　21cm　（南島叢書　94）①978-4-87616-024-2　Ⓝ388.9197　［2000円］

◇歌い継ぐ奄美の島唄─奄美大島北部　［鹿児島］　奄美島唄保存伝承事業実行委員会　2014.3　221p　30cm〈平成25年度文化庁文化芸術振興費補助金（文化遺産を活かした地域活性化事業）〉Ⓝ388.9197
◇歌い継ぐ奄美の島唄─奄美大島南部　［鹿児島］　奄美島唄保存伝承事業実行委員会　2014.3　260p　30cm〈平成25年度文化庁文化芸術振興費補助金（文化遺産を活かした地域活性化事業）〉Ⓝ388.9197
◇歌い継ぐ奄美の島唄─喜界島　［鹿児島］　奄美島唄保存伝承事業実行委員会　2014.3　239p　30cm〈平成25年度文化庁文化芸術振興費補助金（文化遺産を活かした地域活性化事業）〉Ⓝ388.9197
◇歌い継ぐ奄美の島唄─徳之島　［鹿児島］　奄美島唄保存伝承事業実行委員会　2014.3　203p　30cm〈平成25年度文化庁文化芸術振興費補助金（文化遺産を活かした地域活性化事業）〉Ⓝ388.9197
◇歌い継ぐ奄美の島唄─沖永良部島　［鹿児島］　奄美島唄保存伝承事業実行委員会　2014.3　167p　30cm〈平成25年度文化庁文化芸術振興費補助金（文化遺産を活かした地域活性化事業）〉Ⓝ388.9197
◇歌い継ぐ奄美の島唄─与論島　［鹿児島］　奄美島唄保存伝承事業実行委員会　2014.3　96p　30cm〈平成25年度文化庁文化芸術振興費補助金（文化遺産を活かした地域活性化事業）〉Ⓝ388.9197
◇歌い継ぐ奄美の島唄─選曲集：歌詞集&CD　［鹿児島］　奄美島唄保存伝承事業実行委員会　2014.3　128p　30cm〈平成25年度文化庁文化芸術振興費補助金（文化遺産を活かした地域活性化事業）〉Ⓝ388.9197
◇歌い継ぐ奄美の島唄─解説・総合索引集　［鹿児島］　奄美島唄保存伝承事業実行委員会　2014.3　82p　30cm〈平成25年度文化庁文化芸術振興費補助金（文化遺産を活かした地域活性化事業）〉Ⓝ388.9197

甘利 庸子

◇チャンスを引き寄せ、願い叶える法則　甘利庸子著　PHP研究所　2014.10　202p　19cm〈「のぞみの扉」（PHPパブリッシング　2012年刊）の改題、加筆・修正〉①978-4-569-82124-5　Ⓝ289.1　［1200円］

あまん きみこ〔1931～〕

◇あまんきみこの童話を読む　西田谷洋編　半田　一粒書房　2014.6　112p　22cm　①978-4-86431-287-5　Ⓝ910.268　［1500円］

AMIAYA

◇AMIAYA TWINS─AMIAYA COMPLETE BOOK　AMIAYA著　祥伝社　2014.5　112p　21cm〈本文は日本語〉①978-4-396-43063-4　Ⓝ767.8　［1250円］

阿見町〔茨城県〕（行政）

◇阿見町第6次総合計画─人と自然が織りなす、輝くまち：2014-2023　阿見町〔茨城県〕茨城県阿見町　2014.3　235p　30cm　Ⓝ318.231

阿見町〔茨城県〕（史跡名勝）

◇身近な名所辞典　阿見町教育委員会,阿見町文化財保護審議会編纂・改訂　［阿見町〔茨城県〕〕　茨城県阿見町　2014.3　60p　21cm　Ⓝ291.31

アームストロング, L.〔1971～〕

◇偽りのサイクル─堕ちた英雄ランス・アームストロング　ジュリエット・マカー著,児島修訳　洋泉社　2014.6　487,7p　19cm〈文献あり　索引あり〉①978-4-8003-0204-5　Ⓝ788.6　［2400円］

天日槍

◇アメノヒボコ、謎の真相　関裕二著　河出書房新社　2014.2　182p　19cm〈文献あり〉①978-4-309-22608-8　Ⓝ210.3　［1600円］

アメリカ（紀行・案内記）

◇南北アメリカの美麗─大野泰秀写真集　大野泰秀写真・文章・デザイン・編集　［東京］　大野泰秀　2014.4　128p　30cm（海外旅行の必見スポット写真集　3）Ⓝ295.087　［2800円］

アメリカ（写真集）

◇南北アメリカの美麗─大野泰秀写真集　大野泰秀写真・文章・デザイン・編集　［東京］　大野泰秀　2014.4　128p　30cm（海外旅行の必見スポット写真集　3）Ⓝ295.087　［2800円］

アメリカ（食生活）

◇食と儀礼をめぐる地球の旅─先住民文化からみたシベリアとアメリカ　高倉浩樹,山口未花子編　仙台　東北大学出版会　2014.10　217p　19cm（東北アジア学術読本　4）〈内容：狩猟対象から儀礼対象へ（加藤博文著）　シベリア・トナカイ牧畜先住民における食の多様な世界（吉田睦著）　北アメリカ大陸極北地帯の食と儀礼（本多俊和著）　アラスカの捕鯨民イヌピアットの真夏の祭典ナルカタック（岸上伸啓著）　ナスカの地

アメリカ（歴史）　　　　　　　　　　　　　　　　　　　　　　　　　　　　日本件名図書目録2014　I

上絵の調査からみた食と儀礼（坂井正人著）　中央アンデス高地における日常食と儀礼食（若林大我著）〉①978-4-86163-250-1　Ⓝ383.8294　［2500円］

あ

アメリカ（歴史）
◇南北アメリカの歴史　網野徹哉，橋川健竜編著　放送大学教育振興会　2014.3　253p　21cm　（放送大学教材）〈［NHK出版（発売）］　索引あり〉①978-4-595-31473-5　Ⓝ250　［3100円］

アメリカ合衆国
◇アメリカ留学公式ガイドブック　2015　日米教育委員会／編著　アルク　2014.5　359p　21cm　①978-4-7574-2448-7　［1600円］

アメリカ合衆国（アニメーション）
◇『アナと雪の女王』の光と影　叶精二著　七つ森書館　2014.11　237p　19cm　〈文献あり　内容：『アナと雪の女王』の光と影　宮崎駿とジョン・ラセターその友情と功績〉①978-4-8228-1417-5　［1800円］
◇夢をかなえる英語はディズニー映画が教えてくれた　飯田百合子著　サンマーク出版　2014.3　205p　19cm　①978-4-7631-3366-3　Ⓝ837.8　［1400円］

アメリカ合衆国（アニメーター─歴史）
◇ミッキーマウスのストライキ！─アメリカアニメ労働運動100年史　トム・シート著，久美薫訳　合同出版　2014.6　639p　22cm　〈文献あり　年表あり　索引あり〉①978-4-7726-1114-5　Ⓝ778.77　［6200円］

アメリカ合衆国（安全保障）
◇米軍と人民解放軍─米国防総省の対中戦略　布施哲著　講談社　2014.8　312p　18cm　（講談社現代新書　2277）①978-4-06-288277-4　Ⓝ319.53022　［880円］

アメリカ合衆国（医学教育）
◇放射線科診療にみる医学留学へのパスポート　日米医学医療交流財団編　はる書房　2014.11　327p　21cm　（シリーズ日米医学交流　No.14）〈内容：日本の特徴をどのように生かすか，より欧米化すべきこととはなにか（中島康雄著）「さらなる飛躍」を目指した先（沼口雄治著）　ターゲットはコミュニティープログラム（林大地著）　レジデント2年目で味わう放射線科の醍醐味（山本翔太著）　世界に日本のIVRを売り込む（堀川雅弘著）　今なぜ，全画像・24時間即時読影勢力なのか（北之園尚志著）　フランスして・アメリカと渡り歩いて中（サラモン典子著）　原点は"臨床に役立つ放射線科医"（森谷聡男著）　フェローとしての再出発から13年を経て（酒井修著）　何用あってアイオワに（大橋健二郎著）　米国の放射線診断医の日常（河本里美著）　UCLAでPETを学ぶ（平田健司著）　研究留学と心に留めておくべき10のこと（隈丸加奈子著）　自分のため，放射線腫瘍学のために（若月優著）　パッションの先に広がる道（真鍋徳子著）　幸運な？出会いの連続（齋藤アンネ優子著）　臨床医師の基礎体力（中村聡明著）　米国の放射線治療と研究の体験（石川仁著）　米国臨床留学中の私からみた今後のキャリア形成（宮田加菜著）　市中病院での診療／教育リーダーへのキャリア形成からみた卒後臨床留学の意義（本郷偉元著）　アカデミックなキャリア形成の視点から見た海外大学院博士課程進学の意義（若林俊二著）〉①978-4-89984-145-6　Ⓝ490.7　［1800円］
◇MPH（マスター・オブ・パブリックヘルス）留学へのパスポート─世界を目指すヘルスプロフェッション　日米医学医療交流財団編　はる書房　2014.3　339p　21cm　（シリーズ日米医学交流　No.13）①978-4-89984-140-1　Ⓝ498.07　［1850円］

アメリカ合衆国（位置情報サービス）
◇米国における位置情報サービスの発展と可能性─データ基盤構築とサービスの価値創出の視点から　マルチメディア振興センター編　マルチメディア振興センター　2014.10　4，158p　30cm　〈文献あり〉Ⓝ448.9

アメリカ合衆国（移民・植民）
◇現代アメリカ移民第二世代の研究─移民排斥と同化主義に代わる「第三の道」　アレハンドロ・ポルテス，ルベン・ルンバウト著，村井忠政訳者代表　明石書店　2014.1　678p　20cm　（世界人権問題叢書　86）〈文献あり　索引あり　翻訳：房岡光子ほか〉①978-4-7503-3954-2　Ⓝ334.453　［8000円］
◇現代アメリカ移民第二世代の研究─移民排斥と同化主義に代わる「第三の道」　アレハンドロ・ポルテス，ルベン・ルンバウト著，村井忠政訳者代表　修正版　明石書店　2014.7（2刷）679p　20cm　（世界人権問題叢書　86）〈文献あり　索引あり　翻訳：房岡光子ほか〉①978-4-7503-3954-2　Ⓝ334.453　［8000円］
◇社会運動ユニオニズム─グローバル化と労働運動の再生　山田信行著　京都　ミネルヴァ書房　2014.1　331p　22cm

（MINERVA社会学叢書　43）〈文献あり　索引あり　内容：グローバル化・移民労働者・労働運動　社会運動ユニオニズムとはなにか　移民労働者を組織することはなにを意味するのか　労働運動とはなにか　資本主義と文化変容　組織化と社会的ネットワーク　労働者センターによる反スウェットショップ運動　労働NGOによるフォーラム型労働運動　ワーカーズ・コレクティブが意味するもの　「反システム運動」としての労働運動　トランスナショナルな連携はいかにして可能か　社会運動ユニオニズムの多様性〉①978-4-623-06790-9　Ⓝ366.6253　［7000円］

アメリカ合衆国（移民・植民〔アイルランド〕）
◇アメリカを動かすスコッチ＝アイリッシュ─21人の大統領と「茶会派」を生みだした民族集団　越智道雄著　明石書店　2014.12　281p　20cm　①978-4-7503-4112-5　Ⓝ334.453　［2800円］

アメリカ合衆国（移民・植民〔アジア〕）
◇憑依する過去─アジア系アメリカ文学におけるトラウマ・記憶・再生　小林富久子監修，石原剛，稲木妙子，原恵理子，麻生享志，中垣恒太郎編　金星堂　2014.3　368p　22cm　〈索引あり　内容：ヒサエ・ヤマモトの「ウィルシャー通りのバス」（稲木妙子著）「祝婚歌」から「フィレンツェの庭」へ（村山瑞穂著）　花木蘭は死んだ（杉山直子著）　フィリピン系文学にみる日本の植民統治（河原崎やす子著）　日系アメリカ人が描いた〈ヒロシマ・ナガサキ〉（山本秀行著）　損傷を「言葉」にすること（中村理香著）　トラウマ文学としてのコリア系「慰安婦小説」（小林富久子著）　人種混交の物語としての『ハイアシンスの心』（石原剛著）　ノーノーボーイであることの病い（五島一美著）　ハワイ日系二世の「人種形成」（岡島慶著）　アメリカ大衆文化におけるアジア系表象の新潮流（中垣恒太郎著）　檀香山からシエラネヴァダ山脈へ（吉田美津著）　写真花嫁のトラウマ（池野みさお著）　フィリップ・カン・ゴタンダがたどる日系アメリカ人家族の葛藤の歴史（谷佐保子著）　ヒサエ・ヤマモトの作品におけるカトリック的モチーフとトラウマの実験的語り（牧野理英著）　沈黙を歌う（矢口裕子著）　トランスナショナルなトラウマの演劇表象（原恵理子著）　八島太郎のトラウマ・ナラティヴ（中地幸著）　キベイ二世の語りの読み直し（小坂恵理子著）　歴史のパターンをずらす（寺澤由郁子著）　トラウマを超えて（麻生享志著）〉①978-4-7647-1134-1　Ⓝ930.29　［2500円］

アメリカ合衆国（移民・植民〔日本〕─歴史）
◇初期在北米日本人の記録　北米編　第151冊　北米メキシコ移民の栞　奥泉栄三郎監修・新序文　藤岡紫朗著　文生書院　2014.3　353p　23cm　（Digital reprint series）〈電子復刻版〉①978-4-89253-511-6　Ⓝ334.45　［12000円］

アメリカ合衆国（移民・植民〔日本〕─歴史─1868～1945）
◇ジャパニーズ・アメリカ─移民文学・出版文化・収容所　日比嘉高著　新曜社　2014.2　388p　22cm　〈文献あり　著作目録あり　年表あり　索引あり　内容：海を越える文学　移民の想像力　船の文学　日本新聞と文学　移民と日本書店　ある日本書店のミクロストリア　漱石の「猫」の見たアメリカ　永井荷風『あめりか物語』は「日本文学」か？　転落の恐怖と慰安　絡みあう「並木」　洋上の渡米花嫁　身体横断のダンス　望郷のハワイ〈文〉をたよりに〉①978-4-7885-1369-3　Ⓝ910.26　［4200円］
◇日系アメリカ移民二つの帝国のはざまで─忘れられた記憶1868-1945　東栄一郎著，飯野正子監訳，長谷川寿美，小澤智子，飯野朋美，北脇実千代訳　明石書店　2014.6　496p　20cm　〈文献あり　索引あり〉①978-4-7503-4028-9　Ⓝ334.453　［4800円］

アメリカ合衆国（移民・植民〔メキシコ〕）
◇郷里送金を地域発展に活かす─メキシコ西部トゥスカクエスコ村の「越境するコミュニティ」を事例に　田中絵梨奈著　上智大学イベロアメリカ研究所　2014.10　52，2p　26cm　（ラテンアメリカ研究　no.40）〈文献あり〉①978-4-904704-12-7　Ⓝ601.56

アメリカ合衆国（移民・植民─歴史）
◇「人の移動」のアメリカ史─移動規制から読み解く国家基盤の形成と変容　加藤洋子著　彩流社　2014.3　262p　21cm　①978-4-7791-1972-9　Ⓝ334.2　［2700円］

アメリカ合衆国（医療）
◇アメリカ医療関連データ集　2013年版　医療経済研究・社会保険福祉協会医療経済研究機構　2014.3　153p　30cm　〈平成25年度医療経済研究機構自主研究事業〉Ⓝ498.0253
◇米国政府2014版『通商政策アジェンダ』とTiSA─医療界はTPPに続く米国の"第二の矢"に備えよ　［東京］　日医総研　2014.5　16p　30cm　（日本医師会総合政策研究機構ワーキングペーパー　no.316）Ⓝ498.0253
◇僕は病院のコンダクター─日本人ホスピタリスト奮闘記　石山貴章著　メディカル・サイエンス・インターナショナル

アメリカ合衆国（医療制度）

◇アメリカ医療制度の政治史—20世紀の経験とオバマケア　山岸敬和著　名古屋　名古屋大学出版会　2014.3　317,52p　22cm　(南山大学学術叢書)　〈索引あり〉①978-4-8158-0769-6　Ⓝ498.13　[4500円]

アメリカ合衆国（医療保険）

◇アメリカ医療関連データ集　2013年版　医療経済研究・社会保険福祉協会医療経済研究機構　2014.3　153p　22cm　〈平成25年度医療経済研究機構自主研究事業〉Ⓝ498.0253

◇アメリカ医療制度の政治史—20世紀の経験とオバマケア　山岸敬和著　名古屋　名古屋大学出版会　2014.3　317,52p　22cm　(南山大学学術叢書)　〈索引あり〉①978-4-8158-0769-6　Ⓝ498.13　[4500円]

◇沈みゆく大国アメリカ　堤未果著　集英社　2014.11　206p　18cm　(集英社新書 0763)　〈文献あり〉978-4-08-720763-7　Ⓝ364.4　[720円]

アメリカ合衆国（印刷業）

◇レタープレス・活版印刷のデザイン、新しい流れ—アメリカ、ロンドン、東京発のニューコンセプト　碓井美樹編著　パイインターナショナル　2014.10　191p　21cm　①978-4-7562-4571-7　Ⓝ749.09　[1900円]

アメリカ合衆国（宇宙開発）

◇NASA—宇宙開発の60年　佐藤靖著　中央公論新社　2014.6　282p　18cm　(中公新書 2271)　〈文献あり　年表あり〉①978-4-12-102271-4　Ⓝ538.9　[880円]

アメリカ合衆国（映画）

◇アメリカ映画とカラーライン—映像が侵犯する人種境界線　金澤智著　水声社　2014.12　228p　20cm　(水声文庫)　〈索引あり〉978-4-8010-0078-0　Ⓝ778.253　[2800円]

◇映画に見る日米相互イメージの変容—他者表象とナショナル・アイデンティティの視点から　池田淑子著　吹田　大阪大学出版会　2014.3　343p　21cm　〈文献あり　索引あり　内容：他者表象の記号論　猿と「戦う機械」〈1941-1945〉芸者と軍人〈1946-1969〉不可解な東洋人へとアンビヴァレントな日本人へ〈1970-1989〉「日本人」像の変容〈1941－現在〉鬼と桃太郎と家来〈1941-1945〉救世主と焦土とゴジラ〈1946-1955〉「日本の黒い霧」と優しい紳士〈1955-1965〉等身大のアメリカ人〈1965-1984〉「アメリカ人」像の変容〈1941－現在〉〉①978-4-87259-466-9　Ⓝ778.253　[2800円]

◇現代アメリカ映画研究入門　トマス・エルセサー、ウォーレン・バックランド著，水島和則訳　書肆心水　2014.4　415p　22cm　〈文献あり　索引あり　内容：映画理論、方法、分析(トマス・エルセサー、ウォーレン・バックランド著)　クラシックな物語/ポストークラシックな物語(トマス・エルセサー著)　ミザンセン批評と統計的様式分析(ウォーレン・バックランド著)　テーマ批評から脱構築分析へ(トマス・エルセサー、ウォーレン・バックランド著)　「S/Z」、「読みうる」映画とビデオゲームの論理(ウォーレン・バックランド著)　物語叙述についての認知主義理論(ウォーレン・バックランド著)　写真画像とデジタル画像におけるリアリズム(ウォーレン・バックランド著)　オイディプス物語とポストーオイディプス(トマス・エルセサー著)　フェミニズム、フーコー、ドゥルーズ(トマス・エルセサー著)〉①978-4-906917-27-3　Ⓝ778.253　[5400円]

◇ジョン・ウォーターズの悪趣味映画作法　ジョン・ウォーターズ著，柳下毅一郎訳　新版　青土社　2014.5　361,5p　19cm　〈作品目録あり　索引あり〉①978-4-7917-6785-4　Ⓝ778.253　[2800円]

◇大統領の執事の涙　ウィル・ヘイグッド著，中村佐千江訳　原書房　2014.2　181p　図版32p　19cm　①978-4-562-04980-6　Ⓝ778.253　[1400円]

◇BL時代の男子学—21世紀のハリウッド映画に見るブロマンス　國友万裕著　近代映画社　2014.8　202p　18cm　(SCREEN新書 035)　〈索引あり〉①978-4-7648-2401-0　Ⓝ778.253　[900円]

アメリカ合衆国（映画—歴史）

◇ターミナル・ビギニング—アメリカの物語と言葉の力　吉田廸子，本村浩二，中村亨，西本あづさ，米山正文，平塚博子，村山瑞穂，細谷省，的場いづみ，加藤麻衣子，照沼かほる，松崎博著，中村亨著　論創社　2014.7　324p　20cm　〈著作目録あり　内容：近代と対峙するコスモロジー(吉田廸子著)　フォークナーの反逆的後継者としての中上健次(吉田廸子著，本村浩二訳)　父の認知を求める混血児(本村浩二著)　シャーウッド・アン

ダソンとジーン・トゥーマー(中村亨著)　危険なる仮装(西本あづさ著)　「黒い」主人、「白い」奴隷(米山正文著)　戦争・哀悼・国家(平塚博子著)　アイデンティティと階級の相克を越えて(村山瑞穂著)　映像の近代時間(細谷等著)　ナボコフの『闇のなかの笑い』と映画(的場いづみ著)　非アメリカ的な「夢」と前衛映画と抵抗と(加藤麻衣子著)　戦うプリンセスたちの挑戦(照沼かほる著)　冷戦期のある「夫婦」の物語(松崎博著)〉978-4-8460-1336-3　Ⓝ930.29　[3000円]

◇ハリウッド映画でアメリカが読める　曽根田憲三著　開文社出版　2014.3　304p　図版20p　20cm　〈内容：アメリカ映画にみる黒人たち　フィルム・ノワールに描かれた女性たち　アメリカの犯罪映画と陰の社会　アメリカのウエスターンが映し出す時代　アメリカのSF映画はこうして始まった　バンパイア映画の変遷　移りゆくアメリカのミュージカル映画〉①978-4-87571-075-2　Ⓝ778.253　[2200円]

アメリカ合衆国（映画—歴史—1945〜）

◇60年代アメリカ映画100　渡部幻，石澤治信編　芸術新聞社　2014.9　339,11p　21cm　〈索引あり〉①978-4-87586-374-8　Ⓝ778.253　[2800円]

アメリカ合衆国（映画産業）

◇ハリウッド・ビジネス10年の変遷—デジタル化とグローバル化に翻弄されるハリウッド　片田暁著　竹書房　2014.4　256p　18cm　(竹書房新書 026)　①978-4-8124-9986-3　Ⓝ778.253　[830円]

アメリカ合衆国（エリート）

◇米国製エリートは本当にすごいのか？　佐々木紀彦著　KADOKAWA　2014.3　286p　15cm　(中経の文庫 さ-21-1)　〈東洋経済新報社 2011年刊の加筆修正〉①978-4-04-601041-4　Ⓝ377.253　[650円]

アメリカ合衆国（音楽家—歴史—20世紀）

◇クラシックに捧ぐ—アナログ主義者が独断と偏見で選んだ後世に語り継ぎたい名演奏　横溝亮一著　KADOKAWA　2014.2　246p　20cm　①978-4-04-110660-0　Ⓝ762.8　[2300円]

◇ユダヤ人とクラシック音楽　本間ひろむ著　光文社　2014.9　219p　18cm　(光文社新書 715)　〈文献あり〉①978-4-334-03818-2　Ⓝ762.8　[760円]

アメリカ合衆国（絵画—歴史）

◇アメリカン・リアリズムの系譜—トマス・エイキンズからハイパーリアリズムまで　小林剛著　吹田　関西大学出版部　2014.3　264p　20cm　〈文献あり　索引あり　内容：なぜ今りアリズムについて語るのか？　トマス・エイキンズと「写真的視覚」の発見　リアリズム絵画と写真の交錯　異なる近代、異なる視覚　社会的リアリズムと抽象表現主義をめぐる「文化冷戦」　指標的リアリズムからハイパーリアリズムへ〉①978-4-87354-576-9　Ⓝ723.53　[2600円]

アメリカ合衆国（絵画—歴史—20世紀—画集）

◇アメリカン・ポップ・アート展　南雄介監修，国立新美術館，TBSテレビ編　TBSテレビ　2013.8　229p　33cm　〈年表あり　文献あり　英語併載　会期・会場：2013年8月7日—10月21日　国立新美術館〉①978-4-906908-07-3　Ⓝ723.53

アメリカ合衆国（海軍）

◇アメリカ最強の特殊戦闘部隊が「国家の敵」を倒すまで　マーク・オーウェン，ケヴィン・マウラー著，熊谷千寿訳　講談社　2014.11　296p　19cm　〈別タイトル：アメリカ最強のDEVGRUが「国家の敵」を倒すまで〉①978-4-06-219002-2　Ⓝ936　[1700円]

◇米海軍で屈指の潜水艦艦長による「最強組織」の作り方　L・デビッド・マルケ著，花塚恵訳　東洋経済新報社　2014.6　285p　19cm　①978-4-492-04532-9　Ⓝ361.43　[1600円]

アメリカ合衆国（会計監査—歴史）

◇会計士監査の法的意義と責任　栁田美恵子著　財経詳報社　2014.4　238p　22cm　〈文献あり〉①978-4-88177-402-1　Ⓝ336.97　[3500円]

◇闘う公認会計士—アメリカにおける150年の軌跡　千代田邦夫著　中央経済社　2014.3　299p　22cm　〈索引あり〉①978-4-502-09050-9　Ⓝ336.97　[3800円]

アメリカ合衆国（外国関係）

◇アメリカが日本にひた隠す日米同盟の真実　ベンジャミン・フルフォード著　青春出版社　2014.2　190p　20cm　①978-4-413-03909-3　Ⓝ319.53　[1400円]

◇アメリカ〈帝国〉の現在—イデオロギーの守護者たち　ハリー・ハルトゥーニアン[著]，平野克弥訳　みすず書房　2014.6　185,4p　20cm　〈索引あり〉①978-4-622-07837-1　Ⓝ319.53　[3400円]

◇アメリカの思惑　防衛システム研究所編纂　内外出版　2013.3　134p　21cm　〈年表あり〉①978-4-905285-18-2　Ⓝ319.53　[900円]

アメリカ合衆国（外国関係―アジア）

◇アメリカの大変化を知らない日本人―日米関係は新しい時代に入る 日高義樹著 PHP研究所 2014.3 253p 20cm ①978-4-569-81730-9 ®319.53 ［1500円］

◇アメリカはいつまで超大国でいられるか 加瀬英明［著］ 祥伝社 2014.12 240p 18cm （祥伝社新書 393）①978-4-396-11393-3 ®319.53 ［800円］

◇いつまでもアメリカが守ってくれると思うなよ 古森義久著 幻冬舎 2013.7 185p 18cm （幻冬舎新書 こ-17-1）①978-4-344-98311-3 ®319.53 ［740円］

◇「オバマの嘘」を知らない日本人―世界は「米国崩壊」を待ち構えている 日高義樹著 PHP研究所 2014.7 250p 20cm ①978-4-569-82027-9 ®319.53 ［1500円］

◇複雑化する世界、単純化する欲望―核戦争と破滅に向かう環境世界 ノーム・チョムスキー著，ラリー・ポーク聞き手，吉田裕訳 ［東京］ 花伝社 2014.7 222,3p 19cm 〈共栄書房（発売）索引あり〉①978-4-7634-0704-7 ®319.53 ［1600円］

アメリカ合衆国（外国関係―アジア）

◇ワシントンの中のアジア―グローバル政治都市での攻防 ケント・E・カルダー著，ライシャワー東アジア研究センター監修・監訳 中央公論新社 2014.6 325p 20cm 〈文献あり 年表あり〉①978-4-12-004636-0 ®319.53 ［2500円］

アメリカ合衆国（外国関係―アジア〔東部〕―歴史―19世紀）

◇朝鮮開国と日清戦争―アメリカはなぜ日本を支持し、朝鮮を見限ったか 渡辺惣樹著 草思社 2014.12 399p 20cm 〈年表あり 索引あり〉①978-4-7942-2098-1 ®210.65 ［2800円］

アメリカ合衆国（外国関係―イスラエル）

◇アメリカがイスラエルを見捨てる日は来るのか 佐藤唯行著 日新報道 2014.4 235p 19cm 〈文献あり〉①978-4-8174-0775-7 ®319.530279 ［1500円］

アメリカ合衆国（外国関係―イラク）

◇イラク情勢とシーレーンの安全保障 富士社会教育センター・エネルギー問題研究会編 富士社会教育センター 2014.9 49p 21cm （エネルギー問題研究会レポート 第27回）®319.530273

アメリカ合衆国（外国関係―カナダ―歴史）

◇カナダの自立と北大西洋世界―英米関係と民族問題 細川道久著 刀水書房 2014.1 275p 22cm 〈年表あり 索引あり〉①978-4-88708-415-5 ®319.51033 ［5000円］

アメリカ合衆国（外国関係―キューバ）

◇13日間―キューバ危機回顧録 ロバート・ケネディ著，毎日新聞社外信部訳 改版 中央公論新社 2014.4 200p 16cm （中公文庫 ケ6-1）①978-4-12-205942-9 ®319.53038 ［900円］

アメリカ合衆国（外国関係―大韓民国）

◇「反日」の秘密―朝鮮半島をめぐる巨大な謀略：安倍首相も朴大統領も知らない 鬼塚英昭著 成甲書房 2014.8 275p 19cm ①978-4-88086-317-7 ®319.21053 ［1600円］

◇「踏み絵」迫る米国「逆切れ」する韓国 鈴置高史著 ［東京］ 日経BP社 2014.4 247p 19cm 〈日経BPマーケティング（発売）〉①978-4-8222-7782-6 ®319.21053 ［1400円］

◇米国に堂々と対した大韓民国の大統領たち 李春根著，洪瑩訳 ［東京］ 統一日報社 2014.5 287p 19cm ①978-4-907988-02-9 ®319.21053 ［1300円］

アメリカ合衆国（外国関係―中国）

◇アメリカが中国を選ぶ日―覇権国なきアジアの命運 ヒュー・ホワイト著，徳川家広訳 勁草書房 2014.11 271p 20cm ①978-4-326-35166-4 ®319.53022 ［2300円］

◇現代日本の政治と外交 5 日本・アメリカ・中国―錯綜するトライアングル 猪口孝監修 猪口孝，G・ジョン・アイケンベリー編 原書房 2014.4 301,6p 22cm 〈文献あり 索引あり〉内容：日本・アメリカ・中国（猪口孝，ジョン・アイケンベリー著，猪口孝監訳）東アジアとリベラルな国際秩序（ジョン・アイケンベリー著，猪口孝監訳）冷戦後の日本の外交路線（猪口孝著）平和的台頭、多極構造と中国の外交路線（潘忠岐，陳志敏著，猪口孝監訳）民主党政権下の日本の対米外交政策とその国内的背景（佐藤洋一郎著）中国の対米方針と国内的背景（買鳳国著，猪口孝監訳）姉妹間のライバル意識？ 国内政治と日米同盟（デーヴィッド・レヘニー著，猪口孝監訳）中国の対日方針とその国内的背景（劉江永著，猪口孝監訳）日本・中国・ロシアと、アメリカの「頂点」（ローウェル・ディットマー著，猪口孝監訳）日本の対中方針（三船恵美著）〉①978-4-562-04962-2 ®312.1 ［4800円］

◇自壊する中国反撃する日本―日米中激突時代始まる！ 古森義久，石平著 ビジネス社 2014.8 243p 19cm ①978-4-8284-1763-9 ®319.22053 ［1400円］

◇図説米中軍事対決―超大国の空軍力が沖縄・台湾・グァムで激突！ 中国A2/AD戦略と米エアシーバトル構想 河津幸英著 ［東京］ アリアドネ企画 2014.11 397p 21cm （ARIADNE MILITARY）〈三修社（発売）〉①978-4-384-04625-0 ®398.253 ［2700円］

◇迫りくる「米中新冷戦」―日本と世界は大動乱の時代を迎える 古森義久著 PHP研究所 2014.9 236p 19cm ①978-4-569-82139-9 ®319.53022 ［1600円］

◇中国の戦争力―台頭する新たな海洋覇権の実態 小川和久，西恭之著 中央公論新社 2014.3 291p 20cm ①978-4-12-004600-1 ®392.22 ［1600円］

◇2014年の「米中」を読む！―アメリカと中国を知らなければ世界は分からない！ 古森義久，矢板明夫著 海竜社 2014.1 274p 19cm ①978-4-7593-1350-5 ®319.22053 ［1500円］

◇日米中アジア開戦 陳破空著，山田智美訳 文藝春秋 2014.5 261p 18cm （文春新書 976）①978-4-16-660976-5 ®319.1022 ［800円］

◇米軍と人民解放軍―米国防総省の対中戦略 布施哲著 講談社 2014.8 312p 18cm （講談社現代新書 2277）①978-4-06-288277-4 ®319.53022 ［880円］

アメリカ合衆国（外国関係―日本）

◇アメリカと中国はどう日本を「侵略」するのか―「第二次大戦」前夜にだんだん似てきている、今 西尾幹二著 ベストセラーズ 2014.7 255p 18cm 〈年表あり〉①978-4-584-13588-4 ®319.1053 ［1000円］

◇新たな反日包囲網を撃破する日本 渡部昇一著 徳間書店 2014.3 236p 20cm ①978-4-19-863777-4 ®319.1053 ［1600円］

◇現代日本の政治と外交 5 日本・アメリカ・中国―錯綜するトライアングル 猪口孝監修 猪口孝，G・ジョン・アイケンベリー編 原書房 2014.4 301,6p 22cm 〈文献あり 索引あり〉内容：日本・アメリカ・中国（猪口孝，ジョン・アイケンベリー著，猪口孝監訳）東アジアとリベラルな国際秩序（ジョン・アイケンベリー著，猪口孝監訳）冷戦後の日本の外交路線（猪口孝著）平和的台頭、多極構造と中国の外交路線（潘忠岐，陳志敏著，猪口孝監訳）民主党政権下の日本の対米外交政策とその国内的背景（佐藤洋一郎著）中国の対米方針と国内的背景（買鳳国著，猪口孝監訳）姉妹間のライバル意識？ 国内政治と日米同盟（デーヴィッド・レヘニー著，猪口孝監訳）中国の対日方針とその国内的背景（劉江永著，猪口孝監訳）日本・中国・ロシアと、アメリカの「頂点」（ローウェル・ディットマー著，猪口孝監訳）日本の対中方針（三船恵美著）〉①978-4-562-04962-2 ®312.1 ［4800円］

◇2020年日本から米軍はいなくなる 飯柴智亮［著］，小峯隆生聞き手 講談社 2014.8 172p 18cm （講談社+α新書 668-1C）①978-4-06-272864-5 ®319.1053 ［838円］

◇日米科学技術摩擦をめぐって―ジャパン・アズ・ナンバーワンだった頃 國谷実編著 科学技術国際交流センター 2014.1 171p 19cm 〈実業公報社（発売）〉①978-4-88038-047-6 ®409.1 ［1000円］

◇日本は「戦後」を脱却できるか―真の自主独立のために 関岡英之，田母神俊雄著 祥伝社 2014.3 281p 19cm ①978-4-396-61488-1 ®319.1053 ［1600円］

◇反逆者の群れ 長谷部あきら著 東洋出版 2014.10 77p 19cm ①978-4-8096-7753-3 ®319.1053 ［600円］

◇「反日中韓」を操るのは、じつは同盟国・アメリカだった！ 馬渕睦夫著 ワック 2014.10 230p 18cm （WAC BUNKO B-207）①978-4-89831-707-5 ®319.1053 ［900円］

◇よし、戦争について話をしよう。戦争の本質について話をしようじゃないか！―オリバー・ストーンが語る日米史の真実：2013年来日講演録広島 長崎 沖縄 東京 オリバー・ストーン，ピーター・カズニック，乗松聡子著 金曜日 2014.8 189p 21cm 〈内容：「ヒロシマ」と「ナガサキ」が二度と起こらないように（オリバー・ストーン述）勝者も敗者も歴史でウソをつく（オリバー・ストーンほか述，田中利幸司会）悲しみを超えて（オリバー・ストーン，ピーター・カズニック述）加害者でもある日本（ピーター・カズニックほか述）「歴史」を学ぶことの意味とは（オリバー・ストーン述）語られない米国の暗部（乗松聡子，成澤宗männ聞き手，オリバー・ストーン，ピーター・カズニック述）世界を変える時間はある（ピーター・カズニックほか述）「闘う人fighter」との出会い（稲嶺進，オリバー・ストーン，ピーター・カズニック述）全ての国で抵抗運動を（オリバー・ストーン述，乗松聡子聞き手）米国に幻想を抱いてはいけない（オリバー・ストーン，大田昌秀，乗松聡子述，玻名城泰山司会）ロシアから見たウクライナ問題（オリ

バー・ストーン, ピーター・カズニック著)〉 ①978-4-906605-96-5 Ⓝ319.1053 [1000円]

アメリカ合衆国(外国関係―日本―歴史)

◇属国日本論を超えて―Beyond The Planet of The Apes 副島隆彦著 新版 PHP研究所 2014.2 271p 20cm〈初版:五月書房 2002年刊〉 ①978-4-569-81680-7 Ⓝ319.1053 [1600円]

◇日米関係史研究の最前線―関西学院大学総合政策学部リサーチプロジェクト講座 柴山太編 [三田] 関西学院大学総合政策学部 2014.3 348p 21cm〈関西学院大学出版会(発売) 内容:グローバルな観点からみた戦間期の日米関係(フレドリック・R・ディキンソン述) アジア主義の再検討(クリストファー・W・A・スピルマン述) 日本政治史の中の陸軍(森靖夫述) 日中戦争勃発後の政戦略(服部聡述) 日本の国内冷戦(柴山太述) 日米同盟研究(楠綾子述) 戦後日中関係史の再検討(井上正也述) 「伝統」と軍事現代化の狭間(毛利亜樹述) 公共政策とメディア(小池洋次述)〉 ①978-4-86283-157-6 Ⓝ319.1053 [3000円]

◇日本はアメリカとどう関わってきたか?―日本人が知っておくべき黒船以降の日米外交史 朝倉秀雄著 彩図社 2014.11 219p 19cm〈文献あり〉 ①978-4-8013-0034-7 Ⓝ319.1053 [1200円]

◇「米中韓」と日本の歴史―今の日本がここから見える! 金谷俊一郎著 朝日新聞出版 2014.10 223p 19cm〈文献あり〉 ①978-4-02-331306-4 Ⓝ319.1053 [1400円]

アメリカ合衆国(外国関係―日本―歴史―1868~1945)

◇英米世界秩序と東アジアにおける日本―中国をめぐる協調と相克一九〇六~一九三六 宮田昌明著 錦正社 2014.9 797, 87p 22cm〈文献あり 索引あり〉 ①978-4-7646-0339-4 Ⓝ312.1 [9800円]

アメリカ合衆国(外国関係―日本―歴史―1933~1945)

◇GHQ焚書図書開封 9 アメリカからの「宣戦布告」 西尾幹二著 徳間書店 2014.3 334p 20cm〈文献あり〉 ①978-4-19-863774-3 Ⓝ210.7 [1800円]

アメリカ合衆国(外国関係―日本―歴史―1945~)

◇従属の墓誌 糸井秀夫著 杉並けやき出版 2014.5 159p 19cm〈星雲社(発売) 文献あり〉 ①978-4-434-19281-4 Ⓝ319.1053 [1200円]

◇誰も語らなかった"日米核密約"の正体―安倍晋三・岸信介をつなぐ日本外交の底流 河内孝[著] KADOKAWA 2014.7 222p 18cm (角川oneテーマ21 D-34) ①978-4-04-101490-5 Ⓝ319.1053 [800円]

◇転換期の日本へ―「パックス・アメリカーナ」か「パックス・アジア」か ジョン・W・ダワー, ガバン・マコーマック著, 明田川融, 吉永ふさ子訳 NHK出版 2014.1 311p 18cm (NHK出版新書 423)〈内容:サンフランシスコ体制(ジョン・W・ダワー著, 明田川融訳) 属国(ガバン・マコーマック著, 吉永ふさ子訳) 東アジアの現在を歴史から考える(ジョン・W・ダワー, ガバン・マコーマック述, 明田川融訳)〉 ①978-4-14-088423-2 Ⓝ319.1053 [860円]

◇日米〈核〉同盟―原爆、核の傘、フクシマ 太田昌克著 岩波書店 2014.8 244p 18cm (岩波新書 新赤版 1498)〈内容:フクシマとアメリカ 「3・11」、もう一つの教訓 盟約の闇 呪縛の根底 「プルトニウム大国」ニッポン もう一つの神話〉 ①978-4-00-431498-1 Ⓝ319.1053 [800円]

◇日本劣化論 笠井潔, 白井聡著 筑摩書房 2014.7 270p 18cm (ちくま新書 1078) ①978-4-480-06787-6 Ⓝ302.1 [840円]

◇日本はなぜ、「基地」と「原発」を止められないのか 矢部宏治著 集英社インターナショナル 2014.10 285p 19cm〈集英社(発売)〉 ①978-4-7976-7289-3 Ⓝ319.1053 [1200円]

◇敗戦・沖縄・天皇―尖閣衝突の遠景 矢吹晋著 [東京] 花伝社 2014.8 315,9p 20cm〈共栄書房(発売)〉 ①978-4-7634-0709-2 Ⓝ319.1053 [2400円]

アメリカ合衆国(外国関係―日本―歴史―1945~1952)

◇アメリカの日本占領―戦後日本の出発点とマッカーサー 松岡祥治郎著 創英社/三省堂書店 2014.5 530p 19cm〈文献あり 年表あり〉 ①978-4-88142-853-5 Ⓝ319.1053 [2500円]

アメリカ合衆国(外国関係―日本―歴史―20世紀―史料)

◇CIA日本人ファイル―米国国立公文書館機密解除資料 第1巻 秋山博・有末精三・麻生達男 土肥原賢二・遠藤三郎 福見秀雄・五島慶太 加藤哲郎編集・解説 現代史料出版 2014.7 415p 31cm〈東出版(発売) 複製 布装〉 ①978-4-87785-297-9,978-4-87785-296-2(set) Ⓝ319.1053

◇CIA日本人ファイル―米国国立公文書館機密解除資料 第2巻 服部卓四郎・東久邇稔彦 昭和天皇裕仁・今村均 石井四郎・河辺虎四郎 加藤哲郎編集・解説 現代史料出版 2014.7 419p 31cm〈東出版(発売) 複製 布装〉 ①978-4-87785-298-6,978-4-87785-296-2(set) Ⓝ319.1053

◇CIA日本人ファイル―米国国立公文書館機密解除資料 第3巻 賀屋興宣・岸信介 小宮義孝・久原房之助 前田稔・野村吉三郎 加藤哲郎編集・解説 現代史料出版 2014.7 417p 31cm〈東出版(発売) 複製 布装〉 ①978-4-87785-299-3,978-4-87785-296-2(set) Ⓝ319.1053

◇CIA日本人ファイル―米国国立公文書館機密解除資料 第4巻 児玉誉士夫 加藤哲郎編集・解説 現代史料出版 2014.7 334p 31cm〈東出版(発売) 複製 布装〉 ①978-4-87785-300-6,978-4-87785-296-2(set) Ⓝ319.1053

◇CIA日本人ファイル―米国国立公文書館機密解除資料 第5巻 緒方竹虎 1 加藤哲郎編集・解説 現代史料出版 2014.7 424p 31cm〈東出版(発売) 複製 布装〉 ①978-4-87785-301-3,978-4-87785-296-2(set) Ⓝ319.1053

◇CIA日本人ファイル―米国国立公文書館機密解除資料 第6巻 緒方竹虎 2 加藤哲郎編集・解説 現代史料出版 2014.7 392p 31cm〈東出版(発売) 複製 布装〉 ①978-4-87785-302-0,978-4-87785-296-2(set) Ⓝ319.1053

◇CIA日本人ファイル―米国国立公文書館機密解除資料 第7巻 大川周明・笹川良一 重光葵・下村定 加藤哲郎編集・解説 現代史料出版 2014.12 318p 31cm〈東出版(発売) 複製 布装〉 ①978-4-87785-304-4,978-4-87785-303-7(set) Ⓝ319.1053

◇CIA日本人ファイル―米国国立公文書館機密解除資料 第8巻 小野寺信 加藤哲郎編集・解説 現代史料出版 2014.12 338p 31cm〈東出版(発売) 複製 布装〉 ①978-4-87785-305-1,978-4-87785-303-7(set) Ⓝ319.1053

◇CIA日本人ファイル―米国国立公文書館機密解除資料 第9巻 正力松太郎 加藤哲郎編集・解説 現代史料出版 2014.12 444p 31cm〈東出版(発売) 複製 布装〉 ①978-4-87785-306-8,978-4-87785-303-7(set) Ⓝ319.1053

◇CIA日本人ファイル―米国国立公文書館機密解除資料 第10巻 辰巳栄一・和知鷹二 和智恒蔵 加藤哲郎編集・解説 現代史料出版 2014.12 318p 31cm〈東出版(発売) 複製 布装〉 ①978-4-87785-307-5,978-4-87785-303-7(set) Ⓝ319.1053

◇CIA日本人ファイル―米国国立公文書館機密解除資料 第11巻 辻政信 1 加藤哲郎編集・解説 現代史料出版 2014.12 302p 31cm〈東出版(発売) 複製 布装〉 ①978-4-87785-308-2,978-4-87785-303-7(set) Ⓝ319.1053

◇CIA日本人ファイル―米国国立公文書館機密解除資料 第12巻 辻政信 2 加藤哲郎編集・解説 現代史料出版 2014.12 273p 31cm〈東出版(発売) 複製 布装〉 ①978-4-87785-309-9,978-4-87785-303-7(set) Ⓝ319.1053

アメリカ合衆国(外国関係―日本―歴史―江戸末期)

◇浦賀大変! かわら版にみる黒船来航 田中葉子, 斎藤純編 横須賀 浦賀歴史研究所 2014.11 47p 26cm (浦研ブックレット 2)〈年表あり〉 Ⓝ210.05953 [900円]

◇咸臨丸の絆―軍艦奉行木村摂津守と福沢諭吉 宗像善樹著 海文堂出版 2014.8 253p 20cm〈文献あり〉 ①978-4-303-63431-5 Ⓝ210.5953 [1600円]

◇ペリー提督日本遠征記 上 M・C・ペリー[著], F・L・ホークス編纂, 宮崎壽子監訳 KADOKAWA 2014.8 643p 15cm ([角川ソフィア文庫] [I300-1])〈「ペリー艦隊日本遠征記 上」(万来舎 2009年刊)の改題〉 ①978-4-04-409212-2 Ⓝ291.09 [1360円]

◇ペリー提督日本遠征記 下 M・C・ペリー[著], F・L・ホークス編纂, 宮崎壽子監訳 KADOKAWA 2014.8 570p 15cm ([角川ソフィア文庫] [I300-2])〈「ペリー艦隊日本遠征記 下」(万来舎 2009年刊)の改題〉 ①978-4-04-409213-9 Ⓝ291.09 [1360円]

アメリカ合衆国(外国関係―日本―歴史―近代)

◇アメリカ人の本音 マックス・フォン・シュラー著 町田 桜の花出版 2014.11 239p 19cm〈星雲社(発売) 文献あり 英語併記〉 ①978-4-434-19835-9 Ⓝ319.1053 [1400円]

アメリカ合衆国(外国関係―日本―歴史―昭和後期)

◇オーラル・ヒストリー冷戦期の防衛力整備と同盟政策 3 防衛省防衛研究所戦史研究センター編 防衛省防衛研究所 2014.3 394p 30cm〈内容:石津節正元航空自衛隊幹部候補生学校長 吉川圭祐元大湊地方総監 村松榮一元西部方面総監〉 ①978-4-86482-018-9 Ⓝ393

アメリカ合衆国(外国関係―日本―歴史―明治以後)

◇日本表象の地政学―海洋・原爆・冷戦・ポップカルチャー 遠藤不比人編著 彩流社 2014.3 235,11p 20cm (成蹊大学

アジア太平洋研究センター叢書〉〈索引あり 内容：明治に環
太平洋でロビンソンする（吉原ゆかり著） ロマンス・マドロ
ス・コンラッド（脇田裕正著） 福原麟太郎・広島・原子爆弾
（齋藤一著）「解つてたまるか！」を本当の意味で解る為に
（日比野啓著） カワバタと「雪国」の発見（越智博美著） 症
候としての〈象徴〉天皇とアメリカ（遠藤不比人著） アメリカ
を夢みたコメディアン（中野正昭著） 仏作って、魂を探す。
（源中由記著）〉 ①978-4-7791-1989-7 Ⓝ210.6 ［3800円］

アメリカ合衆国（外国関係―ミクロネシア―歴史―20世紀）
◇アメリカの太平洋戦略と国際信託統治―米国務省の戦後構想
1942〜1947 池上大祐著 京都 法律文化社 2014.1 176p
22cm〈文献あり 索引あり〉 内容：アメリカ現代史研究にお
ける「太平洋」 太平洋軍事戦略の萌芽 米国務省の再編と戦
後安全保障構想 米国務省の国際信託統治構想と「自治」 国
際信託統治制度の成立と「戦略地区」条項 「南太平洋委員会
（SPC）」の創設 「ミクロネシア信託統治協定」の成立 ア
メリカの湖〉 ①978-4-589-03551-6 Ⓝ319.53074 ［3700円］

アメリカ合衆国（外国関係―歴史）
◇アメリカ外交の魂―帝国の理念と本能 中西輝政著 文藝春
秋 2014.10 366p 16cm（文春学藝ライブラリー）〈文献
あり 年表あり 索引あり〉 文英社 2005年刊の大幅加筆〉
①978-4-16-813029-8 Ⓝ319.53 ［1450円］
◇アメリカがつくる国際秩序 滝田賢治編著 京都 ミネル
ヴァ書房 2014.1 245p 21cm（Minervaグローバル・スタ
ディーズ 2）〈索引あり〉 内容：国際政治史のなかのアメリカ
（滝田賢治著） ヨーロッパの国際秩序とアメリカ（五味俊樹
著）「帝国主義」の時代とアメリカ（溜和敏著） 国際主義と
孤立主義の相克（高松基之著） 第2次世界大戦とアメリカ（今
井宏平著） アメリカ的秩序の形成（佐藤丙午著） 戦後ヨー
ロッパとアメリカ（倉科一希著） 戦後アジアとアメリカ（西
田竜也著） 冷戦秩序の形成とアメリカ（石川卓著） 冷戦の
なかのデタント（藤巻裕之著） アメリカ政治と冷戦（前嶋和
弘著） 国際秩序のなかのアメリカ（滝田賢治著）〉 ①978-4-
623-06784-8 Ⓝ319.53 ［3000円］
◇戦争違法化運動の時代―「危機の20年」のアメリカ国際関係思
想 三牧聖子著 名古屋 名古屋大学出版会 2014.10 267,
83p 22cm〈索引あり〉 ①978-4-8158-0782-5 Ⓝ319.8
［5800円］

アメリカ合衆国（外国関係―歴史―1901〜1945）
◇ヘンリー・スティムソンと「アメリカの世紀」 中沢志保著
国書刊行会 2014.2 363,7p 20cm〈文献あり 年譜あり 索
引あり〉 ①978-4-336-05779-2 Ⓝ319.53 ［2800円］

アメリカ合衆国（外国関係―歴史―1933〜1945）
◇ハル回顧録 コーデル・ハル著，宮地健次郎訳 改版 中央公
論新社 2014.11 345p 16cm（中公文庫 ハ16-1）①978-
4-12-206045-6 Ⓝ319.53 ［1900円］
◇ルーズベルトの開戦責任―大統領が最も恐れた男の証言 ハ
ミルトン・フィッシュ著，渡辺惣樹訳 草思社 2014.9
357p 20cm〈文献あり 索引あり〉 ①978-4-7942-2062-2
Ⓝ253.07 ［2700円］

アメリカ合衆国（外国関係―歴史―1945〜）
◇世界を動かす―ケネディが求めた平和への道 ジェフリー・
サックス著，櫻井祐子訳 早川書房 2014.5 355p 20cm
〈文献あり〉 ①978-4-15-209455-1 Ⓝ319.53 ［2300円］

アメリカ合衆国（外国関係―近代）
◇神と黄金―イギリス、アメリカはなぜ近現代世界を支配できた
のか 上 ウォルター・ラッセル・ミード著，寺下滝郎訳 青
灯社 2014.4 380p 19cm ①978-4-86228-070-1 Ⓝ233.05
［3200円］
◇神と黄金―イギリス、アメリカはなぜ近現代世界を支配できた
のか 下 ウォルター・ラッセル・ミード著，寺下滝郎訳 青
灯社 2014.5 370p 19cm〈文献あり 索引あり〉 ①978-4-
86228-071-8 Ⓝ233.05 ［3200円］

アメリカ合衆国（外国関係―ロシア）
◇13日間―キューバ危機回顧録 ロバート・ケネディ著，毎日新
聞社外信部訳 改版 中央公論新社 2014.4 200p 16cm
（中公文庫 ケ6-1）①978-4-12-205942-9 Ⓝ319.53038 ［900
円］

アメリカ合衆国（外国関係―ロシア―歴史―1945〜）
◇ベルリン危機1961―ケネディとフルシチョフの冷戦 上 フ
レデリック・ケンプ著，宮下嶺夫訳 白水社 2014.6 391p
図版16p 20cm〈文献あり〉 ①978-4-560-08371-0 Ⓝ319.53038 ［3200
円］
◇ベルリン危機1961―ケネディとフルシチョフの冷戦 下 フ
レデリック・ケンプ著，宮下嶺夫訳 白水社 2014.6 304,

106p 図版16p 20cm〈文献あり 索引あり〉 ①978-4-560-
08372-7 Ⓝ319.53038 ［3200円］
◇レーガン、ゴルバチョフ、ブッシュ―冷戦を終結させた指導者
たち 和田修一著 一藝社 2014.9 284p 21cm〈文献あり〉
①978-4-86359-089-2 Ⓝ319.53038 ［2200円］

アメリカ合衆国（外国人労働者）
◇社会運動ユニオニズム―グローバル化と労働運動の再生 山
田信行著 京都 ミネルヴァ書房 2014.1 331p 22cm
（MINERVA社会学叢書 43）〈文献あり 索引あり 内容：グ
ローバル化・移民労働者・労働運動 社会運動ユニオニズムと
はなにか 移民労働者を組織することはなにを意味するのか
労働運動はなにか 資本主義と文化変容 組織化と社会的
ネットワーク 労働者センターによる反スウェットショップ
運動 労働NGOによるフォーラム型労働運動 ワーカーズ・
コレクティブが意味するもの 「反システム運動」としての労
働運動 トランスナショナルな連携はいかにして可能か 社
会運動ユニオニズムの多様性〉 ①978-4-623-06790-9 Ⓝ366.
6253 ［7000円］

アメリカ合衆国（外国留学）
◇アメリカ家政学部留学男性第一号の記―1959年8月―1962年3
月 宮原佑弘著 家政教育社 2014.4 205p 21cm ①978-
4-7606-0384-8 Ⓝ377.6 ［1800円］
◇アメリカ臨床留学への道―You Can Do It！ 佐藤隆美, 中
川伸生, 藤谷茂樹編集 改訂4版 南山堂 2014.3 463p
21cm〈索引あり〉 ①978-4-525-03004-9 Ⓝ490.7 ［4500円］
◇宇宙を目指して海を渡る―MITで得た学び、NASA転職を決
めた理由 小野雅裕著 東洋経済新報社 2014.5 255p
19cm ①978-4-492-22342-0 Ⓝ377.6 ［1500円］
◇工学部ヒラノ教授の青春―試練と再生と父をめぐる物語 今
野浩著 青土社 2014.9 204p 20cm ①978-4-7917-6817-2
Ⓝ377.6 ［1500円］
◇コンテンツビジネスのすべてはUCLA映画学部で学んだ。
津谷祐司著 幻冬舎メディアコンサルティング 2014.2
250p 19cm〈幻冬舎（発売）〉 ①978-4-344-95213-3 Ⓝ778.4
［1400円］
◇一九六〇年代アメリカ留学記―或る女学生から母への書簡集
滝川秀子著 文芸社 2014.4 211p 20cm ①978-4-286-
14852-6 Ⓝ377.6 ［1100円］
◇ハーバード合格基準 佐藤智恵著 講談社 2014.5 255p
19cm〈文献あり〉 ①978-4-06-218881-4 Ⓝ377.253 ［1400
円］
◇ハーヴァード大学の秘密―日本人が知らない世界一の名門の
裏側 古村治彦著 PHP研究所 2014.2 286p 20cm
①978-4-569-81642-5 Ⓝ377.253 ［1700円］
◇半世紀前のアメリカ留学とNY勤務 谷本禎生著 谷本禎生
2013.3 241p 21cm Ⓝ377.6 ［1800円］
◇放射線科診療にみる医学留学へのパスポート 日米医学医療
交流財団編 はる書房 2014.7 327p 21cm〈シリーズ日
米医学交流 No.14）〈内容：日本の特徴をどのように生かす
か，より欧米化すべきこととはなにか（中島康雄著）「さらなる
飛躍」を目指した歩み（沼口雄治著） ターゲットはコミュニ
ティープログラム（林大地著） レジデント2年目で味わう放射
線科の醍醐味（山本翔太著） 世界に日本のIVRを売り込む
（堀川雅弘著） 今なぜ，全画像・24時間即時読影態勢なのか
（北之園高志著） フランスそしてアメリカと渡り歩く中で
（サラモン典子著） 原点は"臨床に役立つ放射線科"（森谷
聡男著） フェローとしての再出発から13年を経て（酒井修
著） 何用あってアイオワに（大橋健二郎著） 米国の放射線
診断医の日常（河本里美著） UCLAでPETを学ぶ（平田健司
著） 研究留学と心に留めておくべき10のこと（隈丸加奈子
著） 自分のため，放射線腫瘍学のために（若月義裕著） パッ
ションの先に広がる道（真鍋徳子著） 幸運な？ 出会いの連続
（齋藤アンネ優子著） 臨床医師の基礎体力（中村聡明著） 米
国の放射線治療と研究の体験（石川仁著） 米国臨床留学中の
私からみた今後のキャリア形成（宮田加菜著） 市中病院での
診療/教育リーダーへのキャリア形成からみた卒後臨床留学の
意義（本郷偉元著） アカデミックなキャリア形成の視点から
見た海外大学院博士課程進学の意義（若林健二著）〉 ①978-4-
89984-145-6 Ⓝ490.7 ［1800円］
◇MPH（マスター・オブ・パブリックヘルス）留学へのパスポー
ト―世界を目指すヘルスプロフェッション 日米医学医療交
流財団編 はる書房 2014.3 339p 21cm（シリーズ日米
医学交流 No.13）①978-4-89984-140-1 Ⓝ498.07 ［1850円］
◇両親への手紙―1958年頃のアメリカ 内野陽子著 横浜 内
野陽子 2014.11 96p 26cm Ⓝ377.6

アメリカ合衆国（科学技術研究）
◇米国のEngineering Research Centers（ERC）―融合型研究セ
ンターのfederal flagship scheme 科学技術振興機構研究開発

戦略センターシステム科学ユニット 2014.9 3, 59p 30cm （調査報告書 平成26年度） ①978-4-88890-409-4 Ⓝ502.53

アメリカ合衆国（科学技術政策）

◇日米科学技術摩擦をめぐって—ジャパン・アズ・ナンバーワンだった頃　國谷実編著　科学技術国際交流センター　2014.1 171p 19cm〈実業公報社（発売）〉①978-4-88038-047-6 Ⓝ409.1 ［1000円］

アメリカ合衆国（学生）

◇世界を変えるエリートは何をどう学んできたのか？　ケン・ベイン著，藤井良江訳　日本実業出版社　2014.7 343,7p 19cm ①978-4-534-05190-5 Ⓝ377.9 ［1750円］

アメリカ合衆国（学校評価）

◇アメリカにおける学校認証評価の現代的展開　浜田博文編著　東信堂　2014.2 185p 22cm〈索引あり〉①978-4-7989-1218-9 Ⓝ374.0253 ［2800円］

アメリカ合衆国（企業）

◇人と企業はどこで間違えるのか？—成功と失敗の本質を探る「10の物語」　ジョン・ブルックス著，須川綾子訳　ダイヤモンド社　2014.12 363p 19cm ①978-4-478-02977-0 Ⓝ335.253 ［1800円］

アメリカ合衆国（企業会計原則）

◇会計の変革—財務報告のコンバージェンス、危機および複雑性に関する年代記　ロバート（ボブ）・H・ハーズ［著］，杉本徳栄，橋本尚訳　同文舘出版　2014.12 327p 21cm ①978-4-495-20131-9 Ⓝ336.92 ［3600円］

◇最新アメリカの会計原則　あらた監査法人編著　東洋経済新報社　2014.10 406p 21cm ①978-4-492-60221-8 Ⓝ336.92 ［4400円］

アメリカ合衆国（企業スポーツ）

◇企業経営からみたスポーツ支援に関する調査—米国企業におけるスポーツ支援の現状：報告書 ［東京］ 大崎企業スポーツ事業研究助成財団　2013.3 62, 3, 4p 30cm Ⓝ780.253 ［2100円］

◇企業経営からみたスポーツ支援に関する調査—米国東海岸地域の企業におけるスポーツ支援の実態調査：報告書 ［東京］ 大崎企業スポーツ事業研究助成財団　2014.3 66p 30cm Ⓝ780.253

◇米国企業のスポーツ支援に関する調査 1 CSRとスポンサーシップの融合可能性　佐伯年詩雄編著 ［東京］ ［大崎企業スポーツ事業研究助成財団］ 2013.3 87p 30cm （（財）大崎企業スポーツ事業研究助成財団委託研究報告書 平成24年度） Ⓝ780.253 ［2100円］

アメリカ合衆国（紀行・案内記）

◇アメリカ国立公園しぶしぶトレッキング旅　鹿野美絵著　幻冬舎ルネッサンス　2014.3 207p 19cm ①978-4-7790-1073-6 Ⓝ295.309 ［1200円］

◇アメリカ・ドライブ 2015～2016年版 「地球の歩き方」編集室/編　改訂第4版　ダイヤモンド・ビッグ社，ダイヤモンド社〔発売〕 2014.11 265p 21×14cm （地球の歩き方 B25） ①978-4-478-04654-8 ［1700円］

◇アメリカ48州を車で回ってみた—アラフォー女のひとり旅　アベマリコ著　幻冬舎ルネッサンス　2014.5 321p 19cm ①978-4-7790-1094-1 Ⓝ295.309 ［1500円］

◇イザベラ・バード/カナダ・アメリカ紀行　イザベラ・バード著，高畑美代子，長尾史郎訳　中央公論事業出版（制作・発売） 2014.4 414p 19cm〈索引あり〉①978-4-89514-408-7 Ⓝ295.109 ［2300円］

◇女70歳のアメリカ一人旅—ルート66からはじまる大陸走破11100キロ　石口玲著　大阪　新葉館出版　2014.1 211p 21cm ①978-4-86044-547-8 Ⓝ295.309 ［1600円］

◇旅で出会ったアメリカ人　堀淳一著　さいたま　堀淳一 2013.10 215p 21cm Ⓝ295.309

アメリカ合衆国（技術教育）

◇ロボコン—イケてない僕らのイカした特別授業　ニール・バスコム著，松本剛史訳，松井龍哉日本版監修　集英社　2014.6 447p 20cm ①978-4-08-773485-0 Ⓝ372.63 ［1800円］

アメリカ合衆国（希少植物—写真集）

◇ナショナルジオグラフィックの絶滅危惧種写真集　ジョエル・サートレイ著，嶋田香訳 ［東京］ スペースシャワーブックス　2013.6 151p 19×26cm （［NATIONAL GEOGRAPHIC］）〈スペースシャワーネットワーク（発売） 2刷　初刷：Pヴァイン・ブックス 2011年刊〉①978-4-906700-90-5 Ⓝ462.53 ［2800円］

アメリカ合衆国（希少動物—写真集）

◇ナショナルジオグラフィックの絶滅危惧種写真集　ジョエル・サートレイ著，嶋田香訳 ［東京］ スペースシャワーブックス　2013.6 151p 19×26cm （［NATIONAL GEOGRAPHIC］）〈スペースシャワーネットワーク（発売） 2刷　初刷：Pヴァイン・ブックス 2011年刊〉①978-4-906700-90-5 Ⓝ462.53 ［2800円］

アメリカ合衆国（救貧制度）

◇生江孝之著作集　第1巻　欧米視察細民と救済　生江孝之著　学術出版会　2014.9 294p 図版8枚 22cm （学術著作集ライブラリー）〈日本図書センター（発売） 博文館 明治45年刊の複製〉①978-4-284-10421-0,978-4-284-10420-3（set） Ⓝ369.08

アメリカ合衆国（給与）

◇在米日系企業における現地スタッフの給料と待遇に関する調査 2014 アメリカ編　Tokyo　日経リサーチ　c2014 234p 28cm〈英語併記〉Ⓝ336.45

アメリカ合衆国（教育）

◇偉大なるアメリカ公立学校の死と生—テストと学校選択がいかに教育をだめにしてきたのか　ダイアン・ラビッチ著，本図愛実監訳　協同出版　2013.10 304p 21cm〈著作目録あり 索引あり〉①978-4-319-00681-6 Ⓝ372.53 ［2700円］

◇米国におけるAP（アドバンストプレイスメント）の実施状況等に関する調査研究　三木　関西国際大学　2014.3 137p 30cm （先導的大学改革推進委託事業調査研究報告書 平成25年度）〈研究代表者：濱名篤〉Ⓝ372.53

アメリカ合衆国（教育—歴史）

◇教育の世紀—大衆教育社会の源流　苅谷剛彦著　増補　筑摩書房　2014.3 361p 15cm （ちくま学芸文庫 カ34-1）〈文献あり　初版：弘文堂 2004年刊〉①978-4-480-09599-2 Ⓝ372.53 ［1300円］

アメリカ合衆国（教育—歴史—20世紀）

◇アメリカ教育福祉社会史序説—ビジティング・ティーチャーとその時代　倉石一郎著　横浜　春風社　2014.9 355,9p 19cm〈文献あり　索引あり　内容：「ビジティング・ティーチャーの時代」の今日的意義　すべてのはじまり 「誰からも嫌われた男」からニュー・ヒロイン登場へ　精神薄弱児向け特別学級へのコミットメント 「精神衛生」ブームの中での全米への拡大　大恐慌ですべてが「終った」のか　第二次大戦後の南部諸州における制度化の展開　改めて、「ビジティング・ティーチャーの時代」を問う〉①978-4-86110-416-9 Ⓝ372.53 ［3000円］

アメリカ合衆国（教育行政）

◇新しい教育行政学　河野和清編著　京都　ミネルヴァ書房 2014.4 241p 21cm〈索引あり〉①978-4-623-07037-4 Ⓝ373.2 ［2500円］

◇平成25年度教育課題研修指導者海外派遣プログラム研修成果報告書—「学校経営の改善」アメリカ（A-1団） 教員研修センター編著 ［つくば］ 教員研修センター　2014.3 49, 29, 6p 30cm〈派遣期間：平成25年10月27日—11月7日〉Ⓝ374.0253

アメリカ合衆国（教育政策）

◇偉大なるアメリカ公立学校の死と生—テストと学校選択がいかに教育をだめにしてきたのか　ダイアン・ラビッチ著，本図愛実監訳　協同出版　2013.10 304p 21cm〈著作目録あり 索引あり〉①978-4-319-00681-6 Ⓝ372.53 ［2700円］

アメリカ合衆国（行政）

◇米国の災害対応・危機管理に関する調査—国家準備のためのフレームワーク集　土木研究所構造物メンテナンス研究センター［著］ ［つくば］ 土木研究所　2014.8 1冊 30cm （土木研究所資料 第4289号） Ⓝ317.953

アメリカ合衆国（強制収容所—歴史—1933～1945—写真集）

◇コダクロームフィルムで見るハートマウンテン日系人強制収容所　ビル・マンボ写真，エリック・L・ミューラー編，岡村ひとみ訳　紀伊國屋書店　2014.7 151p 16×20cm〈内容：フレームの外側（エリック・L・ミューラー著） 有刺鉄線の向こうの若者の日常（ベーコン・サカタニ著） 収容所の中のカメラ（ジャスミン・アリンダー著） 日系アメリカ人研究に開く新しい扉（ロン・クラシゲ著）〉①978-4-314-01119-8 Ⓝ334.453 ［2900円］

アメリカ合衆国（キリスト教と社会問題—歴史）

◇十字架とリンチの木　ジェイムズ・H.コーン著，梶原壽訳　日本キリスト教団出版局　2014.4 303p 22cm〈索引あり〉①978-4-8184-0882-1 Ⓝ192.53 ［3800円］

アメリカ合衆国（金融）

◇強欲の帝国—ウォール街に乗っ取られたアメリカ　チャールズ・ファーガソン著，藤井清美訳　早川書房　2014.4 462p 20cm〈索引あり〉①978-4-15-209450-6 Ⓝ338.253 ［2700円］

アメリカ合衆国（金融政策）

◇リーマン・ショック・コンフィデンシャル 上 追いつめられた金融エリートたち アンドリュー・ロス・ソーキン著, 加賀山卓朗訳 早川書房 2014.2 476p 16cm （ハヤカワ文庫NF 401）Ⓘ978-4-15-050401-4 Ⓝ338.253 ［940円］

◇リーマン・ショック・コンフィデンシャル 下 倒れゆくウォール街の巨人 アンドリュー・ロス・ソーキン著, 加賀山卓朗訳 早川書房 2014.2 462p 16cm （ハヤカワ文庫NF 402）〈文献あり〉Ⓘ978-4-15-050402-1 Ⓝ338.253 ［940円］

アメリカ合衆国（金融政策〈FRS〉）

◇アメリカ連邦準備制度〈FRS〉の金融政策 田中隆之著 金融財政事情研究会 2014.9 268p 19cm （世界の中央銀行）〈きんざい（発売）文献あり 索引あり〉Ⓘ978-4-322-12569-6 Ⓝ338.3 ［2500円］

◇伝説のFRB議長ボルカー ウィリアム L.シルバー著, 倉田幸信訳 ダイヤモンド社 2014.2 525p 19cm 〈年譜あり〉Ⓘ978-4-478-02347-1 Ⓝ338.3 ［3500円］

アメリカ合衆国（空軍）

◇図説米中軍事対決—超大国の空軍力が沖縄・台湾・グァムで激突！ 中国A2/AD戦略と米エアシーバトル構想 河津幸英著 ［東京］ アリアドネ企画 2014.11 397p 21cm （ARIADNE MILITARY）〈三修社（発売）〉Ⓘ978-4-384-04625-0 Ⓝ398.253 ［2700円］

アメリカ合衆国（軍事）

◇アメリカの卑劣な戦争—無人機と特殊作戦部隊の暗躍 上 ジェレミー・スケイヒル著, 横山啓明訳 柏書房 2014.10 429p 20cm Ⓘ978-4-7601-4501-0 Ⓝ392.53 ［2500円］

◇アメリカの卑劣な戦争—無人機と特殊作戦部隊の暗躍 下 ジェレミー・スケイヒル著, 横山啓明訳 柏書房 2014.10 441p 20cm Ⓘ978-4-7601-4502-7 Ⓝ392.53 ［2500円］

アメリカ合衆国（軍需品）

◇DoDAF2.02と米国防総省装備調達制度改革 吉本隆一著, 国際ロジスティクス学会日本支部事務局監修 名古屋 ブイツーソリューション 2014.9 244p 21cm （星雲社（発売））Ⓘ978-4-434-19715-4 Ⓝ395.5 ［2700円］

アメリカ合衆国（軍隊）

◇イラストでまなぶ！ 世界の特殊部隊 アメリカ編 ホビージャパン 2014.2 160p 19cm 〈文献あり〉Ⓘ978-4-7986-0744-3 Ⓝ392 ［1300円］

◇東京の米軍基地 2014 東京都知事本局基地対策部編 東京都知事本局基地対策部 2014.7 301p 30cm 〈年表あり〉Ⓝ395.3

アメリカ合衆国（軍用機）

◇名機オスプレイの呪い 渓由葵夫著 さくら舎 2014.5 193p 19cm 〈画：河野嘉之〉Ⓘ978-4-906732-75-3 Ⓝ538.7 ［1400円］

アメリカ合衆国（経営者）

◇破天荒な経営者たち—8人の型破りなCEOが実現した桁外れの成功 ウィリアム・N・ソーンダイク・ジュニア著, 長尾慎太郎監修, 井田京子訳 パンローリング 2014.2 338p 20cm （ウィザードブックシリーズ 214）〈文献あり〉Ⓘ978-4-7759-7182-6 Ⓝ335.13 ［2800円］

アメリカ合衆国（経済）

◇新クリエイティブ資本論—才能が経済と都市の主役となる リチャード・フロリダ著, 井口典夫訳 ダイヤモンド社 2014.12 485p 21cm Ⓘ978-4-478-02480-5 Ⓝ332.53 ［2800円］

◇米国—経済・貿易・産業報告書 2014・2015年版 ARC国別情勢研究会編 ARC国別情勢研究会 2014.1 144p 26cm （ARCレポート）Ⓘ978-4-907366-05-6 Ⓝ332.53 ［12000円］

◇米国経済白書 2014 大統領経済諮問委員会［著］, 萩原伸次郎監修, 『米国経済白書』翻訳研究会訳 蒼天社出版 2014.7 316p 26cm 〈文献あり 索引あり〉Ⓘ978-4-901916-41-7 Ⓝ332.53 ［2800円］

◇満足の文化 J.K.ガルブレイス著, 中村達也訳 筑摩書房 2014.5 212p 15cm （ちくま学芸文庫 カ36-1）Ⓘ978-4-480-09605-0 Ⓝ332.53 ［1000円］

◇夢の国から悪夢の国へ—40年間続いたアメリカ・バブルの大崩壊 増田悦佐著 東洋経済新報社 2014.5 435p 20cm Ⓘ978-4-492-44404-7 Ⓝ332.53 ［2300円］

アメリカ合衆国（経済—歴史—1945～）

◇アメリカ新金融資本主義の成立と危機 石崎昭彦著 岩波書店 2014.1 323p 22cm 〈索引あり〉Ⓘ978-4-00-022078-1 Ⓝ332.53 ［9000円］

アメリカ合衆国（経済関係）

◇アメリカが日本にひた隠す日米同盟の真実 ベンジャミン・フルフォード著 青春出版社 2014.2 190p 20cm Ⓘ978-4-413-03909-3 Ⓝ319.53 ［1400円］

アメリカ合衆国（経済関係—中国）

◇米中経済と世界変動 大森拓磨著 岩波書店 2014.8 256p 20cm （シリーズ現代経済の展望）〈文献あり〉Ⓘ978-4-00-028741-8 Ⓝ333.6 ［2500円］

アメリカ合衆国（経済関係—中国—歴史—1949～）

◇戦中戦後の中国とアメリカ・日本—「東アジア統合構想」の歴史的検証 西川博史著 札幌 HINAS（北海学園北東アジア研究交流センター） 2014.12 386p 22cm （東出版（発売））Ⓘ978-4-905418-05-4 Ⓝ333.6 ［3800円］

アメリカ合衆国（経済関係—日本）

◇日米国際産業連関表 2005年 経済産業省大臣官房調査統計グループ編 経済産業調査会 2013.11 539p 30cm Ⓘ978-4-8065-1839-6 Ⓝ331.19 ［5800円］

アメリカ合衆国（経済関係—日本—歴史—1945～）

◇アメリカの対日通貨政策の形成—1971-2003年の日米通貨交渉を事例として 増永真著 横浜 春風社 2014.2 172p 20cm 〈文献あり 索引あり〉Ⓘ978-4-86110-359-9 Ⓝ338.97 ［2700円］

◇アメリカは日本の消費税を許さない—通貨戦争で読み解く世界経済 岩本沙弓著 文藝春秋 2014.1 251p 18cm （文春新書 948）Ⓘ978-4-16-660948-2 Ⓝ333.6 ［750円］

◇日米間の産業軋轢と通商交渉の歴史—6つのケースで読み解く：商品・産業摩擦から構造協議、そして広域経済圏域内の共通ルール設定競争へ 鷲尾友春著 西宮 関西学院大学出版会 2014.7 311p 21cm Ⓘ978-4-86283-164-4 Ⓝ333.6 ［2800円］

アメリカ合衆国（経済政策）

◇赤字の民主主義—ケインズが遺したもの ジェームズ・M・ブキャナン, リチャード・E・ワグナー著, 大野一訳 ［東京］ 日経BP社 2014.11 363p 20cm （NIKKEI BP CLASSICS）〈日経BPマーケティング（発売）文献あり〉Ⓘ978-4-8222-5053-9 Ⓝ342.53 ［2400円］

◇ロバート・ライシュ格差と民主主義 ロバート・B・ライシュ著, 雨宮寛, 今井章子訳 東洋経済新報社 2014.12 219p 20cm Ⓘ978-4-492-44400-9 Ⓝ332.53 ［1600円］

アメリカ合衆国（刑事裁判）

◇とらわれた二人—無実の囚人と誤った目撃証人の物語 ジェニファー・トンプソンーカニーノ, ロナルド・コットン, エリン・トーニオ［著］, 指宿信, 岩川直子訳 岩波書店 2013.12 338p 20cm Ⓘ978-4-00-025945-3 Ⓝ326.953 ［2800円］

アメリカ合衆国（刑事訴訟法—判例）

◇デュー・プロセスと合衆国最高裁 4 自己負罪拒否特権、〈付〉セントラルパーク暴行事件 小早川義則著 成文堂 2014.6 294,17p 22cm 〈索引あり〉Ⓘ978-4-7923-5117-5 Ⓝ327.953 ［6500円］

アメリカ合衆国（芸術教育—歴史—20世紀）

◇亡命ドイツ人学長達の戦後芸術アカデミー改革—アメリカ・ドイツにおける戦後芸術大学改革の起源と遺産 鈴木幹雄編著 風間書房 2014.3 336p 22cm 〈内容：亡命者達による芸術大学改革についての研究視角（鈴木幹雄著） モダニズム芸術家W・バウマイスターに見る芸術アカデミー改革コンセプトについて（鈴木幹雄著） シュトットガルト・アカデミー教授W・バウマイスターは内的亡命に耐える中でモダンアーティストとして何を構想したか（鈴木幹雄著） 戦後ベルリン造形芸術大学改革と演説原稿にみる初代学長K・ホーファーの改革意識について（安部順子著） 一九二〇年代ホーファーの芸術観・芸術教育観にみる芸術アカデミー改革思想形成の端緒（安部順子著） 戦後ベルリン造形芸術大学第二代学長J・オットーと芸術大学改革コンセプト（長谷川哲哉著） 戦後カッセル芸術工科大学学長J・エルンストとその改革的倫理規範「良いフォルム」およびドクメンタ3への挑戦（石川潤著） 亡命バウハウス教師L・モホリ＝ナギの芸術教育学上の苦闘とシカゴにおける芸術学校改革（普照潤子著） 改革芸術学校ブラック・マウンテン・カレッジ学長J・A・ライスの教育理念とバウハウス教師J・アルバースの芸術教育上の貢献（小橋諒者） アメリカに渡ったドイツ人芸術教育者ハンス・ホフマンの芸術教育と芸術教育理論の改革の性格について（安木理恵著） ある内的亡命芸術家・教授にみる造形芸術上の戦後将来構想とそのスタンス（鈴木幹雄著） 亡命芸術家研究の基本的視角（鈴木幹雄著）〉Ⓘ978-4-7599-2029-1 Ⓝ707 ［8500円］

アメリカ合衆国（刑務所）

◇LONESOME隼人獄中からの手紙 郷隼人著 幻冬舎 2014.2 228p 19cm 〈文献あり 別タイトル：ローンサム・ハヤト獄中からの手紙〉Ⓘ978-4-344-02533-2 Ⓝ326.953 ［1400円］

アメリカ合衆国（憲法）

◇アメリカ憲法は民主的か　ロバート・A.ダール［著］，杉田敦訳　岩波書店　2014.10　234p　19cm　（岩波人文書セレクション）〈2003年刊の再刊〉①978-4-00-028790-6　Ⓝ323.53　［2400円］

アメリカ合衆国（憲法―判例）

◇アメリカ憲法判例　続　憲法訴訟研究会，戸松秀典編　有斐閣　2014.9　549p　24cm　〈索引あり〉①978-4-641-04813-3　Ⓝ323.53　［6200円］

◇アメリカ憲法判例の物語　大沢秀介，大林啓吾編　成文堂　2014.4　635p　22cm　（アメリカ憲法叢書 1）〈内容：高等教育機関におけるアファーマティヴ・アクション（大沢秀介著）　初中等教育機関における人種統合のゆくえ（溜箭将之著）　表現の自由とバーチャル児童ポルノ規制（大林啓吾著）　十字架を燃やす行為の規制をめぐる憲法問題（小谷順子著）　他者に精神的苦痛を与える民事不法行為と表現の自由（藤井樹也著）　文化戦争と反ソドミー法違憲判決（松尾陽著）　「一部出生中絶」の禁止と中絶の権利の将来（小竹聡著）　懲罰的損害賠償とデュー・プロセス（紙谷雅子著）　少年の死刑と国際基準（勝田卓也著）　政府言論の法理（大林文敏著）　著作権延長法の合憲性（築山欣央著）　対審権と伝聞証拠（君塚正臣著）　「テロとの戦争」と人身保護（佐藤義明著）　大統領選挙紛争と投票権の平等（見平典著）　団体による政治資金の規制（福井康佐著）　項目別拒否権法〔The Line Item Veto Act〕の合憲性（尾形健著）　信教の自由と司法の優越（小林裕紀著）〉①978-4-7923-0560-4　Ⓝ323.53　［8000円］

アメリカ合衆国（公益法人）

◇非営利法人の役員の信認義務―営利法人の役員の信認義務との比較考察　松元暢子著　商事法務　2014.4　455p　22cm　〈索引あり〉①978-4-7857-2179-4　Ⓝ324.12　［8500円］

アメリカ合衆国（工業デザイン―歴史―19世紀―図集）

◇インダストリアルデザインの宝庫19世紀末アメリカ特許図面　ネオテクノロジー編　ネオテクノロジー　2014.4　509p　21cm　①978-4-907191-46-7　Ⓝ501.8　［8800円］

アメリカ合衆国（航空機―歴史―1901〜1945―図集）

◇アメリカ特許図面をひもとく飛行機発明史　ネオテクノロジー編　ネオテクノロジー　2014.8　348p　21cm　①978-4-86573-117-0　Ⓝ538.6　［20000円］

アメリカ合衆国（高速道路）

◇女70歳のアメリカ一人旅―ルート66からはじまる大陸走破11100キロ　石口玲著　大阪　新葉館出版　2014.1　211p　21cm　①978-4-86044-547-8　Ⓝ295.309　［1600円］

アメリカ合衆国（高齢者―雇用）

◇高齢者が働くということ―従業員の2人に1人が74歳以上の成長企業が教える可能性　ケイトリン・リンチ著，平野誠一訳　ダイヤモンド社　2014.4　416p　19cm　〈文献あり〉①978-4-478-02166-8　Ⓝ366.28　［2400円］

アメリカ合衆国（黒人）

◇アメリカの黒人保守思想―反オバマの黒人共和党勢力　上坂昇著　明石書店　2014.10　260p　20cm　〈文献あり　索引あり〉①978-4-7503-4091-3　Ⓝ316.853　［2600円］

◇マイノリティーの拳―世界チャンピオンの光と闇　林壮一著　新潮社　2014.5　272p　16cm　（新潮文庫　は-61-1）〈文献あり〉①978-4-10-139261-5　Ⓝ788.3　［520円］

アメリカ合衆国（黒人―歴史）

◇アフリカ系アメリカ人という困難―奴隷解放後の黒人知識人と「人種」　大森一輝著　彩流社　2014.3　202,25p　20cm　〈年表あり　索引あり〉　内容：人種という枷，人種という絆　黒人法律家が夢見た「メルティング・ポット」と「メリトクラシー」　黒人は「愛国者」たり得るのか？　アフリカに真の「アメリカ」を作る　「無色」中立のデータで「黒人」の資質を証明する　「人種」を否定する「黒人」活動家　黒人「保守」派は何を守ろうとしたのか？　「人種」という虚構，「人種」という希望〉①978-4-7791-1991-0　Ⓝ316.853　［2500円］

◇十字架とリンチの木　ジェイムズ・H.コーン著，梶原壽訳　日本キリスト教団出版局　2014.4　303p　22cm　〈索引あり〉①978-4-8184-0882-1　Ⓝ192.53　［3800円］

アメリカ合衆国（国防）

◇北京が太平洋の覇権を握れない理由　兵頭二十八著　草思社　2014.4　332p　16cm　（草思社文庫　ひ2-1）〈「北京は太平洋の覇権を握れるか」（2012年刊）の改題，一部加筆・修正〉①978-4-7942-2044-8　Ⓝ392.22　［850円］

アメリカ合衆国（国立公園）

◇アメリカ国立公園しぶしぶトレッキング旅　鹿野美絵著　幻冬舎ルネッサンス　2014.3　207p　19cm　①978-4-7790-1073-6　Ⓝ295.309　［1200円］

アメリカ合衆国（雇用政策）

◇アメリカの就労支援と貧困　久本貴志著　日本経済評論社　2014.2　232p　22cm　（アメリカの財政と分権 4）〈文献あり　索引あり〉　内容：アメリカの貧困と就労支援の基本構造　連邦レベルの就労支援制度　カリフォルニア州福祉改革とコミュニティ・カレッジ　ミシガン州の教育訓練重視の試み　オレゴン州の継続的な教育訓練機会の提供策　アメリカ型就労支援：まとめと今後の課題〉①978-4-8188-2320-4　Ⓝ366.253　［3400円］

◇労働力開発とコミュニティ・オーガナイジング　労働政策研究・研修機構編　労働政策研究・研修機構　2014.5　156p　30cm　（JILPT海外労働情報 2014）〈文献あり〉Ⓝ366.253

アメリカ合衆国（コンピュータ教育）

◇平成25年度教育課題研修指導者海外派遣プログラム研修成果報告書―「学校教育の情報化・ICTの活用」アメリカ（H-1団）　教員研修センター編著　〔つくば〕　教員研修センター　2014.3　40, 10, 6p　30cm　〈派遣期間：平成25年10月28日―11月8日〉Ⓝ372.53

アメリカ合衆国（財政政策）

◇赤字の民主主義―ケインズが遺したもの　ジェームズ・M・ブキャナン，リチャード・E・ワグナー著，大野一訳　〔東京〕　日経BP社　2014.11　363p　20cm　（NIKKEI BP CLASSICS）〈日経BPマーケティング（発売）　文献あり〉①978-4-8222-5053-9　Ⓝ342.53　［2400円］

アメリカ合衆国（在留外国人）

◇現代アメリカ移民第二世代の研究―移民排斥と同化主義に代わる「第三の道」　アレハンドロ・ポルテス，ルベン・ルンバウト著，村井忠政訳者代表　明石書店　2014.1　678p　20cm　（世界人権問題叢書 86）〈文献あり　索引あり　翻訳：房岡光子ほか〉①978-4-7503-3954-2　Ⓝ334.453　［8000円］

◇現代アメリカ移民第二世代の研究―移民排斥と同化主義に代わる「第三の道」　アレハンドロ・ポルテス，ルベン・ルンバウト著，村井忠政訳者代表　修正版　明石書店　2014.7（2刷）679p　20cm　（世界人権問題叢書 86）〈文献あり　翻訳：房岡光子ほか〉①978-4-7503-3954-2　Ⓝ334.453　［8000円］

アメリカ合衆国（在留ドイツ人）

◇亡命ドイツ人学長達の戦後芸術アカデミー改革―アメリカ・ドイツにおける戦後芸術大学改革の起源と遺産　鈴木幹雄編著　風間書房　2014.3　336p　22cm　〈内容：亡命者達による芸術大学改革についての研究視角（鈴木幹雄著）　モダニズム芸術家W・バウマイスターに見る芸術アカデミー改革コンセプトについて（鈴木幹雄著）　シュトゥットガルト・アカデミー教授W・バウマイスターは内的亡命に耐える中でモダンアーティストとして何を構想したか（鈴木幹雄著）　戦後ベルリン造形芸術大学改革と演説原稿にみる初代学長K・ホーファーの改革意識について（安部順子著）　一九二〇年代ホーファーの芸術観・芸術教育観にみる芸術アカデミー改革思想形成の端緒（安部順子著）　戦後ベルリン造形芸術大学第二代学長K・オットーと芸術大学改革コンセプト（長谷川哲哉著）　戦後カッセル芸術工科大学学長J・エルンストらの改革的倫理規範「良いフォルム」およびドクメンタ3への挑戦（石川潤著）　亡命バウハウス教師L・モホリ＝ナギの芸術教育学上の苦闘とシカゴにおける芸術学校改革（普照潤子著）　改革芸術学校ブラック・マウンテン・カレッジ学長J・A・ライスの教育理念とバウハウス教師J・アルバースの芸術教育上の貢献（小橋諒著）　アメリカに渡ったドイツ人芸術教育者ハンス・ホフマンの芸術教育と芸術教育理論の改革的性格について（安木理恵著）　ある内的亡命芸術家・教授にみる造形芸術上の戦後将来構想とそのスタンス（鈴木幹雄著）　亡命芸術家研究の基本的視角（鈴木幹雄著）〉①978-4-7599-2029-1　Ⓝ707　［8500円］

アメリカ合衆国（在留日本人―歴史―20世紀）

◇初期在北米平記録　北米編 第145-1冊　戦時下日系人と米國の實状　奥泉栄三郎監修・新序文　池田貫道者　文生書院　2014.3　11, 336, 59p　23cm　（Digital reprint series）〈電子復刻版〉①978-4-89253-507-9　Ⓝ334.45　［14000円］

アメリカ合衆国（三次元プリンター―特許）

◇3D造形の最新技術と特許を探る　ネオテクノロジー　2014.2　2, 233p　30cm　（USパテントガイドブック）〈英語併載　折り込 1枚〉Ⓝ532　［150000円］

アメリカ合衆国（慈善事業）

◇善意からソーシャルワーク専門職へ―ソーシャルワークの源流　メアリー・E・リッチモンド著，星野晴彦，山中裕剛，陳麗婷訳　筒井書房　2014.3　160p　21cm　①978-4-86479-042-0　Ⓝ369.14　［1800円］

アメリカ合衆国（実業家）

◇人と企業はどこで間違えるのか？―成功と失敗の本質を探る「10の物語」　ジョン・ブルックス著，須川綾子訳　ダイヤモ

アメリカ合衆国（自動車産業）　　　　　　　　　　　　　　　　　　　　　　　日本件名図書目録2014　I

ンド社　2014.12　363p　19cm　①978-4-478-02977-0　Ⓝ335.253　［1800円］

アメリカ合衆国（自動車産業）
◇アメリカ自動車産業—競争力復活をもたらした現場改革　篠原健一著　中央公論新社　2014.7　216p　18cm　（中公新書2275）〈文献あり〉①978-4-12-102275-2　Ⓝ537.09　［780円］

アメリカ合衆国（社会）
◇アメリカ暮らしすぐに使える常識集—知ってトクする生活情報BOOK　山本美知子, 斉藤由美子, 結城仙丈著　改訂新版　亜紀書房　2014.12　273p　21cm　①978-4-7505-1420-8　Ⓝ302.53　［1900円］
◇教科書に載ってないUSA語録　町山智浩著　文藝春秋　2014.11　425p　16cm　（文春文庫 ま28-4）①978-4-16-790234-6　Ⓝ302.53　［730円］
◇現代アメリカ—日米比較のなかで読む　渡辺靖編, 和泉真澄, 倉科一希, 庄司香, 舌津智之, 柳生智子著　新曜社　2014.10　273p　19cm　（ワードマップ）〈文献あり　年表あり　索引あり〉①978-4-7885-1403-4　Ⓝ302.53　［2400円］
◇知ってても偉くないUSA語録　町山智浩著　文藝春秋　2014.4　291p　19cm　①978-4-16-390056-8　Ⓝ302.53　［1200円］
◇たった独りの外交録—中国・アメリカの狭間で, 日本人として生きる　加藤嘉一著　晶文社　2014.10　318p　19cm　①978-4-7949-6857-9　Ⓝ302.22　［1500円］
◇ニューヨーク・ニューヨーク　テリー森野著, 後藤匡江, 志智俊介編　名古屋　ブイツーソリューション　2014.8　165p　19cm　①978-4-86476-237-3　Ⓝ302.53　［1480円］
◇ヒップな生活革命　佐久間裕美子著　朝日出版社　2014.7　177p　19cm　（idea ink 11）〈表紙のタイトル：HIP REVOLUTION〉①978-4-255-00786-1　Ⓝ302.53　［940円］
◇変化するアメリカの顔—現代アメリカ論　示村陽一著　創英社/三省堂書店　2014.3　269p　21cm　〈索引あり〉①978-4-88142-845-0　Ⓝ302.53　［2500円］
◇満足の文化　J.K.ガルブレイス著, 中村達也訳　筑摩書房　2014.5　212p　15cm　（ちくま学芸文庫 カ36-1）①978-4-480-09605-0　Ⓝ332.53　［1000円］

アメリカ合衆国（社会—歴史）
◇アメリカ文化のサプリメント—多面国家のイメージと現実　森岡裕一著　吹田　大阪大学出版会　2014.1　271p　19cm　（阪大リーブル 46）〈文献あり　内容：アメリカン・ドリーム　多様と統一　フロンティアのゆくえ　都市のイメージ　アメリカン・スモールタウン　『風と共に去りぬ』の南部　ベンジャミン・フランクリン　変わりゆくヒーロー像　AA〈Affirmative Action〉からDM〈Diversity Management〉へ　性革命とピューリタニズム　酔いどれのアメリカ　アメリカニズム〉①978-4-87259-428-7　Ⓝ253　［2100円］

アメリカ合衆国（社会—歴史—1865〜1900）
◇ボーイズ・ビー・アンビシャス　第3集　新渡戸稲造の留学談　新渡戸稲造著　藤沢　二宮尊徳の会　2014.2　168p　21cm　〈年譜あり〉①978-4-9906069-4-7　Ⓝ281.04　［700円］

アメリカ合衆国（社会教育—歴史）
◇アメリカ公立図書館と成人継続教育—1833-1964年　ロバート・エリス・リー著, 川崎良孝, 鑓水秀香, 久野和子訳　京都　京都図書館情報学研究会　2014.12　215p　22cm　〈日本図書館協会（発売）文献あり〉①978-4-8204-1415-5　Ⓝ016.253　［3500円］

アメリカ合衆国（社会保障）
◇アメリカ及びイギリスにおける社会保障制度と会計検査に関する調査研究　［東京］　新日本有限責任監査法人戦略マーケッツ部パブリックアフェアーズグループ・パブリックグループ　2014.2　2, 379p　30cm　（会計検査院委託業務報告書 平成25年度）〈文献あり〉Ⓝ364.0253
◇社会保障の権利擁護—アメリカの法理と制度　大原利夫著　京都　法律文化社　2014.3　301p　22cm　〈索引あり　内容：エリサ法の概要　積極的情報提供信認義務　HMOにおける報奨金制度　退職者医療給付の改廃　公的年金制度の概要　代理受取人制度　代理受取人制度の運用状況　代理受取人制度の現地調査　代理受取人による不正使用　日本における社会保障の権利擁護〉①978-4-589-03578-3　Ⓝ364.0253　［6000円］

アメリカ合衆国（ジャーナリズム—歴史—1933〜1945）
◇「自由の国」の報道統制—大戦下の日系ジャーナリズム　水野剛也著　吉川弘文館　2014.7　195p　19cm　（歴史文化ライブラリー 381）〈文献あり〉①978-4-642-05781-3　Ⓝ070.253　［1700円］

アメリカ合衆国（宗教）
◇宗教リテラシー—アメリカを理解する上で知っておきたい宗教的教養　スティーヴン・プロセロ著, 堀内一史訳　［柏］　麗澤大学出版会　2014.8　409,13p　22cm　（廣池学園事業部（発売）索引あり〉①978-4-89205-625-3　Ⓝ162.53　［2800円］

アメリカ合衆国（宗教と政治—歴史）
◇日米における政教分離と「良心の自由」　和田守編著　京都　ミネルヴァ書房　2014.3　304,9p　22cm　（MINERVA人文・社会科学叢書 196）〈索引あり　内容：政教分離と信教の自由をめぐって（和田守著）　アメリカ植民地時代の宗教と政治（小倉いずみ著）　初期アメリカにおける政教分離（大西直樹著）　神話と現実（デイヴィッド・ホール著, 大西直樹訳）　近代日本における政教分離（和田守著）　アメリカのクリスマス（大西直樹著）　アメリカの移民政策と”WASP”（五味俊樹著）　天皇制国家と信教の自由（和田守著）　「宗教と政治」の現在（千葉眞著）　カナダに独自な政教分離の試み（加藤普章著）　戦後日本の政教分離と靖国問題（千葉眞著）〉①978-4-623-07049-7　Ⓝ316.2　［6000円］

アメリカ合衆国（従軍看護婦—歴史—1913〜1921）
◇ナイチンゲールの末裔たち—〈看護〉から読みなおす第一次世界大戦　荒木映子著　岩波書店　2014.12　245p　20cm　〈内容：イギリス看護小史　「女らしい」看護　看護の戦場, 戦場の看護　西部戦線異状あり　第二の戦場　欧州に派遣された「女の軍人さん」〉①978-4-00-024172-4　Ⓝ498.14　［2800円］

アメリカ合衆国（出版—歴史）
◇ベストセラーの世界史　フレデリック・ルヴィロワ著, 大原宣久, 三枝大修訳　太田出版　2013.7　414,36p　19cm　（ヒストリカル・スタディーズ 06）〈索引あり〉①978-4-7783-1365-4　Ⓝ023.3　［2800円］

アメリカ合衆国（出版—歴史—20世紀）
◇ホールデンの肖像—ペーパーバックからみるアメリカの読書文化　尾崎俊介著　新宿書房　2014.10　303p　19cm　〈文献あり　索引あり　内容：「フェスティーナ・レンティ」ということ　アメリカ人は短いのがお好き？　ホールデンの肖像　追悼J.D.サリンジャー　すべてはロマンスから始まった　アルファ・マンの系譜　ハーレクイン対フェミニズム　シークの時代　吸血鬼を「ロマンス」する　働く娘にロマンスを　ハーレクイン翻訳への遠き道のり　アメリカを変えたブッククラブ　本を語る女たち　二人のアンダスン　『S先生のこと』のことO先生のこと〉①978-4-88008-447-3　Ⓝ023.53　［2300円］

アメリカ合衆国（主婦）
◇ハウスワイフ2.0　エミリー・マッチャー著, 森嶋マリ訳　文藝春秋　2014.2　293p　20cm　①978-4-16-390027-8　Ⓝ366.38　［1600円］

アメリカ合衆国（障害児教育）
◇自閉症と豊かな暮らし—キャンプ・ロイヤルから学ぶ　石田易司, 竹内靖子, 野口廣子著　京都　晃洋書房　2014.7　194p　21cm　①978-4-7710-2555-4　Ⓝ378　［2000円］

アメリカ合衆国（証券市場）
◇フラッシュ・ボーイズ—10億分の1秒の男たち　マイケル・ルイス著, 渡会圭子, 東江一紀訳　文藝春秋　2014.10　346p　20cm　①978-4-16-390141-1　Ⓝ338.15　［1650円］

アメリカ合衆国（少年法）
◇アメリカ少年法の動態　服部朗著　成文堂　2014.2　375p　22cm　〈内容：少年司法の歴史. 1　少年司法の歴史. 2　地域における取組. 1　家出少年の緊急保護　地域における取組. 2　少年の就労就学支援　少年司法手続. 1　手続全体の流れ　少年司法手続. 2　監護の措置　ラップアラウンド・プロセス. 1　その理念と基本要素　ラップアラウンド・プロセス. 2　ラップアラウンド・ミルウォーキー　大学と地域との連携　少年司法と財政. 1　少年司法と財政. 2　矯正施設から社会へ〉①978-4-7923-5103-8　Ⓝ327.953　［8000円］

アメリカ合衆国（消費—歴史—1945〜）
◇反逆の神話—カウンターカルチャーはいかにして消費文化になったか　ジョセフ・ヒース, アンドルー・ポター著, 栗原百代訳　NTT出版　2014.9　433p　19cm　〈文献あり　索引あり〉①978-4-7571-4320-3　Ⓝ302.53　［2500円］

アメリカ合衆国（消費金融）
◇米国リテール金融の研究—消費者信用の歴史的発展過程　前田真一郎著　日本評論社　2014.3　274p　22cm　〈文献あり　索引あり〉①978-4-535-55785-7　Ⓝ338.7　［3300円］

アメリカ合衆国（商品流通）
◇アメリカ流通概要資料集　2014年版　流通経済研究所　2014.11　166p　30cm　①978-4-947664-75-4　［7000円］

アメリカ合衆国（職業訓練）
◇アメリカの就労支援と貧困　久本貴志著　日本経済評論社　2014.2　232p　22cm　（アメリカの財政と分権 4）〈文献あ

り 索引あり 内容：アメリカの貧困と就労支援の基本構造
連邦レベルの就労支援制度 カリフォルニア州福祉改革とコ
ミュニティ・カレッジ ミシガン州の教育訓練重視の試み
オレゴン州の継続的な教育訓練機会の提供策 アメリカ型就
労支援：まとめと今後の課題 Ⓘ978-4-8188-2320-4 Ⓝ366.
253 ［3400円］

アメリカ合衆国（職業指導）
◇平成25年度教育課題研修指導者海外派遣プログラム研修成果
報告書—「キャリア教育の充実」アメリカ（F-2団）教員研修
センター編著 ［つくば］教員研修センター 2014.3 47,
26, 6p 30cm〈派遣期間：平成25年10月21日—11月1日〉
Ⓝ372.53

アメリカ合衆国（食品工業）
◇加工食品には秘密がある メラニー・ウォーナー著、楡井浩一
訳 草思社 2014.4 303p 19cm Ⓘ978-4-7942-2048-6
Ⓝ498.519 ［1850円］

アメリカ合衆国（植民地行政—フィリピン—歴史—20世紀）
◇「恩恵の論理」と植民地—アメリカ植民地期フィリピンの教育
とその遺制 岡田泰平著 法政大学出版局 2014.9 322,34p
22cm〈文献あり 索引あり 内容：アメリカ植民地期フィリ
ピンと植民地教育を問い直す アメリカ植民地主義と言語
制度としての「恩恵」 アメリカ人教員とフィリピン人教員
フィリピン人教員層と市民教育 抗争する歴史 フィリピン
学校ストライキ論 反フィリピン人暴動とその帰結 植民地
主義は継続しているか〉978-4-588-37712-9 Ⓝ372.248
［5700円］

アメリカ合衆国（女性—伝記）
◇アメリカのめっちゃスゴい女性たち 町山智浩著 マガジン
ハウス 2014.3 191p 19cm Ⓘ978-4-8387-2646-2 Ⓝ285.
3 ［1306円］

アメリカ合衆国（女性作家—歴史—19世紀）
◇越境する女—19世紀アメリカ女性作家たちの挑戦 倉橋洋子,
辻祥子, 城戸光世編, 倉橋洋子監修 開文社出版 2014.3
236p 22cm〈索引あり 内容：マーガレット・フラーとロー
マ共和国の夢（高尾直知著） もうひとりの女性異端者（大串尚
代著） 沈黙のスペクタクルとトランスする人種、階級、ジェ
ンダー（中村善雄著） 女奴隷とトランスアトランティック・
アボリショニズム（辻祥子著） 無名戦士に愛と敬意を（本岡亜
沙子著） 楽園の光と影（城戸光世著） キューバにおける捕囚
と抵抗（倉橋洋子著） 『アンクル・トムの小屋』とアメリカ・
ヨーロッパ・ハイチ・リベリア（大野美砂著） 螺旋状の信仰
（内堀奈保子著） 猛烈な嵐のあとで（メーガン・マーシャル
生田和也訳）〉978-4-87571-076-9 Ⓝ930.29 ［2600円］

アメリカ合衆国（女性福祉—歴史—20世紀）
◇アメリカの福祉改革とジェンダー—「福祉から就労へ」は成功
したのか？ 佐藤千登勢著 彩流社 2014.6 177,52p
22cm〈文献あり 年表あり 索引あり 内容：序論 一九九六
年福祉改革法とジェンダー 福祉改革と就労支援 福祉改革
と市民権 メディケイドの削減と介護労働 メディケイドの
削減と労働運動〉978-4-7791-2002-2 Ⓝ369.25 ［3200円］

アメリカ合衆国（女性労働）
◇ハウスワイフ2.0 エミリー・マッチャー著, 森嶋マリ訳 文
藝春秋 2014.2 293p 20cm Ⓘ978-4-16-390027-8 Ⓝ366.
38 ［1600円］

アメリカ合衆国（女性労働—歴史—20世紀）
◇アメリカの福祉改革とジェンダー—「福祉から就労へ」は成功
したのか？ 佐藤千登勢著 彩流社 2014.6 177,52p
22cm〈文献あり 年表あり 索引あり 内容：序論 一九九六
年福祉改革法とジェンダー 福祉改革と就労支援 福祉改革
と市民権 メディケイドの削減と介護労働 メディケイドの
削減と労働運動〉978-4-7791-2002-2 Ⓝ369.25 ［3200円］

アメリカ合衆国（女性労働者—歴史—19世紀）
◇女性電信手の歴史—ジェンダーと時代を超えて トーマス・
C.ジェプセン著, 高橋雄造訳 法政大学出版局 2014.4 270,
42p 20cm〈文献あり 索引あり〉Ⓘ978-4-588-36417-4
Ⓝ694.4 ［3800円］

アメリカ合衆国（女優）
◇ハリウッド美人帖 逢坂剛, 南伸坊著 七つ森書館 2014.11
238p 22cm〈索引あり〉Ⓘ978-4-8228-1415-1 Ⓝ778.253
［2500円］

アメリカ合衆国（人口移動—歴史）
◇「人の移動」のアメリカ史—移動規制から読み解く国家基盤の
形成と変容 加藤洋子著 彩流社 2014.3 262p 21cm
Ⓘ978-4-7791-1972-9 Ⓝ334.2 ［2700円］

アメリカ合衆国（人種差別）
◇アメリカ映画とカラーライン—映像が侵犯する人種境界線
金澤智著 水声社 2014.12 228p 20cm （水声文庫）〈索
引あり〉Ⓘ978-4-8010-0078-0 Ⓝ778.253 ［2800円］
◇アメリカの黒人保守思想—反オバマの黒人共和党勢力 上坂
昇著 明石書店 2014.10 260p 20cm〈文献あり 索引あ
り〉Ⓘ978-4-7503-4091-3 Ⓝ316.853 ［2600円］

アメリカ合衆国（人種問題）
◇アファーマティヴ・アクションの行方—過去と未来に向き合う
アメリカ 川島正樹著 名古屋 名古屋大学出版会 2014.11
198,34p 22cm〈文献あり 索引あり〉Ⓘ978-4-8158-0791-7
Ⓝ316.853 ［3200円］
◇懸け橋（ブリッジ）—オバマとブラック・ポリティクス 上
デイヴィッド・レムニック著, 石井栄司訳 白水社 2014.12
418p 20cm〈文献あり〉Ⓘ978-4-560-08387-1 Ⓝ316.853 ［2800円］
◇懸け橋（ブリッジ）—オバマとブラック・ポリティクス 下
デイヴィッド・レムニック著, 石井栄司訳 白水社 2014.12
394,8p 20cm〈文献あり〉Ⓘ978-4-560-08388-8 Ⓝ316.853
［2900円］

アメリカ合衆国（人種問題—歴史）
◇アフリカ系アメリカ人という困難—奴隷解放後の黒人知識人
と「人種」 大森一輝著 彩流社 2014.3 202,25p 20cm
〈年表あり 索引あり 内容：黒人という枷、人種という絆
黒人法律家が夢見た「メルティング・ポット」と「メリトクラ
シー」 黒人は「愛国者」たり得るのか？ アフリカに真の
「アメリカ」を作る 「無色」中立のデータで「黒人」の資質を
証明する 「人種」を否定する「黒人」活動家 黒人「保守」
派は何を守ろうとしたのか？ 「人種」という虚構、「人種」
という希望〉978-4-7791-1991-0 Ⓝ316.853 ［2500円］

アメリカ合衆国（新聞—歴史—19世紀）
◇トップ記事は、月に人類発見！—十九世紀、アメリカ新聞戦争
マシュー・グッドマン著, 杉田七重訳 柏書房 2014.4
493p 20cm〈文献あり〉Ⓘ978-4-7601-4349-8 Ⓝ070.253
［2700円］

アメリカ合衆国（水産業—歴史）
◇クジラとアメリカ—アメリカ捕鯨全史 エリック・ジェイ・ド
リン著, 北條正司, 松吉明子, 櫻井敬人訳 原書房 2014.9
570p 22cm〈索引あり〉Ⓘ978-4-562-05096-3 Ⓝ664.9
［5000円］

アメリカ合衆国（スポーツ産業）
◇ヤンキースのユニフォームにはなぜ選手の名前がないのか？
鈴木友也著 ［東京］日経BP社 2014.5 189p 19cm〈日
経BPマーケティング（発売）「勝負は試合の前についてい
る！」（2011年刊）の改題、一部を抜き出し再編集〉Ⓘ978-4-
8222-50165-4 Ⓝ783.7 ［1200円］

アメリカ合衆国（政治）
◇アメリカ政治—制度・文化・歴史 西山隆行著 三修社
2014.6 239p 21cm〈文献あり 索引あり〉Ⓘ978-4-384-
04608-3 Ⓝ312.53 ［2500円］
◇アメリカ〈帝国〉の現在—イデオロギーの守護者たち ハ
リー・ハルトゥーニアン［著］, 平野克弥訳 みすず書房
2014.6 185,4p 20cm〈索引あり〉Ⓘ978-4-622-07837-1
Ⓝ319.53 ［3400円］
◇オバマ「黒人大統領」を救世主と仰いだアメリカ 越智道雄著
明石書店 2014.2 358p 20cm Ⓘ978-4-7503-3959-7
Ⓝ312.53 ［2800円］
◇オバマ後のアメリカ政治—2012年大統領選挙と分断された政
治の行方 吉野孝, 前嶋和弘編著 東信堂 2014.3 236p
21cm〈索引あり 内容：2012年共和党大統領候補者指名の分
析（今村浩著） 2012年選挙とメディア（前嶋和弘著） 選挙ア
ウトリーチと2012年オバマ再選選挙（渡辺将人著） 悪い経済
状態にもかかわらずなぜオバマが勝ったのか（飯田健著） 連
邦議会指導部によるコミュニケーション戦略の発達と2012年
連邦議会選挙（松本俊太著） オバマ政権2期目の外交課題（高
畑昭男著） 評価と展望（吉野孝著）〉Ⓘ978-4-7989-1202-8
Ⓝ312.53 ［2500円］
◇変わりゆくアメリカ多民族国家の二極化—アメリカに住む市
井の一老婆の考察 ワイルス蓉子著 文芸社 2014.8 131p
19cm Ⓘ978-4-286-15315-5 Ⓝ312.53 ［1100円］
◇99%対1%アメリカ格差ウォーズ 町山智浩［著］ 講談社
2014.6 290p 15cm （講談社文庫 ま72-1）Ⓘ978-4-06-
277797-1 Ⓝ312.53 ［660円］
◇新アメリカ政治論—政治制度と政治思想のコラボレーション
森眞砂子著 本の泉社 2014.10 159p 21cm Ⓘ978-4-
7807-1184-4 Ⓝ312.53 ［1400円］
◇大統領のリーダーシップ—どの指導者がアメリカの絶対優位
をつくったか？ ジョゼフ・S・ナイ著, 藤井清美訳 東洋経
済新報社 2014.10 245,22p 20cm〈索引あり〉Ⓘ978-4-
492-21218-9 Ⓝ312.53 ［1800円］

あ

◇バラク・オバマ―アメリカの革命　四宮満著　［東京］　日本図書刊行会　2014.4　182p　19cm〈近代文藝社(発売)　文献あり〉①978-4-8231-0897-6　Ⓝ312.53　［1500円］

◇マーケティング・デモクラシー―世論と向き合う現代米国政治の戦略技術　平林紀子著　横浜　春風社　2014.1　448p　22cm〈文献あり　索引あり〉①978-4-86110-387-2　Ⓝ314.8953　［4600円］

◇民主主義の問題―帝国主義との闘いに勝つこと　コーネル・ウェスト著，越智博美，松井優子，三浦玲一訳　法政大学出版局　2014.2　290p　20cm〈索引あり〉①978-4-588-62209-0　Ⓝ312.53　［3500円］

アメリカ合衆国（政治―歴史―1933～1945）

◇アメリカ国家像の再構成―ニューディール・リベラル派とロバート・ワグナーの国家構想　中島醸著　勁草書房　2014.5　422p　22cm〈文献あり　索引あり　内容：ニューディールの歴史的位置　現代的リベラリズムとロバート・ワグナー　リベラル派内部の分岐と産業復興構想　全国労働関係法と労使関係モデルをめぐる対抗　社会保障法をめぐる政策構想の対抗　公共住宅政策の形成　ロバート・ワグナーの政治構想の再評価〉①978-4-326-30232-1　Ⓝ312.53　［7000円］

アメリカ合衆国（政治―歴史―1945～）

◇ケネディ演説集　ケネディ［著］，高村暢児編　改版　中央公論新社　2014.4　285p　16cm　（中公文庫　ケ5-1）〈初版のタイトル：ケネディ登場　内容：世界の挑戦　大統領就任演説　独立祭記念演説　米経済報告演説　キューバ報告　一九六三年大統領一般教書　公民権に関する特別教書　平和の戦略　核停条約演説　フランクフルト演説　平和の建設　外交政策に関する演説　ダラス演説　日本の皆さんへ　米国の大統領暗殺史とケネディ暗殺の背景（高村暢児著）〉①978-4-12-205940-5　Ⓝ310.4　［1000円］

◇レーガンとサッチャー―新自由主義のリーダーシップ　ニコラス・ワプショット著，久保恵美子訳　新潮社　2014.2　430p　20cm　（新潮選書）〈文献あり　索引あり〉①978-4-10-603742-9　Ⓝ312.53　［1800円］

アメリカ合衆国（政治思想）

◇コモン・センス―アメリカを生んだ「過激な聖書」　トマス・ペイン著，佐藤健志訳　完全版　PHP研究所　2014.8　281p　19cm〈初版：岩波文庫　1953年刊〉①978-4-569-82030-9　Ⓝ311.253　［1600円］

◇新アメリカ政治論―政治制度と政治思想のコラボレーション　森眞砂子著　本の泉社　2014.10　159p　21cm　①978-4-7807-1184-4　Ⓝ312.53　［1400円］

アメリカ合衆国（青少年）

◇つながりっぱなしの日常を生きる―ソーシャルメディアが若者にもたらしたもの　ダナ・ボイド著，野中モモ訳　草思社　2014.10　353,29p　19cm〈文献あり〉①978-4-7942-2087-5　Ⓝ367.68　［1800円］

アメリカ合衆国（精神医療社会事業）

◇ストレングスモデル―リカバリー志向の精神保健福祉サービス　チャールズ・A・ラップ，リチャード・J・ゴスチャ著，田中英樹監訳　第3版　金剛出版　2014.1　427p　22cm〈文献あり　索引あり〉①978-4-7724-1346-6　Ⓝ369.92　［4600円］

アメリカ合衆国（精神衛生）

◇アドルフ・マイヤーの精神衛生運動―教育と習慣形成　楊錤著　札幌　共同文化社　2014.3　220p　21cm〈文献あり〉①978-4-87739-249-9　Ⓝ371.43　［3000円］

アメリカ合衆国（性犯罪）

◇とらわれた二人―無実の囚人と誤った目撃証人の物語　ジェニファー・トンプソン―カニーノ，ロナルド・コットン，エリン・トーニオ［著］，指宿信，岩川直子訳　岩波書店　2013.12　338p　20cm　①978-4-00-025945-3　Ⓝ326.953　［2800円］

アメリカ合衆国（選挙―歴史―21世紀）

◇不正選挙―電子投票とマネー合戦がアメリカを破壊する　マーク・クリスピン・ミラー編著，大竹秀子，桜井まり子，関房江訳　亜紀書房　2014.7　343,31p　19cm〈内容：コモン・センス（マーク・クリスピン・ミラー著）　ジェブがそう言ったから（デイビッド・W・ムーア著）　フロリダ州二〇〇〇年（ランス・ディヘブンースミス著）　ジョージア州におけるディボールド社と上院議員マックス・クリーランドの「敗北」（ロバート・F・ケネディ・ジュニア著）　ドン・シーゲルマンの苦難（ラリサ・アレクサンドロブナ著）　アラバマ州ボールドウィン郡における二〇〇二年州知事選投票の統計学的分析（ジェームズ・H・グンドラック著）　二〇〇四年選挙における都市伝説（マイケル・コリンズ著）　電子投票機を使った票の水増し術（デイビッド・L・グリスコム著）　「ペーパー・トレイル」付きタッチスクリーン投票機販売戦略（マイケル・リチャードソン，ブラッド・フリードマン著）　阻まれた大勝利（ジョナサン・D・サイモン，ブルース・オデル著）　タミー・ダックワースがたどった運命（ジーン・カツマレク著）　オハイオ州で起こることは、全米でも……（ボブ・フィトラキス著）　ブッシュ対ゴア判決そして選挙の息の根を止める最高裁（ポール・レート著）　無邪気な改革が災いをもたらす（ナンシー・トビ著）　「ディキシー」を口ずさむ司法省（スティーブン・ローゼンフェルド著）　アメリカの民主主義を救う二のステップ（マーク・クリスピン・ミラー著）　電子投票集計の闇大規模詐欺とクーデターへの招待状（ジョナサン・D・サイモン著）〉①978-4-7505-1411-6　Ⓝ314.8953　［2400円］

アメリカ合衆国（選挙運動）

◇マーケティング・デモクラシー―世論と向き合う現代米国政治の戦略技術　平林紀子著　横浜　春風社　2014.1　448p　22cm〈文献あり　索引あり〉①978-4-86110-387-2　Ⓝ314.8953　［4600円］

アメリカ合衆国（租税法）

◇早わかりFATCAと口座開設時の本人確認　生田ひろみ，前田幸作，浅井弘章著　ビジネス教育出版社　2014.1　62p　21cm　①978-4-8283-0494-6　Ⓝ345.12　［900円］

アメリカ合衆国（大学）

◇諸外国における質保証の動向（米国・英国・欧州）―第56回公開研究会（2013.5.27）から　日本私立大学協会附置私学高等教育研究所　2014.3　172p　30cm　（私学高等教育研究所シリーズ no. 53）〈内容：アメリカにおける研究大学の学生調査（羽田積男述）　アメリカの第三者評価における学修成果への視線（森利枝述）　英国における質保証の動向（川嶋太津夫述）　学習成果にもとづく大学教育の質保証（深堀聰子述）　コメント　欧米の質保証の取り組み（瀧澤博三著）〉Ⓝ377.1

◇初期在北米日本人の記録　北米編　第155冊　北米遊學案内　奥泉栄三郎監修　高橋成允，宮島幹之助著　文生書院　2014.11　201, 86p　図版［16］枚　22cm　（Digital reprint series）〈電子復刻版〉①978-4-89253-566-6　Ⓝ334.45　［11000円］

◇米国製エリートは本当にすごいのか？　佐々木紀彦著　KADOKAWA　2014.9　286p　15cm　（中経の文庫　さ－21-1）〈東洋経済新報社 2011年刊の加筆修正〉①978-4-04-601041-4　Ⓝ377.253　［650円］

◇米国のEngineering Research Centers（ERC）―融合型研究センターのfederal flagship scheme　科学技術振興機構研究開発戦略センターシステム科学ユニット　2014.9　3, 59p　30cm　（調査報告書 平成26年度）①978-4-88890-409-4　Ⓝ502.53

アメリカ合衆国（大学院）

◇アメリカ研究大学の大学院―多様性の基盤を探る　阿曽沼明裕著　名古屋　名古屋大学出版会　2014.2　487p　22cm〈文献あり　索引あり　内容：多様な大学院教育の基盤を探る　大学院教育の多様性の系譜と学位　大学院の成立　アメリカの大学院のマクロな枠組み　スクールの二元モデル再考　大学組織と大学院　機関レベルの大学院管理　スクール・レベルの大学院教育の組織と運営　スクールにおける多様性への組織的対応　大学院教育の財源と資金の流れ　大学院プログラムの経済的基盤　大学院教育の経済的基盤の特徴　スクールの大学院経営　大学院教育の基盤の変化と日本への示唆〉①978-4-8158-0761-0　Ⓝ377.253　［5600円］

アメリカ合衆国（大統領選挙）

◇オバマ後のアメリカ政治―2012年大統領選挙と分断された政治の行方　吉野孝，前嶋和弘編著　東信堂　2014.3　236p　21cm〈索引あり　内容：2012年共和党大統領候補者指名の分析（今村浩著）　2012年選挙とメディア（前嶋和弘著）　選挙アウトリーチと2012年オバマ再選選挙（渡辺将人著）　悪い経済状態にもかかわらずなぜオバマが勝ったのか（飯田健著）　連邦議会指導部によるコミュニケーション戦略の発達と2012年連邦議会選挙（松本俊太著）　オバマ政権2期目の外交課題（高畑昭男著）　評価と展望（吉野孝著）〉①978-4-7989-1202-8　Ⓝ312.53　［2500円］

アメリカ合衆国（対日報道）

◇なぜ日本は誤解されるのか　ニューズウィーク日本版編集部編　阪急コミュニケーションズ　2014.3　181p　19cm　（ニューズウィーク日本版ペーパーバックス）〈年表あり〉①978-4-484-14209-8　Ⓝ302.1　［1000円］

アメリカ合衆国（短期大学）

◇米国における短期高等教育機関の社会（地域）貢献及びその評価に関する調査研究　［東京］　短期大学基準協会　2014.3　61p　30cm〈英語併載　文部科学省平成25年度先導的大学改革推進委託事業〉Ⓝ377.3

アメリカ合衆国（男性）

◇男性権力の神話―《男性差別》の可視化と撤廃のための学問　ワレン・ファレル著，久米泰介訳　作品社　2014.4　413p　20cm〈文献あり〉①978-4-86182-473-9　Ⓝ367.5　［2300円］

アメリカ合衆国（地域経済）

◇新クリエイティブ資本論―才能が経済と都市の主役となる　リチャード・フロリダ著，井口典夫訳　ダイヤモンド社　2014.12　485p　21cm　①978-4-478-02480-5　Ⓝ332.53　［2800円］

アメリカ合衆国（地域社会学校）

◇米国における短期高等教育機関の社会（地域）貢献及びその評価に関する調査研究　［東京］　短期大学基準協会　2014.3　61p　30cm　〔英語併載〕文部科学省平成25年度先導的大学改革推進委託事業〕　Ⓝ377.3

アメリカ合衆国（地誌）

◇写真記録100年前の世界　8　アメリカ合衆国　内藤民治編著　大空社　2014.5　1冊　22cm　〈索引あり〉「世界實觀　第8巻」（日本風俗圖繪刊行會　大正5年刊）の複製　英語併記〕①978-4-283-01177-9,978-4-283-00645-4（set）,978-4-283-00646-1（set）Ⓝ290.8　［12500円］

◇初代在北米日本人の記録　北米編　第156冊　北米視察記　奥泉栄三郎監修　大塚宗三編　文生書院　2014.11　312p　22cm　（Digital reprint series）〔電子復刻版〕①978-4-89253-567-3　Ⓝ334.45　［10000円］

アメリカ合衆国（知識階級―歴史）

◇アフリカ系アメリカ人という困難―奴隷解放後の黒人知識人と「人種」　大森一輝著　彩流社　2014.3　202,25p　20cm　〈年表あり　索引あり　内容：人種という枷，人種という絆　黒人法律家が夢見た「メルティング・ポット」と「メリトクラシー」　黒人は「愛国者」たり得るのか？　アフリカに真の「アメリカ」を作る　「無色」中立のデータで「黒人」の資質を証明する　「人種」を否定する「黒人」活動家　黒人「保守」派は何を守ろうとしたのか？　「人種」という虚構，「人種」という希望〉①978-4-7791-1991-0　Ⓝ316.853　［2500円］

アメリカ合衆国（知識階級―歴史―20世紀）

◇亡命知識人たちのアメリカ　前川玲子著　京都　世界思想社　2014.5　322,89p　20cm　〈文献あり　索引あり〉①978-4-7907-1623-5　Ⓝ361.84　［4600円］

アメリカ合衆国（地方債）

◇地方債市場の国際潮流―欧米日の比較分析から制度インフラの創造へ　三宅裕樹著　京都　京都大学学術出版会　2014.3　222p　22cm　（プリミエ・コレクション 51）〈文献あり　索引あり　内容：地方分権時代に求められる地方債発行のあり方　地方共同資金調達機関とは何か　200年の伝統を誇る公的支援重視モデル　究極の市場競争重視モデルとしての民間地方共同資金調達機関　もう一つの市場競争重視モデルとしての競争創出型　変わるわが国地方債市場と変わらない「支援」への固執〉①978-4-87698-395-7　Ⓝ349.7　［3200円］

アメリカ合衆国（地方自治）

◇米国地方自治論―アメリカ地方自治の法理と政府間関係　小滝敏之著　公人社　2014.9　528p　21cm　〈索引あり〉①978-4-86162-096-6　Ⓝ318.953　［4500円］

アメリカ合衆国（中小企業金融）

◇米国銀行における中小企業金融の実態―米国銀行の経営戦略・顧客獲得・リレーションシップ・融資審査と担保・人材育成・金融危機の影響について　日本政策金融公庫総合研究所　2014.3　146p　30cm　（日本公庫総研レポート no. 2013-8）Ⓝ338.63

アメリカ合衆国（著作権法）

◇アメリカ著作権法の形成　松川実著　日本評論社　2014.9　231p　22cm　（青山学院大学法学叢書　第2巻）〈文献あり　索引あり〉①978-4-535-52052-3　Ⓝ021.2　［4700円］

アメリカ合衆国（鉄道―歴史）

◇補給戦と合衆国　布施将夫著　京都　松籟社　2014.3　285,10p　20cm　〈文献あり　索引あり　内容：鉄道と事務から見た合衆国形成史　南北戦争時の鉄道軍事利用と国家統合　アメリカ大陸横断鉄道の建設構想　USMRR〈合衆国軍事鉄道局〉のハーマン・ハウプトとゲティズバーグの戦い　陸軍省参謀部の創設と鉄道　第一次大戦期アメリカの産業動員　国家形成過程の皮肉　現代日本における外国史研究の実状と課題〉①978-4-87984-328-9　Ⓝ395.9　［2800円］

アメリカ合衆国（テレビドラマ―歴史―1945～）

◇思い出のアメリカテレビ映画―『スーパーマン』から『スパイ大作戦』まで　瀬戸川宗太著　平凡社　2014.2　215p　18cm　（平凡社新書 720）〈文献あり　索引あり〉①978-4-582-85720-7　Ⓝ778.8　［800円］

アメリカ合衆国（伝記）

◇偉人は死ぬのも楽じゃない　ジョージア・ブラッグ著，梶山あゆみ訳　河出書房新社　2014.3　179p　20cm　〈文献あり〉①978-4-309-25298-8　Ⓝ283　［1700円］

◇9.11ビル崩壊のさなかに夫婦が交わした最後の言葉―本当にあった37の愛のかたち　デイヴ・アイセイ著，高見浩訳　河出書房新社　2014.2　229p　20cm　①978-4-309-20645-5　Ⓝ285.3　［1500円］

◇綻びゆくアメリカ―歴史の転換点に生きる人々の物語　ジョージ・パッカー著，須川綾子訳　NHK出版　2014.7　687,6p　20cm　〈文献あり〉①978-4-14-081648-6　Ⓝ285.3　［3500円］

アメリカ合衆国（電子商取引）

◇フラッシュ・ボーイズ―10億分の1秒の男たち　マイケル・ルイス著，渡会圭子，東江一紀訳　文藝春秋　2014.10　346p　20cm　①978-4-16-390141-1　Ⓝ338.15　［1650円］

アメリカ合衆国（歴史―19世紀）

◇女性電信手の歴史―ジェンダーと時代を超えて　トーマス・C.ジェプセン著，高橋雄造訳　法政大学出版局　2014.4　270,42p　20cm　〈文献あり　索引あり〉①978-4-588-36417-4　Ⓝ694.4　［3800円］

アメリカ合衆国（倒産法）

◇わかりやすいアメリカ連邦倒産法　阿部信一郎編著，粕谷宇史著　商事法務　2014.6　261p　21cm　〈索引あり〉①978-4-7857-2196-1　Ⓝ327.953　［3500円］

アメリカ合衆国（独立革命（1775～1789））

◇コモン・センス―アメリカを生んだ「過激な聖書」　トマス・ペイン著，佐藤健志訳　完全版　PHP研究所　2014.8　281p　19cm　〈初版：岩波文庫 1953年刊〉①978-4-569-82030-9　Ⓝ311.253　［1600円］

アメリカ合衆国（図書館―歴史）

◇アメリカ公立図書館と成人継続教育―1833-1964年　ロバート・エリス・リー著，川崎良孝，鑓納香，久野和子訳　京都　京都図書館情報学研究会　2014.12　215p　22cm　〈日本図書館協会（発売）　文献あり〉①978-4-8204-1415-5　Ⓝ016.253　［3500円］

◇改革と反応―アメリカの生活における大都市公立図書館　ローズマリー・R.ドゥモント著，川崎良孝，久野和子訳　京都　京都図書館情報学研究会　2014.3　172p　22cm　〈日本図書館協会（発売）　文献あり〉①978-4-8204-1323-3　Ⓝ016.253　［3500円］

◇カーネギー図書館―歴史と影響　ジョージ・S.ボビンスキー著，川崎良孝，川崎智子訳　京都　京都図書館情報学研究会　2014.3　271p　22cm　〈日本図書館協会（発売）　文献あり〉①978-4-8204-1318-9　Ⓝ016.253　［5000円］

アメリカ合衆国（図書館―歴史―20世紀）

◇20世紀アメリカの図書館と読者層　クリスティン・ポーリー，ルイーズ・S.ロビンズ編，川崎良孝，嶋崎さや香，福井佑介訳　京都　京都図書館情報学研究会　2014.10　351p　22cm　〈日本図書館協会（発売）〉①978-4-8204-1407-0　Ⓝ010.253　［6000円］

アメリカ合衆国（特許）

◇特許情報分析（パテントマップ）から見たGE「米国特許版」に関する技術開発実態分析調査報告書　インパテック株式会社編　パテントテック社　2013.4　131p　30cm　〈タイトルは標題紙による〉①978-4-86483-213-7　Ⓝ549.09　［51450円］

◇破綻する特許―裁判官，官僚，弁護士がどのようにイノベータを危機に陥れているのか　ジェームズ・ベッセン，マイケル・J・モイラー著，浜田聖司訳　現代人文社　2014.8　305p　21cm　〈大学図書（発売）　文献あり〉①978-4-87798-585-1　Ⓝ507.23　［3700円］

◇米国特許明細書の作成と審査対応実務　立花顕治著　改訂2版　経済産業調査会　2014.3　207p　21cm　（現代産業選書）〈文献あり　索引あり〉①978-4-8065-2938-5　Ⓝ507.23　［2600円］

アメリカ合衆国（特許法）

◇新米国特許法―対訳付き：施行規則・AIA後の法改正と条約　服部健一著　増補版　発明推進協会　2014.2　437p　21cm　〈英語抄訳付〉①978-4-8271-1231-3　Ⓝ507.23　［3200円］

アメリカ合衆国（特許法―判例）

◇日米欧重要特許裁判例―明細書の記載要件から侵害論・損害論まで　片山英二，大月雅博，日野真美，黒川恵共著　エイバックズーム　2013.5　433p　21cm　〈索引あり〉①978-4-901298-12-4　Ⓝ507.23　［4600円］

アメリカ合衆国（日系企業）

◇在米日系企業における現地スタッフの給料と待遇に関する調査　2014　アメリカ編　Tokyo　日経リサーチ　c2014　234p　〈英語併記〉Ⓝ336.45

アメリカ合衆国（日系人―歴史―1865～1900）

◇日系アメリカ移民二つの帝国のはざまで―忘れられた記憶　1868-1945　東栄一郎著，飯野正子監訳，長谷川寿美，小澤智

アメリカ合衆国（日系人―歴史―1901～1945）

子, 飯野朋美, 北脇実千代訳　明石書店　2014.6　496p　20cm
〈文献あり　索引あり〉①978-4-7503-4028-9　Ⓝ334.453
[4800円]

アメリカ合衆国（日系人―歴史―1901～1945）
◇日系アメリカ移民二つの帝国のはざまで―忘れられた記憶
1868-1945　東栄一郎著, 飯野正子監訳, 長谷川寿美, 小澤智
子, 飯野朋美, 北脇実千代訳　明石書店　2014.6　496p　20cm
〈文献あり　索引あり〉①978-4-7503-4028-9　Ⓝ334.453
[4800円]

アメリカ合衆国（日系人―歴史―1933～1945）
◇「自由の国」の報道統制―大戦下の日系ジャーナリズム　水野
剛也著　吉川弘文館　2014.7　195p　19cm　（歴史文化ライ
ブラリー 381）〈文献あり〉①978-4-642-05781-3　Ⓝ070.253
[1700円]

アメリカ合衆国（日系人―歴史―1933～1945―写真集）
◇コダクロームフィルムで見るハートマウンテン日系人強制収
容所　ビル・マンボ写真, エリック・L・ミューラー編, 岡村
ひとみ訳　紀伊國屋書店　2014.7　151p　16×20cm　〈内容：
フレームの外側（エリック・L・ミューラー著）有刺鉄線の向
こうの若者の日常（ベーコン・サカタニ著）収容所の中のカ
メラ（ジャスミン・アリンダー著）日系アメリカ人研究に開
く新しい扉（ロン・クラシゲ著）〉①978-4-314-01119-8
Ⓝ334.453　[2900円]

アメリカ合衆国（入学試験―大学）
◇ハーバード大学はどんな学生を望んでいるのか？―日本人が
抱く大いなる誤解　栄陽子著　ワニ・プラス　2014.3　252p
18cm　（ワニブックス｜PLUS｜新書 111）〈ワニブックス
（発売）〉①978-4-8470-6069-4　Ⓝ377.253　[840円]

アメリカ合衆国（人形―歴史―1865～1900―図集）
◇アメリカ特許図面をひもとく人形発明史　ネオテクノロジー
編　ネオテクノロジー　2014.8　335p　21cm　①978-4-
86573-119-4　Ⓝ759.0253　[20000円]

アメリカ合衆国（人形―歴史―1901～1945―図集）
◇アメリカ特許図面をひもとく人形発明史　ネオテクノロジー
編　ネオテクノロジー　2014.8　335p　21cm　①978-4-
86573-119-4　Ⓝ759.0253　[20000円]

アメリカ合衆国（農業法）
◇海外農業・貿易事情調査分析（米州）報告書　［東京］　三菱
UFJリサーチ＆コンサルティング　2014.3　131p　30cm　〈平
成25年度海外農業・貿易事情調査分析事業〉Ⓝ612.53
[1800円]

アメリカ合衆国（陪審制度）
◇裁判員への説得技法―法廷で人の心を動かす心理学　キャロ
ル・B・アンダーソン著, 石崎千景, 荒川歩, 菅原郁夫訳　京都
北大路書房　2014.3　232p　22cm　〈索引あり〉①978-4-
7628-2856-0　Ⓝ327.21　[3000円]

アメリカ合衆国（博物館）
◇奇妙なアメリカ―神と正義のミュージアム　矢口祐人著　新
潮社　2014.6　221p　20cm　（新潮選書）①978-4-10-
603751-1　Ⓝ069.0253　[1200円]

アメリカ合衆国（犯罪捜査）
◇アメリカ捜査法　ジョシュア・ドレスラー, アラン・C・ミカ
エル著, 指宿信監訳　［東京］　レクシスネクシス・ジャパン
2014.5　965p　22cm　（LexisNexisアメリカ法概説 9）〈索引
あり〉①978-4-902625-94-3　Ⓝ317.953　[13000円]

アメリカ合衆国（美術館）
◇カルコン美術対話委員会イニシアチブ『日米美術フォーラム―
ミュージアムの未来―』報告書―CULCON 2013　［東京］
文化庁　[2013]　67p　30cm　〈英語併訳　会期・会場：2013
年10月21日　大塚国際美術館システィーナ・ホール〉Ⓝ706.9
◇世界のデザインミュージアム　暮沢剛巳著　大和書房　2014.
5　221p　19cm　〈文献あり〉①978-4-479-39259-0　Ⓝ706.9
[2200円]
◇邸宅美術館の誘惑―アートコレクターの息づかいを感じる至
福の空間　朽木ゆり子著　集英社　2014.10　159p　21cm
①978-4-08-781553-5　Ⓝ706.9　[1900円]
◇早わかり！ 西洋絵画のすべて世界10大美術館　望月麻美子,
三浦たまみ著　大和書房　2014.5　263p　15cm　（ビジュア
ルだいわ文庫）①978-4-479-30482-1　Ⓝ723.3　[740円]

アメリカ合衆国（貧困）
◇アメリカの就労支援と貧困　久本貴志著　日本経済評論社
2014.2　232p　22cm　（アメリカの財政と分権 4）〈文献
あり　索引あり　内容：アメリカの貧困と就労支援の基本構造
連邦レベルの就労支援制度　カリフォルニア州福祉改革とコ
ミュニティ・カレッジ　ミシガン州の教育訓練重視の試み

オレゴン州の継続的な教育訓練機会の提供策　アメリカ型就
労支援：まとめと今後の課題〉①978-4-8188-2320-4　Ⓝ366.
253　[3400円]

アメリカ合衆国（夫婦）
◇9.11ビル崩壊のさなかに夫婦が交わした最後の言葉―本当に
あった37の愛のかたち　デイヴ・アイセイ著, 高見浩訳　河
出書房新社　2014.2　229p　20cm　①978-4-309-20645-5
Ⓝ285.3　[1500円]

アメリカ合衆国（不動産投資）
◇誰も教えてくれなかった海外不動産投資―アメリカ在住の日
本人大家さんによる　大家実幸著　WAVE出版　2014.1
238p　19cm　①978-4-87290-599-1　Ⓝ673.99　[1400円]

アメリカ合衆国（不法行為―法令）
◇アメリカ不法行為法　樋口範雄著　第2版　弘文堂　2014.10
390p　22cm　（アメリカ法ベーシックス 8）〈索引あり〉
①978-4-335-30377-7　Ⓝ324.953　[3700円]

アメリカ合衆国（文化）
◇女性のための英会話とアメリカ文化　藤原郁郎, アシュリン・
メイリ著　明日香出版社　2014.3　265p　19cm　①978-4-
7569-1682-2　Ⓝ837.8　[1900円]
◇日米文化の特質―価値観の変容をめぐって　松本青也著　新
版　研究社　2014.4　198p　21cm　〈索引あり　初版：研究社
出版 1994年刊〉①978-4-327-37735-9　Ⓝ361.42　[2200円]

アメリカ合衆国（文化―歴史）
◇アメリカ文化のサプリメント―多面国家のイメージと現実
森岡裕一著　吹田　大阪大学出版会　2014.1　271p　19cm
（阪大リーブル 46）〈文献あり　内容：アメリカン・ドリーム
多様と統一　フロンティアのゆくえ　都市のイメージ　アメ
リカン・スモールタウン　『風と共に去りぬ』の南部　ベン
ジャミン・フランクリン　変わりゆくヒーロー像　AA
〈Affirmative Action〉からDM〈Diversity Management〉へ
性革命とピューリタニズム　酔いどれのアメリカ　アメリカ
ニズム〉①978-4-87259-428-7　Ⓝ253　[2200円]
◇ユダヤ人と大衆文化　堀邦維著　ゆまに書房　2014.4　296p
20cm　（ゆまに学芸選書ULULA 11）〈文献あり　索引あり
内容：ゲットーからハリウッドへ　黒い顔のユダヤ人とユダ
ヤ的非ユダヤ人　ギャグの伝統、反体制の伝統　ブロード
ウェーとティン・パン・アレー　ミュージカルの黄金時代　舞
台からテレビへ　「ユダヤ」をめぐる攻防　アニメーション
生活の中のユダヤ文化　暗黒街のユダヤ人　アメリカ文化の
分裂　六〇年代文化への対応　キッチュをめぐる議論　ディ
アスポラとナショナリズム〉①978-4-8433-4546-7　Ⓝ316.88
[1800円]

アメリカ合衆国（文化―歴史―1945～）
◇反逆の神話―カウンターカルチャーはいかにして消費文化に
なったか　ジョセフ・ヒース, アンドルー・ポター著, 栗原百
代訳　NTT出版　2014.9　433p　19cm　〈文献あり　索引あ
り〉①978-4-7571-4320-3　Ⓝ302.53　[2500円]
◇冷戦とアメリカ―覇権国家の文化装置　村上東編　京都　臨
川書店　2014.3　391,12p　20cm　〈文献あり　年表あり　索引
あり　内容：越境する「西部」（鈴木紀子著）ナショナリズム
は女性ファンも抱きしめて（村上東著）福竜・アンド・ビヨ
ンド（塚田幸光著）精神操作技術とサイケデリアの文化（馬
場聡著）生暖かい終末（中山悟視著）ディファニーで冷戦
を（三添篤郎著）戯画化された冷戦（遠藤容代著）冷戦下の
カメレオン（高野泰志著）南部農本主義者のリベラル・ナラ
ティヴ（越智博美著）冷戦知識人の誕生（齋藤博次著）誰も
エドワード・サイードを読まない？（大田信良著）〉①978-4-
653-04198-6　Ⓝ361.5　[2000円]

アメリカ合衆国（文化―歴史―20世紀）
◇カウンターカルチャーのアメリカ―希望と失望の1960年代
竹林修一著　岡山　大学教育出版　2014.5　170p　21cm
（ACADEMIA SOCIETY NO.12）①978-4-86429-258-0
Ⓝ302.53　[1800円]

アメリカ合衆国（文学者）
◇「おっぱい」は好きなだけ吸うがいい　加島祥造著　集英社
2014.12　189p　18cm　（集英社新書 0766）〈著作目録あり
年譜あり〉①978-4-08-720766-8　Ⓝ930.28　[700円]
◇晩年にみる英米作家の生き方―モーム、ミラー、アップダイク
ほか15人の歩んだ道　江藤秀一編著　鎌倉　港の人　2014.8
275p　19cm　〈文献あり　内容：精一杯の力で生き抜いた人生
ローラ・インガルス・ワイルダー（大木理恵子著）名作の陰に
隠れた老賢者の肖像ウィリアム・ゴールディング（安藤聡著）
家を守り、家と生きるルーシー・マリア・ボストン（大和久ична
恵著）『カンタベリー物語』に捧げた晩年ジェフリー・
チョーサー（木村聡雄著）奇想天外、トウェインの冒険人生
マーク・トウェイン（林惠子著）神から授かった天職を生き
るジョン・アップダイク（山田利一著）困窮に打ち克ち、病
と闘った生涯サミュエル・ジョンソン（江藤秀一著）ロマン
派という革命を起こした「戦友」ウィリアム・ワーズワス　サ

ミュエル・テイラー・コールリッジ（白石治恵著）　愛し、愛された人々に囲まれた最終講演ラルフ・ウォルドー・エマソン（瀬上utr和典著）　主知派詩人の愛を追い求めた人生トマス・スターンズ・エリオット（相原雅子著）　その愛の絆ウィリアム・サマセット・モーム（木原文子著）　心の声に従い、愛に包まれて生き抜くヘンリー・ミラー（鈴木章create著）　アルツハイマーの作家に寄り添うということジーン・アイリス・マードック　ジョン・ベイリー（青山加奈著）〉①978-4-89629-280-0　Ⓝ930.28　[2300円]

アメリカ合衆国（文学上）
◇三島由紀夫における「アメリカ」　南相旭著　彩流社　2014.5　326p　20cm〈文献あり〉①978-4-7791-1983-5　Ⓝ910.268　[2800円]

アメリカ合衆国（平和運動—歴史）
◇戦争違法化運動の時代—「危機の20年」のアメリカ国際関係思想　三牧聖子著　名古屋　名古屋大学出版会　2014.10　267,83p　22cm〈索引あり〉①978-4-8158-0782-5　Ⓝ319.8　[5800円]

アメリカ合衆国（平和教育）
◇小学4年生の世界平和　ジョン・ハンター著，伊藤真訳　KADOKAWA　2014.3　399p　20cm　①978-4-04-110737-9　Ⓝ375　[1600円]

アメリカ合衆国（貿易—日本—歴史—1945〜）
◇日米間の産業軋轢と通商交渉の歴史—6つのケースで読み解く：商品・産業摩擦から構造協議，そして広域経済圏域内の共通ルール設定競争へ　鷲尾友春著　西宮　関西学院大学出版会　2014.7　311p　21cm〈索引あり〉①978-4-86283-164-4　Ⓝ333.6　[2800円]

アメリカ合衆国（貿易政策）
◇日米中新体制と環太平洋経済協力のゆくえ—環太平洋経済協力をめぐる日・米・中の役割研究会2012年度報告書　大阪　アジア太平洋研究所　2013.5　5,72p　30cm（アジア太平洋研究所資料 13-3）〈文献あり〉①978-4-87769-348-0　Ⓝ678.1
◇米国商政策2014版『通商政策アジェンダ』とTiSA—医療界はTPPに続く米国の"第二の矢"に備えよ　[東京]　日医総研　2014.5　16p　30cm（日本医師会総合政策研究機構ワーキングペーパー no. 316）Ⓝ498.0253
◇米国の食品安全・輸入関連制度の解説　2013年度　日本貿易振興機構農林水産・食品部農林水産・食品調査課　2014.3　146p　30cm（農水産情報研究会会員資料）〈共同刊行：日本貿易振興機構ニューヨーク事務所ほか〉Ⓝ678.15

アメリカ合衆国（法律）
◇アメリカ法への招待　E・アラン・ファーンズワース著，スティーブ・シェパード編，笠井修，髙山佳奈子訳　勁草書房　2014.2　211p　21cm〈索引あり〉①978-4-326-40288-5　Ⓝ322.953　[2500円]

アメリカ合衆国（保守主義）
◇アメリカの黒人保守思想—反オバマの黒人共和党勢力　上坂昇著　明石書店　2014.10　260p　20cm〈文献あり　索引あり〉①978-4-7503-4091-3　Ⓝ316.853　[2600円]
◇ウクライナ・ゲート—「ネオコン」の情報操作と野望　塩原俊彦著　社会評論社　2014.10　245p　21cm〈文献あり　年表あり〉①978-4-7845-1530-1　Ⓝ312.386　[2400円]

アメリカ合衆国（ポピュラー音楽—歴史—20世紀）
◇イージー・トゥ・リメンバー—アメリカン・ポピュラー・ソングの黄金時代　ウィリアム・ジンサー著，関根光宏訳　国書刊行会　2014.10　440,21p　21cm〈文献あり　索引あり〉①978-4-336-05667-2　Ⓝ764.7　[3200円]

アメリカ合衆国（ホラー映画）
◇恐怖の君臨—疫病・畸形のアメリカ映画　西山智則著　森話社　2013.12　423p　20cm〈索引あり　内容：恐怖の二一世紀　S/Mars Attacks　エイズ感染の物語に感染しないために　フィルムの帝国と物語の暴力　エドガー・アラン・ポーのエイプたち　殺人鬼の帝国　トラウマの政治学　Mのゆくえ　奴隷とご主人様の詩学　異星人/異性人たちの戦場〉①978-4-86405-057-9　Ⓝ778.253　[3200円]

アメリカ合衆国（漫画—歴史）
◇THE HERO—アメリカン・コミック史　ローレンス・マズロン，マイケル・キャンター著，越智道雄訳　東洋書林　2014.11　303p　27cm〈文献あり　索引あり〉①978-4-88721-819-2　Ⓝ726.101　[6000円]

アメリカ合衆国（民営職業紹介業）
◇米・英・仏・独の労働政策と人材ビジネス　2014　リクルートワークス研究所グローバルセンター　2014.3　272p　30cm（Works report 2014）Ⓝ366.11

アメリカ合衆国（民間社会福祉事業）
◇公益法人協会訪米調査ミッション報告書—米国助成財団の助成事業のあり方　公益法人協会　2014.3　157p　30cm〈背のタイトル：訪米調査ミッション2014報告書〉Ⓝ060

アメリカ合衆国（民主主義）
◇民主主義の問題—帝国主義との闘いに勝つこと　コーネル・ウェスト著，越智博美，松井優子，三浦玲一訳　法政大学出版局　2014.2　290p　20cm〈索引あり〉①978-4-588-62209-0　Ⓝ312.53　[3500円]

アメリカ合衆国（民法）
◇現代の代理法—アメリカと日本　樋口範雄，佐久間毅編，石川優佳，小山田朋子，加毛明，神作裕之，溜箭将之，萬澤陽子著　弘文堂　2014.1　308p　22cm〈索引あり　内容：代理法の意義と第3次リステイトメント（樋口範雄著）　日本の任意代理とアメリカのAgency（佐久間毅著）　外観法理による代理権（表見的代理権）（溜箭将之著）　非顕名代理（神作裕之著）　追認法理（石川優佳著）　主観的事情と認識帰属の法理（加毛明著）　取締役等の訴訟防御費用と代理法（萬澤陽子著）　投資アドバイザーの責任と代理法（萬澤陽子著）　代理関係と不法行為（樋口範雄著）　フランチャイズ契約と不法行為責任（小山田朋子著）〉①978-4-335-35581-3　Ⓝ324.14　[3700円]

アメリカ合衆国（野球）
◇実は大したことない大リーグ　江本孟紀著　双葉社　2014.11　207p　18cm（双葉新書 100）①978-4-575-15452-8　Ⓝ783.7　[820円]
◇日本人メジャーリーガー成功の法則—田中将大の挑戦　福島良一著　双葉社　2014.4　262p　18cm（双葉新書 084）①978-4-575-15438-2　Ⓝ783.7　[840円]
◇ビジネスマンの視点で見るMLBとNPB　豊浦彰太郎著　彩流社　2014.8　181p　19cm（フィギュール彩 17）①978-4-7791-7017-1　Ⓝ783.7　[1800円]
◇プロ野球vsメジャーリーグ—戦いの作法　吉井理人著　PHP研究所　2014.5　220p　18cm（PHP新書 921）①978-4-569-81798-9　Ⓝ783.7　[760円]
◇ミリオンダラー・アーム　J.B.バーンスタイン著，横山啓明訳　集英社　2014.8　257p　16cm（集英社文庫 ハ18-1）①978-4-08-760687-4　Ⓝ783.7　[820円]
◇メジャーリーグ・完全データ選手名鑑　2014　村上雅則/監修，友成那智/編著　広済堂出版　2014.3　498p　19cm　①978-4-331-51809-0　[1700円]
◇ヤンキースのユニフォームにはなぜ選手の名前がないのか？　鈴木友也著　[東京]　日経BP社　2014.5　189p　19cm〈日経BPマーケティング（発売）「勝負は試合の前についている！」（2011年刊）の改題、一部を抜き出し再編集〉①978-4-8222-5016-4　Ⓝ783.7　[1200円]

アメリカ合衆国（野球—歴史）
◇はるかなる野球大国をたずねて—MLB伝説の聖地をめぐる旅　田代学著　東京書籍　2014.12　319p　19cm〈文献あり〉①978-4-487-80912-7　Ⓝ783.7　[1800円]

アメリカ合衆国（薬物犯罪）
◇メキシコ麻薬戦争—アメリカ大陸を引き裂く「犯罪者」たちの叛乱　ヨアン・グリロ著，山本昭代訳　現代企画室　2014.3　417p　19cm〈文献あり〉①978-4-7738-1404-0　Ⓝ368.83　[2200円]

アメリカ合衆国（ユダヤ人）
◇アメリカがイスラエルを見捨てる日は来るのか　佐藤唯行著　日新報道　2014.4　235p　19cm〈文献あり〉①978-4-8174-0775-7　Ⓝ319.530279　[1500円]

アメリカ合衆国（ユダヤ人—歴史）
◇ユダヤ人と大衆文化　堀邦維著　ゆまに書房　2014.4　296p　20cm（ゆまに学芸選書ULULA 11）〈文献あり　索引あり　内容：ゲットーからハリウッドへ　黒い顔のユダヤ人とユダヤ的非ユダヤ人　ギャグの伝統、反体制の伝統　ブロードウェーとティン・パン・アレー　ミュージカルの黄金時代　舞台からテレビへ　「ユダヤ」をめぐる攻防　アメリカン生活の中のユダヤ文化　暗黒街のユダヤ人　アメリカ文化の分裂　六〇年代文化への対応　キッチュをめぐる議論　ディアスポラとナショナリズム〉①978-4-8433-4546-7　Ⓝ316.88　[1800円]

アメリカ合衆国（ユダヤ人—歴史—20世紀）
◇亡命知識人たちのアメリカ　前川玲子著　京都　世界思想社　2014.5　322,89p　20cm〈文献あり　索引あり〉①978-4-7907-1623-5　Ⓝ361.84　[4600円]

アメリカ合衆国（預金保険制度—歴史）
◇アメリカにおける銀行危機と連邦預金保険制度　戸田壯一著　白桃書房　2014.3　266p　22cm（神奈川大学経済貿易研究叢書 第26号）〈文献あり　索引あり〉①978-4-561-96129-1　Ⓝ338.53　[4000円]

アメリカ合衆国（陸軍—歴史）

◇補給戦と合衆国　布施将夫著　京都　松籟社　2014.3　285, 10p　20cm　〈文献あり　索引あり　内容：鉄道と軍事から見た合衆国形成史　南北戦争時の鉄道軍事利用と国家統合　アメリカ大陸横断鉄道の建設構想　USMRR〈合衆国軍事鉄道局〉のハーマン・ハウプトとゲティズバーグの戦い　陸軍省参謀部の創設と鉄道　第一次大戦期アメリカの産業動員　国家形成過程の皮肉　現代日本における外国史研究の実状と課題〉Ⓘ978-4-87984-328-9　Ⓝ395.9　［2800円］

アメリカ合衆国（流行歌）

◇いつか聴いた歌　和田誠著　増補改訂版　愛育社　2013.10　295p　19cm　〈索引あり　初版：文藝春秋　1977年刊〉Ⓘ978-4-7500-0430-3　Ⓝ767.8　［2500円］

アメリカ合衆国（歴史）

◇アメリカ環境史　小塩和人著　Sophia University Press上智大学出版　2014.4　292p　22cm　（上智大学アメリカ・カナダ研究叢書）〈ぎょうせい（発売）　年表あり　索引あり　内容：北米大陸の環境と人間社会　タバコとアメリカ南部植民地　ニューイングランドの原生自然　新しい共和国の市場経済　文明と自然の相克　南部の環境と綿花　カリフォルニアのゴールドラッシュ　大平原を「語る」　資源保全と自然保護　都市の産業化と生活環境　生態学の興隆　環境主義の時代へ〉Ⓘ978-4-324-09738-0　Ⓝ253.01　［3000円］

◇大学で学ぶアメリカ史　和田光弘編著　京都　ミネルヴァ書房　2014.4　329p　21cm　〈文献あり　年表あり　索引あり　内容：先住民の世界（内田綾子著）　植民地時代（森丈夫著）　アメリカ独立革命（和田光弘著）　新共和国の建設（久田由佳子著）　市場革命と領土の拡大（森脇由美子著）　南北戦争と「再建の時代」（貴堂嘉之著）　金ぴか時代から革新主義へ（大森一輝著）　第一次世界大戦と黄金の1920年代（山澄亨著）　ニューディールと第二次世界大戦（山澄亨著）　第二次世界大戦後から1970年代までの内政と社会（片桐康宏著）　冷戦とアメリカ外交（小野沢透著）　1980年代から21世紀へ（阿部小涼著）　アメリカ史を学ぶためのウェブサイト・文献案内（笠井俊和著）〉Ⓘ978-4-623-06716-9　Ⓝ253.01　［3000円］

◇天皇と原爆　西尾幹二著　新潮社　2014.8　354p　16cm　（新潮文庫　に-29-1）Ⓘ978-4-10-126151-5　Ⓝ210.75　［590円］

アメリカ合衆国（歴史—1945～—年表）

◇アメリカ史「読む」年表事典　4　20-21世紀—1955-2010　中村甚五郎著　原書房　2014.12　1082p　22cm　〈文献あり　索引あり〉Ⓘ978-4-562-05119-9　Ⓝ253.0032　［9500円］

アメリカ合衆国（歴史—19世紀）

◇図解フロンティア　高平鳴海著　新紀元社　2014.2　239p　19cm　（F FILES No.042）〈文献あり　年表あり　索引あり〉Ⓘ978-4-7753-1226-1　Ⓝ253.05　［1300円］

アメリカ合衆国（歴史—20世紀—年表）

◇アメリカ史「読む」年表事典　3　20世紀—1901-1954　中村甚五郎著　原書房　2014.11　646p　22cm　〈文献あり　索引あり〉Ⓘ978-4-562-04644-7　Ⓝ253.0032　［9500円］

アメリカ合衆国（労働運動）

◇社会運動ユニオニズム—グローバル化と労働運動の再生　山田信行著　京都　ミネルヴァ書房　2014.1　331p　22cm　（MINERVA社会学叢書　43）〈文献あり　索引あり　内容：グローバル化・移民労働者・労働運動　社会運動ユニオニズムとはなにか　移民労働者を組織することはなにを意味するのか　労働運動とはなにか　資本主義と文化変容　組織化と社会的ネットワーク　アメリカにおける反スウェットショップ運動　労働NGOによるフォーラム型労働運動　ワーカーズ・コレクティブが意味するもの　「反システム運動」としての労働運動　トランスナショナルな連携はいかにして可能か　社会運動ユニオニズムの多様性〉Ⓘ978-4-623-06790-9　Ⓝ366.6253　［7000円］

アメリカ合衆国（労働運動—歴史）

◇ミッキーマウスのストライキ！—アメリカアニメ労働運動100年史　トム・シート著，久美薫訳　合同出版　2014.6　639p　22cm　〈文献あり　年表あり　索引あり〉Ⓘ978-4-7726-1114-5　Ⓝ778.77　［6200円］

アメリカ合衆国（労働市場）

◇年収は「住むところ」で決まる—雇用とイノベーションの都市経済学　エンリコ・モレッティ著，池村千秋訳　プレジデント社　2014.4　335,18p　19cm　〈文献あり〉Ⓘ978-4-8334-2082-2　Ⓝ366.253　［2000円］

アメリカ合衆国（労働者災害補償）

◇ストレス性疾患と労災救済—日米台の比較法的考察　徐婉寧著　信山社　2014.1　434p　22cm　（学術選書　81）〈索引あり〉Ⓘ978-4-7972-5881-3　Ⓝ364.5　［8800円］

アメリカ合衆国（労働政策）

◇米・英・仏・独の労働政策と人材ビジネス　2014　リクルートワークス研究所グローバルセンター　2014.3　272p　30cm　（Works report 2014）Ⓝ366.11

アメリカ合衆国（ロック音楽—歴史—20世紀—楽曲解説）

◇ワイルド・ロックンロール・ディスク・ガイド50's & 60's　ジミー・益子監修　グラフィック社　2014.11　143p　26cm　〈索引あり〉Ⓘ978-4-7661-2655-6　Ⓝ764.7　［2200円］

アメリカ合衆国沿岸警備隊

◇海洋秩序維持に関する国際戦略等に係る調査報告書　運輸政策研究機構　2014.4　128, 57p　30cm　（運政機構資料　250111）〈文献あり〉Ⓝ317.953

アメリカ合衆国議会

◇なぜアメリカでは議会が国を仕切るのか？—現役外交官が教えるまるわかり米国政治　千葉明著　ポット出版　2014.2　183p　21cm　〈文献あり　索引あり〉Ⓘ978-4-7808-0203-0　Ⓝ314.53　［1600円］

アメリカ合衆国航空宇宙局

◇NASA—宇宙開発の60年　佐藤靖著　中央公論新社　2014.6　282p　18cm　（中公新書　2271）〈文献あり　年表あり〉Ⓘ978-4-12-102271-4　Ⓝ538.9　［880円］

アメリカ合衆国国防総省

◇DoDAF2.02と米国国防総省装備調達制度改革　吉本隆一著，国際ロジスティクス学会日本支部事務局監修　名古屋　ブイツーソリューション　2014.9　244p　21cm　（星雲社（発売））Ⓘ978-4-434-19715-4　Ⓝ395.5　［2700円］

アメリカ合衆国国家安全保障局

◇スノーデンファイル—地球上で最も追われている男の真実　ルーク・ハーディング著，三木俊哉訳　［東京］　日経BP社　2014.5　334p　図版8p　19cm　〈日経BPマーケティング（発売）〉Ⓘ978-4-8222-5021-8　Ⓝ391.6　［1800円］

◇暴露—スノーデンが私に託したファイル　グレン・グリーンウォルド［著］，田口俊樹，濱野大道，武藤陽生訳　新潮社　2014.5　383p　20cm　Ⓘ978-4-10-506691-8　Ⓝ391.6　［1700円］

アメリカ合衆国中央情報局

◇CIA諜報員が駆使するテクニックはビジネスに応用できる　J.C.カールソン著，夏目大訳　東洋経済新報社　2014.7　358p　19cm　Ⓘ978-4-492-53338-3　Ⓝ336　［1500円］

◇CIA日本人ファイル—米国国立公文書館機密解除資料　第1巻　秋山博・有末精三・麻生達男　土肥原賢二・遠藤三郎　福見秀雄・五島慶太　加藤哲郎編集・解説　現代史料出版　2014.7　415p　31cm　〈東出版（発売）　複製　布装〉Ⓘ978-4-87785-297-9,978-4-87785-296-2 (set)　Ⓝ319.1053

◇CIA日本人ファイル—米国国立公文書館機密解除資料　第2巻　服部卓四郎・東久邇稔彦　昭和天皇裕仁・今村均　石井四郎・河辺虎四郎　加藤哲郎編集・解説　現代史料出版　2014.7　419p　31cm　〈東出版（発売）　複製　布装〉Ⓘ978-4-87785-298-6,978-4-87785-296-2 (set)　Ⓝ319.1053

◇CIA日本人ファイル—米国国立公文書館機密解除資料　第3巻　賀屋興宣・岸信介　小宮義孝・久原房之助　前田稔・野村吉三郎　加藤哲郎編集・解説　現代史料出版　2014.7　417p　31cm　〈東出版（発売）　複製　布装〉Ⓘ978-4-87785-299-3,978-4-87785-296-2 (set)　Ⓝ319.1053

◇CIA日本人ファイル—米国国立公文書館機密解除資料　第4巻　児玉誉士夫　加藤哲郎編集・解説　現代史料出版　2014.7　334p　31cm　〈東出版（発売）　複製　布装〉Ⓘ978-4-87785-300-6,978-4-87785-296-2 (set)　Ⓝ319.1053

◇CIA日本人ファイル—米国国立公文書館機密解除資料　第5巻　緒方竹虎　1　加藤哲郎編集・解説　現代史料出版　2014.7　424p　31cm　〈東出版（発売）　複製　布装〉Ⓘ978-4-87785-301-3,978-4-87785-296-2 (set)　Ⓝ319.1053

◇CIA日本人ファイル—米国国立公文書館機密解除資料　第6巻　緒方竹虎　2　加藤哲郎編集・解説　現代史料出版　2014.7　392p　31cm　〈東出版（発売）　複製　布装〉Ⓘ978-4-87785-302-0,978-4-87785-296-2 (set)　Ⓝ319.1053

◇CIA日本人ファイル—米国国立公文書館機密解除資料　第7巻　大川周明・笹川良一　重光葵・下村定　加藤哲郎編集・解説　現代史料出版　2014.12　318p　31cm　〈東出版（発売）　複製　布装〉Ⓘ978-4-87785-304-4,978-4-87785-303-7 (set)　Ⓝ319.1053

◇CIA日本人ファイル—米国国立公文書館機密解除資料　第8巻　小野寺信　加藤哲郎編集・解説　現代史料出版　2014.12　338p　31cm　〈東出版（発売）　複製　布装〉Ⓘ978-4-87785-305-1,978-4-87785-303-7 (set)　Ⓝ319.1053

◇CIA日本人ファイル—米国国立公文書館機密解除資料　第9巻　正力松太郎　加藤哲郎編集・解説　現代史料出版　2014.12　444p　31cm〈東出版（発売）複製　布装〉①978-4-87785-306-8,978-4-87785-303-7（set）Ⓝ319.1053

◇CIA日本人ファイル—米国国立公文書館機密解除資料　第10巻　辰巳栄一・和知鷹二　和智恒蔵　加藤哲郎編集・解説　現代史料出版　2014.12　318p　31cm〈東出版（発売）複製　布装〉①978-4-87785-307-5,978-4-87785-303-7（set）Ⓝ319.1053

◇CIA日本人ファイル—米国国立公文書館機密解除資料　第11巻　辻政信　1　加藤哲郎編集・解説　現代史料出版　2014.12　302p　31cm〈東出版（発売）複製　布装〉①978-4-87785-308-2,978-4-87785-303-7（set）Ⓝ319.1053

◇CIA日本人ファイル—米国国立公文書館機密解除資料　第12巻　辻政信　2　加藤哲郎編集・解説　現代史料出版　2014.12　273p　31cm〈東出版（発売）複製　布装〉①978-4-87785-309-9,978-4-87785-303-7（set）Ⓝ319.1053

◇仕事に使える！　CIA諜報員の情報収集術—イラスト図解　グローバルスキル研究所編　宝島社　2014.12　315p　19cm〈文献あり〉①978-4-8002-3290-8　Ⓝ336　[1000円]

アメリカ合衆国連邦捜査局
◇FBI美術捜査官—奪われた名画を追え　ロバート・K.ウィットマン,ジョン・シフマン著，土屋晃,匝瑳玲子訳　文芸社　2014.2　509p　15cm（文芸社文庫　ウ1-1）〈柏書房　2011年刊の再刊〉①978-4-286-14756-7　Ⓝ707.9　[980円]

◇FBI秘録—その誕生から今日まで　上　ティム・ワイナー著，山田侑平訳　文藝春秋　2014.2　386p　20cm〈文献あり〉①978-4-16-390017-9　Ⓝ317.953　[1800円]

◇FBI秘録—その誕生から今日まで　下　ティム・ワイナー著，山田侑平訳　文藝春秋　2014.2　386p　20cm①978-4-16-390018-6　Ⓝ317.953　[1800円]

綾川　武治〔1891～1966〕
◇近代日本の国家主義エリート—綾川武治の思想と行動　木下宏一著　論創社　2014.11　238p　20cm〈文献あり　著作目録あり〉①978-4-8460-1363-9　Ⓝ289.1　[2500円]

綾川町〔香川県〕〔遺跡・遺物〕
◇西末則遺跡　4　香川県埋蔵文化財センター編　[高松]　香川県教育委員会　2014.3　80p　図版14p　30cm（香川県農業試験場移転事業に伴う埋蔵文化財発掘調査報告　第4冊）Ⓝ210.0254

怪しい秘密基地まぼろし博覧会
◇アホとボケの楽園（パラダイス）—伊豆高原・まぼろし博覧会「アホとボケの楽園」制作室編　データハウス　2014.12　94p　21cm①978-4-7817-0195-0　Ⓝ689.5　[1200円]

綾部市〔遺跡・遺物〕
◇青野南遺跡第9次発掘調査報告　綾部　綾部市教育委員会　2014.3　14p　図版8p　30cm（綾部市文化財調査報告　第41集）Ⓝ210.0254

綾部市〔歴史〕
◇山家の村々—釜輪の歴史を中心に　川端二三郎編　綾部　綾部史談会　2014.3　108p　30cm〈共同刊行：山家歴史の会〉Ⓝ216.2

AYAMO〔1987～　〕
◇AYAMO　AYAMO著　祥伝社　2014.10　111p　21cm〈年譜あり　本文は日本語〉①978-4-396-43064-1　Ⓝ289.1　[1200円]

鮎川　信夫〔1920～1986〕
◇北川透現代詩論集成　1　鮎川信夫と「荒地」の世界　北川透著　思潮社　2014.9　570p　20cm〈付属資料：20p：月報1　内容：戦後詩〈他界〉論　「荒地」論　「荒地」の詩的世界　詩の破壊力について　「荒地」の詩人と危機の時代　詩論とは何か　「荒地」の蘇生　「橋上の人」論　抒情における戦後的なもの　鮎川信夫『歴史におけるイロニー』短評　「荒地」その共同理念の軋み　〈境界〉について　鮎川信夫のSolzhenitsyn『荒地詩集』を読んだ頃　霧と沈音と　直覚力と論理の検証　必敗者の自己理解　鮎川信夫と「荒地」の意味　自分を消す情熱　鮎川信夫と吉本隆明の訣れ　北村太郎の方法　戦後詩への親しい隔たり　歴史になった戦後の詩　痛いのスターリニズム　鮎川信夫への最後の疑問〉①978-4-7837-2371-4　Ⓝ911.5　[5000円]

新井　明卿〔1694～1741〕
◇『白石先生餘稿』の書誌と序文・緒言・跋文など　坂井昭著　訂正版　[君津]　[坂井昭]　2014.1　78p　26cm　Ⓝ919.5

新井　奥邃〔1846～1922〕
◇奥邃論集成　春風社編集部編　横浜　春風社　2014.11　253p　22cm〈内容：触れえた奥邃（鹿野政直著）佇立する思想に時

の思潮が近寄る（花崎皋平著）『奥邃広録』との出会い（小野寺功著）新井奥邃師に学ぶ（鈴木亨著）新井奥邃との出会い（笠原芳光著）北方の視座から（太田愛人著）新井奥邃から目覚めさせられるもの（黒住真著）新井奥邃の射程（金子啓一著）新井奥邃の"Responsibility of Man"のことその1（小野四平著）新井奥邃の"Responsibility of Man"のことその2（小野四平著）新井奥邃の父母神思想とフェミニスト神学の視点（コール　ダニエル著）緊張感にみちた信仰（中条省平著）霊心貧しき者は福なり（鈴木範久著）自由宗教家の先駆けとありかた（鈴木範久著）新井奥邃の「父母神」とグノーシス派の「母父」なる至高神（荒井献著）籠から仰ぐ高い山（金光寿郎著）奥邃の「霊界」観と「霊魂」観（高橋和夫著）新井奥邃と儒教（吉田公平著）美の神学のかなたに……（阿部仲麻呂著）自然と超自然（飯島耕一著）新井奥邃師と渡辺英一先生（一番ケ瀬康子著）新井奥邃と中村秋三郎（太田雅夫著）竹久夢二と新井奥邃（関谷定夫著）田中正造の直訴と新井奥邃（小松裕著）新井奥邃と長沢鼎（門田明著）奥邃と美術家たち—『絵画叢誌』をめぐって（北川太一著）奥邃と美術家たち—橋本平八を中心に（北川太一著）魂の邂逅（池澤一郎著）タゴール来日と新井奥邃（中島岳志著）新井奥邃先生の一語（寺田一清著）山川丙三郎訳ダンテ『神曲』と新井奥邃の言葉　1（石川重俊著）山川丙三郎訳ダンテ『神曲』と新井奥邃の言葉　2（石川重俊著）『光瀾之観』のこと　その1（小野四平著）『光瀾之観』のこと　その2（小野四平著）「意」「偉」なるかな、呼吸（松山康國著）奥邃語録に初めてふれる（竹内敏晴著）新井奥邃先生最期のころ（工藤直太郎著）『新井奥邃著作集』編集を終えて（谷川健一,三浦衛述）地下水脈の巨人（若松英輔著）〉①978-4-86110-424-4　Ⓝ198.192　[2700円]

新井　白石〔1657～1725〕
◇新井白石古詩集—君津から贈る　(仮称)新井白石記念館の設立を応援する会編　君津　(仮称)新井白石記念館の設立を応援する会　2014.3　303p　27cm　Ⓝ919.5

◇『白石先生餘稿』の書誌と序文・緒言・跋文など　坂井昭著　訂正版　[君津]　[坂井昭]　2014.1　78p　26cm　Ⓝ919.5

新井　道子〔1945～　〕
◇道—十字架のことば　新井道子著　青山ライフ出版　2014.7　278p　21cm〈星雲社（発売）〉①978-4-434-19175-6　Ⓝ198.321　[1400円]

新井　守太郎
◇㐂寿の安由身　新井守太郎著　[上田]　上小剣道連盟　2014.4　92p　27cm「『喜寿の安由身』（上小剣友会昭和35年刊）の覆刻版」　Ⓝ789.3　[非売品]

荒井　良二〔1956～　〕
◇ぼくの絵本じゃあにぃ　荒井良二著　NHK出版　2014.3　201p　18cm（NHK出版新書　429）①978-4-14-088429-4　Ⓝ726.601　[780円]

荒川
◇ワシントン桜のふるさと荒川の五色桜「江北桜譜」初公開　樋口惠一著　東京農業大学出版会　2013.4　122p　図版22p　21cm〈文献あり〉①978-4-88694-424-5　Ⓝ627.73　[1800円]

荒川　勝茂〔1832～1908〕
◇敗者の維新史—会津藩士荒川勝茂の日記　星亮一著　青春出版社　2014.10　267p　15cm（青春文庫　ほ-10）〈中央公論社　1990年刊の再刊〉①978-4-413-09607-2　Ⓝ210.61　[700円]

荒川　俊治
◇住宅産業界の鬼才—驚異的実績を上げた荒川俊治の営業哲学と実践力　山川修平著　日進　サンコンサルティング　2014.10　193p　19cm〈三一書房（発売）〉①978-4-380-14901-6　Ⓝ520.921　[1600円]

荒木　飛呂彦〔1960～　〕
◇荒木飛呂彦論—マンガ・アート入門　加藤幹郎著　筑摩書房　2014.1　197p　18cm（ちくま新書　1052）①978-4-480-06758-6　Ⓝ726.101　[740円]

◇HISTORY—1979-2013：JOJOVELLER　荒木飛呂彦著　集英社　2014.4　159p　21cm〈年譜あり　本文は日本語〉①978-4-08-782458-2（set）Ⓝ726.101

荒木　光太郎〔1894～1951〕
◇荒木光太郎文書解説目録　[名古屋]　名古屋大学大学院経済学研究科附属国際経済政策研究センター情報資料室　2014.5　83p　30cm　Ⓝ289.1

嵐
◇嵐楽曲完全ガイド—デビュー曲からあの未収録曲まで　2015　ファンによるファンのための全楽曲ガイド　神楽坂ジャニー

嵐 義人〔1944～　〕

ズ巡礼団編集　鉄人社　2014.11　203p　19cm　〈索引あり〉
①978-4-86537-019-5　Ⓝ767.8　［940円］

◇嵐ファンあるある　火月にのみ、夢見月桃子著、田巻玲未絵
TOブックス　2014.11　175p　18cm　①978-4-86472-313-8
Ⓝ767.8　［980円］

◇隣の嵐くん―カリスマなき時代の偶像　関修著　サイゾー（発
売）　2014.6　228p　20cm　①978-4-904209-50-9　Ⓝ767.8
［1500円］

嵐 義人〔1944～　〕
◇文化史史料考證―嵐義人先生古稀記念論集　『文化史史料考
證』刊行委員会編　［出版地不明］『文化史史料考證』刊行委
員会　2014.8　488p　22cm　〈内容：神道の部　神宮月次祭へ
の祭主参加時期の検討（藤森馨著）　翻刻・京都大学図書館蔵
「陽明文庫本祉喜式」巻八・祝詞（金子善光著）　玉木正英の死
生観をめぐって（高橋美由紀著）【天皇祭祀の道統】桃園天皇
宸筆の二通の文書（宍戸忠男著）　太平山神社文書「公義御代
替御礼参府記録」の解題と翻刻（小林宣彦著）　伊勢参宮人の
服忌便覧（土肥誠著）　翻刻「神代巻口訣」（瀬間正之著）「吉
田家諸図附属帳」（假題）（太田正弘著）　御調八幡宮とその周
辺にみられる伊勢信仰（桑原園雄著）　皇國時報臨時ニュース
の紹介（茂木貞純著）　歴史の部　集安高句麗碑の発見とその
意義（荊木美行著）　古代日本と朝鮮における「太歳」の用語
について（有働智奘著）　マンネルヘイム断片コレクション中
の戸籍様文書等について（小口雅史著）　横山当永による『日
本書紀』の本文校訂態度（渡邉卓著）　齋部氏家牒（工藤浩著）
「外交日記」逸文一条（三橋広延著）『水左記』承暦四年の日
蝕と暦博士（渡辺瑞穂子著）　大江匡房『江記逸文集成』補遺
逸文（木本好信著）　旧唐津藩主小笠原家伝来中世文書の紹介
（矢部健太郎著）　発掘された吉良上野介義央書状とその意義
（大喜直彦著）　葉隠と名語集（命期集）から見る鍋島直茂と伊
達政宗（嘉村孝著）　日本文化に見る鏡の展示（青木豊著）　つ
くられた神武天皇（及川智早著）『資料』明治大正イマジュ
リィ・クロニクルから（山田俊幸著）　海軍彗星特攻旭日隊青
年将校の遺文（守薫著）　文学の部　「後魏孝文帝輿高勾麗王
雲詔一首」について（金子修一著）　文化三年写中島家本『出
雲風土記』について（伊藤剣著）　春日懐紙「遠山雪」　題
の新出資料（田中大士著）　中国国立図書館蔵楊守敬旧蔵『日
本霊異記』写本について（河野貴美子著）　東京都武蔵村山市
渡辺家蔵『幻住庵記』版本（城崎陽子著）　山梨稲川「詠古詩」
制作時期（繁原央著）　文政十年六月、梅の舎大人『伊勢物語』
講釈に関する考察（堤康夫著）　東條琴台著『小学必読女四字
経』について（鈴木正弘著）〉①978-4-908028-01-4　Ⓝ210.12
［10000円］

アラスカ州（エスキモー）
◇クジラとともに生きる―アラスカ先住民の現在　岸上伸啓著
京都　臨川書店　2014.5　196p　19cm　（フィールドワーク
選書 3）〈文献あり〉①978-4-653-04233-4　Ⓝ382.5394
［2000円］

アラスカ州（エスキモー―写真集）
◇イヌピアット写眞帳―バロー村の暮らし　岸上伸啓著　札幌
学術出版会風土デザイン研究所　2014.6　65p　21cm　①978-
4-9905024-4-7　Ⓝ382.5394　［1500円］

アラスカ州（昔話）
◇ふたりの老女　ヴェルマ・ウォーリス著、亀井よし子訳　草思
社　2014.12　189p　16cm　（草思社文庫　ウ1-1）①978-4-
7942-2094-3　Ⓝ388.5394　［700円］

新津 甚一〔1907～1993〕
◇南から北へ八十年　新津甚一著、新津紅編　［出版地不明］
［新津紅］　2014.3　205p　30cm　〈年譜あり〉Ⓝ289.1

アラビア（移民・植民）
◇湾岸アラブ諸国の移民労働者―「多外国人国家」の出現と生活
実態　細田尚美編著　明石書店　2014.10　297p　22cm　〈文
献あり　索引あり　表紙のタイトル：Migrant Workers in the
Arab Gulf States　内容：分断された社会空間を生み出す装
置と人々の暮らし（細田尚美、松尾昌樹、堀拔功二ほか著）　国際
労働力移動のなかの湾岸アラブ諸国の位置づけ（堀拔功二著）
増え続ける移民労働者に湾岸アラブ諸国政府はいかに対応す
べきか（松尾昌樹著）　サウディアラビアにおける家事労働者
の流入と「伝統」の再生（辻上奈美江著）　フィリピン人家事
労働者に対する保護への取り組み（石井正子著）　UAE在住
フィリピン人の生存戦略とコミュニティの多様性（細田尚美
著）　インド・ゴア州出身者のコミュニティ・ネットワーク
（松川恭子著）　UAEとカタルにおけるフィリピン人のイス
ラーム改宗と社会関係の変容（渡邉暁子著）　インド・ケーラ
ラ州出身者たちの神霊を介した故地とのつながり（竹村嘉晃
著）〉①978-4-7503-4090-6　Ⓝ334.4278　［5500円］

アラビア（外国人労働者）
◇湾岸アラブ諸国の移民労働者―「多外国人国家」の出現と生活
実態　細田尚美編著　明石書店　2014.10　297p　22cm　〈文
献あり　索引あり　表紙のタイトル：Migrant Workers in the
Arab Gulf States　内容：分断された社会空間を生み出す装
置と人々の暮らし（細田尚美、松尾昌樹、堀拔功二ほか著）　国際
労働力移動のなかの湾岸アラブ諸国の位置づけ（堀拔功二著）
増え続ける移民労働者に湾岸アラブ諸国政府はいかに対応す
べきか（松尾昌樹著）　サウディアラビアにおける家事労働者
の流入と「伝統」の再生（辻上奈美江著）　フィリピン人家事
労働者に対する保護への取り組み（石井正子著）　UAE在住
フィリピン人の生存戦略とコミュニティの多様性（細田尚美
著）　インド・ゴア州出身者のコミュニティ・ネットワーク
（松川恭子著）　UAEとカタルにおけるフィリピン人のイス
ラーム改宗と社会関係の変容（渡邉暁子著）　インド・ケーラ
ラ州出身者たちの神霊を介した故地とのつながり（竹村嘉晃
著）〉①978-4-7503-4090-6　Ⓝ334.4278　［5500円］

アラブ首長国連邦（経済）
◇アラブ首長国連邦　2014/15年版　ARC国別情勢研究会編集
ARC国別情勢研究会　2014.8　148p　26cm　（ARCレポート
経済・貿易・産業報告書 2014/15）〈文献あり　索引あり〉
①978-4-907366-18-6　Ⓝ332.2784　［12000円］

アラブ諸国（医薬品工業）
◇アラブ湾岸諸国製薬市場―市場動向、市場予測、医療制度、主
要企業概要　小椋貴央著　ユーディーアール　2014.8　129枚
30cm　①978-4-9904098-4-5　Ⓝ499.09　［100000円］

アラブ諸国（社会）
◇「アラブの心臓」に何が起きているのか―現代中東の実像　青
山弘之編、横田貴之、高岡豊、山尾大、末近浩太、吉川卓郎、錦田
愛子〔執筆〕　岩波書店　2014.6,6p　19cm　〈文献あり
索引あり　内容：「混沌のドミノ」に喘ぐ「アラブの心臓」（青
山弘之著）　エジプト（横田貴之著）　シリア（高岡豊著）　イラ
ク（山尾大著）　レバノン（末近浩太著）　ヨルダン（吉川卓郎
著）　パレスチナ（錦田愛子著）　中東政治の実像に迫るために
（青山弘之著）〉①978-4-00-022084-2　Ⓝ312.27　［2400円］

アラブ諸国（政治）
◇「アラブの心臓」に何が起きているのか―現代中東の実像　青
山弘之編、横田貴之、高岡豊、山尾大、末近浩太、吉川卓郎、錦田
愛子〔執筆〕　岩波書店　2014.12　206,6p　19cm　〈文献あり
索引あり　内容：「混沌のドミノ」に喘ぐ「アラブの心臓」（青
山弘之著）　エジプト（横田貴之著）　シリア（高岡豊著）　イラ
ク（山尾大著）　レバノン（末近浩太著）　ヨルダン（吉川卓郎
著）　パレスチナ（錦田愛子著）　中東政治の実像に迫るために
（青山弘之著）〉①978-4-00-022084-2　Ⓝ312.27　［2400円］

アラブ諸国（奴隷―歴史）
◇アラビアン・ナイトの中の女奴隷―裏から見た中世の中東社会
波戸愛美著　風響社　2014.10　54p　21cm　（ブックレット
《アジアを学ぼう》別巻 8）〈文献あり〉①978-4-89489-778-
6　Ⓝ929.763　［600円］

アラブ諸国（文化）
◇人間の目利き一アラブから学ぶ「人生の読み手」になる方法
曽野綾子、吉村作治著　講談社　2014.12　294p　19cm
①978-4-06-219277-4　Ⓝ302.27　［1500円］

荒屋遺跡
◇荒屋遺跡　沢田敦著　同成社　2014.9　183p　20cm　（日本
の遺跡 47）〈文献あり〉①978-4-88621-609-0　Ⓝ214.1
［1800円］

アラン〔1868～1951〕
◇アラン幸福論　川北義則著　ロングセラーズ　2014.11　253p
19cm　（川北義則の名著シリーズ）〈文献あり　表紙のタイト
ル：Propos sur le bonheur/Alain）①978-4-8454-2334-7
Ⓝ135.5　［1380円］

◇アランの情念論　新田昌英著　慶應義塾大学出版会　2014.9
1冊　22cm　〈文献あり　索引あり　内容：アランの情念論
「感情の哲学」フランス語翻刻（アラン著）〉①978-4-7664-
2172-9　Ⓝ135.5　［7000円］

◇キキ＆ララの『幸福論』―幸せになるための93ステップ　朝日
文庫編集部編　朝日新聞出版　2014.10　110p　15cm　（朝日
文庫　あ63-2）①978-4-02-264745-0　Ⓝ135.5　［600円］

アラン, M.〔1885～1969〕
◇ファントマ―悪党的想像力　赤塚敬子著　風濤社　2013.9
347p　20cm　〈作品目録あり　年譜あり〉①978-4-89219-370-5
Ⓝ778.235　［3200円］

有明海
◇有明海及び中海の里海としての利用慣行―常民文化奨励研究
調査報告書　樫村賢二編　横浜　神奈川大学日本常民文化研
究所　2014.3　125p　30cm　（神奈川大学日本常民文化研究
所調査報告 第21集）〈文献あり　内容：里海としての有明海

日本件名図書目録2014 Ⅰ　　　　　　　　　　　　　　　　　　　　　　　　　　アルビレックス新潟

有明海の漁撈活動におけるウミ利用と環境変化(磯本宏紀著)　干潟域での漁撈活動にみる漁民の民俗知と環境認識(藤永豪著)　採集・農耕用具からみた有明海沿岸の暮らし(樫村賢二著)　戦後の農業経営にみる農家と干満の関係(土田拓著)　前進する陸ями境界・天満宮に寄り集まる神々(本田佳奈著)　里海としての中海　中海の漁撈活動におけるウミの利用と環境変化(磯本宏紀著)　汽水・浅水域での漁撈活動にみる漁民の民俗知と環境認識(藤永豪著)　モバ採集用具からみた中海沿岸の暮らし(樫村賢二著)　戦後の農業経営にみる農家と中海の関係(土田拓著)　彦名町後藤川地区の「舟入」を基点とする(本田佳奈著)〉 Ⓝ661.9

◇有明海・八代海等再生評価支援(有明海二枚貝類の減少要因解明等調査)　水産総合研究センター西海区水産研究所編　[横浜]　水産総合研究センター　2014.3　2枚, 166p　30cm　(環境省請負業務結果報告書　平成25年度)〈共同刊行:佐賀大学〉Ⓝ519.4

◇有明海・八代海等再生評価支援(有明海・八代海環境特性解明等調査)業務報告書　平成25年度　[東京]　いであ　2014.3　1冊　30cm　Ⓝ519.4

◇有明海・八代海等の再生に向けた熊本県計画—平成26年6月一部変更　[熊本]　熊本県　[2014]　32, 22p　30cm　〈年表あり〉Ⓝ519.8194

◇有明干拓社会の形成—入植者たちの戦後史　鬼嶋淳, 藤永豪著　佐賀　佐賀大学地域学歴史文化研究センター・地域学創出プロジェクト　2014.3　148p　21cm　(佐賀学ブックレット 3)〈岩田書院(発売)　文献あり　折り込 1枚〉Ⓘ978-4-87294-099-2　Ⓝ614.5　[800円]

◇水質総量削減に係る発生負荷量等算定調査業務報告書—発生負荷量等算定調査(有明海及び八代海)　平成25年度　[東京]　環境省水・大気環境局　2014.3　113, 177p　30cm　Ⓝ519.4

◇森里海連環による有明海再生への道—心の森を育む　SPERA森里海・時代を拓く編, 田中克, 吉永郁生監修　福岡　花乱社　2014.7　181p　21cm　(花乱社選書 5)〈文献あり　内容:筑後川流域から有明海再生を(田中克著)　有明海再生への展望(田中克著)　山の森、海の森、心の森(畠山重篤著)　韓国スンチョン湾に諫早湾、有明海の未来を重ねる(佐藤正典, 田中克著)　大震災を乗り越え、自然の環から人の中へ(畠山信著)　有明海のアサリ復活を人の輪で(吉永郁生著)　有明海の自然と漁の特徴(中尾勘悟著)　メカジャ倶楽部からNPO法人SPERA森里海・時代を拓くへ(内山耕蔵著)　NPO法人「SPERA森里海・時代を拓く」の目的と思い(内山里美ほか著)　世代をつなぐ森里海連環に未来を託す(亀嵩真央ほか著)　地球の未来を担う子どもたちへ(木庭慎治著)　有明海再生におけるNPO法人の役割(平方宣清著)　アサリの潮干狩り復活祭りに未来を託す(大坪照ほか著)　森里海連環による有明海再生の展望(田中克著)〉Ⓘ978-4-905327-36-3　Ⓝ519.1600円]

有賀 長伯〔1662～1737〕

◇古典和歌の詠み方読本—有賀長伯著『和歌八重垣』の文学空間　三村晃功著　新典社　2014.12　351p　19cm　(新典社選書 68)〈文献あり　索引あり〉Ⓘ978-4-7879-6818-0　Ⓝ911.15　[2600円]

アリストテレス〔384～322B.C.〕

◇90分でわかるアリストテレス　ポール・ストラザーン著, 浅見昇吾訳　WAVE出版　2014.5　123p　20cm　〈年表あり〉Ⓘ978-4-87290-691-2　Ⓝ131.4

◇仕事・人生に迷ったらアリストテレスに聞いてみろ!　小川仁志著　KADOKAWA　2014.1　223p　19cm　Ⓘ978-4-04-600161-0　Ⓝ131.4　[1400円]

アリゾナ州(社会)

◇アメリカ留学、滞在をお考えの方に贈るアリゾナ砂漠体験記　森城誠太郎著　名古屋　ブイツーソリューション　2014.11　166p　19cm　Ⓘ978-4-86476-252-6　Ⓝ302.5386　[900円]

阿里巴巴公司

◇アリババ思想—その時、馬雲は何を語ったのか　馬雲[述], 紅旗出版社編, [高木美恵子訳]　静岡　静岡新聞社　2014.4　367p　20cm　〈年譜あり〉Ⓘ978-4-7838-2338-4　Ⓝ673.36　[1800円]

◇ジャック・マー アリババの経営哲学　張燕編著, 永井麻生子訳　ディスカヴァー・トゥエンティワン　2014.12　433p　19cm　〈年譜あり〉Ⓘ978-4-7993-1612-2　Ⓝ673.36　[1600円]

有馬 朗人〔1930～ 〕

◇一粒の麦を地に—100句から読み解く有馬朗人　津久井紀代著　調布　ふらんす堂　2014.9　223p　19cm　Ⓘ978-4-7814-0712-8　Ⓝ911.362　[2200円]

有馬 源内〔1852～1892〕

◇有馬源内小傳　有馬源内原著, 黒田源次編著　覆刻版　八王子　砂川雄一　2014.9　70p　21cm　〈原本:大正5年刊〉Ⓝ289.1

◇有馬源内と黒田源次—父子二代の100年　砂川雄一, 砂川淑子著　増補改訂版　八王子　砂川雄一　2014.9　374p　図版 20枚　21cm　〈著作目録あり　年譜あり〉Ⓝ289.1　[非売品]

有馬温泉病院

◇夢のような病院をつくる—有馬温泉病院というかたち　中村聡樹著　プレジデント社　2014.9　127p　26cm　Ⓘ978-4-8334-5061-4　Ⓝ498.16　[1500円]

有村 竜太朗

◇絶望ワンダーランド　有村竜太朗[著]　第2版　音楽専科社　2013.10　1冊　30cm　Ⓘ978-4-87279-264-5　Ⓝ767.8　[4571円]

有吉 秋津〔1904～ 〕

◇ソボちゃん—いちばん好きな人のこと　有吉玉青著　平凡社　2014.5　200p　20cm　〈文献あり〉Ⓘ978-4-582-83647-9　Ⓝ289.1　[1500円]

有賀 万之助〔1926～ 〕

◇我的故事(ウォデクゥシイ)—私の物語　続　有賀万之助著　諏訪　風塔舎　2014.12　289p　22cm　Ⓘ978-4-902689-77-8　Ⓝ289.1　[1852円]

アルキメデス〔287?～212B.C.〕

◇アルキメデス『方法』の謎を解く　斎藤憲著　岩波書店　2014.11　144p　19cm　(岩波科学ライブラリー 232)〈文献あり　「よみがえる天才アルキメデス」(2006年刊)の改題, 改訂〉Ⓘ978-4-00-029632-8　Ⓝ410.231　[1300円]

アルザス地方(フランス)(紀行・案内記)

◇アルザスワイン街道—お気に入りの蔵をめぐる旅　森本育子文と写真　[東京]　鳥影社　2014.7　157p　21cm　Ⓘ978-4-86265-465-6　Ⓝ293.5　[1800円]

アルザス地方(フランス)(ワイン)

◇アルザスワイン街道—お気に入りの蔵をめぐる旅　森本育子文と写真　[東京]　鳥影社　2014.7　157p　21cm　Ⓘ978-4-86265-465-6　Ⓝ293.5　[1800円]

アルジェリア(外国関係—日本—歴史)

◇日本・アルジェリア友好の歩み—外交関係樹立50周年記念誌　私市正年, スマイル・デベシュ, 在アルジェリア日本国大使館編著　千倉書房　2014.8　286p　20cm　〈年表あり〉Ⓘ978-4-8051-1041-6　Ⓝ319.10433　[2800円]

アルゼンチン(移民・植民〔日本〕—歴史)

◇戦前海外へ渡った写真師たち　資料・3　アルゼンチン編　別表　寺川騏一郎[著]　[国立]　寺川騏一郎　2013.1　62p　30cm　〈年表あり〉Ⓝ740.21　[非売品]

アルゼンチン(音楽—楽曲解説)

◇アルゼンチン音楽手帖　栗本斉著　[東京]　DU BOOKS　2013.6　149p　21cm　〈ディスクユニオン(発売)〉Ⓘ978-4-925064-79-8　Ⓝ762.65　[2000円]

アルゼンチン(サッカー—伝記)

◇彼らのルーツ—サッカー「ブラジル」「アルゼンチン」代表選手の少年時代　大野美夏, 藤坂ガルシア千鶴著　実業之日本社　2014.2　234p　19cm　Ⓘ978-4-408-45488-7　Ⓝ783.47　[1500円]

アルチュセール, L.〔1918～1990〕

◇アルチュセールの教え　ジャック・ランシエール著, 市田良彦, 伊吹浩一, 箱田徹, 松本潤一郎, 山家歩訳　航思社　2013.7　325p　20cm　(革命のアルケオロジー 1)〈索引あり〉Ⓘ978-4-906738-04-5　Ⓝ135.56　[2800円]

アルトー, A.〔1896～1948〕

◇アントナン・アルトー自我の変容—〈思考の不可能性〉から〈詩への反抗〉へ　熊木淳著　水声社　2014.8　363p　22cm　〈文献あり　著作目録あり〉Ⓘ978-4-8010-0050-6　Ⓝ950.278　[5000円]

アルビオン

◇「感動」に不況はない—アルビオン小林章一社長はなぜ広告なしで人の心を動かすのか　大塚英樹[著]　講談社　2014.7　276p　16cm　(講談社+α 文庫 G49-4)〈2010年刊の加筆, 一部再構成〉Ⓘ978-4-06-281562-8　Ⓝ576.7　[750円]

アルビレックス新潟

◇フットボールサミット—サッカー界の論客首脳会議　第18回　アルビレックス新潟J1昇格11年目の未来　『フットボールサミット』議会編著　カンゼン　2014.3　228p　21cm　〈年譜あり　内容:川又堅碁勝負師としての覚醒。(川又堅碁述, 原田大輔著)　田中亜土夢背番号10の矜持と宿命(田中亜土夢述, 蘭藤心著)　田中達也移籍した新潟で得たもの(田中達也述, 鈴木新著)　鈴木武蔵ゴールで切り拓く未来(鈴木武蔵述, 蘭藤心著)

ニイガタ現象の十年後（海江田哲朗著）　本間勲の回想録（本間勲述,大中祐二著）　ふたりの19歳が生まれた新潟（小塚和季,川口尚紀述,鈴木新著）　亀田の柿の種を知らずして、アルビを語るなかれ！（海江田哲朗著）　柳下正明の指導哲学（柳下正明述,浅川俊文著）　チームメイトの素顔（浅川俊文著）　ビッグスワンに集う必然性を求めて（田村貢述,鈴木康浩著）　営業マンのおもてなし（山本英明述,鈴木康浩著）　継続、そして進化するチームの可能性（大中祐二著）　アルビレックス新潟を語ろう！（えのきどいちろう,海江田哲朗述）　反町康治がいた5シーズン（反町康治述,元川悦子著）　僕にとっての第二の祖国（エジミウソン述,沢田啓明著）　日本サッカーの「土」をつくる（松崎英吾述,海江田哲朗著）〉Ⓣ978-4-86255-231-0 Ⓝ783.47　［1300円］

アルムスタファー国際大学
◇イランの宗教教育戦略―グローバル化と留学生　桜井啓子著,NIHUプログラムイスラーム地域研究監修　山川出版社　2014.8　106p　21cm　（イスラームを知る 13）〈文献あり〉Ⓣ978-4-634-47473-4　Ⓝ372.272　［1200円］

アルメニア（紀行・案内記）
◇カウベルの響き・コーカサス―民族攻防の地峡　角田富男著　[釧路]　釧路シルクロードの会　2014.3　270p　図版［22］枚　22cm　（シルクロードの旅 17）Ⓝ292.99309

アレン, E.〔1919～2010〕
◇大統領の執事の涙　ウィル・ヘイグッド著, 中村佐千江訳　原書房　2014.2　181p　図版32p　19cm　Ⓣ978-4-562-04980-6 Ⓝ778.253　［1400円］

アーレント, H.〔1906～1975〕
◇アーレント＝ブリュッヒャー往復書簡―1936-1968　ハンナ・アーレント,ハインリヒ・ブリュッヒャー[著], ロッテ・ケーラー編, 大島かおり,初見基訳　みすず書房　2014.2　535,18p　22cm〈年譜あり 索引あり〉Ⓣ978-4-622-07818-0 Ⓝ289.3　［8500円］
◇戦争と政治の間―ハンナ・アーレントの国際関係思想　パトリシア・オーウェンズ[著], 中本義彦,矢野久美子訳　岩波書店　2014.3　270,35p　22cm〈文献あり 索引あり〉Ⓣ978-4-00-025957-6 Ⓝ319　［4600円］
◇ハンナ・アーレント―「戦争の世紀」を生きた政治哲学者　矢野久美子著　中央公論新社　2014.3　239p　18cm　（中公新書 2257）〈文献あり 年譜あり〉Ⓣ978-4-12-102257-8 Ⓝ289.3　［820円］
◇ハンナ・アレント　川崎修[著]　講談社　2014.5　452p　15cm　（講談社学術文庫 2236）〈著作目録あり 年譜あり 索引あり〉『現代思想の冒険者たち 17』(1998年刊)の改題）Ⓣ978-4-06-292236-4 Ⓝ311.234　［1300円］
◇ハンナ・アーレント、あるいは政治的思考の場所　矢野久美子[著]　新装版　みすず書房　2014.9　161p　20cm〈文献あり〉Ⓣ978-4-622-07882-1 Ⓝ311.234　［2800円］
◇ハンナ・アーレント「人間の条件」入門講義　仲正昌樹著　作品社　2014.6　477p　19cm〈文献あり〉Ⓣ978-4-86182-479-1 Ⓝ311　［2000円］

阿波（歴史）
◇粟嶋史　大塚唯士[著]　[阿波]　大塚唯士　2014.12　268p　27cm〈文献あり〉Ⓝ218.1

淡路 恵子〔1933～2014〕
◇死ぬ前に言っとこ　淡路恵子著　廣済堂出版　2014.2　271p　19cm〈年譜あり〉Ⓣ978-4-331-51814-4 Ⓝ778.21　［1500円］

淡路市（遺跡・遺物）
◇横ノ遺跡　兵庫県まちづくり技術センター埋蔵文化財調査部編　神戸　兵庫県教育委員会　2014.3　1冊　30cm　（兵庫県文化財調査報告　第467冊）〈淡路市所在　(二)志筑川床上浸水対策特別緊急事業に伴う埋蔵文化財発掘調査報告書〉Ⓝ210.0254
◇老ノ内遺跡　兵庫県まちづくり技術センター埋蔵文化財調査部編　神戸　兵庫県教育委員会　2014.3　20p　図版 8p　30cm　（兵庫県文化財調査報告　第465冊）〈淡路市所在　(主)志筑郡家線交通安全施設整備事業に伴う埋蔵文化財発掘調査報告書〉Ⓝ210.0254

淡路市（活断層）
◇活断層の誤解―地震を起こさなかった野島断層、その実像を検証する現場写真と図説《セカンドオピニオン》　服部仁著　仙台　創栄出版　2014.11　98p　30cm〈星雲社（発売）文献あり〉Ⓣ978-4-434-19761-1 Ⓝ453.4　［3000円］

淡路島
◇淡路学読本　廣岡徹歌監修, 投石文子編著, 山田脩二,岩井拡記,大蔵久美子編　改訂　洲本　淡路学読本編纂会議にこちゃん

塾　2014.3　148p　30cm〈文献あり　共同刊行：淡路県民局〉Ⓝ291.64
◇淡路島―淡路地域〈淡路市・洲本市・南あわじ市〉の地域ブランド戦略：神の国を背景にしたブランディング　地域デザイン学会監修, 原田保,金澤和夫編著　芙蓉書房出版　2014.8　160p　21cm　（地域ブランドブックス 3）〈年表あり　内容：”日本のはじまりの地”から「未来神話島＝淡路」への転換（原田保著）日本のはじまりを意識させる淡路島（庄司真人著）国生みに結びつけたブランディングが可能なコンテンツ（原田保著）日本をシンボライズする島ブランド＝淡路（宮本文宏著）スローステイルを創造する島＝淡路（宮本文宏著）コンテクストツーリズムからの淡路の旅（松田哲朗,原田保,宮本文宏著）都市圏の島である淡路島の過去・現在・未来（金澤和夫著）〉Ⓣ978-4-8295-0625-7 Ⓝ601.164　［1800円］
◇淡路島の民俗芸能 2 風流　兵庫県歴史文化遺産活用活性化実行委員会編　[神戸]　兵庫県歴史文化遺産活用活性化実行委員会　2014.3　154p　図版 12p　30cm〈文化遺産を活かした地域活性化事業報告書 平成25年度〉〈文献あり〉Ⓝ386.8164

アンコール・ワット
◇アンコール遺跡を科学する―第18回アンコール遺跡国際調査団報告　阿部千依編集責任　[東京]　上智大学アンコール遺跡国際調査団　2013.12　94p　26cm〈英語・クメール語併載　発行所：上智大学アジア人材養成研究センター〉Ⓝ223.5

安西 正〔1917～　〕
◇卒寿の綴方 下巻　ふる里の山野とともに　安西正著　福島民報印刷（制作印刷）　2013.12　277p　22cm　Ⓝ289.1

安西 水丸〔1942～2014〕
◇水丸劇場　安西水丸著, クリネタ編集団編　世界文化社　2014.7　127p　21cm〈内容：水丸4コマシアター　水丸 SPEECH　ぼくと東京タワー　裸婦と金魚　水丸FICTION　追悼水丸カレー部座談会（小谷あゆみほか述）鼎談水丸さんのお眼鏡。(白山眞視,北村順彦,長友啓典述）安西水丸いろはかるた　安西水丸さんのこと（和田誠ほか述）〉Ⓣ978-4-418-14505-8 Ⓝ726.501　［1300円］

アン・サリー
◇森の診療所―緑と音楽の話　アン・サリー著　エフジー武蔵　2013.12　128p　21cm　（MUSASHI BOOKS）〈作品目録あり〉Ⓣ978-4-906877-13-3 Ⓝ767.8　［1500円］

鞍山（歴史―年表）
◇鉄都鞍山年誌　第2巻　1922-1925年　池田拓司編著　[出版地不明]　[池田拓司]　2014.4　1冊　30cm〈文献あり〉Ⓝ222.57

安城市（遺跡・遺物）
◇塚下遺跡　[安城]　安城市教育委員会　2014.3　265p　30cm　（安城市埋蔵文化財発掘調査報告書　第32集）〈安城西鹿乗地区県営担い手育成基盤整備事業に伴う試掘・発掘調査〉Ⓝ210.0254
◇本證寺境内地 2　安城市教育委員会編　[安城]　安城市教育委員会　2014.3　283p　30cm　（安城市埋蔵文化財発掘調査報告書　第33集）Ⓝ210.0254

安城市（歴史―史料）
◇本證寺文書記録類 2　安城市教育委員会文化財課編　[安城]　安城市教育委員会文化財課　2013.3　186p　30cm　（安城市文書史料集成　第3集）Ⓝ215.5

アンダルシア地方（紀行・案内記）
◇コルドバ歳時記への旅―暦の知恵と生きる悠久のアンダルシア　太田尚樹文・写真　東海教育研究所　2014.9　254p　19cm〈東海大学出版部（発売）文献あり〉Ⓣ978-4-486-03785-9 Ⓝ293.6　［1600円］

アンデス山脈
◇アンデス高地にどう暮らすか―牧畜を通じて見る先住民社会　若林大我著　風響社　2014.10　66p　21cm　（ブックレット《アジアを学ぼう》別巻 5）Ⓣ978-4-89489-775-5 Ⓝ382.68　［800円］

安藤 昌益〔江戸中期〕
◇安藤昌益研究発表会記録集　第6回　2014年　安藤昌益と千住宿の関係を調べる会事務局編　安藤昌益と千住宿の関係を調べる会　2014.2　31p　30cm〈年表あり　会場・会場：2014年2月9日　東京芸術センター9階第2会議室〉Ⓝ121.59　［500円］
◇安藤昌益に魅せられた人びと―みちのく八戸からの発信　近藤悦夫著　農山漁村文化協会　2014.10　378p　19cm　（ルーラルブックス）Ⓣ978-4-540-14213-0 Ⓝ121.59　［2000円］

安藤 武彦〔1933～　〕
◇光芒―芸文集　安藤武彦著　所沢　芸文稿の会　2014.3　239p　26cm　Ⓝ911.31　［非売品］

安藤 忠雄〔1941～ 〕
◇壁を乗り越える安藤忠雄の言葉—世界的建築家の言葉が教えてくれた、人生でいちばん大事なこと　佃俊男著　イースト・プレス　2014.7　190p　19cm〈文献あり〉Ⓘ978-4-7816-1211-9　Ⓝ523.1　［1300円］

アントニオ猪木〔1943～ 〕
◇アントニオ猪木×天野篤　NHK『SWITCHインタビュー達人達』制作班, アントニオ猪木, 天野篤著　ぴあ　2014.3　112p　19cm　(SWITCH INTERVIEW達人達)　Ⓘ978-4-8356-1871-5　Ⓝ788.2　［800円］

安中市（遺跡・遺物）
◇国衙下辻Ⅱ遺跡　安中市教育委員会編　安中　安中市教育委員会　2014.3　44p 図版 15p　30cm〈小規模土地改良事業に伴う埋蔵文化財発掘調査報告書〉Ⓝ210.0254
◇二軒在家原田頭遺跡　安中市教育委員会編　安中　安中市教育委員会　2014.3　20p 図版［4］枚　30cm　(西横野中部地区遺跡群発掘調査概報 5)〈県営農地整備事業松義中部地区(第2工区B-2・C)に伴う埋蔵文化財発掘調査概要報告書〉Ⓝ210.0254
◇西横野東部地区遺跡群　安中市教育委員会編　安中　安中市教育委員会　2014.3　2冊　30cm〈県営農地整備事業松義東部地区に伴う埋蔵文化財発掘調査報告書　「第1分冊」「第2分冊」に分冊刊行〉Ⓝ210.0254

安中市（製糸業—歴史）
◇碓氷社—安中市の養蚕業の過去と現在　安中市学習の森ふるさと学習館編　安中　安中市学習の森ふるさと学習館　2014.11　143p　30cm〈年表あり　文献あり〉Ⓝ639.06

安野 光雅〔1926～ 〕
◇絵のある自伝　安野光雅著　文藝春秋　2014.5　247p　16cm　(文春文庫 あ9-7)　Ⓘ978-4-16-790102-8　Ⓝ726.501　［680円］

安養寺〔一関市〕
◇安養寺史考　佐藤光隆著　一関　佐藤則元　2014.10　576,16p　22cm〈年表あり〉Ⓝ188.85

【い】

李 光洙〔1892～1954〕
◇李光洙とはだれか？—明治学院創立150周年記念国際シンポジウム記録　明治学院大学教養教育センター編　大阪　かんよう出版　2014.3　358p　21cm〈ハングル併記　内容：歪んだ鏡(川村湊述)『無情』と韓国における現代小説の形成(方珉昊述)　李光洙とキリスト教(徐正敏述)　近代史のなかの李光洙(李省展述)　李光洙の文学世界(波田野節子, 方珉昊述)　李光洙とキリスト教(松谷基和, 徐正敏述)　近代史のなかの李光洙(崔起榮, 李省展述)　李光洙とはだれか？(嶋田彩司述)　シンポジウム拾遺(永野茂洋ほか述)〉Ⓘ978-4-906902-26-2　Ⓝ929.1　［1800円］

李 小仙〔1929～2011〕
◇この身が灰になるまで—韓国労働者の母・李小仙の生涯　呉道燁著, 村山俊夫訳　緑風出版　2014.3　268p　19cm　Ⓘ978-4-8461-1404-6　Ⓝ366.6221　［2000円］

李 昌鎬〔1975～ 〕
◇李昌鎬—囲碁神算の譜：世界戦史上最多優勝18の軌跡　李昌鎬著　誠文堂新光社　2014.2　431p　21cm〈年譜あり〉Ⓘ978-4-416-71378-5　Ⓝ795　［3000円］

井伊〔氏〕
◇湖(あわうみ)の雄井伊氏—浜名湖北から近江へ、井伊一族の実像　静岡　静岡県文化財団　2014.2　209p　19cm　(しずおかの文化新書 地域をめぐる知の冒険 16)〈文献あり〉Ⓘ978-4-905300-15-1　Ⓝ288.2　［476円］

井伊 直弼〔1815～1860〕
◇安政の大獄—井伊直弼と長野主膳　松岡英夫著　中央公論新社　2014.12　233p　16cm　(中公文庫 ま37-2)〈文献あり　年譜あり〉Ⓘ978-4-12-206058-6　Ⓝ210.58　［1000円］
◇井伊直弼のこころ—百五十年目の真実　彦根城博物館編　彦根　彦根城博物館　2014.3　95p　21cm〈年表あり〉Ⓝ289.1

飯澤 喜志朗〔1944～ 〕
◇不思議な迷い人—無の遺伝子、神、天皇：何故、日本が唯一、非欧米諸国の中で主要先進国になれたのか？　革命と伝統の弁証法　飯澤喜士朗著　文芸社　2014.5　546p　20cm　Ⓘ978-4-286-14883-0　Ⓝ289.1　［1800円］

飯島 伸子〔1938～2001〕
◇「問い」としての公害—環境社会学者・飯島伸子の思索　友澤悠季著　勁草書房　2014.2　245,60p　22cm〈文献あり 著作目録あり 年譜あり 索引あり〉Ⓘ978-4-326-60264-3　Ⓝ361.7　［3500円］

飯島 晴子〔1921～2000〕
◇飯島晴子の百句—尽きることなき言葉との苦闘　奥坂まや著　調布　ふらんす堂　2014.7　203p　18cm〈索引あり〉Ⓘ978-4-7814-0686-2　Ⓝ911.362　［1500円］

飯塚市（遺跡・遺物）
◇飯塚市内埋蔵文化財試掘・確認調査報告書　2　飯塚　飯塚市教育委員会　2014.3　120p 図版 10p　30cm　(飯塚市文化財調査報告書 第46集)〈平成21-24年度の各種開発に伴う試掘・確認調査結果報告　折り込 1枚〉Ⓝ210.0254
◇山王山古墳　飯塚　飯塚市教育委員会　2014.3　76p 図版［11］枚　30cm　(飯塚市文化財調査報告書 第45集)〈福岡県飯塚市西徳前所在遺跡の調査　折り込 2枚〉Ⓝ210.0254

飯綱町〔長野県〕（遺跡・遺物）
◇表町遺跡　飯綱町(長野県)　飯綱町教育委員会　2014.3　151p 図版［10］枚　30cm〈主要地方道(県道)長野荒瀬原線町道表町取付け道路建設に伴う埋蔵文化財発掘調査報告書〉Ⓝ210.0254

飯田〔家〕〔常総市〕
◇文化堂の今昔—常総市ますや飯田家　小野孝尚著　水戸　茨城新聞社　2014.8　269p　20cm　Ⓘ978-4-87273-289-4　Ⓝ288.3　［2000円］

飯田市（遺跡・遺物）
◇飯田古墳群　論考編　飯田市教育委員会編　飯田　飯田市教育委員会　2013.3　101p　30cm　Ⓝ210.0254
◇恒川遺跡群　総括編　長野県飯田市教育委員会編　飯田　長野県飯田市教育委員会　2013.9　103p 図版 12p　30cm　Ⓝ210.0254

飯田市（古地図）
◇描かれた上飯田—明治初期の地引絵図をよむ　飯田市歴史研究所編　［飯田］　飯田市教育委員会　2014.3　74p　26cm〈「飯田・上飯田の歴史」別冊〉Ⓝ291.52

飯田市（風俗・習慣）
◇飯田・上飯田の民俗　1　飯田市美術博物館, 柳田國男記念伊那民俗学研究所編　［飯田］　飯田市美術博物館　2013.3　381p　30cm　(飯田市地域史研究事業民俗報告書 6)〈文献あり　年表あり　共同刊行：柳田國男記念伊那民俗学研究所〉Ⓝ382.152

飯田市（歴史）
◇上山区史　上山区史編纂委員会編　［飯田］　飯田市鼎上山区上山区史刊行委員会　2014.1　515p　26cm〈年表あり　文献あり〉Ⓝ215.2

飯舘村〔福島県〕（教育）
◇放射能なんかに負けないぞ—飯舘村教育長の震災記録：までい教育の村　広瀬要人著　仙台　創栄出版　2014.1　183p　21cm〈星雲社(発売)　内容：「こんな時だからこそやらなければならない飯舘の教育」をつくる　放射能に向き合う"までい教育の村"飯舘　大いなる田舎飯舘村に放射能が降った　東日本大震災の記録. 1　東日本大震災の記録. 2　放射能に追われた飯舘村の学校　九か月遅れのクリスマス卒業式　飯舘村の放射線教育　宝探しの教育〉Ⓘ978-4-434-18670-7　Ⓝ372.126　［1300円］

飯舘村〔福島県〕（福島第一原発事故〔2011〕—被害）
◇かえせ飯舘村—飯舘村民損害賠償等請求事件申立書等資料集　飯舘村民救済弁護団　2014.12　100p　30cm〈共同刊行：原発被害糾弾飯舘村民救済申立団〉Ⓝ539.091
◇までいな村、飯舘—酪農家・長谷川健一が語る　長谷川健一, 長谷川花子著　七つ森書館　2014.7　151p　21cm　Ⓘ978-4-8228-1405-2　Ⓝ369.36　［1800円］

飯舘村〔福島県〕（歴史）
◇飯舘村を歩く　影山美知子著　七つ森書館　2014.11　245p　19cm　Ⓘ978-4-8228-1420-5　Ⓝ212.6　［1500円］

飯豊山
◇物江章写真展—悠久の稜線：飯豊連峰美しき全貌　物江章［撮影］, 喜多方市美術館編　喜多方　喜多方市美術館　2014　76p　30cm〈会期：2014年4月19日—5月18日〉Ⓝ291.2

飯野 賢治〔1970～2013〕
◇ゲーム—Super 27 years Life　飯野賢治著　星海社　2014.2　374p　15cm　(星海社文庫 イ2-01)〈講談社(発売)　講談社1997年刊の再編集〉Ⓘ978-4-06-138964-9　Ⓝ289.1　［880円］

伊江島

伊江島
◇伊江島の民話―いーじまぬんかしばなし　第1集　生塩睦子監修　伊江村（沖縄県）伊江村教育委員会　2014.3　55p　27cm　Ⓝ388.199

イエス・キリスト →キリストを見よ

イエズス会
◇教会領長崎―イエズス会と日本　安野眞幸著　講談社　2014.6　218p　19cm　（講談社選書メチエ　576）〈索引あり　内容：日本史のなかの教会領長崎　ザビエルの目論見　ザビエル構想の実現と長崎の武装化　ザビエル・ヴァリニャーノ路線vs.ロヨラ・コエリョ路線〉①978-4-06-258579-8　Ⓝ198.22193　[1550円]

◇近世印刷史とイエズス会系「絵入り本」―EIRI報告書　浅見雅一編　慶應義塾大学文学部　2014.2　249p　22cm〈平成21-25年度文部科学省私立大学戦略的研究基盤形成支援事業「15-17世紀における絵入り本の世界的比較研究の基盤形成」報告書　内容：イエズス会と書籍　大航海時代のアジアとアメリカ大陸における宣教師の印刷事業（ウセレル・アントニオ著）キリシタン教会の殉教録と聖人伝（浅見雅一著）漢訳西学書の朝鮮伝来とその受容（李元淳著, 安廷苑訳）絵入り本解題　キリシタン版挿絵教理書とその原型〔ヨーロッパ版〕との比較（川村信三著）マルコス・ジョルジェ著『ドクトリナ・クリスタン』の初期の諸版に見られる挿絵について（ジョゼ・ミゲル・ピント・ドス・サントス著, 原島貴子訳）アントニオ・カルディン著『日本の精華』について（浅見雅一著）ワマン・ポマと『最初の新しい年代記と良き統治』（前田伸人著）フィリップ・クプレ著『徐カンディダ伝』所収の肖像画について（浅見雅一, 安廷苑著）研究機関と研究動向　歴史遺産・研究努力・文献史料（呉小新著, 原島貴子訳）韓国カトリックの歴史と韓国教会史研究所（安廷苑著）江戸時代の絵入り仏書について（上野大輔著）〉Ⓝ022.39　[非売品]

◇日本關係海外史料　イエズス会日本書翰集譯文編之3　自弘治元年十一月至永祿二年十一月　東京大学史料編纂所編　[東京]　東京大学史料編纂所　2014.3　369,20p　22cm〈東京大学出版会（発売）文献あり　索引あり〉①978-4-13-092775-8　Ⓝ210.088　[13100円]

イェーデ, F.〔1887～1970〕
◇フリッツ・イェーデの音楽教育―「生」と音楽の結びつくところ　小山英志著　京都　京都大学学術出版会　2014.3　246p　22cm　（プリミエ・コレクション　43）〈文献あり　年譜あり　索引あり　内容：序章　イェーデの音楽教育における目的論　イェーデの音楽観　イェーデによる音楽の基礎教育　イェーデによる音楽における「創造」のための教育　イェーデの青少年音楽学校構想　イェーデによる教師教育論　イェーデへの批判　終章〉①978-4-87698-284-4　Ⓝ375.76　[3400円]

家永 三郎〔1913～2002〕
◇家永三郎生誕100年―憲法・歴史学・教科書裁判　家永三郎誕100年記念実行委員会編　日本評論社　2014.3　127p　21cm〈年譜あり　内容：家永三郎の学問と歴史認識（鹿野政直著）家永教科書裁判の現代的意義（加藤文也著）教育への政治介入に対するたたかいと家永三郎さん（平井美津子著）教科書制度をめぐるたたかいと安倍「教育再生」政策（俵義文著）教科書裁判の思想（尾山宏著）教科書裁判の今日的意義（新井章著）教科書裁判と国民の教育権（堀尾輝久著）憲法・教育法と教科書裁判（永井憲一著）教科書検定訴訟を支援する歴史学関係者の会（峰岸純夫著）教科書裁判と女性史（西村汎子著）沖縄と教科書裁判（田港朝昭著）エピソードで綴る教科書裁判の意義（浪本勝年著）思想家・家永三郎さんと一教師の出会い（浅羽晴二著）教科書裁判から学んだこと（和田哲子著）学生連が目指していたのは（斉藤佳典著）高嶋〔横浜〕裁判と家永裁判を結ぶ現代的意義（高嶋伸欣著）教科書裁判と戦後補償裁判（大森典子著）家永三郎先生の国際的評価（笠原十九司著）この先の日本と世界を見据えて（小田直寿著）家永三郎先生の学問と思想を捉え直す（君島和彦著）〉①978-4-535-52043-1　Ⓝ375.9　[1000円]

伊江村〔沖縄県〕〔昔話〕
◇伊江島の民話―いーじまぬんかしばなし　第1集　生塩睦子監修　伊江村（沖縄県）伊江村教育委員会　2014.3　55p　27cm　Ⓝ388.199

イェルサン, A.〔1863～1943〕
◇ラウソンレポート　檀原宏文著　北里柴三郎記念会　2014.9　316p　22cm〈北里柴三郎記念会五周年記念〉Ⓝ493.84　[非売品]

イェンゼン, W.〔1837～1911〕
◇グラディーヴァ　ポンペイ空想物語―精神分析的解釈と表象分析の試み　ヴィルヘルム・イェンゼン作, 山本淳訳＋著　松柏社　2014.7　291p　20cm〈内容：グラディーヴァポンペイ空想物語（ヴィルヘルム・イェンゼン作, 山本淳訳）『グラディーヴァ』をめぐる書簡（シュテーケルほか著, 山本淳訳・編）『グラディーヴァ』とフロイト（山本淳著）トカゲとりの夢について（山本淳著）〉①978-4-7754-0206-1　Ⓝ943.7　[2500円]

◇グラディーヴァ／妄想と夢　ヴィルヘルム・イェンゼン, ジークムント・フロイト著, 種村季弘訳　平凡社　2014.3　347p　16cm　（平凡社ライブラリー　807）〈作品社　1996年刊の再刊　内容：グラディーヴァ（ヴィルヘルム・イェンゼン著）妄想と夢（ジークムント・フロイト著）フロイトと文芸批評（種村季弘著）〉①978-4-582-76807-7　Ⓝ943.7　[1500円]

硫黄島（太平洋戦争〔1941～1945〕―会戦）
◇いのちはどこにありますか―硫黄島父からの手紙と母のノート　宮崎誠著　文芸社　2014.3　123p　20cm〈文献あり〉①978-4-286-14662-1　Ⓝ916　[1200円]

伊賀市
◇伊賀市まちづくりプラン―ひとが輝く地域が輝く：新市建設計画　伊賀　伊賀市企画振興部総合政策課　[2014]　52p　30cm〈2003年12月策定伊賀地区市町村合併協議会新市建設計画策定小委員会, 2014年9月変更伊賀市〉Ⓝ318.12

伊賀市（遺跡・遺物）
◇上野城跡第13次（藤堂新七郎屋敷跡）発掘調査報告　三重県埋蔵文化財センター編　[明和町（三重）]　三重県埋蔵文化財センター　2014.2　28p　30cm　（三重県埋蔵文化財調査報告　348）〈伊賀市上野丸之内所在〉Ⓝ210.0254

◇上野城下町遺跡（第5次）発掘調査報告　三重県埋蔵文化財センター編　[明和町（三重）]　三重県埋蔵文化財センター　2014.3　74p　図版　1枚　30cm　（三重県埋蔵文化財調査報告　352）〈伊賀市上野農人町所在〉Ⓝ210.0254

伊賀市（行政）
◇第2次伊賀市総合計画―基本構想　伊賀市企画振興部総合政策課編　[伊賀]　伊賀市　2014.7　32p　30cm　Ⓝ318.256

◇第2次伊賀市総合計画―第1次再生計画　伊賀市企画振興部総合政策課編　[伊賀]　伊賀市　2014.7　199p　30cm　Ⓝ318.256

伊賀市（歴史）
◇伊賀市史　第3巻　通史編　近現代　伊賀市編　伊賀　伊賀市　2014.12　1063, 29p　22cm　Ⓝ215.6

伊方町〔愛媛県〕（棟札）
◇佐田岬半島の棟札調査報告書　町見郷土館編　伊方町（愛媛県）町見郷土館　2014.3　216p　30cm　（佐田岬半島資料調査報告書　第5集）Ⓝ521.81

五十嵐 智〔1934～〕
◇五十嵐日記古書店の原風景―古書店員の昭和へ　五十嵐智[著], 五十嵐日記刊行会編　笠間書院　2014.11　326p　21cm〈年譜あり〉①978-4-305-70755-0　Ⓝ289.1　[2400円]

五十嵐 良雄〔1930～2011〕
◇魂の根源へ―五十嵐良雄追悼文集　相模女子大学「現代教育研究会」OG会編　[東京]　七月堂（発売）2013.5　226p　19cm〈年譜あり　著作目録あり〉①978-4-87944-206-2　Ⓝ289.1　[1000円]

猪狩 勝雄〔1928～〕
◇我が八十五年の旅路　猪狩勝雄著　半田　一粒書房　2014.2　114p　22cm　①978-4-86431-262-2　Ⓝ289.1

斑鳩町〔奈良県〕（遺跡・遺物）
◇斑鳩町内遺跡発掘調査概報　平成18-19・21-22年度　斑鳩町教育委員会斑鳩町文化財活用センター編　斑鳩町（奈良県）斑鳩町教育委員会斑鳩町文化財活用センター　2014.3　34p　30cm　（斑鳩町文化財調査報告　第13集）Ⓝ210.0254

イカロス茂田〔1972～〕
◇イカロス流はじめの一歩を踏み出す7つの法則―負け犬からやり直したっていいんじゃねえの　イカロス茂田著　白誠書房　2014.5　157p　19cm〈星雲社（発売）〉①978-4-434-19039-1　Ⓝ289.1　[1100円]

壱岐市（遺跡・遺物）
◇天手長男神社遺跡（T-8区）・市史跡カラカミ遺跡2次（カラカミⅢ区カラカミⅣ区）　壱岐　長崎県壱岐市教育委員会　2014.3　204p　図版8p　30cm　（壱岐市文化調査報告書　第23集）〈年表あり　市内遺跡発掘調査事業に伴う発掘調査〉Ⓝ210.0254

◇壱岐国分寺跡　壱岐　長崎県壱岐市教育委員会　2014.1　46p　図版　2枚　30cm　（長崎県壱岐市文化財調査報告書　第22集）〈緊急雇用対策事業に伴う発掘調査〉Ⓝ210.0254

◇原の辻遺跡　長崎　長崎県教育委員会　2014.3　96p　30cm　（長崎県埋蔵文化財センター調査報告書　第12集）〈原の辻遺跡調査研究事業調査報告書〉Ⓝ210.0254

壱岐市（御船祭）
◇民俗資料選集 45 壱岐の船競漕行事（長崎県） 文化庁文化財部編 国土地理協会 2014.4 128p 図版16p 22cm Ⓘ978-4-87552-941-5 Ⓝ382.1 ［4667円］

壱岐市（風俗・習慣）
◇民族誌実習調査報告書 2012年度 長崎県壱岐市石田町久喜触 京都 立命館大学産業社会学部社会調査士課程第15期生SAクラス 2013.1 132p 30cm 〈文献あり 奥付のタイトル：民族実習調査報告書〉 Ⓝ382.1

生月町（長崎県）（カトリック教会―歴史）
◇マンションからオラショまで その2 長崎県生月島の隠れキリシタンによる「歌オラショ」とその行く末 竹井成美著 堺 大阪公立大学共同出版会 2014.3 40p 21cm （OMUPブックレット no. 45） Ⓘ978-4-907209-16-2 Ⓝ198.221 ［500円］

いきものがかり
◇Iのほん―いきものがかりドキュメント・ブック いきものがかり［著］ キューブ 2014.3 1冊（ページ付なし）30cm 〈エムオン・エンタテインメント（発売）〉 Ⓘ978-4-7897-3621-3 Ⓝ767.8 ［2600円］

イギリス（医療制度）
◇イギリス医療保障制度に関する調査研究報告書 2013年度版 イギリス医療保障制度に関する研究会編 医療経済研究・社会保険福祉協会医療経済研究機構 2014.3 222p 30cm 〈平成25年度医療経済研究機構自主研究事業〉 Ⓝ498.0233
◇英国に学ぶ家庭医への道 Patrick Hutt,Sophie Park編著 地域医療振興協会診療所委員会監訳 メディカルサイエンス社 2013.5 166p 26cm 〈索引あり〉 Ⓘ978-4-903843-37-7 Ⓝ498.14 ［3200円］
◇英国の国営医療改革―ブレア＝ブラウン政権の福祉国家再編政策 柏木恵著 日本評論社 2014.12 234p 22cm 〈文献あり 索引あり〉 Ⓘ978-4-535-55800-7 Ⓝ498.0233 ［5200円］

イギリス（印刷業―ロンドン）
◇レタープレス・活版印刷のデザイン、新しい流れ―アメリカ、ロンドン、東京発のニューコンセプト 碓井美樹編著 パイインターナショナル 2014.10 191p 21cm Ⓘ978-4-7562-4571-7 Ⓝ749.09 ［1900円］

イギリス（ウィスキー―スコットランド）
◇男のスコッチウィスキー講座―100蒸留所巡礼試飲旅 和智英樹,高橋矩彦共著 スタジオタッククリエイティブ 2014.12 335p 21cm 〈文献あり〉 Ⓘ978-4-88393-691-5 Ⓝ588.57 ［2600円］
◇スコッチ・オデッセイ―1971黄金の特級時代を想う 盛岡スコッチハウス編 新版 盛岡 盛岡出版コミュニティー 2014.10 223p 15cm （もりおか文庫 も1-3）〈文献あり 索引あり〉 Ⓘ978-4-904870-30-3 Ⓝ588.57 ［1500円］

イギリス（演劇）
◇現代イギリス演劇断章―舞台で聞いた小粋な台詞36 谷岡健彦著 カモミール社 2014.6 189p 19cm Ⓘ978-4-907775-21-9 Ⓝ772.33 ［1000円］

イギリス（演劇―歴史―1485～1642）
◇ヒストリアとドラマ―近代英国に見る歴史と演劇のアスペクト 高橋正平,辻照彦編著 名古屋 三恵社 2014.5 201p 21cm 〈内容：ヴァージニア会社と公式文書（高橋正平著） Kenneth Branaghによるシェイクスピア作品の映像化について（風間彩香著） ジェームズ一世とウィリアム・バーロー（高橋正平著）『夏の夜の夢』の「取り替えっ子」（恩田公夫著）『ハムレット』の最終シーンとáre改訂説（辻照彦著） コーニーリアス・バージェスの断食説教と火薬陰謀事件説教（高橋正平著）〉 Ⓘ978-4-86487-232-4 Ⓝ772.33 ［2650円］

イギリス（王室―歴史）
◇イギリス王室1000年の歴史 指昭博監修 カンゼン 2014.8 223p 21cm （The Quest For History）〈文献あり 年表あり〉 Ⓘ978-4-86255-267-9 Ⓝ288.4933 ［1800円］

イギリス（王室―歴史―ヴィクトリア女王時代）
◇ヴィクトリア女王の王室―側近と使用人が語る大英帝国の象徴の真実 ケイト・ハバード著,橋本光彦訳 原書房 2014.11 466,3p 20cm 〈文献あり〉 Ⓘ978-4-562-05113-7 Ⓝ288.4933 ［2800円］

イギリス（音楽）
◇世界の弦楽四重奏団とそのレコード 第5巻 英加北欧諸国編 幸松肇著 所沢 クヮルテット・ハウス・ジャパン 2013.5 240p 19cm 〈内容：イギリス、カナダ、スウェーデン、オランダ他〉 Ⓘ978-4-990641-35-1 Ⓝ764.24 ［2000円］

イギリス（絵画―歴史―18世紀―画集）
◇英国ジョッキークラブ秘蔵競馬絵画展―JRA 60周年記念特別展示 馬事文化財団編 府中（東京都） 馬事文化財団JRA競馬博物館 2014.10 47p 30cm 〈会期：2014年10月1日―11月3日〉 Ⓝ723.33

イギリス（絵画―歴史―19世紀―画集）
◇英国ジョッキークラブ秘蔵競馬絵画展―JRA 60周年記念特別展示 馬事文化財団編 府中（東京都） 馬事文化財団JRA競馬博物館 2014.10 47p 30cm 〈会期：2014年10月1日―11月3日〉 Ⓝ723.33

イギリス（絵画―歴史―20世紀―画集）
◇英国ジョッキークラブ秘蔵競馬絵画展―JRA 60周年記念特別展示 馬事文化財団編 府中（東京都） 馬事文化財団JRA競馬博物館 2014.10 47p 30cm 〈会期：2014年10月1日―11月3日〉 Ⓝ723.33

イギリス（絵画―歴史―ヴィクトリア女王時代―画集）
◇ラファエル前派展―英国ヴィクトリア朝絵画の夢：テート美術館の至宝 荒川裕子監修, 朝日新聞社編 ［東京］ 朝日新聞社 2014 221p 29cm 〈年表あり 文献あり 会期・会場：2014年1月25日―4月6日 森アーツセンターギャラリー〉 Ⓝ723.33

イギリス（外国関係―インド―歴史―イギリス統治時代（1765～1947））
◇植民地インドのナショナリズムとイギリス帝国観―ガーンディー以前の自治構想 上田知亮著 京都 ミネルヴァ書房 2014.2 271,33p 22cm （MINERVA人文・社会科学叢書 193）〈文献あり 索引あり〉 〈内容：インド初期会議派研究の視座 イギリス帝国とインドの植民地化 一九世紀のインド経済とパクス・ブリタニカ ラーナデーの経済思想と国富流出論 ラーナデーの社会 ラーナデーの政治思想と重層的な連邦制帝国秩序 パクス・ブリタニカの終焉と植民地インドの反英運動 ゴーカレーの地方自治制度構想と宗教対立 インド政治における分散と統合〉 Ⓘ978-4-623-06946-0 Ⓝ312.25 ［6500円］

イギリス（外国関係―エジプト―歴史―19世紀）
◇エジプトを植民地化する―博覧会世界と規律訓練的権力 ティモシー・ミッチェル著, 大塚和夫,赤堀雅幸訳 法政大学出版局 2014.3 328p 22cm 〈文献あり 索引あり〉 Ⓘ978-4-588-37602-3 Ⓝ319.42033 ［5600円］

イギリス（外国関係―カナダ―歴史）
◇カナダの自立と北大西洋世界―英米関係と民族問題 細川道久著 刀水書房 2014.1 275p 22cm 〈年表あり 索引あり〉 Ⓘ978-4-88708-415-5 Ⓝ319.51033 ［5000円］

イギリス（外国関係―日本―歴史―1868～1945）
◇英米世界秩序と東アジアにおける日本―中国をめぐる協調と相克一九〇六～一九三六 宮田昌明著 錦正社 2014.9 797,87p 22cm 〈文献あり 索引あり〉 Ⓘ978-4-7646-0339-4 Ⓝ312.1 ［9800円］

イギリス（外国関係―日本―歴史―1945～）
◇ブラッドブラザーズ 高尾慶子著 展望社 2014.12 223p 19cm Ⓘ978-4-88546-291-7 Ⓝ319.1033 ［1400円］

イギリス（外国関係―日本―歴史―江戸末期）
◇勝海舟と幕末外交―イギリス・ロシアの脅威に抗して 上垣外憲一著 中央公論新社 2014.12 268p 18cm （中公新書 2297）〈文献あり〉 Ⓘ978-4-12-102297-4 Ⓝ210.5938 ［880円］

イギリス（外国関係―歴史―19世紀）
◇GHQ焚書図書開封 10 地球侵略の主役イギリス 西尾幹二著 徳間書店 2014.12 405,8p 20cm 〈文献あり〉 Ⓘ978-4-19-863852-8 Ⓝ210.7 ［1900円］

イギリス（外国関係―歴史―20世紀）
◇GHQ焚書図書開封 10 地球侵略の主役イギリス 西尾幹二著 徳間書店 2014.12 405,8p 20cm 〈文献あり〉 Ⓘ978-4-19-863852-8 Ⓝ210.7 ［1900円］

イギリス（外国関係―歴史―近代）
◇神と黄金―イギリス,アメリカはなぜ近現代世界を支配できたのか 上 ウォルター・ラッセル・ミード著, 寺下滝郎訳 青灯社 2014.4 380p 19cm Ⓘ978-4-86228-070-1 Ⓝ233.05 ［3200円］
◇神と黄金―イギリス,アメリカはなぜ近現代世界を支配できたのか 下 ウォルター・ラッセル・ミード著, 寺下滝郎訳 青灯社 2014.5 370p 19cm 〈文献あり 索引あり〉 Ⓘ978-4-86228-071-8 Ⓝ233.05 ［3200円］
◇女王陛下のブルーリボン―英国勲章外交史 君塚直隆著 中央公論新社 2014.1 335p 16cm （中公文庫 き39-1）〈索引あり NTT出版 2004年刊の加筆・改訂〉 Ⓘ978-4-12-205892-7 Ⓝ319.33 ［914円］
◇ジョンブル魂―世界史に残る大英帝国を築いたアングロサクソンの原点を探る 加藤元著 鳥影社 2014.6 195p 19cm

〈文献あり　別タイトル：英国魂〉①978-4-86265-455-7
Ⓝ319.33　[1400円]

イギリス（外国留学―ケンブリッジ）
◇グレイトブリテン一人旅　髙橋信哉著　[東京]　東京図書出版　2014.9　334p　20cm〈リフレ出版（発売）文献あり〉①978-4-86223-771-2　Ⓝ293.33　[1800円]

イギリス（科学―歴史―17世紀）
◇ピープスの日記と新科学　M.H.ニコルソン著，浜口稔訳　白水社　2014.6　305,8p　20cm　（高山宏セレクション〈異貌の人文学〉）〈索引あり　内容：アマチュア科学者，サミュエル・ピープス　はじめての輸血　「狂女マッジ」と「才人たち」　ピープス、サー・ウィリアム・ペティ、双底船〉①978-4-560-08304-8　Ⓝ402.33　[4200円]

イギリス（家政婦―歴史―20世紀）
◇おだまり、ローズ―子爵夫人付きメイドの回想　ロジーナ・ハリソン著，新井潤美監修，新井雅代訳　白水社　2014.8　364p　20cm　①978-4-560-08381-9　Ⓝ591.0233　[2400円]
◇使用人が見た英国の二〇世紀　ルーシー・レスブリッジ著，堤けいこ訳　原書房　2014.8　417,3p　20cm〈文献あり〉①978-4-562-05086-4　Ⓝ591.0233　[3800円]

イギリス（家庭医）
◇英国に学ぶ家庭医への道　Patrick Hutt,Sophie Park編著，地域医療振興協会診療所委員会監訳　メディカルサイエンス社　2013.5　166p　26cm〈索引あり〉①978-4-903843-37-7　Ⓝ498.14　[3200円]

イギリス（為替政策―歴史―1914～1945）
◇カンリフ委員会審議記録　第1巻　春井久志，森映雄著　蒼天社出版　2014.1　508p　27cm　①978-4-901916-36-3　Ⓝ337.3　[32000円]
◇カンリフ委員会審議記録　第2巻　春井久志，森映雄著　蒼天社出版　2014.1　435p　27cm　①978-4-901916-37-0　Ⓝ337.3　[32000円]
◇カンリフ委員会審議記録　第3巻　春井久志，森映雄著　蒼天社出版　2014.1　114p　27cm　①978-4-901916-38-7　Ⓝ337.3　[25000円]

イギリス（企業会計原則）
◇英国の新会計制度―在英日系企業におけるIFRSベースの決算実務　KPMG，あずさ監査法人編，三浦洋監修，江澤修司著　中央経済社　2014.4　208p　22cm〈文献あり　索引あり〉①978-4-502-09530-6　Ⓝ336.92　[2600円]

イギリス（紀行・案内記）
◇イギリス・アイルランド　池田あきこ著　神戸　出版ワークス　2014.10　140p　18cm　〈ダヤンの絵描き旅〉〈河出書房新社（発売）「英国とアイルランドの田舎へ行こう」（中公文庫2000年刊）の改題、加筆・修正〉①978-4-309-92033-7　Ⓝ293.309　[1500円]
◇イギリス旅日記―ばーばのゆかいな50日　小川芳子著，大森郁子絵　[東京]　東京図書出版　2014.4　183p　21cm〈リフレ出版（発売）文献あり〉①978-4-86223-739-2　Ⓝ293.309　[1200円]
◇イギリス鉄道でめぐるファンタジーの旅　河野友見著　福岡　書肆侃侃房　2014.7　174p　21cm　（Kan Kan Trip 8）①978-4-86385-150-4　Ⓝ293.309　[1500円]
◇英国ティーハウスとアンティークのある暮らし　小関由美著　朝日新聞出版　2014.3　95p　21cm　①978-4-02-251164-5　Ⓝ293.33　[1500円]
◇英国ヨークシャー想い出の地を旅して　西山裕子文・絵・写真　愛育社　2013.3　99p　26cm　①978-4-7500-0425-9　Ⓝ293.33　[1500円]
◇男一人オートバイで巡る知られざるイギリスの魅力　今田元喜著　文芸社　2014.9　156p　19cm　①978-4-286-15176-2　Ⓝ293.309　[1000円]
◇女一人旅―Brave　ホンヨンヒ著　文芸社　2014.12　163p　19cm　①978-4-286-15679-8　Ⓝ293.309　[1100円]
◇グレイトブリテン一人旅　髙橋信哉著　[東京]　東京図書出版　2014.9　334p　20cm〈リフレ出版（発売）文献あり〉①978-4-86223-771-2　Ⓝ293.33　[1800円]

イギリス（貴族）
◇華麗なる英国貴族101の謎　島崎晋著　PHPエディターズ・グループ　2014.12　233p　19cm〈PHP研究所（発売）文献あり〉①978-4-569-82157-3　Ⓝ361.81　[1300円]

イギリス（貴族―歴史―19世紀）
◇図説英国貴族の令嬢　村上リコ著　河出書房新社　2014.9　127p　22cm　（ふくろうの本）〈文献あり〉①978-4-309-76222-7　Ⓝ361.81　[1850円]

イギリス（貴族―歴史―20世紀）
◇おだまり、ローズ―子爵夫人付きメイドの回想　ロジーナ・ハリソン著，新井潤美監修，新井雅代訳　白水社　2014.8　364p　20cm　①978-4-560-08381-9　Ⓝ591.0233　[2400円]

イギリス（救貧制度―歴史）
◇イギリス福祉国家の歴史的源流―近世・近代転換期の中間団体　長谷川貴彦著　東京大学出版会　2014.3　248,18p　22cm〈文献あり　索引あり〉①978-4-13-026147-0　Ⓝ369.2　[4600円]

イギリス（教育）
◇平成25年度教育課題研修指導者海外派遣プログラム研修成果報告書―「生徒指導・教育相談の充実」イギリス（E-2団）教員研修センター編著　[つくば]　教員研修センター　2014.3　53, 30, 6p　30cm〈派遣期間：平成25年11月6日～16日〉Ⓝ372.33
◇平成25年度教育課題研修指導者海外派遣プログラム研修成果報告書―「学校と地域等の連携」イギリス（J-2団）教員研修センター編著　[つくば]　教員研修センター　2014.3　62, 12, 6p　30cm〈派遣期間：平成25年11月11日～22日〉Ⓝ372.33

イギリス（教育行政）
◇平成25年度教育課題研修指導者海外派遣プログラム研修成果報告書―「学校経営の改善」イギリス（A-2団）教員研修センター編著　[つくば]　教員研修センター　2014.3　47, 27, 6p　30cm〈派遣期間：平成25年11月18日～29日〉Ⓝ374.0233

イギリス（キリスト教―歴史）
◇経済行動と宗教―日本経済システムの誕生　寺西重郎著　勁草書房　2014.9　499,31p　20cm〈文献あり　索引あり〉①978-4-326-55071-5　Ⓝ332.1　[3500円]

イギリス（キリスト教―歴史―ウェールズ）
◇イギリス人の宗教行動―ウェールズにおける国教会制度廃止運動　木下智雄著　聖公会出版　2013.8　264,16p　22cm〈文献あり　年表あり　索引あり〉①978-4-88274-248-7　Ⓝ192.335　[3000円]

イギリス（キリスト教と政治―歴史―17世紀）
◇ケンブリッジ・プラトン主義―神学と政治の連関　原田健二朗著　創文社　2014.3　289,80p　22cm〈文献あり　索引あり　内容：本研究の背景　思想的来歴　神的理性と「神への参与」　自由意志と倫理　神愛の概念　神学的主知主義の自然法道徳　包容教会理念　黙示録解釈と千年王国論　政治世界像　結論〉①978-4-423-71079-1　Ⓝ133.2　[7000円]

イギリス（金融政策）
◇イングランド銀行の金融政策　斉藤美彦著　金融財政事情研究会　2014.6　202p　19cm　（世界の中央銀行）〈きんざい（発売）文献あり　索引あり〉①978-4-322-12560-3　Ⓝ338.433　[1850円]

イギリス（景観計画）
◇英国CABEと建築デザイン・都市景観　坂井文,小出和郎編著　鹿島出版会　2014.2　197p　26cm〈文献あり〉①978-4-306-07304-3　Ⓝ518.8　[2800円]

イギリス（経済―歴史）
◇経済行動と宗教―日本経済システムの誕生　寺西重郎著　勁草書房　2014.9　499,31p　20cm〈文献あり　索引あり〉①978-4-326-55071-5　Ⓝ332.1　[3500円]

イギリス（経済学―歴史）
◇イギリス経済思想と現代―スミスからケインズまで　小沼宗一著　創成社　2014.9　214p　20cm〈内容：アダム・スミスの経済思想　リカードウの経済思想　J.S.ミルの経済思想　マーシャルの経済思想　ケインズの経済思想〉①978-4-7944-3155-4　Ⓝ331.233　[1700円]

イギリス（芸術―歴史―17世紀）
◇イメージの劇場―近代初期英国のテクストと視覚文化　松田美作子編著　英光社　2014.2　244p　22cm〈内容：スコットランド女王メアリのエンブレム的刺繡（マイケル・バース著，伊藤博明訳）「四季」のタピスリーにおけるエンブレムの応用（マイケル・バース著，山本真司訳）　戯曲を操る装身具（蓮池愛著）『ヴェニスの商人』におけるFortuneとfortune（松田美作子著）『オセロー』におけるデズデモーナ表象（牧野美季著）　異界探訪（植月恵一郎著）　近代初期イギリスのヨーロッパ及びレヴァント地方旅行記における図版の使用（髙橋三和子著）　インプレーサからエンブレムへ（伊藤博明著）〉①978-4-87097-162-2　Ⓝ702.33　[3200円]

イギリス（芸術―歴史―チュードル王朝時代〔1485～1603〕）
◇イメージの劇場―近代初期英国のテクストと視覚文化　松田美作子編著　英光社　2014.2　244p　22cm〈内容：スコットランド女王メアリのエンブレム的刺繡（マイケル・バース著，伊藤博明訳）「四季」のタピスリーにおけるエンブレムの応用（マイケル・バース著，山本真司訳）　戯曲を操る装身具（蓮池

愛著）『ヴェニスの商人』におけるFortuneとfortune（松田美作子著）『オセロー』におけるデズデモーナ表象（牧野美季著）異界探訪（植月恵一郎著）近代初期イギリスのヨーロッパ及びレヴァント地方旅行記における図版の使用（高橋三和子著）インプレーサからエンブレムへ（伊藤博明著）〉①978-4-87097-162-2 Ⓝ702.33 ［3200円］

イギリス（芸術―歴史―ロンドン）
◇ロンドン―アートとテクノロジー 山口惠里子編 竹林舎 2014.12 510p 27cm （西洋近代の都市と芸術 8）〈内容：テクノロジーとテクニック 混濁の「帝都」（大石和欣著）アートを受容する場をめぐって（荒川裕子著）J.M.W.ターナーと光学（富岡進一著）ラスキンの"æsthetic"概念再考（荻野哉著）機械という毒と対峙するもの（ティム・バリンジャー著，渡部名祐子訳）ダンテ・ゲイブリエル・ロセッティ（アラステア・グリーヴ著，山口惠里子訳）自然・メトロポリス・デザイン ヴィクトリア朝のデザインにみる「自然の模倣」（菅靖子著）園芸と二つの水晶宮（松村昌家著）ロンドン都市基盤の形成とヴィクトリア朝詩の想像力（松村伸一著）ロンドンの「花売り娘」（小野寺玲子著）ラファエル前派の中世風絵付け家具における「無骨な」テクノロジー（山口惠里子著）「大きなこぶ」のなかで（川端康雄著）異なるもの、遠きものとのダイアローグ ジャポニスム（小野文子著）プリミティヴィズム前史（大久保恭子著）世紀転換期におけるテンペラ・リヴァイヴァル（堀川麗子著）ファンタスマゴリーとリアリティ ファッションとロンドン（眞嶋史叙著）三つ目の〈革命〉（金山亮太著）ジョージ・ギッシングのロンドン（中田元子著）挿絵本に映されたある女性像（井上友子著）障害のある身体の表象（田中みわ子著）〉①978-4-902084-70-2 Ⓝ702.3333 ［15000円］

イギリス（芸術教育―歴史―近代）
◇イギリス芸術教育思想における独創性と公共性―レノルズ，ブレイクとロマン主義の子ども観 池亀直子著 風間書房 2014.3 220p 図版10p 22cm 〈内容：子どもと独創性の思想史 イギリスロマン主義の子ども観と想像力 ロマン主義と18世紀の天才論 ブレイクとレノルズの芸術教育思想にみる想像力 ブレイクとレノルズの芸術教育思想にみる生得観念 芸術教育と近代的所有 両義性の芸術教育思想 柳宗悦の『キリアム・ブレーク』における〈生命〉子どもの公共性に向けて〉①978-4-7599-2038-3 Ⓝ707 ［8000円］

イギリス（芸能人）
◇ザ・レフト―UK左翼セレブ列伝 ブレイディみかこ著 Pヴァイン 2014.12 218p 19cm （ele-king books）〈Ｐ日販アイ・ピー・エス（発売）〉①978-4-907276-26-3 Ⓝ772.33 ［1600円］

イギリス（契約法）
◇イギリス取引法入門 島田真琴著 慶應義塾大学出版会 2014.4 336p 21cm 〈文献あり 索引あり〉①978-4-7664-2112-5 Ⓝ324.933 ［3800円］

イギリス（幻想文学）
◇幻想と怪奇の英文学 東雅夫，下楠昌哉責任編集 横浜 春風社 2014.4 403,4p 20cm 〈索引あり 編集委員：臼井雅美ほか 内容：分身（金津和美著）美しき吸血鬼（下楠昌哉著）幻想のアマゾン族（大沼由布著）神の祝福か、悪魔の呪いか（小宮真樹子著）血に塗れた死者たち（岩田美喜著）アン・ラドクリフ『イタリアの惨劇』における幻想性と怪異感（小川公代著）血と病と男たちの欲望（金谷益道著）植民地の逆襲と、あえてその名を告げぬ民族主義（田多良俊樹著）超自然のもたらす「リアリティ」（有元志郎著）クローン人間創世記（臼井雅美著）幽霊たちのいるところ（桃尾美佳著）恐怖と欲望の操り人形（高橋路子著）〉①978-4-86110-404-6 Ⓝ930.4 ［2700円］

イギリス（建築―歴史）
◇イギリスの城郭・宮殿・邸宅歴史図鑑 チャールズ・フィリップス著，大橋竜太日本語版監修，井上廣美訳 原書房 2014.11 475p 22cm 〈年表あり 索引あり〉①978-4-562-05106-9 Ⓝ523.33 ［4500円］

イギリス（公共サービス）
◇英国公共サービス改革最前線―オープン・パブリック・サービスとソーシャル・インパクト・ボンドから学ぶ：報告書 小磯明編 小磯明 2014.5 1冊 30cm 〈（株）公共経営・社会戦略研究所主催視察：2012.9.3-9.7〉Ⓝ318.933

イギリス（工芸美術―図集）
◇ウィリアム・モリス美しい暮らし―ステンドグラス・壁紙・テキスタイル ウィリアム・モリス［作］，府中市美術館編 ［出版地不明］「ウィリアム・モリス美しい暮らし」カタログ委員会 2013 95p 26cm 〈年譜あり 会期：2013年9月14日―12月1日〉Ⓝ750.233

イギリス（交通政策）
◇道路アクションプラン・21世紀の道路網―英国の新しい道路計画 和田卓著 日本高速道路保有・債務返済機構 2014.2 82p 30cm （高速道路機構海外調査シリーズ no. 24）Ⓝ681.1

イギリス（公的扶助）
◇英国所得保障政策の潮流―就労を軸とした改革の動向 井上恒男著 京都 ミネルヴァ書房 2014.3 250p 22cm （MINERVA人文・社会科学叢書 194）〈文献あり 索引あり〉①978-4-623-06773-2 Ⓝ369.2 ［6000円］

イギリス（高等教育―歴史）
◇イギリスの大学―対位線の転位による質的転換 秦由美子著 東信堂 2014.2 406p 22cm 〈文献あり 索引あり〉①978-4-7989-1215-8 Ⓝ377.233 ［5800円］

イギリス（公民教育）
◇英国のシティズンシップ教育―社会的包摂の試み 北山夕華著 早稲田大学出版部 2014.6 236p 22cm （早稲田大学学術叢書 34）〈索引あり 内容：国民国家の変容とシティズンシップ教育 社会的包摂/排除と実質的シティズンシップ イングランドのシティズンシップ教育 シティズンシップ教育と社会的剥奪 ナショナル・アイデンティティをめぐる問題 学校における民主主義 包摂的シティズンシップ教育のアプローチ 排除性の克服と社会的包摂〉①978-4-657-14704-2 Ⓝ372.33 ［5400円］

イギリス（高齢者）
◇イギリスにおける高齢期のQOL―多角的視点から生活の質の決定要因を探る アラン・ウォーカー編著，岡田進一監訳，山田三知子訳 京都 ミネルヴァ書房 2014.7 249p 21cm （新・MINERVA福祉ライブラリー 20）〈文献あり 索引あり 内容：グローウィング・オールダー・プログラム（アラン・ウォーカー，キャサリン・ヘイガン・ヘネシー著）QOLの意味と測定（メアリー・ギルフーリ，ケン・ギルフーリ，アン・ボウリング著）高齢期におけるQOL格差（ポール・ヒッグス，マーティン・ハイド，サラ・アーバーほか著）高齢期の外出、移動とQOL（キャロライン・ホランド，レオニ・ケラハー，シーラ・M・ピースほか著）高齢者の家族役割と経済的役割（リンダ・クラーク，マリア・エヴァンドロー，ピーター・ウォー著）ジェンダーと民族性からみた高齢期の社会参加（ケイト・デーヴィッドソン，ローナ・ウォレン，メアリー・メイナード著）高齢者の社会的孤立と孤独感（クリスティーナ・ヴィクター，トーマス・シャーフ著）虚弱な高齢者のアイデンティティとQOL（ケヴィン・マッキー，ムーナ・ダウンズ，メアリー・ギルフーリほか著）高齢期のアイデンティティと社会的サポート（クリストファー・マッケヴィット，ジョン・バルドック，ジャン・ハドローほか著）配偶者に先立たれた高齢者（ピーター・スペック，ケイト・M・ベネット，ピーター・G・コールマンほか著）研究から実践現場へ（アラン・ウォーカー著）〉①978-4-623-07097-8 Ⓝ367.7 ［3500円］

イギリス（高齢者福祉）
◇イギリスにおける高齢期のQOL―多角的視点から生活の質の決定要因を探る アラン・ウォーカー編著，岡田進一監訳，山田三知子訳 京都 ミネルヴァ書房 2014.7 249p 21cm （新・MINERVA福祉ライブラリー 20）〈文献あり 索引あり 内容：グローウィング・オールダー・プログラム（アラン・ウォーカー，キャサリン・ヘイガン・ヘネシー著）QOLの意味と測定（メアリー・ギルフーリ，ケン・ギルフーリ，アン・ボウリング著）高齢期におけるQOL格差（ポール・ヒッグス，マーティン・ハイド，サラ・アーバーほか著）高齢期の外出、移動とQOL（キャロライン・ホランド，レオニ・ケラハー，シーラ・M・ピースほか著）高齢者の家族役割と経済的役割（リンダ・クラーク，マリア・エヴァンドロー，ピーター・ウォー著）ジェンダーと民族性からみた高齢期の社会参加（ケイト・デーヴィッドソン，ローナ・ウォレン，メアリー・メイナード著）高齢者の社会的孤立と孤独感（クリスティーナ・ヴィクター，トーマス・シャーフ著）虚弱な高齢者のアイデンティティとQOL（ケヴィン・マッキー，ムーナ・ダウンズ，メアリー・ギルフーリほか著）高齢期のアイデンティティと社会的サポート（クリストファー・マッケヴィット，ジョン・バルドック，ジャン・ハドローほか著）配偶者に先立たれた高齢者（ピーター・スペック，ケイト・M・ベネット，ピーター・G・コールマンほか著）研究から実践現場へ（アラン・ウォーカー著）〉①978-4-623-07097-8 Ⓝ367.7 ［3500円］

イギリス（港湾―歴史―ブリストル）
◇水都ブリストル―輝き続けるイギリス栄光の港町 石神隆著 法政大学出版局 2014.10 206p 20cm （水と〈まち〉の物語）〈文献あり〉①978-4-588-78006-6 Ⓝ518.8 ［2600円］

イギリス（国債—歴史—19世紀）

◇イギリス国債史論　加藤三郎著　御茶の水書房　2014.12　318p　23cm〈内容：19世紀中葉の財政改革と国債　国債残高の推移　19世紀末の国債の諸相　郵貯問題　租税か公債か　国債形態の模索　政府資金と国債　租税か公債か・再論　国債問題の変質　リカードの公債論〉①978-4-275-01097-1　Ⓝ347.233　［7000円］

イギリス（国際投資—歴史—19世紀）

◇大英帝国の大いなる遺産—第一次世界大戦前の海外投資家　鈴木司郎著　半田　一粒書房　2014.9　376p　22cm〈文献あり〉①978-4-86431-308-7　Ⓝ338.92　［2700円］

イギリス（国際投資—歴史—20世紀）

◇大英帝国の大いなる遺産—第一次世界大戦前の海外投資家　鈴木司郎著　半田　一粒書房　2014.9　376p　22cm〈文献あり〉①978-4-86431-308-7　Ⓝ338.92　［2700円］

イギリス（サッカー）

◇フットボールのない週末なんて—ヘンリー・ウィンターが案内するイングランドの日常　ヘンリー・ウィンター著，山中忍訳　ソル・メディア　2014.1　286p　19cm〈背・表紙のタイトル：Can't Live Without Football〉①978-4-905349-16-7　Ⓝ783.47　［1600円］

イギリス（サッカー—歴史）

◇フットボールの原点—サッカー、ラグビーのおもしろさの根源を探る　吉田文久著　創文企画　2014.1　159p　21cm　①978-4-86413-045-5　Ⓝ783.4　［1600円］

イギリス（殺人）

◇怪物執事—英国を魅惑した殺人鬼の真実　A.M.ニコル著，村上リコ訳　太田出版　2014.4　325p　19cm〈年譜あり〉①978-4-7783-1395-1　Ⓝ368.61　［2500円］

イギリス（左翼）

◇ザ・レフト—UK左翼セレブ列伝　ブレイディみかこ著　Pヴァイン　2014.12　218p　19cm　（ele-king books）〈日販アイ・ピー・エス（発売）〉①978-4-907276-26-3　Ⓝ772.33　［1600円］

イギリス（産業クラスター—ケンブリッジ）

◇都市地域における産業転換—米英イノベーション先進地域のエコシステム：法政大学イノベーション・マネジメント研究センター国際シンポジウム：講演録　法政大学イノベーション・マネジメント研究センター編　法政大学イノベーション・マネジメント研究センター　2014.9　61p　30cm　（Working paper series no. 155）〈会期・会場：2014年2月1日 法政大学市ヶ谷キャンパスボアソナード・タワー26階スカイホール　内容：問題提起　米英3都市（田路則子述）　講演 Technology development consultancies and the high-tech cluster in Cambridge (UK) (Jocelyn Probert述)　米国オースティン（福嶋路述）　米国シアトル（山縣宏之述）〉Ⓝ332.333　［非売品］

イギリス（社会）

◇イギリスを知るための65章　近藤久雄, 細川祐子, 阿部美春著　第2版　明石書店　2014.11　348p　19cm　（エリア・スタディーズ 33）①978-4-7503-4103-3　Ⓝ302.33　［2000円］
◇イギリスから見れば日本は桃源郷に一番近い国　信夫梨花著　主婦の友インフォス情報社　2014.12　191p　19cm〈主婦の友社（発売）〉①978-4-07-298471-0　Ⓝ302.33　［1000円］
◇イギリス流輝く年の重ね方　井形慶子著　集英社　2014.12　271p　16cm　（集英社文庫 み）〈ホーム社 2012刊の再刊〉①978-4-08-745263-1　Ⓝ302.33　［560円］
◇虎ノ門からブリストルへ、その後　セットウの会著　第3版　［出版地不明］　セットウの会　2013.8〈第2刷〉146p　21cm　（デザイン・コミュニティー・シリーズ 3）Ⓝ538.3
◇日本に住む英国人がイギリスに戻らない本当の理由　井形慶子著　ベストセラーズ　2014.10　239p　19cm　①978-4-584-13599-0　Ⓝ361.42　［1400円］
◇日本はイギリスより50年進んでいる—イギリスに住んで確信！：イギリスから来ると日本が天国に見える！　信夫梨花著　主婦の友インフォス情報社　2014.5　191p　19cm〈主婦の友社（発売）〉①978-4-07-295389-1　Ⓝ302.33　［1000円］
◇LONDON CALLING—Thoughts on England, the English and Englishness　コリン・ジョイス著，森田浩之訳　NHK出版　2014.6　173p　18cm〈日本語英語併記〉①978-4-14-035125-3　Ⓝ361.42　［1000円］

イギリス（社会—歴史—18世紀）

◇民のモラル—ホーガースと18世紀イギリス　近藤和彦著　筑摩書房　2014.6　364p　15cm　（ちくま学芸文庫 コ42-1）〈文献あり　索引あり　内容：異文化としての歴史　暦と十八

世紀　法の代執行　騒ぎとモラル　ホーガースの黙劇〉①978-4-480-09623-4　Ⓝ233.06　［1300円］

イギリス（社会—歴史—1945〜）

◇サッチャーと英国社会—1980年代から現代へ　香戸美智子著　丸善プラネット　2014.3　213p　20cm〈丸善出版（発売）　年表あり　文献あり〉①978-4-86345-208-4　Ⓝ312.33　［3000円］

イギリス（社会—歴史—19世紀）

◇ヴェールとイギリス　高木文夫著　岡山　大学教育出版　2014.3　187p　22cm　（香川大学経済研究叢書 25）〈文献あり　年表あり　索引あり〉①978-4-86429-251-1　Ⓝ941.6　［2000円］

イギリス（社会—歴史—20世紀）

◇使用人が見た英国の二〇世紀　ルーシー・レスブリッジ著，堤けいこ訳　原書房　2014.8　417,19p　20cm〈文献あり〉①978-4-562-05086-4　Ⓝ591.0233　［3800円］

イギリス（社会調査—歴史—20世紀）

◇20世紀イギリスの都市労働者と生活—ロウントリーの貧困研究と調査の軌跡　武田尚治著　京都　ミネルヴァ書房　2014.4　556p　22cm　（MINERVA社会学叢書 44）〈文献あり　年表あり　索引あり〉①978-4-623-07003-9　Ⓝ368.2　［8500円］

イギリス（社会的養護）

◇英国の社会的養護当事者の人権擁護運動史—意見表明による劣等処遇克服への歩み　マイク・スタイン著，津崎哲雄訳　明石書店　2014.9　400p　20cm　（世界人権問題叢書 88）〈文献あり〉①978-4-7503-4066-1　Ⓝ369.43　［4800円］

イギリス（社会保険）

◇ベヴァリッジ報告—社会保険および関連サービス　ウィリアム・ベヴァリッジ著，一圓光彌監訳，森田慎二郎, 百瀬優, 岩永理恵, 田畑雄紀, 吉田しおり訳　京都　法律文化社　2014.10　299p　22cm〈索引あり〉①978-4-589-03632-2　Ⓝ364.3　［4200円］

イギリス（社会保障）

◇アメリカ及びイギリスにおける社会保障制度と会計検査に関する調査研究　［東京］　新日本有限責任監査法人戦略マーケッツ部パブリックアフェアーズグループ・パブリックグループ　2014.2　2,379p　30cm　（会計検査院委託業務報告書　平成25年度）〈文献あり〉Ⓝ364.0253
◇ベヴァリッジ報告—社会保険および関連サービス　ウィリアム・ベヴァリッジ著，一圓光彌監訳，森田慎二郎, 百瀬優, 岩永理恵, 田畑雄紀, 吉田しおり訳　京都　法律文化社　2014.10　299p　22cm〈索引あり〉①978-4-589-03632-2　Ⓝ364.3　［4200円］

イギリス（ジャーナリズム）

◇ジャーナリズムは再生できるか—激変する英国メディア　門奈直樹著　岩波書店　2014.12　271,13p　19cm　（岩波現代全書 050）〈文献あり　年表あり〉①978-4-00-029150-7　Ⓝ070.233　［2400円］

イギリス（宗教）

◇イギリス宗教史—前ローマ時代から現代まで　指昭博, 並河葉子監訳，赤江雄一, 赤煉理穂, 指珠恵, 戸渡文子, 長谷川直子, 宮崎章訳，シェリダン・ギリー, ウィリアム・J.シールズ編　法政大学出版局　2014.10　629,63p　22cm〈文献あり　年表あり　索引あり　内容：序論（シェリダン・ギリー, W・J・シールズ著, 指昭博訳）　ローマン・ブリテンの宗教（マーティン・ヘニッグ著, 指珠恵訳）　アングロ＝サクソン期イングランドの宗教（ジェラルド・ボナー著, 指珠恵訳）　ノルマン征服から黒死病まで（ロザリンド・ヒル著, 赤江雄一訳）　中世後期の信心（ノーマン・タナー著, 赤江雄一訳）　中世のウェールズと宗教改革（グランモア・ウィリアムズ著, 赤江雄一訳）　中世スコットランドの宗教生活（マイケル・リンチ著, 赤煉理穂訳）　スコットランドの教会（ジェイムズ・K・カメロン著, 赤煉理穂訳）　イングランドの宗教改革一五二〇〜一六四〇年（W・J・シールズ著, 指昭博訳）　ステュアート・ハノーヴァ朝イングランドのアングリカニズム（イアン・グリーン著, 長谷川直子訳）　急進派と非国教会一六〇〇〜一七五〇年（マイケル・マレット著, 長谷川直子訳）　イングランドでの理性的宗教（デイヴィッド・A・ベイリン著, 指昭博訳）　宗教改革から解放までのカトリック信仰（W・J・シールズ著, 指昭博訳）　一八世紀イギリスにおける福音主義の復活（W・R・ウォード著, 並河葉子訳）　一八〇〇年以降の教会と国家（エドワード・ノーマン著, 並河葉子訳）　一九世紀のイングランド国教会（シェリダン・ギリー著, 赤江雄一訳）　イギリスにおける工業化後の宗教生活一八三〇〜一九一四年（デイヴィッド・ヘンプトン著, 戸渡文子訳）　イングランドの福音主義非国教徒と文化一八四〇〜一九四〇年（クライド・ビンフィールド著, 並河葉子訳）　イングランドにおけるローマ・カトリック教会一七八〇〜一九四〇年（シェリダン・ギリー著, 指昭博訳）　一八〇〇年以降

のスコットランドとウェールズにおける宗教と共同体（キース・ロビンス著, 赤瀬理穂訳）　イギリスの宗教と世界―ミッションと帝国一八〇〇～一九四〇年（ピーター・ウィリアムズ著, 並河葉子訳）　世俗主義者と合理主義者一八〇〇～一九四〇年（エドワード・ロイル著, 宮崎章訳）　イギリスのユダヤ教徒（ジョナサン・G・キャンベル著, 宮崎章訳）　両大戦間期の宗教生活一九二〇～一九四〇年（ステュアート・ミューズ著, 宮崎章訳）　一九四五年以降のイングランドのキリスト教会（アラン・M・サゲイト著, 宮崎章訳）　現代イギリスにおける宗教の多元性（ポール・バダム著, 宮崎章訳）　世俗化と将来（アラン・D・ギルバート著, 宮崎章訳）　Ⓘ978-4-588-37122-6　Ⓝ162.33　[9800円]

イギリス（従軍看護婦―歴史―20世紀）
◇ナイチンゲールの末裔たち―〈看護〉から読みなおす第一次世界大戦　荒木映子著　岩波書店　2014.12　245p　20cm　〈内容：イギリス看護小史　「女らしい」戦争貢献　看護の戦場、戦場の看護　西部戦線異状あり　第二の戦場　欧州に派遣された「女の軍人さん」〉　Ⓘ978-4-00-024172-4　Ⓝ498.14　[2800円]

イギリス（樹木）
◇イギリスの美しい樹木―魅力あふれる自生の森　アンディ・トンプソン著, 山田美明訳　大阪　創元社　2014.3　57p　18cm　（アルケミスト双書）　Ⓘ978-4-422-21465-8　Ⓝ653.233　[1200円]

イギリス（障害児教育）
◇ディスアビリティ現象の教育学―イギリス障害学からのアプローチ　堀正嗣監訳　現代書館　2014.3　308p　21cm　（熊本学園大学付属社会福祉研究所社会福祉叢書 24）〈内容：特別な教育的ニーズの政治（レン・バートン著, 佐藤貴宣訳）　学校システムと特別支援教育（ヨエル・キヴィラウマ, オスモ・キヴィネン著, 原田琢也訳）　フーコーと特別な教育的ニーズ（ジュリー・アラン著, 中村好孝訳）　学校選択, 市場, そして特別な教育的ニーズ（カール・バッグレイ, フィリップ・A・ウッズ著, 渡邊充佳訳）　何がそんなに特別なのか？（ジョーン・アダムス, ジョン・スウェイン, ジム・クラーク著, 原田琢也訳）　分離教育の場からの声（ティナ・クック, ジョン・スウェイン, サリー・フレンチ著, 高橋眞琴訳）　障害のあるアフリカ系アメリカ人女性（エイミー・ペーターセン著, 徳永恵美香訳）　口出しはいらない, サポートが欲しいんだ（キャスリーン・モルティエ, ロアー・ディシンベル, エリザベス・ドゥ・シャウヴァー ら著, 三好正彦訳）　エーリッヒ・フロム思想からみる注意欠陥多動性障害と教育における障害化（ウェイン・ベック著, 高橋眞琴訳）　みんながいて正しいのか？（アラン・ホドキンソン著, 林美輝訳）　イギリスの障害児教育と障害学研究（堀正嗣著）〉　Ⓘ978-4-7684-3531-1　Ⓝ378.0233　[4000円]

イギリス（証券市場）
◇図説イギリスの証券市場　2014年版　日本証券経済研究所編　日本証券経済研究所　2014.3　201p　21cm　〈年表あり〉　Ⓘ978-4-89032-563-4　Ⓝ338.15　[1800円]

イギリス（肖像画―歴史）
◇肖像画で読み解くイギリス史　齊藤貴子著　PHP研究所　2014.9　260p　18cm　（PHP新書 949）〈文献あり〉　Ⓘ978-4-569-82111-5　Ⓝ723.33　[1000円]

イギリス（食生活―歴史―ヴィクトリア女王時代）
◇シャーロック・ホームズと見るヴィクトリア朝英国の食卓と生活　関矢悦子著　原書房　2014.3　287p　21cm　〈文献あり〉　Ⓘ978-4-562-05055-0　Ⓝ383.833　[2400円]

イギリス（植民地―北アメリカ―歴史）
◇南・北アメリカの比較史的研究―南・北アメリカ社会の相違の歴史的根源　富野啓二著　御茶の水書房　2013.10　366p　23cm〈内容：南・北アメリカの比較経済史的考察　アングロ・アメリカ植民地とラテン・アメリカ植民地の比較史　新大陸奴隷制の比較史的研究　フロンティアの比較史的研究　アステカ社会における原住民共同体　ラテン・アメリカにおけるラティフンディオと原住民共同体　スペイン領アメリカにおける原住民の集住政策　新大陸におけるスペイン植民都市の歴史的特質〉　Ⓘ978-4-275-01049-0　Ⓝ255　[7600円]

イギリス（食糧政策―歴史―20世紀）
◇イギリス食料政策論―FAO初代事務局長J.B.オール　服部正治著　日本経済評論社　2014.12　287p　22cm　〈索引あり　内容：第二次世界大戦までのオール　第二次世界大戦下のイギリス食料政策　FAOの成立とオール　世界食料委員会提案の挫折　食料政策論におけるナショナルとインターナショナル　「自由貿易国民」の興隆と解体〉　Ⓘ978-4-8188-2357-0　Ⓝ611.31　[5600円]

イギリス（女性―歴史―19世紀）
◇図説英国貴族の令嬢　村上リコ著　河出書房新社　2014.9　127p　22cm　（ふくろうの本）〈文献あり〉　Ⓘ978-4-309-76222-7　Ⓝ361.81　[1850円]

イギリス（女性労働―歴史―20世紀）
◇「労働」の社会分析―時間・空間・ジェンダー　ミリアム・グラックスマン著, 木本喜美子監訳　法政大学出版局　2014.2　283,18p　21cm〈文献あり　索引あり　訳：駒川智子ほか〉　Ⓘ978-4-588-67517-1　Ⓝ366.38　[3400円]

イギリス（女性労働者―歴史―20世紀）
◇「労働」の社会分析―時間・空間・ジェンダー　ミリアム・グラックスマン著, 木本喜美子監訳　法政大学出版局　2014.2　283,18p　21cm〈文献あり　索引あり　訳：駒川智子ほか〉　Ⓘ978-4-588-67517-1　Ⓝ366.38　[3400円]

イギリス（スポーツ）
◇平成25年度教育課題研修指導者海外派遣プログラム研修成果報告書―「スポーツ・健康教育の推進」イギリス（G-1団）　教員研修センター編著　[つくば]　教員研修センター　2014.3　50, 28, 6p　30cm〈派遣期間：平成25年10月7日―18日〉　Ⓝ372.33

イギリス（生活）
◇イギリス流輝く年の重ね方　井形慶子著　集英社　2014.12　271p　16cm　（集英社文庫 い58-7）〈ホーム社 2012刊の再刊〉　Ⓘ978-4-08-745263-1　Ⓝ302.33　[560円]
◇イギリス流捨てない暮らし　井形慶子著　KADOKAWA　2014.6　128p　21cm〈著作目録あり〉　Ⓘ978-4-04-600561-8　Ⓝ590.233　[1400円]

イギリス（政治）
◇イギリス政治の変容と現在　渡辺容一郎著　京都　晃洋書房　2014.1　228,4p　22cm〈索引あり　内容：現代イギリス政治の変容とその理論　自由民主党の変容と現在　保守党の変容と現在　労働党の変容と現在　小選挙区制はなぜ生き残ったのか　イギリス政党政治の変容とセレブリティ・ポリティクス　イギリス保守主義の現在・過去・未来〉　Ⓘ978-4-7710-2495-3　Ⓝ312.33　[2800円]
◇現代イギリス政治　梅川正美, 阪野智一, 力久昌幸編著　第2版　成文堂　2014.3　259p　21cm〈索引あり〉　Ⓘ978-4-7923-3324-9　Ⓝ312.33　[2400円]

イギリス（政治―歴史―1945～）
◇サッチャーと英国社会―1980年代から現代へ　香戸美智子著　丸善プラネット　2014.3　213p　20cm　（丸善出版（発売）　年表あり　文献あり〉　Ⓘ978-4-86345-208-4　Ⓝ312.33　[3000円]
◇福祉国家と新自由主義―イギリス現代国家の構造とその再編　二宮元著　旬報社　2014.5　402p　22cm　Ⓘ978-4-8451-1353-8　Ⓝ312.33　[4700円]
◇レーガンとサッチャー―新自由主義のリーダーシップ　ニコラス・ワプショット著, 久保恵美子訳　新潮社　2014.2　430p　20cm　（新潮選書）〈文献あり　索引あり〉　Ⓘ978-4-10-603742-9　Ⓝ312.53　[1800円]

イギリス（政治思想）
◇ビヒモス　ホッブズ著, 山田園子訳　岩波書店　2014.12　414,5p　15cm　（岩波文庫 34-004-6）〈文献あり　年表あり　索引あり〉　Ⓘ978-4-00-340046-3　Ⓝ311.233　[1020円]

イギリス（政治思想―歴史―18世紀）
◇エドマンド・バーク―政治における原理とは何か　末冨浩著　京都　昭和堂　2014.3　255,13p　22cm〈文献あり　索引あり〉　Ⓘ978-4-8122-1410-7　Ⓝ311.233　[5000円]

イギリス（租税制度―歴史）
◇英国税務会計史　矢内一好著　八王子　中央大学出版部　2014.9　305p　22cm〈年表あり　内容：英国税務会計史の概要　ピットとアディントンの所得税　ピールの所得税から19世紀末の間の変遷　1900年から1910年の間の変遷　1911年から1919年の間の変遷　1920年から1929年の間の変遷　1930年から1939年の間の変遷　1940年から1949年の間の変遷　1950年から1959年の間の変遷　法人税法の分離　1970年代の変遷と租税回避判例の検討　第1次英米租税条約　英国税務会計史の検討〉　Ⓘ978-4-8057-3142-0　Ⓝ345.233　[3200円]

イギリス（大学）
◇諸外国における質保証の動向（米国・英国・欧州）―第56回公開研究会（2013.5.27）から　日本私立大学協会附置私学高等教育研究所　2014.3　172p　30cm　（私学高等教育研究所シリーズ no. 53）〈内容：アメリカにおける研究大学の学生調査（羽田積男述）　アメリカの第三者評価における学修成果への視線（森利枝述）　英国における質保証の動向（川嶋太津夫述）　学習成果にもとづく大学教育の質保証（深堀聰子述）　コメント　欧米の質保証の取り組み（瀧澤博三述）〉　Ⓝ377.1

イギリス（多文化教育）

◇多文化教育の充実に向けて―イギリスの経験、これからの日本　佐久間孝正著　勁草書房　2014.5　315,14p　20cm　〈索引あり　内容：イギリスの人の移動と多文化教育の展開　イギリスのアジア系イスラーム女子中等学校の生徒と成人の生活実態　グローバル時代における政治と宗教　日本における外国人と市民性教育の課題　多文化からなる自国の文化　外国人住民に対する教育支援　日の丸・君が代問題をめぐって　世界人権宣言に対するピアジェの貢献　日本語指導の「特別の教育課程への位置づけ」をめぐって　日本語指導はなぜ省令改正で済まされたのか？　文部科学省の外国人児童生徒受け入れ施策の変化〉Ⓘ978-4-326-29905-8　Ⓝ371.5　[3200円]

イギリス（男女共同参画）

◇明日にはばたく―輝く未来は女性の連帯から：active women in UK：平成25年度福岡県女性海外研修事業第30回「女性研修の翼」報告書　[福岡]　福岡県女性海外研修事業「女性研修の翼」実行委員会　2014.3　46p　30cm　Ⓝ367.233

イギリス（地図―歴史―1485〜1642）

◇英国地図製作とシェイクスピア演劇　勝山貴之著　英宝社　2014.11　287p　22cm　〈索引あり〉Ⓘ978-4-269-72133-3　Ⓝ932.5　[3200円]

イギリス（地方公務員）

◇公務員改革と自治体職員―NPMの源流・イギリスと日本　黒田兼一, 小越洋之助編　自治体研究社　2014.3　242p　21cm　〈内容：3・11大震災と地方公務員（黒田兼一著）　ニュー・パブリック・マネジメントと地方公務員改革（黒田兼一著）　主要自治体における人事評価制度と能力・実績主義賃金の現状（小越洋之助著）　地方自治体の非正規職員の実相（島袋隆志著）　地方自治体における非正規化の現状と非正規職員の処遇の実態（小尾晴美著）　自治体委託労働者の労働実態と労働組合の取り組み（戸室健作著）　地方自治体職場の変化とワーク・ライフ・バランス（清山玲著）　調査結果の概要（鬼丸朋子著）　採用・雇用と人事、人事査定、教育訓練（黒田兼一著）　人事・給与制度の特徴（小越洋之助著）　ワーク・ライフ・バランス問題の現状とジェンダー平等（清山玲著）　パートタイムという働き方の意味と実態（小尾晴美著）　イギリス地方自治体職場における間接雇用の現況（戸室健作著）　イギリスの労使紛争調停・仲裁機関ACASとその社会的役割（島袋隆志著）　私たちは何を学ぶべきか（黒田兼一著）　地方公務員制度改革の基本方向を考える（行方久生著）〉Ⓘ978-4-88037-613-4　Ⓝ318.3　[2000円]

イギリス（通貨政策―歴史―1914〜1945）

◇カンリフ委員会審議記録　第1巻　春井久志, 森映雄著　蒼天社出版　2014.1　508p　27cm　Ⓘ978-4-901916-36-3　Ⓝ337.3　[32000円]

◇カンリフ委員会審議記録　第2巻　春井久志, 森映雄著　蒼天社出版　2014.1　435p　27cm　Ⓘ978-4-901916-37-0　Ⓝ337.3　[32000円]

◇カンリフ委員会審議記録　第3巻　春井久志, 森映雄著　蒼天社出版　2014.1　114p　27cm　Ⓘ978-4-901916-38-7　Ⓝ337.3　[25000円]

イギリス（通貨政策―歴史―1945〜）

◇ポンドの譲位―ユーロダラーの発展とシティの復活　金井雄一著　名古屋　名古屋大学出版会　2014.1　329p　22cm　〈文献あり　索引あり〉Ⓘ978-4-8158-0759-7　Ⓝ338.97　[5500円]

イギリス（鉄道―歴史）

◇鉄道の誕生―イギリスから世界へ　湯沢威著　大阪　創元社　2014.1　298p　19cm　（創元世界史ライブラリー）〈文献あり　索引あり〉Ⓘ978-4-422-20338-6　Ⓝ686.233　[2200円]

イギリス（陶磁器）

◇英国ポタリーへようこそ―カントリー・スタイルの器と暮らし　井坂浩一郎著　世界文化社　2014.6　127p　26cm　〈文献あり〉Ⓘ978-4-418-14213-2　Ⓝ751.3　[1600円]

イギリス（都市計画―歴史―ブリストル）

◇水都ブリストル―輝き続けるイギリス栄光の港町　石神隆著　法政大学出版局　2014.10　206p　20cm　（水と〈まち〉の物語）〈文献あり〉Ⓘ978-4-588-78006-6　Ⓝ518.8　[2600円]

イギリス（取調べ）

◇イギリスの別件逮捕・勾留　和田進士著　成文堂　2014.1　253p　22cm　〈内容：旧裁判官準則期におけるホールディング・チャージ　新裁判官準則期におけるホールディング・チャージ　1984年警察・刑事証拠法制定過程期におけるホールディング・チャージ　1984年警察・刑事証拠法期におけるホールディング・チャージ　終章〉Ⓘ978-4-7923-5104-5　Ⓝ327.933　[5200円]

イギリス（日系企業）

◇英国の新会計制度―在英日系企業におけるIFRSベースの決算実務　KPMG, あずさ監査法人編, 三浦洋聡監修, 江澤修司著　中央経済社　2014.4　208p　21cm　〈文献あり　索引あり〉Ⓘ978-4-502-09530-6　Ⓝ336.92　[2600円]

イギリス（農村―歴史―近代）

◇近世英国沼沢地縁り教区農事暦・人物誌　高橋基泰編　[松山]　愛媛大学法文学部総合政策学科　2014.3　164p　21cm　（愛媛大学経済学研究叢書 19）Ⓝ233.05　[非売品]

イギリス（博覧会―歴史―19世紀）

◇大英帝国博覧会の歴史―ロンドン・マンチェスター二都物語　松村昌家著　京都　ミネルヴァ書房　2014.5　274,10p　22cm　〈文献あり　索引あり〉Ⓘ978-4-623-06764-0　Ⓝ606.9333　[3800円]

イギリス（博覧会―歴史―20世紀）

◇大英帝国博覧会の歴史―ロンドン・マンチェスター二都物語　松村昌家著　京都　ミネルヴァ書房　2014.5　274,10p　22cm　〈文献あり　索引あり〉Ⓘ978-4-623-06764-0　Ⓝ606.9333　[3800円]

イギリス（美術）

◇英国美術の英国らしさ―芸術地理学の試み　ニコラウス・ペヴスナー著, 蛭川久康訳　研究社　2014.8　316p　20cm　〈文献あり　索引あり〉Ⓘ978-4-327-37737-3　Ⓝ702.33　[3800円]

イギリス（貧困―歴史―20世紀）

◇20世紀イギリスの都市労働者と生活―ロウントリーの貧困研究と調査の軌跡　武田尚子著　京都　ミネルヴァ書房　2014.4　556p　22cm　（MINERVA社会学叢書 44）〈文献あり　年表あり　索引あり〉Ⓘ978-4-623-07003-9　Ⓝ368.2　[8500円]

イギリス（風俗・習慣―歴史）

◇図説英国紅茶の歴史　Cha Tea紅茶教室著　河出書房新社　2014.5　135p　22cm　（ふくろうの本）〈文献あり　年表あり〉Ⓘ978-4-309-76216-6　Ⓝ383.889　[1800円]

イギリス（風俗・習慣―歴史―18世紀）

◇ジェイン・オースティンのマナー教本―お世辞とシャレード、そして恐るべき失態　ジョゼフィーン・ロス著, 村瀬順子訳　英宝社　2014.8　141p　19cm　Ⓘ978-4-269-82041-8　Ⓝ382.33　[1800円]

イギリス（文化）

◇イギリスの今―文化的アイデンティティ　マイク・ストーリー, ピーター・チャイルズ編, 塩谷清人監訳　京都　世界思想社　2013.12　466,27p　21cm　〈索引あり　内容：過去のイギリスの亡霊（マイク・ストーリー, ピーター・チャイルズ著, 塩谷清人訳）　場所と民族（ピーター・チャイルズ著, 宇貫亮訳）　教育、労働、そして余暇（マイク・ストーリー著, 三木千絵訳）　ジェンダー、性、家族（ロバータ・ギャレット著, 久保陽子訳）　若者文化とスタイル（ジョー・クロフト著, 奥野元子訳）　階級と政治（フランク・マクドノー著, 井上真理訳）　民族性と言語（ゲリー・スマイス著, 芦川和也訳）　宗教と文化遺産（エドマンド・キュージック著, 宇貫亮訳）　イギリスの将来展望（ピーター・チャイルズ著, 塩谷清人訳）〉Ⓘ978-4-7907-1608-2　Ⓝ302.33　[3800円]

イギリス（文化―便覧）

◇イギリス文化事典　イギリス文化事典編集委員会編　丸善出版　2014.11　27,906p　22cm　〈文献あり　年表あり　索引あり〉Ⓘ978-4-621-08864-7　Ⓝ233.0036　[20000円]

イギリス（文化―歴史―ヴィクトリア女王時代）

◇ヴィクトリア朝文化の諸相　英米文化学会監修, 上野和子, 大東俊一, 塚田英博, 丹羽正子編著　彩流社　2014.8　256,8p　20cm　〈索引あり　内容：子どもの純粋性と残虐性（丹羽正子著）　カルー台地に吹く赤い風（上野和子著）　劇場人ヘンリー・アーヴィング（門野泉著）　オスカー・ワイルドの『まじめが肝心』から劇場を覗く（川口淑子著）　女性の攻撃性と殺人（閑田朋子著）　愛に生きたヴィクトリア（松原典子著）　田園化された身体（赤瀬理穂著）　世紀末イギリスの柔術ブーム（岡田桂著）　ラスキンの美学論（塚田英博著）　アルフレッド・テニスンと進化論（大東俊一著）〉Ⓘ978-4-7791-2033-6　Ⓝ233.06　[3200円]

イギリス（文学者）

◇イギリス文学入門　石塚久郎責任編集, 大久保讓, 西能史, 松本朗, 丸山修編集委員　三修社　2014.6　455p　21cm　〈文献あり　年表あり　索引あり　執筆：岩田美喜ほか〉Ⓘ978-4-384-05749-2　Ⓝ930.2　[3500円]

◇「おっぱい」は好きなだけ吸うがいい　加島祥造著　集英社　2014.12　189p　18cm　（集英社新書 0766）〈著作目録あり　年譜あり〉Ⓘ978-4-08-720766-8　Ⓝ930.28　[700円]

◇晩年にみる英米作家の生き方―モーム、ミラー、アップダイクほか15人の歩んだ道　江藤秀一編著　鎌倉　港の人　2014.8　275p　19cm　〈文献あり　内容：精一杯の力で生き抜いた人生

ローラ・インガルス・ワイルダー（大木理恵子著）名作の陰に隠れた老賢者の肖像ウィリアム・ゴールディング（安藤聡著）家を守り、家と生きるルーシー・マリア・ボストン（大和久束恵著）『カンタベリー物語』に捧げた晩年ジェフリー・チョーサー（木村聡雄著）奇想天外、トウェインの冒険人生マーク・トウェイン（林惠子著）神から授かった天職を生きるジョン・アップダイク（山田利一著）困難に打ち克ち、病と闘った生涯サミュエル・ジョンソン（江藤秀一著）ロマン派という革命を起こした「戦友」ウィリアム・ワーズワス サミュエル・テイラー・コールリッジ（白石治恵著）愛し、愛された人々に囲まれた最終講演ラルフ・ウォルド・エマソン（瀬上和典著）主知派詩人の愛を追い求めた人生トマス・スターンズ・エリオット（相原雅子著）その愛の絆ウィリアム・サマセット・モーム（木原文子著）心の声に従い、愛に包まれて生き抜くヘンリー・ミラー（鈴木章能著）アルツハイマーの作家に寄り添うということジーン・アイリス・マードック ジョン・ベイリー（青山加奈著）①978-4-89629-280-0 Ⓝ930.28 ［2300円］

イギリス（文学と政治─歴史─17世紀）
◇名誉革命とイギリス文学─新しい言説空間の誕生 冨樫剛編 横浜 春風社 2014.8 376,21p 19cm 〈索引あり 内容：石炭あんか事件（冨樫剛著）名誉革命史と「言説空間」の位置（坂下史著）柔和なアングリカンと名誉革命（曽村充利著）革命がおきたらおしまいだ（冨樫剛著）舞台の上の名誉革命（佐々木和貴著）マシュー・プライアー造反の理（西山徹著）日和見主義の政治言説とそのレトリックを探る（中島渉著）名誉革命とフィクションの言説空間（武田将明著）〉①978-4-86110-412-1 Ⓝ930.25 ［3000円］

イギリス（弁護士）
◇国選弁護シンポジウム基調報告書 第13回 第2分冊 イギリス当番弁護士制度調査報告書─逮捕段階の公的弁護を展望する：取調べに先立って弁護人の援助を受ける権利の確立を目指して 日本弁護士連合会第13回国選弁護シンポジウム実行委員会編 日本弁護士連合会 2014.9 100p 30cm 〈会期・会場：2014年9月12日 愛知県産業労働センター（ウインクあいち）〉Ⓝ327.61

イギリス（貿易─カナダ─歴史）
◇カナダの商工業者とイギリス帝国経済─1846～1906 福士純著 刀水書房 2014.5 342p 22cm 〈文献あり 索引あり 布装 内容：序論 一九世紀後半におけるカナダ製造業者と保護主義運動 一九世紀後半におけるイギリス帝国経済統合論とカナダ 一八八六年「植民地・インド博覧会」とカナダ 米加通商同盟論とカナダ経済 カナダ商業会議所と帝国特恵論 カナダ製造業者協会と帝国特恵論 イギリス関税改革運動とカナダ商業会議所 イギリス関税改革運動とカナダ製造業者 結論〉①978-4-88708-419-3 Ⓝ678.12 ［6500円］

イギリス（法制史）
◇イギリス法史入門 第1部 総論 J・H・ベイカー著, 深尾裕造訳 西宮 関西学院大学出版会 2014.1 503p 21cm 〈索引あり〉①978-4-86283-151-4 Ⓝ322.33 ［4500円］

イギリス（マスメディア）
◇ジャーナリズムは再生できるか─激変する英国メディア 門奈直樹著 岩波書店 2014.12 271,13p 19cm （岩波現代全書 050）〈文献あり 年表あり〉①978-4-00-029150-7 Ⓝ070.233 ［2400円］

イギリス（昔話─スコットランド）
◇小作人とアザラシ女─スコットランドのいいつたえ ジュディ・ハミルトン著, 先川暢郎, 橋本修一訳 横浜 春風社 2014.5 305p 19cm 〈内容：アシスパトルと大海蛇 小作人とアザラシ女 アザラシ漁師の教訓 スール・スケリーのアザラシ 人魚の仕返し 蒼ざめた男たちの二つの物語 ラーゴ・ロウの黄金 小鳥のおしゃべり コリーウレッカンについての伝説 スルー洞窟 サナット湖の白鳥たち 森を守るモラー湖のモラーグ リントンのオロチ マイケル・スコットと大蛇 ベン・マクヒューイの灰色巨人 へぶ詩人トマス ロバート・カーク尊師に何が起こったのか トムナフリックのバイオリン弾き ロブ・ロイ・マクレガーとグラント一族のマッカルピン ロバート・ブルースと一匹の蜘蛛 クレーバーハウスへの警告 ブラハン・シーア 悲しみのデアドラ デイアルミドとグレイニー フィン, 大益荒男の子供たちを救い, ブランを見出す モルバーンの巨人 いじめられてばかりいた女巨人 フィンレイと巨人たち 牧師の妻 生ける屍 ラガンの魔女 漁師と魔女 猟師とうさぎ ソーニー・ビーンの伝説 人喰い穴 剣の湖 マックリーン族の妖精の旗印 一つ目女の戦争 グレン・ドッカートの聖フィラン 聖マンゴ 聖アンドリュー アルドナロキットのグレイスティ グレ

イギリス（幽霊─ロンドン）
◇ゴーストを訪ねるロンドンの旅 平井杏子著 大修館書店 2014.12 217p 21cm 〈文献あり 年表あり 索引あり〉①978-4-469-24590-5 Ⓝ293.333 ［2300円］

イギリス（ラグビー─歴史）
◇フットボールの原点─サッカー、ラグビーのおもしろさの根源を探る 吉田文久著 創文企画 2014.1 159p 21cm ①978-4-86413-045-5 Ⓝ783.4 ［1600円］

イギリス（歴史）
◇イギリス─歴史と社会 荻間寅男著 改訂版 朝日出版社 2014.10 77p 26cm 〈文献あり 年表あり〉①978-4-255-00802-8 Ⓝ233 ［1200円］

イギリス（歴史─1399～1485）
◇薔薇戦争新史 トレヴァー・ロイル著, 陶山昇平訳 彩流社 2014.8 437p 22cm ①978-4-7791-2032-9 Ⓝ233.04 ［4500円］

イギリス（歴史─1945～）
◇オックスフォード ブリテン諸島の歴史 11 20世紀─1945年以降 鶴島博和日本語版監修 キャスリーン・バーク編, 西沢保監訳 慶應義塾大学出版会 2014.11 301,47p 22cm 〈文献あり 年表あり 索引あり 内容：序論（キャスリーン・バーク著, 西沢保訳）統治者、統治、統治される者（ジョン・ターナー著, 長谷川淳一訳）経済成長、経済衰退（ジム・トムリンソン著, 西沢保訳）伝統と変容（ジョゼ・ハリス著, 椿建也訳）二つの文化か、一つの文化か、それともたくさんの文化か（ピーター・マンドラー著, 市橋秀夫訳）一九四五年以降のイギリスと世界（デイヴィット・レノルズ著, 菅一城訳）アイルランド一九四五～二〇〇一年（ダーモット・キョーネ著, 高神信一訳）世紀末（キャスリーン・バーク著, 西沢保訳）〉①978-4-7664-1651-0 Ⓝ233 ［6400円］

イギリス（歴史─19世紀）
◇イギリス繁栄のあとさき 川北稔［著］ 講談社 2014.3 212p 15cm （講談社学術文庫 2224）〈ダイヤモンド社 1995年刊の再刊〉①978-4-06-292224-1 Ⓝ233.06 ［800円］

イギリス（歴史─20世紀）
◇イギリス繁栄のあとさき 川北稔［著］ 講談社 2014.3 212p 15cm （講談社学術文庫 2224）〈ダイヤモンド社 1995年刊の再刊〉①978-4-06-292224-1 Ⓝ233.06 ［800円］

イギリス（歴史小説─歴史─ヴィクトリア女王時代）
◇ヴィクトリア朝の歴史小説 アンドルー・サンダーズ著, 森道子, 米本弘一, 稲積佑昭訳 英宝社 2013.3 385p 20cm ①978-4-269-82037-1 Ⓝ930.26 ［3600円］

イギリス連邦（歴史）
◇コモンウェルスとは何か─ポスト帝国時代のソフトパワー 山本正, 細川道久編著 京都 ミネルヴァ書房 2014.7 315,6p 22cm （MINERVA西洋史ライブラリー 102）〈索引あり 内容：ポスト帝国時代の国際秩序とコモンウェルス（山本正, 細川道久著）コモンウェルス概念の史的変遷（岩井淳著）「家族」と「鬼子」（山本正著）「多人種コモンウェルス」への変容とカナダ（細川道久著）兄弟よ, 立ち入るなかれ（浜井祐三子著）ハプスブルク帝国とコモンウェルス（大津留厚著）フランス版コモンウェルスとしてのフランコフォニー（平野千果子著）コモンウェルスと委任統治（旦祐介著）「ラウンド・テーブル」運動とコモンウェルス（松本佐保著）国連とコモンウェルス（半澤朝彦著）二〇世紀中葉のコモンウェルス・ゲームズと国際秩序（川本真浩著）第二次世界大戦後イギリスの世界的役割とコモンウェルス（山口育人著）アフリカン・コモンウェルス諸国の台頭（前川一郎著）〉①978-4-623-07094-7 Ⓝ233.07 ［6500円］

生田 勝義〔1944～ 〕
◇自由と安全の刑事法学─生田勝義先生古稀祝賀論文集 浅田和茂, 上田寛, 松宮孝明, 本田稔, 金尚均編集委員 京都 法律文化社 2014.9 745p 22cm 〈著作目録あり 年譜あり 内容：日本における法益論の歴史的検討（嘉門優著）法益論と社会侵害性について（中村悠人著）法益侵害と意思侵害（松原芳博著）危険犯・小論（武田誠著）組織犯罪・テロリズムとの戦い？（佐川友佳子著）国家秘密の概念とその立証（安達光治著）自由と安全と生命倫理（浅田和茂著）児童ポルノ単純所持の処罰根拠について（豊田兼彦著）風営法「ダンス」規制の問題性（高山佳奈子著）心理強制説をめぐる十九世紀前半の議論（高橋直人著）刑法史認識の対象と方法について（本田稔著）譲渡担保権者による目的物の不承諾引揚げと自救行為（大下英希著）刑法における過失概念の規定のあり方に関する一考察（玄守道著）麻薬事例における被害者の危険引受け（塩谷毅著）フランスにおける弁識能力と年齢（井上宜裕著）真正身分犯の共犯について（金子博著）名誉毀損罪における「人」の範囲（金尚均著）虚偽犯罪予告行為と業

務妨害罪(野澤充著)　詐欺罪と機能的治安法(松宮孝明著)　国税滞納処分免脱罪に関する一考察(石塚伸一著)　証券犯罪と刑事規制(平山幹子著)　裁判員制度の「見直し」について(内田博文著)　退去強制と刑事手続に関する「法の不備」〈再論〉(小山雅亀著)　国選弁護制度の現状と課題(辻本典央著)　ドイツにおける勾留審査手続について(山名京子著)　被疑者・被告人の防御権(福島至著)　防御の秘密と捜査・差押えの限界(渕野貴生著)　障がいのある被疑者の取調べにおける支援と適正手続保障(森久智江著)　無罪判決後の勾留(川崎英明著)　袴田事件第二次再審請求における静岡地裁開始決定の意義(葛野尋之著)　間接事実にもとづく有罪認定の準則・覚書(高田昭正著)　我が国における裁判所侮辱(特に直接侮辱)への対応法制とその適用の現状(吉井匡著)　「死刑モラトリアム」(上田寛著)　地域の安全、リスクと犯罪者の社会内処遇(三宅孝之著)　米国少年司法の新動向(山口直也著)〉 ①978-4-589-03620-9 Ⓝ326.04 ［17000円］

生田 長江 〔1882～1936〕
◇生田長江評論選集　河中信孝編　日野町(鳥取県)「白つつじの会」生田長江顕彰会　2014.3　134p　21cm〈文献あり〉Ⓝ910.268

生田神社 〔神戸市〕
◇生田の杜とミナト神戸の事始め　加藤隆久著　戎光祥出版　2014.1　127p　21cm　①978-4-86403-100-4 Ⓝ216.4 ［1400円］
◇よみがえりの社と祭りのこころ　加藤隆久著　戎光祥出版　2014.6　380p　19cm〈内容：鎮守の森と祭りのこころ　生田神社の創祀　『古事記』撰上千三百年に想う　京歓こめ伊勢を語る、吉井貞俊著『お伊勢さん一135社巡拝ものがたり』「伊勢神宮遷御の儀」奉仕の思い出　鈴木重胤の生田信仰　淡路島が生んだ国学者鈴木重胤の生涯とその功績　源平合戦と神戸―一ノ谷・鵯越論争　日本復興のため、宗教者が心をひとつに　神仏調和の精神のもとに結成された「神仏霊場会」　日本人にとってのカミとホトケ　神仏霊場会シンポジウム「日本の原風景―誘う神仏たち」　個人に委ねられる日本伝統の社寺巡拝　神仏霊場巡拝の道によせて　こころの扉を開く　東日本大震災と宗教　神社と災害　足立巻一と生田の森　須田剋太と生田神社　秋峭道人会津八一の未公開書簡について　歌聖・与謝野晶子が訪れた芦屋の風景　心からなる礼申しあぐ　甲南大学文化会古美術研究会の「永遠の美」を祈る　悲しみや苦しみを分かち合い、触れ合う社会の実現のために　「モノで栄えて、心で滅ぶ」無縁社会への警鐘　どうか、私たちのことをいつまでも忘れないでください　優れた精神の背景にある「日本宗教」の教え　『平家物語』を題材にした生田薪能の開催　日本の芸術文化を守るのは、世界のため　パネルディスカッション「幸せに生きる」(加藤隆久ほか述、柳雄二コーディネーター)　親睦と奉仕　幽能にありて休ませ給え　第六十二回神宮式年遷宮を詠める歌　生田祭りの神幸祭を詠む　五所川原立佞武多と美しい十和田湖の旅　東西神社社人野球懇親大会の風景を詠む　生田の神様から「挫折を乗り越える大切さ」　学問、友人、クラブ……。大学では「求める気持ち」が強いほどいい　モラルや躾の教育の低下について思うこと　旺美会結成三十年を迎えるにあたって　紀元祭について　神葬祭の意義　遷宮とお白石持　熊野那智大社の火祭　津和野教学と招魂社　津和野藩の神葬祭復興運動と心霊研究　書評加藤隆久・土肥誠・本澤雅史編著『祝詞用語用例辞典』　神道の教えとそこからの学び、そして未来　震災復興が人生の転機　神社本庁長老になった生田神社宮司〉①978-4-86403-112-7 Ⓝ175.964 ［2600円］

イーグルス
◇イーグルスコンプリート・ワークス　アンドリュー・ヴォーン著、大田黒奉之訳　TOブックス　2014.3　335p　22cm〈作品目録あり〉①978-4-86472-233-9 Ⓝ767.8 ［4800円］

IKEA
◇イケアはなぜ「理念」で業績を伸ばせるのか　立野井一恵著　PHP研究所　2014.4　219p　18cm　(PHPビジネス新書314)〈文献あり〉①978-4-569-81881-8 Ⓝ583.7 ［840円］

池上 季実子 〔1959～ 〕
◇向き合う力　池上季実子著　講談社　2014.7　234p　18cm　(講談社現代新書2271)　①978-4-06-288271-2 Ⓝ772.1 ［760円］

池田 〔家〕〔岡山市〕
◇岡山池田家文書　1　オンデマンド版　東京大学出版会　2014.7　410p　22cm　(日本史籍協会叢書44)〈覆刻再刊　昭和59年刊　印刷・製本：デジタルパブリッシングサービス〉①978-4-13-009344-6 Ⓝ210.58 ［10000円］
◇岡山池田家文書　2　オンデマンド版　東京大学出版会　2014.7　394p　22cm　(日本史籍協会叢書45)〈覆刻再刊

昭和59年刊　印刷・製本：デジタルパブリッシングサービス〉①978-4-13-009345-3 Ⓝ210.58 ［10000円］

池田 〔家〕〔鳥取市〕
◇鳥取のお殿さま―天下人と歩んだ池田家：鳥取市歴史博物館平成26年度特別展　鳥取市文化財団鳥取市歴史博物館編　鳥取市文化財団鳥取市歴史博物館　2014.7　89p　30cm〈会期：平成26年7月19日～8月31日〉①978-4-904099-31-5 Ⓝ288.2 ［1000円］

井桁 貞義 〔1948～ 〕
◇ロシア研究の未来―文化の根源を見つめ、展開を見とおす：井桁貞義教授退職記念論集　坂庭淳史、高柳聡子、桜井厚二、上野理恵、粕谷典子、神岡理恵子、田中沙季著　『ロシア研究の未来』刊行委員会　2013.10　221p　22cm〈内容：チュッチェフの詩「白鳥」をめぐって：「二重の無底」とは何か？(坂庭淳史著)　ドストエフスキイ『白痴』における陰謀(田中沙季著)　幻視としての「キリスト」(粕谷典子著)　オルテガ・イ・ガセットの「バフチン的」ドストエフスキイ論：読者論、相反主義、および大衆論の文脈において(桜井厚二著)　運動の新しい記述(上野恵著)　ヴェネディクト・エロフェーエフの「メモ帳」を読む(神岡理恵子著)　ロシア文学における“哀れな”主人公(高柳聡子著)　世界を目指す日本のロシア文学研究(井桁貞義著)〉①978-4-903780-11-5 Ⓝ980.4 ［2200円］

池田 重子
◇遅く咲くのは枯れぬ花　池田重子著　講談社　2014.6　174p　19cm〈著作目録あり〉①978-4-06-218974-3 Ⓝ289.1 ［1400円］

池田 澄子 〔1936～ 〕
◇池田澄子百句　池田澄子[著]，坪内稔典、中之島5編　松山創風社出版　2014.8　134p　16cm〈年譜あり〉①978-4-86037-210-1 Ⓝ911.362 ［800円］

池田 草庵 〔1812～1878〕
◇岡田武彦全集　24　林良斎と池田草菴　岡田武彦著　明徳出版社　2013.10　437p　22cm〈内容：林良斎　自明軒遺稿抄　林良斎と大塩中斎　林良斎と近藤篤山との論学書について　池田草菴の生涯と思想　『池田草菴先生著作集』序　『草菴池田綱著―肄業稿編』序　『池田草菴先生遺墨集』序章〉①978-4-89619-478-4 Ⓝ122.08 ［4400円］

池田 大作 〔1928～ 〕
◇池田大作と原島家―池田大作を会長にした原島宏治とその家族　原島昭著　人間の科学新社　2014.3　320p　20cm　①978-4-8226-0313-7 Ⓝ188.98 ［1800円］
◇地球時代の哲学―池田・トインビー対談を読み解く　佐藤優著　潮出版社　2014.2　300p　19cm　①978-4-267-01970-8 Ⓝ188.982 ［1200円］
◇データで学ぶ『新・人間革命』　Vol.1　1巻～3巻　パンプキン編集部編　潮出版社　2014.5　189p　19cm〈年表あり　索引あり〉①978-4-267-01981-4 Ⓝ913.6 ［1000円］
◇民衆こそ王者―池田大作とその時代　6　「友よ強く」篇　「池田大作とその時代」編纂委員会著　潮出版社　2014.5　235p　19cm　①978-4-267-01936-4 Ⓝ188.982 ［954円］
◇民衆こそ王者―池田大作とその時代　7　「白樺―いのちの守り人」篇　「池田大作とその時代」編纂委員会著　潮出版社　2014.11　245p　19cm　①978-4-267-01997-5 Ⓝ188.982 ［954円］

池田 綱政 〔1638～1714〕
◇岡山藩主池田綱政の日記　第12巻(正徳3年)・第13巻(正徳4年)　神原邦男編　岡山　神原邦男　2014.2　172, 185, 121p　22cm　①978-4-904552-09-4 Ⓝ217.5 ［7200円］

池田 利夫 〔1931～2012〕
◇これからの国文学研究のために―池田利夫追悼論集　佐藤道生、高田信敬、中川博夫編　笠間書院　2014.10　664,3p　22cm〈内容：菅原孝標女の出仕に関する一臆説(秋山虔著)『和泉式部日記』前史(後藤祥子著)　朗詠享受に見る『枕草子』『源氏物語』(岩佐美代子著)　源氏物語と藤原氏の信仰(鈴木宏昌著)　弁の中将(高田信敬著)　もう一つの河内本源氏物語(佐々木孝浩著)　京都大学本系統「紫明抄」校訂の可能性(田坂憲二著)『浜松中納言物語』鑑賞の試み(藤原克己著)　九条家旧蔵本の行方(石澤一志著)『堤中納言物語』高松宮本グループの諸本の関係(三角洋一著)　大英博物館所蔵「伊勢物語画帖」の染筆者(辻英子著)　平安文学と絵入り本(石川透著)　養和元年の意見封事(佐藤道生著)　李嶠百詠の詩学的性格をめぐって(胡志昂著)　五山版『三註』考(住吉朋彦著)『松蔭吟藁』について(堀川貴司著)　尺素往来の伝本と成立年代(小川剛生著)『徒然草寿命院抄』写本考(小秋元段著)　釈迦の涅槃と涅槃図を読む〈景〉を読む(小峯和明著)(池田三枝子著)　上東門院彰子と和歌(今野鈴代著)　俊成と紫式部歌をめぐる試論(伊東祐子著)『源氏物語歌合』に関する若

干の考察(中島正二著) 藤原定家の百人一首歌(渡部泰明著) 自讃歌論のためのスケッチ(石神秀美著) 源季貞論続貂(平藤幸著) 源親行の和歌の様相(中川博夫著) 小沢蘆庵の和歌表現(久保田淳著) 硬い骨を持つひと(永井和子著)〉 ①978-4-305-70746-8 Ⓝ910.2 〔14000円〕

池田 徳孝〔1976～ 〕
◇ボクには足はないけど夢がある!―どん底でつかんだ生き方の極意 池田徳孝著 〔東京〕 KADOKAWA 2014.12 198p 19cm 〈角川フォレスタ〉 ①978-4-04-653979-3 Ⓝ289.1 〔1300円〕

池田 勇人〔1899～1965〕
◇天皇種族・池田勇人―知るのは危険すぎる昭和史 鬼塚英昭著 成甲書房 2014.12 315p 20cm ①978-4-88086-322-1 Ⓝ289.1 〔1800円〕

池田高等学校野球部
◇甲子園に響いた新やまびこ打線―池田高に受け継がれる蔦野球の魂 岡田康志著 ベースボール・マガジン社 2014.7 175p 19cm ①978-4-583-10706-6 Ⓝ783.7 〔1300円〕

池田市〔遺跡・遺物〕
◇池田市埋蔵文化財発掘調査概報 2013年度 〔池田市教育委員会〕生涯学習推進課編 池田 池田市教育委員会 2014.3 16p 図版 10枚 30cm (池田市文化財調査報告 第40集) Ⓝ210.0254
◇柳原遺跡 大阪府教育委員会編 大阪 大阪府教育委員会 2014.3 120p 図版 〔70〕枚 30cm (大阪府埋蔵文化財調査報告 2013-7) 〈府営池田城南住宅建て替えに伴う発掘調査〉 Ⓝ210.0254

池田市〔殺人〕
◇〔特集1〕『宅間守精神鑑定書』を読む―〔特集2〕生きづらさを支援する本 佐藤幹夫編著 言視舎 2014.12 220p 21cm (飢餓陣営せれくしょん 2) 〈内容:刑事責任能力と精神鑑定〈遺稿〉(岡江晃述) 精神鑑定と臨床診断(岡江晃,滝川一廣,小林隆児ほか述,佐藤幹夫司会) 浜田寿美男氏と『宅間守精神鑑定書』を読む(浜田寿美男述,佐藤幹夫聞き手) 岡江晃の遺『宅間守精神鑑定書』(高岡健著) 『宅間守精神鑑定書』読後雑感(林幸司著) 岡江晃氏を悼む(岡江正純,滝川一廣,竹島正ほか述) 「人格障害」問題と新しい責任能力論(高岡健述,佐藤幹夫聞き手) 「反社会性人格障害」は医療の対象か(滝川一廣述) 精神鑑定とは(林幸司著) "自閉症論"を読む(内海新祐著) "臨床と哲学"の本(山竹伸二著) "こころの本質"を思索する本(栗田篤志著) "様ざまな支援"の本(佐藤幹夫著)〉 ①978-4-86565-007-5 Ⓝ498.99 〔1800円〕

池田市〔住宅建築―歴史〕
◇モダニズムの記憶―建築でたどる北摂の近代:池田市立歴史民俗資料館平成26年度特別展 池田市立歴史民俗資料館編 池田 池田市立歴史民俗資料館 2014.10 91p 21cm 〈会期:平成26年10月17日→12月7日〉 Ⓝ527.02163

池田市〔醸造業―歴史―史料〕
◇郷土の古文書を読む 第14号 池田古文書研究会編 〔池田〕池田古文書研究会 2014.3 7, 137p 30cm 〈複製及び翻刻 内容:近世池田酒造文書. 2 御朱印出入一件覚書〉 Ⓝ216.3

池田市〔年貢―歴史―史料〕
◇郷土の古文書を読む 第12号 中池田村貢租文書 池田古文書研究会編 〔池田〕 池田古文書研究会 2013.3 158p 30cm Ⓝ216.3

池田市〔歴史〕
◇池田郷土研究―復刻合本 第1号―第3号 『池田郷土研究』編集委員会編 〔池田〕 池田郷土史学会 2013.2 1冊 21cm 〈年表あり 複製 内容:池田郷土研究. 第1号(昭和31年刊) 池田郷土研究. 第2号(昭和33年刊) 池田郷土研究. 第3号(昭和39年刊)〉 Ⓝ216.3
◇池田郷土研究 第16号 『池田郷土研究』編集委員会編 〔池田〕 池田郷土史学会 2014.4 92p 26cm 〈内容:池田の集落史と地形面(武藤直著) 北摂古代期の文化と佐伯宿祢今毛人(舟ヶ崎正孝著) 山川正宣と呉北浩(水田紀久著) 池田師範学校八十四年の歴史(中島正雄著) 池田師範学校(その1)・(その2)・(その3)(中島正雄著) 附属小学校の生活(中島正雄著)〉 Ⓝ216.3
◇富田好久先生米寿記念誌 池田郷土史学会富田好久先生米寿記念誌編集委員会編 池田 池田郷土史学会富田好久先生米寿記念誌編集委員会 2014.1 186p 27cm 〈年譜あり 著作目録あり〉 Ⓝ216.3

池田市〔歴史―史料〕
◇池田市史 史料編 10 近代史資料 池田市史編纂委員会編 池田 池田市 2014.9 523p 27cm Ⓝ216.3

池田小学校〔池田市立〕
◇しごとのいい学校―公開研に1000人集めた市立池田小学校の物語 鎌田富夫著 さくら社 2014.4 190p 21cm ①978-4-904785-74-4 Ⓝ376.2163 〔1700円〕

池田町〔岐阜県〕〔歴史―史料―書目〕
◇松原弘典家文書目録 池田町教育委員会編 池田町(岐阜県)池田町教育委員会 2014.3 88p 30cm Ⓝ215.3

池田町〔長野県〕〔行政〕
◇池田町第5次総合計画後期基本計画 長野県池田町総務課町づくり推進係編 池田町(長野県) 長野県池田町総務課町づくり推進係 2014.10 78p 30cm 〈表紙のタイトル:池田町第5次総合計画平成21→30年後期基本計画平成26→30年〉 Ⓝ318.252

池波 正太郎〔1923～1990〕
◇「鬼平」と江戸の町―作品の舞台を訪ねる:今昔地図付き 壬生篤著 廣済堂出版 2014.5 143p 21cm 〈イラスト:善養寺ススム〉 ①978-4-331-51828-1 Ⓝ913.6 〔1500円〕
◇『鬼平犯科帳』ゆかりの地を訪ねて―小さな旅 第1部 松本英亜著 小学館スクウェア 2014.4 275p 19cm 〈文献あり〉 ①978-4-7979-8803-1 Ⓝ913.6 〔1800円〕

生駒市〔介護福祉〕
◇介護保険事業計画策定のためのアンケート調査報告書 第6期 生駒 生駒市 2014.9 135p 30cm Ⓝ369.26

生駒市〔交通―歴史〕
◇生駒の古道―生駒市古道調査 生駒民俗会古道調査委員会著 生駒 生駒民俗会 2014.3 177p 21cm 〈年表あり〉 Ⓝ682.165

生駒市〔高齢者福祉〕
◇介護保険事業計画策定のためのアンケート調査報告書 第6期 生駒 生駒市 2014.9 135p 30cm Ⓝ369.26

石井 一久〔1973～ 〕
◇ゆるキャラのすすめ。 石井一久著 幻冬舎 2014.10 214p 19cm ①978-4-344-02653-7 Ⓝ783.7 〔1300円〕

石井 志都子〔1942～ 〕
◇或るヴァイオリニストの記―戦後の時代と共に生きて 石井志都子著, 天日隆彦聞き書き・解説 鎌倉 かまくら春秋社出版事業部 2014.7 133p 20cm 〈年譜あり〉 ①978-4-7740-0626-0 Ⓝ762.1 〔1200円〕

石井 修三〔～1857〕
◇洋学者・石井修三著作集―西洋を学び明治を先覚した偉才 石井修三〔著〕,相原修編著 静岡 羽衣出版 2014.5 251p 21cm ①978-4-907118-11-2 Ⓝ396.5 〔2000円〕
◇洋学者・石井修三の生涯―西洋を学び明治を先覚した偉才 相原修著 改訂版 静岡 羽衣出版 2014.5 187p 21cm 〈年譜あり 文献あり〉 ①978-4-907118-10-5 Ⓝ289.1 〔2000円〕

石井 隆匡〔1924～1991〕
◇最強の経済ヤクザと呼ばれた男―稲川会二代目会長石井隆匡の生涯 山平重樹〔著〕 幻冬舎 2013.12 486p 16cm (幻冬舎アウトロー文庫 O-31-21) 〈文献あり コアマガジン2009年刊の再刊〉 ①978-4-344-42134-9 Ⓝ289.1 〔762円〕

石井 琢朗〔1970～ 〕
◇過去にあらがう 鈴川卓也, 前田智徳, 石井琢朗著 ベストセラーズ 2014.7 199p 19cm ①978-4-584-13571-6 Ⓝ783.〔1343円〕

石井 筆子〔1861～1944〕
◇明治の国際人・石井筆子―デンマーク女性ヨハンネ・ミュンターとの交流 長島要一著 新評論 2014.10 239p 19cm 〈文献あり 年譜あり〉 ①978-4-7948-0980-3 Ⓝ289.1 〔2400円〕

石井 桃子〔1907～2008〕
◇石井桃子のことば 中川李枝子, 松居直, 松岡享子, 若菜晃子ほか著 新潮社 2014.5 123p 22cm (とんぼの本) 〈著作目録あり 年譜あり〉 ①978-4-10-602251-7 Ⓝ910.268 〔1600円〕
◇石井桃子の翻訳はなぜ子どもをひきつけるのか―「声を訳す」文体の秘密 竹内美紀著 京都 ミネルヴァ書房 2014.4 330p 22cm 〈文献あり 索引あり 内容:「声を訳す」とは 『クマのプーさん』改訳比較にみる石井のこだわり 『クマのプーさん』英日比較にみる石井らしさ 「岩波少年文庫」シリーズと物語の翻訳 翻訳絵本の形 子どもの読みと絵本 『ちいさいおうち』の翻訳 訳者の作品解釈とファンタジー 『たのしい川べ』の翻訳 訳者の精読と短編『おひさしぶり,ぼく,どろんこハリー』の翻訳 幼年童話と昔話の法則 ポターの「語り〈"tale"〉」の文体 ファージョンの「声の文化」の文体 「語り」を絵本にした『こすずめのぼうけん』 石井の翻訳文体の源泉としての「声の文化」の記憶〉 ①978-4-623-07014-5 Ⓝ910.268 〔4200円〕

い

◇ひみつの王国―評伝石井桃子　尾崎真理子著　新潮社　2014.6　567,7p　20cm〈文献あり 著作目録あり 年譜あり 索引あり〉①978-4-10-335851-0　Ⓝ910.268　[2700円]

石井 露月〔1873～1928〕

◇俳人露月・天地蒼々―郷土を愛した鬼才　伊藤義一著　秋田　秋田魁新報社　2014.12　276p　19cm〈年譜あり〉①978-4-87020-368-6　Ⓝ911.362　[1300円]

石岡 好憲〔1927～ 〕

◇地域医療に生きがい求め　石岡好憲[著]，秋田魁新報社編　秋田　秋田魁新報社　2014.11　134p　18cm（さきがけ新書）〈年譜あり〉①978-4-87020-366-2　Ⓝ289.1　[800円]

石岡市（遺跡・遺物）

◇市内遺跡調査報告書　第8集　石岡市教育委員会生涯学習課編　石岡　石岡市教育委員会　2013.3　51p　30cm（石岡市埋蔵文化財調査報告書）Ⓝ210.0254

◇宮部遺跡　第8地点　毛野考古学研究所編　石岡　石岡市教育委員会　2014.3　19p 図版 6p　30cm（石岡市埋蔵文化財調査報告書）〈濱総業の委託による　茨城県石岡市所在　店舗建設に伴う発掘調査〉Ⓝ210.0254

石垣市（遺跡・遺物）

◇白保竿根田原洞穴遺跡　沖縄県立埋蔵文化財センター編　西原町（沖縄県）沖縄県立埋蔵文化財センター　2013.3　265p　30cm（沖縄県立埋蔵文化財センター調査報告書 第65集）〈新石垣空港建設工事に伴う緊急発掘調査報告書〉Ⓝ210.0254

石垣市（医療）

◇八重山病院データでムヌカンゲー　2　上原真人著，八重山の医療を守る郡民の会[編]　那覇　ボーダーインク　2014.4　143p　19cm　①978-4-89982-250-9　Ⓝ498.16　[1143円]

石垣市（歴史―史料）

◇石垣市史叢書　20　球陽八重山関係記事集　下巻　石垣市教育委員会市史編集課編　[石垣]　石垣市教育委員会　2014.3　5, 110p　26cm〈折り込 2枚〉Ⓝ219.9　[800円]

石狩市（教育）

◇フューチャースクール×地域の絆@学びの場　伊井義人監修　石狩　藤女子大学人間生活学部　2014.7　163p　19cm（藤女子大学人間生活学部公開講座シリーズ 3）〈六耀社（発売）内容：普通の街、石狩市から発信する教育（伊井義人著）ICTを意識した石狩市の教育の今とこれから（吉田学著）二一世紀に必要な「生きる力」をつけるために（加藤悦雄著）二一世紀型スキルを意識したプロジェクト型学習の実践（前多香織著）「近未来のお店」から学ぶ二一世紀型スキル（新谷浩一著）特別支援学級の「考え、協働する」学習（阿部聖之著）特別支援学級のICTを使った生活ルールへの学びと絵本づくり（斎藤尚子著）事務作業の軽減・効率化を目指した校務支援システムの利活用（澁谷拓著）「沖揚げ音頭」の再構築（石黒隆一著）石狩の食（黒河あおい著）石狩市の自然や住民とのつながりを意識した環境教育（藤彰矩著）へき地中学校での学習支援を通して育んだ「女子大生と中学生の絆」（伊井義人著）石狩市のNPOに提言！（船木幸弘著）石狩と日本の教育のこれからの姿（加藤悦雄，中川一史，吉田学ほか述）〉①978-4-89737-774-2　Ⓝ372.115　[1800円]

石川 雲蝶〔1814～1883〕

◇私の恋した雲蝶さま―いま蘇る越後のミケランジェロ　中島すい子著　現代書館　2014.3　174p　20cm〈文献あり〉①978-4-7684-5727-6　Ⓝ712.1　[1700円]

石川 淳〔1899～1987〕

◇石川淳傳説　渡辺喜一郎著　右文書院　2013.8　258p　20cm〈文献あり 年譜あり〉①978-4-8421-0756-1　Ⓝ910.268　[2400円]

石川 鷹彦

◇石川鷹彦WORKS　2　市川　バーニング・スタッフ　2013.8　160p　30cm　①978-4-9901857-7-0　Ⓝ764.7　[3000円]

石川 啄木〔1885～1912〕

◇石川啄木と北海道―その人生・文学・時代　補遺　福地順一著　札幌　Akariya　2014.4　98p　21cm　Ⓝ911.162

◇石川啄木入門　池田功著　桜出版　2014.1　206p　19cm〈年譜あり　文献あり〉①978-4-903156-15-6　Ⓝ911.162　[1200円]

◇石川啄木の"旅"全解明　太田幸夫著　札幌　富士コンテム　2013.8　358p　21cm〈年譜あり〉①978-4-89391-706-5　Ⓝ911.162　[1800円]

◇北原白秋石川啄木萩原朔太郎―対比評伝　宮本一宏著　福岡　花書院　2014.3　59p　26cm〈著作目録あり　付・朔太郎と白秋の生育文化―共有源泉の詩篇「幻燈のにほひ」〉①978-4-905324-92-8　Ⓝ910.26　[2000円]

◇幻視の国家―透谷・啄木・介山、それぞれの〈居場所探し〉小寺正敏著　奈良　萌書房　2014.5　268,6p　22cm〈索引あり〉①978-4-86065-084-1　Ⓝ910.26　[4000円]

◇3・11後の日本のために―啄木と賢治の里で考えたこと　青木矩彦著　近代文藝社　2014.1　323p　20cm〈文献あり〉①978-4-7733-7909-9　Ⓝ910.268　[1800円]

◇啄木―ふるさと人との交わり　森義真著　盛岡　盛岡出版コミュニティー　2014.3　254p　20cm〈文献あり〉①978-4-904870-29-7　Ⓝ911.162　[1600円]

◇啄木うたの風景―碑でたどる足跡　小山田泰裕著　盛岡　岩手日報社　2013.9　246p　21cm〈文献あり 年譜あり〉①978-4-87201-411-2　Ⓝ911.162　[1500円]

◇響きで楽しむ『一握の砂』　目良卓著　桜出版　2014.4　198p　20cm〈文献あり 年譜あり〉①978-4-903156-16-3　Ⓝ911.168　[1500円]

石川県

◇石川あるある　宮本南吉著，風呂前有，銅☆萬福画　TOブックス　2014.12　159p　18cm　①978-4-86472-326-8　Ⓝ291.43　[1100円]

石川県（雨乞）

◇雨を乞う―豊作への願い：特別展　氷見市立博物館編　氷見　氷見市立博物館　2014.2　51p　30cm〈文献あり　会期：平成26年2月28日―3月23日〉Ⓝ384.31

石川県（遺跡・遺物―金沢市）

◇畝田・寺中遺跡　9　金沢　金沢市　2014.3　68p 図版 8p　30cm（金沢市文化財紀要 293）〈石川県金沢市所在〉Ⓝ210.0254

◇加越国境城郭群と古道調査報告書　金沢市編　金沢　金沢市埋蔵文化財センター　2014.3　104p 図版［8］枚　30cm（金沢市文化財紀要 295）〈内容：切山城跡　松根城跡　小原越〉Ⓝ210.0254

◇片町二丁目遺跡　5番地点　金沢市埋蔵文化財センター編　[金沢]　金沢市　2014.3　52p 図版 10p　30cm（金沢市文化財紀要 291）〈石川県金沢市所在〉Ⓝ210.0254

◇金沢城跡　3　堂形（第5次調査）金沢　石川県教育委員会　2014.3　94p 図版［20］枚　30cm（都心地区整備推進事業に係る埋蔵文化財発掘調査報告書 3）〈年表あり　金沢市所在　共同刊行：石川県埋蔵文化財センター〉Ⓝ210.0254

◇金沢城跡―石川門附属太鼓塀　石川県金沢城調査研究所編　金沢　石川県金沢城調査研究所　2014.3　187p　30cm（金沢城史料叢書 20）〈年表あり〉Ⓝ210.0254

◇金沢城跡埋蔵文化財確認調査報告書　2　石川県金沢城調査研究所編　金沢　石川県金沢城調査研究所　2014.3　456p　30cm（金沢城史料叢書 21）Ⓝ210.0254

◇金沢城下町遺跡―丸の内7番地点　1 第1分冊　本文・遺構・遺物編　金沢　石川県教育委員会　2014.3　386p 図版 12p　30cm（名古屋高裁金沢支部・金沢地家簡裁庁舎新営工事に係る埋蔵文化財発掘調査報告書 1）〈金沢市所在　共同刊行：石川県埋蔵文化財センター〉Ⓝ210.0254

◇金沢城下町遺跡―丸の内7番地点　1 第2分冊　遺物観察表・自然科学分析・写真図版編　金沢　石川県教育委員会　2014.3　p387-558 図版 210p　30cm（名古屋高裁金沢支部・金沢地家簡裁庁舎新営工事に係る埋蔵文化財発掘調査報告書 1）〈文献あり　金沢市所在　共同刊行：石川県埋蔵文化財センター〉Ⓝ210.0254

◇金沢城惣構跡　6　金沢城下町遺跡（東内惣構跡枯木橋南地点）発掘調査報告書　金沢市埋蔵文化財センター編　[金沢]　金沢市　2014.3　25p 図版 5p　30cm（金沢市文化財紀要 292）〈石川県金沢市所在〉Ⓝ210.0254

◇小立野ユミノマチ遺跡　金沢　石川県教育委員会　2014.3　262p 図版 42p　30cm〈金沢市所在　金沢商業高等学校整備事業に係る埋蔵文化財発掘調査報告書　共同刊行：石川県埋蔵文化財センター〉Ⓝ210.0254

◇直江北遺跡　金沢市編　金沢　金沢市埋蔵文化財センター　2014.3　279p 図版 22p　30cm（金沢市文化財紀要 294）〈石川県金沢市所在〉Ⓝ210.0254

◇額新町遺跡　金沢　石川県教育委員会　2014.3　10p 図版 2p　30cm〈金沢市所在　公営住宅建設事業（額県営住宅）に係る埋蔵文化財発掘調査報告書　共同刊行：石川県埋蔵文化財センター〉Ⓝ210.0254

◇元菊町遺跡　金沢　石川県教育委員会　2014.3　156p 図版［21］枚　30cm（北陸新幹線建設事業（金沢・白山総合車両基地（仮称）間）に係る埋蔵文化財発掘調査報告書 5）〈金沢市所在　共同刊行：石川県埋蔵文化財センター〉Ⓝ210.0254

◇八日市D遺跡　金沢　石川県教育委員会　2014.3　64p 図版 30p　30cm（北陸新幹線建設事業（金沢・白山総合車両基地

石川県（建設行政）

(仮称)間)に係る埋蔵文化財発掘調査報告書 6)〈金沢市所在 共同刊行：石川県埋蔵文化財センター〉Ⓝ210.0254

石川県（遺跡・遺物—小松市）
◇大川遺跡 金沢 石川県教育委員会 2014.3 381p 図版［35］枚 30cm〈小松市大尾 都市計画道路根上小松線(一般県道小松根上線)街路工事に係る埋蔵文化財発掘調査報告書 共同刊行：石川県埋蔵文化財センター〉Ⓝ210.0254

◇大川遺跡 石川県小松市教育委員会編 小松 石川県小松市教育委員会 2014.3 241p 図版［25］枚 30cm〈都市計画道路根上小松線街路工事に係る埋蔵文化財発掘調査報告書〉Ⓝ210.0254

◇大長野A遺跡 金沢 石川県教育委員会 2014.3 172p 図版28p 30cm〈小松市・能美市所在 一般国道8号(小松バイパス)改築工事に係る埋蔵文化財発掘調査報告書 共同刊行：石川県埋蔵文化財センター〉Ⓝ210.0254

◇小松市内遺跡発掘調査報告書 10 石川県小松市教育委員会編 小松 石川県小松市教育委員会 2014.3 54p 図版6p 30cm〈内容：矢田借屋古墳群 島遺跡 吉竹C遺跡〉Ⓝ210.0254

◇八日市地方遺跡 2 石川県小松市教育委員会編 小松 石川県小松市教育委員会 2013.3 224p 図版32p 30cm〈小松駅東土地区画整理事業に係る埋蔵文化財発掘調査報告書〉Ⓝ210.0254

◇吉竹遺跡 2 石川県小松市教育委員会編 小松 石川県小松市教育委員会 2013.11 8p 30cm〈分譲宅地造成に係る埋蔵文化財発掘調査報告書 共同刊行：清水不動産サービス〉Ⓝ210.0254

石川県（遺跡・遺物—七尾市）
◇国分遺跡・国分B遺跡 金沢 石川県教育委員会 2014.3 110p 図版22p 30cm〈七尾市所在 一般国道249号(藤橋バイパス)国道改築工事に係る埋蔵文化財発掘調査報告書 共同刊行：石川県埋蔵文化財センター〉Ⓝ210.0254

◇史跡万行遺跡範囲確認調査報告書—平成18・20・22・24年度の範囲確認調査報告 七尾市教育委員会文化課編 ［七尾］七尾市教育委員会文化課 2014.3 31p 図版2p 30cm（七尾市埋蔵文化財調査報告書 第37輯）Ⓝ210.0254

◇七尾城跡(P11・旧市道区) 七尾市教育委員会文化課編 七尾 七尾市教育委員会文化課 2014.3 37p 図版3p 30cm（七尾市埋蔵文化財調査報告書 第36輯）〈一般国道470号能越自動車道(七尾氷見道路)の城山高架橋P11橋脚建設に伴う埋蔵文化財発掘調査報告書〉Ⓝ210.0254

石川県（遺跡・遺物—野々市市）
◇三納トヘイダゴシ遺跡 第2次 野々市 野々市市教育委員会 2013.3 36p 30cm〈野々市町役場建設に係る埋蔵文化財発掘調査報告書〉Ⓝ210.0254

◇二日市イシバチ遺跡 3 野々市 野々市市教育委員会 2013.3 185p 図版［11］枚 30cm〈野々市市北西部土地区画整理事業に係る埋蔵文化財発掘調査報告書〉Ⓝ210.0254

◇三日市A遺跡 6 野々市 野々市市教育委員会 2013.3 270p 図版［29］枚 30cm〈北西部土地区画整理事業に係る埋蔵文化財発掘調査報告書 7〉Ⓝ210.0254

◇三日市A遺跡 7 野々市 野々市市教育委員会 2013.3 6p 30cm〈道路建設に係る埋蔵文化財発掘調査報告書〉Ⓝ210.0254

◇横江D遺跡・二日市イシバチ遺跡，横江D遺跡・郷クボタ遺跡 金沢 石川県教育委員会 2014.3 202p 図版［36］枚 30cm（北陸新幹線建設事業(金沢・白山総合車両基地(仮称)間)に係る埋蔵文化財発掘調査報告書 7)〈白山市・野々市市所在 共同刊行：石川県埋蔵文化財センター〉Ⓝ210.0254

石川県（遺跡・遺物—能美市）
◇大長野A遺跡 金沢 石川県教育委員会 2014.3 172p 図版28p 30cm〈小松市・能美市所在 一般国道8号(小松バイパス)改築工事に係る埋蔵文化財発掘調査報告書 共同刊行：石川県埋蔵文化財センター〉Ⓝ210.0254

石川県（遺跡・遺物—白山市）
◇五歩市遺跡 金沢 石川県教育委員会 2014.3 387p 図版74p 30cm〈白山市所在 国道改築事業及び街路事業一般国道305号及び都市計画道路金沢鶴来線に係る埋蔵文化財発掘調査報告書 共同刊行：石川県埋蔵文化財センター〉Ⓝ210.0254

◇高見遺跡・高見スワノ遺跡 金沢 石川県教育委員会 2014.3 179p 図版［23］枚 30cm（北陸新幹線建設事業(金沢・白山総合車両基地(仮称)間)に係る埋蔵文化財発掘調査報告書 9)〈白山市所在 共同刊行：石川県埋蔵文化財センター〉Ⓝ210.0254

◇松任城跡・成町遺跡・北安田南遺跡 金沢 石川県教育委員会 2014.3 120p 図版［23］枚 30cm（北陸新幹線建設事業(金沢・白山総合車両基地(仮称)間)に係る埋蔵文化財発掘調査報告書 8)〈白山市所在 共同刊行：石川県埋蔵文化財センター〉Ⓝ210.0254

◇宮保B遺跡・宮保館跡 金沢 石川県教育委員会 2014.3 216p 図版32p 30cm（北陸新幹線建設事業(金沢・白山総合車両基地(仮称)間)に係る埋蔵文化財発掘調査報告書 11)〈年表あり 白山市所在 共同刊行：石川県埋蔵文化財センター〉Ⓝ210.0254

◇横江D遺跡・二日市イシバチ遺跡，横江D遺跡・郷クボタ遺跡 金沢 石川県教育委員会 2014.3 図版［36］枚 30cm（北陸新幹線建設事業(金沢・白山総合車両基地(仮称)間)に係る埋蔵文化財発掘調査報告書 7)〈白山市・野々市市所在 共同刊行：石川県埋蔵文化財センター〉Ⓝ210.0254

◇米永ナデソオ遺跡 金沢 石川県教育委員会 2014.3 68p 図版［5］枚 30cm（北陸新幹線建設事業(金沢・白山総合車両基地(仮称)間)に係る埋蔵文化財発掘調査報告書 10)〈白山市所在 共同刊行：石川県埋蔵文化財センター〉Ⓝ210.0254

石川県（遺跡・遺物—保存・修復—金沢市）
◇辰巳用水附土清水塩硝蔵跡保存管理計画書—国指定史跡 金沢市埋蔵文化財センター編 ［金沢］金沢市 2014.3 20p 図版［7］枚 30cm（金沢市文化財紀要 290）Ⓝ709.143

石川県（遺跡・遺物—保存・修復—羽咋市）
◇史跡寺家遺跡保存管理計画書 羽咋市教育委員会編 羽咋 羽咋市教育委員会 2014.3 112p 30cm〈年表あり 文献あり〉Ⓝ709.143

石川県（遺跡・遺物—輪島市）
◇釜屋谷・昭南遺跡 輪島 輪島市教育委員会 2014.3 33p 30cm〈輪島市所在 3・4・2小伊勢袖ヶ浜線都市計画街路工事及び漆の里シンボル・ゾーン工事に伴う発掘調査報告書〉Ⓝ210.0254

石川県（衛生—統計）
◇健康推進の主要指標 平成25年度版 金沢 石川県健康福祉部健康推進課 2014.3 83p 30cm Ⓝ498.059

石川県（衛生行政）
◇石川県医療計画 金沢 石川県健康福祉部地域医療推進室 2013.4 260p 30cm Ⓝ498.1

◇いしかわ健康フロンティア戦略 2013 金沢 石川県健康福祉部健康推進課 2013.4 98p 30cm Ⓝ498.1

石川県（観光開発—白山市—歴史）
◇湯の道は永久(とわ)に—岩間温泉物語 山﨑久栄著 金沢 能登印刷出版部 2014.4 396p 20cm〈文献あり 年表あり〉①978-4-89010-626-4 Ⓝ689.4 ［1700円］

石川県（企業）
◇いしかわが世界に自慢したい企業・法人15—人も技術もビジネスセンスも！ 石川県の革新者たち ライターハウス編 ダイヤモンド社 2014.1 172p 19cm ①978-4-478-02663-2 Ⓝ335.2143 ［1500円］

石川県（紀行・案内記—金沢市）
◇金沢めぐりとっておき話のネタ帖—地元の観光案内人まいどさんが紹介 北國新聞社出版局編集 金沢 北國新聞社 2014.11 193p 19cm〈文献あり〉①978-4-8330-2001-5 Ⓝ291.43 ［1100円］

石川県（漁業）
◇内水面漁業権漁業の概要 ［金沢］石川県農林水産部水産課 2013.3 52, 22p 30cm Ⓝ661.12

◇内水面漁業権漁業の概要 別冊 漁業権漁場図 ［金沢］石川県農林水産部水産課 2013.3 25枚 30×43cm Ⓝ661.12

石川県（軍事基地—内灘町）
◇内灘—その砂丘に描く新しい歴史 京都 三人社 2014.12 63p 19cm （ルポルタージュ）〈現在の会編 原本：朝日書房1953年刊〉①978-4-906943-91-3,978-4-906943-80-7(set) Ⓝ395.39

石川県（建設業）
◇建設業サポートブック—経営改革や新分野進出に取り組むために 石川県土木部監理課編 ［金沢］石川県土木部 2013.6 80p 30cm Ⓝ510.92143

◇建設業サポートブック—経営改革や新分野進出に取り組むために 石川県土木部監理課編 ［金沢］石川県土木部 2014.7 80p 30cm Ⓝ510.92143

石川県（建設行政）
◇石川県包括外部監査報告書 金沢 石川県総務部行政経営課 2014.3 140p 30cm〈石川県包括外部監査人：山本博 共同刊行：石川県監査委員事務局〉Ⓝ349.2143

石川県（県民性）

石川県（県民性）
◇石川県人と富山県人のえっホント!? 矢野新一著 金沢 北國新聞社 2014.2 204p 19cm〈文献あり〉①978-4-8330-1958-3 Ⓝ361.42 ［1300円］

石川県（工業―統計）
◇石川県の工業―平成24年（2012年）工業統計調査結果報告書 石川県県民文化局県民交流課統計情報室編 金沢 石川県県民文化局県民交流課統計情報室 2014.3 112p 30cm Ⓝ505.9

石川県（工芸美術）
◇石川の伝統工芸―受けつがれた心と技 石川県商工労働部経営支援課伝統産業振興室監修 金沢 石川県中小企業団体中央会 2013.6 62p 18cm Ⓝ750.2143

石川県（財産評価）
◇評価倍率表―財産評価基準書 平成26年分石川県版 名古屋 新日本法規出版 c2014 256p 30cm〈索引あり〉①978-4-7882-7884-4 Ⓝ345.5 ［8400円］

石川県（財政）
◇石川県包括外部監査報告書 金沢 石川県総務部行政経営課 2014.3 140p 30cm〈石川県包括外部監査人：山本博 共同刊行：石川県監査委員事務局〉Ⓝ349.2143

石川県（祭礼―七尾市）
◇石川県七尾市の曳山行事―国指定重要無形民俗文化財「青柏祭の曳山行事」を中心として でか山祭り継承事業委員会編 七尾 でか山祭り継承事業実行委員会 ［2014］ 108, 12p 30cm〈平成二十五年度文化庁文化芸術振興費補助金（文化遺産を活かした地域活性化事業）折り込2枚〉Ⓝ386.143

石川県（山菜）
◇やまんば能登を喰らう―山を知りつくした83歳 谷口藤子著, 杉浦孝蔵監修 金沢 橋本確文堂（発売） 2014.7 158p 21cm〈文献あり 索引あり〉①978-4-89379-166-5 Ⓝ657.86 ［1700円］

石川県（寺院建築―保存・修復―金沢市）
◇金沢市卯辰山麓伝統的建造物群保存地区防災計画報告書 金沢市都市政策局歴史文化部歴史建造物整備課編 金沢 金沢市都市政策局歴史文化部歴史建造物整備課 2014.3 82, 21p 30cm〈年表あり〉Ⓝ518.87

石川県（史跡名勝―金沢市）
◇知られざる金沢 若林忠司著 ［出版地不明］ ［若林忠司］ 2014.2 71p 21cm Ⓝ291.43 ［600円］

石川県（写真集）
◇能登半島の昭和―写真アルバム 長岡 いき出版 2014.7 279p 31cm〈石川県教科書販売所（発売）文献あり〉①978-4-904614-48-8 Ⓝ214.3 ［9250円］

石川県（商業）
◇石川県貿易・海外投資活動実態調査報告書 2013年 ［金沢］ 石川県 2014.3 102p 30cm〈共同刊行：ジェトロ金沢〉Ⓝ678.21

石川県（商店街―金沢市―歴史）
◇尾張町のむかし、いま、これから 金沢 尾張町商店街振興組合 2014.3 244p 30cm〈文献あり 年表あり〉Ⓝ672.143

石川県（食物）
◇石川・富山ふるさと食紀行―愛蔵版 金沢 北國新聞社 2013.8 673p 31cm〈文献あり 北國新聞創刊120周年記念, 富山新聞創刊90周年記念 共同刊行：富山新聞社〉①978-4-8330-1944-6 Ⓝ596 ［20000円］

石川県（書目）
◇石川県EL新聞記事情報リスト 2013-1 エレクトロニック・ライブラリー編 エレクトロニック・ライブラリー 2014.2 976p 31cm〈制作：日外アソシエーツ〉Ⓝ025.8143
◇石川県EL新聞記事情報リスト 2013-2 エレクトロニック・ライブラリー編 エレクトロニック・ライブラリー 2014.2 p977-1729 31cm〈制作：日外アソシエーツ〉Ⓝ025.8143
◇石川県EL新聞記事情報リスト 2013-3 エレクトロニック・ライブラリー編 エレクトロニック・ライブラリー 2014.2 p1731-2545 31cm〈制作：日外アソシエーツ〉Ⓝ025.8143

石川県（人口）
◇石川県の将来推計人口―平成25年3月国立社会保障・人口問題研究所推計 石川県県民文化局県民交流課統計情報室人口労働グループ編 金沢 石川県県民文化局県民交流課統計情報室人口労働グループ 2013.4 62p 30cm Ⓝ334.2

石川県（新田開発）
◇近世初期加賀藩の新田開発と石高の研究 今村郁子著 富山 桂書房 2014.1 190p 27cm ①978-4-905345-57-2 Ⓝ611.24143 ［3000円］

石川県（森林）
◇酸性雨モニタリング（土壌・植生）調査 平成25年度 ［金沢］ 石川県 2014.3 67p 30cm〈平成25年度環境省委託業務結果報告書〉Ⓝ519.5

石川県（水質汚濁）
◇酸性雨モニタリング（陸水）調査 平成25年度 ［金沢］ 石川県 2014.3 91p 30cm〈平成25年度環境省委託業務結果報告書〉Ⓝ519.4

石川県（選挙―統計）
◇選挙結果資料 第53集 金沢 石川県選挙管理委員会 2014.3 365p 30cm〈衆議院議員総選挙・最高裁判所裁判官国民審査結果調（24.12.16），参議院議員通常選挙結果調（25.7.21），石川海区漁業調整委員会委員選挙結果調（24.8.2），手取川七ヶ用水土地改良区総代選挙結果調（24.9.26），市町長・市町議会議員選挙結果調，農業委員会委員選挙結果調〉Ⓝ314.8

石川県（地域開発―金沢市）
◇金沢市の経済・社会・文化と都市環境整備―浜大地理（2013年度地域調査実習報告書） 木村琢郎監修 横浜 横浜市立大学国際総合科学部ヨコハマ起業戦略コース地理学教室国際都市学系地域政策コース木村ゼミナール 2014.3 380p 30cm〈文献あり 編集：小泉麻里〉Ⓝ601.143

石川県（力石）
◇石川の力石 高島愼助著 第2版 岩田書院 2014.10 203p 22cm〈文献あり〉①978-4-87294-017-6 Ⓝ214.3 ［2500円］

石川県（地誌―金沢市）
◇おもしろ金沢学 新装版第4版 金沢 北國新聞社 2013.9 229p 19cm ①978-4-8330-1953-8 Ⓝ291.43 ［1200円］
◇金沢を歩く 山出保著 岩波書店 2014.7 213,4p 18cm（岩波新書 新赤版 1493）〈文献あり 索引あり〉①978-4-00-431493-6 Ⓝ291.43 ［860円］
◇金沢まちあるき 若林忠司著 ［出版地不明］ ［若林忠司］ 2014.9 322p 21cm Ⓝ291.43 ［1500円］
◇伝統のまち金沢の今―変容する城下町の姿と課題 金沢野外地理研究会編 金沢 北國新聞社 2014.7 197p 21cm〈文献あり 内容：はじめに（中嶋正吾著） 金沢城公園（西田谷功著） 兼六園と本多の森周辺（室木直彦著） 片町・堅町・香林坊商店街（府和正一郎著） 武蔵周辺の商店街（吉岡公平著） 男川犀川沿岸と寺町台地（松浦直裕著） 女川浅野川周辺（佐渡靖昌著） 北陸新幹線金沢開業と金沢駅（寺本要著） 新副都心としての金沢駅西地域（笠間恒，能戸成久子著） 山側環状道路沿線（岡島清著） 日本海側拠点港金沢港（笠間悟著） 食文化と加賀野菜（小田芳子著） おわりに（西田谷功著）〉①978-4-8330-1995-8 Ⓝ291.43 ［1600円］

石川県（地質）
◇液状化しやすさマップ―新潟県・富山県・石川県 ［新潟］ 国土交通省北陸地方整備局 ［2013］ 29, 19, 25p 30cm〈共同刊行：地盤工学会北陸支部〉Ⓝ455.14

石川県（地方選挙）
◇選挙結果資料 第53集 金沢 石川県選挙管理委員会 2014.3 365p 30cm〈衆議院議員総選挙・最高裁判所裁判官国民審査結果調（24.12.16），参議院議員通常選挙結果調（25.7.21），石川海区漁業調整委員会委員選挙結果調（24.8.2），手取川七ヶ用水土地改良区総代選挙結果調（24.9.26），市町長・市町議会議員選挙結果調，農業委員会委員選挙結果調〉Ⓝ314.8

石川県（蝶―写真集）
◇石川の蝶 高畠金子撮影 金沢 山越 2014.5 121p 21×30cm Ⓝ486.8

石川県（庭園―保存・修復―能登町）
◇名勝旧松波城庭園保存管理計画書―石川県能登町 能登町教育委員会, 環境事業計画研究所編 ［能登町（石川県）］ 能登町教育委員会 2013.9 16, 112p 30cm〈年表あり〉Ⓝ629.21

石川県（電気事業）
◇石川県の電源立地の概要 金沢 石川県企画振興部企画課エネルギー対策室 2014.3 119p 30cm〈年表あり 平成25年度広報・調査等交付金事業〉Ⓝ540.92143

石川県（土壌汚染）
◇酸性雨モニタリング（土壌・植生）調査 平成25年度 ［金沢］ 石川県 2014.3 67p 30cm〈平成25年度環境省委託業務結果報告書〉Ⓝ519.5

石川県（図書館）
◇石川の公共図書館 平成25年度版 石川県公共図書館協議会編 金沢 石川県公共図書館協議会 2013.7 36p 30cm〈付・公民館図書室〉Ⓝ016.2143
◇石川の公共図書館 平成26年度版 石川県公共図書館協議会編 金沢 石川県公共図書館協議会 2014.7 36p 30cm〈付・公民館図書室〉Ⓝ016.2143

石川県（日本料理）

◇金沢・加賀・能登四季のふるさと料理―おいしい食を育む知恵と心　青木悦子著　金沢　北國新聞社　2013.12　230p　26cm　①978-4-8330-1963-7　Ⓝ596.21　[2800円]

石川県（美術教育―金沢市）

◇魔法のhome―2013年度中学生まるびぃアートスクール「考え方を考える」：記録集　金沢　金沢21世紀美術館　2014.3　223p　19cm　〈会期：2013年9月21日―2014年1月13日　編集：シロくま先生ほか〉　①978-4-903205-43-4　Ⓝ707

石川県（風俗・習慣―小松市）

◇新修小松市史　資料編11　民俗　新修小松市史編集委員会編　小松　石川県小松市　2014.3　354p　27cm　〈付属資料：DVD-Video 1枚（12cm）：映像と音による小松の無形文化〉　Ⓝ214.3

石川県（風俗・習慣―珠洲市）

◇珠洲市蛸島町　金沢大学文化人類学研究室　金沢　金沢大学文化人類学研究室　2014.3　147p　26cm　（金沢大学文化人類学研究室調査実習報告書　第29巻）〈文献あり　内容：地区の概要（西本陽一著）　地区社会（横山里和著）　地区の農業（佐伯真弥著）　婦人会（畑有梨沙著）　女性の暮らし（佐々木椎奈著）　高齢者に対する医療福祉（小川憲人著）　寺院（白江佳央里著）　葬式の変遷（桑山知奈未著）　蛸島町の結婚儀礼（谷田彩香著）　提灯（西川美由美著）　街なみ（政木祥子著）　鉢ヶ崎リゾート地区（山口亮介著）〉　Ⓝ382.143

石川県（風俗・習慣―白山市）

◇ふるさとの風俗誌―昭和初年の松任　安嶋彌著　改訂第3版　白山　白山市　2014.3　147p　21cm　Ⓝ382.143

石川県（文化活動）

◇島袋道浩：能登―記録集　島袋道浩, 鷲田めるろ, 木村健, 吉備久美子編　金沢　金沢21世紀美術館　2014.2　183p　28cm　〈会期・会場：2013年4月27日―2014年3月2日　金沢21世紀美術館展示室13ほか　金沢若者夢チャレンジ・アートプログラムテキスト：島袋道浩ほか〉　①978-4-903205-42-7　Ⓝ702.1943

石川県（防災計画―金沢市）

◇金沢市卯辰山麓伝統的建造物群保存地区防災計画報告書　金沢市都市政策局歴史文化部歴史建造物整備課編　金沢　金沢市都市政策局歴史文化部歴史建造物整備課　2014.3　82, 21p　30cm　〈年表あり〉　Ⓝ518.87

石川県（町屋―保存・修復―金沢市）

◇金沢市卯辰山麓伝統的建造物群保存地区防災計画報告書　金沢市都市政策局歴史文化部歴史建造物整備課編　金沢　金沢市都市政策局歴史文化部歴史建造物整備課　2014.3　82, 21p　30cm　〈年表あり〉　Ⓝ518.87

石川県（民家―保存・修復―輪島市）

◇重要文化財上時国家住宅主屋及び納屋保存修理工事報告書　文化財建造物保存技術協会編著　輪島　時国健太郎　2014.9　1冊　30cm　Ⓝ521.86

石川県（名簿）

◇石川県人物・人材情報リスト　2015　日外アソシエーツ株式会社編　日外アソシエーツ（制作）　2014.11　706, 33p　30cm　Ⓝ281.43

◇石川県総合人事録―公共機関・各種団体・全産業界　2013-2014　金沢　北國新聞社　2013.8　1110p　26cm　①978-4-8330-1945-3　Ⓝ281.43　[20000円]

◇石川県総合人事録―公共機関・各種団体・全産業界　2014-2015　金沢　北國新聞社　2014.8　1110p　26cm　①978-4-8330-1993-4　Ⓝ281.43　[20000円]

石川県（有料道路―歴史）

◇石川の有料道路のあゆみ―有料道路事業42年間の記録　石川県道路公社, 石川県土木部道路建設課編　［金沢］　石川県土木部道路建設課　2013.6　157p　30cm　Ⓝ685.7

石川県（歴史）

◇石川県の歴史　髙澤裕一, 河村好光, 東四柳史明, 本康宏史, 橋本哲哉著　第2版　山川出版社　2013.12　316,45p　図版5枚　20cm　（県史17）〈文献あり　年表あり　索引あり〉　①978-4-634-32171-7　Ⓝ214.3　[2400円]

◇石川富山昭和あのとき―愛蔵版　ストーリー編　金沢　北國新聞社　2014.8　476p　31cm　〈年表あり　共同刊行：富山新聞社〉　①978-4-8330-1994-1（set）　Ⓝ214.3

◇石川の歴史遺産セミナー講演録　第18回―第20回　加賀　石川県立歴史博物館編　金沢　石川県立歴史博物館　2014.3　123p　30cm　〈内容：第18回加賀郡牓示札が語る古代社会　加賀郡牓示札に見る古代の情報伝達（松原弘宣述）　河北潟水系と古代の津（出越茂和述）　加茂遺跡と加賀郡牓示札

（吉岡康暢述）　第19回一向一揆とは何か　一向一揆研究の現状と展望（安藤弥述）　一向一揆と守護・大名の関係（木越祐馨述）　織豊期における本願寺門徒の動向（塩崎久代述）　第20回大名庭園の世界　蓮池庭・竹沢庭の推移と利用（長山直治述）　岡山後楽園の近代（小野芳朗述）　よみがえる金沢城の庭園（滝川重徳述）〉　Ⓝ214.3

◇"伝統"の礎―加賀・能登・金沢の地域史：地方史研究協議会第64回〈金沢〉大会成果論集　地方史研究協議会編　雄山閣　2014.10　293p　22cm　〈会期・会場：2013年10月26日（土）～28日（月）金沢市文化ホール　内容：「能登国大田文」をめぐって（東四柳史明著）　曹洞禅宗の地方展開とその住持制（廣瀬良弘著）　加賀立国の史的意義（森田喜久男著）　戦国期加賀国の非真宗寺院について（石田文一著）　戦国期能登七尾城下町と湊町（善端直著）　中近世移行期における能登の寺社勢力と地域社会（塩崎久代著）　中世・近世の地域支配と和歌・連歌の奉納（鶴﨑裕雄著）　近世能登の職人について（和田学著）　近世加越能地域における祭礼と芸能振興行（塩川隆文著）　近世金沢の医療（池田仁子著）　明治初年加賀藩政における職制改革の特質（宮下和幸著）　「大金沢論」と「市民」意識の涵養（山本吉次著）　「風景」化するマガキ（大門哲著）〉　①978-4-639-02334-0　Ⓝ214.3　[6800円]

◇ふるさと石川の歴史　金沢　北國新聞社（制作・発売）　2014.3　163p　19cm　〈年表あり　「加賀・能登歴史と文化」（石川県教育委員会　1991年刊）の改題, 増補, 改訂〉　①978-4-8330-1981-1　Ⓝ214.3　[1400円]

石川県（歴史―金沢市）

◇金沢市校下誌―向こう三軒両隣地域の絆深く　西部地区編　金沢　北國新聞社　2014.10　122p　26cm　〈年表あり〉　Ⓝ214.3

石川県（歴史―写真集）

◇石川富山昭和あのとき―愛蔵版　アルバム編　金沢　北國新聞社　2014.8　182p　31cm　〈共同刊行：富山新聞社〉　①978-4-8330-1994-1（set）　Ⓝ214.3

石川県（歴史―史料）

◇石川県史資料　近世篇13　諸士系譜6　石川県史調査委員会, 石川県立図書館史料さん室編　［金沢］　石川県　2014.1　149, 80p　21×30cm　〈複製　内容：諸士系譜. 18-20〉　Ⓝ214.3

◇金沢城普請作事史料2　石川県金沢城調査研究所編　金沢　石川県金沢城調査研究所　2014.3　194p　30cm　（金沢城史料叢書19）　Ⓝ521.823

◇加藩史料　戦国12　加能史料編纂委員会編　［金沢］　石川県　2014.3　291, 13p　22cm　〈付属資料：4p：月報　第25号〉　Ⓝ214.3　[非売品]

◇政隣記　延享4―宝暦10年　記録九・拾　津田政隣［著］, 髙木喜美子校訂・編集　富山　桂書房　2014.6　446p　21cm　①978-4-905345-69-5　Ⓝ214.3　[3000円]

◇太梁公日記　第5　[前田治脩著], 前田育徳会尊経閣文庫編集, 長山直治校訂　八木書店古書出版部　2014.8　292,13p　22cm　（史料纂集）〈八木書店（発売）付属資料：4p：月報第148号〉　①978-4-8406-5175-2　Ⓝ214.3　[15000円]

石川県（歴史―史料―書目）

◇河地文庫目録―特39　金沢市立玉川図書館近世史料館編　金沢　金沢市立玉川図書館近世史料館　2014.3　61p　30cm　Ⓝ214.3

石川県（歴史―史料―書目―輪島市）

◇石川県輪島市町野町川西区有文書目録　神奈川大学日本常民文化研究所編　輪島　輪島市教育委員会　2014.3　58p　30cm　Ⓝ214.3

石川県（歴史―七尾市）

◇図説「七尾の歴史」　「図説七尾の歴史」編集委員会編　七尾　七尾市　2014.10　178p　30cm　〈七尾市合併10周年記念出版〉　Ⓝ214.3

石川県（路線価）

◇路線価図―石川県版(1)　名古屋　新日本法規出版　c2013　828p　30cm　（財産評価基準書　平成25年分）〈内容：金沢署〉　①978-4-7882-7734-2　Ⓝ345.5　[13600円]

◇路線価図―石川県版(2)　名古屋　新日本法規出版　c2013　878p　30cm　（財産評価基準書　平成25年分）〈内容：七尾署小松署　輪島署　松任署〉　①978-4-7882-7735-9　Ⓝ345.5　[13900円]

◇路線価図―財産評価基準書　平成26年分石川県版1　金沢署　名古屋　2014　828p　30cm　〈索引あり〉　①978-4-7882-7879-0　Ⓝ345.5　[16400円]

◇路線価図―財産評価基準書　平成26年分石川県版2　七尾署　小松署　輪島署　松任署　名古屋　新日本法規出版　c2014　878p　30cm　〈索引あり〉　①978-4-7882-7880-6　Ⓝ345.5　[16700円]

石川県工業試験場

◇石川県工業試験場50年のあゆみ　金沢　石川県工業試験場　2013.3　51p　30cm〈年表あり　背・表紙のタイトル：50年のあゆみ〉Ⓝ507.6

石川県立金沢錦丘高等学校

◇金沢二中・錦丘高校校史―金沢錦丘高等学校創立五〇周年記念誌　金沢錦丘高校校史編集委員会編　金沢　石川県立金沢錦丘高等学校創立五〇周年記念事業実行委員会　2013.9　415p　22cm〈年表あり〉Ⓝ376.48

石川県立看護大学附属地域ケア総合センター

◇石川県立看護大学附属地域ケア総合センター事業報告書　第9巻　平成23年度　かほく　石川県立看護大学附属地域ケア総合センター　2013.3　63p　30cm　Ⓝ369.077

◇石川県立看護大学附属地域ケア総合センター事業報告書　第10巻　平成24年度　かほく　石川県立看護大学附属地域ケア総合センター　2013.11　66p　30cm　Ⓝ369.077

石川県立大学

◇石川県立大学発上級生が支える対話型学習キャリア検討会　桑村佐和子，新村知子，山岸倫子，高原浩之，皆巳幸也，柳井清治著　〔野々市〕　石川県立大学キャリケン実行チーム　2013.2　94p　30cm　Ⓝ377.15

◇日米マッププロジェクト報告書　石川県立大学日米Map project team編　野々市　石川県立大学　2013.2　101p　30cm〈英語併載　奥付・表紙のタイトル：日米Map project報告書　石川県立大学平成23年度教育改善プロジェクト石川県立大学平成24年度教育者表彰受賞〉Ⓝ377.6

石川県輪島漆芸美術館

◇石川県輪島漆芸美術館年報　2013年度　石川県輪島漆芸美術館編　輪島　石川県輪島漆芸美術館　2014.3　63p　30cm〈年表あり　背のタイトル：年報〉Ⓝ706.9

石川町〔福島県〕〔鉱物〕

◇ペグマタイトの記憶―石川の希土類鉱物と『二号研究』のかかわり　2013　福島県石川町立歴史民俗資料館編　石川町〔福島県〕　福島県石川町教育委員会　2013.8　273p　31cm　Ⓝ210.75

石川町〔福島県〕〔歴史―史料―書目〕

◇福島県石川町町史資料目録　第12集　石川町教育委員会編　〔石川町〔福島県〕〕　石川町〔福島県〕　2014.12　123p　26cm〈内容：渡辺英氏収集文書旧渡辺直蔵家文書．2〉Ⓝ212.6

石黒　宗麿〔1893～1968〕

◇評伝石黒宗麿異端に徹す　小野公久著　京都　淡交社　2014.9　295p　19cm〈文献あり　年譜あり〉Ⓘ978-4-473-03965-1　Ⓝ751.1　〔1800円〕

石坂産業株式会社

◇絶体絶命でも世界一愛される会社に変える！―2代目女性社長の号泣戦記　石坂典子著　ダイヤモンド社　2014.12　233p　19cm　Ⓘ978-4-478-02942-8　Ⓝ519.7　〔1400円〕

石田　敏子〔1925～ 〕

◇私の履歴書―学園に育てられながら　石田敏子著　〔出版地不明〕　香川芳子　2014.6　194p　21cm　Ⓝ289.1

石田　梅巌〔1685～1744〕

◇先哲・石田梅巌の世界―神天の祈りと日常実践　清水正博編　大阪　新風書房　2014.8　125p　19cm〈文献あり　年譜あり〉Ⓘ978-4-88269-802-9　Ⓝ157.9　〔500円〕

◇魂の商人石田梅巌が語ったこと―ビジネスの極意と人生の知恵　山岡正義著　サンマーク出版　2014.8　222p　20cm〈文献あり〉Ⓘ978-4-7631-3280-2　Ⓝ157.9　〔1700円〕

石田　波郷〔1913～1969〕

◇ゆっくりと波郷を読む　依田善朗著　文學の森　2014.12　281p　19cm　（未来図叢書　第185篇）〈文献あり〉Ⓘ978-4-86438-348-6　Ⓝ911.362　〔2500円〕

石田　久〔1936～ 〕

◇イギリス文学と文化のエートスとコンストラクション―石田久教授喜寿記念論文集　石田久教授喜寿記念論文集刊行委員会編　大阪　大阪教育図書　2014.8　476p　22cm〈著作目録あり　年譜あり　布装　内容：セカンドからサードへ（川島伸博著）　ゴシック小説におけるヒロイン像の変遷（小川公代著）　ゴシック建築における空想（田邊久美子著）　時代を超えたナイトリー氏―『エマ』としての『ジェイン・エア』（緒方孝文著）　語り直されるJane Eyre（菟原美和著）　ジェイン・エアのしたたかさ（石井昌子著）　創作の軌跡が示す「語り」の探求（馬渕恵里著）『シャーリー』における シャーリー再考（橋本千春著）　シャーロット・ブロンテ『ヴィレット』とエリザベス・ギャスケル『北と南』における

都市の表象（木村晶子著）　シャーロットの心を紡ぐ糸（佐藤郁子著）　シャーロット・ブロンテとジュリア・カヴァナ（兼中裕美著）　パトリック・ブランウエル・ブロンテの詩にみられる反逆者の変容（田中淑子著）　ブランウェルの詩の構成（瀧川宏樹著）　ブロンテ神話とブランウェル・ブロンテ（奥村真紀著）　二人のバーサ（山内理惠子著）　教養小説としての『嵐が丘』（白井義昭著）　荒野から庭へ（廣野由美子著）『嵐が丘』と「ばあやの物語」における「自然」から「超自然」への「変換」について（侘美真理著）　エミリ・ブロンテのゴンダル詩にみる「神」（後中陽子著）　エミリ・ブロンテとゴシック（藤木直子著）『アグネス・グレイ』における道徳と階級の問題（片山美穂著）　アーサー・ベル・ニコルズについて（多田知恵著）　ルソーの教育論とブロンテ家の教育（小野ゆき子著）『シャーロット・ブロンテの生涯』に描かれたエミリ・ブロンテ（小田夕香理著）　シャーロット・ブロンテの生涯（松原典子著）　エリザベス・ギャスケルのゴシック短編における超自然について（八木美奈子著）　コリンナと『異母姉妹』（皆本智美著）　毒殺される主人公（斉藤健太郎著）「とばりの彼方」とホーソーンのヴェール（海老根宏著）　金貨と砂糖（谷田恵司著）"The Lifted Veil"における語りとUnreality（早瀬和栄著）『キャスタブリッジの町長』における女性の状況（鮎澤乗光著）　キャスタブリッジの町長（渡千鶴子著）　ハーディの面白さ（加藤繁著）　ジョージ・ギッシングの短編小説「くすり指」（谷本佳子著）　レベッカの嘘（服部慶子著）　モリー・キーンの『タイム・アフター・タイム』（山根木加名子著）　英国紅茶（宇田和子著）　C・フクナガ監督『ジェイン・エア』（清水伊津代著）　南アフリカ共和国の小説にみるトマス・ハーディ（津田香織著）　ラフカディオ・ハーンと津波（玉井暲著）　キーツ兄弟とアメリカ（村本美代子著）　私の心の宝物のような海外の物語（片岡絢子著）　お礼のことば（石田久著）〉Ⓘ978-4-271-21032-0　Ⓝ930.4　〔9600円〕

石田　三成〔1560～1600〕

◇実伝石田三成　火坂雅志著　KADOKAWA　2014.7　239p　15cm　（角川文庫 ひ20-24）〈内容：はじめに（火坂雅志著）　清冽なる最高のナンバー2（松平定知述）　悪名を着た近江人（火坂雅志著）　賤ヶ岳合戦を支えた後方支援（江宮隆之著）　忍城の水攻め（中井俊一郎著）　奉行三成の唐入り（工藤章興著）　ドキュメント「関ヶ原」（小和田哲男著）　ゆかりの地・北近江を行く（太田浩司著）　奉行三成の文治政治（小和田哲男著）　側用人としての力（小和田哲男著）　三成に過ぎたるもの（火坂雅志著）　黒幕・三成の冤罪（小和田哲男著）　三成の「巨いなる企て」（堺屋太一著）　戦い続けた忠義の将（太田浩司著）『名将言行録』〈抄〉（岡谷繁実著）〉Ⓘ978-4-04-400319-7　Ⓝ289.1　〔760円〕

石巻市〔仮設住宅〕

◇ボランティアによる支援と仮設住宅―東日本大震災：家政学が見守る石巻の2年半　日本家政学会東日本大震災生活研究プロジェクト編，大竹美登利，坂田隆責任編集　建帛社　2014.5　163p　21cm　Ⓘ978-4-7679-6519-2　Ⓝ369.31　〔1900円〕

石巻市〔災害復興〕

◇「震災復興に関する地域経済学的アプローチ」調査報告書―地域経済分科会：平成25年度自主研究事業：東日本大震災関連調査研究　統計研究会　2014.3　45p　30cm〈文献あり　研究代表者：須田昌弥〉Ⓝ332.123

◇未来への道標―2011.3.11：東日本大震災から3年間の軌跡　震災復興記録誌編纂委員会編　石巻　石巻商工会議所　2014.11　77, 35p　30cm〈年表あり〉Ⓝ330.66

石巻市〔地域開発〕

◇「北上地域まちづくり委員会」支援活動報告書　2013年度　日本建築家協会東北支部宮城地域会北上支援チーム文責　仙台　日本建築家協会東北支部宮城地域会　2014.3　127p　30cm〈年表あり〉Ⓝ601.123

石巻市〔地域経済〕

◇「震災復興に関する地域経済学的アプローチ」調査報告書―地域経済分科会：平成25年度自主研究事業：東日本大震災関連調査研究　統計研究会　2014.3　45p　30cm〈文献あり　研究代表者：須田昌弥〉Ⓝ332.123

石巻市〔津波〕

◇石巻市立大川小学校「事故検証委員会」を検証する　池上正樹，加藤順子著　ポプラ社　2014.3　271p　19cm　Ⓘ978-4-591-13706-2　Ⓝ369.31　〔1500円〕

◇大川小学校事故検証報告書　〔出版地不明〕　大川小学校事故検証委員会　2014.2　15, 233p　30cm　Ⓝ369.31

◇大川小学校避難訓練さえしていたら……　金沢啓希著　文藝書房　2014.11　165p　19cm　Ⓘ978-4-89477-442-1　Ⓝ369.31　〔926円〕

石巻市〔東日本大震災〔2011〕―被害〕

◇東日本大震災あなたに持っていて欲しい物　相澤陽子著　ヒロエンタープライズ　2014.3　101p　21cm　Ⓝ916　〔1300円〕

日本件名図書目録2014　Ⅰ

石原　吉郎〔1915〜1977〕

◇東日本大震災生かされた命ありがとうお父さん　阿部恵久代著　ヒロエンタープライズ　2014.3　72p　21cm　Ⓝ916〔1100円〕

石巻市〔東日本大震災〔2011〕─被害─写真集〕
◇石巻─2011.3.27〜2014.5.29　橋本照嵩写真　横浜　春風社　2014.9　1冊（ページ付なし）25cm　Ⓘ978-4-86110-414-5　Ⓝ369.31　〔4500円〕

石巻市〔被災者支援〕
◇10倍挑戦、5倍失敗、2倍成功!?─ちょっとはみだしもっとつながる爆速ヤフーの働き方　爆速ヤフー著，ヤフー株式会社監修　東洋経済新報社　2014.7　239p　19cm　Ⓘ978-4-492-04531-2　Ⓝ007.35　〔1500円〕

石巻市〔無形文化財─情報サービス〕
◇石巻市に関する文化的リソースを利活用した芸術プログラムの開発実践研究─調査研究報告書　向井知子〔著〕，第一生命財団編　第一生命財団　2014.9　74p　30cm　〈文献あり〉Ⓝ709.123　〔非売品〕

石巻市〔料理店〕
◇料理店の震災談義─被災経験から災害対応を考え直す　阪本真由美,佐藤翔輔監修　〔出版地不明〕　全国芽生会連合会石巻芽生会　2014.10　67p　21cm　〈共同刊行：宮城県料理業生活衛生同業組合石巻市組合員ほか〉Ⓝ673.97

石巻商工会議所
◇未来への道標─2011.3.11：東日本大震災から3年間の軌跡　震災復興記録誌編纂委員会　石巻　石巻商工会議所　2014.11　77, 35p　30cm　〈年表あり〉Ⓝ330.66

石巻市立大川小学校
◇石巻市立大川小学校「事故検証委員会」を検証する　池上正樹,加藤順子著　ポプラ社　2014.3　271p　19cm　Ⓘ978-4-591-13706-2　Ⓝ369.31　〔1500円〕

◇大川小学校事故検証報告書　〔出版地不明〕　大川小学校事故検証委員会　2014.2　15, 233p　30cm　Ⓝ369.31

◇大川小学校避難訓練さえしていたら……　金沢啓修著　文藝書房　2014.11　165p　19cm　Ⓘ978-4-89477-442-1　Ⓝ369.31　〔926円〕

石巻専修大学
◇石巻専修大学自己点検・評価報告書─公益財団法人大学基準協会大学評価（認証評価）申請─石巻専修大学に対する大学評価（認証評価）結果　平成25年度　石巻専修大学事務部事務課編〔石巻〕　石巻専修大学自己点検・評価全学委員会　2014.4　120, 19, 19p　30cm　Ⓝ377.1

◇東日本大震災石巻専修大学報告書　第3号　石巻　石巻専修大学　2014.3　140p　30cm　〈折り込1枚〉Ⓝ377.21

石ノ森　章太郎〔1938〜1998〕
◇手塚治虫×石ノ森章太郎マンガのちから─特別展　手塚治虫,石ノ森章太郎〔作〕，NHKプロモーション,手塚プロダクション,石森プロ編　〔東京〕　NHKプロモーション　2014.6　230p　29cm　〈年表あり　会期・会場：2013年6月29日─9月8日　東京都現代美術館ほか　執筆：藤子不二雄(A)ほか〉Ⓝ726.101

◇手塚治虫×石ノ森章太郎マンガのちから─特別展　別冊　第4部「未来へ生き続ける"ちから"」現代作家によるオマージュ作品集　NHKプロモーション,手塚プロダクション,石森プロ編〔東京〕　NHKプロモーション　2013.9　76p　26cm　Ⓝ726.101

石破　茂〔1957〜　〕
◇石破茂非公認後援会　どんどろけの会　メタモル出版　2014.8　175p　19cm　Ⓘ978-4-89595-865-3　Ⓝ314.85〔1380円〕

石橋　湛山〔1884〜1973〕
◇石橋湛山　姜克實著　吉川弘文館　2014.2　271p　19cm（人物叢書　新装版　通巻278）〈文献あり　年譜あり〉Ⓘ978-4-642-05271-9　Ⓝ289.1　〔2200円〕

◇近代日本と石橋湛山─『東洋経済新報』の人びと　松尾尊兊著　東洋経済新報社　2013.7　341,5p　20cm　〈索引あり　内容：東洋経済新報　『東洋経済新報』五〇〇〇号によせて　日露戦後における非軍国主義の潮流の一波頭　片山潜、三浦銕太郎と石橋湛山　大正デモクラシーと三・一独立運動　大日本主義か小日本主義か　三浦銕太郎小論　三浦銕太郎『支那事変処理の方針』について　大正デモクラシーの頂点・石橋湛山　石橋湛山小論　石橋湛山の平和構想　内村鑑三と石橋湛山　吉野作造と石橋湛山の中国論・断章　中村太八郎の家庭と石橋湛山　石橋湛山と野口泰次　戦時下憲法の経済倶楽部監視　『石橋湛山全集』の刊行によせて　大原万平さん　書評・筒井

清忠『石橋湛山─自由主義政治家の軌跡』　「石橋湛山研究」事始め〉Ⓘ978-4-492-06190-9　Ⓝ311.21　〔3400円〕

石橋　信夫〔1921〜2003〕
◇熱い心が人間力を生む─複眼経営者「石橋信夫」に学ぶ　樋口武男著　文藝春秋　2014.6　258p　19cm　〈内容：人の上に立つ人間は、七つのオキテを肝に銘じるべきです。（半藤一利述）歴史とは透明な板みたいなもの。過去と現在と未来を重ねて透かして見るのが楽しい。（黒鉄ヒロシ述）　竜馬がカッコイイのは、土佐弁で日本を語るから。ローカルこそ日本を蘇らせる原動力です。（武田鉄矢述）　男でも女でも、「志」をもって道を切り拓く。そんな凛々しい生き方に私は魅かれます。（諸田玲子述）　二十一世紀の問題は微生物発酵で解決できる。食べ物は単なる食料ではなく、兵器です。（小泉武夫述）　大阪城へヨモギを採りに。裕福ではなかったけど、幸せだった戦後の大阪の思い出です。（富司純子述）　コツコツとやり続けると、少しずつできるようになる。それが楽しいんです。（由美かおる述）　ごきげんに百二十五歳まで生きる。僕はそれを狙っています。狙える時代がきているんです。（坪田一男述）いつも会議ばかりで決断しない。スピード感がない。これでは、日本に可能性はありません。（安藤忠雄述）　東京のええカッコしいはもうやめて、これからは「大阪方式」でいこう。（渡辺淳一述）　安土桃山時代は、本来、安土大阪時代です。古墳時代にしても…。（井上章一述）　設計の途中は山あり谷あり。盛り上がったり、そっぽ向いたり。恋愛と同じです。（隈研吾述）　日本の伝統を守るため、若い衆の目標になることを親方が示さないと。強くなりすぎて、「勝った」と思ったら逆転される。そこで冷静になれるかどうか。（舞の海秀平述）　役者として長年重荷を背負ってきて、ちょっと筋肉がついてきた気がします。（役所広司述）　英語ができれば優秀ですか。それなら企業は、英語の母語話者だけ雇えばいいわけです。（鳥飼玖美子述）「時期尚早」「前例がない」なんて言ってたら、百年たっても、新しいことはできません。（川淵三郎述）　日本を今ともに生きている人たちの幸せを願うこと。それがすべての出発点です。（堀田力述）〉Ⓘ978-4-16-390049-0　Ⓝ289.1　〔1500円〕

石原　莞爾〔1886〜1949〕
◇石原莞爾アメリカが一番恐れた軍師─若き男たちの満州建国　早瀬利之著　双葉社　2014.8　238p　18cm　（双葉新書 095）〈文献あり〉Ⓘ978-4-575-15446-7　Ⓝ222.5　〔840円〕

石原　俊介〔1942〜2013〕
◇黒幕─巨大企業とマスコミがすがった「裏社会の案内人」　伊藤博敏著　小学館　2014.11　317p　20cm　Ⓘ978-4-09-379865-5　Ⓝ289.1　〔1800円〕

石原　慎太郎〔1932〜　〕
◇私の海　石原慎太郎著　幻冬舎　2014.6　143p　23×23cm　Ⓘ978-4-344-02600-1　Ⓝ910.268　〔3000円〕

石原時計店
◇石原時計店物語　石原実著　大阪　石原時計店　2013.11　407p　22cm　〈年表あり　発行所：海風社〉Ⓘ978-4-87616-023-5　Ⓝ535.2

石原プロモーション
◇石原裕次郎・渡哲也石原プロモーション50年史─1963-2013　調布　石原プロモーション　2014.1　397p　27cm　Ⓝ778.067

石丸　安世〔1834〜1902〕
◇日本電信の祖石丸安世─慶応元年密航留学した佐賀藩士　多久島澄子著　慧文社　2013.11　491p　20cm　〈文献あり　年譜あり　索引あり〉Ⓘ978-4-86330-061-3　Ⓝ289.1　〔2500円〕

石丸神明宮〔砺波市〕
◇神明宮合祀百年記念誌─石丸の杜から永久の恵み　神明宮合祀百年誌編纂委員会編纂　砺波　神明宮合祀百年祭実行委員会　2013.12　105p　図版8p　26cm　〈年表あり　文献あり〉Ⓝ175.942

石牟礼　道子〔1927〜　〕
◇『苦海浄土』論─同態復讐法の彼方　臼井隆一郎著　藤原書店　2014.8　278p　20cm　Ⓘ978-4-89434-930-8　Ⓝ916　〔3200円〕

◇葭の渚─石牟礼道子自伝　石牟礼道子著　藤原書店　2014.1　391p　20cm　〈年譜あり〉Ⓘ978-4-89434-940-7　Ⓝ910.268　〔2200円〕

石原　吉郎〔1915〜1977〕
◇パウル・ツェランと石原吉郎　冨岡悦子〔著〕　みすず書房　2014.1　269p　20cm　〈文献あり　内容：二つの帰郷　かけがえのない死者　呪いと祈りもたずさえて　連帯の磁場　沈黙に生成された言葉　詩は誰に宛てられているか　光と風が問うもの　人間と神　何が不遜か　あらゆる安息のかわりに　死はそれほどにも出発である〉Ⓘ978-4-622-07812-8　Ⓝ941.7〔3600円〕

81

いすず自動車株式会社

◇いすゞ乗用車—1922-2002 当摩節夫著 三樹書房 2014.7 163p 27cm 〈文献あり 年表あり 2013年刊のいすゞベレット1600GT誕生50周年記念版 布装〉①978-4-89522-629-5 Ⓝ537.92 ［4800円］

イスタンブール（紀行・案内記）

◇あこがれのイスタンブール77日の絵日記 どこうひろこ絵と文 東洋書店 2014.5 95p 20×22cm ①978-4-86459-189-8 Ⓝ292.7409 ［2000円］

井筒 俊彦〔1914〜1993〕

◇井筒俊彦—言語の根源と哲学の発生 河出書房新社 2014.6 223p 21cm （KAWADE道の手帖）〈年譜あり 内容：コトバの形而上学（安藤礼二, 若松英輔述）エラノスで会った〈非〉学問の人（高橋巌述, 安藤礼二, 若松英輔聞き手）井筒宇宙の周縁で（大江健三郎著）『意識の形而上学—「大乗起信論」の哲学』を読む（田口ランディ著）下から（吉村萬壱著）『意識と本質』を読む（池田晶子著）言い難く豊かな砂漠の人（日野啓三著）井筒哲学を翻訳する（ジャン・コーネル・ホフ著, 野口良次訳）〈解体構築〉DÉ CONSTRUCTIONとは何か（ジャック・デリダ著, 丸山圭三郎訳）創造の出発点（中沢新一著）呪術と神秘（安藤礼二著）光と意識の形而上学（若松英輔著）「東洋の理想」の行方（中島岳志著）井筒俊彦とロシアと文字と戦争と（山城むつみ著）スピリチュアル・アナキズムに向かって（上野俊哉著）井筒俊彦とエラノス精神（河合俊雄著）禅から井筒哲学を考える（末木文美士著）井筒俊彦と道元（頼住光子著）井筒俊彦の主要著作に見る日本的イスラーム理解（池内恵著）井筒俊彦とプロティノス（納富信留著）井筒俊彦とインド哲学（澤井義次著）詩と宗教と哲学の間（鎌田東二著）地球社会化時代の東洋哲学（野平宗弘著）「読む」ことの西洋（松枝到著）精神的東洋を索めて（永井晋著）〉①978-4-309-74053-9 Ⓝ289.1 ［1600円］

伊豆の国市（防災計画）

◇伊豆の国市地域防災計画 ［伊豆の国］ 伊豆の国市防災会議 2014.5 370p 30cm Ⓝ369.3

イズミ

◇道なき時代に, 道をつくる—混迷の時代こそチャンスだ 山西義政著 丸善プラネット 2014.11 297p 19cm 〈丸善出版（発売）〉①978-4-86345-228-2 Ⓝ673.868 ［1500円］

泉 鏡花〔1873〜1939〕

◇泉鏡花—転成する物語 秋山稔著 梧桐書院 2014.4 676p 22cm 〈内容：転成する物語 『冠彌左衛門』考 『貧民倶楽部』と慈善の時代 明治二十七年の鏡花・忍月・悠々 『乱菊』の成立 『乱菊』本文考 『義血侠血』の背景 『取舵』考 『照葉狂言』懐旧と離郷 『勝手口』試論 『七本桜』本文考 〈越中もの〉の素材 『黒百合』の生成 『風流線』の一考察 『湖のほとり』から『風流線』へ 自然主義と鏡花 『無憂樹』の語りとイメージ 『春昼』『春昼後刻』における夢 『桜心中』の素材とモチーフ 『夫人利生記』の周辺 『夫人利生記』の成立 〈目細てると子もたち〉の物語 『縷紅新草』招魂の機構 紅葉門下における（転成）〉①978-4-340-40206-9 Ⓝ910.268 ［4000円］

◇草双の迷宮—泉鏡花の文様的想像力 三品理絵著 京都 ナカニシヤ出版 2014.7 261,6p 20cm 〈索引あり 内容：ふたつの「武蔵野」〈草双〉のつくり出すもの 『草迷宮』における歌絵の趣向 鏡花文学における自然と意匠 一九二〇〜七〇年における日本文学の能楽受容 『卵塔場の天女』再読 市場のブリコラージュ 問いつめ, 引き裂く花 泉鏡花と近世絵画の意匠〉①978-4-7795-0846-2 Ⓝ910.268 ［3800円］

泉 常次郎〔 〜1978〕

◇天晴れ！常次郎—明治男の仁・義・愛 泉五郎著 WAVE出版 2014.5 238p 20cm ①978-4-87290-689-9 Ⓝ289.1 ［1500円］

和泉 由紀〔1931〜 〕

◇追憶—雪しぐれの道 和泉由紀著 文芸社 2014.2 135p 19cm ①978-4-286-14632-4 Ⓝ289.1 ［1000円］

泉大津市（遺跡・遺物）

◇泉大津市埋蔵文化財発掘調査概報 33 泉大津市教育委員会生涯学習課編 泉大津 泉大津市教育委員会生涯学習課 2014.3 12p 30cm （泉大津市文化財調査報告 50）Ⓝ210.0254

◇大園遺跡発掘調査報告書 泉大津市教育委員会生涯学習課文化財係編 泉大津 泉大津市教育委員会生涯学習課文化財係 2013.3 54p 30cm （泉大津市文化財調査報告 49）〈泉大津市・和泉市所在 宅地造成工事に伴う埋蔵文化財発掘調査報告〉Ⓝ210.0254

泉大津市（写真集）

◇泉大津市の70年—かわりゆくふるさと：泉大津市制施行70周年記念写真集 泉大津市, 泉大津市教育委員会, 泉大津市制施行70周年記念写真集制作委員会 ［泉大津］ 泉大津市 2013.3 83p 30cm 〈年表あり 共同刊行：泉大津市教育委員会ほか〉Ⓝ216.3

泉大津市（歴史—史料—書目）

◇諸家文書目録—泉大津市内 泉大津市教育委員会, 泉大津市史料室編 ［泉大津］ 泉大津市教育委員会 2013.3 314p 30cm （泉大津市史料室紀要 6）〈共同刊行：泉大津市史料室〉Ⓝ216.3

いすみ市（エネルギー政策）

◇地域主導型再生可能エネルギー事業化検討委託業務（千葉県いすみ市）成果報告書 平成25年度 ［いすみ］ いすみライフスタイル研究所 2014.3 16, 103p 30cm 〈平成25年度環境省委託業務〉Ⓝ501.6

出水（遺跡・遺物）

◇旧海軍出水航空基地掩体壕発掘調査報告書 出水 出水市教育委員会 2014.3 41p 30cm （出水市埋蔵文化財発掘調査報告書 25）〈掩体壕1・2の埋蔵文化財確認発掘調査報告書〉Ⓝ210.0254

◇中郡遺跡群 鹿児島県教育委員会, 鹿児島県文化振興財団埋蔵文化財調査センター編 ［鹿児島］ 鹿児島県教育委員会 2014.3 228p 図版 2枚 30cm （公益財団法人鹿児島県文化振興財団埋蔵文化財調査センター発掘調査報告書 1）〈出水市野田町所在 南九州西回り自動車道建設（出水阿久根道路）に伴う埋蔵文化財発掘調査報告書 共同刊行：鹿児島県文化振興財団埋蔵文化財調査センター〉Ⓝ210.0254

出水（鶴—保護）

◇長期的ツル保護対策調査事業業務委託報告書 平成25年度 ［出水］ 出水市教育委員会 2014.3 45, 38p 30cm 〈文献あり〉Ⓝ488.5

出水市（歴史—史料）

◇税所文書—出水に於ける一向宗禁制史料 出水市教育委員会読書推進課編 新装版 ［出水］ 出水市教育委員会 2014.3 54p 21cm Ⓝ219.7

和泉市（遺跡・遺物）

◇和泉市埋蔵文化財発掘調査概報 24 和泉市教育委員会編 和泉 和泉市教育委員会 2014.3 9p 図版 5p 30cm Ⓝ210.0254

◇大園遺跡発掘調査報告書 和泉市教育委員会編 和泉 和泉市教育委員会 2014.3 243p 図版 100p 30cm 〈土地区画整理事業に伴う葛の葉地区の調査〉Ⓝ210.0254

◇大園遺跡発掘調査報告書 泉大津市教育委員会生涯学習課文化財係編 泉大津 泉大津市教育委員会生涯学習課文化財係 2013.3 54p 30cm （泉大津市文化財調査報告 49）〈泉大津市・和泉市所在 宅地造成工事に伴う埋蔵文化財発掘調査報告〉Ⓝ210.0254

◇惣ヶ池遺跡の発掘調査 ［和泉］ ［和泉市教育委員会］ ［2014］ 8p 30cm 〈鶴山台惣ヶ池公園改修工事に伴う発掘調査概要報告〉Ⓝ210.0254

和泉市（小学校—歴史）

◇信太・幸地成小学校の歩み 信太の森の鏡池史跡公園協力会研究グループ編 和泉 信太の森の鏡池史跡公園信太の森ふるさと館 2014.3 125枚 30cm 〈年表あり〉Ⓝ376.2163

和泉市（歴史—史料）

◇和泉の村の明細帳 1 塚田孝監修 和泉 和泉市教育委員会 2014.3 339p 26cm （和泉市史紀要 第20集）Ⓝ216.3

泉の台保育園

◇みらいへつなぐみんなの園—金沢・泉の台幼稚舎の試み 新保善正編集責任, 広本加奈恵編 金沢 泉の台保育園 2014.6 99p 19×26cm （能登印刷出版部（発売）写真：南島幻ほか〉①978-4-89010-637-0 Ⓝ526.36 ［2300円］

出雲（遺跡・遺物）

◇旧石器が語る「砂原遺跡」—遥かなる人類の足跡をもとめて 松藤和人, 成瀬敏郎著 松江 ハーベスト出版 2014.6 199p 19cm （山陰文化ライブラリー 6）①978-4-86456-107-5 Ⓝ217.3 ［1200円］

出雲市（観光事業—歴史）

◇出雲国大社観光史—参詣地から観光地へ ［大社町（島根県）］ 大社史話会 2014.9 249p 22cm Ⓝ689.2173

出雲市（古墳）

◇『国富中村古墳のお葬式』記録集—国富中村古墳発見10周年記念シンポジウム 出雲市文化環境部文化財課［編］ 出雲 出雲市文化環境部文化財課 2014.3 61p 30cm Ⓝ217.3

日本件名図書目録2014　I　　　　　　　　　　　　　　　　　　　　　　　　　　　イスラム圏（食品工業）

出雲市〔書目―解題〕
◇出雲市ブックガイド　出雲市文化環境部出雲中央図書館編　［出雲］　出雲市　2014.3　105p　26cm　Ⓝ025.8173

出雲大社〔出雲市〕
◇出雲大社と千家氏の秘密　中見利男著　宝島社　2014.9　255p　19cm〈文献あり〉①978-4-8002-3104-8　Ⓝ175.973　［1300円］
◇出雲大社の謎　瀧音能之著　朝日新聞出版　2014.11　235p　18cm（朝日新書 487）①978-4-02-273587-4　Ⓝ175.973　［760円］

出雲の阿国
◇出雲阿国展―"天下一"のアイドルの系譜：初期歌舞伎図から寛文美人図まで　島根県立美術館編　［松江］　島根県立美術館　2013.9　181p　19×27cm〈文献あり　会期・会場：平成25年9月27日―11月4日　島根県立美術館企画展示室〉Ⓝ774.22

イスラエル〔外国関係―アメリカ合衆国〕
◇アメリカがイスラエルを見捨てる日は来るのか　佐藤唯行著　日新報道　2014.4　235p　19cm〈文献あり〉①978-4-8174-0775-7　Ⓝ319.530279　［1500円］

イスラエル〔紀行・案内記〕
◇イスラエル旅行記―聖地巡礼と感謝の旅　河本豊子撮影，河本龍男旅行記　［出版地不明］　［河本豊子］　2013.5　232p　30cm〈年表あり〉Ⓝ292.7909

イスラエル〔宗教―歴史〕
◇イスラエル宗教史論考　中西敬二郎著　大阪　中西クレテ　2014.12　287p　22cm　Ⓝ162.279

イスラエル〔情報機関〕
◇モサド・ファイル―イスラエル最強スパイ列伝　マイケル・バー＝ゾウハー，ニシム・ミシャル著，上野元美訳　早川書房　2014.10　542p　16cm（ハヤカワ文庫 NF 417）〈文献あり〉①978-4-15-050417-5　Ⓝ391.6　［980円］

イスラエル〔歴史―古代〕
◇マンガ聖書時代の古代帝国―イスラエルの滅亡から新約までの歴史　クレマインド文・絵，チョビョンス監修，藤本匠訳　いのちのことば社　2014.12　226p　21cm〈文献あり　年表あり〉①978-4-264-03275-5　Ⓝ227.9　［1800円］

イスラム〔外国関係〕
◇終わりなき戦争に抗う―中東・イスラーム世界の平和を考える10章　中野憲志編　新評論　2014.3　292p　19cm〈内容：終わりなき戦争に抗う（中野憲志著）「正義」を超える「非戦」日本の貢献（平山恵著）　平和なアフガニスタンの国づくりのために、日本に期待されていること（レシャード・カレッド著）　市民が担うイスラーム/トルコの事例（イヤース・サリーム著，藤井詩織訳）「中東和平」の二〇年と占領経済のネオリベラル化（役重善洋著）　アラブ・イスラーム世界の「サウラ」〈反乱〉をどう読むか（臼杵陽著）　戦争を止めることが人権を守ること（藤岡美恵子著）　人権危機における武力介入（リアム・マホニー著，木村真希子，藤岡美恵子訳）「テロとの戦い」とNGO（長谷部貴俊著）　国際人権と人道的介入（阿部浩己著）〉①978-4-7948-0961-2　Ⓝ319.27　［2700円］

イスラム圏〔紀行・案内記〕
◇イスラム飲酒紀行　高野秀行［著］　講談社　2014.7　331p　図版16p　16cm（講談社文庫 た116-4）〈扶桑社 2011年刊の再刊〉①978-4-06-277876-3　Ⓝ292.709　［770円］

イスラム圏〔キリスト教徒〕
◇中東の思想と社会を読み解く　近藤洋平編　東京大学中東地域研究センタースルタン・カブース・グローバル中東研究寄付講座　2014.8　211p　26cm〈文献あり　内容：イスラームの諸思想を読み解く　Early embryos in Islamic bioethics（Kaoru Aoyagi）　現代エジプトにおけるイスラーム主義政治思想の動向（西野正巳著）「正統カリフ」概念の形成（橋爪烈著）　イスラーム法学史再考（堀井聡江著）　イブン・スィーナーとその後（小林春夫著）　ムスリム世界における少数派とその思想　12イマーム・シーア派のハディース観（吉田京子著）　極端派（グラート）の伝統とアラウィー派（菊地達也著）　イバード派イスラーム思想における罪の問題（近藤洋平著）　中東のキリスト教徒　東地中海世界における終末思想の展開（辻明日香著）　ムスリム王朝支配下のエジプトにおけるコプト・キリスト教徒の参詣・巡礼（大稔哲也著）〉①978-4-906952-01-4　Ⓝ311.227

イスラム圏〔国際投資〔日本〕〕
◇イスラム圏ビジネスの法と実務　イスラムビジネス法研究会，西村あさひ法律事務所編著　経済産業調査会　2014.7　400p　21cm〈年表あり　索引あり　内容：サウジアラビア・クウェートとのビジネス体験（小長啓一著）　シャリーアに基づ

く禁忌・禁止の法社会学的考察（片倉邦雄著）　中東の地殻変動と日本外交（向賢一郎著）　イスラーム法はいかにして経済的自由を支えるのか（奥田敦著）　グローバル市場経済の精神とイスラームの経済倫理（奥田敦著）　イスラーム契約法の基礎（柳橋博之著）　イスラーム法における契約の履行確保について（柳橋博之著）　現代世界におけるイスラーム経済の再興（長岡慎介著）　現代イスラーム経済論の新潮流（長岡慎介著）　ビジネスとイスラーム法（富岡幸喜著）　サウジアラビアの法制度（富岡幸喜著）　サウジアラビアの法律・司法制度（田中嘉孝著）　アラブ首長国連邦〈UAE〉の法制度（川上嘉夢，五十嵐チカ著）　グローバル・イスラーム金融市場の俯瞰（吉田悦章著）　イスラーム金融のスキーム紹介（斎藤創著）　イスラーム金融実務におけるシャリーア審査（吉田悦章著）　サウジアラビアにおけるイスラーム銀行の展開とその課題（福田安志著）　イスラーム金融はなぜ広がるか（武藤幸治著）　サウジアラビア投資環境（小野傑，松下由英著）　オマーン会社法の実務（石田康平著）　マレーシアにおけるハラール認証制度とハラール食品産業（福島康博著）　革命後のイラン（鈴木均著）〉①978-4-8065-2937-8　Ⓝ338.9227　［3800円］
◇決定版「ハラル」ビジネス入門　アクマル・アブ・ハッサン，恵島良太郎著　幻冬舎ルネッサンス　2014.9　210p　19cm①978-4-7790-1088-0　Ⓝ338.9227　［1500円］
◇ハラル認証取得ガイドブック―16億人のイスラム市場を目指せ！　森下翠恵，武井泉著　東洋経済新報社　2014.3　196p　21cm〈文献あり〉①978-4-492-53342-0　Ⓝ588.09　［2200円］

イスラム圏〔社会〕
◇池上彰が読む「イスラム」世界―知らないと恥をかく世界の大問題：学べる図解版第4弾：アラブの春の結末からハラルマーケットまで　池上彰著　KADOKAWA　2014.7　192p　21cm①978-4-04-731384-2　Ⓝ302.27　［1000円］
◇イスラーム世界の挫折と再生―「アラブの春」後を読み解く　内藤正典編著　明石書店　2014.5　352p　20cm〈内容：中東・イスラーム世界は、なぜここまで堕落したのか（内藤正典著）「アラブの春」の背景とムスリム世界の今後の展望（中田考著）　イスラーム社会における民主化の希望と失望（内藤正典著）　新中間層のイスラーム志向（森山拓也著）　ムスリム社会における信教の自由（井口有奈著）　マイノリティとしてのイスラーム（西直美著）　ムスリムタウンを歩く（志賀恭子著）　排除と包摂のムスリム社会（米川尚樹著）　イスラーム武装勢力と西アフリカ（竹谷まりえ著）「タリバン」の政治思想と組織（中田考著）〉①978-4-7503-4020-3　Ⓝ302.27　［2800円］
◇10年目の真実―9・11からアラブの春へ　太寿次郎著　NHK出版　2014.2　319p　19cm①978-4-14-081628-8　Ⓝ302.27　［1700円］
◇世界を動かす現代イスラム―日本人として知っておきたい　宮田律著　徳間書店　2014.3　212p　19cm〈文献あり〉①978-4-19-863739-2　Ⓝ302.27　［1300円］
◇ニュースではわからないイスラム57か国の実像　ロム・インターナショナル著，夢の設計社企画・編集　河出書房新社　2014.10　223p　15cm（KAWADE夢文庫 K1005）〈文献あり〉①978-4-309-49905-5　Ⓝ302.27　［620円］

イスラム圏〔少数者集団〕
◇中東の思想と社会を読み解く　近藤洋平編　東京大学中東地域研究センタースルタン・カブース・グローバル中東研究寄付講座　2014.8　211p　26cm〈文献あり　内容：イスラームの諸思想を読み解く　Early embryos in Islamic bioethics（Kaoru Aoyagi）　現代エジプトにおけるイスラーム主義政治思想の動向（西野正巳著）「正統カリフ」概念の形成（橋爪烈著）　イスラーム法学史再考（堀井聡江著）　イブン・スィーナーとその後（小林春夫著）　ムスリム世界における少数派とその思想　12イマーム・シーア派のハディース観（吉田京子著）　極端派（グラート）の伝統とアラウィー派（菊地達也著）　イバード派イスラーム思想における罪の問題（近藤洋平著）　中東のキリスト教徒　東地中海世界における終末思想の展開（辻明日香著）　ムスリム王朝支配下のエジプトにおけるコプト・キリスト教徒の参詣・巡礼（大稔哲也著）〉①978-4-906952-01-4　Ⓝ311.227

イスラム圏〔情報化社会〕
◇サイバー・イスラーム―越境する公共圏　保坂修司著，NIHUプログラムイスラーム地域研究監修　山川出版社　2014.3　125p　21cm（イスラームを知る 24）〈文献あり〉①978-4-634-47484-0　Ⓝ007.3　［1200円］

イスラム圏〔食品工業〕
◇決定版「ハラル」ビジネス入門　アクマル・アブ・ハッサン，恵島良太郎著　幻冬舎ルネッサンス　2014.9　210p　19cm①978-4-7790-1088-0　Ⓝ338.9227　［1500円］
◇食のハラール　砂井紫里編　早稲田大学重点領域研究機構プロジェクト研究所早稲田大学アジア・ムスリム研究所　2014.3

72p 30cm （早稲田大学アジア・ムスリム研究所リサーチペーパー・シリーズ vol. 3）〈文献あり 早稲田大学重点領域研究地球の中のアジアの共生〉①978-4-9907402-2-1 Ⓝ588.09

イスラム圏（女性問題）

◇イスラーム世界のジェンダー秩序―「アラブの春」以降の女性たちの闘い 辻上奈美江著 明石書店 2014.9 194p 19cm〈文献あり〉①978-4-7503-4067-8 Ⓝ367.227 ［2500円］

◇保護領統治期チュニジアのイスラームと女性解放思想に関する基礎史料―ターヒル・ハッダード著「シャリーアと社会における我々の女性」（「立法章」を中心として）若桑遼［著］［東京］上智大学アジア文化研究所 2014.3 100p 26cm（NIHU program Islamic area studies）〈文献あり 共同刊行：上智大学イスラーム研究センター〉①978-4-904039-77-9 Ⓝ367.27

イスラム圏（政治）

◇イスラム潮流と日本 宮田律著 イースト・プレス 2014.12 269p 18cm （イースト新書 044）①978-4-7816-5044-9 Ⓝ312.27 ［907円］

◇9.11以後のイスラーム政治 小杉泰著 岩波書店 2014.6 271p 19cm （岩波現代全書 034）〈文献あり〉①978-4-00-029134-7 Ⓝ312.27 ［2300円］

イスラム圏（政治思想）

◇中東の思想と社会を読み解く 近藤洋平編 東京大学中東地域研究センタースルタン・カブース・グローバル中東研究寄付講座 2014.8 211p 26cm 〈文献あり 内容：イスラームの諸思想を読み解く Early embryos in Islamic bioethics （Kaoru Aoyagi著）現代エジプトにおけるイスラーム主義政治思想の動向（西野正巳著）「正統カリフ」概念の形成（橋爪烈著）イスラーム法学史再考（堀井聡江著）イブン・スィーナーとその後（小林春夫著）ムスリム世界における少数派とその思想 12イマーム・シーア派のハディース観（吉田京子著）極端派（グラート）の伝統とアラウィー派（菊地達也著）イバード派イスラーム思想における罪の問題（近藤洋平著）中東のキリスト教徒 東地中海世界における終末思想の展開（辻明日香著）ムスリム王朝支配下のエジプトにおけるコプト・キリスト教徒の参詣・巡礼（大稔哲也著）〉①978-4-906952-01-4 Ⓝ311.227

イスラム圏（図書―歴史）

◇イスラム書物の歴史 小杉泰, 林佳世子編 名古屋 名古屋大学出版会 2014.6 453p 22cm 〈索引あり 内容：光は東方から（小杉泰著）イスラームの誕生と聖典クルアーン（小杉泰著）製紙法の伝播とバグダード紙市場の繁栄（清水和裕著）アラビア語正書法の成立（竹田敏之著）写本クルアーンの世界（小杉麻李亜著）イブン・ナディームの『目録』（清水和裕著）アラビア文字文化圏の広がりと写本文化（東長靖著）書物の形と制作技術（後藤裕加子著）アラビア書道の流派と書家たち（竹田敏之著）書物挿絵の美術（ヤマンラール水野美奈子著）イスラーム科学の写本（山本啓二著）アラブの歴史書と歴史家（中町信孝著）神秘家たちの修行と書物（東長靖著）サファヴィー朝のペルシア語写本（後藤裕加子著）オスマン朝の写本文化（小笠原弘幸著）オスマン朝社会における本（林佳世子著）ムガル朝インドの写本と絵画（真下裕之著）イスラーム写本の流通と保存（三浦徹著）写本研究の愉しみ 1 アラブ史の現場から（大稔哲也著）写本研究の愉しみ 2 オスマン朝史の現場から（永田雄三著）イスラーム世界と活版印刷（林佳世子著）聖典の刊本とデジタル化（小杉麻李亜著）デジタル時代の古典復興（小杉泰著）〉①978-4-8158-0773-3 Ⓝ020.22 ［5500円］

イスラム圏（歴史）

◇イスラム世界歴史地図 デヴィッド・ニコル著, 清水和裕監訳 明石書店 2014.3 191p 31cm ①978-4-7503-3962-7 Ⓝ227 ［15000円］

◇諸国征服史 3 バラーズリー著, 花田宇秋訳 岩波書店 2014.9 195,93p 22cm （イスラーム原典叢書）〈索引あり 布装〉①978-4-00-028417-2 Ⓝ227 ［9200円］

◇世界史の中のイスラーム 日韓文化交流基金 2014.3 184p 26cm （日韓・韓日歴史家会議報告書 第13回）〈文献あり 会期：2013年10月25日―27日 内容：記念講演会「歴史家の誕生」 韓国史学の成長と苦悶を見つめながら（趙珖著）朝貢システム論から見る東アジア（濱下武志述）イスラームをどう見るのか？ 一般史におけるイスラーム（車河淳著）世界史の中のイスラーム（加藤博著）イスラームとヨーロッパ・アフリカ 中世スペインの‘再征服（reconquista）’とムスリム女性のイメージ（徐榮健著）フランス共和国とイスラーム（朴檀英著）文明の十字路（高山博著）西アフリカのイ

スラームと人種表象（坂井信三著）イスラームとアジア 東南アジアのイスラームとグローバルイスラムネットワーク（呉明錫著）朝鮮初期の科学とイスラーム（南文鉉著）空間概念の歴史の意味とイスラームの東方への伝播（羽田正述）イスラームとアジア（臼杵陽著）〉Ⓝ227

イスラム国

◇「イスラーム国」の脅威とイラク 吉岡明子, 山尾大編 岩波書店 2014.12 283p 19cm 〈内容：「イスラーム国」はイラク戦争とシリア内戦で生まれた（酒井啓子著）マーリキー政権の光と影（山尾大著）隠された二つの「クーデタ」（山尾大著）クルディスタンとその係争地（吉岡明子著）揺らぐイラクの石油の支配（吉岡明子著）「イスラーム国」とシリア紛争（髙岡豊著）「イスラーム国」とアルカーイダ（保坂修司著）シーア派イスラーム革命体制としてのイランの利害と介入の範囲（松永泰行著）「イスラーム国」が浮き彫りにする国際政治の闇（酒井啓子著）〉①978-4-00-061008-7 Ⓝ316.4 ［1700円］

◇イスラム国の正体 黒井文太郎著 ベストセラーズ 2014.12 206p 18cm （ベスト新書 465）①978-4-584-12465-9 Ⓝ316.4 ［830円］

伊勢崎市（遺跡・遺物）

◇新屋敷遺跡 2 スナガ環境測設株式会社編 伊勢崎 伊勢崎市 2013.3 22p 図版 ［6］枚 30cm （伊勢崎市文化財調査報告書 第108集）〈市道（伊）2-558号線築造に伴う埋蔵文化財発掘調査報告書〉Ⓝ210.0254

◇伊与久・久保田東遺跡 3 伊勢崎市教育委員会文化財保護課編 伊勢崎 伊勢崎市教育委員会文化財保護課 2013.3 16p 図版 7p 30cm （伊勢崎市文化財調査報告書 第107集）〈市道（境）2-24号線整備事業に伴う埋蔵文化財発掘調査報告書〉Ⓝ210.0254

◇三軒屋遺跡 総括編 伊勢崎 伊勢崎市教育委員会文化財保護課 2013.2 134p 図版 16p 30cm （伊勢崎市文化財調査報告書 第106集）〈上野国佐位郡衙正倉院発掘調査報告書〉Ⓝ210.0254

◇市内遺跡 2 伊勢崎 伊勢崎市教育委員会文化財保護課 2013.3 23p 図版 5p 30cm （伊勢崎市文化財調査報告書 第109集）Ⓝ210.0254

◇本関町古墳群・関遺跡（2）群馬県埋蔵文化財調査事業団編 渋川 群馬県埋蔵文化財調査事業団 2014.3 304p 図版 124p 30cm （公益財団法人群馬県埋蔵文化財調査事業団調査報告書 第583集）〈群馬県伊勢崎土木事務所の委託による社会資本整備総合交付金事業（活力創出基盤整備）国道462号（本関拡幅）に伴う埋蔵文化財発掘調査報告書〉Ⓝ210.0254

◇宗高南遺跡 群馬県埋蔵文化財調査事業団編 渋川 群馬県埋蔵文化財調査事業団 2014.3 39p 図版 11p 30cm （公益財団法人群馬県埋蔵文化財調査事業団調査報告書 第585集）〈群馬県伊勢崎土木事務所の委託による 社会資本整備総合交付金（防災・安全/街路）事業（都）3.4.18号伊勢崎桐生線に伴う埋蔵文化財発掘調査報告書〉Ⓝ210.0254

伊勢崎市（障害者福祉）

◇伊勢崎市障害者計画 第2次 伊勢崎市福祉部障害福祉課編 ［伊勢崎］伊勢崎市 2014.3 79p 30cm Ⓝ369.27

伊勢市（遺跡・遺物）

◇伊勢山田散策ふるさと再発見 濱口主一著 ［伊勢］伊勢郷土会 2014.6 254p 21cm Ⓝ215.6 ［1852円］

◇円座近世墓群発掘調査報告 三重県埋蔵文化財センター編 ［明和町（三重）］三重県埋蔵文化財センター 2014.2 51p 30cm （三重県埋蔵文化財調査報告 344）〈伊勢市円座町所在〉Ⓝ210.0254

伊勢市（行政）

◇伊勢市総合計画 第2次 平成26年度―平成29年度 伊勢市情報戦略局企画調整課編 ［伊勢］伊勢市 2014.10 204p 30cm Ⓝ318.256

伊勢市（地域社会）

◇地域福祉とまちづくりに関する調査報告書―社会福祉学部・現代日本社会学部平成24年度社会調査実習 伊勢 皇學館大学社会福祉学部 2013.3 170p 30cm〈共同刊行：皇學館大学現代日本社会学部〉Ⓝ369.02156

伊勢市（図書館建築―保存・修復）

◇国史跡旧豊宮崎文庫保存修理工事報告書 林廣伸建築事務所編 伊勢 伊勢市教育委員会 2014.3 162p 30cm 〈年表あり〉Ⓝ521.8

伊勢志摩

◇目で見る鳥羽・志摩の海女 海の博物館編 第2版 鳥羽 海女振興協議会 2013.4 63p 26cm Ⓝ384.36

伊勢神宮〔伊勢市〕

◇伊勢神宮―式年遷宮と祈り　石川梵著，河合真如監修　集英社　2014.4　254p　18cm　（集英社新書）〈文献あり〉　Ⓘ978-4-08-720733-0　Ⓝ175.8　［1200円］

◇伊勢神宮　太田新之介著　三島　新之介文庫　2014.7　283p　22cm〈年表あり〉Ⓘ978-4-906853-00-7　Ⓝ521.817　［3600円］

◇伊勢神宮と日本文化―式年遷宮"常若"の英知　所功著　勉誠出版　2014.4　220p　19cm〈文献あり 年表あり　内容：『伊勢の神宮』『伊勢神宮』の序跋　伊勢神宮に関する基礎知識20　将来世代と共生する神宮の英知　世界から注目される"常若"日本の聖地　皇祖神・総氏神の神宮と日本人　国民奉賛による式年遷宮の意義　出雲大社を訪ね遷御を奉拝　お伊勢さん「御白石持行事」奉仕記　第六十二回「式年遷宮」覚え書き　明和の『御蔭参り百人一首』〉Ⓘ978-4-585-21018-4　Ⓝ175.8　［1800円］

◇伊勢の神宮御装束神宝　南里空海著　世界文化社　2014.1　208p　22cm〈文献あり〉Ⓘ978-4-418-13231-7　Ⓝ702.17　［2400円］

◇怨霊・怪異・伊勢神宮　山田雄司著　京都　思文閣出版　2014.6　407,25p　22cm〈索引あり　内容：怨霊の思想　怨霊への対処　怨霊から神へ　怨霊　源頼朝の怨霊観　讃岐国における崇徳院伝説の展開　怨霊と怨親平等との間　鎌倉時代の怪異　平家物語・保元物語・平治物語の「怪異」　怪異と穢との間　親鸞における神と鬼神　穢と不浄をめぐる神と仏　伊勢神宮の中世的意義　中世伊勢国における仏教の展開と都市　院政期の伊勢神宮と斎宮　室町時代伊勢神宮の怪異　足利義持の伊勢参宮　国阿上人の見た伊勢　室町時代の災害と伊勢神宮〉Ⓘ978-4-7842-1747-2　Ⓝ210.3　［7000円］

◇近世伊勢神宮領の触穢観念と被差別民　塚本明著　大阪　清文堂出版　2014.3　420p　22cm〈年表あり　内容：序章　死穢の判定　速懸　犬狩　仏教の受容と忌避　被差別民の参宮とその影響　拝田・牛谷の民　内宮周辺農村の被差別民　神宮直轄領の被差別民　朝廷の「触穢令」と神宮領　神宮領の鳴物停止令　幕末異国人情報と伊勢神宮　終章〉Ⓘ978-4-7924-1007-0　Ⓝ210.5　［9500円］

◇神苑への架け橋―伊勢神宮宇治橋　西田壽起著　［出版地不明］　［西田壽起］　2014.4　80p　21cm〈文献あり〉Ⓝ175.8

◇神宮雑事　渡辺修編　伊勢　皇學館大学研究開発推進センター　2014.3　238p　21cm　Ⓝ175.8

◇聖地伊勢へ　南川三治郎著　名古屋　中日新聞社　2014.4　133p　22cm〈会期・会場：2014年5月24日―6月22日 三重県総合博物館〉Ⓘ978-4-8062-0668-2　Ⓝ175.8　［1200円］

◇二宮叢典　中篇　吉川弘文館　2014.1　1053p　23cm　（増補大神宮叢書 21）〈内容：松木禰宜年中行事　荷用年中日記　有爾日記（有爾中村の半兵衛編）　皇太神宮當時年中行事　内宮宮中圖解　外宮殿舎圖　兩宮諸社祭式勘考　外宮法式大概（檜垣常晨著）　齋王卜定記　神馬進獻式　天粟書零記（中川經盛著）　鳥名子記　松木全彦位記　儀式帳序一首（山崎闇齋著）　吉田兼倶謀計記（出口延佳編）　貞享廳宣（度會久長著）　連理樹奏聞状幷勘例　外宮千木顛倒略記　度會宮直會院記（出口延經著）　太神宮造制或問（中西信慶著）　神祇略記幷神宮文躰　寛文九年宮中諸法度　延寶六年貮拾八ケ條宮中諸法度　師職帶刀御免記　神領日記　近代内宮神領納所記　大宮司家領記　元祿九年御祈記　神宮方書　御衣祭記（黒瀬益弘著）　八足寸法記　神道名目抄　御祓銘論江戸下向記　内宮殿舎寸法頭工引付・外宮御田祭日記　兩宮遷宮上方役人下行物覺　長官常和日次記（檜垣常和著）　水饗神社記　永享六年遷宮記　慶長九年山口祭記　兩大神宮御假殿重事　寛永外宮正遷宮次第記　寛文正遷宮行事大略　寛文四所遷宮記　元祿二年内宮遷宮記（中川經盛撰）　御樋代再興記（松木彦敬編）　神寶送官符　神寶送官符　總位階沙汰文　上　總位階沙汰文　下　豊受太神宮禰宜賞爵沙汰文　上　豊受太神宮禰宜賞爵沙汰文　下　伊雜宮沙汰文　上　伊雜宮沙汰文　下　大成經破文（龍熙近著）〉Ⓘ978-4-642-00401-5　Ⓝ175.8　［16000円］

◇二宮叢典　後篇　吉川弘文館　2014.9　1067p　23cm　（増補大神宮叢書 22）〈内容：一殿宮人沙汰文（黒瀬益弘編）奉仕來歴　諸神事勘考（黒瀬益弘著）　永正十五年一社奉幣使記　元文五年公卿敕使記（松木智彦編）　忌詞内外七言集釋（久志本常彰著）　祭主改替記　近世司家記（三日市堯脩編）　二宮長官次第記（黒瀬益弘編）　府尹記　外宮政所年中行事（黒瀬益弘著）　上部氏古文書　内宮三箇寺沙汰文　舊記勘例（黒瀬益弘著）　杉落葉（喜早清在著）　榊葉　上（喜早清在著）　榊葉　下（喜早清在著）　神名帳考證再考（橋村正身著）　二所太神宮雜用正史略記　序（出口延佳監修，秦光近，度會正滿ほか編）　二所太神宮雜用正史略記　第1　日本紀部上（出口延佳監修，秦光近，度會正滿ほか編）　二所太神宮雜用正史略記　第2　日本紀部中（出口延佳監修，秦光近，度會正滿ほか編）　二所太神宮雜用正史略記　第3　日本紀部下（出口延佳監修，秦光近，度會正滿ほか編）　二所太神宮雜用正史略記　第4　續日本紀部上（出口延佳監修，秦光近，度會正滿ほか編）　二所太神宮雜用正史略記　第5　續日本紀部下（出口延佳監修，秦光近，度會正滿ほか編）　二所太神宮雜用正史略記　第6　日本後紀部（出口延佳監修，秦光近，度會正滿ほか編）　二所太神宮雜用正史略記　第7　續日本後紀部（出口延佳監修，秦光近，度會正滿ほか編）　二所太神宮雜用正史略記　第8　文德實錄部（出口延佳監修，秦光近，度會正滿ほか編）　二所太神宮雜用正史略記　第9　三代實錄部上（出口延佳監修，秦光近，度會正滿ほか編）　二所太神宮雜用正史略記　第10　三代實錄部中（出口延佳監修，秦光近，度會正滿ほか編）　二所太神宮雜用正史略記　第11　三代實錄部下（出口延佳監修，秦光近，度會正滿ほか編）　二所太神宮雜用正史略記　第12　扶桑略記部上（出口延佳監修，秦光近，度會正滿ほか編）　二所太神宮雜用正史略記　第13　扶桑略記部中（出口延佳監修，秦光近，度會正滿ほか編）　二所太神宮雜用正史略記　第14　扶桑略記部下（出口延佳監修，秦光近，度會正滿ほか編）　二所太神宮雜用正史略記　第15　東鑑部上（出口延佳監修，秦光近，度會正滿ほか編）　二所太神宮雜用正史略記　第16　東鑑部中（出口延佳監修，秦光近，度會正滿ほか編）　二所太神宮雜用正史略記　第17　東鑑部下（出口延佳監修，秦光近，度會正滿ほか編）　伊勢外宮大夫高木生墓碣銘　大宮司精長引付　1　大宮司精長引付　2　大宮司精長引付　3　敕幣中興記（荒木田經盛編）　齋館式（外宮禰宜中編）〉Ⓘ978-4-642-00402-2　Ⓝ175.8　［16000円］

◇女神の聖地伊勢神宮　千種清美著　小学館　2014.4　255p　18cm　（小学館新書 209）〈文献あり〉Ⓘ978-4-09-825209-1　Ⓝ175.8　［740円］

◇悠久の森―神宮の祭祀と歴史　音羽悟著　弘文堂　2014.6　326,7p　22cm〈文献あり 索引あり　内容：宇治橋の歴史について　御裳濯川大橋の架橋について　饗土橋姫神社の歴史について　風日祈宮橋の歴史について　五十鈴川の歴史について　山口祭・木本祭の日時の沿革について　御樋代木奉曳式の沿革について　御船代祭の沿革について　鎮地祭の歴史について　鎮地祭・心御柱奉建・立柱祭・上棟祭の日時の沿革について　立柱祭・上棟祭の歴史について　杵築祭の歴史について　神嘗祭の古儀について　神田の由来　内宮の御田祭の歴史　外宮の御田祭の歴史　抜穂祭の歴史について　近世における古儀復興の精神　御祓大麻の起源と沿革　豊臣秀吉の勤王　神宮の文書収蔵の変遷　重要文化財『天養記』について　重要文化財『神鳳鈔』について　重要文化財『氏経卿神事記』について　神社と環境〉Ⓘ978-4-335-16075-2　Ⓝ175.8　［4800円］

伊勢原市（遺跡・遺物）

◇石田・桐ノ木遺跡第2地点発掘調査報告書　玉川文化財研究所編著　［横浜］　玉川文化財研究所　2013.10　56p 図版 12p　30cm〈神奈川県伊勢原市所在〉Ⓝ210.0254

◇上粕屋・鳥居崎遺跡　大成エンジニアリング　2014.6　25p 図版 7p　30cm　（神奈川県埋蔵文化財発掘調査報告書 21）〈県道611号（大山板戸）交通安全施設等整備工事に伴う発掘調査〉Ⓝ210.0254

◇神成松遺跡第3地点　町田　吾妻考古学研究所　2014.10　266p 図版 51p　30cm　（神奈川県埋蔵文化財発掘調査報告書 25）〈県道603号（上粕屋厚木）道路改良工事に伴う発掘調査〉Ⓝ210.0254

◇神成松遺跡第5地点　パスコ　2014.8　214p 図版 40p　30cm　（神奈川県埋蔵文化財発掘調査報告書 23）〈文献あり　県道603号（上粕屋厚木）道路改良工事に伴う発掘調査〉Ⓝ210.0254

◇下北原遺跡　3　横浜　玉川文化財研究所　2014.12　247p 図版 75p　30cm　（神奈川県埋蔵文化財発掘調査報告書 27）〈伊勢原浄水場排水処理棟建設工事に伴う発掘調査〉Ⓝ210.0254

◇田中・第六天遺跡第2地点発掘調査報告書　玉川文化財研究所編著　［伊勢原］　伊勢原市　2014.3　80p 図版 24p　30cm〈神奈川県伊勢原市所在　平成25年度都市計画道路田中笠窪線埋蔵文化財調査業務〉Ⓝ210.0254

◇西富岡・向畑遺跡　1 第1分冊　［横浜］　かながわ考古学財団　2014.2　482p　30cm　（かながわ考古学財団調査報告 298）〈新東名高速道路（伊勢原市西富岡地区）建設事業に伴う発掘調査〉Ⓝ210.0254

◇西富岡・向畑遺跡　1 第2分冊　横浜　かながわ考古学財団　2014.2　p483-740 図版 160p　30cm　（かながわ考古学財団調査報告 298）〈新東名高速道路（伊勢原市西富岡地区）建設事業に伴う発掘調査〉Ⓝ210.0254

伊勢原市（史跡名勝）

◇いせはら―史跡と文化財のまち　伊勢原市教育委員会教育部文化財課編　第3版　伊勢原　伊勢原市教育委員会教育部文化財課　2014.3　242p　21cm〈年表あり　文献あり　共同刊行：伊勢原市〉Ⓝ291.37

伊勢原市（文化財）

◇いせはら―史跡と文化財のまち　伊勢原市教育委員会教育部文化財課編　第3版　伊勢原　伊勢原市教育委員会教育部文化財課　2014.3　242p　21cm〈年表あり　文献あり　共同刊行：伊勢原市〉Ⓝ291.37

伊勢湾

◇広域総合水質調査資料解析業務報告書　平成24年度　平成22年度調査結果　平成23年度調査結果　［東京］　環境省水・大気環境局水環境課閉鎖性海域対策室　2013.3　1冊　30cm　Ⓝ519.4

伊仙町（鹿児島県）（遺跡・遺物）

◇カメコ遺跡　霧島　鹿児島県立埋蔵文化財センター　2014.3　68p　30cm　（鹿児島県立埋蔵文化財センター発掘調査報告書182）〈大島郡伊仙町所在〉Ⓝ210.0254

磯崎 新〔1931～〕

◇磯崎新インタヴューズ　磯崎新,日埜直彦著　LIXIL出版　2014.8　370p　22cm〈索引あり　別タイトル：磯崎新Interviews　内容：岸田日出刀・前川國男・丹下健三　五期会,『現代建築愚作論』,スターリニズムからの脱却　『空間へ』,《お祭り広場》,『日本の都市空間』　『日本の都市空間』の頃　丹下研究室から独立した頃およびル・コルビュジエ受容をめぐって　エーゲ海の都市・見えない都市・霧状のモナドターニングポイント,空間から環境へ　『建築の解体』へ　廃墟,空白,生成　手法論とはなんだったのか　「間」展前後のコネクションの広がりと日本的なものをリプレゼンテーションすること　建築の一九三〇年代から「間」展へ　ポストモダン一九六八―一九八九　「国家/日本的なもの」とのせめぎあい　数々の写真家たちとの関わり　「桂」/タウト　堀口捨己　手法論からの転回　二一世紀のアーキテクト/アーキテクチャ〉Ⓘ978-4-86480-011-2　Ⓝ523.1　［3500円］

板尾 創路

◇板尾日記　9　板尾創路著　リトルモア　2014.3　228p　19cm　Ⓘ978-4-89815-382-6　Ⓝ779.9　［1500円］

板垣 雄三〔1931～〕

◇板垣雄三先生インタビュー　vol.2　板垣雄三［述］,阿久津正幸編　人間文化研究機構地域研究推進事業「イスラーム地域研究」東京大学拠点　2014.3　93p　26cm　（TIAS Middle East research series no.8）〈著作目録あり　文献あり〉Ⓘ978-4-904039-82-3　Ⓝ227

板倉 武子

◇アラベスク―人間模様　板倉武子著　福岡　梓書院　2014.7　234p　19cm　Ⓘ978-4-87035-531-6　Ⓝ289.1　［926円］

伊丹市（遺跡・遺物）

◇有岡城跡発掘調査報告書　18　伊丹　伊丹市教育委員会　2014.3　168p　図版［11］枚　30cm　（伊丹市埋蔵文化財調査報告書　第41集）〈文献あり　兵庫県伊丹市所在　第316次調査I区〉Ⓝ210.0254

伊丹市（協働（行政）

◇市民と行政のパートナーシップ―伊丹市男女共同参画施策市民オンブードの記録：1997-2009年度　神戸大学ヒューマン・コミュニティ創成研究センタージェンダー研究・学習支援部門「市民と行政のパートナーシップ研究会」著　［神戸］　神戸大学ヒューマン・コミュニティ創成研究センタージェンダー研究・学習支援部門「市民と行政のパートナーシップ研究会」　2014.3　73,45p　30cm　Ⓝ367.2164

伊丹市（自然保護）

◇生物多様性いたみ戦略―人と生き物が共生し,水とみどりの潤うまち＝伊丹　伊丹市市民自治部環境政策室みどり公園課編　伊丹　伊丹市市民自治部環境政策室みどり公園課　2014.3　80p　30cm　Ⓝ519.8164

伊丹市（生物多様性）

◇生物多様性いたみ戦略―人と生き物が共生し,水とみどりの潤うまち＝伊丹　伊丹市市民自治部環境政策室みどり公園課編　伊丹　伊丹市市民自治部環境政策室みどり公園課　2014.3　80p　30cm　Ⓝ519.8164

伊丹市（男女共同参画）

◇市民と行政のパートナーシップ―伊丹市男女共同参画施策市民オンブードの記録：1997-2009年度　神戸大学ヒューマン・コミュニティ創成研究センタージェンダー研究・学習支援部門「市民と行政のパートナーシップ研究会」著　［神戸］　神戸大学ヒューマン・コミュニティ創成研究センタージェンダー研究・学習支援部門「市民と行政のパートナーシップ研究会」　2014.3　73,45p　30cm　Ⓝ367.2164

伊丹市（地名―歴史）

◇昆陽　光家明著　［伊丹］　［光家明］　［20--］　1冊（ページ付なし）27cm　Ⓝ291.64

伊丹市立美術館

◇伊丹市立美術館報―2011-2012　伊丹市立美術館編　［伊丹］　伊丹市立美術館　c2014　104p　27cm〈年表あり　背のタイトル：館報〉Ⓝ706.9

板柳町（青森県）（漆工芸―歴史）

◇亀ヶ岡文化の漆工芸―青森県板柳町土井(1)遺跡漆製品の自然科学・保存科学的研究　1　片岡太郎,上條信彦編　弘前　弘前大学人文学部北日本考古学研究センター　2014.7　75p　30cm　（冷温帯地域の遺跡資源の保存活用促進プロジェクト研究報告書2）Ⓘ978-4-907995-01-0　Ⓝ752.2

イタリア（医療）

◇イタリアの非営利・協同の医療福祉と社会サービスの視察報告書　非営利・協同総合研究所いのちとくらし　2014.6　100p　30cm　（非営利・協同総研いのちとくらし10周年記念視察旅行2）〈期間：2013年10月26日～11月4日〉Ⓘ978-4-903543-11-6　Ⓝ498.0237　［500円］

イタリア（絵画―画集）

◇イタリア・ルネサンス美女画集―巨匠たちが描いた「女性の時代」　池上英洋監修・著　小学館　2014.10　191p　31cm〈文献あり　年表あり　索引あり〉Ⓘ978-4-09-682073-5　Ⓝ723.37　［5000円］

◇ウフィツィ美術館展―黄金のルネサンスボッティチェリからブロンヅィーノまで　小佐野重利,マルタ・オナーリ［責任編集］,小林明子,伊藤拓真,TBSテレビ編　TBSテレビ　2014　201p　30cm〈年表あり　文献あり　会期・会場：2014年10月11日―12月14日　東京都美術館　執筆：荒木文果ほか〉Ⓝ723.37

イタリア（絵画―画集―トスカーナ州）

◇トスカーナと近代絵画―フィレンツェピッティ宮近代美術館コレクション　2013-2014　金原由紀子責任編集　［東京］　アートプランニングレイ　2013　221p　26cm〈年表あり　イタリア語併記　会期・会場：2013年9月7日～11月10日　損保ジャパン東郷青児美術館ほか　編集：中島啓子ほか〉Ⓝ723.37

イタリア（絵画―歴史）

◇信仰の眼で読み解く絵画　4　レオナルド・ダ・ヴィンチ/ミケランジェロ/ラファエロ―彼ら以降のルネサンスの画家たち　岡山敦彦著　いのちのことば社（発売）　2014.11　247p　図版40p　19cm　Ⓘ978-4-264-03225-0　Ⓝ723　［1500円］

イタリア（紀行・案内記）

◇愛の探求イタリア旅　佐古繁己著　表現社　2014.6　197p　19cm　Ⓘ978-4-907158-01-9　Ⓝ293.709　［1000円］

◇イタリア　2015～2016年版　「地球の歩き方」編集室/編　改訂第26版　ダイヤモンド・ビッグ社,ダイヤモンド社〔発売〕　2014.12　609p　22×14cm　（地球の歩き方　A09）Ⓘ978-4-478-04676-0　［1700円］

◇イタリアぐるっと全20州おいしい旅　奥本美香著　産業編集センター　2014.7　160p　22cm　（私のとっておき　35）Ⓘ978-4-86311-097-7　Ⓝ293.709　［1500円］

◇旅の雫　no.18　古代の叫びチュニジア・イタリー　渡部修［著］　今治　渡部修　2014.8　75p　21cm　Ⓝ290.9

◇ハリーコ・アダッチのイタリア紀行　足立晴彦著　［京都］　アダッチオ工房　2014.6　125p　21cm　Ⓘ978-4-9907801-0-4　Ⓝ293.709

◇柳絮漂泊行記―スペインからローマまで支倉常長の旅をたどる　上條久枝著　求龍堂　2014.6　349p　20cm〈文献あり　年譜あり〉Ⓘ978-4-7630-1402-3　Ⓝ293.609　［2000円］

◇歴史を旅するイタリアの世界遺産　武村陽子著　山川出版社　2014.3　159p　21cm〈年表あり　索引あり〉Ⓘ978-4-634-15055-3　Ⓝ709.37　［1600円］

◇私の旅物語―海外ツアーを楽しむ　エジプト・トルコ・イタリア編　片山敏明著　文芸社　2014.5　100p　15cm　Ⓘ978-4-286-14726-0　Ⓝ290.9　［600円］

イタリア（教育）

◇田辺敬子の仕事―教育の主役は子どもたち：イタリアの教育研究から見えたもの　田辺厚子,青柳啓子編　社会評論社　2014.5　303p　20cm〈文献あり　著作目録あり　年譜あり　内容：『子どもたちの一〇〇の言葉』からみたレッジョ・エミリアの幼児教育について（辻昌宏著）　イタリア教育研究者の立場から見た田辺敬子の業績について（早田由美子著）　ケイコとの想い出（マリオ・ローディ著,青柳啓子,石田美緒訳）　マリオ・ローディ『わたしたちの小さな世界の問題』の衝撃（福田

三津夫著）　田辺敬子氏とA&B（出田恵子著）　田辺先生の思い出と教え（佐藤朝代著）　ジェンダーに関する田辺敬子の業績について（牛島光恵著）　田辺先生が示した道（青柳啓子著）　子どもの楽園を見つけた　レッジョ・エミリア市の保育　マリオ・ローディの一日　サルデーニャへの旅　ドン・ミラーニの業績と社会背景　イタリアの人権教育　イタリア労働者の学習権と文化の民主的管理　イタリア初等教育教科書と対抗文化運動　イタリアの教育と教育学研究〉①978-4-7845-1722-0　Ⓝ372.37　［2400円］

イタリア（教会建築）

◇教会の怪物たち―ロマネスクの図像学　尾形希和子著　講談社　2013.12　350p　19cm　（講談社選書メチエ 565）〈文献あり 索引あり〉①978-4-06-258568-2　Ⓝ702.37　［1900円］

イタリア（協同組合）

◇イタリアの協同組合　アルベルト・イァーネス著，佐藤紘毅訳　緑風出版　2014.5　229p　20cm〈文献あり〉①978-4-8461-1330-8　Ⓝ335.6　［2200円］

イタリア（君主政治）

◇リーダーの掟―超訳君主論　ニッコロ・マキアヴェッリ著，野田恭子訳　イースト・プレス　2014.5　325p　18cm〈「君主論」（2008年刊）の改題、改筆〉①978-4-7816-1176-1　Ⓝ311.237　［1200円］

イタリア（軍用機）

◇WW2イタリア軍用機入門―イタリア空軍を知るための50機の航跡　飯山幸伸著　潮書房光人社　2014.3　252p　16cm　（光人社NF文庫 いN-823）〈文献あり　「イタリアの軍用機WW2」（私家版 1999年刊）の改題〉①978-4-7698-2823-5　Ⓝ538.7　［790円］

イタリア（経済）

◇イタリア　2014/15年版　ARC国別情勢研究会編　ARC国別情勢研究会　2014.4　156p　26cm　（ARCレポート 経済・貿易・産業報告書 2014/15）〈索引あり〉①978-4-907366-10-0　Ⓝ332.37　［12000円］

イタリア（建築―歴史―1914～1945）

◇建築家とファシズム―イタリアの建築と都市1922-1944　ジョルジョ・チゥッチ著，鹿野正樹訳　鹿島出版会　2014.9　329，12p　22cm〈索引あり〉①978-4-306-04608-5　Ⓝ523.37　［3700円］

イタリア（公文書）

◇知と技術の継承と展開―アーカイブズの日伊比較　中京大学社会科学研究所編　名古屋　中京大学社会科学研究所　2014.3　295p　21cm　（社研叢書 34）〈創泉堂出版（発売）　年表あり　会期・会場：2013年2月16日 - 17日 中京大学名古屋キャンパスアネックスホール　内容：イタリアのアーカイブズ　講演イタリアのアーカイブズ行政とその組織（マリア・バルバラ・ベルティーニ述）　講演イタリアの歴史学とアーカイブ（マリオ・インフェリーゼ述）　日本のアーカイブズ　講演日本のアーカイブズ（大濱徹也述）「古都」京都と地方自治体・京都府のアーカイブズ問題（井口和起著）　日本帝国の台湾統治文書のアーカイブ（東山京子著）　アーカイブズの国際比較　一七―一八世紀のヴェネツィア共和国における税務文書の運用と管理（湯上良著）　スペインの歴史認識と公文書管理（野口健格著）　アーカイブズの制度形成（上代庸平著）　講演録gli atti del simposio Gli archivi in Italia（Maria Barbara Bertini述）　Storiografia e archivi in Italia（Mario Infelise述）　シンポジウム日本語発表（一部）要約　Riassunti degli interventi Giapponesi（Maria Barbara Bertini述）〉Ⓝ018.09

◇知と技術の継承と展開―アーカイブズの日伊比較　中京大学社会科学研究所編　創泉堂出版（発売）2014.3　295p　21cm〈年表あり　会期・会場：2013年2月16日 - 17日 中京大学名古屋キャンパスアネックスホール　内容：講演イタリアのアーカイブズ行政とその組織（マリア・バルバラ・ベルティーニ述）　講演イタリアの歴史学とアーカイブ（マリオ・インフェリーゼ述）　講演日本のアーカイブズ（大濱徹也述）「古都」京都と地方自治体・京都府のアーカイブズ問題（井口和起著）　日本帝国の台湾統治文書のアーカイブ（東山京子著）　17-18世紀のヴェネツィア共和国における税務文書の運用と管理（湯上良著）　スペインの歴史認識と古文書管理（野口健格著）　アーカイブズの制度形成（上代庸平著）　Gli archivi Italia（Maria Barbara Bertini述）　Storiografia e archivi in Italia（Mario Infelise述）　Riassunti degli interventi giapponesi（Maria Barbara Bertini述）〉①978-4-902416-30-5　Ⓝ018.09　［1600円］

イタリア（サッカー）

◇世紀の大番狂わせはなぜ起きたのか？　1982イタリアvsブラジル　加部究著　ガイドワークス　2014.6　190p　18cm　（サッカー小僧新書EX 007）〈文献あり〉①978-4-86535-100-2　Ⓝ783.47　［1000円］

イタリア（社会福祉）

◇イタリアの非営利・協同の医療福祉と社会サービスの視察報告書　非営利・協総合研究所いのちとくらし　2014.6　100p　30cm　（非営利・協同総研いのちとくらし10周年記念視察旅行 2）〈期間：2013年10月26日～11月4日〉①978-4-903543-11-6　Ⓝ498.0237　［500円］

イタリア（出版―歴史―ベネチア）

◇書物の夢、印刷の旅―ルネサンス期出版文化の富と虚栄　ラウラ・レプリ著，柱本元彦訳　青土社　2014.12　279,8p　20cm〈文献あり〉①978-4-7917-6831-8　Ⓝ023.37　［2800円］

イタリア（障害児教育）

◇平成25年度教育課題研修指導者海外派遣プログラム研修成果報告書―「特別支援教育の充実」イタリア（I-1団）　教員研修センター編著　［つくば］　教員研修センター　2014.3　51，2，6p　30cm〈派遣期間：平成25年11月4日―15日〉Ⓝ378.0237

イタリア（生活協同組合）

◇イタリアの生協の現状について　生協総合研究所編　生協総合研究所　2014.11　84p　26cm　（生協総研レポート no. 76）Ⓝ365.85　［1000円］

イタリア（精神衛生）

◇プシコナウティカ―イタリア精神医療の人類学　松嶋健著　京都　世界思想社　2014.7　472p　22cm〈文献あり 索引あり〉①978-4-7907-1625-9　Ⓝ369.28　［5800円］

イタリア（世界遺産）

◇歴史を旅するイタリアの世界遺産　武村陽子著　山川出版社　2014.3　159p　21cm〈年表あり 索引あり〉①978-4-634-15055-3　Ⓝ709.37　［1600円］

イタリア（都市計画―トリノ）

◇縮小都市の挑戦　矢作弘著　岩波書店　2014.11　266p　18cm　（岩波新書 新赤版 1514）①978-4-00-431514-8　Ⓝ318.7　［820円］

イタリア（都市計画―歴史―ベネチア）

◇チッタ・ウニカ―文化を仕掛ける都市ヴェネツィアに学ぶ　横浜国立大学大学院 建築都市スクール"Y-GSA"編　鹿島出版会　2014.7　190p　20cm〈会期・会場：2013年3月16日（土）ヨコハマ創造都市センター　主催：YCCスクール　内容：反転するヴェネツィア（北山恒著）　五〇〇年の歴史のなかの都市（吉見俊哉著）　ヴェネツィア、歴史が現代へ結びつく魔術的な島（アメリーゴ・レストゥッチ著）　祝祭性豊かな歴史的都市空間（陣内秀信，樋渡彩述）　文化戦略を通じた都市のヴィジョン（アメリーゴ・レストゥッチ述）　都市というキャンバス（南條史生著）　地方〈へ〉の意識を変える国際展（五十嵐太郎著）　CIVIC PRIDE（伊藤香織著）　FESTIVAL/TOKYO（相馬千秋著）　BEPPU PROJECT（山出淳也著）　文化を育む都市の思想と戦略（アメリーゴ・レストゥッチ，吉見俊哉，北山恒ほか述）　ヴェネツィアから未来を問う（寺田真理子著）〉①978-4-306-04607-8　Ⓝ518.8　［2600円］

イタリア（都市再開発―トリノ）

◇持続可能な都市再生のかたち―トリノ、バルセロナの事例から　矢作弘，阿部大輔編　日本評論社　2014.7　189p　22cm　（地域公共人材叢書 第3期第2巻）〈索引あり　企画：龍谷大学地域公共人材・政策開発リサーチセンター　内容：縮小都市トリノの再生をめぐる一考察（矢作弘著）トリノにおける都市再生と大都市制度戦略（新川達郎著）　市場や学校を核にトリノの移民街が再生する（阿部大輔著）　トリノ市のガバナンス改革におけるサードセクターの戦略的価値（的場信敬著）　都市縮小時代の大都市における地区運営と持続可能性（三浦哲司著）　自動車産業部門の進化と都市の社会空間形成に関する考察（レティツィア・インブレス著）　バルセロナ・モデルの変容と転成（阿部大輔著）　欧州雇用・社会的包摂戦略とローカル・ガバナンス（石田徹著）〉①978-4-535-52002-8　Ⓝ518.8　［3000円］

イタリア（美術―歴史）

◇触覚のイコノグラフィア―ダフネ・蜥蜴・洗礼者聖ヨハネの舌　出佳奈子，神谷玖方子，吉住磨子，大野陽子著，上村清雄監修解説，石井朗企画構成　ありな書房　2014.2　282p　22cm　（感覚のラビュリントゥス 4）〈索引あり　内容：甘美な恋の触感（出佳奈子著）愛と戦いの正当なる和合（神谷玖方子著）　痛みのフィギュール（吉住磨子著）　さまよえる「手」（大野陽子著）〉①978-4-7566-1431-5　Ⓝ702.37　［4500円］

イタリア（美術―歴史―15世紀）

◇イタリア・ルネサンス美術大図鑑　1　1400年～1500年　スティーヴン・J・キャンベル，マイケル・W・コール著，池上公平，金山弘昌監訳　柊風舎　2014.12　351p　29cm〈文献あり 索引あり〉①978-4-86498-018-0　Ⓝ702.37　［15000円］

イタリア（美術―歴史―16世紀）

◇イタリア・ルネサンス美術大図鑑　2　1500年～1600年　スティーヴン・J・キャンベル，マイケル・W・コール著，池上公平，金山弘昌監訳　柊風舎　2014.12　351p　29cm〈文献あり　索引あり〉①978-4-86498-019-7　Ⓝ702.37　［15000円］

イタリア（美術家）

◇美術家列伝　第1巻　ジョルジョ・ヴァザーリ［著］，森田義之，越川倫明，甲斐教行，宮下規久朗，高梨光正監修，森田義之，越川倫明，野村幸弘，谷古宇尚，高梨光正，吉澤早苗［訳］　中央公論美術出版　2014.2　426p　29cm　Ⓝ702.37　［30000円］

イタリア（ファシズム）

◇建築家とファシズム―イタリアの建築と都市1922-1944　ジョルジョ・チウッチ著，鹿野正樹訳　鹿島出版会　2014.9　329，12p　22cm〈索引あり〉①978-4-306-04608-5　Ⓝ523.37　［3700円］

イタリア（服装―歴史）

◇イタリア・モード小史　M.G.ムッツァレッリ著，伊藤亜紀，山﨑彩，田口かおり，河田淳訳　知泉書館　2014.1　252,42p　図版24p　20cm〈索引あり　布装〉①978-4-86285-171-0　Ⓝ383.1　［3600円］

イタリア（文化政策―歴史―ベネチア）

◇チッタ・ウニカ―文化を仕掛ける都市ヴェネツィアに学ぶ　横浜国立大学大学院　建築都市スクール"Y-GSA"編　鹿島出版会　2014.7　190p　20cm〈会期・会場：2013年3月16日（土）ヨコハマ創造都市センター　主催：YCCスクール　内容：反転するヴェネツィア（北山恒著）　五〇〇年の歴史のなかの都市（吉見俊哉著）　ヴェネツィア、歴史が現代へ結びつく魔術的な島（アメリーゴ・レストゥッチ述）　祝祭性豊かな歴史的都市空間（陣内秀信，樋渡彩述）　文化戦略を通じた都市のヴィジョン（アメリーゴ・レストゥッチ述）　都市というキャンバス（南條史生著）　地方〈へ〉の意識を変える国際展（五十嵐太郎著）　CIVIC PRIDE（伊藤香織著）　FESTIVAL/TOKYO（相馬千秋著）　BEPPU PROJECT（山出淳也著）　文化を育む都市の思想と戦略（アメリーゴ・レストゥッチ，吉見俊哉，北山恒ほか述）　ヴェネツィアから未来を問う（寺田真理子著）〉①978-4-306-04607-8　Ⓝ518.8　［2600円］

イタリア（文書館）

◇知と技術の継承と展開―アーカイブズの日伊比較　中京大学社会科学研究所編　名古屋　中京大学社会科学研究所　2014.3　295p　21cm（社研叢書 34）〈創泉堂出版（発売）　年表あり　会期・会場：2013年2月16日・17日　中京大学名古屋キャンパスアネックスホール　内容：イタリアのアーカイブズ　講演イタリアのアーカイブズ行政とその組織（マリア・バルバラ・ベルティーニ述）　講演イタリアの歴史学とアーカイブ（マリオ・インフェリーゼ述）　日本のアーカイブズ　講演日本のアーカイブズ（大濱徹也述）「古都」京都と地方自治体・京都府のアーカイブズ問題（井口和起著）　日本帝国の台湾統治文書のアーカイブ（東山京子著）　アーカイブズの国際比較　一七―一八世紀のヴェネツィア共和国における税務文書の運用と管理（湯上良著）　スペインの歴史認識と公文書管理（野口健格著）　アーカイブズの制度形成（上代庸平著）　講演録gli atti del simposio Gli archivi in Italia（Maria Barbara Bertini述）　Storiografia e archivi in Italia（Mario Infelise述）　シンポジウム日本語発表（一部）　要約 Riassunti degli interventi Giapponesi（Maria Barbara Bertini述）〉Ⓝ018.09

◇知と技術の継承と展開―アーカイブズの日伊比較　中京大学社会科学研究所編　創泉堂出版　2014.3　295p　21cm〈年表あり　会期・会場：2013年2月16日・17日　中京大学名古屋キャンパスアネックスホール　内容：講演イタリアのアーカイブズ行政とその組織（マリア・バルバラ・ベルティーニ述）　講演イタリアの歴史学とアーカイブ（マリオ・インフェリーゼ述）　講演日本のアーカイブズ（大濱徹也述）「古都」京都と地方自治体・京都府のアーカイブズ問題（井口和起著）　日本帝国の台湾統治文書のアーカイブ（東山京子著）　17-18世紀のヴェネツィア共和国における税務文書の運用と管理（湯上良著）　スペインの歴史認識と古文書管理（野口健格著）　アーカイブズの制度形成（上代庸平著）　Gli archivi Italia（Maria Barbara Bertini述）　Storiografia e archivi in Italia（Mario Infelise述）　Riassunti degli interventi giapponesi（Maria Barbara Bertini述）〉①978-4-902416-30-5　Ⓝ018.09　［1600円］

イタリア（歴史）

◇イタリア謎解き散歩　森実与子著　KADOKAWA　2014.11　318p　15cm（中経の文庫 も-9-1）①978-4-04-600402-4　Ⓝ237　［800円］

イタリア（歴史教育）

◇イタリアの歴史教育理論―歴史教育と歴史学を結ぶ「探究」　徳永俊太著　京都　法律文化社　2014.3　160p　22cm（岐阜経済大学研究叢書 16）〈文献あり　索引あり〉①978-4-589-03582-0　Ⓝ372.37　［3800円］

イタリア（ワイン）

◇イタリアワイン―プロフェッショナルのためのイタリアワインマニュアル　2014年度　宮嶋勲監修　ワイン王国　2014.7　187p　30cm〈ステレオサウンド（発売）〉978-4-88073-336-4　Ⓝ588.55　［1500円］

◇土着品種で知るイタリアワイン―主要100品種ガイド　中川原まゆみ［著］　ハードバック改訂版　ガイアブックス　2014.7　293p　24cm〈索引あり〉①978-4-88282-908-9　Ⓝ588.55　［2800円］

イタリア（南部）（フレスコ―保存・修復）

◇金沢大学フレスコ壁画研究センター研究調査レポート　vol. 4　2013年度　宮下孝晴監修，金沢大学フレスコ壁画研究センター編　金沢　金沢大学フレスコ壁画研究センター　2014.3　46p　30cm〈文献あり　背のタイトル：研究調査レポート　執筆：宮下睦代ほか〉Ⓝ723.37

◇研究調査報告書　2013年度　金沢大学フレスコ壁画研究センター編　金沢　金沢大学フレスコ壁画研究センター　2014.3　66p　30cm〈内容：南イタリア中世壁画群診断調査プロジェクト（宮下孝晴著）　今年度調査地報告編　洞窟教会および壁画の調査記録と考察（宮下孝晴，宮下睦代著）　洞窟教会および壁画の調査記録と考察（宮下孝晴，宮下睦代，江藤望著）　マイクロスコープによる中世フレスコ壁画の表面形状の記録（真田茂著）　サン・ジョバンニ教会およびサンティ・アンドレア・エ・プロコピオ教会岩盤の反発硬度（五十嵐心一著）　模写から見えてくる壁画の描画特性（大村雅章著）　3次元スキャナと斜光線による壁画の表面凹凸の比較（安藤明珠著）　Wikiを利用したデジタル・アーカイブ（安藤明珠著）〉Ⓝ723.37

市井 紗耶香〔1983～ 〕

◇市井紗耶香LOVE BASIC　市井紗耶香著　宝島社　2014.1　111p　26cm　①978-4-8002-2007-3　Ⓝ779.9　［1429円］

市貝町〔栃木県〕〔遺跡・遺物〕

◇北ノ内遺跡・助五郎内遺跡・星ノ宮遺跡　第1分冊　とちぎ未来づくり財団埋蔵文化財センター編　宇都宮　栃木県教育委員会　2014.3　354p　図版50p　30cm（栃木県埋蔵文化財調査報告 第369集）〈農地整備事業（経営体育成型）小貝川沿岸2期地区における埋蔵文化財発掘調査　共同刊行：とちぎ未来づくり財団〉Ⓝ210.0254

◇北ノ内遺跡・助五郎内遺跡・星ノ宮遺跡　第2分冊　とちぎ未来づくり財団埋蔵文化財センター編　宇都宮　栃木県教育委員会　2014.3　334p　図版42p　30cm（栃木県埋蔵文化財調査報告 第369集）〈農地整備事業（経営体育成型）小貝川沿岸2期地区における埋蔵文化財発掘調査　共同刊行：とちぎ未来づくり財団〉Ⓝ210.0254

◇頼朝塚古墳群　とちぎ未来づくり財団埋蔵文化財センター編　宇都宮　栃木県教育委員会　2014.3　50p　図版10p　30cm（栃木県埋蔵文化財調査報告 第365集）〈文献あり　快適な道づくり事業費（補助）主要地方道宇都宮茂木線市塙工区に伴う埋蔵文化財発掘調査　共同刊行：とちぎ未来づくり財団〉Ⓝ210.0254

市川〔兵庫県〕

◇ふるさと景観―播磨・但馬に広がる市川流域のまち　柴田泰典著　伊丹　牧歌舎　2014.10　249p　21cm〈星雲社（発売）〉①978-4-434-19932-5　Ⓝ291.64　［2000円］

市川 兼三〔1944～ 〕

◇企業と法の現代的課題―市川兼三先生古稀祝賀論文集　柴田潤子，籠池信宏，溝渕彰，肥塚肇雄編集委員　成文堂　2014.10　422p　22cm〈著作目録あり　年譜あり　内容：株主提案権の拒絶と総会決議取消事由（内海淳一著）「合理的根拠適合性」とは何か？（王冷然著）　外国為替証拠金取引と詐欺罪（大山徹著）　会計監査人の法的地位（岡田陽介著）　倒産法における相殺権の処遇に関する一試論（籠池信宏著）　電力システム改革と原子力廃止措置の事業体（兼平裕子著）「環境救助」についての一考察（菊池直人著）　取立委任文言抹消の効力（切詰和雅著）　人身傷害保険契約の法的性質と「保険金請求権者」の変更の可能性（肥塚肇雄著）　ドイツ競争制限防止法における相対的地位の濫用規制問題（柴田潤子著）　米国投資会社法における組織再編規制の歴史的展開（清水真人著）　訴訟費用の担保提供義務に関する一考察（溝渕彰著）　会社の代表者とその権限（宮崎浩二著）　取締役の経営判断と弁護士意見の聴取（八木俊則著）　ユニオン・ショップ協定の有効性に対する疑問（柳瀬治夫著）　従業員の横領に見る企業の対応のあり方（吉川和良著）〉①978-4-7923-2666-1　Ⓝ335.04　［8500円］

市川 金次郎〔1925～ 〕
◇ゴルフ場再生に生きる男—88歳にして意気軒昂　市川金次郎
著　一季出版　2013.9　135p　19cm　①978-4-87265-180-5
Ⓝ289.1　［1000円］

市川 団十郎〔7代目 1791～1859〕
◇七代目市川團十郎の史的研究　木村涼著　吉川弘文館　2014.2
250,5p　22cm〈年譜あり　索引あり　内容：七代目市川團十郎
の肖像　歌舞伎・文人と江戸社会　成田山新勝寺と奉納芝居
成田山江戸出開帳と霊験記上演　成田山額堂寄進と扁額奉納
成田山仁王門再建と勧進興行　風俗取締政策と歌舞伎十八番
「景清」　成田山齋居と『しもふさ身旅喰』　五代目海老蔵の赦
免と「景清」〉①978-4-642-03460-9　Ⓝ774.28　［7000円］

市川 房枝〔1893～1981〕
◇市川房枝と「大東亜戦争」—フェミニストは戦争をどう生きた
か　進藤久美子著　法政大学出版局　2014.2　668p　22cm
〈文献あり　索引あり〉①978-4-588-32704-9　Ⓝ367.21
［9500円］

市川 雷蔵〔1931～1969〕
◇写真集市川雷蔵—from KADOKAWA Cinema Collection
「写真集市川雷蔵」製作委員会編集　ワイズ出版　2014.8
143p　24cm　①978-4-89830-281-1　［2750円］

市川市 (遺跡・遺物)
◇市川市北下遺跡　9-12　千葉県教育振興財団文化財センター
編　千葉　東日本高速道路　2014.3　262p　図版［37］枚
30cm　(千葉県教育振興財団調査報告　第730集)〈共同刊行：
千葉県教育振興財団〉
◇市川市道免き谷津遺跡第1地点　3　千葉県教育振興財団文化財
センター編　松戸　国土交通省関東地方整備局首都国道事務所
2014.3　302p　図版56p　30cm　(千葉県教育振興財団調査報
告　第729集)〈共同刊行：千葉県教育振興財団〉Ⓝ210.0254
◇市川市内遺跡発掘調査報告　平成22年度　市川市教育委員会
編　市川　市川市教育委員会　2014.3　114p　図版48p
30cm　Ⓝ210.0254
◇市川市埋蔵文化財発掘調査報告　平成25年度　市川市教育委
員会編　市川　市川市教育委員会　2014.3　44p　図版24p
30cm　Ⓝ210.0254
◇下総国戸籍—市川市史編さん事業調査報告書　遺跡編　市川
市史編さん歴史部会(古代)下総国戸籍研究グループ編　市川
市川市文化国際部文化振興課　2014.3　235p　30cm〈文献
あり〉Ⓝ213.5
◇曽谷南遺跡—第52地点発掘調査報告書　原史文化研究所編
［市川］　市川市教育委員会　2014.3　52p　30cm〈千葉県市
川市所在　共同刊行：松丸義彦〉Ⓝ210.0254
◇新坂B遺跡—第3地点発掘調査報告書　原史文化研究所編
［市川］　市川市教育委員会　2013.9　29p　30cm〈千葉県市
川市所在　共同刊行：石井好雄ほか〉Ⓝ210.0254
◇東山王東遺跡—第6地点発掘調査報告書　原史文化研究所編
［市川］　市川市教育委員会　2013.7　32p　30cm〈千葉県市
川市所在　共同刊行：佐々木敏夫〉Ⓝ210.0254
◇山ノ後遺跡—第25地点発掘調査報告書　原史文化研究所編
［市川］　市川市教育委員会　2013.10　38p　30cm〈千葉県
市川市所在　共同刊行：染谷昌子〉Ⓝ210.0254

市川市 (高齢者)
◇社会調査実習フィールドワーク実習調査成果報告書　2012年度
市川　千葉商科大学政策情報学部　2013.2　30p　30cm　(政
策情報学部社会調査報告　2)〈編集：田中美子ほか〉Ⓝ361.91

市川市 (社会福祉)
◇地域を紡ぐ—市川市における住民と行政で築いた地域福祉づ
くりの記録　石崎多加代著　文芸社　2014.11　242p　15cm
①978-4-286-14798-7　Ⓝ369.02135　［700円］

市川市 (写真集)
◇この街に生きる、暮らす—市川市史写真図録　市川市史写真
図録編集委員会編　市川　市川市文化国際部文化振興課
2014.11　151p　30cm〈年表あり〉Ⓝ213.5　［1700円］

市川市 (神社)
◇市川のくらしと伝承　1　市川市史編さん民俗部会編　市川
市川市文化振興課　2014.2　171p　30cm　(市川市史編さん
民俗部会成果報告書　2)Ⓝ382.135

市川市 (バリアフリー〔交通〕)
◇社会調査実習フィールドワーク実習調査成果報告書　2012年度
市川　千葉商科大学政策情報学部　2013.2　30p　30cm　(政
策情報学部社会調査報告　2)〈編集：田中美子ほか〉Ⓝ361.91

市川市 (風俗・習慣)
◇市川のくらしと伝承　1　市川市史編さん民俗部会編　市川
市川市文化振興課　2014.2　171p　30cm　(市川市史編さん
民俗部会成果報告書　2)Ⓝ382.135

市川市 (墳墓)
◇地蔵山墓地調査報告書　市川市史編さん民俗部会編　市川
市川市文化振興課　2014.1　56p　30cm　(市川市史編さん民
俗部会成果報告書　1)Ⓝ213.5

市川市 (墓地)
◇地蔵山墓地調査報告書　市川市史編さん民俗部会編　市川
市川市文化振興課　2014.1　56p　30cm　(市川市史編さん民
俗部会成果報告書　1)Ⓝ213.5

市川市 (歴史)
◇行徳の歴史・文化の探訪—郷土読本　1　鈴木和明著　文芸社
2014.7　230p　19cm〈文献あり　索引あり〉①978-4-286-
15171-7　Ⓝ213.5　［1300円］
◇行徳の歴史・文化の探訪—郷土読本　2　鈴木和明著　文芸社
2014.11　175p　19cm〈文献あり　索引あり〉①978-4-286-
15588-3　Ⓝ213.5　［1300円］

市川市 (歴史—史料)
◇下総国戸籍—市川市史編さん事業調査報告書　遺跡編　市川
市史編さん歴史部会(古代)下総国戸籍研究グループ編　市川
市川市文化国際部文化振興課　2014.3　235p　30cm〈文献あ
り〉Ⓝ213.5

一条〔家〕〔高知県窪川町〕
◇中世土佐幡多荘の寺院と地域社会　東近伸著　高知　リーブ
ル出版　2014.9　274p　22cm　①978-4-86338-094-3　Ⓝ218.
4　［2500円］

一乗院〔和歌山県高野町〕
◇高野山一乗院　Kankan写真　日本文芸社　2014.11　127p
26cm〈年譜あり　英語抄訳付　タイトルは奥付・背による.標
題紙のタイトル：高野山一乗院〉①978-4-537-26095-3　Ⓝ188.
55　［1574円］

一関市 (遺跡・遺物)
◇骨寺村荘園遺跡確認調査報告書　一関市教育委員会編　一関
一関市教育委員会　2014.3　79p　30cm　(岩手県一関市埋蔵
文化財発掘調査報告書　第18集)〈内容：伝ミタケ堂跡　不動
窟　白山社及び駒形根神社　梅木田遺跡〉Ⓝ210.0254

一関市 (写真集)
◇達古袋三十六景—風景が力をもつ時　村松伸, 達古袋なかなか
大学校編著　［一関］　一関のなかなか遺産を考える会　2014.
1　79p　21cm〈共同刊行：達古袋なかなか大学校ほか　発行
所：総合地球環境学研究所メガ都市プロジェクト〉Ⓝ291.22

一関市 (風俗・習慣)
◇本寺—山間に息づくむらの暮らし　東北芸術工科大学東北文
化研究センター編　山形　東北芸術工科大学東北文化研究セン
ター　2014.10　59p　26cm　(東北—万年のフィールド
ワーク　11)〈文部科学省私立大学戦略的研究基盤形成支援事
業「環境動態を視点とした地域社会と集落形成に関する総合的
研究」〉Ⓝ382.122

一関市 (文化財)
◇一関の文化財　補遺編　一関市教育委員会編　一関　一関市
教育委員会　2014.3　17p　30cm　Ⓝ709.122

一戸 直蔵〔1877～1920〕
◇津軽が生んだ国際的天文学者一戸直蔵　福士光俊著　五所川
原　青森県文芸協会出版部　2014.3　212p　21cm〈年譜あり
著作目録あり〉Ⓝ289.1　［1900円］

一戸町〔岩手県〕(歴史—史料)
◇一戸の古文書　2　一戸町(岩手県)一戸町教育委員会　2014.
3　123p　30cm　(一戸町文化財調査報告書　第69集)Ⓝ212.
2

市原刑務所
◇交通刑務所の朝　2　"まさか"の悲劇が…誰もが当事者になり
得る現実　川本浩司, 橋本和雄著　ごま書房新社　2014.10
255p　19cm〈1の出版者：恒友出版〉①978-4-341-08600-8
Ⓝ326.52　［1200円］

市原市 (遺跡・遺物)
◇市原市柏野遺跡　千葉県教育振興財団文化財センター編　千
葉　国土交通省関東地方整備局千葉国道事務所　2014.3
323p　図版41p　30cm　(千葉県教育振興財団調査報告　第
721集)〈共同刊行：千葉県教育振興財団〉Ⓝ210.0254
◇市原市小鳥向遺跡　4　小鳥向遺跡第6地点　百百合会, 国際文
化財株式会社編　［大多喜町(千葉県)］　百百合会　2013.6

市原市〔行政〕

76p 図版 15p 30cm〈千葉県所在 共同刊行：国際文化財〉Ⓝ210.0254

◇市原市台遺跡A・D地点 第1分冊 本文編 市原市教育委員会（市原市埋蔵文化財調査センター）編 市原 市原市教育委員会 2014.3 648p 図版 2枚 30cm（市原市埋蔵文化財調査センター調査報告書 第29集）〈千葉県所在〉Ⓝ210.0254

◇市原市台遺跡A・D地点 第2分冊 写真図版編 市原市教育委員会（市原市埋蔵文化財調査センター）編 市原 市原市教育委員会 2014.3 160p 30cm（市原市埋蔵文化財調査センター調査報告書 第29集）〈千葉県所在〉Ⓝ210.0254

◇市原市内遺跡発掘調査報告 平成25年度 市原市埋蔵文化財調査センター編 市原 千葉県市原市教育委員会 2014.3 50p 図版 12p 30cm（市原市埋蔵文化財調査センター調査報告書 第30集）〈内容：能満分区遺跡群（貝殻塚地区）大厩遺跡群（一心原句地区）椎津向原遺跡. 第2地点 市原城跡（門前地区・第2地点）郡本遺跡群. 第17-21次 稲荷台遺跡. L-2地点 稲荷台遺跡. L-3地点 稲荷台遺跡. N地点〉Ⓝ210.0254

市原市〔行政〕

◇市原市民意識調査報告書 市原 市原市企画部広報広聴課 2013.7 279p 30cm Ⓝ318.235

◇幸輝いちはら―改訂市原市総合計画第四次実施計画（2014年度―2015年度）［市原］企画部企画調整課編 市原 市原市［2014］190p 30cm Ⓝ318.235

市原市〔行政改革〕

◇市原市新行政改革大綱 第5次 改訂版 市原 市原市総務部総務課行政改革推進室 2014.3 33p 30cm Ⓝ318.235

市原市〔産業政策〕

◇市原市産業振興ビジョン 経済部商工業振興課編 市原 市原市 2014.5 57p 30cm Ⓝ601.135

市原市〔選挙―統計〕

◇選挙結果調 ［市原］市原市選挙管理委員会 ［2013］93p 30cm〈衆議院議員総選挙最高裁判所裁判官国民審査 平成24年12月16日執行, 千葉県知事選挙 平成25年3月17日執行, 参議院議員通常選挙 平成25年7月21日執行〉Ⓝ314.8

市原市〔歴史―史料〕

◇市原市史 資料集 近世編 4 市原市教育委員会編 ［市原］市原市 2014.3 752p 27cm Ⓝ213.5

◇市原の古文書研究 第6集 市原の古文書研究会編 ［市原］市原の古文書研究会 2014.10 304p 26cm〈複製および翻刻 折り込 1枚 内容：八幡・市川本店文書 市原市教育センター文書 菊間・岡田家文書 五所・今井家文書 飯香岡八幡宮文書 八幡・寺嶋家文書〉Ⓝ213.5

市村 清〔1900～1968〕

◇リコー三愛グループ創始者市村清と佐賀 山本長次著, 佐賀大学地域学歴史文化研究センター・地域学創出プロジェクト編 佐賀 佐賀大学地域学歴史文化研究センター・地域学創出プロジェクト 2014.3 153p 21cm（佐賀学ブックレット 2）〈岩田書院（発売）文献あり 年譜あり〉Ⓘ978-4-87294-098-5 Ⓝ289.1 ［800円］

市村 宏〔1904～1989〕

◇市村宏のうた 前田益女著 府中（東京都）渓声出版 2014.10 264p 21cm（逆水叢書 116篇）〈年譜あり〉Ⓘ978-4-904002-45-2 Ⓝ911.162 ［2500円］

イチロー〔1973～ 〕

◇イチローの哲学――一流選手は何を考え、何をしてきたのか 奥村幸治著 PHP研究所 2014.11 269p 15cm（PHP文庫 お76-1）〈2011年刊の加筆・修正〉Ⓘ978-4-569-76249-4 Ⓝ783.7 ［680円］

◇天才・イチロー成功を導く魔法の「言葉」 児玉光雄著 イースト・プレス 2014.2 245p 15cm（文庫ぎんが堂 こ2-1）〈『天才・イチローを創った魔法の「言葉」』（2011年刊）の改題〉Ⓘ978-4-7816-7102-4 Ⓝ159 ［648円］

◇天才・イチローなお挑み続ける「言葉」―なぜ、彼は輝きを失わないのか 児玉光雄著 イースト・プレス 2014.3 247p 19cm〈文献あり〉Ⓘ978-4-7816-1148-8 Ⓝ159 ［1300円］

五木村〔熊本県〕〔遺跡・遺物〕

◇久領上園遺跡 五木村教育委員会編 五木村（熊本県）五木村教育委員会 2013.3 211p 30cm（五木村文化財調査報告 第7集）〈川辺川ダム建設に伴う埋蔵文化財調査〉Ⓝ210.0254

◇頭地下手遺跡 第1分冊 熊本県教育委員会編 熊本 熊本県教育委員会 2014.3 416p 30cm（熊本県文化財調査報告 第297集）〈川辺川ダム建設事業に伴う埋蔵文化財発掘調査〉Ⓝ210.0254

◇頭地下手遺跡 第2分冊 熊本県教育委員会編 熊本 熊本県教育委員会 2014.3 369p 30cm（熊本県文化財調査報告 第297集）〈川辺川ダム建設事業に伴う埋蔵文化財発掘調査〉Ⓝ210.0254

◇頭地下手遺跡 第3分冊 熊本県教育委員会編 熊本 熊本県教育委員会 2014.3 403p 30cm（熊本県文化財調査報告 第297集）〈川辺川ダム建設事業に伴う埋蔵文化財発掘調査〉Ⓝ210.0254

五木村〔熊本県〕〔祭礼―写真集〕

◇五木歳時記 小林正明著 福岡 花乱社 2014.2 107p 24×26cm Ⓘ978-4-905327-31-8 Ⓝ386.194 ［2500円］

厳島

◇宮島学 県立広島大学宮島学センター編 広島 溪水社 2014.3 202p 21cm〈文献あり 内容：厳島神社史における平清盛の幻像（松井輝昭著）王朝文化の継承者としての平家の人々（西本寮子著）厳島に伝わる左方舞楽とその来源（柳川順子著）厳島合戦再考（秋山伸隆著）中世の厳島と能楽（樹下文隆著）「厳島八景」文芸と柏村直條（柳川順子著）厳島神社の唐菓子（大知徳子著）厳島神社の神仏分離について（松井輝昭著）外国人が見た明治・大正時代の宮島（天野みゆき著）〉Ⓘ978-4-86327-260-6 Ⓝ291.76 ［1800円］

厳島神社〔廿日市市〕

◇宮島学 県立広島大学宮島学センター編 広島 溪水社 2014.3 202p 21cm〈文献あり 内容：厳島神社史における平清盛の幻像（松井輝昭著）王朝文化の継承者としての平家の人々（西本寮子著）厳島に伝わる左方舞楽とその来源（柳川順子著）厳島合戦再考（秋山伸隆著）中世の厳島と能楽（樹下文隆著）「厳島八景」文芸と柏村直條（柳川順子著）厳島神社の唐菓子（大知徳子著）厳島神社の神仏分離について（松井輝昭著）外国人が見た明治・大正時代の宮島（天野みゆき著）〉Ⓘ978-4-86327-260-6 Ⓝ291.76 ［1800円］

一灯園

◇西田天香の世界 5 「有」即「無」―光の世界 西田天香著, 村田正喜編集責任 ［京都］一燈園生活研究所 2014.5 308p 20cm〈燈影舎（発売）〉Ⓘ978-4-86094-025-6 Ⓝ169.1 ［2300円］

井手 教義〔1937～ 〕

◇汝の食物を医薬とせよ―"世紀の干拓"大潟村で実現した理想のコメ作り 宮崎隆典著 藤原書店 2014.9 220p 19cm Ⓘ978-4-89434-990-2 Ⓝ616.2 ［1800円］

井手町〔京都府〕〔遺跡・遺物〕

◇井手寺跡発掘調査報告書 2-10次（平成15-23年度）調査 井手町教育委員会編 井手町（京都府）井手町教育委員会 2014.3 134, 45p 図版 5p 30cm（京都府井手町文化財調査報告 第15集）〈範囲確認調査に伴う発掘調査報告書 折り込 1枚〉Ⓝ210.0254

出光 佐三〔1885～1981〕

◇評伝出光佐三―士魂商才の軌跡 高倉秀二著 プレジデント社 2014.1 582p 20cm〈年譜あり 1990年刊の新装版〉Ⓘ978-4-8334-2074-7 Ⓝ289.1 ［3000円］

糸魚川市〔遺跡・遺物〕

◇清崎隠殿遺跡発掘調査報告書 3 糸魚川市教育委員会編 糸魚川 糸魚川市教育委員会 2014.3 1冊 30cm（糸魚川市埋蔵文化財調査報告）〈民間宅地分譲造成事業に伴う調査報告〉Ⓝ210.0254

◇須沢角地遺跡 新潟県教育委員会, 新潟県埋蔵文化財調査事業団編 新潟 新潟県教育委員会 2014.12 36p 図版20p 30cm（新潟県埋蔵文化財調査報告書 第256集）〈共同刊行：新潟県埋蔵文化財調査事業団〉Ⓝ210.0254

◇前波遺跡発掘調査報告書 糸魚川市教育委員会編 糸魚川 糸魚川市教育委員会 2014.3 1冊 30cm（糸魚川市埋蔵文化財調査報告）〈河川改修に伴う調査報告〉Ⓝ210.0254

◇古屋敷A遺跡発掘調査報告書 2 糸魚川市教育委員会編 糸魚川 糸魚川市教育委員会 2013.3 1冊 30cm（糸魚川市埋蔵文化財調査報告）Ⓝ210.0254

糸魚川市〔エネルギー政策〕

◇糸魚川市新エネルギービジョン 糸魚川市市民部環境生活課編 糸魚川 糸魚川市市民部環境生活課 2014.12 58, 47p 30cm Ⓝ501.6

糸魚川市〔地質〕

◇よくわかる糸魚川の大地のなりたち フォッサマグナミュージアム著 ［糸魚川］糸魚川市教育委員会 2014.3 174p 30cm Ⓝ455.141

糸魚川市議会

◇議会要覧―平成26年（2014年）1月1日現在 ［糸魚川］糸魚川市議会 ［2014］80, 11, 24p 30cm Ⓝ318.441

伊東〔氏〕
◇日向国山東河南の攻防—室町時代の伊東氏と島津氏　新名一仁著　宮崎　鉱脈社　2014.1　199p　19cm　（みやざき文庫101）〈年表あり　文献あり〉①978-4-86061-525-3　Ⓝ219.6　[1600円]

イトウ, S.〔1924～ 〕
◇ハワイからの使者スタンレー・イトウ—The Load of Ring　アイク田川著　文芸社　2014.2　213p　19cm　〈文献あり〉①978-4-286-14692-8　Ⓝ788.3　[1200円]

伊藤 嘉朔〔1899～1967〕
◇伊藤嘉朔—舞台美術の巨人　伊藤嘉朔［著］, 俳優座劇場編　NHK出版　2014.9　347p　22cm　〈文献あり　年譜あり〉①978-4-14-009355-9　Ⓝ771.5　[2100円]

伊藤 清〔1945～ 〕
◇廉—スズトクホールディングス株式会社代表取締役社長伊藤清発言集　伊藤清［述］　［東京］　［スズトクホールディングス］　[201-]　105p　21cm　Ⓝ564.067

伊藤 邦幸〔1931～1993〕
◇無垢の心をこがれ求める—伊藤邦幸・聡美記念文集　伊藤邦幸・聡美［著］, 武井陽一編　袋井　武井陽一　2014.6　452, 3p　21cm　〈年譜あり〉Ⓝ289.1　[1500円]

伊藤 圭介〔1803～1901〕
◇伊藤圭介日記　第19集　錦窠翁日記　明治12年1月—3月　伊藤圭介［著］, 圭介文書研究会編　錦窠翁［著］　名古屋　名古屋市東山植物園　2014.1　283p　26cm　〈文献あり〉Ⓝ289.1

伊東 玄朴〔1800～1871〕
◇伊東玄朴—1800-1871　青木歳幸著　佐賀　佐賀県立佐賀城本丸歴史館　2014.11　110p　21cm　（佐賀偉人伝 13）〈文献あり　年譜あり〉①978-4-905172-12-3　Ⓝ289.1　[952円]
◇天然痘に立ち向かった人類の戦い—江戸における伊東玄朴の功績　伊東貞三著　新風社　2013.5　87p　21cm　〈年譜あり〉①978-4-87055-127-5　Ⓝ493.82　[1200円]

伊藤 若冲〔1716～1800〕
◇伊藤若冲菜蟲譜光学調査報告書　伊藤若冲［画］, 国立文化財機構東京文化財研究所編　国立文化財機構東京文化財研究所　2014.3　103p　30cm　Ⓝ721.4
◇辻惟雄集　6　若冲と蕭白　辻惟雄著, 青柳正規, 河野元昭, 小林忠, 酒井忠康, 佐藤康宏, 山下裕二編集委員　岩波書店　2014.9　244,18p　23cm　〈著作目録あり〉内容：伊藤若冲　伊藤若冲筆《象と鯨図屏風》　奇想横溢　曾我蕭白筆《群仙図屏風》　興聖寺の蕭白一族の墓および過去帳の記載について　視覚の驚き、または、型と型やぶり　林十江の表現主義　「真景」の系譜〉①978-4-00-028656-5　Ⓝ702.1　[3400円]

伊藤 信徳〔1633～1698〕
◇元禄名家句集略注　伊藤信徳篇　田中善信著　新典社　2014.12　223p　21cm　〈索引あり〉①978-4-7879-0636-6　Ⓝ911.33　[2000円]

伊藤 末治郎〔1932～ 〕
◇郷土愛と人間愛に包まれて　伊藤末治郎著, 伊藤平治郎編　栗原　南部屋印刷　2013.2　349p　21cm　Ⓝ289.1

伊藤 聡美〔1937～ 〕
◇無垢の心をこがれ求める—伊藤邦幸・聡美記念文集　伊藤邦幸・聡美［著］, 武井陽一編　袋井　武井陽一　2014.6　452, 3p　21cm　〈年譜あり〉Ⓝ289.1　[1500円]

伊藤 緻誉乎〔1949～ 〕
◇奇跡の手相家チヨちゃんの明日はきっと、花一輪　伊藤緻誉乎著　総和社　2013.11　167p　19cm　①978-4-86286-076-7　Ⓝ289.1　[1400円]

伊藤 伝右衛門〔1860～1947〕
◇白蓮と傳右衛門そして龍介　小林弘忠著　ロングセラーズ　2014.8　299p　19cm　〈文献あり〉①978-4-8454-2330-9　Ⓝ281.04　[1400円]

伊東 豊雄〔1941～ 〕
◇伊東豊雄自然の力　Jessie Turnbull［編］, 川上純子訳　丸善出版　2014.9　126p　21cm　〈内容：伊東豊雄の「たゆまぬ探求」(スタン・アレン著)　イントロダクション(スタン・アレン著)　生成する秩序(伊東豊雄著)　都市と関係性のためのフレームワーク(ジェシー・ターンブル著)　〈俗〉なる世界に投影される〈聖〉(伊東豊雄著)　伊東豊雄の上部構造と下部構造(ジュリアン・ウォラル著)　「みんなの家」を描こう〉①978-4-621-08849-4　Ⓝ523.1　[1900円]

伊東 正義〔1913～1994〕
◇伊東正義　総理のイスを蹴飛ばした男—自民党政治の「終わり」の始まり　国正武重著　岩波書店　2014.4　228p　20cm　〈文献あり　年譜あり〉①978-4-00-025970-5　Ⓝ289.1　[2500円]

伊藤鞄製作所
◇恋する鞄—鞄屋3代目物語　伊藤彩美著　光文社　2014.3　175p　18cm　①978-4-334-97771-9　Ⓝ589.27　[1000円]

伊東市〔歴史—史料〕
◇伊東市史　史料編　近現代 1　伊東市史編集委員会編　伊東　伊東市　2014.3　751p　27cm　Ⓝ215.4

伊藤内科医院
◇医療法人藤寿会伊藤内科医院創立35周年記念誌　下関　藤寿会伊藤内科医院　2013.12　95p　30cm　〈年表あり〉Ⓝ498.16

糸賀 一雄〔1914～1968〕
◇障害福祉の父糸賀一雄の思想と生涯　京極高宣著　京都　ミネルヴァ書房　2014.12　207p　19cm　〈文献あり　年譜あり〉①978-4-623-07221-7　Ⓝ289.1　[1800円]

糸島市〔遺跡・遺物〕
◇潤地跡群　3　糸島　糸島市教育委員会　2013.3　118p　図版[13]枚　30cm　（糸島市文化財調査報告書 第11集）〈県道波多江泊線拡幅に伴う潤古屋敷遺跡の調査〉Ⓝ210.0254
◇三雲・井原遺跡　8　総集編　糸島　糸島市教育委員会　2013.3　357p　図版[17]枚　30cm　（糸島市文化財調査報告書 第10集）〈文献あり〉Ⓝ210.0254
◇吉森遺跡　3　糸島　糸島市教育委員会　2013.3　74p　図版8p　30cm　（糸島市文化財調査報告書 第12集）〈福岡県糸島市二丈吉井所在中世製鉄遺跡の調査〉Ⓝ210.0254

糸原 久恵〔1951～ 〕
◇競争社会から平和社会へ　糸原久恵著　文芸社　2014.9　229p　20cm　①978-4-286-15278-3　Ⓝ289.1　[1200円]

糸満市〔教育行政〕
◇糸満市の教育　平成25年度　［糸満］　糸満市教育委員会　[2013]　103p　30cm　〈年表あり　折り込 1枚〉Ⓝ373.2

糸満市〔社会福祉〕
◇糸満ちむ・ちむ♡さんかくプラン—糸満市地域福祉計画・第3次糸満市地域福祉活動計画　糸満市福祉部社会福祉課, 糸満市社会福祉協議会編　［糸満］　糸満市　2013.3　131p　30cm　Ⓝ369.11

糸満市〔風俗・習慣〕
◇阿波根の民俗　糸満　糸満市教育委員会　2013.3　56p　26cm　〈年表あり〉Ⓝ382.199
◇賀数の民俗　糸満　糸満市教育委員会　2013.3　47p　26cm　〈年表あり〉Ⓝ382.199
◇兼城の民俗　糸満　糸満市教育委員会　2013.3　50p　26cm　〈年表あり〉Ⓝ382.199
◇北波平の民俗　糸満　糸満市教育委員会　2013.3　45p　26cm　〈年表あり〉Ⓝ382.199
◇座波の民俗　糸満　糸満市教育委員会　2013.3　64p　26cm　〈年表あり〉Ⓝ382.199
◇潮平の民俗　糸満　糸満市教育委員会　2013.3　58p　26cm　〈年表あり〉Ⓝ382.199
◇武富の民俗　糸満　糸満市教育委員会　2013.3　55p　26cm　〈年表あり〉Ⓝ382.199
◇照屋の民俗　糸満　糸満市教育委員会　2013.3　56p　26cm　〈年表あり〉Ⓝ382.199

稲垣 孝二〔1922～1945〕
◇聖エルモの火—稲垣米太郎海軍少佐と稲垣孝二海軍中尉の記録　髙島秀之著　中央公論事業出版（制作・発売）　2014.3　259p　20cm　〈文献あり〉①978-4-89514-413-1　Ⓝ289.1　[2000円]

稲垣 米太郎〔1920～1943〕
◇聖エルモの火—稲垣米太郎海軍少佐と稲垣孝二海軍中尉の記録　髙島秀之著　中央公論事業出版（制作・発売）　2014.3　259p　20cm　①978-4-89514-413-1　Ⓝ289.1　[2000円]

猪名川広域水道事務所
◇猪名川広域水道の歩み—送水開始30周年記念　［川西］　兵庫県企業庁猪名川広域水道事務所　2013.12　52p　30cm　〈年表あり〉Ⓝ518.1

猪名川町〔兵庫県〕〔遺跡・遺物〕
◇多田銀銅山遺跡（銀山地区）詳細調査報告書—役所関連遺跡と生産遺跡の調査　猪名川町教育委員会編　猪名川町（兵庫県）　猪名川町教育委員会　2014.3　240p　図版[20]枚　30cm　（猪名川町文化財調査報告書 第5集）Ⓝ210.0254

稲城市〔子育て支援〕
◇稲城市子ども・子育て支援事業に関するニーズ調査報告書　稲城　稲城市福祉部子育て支援課　2014.5　244p　30cm　Ⓝ369.4

稲沢市（遺跡・遺物）　　　　　　　　　　　　　　　　　　　　　　　　　　　　　　　　　日本件名図書目録2014　I

稲沢市（遺跡・遺物）

◇一色青海遺跡　3　遺構編　愛知県教育・スポーツ振興財団愛
知県埋蔵文化財センター編　［弥富］　愛知県教育・スポーツ
振興財団愛知県埋蔵文化財センター　2014.3　198p　図版 76p
30cm　（愛知県埋蔵文化財センター調査報告書　第186集）
Ⓝ210.0254

◇一色青海遺跡　3　遺物・自然科学分析・総括編　愛知県教育・
スポーツ振興財団愛知県埋蔵文化財センター編　［弥富］　愛
知県教育・スポーツ振興財団愛知県埋蔵文化財センター
2014.3　216p　図版 44p　30cm　（愛知県埋蔵文化財センター
調査報告書　第186集）Ⓝ210.0254

◇稲橋市内遺跡発掘調査概要報告書　3　稲沢市教育委員会編
稲沢　稲沢市教育委員会　2014.3　6p　30cm　（稲沢市文化
財調査報告書　59）〈愛知県稲沢市所在　内容:史跡尾張国分
寺跡第17次調査〉Ⓝ210.0254

◇船橋市場遺跡発掘調査報告書　稲沢市内遺跡発掘調査委員会
編　［稲沢］　稲沢市内遺跡発掘調査委員会　2014.3　60p　図
版　[13]　枚　30cm〈稲沢市建設部の委託による　愛知県稲
沢市所在　市道7721号線築造事業に伴う発掘調査報告〉
Ⓝ210.0254

稲沢市（遺跡・遺物─保存・修復）

◇尾張国分寺跡史跡保存整備基本構想　稲沢市教育委員会事務
局生涯学習課編　［稲沢］　愛知県稲沢市　2014.3　1冊
30cm　Ⓝ709.155

稲沢市（写真集）

◇稲沢・清須の昭和─写真アルバム　名古屋　樹林舎　2014.2
263p　図版 16p　31cm〈年表あり〉①978-4-902731-63-7
Ⓝ215.5　[9514円]

伊那市（歴史）

◇「勘太郎」とは誰なのか?─伊那谷の幕末維新と天狗党　伊藤
春奈著　長野　信濃毎日新聞社　2014.2　279p　19cm　（信
毎選書　8）〈文献あり〉①978-4-7840-7226-2　Ⓝ215.2
[1300円]

稲敷市（遺跡・遺物）

◇湯崎遺跡　地域文化財研究所編　［稲敷］　稲敷市　2013.6
22p　図版 5p　30cm　（稲敷市埋蔵文化財調査報告書　第10
集）〈特別養護老人ホーム増床工事に伴う発掘調査報告書　共
同刊行:筑和会特別養護老人ホーム玉永館ほか〉Ⓝ210.0254

伊那食品工業株式会社

◇リストラなしの「年輪経営」─いい会社は「遠きをはかり」
ゆっくり成長　塚越寛著　光文社　2014.9　205p　16cm
（光文社知恵の森文庫　tつ5-1）〈2009年刊の加筆修正〉
①978-4-334-78657-1　Ⓝ588.067　[580円]

稲葉 篤紀

◇THANKS FANS!─北海道に僕が残したいもの　稲葉篤紀著
宝島社　2014.12　254p　16cm　（宝島SUGOI文庫　Aい-8-
1）〈「北海道に僕が残したいもの」(2013年刊)の改題、新規原
稿を加え、改訂〉①978-4-8002-3519-0　Ⓝ783.7　[630円]

いなべ市（鉄道災害）

◇鉄道重大インシデント調査報告書　RI2013-1-3　［東京］　運
輸安全委員会　［2013］　34, 26, 28p　30cm〈内容:三岐鉄
道株式会社三岐線東藤原駅構内における鉄道重大インシデン
ト車両脱線（「本線において車両が脱線したもの」に係る鉄道
重大インシデント）天竜浜名湖鉄道株式会社天竜浜名湖線浜
松大学前駅─都田駅間における鉄道重大インシデント車両障
害（「車両の走行装置、ブレーキ装置、電気装置、連結装置、運
転保安設備等に列車の運転の安全に支障を及ぼす故障、損傷、
破壊等が生じた事態」に係る鉄道重大インシデント）　東日本
旅客鉄道株式会社高崎線高崎駅構内における鉄道重大インシ
デント工事違反（「列車の運転を停止して行うべき工事又は保
守の作業中に、列車が当該作業をしている区間を走行した事
態」に係る鉄道重大インシデント）〉Ⓝ686.7

いなべ市（農業水利）

◇水社会の憧憬─マンボが語る景観　春山成子編著　古今書院
2014.8　155p　21cm〈文献あり　索引あり〉①978-4-7722-
8113-3　Ⓝ614.3156　[3600円]

稲盛 和夫〔1932〜 〕

◇賢く生きるより辛抱強いバカになれ　稲盛和夫, 山中伸弥著
朝日新聞出版　2014.10　236p　20cm　①978-4-02-331320-0
Ⓝ289.1　[1300円]

◇松下幸之助と稲盛和夫に学ぶリーダーシップの本質　加藤靖
慶　中央経済社　2014.12　196p　22cm　（中京大学大学院
ビジネス・イノベーションシリーズ）①978-4-502-13271-1
Ⓝ336.3　[3200円]

犬山市（遺跡・遺物）

◇史跡東之宮古墳　犬山市教育委員会編　［犬山］　犬山市教育
委員会　2014.3　442p　図版 92p　30cm　（犬山市埋蔵文化財
調査報告書　第12集）Ⓝ210.0254

犬山市（紙幣─歴史）

◇犬山古札集─犬山藩内古札含む　本美吉朗監修, 尾州古札研
究会編　［半田］　[尾州古札研究会事務局]　2014.9　1冊
（ページ付なし）27cm　Ⓝ337.2155　[非売品]

犬山市（地方自治）

◇前例より、前進!─青い目の市会議員"奮戦記"　ビアンキア
ンソニー著　名古屋　風媒社　2014.10　214p　19cm　①978-
4-8331-1109-6　Ⓝ318.255　[1500円]

犬山城

◇図説犬山城　犬山城白帝文庫歴史文化館編　［犬山］　犬山城
白帝文庫　2014.3　104p　26cm　Ⓝ521.823

猪野 正明〔1951〜2013〕

◇猪野正明100%─ヤンチャで通します　武智達史編著　［越谷］
[武智達史]　2014.3　149p　21cm〈年譜あり〉Ⓝ289.1
[非売品]

◇猪野正明100%─ヤンチャで通します　武智達史編著　［越谷］
[武智達史]　2014.3　151p　21cm〈年譜あり〉Ⓝ289.1
[非売品]

伊能 忠敬〔1745〜1818〕

◇新しい伊能忠敬──農民・一商人から地理学者へ　川村優著
流山　崙書房出版　2014.10　190p　18cm　（ふるさと文庫
210）〈年譜あり　文献あり〉①978-4-8455-0210-3　Ⓝ289.1
[1400円]

いのうえ

◇強く、やさしく、情けに厚く─株式会社いのうえ100年の醸成
「株式会社いのうえ100年の醸成強く、やさしく、情けに厚く」
刊行委員会編著　倉敷　いのうえ　2014.3　168p　21cm〈年
表あり〉①978-4-906765-10-2　Ⓝ673.93　[1500円]

井上〔氏〕

◇信濃の井上氏　片山正行著　東松山　まつやま書房　2014.4
590p　22cm　①978-4-89623-081-9　Ⓝ288.2　[4500円]

井上 円了〔1858〜1919〕

◇井上円了の教育理念─歴史はそのつど現在が作る　東洋大学
井上円了記念学術センター編, 三浦節夫執筆責任　改訂第17
版　東洋大学　2014.3　237p　18cm〈年譜あり　著作目録あ
り〉Ⓝ371.21

井上 理〔1978〜 〕

◇どん底から這い上がり社長になった男の話─「日本一笑顔の絶
えない会社」ができるまで　井上理著　経済界　2014.11
237p　19cm　①978-4-7667-4003-5　Ⓝ289.1　[1200円]

井上 馨〔1835〜1915〕

◇首相になれなかった男たち─井上馨・床次竹二郎・河野一郎
村瀬信一著　吉川弘文館　2014.9　394p　20cm〈文献あり〉
①978-4-642-03836-2　Ⓝ312.8　[3200円]

◇世外井上馨─近代数寄者の魁:百回忌記念出版　鈴木皓詞著
京都　宮帯出版社　2014.9　199p　19cm　（宮帯茶人ブック
レット）①978-4-8016-0006-5　Ⓝ791.2　[1800円]

◇よこすな別邸長者から井上馨侯を顕彰する─日本の危機を
救い日本近代化の「礎」を築き別邸長者から日本政治を指導
した「郷土の偉人」を正しく認識するために　堀芳廣執筆・著
［静岡］　ZIZO会　2014.10　144p　30cm〈年譜あり　共同
刊行:いほさき街道案内人　発行所:郷土の偉人「井上馨侯爵
を顕彰する会」Brain-office〉Ⓝ289.1

井上 和子〔1927〜 〕

◇恋は恋でもシャリ持って恋!─激動の昭和を生き抜いた京女
が綴る　井上和子著　文芸社　2014.8　125p　20cm　①978-
4-286-15259-2　Ⓝ289.1　[1200円]

井上 庚〔1930〜 〕

◇頑固な軍国少女が教師を経て反戦詩人になった理由（わけ）井
上庚著　大阪　浮游社　2014.7　75p　21cm　①978-4-
939157-13-4　Ⓝ289.1　[1000円]

井上 井月〔1822〜1887〕

◇伊那の放浪俳人井月現る　今泉恂之介著　同人社　2014.8
243p　19cm〈文献あり　年譜あり〉①978-4-904150-07-8
Ⓝ911.35　[1600円]

◇漂泊の俳人井上井月　伊藤伊那男著　［東京］　KADOKAWA
2014.12　198p　19cm　（角川俳句ライブラリー）〈文献あり
年譜あり　索引あり〉①978-4-04-652628-1　Ⓝ911.35　[1600
円]

◇漂泊の俳人　井月の日記─日記と逸話から井月の実像を探る
宮原達明著　長野　ほおずき書籍　2014.8　228p　21cm〈星
雲社（発売）文献あり〉①978-4-434-19532-7　Ⓝ911.35
[1500円]

井上 尚弥〔1993～ 〕
◇真っすぐに生きる。 井上尚弥著 扶桑社 2014.4 211p 19cm ①978-4-594-07029-8 Ⓝ788.3 ［1200円］

井上 ひさし〔1934～2010〕
◇井上ひさしの劇ことば 小田島雄志著 新日本出版社 2014. 9 158p 19cm ①978-4-406-05821-6 Ⓝ912.6 ［1400円］

井上 正彦〔1944～ 〕
◇灰な私物語―少年M灰色の回顧1950-56 井上正彦筆 ［茨木］ ［井上正彦］ 2014.6 230p 19cm Ⓝ289.1

井上 守〔1936～1998〕
◇古河の一市民の一九五〇年代―歌集『挫折』でたどる 中川保雄著 ［東京］ 下田出版 2014.5 183p 22cm〈背のタイトル：古河の一市民の一九五〇年〉Ⓝ289.1 ［非売品］

井上 靖〔1907～1991〕
◇井上靖の小説世界―ストーリーテラーの原風景 藤澤全著 勉誠出版 2014.9 317p 20cm〈年譜あり 内容：しろばんば 北の海 わが母の記 グウドル氏の手袋 比良のシャクナゲ わだつみ 氷壁 本覚坊遺文 青衣の人 闘牛 壺 ある女の死 『猟銃』資料〈ホノルル・一九六七年夏〉 小説『流転』と『猟銃』の間〉①978-4-585-29074-2 Ⓝ910.268 ［2800円］

井上 義江〔 ～2013〕
◇親父が919日間の避難生活に綴った日記 ［井上義江原著］，井上秀俊著 半田 一粒書房 2013.11 33p 22cm ①978-4-86431-239-4 Ⓝ289.1

井上 芳雄
◇井上芳雄―35 on the way to… 井上芳雄責任編集 キネマ旬報社 2014.11 189p 21cm〈作品目録あり〉①978-4-87376-429-0 Ⓝ772.1 ［2000円］

井上眼科病院
◇井上眼科病院の実践から学ぶユニバーサルデザイン 井上賢治，桑波田謙，間瀬樹省著 中央法規出版 2014.9 155p 21cm ①978-4-8058-5065-7 Ⓝ498.16 ［1800円］

伊野商業高等学校（高知県立）
◇創立五十周年記念誌 高知県立伊野商業高等学校創立五十周年記念事業実行委員会編 いの町（高知県） 高知県立伊野商業高等学校創立五十周年記念事業実行委員会 2013.11 1冊 31cm〈年表あり〉Ⓝ376.48

猪瀬 直樹〔1946～ 〕
◇猪瀬直樹検証本―作家篇 kafkaesque執筆・編集 ［出版地不明］ ［kafkaesque］ 2014.8 68p 26cm〈文献あり〉Ⓝ910.268

いの町（高知県）（遺跡・遺物）
◇天神溝田遺跡 2 南国 高知県文化財団埋蔵文化財センター 2014.3 245p 図版78p 30cm （高知県埋蔵文化財センター発掘調査報告書 第139集）〈共同刊行：高知県教育委員会〉Ⓝ210.0254

伊庭 八郎〔1843～1869〕
◇ある幕臣の戊辰戦争―剣士伊庭八郎の生涯 中村彰彦著 中央公論新社 2014.2 238p 18cm （中公新書 2256）〈文献あり〉①978-4-12-102256-1 Ⓝ289.1 ［820円］

井端 弘和〔1975～ 〕
◇守備の力 井端弘和著 光文社 2014.12 198p 18cm （光文社新書 729）①978-4-334-03832-8 Ⓝ783.7 ［760円］

井原 西鶴〔1642～1693〕
◇近世小説を読む―西鶴と秋成 佐々木昭夫著 翰林書房 2014.2 493p 22cm〈著作目録あり〉①978-4-87737-363-4 Ⓝ910.25 ［9400円］
◇西鶴の文芸と茶の湯 石塚修著 京都 思文閣出版 2014.2 299,9p 22cm〈文献あり 索引あり 内容：序章 俳諧師西鶴と茶の湯文化 西鶴の茶の湯文化への造詣 『好色一代男』にみられる茶の湯文化 『西鶴諸国ばなし』と茶の湯 『武家義理物語』巻三の二「約束は雪の朝食」再考 『日本永代蔵』巻四の四「茶の十徳も一度に皆」考 『日本永代蔵』の「目利き」譚 『西鶴名残の友』巻五の六「入れ歯は花の昔」にみる茶の湯文化 西鶴と「わび」〉①978-4-7842-1730-4 Ⓝ913.52 ［6000円］

茨木 のり子〔1926～2006〕
◇清冽―詩人茨木のり子の肖像 後藤正治著 中央公論新社 2014.11 300p 16cm （中公文庫 こ58-1）①978-4-12-206037-1 Ⓝ911.52 ［740円］

茨城キリスト教学園高等学校
◇三・一一その日その夜、そしてひと月―茨城キリスト教学園中学校高等学校生徒・教職員の記録 茨城キリスト教学園中学校高等学校紀要係編 日立 茨城キリスト教学園中学校高等学校 2014.3 218p 26cm Ⓝ376.3131

茨城キリスト教学園中学校
◇三・一一その日その夜、そしてひと月―茨城キリスト教学園中学校高等学校生徒・教職員の記録 茨城キリスト教学園中学校高等学校紀要係編 日立 茨城キリスト教学園中学校高等学校 2014.3 218p 26cm Ⓝ376.3131

茨城県
◇茨城あるある 広田光治著，マミヤ狂四郎画 TOブックス 2014.10 159p 18cm ①978-4-86472-305-3 Ⓝ291.31 ［980円］
◇茨城のおきて―イバラキを楽しむための50のおきて 茨城県地位向上委員会編 アース・スターエンターテイメント 2014.2 174p 18cm〈泰文堂（発売） 文献あり〉①978-4-8030-0539-4 Ⓝ291.31 ［952円］

茨城県（遺跡・遺物―石岡市）
◇市内遺跡調査報告書 第8集 石岡市教育委員会生涯学習課編 石岡 石岡市教育委員会 2013.3 51p 30cm （石岡市埋蔵文化財調査報告書）Ⓝ210.0254
◇宮部遺跡 第8地点 毛野考古学研究所編 石岡 石岡市教育委員会 2014.3 図版6p 30cm （石岡市埋蔵文化財調査報告書）〈濱総業の委託による 茨城県石岡市所在 店舗建設に伴う発掘調査〉Ⓝ210.0254

茨城県（遺跡・遺物―稲敷市）
◇湯崎遺跡 地域文化財研究所編 ［稲敷］ 稲敷市 2013.6 22p 図版5p 30cm （稲敷市埋蔵文化財調査報告書 第10集）〈特別養護老人ホーム増床工事に伴う発掘調査報告書 共同刊行：筑和会特別養護老人ホーム宝永館ほか〉Ⓝ210.0254

茨城県（遺跡・遺物―牛久市）
◇牛久市内遺跡発掘調査報告書 平成23年度 牛久市教育委員会編 ［牛久］ 牛久市教育委員会 2013.3 16p 30cm （牛久市文化財調査報告 第7集）Ⓝ210.0254

茨城県（遺跡・遺物―小美玉市）
◇取手山館跡 毛野考古学研究所茨城支所編 小美玉 小美玉市教育委員会 2013.8 108p 図版28p 30cm （小美玉市埋蔵文化財調査報告 第1集）〈茨城県小美玉市所在 田木谷上玉里線道路改良工事に伴う埋蔵文化財発掘調査報告〉Ⓝ210.0254

茨城県（遺跡・遺物―かすみがうら市）
◇安食館跡 第2次 かすみがうら市教育委員会，勾玉工房Mogi編 かすみがうら かすみがうら市教育委員会 2013.3 52p 図版［10］枚 30cm〈茨城県かすみがうら市所在 電波塔建設に伴う埋蔵文化財発掘調査報告書 共同刊行：勾玉工房Mogiほか〉Ⓝ210.0254
◇かすみがうら市内遺跡発掘調査報告書 平成24年度 茨城県かすみがうら市教育委員会（郷土資料館）編 かすみがうら 茨城県かすみがうら市教育委員会 2013.3 22p 30cm Ⓝ210.0254
◇松山廃寺 地域文化財研究所編 ［かすみがうら］ かすみがうら市教育委員会 2013.3 50p 図版［9］枚 30cm〈茨城県かすみがうら市所在 社会福祉施設建設事業に伴う埋蔵文化財調査報告書 共同刊行：川惣会〉Ⓝ210.0254

茨城県（遺跡・遺物―古河市）
◇古屋敷遺跡・恩名新三郎遺跡 水戸 茨城県教育財団 2014.3 74p 図版16p 30cm （茨城県教育財団文化財調査報告 第388集）〈茨城県県境工事事務所の委託による 県道尾崎境線バイパス事業地内埋蔵文化財調査報告書〉Ⓝ210.0254

茨城県（遺跡・遺物―桜川市）
◇史跡真壁城跡 7 中城南西部の調査概要 桜川 桜川市教育委員会 2014.3 61p 図版20p 30cm （史跡真壁城跡発掘調査報告 第7集）〈共同刊行：茨城県桜川市〉Ⓝ210.0254
◇真壁城跡 東京航業研究所編 桜川 桜川市教育委員会 2013.3 33p 図版13p 30cm〈年表あり 老人ホーム建設事業に伴う埋蔵文化財発掘調査報告書 共同刊行：茨城県桜川市〉Ⓝ210.0254

茨城県（遺跡・遺物―下妻市）
◇国指定史跡大宝城跡発掘調査報告書 第42次調査 下妻 下妻市教育委員会 2014.3 24p 30cm Ⓝ210.0254
◇市内遺跡 4 下妻 下妻市教育委員会 2014.3 44p 30cm （下妻市埋蔵文化財調査報告書 第9集）〈茨城県下妻市所在 平成24年度試掘確認調査報告書〉Ⓝ210.0254

茨城県（遺跡・遺物―つくば市）
◇面野井古墳群 水戸 茨城県教育財団 2014.3 64p 図版12p 30cm （茨城県教育財団文化財調査報告 第391集）〈茨城県土浦土木事務所の委託による 都市計画道路新都市中央通り線バイパス建設事業地内埋蔵文化財調査報告書〉Ⓝ210.0254

茨城県（遺跡・遺物―土浦市）　　　　　　　　　　　日本件名図書目録2014　Ⅰ

い

◇島名熊の山遺跡　水戸　茨城県教育財団　2014.3　178p　図版38p　30cm　（茨城県教育財団文化財調査報告　第389集）〈茨城県の委託による〉Ⓝ210.0254

◇島名熊の山遺跡　上巻　水戸　茨城県教育財団　2014.3　286p　30cm　（茨城県教育財団文化財調査報告　第390集）〈茨城県の委託による〉Ⓝ210.0254

◇島名熊の山遺跡　中巻　水戸　茨城県教育財団　2014.3　p287-596　30cm　（茨城県教育財団文化財調査報告　第390集）〈茨城県の委託による　共通の付属資料が上巻にあり〉Ⓝ210.0254

◇島名熊の山遺跡　下巻　水戸　茨城県教育財団　2014.3　108p　30cm　（茨城県教育財団文化財調査報告　第390集）〈茨城県の委託による　共通の付属資料が上巻にあり〉Ⓝ210.0254

◇高須賀中台東遺跡　水戸　茨城県教育財団　2014.3　164p　図版34p　30cm　（茨城県教育財団文化財調査報告　第382集）〈国土交通省常総国道事務所の委託による　一般国道468号首都圏中央連絡自動車道新設事業地内埋蔵文化財調査報告書〉Ⓝ210.0254

茨城県（遺跡・遺物―土浦市）

◇坂田台山古墳群・下坂田中台遺跡・下坂田貝塚　毛野考古学研究所茨城支所編　土浦　土浦市教育委員会　2013.3　81p　図版20p　30cm〈茨城県土浦市所在　畑地帯総合整備事業（担い手支援型）坂田地区埋蔵文化財発掘調査報告書〉Ⓝ210.0254

◇下坂田中台遺跡　東京航業研究所編　［土浦］　土浦市　2014.3　74p　図版19p　30cm〈茨城県土浦市所在　坂田地区畑地帯総合整備事業に伴う埋蔵文化財発掘調査報告書　共同刊行：土浦市教育委員会ほか〉Ⓝ210.0254

◇下坂田塙台遺跡・坂田塙台古墳群　勾玉工房Mogi編　土浦　土浦市教育委員会　2013.3　132p　図版48p　30cm〈茨城県土浦市所在　県営畑地帯総合整備事業（担い手支援型）坂田地区埋蔵文化財発掘調査報告書　折り込2枚〉Ⓝ210.0254

◇下高津小学校遺跡　毛野考古学研究所茨城支所編　土浦　土浦市教育委員会　2013.6　32p　図版10p　30cm〈茨城県土浦市所在　宅地造成に伴う埋蔵文化財発掘調査報告書　共同刊行：常陽エステート〉Ⓝ210.0254

◇東谷遺跡　第1次調査　土浦市遺跡調査会編　［土浦］　土浦市教育委員会　2013.3　16p　図版6p　30cm〈茨城県土浦市所在　住宅地造成に伴う埋蔵文化財発掘調査報告書〉Ⓝ210.0254

◇武者塚古墳とその時代―上高津貝塚ふるさと歴史の広場第13回特別展：重要文化財指定記念　上高津貝塚ふるさと歴史の広場編　［土浦］　上高津貝塚ふるさと歴史の広場　2014.10　76p　30cm〈文献あり　会期・会場：2014年10月18日―11月30日　上高津貝塚ふるさと歴史の広場〉Ⓝ213.1

茨城県（遺跡・遺物―取手市）

◇神明遺跡　水戸　茨城県教育財団　2014.3　42p　図版6p　30cm　（茨城県教育財団文化財調査報告　第386集）〈茨城県竜ケ崎工事事務所の委託による　一般県道守谷藤代線道路整備事業地内埋蔵文化財調査報告書〉Ⓝ210.0254

◇取手宿跡　1　水戸　茨城県教育財団　2014.3　42p　図版6p　30cm　（茨城県教育財団文化財調査報告　第385集）〈茨城県竜ケ崎工事事務所の委託による　都市計画道路上新町環状線（東工区）街路整備事業地内埋蔵文化財調査報告書〉Ⓝ210.0254

茨城県（遺跡・遺物―坂東市）

◇宮内遺跡2・長左衛門元屋敷遺跡　上巻　水戸　茨城県教育財団　2014.3　284p　30cm　（茨城県教育財団文化財調査報告　第387集）〈茨城県境工事事務所の委託による　共通の付属資料が下巻にあり　国道354号岩井バイパス事業地内埋蔵文化財調査報告書〉Ⓝ210.0254

◇宮内遺跡2・長左衛門元屋敷遺跡　下巻　水戸　茨城県教育財団　2014.3　p285-454　図版78p　30cm　（茨城県教育財団文化財調査報告　第387集）〈茨城県境工事事務所の委託による　国道354号岩井バイパス事業地内埋蔵文化財調査報告書〉Ⓝ210.0254

茨城県（遺跡・遺物―常陸太田市）

◇国指定史跡水戸徳川家墓所試掘確認調査報告書　第2集　常陸太田市教育委員会編　常陸太田　常陸太田市教育委員会　2014.3　19p　30cm　Ⓝ210.0254

茨城県（遺跡・遺物―常陸大宮市）

◇石沢台遺跡　小川和博，大渕淳志，遠藤啓子，大渕由紀子，後藤俊一著，常陸大宮市教育委員会，日考研茨城編　常陸大宮　常陸大宮市教育委員会　2013.3　51p　図版18p　30cm　（茨城県常陸大宮市埋蔵文化財調査報告書　第14集）〈宅地造成に伴う埋蔵文化財発掘調査〉Ⓝ210.0254

◇泉坂下遺跡　2　後藤俊一，萩野谷悟，中林香澄者，常陸大宮市教育委員会編　常陸大宮　常陸大宮市教育委員会　2013.7　142p　図版［21］枚　30cm　（茨城県常陸大宮市埋蔵文化財調査報告書　第16集）〈保存整備事業に伴う第1次確認調査報告〉Ⓝ210.0254

◇滝ノ上遺跡　1　髙橋清文，淺間陽，土井道昭，後藤俊一編著，毛野考古学研究所編　常陸大宮　常陸大宮市教育委員会　2014.12　228p　図版［45］枚　30cm　（茨城県常陸大宮市埋蔵文化財調査報告書　第19集）Ⓝ210.0254

◇常陸大宮ふるさと見て歩き　常陸大宮市歴史民俗資料館編　［常陸大宮］　常陸大宮市教育委員会　2014.3　198p　21cm　Ⓝ709.131

◇山根遺跡　三輪孝幸，後藤俊一著，日本窯業史研究所編　常陸大宮　常陸大宮市教育委員会　2014.3　28p　図版6p　30cm　（茨城県常陸大宮市埋蔵文化財調査報告書　第20集）〈特別高圧架空送電線鉄塔新設事業に伴う埋蔵文化財発掘調査報告〉Ⓝ210.0254

茨城県（遺跡・遺物―日立市）

◇長者山遺跡―藻島駅家推定遺跡平成25年度発掘調査概報　日立市郷土博物館編　日立　日立市教育委員会　2014.3　27p　30cm　（日立市文化財調査報告　第99集）Ⓝ210.0254

茨城県（遺跡・遺物―ひたちなか市）

◇ひたちなか市内遺跡発掘調査報告書　平成25年度　ひたちなか市生活・文化・スポーツ公社編　ひたちなか　ひたちなか市教育委員会　2014.3　56p　図版4p　30cm〈共同刊行：ひたちなか市生活・文化・スポーツ公社　内容：試掘調査　磯崎東古墳群．第10次調査　老ノ塚遺跡．第2次調査　柴田遺跡．第3次調査　雷遺跡．第1・2・3次調査　高野富士山遺跡．第7次調査　岡田遺跡．第24次調査　西中島遺跡．第4次調査　堀口遺跡．第13・14次調査　市毛上坪遺跡．第13次調査　枯松戸遺跡．第3次調査　本調査　三反田蜆塚遺跡．第6次調査　西中島遺跡．第5次調査〉Ⓝ210.0254

茨城県（遺跡・遺物―水戸市）

◇台渡里　14　テイケイトレード株式会社編　水戸　水戸市教育委員会　2013.6　22p　図版5p　30cm　（水戸市埋蔵文化財調査報告　第58集）〈賃貸住宅新築工事に伴う埋蔵文化財発掘調査報告書（台渡里第104次），台渡里官衙遺跡群（台渡里官衙遺跡）〉Ⓝ210.0254

◇日新塾跡―第1次―第6次発掘調査報告書　水戸市教育委員会編　水戸　水戸市教育委員会　2013.10　75p　図版2p　30cm　（水戸市埋蔵文化財調査報告　第60集）Ⓝ210.0254

◇常陸国那賀郡家周辺遺跡の研究　報告編　地名・遺構・遺物　田中裕編　水戸　茨城大学人文学部考古学研究室　2014.3　87p　30cm　（茨城大学人文学部考古学研究報告　第11冊）〈内容：水戸市北部の地名　台渡里官衙遺跡群　二所神社古墳〉Ⓝ213.1

◇吉田神社遺跡　第1地点　テイケイトレード株式会社編　水戸　水戸市教育委員会　2013.4　48p　図版10p　30cm　（水戸市埋蔵文化財調査報告　第59集）〈大型物販店舗建設工事に伴う埋蔵文化財発掘調査報告書〉Ⓝ210.0254

茨城県（衛生―統計）

◇茨城県市町村別健康指標　平成26年　［水戸］　茨城県　2014.2　121p　30cm〈タイトル関連情報：5年間の死亡数及び標準化死亡比（2007年―2011年）基本健康診査・特定健康診査年齢調整有所見率（1993年―2012年）　共同刊行：茨城県総合健診協会茨城県立健康プラザ〉Ⓝ498.059

茨城県（学徒勤労動員）

◇太平洋戦争下農学校生の日記―生活・援農・満州の記録　松岡斉編著　学事出版　2013.10　279p　図版30p　22cm〈文献あり　奥付のタイトル：農学校生の日記〉①978-4-7619-2007-4　Ⓝ916　［2800円］

茨城県（学校図書館）

◇茨城県における学校図書館と公共図書館等の連携に関する調査報告　茨城県図書館協会調査研究委員会［著］　水戸　茨城県図書館協会　2014.3　44p　30cm　（茨城県図書館協会調査研究委員会報告書）Ⓝ017

茨城県（家庭用電気製品―リサイクル）

◇「小型電子機器等リサイクルシステム構築実証事業運営業務（二次募集分（関東A））」報告書　平成25年度　［東京］　リーテム　2014.3　121p　30cm　Ⓝ545.88

茨城県（家庭用電気製品―リサイクル―土浦市）

◇小型電子機器等リサイクルシステム構築実証事業（平成24年度第二次）運営業務（関東地方）に関する報告書　平成25年度　［東京］　リーテム　［2014］　100p　30cm〈表紙のタイトル

日本件名図書目録2014　I　　　　　　　　　　　　　　　　　　　　　　　　　　　茨城県（震災予防）

（誤植）：小型電子機器等リサクルシステム構築実証事業（平成24年度第二次）運営業務（関東地方）に関する報告書〉Ⓝ545.88
茨城県（環境教育）
◇生き物調査っておもしろい！─花室川と高校生と環境教育　田上公恵編著　つくば　STEP　2014.4　314, 139p　21cm〈文献あり〉Ⓘ978-4-915834-71-4　Ⓝ375　［2500円］
茨城県（環境行政─つくば市）
◇つくば環境スタイルsmile Tsukuba─みんなの知恵とテクノロジーで笑顔になる街：つくば市環境モデル都市行動計画　つくば　つくば市　2014.4　52, 114, 10p　30cm　Ⓝ519.1
茨城県（環境行政─水戸市）
◇水戸市環境基本計画　第2次　水戸市市民環境部環境課編　水戸　水戸市市民環境部環境課　2014.3　114p　30cm〈第2次のタイトル関連情報：豊かな水と緑をみんなでつくる未来へつなぐまち水戸〉Ⓝ519.1
茨城県（行政─高萩市）
◇高萩市長草間吉夫の1500日　草間吉夫著　水戸　茨城新聞社　2014.2　285p　19cm　（随想録　第2集）Ⓘ978-4-87273-283-2　Ⓝ318.231　［1000円］
茨城県（行政─水戸市）
◇行政懇談会記録書─水戸市第6次総合計画「魁のまちづくり地域懇談会」　平成25年度　［水戸］　水戸市　［2013］　168, 71p　30cm　Ⓝ318.231
◇水戸市第6次総合計画─みと魁プラン：案　［水戸］　水戸市　［2014］　321p　30cm　Ⓝ318.231
◇水戸市第6次総合計画─みと魁プラン　水戸　水戸市　［2014］　343p　30cm　Ⓝ318.231
◇水戸市役所『みとの魅力発信課』─今、動き出した魁の広報戦略をめざして　高橋靖著　ぎょうせい　2014.12　167p　21cm　Ⓘ978-4-324-09921-6　Ⓝ318.231　［1800円］
茨城県（行政─世論）
◇県政世論調査　平成26年8月実施　茨城県知事公室広報広聴課編　水戸　茨城県知事公室広報広聴課　［2014］　143, 61, 20p　30cm　（世論調査報告書）Ⓝ318.231
茨城県（原子力行政）
◇茨城県の原子力安全行政　平成25年度　茨城県生活環境部防災・危機管理局原子力安全対策課編　水戸　茨城県生活環境部防災・危機管理局原子力安全対策課　2014.3　284p　30cm〈年表あり〉Ⓝ539.091
茨城県（原子力災害─防災）
◇茨城県地域防災計画　原子力災害対策計画編　［水戸］　茨城県防災会議　2014.3　75p　31cm〈ルーズリーフ〉Ⓝ369.3
茨城県（原子力発電所─東海村）
◇それでも日本人は原発を選んだ─東海村と原子力ムラの半世紀　朝日新聞取材班著　朝日新聞出版　2014.2　308,4p　19cm〈年表あり　索引あり〉Ⓘ978-4-02-251141-6　Ⓝ543.5　［1600円］
茨城県（工業政策─那珂市）
◇那珂市商工業振興計画書　那珂　那珂市産業部商工観光課　2014.3　112p　30cm　Ⓝ671
茨城県（交通─歴史）
◇常総の古道と守谷の道しるべ　川嶋建編　守谷　川嶋建　2014.8　210p　21cm〈松枝印刷（印刷）　文献あり〉Ⓘ978-4-9907232-5-5　Ⓝ682.131　［2000円］
◇南郷道─水戸と奥州をつなぐもうひとつの道：企画展図録　常陸大宮市歴史民俗資料館編　常陸大宮　常陸大宮市歴史民俗資料館　2014.1　92p　30cm〈会期・会場：平成26年1月11日─2月23日　常陸大宮市歴史民俗資料館〉Ⓝ682.131
茨城県（公文書）
◇文書事務の手引─茨城県　茨城県総務部総務課法制研究会編集　ぎょうせい　2014.6　486p　22cm〈文献あり　2002年刊の改訂〉Ⓘ978-4-324-09858-5　Ⓝ318.531　［2900円］
茨城県（高齢者─常陸太田市）
◇茨城県常陸太田市里美地区における老年期の家族と地域ネットワークに関する研究　水嶋陽子編　水戸　常磐大学人間科学部現代社会学科　2013.3　80p　30cm　（フィールドワーク報告書　第28集（2012年度））〈文献あり〉Ⓝ367.7
茨城県（高齢者福祉─つくば市）
◇保健福祉関係者のための市内の保健福祉サービス民間関連サービスの概要─高齢者の地域包括ケアのためのミニ知識　2014　［つくば］　つくば市地域包括支援センター　2014.8　75p　30cm　Ⓝ369.26

茨城県（古墳─土浦市）
◇武者塚古墳とその時代─上高津貝塚ふるさと歴史の広場第13回特別展：重要文化財指定記念　上高津貝塚ふるさと歴史の広場編　［土浦］　上高津貝塚ふるさと歴史の広場　2014.10　76p　30cm〈文献あり　会期・会場：2014年10月18日─11月30日　上高津貝塚ふるさと歴史の広場〉Ⓝ213.1
茨城県（災害復興─神栖市）
◇未来への伝言─神栖市｜東日本大震災記録集　神栖　神栖市　2013.5　56p　30cm　Ⓝ369.31　［300円］
茨城県（災害復興─ひたちなか市）
◇3・11東日本大震災ひたちなか市の記録─市民力と共に乗り越えた大震災　ひたちなか市市民生活部生活安全課企画・編集　ひたちなか　茨城県ひたちなか市　2013.3　79p　30cm　Ⓝ369.31
茨城県（祭礼─土浦市）
◇山ノ荘の民俗・日枝神社の流鏑馬祭　土浦　土浦市立博物館　2014.3　263p　30cm　（土浦市史民俗調査報告書　第1集）Ⓝ386.131
茨城県（殺人─土浦市）
◇死刑のための殺人─土浦連続通り魔事件・死刑囚の記録　読売新聞水戸支局取材班著　新潮社　2014.3　253p　20cm〈文献あり〉Ⓘ978-4-10-335431-4　Ⓝ368.61　［1300円］
茨城県（サービス産業）
◇茨城県におけるサービス業の現状と課題─8事業所の事例から　長谷川美貴編　水戸　常磐大学人間科学部現代社会学科　2013.3　70p　30cm　（フィールドワーク報告書　第28集（2012年度）part 4）Ⓝ673.9
茨城県（産業─歴史─常陸太田市）
◇前島平と七人組─常陸太田英傑列伝　先崎千尋著　水戸　茨城新聞社　2014.7　249p　21cm〈文献あり　折り込 2枚〉Ⓘ978-4-87273-288-7　Ⓝ602.131　［1500円］
茨城県（社会福祉）
◇茨城県地域福祉支援計画　第3期　水戸　茨城県保健福祉部福祉指導課　2014.3　87p　30cm〈第3期のタイトル関連情報：誰もが地域の一員として，ともに支えあい助け合い，安心して暮らせる地域社会づくり〉Ⓝ369.11
茨城県（社会福祉─鉾田市）
◇鉾田市地域福祉計画　第2期　計画期間：平成26年度─平成30年度　鉾田　鉾田市健康福祉部社会福祉課　2014.3　102p　30cm〈文献あり〉Ⓝ369.11
茨城県（住宅建築─保存・修復─ひたちなか市）
◇水戸藩別邸湊御殿賓賓閣─復元へ向けての調査報告書　賓賓閣復元研究会編　ひたちなか　みなと新聞社　2013.3　137p　30cm〈文献あり　（財）いばらき文化振興財団助成事業　折り込 2枚〉Ⓝ521.85
茨城県（宿駅）
◇「日光道中」「関宿通多功道」「結城道」「瀬戸井道」　茨城県教育庁文化課編　［水戸］　茨城県教育委員会　2014.3　136p　30cm　（茨城県歴史の道調査事業報告書　近世編 2）〈文献あり〉Ⓝ213.1
茨城県（商業政策─那珂市）
◇那珂市商工業振興計画書　那珂　那珂市産業部商工観光課　2014.3　112p　30cm　Ⓝ671
茨城県（書目）
◇茨城県EL新聞記事情報リスト　2013-1　エレクトロニック・ライブラリー編　エレクトロニック・ライブラリー　2014.2　1094p　31cm〈制作：日外アソシエーツ〉Ⓝ025.8131
◇茨城県EL新聞記事情報リスト　2013-2　エレクトロニック・ライブラリー編　エレクトロニック・ライブラリー　2014.2　p1095-1977　31cm〈制作：日外アソシエーツ〉Ⓝ025.8131
◇茨城県EL新聞記事情報リスト　2013-3　［エレクトロニック・ライブラリー編］　［東京］　［エレクトロニック・ライブラリー］　［2014］　p1979-2271　31cm〈制作：日外アソシエーツ〉Ⓝ025.8131
茨城県（城跡─保存・修復─笠間市）
◇笠間城跡保存整備基礎調査報告書　笠間　笠間市教育委員会　2014.3　97p　30cm　Ⓝ709.131
茨城県（人口─統計─水戸市）
◇国勢調査報告書　平成22年　水戸市市長公室情報政策課編　水戸　水戸市市長公室情報政策課　2014.3　121p　30cm〈折り込 1枚〉Ⓝ358.131
茨城県（震災予防）
◇茨城県地域防災計画　地震災害対策計画編　茨城県防災会議編　［水戸］　茨城県防災会議　2014.3　402p　31cm　Ⓝ369.3

茨城県（スポーツ振興基本計画―つくば市）

◇茨城県地域防災計画　津波災害・風水害等対策計画編　茨城県防災会議編　［水戸］　茨城県防災会議　2014.3　88, 284p　31cm　〈年表あり　ルーズリーフ〉Ⓝ369.3
◇東日本大震災に学ぶ―かけがえのない命を守るために　茨城県教育史研究会編　水戸　茨城県教育史研究会　2013.6　69p　30cm　Ⓝ374　［300円］

茨城県（スポーツ振興基本計画―つくば市）

◇つくば市スポーツ推進計画―スポーツで"つながる"まちつくば　つくば　つくば市市民部スポーツ振興課　2014.3　111p　30cm　Ⓝ780.2131

茨城県（石塔―那珂市）

◇那珂市の石仏石塔　瓜連地域編　那珂市史編さん委員会編　那珂　那珂市教育委員会　2014.3　190p　30cm　Ⓝ718.4

茨城県（石仏―土浦市）

◇土浦の石仏　新治地区編　土浦市教育委員会編　土浦　土浦市教育委員会　2014.3　228p　30cm　Ⓝ718.4

茨城県（石仏―那珂市）

◇那珂市の石仏石塔　瓜連地域編　那珂市史編さん委員会編　那珂　那珂市教育委員会　2014.3　190p　30cm　Ⓝ718.4

茨城県（選挙―統計）

◇選挙の記録　［水戸］　茨城県選挙管理委員会　［2014］　240p　30cm　〈第23回参議院議員通常選挙　平成25年7月21日執行, 茨城県知事選挙・茨城県議会議員補欠選挙（古河市選挙区, 取手市選挙区, 筑西市選挙区）平成25年9月8日執行〉Ⓝ314.8

茨城県（淡水生物）

◇生き物調査っておもしろい！―花室川と高校生と環境教育　田上公恵編著　つくば　STEP　2014.4　314, 139p　21cm　〈文献あり〉Ⓘ978-4-915834-71-4　Ⓝ375　［2500円］

茨城県（地域開発）

◇ソバ, そば, 蕎麦を究める―そばによる地域活性化の総合戦略　野上公雄著　水戸　茨城新聞社　2014.11　486p　19cm　〈文献あり　年表あり〉Ⓘ978-4-87273-292-4　Ⓝ619.39　［2500円］

茨城県（地域社会―常陸太田市）

◇茨城県常陸太田市里美地区における老年期の家族と地域ネットワークに関する研究　水嶋陽子編　水戸　常磐大学人間科学部現代社会学科　2013.3　90p　30cm　（フィールドワーク報告書　第28集（2012年度））〈文献あり〉Ⓝ367.7

茨城県（地誌）

◇茨城「地理・地名・地図」の謎―意外と知らない茨城県の歴史を読み解く！　小野寺淳監修　東京　実業之日本社　2014.11　191p　18cm　（じっぴコンパクト新書　207）〈文献あり〉Ⓘ978-4-408-45517-4　Ⓝ291.31　［800円］

◇新茨城風土記―ひとと自然のものがたり：開館20周年記念企画展　ミュージアムパーク茨城県自然博物館編　坂東　ミュージアムパーク茨城県自然博物館　2014.7　46p　30cm　〈会期：2014年7月12日―11月24日〉Ⓘ978-4-902959-46-8　Ⓝ291.31

茨城県（地誌―つくば市）

◇筑波歴史散歩　宮本宜一著　日経事業出版センター　2014.4　333p　19cm　〈宮本宜一遺稿刊行会　昭和43年刊の再刊〉Ⓘ978-4-905157-10-6　Ⓝ291.31　［1600円］

茨城県（地方選挙）

◇選挙の記録　［水戸］　茨城県選挙管理委員会　［2014］　240p　30cm　〈第23回参議院議員通常選挙　平成25年7月21日執行, 茨城県知事選挙・茨城県議会議員補欠選挙（古河市選挙区, 取手市選挙区, 筑西市選挙区）平成25年9月8日執行〉Ⓝ314.8

茨城県（地名―水戸市）

◇常陸国那賀郡家周辺遺跡の研究　報告編　地名・遺構・遺物　田中裕編　水戸　茨城大学人文学部考古学研究室　2014.3　87p　30cm　（茨城大学人文学部考古学研究報告　第11冊）〈内容：水戸市北部の地名　台渡里官衙遺跡群　二所神社古墳〉Ⓝ213.1

茨城県（津波）

◇茨城県地域防災計画　津波災害・風水害等対策計画編　茨城県防災会議編　［水戸］　茨城県防災会議　2014.3　88, 284p　31cm　〈年表あり　ルーズリーフ〉Ⓝ369.3

茨城県（鉄道）

◇東北ライン全線・全駅・全配線　第2巻　常磐エリア　川島令三編著　講談社　2014.8　95p　26cm　（〔図説〕日本の鉄道）〈文献あり〉Ⓘ978-4-06-295169-2　Ⓝ686.21　［1300円］

茨城県（伝記）

◇水戸の文英　秋山高志著　那珂　那珂書房　2014.7　244p　22cm　〈著作目録あり〉Ⓘ978-4-931442-38-2　Ⓝ281.31　［5000円］

茨城県（伝記―笠間市）

◇かがやく笠間の先人たち　笠間　笠間市教育委員会　2014.3　127p　30cm　〈年表あり　文献あり〉Ⓝ281.31

茨城県（伝記―常総市）

◇常総の隠れた英雄鈴木頂行とその時代　海老原良夫編著　常総　安楽堂出版　2013.8　210p　21cm　Ⓘ978-4-9907361-0-1　Ⓝ281.31　［2000円］

茨城県（伝記―高萩市）

◇高萩歴代領主―マンガで見る高萩四英傑　高萩市教育委員会編　高萩　高萩市市長室　2014.1　93, 152p　19cm　〈年表あり　年譜あり　背のタイトル：高萩歴代領主＋マンガで見る高萩四英傑〉Ⓘ978-4-907157-09-8　Ⓝ213.1　［700円］

茨城県（伝記―常陸太田市）

◇前島平と七人組―常陸太田英傑列伝　先﨑千尋著　水戸　茨城新聞社　2014.7　249p　21cm　〈文献あり　折り込2枚〉Ⓘ978-4-87273-288-7　Ⓝ602.131　［1500円］

茨城県（道標―守谷市）

◇常総の古道と守谷の道しるべ　川嶋建編　守谷　川嶋建　2014.8　210p　21cm　〈松枝印刷（印刷）　文献あり〉Ⓘ978-4-9907232-5-5　Ⓝ682.131　［2000円］

茨城県（道路）

◇「日光道中」「関宿通多功道」「結城道」「瀬戸井道」　茨城県教育庁文化課編　［水戸］　茨城県教育委員会　2014.3　136p　30cm　（茨城県歴史の道調査事業報告書　近世編　2）〈文献あり〉Ⓝ213.1

茨城県（図書館協力）

◇茨城県における学校図書館と公共図書館等の連携に関する調査報告　茨城県図書館協会調査研究委員会［著］　水戸　茨城県図書館協会　2014.3　44p　30cm　（茨城県図書館協会調査研究委員会報告書）Ⓝ017

茨城県（鳥―かすみがうら市）

◇かすみがうら市鳥類目録　川崎慎二編　かすみがうら　雪入BIRDERS倶楽部　2014.12　78p　30cm　Ⓝ488.2131

茨城県（鳥―水戸市）

◇天空を翔る鳥たち―千波湖畔に生きる：水戸の魅力再発見：特別展　後藤俊則監修　水戸　水戸市立博物館　2014　71p　26cm　〈文献あり　編集：坂本京子ほか　折り込2枚〉Ⓝ488.2131

茨城県（二酸化炭素―排出抑制―鹿嶋市）

◇災害等非常時にも効果的な港湾地域低炭素化推進事業報告書（茨城県鹿島港北埠頭における再生可能エネルギーの有効性検証）平成25年度　［東京］　日立製作所　2014.3　1冊　30cm　〈平成25年度環境省地球環境局地球温暖化対策課委託　表紙のタイトル：災害等非常時にも効果的な港湾地域低炭素化推進事業（茨城県鹿島港北埠頭における再生可能エネルギーの有効性検証）〉Ⓝ517.85

茨城県（農業水利―水戸市―歴史）

◇千波湖土地改良区史―千波湖・備前堀とのあゆみ　千波湖土地改良区「千波湖・備前掘とのあゆみ」編集委員会編　水戸　千波湖土地改良区　2014.9　172p　31cm　〈年表あり〉Ⓝ614.3131

茨城県（博物誌）

◇おもしろ理科先生いばらき自然散歩―生き物との共存を夢見て　吉武和治郎［著］　つくば　結エディット　2014.8　199p　21cm　（結ブックス）〈文献あり〉Ⓘ978-4-901574-09-9　Ⓝ402.9131　［2000円］

◇地球再発見―いばらき自然ものがたり　ミュージアムパーク茨城県自然博物館編　水戸　茨城新聞社　2014.3　317p　21cm　〈索引あり〉Ⓘ978-4-87273-286-3　Ⓝ402.9131　［1500円］

茨城県（PR―水戸市）

◇水戸市役所「みとの魅力発信課」今, 動き出した魁の広報戦略をめざして　高橋靖著　ぎょうせい　2014.12　167p　21cm　Ⓘ978-4-324-09921-6　Ⓝ318.231　［1800円］

茨城県（東日本大震災〔2011〕―被害―神栖市）

◇未来への伝言―神栖市｜東日本大震災記録集　神栖　神栖市　2013.5　56p　30cm　Ⓝ369.31　［300円］

茨城県（被災者支援―ひたちなか市）

◇3・11東日本大震災ひたちなか市の記録―市民力と共に乗り越えた大震災　ひたちなか市市民生活部生活安全課企画・編集　ひたちなか　茨城県ひたちなか市　2013.3　79p　30cm　Ⓝ369.31

茨城県（美術―図集）

◇ようこそ, 白牙会展へ―茨城洋画界の幕開け：再考―茨城の近現代美術Ⅱ　茨城県つくば美術館編　つくば　茨城県つくば美術館　2013　201p　26cm　〈年表あり　文献あり　会期・会

日本件名図書目録2014　Ⅰ　　　　　　　　　　　　　　　　　　　　　　　　茨木市（遺跡・遺物）

場：平成25年10月26日―12月1日　茨城県つくば美術館〉
Ⓝ702.1931

茨城県（風害）
◇2012年5月6日に北関東で発生した一連の竜巻による突風被害の記録　日本建築学会編集　日本建築学会　2014.4　101p　30cm〈丸善出版（発売）〉Ⓘ978-4-8189-2036-1　Ⓝ524.92［3500円］

茨城県（風水害―防災）
◇茨城県地域防災計画　津波災害・風水害等対策計画編　茨城県防災会議編　［水戸］　茨城県防災会議　2014.3　88, 284p　31cm〈年表あり　ルーズリーフ〉Ⓝ369.3

茨城県（福島第一原発事故〔2011〕―被害）
◇東日本大震災の記録　原子力災害編　茨城県生活環境部防災・危機管理局原子力安全対策課編　水戸　茨城県生活環境部防災・危機管理局原子力安全対策課　2014.3　424p　30cm　Ⓝ369.36

茨城県（文化財）
◇茨城の文化財　第52集　平成25年度　茨城県教育委員会編　［水戸］　茨城県教育委員会　2014.3　115p　30cm　Ⓝ709.131

茨城県（文化財―常陸大宮市）
◇常陸大宮ふるさと見て歩き　常陸大宮市歴史民俗資料館編　［常陸大宮］　常陸大宮市教育委員会　2014.3　198p　21cm　Ⓝ709.131

茨城県（ペット―保護）
◇使命と信じて―動物愛護に捧げた二十余年愛犬シロとともに　高橋郁子著　文芸社　2014.5　170p　20cm　Ⓘ978-4-286-15054-3　Ⓝ645.6　［1200円］

茨城県（方言）
◇方言がつなぐ地域と暮らし・方言で語り継ぐ震災の記憶―被災地方言の保存・継承と学びの取り組み　杉本妙子編　［水戸］　茨城大学人文学部杉本妙子研究室　2014.3　239p　30cm〈文化庁委託事業報告書　平成25年度〉〈文献あり〉Ⓝ818.31

茨城県（防災計画）
◇茨城県地域防災計画　資料編　1　［水戸］　茨城県防災会議　2014.3　429p　31cm〈ルーズリーフ〉
◇茨城県地域防災計画　資料編　2　茨城県防災会議編　［水戸］　茨城県防災会議　2014.3　p425-729　31cm〈ルーズリーフ〉Ⓝ369.3

茨城県（ボランティア活動）
◇ボランティア20年のあゆみ―茨城県自然博物館20周年記念誌　ミュージアムパーク茨城県自然博物館ボランティア20周年記念誌編集委員会編　坂東　ミュージアムパーク茨城県自然博物館　2014.11　75p　30cm〈年表あり〉Ⓝ406.9

茨城県（マイクログリッド―鹿嶋市）
◇災害時等非常時にも効果的な港湾地域低炭素化推進事業報告書（茨城県鹿島港北埠頭における再生可能エネルギーの有効性検証）平成25年度　［東京］　日立製作所　2014.3　1冊　30cm〈平成25年度環境省地球環境局地球温暖化対策課委託　表紙のタイトル：災害時等非常時にも効果的な港湾地域低炭素化推進事業（茨城県鹿島港北埠頭における再生可能エネルギーの有効性検証）〉Ⓝ517.85

茨城県（民間社会福祉事業―つくば市）
◇保健福祉関係者のための市内の保健福祉サービス民間関連サービスの概要―高齢者の地域包括ケアのためのミニ知識　2014　［つくば］　つくば市地域包括支援センター　2014.8　75p　30cm　Ⓝ369.26

茨城県（名簿）
◇茨城県人物・人材情報リスト　2015　日外アソシエーツ株式会社編　日外アソシエーツ（制作）　2014.11　803, 40p　30cm　Ⓝ281.31

茨城県（歴史）
◇「開校・彰考館」プロジェクト水戸徳川家関連史料調査・活用事業報告書　平成25年度　徳川ミュージアム編　［水戸］　地域と共働した美術館・歴史博物館創造活動支援事業「開校・彰考館」プロジェクト水戸徳川家関連史料調査・活用事業実行委員会　2014.3　117p　30cm〈平成25年度地域と共働した美術館・歴史博物館創造活動支援事業〉Ⓝ213.1
◇近代日本の地域史的展開―政治・文化・経済　佐々木寛司編　岩田書院　2014.3　342p　22cm〈内容：政治と思想　弘道館とその祭神（桐原健真著）　京都守護職の創設前史（門馬幸著）　橘孝三郎の「農本主義」再考（菅谷務著）　「経学」の終焉（井澤耕一著）　文化と人物　「最後の将軍慶喜」の形成（久住真也著）　「擬似宗教国家」としての近代日本とキリスト教（桐原

邦夫著）　近代日本におけるキリスト教の地域的展開（佐藤教行著）　日本美術院の五浦移転における地域文化史的意義（清水恵美子著）　農本主義者横尾惣三郎と農民運動家の接点（黒川徳男著）　地域と経済　近江商人竹村家の経営（岩下祥子著）　明治期福島県における燐酸肥料技術普及と肥料商の活動（市川大祐著）　茨城県における自作農創設維持事業（田中淳著）　東日本大震災と文化財・歴史資料の救済・保全活動（高橋修著）〉Ⓘ978-4-87294-843-1　Ⓝ213.1　［7900円］
◇親鸞の伝承と史実―関東に伝わる聖人像　今井雅晴著　京都　法藏館　2014.2　196p　20cm　Ⓘ978-4-8318-6063-7　Ⓝ188.72　［2000円］
◇「日光道中」「関宿通多功道」「結城道」「瀬戸井道」　茨城県教育庁文化課編　［水戸］　茨城県教育委員会　2014.3　136p　30cm（茨城県歴史の道調査事業報告書　近世編　2）〈文献あり〉Ⓝ213.1
◇常陸南北朝史―そして、動乱の中世へ：特別展　茨城県立歴史館編　水戸　茨城県立歴史館　2014.2　139p　30cm〈年表あり　文献あり　会期：平成26年2月8日―3月21日〉Ⓝ213.1

茨城県（歴史―写真集）
◇県南の昭和―写真アルバム　土浦・石岡・つくば・かすみがうら・小美玉編　長岡　いき出版　2014.10　279p　31cm〈茨城県教科書販売（発売）〉Ⓘ978-4-904614-54-9　Ⓝ213.1　［9250円］

茨城県（歴史―常総市）
◇常総の隠れた英雄鈴木頂行とその時代　海老原良夫編著　常総　平安堂出版　2013.8　210p　21cm　Ⓘ978-4-9907361-0-1　Ⓝ281.31　［2000円］

茨城県（歴史―史料―書目）
◇旧常陸水戸徳川家中川瀬家・田丸家文書目録　茨城県立歴史館史料学芸部編　水戸　茨城県立歴史館　2014.3　128p　26cm（史料目録　58）Ⓝ213.1

茨城県（歴史―史料―書目―土浦市）
◇土浦市史資料目録　第24集　土浦の古文書―郷土資料館旧蔵他諸家文書編　土浦市古文書研究会編　［土浦］　土浦市立博物館　2014.3　121p　26cm　Ⓝ213.1

茨城県（歴史―史料―土浦市）
◇家事志―色川三中・美年日記　第6巻　色川三中, 色川美年［著］、土浦市立博物館市史編さん係編　［土浦］　土浦市立博物館　2014.3　31, 507p　21cm（土浦市史資料）Ⓝ213.1
◇家事志　第6巻　資料編　［土浦］　土浦市立博物館　［2014］　150p　21cm　Ⓝ213.1

茨城県（歴史―史料―取手市）
◇常陸国筑波郡弥左衛門新田『御用留』―茨城県取手市新川飯島満男家文書　3　近江礼子編　取手　近江礼子　2014.4　109p　26cm　Ⓝ213.1

茨城県（歴史―史料―常陸大宮市）
◇常陸大宮市近世史料集　4（美和地域編　4）高部大森良英家文書　2　常陸大宮市歴史民俗資料館編　［常陸大宮］　常陸大宮市教育委員会　2014.3　4, 229p　30cm　Ⓝ213.1

茨城県（歴史―日立市）
◇南高野町郷土史―日立市　南高野町郷土を語る会編　［日立］　［南高野町郷土を語る会］　2014.7　116p　21cm〈年表あり〉Ⓝ213.1　［500円］

茨城県自然博物館
◇博物館20年のあゆみ―茨城県自然博物館20周年記念誌　ミュージアムパーク茨城県自然博物館編　坂東　ミュージアムパーク茨城県自然博物館　2014.11　142p　30cm〈年表あり〉Ⓝ406.9
◇ボランティア20年のあゆみ―茨城県自然博物館20周年記念誌　ミュージアムパーク茨城県自然博物館ボランティア20周年記念誌編集委員会編　坂東　ミュージアムパーク茨城県自然博物館　2014.11　75p　30cm〈年表あり〉Ⓝ406.9

茨城県自然博物館友の会
◇友の会20年のあゆみ―茨城県自然博物館20周年記念誌　ミュージアムパーク茨城県自然博物館友の会20周年記念誌編集チーム編　坂東　ミュージアムパーク茨城県自然博物館友の会　2014.11　53p　30cm〈年表あり〉Ⓝ406.9

茨城工業高等専門学校
◇茨城工業高等専門学校五十年史　記念出版物編纂専門部会編　ひたちなか　茨城工業高等専門学校　2014.10　257p　31cm〈標題紙のタイトル：五十年史〉Ⓝ377.3

茨木市（遺跡・遺物）
◇新修茨木市史　第7巻　史料編　考古　茨木市史編さん委員会編　茨木市　茨木市　2014.3　10, 596p　図版［24］枚　31cm〈文献あり〉Ⓝ216.3
◇千提寺南遺跡　大阪府文化財センター編　堺　大阪府文化財センター　2014.3　118p　図版［25］枚　30cm（公益財団

茨木市（教育行政）　　　　　　　　　　　　　　　　　　　　日本件名図書目録2014　I

法人大阪府文化財センター調査報告書 第245集）〈茨木市所在
高速自動車国道近畿自動車道名古屋神戸線建設事業に伴う埋
蔵文化財発掘調査報告書）Ⓝ210.0254

い

茨木市（教育行政）
◇「一人も見捨てへん」教育―すべての子どもの学力向上に挑む
志水宏吉編著，茨木市教育委員会著　東洋館出版社　2014.7
271p　19cm　①978-4-491-03041-8　Ⓝ373.2　［1900円］

茨木市（歴史―史料）
◇新聞にみる茨木の近代―三島地域新聞記事集成　5　茨木市史
編さん室編　茨木　茨木市　2014.10　477p　21cm　（新修茨
木市史 史料集 19）Ⓝ216.3
◇村誌―茨木市域　4　茨木市史編さん室編　茨木　茨木市
2014.3　167p　21cm　（新修茨木市史 史料集 18）Ⓝ216.3

茨城町立青葉中学校
◇二つの学びが新生する公立学校―茨城町立青葉中学校の誕生
茨城大学〈戦略的地域連携プロジェクト），茨城町教育委員会監
修，小川哲哉，佐藤和彦，廣戸隆雄編著　協同出版　2014.3
198p　21cm　①978-4-319-00265-8　Ⓝ376.3131　［1500円］

井原市（方言）
◇井原地方の話しことば―井原の方言集　井原市教育委員会編
井原　井原市教育委員会　2014.3　78p　30cm　Ⓝ818.75

揖斐川町（岐阜県）（写真集）
◇増山たづ子 すべて写真になる日まで　増山たづ子写真，小原
真史，野部博子編　長泉町（静岡県）IZU PHOTO MUSEUM
2014.5　396p　20cm〈NOHARA（発売）　年譜あり　会期：
2013年10月6日～2014年7月27日　主催：IZU PHOTO
MUSEUM）①978-4-904257-21-0　Ⓝ291.53　［3300円］

井深 八重〔1897～1989〕
◇井深八重―会津が生んだ聖母：ハンセン病患者に生涯を捧げた
星倭文子著　会津若松　歴史春秋出版　2013.10　205p　図版
14p　20cm　〈文献あり　年譜あり〉①978-4-89757-811-8
Ⓝ289.1　［1500円］

伊吹 留香〔1980～ 〕
◇必ず最後は愛に負ける　伊吹留香著　堺　銀河書籍　2014.7
215p　15cm　①978-4-907628-16-1　Ⓝ767.8　［926円］

伊吹山
◇伊吹山花散歩　青木繁監修，橋本猛写真・文　彦根　サンライ
ズ出版　2014.3　225p　20×21cm〈文献あり　索引あり〉
①978-4-88325-530-6　Ⓝ477.02161　［2400円］

伊福部 昭〔1914～2006〕
◇伊福部昭と戦後日本映画―IFUKUBE AKIRA 1914-2006
小林淳著　アルファベータ　2014.7　396,10p　22cm　（叢
書・20世紀の芸術と文学）〈文献あり　作品目録あり　索引あ
り〉①978-4-87199-585-7　Ⓝ762.1　［3800円］
◇伊福部昭の音楽史　木部与巴仁著　春秋社　2014.4　346,33p
22cm〈年譜あり　索引あり〉①978-4-393-93582-8　Ⓝ762.1
［3500円］

指宿市（遺跡・遺物）
◇敷領遺跡（十町地点・下原地点）の調査　お茶の水女子大学博
物館学研究室，鹿児島大学法文学部比較地域環境コース考古学
専攻〔編〕　お茶の水女子大学博物館学研究室　2014.10　79p
30cm〈年表あり　鹿児島県指宿市所在　文部科学省科学研究
費補助金基盤研究（B）「古代の村落における土地利用形態の研
究」　共同刊行：鹿児島大学法文学部比較地域環境コース考古
学専攻〉Ⓝ210.0254

井伏 鱒二〔1898～1993〕
◇井伏鱒二と戦争―『花の街』から『黒い雨』まで　黒古一夫著
彩流社　2014.7　221,6p　20cm〈文献あり　索引あり　内容：
顛末を胸に、「書くこと」に徹す　『花の街』から『遙拝隊長』
へ　『微用中のこと』が孕むもの　戦時下の「日常」　「庶
民＝常民」の目線　原爆文学としての『黒い雨』　『黒い雨』
盗作説を質す　井伏鱒二と原発〉①978-4-7791-2034-3
Ⓝ910.268　［2400円］

今井 正〔1912～1991〕
◇今井正―戦時と戦後のあいだ：初の本格研究　崔盛旭著　武
蔵野　クレイン　2013.8　269p　20cm〈文献あり〉①978-4-
906681-38-9　Ⓝ778.21　［2500円］

今井 華〔1992～ 〕
◇it GAL　今井華著　ワニブックス　2014.7　95p　26cm
（美人開花MINIシリーズ）〈本文は日本語〉①978-4-8470-
9254-1　Ⓝ289.1　［1300円］

今井田 勲〔1915～1989〕
◇『ミセス』の時代―おしゃれと〈教養〉と今井田勲　江刺昭子
著　現代書館　2014.11　270p　20cm〈文献あり〉①978-4-
7684-5750-4　Ⓝ051.7　［2200円］

今川〔氏〕
◇戦國遺文　今川氏編第4巻　自永禄十三年〈一五七〇〉至慶長十
九年〈一六一四〉―今川氏真年未詳文書・補遺　久保田昌希，大
石泰史，糟谷幸裕，遠藤英弥編　東京堂出版　2014.4　242p
22cm〈付属資料：4p：月報：4〉①978-4-490-30706-1
Ⓝ210.47　［17000円］
◇戦国大名今川氏の研究　有光友學著　オンデマンド版　吉川
弘文館　2013.10　433,13p　22cm〈印刷・製本：デジタルパ
ブリッシングサービス　内容：戦国期研究と今川氏　今川氏
公事検地論　戦国大名検地研究の発展のために　戦国大名検
地論　今川氏の年貢収取体制　今川氏の領国支配　大名領国
制期の経済構造　今川氏と不入権〉①978-4-642-04245-1
Ⓝ210.47　［14000円］

今里 隆〔1928～ 〕
◇屋根の日本建築　今里隆著　NHK出版　2014.5　221p　20cm
〈年譜あり〉①978-4-14-081638-7　Ⓝ523.1　［1800円］

今田 美奈子〔1935～ 〕
◇ファーストクラスの生き方　今田美奈子著　イースト・プレ
ス　2014.10　189p　19cm　①978-4-7816-1151-8　Ⓝ289.1
［1300円］

今西 錦司〔1902～1992〕
◇今西錦司―そのモノのアルピニズムと生態学　石原元著　五曜書房
2014.10　247p　19cm〈星雲社（発売）　文献あり　索引あり〉
①978-4-434-19826-7　Ⓝ289.1　［1800円］
◇今西錦司伝―「すみわけ」から自然学へ　斎藤清明著　京都
ミネルヴァ書房　2014.6　388,8p　22cm　（人と文化の探究
10）〈文献あり　年譜あり　索引あり〉①978-4-623-07090-9
Ⓝ289.1　［4500円］

今治市（遺跡・遺物）
◇今若遺跡―埋蔵文化財発掘調査報告書　愛媛県埋蔵文化財セ
ンター編　松山　愛媛県埋蔵文化財センター　2014.3　126p
図版32p　30cm　（埋蔵文化財発掘調査報告書 第183集）
Ⓝ210.0254
◇経田遺跡―埋蔵文化財発掘調査報告書 第1分冊　愛媛県埋蔵
文化財センター編　松山　愛媛県埋蔵文化財センター　2014.
3　378p　図版 2p　30cm　（埋蔵文化財発掘調査報告書 第
180集）Ⓝ210.0254
◇経田遺跡―埋蔵文化財発掘調査報告書 第2分冊　愛媛県埋蔵
文化財センター編　松山　愛媛県埋蔵文化財センター　2014.
3　568p　30cm　（埋蔵文化財発掘調査報告書 第180集）
Ⓝ210.0254
◇経田遺跡―埋蔵文化財発掘調査報告書 第3分冊　愛媛県埋蔵
文化財センター編　松山　愛媛県埋蔵文化財センター　2014.
3　164p　30cm　（埋蔵文化財発掘調査報告書 第180集）〈文
献あり〉Ⓝ210.0254
◇経田遺跡―埋蔵文化財発掘調査報告書 第4分冊　愛媛県埋蔵
文化財センター編　松山　愛媛県埋蔵文化財センター　2014.
3　306p　30cm　（埋蔵文化財発掘調査報告書 第180集）
Ⓝ210.0254
◇経田遺跡―埋蔵文化財発掘調査報告書：写真図版　愛媛県埋
蔵文化財センター編　松山　愛媛県埋蔵文化財センター
2014.3　278p　30cm　（埋蔵文化財発掘調査報告書 第180集）
Ⓝ210.0254

伊万里市（地誌）
◇大坪・立花町誌　大坪・立花町誌編纂委員会編　［伊万里］
大坪・立花町誌編纂委員会　2014.3　511p　31cm〈年表あ
り〉Ⓝ291.92

IMALU〔1989～ 〕
◇IMALUのまるもうけ辞典　IMALU著　経済界　2014.11
247p　19cm　①978-4-7667-8586-9　Ⓝ779.9　［1200円］

忌野 清志郎〔1951～2009〕
◇あの頃、忌野清志郎と―ボスと私の40年　片岡たまき著　宝
島社　2014.7　255p　20cm〈文献あり〉①978-4-8002-2407-
1　Ⓝ767.8　［1400円］

射水市（遺跡・遺物）
◇射水市内遺跡発掘調査報告　6　射水市教育委員会編　射水
射水市教育委員会　2014.2　24p　図版［7］枚　30cm〈内
容：平成24年度水戸田地区ほ場整備に伴う試掘調査他〉
Ⓝ210.0254

射水市（祭礼）
◇築山行事・曳山行事調査報告書―富山県射水市放生津八幡宮
射水市教育委員会編　射水　射水市教育委員会　2013.6　72p
図版12p　30cm〈文献あり　年表あり〉Ⓝ386.142

射水市〔山車〕
◇築山行事・曳山行事調査報告書—富山県射水市放生津八幡宮　射水市教育委員会編　射水　射水市教育委員会　2013.6　72p　図版12p　30cm〈文献あり　年表あり〉Ⓝ386.142

井山 裕太〔1989～ 〕
◇井山裕太栄光の軌跡—碁界を席巻した天才棋士　井山裕太著　日本棋院　2014.3　207p　19cm　Ⓘ978-4-8182-0626-7　Ⓝ795　［1500円］

EU →欧州連合を見よ

伊予市〔遺跡・遺物〕
◇伊予市内遺跡詳細分布調査報告書　2　伊予市教育委員会編　伊予　伊予市教育委員会　2014.3　44p　30cm（伊予市内遺跡発掘調査等事業報告書　平成24年度）〈文献あり〉Ⓝ210.0254

イラク〔外国関係—アメリカ合衆国〕
◇イラク情勢とシーレーンの安全保障　富士社会教育センター・エネルギー問題研究会編　富士社会教育センター　2014.9　49p　21cm（エネルギー問題研究会レポート　第27回）Ⓝ319.530273

イラク〔社会〕
◇世界はフラットにもの悲しくて—特派員ノート1992-2014　藤原章生著　テン・ブックス　2014.7　333p　19cm〈文献あり〉Ⓘ978-4-88696-032-0　Ⓝ302.55　［2500円］
◇人は戦場で何を考えるか—テロリズム戦闘日誌　佐渡龍己著　名古屋　ブイツーソリューション　2014.6　238p　15cm　Ⓘ978-4-86476-208-3　Ⓝ302.273　［450円］

イラク〔政治〕
◇イラク戦争は民主主義をもたらしたのか　トビー・ドッジ［著］，山岡由美訳　みすず書房　2014.7　203,40p　20cm〈索引あり〉Ⓘ978-4-622-07833-3　Ⓝ312.273　［3600円］

伊良部 秀輝〔1969～2011〕
◇球童—伊良部秀輝伝　田崎健太著　講談社　2014.4　323p　20cm〈文献あり〉Ⓘ978-4-06-218894-4　Ⓝ783.7　［1600円］

イラン〔イスラム教育〕
◇イランの宗教教育戦略—グローバル化と留学生　桜井啓子著，NIHUプログラムイスラーム地域研究監修　山川出版社　2014.8　106p　21cm（イスラームを知る13）〈文献あり〉Ⓘ978-4-634-47473-4　Ⓝ372.272　［1200円］

イラン〔映画—歴史—1945～〕
◇革命後イランにおける映画と社会　貫井万里, 杉山隆一編　人間文化研究機構プログラム・イスラーム地域研究早稲田大学拠点早稲田大学イスラーム地域研究機構　c2014　180p　26cm〈文献あり　トヨタ財団2012年度研究助成プログラム　内容：イランの映画史（鈴木均著）イラン革命後の映画政策と映画人の系譜（貫井万里著）イランにおける映画産業の発展史（ケイワン・アブドリ著）心療外科（モフセン・マフマルバーフ著, 石井啓一郎訳）Five statements and their contradictions（Naghme Samini著）現代イラン映画に描かれたシングルマザーの境涯（エルミラ・ダードヴァル著, 中村菜穂訳）在外イラン人コミュニティにおけるイラン映画（椿原敦子著）日本とイランの映画交流に関する一考察（ゴドラトゥッラー・ザーケリー著）〉Ⓘ978-4-904039-84-7　Ⓝ778.2272

イラン〔外国関係〕
◇変貌するイラン—イスラーム共和国体制の思想と核疑惑問題　駒野欽一著　明石書店　2014.8　267p　20cm〈索引あり〉Ⓘ978-4-7503-4049-4　Ⓝ312.272　［2500円］

イラン〔議会〕
◇イラン・エジプト・トルコ議会内規—全訳　八尾師誠, 池田美佐子, 粕谷元編　東洋文庫　2014.3　411p　22cm　Ⓘ978-4-8097-0266-2　Ⓝ314.272　［非売品］

イラン〔技術援助（日本）〕
◇イラン乾燥地貧困改善農業農村支援プロジェクト（開発計画調査型技術協力）ファイナルレポート　［東京］　国際協力機構　2013.3　1冊　30cm〈共同刊行：NTCインターナショナルほか〉Ⓝ333.804

イラン〔社会〕
◇イラン人このフシギな人々　遠藤健太郎著　彩流社　2014.10　172p　19cm　Ⓘ978-4-7791-2054-1　Ⓝ302.272　［1800円］

イラン〔社会—歴史—1945～〕
◇革命後イランにおける映画と社会　貫井万里, 杉山隆一編　人間文化研究機構プログラム・イスラーム地域研究早稲田大学拠点早稲田大学イスラーム地域研究機構　c2014　180p　26cm〈文献あり　トヨタ財団2012年度研究助成プログラム　内容：イランの映画史（鈴木均著）イラン革命後の映画政策と

映画人の系譜（貫井万里著）イランにおける映画産業の発展史（ケイワン・アブドリ著）心療外科（モフセン・マフマルバーフ著, 石井啓一郎訳）Five statements and their contradictions（Naghme Samini著）現代イラン映画に描かれたシングルマザーの境涯（エルミラ・ダードヴァル著, 中村菜穂訳）在外イラン人コミュニティにおけるイラン映画（椿原敦子著）日本とイランの映画交流に関する一考察（ゴドラトゥッラー・ザーケリー著）〉Ⓘ978-4-904039-84-7　Ⓝ778.2272

イラン〔宗教〕
◇ギーラーン州の聖所　1　清水直美, 吉枝聡子, 上岡弘二［著］　府中（東京都）　東京外国語大学アジア・アフリカ言語文化研究所　2014.9　297p　26cm（Studia culturae Islamicae no.100）〈文献あり〉Ⓘ978-4-86337-168-2　Ⓝ162.272

イラン〔政治〕
◇変貌するイラン—イスラーム共和国体制の思想と核疑惑問題　駒野欽一著　明石書店　2014.8　267p　20cm〈索引あり〉Ⓘ978-4-7503-4049-4　Ⓝ312.272　［2500円］

イラン〔政治—歴史—1945～〕
◇ホメイニー—イラン革命の祖　富田健次著　山川出版社　2014.12　95p　21cm（世界史リブレット人100）〈文献あり　年譜あり〉Ⓘ978-4-634-35100-4　Ⓝ312.272　［800円］

入江 雄三〔1930～ 〕
◇入江雄三エンタメ・ビジネス一代記—その基本は東洋思想が教えてくれた　入江雄三著　ぴあ　2014.9　293p　20cm〈文献あり〉Ⓘ978-4-8356-1898-2　Ⓝ289.1　［1800円］

西表島
◇イリオモテのターザン—恵勇爺と泡盛談　水田耕平著　第3版　石垣　南山舎　2014.4　198p　19×26cm　Ⓘ978-4-901427-33-3　Ⓝ291.99　［1350円］

入来 祐作〔1972～ 〕
◇用具係入来祐作—僕には野球しかない　入来祐作著　講談社　2014.8　223p　19cm〈年譜あり〉Ⓘ978-4-06-219055-8　Ⓝ783.7　［1400円］

イリス商会
◇社史で見る日本経済史　第71巻　イリス商会創業百年史—日独貿易史に対する一寄与　ゆまに書房　2014.4　108,5p　22cm〈イリス商会1959年刊の複製　解説：佐藤哲彦　布装〉Ⓘ978-4-8433-4564-1,978-4-8433-4561-0（set）Ⓝ335.48　［7000円］

イリノイ州〔社会〕
◇イリノイ大学スケッチ・ノート—愛、そして、悠久と瞬　江守克彦著　改　文芸社　2014.10　357p　15cm　Ⓘ978-4-286-15496-1　Ⓝ302.5343　［800円］

入間市〔遺跡・遺物〕
◇市内遺跡調査報告書　8　入間　入間市教育委員会博物館　2014.3　21p　30cm（入間市埋蔵文化財報告書　第8集）〈平成25年度市内遺跡試掘調査〉Ⓝ210.0254

入間市〔衛生行政〕
◇健康いるま21計画—だれもが生き生き「元気な入間」　第2次　入間市健康福祉センター編　［入間］　入間市　2014.4　106p　30cm　Ⓝ498.1

入間市〔感染症対策〕
◇入間市新型インフルエンザ等対策行動計画　［入間］　入間市　2014.11　57p　30cm　Ⓝ498.6

入間市〔社会福祉〕
◇元気ないるま福祉プラン—第2次入間市地域福祉計画/入間市地域福祉活動計画　入間市生活福祉課, 入間市社会福祉協議会編　［入間］　入間市　2014.3　158p　30cm〈共同刊行：入間市社会福祉協議会〉Ⓝ369.11

入間市〔写真集〕
◇狭山・入間の昭和—写真アルバム　長岡　いき出版　2014.7　279p　31cm（埼玉書籍（発売））Ⓘ978-4-904614-50-1　Ⓝ213.4　［9250円］

入間市博物館
◇教師のための博物館利用ガイド　［入間］　平成25年度入間市博物館・学校連携事業研究委員会　2014.3　69p　30cm（入間市博物館活用事例集 vol.19）〈共同刊行：入間市博物館ALIT〉Ⓝ375.14

岩井 希久子〔1955～ 〕
◇岩井希久子の生きる力—絵画保存修復家　岩井希久子著　六耀社　2014.3　205p　20cm（ソリストの思考術　第9巻）〈文献あり　年譜あり　聞き手・構成：中野照子〉Ⓘ978-4-89737-754-4　Ⓝ289.1　［1600円］

岩泉町〔岩手県〕〔遺跡・遺物〕
◇腰廻館跡　岩泉町教育委員会, 岩泉町地域整備課編　［岩泉町（岩手県）］　岩泉町教育委員会　2014.3　42p　図版14p　30cm（岩手県岩泉町文化財調査報告　第47集）〈東日本大震

災に係る移転地造成盛土材採取事業地発掘調査報告書　共同刊行：岩泉町地域整備課〉Ⓝ210.0254

岩泉町〔岩手県〕(災害復興)
◇明日の岩泉へ　岩泉町(岩手県)岩泉町　2014.3　124p　21cm　(東日本大震災岩泉町復興の記録　その2)　Ⓝ369.31

岩男　潤子
◇Voice-声のツバサ——岩男潤子声優活動20周年記念フォトエッセイ　岩男潤子著　G.B　2014.6　127p　22cm〈作品目録あり〉①978-4-906993-09-3　Ⓝ778.77　[2000円]

岩上　力〔1947～ 〕
◇岩上力わが人生廻り舞台——春雨じゃ、濡れていこう　岩上力著　京都　ミネルヴァ書房　2014.3　308,5p　20cm〈年譜あり　索引あり〉①978-4-623-07028-2　Ⓝ772.1　[2500円]

岩城　賢〔1936～ 〕
◇「価値ある自分」のつくり方——戦略的人生マネジメントのすすめ　岩城賢著　幻冬舎ルネッサンス　2014.8　359p　20cm　①978-4-7790-1120-7　Ⓝ289.1　[1500円]

岩木山
◇岩木山を科学する　「岩木山を科学する」刊行会編　弘前　北方新社　2014.1　219p　26cm〈文献あり〉①978-4-89297-197-6　Ⓝ291.21　[2000円]

いわき市(遺跡・遺物)
◇磐出館跡——横口付木炭窯群の調査概報　いわき市教育文化事業団編　いわき　いわき市教育委員会　2014.9　14p　図版[6]枚　30cm　(いわき市埋蔵文化財調査概報)Ⓝ210.0254
◇大場D遺跡——縄文時代後・晩期と古代集落跡の調査　いわき市教育文化事業団編　いわき　いわき市教育委員会　2014.3　76p　図版26p　30cm　(いわき市埋蔵文化財調査報告　第155冊)〈市道田仲・鹿島越線内埋蔵文化財調査報告〉Ⓝ210.0254
◇烏内横穴群——鮫川下流域の左岸丘陵南崖面に構築された横穴群の調査　いわき市教育文化事業団編　いわき　いわき市教育委員会　2013.12　68p　図版[14]枚　30cm　(いわき市埋蔵文化財調査報告　第157冊)〈福島県いわき建設事務所の委託による　折り込1枚〉Ⓝ210.0254
◇小原遺跡　2　いわき市教育文化事業団編　いわき　いわき市教育委員会　2014.9　82p　図版[11]枚　30cm　(いわき市埋蔵文化財調査報告　第164冊)〈岩間震災復興土地区画整理事業にともなう調査〉Ⓝ210.0254
◇静遺跡——弥生時代〜中世の遺物包含層の調査　いわき市教育文化事業団編　いわき　いわき市教育委員会　2014.3　40p　図版[14]枚　30cm　(いわき市埋蔵文化財調査報告　第159冊)Ⓝ210.0254
◇市内遺跡試掘調査報告　平成25年度　いわき市教育文化事業団編　いわき　いわき市教育委員会　2014.3　48p　図版18p　30cm　(いわき市埋蔵文化財調査報告　第163冊)Ⓝ210.0254
◇震災復興土地区画整理事業地内試掘調査報告　いわき市教育文化事業団編　いわき　いわき市教育委員会　2014.3　26p　図版10p　30cm　(いわき市埋蔵文化財調査報告　第161冊)〈内容：豊間市街地地区　豊間高台北地区　豊間高台南地区〉Ⓝ210.0254
◇震災復興土地区画整理事業地内試掘調査報告　2　薄磯地区　いわき市教育委員会編　いわき　いわき市教育委員会　2014.3　240p　図版[33]枚　30cm　(いわき市埋蔵文化財調査報告　第160冊)〈薄磯貝塚周辺部の調査〉Ⓝ210.0254
◇神力前B遺跡——7・9-11・13-18区の調査　いわき市教育文化事業団編　いわき　いわき市教育委員会　2013.3　244p　図版64p　30cm　(いわき市埋蔵文化財調査報告　第153冊)〈浜堤上に形成された古代集落跡の調査〉Ⓝ210.0254
◇山田作横穴群・大室横穴群・馬場横穴群・竜ヶ崎横穴群・堰下横穴群　いわき市教育文化事業団編　いわき　いわき市教育委員会　2014.3　54p　図版13p　30cm　(いわき市埋蔵文化財調査報告　第162冊)Ⓝ210.0254
◇湯長谷館跡　3　いわき市教育文化事業団編　いわき　いわき市教育委員会　2014.1　58p　図版[9]枚　30cm　(いわき市埋蔵文化財調査報告　第158冊)〈近世城館跡の調査〉Ⓝ210.0254

いわき市(児童福祉)
◇いわき通信——2012-2014：「震災復興支援in Fukushima-いわきの子供たちに本を送る—」メーリング書簡集から　吉田裕美著, 日本大学大学院総合社会情報研究科同窓会編　和光　日本大学大学院総合社会情報研究科同窓会有志　2014.10　59p　26cm　Ⓝ369.4

いわき市(被災者支援)
◇いわき通信——2012-2014：「震災復興支援in Fukushima-いわきの子供たちに本を送る—」メーリング書簡集から　吉田裕

美著, 日本大学大学院総合社会情報研究科同窓会編　和光　日本大学大学院総合社会情報研究科同窓会有志　2014.10　59p　26cm　Ⓝ369.4

いわき市(歴史)
◇いわき市勿来地区地域史——先人と未来人の絆を紡ぐ歴史を今に　3　下巻　地誌(昭和20年—現代)、東日本大震災、人物、地名　いわき市勿来地区地域史編さん委員会編　いわき　いわき市勿来地区地域史編さん委員会　2014.3　406p　図版[13]枚　30cm〈年表あり　文献あり〉Ⓝ212.6　[1000円]
◇いわき市勿来地区地域史——先人と未来人の絆を紡ぐ歴史を今に　3　上巻　歴史(昭和20年—現代)　いわき市勿来地区地域史編さん委員会編　いわき　いわき市勿来地区地域史編さん委員会　2014.3　418p　図版[16]枚　30cm　Ⓝ212.6　[1000円]

いわき地域復興センター
◇いわき地域復興センター平成25年度活動報告書　いわき　いわき地域復興センター　2014.3　143p　30cm〈文部科学省平成23年度選定事業大学等における地域復興のためのセンター的機能整備事業　表紙のタイトル：いわき地域復興センター平成25年度(中間年度)活動報告書〉Ⓝ369.31

岩国市(石油コンビナート)
◇岩国・大竹地区石油コンビナート等防災計画　[山口]　広島県及び山口県石油コンビナート等防災本部協議会　2014.3　359p　30cm　Ⓝ575.6

岩国市(歴史)
◇岩国市史　通史編2　岩国市史編さん委員会編纂　[岩国]　岩国市　2014.3　1629p　22cm〈文献あり　内容：近世〉Ⓝ217.7

岩国藩
◇享保四年己亥八月就聘使来聘上關客館萬事仕構覚書　上關町古文書解読の会, 上関町教育委員会編　上關町(山口県)上関町教育委員会　2014.3　142p　26cm〈内容：享保四年己亥八月就聘使来聘上關客館萬事仕構覚書　特論岩国藩と朝鮮通信使(宮田伊津美著)〉Ⓝ217.7

岩隈　久志
◇絆——冬は必ず春となる　岩隈久志著　増補改訂版　潮出版社　2014.4　173p　19cm　①978-4-267-01974-6　Ⓝ783.7　[1000円]

岩倉　政治〔1903～2000〕
◇宗教・反宗教・脱宗教——作家岩倉政治における思想の冒険　森葉月著　富山　桂書房　2014.5　367p　20cm〈著作目録あり　年譜あり〉①978-4-905345-68-8　Ⓝ910.268　[3000円]

岩佐　又兵衛〔1578～1650〕
◇辻惟雄集　5　又兵衛と山雪　辻惟雄著, 青柳正規, 河野元昭, 小林忠, 酒井忠康, 佐藤康宏, 山下裕二編集委員　岩波書店　2014.5　243,5p　23cm〈布装　内容：綺癖の画家　岩佐又兵衛　桃山の巨木の痙攣　山雪の奇想　妙心寺天球院障壁画と狩野山楽・山雪〉①978-4-00-028655-8　Ⓝ702.1　[3400円]

岩崎〔氏〕
◇三菱四代社長ゆかりの邸宅・庭園　米山勇監修, 及川卓也, 塚原加奈子, 三菱広報委員会事務局編　三菱広報委員会　2014.8　176p　37cm〈英語併記〉Ⓝ527.021　[非売品]

岩崎　岩男〔1946～2013〕
◇点描・岩崎岩男——過ぎ去りし日々の追憶　茶木寿夫著　横浜　寺居慎一　2014.2　57p　30cm　Ⓝ289.1　[非売品]

岩崎　清七〔1865～1946〕
◇日本の興亡と岩崎清七翁　[小川桑兵衛著], 岩崎清七史編纂委員会編纂　メタ・ブレーン　2013.12　155p　19cm〈紅龍書房昭和24年刊. の復刻版〉Ⓝ289.1

岩崎　太郎〔1921～ 〕
◇暗号書紛失事件レジナ・チェリ合唱団渋谷弁・下町弁・鎌倉弁・山口弁　岩崎太郎[著]　山口　岩崎太郎　2014.12　363p　21cm　(私の回想録　4)　Ⓝ289.1
◇我等の仲間麻布中学時代　岩崎太郎[著]　山口　岩崎太郎　2014.12　377p　21cm　(私の回想録　3)　Ⓝ289.1

岩崎　ちひろ〔1918～1974〕
◇ちひろさんと過ごした時間——いわさきちひろをよく知る25人の証言　ちひろ美術館監修　新日本出版社　2014.8　245p　図版16p　21cm〈年譜あり　内容：ちひろさんって、どんな人？(黒柳徹子述)女学生時代のちひろさん(石尾恵美子述)山歩きなんか、豪傑が歩くようで(伊藤正一述)私は感性でコミュニストになったのよ(平山知子述)アトリエ村での裸体デッサン会(三輪寛之述)僕は、相当ちひろさんから思想教育を受けました(中村和延述)ブリキ屋さんの二階から夢を与えてくれた人(辻晶子, 松山雅子, 山野郁子述)あの時代にリボンを着けて歩いてたのよ(黒川万千代述)天真爛漫に善明さんを好きだった(坂本修述)自分のアートに対して絶

対の自信を持ってたね(田島征三述)　ちひろさんと話し始め
ると空気が違ってくるよね(田中美智子述)　少女のようなあ
どけない方(中原ひとみ述)　掃かないでね、黄色い絨毯にし
といてね(加藤友子述)　紙芝居から「若い人の絵本」までち
ひろさんとの日々(渡辺泰子述)　『ひとりでできるよ』ちひろ
さんの初めての絵本(松居直述)　『育児の百科』保育園での赤
ちゃんのスケッチに同行して(田沼祥子述)　『花の童話集』黒
姫での思い出(酒井京子述)　『ひさの星』余白があって生きる
絵(小西正保述)　『戦火のなかの子どもたち』特別な絵本づく
り(池田春子述)　『赤い蠟燭と人魚』絶筆となった絵本(神戸
光男述)　『あめのひのおるすばん』『お稽古』からうまれた絵
本(武市八十雄述)　画家・妻・母として生きたちひろさん(松
本由理子述)　母との"三度の出会い"(松本猛述)　絵描きは
絵で語る(松本善明述)　社会を良くしたい気持ちが、全然揺
るがない(高畑勲述)〉Ⓘ978-4-406-05801-8　Ⓝ726.601
［1600円］

岩崎 夏海
◇『もしドラ』はなぜ売れたのか？　岩崎夏海著　東洋経済新
報社　2014.12　222p　19cm　Ⓘ978-4-492-04561-9　Ⓝ910.
268　［1400円］

岩崎 弥太郎〔1834～1885〕
◇評伝岩崎彌太郎―日本の経営史上、最もエネルギッシュだった
男　成田誠一著　毎日ワンズ　2014.6　257p　19cm　〈文献あ
り　年譜あり〉Ⓘ978-4-901622-78-3　Ⓝ289.1　［1500円］

岩宿遺跡
◇「旧石器時代」の発見・岩宿遺跡　小菅将夫著　新泉社
2014.12　93p　21cm　（シリーズ「遺跡を学ぶ」100）〈文献
あり〉Ⓘ978-4-7877-1340-7,978-4-7877-1530-2(set)　Ⓝ213.3
［1500円］

岩瀬 大輔
◇林修×岩瀬大輔　NHK『SWITCHインタビュー達人達』制作
班、林修、岩瀬大輔著　ぴあ　2014.6　128p　19cm
（SWITCHインタビュー達人達）Ⓘ978-4-8356-1890-6
Ⓝ289.1　［800円］

岩瀬 英子〔1926～　〕
◇フランスの少女時代　岩瀬英子著　文藝春秋企画出版部(制
作)　2014.6　245p　図版16p　20cm　Ⓝ289.1　［非売品］

磐田市（遺跡・遺物）
◇上坂上Ⅰ遺跡/上坂上古墳群―第2・3次調査発掘調査報告書
平成23・24年度　磐田市埋蔵文化財センター編　磐田　磐田
市教育委員会　2014.3　79p　30cm　Ⓝ210.0254
◇御殿・二之宮遺跡発掘調査報告　平成24年度　磐田市埋蔵
文化財センター編　磐田　磐田市教育委員会　2014.3　46p
図版16p　30cm〈文献あり　市道改良工事に伴う第89・93・
94次発掘調査〉Ⓝ210.0254
◇御殿・二之宮遺跡発掘調査報告書　磐田市埋蔵文化財セン
ター編　磐田　磐田市教育委員会　2014.3　45p　図版8p
30cm〈文献あり　個人住宅建設に伴う第122次発掘調査〉
Ⓝ210.0254
◇御殿・二之宮遺跡発掘調査報告書　磐田市埋蔵文化財センター
編　磐田　磐田市教育委員会　2014.3　26p　図版10p　30cm
〈集合住宅新築工事に伴う第124・125次発掘調査〉Ⓝ210.0254
◇静岡県磐田市内遺跡確認調査報告書　磐田市埋蔵文化財セ
ンター編　磐田　磐田市教育委員会　2014.3　87p　図版18p
30cm〈文献あり　平成17-19年度国庫及び県費補助事業に伴
う市内遺跡発掘調査等事業〉Ⓝ210.0254
◇静岡県磐田市内遺跡確認調査報告書　磐田市埋蔵文化財セ
ンター編　磐田　磐田市教育委員会　2014.3　77p　図版18p
30cm〈文献あり　平成24年度国庫及び県費補助事業に伴う市
内遺跡発掘調査等事業〉Ⓝ210.0254

磐田市（歴史・史料）
◇福田町史　資料編6　近世・近現代(続)　福田町史編さん委員
会編　磐田　磐田市　2014.3　959p　22cm　Ⓝ215.4

岩館 真理子〔1957～　〕
◇わたしたちができるまで　岩館真理子,小椋冬美,大島弓子著
復刊ドットコム　2014.11　210p　19cm　（角川文庫 1993年刊
の再編集）Ⓘ978-4-8354-5122-0　Ⓝ726.101　［1800円］

岩手経済同友会
◇岩手経済同友会50年の歩み―岩手経済同友会50周年記念誌
盛岡　岩手経済同友会　2014.4　191p　30cm　〈年表あり　標
題紙のタイトル：岩手経済同友50周年新たな年輪を刻
む・・・〉Ⓝ330.66

岩手県
◇岩手あるある　いわなみみつ著,二丁目のママ画　TOブック
ス　2014.12　159p　18cm　Ⓘ978-4-86472-327-5　Ⓝ291.22
［1000円］

岩手県（遺跡・遺物）
◇北三陸の蝦夷・蕨手刀―岩手考古学会第46回研究大会(野田村
大会)　岩手考古学会編　盛岡　岩手考古学会　2014.7　54p
30cm（会期：2014年7月26日）Ⓝ212.2
◇縄文！岩手10000年の世界―平成26年度春季特別展　大阪府
立弥生文化博物館編　和泉　大阪府立弥生文化博物館　2014.
5　105p　30cm　（大阪府立弥生文化博物館図録 51）〈文献
あり　会期：平成26年5月3日～6月29日〉Ⓝ212.2
◇発掘調査報告書　平成25年度　岩手県文化振興事業団埋蔵文
化財センター編　盛岡　岩手県文化振興事業団　2014.3
159p　30cm　（岩手県文化振興事業団埋蔵文化財調査報告書
第630集）〈内容：不動ノ滝遺跡　上畳部舘跡　金浜Ⅴ遺跡
乙部遺跡　北野ⅩⅢ遺跡　小滝沢遺跡　ほか調査概報(32遺
跡)〉Ⓝ210.0254

岩手県（遺跡・遺物―一関市）
◇骨寺村荘園遺跡確認調査報告書　一関市教育委員会編　一関
一関市教育委員会　2014.3　79p　30cm（一関市教育委員会
文化財埋蔵文化財発掘調査報告書 第18集）〈内容：伝ミタケ堂跡　不動
窟　白山社及び駒形神社　梅木田遺跡〉Ⓝ210.0254

岩手県（遺跡・遺物―奥州市）
◇胆沢城跡―発掘調査概報　平成18・19年度　奥州　奥州市教
育委員会　2014.3　95p　30cm　（岩手県奥州市埋蔵文化財調
査報告書 第23集）〈岩手県奥州市水沢区佐倉河所在〉Ⓝ210.
0254
◇小林繁長遺跡発掘調査報告書　岩手県文化振興事業団埋蔵文
化財センター編　奥州　岩手県県南広域振興局農政部農村整
備室　2014.3　131p　30cm　（岩手県文化振興事業団埋蔵文
化財調査報告書 第628集）〈文献あり　経営体育成基盤整備
事業白山地区関連遺跡発掘調査　共同刊行：岩手県文化振興
事業団〉Ⓝ210.0254
◇沢田遺跡発掘調査報告書　岩手県文化振興事業団埋蔵文化財
センター編　奥州　岩手県県南広域振興局農政部農村整備室
2014.3　253p　図版2p　30cm　（岩手県文化振興事業団埋蔵
文化財調査報告書 第626集）〈文献あり　経営体育成基盤整
備事業南下幅北部地区関連遺跡発掘調査　共同刊行：岩手県
文化振興事業団〉Ⓝ210.0254
◇白鳥舘遺跡発掘調査概要報告書―国指定史跡　第12次調査
奥州市教育委員会世界遺産登録推進室編　奥州　奥州市教育
委員会世界遺産登録推進室　2014.3　13p　30cm　（岩手県奥
州市埋蔵文化財調査報告書 第24集）Ⓝ210.0254
◇長者ヶ原廃寺跡発掘調査報告書　第15次調査　岩手県奥州市
教育委員会編　奥州　岩手県奥州市教育委員会　2014.3　9p
30cm　（岩手県奥州市埋蔵文化財調査報告書 第22集）Ⓝ210.
0254
◇八反町・古城林遺跡発掘調査報告書　岩手県文化振興事業団
埋蔵文化財センター編　奥州　岩手県県南広域振興局農政部
農村整備室　2014.3　509p　30cm　（岩手県文化振興事業団
埋蔵文化財調査報告書 第627集）〈文献あり　経営体育成基
盤整備事業古城2地区関連遺跡発掘調査　共同刊行：岩手県
文化振興事業団〉Ⓝ210.0254

岩手県（遺跡・遺物―釜石市）
◇屋形遺跡発掘調査報告書　岩手県文化振興事業団埋蔵文化財
センター編　釜石　岩手県釜石市　2014.3　77p　30cm　（岩
手県文化振興事業団埋蔵文化財調査報告書 第629集）〈漁業集
落防災機能強化事業(大石地区)関連遺跡発掘調査　共同刊
行：岩手県文化振興事業団〉Ⓝ210.0254

岩手県（遺跡・遺物―北上市）
◇岩崎城跡　2011年度　北上市教育委員会,北上市立埋蔵文化
センター編　[北上]　北上市教育委員会　2014.3　1冊
30cm　（北上市埋蔵文化財調査報告 第110集）〈共同刊行：北
上市立埋蔵文化財センター〉Ⓝ210.0254
◇北上市内試掘調査報告　2011年度　北上市教育委員会編　北
上　北上市教育委員会　2013.3　28p　図版[7]枚　30cm
（北上市埋蔵文化財調査報告 第109集）Ⓝ210.0254
◇北上市内試掘調査報告　2012年度　北上市教育委員会,北上市
立埋蔵文化財センター編　[北上]　北上市教育委員会　2014.
3　30p　図版7p　30cm　（北上市埋蔵文化財調査報告 第112
集）〈共同刊行：北上市立埋蔵文化財センター〉Ⓝ210.0254
◇北上市内試掘調査報告　2013年度　金附遺跡　北上市教育委員
会,北上市立埋蔵文化財センター編　[北上]　北上市教育委員
会　2014.3　1冊　30cm　（北上市埋蔵文化財調査報告書 第
111集）〈共同刊行：北上市立埋蔵文化財センター〉Ⓝ210.
0254
◇国見山廃寺跡　第32-45次　北上市教育委員会編　北上　北上
市教育委員会　2013.3　34p　図版[26]枚　30cm　（北上市
埋蔵文化財調査報告 第108集）Ⓝ210.0254

岩手県（遺跡・遺物—久慈市）　　　　　　　　　　　　日本件名図書目録2014　Ⅰ

◇下江釣子羽場遺跡　2011年度　北上市教育委員会編　北上
北上市教育委員会　2013.3　6p 図版 [9] 枚　30cm　（北上
市埋蔵文化財調査報告 第106集）Ⓝ210.0254

◇高前壇Ⅱ遺跡　2011年度　北上市教育委員会編　北上　北上
市教育委員会　2013.3　32p 図版 [65] 枚　30cm　（北上市
埋蔵文化財調査報告 第107集）Ⓝ210.0254

◇立花南遺跡発掘調査報告書　岩手県文化振興事業団埋蔵文化
財センター編　盛岡　国土交通省東北地方整備局岩手河川国
道事務所　2014.3　79p　30cm　（岩手県文化振興事業団埋蔵
文化財調査報告書 第621集）〈北上川中流部緊急治水対策事業
（立花地区）関連遺跡発掘調査　共同刊行：岩手県文化振興事
業団〉Ⓝ210.0254

◇根岸遺跡　2008・2009年度　北上市教育委員会,北上市立埋蔵
文化財センター編　[北上]　北上市教育委員会　2014.3　1冊
30cm　（北上市埋蔵文化財調査報告 第113集）〈共同刊行：北
上市立埋蔵文化財センター〉Ⓝ210.0254

岩手県（遺跡・遺物—久慈市）
◇北野ⅩⅡ遺跡発掘調査報告書　1　久慈市教育委員会編　宮古
国土交通省東北地方整備局三陸国道事務所　2014.3　68p
30cm　（久慈市埋蔵文化財調査報告書 第3集）〈八戸・久慈自
動車道久慈北道路整備事業関連遺跡発掘調査報告書　共同刊
行：久慈市〉Ⓝ210.0254

◇小袖漁港漁業集落環境整備事業関連遺跡発掘調査報告書　久
慈市教育委員会編　久慈　久慈市教育委員会　2014.3　56p
30cm　（久慈市埋蔵文化財調査報告書 第2集）〈内容：小袖Ⅱ
遺跡　館石Ⅱ・Ⅴ遺跡　館石Ⅸ遺跡〉Ⓝ210.0254

岩手県（遺跡・遺物—滝沢市）
◇滝沢笹森遺跡発掘調査報告書　パスコ編　滝沢　滝沢市埋蔵
文化財センター　2014.2　109p　30cm　（滝沢市埋蔵文化財
センター調査報告書 第1集）〈松誠会の委託による　滝沢中央
病院移転新築工事に伴う埋蔵文化財発掘調査報告書〉Ⓝ210.
0254

岩手県（遺跡・遺物—遠野市）
◇新田Ⅱ遺跡発掘調査報告書　岩手県文化振興事業団埋蔵文化
財センター編　盛岡　国土交通省東北地方整備局岩手河川国
道事務所　2014.2　409p　30cm　（岩手県文化振興事業団埋
蔵文化財調査報告書 第622集）〈東北横断自動車道釜石秋田線
（遠野—東和間）関連遺跡発掘調査　共同刊行：岩手県文化振
興事業団〉Ⓝ210.0254

岩手県（遺跡・遺物—二戸市）
◇不動館跡発掘調査報告書　岩手県文化振興事業団埋蔵文化財
センター編　二戸　岩手県県北広域振興局土木部二戸土木セ
ンター　2014.3　279p　30cm　（岩手県文化振興事業団埋蔵
文化財調査報告書 第624集）〈主要地方道二戸五日市線緊急地
方道路整備事業関連遺跡発掘調査　共同刊行：岩手県文化振
興事業団〉Ⓝ210.0254

岩手県（遺跡・遺物—宮古市）
◇松山館跡発掘調査報告書　岩手県文化振興事業団埋蔵文化財
センター編　宮古　岩手県沿岸広域振興局土木部宮古土木セ
ンター　2014.3　309p　30cm　（岩手県文化振興事業団埋蔵
文化財調査報告書 第625集）〈一般国道106号宮古西道路建設
事業関連遺跡発掘調査　共同刊行：岩手県文化振興事業団〉
Ⓝ210.0254

◇山田湾まるごとスクールのしおり　山田湾まるごとスクール事
務局編　[新潟]　新潟大学災害・復興科学研究所危機管理・
災害復興分野　2014.11　82p　30cm　〈文献あり〉Ⓝ212.2

岩手県（遺跡・遺物—盛岡市）
◇盛南地区遺跡群発掘調査報告書　5　盛岡市遺跡の学び館編
[横浜]　都市再生機構　2014.1　206p　30cm　（盛岡南新都
市開発整備事業関連遺跡平成13-18年度発掘調査 2）〈共同刊
行：盛岡市ほか　内容：大宮北遺跡　小幡遺跡　宮沢遺跡　鬼
柳A遺跡　稲荷遺跡　本宮熊堂A遺跡　本宮熊堂B遺跡　野古
A遺跡〉Ⓝ210.0254

◇盛南地区遺跡群発掘調査報告書　6　盛岡市遺跡の学び館編
[横浜]　都市再生機構　2014.3　190p　30cm　（盛岡南新都
市開発整備事業関連遺跡平成13-18年度発掘調査）〈共同刊
行：盛岡市ほか　内容：飯岡沢田遺跡　飯岡才川遺跡　細谷地
遺跡　矢巾遺跡　南仙北遺跡〉Ⓝ210.0254

◇繋Ⅴ遺跡　[盛岡]　盛岡市教育委員会　2013.3　243p　30cm
〈繋小学校校舎等増改築工事事業に伴う発掘調査報告書　共同
刊行：盛岡市遺跡の学び館〉Ⓝ210.0254

◇二又遺跡第11・12次発掘調査報告書　岩手県文化振興事業団
埋蔵文化財センター編　盛岡　岩手県盛岡広域振興局土木部
2014.3　287p　30cm　（岩手県文化振興事業団埋蔵文化財調
査報告書 第623集）〈主要地方道盛岡和賀線道路改良工事関連
遺跡発掘調査　共同刊行：岩手県文化振興事業団〉Ⓝ210.0254

◇盛岡市内遺跡群—平成22・23年度発掘調査報告　盛岡市遺跡
の学び館編　盛岡　盛岡市教育委員会　2013.3　70p　30cm
〈内容：西黒石野遺跡．第13次　小山遺跡．第35次　二又遺
跡．第9・10次〉Ⓝ210.0254

◇もりおか発掘物語—平成二十六年度盛岡市遺跡の学び館開館
十周年特別展　盛岡市遺跡の学び館編　盛岡　盛岡市遺跡の
学び館　2014.10　89p　30cm　〈年表あり　会期・会場：平成
26年10月11日—平成27年1月18日　盛岡市遺跡の学び館企画展
示室〉Ⓝ212.2

岩手県（医療）
◇岩手県保健医療計画—2013-2017　盛岡　岩手県保健福祉部医
療政策室　2013.3　316p　30cm　Ⓝ498.1

岩手県（衛生行政）
◇岩手県保健医療計画—2013-2017　盛岡　岩手県保健福祉部医
療政策室　2013.3　316p　30cm　Ⓝ498.1

岩手県（エネルギー政策—野田村）
◇地域主導型再生可能エネルギー事業化検討委託業務（岩手県野
田村）成果報告書　平成25年度　[野田村（岩手県）]　野田村
商工会　2014.3　16, 15, 117p　30cm　〈平成25年度環境省委
託業務　共同刊行：仕事人倶楽部〉Ⓝ501.6

岩手県（絵画〔日本〕—画集）
◇魂のゆくえ—描かれた死者たち：平成26年度夏季遠野市立博
物館特別展　遠野　遠野市立博物館　2014.9　63p　30cm
〈会期・会場：平成26年7月19日—8月31日　遠野市立博物館企
画展示室〉Ⓝ721.025

岩手県（開拓）
◇オーラルヒストリー「拓魂」—21世紀の日本に贈る：満州・シ
ベリア・岩手　黒澤勉著　大阪　風詠社　2014.12　288p
20cm　〈星雲社（発売）内容：山上忠治の満州・シベリア　三
田照子・津田徳治の満州体験　満州東北村、戦後開拓　満蒙開
拓青少年義勇軍　菅野正男と小説『土と戦ふ』　依蘭岩手開拓
団物語　山上忠治の戦後　日本の近代史から〉①978-4-434-
20077-9　Ⓝ916　[1667円]

岩手県（学習指導—初等教育）
◇いきるかかわるそなえる—教師用手引き　小学校・低学年用
盛岡　岩手県教育委員会　2014.6　72p　30cm　Ⓝ375.1
◇いきるかかわるそなえる—教師用手引き　小学校・高学年用
盛岡　岩手県教育委員会　2014.6　72p　30cm　Ⓝ375.1

岩手県（学習指導—中等教育）
◇いきるかかわるそなえる—教師用手引き　中学校用　盛岡
岩手県教育委員会　2014.6　72p　30cm　Ⓝ375.1

岩手県（学校）
◇岩手県教育委員会東日本大震災津波記録誌—教訓を後世に・岩
手の教育：つなぐ　盛岡　岩手県教育委員会　2014.3　297p
30cm　〈年表あり〉Ⓝ372.122

岩手県（学校—大槌町）
◇教育を紡ぐ—大槌町震災から新たな学校創造への歩み　山下
英三郎,大槌町教育委員会編著　明石書店　2014.4　265p
19cm　〈内容：子どもたちの未来へ（伊藤正治者）　被災直後の
学校の状況（武藤美由紀著）　大槌町の子どもたちと出会って
（南景元者）　そのとき、教師として考えたこと（芦澤信吾著）
学校が子どもたちを元気にする（栗澤由紀著）　二つの記憶
（吉野新平著）　学校再開後の教育構想（武藤美由紀著）　ス
クールソーシャルワーカーとして活動する中で（南景元者）
スクールカウンセラーとして（法澤直子著）　学校の再開と新
たな課題に向けた協働へ（及川朋子著）　希望は子どもたち
（小野寺康典著）　子どもたちの健やかな育ちを願って（小石
敦子著）　夢をもって一歩前へ（菊池啓子著）　奇跡の軌跡（盛
合晃敬著）　子どもたちは未来の設計者（鈴木利典著）〉
①978-4-7503-3975-7　Ⓝ372.122　[2200円]

岩手県（環境教育）
◇まもろうみんなの地球わたしたちのふるさと—環境副読本：教
師用手引書　2014　[青森]　青森県　2014.3　44p　30cm
〈共同刊行：青森県教育委員会ほか〉Ⓝ375

岩手県（議会—名簿）
◇岩手県町村自治名鑑　岩手県町村議会議長会編　[盛岡]　岩
手県町村議会議長会　2014.8　122p　27cm　〈年表あり　創立
65周年記念〉Ⓝ318.422　[非売品]

岩手県（紀行・案内記）
◇三陸人—復興を頑張る人を応援する旅　COMMUNITY
TRAVEL GUIDE編集委員会編　英治出版　2014.2　191p
19cm　（COMMUNITY TRAVEL GUIDE VOL.3）①978-
4-86276-169-9　Ⓝ291.22　[1200円]

岩手県（行政—名簿）
◇岩手県町村自治名鑑　岩手県町村議会議長会編　[盛岡]　岩
手県町村議会議長会　2014.8　122p　27cm　〈年表あり　創立
65周年記念〉Ⓝ318.422　[非売品]

岩手県（郷土舞踊）
◇太鼓踊系の鹿踊り―岩手・宮城のお祭りで見る　高橋正平著
仙台　創栄出版　2013.10　207p　19cm〈文献あり〉①978-
4-7559-0473-8　Ⓝ386.8122

岩手県（金工―図集）
◇メイド・イン・ジャパン南部鉄器―伝統から現代まで、400年
の歴史　［東京］　アートプランニングレイ　2013　117p　20
×20cm〈年表あり　会期・会場：2014年1月11日～3月23日
パナソニック汐留ミュージアム　執筆：佐々木繁美、編集：
大村理恵子ほか〉Ⓝ756.2122

岩手県（金石・金石文）
◇今に生かし未来につなぐ津波石の訓導　宮古　国土交通省東北
地方整備局三陸国道事務所　［2013］　58p　19cm　Ⓝ369.31

岩手県（警察）
◇使命―証言・岩手県警察の3・11　岩手県警察本部監修、岩手
日報社編集　盛岡　岩手日報社　2013.10　195p　図版16枚
21cm〈奥付の副タイトル（誤植）：証言・岩手県警の3・11〉
①978-4-87201-412-9　Ⓝ369.31　［1200円］

岩手県（下水道）
◇リスク評価支援システムのための下水道集水域のGISデータ等
作成業務報告書　平成25年度　［立川］　ハオ技術コンサルタ
ント事務所　2014.3　110p　30cm　（環境省請負業務報告書
平成25年度）　Ⓝ574

岩手県（健康管理―西和賀町―歴史）
◇すこやかに生まれ育ち老いるをめざして―沢内村健康管理課
誕生から50年記念誌　輝けいのちネットワーク編集委員会編
［西和賀町（岩手県）］　輝けいのちネットワーク　2013.11
236p　30cm〈年表あり〉Ⓝ498.02122

岩手県（建設業）
◇住宅建設と大工労働市場の研究―東日本大震災後の岩手県沿
岸地域の住宅再建の課題：調査研究報告書　佐藤眞［著］、第
一生命財団編　第一生命財団　2014.7　51p　30cm
［非売品］

岩手県（工業―統計）
◇岩手県の工業（確報）平成23年　平成24年経済センサス―活
動調査の製造業に関する確報結果　岩手県政策地域部調査統
計課編　盛岡　岩手県政策地域部調査統計課　2014.3　99p
30cm　（岩手統計 25 第3号）　Ⓝ505.9

岩手県（洪水）
◇北上川上流水害写真集―平成25年8月9日洪水・平成25年7月26
日洪水・平成25年9月16日洪水　盛岡　国土交通省東北地方整
備局岩手河川国道事務所　［2014］　114p　30cm〈共同刊行：
国土交通省東北地方整備局北上川ダム統合管理事務所〉
Ⓝ369.3

岩手県（公文書）
◇文書事務の手引　岩手県総務部法務学事課編　ぎょうせい
2013.3　235p　22cm　①978-4-324-09662-8　Ⓝ318.522
［2476円］

岩手県（公文書―保存・修復―陸前高田市）
◇全国歴史資料保存利用機関連絡協議会東日本大震災臨時委員
会活動報告書　2011-2012年度　全国歴史資料保存利用機関連
絡協議会東日本大震災臨時委員会編　［京都］　［全国歴史資
料保存利用機関連絡協議会東日本大震災臨時委員会］　2014.3
93p　30cm　Ⓝ014.61

岩手県（公民館）
◇その時公民館は―3・11大震災を伝える　盛岡　岩手県社会教
育連絡協議会　2014.3　77p　30cm　Ⓝ379.2

岩手県（災害医療）
◇朝陽のあたる丘―『忘れない』－未来につなぐ記憶　大船渡
岩手県立大船渡病院　2013.3　249p　21cm　Ⓝ498.02122
◇強絆復興―東日本大震災対応の記録2011.3.11　東日本大震災
対応記録誌編集委員会編　盛岡　岩手県医師会　2014.6　2冊
31cm　①978-4-9907748-2-0（set）Ⓝ498.02122

岩手県（災害救助）
◇3・11岩手自治体職員の証言と記録　自治労連、岩手自治労連
編、晴山一穂監修　大月書店　2014.3　371p　21cm　①978-
4-272-31050-0　Ⓝ369.31　［2000円］

岩手県（災害復興）
◇いきるかかわるそなえる―教師用手引き　小学校・低学年用
盛岡　岩手県教育委員会　2014.6　72p　30cm　Ⓝ375.1
◇いきるかかわるそなえる―教師用手引き　小学校・高学年用
盛岡　岩手県教育委員会　2014.6　72p　30cm　Ⓝ375.1
◇いきるかかわるそなえる―教師用手引き　中学校用　盛岡
岩手県教育委員会　2014.6　72p　30cm　Ⓝ375.1

◇岩手県教育委員会東日本大震災津波記録誌―教訓を後世に・岩
手の教育：つなぐ　盛岡　岩手県教育委員会　2014.3　297p
30cm〈年表あり〉Ⓝ372.122
◇岩手県東日本大震災津波復興計画の取組状況等に関する報告
書―いわて復興レポート2014：いのちを守り海と大地と共に
生きるふるさと岩手・三陸の創造：第1期（平成23年度―平成
25年度）の取組　盛岡　岩手県復興局　2014.7　93p　30cm
Ⓝ518.8
◇岩手県東日本大震災津波復興計画の取組状況等に関する報告
書―いわて復興レポート2014：参考資料：第1期（平成23年度
―平成25年度）の取組　盛岡　岩手県復興局　2014.7　137p
30cm　Ⓝ518.8
◇「いわての復興教育」推進校実践事例集　盛岡　岩手県教育委
員会事務局学校教育室　2013.3　154p　30cm　Ⓝ375.1
◇「岩手の復興と再生に」オール岩大パワーを―東日本大震災か
ら3年目の取り組みH25.4-H26.3　岩手大学研究交流部三陸復
興推進課企画・編集　［盛岡］　岩手大学　2014.7　114p
30cm　Ⓝ369.31
◇3.11後の持続可能な社会をつくる実践学―被災地・岩手のレジ
リエントな社会構築の試み　山崎憲治、本田敏秋、山崎友子編
明石書店　2014.9　326p　21cm〈内容：3・11以降のレジリ
エントな地域社会づくり（山崎憲治著）地域資源の再生による
「遠野スタイル」の実現（本田敏秋著）逆境が創造の原点、地
域資源を活かした持続可能なコミュニティづくり（中村哲雄
著）安心安全を地域からつくる（鈴木重男著）町づくりは
人の意識を育てることである（稲葉暉迪、山崎憲治、山崎友子聞
き手）諦めの境地から生きる郷へ（佐々木孝道著）情熱こ
そが推進力、イーハトーブトライアルの38年（万澤安央著）農
すべてのキーワードは「心」（柴田和子著）復興の力を生むう
えで必要な企業の役割（山崎憲治著）「なつかしい未来創造株
式会社」が陸前高田にもたらす可能性（田村満著）3・11、大
震災と経営（齊藤俊明著）災害からの復興（鈴木宏延著）農
業がつくる地域の風景（八重樫真純著）起業のすすめ（工藤
一博著）震災におけるエネルギー環境の変化（坂内孝三著）
地域と共に企業は復興する（河野利義述、山崎憲治、山崎友子聞
き手）学生レポートに見る震災復興に向けた持続可能なコ
ミュニティづくりとESDに関する社会起業の可能性（中島清隆
著）被災地に学ぶ教育の原点（山崎友子著）語り継ぐこと
は命をつなぐこと（山崎友子著）いのちを育む教育・震災か
ら復興に向けて（佐々木力也者）ふるさと「田老」を想う（荒
谷栄子著）震災と防災、そして人づくり「防災教育の実践」
（相模貞一著）ポスト3・11を子どもたちと生き延びるために
（吉成信夫著）持続可能な社会の根底をつくる反戦・平和（山
崎憲治著）農民兵士の声がきこえる（高橋源英著）復興の
根底に避戦がなければならない（岩淵宣庸著）〉①978-4-7503-
4069-2　Ⓝ601.122　［2200円］
◇津波被災地の復興における女性の役割―インドネシアのア
チェ州と東北地方の比較を通して　辰巳佳寿子、山尾政博、ズ
ルハムシャ・イムラム［著］　北九州　アジア女性交流・研究
フォーラム　2014.3　76p　30cm　（KFAW調査研究報告書
vol. 2013-1）〈文献あり〉Ⓝ369.31
◇東日本大震災からの復興状況の把握に関する調査・分析業務報
告書　［東京］　三菱総合研究所　［201-］　2, 86p　30cm
Ⓝ369.31
◇東日本大震災からの復興の状況に関する報告　［東京］　［復
興庁］　2014.11　74p　30cm　Ⓝ369.31
◇被災地での55の挑戦―企業による復興事業事例集　vol. 2
［東京］　復興庁　2014.3　129p　30cm　Ⓝ369.31
◇ふるさと岩手「被災地のいま」―地方建設業的視点から復興を
考える　盛岡　岩手県建設業協会　2013.3　102p　30cm
Ⓝ518.8

岩手県（災害復興―岩泉町）
◇明日の岩泉へ　岩泉町（岩手県）　岩泉町　2014.3　124p
21cm　（東日本大震災岩泉町復興の記録 その2）Ⓝ369.31

岩手県（災害復興―大槌町）
◇教育を紡ぐ―大槌町震災から新たな学校創造への歩み　山下
英三郎、大槌町教育委員会編著　明石書店　2014.4　265p
19cm〈内容：子どもたちの未来へ（伊藤正治著）被災直後の
学校の状況（武藤美由紀著）大槌町の子どもたちと出会って
（南景元著）そのとき、教師として考えたこと（芦澤信吾著）
学校が子どもたちを元気にする（栗澤由紀著）二つの記憶
（吉野新平著）学校再開後の教育構想（武藤美由紀著）ス
クールソーシャルワーカーとして活動する中で（南景元著）
スクールカウンセラーとして（法澤直子著）学校の再開と新
たな課題に向けた協働へ（及川順子著）希望は子どもたち
（小野寺康典著）子どもの健やかな育ちを願って（小石
敦子著）夢をもって一歩前へ（菊池啓子著）奇跡の軌跡（盛

岩手県（災害復興―大船渡市）

合晃敬著） 子どもたちは未来の設計者（鈴木利典著））
①978-4-7503-3975-7 Ⓝ372.122 ［2200円］

◇わたしが想う明日の大槌―「わたしの大槌物語」を生きて 東
京大学教育学部社会教育学研究室大槌町訪問チーム著, 牧野
篤, 松山鮎子編 東京大学大学院教育学研究科・教育学部社会
教育学・生涯学習論研究室 2014.9 117p 19cm Ⓝ369.31

岩手県（災害復興―大船渡市）
◇潮目―フシギな震災資料館 片山和一良著, 中村紋子編・写真
ポット出版 2014.9 128p 15×21cm ①978-4-7808-0210-8
Ⓝ369.31 ［1900円］

岩手県（災害復興―釜石市）
◇「被災地における自立型スマートコミュニティ形成に関する実
証研究」委託業務―平成25年度地球温暖化対策技術開発・実証
研究事業 ［東京］ 早稲田環境研究所 2014.3 1冊 30cm
〈平成25年度環境省委託業務 標題紙のタイトル：被災地にお
ける自立型スマートコミュニティ形成に関する実証研究成果
報告書 共同刊行：早稲田総研イニシアティブ〉Ⓝ518.8
◇〈持ち場〉の希望学―釜石と震災, もう一つの記憶 東大社研,
中村尚史, 玄田有史編 東京大学出版会 2014.12 405,8p
19cm〈年表あり 索引あり 内容：釜石の希望学（玄田有史
著） 釜石における震災の記憶（中村尚史著） 褒められない人
たち（中村圭介著）〈持ち場〉と家族（竹村祥子著） 釜石の
ある消防関係者の記憶（佐藤慶一著） 調査船の避難行動を担
う（加瀬和俊著） 市職員へのサポート（塩沢健一著） そのと
き, 政治は（宇野重規著） 発災から避難所閉鎖までの5か月間の
市民と市職員の奮闘（吉野英勝著）「住まいの復旧」はな
ぜ語りづらいのか（西野淑美著）「住まいの選択」をめぐる困
難さ（石倉義博著） 点と点, そして点（佐藤由紀著）「ねお
す」から「さんつな」へ（大堀研著） 東日本大震災と釜石市
（佐々木守著） 鉄の絆の復興支援（東義浩著） 釜石と共に生
きる製鉄所として, 地域支援と事業の復旧に取り組む（中村尚
史編集・解題）〉①978-4-13-033072-5 Ⓝ369.31 ［2800円］
◇よみがえれ釜石！―官民連携による復興の軌跡 枝見太朗著
ぎょうせい 2014.4 289p 21cm ①978-4-324-09798-4
Ⓝ369.31 ［1800円］

岩手県（災害復興―歴史）
◇三陸沿岸地域の集落形成史における高所移転に関する研究―
調査研究報告書 林憲吾, 岡村健太郎［著］, 第一生命財団編
第一生命財団 2014.6 57, 13p 30cm Ⓝ518.8 ［非売品］

岩手県（山村―歴史）
◇マッキーン博士らの岩手訪問と講演会―2013年6月8日―12日
早坂啓造, 三須田善暢編 ［滝沢］ 早坂啓造 2014.3 123p
30cm Ⓝ324.28

岩手県（自然地理―宮古市）
◇山田湾まるごとスクールのしおり 山田湾まるごとスクール事
務局編 ［新潟］ 新潟大学災害・復興科学研究所危機管理・
災害復興分野 2014.11 82p 30cm〈文献あり〉Ⓝ212.2

岩手県（自然地理―山田町）
◇山田湾まるごとスクールのしおり 山田湾まるごとスクール事
務局編 ［新潟］ 新潟大学災害・復興科学研究所危機管理・
災害復興分野 2014.11 82p 30cm〈文献あり〉Ⓝ212.2

岩手県（自然保護―金ケ崎町）
◇生物多様性保全計画（生物多様性かねがさき地域戦略）策定事
業報告書 平成25年度 ［金ケ崎町（岩手県）］ 岩手県金ケ崎
町 2014.3 58p 30cm Ⓝ519.8122

岩手県（社会教育施設―盛岡市）
◇盛岡・気仙沼被災地現地研修の記録―お茶の水女子大学平成
24年度共同研究用研究経費研究成果報告書 平成24年度 お
茶の水女子大学盛岡・気仙沼現地研修実行委員会［編］ お茶
の水女子大学大学院人間文化創成科学研究科 2013.1 119p
30cm Ⓝ369.31

岩手県（社会福祉施設）
◇岩手県における東日本大震災沿岸被災地の社会福祉施設実態
等調査報告書 滝沢村（岩手県）岩手県立大学社会福祉学部被
災施設調査プロジェクト 2013.3 92p 30cm Ⓝ369.13

岩手県（写真集―一関市）
◇達古袋三十六景―風景が力をもつ時 村松伸, 達古袋なかなか
大学校編著 ［一関］ 一関のなかなか遺産を考える会 2014.
1 79p 21cm〈共同刊行：達古袋なかなか大学校ほか 発行
所：総合地球環境学研究所メガ都市プロジェクト〉Ⓝ291.22

岩手県（住宅建築）
◇住宅建設と大工労働市場の研究―東日本大震災後の岩手県沿
岸地域の住宅再建の課題：調査研究報告書 佐藤眞［著］, 第

一生命財団編 第一生命財団 2014.7 51p 30cm Ⓝ510.9
［非売品］

岩手県（障害者福祉）
◇東日本大震災津波による被災障がい者実態調査報告書 岩手
県社会福祉協議会いわて障がい者福祉復興支援センター［著］
盛岡 岩手県社会福祉協議会 2013.6 97p 30cm Ⓝ369.27

岩手県（女性問題）
◇津波被災地の復興における女性の役割―インドネシアのア
チェ州と東北地方の比較を通して 辰巳佳寿子, 山尾政博, ズ
ルハムシャ・イムラム［著］ 北九州 アジア女性交流・研究
フォーラム 2014.3 76p 30cm （KFAW調査研究報告書
vol. 2013-1）〈文献あり〉Ⓝ369.31

岩手県（書目）
◇岩手県EL新聞記事情報リスト 2013-1 エレクトロニック・
ライブラリー編 エレクトロニック・ライブラリー 2014.2
959p 31cm〈制作：日外アソシエーツ〉Ⓝ025.8122
◇岩手県EL新聞記事情報リスト 2013-2 エレクトロニック・
ライブラリー編 エレクトロニック・ライブラリー 2014.2
p961-1816 31cm〈制作：日外アソシエーツ〉Ⓝ025.8122
◇岩手県EL新聞記事情報リスト 2013-3 エレクトロニック・
ライブラリー編 エレクトロニック・ライブラリー 2014.2
p1817-2959 31cm〈制作：日外アソシエーツ〉Ⓝ025.8122
◇岩手県EL新聞記事情報リスト 2013-4 エレクトロニック・
ライブラリー編 エレクトロニック・ライブラリー 2014.2
p2961-4029 31cm〈制作：日外アソシエーツ〉Ⓝ025.8122
◇岩手県EL新聞記事情報リスト 2013-5 エレクトロニック・
ライブラリー編 エレクトロニック・ライブラリー 2014.2
p4031-5120 31cm〈制作：日外アソシエーツ〉Ⓝ025.8122

岩手県（震災予防）
◇岩手県立大学総合政策学部防災・復興研究会研究成果報告書
［滝沢村（岩手県）］ 岩手県立大学総合政策学部防災・復興研
究会 2013.3 99p 30cm〈文献あり〉Ⓝ369.31

岩手県（森林）
◇酸性雨モニタリング（土壌・植生）調査 平成25年度 ［盛岡］
岩手県 2014.3 22p 30cm〈平成25年度環境省委託業務結
果報告書 はり込写真4枚〉Ⓝ519.5

岩手県（スマートシティ―釜石市）
◇「被災地における自立型スマートコミュニティ形成に関する実
証研究」委託業務―平成25年度地球温暖化対策技術開発・実証
研究事業 ［東京］ 早稲田環境研究所 2014.3 1冊 30cm
〈平成25年度環境省委託業務 標題紙のタイトル：被災地にお
ける自立型スマートコミュニティ形成に関する実証研究成果
報告書 共同刊行：早稲田総研イニシアティブ〉Ⓝ518.8

岩手県（精神衛生）
◇東日本大震災で亡くなられた方々遭われた方々に捧ぐ――医
療法人とその仲間たちの被災地支援の記録：防災用・ボラン
ティア用資料 中村吉伸著, 秀峰会, 中村喜四郎後援会・喜友
会, 吉井会, 岩井自動車学校編 越谷 秀峰会 2014.3 231p
30cm ①978-4-904006-98-6 Ⓝ498.02122

岩手県（生物多様性―金ケ崎町）
◇生物多様性保全計画（生物多様性かねがさき地域戦略）策定事
業報告書 平成25年度 ［金ケ崎町（岩手県）］ 岩手県金ケ崎
町 2014.3 58p 30cm Ⓝ519.8122

岩手県（選挙―統計）
◇選挙の記録 ［盛岡］ 岩手県選挙管理委員会 ［2013］ 139p
30cm〈第23回参議院議員通常選挙 平成25年7月21日執行〉
Ⓝ314.8

岩手県（大工）
◇住宅建設と大工労働市場の研究―東日本大震災後の岩手県沿
岸地域の住宅再建の課題：調査研究報告書 佐藤眞［著］, 第
一生命財団編 第一生命財団 2014.7 51p 30cm Ⓝ510.9
［非売品］

岩手県（地域開発）
◇3.11後の持続可能な社会をつくる実践学―被災地・岩手のレジ
リエントな社会構築の試み 山崎憲治, 本田敏秋, 山崎友子編
明石書店 2014.9 326p 21cm〈内容：3・11以降のレジリ
エントな地域社会づくり（山崎憲治著） 地域資源の再生による
「遠野スタイル」の実現（本田敏秋著） 逆境が創造の原点, 地
域資源を活かした持続可能なコミュニティづくり（中村哲雄
著） 安心安全を地域からつくる（鈴木重男著） 町づくりは
人の意識を育てることである（稲葉暉述, 山崎憲治, 山崎友子聞
き手） 諦めの境地から生きる郷へ（佐々木孝道著） 情熱こ
そが推進力, イーハトーブトライアルの38年（万澤安央著）
すべてのキーワードは「心」（柴田和子著） 復興の力を生むう

えで必要な企業の役割（山崎憲治著）　「なつかしい未来創造株式会社」が陸前高田にもたらす可能性（田村満著）　3・11、大震災と経営（齊藤俊明著）　災害からの復興（鈴木宏延著）　農業がつくる地域の風景（八重樫真純著）　起業のすすめ（工藤一博著）　震災におけるエネルギー環境の変化（坂内孝三著）　地域と共に企業は復興する（河野和義述、山崎憲治、山崎友子聞き手）　学生レポートに見る震災復興に向けた持続可能なコミュニティづくりとESDに関する社会起業の可能性（中島清隆著）　被災地に学ぶ教育の原点（山崎友子著）　語り継ぐことは命をつなぐこと（山崎友子著）　いのちを育む教育・被災から復興に向けて（佐々木力也著）　ふるさと「田老」を想う（荒谷栄子著）　震災と防災、そして人づくり「防災教育の実践」（相模貞一著）　ポスト3・11を子どもたちと生き延びるために（吉成信夫著）　持続可能な社会の根底をつくる反戦・平和（山崎憲治著）　農民兵士の声がきこえる（高橋源英著）　復興の根底に避難がなければならない（岩淵宣輝著）〉 Ⓝ978-4-7503-4069-2　Ⓝ601.122　［2200円］

岩手県（地域開発―大槌町）
◇大槌町の郷土財としての湧水環境に関する研究―イトヨ湧水調査研究事業　平成25年度　［大槌町（岩手県）］　大槌町　［2014］　117p　30cm　〈文献あり〉Ⓝ452.95

岩手県（地域社会―大船渡市）
◇潮目―フシギな震災資料館　片山和一良著, 中村紋子編・写真　ポット出版　2014.9　128p　15×21cm　Ⓘ978-4-7808-0210-8　Ⓝ369.31　［1900円］

岩手県（地域社会開発）
◇地域協働研究研究成果報告集―公立大学法人岩手県立大学地域政策研究センター　1　岩手県立大学地域政策研究センター編　［滝沢村（岩手県）］　岩手県立大学地域政策研究センター　［2013］　63p　30cm　〈文献あり〉内容：平成24年度　教員提案型/地域提案型・前期〉Ⓝ361.98

岩手県（地域情報化―山田町）
◇山田町ICT復興街づくり計画報告書　［東京］　岩手県山田町ICT復興街づくり検討会　2014.3　101p　30cm　〈共同刊行：総務省東北総合通信局〉Ⓝ318.222

岩手県（地域包括ケア）
◇被災地における地域包括ケアの創造的な展開とシステム化への支援策に関する調査研究事業実施報告書　［東京］　日本介護経営学会　2014.3　100p　30cm　〈平成25年度老人保健事業推進費等補助金（老人保健健康増進等事業）,（事業区分番号）第2・2被災地における地域包括ケアのあり方に関する調査事業　タイトルは奥付による〉Ⓝ369.26

岩手県（地誌）
◇いわて歴史探訪　岩手日報社企画出版部編集　改訂版　盛岡　岩手日報社　2013.5　247p　21cm　Ⓘ978-4-87201-409-9　Ⓝ291.22　［1500円］

岩手県（地誌―奥州市）
◇奥州おもしろ学　奥州おもしろ学編　改訂版　奥州　奥州おもしろ学　2014.3　142p　21cm　Ⓝ291.22　［1000円］
◇真城ふるさと探訪　真城ふるさと探訪教室編集委員会著　［奥州］　真城地区振興会　2014.4　98p　30cm　〈年表あり〉Ⓝ291.22

岩手県（地誌―二戸市）
◇郷土教育資料復刻集―紀元二千六百年記念　2　浄法寺編　2　二戸市市史編さん室編　二戸　二戸市教育委員会　2014.3　1冊（ページ付なし）26cm　「浄法寺村郷土教育資料1」（昭和15年刊）の復刻版〉Ⓝ291.22

岩手県（地方公務員）
◇3・11岩手自治体職員の証言と記録　自治労連, 岩手自治労連編, 晴山一穂監修　大月書店　2014.3　371p　21cm　Ⓘ978-4-272-31050-0　Ⓝ369.31　［2000円］

岩手県（中学校）
◇未来への一歩を共に　盛岡　岩手県中学校長会　2014.4　279p　30cm　（2011.3.11東日本大震災の記録　第2集）Ⓝ376.3122

岩手県（津波）
◇いわての復興教育―東日本大震災津波の状況や自然災害と発生のしくみについて知るための：資料集：教師用　岩手県教育委員会［著］　盛岡　岩手県教育委員会事務局学校教育室復興教育担当　2013.3　52p　30cm　Ⓝ374.92
◇三陸沿岸地域の集落形成史における高所移転に関する研究―調査研究報告書　林憲吾, 岡村健太郎［著］,　第一生命財団編　第一生命財団　2014.6　57, 13p　30cm　［非売品］

岩手県（津波―釜石市）
◇3・11その時、私は―東日本大震災・津波体験集　第3集　宮古釜石・東日本大震災を記録する会　2014.3（第3刷）171p　21cm　〈共同刊行：平和・民主・革新の日本をめざす釜石地域の会〉Ⓝ916

岩手県（津波―宮古市―歴史）
◇東日本大震災宮古市の記録　第1巻　津波史編　宮古市東日本大震災記録編集委員会編　宮古　宮古市　2014.3　663p　31cm　〈文献あり〉Ⓝ369.31

岩手県（津波―陸前高田市）
◇陸前高田市東日本大震災検証報告書　陸前高田　陸前高田市　2014.7　125p　30cm　Ⓝ369.31
◇陸前高田市東日本大震災検証報告書　資料編　陸前高田市　2014.7　200p　30cm　Ⓝ369.31

岩手県（伝説―遠野市）
◇村落伝承論―『遠野物語』から　三浦佑之著　増補新版　青土社　2014.7　340p　20cm　〈索引あり〉初版：五柳書院 1987年刊　内容：伝承としての村落　村建て神話　鎮座由来譚　神隠しと境界　伝承の方位　慈母　証人　証拠　血筋　狂気　柳田国男の目覚め　『遠野物語』の構想と夫鳥の話　楽を奏でる土地　瓜子姫の死　『遠野物語』にみる動物観〉Ⓘ978-4-7917-6798-4　Ⓝ388.122　［2600円］

岩手県（土器）
◇縄文！　岩手10000年のたび―平成26年度春季特別展　大阪府立弥生文化博物館編　和泉　大阪府立弥生文化博物館　2014.5　190p　30cm　（大阪府立弥生文化博物館図録 51）〈文献あり　会期：平成26年5月3日―6月29日〉Ⓝ212.2

岩手県（都市―歴史）
◇日中古代都城と中世都市平泉　吉田歓著　汲古書院　2014.10　275, 22p　22cm　Ⓘ978-4-7629-4214-3　Ⓝ212.2　［7000円］

岩手県（都市計画）
◇岩手県の都市計画―資料編　岩手県県土整備部都市計画課編　盛岡　岩手県県土整備部都市計画課　2014.3　109p　30cm　Ⓝ518.8

岩手県（土壌汚染）
◇酸性雨モニタリング（土壌・植生）調査　平成25年度　［盛岡］　岩手県　2014.3　22p　30cm　〈平成25年度環境省委託業務結果報告書　はり込写真4枚〉Ⓝ519.5

岩手県（図書館―大槌町）
◇（仮称）大槌メディアコモンズ「MLA」基本構想　［大槌町（岩手県）］　大槌町教育委員会生涯学習課　2013.11　169p　30cm　〈奥付のタイトル：（仮称）大槌メディアコモンズ「MLA」基本構想書　共同刊行：（仮称）大槌メディアコモンズ「MLA」検討委員会ほか〉Ⓝ016.2122

岩手県（農村生活―盛岡市）
◇田舎暮らしは心の良薬―ネオン街40年から180度転換里山生活奮闘記：ストレス満タンは危ない！　嶋田成子著　誠文堂新光社　2014.3　226p　21cm　Ⓘ978-4-416-91437-3　Ⓝ611.98　［1500円］

岩手県（発電計画―久慈市）
◇再生可能エネルギー事業のための緊急検討委託業務（岩手県久慈市）成果報告書　平成23年度　［東京］　仕事人倶楽部　2013.3　1冊　30cm　〈平成23年度環境省委託業務　共同刊行：竹中土木ほか〉Ⓝ543.6

岩手県（発電計画―雫石町）
◇地熱開発加速化支援・基盤整備事業委託業務（岩手県雫石町）報告書　平成25年度　［滝沢］　地熱エンジニアリング　2014.3　1冊　30cm　Ⓝ543.7

岩手県（東日本大震災〔2011〕―被害）
◇岩手県教育委員会東日本大震災津波記録誌―教訓を後世に・岩手の教育：つなぐ　盛岡　岩手県教育委員会　2014.3　297p　30cm　〈年表あり〉Ⓝ372.122

岩手県（東日本大震災〔2011〕―被害―大槌町）
◇わたしの大槌物語―東大生が紡ぐおばあちゃんの人生　東京大学教育学部社会教育学研究室大槌町訪問チーム著、牧野篤、松山鮎子編　東京大学大学院教育学研究科・教育学部社会教育学・生涯学習論研究室　2014.3　1冊　30cm　Ⓝ369.31

岩手県（東日本大震災〔2011〕―被害―釜石市）
◇3・11その時、私は―東日本大震災・津波体験集　第3集　宮古釜石・東日本大震災を記録する会　2014.3（第3刷）171p　21cm　〈共同刊行：平和・民主・革新の日本をめざす釜石地域の会〉Ⓝ916
◇〈持ち場〉の希望学―釜石と震災、もう一つの記憶　東大社研, 中村尚史, 玄田有史編　東京大学出版会　2014.12　405,8p

岩手県（東日本大震災〔2011〕―被害―釜石市―写真集）　　　　　　　日本件名図書目録2014　Ⅰ

19cm〈年表あり　索引あり　内容：釜石の希望学（玄田有史著）　釜石における震災の記憶（中村尚史著）　褒められない人たち（中村圭介著）「持ち場」と家族（竹村祥子著）　釜石のある消防関係者の記憶（佐藤慶一著）　調査船の避難行動を担う（加瀬和俊著）　市職員へのサポート（塩沢健一著）　そのとき、政治は（宇野重規著）　発災から避難所閉鎖までの5か月間の市民と市職員の奮闘（吉野英岐著）「住まいの見通し」はなぜ語りづらいのか（西野淑美著）「住まいの選択」をめぐる困難さ（石倉義博著）　点と点、そして点（佐藤由紀著）「ねおす」から「さんつな」へ（大堀研著）　東日本大震災と釜石市（佐々木守著）　鉄の絆の復興支援（東義浩著）　釜石と共に生きる製鉄所として、地域支援と事業の復旧に取り組む（中村尚史編集・解題）〉①978-4-13-033072-5　369.31　［2800円］

岩手県（東日本大震災〔2011〕―被害―釜石市―写真集）
◇葉脈の街に明日を探して―東日本大震災釜石レポート：2011.7～2014.2　菊池和子写真・文　遊行社　2014.3　57p　26cm　①978-4-902443-26-4　369.31　［1800円］

岩手県（東日本大震災〔2011〕―被害―野田村）
◇想いを支えに―聴き書き、岩手県九戸郡野田村の震災の記録　李永俊,渥美公秀監修、作道信介,山口恵子,永田素彦編　弘前弘前大学出版会　2014.2　245p　21cm　（東日本大震災からの復興 1）①978-4-907192-09-9　369.31　［2800円］

岩手県（東日本大震災〔2011〕―被害―宮古市）
◇東日本大震災の「記録」―岩手県宮古市：2011.3.11-2013.3.10　宮古　岩手県宮古市　2013.3　112p　30cm　Ⓝ369.31
◇東日本大震災宮古市の記録　第1巻　津波史編　宮古市東日本大震災記録編集委員会編　宮古　宮古市　2014.3　663p　31cm〈文献あり〉Ⓝ369.31

岩手県（東日本大震災〔2011〕―被害―山田町）
◇3.11大震災私記　田村剛一［著］　［山田町（岩手県）］　山田伝津館　2014.3　250p　21cm〈奥付のタイトル：大震災私記　共同刊行：いわて教育文化研究所〉Ⓝ916　［1000円］

岩手県（東日本大震災〔2011〕―被害―陸前高田市）
◇聞き取りからみえる東日本大震災　泉有香,濱中麻梨菜編、熊谷圭知,小林誠,三浦徹編集責任　お茶の水女子大学文教育学部グローバル文化学環　2014.2　128p　26cm　（陸前高田市「地域研究実習Ⅱ」報告書 2012年度）Ⓝ369.31
◇陸前高田市東日本大震災検証報告書　陸前高田　陸前高田市　2014.7　125p　30cm　Ⓝ369.31
◇陸前高田市東日本大震災検証報告書　資料編　陸前高田　陸前高田市　2014.7　200p　30cm　Ⓝ369.31

岩手県（東日本大震災〔2011〕―被害―陸前高田市―写真集）
◇Fragments魂のかけら―東日本大震災の記憶　佐藤慧著　京都かもがわ出版　2014.3　143p　21cm　①978-4-7803-0693-4　Ⓝ369.31　［1700円］

岩手県（被災者支援）
◇岩手県立大学総合政策学部防災・復興研究会研究成果報告書　［滝沢村（岩手県）］　岩手県立大学総合政策学部防災・復興研究会　2013.3　99p　30cm　Ⓝ369.31
◇「境界」、その先へ―支援の現場で見えてきたこと　佐々木真輝著　いのちのことば社　2014.9　103p　21cm　（3.11ブックレット）〈文献あり〉①978-4-264-03253-3　Ⓝ198.37　［900円］
◇震災復興研究研究成果報告集―公立大学法人岩手県立大学地域政策研究センター　平成23・24年度　岩手県立大学地域政策研究センター編　［滝沢村（岩手県）］　岩手県立大学地域政策研究センター　［2013］　82p　30cm〈平成23-24年度実施〉Ⓝ369.31
◇東日本大震災津波による被災障がい者実態調査報告書　岩手県社会福祉協議会いわて障がい福祉復興支援センター［著］　盛岡　岩手県社会福祉協議会　2013.6　97p　30cm　Ⓝ369.27
◇東日本大震災で亡くなられた方々遺われた方々に捧ぐ―一医療法人とその仲間たちの被災地支援の記録：防災用・ボランティア用資料　中村吉伸著,秀峰会,中村喜四郎後援会・喜友会,吉伸会,岩井自動車学校編　越谷　秀峰会　2014.3　231p　30cm　①978-4-904006-98-6　Ⓝ498.02122

岩手県（被災者支援―宮古市）
◇東日本大震災の「記録」―岩手県宮古市：2011.3.11-2013.3.10　宮古　岩手県宮古市　2013.3　112p　30cm　Ⓝ369.31

岩手県（風俗・習慣―一関市）
◇本寺―山間に息づくむらの暮らし　東北芸術工科大学東北文化研究センター編　山形　東北芸術工科大学東北文化研究センター　2014.10　59p　26cm　（東北―万年のフィールドワーク 11）〈文部科学省私立大学戦略的研究基盤形成支援事業「環境動態を視点とした地域社会と集落形成に関する総合的研究」〉Ⓝ382.122

岩手県（風俗・習慣―陸前高田市）
◇ライフストーリーから紡ぐ陸前高田の暮らしと文化　［札幌］　札幌大谷大学社会学部学生有志つながろう東北　2014.7　106p　30cm　Ⓝ382.122

岩手県（風俗・習慣―歴史―大船渡市）
◇ごいし民俗誌―岩手県大船渡市末崎町碁石五地区　国立文化財機構東京文化財研究所無形文化遺産部編　国立文化財機構東京文化財研究所無形文化遺産部　2014.3　55p　30cm　Ⓝ382.122

岩手県（プロテスタント教会―社会事業）
◇「境界」、その先へ―支援の現場で見えてきたこと　佐々木真輝著　いのちのことば社　2014.9　103p　21cm　（3.11ブックレット）〈文献あり〉①978-4-264-03253-3　Ⓝ198.37　［900円］

岩手県（文化遺産―平泉町）
◇「平泉の文化遺産」の世界遺産追加登録に係る国内専門家会議会議録　岩手県教育委員会,一関市,一関市教育委員会,奥州市教育委員会,平泉町教育委員会編　［盛岡］　岩手県教育委員会　2013.3　112p　30cm〈共同刊行：一関市ほか〉Ⓝ709.122

岩手県（文化財―一関市）
◇一関の文化財　補遺編　一関市教育委員会編　一関　一関市教育委員会　2014.3　17p　30cm　Ⓝ709.122

岩手県（文化財―花巻市）
◇花巻市文化財調査報告書―一般文化財　花巻　花巻市教育委員会　2014.3　79, 36p　30cm　（花巻市文化財調査報告書第8集）Ⓝ709.122

岩手県（文化財―保存・修復）
◇安定化処理―大津波被災文化財保存修復技術連携プロジェクト　盛岡　津波により被災した文化財の保存修復技術の構築と専門機関の連携に関するプロジェクト実行委員会　2014.12　255p　30cm〈編者：津波により被災した文化財の保存修復技術の構築と専門機関の連携に関するプロジェクト実行委員会ほか　共同刊行：日本博物館協会ほか〉Ⓝ709.122
◇岩手県における東北地方太平洋沖地震被災文化財等の再生へ向けた取り組み―被災から3年目における成果と課題　岩手県立博物館編　盛岡　岩手県文化振興事業団　2014.3　96p　30cm　（岩手県立博物館調査研究報告書 第30冊）Ⓝ709.122

岩手県（方言―田野畑村―辞書）
◇大芦のことばとその周辺―岩手県下閉伊郡田野畑村　牧原登著　［宮古］　［牧原登］　2014.4　468p　30cm〈文献あり　奥付のタイトル：大芦ことばとその周辺〉Ⓝ818.22

岩手県（防災教育〔学校〕）
◇いわての復興教育―東日本大震災津波の状況や自然災害と発生のしくみについて知るための：資料集：教師用　岩手県教育委員会［著］　盛岡　岩手県教育委員会事務局学校教育室復興教育担当　2013.3　52p　30cm　Ⓝ374.92

岩手県（民間伝承―遠野市）
◇口語訳遠野物語　柳田国男著,佐藤誠輔訳,小田富英注　河出書房新社　2014.7　245p　15cm　（河出文庫 や27-1）〈文献あり〉①978-4-309-41305-1　Ⓝ382.122　［640円］
◇佐々木喜善の足跡をたどる　遠野物語研究所編著　遠野　遠野物語研究所　2014.3　119p　21cm　（遠野物語教室〈散歩〉記録 2013年度）Ⓝ382.122　［非売品］

岩手県（民謡）
◇新岩手の民謡　「新岩手の民謡」発刊委員会編,岩手県民謡協会監修　盛岡　岩手県民謡協会　2014.6　357p　21cm〈共同刊行：盛岡出版コミュニティー〉Ⓝ388.9122　［3500円］

岩手県（昔話―遠野市）
◇新しい日本の語り　6　大平悦子の遠野ものがたり　日本民話の会編　大平悦子述、米屋陽一責任編集　悠書館　2014.2　189p　20cm〈内容：黒髪の女　さらわれた娘　登戸の婆さま　オクナイサマ　ザシキワラシ　通夜のできごと　オット島　馬追鳥　郭公と時鳥　河童の足跡　姥子淵の河童　河童の顔　マヨイガ　妻のたましい　四十八坂の狐　とうふとこんにゃく　五徳と犬の足　ねずみのすもう　和尚さまと髪の毛　豆っこひとつ　化け猫の話　履物の化け物　和尚さまと門前の嫁さま　物知らず親子とどろぼう　オシラサマ　馬鹿　おっつけ言葉　蛇と茅とわらび　とちの実．その1　とちの実．その2　眉の役目　ねぼすけ　あわて者　馬と猫と犬と鶏　十六だんごは本尊さま　マハとホウズキ　宝授面　あやめになった婆さま　笹焼蕪四郎〉①978-4-903487-73-1　Ⓝ388.1　［1800円］

岩手県（名簿）
◇岩手県人物・人材情報リスト　2015　日外アソシエーツ株式会社編　日外アソシエーツ（制作）　2014.11　478, 21p　30cm　Ⓝ281.22

岩手県（洋館―盛岡市）
◇盛岡の洋風建築　渡辺敏男著　［盛岡］　盛岡市教育委員会歴史文化課　2014.3　64p　21cm　（盛岡市文化財シリーズ 第42集）Ⓝ523.1

岩手県（歴史―大船渡市）
◇気仙・立根村史　大船渡　立根村史編纂委員会　2014.3　810p　27cm〈年表あり　文献あり〉Ⓝ212.2

岩手県（歴史―北上市）
◇ふるさと春秋―みちのく民俗村村長トーク集　相澤史郎著　北上　オノ企画　2014.8　149p　21cm　［2000円］

岩手県（歴史―史料―奥州市）
◇胆沢の古文書　若柳惣之町阿部家文書解読編 17　戸口　その2　奥州市教育委員会編　奥州　奥州市教育委員会　2014.3　185p　26cm　（奥州市胆沢古文書資料集 第21集）Ⓝ212.2

岩手県（歴史―史料―久慈市）
◇山形村誌　第2巻　史料編　山形村誌編さん委員会編　［久慈］　久慈市　2013.3　2冊　27cm〈内容：1 近世　2 近現代〉Ⓝ291.22

岩手県（歴史―史料―花巻市）
◇花巻市史　資料篇　御次留書帳　第13巻（寛政2年・12年）　［花巻］　花巻市教育委員会　2014.3　140p　26cm　Ⓝ212.2

岩手県（湧き水―大槌町）
◇大槌町の郷土財としての湧水環境に関する研究―イトヨ湧水調査研究事業　平成25年度　［大槌町（岩手県）］　大槌町　[2014]　117p　30cm〈文献あり〉Ⓝ452.95

岩手県医師会
◇強絆復興―東日本大震災対応の記録2011.3.11　東日本大震災対応記録誌編集委員会編　盛岡　岩手県医師会　2014.6　2冊　31cm　①978-4-9907748-2-0(set)Ⓝ498.02122

岩手県交通安全協会
◇創立60周年記念誌　盛岡　岩手県交通安全協会　2014.12　69p　30cm〈年表あり〉Ⓝ681.3

岩手県中学校長会
◇岩手県中学校長会誌　第24号　平成24年度　［盛岡］　岩手県中学校長会　2013.2　120p　30cm〈年表あり〉Ⓝ374.3

岩手県山田町北浜老人クラブ
◇浜よ、ふたたび―東日本大震災証言と記録：私たちは忘れない　［山田町（岩手県）］　山田町北浜老人クラブ　2014.12　215p　30cm　Ⓝ379.47

岩手県ユネスコ協会連盟
◇岩手県ユネスコ協会連盟創立60周年記念誌―心の中に平和のとりでを　盛岡　岩手県ユネスコ協会連盟　2014.11　136p　30cm〈年表あり　タイトルは奥付による〉Ⓝ329.34

岩手県立大学社会福祉学部
◇東日本大震災復興支援活動報告書―社会福祉学部　滝沢村（岩手県）　岩手県立大学社会福祉学部　2013.6　102p　30cm〈奥付のタイトル：岩手県立大学社会福祉学部災害復興支援活動報告書〉Ⓝ369.31

岩手大学
◇「岩手の復興と再生に」オール岩大パワーを―東日本大震災から3年目の取り組みH25.4-H26.3　岩手大学研究交流部三陸復興推進課企画・編集　［盛岡］　岩手大学　2014.7　114p　30cm　Ⓝ369.31
◇被災大学は何をしてきたか―福島大、岩手大、東北大の光と影　中井浩一著　中央公論新社　2014.3　542p　18cm　（中公新書ラクレ 487）〈文献あり〉①978-4-12-150487-6　Ⓝ369.3　［1300円］

岩手大学農学部
◇重要文化財岩手大学農学部（旧盛岡高等農林学校）旧本館耐震対策工事報告書　三四五建築研究所編著　盛岡　岩手大学　2013.3　92p　図版［49］枚　30cm〈共同刊行：岩手県盛岡市〉Ⓝ526.37

岩手中高等学校囲碁将棋部
◇一点突破―岩手高校将棋部の勝負哲学　藤原隆史, 大川慎太郎著　ポプラ社　2014.6　186p　18cm　（ポプラ新書 034）①978-4-591-14073-4　Ⓝ796　［780円］

岩間温泉
◇湯の道ぞ永久（とわ）に―岩間温泉物語　山﨑久栄著　金沢　能登印刷出版部　2014.4　396p　20cm〈文献あり　年表あり〉①978-4-89010-626-4　Ⓝ689.4　［1700円］

岩見 ちゑ〔1920～ 〕
◇今日の日も神にもたれて　岩見ちゑ著　湖南　園田昌子　2014.1　130p　21cm　Ⓝ289.1

石見銀山
◇石見銀山―栃畑谷地区字甚光院の石造物調査　島根県教育委員会, 大田市教育委員会編　松江　島根県教育委員会　2014.3　62p　図版 11p　30cm　（石見銀山遺跡石造物調査報告書 14）〈文献あり　附編：【大谷地区高橋家裏の石造物】【清水谷地区本法寺跡―銀山町地役人門脇家墓地―】【下河原地区下河原天満宮跡の石造物】〉Ⓝ714.02173
◇石見銀山域の歴史と景観―世界遺産と地域遺産　上杉和央編　京都　京都府立大学文学部歴史学科　2014.3　330p　30cm　（京都府立大学文化遺産叢書 第8集）〈文献あり　年表あり〉Ⓝ291.73
◇石見銀山遺跡関連講座記録集　平成25年度　松江　島根県教育委員会　2014.3　74p　30cm〈内容：戦国大名尼子氏と石見銀山　報告1「尼子氏の銀山支配―尼子氏家臣の動向から―」（矢野健太郎述）　報告2「尼子氏再興戦の協力者について」（金子義明述）　講座「尼子氏と石見銀山」（長谷川博史述）　石見銀山における港湾機能をめぐって　報告1「江津本町発掘調査概報」（伊藤創述）　報告2「温泉津日記から見る温泉津湊」（目次謙一述）　講座1「温泉津湊とその周辺地域の民俗調査から」（多田房明述）　講座2「近世・近代の絵図・地図類にみる江津本町」（阿部志朗述）〉Ⓝ562.1
◇石見銀山歴史文献調査報告集　10　元禄4年万覚書・元禄6年石雲隠覚集　島根県教育委員会（文化財課）編　松江　島根県教育委員会　2014.3　135p　30cm　Ⓝ562.1
◇史跡石見銀山遺跡地内建造物（10社寺）調査報告書　大田　島根県大田市教育委員会　2013.3　137, 90p　30cm　（史跡石見銀山遺跡総合整備事業報告書 別冊 2）Ⓝ521.817
◇世界遺産石見銀山遺跡の調査研究　4　島根県教育委員会, 大田市教育委員会編　［松江］　島根県教育委員会　2014.3　167p　30cm〈共同刊行：島根県教育庁文化財課世界遺産室〉Ⓝ562.1
◇世界を動かした石見銀山―歴史を紡いだひとびと　渡辺辰朗著　和光　佐毘賣山神社を守る会　2014.10　179p　21cm〈年表あり　文献あり〉Ⓝ562.1

岩美町〔鳥取県〕（陶磁器）
◇眞名焼の世界―絵画からやきものへ　難波勲［著］　岩美町（鳥取県）　難波勲　2014.3　127p　22cm〈綜合印刷出版（印刷）　年譜あり〉①978-4-9906678-5-6　Ⓝ751.1　［1100円］

岩本 素白〔1883～1961〕
◇岩本素白―人と作品　来嶋靖生著　河出書房新社　2014.3　206p　19cm〈文献あり　著作目録あり　年譜あり　索引あり〉①978-4-309-92015-3　Ⓝ911.362　［1800円］

殷〔中国〕（歴史）
◇近出殷周金文考釈　第3集　北京市・遼寧省・山東省・安徽省・江蘇省・浙江省・湖北省・湖南省・広州市　高澤浩一編　研文出版　2014.3　127p　30cm　（二松学舎大学学術叢書）①978-4-87636-373-5　Ⓝ222.03　［6800円］
◇甲骨文字と商代の信仰―神権・王権と文化　陳捷著　京都　京都大学学術出版会　2014.3　250p　22cm　（プリミエ・コレクション 47）〈索引あり　内容：『向書』洪範に見える商代の卜筮　卜の特徴　筮の記録　卜と筮の関係　「固・凪」字の解読について　卜辞の性格とその変遷　商王権威の変化　移り変わってゆく験辞〉①978-4-87608-295-0　Ⓝ222.03　［3600円］

イングランド銀行
◇イングランド銀行の金融政策　斉藤美彦著　金融財政事情研究会　2014.6　202p　19cm　（世界の中央銀行）〈きんざい（発売）　文献あり　索引あり〉①978-4-322-12560-3　Ⓝ338.433　［1850円］

印西市（遺跡・遺物）
◇印西市泉北側第2遺跡　2　千葉県教育振興財団文化財センター編　都市再生機構首都圏ニュータウン本部　2013.11　176p　図版 30p　30cm　（千葉県教育振興財団調査報告 第719集）〈共同刊行：千葉県教育振興財団〉Ⓝ210.0254
◇印西市木橋第2遺跡　2　千葉県教育委員会編　千葉　千葉県教育委員会　2014.3　8p　図版 2p　30cm　（千葉県教育委員会埋蔵文化財調査報告 第1集）〈一般国道464号北千葉道路事業埋蔵文化財発掘調査報告書〉Ⓝ210.0254
◇印西市東南道遺跡　千葉県教育振興財団文化財センター編　千葉　千葉県企業庁　2014.1　29p　図版 12p　30cm　（千葉県教育振興財団調査報告 第723集）〈印西市道00-026号線道路改良に伴う埋蔵文化財調査報告書　共同刊行：千葉県教育振興財団〉Ⓝ210.0254
◇印西市内遺跡発掘調査報告書　平成17年度―平成24年度　印西　印西市教育委員会　2014.3　76p　図版 20p　30cm　Ⓝ210.0254
◇白井市復山谷遺跡（上層）・印西市泉北第3遺跡（上層）・荒野前遺跡（上層）　千葉県教育振興財団編　印西　都市再生機構首都圏ニュータウン本部千葉ニュータウン事業本部　2013.8

印西市（行政）

155p 図版 46p 30cm （千葉県教育振興財団調査報告書 第716集）〈共同刊行：千葉県教育振興財団〉Ⓝ210.0254

印西市（行政）

◇印西市市民満足度・重要度調査報告書 平成25年度 印西市市企画財政部企画政策課企画政策班 2013.12 239p 30cm Ⓝ318.235
◇印西市第2次実施計画―平成25年度―27年度：ひとまち自然笑顔が輝くいんざい 印西 印西市 2013.5 87p 30cm Ⓝ318.235

印西市（男女共同参画）

◇印西市男女共同参画プラン 第2次 平成26年度―平成30年度 印西市市民部市民活動推進課編 ［印西］ 印西市 2014.3 73p 30cm Ⓝ367.2135

印西市（仏像）

◇印西市の仏像 印西地域編 印西市教育委員会編 印西 印西市教育委員会 2014.3 136p 30cm Ⓝ718.02135

International Business Machines Corporation

◇IBMのキャリア開発戦略―変化に即応する人事管理システムの構築 メアリー・アン・ボップ，ランディ・A・ビング，シェイラ・フォートートラメル著，川喜多喬，平林正樹，松下尚史監訳 同友館 2014.4 263p 21cm ①978-4-496-05040-4 Ⓝ336.4 ［2400円］

インディテックス社

◇ユニクロ対ZARA 齊藤孝浩著 日本経済新聞出版社 2014.11 286p 19cm〈文献あり 表紙のタイトル：UNIQLO VS ZARA〉①978-4-532-31961-8 Ⓝ673.78 ［1500円］

インド（イスラム）

◇イスラームとインドの多様性 長崎暢子，深見奈緒子編 ［京都］ 人間文化研究機構地域間連携研究の推進事業「南アジアとイスラーム」 2014.3 74p 26cm （NIHU research series of South Asia and Islam 4）〈内容：荒松雄博士による現代インド地域研究への貢献について（長崎暢子著） Buildinghood生活と建て方の関係（中谷礼仁著） 南アジアの中世イスラーム建築史（深見奈緒子著） インド・ムスリム・アイデンティティ（井上あえか著）〉①978-4-904039-72-4 Ⓝ167.2

インド（医療）

◇Human body in social change―practice of modification and medicine Yujie Peng,Kei Nagaoka,Reiko Hata［著］［京都］ Center for On-Site Education and Research, Integrated Area Studies Unit, Center for Promotion of Interdiscipirinary, Kyoto University 2014.3 60p 26cm （Report of research collaboration & management support course for international research output training 2013）〈日本語・英語併載 共同刊行：Graduate School of Asian and African Area Studies, Kyoto University〉①978-4-905518-06-8 Ⓝ383.7

インド（外国関係―イギリス―歴史―イギリス統治時代〔1765～1947〕）

◇植民地インドのナショナリズムとイギリス帝国観―ガーンディー以前の自治構想 上田知亮著 京都 ミネルヴァ書房 2014.2 271,33p 22cm （MINERVA人文・社会科学叢書 193）〈文献あり 索引あり 内容：インド初期会議派研究の視座 イギリス帝国とインドの植民地化 一九世紀のインド経済とパクス・ブリタニカ ラーナデーの経済思想と国富流出論 ラーナデーの社会 ラーナデーの政治思想と重層的な連邦制帝国秩序 パクス・ブリタニカの終焉と植民地インドの反英運動 ゴーカレーの地方自治制度構想と宗教対立 インド政治における分散と統合〉①978-4-623-06946-0 Ⓝ312.25 ［6500円］

インド（外国関係―中国）

◇日本とインドいま結ばれる民主主義国家―中国「封じ込め」は可能か 櫻井よしこ，国家基本問題研究所編 文藝春秋 2014.11 395p 16cm （文春文庫 さ57-3）〈2012年刊の補筆、加筆 内容：対中国「大戦略」構築のために（櫻井よしこ著） 歴史的絆から戦略的グローバル・パートナーシップへ（平林博著） 中国「封じ込め」は可能か（アルジュン・アスラニ著） 中国軍拡止まずインド洋・南シナ海波浪高し（川村純彦著） インドから見た「中国の脅威」とは（カンワル・シバル著） 武器輸出三原則緩和によって強化される日印戦略関係（島田洋一著） 中国に対しては「結束し抑え込む」しか道はない（C.ラジャ・モハン著） 核と原子力をめぐる日印関係（金子熊夫著） 印日が手を組めば中国に勝てる（ブラーマ・チェラニー著） インドへの進出で中国に立ち遅れる日本（近藤正規著） 海で出会う二つの民主主義国家（安倍晋三述） アントニー国防大臣との対話（アントニー，安倍晋三，櫻井よしこ述） 海洋

安全保障で日本との協力を（シブシャンカル・メノン述） 国基研＆インド世界問題評議会共催セミナー 日米安保改定50周年シンポジウム（櫻井よしこほか述）〉①978-4-16-790232-2 Ⓝ319.1025 ［700円］

インド（外国関係―日本）

◇日印関係の回顧と展望―日印協会創立110周年を記念して［東京］ Embassy of India, Tokyo 2013.9 46p 30cm〈年表あり 英語併記 共同刊行：The Japan-India Association〉Ⓝ319.1025
◇日本とインドいま結ばれる民主主義国家―中国「封じ込め」は可能か 櫻井よしこ，国家基本問題研究所編 文藝春秋 2014.11 395p 16cm （文春文庫 さ57-3）〈2012年刊の補筆、加筆 内容：対中国「大戦略」構築のために（櫻井よしこ著） 歴史的絆から戦略的グローバル・パートナーシップへ（平林博著） 中国「封じ込め」は可能か（アルジュン・アスラニ著） 中国軍拡止まずインド洋・南シナ海波浪高し（川村純彦著） インドから見た「中国の脅威」とは（カンワル・シバル著） 武器輸出三原則緩和によって強化される日印戦略関係（島田洋一著） 中国に対しては「結束し抑え込む」しか道はない（C.ラジャ・モハン著） 核と原子力をめぐる日印関係（金子熊夫著） 印日が手を組めば中国に勝てる（ブラーマ・チェラニー著） インドへの進出で中国に立ち遅れる日本（近藤正規著） 海で出会う二つの民主主義国家（安倍晋三述） アントニー国防大臣との対話（アントニー，安倍晋三，櫻井よしこ述） 海洋安全保障で日本との協力を（シブシャンカル・メノン述） 国基研＆インド世界問題評議会共催セミナー 日米安保改定50周年シンポジウム（櫻井よしこほか述）〉①978-4-16-790232-2 Ⓝ319.1025 ［700円］

インド（カースト―ウッタルプラデーシュ州）

◇インド地方都市における教育と階級の再生産―高学歴失業青年のエスノグラフィー クレイグ・ジェフリー著，佐々木宏，押川文子，南出和余，小原優貴，針塚瑞樹訳 明石書店 2014.9 349p 20cm （世界人権問題叢書 90）〈文献あり〉①978-4-7503-4076-0 Ⓝ367.68 ［4200円］

インド（環境問題）

◇激動のインド 第2巻 環境と開発 水島司，川島博之編 日本経済評論社 2014.3 33,278p 22cm〈索引あり 内容：人口と土地開発の長期変動（高橋昭子，水島司著） センサス期（1881～2011年）の人口変動（宇佐美好文著） 降水動向と農業・都市（岡本勝男，堀野像人著） インドの農村と食料生産（川島博之著） 食料生産に伴う窒素循環と環境汚染（新藤純子著） 県別窒素負荷量の推計からみるインドの環境問題（関戸一彦著） 21世紀におけるインドの環境問題の行方（川島博之著）〉①978-4-8188-2288-7 Ⓝ302.25 ［4000円］

インド（企業―名簿）

◇インド主要企業200社ダイレクトリー ［東京］ 日本貿易振興機構 2013.12 459p 30cm〈英語併載〉Ⓝ335.035

インド（紀行・案内記）

◇インドなんてもう絶対に行くかボケ！―……なんでまた行っちゃったんだろう。 さくら剛［著］ 幻冬舎 2013.7 409p 16cm （幻冬舎文庫 さ-29-5）〈「インドなんてもう絶対に行くか‼なますてっ！」（PHP研究所 2009年刊）の改題、加筆・修正〉①978-4-344-42046-5 Ⓝ292.509 ［686円］
◇インド ラージャスターンのカラフルな街 石竹由佳著 産業編集センター 2014.12 159p 22cm （私のとっておき 37）①978-4-86311-105-9 Ⓝ292.5509 ［1500円］
◇印度旅行 秋守常太郎著 大空社 2014.4 336p 22cm （アジア学叢書 281）〈昭和14年刊の複製 布装〉①978-4-283-01130-4,978-4-283-01131-1（set）Ⓝ292.509 ［13500円］
◇印度旅行記 天沼俊一著 大空社 2014.4 729,27p 22cm （アジア学叢書 280）〈索引あり 飛鳥園 昭和6年刊の複製 布装〉①978-4-283-01129-8,978-4-283-01131-1（set）Ⓝ292.509 ［30000円］
◇恋する旅女、世界をゆく―29歳、会社を辞めて旅に出た 小林希［著］ 幻冬舎 2014.7 454p 16cm （幻冬舎文庫 こ-36-1）①978-4-344-42219-3 Ⓝ292.309 ［770円］
◇ドキュメント・インド発見―日々逍遙の記録―この世とあの世の境なし 木下勇作著 大阪 風詠社 2014.4 142p 19cm （星雲社 〈発売〉文献あり 奥付のタイトル関連情報（誤植：日々逍遥の記録―この世とあの世の境はなし）①978-4-434-19105-3 Ⓝ292.509 ［1000円］
◇ムンバイなう。―インドで僕はつぶやいた U-zhaan著 スペースシャワーネットワーク 2013.9（4刷） 142p 16cm〈初版：ブルース・インターアクションズ 2010年刊〉①978-4-906700-85-1 Ⓝ292.509 ［1000円］

インド（技術援助〔日本〕）

◇南国港町おばちゃん信金―「支援」って何？"おまけ組"共生コミュニティの創り方 原康子著 新評論 2014.9 204p 19cm ①978-4-7948-0978-0 Ⓝ333.825 ［1800円］

インド（給与）

◇在アジア日系企業における現地スタッフの給料と待遇に関する調査　2014　インド編　Tokyo　日経リサーチ　c2014　252p　30cm〈英語併記　奥付のタイトル：在アジア日系企業における現地スタッフの給与と待遇に関する調査〉Ⓝ336.45

インド（経済）

◇インド　2014/15年版　ARC国別情勢研究会編著　ARC国別情勢研究会　2014.6　162p　26cm（ARCレポート　経済・貿易・産業報告書　2014/15）〈索引あり〉Ⓘ978-4-907366-14-8　Ⓝ332.25　［12000円］

◇世界を動かす消費者たち─新たな経済大国・中国とインドの消費マインド　マイケル・J・シルバースタイン，アビーク・シンイ，キャロル・リャオ，デビッド・マイケル著，市井茂樹，津坂美樹監訳，北川知子訳　ダイヤモンド社　2014.1　324p　19cm　Ⓘ978-4-478-02542-0　Ⓝ332.22　［1800円］

◇不思議の国インドがわかる本─巨大市場インドを味方にする手引書　島田卓著　廣済堂出版　2014.7　230p　19cm　Ⓘ978-4-331-51825-0　Ⓝ302.25　［1300円］

インド（経済─歴史─1947～）

◇現代インド経済─発展の淵源・軌跡・展望　柳澤悠著　名古屋　名古屋大学出版会　2014.2　417p　22cm〈文献あり　索引あり〉Ⓘ978-4-8158-0757-3　Ⓝ332.25　［5500円］

インド（経済援助〈日本〉）

◇インド国BOP層の収益創出に貢献するステーショナリー製品販売事業準備調査（BOPビジネス連携促進）報告書　［東京］　国際協力機構　2013.1　113p　30cm〈共同刊行：コクヨS&Tほか〉Ⓝ333.804

インド（経済成長）

◇激動のインド　第3巻　経済成長のダイナミズム　絵所秀紀，佐藤隆広編著　日本経済評論社　2014.8　400p　22cm〈索引あり　内容：高度成長するインド（佐藤隆広著）　世界のなかのインド経済（佐藤隆広著）　独立後インド経済の転換点（絵所秀紀著）　貧困削減と社会開発（山崎幸治著）　金融システムと経済発展（佐藤隆広，西尾圭一郎著）　現代的小売業の発展（P.K.シンハ，S.ゴーカレー，S.トーマス著，古田学訳）　ナランタール＝アグラッサー小売業（P.K.シンハ，I.バッタチャルヤ著，古田学訳）　企業部門と経済発展（石上悦朗，上池あつ子，佐藤隆広著）　土地市場（佐藤隆広著）〉Ⓘ978-4-8188-2307-5　Ⓝ302.25　［4000円］

インド（経済法）

◇インド法務ハンドブック　谷友輔，岩井久美子，金子広行著　中央経済社　2014.10　272p　21cm〈文献あり　索引あり〉Ⓘ978-4-502-11901-9　Ⓝ338.9225　［3200円］

インド（芸術）

◇アジアの芸術史　文学上演篇2　朝鮮半島、インド、東南アジアの詩と芸能　赤松紀彦編　京都造形芸術大学東北芸術工科大学出版局藝術学舎　2014.2　206p　21cm（芸術教養シリーズ　12）〔幻冬舎（発売）〕年表あり　索引あり　内容：韓国上古時代（黄明月著）　三国・統一新羅時代（黄明月著）　高麗時代（黄明月著）　李氏朝鮮時代（黄明月著）　韓国の民俗劇（黄明月著）　インドの文化と聖典（赤松明彦著）　インドの文学（赤松明彦著）　インドの演劇（赤松明彦著）　インドの舞踊と芸能（赤松明彦著）　インドの音楽（赤松明彦著）　ベトナムの芸能（清水政明，伊澤亮介著）　ミャンマーの芸能（井上さゆり著）　カンボジアの芸能（岡田知子著）　インドネシアとマレーシアの上演芸術（福岡まどか著）　タイの芸能（馬場雄司著）〉Ⓘ978-4-344-95178-5　Ⓝ702.2　［2500円］

インド（言語）

◇「私たちのことば」の行方─インド・ゴア社会における多言語状況の文化人類学　松川恭子著　風響社　2014.2　310p　22cm　Ⓘ978-4-89489-191-3　Ⓝ802.25　［5000円］

インド（言語政策）

◇「私たちのことば」の行方─インド・ゴア社会における多言語状況の文化人類学　松川恭子著　風響社　2014.2　310p　22cm　Ⓘ978-4-89489-191-3　Ⓝ802.25　［5000円］

インド（建築─図集）

◇「夏の家」についての覚書─スタジオ・ムンバイ　東京国立近代美術館　c2013　127p　21×21cm〈会期・会場：2012年8月26日─2013年5月26日　東京国立近代美術館　編集：柴原聡子，協力：スタジオ・ムンバイ〉Ⓘ978-4-907102-07-4　Ⓝ522.5

インド（国際投資〈日本〉）

◇インドでつくる！売る！─先行企業に学ぶ開発・生産・マーケティングの現地化戦略　須貝信一著　実業之日本社　2014.3　223p　19cm　Ⓘ978-4-408-11041-7　Ⓝ338.9225　［1600円］

◇インド法務ハンドブック　谷友輔，岩井久美子，金子広行著　中央経済社　2014.10　272p　21cm〈文献あり　索引あり〉Ⓘ978-4-502-11901-9　Ⓝ338.9225　［3200円］

インド（寺院）

◇インド人ビジネスマンとヒンドゥー寺院運営─マールワーリーにとっての慈捨・喜捨・実利　田中鉄也著　風響社　2014.10　50p　21cm（ブックレット《アジアを学ぼう》31）〈文献あり〉Ⓘ978-4-89489-772-4　Ⓝ361.6　［600円］

インド（失業─ウッタルプラデーシュ州）

◇インド地方都市における教育と階級の再生産─高学歴失業青年のエスノグラフィー　クレイグ・ジェフリー著，佐々木宏，押川文子，南出和余，小原優貴，針塚瑞樹訳　明石書店　2014.9　349p　20cm（世界人権問題叢書　90）〈文献あり〉Ⓘ978-4-7503-4076-0　Ⓝ367.68　［4200円］

インド（社会）

◇すごいインド─なぜグローバル人材が輩出するのか　サンジーヴ・スィンハ著　新潮社　2014.9　199p　18cm（新潮新書　585）Ⓘ978-4-10-610585-2　Ⓝ302.25　［720円］

◇日本人が理解できない混沌（カオス）の国インド　1　玉ねぎの価格で政権安定度がわかる！─一誌を解き明かす50問！　帝羽ニルマラ純子著　日刊工業新聞社　2014.4　254p　19cm（B&Tブックス）〈文献あり〉Ⓘ978-4-526-07250-5　Ⓝ302.25　［1600円］

◇日本人が理解できない混沌（カオス）の国インド　2　政権交代で9億人の巨大中間層が生まれる─謎を解き明かす50問！　帝羽ニルマラ純子著　日刊工業新聞社　2014.6　259p　19cm（B&Tブックス）〈文献あり〉Ⓘ978-4-526-07272-7　Ⓝ302.25　［1600円］

◇不思議の国インドがわかる本─巨大市場インドを味方にする手引書　島田卓著　廣済堂出版　2014.7　230p　19cm　Ⓘ978-4-331-51825-0　Ⓝ302.25　［1300円］

インド（社会集団）

◇インド人ビジネスマンとヒンドゥー寺院運営─マールワーリーにとっての慈捨・喜捨・実利　田中鉄也著　風響社　2014.10　50p　21cm（ブックレット《アジアを学ぼう》31）〈文献あり〉Ⓘ978-4-89489-772-4　Ⓝ361.6　［600円］

インド（消費者）

◇世界を動かす消費者たち─新たな経済大国・中国とインドの消費マインド　マイケル・J・シルバースタイン，アビーク・シンイ，キャロル・リャオ，デビッド・マイケル著，市井茂樹，津坂美樹監訳，北川知子訳　ダイヤモンド社　2014.1　324p　19cm　Ⓘ978-4-478-02542-0　Ⓝ332.22　［1800円］

インド（商品流通）

◇インド物流事情調査─ムンバイ・プネ・アーメダバード・デリー地区　国際フレイトフォワーダーズ協会　2014.3　153p　30cm　Ⓝ675.4

インド（食糧問題）

◇インドのフードシステム─経済発展とグローバル化の影響　下渡敏治，上原秀樹編著　筑波書房　2014.8　214p　21cm〈索引あり　内容：経済成長とフードシステムの構造変化（下渡敏治著）　インドのマクロ経済と中所得国の罠（上原秀樹著）　グローバリゼーションとフードシステムの国際リンケージ（星野瑞恵，下渡敏治著）　経済開発計画とフードシステムへの影響（立花広記著）　インド農業の展開とフードシステム─大豆を事例として─（小林創平，辻排治，中西泉著）　インド農業の展開とフードシステム─青果物を事例として─（ザイデン　サフダ，宮部和幸著）　インドの食品製造業・農産加工（立花広記著）　インドにおける食品流通システムと流通組織（横井めぐみ枝著）　腐敗撲滅運動と食料消費の実態（上原秀樹著）　インドにおける環境問題の深化とフードシステム（ロイ　キンシュク著）　食料安全保障と配給制度の課題（上原秀樹著）　フードシステムの展望と課題（上原秀樹，下渡敏治著）〉Ⓘ978-4-8119-0443-6　Ⓝ611.3　［2800円］

◇激動のインド　第2巻　環境と開発　水島司，川島博之編　日本経済評論社　2014.3　278p　22cm〈索引あり　内容：人口と土地開発の長期変動（高橋昭子，水島司著）　センサス期〈1881～2011年〉の人口変動（宇佐美好文著）　降水動向と農業・都市（岡本勝男，堀野豊人著）　インドの農村と食料生産（川島博之著）　食料生産に伴う窒素循環と環境汚染（新藤純子著）　県別窒素負荷量の推計からみるインドの環境問題（関戸一平著）　21世紀におけるインドの環境問題の行方（川島博之著）〉Ⓘ978-4-8188-2288-7　Ⓝ302.25　［4000円］

インド（初等教育）

◇インドの無認可学校研究─公教育を支える「影の制度」　小原優貴著　東信堂　2014.3　215p　22cm〈索引あり　内容：研究の目的と課題　教育の普遍化政策と公教育制度の構造　デリーの無許可学校の法的正当性　無認可学校の組織構造　保護者の学校選択と「影の制度」　教育制度の正規化と「影の

制度」 「影の制度」の役割・課題・展望〉①978-4-7989-
1223-3 Ⓝ372.25 [3200円]

インド（私立学校）
◇インドの無認可学校研究―公教育を支える「影の制度」 小原
優貴著 東信堂 2014.3 215p 22cm 〈索引あり 内容：研
究の目的と課題 教育の普遍化政策と公教育制度の構造 デ
リーの無許可学校の法的正当性 無認可学校の組織的構造
保護者の学校選択と「影の制度」 教育制度の正規化と「影の
制度」 「影の制度」の役割・課題・展望〉①978-4-7989-
1223-3 Ⓝ372.25 [3200円]

インド（人口）
◇激動のインド 第2巻 環境と開発 水島司, 川島博之編 日
本経済評論社 2014.3 33,278p 22cm 〈索引あり 内容：
人口と土地開発の長期変動（高橋昭子, 水島司著） センサス期
〈1881～2011年〉の人口変動（宇佐美好文著） 降水動向と農
業・都市（岡本勝男, 堀野豊人著） インドの農村と食料生産
（川島博之著） 食料生産に伴う窒素循環と環境汚染（新藤純
子著） 県別窒素負荷量の推計からみるインドの環境問題（関
戸一平著） 21世紀におけるインドの環境問題の行方（川島博
之著）〉①978-4-8188-2288-7 Ⓝ302.25 [4000円]

インド（スラム）
◇いつまでも美しく―インド・ムンバイのスラムに生きる人びと
キャサリン・ブー著, 石垣賀子訳 早川書房 2014.1 358p
20cm ①978-4-15-209430-8 Ⓝ368.2 [2300円]

インド（政治）
◇不思議の国インドがわかる本―巨大市場インドを味方にする
手引書 島田卓著 廣済堂出版 2014.7 230p 19cm
①978-4-331-51825-0 Ⓝ302.25 [1300円]

インド（政治―歴史―イギリス統治時代〔1765～1947〕）
◇植民地インドのナショナリズムとイギリス帝国観―ガーン
ディー以前の自治構想 上田知亮著 京都 ミネルヴァ書房
2014.2 271,33p 22cm （MINERVA人文・社会科学叢書
193）〈文献あり 索引あり 内容：インド初期会議派研究の視
座 イギリス帝国とインドの植民地化 一九世紀のインド経
済とパクス・ブリタニカ ラーナデーの経済思想と国富流出論
ラーナデーの社会 ラーナデーの政治思想と重層的な連邦制帝
国秩序 パクス・ブリタニカの終焉と植民地インドの反英運動
ゴーカレーの地方自治制度構想と宗教対立 インド政治にお
ける分散と統合〉①978-4-623-06946-0 Ⓝ312.25 [6500円]

インド（青年―ウッタルプラデーシュ州）
◇インド地方都市における教育と階級の再生産―高学歴失業青
年のエスノグラフィー クレイグ・ジェフリー著, 佐々木宏,
押川文子, 南出和余, 小原優貴, 針塚瑞樹訳 明石書店 2014.9
349p 20cm （世界人権問題叢書 90）〈文献あり〉①978-4-
7503-4076-0 Ⓝ367.68 [4200円]

インド（賤民）
◇現代インドに生きる〈改宗仏教徒〉―新たなアイデンティティ
を求める「不可触民」 舟橋健太著 京都 昭和堂 2014.2
247,6p 22cm 〈文献あり 索引あり〉①978-4-8122-1357-5
Ⓝ361.65 [6200円]

インド（知的財産権）
◇インド・南アフリカ財産的情報研究 2 インド・南アフリカ
財産的情報研究班著 吹田 関西大学法学研究所 2014.3
132p 21cm （関西大学法学研究所研究叢書 第51冊）〈内
容：南アフリカにおけるIKS（原住民的知識体系）政策と知的
財産法（山名美加著） マルセル・モース『贈与論』における所
有（今野正規著） カリブ諸国の奴隷補償（国際補償）問題（吉
田邦彦著） 南アフリカにおける科学技術政策と伝統的知識の
活用（Manoj L.Shrestha著） 「伝統的知識」の戦略と「近
代」（高作正博著）〉①978-4-906555-51-2 Ⓝ507.2
◇模倣対策マニュアル―インド編 日本貿易振興機構進出企業
支援・知的財産部知的財産課 2014.3 225p 30cm 〈特許庁
委託事業 執筆：Amarchand & Mangaldas & Suresh A.
Shroff & Advocates & Solicitors〉Ⓝ507.2

インド（鉄道―歴史）
◇ダージリン・ヒマラヤン鉄道&マテラン登山鉄道―1969
Kemuri Pro.著 ［出版地不明］ 南軽出版局 2013.10 96p
28cm （Steam on 2ft. lines 2）Ⓝ686.225 [2500円]

インド（電気通信）
◇中印におけるICT利活用による社会的課題の解決に関する調査
研究 マルチメディア振興センター編 マルチメディア振興
センター 2014.10 4,99p 30cm Ⓝ694.222

インド（特許法）
◇インド特許法とそのプラクティス Kalyan C.Kankanala,
Arun K.Narasani,Vinita Radhakrishnan著, 酒井宏明監修,

酒井国際特許事務所企画室訳編 発明推進協会 2013.12
456p 21cm 〈索引あり〉①978-4-8271-1225-2 Ⓝ507.23
[4000円]

インド（ナショナリズム）
◇植民地インドのナショナリズムとイギリス帝国観―ガーン
ディー以前の自治構想 上田知亮著 京都 ミネルヴァ書房
2014.2 271,33p 22cm （MINERVA人文・社会科学叢書
193）〈文献あり 索引あり 内容：インド初期会議派研究の視
座 イギリス帝国とインドの植民地化 一九世紀のインド経
済とパクス・ブリタニカ ラーナデーの経済思想と国富流出論
ラーナデーの社会 ラーナデーの政治思想と重層的な連邦制帝
国秩序 パクス・ブリタニカの終焉と植民地インドの反英運動
ゴーカレーの地方自治制度構想と宗教対立 インド政治にお
ける分散と統合〉①978-4-623-06946-0 Ⓝ312.25 [6500円]
◇ナショナリズムと宗教 中島岳志著 文藝春秋 2014.6
376p 16cm （文春学藝ライブラリー）〈文献あり〉①978-
4-16-813020-5 Ⓝ316.825 [1460円]

インド（日系企業）
◇インドでつくる！ 売る！―先行企業に学ぶ開発・生産・マー
ケティングの現地化戦略 須貝信一著 実業之日本社 2014.3
223p 19cm ①978-4-408-11041-7 Ⓝ338.9225 [1600円]
◇在アジア日系企業における現地スタッフの給料と待遇に関す
る調査 2014 インド編 Tokyo 日経リサーチ c2014
252p 30cm 〈英語併記 奥付のタイトル：在アジア日系企業
における現地スタッフの給与と待遇に関する調査〉Ⓝ336.45

インド（農業）
◇激動のインド 第4巻 農業と農村 柳澤悠, 水島司編 日本
経済評論社 2014.9 27,430p 22cm 〈索引あり 内容：農
村社会構造の歴史的位相（水島司著） 土地改革と階層変動（柳
澤悠著） 農業生産の長期変動（黒崎卓著） 県データで見た
農業生産の長期変動とその空間的特徴（黒崎卓, 和田一哉著）
パンジャーブ（杉本大三, 宇佐美好文著） タミル・ナードゥ
（柳澤悠著） ビハール（藤田幸一, 押川文子著） 西ベンガル
（藤田幸一著） 開発行政と農村社会（藤田幸一著） 労働力移
動と農村社会（宇佐美好文著） 経済成長を支える農村市場
（柳澤悠著） インド農業の新段階（藤田幸一著）〉①978-4-
8188-2315-0 Ⓝ302.25 [4000円]

インド（農村）
◇激動のインド 第4巻 農業と農村 柳澤悠, 水島司編 日本
経済評論社 2014.9 27,430p 22cm 〈索引あり 内容：農
村社会構造の歴史的位相（水島司著） 土地改革と階層変動（柳
澤悠著） 農業生産の長期変動（黒崎卓著） 県データで見た
農業生産の長期変動とその空間的特徴（黒崎卓, 和田一哉著）
パンジャーブ（杉本大三, 宇佐美好文著） タミル・ナードゥ
（柳澤悠著） ビハール（藤田幸一, 押川文子著） 西ベンガル
（藤田幸一著） 開発行政と農村社会（藤田幸一著） 労働力移
動と農村社会（宇佐美好文著） 経済成長を支える農村市場
（柳澤悠著） インド農業の新段階（藤田幸一著）〉①978-4-
8188-2315-0 Ⓝ302.25 [4000円]

インド（廃棄物処理）
◇我が国循環産業海外展開事業化促進事業インド共和国タミル・
ナドゥ州および同州ティルッチラーッパッリ市におけるごみ
焼却発電技術の導入可能性調査報告書 平成25年度 ［大阪］
プランテック 2014.3 1冊 30cm 〈平成25年度環境省委託
事業 背のタイトル：我が国循環産業海外展開事業化促進事
業報告書 共同刊行：エイト日本技術開発〉Ⓝ518.52

インド（売春）
◇ブラックアジア インド番外編 絶対貧困の光景―夢見るこ
とを許されない女たち 鈴木傾城著 ラピュータ 2014.6
221p 19cm （ラピュータブックス）①978-4-905055-19-8
Ⓝ368.4 [1500円]

インド（貧困）
◇ブラックアジア インド番外編 絶対貧困の光景―夢見るこ
とを許されない女たち 鈴木傾城著 ラピュータ 2014.6
221p 19cm （ラピュータブックス）①978-4-905055-19-8
Ⓝ368.4 [1500円]

インド（仏教徒）
◇現代インドに生きる〈改宗仏教徒〉―新たなアイデンティティ
を求める「不可触民」 舟橋健太著 京都 昭和堂 2014.2
247,6p 22cm 〈文献あり 索引あり〉①978-4-8122-1357-5
Ⓝ361.65 [6200円]

インド（仏教美術―マハーラーシュトラ州）
◇アジャンター後期壁画の研究 福山泰子著 中央公論美術出
版 2014.2 612p 26cm 〈内容：アジャンター研究の現在
アジャンター第一七窟「ヴィシュヴァンタラ本生」図の物語表
現について アジャンター第一七窟「シンハラ物語」図につい
て インドにおける「帝釈窟説法」図の図像的特徴とその変遷
アジャンター石窟における「従三十三天降下」図について ア

ジャンター石窟における「舎衛城の神変」図の図像的変遷　ア
ジャンター石窟における諸難救済観音像について　アジャン
ター石窟寺院にみる授記説話図について　アジャンターにみ
るガンダーラ美術の影響　ガンダーラ、ジナン・ワリ・デリ出
土の新出壁画資料について　アジャンター第二窟後廊左後壁
「舎衛城の神変」図の諸相　アジャンター石窟寺院における小
規模寄進について　アジャンター第九窟後壁壁画の制作過程
に関する一試論　結論　ピタルコーラー第三窟に残る後期壁
画について　Ｗ・スピンクによる短期造営説〉①978-4-8055-
0724-7　Ⓝ722.5　［29000円］

インド（仏像―図集―カジュラーホ（マディヤプラデーシュ州））
◇Khajuraho　森雅秀著　金沢　アジア図像集成研究会　2014.3
304p　30cm　（Asian iconographic resources monograph
series no. 10）〈本文は日本語〉Ⓝ718.0225　［非売品］

インド（舞踊）
◇教本バラタナティヤム　田中裕見子著　［東京］　サクセス
ブック社　2014.2　166p　30cm〈年表あり〉①978-4-
903730-11-0　Ⓝ769.25

インド（文化）
◇ユーラシア地域大国の文化表象　望月哲男編著　京都　ミネ
ルヴァ書房　2014.3　274p　22cm　（シリーズ・ユーラシア
地域大国論 6）〈索引あり　内容：ロシア・中国・インド（望
月哲男著）　キリスト教音楽の受容と土着化（井上貴子著）　ス
テレオタイプの後に来るものとは（Ｓ・Ｖ・シュリーニヴァース
著, 小尾淳訳）　地域大国の世界遺産（高橋沙奈美, 小林宏至,
前島訓子著）　非対称な隣国「従三十三天降下」図について　よい熊さんわ
るい熊さん（武田雅哉著）　幻想と鏡像（越野剛著）　周縁から
の統合イデオロギー（杉本良男著）　マイトレーヤとレーニン
のアジア（中村唯史著）　帝国の暴力と身体（望月哲男著）
ユーラシア諸国の自己表象（望月哲男著）〉①978-4-623-
07031-2　Ⓝ302.38　［4500円］

インド（壁画―保存・修復―マハーラーシュトラ州）
◇アジャンター第2窟壁画の彩色材料分析　国立文化財機構東京
文化財研究所文化遺産国際協力センター, インド考古局編　国
立文化財機構東京文化財研究所文化遺産国際協力センター
2014.3　11, 159p　30cm　（インド―日本文化遺産保護共同事
業報告 第4巻（資料編））〈共同刊行：インド考古局〉Ⓝ722.5
◇アジャンター壁画の保存修復に関する調査研究―第2窟、第9
窟壁画の保存修復と自然科学調査（2009-2011年）国立文化財
機構東京文化財研究所文化遺産国際協力センター, インド考古
局編　国立文化財機構東京文化財研究所文化遺産国際協力セ
ンター　2014.3　162p　30cm　（インド―日本文化遺産保護
共同事業報告 第4巻）〈文献あり　共同刊行：インド考古局〉
Ⓝ722.5

インド（壁画―マハーラーシュトラ州）
◇アジャンター後期壁画の研究　福山泰子著　中央公論美術出
版　2014.2　612p　26cm　（内容：アジャンター研究の現在
アジャンター第一七窟「ヴィシュヴァンタラ本生」図の物語表
現について　アジャンター第一七窟「シンハラ物語」図につい
て　インドにおける「帝釈窟説法」図の図像的特徴とその変遷
アジャンター石窟における「従三十三天降下」図について　ア
ジャンター石窟における「舎衛城の神変」図の図像的変遷　ア
ジャンター石窟における諸難救済観音像について　アジャン
ター石窟寺院にみる授記説話図について　アジャンターにみる
ガンダーラ美術の影響　ガンダーラ、ジナン・ワリ・デリ出
土の新出壁画資料について　アジャンター第二窟後廊左後壁
「舎衛城の神変」図の諸相　アジャンター石窟寺院における小
規模寄進について　アジャンター第九窟後壁壁画の制作過程
に関する一試論　結論　ピタルコーラー第三窟に残る後期壁
画について　Ｗ・スピンクによる短期造営説〉①978-4-8055-
0724-7　Ⓝ722.5　［29000円］

インド（マイクロファイナンス）
◇南国港町おばちゃん信金―「支援」って何？"おまけ組"共生コ
ミュニティの創り方　原康子著　新評論　2014.9　204p
19cm　①978-4-7948-0978-0　Ⓝ333.825　［1800円］

インド（民族運動）
◇ナショナリズムと宗教　中島岳志著　文藝春秋　2014.6
376p　16cm　（文春学藝ライブラリー）〈文献あり〉①978-
4-16-813020-5　Ⓝ316.825　［1460円］

インド（リサイクル〔廃棄物〕）
◇インド国における工業団地内廃棄物を利用（メタン生成）した
循環システム構築事業調査報告書　［東京］　富士電機　2014.
3　1冊　30cm〈平成25年度我が国循環産業海外展開事業化促
進業務　共同刊行：日本総合研究所〉Ⓝ518.523

インド（歴史―古代）
◇バシャムのインド百科　A.L. バシャム著, 日野紹運, 金沢篤,
水野善文, 石上和敬訳　改訂2版　山喜房佛書林　2014.1　19,
517, 54p 図版［24］枚　22cm〈年表あり　文献あり〉
①978-4-7963-0154-1　Ⓝ225.03　［15000円］

インド（歴史―ムガル朝〔1526～1857〕）
◇世界史劇場イスラーム三國志―臨場感あふれる解説で、楽しみ
ながら歴史を"体感"できる　神野正史著　ベレ出版　2014.3
317p　21cm〈文献あり　年表あり〉①978-4-86064-387-4
Ⓝ227.4　［1600円］

インド〔南部〕（国際投資〔日本〕）
◇インド・ビジネスは南部から―知られざる南インドの魅力
藤井真也著　ジェトロ　2014.11　124p　21cm　①978-4-
8224-1143-5　Ⓝ338.92256　［1500円］

インド〔北部〕（地域開発）
◇現代インドにおける地方の発展―ウッタラーカンド州の挑戦
岡橋秀典編著　大津　海青社　2014.3　279p 図版16p　22cm
〈索引あり　内容：インドの経済発展とウッタラーカンド州の
開発問題（岡橋秀典著）　ウッタラーカンド州の地域的特性と開
発問題（宇根義己, 岡橋秀典著）　工業化の新展開と地域経済
（友澤和夫著）　ICTサービス産業の立地と成長のボトルネッ
ク（鍬塚賢太郎著）　観光の発展と観光産業の展開（中條曉仁
著）　ナイニータールにおける都市開発とその課題（由井義通
著）　ヒル・リゾート、ナイニータールの観光の現況と課題
（日野正輝著）　山岳地域農村における就業機会の拡大と世帯
経済（岡橋秀典著）　新興山岳観光地の社会変動（澤宗則, 中條
曉仁著）　工業開発地域における都市開発（由井義通著）　開
発と社会運動（石坂晋哉著）　林野制度の変遷と住民組織によ
る森林管理（大田真彦, 増田美砂著）〉①978-4-86099-287-3
Ⓝ601.254　［3800円］

インドシナ戦争〔1946～1954〕
◇人民の戦争・人民の軍隊―ヴェトナム人民軍の戦略・戦術
ヴォー・グエン・ザップ著, 眞保潤一郎, 三宅蕗子訳　改版
中央公論新社　2014.10　247p　16cm　（中公文庫 サ8-1）
①978-4-12-206026-5　Ⓝ223.107　［1000円］

インドネシア（3R〔廃棄物〕）
◇ベトナム国及びインドネシア国における循環産業・3R促進プ
ロジェクトに関する調査検討業務報告書　平成25年度　葉山
町（神奈川県）　地球環境戦略研究機関　2014.3　1冊　30cm
〈英語併載　平成25年度環境省委託請負業務〉Ⓝ518.523

インドネシア（イスラム―歴史―20世紀）
◇アジアのムスリムと近代 2　1920-30年代の世界情勢とマ
レー世界　服部美奈編著　［東京］　上智大学アジア文化研究
所　2014.3　62p　26cm　（NIHU program Islamic area
studies）〈文献あり　共同刊行：上智大学イスラーム研究セン
ター　内容：ジャウィ雑誌『プンガソ』に見る1920年代半ばの
中東情勢とイスラーム的近代国家のイメージ（久志本裕子著）
ジョホールのムフティー、サイイド・アラウィー・ターヒル・
アル＝ハッダードによるシャーフィイー派法学擁護（塩崎悠輝
著）　オランダ植民地期インドネシアにおける学校体育とスカ
ウト運動（服部美奈著）〉①978-4-904039-80-9　Ⓝ167.2

インドネシア（温室効果ガス―排出抑制）
◇インドネシアにおける環境的に持続可能な交通（EST）の普及
促進―平成25年度クリーンアジア・イニシアティブ（CAI）及
び戦略的国際環境協力推進業務概要調査（2）報告書　葉山町
（神奈川県）　地球環境戦略研究機関　2014.3　47p　30cm
〈環境省請負業務〉Ⓝ681.1

インドネシア（環境行政）
◇インドネシア環境政策発展センター設立運営のための基礎調
査―平成25年度クリーンアジア・イニシアティブ（CAI）及び
戦略的国際環境協力推進業務概要調査（3）報告書　葉山町（神
奈川県）　地球環境戦略研究機関　2014.3　44p　30cm〈環境
省請負業務〉Ⓝ519.1
◇クリーンアジア・イニシアティブ（CAI）及び戦略的国際環境
協力推進業務報告書　平成25年度　葉山町（神奈川県）　地球環
境戦略研究機関　2014.3　40, 188p　30cm〈文献あり　英語
併載　環境省請負業務　奥付のタイトル：クリーンアジア・イ
ニシアティブ（CAI）推進等業務報告書〉Ⓝ519.1

インドネシア（環境政策）
◇インドネシアの農産業分野におけるコベネフィット型協力推
進事業に係る調査・検討業務―報告書　平成25年度　［多摩］
パシフィックコンサルタンツ　2014.3　1冊　30cm〈英語併
載〉Ⓝ611.1
◇「日本モデル環境対策技術等の国際展開」に基づくインドネシ
アでの調査業務報告書　平成25年度　神鋼リサーチ　2014.3
44, 88, 107p　30cm〈環境省請負事業〉Ⓝ519.1

インドネシア（環境的に持続可能な交通）　　　　　　　　　　　　　　　　　　　　　　　　　　日本件名図書目録2014　Ⅰ

インドネシア（環境的に持続可能な交通）
◇インドネシアにおける環境的に持続可能な交通（EST）の普及促進—平成25年度クリーンアジア・イニシアティブ（CAI）及び戦略的国際環境協力推進業務概要調査（2）報告書　葉山町（神奈川県）　地球環境戦略研究機関　2014.3　47p　30cm〈環境省請負業務〉Ⓝ681.1

インドネシア（紀行・案内記）
◇インドネシア鉄道の旅—魅惑のトレイン・ワールド　古賀俊行著　潮書房光人社　2014.7　295p　21cm〈文献あり〉Ⓘ978-4-7698-1573-0　Ⓝ686.224　［1900円］

◇くるくるバリ島ウブド！　k.m.p.著　JTBパブリッシング　2014.7　79p　21cm（k.m.p.の、10日でおいくら？）Ⓘ978-4-533-09869-7　Ⓝ292.46　［2000円］

◇コレクション・モダン都市文化　97　東南アジアの戦線　和田博文監修　綾目広治編　ゆまに書房　2014.6　757p　22cm〈文献あり　年表あり〉「南十字星文藝集　第一輯」（比島派遣軍宣傳班 1942年刊）の複製　「ジャワ縦横」再版（新紀元社 1944年刊）の複製　内容：南十字星文藝集　第1輯（陣中新聞南十字星編輯部編）　ジャワ縦横（太田三郎著）〉Ⓘ978-4-8433-4135-3,978-4-8433-4117-9（set）,978-4-8433-4113-1（set）Ⓝ361.78　［2000円］

◇浄化の島、バリ—神々の島、バリでつながる　浅見帆帆子著　ヴィレッジブックス　2014.9　191p　19cm　Ⓘ978-4-86491-166-5　Ⓝ292.46　［1300円］

インドネシア（技術援助〔日本〕）
◇東京ジャカルタ共同ワークショップ開催に係る業務報告書　平成25年度　［東京］　エイチ・アイ・エス　2014.3　1冊　30cm〈英語・インドネシア語併載〉Ⓝ518.52

◇「日本モデル環境対策技術等の国際展開」に基づくインドネシアでの調査業務報告書　平成25年度　神鋼リサーチ　2014.3　44,88,107p　30cm〈環境省請負事業〉Ⓝ519.1

インドネシア（給与）
◇在アジア日系企業における現地スタッフの給料と待遇に関する調査　2014　インドネシア編　Tokyo　日経リサーチ　c2014　264p　30cm〈英語併記　奥付のタイトル：在アジア日系企業における現地スタッフの給与と待遇に関する調査〉Ⓝ336.45

インドネシア（漁港—ジャカルタ）
◇ジャカルタ漁港物語—ともに歩んだ40年　折下定夫著　佐伯印刷出版事業部　2014.3　191p　19cm〈文献あり〉Ⓘ978-4-905428-46-6　Ⓝ517.8　［1500円］

インドネシア（軍政—歴史—史料）
◇ジャワ新聞　第7巻　第703号〜818号　木村一信/解題　復刻版　竜渓書舎　2014.11　319p　43×31cm　（南方軍政関係史料 44）Ⓘ978-4-8447-0222-1　［50000円］

インドネシア（経済）
◇インドネシア経済の基礎知識　塚田学、藤江秀樹編著　ジェトロ　2014.1　227p　21cm〈文献あり〉Ⓘ978-4-8224-1131-2　Ⓝ332.24　［2000円］

インドネシア（国際投資〔日本〕）
◇インドネシア投資・進出ガイド　内藤智之著　中央経済社　2014.10　191p　21cm〈文献あり〉Ⓘ978-4-502-11591-2　Ⓝ338.9224　［2400円］

◇インドネシアの投資・M&A・会社法・会計税務・労務　久野康成公認会計士事務所,東京コンサルティングファーム著,久野康成監修　［東京］　TCG出版　2014.9　444p　21cm　（海外直接投資の実務シリーズ）〈出版文化社（発売）　索引あり〉Ⓘ978-4-88338-531-7　Ⓝ338.9224　［3600円］

インドネシア（災害復興）
◇スマトラ地震による津波災害と復興　高橋誠、田中重好、木股文昭編著　古今書院　2014.2　404p　22cm〈文献あり　索引あり〉Ⓘ978-4-7722-4171-7　Ⓝ369.31

◇津波被災地の復興における女性の役割—インドネシアのアチェ州と東北地方の比較を通して　辰巳佳寿子、山尾政博、ズルハムシャ・イムラム［著］　北九州　アジア女性交流・研究フォーラム　2014.3　76p　30cm　（KFAW調査研究報告書 vol. 2013-1）〈文献あり〉Ⓝ369.31

インドネシア（災害復興—アチェ州）
◇災害復興で内戦を乗り越える—スマトラ島沖地震・津波とアチェ紛争　西芳実著　京都　京都大学学術出版会　2014.3　328p　21cm　（災害対応の地域研究 2）〈文献あり　索引あり　内容：情報空白地域を襲う津波　統制を破る支援の波　支援で生まれる秩序　被災地にあふれる笑顔　さまざまな弔い方　住宅再建とコミュニティ　亀裂の修復と社会の再生　津波の経験を伝える　津波のうねり〉Ⓘ978-4-87698-492-3　Ⓝ369.31　［3400円］

インドネシア（在留華僑）
◇インドネシア創られゆく華人文化—民主化以降の表象をめぐって　北村由美著　明石書店　2014.3　260p　20cm〈文献あり　索引あり　内容：インドネシアの国民文化の形成と華人　インドネシアにおける華人の歴史　言語　宗教　表象　華人文化表象のもうひとつの方向性　終章〉Ⓘ978-4-7503-3994-8　Ⓝ334.424　［3800円］

インドネシア（自動車産業）
◇タイ・インドネシア自動車産業の実態　2013年版　名古屋　アイアールシー　2013.3　718p　30cm　（特別企画調査資料）Ⓝ537.09　［68000円］

インドネシア（女性問題）
◇津波被災地の復興における女性の役割—インドネシアのアチェ州と東北地方の比較を通して　辰巳佳寿子、山尾政博、ズルハムシャ・イムラム［著］　北九州　アジア女性交流・研究フォーラム　2014.3　76p　30cm　（KFAW調査研究報告書 vol. 2013-1）〈文献あり〉Ⓝ369.31

インドネシア（震災）
◇復興の文化空間学—ビッグデータと人道支援の時代　山本博之著　京都　京都大学学術出版会　2014.3　302p　21cm　（災害対応の地域研究 1）〈文献あり　索引あり　内容：はじめに　災害情報を地図化する　災害への関心を重ねる　誰が「地元」を語る？　「正しさ」が招く混乱　米を捨てる人　尾根筋に住む　浪費と駆け引き　人道支援とビッグデータ　そして日本　おわりに　災害・復興研究の系譜〉Ⓘ978-4-87698-491-6　Ⓝ369.31　［3400円］

インドネシア（人道支援）
◇復興の文化空間学—ビッグデータと人道支援の時代　山本博之著　京都　京都大学学術出版会　2014.3　302p　21cm　（災害対応の地域研究 1）〈文献あり　索引あり　内容：はじめに　災害情報を地図化する　災害への関心を重ねる　誰が「地元」を語る？　「正しさ」が招く混乱　浪費と駆け引き　人道支援とビッグデータ　そして日本　おわりに　災害・復興研究の系譜〉Ⓘ978-4-87698-491-6　Ⓝ369.31　［3400円］

インドネシア（水産加工業）
◇インドネシアの水産加工場におけるコベネフィット型排水処理対策協力委託業務報告書　平成25年度　［東京］　日水コン　2014.3　1冊　30cm　Ⓝ667

インドネシア（政治）
◇新興大国インドネシアの宗教市場と政治　見市建著　NTT出版　2014.12　205,33p　20cm〈文献あり　索引あり〉Ⓘ978-4-7571-4337-1　Ⓝ312.24　［2300円］

インドネシア（政治—歴史—1945〜）
◇9・30世界を震撼させた日—インドネシア政変の真相と波紋　倉沢愛子著　岩波書店　2014.3　242,14p　19cm　（岩波現代全書 028）〈年表あり〉Ⓘ978-4-00-029128-6　Ⓝ312.24　［2300円］

インドネシア（染織工芸—図集）
◇女子美術大学美術館所蔵品目録インドネシア染織品　女子美術大学美術館編著　相模原　女子美術大学美術館　2013.9　47p　23×30cm　Ⓝ753.2

インドネシア（太平洋戦争〔1941〜1945〕）
◇ジャワ新聞　第7巻　第703号〜818号　木村一信/解題　復刻版　竜渓書舎　2014.11　319p　43×31cm　（南方軍政関係史料 44）Ⓘ978-4-8447-0222-1　［50000円］

インドネシア（地誌）
◇インドネシア・スンダ世界に暮らす　村井吉敬著　岩波書店　2014.12　321p　15cm　（岩波現代文庫）〈「スンダ生活誌」（日本放送出版協会 1978年刊）に「バシコムおじさんの見たスハルト開発独裁」を加え、改題、新編集〉Ⓘ978-4-00-603278-4　Ⓝ292.42　［1180円］

インドネシア（津波）
◇スマトラ地震による津波災害と復興　高橋誠、田中重好、木股文昭編著　古今書院　2014.2　404p　22cm〈文献あり　索引あり〉Ⓘ978-4-7722-4171-7　Ⓝ369.31　［9400円］

インドネシア（鉄道）
◇インドネシア鉄道の旅—魅惑のトレイン・ワールド　古賀俊行著　潮書房光人社　2014.7　295p　21cm〈文献あり〉Ⓘ978-4-7698-1573-0　Ⓝ686.224　［1900円］

インドネシア（電気機械・器具工業）
◇「我が国循環産業海外展開事業化促進業務（インドネシア共和国における電機産業バリューチェーン全体にかかるリサイクルシステム構築事業）」報告書　平成25年度　新菱編　北九州　新菱　2014.3　139p　30cm〈共同刊行：北九州市ほか〉Ⓝ542.09

112

インドネシア（日系企業）
◇在アジア日系企業における現地スタッフの給料と待遇に関する調査 2014 インドネシア編 Tokyo 日経リサーチ c2014 264p 30cm〈英語併記 奥付のタイトル：在アジア日系企業における現地スタッフの給与と待遇に関する調査〉Ⓝ336.45

インドネシア（農業政策）
◇インドネシアの農産業分野におけるコベネフィット型協力推進事業に係る調査・検討業務—報告書 平成25年度 ［多摩］ パシフィックコンサルタンツ 2014.3 1冊 30cm〈英語併載〉Ⓝ611.1

インドネシア（廃棄物処理）
◇「我が国循環産業海外展開事業化促進業務（インドネシア共和国における電機産業バリューチェーン全体にかかるリサイクルシステム構築事業）」報告書 平成25年度 新菱編 北九州 新菱 2014.3 139p 30cm〈共同刊行：北九州市ほか〉Ⓝ542.09

インドネシア（廃棄物処理—ジャカルタ）
◇東京ジャカルタ共同ワークショップ開催に係る業務報告書 平成25年度 ［東京］ エイチ・アイ・エス 2014.3 1冊 30cm〈英語・インドネシア語併載〉Ⓝ518.52

インドネシア（文化財保護法）
◇インドネシア—文化遺産に関するインドネシア共和国法 国立文化財機構東京文化財研究所文化遺産国際協力センター 2014.3 148p 21cm（各国の文化財保護法令シリーズ 18）〈インドネシア語併記〉Ⓝ709.24

インドネシア（民族問題—アチェ州）
◇災害復興で内戦を乗り越える—スマトラ島沖地震・津波とアチェ紛争 西芳実著 京都 京都大学学術出版会 2014.3 328p 21cm（災害対応の地域研究 2）〈文献あり 内容：情報空白地域を襲う津波 統制を破る支援の波 支援で生まれる秩序 被災地にあふれる笑顔 さまざまな弔い方 住宅再建とコミュニティ 亀裂の修復と社会の再生 津波の経験を伝える 津波のうねり〉①978-4-87698-492-3 Ⓝ369.31 ［3400円］

インドネシア（リサイクル（廃棄物））
◇「我が国循環産業海外展開事業化促進業務（インドネシア共和国における電機産業バリューチェーン全体にかかるリサイクルシステム構築事業）」報告書 平成25年度 新菱編 北九州 新菱 2014.3 139p 30cm〈共同刊行：北九州市ほか〉Ⓝ542.09

インドネシア（歴史—18世紀）
◇近世東南アジア世界の変容—グローバル経済とジャワ島地域社会 太田淳著 名古屋 名古屋大学出版会 2014.2 505p 22cm〈文献あり 索引あり〉①978-4-8158-0766-5 Ⓝ224.2 ［5700円］

インドネシア（歴史—19世紀）
◇近世東南アジア世界の変容—グローバル経済とジャワ島地域社会 太田淳著 名古屋 名古屋大学出版会 2014.2 505p 22cm〈文献あり 索引あり〉①978-4-8158-0766-5 Ⓝ224.2 ［5700円］

インド洋
◇「インド太平洋時代」の日本外交—secondary powers/swing statesへの対応 ［東京］ 日本国際問題研究所 2014.3 129p 30cm〈平成25年度外務省外交・安全保障調査研究事業（総合事業）〉Ⓝ329.269

印旛沼
◇印旛沼物語 白鳥孝治著 ［千葉］ 印旛沼流域水循環健全化会議 2014.3 132p 30cm（印旛沼流域水循環健全化調査研究報告 第2号）〈文献あり 共同刊行：千葉県〉Ⓝ452.93135

斎部 広成〔平安時代〕
◇現代語訳古語拾遺 菅田正昭著 KADOKAWA 2014.11 303p 15cm（新人物文庫 す-5-1）〈文献あり 年表あり〉①978-4-04-600906-7 Ⓝ210.3 ［920円］

【う】

ウィトゲンシュタイン, L.〔1889～1951〕
◇ウィトゲンシュタイン 岡田雅勝著 新装版 清水書院 2014.9 223p 19cm（Century Books）〈文献あり 年譜あり 索引あり〉①978-4-389-42076-5 Ⓝ134.97 ［1000円］
◇ウィトゲンシュタイン『哲学探究』入門 中村昇著 教育評論社 2014.5 286p 19cm〈文献あり〉①978-4-905706-84-7 Ⓝ134.97 ［1800円］

上杉 顕定〔1454～1510〕

◇規則の力—ウィトゲンシュタインと必然性の発明 ジャック・ブーヴレス［著］，中川大，村上友一訳 法政大学出版局 2014.4 254,12p 20cm（叢書・ウニベルシタス 1008）〈索引あり〉①978-4-588-01008-8 Ⓝ134.97 ［3000円］

ウィルソン, A.〔1945～2005〕
◇オーガスト・ウィルソン—アメリカの黒人シェイクスピア 桑原文子著 白水社 2014.12 490,26p 20cm〈文献あり 作品目録あり 年譜あり 索引あり〉①978-4-560-08398-7 Ⓝ932.7 ［6000円］

ウィルプランニング
◇人生経営—流行ではなく継続を創るための「託す」店舗運営：一人ひとりの人生を大切にし、50年以上愛されるレストランを生み出す 起業家大学編集部著 CEO GROUP 2014.5 165p 19cm〈日本著作出版支援機構（発売） 共同発売：起業家大学出版〉①978-4-86318-029-1 Ⓝ673.97 ［1800円］

ウィーン〔オーストリア〕（音楽—歴史）
◇ウィーンの弦楽四重奏団200年史—弦楽四重奏の魅力にとりつかれた演奏家たち 幸松肇著 所沢 クァルテット・ハウス・ジャパン 2014.12 257p 19cm（レグルス（発売） 文献あり 索引あり）①978-4-9906413-7-5 Ⓝ764.24 ［2000円］

ウィーン〔オーストリア〕（歌劇）
◇ウィーン国立歌劇場—すみからすみまで 野村三郎著 音楽之友社 2014.10 271,7p 20cm〈文献あり〉①978-4-276-21149-0 Ⓝ766.1 ［2900円］

ウィーン〔オーストリア〕（文化—歴史）
◇ウィーン—栄光・黄昏・亡命 ポール・ホフマン著，持田鋼一郎訳 作品社 2014.7 463p 20cm〈索引あり〉①978-4-86182-467-8 Ⓝ234.6 ［3600円］

ウィーン国立歌劇場
◇ウィーン国立歌劇場—すみからすみまで 野村三郎著 音楽之友社 2014.10 271,7p 20cm〈文献あり〉①978-4-276-21149-0 Ⓝ766.1 ［2900円］

ウェイツキン, J.
◇ボビー・フィッシャーを探して フレッド・ウェイツキン［著］，若島正訳 みすず書房 2014.9 354,3p 20cm ①978-4-622-07852-4 Ⓝ796.9 ［2800円］

ウェイリー, A.〔1889～1966〕
◇海を渡った光源氏—ウェイリー、『源氏物語』と出会う 安達静子著 紅書房 2014.7 427p 20cm〈文献あり〉①978-4-89381-294-0 Ⓝ913.369 ［2686円］

ウェクスラー, J.〔1917～2008〕
◇私はリズム＆ブルースを創った—〈ソウルのゴッドファーザー〉自伝 ジェリー・ウェクスラー，デヴィッド・リッツ［著］，新井崇嗣訳 みすず書房 2014.5 349,11p 22cm〈作品目録あり 索引あり〉①978-4-622-07831-9 Ⓝ764.7 ［4500円］

ウェザーリポート
◇オール・アバウト・ウェザー・リポート 松下佳男監修 シンコーミュージック・エンタテイメント 2014.6 184p 26cm〈文献あり〉①978-4-401-63925-0 Ⓝ764.78 ［2000円］

上杉〔家〕〔米沢市〕
◇戦国のメモリー—合戦図屏風と上杉の記録と：特別展 米沢 米沢市上杉博物館 2013.4 119p 30cm〈文献あり 会期・会場：2013年4月13日—6月16日 米沢市上杉博物館〉Ⓝ210.47

上杉〔氏〕
◇山内上杉氏 黒田基樹編著 戎光祥出版 2014.5 415p 21cm（シリーズ・中世関東武士の研究 第12巻）〈内容：室町期山内上杉氏論（黒田基樹著） 山内上杉氏・越後守護上杉氏の系図と系譜（片桐昭彦著） 上杉憲忠の西御門所参上をめぐって（久保賢司著）『内山文書』における長尾実景について（冨田勝治著） 上杉領国と葛西城（長塚孝著） 土岐原氏と南常陸の国人層の動向（平田満男著） 上杉家雑掌判門田氏について（竹田和夫著） 上杉氏の官途と関東管領職の問題（木下聡著） 山内上杉氏の拠点について（森田真一著） 戦国前期東国の戦争と城郭（竹井英文著） 上杉憲政の発給文書について（冨田勝治著） 上杉憲政文書の研究（冨田勝治著） 上杉憲政と村上義清等の反武田「上信同盟」（峰岸純夫著） 安保氏の御嶽落城と関東管領上杉憲政の越後落ち（宇高良哲著） 平景長と前但馬守当長・但馬守景長（新川武紀著） 尻高左京亮についての覚書（小野景頼著） 小野景頼について（森田真一著） 山内上杉氏家臣奉書集（黒田基樹編）〉①978-4-86403-108-0 Ⓝ288.3 ［6500円］

上杉 顕定〔1454～1510〕
◇上杉顕定—古河公方との対立と関東の大乱 森田真一著 戎光祥出版 2014.12 231p 19cm（中世武士選書 24）〈文献あり 年表あり〉①978-4-86403-142-4 Ⓝ289.1 ［2500円］

上杉 景勝〔1555～1623〕
◇謎とき東北の関ケ原—上杉景勝と伊達政宗　渡邊大門著　光文社　2014.8　247p　18cm　(光文社新書 708)〈文献あり　年表あり〉①978-4-334-03812-0　Ⓝ210.48　[760円]

上杉 謙信〔1530～1578〕
◇上杉謙信 花ケ前盛明著　新装版　新人物往来社　2014.3(第4刷)　429p　20cm〈年譜あり　著作目録あり　出版者(誤植):Kadokawa〉①978-4-404-03500-4　Ⓝ289.1　[2800円]

上杉 慎吉〔1878～1929〕
◇甦る上杉慎吉—天皇主権説という名の亡霊　原田武夫著　講談社　2014.10　221p　19cm　①978-4-06-219176-0　Ⓝ289.1　[1600円]

ウェスレー, J.〔1703～1791〕
◇ウェスレーをめぐって—野呂芳男との対話　清水光雄著　教文館　2014.2　292p　19cm　①978-4-7642-9959-7　Ⓝ198.72　[2500円]

上田〔氏〕
◇論集戦国大名と国衆　15　武蔵上田氏　黒田基樹編　岩田書院　2014.11　292p　21cm〈内容：総論・武蔵上田氏の系譜と動向(黒田基樹著)　武州松山城主・上田氏について(利根川宇平著)　東松山と上田氏(藤木久志著)　松山城主案独斎のこと(藤木久志著)　両山九世日純と上杉氏(新倉善之著)　松山城主上田氏の系譜と比企群進出について(梅沢太久夫著)　武蔵松山城主上田氏と松山領(梅沢太久夫著)　戦国大名後北条氏の武蔵松山進出(大島宏一著)　後北条氏と松山本郷/上田氏の松山本郷支配(長塚孝著)〉①978-4-87294-886-8　Ⓝ210.4　[4600円]

上田 秋成〔1734～1809〕
◇秋成 小説史の研究　高田衛著　ぺりかん社　2014.11　229,6p　22cm〈索引あり　内容：秋成　奇人伝説　秋成の「理」と宣長の「情」　旅と物語の時空　秋成以前　浮遊するテキスト『春雨草紙』　『樊噲』再読　秋成、伴侶を失う　中上健次の秋成論　江戸小説の「見えない神話」〉①978-4-8315-1383-0　Ⓝ913.56　[4800円]

◇近世小説を読む—西鶴と秋成　佐々木昭夫著　翰林書房　2014.2　493p　22cm〈著作目録あり〉①978-4-87737-363-4　Ⓝ910.25　[9400円]

上田 和男〔1944～　〕
◇世界に響くハードシェーク—バーテンダー上田和男の50年　達磨信著　柴田書店　2014.7　147p　19cm〈文献あり〉①978-4-388-06193-8　Ⓝ289.1　[2000円]

植田 紳爾〔1933～　〕
◇宝塚百年を越えて—植田紳爾に聞く　植田紳爾語り手, 川崎賢子聞き手　国書刊行会　2014.3　390p　20cm〈年譜あり〉①978-4-336-05786-0　Ⓝ775.4　[2500円]

上田 貞治郎〔1860～1944〕
◇明治の異色文人上田貞治郎　青木育志著　高槻　青木嵩山堂　2014.12　112p　21cm〈年譜あり　文献あり〉Ⓝ289.1　[1000円]

上田 宜珍〔1755～1829〕
◇上田宜珍伝—現代語訳：江戸時代の天草の歴史と上田家代々　角田政治著, 上田貞明訳注　第4版　上田貞明　2014.6　335,4p　26cm〈年譜あり　年表あり〉Ⓝ289.1

上田 若渚〔2000～　〕
◇そのままの今を好きになる—14歳、全盲、奇跡の歌姫　上田若渚著　世界文化社　2014.3　181p　19cm　①978-4-418-14500-3　Ⓝ767.8　[1500円]

ウエダ建設
◇寿辞—大工・植田家と浪江町の歩み　ウエダ建設社史編纂室編　南相馬　ウエダ建設南相馬事務所　2014.7　111p　31cm〈新宿書房(発売)　文献あり　年譜あり　撮影：長谷川健則〉①978-4-88008-448-0　Ⓝ369.31　[2800円]

上田市〔遺跡・遺物〕
◇市内遺跡—平成24年度市内遺跡発掘調査報告書　上田　上田市教育委員会　2013.3　20p　30cm　(上田市文化財調査報告書 第116集)〈共同刊行：上田市〉Ⓝ210.0254

上田市〔家族—歴史〕
◇旧上田藩上塩尻村同族・分家誌　高橋基泰編　[松山]　愛媛大学法文学部総合政策学科　2014.3　211p　21cm　(愛媛大学経済学研究叢書 18)　Ⓝ384.4　[非売品]

上田市〔城下町〕
◇さんざめく城下町—問屋日記から　下　尾崎行也著　長野　八十二文化財団　2014.3　123p　21cm　(江戸庶民の生活史講座『江戸を生きる』 9)　Ⓝ215.2　[800円]

上田市〔女性—歴史〕
◇『時報』にみる上田小県の女たち　上田小県近現代史研究会編　上田　上田小県近現代史研究会　2014.11　136p　21cm　(上田小県近現代史研究会ブックレット no. 22)〈年表あり〉Ⓝ367.2152

上田市〔水害予防—歴史〕
◇上田の水害—千曲川　滝澤主税著　[長和町][長野県]　長野県地名研究所　2014.10　47p　21cm〈年表あり〉Ⓝ369.33　[380円]

上田市〔石仏—目録〕
◇川西・青木の石造文化財　小諸　風間野石仏の会　2014.7　528p　30cm　(小縣石造文化財集成 第7章)〈背のタイトル：川西・青木〉Ⓝ718.4

上地 完文〔1877～1948〕
◇実録『上地完文』伝—奇蹟の拳法を遺した男　藤本恵祐主筆　茅ケ崎　パンガヰヌーン拳法研究会　2014.5　163p　21cm〈年表あり　文献あり〉Ⓝ789.23　[1300円]

植野 有砂
◇#ALISA—植野有砂オフィシャルブック　植野有砂, 田口まき著　ギャンビット　2014.1　111p　25cm　①978-4-907462-03-1　Ⓝ289.1　[1500円]

上野 喜一郎〔1929～2008〕
◇ひたむき一路—上野喜一郎追悼集　江口正純編　鹿児島　南国殖産　2013.12　134p　22cm〈年譜あり〉Ⓝ335.48　[非売品]

上野 英信〔1923～1987〕
◇上野英信・萬人一人坑—筑豊のかたほとりから　河内美穂著　現代書館　2014.8　276p　20cm〈文献あり〉①978-4-7684-5737-5　Ⓝ910.268　[2500円]

ウェーバー, A.R.〔1841～1920〕
◇新潟居留ドイツ商人ウェーバーの生涯　青柳正俊訳・編, ペーター・ヤノハ, 青柳正俊著　新潟　考古堂書店　2014.6　175p　19cm〈文献あり　著作目録あり〉①978-4-87499-820-5　Ⓝ289.3　[1400円]

ウェーバー, M.〔1864～1920〕
◇「価値自由」論の系譜—日本におけるマックス・ヴェーバー受容の一断面　三笘利幸著　福岡　中川書店　2014.10　231p　21cm〈文献あり〉①978-4-931363-81-6　Ⓝ361.234　[2000円]

◇マックス・ウェーバーを読む　仲正昌樹著　講談社　2014.8　243p　18cm　(講談社現代新書 2279)〈年譜あり〉①978-4-06-288279-8　Ⓝ361.234　[840円]

上原 浩治〔1975～　〕
◇覚悟の決め方　上原浩治著　PHP研究所　2014.5　204p　18cm　(PHP新書 925)　①978-4-569-81907-5　Ⓝ783.7　[760円]

◇不変　上原浩治著　小学館　2014.2　189p　19cm　①978-4-09-388350-4　Ⓝ783.7　[1300円]

上原 敏〔1910～1944〕
◇アイケ・コブチャタの唄—歌手・上原敏の数奇な生涯を追って　大西功著　秋田　秋田魁新報社　2014.10　231p　19cm〈年譜あり　文献あり〉①978-4-87020-365-5　Ⓝ767.8　[1500円]

植村 直己〔1941～1984〕
◇植村直己・夢の軌跡　湯川豊著　文藝春秋　2014.1　261p　20cm〈年譜あり〉①978-4-16-390009-4　Ⓝ289.1　[1500円]

ウェールズ〔キリスト教—歴史〕
◇イギリス人の宗教行動—ウェールズにおける国教会制度廃止運動　木下智雄著　聖公会出版　2013.8　264,16p　22cm〈文献あり　年表あり　索引あり〉①978-4-88274-248-7　Ⓝ192.335　[3000円]

ウェルチ, J.〔1935～　〕
◇1分間ジャック・ウェルチ—勝利に徹する不屈のリーダー戦略77　西村克己著　SBクリエイティブ　2014.7　187p　18cm〈文献あり　年譜あり〉①978-4-7973-8010-1　Ⓝ335.13　[952円]

魚津市〔遺跡・遺物〕
◇江口遺跡発掘調査報告　富山県文化振興財団埋蔵文化財調査事務所編　富山　富山県文化振興財団埋蔵文化財調査事務所　2014.3　88p　図版18p　30cm　(富山県文化振興財団埋蔵文化財発掘調査報告 第61集)　Ⓝ210.0254
◇市内遺跡発掘調査報告　魚津市教育委員会編　魚津　魚津市教育委員会　2014.3　28p　図版21p　30cm〈富山県魚津市所在　国道8号入善黒部バイパス建設に伴う埋蔵文化財発掘調査報告　内容：平伝寺東遺跡　浜経田遺跡　仏田遺跡　江口遺跡〉Ⓝ210.0254

◇富山県魚津市埋蔵文化財分布調査報告　1　松倉・上中島　魚津市教育委員会編　魚津　魚津市教育委員会　2014.3　29p　30cm　Ⓝ210.0254

◇仏田遺跡発掘調査報告　魚津市教育委員会編　魚津　魚津市教育委員会　2014.3　164p 図版〔29〕枚　30cm〈富山県魚津市所在　国道8号入善黒部バイパス建設に伴う埋蔵文化財発掘調査報告　折り込〔1枚〉　Ⓝ210.0254

魚津市（自然保護）
◇地域生物多様性保全計画（魚津市生物多様性地域戦略）策定事業委託業務報告書　平成25年度　〔魚津〕　魚津市　2014.3　199p　30cm〈環境省委託業務〉　Ⓝ462.142

魚津市（生物多様性）
◇地域生物多様性保全計画（魚津市生物多様性地域戦略）策定事業委託業務報告書　平成25年度　〔魚津〕　魚津市　2014.3　199p　30cm〈環境省委託業務〉　Ⓝ462.142

魚沼市（遺跡・遺物）
◇布場上ノ原遺跡　魚沼　魚沼市教育委員会生涯学習課　2014.3　160p 図版〔78〕枚　30cm（魚沼市埋蔵文化財調査報告書　第10集）〈農業生産法人等育成緊急整備事業（長松地区）に伴う埋蔵文化財発掘調査報告書〉　Ⓝ210.0254

魚沼市（昆虫）
◇魚沼市自然環境保全調査報告書―自然を活かしたまちづくりのための市民参加型調査　平成25年度　魚沼市環境課環境対策室編、石沢進、倉重祐二、富永弘監修　魚沼　魚沼市　2014.3　104p　30cm〈文献あり　魚沼市自然環境保全事業〉　Ⓝ472.141

魚沼市（植物）
◇魚沼市小出西山の植物―フォッサマグナ東縁の特異な植物分布　富永弘著　〔魚沼〕　富永弘　2014.3　83p　26cm〈文献あり〉　Ⓝ472.141　〔2000円〕

◇魚沼市自然環境保全調査報告書―自然を活かしたまちづくりのための市民参加型調査　平成25年度　魚沼市環境課環境対策室編、石沢進、倉重祐二、富永弘監修　魚沼　魚沼市　2014.3　104p　30cm〈文献あり　魚沼市自然環境保全事業〉　Ⓝ472.141

魚沼市（鳥）
◇魚沼市自然環境保全調査報告書―自然を活かしたまちづくりのための市民参加型調査　平成25年度　魚沼市環境課環境対策室編、石沢進、倉重祐二、富永弘監修　魚沼　魚沼市　2014.3　104p　30cm〈文献あり　魚沼市自然環境保全事業〉　Ⓝ472.141

魚沼市（昔話）
◇雪国の女語り―佐藤ミヨキの昔話世界　花部英雄編著　三弥井書店　2014.2　351p　22cm〈内容：ウサギどんとフキどん（佐藤ミヨキ述）　地蔵浄土（佐藤ミヨキ述）　蓬と菖蒲　1（佐藤ミヨキ述）　田螺の親子（佐藤ミヨキ述）　蝸牛の伊勢参り（佐藤ミヨキ述）　神の申し子（佐藤ミヨキ述）　産神問答（佐藤ミヨキ述）　古屋の漏り（佐藤ミヨキ述）　魚を助けた人（佐藤ミヨキ述）　けちんぼ長者（佐藤ミヨキ述）　三人仲間（佐藤ミヨキ述）　紫陽花の話（佐藤ミヨキ述）　機織媛（佐藤ミヨキ述）　大師ほっこの跡隠し（佐藤ミヨキ述）　瓜こ姫（佐藤ミヨキ述）　絵姿女房（佐藤ミヨキ述）　八化け頭巾（佐藤ミヨキ述）　鼠経（佐藤ミヨキ述）　サバ売り（佐藤ミヨキ述）　時鳥と兄弟（佐藤ミヨキ述）　大歳の客（佐藤ミヨキ述）　猿の生肝（佐藤ミヨキ述）　恐ながり屋の爺さ（佐藤ミヨキ述）　炭焼長者〈初婚型〉（佐藤ミヨキ述）　蛙報恩〈姥皮型〉　1（佐藤ミヨキ述）　蛇聟入〈苧環型〉　1（佐藤ミヨキ述）　絵姿女房（佐藤ミヨキ述）　天人女房（佐藤ミヨキ述）　蛇聟入〈苧環型〉　2（佐藤ミヨキ述）　猿聟入（佐藤ミヨキ述）　味噌買橋（佐藤ミヨキ述）　鼻高扇（佐藤ミヨキ述）　エンちゃんドンちゃん（佐藤ミヨキ述）　浦島太郎（佐藤ミヨキ述）　絵猫と鼠（佐藤ミヨキ述）　塩吹臼（佐藤ミヨキ述）　猿地蔵（佐藤ミヨキ述）　金の鉈（佐藤ミヨキ述）　樫の木の話（佐藤ミヨキ述）　極楽を見た婆さ（佐藤ミヨキ述）　姥捨山　1（佐藤ミヨキ述）　お杉とお玉（佐藤ミヨキ述）　弥三郎婆さ（佐藤ミヨキ述）　お杉とお玉〈お銀小銀〉　1（佐藤ミヨキ述）　化物退治（佐藤ミヨキ述）　おタバの話（佐藤ミヨキ述）　蛸と猿（佐藤ミヨキ述）　昔は語らん（佐藤ミヨキ述）　果てなし話〈胡桃の木〉（佐藤ミヨキ述）　化物寺（佐藤ミヨキ述）　尻尾の釣り（佐藤ミヨキ述）　猿蟹合戦（佐藤ミヨキ述）　舌切雀（佐藤ミヨキ述）　蟬屋長者（佐藤ミヨキ述）　蛙報恩〈姥皮型〉　2（佐藤ミヨキ述）　危ない危ない（佐藤ミヨキ述）　隠れ里（佐藤ミヨキ述）　二反の白（佐藤ミヨキ述）　小僧田楽（佐藤ミヨキ述）　一休の虎退治（佐藤ミヨキ述）　三枚のお札（佐藤ミヨキ述）　姥捨山〈福運型〉（佐藤ミヨキ述）　姥捨山　2（佐藤ミヨキ述）　お銀小銀

2（佐藤ミヨキ述）　鼠浄土（佐藤ミヨキ述）　狐の宝生の玉（佐藤ミヨキ述）　蛇聟入〈英雄型〉（佐藤ミヨキ述）　蛙女房〈蛙の法事〉（佐藤ミヨキ述）　蓬と菖蒲　2（佐藤ミヨキ述）　夕立さまの話（佐藤フミイ述）　ウサギどんとフキどん（佐藤フミイ述）　鼠経（佐藤フミイ述）　五月人形（佐藤フミイ述）　昔は語らん（佐藤フミイ述）　極楽を見た婆さ（佐藤フミイ述）　ウグイスの一文銭（佐藤フミイ述）　アジサイと桑いちご（佐藤フミイ述）　おタバの話（佐藤フミイ述）　サバ売り（佐藤フミイ述）　蛙の嫁（佐藤フミイ述）　嘘つき名人　1（佐藤フミイ述）　嘘つき名人　2（佐藤フミイ述）　お杉とお玉（佐藤フミイ述）　鼠浄土（佐藤フミイ述）　坊さまとぼた餅（佐藤敏治述）　山伏狐（佐藤敏治述）　うさぎどんとひきどん（浅井八郎述）　狐どんとかわうそどん（浅井八郎述）　狐とかわうそ（浅井八郎述）〉　①978-4-8382-3258-1　Ⓝ388.141　〔7500円〕

ウォーホル，A.〔1928～1987〕
◇アンディ・ウォーホル　ジョゼフ・D・ケットナー2世著，藤村奈緒美訳　京都　青幻舎　2014.5　145p　26cm（SEIGENSHA・FOCUS）〈文献あり　年譜あり　標題紙の責任表示（誤植）：ジョゼフ・D・ケットナー2世〉　①978-4-86152-431-8　Ⓝ723.53　〔2800円〕

◇バロウズ/ウォーホル　テープ　ヴィクター・ボクリス著，山形浩生訳　〔東京〕　スペースシャワーブックス　2014.9　301p　20cm〈スペースシャワーネットワーク（発売）　索引あり〉　①978-4-907435-33-2　Ⓝ930.278　〔2500円〕

◇僕はウォーホル　キャサリン・イングラム文，アンドリュー・レイ絵，岩崎亜矢監訳，安納令奈訳　パイインターナショナル　2014.6　80p　23cm（芸術家たちの素顔　1）〈文献あり〉　①978-4-7562-4503-8　Ⓝ723.53　〔1600円〕

ウォーラーステイン，I.M.〔1930～〕
◇ウォーラーステインを読む―オルタナティブな世界の可能性　日下部史彦著　横浜　SSBパブリケーションズ　2014.5　347p　19cm〈文献あり〉　①978-4-9907654-0-8　Ⓝ361.253　〔1800円〕

ウォール街
◇フラッシュ・ボーイズ―10億分の1秒の男たち　マイケル・ルイス著，渡会圭子、東江一紀訳　文藝春秋　2014.10　346p　20cm　①978-4-16-390141-1　Ⓝ338.15　〔1650円〕

ウォルト・ディズニー・カンパニー
◇ディズニー夢と魔法の90年展―ミッキーマウスからピクサーまで　ザ・ウォルト・ディズニー・カンパニー、ディズニー・コーポレート・シティズンシップ―エンバイロンメント＆コンサベーション、ピクサー・アニメーション・スタジオ、ピクサー・エキシビションズ、ピクサー・リビング・アーカイブ、ピクサー・ユニバーシティ、ウォルト・ディズニー・アーカイブス、ウォルト・ディズニー・アーカイブスフォト・ライブラリー、ウォルト・ディズニー・スタジオアニメーション・リサーチ・ライブラリー、ウォルト・ディズニー・イマジニアリングアート・ライブラリー、ウォルト・ディズニー・イマジニアリングスライド・ライブラリー、ウォルト・ディズニー・スタジオ・モーション・ピクチャーズ、ディズニー・パブリッシング・ワールドワイド（ジャパン）、ザ・ウォルト・ディズニー・カンパニー（ジャパン）監修，白泉社出版部編　〔東京〕　NHKプロモーション　〔2014〕　80p　28cm〈会期・会場：2014年3月19日―4月7日 松屋銀座8階イベントスクエアほか〉　Ⓝ778.09

ウォルト・ディズニー・ワールド
◇ディズニー大学　ダグ・リップ〔著〕，藤田留美訳　アルファポリス　2014.1　310p　20cm（星雲社（発売）　文献あり〉　①978-4-434-18825-1　Ⓝ689.5　〔1800円〕

◇ディズニー7つの法則―奇跡の成功を生み出した「感動」の企業理念　トム・コネラン著，仁平和夫訳　新装版　〔東京〕　日経BP社　2014.4　221p　19cm〈日経BPマーケティング（発売）〉　①978-4-8222-5015-7　Ⓝ689.5　〔1400円〕

ウォルマート
◇ウォルマートはなぜ、世界最強企業になれたのか―グローバル企業の前衛　ネルソン・リクテンスタイン著，佐々木洋訳　金曜日　2014.9　395p　21cm　①978-4-906605-97-2　Ⓝ673.868　〔3500円〕

鵜飼 徹定〔1814～1891〕
◇牧田諦亮著作集　第6巻　浄土教研究・徹定上人研究　牧田諦亮〔著〕，『牧田諦亮著作集』編集委員会編　京都　臨川書店　2014.9　349p　23cm〈年譜あり　付属資料：4p：月報　内容：善導　善導大師と中国浄土教　人間像善導　中国浄土教史上における玄中寺の地位　大足石刻と観経変　紫柏真可とその浄土教　徹定上人の生涯　徹定上人の古経蒐集　古経堂詩文鈔について　エドキンスと徹定　行誠と徹定　徹定上人年譜稿〉　①978-4-653-04206-8　Ⓝ182.22　〔10000円〕

鵜飼 春美〔1949～ 〕

◇うかい春美本会議発言集―精選：子どもたちの豊かな未来のために　うかい春美［述］，名古屋市議会議員うかい春美「本会議発言集」編集委員会編　名古屋　名古屋市議会議員うかい春美「本会議発言集」編集委員会　2014.3　340p　21cm　Ⓝ318.255　［非売品］

ウガンダ（技術援助〔日本〕）

◇サブサハラ・アフリカにおけるアグリビジネス展開・促進実証モデル事業―第1年次報告書　国際農林業協働協会編　国際農林業協働協会　2014.3　16, 88p　30cm〈平成25年度農林水産省補助事業途上国の農業等協力に係る現地活動支援事業〉Ⓝ614.8

ウガンダ（農業機械化）

◇サブサハラ・アフリカにおけるアグリビジネス展開・促進実証モデル事業―第1年次報告書　国際農林業協働協会編　国際農林業協働協会　2014.3　16, 88p　30cm〈平成25年度農林水産省補助事業途上国の農業等協力に係る現地活動支援事業〉Ⓝ614.8

宇城市（景観保全）

◇三角浦の文化的景観―調査報告書・保存計画書　熊本県宇城市教育委員会編　宇城　熊本県宇城市教育委員会　2014.3　152, 45p　30cm〈文献あり〉Ⓝ518.8

宇城市（港湾施設―保存・修復）

◇重要文化財三角旧港（三角西港）施設保存活用計画　宇城市教育委員会編　宇城　宇城市教育委員会　2013.3　81p　30cm〈年表あり〉Ⓝ517.8

宇城市（文化的景観）

◇三角浦の文化的景観―調査報告書・保存計画書　熊本県宇城市教育委員会編　宇城　熊本県宇城市教育委員会　2014.3　152, 45p　30cm〈文献あり〉Ⓝ518.8

宇喜多〔氏〕

◇長宗我部氏と宇喜多氏―天下人に翻弄された戦国大名：特別展　高知県立歴史民俗資料館編　南国　高知県立歴史民俗資料館　2014.10　111p　30cm（高知・岡山文化交流事業 3（平成26年度））〈年表あり　会期・会場：平成26年10月11日～12月7日　高知県立歴史民俗資料館〉Ⓝ288.2

うきは市（遺跡・遺物）

◇生葉北遺跡2―ⅢA地区の調査報告・女塚遺跡　うきは　うきは市教育委員会　2014.3　162p　図版 52p　30cm（うきは市文化財調査報告 第19集）Ⓝ210.0254

ウクライナ（外国関係―ロシア）

◇クリミア問題徹底解明　中津孝司著　八尾　ドニエプル出版　2014.9　36p　21cm（ウクライナ・ブックレット 2）〈新風書房（発売）〉①978-4-88269-808-1　Ⓝ319.380386　［500円］

ウクライナ（強制収容所）

◇ウクライナに抑留された日本人　O.ボトィリリチャク,V.カルポフ,竹内高明著，長勢了治編訳　東洋書店　2013.12　59p　21cm（ユーラシア・ブックレット no.188）〈文献あり〉①978-4-86459-159-1　Ⓝ210.75　［800円］

ウクライナ（政治）

◇ウクライナ・ゲート―「ネオコン」の情報操作と野望　塩原俊彦著　社会評論社　2014.10　245p　21cm〈文献あり　年表あり〉①978-4-7845-1530-1　Ⓝ312.386　［2400円］

ウクライナ（チェルノブイリ原発事故〔1986〕―被害）

◇ルポ チェルノブイリ28年目の子どもたち―ウクライナの取り組みに学ぶ　白石草著　岩波書店　2014.12　79p　21cm（岩波ブックレット No.917）①978-4-00-270917-8　Ⓝ369.36　［620円］

ウクライナ（妖怪）

◇ヴィイ調査ノート―ウクライナ・ロシア妖怪茶話　麻野嘉史筆　増補改訂版, 2版　［出版地不明］　祭奇洞　2014.11　144p　21cm〈文献あり〉Ⓝ388.38

宇崎 竜童〔1946～ 〕

◇バックストリート・ブルース―宇崎竜童：魂魄往生記　宇崎竜童,長谷川博一編著　白夜書房　2013.11　276,59p　21cm〈著作目録あり 作品目録あり 年譜あり〉①978-4-86494-008-1　Ⓝ767.8　［2857円］

宇佐市（遺跡・遺物）

◇市内遺跡発掘調査概報　21　平成24年度調査の概要　宇佐　宇佐市教育委員会　2013.3　13p　30cm　Ⓝ210.0254

◇市内遺跡発掘調査概報　22　平成25年度調査の概要　宇佐　宇佐市教育委員会　2014.3　13p　30cm　Ⓝ210.0254

◇西秣大迫遺跡・春畑遺跡・カシミ遺跡・今成館跡・木内遺跡・丸尾城跡　大分　大分県教育庁埋蔵文化財センター　2014.3　138p　30cm（大分県教育庁埋蔵文化財センター調査報告書 第71集）Ⓝ210.0254

◇別府遺跡群　2　宇佐　宇佐市教育委員会　2013.3　48p　図版 24p　30cm（市内遺跡発掘調査事業報告書 第8集）〈内容：別府塚原遺跡の調査〉Ⓝ210.0254

◇別府遺跡群　3　宇佐　宇佐市教育委員会　2014.3　56p　図版 24p　30cm（市内遺跡発掘調査事業報告書 第9集）Ⓝ210.0254

宇佐市（遺跡・遺物―保存・修復）

◇史跡法鏡寺廃寺跡保存管理計画書　宇佐　宇佐市教育委員会　2014.3　120p　図版 4枚　30cm　Ⓝ709.195

宇佐美 百合子〔1954～ 〕

◇涙はきっと明日の喜びになるから　宇佐美百合子著　幻冬舎　2013.12　169p　18cm　①978-4-344-02503-5　Ⓝ289.1　［952円］

宇沢 弘文〔1928～2014〕

◇経済と人間の旅　宇沢弘文著　日本経済新聞出版社　2014.11　292p　20cm〈内容：私の履歴書　混迷する近代経済学の課題　拡大する新たな不均衡　現実から遊離した新古典派　ヴェブレンとケインズ経済学　戦後経済学の発展　社会的不均衡の理論　過去から未来への課題　地球温暖化を防ぐ ケインズ主義を問う　二十世紀とは何だったのか　日本経済を社会的共通資本から考える　私の東大改革論〉①978-4-532-35625-5　Ⓝ289.1　［2000円］

牛久市（遺跡・遺物）

◇牛久市内遺跡発掘調査報告　平成23年度　牛久市教育委員会編　［牛久］　牛久市教育委員会　2013.3　16p　30cm（牛久市文化財調査報告 第7集）Ⓝ210.0254

宇治市（遺跡・遺物）

◇新宇治の碑―路傍の語り部たち　宇治市文化財愛護協会編　宇治　宇治市文化財愛護協会　2014.1　100p　21cm　Ⓝ216.2

宇治市（観光開発）

◇フィールドワーク実習報告書　2012年度（レンタ・サイクルで少し遠くの宇治を楽しむ）新「宇治観光案内」の提案―萩市（山口県）レンタ・サイクル観光との比較　橋本和也［編］　［宇治］　京都文教大学総合社会学部文化人類学科　［2013]　92p　Ⓝ361.91

宇治市（歴史）

◇宇治市の写真資料　4　宇治市歴史資料館編　宇治　宇治市歴史資料館　2014.3　55p　26cm（収蔵資料調査報告書 16）〈年表あり〉Ⓝ216.2

宇治田原町〔京都府〕（茶業―歴史）

◇宇治田原町茶史調査書　宇治田原町〔京都府〕　宇治田原町教育委員会　2014.3　151p　30cm　Ⓝ619.8

宇治橋〔伊勢市〕

◇神苑への架け橋―伊勢神宮宇治橋　西田壽起著　［出版地不明］　［西田壽起］　2014.4　80p　21cm〈文献あり〉Ⓝ175.8

碓氷社

◇碓氷社―安中市の養蚕業の過去と現在　安中市学習の森ふるさと学習館編　安中　安中市学習の森ふるさと学習館　2014.11　143p　30cm〈年表あり　文献あり〉Ⓝ639.06

ウスリー地方（紀行・案内記）

◇デルスー・ウザーラ　V. アルセーニエフ作, 大森巳喜生訳　都城　文昌堂　2014.3　334p　21cm〈折り込 1枚〉①978-5-699-33439-1　Ⓝ292.92　［2000円］

羽前千歳駅

◇羽前千歳駅物語　酒井利悦著　山形　村山民俗学会　2014.3　83p　26cm〈共同刊行：羽前千歳駅物語出版企画〉Ⓝ686.53

歌川 国芳〔1797～1861〕

◇歌川国芳―遊戯と反骨の奇才絵師　河出書房新社　2014.7　127p　26cm（傑作浮世絵コレクション）〈文献あり　年譜あり〉①978-4-309-62323-8　Ⓝ721.8　［2200円］

◇国芳―カラー版　岩切友里子著　岩波書店　2014.9　194,2p　18cm（岩波新書 新赤版 1506）〈文献あり　年譜あり　索引あり〉①978-4-00-431506-3　Ⓝ721.8　［1100円］

◇史料としての猫絵　藤原重雄著　山川出版社　2014.5　103p　21cm（日本史リブレット 79）〈文献あり〉①978-4-634-54691-2　Ⓝ721.8　［800円］

歌川 広重〔初代 1797～1858〕

◇ザ・富士山―対決！北斎vs.広重　赤坂治績著　新潮社　2014.2　127p　22cm〈年譜あり〉①978-4-10-335051-4　Ⓝ721.8　［1600円］

日本件名図書目録2014　I　　　　　　　　　　　　　　　　　　　　　　　　　　　　　　　　　　内蒙古（社会）

宇田川 榕庵〔1798〜1846〕
◇宇田川榕菴植物学資料の研究─杏雨書屋所蔵　遠藤正治，加藤僖重，幸田正孝，松田清執筆，武田科学振興財団杏雨書屋編　大阪　武田科学振興財団　2014.3　9，768p　27cm〈年譜あり　内容：資料と研究　宇田川榕菴『菩多尼訶経』の研究（松田清ほか著）　伊藤圭介「二十四綱解」の研究（遠藤正治ほか著）　宇田川榕菴『植学啓原』の研究（遠藤正治ほか著）　宇田川榕菴『百綱譜』の研究（加藤僖重ほか著）　『榕菴写生植物図譜』の研究（加藤僖重ほか著）　宇田川榕菴の諸稿本の紹介　論考　宇田川榕菴の学んだオランダ啓蒙期博物家たち（松田清著）　西洋植物学の性格（加藤僖重著）　榕菴・圭介の著作出版過程（幸田正孝著）〉①978-4-9907593-0-8　Ⓝ470.2　［非売品］

宇谷 安雄〔1946〜2013〕
◇個に死して類に生きる─宇谷安雄遺稿集：2013-2006　宇谷安雄著，「炎」編集委員会編　春日　「炎」編集委員会　2014.3　468p　21cm　①978-4-902573-96-1　Ⓝ309.31　［2500円］

内川 聖一〔1982〜〕
◇内川家。　赤澤竜也著　飛鳥新社　2014.5　229p　19cm①978-4-86410-155-4　Ⓝ783.7　［1204円］

内子町〔愛媛県〕〔町屋─保存・修復〕
◇反骨の公務員、町をみがく─内子町・岡田文淑の町並み、村並み保存　森まゆみ著　亜紀書房　2014.5　227p　19cm①978-4-7505-1407-9　Ⓝ521.86　［1800円］

内田 篤人
◇淡々黙々。　内田篤人，三村祐輔著　幻冬舎　2014.12　276p　21cm　①978-4-344-02690-2　Ⓝ783.47　［1600円］
◇2 ATSUTO UCHIDA FROM 29.06.2010　内田篤人著　幻冬舎　2014.6　351p　24cm　①978-4-344-02583-7　Ⓝ783.47　［3600円］
◇僕は自分が見たことしか信じない　内田篤人［著］　文庫改訂版　幻冬舎　2013.6　439p　16cm　（幻冬舎文庫　う-15-1）①978-4-344-42024-3　Ⓝ783.47　［724円］

内田 淳正〔1947〜〕
◇何とかなる　内田淳正著　名古屋　中部経済新聞社　2014.6　265p　18cm　（中経マイウェイ新書 019）①978-4-88520-184-4　Ⓝ289.1　［800円］

内田 加保留〔1925〜〕
◇風かほる　内田加保留著　西条　彩西編集室　2013.8　95p　21cm〈年譜あり〉Ⓝ289.1

内田 里美〔1962〜〕
◇薬指には、母がいる　内田里美著　文芸社　2014.8　62p　15cm　①978-4-286-15040-6　Ⓝ289.1　［500円］

内田 吐夢〔1898〜1970〕
◇円谷英二と阪妻そして内田吐夢─知られざる巣鴨撮影所時代の物語　渡邉武男著　西田書店　2014.10　210p　19cm〈文献あり〉①978-4-88866-587-2　Ⓝ778.21　［1500円］

内田 百閒〔1889〜1971〕
◇「阿房列車」の時代と鉄道　和田洋著　交通新聞社　2014.5　255p　19cm　（KOTSUライブラリ 006）〈文献あり〉①978-4-330-46314-8　Ⓝ686.21　［1800円］

内田 裕也〔1939〜〕
◇ありがとうございます　内田裕也［著］　幻冬舎　2014.12　214p　16cm　（幻冬舎アウトロー文庫 O-125-1）①978-4-344-42291-9　Ⓝ767.8　［540円］

内田 祥哉〔1925〜〕
◇建築家の多様─内田祥哉研究とデザインと　内田祥哉，内田祥哉の本をつくる会著　建築ジャーナル　2014.7　101p　22cm　（建築家会館の本）〈年譜あり　内容：内田祥哉インタビュー（内田祥哉述）　論考（内田祥哉文）〉①978-4-86035-096-3　Ⓝ523.1　［1800円］

内田 義彦〔1913〜1989〕
◇内田義彦の世界─生命・芸術そして学問：1913-1989　藤原書店編集部編　藤原書店　2014.3　332p　21cm〈著者目録あり　年譜あり〉①978-4-89434-959-9　Ⓝ289.1　［3200円］

内灘町〔石川県〕〔軍事基地〕
◇内灘─その砂丘に描く新しい歴史　京都　三人社　2014.12　63p　19cm　（ルポルタージュ）〈現在の会編　原本：朝日書房1953年刊〉①978-4-906943-91-3，978-4-906943-80-7（set）Ⓝ395.39

内村 鑑三〔1861〜1930〕
◇内村鑑三　富岡幸一郎著　中央公論新社　2014.3　283p　16cm　（中公文庫　と30-1）〈年譜あり　索引あり〉①978-4-12-205925-2　Ⓝ198.992　［914円］

◇内村鑑三　関根正雄編著　新装版　清水書院　2014.9　211p　19cm　（Century Books）〈文献あり　年譜あり　索引あり〉①978-4-389-42025-3　Ⓝ198.992　［1000円］

◇ボーイズ・ビー・アンビシャス　第5集　内村鑑三神と共なる闘い─不敬事件とカーライルの「クロムウェル伝」　藤沢二宮尊徳の会　2014.8　200p　21cm〈年譜あり〉①978-4-9906069-6-1　Ⓝ281.04　［800円］

◇ボーイズ・ビー・アンビシャス─第5集　内村鑑三神と共なる闘い─不敬事件とカーライルの「クロムウェル伝」　藤沢二宮尊徳の会　2014.10（2刷）200p　21cm〈年譜あり〉①978-4-9906069-6-1　Ⓝ281.04　［800円］

◇道をひらく─内村鑑三のことば　鈴木範久著　NHK出版　2014.9　200p　19cm〈文献あり　年譜あり〉①978-4-14-081657-8　Ⓝ198.992　［1500円］

◇宮川文平と内村鑑三　宮川創平，玄文社編集室編著　柏崎　玄文社　2013.12　170p　22cm〈年譜あり　文献あり　付・宮川哲朗「築地の園」〉①978-4-906645-24-4　Ⓝ289.1

内蒙古（紀行・案内記）
◇満蒙を再び探る　鳥居龍蔵，鳥居きみ子著　［出版地不明］　トクシマ・ドラゴン・ブック　2014.5　396，2p　21cm〈複製〉Ⓝ292.26

内蒙古（ジェノサイド─歴史）
◇ジェノサイドと文化大革命─内モンゴルの民族問題　楊海英著　勉誠出版　2014.9　482p　22cm〈文献あり〉①978-4-585-22095-4　Ⓝ316.8226　［6000円］

内蒙古（ジェノサイド─歴史─史料）
◇モンゴル人ジェノサイドに関する基礎資料　6　被害者報告書2　楊海英編　風響社　2014.1　676p　30cm　（静岡大学人文社会科学部研究叢書 42）〈文献あり〉①978-4-89489-886-8　Ⓝ222.6　［14000円］

内蒙古（社会）
◇満洲国関連機関調査報告　1-1　非開放蒙地調査報告　1　ボルジギン・ブレンサイン監修，近現代資料刊行会企画編集　近現代資料刊行会　2013.10　733，7p　27cm　（戦前期モンゴル社会関係実態調査資料集成）〈複製　内容：興安西省阿魯科爾沁旗実態調査報告書（興安局1941年刊）　阿魯科爾沁旗ノスルグ慣行（村岡重夫著）　阿魯科爾沁旗の「スルグ」慣行（二）（村岡重夫著）　ハラトクチン通信（竹村茂昭著）　阿魯科爾沁旗に於ける土地に関する諸権利及び権利関係（竹村茂昭著）　阿魯科爾沁旗に於けるハラタケ慣行（村岡重夫著）　蒙古の身分制度に就いて（哈豊阿著）　草原地帯に於ける一蒙古人部落の販売購入関係（村岡重夫著）　草原地帯に於ける一蒙古人部落の労働関係（村岡重夫著）〉①978-4-86364-291-1,978-4-86364-288-1（set）Ⓝ302.226

◇満洲国関連機関調査報告　1-2　非開放蒙地調査報告　2　ボルジギン・ブレンサイン監修，近現代資料刊行会企画編集　近現代資料刊行会　2013.10　435，7p　27cm　（戦前期モンゴル社会関係実態調査資料集成）〈複製　内容：興安南省科爾沁左翼中旗実態調査報告書（興安局1939年刊）　東科中旗に於ける蒙地管理要綱の運営状況（井手俊太郎著）　東科中旗遼河南北岸蒙地の解放と紛争（亀淵龍長著）〉①978-4-86364-292-8,978-4-86364-288-1（set）Ⓝ302.226

◇満洲国関連機関調査報告　1-3　非開放蒙地調査報告　3　ボルジギン・ブレンサイン監修，近現代資料刊行会企画編集　近現代資料刊行会　2013.10　338，7p　27cm　（戦前期モンゴル社会関係実態調査資料集成）〈複製　内容：興安南省扎賚特旗実態調査報告書（興安局1939年刊）　扎賚特旗茂力吐屯に於ける農家の概況（大野保著）〉①978-4-86364-293-5,978-4-86364-288-1（set）Ⓝ302.226

◇満洲国関連機関調査報告　1-4　非開放蒙地調査報告　4　ボルジギン・ブレンサイン監修，近現代資料刊行会企画編集　近現代資料刊行会　2013.10　348，7p　27cm　（戦前期モンゴル社会関係実態調査資料集成）〈複製　内容：主農従牧社会に於ける「蒙古部落の農業的性格」（山根順太郎，村岡重夫著）　奈曼旗に於ける土地に関する見地の諸様相（竹村茂昭著）　奈曼旗に於ける宗教と諸習俗（松山一男著）　興安西省奈曼旗西沙力好来屯に於ける携帯制度（村岡重夫著）　興安西省奈曼旗西沙力好来屯の販売購入関係（村岡重夫著）　興安西省奈曼旗西沙力好来屯の労働関係（村岡重夫著）　興安西省奈曼旗西沙力好来屯の貸借関係（村岡重夫著）　興安西省奈曼旗西沙力好来屯の自然条件及耕種概要（村岡重夫著）　興安西省西沙力好来屯に於ける農牧民の生活概要（山根順太郎著）　泡通信（麻哈薩爾扎布著）　泡通信（2-3）（麻哈薩爾扎布著）〉①978-4-86364-294-2,978-4-86364-288-1（set）Ⓝ302.226

◇満洲国関連機関調査報告　1-5　非開放蒙地調査報告　5　ボルジギン・ブレンサイン監修，近現代資料刊行会企画編集　近現代資料刊行会　2013.10　501，7p　27cm　（戦前期モンゴル社会関係実態調査資料集成）〈複製　内容：達呼爾を中心として観たる蒙古風俗誌（綽克巴図爾著）　興安東省阿栄旗実態調

内蒙古（地誌）

査点滴（松山一男著） 索倫旗ブリヤート族に於ける結合性を遊牧蒙古人の集団的紐帯への一考察として（森三郎著） 興安区屯墾公署開放地の実態に就て（井手俊太郎著） 興安北省索倫旗のオロット人に就て（橋本重雄著） 索倫旗内ブリヤート民族の社会慣習に就て（松山一男著） 遊牧地に於ける諸慣行（井手俊太郎著） 布特哈地方に関する各種事情（額爾登泰著） 新巴爾虎族の社会制度（哈慶阿著） 莫力達瓦旗地方土地沿革（竹村茂昭著） ダヲル部落に於けるフルギック慣行（山根順太郎著） 呼倫貝爾遊牧社会と「パスカル」の原理（佐藤正己著） 或る達斡爾部落の貸借関係（曾士達著） ホロンバイルに於ける一出撥子（山本洸著） 達斡爾蒙古の親族相続関係（額爾登泰著） 齊齊哈爾八旗の沿革（山根順太郎著） 索倫旗に於ける参佐制度の一考察（山本宏介著） ホロンバイルに於ける蒙古民族の黴毒に就いて（興安北省保健官著） 西科前旗に於ける蒙地管理状況（井手俊太郎著） イホオーラの祭とスルグ牛 第3話（檟篤二著） 蒙古雑話（一）蒙地と漢人農民（村岡重夫著） 蒙古雑話小巴林通信 1-2（麻哈薩爾扎布著） 小巴林通信 3（麻哈薩爾扎布著）ⓘ978-4-86364-295-9,978-4-86364-288-1（set）Ⓝ302.226

◇満洲国関連機関調査報告 1-6 非開放蒙地調査報告 6 ボルジギン・ブレンサイン監修，近現代資料刊行会企画編集 近現代資料刊行会 2013.10 729, 7p 27cm （戦前期モンゴル社会関係実態調査資料集成） 内容：興安西省奈曼旗・阿魯科爾沁旗実態調査統計篇（国務院興安局1939年刊） 興安南省科爾沁左翼中旗・扎賚特旗実態調査統計篇（国務院興安局1939年刊） 興安北省新巴爾虎右翼旗・索倫旗・陳巴爾虎旗実態調査統計篇（国務院興安局1940年刊）ⓘ978-4-86364-296-6,978-4-86364-288-1（set）Ⓝ302.226

◇モンゴル高原における文化資源の生成と保全に関する研究 2012-2014年度 児玉香菜子編 〔千葉〕 千葉大学大学院人文社会科学研究科 2014.2 80p 30cm （人文社会科学研究科研究プロジェクト報告書 第275集）〈文献あり 内容：牧畜が消える草原（那木拉著） 内モンゴル自治区におけるモンゴル民族学校に教える「モンゴル語」（ボルジギン・ムンクバト著） 文化資源としての「モンツァン」（斯日古楞著）〉Ⓝ 302.226

内蒙古（地誌）

◇蒙古案内記―附大同石仏案内記 / 支那蒙古遊記 岩崎継生，グラハム・ペック著，高梨菊二訳 大空社 2014.4 72,43,443p 22cm （アジア学叢書 278）〈再版 蒙彊新聞社 昭和14年刊の複製 青年書房 昭和15年刊の複製 布装〉ⓘ978-4-283-01127-4,978-4-283-01131-1（set）Ⓝ292.26 ［23000円］

内蒙古（風俗・習慣）

◇梅棹忠夫のモンゴル調査ローマ字カード集 梅棹忠夫［著］，小長谷有紀編 吹田 人間文化研究機構国立民族学博物館 2014.11 397p 26cm （国立民族学博物館調査報告 122）ⓘ978-4-906962-25-9 Ⓝ382.226

◇極乾内モンゴル・ゴビ砂漠，黒河オアシスに生きる男たち23人の人生 児玉香菜子，サランゲレル，アラタンツェツェグ編著 名古屋 名古屋大学大学院文学研究科比較人文学研究室 2014.3 502p 26cm （アフロ・ユーラシア内陸乾燥地文明研究叢書 10）〈モンゴル語併記〉Ⓝ382.226

内蒙古（文化）

◇モンゴル高原における文化資源の生成と保全に関する研究 2012-2014年度 児玉香菜子編 〔千葉〕 千葉大学大学院人文社会科学研究科 2014.2 80p 30cm （人文社会科学研究科研究プロジェクト報告書 第275集）〈文献あり 内容：牧畜が消える草原（那木拉著） 内モンゴル自治区におけるモンゴル民族学校に教える「モンゴル語」（ボルジギン・ムンクバト著） 文化資源としての「モンツァン」（斯日古楞著）〉Ⓝ302.226

内蒙古（民族問題―歴史）

◇ジェノサイドと文化大革命―内モンゴルの民族問題 楊海英著 勉誠出版 2014.9 482p 22cm 〈文献あり〉ⓘ978-4-585-22095-4 Ⓝ316.8226 ［6000円］

◇大戦間期中国・内モンゴル地域の少数民族問題―モンゴル族の自立運動 寺島英明著 ［出版地不明］ 寺島英明 2014.11 204p 19cm Ⓝ316.8226 ［非売品］

内蒙古（歴史）

◇狂暴国家中国の正体 楊海英著 扶桑社 2014.9 246p 18cm （扶桑社新書 170）〈著作目録あり 年表あり〉ⓘ978-4-594-07119-6 Ⓝ316.822 ［760円］

◇チベットに舞う日本刀―モンゴル騎兵の現代史 楊海英著 文藝春秋 2014.11 414p 20cm 〈文献あり〉ⓘ978-4-16-390165-7 Ⓝ222.6 ［1850円］

内山 節〔1950～〕

◇哲学者内山節の世界 内山節［著］，『かがり火』編集委員会編 新評論 2014.8 396p 19cm 〈年譜あり 内容：自著を語る（内山節述） よりよく生きるために（歌野敬述） 成長神話に惑わされない「里山資本主義」の暮らしかた（藻谷浩介述） 本当の偉人とは雇用を創る人のことである（塚越寛述） 山村の暮らしに自信と誇りを取り戻した「東北農家の2月セミナー」（栗田和則述） 小さな村が生き残るには総合力を高めるしかない（神田強平述） 温泉は自然と人間の力強いつながりを取り戻すところ（鈴木義二述） 本物の家具に囲まれて暮らせば人生が豊かになる（佐藤岳利述） 私の好きな一冊（宇根豊ほか述） 豊かな社会とローカリズム 三人委員会哲学塾 哲学塾が発足したころ（榛村純一著） 三人委員会哲学塾 三人委員会哲学塾の十八年（内山節、大熊孝、鬼頭秀一述、手塚伸司会）〉ⓘ978-4-7948-0974-2 Ⓝ121.6 ［2000円］

内山書店

◇魯迅の愛した内山書店―上海雁ケ音茶館をめぐる国際連帯の物語 本庄豊著 京都 かもがわ出版 2014.2 254p 19cm 〈文献あり 年譜あり〉ⓘ978-4-7803-0682-8 Ⓝ024.2221 ［2000円］

宇宙航空研究開発機構

◇宇宙に挑むJAXAの仕事術 宇宙航空研究開発機構著 日本能率協会マネジメントセンター 2014.3 218p 19cm ⓘ978-4-8207-1887-1 Ⓝ538.9 ［1500円］

ウッタルプラデーシュ州〔インド〕〔カースト〕

◇インド地方都市における教育と階級の再生産―高学歴失業青年のエスノグラフィー クレイグ・ジェフリー著，佐々木宏，押川文子，南出和余，小原優貴，針塚瑞樹訳 明石書店 2014.9 349p 20cm （世界人権問題叢書 90）〈文献あり〉ⓘ978-4-7503-4076-0 Ⓝ367.68 ［4200円］

ウッタルプラデーシュ州〔インド〕〔失業〕

◇インド地方都市における教育と階級の再生産―高学歴失業青年のエスノグラフィー クレイグ・ジェフリー著，佐々木宏，押川文子，南出和余，小原優貴，針塚瑞樹訳 明石書店 2014.9 349p 20cm （世界人権問題叢書 90）〈文献あり〉ⓘ978-4-7503-4076-0 Ⓝ367.68 ［4200円］

ウッタルプラデーシュ州〔インド〕〔青年〕

◇インド地方都市における教育と階級の再生産―高学歴失業青年のエスノグラフィー クレイグ・ジェフリー著，佐々木宏，押川文子，南出和余，小原優貴，針塚瑞樹訳 明石書店 2014.9 349p 20cm （世界人権問題叢書 90）〈文献あり〉ⓘ978-4-7503-4076-0 Ⓝ367.68 ［4200円］

宇都宮〔氏〕

◇戦国大名宇都宮氏と家中 江田郁夫著 岩田書院 2014.2 227p 21cm （岩田選書）ⓘ978-4-87294-847-9 Ⓝ288.2 ［2800円］

宇都宮 鎮房〔1536～1588〕

◇マンガ戦国の世を生きる黒田官兵衛と宇都宮鎮房 屋代尚宣漫画，大分県中津市監修 福岡 梓書院 2014.2 163p 19cm 〈文献あり 表紙のタイトル：マンガ黒田官兵衛と宇都宮鎮房戦国の世を生きる〉ⓘ978-4-87035-515-6 Ⓝ289.1 ［667円］

宇都宮市（遺跡・遺物）

◇権現山遺跡南部（SG2・SG5・SG9・SG10・SG15区）・磯岡遺跡（SG9区） 第1分冊 とちぎ未来づくり財団埋蔵文化財センター編 宇都宮 栃木県教育委員会 2013.3 442p 30cm （栃木県埋蔵文化財調査報告 第360集）〈都市再生機構による東谷・中島土地区画整理事業に伴う埋蔵文化財発掘調査 共同刊行：とちぎ未来づくり財団〉Ⓝ210.0254

◇権現山遺跡南部（SG2・SG5・SG9・SG10・SG15区）・磯岡遺跡（SG9区） 第2分冊 とちぎ未来づくり財団埋蔵文化財センター編 宇都宮 栃木県教育委員会 2013.3 p443-738 図版216p 30cm （栃木県埋蔵文化財調査報告 第360集）〈都市再生機構による東谷・中島土地区画整理事業に伴う埋蔵文化財発掘調査 共同刊行：とちぎ未来づくり財団〉Ⓝ210.0254

◇砂田遺跡（7-9・11・14・15・17・20-22・25・26・28-42区） 写真編 とちぎ未来づくり財団埋蔵文化財センター編 宇都宮 栃木県教育委員会 2013.3 237p 30cm （栃木県埋蔵文化財調査報告 第361集）〈都市再生機構による東谷・中島土地区画整理事業に伴う埋蔵文化財発掘調査 共同刊行：とちぎ未来づくり財団〉Ⓝ210.0254

◇砂田遺跡（7-9・11・14・15・17・20-22・25・26・28-42区） 本文編 とちぎ未来づくり財団埋蔵文化財センター編 宇都宮 栃木県教育委員会 2013.3 773p 図版2p 30cm （栃木県埋蔵文化財調査報告 第361集）〈文献あり 都市再生機構による東谷・中島土地区画整理事業に伴う埋蔵文化財発掘調査 共同刊行：とちぎ未来づくり財団〉Ⓝ210.0254

◇西刑部西原遺跡 古墳・奈良・平安時代編 とちぎ未来づくり財団埋蔵文化財センター編 宇都宮 栃木県教育委員会 2013.3 491p 図版117p 30cm （栃木県埋蔵文化財調査報告 第362集）〈都市再生機構による東谷・中島土地区画整理事

業に伴う埋蔵文化財発掘調査　共同刊行：とちぎ未来づくり財団〉Ⓝ210.0254

◇西向遺跡　とちぎ未来づくり財団埋蔵文化財センター編　宇都宮　栃木県教育委員会　2014.2　14p　図版6p　30cm　（栃木県埋蔵文化財調査報告　第370集）〈畑地帯総合土地改良事業清原南部地区に伴う発掘調査　共同刊行：とちぎ未来づくり財団〉Ⓝ210.0254

宇都宮市（美術一図集）
◇宇都宮美術の現在展─日本画洋画版画彫刻・立体工芸書写真：宇都宮市在住・在勤などゆかりの作家125名による美術の状況　第4回　宇都宮美術館,下野新聞社編　［宇都宮］　宇都宮美術館　2014　142p　30cm〈会期・会場：2014年3月2日─4月13日　宇都宮美術館　共同刊行：下野新聞社〉Ⓝ702.1932

宇都宮市（民家一保存・修復）
◇重要文化財岡本家住宅主屋保存修理工事報告書　文化財建造物保存技術協会編著　宇都宮　岡本郁男　2014.12　1冊　30cm　Ⓝ521.86

宇都宮大学生涯学習教育研究センター
◇22年の歩み　宇都宮　宇都宮大学生涯学習教育研究センター　2013.3　263p　30cm〈年表あり　1991年─2013年〉Ⓝ379.076

内海 託二〔1904〜1968〕
◇ある社寺建築家の生涯─幻の神宮をつくった男内海託二　名古屋　デイズ生き様工房事業部　2014.9　145p　27cm〈年表あり〉①978-4-9904018-7-0　Ⓝ521.81

内海 忠司〔1884〜1968〕
◇内海忠司日記─1941-1945：総力戦体制下の台湾と植民地官僚　内海忠司［著］,近藤正己,北村嘉恵編　京都　京都大学学術出版会　2014.2　17,799p　23cm〈年譜あり　索引あり〉①978-4-87698-384-1　Ⓝ317.81　［12000円］

有働 由美子〔1969〜 〕
◇ウドウロク　有働由美子著　新潮社　2014.10　222p　20cm　①978-4-10-336631-7　Ⓝ699.39　［1300円］

宇土市（遺跡・遺物）
◇宇土城跡（西岡台）12　熊本県宇土市教育委員会編　宇土　熊本県宇土市教育委員会　2014.3　68p　図版［10］枚　30cm　（宇土市埋蔵文化財調査報告書　第34集）（史跡整備事業に伴う平成17-20年度（第18-21次）発掘調査報告書）Ⓝ210.0254

ウナギトラベル
◇お客さまはぬいぐるみ─夢を届けるウナギトラベル物語　東園絵,斉藤真紀子著　飛鳥新社　2014.10　151p　19cm　①978-4-86410-369-5　Ⓝ689.6　［1296円］

宇野〔氏〕
◇播磨国宍粟郡広瀬宇野氏の史料と研究　宍粟市歴史資料館編　宍粟　宍粟市歴史資料館　2014.3　236p　30cm　（宍粟市郷土資料集　第2集）Ⓝ216.4

宇野 弘蔵〔1897〜1977〕
◇土着社会主義の水脈を求めて─労農派と宇野弘蔵　大内秀明,平山昇共著　社会評論社　2014.11　452p　21cm〈内容：労農派とその周辺（平山昇著）　労農派と宇野弘蔵（大内秀明著）〉①978-4-7845-1535-6　Ⓝ309.31　［2700円］

宇野 千代〔1897〜1996〕
◇宇野千代　尾形明子著　新典社　2014.3　287p　19cm　（女性作家評伝シリーズ 6）〈文献あり　年譜あり〉①978-4-7879-7306-1　Ⓝ910.268　［1200円］

◇個人全集月報集─円地文子文庫・円地文子全集：佐多稲子全集：宇野千代全集　講談社文芸文庫編　講談社　2014.8　364p　16cm　（講談社文芸文庫 CJ35）〈内容：円地文子文庫月報（谷崎潤一郎,尾崎一雄,大江健三郎ほか著）　円地文子全集月報（高橋たか子,吉田精一,網野菊ほか著）　佐多稲子全集月報（小田切秀雄,原泉,川村二郎ほか著）　宇野千代全集月報（井伏鱒二,小山いと子,菊池寛一ほか著）〉①978-4-06-290241-0　Ⓝ910.26　［1700円］

宇野 マサシ〔1948〜 〕
◇ぼくの旅─放浪と人と絵と　宇野マサシ著　皓星社　2014.4　358p　20cm　①978-4-7744-0488-2　Ⓝ723.1　［2600円］

生方 ななえ〔1979〜 〕
◇LIFESTYLE BOOK"NANA"　生方ななえ著　宝島社　2014.6　144p　21cm〈本文は日本語〉①978-4-8002-2432-3　Ⓝ289.1　［1400円］

宇部港
◇宇部港港湾計画書──部変更　［山口］　山口県　2014.7　4p　30cm　（交通政策審議会第56回港湾分科会資料）Ⓝ683.92177

馬路村〔高知県〕（森林鉄道）
◇魚梁瀬森林鉄道「りんてつ」私の記憶─1911-1963：馬路村［馬路村（高知県）］　魚梁瀬森林鉄道保存クラブ　［20－－］　47p　26cm　①978-4-86338-076-9　Ⓝ656.24　［1000円］

宇美町〔福岡県〕（遺跡・遺物）
◇大宰府史跡発掘調査報告書 8　平成24・25年度　小郡　九州歴史資料館　2014.3　108p　図版［13］枚　30cm〈折り込1枚〉Ⓝ210.0254

梅田 雲浜〔1815〜1859〕
◇梅田雲浜入門─幕末の儒者・勤王の志士　梅田昌彦著　［和歌山］　ウイング出版部　2014.9　205p　20cm〈年譜あり　文献あり〉①978-4-9903756-8-3　Ⓝ289.1　［1200円］

梅田 良忠〔1900〜1961〕
◇ポーランドに殉じた禅僧梅田良忠　梅原季哉著　平凡社　2014.4　255p　20cm〈文献あり〉①978-4-582-82473-5　Ⓝ289.1　［1800円］

梅原 猛〔1925〜 〕
◇人類史から読む『ギルガメシュ物語』─標準バビロニア版と梅原猛の戯曲を読む　岡三郎著　国文社　2014.6　250p　22cm〈索引あり〉①978-4-7720-0978-2　Ⓝ929.711　［4000円］

浦 昭二〔1927〜2012〕
◇人間中心の情報システム学その歩みと未来─浦昭二の世界　「人間中心の情報システム学」編纂委員会　［東京］　情報システム学会　2013.11　191p　22cm〈年譜あり　年表あり〉①978-4-905112-02-0　Ⓝ007　［非売品］

浦 義博〔1939〜 〕
◇いのちどき─人生はARTな祭りやなあ　浦義博著　産経新聞出版　2014.9　287p　20cm　①978-4-86306-110-1　Ⓝ289.1　［1600円］

浦上 玉堂〔1745〜1820〕
◇玉堂片影─シンポジウム浦上玉堂二〇一三　福岡　浦上家史編纂委員会　2014.6　122p　22cm〈年譜あり〉Ⓝ721.7

浦添市（遺跡・遺物）
◇仲間稲マタ原近世墓群 2　浦添　浦添市教育委員会　2014.3　51p　30cm　（浦添市文化財調査報告書）〈浦添カルチャーパーク整備事業及びてだこホール建設事業に伴う埋蔵文化財発掘調査〉Ⓝ210.0254

◇前田・経塚近世墓群 5　浦添市教育委員会編　浦添　浦添市教育委員会　2014.3　191p　30cm　（浦添市文化財調査報告書）〈浦添南第一土地区画整理事業に伴う緊急発掘調査報告書　内容：経塚南小島原A丘陵〉Ⓝ210.0254

浦添市（歴史）
◇浦添市移民史　証言・資料編　浦添市移民史編集委員会編　［浦添］　浦添市教育委員会　2014.3　550p　30cm　Ⓝ334.51

浦安自然まるごと探検隊
◇新浦安から伝える東京湾の海辺「三番瀬」　浦安自然まるごと探検隊　浦安　浦安出版会　2014.3　161p　21cm〈年表あり〉①978-4-99-077370-0　Ⓝ519.8135　［1777円］

浦和学院高等学校
◇浦和学院高校物語　続　想像以上の未来へ　小沢友紀雄著　文芸社　2014.7　258p　19cm　①978-4-286-13280-8　Ⓝ376.4134　［1100円］

浦和高等学校〔埼玉県立〕
◇浦高の進学指導─「進学指導重点推進校」事業実施報告書 3　教科を軸とした取組　さいたま　埼玉県立浦和高等学校　［2013］　116p　30cm　（県立高校教育活動総合支援事業 平成24年度）Ⓝ375.25

◇少なくとも三兎を追え─私の県立浦和高校物語　関根郁夫著　さいたま　さきたま出版会　2014.4　244p　21cm　①978-4-87891-407-2　Ⓝ376.4134　［1500円］

浦和レッドダイヤモンズ
◇浦和レッズ2014年全記録─Saitama Graphic　さいたま　埼玉新聞社　2014.12　100p　30cm　（速報グラフ VOL.15）①978-4-87889-425-1　Ⓝ783.47　［1000円］

ウランバートル（住民運動）
◇四日市公害の経験と国際貢献─モンゴル・ウランバートル市における大気汚染と住民活動・女性の活躍　四日市大学・四日市学研究会編　［四日市］　四日市大学・四日市学研究会　2014.3　86p　21cm　（四日市学講座 no. 9）Ⓝ519.2227

ウランバートル（女性）
◇四日市公害の経験と国際貢献─モンゴル・ウランバートル市における大気汚染と住民活動・女性の活躍　四日市大学・四日市学研究会編　［四日市］　四日市大学・四日市学研究会　2014.3　86p　21cm　（四日市学講座 no. 9）Ⓝ519.2227

ウランバートル（大気汚染）

◇四日市公害の経験と国際貢献―モンゴル・ウランバートル市における大気汚染と住民活動・女性の活躍　四日市大学・四日市学研究会編　[四日市]　四日市大学・四日市学研究会　2014.3　86p　21cm（四日市学講座 no.9）Ⓝ519.2227

瓜田　純士

◇遺書―関東連合崩壊の真実と、ある兄弟の絆　瓜田純士著　太田出版　2014.4　224p　19cm　Ⓘ978-4-7783-1406-4　Ⓝ368.51　[1200円]

ウルバヌス2世〔1042?～1099 教皇〕

◇ウルバヌス2世と十字軍―教会と平和と聖戦と　池谷文夫著　山川出版社　2014.8　96p　21cm（世界史リブレット人 31）〈文献あり 年譜あり〉Ⓘ978-4-634-35031-1　Ⓝ198.22　[800円]

ウルフ, V.〔1882～1941〕

◇創作と癒し―ヴァージニア・ウルフの体験過程心理療法的アプローチ　村田進著　コスモス・ライブラリー　2014.7　204p　22cm（星雲社（発売））内容：闇の核心を求めて　ヴァージニア・ウルフの創作と体験過程について『ダロウェイ夫人』概論　ヴァージニア・ウルフ『灯台へ』における過去志向について　文学と心理学の接点から『歳月』とウルフの体験様式について『灯台へ』創作体験の面接への適用について　禅マンダラ画枠づけ創作体験法の開発とその心理療法的構造について　本論の目的・仮説・定義・方法と結果〉Ⓘ978-4-434-19484-9　Ⓝ146.8　[2000円]

うるま市（遺跡・遺物）

◇勝連城跡―四の曲輪西区および東区発掘調査報告書　うるま　うるま市教育委員会　2014.7　219p　30cm（うるま市文化財調査報告書 第23集）Ⓝ210.0254

◇桃原貝塚　うるま　うるま市教育委員会　2013.3　63p　30cm（うるま市文化財調査報告書 第18集）〈市道与那城26号線道路整備工事に伴う埋蔵文化財緊急発掘調査報告書〉Ⓝ210.0254

◇平敷屋トウバル遺跡　うるま　うるま市教育委員会　2014.3　120p　図版3p　30cm（うるま市文化財調査報告書 第22集）〈ホワイトビーチ地区燃料施設建設工事に伴う埋蔵文化財緊急発掘調査報告書〉Ⓝ210.0254

うるま市（古文書―保存・修復）

◇受け継がれるシマの宝と技―南風原村文書と修復技術の世界：ビジュアル版　うるま　うるま市教育委員会　2014.3　90p　30cm〈年表あり〉Ⓝ014.61

◇南風原村文書修復報告書　うるま　うるま市教育委員会　2014.3　124p　30cm（うるま市文化財調査報告書 第19集）Ⓝ014.61

うるま市（闘牛―写真集）

◇闘牛女子。―写真集　久高幸枝写真・文　那覇　ボーダーインク　2013.5　84p　15×21cm　Ⓘ978-4-89982-237-0　Ⓝ788.4　[1300円]

うるま市（歴史―史料）

◇受け継がれるシマの宝と技―南風原村文書と修復技術の世界：ビジュアル版　うるま　うるま市教育委員会　2014.3　90p　30cm〈年表あり〉Ⓝ014.61

◇南風原村文書修復報告書　うるま　うるま市教育委員会　2014.3　124p　30cm（うるま市文化財調査報告書 第19集）Ⓝ014.61

虚淵　玄〔1972～　〕

◇Fate/plus虚淵玄Lives―解析読本　山川賢一, 奥村元気編　河出書房新社　2014.7　375p　19cm〈著作目録あり 作品目録あり〉内容：魔法少女まどか☆マギカ（神林長平述, 藤田直哉聞き手）『PSYCHO-PASSサイコパス』脚本参加をめぐって（深見真述, 永嶋俊一郎, 岸川真聞き手）ハードボイルド考（柏原寛司述, 岸川真聞き手）「魔法少女まどか☆マギカ」に見る「青春という虚構」（切通理作述, 山川賢一聞き手）『Phantom』論 SideA　悲しい殺し屋たちの哀歌（樫原辰郎著）『Phantom』論 SideB　映画愛で開花するリミックスの才能（小財満著）『吸血殲鬼ヴェドゴニア』論 SideA　仮面ライダーの影（山川賢一著）『吸血殲鬼ヴェドゴニア』論 SideB　特撮, 伝奇, そしてエロゲー（小財満著）愛はまさしく呪い『鬼哭街』論（山川賢一著）臓物に彩られた純愛黙示録～『沙耶の唄』（樫原辰郎著）虚淵玄の超・外道プレイが光る意欲的TRPGリプレイ（小財満著）レッド・ドラゴン SideB　「虚淵的世界の中で遊ぶ虚淵玄」が見られる異色のダークファンタジー（上妻祥浩著）マカロニ・ウェスタンへの愛を謳う人間讃歌『続・殺戮のジャンゴー地獄の賞金首―』評（小財満著）「愛」と「憎悪」の狂想曲／『白貌の伝道師』評（奥村元気著）『Fate/Zero』聖杯戦

争は心の欠落を埋める（樫原辰郎著）「ヒトの幸福」を蝕む虚無（山川賢一著）楷書体の剣と魔法（永嶋俊一郎著）トリビュートの枠を超越した本格SF短編『敵は海賊』評（上妻祥浩著）脱バッドエンド!?ちょっとお気楽な虚淵版『トゥームレイダー』『エンシェントミスティ』評（上妻祥浩著）志・エロゲからジュブナイルへ（樫原辰郎著）虚淵玄にとって結末とはなにか（稲葉振一郎著）知られざるミッシング・リンク（奥村元気著）虚淵玄外典／同人作品篇（奥村元気著）栄光のマッド軍団とゲーム（井上雑兵著）あとがきで読む虚淵玄（山川賢一著）虚淵玄とプログラム・ピクチャー～『Phantom』をめぐって（昼間行雄著）汚れた英雄が生ける屍の夜『ブラスレイター』論（飯田一史著）『翠星のガルガンティア』～ヒトの形と倫理のドラマ（柳沢望著）『PSYCHO-PASSサイコパス』論 SideA　本広VS虚淵で構築された『PSYCHO-PASSサイコパス』の世界（昼間行雄著）『PSYCHO-PASSサイコパス』論 SideB　あるいは水晶の夜はおわりて／『PSYCHO-PASSサイコパス』第一期（奥村元気著）若者よ！未来と戦え！～『仮面ライダー鎧武』（樫原辰郎著）冷たい収穫（飯田一史著）ヒーローと日常を生きる人々（山川賢一著）「魔法少女まどか☆マギカ」追走（山川賢一著）叛逆の、物語論（藤田直哉著）対談（山川賢一, 樫原辰郎述）Ⓘ978-4-309-02308-3　Ⓝ910.268　[1900円]

宇和島市（遺跡・遺物）

◇宇和島市内遺跡調査報告書　5　宇和島　宇和島市教育委員会　2013.3　68p　30cm（宇和島市埋蔵文化財報告 第9集）〈平成23年度宇和島市内遺跡発掘調査等事業報告書〉Ⓝ210.0254

◇宇和島市内遺跡調査報告書　6　宇和島　宇和島市教育委員会　2014.3　27p　30cm（宇和島市埋蔵文化財報告 第11集）〈平成24年度宇和島市内遺跡発掘調査等事業報告書〉Ⓝ210.0254

宇和島市（土地改良―歴史）

◇水をもとめて―宇和島市土地改良区設立40周年記念誌　宇和島市土地改良誌作成委員会編纂　[宇和]　宇和島市農業用水事業推進協議会　2014.8　29, 61p　30cm〈共同刊行：宇和島市土地改良区ほか〉Ⓝ614.2183

宇和島市（歴史―史料―書目）

◇愛媛県宇和島市三浦公民館文書目録　第3集　菅原憲二編　千葉　菅原憲二　2014.7　79p　30cm〈内容：三浦村役場文書　後藤定志氏寄贈文書〉Ⓝ218.3

宇和島藩

◇宇和島藩家老櫻田家文書資料集―2013年度近世大名と家臣団形成に係る基礎的研究　胡光編　松山　愛媛大学法文学部日本史研究室　2014.3　46p　30cm　Ⓝ218.3

◇幕末宇和島万華鏡　田中貞輝著　松山　創風社出版　2014.6　151p　19cm（風ブックス 20）Ⓘ978-4-86037-208-8　Ⓝ218.3　[1200円]

宇和宮神社〔栗東市〕

◇重要文化財宇和宮神社本殿保存修理工事報告書　滋賀県教育委員会事務局文化財保護課編　[大津]　滋賀県教育委員会　2014.3　1冊　30cm〈年表あり〉Ⓝ521.817

運慶〔　～1223〕

◇運慶と鎌倉仏像―霊験仏をめぐる旅　瀬谷貴之著　平凡社　2014.6　127p　22cm（コロナ・ブックス 193）〈文献あり〉Ⓘ978-4-582-63484-6　Ⓝ718.02137　[1700円]

雲崗石窟

◇雲岡石窟　第1巻　第1洞―第4洞　京都大学人文科学研究所, 中国社会科学院考古研究所監修, 水野清一, 長廣敏雄著　科学出版社東京　2013.12　2冊　38cm〈国書刊行会（発売）1952年刊 の複製 英語併記 帙入 内容：本文（水野清一, 長廣敏雄著）図版〉Ⓘ978-4-336-05693-1（set）Ⓝ522.2

◇雲岡石窟　第2巻　第5洞　京都大学人文科学研究所, 中国社会科学院考古研究所監修, 水野清一, 長廣敏雄著　科学出版社東京　2013.12　2冊　38cm〈国書刊行会（発売）1955年刊 の複製 英語併記 帙入 内容：本文（水野清一, 長廣敏雄著）図版〉Ⓘ978-4-336-05693-1（set）Ⓝ522.2

◇雲岡石窟　第3巻　第6洞　京都大学人文科学研究所, 中国社会科学院考古研究所監修, 水野清一, 長廣敏雄著　科学出版社東京　2013.12　3冊　38cm〈国書刊行会（発売）1955年刊 の複製 英語併記 帙入（2帙）内容：本文（水野清一, 長廣敏雄著）図版1　図版2〉Ⓘ978-4-336-05693-1（set）Ⓝ522.2

◇雲岡石窟　第4巻　第7洞　京都大学人文科学研究所, 中国社会科学院考古研究所監修, 水野清一, 長廣敏雄著　科学出版社東京　2013.12　2冊　38cm〈国書刊行会（発売）1952年刊 の複製 英語併記 帙入 内容：本文（水野清一, 長廣敏雄著）図版〉Ⓘ978-4-336-05693-1（set）Ⓝ522.2

◇雲岡石窟　第5巻　第8洞　京都大学人文科学研究所, 中国社会科学院考古研究所監修, 水野清一, 長廣敏雄著　科学出版社東京　2013.12　2冊　38cm〈国書刊行会（発売）1951年刊 の

複製 英語併記 帙入 内容：本文（水野清一, 長廣敏雄著）図版〉①978-4-336-05693-1 (set) Ⓝ522.2
◇雲岡石窟 第6巻 第9洞 京都大学人文科学研究所, 中国社会科学院考古研究所監修, 水野清一, 長廣敏雄著 科学出版社東京 2013.12 2冊 38cm〈国書刊行会（発売）1951年刊の複製 英語併記 帙入 内容：本文（水野清一, 長廣敏雄著）図版〉①978-4-336-05693-1 (set) Ⓝ522.2
◇雲岡石窟 第7巻 第10洞 京都大学人文科学研究所, 中国社会科学院考古研究所監修, 水野清一, 長廣敏雄著 科学出版社東京 2013.12 2冊 38cm〈国書刊行会（発売）1952年刊の複製 英語併記 帙入 内容：本文（水野清一, 長廣敏雄著）〉①978-4-336-05693-1 (set) Ⓝ522.2
◇雲岡石窟 第8巻（第11洞）－第9巻（第12洞）京都大学人文科学研究所, 中国社会科学院考古研究所監修, 岡村秀典総監修, 水野清一, 長廣敏雄著 科学出版社東京 2014.12 3冊 39cm〈国書刊行会（発売）1953年刊の複製 英語併記 帙入 内容：本文（水野清一, 長廣敏雄著）第11洞図版 第12洞図版〉①978-4-336-05694-8 (set) Ⓝ522.2
◇雲岡石窟 第10巻 第13洞（五華洞外壁窟龕）京都大学人文科学研究所, 中国社会科学院考古研究所監修, 岡村秀典総監修, 水野清一, 長廣敏雄著 科学出版社東京 2014.12 2冊 39cm〈国書刊行会（発売）1952年刊の複製 英語併記 帙入 内容：本文（水野清一, 長廣敏雄著）図版〉①978-4-336-05694-8 (set) Ⓝ522.2
◇雲岡石窟 第11巻 第14洞―第16洞 京都大学人文科学研究所, 中国社会科学院考古研究所監修, 岡村秀典総監修, 水野清一, 長廣敏雄著 科学出版社東京 2014.12 2冊 39cm〈国書刊行会（発売）1953年刊の複製 英語併記 帙入 内容：本文（水野清一, 長廣敏雄著）図版〉①978-4-336-05694-8 (set) Ⓝ522.2
◇雲岡石窟 第12巻 第17洞―第18洞 京都大学人文科学研究所, 中国社会科学院考古研究所監修, 岡村秀典総監修, 水野清一, 長廣敏雄著 科学出版社東京 2014.12 4冊 39cm〈国書刊行会（発売）1954年刊の複製 英語併記 帙入(2帙) 内容：本文（水野清一, 長廣敏雄著）第18洞 続補（水野清一, 田中重雄, 日比野丈夫著）第17洞図版 第18洞図版〉①978-4-336-05694-8 (set) Ⓝ522.2
◇雲岡石窟 第13巻（第19洞）－第14巻（第20洞）京都大学人文科学研究所, 中国社会科学院考古研究所監修, 岡村秀典総監修, 水野清一, 長廣敏雄著 科学出版社東京 2014.12 3冊 39cm〈国書刊行会（発売）1954年刊の複製 英語併記 帙入(2帙) 内容：本文（水野清一, 長廣敏雄著）第19洞図版 第20洞図版〉①978-4-336-05694-8 (set) Ⓝ522.2
◇雲岡石窟 第15巻 西方諸洞 京都大学人文科学研究所, 中国社会科学院考古研究所監修, 岡村秀典総監修, 水野清一, 長廣敏雄著 科学出版社東京 2014.12 2冊 39cm〈国書刊行会（発売）1955年刊の複製 英語併記 帙入 内容：本文（水野清一, 長廣敏雄著）図版〉①978-4-336-05694-8 (set) Ⓝ522.2
◇雲岡石窟 第16巻 京都大学人文科学研究所, 中国社会科学院考古研究所監修, 岡村秀典総監修, 水野清一, 長廣敏雄著 科学出版社東京 2014.12 2冊 39cm〈国書刊行会（発売）1956年刊の複製 英語併記 帙入 内容：補遺 索引〉①978-4-336-05694-8 (set) Ⓝ522.2

雲仙（遺跡・遺物）
◇小路遺跡 雲仙 雲仙市教育委員会 2014 96p 図版 [16] 枚 30cm（雲仙市文化財調査報告書 第13集）〈神代小路地区街なみ環境整備事業に伴う発掘調査報告〉Ⓝ210.0254
◇佃遺跡 2 雲仙 雲仙市教育委員会 2013 40p 30cm（雲仙市文化財調査報告書 第12集）〈神代地区県営圃場整備事業に伴う発掘調査報告〉Ⓝ210.0254

雲仙市（民家・保存・修復）
◇重要文化財旧鍋島家住宅長屋門ほか4棟保存修理工事報告書 文化財建造物保存技術協会編著 雲仙 雲仙市 2014.3 1冊 30cm〈年表あり〉Ⓝ521.86

雲南市（遺跡・遺物）
◇郡垣遺跡 3 雲南市教育委員会編 雲南 雲南市教育委員会 2014.3 109p 図版 [12] 枚 30cm（雲南市埋蔵文化財調査報告書 8）Ⓝ210.0254

雲南市（生物）
◇ふるさと尺の内公園の自然誌 出雲 ホシザキグリーン財団ホシザキ野生生物研究所 2014.4 272p 31cm〈年表あり ふるさと尺の内公園開園20周年記念〉Ⓝ462.173

雲南市（地誌）
◇中之段郷土誌 中之段郷土誌編纂委員会編 ［出版地不明］ 廣澤幸博 2014.3 149p 26cm Ⓝ291.73

雲南省（演劇）
◇シャンムーン―雲南省・徳宏タイ劇の世界 長谷千代子訳著, 岳小保共訳 雄山閣 2014.3 184p 22cm（叢書知られざるアジアの言語文化 8）〈文献あり 背の責任表示（誤植）：岳小保 共著〉①978-4-639-02305-0 Ⓝ772.2237 [6000円]
◇シャンムーン―雲南省・徳宏タイ劇の世界 長谷千代子訳著, 岳小保共訳 府中（東京都）東京外国語大学アジア・アフリカ言語文化研究所 2014.3 184p 21cm（叢書知られざるアジアの言語文化 8）〈年表あり 文献あり〉①978-4-86337-159-0 Ⓝ772.2237

雲南省（紀行・案内記）
忘れ去られた王国―落日の麗江雲南滞在記 ピーター・グゥラート著, 西本晃二訳 国分寺 スタイルノート 2014.12 453p 22cm ①978-4-7998-0131-4 Ⓝ292.237 [3600円]

雲南省（小学校）
富樫穎先生追悼文集―『パーリャン小学校の思い出』別冊 厉仁玉, 武田淳, 河合民子, 西潟範子, エルニーニョ深沢共著 那覇 蛙ブックス 2014.3 55p 21cm ①978-4-907464-02-8 Ⓝ372.2237 [500円]
◇パーリャン小学校の思い出―中国雲南省の辺境地に小学校を作る エルニーニョ深沢著 第2版 那覇 蛙ブックス 2014.2 82p 21cm ①978-4-907464-04-2 Ⓝ372.2237 [500円]

雲南省（少数民族）
◇森とともに生きる中国雲南の少数民族―その文化と権利 比嘉政夫監修, 大崎正治, 杉浦孝昌, 時雨彰著 明石書店 2014.3 340p 20cm（世界人権問題叢書 87）〈索引あり〉①978-4-7503-3986-3 Ⓝ652.2237 [4000円]

雲南省（森林利用）
◇森とともに生きる中国雲南の少数民族―その文化と権利 比嘉政夫監修, 大崎正治, 杉浦孝昌, 時雨彰著 明石書店 2014.3 340p 20cm（世界人権問題叢書 87）〈索引あり〉①978-4-7503-3986-3 Ⓝ652.2237 [4000円]

雲南省（日中戦争〔1937～1945〕―会戦）
◇「戦場体験」を受け継ぐということ―ビルマルートの拉孟全滅戦の生存者を尋ね歩いて 遠藤美幸著 高文研 2014.11 239p 20cm〈索引あり〉①978-4-87498-549-6 Ⓝ210.74 [2200円]

雲南省（仏教）
◇国境と仏教実践―中国・ミャンマー境域における上座仏教徒社会の民族誌 小島敬裕著 京都 京都大学学術出版会 2014.2 330p 23cm（地域研究のフロンティア 3）〈文献あり 年表あり 索引あり〉①978-4-87698-385-8 Ⓝ182.2237 [4600円]

雲南省（林業政策）
◇森とともに生きる中国雲南の少数民族―その文化と権利 比嘉政夫監修, 大崎正治, 杉浦孝昌, 時雨彰著 明石書店 2014.3 340p 20cm（世界人権問題叢書 87）〈索引あり〉①978-4-7503-3986-3 Ⓝ652.2237 [4000円]

雲南農業協同組合
◇木次町農業協同組合誌―35年の軌跡 雲南農業協同組合斐伊支店・木次町農業協同組合誌編纂委員会編纂 雲南 雲南農業協同組合斐伊支店 2013.5 252p 27cm〈年表あり〉Ⓝ611.6173

運輸省第五港湾建設局
◇第五港湾建設局設立50年記念誌―ものづくり中部と暮らしの安全安心を支えて：1964-2014 ［出版地不明］「「五建50年を祝う会」実行委員会］ [2014] 52p 30cm〈年表あり〉Ⓝ683.91

【 え 】

エアハース・インターナショナル株式会社
◇エンジェルフライト―国際霊柩送還士 佐々涼子著 集英社 2014.11 284p 16cm（集英社文庫 さ58-1）〈文献あり 2012年刊の大幅加筆修正〉①978-4-08-745252-5 Ⓝ673.93 [560円]

エーアンドエー株式会社
◇A&Aの花伝書―A&A30周年記念誌 エーアンドエー株式会社編著 ［東京］ 新潮社図書編集室 2014.6 143p 22cm〈新潮社（発売）年譜あり〉①978-4-10-910027-4 Ⓝ007.35 [1200円]

エー・アンド・デイ
◇人と技術をつなぐ企業―知と情熱で世界に挑むA&D 鶴蒔靖夫著 IN通信社 2013.11 262p 20cm ①978-4-87218-390-0 Ⓝ535.3 [1800円]

永 六輔〔1933〜 〕
◇上を向いて歩こう展―奇跡の歌から希望の歌へ　世田谷文学館編　世田谷文学館　2013.4　64p　22×22cm〈年表あり　会期・会場：2013年4月20日―6月30日　世田谷文学館〉Ⓝ767.8

永慶寺〔甲府市〕
◇黄檗宗資料集成　第1巻　木村得玄編　春秋社　2014.11　227p　22cm〈布装　内容：興禅寺改派之記　甲州龍華山建立次第〉Ⓘ978-4-393-17611-5　Ⓝ188.82　［3500円］

AKB48
◇AKB48とブラック企業　坂倉昇平著　イースト・プレス　2014.2　285p　18cm　（イースト新書　023）〈シリーズの部編名, 巻次, 回次, 年次等（誤植）：024〉Ⓘ978-4-7816-5023-4　Ⓝ366.021　［860円］

◇AKB48の透視図　村山泰弘著　東洋出版　2014.4　255p　19cm〈文献あり〉Ⓘ978-4-8096-7733-5　Ⓝ767.8　［1300円］

◇ゴーマニズム宣言SPECIAL AKB48論　小林よしのり著　幻冬舎　2013.9　193p　21cm　Ⓘ978-4-344-02453-3　Ⓝ767.8　［1300円］

エイケンヘッド, M.〔1787〜1858〕
◇ホスピスの母マザー・エイケンヘッド　ジューナル・S・ブレイク著, 細野容子監訳, 浅田仁子訳　春秋社　2014.7　227p　20cm〈文献あり　年譜あり〉Ⓘ978-4-393-36531-1　Ⓝ198.22339　［2500円］

栄西〔1141〜1215〕
◇あなたの知らない栄西と臨済宗　山折哲雄監修　洋泉社　2014.4　190p　18cm　（歴史新書）〈文献あり　年表あり〉Ⓘ978-4-8003-0376-9　Ⓝ188.82　［860円］

◇栄西―臨済宗　高野澄著　京都　淡交社　2014.3　211p　18cm　（京都・宗祖の旅）〈年譜あり　1990年刊の再編集〉Ⓘ978-4-473-03936-1　Ⓝ188.82　［1200円］

◇栄西『喫茶養生記』の研究　熊倉功夫, 姚国坤編　京都　宮帯出版社　2014.7　289p　19cm　（世界茶文化学術研究叢書 2）〈年譜あり　内容：栄西禅師と『喫茶養生記』への疑問（熊倉功夫著）　栄西が天台山に赴いた経緯と茶に関する事跡（姚国坤著, 高橋忠彦訳）『喫茶養生記』の文体と語彙（高橋忠彦著）『喫茶養生記』執筆の目的（中村修也著）『喫茶養生記』要述（程啓坤著, 山崎武訳）　栄西が将来した抹茶法の行方（中村羊一郎著）　宋代の飲茶法とその東アジアにおける展開（関剣平著, 高橋忠彦訳）　宋代文人と茶文化（沈冬梅著, 佐藤正光訳）『喫茶養生記』初治本　原文（栄西著, 高橋忠彦校訂）〉Ⓘ978-4-86366-935-2　Ⓝ596.7　［3500円］

◇栄西―岡山県立博物館平成二十五年度特別展　岡山県立博物館編　岡山　岡山県立博物館　2013.3　103p　30cm〈年譜あり　文献あり　会期：平成25年4月19日―5月19日　栄西禅師八〇〇回忌記念事業〉Ⓝ188.82

◇栄西と建仁寺―特別展：開山・栄西禅師八〇〇年遠忌　東京国立博物館, 読売新聞社, NHK, NHKプロモーション編　［東京］　読売新聞社　2014.3　332, 16p　30cm〈年譜あり　年表あり　会期・会場：2014年3月25日―5月18日　東京国立博物館平成館　共同刊行：NHKほか〉Ⓝ702.17

AC長野パルセイロ
◇J3 AC長野パルセイロ2014年の軌跡　信濃毎日新聞社編　長野　信濃毎日新聞社　2014.12　87p　24cm　Ⓘ978-4-7840-7253-8　Ⓝ783.47　［1000円］

英泉〔1714〜1782〕
◇般若院英泉の思想と行動―秋田「内館文庫」資料にみる近世修験の世界　長谷部八朗, 佐藤俊晃編著　岩田書院　2014.4　413p　27cm〈年譜あり〉Ⓘ978-4-87294-861-5　Ⓝ172　［14800円］

HSコーポレーション
◇前進すれば道は開ける　星野修著　札幌　エイチエス　2014.12　195p　19cm　Ⓘ978-4-903707-54-9　Ⓝ159.4　［1500円］

H. M.〔1926〜2008〕
◇ぼくは物覚えが悪い―健忘症患者H・Mの生涯　スザンヌ・コーキン著, 鍛原多惠子訳　早川書房　2014.11　469p　20cm　Ⓘ978-4-15-209501-5　Ⓝ493.73　［2600円］

永平寺町〔福井県〕（遺跡・遺物）
◇浅見堂ノ北遺跡・藤森館遺跡Ⅱ　福井　福井県教育庁埋蔵文化財調査センター　2014.3　30p　図版8p　30cm　（福井県埋蔵文化財調査報告　第149集）Ⓝ210.0254

◇堂山城跡・谷口西谷古墳群　福井　福井県教育庁埋蔵文化財調査センター　2014.3　22p　図版6p　30cm　（福井県埋蔵文化財調査報告　第154集）Ⓝ210.0254

吉野堺遺跡　福井　福井県教育庁埋蔵文化財調査センター
2014.3　84p　図版20p　30cm　（福井県埋蔵文化財調査報告第147集）Ⓝ210.0254

エウクレイデス
◇ユークリッド原論を読み解く―数学の大ロングセラーになったわけ　アップ研伸館編集, 吉田信夫著　技術評論社　2014.7　159p　19cm　（数学への招待）〈索引あり〉Ⓘ978-4-7741-6536-3　Ⓝ414　［1680円］

慧鶴〔1685〜1768〕
◇坐る―白隠禅師坐禅和讃を読む　西村惠信著　京都　禅文化研究所　2014.6　209p　19cm　Ⓘ978-4-88182-278-4　Ⓝ188.84　［1300円］

◇白隠―江戸の社会変革者　高橋敏著　岩波書店　2014.9　197, 4p　19cm　（岩波現代全書 042）〈文献あり　年譜あり〉Ⓘ978-4-00-029142-2　Ⓝ188.82　［1900円］

◇白隠禅師の足跡　上村貞嘉著　京都　淡交社　2014.4　127p　22cm〈著作目録あり〉Ⓘ978-4-473-03948-4　Ⓝ188.82　［2000円］

恵蕚〔平安時代初期〕
◇入唐僧恵蕚と東アジア―附恵蕚関連史料集　田中史生編　勉誠出版　2014.9　244,9p　22cm〈文献あり　索引あり　内容：入唐僧恵蕚に関する基礎的考察（田中史生）　白居易と楊氏兄弟との交友（葛継勇著）　新羅の禅宗受容と梵日（李侑珍著）〉Ⓘ978-4-585-22093-0　Ⓝ182.1　［5000円］

エカチェリーナ2世〔1729〜1796 ロシア女王〕
◇エカチェリーナ大帝―ある女の肖像　上　ロバート・K.マッシー著, 北代美和子訳　白水社　2014.8　396p　20cm　Ⓘ978-4-560-08377-2　Ⓝ289.3　［3200円］

◇エカチェリーナ大帝―ある女の肖像　下　ロバート・K.マッシー著, 北代美和子訳　白水社　2014.8　423,27p　20cm〈文献あり　索引あり〉Ⓘ978-4-560-08378-9　Ⓝ289.3　［3300円］

江川 卓〔1955〜 〕
◇江川卓が怪物になった日　松井優史著　竹書房　2014.3　285p　15cm　（竹書房文庫 ま5-1）〈「真実の一球」（2009年刊）の改題, 加筆修正〉Ⓘ978-4-8124-9915-3　Ⓝ783.7　［648円］

江川 太郎左衛門〔1801〜1855〕
◇幕末の知られざる巨人江川英龍―勝海舟が絶賛し, 福沢諭吉も憧れた　橋本敬之著　KADOKAWA　2014.1　255p　18cm　（角川SSC新書 211）〈文献あり〉Ⓘ978-4-04-731631-7　Ⓝ289.1　［860円］

江川 淑夫〔1935〜 〕
◇江川淑夫事業と人生の流儀　車勤著　東京堂出版　2014.5　214p　20cm　Ⓘ978-4-490-20866-5　Ⓝ289.1　［1800円］

エクアドル（民族運動）
◇解釈する民族運動―構成主義によるボリビアとエクアドルの比較分析　宮地隆廣著　東京大学出版会　2014.1　352p　22cm〈文献あり　年表あり　索引あり〉Ⓘ978-4-13-036250-4　Ⓝ316.867　［5600円］

◇先住民運動と多民族国家―エクアドルの事例研究を中心に　新木秀和著　御茶の水書房　2014.3　337p　22cm　（神奈川大学人文学研究叢書 34）〈文献あり　年表あり　索引あり〉Ⓘ978-4-275-01066-7　Ⓝ316.8615　［5600円］

エクアドル（民族問題）
◇先住民運動と多民族国家―エクアドルの事例研究を中心に　新木秀和著　御茶の水書房　2014.3　337p　22cm　（神奈川大学人文学研究叢書 34）〈文献あり　年表あり　索引あり〉Ⓘ978-4-275-01066-7　Ⓝ316.8615　［5600円］

EXILE
◇EXILE夢の向こうの志　石井一弘企画監修, 稲富治男著　宝島社　2014.11　251p　16cm　（宝島社文庫 Cい-11-1）Ⓘ978-4-8002-3501-5　Ⓝ767.8　［690円］

エクソンモービル
◇石油の帝国―エクソンモービルとアメリカのスーパーパワー　スティーブ・コール著, 森義雅訳　ダイヤモンド社　2014.12　642p　21cm〈文献あり〉Ⓘ978-4-478-02910-7　Ⓝ568.0253　［3000円］

江国 香織〔1964〜 〕
◇江國香織を読む―ふてぶてしくも豪奢な美と愛　福田和也著　廣済堂出版　2014.7　213p　19cm　Ⓘ978-4-331-05967-8　Ⓝ910.268　［1400円］

エコギャラリー新宿
◇10年のあゆみ―エコギャラリー新宿10周年記念誌：文化の薫り高い環境都市"新宿"をめざして　「10年のあゆみ」編集委

員会編　〔東京〕　新宿区　〔2014〕　54p　30cm〈年表あり〉
Ⓝ519.06

江崎　潔〔1950～〕
◇人生いろいろ……挑戦の日々　江崎潔著　文芸社　2014.3
185p　15cm　Ⓘ978-4-286-14645-4　Ⓝ289.1　〔600円〕

江差町〔北海道〕（医療）
◇ここで一緒に暮らそうよ―地域包括ケア時代へのメッセージ
大城忠著　本の泉社　2014.10　231p　19cm　Ⓘ978-4-7807-
1191-2　Ⓝ498.02118　〔1200円〕

江差町〔北海道〕（地域包括ケア）
◇ここで一緒に暮らそうよ―地域包括ケア時代へのメッセージ
大城忠著　本の泉社　2014.10　231p　19cm　Ⓘ978-4-7807-
1191-2　Ⓝ498.02118　〔1200円〕

枝幸町〔北海道〕（衛生行政）
◇枝幸町健康増進計画―みんなでつくろう健やか・枝幸　枝幸
町〔北海道〕　枝幸町　2014.3　127p　30cm　Ⓝ498.1

エジプト（遺跡・遺物）
◇〈図説〉地中海文明史の考古学―エジプト・物質文化研究の試
み　長谷川奏著　彩流社　2014.5　174p　19cm〈文献あり
年表あり〉Ⓘ978-4-7791-2016-9　Ⓝ242.03　〔1800円〕
◇ツタンカーメン死後の奇妙な物語　ジョー・マーチャント著，
木村博江訳　文藝春秋　2014.9　373,16p　20cm〈文献あり〉
Ⓘ978-4-16-390125-1　Ⓝ242.03　〔1950円〕
◇なるほど！古代エジプト　岡山　岡山市立オリエント美術館
2014.7　60p　26cm〈年表あり　会期・会場：2014年7月5日
―8月31日　古代オリエント博物館ほか　編集：須藤寛史ほか
共同刊行：古代オリエント博物館〉Ⓝ242.03
◇ファラオの生活文化図鑑　ギャリー・J・ショー著，近藤二郎
訳　原書房　2014.2　224p　26cm〈文献あり　索引あり〉
Ⓘ978-4-562-04971-4　Ⓝ242.03　〔4800円〕

エジプト（エネルギー資源）
◇革命と騒乱のエジプト―ソーシャルメディアとピーク・オイル
の政治学　山本達也著　慶應義塾大学出版会　2014.7　220,
4p　20cm〈文献あり　索引あり〉Ⓘ978-4-7664-2141-5
Ⓝ312.42　〔2500円〕

エジプト（音楽）
◇エジプト音楽―ベリーダンサーのための教本：日本語版
ジョージ・サワ〔著〕，小西優子訳　イカロス出版　2014.5
31p　27cm〈文献あり〉Ⓘ978-4-86320-860-5　Ⓝ762.42
〔3880円〕

エジプト（外国関係―イギリス―歴史―19世紀）
◇エジプトを植民地化する帝国と規律訓練的権力
ティモシー・ミッチェル著，大塚和夫，赤堀雅幸訳　法政大学
出版局　2014.3　328p　22cm〈文献あり　索引あり〉Ⓘ978-
4-588-37602-3　Ⓝ319.42033　〔5600円〕

エジプト（開発計画）
◇ムバーラクのピラミッド―エジプトの大規模沙漠開発「トシュ
カ計画」の論理　竹村和朗著　風響社　2014.10　62p　21cm
（ブックレット《アジアを学ぼう》別巻7）〈文献あり〉
Ⓘ978-4-89489-777-9　Ⓝ601.42　〔800円〕

エジプト（議会）
◇イラン・エジプト・トルコ議会内規―全訳　八尾師誠，池田美
佐子，粕谷元編　東洋文庫　2014.3　411p　22cm　Ⓘ978-4-
8097-0266-2　Ⓝ314.272　〔非売品〕

エジプト（紀行・案内記）
◇私の旅物語―海外ツアーを楽しむ　エジプト・トルコ・イタリ
ア編　片山敏明著　文芸社　2014.3　100p　15cm　Ⓘ978-4-
286-14726-0　Ⓝ290.9　〔600円〕

エジプト（祭礼―歴史―古代）
◇プトレマイオス王国と東地中海世界―ヘレニズム王権とディ
オニュシズム　波部雄一郎著　西宮　関西学院大学出版会
2014.1　318p　22cm〈文献あり　索引あり　内容：序章　プ
トレマイオス朝研究の視座　初期プトレマイオス朝とギリシア
本土の諸都市　エーゲ海域におけるプトレマイエイア祭典行列へ
浸透　プトレマイオス二世のプトレマイエイア祭典行列　ヘ
レニズム君主とディオニュソスのテクニタイによる祭典文化
プトレマイオス朝におけるディオニュソス崇拝の変容　プトレ
マイオス二世による祭典行列の年代について　プトレマイオ
ス四世による「四〇の船」の建造　プトレマイオス四世による
「タラメゴス号」〉Ⓘ978-4-86283-152-1　Ⓝ242.03　〔2800円〕

エジプト（情報化社会）
◇革命と騒乱のエジプト―ソーシャルメディアとピーク・オイル
の政治学　山本達也著　慶應義塾大学出版会　2014.7　220,
4p　20cm〈文献あり　索引あり〉Ⓘ978-4-7664-2141-5
Ⓝ312.42　〔2500円〕

エジプト（女性）
◇神のためにまとうヴェール―現代エジプトの女性とイスラー
ム　後藤絵美著　中央公論新社　2014.7　299p　21cm〈文献
あり　内容：クルアーンとヴェール　現代エジプトと「ヒ
ジャーブ」　ヒジャーブをまとうまで　人気説教師とヒ
ジャーブ　芸能人女性の「悔悛」とヒジャーブ〉Ⓘ978-4-12-
004620-9　Ⓝ367.242　〔3700円〕

エジプト（政治）
◇革命と騒乱のエジプト―ソーシャルメディアとピーク・オイル
の政治学　山本達也著　慶應義塾大学出版会　2014.7　220,
4p　20cm〈文献あり　索引あり〉Ⓘ978-4-7664-2141-5
Ⓝ312.42　〔2500円〕

エジプト（帝王―歴史―古代）
◇ファラオの生活文化図鑑　ギャリー・J・ショー著，近藤二郎
訳　原書房　2014.2　224p　26cm〈文献あり　索引あり〉
Ⓘ978-4-562-04971-4　Ⓝ242.03　〔4800円〕

エジプト（美術―歴史―古代）
◇女王と女神―メトロポリタン美術館古代エジプト展　メトロ
ポリタン美術館監修，東京都美術館，神戸市立博物館，朝日新
聞社編　〔東京〕　朝日新聞社　c2014-2015　239p　29cm
〈年表あり　会期・会場：2014年7月19日―9月23日　東京都美
術館ほか〉Ⓝ702.03

エジプト（舞踊）
◇エジプト音楽―ベリーダンサーのための教本：日本語版
ジョージ・サワ〔著〕，小西優子訳　イカロス出版　2014.5
31p　27cm〈文献あり〉Ⓘ978-4-86320-860-5　Ⓝ762.42
〔3880円〕

エジプト（ムスリム）
◇神のためにまとうヴェール―現代エジプトの女性とイスラー
ム　後藤絵美著　中央公論新社　2014.7　299p　21cm〈文献
あり　内容：クルアーンとヴェール　現代エジプトと「ヒ
ジャーブ」　ヒジャーブをまとうまで　人気説教師とヒ
ジャーブ　芸能人女性の「悔悛」とヒジャーブ〉Ⓘ978-4-12-
004620-9　Ⓝ367.242　〔3700円〕

エジプト（歴史―古代）
◇逆説の世界史　1　古代エジプトと中華帝国の興廃　井沢元彦
著　小学館　2014.1　333p　20cm〈年表あり〉Ⓘ978-4-09-
388347-4　Ⓝ209　〔1500円〕
◇古代エジプト―失われた世界の解読　笈川博一〔著〕　講談社
2014.9　253p　15cm　（講談社学術文庫　2255）〈中央公論社
1990年刊に大幅に加筆・修正し、短編2作品を加える〉Ⓘ978-
4-06-292255-5　Ⓝ242.03　〔880円〕
◇古代エジプトの埋葬習慣　和田浩一郎著　ポプラ社　2014.4
321p　18cm　（ポプラ新書　031）〈文献あり〉Ⓘ978-4-591-
14001-7　Ⓝ242.03　〔830円〕
◇〈図説〉地中海文明史の考古学―エジプト・物質文化研究の試
み　長谷川奏著　彩流社　2014.5　174p　19cm〈文献あり
年表あり〉Ⓘ978-4-7791-2016-9　Ⓝ242.03　〔1800円〕
◇ツタンカーメン死後の奇妙な物語　ジョー・マーチャント著，
木村博江訳　文藝春秋　2014.9　373,16p　20cm〈文献あり〉
Ⓘ978-4-16-390125-1　Ⓝ242.03　〔1950円〕
◇ナイル世界のヘレニズム―エジプトとギリシアの遭遇　周藤
芳幸著　名古屋　名古屋大学出版会　2014.11　367,56p
22cm〈文献あり　索引あり〉Ⓘ978-4-8158-0785-6　Ⓝ242.03
〔6800円〕
◇なるほど！古代エジプト　岡山　岡山市立オリエント美術館
2014.7　60p　26cm〈年表あり　会期・会場：2014年7月5日
―8月31日　古代オリエント博物館ほか　編集：須藤寛史ほか
共同刊行：古代オリエント博物館〉Ⓝ242.03
◇ファラオの生活文化図鑑　ギャリー・J・ショー著，近藤二郎
訳　原書房　2014.2　224p　26cm〈文献あり　索引あり〉
Ⓘ978-4-562-04971-4　Ⓝ242.03　〔4800円〕
◇プトレマイオス王国と東地中海世界―ヘレニズム王権とディ
オニュシズム　波部雄一郎著　西宮　関西学院大学出版会
2014.1　318p　22cm〈文献あり　索引あり　内容：序章　プ
トレマイオス朝研究の視座　初期プトレマイオス朝とギリシア
本土の諸都市　エーゲ海域におけるプトレマイオス朝権力の
浸透　プトレマイオス二世のプトレマイエイア祭典行列　ヘ
レニズム君主とディオニュソスのテクニタイによる祭典文化
プトレマイオス朝におけるディオニュソス崇拝の変容　プトレ
マイオス二世による祭典行列の年代について　プトレマイオ
ス四世による「四〇の船」の建造　プトレマイオス四世による
「タラメゴス号」〉Ⓘ978-4-86283-152-1　Ⓝ242.03　〔2800円〕

慧信尼〔1185～1263〕
◇恵信尼―親鸞とともに歩んだ六十年　今井雅晴著　京都　法
藏館　2013.11　204p　20cm〈著作目録あり〉Ⓘ978-4-8318-
4040-0　Ⓝ188.72　〔2200円〕

◇恵信尼さまの手紙に聞く　寺川幽芳著　京都　法藏館　2014. 3　86p　21cm〈年譜あり〉Ⓘ978-4-8318-6427-7　Ⓝ188.72　[1300円]

え

SAP
◇SAP—会社を、社会を、世界を変えるシンプル・イノベーター：Run Simple　日経BPビジョナリー経営研究所編　［東京］　日経BP社　2014.12　343p　19cm〈日経BPマーケティング（発売）〉Ⓘ978-4-8222-7762-8　Ⓝ007.35　[1500円]

エスグラントコーポレーション
◇30歳で400億円の負債を抱えた僕が、もう一度、起業を決意した理由　杉本宏之著　ダイヤモンド社　2014.7　256p　19cm　Ⓘ978-4-478-02734-9　Ⓝ673.99　[1500円]

SCSK株式会社
◇当たり前の経営—常識を覆したSCSKのマネジメント　野田稔著　ダイヤモンド社　2014.12　224p　20cm　Ⓘ978-4-478-03952-6　Ⓝ007.35　[1600円]

エース証券株式会社
◇エース証券100年史　大阪　エース証券　2014.10　132, 36p　31cm　Ⓝ338.17

SPC Japan
◇横山義幸自伝—SPC Japan創設理事長　横山義幸著　髪書房　2014.4　307p　22cm　Ⓘ978-4-903070-73-5　Ⓝ595　[4000円]

江角 ヤス〔1899〜1980〕
◇心を灯すマッチのように　髙野澄子著　KADOKAWA　2014.3　191p　19cm　Ⓘ978-4-04-066348-7　Ⓝ198.22193　[1000円]

江副 浩正〔1936〜2013〕
◇リクルートの深層　大下英治著　イースト・プレス　2014.4　381p　18cm　（イースト新書 026）〈文献あり〉Ⓘ978-4-7816-5026-5　Ⓝ289.1　[907円]

蝦夷地
◇久摺日誌—自由訳　松浦武四郎原文, 北海道中小企業家同友会釧根事務所監修　津　たけしろうカンパニー　2014.3　100p　19cm〈年譜あり〉Ⓝ291.1
◇中近世の蝦夷地と北方交易—アイヌ文化と内国化　関根達人著　吉川弘文館　2014.11　407p　27cm〈文献あり　内容：アイヌ文化成立以前の北方交易　考古資料からみたアイヌ文化の成立　アイヌの宝物とツクナイ　副葬品からみたアイヌ文化の変容　シベチャリ出土の遺物　タマサイ・ガラス玉に関する基礎的研究　考古学的痕跡　生業・習俗と北奥社会　狩猟と漁撈　道南和人館とその時代　北海道島における中世陶磁器の流通　近世陶磁器からみた蝦夷地の内国化　石造物からみた蝦夷地の内国化　松前三湊の墓石と人口動態　カラフト島出土の日本製品　白主会所跡の位置と構造　死亡者からみたカラフト島への和人の進出　1850年代のカラフト島の先住民族と国家　クシュンコタン占拠事件と樺太アイヌ供養・顕彰碑　蝦夷地史の構築を目指して〉Ⓘ978-4-642-09339-2　Ⓝ211　[15000円]

蝦夷地〔歴史—史料〕
◇蝦夷日記　上　田端宏監修　［札幌］　札幌歴史懇話会　2014.9　280p　26cm　（古文書解読選 第4集）〈北海道大学附属図書館北方資料室蔵　の複製及び翻刻〉Ⓝ211　[2000円]

江田〔家〕〔福島県塙町〕
◇つなぐ—江田家の由来　江田ミチ著　塙町（福島県）　江田七男　2014.5　59p　19cm　Ⓝ288.3

エチオピア〔国際投資〔日本〕〕
◇日本食・食産業の海外市場の新規開拓支援検討調査事業成果報告書　平成25年度　［東京］　三菱総合研究所　2014.3　132p　30cm〈農林水産省委託事業〉Ⓝ588.09

エチオピア〔社会〕
◇エチオピア駐在見聞録　尾幡佳徳著　セルバ出版　2014.1　223p　19cm〈創英社/三省堂書店（発売）〉Ⓘ978-4-86367-142-3　Ⓝ302.451　[1600円]

エチオピア〔社会集団〕
◇誰が差別をつくるのか—エチオピアに生きるカファとマンジョの関係誌　吉田早悠里著　横浜　春風社　2014.3　371, 40p　22cm〈文献あり　年表あり　索引あり〉Ⓘ978-4-86110-402-2　Ⓝ361.6　[4900円]

エチオピア〔社会的差別〕
◇誰が差別をつくるのか—エチオピアに生きるカファとマンジョの関係誌　吉田早悠里著　横浜　春風社　2014.3　371, 40p　22cm〈文献あり　年表あり　索引あり〉Ⓘ978-4-86110-402-2　Ⓝ361.6　[4900円]

エチオピア〔宗教〕
◇せめぎあう宗教と国家—エチオピア神々の相克と共生　石原美奈子編　風響社　2014.2　436p　22cm〈文献あり　内容：国家と宗教　国家を支える宗教（石原美奈子著）国家に抗う宗教（石原美奈子著）遍在する信仰　邪視・変身・食人（藤本武著）福因と災因（田川玄著）精霊と権力装置　精霊憑依と新たな世界構築の技法（宮脇幸生著）世俗を生きる霊媒師（吉田里悠里著）対立と共存　対立・干渉・無関心（増田研著）対立を緩和する社会関係（松村圭一郎著）偏在する神性を求めて　ショワ・オロモの悩みと対処（松波康男著）〉Ⓘ978-4-89489-194-4　Ⓝ162.451　[5000円]

エチオピア〔風俗・習慣—写真集〕
◇ナチュラル・ファッション—自然を纏うアフリカ民族写真集　ハンス・シルヴェスター著, 武者小路実昭訳　［東京］　DU BOOKS　2013.12　1冊（ページ付なし）19cm〈ディスクユニオン（発売）〉Ⓘ978-4-925064-93-4　Ⓝ383.5　[2200円]

エチオピア〔民族〕
◇無文字社会における歴史の生成と記憶の技法—口頭年代史を継承するエチオピア南部ボラナ社会　大場千景著　清水弘文堂書房　2014.1　431,32p　22cm〈文献あり　索引あり〉Ⓘ978-4-87950-613-9　Ⓝ382.451　[7000円]

越前市〔製紙〕
◇紙をすく、手のあとをたどる—越前和紙製作用具：平成25年度特別展　越前市武生公会堂記念館編　越前　越前市武生公会堂記念館　2014.2　55p　30cm〈会期・会場：平成26年2月21日—3月23日　越前市武生公会堂記念館〉Ⓝ585.6

越前市〔歴史—史料〕
◇越前市史　資料編 5　旗本金森左京家関係文書　越前市編　越前　越前市　2014.3　26, 218p　21cm〈年表あり〉Ⓝ214.4

越前市〔和紙〕
◇紙をすく、手のあとをたどる—越前和紙製作用具：平成25年度特別展　越前市武生公会堂記念館編　越前　越前市武生公会堂記念館　2014.2　55p　30cm〈会期・会場：平成26年2月21日—3月23日　越前市武生公会堂記念館〉Ⓝ585.6

越前藩
◇福井藩士履歴　2　おーく　福井県文書館編　福井　福井県文書館　2014.2　312p　30cm　（福井県文書館資料叢書 10）Ⓝ214.4

エッソ石油株式会社
◇元社員が書いた50年史—彗星のように現れ、そして突然消えたエッソ石油　上巻　Essoブランドの誕生と躍進の四半世紀　エッソ50年史編集委員会　2014.3　436p　図版［24］枚　30cm〈年表あり〉Ⓝ575.5
◇元社員が書いた50年史—彗星のように現れ、そして突然消えたエッソ石油　下巻　成熟と誇り、そして驚愕　エッソ50年史編集委員会　2014.3　485p　図版［24］枚　30cm〈年表あり〉Ⓝ575.5

江戸
◇浅草大黒家よもやま話—江戸・東京の気くばり心くばり　丸山眞司著　ブランドニュー　2014.1　93p　21cm　Ⓝ382.1361　[1000円]
◇居酒屋の誕生—江戸の呑みだおれ文化　飯野亮一著　筑摩書房　2014.8　318p　15cm　（ちくま学芸文庫 イ54-1）〈文献あり〉Ⓘ978-4-480-09637-1　Ⓝ383.885　[1200円]
◇浮世絵でわかる！ 江戸っ子の二十四時間　山本博文監修　青春出版社　2014.6　123p　18cm　（青春新書INTELLIGENCE PI-426）〈文献あり〉Ⓘ978-4-413-04426-4　Ⓝ382.1　[1180円]
◇江戸遺跡研究の視点と展開—江戸遺跡研究会第27回大会：発表要旨　江戸遺跡研究会編　［東京］　江戸遺跡研究会　2014.2　203p　26cm〈文献あり　年表あり　会期・会場：2014年2月1日—2日　江戸東京博物館〉Ⓝ213.61
◇〈絵解き〉江戸の暮らしと二十四節気　土屋ゆふ著　静山社　2014.3　287p　15cm　[［静山社文庫］ つ2-1]〉〈文献あり〉Ⓘ978-4-86389-275-0　Ⓝ386.1361　[680円]
◇江戸東京実見画録　長谷川渓石画, 進士慶幹, 花咲一男注解　岩波書店　2014.7　298p　15cm　（岩波文庫 33-577-1）〈底本：有光書房 1968年刊〉Ⓘ978-4-00-335771-2　Ⓝ382.1361　[780円]
◇江戸と歌舞伎　洋泉社編集部編　洋泉社　2014.4　191p　19cm　（江戸学入門）〈文献あり　「江戸の暮らしがもっとわかる歌舞伎案内」(2013年刊)の改題、再構成〉Ⓘ978-4-8003-0375-2　Ⓝ774.2　[1300円]
◇江戸と木の文化—江戸遺跡研究会第26回大会：発表要旨　江戸遺跡研究会編　［東京］　江戸遺跡研究会　2013.2　14, 160p　26cm〈文献あり　年表あり　会期・会場：2013年2月2日—3日　江戸東京博物館〉Ⓝ652.1

◇江戸の開府と土木技術　江戸遺跡研究会編　吉川弘文館
　2014.12　271p　22cm　〈内容：江戸の地形環境（久保純子著）
　「静勝軒寄題詩序」再考（岡野友彦著）「江戸」成立前夜の山の
　手地域（渋江芳浩著）　徳川家康の江戸入府と葛西（谷口榮著）
　丸の内を中心とした近世初頭の遺跡について（金子智著）　小
　石川本郷周辺の自然地形と近世土木事業の実態（池田悦夫著）
　江戸を支える土（毎田佳奈子著）　江戸、下町の造成（仲光克顕
　著）　江戸城をめぐる土木技術（後藤宏樹著）　近世における
　石積み技術（北垣聰一郎著）　近世をきりひらいた土木技術
　（森田克行著）〉①978-4-642-03466-1　Ⓝ291.361　[6500円]
◇江戸の人になってみる　岸本葉子著　晶文社　2014.7　261p
　19cm　①978-4-7949-6852-4　Ⓝ386.1361　[1500円]
◇大江戸暮らし大事典　菅野俊輔, 小林信也監修　宝島社
　2014.3　222p　16cm　（宝島SUGOI文庫　Dかー7-1）〈文献
　あり　「大江戸くらし大図鑑」（2013年刊）の改題, 加筆・修
　正〉①978-8002-2461-3　Ⓝ210.5　[600円]
◇大江戸今昔マップ―東京を、江戸の古地図で歩く　かみゆ歴
　史編集部著　新版　KADOKAWA　2014.7　143p　図版60枚
　26cm　〈年表あり　索引あり　初版：新人物往来社　2011年刊〉
　①978-4-04-600289-1　Ⓝ291.361　[2000円]
◇近世江戸の都市法とその構造　坂本忠久著　創文社　2014.2
　358,9p　22cm　〈索引あり〉①978-4-423-74107-8　Ⓝ318.2361
　[7000円]
◇女子のためのお江戸案内―恋とおしゃれと生き方と　堀江宏
　樹著　廣済堂出版　2014.8　197p　19cm　〈文献あり　年表あ
　り〉①978-4-331-51864-9　Ⓝ384.6　[1500円]
◇地図と写真から見える！江戸・東京歴史を愉しむ！　南谷果
　林著　西東社　2014.9　223p　19cm　〈文献あり　索引あり〉
　①978-4-7916-2081-8　Ⓝ213.61　[1500円]
◇東京・江戸地名の由来を歩く　谷川彰英[著]　ベストセラー
　ズ　2014.10　316p　15cm　（ワニ文庫　P-255）〈2003年刊の
　加筆・修正〉①978-4-584-39355-0　Ⓝ291.36　[800円]
◇西山松之助著作集　第3巻　江戸の生活文化　西山松之助著
　オンデマンド版　吉川弘文館　2013.10　494,10p　22cm　〈索
　引あり　印刷・製本：デジタルパブリッシングサービス　内
　容：大江戸の特色　火災都市江戸の実体　後期江戸町人の文
　化生活　日本橋の生活文化　江戸の町名主斎藤月岑　山の手
　町人の生活　山の手町人の文化　山の手の文化人と芸能〉
　①978-4-642-04294-9　Ⓝ702.15　[15000円]
◇百万都市江戸の経済　北原進[著]　KADOKAWA　2014.9
　210p　15cm　（[角川ソフィア文庫　I117-2]）〈文献あり
　「八百八町いきなやりくり」（教育出版　2000年刊）の改題, 加
　筆・修正〉①978-4-04-406308-5　Ⓝ213.61　[720円]
◇百万都市江戸の生活　北原進[著]　KADOKAWA　2014.1
　287p　15cm　（[角川ソフィア文庫　I117-1]）〈文献あり
　角川書店　1991年刊の再刊〉①978-4-04-406307-8　Ⓝ382.1361
　[840円]
◇町方書上　3　根津・谷中・湯島・本郷・駒込・巣鴨・小石川・
　小日向・青柳・音羽・桜木・高田・雑司ヶ谷　江戸東京博物館
　友の会翻刻　江戸東京博物館友の会　2014.2　17, 357, 37p
　30cm　Ⓝ213.61
◇町方書上　4　牛込・市谷・四谷・鮫河橋・麹町・大久保・柏
　木・角筈　江戸東京博物館友の会翻刻　江戸東京博物館友の
　会　2014.2　18, 344, 39p　30cm　Ⓝ213.61
◇町方書上　5　赤坂・青山・権田原・千駄ヶ谷・渋谷・麻布・
　桜田・飯倉・西久保　江戸東京博物館友の会翻刻　江戸東京博
　物館友の会　2014.2　17, 376, 43p　30cm　Ⓝ213.61
◇町方書上　6　芝・伊皿子・二本榎・三田・白金・六軒茶屋・
　永峰・目黒・高輪・品川　江戸東京博物館友の会翻刻　江戸東
　京博物館友の会　2014.10　18, 405, 45p　30cm　Ⓝ213.61
◇町方書上　8　本所起立記・本所・北本所・南本所・中之郷・
　小梅・柳島・亀戸・両国橋・大川橋　江戸東京博物館友の会翻
　刻　江戸東京博物館友の会　2014.10　17, 317, 35p　30cm
　Ⓝ213.61

江戸川 乱歩〔1894～1965〕
◇江戸川乱歩とその時代　武光誠文　PHP研究所　2014.12
　111p　21cm　〈文献あり　年譜あり　索引あり　画：梅田紀代
　志〉①978-4-569-82103-0　Ⓝ910.268　[1800円]

江戸切子協同組合
　創立60周年記念誌　創立60周年記念誌委員会編　江戸切子協
　同組合　2014.10　118p　27cm　〈年表あり〉Ⓝ573.579

江戸城
◇江戸城を極める　加藤理文著　彦根　サンライズ出版　2014.
　8　63p　18cm　〈年表あり〉①978-4-88325-539-9　Ⓝ521.823
　[800円]

◇徳川吉宗と江戸城　岡崎寛徳著　吉川弘文館　2014.5　159p
　21cm　（人をあるく）〈文献あり　年譜あり〉①978-4-642-
　06781-2　Ⓝ289.1　[2000円]
◇甦れ！江戸城天守閣　松沢成文著　ヨシモトブックス　2014.
　2　207p　19cm　〈ワニブックス（発売）文献あり〉①978-4-
　8470-9212-1　Ⓝ521.823　[1300円]

エトルリア
◇エトルリア学　マッシモ・パロッティーノ著, 小川熙訳　同成
　社　2014.6　380p　22cm　〈文献あり〉①978-4-88621-672-4
　Ⓝ232.3　[9300円]

恵那市（遺跡・遺物）
◇岩村城跡基礎調査報告書　2　恵那市教育委員会編　恵那　恵
　那市教育委員会　2013.3　197p　30cm　（恵那市文化財調査
　報告書　第44集）〈平成20年度―24年度市内遺跡発掘調査等報
　告書〉Ⓝ210.0254

恵那市（歴史）
◇飯地の歴史　8　苗木城の攻防と烏峰城の由来・尾張領久田見
　村と苗木領九ヶ村の山論　柘植成實著　[恵那]　[柘植成實]
　2013.11　196p　22cm　Ⓝ215.3

恵那市（歴史―史料）
◇明知詰御家中御切米請印牒　熊谷博幸, 恵那市教育委員会文化
　課編　[恵那]　岐阜県恵那市教育委員会　2013.12　166p
　26cm　〈複製及び翻刻　内容：御用方米幷御家中御扶持米勘定
　帳（寛政2年刊）　明知詰御家中御切米請印牒（文化6年刊）　明
　知詰御家中御切米請印牒（文政11年刊）　御用状賃銀帳（文久
　元年刊）　村々諸職人役銀幷諸御運上取集勘定仕上帳（文久3年
　刊）　金銀払方渡受印帳（文久4年刊）〉Ⓝ215.3

恵那たんぽぽ作業所
◇はたらくことは生きること―知的障害者が育ち続ける方法
　小板孫次著　中央法規出版　2014.2　139p　19cm　①978-4-
　8058-3974-4　Ⓝ369.28　[1600円]

恵庭市（遺跡・遺物）
◇西島松10遺跡　恵庭　恵庭市教育委員会　2014.3　23p
　30cm　（北海道恵庭市発掘調査報告書　2014年）Ⓝ210.0254
◇ユカンボシE1遺跡　2　恵庭　恵庭市教育委員会　2014.3
　197p　30cm　（北海道恵庭市発掘調査報告書　2014年）Ⓝ210.
　0254
◇ユカンボシE2遺跡　4　恵庭　恵庭市教育委員会　2014.3
　29p　30cm　（北海道恵庭市発掘調査報告書　2014年）Ⓝ210.
　0254

NHK →日本放送協会を見よ

江の島
◇江の島の四季　坪倉兌雄写真・解説　藤沢　湘南社　2014.
　122p　21cm　〈星雲社（発売）文献あり　索引あり〉①978-4-
　434-19023-0　Ⓝ472.137　[1500円]

榎本 其角〔1661～1707〕
◇其角抄月花ヲ医ス　[二上貫夫編]　秦野　二上俳諧塾　2014.
　10　95p　21cm　〈東京文献センター（発売）年譜あり〉
　①978-4-925187-49-7　Ⓝ911.33　[2000円]

榎本 武揚〔1836～1908〕
◇古文書にみる榎本武揚―思想と生涯　合田一道著　藤原書店
　2014.9　329p　20cm　〈文献あり　年譜あり　索引あり〉①978-
　4-89434-989-6　Ⓝ289.1　[3000円]

榎本 保郎〔1925～1977〕
◇美しい静かな革命　小宮山林也著　いのちのことば社（発売）
　2014.7　116p　19cm　①978-4-264-03133-8　Ⓝ198.37
　[1000円]

エピクロス
◇エピクロスとストア　堀田彰著　新装版　清水書院　2014.9
　245p　19cm　（Century Books）〈文献あり　著作目録あり
　年譜あり　索引あり〉①978-4-389-42083-3　Ⓝ131.6　[1000
　円]

蛭子 能収〔1947～ 〕
◇ひとりぼっちを笑うな　蛭子能収[著]　KADOKAWA
　2014.8　229p　18cm　（角川oneテーマ21 D-38）①978-4-04-
　101811-8　Ⓝ726.101　[800円]

蛯名 健一
◇見せ方ひとつで世界でも勝てる　蛯名健一著　KADOKAWA
　2014.4　207p　19cm　①978-4-04-110760-7　Ⓝ769.1　[1300
　円]

海老名市（遺跡・遺物）
◇河原口坊中遺跡　第1次調査　第1分冊　横浜　かながわ考古
　学財団　2014.3　466p　図版[38]枚　30cm　（かながわ考古
　学財団調査報告　304）〈首都圏中央連絡自動車道（さがみ縦貫
　道路）建設事業に伴う発掘調査　内容：P19地区・P20地区・
　MS地区（1）〉Ⓝ210.0254

えびの市（男女共同参画）

◇河原口坊中遺跡　第1次調査　第2分冊　横浜　かながわ考古学財団　2014.3　482p　図版［34］枚　30cm　（かながわ考古学財団調査報告 304）〈首都圏中央連絡自動車道（さがみ縦貫道路）建設事業に伴う発掘調査　内容：P21地区・P22地区・MS地区（2）〉Ⓝ210.0254

◇河原口坊中遺跡　第1次調査　第3分冊　横浜　かながわ考古学財団　2014.3　339p　図版［27］枚　30cm　（かながわ考古学財団調査報告 304）〈首都圏中央連絡自動車道（さがみ縦貫道路）建設事業に伴う発掘調査　内容：P23地区・P24地区・MS地区（3）〉Ⓝ210.0254

◇河原口坊中遺跡　第1次調査　第4分冊　横浜　かながわ考古学財団　2014.3　354p　図版［33］枚　30cm　（かながわ考古学財団調査報告 304）〈首都圏中央連絡自動車道（さがみ縦貫道路）建設事業に伴う発掘調査　内容：P25地区・P26地区・MS地区（4）〉Ⓝ210.0254

◇河原口坊中遺跡　第1次調査　第5分冊　横浜　かながわ考古学財団　2014.3　298p　図版［40］枚　30cm　（かながわ考古学財団調査報告 304）〈首都圏中央連絡自動車道（さがみ縦貫道路）建設事業に伴う発掘調査　内容：P27地区・P28地区・MS地区（5）〉Ⓝ210.0254

◇河原口坊中遺跡　第1次調査　第6分冊　横浜　かながわ考古学財団　2014.3　232p　30cm　（かながわ考古学財団調査報告 304）〈首都圏中央連絡自動車道（さがみ縦貫道路）建設事業に伴う発掘調査　内容：自然科学分析・まとめ〉Ⓝ210.0254

◇河原口坊中遺跡　第4次調査　第1分冊　横浜　かながわ考古学財団　2014.2　316p　30cm　（かながわ考古学財団調査報告 300）〈相模川河川改修事業に伴う発掘調査〉Ⓝ210.0254

◇河原口坊中遺跡　第4次調査　第2分冊　横浜　かながわ考古学財団　2014.2　p317-710　図版 166p　30cm　（かながわ考古学財団調査報告 300）〈相模川河川改修事業に伴う発掘調査〉Ⓝ210.0254

◇河原口坊中遺跡第6次調査　横浜　アーク・フィールドワークシステム　2014.9　148p　図版［18］枚　30cm　（神奈川県埋蔵文化財発掘調査報告書 24）〈平成25年度相模川河川改修工事に伴う発掘調査〉Ⓝ210.0254

◇国分尼寺北方遺跡　第46次調査　ブラフマン編　西東京　タクトホーム　2013.4　20p　30cm〈神奈川県海老名市所在海老名市上今泉四丁目944番1外における埋蔵文化財発掘調査報告書〉Ⓝ210.0254

◇本郷中谷津遺跡　第18次調査　ブラフマン編　海老名　海老名市建設部道路整備課　2014.2　23p　30cm〈神奈川県海老名市所在　海老名市本郷2783番地先における埋蔵文化財発掘調査報告書〉Ⓝ210.0254

えびの市（男女共同参画）

◇えびの市男女共同参画基本計画　第2次　平成26年度―平成30年度　えびの　宮崎県えびの市　2014.3　106p　30cm〈年表あり〉Ⓝ367.2196

愛媛県

◇愛媛あるある　平林隆一郎著, 丸岡巧画　TOブックス　2014.11　159p　18cm　Ⓘ978-4-86472-314-5　Ⓝ291.83　［980円］

◇これでいいのか愛媛県―海賊県えひめは四国の中では意外とほのほの!?　鈴木士郎, 佐ків圭亮編　マイクロマガジン社　2014.12　139p　26cm〈文献あり　日本の特別地域特別編集〉Ⓘ978-4-89637-487-2　Ⓝ291.83　［1300円］

愛媛県（遺跡・遺物―今治市）

◇今若遺跡―埋蔵文化財発掘調査報告書　愛媛県埋蔵文化財センター編　松山　愛媛県埋蔵文化財センター　2014.3　126p　図版 32p　30cm　（埋蔵文化財発掘調査報告書 第183集）Ⓝ210.0254

◇経田遺跡―埋蔵文化財発掘調査報告書　第1分冊　愛媛県埋蔵文化財センター編　松山　愛媛県埋蔵文化財センター　2014.3　378p　図版 2p　30cm　（埋蔵文化財発掘調査報告書 第180集）Ⓝ210.0254

◇経田遺跡―埋蔵文化財発掘調査報告書　第2分冊　愛媛県埋蔵文化財センター編　松山　愛媛県埋蔵文化財センター　2014.3　568p　30cm　（埋蔵文化財発掘調査報告書 第180集）Ⓝ210.0254

◇経田遺跡―埋蔵文化財発掘調査報告書　第3分冊　愛媛県埋蔵文化財センター編　松山　愛媛県埋蔵文化財センター　2014.3　164p　30cm　（埋蔵文化財発掘調査報告書 第180集）〈文献あり〉Ⓝ210.0254

◇経田遺跡―埋蔵文化財発掘調査報告書　第4分冊　愛媛県埋蔵文化財センター編　松山　愛媛県埋蔵文化財センター　2014.3　306p　30cm　（埋蔵文化財発掘調査報告書 第180集）Ⓝ210.0254

◇経田遺跡―埋蔵文化財発掘調査報告書：写真図版　愛媛県埋蔵文化財センター編　松山　愛媛県埋蔵文化財センター　2014.3　278p　30cm　（埋蔵文化財発掘調査報告書 第180集）Ⓝ210.0254

愛媛県（遺跡・遺物―伊予市）

◇伊予市内遺跡詳細分布調査報告書 2　伊予市教育委員会編　伊予　伊予市教育委員会　2014.3　44p　30cm　（伊予市内遺跡発掘調査等事業報告書 平成24年度）〈文献あり〉Ⓝ210.0254

愛媛県（遺跡・遺物―宇和島市）

◇宇和島市内遺跡調査報告書 5　宇和島　宇和島市教育委員会　2013.3　68p　30cm　（宇和島市埋蔵文化財報告 第9集）〈平成23年度宇和島市内遺跡発掘調査等事業報告書〉Ⓝ210.0254

◇宇和島市内遺跡調査報告書 6　宇和島　宇和島市教育委員会　2014.3　27p　30cm　（宇和島市埋蔵文化財報告 第11集）〈平成24年度宇和島市内遺跡発掘調査等事業報告書〉Ⓝ210.0254

愛媛県（遺跡・遺物―大洲市）

◇大洲城三之丸侍屋敷跡―埋蔵文化財発掘調査報告書　愛媛県埋蔵文化財センター編　松山　愛媛県埋蔵文化財センター　2014.3　60p　図版 24p　30cm　（埋蔵文化財発掘調査報告書 第184集）〈松山地家裁大洲支部庁舎建て替えに伴う埋蔵文化財調査報告書〉Ⓝ210.0254

愛媛県（遺跡・遺物―四国中央市）

◇上分西遺跡―埋蔵文化財発掘調査報告書 4次　愛媛県埋蔵文化財センター編　松山　愛媛県埋蔵文化財センター　2013.11　76p　図版 21p　30cm　（埋蔵文化財発掘調査報告書 第181集）Ⓝ210.0254

◇上分西遺跡―埋蔵文化財発掘調査報告書 5次　愛媛県埋蔵文化財センター編　松山　愛媛県埋蔵文化財センター　2014.3　46p　図版 20p　30cm　（埋蔵文化財発掘調査報告書 第182集）〈主要地方道川之江大豊線改築工事に伴う埋蔵文化財調査報告書〉Ⓝ210.0254

愛媛県（遺跡・遺物―東温市）

◇向井古墳　第2次調査　東温市教育委員会東温市立歴史民俗資料館, イビソク編　東温　東温市教育委員会東温市立歴史民俗資料館　2014.3　25p　図版 6p　30cm　（東温市埋蔵文化財調査報告書 第2集）〈共同刊行：イビソク〉Ⓝ210.0254

愛媛県（遺跡・遺物―松山市）

◇文京遺跡　7-3　松山　愛媛大学埋蔵文化財調査室　2014.2　298p　図版 150p　30cm　（愛媛大学埋蔵文化財調査報告 26-3）〈折り込 4枚　内容：文京遺跡16次調査A区〉Ⓝ210.0254

◇文京遺跡　7-4　松山　愛媛大学埋蔵文化財調査室　2013.11　188p　図版［30］枚　30cm　（愛媛大学埋蔵文化財調査報告 26-4）〈内容：文京遺跡16次調査B区〉Ⓝ210.0254

愛媛県（行政情報化）

◇電子計算組織業務概要　［松山］　愛媛県企画振興部管理局情報政策課　2014.8　81p　30cm〈年表あり〉Ⓝ318.583

愛媛県（行政組織）

◇行政機関等ガイドブック―愛媛県版　平成26年4月1日現在　松山　総務省愛媛行政評価事務所　［2014］　107p　30cm　Ⓝ317.2

愛媛県（漁業）

◇愛媛発・農林漁業と地域の再生　村田武編　筑波書房　2014.8　337p　21cm〈内容：「2014国際家族農業年」と愛媛県の農林漁業と地域（村田武著）　タミノミクス〈民の道しるべ〉下支えの日本モデル（桐野昭二著）　農業センサス等からみた愛媛農業の特徴（香月敏孝, 吉見珠輝著）　JAおちいまばりの販売戦略（梶原雍之著）　JAえひめ中央の営農指導体制と直売所（杉野等著）　柑きつ農協共販の展開と今後の取り組み（和家康治著）　JAにしうわの優秀産地「川上共選」再構築の方策（正金郎著）　愛媛県JA農産物直販所の展開と地域農業の活性化（小田原巧著）　愛媛県の水田農業における担い手形成と土地利用（板橋衛, 横井昭敏著）　愛媛県の柑きつにおける基盤整備の実態と課題（岡﨑淳著）　愛媛県の酪農の現状と今後の課題（高野政明著）　愛媛県の林業（本藤幹雄著）　愛媛県の木質バイオマス利用（林和男著）　愛媛海魚類養殖のめざすべき方向（四宮陽一著）　地場流通と地方卸売市場の変化と対応方向（中安章著）　漁業・柑きつ農業地帯における地域づくり（笠松浩樹著）　西予市「百姓百品」と高齢者の野菜づくり（山藤篤, 小田清隆著）　大学教育のエクステンションと地域活性化（伊藤景如著）　愛媛県のグリーン・ツーリズム運動のめざすべき方向（大川和彦著）　愛媛県農林漁業のイノベーション（村田武著）〉Ⓘ978-4-8119-0444-3　Ⓝ612.183　［3000円］

愛媛県（キリスト教―歴史）

◇平和と自由を希求した人―愛媛における新渡戸稲造・矢内原忠雄・乗松雅休・安藤正楽らの足跡　遊п親之著　松山　愛媛新聞サービスセンター　2014.8　288p　21cm　（ソーシアル・リサーチ叢書）〈内容：愛媛における新渡戸稲造の足跡　南予

日本件名図書目録2014 Ⅰ　　　　　　　　　　　　　　　　　　　　　　　　　　愛媛県（農業）

における新渡戸稲造の足跡を中心として　内村鑑三の非戦論　黒崎幸吉、矢内原忠雄らの無教会主義について　郷土の偉人　一九七〇年代の韓国民主化運動の原点　郷土〈愛媛〉の視点からみた留岡幸助　南予におけるランバス宣教師の業績について　現代に生きる賀川豊彦〉①978-4-86087-112-3　Ⓝ192.183　[1600円]

愛媛県（経済）
◇えひめnow—一目で見る愛媛の経済と産業　2014　松山　いよぎん地域経済研究センター　2014.4　99p　30cm　Ⓝ602.183　[1000円]

愛媛県（研究開発）
◇えひめ中小企業応援ファンド活用事例集—地域密着型ビジネス創出事業：平成21年度第3回—平成23年度第3回　松山　えひめ産業振興財団　2014.2　104p　30cm　Ⓝ336.17

愛媛県（交通安全）
◇愛媛県交通安全実施計画　平成26年度　[松山]　愛媛県交通安全対策会議　[2014]　58p　30cm　Ⓝ681.3

愛媛県（災害廃棄物処理—松山市）
◇震災廃棄物処理セミナー（岡山・松山）運営業務報告書　平成25年度　[岡山]　環境省中国四国地方環境事務所　2014.3　86p　30cm　（環境省請負業務報告書　平成25年度）〈請負者：日本環境衛生センター西日本支局〉Ⓝ518.52

愛媛県（財産評価）
◇評価倍率表—高松国税局管内：愛媛県・高知県　高松国税局[編]　大蔵財務協会　2014.7　404p　30cm　（財産評価基準書　平成26年分　2）Ⓝ345.5　[5741円]

愛媛県（産業）
◇えひめnow—一目で見る愛媛の経済と産業　2014　松山　いよぎん地域経済研究センター　2014.4　99p　30cm　Ⓝ602.183　[1000円]

愛媛県（写真集—四国中央市）
◇ふるさと富郷　[四国中央市]　四国中央市富郷地区協議会　2013.3　212p　30cm　Ⓝ218.3

愛媛県（住民訴訟）
◇伊方原発設置反対運動裁判資料　第5巻　澤正宏編集・解題・解説　クロスカルチャー出版　2014.2　603p　27cm〈複製　内容：伊方発電所原子炉設置許可処分取消請求上告事件上告理由書〉①978-4-905388-67-8,978-4-905388-66-1（set）Ⓝ543.5
◇伊方原発設置反対運動裁判資料　第6巻　澤正宏編集・解題・解説　クロスカルチャー出版　2014.2　425p　27cm〈複製　折り込　1枚　内容：伊方発電所原子炉設置許可処分取消請求上告事件上告理由補充書　昭和六〇年（行ツ）第一三三号伊方発電所原子炉設置許可処分取消請求上告事件上告理由補充書．2-3〉①978-4-905388-68-5,978-4-905388-66-1（set）Ⓝ543.5
◇伊方原発設置反対運動裁判資料　第7巻　澤正宏編集・解題・解説　クロスカルチャー出版　2014.2　592p　27cm〈複製　折り込　1枚　内容：伊方発電所原子炉設置許可処分取消請求控訴事件準備書面（控訴人（原告）四）伊方発電所原子炉設置許可処分取消請求事件最高裁判所判例集第四六巻第七号（平成四年一〇月分登載）　伊方原発訴訟・判決・決定・要旨　伊方発電所原子炉設置許可処分取消請求控訴事件判決（「主文」と「理由」（一審判決の「補正」箇所付））〉①978-4-905388-69-2,978-4-905388-66-1（set）Ⓝ543.5
◇伊方原発設置反対運動裁判資料　第2回配本　別冊　澤正宏編集・解題・解説　クロスカルチャー出版　2014.2　74p　26cm〈年表あり〉①978-4-905388-73-9,978-4-905388-66-1（set）Ⓝ543.5

愛媛県（小学校—西予市—歴史）
◇宇和郷の小学校変遷史　宇和郷土文化保存会編　西予　宇和郷土文化保存会　2014.3　72p　30cm〈年表あり〉Ⓝ376.2183

愛媛県（書目）
◇愛媛県EL新聞記事情報リスト　2013-1　エレクトロニック・ライブラリー編　エレクトロニック・ライブラリー　2014.2　722p　31cm〈制作：日外アソシエーツ〉Ⓝ025.8183
◇愛媛県EL新聞記事情報リスト　2013-2　エレクトロニック・ライブラリー編　エレクトロニック・ライブラリー　2014.2　p723-1407　31cm〈制作：日外アソシエーツ〉Ⓝ025.8183
◇愛媛県EL新聞記事情報リスト　2013-3　エレクトロニック・ライブラリー編　エレクトロニック・ライブラリー　2014.2　p1409-1910　31cm〈制作：日外アソシエーツ〉Ⓝ025.8183

愛媛県（震災予防—松山市）
◇震災廃棄物処理セミナー（岡山・松山）運営業務報告書　平成25年度　[岡山]　環境省中国四国地方環境事務所　2014.3

86p　30cm　（環境省請負業務報告書　平成25年度）〈請負者：日本環境衛生センター西日本支局〉Ⓝ518.52

愛媛県（神社）
◇愛媛の神々　[松山]　愛媛県神道青年会　[2013]　113p　27cm〈愛媛県神道青年会再発足四十周年記念事業〉Ⓝ175.983

愛媛県（森林計画）
◇地域森林計画書変更　平成25年12月変更　[松山]　愛媛県　[2013]　1冊　30cm〈表紙のタイトル：地域森林計画書　内容：東予地域森林計画　今治松山地域森林計画　南予地域森林計画　肱川地域森林計画〉Ⓝ651.1
◇中予山岳地域森林計画書—中予山岳森林計画区　[松山]　愛媛県　[2014]　94p　30cm〈吉野・仁淀川広域流域　計画期間　平成26年4月1日—平成36年3月31日〉Ⓝ651.1

愛媛県（生活問題—世論）
◇県民生活に関する世論調査—報告書　[松山]　愛媛県　2014.3　144p　30cm　Ⓝ365.5

愛媛県（選挙—統計）
◇結果調　愛媛県選挙管理委員会編　松山　愛媛県選挙管理委員会　[2013]　71p　30cm〈参議院議員通常選挙　平成25年7月21日執行〉Ⓝ314.8
◇結果調　愛媛県選挙管理委員会編　[松山]　愛媛県選挙管理委員会　[2013]　15p　30cm〈愛媛県議会議員伊予市選挙区補欠選挙　平成25年4月14日執行〉Ⓝ314.8

愛媛県（地誌）
◇愛媛「地理・地名・地図」の謎—意外と知らない愛媛県の歴史を読み解く！　土井中照監修　実業之日本社　2014.11　191p　18cm　（じっぴコンパクト新書　214）〈文献あり〉①978-4-408-45525-9　Ⓝ291.83　[800円]

愛媛県（地方選挙）
◇結果調　愛媛県選挙管理委員会編　[松山]　愛媛県選挙管理委員会　[2013]　15p　30cm〈愛媛県議会議員伊予市選挙区補欠選挙　平成25年4月14日執行〉Ⓝ314.8

愛媛県（地名—松山市）
◇松山新地名・町名の秘密—地名から知る松山の姿　土井中照編著　松山　アトラス出版　2014.12　147p　19cm〈「松山地名・町名の秘密」（アトラス出版）の増補改訂版〉①978-4-906885-18-3　Ⓝ291.83　[1100円]

愛媛県（中小企業）
◇えひめ中小企業応援ファンド活用事例集—地域密着型ビジネス創出事業：平成21年度第3回—平成23年度第3回　松山　えひめ産業振興財団　2014.2　104p　30cm　Ⓝ336.17

愛媛県（中小企業—東温市）
◇輝きに満ちたまち東温市を支える中小企業—東温市中小企業現状把握調査の分析　立教大学社会情報教育研究センター政府統計部会　2014.8　126, 58p　30cm〈年表あり　発行所：三恵社〉①978-4-86487-276-8　Ⓝ335.35

愛媛県（中小企業—松山市）
◇幸せ実感都市まつやまを支える中小企業—松山市中小企業等実態調査の分析　立教大学社会情報教育研究センター政府統計部会　2014.6　120p　30cm〈発行所：三恵社〉①978-4-86487-256-0　Ⓝ335.35

愛媛県（都市計画）
◇都市計画決定運用方針　土地利用編　[松山]　愛媛県　2013.11　153p　30cm　Ⓝ518.8
◇都市計画法に基づく開発許可制度の手引き　[松山]　愛媛県土木部道路都市局都市計画課　2014.4　124p　30cm　Ⓝ518.8

愛媛県（土地改良—宇和島市—歴史）
◇水をもとめて—宇和島市土地改良区設立40周年記念誌　宇和島市土地改良誌作成委員会編纂　[宇和島]　宇和島市農業用水事業推進協議会　2014.8　29, 61p　30cm〈共同刊行：宇和島市土地改良区ほか〉Ⓝ614.2183

愛媛県（農業）
◇愛媛発・農林漁業と地域の再生　村田武編　筑波書房　2014.8　337p　21cm〈内容：「2014国際家族農業年」と愛媛県の農林漁業と地域（村田武著）　タミノミクス〈民の道しるべ〉下支えの日本モデル（桐野昭二著）　農業センサス等からみた愛媛県農業の特徴（香月敏孝, 吉見珠輝著）　JAおちいまばりの販売戦略（梶原雍之著）　JAえひめ中央の営農指導体制と直売所（杉野等著）　柑きつ農協共販の展開と今後の取り組み（和家康治著）　JAにしうわの優秀産地「川上共選」再構築の方策（正金郁著）　愛媛県JA農産物直販所の展開と地域農業の活性化（小田原巧者）　愛媛県の水田農業における担い手形成と土地利用（板橋衛, 横井昭敏著）　愛媛県の柑きつ作における基盤整備の実態と課題（松岡淳者）　愛媛県の酪農の現状と今後の

愛媛県（俳諧─松山市─歴史）　　　　　　　　　　　　　　　　日本件名図書目録2014　Ⅰ

課題（高野政明著）　愛媛県の林業（本藤幹雄著）　愛媛県の木質バイオマス利用（林和男著）　宇和海魚類養殖のめざすべき方向（四宮陽一著）　地場流通と地方卸売市場の変化と対応方向（中安章著）　漁業・柑きつ農業地帯における地域づくり（笠松浩樹著）　西予市「百姓百品」と高齢者の野菜づくり（山藤篤、小田清隆著）　大学教育のエクステンションと地域活性化（伊藤景如著）　愛媛県のグリーン・ツーリズム運動のめざすべき方向（大川和彦著）　愛媛県農林漁業のイノベーション（村田武著）〉Ⓘ978-4-8119-0444-3　Ⓝ612.183　［3000円］

愛媛県（俳諧─松山市─歴史）
◇松山句碑めぐり　森脇昭介著　松山　愛媛新聞サービスセンター　2014.8　173p　21cm〈文献あり　索引あり〉Ⓘ978-4-86087-113-0　Ⓝ911.302　［1200円］

愛媛県（風俗・習慣─書目）
◇愛媛県内民俗関係新聞記事目録　愛媛県歴史文化博物館編　西予　愛媛県歴史文化博物館　2014.2　118p　30cm（愛媛県歴史文化博物館資料目録　第22集）Ⓝ382.183

愛媛県（仏像）
◇四国霊場仏像を訪ねて　下　高知・愛媛編　櫻井恵武著　ミヤオビパブリッシング　2014.7　211p　21cm（宮帯出版社（発売）年譜あり〉Ⓘ978-4-86366-923-9　Ⓝ718.0218　［2000円］

愛媛県（文化活動）
◇愛媛県文化協会創立二十周年記念誌　松山　愛媛県文化協会　2013.3　120p　30cm〈背・表紙のタイトル：新たな愛媛の文化力〉Ⓝ702.1983　［1000円］

愛媛県（文学碑─松山市）
◇松山句碑めぐり　森脇昭介著　松山　愛媛新聞サービスセンター　2014.8　173p　21cm〈文献あり　索引あり〉Ⓘ978-4-86087-113-0　Ⓝ911.302　［1200円］

愛媛県（文化財─鬼北町）
◇鬼北の文化財　鬼北町教育委員会編　鬼北町（愛媛県）　鬼北町教育委員会　2013.3　92p　30cm〈折り込1枚〉Ⓝ709.183

愛媛県（貿易商─名簿）
◇愛媛県国際取引企業リスト　2014　松山　日本貿易振興機構愛媛貿易情報センター　2014.3　212p　30cm〈共同刊行：愛媛県産業貿易振興協会〉Ⓝ678.035

愛媛県（町屋─保存・修復─内子町）
◇反骨の公務員、町をみがく─内子町・岡田文滉の町並み、村並み保存　森まゆみ著　亜紀書房　2014.5　227p　19cm　Ⓘ978-4-7505-1407-9　Ⓝ521.86　［1800円］

愛媛県（棟札─伊方町）
◇佐田岬半島の棟札調査報告書　町見郷土館編　伊方町（愛媛県）　町見郷土館　2014.3　216p　30cm（佐田岬半島資料調査報告書　第5集）Ⓝ521.81

愛媛県（名簿）
◇愛媛県人物・人材情報リスト　2015　日外アソシエーツ株式会社編　日外アソシエーツ（制作）　2014.11　688, 32p　30cm　Ⓝ281.83

愛媛県（林業）
◇愛媛発・農林漁業と地域の再生　村田武編　筑波書房　2014.8　337p　21cm〈内容：「2014国際家族農業年」と愛媛県の農林漁業と地域（村田武著）　タミノミクス〈民の道しるべ〉下支えの日本モデル（桐野昭二著）　農業センサス等からみた愛媛県農業の特徴（香月敏孝, 吉見珠輝著）　JAおちいまばりの販売戦略（梶原雍之著）　JAえひめ中央の営農指導体制と直売所（杉野等著）　柑きつ農協共販の展開と今後の取り組み（和家康治著）　JAにしうわの優秀産地「川上共選」再構築の方策（正金郎著）　愛媛県JA農産物直販所の展開と地域農業の活性化（小田原久著）　愛媛県の水田農業における担い手形成と土地利用（板橋衛, 横井昭敏著）　愛媛県の柑きつ作における基盤整備の実態と課題（松岡淳著）　愛媛県の酪農の現状と今後の課題（高野政明著）　愛媛県の林業（本藤幹雄著）　愛媛県の木質バイオマス利用（林和男著）　宇和海魚類養殖のめざすべき方向（四宮陽一著）　地場流通と地方卸売市場の変化と対応方向（中安章著）　漁業・柑きつ農業地帯における地域づくり（笠松浩樹著）　西予市「百姓百品」と高齢者の野菜づくり（山藤篤、小田清隆著）　大学教育のエクステンションと地域活性化（伊藤景如著）　愛媛県のグリーン・ツーリズム運動のめざすべき方向（大川和彦著）　愛媛県農林漁業のイノベーション（村田武著）〉Ⓘ978-4-8119-0444-3　Ⓝ612.183　［3000円］

愛媛県（歴史）
◇南豫史─天地人　久保盛丸著, 神津陽監修・解説　復刻版　松山　創風社出版　2014.2　1冊　22cm〈原本：葭江書房大正4年刊〉Ⓘ978-4-86037-201-9　Ⓝ218.3　［9000円］

◇幕末宇和島万華鏡　田中貞輝著　松山　創風社出版　2014.6　151p　19cm（風ブックス　20）Ⓘ978-4-86037-208-8　Ⓝ218.3　［1200円］

愛媛県（歴史─史料）
◇宇和島藩家老櫻田家文書資料集─2013年度近世大名と家臣団形成に係る基礎的研究　胡光編　松山　愛媛大学法文学部日本史研究室　2014.3　46p　30cm　Ⓝ218.3

愛媛県（歴史─史料─書目─宇和島市）
◇愛媛県宇和島市三浦公民館文書目録　第3集　菅原憲二編　千葉　菅原憲二　2014.7　79p　30cm〈内容：三浦村役場文書　後藤定志氏寄贈文書〉Ⓝ218.3

愛媛県（歴史─松山市）
◇末広町誌─末広町の30年：1985-2014（昭和60年─平成26年）　松山　末広町誌編纂委員会　2014.2　190p　21cm〈年表あり〉Ⓘ978-4-906885-13-8　Ⓝ218.3　［1000円］

愛媛県（路線価）
◇路線価図─高松国税局管内：愛媛県　高松国税局［編］　大蔵財務協会　2014.7　566p　30cm（財産評価基準書　平成26年分　6）〈内容：松山市（松山税務署）　伊予市（松山税務署）　東温市（松山税務署）　松前町（松山税務署）　砥部町（松山税務署）　宇和島市（宇和島税務署）　愛南町（宇和島税務署）　八幡浜市（八幡浜税務署）　西予市（八幡浜税務署）　大洲市（大洲税務署）　内子町（大洲税務署）〉Ⓝ345.5　［7222円］

◇路線価図─高松国税局管内：愛媛県　高松国税局［編］　大蔵財務協会　2014.7　566p　30cm（財産評価基準書　平成26年分　7）〈内容：今治市（今治税務署）　新居浜市（新居浜税務署）　西条市（伊予西条税務署）　四国中央市（伊予三島税務署）〉Ⓝ345.5　［5093円］

愛媛県海外協会
◇海を越えてふるさとの絆─愛媛県海外協会設立30周年記念誌　愛媛県海外協会事務局編　松山　愛媛県海外協会　2014.3　136p　30cm　Ⓝ334.51

愛媛県神道青年会
◇愛媛県神道青年会再発足四十周年記念誌　愛媛県神道青年会広報委員会編　［松山］　愛媛県神道青年会　2013.3　50p　26cm　Ⓝ175.7

愛媛県林業研究グループ連絡協議会
◇創立50周年記念誌　［久万高原町（愛媛県）］　愛媛県林業研究グループ連絡協議会　2013.3　126p　30cm　Ⓝ650.6

愛媛大学
◇愛媛大学「研究室からこんにちは！」─愛媛大学最前線からのリポート　8　愛媛大学監修　松山　アトラス出版　2014.8　441p　19cm〈内容：学生同士の交流促進を通じて愛媛と世界をつなぐ外から日本を見つめ直す海外留学の勧め（伊月知子述）　知的好奇心を原動力に目の前の疑問に立ち向かう地道な調査研究で地盤学の常識を次々と覆す（森伸一郎述）　理科学習を深化・拡充させるプログラムの開発・実践子どもたちの科学する心を豊かに育む試み（隅田学述）　創薬部門で注目される膜タンパク質GPCRを研究新センター設立でコムギ無細胞タンパク質の医療活用を促進（竹田浩之述）　情報ストレージ装置に求められる正確な記録と再生記録密度の向上を大命題に、見えない世界に挑む（仲村泰明述）　水文学の向上と植物から水が大気に戻るプロセスを追うインドネシアでの研究で学んだ、世界共存の鍵は「水」（大上博基述）　伝統工芸の素材など、地域の魅力を生かしたデザインや自然と調和したパブリックデザインで快適な生活空間を（千代田憲子述）　地方におけるオンラインショップの可能性を追求学生と企業のミスマッチをなくしてキャリア形成を（岡本隆述）　愛媛大学ミュージアムの展示空間を演出モノを通して知の世界を広げる表現を模索（德田明仁述）　地球進化の手がかりとなる含水鉱物シミュレーションで地球深部を探る（土屋旬述）　新たな視点で地域の新たな価値を発見思い切った発想の転換で地域資源を活かす（大谷尚之述）　自律神経を客観的評価の指標に適切な看護ケアの提供を目指す（佐伯由香述）　子規がこの街で生きていたことを実感土地を歩くと見えてくる心象風景（青木亮人述）　セシウム除去に有効な磁化ゼオライトガン治療に有望な機能性材料の開発（青野宏通述）　農薬を分解する酵素の働きを解明してメタボリックシンドロームや病気の予防に（西甲介述）　米軍基地の騒音問題から個人と社会構造との関わりを見ていく視点（朝井志歩述）　センター長として各国からの留学生を支援留学生への指導は「郷に入れば郷に従え」（陳捷述）　新鉱物を数多く新発見分析でレアアース鉱床を探る（皆川鉄雄述）　発音やアクセント、文字から背後にある言葉のしくみを解く「坊っちゃん」にみる（佐藤栄作述）　地域の隠れた魅力を見つけ出し暮らしやすさを観光につなげる試み（米田誠司述）　実践的研修で教職員の汎用力強化と学生のリーダーシップ育成を目指す（阿部光伸述）　膝痛に苦しむ患者さんに普通の暮らしを医工連携で研究する「人工関節センター」を新設（三浦裕正述）　MRI、GPS

など現代社会を支える数学方程式を効率的に解く数値解析学を研究（土屋卓也述）　安全安心な情報社会の構築に向けた集積回路の高信頼化設計、テスト技術の開発（高橋寛述）　農業における労力と環境負荷の低減をめざして電気トラクター、防除ロボットなどの研究開発（上加裕子述）　材料の基本原理を解明し最適な人工骨の開発に挑む（小林千悟述）〉①978-4-906885-15-2　Ⓝ377.21　[500円]

愛媛大学女性未来育成センター
◇国立大学法人愛媛大学女性未来育成センター活動報告書—平成22-24年度　[松山]　愛媛大学女性未来育成センター　2013.3　106, 28p　30cm　〈文部科学省科学技術人材育成費補助金「女性研究者研究活動支援事業」(女性研究者支援モデル育成)　背・奥付のタイトル:愛媛大学女性未来育成センター活動報告書〉Ⓝ377.13

FC東京
◇フットボールサミット　第23回　FC東京が本当に強くなるための覚悟—育成型ビッグクラブへの道。　『フットボールサミット』議会編著　カンゼン　2014.8　228p　21cm　〈内容:マッシモ・フィッカデンティカルチョの流儀（鈴木康浩、マッシモ・フィッカデンティ述）　招聘の青写真（藤江直人、立石敬文之述）　森重真人キャプテンシーの向かう先（後藤勝、森重真人述）　羽生直剛プレイヤーの眼識（後藤勝、羽生直剛述）　高性能サイドバックが見ている可能性（馬康康平、太田宏介、徳永悠平述）　米本拓司新たなる哲学との出会い（原田大輔、米本拓司述）　平山相太の覚悟（藤江直人述）　イタリア人コーチが語る日本人選手像（鈴木康浩文、ブルーノ・コンカ述）　抜き打ち! チームメイト評（後藤勝、石川直宏、加賀健一述）　ケガからの再起（後藤勝、梶山陽平、野澤英之述）　権田修一守護神の回顧録（松岡健三郎、権田修一述）　育成型ビッグクラブの現在地（後藤勝著）　FC東京が繋ぐ『東京』（鈴木康浩述）　エキップの仕事（鈴木康浩著）　エンパイシャドールの道しるべ（後藤勝、編集部構成、ルーカス・セベリーノ述）　イタリア流がFC東京にもたらすもの（北篠聡著）　日本サッカーの『土』をつくる　第6回　真紅の掟（海江田哲朗著、清尾淳述）〉①978-4-86255-263-1　Ⓝ783.47　[1300円]

エフテック
◇疾風に勁草を知る—福田秋秀自伝　福田秋秀著、『疾風に勁草を知る』編纂委員会編　エフ・トライ　2014.3　301p　20cm　〈年譜あり〉①978-4-9907-5330-6　Ⓝ537.5　[1500円]

FBI →アメリカ合衆国連邦捜査局を見よ

エフビー介護サービス株式会社
◇理想の介護を求めて—地域と介護を結ぶエフビー介護サービスの挑戦　鶴蒔靖夫著　IN通信社　2014.2　253p　20cm　①978-4-87218-393-1　Ⓝ369.26　[1800円]

江別市（地域社会）
◇江別市民の震災後の生活とメディアリテラシー / 札幌駅前通地下歩行空間とその休憩スペースの活用調査:2012年度札幌学院大学社会情報学部「量的調査設計・量的調査演習」「質的調査設計・質的調査演習」報告書　江別　札幌学院大学社会情報学部社会情報調査室　2013.3　111p　26cm　〈編集:高田洋〉Ⓝ361.7

エベレスト山（登山）
◇世界最高峰を見る一人旅—この眼でエベレストを見たい　山下倫一写真・文　遊人工房　2014.3　59p　17×19cm　①978-4-903434-67-4　Ⓝ292.58　[2500円]

烏帽子形城
◇河内烏帽子形城　横山豊著　泉大津　日本古城友の会　2014.10　56p　22cm　（城と陣屋シリーズ 258号）〈文献あり〉Ⓝ216.3

MSS Project
◇あろまさんぽ—M.S.S Project special　あろまほっと著　徳間書店　2014.6　127p　20cm　（ロマンアルバム）①978-4-19-720392-5　Ⓝ767.8　[1389円]
◇M.S.S Project special—FB777 KIKKUN-MK-2　あろまほっとと eoheoh　M.S.S Project著　徳間書店　2013.9　130p　21cm　（ROMAN ALBUM）①978-4-19-720371-0　Ⓝ767.8　[743円]

エラスムス, D.〔1469～1536〕
◇エラスムス—人文主義の王者　沓掛良彦著　岩波書店　2014.5　235p　19cm　（岩波現代全書 032）〈文献あり〉①978-4-00-029132-3　Ⓝ132.6　[2100円]

エリアス, N.〔1897～1990〕
◇文明化と暴力—エリアス社会理論の研究　内海博文著　東信堂　2014.11　238p　22cm　〈文献あり　索引あり〉①978-4-7989-1273-8　Ⓝ361.234　[3400円]

エリアーデ, M.〔1907～1986〕
◇ポルトガル日記1941-1945　ミルチャ・エリアーデ著、奥山倫明、木下登、宮下克子訳　作品社　2014.1　484p　20cm　〈内容:ポルトガル日記　ポルトガルの印象　先王カロル二世のリスボン滞在に関する覚え書き　『サラザールとポルトガル革命』のための序文　コルドバ日記〈1944年10月〉〉①978-4-86182-464-7　Ⓝ289.3　[4200円]

エリイ
◇エリイはいつも気持ち悪い—エリイ写真集Produced by Chim↑Pom　Chim↑Pom著　朝日出版社　2014.5　1冊（ページ付なし）26cm　①978-4-255-00771-7　Ⓝ702.16　[2800円]

エリオット, G.〔1819～1880〕
◇ジョージ・エリオットの異文化世界　高野秀夫著　横浜　春風社　2014.2　272p　20cm　〈文献あり　索引あり〉①978-4-86110-395-7　Ⓝ930.268　[3333円]
◇評伝—ジョージ・エリオット　ナンシー・ヘンリー著、内田能嗣、小野ゆき子、会田瑞枝訳　英宝社　2014.6　251p　20cm　〈文献あり　索引あり〉①978-4-269-82040-1　Ⓝ930.268　[3000円]

エリオット, T.S.〔1888～1965〕
◇T・S・エリオット　徳永暢三著　新装版　清水書院　2014.9　257p　19cm　（Century Books）〈文献あり　年譜あり　索引あり〉①978-4-389-42102-1　Ⓝ931.7　[1000円]
◇T・S・エリオットの思索の断面—F・H・ブラッドリーとニコラウス・クザーヌス　村田俊一著　弘前　弘前大学出版会　2014.10　292p　20cm　①978-4-907192-19-8　Ⓝ931.7　[4200円]

エリクソン, M.H.〔1901～1980〕
◇ミルトン・エリクソン心理療法—〈レジリエンス〉を育てる　ダン・ショート、ベティ・アリス・エリクソン、ロキサンナ・エリクソン—クライン著、浅田仁子訳　春秋社　2014.4　405p　20cm　〈文献あり〉①978-4-393-36530-4　Ⓝ146.8　[3500円]

エリザベス1世〔1533～1603 イギリス女王〕
◇エリザベス女王—女王を支えた側近たち　青木道彦著　山川出版社　2014.10　88p　21cm　（世界史リブレット人 51）〈文献あり　年表あり〉①978-4-634-35051-9　Ⓝ289.3　[800円]

エリーザベト〔1837～1898 オーストリア皇妃〕
◇シシィの世界—評伝私のオーストリア皇妃エリーザベト像:私家版　勝岡只著　岩波ブックセンター（制作）2014.12（増刷）494p　20cm　〈年表あり　文献あり〉①978-4-904241-45-5　Ⓝ289.3

エル・グレコ〔1541?～1614〕
◇信仰の眼で読み解く絵画　3　エル・グレコ/ゴヤ/ベラスケス　岡山敦彦著　いのちのことば社（発売）2013.11　227p　図版[12]枚　19cm　①978-4-264-03134-5　Ⓝ723　[1300円]

エルサルバドル（経済援助）（日本）
◇エルサルバドル国広域防災システム整備計画準備調査報告書　[東京]　国際協力機構　2013.1　1冊　30cm　〈委託先:八千代エンジニヤリングほか〉Ⓝ333.804

エルセラーン化粧品
◇ボランティアの時代—日本の"ババー・テレサ"石橋勝の描く世界平和への道　鶴蒔靖夫著　IN通信社　2014.12　238p　20cm　①978-4-87218-404-4　Ⓝ576.7　[1800円]

エルンスト, M.〔1891～1976〕
◇コラージュの彼岸—マックス・エルンストの制作と展示　石井祐子著　国立　ブリュッケ　2014.4　335p　22cm　（星雲社（発売）文献あり　索引あり〉①978-4-434-18982-1　Ⓝ723.35　[3700円]

沿岸技術研究センター
◇一般財団法人沿岸技術研究センター30周年誌—1983-2013　沿岸技術研究センター編　沿岸技術研究センター　2013.8　24, 311p　31cm　Ⓝ517.8

円空〔1632～1695〕
◇円空—祈りと求道の旅　若原高義著　[岐阜]　岐阜新聞情報センター　2014.3　265p　21cm　〈年譜あり〉Ⓝ188.82
◇円空仏入門　小島梯次著　岐阜　まつお出版　2014.3　128p　21cm　（まつお出版叢書 1）〈年譜あり〉①978-4-944168-37-8　Ⓝ718.3　[1200円]
◇ほらどの円空　[関]　円空顕彰会洞戸発起人会　2014.11　72p　30cm　Ⓝ712.1　[1500円]

エンゲル, E.〔1821～1896〕
◇近代ドイツ国家形成と社会統計—19世紀ドイツ営業統計とエンゲル　長屋政勝著　京都　京都大学学術出版会　2014.11　463p　22cm　〈索引あり〉①978-4-87698-540-1　Ⓝ361.934　[6000円]

エンゲルス, F. 〔1820～1895〕

◇そうだ! マルクスを読もう—古典への招待 小島恒久著 労働大学出版センター 2013.4 135p 21cm Ⓝ309.3 〔1000円〕

円光寺〔飛騨市〕

◇円光寺五百年史 飛騨 浄土真宗本願寺派照耀山円光寺 2014.1 255p 図版〔12〕枚 27cm 〈年表あり〉 Ⓝ188.75

エンスヘデ〔オランダ〕(災害復興)

◇まちを育てる建築—オランダ・ルームビークの災害復興と住民参加 鄭弼溶著 鹿島出版会 2014.3 155p 19cm Ⓘ978-4-306-04598-9 Ⓝ525.1 〔2100円〕

円地 文子〔1905～1986〕

◇個人全集月報集—円地文子文庫・円地文子全集：佐多稲子全集：宇野千代全集 講談社文芸文庫編 講談社 2014.8 364p 16cm (講談社文芸文庫 ⅭJ35)〈内容：円地文子文庫月報(谷崎潤一郎, 尾崎一雄, 大江健三郎ほか著) 円地文子全集月報(高橋たか子, 吉田精一, 網野菊ほか著) 佐多稲子全集月報(小田切秀雄, 原泉, 川村二郎ほか著) 宇野千代全集月報(井伏鱒二, 小山いと子, 菊池寛一ほか著)〉 Ⓘ978-4-06-290241-0 Ⓝ910.26 〔1700円〕

円珍〔814～891〕

◇智証大師円珍の研究 小山田和夫著 オンデマンド版 吉川弘文館 2013.10 262,8p 22cm 〈索引あり 印刷・製本：デジタルパブリッシングサービス〉〈内容：円珍の幼年・修行時代 天長から天安年間の天台教団 円仁と円珍との交渉 横川の開創と園城寺の再興 中務位記と治部省牒 二通の太政官牒 内供奉十禅師職と円珍 光定と円珍 堅慧と円珍〉 Ⓘ978-4-642-04235-2 Ⓝ188.42 〔9000円〕

◇智証大師伝の研究 佐伯有清著 オンデマンド版 吉川弘文館 2013.10 500,9p 22cm 〈索引あり 印刷・製本：デジタルパブリッシングサービス〉 Ⓘ978-4-642-04234-5 Ⓝ188.42 〔15000円〕

遠藤 栄松〔1930～ 〕

◇燕よ再び大きく羽ばたいてくれ—全国屈指の中小企業の街 遠藤栄松著 新潟 新潟日報事業社(発売) 2014.5 230p 19cm Ⓘ978-4-86132-560-1 Ⓝ581.067 〔926円〕

遠藤 賢治〔1943～ 〕

◇民事手続における法と実践—栂善夫先生・遠藤賢治先生古稀祝賀 伊藤眞, 上野泰男, 加藤哲夫編集委員 成文堂 2014.3 1203p 22cm 〈著作目録あり 年譜あり 内容：宗教団体の内部紛争に関する近時の裁判例検討(安西明子著)「司法へのユビキタス・アクセス」の一潮流(川嶋四郎著) ADR合意の効力(山本和彦著)「裁判の迅速化に係る検証」の歩み(小林宏司著) 地方裁判所における民事訴訟の繁閑とその審理への影響(前田智彦著) 当事者の視点から見た和解の評価(菅原郁夫著) 弁護士費用は誰が負担するか(平野惠稔著) 請負契約における瑕疵補修に代わる損害賠償債権と報酬債権に関する実体法と訴訟法(杉本和士著) 民事訴訟における必要的請求併合のルールに関する一考察(小松良正著) 弁論活性化研究(西口元著) 争点整理手続の構造と実務(加藤新太郎著) フリッツ・バウアーの手続法フォーマリズム論について(安達栄司著) 訴訟審理の実体面における裁判所の役割について(高田昌宏著) これからの民事訴訟と手続保障論の新たな展開、釈明権及び法的観点指摘権能規制の必要性(瀬木比呂志著) 弁論主義の膨張と当事者主義・要件事実論・釈明義務の関係の再検討(越知保見著) 医師責任訴訟における法律上の推定規定の意義(春日偉知郎著) 因果関係立証の困難性と訴訟法的救済についての一試論(川中啓由著) 証明責任の分配と実質的考慮(田中豊著) 民事訴訟法第248条再考(遠藤眞著) 違法収集証拠の論点覚書(二宮照興著) 文書提出命令申立てにおける対象文書の存否の立証責任(和久田道雄著) 文書提出命令の発令手続と裁判(中島弘雅著) 全面的価格賠償による分割を命じる判決の主文について(秦公正著) 既判力標準時後の相殺権の行使に関する最近のドイツの判例について(坂原正夫著) 口頭弁論終結後の継承人についての素描(永井博史著)「訴訟共同の必要」に関する判例理論の現在(勅使川原和彦著) 共同訴訟的補助参加について(本間靖規著) 高裁の訴訟運営に関する雑感3題(高橋宏志著) 請求の客観的予備的併合と控訴審の審判対象(坂本恵三著) 民事訴訟法319条〈旧401条〉の沿革について(上野泰男著) 上告理由としての理由不備、食違い(福田剛久著) 民事執行手続における裁判所書記官の役割(内田義厚著) 株主代表訴訟における勝訴株主の執行担当(小田司著) 執行文の役割(西川佳代著) 請求異議事由の再構成に関する覚書(松村和徳著) 被差押債権の処分と被差押債権の基礎となる法律関係の処分(石渡哲著) 賃料債権の差押えの効力発生後になされた賃貸建物の賃借人への譲渡(柳沢雄二著) 被差押債権の発生原因となる法律関係の処分(吉田純平著) 担保不動産競売における債務者及び所有者の意思能力(熊谷聡著) 仮処分命令の取消しと間接強制金の不当利得(金炳学著) 破産手続と過払金返還請求(我妻学著) 民事再生手続における包括的禁止命令(山本研著) 民事再生手続における手形上の商事留置権の取扱いについて(三上威彦著) 債権者等申立ての更生手続における保全管理命令の発令基準(山田尚武著) 非訟事件における直接審理主義について(金子修著) 父子関係事件の一側面(豊田博昭著)〉 Ⓘ978-4-7923-2655-5 Ⓝ327.2 〔25000円〕

遠藤 周作〔1923～1996〕

◇遠藤周作その文学と神学の世界 アシェンソ・アデリノ著, 川鍋襄訳, 田村脩監訳 習志野 教友社 2013.12 501p 22cm 〈文献あり〉 Ⓘ978-4-902211-95-5 Ⓝ910.268 〔4800円〕

遠藤 正彦

◇大学と地域と人々と—弘前大学第十二代学長遠藤正彦講演集 遠藤正彦〔述〕, 弘前大学学長秘書室編 弘前 弘前大学出版会 2014.10 306p 22cm Ⓘ978-4-907192-18-1 Ⓝ377.21 〔3800円〕

遠藤 実〔1932～2008〕

◇不滅の遠藤実 橋本五郎, いではく, 長田暁二編 藤原書店 2014.12 305p 22cm 〈作品目録あり 内容：人生三十三言(遠藤実著) 遠藤実の生涯(橋本五郎著) 人間・遠藤実(いではく著) 戦後歌謡界における遠藤実の立場(長田暁二著) ライバルではなく話し相手(船村徹述) 職人芸(北島三郎述)「遠藤教室」の思い出(橋幸夫述) 七回忌コンサートを終えて(舟木一夫述) 哀愁の遠藤メロディー(五木ひろし述) 出会い、別れ、再会(こまどり姉妹述) 先生が「売れる」と言えば、売れる(三船和子述) 玉ねぎとじゃがいも(小野由紀子述) 大好きな遠藤先生へ(牧村三枝子述) 一番弟子として(一節太郎述) クサく歌え!(千昌夫述) 車の中の師匠(藤原浩述) 遠藤作品は「祈り」の歌か(小西良太郎述)「ピアノが歌う」作曲家(五十嵐泰弘述) 遠藤実の信仰心(安田暎胤述) 中国で聞いた「北国の春」(不破哲三, 上田七加子述) ヒゲと色付きメガネの「遠藤さん」(唐亜明述) 父の教え(遠藤由美子述)〉 Ⓘ978-4-89434-998-8 Ⓝ767.8 〔2800円〕

遠藤 保仁

◇変えていく勇気—日本代表であり続けられる理由 遠藤保仁著 文藝春秋 2014.12 219p 19cm Ⓘ978-4-16-390133-6 Ⓝ783.47 〔1200円〕

◇最後の黄金世代 遠藤保仁—79年組それぞれの15年 松永多佳倫著 KADOKAWA 2014.5 245p 19cm 〈文献あり 年譜あり〉 Ⓘ978-4-04-066744-7 Ⓝ783.47 〔1200円〕

遠藤製作所

◇燕よ再び大きく羽ばたいてくれ—全国屈指の中小企業の街 遠藤栄松著 新潟 新潟日報事業社(発売) 2014.5 230p 19cm Ⓘ978-4-86132-560-1 Ⓝ581.067 〔926円〕

えんなか会

◇30年のあゆみ えんなか会 〔砺波〕 えんなか会 2014.3 49p 30cm 〈年表あり〉 Ⓝ382.142

円仁〔794～864〕

◇慈覚大師伝の研究 佐伯有清著 オンデマンド版 吉川弘文館 2013.10 381,8p 22cm 〈索引あり 印刷・製本：デジタルパブリッシングサービス〉 Ⓘ978-4-642-04232-1 Ⓝ188.42 〔13000円〕

延辺〔中国〕(教育—歴史)

◇満州間島地域の朝鮮民族と日本語 金奭実著 福岡 花書院 2014.3 290p 21cm (比較社会文化叢書 vol. 32)〈年表あり 文献あり〉 Ⓘ978-4-905324-79-9 Ⓝ372.225 〔2667円〕

延辺〔中国〕(日本語教育—歴史)

◇満州間島地域の朝鮮民族と日本語 金奭実著 福岡 花書院 2014.3 290p 21cm (比較社会文化叢書 vol. 32)〈年表あり 文献あり〉 Ⓘ978-4-905324-79-9 Ⓝ372.225 〔2667円〕

延暦寺〔大津市〕

◇比叡山延暦寺はなぜ6大宗派の開祖を生んだのか 島田裕巳著 ベストセラーズ 2014.4 222p 18cm (ベスト新書 437)〈文献あり〉 Ⓘ978-4-584-12437-6 Ⓝ182.1 〔778円〕

【 お 】

呉 在植〔1933～ 〕

◇私の人生のテーマは「現場」—韓国教会の同時代史を生きて 呉在植著, 山田貞夫訳 新教出版社 2014.11 353p 20cm Ⓘ978-4-400-52349-9 Ⓝ289.2 〔2500円〕

オアシス21
◇栄公園史―名古屋の「オアシス21」、誕生と発展の記録　名古屋市,栄公園振興株式会社編　名古屋　名古屋市　2014.9　341p 図版［10］枚　30cm〈年表あり　共同刊行：栄公園振興〉Ⓝ629.4155

オイスカ
◇「いのち」の文明を創造する―オイスカ・インターナショナルの理念と活動　中野良子著　オイスカ　2014.10　62, 54p　21cm〈英語併記〉Ⓝ333.8

おいらせ町〔青森県〕〔遺跡・遺物〕
◇おいらせ町内遺跡発掘調査報告書　8　おいらせ町教育委員会編　おいらせ町（青森県）おいらせ町教育委員会　2014.3　60p　30cm（おいらせ町埋蔵文化財調査報告書　第17集）〈内容：中野平遺跡。第34・36・37地点　国史跡阿光坊古墳群隣接地　下谷地(1)遺跡〉Ⓝ210.0254
◇中野平遺跡　12　おいらせ町教育委員会編　おいらせ町（青森県）おいらせ町教育委員会　2014.3　25p　30cm（おいらせ町埋蔵文化財調査報告書　第18集）〈駐車場舗装工事に係る発掘調査報告書〉Ⓝ210.0254

王 希天〔1896～1923〕
◇関東大震災と中国人―王希天事件を追跡する　田原洋著　岩波書店　2014.8　19,262p　15cm（岩波現代文庫）〈文献あり　「関東大震災と王希天事件」（三一書房　1982年刊）の改題、改訂〉Ⓘ978-4-00-603272-2　Ⓝ210.69　［1180円］

王 貞治〔1940～　〕
◇王貞治―闘い続ける球界の至宝　江尻良文著　竹書房　2014.10　252p（竹書房文庫　え3-1）〈文献あり　「王貞治壮絶なる闘い」（2007年刊）の改題、加筆修正〉Ⓘ978-4-8019-0056-1　Ⓝ783.7　［640円］

王 守仁〔1472～1528〕
◇王陽明と朱子　安岡正篤著　嵐山町（埼玉県）郷学研修所・安岡正篤記念館　2014.4　191p　19cm（明徳出版社（発売））内容：王陽明伝　朱子小伝〉Ⓘ978-4-89619-981-9　Ⓝ125.5　［2000円］

汪 兆銘〔1885～1944〕
◇日中戦争期における汪精衛政権の政策展開と実態―水利政策の展開を中心に　小笠原強著　専修大学出版局　2014.2　232p　22cm〈文献あり　索引あり　内容：汪精衛政権略史　汪精衛政権の政権構想　汪精衛政権の水利政策の概要　安徽省淮河堤防修復工事　江蘇省呉江県龐山湖灌漑実験場「接収」計画　三ケ年建設計画。1　蘇北新運河開闢計画　三ケ年建設計画。2　東太湖・尹山湖干拓事業〉Ⓝ517.222　［2800円］

王 勃〔647～675〕
◇正倉院本王勃詩序訳注　日中文化交流史研究会編　翰林書房　2014.9　601p　22cm　Ⓘ978-4-87737-375-7　Ⓝ921.43　［18000円］

オウィディウス, P.〔43B.C.～A.D.17?〕
◇古典残照―オウィディウスと中世ラテン詩　柏木英彦著　知泉書館　2014.2　168,5p　20cm〈文献あり　布装〉Ⓘ978-4-86285-174-1　Ⓝ992.1　［2600円］

オーウェル, G.〔1903～1950〕
◇ジョージ・オーウェルと現代―政治作家の軌跡　吉岡栄一著　彩流社　2014.10　199,11p　20cm〈索引あり　内容：一九三四年　「なぜ書くか」とオーウェルの文学観　オーウェル研究にみるフェミニスト批評　『ビルマの日々』の「特権」と「排除」　『カタロニア讃歌』雑感　『動物農場』におけるアニマル・イメージャリー　オーウェルの知識人像　オーウェルとコンラッド　一九八四年』以降　オーウェルとポストコロニアル批評　オーウェルの宗教観　オーウェルと開高健　植民地主義と日射病という迷信　オーウェルと社会主義　オーウェルは社会主義者かとコンラッド再考　オーウェルと帝国意識　小説家の予言　「象を撃つ」のフィクショナルな「私」　『ビルマの日々』と帝国意識　オーウェルの左翼知識人嫌い　オーウェルと伝記的批評の陥穽　オーウェルとマラケシュ　オーウェルと平和主義　オーウェルと第二次世界大戦　オーウェルとケストラー　「政治作家」としてのオーウェル　オーウェルの思想形成　オーウェルの『一九八四年』　オーウェルの『ビルマの日々』　オーウェルの『カタロニア讃歌』とPOUM　オーウェルと愛国心〉Ⓘ978-4-7791-2063-3　Ⓝ930.27　［2200円］

応其〔1537～1608〕
◇「応其上人」と「引の池」　岩城鋭夫原著,瀬崎浩孝校閲、引の池土地改良区編　橋本　引の池土地改良区　2014.7　64p　26cm〈年表あり　「引の池と應其上人と應其村との関係」（平成3年刊）の改訂版〉Ⓝ188.52

欧州安全保障協力機構
◇欧州安全保障協力機構（OSCE）の危機低減措置と安全保障対話―制度・実態とアジア太平洋地域への適用可能性試論・資料　植田隆子著　三鷹　国際基督教大学　2014.4　160p　26cm（社会科学研究所モノグラフシリーズ　21）〈英語併載〉Ⓝ319.8
◇CSCE少数民族高等弁務官と平和創造　玉井雅隆編　国際書院　2014.7　325p　22cm（21世紀国際政治学術叢書　7）〈文献あり　索引あり　標題紙・背のシリーズ名（誤植）:21世紀国際法学術叢書　内容：ナショナル・マイノリティと国際社会　ナショナル・マイノリティ・レジームと規範　第一期：人権としてのナショナル・マイノリティ・イシュー　第二期：一部アクターによる規範認識の変容　第三期：人権規範からの独立過程　第四期：新マイノリティ規範の形成　欧州における紛争予防とナショナル・マイノリティ〉Ⓘ978-4-87791-258-1　Ⓝ316.83　［5600円］

奥州街道
◇近世交通史料集　6　日光・奥州・甲州道中宿村大概帳　児玉幸多校訂　オンデマンド版　吉川弘文館　2013.10　1069p　22cm（印刷・製本：デジタルパブリッシングサービス〉Ⓘ978-4-642-04305-2　Ⓝ682.1　［24000円］

奥州市〔遺跡・遺物〕
◇胆沢城跡―発掘調査概報　平成18・19年度　奥州　奥州市教育委員会　2014.3　95p　30cm（岩手県奥州市埋蔵文化財調査報告書　第23集）〈岩手県奥州市水沢区佐倉河所在〉Ⓝ210.0254
◇小林繁長遺跡発掘調査報告書　岩手県文化振興事業団埋蔵文化財センター編　奥州　岩手県県南広域振興局農政部農村整備室　2014.3　131p　30cm（岩手県文化振興事業団埋蔵文化財調査報告書　第628集）〈文献あり　経営体育成基盤整備事業白山地区関連遺跡発掘調査　共同刊行：岩手県文化振興事業団〉Ⓝ210.0254
◇沢田遺跡発掘調査報告書　岩手県文化振興事業団埋蔵文化財センター編　奥州　岩手県県南広域振興局農政部農村整備室　2014.3　253p 図版 2p　30cm（岩手県文化振興事業団埋蔵文化財調査報告書　第626集）〈文献あり　経営体育成基盤整備事業南下幅北部地区関連遺跡発掘調査　共同刊行：岩手県文化振興事業団〉Ⓝ210.0254
◇白鳥館遺跡発掘調査概要報告書―国指定史跡　第12次調査　奥州市教育委員会世界遺産登録推進室編　奥州　奥州市教育委員会世界遺産登録推進室　2014.3　13p　30cm（岩手県奥州市埋蔵文化財調査報告書　第24集）Ⓝ210.0254
◇長者ケ原廃寺跡発掘調査報告書　第15次調査　岩手県奥州市教育委員会編　奥州　岩手県奥州市教育委員会　2014.3　9p　30cm（岩手県奥州市埋蔵文化財調査報告書　第22集）Ⓝ210.0254
◇八反町・古城林遺跡発掘調査報告書　岩手県文化振興事業団埋蔵文化財センター編　奥州　岩手県県南広域振興局農政部農村整備室　2014.3　509p　30cm（岩手県文化振興事業団埋蔵文化財調査報告書　第627集）〈文献あり　経営体育成基盤整備事業古城2期地区関連遺跡発掘調査　共同刊行：岩手県文化振興事業団〉Ⓝ210.0254

奥州市〔地誌〕
◇奥州おもしろ学　奥州おもしろ学編　改訂版　奥州　奥州おもしろ学　2014.3　142p　21cm　Ⓝ291.22　［1000円］
◇真城ふるさと探訪　真城ふるさと探訪教室編集委員会著　［奥州］　真城地区振興会　2014.4　98p　30cm〈年表あり〉Ⓝ291.22

奥州市〔歴史―史料〕
◇胆沢の古文書　若柳惣之町阿部家文書解読編　17　戸口　その2　奥州市教育委員会編　奥州　奥州市教育委員会　2014.3　185p　26cm（奥州市胆沢古文書資料集　第21集）Ⓝ212.2

欧州連合
◇EUを知るための12章　パスカル・フォンテーヌ著,［駐日欧州連合代表部訳編］　第2版　［東京］　駐日欧州連合代表部広報部　2013.12　87p　23cm〈年表あり〉Ⓘ978-92-9238-105-9　Ⓝ333.7
◇巨大「実験国家」EUは生き残れるのか？―縮みゆく国々が仕掛ける制度イノベーション　国末憲人著　草思社　2014.6　334p　19cm〈文献あり〉Ⓘ978-4-7942-2060-8　Ⓝ333.7　［1800円］
◇新EU論　植田隆子、小川英治、柏倉康夫編　信山社　2014.4　289p　22cm〈『EU論』（放送大学教育振興会　2006年刊）の改題、改訂〉Ⓘ978-4-7972-5588-1　Ⓝ333.7　［3100円］
◇ユーロ危機とEUの将来　日本EU学会編　［横浜］［日本EU学会］　2014.6　411p　22cm（日本EU学会年報　第34号（2014年））〈有斐閣（発売）　内容：ユーロ危機とEUの将来

欧州連合（銀行）

（久保広正著）　Designing a Genuine EMU, which'Unions'for EU and Eurozone ?（Jacques Pelkmans著）　欧州銀行同盟における権限配分とMeroni原則（庄司克宏著）　ユーロ危機対応とEU立憲主義（中村民雄著）　ユーロ危機の時期のEUの対外関係〈2008年9月―2014年1月〉（植田隆子著）　中東欧のEU新規加盟国とユーロ（小山洋司著）　通貨統合後のドイツ経済の変遷とEUの経済改革（和田美惠著）　EMUの形成と金融安定化政策（神江沙蘭著）　EUにおける困窮者向け食料支援プログラムの改革について（豊嘉哲著）　EU希少疾患用医薬品〈オーファンドラッグ〉戦略（福田八寿絵著）　Spanish and Portuguese Citizens'Attitude towards European Integration（西脇靖洋著）　EU地域政策の実施とその評価（喜田智子著）　EU自然保護・生物多様性政策における共通ルール発展の阻害（齋藤亜紀人著）〉Ⓘ978-4-641-29974-0 Ⓝ333.7　［3900円］

欧州連合（銀行）

◇ユーロ銀行同盟の構図（ラビリンス）―その死角をストレステスト　米倉茂著　文眞堂　2014.9　180p　19cm〈文献あり〉Ⓘ978-4-8309-4752-0 Ⓝ338.23　［2000円］

欧州連合（金融）

◇欧州リスク―日本化・円化・日銀化　唐鎌大輔著　東洋経済新報社　2014.8　262p　19cm　Ⓘ978-4-492-44407-8 Ⓝ338.23　［1600円］

欧州連合（金融政策）

◇ユーロ銀行同盟の構図（ラビリンス）―その死角をストレステスト　米倉茂著　文眞堂　2014.9　180p　19cm〈文献あり〉Ⓘ978-4-8309-4752-0 Ⓝ338.23　［2000円］

欧州連合（経済）

◇域内市場統合におけるEU－加盟国間関係　井上淳著　恵雅堂出版　2013.2　7, 197p　22cm　Ⓘ978-4-87430-038-1 Ⓝ333.7　［2781円］

◇ヨーロッパの行き詰まり―ユーロ危機は今後どうなるのか　デイヴィッド・マーシュ著，田村勝省訳　一灯舎　2014.7　127,10p　19cm〈索引あり〉Ⓘ978-4-907600-00-6 Ⓝ332.3　［1600円］

欧州連合（憲法）

◇ドイツ法秩序の欧州化―シュトラインツ教授論文集　ルドルフ・シュトラインツ著，新井誠訳　八王子　中央大学出版部　2014.2　350p　21cm　（日本比較法研究所翻訳叢書 67）〈著作目録あり　索引あり　内容：ドイツ連邦制議論における欧州憲法　欧州の憲法体制　欧州憲法制定プロセス　リスボン条約　君の信心や如何に　リスボン条約判決およびハニーウェル事件判決後の欧州司法裁判所に対する連邦憲法裁判所による審査留保　欧州連合市民権　自由な商品の移動　指令に適合する解釈，指令の直接的効力，国家賠償請求権　ドイツと欧州の食品法は文化的同一性の表現になり得るか　民法秩序欧州化の基盤　「スポーツ国家」としてのドイツ〉Ⓘ978-4-8057-0368-7 Ⓝ323.3　［4400円］

欧州連合（社会政策）

◇EUの雇用・社会政策　労働政策研究・研修機構編　労働政策研究・研修機構　2013.9　232p　30cm　（JILPT海外労働情報 13-9）〈文献あり〉Ⓝ364.1

欧州連合（農業政策）

◇農村イノベーションのための人材と組織の育成―海外と日本の動き　農林水産省農林水産政策研究所編　農林水産省農林水産政策研究所　2014.12　218p　30cm　（6次産業化研究研究資料 第1号）Ⓝ611.1

欧州連合（農業政策―歴史）

◇EU共通農業政策改革の内幕―マクシャリー改革，アジェンダ2000，フィシュラー改革　アリンコ クーニャ，アランス ウィンバンク著，市田知子，和泉真理，平澤明彦訳　農林統計出版　2014.11　288p　21cm〈文献あり　索引あり〉Ⓘ978-4-89732-303-9 Ⓝ611.1　［3500円］

欧州連合（農村計画）

◇農村イノベーションのための人材と組織の育成―海外と日本の動き　農林水産省農林水産政策研究所編　農林水産省農林水産政策研究所　2014.12　218p　30cm　（6次産業化研究研究資料 第1号）Ⓝ611.1

欧州連合（貿易政策）

◇EUと先進諸国とのFTAにおける知的財産戦略とその政治過程　西村もも子［著］　知的財産研究所　2014.6　11, 10, 31p　30cm　（産業財産権研究推進事業（平成24-26年度）報告書 平成24年度）〈特許庁委託〉Ⓝ678.23

欧州連合（法律）

◇新EU法　政策篇　庄司克宏著　岩波書店　2014.10　428p　21cm　（岩波テキストブックス）〈索引あり　「EU法 政策篇」（2003年刊）の改題，改訂増補〉Ⓘ978-4-00-028913-9 Ⓝ329.37　［3900円］

◇ドイツ法秩序の欧州化―シュトラインツ教授論文集　ルドルフ・シュトラインツ著，新井誠訳　八王子　中央大学出版部　2014.2　350p　21cm　（日本比較法研究所翻訳叢書 67）〈著作目録あり　索引あり　内容：ドイツ連邦制議論における欧州憲法　欧州の憲法体制　欧州憲法制定プロセス　リスボン条約　君の信心や如何に　リスボン条約判決およびハニーウェル事件判決後の欧州司法裁判所に対する連邦憲法裁判所による審査留保　欧州連合市民権　自由な商品の移動　指令に適合する解釈，指令の直接的効力，国家賠償請求権　ドイツと欧州の食品法は文化的同一性の表現になり得るか　民法秩序欧州化の基盤　「スポーツ国家」としてのドイツ〉Ⓘ978-4-8057-0368-7 Ⓝ323.3　［4400円］

王将フードサービス

◇餃子の王将社長射殺事件　一橋文哉著　KADOKAWA　2014.11　270p　19cm〈文献あり〉Ⓘ978-4-04-102409-6 Ⓝ368.61　［1600円］

追手門学院大学

◇追手門学院の自校教育　寺﨑昌男，梅村修監修　茨木　追手門学院大学出版会　2014.2　208p　19cm　（丸善出版（発売）年譜あり　内容：大学50周年記念事業「自校教育のいま」講演録（寺﨑昌男述）　学び論A「自校教育講座」の記録（梅村修述）　自校教育の教材作成について（山本直子述）〉Ⓘ978-4-907574-04-8 Ⓝ377.15　［1200円］

鴨東萩父

◇日本語音韻史の動的諸相と蜆縮涼鼓集　高山知明著　笠間書院　2014.5　210,7p　21cm〈文献あり　索引あり　内容：序論　タ行ダ行破擦音化の音韻論的特質　前鼻子音の変化と話者の感覚　前鼻子音から読み解く蜆縮涼鼓集　蜆縮涼鼓集の背景　耳障りなザ行音の「発生」　二つの変化の干渉　終章〉Ⓘ978-4-305-70734-5 Ⓝ811.1　［3300円］

近江絹糸紡績株式会社

◇近江絹糸「人権争議」の真実　朝倉克己著　彦根　サンライズ出版　2014.8　181p　19cm　Ⓘ978-4-88325-544-3 Ⓝ366.66　［1600円］

近江八幡市（遺跡・遺物）

◇安土城下町遺跡佐久間地区8次調査概要報告書　近江八幡市，近江八幡市教育委員会編　［近江八幡］　近江八幡市　2013.3　41p　図版24p　30cm　（近江八幡市埋蔵文化財発掘調査報告書 48）〈共同刊行：近江八幡市教育委員会〉Ⓝ210.0254

◇近江八幡市埋蔵文化財発掘調査報告書　47　近江八幡市総合政策部文化観光課，近江八幡市教育委員会編　［近江八幡］　近江八幡市総合政策部文化観光課　2013.3　90p　図版44p　30cm〈共同刊行：近江八幡市教育委員会〉Ⓝ210.0254

◇近江八幡市埋蔵文化財発掘調査報告書　49　近江八幡市総合政策部文化観光課，近江八幡市教育委員会編　［近江八幡］　近江八幡市総合政策部文化観光課　2014.3　48p　図版32p　30cm〈共同刊行：近江八幡市教育委員会〉Ⓝ210.0254

◇勧学院遺跡5次調査概要報告書　近江八幡市，近江八幡市教育委員会編　［近江八幡］　近江八幡市　2014.3　40p　図版21p　30cm　（近江八幡市埋蔵文化財発掘調査報告書 50）〈共同刊行：近江八幡市教育委員会〉Ⓝ210.0254

◇琵琶湖東部の湖底・湖岸遺跡　第1分冊　本文編　滋賀県教育委員会事務局文化財保護課，滋賀県文化財保護協会編　大津　滋賀県教育委員会事務局文化財保護課　2014.3　329p　30cm　（琵琶湖開発事業関連埋蔵文化財発掘調査報告書 14）〈年表あり　共同刊行：滋賀県文化財保護協会　内容：長命寺湖底遺跡　長命寺遺跡　大房遺跡　牧湖岸遺跡　岡山城遺跡　多景島遺跡〉Ⓝ210.0254

◇琵琶湖東部の湖底・湖岸遺跡　第2分冊　写真図版編　滋賀県教育委員会事務局文化財保護課，滋賀県文化財保護協会編　大津　滋賀県教育委員会事務局文化財保護課　2014.3　8, 229p　30cm　（琵琶湖開発事業関連埋蔵文化財発掘調査報告書 14）〈共同刊行：滋賀県文化財保護協会　内容：長命寺湖底遺跡　長命寺遺跡　大房遺跡　牧湖岸遺跡　岡山城遺跡　多景島遺跡〉Ⓝ210.0254

近江八幡市（水路―保存・修復）

◇琵琶湖と人の暮らしをつなぐ八幡堀―写真にみる自然・治水・経済・再生・保全の歩み　八幡堀の歴史を残す編集委員会監修　近江八幡　ハートランド推進財団　2014.3　80p　21×30cm〈年表あり〉Ⓝ517.2161

近江八幡市（選挙―統計）

◇近江八幡市選挙の概要　平成25年度版　近江八幡市選挙管理委員会編　［近江八幡］　近江八幡市選挙管理委員会　2014.4　47p　30cm〈折り込 1枚〉Ⓝ314.8

近江八幡市（地域開発）

◇日本における水辺のまちづくり　2　神頭広好, 麻生憲一, 角本伸晃, 駒木伸比古, 張慧娟, 藤井孝宗著　名古屋　愛知大学経営総合科学研究所　2014.3　85p　26cm　（愛知大学経営総合科学研究所叢書 43）〈文献あり　「2」のタイトル関連情報：近江八幡市および松江市を対象にして〉①978-4-906971-02-2　Ⓝ601.1　［非売品］

近江八幡市（地方選挙）

◇近江八幡市選挙の概要　平成25年度版　近江八幡市選挙管理委員会編　［近江八幡］　近江八幡市選挙管理委員会　2014.4　47p　30cm〈折り込1枚〉Ⓝ314.8

近江八幡市（歴史）

◇近江八幡の歴史　第6巻　通史　1（歴史のあけぼのから安土城まで）　近江八幡市史編集委員会編　近江八幡　近江八幡市　2014.3　371p　30cm〈文献あり〉Ⓝ216.1

オウム真理教

◇オウムという現象―現代社会と宗教　渡辺学著　京都　晃洋書房　2014.11　141p　19cm　（シリーズ文明のゆくえ 近代文明を問う）①978-4-7710-2574-5　Ⓝ169.1　［1500円］

青梅市（遺跡・遺物）

◇K-31遺跡―第1次発掘調査報告書　武蔵文化財研究所編　［東京］　一建設　2014.8　15p　図版 3p　30cm〈東京都青梅市所在　共同刊行：増田孝夫〉Ⓝ210.0254

青梅市（選挙―統計）

◇選挙の記録　青梅市選挙管理委員会編　青梅　青梅市選挙管理委員会　2014.3　1冊　30cm〈東京都議会議員選挙 平成25年6月23日執行, 参議院議員選挙 平成25年7月21日執行, 東京都知事選挙 平成26年2月9日執行〉Ⓝ314.8

青梅電気鉄道株式会社

◇青梅鉄道昭島関係史料集　昭島市教育委員会生涯学習部社会教育課文化財担当編　昭島　昭島市教育委員会生涯学習部社会教育課文化財担当　2014.10　208p　30cm　（昭島近代史調査報告書 2）〈年表あり　青梅鉄道開業120年・市制施行60周年記念　解説・入力・解説：三村章〉Ⓝ686.2136　［700円］

邑楽町（群馬県）（写真集）

◇太田・館林・邑楽の昭和―写真アルバム　長岡　いき出版　2014.2　279p　31cm〈群馬県教科書特約供給所（発売）文献あり〉①978-4-904614-44-0　Ⓝ213.3　［9514円］

大網白里市（遺跡・遺物）

◇大網白里市小西城跡　千葉県教育振興財団文化財センター編　千葉　国土交通省関東地方整備局千葉国道事務所　2014.2　218p　図版 91p　30cm　（千葉県教育振興財団調査報告 第722集）〈共同刊行：千葉県教育振興財団ほか〉Ⓝ210.0254

大洗町（茨城県）（遺跡・遺物）

◇大洗町内遺跡調査報告書　2010・2011年度　大洗町教育委員会編　大洗町（茨城県）大洗町教育委員会　2014.3　30p　30cm　（大洗町文化財調査報告書 第16集）〈内容：米蔵地遺跡2010年度調査　髭釜遺跡2011年度調査　米蔵地遺跡2011年度調査　一本松遺跡2011年度調査　吹上遺跡2011年度調査〉Ⓝ210.0254

◇車塚古墳・姫塚古墳―平成21年度測量調査・平成23年度範囲確認調査概要報告書　大洗町教育委員会編　大洗町（茨城県）大洗町教育委員会　2013.3　49p　30cm　（大洗町文化財調査報告書 第14集）〈茨城県東茨城郡大洗町所在〉Ⓝ210.0254

◇千天遺跡　水戸　茨城県教育財団　2014.3　240p　図版 42p　30cm　（茨城県教育財団文化財調査報告 第384集）〈茨城県水戸土木事務所の委託による　主要地方道大洗友部線道路改良事業地内埋蔵文化財調査報告書〉Ⓝ210.0254

◇米蔵地遺跡　第2次　米蔵地遺跡埋蔵文化財発掘調査会編　大洗町（茨城県）大洗町教育委員会　2013.12　43p　30cm　（大洗町文化財調査報告書 第15集）〈茨城県東茨城郡大洗町所在　グループホーム温泉大洗建設に伴う埋蔵文化財発掘調査報告書　共同刊行：健晴会ほか〉Ⓝ210.0254

大井 篤〔1902～1994〕

◇大井篤海軍大尉アメリカ留学記―保科さんと私　大井篤著　KADOKAWA　2014.11　315p　20cm　①978-4-04-102249-8　Ⓝ289.1　［1800円］

大井川

◇天竜川水系・大井川水系平成25年度の節水対策（夏・冬）　静岡県くらし・環境部環境局水利用課天竜川水利調整協議会事務局, 静岡県くらし・環境部環境局水利用課大井川水利調整協議会事務局編　［静岡］　静岡県くらし・環境部環境局水利用課天竜川水利調整協議会事務局　2014.7　106p　30cm〈共同刊行：静岡県くらし・環境部環境局水利用課大井川水利調整協議会事務局〉Ⓝ517

◇天竜川水系平成23・24年度の節水対―平成23年度冬・平成24年度夏　静岡県くらし・環境部環境局水利用課天竜川水利調整協議会事務局, 静岡県くらし・環境部環境局水利用課大井川水利調整協議会事務局編　［静岡］　静岡県くらし・環境部環境局水利用課天竜川水利調整協議会事務局　2013.3　68p　30cm〈参考：大井川水系の流況　共同刊行：静岡県くらし・環境部環境局水利用課大井川水利調整協議会事務局〉Ⓝ517

大石 英司〔1961～〕

◇サイレント・コアガイドブック　大石英司著, 安田忠幸画　中央公論新社　2014.11　157p　18cm　（C・NOVELS 34-101）〈著作目録あり　内容：LADY17 オペレーションE子〉①978-4-12-501319-0　Ⓝ913.6　［1000円］

大石 誠之助〔1867～1911〕

◇熊野・新宮の「大逆事件」前後―大石誠之助の言論とその周辺　辻本雄一著　論創社　2014.2　393p　20cm〈年譜あり　内容：「大逆事件」と紀州新宮　禄亭と寒村　大石誠之助の言論にみる「半島的視座」と現代　「毒取る」大石誠之助と被差別部落のひとびと　禄亭大石誠之助の視た日露戦中・戦後の熊野新宮の諸相　一九〇八、〇九年における、大石誠之助と沖野岩三郎との接点　高木顕明の紀州新宮時代　「大逆事件」と成石兄弟　堺利彦〔枯川〕、ふたたびの「熊野行」　西村伊作・「冬の時代」その「思想的」断片　熊野における「大逆事件」余聞〉①978-4-8460-1299-1　Ⓝ210.68　［3800円］

大石 まどか〔1972～ 〕

◇円結び　大石まどか著　西東京　ピーエスエス　2014.2　204p　19cm　〈星雲社（発売）作品目録あり　年譜あり〉①978-4-434-18880-0　Ⓝ767.8　［1429円］

大石田町（山形県）（遺跡・遺物）

◇八合田遺跡・森の原遺跡第1・2次・今宮大谷地遺跡発掘調査報告書　上山　山形県埋蔵文化財センター　2014.3　90p　図版［19］枚　30cm　（山形県埋蔵文化財センター調査報告書 第213集）Ⓝ210.0254

大泉町（群馬県）（遺跡・遺物）

◇寄木戸東原遺跡横町遺跡Ⅱ西原遺跡　大泉町教育委員会編　大泉町（群馬県）大泉町教育委員会　2013.12　22p　図版 9p　30cm　（大泉町埋蔵文化財発掘調査報告書 第13集）〈公営住宅建設に伴う埋蔵文化財発掘調査, 店舗建設に伴う埋蔵文化財発掘調査, 宅地分譲に伴う埋蔵文化財発掘調査〉Ⓝ210.0254

大磯町（神奈川県）（宿駅―歴史―史料―書目）

◇大磯宿小島本陣資料目録　大磯町教育委員会編　大磯町（神奈川県）大磯町教育委員会　2013.11　59p　30cm　（大磯町文化財調査報告書 第49集）Ⓝ213.7

大磯町（神奈川県）（歴史―史料―書目）

◇大磯宿小島本陣資料目録　大磯町教育委員会編　大磯町（神奈川県）大磯町教育委員会　2013.11　59p　30cm　（大磯町文化財調査報告書 第49集）Ⓝ213.7

大分銀行

◇大分銀行120年史　大分銀行百二十年史編纂委員会編　大分　大分銀行　2014.2　20p　30cm〈年表あり〉Ⓝ338.61

大分県（医学―中津―歴史―史料）

◇中津市歴史民俗資料館分館医家史料館叢書　13　人物と交流　3　ミヒェル・ヴォルフガング, 吉田洋一, 大島明秀共編　［中津］　中津市教育委員会（中津市）　2014.3　90p　26cm　共同刊行：中津市歴史民俗資料館　内容：田代基徳と高木兼寛（平尾真智子著）　中津の医家田渕家蔵「醫療歌配剤秘本」写本について（大島明秀著）　村上家の人物交流（吉田洋一著）〉Ⓝ490.21

大分県（遺跡・遺物）

◇大分県内遺跡発掘調査概報　17　大分県教育庁埋蔵文化財センター編　［大分］　大分県教育庁埋蔵文化財センター　2014.3　12p　30cm　Ⓝ210.0254

大分県（遺跡・遺物―宇佐市）

◇市内遺跡発掘調査概報　21　平成24年度調査の概要　宇佐　宇佐市教育委員会　2013.3　13p　30cm　Ⓝ210.0254

◇市内遺跡発掘調査概報　22　平成25年度調査の概要　宇佐　宇佐市教育委員会　2014.3　13p　30cm　Ⓝ210.0254

◇西秣大迫遺跡・春畑遺跡・カシミ遺跡・今成館跡・木内遺跡・丸尾城跡　大分　大分県教育庁埋蔵文化財センター　2014.3　138p　30cm　（大分県教育庁埋蔵文化財センター調査報告書 第71集）Ⓝ210.0254

◇別府遺跡群　2　宇佐　宇佐市教育委員会　2013.3　48p　図版 24p　30cm　（市内遺跡発掘調査事業報告書 第8集）〈内容：別府塚原遺跡の調査〉Ⓝ210.0254

◇別府遺跡群　3　宇佐　宇佐市教育委員会　2014.3　56p　図版 24p　30cm　（市内遺跡発掘調査事業報告書 第9集）Ⓝ210.0254

大分県（遺跡・遺物—大分市）

◇大友府内 18 大分 大分市教育委員会 2014.2 55p 図版
13p 30cm （大分市埋蔵文化財発掘調査報告書 第129集）
〈内容：中世大友府内町跡第103次調査〉Ⓝ210.0254

◇大友府内 19 大分 大分市教育委員会 2014.3 40p 図版
8p 30cm （大分市埋蔵文化財発掘調査報告書 第132集）
〈店舗建設に伴う埋蔵文化財発掘調査報告書 内容：中世大友
府内町跡第104次調査〉Ⓝ210.0254

◇大道遺跡群 7 大分 大分市教育委員会 2014.3 96p 図版
10p 30cm （大分市埋蔵文化財発掘調査報告書 第130集）
〈内容：第26・27・29・30・33・35・38・39・40・41・42次〉
Ⓝ210.0254

◇羽田遺跡 4 第10・11次調査 大分 大分市教育委員会
2013.7 39p 30cm （大分市埋蔵文化財発掘調査報告書 第
127集）〈集合住宅建設に伴う埋蔵文化財発掘調査報告書〉
Ⓝ210.0254

◇府内城・城下町跡 10 第21次・第23次調査 大分 大分市
教育委員会 2014.2 82p 図版16p 30cm （大分市埋蔵文
化財発掘調査報告書 第128集）Ⓝ210.0254

◇横尾遺跡 8 大分 大分市教育委員会 2014.3 188p 図版
18p 30cm （大分市埋蔵文化財発掘調査報告書 第131集）
〈大分市横尾土地区画整理事業に伴う埋蔵文化財発掘調査報告
書〉Ⓝ210.0254

◇米竹遺跡 6 第10次調査 大分 大分市教育委員会 2014.3
34p 図版2p 30cm （大分市埋蔵文化財発掘調査報告書 第
133集）〈高齢者福祉施設建設に伴う埋蔵文化財発掘調査報告
書〉Ⓝ210.0254

大分県（遺跡・遺物—杵築市）

◇豊後國山香郷の調査 資料編 2 宇佐 大分県立歴史博物館
2014.3 94p 30cm （大分県立歴史博物館報告書 第15集）
Ⓝ219.5

大分県（遺跡・遺物—佐伯市）

◇佐伯城跡測量調査報告書・佐伯市内遺跡試掘確認調査報告書
佐伯 佐伯市教育委員会 2014.3 48p 図版2枚 30cm
（佐伯市文化財調査報告書 第5集）Ⓝ210.0254

◇栂牟礼遺跡天神ノ下地区栂牟礼遺跡掃木地区曳畑館跡元越遺
跡 大分県教育庁埋蔵文化財センター編 大分 大分県教育
庁埋蔵文化財センター 2014.3 174p 30cm （大分県教育
庁埋蔵文化財センター調査報告書 第72集）Ⓝ210.0254

◇栂牟礼城跡関連遺跡発掘調査報告書 2 佐伯 佐伯市教育委
員会 2014.3 44p 図版2枚 30cm （佐伯市文化財調査報
告書 第4集）Ⓝ210.0254

大分県（遺跡・遺物—中津市）

◇佐知遺跡高原地点 ［中津］ 中津市教育委員会 2014.3
110p 30cm （中津市文化財調査報告 第67集）〈文献あり
市道佐知白木線拡幅・新設工事に伴う埋蔵文化財発掘調査報
告書〉Ⓝ210.0254

◇市内遺跡発掘調査概報 7 ［中津］ 中津市教育委員会
2014.3 25p 30cm （中津市文化財調査報告 第70集）〈内
容：長者屋敷官衙遺跡 中近世城館確認調査 中津城跡25次
調査 市内試掘確認調査〉Ⓝ210.0254

◇高畑遺跡 2 大分県教育庁埋蔵文化財センター編 大分 大
分県教育庁埋蔵文化財センター 2014.3 147p 30cm （大
分県立中津南高等学校教室棟改築工事に伴う埋蔵文化財発掘調査
報告書）Ⓝ210.0254

◇中津城下町遺跡 11次調査 ［中津］ 中津市教育委員会
2014.3 38p 30cm （中津市文化財調査報告 第68集）〈市
道山ノ神森ノ丁線建設に伴う埋蔵文化財発掘調査報告書〉
Ⓝ210.0254

◇中津城下町遺跡 18次調査 ［中津］ 中津市教育委員会
2014.3 26p 30cm （中津市文化財調査報告 第69集）〈若
草保育園改築に伴う発掘調査報告書〉Ⓝ210.0254

◇中津城下町遺跡・寺町 ［中津］ 中津市教育委員会 2013.12
26p 30cm （中津市文化財調査報告 第65集）〈寺町クリ
ニック福祉施設建設に伴う発掘調査〉Ⓝ210.0254

◇西林大迫遺跡・春畑遺跡・カシミ遺跡・今成館跡・木内遺跡・
丸尾城跡 大分 大分県教育庁埋蔵文化財センター 2014.3
138p 30cm （大分県教育庁埋蔵文化財センター調査報告書
第71集）Ⓝ210.0254

大分県（遺跡・遺物—日田市）

◇朝日の遺跡 2 日田市教育庁文化財保護課編 日田 日田市
教育委員会 2014.3 31p 図版 ［10］枚 30cm （日田市埋
蔵文化財調査報告書 第111集）〈内容：鍛冶屋廻り遺跡2次・
本村遺跡5次の調査〉Ⓝ210.0254

◇慈眼山遺跡 10次 日田市教育庁文化財保護課編 日田 日
田市教育委員会 2014.3 12p 図版 3p 30cm （日田市埋蔵
文化財調査報告書 第113集）Ⓝ210.0254

◇赤迫遺跡G区元宮遺跡1・2・6次 日田市教育庁文化財保護課
編 日田 日田市教育委員会 2014.3 51p 30cm （日田市
埋蔵文化財調査報告書 第114集）Ⓝ210.0254

◇長迫遺跡B地点 日田市教育庁文化財保護課編 日田 日田市
教育委員会 2014.3 53p 図版18p 30cm （日田市埋蔵文
化財調査報告書 第115集）Ⓝ210.0254

◇吹上 6 日田 日田市教育委員会 2014.3 99p 30cm
（日田市埋蔵文化財調査報告書 第112集）〈内容：自然科学分
析調査の記録・調査の総括〉Ⓝ210.0254

大分県（遺跡・遺物—豊後大野市）

◇加原遺跡 大分県教育庁埋蔵文化財センター編 大分 大分
県教育庁埋蔵文化財センター 2014.3 190p 図版［20］枚
30cm （大分県教育庁埋蔵文化財センター調査報告書 第73
集）Ⓝ210.0254

◇古市下遺跡・古市上遺跡 大分 大分県教育庁埋蔵文化財セン
ター 2014.3 182p 図版2枚 30cm （大分県教育庁埋蔵
文化財センター調査報告書 第74集）Ⓝ210.0254

◇豊後大野市内遺跡発掘調査概要報告書 4 平成23年度・平成
24年度調査 豊後大野市教育委員会編 豊後大野 豊後大野
市教育委員会 2014.3 33p 30cm Ⓝ210.0254

大分県（遺跡・遺物—別府市）

◇別府市市内遺跡確認調査報告書—平成23年度調査の記録 別
府 別府市教育委員会 2013.3 10p 30cm （別府市埋蔵文
化財発掘調査報告書 第4集）Ⓝ210.0254

◇別府市市内遺跡確認調査報告書—平成24年度調査の記録 別
府 別府市教育委員会 2014.3 10p 30cm （別府市埋蔵文
化財発掘調査報告書 第5集）Ⓝ210.0254

大分県（遺跡・遺物—保存・修復—宇佐市）

◇史跡法鏡寺廃寺跡保存管理計画書 宇佐 宇佐市教育委員会
2014.3 120p 図版 4枚 30cm Ⓝ709.195

大分県（遺跡・遺物—由布市）

◇北屋敷ツル遺跡・石風呂遺跡・由布川小学校遺跡 大分県教育
庁埋蔵文化財センター編 大分 大分県教育庁埋蔵文化財セ
ンター 2014.3 157p 図版 4p 30cm （大分県教育庁埋蔵
文化財センター調査報告書 第75集）〈県道小挟間大分線道路
改良工事に伴う埋蔵文化財発掘調査報告書〉Ⓝ210.0254

大分県（温泉—由布市）

◇中国都市化の診断と処方—開発・成長のパラダイム転換 林
良嗣,黒田由彦,高野雅夫,名古屋大学グローバルCOEプログラ
ム「地球学から基礎・臨床環境学への展開」編 明石書店
2014.2 186p 22cm （名古屋大学環境学叢書 4）〈執筆：ハ
ンス＝ペーター・デュールほか 内容：シンポジウムを貫く視
点（林良嗣著） 南京市の開発とその課題（翟国方著） 江南の
異変（張玉林著）「都市—農村」遷移地域における社区での階
層構造および管理のジレンマ（田毅鵬著） 東豊県の経済社会
発展と直面する環境問題およびその対策（単聯成著） 中国農
村部におけるゴミ問題の診断と治療（李全鵬著） 上海市田子
坊地区再開発に見るコントロールされた成長（徐春陽著） 中
国農村の都市化（黒田由彦著） 岐路に立つ癒しの里・由布院
温泉（王昊凡著） 市町村合併がもたらした「問題」（石橋康正
著） 由布院温泉に見るコントロールされた成長と前向きな縮
小という課題（中谷健太郎,桑野和泉,高野雅夫述） 由布院が
示唆するもの（林良嗣著） 日本社会への提言（林良嗣,黒田由
彦,高野雅夫述）〉①978-4-7503-3984-9 Ⓝ361.78 ［3000円］

大分県（海浜生物—中津市）

◇中津干潟レポート 2013 中津 水辺に遊ぶ会 2014.1
127p 30cm ①978-4-9907549-0-7 Ⓝ454.7

大分県（観光開発—由布市）

◇中国都市化の診断と処方—開発・成長のパラダイム転換 林
良嗣,黒田由彦,高野雅夫,名古屋大学グローバルCOEプログラ
ム「地球学から基礎・臨床環境学への展開」編 明石書店
2014.2 186p 22cm （名古屋大学環境学叢書 4）〈執筆：ハ
ンス＝ペーター・デュールほか 内容：シンポジウムを貫く視
点（林良嗣著） 南京市の開発とその課題（翟国方著） 江南の
異変（張玉林著）「都市—農村」遷移地域における社区での階
層構造および管理のジレンマ（田毅鵬著） 東豊県の経済社会
発展と直面する環境問題およびその対策（単聯成著） 中国農
村部におけるゴミ問題の診断と治療（李全鵬著） 上海市田子
坊地区再開発に見るコントロールされた成長（徐春陽著） 中
国農村の都市化（黒田由彦著） 岐路に立つ癒しの里・由布院
温泉（王昊凡著） 市町村合併がもたらした「問題」（石橋康正
著） 由布院温泉に見るコントロールされた成長と前向きな縮
小という課題（中谷健太郎,桑野和泉,高野雅夫述） 由布院が
示唆するもの（林良嗣著） 日本社会への提言（林良嗣,黒田由
彦,高野雅夫述）〉①978-4-7503-3984-9 Ⓝ361.78 ［3000円］

日本件名図書目録2014　Ⅰ　　　　　　　　　　　　　　　　　　　　　　　　　　　　　　　　大分県（水産養殖）

大分県（観音巡り）
◇豊前国三十三観音札所めぐり―歴史と心の旅路　藤井悦子著，中村順一写真　福岡　花乱社　2014.7　158p　21cm　①978-4-905327-35-6　Ⓝ291.95　［1600円］

大分県（紀行・案内記）
◇豊前国三十三観音札所めぐり―歴史と心の旅路　藤井悦子著，中村順一写真　福岡　花乱社　2014.7　158p　21cm　①978-4-905327-35-6　Ⓝ291.95　［1600円］

大分県（基準地価格）
◇大分県地価公示・地価調査価格要覧　平成26年　［大分］　大分県不動産鑑定士協会　［2014］　247p　30cm　Ⓝ334.6

大分県（気象）
◇肌で感じる大気―大分県の局地気候：環境への地球物理学エッセイ　川西博著，川西や寿子編　大分　川西や寿子　2014.9　247p　26cm　Ⓝ451.9195

大分県（教育―統計）
◇大分県新規学卒者実態調査報告書　平成26年度　大分県企画振興部統計調査課編　大分　大分県企画振興部統計調査課　2014.12　43p　30cm　Ⓝ366.2195

大分県（教員研修）
◇「一層やりがいのある校内研究」手引書　大分県教育センター研修カリキュラム開発会議編　大分　大分県教育センター　2014.3　53p　30cm　Ⓝ374.35
◇教職員研修計画　平成25年度　大分県教育センター編　大分　大分県教育委員会　2013.4　60p　30cm　Ⓝ374.3
◇教職員研修計画　平成26年度　大分県教育センター編　大分　大分県教育委員会　2014.4　65p　30cm　Ⓝ374.3

大分県（行政）
◇大分県長期総合計画の実施状況について―平成25年度実績　［大分］　大分県　2014.9　173p　30cm　Ⓝ318.295
◇大分県の国際交流・協力の現状　平成25年度版　大分県企画振興部国際政策課編　大分　大分県企画振興部国際政策課　［2014］　1冊　30cm　〈年表あり〉　Ⓝ318.295
◇大分県の政策に関するアンケート調査報告書―詳細版　大分　大分県企画振興部政策企画課　2014.2　90, 12p　30cm　Ⓝ318.295

大分県（行政研修）
◇研修所内大学「地域政策スクール」研究報告書　平成25年度　大分県職員研修所編　大分　大分県職員研修所　2014.3　184p　30cm　〈文献あり〉　Ⓝ318.295

大分県（漁業）
◇大分県の漁業権　平成26年4月1日現在　大分県農林水産部漁業管理課編　大分　大分県農林水産部漁業管理課　2014.4　172p　21×30cm　Ⓝ661.12

大分県（公益法人）
◇公社等外郭団体経営状況等調書　［大分］　大分県　2014.9　86p　30cm　Ⓝ335.7195

大分県（公企業）
◇公社等外郭団体経営状況等調書　［大分］　大分県　2014.9　86p　30cm　Ⓝ335.7195

大分県（公示地価）
◇大分県地価公示・地価調査価格要覧　平成26年　［大分］　大分県不動産鑑定士協会　［2014］　247p　30cm　Ⓝ334.6

大分県（国土計画）
◇国土利用計画法の施行状況　大分　大分県土木建築部都市計画課　2014.4　36p　30cm　Ⓝ601.195

大分県（個人情報保護）
◇大分県の情報公開・個人情報保護―平成25年度情報公開・個人情報保護制度運用状況報告書　大分　大分県総務部県政情報課　2014.10　69p　30cm　Ⓝ318.595

大分県（昆虫）
◇九重昆虫記―昆虫の心を探る　第9巻　宮田彬著　エッチエスケー　2014.7　391p　20cm　〈索引あり〉　①978-4-902424-16-4　Ⓝ486.02195　［2200円］

大分県（寺院）
◇くにさき仏の里めぐり　田中みのる著・撮影　豊後高田　永岡惠一郎　2014.6　112p　30cm　Ⓝ185.9195

大分県（就職―統計）
◇大分県新規学卒者実態調査報告書　平成26年度　大分県企画振興部統計調査課編　大分　大分県企画振興部統計調査課　2014.12　43p　30cm　Ⓝ366.2195

大分県（障害者福祉）
◇大分県障がい者基本計画　第4期　大分県福祉保健部障害福祉課編　大分　大分県福祉保健部障害福祉課　2014.3　87p　30cm　Ⓝ369.27

大分県（消費者行動）
◇大分県中心市街地等消費者買動向調査報告書　平成25年度　大分県商工労働部商業・サービス業振興課編　大分　大分県商工労働部商業・サービス業振興課　2014.3　71p　30cm　〈集計委託先：九州みらい研究所　表紙のタイトル：大分県中心市街地等消費者動向調査報告書〉　Ⓝ675.2

大分県（情報公開制度）
◇大分県の情報公開・個人情報保護―平成25年度情報公開・個人情報保護制度運用状況報告書　大分　大分県総務部県政情報課　2014.10　69p　30cm　Ⓝ318.595

大分県（食生活）
◇酒と肴の文化地理―大分の地域食をめぐる旅　中村周作著　原書房　2014.4　179p　21cm　〈内容：序論　大分県域における飲酒嗜好の地域的展開　伝統的魚介類食を育んできた大分県水産業　大分県域における伝統的魚介類食の分布展開　伝統的魚介類食にみる大分県の地域性　酒と肴地域・飲食文化を堪能する旅〉　①978-4-562-09195-9　Ⓝ383.8195　［1800円］

大分県（植物）
◇大分の野生植物「スライドフイルム」目録―別府大学附属図書館所蔵　荒金正憲著　［別府］　［荒金正憲］　2014.2　324p　30cm　〈文献あり〉　Ⓝ027.97
◇奥山地域植生等調査報告書　大分県生活環境部生活環境企画課編　大分　大分県生活環境部生活環境企画課　2014.3　73p　30cm　〈文献あり〉　Ⓝ472.195
◇奥山地域（耶馬日田英彦山及び国東半島）植生等調査報告書　［大分］　大分県　2013　111p　30cm　〈文献あり〉　Ⓝ472.195

大分県（植物―目録）
◇おおいたの野生植物写真集―荒金美智子撮影：別府大学附属図書館所蔵　別冊　荒金美智子［撮影］，［荒金］正憲著　［別府］　［荒金美智子］　2013.9　75p　30cm　Ⓝ472.195

大分県（書目）
◇大分県EL新聞記事情報リスト　2013-1　エレクトロニック・ライブラリー編　エレクトロニック・ライブラリー　2014.2　709p　31cm　〈制作：日外アソシエーツ〉　Ⓝ025.8195
◇大分県EL新聞記事情報リスト　2013-2　エレクトロニック・ライブラリー編　エレクトロニック・ライブラリー　2014.2　p711-1292　31cm　〈制作：日外アソシエーツ〉　Ⓝ025.8195
◇大分県EL新聞記事情報リスト　2013-3　エレクトロニック・ライブラリー編　エレクトロニック・ライブラリー　2014.2　p1293-1854　31cm　〈制作：日外アソシエーツ〉　Ⓝ025.8195

大分県（人権教育）
◇子どもたちに確かな未来を一大分の進路保障　2013　大分県人権教育研究協議会編　大分県人権教育研究協議会　2013.5　146p　30cm　①375.25　［1400円］
◇人権教育確立推進事業指定研究実践報告書　平成25年度　［大分］　大分県教育庁人権・同和教育課　2014.3　152p　30cm　Ⓝ375

大分県（震災予防）
◇大分県地震・津波対策アクションプラン　［大分］　大分県　2014.3　61p　30cm　Ⓝ369.31
◇大分県地域防災計画　地震・津波対策編　［大分］　大分県防災会議　2014.6　319p　30cm　Ⓝ369.3

大分県（森林）
◇酸性雨モニタリング（土壌・植生）調査　平成25年度　［大分］　大分県　2014.3　33p　31cm　〈平成25年度環境省委託業務結果報告書　ルーズリーフ〉　Ⓝ519.5

大分県（進路指導）
◇子どもたちに確かな未来を一大分の進路保障　2013　大分県人権教育研究協議会編　大分　大分県人権教育研究協議会　2013.5　146p　30cm　Ⓝ375.25　［1400円］

大分県（水害）
◇平成24年災豪雨災害誌―平成24年梅雨前線豪雨を振り返って　大分県土木建築部河川課編　［大分］　大分県土木建築部　2014.3　205p　30cm　Ⓝ369.33

大分県（水産養殖）
◇大分県農林水産研究指導センター研究報告　水産研究部編　第4号　大分県農林水産研究指導センター水産研究部，水産研究部浅海・内水面グループ浅海チーム，水産研究部浅海・内水面グループ内水面チーム編　佐伯　大分県農林水産研究指導セ

大分県（石造美術）

ンター水産研究部　2014.7　26p　30cm　〈共同刊行：大分県農林水産研究指導センター水産研究部浅海・内水面グループ浅海チームほか　内容：夏季高温下におけるアサリのへい死（木村聡一郎著）国東半島および別府湾におけるアサクサノリほか絶滅危惧種アマノリの分布（伊藤龍星ほか著）国東市国見町地先の小型定置網で漁獲されたスズキ成魚の性比（景平真明ほか著）〉Ⓝ610.1

大分県（石造美術）
◇大分の中世石造遺物　第2集　分布図・地名表編　中　大分
　大分県教育庁埋蔵文化財センター　2014.3　107p　30cm
　（大分県教育庁埋蔵文化財センター調査報告書　第78集）
　Ⓝ714.02195

大分県（石仏）
◇くにさき仏の里めぐり　田中みのる著・撮影　豊後高田　永
　岡惠一郎　2014.6　112p　30cm　Ⓝ185.9195

大分県（選挙―統計）
◇選挙の記録　［大分］　大分県選挙管理委員会　［2014］　158p
　30cm　〈参議院議員通常選挙　平成25年7月21日執行〉Ⓝ314.8

大分県（ダム―竹田市）
◇稲葉ダム工事誌　大分　大分県　2014.3　1冊　31cm　Ⓝ517.
　72

大分県（地誌―竹田市）
◇魅力溢れる歴史の"まち"「大分県竹田市」を知る！―「茨木市」
　と「竹田市」の『歴史文化姉妹都市提携』を記念して　東實文
　男著　［茨木］　フミ出版　2014.3　121p　26cm　〈折り込 2
　枚〉　Ⓝ291.95　［1500円］

大分県（地方公営事業）
◇大分県企業局「第3期中期経営計画」―持続可能な経営基盤の
　確立に向けて：平成26年度―29年度　大分　大分県企業局総
　務課経営企画班　2014.3　51p　30cm　Ⓝ335.7195

大分県（地方公務員）
◇研修所内大学「地域政策スクール」研究報告書　平成25年度
　大分県職員研修所編　大分　大分県職員研修所　2014.3
　184p　30cm　〈文献あり〉Ⓝ318.295

大分県（地方自治）
◇進撃のおおいた―安心・活力・発展の未来に向かって　広瀬勝
　貞［述］，大分県監修　内外情勢調査会　［2014］　80p　19cm
　（講演シリーズ 平成26年度）〈会場・会場：平成26年4月22日
　レンブラントホテル〉Ⓝ318.295

大分県（津波）
◇大分県地域防災計画　地震・津波対策編　［大分］　大分県防
　災会議　2014.6　319p　30cm　Ⓝ369.3

大分県（庭園―日出町）
◇日出町有形文化財的山荘附日本庭園調査報告書　日出町教育委
　員会編　日出町（大分県）　日出町教育委員会　2013.3　130p
　30cm　（日出町文化財報告書　第5集）〈折り込 1枚〉Ⓝ629.21

大分県（道路―統計）
◇大分県道路現況調書　平成25年4月1日現在　大分県土木建築
　部道路建設課編　大分　大分県土木建築部道路建設課　2014.
　4　142p　30cm　Ⓝ514.059

大分県（読書指導）
◇大分県子ども読書活動推進計画　第3次　［大分］　大分県教育
　委員会　2014.3　31p　30cm　Ⓝ019.2

大分県（都市計画）
◇大分県の都市計画―平成26年3月31日現在　資料編　［大分］
　大分県土木建築部都市計画課　2014.8　174p　30cm　Ⓝ518.8

大分県（都市計画―佐伯市）
◇佐伯市都市計画マスタープラン―自然・歴史・食文化のとけあ
　うあまべの都　佐伯市建設部都市計画課編　佐伯　佐伯市建
　設部都市計画課　2013.12　171p　30cm　Ⓝ518.8

大分県（土壌汚染）
◇酸性雨モニタリング（土壌・植生）調査　平成25年度　［大分］
　大分県　2014.3　33p　31cm　〈平成25年度環境省委託業務結
　果報告書　ルーズリーフ〉Ⓝ519.5

大分県（図書館―竹田市）
◇わたしたちの図書館基本構想―竹田市新図書館建設基本構想
　［竹田］　竹田市教育委員会　2014.5　1冊　30cm　Ⓝ016.
　2195

大分県（農業水利―豊後大野市―歴史）
◇通水100周年富士緒井路水利史　通水100周年富士緒井路水利
　史編集委員会編　豊後大野　富士緒井路土地改良区　2014.9
　221p　31cm　〈年表あり〉Ⓝ614.3195

大分県（農民一揆―竹田市―歴史―史料）
◇文化八年豊後国岡藩百姓一揆―「原本党民流説巻一岡」解読演
　習本　［豊後大野］　清川町郷土史研究会　2014.5　229p
　26cm　〈複製及び翻刻　共同刊行：緒方町古文書を読む会〉
　Ⓝ219.5

大分県（農民一揆―豊後大野市―歴史―史料）
◇文化八年豊後国岡藩百姓一揆―「原本党民流説巻一岡」解読演
　習本　［豊後大野］　清川町郷土史研究会　2014.5　229p
　26cm　〈複製及び翻刻　共同刊行：緒方町古文書を読む会〉
　Ⓝ219.5

大分県（干潟―中津市）
◇中津干潟レポート　2013　中津　水辺に遊ぶ会　2014.1
　127p　30cm　①978-4-9907549-0-7　Ⓝ454.7

大分県（風水害―防災）
◇大分県地域防災計画　風水害等対策編　［大分］　大分県防災
　会議　2014.6　369p　30cm　Ⓝ369.3

大分県（物産）
◇Oita made―大分県産のものに徹底的にこだわりました。
　Beppu Project編　［別府］　Beppu Project　2014.10　120p
　26cm　Ⓝ602.195

大分県（文化政策―歴史）
◇大分県文化50年のあゆみ―大分県芸術文化振興会議五十年史
　狭間久著　大分　大分県芸術文化振興会議　2014.9　216p
　21cm　Ⓝ709.195　［1852円］

大分県（防災計画）
◇大分県地域防災計画　事故等災害対策編　［大分］　大分県防
　災会議　2014.6　246p　30cm　Ⓝ369.3

大分県（名簿）
◇大分県人物・人材情報リスト　2015　日外アソシエーツ株式
　会社編　日外アソシエーツ（制作）　2014.11　588, 26p　30cm
　Ⓝ281.95

大分県（歴史）
◇大分県立歴史博物館総合案内　大分県立歴史博物館編　第3版
　宇佐　大分県立歴史博物館　2014.3　87p　26cm　Ⓝ219.5

大分県（歴史―写真集―別府市）
◇ふるさと別府―市制90周年記念決定版写真集!!：保存版　松本
　郷土出版社　2014.9　230p　31cm　①978-4-86375-218-4
　Ⓝ219.5　［9250円］

大分県（歴史―史料―書目）
◇収蔵史料目録　7　大分県立先哲史料館編　大分　大分県立先
　哲史料館　2014.3　79p　30cm　Ⓝ219.5

大分県（歴史―日田市）
◇日田市七十年史　日田市七十年史編纂委員会編　日田　日田市
　2013.12　1017p　図版［24］枚　25cm　〈年表あり〉Ⓝ219.5

大分県企業局
◇企業局業務概要　平成26年度　［大分］　大分県企業局　2014.
　4　48p　30cm　Ⓝ335.7195

大分県立歴史博物館
◇大分県立歴史博物館総合案内　大分県立歴史博物館編　第3版
　宇佐　大分県立歴史博物館　2014.3　87p　26cm　Ⓝ219.5

大分交響楽団
◇50年の記憶―地域に生きるオーケストラ　［大分］　大分交響
　楽団　2014.10　131p　30cm　〈大分交響楽団創立50周年記念
　誌〉Ⓝ764.3

大分市（遺跡・遺物）
◇大友府内　18　大分　大分市教育委員会　2014.2　55p　図版
　13p　30cm　（大分市埋蔵文化財発掘調査報告書　第129集）
　〈内容：中世大友府内町跡第103次調査〉Ⓝ210.0254
◇大友府内　19　大分　大分市教育委員会　2014.3　40p　図版
　8p　30cm　（大分市埋蔵文化財発掘調査報告書　第132集）
　〈店舗建設に伴う埋蔵文化財発掘調査報告書　内容：中世大友
　府内町跡第104次調査〉Ⓝ210.0254
◇大道遺跡群　7　大分　大分市教育委員会　2014.3　96p　図版
　10p　30cm　（大分市埋蔵文化財発掘調査報告書　第130集）
　〈内容：第26・27・29・30・33・35・38・39・40・41・42次〉
　Ⓝ210.0254
◇羽田遺跡　4　第10・11次調査　大分　大分市教育委員会
　2013.7　39p　30cm　（大分市埋蔵文化財発掘調査報告書　第
　127集）〈集合住宅建設に伴う埋蔵文化財発掘調査報告書〉
　Ⓝ210.0254
◇府内城・城下町跡　10　第21次・第23次調査　大分　大分市
　教育委員会　2014.2　82p　図版16p　30cm　（大分市埋蔵文
　化財発掘調査報告書　第128集）　Ⓝ210.0254

◇横尾遺跡 8 大分 大分市教育委員会 2014.3 188p 図版 18p 30cm （大分市埋蔵文化財発掘調査報告書 第131集）〈大分市横尾土地区画整理事業に伴う埋蔵文化財発掘調査報告書〉Ⓝ210.0254
◇米竹遺跡 6 第10次調査 大分 大分市教育委員会 2014.3 34p 図版 10p 30cm （大分市埋蔵文化財発掘調査報告書 第133集）〈高齢者福祉施設建設に伴う埋蔵文化財発掘調査報告〉Ⓝ210.0254

おおい町〔福井県〕（原子力発電所）
◇動かすな、原発。—大飯原発裁判決からの出発 小出裕章、海渡雄一、島田広、中嶌哲演、河合弘之著 岩波書店 2014.10 63p 21cm （内容：司法への絶望と希望（小出裕章著）「原発銀座」の名を返上する日へ（中嶌哲演著） 王様は裸だ（島田広著） 司法は生きていた（海渡雄一著） 福井地裁判決はどのような影響をもたらすか（河合弘之著）〉①978-4-00-270912-3 Ⓝ543.5 ［520円］

おおい町〔福井県〕（住民訴訟）
◇動かすな、原発。—大飯原発裁判決からの出発 小出裕章、海渡雄一、島田広、中嶌哲演、河合弘之著 岩波書店 2014.10 63p 21cm （岩波ブックレット No.912）〈内容：司法への絶望と希望（小出裕章著）「原発銀座」の名を返上する日へ（中嶌哲演著） 王様は裸だ（島田広著） 司法は生きていた（海渡雄一著） 福井地裁判決はどのような影響をもたらすか（河合弘之著）〉①978-4-00-270912-3 Ⓝ543.5 ［520円］

大内〔氏〕（山口県）
◇大内文化研究要覧—資料一 2014改訂・増補 ［山口］ 大内文化探訪会 2014.12 120p 26cm 〈年表あり 文献あり〉Ⓝ217.7

大内 義興〔1477～1528〕
◇大内義興—西国の「覇者」の誕生 藤井崇著 戎光祥出版 2014.6 201p 19cm （中世武士選書 21）〈文献あり 年譜あり〉①978-4-86403-111-0 Ⓝ289.1 ［2500円］

大内 義隆〔1507～1551〕
◇大内義隆—名将が花開かせた山口文化 米原正義著 戎光祥出版 2014.4 245p 19cm （中世武士選書 20）〈年譜あり 人物往来社 1967年刊の訂正、再刊〉①978-4-86403-110-3 Ⓝ289.1 ［2500円］

大浦 溥〔1934～ 〕
◇難しいから面白い—私の人生 大浦溥著 丸善プラネット（制作） 2014.2 280p 20cm Ⓝ549.09

大江〔氏〕
◇平安儒者の家—大江家のひとびと 井上辰雄著 塙書房 2014.3 310p 22cm ①978-4-8273-1265-2 Ⓝ121.3 ［8000円］

大江 礒吉〔1868～1902〕
◇『破戒』のモデル大江礒吉の「教育学」に学ぶ 水野永一著 長野 ほおずき書籍 2014.2 323p 21cm （星雲社（発売）文献あり）①978-4-434-18838-1 Ⓝ371.21 ［1800円］

大江 健三郎〔1935～ 〕
◇大江健三郎書誌稿 第1部 著書目録 森昭夫編 増補版 金沢 小林太一印刷所 2014.12 306p 26cm Ⓝ910.268
◇大江健三郎書誌稿 第2部 初出目録 森昭夫編 増補版 金沢 小林太一印刷所 2014.12 451p 26cm 〈著作目録あり〉Ⓝ910.268
◇大江健三郎書誌稿 第3部 文献目録 森昭夫編 増補版 金沢 小林太一印刷所 2014.12 224p 26cm Ⓝ910.268

大江町〔山形県〕（遺跡・遺物）
◇左沢楯山城跡調査報告書 14 大江町〔山形県〕 大江町教育委員会 2014.3 20p 30cm （大江町埋蔵文化財調査報告書 第16集）〈山形県西村山郡大江町所在〉Ⓝ210.0254

大江町〔山形県〕（歴史—史料—書目）
◇諸家・区有文書目録集 大江町教育委員会教育文化課大江町史編さん事務局編 ［大江町〔山形県〕］ 大江町教育委員会 2014.3 1冊 30cm Ⓝ212.5

大賀 竜吉〔1922～ 〕
◇すべってもころんでも——軍人の戦後 大賀龍吉著 文芸社 2014.6 109p 20cm ①978-4-286-15146-5 Ⓝ289.1 ［1000円］

大垣市（遺跡・遺物）
◇荒尾南遺跡C地区 第1分冊 岐阜県文化財保護センター編 岐阜 岐阜県文化財保護センター 2014.2 268p 図版 4p 30cm （岐阜県文化財保護センター調査報告書 第129集）Ⓝ210.0254

◇荒尾南遺跡C地区 第2分冊 岐阜県文化財保護センター編 岐阜 岐阜県文化財保護センター 2014.2 272p 30cm （岐阜県文化財保護センター調査報告書 第129集）Ⓝ210.0254
◇荒尾南遺跡C地区 第3分冊 岐阜県文化財保護センター編 岐阜 岐阜県文化財保護センター 2014.2 262p 30cm （岐阜県文化財保護センター調査報告書 第129集）Ⓝ210.0254
◇荒尾南遺跡C地区 第4分冊 岐阜県文化財保護センター編 岐阜 岐阜県文化財保護センター 2014.2 128p 図版 151p 30cm （岐阜県文化財保護センター調査報告書 第129集）Ⓝ210.0254
◇岐阜県史跡旗本西高木家陣屋跡—測量調査・発掘調査報告書 大垣市教育委員会編 大垣 大垣市教育委員会 2014.3 263p 図版 16p 30cm （大垣市埋蔵文化財調査報告書 第23集）Ⓝ210.0254

大垣市（祭礼）
◇大垣祭総合調査報告書 大垣 大垣市文化遺産活用推進事業実行委員会 2014.3 423p 図版 ［14］枚 30cm Ⓝ386.153

大垣市（祭礼—歴史—史料）
◇大垣祭総合調査報告書 資料編 大垣 大垣市文化遺産活用推進事業実行委員会 2014.3 110p 30cm 〈年表あり〉Ⓝ386.153

大垣市（宿駅—歴史—史料）
◇美濃路大垣宿軒別絵図面 ［大垣］ 大垣市文化財保護協会 2013.6 66p 21cm Ⓝ682.153

大垣市（男女共同参画）
◇大垣市男女共同参画プラン 第3次 大垣 大垣市かがやきライフ推進部まちづくり推進課男女共同参画推進室 2013.3 89p 30cm 〈年表あり〉Ⓝ367.2153

大垣市（歴史）
◇大垣市史 総集編 大垣市編 ［大垣］ 大垣市 2014.3 287p 31cm 〈年表あり〉Ⓝ215.3
◇図説大垣市史 大垣市編 ［大垣］ 大垣市 2014.3 391p 31cm 〈年表あり〉Ⓝ215.3

大垣市（歴史—史料—書目）
◇大垣市立図書館郷土資料目録 第33集 家分文書 大垣市教育委員会編纂 大垣 大垣市教育委員会 2014.2 129p 26cm Ⓝ025.8153

大垣藩
◇大垣藩家老日記 清水進著 ［大垣］ 大垣市文化財保護協会 2014.6 237p 21cm Ⓝ215.3

大潟村〔秋田県〕（伝記）
◇大潟村の人びと—「大潟村通信」から 海山徳宏著 ［大潟村〔秋田県〕］ 秋田ふるさと育英会 2014.10 270p 19cm （秋田ふるさと選書 3）〈秋田文化出版（発売）〉①978-4-87022-560-2 Ⓝ281.24 ［1500円］

大潟村〔秋田県〕（歴史）
◇大潟村史 新野直吉、藤川浄之監修、大潟村史編さん委員会編 大潟村〔秋田県〕 大潟村 2014.10 32, 946p 31cm 〈年表あり〉Ⓝ212.4

大川 周明〔1886～1957〕
◇大川塾に於ける大川周明訓話集 山本哲朗著 八王子 揺籃社 2014.7 251p 22cm ①978-4-89708-343-8 Ⓝ319.1023 ［2000円］

大川市（民家）
◇旧吉原家住宅附属屋保存活用のための基礎的調査報告 山野善郎［著］ ［出版地不明］ ［山野善郎］ 2013.3 1冊 30cm Ⓝ521.86

大儀見 優季〔1987～ 〕
◇大儀見の流技—アスリートとして、女性として輝くために 大儀見優季著 カンゼン 2014.4 238p 19cm ①978-4-86255-234-1 Ⓝ783.47 ［1600円］

大久保 佳代子
◇美女のたしなみ 大久保佳代子著 徳間書店 2014.5 186p 15cm （徳間文庫 お40-1）〈「私、地味女」（大和出版 2010年刊）の改題、加筆・修正〉①978-4-19-893828-4 Ⓝ779.9 ［460円］

大久保 武雄〔1903～1996〕
◇大久保武雄—橙青—日記—昭和六十一年昭和六十四年・平成元年より 大久保武雄著 北溟社 2013.10 557p 20cm 〈年譜あり〉①978-4-89448-692-8 Ⓝ289.1 ［4000円］

大久保 利通〔1830～1878〕
◇大久保利通日記 1 大久保利通［著］ オンデマンド版 東京大学出版会 2014.7 496p 22cm （日本史籍協会叢書 26）

〈印刷・製本：デジタルパブリッシングサービス　覆刻再刊
昭和58年刊〉①978-4-13-009326-2　Ⓝ210.61　［12000円］
◇大久保利通日記　2　大久保利通［著］　オンデマンド版　東京
大学出版会　2014.7　605p　22cm　〈日本史籍協会叢書 27〉
〈印刷・製本：デジタルパブリッシングサービス　覆刻再刊
昭和58年刊〉①978-4-13-009327-9　Ⓝ210.61　［12000円］

大久保 嘉人
◇情熱を貫く―亡き父との、不屈のサッカー人生　大久保嘉人
著　フロムワン　2014.3　284p　19cm　〈朝日新聞出版（発
売）〉①978-4-02-190240-6　Ⓝ783.47　［1400円］

大隈 重信〔1838～1922〕
◇大隈重信関係文書　まつ一よこ　早稲田大学大学史資料
センター編　みすず書房　2014.3　455p　22cm　①978-4-
622-08210-1　Ⓝ210.6　［12000円］
◇大隈重信關係文書　1　オンデマンド版　東京大学出版会
2014.7　538p　22cm　〈日本史籍協会叢書 38〉〈覆刻再刊
昭和58年刊　印刷・製本：デジタルパブリッシングサービス〉
①978-4-13-009338-5　Ⓝ210.6　［12000円］
◇大隈重信關係文書　2　オンデマンド版　東京大学出版会
2014.7　470p　22cm　〈日本史籍協会叢書 39〉〈覆刻再刊
昭和58年刊　印刷・製本：デジタルパブリッシングサービス〉
①978-4-13-009339-2　Ⓝ210.6　［10000円］
◇大隈重信關係文書　3　オンデマンド版　東京大学出版会
2014.7　484p　22cm　〈日本史籍協会叢書 40〉〈覆刻再刊
昭和59年刊　印刷・製本：デジタルパブリッシングサービス〉
①978-4-13-009340-8　Ⓝ210.6　［10000円］
◇大隈重信關係文書　4　オンデマンド版　東京大学出版会
2014.7　482p　22cm　〈日本史籍協会叢書 41〉〈覆刻再刊
昭和59年刊　印刷・製本：デジタルパブリッシングサービス〉
①978-4-13-009341-5　Ⓝ210.6　［10000円］
◇大隈重信關係文書　5　オンデマンド版　東京大学出版会
2014.7　480p　22cm　〈日本史籍協会叢書 42〉〈覆刻再刊
昭和59年刊　印刷・製本：デジタルパブリッシングサービス〉
①978-4-13-009342-2　Ⓝ210.6　［10000円］
◇大隈重信關係文書　6　オンデマンド版　東京大学出版会
2014.7　561p　22cm　〈日本史籍協会叢書 43〉〈覆刻再刊
昭和59年刊　印刷・製本：デジタルパブリッシングサービス〉
①978-4-13-009343-9　Ⓝ210.6　［12000円］

大熊町〔福島県〕（山岳）
◇日隠山に陽は沈む　鎌田清衛著　［須賀川］　鎌田清衛　2014.
1　76p　21cm　〈文献あり〉Ⓝ291.26　［800円］

大熊町〔福島県〕（福島第一原発事故〔2011〕―被害）
◇さまよえる町―フクシマ曝心地の「心の声」を追って　三山喬
著　東海教育研究所　2014.11　301p　19cm　〈東海大学出版
部（発売）文献あり〉①978-4-486-03786-6　Ⓝ369.31　［1800
円］

大倉 喜八郎〔1837～1928〕
◇大倉喜八郎かく語りき―進一層、責任と信用の大切さを　大
倉喜八郎［述］、東京経済大学史料委員会編　国分寺　東京経
済大学　2014.10　264p　18cm　〈年譜あり〉Ⓝ289.1

大蔵 清三〔1904～1979〕
◇航空黎明期郷土「藩州」の名パイロット大蔵清三氏の記録　原
田昌紀著、関西航空史料研究会編　［出版地不明］　［原田昌
紀］　2014.12　524p　27cm　〈年譜あり〉Ⓝ289.1　［非売品］

大蔵 貢〔1899～1978〕
◇新東宝・大蔵怪奇とエロスの映画史―海女と天皇と活劇渦巻地
帯！　二階堂卓也著　洋泉社　2014.1　350p　21cm　〈文献
・索引あり〉①978-4-8003-0219-9　Ⓝ778.21　［3200円］

大川遺跡
◇奈良大和高原の縄文文化・大川遺跡　松田真一著　新泉社
2014.4　92p　21cm　（シリーズ「遺跡を学ぶ」 092）〈文献
あり〉①978-4-7877-1332-2　Ⓝ216.5　［1500円］

大河内工務店
◇香川で家づくりをするなら。　大河内孝著　エル書房　2014.
9　165p　18cm　〈星雲社（発売）〉①978-4-434-19667-6
Ⓝ520.921　［500円］

大坂 譲治〔1924～2013〕
◇社会福祉の未来に繋ぐ大坂イズムの継承―「自主・民主・平
和」と人権視点：大坂譲治先生追悼記念論文集　北川清一編著
相川書房　2014.3　200p　22cm　〈文献あり〉①978-4-7501-
0384-6　Ⓝ369.04　［3200円］

大坂 多惠子〔1926～2014〕
◇保健活動半生記―大坂多惠子の歩みとともに　結城瑛子著
社会保険出版社　2014.7　159p　22cm　〈文献あり　年譜あり〉
①978-4-7846-0277-3　Ⓝ289.1　［1800円］

大阪駅
◇国鉄・JR関西圏近郊電車発達史―大阪駅140年の歴史とアーバ
ンネットワークの成立ち　寺本光照著　JTBパブリッシング
2014.6　191p　21cm　（キャンブックス）〈文献あり　年譜あ
り〉①978-4-533-09794-2　Ⓝ686.216　［1900円］

大阪ガス国際交流財団
◇公益財団法人大阪ガス国際交流財団設立20周年記念誌　大阪
大阪ガス国際交流財団　2013.12　156p　30cm　〈年表あり
英語併載　背のタイトル：設立20周年記念誌〉Ⓝ373.4

大阪機械器具卸商協同組合
◇大阪機械器具卸商協同組合創立100周年記念誌―1913-2013
大阪機械器具卸商協同組合教育情報委員会編　大阪　大阪機
械器具卸商協同組合　2014.2　255p　30cm　Ⓝ673.5

大阪経済法科大学
◇闇を拓く光―大阪経済法科大学事件史　前圭一著　京都　ウ
インかもがわ　2014.4　389p　21cm　〈かもがわ出版（発売）〉
①978-4-903882-60-4　Ⓝ377.1　［2000円］

大阪港
◇大阪港港湾計画書――一部変更　［大阪］　大阪市　2014.3　5p
30cm　（交通政策審議会港湾分科会資料　第55回）Ⓝ683.
92163

大阪コピーライターズクラブ
◇大阪コピーライターズ・クラブ年鑑　2014　大阪コピーライ
ターズ・クラブ／制作・編　大阪　大阪コピーライターズ・ク
ラブ、宣伝会議〔発売〕　2014.11　124p　21×30cm　①978-
4-88335-320-0　［1800円］

大阪狭山市（遺跡・遺物）
◇大阪狭山市内遺跡群発掘調査概要報告書　23　大阪狭山市教
育委員会編　大阪狭山　大阪狭山市教育委員会　2014.3　78p
図版 24p　30cm　（大阪狭山市文化財報告書 42）〈内容：陶
邑陶器山309・310号窯〉Ⓝ210.0254

大阪狭山市（溜池）
◇ため池築造と偉人―狭山池シンポジウム2012：記録集　大阪
狭山市教育委員会編　大阪狭山　大阪狭山市教育委員会
2014.3　131p　21cm　〈年表あり　内容：パネリスト報告 1
重源と中世の開発(服部英雄述) パネリスト報告 2 後漢時
代の王景と芍陂(村松弘一述) パネリスト報告 3
古代韓半島のため池と偉人(羅鐘宇述, 篠原啓方訳) パネル
ディスカッション(工楽善通ほか述)〉Ⓝ614.6
◇東アジアの水利灌漑と狭山池―狭山池シンポジウム2011：記
録集　大阪狭山市教育委員会編　大阪狭山　大阪狭山市教育
委員会　2013.3　149p　21cm　〈内容：パネリスト報告 1
古代日本の水利灌漑(金田章裕述) パネリスト報告 2 古代
中国の水利灌漑(鶴間和幸述) パネリスト報告 3 古代韓国
の水利灌漑(蘆東國述, 篠原啓方訳) パネルディスカッション
(工楽善通ほか述)〉Ⓝ614.6

大阪狭山市（歴史）
◇大阪狭山市史　第1巻　本文編　通史　大阪狭山市史編さん委
員会,大阪狭山市史編纂委員会教育部歴史文化グループ市史編さ
ん担当編　大阪狭山　大阪狭山市　2014.3　783, 40p　22cm
〈年表あり　文献あり〉Ⓝ216.3

大阪市（遺跡・遺物）
◇生野東遺跡発掘調査報告　大阪市博物館協会大阪文化財研究
所編　大阪　大阪市博物館協会大阪文化財研究所　2014.12
48p　図版 8p　30cm　（大阪市生野区所在）①978-4-86305-
124-9　Ⓝ210.0254
◇井高野遺跡発掘調査報告　大阪市博物館協会大阪文化財研究
所編　大阪　大阪市博物館協会大阪文化財研究所　2014.3
10p　図版 2p　30cm　（大阪市東淀川区所在）①978-4-86305-
119-5　Ⓝ210.0254
◇瓜破北遺跡　大阪府文化財センター編　堺　大阪府文化財セ
ンター　2013.8　147p　図版 18p　30cm　（公益財団法人大阪
府文化財センター調査報告書 第238集）〈大阪市所在　大阪
府営瓜破西(第3期)住宅(建て替え)建設工事に伴う埋蔵文化
財発掘調査報告書〉Ⓝ210.0254
◇瓜破北遺跡　2　大阪　大阪府教育委員会　2013.12　97p　図
版［40］枚　30cm　（大阪府埋蔵文化財調査報告 2013-2）
〈府営瓜破東一丁目住宅建替え工事に伴う発掘調査〉Ⓝ210.
0254
◇瓜破北遺跡　3　大阪　大阪府教育委員会　2014.3　20p　図版
3枚　30cm　（大阪府埋蔵文化財調査報告 2013-3）〈府営瓜破
東一丁目住宅建替え工事に伴う発掘調査〉Ⓝ210.0254
◇大阪市内埋蔵文化財包蔵地発掘調査報告書　2012　大阪市教
育委員会文化財保護担当編　［大阪］　大阪市教育委員会
2014.3　434p　図版［65］枚　30cm　〈文献あり　共同刊行：
大阪市博物館協会大阪文化財研究所〉Ⓝ210.0254

日本件名図書目録2014　I　　　　　　　　　　　　　　　　　　　　　　　　　　　　　　　　大阪市（地域開発）

◇大阪市内埋蔵文化財包蔵地発掘調査報告書　平成23年度　大阪市教育委員会文化財保護担当編　［大阪］　大阪市教育委員会　2013.3　200p　図版［31］枚　30cm〈共同刊行：大阪市博物館協会大阪文化財研究所〉　Ⓝ210.0254

◇大阪市内埋蔵文化財包蔵地発掘調査報告書　平成24年度　大阪市教育委員会文化財保護担当編　［大阪］　大阪市教育委員会　2014.3　108p　図版［16］枚　30cm〈共同刊行：大阪市博物館協会大阪文化財研究所〉　Ⓝ210.0254

◇大坂城跡　17　大阪市博物館協会大阪文化財研究所編　大阪　大阪市博物館協会大阪文化財研究所　2014.3　38p　図版14p　30cm〈中央区島町二丁目用地（もと東中学校第2運動場）における埋蔵文化財発掘調査報告〉　Ⓘ978-4-86305-122-5　Ⓝ210.0254

◇大坂城下町跡　3　大阪市博物館協会大阪文化財研究所編　大阪　大阪市博物館協会大阪文化財研究所　2014.3　38p　図版［5］枚　30cm〈中央区北久宝寺町一丁目（もと東商業高等学校）における埋蔵文化財発掘調査報告書〉　Ⓘ978-4-86305-121-8　Ⓝ210.0254

◇加美遺跡発掘調査報告　4　大阪市博物館協会大阪文化財研究所編　大阪　大阪市博物館協会大阪文化財研究所　2014.3　78, 2p　図版［9］枚　30cm〈大阪市平野区所在　平野区加美東三丁目における発掘調査報告書〉　Ⓘ978-4-86305-118-8　Ⓝ210.0254

◇喜連西遺跡発掘調査報告　3　大阪市博物館協会大阪文化財研究所編　大阪　大阪市博物館協会大阪文化財研究所　2014.12　16p　図版5p　30cm〈大阪市平野区所在　大阪市都市整備局による西喜連第5住宅5号館建設工事にかかる喜連西遺跡発掘調査報告書〉　Ⓘ978-4-86305-126-3　Ⓝ210.0254

◇細工谷遺跡B地点発掘調査報告　大阪市博物館協会大阪文化財研究所編　大阪　大阪市博物館協会大阪文化財研究所　2014.2　30p　図版5p　30cm〈大阪市生野区所在〉　Ⓘ978-4-86305-112-6　Ⓝ210.0254

◇崇禅寺遺跡発掘調査報告　3　大阪市博物館協会大阪文化財研究所編　大阪　大阪市博物館協会大阪文化財研究所　2014.3　32p　図版8p　30cm〈大阪市東淀川区所在　東淀川区東中島四丁目における発掘調査報告書〉　Ⓝ210.0254

◇崇禅寺遺跡B地点発掘調査報告—東淀川区東中島三丁目（もと飛鳥青少年会館用地）における発掘調査報告書　大阪市博物館協会大阪文化財研究所編　大阪　大阪市博物館協会大阪文化財研究所　2014.3　22p　図版4p　30cm〈大阪市東淀川区所在〉　Ⓘ978-4-86305-120-1　Ⓝ210.0254

◇豊里遺跡発掘調査報告　大阪市博物館協会大阪文化財研究所編　大阪　大阪市博物館協会大阪文化財研究所　2014.1　14p　図版4p　30cm〈大阪市東淀川区所在〉　Ⓘ978-4-86305-110-2　Ⓝ210.0254

◇長橋遺跡発掘調査報告　大阪市博物館協会大阪文化財研究所編　大阪　大阪市博物館協会大阪文化財研究所　2014.12　26p　図版10p　30cm〈大阪市西成区所在〉　Ⓘ978-4-86305-123-2　Ⓝ210.0254

◇長原遺跡発掘調査報告　第28冊　大阪市博物館協会大阪文化財研究所編　大阪　大阪市博物館協会大阪文化財研究所　2014.3　146, 2p　図版［19］枚　30cm〈大阪市平野区所在　大阪市都市整備局による長吉出戸南第1住宅建設工事にかかる発掘調査報告〉　Ⓘ978-4-86305-114-0　Ⓝ210.0254

◇長原遺跡発掘調査報告　第29冊　大阪市博物館協会大阪文化財研究所編　大阪　大阪市博物館協会大阪文化財研究所　2014.3　90p　図版36p　30cm〈大阪市平野区所在　長原遺跡東北地区における発掘調査報告書〉　Ⓘ978-4-86305-115-7　Ⓝ210.0254

◇長原遺跡発掘調査報告　第30冊　大阪市博物館協会大阪文化財研究所編　大阪　大阪市博物館協会大阪文化財研究所　2014.12　68p　図版31p　30cm〈大阪市平野区所在　大阪市都市整備局による長吉出戸西住宅における建設工事にかかる長原遺跡発掘調査報告書〉　Ⓘ978-4-86305-125-6　Ⓝ210.0254

◇浪速西遺跡発掘調査報告　大阪市博物館協会大阪文化財研究所編　大阪　大阪市博物館協会大阪文化財研究所　2014.1　10p　図版4p　30cm〈大阪市浪速区所在　浪速区浪速西三丁目（もと浪速青少年会館武道館）における埋蔵文化財発掘調査報告〉　Ⓘ978-4-86305-111-9　Ⓝ210.0254

◇西淡路1丁目所在遺跡発掘調査報告　3　大阪市博物館協会大阪文化財研究所編　大阪　大阪市博物館協会大阪文化財研究所　2014.1　18p　図版4p　30cm〈大阪市東淀川区所在〉　Ⓘ978-4-86305-108-9　Ⓝ210.0254

◇森の宮遺跡　3　大阪市博物館協会大阪文化財研究所編　大阪　大阪市博物館協会大阪文化財研究所　2014.1　26p　図版13p　30cm〈大阪市中央区所在〉　Ⓘ978-4-86305-109-6　Ⓝ210.0254

◇矢田遺跡C地点発掘調査報告　大阪市博物館協会大阪文化財研究所編　大阪　大阪市博物館協会大阪文化財研究所　2014.3　44p　図版［13］枚　30cm〈大阪市東住吉区所在〉　Ⓘ978-4-86305-113-3　Ⓝ210.0254

◇矢田遺跡D地点発掘調査報告　大阪市博物館協会大阪文化財研究所編　大阪　大阪市博物館協会大阪文化財研究所　2014.3　24p　図版12p　30cm〈大阪市東住吉区所在〉　Ⓘ978-4-86305-117-1　Ⓝ210.0254

大阪市（演劇）
◇再現！道頓堀の芝居小屋—道頓堀開削399年　吹田　関西大学大阪都市遺産研究センター　2014.4　63p　21×30cm〈会期・会場：平成26年4月19日〜5月25日　大阪くらしの今昔館　共同刊行：大阪くらしの今昔館〉　Ⓝ772.163

大阪市（教育—歴史）
◇時空の旅—画集：学童集団疎開70年　成瀬國晴著　大阪　たる出版　2014.8　173p　24×26cm〈年譜あり　折り込1枚〉　Ⓘ978-4-905277-13-2　372.163　［3500円］

大阪市（教育行政）
◇大阪市教育振興基本計画　大阪　大阪市教育委員会事務局総務部総務課　2013.3　49p　30cm　Ⓝ373.2

大阪市（建設行政）
◇大阪市建設局主要事業報告集　no. 4　［大阪］　大阪市建設局　2014.3　188p　30cm〈文献あり〉　Ⓝ510.91

大阪市（建設行政—論文集）
◇大阪市建設局業務論文集　平成25年度　［大阪］　大阪市建設局　2014.3　276p　30cm〈文献あり〉　Ⓝ510.91

大阪市（建築）
◇大阪名所図解　網本武雄画, 酒井一光, 高岡伸一, 江弘毅文　大阪　140B　2014.9　175p　21cm〈索引あり〉　Ⓘ978-4-903993-21-8　523.163　［1600円］

大阪市（公園）
◇毛馬、桜ノ宮及び京橋地域活性化調査・コンサルティング業務報告書　［大阪］　大阪市都島区　2013.12　61, 42, 36p　30cm〈調査受託：総合調査設計株式会社〉　Ⓝ518.8

大阪市（高層建築）
◇大阪ビル景　石原祥写真・文　京都　光村推古書院　2013.8　167p　19cm〈文献あり　索引あり〉　Ⓘ978-4-8381-0492-5　526.9　［1700円］

大阪市（社会福祉）
◇小地域福祉活動の新時代—大阪市・今川地域からの発信　上野谷加代子, 竹村安子, 岩間伸之編著　仙台　全国コミュニティライフサポートセンター　2014.6　229p　21cm　Ⓘ978-4-904874-25-7　369.02163　［2000円］

大阪市（障害者福祉）
◇障害者エンパワメントと本人中心支援のあり方研究事業報告書　［東京］　DPI日本会議　2013.3　70p　30cm〈2012年度公益財団法人キリン福祉財団障がい者福祉支援事業〉　Ⓝ369.27

大阪市（商店街—歴史）
◇戎橋とともに400年—なんば戎橋筋商店街100周年記念誌　大阪　戎橋筋商店街振興組合　2014.7　103p　30cm〈年表あり〉　Ⓝ672.163

大阪市（生活保護）
◇大阪市の生活保護でいま、なにが起きているのか—生活保護「改革」の牽引車：情報公開と集団交渉で行政を変える！　大阪市生活保護行政問題全国調査団編　京都　かもがわ出版　2014.11　151p　21cm　Ⓘ978-4-7803-0737-5　369.2　［1400円］

◇不当弾圧との闘いの記録—生活と健康を守る会への家宅捜索、その背景にあるもの：憲法25条守れ生活保護への攻撃許すな　全大阪生活と健康を守る会連合会編　東京　日本機関紙出版センター　2014.8　75p　21cm〈文献あり〉　Ⓘ978-4-88900-910-1　369.2　［500円］

大阪市（租税—条例）
◇市税関係規程集　［大阪］　大阪市財政局　2013.10　315p　21cm　Ⓝ349.55

◇市税関係規程集　［大阪］　大阪市財政局　2014.8　322p　21cm　Ⓝ349.55

大阪市（地域開発）
◇Osaka creators 2013—メビック扇町から始まる協働のカタチ：17case of collaborations　大阪　大阪都市型産業振興センタークリエイティブネットワークセンター大阪メビック扇町　2013.3　56p　21cm〈委託先：大阪市経済局〉　Ⓝ601.163

◇大阪の神髄　實清隆, 山下孝夫著, 島之内芸能文化協会編　大阪　JDC出版　2014.11　71p　26cm　Ⓘ978-4-89008-521-7　Ⓝ702.1963　［1000円］

139

大阪市（地下鉄道）

大阪市（地下鉄道）
◇大阪市交通局5000　レイルロード編　豊中　レイルロード　2014.9　84p　30cm　(車両アルバム 17)〈文苑堂（発売）年表あり〉①978-4-947714-32-9 Ⓝ546.5　[2500円]

大阪市（地誌）
◇アベノから日本が見える　本渡章著　大阪　燃焼社　2014.11　172p　19cm　〈文献あり〉①978-4-88978-111-3 Ⓝ291.63　[1400円]
◇「野里」と地侍三右衛門　[大阪]　[野里まちづくりを推進する会]　[2014]　66, 35p　31cm〈原本を合冊製本したもの　内容：のざと―おもしろわが町歴史ガイド（野里まちづくりを推進する会2007年刊）　野里界隈に息づく水郷の村の足跡（野里ヒクイナ会2008年刊）　侍里三右衛門（ヒクイナ会2014年刊）〉Ⓝ291.63

大阪市（都市計画）
◇毛馬、桜ノ宮及び京橋地域活性化調査・コンサルティング業務報告書　[大阪]　大阪市都島区　2013.12　61, 42, 36p　30cm〈調査受託：総合調査設計株式会社〉Ⓝ518.8

大阪市（どや街）
◇かたりべ―金沢大学日本史学研究室聞き取り調査記録　第5集　大阪・釜ヶ崎　金沢大学日本史学研究室編　[金沢]　金沢大学日本史学研究室　2014.3　245p　30cm　Ⓝ210.04
◇孤独に応答する孤独―釜ヶ崎・アフリカから：大阪大学コミュニケーションデザイン・センター高齢社会プロジェクト活動報告書　西川勝編著　豊中　大阪大学コミュニケーションデザイン・センター　2013.3　179p　21cm〈文献あり　執筆：石川翠ほか　内容：孤独の応答する孤独（西川勝著）　釜ヶ崎における老い・孤立・死　釜ヶ崎の概要（石川翠著）　釜ヶ崎における社会的孤立（石川翠著）　釜ヶ崎における死と弔い（白波瀬達也著）　釜ヶ崎の事例　孤独の力（上田假奈代著）　生活保護のパラドクス（石川翠著）　起こってしまった孤独死（小手川望, 上田假奈代著）　高齢生活と向き合う実践から（石橋友美著）　アフリカの実践から　はじめに（西真如著）　ザンビアのハンセン病回復者村における生活（姜明江著）　エチオピアの葬儀講活動（西真如著）　風の声のなかに（上田假奈代著）〉Ⓝ361.4

大阪市（日雇労働者）
◇かたりべ―金沢大学日本史学研究室聞き取り調査記録　第5集　大阪・釜ヶ崎　金沢大学日本史学研究室編　[金沢]　金沢大学日本史学研究室　2014.3　245p　30cm　Ⓝ210.04

大阪市（文化活動）
◇大阪の神髄　實清隆, 山下孝夫著, 鳥之内芸能文化協会編　大阪　JDC出版　2014.11　71p　26cm　①978-4-89008-521-7 Ⓝ702.1963　[1000円]

大阪市（放置自転車）
◇毛馬、桜ノ宮及び京橋地域活性化調査・コンサルティング業務報告書　[大阪]　大阪市都島区　2013.12　61, 42, 36p　30cm〈調査受託：総合調査設計株式会社〉Ⓝ518.8

大阪市（遊廓）
◇飛田で生きる―遊郭経営10年、現在、スカウトマンの告白　杉坂圭介著　徳間書店　2014.10　269p　15cm　(徳間文庫カレッジ)①978-4-19-907014-3 Ⓝ384.9　[720円]

大阪市（料理店）
◇熟成肉―人気レストランのドライエイジングと料理　柴田書店編　柴田書店　2014.2　167p　26cm　〈索引あり〉①978-4-388-06182-2 Ⓝ596.33　[2800円]

大阪市（歴史）
◇あのころの阿倍野　中村治編著　堺　大阪公立大学共同出版会　2014.4　104p　30cm　〈年表あり〉①978-4-907209-27-8 Ⓝ216.3　[2000円]
◇なみはやの難波―記紀・万葉で読み解く古代難波　安井邦彦[著]　大阪　隣互堂　2014.12　269p　21cm　Ⓝ216.3　[2000円]

大阪市（歴史―写真集）
◇昭和の大阪　2　昭和50～平成元年　産経新聞社写真　京都　光村推古書院　2014.4　237p　16×18cm　〈文献あり　年表あり〉①978-4-8381-0504-5 Ⓝ216.3　[2000円]

大阪市（歴史―史料）
◇大坂町奉行着任時関係史料　大阪市史編纂所編　大阪　大阪市史料調査会　2014.1　137p　21cm　(大阪市史料　第79輯)Ⓝ216.3　[1800円]
◇道修町文書　近世編　第3巻　103011-104040　佐藤敏江編　大阪　道修町資料保存会　2014.11　277p　21cm　Ⓝ216.3

大阪市（路線価）
◇路線価図―大阪府(1)　大阪　納税協会連合会　2014.7　1冊　30cm　(財産評価基準書　平成26年分 15/49)〈清文社（発売）　内容：大阪福島（大阪市福島区・此花区）　西（大阪市西区）　港（大阪市港区・大正区）　天王寺（大阪市天王寺区）　浪速（大阪市浪速区）〉Ⓝ345.5　[6400円]
◇路線価図―大阪府(2)　大阪　納税協会連合会　2014.7　1冊　30cm　(財産評価基準書　平成26年分 16/49)〈清文社（発売）　内容：西淀川（大阪市西淀川区）　東成（大阪市東成区）　生野（大阪市生野区）　旭（大阪市都島区・旭区）　城東（大阪市城東区・鶴見区）〉Ⓝ345.5　[7000円]
◇路線価図―大阪府(3)　大阪　納税協会連合会　2014.7　1冊　30cm　(財産評価基準書　平成26年分 17/49)〈清文社（発売）　内容：阿倍野（大阪市阿倍野区）　住吉（大阪市住吉区・住之江区）　東住吉（大阪市東住吉区・平野区）　西成（大阪市西成区）〉Ⓝ345.5　[8300円]
◇路線価図―大阪府(4)　大阪　納税協会連合会　2014.7　1冊　30cm　(財産評価基準書　平成26年分 18/49)〈清文社（発売）　内容：東淀川（大阪市東淀川区・淀川区）　北・大淀（大阪市北区）　東・南（大阪市中央区）〉Ⓝ345.5　[6000円]

大阪城
◇大坂城代記録　7　寛文8年1月―12月、大坂城代青山宗俊　大阪城天守閣編　[大阪]　大阪城天守閣　2014.3　119p　21cm　(徳川時代大坂城関係史料集　第17号)〈内容：寛文八戊申年日記〉Ⓝ210.5
◇豊臣秀吉と大坂城　跡部信著　吉川弘文館　2014.8　159p　21cm　(人をあるく)〈文献あり〉①978-4-642-06784-3 Ⓝ289.1　[2000円]

大阪市立五条小学校
◇大阪市立五条小学校創立100周年記念誌　大阪　大阪市立五条小学校創立100周年記念事業委員会　2013.12　80p　31cm　〈年表あり　タイトルは奥付による〉Ⓝ376.28

大阪市立総合医療センター臨床研究センター
◇臨床研究センター業績集―開院20周年を記念して　臨床研究センター編　大阪　大阪市立総合医療センター　2014.10　123p　30cm　Ⓝ498.16

大阪市立大学理学部附属植物園
◇都市・森・人をつなぐ―森の植物園からの提言　植松千代美編　京都　京都大学術出版会　2014.12　12,358p　22cm　〈索引あり　内容：今なぜ「都市・森・人」か？（植松千代美著）　都市近郊につくられた森の植物園（植松千代美著）　植物園で生きものの営みを調べる（谷垣岳人, 植松千代美著）　草木植物のレフュージアとしての植物園（岡崎純子著）　在来タンポポの保全と雑種の問題（伊東明, 松山周平著）　野生シダ植物の多様性と植物相の変化（山下純著）　植物園を利用する動物たちのくらし（谷垣岳人著）　市民参加で調べたクモ相の多様性（西川喜朗, 小池直樹著）　キタキチョウの越冬環境としての植物園（伊藤ふくお著）　通年調査が明らかにする野鳥の動態（平研著）　森林のCO_2固定機能（小南裕志著）　森林のCO_2吸収量を測定する（小南裕志, 檀浦正子, 吉村謙一ほか著）　森の植物園におけるCO_2のゆくえ（吉村謙一, 檀浦正子, 安宅未央子ほか著）　観測結果が導く人と森のあり方（小南裕志著）　森の植物園の2つの機能（植松千代美著）　大都市近郊の里山を擁する環境のまち・交野から（大湾喜久男著）　都市・森・人がつながる未来のために（植松千代美著）〉①978-4-87698-288-2 Ⓝ470.76　[4200円]

大阪大学大学院医学系研究科精神医学教室
◇精神医学の潮流―大阪大学精神医学教室120年の歩み　120周年記念誌編集委員会編　新興医学出版社　2014.4　949p　27cm　〈年譜あり　索引あり〉①978-4-88002-747-0 Ⓝ377.28　[10000円]

大阪府
◇大阪あるある　渡辺智敬著, アカハナドラゴン画　TOブックス　2014.8　175p　18cm　①978-4-86472-283-4 Ⓝ291.63　[950円]
◇大阪トレンディ　岡田大編　宝島社　2014.2　189p　19cm　〈文献あり〉①978-4-8002-2116-2 Ⓝ291.63　[952円]
◇大阪市民の謎　ご当地探偵事務所著　KADOKAWA　2014.12　191p　18cm　〈文献あり〉①978-4-04-600976-0 Ⓝ291.63　[1000円]

大阪府（遺跡・遺物）
◇久宝寺遺跡・瓜生堂遺跡・讃良郡条里遺跡　大阪府教育委員会編　大阪　大阪府教育委員会　2014.3　208p　図版[87]枚　30cm　(大阪府埋蔵文化財調査報告　2013-4)〈寝屋川北部・南部流域下水道整備事業に伴う発掘調査報告書〉Ⓝ210.0254
◇箸墓以降―邪馬台国連合から初期ヤマト政権へ：大阪府立近つ飛鳥博物館平成26年度秋季特別展　大阪府立近つ飛鳥博物館編　河南町（大阪府）　大阪府立近つ飛鳥博物館　2014.10

159p 30cm （大阪府立近つ飛鳥博物館図録 64）〈文献あり 会期：平成26年10月4日―12月7日〉Ⓝ210.32

◇歴史発掘おおさか―大阪府発掘調査最新情報：大阪府立近つ飛鳥博物館平成25年度冬季特別展 2013 大阪府立近つ飛鳥博物館 河南町（大阪府）大阪府立近つ飛鳥博物館 2014.1 67p 30cm （大阪府立近つ飛鳥博物館図録 62）〈会期：平成26年1月25日―4月6日〉Ⓝ216.3

大阪府（遺跡・遺物―池田市）

◇池田市埋蔵文化財発掘調査情報 2013年度 ［池田市教育委員会］生涯学習推進課編 池田 池田市教育委員会 2014.3 16p 図版 10枚 30cm （池田市文化財調査報告 第40集）Ⓝ210.0254

◇柳原遺跡 大阪府教育委員会編 大阪 大阪府教育委員会 2014.3 120p 図版 ［70］枚 30cm （大阪府埋蔵文化財調査報告 2013-7）〈府営池田城南住宅建て替えに伴う発掘調査〉Ⓝ210.0254

大阪府（遺跡・遺物―泉大津市）

◇泉大津市埋蔵文化財発掘調査概報 33 泉大津市教育委員会生涯学習課編 泉大津 泉大津市教育委員会生涯学習課 2014.3 12p 30cm （泉大津市文化財調査報告 50）Ⓝ210.0254

◇大園遺跡発掘調査報告書 泉大津市教育委員会生涯学習課文化財係編 泉大津 泉大津市教育委員会生涯学習課文化財係 2013.3 54p 30cm （泉大津市文化財調査報告 49）〈泉大津市・和泉市所在 宅地造成工事に伴う埋蔵文化財発掘調査報告〉Ⓝ210.0254

大阪府（遺跡・遺物―和泉市）

◇和泉市埋蔵文化財発掘調査概報 24 和泉市教育委員会編 和泉 和泉市教育委員会 2014.3 9p 図版 5p 30cm Ⓝ210.0254

◇大園遺跡発掘調査報告書 和泉市教育委員会編 和泉 和泉市教育委員会 2014.3 243p 図版 100p 30cm〈土地区画整理事業に伴う葛の葉地区の調査〉Ⓝ210.0254

◇大園遺跡発掘調査報告書 泉大津市教育委員会生涯学習課文化財係編 泉大津 泉大津市教育委員会生涯学習課文化財係 2013.3 54p 30cm （泉大津市文化財調査報告 49）〈泉大津市・和泉市所在 宅地造成工事に伴う埋蔵文化財発掘調査報告〉Ⓝ210.0254

◇惣ヶ池遺跡の発掘調査 ［和泉］ ［和泉市教育委員会］ ［2014］ 8p 30cm〈鶴山台惣ヶ池公園改修工事に伴う発掘調査概報報告〉Ⓝ210.0254

大阪府（遺跡・遺物―茨木市）

◇新修茨木市史 第7巻 史料編 考古 茨木市史編さん委員会編 茨木 茨木市 2014.3 10, 596p 図版 ［24］枚 31cm〈文献あり〉Ⓝ216.3

◇千提寺南遺跡 大阪府文化財センター編 堺 大阪府文化財センター 2014.3 118p 図版 ［25］枚 30cm （公益財団法人大阪府文化財センター調査報告書 第245集）〈茨木市所在 高速自動車国道近畿自動車道名古屋神戸線建設事業に伴う埋蔵文化財発掘調査報告書〉Ⓝ210.0254

大阪府（遺跡・遺物―大阪狭山市）

◇大阪狭山市内遺跡群発掘調査概要報告書 23 大阪狭山市教育委員会編 大阪狭山 大阪狭山市教育委員会 2014.3 78p 図版 24p 30cm （大阪狭山市文化財調査報告書 42）〈内容：陶邑陶器山309・310号窯〉Ⓝ210.0254

大阪府（遺跡・遺物―貝塚市）

◇貝塚市遺跡群発掘調査概要 36 貝塚市教育委員会編 貝塚 貝塚市教育委員会 2014.3 19p 図版 11p 30cm （貝塚市埋蔵文化財調査報告 第82集）Ⓝ210.0254

大阪府（遺跡・遺物―柏原市）

◇大県郡条里遺跡 大阪府文化財センター編 堺 大阪府文化財センター 2013.10 96p 図版 22p 30cm （公益財団法人大阪府文化財センター調査報告書 第241集）〈柏原市所在 寝屋川水系改良事業（一級河川恩智川法善寺多目的遊水地）に伴う埋蔵文化財発掘調査報告書〉Ⓝ210.0254

大阪府（遺跡・遺物―交野市）

◇交野市埋蔵文化財発掘調査概要 平成25年度 交野市教育委員会編 交野 交野市教育委員会 2014.3 30p 30cm （交野市埋蔵文化財調査報告 2013-1）Ⓝ210.0254

大阪府（遺跡・遺物―門真市）

◇史跡伝茨田堤発掘調査報告書 門真市教育委員会編 門真 門真市教育委員会 2014.1 22p 図版 10p 30cm （門真市埋蔵文化財調査報告書 第9集）〈歴史遺産整備事業に伴う発掘調査〉Ⓝ210.0254

大阪府（遺跡・遺物―河内長野市）

◇太井遺跡発掘調査概要 3 大阪 大阪府教育委員会 2014.3 46p 図版 27枚 30cm〈共同刊行：河内長野市教育委員会〉Ⓝ210.0254

◇河内長野市埋蔵文化財調査報告書 33 河内長野 河内長野市教育委員会 2014.3 14p 図版 5枚 30cm （河内長野市文化財調査報告書 第57輯）〈内容：清水遺跡 高向遺跡 塩谷遺跡 市町東遺跡〉Ⓝ210.0254

◇長池窯跡群 大阪 大阪府教育委員会 2014.3 14p 図版 6枚 30cm （大阪府埋蔵文化財調査報告 2013-5）〈共同刊行：河内長野市教育委員会〉Ⓝ210.0254

◇三日市北遺跡 4 河内長野 河内長野市教育委員会 2013.3 137p 図版 25枚 30cm （河内長野市文化財調査報告書 第56輯）Ⓝ210.0254

大阪府（遺跡・遺物―岸和田市）

◇久米田古墳群発掘調査報告 2 風吹山古墳・無名塚古墳・持ノ木古墳の調査 岸和田市教育委員会編 ［岸和田］ 岸和田市教育委員会 2014.3 172p 図版 67p 30cm （岸和田市埋蔵文化財調査報告 12）Ⓝ210.0254

◇発掘調査概要 平成25年度 岸和田市教育委員会編 岸和田 岸和田市教育委員会 2014.3 24p 図版 10枚 30cm （岸和田市文化財調査概要 40）Ⓝ210.0254

大阪府（遺跡・遺物―四條畷市）

◇北口遺跡・讃良郡条里遺跡発掘調査報告書 四條畷市教育委員会編 四條畷 四條畷市教育委員会 2013.5 25p 図版 9枚 30cm （四條畷市文化財調査報告 第48集）〈四條畷市岡山5丁目所在 るうてるホーム建設工事に伴う埋蔵文化財発掘調査〉Ⓝ210.0254

大阪府（遺跡・遺物―吹田市）

◇北泉遺跡発掘調査報告書―北泉遺跡第1次発掘調査 吹田市教育委員会編 吹田 吹田市教育委員会 2014.3 34p 図版 22p 30cm Ⓝ210.0254

◇吹田操車場遺跡 9 大阪府文化財センター編 堺 大阪府文化財センター 2013.9 14p 図版 6p 30cm （公益財団法人大阪府文化財センター調査報告書 第240集）〈吹田市所在 吹田（信）基盤整備工事（墓地造成工事）に伴う吹田操車場遺跡発掘調査報告書〉Ⓝ210.0254

◇埋蔵文化財緊急発掘調査概要 平成25年度 吹田市教育委員会編 吹田 吹田市教育委員会 2014.3 48p 30cm〈内容：高浜遺跡 豊嶋郡条里遺跡 垂水中遺跡C地点 垂水遺跡 垂水南遺跡 蔵人遺跡 片山東屋敷廻遺跡 都呂須遺跡 七尾東遺跡〉Ⓝ210.0254

大阪府（遺跡・遺物―泉南市）

◇泉南市遺跡群発掘調査報告書 30 大阪府泉南市教育委員会編 泉南 大阪府泉南市教育委員会 2013.3 36p 図版 17p 30cm （泉南市文化財調査報告書 第53集）Ⓝ210.0254

大阪府（遺跡・遺物―大東市）

◇寺川遺跡 大東市教育委員会編 大東 大東市教育委員会 2014.2 28p 図版 8p 30cm （大東市埋蔵文化財調査報告 第37集）〈野崎3丁目所在共同住宅建設に伴う発掘調査報告書〉Ⓝ210.0254

◇野崎条里遺跡 1 大東市教育委員会編 大東 大東市教育委員会 2013.10 14p 図版 ［4］枚 30cm （大東市埋蔵文化財調査報告 第36集）〈大阪東部農業協同組合本店建設（擁壁設置工事）に伴う発掘調査報告書〉Ⓝ210.0254

◇北条西遺跡 大東市教育委員会編 大東 大東市教育委員会 2014.3 58p 図版 20p 30cm （大東市埋蔵文化財調査報告 第38集）〈北条2・6丁目所在共同住宅建設に伴う発掘調査報告書〉Ⓝ210.0254

大阪府（遺跡・遺物―高石市）

◇大園遺跡他の発掘調査概要 高石 高石市教育委員会 2014.3 41p 図版 5p 30cm （高石市文化財調査概要 2013-1）Ⓝ210.0254

大阪府（遺跡・遺物―高槻市）

◇嶋上遺跡群 38 高槻 高槻市教育委員会文化財課埋蔵文化財調査センター 2014.3 7p 図版 7枚 30cm （高槻市文化財調査概要 41）Ⓝ210.0254

◇淀川中流域の弥生文化―高槻市立今城塚古代歴史館平成26年春季特別展 高槻市立今城塚古代歴史館 高槻 高槻市立今城塚古代歴史館 2014.3 53p 30cm〈文献あり 会期：平成26年3月15日―5月18日〉Ⓝ216.3

大阪府（遺跡・遺物―豊中市）

◇豊中市埋蔵文化財発掘調査概要 平成24・25年度 豊中 豊中市教育委員会 2014.3 80p 図版 37p 30cm （豊中市文化財報告 第66集）Ⓝ210.0254

◇蛍池北遺跡 大阪府文化財センター編 堺 大阪府文化財センター 2013.11 63p 図版 20p 30cm （公益財団法人大阪府文化財センター調査報告書 第242集）〈豊中市所在 宗教

大阪府（遺跡・遺物―富田林市）

法人神慈秀明会教会（豊中支部）建築工事に伴う埋蔵文化財発掘調査報告書〉Ⓝ210.0254
◇本町遺跡　大阪府文化財センター編　堺　大阪府文化財センター　2014.2　85p　図版 14p　30cm　〈公益財団法人大阪府文化財センター調査報告書 第244集）〈豊中市所在　豊中市本町1丁目マンション建設工事に伴う埋蔵文化財発掘調査報告書〉Ⓝ210.0254

大阪府（遺跡・遺物―富田林市）
◇富田林市内遺跡群発掘調査報告書　平成24年度　富田林市教育委員会編　富田林　富田林市教育委員会　2013.3　30p　図版 11枚　30cm　（富田林市文化財調査報告 52）Ⓝ210.0254
◇富田林市内遺跡群発掘調査報告書　平成25年度　富田林市教育委員会編　富田林　富田林市教育委員会　2014.3　15p　図版 11枚　30cm　（富田林市文化財調査報告 53）Ⓝ210.0254

大阪府（遺跡・遺物―寝屋川市）
◇国史跡高宮廃寺跡内容確認発掘調査概要　1　[寝屋川]　寝屋川市教育委員会　2014.3　5p　30cm　Ⓝ210.0254

大阪府（遺跡・遺物―羽曳野市）
◇羽曳野市内遺跡調査報告書　平成22年度　羽曳野　羽曳野市教育委員会生涯学習室社会教育課歴史文化推進室　2013.3　116p　図版 20p　30cm　（羽曳野市埋蔵文化財調査報告書 72）Ⓝ210.0254
◇古市遺跡群　35　羽曳野　羽曳野市教育委員会生涯学習室社会教育課歴史文化推進室　2014.3　29p　図版 6枚　30cm　（羽曳野市埋蔵文化財調査報告書 73）Ⓝ210.0254

大阪府（遺跡・遺物―阪南市）
◇阪南市埋蔵文化財発掘調査概要　31　阪南　阪南市教育委員会生涯学習部生涯学習推進室　2014.3　34p　図版 17p　30cm　（阪南市埋蔵文化財報告 52）Ⓝ210.0254

大阪府（遺跡・遺物―枚方市）
◇禁野本町遺跡　大阪　大阪府教育委員会　2014.3　50p　図版 43枚　30cm　（大阪府埋蔵文化財調査報告 2013-6）〈都市計画道路枚方藤阪線拡幅工事に伴う発掘調査〉Ⓝ210.0254
◇枚方上之町遺跡　1　枚方市文化財研究調査会編　枚方　枚方市文化財研究調査会　2014.3　26p　図版 6p　30cm　（枚方市文化財調査報告 第74集）〈大阪府枚方市所在　枚方市立枚方小学校校舎増築工事に伴う枚方上之町遺跡第92次調査報告書〉Ⓝ210.0254

大阪府（遺跡・遺物―藤井寺市）
◇石川流域遺跡群発掘調査報告　29　藤井寺市教育委員会事務局編　藤井寺　藤井寺市教育委員会事務局　2014.3　48p　図版 [14]　枚　30cm　（藤井寺市文化財報告 第35集）Ⓝ210.0254
◇川北遺跡　大阪府文化財センター編　堺　大阪府文化財センター　2013.12　50p　図版 42p　30cm　（公益財団法人大阪府文化財センター調査報告書 第243集）〈藤井寺市所在　バイパス送水管事業（藤井寺・長吉）整備工事に伴う埋蔵文化財発掘調査報告書〉Ⓝ210.0254

大阪府（遺跡・遺物―保存・修復―枚方市）
◇特別史跡百済寺跡再整備基本計画　枚方市編　枚方　枚方市　2014.3　101p　30cm　Ⓝ709.163

大阪府（遺跡・遺物―松原市）
◇天美北6丁目北遺跡　大阪府文化財センター編　堺　大阪府文化財センター　2014.3　20p　図版 5p　30cm　（公益財団法人大阪府文化財センター調査報告書 第247集）〈松原市所在　都市計画道路堺松原線に伴う松原市道天美北61号・62号・63号・64号線（近鉄環境側道）整備事業に伴う埋蔵文化財発掘調査報告書〉Ⓝ210.0254

大阪府（遺跡・遺物―箕面市）
◇止々呂美城跡　大阪府文化財センター編　堺　大阪府文化財センター　2014.3　144p　図版 [32]　枚　30cm　（公益財団法人大阪府文化財センター調査報告書 第246集）〈箕面市所在　高速自動車道近畿自動車道名古屋神戸線建設事業に伴う埋蔵文化財発掘調査報告書〉Ⓝ210.0254

大阪府（遺跡・遺物―八尾市）
◇久宝寺遺跡　2　大阪府文化財センター編　堺　大阪府文化財センター　2013.9　204p　図版 43p　30cm　（（公財）大阪府文化財センター調査報告書 第239集）〈八尾市所在　自動車国道近畿自動車道天理吹田線八尾パーキングエリア新設事業に伴う発掘調査報告書〉Ⓝ210.0254
◇公益財団法人八尾市文化財調査研究会報告 143　八尾市文化財調査研究会編　[八尾]　八尾市文化財調査研究会　2014.3　116p　30cm　〈文献あり　下水道工事に伴う埋蔵文化財発掘調査　内容：太田遺跡．第15-16次調査　太田川遺跡．第2次調査　恩智遺跡．第28・30・31次調査　木の本遺跡．第25次調

査　久宝寺遺跡．第85-86次調査　郡川遺跡．第14次調査　成法寺遺跡．第25次調査　神宮寺遺跡．第2次調査　東弓削遺跡．第19次調査　水越遺跡．第12-15次調査〉Ⓝ210.0254
◇公益財団法人八尾市文化財調査研究会報告 144　八尾市文化財調査研究会編　[八尾]　八尾市文化財調査研究会　2014.3　66p　30cm　〈文献あり　内容：跡部遺跡．第42次調査　老原遺跡．第14次調査　萱振遺跡．第29次調査　中田遺跡．第52-54次調査〉Ⓝ210.0254
◇公益財団法人八尾市文化財調査研究会報告 145　八尾市文化財調査研究会編　[八尾]　八尾市文化財調査研究会　2014.3　76p　30cm　〈文献あり　内容：植松遺跡．第13次調査　太田川遺跡．第3次調査　恩智遺跡．第25次調査　亀井遺跡．第17次調査　萱振遺跡．第30次調査　小阪合遺跡．第45-46次調査　成法寺遺跡．第26次調査　高安古墳群．第7次調査　美園遺跡．第9次調査　八尾寺内町．第6次調査〉Ⓝ210.0254
◇考古資料からみる八尾の歴史―旧石器時代―中世まで　八尾市文化財調査研究会企画・編集　[八尾]　[八尾市文化財調査研究会]　2014.3　102p　30cm　〈年表あり〉Ⓝ216.3
◇八尾市内遺跡平成25年度発掘調査報告書　八尾市教育委員会編　八尾　八尾市教育委員会　2014.3　162p　図版 37p　30cm　（八尾市文化財調査報告 72）〈文献あり　平成25年度国庫補助事業〉Ⓝ210.0254
◇弓削遺跡　第1次調査　八尾市文化財調査研究会編　[八尾]　八尾市文化財調査研究会　2013.10　80p　図版 40p　30cm　（公益財団法人八尾市文化財調査研究会報告 142）〈文献あり〉Ⓝ210.0254

大阪府（遺跡・遺物―論文集―高槻市）
◇「いましろ賞」入賞論文集―高槻古代史懸賞論文　高槻市教育委員会文化課，今城塚古代歴史館編　[高槻]　高槻市教育委員会文化課　2014.3　37, 13p　30cm　（今城塚古代歴史館）内容：「いましろ賞」最優秀賞　今城塚古墳の原形についての土木工学的検討（高津和夫著）「いましろ賞」佳作　環状乳神獣鏡からみた安満宮山古墳出土1号鏡（村瀬陸著）「いましろ賞」審査員特別賞　地元が支える歴史遺産（新居宏壬著）「いましろ賞」佳作　継体大王の即位と武寧王との関係について（鮫島彰著）〉Ⓝ216.3

大阪府（医療）
◇大阪府がん対策推進計画　第2期　大阪　大阪府健康医療部保健医療室健康づくり課　2013.4　121p　30cm　〈共同刊行：大阪府立病院機構大阪府立成人病センターがん予防情報センター〉Ⓝ498.1　[非売品]
◇大阪府保健医療計画―府域版　大阪　大阪府健康医療部保健医療室医療対策課　2013.4　231p　30cm　Ⓝ498.1
◇大阪府保健医療計画―圏域版　大阪　大阪府健康医療部保健医療室医療対策課　2013.4　276p　30cm　Ⓝ498.1

大阪府（インターンシップ）
◇中小機械工業デザイン人材育成支援補助事業「学生のためのデザイン就職支援事業」報告書　平成25年度　大阪　大阪デザインセンター　2014.3　62p　30cm　〈表紙のタイトル（誤植）：中小機械工業デザイン育成支援補助事業「学生のためのデザイン就職支援事業」報告書〉Ⓝ377.15

大阪府（衛生行政）
◇大阪府がん対策推進計画　第2期　大阪　大阪府健康医療部保健医療室健康づくり課　2013.4　121p　30cm　〈共同刊行：大阪府立病院機構大阪府立成人病センターがん予防情報センター〉Ⓝ498.1　[非売品]
◇大阪府保健医療計画―府域版　大阪　大阪府健康医療部保健医療室医療対策課　2013.4　231p　30cm　Ⓝ498.1
◇大阪府保健医療計画―圏域版　大阪　大阪府健康医療部保健医療室医療対策課　2013.4　276p　30cm　Ⓝ498.1

大阪府（介護保険）
◇高齢者の生活実態と介護サービス等に関する意識調査報告書　第3回　平成25年度実施　大阪　大阪府福祉部高齢介護室　2014.3　208p　30cm　Ⓝ369.26

大阪府（河川）
◇大阪府内の川と魚　水生生物センター編　[大阪]　大阪府立環境農林水産総合研究所　2013.2　275p　30cm　（河川漁業権漁場実態調査報告書 2012年調査）〈文献あり　委託者：大阪府環境農林水産部水産課，受託者：大阪府立環境農林水産総合研究所〉Ⓝ462.163

大阪府（感染症対策―寝屋川市）
◇寝屋川市新型インフルエンザ等対策行動計画　寝屋川　寝屋川市保健福祉部健康増進課　2014.3　77p　30cm　Ⓝ498.6

大阪府（教育行政―茨木市）
◇「一人も見捨てへん」教育―すべての子どもの学力向上に挑む　志水宏吉編著，茨木市教育委員会著　東洋館出版社　2014.7　271p　19cm　①978-4-491-03041-8　Ⓝ373.2　[1900円]

日本件名図書目録2014　I　　　　　　　　　　　　　　　　　　　　　　　　　　大阪府（社会福祉—歴史）

大阪府（教育行政—寝屋川市）

◇教育に関する事務の点検・評価報告書　平成24年度　［寝屋川］　寝屋川市教育委員会　2013.9　97p　30cm　Ⓝ373.2

大阪府（行政）

◇大阪版市場化テストを検証する　光多長温, 松尾貴巳著　中央経済社　2014.1　193p　21cm　〈文献あり〉　①978-4-502-08330-3　[2600円]

◇雇用・くらし・教育再生の道—大阪府構想・カジノからの転換　中山徹編　自治体研究社　2014.12　97p　21cm　①978-4-88037-626-4　Ⓝ318.263　[926円]

大阪府（行政—岸和田市）

◇世代をむすぶ岸和田再発見　岸和田市地域調査研究会編著, 大阪自治体問題研究所編　自治体研究社　2013.10　187p　21cm　①978-4-88037-609-7　Ⓝ318.263　[1000円]

大阪府（行政—高槻市）

◇高槻市役所の『闇』—与野党相乗りの弊害　1　北岡隆浩著, 高槻ご意見番編著　堺　銀河書籍　2014.8　221p　19cm　①978-4-907628-20-8　Ⓝ318.263　[2000円]

大阪府（行政—統計）

◇大阪府市町村ハンドブック　大阪府総務部市町村課編　［大阪］　大阪府市町村振興協会　2014.11　139p　21cm　Ⓝ318.263

大阪府（行政改革）

◇改革力—組織がみるみる変わる　上山信一著　朝日新聞出版　2014.4　196p　18cm　（朝日新書 454）　①978-4-02-273554-6　Ⓝ336　[720円]

大阪府（原子力災害—防災）

◇大阪府地域防災計画　平成26年修正　原子力災害対策　大阪府防災会議［編］　大阪　大阪府政策企画部危機管理室　2014.3　75p　30cm　Ⓝ369.3

大阪府（県民性）

◇大阪人大全　高瀬甚太［著］　名古屋　リベラル社　2014.4　207p　19cm　〈星雲社（発売）　文献あり〉　①978-4-434-19090-2　Ⓝ361.42　[1000円]

◇よりぬき大阪学—いらちで食い倒れで"ちゃうちゃう"で　大谷晃一著　朝日新聞出版　2014.10　215p　15cm　（朝日文庫 お69-1）〈「大阪学」（新潮文庫 1997年刊）と「大阪学 続」（新潮文庫 1997年刊）の改題, 抜粋, 再構成〉①978-4-02-261791-0　Ⓝ361.42　[600円]

大阪府（工業）

◇中小工業における規模間業績格差の要因について—大阪府内製造業の受注及び経営状況に関する調査　大阪　大阪産業経済リサーチセンター　2014.3　151p　30cm　（資料 no. 134）Ⓝ509.2163

大阪府（高齢者）

◇高齢者の生活実態と介護サービス等に関する意識調査報告書　第3回　平成25年度実施　大阪　大阪府福祉部高齢介護室　2014.3　208p　30cm　Ⓝ369.26

大阪府（高齢者福祉）

◇大阪府内市町村における成年後見制度利用に関するアンケート結果報告書—成年後見制度の普及・充実のために　豊中　成年後見支援・普及センター　2014.3　41p　30cm　Ⓝ369.26　[800円]

◇高齢者の生活実態と介護サービス等に関する意識調査報告書　第3回　平成25年度実施　大阪　大阪府福祉部高齢介護室　2014.3　208p　30cm　Ⓝ369.26

大阪府（古墳—高槻市）

◇中臣（藤原）鎌足と阿武山古墳—高槻市制施行70周年・中核市移行10周年記念歴史シンポジウム　高槻市教育委員会文化財課, 今城塚古代歴史館編　［高槻］　高槻市教育委員会文化財課　2013.12　76p　30cm　〈年表あり　共同刊行：今城塚古代歴史館〉Ⓝ216.3

大阪府（古墳—保存・修復—羽曳野市）

◇国史跡古市古墳群保存管理計画　藤井寺市教育委員会, 羽曳野市教育委員会編　藤井寺　藤井寺市教育委員会　2014.3　169p　30cm　〈文献あり　共同刊行：羽曳野市教育委員会〉Ⓝ709.163

大阪府（古墳—保存・修復—藤井寺市）

◇国史跡古市古墳群保存管理計画　藤井寺市教育委員会, 羽曳野市教育委員会編　藤井寺　藤井寺市教育委員会　2014.3　169p　30cm　〈文献あり　共同刊行：羽曳野市教育委員会〉Ⓝ709.163

大阪府（財産評価）

◇評価倍率表—大阪府　大阪　納税協会連合会　2014.7　237p　30cm　（財産評価基準書 平成26年分 2/49）〈清文社（発売）〉Ⓝ345.5　[4400円]

大阪府（財政—統計）

◇大阪府市町村データ集　税財政編 1　大阪府総務部市町村課編　［大阪］　大阪府市町村振興協会　2014.11　224p　30cm　Ⓝ318.263

◇大阪府市町村データ集　税財政編 2・行政編　大阪府総務部市町村課編　［大阪］　大阪府市町村振興協会　2014.3　102p　30cm　Ⓝ318.263

大阪府（殺人—池田市）

◇〈特集1〉『宅間守精神鑑定書』を読む—〈特集2〉生きづらさを支援する本　佐藤幹夫編　言視舎　2014.12　220p　21cm　（飢餓陣営せれくしょん 2）〈内容：刑事責任能力と精神鑑定（遺稿）（岡江晃述）　精神鑑定と臨床診断（岡江晃, 滝川一廣, 小林隆児ほか述, 佐藤幹夫司会）　浜田寿美男氏と『宅間守精神鑑定書』を読む（浜田寿美男述, 佐藤幹夫聞き手）　岡江晃の遺した『宅間守精神鑑定書』（高岡健著）『宅間守精神鑑定書』読後雑感（林幸司著）　岡江晃氏を悼む（岡江正純, 滝川一廣, 竹島正ほか著）「人格障害」問題と新しい責任能力論（高岡健述, 佐藤幹夫聞き手）「反社会性人格障害」は医療のはざ間か（滝川一廣著）　精神鑑定とは（林幸司著）"自閉症論"を読む（内海新祐著）"臨床と哲学"の本（山竹伸二著）"こころの本質"を思索する本（栗田隆志著）"様ざまな支援"の本（佐藤幹夫著）〉①978-4-86565-007-5　Ⓝ498.99　[1800円]

大阪府（産業政策）

◇大都市圏の地域産業政策—転換期の大阪と「連環」的着想　長尾謙吉, 本多哲夫編著, 小川亮, 松下隆, 立見淳哉, 鵜飼義成, 三浦純一［著］　堺　大阪公立大学共同出版会　2014.3　87p　21cm　（OMUPブックレット no. 46）〈文献あり〉①978-4-907209-24-7　Ⓝ601.163　[800円]

◇地域産業政策の実際—大阪府の事例から学ぶ　田中宏昌, 本多哲夫編著　同友館　2014.7　219p　21cm　〈索引あり　内容：大阪の産業構造分析（福井紳也著）　地域産業政策の構造（本多哲夫著）　大阪府の企業立地推進政策と立地特性（小川亮著）　小規模企業政策の課題と評価（越村惣次郎, 田中浩喜著）　地域金融施策（田中宏昌著）　地域における雇用対策（田中宏昌著）　広域連携による地域産業政策（清水克昭著）　中小企業支援機関の実態と二重行政問題（本多哲夫著）〉①978-4-496-05079-4　Ⓝ601.163　[2500円]

大阪府（産業連関表）

◇大阪府産業連関表　平成20年　延長表　大阪　大阪府総務部統計課　2014.2　149p　30cm　Ⓝ331.19

大阪府（児童虐待）

◇子ども虐待と向きあう—兵庫・大阪の教育福祉の現場から　兵庫民主教育研究所子どもの人権委員会編　大津　三学出版　2014.3　60p　21cm　〈文献あり〉①978-4-903520-83-4　Ⓝ369.4　[700円]

大阪府（児童福祉）

◇子ども虐待と向きあう—兵庫・大阪の教育福祉の現場から　兵庫民主教育研究所子どもの人権委員会編　大津　三学出版　2014.3　60p　21cm　〈文献あり〉①978-4-903520-83-4　Ⓝ369.4　[700円]

大阪府（地主—歴史）

◇近世の豪農と地域社会　常松隆嗣著　大阪　和泉書院　2014.3　321p　22cm　（日本史研究叢刊 27）〈布装　内容：近世後期における豪農と地域社会　篠山藩における国益策の展開　陶磁器生産をめぐる豪農と地域社会　篠山における新田開発　幕末維新期における豪農の活動と情報　園田多祐と国益策　近世後期における河内の諸相　農村構造の変容と地主経営　近世後期における北河内の豪農　豪農と武士のあいだ　大塩の乱後にみる家の再興と村落共同体　終章〉①978-4-7576-0703-3　Ⓝ216.4　[6800円]

大阪府（社会福祉）

◇自治体セーフティネット—地域と自治体ができること　大阪市政調査会編　公人社　2014.2　247p　21cm　〈内容：自治体の就労支援施策の現状と課題（五石敬路著）　基礎自治体による就労セーフティネットの構築（櫻井純理著）　大阪希望館3年間の挑戦（分林康次, 岡本友晴者, 山口勝己構成）　生活困窮者支援に向けたコミュニティづくりと社会的居場所づくり（福原宏幸著）　地域福祉計画と介護保険をつなぐコミュニティの再生とコミュニティソーシャルワーク（澤井勝著）　大阪における2つのコミュニティソーシャルワーク事業（室田信一著）　学校現場における子ども支援（西川祐功著）　DV被害者への支援の課題（吉中季子著）　日本のセーフティネットの何が問題なのか（松本淳著）〉①978-4-86162-094-2　Ⓝ369.11　[2200円]

大阪府（社会福祉—歴史）

◇大阪における社会福祉の歴史　4　大阪　大阪市社会福祉研修・情報センター　2013.3　107p　26cm　〈年表あり　編集・

143

大阪府 (写真集―泉大津市)

協力：河﨑洋充　内容：大阪の戦後混乱期の社会福祉事業「浮浪者(児)」の心に響け、「愛の鐘」(西野孝者)　大阪福祉事業財団の創設と展開(玉置弘道者)　変貌する市民生活と社会福祉の発展　家庭養護促進協会のはじまりと発展(岩崎美枝子者)　大阪医療社会事業協会のはじまりと発展(大垣芳美者)「釜ヶ崎」の不就学児童と地域(小柳伸躬者)　障がい児保育のはじまりと発展(松村寛者)　老人福祉法の制定と高齢者福祉の発展(岩田克夫者)　大阪ボランティア協会のはじまり(早瀬昇者)〉 Ⓝ369.02163　[667円]

大阪府 (写真集―泉大津市)
◇泉大津市の70年―かわりゆくふるさと：泉大津市制施行70周年記念写真集　泉大津市, 泉大津市教育委員会, 泉大津市制施行70周年記念写真集制作委員会編　[泉大津]　泉大津市　2013.3　83p　30cm〈年表あり　共同刊行：泉大津市教育委員会ほか〉Ⓝ216.3

大阪府 (住宅建築―池田市―歴史)
◇モダニズムの記憶―建築でたどる北摂の近代：池田市立歴史民俗資料館平成26年度特別展　池田市立歴史民俗資料館編　池田　池田市立歴史民俗資料館　2014.10　91p　21cm〈会期：平成26年10月17日―12月7日〉Ⓝ527.02163

大阪府 (障害者福祉)
◇ありがとう！―障害者支援の1200日　産経新聞厚生文化事業団著　産経新聞出版　2014.1　255p　19cm　Ⓘ978-4-86306-106-4　Ⓝ369.27　[1500円]
◇大阪府内市町村における成年後見制度利用に関するアンケート結果報告書―成年後見制度の普及・充実のために　豊中　成年後見支援・普及センター　2014.3　41p　30cm　Ⓝ369.26　[800円]

大阪府 (小学校―和泉市―歴史)
◇信太・幸地域小学校の歩み　信太の森の鏡池史跡公園協力会研究グループ編　和泉　信太の森の鏡池史跡公園信太の森ふるさと館　2014.3　125枚　30cm〈年表あり〉Ⓝ376.2163

大阪府 (醸造業―池田市―歴史―史料)
◇郷土の古文書を読む　第14号　池田古文書研究会編　[池田]　池田古文書研究会　2014.3　7, 137p　30cm〈複製及び翻刻　内容：近世池田酒造文書．2　御朱印出入一件覚書〉Ⓝ216.3

大阪府 (食品安全)
◇大阪府食の安全安心推進計画　第2期　平成25年度―平成29年度　大阪　大阪府健康医療部食の安全推進課　2013.4　68p　30cm〈年表あり〉Ⓝ498.54

大阪府 (女性労働―歴史)
◇敗戦直後を切り拓いた働く女性たち―「勤労婦人聯盟」と「きらく会」の絆　伍賀偕子著　ドメス出版　2014.6　120p　19cm〈文献あり〉Ⓘ978-4-8107-0807-3　Ⓝ366.62163　[1250円]

大阪府 (書目)
◇大阪府EL新聞記事情報リスト　2013-1　エレクトロニック・ライブラリー編　エレクトロニック・ライブラリー　2014.2　830p　31cm〈制作：日外アソシエーツ〉Ⓝ025.8163
◇大阪府EL新聞記事情報リスト　2013-2　エレクトロニック・ライブラリー編　エレクトロニック・ライブラリー　2014.2　p831-1693　31cm〈制作：日外アソシエーツ〉Ⓝ025.8163
◇大阪府EL新聞記事情報リスト　2013-3　エレクトロニック・ライブラリー編　エレクトロニック・ライブラリー　2014.2　p1695-2645　31cm〈制作：日外アソシエーツ〉Ⓝ025.8163
◇大阪府EL新聞記事情報リスト　2013-4　エレクトロニック・ライブラリー編　エレクトロニック・ライブラリー　2014.2　p2647-3580　31cm〈制作：日外アソシエーツ〉Ⓝ025.8163
◇大阪府EL新聞記事情報リスト　2013-5　エレクトロニック・ライブラリー編　エレクトロニック・ライブラリー　2014.2　p3581-4464　31cm〈制作：日外アソシエーツ〉Ⓝ025.8163
◇大阪府EL新聞記事情報リスト　2013-6　エレクトロニック・ライブラリー編　エレクトロニック・ライブラリー　2014.2　p4465-5255　31cm〈制作：日外アソシエーツ〉Ⓝ025.8163
◇大阪府EL新聞記事情報リスト　2013-7　エレクトロニック・ライブラリー編　エレクトロニック・ライブラリー　2014.2　p5257-5993　31cm〈制作：日外アソシエーツ〉Ⓝ025.8163
◇大阪府EL新聞記事情報リスト　2013-8　エレクトロニック・ライブラリー編　エレクトロニック・ライブラリー　2014.2　p5995-7044　31cm〈制作：日外アソシエーツ〉Ⓝ025.8163
◇大阪府EL新聞記事情報リスト　2013-9　エレクトロニック・ライブラリー編　エレクトロニック・ライブラリー　2014.2　p7045-7578　31cm〈制作：日外アソシエーツ〉Ⓝ025.8163

◇大阪府EL新聞記事情報リスト　2013-10　エレクトロニック・ライブラリー編　エレクトロニック・ライブラリー　2014.2　p7579-8570　31cm〈制作：日外アソシエーツ〉Ⓝ025.8163
◇大阪府EL新聞記事情報リスト　2013-11　エレクトロニック・ライブラリー編　エレクトロニック・ライブラリー　2014.2　p8571-9492　31cm〈制作：日外アソシエーツ〉Ⓝ025.8163
◇大阪府EL新聞記事情報リスト　2013-12　エレクトロニック・ライブラリー編　エレクトロニック・ライブラリー　2014.2　p9493-10364　31cm〈制作：日外アソシエーツ〉Ⓝ025.8163
◇大阪府EL新聞記事情報リスト　2013-13　エレクトロニック・ライブラリー編　エレクトロニック・ライブラリー　2014.2　p10365-11519　31cm〈制作：日外アソシエーツ〉Ⓝ025.8163
◇大阪府EL新聞記事情報リスト　2013-14　エレクトロニック・ライブラリー編　エレクトロニック・ライブラリー　2014.2　p11521-12252　31cm〈制作：日外アソシエーツ〉Ⓝ025.8163
◇大阪府EL新聞記事情報リスト　2013-15　エレクトロニック・ライブラリー編　エレクトロニック・ライブラリー　2014.2　p12253-13101　31cm〈制作：日外アソシエーツ〉Ⓝ025.8163
◇大阪府EL新聞記事情報リスト　2013-16　エレクトロニック・ライブラリー編　エレクトロニック・ライブラリー　2014.2　p13103-14052　31cm〈制作：日外アソシエーツ〉Ⓝ025.8163

大阪府 (城―歴史)
◇大阪のお城がわかる本―「戦国大阪の城―動乱の時代と天下統一」図録：高槻市立しろあと歴史館平成26年秋季特別展　高槻市立しろあと歴史館編　[高槻]　高槻市立しろあと歴史館　2014.10　80p　30cm〈文献あり　会期：平成26年10月4日―12月7日〉Ⓝ216.3

大阪府 (城跡―保存・修復―河内長野市)
◇史跡烏帽子形城跡整備基本計画書　河内長野　河内長野市教育委員会　2014.3　77p　30cm　Ⓝ709.163
◇史跡烏帽子形城跡保存管理計画書　河内長野　河内長野市教育委員会　2014.3　76p　30cm　Ⓝ709.163

大阪府 (人口移動―豊中市)
◇少子高齢社会における人口の変化と市政への影響に関する調査研究　2　人口移動要因と将来における行政課題の把握　とよなか都市創造研究所編　豊中　とよなか都市創造研究所　2014.3　244p　30cm　(とよなか都市創造研究所研究報告書)　Ⓝ334.2　[500円]

大阪府 (森林)
◇酸性雨モニタリング(土壌・植生)調査　[大阪]　大阪府立環境農林水産総合研究所　2014.3　41p　30cm〈平成25年度環境省委託業務結果報告書〉Ⓝ519.5

大阪府 (水害―摂津市―歴史)
◇昭和28年台風13号災害写真集　摂津市総務部総務課市史編さん担当編　摂津　摂津市　2013.10　66p　30cm　(新修摂津市史史料集　1)　Ⓝ369.33

大阪府 (水生生物)
◇大阪府内の川と魚　水生生物センター編　[大阪]　大阪府立環境農林水産総合研究所　2013.2　275p　30cm　(河川漁業権漁場実態調査報告書　2012年調査)〈文献あり　委託者：大阪府環境農林水産部水産課, 受託者：大阪府立環境農林水産総合研究所〉Ⓝ462.163

大阪府 (水道―豊中市)
◇水道・下水道に関するアンケート調査報告書　豊中　豊中市上下水道局経営企画課　2014.3　179p　30cm　Ⓝ518.1

大阪府 (成年後見制度)
◇大阪府内市町村における成年後見制度利用に関するアンケート結果報告書―成年後見制度の普及・充実のために　豊中　成年後見支援・普及センター　2014.3　41p　30cm　Ⓝ369.26　[800円]

大阪府 (藻類)
◇大阪府内の川と魚　水生生物センター編　[大阪]　大阪府立環境農林水産総合研究所　2013.2　275p　30cm　(河川漁業権漁場実態調査報告書　2012年調査)〈文献あり　委託者：大阪府環境農林水産部水産課, 受託者：大阪府立環境農林水産総合研究所〉Ⓝ462.163

大阪府 (村落―歴史)
◇近世の豪農と地域社会　常松隆嗣著　大阪　和泉書院　2014.3　321p　22cm　(日本史研究叢刊　27)〈布装　内容：近世後期における豪農と地域社会　篠山藩における国益策の展開　陶磁器生産をめぐる豪農と地域社会　篠山藩における新田開発　幕末維新期における豪農の活動と情報　園田多祐と国益策　近世後期における河内の諸相　農村構造の変容と地主経営　近世後期における北河内の豪農　豪農と武士のあいだ　大塩の乱後にみる家の再興と村落共同体　終章〉Ⓘ978-4-7576-0703-3　Ⓝ216.4　[6800円]

大阪府（大衆運動―歴史）

◇歴史をつくった市民たち―語り下ろし市民活動　大阪ボランティア協会編　大阪　大阪ボランティア協会　2014.3　247p　21cm〈年表あり　内容：障害者運動の「先駆者」として（河野秀忠述，牧口明聞き手）琵琶湖に向き合う市民活動から持続可能な地域社会づくりへ（藤井絢子著，阿部圭宏聞き手）まちづくり，仲間づくりの力はタウン誌から（南野佳代子著，鋳栄美子聞き手）患者と医療者がささえあう「パブリックな医療」の実現をめざして（辻本好子著，川井田祥子聞き手）シニアよ！仲間とともに大いなる自然に飛び出そう（長井美知夫著，影浦弘司聞き手）違う文化と出会うと，違う可能性が見えてくる！（全美玉著，村岡正司聞き手）重いものを軽く，軽いものを深く（播磨靖夫著，早瀬昇聞き手）子ども文庫から語りの世界へ（禅定正世著，牧口明聞き手）嵯峨野から，平和を拓いて三十余年（長尾憲彰著，村岡正司聞き手）「何とかしなきゃ！」激動のアフガニスタンに関わり続けて（西垣敬子著，近藤鞠子聞き手）〉①978-4-87308-066-6　Ⓝ309.02163　［1600円］

大阪府（溜池―大阪狭山市）

◇ため池築造と偉人―狭山池シンポジウム2012：記録集　大阪狭山市教育委員会編　大阪狭山　大阪狭山市教育委員会　2014.3　131p　21cm〈年表あり　内容：パネリスト報告　1　重源と中世の開発（服部英雄述）パネリスト報告　2　後漢時代の王景と芍陂（安豊塘）（村松弘一述）パネリスト報告　3　古代韓国のため池と偉人（羅勝宇述，篠原啓方訳）パネルディスカッション（工楽善通ほか述）〉Ⓝ614.6

◇東アジアの水利灌漑と狭山池―狭山池シンポジウム2011：記録集　大阪狭山市教育委員会編　大阪狭山　大阪狭山市教育委員会　2013.3　149p　21cm〈内容：パネリスト報告　1　古代日本の水利灌漑（金田章裕述）パネリスト報告　2　古代中国の水利灌漑（鶴間和幸述）パネリスト報告　3　古代韓国の水利灌漑（蘆重國述，篠原啓方訳）パネルディスカッション（工楽善通ほか述）〉Ⓝ614.6

大阪府（溜池―歴史）

◇狭山池と南八下周辺地域の溜池の歴史―南八下生涯学習セミナー講演録　堺　南八下校区まちづくり協議会　2014.3　77p　30cm〈年譜あり　共同刊行：南八下校区自治連合会〉Ⓝ614.6

大阪府（男女共同参画）

◇大阪府の男女共同参画の現状と施策―だれもがいきいきと活躍できる男女共同参画社会をめざして　大阪　大阪府府民文化部男女参画・府民協働課　2014.12　150p　30cm〈年表あり〉Ⓝ367.2163

◇男女共同参画社会に関する府民意識調査報告書　大阪　大阪府府民文化部男女参画・府民協働課男女共同参画グループ　2014.11　187p　30cm　Ⓝ367.2163

大阪府（地域開発―八尾市）

◇地域づくりと地域的循環―大阪・八尾からの発信　東郷久著　京都　クリエイツかもがわ　2014.3　136p　21cm〈年表あり　内容：地域の成り立ちと地域の資源　地域づくりのネットワーク　産業の地域的集積　地域の生活　地域づくりと地方行財政　地域づくりと地域的循環〉①978-4-86342-130-1　Ⓝ601.163　［1600円］

大阪府（地域社会―高槻市）

◇高槻市と関西大学による高槻市民郵送調査　関西大学総合情報学部編　[吹田]　関西大学総合情報学部　2013.3　208,8p　30cm　（社会調査実習報告書　平成24年度）Ⓝ361.78

大阪府（地域ブランド―豊中市）

◇豊中市の活力・魅力づくりに関する調査研究　3　とよなか都市創造研究所編　豊中　とよなか都市創造研究所　2014.3　62p　30cm（とよなか都市創造研究所研究報告書）〈文献あり　研究員：熊本伸介〉Ⓝ601.163　［500円］

大阪府（力石）

◇大阪の力石　高島慎助著　第2版　岩田書院　2013.12　146p　22cm〈文献あり〉①978-4-87294-095-4　Ⓝ216.3　［2500円］

大阪府（地誌―河内長野市）

◇「知ったはりまっか？」河内長野　河内長野市郷土研究会編　[河内長野]　[河内長野市郷土研究会]　2014.10　126p　21cm〈年表あり　創立50周年記念〉Ⓝ291.63

大阪府（地誌―泉佐野市）

◇泉州の生産と暮し―泉南市・阪南市の歴史から：大阪観光大学観光学研究所『観光＆ツーリズム』抜粋集　山元六合夫[著]　阪南　山元六合夫　2014.9　1冊　30cm〈文献あり　はり込み　1枚　内容：泉南地方における新興地主の新田経営　江戸期桑畑村の景観と流出者　古絵図が語る泉南　和泉山系の「地名」と温泉　故国への旅　天領下の代官　「千」姓・考　鯨が育んだ島の農業　泉南の紋羽織〉Ⓝ291.63

大阪府（地誌―阪南市）

◇泉州の生産と暮し―泉南市・阪南市の歴史から：大阪観光大学観光学研究所『観光＆ツーリズム』抜粋集　山元六合夫[著]　阪南　山元六合夫　2014.9　1冊　30cm〈文献あり　はり込み　1枚　内容：泉南地方における新興地主の新田経営　江戸期桑畑村の景観と流出者　古絵図が語る泉南　和泉山系の「地名」と温泉　故国への旅　天領下の代官　「千」姓・考　鯨が育んだ島の農業　泉南の紋羽織〉Ⓝ291.63

大阪府（地方自治）

◇大阪市廃止・特別区設置の制度設計案を批判する―いま，なぜ大阪市の消滅なのか　PART2　大阪の自治を考える研究会編著　公人の友社　2014.3　104p　21cm　（地方自治ジャーナルブックレット　No.63）①978-4-87555-636-7　Ⓝ318.263　［900円］

大阪府（地方鉄道―歴史）

◇戦前大阪の鉄道とデパート―都市交通による沿線培養の研究　谷内正往著　大阪　東方出版　2014.11　431p　22cm〈索引あり　内容：石山生「寶塚見学」を読む　戦前の三越マーケット　阪急マーケット　戦前三越の下足問題　兼業としての百貨店事業の大規模化　阪急百貨店〈ターミナル・デパート〉の特徴　小売商との対立　阪急百貨店の対応　戦前百貨店商品券　京阪デパート　京浜デパート　大阪鉄道の兼営事業　大鉄百貨店計画　大鉄百貨店の業績　大軌ビルと三笠屋百貨店の営業　大軌百貨店の創設事情　兼業としての成果　戦前大阪のターミナル・デパート　阪神と阪急の抗争　阪神の百貨店構想　大阪駅前の土地争い　東京地下鉄道と百貨店　戦前大阪の地下鉄と百貨店　大阪の百貨店　各百貨店の女子店員　女子店員の養成　電鉄系百貨店の女子商業学校　沿線培養のための学校設立・学校誘致　大軌参急観光協会について　戦前の箕面動物園　戦前電鉄系百貨店の広告　小林一三の「プロペラ電車」〉①978-4-86249-235-7　Ⓝ673.83　［6000円］

大阪府（中小企業）

◇地域産業を牽引する中小企業の現状と課題―課題を克服し躍進したブレイクスルー企業の特性　大阪　大阪産業経済リサーチセンター　2014.3　102p　30cm　（資料　no.133）Ⓝ335.35

◇中小工業における規模間業績格差の要因について―大阪府内製造業の受注及び経営状況に関する調査　大阪　大阪産業経済リサーチセンター　2014.3　151p　30cm　（資料　no.134）Ⓝ509.2163

大阪府（鉄道）

◇JR京都線・神戸線―街と駅の1世紀：JR京都線・神戸線各駅今昔散歩明治・大正・昭和の街角を紹介　生田誠著　彩流社　2014.3　87p　26cm（懐かしい沿線写真で訪ねる）〈年譜あり〉①978-4-7791-1728-2　Ⓝ686.2162　［1850円］

大阪府（道路計画―豊中市）

◇道路整備に伴う居住者特性の変化の調査　2　庄内駅西部地区における都市更新状況をふまえて　とよなか都市創造研究所編　豊中　とよなか都市創造研究所　2014.3　40p　30cm（とよなか都市創造研究所研究報告書）Ⓝ685.1　［500円］

大阪府（都市再開発）

◇大阪の市街地再開発事業　大阪　大阪府都市整備部市街地整備課再開発グループ　2013.1　205p　30cm　Ⓝ518.8

大阪府（土壌汚染）

◇酸性雨モニタリング（土壌・植生）調査　[大阪]　大阪府立環境農林水産総合研究所　2014.3　41p　30cm〈平成25年度環境省委託業務結果報告書〉Ⓝ519.5

大阪府（図書館）

◇大阪公共図書館大会記録集　第61回　2013　大阪公共図書館協会編　寝屋川　大阪公共図書館協会　2014.3　54p　30cm〈会期・会場：平成25年11月20日　大阪市立中央図書館〉Ⓝ016.2163

大阪府（図書館―名簿）

◇大阪の公共図書館要覧　2014　大阪公共図書館協会（会報委員会担当）編　寝屋川　大阪公共図書館協会　2014.6　56p　30cm　Ⓝ016.2163

大阪府（日本文学）

◇関西大学名品万華鏡館館選イチオシ！―関西大学図書館・関西大学博物館連携企画展図録　[吹田]　関西大学図書館　2014.4　63p　30cm〈文献あり　関西大学創立一三〇年記念事業，関西大学図書館創設一〇〇周年・関西大学博物館開設二〇周年記念　共同刊行：関西大学博物館〉Ⓝ702.1963

大阪府（年貢―池田市―歴史―史料）

◇郷土の古文書を読む　第12号　中池田村貢租文書　池田古文書研究会編　[池田]　池田古文書研究会　2013.3　158p　30cm　Ⓝ216.3

大阪府（農業水利―歴史）

大阪府（農業水利―歴史）
◇百姓たちの水資源戦争―江戸時代の水争いを追う　渡辺尚志
著　草思社　2014.2　269p　20cm〈文献あり〉①978-4-
7942-2036-3　Ⓝ611.29　［1800円］

大阪府（排気ガス―排出抑制）
◇信号交差点における窒素酸化物簡易測定業務報告書　［東京］
綜企画設計　2014.2　89, 346p　30cm　Ⓝ519.3
◇総量削減進行管理調査報告書　［大阪］　大阪府　2014.3
192p　30cm　〈環境省委託業務結果報告書 平成25年度〉
Ⓝ519.3

大阪府（美術―図集）
◇関西大学名品万華鏡館館選イチオシ！―関西大学図書館・関西
大学博物館連携企画展図録　［吹田］　関西大学図書館　2014.
4　63p　30cm　〈文献あり　関西大学創立一三〇周年記念事
業、関西大学図書館開設一〇〇周年・関西大学博物館開設二〇
周年記念　共同刊行：関西大学博物館〉　Ⓝ702.1963

大阪府（百貨店―歴史）
◇戦前の鉄道とデパート―都市交通による沿線培養の研究
谷内正往著　大阪　東方出版　2014.11　431p　22cm〈索引
あり　内容：石山生「寶塚見学」を読む　戦前の三越マーケッ
ト　阪急マーケット　戦前三越の下足問題　兼業としての百
貨店事業の大規模化　阪急百貨店（ターミナル百貨店）の
特徴　小売商との対立　阪急百貨店の対応　戦前大阪の百貨
店商品券　京阪デパート　京浜デパート　大阪鉄道の兼営事
業　大鉄百貨店計画　大鉄百貨店の業績　大軌ビルと三笠屋
百貨店の営業　大軌百貨店の創設事情　兼業としての成果
戦前大阪のターミナル・デパート　阪神と阪急の抗争　阪神
の百貨店構想　大阪駅前の土地争い　東京地下鉄道と百貨店
戦前大阪の百貨店　各百貨店の女子
店員　女子店員の養成　電鉄系百貨店の女子商業学校　沿線
培養のための学校設立・学校誘致　大軌参急観光協会について
戦前の箕面動物園　戦前電鉄系百貨店の広告　小林一三の
「プロペラ電車」〉①978-4-86249-235-7　Ⓝ673.83　［6000円］

大阪府（貧困）
◇自治体セーフティネット―地域と自治体ができること　大阪
市政調査会編　公人社　2014.2　247p　21cm〈内容：自治体
の就労支援施策の現状と課題（五石敬路著）基礎自治体による
就労セーフティネットの構築（櫻井純理著）大阪希望館3年間
の挑戦（分林康次、岡本友晴著、山口勝己構成）生活困窮者支
援に向けたコミュニティづくりと社会的居場所づくり（福原宏
幸著）地域福祉計画と介護保険をつなぐコミュニティの再生
とコミュニティソーシャルワーク（澤井勝著）大阪における2
つのコミュニティソーシャルワーク事業（室田信一著）学校
現場における子ども支援（西川祐功著）DV被害者への支援の
課題（吉中季子著）日本のセーフティネットの何が問題なの
か（松本淳著）〉①978-4-86162-094-2　Ⓝ369.11　［2200円］

大阪府（VOC汚染）
◇有害大気汚染物質及び揮発性有機化合物（VOC）モニタリング
実施事業報告書 平成25年度　［大阪］　大阪府　2014.3
159p　30cm〈平成25年度受託事業〉Ⓝ519.3

大阪府（風俗・習慣―八尾市）
◇植田家所蔵文化財資料調査報告　1　民具資料編―くらしのモ
ノ語り　八尾市教育委員会編　八尾　八尾市教育委員会
2014.3　61p　30cm　（八尾市文化財調査報告 73）Ⓝ216.3

大阪府（不当労働行為―裁決）
◇不当労働行為事件命令・決定集 平成25年 1 平成25年1月―
6月　大阪府労働委員会事務局　大阪　大阪府労働委員会事
務局　2014.3　667p　21cm　（大阪労委年報（別冊））Ⓝ366.
14
◇不当労働行為事件命令・決定集 平成25年 2 平成25年7月―
12月　大阪府労働委員会事務局編　大阪　大阪府労働委員会
事務局　2014.3　707p　21cm　（大阪労委年報（別冊））
Ⓝ366.14

大阪府（文化財―PR―八尾市）
◇歴史都市八尾プロジェクト報告書　八尾市内文化財保存公開
施設連携強化事業実行委員会編　［八尾］　八尾市内文化財保
存公開施設連携強化事業実行委員会　2014.10　58p　30cm
Ⓝ709.163

大阪府（墳墓―八尾市）
◇八尾市神宮寺墓地（来迎寺共同墓地）調査報告書　八尾市教育
委員会生涯学習部文化財課編　八尾　八尾市教育委員会生涯
学習部文化財課　2013.3　138p 図版 20p　30cm　（八尾市文
化財調査報告 71）〈文献あり〉Ⓝ216.3

大阪府（弁護士―名簿）
◇大阪版エリア別弁護士ガイド 平成26-27年度版　大阪弁護士
協同組合出版委員会（第4部会）編　大阪　大阪弁護士協同組合

2014.8　179p　21cm　①978-4-902858-17-4　Ⓝ327.14　［500
円］

大阪府（方言）
◇事典にない大阪弁―絶滅危惧種の大阪ことば　四代目旭堂南
陵著　大阪　図書出版浪速社　2014.7　217p　19cm〈文献あ
り〉①978-4-88854-478-8　Ⓝ818.63　［1500円］

大阪府（防災計画）
◇大阪府地域防災計画 平成26年修正 基本対策　大阪府防災会
議［編］　大阪　大阪府政策企画部危機管理室　2014.3　336p
30cm　Ⓝ369.3

大阪府（法律事務所―名簿）
◇大阪版エリア別弁護士ガイド 平成26-27年度版　大阪弁護士
協同組合出版委員会（第4部会）編　大阪　大阪弁護士協同組合
2014.8　179p　21cm　①978-4-902858-17-4　Ⓝ327.14　［500
円］

大阪府（墓地―八尾市）
◇八尾市神宮寺墓地（来迎寺共同墓地）調査報告書　八尾市教育
委員会生涯学習部文化財課編　八尾　八尾市教育委員会生涯
学習部文化財課　2013.3　138p 図版 20p　30cm　（八尾市文
化財調査報告 71）〈文献あり〉Ⓝ216.3

大阪府（町屋―高槻市）
◇マチヤ・レポート―高槻町家図鑑　001　たかつき、マチヤの
ナゾ。　岩﨑卓宏編著　大阪　清風堂書店　2014.10　193p
30cm　①978-4-88313-825-8　Ⓝ521.86　［2800円］

大阪府（漫画）
◇再び大阪がまんが大国に甦る日　大阪府立大学観光産業戦略
研究所,関西大学大阪都市遺産研究センター,大阪府,新なにわ
塾叢書企画委員会編著　大阪　ブレーンセンター　2014.4
690p　18cm　（新なにわ塾叢書 6）〈文献あり 年表あり　内
容：駒画×劇画対談　松本正彦×辰巳ヨシヒロ（松本正彦,辰
巳ヨシヒロ述,斧田小インタビュア）関西の若手まんが家にき
く（助野嘉昭,谷岡曜子,森下真述,吉村和真,中野晴行聞き手）
パリを沸かせた花村ワールド（花村えい子述）まんがのふる
さと・大阪（中野晴行述）天才・手塚治虫とその時代（竹内オ
サム述）わが青春の貸本まんが時代（ビッグ錠述）大阪の
まんがと「ぼくらの時代」（村上知彦著）〉①978-4-8339-0706-
4　Ⓝ726.101　［2000円］

大阪府（民具―八尾市）
◇植田家所蔵文化財資料調査報告　1　民具資料編―くらしのモ
ノ語り　八尾市教育委員会編　八尾　八尾市教育委員会
2014.3　61p　30cm　（八尾市文化財調査報告 73）Ⓝ216.3

大阪府（名簿）
◇大阪府人物・人材情報リスト 2015 第1巻　日外アソシエー
ツ株式会社編　日外アソシエーツ（制作）2014.11　747p
30cm　Ⓝ281.63
◇大阪府人物・人材情報リスト 2015 第2巻　日外アソシエー
ツ株式会社編　日外アソシエーツ（制作）2014.11　p749-1617
30cm　Ⓝ281.63
◇大阪府人物・人材情報リスト 2015 第3巻　日外アソシエー
ツ株式会社編　日外アソシエーツ（制作）2014.11　p1619-
2304　30cm　Ⓝ281.63
◇大阪府人物・人材情報リスト 2015 第4巻　日外アソシエー
ツ株式会社編　日外アソシエーツ（制作）2014.11　p2305-
3044　30cm　Ⓝ281.63
◇大阪府人物・人材情報リスト 2015 第5巻　日外アソシエー
ツ株式会社編　日外アソシエーツ（制作）2014.11　p3045-
3481, 140p　30cm　Ⓝ281.63

大阪府（歴史）
◇あなたの知らない大阪府の歴史　山本博文監修　洋泉社
2014.2　189p　18cm　（歴史新書）〈文献あり 年表あり〉
①978-4-8003-0324-0　Ⓝ216.3　［780円］
◇大阪都市遺産研究 第4号　吹田　関西大学大阪都市遺産研究
センター　2014.3　47, 43p　26cm〈文部科学省私立大学戦
略的研究基盤形成支援事業（平成22年度―26年度）大阪都市遺
産の史的検証と継承・発展・発信を目指す総合的研究拠点の形
成　内容：道頓堀証言集　「対談」山田伸吉と松竹座（肥田晧
三述）研究ノート　Quantum GISと旧版地形図を用いた大
阪の歴史GIS構築（水田憲史著）『大阪新聞』「世相アラカル
ト」コラムについて（王海著）民俗写真家としての三村幸一
（吉野なつこ著）調査・研究報告　三村幸一の民俗写真資料
（黒田一充著）大阪歴史博物館所蔵三村幸一撮影写真資料の
概要について（澤井浩一著）消えた大阪、新しい大阪（内田吉
哉著）〉Ⓝ216.3
◇「牧村史陽氏旧蔵写真」目録　関西大学大阪都市遺産研究セン
ター編　吹田　関西大学大阪都市遺産研究センター　2014.3
388p　30cm　（大阪都市遺産研究叢書 別集6）〈文部科学省
私立大学戦略的研究基盤形成支援事業（平成22年度―26年度）

大阪都市遺産の史的検証と継承・発展・発信を目指す総合的研究拠点の形成）Ⓝ216.3

大阪府（歴史―池田市）
◇池田郷土研究―復刻合本　第1号―第3号　『池田郷土研究』編集委員会編　［池田］　池田郷土史学会　2013.2　1冊　21cm〈年表あり　複製　内容：池田郷土研究．第1号（昭和31年刊）池田郷土研究．第2号（昭和33年刊）池田郷土研究．第3号（昭和39年刊）〉Ⓝ216.3
◇池田郷土研究　第16号　『池田郷土研究』編集委員会編　［池田］　池田郷土史学会　2014.4　92p　26cm〈内容：池田の集落史と地形面（武藤直幸）北摂古代前期の文化と佐伯宿祢今毛人（舟ヶ崎正孝著）　山川正宣と呉北渚（水田紀久著）　池田師範学校八十四年の歴史（中島正雄著）　池田師範学校（その1）・（その2）・（その3）（中島正雄著）　附属小学校の生活（中島正雄著）〉Ⓝ216.3
◇富田好久先生米寿記念誌　池田郷土史学会富田好久先生米寿記念誌編集委員会編　池田　池田郷土史学会富田好久先生米寿記念誌編集委員会　2014.1　186p　27cm〈年譜あり　著作目録あり　文献あり〉Ⓝ216.3

大阪府（歴史―大阪狭山市）
◇大阪狭山市史　第1巻　本文編　通史　大阪狭山市史編さん委員会,大阪狭山市教育委員会教育部歴史文化グループ市史編さん担当編　大阪狭山　大阪狭山市　2014.3　783, 40p　22cm〈年表あり　文献あり〉Ⓝ216.3

大阪府（歴史―史料―池田市）
◇池田市史　史料編 10　近代史資料　池田市史編纂委員会編　池田　池田市　2014.9　523p　27cm　Ⓝ216.3

大阪府（歴史―史料―和泉市）
◇和泉の村の明細帳　1　塚田孝監修　和泉　和泉市教育委員会　2014.3　339p　26cm　（和泉市史紀要　第20集）Ⓝ216.3

大阪府（歴史―史料―茨木市）
◇新聞にみる茨木の近代―三島地域新聞記事集成　5　茨木市史編さん室編　茨木　茨木市　2014.10　477p　21cm　（新修茨木市史　史料集 19）Ⓝ216.3
◇村誌―茨木市域　4　茨木市史編さん室編　茨木　茨木市　2014.3　167p　21cm　（新修茨木市史　史料集 18）Ⓝ216.3

大阪府（歴史―史料―書目―泉大津市）
◇諸家文書目録―泉大津市内　泉大津市教育委員会,泉大津市史料室編　［泉大津］　泉大津市教育委員会　2013.3　314p　30cm　（泉大津市史料室紀要 6）〈共同刊行：泉大津市史料室〉Ⓝ216.3

大阪府（歴史―史料―書目―柏原市）
◇河内国安宿部郡国分村南西尾家文書目録　1　柏原市立歴史資料館編　柏原　柏原市立歴史資料館　2014.3　88p　図版 4p　30cm　（柏原市古文書調査報告書 第9集）Ⓝ216.3

大阪府（歴史―史料―書目―交野市）
◇金澤家文書目録　交野市教育委員会編　交野　交野市教育委員会　2014.3　29p　30cm　（交野市史研究紀要　第23輯）Ⓝ216.3

大阪府（歴史―史料―書目―箕面市）
◇萱野家文書目録　［箕面］　箕面市総務部総務課　2013.3　109, 33p　30cm　（箕面市地域史料目録集 26）〈年表あり〉Ⓝ216.3

大阪府（歴史―史料―大東市）
◇平野屋会所文書　1　大東　大東市教育委員会　2014.3　79p　26cm　（大東市史編纂史料集 3）Ⓝ216.3

大阪府（歴史―史料―八尾市）
◇植田家所蔵文化財資料調査報告　2　安中新田植田家文書目録　八尾市教育委員会編　八尾　八尾市教育委員会　2014.3　50p　30cm　（八尾市文化財調査報告 74）Ⓝ216.3

大阪府（歴史―高槻市）
◇近世摂津國嶋上郡服部村の研究―現高槻市清水地区　古藤幸雄著　半田　一粒書房　2014.4　393p　図版 2p　26cm〈年表あり〉①978-4-86431-276-9　Ⓝ216.3　［3000円］
◇大正期の富田村―大宅壮一生徒日誌を読む　好田文彦編著,大宅壮一原著　［出版地不明］　［好田文彦］　2013.12　144p　21cm　Ⓝ216.3

大阪府（歴史―八尾市）
◇高安郡の総合的研究　八尾市文化財調査研究会編　［八尾］　八尾市文化財調査研究会　2014.3　141p　30cm〈共同刊行：八尾市立歴史民俗資料館〉Ⓝ216.3

大阪府（労働運動―歴史）
◇敗戦直後を切り拓いた働く女性たち―「勤労婦人聯盟」と「きらく会」の絆　伍賀偕子著　ドメス出版　2014.6　120p

19cm〈文献あり〉①978-4-8107-0807-3　Ⓝ366.62163　［1250円］

大阪府（路線価）
◇路線価図―大阪府（6）　大阪　納税協会連合会　2014.7　1冊　30cm　（財産評価基準書 平成26年分 20/49）〈清文社（発売）内容：岸和田（岸和田市／貝塚市）〉Ⓝ345.5　［5300円］
◇路線価図―大阪（7）　大阪　納税協会連合会　2014.7　1冊　30cm　（財産評価基準書 平成26年分 21/49）〈清文社（発売）内容：豊能（豊中市／池田市／箕面市／豊能郡豊能町）〉Ⓝ345.5　［7400円］
◇路線価図―大阪（8）　大阪　納税協会連合会　2014.7　1冊　30cm　（財産評価基準書 平成26年分 22/49）〈清文社（発売）内容：吹田（吹田市／摂津市）〉Ⓝ345.5　［5700円］
◇路線価図―大阪（9）　大阪　納税協会連合会　2014.7　1冊　30cm　（財産評価基準書 平成26年分 23/49）〈清文社（発売）内容：泉大津（泉大津市／和泉市高石市／泉北郡忠岡町）〉Ⓝ345.5　［6000円］
◇路線価図―大阪（10）　大阪　納税協会連合会　2014.7　1冊　30cm　（財産評価基準書 平成26年分 24/49）〈清文社（発売）内容：枚方（枚方市／寝屋川市／交野市）〉Ⓝ345.5　［8600円］
◇路線価図―大阪（11）　大阪　納税協会連合会　2014.7　1冊　30cm　（財産評価基準書 平成26年分 25/49）〈清文社（発売）内容：茨木（高槻市／茨木市／三島郡島本町）〉Ⓝ345.5　［8800円］
◇路線価図―大阪（12）　大阪　納税協会連合会　2014.7　1冊　30cm　（財産評価基準書 平成26年分 26/49）〈清文社（発売）内容：八尾（八尾市／松原市／柏原市）〉Ⓝ345.5　［6800円］
◇路線価図―大阪（13）　大阪　納税協会連合会　2014.7　1冊　30cm　（財産評価基準書 平成26年分 27/49）〈清文社（発売）内容：泉佐野（泉佐野市／泉南市／阪南市泉南郡熊取町・田尻町・岬町）〉Ⓝ345.5　［8000円］
◇路線価図―大阪（14）　大阪　納税協会連合会　2014.7　1冊　30cm　（財産評価基準書 平成26年分 28/49）〈清文社（発売）内容：富田林（富田林市／河内長野市／羽曳野市／藤井寺市大阪狭山市南河内郡太子町・河南町・千早赤阪村）〉Ⓝ345.5　［11500円］
◇路線価図―大阪（15）　大阪　納税協会連合会　2014.7　1冊　30cm　（財産評価基準書 平成26年分 29/49）〈清文社（発売）内容：門真（守口市／大東市門真市／四條畷市）〉Ⓝ345.5　［5700円］
◇路線価図―大阪（16）　大阪　納税協会連合会　2014.7　1冊　30cm　（財産評価基準書 平成26年分 30/49）〈清文社（発売）内容：東大阪（東大阪市）〉Ⓝ345.5　［5600円］

大阪府印刷工業組合
◇大阪府印刷工業組合員名簿　平成26年度版　大阪　大阪府印刷工業組合　2014.8　139p　21cm〈表紙のタイトル：大阪府印刷工業組合組合員名簿〉Ⓝ749.06　［非売品］

大阪府こども会育成連合会
◇こどもキラキラ50ねん！―大阪府こども会育成連合会50周年記念誌　大阪　大阪府こども会育成連合会　2014.2　93p　30cm〈年表あり〉Ⓝ379.31

大阪府在日外国人教育研究協議会
◇ちがいを豊かさに―府外教20年のあゆみ：大阪府在日外国人教育研究協議会20周年誌　大阪府在日外国人教育研究協議会事務局編　［八尾］　［大阪府在日外国人教育研究協議会］　2014.2　165p　30cm〈年表あり〉Ⓝ371.5

大阪府女子専門学校
◇大阪府女子専門学校十年史草稿　府女専資料刊行会編　堺大阪公立大学共同出版会　2014.3　509p　31cm〈年表あり付：見学旅行資料・戦時期学校日誌　翻字・校正：山本紀美〉①978-4-907209-12-4　Ⓝ377.3　［6000円］

大阪府立港南造形高等学校
◇港南―創立30周年記念誌　港南高校・港南造形高校創立30周年記念事業実行委員会編　大阪　大阪府立港南造形高等学校　2014.11　60p　30cm　Ⓝ376.48

大阪府立産業技術総合研究所
◇業務年報　平成25年度　和泉　大阪府立産業技術総合研究所　2014.11　105p　30cm〈年表あり　奥付のタイトル：大阪府立産業技術総合研究所業務年報〉Ⓝ507.6

大阪弁護士会
◇会員名簿　平成26年度　大阪　大阪弁護士会　2014.9　253, 49p　30cm〈平成26年4月1日現在　奥付のタイトル：大阪弁護士会会員名簿〉Ⓝ327.14

大崎市（遺跡・遺物）
◇北小松遺跡　第1分冊　本文編　仙台　宮城県教育委員会　2014.3　435p　30cm　（宮城県文化財調査報告書 第234集）

大崎市（東日本大震災〔2011〕一被害）

〈田尻西部地区ほ場整備事業に係る平成21年度発掘調査報告書〉 Ⓝ210.0254

◇北小松遺跡　第2分冊　分析編　仙台　宮城県教育委員会　2014.3　242p　30cm　（宮城県文化財調査報告書　第234集）〈田尻西部地区ほ場整備事業に係る平成21年度発掘調査報告書〉 Ⓝ210.0254

◇北小松遺跡　第3分冊　写真図版編　仙台　宮城県教育委員会　2014.3　195p　30cm　（宮城県文化財調査報告書　第234集）〈田尻西部地区ほ場整備事業に係る平成21年度発掘調査報告書〉 Ⓝ210.0254

大崎市（東日本大震災〔2011〕一被害）
◇東日本大震災の記録一宮城県大崎市災害からの復興　市民協働推進部政策課，パスコ編　大崎　大崎市　2014.4　210p　30cm　Ⓝ369.31

大崎市（被災者支援）
◇東日本大震災の記録一宮城県大崎市災害からの復興　市民協働推進部政策課，パスコ編　大崎　大崎市　2014.4　210p　30cm　Ⓝ369.31

大崎市（歴史）
◇地域の歴史を学ぶ一宮城県大崎市の文化遺産　荒武賢一朗編　仙台　東北大学東北アジア研究センター　2013.10　184p　26cm　（東北アジア研究センター報告　第10号）〈文献あり〉 ①978-4-901449-87-8　Ⓝ212.3　［非売品］

大澤 亮〔1972～〕
◇「世界をよくする仕事」で稼ぐ一三菱商事とドリームインキュベータで学び，サイバーエージェントに1億円で事業を売却した僕の働き方　大澤亮著　プレジデント社　2014.2　205p　19cm　①978-4-8334-5062-1　Ⓝ289.1　［1500円］

大塩 平八郎〔1793～1837〕
◇大塩思想の射程　森岡康夫著　大阪　和泉書院　2014.6　286p　22cm　（日本史研究叢刊 28）〈索引あり　布装〉 ①978-4-7576-0707-1　Ⓝ121.55　［6000円］

大鹿村〔長野県〕（歴史）
◇おおしか村ってこんな村！一御堂島家の家系図は語る　木下勝実著　横浜　木下勝実　2014.2　159p　19cm　〈年表あり　文献あり〉 Ⓝ215.2　［1200円］

大重〔氏〕
◇宮之城流平田氏と入来流大重氏　平田重人著　名古屋　ブイツーソリューション　2014.12　330p　21cm　①978-4-86476-266-3　Ⓝ288.2　［非売品］

大島〔家〕〔京都市〕
◇近世京都近郊の村と百姓　尾脇秀和著　京都　佛教大学　2014.2　274,8p　22cm　（佛教大学研究叢書 22）〈思文閣出版（発売）索引あり　内容：本書の研究視角と構成　相給支配構造と株百姓の実態　文政期の村方騒動と百姓の壱人両名　村役人層の変容　大島家の壱人両名　大島家の学芸活用　在方医師の活動実態　在方医師と村　大島家の病と地域の医療〉 ①978-4-7842-1731-1　Ⓝ216.2　［4800円］

大島〔東京都〕
◇火山伊豆大島スケッチ　田澤堅太郎著　改訂・増補版　国分寺　之潮　2014.12　111p　26cm　〈文献あり　年表あり　初版：私家版 1977年刊〉 ①978-4-902695-25-0　Ⓝ453.821369　［2315円］

◇島々の聖地　伊豆大島編　樋口秀司監修，石井匠編，樋口秀司，石井匠，内川隆志著　國學院大學研究開発推進機構学術資料センター　2014.2　247p　21cm　Ⓝ387.021369

◇平成25年10月台風26号による伊豆大島豪雨災害調査報告書　［東京］　土木学会　2014.3　90p　30cm　〈文献あり　共同刊行：地盤工学会ほか〉 Ⓝ455.89

大島 渚〔1932～2013〕
◇君たちはなぜ、怒らないのか一父・大島渚と50の言葉　大島武，大島新著　日本経済新聞出版社　2014.5　246p　19cm　〈文献あり　年譜あり〉 ①978-4-532-16928-2　Ⓝ778.21　［1500円］

大島 浩〔1886～1975〕
◇東條英機の親友駐独大使大島浩一闇に葬られた外交情報戦のエキスパート　中川雅彦著　セルバ出版　2014.10　239p　19cm　〈創英社/三省堂書店（発売）文献あり〉 ①978-4-86367-171-3　Ⓝ319.1034　［1700円］

大島 美幸
◇ブスの瞳に恋してる　3　鈴木おさむ著　マガジンハウス　2014.7　235p　15cm　（マガジンハウス文庫 す1-3）〈2010年刊の加筆〉 ①978-4-8387-7089-2　Ⓝ779.14　［520円］

大島 弓子〔1947～〕
◇大島弓子にあこがれて一お茶をのんで、散歩をして、修羅場をこえて、猫とくらす　福田里香，藤本由香里，やまだないと著

ブックマン社　2014.7　247p　21cm　〈著作目録あり〉 ①978-4-89308-825-3　Ⓝ726.101　［1600円］

◇わたしたちができるまで　岩館真理子，小椋冬美，大島弓子著　復刊ドットコム　2014.11　210p　19cm　〈角川文庫 1993年刊の再編集〉 ①978-4-8354-5122-0　Ⓝ726.101　［1800円］

大島 義清〔1882～1957〕
◇人造石油政策の破綻と大島義清の葛藤　市川新著　［出版地不明］　［市川新］　2013.8　1冊　30cm　〈年譜あり　年表あり　文献あり〉 Ⓝ575.74

大島漁業協同組合
◇私本・大島漁協追憶一その栄光と蹉跌　水上忠夫著　気仙沼　三陸印刷（印刷）　2014.9　317p　21cm　〈年表あり〉 Ⓝ661.6123　［非売品］

大島町〔東京都〕（石神）
◇島々の聖地　伊豆大島編　樋口秀司監修，石井匠編，樋口秀司，石井匠，内川隆志著　國學院大學研究開発推進機構学術資料センター　2014.2　247p　21cm　Ⓝ387.021369

大島町〔東京都〕（災害復興）
◇大島の応急復旧に向けた取組について一平成25（2013）年12月　東京都総務局総合防災部防災対策課編　東京都総務局総合防災部防災対策課　2014.2　136p　30cm　Ⓝ369.3

大島町〔東京都〕（土砂災害）
◇大島の応急復旧に向けた取組について一平成25（2013）年12月　東京都総務局総合防災部防災対策課編　東京都総務局総合防災部防災対策課　2014.2　136p　30cm　Ⓝ369.3

◇災害時要援護者支援活動事例集　東京都社会福祉協議会　2014.4　123p　21cm　（災害時要援護者支援ブックレット 3）①978-4-86353-189-5　Ⓝ369.3　［800円］

◇平成25年10月台風26号による伊豆大島豪雨災害調査報告書　［東京］　土木学会　2014.3　90p　30cm　〈文献あり　共同刊行：地盤工学会ほか〉 Ⓝ455.89

大島町〔東京都〕（風水害）
◇平成25年10月台風26号による伊豆大島豪雨災害調査報告書　［東京］　土木学会　2014.3　90p　30cm　〈文献あり　共同刊行：地盤工学会ほか〉 Ⓝ455.89

大城 光代〔1932～〕
◇世の光地の塩一沖縄女性初の法曹として80年の回顧　大城光代著　那覇　琉球新報社　2014.9　337p　21cm　〈琉球プロジェクト（発売）年譜あり〉 ①978-4-89742-174-2　Ⓝ289.1　［2300円］

大城 盛俊〔1932～〕
◇大城盛俊が語る私の沖縄戦と戦後一軍隊は住民に銃を向けた　大城盛俊著，『私の沖縄戦と戦後』刊行委員会編　［出版地不明］　『私の沖縄戦と戦後』刊行委員会　2014.12　87p　21cm　〈耕文社（印刷）〉 ①978-4-86377-037-9　Ⓝ289.1　［800円］

大杉 栄〔1885～1923〕
◇大杉栄伝一永遠のアナキズム　栗原康著　夜光社　2013.12　318p　19cm　〈文献あり　索引あり〉 ①978-4-906944-03-3　Ⓝ309.7　［2000円］

◇大杉榮の思想形成と「個人主義」　飛矢崎雅也著　新装版　東信堂　2014.6　316p　19cm　〈文献あり　年譜あり　索引あり〉 ①978-4-7989-1237-0　Ⓝ309.7　［2700円］

大洲市（遺跡・遺物）
◇大洲城三之丸侍屋敷跡一埋蔵文化財発掘調査報告書　愛媛県埋蔵文化財センター編　松山　愛媛県埋蔵文化財センター　2014.3　60p　図版 24p　30cm　（埋蔵文化財発掘調査報告書　第184集）〈松山地家裁大洲支部庁舎建て替えに伴う埋蔵文化財調査報告書〉 Ⓝ210.0254

大津町〔熊本県〕（遺跡・遺物）
◇瀬田狐塚遺跡　熊本県教育委員会編　熊本　熊本県教育委員会　2014.3　98p　図版 25p　30cm　（熊本県文化財調査報告　第296集）Ⓝ210.0254

大関株式会社
◇大関三百年正史　大関三百年史編纂委員会編　西宮　大関　2014.10　657p　27cm　〈年表あり　文献あり〉 Ⓝ588.52

◇ワンカップ大関は、なぜ、トップを走り続けることができるのか？一日本酒の歴史を変えたマーケティング戦略　ダイヤモンド・ビジネス企画編・著　ダイヤモンド・ビジネス企画　2014.10　269p　21cm　〈ダイヤモンド社（発売）文献あり　年譜あり〉 ①978-4-478-08359-8　Ⓝ588.52　［1500円］

太田 玉茗〔1871～1927〕
◇太田玉茗の足跡一埼玉県最初の近代詩人　原山喜亥編著　東松山　まつやま書房　2013.6　116p　22cm　〈年譜あり〉 ①978-4-89623-085-7　Ⓝ911.52　［1500円］

日本件名図書目録2014　I　　　大館市〔文化活動〕

太田 清一〔　〜2013〕
◇じいちゃん　太田清一著　半田　一粒書房　2013.10　120p
22cm　①978-4-86431-252-3　Ⓝ289.1

大田 南畝〔1749〜1823〕
◇大田南畝―江戸に狂歌の花咲かす　小林ふみ子著　岩波書店
2014.4　230p　20cm　〈文献あり〉①978-4-00-025971-2
Ⓝ911.19　［2100円］

太田 雄寧〔1851〜1881〕
◇太田雄寧傳―週刊医学雑誌の開祖　太田安雄著　増補　雄寧
刊行会　2013.7　181p　21cm　〈年譜あり〉Ⓝ289.1　［非売品］

大滝 詠一〔1948〜2013〕
◇ナイアガラに愛をこめて―大瀧詠一ルーツ探訪の旅　木村ユ
タカ著　シンコーミュージック・エンタテイメント　2014.4
174p　21cm　〈文献あり　作品目録あり　索引あり　内容：
Rock'n Roll,Elvis Presley Aldon〜Screen Gems,
Teenage Idol Pops Phil Spector's Wall Of Sound
Chorus Group,The 4 Seasons,Doo Wop Surfin'
& Hot Rod,The Beach Boys,Rock Instrumental
Rhythm & Blues,New Orleans Liverpool Sound,The
Beatles,Joe Meek,UK Pops Buffalo Springfield,Swamp
Rock,Soft Rock,Singer Songwriter Country
& Western,Jazz,Popular Standard Japanese Pops,
Crazy Cats Eiichi Ohtaki & Niagara Discography〉
①978-4-401-63974-8　Ⓝ767.8　［2000円］

大滝 十二郎〔1933〜1998〕
◇大滝十二郎―生涯とその時代　阿部博行, 川田信夫著　山形
評伝『大滝十二郎』刊行会　2014.3　311p　20cm　〈年譜あり
著作目録あり　文献あり〉Ⓝ289.1　［2500円］

大多喜町〔千葉県〕〔官庁建築〕
◇大多喜町役場―庁舎の歴史と再生　夏目勝也監修　大多喜町
〔千葉県〕　大多喜町　2014.10　124p　30cm　〈年表あり　文
献あり〉Ⓝ526.31

大竹 英雄〔1942〜　〕
◇石心―囲碁棋士・大竹英雄小伝　大竹英雄［述］, 井口幸久イ
ンタビュー　福岡　石風社　2013.8　318p　20cm　〈文献あり
年譜あり〉①978-4-88344-235-5　Ⓝ795　［1700円］

大竹市〔石油コンビナート〕
◇岩国・大竹地区石油コンビナート等防災計画　〔山口〕　広島
県及び山口県石油コンビナート等防災本部協議会　2014.3
359p　30cm　Ⓝ575.6

太田市〔遺跡・遺物〕
◇太田市内遺跡　9　平成24年度調査　群馬県太田市教育委員会
編　太田　群馬県太田市教育委員会　2014.3　56p　30cm
Ⓝ210.0254
◇上宿遺跡・寺中遺跡　群馬県埋蔵文化財調査事業団編　渋川
群馬県埋蔵文化財調査事業団　2014.3　91p　図版 26p　30cm
（公益財団法人群馬県埋蔵文化財調査事業団調査報告書　第584
集）〈群馬県太田土木事務所の委託による　社会資本総合整備
（防災安全）（交安）（主）足利伊勢崎線事業に伴う埋蔵文化財
発掘調査報告書〉Ⓝ210.0254
◇川久保遺跡・川久保Ⅱ遺跡　太田　群馬県太田市教育委員会
2014.3　76p　図版 24p　30cm　（太田市埋蔵文化財発掘調査
報告書）〈新田下田中地区工業団地造成事業に伴う埋蔵文化財
発掘調査報告書〉Ⓝ210.0254
◇北関東における郡衙の正倉予備集―平成25年度文化財シンポ
ジウム　太田市教育委員会編　〔太田〕　太田市教育委員会
2014.2　69p　30cm　〈文献あり　会期・会場：2月16日　太田
市藪塚本町文化ホールカルトピア〉Ⓝ213.3

太田市〔史跡名勝〕
◇太平記の里―おおた歴史めぐり：徳川発祥の地　群馬県東部
県民局東部行政事務所編　太田　群馬県東部県民局東部行政
事務所　2013.3　138p　21cm　Ⓝ291.33

太田市〔写真集〕
◇太田・館林・邑楽の昭和―写真アルバム　長岡　いき出版
2014.2　279p　31cm　〈群馬県教科書特約供給所（発売）文献
あり〉①978-4-904614-44-0　Ⓝ213.3　［9514円］

太田市〔宿駅〕
◇上州丸山宿―開宿400年を辿った丸山塾の10年　青木益夫著
青陶社　2014.1　165p　26cm　〈年表あり　文献あり〉Ⓝ213.
3　［1300円］

太田市〔人形〕
◇人形使節メリーちゃん物語　野村豊著　太田　野村豊　2014.
7　159p　19cm　〈すばる書房（制作）〉Ⓝ759.02133

太田市〔歴史〕
◇大間々扇状地―人と自然のかかわり　澤口宏, 宮﨑俊弥編　前
橋　みやま文庫　2014.1　205p　19cm　（みやま文庫 213）
Ⓝ213.3　［1500円］
◇上州丸山宿―開宿400年を辿った丸山塾の10年　青木益夫著
青陶社　2014.1　165p　26cm　〈年表あり　文献あり〉Ⓝ213.
3　［1300円］

大田市〔遺跡・遺物〕
◇庵寺古墳群Ⅱ大迫ツリ遺跡小釜野遺跡　島根県教育庁埋蔵文
化財調査センター編　〔松江〕　島根県教育委員会　2014.3
248p　図版 ［52］ 枚　30cm　（一般国道9号（仁摩温泉津道
路）改築工事に伴う埋蔵文化財発掘調査報告書 5）〈文献あり
国土交通省松江国道事務所の委託による〉Ⓝ210.0254
◇市井深田遺跡荒槇遺跡鈴見B遺跡1区　島根県教育庁埋蔵文化
財調査センター編　〔松江〕　島根県教育委員会　2014.3
122p　図版 ［35］ 枚　30cm　（一般国道9号（朝山大田道路）
改築工事に伴う埋蔵文化財発掘調査報告書 2）〈国土交通省松
江国道事務所の委託による〉Ⓝ210.0254
◇石見銀山遺跡発掘調査概要　22　大田　島根県大田市教育委員
会　2014.3　54p　30cm　〈内容：昆布山谷地区〉Ⓝ210.0254
◇石見銀山遺跡発掘調査報告書　3　大田　島根県大田市教育委
員会　2013.3　266p　30cm　Ⓝ210.0254
◇大谷地区本経寺墓地発掘調査報告書―山吹城南西麓の郭遺構
の調査：石見銀山　島根県教育委員会編　松江　島根県教育
委員会　2014.3　29p　30cm　〈文献あり〉Ⓝ210.0254

大田市〔寺院建築〕
◇史跡石見銀山遺跡地内建造物（10社寺）調査報告書　大田　島
根県大田市教育委員会　2013.3　137, 90p　30cm　（史跡石
見銀山遺跡総合整備事業報告書 別冊 2）Ⓝ521.817

大田市〔神社建築〕
◇史跡石見銀山遺跡地内建造物（10社寺）調査報告書　大田　島
根県大田市教育委員会　2013.3　137, 90p　30cm　（史跡石
見銀山遺跡総合整備事業報告書 別冊 2）Ⓝ521.817

大田市〔石造美術〕
◇石見銀山―栃畑谷地区字甚光院の石造物調査　島根県教育委
員会, 大田市教育委員会編　松江　島根県教育委員会　2014.3
62p　図版 11p　30cm　（石見銀山遺跡石造物調査報告書 14）
〈文献あり　附編：【大谷地区高橋家裏の石造物】【清水谷地区
本法寺跡―銀山町地役人門脇家墓地―】【下河原地区下河原天
満宮跡の石造物】〉Ⓝ714.02173

大田市〔地誌〕
◇石見銀山域の歴史と景観―世界遺産と地域遺産　上杉和央編
京都　京都府立大学文学部歴史学科　2014.3　330p　30cm
（京都府立大学文化遺産叢書 第8集）〈文献あり　年表あり〉
Ⓝ291.73
◇三瓶山とともに―13編の聞き書き集：”三瓶山”国立公園指定50
周年記念誌　緑と水の連絡会議編　〔大田〕　”三瓶山”国立公
園指定50周年記念事業実行委員会　2014.1　252p　21cm　〈年
表あり〉Ⓝ291.73

大田市〔墓地〕
◇石見銀山―栃畑谷地区字甚光院の石造物調査　島根県教育委
員会, 大田市教育委員会編　松江　島根県教育委員会　2014.3
62p　図版 11p　30cm　（石見銀山遺跡石造物調査報告書 14）
〈文献あり　附編：【大谷地区高橋家裏の石造物】【清水谷地区
本法寺跡―銀山町地役人門脇家墓地―】【下河原地区下河原天
満宮跡の石造物】〉Ⓝ714.02173

大田市〔歴史〕
◇石見銀山遺跡関連講座記録集　平成25年度　松江　島根県教
育委員会　2014.3　74p　30cm　〈内容：戦国大名尼子氏と石
見銀山　報告1「尼子氏の銀山支配―尼子氏家臣の動向から
―」（矢野健太郎述）　報告2「尼子氏再興戦の協力者について」
（金子義明述）　講座「尼子氏と石見銀山」（長谷川博史述）
石見銀山における港湾機能をめぐって　報告1「江津本町発掘
調査概報」（伊藤創述）　報告2「温泉津日記から見る温泉津湊」
（目次謙一述）　講座1「温泉津湊とその周辺地域の民俗調査か
ら」（多田房明述）　講座2「近世・近代の絵図・地図類にみる
江津本町」（阿部志朗述）〉Ⓝ562.1

大田市〔歴史―史料〕
◇石見銀山歴史文献調査報告書　10　元禄4年万覚書・元禄6年
石雲隠覚帳　島根県教育委員会（文化財課）編　松江　島根県
教育委員会　2014.3　135p　30cm　Ⓝ562.1

大館市〔遺跡・遺物〕
◇大館市内遺跡詳細分布調査報告書　4　大館市教育委員会郷土
博物館編　大館　大館市教育委員会　2014.3　31p　30cm
（大館市文化財調査報告書 第10集）Ⓝ210.0254

大館市〔文化活動〕
◇コミュニティ・アートプロジェクト―ゼロダテ/絶望をエネル
ギーに変え、街を再生する　中村政人著, アートNPOゼロダ

お

テ編　大館　アートNPOゼロダテ　2013.10　239p　21cm
〈年表あり〉Ⓘ978-4-9907363-0-9　Ⓝ702.1924　[1800円]

大谷 光瑞〔1876～1948〕
◇大谷光瑞の研究―アジア広域における諸活動　柴田幹夫著　勉誠出版　2014.5　365,7p　22cm〈文献あり　年譜あり　索引あり　内容：大谷光瑞とロシア　大谷光瑞と満洲　大谷光瑞と上海　大谷光瑞と漢口　大谷光瑞と台湾　大谷光瑞とシンガポール本願寺　辛亥革命と大谷光瑞　大谷光瑞と『支那論』の系譜　水野梅暁と日満文化協会　　『萬里獨行紀』と中島裁之〉Ⓘ978-4-585-22080-0　Ⓝ188.72　[4500円]
◇二楽荘史談　和田秀寿編著　国書刊行会　2014.11　398p　22cm〈文献あり　年譜あり　索引あり　「モダニズム再考二楽荘と大谷探検隊 1・2」(芦屋市立美術博物館 1999・2003年刊)の改題、大幅に加筆・修正〉Ⓘ978-4-336-05830-0　Ⓝ188.72　[3600円]

大谷 ノブ彦〔1972～〕
◇ダイノジ大谷ノブ彦の俺のROCK LIFE！　大谷ノブ彦著　シンコーミュージック・エンタテイメント　2014.1　238p　19cm　Ⓘ978-4-401-63903-8　Ⓝ779.14　[1400円]

大田原市〔地名―辞書〕
◇那須の大字・町名辞典　北那須郷土史研究会編　宇都宮　下野新聞社　2014.3　274p　27cm〈文献あり〉Ⓘ978-4-88286-548-3　Ⓝ291.32　[1800円]

大塚 喜三男〔1924～〕
◇三東アパレルグループ物語―大塚氏卒寿を迎え、過ぎし方を語る(話は行ったり来たり戻ったり―)　大塚[述]、河原潤子聞き手　[東京]　[河原潤子]　2014.10印刷　176p　21cm〈年表あり〉Ⓝ589.21

大塚 久雄〔1907～1996〕
◇大塚久雄と丸山眞男―動員、主体、戦争責任　中野敏男著　新装版　青土社　2014.7　351,8p　20cm〈索引あり　内容：最高度自発性の生産力　主体性への動員/啓蒙という作為　ボランティアとアイデンティティ〉Ⓘ978-4-7917-6802-8　Ⓝ309.021　[2800円]

大塚 益美〔1947～〕
◇縁と環―主婦から小さな起業家へ　大塚益美著　岡山　吉備人出版　2014.2　193p　21cm〈文献あり〉Ⓘ978-4-86069-376-3　Ⓝ289.1　[1600円]

大塚倉庫株式会社
◇やめるを決める―そして私は社長になった　濱長一彦著　宝島社　2014.8　223p　19cm　Ⓘ978-4-8002-2788-1　Ⓝ688.21　[1180円]

大槻 ケンジ〔1966～〕
◇FOK46―突如40代でギター弾き語りを始めたらばの記　大槻ケンヂ著　KADOKAWA　2014.3　220p　19cm　Ⓘ978-4-04-110730-0　Ⓝ767.8　[1400円]

大槻 文彦〔1847～1928〕
◇「言海」を読む―ことばの海と明治の日本語　今野真二著　[東京]　KADOKAWA　2014.6　190p　19cm　(角川選書542)〈文献あり〉Ⓘ978-4-04-703542-3　Ⓝ813.1　[1500円]

大津市〔いじめ〕
◇教室のいじめとたたかう―大津いじめ事件・女性市長の改革　越直美著　ワニブックス　2014.10　207p　18cm　(ワニブックス｜PLUS｜新書 125)　Ⓘ978-4-8470-6553-8　Ⓝ371.42　[830円]

大津市〔遺跡・遺物〕
◇石山国分遺跡発掘調査報告書　2　大津市教育委員会編　大津　大津市教育委員会　2013.3　79p　図版［14］枚　30cm　(大津市埋蔵文化財調査報告書 69)　Ⓝ210.0254
◇近江国府跡・管池遺跡発掘調査報告書　大津市教育委員会編　大津　大津市教育委員会　2013.3　22p　図版31p　30cm　(大津市埋蔵文化財調査報告書 71)　Ⓝ210.0254
◇近江国府跡・惣山遺跡発掘調査報告書　大津市教育委員会編　大津　大津市教育委員会　2014.1　13p　図版5枚　30cm　(大津市埋蔵文化財調査報告書 74)　Ⓝ210.0254
◇近江国府跡・惣山遺跡発掘調査報告書　大津市教育委員会編　大津　大津市教育委員会　2014.1　12p　図版4枚　30cm　(大津市埋蔵文化財調査報告書 75)　Ⓝ210.0254
◇滋賀里遺跡発掘調査報告書　3　大津市教育委員会編　大津　大津市教育委員会　2014.2　17p　図版［8］枚　30cm　(大津市埋蔵文化財調査報告書 76)　Ⓝ210.0254
◇史跡延暦寺境内発掘調査報告書　2　大津市教育委員会編　大津　大津市教育委員会　2014.3　21p　図版［7］枚　30cm　(大津市埋蔵文化財調査報告書 77)　Ⓝ210.0254

◇膳所城遺跡　滋賀県教育委員会事務局文化財保護課、滋賀県文化財保護協会編　大津　滋賀県教育委員会事務局文化財保護課　2013.12　200p　図版［21］枚　30cm〈文献あり　大津市丸の内町所在　近江大橋有料道路建設工事(西詰交差点改良)に伴う発掘調査報告書　共同刊行：滋賀県文化財保護協会〉Ⓝ210.0254
◇南滋賀遺跡発掘調査報告書　5　大津市教育委員会編　大津　大津市教育委員会　2013.9　29p　図版［14］枚　30cm　(大津市埋蔵文化財調査報告書 72)　Ⓝ210.0254

大津市〔教育行政〕
◇教室のいじめとたたかう―大津いじめ事件・女性市長の改革　越直美著　ワニブックス　2014.10　207p　18cm　(ワニブックス｜PLUS｜新書 125)　Ⓘ978-4-8470-6553-8　Ⓝ371.42　[830円]

大津市〔住宅建築―保存・修復〕
◇失われた近代の知の遺産―山本天文台(第一観測棟・第二観測棟・研究棟)記録保存調査報告書　山岸常人編　東近江　Office萬瑠夢　2013.11　73p　30cm　Ⓝ526.44

大槌町〔岩手県〕
◇教育を紡ぐ―大槌町震災から新たな学校創造への歩み　山下英三郎、大槌町教育委員会編著　明石書店　2014.4　265p　19cm〈内容：子どもたちの未来へ(伊藤正治著)　被災直後の学校の状況(武藤美由紀著)　大槌町の子どもたちと出会って(南景元著)　そのとき、教師として考えたこと(芦澤信吾著)　学校が子どもたちを元気にする(栗澤由紀著)　二つの記憶(吉野新平著)　学校再開後の教育構想(武藤美由紀著)　スクールソーシャルワーカーとして活動する中で(南景元著)　スクールカウンセラーとして(法澤直子著)　学校の再開と新たな課題に向けた協働へ(及川朋子著)　希望は子どもたち(小野寺康典著)　子どもたちの健やかな育ちを願って(小石敦子著)　夢をもって一歩前へ(菊池啓子著)　奇跡の軌跡(盛合晃敬著)　子どもたちは未来の設計者(鈴木利典著)〉Ⓘ978-4-7503-3975-7　Ⓝ372.122　[2200円]

大槌町〔岩手県〕〔災害復興〕
◇教育を紡ぐ―大槌町震災から新たな学校創造への歩み　山下英三郎、大槌町教育委員会編著　明石書店　2014.4　265p　19cm〈内容：子どもたちの未来へ(伊藤正治著)　被災直後の学校の状況(武藤美由紀著)　大槌町の子どもたちと出会って(南景元著)　そのとき、教師として考えたこと(芦澤信吾著)　学校が子どもたちを元気にする(栗澤由紀著)　二つの記憶(吉野新平著)　学校再開後の教育構想(武藤美由紀著)　スクールソーシャルワーカーとして活動する中で(南景元著)　スクールカウンセラーとして(法澤直子著)　学校の再開と新たな課題に向けた協働へ(及川朋子著)　希望は子どもたち(小野寺康典著)　子どもたちの健やかな育ちを願って(小石敦子著)　夢をもって一歩前へ(菊池啓子著)　奇跡の軌跡(盛合晃敬著)　子どもたちは未来の設計者(鈴木利典著)〉Ⓘ978-4-7503-3975-7　Ⓝ372.122　[2200円]
◇わたしが想う明日の大槌―「わたしの大槌物語」を生きて　東京大学教育学部社会教育学研究室大槌町訪問チーム著、牧野篤、松山鮎子編　東京大学大学院教育学研究科・教育学部社会教育学・生涯学習論研究室　2014.9　117p　19cm　Ⓝ369.31

大槌町〔岩手県〕〔地域開発〕
◇大槌町の郷土財としての湧水環境に関する研究―イトヨ湧水調査研究事業　平成25年度　[大槌町(岩手県)]　大槌町　[2014]　117p　30cm〈文献あり〉Ⓝ452.95

大槌町〔岩手県〕〔図書館〕
◇(仮称)大槌メディアコモンズ「MLA」基本構想　[大槌町(岩手県)]　大槌町教育委員会生涯学習課　2013.11　169p　30cm〈奥付のタイトル：(仮称)大槌メディアコモンズ「MLA」基本構想書　共同刊行：(仮称)大槌メディアコモンズ「MLA」検討協議会ほか〉Ⓝ016.2122

大槌町〔岩手県〕〔東日本大震災(2011)―被害〕
◇わたしの大槌物語―東大生が紡ぐおばあちゃんの人生　東京大学教育学部社会教育学研究室大槌町訪問チーム著、牧野篤、松山鮎子編　東京大学大学院教育学研究科・教育学部社会教育学・生涯学習論研究室　2014.7　336p　19cm　Ⓝ369.31

大槌町〔岩手県〕〔湧き水〕
◇大槌町の郷土財としての湧水環境に関する研究―イトヨ湧水調査研究事業　平成25年度　[大槌町(岩手県)]　大槌町　[2014]　117p　30cm〈文献あり〉Ⓝ452.95

大出 實〔1928～〕
◇我が国、陸上プラント計画・実施にかかわった一部始終　大出實著　文芸社　2013.12　89p　20cm〈文献あり〉Ⓘ978-4-286-14624-9　Ⓝ289.1　[1100円]

大手前短期大学
◇大手前短期大学自己点検・評価報告書――一般財団法人短期大学基準協会による機関別評価結果　平成25年度　大手前短期大

学自己点検・評価委員会編 伊丹 大手前短期大学 2014.4 145p 30cm Ⓝ377.1

大伴〔氏〕

◇敗者の日本史 4 古代日本の勝者と敗者 関幸彦, 山本博文企画編集委員 荒木敏夫著 吉川弘文館 2014.10 224,4p 20cm 〈文献あり 年表あり〉 Ⓘ978-4-642-06450-7 Ⓝ210.1 〔2600円〕

大友〔氏〕

◇九州の戦国―平成26年度特別展 大分県立歴史博物館編 〔宇佐〕 大分県立歴史博物館 2014.10 97p 30cm 〈年表あり 会期・会場：平成26年10月17日―11月24日 大分県立歴史博物館第1・第2企画展示室〉 Ⓝ219

◇豊後大友氏 八木直樹編著 戎光祥出版 2014.9 395p 21cm 〈シリーズ・中世西国武士の研究 2〉〈内容：豊後大友氏研究の成果（八木直樹著） 野津本「大友系図」の紹介（渡辺澄夫著） 具書案と文書偽作（村井章介著） 戦国期大友氏の花押・印章編年考（福川一徳著） 戦国期大友氏の軍事編成について（福川一徳著） 田原親資考（木村忠夫著） 大友氏の肥後支配（木村忠夫著） 中世後期における守護大友氏と由原宮（長田弘通著） 天正末期の豊後国稙田荘について（佐藤満洋著） 毛利氏の北九州経略と国人領主の動向（荒木清二著） 天正年間以前の大友氏と島津氏（長田弘通著） 豊後大友氏と鉄砲について（福川一徳著） 中世府内の大友館考（高橋徹, 小柳和宏著） 十六世紀後半における豊後府内・臼杵と大友氏（八木直樹著）〉 Ⓘ978-4-86403-122-6 Ⓝ288.3 〔6500円〕

大伴 昌司〔1936～1973〕

◇大伴昌司《SF・怪獣・妖怪》秘蔵大図解―「少年マガジン」「ぼくら」オリジナル復刻版 大伴昌司［著］, 講談社編 講談社 2014.10 175p 21cm Ⓘ978-4-06-364963-5 Ⓝ051.8 〔1400円〕

大友 武〔1934～ 〕

◇人生60点ぐらいで、まあいいか 大友武著 東洋出版 2014.9 156p 19cm Ⓘ978-4-8096-7748-9 Ⓝ289.1 〔1200円〕

大伴 家持〔718～785〕

◇歌の道―家持へ、家持から 高岡市万葉歴史館編 高岡 高岡市民文化振興事業団高岡市万葉歴史館 2014.3 139p 21cm 〈高岡市萬葉歴史館叢書 26〉〈内容：近・現代歌人たちの詠む越中万葉のうた（久泉迪雄著） かささぎの渡せる橋（小川靖彦著） かたり部の歌のかたち（鉄野昌弘著） 吉野行幸の「儲作歌」をめぐって（神野志隆光著） 表現された「歌の道」（市瀬雅之著） 山部赤人・山上憶良と大伴家持（高松寿夫著）〉 Ⓝ911.122

◇大伴家持と中国文学 鈴木道代著 笠間書院 2014.2 271,9p 22cm 〈索引あり 内容：家持と池主の文章論 家持の遊覧と賦の文学 家持と池主の離別歌 「庭中花作歌」における季節の花 家持の花鳥歌 春苑桃李の花 家持の七夕歌八首 侍宴応詔歌にみる天皇像 応詔儲作歌における君臣像の特色とその意義 家持歌における「皇神祖」の御代 吉野行幸儲作歌における神の命と天皇観 結論〉 Ⓘ978-4-305-70723-9 Ⓝ911.122 〔5800円〕

◇二つの主題―家持、鷗外の憂愁と決断 中橋大通著 金沢 能登印刷出版部 2014.6 490p 19cm 〈文献あり〉 Ⓘ978-4-89010-636-3 Ⓝ911.122 〔1800円〕

大友 由美〔1944～ 〕

◇喜び合う、思いやる心 大友由美著 文芸社 2014.2 241p 19cm Ⓘ978-4-286-14636-2 Ⓝ289.1 〔1400円〕

大豊町〔高知県〕（歴史）

◇大豊町史 現代編 昭和60-平成22年度 大豊町史編纂委員会編 大豊町（高知県） 大豊町教育委員会 2014.6 691p 22cm 〈年表あり〉 Ⓝ218.4

邑南町〔島根県〕（歴史）

◇皇国日本を支えた米とたたら村八十年―島根県邑智郡日和村千五百年 近代編 水守京太郎著 文芸社 2014.3 266p 15cm 〈文献あり〉 Ⓘ978-4-286-14655-3 Ⓝ217.3 〔700円〕

大西 巨人〔1919～2014〕

◇大西巨人―抒情と革命 河出書房新社 2014.6 255p 21cm 〈年譜あり 内容：リアリズムへの神聖喜劇（いとうせいこう著） 汚い原稿の美しさ（小沢信男著） ヒューマニズムの陥穽（山口直孝編・解題） K少尉的なもの（山口直孝編・解題） 二つの書物（山口直孝・解題） 対馬の上島・下島（山口直孝編・解題） 古い記憶の水鏡（山口直孝編・解題） 二一世紀の革命と非暴力（武井昭夫述） 俗情との結託（山口直孝編・解題） 雉子も鳴かずば打たれまい（山口直孝編・解題） 『真空地帯』問題（山口直孝編・解題） 畏怖あるいは倫理の普遍性（柄谷行人述） 疾走する「たわぶれ心」（山口直孝著） さら

に、踏み越えられたエロティシズムの倫理（絓秀実著）「正名と自然」再び（井口時男著） 大西巨人の聖史劇（倉数茂著）〈党〉と部落問題（友常勉著） 大西巨人を読んでめんくらうこと（千野帽子著）"大小説"の条件（吉本隆明述） 大西巨人における暴力の問題（石橋正孝著） 革命的主体について（田島正樹著）『神聖喜劇』の彼方へ（宮野由梨香著）「別の長い物語り」のための覚書（橋本あゆみ著） 変貌する「戦後」を問う（大岡昇平述）〉 Ⓘ978-4-309-02300-7 Ⓝ910.268 〔2300円〕

大西 孝之〔1939～ 〕

◇災い転じて福となす 大西孝之著 名古屋 中部経済新聞社 2013.9 138p 18cm （中経マイウェイ新書 017） Ⓘ978-4-88520-179-0 Ⓝ289.1 〔800円〕

大西 滝治郎〔1891～1945〕

◇特攻の真意―大西瀧治郎はなぜ「特攻」を命じたのか 神立尚紀著 文藝春秋 2014.7 489p 16cm （文春文庫 こ40-2）〈文献あり 年表あり〉 Ⓘ978-4-16-790154-7 Ⓝ210.75 〔830円〕

大貫 妙子〔1953～ 〕

◇大貫妙子デビュー40周年アニバーサリーブック 大貫妙子著 河出書房新社 2014.6 159p 21cm 〈作品目録あり 年譜あり〉 Ⓘ978-4-309-27473-7 Ⓝ767.8 〔1800円〕

大野 篤美〔1925～ 〕

◇私の歩んだ道―大野篤美自伝 大野篤美著 左右社 2013.11 165p 20cm 〈年譜あり〉 Ⓘ978-4-903500-96-6 Ⓝ289.1 〔2300円〕

大野 耐一〔1912～1990〕

◇大野耐一の本社工場におけるかんばん方式事例集―トヨタ黎明期昭和45年版 熊澤光正編著 名古屋 三恵社 2014.10 307p 27cm 〈文献あり 複製及び翻刻 付属資料：CD-ROM 1枚（12cm）：本社工場におけるかんばん方式概要・事例集〉 Ⓘ978-4-86487-264-5 Ⓝ509.6 〔15000円〕

大野 誠夫〔1914～1984〕

◇歌人大野誠夫の青春 綾部光芳著 いりの舎 2014.10 389p 19cm （響叢書 第29篇）〈年譜あり 文献あり〉 Ⓘ978-4-906754-34-2 Ⓝ911.162 〔3000円〕

大野 誠〔1932～ 〕

◇夢は限りなく―辛苦に耐えてあきらめない心 大野誠著 さいたま 埼玉新聞社 2013.12 203p 20cm Ⓘ978-4-87889-405-3 Ⓝ289.1 〔1600円〕

太 安麻呂〔 ～723〕

◇古事記と太安万侶 和田萃編, 田原本町記紀・万葉事業実行委員会監修 吉川弘文館 2014.11 206p 19cm 〈内容：古代の田原本（和田萃著） 多氏と多神社（和田萃著） シンポジウム「やまとのまほろば田原本」（寺川眞知夫ほか述, 和田萃コーディネーター） 古事記への持統天皇の関与と元明天皇の編纂の勅（寺川眞知夫著）「ヒイラギの八尋矛」考（辰巳和弘著） この御酒は我が御酒ならず（上野誠著） 鼎談 安万侶さんを語る（寺田典弘, 多忠記, 和田萃述） 田原本における「古事記編纂一三〇〇年記」記念事業の意義と開催趣旨（鈴木幸兵著） 田原本町の文化財（石井正信著）〉 Ⓘ978-4-642-08261-7 Ⓝ210.3 〔2300円〕

大野市（遺跡・遺物）

◇中保小政戸遺跡 福井 福井県教育庁埋蔵文化財調査センター 2014.3 18p 図版 4p 30cm （福井県埋蔵文化財調査報告 第153集）〈文献あり 一般国道157号道路改良工事に伴う調査〉 Ⓝ210.0254

◇横枕遺跡 福井 福井県教育庁埋蔵文化財調査センター 2014.3 304p 図版 70p 30cm （福井県埋蔵文化財調査報告第148集）〈一般国道157号道路改良工事に伴う調査 折り込5枚〉 Ⓝ210.0254

大野市（紀行・案内記）

◇大野人―結の故郷越前おおの人々に出会う旅 英治出版 2014.7 111p 19cm （Community Travel Guide vol.4） Ⓘ978-4-86276-194-1 Ⓝ291.44 〔800円〕

大野市消防団

◇大野市消防団設立60周年記念誌―60年のあゆみ：たすけ愛・ささえ愛・きづき愛ともに地域を守る消防団 福井県大野市消防本部, 大野市消防団編 大野 福井県大野市消防本部 2014.10 52p 30cm 〈共同刊行：大野市消防団〉 Ⓝ317.7944

大野城市（遺跡・遺物）

◇後原遺跡 3 第22次調査 大野城 大野城市教育委員会 2013.3 24p 図版 8p 30cm （大野城市文化財調査報告書第109集） Ⓝ210.0254

◇乙金地区遺跡群 6 大野城 大野城市教育委員会 2013.3 138p 図版 70p 30cm （大野城市文化財調査報告書 第106集）〈内容：薬師の森遺跡第9・12・17・18次調査〉 Ⓝ210.0254

◇乙金地区遺跡群　7　大野城　大野城市教育委員会　2013.3　218p 図版 90p 30cm　（大野城市文化財調査報告書 第110集）〈内容：原口遺跡第1-4次調査〉Ⓝ210.0254

◇乙金地区遺跡群　8　大野城　大野城市教育委員会　2013.10　91p 図版 40p 30cm　（大野城市文化財調査報告書 第112集）〈内容：薬師の森遺跡第23・26・27・30・31次調査〉Ⓝ210.0254

◇乙金地区遺跡群　9　大野城　大野城市教育委員会　2014.3　103p 図版 34p 30cm　（大野城市文化財調査報告書 第114集）〈内容：薬師の森遺跡第8次調査〉Ⓝ210.0254

◇乙金地区遺跡群　10　大野城　大野城市教育委員会　2014.3　176p 図版 100p 30cm　（大野城市文化財調査報告書 第115集）〈文献あり　内容：薬師の森遺跡第15・16・22・32・34・35次調査〉Ⓝ210.0254

◇乙金地区遺跡群　11　大野城　大野城市教育委員会　2014.3　156p 図版 96p 30cm　（大野城市文化財調査報告書 第120集）〈内容：薬師の森遺跡第7次調査〉Ⓝ210.0254

◇上園遺跡　3　第5・6・7次調査　大野城　大野城市教育委員会　2014.3　48p 図版 14p 30cm　（大野城市文化財調査報告書 第121集）Ⓝ210.0254

◇川原遺跡　3　第4次調査　大野城　大野城市教育委員会　2014.3　29p 図版 16p 30cm　（大野城市文化財調査報告書 第119集）Ⓝ210.0254

◇雄子ヶ尾遺跡　第6次調査　大野城　大野城市教育委員会　2013.3　14p 図版 4p 30cm　（大野城市文化財調査報告書 第107集）Ⓝ210.0254

◇石勺遺跡　6　大野城　大野城市教育委員会　2013.3　108p 図版 24p 30cm　（大野城市文化財調査報告書 第108集）〈折り込 2枚　内容：M地点の調査〉Ⓝ210.0254

◇原ノ畑遺跡　2　第5次調査　大野城　大野城市教育委員会　2014.3　8p 図版 2p 30cm　（大野城市文化財調査報告書 第118集）Ⓝ210.0254

◇水城跡　2　第55次調査　大野城　大野城市教育委員会　2014.3　46p 30cm　（大野城市文化財調査報告書 第113集）〈文献あり〉Ⓝ210.0254

◇瑞穂遺跡　4　第9次調査　大野城　大野城市教育委員会　2014.3　30p 図版 18p 30cm　（大野城市文化財調査報告書 第116集）Ⓝ210.0254

◇森園遺跡　3　大野城　大野城市教育委員会　2013.3　40p 図版 16p 30cm　（大野城市文化財調査報告書 第111集）Ⓝ210.0254

◇薬師の森遺跡　第33次調査 1　大野城　大野城市教育委員会　2014.3　70p 図版 44p 30cm　（大野城市文化財調査報告書 第117集）Ⓝ210.0254

大野ダム

◇大野ダム水文10年報―平成14年―平成23年（附平成24年）（2002-2011）第5版　［南丹］　京都府大野ダム管理事務所　［2013］　110p 30cm〈内容：流況：　貯水位：　流入量：　降水量：　貯水池水温：　気圧：　気温：　湿度〉Ⓝ517.72

大野町〔岐阜県〕〔遺跡・遺物〕

◇大野町埋蔵文化財試掘・確認調査等報告書　平成21-23年度　大野町教育委員会編　大野町〔岐阜県〕　大野町教育委員会　2013.3　41p 30cm　（大野町文化財調査報告書 第7集）Ⓝ210.0254

大場 茂俊〔1923～1998〕

◇シリーズ福祉に生きる　63　大場茂俊　津曲裕次, 一番ヶ瀬康子編　大場光著　大空社　2013.7　234p 19cm〈文献あり　年譜あり〉Ⓘ978-4-283-00597-6　Ⓝ369.028　[2000円]

大橋 巨泉〔1934～〕

◇それでも僕は前を向く　大橋巨泉著　集英社　2014.3　203p 18cm　（集英社新書 0729）Ⓘ978-4-08-720729-3　Ⓝ289.1　[720円]

大橋 忠一〔1893～1975〕

◇大橋忠一関係文書　大橋忠一［著］, 小池聖一, 森茂樹編集・解題　現代史料出版　2014.7　82,562p 22cm〈東出版（発売）　著作目録あり　索引あり〉Ⓘ978-4-87785-293-1　Ⓝ289.1　[6400円]

大橋製作所

◇美しすぎる数学―「数楽アート」を生んだ日本の底力　桜井進, 大橋製作所著　中央公論新社　2014.9　174p 18cm　（中公新書ラクレ 505）Ⓘ978-4-12-150505-7　Ⓝ410　[1000円]

大浜 徹也〔1937～〕

◇ある歴史学との出会い―大濱徹也先生喜寿記念誌　大濱徹也先生喜寿記念誌編纂委員会編　刀水書房　2014.12　399p 22cm〈年譜あり　著作目録あり〉Ⓘ978-4-88708-931-0　Ⓝ210.6

大原野歴史同好会

◇郷愁の大原野――一〇周年記念誌　［京都］　大原野歴史同好会　［2013］　86p 26cm　Ⓝ216.2

大平 正芳〔1910～1980〕

◇大平正芳―理念と外交　服部龍二著　岩波書店　2014.4　255p 19cm　（岩波現代全書 029）〈文献あり〉Ⓘ978-4-00-029129-3　Ⓝ312.1　[2300円]

大平 まゆみ〔1957～〕

◇100歳まで弾くからね！　大平まゆみ著　札幌　北海道新聞社　2014.1　223p 20cm　Ⓘ978-4-89453-713-2　Ⓝ762.1　[1800円]

大府市〔遺跡・遺物〕

◇瀬戸C古窯群・久分古窯群　大府　愛知県大府市教育委員会　2014.3　139p 30cm　（大府市文化財調査報告書 第11集）Ⓝ210.0254

大府市〔地誌〕

◇おおぶの歴史文化―わが街辞典　廣江安彦著　半田　一粒書房　2014.10　131p 30cm〈年表あり　文献あり〉Ⓘ978-4-86431-328-5　Ⓝ291.55　[1200円]

大船渡市〔災害復興〕

◇潮目―フシギな震災資料館　片山和一良著, 中村紋子編・写真　ポット出版　2014.9　128p 15×21cm　Ⓘ978-4-7808-0210-8　Ⓝ369.31　[1900円]

大船渡市〔地域社会〕

◇潮目―フシギな震災資料館　片山和一良著, 中村紋子編・写真　ポット出版　2014.9　128p 15×21cm　Ⓘ978-4-7808-0210-8　Ⓝ369.31　[1900円]

大船渡市〔風俗・習慣―歴史〕

◇ごいし民俗誌―岩手県大船渡市末崎町碁石五地区　国立文化財機構東京文化財研究所無形文化遺産部編　国立文化財機構東京文化財研究所無形文化遺産部　2014.3　55p 30cm　Ⓝ382.122

大船渡市〔歴史〕

◇気仙・立根村史　大船渡　立根村史編纂委員会　2014.3　810p 27cm〈年表あり　文献あり〉Ⓝ212.2

大町市〔地域開発〕

◇地方小都市における地域再生への課題と取り組み　村山研一, 辻竜平編　［松本］　信州大学人文学部社会学研究室　2013.3　109p 26cm　（大町市調査実習報告書 2012年度）Ⓝ601.152

大町市〔歴史―写真集〕

◇ふるさと大町―大町市市制施行60周年・合併10年記念決定版写真集!!：保存版　荒井和比古監修　松本　郷土出版社　2014.11　231p 31cm　Ⓘ978-4-86375-222-1　Ⓝ215.2　[9250円]

大間町〔青森県〕〔住民運動〕

◇大間・新原発を止めろ―核燃サイクルのための専用炉　稲沢潤子, 三浦協子著　大月書店　2014.7　205p 19cm　Ⓘ978-4-272-33083-6　Ⓝ543.5　[1800円]

大神〔氏〕

◇大神氏の研究　鈴木正信著　雄山閣　2014.5　297p 22cm　（日本古代氏族研究叢書 4）Ⓘ978-4-639-02311-1　Ⓝ288.2　[5000円]

大神神社〔桜井市〕

◇大神神社―四季の祭り　大神神社編　桜井　大神神社　2014.11　71p 24cm〈年表あり〉Ⓘ978-4-9908060-0-2　Ⓝ175.965　[1000円]

大牟田 稔〔1930～2001〕

◇広島大学文書館蔵大牟田稔関係文書目録　資料編 2　広島大学文書館編　東広島　広島大学文書館　2014.2　435p 30cm〈「広島における核・被ばく学研究基盤の形成に関する研究」平成23年度科学研究費補助金基盤研究（B）研究成果中間報告書　研究代表者：小池聖一〉Ⓝ289.1

大牟田市〔遺跡・遺物〕

◇大牟田市市内遺跡発掘調査報告書　平成22・23・24年度　大牟田　大牟田市世界遺産登録・文化財室　2014.3　51p 図版 15p 30cm　（大牟田市文化財調査報告書 第68集）〈平成22・23・24年度国庫補助事業による埋蔵文化財の試掘・確認調査結果報告　共同刊行：大牟田市教育委員会〉Ⓝ210.0254

大牟田市〔化石〕

◇石からのメッセージ―勝立の化石　続　野田栄著　［大牟田］　［野田栄］　2013.2　169p 30cm〈文献あり〉Ⓝ457.2191　[1905円]

大村 益次郎〔1824～1869〕

◇幕末・維新の西洋兵学と近代軍制―大村益次郎とその継承者　竹本知行著　京都　思文閣出版　2014.12　322,10p 22cm〈年表あり　索引あり　内容：幕末期における洋式兵学の位相　大村益次郎における西洋兵学の受容　大村益次郎における西

洋兵学の実践―幕末 大村益次郎における西洋兵学の実践―
明治 大村益次郎の遺訓 遺訓の実現 廃藩置県と徴兵制度
の確立 「徴兵令」と山田顕義〉①978-4-7842-1770-0
Ⓝ393.25 ［6300円］

大村市（遺跡・遺物）
◇大村市市内遺跡発掘調査概報 6 大村 大村市教育委員会
2014.3 82p 30cm （大村市文化財調査報告書 第37集）
Ⓝ210.0254

大村市（郷土教育）
◇記録集郷土史クラブの足あと―平成25年度郷土を誇りに思う
子ども育成事業 5 大村市教育委員会編 大村 大村市教育
委員会 2014.3 42p 30cm Ⓝ375.3

大村市（歴史）
◇新編大村市史 第2巻 中世編 大村市史編さん委員会編 大
村 大村市 2014.3 850p 22cm 〈文献あり〉Ⓝ219.3

大本教
◇三千世界一度に開く梅の花―新抄大本神諭 大本本部編 亀
岡 天声社 2014.5 192p 21cm ①978-4-88756-084-0
Ⓝ169.1 ［450円］
◇超訳霊界物語 2 出口王仁三郎の「身魂磨き」実践書――人
旅するスサノオの宣伝使たち 飯塚弘明著 太陽出版 2014.
8 267p 19cm 〈文献あり〉①978-4-88469-815-7 Ⓝ169.1
［1700円］
◇出口王仁三郎の世界宗教統一 出口王仁三郎著，みいづ舎編
亀岡 みいづ舎 2014.1 363p 19cm ①978-4-900441-92-7
Ⓝ169.1 ［2200円］
◇歴史に隠された躍動の更生時代 出口王仁三郎著 亀岡 み
いづ舎 2014.8 376p 19cm 〈年譜あり〉①978-4-900441-
94-1 Ⓝ169.1 ［2200円］

大森 荘蔵〔1921～1997〕
◇生き生きした過去―大森荘蔵の時間論，その批判的解読 中
島義道著 河出書房新社 2014.4 232p 20cm ①978-4-
309-24655-0 Ⓝ121.6 ［2500円］

大森 優江
◇おやじ，頼む死んでくれ 大森優江著 文芸社 2014.5
209p 15cm ①978-4-286-12804-7 Ⓝ289.1 ［700円］

大屋 夏南〔1987～ 〕
◇K―SLICE OF MY LIFE 大屋夏南著 ぶんか社 2014.11
109p 25cm 〈本文は日本語〉①978-4-8211-4387-0 Ⓝ289.1
［1200円］

大山 秀隆〔1941～ 〕
◇人生は悠々として急げ―トップを目指す人たちへの助言 大
山秀隆著 文芸社 2014.8 278p 15cm ①978-4-286-
14654-6 Ⓝ289.1 ［700円］

大山祇神社〔今治市〕
◇新出大山祇神社文書 川岡勉編 松山 愛媛大学教育学部日
本史学研究室 2014.3 94p 30cm Ⓝ175.983

大山祇命神示教会
◇心の基 大山祇命神示教会編集部編 横浜 大山祇命神示教
会神総本部 2013.1 133p 22cm Ⓝ169.1
◇人生の春夏秋冬―儀式の真理 大山祇命神示教会編集部編
横浜 大山祇命神示教会神総本部 2013.11 173p 22cm
Ⓝ169.1
◇輝光（ひかり）―愛に生きる 大山祇命神示教会編集部編 横
浜 大山祇命神示教会神総本部 2014.2 149p 22cm
Ⓝ169.1
◇理知の真理 8 価値ある生涯のつくり方 大山祇命神示教会
編集部編 横浜 大山祇命神示教会神総本部 2013.2 109p
22cm Ⓝ169.1
◇理知の真理 9 世に役立つ自分のつくり方 大山祇命神示教
会編集部編 横浜 大山祇命神示教会神総本部 2013.8
22cm Ⓝ169.1

岡 映〔1912～2006〕
◇岡映の文学と思想 岡映研究会編 ［岡山］ おかやま人権研
究センター 2014.7 183p 21cm 〈年譜あり〉発行所：岡映
研究会〉Ⓝ289.1 ［1200円］

丘 浅次郎〔1868～1944〕
◇人類は下り坂へ―丘浅次郎と「ダーウィン」邦訳の謎 幡鎌正
周，幡鎌さち江著 ［浜松］ 幡鎌正周 2013.3 335p 20cm
〈静岡新聞社（発売）文献あり 著作目録あり 年譜あり〉
①978-4-7838-9848-1 Ⓝ289.1 ［3000円］

岡 潔〔1901～1978〕
◇紀見峠を越えて―岡潔の時代の数学の回想 高瀬正仁著 横浜
萬書房 2014.7 269p 20cm 〈内容：紀見峠を越えて 鳥道
は東西を絶す 岡潔の晩年の夢 ドイツ数学史の構想 岡潔と
ドイツ数学史 近代数学史における岡理論 寺田物理学と岡
潔の情緒の数学〉①978-4-907961-01-5 Ⓝ410.4 ［2300円］

岡 長平
◇一図書館員の三十八年の記―合わせてその頃の岡山県総合文
化センターと岡山県立図書館のこと 岡山 岡長平著 岡長
平 2014.3 100, 4p 21cm Ⓝ016.2175

岡 益巳〔1948～ 〕
◇岡益己教授留学生支援論集 岡益己［著］ ［岡山］ 岡山大学
国際センター 2014.3 438p 30cm 〈著作目録あり 文献あ
り 共同刊行：和光出版 内容：留学生相談指導 相談指導全
般の諸問題 新入留学生オリエンテーション実施方法の改善
EPOK受入れ学生の諸問題 日韓予備教育学生への支援活動
国費留学生の挫折事例研究 中国人留学生の名前の漢字表記
読み方に関する実証的研究 留学生交流・支援活動 留学生
支援ボランティア・WAWAの活動（岡益巳,安藤佐和子共同執
筆）チューター活動 岡山大学における留学生協会の再建
地域社会における留学生交流支援のあり方（廣田陽子,岡益巳
共同執筆）岡山大学における留学生の就職意識の特徴（松井
めぐみほか共同執筆）中国人留学生の就職意識の特徴（松井
めぐみほか共同執筆）留学生の資格外活動許可基準の歴史的
変遷とその諸問題 留学生の資格外活動に関する実証的研究
（岡益巳,坂野永理共同執筆）受入・派遣 日本語・日本文化
研修留学生受け入れ体制の改革（廣田陽子,岡益巳共同執筆）
エディンバラ大学との学部間交流の歴史： 派遣（廣田陽子,
岡益巳共同執筆）エディンバラ大学との学部間交流の歴史：
受入（廣田陽子,岡益巳共同執筆）留学生教育・授業実践 日
本経済語彙における日中両語間でのずれ 異文化体験・交流
を目的とした日本事情科目の諸問題 Establishing and
managing the subject "international student support
volunteer practice" 満足度調査・グローバル人材 満足度
調査にみる中国人私費留学生の特徴（坂野永理,岡益巳,光元總
江共同執筆）東アジア飛翔人材に求められるもの〉①978-4-
901489-41-6 Ⓝ377.6

岡 吉胤〔1833～1907〕
◇国学者岡吉胤の旅日記「松浦のいへつと」 岡吉胤［著］,岡
玲子著 文芸社 2014.8 234p 21cm 〈文献あり〉①978-4-
286-15300-1 Ⓝ291.92 ［1600円］

岡倉 天心〔1862～1913〕
◇インドと日本の関係交流の先駆者―スワーミー・ヴィヴェー
カーナンダと岡倉天心 スワーミー・メーダサーナンダ［著］,
［日本ヴェーダーンタ協会訳］ 逗子 日本ヴェーダーンタ協
会 2014.5 123p 19cm Ⓝ126.9
◇岡倉天心―伝統と革新 大東文化大学東洋研究所・岡倉天心
研究班編著 大東文化大学東洋研究所 2014.3 130p 27cm
〈年譜あり 内容：岡倉覚三（天心）と日本美術院（岡倉登志
著）岡倉天心の普遍的な「美」と「愛と共感」（篠永宣孝著）
天心とイタリア・ルネサンス（田辺清著）セントルイス学術
会議における岡倉覚三とヒューゴ・ミュンスターバーグ（池田
久代著）仏教をめぐる同床異夢の旅路（岡本佳子著）【岡倉
天心をめぐる人々・1】関保之助とその「考古学」（宮瀧交二
著）天心岡倉覚三の漢詩（川嶌一穂著）岡倉天心の歴史観
（田辺清著）〉①978-4-904626-16-0 Ⓝ289.1
◇岡倉天心生誕150年記念事業記録集 福井県観光営業部ブラン
ド営業課編 福井 福井県観光営業部ブランド営業課 2014.
3 50p 30cm Ⓝ289.1
◇岡倉天心と文化財―まもり、つたえる、日本の美術 茨城県天
心記念五浦美術館編 ［北茨城］ 茨城県天心記念五浦美術館
2013 151p 28cm 〈年譜あり 会期・会場：平成25年10月12
日―11月24日 茨城県天心記念五浦美術館 震災復興祈念―天
心・波山記念事業岡倉天心生誕一五〇年・没後一〇〇年記念〉
Ⓝ709.1
◇生誕150年・没後100年記念「岡倉天心展」―大観、春草、近代
日本画の名品を一堂に：福井県立美術館平成25年度企画展
福井 福井県立美術館 2013.10 270p 30cm 〈年譜あり
会期・会場：平成25年11月1日―12月1日 福井県立美術館 表
紙のタイトル：岡倉天心 編集：佐々木美帆ほか〉Ⓝ721.026

岡崎 乾二郎〔1955～ 〕
◇Kenjiro OKAZAKI―1979-2014 岡崎乾二郎［作］, 中村麗編
集 横浜 BankART1929 2014.4 239p 28cm 〈文献あり
著作目録あり 年譜あり 本文は日本語 英語抄訳付 英訳：
ジョン・バレット〉①978-4-902736-36-6 Ⓝ702.16 ［2000
円］

岡崎 慎司〔1986～ 〕
◇鈍足バンザイ！―僕は足が遅かったからこそ、今がある。
岡崎慎司著 幻冬舎 2014.4 261p 19cm ①978-4-344-
02560-8 Ⓝ783.47 ［1300円］

岡崎 清吾〔1926～ 〕

岡崎 清吾〔1926～ 〕
◇歌は生命（いのち）の輝き―岡崎清吾と児童合唱　牛山剛著　東大和　踏青社　2014.4　246p　20cm〈年譜あり〉①978-4-924440-65-4　Ⓝ767.4　[1800円]

岡崎市（遺跡・遺物）
◇一ノ坪遺跡・安藤屋敷跡　岡崎市教育委員会社会教育課編　岡崎　岡崎市教育委員会社会教育課　2014.3　130p　図版[24]枚　30cm（愛知県岡崎市所在）Ⓝ210.0254

岡崎市（学校―統計）
◇岡崎市の学校―学校基本調査結果　平成25年度　岡崎市編　岡崎　岡崎市　2014.3　43p　30cm　Ⓝ370.59

岡崎市（教育―統計）
◇岡崎市の学校―学校基本調査結果　平成25年度　岡崎市編　岡崎　岡崎市　2014.3　43p　30cm　Ⓝ370.59

岡崎市（空襲）
◇岡崎空襲体験記　第4集　総集編　岡崎　岡崎空襲を記録する会　2014.7　361p　21cm〈年表あり〉Ⓝ916　[1200円]

岡崎市（工業立地）
◇豊田・岡崎地区研究開発施設用地造成事業環境影響評価に係る事後調査報告書　平成24年次版　愛知県企業庁企業立地部研究施設用地開発課編　名古屋　愛知県企業庁企業立地部研究施設用地開発課　2013.6　82p　30cm　Ⓝ509.29
◇豊田・岡崎地区研究開発施設用地造成事業環境影響評価に係る事後調査報告書　平成25年次版　愛知県企業庁企業立地部研究施設用地開発課編　名古屋　愛知県企業庁企業立地部研究施設用地開発課　2014.6　84p　30cm　Ⓝ509.29

岡崎市（祭礼）
◇御田扇祭り調査報告書　岡崎市教育委員会編　岡崎　岡崎市教育委員会　2014.3　79p　図版2p　30cm（岡崎市民俗文化財調査報告書　1）Ⓝ386.155

岡崎市（祭礼―写真集）
◇瀧山寺鬼まつり―鬼まつりを内陣から撮る：鈴木智彦写真集　鈴木智彦著　岡崎　写真の店あさひ　2014.11　1冊（ページなし）20×21cm①978-4-9908023-0-1　386.155　[1800円]

岡崎市（産業―統計）
◇岡崎市の事業所―平成24年経済センサス―活動調査結果　岡崎市編　岡崎　岡崎市　2014.2　55p　30cm　Ⓝ605.9

岡崎市（震災予防）
◇岡崎市地域防災計画―地震災害対策計画　平成26年2月修正　岡崎市防災会議［著］，岡崎市市長公室防災危機管理課編　岡崎　岡崎市市長公室防災危機管理課　2014.2　326p　30cm　Ⓝ369.31

岡崎市（地域開発）
◇都市再生への道―夢のある街を求めて　小野宗芳［著］　岡崎　遊々舎　2014.7　215p　19cm　Ⓝ601.155

岡崎市（読書指導）
◇岡崎市子ども読書活動推進計画　第2次　岡崎　岡崎市文化芸術部中央図書館　2014.12　44, 72p　30cm〈共同刊行：岡崎市〉Ⓝ019.2

岡崎市（風水害）
◇岡崎市地域防災計画―風水害等対策計画　平成26年2月修正　岡崎市防災会議［著］，岡崎市市長公室防災危機管理課編　岡崎　岡崎市市長公室防災危機管理課　2014.2　146p　30cm　Ⓝ369.33

岡崎市（防災計画）
◇岡崎市地域防災計画―風水害等対策計画　平成26年2月修正　岡崎市防災会議［著］，岡崎市市長公室防災危機管理課編　岡崎　岡崎市市長公室防災危機管理課　2014.2　146p　30cm　Ⓝ369.33
◇岡崎市地域防災計画附属資料　平成26年修正　岡崎市防災会議［著］，岡崎市市長公室防災危機管理課編　岡崎　岡崎市市長公室防災危機管理課　[2014]　437p　30cm　Ⓝ369.3

岡崎市（歴史―史料）
◇岡崎藩御用手控　岡崎市立中央図書館古文書翻刻ボランティア会編　[岡崎]　岡崎市立中央図書館　2014.4　160p　30cm〈複製及び翻刻　共同刊行：岡崎市立中央図書館古文書翻刻ボランティア会〉Ⓝ215.5

岡崎城
◇岡曲輪帳―参州岡崎御城　岡崎市立中央図書館古文書翻刻ボランティア会編　[岡崎]　岡崎市立中央図書館　2014.9　60p　30cm〈複製及び翻刻　共同刊行：岡崎市立中央図書館古文書翻刻ボランティア会〉Ⓝ215.5

岡崎市立図書館
◇愛知県岡崎市立図書館の歩み（資料集）小林清司編著　新編集私家版　岡崎　小林清司（印刷）　2014.7印刷　222, 10p　30cm〈年表あり　文献あり〉Ⓝ016.2155　[3500円]

岡崎藩
◇岡崎藩御用手控　岡崎市立中央図書館古文書翻刻ボランティア会編　[岡崎]　岡崎市立中央図書館　2014.4　160p　30cm〈複製及び翻刻　共同刊行：岡崎市立中央図書館古文書翻刻ボランティア会〉Ⓝ215.5

岡崎美術協会
◇岡崎美術協会創立50周年記念誌　岡崎美術協会創立50周年記念事業実行委員会編　[岡崎]　岡崎美術協会　2014.4　72p　30cm〈年表あり〉Ⓝ706

小笠原 由松〔1888～1948〕
◇幾山河　第1号・第2号　小笠原匡編　復刻版　狭山　小笠原匡　2014.5　277p　21cm〈年譜あり　内容：第1号：小笠原由松氏還暦記念出版　第2号：　小笠原由松23回忌記念文集〉Ⓝ289.1

小笠原諸島
◇小笠原諸島をめぐる世界史　松尾龍之介著　福岡　弦書房　2014.5　232p　19cm〈文献あり　年表あり〉①978-4-86329-100-3　Ⓝ213.69　[2000円]
◇小笠原諸島振興開発計画　平成26年度―平成30年度　東京都総務局行政部振興企画課編　東京都総務局行政部振興企画課　2014.12　106p　30cm　Ⓝ318.6369
◇小笠原島要録　初編　明治6年12月より9年12月　小花作助著，鈴木高弘校閲・編集，[小笠原協会監修]，[小笠原諸島史研究会編]　[東京]　[悠雲舎]　[2014]　156p　26cm〈[金融ブックス]（発売）小笠原諸島史研究会2006年刊　の複製〉①978-4-904192-50-4 (set)　Ⓝ213.69
◇小笠原島要録　第2編　明治9年12月より10年12月　小花作助著，鈴木高弘校閲・編集，[小笠原協会監修]，[小笠原諸島史研究会編]　[東京]　[悠雲舎]　[2014]　152p　26cm〈[金融ブックス]（発売）小笠原諸島史研究会2005年刊　の複製〉①978-4-904192-50-4 (set)　Ⓝ213.69
◇小笠原島要録　第3編　明治11年1月より同年12月　小花作助著，鈴木高弘校閲・編集，[小笠原協会監修]，[小笠原諸島史研究会編]　[東京]　[悠雲舎]　[2014]　180p　26cm〈[金融ブックス]（発売）小笠原諸島史研究会2005年刊　の複製〉①978-4-904192-50-4 (set)　Ⓝ213.69
◇小笠原島要録　第4編　明治11年12月より13年11月終　小花作助著，鈴木高弘校閲・編集，[小笠原協会監修]，[小笠原諸島史研究会編]　[東京]　[悠雲舎]　[2014]　162p　26cm〈[金融ブックス]（発売）小笠原諸島史研究会2007年刊　の複製　付録：阿部櫟斎『豆嶼行記』〉①978-4-904192-50-4 (set)　Ⓝ213.69
◇世界自然遺産と鎮魂―小笠原諸島：写真集　田中雅己編著　徳島　教育出版センター　2014.3　98p　21×30cm　①978-4-905702-65-8　Ⓝ291.369　[2000円]
◇野鳥の記録東京―小笠原航路の32年―父島・母島・母島航路・硫黄島三島を含む　宇山大樹著　武蔵野　宇山大樹　2014.3　170p　30cm　Ⓝ488.21369

小笠原村〔東京都〕（行政）
◇第4次小笠原村総合計画―基本構想・基本計画（前期5ヵ年）小笠原村総務課企画政策室編　小笠原村（東京都）　小笠原村総務課企画政策室　2014.3　63p　30cm　Ⓝ318.2369

小笠原村〔東京都〕（写真集）
◇世界自然遺産と鎮魂―小笠原諸島：写真集　田中雅己編著　徳島　教育出版センター　2014.3　98p　21×30cm　①978-4-905702-65-8　Ⓝ291.369　[2000円]

小笠原村〔東京都〕（地域開発）
◇小笠原諸島振興開発計画　平成26年度―平成30年度　東京都総務局行政部振興企画課編　東京都総務局行政部振興企画課　2014.12　106p　30cm　Ⓝ318.6369

小笠原村〔東京都〕（鳥）
◇野鳥の記録東京―小笠原航路の32年―父島・母島・母島航路・硫黄島三島を含む　宇山大樹著　武蔵野　宇山大樹　2014.3　170p　30cm　Ⓝ488.21369

小笠原村〔東京都〕（野外教育）
◇杉並区中学生小笠原自然体験交流―平成25年度派遣生徒報告書　杉並区立済美教育センター編　杉並区立済美教育センター　2014.1　71p　30cm　Ⓝ379.3

小笠原村〔東京都〕（歴史―史料）
◇小笠原島要録　初編　明治6年12月より9年12月　小花作助著，鈴木高弘校閲・編集，[小笠原協会監修]，[小笠原諸島史研究会編]　[東京]　[悠雲舎]　[2014]　156p　26cm〈[金融

ブックス〕（発売）小笠原諸島史研究会2006年刊 の複製〉
①978-4-904192-50-4（set） Ⓝ213.69

◇小笠原島要録 第2編 明治9年12月より10年12月 小花作助
著、鈴木高弘校閲・編集、[小笠原協会監修]，[小笠原諸島史研
究会編] [東京] [悠雲舎] [2014] 152p 26cm 〈[金
融ブックス]（発売）小笠原諸島史研究会2005年刊 の複製〉
①978-4-904192-50-4（set） Ⓝ213.69

◇小笠原島要録 第3編 明治11年1月より同年12月 小花作助
著、鈴木高弘校閲・編集、[小笠原協会監修]，[小笠原諸島史研
究会編] [東京] [悠雲舎] [2014] 180p 26cm 〈[金
融ブックス]（発売）小笠原諸島史研究会2005年刊 の複製〉
①978-4-904192-50-4（set） Ⓝ213.69

◇小笠原島要録 第4編 明治11年12月より13年11月終 小花作
助著、鈴木高弘校閲・編集、[小笠原協会監修]，[小笠原諸島史
研究会編] [東京] [悠雲舎] [2014] 162p 26cm
〈[金融ブックス]（発売）小笠原諸島史研究会2007年刊 の複
製 付録：阿部櫟斎『豆嶼行記』〉①978-4-904192-50-4（set）
Ⓝ213.69

男鹿市〔遺跡・遺物〕
◇市内遺跡試掘・確認調査報告書 2 平成23年度—平成25年度
男鹿市教育委員会編 男鹿 男鹿市教育委員会 2014.3 86p
30cm （男鹿市文化財調査報告 第42集） Ⓝ212.4

男鹿市〔城跡—保存・修復〕
◇史跡脇本城跡整備基本計画書 秋田県男鹿市教育委員会編
[男鹿] 秋田県男鹿市教育委員会 2014.3 83p 30cm
（男鹿市文化財調査報告 第43集）〈年表あり 背のタイトル：
史跡脇本城整備基本計画書〉Ⓝ709.124

男鹿市〔文化財〕
◇秋田県指定有形民俗文化財真山の万体仏—文化財収録作成調
査報告書 秋田県教育委員会編 秋田 秋田県教育委員会
2014.3 90p 30cm （秋田県文化財調査報告書 第493集）
〈年表あり〉Ⓝ709.124

岡田 以蔵〔1838～1865〕
◇正伝岡田以蔵 松岡司著 戎光祥出版 2014.1 155p 19cm
〈文献あり 年譜あり〉①978-4-86403-102-8 Ⓝ289.1 [1500
円]

緒方 研堂〔1816～1871〕
◇緒方郁蔵伝—幕末蘭学者の生涯 古西義麿著 京都 思文閣
出版 2014.10 167p 22cm 〈文献あり 年譜あり〉①978-4-
7842-1774-8 Ⓝ289.1 [2500円]

緒方 洪庵〔1810～1863〕
◇緒方洪庵と適塾の門弟たち—人を育て国を創る 阿部博人著
京都 昭和堂 2014.10 224p 19cm ①978-4-8122-1422-0
Ⓝ372.105 [1850円]

緒方 貞子〔1927～ 〕
◇緒方貞子戦争が終わらないこの世界で 小山靖史著 NHK出
版 2014.2 238p 20cm 〈文献あり〉①978-4-14-081626-4
Ⓝ289.1 [1500円]

岡田 重精〔1920～2013〕
◇「稲穂」先生の面影—岡田重精先生偲美草 伊勢 岡田重精先
生を偲ぶ会 2014.7 159p 図版 17p 21cm Ⓝ289.1

岡田 准一〔1980～ 〕
◇オカダのはなし 岡田准一著 マガジンハウス 2014.1
155p 21cm 〈作品目録あり〉①978-4-8387-2537-3 Ⓝ767.8
[1600円]

岡田 孝子〔1944～ 〕
◇愛の子 岡田孝子著 Sweet Thick Omelet 2014.11 223p
20cm ①978-4-907061-07-4 Ⓝ289.1 [1200円]

緒方 竹虎〔1888～1956〕
◇CIA日本人ファイル—米国国立公文書館機密解除資料 第5巻
緒方竹虎 1 加藤哲郎編集・解説 現代史料出版 2014.7
424p 31cm 〈東出版（発売）複製 布装〉①978-4-87785-
301-3,978-4-87785-296-2（set） Ⓝ319.1053
◇CIA日本人ファイル—米国国立公文書館機密解除資料 第6巻
緒方竹虎 2 加藤哲郎編集・解説 現代史料出版 2014.7
392p 31cm 〈東出版（発売）複製 布装〉①978-4-87785-
302-0,978-4-87785-296-2（set） Ⓝ319.1053

岡田 宏美〔1977～2014〕
◇エンドレス・ストーリー—岡田宏美「1977-2014」 松本昌美，
髙田幸子，小栗豪大，岡田元共著 横浜 ビジネスエグゼク
ティブキャリアカンファレンス 2014.5 200枚 21cm 〈年
譜あり〉Ⓝ289.1

岡田 文淑〔1940～ 〕
◇反骨の公務員、町をみがく—内子町・岡田文淑の町並み、村並
み保存 森まゆみ著 亜紀書房 2014.5 227p 19cm
①978-4-7505-1407-9 Ⓝ521.86 [1800円]

岡田 温〔1870～1949〕
◇帝国農会幹事岡田温—1920・30年代の農政活動 上巻 川東
竫弘著 御茶の水書房 2014.7 556p 23cm （松山大学研
究叢書 第81巻）①978-4-275-01077-3 Ⓝ611.1 [9500円]
◇帝国農会幹事岡田温—1920・30年代の農政活動 下巻 川東
竫弘著 御茶の水書房 2014.11 p559～1172 34p 23cm
（松山大学研究叢書 第82巻）〈年譜あり 索引あり〉①978-4-
275-01083-4 Ⓝ611.1 [12000円]

岡根 芳樹〔1964～ 〕
◇ライフ・イス・ビューティフル—自分の人生の主役になる 岡
根芳樹著 ソースブックス 2014.7 356p 18cm 〈エコー出
版（発売）〉①978-4-904446-33-1 Ⓝ289.1 [1500円]

岡藩
◇豊岡秘録 本田耕一編 [出版地不明] [本田耕一] 2014.2
49p 26cm Ⓝ219.5

岡見〔氏〕
◇山川長林寺と開基岡見氏 山川長林寺資料調査会編 足利
福聚山長林寺 2014.5 434p 22cm 〈文献あり 標題紙・背
の出版者表示：山川長林寺〉Ⓝ288.2

岡村〔家〕〔秋田市〕
◇幕臣岡村家の歩み—追加資料2 岡村時雄編著 秋田 岡村時
雄 2014.5 52p 26cm Ⓝ288.3

岡村 重夫〔1906～2001〕
◇主体性の社会福祉—岡村重夫著『社会福祉原論』を解く 松本
英孝著 新版 大津 三学出版 2014.12 223p 21cm 〈著
作目録あり 年譜あり 初版のタイトル等：主体性の社会福祉
論（法政出版 1993年刊）〉①978-4-903520-91-9 Ⓝ369
[2500円]

岡本〔家〕〔宇和島市〕
◇岡本家の矜持—西南四国一庄屋の五百年 木下博民著 松山
創風社出版 2014.5 563,12p 22cm 〈文献あり 索引あり〉
①978-4-86037-206-4 Ⓝ288.3 [3500円]

岡本 かの子〔1889～1939〕
◇岡本かの子—描かれた女たちの実相 近藤華子著 翰林書房
2014.9 284p 22cm ①978-4-87737-374-0 Ⓝ910.268
[3200円]

岡本 太郎〔1911～1996〕
◇岡本太郎という思想 赤坂憲雄[著] 講談社 2014.1 340p
15cm （講談社文庫 あ126-1）①978-4-06-277741-4 Ⓝ723.1
[890円]
◇岡本太郎のシャーマニズム—学術シンポジウム報告書 川崎
川崎市岡本太郎美術館 2014.2 63p 22cm 〈会期：2013年6
月16日 川崎市岡本太郎美術館ガイダンスホール 奥付のタイ
トル：学術シンポジウム「岡本太郎におけるミルチャ・エリ
アーデの影響」報告書 編集：佐々木秀憲 内容：供養・呪
術・贈与（江川純一著） 岡本太郎とエリアーデ（奥山倫明著）
コンスタンティン・ブランクーシとミルチャ・エリアーデ（近
藤幸夫著）〉Ⓝ723.1 [非売品]
◇太陽の塔Walker KADOKAWA 2014.10 82p 30cm
①978-4-04-731494-8 Ⓝ702.16 [1500円]

岡本 陸郎〔1943～ 〕
◇自由の風—無垢の世界エッセイ集 岡本陸郎著 幻冬舎ル
ネッサンス 2014.7 305p 19cm ①978-4-7790-1112-2
Ⓝ702.16 [1400円]

岡谷市〔遺跡・遺物〕
◇岡谷市内遺跡発掘調査報告書—概報 [岡谷] 長野県岡谷市
教育委員会 [2014] 5p 30cm （広畑遺跡ほか岡谷市内発
掘調査報告書 平成25年度）Ⓝ210.0254

岡山 一成〔1978～ 〕
◇岡山劇場—声は届き、やがて力となる。 岡山一成著 横浜
モシダーヂ 2014.4 159p 19cm 〈サンクチュアリ出版（発
売）奥付の副タイトル（誤植）：声は届き、やがて力になる。〉
①978-4-86113-872-0 Ⓝ783.47 [1200円]

岡山朝日高等学校〔岡山県立〕
◇岡山朝日高等学校講演集 2 岡山県立岡山朝日高等学校資料
館編 岡山 岡山県立岡山朝日高等学校 2014.11 127p
21cm〈岡山県立岡山朝日高等学校創立140周年記念 内容：
学問は人生にどういう意味があるか（三谷太一郎述） 美しい橋
を創る（大野美代子述） 夢・情熱・人を思いやる心が未来開
拓を加速する（山海嘉之述） かなの話（東山一郎述） 融合す

岡山学芸館高等学校　　　　　　　　　　　　　　　　　　　　　　日本件名図書目録2014　Ⅰ

る科学と工学（菅滋正述）　小惑星探査機『はやぶさ』の挑戦
（西山和孝述）〉Ⓝ376.4175

お

◇岡山朝日高等学校史　資料編 1　旧制中学入試　岡山県立岡
山朝日高等学校資料館編　岡山　岡山県立岡山朝日高等学校
2014.11　395p　26cm　Ⓝ376.48

◇写真で語る140年―岡山県立岡山朝日高等学校　岡山県立岡山
朝日高等学校資料館編　岡山　岡山県立岡山朝日高等学校
2014.11　185p　31cm　Ⓝ376.48

岡山学芸館高等学校
◇奇跡の学校―なぜ滑り止め校が進学校に変わったのか　森靖
喜著　PHP研究所　2014.9　223p　19cm　Ⓘ978-4-569-
82041-5　Ⓝ376.4175　［1500円］

岡山県
◇岡山あるある　県庁坂ノボル著，メソボ田宮文明画　TOブッ
クス　2014.7　159p　18cm　Ⓘ978-4-86472-264-3　Ⓝ291.75
［952円］

◇岡山の法則　岡山の法則研究委員会編　泰文堂　2014.8
175p　18cm　（リンダブックス）〈文献あり〉Ⓘ978-4-8030-
0589-9　Ⓝ291.75　［950円］

岡山県（遺跡・遺物）
◇岡山県埋蔵文化財報告　44　岡山県教育委員会編　岡山　岡
山県教育委員会　2014.11　49p　30cm　Ⓝ210.0254

岡山県（遺跡・遺物―赤磐市）
◇岡山県埋蔵文化財発掘調査報告　240　岡山県古代吉備文化財
センター編　岡山　岡山県教育委員会　2014.3　136p　図版
［14］枚　30cm　〈経営体育成基盤整備事業（奥吉原地区）に伴
う発掘調査　内容：辺谷製鉄遺跡　辺谷中田遺跡　成丸古屋
遺跡　水口遺跡　谷山遺跡　ほか〉Ⓝ210.0254

◇着銅遺跡　岡山県赤磐市教育委員会編　赤磐　岡山県赤磐市
教育委員会　2014.3　24p　図版4p　30cm　（赤磐市文化財調
査報告　第7集）〈あかいわ山陽総合流通センター開発事業に伴
う発掘調査〉Ⓝ210.0254

岡山県（遺跡・遺物―津山市）
◇津山市内遺跡調査報告書　平成22-24年度　津山　津山市教育
委員会文化課津山弥生の里文化財センター　2014.3　48p
30cm　（津山市埋蔵文化財発掘調査報告　第83集）〈奥付の出
版者（誤植）：津山市教育員会文化課津山弥生の里文化財セン
ター　内容：指定文化財（古墳）測量調査　美作国府跡発掘調
査　西吉田地区試掘調査〉Ⓝ210.0254

岡山県（エネルギー政策―美作市）
◇地域主導型再生可能エネルギー事業化検討委託業務報告書
平成25年度　［美作］　MLAT　2014.3　22, 68p　30cm
Ⓝ501.6

岡山県（環境教育―倉敷市）
◇「環境学習で、人とまちと未来をつくる！」協働推進事業成果
報告書　水島地域環境再生財団　2014.2　76, 10p
31cm　〈年表あり　環境省「平成25年度地域活性化を担う環境
保全活動の協働取組推進事業」（岡山ブロック）折り込 2枚
ルーズリーフ〉Ⓝ601.175

岡山県（企業）
◇岡山県企業に関する研究報告書―財務情報とアンケート調査
を利用して　岡山　岡山大学経済学部　2014.8　158p　30cm
〈文献あり　岡山大学経済学部・岡山経済研究所平成25年度共
同研究　共同刊行：岡山経済研究所〉Ⓝ335.2175

岡山県（企業―名海）
◇企業ガイドみまさか　2015　若者の定住化推進委員会編　［津
山］　若者の定住化推進委員会　2013.12　145p　30cm　〈タイ
トル関連情報：岡山県県北【優良企業】131社紹介〉Ⓝ335.035

岡山県（紀行・案内記）
◇吉備線各駅ぶらり散策　倉敷ぶんか倶楽部編　岡山　日本文
教出版　2014.10　153p　15cm　（岡山文庫 292）〈文献あ
り〉Ⓘ978-4-8212-5292-3　Ⓝ291.75　［900円］

岡山県（行政）
◇長野士郎岡山県政回顧　長野士郎著，長野士郎「岡山県政回
顧」刊行会編　岡山　山陽新聞社　2014.8　420p　20cm　〈年
譜あり〉Ⓘ978-4-88197-742-2　Ⓝ318.275　［2315円］

◇晴れの国おかやま生き活きプラン―全ての県民が明るい笑顔
で暮らす岡山を目指して　岡山県編　岡山　岡山県　2014.3
80p　30cm　Ⓝ318.275

◇粉骨砕身30年!!―ありがとう県政を作州へ　岸本清美著　岡山
ふくろう出版　2014.7　13, 121p　19cm　Ⓘ978-4-86186-609-
8　Ⓝ318.275　［463円］

岡山県（行政組織）
◇行政機関ガイドブック　平成25年度　岡山県版　岡山　総務省
岡山行政評価事務所　2013.6　69p　30cm　Ⓝ317.2

岡山県（近代化遺産―備前市）
◇備前の近代歴史遺産　木下耕二著　［備前］　［木下耕二］
2014.3　45p　30cm　Ⓝ709.175

岡山県（倉敷市）
◇青史 5　平成5年～8年の倉敷点描　小林源蔵著　岡山　吉備
人出版　2014.1　282p　20cm　Ⓘ978-4-86069-380-0　Ⓝ291.
75　［1700円］

◇青史 6　平成9年～12年の倉敷点描　小林源蔵著　岡山　吉
備人出版　2014.5　285p　20cm　Ⓘ978-4-86069-396-1
Ⓝ291.75　［1700円］

◇青史 7　落ち穂拾い　小林源蔵著　岡山　吉備人出版
2014.12　288p　20cm　Ⓘ978-4-86069-414-2　Ⓝ291.75
［1700円］

岡山県（景観計画―津山市）
◇津山市歴史的風致維持向上計画　［津山］　岡山県津山市
2014.3　166p　31cm　〈ルーズリーフ〉Ⓝ518.8

岡山県（工業―統計）
◇経済センサス―活動調査（製造業）結果表―平成23年岡山県の
工業　平成24年　岡山県総合政策局統計調査課編　岡山　岡
山県総合政策局統計調査課　2014.1　382p　30cm　Ⓝ505.9

岡山県（工場建築―笠岡市）
◇神島のホフマン窯　笠岡市教育委員会編　笠岡　笠岡市教育
委員会　2014.3　80p　30cm　〈文献あり〉Ⓝ521.8

岡山県（産業―歴史）
◇岡山の社会経済史研究―中世・近世・近代の史料を読み解く
河田章著　岡山　吉備人出版　2014.3　201p　21cm　〈内容：
備前松田　幕末岡山の動向　備中山成家　明治期池田家の投
資と士族経営　専売制施行期の大日本塩業同盟会〉Ⓘ978-4-
86069-383-1　Ⓝ602.175　［2000円］

岡山県（湿原―総社市）
◇ヒイゴ池湿地環境調査報告書　2013　北の吉備路保全協会，ヒ
イゴ池湿地環境調査団監修　総社　岡山県総社市　2013.9
118p　30cm　Ⓝ462.175

岡山県（児童福祉―歴史）
◇岡山県子ども福祉アーカイブズ　第1集　1948-1954児童相談
所の黎明期から確立期　［岡山］　岡山県福祉相談センター
2013.5　496p　30cm　〈複製　共同刊行：岡山県中央児童相談
所ほか〉Ⓝ369.4

岡山県（社会福祉―津山市）
◇津山市地域福祉計画　環境福祉部社会福祉事務所生活福祉課
編　［津山］　津山市　2014.3　99p　30cm　Ⓝ369.11

岡山県（写真集）
◇井原・笠岡・浅口今昔写真集　名古屋　樹林舎　2014.11
160p　37cm　〈岡山県教科図書販売（発売）年表あり〉Ⓘ978-
4-902731-73-6　Ⓝ217.5　［9250円］

岡山県（写真集―倉敷市）
◇倉敷・総社今昔写真集　名古屋　樹林舎　2014.10　160p
38cm　〈岡山県教科図書販売（発売）年表あり〉Ⓘ978-4-
902731-71-2　Ⓝ217.5　［9250円］

岡山県（写真集―総社市）
◇倉敷・総社今昔写真集　名古屋　樹林舎　2014.10　160p
38cm　〈岡山県教科図書販売（発売）年表あり〉Ⓘ978-4-
902731-71-2　Ⓝ217.5　［9250円］

岡山県（荘園―新見市）
◇戦乱の中の情報伝達―使者がつなぐ中世京都と在地　酒井紀
美著　吉川弘文館　2014.2　232p　19cm　（歴史文化ライブ
ラリー 372）〈文献あり〉Ⓘ978-4-642-05772-1　Ⓝ217.5
［1800円］

◇中世荘園の環境・構造と地域社会―備中新見荘をひらく
海老澤衷，高橋敏子編　勉誠出版　2014.6　367p　22cm　〈内
容：応永～寛正年間の水干害と荘園制（伊藤俊一著）　新見荘に
おける代銭納の普及過程（川戸貴史著）　新見荘代官祐清の年
貢収取及びその評価を巡る再検討（久下沼譲著）　新見荘の漆
（飯沼徹著）　最勝光院領備中新見荘領家職相論の再検討
（大島創著）　新見荘と寺領惣安埼（土山祐之著）　新見荘をめ
ぐる大覚寺覚勝院と細川氏・安富氏（川崎玉幸著）　中世後期
における御器供祭事役について（貫井裕恵著）　備中国国衙領
の支配構造と新見荘（大澤泉著）　百姓等申状・三職等注進状
の収集と分析（辰田芳雄著）　下地中分後の室町期荘園（似鳥
雄一著）　中世の在地社会と徳政（酒井紀美著）〉Ⓘ978-4-585-
22090-9　Ⓝ217.5　［8000円］

日本件名図書目録2014　Ⅰ　　　岡山県（留学生）

岡山県（食生活）
◇岡山移住組―美味しいもので人とつながる暮らし　いまだ里香著　セブン＆アイ出版　2013.11　160p　21cm　①978-4-86008-625-1　Ⓝ369.36　[1500円]

岡山県（植物―備前市）
◇備前市植物目録　狩山俊悟, 小畠裕子, 木下延子, 田淵正和, 溝手啓子, 片山久, 裾分由美子, 藤野睦子, 一色昌子, 榎本敬編　備前　備前市教育委員会生涯学習課文化係　2013.3　122p　30cm　Ⓝ472.175
◇備前市植物目録　狩山俊悟, 小畠裕子, 木下延子, 田淵正和, 溝手啓子, 片山久, 裾分由美子, 藤野睦子, 一色昌子, 榎本敬編　倉敷　岡山県植物誌研究会　2013.12　122p　30cm　Ⓝ472.175

岡山県（書目）
◇岡山県EL新聞記事情報リスト　2013-1　エレクトロニック・ライブラリー編　エレクトロニック・ライブラリー　2014.2　965p　31cm　〈制作：日外アソシエーツ〉Ⓝ025.8175
◇岡山県EL新聞記事情報リスト　2013-2　エレクトロニック・ライブラリー編　エレクトロニック・ライブラリー　2014.2　p967-1784　31cm　〈制作：日外アソシエーツ〉Ⓝ025.8175
◇岡山県EL新聞記事情報リスト　2013-3　エレクトロニック・ライブラリー編　エレクトロニック・ライブラリー　2014.2　p1785-2522　31cm　〈制作：日外アソシエーツ〉Ⓝ025.8175

岡山県（生物―総社市）
◇ヒイゴ池湿地環境調査報告書　2013　北の吉備路保全協会, ヒイゴ池湿地環境調査団監修　総社　岡山県総社市　2013.9　118p　30cm　Ⓝ462.175

岡山県（石油コンビナート―笠岡市）
◇福山・笠岡地区石油コンビナート等防災計画　岡山県消防保安課編　[広島]　広島県及び岡山県石油コンビナート等防災本部協議会　2014.3　260p　30cm　Ⓝ575.5

岡山県（選挙―統計）
◇参議院議員通常選挙結果調―平成25年7月21日執行　[岡山]　岡山県選挙管理委員会　[2014]　356p　図版10p　30cm　Ⓝ314.8
◇衆議院議員選挙最高裁判所裁判官国民審査結果調―平成24年12月16日執行　[岡山]　岡山県選挙管理委員会　[2013]　351p　図版14p　30cm　Ⓝ314.8

岡山県（地域開発）
◇記録で伝える美作国―美作国建国1300年　津山　美作国建国1300年記念事業実行委員会　2014.5　188p　30cm　Ⓝ702.1975

岡山県（地域開発―倉敷市）
◇「環境学習で、人とまちと未来をつくる！」協働推進事業成果報告書　[倉敷]　水島地域環境再生財団　2014.2　76, 10p　31cm　〈年表あり　環境省「平成25年度地域活性化を担う環境保全活動の協働取組推進事業」(岡山ブロック)　折り込2枚　ルーズリーフ取〉Ⓝ601.175

岡山県（地誌）
◇岡山「地理・地名・地図」の謎―意外と知らない岡山県の歴史を読み解く！　柴田一監修, 造事務所編著　実業之日本社　2014.11　190p　18cm　（じっぴコンパクト新書216）〈文献あり〉①978-4-408-11093-6　Ⓝ291.75　[800円]

岡山県（鉄道）
◇吉備線各駅ぶらり散策　倉敷ぶんか倶楽部編　岡山　日本文教出版　2014.10　153p　15cm　（岡山文庫292）〈文献あり〉①978-4-8212-5292-3　Ⓝ291.75　[900円]

岡山県（伝記―倉敷市）
◇玉島旧柚木家ゆかりの人々　倉敷ぶんか倶楽部編　岡山　日本文教出版　2014.2　156p　15cm　（岡山文庫287）〈文献あり〉①978-4-8212-5287-9　Ⓝ281.75　[860円]

岡山県（統計）
◇101の指標からみた岡山県　平成25年版　岡山県総合政策局統計調査課編　岡山　岡山県総合政策局統計調査課　2013.3　202p　14cm　Ⓝ351.75
◇101の指標からみた岡山県　平成26年版　岡山県総合政策局統計分析課編　岡山　岡山県総合政策局統計分析課　2014.3　208p　14cm　Ⓝ351.75

岡山県（道路）
◇写真に見る国道30号の今昔　広島　中国地方公益活動推進会議かわ・みちサポーター部会　2013.12　68p　30cm　〈文献あり〉Ⓝ514.092175
◇写真に見る国道53号の今昔　広島　中国地方公益活動推進会議かわ・みちサポーター部会　2013.12　83p　30cm　〈文献あり〉Ⓝ514.092175

岡山県（図書館員）
◇一図書館員の三十八年の記―合わせてその頃の岡山県総合文化センターと岡山県立図書館のこと　岡長平著　岡山　岡長平　2014.3　100, 4p　21cm　Ⓝ016.2175

岡山県（美術―図集）
◇I氏賞受賞作家展　第4回　小野耕石, 手塚愛子, 佐藤亮太, 灰原愛[作]　岡山　岡山県立美術館　2014.11　4冊　21×21cm　〈会期：2014年11月8日‐12月14日　第4回のタイトル関連情報：よにんの素材が表現する"今"。　編集：古川文子ほか　ホルダー入　内容：[1]　小野耕石　[2]　手塚愛子　[3]　佐藤亮太　[4]　灰原愛〉Ⓝ702.1975
◇美作の美術展―美作国建国一三〇〇年記念協賛展　岡山県立美術館編　[岡山]　岡山県立美術館　2013　144p　30cm　〈会期・会場：2013年5月31日―6月30日　岡山県立美術館　奥付のタイトル：美作国建国1300年記念協賛美作の美術展〉Ⓝ702.1975

岡山県（仏教美術―倉敷市―図集）
◇倉敷仏教寺院の至宝　倉敷市立美術館編　倉敷　倉敷市立美術館　2014.3　56p　21×30cm　〈倉敷市立美術館開館30周年記念　会期：平成25年10月5日―11月24日〉Ⓝ702.17

岡山県（文化活動）
◇記録で伝える美作国―美作国建国1300年　津山　美作国建国1300年記念事業実行委員会　2014.5　188p　30cm　Ⓝ702.1975

岡山県（文学碑―浅口市）
◇歌碑建立記念写真集―鴨方町・里庄町文芸　筒井大潅編著　岡山　日本文教出版　2014.3　71p　31cm　①978-4-8212-9270-7　Ⓝ910.2　[3500円]

岡山県（文化財保護―備前市）
◇備前市歴史文化基本構想　備前市教育委員会生涯学習課文化係編　備前　備前市教育委員会生涯学習課文化係　2014.3　74p　30cm　〈年表あり〉Ⓝ709.175

岡山県（文化的景観―津山市）
◇津山市歴史的風致維持向上計画　[津山]　岡山県津山市　2014.3　166p　31cm　〈ルーズリーフ〉Ⓝ518.8

岡山県（弁護士―名簿）
◇弁護士マップ　2014‐　岡山弁護士会広報委員会編　岡山　岡山弁護士会　[2014]　96p　30cm　Ⓝ327.14

岡山県（方言）
◇岡山言葉全国比較　7　ヤイトと徒然草特集　岸元史明著　[ふじみ野]　国文学研究所　2014.5　269p　21cm　Ⓝ818.75　[2000円]
◇岡山言葉全国比較　8　桃太郎・キビ団子・吉備の語源　岸元史明著　[ふじみ野]　国文学研究所　2014.8　261p　21cm　Ⓝ818.75　[2000円]

岡山県（方言―井原市）
◇井原地方の話しことば―井原の方言集　井原市教育委員会編　井原　井原市教育委員会　2014.3　78p　30cm　Ⓝ818.75

岡山県（防災計画）
◇福山・笠岡地区石油コンビナート等防災計画　岡山県消防保安課編　[広島]　広島県及び岡山県石油コンビナート等防災本部協議会　2014.3　260p　30cm　Ⓝ575.5

岡山県（昔話―奈義町）
◇なぎの民話　立石憲利, なぎ昔話語りの会共著　奈義町(岡山)　岡山県奈義町教育委員会　2014.10　507p　21cm　Ⓝ388.175

岡山県（名簿）
◇岡山県人物・人材情報リスト　2015　第1巻　日外アソシエーツ株式会社編　日外アソシエーツ(制作)　2014.11　593p　30cm　Ⓝ281.75
◇岡山県人物・人材情報リスト　2015　第2巻　日外アソシエーツ株式会社編　日外アソシエーツ(制作)　2014.11　p595-1060, 47p　30cm　Ⓝ281.75

岡山県（妖怪）
◇岡山の妖怪事典　妖怪編　木下浩編著　岡山　日本文教出版　2014.6　164p　15cm　（岡山文庫290）〈文献あり〉①978-4-8212-5290-9　Ⓝ387.9175　[900円]

岡山県（留学生）
◇岡益己教授留学生支援論集　岡益己[著]　[岡山]　岡山大学国際センター　2014.3　438p　30cm　〈著作目録あり　文献あり　共同刊行：和光出版　内容：留学生相談指導　相談指導全般の諸問題　新入留学生オリエンテーション実施方法の改善　EPOK受入れ学生の諸問題　日韓予備教育学生への支援活動　国費留学生の挫折事例の研究　中国人留学生の名前の漢字表記読み方に関する実証的研究　留学生交流・支援活動　留学生支援ボランティア・WAWAの活動(岡益巳, 安藤佐和子共同執

筆）チューター活動　岡山大学における留学生協会の再建　地域社会における留学生交流支援のあり方（廣田陽子, 岡益巳共同執筆）　岡山大学における留学生の就職意識の特徴（松井めぐみほか共同執筆）　中国人留学生の就職意識の特徴（松井めぐみほか共同執筆）　留学生の資格外活動許可基準の歴史的変遷とその諸問題　留学生の資格外活動に関する実証的研究（岡益巳, 坂野永理共同執筆）　受入・派遣　日本語・日本文化研修留学生受け入れ体制の改革（廣田陽子, 岡益巳共同執筆）　エディンバラ大学との学部間交流の歴史：　派遣（廣田陽子, 岡益巳共同執筆）　エディンバラ大学との学部間交流の歴史：受入（廣田陽子, 岡益巳共同執筆）　留学生教育・授業実践　日本経済語彙における日中両語間でのずれ　異文化体験・交流を目的とした日本事情科目の諸問題　Establishing and managing the subject "international student support volunteer practice"　満足度調査・グローバル人材　満足度調査にみる中国人私費留学生の特徴（坂野永理, 岡益巳, 光元總江共同執筆）　東アジア飛翔人材に求められるもの〉①978-4-901489-41-6　Ⓝ377.6

岡山県（歴史—倉敷市）

◇郷土史はなぜおもしろいのか—地域づくりに繋がる新たな郷土史　杉原尚示著　文芸社　2014.1　263p　15cm　①978-4-286-14568-6　Ⓝ217.5　［700円］

◇倉敷伝建地区の歩み　大森久雄著　倉敷　備中倉敷学　2014.10　112p　21cm〈年表あり〉Ⓝ217.5

岡山県（歴史—史料）

◇岡山県史料　9　明治9年　下　岡山県立記録資料館編　岡山　岡山県立記録資料館　2014.3　27, 351p　21cm（岡山県記録資料叢書 9）Ⓝ217.5

◇岡山のアーカイブズ—記録資料館活動成果資料集　3　平成25年度　岡山県立記録資料館編　岡山　岡山県立記録資料館　2014.3　168, 42p　30cm〈年表あり〉Ⓝ217.5

◇朝鮮通信使饗応関係資料　下　岡山大学附属図書館貴重資料刊行推進会編　岡山　岡山大学出版会　2014.2　36, 734p　22cm（池田家文庫資料叢書 2）①978-4-904228-35-7　Ⓝ217.5

◇美作略史—美作国建国1300年　津山市教育委員会編　津山　津山市教育委員会　2013.12　510p　21cm〈明治14年刊の新訂・増補〉Ⓝ217.5

岡山県（歴史—史料—津山市）

◇津山松平藩町奉行日記　22　津山郷土博物館編　津山　津山郷土博物館　2014.10　139p　26cm（津山郷土博物館紀要 第28号）〈内容：文化元年（一八〇四）〉Ⓝ217.5

岡山県（歴史—史料—真庭市）

◇勝山藩士戸村愛教日録　第1巻　安永7年—天明元年　戸村愛教［著］, 真庭市教育委員会編　真庭　真庭市教育委員会　2014.3　84p　30cm（真庭市史料 第6巻）Ⓝ217.5

岡山県立大学

◇知のシーズ集—health and welfare science computer science and systems engineering design　総社　岡山県立大学　2014.3　74p　30cm〈年表あり　奥付のタイトル：岡山県立大学地域共同研究機構〉Ⓝ377.21

岡山県立図書館

◇岡山県立図書館抵抗と再生の記録　菱川廣光編著　岡山　日本文教出版　2014.9　513p　21cm　①978-4-8212-9271-4　Ⓝ016.2175　［3000円］

岡山孤児院

◇岡山孤児院新報　第1巻　菊池義昭, 細井勇編　編集復刻版　六花出版　2014.6　13, 398p　31cm〈解説（細井勇・菊池義昭）付き　複製　内容：岡山孤児院月報．第1号—第8号　岡山基督教．第1号—第5号　岡山孤児院年報．明治28年　Asylum record　岡山孤児院新報．第1号—第27号〉①978-4-905421-58-0,978-4-905421-57-3（set）Ⓝ369.43

◇岡山孤児院新報　第2巻　菊池義昭, 細井勇編　編集復刻版　六花出版　2014.6　370p　31cm〈複製　内容：岡山孤児院新報．第28号—62号〉①978-4-905421-59-7,978-4-905421-57-3（set）Ⓝ369.43

◇岡山孤児院新報　第3巻　菊池義昭, 細井勇編　編集復刻版　六花出版　2014.12　374p　31cm〈複製　内容：岡山孤児院新報．第63号—第98号〉①978-4-905421-61-0,978-4-905421-60-3（set）Ⓝ369.43

◇岡山孤児院新報　第4巻　菊池義昭, 細井勇編　編集復刻版　六花出版　2014.12　282p　31cm〈複製　内容：岡山孤児院新報．第99号—第122号〉①978-4-905421-62-7,978-4-905421-60-3（set）Ⓝ369.43

◇岡山孤児院新報　第5巻　菊池義昭, 細井勇編　編集復刻版　六花出版　2014.12　354p　31cm〈複製　内容：岡山孤児院新報．第123号—第148号〉①978-4-905421-63-4,978-4-905421-60-3（set）Ⓝ369.43

岡山市（遺跡・遺物）

◇大森遺跡—縄文時代晩期の大型石棒出土遺跡　岡山市教育委員会文化財課制作・編集　岡山　岡山市教育委員会　2014.3　80, 15p 図版［6］枚　30cm　Ⓝ210.0254

◇塩納遺跡A地点・勘定口古墳群　岡山市教育委員会文化財課編　岡山　岡山市教育委員会　2014.3　174p 図版［28］枚　30cm（主要地方道佐伯長船線（美作岡山道路）道路改築に伴う発掘調査 1）Ⓝ210.0254

◇鹿田遺跡　8　第14次調査　岡山大学埋蔵文化財調査研究センター編　岡山　岡山大学埋蔵文化財調査研究センター　2014.3　83p 図版 6p　30cm（岡山大学構内遺跡発掘調査報告 第29冊）〈岡山大学病院病棟新営に伴う発掘調査〉Ⓝ210.0254

◇千足古墳—発掘調査概要報告書　岡山市教育委員会文化財課, 岡山市埋蔵文化財センター編　岡山　岡山市教育委員会　2013.12　14p　30cm　Ⓝ210.0254

◇百間川原尾島遺跡　1　岡山県古代吉備文化財センター編　岡山　岡山県教育委員会　2014.10　34p 図版［3］枚　30cm（岡山県埋蔵文化財発掘調査報告 241）Ⓝ210.0254

◇百間川原尾島遺跡8百間川沢田遺跡6　岡山県古代吉備文化財センター編　岡山　岡山県教育委員会　2013.12　386p 図版［28］枚　30cm（岡山県埋蔵文化財発掘調査報告 239）Ⓝ210.0254

◇南坂1号墳・南坂遺跡—弥生時代の集落遺跡と古墳時代中期の円墳　岡山市教育委員会文化財課制作・編集　岡山　岡山市教育委員会　2014.3　103p 図版 18p　30cm　Ⓝ210.0254

岡山市（空襲）

◇おかやま平和記念誌—岡山市空襲展示室までの16年のあゆみ　おかやま平和記念誌編集委員会編　［岡山］　平和推進岡山市民協議会　2014.10　178p　30cm〈年表あり〉Ⓝ319.8　［2000円］

◇わたしと西川—"6・29"私の見た岡山大空襲　川野辺郁著　文芸社　2014.11　94p　15cm　①978-4-286-15658-3　Ⓝ916　［500円］

岡山市（古墳—保存・修復）

◇史跡造山古墳第一、二、三、四、五、六古墳保存管理計画書　岡山市教育委員会編　岡山　岡山市教育委員会　2014.3　77, 93p　30cm〈文献あり〉Ⓝ709.175

岡山市（災害廃棄物処理）

◇震災廃棄物処理セミナー（岡山・松山）運営業務報告書　平成25年度　［岡山］　環境省中国四国地方環境事務所　2014.3　86p　30cm（環境省請負業務報告書 平成25年度）〈請負者：日本環境衛生センター西日本支局〉Ⓝ518.52

岡山市（震災予防）

◇震災廃棄物処理セミナー（岡山・松山）運営業務報告書　平成25年度　［岡山］　環境省中国四国地方環境事務所　2014.3　86p　30cm（環境省請負業務報告書 平成25年度）〈請負者：日本環境衛生センター西日本支局〉Ⓝ518.52

岡山市（デイサービス）

◇【総合特区事業】通所介護サービスにおける質の評価に関する調査研究事業報告書　岡山　岡山市新病院・保健福祉政策推進課　2014.3　114p　30cm〈平成25年度老人保健事業推進費等補助金老人保健健康増進等事業〉Ⓝ369.263

岡山市（風俗・習慣）

◇あしもり—聞き書き集　1　岡山市立足守公民館「聞き書きボランティア養成講座」編　岡山　岡山市立足守公民館　2014.3　75p　21cm　Ⓝ382.175

岡山市（歴史）

◇宿—今と昔　分島久志, 岡崎和雄, 木元栄, 双田忍, 光岡邦貢, 光岡孝志編集・作成　［岡山］　岡山市北区宿町内会　2014.3　50p　26cm〈年表あり〉Ⓝ217.5

岡山大学

◇黄金に輝く仏教徒の国ミャンマー　槇野博史［著］　［出版地不明］　槇野博史　2013.3　100p　22cm　Ⓝ292.3809

◇岡益巳教授留学生支援論集　岡益巳［著］　［岡山］　岡山大学国際センター　2014.3　438p　30cm〈著作目録あり　文献あり　共同刊行：和光出版　内容：留学生相談指導　相談指導全般の諸問題　新入留学生オリエンテーション実施方法の改善　EPOK受入れ学生の諸問題　日韓予備教育学生への支援活動　国費留学生の挫折事例研究　中国人留学生の名前の漢字表記読み方に関する実証的研究　留学生交流・支援活動　留学生支援ボランティア・WAWAの活動（岡益巳, 安藤佐和子共同執筆）チューター活動　岡山大学における留学生協会の再建　地域社会における留学生交流支援のあり方（廣田陽子, 岡益巳共同執筆）　岡山大学における留学生の就職意識の特徴（松井

日本件名図書目録2014　Ⅰ　　　　　　　　　　　　　　　　　　　　　　　　　　　　　　　　　沖縄県（遺跡・遺物）

めぐみほか共同執筆）　中国人留学生の就職意識の特徴（松井めぐみほか共同執筆）　留学生の資格外活動許可基準の歴史的変遷とその諸問題　留学生の資格外活動に関する実証的研究（岡益巳, 坂野永理共同執筆）　受入・派遣　日本語・日本文化研修留学生受け入れ体制の改革（廣田陽子, 岡益巳共同執筆）　エディンバラ大学との学部間交流の歴史：　派遣（廣田陽子, 岡益巳共同執筆）　エディンバラ大学との学部間交流の歴史：受入（廣田陽子, 岡益巳共同執筆）　留学生教育・授業実践　日本経済語彙における日中両語間でのずれ　異文化体験・交流を目的とした日本事情科目の諸問題　Establishing and managing the subject "international student support volunteer practice"　満足度調査・グローバル人材　満足度調査にみる中国人私費留学生の特徴（坂野永理, 岡益巳, 光元總江共同執筆）　東アジア飛翔人材に求められるもの）Ⓘ978-4-901489-41-6　Ⓝ377.6

◇岡山大学を探る―CAMPUS GUIDE　2014・15　「岡山大学を探る」編集委員会編　岡山　書肆亥工房　2014.8　151p　21cm　Ⓘ978-4-915076-42-8　Ⓝ377.21　［1100円］

岡山藩

◇岡山藩主池田綱政の日記　第12巻（正徳3年）・第13巻（正徳4年）神原邦男編　岡山　神原邦男　2014.2　172, 185, 121p　22cm　Ⓘ978-4-904552-09-4　Ⓝ217.5　［7200円］

◇文明化の制御―食料とエネルギーと礼, 楽　中野文彦著　岡山　吉備人出版　2014.2　333p　21cm　Ⓘ978-4-86069-368-8　Ⓝ217.5　［2200円］

小川 孝〔1930～〕

◇私の歩んで来た道　小川孝著　岡山　女人随筆社　2014.11　317p　21cm〈吉備人出版（発売）〉Ⓘ978-4-86069-420-3　Ⓝ289.1　［2000円］

小川 未明〔1882～1961〕

◇解説小川未明小説　1　小埜裕二編　上越　永田印刷永田印刷出版部　2014.3　285p　21cm　Ⓘ978-4-9906685-2-5　Ⓝ910.268　［1400円］

小川 芳宏〔1936～〕

◇青春の轍―永野光哉会長に捧ぐ　小川芳宏著　熊本　熊日情報文化センター　2014.3　203p　19cm〈共同刊行：熊日出版〉Ⓘ978-4-87755-485-9　Ⓝ289.1　［1600円］

小川町〔埼玉県〕（紀行・案内記）

◇万葉うためぐり―学僧仙覚ゆかりの武蔵国小川町を歩く　小川町観光協会編, 小川靖彦監修, 村永清, 新田文子執筆　笠間書院　2014.6　111p　19cm〈文献あり　年譜あり〉Ⓘ978-4-305-70737-6　Ⓝ911.125　［900円］

小川町〔埼玉県〕（製糸業―歴史）

◇官ণ富岡製糸場工女取締青木てる物語―養蚕と蚕糸　新田文子著　小川町〔埼玉県〕新田文子　2014.4　107p　19cm〈年表あり　文献あり〉Ⓝ586.42133　［700円］

小城市（遺跡・遺物）

◇小城市内遺跡　4　小城　佐賀県小城市教育委員会　2014.3　49p　図版　20p　30cm　（小城市文化財調査報告書　第24集）〈1996-2000年度における佐賀県小城市小城町内の確認・試掘調査記録〉Ⓝ210.0254

◇丁永遺跡6・8区, 天神軒遺跡2区, 八戸遺跡5・6区　小城　小城市教育委員会　2013.12　136p　30cm　（小城市文化財調査報告書　第22集）Ⓝ210.0254

◇八ッ戸遺跡7区　小城　小城市教育委員会　2014.2　50p　図版20p　30cm　（小城市文化財調査報告書　第25集）〈株式会社ジェイエイビバレッジ佐賀小城事業所跡地における埋蔵文化財発掘調査報告書〉Ⓝ210.0254

小城市（歴史）

◇佐賀県小城市立歴史資料館・小城市立中林梧竹記念館調査研究報告書　第7集　平成24年度事業報告　小城市立歴史資料館, 小城市立中林梧竹記念館編　小城　小城市立歴史資料館　2014.3　67p　30cm〈表紙のタイトル：調査研究報告書　共同刊行：小城市立中林梧竹記念館〉Ⓝ219.2

◇写真や絵で見る小城の歴史　牛津編　川副正文編　牛津町〔佐賀県〕川副正文　2013.6　100p　30cm〈年表あり〉Ⓝ219.2

小城市（歴史―史料）

◇犬山家文書　第3巻　小城市教育委員会文化課編　小城　佐賀県小城市教育委員会　2014.3　242p　26cm　（小城市文化財調査報告書　第23集）Ⓝ219.2

小城市（和菓子―歴史）

◇村岡総本舗羊羹資料館案内　小城　村岡総本舗　2014.5　135p　30cm〈年表あり〉Ⓝ383.8192　［1200円］

息長〔氏〕

◇息長氏―大王を輩出した鍛冶氏族　宝賀寿男著　田原本町〔奈良県〕青垣出版　2014.11　212p　21cm　（古代氏族の研究6）〈星雲社（発売）〉Ⓘ978-4-434-19823-6　Ⓝ288.2　［1400円］

冲中記念成人病研究所

◇公益財団法人冲中記念成人病研究所設立40周年記念業績集　冲中記念成人病研究所　2014.3　95p　30cm　Ⓝ493.18

沖縄県

◇ウチナーあるある　ウチナーあるある研究会著, 南原明美画　TOブックス　2014.3　159p　18cm　Ⓘ978-4-86472-238-4　Ⓝ291.99　［1200円］

◇沖縄県民（ウチナーンチュ）のオキテ　書浪人善隆, 伊藤麻由子原作, 瀬田まいこ漫画　KADOKAWA　2014.12　127p　21cm〈文献あり〉Ⓘ978-4-04-601037-7　Ⓝ291.99　［1000円］

◇沖縄のハ・テ・ナ!?　沖縄ナンデモ調査隊著　双葉社　2014.11　295p　15cm　（双葉文庫　お-21-04）〈文献あり〉Ⓘ978-4-575-71425-8　Ⓝ291.99　［630円］

沖縄県（遺跡・遺物）

◇琉球列島先史・原史時代の環境と文化の変遷　高宮広土, 新里貴之編　六一書房　2014.3　305p　30cm　（琉球列島先史・原史時代における環境と文化の変遷に関する実証的研究研究論文集　第2集）〈文献あり　内容：環境と文化の変遷　内湾堆積物に記録された過去約2000年間の沖縄諸島環境史（山田和芳ほか著）　琉球列島のサンゴ礁形成過程（菅浩伸著）　更新世の琉球列島における動物相とヒトのかかわり（藤田祐樹著）　先史時代琉球列島へのイノシシ・ブタの導入（高橋遼平著）　貝類遺体からみた沖縄諸島の環境変化と文化変化（黒住耐二著）　脊椎動物遺体からみた琉球列島の環境変化と文化変化（樋泉岳二著）　沖縄諸島の遺跡出土骨貝の分類群組成にみる「特異的」傾向（菅原広史著）　植物遺体からみた琉球列島の環境変化（上田圭一著）　貝塚時代におけるオキナワウラジロガシ果実の利用について（田里一寿著）　琉球列島先史・原史時代における植物食利用（高宮広土, 千田寛之著）　琉球列島における先史時代の崖葬墓（片桐千亜紀著）　周辺地域との比較　大隅諸島の先史文化にみられる生業の特徴と変遷（石堂和博著　喜界島の様相（澄田直敏著）　先島諸島における先史時代のヒトと生態史（マーク・ハドソン著）　近世琉球・奄美における災害の頻発と機構変動問題（山田浩世著）　Column奄美のシマ（集落）の自然観（中山清美著）　ミクロネシアの古環境研究と人間居住（印東道子著）　バンクス諸島の「山」と「海」（野嶋洋子著）　ウォーラシア海域からみた琉球列島における先史人類の移住と海洋適応（小野林太郎著）　Column Human-Environmental interrelations in the prehistory of the Caribbean islands（Scott M.Fitzpatrick著）　Column Overview of recent archaeological and historical ecological research on California's Channel Islands,USA（Torben Rick著）　メソアメリカの自然環境と文化変化（青山和夫著）　アンデス文明の盛衰と環境変化（坂井正人著）〉Ⓘ978-4-86445-044-7,978-4-86445-042-3（set）Ⓝ219.9

◇琉球列島の土器・石器・貝製品・骨製品文化　新里貴之, 高宮広土編　六一書房　2014.3　311p　30cm　（琉球列島先史・原史時代における環境と文化の変遷に関する実証的研究研究論文集　第1集）〈文献あり　内容：土器文化　土器出現時期をめぐる問題（前1期）旧石器時代から貝塚時代へ（山崎真治著）　ヤブチ式前後の土器相について（伊藤圭孝著）　九州縄文時代中期土器群と在地土器群（前2期）　貝塚時代前2期の土器編年について（横尾昌樹著）　琉球列島の九州縄文土器群について（相美伊久雄著）　奄美・沖縄共通の土器群：いわゆる「奄美系」土器群をめぐって（前3期～前4期前半）　面縄前庭様式の研究（堂込秀人著）　前4期における奄美諸島の土器様相（新里亮人著）　奄美・沖縄の土器群分立（前4期後半・前5期前半）　点刻線文系土器群について（崎取恒寿著）　室川式・室川上層式および関連土器群の再検討（瀬戸哲也著）　在地土器群と九州弥生・古墳時代土器文化の関わり（前5期後半～後1期）　奄美諸島における前5期の土器について（森田太樹著）　沖縄諸島の肥厚口縁土器, 無文尖底系土器（玉榮飛道著）　奄美諸島・貝塚時代後1期の土器文化（新里貴之, 北野博雅郎著）　貝塚時代後1期・沖縄諸島の土器動態（安座間充著）　先史土器文化の終焉過程（後2期：くびれ平底系）　奄美諸島における兼久式土器について（新里亮人著）　先史土器文化の終焉過程（小橋川剛著）　窯業技術の導入と原史土器文化との関係（グスク時代）　貿易陶磁出現期の琉球列島における土器文化（宮城弘樹著）　グスク土器の変遷（具志堅亮著）　先史時代からグスク時代へ（新里亮人著）　先史から原史土器の年代的問題　放射性炭素年代から見た琉球列島における考古学的時期区分の現状と課題（名島弥生著）　石器・貝製品・骨製品文化　琉球列島の石器・石器石材（大堀皓平著）　先史琉球列島における貝製品の変化と画期（山野ケン陽次郎著）　貝塚時代骨製品

沖縄県（遺跡・遺物―石垣市）　　　　　　　　　　日本件名図書目録2014　Ⅰ

の出土状況（久貝弥嗣著）〉①978-4-86445-043-0,978-4-86445-042-3（set）Ⓝ219.9

沖縄県（遺跡・遺物―石垣市）
◇白保竿根田原洞穴遺跡　沖縄県立埋蔵文化財センター編　西原町（沖縄県）　沖縄県立埋蔵文化財センター　2013.3　265p　30cm　（沖縄県立埋蔵文化財センター調査報告書　第65集）〈新石垣空港建設工事に伴う緊急発掘調査報告書〉Ⓝ210.0254

沖縄県（遺跡・遺物―浦添市）
◇仲間稲マタ原近世墓群　2　浦添　浦添市教育委員会　2014.3　51p　30cm　（浦添市文化財調査報告書）〈浦添カルチャーパーク整備事業及びてだこホール建設事業に伴う埋蔵文化財発掘調査〉Ⓝ210.0254
◇前田・経塚近世墓群　5　浦添市教育委員会編　浦添　浦添市教育委員会　2014.3　191p　30cm　（浦添市文化財調査報告書）〈浦添南第一土地区画整理事業に伴う緊急発掘調査報告書　内容：経塚南小島原A丘陵〉Ⓝ210.0254

沖縄県（遺跡・遺物―うるま市）
◇勝連城跡―四の曲輪西区および東区発掘調査報告書　うるま　うるま市教育委員会　2014.7　219p　30cm　（うるま市文化財調査報告書　第23集）Ⓝ210.0254
◇桃原貝塚　うるま　うるま市教育委員会　2013.3　63p　30cm　（うるま市文化財調査報告書　第18集）〈市道与那城26号線道路整備事業に伴う埋蔵文化財緊急発掘調査報告書〉Ⓝ210.0254
◇平敷屋トウバル遺跡　うるま　うるま市教育委員会　2014.3　120p　図版3p　30cm　（うるま市文化財調査報告書　第22集）〈ホワイトビーチ地区燃料施設建設工事に伴う埋蔵文化財緊急発掘調査報告書〉Ⓝ210.0254

沖縄県（遺跡・遺物―宜野湾市）
◇基地内文化財　6　沖縄県立埋蔵文化財センター編　［西原町（沖縄県）］　沖縄県立埋蔵文化財センター　2014.3　147p　30cm　（沖縄県立埋蔵文化財センター調査報告書　第71集）〈内容：普天間飛行場内試掘調査．平成18-20年度〉Ⓝ219.9

沖縄県（遺跡・遺物―那覇市）
◇円覚寺跡　2　沖縄県立埋蔵文化財センター編　［西原町（沖縄県）］　沖縄県立埋蔵文化財センター　2014.3　181p　図版4p　30cm　（沖縄県立埋蔵文化財センター調査報告書　第70集）〈右掖門地区・南側石牆地区の遺構確認調査報告書〉Ⓝ210.0254
◇首里城跡　沖縄県立埋蔵文化財センター編　西原町（沖縄県）　沖縄県立埋蔵文化財センター　2013.3　384p　30cm　（沖縄県立埋蔵文化財センター調査報告書　第69集）Ⓝ210.0254
◇首里城跡―淑順門東地区発掘調査報告書　沖縄県立埋蔵文化財センター編　西原町（沖縄県）　沖縄県立埋蔵文化財センター　2014.3　151p　30cm　（沖縄県立埋蔵文化財センター調査報告書　第72集）Ⓝ210.0254
◇首里城跡―京の内跡発掘調査報告書　5　平成6年度調査の遺物編　2　沖縄県立埋蔵文化財センター調査班編　［西原町（沖縄県）］　沖縄県立埋蔵文化財センター　2014.3　193p　図版6p　30cm　（沖縄県立埋蔵文化財センター調査報告書　第73集）Ⓝ210.0254

沖縄県（遺跡地図―宜野湾市）
◇宜野湾市文化財情報図　平成25年度版　宜野湾　沖縄県宜野湾市教育委員会・文化課　2014.3　50p　30cm　（宜野湾市文化財保護資料　第72集）〈文献あり〉Ⓝ219.9

沖縄県（医療―石垣市）
◇八重山病院データでみヌカンゲー　2　上原真人著，八重山の医療を守る郡民の会［編］　那覇　ボーダーインク　2014.4　143p　19cm　①978-4-89982-250-9　Ⓝ498.16　［1143円］

沖縄県（エネルギー政策）
◇新エネルギー時代―沖縄の今これから　琉球新報社編著　那覇　琉球新報社　2013.5　190p　18cm　（新報新書　5）①978-4-89742-158-2　Ⓝ501.6　［933円］

沖縄県（音楽―歴史）
◇近代沖縄の洋楽受容―伝統・創作・アイデンティティ　三島わかな著　森話社　2014.1　383p　22cm　〈年表あり　索引あり　内容：学校教育を担った人物たち　伝統音楽に対する音楽観　伝統音楽の五線譜化　音楽創作と伝統性　音楽享受と公開演奏会　結論〉①978-4-86405-058-6　Ⓝ762.199　［7500円］
◇琉球楽器楽曲調査業務報告書―清代福州の音楽状況―琉球への影響　［那覇］　沖縄美ら島財団　2014.3　84p　30cm　〈文献あり　内容：事業報告　「琉球楽器楽曲調査業務」事業概要及び報告（平成18-25年度記録）　首里城台湾調査（報告）（比嘉悦子著）　研究論文　清代における福州と泉州及びその周辺地域の伝統音楽と琉球音楽の関係（王耀華，王州著）

琉球の御座楽〈送親親〉〈一更里〉〈相思病〉〈為学当〉に関する考察（劉富琳著）　御座楽のルーツ（源流）に関する一考察（比嘉悦子著）　御座楽楽曲における「加花」考（長嶺亮子著）　琉球王国の儀礼における中国系音楽（金城厚著）　座談会　琉球楽器・楽曲の研究，復元，人材育成について〉Ⓝ762.199

沖縄県（外客）
◇沖縄における台湾人観光客の動向調査―調査報告書　那覇　南西地域産業活性化センター　2014.3　47p　30cm　〈平成25年度自主研究事業〉Ⓝ689.2199

沖縄県（学習指導―初等教育）
◇学校教育における指導の努力点　平成25年度-平成27年度　那覇　沖縄県教育委員会　2013.1　141p　30cm　Ⓝ375.1

沖縄県（学習指導―中等教育）
◇学校教育における指導の努力点　平成25年度-平成27年度　那覇　沖縄県教育委員会　2013.1　141p　30cm　Ⓝ375.1

沖縄県（学習指導―特別支援教育）
◇学校教育における指導の努力点　平成25年度-平成27年度　那覇　沖縄県教育委員会　2013.1　141p　30cm　Ⓝ375.1

沖縄県（学習塾）
◇人材育成助成事業　平成24年度　沖縄県対米請求権事業協会編　那覇　沖縄県対米請求権事業協会　2014.3　88p　30cm　Ⓝ376.8

沖縄県（歌手）
◇島唄を歩く　2　小浜司著，琉球新報社編　那覇　琉球新報社　2014.9　151p　22cm　〈琉球プロジェクト（発売）〉①978-4-89742-176-6　Ⓝ787.5199　［1500円］

沖縄県（観光開発）
◇沖縄におけるサトウキビ農業自立のための方策―ハワイにおけるサトウキビプランテーションの土地利用転換に学ぶ　那覇　沖縄大学法経学部小野啓子研究室　2014.3　180p　21cm　（（社）沖縄県対米請求権事業協会・助成シリーズ　no. 49）〈平成25年度地域振興助成研究〉Ⓝ617.1

沖縄県（観光事業）
◇沖縄における台湾人観光客の動向調査―調査報告書　那覇　南西地域産業活性化センター　2014.3　47p　30cm　〈平成25年度自主研究事業〉Ⓝ689.2199
◇必ず儲かる沖縄観光ビジネス　渡口昇著　幻冬舎メディアコンサルティング　2014.4　259p　19cm　〈幻冬舎（発売）〉①978-4-344-97039-7　Ⓝ689.2199　［1200円］

沖縄県（看護教育）
◇島しょにおける「包括的専門看護師」の養成―「教育カリキュラム開発による看護の役割拡大」の教育プログラム：成果報告書　平成25年度　前田和子,神里みどり編　[那覇]　沖縄県立看護大学大学院　2014.3　133p　30cm　（沖縄県立看護大学大学院平成23年度「専門的看護師・薬剤師等医療人材養成事業」）Ⓝ492.907

沖縄県（企業）
◇沖縄上等企業に学ぶ最高のチームのつくり方―日本人が忘れたリーダーシップ　下所諭著　中央経済社　2014.6　183p　21cm　〈文献あり〉①978-4-502-09770-6　Ⓝ336.3　［2200円］

沖縄県（紀行・案内記）
◇石垣宮古ぐだぐだ散歩　カベルナリア吉田著　イカロス出版　2014.4　221p　21cm　①978-4-86320-858-2　Ⓝ291.99　［1600円］
◇カベルナリア吉田の沖縄バカ一代　2　カベルナリア吉田文・写真　北杜　林檎プロモーション　2013.9　191p　21cm　〈奥付のタイトル：沖縄バカ一代〉①978-4-906878-23-9　Ⓝ291.99　［1300円］
◇週末沖縄でちょっとゆるり　下川裕治著　朝日新聞出版　2014.8　303p　15cm　（朝日文庫　し19-6）①978-4-02-261806-1　Ⓝ291.99　［680円］
◇めんそーれ沖縄！―新天地沖縄と物外館の思い出　エルニーニョ深沢著　那覇　蛙ブックス　2014.5　176p　21cm　〈文献あり〉①978-4-907464-03-5　Ⓝ291.99　［700円］

沖縄県（教育）
◇沖縄の学力追跡分析―学力向上の要因と指導法　山崎博敏,西本裕輝,廣瀬等編著　協同出版　2014.4　145p　22cm　①978-4-319-00262-7　Ⓝ372.199　［1500円］
◇教職の道に生きて―出会いに学ぶ：回想録　津留健二著　那覇　ボーダーインク　2014.11　263p　22cm　①978-4-89982-263-9　Ⓝ372.199　［2000円］

沖縄県（教育―歴史）
◇近代沖縄教育と「沖縄人」意識の行方―沖縄県教育会機関誌『琉球教育』『沖縄教育』の研究　照屋信祐著　広島　溪水社　2014.2　336p　22cm　〈文献あり〉①978-4-86327-253-8　Ⓝ372.199　［4300円］

沖縄県（教育行政）

◇教育行政のあゆみ―復帰後四十年　那覇　沖縄県教育委員会　2013.3　1162p　22cm〈年表あり〉Ⓝ373.2　［非売品］

沖縄県（教育行政―糸満市）

◇糸満市の教育　平成25年度　［糸満］　糸満市教育委員会　[2013]　103p　30cm〈年表あり　折り込 1枚〉Ⓝ373.2

沖縄県（教員―歴史）

◇沖縄の教師像―数量・組織・個体の近代史　藤澤健一編，藤澤健一，近藤誠一郎，照屋信治，松田ヒロ子著　宜野湾　榕樹書林　2014.3　435,5p　21cm　（沖縄学術研究双書 8）〈年譜あり　著作目録あり　文献あり〉Ⓘ978-4-89805-172-6　Ⓝ374.3　［4800円］

沖縄県（行政―歴史）

◇10万人を超す命を救った沖縄県知事・島田叡　TBSテレビ報道局『生きろ』取材班著　ポプラ社　2014.8　221p　18cm　（ポプラ新書 039）〈文献あり〉Ⓘ978-4-591-14125-0　Ⓝ318.299　［780円］

沖縄県（郷土芸能―宜野座村）

◇宜野座の八月あしび―記録作成等の措置を講ずべき無形の民俗文化財：選定宜野座の八月あしび民俗文化財調査（祭り・行事を含む）報告書　宜野座村（沖縄県）宜野座村教育委員会　2014.3　243p　30cm　（宜野座村乃文化財 25集）Ⓝ386.8199

沖縄県（軍事基地）

◇嘉手納飛行場周辺における大気汚染物質に関する実測調査業務―報告書　平成25年度　［東京］　環境計画研究所　2014.3　38，79p　30cm　Ⓝ519.3

◇虚像の抑止力―沖縄・東京・ワシントン発安全保障政策の新機軸　新外交イニシアティブ編，柳澤協二，屋良朝博，半田滋，マイク・モチヅキ，猿田佐世［執筆］　旬報社　2014.8　193p　19cm〈年表あり　内容：普天間基地問題にどう向き合うか（柳澤協二著）海兵隊沖縄駐留と安全保障神話（屋良朝博著）日米の盲目的な主従関係が招く沖縄支配（半田滋著）　抑止力と在沖米海兵隊（マイク・モチヅキ著）　沖縄基地問題の分水嶺（柳澤協二，マイク・モチヅキ，半田滋ほか述）　豊かな外交チャンネルの構築を目指して（猿田佐世著）〉Ⓘ978-4-8451-1360-6　Ⓝ395.39　［1400円］

◇追render・ジョン・ミッチェル著，阿部小涼訳　高文研　2014.11　254p　19cm〈文献あり〉Ⓘ978-4-87498-556-4　Ⓝ559.3　［1800円］

◇日本はなぜ、「基地」と「原発」を止められないのか　矢部宏治著　集英社インターナショナル　2014.10　285p　19cm〈集英社（発売）〉Ⓘ978-4-7976-7289-3　Ⓝ319.1053　［1200円］

◇「普天間」を終わらせるために―終わらない最大の元凶は本土の沖縄に対する「差別」的意識と無関心　橋本晃和著　町田桜美林学園出版部　2014.10　104p　21cm〈はる書房（発売）文献あり　年表あり〉Ⓘ978-4-905007-03-6　Ⓝ395.39　［700円］

◇辺野古って、なに？　沖縄の心はひとつ―7月27日沖縄「建白書」を実現し未来を拓く島ぐるみ会議結成大会発言録　沖縄「建白書」を実現し未来を拓く島ぐるみ会議編　七つ森書館　2014.10　99p　21cm〈年表あり〉Ⓘ978-4-8228-1414-4　Ⓝ395.39　［926円］

◇辺野古に基地はいらない！　オール沖縄・覚悟の選択―普天間閉鎖、辺野古断念で日本が変わるアジアも変わる　東アジア共同体研究所編，鳩山友紀夫，大田昌秀，呉屋守將，山城博治，孫崎享，高野孟著　［東京］　花伝社　2014.11　111p　21cm　（友愛ブックレット）〈友愛書房（発売）内容：沖縄の歴史から考える（大田昌秀，高野孟述）　ウチナーンチュの尊厳（呉屋守將，鳩山友紀夫，高野孟述）　辺野古移設阻止、炎天下と暴風下の最前線を語る（山城博治述）　激変する世界情勢と沖縄基地建設の意味（孫崎享，高野孟述）　今さらながら、沖縄に海兵隊はいらない!!（高野孟述）〉Ⓘ978-4-7634-0719-1　Ⓝ395.39　［1000円］

◇暴力と差別としての米軍基地―沖縄と植民地―基地形成史の共通性　林博史著　京都　かもがわ出版　2014.10　175p　20cm　（未来への歴史）〈文献あり〉Ⓘ978-4-7803-0738-2　Ⓝ395.39　［1700円］

沖縄県（軍事基地―宜野湾市）

◇普天間移設日米の深層　琉球新報「日米廻り舞台」取材班著　青灯社　2014.9　201p　19cm　Ⓘ978-4-86228-075-6　Ⓝ395.39　［1400円］

沖縄県（景観保全―渡名喜村）

◇渡名喜島―地割制と歴史的集落景観の保全　中俣均著　古今書院　2014.3　164p　19cm　（叢書・沖縄を知る）〈文献あり〉Ⓘ978-4-7722-5275-1　Ⓝ611.22199　［2800円］

沖縄県（経済）

◇沖縄経済入門　沖縄国際大学経済学科編，宮城和宏監修　宜野湾　沖縄国際大学経済学科　2014.4　184p　26cm〈編集工房東洋企画（発売）文献あり〉Ⓘ978-4-905412-28-1　Ⓝ332.199　［1500円］

沖縄県（経済―統計）

◇沖縄経済ハンドブック　2014年度版　沖縄振興開発金融公庫企画調査部調査課編　那覇　沖縄振興開発金融公庫企画調査部調査課　2014.9　171p　19cm　Ⓝ330.59

沖縄県（芸者―那覇市―歴史）

◇辻と俤儷の物語―琉球の花街　浅香怜子著　宜野湾　榕樹書林　2014.2　120p　21cm　（がじゅまるブックス 6）〈文献あり〉Ⓘ978-4-89805-171-9　Ⓝ384.9　［900円］

沖縄県（芸術家）

◇KOA九州・沖縄アーティストファイル　［福岡］　九州・沖縄アーティストファイル実行委員会　2014.9　143p　21cm〈英語併記　共同刊行：Fukuoka Art Tips〉Ⓘ978-4-9907865-0-2　Ⓝ702.8　［1204円］

沖縄県（言語政策―歴史）

◇小・中学生向け「地域語教材」開発のための基礎的研究　神戸甲南大学総合研究所　2014.2　47p　21cm　（甲南大学総合研究所叢書 122）〈内容：鹿児島県における共通語教育に関する調査とその考察（橘幸男著）沖縄県の小・中学校における方言啓発・普及活動について（黒崎良昭著）　沖縄県那覇市での聞き取り調査の詳細（抄録）（黒崎良昭著）〉Ⓝ810.9　［非売品］

沖縄県（県民性）

◇九州・沖縄「方言」から見える県民性の謎　篠崎晃一著　実業之日本社　2014.7　207p　18cm　（じっぴコンパクト新書 197）〈文献あり〉Ⓘ978-4-408-45511-2　Ⓝ818.9　［800円］

沖縄県（口承文学）

◇沖縄の伝承遺産を拓く―口承神話の展開　福田晃著　三弥井書店　2013.6　379p　22cm　（[三弥井民俗選書]）〈内容：ノロ〈祝女〉ユタ〈巫者〉のなかの口承神話　鉄・王権・説話　鉄人英雄譚　「馬の家」英雄譚　神話・伝説・昔話の間　神話・伝説・史譚の間　徳之島を訪ねる　八重山・竹富島小浜島を訪ねる　「八重山諸島の昔話」を歩く　「南島〈奄美・沖縄〉の昔話」を歩く　昔話採訪の五〇年〉Ⓘ978-4-8382-9086-4　Ⓝ388.199　［2800円］

沖縄県（交通）

◇「沖縄における鉄軌道をはじめとする新たな公共交通システムに係る県民意識等実態把握調査」報告書　平成25年度　［東京］　内閣府　2014.3　1冊　30cm　Ⓝ682.199

沖縄県（国勢調査）

◇国勢調査報告　平成22年　第5巻　抽出詳細集計結果　その2（都道府県・市区町村編）12（九州 2・沖縄）　総務省統計局編　総務省統計局　2014.2　1冊　27cm〈英語併記〉Ⓝ358.1

◇国勢調査報告　平成22年　第6巻　その3　従業地・通学地による抽出詳細集計結果　6（全国、九州・沖縄）　総務省統計局編　総務省統計局　2014.1　1冊　27cm〈英語併記〉Ⓝ358.1

◇国勢調査報告　平成22年　第5巻　抽出詳細集計結果　その2（都道府県・市区町村編）12（九州 2・沖縄）　総務省統計局編　日本統計協会　2014.3　1冊　27cm〈英語併記〉Ⓘ978-4-8223-3766-7　Ⓝ358.1　［6400円］

◇国勢調査報告　平成22年　第6巻その3　従業地・通学地による抽出詳細集計結果　6（全国、九州・沖縄）　総務省統計局、統計センター編　統計センター　2014.3　1冊　27cm〈英語併記〉Ⓘ978-4-86464-175-3　Ⓝ358.1　［8100円］

沖縄県（子育て支援）

◇沖縄の保育・子育て問題―子どものいのちと発達を守るための取り組み　浅井春夫，吉葉研司編著　明石書店　2014.3　307p　19cm〈内容：沖縄の保育・子育て問題（吉葉研司著）　沖縄の認可外保育園〈施設〉の現状と課題（伊集唯行著）　沖縄の学童保育の実態と課題（垣花道朗著）　実践記録沖縄の子育てと家族支援（與座初美著）　基地を抱える自治体・地域の保育問題（浅井春夫著）　沖縄の乳幼児における平和教育の模索（ウィンフィールドひろみ著）　子どもの平和論（石原昌家著）　沖縄保育の歴史（神里博武著）　実践記録タロウとの出会いから道がひろがった保育の世界（石川キヨ子著）　取材から見えてきた保育現場の課題（屋良朝輝著）　子ども・子育て支援新制度と沖縄保育の課題（浅井春夫著）〉Ⓘ978-4-7503-3983-2　Ⓝ369.42　［2300円］

沖縄県（古文書―保存・修復―うるま市）

◇受け継がれるシマの宝と技―南風原村文書と修復技術の世界：ビジュアル版　うるま　うるま市教育委員会　2014.3　90p　30cm〈年表あり〉Ⓝ014.61

沖縄県（昆虫）

◇南風原村文書修復報告書　うるま　うるま市教育委員会
2014.3　124p　30cm　（うるま市文化財調査報告書　第19集）
Ⓝ014.61

沖縄県（昆虫）
◇沖縄昆虫誌　東清二著　宜野湾　榕樹書林　2013.4　272, 4p
21cm　（沖縄学術研究双書 6）〈文献あり　付属資料：8p：月
報 no. 74）①978-4-89805-165-8　Ⓝ486.02199　[2800円]

沖縄県（祭祀―南城市）
◇歴史のなかの久高島―家・門中と祭祀世界　赤嶺政信著　慶
友社　2014.2　454p　21cm　（考古民俗叢書）〈文献あり　索
引あり　内容：本研究の課題と方法　歴史のなかの久高島
久高島の家と地割制　久高島の祖霊観念・祖先祭祀と家の態
様　久高島の門中の実態とその特徴　久高島の祭祀組織の特
徴　久高島の村落の祭祀世界と門中　イザイホウと国家制度
八月行事と国家制度　ナーリャ〈名付け〉と国家制度　門中化
現象に見る久高島の社会史　本研究のまとめと展望〉①978-
4-87449-143-0　Ⓝ386.199　[9500円]

沖縄県（祭礼―久米島町）
◇久米島謝名堂の神祭り　大山須美著　那覇　沖縄国際平和研
究所（制作）　2014.6　214p　21cm〈文献あり　年表あり〉
Ⓝ386.199

沖縄県（祭礼―写真集）
◇来夏世（クナチィユ）―祈りの島々八重山　大森一也著　石垣
南山舎　2013.9　262p　27cm　①978-4-901427-29-6　Ⓝ386.
199　[2900円]

沖縄県（祭礼―宮古島市）
◇歌の原初へ―宮古島狩俣の神歌と神話　居駒永幸著　おうふ
う　2014.4　372p　20cm　（明治大学人文科学研究所叢書）
〈内容：狩俣の祭祀と神歌体系　ユヌヌス神話と神歌　ウヤ
ガン祭マトガヤーの神歌と伝説　ニーラーグとアーグヌシュ
タービの叙事構造　シダティムトゥのタービ四種　戦いの叙
事歌　『古事記』『万葉集』と南島文学　神話の生成神話の森
狩俣の伝承世界とアーグ　狩俣の創世神話　狩俣の神歌と神
話　狩俣の神と神を祭る歌　世乞いの祭祀と神歌　樹に成っ
た神女　神歌のゆくえ　久貝キヨさんのこと　アブンマ、誕
生する　太陽世の原初　太陽の巫女　読谷の王墓〉①978-4-
273-03752-9　Ⓝ388.9199　[4500円]

沖縄県（雑誌―歴史）
◇琉球・島之宝　創刊号　うる文化協会「沖縄文学資料調査委員
会」編　[南城]　うる文化協会　2014.3　212p　21cm〈年表
あり　内容：沖縄関係雑誌資料・発掘調査報告. 1〉Ⓝ219.9
[1000円]

沖縄県（産業）
◇沖縄・台湾フォーラム　[那覇]　南西地域産業活性化セン
ター　2014.3　1冊　30cm〈平成25年度自主研究事業〉
Ⓝ602.199

沖縄県（産業政策）
◇新たな沖縄振興の提言に関する調査研究報告書　那覇　南西
地域産業活性化センター　2014.3　178p　30cm〈平成25年度
自主研究事業〉Ⓝ601.199

沖縄県（産児調節―歴史）
◇戦後沖縄の生殖をめぐるポリティクス―米軍統治下の出生力
転換と女たちの交渉　澤田佳世著　大月書店　2014.2　377,
15p　22cm〈文献あり〉①978-4-272-35040-7　Ⓝ334.3199
[6500円]

沖縄県（史跡名勝）
◇夢うつつ―琉球風画帖　ローゼル川田文・画　那覇　ボー
ダーインク　2014.6　93p　15×21cm　①978-4-89982-258-5
Ⓝ291.99　[1800円]

沖縄県（失業）
◇沖縄県の就業構造と失業に関する調査研究―調査報告書　那
覇　南西地域産業活性化センター　2014.3　91p　30cm〈平
成25年度自主研究事業〉Ⓝ366.2199

沖縄県（社会）
◇沖縄経済入門　沖縄国際大学経済学科編，宮城和宏監修　宜
野湾　沖縄国際大学経済学科　2014.4　184p　26cm　（編集工
房東洋企画（発売）　文献あり〉①978-4-905412-28-1　Ⓝ332.
199　[1500円]
◇沖縄健康の生き方　鈴木信監修, 鈴木信, 鈴木陽子, クレイグ・
ウィルコックス, ブラッドリー・ウィルコックス著　浦添
「新老人の会」沖縄支部　2014.4　199p　21cm〈文献あり〉
Ⓝ498.38　[1000円]
◇これが沖縄の生きる道　仲村清司, 宮台真司著　亜紀書房
2014.10　333p　19cm　①978-4-7505-1415-4　Ⓝ302.199
[1500円]

沖縄県（昆虫）

沖縄県（社会）
◇持続と変容の沖縄社会―沖縄的なるものの現在　谷富夫, 安藤
由美, 野入直美編著　京都　ミネルヴァ書房　2014.5　304p
22cm〈索引あり　内容：沖縄的なるものを検証する（谷富夫
著）　本土移住と沖縄再適応（野入直美著）　成人期への移行と
Uターン（安藤由美著）　ウチナーンチュの生活世界（二階堂裕
子著）　沖縄大卒者のローカル・トラック（上原健太郎著）
沖縄的共同体の外部に生きる（打越正行著）　琉球華僑（八尾
祥平著）　本土出身者の移住をめぐる選択と葛藤（須藤直子
著）　沖縄ハンセン病者の排除と移動（中村文哉著）　名護市
辺野古と米軍基地（熊本博之著）　軍民境界都市としてのコザ
（山﨑孝史著）　戦後沖縄都市の形成と展開（波平勇夫著）　西
表島戦後開拓集落の地域形成（越智正樹著）〉①978-4-623-
07034-3　Ⓝ302.199　[4500円]
◇ぼくの沖縄〈復帰後〉史　新城和博著　那覇　ボーダーインク
2014.1　198p　18cm　（ボーダー新書 009）〈年表あり〉
①978-4-89982-248-6　Ⓝ302.199　[1000円]

沖縄県（社会福祉―糸満市）
◇糸満ちむぐむ♡さんかくプラン―糸満市地域福祉計画・第3次
糸満市地域福祉活動計画　糸満市福祉部社会福祉課, 糸満市社
会福祉協議会編　[糸満]　糸満市　2013.3　131p　30cm
Ⓝ369.11

沖縄県（障害児教育―歴史―年表）
◇戦後沖縄の特殊教育年表　特殊教育人物史編集委員会編　那
覇　比嘉興文堂（印刷）　2014.3　40p　21cm　Ⓝ378.02199
[500円]

沖縄県（消費者保護）
◇消費生活相談の事例と40年の変遷―沖縄県　消費者センター
沖縄企画・編集　那覇　沖縄県県民生活センター　2013.2
174p　30cm〈年表あり〉Ⓝ365.89

沖縄県（食生活―歴史）
◇「沖縄シマ豆腐」物語　林真司著　潮出版社　2014.1　222p
19cm〈文献あり〉①978-4-267-01968-5　Ⓝ619.6　[1400円]

沖縄県（女性問題）
◇沖縄ジェンダー学　第1巻　「伝統」へのアプローチ　喜納育
江編　大月書店　2014.3　277,11p　22cm　（琉球大学国際
沖縄研究所ライブラリ）〈索引あり　内容：沖縄とジェンダー
（喜納育江著）　男系原理と女性の霊威（赤嶺政信著）　前近代
琉球の家族・夫婦・親子をめぐる権力関係（豊見山和行著）
琉球芸能における女形（大城學著）　琉球諸語のことわざの表
現形式にみる女性（かりまたしげひさ著）　しまくとぅば意識
と活動にみられる男女差（石原昌英著）　近代と非近代のあい
だ（結城正美著）　抑圧された記憶の回帰（スーザン・ブーテ
レイ著）　「沖縄的身体」の所在（崎山多美, 高嶺久枝述）　台
湾の植民地化と先住民女性の抵抗（梁一萍著, 仲里和花訳）　イ
ンド女性の伝統と社会運動（アパルナ・バハッタチャルヤ著,
喜納育江訳）〉①978-4-272-35051-3　Ⓝ367.2199　[3400円]

沖縄県（書目）
◇沖縄県EL新聞記事情報リスト　2013-1　エレクトロニック・
ライブラリー編　エレクトロニック・ライブラリー　2014.2
765p　31cm〈制作：日外アソシエーツ〉Ⓝ025.8199
◇沖縄県EL新聞記事情報リスト　2013-2　エレクトロニック・
ライブラリー編　エレクトロニック・ライブラリー　2014.2
p767-1512　31cm〈制作：日外アソシエーツ〉Ⓝ025.8199
◇沖縄県EL新聞記事情報リスト　2013-3　エレクトロニック・
ライブラリー編　エレクトロニック・ライブラリー　2014.2
p1513-2271　31cm〈制作：日外アソシエーツ〉Ⓝ025.8199
◇沖縄県EL新聞記事情報リスト　2013-4　エレクトロニック・
ライブラリー編　エレクトロニック・ライブラリー　2014.2
p2273-3137　31cm〈制作：日外アソシエーツ〉Ⓝ025.8199
◇沖縄県EL新聞記事情報リスト　2013-5　エレクトロニック・
ライブラリー編　エレクトロニック・ライブラリー　2014.2
p3139-3994　31cm〈制作：日外アソシエーツ〉Ⓝ025.8199
◇沖縄県EL新聞記事情報リスト　2013-6　エレクトロニック・
ライブラリー編　エレクトロニック・ライブラリー　2014.2
p3995-5051　31cm〈制作：日外アソシエーツ〉Ⓝ025.8199
◇沖縄県EL新聞記事情報リスト　2013-7　エレクトロニック・
ライブラリー編　エレクトロニック・ライブラリー　2014.2
p5053-6107　31cm〈制作：日外アソシエーツ〉Ⓝ025.8199
◇沖縄県EL新聞記事情報リスト　2013-8　エレクトロニック・
ライブラリー編　エレクトロニック・ライブラリー　2014.2
p6109-6963　31cm〈制作：日外アソシエーツ〉Ⓝ025.8199
◇沖縄県EL新聞記事情報リスト　2013-9　エレクトロニック・
ライブラリー編　エレクトロニック・ライブラリー　2014.2
p6965-7792　31cm〈制作：日外アソシエーツ〉Ⓝ025.8199
◇沖縄県EL新聞記事情報リスト　2013-10　エレクトロニック・
ライブラリー編　エレクトロニック・ライブラリー　2014.2
p7793-8634　31cm〈制作：日外アソシエーツ〉Ⓝ025.8199

沖縄県（人口）
◇沖縄県人口増加計画―沖縄21世紀ビジョンゆがふしまづくり　那覇　沖縄県　2014.3　62, 44p　30cm　Ⓝ334.3199

沖縄県（人口―歴史）
◇戦後沖縄の生殖をめぐるポリティクス―米軍統治下の出生力転換と女たちの交渉　澤田佳世著　大月書店　2014.2　377, 15p　22cm　〈文献あり〉Ⓘ978-4-272-35040-7　Ⓝ334.3199　[6500円]

沖縄県（水底遺跡）
◇沖縄の水中文化遺産―青い海に沈んだ歴史のカケラ　南西諸島水中文化遺産研究会編著，片桐千亜紀，宮城弘樹，渡辺美季[著]　那覇　ボーダーインク　2014.11　242p　19cm　〈文献あり〉Ⓘ978-4-89982-264-6　Ⓝ219.9　[1800円]

沖縄県（生活問題）
◇くらしについてのアンケート結果―県民意識調査報告書　第8回　平成24年10月調査　那覇　沖縄県企画部企画調整課　2014.3　211, 28p　30cm　Ⓝ365.5

沖縄県（姓氏）
◇あなたの知らない九州・沖縄地方の名字の秘密　森岡浩著　洋泉社　2014.12　270p　18cm　〈歴史新書〉〈索引あり〉Ⓘ978-4-8003-0468-1　Ⓝ288.1　[900円]

沖縄県（精神障害者福祉―歴史）
◇沖縄における精神保健福祉のあゆみ―沖縄県精神保健福祉協会創立55周年記念誌　北村毅編著　南風原町（沖縄県）　沖縄県精神保健福祉協会　2014.3　22, 494p　27cm　〈文献あり　年表あり〉Ⓝ369.28　[非売品]

沖縄県（選挙―統計）
◇結果調　[那覇]　沖縄県選挙管理委員会　2013.3　125p　30cm　〈第46回衆議院議員総選挙最高裁判所裁判官国民審査平成24年12月16日執行〉Ⓝ314.8

沖縄県（染織工芸―図集）
◇琉球王国の美―織染　[那覇]　沖縄美ら島財団　2014.7　56p　30cm　Ⓝ753.2

沖縄県（戦争遺跡）
◇八重山の戦争　大田静男著　復刻版　石垣　南山舎　2014.6　340p　21cm　（シリーズ八重山に立つ　no. 1）〈年表あり〉Ⓘ978-4-901427-32-6　Ⓝ291.99　[2900円]

沖縄県（租税制度―歴史―史料）
◇近世地方經濟史料　第10巻　小野武夫編　オンデマンド版　吉川弘文館　2013.10　460p　22cm　〈印刷・製本：デジタルパブリッシングサービス　内容：琉球産業制度資料．後篇〉Ⓘ978-4-642-04319-9　Ⓝ612.1　[14000円]

沖縄県（大衆運動）
◇沖縄を越える―民衆連帯と平和創造の核心現場から　新崎盛暉編著　凱風社　2014.6　267p　19cm　〈内容：抵抗運動の新たな地平（米田綱路聞き手）　抵抗の根っこにある歴史認識　構造的沖縄差別と「オール沖縄」　求められる根源的なパラダイムシフト　民衆運動の新しい地平を創ろう（新崎盛暉，崎原盛秀，山城博治述）　沖縄から見た尖閣問題　私にとっての韓国国境を低くして，東アジアの平和を実現しよう（白永瑞，新崎盛暉述）　日韓民衆連帯の歴史と現場（高橋年男，都裕史，豊見山雅裕ほか述）　新たな東アジア像の創造のために（新崎盛暉，鳥山淳，若林千代ほか述）〉Ⓘ978-4-7736-3806-6　Ⓝ312.199　[1700円]

沖縄県（太平洋戦争〔1941～1945〕―会戦）
◇大田昌秀が説く沖縄戦の深層―住民はいかにして戦争に巻き込まれたか　大田昌秀著　高文研　2014.8　227p　19cm　〈年表あり〉Ⓘ978-4-87498-551-9　Ⓝ210.75　[1600円]
◇沖縄戦・渡嘉敷島「集団自決」の真実―日本軍の住民自決命令はなかった！　曽野綾子著　ワック　2014.8　378p　19cm　（曽野綾子著作集）〈文献あり　2006年刊の改訂、新版〉Ⓘ978-4-89831-427-2　Ⓝ916　[1200円]
◇写真記録沖縄戦―決定版：国内唯一の"戦場"から"基地の島"へ　大田昌秀，沖縄国際平和研究所編著　高文研　2014.5　173p　21cm　〈文献あり　著作目録あり〉Ⓘ978-4-87498-543-4　Ⓝ210.75　[1700円]
◇八重山の戦争　大田静男著　復刻版　石垣　南山舎　2014.6　340p　21cm　（シリーズ八重山に立つ　no. 1）〈年表あり〉Ⓘ978-4-901427-32-6　Ⓝ291.99　[2900円]

沖縄県（太平洋戦争〔1941～1945〕―被害）
◇沖縄戦と心の傷―トラウマ診療の現場から　蟻塚亮二著　大月書店　2014.6　266p　19cm　Ⓘ978-4-272-36081-9　Ⓝ493.74　[1900円]

沖縄県（煙草―歴史）
◇琉球民営煙草デザイン―1951-1972：本土復帰前琉球民営会社のたばこ　渡邉保人執筆　富士　ALITALIA　2014.5　134p　31cm　Ⓝ589.8　[8500円]

沖縄県（ダム）
◇沖縄のダム―世界に誇れるダム建設北部ダムの42年　沖縄しまたて協会編，内閣府沖縄総合事務局北部ダム事務所監修　浦添　沖縄しまたて協会　2014.3　135p　30cm　〈年表あり〉Ⓝ517.72

沖縄県（地域開発）
◇沖縄の飛躍発展に向けた提言集―万国津梁機構定期講演会特集　仲里嘉彦監修　第2版　浦添　万国津梁機構　2014.6　344p　21cm　〈内容：激動の復帰前と復帰四十年の検証（仲里嘉彦述）　特例型沖縄単独州制導入で沖縄県の飛躍発展（外間盛善述）　オスプレイ配備No（上原康助述）　豊見城市の発展の歴史をふまえ、さらなる発展の取り組みについて（宜保晴毅述）　沖縄の発展可能性と戦略（富川盛武述）　国政に臨むにあたって（國場幸之助述）　国政報告会（宮崎政久述）　日米地位協定の改定に向けて（比嘉幹郎述）　大型MICE施設のマリンタウンへの誘致で東海岸地域のリゾート・拠点都市づくり（古堅國雄述）　大型MICE施設のマリンタウンへの誘致で東海岸拠点開発の起爆剤へ（上間明述）　フリーゾーンの設定で世界注視のドバイに学ぶ（太田範雄述）　韓国仁川の経済特区に学ぶ（太田範雄述）　内閣府大臣政務官として安倍内閣の一年をふりかえる（島尻安伊子述）〉Ⓝ601.199　[1389円]

沖縄県（地域社会）
◇島嶼地域の新たな展望―自然・文化・社会の融合体としての島々　藤田陽子，渡久地健，かりまたしげひさ編　福岡　九州大学出版会　2014.4　382p　22cm　〈琉球大学国際沖縄研究所ライブラリ〉〈索引あり　内容：「新しい」島嶼学（ゴッドフリー・バルダッチーノ著）　島嶼社会の可能性と生物・文化多様性（湯本貴和著）　ブーゲンヴィル島（パプアニューギニア）の言語文化多様性（大西正幸著）　島おこしと観光（フンク・カロリン著）　ハワイにおける再生可能エネルギーの政策展開（樽井礼著）　太平洋島嶼の漁村における海洋管理責任と女性の役割（ヴィナ・ラムービデシ著，池田知世訳）　太平洋島嶼における地域主体型の漁業管理とその意義（ジョエリ・ヴェイテヤキ著，岩木幸太訳）　パラオにおける自然共生型地域計画（飯田晶子著）　戦後沖縄における食事・栄養と食環境の変遷（等々力英美著）　沖縄におけるソーシャル・キャピタルと健康（白井こころ著）　離島における教育の情報化と広域連携の効果（三友仁志著）　島嶼地域における環境と社会インフラ（堤純一郎著）　消滅危機言語の教育可能性を考える（かりまたしげひさ著）　奄美・沖縄のサンゴ礁漁撈文化（渡久地健著）　沖縄から島嶼地域の海岸防災を考える（仲座栄三著）　離島の地理的特性が地方団体の経営効率性に与える影響（獺口浩一著）　沖縄および太平洋島嶼の水利用と水源管理（廣瀬孝著）　自然・文化・社会の融合体としての島嶼地域と「新しい島嶼学」の展望（藤田陽子著）〉Ⓘ978-4-7985-0130-7　Ⓝ361.7　[3600円]

沖縄県（地域社会開発）
◇対米請求権地域振興事業・対米請求権市町村軍用地跡地利用対策事業実績報告書　平成24年度　那覇　沖縄県対米請求権事業協会　2013.12　407p　30cm　Ⓝ361.98
◇地域活性化助成事業実施事業成果報告書　平成24年度　沖縄県対米請求権事業協会編　那覇　沖縄県対米請求権事業協会　2014.1　103p　30cm　〈奥付のタイトル：地域活性化助成事業〉Ⓝ361.98

沖縄県（地誌―那覇市）
◇真嘉比字誌　真嘉比字誌編集委員会編　那覇　真嘉比自治会　2014.3　331p　図版24p　27cm　〈文献あり　年表あり〉Ⓝ291.99

沖縄県（地方自治）
◇「沖縄振興体制」を問う―壊された自治とその再生に向けて　島袋純著　京都　法律文化社　2014.1　312p　22cm　〈年表あり　索引あり　内容：戦後日本政治の根源的病理　日本政府による沖縄の統治　日米安保の変容と分権改革　沖縄からの問いかけ　施政権返還後の沖縄統治の仕組み　構造的暴力の制度化　確立できない日本の立憲主義と沖縄の闘争　沖縄における自治の破壊と再生　グローバリゼーションと地域　変容する国民国家と地域ガバナンス　グローバリゼーションと沖縄の自律構想　沖縄のガバナンスのゆくえ　沖縄県民投票における政治過程　基地問題の争点化と非争点化　分権改革のなかの集権化　自治破壊と自治体改革の停滞　新たな沖縄の政府構築への始動　道州制の議論を沖縄の視点で考え直す　分権改革のなかの道州制と沖縄の自治　世界につながる沖縄の自治　沖縄の自治の挑戦〉Ⓘ978-4-589-03553-0　Ⓝ318.299　[4800円]
◇自治体改革の今―沖縄の事例を中心にして　宜野湾　沖縄国際大学公開講座委員会　2014.3　307p　19cm　（沖縄国際大学公開講座　23）〈編集工房東洋企画（発売）　文献あり　年表あり　内容：沖縄の発展可能性と戦略（富川盛武著）　琉球政府と沖縄県（黒柳保則著）　市町村合併と自治体改革（古謝景

沖縄県（地名）

春著）　那覇市繁多川公民館の試みから（大城喜江子, 南信乃介著）　中核市・那覇の未来を拓く（翁長雄志著）　地方制度改革の現状（佐藤学著）　議会改革の現状と課題（前津榮健著）　行政評価と自治体財政（平剛著）　国と地方のあり方（照屋寛之著）〉Ⓝ978-4-905412-30-4　Ⓝ318.299　[1500円]

沖縄県（地名）
◇黒潮と南方文化　德井賢著　文芸社　2014.2　133p　19cm　Ⓘ978-4-286-13982-1　Ⓝ385.6　[1100円]

沖縄県（闘牛―うるま市―写真集）
◇闘牛女子。―写真集　久高靖枝写真・文　那覇　ボーダーインク　2013.5　84p　15×21cm　Ⓘ978-4-89982-237-0　Ⓝ788.4　[1300円]

沖縄県（陶磁器―歴史）
◇壺屋焼入門　倉成多郎著　那覇　ボーダーインク　2014.7　182p　18cm　（ボーダー新書 10）〈年表あり〉Ⓘ978-4-89982-260-8　Ⓝ751.1　[1000円]

沖縄県（土壌）
◇沖縄農業の復活　大城喜信著　南城　よんき産業協会　2014.3　106p　21cm（榕樹書林（発売）文献あり）Ⓘ978-4-89805-174-0　Ⓝ612.199　[1389円]

沖縄県（図書館―歴史）
◇米軍占領下における沖縄の図書館事情―戦後沖縄の図書館復興を中心に　漢那憲治著　［京都］　京都図書館学研究会　2014.3　230p　21cm　［978-4-947584-05-2　Ⓝ016.2199　[2500円]

沖縄県（土地制度―渡名喜村―歴史）
◇渡名喜島―地割制と歴史的集落景観の保全　中俣均著　古今書院　2014.3　164p　19cm　〈叢書・沖縄を知る〉〈文献あり〉Ⓘ978-4-7722-5275-1　Ⓝ611.22199　[2800円]

沖縄県（年鑑）
◇琉球要覧　第6巻　1954年版　［琉球政府主席官房情報課］,［琉球政府計画局広報課編集］　復刻版　不二出版　2014.3　95,324p　22cm〈琉球政府主席官房情報課 1955年刊の複製　琉球政府計画局広報課 1964年刊の複製　布装〉Ⓘ978-4-8350-7376-7,978-4-8350-7375-0（set）Ⓝ059.199　[18000円]
◇琉球要覧　第7巻　1964年版　［琉球政府計画局広報課編集］　復刻版　不二出版　2014.3　353p　22cm〈琉球政府計画局広報課1965年刊の複製　布装〉Ⓘ978-4-8350-7377-4,978-4-8350-7375-0（set）Ⓝ059.199　[18000円]
◇琉球要覧　第8巻　1965年版　［琉球政府総務局渉外広報部広報課編集］　復刻版　不二出版　2014.3　389p　22cm〈琉球政府総務局渉外広報部広報課 1966年刊の複製　布装〉Ⓘ978-4-8350-7378-1,978-4-8350-7375-0（set）Ⓝ059.199　[18000円]
◇琉球要覧　第9巻　1966年版　［琉球政府総務局渉外広報部広報課編集］　復刻版　不二出版　2014.3　439p　22cm〈琉球政府総務局渉外広報部広報課 1967年刊の複製　布装〉Ⓘ978-4-8350-7379-8,978-4-8350-7375-0（set）Ⓝ059.199　[18000円]
◇琉球要覧　第10巻　1967年版　［総務局渉外広報部広報課編集］　復刻版　不二出版　2014.3　490p　22cm〈琉球政府1968年刊の複製　布装〉Ⓘ978-4-8350-7380-4,978-4-8350-7375-0（set）Ⓝ059.199　[18000円]
◇琉球要覧　第11巻　沖縄要覧1968年版　［総務局渉外広報部広報課編集］　復刻版　不二出版　2014.8　568,8p　22cm〈琉球政府 1969年刊の複製　布装〉Ⓘ978-4-8350-7382-8,978-4-8350-7381-1（set）Ⓝ059.199　[18000円]
◇琉球要覧　第12巻　沖縄要覧昭和44年度版　［総務局渉外広報部広報課編集］　復刻版　不二出版　2014.8　391p　16×22cm〈琉球政府 1970年刊の複製　布装〉Ⓘ978-4-8350-7383-5,978-4-8350-7381-1（set）Ⓝ059.199　[18000円]
◇琉球要覧　第13巻　沖縄要覧昭和45年度版　［総務局渉外広報部広報課編集］　復刻版　不二出版　2014.8　385p　16×22cm〈琉球政府 1971年刊の複製　布装〉Ⓘ978-4-8350-7384-2,978-4-8350-7381-1（set）Ⓝ059.199　[18000円]
◇琉球要覧　第14巻　沖縄要覧昭和46年度版　［琉球政府編集］　復刻版　不二出版　2014.8　445p　16×22cm〈琉球政府 1972年刊の複製　布装〉Ⓘ978-4-8350-7385-9,978-4-8350-7381-1（set）Ⓝ059.199　[18000円]

沖縄県（農業）
◇沖縄農業の復活　大城喜信著　南城　よんき産業協会　2014.3　106p　21cm〈榕樹書林（発売）文献あり〉Ⓘ978-4-89805-174-0　Ⓝ612.199　[1389円]

沖縄県（農業経営）
◇沖縄におけるサトウキビ農業自立のための方策―ハワイにおけるサトウキビプランテーションの土地利用転換に学ぶ　那覇　沖縄大学法経学部小野啓子研究室　2014.3　180p　21cm（（社）沖縄県対米請求権事業協会・助成シリーズ no. 49）〈平成25年度地域振興助成研究〉Ⓝ617.1

沖縄県（農業試験）
◇普及指導員調査研究報告書及び農業技術実証展示並実績報告書　平成24年度　［名護］　［沖縄県］　北部農林水産振興センター農業改良普及課　2013.3　118p　30cm　Ⓝ610.76

沖縄県（農業政策―歴史―史料）
◇近世地方経済史料　第9巻　小野武夫編　オンデマンド版　吉川弘文館　2013.10　6,408p　22cm（印刷・製本：デジタルパブリッシングサービス　内容：琉球産業制度資料. 前編）Ⓘ978-4-642-04318-2　Ⓝ612.1　[13000円]

沖縄県（博物館）
◇ぶらりあるき沖縄・奄美の博物館　中村浩, 池田榮史著　芙蓉書房出版　2014.6　214p　21cm〈文献あり〉Ⓘ978-4-8295-0622-6　Ⓝ069.02199　[1900円]

沖縄県（博物誌―恩納村）
◇恩納村誌　第1巻（自然編）　恩納村誌編さん委員会編　恩納村（沖縄県）　沖縄県恩納村　2014.3　573p　27cm〈文献あり　外箱入〉Ⓝ291.99

沖縄県（美術家）
◇アーティストのことば―インタヴュー集　比嘉良治, 永山信春, 真喜志勉, 上原美智子, 与那覇大智［述］, Okinawa Artist Interview Project編　［出版地不明］　Okinawa Artist Interview Project　2014.2　152p　19cm　Ⓝ702.8

沖縄県（病院―名簿）
◇九州・沖縄病院情報―福岡・佐賀・長崎・熊本 大分・宮崎・鹿児島・沖縄　2015年版　医事日報　2014.12　740p　26cm〈索引あり〉Ⓘ978-4-900364-94-3　Ⓝ498.16　[21000円]

沖縄県（風俗画）
◇日本近世生活絵引　奄美・沖縄編　『日本近世生活絵引』奄美・沖縄編編纂共同研究班編　横浜　神奈川大学日本常民文化研究所非文字資料研究センター　2014.3　207p　30cm（神奈川大学日本常民文化研究所非文字資料研究センター研究成果報告書）〈文献あり〉Ⓘ978-4-904124-18-5　Ⓝ382.1　[非売品]

沖縄県（風俗・習慣）
◇時代の風音―笑い流しの「落穂拾い」　宮城鷹夫著　那覇　ボーダーインク　2014.5　253p　19cm〈文献あり〉Ⓘ978-4-89982-254-7　Ⓝ382.199　[920円]

沖縄県（風俗・習慣―糸満市）
◇阿波根の民俗　糸満　糸満市教育委員会　2013.3　56p　26cm〈年表あり〉Ⓝ382.199
◇賀数の民俗　糸満　糸満市教育委員会　2013.3　47p　26cm〈年表あり〉Ⓝ382.199
◇兼城の民俗　糸満　糸満市教育委員会　2013.3　50p　26cm〈年表あり〉Ⓝ382.199
◇北波平の民俗　糸満　糸満市教育委員会　2013.3　45p　26cm〈年表あり〉Ⓝ382.199
◇座波の民俗　糸満　糸満市教育委員会　2013.3　64p　26cm〈年表あり〉Ⓝ382.199
◇潮平の民俗　糸満　糸満市教育委員会　2013.3　58p　26cm〈年表あり〉Ⓝ382.199
◇武富の民俗　糸満　糸満市教育委員会　2013.3　55p　26cm〈年表あり〉Ⓝ382.199
◇照屋の民俗　糸満　糸満市教育委員会　2013.3　56p　26cm〈年表あり〉Ⓝ382.199

沖縄県（舞踊）
◇女物狂　浦添　国立劇場おきなわ　2014.3　108p　21cm（国立劇場おきなわ上演資料集 32）〈年表あり　文献あり　自主公演〉Ⓝ769.199
◇未生の縁―自主公演平成二十六年（二〇一四）九月　浦添　国立劇場おきなわ　2014.9　123p　21cm（国立劇場おきなわ上演資料集 33）〈年表あり　文献あり〉Ⓝ769.199
◇琉球秘伝・女踊りと武の神髄　宮城隼夫［著］　海鳴社　2014.3　162p　19cm（バウンダリー叢書）〈文献あり〉Ⓘ978-4-87525-307-5　Ⓝ789　[1400円]

沖縄県（文化）
◇沖縄ジェンダー学　第1巻　「伝統」へのアプローチ　喜納育江編著　大月書店　2014.3　277,11p　22cm（琉球大学国際

日本件名図書目録2014　Ⅰ

沖縄県（歴史）

沖縄研究所ライブラリ）〈索引あり　内容：沖縄とジェンダー（喜納育江著）男系原理と女性の霊威（赤嶺政信著）前近代琉球の家族・夫婦・親子をめぐる権力関係（豊見山和行著）琉球芸能にみる女形（大城學著）琉球諸語のことわざの表現形式にみる女性（かりまたしげひさ著）しまくとぅば意識と活動にみられる男女差（石原昌英著）近代と非近代のあいだ（結城正美著）抑圧された記憶の回帰（スーザン・ブーテレイ著）「沖縄的身体」の所在（崎山多美,高嶺久枝述）台湾の植民地化と先住民女性の抵抗（梁一萍著,仲里和花訳）インド女性の伝統と社会運動（アパルナ・バハッタチャルヤ著,喜納育江訳）〉①978-4-272-35051-3　Ⓝ367.2199　[3400円]

沖縄県（文化―歴史）
◇地域安全政策調査研究報告―アジア太平洋地域の中の沖縄　沖縄県知事公室地域安全政策課調査・研究班編　[那覇]　[沖縄県知事公室地域安全政策課調査・研究班]　2014.3　221p　30cm〈年表あり〉Ⓝ319.8

沖縄県（墳墓）
◇黒潮と南方文化　德井賢著　文芸社　2014.2　133p　19cm　①978-4-286-13982-1　Ⓝ385.6　[1100円]

沖縄県（平和教育）
◇沖縄県における平和教育の実態調査―平和形成教育の可能性　那覇　沖縄平和協力センター　2014.3　125p　21cm　（（社）沖縄県対米請求権事業協会・助成シリーズ no. 50)〈年表あり　文献あり　平成25年度地域振興助成研究〉Ⓝ375

沖縄県（保育）
◇沖縄の保育・子育て問題―子どものいのちと発達を守るための取り組み　浅井春夫,吉葉研司編著　明石書店　2014.3　307p　19cm〈内容：沖縄の保育・子育て問題（吉葉研司著）沖縄の認可外保育園〈施設〉の現状と課題（伊集唯行著）沖縄の学童保育の実態と課題（垣花道朗著）実践記録沖縄の子育てと家族支援（興座初美著）基地を抱える自治体・地域の保育問題（浅井春夫著）沖縄の乳幼児における平和教育の模索（ウィンフィールドひろみ著）子どもの権利（石原昌家著）沖縄保育の歴史（神里博武著）実践記録タロウとの出会いから道がひろがった保育の世界（石川キヨ子著）取材から見えてきた保育現場の課題（屋良朝輝著）子ども・子育て支援新制度と沖縄保育の課題（浅井春夫著）〉①978-4-7503-3983-2　Ⓝ369.42　[2300円]

沖縄県（宮古島市）
◇久松の黄金言葉　中村正一編著　[出版地不明]　[中村正一]　2014.9　104p　21cm　Ⓝ818.99
◇宮古伊良部方言辞典　富浜定吉著　那覇　沖縄タイムス社　2013.12　16, 1124p　27cm　①978-4-87127-214-8　Ⓝ818.99　[18000円]
◇みやこのことば―野原集落（旧上野村）の方言を中心として　統　本村満,本村洋子著,本村満編　南城　本村満　2014.9　344p　21cm　Ⓝ818.99　[1000円]

沖縄県（民間信仰）
◇沖縄のノロの研究　宮城栄昌著　オンデマンド版　吉川弘文館　2013.10　500,14p　22cm〈索引あり　印刷・製本：デジタルパブリッシングサービス〉内容：序説　村落の形成と神女　神女組織の確立と変遷　神女の選定及び継承法　ノロ・ツカサの管轄村落　ノロ・ツカサの祭祀　神女の婚姻制　神女の経済生活　むすび―ノロ制の動揺・崩壊〉①978-4-642-04269-7　Ⓝ163.9　[18000円]
◇チヂウガミ―私の霊拝みの記録　山内昌勝著　那覇　ボーダーインク　2014.6　232p　19cm　①978-4-89982-257-8　Ⓝ387.02199　[2000円]

沖縄県（民謡）
◇島唄を歩く　1　小浜司著,琉球新報社編　那覇　琉球新報社　2014.6　149p　22cm〈琉球プロジェクト（発売）〉①978-4-89742-173-5　Ⓝ767.5199　[1500円]
◇島唄を歩く　2　小浜司著,琉球新報社編　那覇　琉球新報社　2014.9　151p　22cm〈琉球プロジェクト（発売）〉①978-4-89742-176-6　Ⓝ787.5199　[1500円]

沖縄県（民謡―宮古島市）
◇歌の原初へ―宮古島狩俣の神歌と神話　居駒永幸著　おうふう　2014.4　372p　20cm　（明治大学人文科学研究所叢書）〈内容：狩俣の祭祀と神歌体系　ユヌヌス神話と神歌　ウヤガン祭マトガヤーの神歌と伝説　ニーラーグとアーグヌシタービの叙事構造　シダティムトゥのタービ四種　戦いの叙事歌　『古事記』『万葉集』と南島文学　神話の生成神話の森　狩俣の伝承世界とアーグ　狩俣の創世神話　狩俣の神話　狩俣の神と神を祭る歌　世乞いの祭祀と神歌　樹に成った神女　神歌のゆくえ　久貝キヨさんのこと　アブンマ、誕

生する　太陽世の原初　太陽の巫女　読谷の王墓〉①978-4-273-03752-9　Ⓝ388.9199　[4500円]

沖縄県（昔話）
◇新しい日本の語り　10　むぬがたいの会の語り　日本民話の会編　むぬがたいの会［編］,樋口淳責任編集　悠書館　2014.4　227p　20cm〈内容：波照間の新生　津波を呼ぶ人魚　ヤモリの教え　ヒバリと生き水　ニワトリが朝に鳴くわけ　火の玉の恩返し　ウズラの母さん　カシャとコラマタ　鬼と三つの玉　張水御嶽由来　黄金の花　クムイのマー　みるく神とさーか神　十二支のはじまり　親不孝なカエル　ネコと虎　トーカチ（米寿）由来　モーイと幽霊　火正月の話　後生から帰った話　黄金の瓜種　キジムナーの魚捕り　あめを買う幽霊　天女の息子　普天満権現の由来　クスケー由来　犬と猫と猿の三文銭　チブル蜂由来　炭とワラとそら豆　物言う牛歌うガイコツ　鷺と海老とミーバイ　白銀堂由来　クバがさ　地獄　寄木の運定め　かじまやー祝いの始まり　犬の足　首のない影　長寿くらべ　喜如嘉のカエルと奥間のカエル　ハエとスズメ　チャーギの精　うんこが歩いた話〉①978-4-903487-77-9　Ⓝ388.1　[1800円]

沖縄県（昔話―伊江村）
◇伊江島の民話―いーじまぬんかしばなし　第1集　生塩睦子監修　伊江村（沖縄県）伊江村教育委員会　2014.3　55p　27cm　Ⓝ388.199

沖縄県（名簿）
◇沖縄県人物・人材情報リスト　2015　日外アソシエーツ株式会社編　日外アソシエーツ（制作）2014.11　493, 18p　30cm　Ⓝ281.99

沖縄県（遊廓―那覇市―歴史）
◇辻と侏儡の物語―琉球の花街　浅香怜子著　宜野湾　榕樹書林　2014.2　120p　21cm　（がじゅまるブックス 6）〈文献あり〉①978-4-89805-171-9　Ⓝ384.9　[900円]

沖縄県（幼児教育）
◇学校教育における指導の努力点　平成25年度―平成27年度　那覇　沖縄県教育委員会　2013.1　141p　30cm　Ⓝ375.1

沖縄県（緑地計画）
◇沖縄県緑化運動65年史　沖縄県緑化推進委員会編　南風原町（沖縄県）沖縄県緑化推進委員会　2014.5　506p　27cm〈年表あり〉Ⓝ518.85

沖縄県（歴史）
◇あやしい！目からウロコの琉球・沖縄史―最新歴史コラム　上里隆史著　那覇　ボーダーインク　2014.6　210p　19cm　①978-4-89982-259-2　Ⓝ219.9　[1600円]
◇大田昌秀が説く沖縄戦の深層―住民はいかにして戦争に巻き込まれたか　大田昌秀著　高文研　2014.8　227p　19cm〈年表あり〉①978-4-87498-551-9　Ⓝ210.75　[1600円]
◇沖縄―島人の歴史　ジョージ・H・カー著,山口栄鉄訳　勉誠出版　2014.4　620p　22cm　①978-4-585-22088-6　Ⓝ219.9　[7000円]
◇沖縄現代政治史―「自立」をめぐる攻防　佐道明広著　名古屋　中京大学総合政策学部　2014.3　223p　22cm　（中京大学総合政策研究叢書 no. 7)〈年表あり　内容：返還後の沖縄「統治構造」の形成　「国際都市形成構想」をめぐる政治力学　保守県政下の沖縄　与那国自立構想をめぐる政治　「沖縄対政府」関係とは何か〉Ⓝ312.199　[非売品]
◇沖縄現代政治史―「自立」をめぐる攻防　佐道明広著　吉田書店　2014.4　223p　22cm〈年表あり　内容：返還後の沖縄「統治構造」の形成　「国際都市形成構想」をめぐる政治力学　保守県政下の沖縄　与那国自立構想をめぐる政治　「沖縄対政府」関係とは何か〉①978-4-905497-22-6　Ⓝ312.199　[2400円]
◇沖縄差別と闘う悠久の自立を求めて　仲宗根勇著　未来社　2014.9　233p　19cm〈内容：憲法危機のなかの沖縄自立　「沖縄自立」の夢遠く　琉球共和国憲法F私〈試〉案〈副次〉琉球共和国の理念と前提　立ち枯れた沖縄独立共和国の夢　沖縄における天皇制と日の丸・君が代　"国家"観念の世界史的変質　沖縄少数派通信　復帰十年に思う　復帰十年の軌跡　沖縄'82論壇　'83回顧思想　辺境に寄せる国家の関心　5・15異見　「本土」という言葉を考える　国体の「国体」思想を排す　「吉本南島論」を聴いて〉①978-4-624-41099-5　Ⓝ312.199　[1800円]
◇華夷秩序と琉球王国―陳捷先教授中琉歴史関係論文集　陳捷先著,赤嶺守,張啓真監訳　宜野湾　榕樹書林　2014.3　257p　21cm〈訳：童宏民ほか〉①978-4-89805-175-7　Ⓝ222.058　[2800円]
◇近世の琉球　渡口眞清著　法政大学出版局　2013.4　481p　19cm〈年表あり　1975年刊の再刊〉①978-4-588-92070-7　Ⓝ219.9　[6500円]

沖縄県(歴史―浦添市)

◇古琉球期首里王府の研究　矢野美沙子著　校倉書房　2014.10
292p　22cm　（歴史科学叢書）〈索引あり　内容：王統交代
期の首里王府について　古琉球期首里王府の外交機構　中山
王と按司　辞令書から見る古琉球社会　古琉球における先島
支配　為朝伝説と中山王統　近世琉球における首里王府の歴
史像　古琉球期首里王府論〉①978-4-7517-4560-1　N219.9
［8000円］

◇沈んだ大陸スンダランドからオキナワへ―この民族大移動を
成功させた《天つ族》こそ、日本人のルーツ　飛鳥昭雄監修,
大ヨ貝猛著　ヒカルランド　2014.8　271p　19cm　（日本史
超どんでん返し　続）〈文献あり　年表あり　「この国の夜明け
沖縄の光芒」（新風舎 2006年刊）と「昔・昔・大むかし日本人
どこから」（ボーダーインク 2009年刊）からの改題、抜粋、加
筆訂正〉①978-4-86471-213-2　N219.9　［1750円］

◇シマの歴史　第11号　2012年度　［宜野湾］　沖縄国際大学総
合文化学部社会文化学科南島歴史学ゼミ　［2013］　109p
30cm〈年表あり　文献あり　内容：沖縄の本土復帰40年につ
いての調査実習報告書〉N219.9

◇首里王府と八重山　新城敏男著　岩田書院　2014.12　520p
22cm　①978-4-87294-888-2　N219.9　［14800円］

◇日本史超どんでん返し―世界文明の玉手箱《沖縄》から飛び出
す：琉球は「ヘブライ」なり「平家」なり「マヤ・インカ」な
り　飛鳥昭雄,宝玉麗,島茂人著　ヒカルランド　2014.4
360p　19cm　①978-4-86471-187-6　N219.9　［1685円］

◇幕末、フランス艦隊の琉球来航―その時琉球・薩摩・幕府はど
う動いたか　生田澄江著　近代文藝社　2014.2　141p　20cm
①978-4-7733-7906-8　N210.5935　［1300円］

◇文明の盛衰と環境変動―マヤ・アステカ・ナスカ・琉球の新し
い歴史像　青山和夫,米延仁志,坂井正人,高宮広土編　岩波書
店　2014.9　256p　22cm　〈内容：湖の底から環境の変遷を探
る（米延仁志,山田和芳,五反田克也著）　水月湖の土が語る五万
年（中川毅著）　マヤ文明と環境変動（青山和夫著）　テオティ
ワカン（嘉幡茂著）　アステカ（井関睦美著）　先住民にとって
の自然環境の歴史的記憶（井上幸孝著）　マヤ先住民女性の衣
文化の謎を探る（本谷裕子著）　地上絵と共に生きた人々（坂
井正人著）　ナスカ盆地周縁でカタツムリを探す（阿子島功
著）　ナスカ砂漠に生きた人々と食性の変化（瀧上舞,米田穣
著）　奇跡の島々（高宮広土著）　島における先史時代の墓（新
里貴之著）　サンゴ礁の貝を利用し続けた沖縄の人々（黒住耐
二著）　環太平洋北部の狩猟採集民（マーク・ハドソン著,内山
純蔵訳）〉①978-4-00-024698-9　N256.03　［3200円］

◇ぼくの沖縄〈復帰後〉史　新城和博著　那覇　ボーダーインク
2014.1　198p　18cm　（ボーダー新書 009）〈年表あり〉
①978-4-89982-248-6　N302.199　［1000円］

◇マヤ・アンデス・琉球―環境考古学で読み解く「敗者の文明」
青山和夫,米延仁志,坂井正人,高宮広土著　朝日新聞出版
2014.8　251,9p　19cm　（朝日選書 924）〈文献あり　内容：
環太平洋の環境史を調査する（米延仁志著）　マヤ文明の盛衰と
環境利用（青山和夫著）　古代アンデス文明における環境変化
とナスカ地上絵（坂井正人著）　琉球列島の環境と先史・原史
文化（高宮広土著）〉①978-4-02-263024-7　N256.03　［1400
円］

◇欲望の砂糖史―近代南島アルケオロジー　原井一郎著　森話
社　2014.6　315p　19cm　①978-4-86405-063-0　N219.7
［2000円］

◇琉球―交叉する歴史と文化　島村幸一編　勉誠出版　2014.1
441p　22cm〈内容：王府の歴史記述―『中山世鑑』と『中山
世譜』（田名真之著）　琉球の歴史述―『球陽』と『遺老説伝』
（木村淳也著）　「琉球処分」の歴史叙述―樋口大祐著）『宮古
島旧記』（雍正五年本）に記されたアヤグ（島村幸一著）　琉球
における書物受容と教養（高津孝著）　中国の文献に記された
「琉球」（松浦章著）　琉球人の詠んだ中国（上里賢一著）　東京
琉球館役所の変遷（深澤秋人著）　首里グスクの御嶽と祭祀
（伊從勉著）　『おもろさうし』と仮名書き碑文記（島村幸一
著）　唐・大和の御取合と若衆（板谷徹著）　近世琉球仏教の
二宗体制について（知名定寛著）〉①978-4-585-22078-7
N219.9　［8000円］

◇琉球王国の成立―日本の中世後期と琉球中世前期　上　来間
泰男著　日本経済評論社　2014.12　363p　19cm　（シリーズ
沖縄史を読み解く 4）①978-4-8188-2362-4　N219.9　［3400
円］

◇琉球王国の成立―日本の中世後期と琉球中世前期　下　来間
泰男著　日本経済評論社　2014.12　382p　19cm　（シリーズ
沖縄史を読み解く 4）〈文献あり〉①978-4-8188-2363-1
N219.9　［3600円］

◇琉球・沖縄史―教養講座　新城俊昭著　糸満　編集工房東洋
企画（発売）　2014.6　437p　26cm〈年表あり　文献あり〉
①978-4-905412-29-8　N219.9　［2000円］

沖縄県(歴史―浦添市)

◇浦添市移民史　証言・資料編　浦添市移民史編集委員会編
［浦添］　浦添市教育委員会　2014.3　550p　30cm　N334.51

沖縄県(歴史―史料)

◇沖縄県史　資料編 24　自然環境　2（自然環境新聞資料）沖
縄県教育庁文化財課史料編集班編　［那覇］　沖縄県教育委員
会　2014.3　991p　27cm　N219.9

◇琉球沖縄本島取調書　法政大学沖縄文化研究所　2014.3
220p　26cm　（沖縄研究資料 29）〈複製及び翻刻〉N219.9

◇歴代寶案―校訂本　第10冊　沖縄県教育庁文化財課史料編集
班編,金城正篤校訂　［那覇］　沖縄県教育委員会　2014.1
597p　27cm　（第2集　巻123-145）N219.9

沖縄県(歴史―史料―石垣市)

◇石垣市史叢書 20　球陽八重山関係記事集　下巻　石垣市教
育委員会市史編集課編　［石垣］　石垣市教育委員会　2014.3
5,110p　26cm〈折り込 2枚〉N219.9　［800円］

沖縄県(歴史―史料―うるま市)

◇受け継がれるシマの宝と技―南風原村文書と修復技術の世界：
ビジュアル版　うるま　うるま市教育委員会　2014.3　90p
30cm〈年表あり〉N014.61

◇南風原村文書修復報告書　うるま　うるま市教育委員会
2014.3　124p　30cm　（うるま市文化財調査報告書 第19集）
N014.61

沖縄県(歴史―史料―書目)

◇鎌倉芳太郎資料「文書資料」目録―沖縄県立芸術大学附属図
書・芸術資料館所蔵　沖縄県立芸術大学附属研究所編　那覇
沖縄県立芸術大学附属研究所　2014.3　78p　26cm　N219.9

沖縄県(歴史―論文集)

◇琉球・中国交渉史に関するシンポジウム論文集　第10回　沖
縄県教育庁文化財課史料編集班編　［那覇］　沖縄県教育委員
会　2014.2　233p　21cm　〈中国語併記　内容：清朝宮中档案
から見た中琉往来の関連制度（謝必震,謝忱著）　華夷秩序と琉
球の自己認識（上里賢一著）　歴代宝案編集事業と档案史料
（赤嶺守著）　中琉歴史関係档案の編纂と考察（張小鋭,王黴
著）〉N219.9

沖縄県(労働市場)

◇沖縄県の就業構造と失業に関する調査研究―調査報告書　那
覇　南西地域産業活性化センター　2014.3　91p　30cm〈平
成25年度自主研究事業〉N366.2199

沖縄県(労働問題)

◇沖縄国際大学現代社会研究―沖縄国際大学桃原ゼミ　第1号
2012　［宜野湾］　沖縄国際大学桃原ゼミ　2013.3　136p
30cm〈発行所：沖縄国際大学桃原研究室　内容：沖縄におけ
るワーキングプアと貧困．1〉N361.91

沖縄県(ロック音楽)

◇オキナワンロック50周年記念史　沖縄県ロック協会編　沖縄
沖縄県ロック協会　2014.6　307p　30cm〈年表あり〉N764.
7　［4000円］

沖縄県議会

◇沖縄県議会史　第3巻　通史編　3　沖縄県議会事務局編さん
［那覇］　沖縄県議会　2014.3　441p　22cm〈年表あり〉
N318.499　［非売品］

沖縄県立八重山病院

◇八重山病院データでムヌカンゲー　2　上原真人著,八重山の
医療を守る郡民の会［編］　那覇　ボーダーインク　2014.4
143p　19cm　①978-4-89982-250-9　N498.16　［1143円］

沖縄児童文化福祉協会

◇文化の語り部遊びの伝承者たち―NPO法人・沖縄児童文化福
祉協会10年の歩み：2001-2011　10年の歩み編集委員会編　那
覇　沖縄児童文化福祉協会　2014.3　170p　26cm〈ゆい出版
（発売）〉①978-4-946539-32-9　N384.55　［1500円］

沖縄小林流空手道協会

◇沖縄小林流空手道協会誌―合理合法・共存共栄　沖縄小林流
空手道協会誌編集委員会編　［出版地不明］　沖縄小林流空手
道協会　2014.8　158p　31cm〈年譜あり〉N789.23

沖永良部島

◇沖永良部通信―1986年→2013年　皆吉龍馬著　那覇　琉球新
報社　2014.3　149p　30cm　①978-4-89742-168-1　N219.7
［1500円］

沖島〔福岡県〕

◇「宗像・沖ノ島と関連遺産群」研究報告　3　「宗像・沖ノ島と関連遺産群」世界遺産推進会議，福岡県企画・地域振興部総合政策課世界遺産登録推進室編　プレック研究所　2013.3　113p　30cm〈年表あり〉Ⓝ219.1

隠岐の島町〔島根県〕（闘牛）

◇隠岐の牛突き―番付に見た「称号」574選　神村信幸著　隠岐の島町（島根県）服部　2014.7　439p　21cm〈年表あり　文献あり〉①978-4-9907874-0-0　Ⓝ788.4　［2000円］

小城藩

◇小城城下と牛津宿―小城藩政の展開と人びとの経済活動：平成26年度佐賀大学・小城市交流事業特別展　佐賀　佐賀大学地域学歴史文化研究センター　2014.10　100, 13p　30cm〈会期・会場：平成26年11月1日―12月7日　小城市立歴史資料館　編集：伊藤昭弘〉Ⓝ342.192

オキーフ, G.〔1887～1986〕

◇ジョージア・オキーフ　ランダル・グリフィン著，藤村奈緒美訳　京都　青幻舎　2014.5　145p　26cm　(SEIGENSHA FOCUS)〈文献あり　年譜あり〉①978-4-86152-433-2　Ⓝ723.53　［2800円］

奥秋 源次〔1931～ 〕

◇足跡―自分史：千載一遇・報本反始　奥秋源次著，都留市自分史学級編　［出版地不明］［奥秋源次］　2013.4　141p　26cm　Ⓝ289.1

奥井 清澄

◇インスタントラーメンが海を渡った日―日韓・麵に賭けた男たちの挑戦　村山俊夫著　河出書房新社　2014.12　197p　20cm〈文献あり　年譜あり〉①978-4-309-24685-7　Ⓝ588.97　［1600円］

奥出雲町〔島根県〕（歴史）

◇「出雲国仁多郡稲田村安部家文書」貸方帳―奥出雲原口村に生きた人びと　廣田和吉編著　相模原　廣田和吉　2013.1　198p　19×26cm〈標題紙・表紙のタイトル：「出雲国仁多郡稲田村安倍家文書」貸方帳〉Ⓝ217.3　［非売品］

奥尻島

◇災害を経験した子どもたち―北海道南西沖地震から20年を迎える奥尻島を例に：震災子ども支援室"S－チル"講演会報告書：平成25年3月　東北大学大学院教育学研究科教育ネットワークセンター震災子ども支援室"S－チル"［著］　仙台　東北大学大学院教育学研究科教育ネットワークセンター震災子ども支援室"S－チル"　2013.10　48p　30cm　(東日本大震災後の子ども支援　第3回)　Ⓝ369.4

◇北海道南西沖地震20年記念奥尻島シンポジウム―復興のその先へ―幸の島おくしりの輝く未来に向けて：報告書　奥尻町教育委員会編　奥尻町（北海道）奥尻町文化協会　2014.3　119p　30cm　Ⓝ369.31

奥尻町〔北海道〕（災害復興）

◇北海道南西沖地震20年記念奥尻島シンポジウム―復興のその先へ―幸の島おくしりの輝く未来に向けて：報告書　奥尻町教育委員会編　奥尻町（北海道）奥尻町文化協会　2014.3　119p　30cm　Ⓝ369.31

奥尻町〔北海道〕（児童福祉）

◇災害を経験した子どもたち―北海道南西沖地震から20年を迎える奥尻島を例に：震災子ども支援室"S－チル"講演会報告書：平成25年3月　東北大学大学院教育学研究科教育ネットワークセンター震災子ども支援室"S－チル"［著］　仙台　東北大学大学院教育学研究科教育ネットワークセンター震災子ども支援室"S－チル"　2013.10　48p　30cm　(東日本大震災後の子ども支援　第3回)　Ⓝ369.4

奥田 聖應〔1938～ 〕

◇奥田聖應先生頌寿記念インド学仏教学論集　奥田聖應先生頌寿記念論集刊行会編　佼成出版社　2014.3　1156p　22cm〈年譜あり　著作目録あり　文献あり　内容：Early Buddhism and peace（Lambert Schmithausen著）Carpaṭi's Avalokiteśvarastotra（Michael Hahn著）インド学　心（原實著）On the formation of the second chapter of the Bhagavadgī tā（荒巻典俊著）詩的情緒の實例に選ばれた詩たち（島田外志夫著）Prathamá m「たった今」（後藤敏文著）ラーマーヤナ・ウッタラカーンダの王統史觀（土田龍太郎著）いわゆる叙述的奪格と具格について（八木徹著）服を絞り与える手向けの水（永ノ尾信悟著）ジャヤンタによるシャクティ概念批判（丸井浩著）象の滝（高橋孝信著）ブラフマンの考究（日野紹運著）擬人劇『プラボーダ・チャンドローダヤ』（悟りの月の出）第二幕の試訳（平岡昇修著）ラーマーヌジャの瞑想論　1（木村文輝著）ガンゲーシャの知行併合論批判（山本和彦著）Maitrā yaṇī Saṃhitā I 1,3m（Ⅳ 1,3p）（西村直子著）Bhā skara Mentioned in the Prameyakamalamā rtaṇḍa（加藤隆宏著）古典ミーマーンサー学における文の定義（藤井隆道著）ジャイナ教Historical sources on the Loṇkā gaccha-and Sthā nakavā sī -Traditions in Johannes Klatt's Jaina-Onomasticon（Peter Flü gel著）出家と髪・鬚の除去（阪本（後藤）純子著）古注釈チュールニ研究の意義（渡辺研二著）なぜ法を説くのか（谷川泰教著）語り部としてのジャイナ教徒（水野善文著）ジャイナ教宇宙誌序説（藤永伸著）Syā dvā daratnā karaとJñā naśrī mitra（狩野恭著）飲酒の弊害（宇野智行著）ジャイナ教徒による刹那滅論批判（志賀浄邦著）マハーヴィーラの身体と仏陀の身体（河﨑豊著）Aparā dhā locanā の規定について（藤本有美著）着衣の理由をめぐって（八木綾子著）ジャイナ教行伝説話とラーソー文学（山畑倫志著）シュラーヴァカ・アーチャーラ文献における〈布薩〉の原語をめぐる諸問題（堀田和義著）後期ジャイナ教認識論に見られる"pariṇā ma"再考（佐藤宏宗著）初期ジャイナ教と初期仏教の諸問題（杉岡信行著）原始仏教・アビダルマ　孔雀の口から流れ下る河　1（御牧克己著）聖者とされる駿馬（山崎守一著）律文献の叙述と経典との関連（龍口明生著）洞窟八詩篇訳注（中谷英明著）サンガへの遺言の書としての『涅槃経』と結集（森章司著）悪魔の仏身化作（引田弘道著）「カンダ・サンユッタ」における二、三の問題（羽矢辰夫著）ダンマパダ註釈書『双神変物語』和訳（田邊和子著）転法輪の世界（片山一良著）有我論と無我論の弁証（木村俊彦著）信の喩え（林隆嗣著）梵天共住と悟りの奇妙な関係（藤本晃著）大乗仏教・密教　空思想の一考察（村上真完著）『法華経』は人びとを必要とする（久保継成著）Vimuktisena（Rnam sgrol sde）について（磯田熙文著）アクシャヤマティ作『入菩薩行論』の大乗仏説論（斎藤明著）矛盾対当と空の論理（中田直道著）『完成せるヨーガの環』第24章「五ダーカ・マンダラ」和訳（立川武蔵著）世間上承認された命題による対立命題の否定の可能性（岩田孝著）一乗思想と大乗のボサツの〈清浄〉性（三友量順著）『法華経』妙音品の考察（岡田行弘著）白浄に関する一考察（崔鐘男著）『金光明経』は懺悔の経典か（鈴木隆泰著）ラトナーカラシャーンティのプラマーナ論に関する一資料（護山真也著）ダルモーッタラ著『Apohaprakaraṇa』の冒頭偈について（石田尚敬著）『摂大乗論』におけるブッダの威徳名号に関する一考察（高橋晃一著）ハリバドラの「菩薩」「摩訶薩」「独覚」解釈について（鈴木健太著）中国・チベット仏教　西夏流伝佛頂尊勝陀羅尼（湯山明著）On the "four modes of interpretation" of the Fahua wenju（菅野博史著）タムパ・サンゲの『金剛歌』（西岡祖秀著）吉蔵撰『勝鬘宝窟』をめぐって（奥野光賢著）ヴィクラマシーラ僧院におけるDī paṃkaraśrī jñā na（望月海慧著）天台智顗における仏種の概念について（田村完爾著）初期漢訳仏典の言語の研究（辛嶋静志著）『瑜伽師地論』に引用されるチベット語訳『解深密経』テキストについて（加藤弘二郎著）中国仏性思想と人間観（橘川智昭著）日本仏教　平安時代の顕密仏教形成の起点（高木訷元著）聖徳太子の実在（川勝守（賢亮）著）宗性撰『無量義経論義抄』について（蓑輪顕量著）冠註五教章心識差別訳註研究（伊藤瑞叡著）三経義疏の共通表現と変則語法　下（石井公成著）仏教文学の聖徳太子と四天王寺（渡邊守順著）聖徳太子伝承と薬猟（岡田真美子著）〈湧水の地〉四天王寺（兼子恵順著）観智国師、源誉存応の誕生の地について（由木義文著）明末の不殺放生思想の日本受容（西村玲著）三千院蔵『秘相承集』と禅密僧の法身観（水上文義著）宗教学　中国江南制作のマニ教絵画によるトルファン出土資料の再解釈（吉田豊著）神律と絶対無の問題（花岡永子著）田辺元『懺悔道としての哲学』をめぐって（末木文美士著）自立する山王権現（曽根原理著）日本仏教と脳死・臓器移植問題（前川健一著）ネパール仏教絵画に見る観自在菩薩（佐久間留理子著）「歓喜」と「身の毛よだつ」（龍口恭子著）経典を読むとは？（堀内伸二著）スリランカにおけるビルマ派の歴史（A.P.Buddhadatta著，橘堂正弘訳）〉①978-4-333-02611-1　Ⓝ180.4　［20000円］

奥田 民生〔1965～ 〕

◇ラーメン カレー ミュージック　奥田民生［著］　KADOKAWA　2014.11　297p　19cm　(別冊カドカワの本)〈作品目録あり　表紙のタイトル：Ramen Curry Music〉①978-4-04-731433-7　Ⓝ767.8　［1500円］

奥田 透

◇三つ星料理人、世界に挑む。　奥田透著　ポプラ社　2014.10　223p　19cm　①978-4-591-14101-4　Ⓝ596.21　［1300円］

奥田 靖雄〔1919～2002〕

◇奥田靖雄の国語教育論―子どもたちをすぐれた日本語のにない手に　高瀬匡雄著　むぎ書房　2014.10　326p　21cm〈文献あり〉①978-4-8384-0112-3　Ⓝ375.8　［5000円］

奥多摩湖

◇多摩川上流に位置する奥多摩湖の富栄養化に及ぼす釣りレジャーの影響に関する調査研究　牧野育代，矢作裕司［著］　とうきゅう環境財団　2014.11　26p　30cm　（研究助成・学術研究　vol. 43　no. 307）Ⓝ519.4

奥多摩町〔東京都〕（地誌）

◇奥多摩じいじの郷ごよみ　新島敏行著，cocon制作室編集・絵　青梅　cocon制作室　2014.11　65, 59p　19cm　①978-4-9908075-0-4　Ⓝ291.365　［1020円］

奥多摩町〔東京都〕（博物誌）

◇奥多摩じいじの郷ごよみ　新島敏行著，cocon制作室編集・絵　青梅　cocon制作室　2014.11　65, 59p　19cm　①978-4-9908075-0-4　Ⓝ291.365　［1020円］

オークニー諸島

◇オークニー文学史　サイモン・W・ホール著，川畑彰，入江和子，中浜典子，山田修，米山優子訳　市川　あるば書房　2014.3　291p　21cm　〈文献あり　索引あり〉　①978-4-9904076-5-0　Ⓝ930.2　［3900円］

小国町〔熊本県〕（温泉）

◇地域主導型再生可能エネルギー事業化検討委託業務(熊本県小国町)成果報告書　平成25年度　［熊本］　熊本県工業連合会　2014.3　1冊　30cm　（平成25年度環境省委託業務）Ⓝ501.6

奥原 晴湖〔1837～1913〕

◇点描・奥原晴湖読本―没後100年・雑学からみる　鯨井邦彦編著　熊谷　熊谷雑学研究所　2014.7　180p　30cm　（熊谷雑学研究所レポート　第4集）〈年譜あり〉Ⓝ721.9

小熊 和子〔1920～〕

◇小熊義人小熊和子作品集　小熊義人，小熊和子［作］，小熊和子編著　日本写真文化協会　2014.6　119p　31cm　〈年譜あり〉Ⓝ740.21　［4800円］

小熊 秀雄〔1901～1940〕

◇海を越える翼―詩人小熊秀雄論　宮川達二著　コールサック社　2014.9　383p　19cm　〈文献あり　年譜あり〉　①978-4-86435-167-6　Ⓝ911.52　［2000円］

◇北の詩人小熊秀雄と今野大力　金倉義慧著　高文研　2014.8　438p　20cm　①978-4-87498-550-2　Ⓝ911.52　［3200円］

小熊 義人〔1911～2008〕

◇小熊義人小熊和子作品集　小熊義人，小熊和子［作］，小熊和子編著　日本写真文化協会　2014.6　119p　31cm　〈年譜あり〉Ⓝ740.21　［4800円］

奥村 多喜衛〔1865～1951〕

◇シリーズ福祉に生きる　65　奥村多喜衛　津ội裕次，一番ケ瀬康子編　中川美佐著　大空社　2013.12　238p　19cm　〈文献あり　年譜あり〉　①978-4-283-00599-0　Ⓝ369.028　［2000円］

奥村 真〔1949～2009〕

◇繚乱の春はるかなりとも―奥村真とオールドフェローズ　追想集出版の会編著　ウェイツ　2014.8　371p　19cm　①978-4-904979-21-1　Ⓝ289.1　［1800円］

奥山 章〔1926～1972〕

◇ふたりのアキラ　平塚晶人著　山と渓谷社　2014.4　421p　15cm　（ヤマケイ文庫）〈文献あり　年譜あり〉　「二人のアキラ、美枝子の山」(文藝春秋　2004年刊)の改題　①978-4-635-04775-3　Ⓝ786.1　［880円］

小椋 冬美

◇わたしたちができるまで　岩館真理子，小椋冬美，大島弓子著　復刊ドットコム　2014.11　210p　19cm　〈角川文庫 1993年刊の再編集〉　①978-4-8354-5122-0　Ⓝ726.101　［1800円］

小倉 昌男〔1924～2005〕

◇クロネコ遺伝子―生き続ける「小倉昌男」イズム　岡田知也著　日本経済新聞出版社　2014.11　182p　19cm　①978-4-532-31969-4　Ⓝ685.9　［1400円］

オークランド〔カリフォルニア州〕（火災）

◇災害後の住宅再建における市民組織の形成プロセスとその役割―オークランド・バークレー火災直後から21年後の現在：調査研究報告書　落合知帆［著］，第一生命財団編　第一生命財団　2014.5　59p　30cm　〈文献あり〉Ⓝ527　［非売品］

オークランド〔カリフォルニア州〕（住宅―復旧）

◇災害後の住宅再建における市民組織の形成プロセスとその役割―オークランド・バークレー火災直後から21年後の現在：調査研究報告書　落合知帆［著］，第一生命財団編　第一生命財団　2014.5　59p　30cm　〈文献あり〉Ⓝ527　［非売品］

小栗 忠順〔1827～1868〕

◇維新前後の政争と小栗上野　蜷川新著　周南　マツノ書店　2014.1　247, 397, 6p　22cm　〈正続合本復刻版　折り込 1枚

内容：維新前後の政争と小栗上野の死（蜷川新著(日本書院昭和3年刊　9版)）維新前後の政争と小栗上野　続（蜷川新著(日本書院昭和6年刊　4版)）〉Ⓝ289.1

◇小栗上野介忠順年譜　大塚秀郎著　改版　［出版地不明］［大塚秀郎］　2014.8　214p　26cm　Ⓝ289.1

小栗 風葉〔1875～1926〕

◇小栗風葉あんない　17号　小栗風葉をひろめる会編　半田　小栗風葉をひろめる会　2014.3　71p　26cm　Ⓝ910.268　［800円］

桶川市（遺跡・遺物）

◇桶川市内遺跡範囲確認調査報告書　平成25年度　桶川市教育委員会編　［桶川］　桶川市教育委員会　2014.3　27p　図版2p　30cm　Ⓝ210.0254

◇諏訪北Ⅰ／諏訪北Ⅱ／諏訪南／二ツ家下　熊谷　埼玉県埋蔵文化財調査事業団　2014.3　212p　図版53p　30cm　（埼玉県埋蔵文化財調査事業団報告書　第409集）〈国土交通省関東地方整備局の委託による　桶川市・北本市所在　一般国道468号首都圏中央連絡自動車道新設工事に伴う桶川北本地区埋蔵文化財発掘調査報告〉Ⓝ210.0254

◇諏訪野遺跡　1　第1分冊　熊谷　埼玉県埋蔵文化財調査事業団　2014.3　386p　図版3枚　30cm　（埼玉県埋蔵文化財調査事業団報告書　第410集）〈国土交通省関東地方整備局の委託による　桶川市所在　一般国道468号首都圏中央連絡自動車道新設工事に伴う桶川地区埋蔵文化財発掘調査報告〉Ⓝ210.0254

◇諏訪野遺跡　1　第2分冊　熊谷　埼玉県埋蔵文化財調査事業団　2014.3　p387-495　図版198p　30cm　（埼玉県埋蔵文化財調査事業団報告書　第410集）〈国土交通省関東地方整備局の委託による　桶川市所在　一般国道468号首都圏中央連絡自動車道新設工事に伴う桶川地区埋蔵文化財発掘調査報告〉Ⓝ210.0254

オーケストラ・アンサンブル金沢

◇古都のオーケストラ、世界へ！―「オーケストラ・アンサンブル金沢」がひらく地方文化の未来　潮博惠著　アルテスパブリッシング　2014.9　221, 41p　19cm　〈年表あり〉　①978-4-86559-107-1　Ⓝ764.3　［1600円］

小郡市（遺跡・遺物）

◇大板井遺跡　25　小郡市教育委員会編　小郡　片山印刷　2014　26p　図版7p　30cm　（小郡市文化財調査報告書　第279集）〈福岡県小郡市大板井所在遺跡の調査報告〉Ⓝ210.0254

◇大板井遺跡　26・27　小郡市教育委員会編　［小郡］　小郡市教育委員会　2014　30p　図版10p　30cm　（小郡市文化財調査報告書　第280集）〈平成24年度国庫補助事業市内遺跡調査報告書〉Ⓝ210.0254

◇小郡博多道遺跡　2　小郡　小郡市教育委員会　2013.3　14p　図版5p　30cm　（小郡市文化財調査報告書　第274集）〈福岡県小郡市小郡所在遺跡の調査報告　出版：片山印刷〉Ⓝ210.0254

◇上岩田遺跡　13　小郡　小郡市教育委員会　2013.1　138p　図版38p　30cm　（小郡市文化財調査報告書　第268集）〈福岡県小郡市上岩田所在遺跡の調査報告〉Ⓝ210.0254

◇上岩田遺跡　14　小郡　小郡市教育委員会　2014.3　9p　図版3p　30cm　（小郡市文化財調査報告書　第283集）〈福岡県小郡市上岩田所在遺跡の調査報告〉Ⓝ210.0254

◇上岩田遺跡　5　分析・考察／論考編　小郡　小郡市教育委員会　2014.1　307, 60p　図版［24］枚　30cm　（小郡市文化財調査報告書　第277集）〈福岡県小郡市上岩田所在〉Ⓝ210.0254

◇上岩田遺跡　6　古代総集編　小郡　小郡市教育委員会　2014.3　44, 21p　図版6p　30cm　（小郡市文化財調査報告書　第286集）〈福岡県小郡市上岩田所在〉Ⓝ210.0254

◇小板井蓮輪遺跡　3　小郡市教育委員会　2013.3　22p　図版6p　30cm　（小郡市文化財調査報告書　第273集）〈福岡県小郡市小板井・稲吉所在遺跡の調査報告〉Ⓝ210.0254

◇小板井屋敷遺跡　5　小郡　小郡市教育委員会　2014.3　83p　30cm　（小郡市文化財調査報告書　第278集）〈福岡県小郡市小板井所在遺跡の調査報告〉Ⓝ210.0254

◇津古永前遺跡　小郡　小郡市教育委員会　2013.3　64p　図版［17］枚　30cm　（小郡市文化財調査報告書　第270集）〈福岡県小郡市津古所在遺跡の調査報告〉Ⓝ210.0254

◇西島遺跡　8　小郡　小郡市教育委員会　2014.3　22p　図版10p　30cm　（小郡市文化財調査報告書　第281集）〈福岡県小郡市三沢所在遺跡の調査報告〉Ⓝ210.0254

◇福童法司遺跡　小郡　小郡市教育委員会　2013.3　10p　図版6p　30cm　（小郡市文化財調査報告書　第272集）〈福岡県小郡市福童所在遺跡の調査報告　出版：片山印刷〉Ⓝ210.0254

◇福童町遺跡　10　小郡市教育委員会編　小郡　ハイウェーブデザイン　2014　18p　図版6p　30cm　（小郡市文化財調査報告書　第282集）〈福岡県小郡市福童所在遺跡の調査報告〉Ⓝ210.0254

◇埋蔵文化財調査報告書　5　小郡　小郡市教育委員会　2013.3　26p　図版12p　30cm　（小郡市文化財調査報告書　第269集）〈平成23・24年度国庫補助事業市内遺跡調査報告書　内容：小板井屋敷遺跡．4　横隈上内畑遺跡．7　小郡大原町遺跡〉Ⓝ210.0254

◇三沢遺跡　小郡　小郡市教育委員会　2014.3　23p　図版12p　30cm　（小郡市文化財調査報告書　第284集）〈福岡県小郡市三沢所在遺跡の調査報告〉Ⓝ210.0254

◇三沢宮ノ前遺跡　3　小郡　小郡市教育委員会　2013.3　20p　図版7p　30cm　（小郡市文化財調査報告書　第271集）〈福岡県小郡市三沢所在遺跡の調査報告〉Ⓝ210.0254

オコナー, F.〔1925～1964〕
◇フラナリー・オコナーとの和やかな日々―オーラル・ヒストリー　ブルース・ジェントリー, クレイグ・アマソン編, 田中浩司訳　新評論　2014.11　286p　19cm〈著作目録あり　年譜あり〉Ⓘ978-4-7948-0984-1　Ⓝ930.278　[3400円]

お好み焼きひらの
◇鉄板力―お好み焼きひらのの超繁盛のヒミツ：全国高校サッカー選手権大会で優勝の原動力となった「お好み焼き」がある　平野満代著　広島　本分社　2014.2　159p　19cm〈コスモの本（発売）〉Ⓘ978-4-86485-012-4　Ⓝ673.973　[1000円]

尾崎 英二郎
◇思いを現実にする力　尾崎英二郎[著]　ディスカヴァー・トゥエンティワン　2014.8　287p　19cm　Ⓘ978-4-7993-1500-2　Ⓝ778.21　[1500円]

尾崎 晋也〔1959～〕
◇笑うマエストロ―国立交響楽団の表と裏　尾崎晋也著　さくら舎　2014.10　220p　19cm　Ⓘ978-4-906732-90-6　Ⓝ762.1　[1500円]

尾崎 忠征〔1810～1890〕
◇尾崎忠征日記　1　尾崎忠征[著], 日本史籍協會編　オンデマンド版　東京大学出版会　2014.7　532p　22cm　（日本史籍協会叢書　46）〈印刷・製本：デジタルパブリッシングサービス　覆刻再刊昭和59年刊〉Ⓘ978-4-13-009346-0　Ⓝ210.61　[11000円]

◇尾崎忠征日記　2　尾崎忠征[著], 日本史籍協會編　オンデマンド版　東京大学出版会　2014.7　499p　22cm　（日本史籍協会叢書　47）〈印刷・製本：デジタルパブリッシングサービス　覆刻再刊　昭和59年刊〉Ⓘ978-4-13-009347-7　Ⓝ210.61　[10000円]

小佐野 賢治〔1918～1986〕
◇田中角栄権力の源泉　大下英治著　イースト・プレス　2014.12　444p　18cm　（イースト新書　041）Ⓘ978-4-7816-5041-8　Ⓝ312.1　[907円]

大仏 次郎〔1897～1973〕
◇おさらぎ選書　第22集　大佛次郎記念館編　横浜　大佛次郎記念館　2014.5　111, 15p　21cm〈内容：大佛次郎主宰雑誌「苦楽」「天馬」について　安鶴さんと「苦楽」（大佛次郎著）坐雨盧「苦楽」編集後記9篇（大佛次郎著）　大佛次郎と「苦楽」の周辺（大村彦次郎著）　雑誌「苦楽」「天馬」について（益川良子著）　デベッカ夫妻の鎌倉（内海孝著）　おさらぎ通信　メディアと文学の接点（中村健著）〉Ⓝ910.268

小沢 征爾〔1935～〕
◇小澤征爾覇者の法則　中野雄著　文藝春秋　2014.8　270p　18cm　（文春新書　985）Ⓘ978-4-16-660985-7　Ⓝ762.1　[800円]

◇おわらない音楽　小澤征爾著　日本経済新聞出版社　2014.7　177p　19cm　（私の履歴書）〈文献あり　年譜あり〉Ⓘ978-4-532-16933-6　Ⓝ762.1　[1300円]

忍城〔行田市〕
◇忍城史跡碑めぐり　行田歴史観光研究会編著　行田　行田歴史観光研究会　2014.2　147p　21cm〈文献あり　折り込2枚〉Ⓝ213.4

小島 祐馬〔1881～1966〕
◇京大東洋学者小島祐馬の生涯　岡村敬二著　京都　臨川書店　2014.11　296, 4p　19cm　（臨川選書　29）〈文献あり　索引あり〉Ⓘ978-4-653-04114-6　Ⓝ289.1　[2000円]

オシム, I.
◇オシムの言葉　木村元彦著　増補改訂版　文藝春秋　2014.1　357p　16cm　（文春文庫　き38-1）〈文献あり　初版：集英社文庫　2008年刊〉Ⓘ978-4-16-790020-5　Ⓝ783.47　[690円]

小千谷市〔高齢者〕
◇新潟県小千谷市認知症実態調査結果報告書（第四報）　小千谷　新潟県小千谷市　2014.2　129p　30cm　（共同刊行：新潟県精神保健福祉協会こころのケアセンター）Ⓝ369.261

小千谷市〔災害復興〕
◇震災を乗り越え新しいまち・小千谷への挑戦―小千谷市復興計画の長期検証（総括）：新潟県中越大震災から10年　小千谷市企画政策課編　小千谷　小千谷市　2014.10　109p　30cm〈年表あり　共同刊行：小千谷市復興推進委員会〉Ⓝ518.8

小津 安二郎〔1903～1963〕
◇老いの流儀小津安二郎の言葉　米谷紳之介著　環境デザイン研究所　2014.12　223p　19cm〈星雲社（発売）文献あり〉Ⓘ978-4-434-20005-2　Ⓝ778.21　[1800円]

◇小津ありき―知られざる小津安二郎　田中眞澄著　清流出版　2013.7　293p　20cm　Ⓘ978-4-86029-404-5　Ⓝ778.21　[2800円]

◇小津安二郎への旅―魂の「無」を探して　伊良子序著　河出書房新社　2014.1　213p　20cm〈文献あり〉Ⓘ978-4-309-27460-7　Ⓝ778.21　[1800円]

◇小津安二郎生誕110年記念事業in松阪―記念誌　小津安二郎生誕一一〇年記念事業実行委員会編　[松阪]　小津安二郎生誕一一〇年記念事業実行委員会　2014.3　74p　30cm　Ⓝ778.21

◇原節子, 号泣す　末延芳晴著　集英社　2014.6　254p　18cm　（集英社新書　0742）〈文献あり　年表あり〉Ⓘ978-4-08-720742-2　Ⓝ778.21　[760円]

オースティン〔テキサス州〕（産業クラスター）
◇都市地域における産業転換―米英イノベーション先進地域のエコシステム：法政大学イノベーション・マネジメント研究センター国際シンポジウム：講演録　法政大学イノベーション・マネジメント研究センター編　法政大学イノベーション・マネジメント研究センター　2014.5　61p　30cm　（Working paper series no. 155）〈会期・会場：2014年2月1日　法政大学市ケ谷キャンパスボアソナード・タワー26階スカイホール　内容：問題提起　米英3都市（田路則子述）　講演　Technology development consultancies and the high-tech cluster in Cambridge (UK)（Jocelyn Probert述）　米国オースティン（福嶋路述）　米国シアトル（山縣宏之述）〉Ⓝ332.333　[非売品]

オースティン, J.〔1775～1817〕
◇ジェイン・オースティンのマナー教本―お世辞とシャレード, そして恐るべき失態　ジョゼフィーン・ロス著, 村瀬順子訳　英宝社　2014.8　141p　19cm　Ⓘ978-4-269-82041-8　Ⓝ382.33　[1800円]

◇脇役たちの言い分―ジェイン・オースティンの小説を読む　坂田薫子著　音羽書房鶴見書店　2014.7　300p　22cm〈索引あり　内容：ルーシー・スティールはそれほど悪者なのか　女性たちの言い分　ベネット夫妻の言い分　収奪としての小説『マンスフィールド・パーク』論．1　エドマンドの物語として読む『マンスフィールド・パーク』　『マンスフィールド・パーク』論．2　ポストコロニアル批評で読む『マンスフィールド・パーク』　『マンスフィールド・パーク』論．3　ヒロイン, ファニー・プライスの言い分　『エマ』論．1　『エマ』の語りの構造　『エマ』論．2　ヒロイン, エマ・ウッドハウスの言い分　恋という病　オースティンとカントリーハウス〉Ⓘ978-4-7553-0279-4　Ⓝ930.268　[3000円]

オーストラリア（移民・植民〔日本〕）
◇日本人女性の国際結婚と海外移住―多文化社会オーストラリアの変容する日系コミュニティ　濱野健著　明石書店　2014.6　284p　22cm〈文献あり〉Ⓘ978-4-7503-4027-2　Ⓝ334.471　[4600円]

オーストラリア（外国関係―日本―歴史）
◇オーストラリア先住民と日本―先住民学・交流・表象　山内由理子編　御茶の水書房　2014.8　299, 23p　21cm〈索引あり　内容：国家と先住民（鎌田真弓著）　オーストラリア・ネイションへの包摂（鎌田真弓著）　日本人アボリジニ研究者の可能性（小坂恵敬著）　日本におけるオーストラリア先住民表象史（飯嶋秀治著）　日本人とオーストラリア先住民の交流史（山内由理子著）　戦争とオーストラリア先住民（鎌田真弓著）日本人とトレス海峡諸島人（マーティン・中田著, 栗田梨津子訳）　ウラン採掘地から福島へのオーストラリア先住民の眼差し（松岡智志著）　公開講座「ポスト三一一期の日豪市民社会―対話と協働の可能性を探る」について（塩原良和著）都市に暮らすオーストラリア先住民（山内由理子著）　オーストラリア先住民と教育（栗田梨津子著）　先住民と博物館（若園雄志郎著）　アボリジニの困難と現代アボリジニアートの希望（窪田幸子著）　オーストラリア先住民と映画（佐和田敬司著）〉Ⓘ978-4-275-01081-0　Ⓝ382.71　[3000円]

オーストラリア（開発教育）
◇オーストラリアのグローバル教育の理論と実践―開発教育研究の継承と新たな展開　木村裕著　東信堂　2014.2　258p　22cm〈文献あり　年表あり　索引あり　内容：開発教育からグローバル教育への歴史的展開　グローバル教育プロジェクト

オーストラリア（観光行政）

の全体像とその特質 コルダーとスミスの開発教育論の特質
と課題 フィエンの開発教育論の特質と課題 『グローバル・
パースペクティブ・シリーズ』に対する連邦政府からの影響
『グローバル・パースペクティブ・シリーズ』に基づく実践の
具体像とその可能性 後期中等教育修了試験が実践に及ぼす
影響〉①978-4-7989-1220-2 Ⓝ372.71 ［3600円］

オーストラリア（観光行政）
◇持続可能な開発と日豪関係 朝水京彦著 新版 ［町田］ く
んぷる 2014.2 238p 21cm〈文献あり〉①978-4-87551-
199-1 Ⓝ689.1 ［2300円］

オーストラリア（教育）
◇オーストラリア・ニュージーランドの教育―グローバル社会を
生き抜く力の育成に向けて 青木麻衣子,佐藤博志編著 新版
東信堂 2014.1 180p 21cm〈索引あり〉①978-4-7989-
1203-5 Ⓝ372.71 ［2000円］

オーストラリア（強制収容所）
◇学生が聞いたカウラ捕虜収容所日本兵脱走事件 広島経済大
学岡本ゼミナール編,岡本貞雄監修 ノンブル社 2014.8
158p 21cm （いのちをみつめる叢書 特別篇2）〈年表あり〉
①978-4-903470-80-1 Ⓝ916 ［1200円］

オーストラリア（社会）
◇生江孝之著作集 第5巻 新らしき国新西蘭と濠洲 生江孝之
著 学術出版会 2014.9 400p 22cm （学術著作集ライブ
ラリー）〈日本図書センター（発売）文献あり 新生堂 昭和4
年刊の複製〉①978-4-284-10425-8,978-4-284-10420-3(set)
Ⓝ369.08

オーストラリア（障害児教育）
◇オーストラリアにおける障害のある生徒のトランジション支
援 山中冴子著 学文社 2014.10 189p 22cm〈文献あり
索引あり〉①978-4-7620-2488-7 Ⓝ378.0271 ［3300円］

オーストラリア（職業指導）
◇オーストラリアにおける障害のある生徒のトランジション支
援 山中冴子著 学文社 2014.10 189p 22cm〈文献あり
索引あり〉①978-4-7620-2488-7 Ⓝ378.0271 ［3300円］

オーストラリア（食生活―シドニー）
◇シドニーのそれぞれ楽しいご飯たち 宇田和子編著 開文社
出版 2014.5 86p 21cm〈文献あり レシピ：Jane
Chaytorほか〉①978-4-87571-876-5 Ⓝ383.8715 ［860円］

オーストラリア（神話）
◇オーストラリア神話と伝説 沢田晴恵編訳 静岡 日本公文
教育研究会西千代田教室 2013.9 161p 20cm Ⓝ164.71
［非売品］

オーストラリア（伝説）
◇オーストラリア神話と伝説 沢田晴恵編訳 静岡 日本公文
教育研究会西千代田教室 2013.9 161p 20cm Ⓝ164.71
［非売品］

オーストリア（音楽―歴史―ウィーン）
◇ウィーンの弦楽四重奏団200年史―弦楽四重奏の魅力にとりつ
かれた演奏家たち 所沢 クヮルテット・ハウス・
ジャパン 2014.12 257p 19cm〈レグルス（発売）文献あ
り 索引あり〉①978-4-9906413-7-5 Ⓝ764.24 ［2000円］

オーストリア（歌劇―ウィーン）
◇ウィーン国立歌劇場―すみからすみまで 野村三郎著 音楽
之友社 2014.10 271,7p 20cm〈文献あり〉①978-4-276-
21149-0 Ⓝ766.1 ［2900円］

オーストリア（紀行・案内記）
◇ウィーンとオーストリア 2015〜2016年版 「地球の歩き方」
編集室/編 改訂第27版 ダイヤモンド・ビッグ社,ダイヤモ
ンド社〔発売〕 2014.12 391p 21×14cm （地球の歩き方
A17）①978-4-478-04662-3 ［1700円］

オーストリア（教育）
◇平成25年度教育課題研修指導者海外派遣プログラム研修成果
報告書―「言語力・コミュニケーション力の育成」オーストリ
ア（B-1団）教員研修センター編著 ［つくば］教員研修セン
ター 2014.3 60,6p 30cm〈派遣期間：平成25年11月11日
―22日〉Ⓝ372.346

オーストリア（強制収容所）
◇ドイツ・アメリカ連合作戦―第二次世界大戦の「奇跡」といわ
れた捕虜収容所奪還作戦 スティーヴン・ハーディング著,花
田知恵訳 原書房 2014.11 283p 20cm①978-4-562-
05116-8 Ⓝ209.74 ［2500円］

オーストリア（経済）
◇オーストリア 2014/15年版 ARC国別情勢研究会編集
ARC国別情勢研究会 2014.7 144p 26cm （ARCレポート

経済・貿易・産業報告書 2014/15）〈索引あり〉①978-4-
907366-16-2 Ⓝ332.346 ［12000円］

オーストリア（経済学―歴史）
◇経済的思考の転回―世紀転換期の統治と科学をめぐる知の系
譜 桑田学著 以文社 2014.7 277,35p 20cm〈文献あり
索引あり〉①978-4-7531-0320-1 Ⓝ331.2346 ［3000円］

オーストリア（世界戦争〔1939〜1945〕―会戦）
◇ドイツ・アメリカ連合作戦―第二次世界大戦の「奇跡」といわ
れた捕虜収容所奪還作戦 スティーヴン・ハーディング著,花
田知恵訳 原書房 2014.11 283p 20cm①978-4-562-
05116-8 Ⓝ209.74 ［2500円］

オーストリア（葬制）
◇身体巡礼―The European Burial Ritual ドイツ・オースト
リア・チェコ編 養老孟司著 新潮社 2014.5 175p 図版
48p 20cm①978-4-10-416007-5 Ⓝ385.6 ［1500円］

オーストリア（地誌）
◇写真記録100年前の世界 7 オーストリア＝ハンガリー帝国
スペイン 内藤民治編著 大空社 2014.5 1冊 22cm〈索
引あり 「世界實観 第7巻」（日本風俗圖繪刊行會 大正5年刊）
の複製 英語併記〉①978-4-283-01176-2,978-4-283-00645-4
(set),978-4-283-00646-1(set) Ⓝ290.8 ［12500円］

オーストリア（歴史―1945〜）
◇オーストリアの歴史―第二次世界大戦終結から現代まで：ギム
ナジウム高学年歴史教科書 アントン・ヴァルト,エドゥアル
ト・シュタウディンガー,アロイス・ショイヒャー,ヨーゼフ・
シャイブル著, 中尾光延訳 明石書店 2014.5 342p 21cm
（世界の教科書シリーズ 40）①978-4-7503-4012-8 Ⓝ234.6
［4800円］

オーストリア菓子サイラージャパン
◇サイラーのパン―福岡で活躍するオーストリアのマイスター
アドルフ サイラー著,原田博治聞き書き 福岡 西日本新聞
社 2014.11 143p 21cm①978-4-8167-0892-3 Ⓝ588.32
［1500円］

オスマン帝国
◇イスラーム世界における王朝起源論の生成と変容―古典期オ
スマン帝国の系譜伝承をめぐって 小笠原弘幸著 刀水書房
2014.2 261p 22cm〈文献あり 索引あり 布装 内容：序
論 カユとギョク ヤペテとエサウ 始祖たちの融合 セル
ジューク朝との系譜意識 モンゴル像の変遷 結論 一五世
紀における王統譜の構造と形成過程〉①978-4-88708-417-9
Ⓝ227.4 ［6000円］

◇オスマン帝国六〇〇年史―三大陸に君臨したイスラムの守護
者 設樂國廣監修, 齊藤優子執筆 KADOKAWA 2014.9
143p 21cm （ビジュアル選書）〈年表あり〉①978-4-04-
600994-4 Ⓝ227.4 ［1800円］

◇世界史劇場イスラーム三國志―臨場感あふれる解説で、楽しみ
ながら歴史を"体感"できる 神野正史著 ベレ出版 2014.3
317p 21cm〈文献あり 年表あり〉①978-4-86064-387-4
Ⓝ227.4 ［1600円］

オスマン帝国（教育）
◇近代・イスラームの教育社会史―オスマン帝国からの展望
秋葉淳, 橋本伸也編 京都 昭和堂 2014.11 295,13p 22cm
（叢書・比較教育社会史）〈索引あり 内容：「伝統教育」の持
続と変容（秋葉淳著） スーフィズムの教育と実践の変容（高橋
亮著） オスマン帝国の新しい学校（秋葉淳著） ジャーナリズ
ムの登場と読者層の形成（佐々木紳著） アルメニア人オスマ
ン官僚の教育的背景（上野雅由樹著） 歴史教科書に見る近代
オスマン帝国の自画像（小笠原弘幸著） ロシア帝国ヴォル
ガ・ウラル地域ムスリム社会の「新方式」の教育課程（磯貝真
澄著） ハプスブルクとオスマンの間で（米岡大輔著） 帝国
のメディア（藤波伸嘉著） オスマン・ハプスブルク・ロシア
（橋本伸也著）〉①978-4-8122-1417-6 Ⓝ372.274 ［4200円］

オスマン帝国（憲法）
◇オスマン憲政への道 佐々木紳著 東京大学出版会 2014.3
262,22p 22cm〈文献あり 索引あり 内容：「トルコ」の蹉跌
から「アジア」最初の憲法へ 新オスマン人運動の社会史的起
源 憲政論議の法制史的契機 ナームク・ケマルの立憲議会
構想 争論のイスタンブル ミドハト憲法への道 立憲主義
と帝国意識の交わる場所〉①978-4-13-026148-7 Ⓝ312.274
［7400円］

オスマン帝国（政治）
◇オスマン憲政への道 佐々木紳著 東京大学出版会 2014.3
262,22p 22cm〈文献あり 索引あり 内容：「トルコ」の蹉跌
から「アジア」最初の憲法へ 新オスマン人運動の社会史的起
源 憲政論議の法制史的契機 ナームク・ケマルの立憲議会
構想 争論のイスタンブル ミドハト憲法への道 立憲主義
と帝国意識の交わる場所〉①978-4-13-026148-7 Ⓝ312.274
［7400円］

オスラー, W. 〔1849～1919〕

◇医学するこころ—オスラー博士の生涯　日野原重明著　岩波書店　2014.4　301p　15cm　（岩波現代文庫）Ⓘ978-4-00-603268-5　Ⓝ289.3　〔1040円〕

尾瀬

◇尾瀬の博物誌　田部井淳子監修, 大山昌克著　世界文化社　2014.7　191p　22cm　〈文献あり〉Ⓘ978-4-418-14218-7　Ⓝ402.9133　〔3000円〕

◇尾瀬の花—ひと目でわかる：カラーポケット・ガイドブック　〔沼田〕　〔ナグモ〕　〔20- -〕　68p　15cm　Ⓝ477.02133

オセアニア（金融）

◇海外の郵便貯金等リテール金融サービスの現状—インド、インドネシア、オーストラリア、ニュージーランド、シンガポール　ゆうちょ財団　2014.3　147p　30cm　Ⓝ338.22

オセアニア（経済援助〔日本〕）

◇大洋州地域静脈物流情報収集・確認調査報告書　〔東京〕　国際協力機構　2013.1　28, 192, 8p　30cm　〈共同刊行：国際臨海開発研究センターほか〉Ⓝ333.804

◇大洋州地域における非感染症の現状と対策に関する情報収集・確認調査—ファイナル・レポート　〔東京〕　国際協力機構　2013.1　1冊　30cm　〈共同刊行：コーエイ総合研究所〉Ⓝ333.804

オセアニア（地誌）

◇世界地誌シリーズ　7　東南アジア・オセアニア　菊地俊夫, 小田宏信編　朝倉書店　2014.6　168p　26cm　〈文献あり　索引あり〉Ⓝ290.8　〔3400円〕

オセアニア（美術）

◇オセアニア芸術—レッド・ウェーヴの個と集合　渡辺文著　京都　京都大学学術出版会　2014.3　326p　22cm　（プリミエ・コレクション 40）〈文献あり　索引あり　内容：芸術を人類学的に論じる　芸術、文化、ローカリティの共謀　芸術の家　芸術家になるために　反復される絵画　売れる絵と売れない絵　差異化される絵画　制作の場　オセアニアをさがして、再び〉Ⓘ978-4-87698-476-3　Ⓝ702.7　〔5700円〕

オセアニア（郵便切手）

◇ビジュアル世界切手国名事典　アジア・オセアニア編　板橋祐己著　日本郵趣出版　2014.5　110p　21cm　（郵趣サービス社（発売）文献あり　索引あり〉Ⓘ978-4-88963-770-0　Ⓝ693.8　〔1500円〕

小田 富弥〔1895～1990〕

◇怪剣士丹下左膳あらわる—剣戟と妖艶美の画家・小田富弥の世界　小田富弥［画］, 松本品子編　国書刊行会　2014.12　139p　26cm　〈文献あり　作品目録あり　年譜あり　会期・会場：2015年1月3日～3月29日　弥生美術館〉Ⓘ978-4-336-05867-6　Ⓝ726.501　〔2800円〕

織田 信長〔1534～1582〕

◇織田信長—戦国最強の軍事カリスマ　桐野作人著　KADOKAWA　2014.12　743p　15cm　（新人物文庫　き-8-1）〈文献あり　新人物往来社　2011年刊の加筆・訂正〉Ⓘ978-4-04-601018-6　Ⓝ289.1　〔1200円〕

◇織田信長その虚像と実像　松下浩著　彦根　サンライズ出版　2014.6　159p　19cm　（淡海文庫 53）〈文献あり〉Ⓘ978-4-88325-177-3　Ⓝ289.1　〔1200円〕

◇織田信長〔天下人〕の実像　金子拓著　講談社　2014.8　296p　18cm　（講談社現代新書 2278）〈文献あり〉Ⓘ978-4-06-288278-1　Ⓝ210.48　〔880円〕

◇新訳信長の言葉　童門冬二著　KADOKAWA　2014.11　229p　19cm　〈文献あり　年表あり〉Ⓘ978-4-04-731672-0　Ⓝ289.1　〔1400円〕

◇天下統一—信長と秀吉が成し遂げた「革命」　藤田達生著　中央公論新社　2014.4　294p　18cm　（中公新書 2265）〈文献あり　年表あり〉Ⓘ978-4-12-102265-3　Ⓝ210.46　〔860円〕

◇天下人の夢—信長・秀吉・家康　津本陽, 二木謙一著　実業之日本社　2014.3　298p　20cm　〈文献あり　年譜あり〉Ⓘ978-4-408-11056-1　Ⓝ281.04　〔2000円〕

◇信長からの手紙—細川コレクション　熊本県立美術館編　〔熊本〕　熊本県立美術館　2014.10　152p　30cm　〈文献あり　年譜あり　会期・会場：2014年10月10日―12月14日　熊本県立美術館ほか　重要文化財指定記念　共同刊行：永青文庫〉Ⓝ210.48

◇信長研究の最前線—ここまでわかった「革新者」の実像　日本史史料研究会編　洋泉社　2014.10　255p　18cm　（歴史新書y 049）Ⓘ978-4-8003-0508-4　Ⓝ210.48　〔950円〕

◇信長と将軍義昭—連携から追放、包囲網へ　谷口克広著　中央公論新社　2014.8　245p　18cm　（中公新書 2278）〈文献あり　年表あり〉Ⓘ978-4-12-102278-3　Ⓝ210.47　〔820円〕

小高神社〔袖ケ浦市〕

◇小高神社本殿解体修理工事報告書—袖ケ浦市指定文化財　袖ケ浦市教育委員会, 岩瀬建築有限会社編　袖ケ浦　袖ケ浦市教育委員会　2014.3　114p　30cm　Ⓝ521.817

小田急電鉄株式会社

◇小田急今昔物語　生方良雄著　戎光祥出版　2014.12　239p　21cm　〈年表あり　「小田急物語」（多摩川新聞社 2000年刊）の改題、改訂版〉Ⓘ978-4-86403-116-5　Ⓝ686.213　〔1600円〕

◇小田急通勤型電車のあゆみ—ロイヤルブルーが担ってきた輸送の進化　生方良雄, 大沼一英著　JTBパブリッシング　2014.10　175p　21cm　（キャンブックス）〈文献あり　年譜あり〉Ⓘ978-4-533-09958-8　Ⓝ686.213　〔1800円〕

◇地図と鉄道省文書で読む私鉄の歩み　関東1　東急・小田急　今尾恵介著　白水社　2014.10　223p　19cm　〈文献あり〉Ⓘ978-4-560-08386-4　Ⓝ686.21　〔1600円〕

◇ブランドになった特急電車　青田孝著　交通新聞社　2014.2　279p　図版12p　19cm　（KOTSUライブラリ 002）〈文献あり〉Ⓘ978-4-330-44014-9　Ⓝ686.213　〔1800円〕

小田急不動産株式会社

◇小田急不動産50年史—1964-2014　小田急不動産　2014.12　105p　28cm　〈年表あり〉Ⓝ673.99

オータ事務所株式会社

◇オータ事務所40年史　オータ事務所　2014.4　205p　19cm　〈文献あり　年表あり〉Ⓝ327.17

小谷村〔長野県〕（地域社会）

◇小規模な自治体運営及びそこに展開する地域社会の取り組みと住民主体の地域づくり—長野県北安曇郡小谷村に学ぶ　〔都留〕　都留文科大学社会学科環境・コミュニティ創造専攻フィールドワークⅥ（地域社会論）　2013.3　231p　30cm　（フィールドワークⅥ（地域社会論）　2012年度）〈2012年9月19日水曜日―9月22日土曜日　奥付の出版者（誤植）：都留文科大学社会学科環境・コミュニティ創造専攻フィールドワークⅤ（地域社会論）〉Ⓝ361.7

小樽市（日本文学—歴史）

◇小樽「はじめて」の文学史　明治・大正篇　亀井秀雄著　小樽　小樽文學舎　2014.3　56p　21cm　〈共同刊行：市立小樽文学館〉Ⓝ910.29

小樽市（歴史—写真集）

◇写真で辿る小樽—明治・大正・昭和　佐藤圭樹編著, 小樽市総合博物館監修　札幌　北海道新聞社　2014.11　159p　26cm　〈年表あり〉Ⓘ978-4-89453-751-4　Ⓝ211.7　〔2000円〕

小田原市（遺跡・遺物）

◇いにしえの小田原—遺跡から見た東西文化の交流：平成26年度小田原城天守閣特別展　小田原城天守閣　2014.10　175p　30cm　〈文献あり　会期・会場：平成26年10月18日―12月14日　小田原城天守閣　編集：諏訪間順ほか〉Ⓝ210.0254

◇小田原市遺跡調査発表会—発表要旨　平成25年　小田原市教育委員会編　〔小田原〕　小田原市教育委員会　2013.11　70p　30cm　〈会期・会場：2013年11月24日　小田原市立かもめ図書館〉Ⓝ213.7

◇小田原城下上幸田跡（no. 35遺跡）第Ⅴ地点発掘調査報告書　藤沢　湘南考古学研究所　2014.10　83p　30cm　〈神奈川県小田原市所在〉Ⓝ210.0254

◇小田原城三の丸大久保弥六郎邸跡第Ⅵ地点　玉川文化財研究所編著　〔小田原〕　小田原市　2014.6　265p　図版85p　30cm　〈市民ホール（芸術文化創造センター）整備に伴う発掘調査〉Ⓝ210.0254

◇小田原城三の丸南堀第Ⅷ・Ⅸ地点　小田原市教育委員会編　小田原　小田原市教育委員会　2014.3　29p　図版6p　30cm　（小田原市文化財調査報告書 第168集）Ⓝ210.0254

◇小田原城総構城下張出第Ⅴ地点　小田原市教育委員会編　小田原　小田原市教育委員会　2014.3　14p　図版〔3〕枚　30cm　（小田原市文化財調査報告書 第170集）Ⓝ210.0254

◇久野下馬道上遺跡第Ⅲ地点発掘調査報告書　玉川文化財研究所編著　〔横浜〕　玉川文化財研究所　2013.11　175p　図版50p　30cm　〈神奈川県小田原市所在〉Ⓝ210.0254

◇千代仲ノ町遺跡第Ⅸ地点　小田原市教育委員会編　小田原　小田原市教育委員会　2014.3　51p　図版〔10〕枚　30cm　（小田原市文化財調査報告書 第167集）Ⓝ210.0254

◇千代東町遺跡第Ⅴ地点　小田原市教育委員会編　小田原　小田原市教育委員会　2014.3　31p　図版〔7〕枚　30cm　（小田原市文化財調査報告書 第169集）Ⓝ210.0254

小田原市（エネルギー政策）　　　　　　　　　　　　　　　　　　　　　日本件名図書目録2014　Ⅰ

お

◇千代吉添遺跡第Ⅴ地点　小田原市教育委員会編　小田原　小田原市教育委員会　2014.3　62p　図版20p　30cm　〈小田原市文化財調査報告書　第166集〉　Ⓝ210.0254

小田原市（エネルギー政策）
◇地域主導型再生可能エネルギー事業化検討委託業務〈小田原市〉成果報告書　平成25年度　［小田原］　小田原市　2014.3　10, 12, 82p　30cm　〈平成25年度環境省委託業務〉　Ⓝ501.6

小田原市（風俗・習慣）
◇城下町の民俗的世界—小田原の暮らしと民俗　西海賢二著　岩田書院　2014.9　771p　22cm　〈内容：小田原の歴史と民俗　小田原の社会生活　小田原の生業　小田原の衣・食・住　小田原の年中行事　小田原の社寺と信仰　小田原の人生儀礼　小田原の祭礼と民俗芸能　小田原の都市と農村の交流　小田原の絵馬〉　Ⓘ978-4-87294-878-3　Ⓝ382.137　［18000円］

小田原城
◇史跡小田原城跡馬屋曲輪　小田原市教育委員会編　小田原　小田原市教育委員会　2014.3　301p　図版8p　30cm　〈小田原市文化財調査報告書　第159集〉　〈年表あり〉　Ⓝ709.137
◇史跡小田原城跡八幡山古郭東曲輪整備事業報告書　小田原市教育委員会編　小田原　小田原市教育委員会　2014.3　84p　図版4p　30cm　〈小田原市文化財調査報告書　第160集〉　Ⓝ709.137

落合 誠一〔1944〜 〕
◇商事法の新しい礎石—落合誠一先生古稀記念　飯田秀総、小塚荘一郎、榊素寛、髙橋美加、得津晶、星明男編　有斐閣　2014.7　994p　22cm　〈著作目録あり〉　内容：会社は誰のものか（大杉謙一著）　国際的な対企業人権侵害訴訟の動向について（松井智予著）　契約による私的利益の規制と株式待ち合いへの応用可能性（得津晶著）　株式持ち合いの法的リスク（明田川昌幸著）　少数株主権における少数株主要件（小出篤著）　韓国における電子投票制度の義務化（権鍾浩著）　種類株式発行会社における利害調整（尾崎悠一著）　「自己のためにする」直接取引（堀田佳文著）　経営判断原則とその判断基準をめぐって（堀田佳文著）　取締役の対第三者責任と役員責任査定との関係（武田典浩著）　組織再編行為の無効原因（笠原武朗著）　株式買取請求か差止めか？（星明男著）　米国におけるSeries Limited Liability Companyと破産手続（井上健一著）　情報技術の発展と商業登記の効力（舩津浩司著）　協同組合の強行法規制（三宅新著）　継続的契約の解消と補償措置（松井秀征著）　約款と個別合意（伊藤壽英著）　法の統一と「国民国家の法」（小塚荘一郎著）　空港ターミナル併用規程の事業者に対する拘束力に関する一考察（中山龍太郎著）　環境損害の算定（森田果著）　GNSS〈衛星測位システム〉の不具合に関する民事責任（清水真希子著）　運送法の改正と海上保険法（神谷高保著）　保険の事故・損害抑止機能と海上保険（後藤元著）　生命保険契約における継続保険料不払の効果のあり方（小林道生著）　給付の調整における生命保険の位置づけ（榊素寛著）　中国における会社法と証券法の交錯（温笑侗著）　台湾における投資者保護センターについて（蔡英欣著）　金融商品取引業者の新規な説明義務（青木浩子著）　高値取得損害/取得目標株価二分論の行方（加藤貴仁著）　流通市場における不実開示による発行会社の責任（田中亘著）　共同保有者・特別関係者の範囲（飯田秀総著）　信託法における受託者の責任（藤田友敬著）〉　Ⓘ978-4-641-13661-8　Ⓝ325.04　［19000円］

落合 博満〔1953〜 〕
◇落合監督の1209試合—名将たちのベースボール　加古大二著　トランスワールドジャパン　2014.1　231p　19cm　（TWJ BOOKS）　Ⓘ978-4-86256-136-7　Ⓝ783.7　［1300円］
◇プロ野球にとって正義とは何か—落合博満と「プロの流儀」VS.「組織の論理」　手束仁著　イースト・プレス　2014.2　222p　15cm　〈文庫きんが堂て1-1〉　〈2012年刊の再編集〉　Ⓘ978-4-7816-7104-8　Ⓝ783.7　［648円］

オックスフォード大学
◇世界を変える思考力を養うオックスフォードの教え方　岡田昭人著　朝日新聞出版　2014.7　271p　19cm　Ⓘ978-4-02-331310-1　Ⓝ377.15　［1500円］

尾辻 克彦〔1937〜2014〕
◇尾辻克彦×赤瀬川原平—文学と美術の多面体展　町田市民文学館ことばらんど編　町田　町田市文学館ことばらんど　2014.10　67p　26cm　〈著作目録あり　会期：2014年10月18日—12月21日〉　Ⓝ702.16

オッフェンバック,J.〔1819〜1880〕
◇オッフェンバックと大衆芸術—パリジャンが愛した夢幻オペレッタ　森佳子著　早稲田大学出版部　2014.5　399p　22cm　（早稲田大学学術叢書 33）　〈文献あり　索引あり〉　Ⓘ978-4-657-14703-5　Ⓝ762.35　［8200円］

OTO〔1956〜 〕
◇つながった世界—僕のじゃがたら物語　OTO, こだまたけひろ著　Pヴァイン　2014.12　255p　19cm　（ele-king books）　〈日販アイ・ピー・エス〈発売〉　年譜あり〉　Ⓘ978-4-907276-24-9　Ⓝ767.8　［2200円］

おとも自然の会
◇おとも自然の会17年のあゆみ　おとも自然の会編　［能代］　おとも自然の会　2014.11　108p　30cm　〈年表あり〉　Ⓝ519.8124

小野 大輔〔1978〜 〕
◇小野大輔もす。　小野大輔著　主婦の友インフォス情報社　2014.10　190p　27cm　〈主婦の友社〈発売〉　タイトルは背・奥付による.標題紙・表紙のタイトル：もす。〉　Ⓘ978-4-07-294869-9　Ⓝ778.77　［3500円］

小野 不由美〔1960〜 〕
◇小野不由美ゴーストハント読本　「ゴーストハント」編集委員会編　メディアファクトリー　2013.7　213p　19cm　（幽BOOKS）　〈年譜あり　内容：「ゴーストハント」の軌跡&年表（朝宮運河著）　少女小説から生まれた「ゴーストハント」の革命（荻原規子述）　ホラー・ミステリの流行に先駆けた「ゴーストハント」（千街晶之著）　疑似科学+心霊主義＝オカルト探偵誕生！（風間賢二著）　少女と怪異と「一人称」（井辻朱美著）　オカルトの時代と「ゴーストハント」（一柳廣孝著）　小野不由美小説の怪異と伝承（今井秀和著）　死者を思いやるということ（東雅夫著）　作家・小野不由美ができるまで（法月綸太郎著）　「ゴーストハント」全七巻徹底解剖（朝宮運河著）〉　Ⓘ978-8401-5264-8　Ⓝ913.6　［1200円］

小野 正吉〔1918〜1997〕
◇ホテルオークラ総料理長小野正吉—フランス料理の鬼と呼ばれた男　宇田川悟著　柴田書店　2014.4　295p　19cm　〈文献あり〉　Ⓘ978-4-388-35346-0　Ⓝ289.1　［1600円］

尾上 菊之助〔5代目 1977〜 〕
◇菊之助の礼儀　長谷部浩著　新潮社　2014.11　189p　20cm　Ⓘ978-4-10-336751-2　Ⓝ774.28　［1500円］

小野市（遺跡・遺物）
◇黍田白雲谷古墳・黍田積石塚古墳発掘調査報告書—黍田温泉活用施設等整備事業に係る　兵庫県小野市教育委員会いきいき社会創造課好古館編　小野　兵庫県小野市教育委員会　2014.3　79p　30cm　〈小野市文化財調査報告　第33集〉　Ⓝ210.0254
◇豊地城跡　兵庫県まちづくり技術センター埋蔵文化財調査部編　神戸　兵庫県教育委員会　2014.3　1冊　30cm　〈兵庫県文化財調査報告　第461冊〉　〈県道改良事業の（主）神戸加東線）に伴う埋蔵文化財発掘調査報告書〉　Ⓝ210.0254
◇南山1号墳・2号墳発掘調査報告書　兵庫県小野市教育委員会いきいき社会創造課好古館編　小野　兵庫県小野市教育委員会　2014.3　55p　30cm　〈小野市文化財調査報告　第32集〉　〈日本臓器製薬株式会社小野緑園工場内〉　Ⓝ210.0254
◇南山遺跡確認調査報告書—日本臓器製薬株式会社小野工場造成に伴う　兵庫県小野市教育委員会いきいき社会創造課好古館編　小野　兵庫県小野市教育委員会　2014.3　89p　30cm　〈小野市文化財調査報告　第5集〉　Ⓝ210.0254

小野市（地誌）
◇下東条地区「地域調べ」記録集—地域の宝を探そう！　3　福住町・中番町・菅田町・住吉町・久保木町　下東条地区地域づくり協議会、神戸大学大学院人文学研究科地域連携センター、小野市立好古館調査、小野市立好古館編　小野　小野市立好古館　2014.3　134p　30cm　〈文化遺産を活かした地域活性化事業〉　Ⓝ291.64

小野寺 信〔1897〜1987〕
◇CIA日本人ファイル—米国国立公文書館機密解除資料　第8巻　小野寺信　加藤哲郎編集・解説　現代史料出版　2014.12　338p　31cm　〈東出版〈発売〉　複製　布装〉　Ⓘ978-4-87785-305-1,978-4-87785-300-6〈set〉　Ⓝ319.1053
◇「諜報の神様」と呼ばれた男—連合国が恐れた情報士官小野寺信の流儀　岡部伸著　PHP研究所　2014.9　378p　20cm　〈文献あり〉　Ⓘ978-4-569-82097-2　Ⓝ391.63　［2200円］

尾道市（遺跡・遺物）
◇尾道市内遺跡　平成24年度　尾道市教育委員会編　尾道　尾道市教育委員会　2014.3　23p　図版10p　30cm　〈尾道市埋蔵文化財調査報告　第46集〉　〈尾道遺跡ほか埋蔵文化財調査概要　折り込1枚〉　Ⓝ210.0254

尾道市（海運—歴史）
◇北前船と尾道湊との絆　樫本慶彦著　文芸社　2014.7　161p　19cm　〈文献あり〉　Ⓘ978-4-286-15038-3　Ⓝ683.2176　［1300円］

オランダ（外国関係─日本─歴史─江戸時代）

尾道市（地域学）
◇尾道学の可能性　尾道　尾道市立大学地域総合センター　2014.3　116p　26cm　（尾道市立大学地域総合センター叢書7）〈文献あり　年表あり　内容：尾道の風景が奏でるメロディー（川勝英史著）「かみのらぼ」について（高岡陽，小畑拓也著）　なぜ住友銀行は尾道で産声を上げたのか？（小谷範人著）　尾道の麺文化（藤沢毅著）　平成23年度─24年度久山田調査研究報告書（藤井佐美著）〉Ⓝ291.76

尾道美術協会
◇創立80周年記念尾道美術協会記念誌・画集　尾道美術協会編　［尾道］［尾道美術協会］2014.10　58p　30cm〈年表あり　タイトルは奥付・背による〉Ⓝ723.1

小幡 欣治〔1928〜2011〕
◇小幡欣治の歳月　矢野誠一著　早川書房　2014.12　321p　20cm〈表紙のタイトル：the Life of Kinji Obata〉①978-4-15-209507-7　Ⓝ912.6　［2700円］

小畑 実〔1923〜1979〕
◇星かげの小径クルーナー小畑実伝　飯島哲夫著　ワイズ出版　2014.9　174p　21cm〈文献あり　作品目録あり〉①978-4-89830-282-8　Ⓝ767.8　［1600円］

尾花沢市（遺跡・遺物）
◇延沢城跡発掘調査報告書─国指定史跡　尾花沢市教育委員会編　尾花沢　尾花沢市教育委員会　2014.3　26p　図版［15］枚　30cm　（山形県尾花沢市教育委員会埋蔵文化財調査報告書 第11集）Ⓝ210.0254

オバマ,B.
◇オバマ「黒人大統領」を救世主と仰いだアメリカ　越智道雄著　明石書店　2014.2　358p　20cm　①978-4-7503-3959-7　Ⓝ312.53　［2800円］
◇バラク・オバマ─アメリカの革命　四宮満著　［東京］　日本図書刊行会　2014.4　182p　19cm〈近代文藝社（発売）　文献あり〉①978-4-8231-0897-6　Ⓝ312.53　［1500円］
◇懸け橋（ブリッジ）─オバマとブラック・ポリティクス　上　デイヴィッド・レムニック著，石井栄司訳　白水社　2014.12　418p　20cm　①978-4-560-08387-1　Ⓝ316.853　［2800円］
◇懸け橋（ブリッジ）─オバマとブラック・ポリティクス　下　デイヴィッド・レムニック著，石井栄司訳　白水社　2014.12　394,8p　20cm〈文献あり〉①978-4-560-08388-8　Ⓝ316.853　［2900円］

小浜市（遺跡・遺物）
◇若狭武田氏館跡関連遺跡発掘調査報告書　小浜　小浜市教育委員会　2014.3　77p　図版［11］枚　30cm　Ⓝ210.0254

帯広市（空港）
◇函館空港及び十勝飛行場周辺における航空機騒音測定調査委託業務報告書　平成25年度　［札幌］　北海道　2014.3　1冊　31cm〈平成25年度環境省委託業務　ルーズリーフ〉Ⓝ519.6

おぶすまの里
◇おぶすまの里たより　日下部康明著　寄居町（埼玉県）　おぶすまの里　2014.1　133p　19cm　①978-4-7559-0480-6　Ⓝ369.263

小布施町〔長野県〕（景観計画）
◇まちに大学が，まちを大学に　川向正人，小布施まちづくり研究所編　［小布施町〔長野県〕］　小布施まちづくり研究所　2014.6　159p　26cm〈彰国社（発売）　英語併録　訳：ハート・ララビー〉①978-4-395-51109-9　Ⓝ518.8　［1667円］

御前崎市
◇御前崎港港湾計画書─一部変更　［静岡］　静岡県　2014.3　1冊　30cm　（交通政策審議会港湾分科会資料 第55回）Ⓝ683.92154
◇御前崎港港湾計画資料─一部変更　［静岡］　静岡県　2014.3　7p　30cm　Ⓝ683.92154

御前崎市（文化財）
◇御前崎市の指定文化財　御前崎市教育委員会編　御前崎　御前崎市教育委員会　2014.3　81p　26cm　Ⓝ709.154

御前崎市（労働災害）
◇原発の底で働いて─浜岡原発と原発下請労働者の死　高杉晋吾著　緑風出版　2014.1　213p　20cm〈文献あり〉①978-4-8461-1402-2　Ⓝ543.5　［2000円］

オマル・ハイヤーム〔 〜1123〕
◇オマル・ハイヤームと四行詩（ルバイヤート）を求めて　アリ・ダシュティ著，L.P.エルウェールーサットン英訳，大野純一訳　コスモス・ライブラリー　2014.5　416p　19cm〈星雲社（発売）　文献あり〉①978-4-434-19362-0　Ⓝ929.931　［2200円］

オマーン（技術援助〔日本〕）
◇オマーン国電力省エネルギーマスタープラン策定プロジェクトーファイナルレポート　［東京］　国際協力機構　2013.2　8，440p　30cm　Ⓝ333.804

小美玉市（遺跡・遺物）
◇取手山館跡　毛野考古学研究所茨城支所編　小美玉　小美玉市教育委員会　2013.8　108p　図版28p　30cm　（小美玉市埋蔵文化財調査報告書 第1集）〈茨城県小美玉市所在　田木谷上玉里線道路改良工事に伴う埋蔵文化財発掘調査報告書〉Ⓝ210.0254

表 棹影〔1891〜1909〕
◇犀星・篤二郎・棹影─明治末、大正期の金沢文壇　笠森勇著　龍書房　2014.10　354p　19cm　①978-4-906991-40-2　Ⓝ910.26　［2000円］

小矢部市（歴史─史料）
◇むかしの小矢部を読む　第3集（平成25年度）岩武用水小舟下等ニ付詮議書付願等　おやべ古文書を学び守る会編　［小矢部］　おやべ型1％まちづくり事業古文書を学び守る会　2014.3　71p　30cm　Ⓝ214.2

小矢部野球連盟
◇小矢部野球連盟創立60周年記念誌　小矢部　小矢部野球連盟　2013.11　53p　30cm〈年表あり　背のタイトル：創立60周年記念誌〉Ⓝ783.7

尾山 篤二郎〔1889〜1963〕
◇犀星・篤二郎・棹影─明治末、大正期の金沢文壇　笠森勇著　龍書房　2014.10　354p　19cm　①978-4-906991-40-2　Ⓝ910.26　［2000円］

小山市（遺跡・遺物）
◇祇園城跡　4　小山　栃木県小山市教育委員会　2014.3　34p　図版4p　30cm　（小山市文化財調査報告書 第92集）〈小山御殿広場地区整備に伴う発掘調査〉Ⓝ210.0254
◇市内遺跡　1　小山　栃木県小山市教育委員会　2013.3　20p　30cm　（小山市文化財調査報告書 第90集）Ⓝ210.0254

小山市（祭礼）
◇間々田のジャガマイタ─選択無形民俗文化財　小山市立博物館編　小山　小山市立博物館　2014.3　73p　30cm〈共同刊行：小山市教育委員会〉Ⓝ386.132

小山市（人口─統計）
◇国勢調査市域集計報告書　平成22年　栃木県小山市総務部行政経営課編　小山　栃木県小山市総務部行政経営課　2014.2　103p　30cm　Ⓝ358.132

小山市（農業水利─歴史）
◇小山市水利誌　水谷正一著　小山　小山市　2014.10　190p　図版12p　19cm〈文献あり　年表あり〉①978-4-9908037-0-4　Ⓝ614.3132　［非売品］

小山市（仏教美術）
◇小山の仏教美術─仏像・仏画展　小山市立車屋美術館編　小山　小山市立車屋美術館　2014.4　67p　30cm〈会期・会場：平成26年4月26日─6月1日　小山市立車屋美術館　小山市制六〇周年・車屋美術館開館五周年記念〉Ⓝ702.17

小山市（文化財）
◇指定文化財でふりかえる小山の歴史─小山市制60周年記念第64回企画展　小山市立博物館編　小山　小山市立博物館　2014.11　69p　30cm〈年表あり　会期：平成26年11月1日─平成27年1月12日〉Ⓝ709.132

オーラル・ヒストリー総合研究会
◇歴史と自己の再発見─オーラル・ヒストリー総合研究会10年の記録：2003-2013　［東京］　オーラル・ヒストリー総合研究会　2014.7　1冊　30cm　Ⓝ201.16　［1000円］

オランダ（医療）
◇安楽死を選ぶ─オランダ・「よき死」の探検家たち　シャボットあかね著　日本評論社　2014.1　252,19p　19cm〈文献あり〉①978-4-535-98399-1　Ⓝ490.154　［1900円］

オランダ（医療制度）
◇オランダにおける診療報酬の審査等に関する調査研究報告書　みずほ情報総研　2014.3　75，487p　30cm〈平成25年度社会保険診療報酬支払基金による委託事業〉Ⓝ364.4

オランダ（絵画─歴史─19世紀─画集）
◇オランダ・ハーグ派展─近代自然主義絵画の成立　アン・デュマ，ベンノ・テンペル，ハンス・ヤンセン，古谷可由監修・執筆，ブレーントラスト編　［出版地不明］「近代自然主義絵画の成立─オランダ・ハーグ派展」カタログ委員会　c2013　147p　29cm〈年表あり　文献あり　会期・会場：2013年7月13日─8月25日　山梨県立美術館ほか〉Ⓝ723.359

オランダ（外国関係─日本─歴史─江戸時代）
◇日蘭文化交渉史の研究　板沢武雄著　オンデマンド版　吉川弘文館　2013.10　737,21p　22cm　（日本史学研究叢書）〈索

オランダ（外国関係—日本—歴史—江戸初期）　　　　　　　　　　　　日本件名図書目録2014　I

引あり　印刷・製本：デジタルパブリッシングサービス　内容：蘭学の発達　日蘭文化交渉における人的要素　阿蘭陀通詞の研究　阿蘭陀風説書の研究　辞書および文法書の編纂と蘭学の発達　江戸時代における地動説の展開とその反動　厚生新編訳述考　蘭学と儒学との交渉および幕府の対蘭学政策　国学と洋学　シーボルトの第一回渡来の使命と彼の日本研究　特に日蘭貿易の検討について　蘭学史上における人文科学の立場　和蘭国立文書館に存する蘭蘭交史料特に商館日誌に就て　和蘭に存する維新史料、特に文久二年日本使節の和蘭訪問について　ジャカルタの文書館　江戸幕府の禁書の内容およびいわゆる洋書の禁について　江戸時代における洋書の輸入と現存状態　日蘭貿易の理解に役立つ種本の紹介　出島版のAlmanakについて　蘭学塾の入門帳その他　和蘭人の墓について　鎖国時代における外国婦人の入国禁止について　鎖国および「鎖国論」について　佐賀の蘭学者金武良哲先生に就いて　蘭船プレスケンス号の南部入港　オランダ語から英語へ〕①978-4-642-04252-9 Ⓝ210.18359　[19000円]

オランダ（外国関係—日本—歴史—江戸初期）
◇リーフデ号の人びと—忘れ去られた船員たち　森良和著　学文社　2014.5　205p　19cm〈索引あり〉①978-4-7620-2458-0　Ⓝ210.52　[2000円]

オランダ（画家）
◇「北方画家列伝」注解　カーレル・ファン・マンデル［著］，尾崎彰宏，幸福輝，廣川暁生，深谷訓子編訳　中央公論美術出版　2014.2　794p　26cm〈索引あり〉①978-4-8055-0705-6　Ⓝ723.359　[32000円]

オランダ（教育）
◇オランダ王国班視察報告書　平成25年度　国際女性教育振興会　2014.3　42p　30cm〈奥付のタイトル：オランダ王国班視察研修報告書〉Ⓝ367.2359
◇平成25年度教育課題研修指導者海外派遣プログラム研修成果報告書—「生徒指導・教育相談の充実」オランダ（E-1団）　教員研修センター編著　［つくば］　教員研修センター　2014.3　42, 17, 6p　30cm〈派遣期間：平成25年11月18日〜29日〉Ⓝ372.359
◇平成25年度教育課題研修指導者海外派遣プログラム研修成果報告書—「学校と地域等の連携」オランダ（J-1団）　教員研修センター編著　［つくば］　教員研修センター　2014.3　57, 22, 6p　30cm〈派遣期間：平成25年9月30日〜10月11日〉Ⓝ372.359

オランダ（経済）
◇オランダ　2014/15年版　ARC国別情勢研究会編集　ARC国別情勢研究会　2014.8　148p　26cm（ARCレポート　経済・貿易・産業報告書　2014/15）〈索引あり〉①978-4-907366-19-3　Ⓝ332.359　[12000円]

オランダ（高齢者福祉）
◇オランダの地域包括ケア—ケア提供体制の充実と担い手確保に向けて　労働政策研究・研修機構編　労働政策研究・研修機構　2014.5　162p　30cm（労働政策研究報告書　no. 167）〈年表あり〉Ⓝ369.26

オランダ（災害復興—エンスヘデ）
◇まちを育てる建築—オランダ・ルームビークの災害復興と住民参加　鄭弼溶著　鹿島出版会　2014.3　155p　19cm　①978-4-306-04598-9　Ⓝ525.1　[2100円]

オランダ（住宅政策）
◇オランダの居住地空間再生とコミュニティ形成に関する調査研究　アーバンハウジング　2014.4　130p　30cm　Ⓝ518.8

オランダ（女性問題）
◇茨の道を歩みきて—介護面よりみる女性の地位向上とオランダのワークライフバランス　高峯たけこ著　長野　ほおずき書籍　2013.3　75p　21cm（星雲社〈発売〉）①978-4-434-17716-3　Ⓝ367.21　[1000円]
◇オランダ王国班視察報告書　平成25年度　国際女性教育振興会　2014.3　42p　30cm〈奥付のタイトル：オランダ王国班視察研修報告書〉Ⓝ367.2359

オランダ（都市計画）
◇オランダの居住地空間再生とコミュニティ形成に関する調査研究　アーバンハウジング　2014.4　130p　30cm　Ⓝ518.8

オランダ（ワークシェアリング）
◇茨の道を歩みきて—介護面よりみる女性の地位向上とオランダのワークライフバランス　高峯たけこ著　長野　ほおずき書籍　2013.3　75p　21cm（星雲社〈発売〉）①978-4-434-17716-3　Ⓝ367.21　[1000円]

折口　信夫〔1887〜1953〕
◇折口信夫　安藤礼二著　講談社　2014.11　533p　22cm〈内容：聖父子の墓　藤無染と本荘幽蘭　神風会　曼陀羅の華　言語情調論　無我の愛　根源の世界　詩と文法　「姙が国」へ　祝祭の論理　「二色人」の発見　民俗学を超えて　魂のふるさと　弑虐された神々　乞丐相　大嘗祭の本義　森の王　翁の発生　餓鬼阿弥蘇生譚　憑依の論理　民族史観における他界観念　生命の指標　万葉びとの生活　海やまのあひだ　国家に抗する遊動社会　折口信夫と台湾　スサノヲとディオニュソス　言語と呪術　二つの『死者の書』〕①978-4-06-219204-0　Ⓝ910.268　[3700円]
◇折口信夫魂の古代学　上野誠［著］　KADOKAWA　2014.9　302p　15cm（［角川ソフィア文庫］［I122-1]）〈文献あり　年譜あり　「魂の古代学」（新潮社　2008年刊）の改題〉①978-4-04-409214-6　Ⓝ910.268　[920円]
◇神話の生成と折口学の射程　保坂達雄著　岩田書院　2014.11　487,11p　22cm〈内容：琉球国王の出自をめぐる歴史伝承　「佐銘田大ぬし由来記」の伝承世界　場天ノロから聞得大君へ、あるいはテダシロからツキシロへ　誕生と降雨　東アジアの日光感精型神婚譚　神功皇后と「如意珠」　「角鹿」というトポス　女の流離と女神の生成　天下を知る神、クエビコ　出雲国造神賀詞奏上儀礼の再検討　出雲国造関係記事私注　「忌部神戸」と「三沢郷」　言語学から古代学へ　折口信夫と新仏教家藤無染　折口信夫無染同性愛説批判　折口信夫の飛鳥万葉旅行　折口信夫の沖縄採訪を促したもの　沖縄、本土からの視線　折口信夫が慶應義塾に招かれるまで　折口信夫の「言語論」　折口信夫の「精霊」　聖水信仰の発見　「琉球国王の出自」の出自〕①978-4-87294-887-5　Ⓝ164.1　[14800円]

オリックス株式会社
◇オリックス50年史　グループ広報部編纂　オリックス　2014.9　199p　31cm〈年表あり〉Ⓝ673.93

オリックスバファローズ
◇オリックス・バファローズあるある　佐藤信一郎著，福島モンタ画　TOブックス　2014.6　159p　18cm　①978-4-86472-266-7　Ⓝ783.7　[1100円]

オルセー美術館
◇オルセーはやまわり—さっと深読み名画40：印象派の起源からポスト印象派まで　有地京子著　中央公論新社　2014.6　237p　18cm〈文献あり　索引あり〉①978-4-12-004626-1　Ⓝ723　[1200円]

オルテガ＝イ＝ガセット, J.〔1883〜1955〕
◇オルテガ　渡辺諒著　新装版　白水社　2014.9　216p　19cm（Century Books）〈文献あり　年譜あり　索引あり〉①978-4-389-42138-0　Ⓝ136　[1000円]

俺の株式会社
◇『俺のイタリアン』を生んだ男—「異能の起業家」坂本孝の経営哲学　尾崎弘之著　IBCパブリッシング　2014.5　189p　19cm〈文献あり〉①978-4-7946-0274-9　Ⓝ673.97　[1400円]
◇俺のフィロソフィ—仕組みで勝って、人で圧勝する俺のイタリアンの成功哲学　坂本孝語り手，福井康夫聞き手　商業界　2014.9　199p　19cm　①978-4-7855-0467-0　Ⓝ673.97

尾鷲市（歴史—史料）
◇諸国旅人帳—天保七年申年七月より：尾鷲組大庄屋文書　玉置ေ兵衛［著］，尾鷲古文書の会編　［尾鷲］　三重県立熊野古道センター　2014.3　195p　26cm（尾鷲の古文書　4）Ⓝ215.6　[1000円]

小和田　哲男〔1944〜　〕
◇戦国史を歩んだ道　小和田哲男著　京都　ミネルヴァ書房　2014.3　186,19p　20cm（シリーズ「自伝」my life my world）〈著作目録あり　年譜あり　索引あり〉①978-4-623-07021-3　Ⓝ289.1　[2400円]
◇戦国武将と城—小和田哲男先生古稀記念論集　小和田哲男先生古稀記念論集刊行会編　彦根　サンライズ出版　2013.9　502p　26cm〈著作目録あり　年譜あり　内容：戦国大名の戦死者遺族への戦後補償（小和田哲男著）　北条氏邦の花押について（浅倉直美著）　近世初頭三島宿問屋笠原氏の系譜について（厚地淳司著）　小堀正一の作事と普請（伊藤一美著）　家忠の流儀（大嶌聖子著）　戦国大名浅井氏家臣・赤尾氏の基礎的研究（太田浩司著）　北条氏照初期の居城と由井領（加藤哲著）　津波堆積物と考古資料からみた北条早雲の伊豆・相模進攻戦（金子浩之著）　戦国大名の交替と寺社（久保田昌希著）　高天神城石牢の大河内氏（小林輝久彦著）　今川氏真父息、澄存について（酒入陽子著）　安房「妙本寺文書」の雪下殿定尊安堵状について（佐藤博信著）　生駒氏の讃岐入部に関する一考察（橋詰茂著）　「牢人」再考（長谷川弘道著）　今川氏三河領有期の松平庶家（平野明夫著）　武田家臣孕石氏と藤枝堤について（前田利久著）　下坂鍛冶の成立と展開について（森岡榮一

著）　大澤氏と堀江氏（森田香司著）　開城と降伏の作法（山田邦明著）　武田系城郭の最新研究（石川浩治著）　豊前地域における黒田官兵衛・長政の城（岡寺良著）　信濃高遠城の再検討（河西克造著）　徳川家康五カ国領有時代の城（加藤理文著）　近世城郭石垣における勾配のノリとソリについて（北垣聰一郎著）　城下町小田原の都市研究と今（佐々木健策著）　豊臣秀次の本・支城からみた佐和山城の縄張り（下高大輔著）　慶長五年八月二十三日の岐阜城攻城戦について（白峰旬著）　近世城郭の土橋・木橋・廊下橋（高田徹著）　戦国期播磨における本城の成立（多田暢久著）　古今伝授挙行の城（土屋比都司著）　掛川城築城における徳川家康の陣城跡（戸塚和美著）　残存遺構から見た丸子城の築城主体（中井均著）　城郭史上における指月伏見城（中西裕樹著）　発掘された浅井家臣団の居館について（西原雄大著）　さま石考（乗岡実著）　「居館と詰城」に関する覚書（萩原三雄著）　山科本願寺跡と武家権力（福島克彦著）　関東領国時代の徳川の城（松井一明著）　武田氏の山城をめぐって（三島正之著）　一夜城と村の城（水島大二著）　静岡県下の戦国期城郭における曲輪内建物について（溝口彰啓著）　駿河国東部における戦国期土豪屋敷の様相（望月保宏著）　兵庫県内の織豊期石垣事例（山上雅弘著）　石神井城の縄張の再検討（八巻孝夫著）〉　Ⓘ978-4-88325-526-9　Ⓝ210.47　［8000円］

尾張藩
◇渡辺半蔵家と尾張藩／尾張徳川家の状況と渡辺家の流れ―幕末青松葉事件をめぐる　鈴木重喜, 原史彦［述］　［豊田］　渡辺守綱公顕彰会　2013.5　69p　21cm　（渡辺守綱公顕彰叢書　第13集）　Ⓝ215.5

御岳山
◇御嶽山噴火―2014.9.27：緊急報道写真集　信濃毎日新聞社編　長野　信濃毎日新聞社　2014.10　64p　30cm　Ⓘ978-4-7840-7249-1　Ⓝ369.31　［700円］
◇ドキュメント御嶽山大噴火　山と溪谷社編　山と溪谷社　2014.12　237p　18cm　（ヤマケイ新書 YS009）　Ⓘ978-4-635-51024-0　Ⓝ369.31　［800円］

オンデザインパートナーズ
◇建築を、ひらく　オンデザイン著　京都　学芸出版社　2014.6　190p　21cm　Ⓘ978-4-7615-2574-3　Ⓝ520.921　［2300円］

恩納村（沖縄県）（遺跡・遺物）
◇恩納南バイパス（1工区）埋蔵文化財発掘調査報告書　恩納村教育委員会〈教育課〉編　恩納村（沖縄県）　恩納村教育委員会　2013.3　61p　図版2p　30cm　（恩納村文化財調査報告　第11集）　Ⓝ210.0254

恩納村（沖縄県）（博物誌）
◇恩納村誌　第1巻（自然編）　恩納村誌編さん委員会編　恩納村（沖縄県）　沖縄県恩納村　2014.3　573p　27cm　〈文献あり　外箱入〉　Ⓝ291.99

【か】

カー, M.〔1983〜 〕
◇ミランダ・カーパーフェクトファッションスタイルブック　マイナビ編著　マイナビ　2014.7　125p　23cm　〈年譜あり〉　Ⓘ978-4-8399-5179-5　Ⓝ289.3　［1630円］

海 卓子〔1909〜2011〕
◇「知的な育ち」を形成する保育実践―海卓子、畑谷光代、高瀬慶子に学ぶ　勅使千鶴, 亀谷和史, 東内瑠里子編著, 金genrey星, 木村和子, 宍戸洋子, 中村強士, 韓仁愛, 吉葉研司執筆　新読書社　2013.5　270p　21cm　Ⓘ978-4-7880-1167-0　Ⓝ376.1　［2200円］

艾 未未
◇アイ・ウェイウェイスタイル―現代中国の不良　艾未未著, 牧陽一編著　勉誠出版　2014.2　256p　19cm　〈著作目録あり　年譜あり　内容：艾未未と中国現代アート、そして民主化（牧陽一著）　四川汶川地震から五年（牧陽一著）　勇気を蓄積する（牧陽一著）　老いぼれた雄（艾未未述, 牧陽一訳）　臭気ただよう時代（艾未未述, 牧陽一訳）　ナスはナスだ（艾未未述, 牧陽一訳）　生命の中の一秒は全て同じだ（艾未未述, 牧陽一訳）　写真は写真だ（艾未未述, 牧陽一訳）　艾未未インタビュー（艾未未述, 牧陽一訳）　艾未未インタビュー 2（艾未未述, 牧陽一訳）　政治とは何か（艾未未述, 阪本ちづみ訳）　芸術公民（艾未未述, 阪本ちづみ訳）　おしゃべり部屋（艾未未述, 牧陽一訳）　不合作方式〈FUCK OFF〉2 に関する対話（艾未未述, 阪本ちづみ訳）　現代中国社会の表層を剥がす（宮本真佐美著）　写真から映像へ（牧陽一著）　艾未未・欠席（牧陽一著）　思索と行動の全てが作品なのか（牧陽一著）　艾未未との出会いからアイ・ウェイウェイスタイルへ（牧陽一述）　逃げる警察を捕まえる（牧陽一著）〉　Ⓘ978-4-585-27018-8　Ⓝ702.22　［1800円］

海軍兵学校第77期会
◇同期の絆―海軍兵学校第77期会全国総会記録：写真　第2集　平正臣［撮影］　海軍兵学校第77期会　2013.5　71p　28cm　Ⓝ397.077

会計検査院
◇会計検査院法の解説　公会計研究協会編　全国会計職員協会　2014.1　215p　21cm　Ⓘ978-4-915391-54-5　Ⓝ317.249　［2900円］

開高 健〔1930〜1989〕
◇壽屋コピーライター開高健　坪松博之著　大阪　たる出版　2014.4　458p　21cm　〈文献あり　年譜あり〉　Ⓘ978-4-905277-10-1　Ⓝ910.268　［1800円］

外国（在留朝鮮人）
◇中国、中央アジア、ロシア極東への旅―民族共同体意識　姜健栄著　朱鳥社　2014.2　125p　26cm　〈星雲社（発売）〉　Ⓘ978-4-434-18851-0　Ⓝ292.25　［1905円］

甲斐市（郷土教育）
◇地域資源を教育資源に―地域文化・資源の継承・発展に関する教育活動支援の実施：山梨県立大学地域研究交流センター2013年度研究報告書　山梨県立大学地域研究交流センター編　甲府　山梨県立大学地域研究交流センター　2014.3　58p　30cm　〈執筆：八代一浩ほか〉　Ⓝ375.312

海上自衛隊
◇あたご事件―イージス艦・漁船衝突事件の全過程　大内要三著　本の泉社　2014.2　205p　21cm　〈文献あり〉　Ⓘ978-4-7807-1145-5　Ⓝ557.85　［1500円］
◇海上自衛隊「艦隊コレクション」　2014　菊池雅之写真・文　双葉社　2014.3　96p　21cm　Ⓘ978-4-575-30642-2　Ⓝ556.9　［600円］
◇海上自衛隊潜水艦建艦史―世界最高峰の性能を誇る静かなる鉄鯨たち　勝目純也著　イカロス出版　2014.5　232p　21cm　〈年譜あり〉　Ⓘ978-4-86320-875-9　Ⓝ556.97　［1700円］
◇海上自衛隊の中の人　弐月匡素著,『海上自衛隊の中の人』編　PHP研究所　2014.11　143p　21cm　Ⓘ978-4-569-82079-8　Ⓝ397.21　［1100円］
◇国防女子―Officers & Sailors of JMSDF　宮嶋茂樹撮影　集英社　2014.5　127p　26cm　Ⓘ978-4-08-780718-9　Ⓝ397.21　［1800円］
◇国防男子―Officers & Sailors of JMSDF　宮嶋茂樹撮影　集英社　2014.5　127p　26cm　Ⓘ978-4-08-780717-2　Ⓝ397.21　［1800円］
◇武人の本懐―FROM THE SEA：東日本大震災における海上自衛隊の活動記録　高嶋博視著　講談社　2014.2　253p　20cm　Ⓘ978-4-06-218837-1　Ⓝ397.21　［1700円］

貝塚市（遺跡・遺物）
◇貝塚市遺跡群発掘調査概要　36　貝塚市教育委員会編　貝塚　貝塚市教育委員会　2014.3　19p　図版11p　30cm　（貝塚市埋蔵文化財調査報告　第82集）　Ⓝ210.0254

会輔社
◇東北の松下村塾会輔社　中　市史編さん室編　二戸　二戸市教育委員会　2014.2　237p　26cm　（二戸史料叢書　第15集）　Ⓝ372.122

開成高等学校
◇教えて！校長先生「開成×灘式」思春期男子を伸ばすコツ　柳沢幸雄, 和田孫博著　中央公論新社　2014.5　229p　18cm　（中公新書ラクレ 494）　Ⓘ978-4-12-150494-4　Ⓝ376.3　［800円］

開成高等学校硬式野球部
◇開成高校野球部「弱くても勝つ」方法―限られた条件で最大の効果を出す非常識な考え方　山岡淳一郎著　SBクリエイティブ　2014.11　191p　18cm　（SB新書 277）　Ⓘ978-4-7973-8106-1　Ⓝ783.7　［730円］
◇弱くても勝てます―開成高校野球部のセオリー　高橋秀実著　新潮社　2014.3　241p　16cm　（新潮文庫 た-86-5）　Ⓘ978-4-10-133555-1　Ⓝ783.7　［490円］

開成中学校
◇教えて！校長先生「開成×灘式」思春期男子を伸ばすコツ　柳沢幸雄, 和田孫博著　中央公論新社　2014.5　229p　18cm　（中公新書ラクレ 494）　Ⓘ978-4-12-150494-4　Ⓝ376.3　［800円］

回天楠公社〔下呂市〕

回天楠公社〔下呂市〕
◇楠公回天祭五十年誌—楠公回天祭　『楠公回天祭五十年誌』刊行会編　〔岐阜〕　回天楠公社奉賛会　2014.9　438p　図版12枚　22cm〈年表あり〉Ⓝ175.953　〔非売品〕

開堂 慈寛〔1952～ 〕
◇霊媒（ミディアム）神秘修行イギリスへ　開堂慈寛著　道出版　2014.12　249p　20cm　①978-4-86086-115-5　Ⓝ289.1　〔1800円〕

海藤 忠男〔1948～ 〕
◇「金の卵」の半生—海藤忠男自叙伝　海藤忠男著　新庄　齋藤利夫　2014.2　97p　30cm　Ⓝ289.1

海渡神社〔福島県大熊町〕
◇日隠山に陽は沈む　鎌田清衛著　〔須賀川〕　鎌田清衛　2014.1　76p　21cm〈文献あり〉Ⓝ291.26　〔800円〕

海南市〔遺跡・遺物〕
◇海南市内遺跡発掘調査報　平成24年度　海南市教育委員会編　海南　海南市教育委員会　2014.3　22p　図版12p　30cm（海南市文化財調査報告書　第47冊）〈和歌山県海南市所在〉Ⓝ210.0254

海南市〔歴史—史料〕
◇古文書徹底解釈紀州の歴史　和歌山県立文書館編　〔和歌山〕和歌山県　2014.3　156p　21cm〈和歌山県立文書館開館二十周年記念　複製を含む　内容：つるの嫁入り　偽一九と書物屋喜一郎〉Ⓝ216.6

海南省〔社会〕
◇香港都市案内集成　第8巻　香港・海南島の建設　濱下武志，李培德監修・解説　秀島達雄著　ゆまに書房　2014.12　369，34,2p　22cm〈文献あり　松山房　昭和17年刊の複製　布装〉①978-4-8433-4402-6,978-4-8433-4394-4(set),978-4-8433-4392-0(set)　Ⓝ292.239　〔17000円〕

海南島
◇香港都市案内集成　第8巻　香港・海南島の建設　濱下武志，李培德監修・解説　秀島達雄著　ゆまに書房　2014.12　369，34,2p　22cm〈文献あり　松山房　昭和17年刊の複製　布装〉①978-4-8433-4402-6,978-4-8433-4394-4(set),978-4-8433-4392-0(set)　Ⓝ292.239　〔17000円〕

甲斐バンド
◇嵐の季節—甲斐バンド40周年　石田伸也著　ぴあ　2014.7　187p　20cm〈作品目録あり〉①978-4-8356-1894-4　Ⓝ767.8　〔1667円〕

外務省
◇外務省関係法令集　平成25年版　第一法規株式会社編　〔東京〕　外務省大臣官房総務課　2014.3　2668p　21cm〈平成26年1月1日現在〉Ⓝ317.22
◇外務省に告ぐ　佐藤優著　新潮社　2014.4　459p　16cm（新潮文庫　さ-62-6）①978-4-10-133176-8　Ⓝ317.22　〔710円〕
◇近代機密費史料集成　1〔第1巻〕　外交機密費編　第1巻（満洲事件費関係雑纂受払簿昭和六年度〈一〉）小山俊樹監修・編集・解説　ゆまに書房　2014.10　491p　22cm〈外務省外交史料館所蔵の複製　布装〉①978-4-8433-4613-6(set),978-4-8433-4612-9(set)　Ⓝ343.7
◇近代機密費史料集成　1〔第2巻〕　外交機密費編　第2巻（満洲事件費関係雑纂受払簿昭和七年度〈二〉）小山俊樹監修・編集・解説　ゆまに書房　2014.10　318p　22cm〈外務省外交史料館所蔵の複製　布装〉①978-4-8433-4613-6(set),978-4-8433-4612-9(set)　Ⓝ343.7
◇近代機密費史料集成　1〔第3巻〕　外交機密費編　第3巻（満洲事件費関係雑纂昭和八年度〈一〉）小山俊樹監修・編集・解説　ゆまに書房　2014.10　390p　22cm〈外務省外交史料館所蔵の複製　布装〉①978-4-8433-4613-6(set),978-4-8433-4612-9(set)　Ⓝ343.7
◇近代機密費史料集成　1〔第4巻〕　外交機密費編　第4巻（満洲事件費関係雑纂昭和八年度〈二〉）小山俊樹監修・編集・解説　ゆまに書房　2014.10　218p　22cm〈外務省外交史料館所蔵の複製　布装〉①978-4-8433-4613-6(set),978-4-8433-4612-9(set)　Ⓝ343.7
◇近代機密費史料集成　1〔第5巻〕　外交機密費編　第5巻（満洲事件費関係雑纂受払簿昭和九年度）小山俊樹監修・編集・解説　ゆまに書房　2014.10　458p　22cm〈外務省外交史料館所蔵の複製　布装〉①978-4-8433-4613-6(set),978-4-8433-4612-9(set)　Ⓝ343.7
◇防衛省と外務省—歪んだ二つのインテリジェンス組織　福山隆著　幻冬舎　2013.5　202p　18cm（幻冬舎新書　ふ-8-2）①978-4-344-98308-3　Ⓝ391.6　〔780円〕

海洋堂
◇海洋堂創世記　樫原辰郎著　白水社　2014.2　245p　19cm①978-4-560-08347-5　Ⓝ589.77　〔1800円〕

ガウディ, A.〔1852～1926〕
◇ガウディ×井上雄彦—シンクロする創造の源泉：特別展ジャウマ・サンマルティ・イ・バルダゲー監修，鳥居徳敏日本側監修，鳥居徳敏，久米順子，松田健児，諸星妙，豊田唯訳，東映，日経BP社編集　〔東京〕　日経BP社　2014.9　191p　26×26cm〈日経BPマーケティング（発売）文献あり　年譜あり　会期・会場：2014年7月12日（土）-9月7日（日）2014年10月4日（土）-11月5日（水）ほか　森アーツセンターギャラリー（六本木ヒルズ）金沢21世紀美術館ほか　主催：東映　テレビ朝日ほか〉①978-4-8222-7496-2(set)　Ⓝ523.36
◇もっと知りたいガウディ—生涯と作品　入江正之著　東京美術　2014.7　95p　26cm（アート・ビギナーズ・コレクション）〈文献あり〉①978-4-8087-0993-8　Ⓝ523.36　〔2000円〕

カエサル, G.J.〔102～44B.C.〕
◇カエサル—貴族仲間に嫌われた「英雄」　毛利晶著　山川出版社　2014.4　87p　21cm（世界史リブレット人　7）〈文献あり　年譜あり〉①978-4-634-35007-6　Ⓝ289.3　〔800円〕

加賀藩
◇近世初期加賀藩の新田開発と石高の研究　今村郁子著　富山　桂書房　2014.1　190p　27cm　①978-4-905345-57-2　Ⓝ611.24143　〔3000円〕
◇政隣記　延享4-宝暦10年　記録九・拾　津田政隣〔著〕，高木喜美子校訂・編集　富山　桂書房　2014.6　446p　21cm①978-4-905345-69-5　Ⓝ214.3　〔3000円〕
◇太梁公日記　第5　〔前田治脩著〕，前田育徳会尊経閣文庫編集，長山直治校訂　八木書店古書出版部　2014.8　292,13p　22cm（史料纂集）〈八木書店（発売）付属資料：4p：月報　第148号〉①978-4-8406-5175-2　Ⓝ214.3　〔15000円〕

鏡石町〔福島県〕〔東日本大震災〔2011〕—被害〕
◇東日本大震災記録誌—2011年3月11日からの鏡石町　鏡石町総務課企画・編集　〔鏡石町（福島県）〕　福島県鏡石町　2014.3　60p　30cm　Ⓝ369.31

各務原市〔歴史—史料〕
◇旧中山道鵜沼宿本陣桜井家文書　4　各務原市歴史民俗資料館編　各務原　各務原市　2014.3　85p　30cm（各務原市資料調査報告書　第37号）Ⓝ291.53

加賀屋
◇加賀屋さんに教わったおもてなし脳　茂木健一郎著　PHP研究所　2014.11　188p　19cm　①978-4-569-82034-7　Ⓝ689.8143　〔1400円〕

香川 進〔1910～1998〕
◇香川進研究　1　「地中海」編集部編　九曜書林　2014.5　231p　26cm（地中海叢書　第880篇）〈年譜あり　「地中海」創刊六十周年記念〉①978-4-907145-04-0　Ⓝ911.162

賀川 はる子〔1888～1982〕
◇賀川ハルものがたり　鍋谷由美子著　日本キリスト教団出版局　2014.3　158p　19cm〈文献あり　年譜あり〉①978-4-8184-0888-3　Ⓝ289.1　〔1500円〕

香川県〔遺跡・遺物〕
◇埋蔵文化財試掘調査報告—香川県内遺跡発掘調査　26　平成24年度　香川県教育委員会編　高松　香川県教育委員会　2014.3　56p　30cm　Ⓝ210.0254

香川県〔遺跡・遺物—観音寺市〕
◇大野原古墳群—範囲確認調査　1　観音寺市教育委員会編　観音寺　観音寺市教育委員会　2014.3　122p　図版〔42〕枚　30cm（観音寺市内遺跡発掘調査事業報告書 15）〈国庫補助事業報告書　内容：椀貸塚古墳　平塚古墳　角塚古墳〉Ⓝ210.0254

香川県〔遺跡・遺物—坂出市〕
◇川津六反地遺跡・川津昭和遺跡　香川県埋蔵文化財センター編　〔高松〕　香川県教育委員会　2014.3　30cm〈国道438号道路改良工事・県道富熊宇多津線道路改良工事・城山川河川改修事業に伴う埋蔵文化財発掘調査報告〉Ⓝ210.0254
◇讃岐国府跡発掘調査概報—香川県内遺跡発掘調査　平成23・24年度　香川県埋蔵文化財センター編　〔高松〕　香川県教育委員会　2013.12　36p　30cm　Ⓝ210.0254
◇新宮古墳・醍醐3号墳の確認調査　香川県埋蔵文化財センター編　〔坂出〕　香川県埋蔵文化財センター　2014.2　46p　30cm（讃岐国府跡探索事業調査報告　平成25年度）Ⓝ210.0254

香川県〔遺跡・遺物—善通寺市〕
◇旧練兵場遺跡　4　香川県埋蔵文化財センター編　〔高松〕　香川県教育委員会　2014.3　290p　図版〔28〕枚　30cm（独立行政法人国立病院機構善通寺病院統合事業に伴う埋蔵文化

財発掘調査報告 第4冊〉〈共同刊行：国立病院機構善通寺病院〉Ⓝ210.0254

香川県（遺跡・遺物―高松市）

◇太田下・須川遺跡　高松市教育委員会編　［高松］　高松市教育委員会　2014.3　42p　図版 9p　30cm　（高松市埋蔵文化財調査報告 第151集）〈太田下町商業施設新築工事に伴う埋蔵文化財発掘調査報告書〉Ⓝ210.0254

◇奥の坊遺跡群　12　高松市教育委員会編　［高松］　高松市教育委員会　2014.3　128p　図版 16p　30cm　（高松市埋蔵文化財調査報告 第153集）〈内容：奥の坊遺跡Ⅲ区．遺物編〉Ⓝ210.0254

◇上林本村遺跡　高松市教育委員会編　高松　高松市教育委員会　2014.3　22p　図版 3p　30cm　（高松市埋蔵文化財調査報告 第156集）〈上林町保育所新築工事に伴う埋蔵文化財発掘調査報告書〉Ⓝ210.0254

◇上東原遺跡・大下遺跡　香川県埋蔵文化財センター編　［高松］　香川県教育委員会　2014.3　234p　30cm〈県道太田上町志度線道路改築工事に伴う埋蔵文化財発掘調査報告〉Ⓝ210.0254

◇空港跡地遺跡―上青木地区　高松市教育委員会編　［高松］　四国細胞病理センター　2013.10　16p　図版 1p　30cm　（高松市埋蔵文化財調査報告 第149集）〈四国細胞病理センター新築工事に伴う埋蔵文化財発掘調査報告書　共同刊行：高松市教育委員会〉Ⓝ210.0254

◇佐料遺跡　高松　高松市教育委員会　2014.3　34p　図版 8p　30cm　（高松市埋蔵文化財調査報告 第155集）〈産直「フルーツの里」新築工事に伴う埋蔵文化財発掘調査報告書　共同刊行：香川県農業協同組合〉Ⓝ210.0254

◇高松市内遺跡発掘調査概報　高松市教育委員会編　高松　高松市教育委員会　2014.3　48p　30cm　（高松市埋蔵文化財調査報告 第152集）〈平成25年度国庫補助事業〉Ⓝ210.0254

◇童話「桃太郎」の発祥地は讃岐の鬼無―四國民報夕刊復刻　橋本仙太郎原著　高松　第13回桃太郎サミット高松大会実行委員会　2014.4　219，8p　19cm　Ⓝ388.182　[500円]

◇西地遺跡　高松市教育委員会編　高松　高松市教育委員会　2014.3　38p　図版 5p　30cm　（高松市埋蔵文化財調査報告 第150集）〈塩江地区小・中学校建設事業に伴う埋蔵文化財発掘調査報告書〉Ⓝ210.0254

◇林宗高遺跡　第3次調査　高松市教育委員会編　［高松］　高松市教育委員会　2014.3　18p　図版 7p　30cm　（高松市埋蔵文化財調査報告 第154集）〈高松市立林小学校校舎等建設事業に伴う埋蔵文化財発掘調査報告書〉Ⓝ210.0254

香川県（遺跡・遺物―丸亀市）

◇飯野西分広定遺跡　丸亀　丸亀市教育委員会　2014.3　46p　30cm　（丸亀市埋蔵文化財調査報告 第17冊）〈丸亀市立飯野保育所園舎新築工事に伴う埋蔵文化財調査報告書〉Ⓝ210.0254

◇田村池の下遺跡　丸亀　丸亀市教育委員会　2013.3　20p　30cm　（丸亀市埋蔵文化財調査報告 第11集）〈車両販売店舗建設に伴う埋蔵文化財調査報告書　共同刊行：ハヤシ〉Ⓝ210.0254

◇丸亀市内遺跡発掘調査報告書　第7集　丸亀　丸亀市教育委員会　2013.3　30p　30cm　（丸亀市埋蔵文化財調査報告書 第12集）〈平成22年度国庫補助事業報告書　内容：蔵ノ内遺跡　垂水町字馬places地区　郡家町字下所地区　三条町字中村地区　垂水町字横井地区〉Ⓝ210.0254

◇丸亀市内遺跡発掘調査報告書　第8集　丸亀　丸亀市教育委員会　2013.3　35p　30cm　（丸亀市埋蔵文化財調査報告書 第13集）〈平成23年度国庫補助事業報告書　内容：綾歌町富熊字沖地区　土器町東七丁目地区　郡家町字辻地区　山北町字池田地区　田村町字巴田地区〉Ⓝ210.0254

◇丸亀市内遺跡発掘調査報告書　第9集　丸亀　丸亀市教育委員会　2014.3　65p　30cm　（丸亀市埋蔵文化財調査報告 第14冊）〈平成23年度国庫補助事業報告書　内容：飯山町西坂元字山ノ越地区　飯山北土居遺跡　鍛冶屋北遺跡　郡家下遺跡〉Ⓝ210.0254

◇丸亀市内遺跡発掘調査報告書　第10集　丸亀　丸亀市教育委員会　2014.3　114p　30cm　（丸亀市埋蔵文化財発掘調査報告 第15冊）〈平成24年度国庫補助事業報告書　内容：柞原上所遺跡　宮ノ前遺跡　飯山町東坂元字秋常地区　六番丁地区　山北町字池田地区　郡家町字領家地区　柞原字上所地区　郡家町字八幡上地区　田村廃寺跡　飯野西分広定遺跡〉Ⓝ210.0254

◇丸亀市内遺跡発掘調査報告書　第11集　丸亀　丸亀市教育委員会　2014.3　49p　30cm　（丸亀市埋蔵文化財調査報告 第18冊）〈平成25年度国庫補助事業報告書　内容：矢野池遺跡

飯山町上真時字早川地区　中の池遺跡　中の池遺跡〉Ⓝ210.0254

香川県（遺跡・遺物―三豊市）

◇橘城・紫雲出山遺跡・山本町大野地区・弥谷寺遍路道　［三豊］　三豊市教育委員会　2014.3　137p　30cm　（三豊市埋蔵文化財発掘調査報告書 第7集）〈平成25年度国庫補助事業報告書〉Ⓝ210.0254

◇不動の滝遺跡（奥池）発掘調査報告書　［三豊］　三豊市教育委員会　2014.3　74p　30cm　（三豊市埋蔵文化財発掘調査報告書 第6集）〈農村地域防災減災事業（七宝地区・奥池）に伴う埋蔵文化財発掘調査報告〉Ⓝ210.0254

香川県（海岸）

◇自然環境保全基礎調査沿岸域変化状況等調査業務報告書　平成25年度　富士吉田　環境省自然環境局生物多様性センター　2014.3　1冊　30cm〈請負者：アジア航測〉Ⓝ454.7

香川県（官庁建築―保存・修復―丸亀市）

◇史跡塩飽勤番所跡保存修理工事報告書　文化財建造物保存技術協会編著　丸亀　丸亀市　2014.3　1冊　30cm　Ⓝ521.8

香川県（教育）

◇達人が伝授！　すぐに役立つ学級経営のコツ　香川県教育センター編　高松　香川県教育センター　2014.2　99p　30cm　（調査研究報告書 平成25年度）〈文献あり　奥付のタイトル：研究成果報告書〉Ⓝ374.1

香川県（教育課程―小学校―高松市）

◇学校・自然・地域が一体化した学校教育の実現へ―生活科・総合的な学習と言語活動の2活動を柱とする教育計画とその実践　高松　高松市立植田小学校　2014.3　50p　30cm　Ⓝ375

香川県（行政組織）

◇行政機関等ガイドブック―香川県版　平成26年4月1日現在　高松　総務省四国行政評価支局　［2014］　139p　30cm　Ⓝ317.2

香川県（経済）

◇香川のすがた　2014-2015年版　高松　百十四経済研究所　2014.10　96p　30cm　Ⓝ332.182　[1000円]

香川県（建築家）

◇日本建築家協会香川地域会　1　［高松］　[日本建築家協会香川地域会]　[20－－]　154p　26cm　Ⓝ520.28　[800円]

香川県（交通―歴史）

◇讃岐遍路道曼荼羅寺道（第71番札所弥谷寺から第72番札所曼荼羅寺間の遍路道）調査報告書　香川県政策部文化振興課編　高松　香川県　2013.9　68p　図版 2枚　30cm　（香川県「四国八十八箇所霊場と遍路道」調査報告書 4）〈共同刊行：香川県教育委員会　奥付のタイトル：讃岐遍路道曼荼羅寺道調査報告書〉Ⓝ682.182

香川県（祭礼）

◇小豆島相撲風土記―写真紀行　堀之内照幸著　［土庄町（香川県）］　[堀之内照幸]　2014.2　72p　30cm〈年表あり〉Ⓝ788.1　[2000円]

香川県（産業）

◇香川のすがた　2014-2015年版　高松　百十四経済研究所　2014.10　96p　30cm　Ⓝ332.182　[1000円]

香川県（自然地理―高松市）

◇天然記念物屋島調査報告書　高松市,香川大学天然記念物屋島調査団編　高松　高松市　2014.3　348p　30cm〈文献あり　共同刊行：香川大学天然記念物屋島調査団〉Ⓝ450.9182

香川県（巡礼〔仏教〕）

◇空海の足音四国へんろ展　香川編　香川県立ミュージアム編　高松　香川県立ミュージアム　2014.10　203p　30cm〈年譜あり　年表あり　文献あり　会期・会場：平成26年10月18日―11月24日 香川県立ミュージアム　四国霊場開創一二〇〇年記念四県連携事業〉Ⓝ702.17

香川県（女性労働者）

◇輝く女（ひと）inかがわ　高松　香川県総務部県民活動・男女共同参画課ボランティア・男女共同参画推進グループ　2014.2　72p　21cm〈内閣府・香川県事業「平成25年度地域における女性活躍促進事業」〉Ⓝ366.38

香川県（書目）

◇香川県EL新聞記事情報リスト　2013-1　エレクトロニック・ライブラリー編　エレクトロニック・ライブラリー　2014.2　701p　31cm〈制作：日外アソシエーツ〉Ⓝ025.8182

◇香川県EL新聞記事情報リスト　2013-2　エレクトロニック・ライブラリー編　エレクトロニック・ライブラリー　2014.2　p703-1808　31cm〈制作：日外アソシエーツ〉Ⓝ025.8182

香川県（水質汚濁）

◇酸性雨モニタリング（陸水）調査　平成25年度　［高松］　香川県　2014.3　31, 4, 49p　31cm〈平成25年度環境省委託業務結果報告書　ルーズリーフ〉Ⓝ519.4

香川県（地域開発）

◇小豆島にみる日本の未来のつくり方―瀬戸内国際芸術祭2013小豆島醬の郷＋坂手港プロジェクト「観光から関係へ」ドキュメント　椿昇, 原田祐馬, 多田智美編著　誠文堂新光社　2014.5　223p　21cm　①978-4-416-11448-3　Ⓝ601.182　［2000円］

香川県（地誌）

◇香川「地理・地名・地図」の謎―意外と知らない香川県の歴史を読み解く！　北山健一郎監修　実業之日本社　2014.11　191p　18cm　（じっぴコンパクト新書 212）〈文献あり〉①978-4-408-11096-7　Ⓝ291.82　［800円］

香川県（伝記）

◇さぬきもん―東かがわ人物伝　島田治著　東かがわ　香川県話し言葉研究会　2014.3　93p　26cm〈文献あり〉①978-4-9903650-9-7　Ⓝ281.82　［1100円］

香川県（伝記―東かがわ市）

◇引田町人物史―主として明治まで　占部日出明編　東かがわ　占部日出明　2014.7　164p　30cm〈文献あり　著作目録あり〉Ⓝ281.82

香川県（伝説―観音寺市）

◇伊吹島の民話―平成25年度公益財団法人福武財団瀬戸内海文化研究・活動支援助成成果報告　三好兼光編　［観音寺］　伊吹島研究会　2014.9　57p　21×30cm　（伊吹島研究資料叢書 5）Ⓝ388.182

香川県（仏教美術―図集）

◇空海の足音四国へんろ展　香川編　香川県立ミュージアム編　高松　香川県立ミュージアム　2014.10　203p　30cm〈年譜あり　年表あり　文献あり　会期・会場：平成26年10月18日―11月24日　香川県立ミュージアム　四国霊場開創一二〇〇年記念四県連携事業〉Ⓝ702.17

香川県（仏像）

◇讃岐の仏像―知られざる古仏をたずねて　下　武田和昭著・写真撮影　第2版　高松　美巧社　2014.1　226p　21cm　①978-4-86387-051-2　Ⓝ718.02182　［1000円］

◇四国霊場仏像を訪ねて　上　香川　德島恵美編　櫻井恵武著　ミヤオビパブリッシング　2014.7　215p　21cm〈宮帯出版社（発売）〉①978-4-86366-922-2　Ⓝ718.0218　［2000円］

香川県（文化活動）

◇小豆島にみる日本の未来のつくり方―瀬戸内国際芸術祭2013小豆島醬の郷＋坂手港プロジェクト「観光から関係へ」ドキュメント　椿昇, 原田祐馬, 多田智美編著　誠文堂新光社　2014.5　223p　21cm　①978-4-416-11448-3　Ⓝ601.182　［2000円］

香川県（昔話―観音寺市）

◇伊吹島の民話―平成25年度公益財団法人福武財団瀬戸内海文化研究・活動支援助成成果報告　三好兼光編　［観音寺］　伊吹島研究会　2014.9　57p　21×30cm　（伊吹島研究資料叢書 5）Ⓝ388.182

香川県（名簿）

◇香川県人物・人材情報リスト　2015　日外アソシエーツ株式会社編　日外アソシエーツ（制作）　2014.11　481, 24p　30cm　Ⓝ281.82

香川県（力士―相撲）

◇小豆島相撲風土記―写真紀行　堀之内照幸著　［土庄町（香川県）］　［堀之内照幸］　2014.2　72p　24cm〈年表あり〉Ⓝ788.1　［2000円］

香川県（歴史）

◇近世の讃岐　木原溥幸編　第2版　高松　美巧社　2013.12　390p　21cm〈文献あり〉①978-4-86387-042-0　Ⓝ218.2　［2000円］

香川県（歴史―写真集―さぬき市）

◇ふるさとの原風景―なつかしの写真集　さぬき　さぬき市文化財保護協会大川支部　2014.3　113p　30cm〈文献あり〉Ⓝ218.2

香川県（歴史―史料―書目）

◇収蔵資料目録　6　香川県立ミュージアム編　高松　香川県立ミュージアム　2014.3　17p　30cm　Ⓝ218.2

香川県（歴史―史料―書目―丸亀市）

◇横井家文書目録―讃岐国那珂郡今津村　2　香川県立文書館編　高松　香川県立文書館　2014.3　206p　30cm　（香川県立文書館収蔵文書目録 第16集）Ⓝ218.2

香川県（歴史―高松市）

◇讃岐国野原郷の歴史―高松城築城へ　佐藤篤著　高松　佐藤篤　2014.5　404p　21cm〈年表あり　文献あり〉Ⓝ218.2

香川県（歴史―三豊市）

◇近代の三豊　三豊市教育委員会企画・編集　［三豊］　三豊市教育委員会　2014.3　108p　30cm　（三豊市の歴史と文化 4）〈文献あり〉Ⓝ218.2

◇荘内半島（香川県三豊市詫間）の中世史―学館院記録所文書慶長19年（1614年）-寛文元年（1661年）：学館院記録所記録天正13年（1585年）-正保2年（1645年）　岡山　沢田山恩徳寺史編纂室　2014.9　204p　30cm　（学館院記録所文書調査報告書 2）〈文献あり〉Ⓝ218.2

香川県文化財保護協会

◇文化財協会会報―協会創立60周年記念誌　香川県文化財保護協会編　高松　香川県文化財保護協会　2014.3　86p　30cm　Ⓝ709.182

鍵 英之〔1965～ 〕

◇ブサナンバー―伝説のナンパ師鍵英之自伝　鍵英之著　ベストブック　2014.6　191p　19cm　（ベストセレクト）①978-4-8314-0189-2　Ⓝ289.1　［1300円］

柿本 人麻呂

◇職業人としての柿本人麻呂―万葉集鑑賞　土方賀陽著　名古屋　あるむ　2014.1　176p　19cm〈年表あり〉①978-4-86333-073-3　Ⓝ911.122　［1200円］

◇『壬申の乱』はなかった―柿本人麿の生涯：『日本国』誕生の秘密　このみまさかつ著　大分　いづみ印刷（印刷）　2014.8　254p　19cm〈文献あり〉Ⓝ911.122

◇人麻呂さん石見に生きて恋して　川島美美子著　松江　山陰中央新報社　2014.3　95p　21cm〈文献あり〉①978-4-87903-179-2　Ⓝ911.122　［1200円］

郭 承敏〔1927～2012〕

◇ある台湾人の数奇な生涯　郭承敏著　明文書房　2014.8　290p　19cm　①978-4-8391-0939-4　Ⓝ289.2　［1600円］

郭 台銘

◇郭台銘＝テリー・ゴウの熱中経営塾―シャープを買おうとした男！　張殿文著, 薛格芳訳, 黄文雄監修　ビジネス社　2014.4　259p　19cm　①978-4-8284-1749-3　Ⓝ335　［1600円］

カクイックスグループ

◇創立50周年記念誌―カクイックスグループ　創立50周年記念誌編集委員会編　鹿児島　カクイックスグループ　2014.7　174p　31cm〈年表あり　奥付のタイトル：カクイックスグループ創立50周年記念誌〉Ⓝ673.93

鰐淵寺（出雲市）

◇出雲国浮浪山鰐淵寺―修験の聖地：島根県立古代出雲歴史博物館企画展　島根県立古代出雲歴史博物館編　［出雲］　島根県立古代出雲歴史博物館　2014.10　125p　30cm〈会期・会場：平成26年10月10日―11月24日　島根県立古代出雲歴史博物館〉Ⓝ702.17

角田市（遺跡・遺物）

◇市内遺跡発掘調査―角田郡山遺跡調査概報　角田　角田市教育委員会　2014.3　14p　30cm　（角田市文化財調査報告書 第44集）Ⓝ210.0254

角田市（東日本大震災〔2011〕―被害）

◇東日本大震災角田市の記録―2011.3.11　角田　角田市総務部秘書広報室　2014.11　70p　30cm　Ⓝ369.31

角田市（歴史―史料）

◇和田家資料「内留」―嘉永二年　角田市郷土資料館編　角田　角田市教育委員会　2014.3　331p　30cm　（角田市文化財調査報告書 第43集）Ⓝ212.3

覚鑁〔1095～1143〕

◇覚鑁の研究　櫛田良洪著　オンデマンド版　吉川弘文館　2013.10　490p　22cm〈年譜あり　印刷・製本：デジタルパブリッシングサービス　内容：覚鑁と寛助との関係　覚鑁教学と済暹教学　覚鑁と実範との交渉について　覚鑁と求聞持法について　覚鑁と大伝法院をめぐる諸問題　覚鑁の諸流遍学について　覚鑁の無言行　晩年の覚鑁　覚鑁の伝燈〉①978-4-642-04264-2　Ⓝ188.52　［14500円］

革命的共産主義者同盟全国委員会

◇現代革命への挑戦―革命的共産主義運動の50年　下巻　革命的共産主義者同盟50年史刊行委員会編　革命的共産主義者同盟50年史刊行委員会　2014.10　383p　21cm〈ギャラリーステーション（発売）年表あり〉①978-4-86047-220-7　Ⓝ309.31　［2400円］

核融合科学研究所

◇外部評価報告書―自然科学研究機構核融合科学研究所　平成25年度　核融合科学研究所運営会議外部評価委員会［編］　土

岐　自然科学研究機構核融合科学研究所　2014.3　1冊　30cm
〈文献あり〉Ⓝ429.5

鶴林寺〔加古川市〕
◇霊鷲山宝珠院鶴林寺—四国八十八箇所霊場第20番札所　徳島県, 徳島県教育委員会編　〔徳島〕徳島県　2014.3　225p 図版 5枚　30cm　〔「四国八十八箇所霊場と遍路道」調査報告書5〕〈年表あり　共同刊行：徳島県教育委員会〉Ⓝ188.45

掛川市〔遺跡・遺物〕
◇林遺跡第2次・女高Ⅰ遺跡第15次・東原遺跡第8次—発掘調査報告書　掛川市教育委員会編　掛川　掛川市教育委員会　2014.3　93p 図版〔23〕枚　30cm　Ⓝ210.0254

梯 郁太郎〔1930～ 〕
◇サンプルのない時代—ライフワークは音楽　梯郁太郎著　大幅増補改訂版　音楽之友社　2014.6　279p 図版16p　22cm〈文献あり　初版のタイトル：ライフワークは音楽〉①978-4-276-23772-8　Ⓝ582.7　[2400円]

掛布 雅之〔1955～ 〕
◇「新・ミスタータイガース」の作り方—「掛布道場」指導ノート　掛布雅之著　徳間書店　2014.4　213p　19cm　①978-4-19-863788-0　Ⓝ783.7　[1300円]
◇若虎よ！　掛布雅之〔著〕　KADOKAWA　2014.3　251p　18cm　〔角川oneテーマ21 D-16〕①978-4-04-110744-7　Ⓝ783.7　[800円]

加古 里子〔1926～ 〕
◇未来のだるまちゃんへ　かこさとし著　文藝春秋　2014.6　254p　20cm　①978-4-16-390054-4　Ⓝ726.601　[1450円]

加古川市〔選挙—統計〕
◇選挙の記録　〔加古川〕加古川市選挙管理委員会　〔2014〕81p　30cm〈加古川市長選挙加古川市議会議員選挙 平成26年6月22日執行〉Ⓝ314.8

加古川市〔地方選挙〕
◇選挙の記録　〔加古川〕加古川市選挙管理委員会　〔2014〕81p　30cm〈加古川市長選挙加古川市議会議員選挙 平成26年6月22日執行〉Ⓝ314.8

鹿児島県
◇鹿児島あるある　清水照美著, 瀬川淳画　TOブックス　2014.8　175p　18cm　①978-4-86472-286-5　Ⓝ291.97　[1100円]
◇これでいいのか鹿児島県—密実・鹿児島の全貌を暴く！　鈴木士郎, 佐藤圭亮編　マイクロマガジン社　2014.8　139p　26cm〈文献あり　日本の特別地域特別編集〉①978-4-89637-466-7　Ⓝ291.97　[1300円]

鹿児島県〔遺跡・遺物〕
◇琉球列島先史・原史時代の環境と文化の変遷　高宮広土, 新里貴之編　六一書房　2014.3　305p　30cm　〔琉球列島先史・原史時代における環境と文化の変遷に関する実証的研究研究論文集 第2集〕〈文献あり　内容：環境と文化の変遷　内湾堆積物に記録された過去約2000年間の沖縄諸島環境史（山田和芳ほか著）琉球列島のサンゴ礁形成過程（菅浩伸著）更新世の琉球列島における動物とヒトとのかかわり（藤田祐樹著）先史時代琉球列島へのイノシシ・ブタの導入（高橋遼平著）貝類遺体からみた沖縄諸島の環境変化と文化変化（黒住耐二著）脊椎動物遺体からみた琉球列島の環境変化と文化変化（樋泉岳二著）沖縄諸島の遺跡出土魚骨の分類群組成にみる「特異的」傾向（菅原広史著）植物遺体からみた琉球列島の環境変化（上田圭一著）貝塚時代におけるオキナワウラジロガシ果実の利用について（田里一寿著）琉球列島先史・原史時代における植物食利用（高宮広土, 千田寛之著）琉球列島における先史時代の崖葬墓（片桐千亜紀著）周辺地域との比較　大隅諸島の先史文化にみられる生業の特徴と変遷（石堂和博著）喜界島の様相（澄田直敏著）先島諸島における先史時代のヒトと生態史（マーク・ハドソン著）近世琉球・奄美における災害の頻発と機構変動問題（山田浩世著）Column奄美のシマ（集落）の自然観（中山清美著）ミクロネシアの古環境研究と人間居住（印東道子著）バンクス諸島の「山」と「海」（野嶋洋子著）ウォーラシア海域からみた琉球列島における先史人類の移住と海域適応（小野林太郎著）Column Human-Environmental interrelations in the prehistory of the Caribbean islands（Scott M.Fitzpatrick著）Column Overview of recent archaeological and historical ecological research on California's Channel Islands,USA（Torben Rick著）メソアメリカの自然環境と文化変化（青山和夫著）アンデス文明の盛衰と環境変化（坂井正人著）〉①978-4-86445-044-7,978-4-86445-042-3（set）Ⓝ219.9

◇琉球列島の土器・石器・貝製品・骨製品文化　新里貴之, 高宮広土編　六一書房　2014.3　311p　30cm　〔琉球列島先史・原史時代における環境と文化の変遷に関する実証的研究研究論文集 第1集〕〈文献あり　内容：土器文化　土器出現時期をめぐる問題（前1期）旧石器時代から貝塚時代へ（山崎真治著）ヤブチ式前後の土器相について（伊藤圭著）九州縄文時代中期土器群と在地土器群（前2期）貝塚時代前2期の土器編年について（横尾昌樹著）琉球列島の九州縄文時代中期土器について（相美伊久雄著）奄美・沖縄共通の土器群：いわゆる「奄美系」土器群をめぐって（前3期～前4期前半）面縄前庭様式の研究（堂込秀人著）前4期における奄美諸島の土器様相（新里亮人著）奄美・沖縄の土器群分立（前4期後半・前5期前半）点刻線文系土器群について（崎原恒新著）室川式・室川上層式および関連土器群の再検討（瀬戸哲也著）在地土器群と九州弥生・古墳時代土器文化の関わり（前5期後半～後1期）奄美諸島における前5期の土器について（森田太樹著）沖縄諸島の肥厚口縁土器、無文尖底系土器（玉築飛道者）奄美諸島・貝塚時代後1期の土器文化（新里貴之, 北野堪重郎著）貝塚時代後1期・沖縄諸島の土器動態（安座間充著）先史土器文化の終焉過程（後2期）〈くびれ平底系〉奄美諸島における兼久式土器について（鼎丈太郎著）先史土器文化の終焉過程（小橋川剛著）窯業技術の導入と原史土器文化との関係（グスク時代）貿易陶磁出現期の琉球列島における土器文化（宮城弘樹著）グスク土器の変遷（具志堅亮者）先史時代からグスク時代へ（新里亮人著）先史から原史土器の年代的問題放射性炭素年代から見た琉球列島における考古学の時期区分の現状と課題（名嘉弥生著）石器・貝製品・骨製品文化 琉球列島の石器・石器石材（大堀皓平著）先史琉球列島における貝製品の変化と画期（山野ケン陽次郎著）貝塚時代骨製品の出土状況（久貝弥嗣著）〉①978-4-86445-043-0,978-4-86445-042-3（set）Ⓝ219.9

鹿児島県〔遺跡・遺物—出水市〕
◇旧海軍出水航空基地掩体壕発掘調査報告書　出水　出水市教育委員会　2014.3　41p　30cm　〔出水市埋蔵文化財発掘調査報告書 25〕〈掩体壕1・2の埋蔵文化財確認発掘調査報告書〉Ⓝ210.0254

◇中部遺跡群　鹿児島県教育委員会, 鹿児島県文化振興財団埋蔵文化財調査センター編　〔鹿児島〕鹿児島県教育委員会　2014.3　228p 図版 2枚　30cm　〔公益財団法人鹿児島県文化振興財団埋蔵文化財調査センター発掘調査報告書 1〕〈出水市野田町所在　南九州西回り自動車道建設（出水阿久根道路）に伴う埋蔵文化財発掘調査報告書　共同刊行：鹿児島県文化振興財団埋蔵文化財調査センター〉Ⓝ210.0254

鹿児島県〔遺跡・遺物—指宿市〕
◇敷領遺跡（十町地点・下原地点）の調査　お茶の水女子大学博物館学研究室, 鹿児島大学法文学部比較地域環境考古学専攻〔編〕　お茶の水女子大学博物館学研究室　2014.10　79p　30cm〈年表あり　鹿児島県指宿市所在　文部科学省科学研究費補助金基盤研究(B)「古代の村落における土地利用形態の研究」　共同刊行：鹿児島大学法文学部比較地域環境コース考古学専攻〉Ⓝ210.0254

鹿児島県〔遺跡・遺物—鹿児島市〕
◇鹿児島市埋蔵文化財発掘調査報告書 9　鹿児島　鹿児島市教育委員会文化課　2014.3　67p　30cm　〔鹿児島市埋蔵文化財発掘調査報告書 71〕〈平成24年度市内遺跡埋蔵文化財確認発掘調査事業報告書　編集：藤井大祐ほか　内容：大龍遺跡I地点　大龍遺跡J地点　福昌寺跡（島津家墓所）宮ヶ迫遺跡第4地点〉Ⓝ210.0254

◇鹿児島大学構内遺跡—郡元団地：古墳時代住居跡群・平安時代土坑群　鹿児島大学埋蔵文化財調査センター編　鹿児島　鹿児島大学埋蔵文化財調査センター　2014.3　79p　30cm　〔鹿児島大学埋蔵文化財調査センター調査報告書 第9集〕〈内容：Q・R-8・9区（附属中学校増築・改修工事）R-T-7-9区（附属中学校グランド改修工事その他工事）〉Ⓝ210.0254

◇鹿大構内遺跡郡元団地（JT跡地）鹿児島　鹿児島市教育委員会文化課　2014.1　101p　30cm　〔鹿児島市埋蔵文化財発掘調査報告書 69〕〈鹿児島市交通局局舎・電車施設移転に伴う埋蔵文化財緊急発掘調査報告書　編集：赤井文人〉Ⓝ210.0254

◇川上城跡　霧島　鹿児島県立埋蔵文化財センター　2013.2　120p　30cm　〔鹿児島県立埋蔵文化財センター発掘調査報告書 176〕〈鹿児島県川上町所在　県道鹿児島蒲生線道路整備事業に伴う埋蔵文化財発掘調査報告書〉Ⓝ210.0254

◇福昌寺跡　鹿児島　鹿児島市教育委員会文化課　2014.3　48p 図版 16p　30cm　〔鹿児島市埋蔵文化財発掘調査報告書 72〕〈鹿児島玉龍中高一貫教育校校舎整備事業に係る福昌寺跡第四次緊急発掘調査報告書〉Ⓝ210.0254

◇若宮遺跡D地点　鹿児島　鹿児島市教育委員会文化課　2014.3　80p 図版 20p　30cm　〔鹿児島市埋蔵文化財発掘調査報告書 73〕〈コンビニエンスストア新築工事に伴う埋蔵文化財緊急発掘調査報告書　編集：長野陽介〉Ⓝ210.0254

鹿児島県（遺跡・遺物—鹿屋市）

◇脇田亀ヶ原遺跡—桜ヶ丘団地B-4-6区ほか　鹿児島大学埋蔵文化財調査センター監修, 新和技術コンサルタント株式会社編　鹿児島　新和技術コンサルタント　2014.3　70p　30cm　（鹿児島大学埋蔵文化財調査センター調査報告書 第10集）〈桜ヶ丘ビュータウン造成工事　共同刊行：西日本地産〉Ⓝ210.0254

鹿児島県（遺跡・遺物—鹿屋市）

◇稲荷山遺跡・宇都上遺跡, 早山遺跡・鎮守山遺跡　鹿児島県立埋蔵文化財センター編　［霧島］　鹿児島県立埋蔵文化財センター　2013.2　256p　図版 2枚　30cm　（鹿児島県立埋蔵文化財センター発掘調査報告書 177)〈鹿屋市花岡町・古里町所在〉Ⓝ210.0254

鹿児島県（遺跡・遺物—霧島市）

◇気色の杜遺跡—大隅国府跡　2　霧島　霧島市教育委員会　2014.3　49p　30cm　（霧島市埋蔵文化財発掘調査報告書 21)〈宅地造成に伴う埋蔵文化財発掘調査報告書〉Ⓝ210.0254

◇前原和田遺跡　霧島　鹿児島県立埋蔵文化財センター　2014.3　116p　30cm　（鹿児島県立埋蔵文化財センター発掘調査報告書 181)〈霧島市福山町所在〉Ⓝ210.0254

鹿児島県（遺跡・遺物—薩摩川内市）

◇堀之内遺跡　鹿児島県教育委員会, 鹿児島県文化振興財団埋蔵文化財調査センター編　［鹿児島］　鹿児島県教育委員会　2014.3　199p　図版 3枚　30cm　（公益財団法人鹿児島県文化振興財団埋蔵文化財調査センター発掘調査報告書 2)〈薩摩川内市所在　南九州西回り自動車道建設（川内隈之城道路）に伴う埋蔵文化財発掘調査報告書　共同刊行：鹿児島県文化振興財団埋蔵文化財調査センター〉Ⓝ210.0254

◇山口遺跡　鹿児島県立埋蔵文化財センター編　霧島　鹿児島県立埋蔵文化財センター　2013.3　334p　図版 2枚　30cm　（鹿児島県立埋蔵文化財センター発掘調査報告書 179)〈薩摩川内市都町所在〉Ⓝ210.0254

鹿児島県（遺跡・遺物—志布志市）

◇船迫遺跡・高吉B遺跡　鹿児島県立埋蔵文化財センター編　霧島　鹿児島県立埋蔵文化財センター　2014.3　350p　30cm　（鹿児島県立埋蔵文化財センター発掘調査報告書 180)〈志布志市志布志町所在〉Ⓝ210.0254

鹿児島県（遺跡・遺物—保存・修復）

◇史跡旧集成館附寺山炭窯跡関吉の疎水溝・史跡鹿児島紡績所技師館（異人館）保存管理計画　鹿児島市編　鹿児島　鹿児島市　2013.3　103p　30cm　〈年表あり〉Ⓝ709.197

鹿児島県（遺跡・遺物—南さつま市）

◇芝原遺跡　4　弥生時代・古墳時代編　鹿児島県立埋蔵文化財センター編　霧島　鹿児島県立埋蔵文化財センター　2013.3　326p　図版 4枚　30cm　（鹿児島県立埋蔵文化財センター発掘調査報告書 178)〈南さつま市金峰町所在〉Ⓝ210.0254

鹿児島県（エネルギー政策）

◇鹿児島県再生可能エネルギー導入ビジョン　鹿児島　鹿児島県企画部エネルギー政策課　2014.4　124, 20p　30cm　Ⓝ501.6

鹿児島県（貝—屋久島町）

◇屋久島の貝殻たち　2　谷口俊四郎写真・文　屋久島町（鹿児島県）　俊デザイン　2014.10　102p　21cm　〈「2」のタイトル関連情報：絹代コレクションから215種類〉Ⓘ9784990666316　Ⓝ484.02197　［1852円］

鹿児島県（科学技術）

◇鹿児島県工業技術センター研究成果発表会予稿集　平成25年度　研究成果発表会実行委員会編　霧島　鹿児島県工業技術センター　2013.7　41p　30cm　〈表紙のタイトル：研究成果発表会予稿集〉Ⓝ504

◇鹿児島県工業技術センター研究成果発表会予稿集　平成26年度　研究成果発表会実行委員会編　霧島　鹿児島県工業技術センター　2014.7　35p　30cm　〈表紙のタイトル：研究成果発表会予稿集〉Ⓝ504

鹿児島県（カトリック教会—歴史）

◇奄美でカトリック排撃運動はなぜ起こったのか　日本カトリック正義と平和協議会編　カトリック中央協議会　2014.5　70p　21cm　（JP booklet)　〈年表あり　内容：奄美でカトリック排撃運動はなぜ起こったのか（須崎愼一述）奄美のカトリック迫害・上智大学生神社参拝拒否事件とカトリック教会の対応（谷大二述）〉Ⓝ198.22197

鹿児島県（観光事業—統計）

◇奄美群島観光の動向　平成24年　［奄美］　奄美群島観光物産協会　［2013］　16p　30cm　〈共同刊行：鹿児島県大島支庁〉Ⓝ689.059

鹿児島県（観光事業—PR）

◇日中両言語ブログによる鹿児島観光情報発信「鹿児島ピカリン☆プロジェクト」最終報告書　鹿児島　鹿児島ピカリン☆プ

ロジェクト　2014.3　39p　30cm　（鹿児島県立短期大学地域研究所叢書）Ⓝ689.2197

鹿児島県（感染症対策）

◇鹿児島県新型インフルエンザ等対策行動計画　［鹿児島］　鹿児島県　2014.2　74p　30cm　Ⓝ498.6

鹿児島県（行政）

◇行政評価　平成25年度　［鹿児島］　鹿児島県　［2013］　3, 31, 3p　31cm　〈ルーズリーフ〉Ⓝ318.297

◇県勢概要　鹿児島　鹿児島県企画部企画課　2013.4　58p　30cm　〈年表あり〉Ⓝ318.297

鹿児島県（行政—鹿児島市）

◇鹿児島市事務分掌　［鹿児島］　鹿児島市議会事務局　2014.4　218p　30cm　〈係長級以上の職・氏名一覧〉Ⓝ318.597

鹿児島県（行政組織—鹿児島市）

◇鹿児島市事務分掌　［鹿児島］　鹿児島市議会事務局　2014.4　218p　30cm　〈係長級以上の職・氏名一覧〉Ⓝ318.597

鹿児島県（協同組合—名簿）

◇鹿児島県中小企業関係組合名簿　平成26年3月現在　鹿児島　鹿児島県商工労働水産部商工政策課　［2014］　72p　30cm　Ⓝ335.35

鹿児島県（郷土芸能）

◇南日本の民俗文化誌　7　南日本の民俗芸能誌 北薩東部編　下野敏見著　鹿児島　南方新社　2014.6　266p　図版16p　22cm　〈内容：川内川上流域の民俗芸能　北薩東部の芸能から湧水町栗野の民俗芸能　湧水町吉松の太鼓踊り〈四ケ部落太鼓踊り〉伊佐市の民俗芸能　出水市〈旧出水市〉の民俗芸能　人吉市および相良村の民俗芸能　水俣市の民俗芸能〉Ⓘ978-4-86124-282-3　Ⓝ382.197　［3500円］

鹿児島県（郷土舞踊）

◇奄美八月踊り唄の宇宙　清眞人, 富島甫著　大阪　海風社　2013.6　250p　21cm　（南島叢書 94)　Ⓘ978-4-87616-024-2　Ⓝ388.9197　［2000円］

鹿児島県（空襲—霧島市）

◇国分海軍航空隊—国分第一及び第二基地米国空軍の爆撃記録その他　今吉孝夫訳編　［さいたま］　［今吉孝夫］　2014.1　1冊　30cm　〈英語併載〉Ⓝ210.75

鹿児島県（軍事基地—霧島市）

◇国分海軍航空隊—国分第一及び第二基地米国空軍の爆撃記録その他　今吉孝夫訳編　［さいたま］　［今吉孝夫］　2014.1　1冊　30cm　〈英語併載〉Ⓝ210.75

鹿児島県（経済）

◇ウオッチ鹿児島経済　阪口健治著　［出版地不明］　阪口健治　2014.4　213p　19cm　〈南日本新聞開発センター（発売）〉Ⓘ978-4-86074-212-6　Ⓝ332.197　［1200円］

鹿児島県（研究開発）

◇鹿児島県工業技術センター研究成果発表会予稿集　平成25年度　研究成果発表会実行委員会編　霧島　鹿児島県工業技術センター　2013.7　41p　30cm　〈表紙のタイトル：研究成果発表会予稿集〉Ⓝ504

◇鹿児島県工業技術センター研究成果発表会予稿集　平成26年度　研究成果発表会実行委員会編　霧島　鹿児島県工業技術センター　2014.7　35p　30cm　〈表紙のタイトル：研究成果発表会予稿集〉Ⓝ504

鹿児島県（言語政策—歴史）

◇小・中学生向け「地域語教材」開発のための基礎的研究　神戸　甲南大学総合研究所　2014.2　47p　21cm　（甲南大学総合研究所叢書 122)　〈内容：鹿児島県における共通語教育に関する調査とその考察（橋幸男著）沖縄県の小・中学校における方言啓発・普及活動について（黒崎良昭著）　沖縄県那覇市での聞き取り調査の詳細（抄録）（黒崎良昭著）〉Ⓝ810.9　［非売品］

鹿児島県（原子力災害）

◇川内原子力発電所の原子力災害に係る広域避難時間推計業務報告書　［鹿児島］　鹿児島県原子力安全対策課　2014.3　88p　31cm　〈ルーズリーフ〉Ⓝ369.36

鹿児島県（工業）

◇経済センサス—活動調査（確報）平成24年　製造業編　［鹿児島］　鹿児島県企画部統計課　［2013］　74p　30cm　Ⓝ509.2197

鹿児島県（工場建築—保存・修復—鹿児島市）

◇重要文化財旧集成館機械工場保存活用計画　鹿児島　島津興業尚古集成館　2013.12　54p　図版 4枚　30cm　〈年表あり〉Ⓝ521.8

日本件名図書目録2014　I　　　　　　　　　　　　　　　　　　　　　　　　　　　　　　　　　鹿児島県（中小企業金融）

鹿児島県（災害医療）
◇原子力災害に備えた安定ヨウ素剤の事前配布と付随する諸課題—鹿児島県における安定ヨウ素剤事前配布等の事例報告　[東京]　日医総研　2014.9　25p　30cm　（日本医師会総合政策研究機構ワーキングペーパー　no. 325）Ⓝ493.195

鹿児島県（魚―与論町―図集）
◇奄美群島最南端の島与論島の魚類　本村浩之, 松浦啓一編著　鹿児島　鹿児島大学総合研究博物館　2014.3　646p　26cm　〈共同刊行：国立科学博物館〉①978-4-905464-04-4　Ⓝ487.52197

鹿児島県（産業）
◇経済センサス活動調査（確報）　平成24年　[鹿児島]　鹿児島県企画部統計課　2013.12　38p　30cm　Ⓝ602.197

鹿児島県（自然保護）
◇地域生物多様性保全計画（鹿児島県生物多様性地域戦略）策定事業委託業務完了報告書　平成25年度　[鹿児島]　鹿児島県　2014.3　1冊　31cm　〈標題紙のタイトル：地域生物多様性保全計画（鹿児島県生物多様性地域戦略）策定事業委託業務報告書　ルーズリーフ〉Ⓝ519.8197

鹿児島県（自然保護―霧島市）
◇地域生物多様性保全計画策定事業委託業務報告書　平成25年度　[霧島]　霧島市　2014.3　57, 68p　30cm　〈環境省委託事業〉Ⓝ519.8197

鹿児島県（社会科―小学校）
◇種子島から「日本」を考える授業―初期社会科の理想を求めて　白룛裕志著　同時代社　2014.11　110p　26cm　〈文献あり〉①978-4-88683-770-7　Ⓝ375.3　[1800円]

鹿児島県（社会教育）
◇鹿児島大学生涯学習憲章への道―大学と地域をつなぐ架け橋：地域と協働する大学づくりシンポジウムin鹿児島大学　1部「鹿児島大学生涯学習憲章策定」ワークショップの記録　鹿児島大学生涯学習教育研究センター編　鹿児島　鹿児島大学生涯学習教育研究センター　2013.9　150p　30cm　Ⓝ379.02197

鹿児島県（写真集）
◇霧島・姶良・伊佐の昭和―写真アルバム　名古屋　樹林舎　2014.11　263p　図版 16p　31cm　〈鹿児島書籍（発売）年表あり〉①978-4-902731-75-0　Ⓝ219.7　[9250円]

鹿児島県（住宅建築）
◇シンケンスタイルに住む。―あれから10年、いかがお過ごしですか？　シンケン　2014.2　189p　20×23cm　（SINKEN STYLE Concept Book 04）〈新建新聞社（発売）〉①978-4-87947-080-5　Ⓝ527.02197　[1800円]

鹿児島県（消費者行動）
◇鹿児島県消費者購買動向調査報告書　平成24年度　[鹿児島]　鹿児島県商工労働水産部　[2013]　205p　30cm　Ⓝ675.2

鹿児島県（書目）
◇鹿児島県EL新聞記事情報リスト　2013-1　エレクトロニック・ライブラリー編　エレクトロニック・ライブラリー　2014.2　538p　31cm　〈制作：日外アソシエーツ〉Ⓝ025.8197
◇鹿児島県EL新聞記事情報リスト　2013-2　エレクトロニック・ライブラリー編　エレクトロニック・ライブラリー　2014.2　p539-1257　31cm　〈制作：日外アソシエーツ〉Ⓝ025.8197
◇鹿児島県EL新聞記事情報リスト　2013-3　エレクトロニック・ライブラリー編　エレクトロニック・ライブラリー　2014.2　p1259-2327　31cm　〈制作：日外アソシエーツ〉Ⓝ025.8197
◇鹿児島県EL新聞記事情報リスト　2013-4　エレクトロニック・ライブラリー編　エレクトロニック・ライブラリー　2014.2　p2329-3295　31cm　〈制作：日外アソシエーツ〉Ⓝ025.8197

鹿児島県（人権）
◇人権についての県民意識調査報告書　平成25年度　[鹿児島]　鹿児島県総務部県民生活局人権同和対策課　2014.3　199p　30cm　Ⓝ316.1

鹿児島県（人権教育）
◇自尊感情の育成と人間関係づくり　鹿児島　鹿児島県教育庁人権同和教育課　[2014]　67p　30cm　（人権教育実践例集「仲間づくり」　平成26年度）Ⓝ375

鹿児島県（人口―統計）
◇鹿児島県の推計人口―人口及び世帯数の推移（昭和10年―平成25年）：年齢別人口（平成25年10月1日現在）[鹿児島]　鹿児島県企画部統計課　[2014]　137p　30cm　Ⓝ358.197

鹿児島県（森林）
◇酸性雨モニタリング（土壌・植生）調査　平成25年度　[鹿児島]　鹿児島県　2014.3　51p　30cm　〈平成25年度環境省委託業務結果報告書　はり込写真12枚〉Ⓝ519.5

鹿児島県（水害）
◇鹿児島県北部豪雨災害復興記録誌―平成18年7月　第2巻　さつま町災害復興誌編集委員会編　さつま町（鹿児島県）さつま町　2014.3　159p　30cm　Ⓝ369.33

鹿児島県（生物多様性）
◇地域生物多様性保全計画（鹿児島県生物多様性地域戦略）策定事業委託業務完了報告書　平成25年度　[鹿児島]　鹿児島県　2014.3　1冊　31cm　〈標題紙のタイトル：地域生物多様性保全計画（鹿児島県生物多様性地域戦略）策定事業委託業務報告書　ルーズリーフ〉Ⓝ519.8197

鹿児島県（生物多様性―霧島市）
◇地域生物多様性保全計画策定事業委託業務報告書　平成25年度　[霧島]　霧島市　2014.3　57, 68p　30cm　〈環境省委託事業〉Ⓝ519.8197

鹿児島県（石塔）
◇鹿児島県の石塔図録―南九州石塔研究会40周年記念誌　第1集　中世　四十周年記念実行委員会編　[鹿児島]　南九州石塔研究会　2014.12　229p　30cm　Ⓝ714.02197

鹿児島県（世帯―統計）
◇鹿児島県の推計人口―人口及び世帯数の推移（昭和10年―平成25年）：年齢別人口（平成25年10月1日現在）[鹿児島]　鹿児島県企画部統計課　[2014]　137p　30cm　Ⓝ358.197

鹿児島県（選挙―統計）
◇選挙の記録―平成25年　[鹿児島]　鹿児島県選挙管理委員会　[2014]　82p　30cm　〈市町村選挙〉Ⓝ314.8
◇選挙の記録　[鹿児島]　鹿児島県選挙管理委員会　[2014]　207p　30cm　〈参議院議員通常選挙　平成25年7月21日執行〉Ⓝ314.8
◇選挙の記録　[鹿児島]　鹿児島県選挙管理委員会　[2014]　70p　30cm　〈衆議院鹿児島県第2区選出議員補欠選挙　平成26年4月27日執行〉Ⓝ314.8

鹿児島県（総合学習―小学校）
◇種子島から「日本」を考える授業―初期社会科の理想を求めて　白룛裕志著　同時代社　2014.11　110p　26cm　〈文献あり〉①978-4-88683-770-7　Ⓝ375.3　[1800円]

鹿児島県（田遊び―南種子町）
◇種子島宝満神社のお田植祭―南種子町茎永：国記録選択無形民俗文化財調査報告書　南種子町教育委員会編　南種子町（鹿児島県）南種子町教育委員会　2014.3　169p　30cm　（南種子町民俗資料調査報告書　3）Ⓝ386.8197

鹿児島県（地域開発）
◇奄美群島振興開発計画　平成26年度―平成30年度　[鹿児島]　鹿児島県　2014.5　123p　30cm　Ⓝ318.697
◇奄美群島振興開発事業実績調査　平成24年度　[鹿児島]　鹿児島県　2013.9　171p　21×30cm　Ⓝ601.197
◇奄美群島振興開発総合調査報告書　鹿児島　鹿児島県　2013.3　338p　30cm　〈年表あり〉Ⓝ601.197
◇鹿児島県離島振興計画　平成25年度―平成34年度　[鹿児島]　鹿児島県　2013.4　146p　30cm　Ⓝ601.197
◇こげんする！鹿児島―鹿児島地域づくり実践編　宮島孝男著　鹿児島　南方新社　2014.10　237p　19cm　〈文献あり〉①978-4-86124-302-8　Ⓝ601.197　[1800円]
◇離島振興事業の成果　平成15-24年度　[鹿児島]　鹿児島県　2014.3　290p　30cm　〈年表あり〉Ⓝ601.197

鹿児島県（地誌）
◇写真で見る種子島の風景　たましだ舎編集室編　西之表　たましだ舎　2014.8　61p　21cm　①978-4-9904915-2-9　Ⓝ291.97　[900円]

鹿児島県（地誌―曽於市）
◇ふるさと恒吉絵地図物語　恒吉の歴史を語る会, 恒吉日輪会編著　[曽於]　恒吉の歴史を語る会　2013.10　227p　27cm　〈年表あり　共同刊行：恒吉日輪会, 発行所：鉱脈社〉①978-4-86061-517-8　Ⓝ291.97　[2667円]

鹿児島県（地誌―枕崎市）
◇枕崎物語―創立140周年記念　麓純雄著　[枕崎]　枕崎小学校PTA　2013.7　157p　21cm　〈共同刊行：枕崎市立枕崎小学校, 発行所：ダイコー印刷〉Ⓝ291.97

鹿児島県（地方選挙）
◇選挙の記録―平成25年　[鹿児島]　鹿児島県選挙管理委員会　[2014]　82p　30cm　〈市町村選挙〉Ⓝ314.8

鹿児島県（中小企業金融）
◇中小企業者のための金融の手引き　[鹿児島]　鹿児島県商工労働水産部　2013.8　218p　30cm　Ⓝ338.63

鹿児島県（鶴―保護―出水市）　　　　　　　　　　　　　　　　　　　　　　　　　日本件名図書目録2014　I

◇中小企業者のための金融の手引き　［鹿児島］　鹿児島県商工労働水産部　2014.9　208p　30cm　Ⓝ338.63

鹿児島県（鶴―保護―出水市）
◇長期的ツル保護対策調査事業業務委託報告書　平成25年度　［出水］　出水市教育委員会　2014.3　45, 38p　30cm　〈文献あり〉　Ⓝ488.5

鹿児島県（庭園―保存・修復―鹿児島市）
◇名勝仙巌園附花倉御仮屋庭園保存管理計画　鹿児島市編　鹿児島　鹿児島市　2014.3　135p　30cm　〈年表あり〉　Ⓝ629.21

鹿児島県（伝記）
◇与古為新―南からの社会学・インタビュー編：furuki ni azukari atarashiki wo nasu　櫻井芳生著　［鹿児島］　南日本新聞社　2014.6　271p　19cm　〈南日本新聞開発センター（制作・発売）〉　①978-4-86074-217-1　Ⓝ281.97　［1400円］

鹿児島県（洞穴遺跡―知名町）
◇沖永良部島鳳雛洞・大山水鏡洞の研究　新里貴之, 鹿児島大学埋蔵文化財調査センター編　［鹿児島］　鹿児島大学　2014.3　8, 126p　30cm　〈文献あり〉　Ⓝ219.7

鹿児島県（陶磁器―歴史）
◇鹿児島神宮所蔵陶瓷器の研究　［出版地不明］　鹿児島神宮所蔵陶瓷器調査団　2013.3　107p　30cm　Ⓝ751.1

鹿児島県（土壌汚染）
◇酸性雨モニタリング（土壌・植生）調査　平成25年度　［鹿児島］　鹿児島県　2014.3　51p　30cm　〈平成25年度環境省委託業務結果報告書　はり込写真12枚〉　Ⓝ519.5

鹿児島県（農業―歴史）
◇奄美大島に於ける「家人」の研究―他, 大島郡状態書, 封建治下に於ける奄美大島の農業, 二編　金久好著　鹿児島　南方新社　2014.10　220p　22cm　〈文献あり　名瀬市史編纂委員会1963年刊　の復刻版〉　①978-4-86124-304-2　Ⓝ612.197　［5800円］

鹿児島県（農民―歴史）
◇薩摩藩領の農民に生活はなかったか　有薗正一郎著　名古屋　あるむ　2014.8　88p　21cm　〈索引あり　内容：薩摩藩領の耕作技術と農民の暮らし研究の展望　「『列朝制度』巻之四農業」の翻刻・現代語訳・解題〉　①978-4-86333-086-3　Ⓝ219.7　［800円］

鹿児島県（博物館）
◇ぶらりあるき沖縄・奄美の博物館　中村浩, 池田榮史著　芙蓉書房出版　2014.6　214p　21cm　〈文献あり〉　①978-4-8295-0622-6　Ⓝ069.02199　［1900円］

鹿児島県（博物誌）
◇鹿児島の100人100の風景　鹿児島県環境林務部自然保護課, 鹿児島大学鹿児島環境学研究会編著　［鹿児島］　南日本新聞社　2013.11　233p　21cm　〈南日本新聞開発センター（発売）〉　①978-4-86074-210-2　Ⓝ402.9197　［1400円］

鹿児島県（発電計画―三島村）
◇地熱開発加速化支援・基盤整備事業（鹿児島県三島村薩摩硫黄島）成果報告書　平成25年度　［神戸］　川崎重工業　2014.3　1冊　30cm　〈平成25年度環境省委託業務　共同刊行：大林組〉　Ⓝ543.7
◇地熱開発加速化支援・基盤整備事業（鹿児島県三島村薩摩硫黄島）成果報告書　平成25年度　修正版　［神戸］　川崎重工業　2014.3　5, 142p　30cm　〈平成25年度環境省委託業務　共同刊行：大林組〉　Ⓝ543.7

鹿児島県（風俗画）
◇日本近世生活絵引　奄美・沖縄編　『日本近世生活絵引』奄美・沖縄編編纂共同研究班編　横浜　神奈川大学日本常民文化研究所非文字資料研究センター　2014.3　207p　30cm　〈神奈川大学日本常民文化研究所非文字資料研究センター研究成果報告書　〈文献あり〉　①978-4-904124-18-5　Ⓝ382.1　［非売品］

鹿児島県（武家住宅―保存・修復―肝付町）
◇日高家武家門修復調査研究報告書　鹿児島　鹿児島県建築士会　2014.3　52p　30cm　（歴史的建造物調査研究報告書　2）　Ⓝ521.853

鹿児島県（文化財）
◇鹿児島県文化財調査報告書　第60集　鹿児島　鹿児島県教育委員会　2014.3　59p　図版4p　30cm　Ⓝ709.197

鹿児島県（噴火災害）
◇桜島大正噴火100周年記念誌　［鹿児島］　桜島大正噴火100周年事業実行委員会　2014.1　163p　31cm　〈年表あり〉　Ⓝ369.31

◇櫻島大爆震記―大正三年　鹿児島新聞記者十餘名共纂, 難波経健監修　改訂復刻版　鹿児島　難波経健　2014.8　1冊　19cm　〈南日本新聞開発センター（制作・印刷）〉　①978-4-86074-221-8　Ⓝ369.31　［1500円］

鹿児島県（墳墓―鹿児島市）
◇県指定史跡福昌寺跡（島津家墓所）―第一次調査概要報告書　鹿児島　鹿児島市教育委員会文化課　2014.3　22p　30cm　（鹿児島市埋蔵文化財発掘調査報告書 70）　Ⓝ219.7

鹿児島県（方言―与論町）
◇与論の言葉で話そう　1　挨拶・名詞・こそあど言葉・性格・感動詞・副詞　菊秀史著　改訂版　与論町（鹿児島県）　与論民俗村　［2014］　154p　26cm　Ⓝ818.97　［1300円］
◇与論の言葉で話そう　4　形容詞・助詞・表現意図　菊秀史著　与論町（鹿児島県）　与論民俗村　［2014］　318p　26cm　Ⓝ818.97　［2200円］

鹿児島県（民謡）
◇奄美八月踊り唄の宇宙　清眞人, 富島甫著　大阪　海風社　2013.6　250p　21cm　（南島叢書 94）　①978-4-87616-024-2　Ⓝ388.9197　［2000円］
◇歌い継ぐ奄美の島唄―奄美大島北部　［鹿児島］　奄美島唄保存伝承事業実行委員会　2014.3　221p　30cm　〈平成25年度文化庁文化芸術振興費補助金（文化遺産を活かした地域活性化事業）〉　Ⓝ388.9197
◇歌い継ぐ奄美の島唄―奄美大島南部　［鹿児島］　奄美島唄保存伝承事業実行委員会　2014.3　260p　30cm　〈平成25年度文化庁文化芸術振興費補助金（文化遺産を活かした地域活性化事業）〉　Ⓝ388.9197
◇歌い継ぐ奄美の島唄―喜界島　［鹿児島］　奄美島唄保存伝承事業実行委員会　2014.3　239p　30cm　〈平成25年度文化庁文化芸術振興費補助金（文化遺産を活かした地域活性化事業）〉　Ⓝ388.9197
◇歌い継ぐ奄美の島唄―徳之島　［鹿児島］　奄美島唄保存伝承事業実行委員会　2014.3　203p　30cm　〈平成25年度文化庁文化芸術振興費補助金（文化遺産を活かした地域活性化事業）〉　Ⓝ388.9197
◇歌い継ぐ奄美の島唄―沖永良部島　［鹿児島］　奄美島唄保存伝承事業実行委員会　2014.3　167p　30cm　〈平成25年度文化庁文化芸術振興費補助金（文化遺産を活かした地域活性化事業）〉　Ⓝ388.9197
◇歌い継ぐ奄美の島唄―与論島　［鹿児島］　奄美島唄保存伝承事業実行委員会　2014.3　96p　30cm　〈平成25年度文化庁文化芸術振興費補助金（文化遺産を活かした地域活性化事業）〉　Ⓝ388.9197
◇歌い継ぐ奄美の島唄―選曲集：歌詞集＆CD　［鹿児島］　奄美島唄保存伝承事業実行委員会　2014.3　128p　30cm　〈平成25年度文化庁文化芸術振興費補助金（文化遺産を活かした地域活性化事業）〉　Ⓝ388.9197
◇歌い継ぐ奄美の島唄―解説・総合索引集　［鹿児島］　奄美島唄保存伝承事業実行委員会　2014.3　82p　30cm　〈平成25年度文化庁文化芸術振興費補助金（文化遺産を活かした地域活性化事業）〉　Ⓝ388.9197

鹿児島県（名簿）
◇鹿児島県人物・人材情報リスト　2015　日外アソシエーツ株式会社編　日外アソシエーツ（制作）　2014.11　782, 34p　30cm　Ⓝ281.97

鹿児島県（門―保存・修復―肝付町）
◇日高家武家門修復調査研究報告書　鹿児島　鹿児島県建築士会　2014.3　52p　30cm　（歴史的建造物調査研究報告書 2）　Ⓝ521.853

鹿児島県（留学生〈中国〉）
◇日中両言語ブログによる鹿児島観光情報発信「鹿児島ピカリン☆プロジェクト」最終報告書　鹿児島　鹿児島県立ピカリン☆プロジェクト　2014.3　39p　30cm　（鹿児島県立短期大学地域研究所叢書）　Ⓝ689.2197

鹿児島県（歴史）
◇桜島は知っていた　別冊1　元祖邪馬台国への道　江口さくら著　鹿児島　高城書房　2013.8　112p　26cm　〈文献あり　年表あり〉　①978-4-88777-153-6　Ⓝ219.7　［1000円］
◇新薩摩学―もっと知りたい鹿児島　古閑章, 仙波玲子編　鹿児島　南方新社　2014.10　215p　19cm　（新薩摩学シリーズ 10）　〈執筆：下野敏見ほか　内容：南九州の民間療法とシャーマニズム（下野敏見著）　日本の近代博物館と薩摩（荒田邦子著）　郷土・鹿児島における海音寺文学の可能性（古閑章著）　鹿児島県徳之島の闘牛人気私的見解（アンドリュー・ダニエルズ著, 尾曲巧訳）　先住民族研究から見える奄美研究の可能性（広瀬健一郎著）　川内の僧侶箸了法とグリム童話（仙波玲子著）　聖名高等女学校（荒井聰子著）　ロンドン大学交流譚（犬塚孝明著）〉　①978-4-86124-299-1　Ⓝ219.7　［1800円］

◇幕末、フランス艦隊の琉球来航―その時琉球・薩摩・幕府はどう動いたか　生田澄江著　近代文藝社　2014.2　141p　20cm　①978-4-7733-7906-8　Ⓝ210.5935　[1300円]

◇欲望の砂糖史―近代南島アルケオロジー　原井一郎著　森話社　2014.6　315p　19cm　①978-4-86405-063-0　Ⓝ219.7　[2000円]

鹿児島県〔歴史―薩摩川内市〕

◇北郷家と川内―海と川内川が育んだ歴史・文化：川内歴史資料館30周年記念特別展図録　薩摩川内市川内歴史資料館編　薩摩川内　薩摩川内市川内歴史資料館　2014.1　100p　30cm　〈年表あり　文献あり　会期：平成26年2月1日―3月30日〉　Ⓝ219.7

鹿児島県〔歴史―史料〕

◇奄美諸島編年史料　古琉球期編上　石上英一編　吉川弘文館　2014.6　399p　22cm　①978-4-642-01417-5　Ⓝ219.7　[18000円]

◇鹿児島県史料　旧記雑録拾遺　地誌備考1　鹿児島県歴史資料センター黎明館編　[鹿児島]　鹿児島県　2014.3　25, 578p　22cm　〈外箱入〉　Ⓝ219.7　[非売品]

◇鹿児島県史料　名越時敏史料4　鹿児島県歴史資料センター黎明館編　[鹿児島]　鹿児島県　2014.3　28, 455p　22cm　Ⓝ219.7　[非売品]

◇通昭録　2　鹿児島　鹿児島県立図書館　2014.3　4, 151p　26cm　(鹿児島県史料集　第53集)　Ⓝ219.7

鹿児島県〔歴史―史料―姶良市〕

◇姶良市誌史料　2　姶良市誌史料集刊行委員会編　姶良　姶良市教育委員会　2014.3　273p　30cm　〈共同刊行：鹿児島県姶良市〉　Ⓝ219.7

鹿児島県〔歴史―史料―出水市〕

◇税所文書―出水に於ける一向宗禁制史料　出水市教育委員会読書推進課編　新装版　[出水]　出水市教育委員会　2014.3　54p　21cm　Ⓝ219.7

鹿児島県〔歴史―西之表市〕

◇馬毛島異聞　平山武章著、平山匡利編　福岡　石風社　2013.9　99p　22cm　〈年表あり〉　①978-4-88344-236-2　Ⓝ219.7　[2000円]

鹿児島県〔歴史―日置市〕

◇薩摩・朝鮮陶工村の四百年　久留島浩、須田努、趙景達編　岩波書店　2014.7　447p　20cm　〈年表あり　内容：近世の苗代川（久留島浩著）　苗代川の近代史（趙景達著）　考古学資料から見た近世苗代川の窯業（渡辺芳郎著）　「苗代川人」という主体（須田努著）　窯業産地としての苗代川の形成と展開（深港恭子著）　朝鮮人村落「苗代川」の日本化と解体（井上和枝著）　近世の苗代川と玉山宮をめぐる言説について（鈴木文著）　西南戦争と苗代川（大武進著）　苗代川と「改姓」（小川原宏幸著）　日清・日露戦争と苗代川「朝鮮人」（愼蒼宇著）　第一三代沈壽官と植民地朝鮮（宮本正明著）　柳宗悦・民芸運動と苗代川の近代（檜皮瑞樹著）　鮫島佐太郎（深港恭子著）　苗代川と薩摩焼の伝統（趙景達構成・整理、十五代沈壽官述）　通詞の家に生まれて（小川原宏幸構成・整理、児玉英作述）〉　①978-4-00-023056-8　Ⓝ219.7　[3600円]

鹿児島県〔湧き水〕

◇鹿児島湧水百科―かごしま水物語　本村輝正著　[志布志]　[本村輝正]　2014.5　495p　31cm　Ⓝ452.95

鹿児島県立大島高等学校野球部

◇大島高校野球部センバツ出場の軌跡―永久保存版　政純一郎著、奄美新聞社編　鹿児島　南方新社　2014.6　100p　30cm　〈年表あり〉　①978-4-86124-298-4　Ⓝ783.7　[1500円]

鹿児島県歴史資料センター黎明館

◇黎明館―開館30周年記念誌　鹿児島　鹿児島県歴史資料センター黎明館　2013.10　98p　30cm　〈年表あり〉　Ⓝ219.7

◇黎明館収蔵品選集―開館30周年記念誌　2　鹿児島　鹿児島県歴史資料センター黎明館　2013.10　55p　30cm　Ⓝ219.7

鹿児島市〔遺跡・遺物〕

◇鹿児島市埋蔵文化財確認発掘調査報告書　9　鹿児島　鹿児島市教育委員会文化課　2014.3　67p　30cm　(鹿児島市埋蔵文化財発掘調査報告書71)　〈平成24年度市内遺跡埋蔵文化財確認発掘調査事業に伴う埋蔵文化財発掘調査報告書　藤井大祐ほか　内容：大龍遺跡I地点　大龍遺跡J地点　福昌寺跡(島津家墓所)　宮ヶ迫遺構第4地点〉　Ⓝ210.0254

◇鹿児島大学構内遺跡―郡元団地：古墳時代住居跡群・平安時代土坑群　鹿児島大学埋蔵文化財調査センター編　鹿児島　鹿児島大学埋蔵文化財調査センター　2014.3　79p　30cm　(鹿児島大学埋蔵文化財調査センター調査報告書　第9集)　〈内容：

Q・R-8・9区(附属中学校増築・改修工事)　R-T-7-9区(附属中学校グランド改修工事その他工事)〉　Ⓝ210.0254

◇鹿大構内遺跡郡元団地(JT跡地)　鹿児島　鹿児島市教育委員会文化課　2014.1　101p　30cm　(鹿児島市埋蔵文化財発掘調査報告書69)　〈鹿児島市川上町所在　県道鹿児島蒲生線道路整備事業に伴う埋蔵文化財緊急発掘調査報告書　編集：赤井文人〉　Ⓝ210.0254

◇川上城跡　霧島　鹿児島県立埋蔵文化財センター　2013.2　120p　30cm　(鹿児島県立埋蔵文化財センター発掘調査報告書176)　〈鹿児島市上町所在　県道鹿児島蒲生線道路整備事業に伴う埋蔵文化財発掘調査報告書〉　Ⓝ210.0254

◇福昌寺跡　鹿児島　鹿児島市教育委員会文化課　2014.3　48p　図版16p　30cm　(鹿児島市埋蔵文化財発掘調査報告書72)　〈鹿児島玉龍中高一貫教育校校舎整備事業に係る福昌寺跡第四次緊急発掘調査報告書〉　Ⓝ210.0254

◇若宮遺跡D地点　鹿児島　鹿児島市教育委員会文化課　2014.3　80p　図版20p　30cm　(鹿児島市埋蔵文化財緊急発掘調査報告書73)　〈コンビニエンスストア新築工事に伴う埋蔵文化財緊急発掘調査報告書　編集：長野陽介〉　Ⓝ210.0254

◇脇田亀ヶ原遺跡―桜ヶ丘団地B-4-6区ほか　鹿児島大学埋蔵文化財調査センター監修、新和技術コンサルタント株式会社編　鹿児島　新和技術コンサルタント　2014.3　70p　30cm　(鹿児島大学埋蔵文化財調査センター調査報告書　第10集)　〈桜ヶ丘ビュータウン造成工事　共同刊行：西日本地産〉　Ⓝ210.0254

鹿児島市〔行政〕

◇鹿児島市事務分掌　[鹿児島]　鹿児島市議会事務局　2014.4　218p　30cm　〈係長級以上の職・氏名一覧〉　Ⓝ318.597

鹿児島市〔行政組織〕

◇鹿児島市事務分掌　[鹿児島]　鹿児島市議会事務局　2014.4　218p　30cm　〈係長級以上の職・氏名一覧〉　Ⓝ318.597

鹿児島市〔工場建築―保存・修復〕

◇重要文化財旧集成館機械工場保存活用計画　鹿児島　島津興業尚古集成館　2013.12　54p　図版4枚　30cm　〈年表あり〉　Ⓝ521.8

鹿児島市〔庭園―保存・修復〕

◇名勝仙巌園附花倉御仮屋庭園保存管理計画　鹿児島市編　鹿児島　鹿児島市　2014.3　135p　30cm　〈年表あり〉　Ⓝ629.21

鹿児島市〔墳墓〕

◇県指定史跡福昌寺跡(島津家墓所)―第一次調査概要報告書　鹿児島　鹿児島市教育委員会文化課　2014.3　22p　30cm　(鹿児島市埋蔵文化財発掘調査報告書70)　Ⓝ219.7

鹿児島大学

◇鹿児島大学英語教育改革報告書　4　平成24年度―平成25年度　鹿児島大学教育センター外国語教育推進部編　鹿児島　鹿児島大学教育センター外国語教育推進部　2014.3　33p　30cm　Ⓝ377.15

鹿児島紡績所技師館〔鹿児島市〕

◇重要文化財旧鹿児島紡績所技師館保存活用計画　鹿児島市編　鹿児島　鹿児島市　2013.3　95p　30cm　Ⓝ521.8

葛西　紀明〔1972～　〕

◇家族で獲った銀メダル　葛西紀明著　光文社　2014.7　193p　19cm　〈文献あり　年譜あり〉　①978-4-334-97786-3　Ⓝ784.34　[1300円]

◇不屈の翼―カミカゼ葛西紀明のジャンプ人生　岡﨑敏著　日刊スポーツ出版社　2014.3　415p　19cm　〈文献あり〉　①978-4-8172-0317-5　Ⓝ784.34　[1600円]

◇夢は、努力でかなえる。　葛西紀明著　実業之日本社　2014.10　223p　19cm　〈文献あり〉　①978-4-408-21529-7　Ⓝ784.34　[1400円]

笠井　彦乃〔1896～1920〕

◇笠井彦乃と夢二―「彦乃日記」を読みながら：湯涌の日々を胸に抱いて　坂原冨美代著、金沢文化振興財団金沢湯涌夢二館編　金沢　金沢文化振興財団金沢湯涌夢二館　2014.3　63p　21cm　Ⓝ726.501　[500円]

葛西　利行〔1935～　〕

◇画家・葛西利行　須賀勲著　垣内出版　2014.2　127p　22cm　〈年譜あり〉　①978-4-7734-0402-9　Ⓝ723.1　[1500円]

笠岡市〔工場建築〕

◇神島のホフマン窯　笠岡市教育委員会編　笠岡　笠岡市教育委員会　2014.3　80p　30cm　〈文献あり〉　Ⓝ521.8

笠岡市〔石油コンビナート〕

◇福山・笠岡地区石油コンビナート等防災計画　岡山県消防保安課編　[広島]　広島県及び岡山県石油コンビナート等防災本部協議会　2014.3　260p　30cm　Ⓝ575.5

風間　士郎〔1938～　〕

◇よき師よき友　風間士郎[著]　新潟　風間士郎　2014.7　321p　22cm　Ⓝ289.1

風間 ゆみえ

◇Lady in Red―88 tips to love my life in the moment：Gather life's roses　風間ゆみえ著　扶桑社　2014.10　199p　21cm　〈本文は日本語〉　①978-4-594-07041-0　Ⓝ289.1　[1700円]

笠間市（城跡―保存・修復）

◇笠間城跡保存整備基礎調査報告書　笠間　笠間市教育委員会　2014.3　97p　30cm　Ⓝ709.131

笠間市（伝記）

◇かがやく笠間の先人たち　笠間　笠間市教育委員会　2014.3　127p　30cm　〈年表あり　文献あり〉　Ⓝ281.31

ガザーリー〔1058～1111〕

◇ガザーリー―古典スンナ派思想の完成者　青柳かおる著　山川出版社　2014.4　87p　21cm　（世界史リブレット人　25）〈文献あり　年譜あり〉　①978-4-634-35025-0　Ⓝ132.28　[800円]

カザルス, P.〔1876～1973〕

◇パブロ・カザルス―奇跡の旋律　ジャン＝ジャック・プデュ著、細田晴子監修、遠藤ゆかり訳　大阪　創元社　2014.7　142p　18cm　（「知の再発見」双書　164）〈文献あり　年譜あり　索引あり〉　①978-4-422-21224-1　Ⓝ762.36　[1600円]

加治 時次郎〔1858～1930〕

◇加治時次郎の生涯とその時代　大牟田太朗著　鳥影社　2014.6　397,13p　20cm　〈文献あり　索引あり〉　①978-4-86265-456-4　Ⓝ289.1　[2800円]

カシオ計算機株式会社

◇PREMIUM G-SHOCK―1983-2013―：G-SHOCK30周年　幻冬舎　2013.11　96p　29cm　〈ゲーテ特別編集〉　①978-4-344-02495-3　Ⓝ535.2　[850円]

梶栗 玄太郎〔1937～2012〕

◇わが、「善き闘い」の日々―自叙伝：遺稿　梶栗玄太郎著、梶栗恵李子編　世界基督教統一神霊協会　2013.12　237p　20cm　〈光言社（発売）〉　①978-4-87656-178-0　Ⓝ169.21　[1500円]

橿原市（遺跡・遺物）

◇飛鳥・藤原と古代王権　西本昌弘著　同成社　2014.4　224p　22cm　（同成社古代史選書　11）〈内容：斉明天皇陵の造営・修造と牽牛子塚古墳　建王の今城谷墓と酒船石遺跡　川原寺の古代史と伽藍・仏像　高市大寺〈大官大寺〉の所在地と藤原京朱雀大路　岸俊男氏の日本古代宮都論　大藤原京説批判　藤原京と新益京の語義再考〉　①978-4-88621-655-7　Ⓝ210.33　[5000円]

◇忌部山遺跡・千塚山遺跡　奈良県立橿原考古学研究所編　橿原　奈良県立橿原考古学研究所　2014.3　34p　図版　30cm　（奈良県文化財調査報告書　第164集）〈近畿農政局大和紀伊平野農業水利事務所・吉野川分水農業用水路改修工事に伴う発掘調査報告書〉　①978-4-905398-25-7　Ⓝ210.0254

◇観音寺本馬遺跡　2　観音寺2区　奈良県立橿原考古学研究所編　橿原　奈良県立橿原考古学研究所　2014.3　154p　図版78p　31cm　（奈良県立橿原考古学研究所調査報告　第114冊）　①978-4-905398-21-9　Ⓝ210.0254

◇藤原京左京二条二坊―平成24年度発掘調査報告書　元興寺文化財研究所編　〔奈良〕　元興寺文化財研究所　2014.3　30p　図版18p　30cm　Ⓝ210.0254

鹿島アントラーズ

◇フットボールサミット　第25回　鹿島アントラーズサッカー王国のつくりた　『フットボールサミット』議会編著　カンゼン　2014.10　229p　21cm　〈内容：なぜトニーニョ・セレーゾだったのか？（田中滋著）　柴崎岳の視界（西部謙司著、柴崎岳述）　昌子源のもがき（小室功著、昌子源述）　コーチ大岩剛が語る鹿島のセンターバック像（北條聡著、大岩剛述）　鹿島のGM論（藤江直人著、鈴木満述）　365日賑わうスタジアムのつくりかた（鈴木康浩著、鈴木秀樹述）　トップで戦える選手は育てられるか？（田中滋著、熊谷浩二述）　スカウトの流儀（田中滋著、椎本邦一述）　栄光とともに歩む通訳の矜持（田中滋著、高井蘭童述）　雄飛賽の回顧録（小室功著、高野昌史述）　鹿島の十年（田中滋著、岩政大樹述）　ジーコの教え（大野美夏著、ジーコ述）　ビスマルクが語る鹿島の黄金期（大野美夏著、ビスマルク述）　英国記者が見る鹿島の不思議（小室功著、マイケル・プラストウ述）　鹿島イズム継承の現在地（北條聡著）　日本サッカーの「土」をつくる　第7回　一日の長（海江田哲朗著、漆間信吾述）〉　①978-4-86255-278-5　Ⓝ783.47　[1300円]

鹿島建設株式会社土木設計本部

◇鹿島土木設計50年のあゆみ―土木設計本部50周年記念誌　鹿島建設土木設計本部　2013.12　69p　21×30cm　〈年表あり〉　Ⓝ510.67

鹿島港

◇災害等非常時にも効果的な港湾地域低炭素化推進事業報告書（茨城県鹿島港北埠頭における再生可能エネルギーの有効性検証）平成25年度　〔東京〕　日立製作所　2014.3　1冊　30cm　〈平成25年度環境省地球環境局地球温暖化対策課委託　表紙のタイトル：災害等非常時にも効果的な港湾地域低炭素化推進事業（茨城県鹿島港北埠頭における再生可能エネルギーの有効性検証）〉　Ⓝ517.85

鹿嶋市（茨城県）（遺跡・遺物）

◇鹿嶋市内遺跡埋蔵文化財発掘調査報告書　35　鹿嶋市文化スポーツ振興事業団編　鹿嶋　茨城県鹿嶋市教育委員会　2014.3　47p　図版11p　30cm　（鹿嶋市の文化財　第150集）〈折り込1枚　内容：鹿嶋市内no.117遺跡（KT117）梶内遺跡　鹿嶋市内no.118遺跡（KT118）荻原内遺跡　平成25年度試掘・確認調査概要〉　Ⓝ210.0254

◇志崎古墳群―志崎1号墳発掘調査報告書　勾玉工房Mogi編　鹿嶋　鹿嶋市教育委員会　2013.6　35p　図版9p　30cm　（鹿嶋市の文化財　第148集）〈折り込　4枚〉　Ⓝ210.0254

◇志崎古墳群　2　勾玉工房Mogi編　鹿嶋　鹿嶋市教育委員会　2013.12　26p　図版8p　30cm　（鹿嶋市の文化財　第149集）〈小澤建材の委託による　古墳時代集落跡発掘調査報告書　折り込　1枚〉　Ⓝ210.0254

鹿嶋市（茨城県）（二酸化炭素―排出抑制）

◇災害等非常時にも効果的な港湾地域低炭素化推進事業報告書（茨城県鹿島港北埠頭における再生可能エネルギーの有効性検証）平成25年度　〔東京〕　日立製作所　2014.3　1冊　30cm　〈平成25年度環境省地球環境局地球温暖化対策課委託　表紙のタイトル：災害等非常時にも効果的な港湾地域低炭素化推進事業（茨城県鹿島港北埠頭における再生可能エネルギーの有効性検証）〉　Ⓝ517.85

鹿嶋市（茨城県）（マイクログリッド）

◇災害等非常時にも効果的な港湾地域低炭素化推進事業報告書（茨城県鹿島港北埠頭における再生可能エネルギーの有効性検証）平成25年度　〔東京〕　日立製作所　2014.3　1冊　30cm　〈平成25年度環境省地球環境局地球温暖化対策課委託　表紙のタイトル：災害等非常時にも効果的な港湾地域低炭素化推進事業（茨城県鹿島港北埠頭における再生可能エネルギーの有効性検証）〉　Ⓝ517.85

鹿島市（佐賀県）（歴史）

◇古枝の昔のはなし　峰松正輝著　〔鹿島〕　〔峰松正輝〕　2014.11　132p　26cm　〈年表あり　文献あり　内容：古枝史話（峰松正輝著）　古枝村小志（藤津郡古枝村役場編（藤津郡古枝村役場昭和3年刊の復刻））〉　Ⓝ219.2

鹿島神宮〔茨城県鹿嶋市〕

◇常陸国一之宮鹿島神宮の研究　森下松壽著　水戸　茨城新聞社　2014.9　353p　22cm　〈文献あり〉　①978-4-87273-291-7　Ⓝ175.931　[3800円]

鹿島美術財団

◇鹿島美術財団30年史　鹿島美術財団　2014.10　81p　31cm　Ⓝ706　[非売品]

カシミール（紀行・案内記）

◇チベット人の中で　イザベラ・バード著、高畑美代子、長尾史郎訳　中央公論事業出版（発売）　2013.10　165p　20cm　〈文献あり　索引あり〉　①978-4-89514-407-0　Ⓝ292.54　[1600円]

カジュラーホ〔インド・マディヤプラデーシュ州〕（仏像―図集）

◇Khajuraho　森雅秀著　金沢　アジア図像集成研究会　2014.3　304p　30cm　（Asian iconographic resources monograph series no.10）〈本文は日本語〉　Ⓝ718.0225　[非売品]

菓匠Shimizu

◇縁―菓匠Shimizuと伊那谷の365日　清水慎一著　小布施町（長野県）　文屋　2014.12　167p　28cm　〈サンクチュアリ出版（発売）　メニュー・レシピ作成：小松歩美、西村好史〉　①978-4-86113-773-0　Ⓝ588.35　[2200円]

柏崎市（遺跡・遺物）

◇剣野沢遺跡　新潟県教育委員会、新潟県埋蔵文化財調査事業団編　新潟　新潟県教育委員会　2014.3　90p　図版87p　30cm　（新潟県埋蔵文化財調査報告書　第246集）〈共同刊行：新潟県埋蔵文化財調査事業団〉　Ⓝ210.0254

柏崎市（近代化遺産―写真集）

◇柏崎赤れんが棟物語―記録写真集　〔柏崎〕　赤れんが棟を愛する会　2014.3　47p　21×30cm　Ⓝ521.8　[1000円]

柏崎市（工場建築―写真集）

◇柏崎赤れんが棟物語―記録写真集　〔柏崎〕　赤れんが棟を愛する会　2014.3　47p　21×30cm　Ⓝ521.8　[1000円]

柏崎市（古地図）

◇近代柏崎の地図　柏崎　柏崎ふるさと人物館　2014.3　42p　30cm　（柏崎ふるさと人物館調査報告書　第3集）〈会期：平成

日本件名図書目録2014　I　　　　　　　　　　　　　　　　　　　　　　　　　　　　　　カストロ,F.〔1926～ 〕

25年6月22日—7月28日　柏崎ふるさと人物館第33回企画展〉Ⓝ291.41

柏市（遺跡・遺物）
◇追花遺跡・大井追花城跡（第1次）浅間山遺跡（第3次）浅間山遺跡（第5次）柏市教育委員会編　柏　柏市教育委員会　2013.3　92p　図版［17］枚　30cm　（柏市埋蔵文化財調査報告書 73）〈千葉県柏市所在〉Ⓝ210.0254
◇柏市市内遺跡発掘調査報告書　平成24年度　柏市教育委員会編　柏　柏市教育委員会　2014.3　44p　図版16p　30cm　〈内容：日本橋学園遺跡. 第10次　船戸古墳群・大井遺跡. 第15次　箕輪古墳群・箕輪城跡. 第7次　南柏一丁目512-39地先野馬除土手　原畑遺跡. 第27次　殿内遺跡. 第7次　浅間山遺跡. 第12次・第13次　寺下前遺跡. 第3次　田中小遺跡. 第13次〉Ⓝ210.0254
◇柏富士見遺跡　縄文時代以降編 1　千葉県教育振興財団文化財センター編　都市再生機構首都圏ニュータウン本部　2014.3　242p　図版89p　30cm　（千葉県教育振興財団調査報告 第728集）〈共同刊行：千葉県教育振興財団〉Ⓝ210.0254
◇上根郷遺跡　第11次　地域文化財研究所編　［印西］　地域文化財研究所　2014.5　86p　図版36p　30cm　（柏市埋蔵文化財調査報告書 78集）〈千葉県柏市所在　宅地造成に伴う埋蔵文化財調査〉Ⓝ210.0254
◇原畑遺跡　第26次　勾玉工房Mogi編　富里　勾玉工房Mogi　2013.8　83p　図版41p　30cm　（柏市埋蔵文化財調査報告書 75）〈千葉県柏市所在　宅地造成に伴う埋蔵文化財発掘調査報告書〉Ⓝ210.0254
◇箕輪古墳群・箕輪城跡　第8次　地域文化財研究所編　［印西］　地域文化財研究所　2013.11　100p　図版［19］枚　30cm　（柏市埋蔵文化財調査報告書 76）〈千葉県柏市所在　手賀沼病院増築事業地内埋蔵文化財調査報告書〉Ⓝ210.0254
◇若白毛後原遺跡（第2次）宮後原製鉄遺跡（第2次）後原塚　柏市教育委員会編　柏市教育委員会　2013.12　11p　図版 4p　30cm　（柏市埋蔵文化財調査報告書 77）〈千葉県柏市所在　柏市沼南中央土地区画整理事業地内埋蔵文化財調査報告書〉Ⓝ210.0254

柏市（社会教育施設）
◇首都圏近郊都市の生活誌調査—東京国際大学人間社会学部平成24年度「社会調査実習」報告書 3　コミュニティの人びとの集う場所　高田知和編　川越　東京国際大学人間社会学部　2013.3　60p　30cm　Ⓝ361.7

柏市（写真集）
◇柏の昭和—写真アルバム　長岡　いき出版　2014.9　279p　31cm〈千葉県教科書販売（発売）文献あり〉①978-4-904614-53-2　Ⓝ213.5　［9250円］

柏市（地域包括ケア）
◇地域包括ケアのすすめ—在宅医療推進のための多職種連携の試み　東京大学高齢社会総合研究機構編　東京大学出版会　2014.4　273p　21cm〈文献あり　索引あり〉①978-4-13-060410-9　Ⓝ369.26　［3500円］

柏市（歴史）
◇かしわの歴史—柏市史研究　第2号　柏市史編さん委員会編　柏　柏市教育委員会生涯学習部文化課市史編さん担当　2014.3　235p　26cm〈文献あり〉Ⓝ213.5

カシワバラコーポレーション
◇経営道を究める—プラント塗装業界のパイオニア・カシワバラコーポレーションの挑戦　鶴蒔靖夫著　IN通信社　2014.2　254p　20cm　①978-4-87218-392-4　Ⓝ525.58　［1800円］

柏原市（遺跡・遺物）
◇大県郡条里遺跡　大阪府文化財センター編　堺　大阪府文化財センター　2013.10　96p　図版22p　30cm　（公益財団法人大阪府文化財センター調査報告書 第241集）〈柏原市所在　寝屋川水系改良事業（一級河川恩智川法善寺多目的遊水地）に伴う埋蔵文化財発掘調査報告書〉Ⓝ210.0254

柏原市（歴史—史料—目録）
◇河内国安宿部郡国分村南西尾家文書目録 1　柏原市立歴史資料館編　柏原　柏原市立歴史資料館　2014.3　88p　図版 4p　30cm　（柏原市古文書調査報告書 第9集）Ⓝ216.3

春日井市（遺跡・遺物）
◇市内遺跡調査概要報告書　平成24年度　春日井市教育委員会編　春日井　春日井市教育委員会　2013.3　28p　30cm　Ⓝ210.0254
◇白山神社古墳—白山神社古墳第1次発掘調査報告書・付編御旅所古墳出土遺物について　春日井市教育委員会編　［春日井］　春日井市教育委員会　2013.3　67p　図版［32］枚　30cm　（春日井市遺跡発掘調査報告 第13集）Ⓝ210.0254

春日井市（環境行政）
◇春日井市環境基本計画　環境部環境政策課編　改定　［春日井］　春日井市　2014.3　47p　30cm　Ⓝ519.1
◇環境報告書　平成25年版　春日井市環境部環境政策課編　［春日井］　春日井市　2014.2　129p　30cm　Ⓝ519.1

春日井市（行政）
◇第五次春日井市総合計画基本計画—2013→2017　企画政策部企画政策課編　［春日井］　春日井市　2013.3　177p　30cm　Ⓝ318.555

春日井市（原子力災害—防災）
◇春日井市地域防災計画—原子力災害対策計画　平成25年作成　春日井市防災会議編　［春日井］　春日井市防災会議　2013.10　55p　30cm　Ⓝ369.36

春日井市（震災予防）
◇春日井市地域防災計画—地震災害対策計画　平成25年修正　春日井市防災会議編　［春日井］　春日井市防災会議　2013.10　200p　30cm　Ⓝ369.31

春日井市（地誌）
◇玉野のいま昔　［春日井］　玉野の昔話会　2014.3　147p　30cm　Ⓝ291.55

春日井市（風水害—防災）
◇春日井市地域防災計画—風水害等災害対策計画　平成25年修正　春日井市防災会議編　［春日井］　春日井市防災会議　2013.10　199p　30cm　Ⓝ369.33

春日市（学校）
◇教育長「学校出前トーク」・その力—「学校・教育委員会」双方向関係の構築：「平成17-24年度、8年の歩み」検証・展望　福岡県春日市教育委員会編　［春日］　［福岡県春日市教育委員会］　2013.1　65p　30cm　〈教育委員会活性化への挑戦別冊：教育長「学校出前トーク」〉Ⓝ373.2　［170円］

春日市（教育行政）
◇教育長「学校出前トーク」・その力—「学校・教育委員会」双方向関係の構築：「平成17-24年度、8年の歩み」検証・展望　福岡県春日市教育委員会編著　［春日］　［福岡県春日市教育委員会］　2013.1　65p　30cm　〈教育委員会活性化への挑戦別冊：教育長「学校出前トーク」〉Ⓝ373.2　［170円］

春日市（協働（行政））
◇出前トーク協働のまちづくり—市民と語った475回　春日市編著　［春日］　福岡県春日市　2014.3　91p　26cm　Ⓝ318.291

春日市（地域社会学校）
◇コミュニティ・スクールの底力—共育基盤形成9年の軌跡：「必要」から「必然」へ　春日市教育委員会，春日市立小中学校編著　京都　北大路書房　2014.7　199p　21cm　①978-4-7628-2867-6　Ⓝ372.191　［1800円］

春日市（笛吹市）
◇奥山家文書目録幷史料抄—内藤家（奥山松江）文書目録：甲斐国山梨郡万力筋加茂村賀茂春日神社神主家　奥山家古文書研究会編　［笛吹］　奥山家古文書研究会　2014.6　384p　30cm　Ⓝ175.951

春日大社（奈良市）
◇大宮家文書調査報告書　国立文化財機構奈良文化財研究所，奈良市教育委員会編　奈良　国立文化財機構奈良文化財研究所　2014.3　288p　30cm　（奈良文化財研究所史料 第90冊）〈文献あり　共同刊行：奈良市教育委員会〉①978-4-905338-38-3　Ⓝ175.965
◇春日大社境内整備計画書　［奈良］　春日大社　2014.7　109, 16p　30cm　〈年表あり〉Ⓝ175.965

春日部市（遺跡・遺物）
◇貝の内遺跡17. 27次地点・浜川戸遺跡31. 32. 33次地点　春日部　春日部市教育委員会　2014.3　74p　30cm　（春日部市埋蔵文化財発掘調査報告書 第16集）Ⓝ210.0254
◇八木崎遺跡5次地点　春日部　春日部市教育委員会　2014.3　17p　30cm　（春日部市埋蔵文化財発掘調査報告書 第15集）Ⓝ210.0254

カスティリャ地方
◇マドリードとカスティーリャを知るための60章　川成洋，下山静香編著　明石書店　2014.6　378p　19cm　（エリア・スタディーズ 131）〈文献あり〉①978-4-7503-4024-1　Ⓝ302.36　［2000円］

カストロ,F.〔1926～ 〕
◇キューバ革命勝利への道—フィデル・カストロ自伝　フィデル・カストロ・ルス著，工藤多香子，田中高，富田君子訳　明石書店　2014.10　516p　20cm　①978-4-7503-4086-9　Ⓝ289.3　［4800円］

185

鹿角市（遺跡・遺物—保存・修復）

◇特別史跡大湯環状列石—第四次環境整備基本計画報告書　鹿角市教育委員会生涯学習課編　[鹿角]　鹿角市教育委員会　2014.3　56p　30cm　Ⓝ709.124

霞会館

◇会館百四十年の歩み—創立百四十周年記念　霞会館華族資料調査委員会編　霞会館　2014.6　158, 70, 4p　22cm　〈年表あり〉　Ⓝ361.81　[非売品]

かすみがうら市（遺跡・遺物）

◇安食館跡　第2次　かすみがうら市教育委員会, 勾玉工房Mogi編　かすみがうら　かすみがうら市教育委員会　2013.3　52p　図版　[10]　枚　30cm　〈茨城県かすみがうら市所在　電波塔建設に伴う埋蔵文化財発掘調査報告書　共同刊行：勾玉工房Mogiほか〉　Ⓝ210.0254

◇かすみがうら市内遺跡発掘調査報告書　平成24年度　茨城県かすみがうら市教育委員会(郷土資料館)編　かすみがうら　茨城県かすみがうら市教育委員会　2013.3　22p　30cm　Ⓝ210.0254

◇松山廃寺　地域文化財研究所編　[かすみがうら]　かすみがうら市教育委員会　2013.3　50p　図版　[9]　枚　30cm　〈茨城県かすみがうら市所在　社会福祉施設建設事業に伴う埋蔵文化財調査報告書　共同刊行：川惣会〉　Ⓝ210.0254

かすみがうら市（鳥）

◇かすみがうら市鳥類目録　川崎慎二編　かすみがうら　雪入BIRDERS倶楽部　2014.12　78p　30cm　Ⓝ488.2131

糟谷 磯丸〔1764～1848〕

◇糟谷磯丸—まじない歌の世界：神様になった伊良湖の歌人：田原市渥美郷土資料館◎平成26年企画展◎生誕250年　糟谷磯丸[著], 田原市博物館編　田原　田原市博物館　2014.10　107p　30cm　〈年譜あり　会期：平成26年10月25日—12月7日　共同刊行：渥美郷土資料館〉　Ⓝ911.152

◇月の泉—糟谷磯丸歌集　糟谷磯丸[著], 田中伸治編　[名古屋]　書肆露滴房　2014.11　147p　21cm　〈年譜あり　共同刊行：糟谷磯丸翁生誕250年記念事業実行委員会〉　①978-4-907952-05-1　Ⓝ911.152　[1200円]

嘉瀬 誠次〔1922～ 〕

◇白菊—shiragiku—伝説の花火師・嘉瀬誠次が捧げた鎮魂の花　山崎まゆみ著　小学館　2014.7　251p　19cm　〈文献あり〉　①978-4-09-388376-4　Ⓝ575.98　[1500円]

加瀬 勉〔1934～ 〕

◇ノーサイド成田闘争—最後になった社会党オルグ　桑折勇一著　流山　崙書房出版　2013.12　181p　18cm　（ふるさと文庫 207）　〈文献あり〉　①978-4-8455-0207-3　Ⓝ687.9135　[1200円]

風野 真知雄〔1951～ 〕

◇『妻は、くノ一』謎解き散歩　風野真知雄責任編集　KADOKAWA　2014.4　221p　15cm　（新人物文庫 か-1-2）　①978-4-04-600291-4　Ⓝ913.6　[700円]

加須市（遺跡・遺物）

◇騎西城武家屋敷跡第2・3・8・9・50・51次調査騎西城跡第3・12・14・15次調査多賀谷氏館跡第1-3次調査　加須　加須市教育委員会　2014.3　155p　図版　[32]　枚　30cm　（加須市埋蔵文化財調査報告書 第7集）　〈年表あり　文献あり　埼玉県加須市所在〉　Ⓝ210.0254

カーソン, R.L.〔1907～1964〕

◇センス・オブ・ワンダーへのまなざし—レイチェル・カーソンの感性　多田満著　東京大学出版会　2014.4　310, 14p　20cm　〈文献あり〉　①978-4-13-063341-3　Ⓝ402.9　[3200円]

◇レイチェル・カーソン—いまに生きる言葉　上遠恵子著　[東京]　翔泳社　2014.7　170p　20cm　①978-4-7981-3697-4　Ⓝ289.3　[1500円]

片岡 仁左衛門〔15代目 1944～ 〕

◇仁左衛門恋し　[片岡仁左衛門著], 小松成美著　徳間書店　2014.12　332p　15cm　（徳間文庫カレッジ）　〈世界文化社2002年刊の加筆・再編集、新規の取材原稿を追加収録し、構成〉　①978-4-19-907019-8　Ⓝ774.28　[780円]

片倉 景綱〔1557～1615〕

◇片倉小十郎景綱関係文書　白石市教育委員会　白石　白石市歴史文化を活用した地域活性化実行委員会　2013.12　181p　30cm　（白石市文化財調査報告書 第47集）　〈年表あり　平成25年度文化庁文化遺産を活かした地域活性化事業〉　Ⓝ289.1

方倉 陽二〔1949～1997〕

◇雲遥かなり—方倉陽二記　たかや健二著　豊後高田　大分県豊後高田市　2014.3　34p　31cm　〈年譜あり〉　Ⓝ726.101　[非売品]

交野市（遺跡・遺物）

◇交野市埋蔵文化財発掘調査概要　平成25年度　交野市教育委員会編　交野　交野市教育委員会　2014.3　30p　30cm　（交野市埋蔵文化財調査報告 2013-1）　Ⓝ210.0254

交野市（歴史—史料—書目）

◇金澤家文書目録　交野市教育委員会編　交野　交野市教育委員会　2014.3　29p　30cm　（交野市史研究紀要 第23輯）　Ⓝ216.3

ガタリ, F.〔1930～1992〕

◇アンチ・モラリアー〈器官なき身体〉の哲学　江川隆男著　河出書房新社　2014.6　364p　20cm　〈著作目録あり〉　①978-4-309-24662-8　Ⓝ135.5　[3500円]

ガダルカナル島（太平洋戦争〔1941～1945〕—会戦）

◇ガダルカナル　西村誠　新装版　潮書房光人社　2014.10　159p　21cm　（太平洋戦跡紀行）　〈文献あり　撮影：湯原浩司　初版：光人社 2006年刊〉　①978-4-7698-1578-5　Ⓝ210.75　[2200円]

ガタロ〔1949～ 〕

◇ガタロ—捨てられしものを描き続けて　ガタロ絵, 中間英敏文　NHK出版　2014.6　157p　21cm　〈表紙のタイトル：GATARO〉　①978-4-14-081645-5　Ⓝ723.1　[2300円]

勝 孝

◇勝孝教授定年退職記念誌　勝孝教授退職記念同門会編　[出版地不明]　勝孝教授退職記念同門会　2014.3　72p　30cm　〈著作目録あり〉　Ⓝ499

勝 安芳〔1823～1899〕

◇海舟の論語的生き方—東京をつくった男　広瀬幸吉著　学校図書　2014.9　207p　21cm　〈文献あり　年譜あり〉　①978-4-7625-0174-6　Ⓝ289.1　[1500円]

◇勝海舟—両国生まれの幕臣　墨田区教育委員会事務局生涯学習課文化財担当編　墨田区教育委員会事務局生涯学習課文化財担当　2014.3　49p　21cm　Ⓝ289.1

◇勝海舟と江戸東京　樋口雄彦著　吉川弘文館　2014.1　147p　21cm　（人をあるく）　〈文献あり　年譜あり〉　①978-4-642-06777-5　Ⓝ289.1　[2000円]

◇勝海舟と幕末外交—イギリス・ロシアの脅威に抗して　上垣外憲一著　中央公論新社　2014.12　268p　18cm　（中公新書2297）　〈文献あり〉　①978-4-12-102297-4　Ⓝ210.5938　[880円]

勝井 三雄〔1931～ 〕

◇勝井三雄　勝井三雄著　[東京]　DNP文化振興財団　2014.1　323p　19cm　（ggg Books 別冊—10）　〈DNPアートコミュニケーションズ（発売）　年譜あり　内容：私のライバル勝井先生（前田ジョン著）　デザインの方法と作用（早川良雄, 勝井三雄述）　「感性のインテリジェンス」の発動（勝井三雄著）　ヒロシマの天空（勝井三雄著）　デザイナーとして、自由な個人として教育に関わる（勝井三雄著）　私の光語法履歴（勝井三雄著）　感覚を刺激する色彩の世界（勝井三雄述）　デザイナーへの啓示（勝井三雄著）　亀倉雄策の眼力（勝井三雄著）　北斗七星　勝井三雄さんのこと（高田宏著）　時代が勝井三雄をバックアップする（田中一光著）　思考する巨大なプリズム（寺山祐策著）　デザインの原理とその拡張（勝井三雄, 室賀清徳述）　アブストラクト形態への試行と形象詩（勝井三雄著）　「構成」の思索によせて（勝井三雄著）　勝井三雄のデザインにおける生成の原像と原理（向井周太郎著）　豊かな「光語法」の遍歴（杉浦康平著）　ヴィジュアル・エレメントの周期性（カール・ゲルストナー著）　勝井三雄の近作（粟津潔著）　緑の太陽　勝井三雄のシルクスクリーン（奈良原一高著）　見る人に開かれた快楽の機械（山口勝弘著）　潮の流れに実を任せる—一個の椰子の実のように（勝井三雄, 谷口江里也述）　講談社《現代世界百科大事典》のデザインシステム（川添登, 勝井三雄著）　講談社『エディトリアルデザイン』〈前書き〉（勝井三雄著）　デザインで組み上げる世界（勝井三雄著）　「講談社ブレインハウス」のアートディレクション（勝井三雄著）　筋肉はエンジンである（勝井三雄著）　土の記憶（勝井三雄著）　水を誌す（勝井三雄著）　数々のプロジェクトの中で（川添登著）　光と光の表現をめぐる対話（逢坂卓郎, 勝井三雄著）　APE CALL FROM TOKYO（勝井三雄ほか著）　デザインとはコミュニケーション（勝井三雄述）　光が生成する宇宙（勝井三雄著）　跋　抽象思考の果てに（勝井三雄著）　いま創発をうながす器　前田ジョンへ（勝井三雄著）　色光の宇宙（柏木博著）　勝井三雄、蠱惑する光の造形（高津道昭著）　限界にいどむ視覚の宇宙（永井一正著）〉　①978-4-88752-378-4　Ⓝ727.021　[2000円]

勝浦川

◇清流・勝浦川—水質調査10年間の記録　[勝浦町（徳島県）]　勝浦川の水をきれいにする会　2014.7　366p　30cm　Ⓝ519.4

カックス, R.〔1926～2008〕
◇主の御手の中に―宣教師ラルフ・カックスの生涯　ステラ・カックス著，新美幸子訳　いのちのことば社　2014.3　222p　19cm　①978-4-264-03191-8　Ⓝ198.32　［1800円］

月山神社〔鹿角市〕
◇月山神社百人一首額縁―鹿角市指定有形民俗文化財調査報告書　鹿角市教育委員会編　鹿角　鹿角市教育委員会　2014.3　88p　30cm　（鹿角市文化財調査資料　第107集）〈文献あり〉Ⓝ387

葛飾 北斎〔1760～1849〕
◇伊八、北斎からドビュッシーへ―日仏文化交流の麗しき円環　栗原浩太郎著　創英社／三省堂書店　2014.2　183p　20cm　〈文献あり　年表あり〉①978-4-88142-841-2　Ⓝ762.35　［1400円］

◇葛飾北斎 萬福和合神―浮世絵春画リ・クリエイト版　葛飾北斎［画］，石上阿希解説・現代語訳，赤木美智翻刻　木楽舎　2014.10　151p　21cm　①978-4-86324-078-0　Ⓝ721.8　［1800円］

◇ザ・富士山一対決！ 北斎vs.広重　赤坂治績著　新潮社　2014.2　127p　22cm　〈年譜あり〉①978-4-10-335051-4　Ⓝ721.8　［1600円］

◇北斎漫画―日本マンガの原点　清水勲著　平凡社　2014.7　243p　18cm　（平凡社新書 743）〈文献あり　年表あり〉①978-4-582-85743-6　Ⓝ721.8　［840円］

勝又 和夫〔1948～ 〕
◇生き抜くことは拓くこと―障害と向き合いながらの出会い録　勝又和夫著　さいたま　やどかり出版　2013.7　226p　22cm　〈年表あり〉①978-4-904185-24-7　Ⓝ369.27　［2000円］

勝山市（遺跡・遺物）
◇三谷遺跡　勝山　勝山市教育委員会　2014.3　32p 図版 9p　30cm　（勝山市埋蔵文化財調査報告書 第21集）〈新体育館（仮称）及び調整池建設工事に伴う埋蔵文化財発掘調査報告〉Ⓝ210.0254

勝山市（遺跡・遺物―保存・修復）
◇史跡白山平泉寺旧境内総合整備事業報告書　勝山　勝山市教育委員会　2014.3　104p 図版［27］枚　30cm　Ⓝ709.144

勝山市（金石・金石文）
◇勝山市の石碑―勝山市石碑調査報告書　勝山市教育委員会史蹟整備課編　勝山　勝山市教育委員会史蹟整備課　2014.3　200p　30cm　Ⓝ214.4

勝山市（史跡名勝）
◇勝山の街並み散策　［山田雄造著］　［出版地不明］　山田雄造　2014.5　56p　21cm　〈年表あり　折り込 2枚〉Ⓝ291.44

勝山製糸会社
◇勝山製糸会社に命をかけた男たち―斎藤遊絲と美濃屋4兄弟　［山田雄造著］　［出版地不明］　山田雄造　2014.7　71p　21cm　〈年表あり〉Ⓝ639.02144

勝山藩〔岡山県〕
◇勝山藩士戸村愛教日録　第1巻　安永7年―天明元年　戸村愛教［著］，真庭市教育委員会編　真庭　真庭市教育委員会　2014.3　84p　30cm　（真庭市史料 第6巻）Ⓝ217.5

かつらぎ町（金石・金石文）〔和歌山県〕
◇かつらぎ町金石文調査報告書　かつらぎ町文化財調査検討委員会編　かつらぎ町（和歌山県）　かつらぎ町文化財調査検討委員会　2014.3　329p　30cm　〈折り込 1枚〉Ⓝ216.6

かつらぎ町〔和歌山県〕（荘園）
◇紀伊国桛田荘と文覚井―水とともに生き、水を求めて闘う：特別展　和歌山県立博物館編　和歌山　和歌山県立博物館　2013.10　208p　30cm　〈文献あり　会期・会場：平成25年10月26日―12月1日　和歌山県立博物館〉Ⓝ216.6

桂離宮
◇桂離宮　石元泰博著　新装版　六耀社　2014.6　214p　27cm　〈年譜あり　索引あり　英語併記　表紙のタイトル：KATSURA〉①978-4-89737-768-1　Ⓝ521.853　［5000円］

◇桂離宮・修学院離宮・仙洞御所―庭守の技と心　川瀬昇作著，仲隆裕監修　京都　学芸出版社　2014.12　159p　21cm　①978-4-7615-2586-6　Ⓝ629.21　［2500円］

家庭問題情報センター大阪ファミリー相談室
◇夫婦間紛争とADR―対話促進型調停を目指して：大阪ファミリー相談室ADR 4年間の歩みと課題　ADR4年間の歩みと課題・冊子編集委員会編　大阪　家庭問題情報センター大阪ファミリー相談室　2014.3　191p　26cm　〈文献あり〉Ⓝ324.62

ガーデンカフェ・グリーンローズ
◇ようこそ、バラの咲くカフェへ―グリーンローズガーデンの四季　KADOKAWA　2014.4　98p　24cm　〈花時間特別編集〉①978-4-04-729583-4　Ⓝ629.23　［1500円］

加藤 和彦〔1947～2009〕
◇バハマ・ベルリン・パリ加藤和彦ヨーロッパ3部作　牧村憲一監修　リットーミュージック　2014.3　63p　30cm　〈表紙のタイトル：バハマ・ベルリン・パリヨーロッパ3部作　背のタイトル：加藤和彦ヨーロッパ3部作　リマスター：大川正義〉①978-4-8456-2367-9　Ⓝ767.8　［6800円］

加藤 完治〔1884～1967〕
◇戦中と戦後の責任―徳富蘇峰と加藤完治の場合　藤沢俊昭著　七つ森書館　2014.8　181p　19cm　〈文献あり〉①978-4-8228-1411-3　Ⓝ289.1　［1500円］

加藤 清正〔1562～1611〕
◇加藤清正　山田貴司編著　戎光祥出版　2014.11　451p　21cm　（シリーズ・織豊大名の研究 2）〈年表あり〉①978-4-86403-139-4　Ⓝ289.1　［6800円］

加藤 徳成〔1830～1865〕
◇加藤司書傳　司書會編　復刻　宮田町（福岡県）　自分史図書館　[20--]　246p 図版［12］枚　20cm　（原本：司書会昭和9年刊 訂正増補20版　発行所：「加藤司書」菩提寺節信院司書会）Ⓝ289.1　［2000円］

加藤 晴男〔1928～ 〕
◇父野球その人―加藤晴男　加藤康成編著　船橋　石川書房　2014.3　22p　26cm　①978-4-916150-41-7　Ⓝ783.7

加藤 仁〔1945～ 〕
◇わが警察人生に悔いなし―厳しい人も優しい人も皆わが師だ　加藤仁著　日新報道　2014.5　214p　19cm　①978-4-8174-0773-3　Ⓝ289.1　［1400円］

加藤 一二三〔1940～ 〕
◇負けて強くなる―通算1100敗から学んだ直感精読の心得　加藤一二三著　宝島社　2014.4　221p　18cm　（宝島社新書 445）〈文献あり〉①978-4-8002-2414-9　Ⓝ796　［778円］

加藤 弁三郎〔1899～1974〕
◇加藤辨三郎と仏教―科学と経営のバックボーン　児玉識著　京都　法藏館　2014.8　225p　19cm　①978-4-8318-5541-1　Ⓝ289.1　［1800円］

加藤 ミリヤ〔1988～ 〕
◇Cupido　加藤ミリヤ［著］　KADOKAWA　2014.10　190p　21cm　〈作品目録あり　本文は日本語〉①978-4-04-729990-0　Ⓝ767.8　［1500円］

加藤 嘉明〔1563～1631〕
◇時代を駆け抜けた武将加藤嘉明―安城ゆかりの大名：特別展　安城市歴史博物館編　安城　安城市歴史博物館　2014.9　83p　30cm　〈年表あり　会期・会場：平成26年9月13日―11月9日　安城市歴史博物館〉Ⓝ289.1

ガードナー, H.〔1943～ 〕
◇ハーバード・プロジェクト・ゼロの芸術認知理論とその実践―内なる知性とクリエティビティを育むハワード・ガードナーの教育戦略　池内慈朗著　東信堂　2014.2　490p　22cm　〈文献あり　索引あり〉①978-4-7989-1217-2　Ⓝ371.4　［6500円］

門真市（遺跡・遺物）
◇史跡伝茨田堤発掘調査報告書　門真市教育委員会編　門真　門真市教育委員会　2014.1　22p 図版 10p　30cm　（門真市埋蔵文化財発掘調査報告書 第9集）〈歴史遺産整備事業に伴う発掘調査〉Ⓝ210.0254

角海〔氏〕
◇角海家文書調査報告書―輪島市門前町黒島町　角海家文書研究会編　［輪島］　輪島市教育委員会　2014.3　373p　30cm　Ⓝ288.2

香取 慎吾〔1977～ 〕
◇服バカ至福本―SHINGO KATORI FEATURING TOMOKI SUKEZANE　香取慎吾著　集英社　2014.1　128p　31cm　①978-4-08-780704-2　Ⓝ778.21　［6524円］

楫取 美和子〔1843～1921〕
◇楫取素彦と吉田松陰の妹・文　一坂太郎著　KADOKAWA　2014.12　287p　15cm　（新人物文庫 い-16-1）①978-4-04-600937-1　Ⓝ289.1　［750円］

◇「花燃ゆ」が100倍楽しくなる杉文と楫取素彦の生涯　大野富次著　宝島社　2014.12　221p　19cm　〈文献あり　年譜あり〉①978-4-8002-3592-3　Ⓝ289.1　［1280円］

◇文、花の生涯―幕末長州のある家族の肖像　楠戸義昭著　河出書房新社　2014.9　228p　15cm　（河出文庫 く11-2）〈文献あり〉①978-4-309-41316-7　Ⓝ289.1　［660円］

◇吉田松陰とその妹文の生涯―松下村塾はいかに歴史を変えたか！　不破俊輔著　明日香出版社　2014.9　283p　19cm　〈文献あり　年表あり〉①978-4-7569-1725-6　Ⓝ289.1　［1500円］

◇吉田松陰と文の謎　川口素生［著］　学研パブリッシング　2014.11　327p　15cm　（学研M文庫　か-16-5）〈学研マーケティング（発売）　文献あり　年譜あり〉Ⓝ978-4-05-900885-9　Ⓝ121.59　［660円］
◇吉田松陰の妹―三人の志士に愛された女　原口泉著　幻冬舎　2014.12　215p　18cm　〈文献あり〉Ⓝ978-4-344-02696-4　Ⓝ289.1　［1100円］
◇吉田松陰の妹・文のことがマンガで3時間でわかる本―へぇ～そうなのか！　津田太愚著，つだゆみマンガ　明日香出版社　2014.10　218p　21cm　〈文献あり　年譜あり〉Ⓝ978-4-7569-1730-0　Ⓝ289.1　［1300円］

楫取 素彦〔1829～1912〕
◇楫取素彦―「至誠」を体現した松陰の盟友　道迫真吾著　［萩］　萩ものがたり　2014.11　64p　21cm　（萩ものがたり　vol 43）〈年譜あり〉Ⓝ289.1　［473円］
◇楫取素彦―吉田松陰が夢をたくした男　中村紀雄著　福岡書肆侃侃房　2014.11　207p　19cm　〈文献あり　年譜あり〉Ⓝ978-4-86385-164-1　Ⓝ289.1　［1300円］
◇楫取素彦伝―耕堂楫取男爵伝記　［村田峰次郎著］　［萩］　山口県萩市　2014.3　395p　19cm　〈年譜あり　共同刊行：群馬県前橋市　発行所：群馬県文化事業振興会〉Ⓝ289.1　［1800円］
◇楫取素彦と吉田松陰の妹・文　一坂太郎著　KADOKAWA　2014.12　287p　15cm　（新人物文庫　い-16-1）Ⓝ978-4-04-600937-1　Ⓝ289.1　［750円］
◇上野三碑と楫取素彦―幕末近代のアーカイブ：平成26年度多胡碑記念館第38回企画展　多胡碑記念館編　高崎　多胡碑記念館　2014.10　48p　30cm　〈年表あり　多胡碑研究史シリーズ第2弾　会期：平成26年10月7日～12月7日〉Ⓝ210.02
◇松陰と楫取　石川和明著　［山口］　マルニ　2014.12　135p　21cm　Ⓝ121.59　［1200円］
◇松陰の妹二人を愛した名県令・楫取素彦―松下村塾を支え富岡製糸場を救った群馬の恩人　大野富次著　日刊工業新聞社　2014.12　241p　19cm　〈文献あり　年譜あり〉Ⓝ978-4-526-07341-0　Ⓝ289.1　［1200円］
◇「花燃ゆ」が100倍楽しくなる杉文と楫取素彦の生涯　大野富次著　宝島社　2014.12　221p　19cm　〈文献あり　年譜あり〉Ⓝ978-4-8002-3592-3　Ⓝ289.1　［1280円］

香取市〔遺跡・遺物〕
◇香取市内遺跡発掘調査概報　8　平成25年度　香取市教育委員会編　香取　香取市教育委員会　2014.3　8p　図版8枚　30cm　Ⓝ210.0254
◇千丈が谷遺跡　香取市教育委員会編　［香取］　香取市教育委員会　2014.2　26p　図版30枚　30cm　〈経営体育成基盤整備事業府馬地区に伴う埋蔵文化財発掘調査報告書　共同刊行：千葉県香取農業事務所〉Ⓝ210.0254

香取市〔歴史―史料―書目〕
◇伊能茂左衛門家資料目録　佐倉　人間文化研究機構国立歴史民俗博物館　2014.3　537p　30cm　（国立歴史民俗博物館資料目録　11）〈年譜あり〉Ⓝ213.5　［非売品］

カトリック北十一条教会
◇フルダから札幌へ100年―カトリック北十一条教会創立100周年記念誌　札幌　カトリック北十一条教会　2013.11　247p　27cm　〈年表あり〉Ⓝ198.25

ガーナ〔経済援助〔日本〕〕
◇ガーナ共和国地産地消ビジネス事業準備調査（BOPビジネス連携促進）報告書　［東京］　国際協力機構　2013.3　1冊　30cm　〈共同刊行：川面フーズほか〉Ⓝ333.804
◇ガーナ国日本発「土のう」による農村道路整備事業準備調査（BOPビジネス連携促進）―ファイナル・レポート　［東京］　国際協力機構　2013.2　108, 6, 23p　30cm　〈共同刊行：道普請人ほか〉Ⓝ333.804

ガーナ〔土壌〕
◇アフリカの土壌肥沃度改善検討調査―業務報告書　平成25年度　［つくば］　国際農林水産業研究センター　2014.3　60p　30cm　〈農林水産省大臣官房国際部国際協力課受託事業〉Ⓝ613.59444

カナー, L.〔1894～1981〕
◇自閉症論資料集の試み―ハンス・アスペルガーとレオ・カナー　成瀬毅編著訳　文芸社　2014.7　199p　19cm　〈文献あり　内容：訳者による解題　ハンス・アスペルガー「精神異常の子供」　レオ・カナー「情緒的接触の自閉的諸障害」　レオ・カナー「早期幼児自閉症」　「自閉症圏」の呼称を巡って　精神異常の子供（ハンス・アスペルガー著）情緒的接触の自閉的諸障害（レオ・カナー著）　議論　論評　早期幼児自閉症（レオ・カナー著）〉Ⓝ978-4-286-15179-3　Ⓝ493.937　［1200円］

神奈川芸術文化財団
◇20周年記念誌　神奈川芸術文化財団編　横浜　神奈川芸術文化財団　2014.3　76p　30cm　〈年表あり〉Ⓝ706　［非売品］

神奈川県
◇神奈川あるある　牧隆文著　TOブックス　2014.7　159p　18cm　〈画：JUNKO〉Ⓝ978-4-86472-269-8　Ⓝ291.37　［952円］
◇神奈川のおきて―カナガワを楽しむための49のおきて　神奈川県地位向上委員会編　アース・スターエンターテイメント　2014.3　174p　18cm　〈泰文堂（発売）　文献あり〉Ⓝ978-4-8030-0550-9　Ⓝ291.37　［952円］
◇神奈川の謎学　博学こだわり倶楽部編　河出書房新社　2014.4　222p　15cm　（KAWADE夢文庫　K993）〈文献あり〉Ⓝ978-4-309-49893-5　Ⓝ291.37　［619円］
◇人物でめぐる神奈川県謎解き散歩　小市和雄編著　KADOKAWA　2014.4　254p　15cm　（新人物文庫　こ-5-3）Ⓝ978-4-04-600211-2　Ⓝ291.37　［850円］
◇ランキングかながわ―統計指標でみる神奈川　神奈川県統計センター編　横浜　神奈川県統計センター　2014.9　103p　30cm　Ⓝ291.37

神奈川県〔遺跡・遺物〕
◇伊豆天城柏峠黒曜石原産地の基礎的研究　3　杉山浩平編　柏峠学術調査団　2014.5　16p　30cm　（伊豆・箱根黒曜石原産地研究会研究報告　4）〈「3」のタイトル関連情報：伊豆市徳永字白坂洞徳永東共有林地点の2014年調査概報　共同刊行：伊豆市教育委員会〉Ⓝ215.4
◇神奈川県埋蔵文化財調査報告　59　神奈川県教育委員会教育局生涯学習部文化遺産課中村町駐在事務所編　横浜　神奈川県教育委員会教育局生涯学習部文化遺産課　2014.3　50p　30cm　〈内容：平成24年度神奈川県内埋蔵文化財発掘調査一覧〉Ⓝ210.0254
◇湘南の考古学　鈴木一男著　六一書房　2014.11　192p　26cm　〈文献あり〉Ⓝ978-4-86445-050-8　Ⓝ213.7　［3800円］

神奈川県〔遺跡・遺物―厚木市〕
◇及川十二天上遺跡　第2地点　厚木市教育委員会編　厚木　厚木市教育委員会　2014.3　26p　図版6p　30cm　（厚木市埋蔵文化財調査報告書　第9集）〈神奈川県厚木市所在〉Ⓝ210.0254
◇中依知遺跡群　第2次調査　横浜　かながわ考古学財団　2014.2　236p　図版44p　30cm　（かながわ考古学財団調査報告　297）〈一般国道468号（さがみ縦貫道路）及び246号（厚木秦野道路）建設事業に伴う発掘調査〉Ⓝ210.0254
◇東町遺跡第5地点発掘調査報告書　玉川文化財研究所　玉川文化財研究所編著　［横浜］　玉川文化財研究所　2014.3　64p　図版14p　30cm　〈神奈川県厚木市所在〉Ⓝ210.0254

神奈川県〔遺跡・遺物―伊勢原市〕
◇石田・桐ノ木遺跡第2地点発掘調査報告書　玉川文化財研究所編著　［横浜］　玉川文化財研究所　2013.10　56p　図版12p　30cm　〈神奈川県伊勢原市所在〉Ⓝ210.0254
◇上粕屋・鳥居崎遺跡　大成エンジニアリング　2014.6　25p　図版7p　30cm　（神奈川県埋蔵文化財発掘調査報告書　21）〈県道611号（大山板戸）交通安全施設等整備工事に伴う発掘調査〉Ⓝ210.0254
◇神成松遺跡第3地点　町田　吾妻考古学研究所　2014.10　266p　図版51p　30cm　（神奈川県埋蔵文化財発掘調査報告書　25）〈県道603号（上粕屋厚木）道路改良工事に伴う発掘調査〉Ⓝ210.0254
◇神成松遺跡第5地点　パスコ　2014.8　214p　図版40p　30cm　（神奈川県埋蔵文化財発掘調査報告書　23）〈文献あり　県道603号（上粕屋厚木）道路改良工事に伴う発掘調査〉Ⓝ210.0254
◇下北原遺跡　3　横浜　玉川文化財研究所　2014.12　247p　図版75p　30cm　（神奈川県埋蔵文化財発掘調査報告書　27）〈伊勢原浄水場排水処理棟建設工事に伴う発掘調査〉Ⓝ210.0254
◇田中・第六天遺跡第2地点発掘調査報告書　玉川文化財研究所編著　［伊勢原］　玉川文化財研究所　2014.3　80p　図版24p　30cm　〈神奈川県伊勢原市所在　平成25年度都市計画道路田中笠窪線埋蔵文化財調査業務〉Ⓝ210.0254
◇西富岡・向畑遺跡　1　第1分冊　［横浜］　かながわ考古学財団　2014.2　482p　30cm　〈かながわ考古学財団調査報告　298）〈新東名高速道路（伊勢原市西富岡地区）建設事業に伴う発掘調査〉Ⓝ210.0254
◇西富岡・向畑遺跡　1　第2分冊　横浜　かながわ考古学財団　2014.2　p483-740　図版160p　30cm　（かながわ考古学財団調査報告　298）〈新東名高速道路（伊勢原市西富岡地区）建設事業に伴う発掘調査〉Ⓝ210.0254

神奈川県（遺跡・遺物―海老名市）

◇河原口坊中遺跡　第1次調査　第1分冊　横浜　かながわ考古学財団　2014.3　466p　図版［38］枚　30cm　〈かながわ考古学財団調査報告 304〉〈首都圏中央連絡自動車道（さがみ縦貫道路）建設事業に伴う発掘調査　内容：P19地区・P20地区・MS地区（1）〉Ⓝ210.0254

◇河原口坊中遺跡　第1次調査　第2分冊　横浜　かながわ考古学財団　2014.3　482p　図版［34］枚　30cm　〈かながわ考古学財団調査報告 304〉〈首都圏中央連絡自動車道（さがみ縦貫道路）建設事業に伴う発掘調査　内容：P21地区・P22地区・MS地区（2）〉Ⓝ210.0254

◇河原口坊中遺跡　第1次調査　第3分冊　横浜　かながわ考古学財団　2014.3　339p　図版［27］枚　30cm　〈かながわ考古学財団調査報告 304〉〈首都圏中央連絡自動車道（さがみ縦貫道路）建設事業に伴う発掘調査　内容：P23地区・P24地区・MS地区（3）〉Ⓝ210.0254

◇河原口坊中遺跡　第1次調査　第4分冊　横浜　かながわ考古学財団　2014.3　354p　図版［33］枚　30cm　〈かながわ考古学財団調査報告 304〉〈首都圏中央連絡自動車道（さがみ縦貫道路）建設事業に伴う発掘調査　内容：P25地区・P26地区・MS地区（4）〉Ⓝ210.0254

◇河原口坊中遺跡　第1次調査　第5分冊　横浜　かながわ考古学財団　2014.3　298p　図版［40］枚　30cm　〈かながわ考古学財団調査報告 304〉〈首都圏中央連絡自動車道（さがみ縦貫道路）建設事業に伴う発掘調査　内容：P27地区・P28地区・MS地区（5）〉Ⓝ210.0254

◇河原口坊中遺跡　第1次調査　第6分冊　横浜　かながわ考古学財団　2014.3　232p　30cm　〈かながわ考古学財団調査報告 304〉〈首都圏中央連絡自動車道（さがみ縦貫道路）建設事業に伴う発掘調査　内容：自然科学分析・まとめ〉Ⓝ210.0254

◇河原口坊中遺跡　第4次調査　第1分冊　横浜　かながわ考古学財団　2014.2　316p　30cm　〈かながわ考古学財団調査報告 300〉〈相模川河川改修事業に伴う発掘調査〉Ⓝ210.0254

◇河原口坊中遺跡　第4次調査　第2分冊　横浜　かながわ考古学財団　2014.2　p317-710　図版 166p　30cm　〈かながわ考古学財団調査報告 300〉〈相模川河川改修事業に伴う発掘調査〉Ⓝ210.0254

◇河原口坊中遺跡第6次調査　横浜　アーク・フィールドワークシステム　2014.9　148p　図版［18］枚　30cm　〈神奈川県埋蔵文化財調査報告書 24〉〈平成25年度相模川河川改修工事に伴う発掘調査〉Ⓝ210.0254

◇国分尼寺北方遺跡　第46次調査　ブラフマン編　西東京　タクトホーム　2013.4　20p　30cm　〈神奈川県海老名市所在　海老名市上今泉四丁目944番1外における埋蔵文化財発掘調査報告書〉Ⓝ210.0254

◇本郷中谷津遺跡　第18次調査　ブラフマン編　海老名　海老名市建設部道路整備課　2014.2　23p　30cm　〈神奈川県海老名市所在　海老名市本郷2783番地先における埋蔵文化財発掘調査報告書〉Ⓝ210.0254

神奈川県（遺跡・遺物―小田原市）

◇いにしえの小田原―遺跡から見た東西文化の交流：平成26年度小田原城天守閣特別展　小田原　小田原城天守閣　2014.10　175p　30cm　〈文献あり　会期・会場：平成26年10月18日―12月14日　小田原城天守閣　編集：諏訪間順ほか〉Ⓝ210.0254

◇小田原市遺跡調査発表会―発表要旨　平成25年　小田原市教育委員会編　［小田原］　小田原市教育委員会　2013.11　70p　30cm　〈会期・会場：2013年11月24日　小田原市立かもめ図書館〉Ⓝ213.7

◇小田原城下上幸田跡（no. 35遺跡）第V地点発掘調査報告書　藤沢　湘南考古学研究所　2014.10　83p　30cm　〈神奈川県小田原市所在〉Ⓝ210.0254

◇小田原城三の丸大久保弥六郎邸跡第VI地点　玉川文化財研究所編著　［小田原］　小田原市　2014.6　265p　図版 85p　30cm　〈市民ホール（芸術文化創造センター）整備に伴う発掘調査〉Ⓝ210.0254

◇小田原城三の丸南堀第VIII・IX地点　小田原市教育委員会編　小田原　小田原市教育委員会　2014.3　29p　図版 6p　30cm　〈小田原市文化財調査報告書 第168集〉Ⓝ210.0254

◇小田原城総構城下張出地点　小田原市教育委員会編　小田原　小田原市教育委員会　2014.3　14p　図版［3］枚　30cm　〈小田原市文化財調査報告書 第170集〉Ⓝ210.0254

◇久野下馬道上遺跡第III地点発掘調査報告書　玉川文化財研究所編著　［横浜］　玉川文化財研究所　2013.11　175p　図版 50p　30cm　〈神奈川県小田原市所在〉Ⓝ210.0254

◇千代仲ノ町遺跡第IX地点　小田原市教育委員会編　小田原　小田原市教育委員会　2014.3　51p　図版［10］枚　30cm　〈小田原市文化財調査報告書 第167集〉Ⓝ210.0254

◇千代東町遺跡第V地点　小田原市教育委員会編　小田原　小田原市教育委員会　2014.3　31p　図版［7］枚　30cm　〈小田原市文化財調査報告書 第169集〉Ⓝ210.0254

◇千代吉添遺跡第V地点　小田原市教育委員会編　小田原　小田原市教育委員会　2014.3　62p　図版 20p　30cm　〈小田原市文化財調査報告書 第166集〉Ⓝ210.0254

神奈川県（遺跡・遺物―鎌倉市）

◇鎌倉市埋蔵文化財緊急調査報告書―平成25年度発掘調査報告 30　第1分冊　鎌倉市教育委員会編　［鎌倉］　鎌倉市教育委員会　2014.3　10, 363p　30cm　〈内容：瑞泉寺周辺遺跡　大倉幕府周辺遺跡群　名越ヶ谷遺跡　大倉幕府周辺遺跡群　大慶寺旧境内遺跡　福泉やぐら群　坂ノ下遺跡〉Ⓝ210.0254

◇鎌倉市埋蔵文化財緊急調査報告書―平成25年度発掘調査報告 30　第2分冊　鎌倉市教育委員会編　［鎌倉］　鎌倉市教育委員会　2014.3　360p　30cm　〈内容：玉縄城跡　上杉定正邸跡　新善光寺跡　若宮大路周辺遺跡群　米町遺跡　田楽辻子周辺遺跡〉Ⓝ210.0254

◇下馬周辺遺跡　第1分冊　横浜　かながわ考古学財団　2014.3　443p　図版 2枚　30cm　〈かながわ考古学財団調査報告 301〉〈鎌倉警察署建設工事に伴う発掘調査〉Ⓝ210.0254

◇下馬周辺遺跡　第2分冊　横浜　かながわ考古学財団　2014.3　p445-604　図版 108p　30cm　〈かながわ考古学財団調査報告 301〉〈鎌倉警察署建設工事に伴う発掘調査〉Ⓝ210.0254

◇長善寺遺跡発掘調査報告書　斉藤建設編　［鎌倉］　鎌倉市教育委員会　2014.3　17p　30cm　〈神奈川県鎌倉市所在　名越クリーンセンター施設設置に伴う埋蔵文化財発掘調査〉Ⓝ210.0254

◇若宮大路周辺遺跡群発掘調査報告書―小町二丁目5番27、32、34、35地点　斉藤建設（文化事業部）編　鎌倉　斉藤建設　2014.6　50p　図版 10p　30cm　〈神奈川県鎌倉市所在〉Ⓝ210.0254

神奈川県（遺跡・遺物―茅ヶ崎市）

◇上ノ町遺跡　4　横浜　かながわ考古学財団　2014.3　66p　図版 10p　30cm　〈かながわ考古学財団調査報告 299〉〈首都圏中央連絡自動車道（茅ヶ崎JCT）建設事業に伴う発掘調査〉Ⓝ210.0254

◇上ノ町遺跡　5　横浜　かながわ考古学財団　2014.3　52p　図版 16p　30cm　〈かながわ考古学財団調査報告 303〉〈一般国道468号（さがみ縦貫道路）建設事業に伴う発掘調査〉Ⓝ210.0254

神奈川県（遺跡・遺物―秦野市）

◇今泉荒井遺跡群発掘調査報告書　玉川文化財研究所編著　［横浜］　玉川文化財研究所　2014.3　154p　図版 59p　30cm　〈神奈川県秦野市所在　内容：今泉上河原渕遺跡　水神遺跡　今泉荒井遺跡〉Ⓝ210.0254

◇秦野の遺跡　6　秦野市教育委員会教育部生涯学習課文化財班編　［秦野］　神奈川県秦野市教育委員会　2014.3　53p　30cm　〈秦野市文化財調査報告書 14〉〈内容：東田原中丸遺跡．第4次調査〉Ⓝ210.0254

◇東田原象ヶ谷戸遺跡　横浜　かながわ考古学財団　2014.12　140p　図版 28p　30cm　〈かながわ考古学財団調査報告 305〉〈新東名高速道路建設事業に伴う秦野市東地区の発掘調査〉Ⓝ210.0254

神奈川県（遺跡・遺物―平塚市）

◇北金目塚越遺跡第8地点　ブラフマン編　平塚　柳川亀次　2014.5　28p　30cm　〈神奈川県平塚市所在　神奈川県平塚市北金目字溝ノ尾1648番2の一部ほか10筆における埋蔵文化財発掘調査報告書〉Ⓝ210.0254

◇真田・北金目遺跡群一平成25年度夏期特別展/平塚市文化財展　平塚　平塚市博物館　2013.7　56p　30cm　〈年表あり　会期・会場：平成25年7月20日―9月8日　平塚市博物館特別展示室　共同刊行：平塚市社会教育課文化財保護担当〉Ⓝ213.7

◇中原D遺跡第4地点　横浜　玉川文化財研究所　2014.3　177p　図版 44p　30cm　〈神奈川県埋蔵文化財発掘調査報告書 18〉〈平塚児童相談所（仮称）新築工事に伴う発掘調査〉Ⓝ210.0254

◇七ノ域遺跡第8地点　横浜　アーク・フィールドワークシステム　2014.12　62p　図版 24p　30cm　〈神奈川県埋蔵文化財発掘調査報告書 26〉〈文献あり　都市計画道路3・3・6号湘南新道街路整備工事に伴う発掘調査〉Ⓝ210.0254

◇平塚市真田・北金目遺跡群発掘調査報告書　10　第6分冊　64区　平塚市真田・北金目遺跡調査会編　［横浜］　都市再生機構　2013.3　52p　図版 11p　30cm　〈神奈川県平塚市所在　平塚都市計画事業真田・北金目特定土地区画整理事業に伴う調査報告〉Ⓝ210.0254

◇平塚市真田・北金目遺跡群発掘調査報告書　10　第7分冊　65区　平塚市真田・北金目遺跡調査会編　［横浜］　都市再生機

神奈川県（遺跡・遺物―藤沢市）

構 2013.3 27p 図版 3p 30cm〈神奈川県平塚市所在 平塚都市計画事業真田・北金目特定土地区画整理事業に伴う調査報告〉Ⓝ210.0254

◇平塚市試掘・確認調査報告書 1 平成10年度 平塚市遺跡調査会編 平塚 平塚市教育委員会 2014.3 117p 30cm〈神奈川県平塚市所在〉Ⓝ210.0254

◇山下長者屋敷跡第2地点 新井潔,三輪孝幸著,日本窯業史研究所編 那珂川町（栃木県）日本窯業史研究所 2014.7 26p 図版 5p 30cm（日本窯業史研究所報告 第87冊）〈神奈川県平塚市所在〉Ⓝ210.0254

神奈川県（遺跡・遺物―藤沢市）

◇大地に刻まれた藤沢の歴史 4 古墳時代 藤沢市編 藤沢 藤沢市 2014.3 93p 30cm〈文献あり〉Ⓝ213.7

神奈川県（遺跡・遺物―保存・修復）

◇時空の交差点―遺跡の保存と活用 神奈川県考古学会編 ［藤沢］ 神奈川県考古学会 2014.3 52p 30cm（神奈川県考古学会講座 平成25年度）〈年表あり 会期・会場：平成26年3月16日 横浜市歴史博物館講堂 内容：2万年前のイエ史跡田名向原遺跡の保存・活用（木村弘樹著） 横浜市三殿台考古館における遺跡の保存と活用（橋口豊著） 東村山における遺跡の保存と活用（千葉敏朗著） 鎌倉市・国指定史跡永福寺跡の整備（小林康幸著） 史跡・天然記念物旧相模川橋脚にみる保存と活用について（大村浩司著）〉Ⓝ709.137

神奈川県（遺跡・遺物―横須賀市）

◇船久保遺跡 横浜 玉川文化財研究所 2014.3 104p 図版 28p 30cm （神奈川県埋蔵文化財発掘調査報告書 19）〈県道26号（横須賀三崎）三浦縦貫道路Ⅱ期工事に伴う発掘調査〉Ⓝ210.0254

神奈川県（遺跡・遺物―論文集）

◇かながわ考古学論集―有志職員によるかながわ考古学財団20周年記念誌 ［出版地不明］ かながわ考古学論集刊行会 2014.10 174p 30cm〈文献あり 標題紙の出版年月（誤植）：2014.3 内容：かながわの歴史構造（井関文明著） 《研究ノート》旧石器時代遺物集中分析の一試論（鈴木次郎著） 平野の住居と墓地（岡部友寿著） 相模川流域の久ヶ原式系土器の様相（池田治著） 神奈川県内における弥生時代の鉄器について（戸羽康一著） 盗掘抗試論（長友信者） 力士埴輪の一考察（新山保和者） 《資料紹介》西富岡・向畑遺跡出土木簡（新開基史著） 《資料紹介》西富岡・向畑遺跡出土金銅製飾金具（新開基史著） 西富岡・向畑遺跡出土の鈴帯金具について（諏訪間直子著） 茅ヶ崎市下寺尾西方A遺跡H9号掘立柱建物について（中田英著） 河原口坊中遺跡出土軒瓦についての一考察（高橋香者） 近代遺跡の様相（天野賢一著）〉Ⓝ213.7

神奈川県（エネルギー政策―小田原市）

◇地域主導型再生可能エネルギー事業化検討委託業務（小田原市）成果報告書 平成25年度 ［小田原］ 小田原市 2014.3 10, 12, 82p 30cm〈平成25年度環境省委託業務〉Ⓝ501.6

神奈川県（環境行政―座間市）

◇座間市環境基本計画―豊かな水と緑を守り育て未来へつなぐ人と環境にやさしいまちざま 座間市環境経済部環境政策課編 ［座間］ 座間市 2014.3 84p 30cm Ⓝ519.1

神奈川県（環境行政―横須賀市）

◇横須賀市環境基本計画―2011-2021：平成24年度（2012年度）年次報告書 平成25年度版 横須賀市環境政策部環境企画課編 横須賀 横須賀市環境政策部環境企画課 2014.3 76p 30cm Ⓝ519.1

◇横須賀市環境基本計画―2011-2021：平成24年度（2012年度）年次報告書：資料集 平成25年度版 横須賀市環境政策部環境企画課編 横須賀 横須賀市環境政策部環境企画課 2014.3 216p 30cm〈年表あり〉Ⓝ519.1

◇横須賀市みどりの基本計画平成24年度（2012年度）年次報告書 平成25年度版 横須賀市環境政策部環境企画課編 横須賀 横須賀市環境政策部環境企画課 2014.3 55p 30cm Ⓝ519.1

神奈川県（感染症対策―横須賀市）

◇横須賀市新型インフルエンザ等対策行動計画 第2版 ［横須賀］ 横須賀市 2014.5 70p 30cm Ⓝ498.6

神奈川県（官庁建築）

◇「キングの塔」誕生！―神奈川県庁本庁舎とかながわの近代化遺産 神奈川県立歴史博物館編 横浜 神奈川県立歴史博物館 2013.7 87p 30cm〈会期：2013年7月20日―9月16日〉Ⓝ521.8

神奈川県（関東大震災〔1923〕―被害―藤沢市）

◇関東大震災とふじさわ―1923年9月1日11：58：32 （続）藤沢市史編さん委員会編 藤沢 藤沢市文書館 2014.3 101p 図

版 2p 21cm （藤沢市史ブックレット 5）〈年表あり 文献あり〉Ⓝ369.31

神奈川県（企業―名簿）

◇神奈川県の工業団地 神奈川県産業労働局産業・エネルギー部産業立地課編 横浜 神奈川県産業労働局産業・エネルギー部産業立地課 2014.2 82p 30cm Ⓝ335.035

神奈川県（紀行・案内記―鎌倉市）

◇鎌倉の地元遺産100 鎌倉地元民の会編 毎日新聞社 2014.10 125p 21cm Ⓘ978-4-620-32277-3 Ⓝ291.37 ［1300円］

◇藤原正彦、美子のぶらり歴史散歩 藤原正彦,藤原美子著 文藝春秋 2014.9 223p 16cm （文春文庫 ふ26-4）Ⓘ978-4-16-790192-9 Ⓝ291.36 ［540円］

神奈川県（給与―地方公務員）

◇給与事務ハンドブック 平成25年4月 神奈川県人事委員会事務局編集責任 ［横浜］ 神奈川県人事委員会 2013.6 174p 30cm Ⓝ318.34 ［非売品］

神奈川県（教育）

◇教育に関する意識調査調査報告書 平成25年度 横浜 神奈川県教育委員会教育局総務室 2014.3 582p 31cm〈ルーズリーフ〉Ⓝ372.137

神奈川県（教育行政―逗子市）

◇逗子市教育委員会点検・評価に関する報告書 平成25年度 平成24年度対象 逗子 逗子市教育委員会教育部教育総務課 ［2013］ 178p 30cm Ⓝ373.2

神奈川県（教育行政―横須賀市）

◇横須賀市教育振興基本計画 第2期実施計画 2014-2017 横須賀 横須賀市教育委員会 2014.3 125p 30cm Ⓝ373.2

神奈川県（行政）

◇かながわグランドデザイン評価報告書 2013 ［横浜］ ［神奈川県］ 2014.7 137p 30cm Ⓝ318.237

◇県民ニーズ調査 平成25年度 横浜 神奈川県県民局くらし県民部広報県民課広聴グループ 2014.3 418p 31cm〈ルーズリーフ 内容：基本調査 県民の生活と県政についての意識調査 課題調査 「地震対策の取組み」「食・食育」「治安対策」「人権問題」「肝炎対策」「神奈川のバリアフリー」についての意識調査〉Ⓝ365.5

神奈川県（行政―大和市）

◇大和市総合計画後期基本計画―健康創造都市やまと 第8次 2014-2018年度 大和市政策部総合政策課編 大和 大和市政策部総合政策課 ［2013］ 121p 30cm Ⓝ318.237

◇大和市総合計画実施計画 第8次 平成26-28年度 大和 大和市政策部総合政策課 2013.10 210p 30cm Ⓝ318.237

神奈川県（行政―横須賀市）

◇横須賀市実施計画―第2次実施計画：平成26年度（2014年度）―平成29年度（2017年度） 横須賀市政策推進部政策推進課編 横須賀 横須賀市政策推進部政策推進課 2014.3 151p 30cm Ⓝ318.237

神奈川県（協働〔行政〕―藤沢市）

◇湘南C-X物語―新しいまちづくりの試み 菅孝能,長瀬光市著 横浜 有隣堂 2014.6 222p 18cm （有隣新書 74）Ⓘ978-4-89660-216-6 Ⓝ518.8 ［1000円］

神奈川県（近代化遺産）

◇「キングの塔」誕生！―神奈川県庁本庁舎とかながわの近代化遺産 神奈川県立歴史博物館編 横浜 神奈川県立歴史博物館 2013.7 87p 30cm〈会期：2013年7月20日―9月16日〉Ⓝ521.8

神奈川県（軍事基地―座間市）

◇座間市と基地 ［座間市］ 特定政策推進室編 ［座間］ 座間市 2014.3 205p 30cm〈年表あり〉Ⓝ395.39

神奈川県（芸能人―歴史）

◇日本芸謡論序説―足柄の青のうたげ：私家版 鈴木信太郎著 ［出版地不明］ ［鈴木信太郎］ 2013.9 245p 19cm〈文献あり 年表あり〉Ⓝ779.02137

神奈川県（下水道―大和市）

◇大和市排水設備工事の手続きマニュアル ［大和］ 大和市都市施設部河川・下水道整備課排水設備担当 2013.9 91p 30cm Ⓝ518.2

神奈川県（建設業―名簿）

◇新編建設名鑑―神奈川県 2014年版 日本工業経済新聞社編 横浜 日本工業経済新聞社 2014.3 659, 205p 27cm〈附：関連団体会員名簿・設計、測量事務所名簿他 標題紙・背のタイトル：神奈川県建設名鑑〉Ⓝ510.9 ［29000円］

神奈川県（建築）

◇吉田鋼市研究室の軌跡―神奈川県下における歴史的建造物実測調査実績 吉田鋼市先生退職記念誌編集委員会編 横浜 吉田鋼市先生退職記念誌編集委員会 2013.4 422p 30cm〈著作目録あり 年譜あり〉Ⓝ521.8

神奈川県（建築─横須賀市─歴史）
◇浦賀ドックとレンガ─横須賀の近代化遺産　浦賀歴史研究所編　横須賀　浦賀歴史研究所　2014.2　79p　21cm　（浦研ブックレット 1）　Ⓝ523.1　［800円］

神奈川県（工業地帯）
◇神奈川県の工業団地　神奈川県産業労働局産業・エネルギー部産業立地課編　横浜　神奈川県産業労働局産業・エネルギー部産業立地課　2014.2　82p　30cm　Ⓝ335.035

神奈川県（高校生）
◇高校生の男女共同参画意識に関する調査報告書　神奈川県立かながわ女性センター編　藤沢　神奈川県立かながわ女性センター　2014.3　141p　30cm　Ⓝ367.2137

神奈川県（高校野球─伝記）
◇高校野球神奈川を戦う監督（おとこ）たち 2　神奈川の覇権を奪え！　大利実著　日刊スポーツ出版社　2014.5　268p　19cm〈内容：2013年～松井裕樹がいた夏　八木崇文監督〈平塚学園〉（八木崇文述）　金沢哲男監督〈横浜商大高〉（金沢哲男述）　平田隆康監督〈向上〉（平田隆康述）　森田誠一監督〈横浜創学館〉（森田誠一述）　桑元孝雄監督〈武相〉（桑元孝雄述）　加賀谷実監督〈弥栄〉（加賀谷実述）　川村靖監督〈湘南〉（川村靖述）　荒井直樹監督〈前橋育英〉（荒井直樹述）　神奈川の高校野球は、新たな時代へ突入するのか？〉　①978-4-8172-0319-9　Ⓝ783.7　［1500円］

神奈川県（災害復興─藤沢市）
◇関東大震災とふじさわ─1923年9月1日11：58：32　（続）藤沢市史編さん委員会編　藤沢　藤沢市文書館　2014.3　101p　図版 2p　21cm　（藤沢市史ブックレット 5）〈年表あり　文献あり〉　Ⓝ369.31

神奈川県（財政─横須賀市）
◇横須賀市財政基本計画　［横須賀］　横須賀市　2014.2　85p　30cm　Ⓝ349.2137

神奈川県（里山─鎌倉市）
◇里山ってなんだ！─「やま」の手入れはなぜ必要なの？：鎌倉の美しい里山継承プロジェクト3年間の足跡　北鎌倉湧水ネットワーク企画・編集　秦野　夢工房　2014.3　63p　21cm　①978-4-86158-063-5　Ⓝ654.02137　［500円］

神奈川県（産業─横須賀市）
◇横須賀市平成24年経済センサス活動調査結果報告　平成24年2月1日現在　［横須賀市］　総務部総務課編　横須賀　横須賀市　2014.6　96p　30cm　Ⓝ602.1137
◇横須賀市平成24年経済センサス活動調査結果報告（卸売業、小売業）平成24年2月1日現在　［横須賀市］　総務部総務課編　横須賀　横須賀市　2014.3　76p　30cm　Ⓝ602.137

神奈川県（史跡名勝）
◇地図と写真から見える！ 鎌倉・横浜歴史を愉しむ！　高橋伸和著　西東社　2014.6　223p　19cm〈文献あり　索引あり〉　①978-4-7916-2115-6　Ⓝ213.7　［1200円］

神奈川県（史跡名勝─伊勢原市）
◇いせはら─史跡と文化財のまち　伊勢原市教育委員会教育部文化財課編　第3版　伊勢原　伊勢原市教育委員会教育部文化財課　2014.3　242p　21cm〈年表あり　文献あり　共同刊行：伊勢原市〉　Ⓝ291.37

神奈川県（史跡名勝─鎌倉市）
◇知れば楽しい古都散策鎌倉謎解き街歩き　原田寛著　実業之日本社　2014.9　221p　18cm　（じっぴコンパクト新書 206）〈文献あり〉　①978-4-408-00863-9　Ⓝ291.37　［800円］

神奈川県（史跡名勝─茅ヶ崎市）
◇茅ケ崎歴史快道　楊井一滋写真・文　秦野　夢工房　2014.3　13,296p　19cm〈文献あり〉　①978-4-86158-064-2　Ⓝ291.37　［2000円］

神奈川県（自然保護）
◇かながわ里地里山保全等促進指針─人々に豊かな恵みと潤いを与え未来に引き継がれる里地里山を目指して　横浜　神奈川県環境農政局農政部農地保全課農地活用グループ　2014.3　28p　30cm　Ⓝ519.8137

神奈川県（地蔵─鎌倉市）
◇鎌倉古寺歴訪─地蔵菩薩を巡る　山越実著　鎌倉　かまくら春秋社出版事業部　2014.10　402p　20cm〈文献あり〉　①978-4-7740-0637-6　Ⓝ387.4　［1600円］

神奈川県（社会福祉─大和市）
◇大和市地域福祉計画　第4期　平成26-30年度　大和市健康福祉部健康福祉総務課編　大和　大和市健康福祉部健康福祉総務課　［2014］　59p　30cm〈タイトル関連情報：健康創造都市やまと、つながりが生みだす豊かな暮らし〉　Ⓝ369.11

神奈川県（写真集─鎌倉市）
◇鎌倉・逗子・葉山の昭和─写真アルバム　長岡　いき出版　2014.3　279p　31cm〈神奈川県教科書販売（発売）　文献あり〉　①978-4-904614-46-4　Ⓝ213.7　［9514円］
◇昭和の鎌倉風景─around 1955：竹腰眞一写真集　竹腰眞一［撮影］　鎌倉　冬花社　2014.5　93p　30cm　①978-4-925236-95-9　Ⓝ213.7　［2200円］

神奈川県（写真集─逗子市）
◇鎌倉・逗子・葉山の昭和─写真アルバム　長岡　いき出版　2014.3　279p　31cm〈神奈川県教科書販売（発売）　文献あり〉　①978-4-904614-46-4　Ⓝ213.7　［9514円］

神奈川県（宗教団体─名簿）
◇神奈川県宗教法人名簿　平成26年　神奈川県総務局組織人材部文書課編　横浜　神奈川県総務局組織人材部文書課　2014.3　148p　30cm〈平成26年1月1日現在〉　Ⓝ160.35

神奈川県（自由民権運動）
◇神奈川県会と武相の民権家　町田市立自由民権資料館編　［町田］　町田市教育委員会　2014.3　96p　21cm　（民権ブックス 27号）〈年譜あり　会期・会場：2013年7月27日～9月16日　自由民権史料館企画展示室　内容：記念講演　神奈川県会と県令野村靖（大湖賢一述）　神奈川県会事始め（松崎稔述）〉　Ⓝ318.437

神奈川県（宿駅─大磯町─歴史─史料─書目）
◇大磯宿小島本陣資料目録　大磯町教育委員会編　大磯町（神奈川県）　大磯町教育委員会　2013.11　59p　30cm　（大磯町文化財調査報告書 第49集）　Ⓝ213.7

神奈川県（樹木）
◇湘南の樹木　改訂版　平塚　平塚市博物館　2014.2　112p　19cm　（ガイドブック 24）　Ⓝ653.2137

神奈川県（商業政策─大和市）
◇大和市商業戦略計画　大和市市民経済部産業活性課編　［大和］　大和市　2014.3　77p　30cm　Ⓝ671.2

神奈川県（職業指導─秦野市）
◇自覚的・意識的にキャリア教育を創る─これまでの実践と総合的な学習の時間を中心とした教育活動からキャリア教育を考える　秦野市教育研究所編　秦野　秦野市教育研究所　2014.3　48p　29cm　（研究紀要 第89集）〈共同刊行：小中一貫キャリア教育研究部会〉　Ⓝ375.25

神奈川県（植物─藤沢市─写真集）
◇江の島の四季　坪倉兌雄写真・解説　藤沢　湘南社　2014.3　122p　21cm〈星雲社（発売）　文献あり　索引あり〉　①978-4-434-19023-0　Ⓝ472.137　［1500円］

神奈川県（書目）
◇神奈川県EL新聞記事情報リスト　2013-1　エレクトロニック・ライブラリー編　エレクトロニック・ライブラリー　2014.2　935p　31cm〈制作：日外アソシエーツ〉　Ⓝ025.8137
◇神奈川県EL新聞記事情報リスト　2013-2　エレクトロニック・ライブラリー編　エレクトロニック・ライブラリー　2014.2　p937-2025　31cm〈制作：日外アソシエーツ〉　Ⓝ025.8137
◇神奈川県EL新聞記事情報リスト　2013-3　エレクトロニック・ライブラリー編　エレクトロニック・ライブラリー　2014.2　p2027-3084　31cm〈制作：日外アソシエーツ〉　Ⓝ025.8137
◇神奈川県EL新聞記事情報リスト　2013-4　エレクトロニック・ライブラリー編　エレクトロニック・ライブラリー　2014.2　p3085-4096　31cm〈制作：日外アソシエーツ〉　Ⓝ025.8137
◇神奈川県EL新聞記事情報リスト　2013-5　エレクトロニック・ライブラリー編　エレクトロニック・ライブラリー　2014.2　p4097-5318　31cm〈制作：日外アソシエーツ〉　Ⓝ025.8137
◇神奈川県EL新聞記事情報リスト　2013-6　エレクトロニック・ライブラリー編　エレクトロニック・ライブラリー　2014.2　p5319-6194　31cm〈制作：日外アソシエーツ〉　Ⓝ025.8137
◇神奈川県EL新聞記事情報リスト　2013-7　エレクトロニック・ライブラリー編　エレクトロニック・ライブラリー　2014.2　p6195-7206　31cm〈制作：日外アソシエーツ〉　Ⓝ025.8137
◇神奈川県EL新聞記事情報リスト　2013-8　エレクトロニック・ライブラリー編　エレクトロニック・ライブラリー　2014.2　p7207-8213　31cm〈制作：日外アソシエーツ〉　Ⓝ025.8137

神奈川県（震災予防）
◇神奈川県地域防災計画　マニュアル・資料編　神奈川県安全防災局安全防災部防災災害対策課編　［横浜］　神奈川県防災会議　2014.3　528p　30cm　Ⓝ369.3

神奈川県（神社）
◇鎌倉・横須賀・三浦・逗子・葉山の神社─三浦半島127社案内　神奈川県神社庁鎌倉横須賀三浦連合支部神社案内冊子委員会

神奈川県（森林保護―鎌倉市）

神奈川県　日本件名図書目録2014　Ⅰ

編著，神社案内冊子委員会監修　横須賀　文明堂印刷　2014.7　189p　26cm〈神奈川県神社庁鎌倉・横須賀・三浦連合支部設立10周年記念〉Ⓝ175.937　［非売品］

神奈川県（森林保護―鎌倉市）
◇里山ってなんだ！―「やま」の手入れはなぜ必要なの？：鎌倉の美しい里山継承プロジェクト3年間の足跡　北鎌倉湧水ネットワーク企画・編集　秦野　夢工房　2014.3　63p　21cm　①978-4-86158-063-5　Ⓝ654.02137　［500円］

神奈川県（水利―平塚市―歴史）
◇水と生きる里―金目の風土とその魅力：2013年度春期特別展　平塚　平塚市博物館　2014.3　62p　30cm〈会期：2014年3月15日―5月11日　共同刊行：エコミュージアム金目まるごと博物館　折り込1枚〉Ⓝ213.7

神奈川県（生活）
◇県民ニーズ調査　平成25年度　横浜　神奈川県県民局くらし県民部広報県民課広聴グループ　2014.3　418p　31cm〈ルーズリーフ　内容：基本調査　県民の生活と県政についての意識調査　課題調査　「地震対策の取組み」「食・食育」「治安対策」「人権問題」「肝炎対策」「神奈川のバリアフリー」についての意識調査〉Ⓝ365.5

神奈川県（清掃事業―逗子市）
◇生ごみ分別モデル事業調査結果報告書　［逗子］　逗子市　2013.3　59，32p　30cm〈共同刊行：中外テクノス〉Ⓝ518.54

神奈川県（青年運動―歴史）
◇駆け抜けた青春―今なお青し―1960～70年代初頭・神奈川の青年運動の記録　「神奈川の青年運動の記録」編集委員会編　改訂版　本の泉社　2014.6　263p　21cm〈年表あり〉①978-4-7807-1172-1　Ⓝ379.3　［1200円］

神奈川県（生物―三浦市）
◇愉しい干潟学　ジボーリン福島菜穂子，小倉雅實著　八坂書房　2014.7　149p　20cm〈文献あり〉①978-4-89694-178-4　Ⓝ462.137　［1500円］

神奈川県（石仏―平塚市）
◇平塚の石仏　8　金田地区編　石仏を調べる会編　改訂版　［平塚］　平塚市博物館　2013.7　141p　30cm　Ⓝ718.4
◇平塚の石仏　9　旭地区編　石仏を調べる会編　改訂版　［平塚］　平塚市博物館　2014.5　294p　30cm　Ⓝ718.4
◇平塚の石仏―3058の祈りと願い：平成二十六年度秋期特別展　平塚　平塚市博物館　2014.10　64p　30cm〈年表あり　会期：平成26年10月4日―11月30日〉Ⓝ718.4

神奈川県（石油コンビナート）
◇神奈川県石油コンビナート等防災計画　資料編　神奈川県安全防災局安全防災部工業保安課編　［横浜］　神奈川県石油コンビナート等防災本部　2013.10　173p　30cm　Ⓝ575.5

神奈川県（選挙―統計）
◇衆議院議員総選挙最高裁判所裁判官国民審査の記録―平成24年12月16日執行　神奈川県選挙管理委員会編　横浜　神奈川県選挙管理委員会　2014.2　212p　30cm　Ⓝ314.8
◇第23回参議院議員通常選挙の記録―平成25年7月21日執行　神奈川県選挙管理委員会編　［横浜］　神奈川県選挙管理委員会　2014.3　234p　30cm　Ⓝ314.8

神奈川県（騒音〔鉄道〕―横須賀市）
◇鉄道騒音測定調査業務報告書　［横須賀］　横須賀市　2014.3　49，18p　31cm〈ルーズリーフ〉Ⓝ519.6

神奈川県（大気汚染）
◇総量削減進行管理調査―二酸化窒素の簡易測定結果　［横浜］　神奈川県　2014.3　1冊　30cm（環境省委託業務結果報告書　平成25年度）Ⓝ519.3

神奈川県（男女共同参画）
◇高校生の男女共同参画意識に関する調査報告書　神奈川県立かながわ女性センター編　藤沢　神奈川県立かながわ女性センター　2014.3　141p　30cm　Ⓝ367.2137

神奈川県（男女共同参画―秦野市）
◇はだの市民が創る男女共同社会推進会議活動の記録―男女共同参画社会をめざして：設立20周年記念　はだの市民が創る男女共同社会推進会議編　［秦野］　はだの市民が創る男女共同社会推進会議　2014.3　48p　30cm〈年表あり〉Ⓝ367.2137

神奈川県（男女共同参画―大和市）
◇やまと男女共同参画プラン「前期実施計画」平成24年度年次報告書―男女共同参画社会の実現に向けて　第2次　大和　大和市　2013.9　53p　30cm　Ⓝ367.2137

神奈川県（淡水魚）
◇神奈川県内河川の魚類　平塚　神奈川県環境科学センター　2014.3　137p　30cm　Ⓝ487.52137

神奈川県（淡水動物）
◇神奈川県内河川の底生動物　2　平塚　神奈川県環境科学センター　2014.3　315p　30cm　Ⓝ482.137

神奈川県（地誌）
◇神奈川「地理・地名・地図」の謎―意外と知らない神奈川県の歴史を読み解く！　浜田弘明監修　実業之日本社　2014.5　191p　18cm　（じっぴコンパクト新書　181）〈文献あり〉①978-4-408-45496-2　Ⓝ291.37　［762円］
◇東急沿線の不思議と謎　浜田弘明監修　実業之日本社　2014.11　191p　18cm　（じっぴコンパクト新書　221）〈文献あり　年表あり〉①978-4-408-45534-1　Ⓝ686.213　［850円］

神奈川県（地誌―書目）
◇神奈川県皇国地誌残稿所在目録　神奈川県図書館協会郷土・出版委員会編　横浜　神奈川県図書館協会　2014.3　78p　30cm　Ⓝ291.37

神奈川県（地質）
◇日本海の拡大と伊豆弧の衝突―神奈川の大地の生い立ち　藤岡換太郎，平田大二編著　有隣堂　2014.12　191,11p　18cm　（有隣新書　75）〈文献あり〉①978-4-89660-217-3　Ⓝ455.137　［1000円］

神奈川県（地名―茅ヶ崎市）
◇地名が語る赤羽根のむかし　茅ヶ崎市文化資料館編　茅ヶ崎　茅ヶ崎市教育委員会　2014.2　126p　30cm　（資料館叢書　12）〈文献あり〉Ⓝ291.37

神奈川県（底生動物）
◇神奈川県内河川の底生動物　2　平塚　神奈川県環境科学センター　2014.3　315p　30cm　Ⓝ482.137

神奈川県（鉄道）
◇図説街場の鉄道遺産　東京近郊・神奈川編　阪和明文，松本典久構成，岡倉禎志写真　セブン＆アイ出版　2014.3　71p　26cm〈文献あり〉①978-4-86008-634-3　Ⓝ686.21　［1000円］

神奈川県（伝記）
◇神奈川ゆかりの歴史上の人物　迫田満夫著　横浜　公孫樹舎　2014.10　360p　21cm〈文献あり〉①978-4-907465-00-1　Ⓝ281.37　［2000円］

神奈川県（読書指導）
◇かながわ読書のススメ―第三次神奈川県子ども読書活動推進計画　横浜　神奈川県教育委員会教育局生涯学習部生涯学習課　2014.4　30cm　Ⓝ019.2

神奈川県（特定健康診査―逗子市）
◇逗子市特定健康診査等実施計画　逗子市福祉部国保健康課編　［逗子］　神奈川県逗子市　2013.3　47p　30cm　Ⓝ498.1

神奈川県（都市計画―大和市）
◇大和の都市計画　［大和］　大和市街づくり計画部街づくり計画課　2014.5　51p　30cm　Ⓝ518.8

神奈川県（都市再開発―藤沢市）
◇湘南C-X物語―新しいまちづくりの試み　菅孝能，長瀬光市著　横浜　有隣堂　2014.6　222p　18cm　（有隣新書　74）①978-4-89660-216-6　Ⓝ518.8　［1000円］

神奈川県（土地価格）
◇神奈川県実勢地価図　平成25年度版　国際地学協会編集部編　国際地学協会　2013.6　80，79，111p　30cm　（ユニオンマップ）〈平成25年3月実勢地価，平成25年3月地価公示標準地価，平成24年9月基準地価格　左右同一ページ付〉①978-4-7718-5260-0　Ⓝ334.6　［40000円］
◇神奈川県実勢地価図　平成26年度版　国際地学協会編集部編　国際地学協会　2014.7　80，79，95p　30cm　（ユニオンマップ）〈平成26年3月実勢地価，平成26年3月地価公示標準地価，平成25年9月基準地価格　左右同一ページ付〉①978-4-7718-5264-8　Ⓝ334.6　［40000円］

神奈川県（ドメスティックバイオレンス）
◇かながわDV防止・被害者支援プラン―配偶者からの暴力の防止及び被害者の保護のための施策の実施に関する基本的な計画：平成26年度―平成30年度　横浜　神奈川県県民局くらし県民部人権男女共同参画課　2014.3　57p　30cm〈年表あり〉Ⓝ367.3

神奈川県（鳥―鎌倉市）
◇かまくら鳥とりどり　岡田泰明著　鎌倉　冬花社　2014.2　269p　19cm〈索引あり　写真：梅田孝〉①978-4-925236-92-8　Ⓝ488.2137　［1800円］

神奈川県（鳥―茅ヶ崎市）
◇ちがさきの身近な野鳥　茅ヶ崎市文化資料館編　茅ヶ崎　茅ヶ崎市教育委員会　2013.10　72p　21cm　（文化資料館ブックレット　3）〈背のタイトル：茅ヶ崎の身近な野鳥〉Ⓝ488.2137

神奈川県（生ごみ—逗子市）
◇生ごみ分別モデル事業調査結果報告書　［逗子］　逗子市
2013.3　59, 32p　30cm〈共同刊行：中外テクノス〉Ⓝ518.54

神奈川県（ニュータウン）
◇首都圏におけるニュータウンの現状と課題—昭和年代の公団
開発地区を中心として　その2　総括編　アーバンハウジング
2014.4　303p　30cm　（都市再生事業資料）〈年表あり〉
Ⓝ518.83

神奈川県（農業機械化）
◇特定高性能農業機械導入計画　横浜　神奈川県環境農政局農
政部担い手支援課　2014.3　53p　30cm　Ⓝ614.8

神奈川県（農村生活—湯河原町）
◇田舎暮らし自分流　新城宏著　［出版地不明］　［新城宏］
2014.1　177p　18cm　Ⓝ611.98　［700円］

神奈川県（排気ガス—排出抑制）
◇総量削減進行管理調査　［横浜］　神奈川県　2014.3　146p
30cm　（環境省委託業務結果報告書　平成25年度）Ⓝ519.3

神奈川県（干潟—三浦市）
◇愉しい干潟学　ジポーリン福島菜穂子, 小倉雅實著　八坂書房
2014.7　149p　20cm〈文献あり〉Ⓘ978-4-89694-178-4
Ⓝ462.137　［1500円］

神奈川県（美術教育—横須賀市）
◇たいけん、ぼうけん、びじゅつかん！—親子で楽しむ現代アー
ト　横須賀美術館編　［横須賀］　横須賀美術館　2013.10
67p　25cm〈文献あり　会期：2013年9月14日—11月4日〉
Ⓝ707

神奈川県（風俗・習慣—小田原市）
◇城下町の民俗的世界—小田原の暮らしと民俗　西海賢二著
岩田書院　2014.9　771p　22cm〈内容：小田原の歴史と民俗
小田原の社会生活　小田原の生業　小田原の衣・食・住　小田
原の年中行事　小田原の社寺と信仰　小田原の人生儀礼　小
田原の祭礼と民俗芸能　小田原の都市と農村の交流　小田原
の絵馬〉Ⓘ978-4-87294-878-3　Ⓝ382.137　［18000円］

神奈川県（風俗・習慣—歴史—史料—厚木市）
◇厚木市史　民俗編　1　生活記録集　厚木市教育委員会社会教
育部文化財保護課文化財保護係編　厚木　厚木市　2014.3
774p　22cm〈文献あり〉Ⓝ213.7

神奈川県（仏像—鎌倉市）
◇運慶と鎌倉仏像をめぐる旅　霊験貴之著　平凡社
2014.6　127p　22cm　（コロナ・ブックス　193）〈文献あり〉
Ⓘ978-4-582-63484-6　Ⓝ718.02137　［1700円］

神奈川県（文化行政—大和市）
◇大和市文化芸術振興基本計画　第2期　大和市文化スポーツ部
文化振興課編　大和　大和市文化スポーツ部文化振興課
2014.5　44p　30cm　Ⓝ709.137

神奈川県（文化財—伊勢原市）
◇いせはら—史跡と文化財のまち　伊勢原市教育委員会教育部
文化財課編　第3版　伊勢原　伊勢原市教育委員会教育部文化
財課　2014.3　242p　21cm〈年表あり　文献あり　共同刊
行：伊勢原市〉Ⓝ291.37

神奈川県（文化財—藤沢市）
◇藤沢市文化財調査報告書　第49集　藤沢市生涯学習部郷土歴
史課編　［藤沢］　藤沢市教育委員会　2014.3　61, 20p
30cm　Ⓝ709.137　［非売品］

神奈川県（文化政策）
◇かながわ文化芸術振興計画—平成26年度—平成30年度　横浜
神奈川県県民局くらし県民部文化課　2014.3　73p　30cm
Ⓝ709.137

神奈川県（文化政策—横須賀市）
◇文化振興基本計画—平成26年度（2014年度）－平成33年度
（2021年度）横須賀市政策推進部文化振興課編　［横須賀］
横須賀市　2014.3　70p　30cm　Ⓝ709.137

神奈川県（防災計画）
◇神奈川県石油コンビナート等防災計画　資料編　神奈川県安
全防災局安全防災部工業保安課編　［横浜］　神奈川県石油コ
ンビナート等防災本部　2013.10　173p　30cm　Ⓝ575.5

神奈川県（砲台—横須賀市—歴史）
◇東京湾要塞跡—猿島砲台跡・千代ヶ崎砲台跡　横須賀市教育
委員会（教育総務部生涯学習課）編　横須賀　横須賀市教育委
員会　2014.3　43p　図版［15］枚　30cm　（横須賀市文化財
調査報告書　第51集）Ⓝ559.9　［700円］

神奈川県（名簿）
◇神奈川県人物・人材情報リスト　2015　第1巻　日外アソシ
エーツ株式会社編　日外アソシエーツ（制作）　2014.11　564p
30cm　Ⓝ281.37
◇神奈川県人物・人材情報リスト　2015　第2巻　日外アソシ
エーツ株式会社編　日外アソシエーツ（制作）　2014.11　p565-
1200　30cm　Ⓝ281.37
◇神奈川県人物・人材情報リスト　2015　第3巻　日外アソシ
エーツ株式会社編　日外アソシエーツ（制作）　2014.11
p1201-1858　30cm　Ⓝ281.37
◇神奈川県人物・人材情報リスト　2015　第4巻　日外アソシ
エーツ株式会社編　日外アソシエーツ（制作）　2014.11
p1859-2342　30cm　Ⓝ281.37
◇神奈川県人物・人材情報リスト　2015　第5巻　日外アソシ
エーツ株式会社編　日外アソシエーツ（制作）　2014.11
p2343-2922, 105p　30cm　Ⓝ281.37

神奈川県（要塞—横須賀市—歴史）
◇東京湾要塞跡—猿島砲台跡・千代ヶ崎砲台跡　横須賀市教育
委員会（教育総務部生涯学習課）編　横須賀　横須賀市教育委
員会　2014.3　43p　図版［15］枚　30cm　（横須賀市文化財
調査報告書　第51集）Ⓝ559.9　［700円］

神奈川県（歴史）
◇江戸時代かながわの旅—「道中記」の世界：特別展　神奈川県
立歴史博物館編　横浜　神奈川県立歴史博物館　2013.4　95p
30cm〈会期：平成25年4月27日—6月23日〉Ⓝ213.7
◇神奈川県の歴史　神崎彰利, 大貫英明, 福島金治, 西川武臣著
第2版　山川出版社　2013.12　320,40p　図版5枚　20cm　（県
史　14）〈文献あり　年表あり　索引あり〉Ⓘ978-4-634-32141-0
Ⓝ213.7　［2400円］
◇鎌倉府と相模武士　上　南北朝動乱をめぐる人間模様　湯山
学著　戎光祥出版　2014.3　262p　19cm　Ⓘ978-4-86403-
107-3　Ⓝ213.7　［2500円］
◇鎌倉府と相模武士　下　関東の大乱から戦国の時代へ　湯山
学著　戎光祥出版　2014.8　289p　19cm　Ⓘ978-4-86403-
120-2　Ⓝ213.7　［2600円］
◇相模の古代史　鈴木靖民著　高志書院　2014.10　250p
21cm　Ⓘ978-4-86215-138-4　Ⓝ213.7　［3000円］
◇地図と写真から見える！鎌倉・横浜歴史を愉しむ！　高橋伸
和著　西東社　2014.6　223p　19cm〈文献あり　索引あり〉
Ⓘ978-4-7916-2115-6　Ⓝ213.7　［1200円］
◇もっと知りたい神奈川県の歴史　小和田哲男監修　洋泉社
2014.11　189p　18cm　（歴史新書）〈文献あり　年表あり〉
Ⓘ978-4-8003-0524-4　Ⓝ213.7　［780円］

神奈川県（歴史—鎌倉市）
◇鎌倉研究の未来　中世都市研究会編　山川出版社　2014.8
236p　21cm〈内容：鎌倉研究の未来（五味文彦著）鎌倉にお
ける古典知の集積とその背景（西岡芳文著）考古学からみた
鎌倉研究の現状と課題（馬淵和子著）モノが裏づける鎌倉の
文献史（古川元也著）都市史からみた鎌倉研究の現状と未来
（秋山哲雄著）中世鎌倉における中国文化の受容（大塚紀弘
著）仏教美術を通じてみた鎌倉と東アジア（内藤浩之著）
中世鎌倉のみちと造塔（古田土俊一著）鎌倉研究の未来（高
橋慎一朗, 八重樫忠郎司会, 玉井哲雄, 永昌史子, 古田土俊一ほ
か述）〉Ⓘ978-4-634-16002-6　Ⓝ213.7　［2500円］
◇古典と歩く古都鎌倉　佐藤智広著　新典社　2014.3　237p
21cm〈年表あり〉Ⓘ978-4-7879-7854-7　Ⓝ213.7　［2200円］

神奈川県（歴史—座間市）
◇座間市史　5　通史編　下巻　座間市, 座間市教育委員会教育
部生涯学習課編　［座間］　座間市　2014.3　517p　22cm
〈共同刊行：座間市教育委員会教育部生涯学習課〉Ⓝ213.7

神奈川県（歴史—史料—逗子市）
◇「願書・訴書、御触書控、御用留」史料集—逗子市桜山石渡滋
家文書　第1集　［出版地不明］　石渡滋家文書研究同人会
2014.10　276p　26cm　Ⓝ213.7

神奈川県（歴史—横須賀市）
◇新横須賀市史　通史編　近現代　横須賀市編　横須賀　横須賀
市　2014.8　1131p　22cm　Ⓝ213.7　［4000円］

神奈川県（労働条件）
◇神奈川県働く環境に関する事業所調査結果報告書　平成25年
10月調査　横浜　神奈川県産業労働局労働部労政福祉課
2014.3　86p　30cm〈奥付のタイトル：働く環境に関する事
業所調査結果報告書〉Ⓝ366.3

神奈川県（路線価）
◇路線価図—東京国税局管内：財産評価基準書　平成25年分第
12分冊　横須賀市　三浦市　平塚市　秦野市　伊勢原市　中郡　鎌

神奈川県会

倉市 逗子市 三浦郡 藤沢市 茅ケ崎市 高座郡 東京国税局
[編] 全国官報販売協同組合 2013.7 1191p 21×30cm
〈内容：横須賀署・平塚署・鎌倉署・藤沢署〉Ⓘ978-4-86458-
046-5 Ⓝ345.5 [9429円]
◇路線価図—東京国税局管内：財産評価基準書 平成25年分第
13分冊 小田原市 南足柄市 足柄上郡 足柄下郡 相模原市 厚
木市 愛甲郡 大和市 座間市 海老名市 綾瀬市 東京国税局
[編] 全国官報販売協同組合 2013.7 1073p 21×30cm
〈内容：小田原署・相模原署・厚木署・大和署〉Ⓘ978-4-
86458-047-2 Ⓝ345.5 [8952円]
◇路線価図—東京国税局管内：財産評価基準書 平成26年分第
12分冊 横須賀市 三浦市 平塚市 伊勢原市 中郡 鎌
倉市 逗子市 三浦郡 藤沢市 茅ケ崎市 高座郡 東京国税局
[編] 全国官報販売協同組合 2014.7 1191p 21×30cm
〈内容：横須賀署・平塚署・鎌倉署・藤沢署〉Ⓘ978-4-86458-
080-9 Ⓝ345.5 [9444円]
◇路線価図—東京国税局管内：財産評価基準書 平成26年分第
13分冊 小田原市 南足柄市 足柄上郡 足柄下郡 相模原市 厚
木市 愛甲郡 大和市 座間市 海老名市 綾瀬市 東京国税局
[編] 全国官報販売協同組合 2014.7 1073p 21×30cm
〈内容：小田原署・相模原署・厚木署・大和署〉Ⓘ978-4-
86458-081-6 Ⓝ345.5 [9028円]

神奈川県会
◇神奈川県会と武相の民権家 町田市立自由民権資料館編 [町
田] 町田市教育委員会 2014.3 96p 21cm （民権ブック
ス 27号）〈年譜あり 会期・会場：2013年7月27日—9月16日
自由民権資料館企画展示室〉収録：記念講演 神奈川県会と
県令野村靖（大湖賢一述） 神奈川県会事始め（松崎稔述）
Ⓝ318.437

神奈川県山岳連盟
◇創立60周年記念誌 創立60周年記念事業実行委員会編 横浜
神奈川県山岳連盟 2014.11 193p 30cm〈年表あり 奥付
のタイトル：神奈川県山岳連盟創立60周年記念誌〉Ⓝ786.1

神奈川県種苗協同組合
◇神奈川県種苗協同組合50年史 横浜 神奈川県種苗協同組合
2014.10 200p 30cm〈年表あり 背・表紙のタイトル：50
年史〉Ⓝ611.6137

神奈川県女性薬剤師会
◇神奈川県女性薬剤師会80年史—昭和8年（1933年）からの歩み：
80th anniversary 神奈川県女性薬剤師会80年史制作委員会編
横浜 神奈川県女性薬剤師会 2014.7 124p 30cm〈年表あ
り〉Ⓝ499.06

神奈川県立総合教育センター
◇神奈川県立総合教育センター50年のあゆみ—神奈川県立総合
教育センター創立50周年記念誌 藤沢 神奈川県立総合教育
センター 2014.10 92p 30cm〈年表あり〉Ⓝ370.76

神奈川県立図書館
◇神奈川県立図書館60年の歩み—最近10年間を中心に 神奈川
県立図書館 横浜 神奈川県立図書館 2014.10 86p
30cm〈年表あり〉Ⓝ016.2137

神奈川県立保健福祉大学
◇神奈川県立保健福祉大学開学10周年記念誌 [横須賀] 神奈
川県立保健福祉大学 2013.8 157p 30cm〈年表あり〉
Ⓝ377.28

神奈川大学
◇若者は無限の可能性を持つ—学長から学生へのメッセージ
2007-2012年度 神奈川大学編 中島三千男著 御茶の水書房
2014.2 83p 21cm （神奈川大学入門テキストシリーズ）
Ⓘ978-4-275-01048-3 Ⓝ377.21 [900円]

金沢 庄三郎〔1872～1967〕
◇金沢庄三郎—地と民とは相分つべからず 石川遼子著 京
都 ミネルヴァ書房 2014.7 451,9p 20cm （ミネル
ヴァ日本評伝選）〈文献あり 著作目録あり 年譜あり 索引あ
り〉Ⓘ978-4-623-06701-5 Ⓝ289.1 [4000円]

金澤 ダイスケ〔1980～ 〕
◇週刊金澤—2007-2014 金澤ダイスケ著 スペースシャワー
ネットワーク 2014.11 335p 19cm （[SPACE SHOWER
BOOKS]）Ⓘ978-4-907435-40-0 Ⓝ767.8 [1666円]

金沢泉丘高等学校〔石川県立〕
◇金沢泉丘近十年史—2004-2013 石川県立金沢泉丘高等学校近
十年史編集委員会編 金沢 石川県立金沢泉丘高等学校
2013.10 147p 26cm〈年表あり〉Ⓝ376.48

金沢海みらい図書館
◇図書館をつくる 堀場弘,工藤和美編著 彰国社 2014.11
151p 30cm〈写真：淺川敏〉Ⓘ978-4-395-32029-5 Ⓝ016.
2143 [3800円]

金沢市（遺跡・遺物）
◇畝田・寺中遺跡 9 金沢 金沢市 2014.3 68p 図版8p
30cm （金沢市文化財紀要 293）〈石川県金沢市所在〉
Ⓝ210.0254
◇加越国境城郭群と古道調査報告書 金沢市編 金沢 金沢市
埋蔵文化財センター 2014.3 104p 図版 [8] 枚 30cm
（金沢市文化財紀要 295）〈内容：切山城跡 松根城跡 小原
越〉Ⓝ210.0254
◇片町二丁目遺跡 5番地点 金沢市埋蔵文化財センター編
[金沢] 金沢市 2014.3 52p 図版10p 30cm （金沢市文
化財紀要 291）〈石川県金沢市所在〉Ⓝ210.0254
◇金沢城跡 3 堂形(第5次調査) 金沢 石川県教育委員会
2014.3 94p 図版 [20] 枚 30cm （都心地区整備推進事業
に係る埋蔵文化財発掘調査報告書 3）〈年表あり 金沢市所在
共同刊行：石川県埋蔵文化財センター〉Ⓝ210.0254
◇金沢城跡—石川門附属太鼓塀 石川県金沢城調査研究所編
金沢 石川県金沢城調査研究所 2014.3 187p 30cm （金
沢城史料叢書 20）〈年表あり〉Ⓝ210.0254
◇金沢城跡埋蔵文化財確認調査報告書 2 石川県金沢城調査研
究所編 金沢 石川県金沢城調査研究所 2014.3 456p
30cm （金沢城史料叢書 21）Ⓝ210.0254
◇金沢城下町遺跡—丸の内7番地点 1 第1分冊 本文・遺構・
遺物編 金沢 石川県教育委員会 2014.3 386p 図版12p
30cm （名古屋高裁金沢支部・金沢地家裁庁舎新営工事に
係る埋蔵文化財発掘調査報告書 1）〈金沢市所在 共同刊行：
石川県埋蔵文化財センター〉Ⓝ210.0254
◇金沢城下町遺跡—丸の内7番地点 1 第2分冊 遺物観察表・
自然科学分析・写真図版編 金沢 石川県教育委員会 2014.3
p387-558 図版210p 30cm （名古屋高裁金沢支部・金沢地
家簡裁庁舎新営工事に係る埋蔵文化財発掘調査報告書 1）〈文
献あり 金沢市所在 共同刊行：石川県埋蔵文化財センター〉
Ⓝ210.0254
◇金沢城惣構跡 6 金沢城下町遺跡(東内惣構跡枯木橋南地点)
発掘調査報告書 金沢市埋蔵文化財センター編 [金沢] 金
沢市 2014.3 25p 図版5p 30cm （金沢市文化財紀要
292）〈石川県金沢市所在〉Ⓝ210.0254
◇小立野ユミノマチ遺跡 金沢 石川県教育委員会 2014.3
262p 図版 42p 30cm〈金沢市所在 金沢商業高等学校整備
事業に係る埋蔵文化財発掘調査報告書 共同刊行：石川県埋
蔵文化財センター〉Ⓝ210.0254
◇直江北遺跡 金沢市編 金沢 金沢市埋蔵文化財センター
2014.3 279p 図版22p 30cm （金沢市文化財紀要 294）
〈石川県金沢市所在〉Ⓝ210.0254
◇額新町遺跡 金沢 石川県教育委員会 2014.3 10p 図版2p
30cm〈金沢市所在 公営住宅建設事業(額県営住宅)に係る埋
蔵文化財発掘調査報告書 共同刊行：石川県埋蔵文化財セン
ター〉Ⓝ210.0254
◇元菊町遺跡 金沢 石川県教育委員会 2014.3 156p 図版
[21] 枚 30cm （北陸新幹線建設事業(金沢・白山総合車両
基地(仮称)間)に係る埋蔵文化財発掘調査報告書 5）〈金沢市
所在 共同刊行：石川県埋蔵文化財センター〉Ⓝ210.0254
◇八日市D遺跡 金沢 石川県教育委員会 2014.3 64p 図版
30p 30cm （北陸新幹線建設事業(金沢・白山総合車両基地
(仮称)間)に係る埋蔵文化財発掘調査報告書 6）〈金沢市所在
共同刊行：石川県埋蔵文化財センター〉Ⓝ210.0254

金沢市（遺跡・遺物—保存・修復）
◇辰巳用水附け土清水塩硝蔵跡保存管理計画書—国指定史跡 金
沢市埋蔵文化財センター編 [金沢] 金沢市 2014.3 20p
図版 [7] 枚 30cm （金沢市文化財紀要 290）Ⓝ709.143

金沢市（紀行・案内記）
◇金沢めぐりとっておき話のネタ帖—地元の観光案内人まいど
さんが紹介 北國新聞社出版局編集 金沢 北國新聞社
2014.11 193p 19cm〈文献あり〉Ⓘ978-4-8330-2001-5
Ⓝ291.43 [1100円]

金沢市（寺院建築—保存・修復）
◇金沢市卯辰山麓伝統的建造物群保存地区防災計画報告書 金
沢市都市政策局歴史文化部歴史建造物整備課編 金沢 金沢
市都市政策局歴史文化部歴史建造物整備課 2014.3 82, 21p
30cm〈年表あり〉Ⓝ518.87

金沢市（史跡名勝）
◇知られざる金沢 若林忠司著 [出版地不明] [若林忠司]
2014.2 71p 21cm Ⓝ291.43 [600円]

金沢市（商店街—歴史）
◇尾張町のむかし、いま、これから 金沢 尾張町商店街振興組
合 2014.3 244p 30cm〈文献あり 年表あり〉Ⓝ672.143

金沢市（地域開発）

◇金沢市の経済・社会・文化と都市環境整備―浜大地理（2013年度地域調査実習報告書）　木村琢郎監修　横浜　横浜市立大学国際総合科学部ヨコハマ起業戦略コース地理学教室国際都市学系地域政策コース木村ゼミナール　2014.3　380p　30cm〈文献あり　編集：小泉麻里〉Ⓝ601.143

金沢市（地誌）

◇おもしろ金沢学　新装版第4版　金沢　北國新聞社　2013.9　229p　19cm　Ⓘ978-4-8330-1953-8　Ⓝ291.43　[1200円]

◇金沢を歩く　山出保著　岩波書店　2014.7　213,4p　18cm（岩波新書　新赤版 1493）〈文献あり　索引あり〉Ⓘ978-4-00-431493-6　Ⓝ291.43　[860円]

◇金沢まちあるき　若林忠司著　[出版地不明]　[若林忠司]　2014.9　322p　21cm　Ⓝ291.43　[1500円]

◇伝統のまち金沢の今―変容する城下町の姿と課題　金沢野外地理研究会編　金沢　北國新聞社　2014.7　197p　21cm〈文献あり　内容：はじめに（中嶌正吾著）　金沢城公園（西田谷功著）　兼六園と本多の森周辺（室木直彦著）　片町・竪町・香林坊商店街（府和正一郎著）　武蔵周辺の商店街（吉岡公平著）　男川犀川沿岸と寺町台地（松浦直裕著）　女川浅野川周辺（佐渡靖昌著）　北陸新幹線金沢開業と金沢駅（寺本要著）　新副都心としての金沢駅西地域（笠間悟、能戸成人著）　山側環状道路沿線（岡島清著）　日本海側拠点港金沢港（笠間悟著）　食文化と加賀野菜（小田芳子著）　おわりに（西田谷功著）〉Ⓘ978-4-8330-1995-8　Ⓝ291.43　[1600円]

金沢市（美術教育）

◇魔法のhome―2013年度中学生まるびぃアートスクール「考え方を考える」：記録集　金沢　金沢21世紀美術館　2014.3　223p　19cm〈会期：2013年9月21日～2014年1月13日　編集：シロくま先生ほか〉Ⓘ978-4-903205-43-4　Ⓝ707

金沢市（防災計画）

◇金沢市卯辰山麓伝統的建造物群保存地区防災計画報告書　金沢市都市政策局歴史文化部歴史建造物整備課編　金沢　金沢市都市政策局歴史文化部歴史建造物整備課　2014.3　82, 21p　30cm〈年表あり〉Ⓝ518.87

金沢市（町屋―保存・修復）

◇金沢市卯辰山麓伝統的建造物群保存地区防災計画報告書　金沢市都市政策局歴史文化部歴史建造物整備課編　金沢　金沢市都市政策局歴史文化部歴史建造物整備課　2014.3　82, 21p　30cm〈年表あり〉Ⓝ518.87

金沢市（歴史）

◇金沢市校下誌―向こう三軒両隣地域の絆深く　西部地区編　金沢　北國新聞社　2014.10　122p　26cm〈年表あり〉Ⓝ214.3

金沢城

◇金沢城公園河北門復元整備工事報告書　石川県土木部公園緑地課, 石川県土木部営繕課監修, 文化財建造物保存技術協会編　金沢　石川県土木部公園緑地課　2013.3　243p　30cm〈年表あり〉Ⓝ521.823

◇金沢城普請作事史料　2　石川県金沢城調査研究所編　金沢　石川県金沢城調査研究所　2014.3　194p　30cm（金沢城史料叢書 19）Ⓝ521.823

◇重要文化財金沢城石川門修理工事報告書　文化財建造物保存技術協会編　金沢　石川県　2014.3　1冊　30cm　Ⓝ521.823

金沢21世紀美術館

◇金沢21世紀美術館オフィシャル・ミュージアム・ガイド　金沢　金沢21世紀美術館　2014.3　95p　21cm〈年表あり　英語併記〉Ⓝ706.9

カナダ（移民・植民〔日本〕―歴史）

◇日本人移民はこうして「カナダ人」になった―『日刊民衆』を武器とした日本人ネットワーク　田村紀雄著　芙蓉書房出版　2014.10　293p　19cm〈文献あり〉Ⓘ978-4-8295-0628-8　Ⓝ334.451　[2300円]

カナダ（移民・植民―歴史）

◇カナダ移民史―多民族社会の形成　ヴァレリー・ノールズ著, 細川道久訳　明石書店　2014.1　400p　20cm（世界歴史叢書）〈文献あり　索引あり〉Ⓘ978-4-7503-3946-7　Ⓝ334.451　[4800円]

◇カナダを耕した家族の物語―ヨーロッパから、そして日本から　末永和子著　叢文社　2014.7　253p　19cm　Ⓘ978-4-7947-0727-7　Ⓝ334.451　[1500円]

カナダ（インディアン―歴史）

◇優しい絆―北米毛皮交易社会の女性史1670-1870年　シルヴィア・ヴァン・カーク著, 木村和男, 田中俊弘訳　[柏]　麗澤大学出版会　2014.10　287,60p　22cm〈廣池学園事業部（発売）

文献あり　年表あり　索引あり〉Ⓘ978-4-89205-626-0　Ⓝ367.251　[4000円]

カナダ（音楽）

◇世界の弦楽四重奏団とそのレコード　第5巻　英加北欧諸国編　幸松肇著　所沢　クァルテット・ハウス・ジャパン　2013.5　240p　19cm〈内容：イギリス、カナダ、スウェーデン、オランダ他〉Ⓘ978-4-990641-35-1　Ⓝ764.24　[2000円]

カナダ（外国関係―アメリカ合衆国―歴史）

◇カナダの自立と北大西洋世界―英米関係と民族問題　細川道久著　刀水書房　2014.1　275p　22cm〈年表あり　索引あり〉Ⓘ978-4-88708-415-5　Ⓝ319.51033　[5000円]

カナダ（外国関係―イギリス―歴史）

◇カナダの自立と北大西洋世界―英米関係と民族問題　細川道久著　刀水書房　2014.1　275p　22cm〈年表あり　索引あり〉Ⓘ978-4-88708-415-5　Ⓝ319.51033　[5000円]

カナダ（紀行・案内記）

◇イザベラ・バード/カナダ・アメリカ紀行　イザベラ・バード著, 高畑美代子, 長尾史郎訳　中央公論事業出版（制作・発売）　2014.4　414p　19cm〈索引あり〉Ⓘ978-4-89514-408-7　Ⓝ295.109　[2300円]

カナダ（教育）

◇メディア・リテラシー教育における「批判的」な思考力の育成　森本洋介著　東信堂　2014.2　316p　22cm〈文献あり　索引あり〉Ⓘ978-4-7989-1219-6　Ⓝ372.51　[4800円]

カナダ（在留外国人）

◇カナダを耕した家族の物語―ヨーロッパから、そして日本から　末永和子著　叢文社　2014.7　253p　19cm　Ⓘ978-4-7947-0727-7　Ⓝ334.451　[1500円]

カナダ（在留日本人―歴史）

◇日本人移民はこうして「カナダ人」になった―『日刊民衆』を武器とした日本人ネットワーク　田村紀雄著　芙蓉書房出版　2014.10　293p　19cm〈文献あり〉Ⓘ978-4-8295-0628-8　Ⓝ334.451　[2300円]

カナダ（狩猟）

◇ヘラジカの贈り物―北方狩猟民カスカと動物の自然誌　山口未花子著　横浜　春風社　2014.2　378p　19cm〈文献あり　内容：ヘラジカの贈り物　カナダ先住民カスカ　日々の狩猟採集活動　狩猟を学ぶ　カスカの民族動物　狩猟民カスカの今日〉Ⓘ978-4-86110-383-4　Ⓝ384.35　[3200円]

カナダ（女性―歴史）

◇優しい絆―北米毛皮交易社会の女性史1670-1870年　シルヴィア・ヴァン・カーク著, 木村和男, 田中俊弘訳　[柏]　麗澤大学出版会　2014.10　287,60p　22cm〈廣池学園事業部（発売）文献あり　年表あり　索引あり〉Ⓘ978-4-89205-626-0　Ⓝ367.251　[4000円]

カナダ（地誌）

◇写真記録100年前の世界　9　カナダ・ラテンアメリカ　内藤民治編著　大空社　2014.5　1冊　22cm〈索引あり　「世界實觀　第9巻」（日本風俗圖繪刊行會　大正5年刊）の複製　英語併記〉Ⓘ978-4-283-01178-6,978-4-283-00645-4 (set),978-4-283-00646-1 (set)　Ⓝ290.8　[12500円]

カナダ（統合教育）

◇分けないから普通学級のない学校―カナダBC州のインクルーシブ教育　一木玲子, 長瀬修, 和田明[執筆]　国民教育文化総合研究所編集　アドバンテージサーバー　2014.7　78p　21cm〈内容：講演者の紹介と来日の経緯（鈴木真帆述）　インクルーシブ教育の原点を考えよう！（ノーマン・クンツ, エマ・ヴァンダー＝クリフト述, 鈴木真帆訳）　キングスウッド小学校のとりくみ（和田明著）　BC州の学校教育制度とインクルーシブ教育の実践紹介（一木玲子著）　親の会とインクルーシブ教育（長瀬修著）　制度の変革（ラリー・ウェルズ述, 長瀬修訳）〉Ⓘ978-4-86446-025-5　Ⓝ378.0251　[700円]

カナダ（農業政策）

◇海外農業・貿易事情調査分析（米州）報告書　[東京]　三菱UFJリサーチ＆コンサルティング　2014.3　131p　30cm〈平成25年度海外農業・貿易事情調査分析事業〉Ⓝ612.53

カナダ（貿易―イギリス―歴史）

◇カナダの商工業者とイギリス帝国経済―1846～1906　福士純著　刀水書房　2014.5　342p　22cm〈文献あり　索引あり　布装　内容：序論　一九世紀後半におけるカナダ製造業者と保護主義運動　一九世紀後半におけるイギリス帝国経済統合論とカナダ　一八八六年「植民地・インド博覧会」とカナダ　米加通商同盟論とカナダ経済　カナダ商業会議所と帝国特恵論　カナダ製造業者協会と帝国特恵論　イギリス関税改革運

カナダ（貿易政策—歴史）　　　　　　　　　　　　　　　　　　　　　　　日本件名図書目録2014　I

動とカナダ商業会議所　イギリス関税改革運動とカナダ製造
業者　結論〉①978-4-88708-419-3　Ⓝ678.12　［6500円］

カナダ（貿易政策—歴史）
◇カナダの商工業者とイギリス帝国経済—1846～1906　福士純
著　刀水書房　2014.5　342p　22cm〈文献あり　索引あり
布装　内容：序論　一九世紀後半におけるカナダ製造業者と
保護主義運動　一九世紀後半におけるイギリス帝国経済統合
論とカナダ　一八八六年「植民地・インド博覧会」と今日の
米加通商同盟論とカナダ経済　カナダ商業会議所と帝国特恵
論　カナダ製造業者協会と帝国特恵論　イギリス関税改革運
動とカナダ商業会議所　イギリス関税改革運動とカナダ製造
業者　結論〉①978-4-88708-419-3　Ⓝ678.12　［6500円］

カナダ（民族）
◇ヘラジカの贈り物—北方狩猟民カスカと動物の自然誌　山口
未花子著　横浜　春風社　2014.2　378p　19cm〈文献あり
内容：ヘラジカの贈り物　カナダ先住民カスカ　今日の狩猟
採集活動　狩猟を学ぶ　カスカの民族動物　狩猟民カスカの
今日〉①978-4-86110-383-4　Ⓝ384.35　［3200円］

金原 至〔1932～ 〕
◇宝物はグラウンドのなかに—「人間愛が人をつくる」…金原至
の世界　指崎泰利著　グローバル教育出版　2013.9　221p
22cm〈年譜あり〉①978-4-86512-017-2　Ⓝ783.3　［1800円］

金丸〔氏〕
◇遠い日の人たち—両親の系譜を尋ねて　金丸純一, 金丸新樹著
青娥書房　2014.9　175p　図版8p　22cm　①978-4-7906-
0322-1　Ⓝ288.2

金目川
◇水と生きる里—金目の風土とその魅力：2013年度春期特別展
平塚　平塚市博物館　2014.3　62p　30cm〈会期：2014年3月
15日～5月11日　共同刊行：エコミュージアム金目まるごと博
物館　折り込 1枚〉Ⓝ213.7

金森 徳次郎〔1886～1959〕
◇金森徳次郎の憲法思想の史的研究　霜村光寿著　　同成社
2014.12　283p　22cm　①978-4-88621-684-7　Ⓝ323.12
［6000円］

カナリス, W.〔1887～1945〕
◇ドイツ国防軍情報部とカナリス提督—世界最大の情報組織を
動かした反ヒトラー派の巨人　広田厚司著　潮書房光人社
2014.11　364p　16cm　（光人社NF文庫　ひN-855）①978-4-
7698-2855-6　Ⓝ391.2074　［850円］

瓜南 直子〔1955～2012〕
◇絵画を生きて—月の消息　瓜南直子, 瓜南直子文集刊行委
員会編　刊行社　2014.6　281p　20cm〈文献あり　作品目録
あり　年譜あり　内容：兎神国の国造り　日々、発酵し熟成す
るもの　寝目物語　心に焼きついた詩の一行のように　味の
スケッチ　絵の神様が、私を手放すはずはないんだ〉①978-4-
86182-484-5　Ⓝ721.9　［2000円］

河南町〔大阪府〕（遺跡・遺物）
◇芹生谷遺跡　3　大阪　大阪府教育委員会　2013.12　30p　図
版 18枚　30cm　（大阪府埋蔵文化財調査報告 2013-1）
Ⓝ210.0254

可児市（遺跡・遺物）
◇今渡遺跡　岐阜県文化財保護センター編　岐阜　岐阜県文化
財保護センター　2014.3　78p　図版13p　30cm　（岐阜県文
化財保護センター調査報告書 第130集）Ⓝ210.0254
◇柿田遺跡（道の駅地点）・ほうの木古窯跡　可児市教育委員会
編　可児　可児市教育委員会　2014.3　49p　30cm　（可児市
埋文調査報告 45）〈市開発事業に伴う発掘調査報告書〉
Ⓝ210.0254
◇可児市内遺跡発掘調査報告書　平成22-25年度　可児市教育
委員会編　可児　可児市教育委員会　2014.12　41p　30cm
（可児市埋文調査報告 47）Ⓝ210.0254
◇坂戸上野遺跡・古墳発掘調査報告書　可児市教育委員会編
可児　可児市教育委員会　2014.9　46p　30cm　（可児市埋文
調査報告 46）〈運動公園整備事業に伴う発掘調査報告書〉
Ⓝ210.0254

鹿沼市粟野財産区
◇粟野財産区史—その誕生から探る未来の森づくり：1955-2014
鹿沼　栃木県鹿沼市粟野財産区議会　2014.12　151p　31cm
〈年表あり〉Ⓝ318.232

金ケ崎町〔岩手県〕（遺跡・遺物）
◇石田遺跡　金ケ崎町中央生涯教育センター編　［金ケ崎町（岩
手県）］　金ケ崎町教育委員会　2014.3　68p　30cm　（岩手
県金ケ崎町文化財調査報告書 第71集）〈岩手県胆沢郡金ケ崎
町西根所在〉Ⓝ210.0254

◇金ケ崎城跡・白糸遺跡—第4次調査報告書, 第3・4・5・6次調
査報告書　金ケ崎町中央生涯教育センター編　［金ケ崎町（岩
手県）］　金ケ崎町教育委員会　2014.3　88p　30cm　（岩手
県金ケ崎町文化財調査報告書 第72集）〈岩手県胆沢郡金ケ崎
町西根所在〉Ⓝ210.0254

金ケ崎町〔岩手県〕（自然保護）
◇生物多様性保全計画（生物多様性かねがさき地域戦略）策定事
業報告書　平成25年度　［金ケ崎町（岩手県）］　岩手県金ケ崎
町　2014.3　58p　30cm　Ⓝ519.8122

金ケ崎町〔岩手県〕（生物多様性）
◇生物多様性保全計画（生物多様性かねがさき地域戦略）策定事
業報告書　平成25年度　［金ケ崎町（岩手県）］　岩手県金ケ崎
町　2014.3　58p　30cm　Ⓝ519.8122

金ケ崎町〔岩手県〕（地誌）
◇奥州おもしろ学　奥州おもしろ学編　改訂版　奥州　奥州お
もしろ学　2014.3　142p　21cm　Ⓝ291.22　［1000円］

カーネギー, A.〔1835～1919〕
◇カーネギー図書館—歴史と影響　ジョージ・S. ボビンスキー
著，川崎良孝, 川崎智子訳　京都　京都図書館情報学研究会
2014.3　271p　22cm　（日本図書館協会（発売）　文献あり）
①978-4-8204-1318-9　Ⓝ016.253　［5000円］

カーネギー, D.〔1888～1955〕
◇デール・カーネギー　上　スティーブン・ワッツ著，菅靖彦訳
河出書房新社　2014.10　272p　20cm　①978-4-309-24679-6
Ⓝ289.3　［2000円］

◇デール・カーネギー　下　スティーブン・ワッツ著，菅靖彦訳
河出書房新社　2014.10　310p　20cm　①978-4-309-24680-2
Ⓝ289.3　［2300円］

金子 堅太郎〔1853～1942〕
◇金子堅太郎—槍を立てて登城する人物になる　松村正義著
京都　ミネルヴァ書房　2014.1　284,4p　20cm　（ミネル
ヴァ日本評伝選）〈文献あり　年譜あり　索引あり〉①978-4-
623-06962-0　Ⓝ289.1　［3500円］

金子 哲雄〔1971～2012〕
◇金子哲雄の妻の生き方—夫を看取った500日　金子稚子著　小
学館　2014.2　233p　15cm　（小学館文庫　か33-1）①978-4-
09-406017-1　Ⓝ289.1　［495円］

◇僕の死に方—エンディングダイアリー500日　金子哲雄著　小
学館　2014.2　250p　15cm　（小学館文庫　か33-2）〈2012年
刊に追補を加えたもの〉①978-4-09-406020-1　Ⓝ289.1　［533
円］

金子 兜太〔1919～ 〕
◇語る兜太—わが俳句人生　金子兜太著，黒田杏子聞き手　岩
波書店　2014.6　275p　20cm　〈著作目録あり　年譜あり〉
①978-4-00-025982-8　Ⓝ911.362　［2200円］
◇他界　金子兜太著　講談社　2014.12　205p　19cm　①978-4-
06-219139-5　Ⓝ911.362　［1300円］

金子 知太郎〔1923～2014〕
◇思い出づるままに　金子知太郎著　金子多惠子　2014.12
89p　21cm〈年譜あり〉Ⓝ289.1

金子 みすゞ〔1903～1930〕
◇金子みすゞ再発見—新しい詩人像を求めて　堀切実, 木原豊美
著　勉誠出版　2014.6　326p　20cm〈内容：エピソード記憶
の力（堀切実著）　母恋の詩人（木原豊美著）　金子みすゞの
人と文学を語る（木原豊美述）　みすゞの詩の生成とその背景
（堀切実著）「繭とお墓」誕生の秘密（木原豊美著）　金子み
すゞの色彩表現（堀切実著）　仰ぐ（木原豊美著）　みすゞの世
紀・さみしい詩人（木原豊美著）　仙崎の俳句風景（中谷貞女
著）　下関のみすゞ風景（倉本昭著）〉①978-4-585-29504-4
Ⓝ911.52　［2800円］

◇金子みすゞ作品鑑賞事典　詩と詩論研究会編　勉誠出版
2014.11　241p　20cm〈年譜あり〉①978-4-585-20025-3
Ⓝ911.52　［2400円］

◇念仏に生きた金子みすゞと良寛　姫路龍正著　京都　探究社
2013.2　126p　19cm〈「金子みすゞの詩情の底に流れる慈悲」
の改訂〉①978-4-88483-917-8　Ⓝ188.74　［1300円］

金子 光晴〔1895～1975〕
◇ゆるゆる人生のみつけかた—金子光晴の名言から　鈴村和成,
野村喜和夫著　言視舎　2014.1　219p　20cm〈年譜あり〉
①978-4-905369-78-3　Ⓝ911.52　［2200円］

金田 直次郎〔1951～2012〕
◇扶桑と唐土の間を駆けて—金田直次郎君追悼集　金田直次郎
君追悼集刊行会編　［東京］　金田直次郎君追悼集刊行会
2014.2　254p　21cm〈年譜あり〉Ⓝ289.1

ガネット, R.S. 〔1923～ 〕
◇「エルマーの冒険」に学ぶ観光　平居謙編著　名古屋　樹林舎　2014.3　343p　19cm　（樹林舎叢書）〔人間社（発売）〕内容：エルマーの素敵なコミュニケーション術（平居謙述）　言語獲得過程の喩として読むエルマーの物語（平居謙述）　英語で楽しむエルマーの冒険（池田聖子,平居謙述）　「芸術観光学」理論芸術観光学の方法による楽しみ方（平居謙著）　ねことエルマーとりゅう（平居謙著）　『エルマー三部作』観光学16の主題（平居謙著）　『エルマーのぼうけん』とアメリカ児童労働規制の歴史（福永英彦著）　もうひとつの『エルマーの冒険』（平居謙著）　文学の表現技巧（西村成樹著）　ファンタジーにおける竜の系譜と児童文学の現在（永橋ひかり著）　『エルマーのぼうけん』はなかった（橋本文月著）　一九五一年のトライアングル（平居謙著）〉①978-4-931388-77-2　Ⓝ933.7　〔1600円〕

兼常 清佐 〔1885～1957〕
◇音楽格闘家兼常清佐の生涯　蒲生美津子著　大空社　2013.11　568p　22cm　〈文献あり　年譜あり　索引あり〉①978-4-283-00649-2　Ⓝ289.1　〔7000円〕

カネボウ株式会社
◇幻の門―カネボウの興亡　人生ドラマ編：人間がいかに生きたか　大林年雄著　大阪　新風書房　2014.5　122p　19cm　①978-4-88269-800-5　Ⓝ586.0921　〔926円〕

兼松商店
◇複式簿記・会計史と「合理性」言説―兼松史料を中心に　山地秀俊,藤村聡著　神戸　神戸大学経済経営研究所　2014.3　288p　22cm　（研究叢書　74）〈文献あり〉Ⓝ336.91　〔非売品〕

包行〔氏〕
◇初代刀祖を求めて　包行良人編集委員長　うきは　筑水キャニコム　2013.12　196p　29cm　〈年表あり　文献あり〉Ⓝ288.2

嘉納 愛子 〔1907～ 〕
◇五十、六十、花なら蕾七十、八十、花盛り　嘉納愛子著　扶桑社　2014.6　151p　19cm　①978-4-594-07069-4　Ⓝ289.1　〔1300円〕
◇107歳生きるならきれいに生きよう！　嘉納愛子著　潮出版社　2014.3　173p　19cm　①978-4-267-01973-9　Ⓝ289.1　〔1400円〕

狩野 山雪 〔1589～1651〕
◇辻惟雄集　5　又兵衛と山雪　辻惟雄著,青柳正規,河野元昭,小林忠,酒井忠康,佐藤康宏,山下裕二編集委員　岩波書店　2014.5　243,5p　23cm　〔布装〕内容：綺嬌の画家　岩佐又兵衛　桃山の巨木の痙攣　山雪の奇想　妙心寺天球院障壁画と狩野山楽・山雪〉①978-4-00-028655-8　Ⓝ702.1　〔3400円〕

嘉納 治五郎 〔1860～1938〕
◇嘉納治五郎と安部磯雄―近代スポーツと教育の先駆者　丸屋武士著　明石書店　2014.9　307p　20cm　〈文献あり〉①978-4-7503-4070-8　Ⓝ789.2　〔2600円〕
◇現代スポーツは嘉納治五郎から何を学ぶのか―オリンピック・体育・柔道の新たなビジョン　日本体育協会監修,菊幸一編著　京都　ミネルヴァ書房　2014.9　336,8p　21cm　〈年表あり　索引あり　内容：嘉納治五郎は日本の体育やスポーツをどのように考えていたのか（菊幸一著）　「幻の東京オリンピック」と大日本体育協会（田原淳子著）　なぜオリンピックを東京に招致しようとするのか（清水論著）　嘉納治五郎の考えた国民体育（真田久著）　スポーツによる関東大震災直後の復興への試み（真田久著）　嘉納治五郎は「体育」をどのように考えていたのか（友添秀則著）　“柔道”と“スポーツ”の相克（永木耕介著）　嘉納治五郎と女子柔道（山口香著）　嘉納治五郎が理想とした柔道（山口香,溝口紀子著）　現代における「自他共栄」主義の実践的啓発（永木耕介著）　女性スポーツの競技化とその課題（山口香,溝口紀子著）　現代スポーツを考えるために（村田直樹,菊幸一著）　嘉納治五郎に学ぶ日本のスポーツのこれから（菊幸一著）〉①978-4-623-07128-9　Ⓝ789.2　〔2800円〕

加納 宗七 〔1827～1887〕
◇草莽の湊神戸に名を刻んだ加納宗七伝　松田裕之著　朱鳥社　2014.10　309p　19cm　〔星雲社（発売）〕文献あり　年表あり　索引あり〉①978-4-434-19867-0　Ⓝ289.1　〔1800円〕

狩野 探幽 〔1602～1674〕
◇狩野探幽―御用絵師の肖像　榊原悟著　京都　臨川書店　2014.6　824p　22cm　〈年譜あり〉①978-4-653-04085-9　Ⓝ721.4　〔7500円〕
◇巨匠狩野探幽の誕生―江戸初期、将軍も天皇も愛した画家の才能と境遇　門脇むつみ著　朝日新聞出版　2014.10　30,273,7p　19cm　（朝日選書　925）〈文献あり　索引あり〉①978-4-02-263025-4　Ⓝ721.4　〔1700円〕

狩野 豊太郎 〔1923～2013〕
◇土地に夢を描いて　狩野豊太郎〔著〕,秋田魁新報社編　秋田　秋田魁新報社　2014.8　143p　18cm　（さきがけ新書）〈年譜あり〉①978-4-87020-355-6　Ⓝ289.1　〔800円〕

加納 久朗 〔1886～1963〕
◇国際人（コスモポリタン）・加納久朗の生涯　高崎哲郎著　鹿島出版会　2014.4　253p　20cm　〈文献あり　年譜あり〉①978-4-306-09434-5　Ⓝ289.1　〔2600円〕

叶 雄作 〔1949～ 〕
◇七転び八起きの人生劇場　叶雄作著　文芸社　2014.8　170p　15cm　①978-4-286-14993-6　Ⓝ289.1　〔600円〕

鹿屋市 〔遺跡・遺物〕
◇稲荷山遺跡・宇都上遺跡、早山遺跡・鎮守山遺跡　鹿児島県立埋蔵文化財センター編　〔霧島〕鹿児島県立埋蔵文化財センター　2013.2　256p　図版　2枚　30cm　（鹿児島県立埋蔵文化財センター発掘調査報告書　177）〈鹿屋市花岡町・古里町所在〉Ⓝ210.0254

蒲島 郁夫 〔1947～ 〕
◇くまモン博士、カバさん―蒲島郁夫、華の半生　永野芳宣著　財界研究所　2013.10　273p　20cm　①978-4-87932-096-4　Ⓝ289.1　〔1500円〕
◇私がくまモンの上司です―ゆるキャラを営業部長に抜擢した「皿を割れ」精神　蒲島郁夫著　祥伝社　2014.3　253p　19cm　①978-4-396-61486-7　Ⓝ318.294　〔1380円〕

椛島 勝一 〔1888～1965〕
◇心の流浪挿絵画家・樺島勝一　大橋博之著　福岡　弦書房　2014.3　265p　21cm　〈文献あり　年譜あり〉①978-4-86329-098-3　Ⓝ726.501　〔2200円〕

樺戸集治監
◇樺戸監獄―「行刑のまち」月形の歴史　熊谷正吉著　改訂　月形町（北海道）月形ライオンズクラブ　2014.5　214p　19cm　〈かりん舎（発売/制作）　文献あり　年譜あり　初版：北海道新聞社　1992年刊〉①978-4-902591-18-7　Ⓝ326.52　〔1200円〕

カフエーパウリスタ
◇「銀ブラ」の語源を正す―カフエーパウリスタと「銀ブラ」星田宏司,岡本秀徳著　いなば書房　2014.3　204p　20cm　〔星雲社（発売）〕内容：「銀ブラ」の語源を正す（星田宏司著）　「銀ブラ」語源異説録（岡本秀徳著）〉①978-4-434-18434-5　Ⓝ673.98　〔1500円〕

カフェ・ヴィヴモン・ディモンシュ
◇鎌倉のカフェで君を笑顔にするのが僕の仕事　堀内隆志著　mille books　2014.4　140p　19cm　〈サンクチュアリ・パブリッシング（発売）〉①978-4-902744-70-5　Ⓝ673.98　〔1000円〕

カフカ, F. 〔1883～1924〕
◇カフカらしくないカフカ　明星聖子著　慶應義塾大学出版会　2014.6　277p　20cm　〈文献あり〉①978-4-7664-2150-7　Ⓝ940.278　〔2400円〕
◇境界としてのテクスト―カフカ・物語・言説　三谷研爾著　諏訪　鳥影社・ロゴス企画　2014.3　253p　19cm　〈内容：カフカのリアリズム　予定された不調和　物語の臨界　物語と幻想性　歴史への回帰　メディアの多声法　置き換えられた文学史　多言語都市と境界的アイデンティティ　地域と民族のあいだ〉①978-4-86265-440-3　Ⓝ940.278　〔1700円〕
◇yaso―特集＋カフカの読みかた　ステュディオ・パラボリカ　2014.10　174p　21cm　〔別タイトル：夜想〕①978-4-902916-32-4　Ⓝ940.278　〔1500円〕

歌舞伎町 〔東京都新宿区〕
◇歌舞伎町アウトロー伝説　溝口敦、夏原武、鈴木智彦、小野登志郎ほか著　宝島社　2014.2　221p　16cm　（宝島SUGOI文庫　Ａみ-5-3）〈年表あり　『新宿歌舞伎町黒歴史大全』(2013年刊）の改題、改訂　内容：激動の歌舞伎町ヤクザ興亡史（溝口敦著）　歌舞伎町「ヤクザマンション」は良き好日（鈴木智彦著）　新宿の帝王加納貢の肖像（鈴木智彦著）　二率会が消えた日（神崎著）　それでも「ミカジメ」はなくならない（神崎著）　「歌舞伎町の案内人」李小牧、禁断の回想（神崎著）　風俗の聖地、回想録（神崎著）　「水商売」怒濤の興亡録（神崎著）　影탄臣直我が“カネ稼ぎ”の道（神崎著）　「新宿ゴールデン街」は不死鳥の如く（鈴木光司著）　欲望の巨大コンツェルン「森下グループ」野望の歴史（窪田順生著）　44人が死亡した「明星56ビル火災事件」12年目の真実（神崎著）　歌舞伎町「浄化作戦」とは何だったのか（李菁著）　新宿歌舞伎町で邂逅した関東連合と怒羅権（小野登志郎著）　歌舞伎町地下銀行とマネーロンダリングの変遷（神崎著）　歌舞伎町の闇に蠢いた外国人マフィアの相関図（神崎著）　韓国クラブ、その隆盛と黄昏（夏原武著）　コリアンストリートが「右翼通り」と呼ばれた時代（神崎著）〉①978-4-8002-2283-1　Ⓝ368.021361　〔650円〕

◇歌舞伎町スナイパー──韓国人カメラマンの18年戦記　権徹著　宝島社　2014.9　286p　16cm　（宝島SUGOI文庫　Aこ−6-1）①978-4-8002-2760-7　Ⓝ302.1361　[640円]

◇激撮！歌舞伎町24時──タブー写真399連発　週刊大衆編集部編集，権徹，清平はじめ，神山文写真　双葉社　2014.5　199p　19cm　〈週刊大衆特別編集〉①978-4-575-30674-3　Ⓝ368.021361　[600円]

カブドットコム証券株式会社

◇カブドットコム証券創業15周年記念社史──「創る」「磨く」そして、「貫く」　カブドットコム証券　2014.11　61p　19×19cm　〈年表あり〉Ⓝ338.17

鏑木清方〔1878～1972〕

◇鏑木清方江戸東京めぐり　宮崎徹監修・文　求龍堂　2014.8　110p　22cm　〈文献あり　年譜あり〉①978-4-7630-1437-5　Ⓝ721.9　[2200円]

河北新報社

◇河北新報のいちばん長い日──震災下の地元紙　河北新報社著　文藝春秋　2014.3　301p　16cm　〈文春文庫　か65-1〉①978-4-16-790059-5　Ⓝ070.2123　[750円]

河北町〔山形県〕（歴史─史料）

◇河北町史資料　第13号　今田弥兵衛家文書　中巻　河北町誌編纂委員会編　［河北町(山形県)］河北町　2014.2　31，266p　21cm　Ⓝ212.5

◇河北町史資料　第14号　今田弥兵衛家文書　下巻　河北町誌編纂委員会編　［河北町(山形県)］河北町　2014.11　35，258p　21cm　Ⓝ212.5

河北町〔山形県〕（歴史─史料─書目）

◇町誌編さん資料─資料目録　河北町誌編さん委員会編　河北町(山形県)　河北町政策推進課情報係　2014.1　73p　30cm　Ⓝ212.5

釜石市（遺跡・遺物）

◇屋形遺跡発掘調査報告書　岩手県文化振興事業団埋蔵文化財センター編　釜石　岩手県釜石市　2014.3　77p　30cm　（岩手県文化振興事業団埋蔵文化財調査報告書　第629集）〈漁業集落防災機能強化事業(大石地区)関連遺跡発掘調査　共同刊行：岩手県文化振興事業団〉Ⓝ210.0254

釜石市（災害復興）

◇「被災地における自立型スマートコミュニティ形成に関する実証研究」委託業務─平成25年度地球温暖化対策技術開発・実証研究事業　［東京］早稲田環境研究所　2014.3　1冊　30cm　〈平成25年度環境省委託業務　標題紙のタイトル：被災地における自立型スマートコミュニティ形成に関する実証研究成果報告書　共同刊行：早稲田総研イニシアティブ〉Ⓝ518.8

◇〈持ち場〉の希望学──釜石と震災、もう一つの記憶　東大社研，中村尚史，玄田有史編　東京大学出版会　2014.12　405,8p　19cm　〈年表あり　索引あり　内容：釜石の希望学(玄田有史著)　釜石における震災の記憶(中村尚史著)　褒められない人たち(中村圭介著)　「持ち場」と家族(竹村祥子著)　釜石のある消防関係者の記憶(佐藤慶一著)　調査船の避難行動を担う(加瀬和俊著)　市職員へのサポート(塩沢健一著)　そのとき、政治は(宇野重規著)　発災から避難所閉鎖までの5か月間の市民と市職員の奮闘(吉野英岐著)　「住まいの見通し」はなぜ語りづらいのか(西野淑美著)　「住まいの選択」をめぐる困難さ(石倉義博著)　点と点、そして点(佐藤由紀著)　「ねおす」から「さんつな」へ(大堀研著)　東日本大震災と釜石市(佐々木守著)　鉄の絆の復興支援(東義浩著)　釜石と共に生きる製鉄所として、地域支援と事業の復旧に取り組む(中村尚史編・解題)〉①978-4-13-033072-5　Ⓝ369.31　[2800円]

◇よみがえれ釜石！──官民連携による復興の軌跡　枝見太朗著　ぎょうせい　2014.4　289p　21cm　①978-4-324-09798-4　Ⓝ369.31　[1800円]

釜石市（スマートシティ）

◇「被災地における自立型スマートコミュニティ形成に関する実証研究」委託業務─平成25年度地球温暖化対策技術開発・実証研究事業　［東京］早稲田環境研究所　2014.3　1冊　30cm　〈平成25年度環境省委託業務　標題紙のタイトル：被災地における自立型スマートコミュニティ形成に関する実証研究成果報告書　共同刊行：早稲田総研イニシアティブ〉Ⓝ518.8

釜石市（津波）

◇3・11その時、私は──東日本大震災・津波体験集　第3集　宮古釜石・東日本大震災を記録する会　2014.3(第3刷)　171p　21cm　〈共同刊行：平和・民主・革新の日本をめざす釜石地域の会〉Ⓝ916

釜石市〔東日本大震災〔2011〕─被害〕

◇3・11その時、私は──東日本大震災・津波体験集　第3集　宮古釜石・東日本大震災を記録する会　2014.3(第3刷)　171p　21cm　〈共同刊行：平和・民主・革新の日本をめざす釜石地域の会〉Ⓝ916

◇〈持ち場〉の希望学──釜石と震災、もう一つの記憶　東大社研，中村尚史，玄田有史編　東京大学出版会　2014.12　405,8p　19cm　〈年表あり　索引あり　内容：釜石の希望学(玄田有史著)　釜石における震災の記憶(中村尚史著)　褒められない人たち(中村圭介著)　「持ち場」と家族(竹村祥子著)　釜石のある消防関係者の記憶(佐藤慶一著)　調査船の避難行動を担う(加瀬和俊著)　市職員へのサポート(塩沢健一著)　そのとき、政治は(宇野重規著)　発災から避難所閉鎖までの5か月間の市民と市職員の奮闘(吉野英岐著)　「住まいの見通し」はなぜ語りづらいのか(西野淑美著)　「住まいの選択」をめぐる困難さ(石倉義博著)　点と点、そして点(佐藤由紀著)　「ねおす」から「さんつな」へ(大堀研著)　東日本大震災と釜石市(佐々木守著)　鉄の絆の復興支援(東義浩著)　釜石と共に生きる製鉄所として、地域支援と事業の復旧に取り組む(中村尚史編・解題)〉①978-4-13-033072-5　Ⓝ369.31　[2800円]

釜石市〔東日本大震災〔2011〕─被害─写真集〕

◇葉脈の街に明日を探して──東日本大震災釜石レポート：2011.7～2014.2　菊池和子写真・文　遊行社　2014.3　57p　26cm　①978-4-902443-26-4　Ⓝ369.31　[1800円]

釜ヶ崎芸術大学

◇釜ヶ崎芸術大学2013報告書　こえとことばとこころの部屋編　［大阪］こえとことばとこころの部屋　2014.3　64p　21×30cm　①978-4-9904096-2-3　Ⓝ379.4　[1000円]

鎌ケ谷市（遺跡・遺物）

◇鎌ケ谷市内遺跡発掘調査概報　平成25年度　鎌ケ谷市教育委員会編　［鎌ケ谷］鎌ケ谷市教育委員会　2014.3　24p　図版16p　30cm　（鎌ケ谷市埋蔵文化財調査報告第29集）〈内容：白子no.1遺跡．2-3次　根郷貝塚(5次)・万福寺境内遺跡　中富遺跡．2次　南向遺跡　向山no.1遺跡．10-12次　丸山遺跡．3次　下総小金中野牧跡野馬土手(測量)　初富字東野所在野馬土手　東初富一丁目所在野馬土手　中台no.3遺跡〉Ⓝ210.0254

鎌ケ谷市（歴史）

◇鎌ケ谷市史　上巻　鎌ケ谷市教育委員会編　改訂版　鎌ケ谷市　2014.3　689p　22cm　Ⓝ213.5

◇高度経済成長と鎌ケ谷──平成25年度鎌ケ谷市郷土資料館企画展　鎌ケ谷市郷土資料館編　鎌ケ谷　鎌ケ谷郷土資料館　2013.12　40p　30cm　〈文献あり〉Ⓝ213.5

鎌倉市（遺跡・遺物）

◇鎌倉市埋蔵文化財緊急調査報告書──平成25年度発掘調査報告30　第1分冊　鎌倉市教育委員会編　［鎌倉］鎌倉市教育委員会　2014.3　10，363p　30cm　〈内容：瑞泉寺周辺遺跡群　大倉幕府周辺遺跡群　名越ヶ谷遺跡　大倉幕府周辺遺跡群　大慶寺旧境内遺跡　福泉やぐら群　坂ノ下遺跡〉Ⓝ210.0254

◇鎌倉市埋蔵文化財緊急調査報告書──平成25年度発掘調査報告30　第2分冊　鎌倉市教育委員会編　2014.3　360p　30cm　〈内容：玉縄城跡　上杉定正邸跡新善光寺跡　若宮大路周辺遺跡群　米町遺跡　田楽辻子周辺遺跡〉Ⓝ210.0254

◇下馬周辺遺跡　第1分冊　横浜　かながわ考古学財団　2014.3　443p　図版2枚　30cm　（かながわ考古学財団調査報告301）〈鎌倉警察署建設工事に伴う発掘調査〉Ⓝ210.0254

◇下馬周辺遺跡　第2分冊　横浜　かながわ考古学財団　2014.3　p445-604　図版108p　30cm　（かながわ考古学財団調査報告301）〈鎌倉警察署建設工事に伴う発掘調査〉Ⓝ210.0254

◇長善寺跡発掘調査報告書　斉藤建設編　［鎌倉］鎌倉市教育委員会　2014.3　50p　図版10p　30cm　〈神奈川県鎌倉市所在　名越クリーンセンター施設設置に伴う埋蔵文化財発掘調査〉Ⓝ210.0254

◇若宮大路周辺遺跡群発掘調査報告書──小町二丁目5番27、32、34、35地点　斉藤建設(文化財事業部)編　鎌倉　斉藤建設　2014.6　50p　図版10p　30cm　〈神奈川県鎌倉市所在〉Ⓝ210.0254

鎌倉市（紀行・案内記）

◇鎌倉の地元遺産100　鎌倉地元民の会編　毎日新聞社　2014.10　125p　21cm　①978-4-620-32277-3　Ⓝ291.37　[1300円]

◇藤原正彦、美子のぶらり歴史散歩　藤原正彦，藤原美子著　文藝春秋　2014.9　223p　16cm　〈文春文庫　ふ26-4〉①978-4-16-790192-9　Ⓝ291.36　[540円]

鎌倉市（里山）

◇里山ってなんだ！──「やま」の手入れはなぜ必要なの？：鎌倉の美しい里山継承プロジェクト3年間の足跡　北鎌倉湧水ネットワーク企画・編集　秦野　夢工房　2014.3　63p　21cm　①978-4-86158-063-5　Ⓝ654.02137　[500円]

日本件名図書目録2014　Ⅰ　　　　　　　　　　　　　　　　　　　　　　　　香美町〔兵庫県〕（古墳）

鎌倉市（史跡名勝）
◇知れば楽しい古都散策鎌倉謎解き街歩き　原田寛著　実業之日本社　2014.9　221p　18cm　（じっぴコンパクト新書 206）〈文献あり〉Ⓘ978-4-408-00863-9　Ⓝ291.37　［800円］

鎌倉市（地蔵）
◇鎌倉古寺歴訪―地蔵菩薩を巡る　山越実著　鎌倉　かまくら春秋社出版事業部　2014.10　402p　20cm〈文献あり〉Ⓘ978-4-7740-0637-6　Ⓝ387.4　［1600円］

鎌倉市（写真集）
◇鎌倉・逗子・葉山の昭和―写真アルバム　長岡　いき出版　2014.3　279p　31cm〈神奈川県教科書販売（発売）文献あり〉Ⓘ978-4-904614-46-4　Ⓝ213.7　［9514円］

◇昭和の鎌倉風景―around 1955：竹腰眞一写真集　竹腰眞一［撮影］　鎌倉　冬花社　2014.5　93p　30cm　Ⓘ978-4-925236-95-9　Ⓝ213.7　［2200円］

鎌倉市（森林保護）
◇里山ってなんだ！―「やま」の手入れはなぜ必要なの？：鎌倉の美しい里山継承プロジェクト3年間の足跡　北鎌倉湧水ネットワーク企画・編集　秦野　夢工房　2014.3　63p　21cm　Ⓘ978-4-86158-063-5　Ⓝ654.02137　［500円］

鎌倉市（鳥）
◇かまくら鳥とりどり　岡田泰明著　鎌倉　冬花社　2014.2　269p　19cm〈索引あり　写真：梅田孝〉Ⓘ978-4-925236-92-8　Ⓝ488.2137　［1800円］

鎌倉市（仏像）
◇運慶と鎌倉仏像―霊験仏をめぐる旅　瀬谷貴之著　平凡社　2014.6　127p　22cm　（コロナ・ブックス 193）〈文献あり〉Ⓘ978-4-582-63484-6　Ⓝ718.02137　［1700円］

鎌倉市（歴史）
◇鎌倉研究の未来　中世都市研究会編　山川出版社　2014.8　236p　21cm〈内容：鎌倉研究の未来（五味文彦著）　鎌倉における古墳知の集積とその背景（西岡芳文著）　考古学からみた鎌倉研究の現状と課題（永田史子著）　モノが裏づける鎌倉の文献史（古川元也著）　都市史からみた鎌倉研究の現状と未来（秋山哲雄著）　中世鎌倉における中国文化の受容（大塚紀弘著）　仏教美術を通じてみた鎌倉と東アジア（内藤浩之著）　中世鎌倉のみちと造塔（古田土俊一著）　鎌倉研究の未来（高橋慎一朗、八重樫忠郎司会、玉井哲雄、永田史子、古田土俊一ほか述）〉Ⓘ978-4-634-16002-6　Ⓝ213.7　［2500円］

◇古典と歩く古都鎌倉　佐藤智広著　新典社　2014.3　237p　21cm〈年表あり〉Ⓘ978-4-7879-7854-7　Ⓝ213.7　［2200円］

かまくら落語会
◇かまくら落語会―いまから昔から　岡崎誠著　青蛙房　2014.6　245p　20cm　Ⓘ978-4-7905-0280-7　Ⓝ779.13　［2200円］

蒲郡市（歴史―史料―書目）
◇蒲郡市博物館所蔵文書目録　蒲郡市博物館編　［蒲郡］　蒲郡市博物館　2014.1　60p　30cm　Ⓝ215.5

嘉麻市（歴史）
◇ふるさと文化誌―嘉麻の里物語　ふるさと文化誌編纂委員会編　福岡　福岡県文化団体連合会　2013.3　54p　26cm　Ⓝ219.1

鎌田 緑〔1986～〕
◇生きてる。ありがとう！　鎌田緑著　［東京］　KADOKAWA　2014.7　1冊（ページ付なし）21cm　Ⓘ978-4-04-621323-5　Ⓝ779.9　［1200円］

蒲池〔氏〕
◇戦国期の肥前と筑後―龍造寺・鍋島と立花・蒲池　田中耕作著　佐賀　佐賀新聞社　2014.2　105p　21cm　Ⓘ978-4-88298-194-7　Ⓝ288.2　［1000円］

釜臥山
◇釜臥山―下北半島の霊峰・山岳信仰と自然　森治, 平井正和監修　［むつ］　下北野生生物研究所　2014.7　95p　30cm〈年表あり〉Ⓝ387.02121　［1500円］

上泉 秀信〔1897～1951〕
◇農民作家上泉秀信の生涯　中山雅弘著　会津若松　歴史春秋出版　2014.7　260p　20cm〈文献あり　著作目録あり　年譜あり　索引あり〉Ⓘ978-4-89757-831-6　Ⓝ910.268　［1500円］

上岡 竜太郎〔1942～ 〕
◇上岡龍太郎話芸一代　戸田学著　青土社　2013.10　289p　20cm　Ⓘ978-4-7917-6727-4　Ⓝ779.1　［2200円］

上勝町〔徳島県〕（農村生活）
◇山で生きるということ　かみかつ里山倶楽部編　上勝町（徳島県）　かみかつ里山倶楽部　2014.3　164p　21cm　（かみかつの聞き書き 2013）Ⓝ611.98

神川町〔埼玉県〕（遺跡・遺物）
◇青柳古墳群南塚原支群Ⅳ・出土遺物等整理報告　神川町（埼玉県）　神川町教育委員会　2014.3　118p　図版 47p　30cm　（神川町埋蔵文化財調査報告　第7集）Ⓝ210.0254

神河町〔兵庫県〕（文化財）
◇神河町の歴史文化遺産　2　歴史史料総合調査の結果　神河町（兵庫県）　神河町文化財活性化委員会　2014.3　131p　30cm　（神河町文化財調査報告書　第5集）〈文化庁平成25年度文化遺産を活かした地域活性化事業　折り込 1枚〉Ⓝ709.164

上小阿仁村〔秋田県〕（年中行事）
◇阿仁地方の万灯火―平成二四年度・変容の危機にある無形の民俗文化財の記録作成の推進事業　文化庁文化財部伝統文化課　2013.3　173p　30cm〈文献あり　調査・作成：TEM研究所〉Ⓝ386.124

上郡町〔兵庫県〕（遺跡・遺物）
◇失われた『播磨国風土記』―『風土記』のころのかみごおり：平成25年度上郡町郷土資料館特別展：『風土記』編纂1300年記念　上郡町郷土資料館編　上郡町（兵庫県）　上郡町郷土資料館　2013.10　53p　30cm　Ⓝ216.4

◇中山古墳群―範囲確認調査報告書　上郡町教育委員会社会教育課文化財係編　上郡町（兵庫県）　上郡町教育委員会社会教育課文化財係　2013.3　62p　図版［19］枚　30cm　（上郡町埋蔵文化財発掘調査報告 2）〈兵庫県赤穂郡上郡町高田台所在〉Ⓝ210.0254

神栖市（災害復興）
◇未来への伝言―神栖市 | 東日本大震災記録集　神栖　神栖市　2013.5　56p　30cm　Ⓝ369.31　［300円］

神栖市（東日本大震災〔2011〕―被害）
◇未来への伝言―神栖市 | 東日本大震災記録集　神栖　神栖市　2013.5　56p　30cm　Ⓝ369.31　［300円］

上沼 恵美子
◇犬も食わない―上沼さんちの夫婦げんか事件簿　上沼恵美子, 上沼真平著　朝日新聞出版　2014.5　253p　15cm　（朝日文庫 か57-1）〈学研パブリッシング 2011年刊の加筆〉Ⓘ978-4-02-261793-4　Ⓝ779.14　［640円］

上沼 真平
◇犬も食わない―上沼さんちの夫婦げんか事件簿　上沼恵美子, 上沼真平著　朝日新聞出版　2014.5　253p　15cm　（朝日文庫 か57-1）〈学研パブリッシング 2011年刊の加筆〉Ⓘ978-4-02-261793-4　Ⓝ779.14　［640円］

上三川町〔栃木県〕（遺跡・遺物）
◇権現山遺跡南部（SG2・SG5・SG9・SG10・SG15区）・磯岡遺跡（SG9区）　第1分冊　とちぎ未来づくり財団埋蔵文化財センター編　宇都宮　栃木県教育委員会　2013.3　442p　30cm　（栃木県埋蔵文化財調査報告　第360集）〈都市再生機構による東谷・中島土地区画整理事業に伴う埋蔵文化財発掘調査　共同刊行：とちぎ未来づくり財団〉Ⓝ210.0254

◇権現山遺跡南部（SG2・SG5・SG9・SG10・SG15区）・磯岡遺跡（SG9区）　第2分冊　とちぎ未来づくり財団埋蔵文化財センター編　宇都宮　栃木県教育委員会　2013.3　p443-738　図版 216p　30cm　（栃木県埋蔵文化財調査報告　第360集）〈都市再生機構による東谷・中島地区画整理事業に伴う埋蔵文化財発掘調査　共同刊行：とちぎ未来づくり財団〉Ⓝ210.0254

上山市（観光開発）
◇観光資源の有効活用と中心市街地の再生―連携自治体山形県上山市　山田浩久編著　山形　山形大学人文学部　2014.3　228p　21cm　（山形大学人文学部叢書 4）〈山形大学COC事業, 平成25年度「地（知）の拠点整備事業」自立分散型（地域）社会システムを構築し、運営する人材の育成　奥付のタイトル：観光資源の有効利用と中心市街地の活性化〉Ⓘ978-4-907085-03-2　Ⓝ689.4

上山市（歴史―年表）
◇上山市史年表　上山市教育委員会編纂　上山　上山市　2014.3　166p　30cm　Ⓝ212.5　［1200円］

香美町〔兵庫県〕（古墳）
◇文堂古墳―図録　大手前大学史学研究所, 香美町教育委員会編　［西宮］　大手前大学史学研究所　2014.5　35p　30cm〈共同刊行：香美町教育委員会〉Ⓝ216.4

◇文堂古墳―兵庫県香美町村岡　本文篇　大手前大学史学研究所, 香美町教育委員会編　西宮　大手前大学史学研究所　2014.5　292p　30cm　（大手前大学史学研究所研究報告　第13号）〈共同刊行：香美町教育委員会〉Ⓝ216.4

◇文堂古墳―兵庫県香美町村岡　図版篇　大手前大学史学研究所, 香美町教育委員会編　西宮　大手前大学史学研究所　2014.3　84p　30cm　（大手前大学史学研究所研究報告　第13号）〈共同刊行：香美町教育委員会〉Ⓝ216.4

香美町〔兵庫県〕（風俗・習慣）

◇小城追憶―小城民俗調査報告書　［香美町（兵庫県）］　香美町歴史文化遺産活性化実行委員会　2014.3　97p　30cm〈共同刊行：香美町教育委員会〉Ⓝ383.2164

上谷 謙二〔1925~〕

◇友ありて　上谷謙二著　河出書房　2014.12　63p　21cm（ゆい文庫 7）Ⓝ289.1　［2400円］

神谷 美恵子〔1914~1979〕

◇若き日の日記　神谷美恵子［著］　新装版　みすず書房　2014.10　364p　20cm〈初版のタイトル：神谷美恵子著作集 補巻1〉Ⓘ978-4-622-07886-9　Ⓝ289.1　［3200円］

神谷 光信〔1934~〕

◇ヨコハマ邂逅―ものづくり企業の挑戦　神谷光信著　横浜　神奈川新聞社　2014.10　191p　19cm（わが人生 10）Ⓘ978-4-87645-532-4　Ⓝ524.8　［1389円］

神谷コーポレーション株式会社

◇ヨコハマ邂逅―ものづくり企業の挑戦　神谷光信著　横浜　神奈川新聞社　2014.10　191p　19cm（わが人生 10）Ⓘ978-4-87645-532-4　Ⓝ524.8　［1389円］

神山 イチロー〔1941~〕

◇苦労は不幸じゃない　神山イチロー著　文芸社　2014.4　95p　15cm　Ⓘ978-4-286-14728-4　Ⓝ289.1　［500円］

神山町〔徳島県〕（地域開発）

◇神山プロジェクト―未来の働き方を実験する　篠原匡著　［東京］　日経BP社　2014.3　223p　19cm〈日経BPマーケティング（発売）〉Ⓘ978-4-8222-7443-6　Ⓝ601.181　［1500円］

神山町〔徳島県〕（UJIターン）

◇神山プロジェクト―未来の働き方を実験する　篠原匡著　［東京］　日経BP社　2014.3　223p　19cm〈日経BPマーケティング（発売）〉Ⓘ978-4-8222-7443-6　Ⓝ601.181　［1500円］

カミュ，A.〔1913~1960〕

◇アルベール・カミュ研究―不条理系列の作品世界　粟国孝著　岡山　大学教育出版　2014.1　246p　22cm〈文献あり　年譜あり〉Ⓘ978-4-86429-250-4　Ⓝ950.278　［2800円］

◇カミュ歴史の裁きに抗して　千々岩靖子著　名古屋　名古屋大学出版会　2014.3　285,46p　22cm〈索引あり〉Ⓘ978-4-8158-0768-9　Ⓝ950.278　［5500円］

◇生誕101年「カミュ」に学ぶ本当の正義―名作映画でたどるノーベル賞作家46年の生涯　石光勝著　新潮社　2014.7　297p　20cm〈文献あり　年譜あり〉Ⓘ978-4-10-335971-5　Ⓝ950.278　［2000円］

◇われ反抗す、ゆえにわれら在り―カミュ『ペスト』を読む　宮田光雄著　岩波書店　2014.6　71p　21cm（岩波ブックレット No.901）Ⓘ978-4-00-270901-7　Ⓝ953.7　［560円］

カムクワンバ，W.

◇風をつかまえた少年―14歳だったぼくはたったひとりで風力発電をつくった　ウィリアム・カムクワンバ，ブライアン・ミーラー著，田口俊樹訳　文藝春秋　2014.12　477p　16cm（文春文庫 S17-1）Ⓘ978-4-16-790265-0　Ⓝ543.6　［950円］

嘉村 礒多〔1897~1933〕

◇国文学・国語教育に関する2つの論文―「嘉村礒多研究」と「文法学習の試論」　阿部武彦著　大阪　清風堂書店　2014.7　90p　21cm　Ⓘ978-4-88313-823-4　Ⓝ910.268　［1000円］

亀井 凱夫〔1896~1944〕

◇零戦の子―伝説の猛将・亀井凱夫とその兄弟　武田頼政著　文藝春秋　2014.11　414p　20cm　Ⓘ978-4-16-390173-2　Ⓝ289.1　［1850円］

亀岡（緑地計画）

◇亀岡市緑の基本計画―緑・水・うるおいのあるまち―かめおか　亀岡　亀岡市まちづくり推進部都市計画課　2014.3　100p　30cm　Ⓝ518.85

亀岡市（歴史）

◇丹波国馬路帯刀郷士覚書―人見中川「両苗」郷士の存在形態と政治的運動　岡本幸雄著　福岡　海鳥社　2014.5　182p　22cm　Ⓘ978-4-87415-906-4　Ⓝ216.2　［3000円］

亀時間

◇亀時間―鎌倉の宿から生まれるつながりの環　櫻井雅之著　スペースシャワーネットワーク　2014.3　143p　21cm（SPACE SHOWER BOOks）Ⓘ978-4-907435-16-5　Ⓝ689.8137　［1600円］

亀山 昇〔1862~1943〕

◇肥後もっこすと熊本バンド―生涯貴高いサムライ精神を貫いた明治男　亀山勝著　長野　龍鳳書房　2014.12　315p　20cm〈文献あり〉Ⓘ978-4-947697-49-3　Ⓝ198.52　［2500円］

亀山市（宿駅―歴史）

◇東海道五十三次亀山あたり「関宿」―国・重要伝統的建造物群保存地区　鷲塚貞長著　名古屋　ゆいぽおと　2014.6　47p　21cm　Ⓘ978-4-905431-07-7　Ⓝ682.156　［600円］

カメルーン（カカオ―栽培）

◇アフリカ熱帯農業と環境保全―カメルーンカカオ農民の生活とジレンマ　坂梨健太著　京都　昭和堂　2014.3　205,18p　図版16p　22cm〈索引あり　内容：中部熱帯アフリカにおける農業・農民研究の課題　ファンの農業と狩猟採集活動　ファンの農業生産における労働力確保のしくみ　カカオ導入の歴史と地域の差異　カメルーン南部のカカオ・アグロフォレストリー　21世紀の中部熱帯アフリカ農業の展望〉Ⓘ978-4-8122-1411-4　Ⓝ612.446　［5300円］

カメルーン（森林保護）

◇アフリカ熱帯農業と環境保全―カメルーンカカオ農民の生活とジレンマ　坂梨健太著　京都　昭和堂　2014.3　205,18p　図版16p　22cm〈索引あり　内容：中部熱帯アフリカにおける農業・農民研究の課題　ファンの農業と狩猟採集活動　ファンの農業生産における労働力確保のしくみ　カカオ導入の歴史と地域の差異　カメルーン南部のカカオ・アグロフォレストリー　21世紀の中部熱帯アフリカ農業の展望〉Ⓘ978-4-8122-1411-4　Ⓝ612.446　［5300円］

カメルーン（農業）

◇アフリカ熱帯農業と環境保全―カメルーンカカオ農民の生活とジレンマ　坂梨健太著　京都　昭和堂　2014.3　205,18p　図版16p　22cm〈索引あり　内容：中部熱帯アフリカにおける農業・農民研究の課題　ファンの農業と狩猟採集活動　ファンの農業生産における労働力確保のしくみ　カカオ導入の歴史と地域の差異　カメルーン南部のカカオ・アグロフォレストリー　21世紀の中部熱帯アフリカ農業の展望〉Ⓘ978-4-8122-1411-4　Ⓝ612.446　［5300円］

仮面館

◇短い祭りの終焉―ライブハウス仮面館　野添すみ著　宇都宮　アートセンターサカモト栃木文化社ビオス編集室　2014.10　247p　21cm　Ⓘ978-4-901165-09-9　Ⓝ760.69　［1500円］

鴨 長明〔1153~1216〕

◇無常という力―「方丈記」に学ぶ心の在り方　玄侑宗久著　新潮社　2014.7　158p　16cm（新潮文庫 け-2-6）〈文献あり〉Ⓘ978-4-10-116656-8　Ⓝ914.42　［400円］

ガモウ

◇日本の美容を支える力―美容室のベストパートナー・ガモウ　鶴蒔靖夫著　IN通信社　2014.7　237p　20cm〈文献あり〉Ⓘ978-4-87218-397-9　Ⓝ673.96　［1800円］

蒲生 靖子〔1928~〕

◇気がつけばアメリカ人―二つの祖国に生きて　蒲生靖子著　横浜　春風社　2014.2　143p　19cm　Ⓘ978-4-86110-392-6　Ⓝ289.1　［1500円］

鴨川 俊作〔1928~1998〕

◇ふたりの完結 続　鴨川恵美子著，鈴木富美子編　岡山　吉備人出版　2014.12　218p　20cm　Ⓘ978-4-86069-412-8　Ⓝ289.1　［1600円］

加茂市（遺跡・遺物）

◇加茂市内遺跡確認調査報告書　平成25年度　加茂市教育委員会編　加茂　加茂市教育委員会　2014.9　18p　図版7p　30cm（加茂市文化財調査報告 25）〈内容：丸潟遺跡　中沢遺跡〉Ⓝ210.0254

加茂神社〔福井県おおい町〕

◇加茂神社舞殿保存修理事業報告書―福井の歴史的建造物　おおい町（福井県）　おおい町教育委員会　2014.3　98p　30cm　Ⓝ521.817

加茂水族館〔鶴岡市立〕

◇無法、掟破りと言われた男の一代記―加茂水族館ものがたり　村上龍男著　鶴岡　JA印刷山形　2014.11　204p　26cm〈年表あり〉Ⓘ978-4-9906986-2-1　Ⓝ480.76　［1600円］

カモンイス，L.〔1524?~1580〕

◇マカオの岩窟で幾年月―カモンイスの伝説と真実　マヌエル・テイシェイラ，ジョゼー・エルマーノ・サライーヴァ著，谷口伊兵衛訳　文化書房博文社　2014.11　10,114p　21cm〈内容：カモンイスはマカオに滞在した（マヌエル・テイシェイラ著）　カモンイスのマカオ滞在（ジョゼー・エルマーノ・サライーヴァ著）〉Ⓘ978-4-8301-1260-7　Ⓝ969.1　［2000円］

加悦鉄道株式会社

◇加悦鉄道―丹後ちりめんを運んだ「絹の鉄道」 上　加悦鐵道保存会著　ネコ・パブリッシング　2014.8　47p　26cm（RM LIBRARY 180）Ⓘ978-4-7770-5370-4　Ⓝ686.2162　［1250円］

◇加悦鉄道―丹後ちりめんを運んだ「絹の鉄道」　下　加悦鉄道保存会著　ネコ・パブリッシング　2014.9　47p　26cm（RM LIBRARY 181）〈文献あり〉①978-4-7770-5371-1　Ⓝ686.2162　[1250円]

榧寺〔東京都台東区〕
◇榧寺縁起絵巻　東京都台東区教育委員会生涯学習課編　[東京]　東京都台東区教育委員会　2014.3　124p　30cm（台東区文化財調査報告書 第48集）〈年表あり〉Ⓝ188.65

加山 雄三〔1937～ 〕
◇加山雄三と音楽の魅力―その独創性の秘密　アルバン・コジマ著　彩流社　2014.4　208,9p　19cm〈文献あり　作品目録あり　索引あり〉①978-4-7791-1940-8　Ⓝ767.8　[1800円]

カーライル, T.〔1795～1881〕
◇カーライル選集　4　妻と友へ　トマス・カーライル著　入江勇起男訳　デジタル・オンデマンド版　日本教文社　2014.12　380,8p　21cm〈年表あり　索引あり　印刷・製本：デジタル・オンデマンド出版センター〉①978-4-531-02644-9　Ⓝ938.68

唐津市〔遺跡・遺物〕
◇宇木汲田遺跡　唐津市教育委員会編　唐津　唐津市教育委員会　2013.3　72p　図版20p　30cm（唐津市文化財調査報告書 第163集）Ⓝ210.0254
◇唐津市内遺跡確認調査　29　唐津市教育委員会編　唐津　唐津市教育委員会　2013.3　48p　図版10p　30cm（唐津市文化財調査報告書 第162集）〈土地開発に伴う市内遺跡確認調査報告〉Ⓝ210.0254
◇唐津城跡　6　唐津　唐津市教育委員会　2013.1　15p　図版4p　30cm（唐津市文化財調査報告書 第161集）〈市道御見馬場2号線道路改良工事に伴う埋蔵文化財調査〉Ⓝ210.0254
◇唐津城跡本丸　1　唐津　唐津市教育委員会　2013.3　230p　図版[39]枚　30cm（唐津市文化財調査報告書 第164集）Ⓝ210.0254
◇中原遺跡　8（9区・10区の調査と鍛冶関連遺物）第1分冊　佐賀　佐賀県教育委員会　2014.3　442p　図版8p　30cm（佐賀県文化財調査報告書 第203集）〈文献あり〉Ⓝ210.0254
◇中原遺跡　8（9区・10区の調査と鍛冶関連遺物）第2分冊　佐賀　佐賀県教育委員会　2014.3　130p　30cm（佐賀県文化財調査報告書 第203集）Ⓝ210.0254
◇名護屋城跡―山里丸Ⅰ：特別史跡「名護屋城跡並びに陣跡」　佐賀県立名護屋城博物館編　佐賀　佐賀県立名護屋城博物館　2014.3　70p　図版[15]枚　30cm（佐賀県立名護屋城博物館調査報告書 第9集）〈年表あり〉Ⓝ210.0254

唐津市〔児童―歴史〕
◇子ども博物誌―仕事とあそびの同化　丹野眞智俊著　京都　あいり出版　2014.8　189p　19cm〈文献あり〉①978-4-901903-99-8　Ⓝ384.5　[1600円]

唐橋 ユミ〔1974～ 〕
◇わたしの空気のつくりかた―出すぎず、引きすぎず、現場を輝かせる仕事術　唐橋ユミ著　徳間書店　2014.10　189p　図版8枚　19cm①978-4-19-863855-9　Ⓝ699.39　[1600円]

カラハリ砂漠
◇人間にとってスイカとは何か―カラハリ狩猟民と考える　池谷和信著　京都　臨川書店　2014.6　203p　19cm（フィールドワーク選書 5）〈文献あり〉①978-4-653-04235-8　Ⓝ382.484　[2000円]

樺太〔移民・植民〔日本〕―歴史〕
◇亜寒帯植民地樺太の移民社会形成―周縁的ナショナル・アイデンティティと植民地イデオロギー　中山大将著　京都　京都大学学術出版会　2014.3　291p　22cm（プリミエ・コレクション 46）〈索引あり　内容：亜寒帯植民地樺太　樺太農業への眼差し　樺太の農業拓殖と村落形成の実像　視覚化する拓殖イデオロギー　形成される周縁的ナショナル・アイデンティティ　東亜北方開発展覧会の亜寒帯主義と北進主義　樺太米食撤廃論　亜寒帯植民地樺太における周縁的ナショナル・アイデンティティの軌跡〉①978-4-87698-482-4　Ⓝ334.51　[3600円]

樺太〔紀行・案内記〕
◇高校生が見たサハリン・樺太―中央大学杉並高校研修旅行の記録　菊地明範、山田篤史編著　八王子　中央大学出版部　2014.3　197p　19cm（125ライブラリー 009）〈文献あり〉①978-4-8057-2708-9　Ⓝ374.46　[880円]
◇シリーズ明治・大正の旅行　第1期13　北海道鉄道沿線案内　荒山正彦監修・解説　北海道鐵道管理局、樺太廳鐵道事務所編　ゆまに書房　2014.11　664p　図版5枚　22cm〈北海道鉄道管

理局　大正7年刊の複製　樺太廳鐵道事務所　昭和3年刊の複製　第1期のタイトル関連情報：旅行案内書集成　布装〉①978-4-8433-4654-9,978-4-8433-4652-5（set）　Ⓝ384.37　[21000円]

樺太〔口承文学〕
◇樺太アイヌ説話集　2　和田文治郎［著］，北原次郎太編　札幌　北海道大学アイヌ・先住民研究センター　2014.3　148p　30cm（アイヌ・先住民言語アーカイヴプロジェクト報告書2014年）Ⓝ388.11

樺太〔鉄道〕
◇シリーズ明治・大正の旅行　第1期13　北海道鉄道沿線案内　荒山正彦監修・解説　北海道鐵道管理局、樺太廳鐵道事務所編　ゆまに書房　2014.11　664p　図版5枚　22cm〈北海道鉄道管理局　大正7年刊の複製　樺太廳鐵道事務所　昭和3年刊の複製　第1期のタイトル関連情報：旅行案内書集成　布装〉①978-4-8433-4654-9,978-4-8433-4652-5（set）　Ⓝ384.37　[21000円]

樺太〔図書館〕
◇戦前期「外地」図書館資料集　樺太編　第1巻　鈴木仁編・解題　金沢　金沢文圃閣　2014.8　522p　22cm（文圃文献類従 37）〈年表あり　内容：要覧．昭和15-17年版（樺太庁図書館1940-1942年刊）　図書館とはどんな処か（樺太庁図書館1939年刊）　選書解題．第1輯（樺太庁図書館1939年刊）　読書普及運動週間応募文集（樺太庁図書館1940年刊）　樺太関係郷土資料目録（樺太庁図書館1941年刊）　樺太関係郷土資料目録追加（樺太庁図書館1943年刊）　総目次細目　ほか〉①978-4-907236-24-3（set）　Ⓝ016.21　[25000円]

樺太〔農業―歴史〕
◇亜寒帯植民地樺太の移民社会形成―周縁的ナショナル・アイデンティティと植民地イデオロギー　中山大将著　京都　京都大学学術出版会　2014.3　291p　22cm（プリミエ・コレクション 46）〈索引あり　内容：亜寒帯植民地樺太　樺太農業への眼差し　樺太の農業拓殖と村落形成の実像　視覚化する拓殖イデオロギー　形成される周縁的ナショナル・アイデンティティ　東亜北方開発展覧会の亜寒帯主義と北進主義　樺太米食撤廃論　亜寒帯植民地樺太における周縁的ナショナル・アイデンティティの軌跡〉①978-4-87698-482-4　Ⓝ334.51　[3600円]

樺太〔昔話〕
◇タチヤナ・ウリタ伝承集　タチヤナ・ウリタ口述，丹菊逸治，ガリナ・パクリナ共著，丹菊逸治編　札幌　北海道大学アイヌ・先住民研究センター　2014.3　73p　26cm（北海道大学アイヌ・先住民研究センターアイヌ・先住民言語アーカイヴプロジェクト報告書 2013）〈ニヴフ語併記〉Ⓝ829.29

カリフォルニア州〔火災―オークランド〕
◇災害後の住宅再建における市民組織の形成プロセスとその役割―オークランド・バークレー火災直後から21年後の現在：調査研究報告書　落合知帆［著］，第一生命財団編　第一生命財団　2014.5　59p　30cm〈文献あり〉Ⓝ527　[非売品]

カリフォルニア州〔火災―バークレー〕
◇災害後の住宅再建における市民組織の形成プロセスとその役割―オークランド・バークレー火災直後から21年後の現在：調査研究報告書　落合知帆［著］，第一生命財団編　第一生命財団　2014.5　59p　30cm〈文献あり〉Ⓝ527　[非売品]

カリフォルニア州〔紀行・案内記〕
◇アンジェリーナと過ごした夏―ナパバレーにて　ゆかり著　飯塚書店　2014.7　215p　19cm①978-4-7522-6023-3　Ⓝ295.393　[1500円]

カリフォルニア州〔教科書〕
◇日本語讀本―米國加州教育局検定　解題　Edward Mack復刻監修　文生書院　2014.7　39p　22cm〈内容：米國加州の日本語学校と『日本語讀本』（森本豊富著）　ハワイとアメリカ本土西北部の日本語学校と『日本語読本』（坂口満宏著）〉①978-4-89253-555-0（set）　Ⓝ375.98
◇日本語讀本―米國加州教育局検定　巻1　日本語學園編纂委員會著，Edward Mack復刻監修　文生書院　2014.7　53p　22cm〈青木大成堂昭和5年刊（訂正）の複製〉①978-4-89253-555-0（set）　Ⓝ375.98
◇日本語讀本―米國加州教育局検定　巻2　日本語學園編纂委員會著，Edward Mack復刻監修　文生書院　2014.7　50p　22cm〈青木大成堂昭和3年刊（訂正）の複製〉①978-4-89253-555-0（set）　Ⓝ375.98
◇日本語讀本―米國加州教育局検定　巻3　日本語學園編纂委員會著，Edward Mack復刻監修　文生書院　2014.7　77p　22cm〈青木大成堂昭和3年刊（訂正）の複製〉①978-4-89253-555-0（set）　Ⓝ375.98
◇日本語讀本―米國加州教育局検定　巻4　日本語學園編纂委員會著，Edward Mack復刻監修　文生書院　2014.7　88p　22cm〈青木大成堂昭和3年刊（訂正）の複製〉①978-4-89253-555-0（set）　Ⓝ375.98

◇日本語讀本—米國加州教育局検定　巻5　日本語學園編纂委員會著，Edward Mack復刻監修　文生書院　2014.7　88p　22cm〈青木大成堂昭和3年刊（訂正）の複製〉Ⓘ978-4-89253-555-0(set)　Ⓝ375.98

◇日本語讀本—米國加州教育局検定　巻6　日本語學園編纂委員會著，Edward Mack復刻監修　文生書院　2014.7　71p　22cm〈青木大成堂昭和3年刊（訂正）の複製〉Ⓘ978-4-89253-555-0(set)　Ⓝ375.98

◇日本語讀本—米國加州教育局検定　巻7　日本語學園編纂委員會著，Edward Mack復刻監修　文生書院　2014.7　82p　22cm〈青木大成堂昭和6年刊（訂正）の複製〉Ⓘ978-4-89253-555-0(set)　Ⓝ375.98

◇日本語讀本—米國加州教育局検定　巻8　日本語學園編纂委員會著，Edward Mack復刻監修　文生書院　2014.7　87p　22cm〈青木大成堂昭和3年刊（訂正）の複製〉Ⓘ978-4-89253-555-0(set)　Ⓝ375.98

◇日本語讀本—米國加州教育局検定　巻9　日本語學園編纂委員會著，Edward Mack復刻監修　文生書院　2014.7　90p　22cm〈青木大成堂昭和3年刊（訂正）の複製〉Ⓘ978-4-89253-555-0(set)　Ⓝ375.98

◇日本語讀本—米國加州教育局検定　巻10　日本語學園編纂委員著，Edward Mack復刻監修　文生書院　2014.7　95p　22cm〈青木大成堂昭和3年刊（訂正）の複製〉Ⓘ978-4-89253-555-0(set)　Ⓝ375.98

◇日本語讀本—米國加州教育局検定　巻11　日本語學園編纂委員著，Edward Mack復刻監修　文生書院　2014.7　102p　22cm〈青木大成堂昭和3年刊（訂正）の複製〉Ⓘ978-4-89253-555-0(set)　Ⓝ375.98

◇日本語讀本—米國加州教育局検定　巻12　日本語學園編纂委員著，Edward Mack復刻監修　文生書院　2014.7　103p　22cm〈青木大成堂昭和3年刊（訂正）の複製〉Ⓘ978-4-89253-555-0(set)　Ⓝ375.98

◇日本語讀本—米國加州教育局検定　巻13　日本語學園編纂委員著，Edward Mack復刻監修　文生書院　2014.7　106p　22cm〈青木大成堂昭和3年刊（訂正）の複製〉Ⓘ978-4-89253-555-0(set)　Ⓝ375.98

◇日本語讀本—米國加州教育局検定　巻14　日本語學園編纂委員著，Edward Mack復刻監修　文生書院　2014.7　112p　22cm〈青木大成堂大正13年刊　の複製〉Ⓘ978-4-89253-555-0(set)　Ⓝ375.98

◇日本語讀本—米國加州教育局検定　巻15　日本語學園編纂委員著，Edward Mack復刻監修　文生書院　2014.7　98p　22cm〈青木大成堂大正13年刊　の複製〉Ⓘ978-4-89253-555-0(set)　Ⓝ375.98

◇日本語讀本—米國加州教育局検定　巻16　日本語學園編纂委員會著，Edward Mack復刻監修　文生書院　2014.7　90, 27p　22cm〈青木大成堂大正13年刊　の複製〉Ⓘ978-4-89253-555-0(set)　Ⓝ375.98

カリフォルニア州（在留朝鮮人）

◇在米コリアンのサンフランシスコ日本街—境界領域の人類学　河上幸子著　御茶の水書房　2014.3　198p　22cm〈文献あり　索引あり　内容：見えない場所の意味を問う　在米アジア系マイノリティの日本街　在米コリアン企業家の日本街　在米アジア系若年層の日本街　境界領域を人類学する〉Ⓘ978-4-275-01069-8　Ⓝ334.45393　[5600円]

カリフォルニア州（在留日本人）

◇初期在北米日本人の記録　北米編　第115-1冊　羅府年鑑—紀元二千五百年奉祝記念大鑑　奥泉栄三郎監修　羅府新報社編　文生書院　2014.6　1冊　27cm（Digital reprint series）〈羅府新報社1940年刊　の電子復刻版　折り込 1枚〉Ⓘ978-4-89253-552-9　Ⓝ334.45　[32000円]

◇初期在北米日本人の記録　北米編　第115-2冊　羅府年鑑—1938-1939　奥泉栄三郎監修　羅府新報社編　文生書院　2014.6　110, 557p 図版 [32] 枚　27cm（Digital reprint series）〈羅府新報社1938年刊　の電子復刻版〉Ⓘ978-4-89253-553-6　Ⓝ334.45　[25000円]

◇初期在北米日本人の記録　北米編　第115-3冊　羅府年鑑—1937-1938　奥泉栄三郎監修　羅府新報社編　文生書院　2014.6　95, 483p 図版 [44] 枚　27cm（Digital reprint series）〈羅府新報社1937年刊　の電子復刻版〉Ⓘ978-4-89253-554-3　Ⓝ334.45　[24000円]

カリフォルニア州（住宅—復旧—オークランド）

◇災害後の住宅再建における市民組織の形成プロセスとその役割—オークランド・バークレー火災直後から21年後の現在：調

査研究報告書　落合知帆［著］，第一生命財団編　第一生命財団　2014.5　59p　30cm〈文献あり〉Ⓝ527　[非売品]

カリフォルニア州（住宅—復旧—バークレー）

◇災害後の住宅再建における市民組織の形成プロセスとその役割—オークランド・バークレー火災直後から21年後の現在：調査研究報告書　落合知帆［著］，第一生命財団編　第一生命財団　2014.5　59p　30cm〈文献あり〉Ⓝ527　[非売品]

カリフォルニア州（商店街—サンフランシスコ）

◇よみがえる商店街—アメリカ・サンフランシスコ市の経験　畢滔滔著　津　碩学舎　2014.2　248p　22cm（碩学叢書）〈中央経済社（発売）文献あり　索引あり〉Ⓘ978-4-502-08890-2　Ⓝ672.5393　[3400円]

カリフォルニア州（情報産業）

◇シリコンバレー最強の仕組み—一人も企業も、なぜありえないスピードで成長するのか？　デボラ・ペリー・ピショーニ著，桃井緑美子訳　［東京］　日経BP社　2014.7　387p　19cm〈日経BPマーケティング（発売）〉Ⓘ978-4-8222-5022-5　Ⓝ007.35　[1800円]

カリフォルニア州（情報産業—歴史—写真集）

◇無敵の天才たち—スティーブ・ジョブズが駆け抜けたシリコンバレーの歴史的瞬間　ダグ・メネズ著，山形浩生訳　［東京］　翔泳社　2014.9　177p　28cm　Ⓘ978-4-7981-3857-2　Ⓝ007.35　[3200円]

カリフォルニア州（スーパーマーケット—サンフランシスコ）

◇スーパーマーケットのグロサリーデザインinサンフランシスコ—エコフレンドリーな街で見つけた、いま注目の食品＆日用雑貨　碓井美樹編著　誠文堂新光社　2014.2　191p　21cm　Ⓘ978-4-416-11403-2　Ⓝ673.868　[1800円]

カリフォルニア州（都市再開発—サンフランシスコ）

◇よみがえる商店街—アメリカ・サンフランシスコ市の経験　畢滔滔著　津　碩学舎　2014.2　248p　22cm（碩学叢書）〈中央経済社（発売）文献あり　索引あり〉Ⓘ978-4-502-08890-2　Ⓝ672.5393　[3400円]

カリフォルニア州（日本語教育）

◇日本語讀本—米國加州教育局検定　解題　Edward Mack復刻監修　文生書院　2014.7　39p　22cm〈内容：米國加州の日本語学校と『日本語讀本』（森本豊富）ハワイとアメリカ本土西北部の日本語学校と『日本語読本』（坂口満宏著）〉Ⓘ978-4-89253-555-0(set)　Ⓝ375.98

◇日本語讀本—米國加州教育局検定　巻1　日本語學園編纂委員會著，Edward Mack復刻監修　文生書院　2014.7　53p　22cm〈青木大成堂昭和5年刊（訂正）の複製〉Ⓘ978-4-89253-555-0(set)　Ⓝ375.98

◇日本語讀本—米國加州教育局検定　巻2　日本語學園編纂委員會著，Edward Mack復刻監修　文生書院　2014.7　50p　22cm〈青木大成堂昭和3年刊（訂正）の複製〉Ⓘ978-4-89253-555-0(set)　Ⓝ375.98

◇日本語讀本—米國加州教育局検定　巻3　日本語學園編纂委員會著，Edward Mack復刻監修　文生書院　2014.7　77p　22cm〈青木大成堂昭和3年刊（訂正）の複製〉Ⓘ978-4-89253-555-0(set)　Ⓝ375.98

◇日本語讀本—米國加州教育局検定　巻4　日本語學園編纂委員會著，Edward Mack復刻監修　文生書院　2014.7　88p　22cm〈青木大成堂昭和3年刊（訂正）の複製〉Ⓘ978-4-89253-555-0(set)　Ⓝ375.98

◇日本語讀本—米國加州教育局検定　巻5　日本語學園編纂委員會著，Edward Mack復刻監修　文生書院　2014.7　88p　22cm〈青木大成堂昭和3年刊（訂正）の複製〉Ⓘ978-4-89253-555-0(set)　Ⓝ375.98

◇日本語讀本—米國加州教育局検定　巻6　日本語學園編纂委員會著，Edward Mack復刻監修　文生書院　2014.7　71p　22cm〈青木大成堂昭和3年刊（訂正）の複製〉Ⓘ978-4-89253-555-0(set)　Ⓝ375.98

◇日本語讀本—米國加州教育局検定　巻7　日本語學園編纂委員會著，Edward Mack復刻監修　文生書院　2014.7　82p　22cm〈青木大成堂昭和6年刊（訂正）の複製〉Ⓘ978-4-89253-555-0(set)　Ⓝ375.98

◇日本語讀本—米國加州教育局検定　巻8　日本語學園編纂委員會著，Edward Mack復刻監修　文生書院　2014.7　87p　22cm〈青木大成堂昭和3年刊（訂正）の複製〉Ⓘ978-4-89253-555-0(set)　Ⓝ375.98

◇日本語讀本—米國加州教育局検定　巻9　日本語學園編纂委員會著，Edward Mack復刻監修　文生書院　2014.7　90p　22cm〈青木大成堂昭和3年刊（訂正）の複製〉Ⓘ978-4-89253-555-0(set)　Ⓝ375.98

◇日本語讀本―米國加州教育局検定　巻10　日本語學園編纂委員會著，Edward Mack復刻監修　文生書院　2014.7　95p　22cm〈青木大成堂昭和3年刊（訂正）の複製〉①978-4-89253-555-0　Ⓝ375.98

◇日本語讀本―米國加州教育局検定　巻11　日本語學園編纂委員會著，Edward Mack復刻監修　文生書院　2014.7　102p　22cm〈青木大成堂昭和3年刊（訂正）の複製〉①978-4-89253-555-0　Ⓝ375.98

◇日本語讀本―米國加州教育局検定　巻12　日本語學園編纂委員會著，Edward Mack復刻監修　文生書院　2014.7　103p　22cm〈青木大成堂昭和3年刊（訂正）の複製〉①978-4-89253-555-0　Ⓝ375.98

◇日本語讀本―米國加州教育局検定　巻13　日本語學園編纂委員會著，Edward Mack復刻監修　文生書院　2014.7　106p　22cm〈青木大成堂昭和3年刊（訂正）の複製〉①978-4-89253-555-0　Ⓝ375.98

◇日本語讀本―米國加州教育局検定　巻14　日本語學園編纂委員會著，Edward Mack復刻監修　文生書院　2014.7　112p　22cm〈青木大成堂大正13年刊　の複製〉①978-4-89253-555-0（set）　Ⓝ375.98

◇日本語讀本―米國加州教育局検定　巻15　日本語學園編纂委員會著，Edward Mack復刻監修　文生書院　2014.7　98p　22cm〈青木大成堂大正13年刊　の複製〉①978-4-89253-555-0（set）　Ⓝ375.98

◇日本語讀本―米國加州教育局検定　巻16　日本語學園編纂委員會著，Edward Mack復刻監修　文生書院　2014.7　90, 27p　22cm〈青木大成堂大正13年刊　の複製〉①978-4-89253-555-0（set）　Ⓝ375.98

カリフォルニア州（日本人学校）

◇日本語讀本―米國加州教育局検定　解題　Edward Mack復刻監修　文生書院　2014.7　39p　22cm〈内容：米國加州の日本語学校と『日本語讀本』（森本豊富著）ハワイとアメリカ本土西北部の日本語学校と『日本語読本』（坂口満宏著）〉①978-4-89253-555-0（set）　Ⓝ375.98

◇日本語讀本―米國加州教育局検定　巻1　日本語學園編纂委員會著，Edward Mack復刻監修　文生書院　2014.7　53p　22cm〈青木大成堂昭和5年刊（訂正）の複製〉①978-4-89253-555-0（set）　Ⓝ375.98

◇日本語讀本―米國加州教育局検定　巻2　日本語學園編纂委員會著，Edward Mack復刻監修　文生書院　2014.7　50p　22cm〈青木大成堂昭和3年刊（訂正）の複製〉①978-4-89253-555-0（set）　Ⓝ375.98

◇日本語讀本―米國加州教育局検定　巻3　日本語學園編纂委員會著，Edward Mack復刻監修　文生書院　2014.7　77p　22cm〈青木大成堂昭和3年刊（訂正）の複製〉①978-4-89253-555-0（set）　Ⓝ375.98

◇日本語讀本―米國加州教育局検定　巻4　日本語學園編纂委員會著，Edward Mack復刻監修　文生書院　2014.7　88p　22cm〈青木大成堂昭和3年刊（訂正）の複製〉①978-4-89253-555-0（set）　Ⓝ375.98

◇日本語讀本―米國加州教育局検定　巻5　日本語學園編纂委員會著，Edward Mack復刻監修　文生書院　2014.7　88p　22cm〈青木大成堂昭和3年刊（訂正）の複製〉①978-4-89253-555-0（set）　Ⓝ375.98

◇日本語讀本―米國加州教育局検定　巻6　日本語學園編纂委員會著，Edward Mack復刻監修　文生書院　2014.7　71p　22cm〈青木大成堂昭和3年刊（訂正）の複製〉①978-4-89253-555-0（set）　Ⓝ375.98

◇日本語讀本―米國加州教育局検定　巻7　日本語學園編纂委員會著，Edward Mack復刻監修　文生書院　2014.7　82p　22cm〈青木大成堂昭和6年刊（訂正）の複製〉①978-4-89253-555-0（set）　Ⓝ375.98

◇日本語讀本―米國加州教育局検定　巻8　日本語學園編纂委員會著，Edward Mack復刻監修　文生書院　2014.7　87p　22cm〈青木大成堂昭和3年刊（訂正）の複製〉①978-4-89253-555-0（set）　Ⓝ375.98

◇日本語讀本―米國加州教育局検定　巻9　日本語學園編纂委員會著，Edward Mack復刻監修　文生書院　2014.7　90p　22cm〈青木大成堂昭和3年刊（訂正）の複製〉①978-4-89253-555-0（set）　Ⓝ375.98

◇日本語讀本―米國加州教育局検定　巻10　日本語學園編纂委員會著，Edward Mack復刻監修　文生書院　2014.7　95p　22cm〈青木大成堂昭和3年刊（訂正）の複製〉①978-4-89253-555-0（set）　Ⓝ375.98

カリフォルニア州（風俗・習慣）

◇サンフランシスコ湾岸域の先住民　関俊彦著　六一書房　2014.7　334p　21cm　（Archaeology square 4）①978-4-86445-049-2　Ⓝ382.5393　［2200円］

カリフォルニア州（ワイン―ナパ）

◇ナパ奇跡のぶどう畑―第二の人生で世界最高のワイナリーを造りあげた〈シェーファー〉の軌跡　シェーファー，アンディ・デムスキィ著，野澤玲子訳　阪急コミュニケーションズ　2014.9　384,9p　19cm　①978-4-484-14117-6　Ⓝ588.55　［2000円］

カリブ海沿岸地域（紀行・案内記）

◇天使と翔ける冒険旅行　17　カリブ海の島々編　ドク・ヨーコ写真・文　ブックコム　2014.7　157p　19×19cm　①978-4-907446-12-3　Ⓝ290.9　［3000円］

刈谷市（歴史）

◇刈谷城築城480年記念会記録全集　刈谷　刈谷頌和会　2014.3　91p　21cm〈会期・会場：平成25年8月10日　刈谷産業振興センター7階小ホール　記録・編集：印東宏紀〉Ⓝ215.5

刈谷市（歴史―史料）

◇分限帳集成―刈谷土井家家臣録　刈谷古文書研究会，刈谷頌和会編　［刈谷］　刈谷古文書研究会　2014.6　398p　22cm（刈谷叢書　第6輯）〈共同刊行：刈谷頌和会〉Ⓝ215.5

ガリレイ, G.〔1564～1642〕

◇ケプラーとガリレイ―書簡が明かす天才たちの素顔　トーマス・デ・パドヴァ著，藤川芳朗訳　白水社　2014.1　401,24p　20cm〈文献あり　年譜あり　年表あり〉①978-4-560-08339-0　Ⓝ440.23　［3400円］

軽井沢町〔長野県〕

◇軽井沢の自由研究　升本喜就著　増補版　杉並けやき出版　2014.5　151p　19cm〈星雲社（発売）文献あり　索引あり〉①978-4-434-19317-0　Ⓝ291.52　［1000円］

軽井沢町〔長野県〕（軍事基地―歴史）

◇軽井沢を青年が守った―浅間山米軍演習地反対闘争1953　荒井輝允著　京都　ウィンかもがわ　2014.6　163p　19cm〈かもがわ出版（発売）年表あり　奥付のタイトル（誤植）：青年が軽井沢を守った〉①978-4-903882-63-5　Ⓝ395.39　［1200円］

軽井沢町〔長野県〕（宿駅―歴史）

◇近世宿駅制度の研究―中山道追分宿を中心として　児玉幸多著　増訂版　オンデマンド版　吉川弘文館　2013.10　620,11p　22cm〈印刷・製本：デジタルパブリッシングサービス〉①978-4-642-04249-9　Ⓝ682.1　［17000円］

軽井沢町〔長野県〕（保養地―歴史）

◇高原のリゾート軽井沢のロマン　巻口勇次著　筑波書房　2014.4　349p　19cm〈文献あり〉①978-4-8119-0438-2　Ⓝ215.2　［1800円］

ガルシア＝マルケス, G.〔1928～2014〕

◇謎ときガルシア＝マルケス　木村榮一著　新潮社　2014.5　250p　20cm　（新潮選書）①978-4-10-603747-4　Ⓝ960.2　［1300円］

カルティエ社

◇カルティエを愛した女たち　川島ルミ子著　集英社インターナショナル　2014.9　213p　22cm〈集英社(発売)タイトルは奥付による.標題紙・背のタイトル：Cartier,Joaillier des Femmes〉①978-4-7976-7271-8　Ⓝ755.3　［2300円］

カルドア, N.〔1908〜1986〕

◇N.カルドアと支出税—J.S.ミルとJ.M.ケインズを通じて　木村雄一［著］　国立　一橋大学社会科学古典資料センター　2014.3　34p　26cm　(一橋大学社会科学古典資料センターstudy series no. 69)〈文献あり〉Ⓝ331.74

カルニエテ〔家〕

◇ダンスシューズで雪のシベリアへ—あるラトビア人家族の物語　サンドラ・カルニエテ［著］，黒沢歩訳　新評論　2014.3　12,392p　19cm〈文献あり　年譜あり〉①978-4-7948-0947-6　Ⓝ288.3　［3500円］

カルバリ, W.〔1929〜2002〕

◇カルバリ宣教師　Wesley Calvery［著］，池田晶信訳　北見　北見自分史会　2014.4　179p　21cm　Ⓝ198.62　［1000円］

カルペパー, N.〔1616〜1654〕

◇占星医術とハーブ学の世界—ホリスティック医学の先駆者カルペパーが説く心と身体と星の理論　グレアム・トービン著，鏡リュウジ監訳，上原ゆうこ訳　原書房　2014.2　320p　22cm〈索引あり〉①978-4-562-04984-4　Ⓝ499.87　［4800円］

カレリア〔葬制〕

◇トゥオネラの悲しい唄　ウネルマ・コンカ著，山口涼子訳　横浜　群像社　2014.10　180p　19cm　①978-4-903619-49-1　Ⓝ388.9381　［1800円］

カレリア〔民謡〕

◇トゥオネラの悲しい唄　ウネルマ・コンカ著，山口涼子訳　横浜　群像社　2014.10　180p　19cm　①978-4-903619-49-1　Ⓝ388.9381　［1800円］

河合 栄治郎〔1891〜1944〕

◇赤城山日記—河合榮治郎若き日の日記：河合栄治郎研究会創立30周年記念出版　河合榮治郎［著］，松井慎一郎編　相模原　桜美林大学北東アジア総合研究所　2013.3　57p　21cm　①978-4-904794-31-9　Ⓝ289.1　［762円］

◇イギリス理想主義の展開と河合栄治郎—日本イギリス理想主義学会設立10周年記念論集　行安茂編　京都　世界思想社　2014.1　360p　22cm〈内容：コールリッジの形而上学的思索(和氣節子著)　カーライルとイデオロギー(向井清著)　J・S・ミルとロマン主義(泉谷周三郎著)　グリーンの思想体系と理想主義(行安茂著)　グリーンの政治思想と共同善(萬田悦生著)　マッカンとシティズンシップの理念(尾崎邦博著)　ボザンケの国家論(芝田秀幹著)　ムア，ラッセルと分析哲学の誕生(寺中平治著)　コリングウッド前期哲学における「実在論」批判(昇日潤一著)　ボザンケとホブハウス(芝田秀幹著)　ラスキ，ミリバンドと現代資本主義国家(小松敬弘著)　ハイエクの市場自由主義とミラーの市場社会主義(山中優著)　日本におけるグリーンの受容とその諸相(行安茂著)　明治中後期における自己実現思想の輸入の様相(佐々木英和著)　河合栄治郎とその師新渡戸稲造(森上優子著)　理想主義教育者としての河合栄治郎(花澤秀文著)　河合栄治郎の教養主義(青木育志著)　戦闘的自由主義者としての河合栄治郎(松井慎一郎著)　河合栄治郎の法廷闘争(山下重一著)　西田幾多郎と河合栄治郎(水野友晴著)　河合栄治郎門下の正統的後継者・関嘉彦(川西重basho著)　河合栄治郎と猪木正道(松井慎一郎著)　河合栄治郎と社会思想研究会(芳賀綏著)　グリーンと河合栄治郎(田中浩著)〉①978-4-7907-1612-9　Ⓝ133.1　［3600円］

◇断固たる精神河合榮治郎　川西重忠著　相模原　桜美林大学北東アジア総合研究所　2013.5　211p　19cm〈年譜あり〉①978-4-904794-32-6　Ⓝ289.1　［1429円］

河井 寛次郎〔1890〜1966〕

◇河井寛次郎の宇宙　河井寛次郎記念館編　新装版　講談社　2014.1　143p　21cm〈年譜あり〉①978-4-06-218772-5　Ⓝ751.1　［1800円］

河合 曽良〔1649〜1710〕

◇村上の曾良と芭蕉　大滝友和執筆　［村上］　大滝友和　2013.5　99p　30cm　Ⓝ911.32

河井 タヅ子〔1913〜2012〕

◇椿　その2　手書きの形見　河井タヅ子著，河井弘志編　周防大島町(山口県)　河井弘志　2014.8　148p　21cm　Ⓝ289.1

河合 隼雄〔1928〜2007〕

◇河合隼雄の事例を読む　日本ユング心理学会編　大阪　創元社　2014.3　169p　21cm　(ユング心理学研究　第6巻)〈文

献あり　内容：河合隼雄の事例を読む(川戸圓述)　討論(角野善宏，猪股剛述，川戸圓司会・指定討論)　臨床家・河合隼雄の変容(大場登著)　河合隼雄の臨床(皆藤章著)　医学と河合心理学を結ぶ(斎藤清二著)　生と死のはざまでイメージと遊んだ「達人」(名取琢自著)　追悼・樋口和彦先生(河合俊雄著)　日本人の宗教性(加藤廣隆著)　ユング心理学と個別性〈eachness〉の世界(小木曽由佳著)　国際分析心理学会第19回大会印象記　1(田中康裕著)　国際分析心理学会第19回大会印象記　2(高田夏子著)　日本ユング心理学会第2回大会印象記(横山剛著)　おとぎ話に関する基礎文献(山口素子著)　海外文献(猪股剛著)〉①978-4-422-11495-8　Ⓝ146.15　［2000円］

河井 弥八〔1877〜1960〕

◇『河井弥八日記』『河井弥八手帳』——一九五二年：史料復刻　河井弥八［著］，前山亮吉，森山優編集・解題，河井重蔵・弥八研究会校訂　静岡　静岡県立大学大学院国際関係学研究科　2014.8　1冊　30cm　(Working paper series working paper #14-1)　Ⓝ312.1

◇河井弥八の生涯—河井家と河井弥八を知るために　［掛川］　河井弥八記念館　［2013］　59p　30cm〈文献あり〉Ⓝ289.1

河合町〔奈良県〕〔遺跡・遺物〕

◇埋蔵文化財発掘調査報告書　2011・2013年度　河合町教育委員会編　河合町〔奈良県〕　河合町教育委員会　2014.3　1冊　30cm　(河合町文化財調査報告書　第21集)〈内容：川合遺跡大西地区．第2次　薬井北山地区試掘　大輪田・城内遺跡．第2次　高山3号塚(高山塚3号古墳)．第2次〉Ⓝ210.0254

川内村〔福島県〕〔災害復興〕

◇原発事故からの地域復興—2012年度社会調査実習報告書　1　川内村調査　いわき　いわき明星大学現代社会学科研究室　2013.2　149p　30cm　(東日本大震災における地域調査研究第1報)　Ⓝ369.36

河上 丈太郎〔1889〜1965〕

◇河上丈太郎日記—1949-1965年　河上丈太郎著，福永文夫，「関西学院と社会運動人脈」研究会監修　西宮　関西学院大学出版会　2014.3　560p　22cm　①978-4-86283-160-6　Ⓝ289.1　［14000円］

川上村〔奈良県〕〔歴史〕

◇吉野・川上の古代史—神武天皇が即位前七年駐在した村　辻井英夫著　奈良　奈良新聞社　2014.10　237p　21cm〈文献あり　年譜あり〉Ⓝ216.5

川口 由一〔1939〜　〕

◇畑から宇宙が見える—川口由一と自然農の世界　新井由己著　宝島社　2014.4　191p　18cm　(宝島社新書　444)①978-4-8002-2298-5　Ⓝ615.71　［800円］

川口市〔遺跡・遺物〕

◇小谷場貝塚遺跡—区画整理事業に伴う第9次埋蔵文化財発掘調査　埼玉県川口市遺跡調査会編　［川口］　埼玉県川口市遺跡調査会　2014.3　123p　図版12p　30cm　(川口市遺跡調査会報告　第45集)〈文献あり〉Ⓝ210.0254

◇小谷場貝塚遺跡—区画整理事業に伴う第11・13・14次埋蔵文化財発掘調査　埼玉県川口市遺跡調査会編　［川口］　埼玉県川口市遺跡調査会　2014.3　76p　図版21p　30cm　(川口市遺跡調査会報告　第46集)〈文献あり〉Ⓝ210.0254

◇平柳遺跡　埼玉県川口市教育委員会編　［川口］　埼玉県川口市教育委員会　2014.3　198p　図版60p　30cm　(川口市埋蔵文化財調査報告書)　Ⓝ210.0254

◇宝蔵寺/新井宿上ノ斗藤/東町裏　熊谷　埼玉県埋蔵文化財調査事業団　2014.3　50p　図版12p　30cm　(埼玉県埋蔵文化財調査事業団報告書　第412集)〈埼玉県の委託による　川口市所在　県道さいたま鳩ヶ谷線建設事業関係埋蔵文化財発掘調査報告〉Ⓝ210.0254

川口市〔衛生行政〕

◇川口市健康・生きがいづくり計画　第2次　川口市健康増進部保健衛生課編　［川口］　川口市　2014.3　185p　30cm　Ⓝ498.1

川口市〔震災予防〕

◇川口市地域防災計画　震災対策編　川口市防災会議編　［川口］　川口市防災会議　2014.3　132p　30cm　Ⓝ369.3

川口市〔防災計画〕

◇川口市地域防災計画　共通編　川口市防災会議編　［川口］　川口市防災会議　2014.3　181p　30cm　Ⓝ369.3

◇川口市地域防災計画　震災対策編　川口市防災会議編　［川口］　川口市防災会議　2014.3　132p　30cm　Ⓝ369.3

◇川口市地域防災計画　風水害・大規模火災・特殊災害対策編　川口市防災会議編　［川口］　川口市防災会議　2014.3　198p　30cm　Ⓝ369.3

◇川口市地域防災計画　資料編　川口市防災会議編　［川口］　川口市防災会議　2014.3　257p　30cm　Ⓝ369.3

川口信用金庫
◇九十年の歩み—川口信用金庫90年史　川口信用金庫経営企画部編　川口　川口信用金庫　2014.6　136p　30cm〈年表あり　奥付のタイトル：九十年のあゆみ〉Ⓝ338.73

川越市（遺跡・遺物）
◇三変稲荷神社古墳—第2次発掘調査報告書　川越市遺跡調査会，川越市教育委員会編　［川越］　川越市遺跡調査会　2013.8　50p　図版7p　30cm　（川越市遺跡調査会調査報告書 第43集）〈共同刊行：川越市教育委員会〉Ⓝ210.0254
◇市内遺跡　1　川越市教育委員会，川越市遺跡調査会編　［川越］　川越市教育委員会　2013.3　168p　図版29p　30cm　（川越市遺跡調査会調査報告書 第42集）〈共同刊行：川越市遺跡調査会　内容：弁天西遺跡．第2次　弁天西遺跡．第5次　弁天西遺跡．第6次　弁天西遺跡．第7次　弁天西遺跡．第9次　弁天西遺跡．第10次　弁天南遺跡．第1次　浅間神社南遺跡．第1次　浅間神社南遺跡．第2次　浅間下遺跡．第4次　新田屋敷遺跡．第4次　新田屋敷遺跡．第8次　新田屋敷遺跡．第13次　天王遺跡．第10次　天王遺跡．第13次　会下遺跡．第5次　寿町東遺跡．第2次　山王脇遺跡．第7次　南女堀遺跡．第1次　大塚遺跡．第1次〉Ⓝ210.0254
◇堂山遺跡—第1次発掘調査報告書　川越市教育委員会編　川越　川越市教育委員会　2013.3　34p　図版7p　30cm　（川越市埋蔵文化財発掘調査報告書 第24集）Ⓝ210.0254

川越市（古地図）
◇絵図で見る川越—空から眺める江戸時代の川越：第40回企画展　川越市立博物館編　川越　川越市立博物館　2014.3　80p　30cm〈年表あり　会期：平成26年3月29日—5月11日　折り込2枚〉Ⓝ291.34

川越市（自治会）
◇首都圏近郊都市の生活誌調査—東京国際大学人間社会学部平成24年度「社会調査実習」報告書　3　コミュニティの人びとの集う場所　高田知和編　川越　東京国際大学人間社会学部　2013.3　60p　30cm　Ⓝ361.7

川越市（歴史）
◇川越市中世府川郷調査報告書　川越市中世府川郷調査研究会編　川越　川越市中世府川郷調査研究会　2014.9　80p　30cm〈内容：文献からみる戦国時代の府川郷・本郷（池上裕子著）　大野家・竹ノ谷家の「構堀」（落合義明著）　戦国期武蔵国入間川周辺の村と郷村（高橋裕文著）　仏地院過去帳からみる府川郷の考察（大野政己著）　板碑からみる府川郷府川郷（中西望介著）〉Ⓝ213.4
◇川越歴史こぼれ話　安齊祥造著　［川越］　［安齊祥造］　2014.8　266p　22cm〈文献あり〉Ⓝ213.4

川越市（歴史—史料—書目）
◇上寺山帯津家文書目録　川越　川越市立博物館　2014.3　44p　30cm　Ⓝ213.4

川越藩
◇近世後期社会の構造と村請制　小松賢司著　校倉書房　2014.4　376p　22cm　（歴史科学叢書）〈索引あり　内容：序章　赤尾村名主林家の経営と経済的諸関係　赤尾村の村落構造と同族団　「村役人くじ引制」と村社会　人馬役負担体系の変化と村社会　川越藩の支配と頭取名主制　川越藩の海岸防備と頭取名主・村名主　藩領村役人にとっての城下町　川越藩御用達商人横田家と地域社会　終章〉①978-4-7517-4530-4　Ⓝ213.4　［10000円］

川古川
◇川へ—過ぎし日の水辺の情景と魚たち：若木コレクション・記憶たどり　松尾政信文・絵　福岡　梓書院　2014.3　182p　21cm　①978-4-87035-519-4　Ⓝ517.2192　［1500円］

川崎 九淵　[1874〜1961]
◇大鼓方川崎九淵素描　西澤建義著　ぶんがく社　2014.11　78p　26cm　（花もよ叢書 3）①978-4-904096-32-1　Ⓝ773.7　［1296円］
◇川崎九淵著作集　上　川崎九淵，川崎勝子著，岡田万里子編　ぶんがく社　2014.11　82p　26cm　（花もよ叢書 1）①978-4-904096-33-8　Ⓝ773.7　［1296円］
◇川崎九淵著作集　下　川崎九淵，増田千代子，川崎勝子著，岡田万里子編　ぶんがく社　2014.11　90p　26cm　（花もよ叢書 2）〈年譜あり〉①978-4-904096-34-5　Ⓝ773.7　［1296円］

川崎 宗則
◇逆境を笑え—野球小僧の壁に立ち向かう方法　川崎宗則著　文藝春秋　2014.3　221p　19cm　①978-4-16-390041-4　Ⓝ783.7　［1300円］

川崎港
◇川崎港港湾計画書　改訂　［川崎］　川崎市　2014.11　18p　30cm　（交通政策審議会港湾分科会資料 第58回）〈付属資料：1枚：川崎港港湾計画図〉Ⓝ683.92137
◇川崎港港湾計画資料　その1　改訂　［川崎］　川崎市　2014.11　148p　30cm〈年表あり　付属資料：1枚：川崎港港湾審議会の答申〉Ⓝ683.92137
◇川崎港港湾計画資料　その2　改訂　［川崎］　川崎市　2014.11　130p　30cm　Ⓝ683.92137

川崎市（遺跡・遺物）
◇王禅寺口横穴墓群　第2次調査　町田　吾妻考古学研究所　2014.9　18p　図版9p　30cm　（神奈川県埋蔵文化財発掘調査報告書 22）Ⓝ210.0254
◇橘樹官衙遺跡群の調査　川崎市教育委員会編　川崎　川崎市教育委員会　2014.7　161p　図版［7］枚　30cm　（川崎市埋蔵文化財調査報告書 第8集）〈文献あり　神奈川県川崎市所在〉Ⓝ210.0254

川崎市（一般廃棄物）
◇廃棄物減量指導員活動ハンドブック　［川崎］　川崎市環境局減量推進課　2014.4　55p　30cm　Ⓝ518.52

川崎市（NPO）
◇川崎市NPO法人ハンドブック—活動の輪を広げよう！　［川崎］　［川崎市］　市民・こども局市民生活部市民活動推進課　2014.4　57p　21cm　Ⓝ335.89

川崎市（環境教育）
◇あしたを、つかめyes, we can！—環境副読本中学校用：指導用手引　第13版　［川崎］　川崎市環境局　2014.3　62p　30cm　Ⓝ375
◇わたしたちのくらしと環境—明るい未来に向かって：環境副読本小学校用：指導用手引　第13版　［川崎］　川崎市環境局　2014.3　66p　30cm　Ⓝ375

川崎市（環境行政）
◇川崎市環境影響評価等技術指針—解説付　［川崎市］　環境局環境評価室編　第4次改訂版　川崎　川崎市　2013.4　322p　30cm　Ⓝ519.15
◇川崎市環境影響評価等技術指針　資料編　［川崎市］　環境局環境評価室編　川崎　川崎市　［2013］　103p　30cm　Ⓝ519.15

川崎市（企業）
◇かわさき長寿企業—半世紀の歩みとともに　川崎商工会議所編集　横浜　神奈川新聞社　2014.7　173p　図版12p　22cm〈文献あり　年表あり〉①978-4-87645-524-9　Ⓝ335.2137　［1500円］

川崎市（教育行政）
◇かわさき教育プラン—市民の力が教育を変える：川崎市教育振興基本計画：第3期実行計画の延長及び次期プラン策定に向けた考え方　川崎市教育委員会総務部企画課編　［川崎］　川崎市教育委員会　2014.3　81p　30cm　Ⓝ373.2

川崎市（行政）
◇アクションプログラム—「成長と成熟の調和による持続可能な最幸のまちかわさき」をめざして　2014　［川崎］　川崎市　2014.3　205p　30cm　Ⓝ318.237
◇「川崎再生フロンティアプラン」第3期実行計画実施結果総括　1　［川崎］　川崎市　2014.8　302p　29cm　Ⓝ318.237
◇「川崎再生フロンティアプラン」第3期実行計画実施結果総括　2　［川崎］　川崎市　2014.8　286p　29cm　Ⓝ318.237

川崎市（行政—情報サービス）
◇行政情報のオープンデータ化に関する研究—川崎市における取組のあり方を考える　川崎　川崎市総合企画局自治政策部　2014.3　139p　29cm　（政策課題研究報告書 平成25年度）Ⓝ318.537　［477円］

川崎市（行政改革）
◇新たな行財政改革プラン（第4次改革プラン）の取組について—平成23年度から25年度までの3年間の取組報告　［川崎］　川崎市　2014.7　65p　30cm　Ⓝ318.237

川崎市（下水道）
◇川崎市下水道事業中期計画—2014-2016　［川崎］　川崎市上下水道局　2014.3　79p　30cm　Ⓝ518.2

川崎市（工業—名簿）
◇かわさきデータベース・book　川崎　川崎市産業振興財団　2013.3　282p　30cm　Ⓝ503.5

川崎市（工業用水道）
◇川崎市工業用水道事業中期計画—2014-2016　［川崎］　川崎市上下水道局　2014.3　58p　30cm　Ⓝ571.9

川崎市（公有財産）　　　　　　　　　　　　　　　　　　　　　　　　日本件名図書目録2014　Ⅰ

川崎市（公有財産）
◇かわさき資産マネジメントカルテ―資産マネジメントの第2期取組期間の実施方針　［川崎］　川崎市財政局資産管理部資産運用課　2014.3　340p　30cm　Ⓝ349.8

川崎市（産業）
◇川崎市の経済―平成24年経済センサス―活動調査結果　平成24年　［川崎市］　総合企画局都市経営部統計情報課編　［川崎］　川崎市　2014.7　148p　29cm　（統計情報 2014 第3号）　Ⓝ602.137
◇川崎の産業　2014　川崎市経済労働局産業政策部企画課編　川崎　川崎市経済労働局産業政策部企画課　2014.7　208p　30cm　〈年表あり　川崎市制90周年〉　Ⓝ602.137

川崎市（産業政策）
◇なぜ、川崎モデルは成功したのか？―中小企業支援にイノベーションを起こした川崎市役所　藤沢久美著　実業之日本社　2014.4　231p　19cm　Ⓘ978-4-408-11047-9　Ⓝ601.137　［1400円］

川崎市（自然保護）
◇生物多様性かわさき戦略―人と生き物つながりプラン　［川崎市］　環境局総務部環境調整課編　［川崎］　川崎市　2014.3　80, 14p　30cm　Ⓝ519.8137

川崎市（自治会）
◇麻生区区民会議報告書―人と人と心をつなぐ地域づくり　第4期　［川崎］　麻生区区民会議　2014.6　82, 8p　30cm　Ⓝ318.837

川崎市（児童虐待）
◇川崎市児童家庭支援・児童虐待対策事業推進計画―「子どもたちの笑顔」のあふれるまちかわさき　［川崎］　川崎市　2014.2　51p　30cm　Ⓝ369.4

川崎市（社会福祉）
◇川崎市地域福祉計画―最幸のまちかわさき：活力とうるおいある地域づくりをめざして　第4期　川崎市健康福祉局地域福祉部地域福祉課　2014.3　105p　30cm　Ⓝ369.11
◇第4期多摩区地域福祉計画―平成26年度―平成28年度：みんなでつくる、誰もが健やかに安心して暮らせる多摩区：最幸のまちかわさき　川崎　川崎市多摩区保健福祉センター地域保健福祉課　2014.3　89p　30cm　Ⓝ369.11
◇第4期中原区地域福祉計画―平成26年度―平成28年度：最幸のまちかわさき：福祉のこころ、人と人との橋わたしで支え合える地域づくり　川崎　川崎市中原区保健福祉センター地域保健福祉課　2014.3　69p　30cm　Ⓝ369.11
◇高津区地域福祉計画―最幸のまちかわさき：生まれ、育ち、支えあう、健やかな高津をめざして　第4期　平成26年度―平成28年度　川崎　川崎市高津区保健福祉センター地域保健福祉課　2014.3　78p　30cm　Ⓝ369.11

川崎市（情報公開制度）
◇行政情報のオープンデータ化に関する研究―川崎市における取組のあり方を考える　川崎　川崎市総合企画局自治政策部　2014.3　139p　29cm　（政策課題研究報告書 平成25年度）　Ⓝ318.537　［477円］

川崎市（条例）
◇川崎市自治推進委員会報告書　第4期　［川崎］　川崎市自治推進委員会　2014.3　102p　30cm　Ⓝ318.237
◇川崎市例規集　平成26年度版 1　川崎市編　川崎　川崎市　2014.8　35, 1569p　21cm　Ⓝ318.237
◇川崎市例規集　平成26年度版 2　川崎市編　川崎　川崎市　2014.8　35p, p1571-2723　21cm　Ⓝ318.237
◇川崎市例規集　平成26年度版 3　川崎市編　川崎　川崎市　2014.8　35p, p2725-4178　21cm　Ⓝ318.237
◇川崎市例規集　平成26年度版 4　川崎市編　川崎　川崎市　2014.8　35p, p4179-5684　21cm　Ⓝ318.237

川崎市（職業）
◇川崎市の就業構造―平成24年就業構造基本調査結果　平成24年　総合企画局都市経営部統計情報課編　［川崎］　川崎市　2014.3　74p　29cm　（統計情報 2013 第13号）　Ⓝ366.2137

川崎市（人権―児童）
◇第4次川崎市子どもの権利に関する行動計画―2014年度―2016年度　川崎　川崎市市民・こども局人権・男女共同参画室　2014.3　62p　30cm　Ⓝ316.1

川崎市（人口―統計）
◇川崎市の人口 10　平成22年国勢調査結果報告書（従業地・通学地による抽出詳細集計結果及び抽出詳細集計結果）　［川崎

市］　総合企画局都市経営部統計情報課編　［川崎］　川崎市　2014.3　77p　29cm　（統計情報 2013 第17号）　Ⓝ358.137
◇川崎市の人口 11　独自集計編 6　平成22年国勢調査結果報告書（従業地・通学地による抽出詳細集計結果及び抽出詳細集計結果）　［川崎］　総合企画局都市経営部統計情報課編　［川崎］　川崎市　2014.9　109p　29cm　（統計情報 2014 第4号）　Ⓝ358.137

川崎市（水道）
◇川崎市水道事業中期計画―2014-2016　［川崎］　川崎市上下水道局　2014.3　90p　30cm　Ⓝ518.11

川崎市（生活保護）
◇現場発！ 生活保護自立支援川崎モデルの実践―多様な就労支援が生きる力を育む　川崎市生活保護・自立支援室編　ぎょうせい　2014.10　223p　21cm　〈著作目録あり　年表あり〉　Ⓘ978-4-324-09912-4　Ⓝ369.2　［2200円］

川崎市（青少年教育）
◇第27期協議題青少年の社会参加を促す仕組みづくり意見具申書　［川崎］　川崎市青少年問題協議会　2014.7　48p　30cm　〈背のタイトル：第27期意見具申書〉　Ⓝ379.3

川崎市（生物多様性）
◇生物多様性かわさき戦略―人と生き物つながりプラン　［川崎市］　環境局総務部環境調整課編　［川崎］　川崎市　2014.3　80, 14p　30cm　Ⓝ519.8137

川崎市（選挙―統計）
◇川崎市長選挙の記録―平成25年10月27日執行　川崎市選挙管理委員会編　［川崎］　川崎市選挙管理委員会　2014.3印刷　105p　30cm　Ⓝ314.8
◇参議院議員通常選挙の記録―平成25年7月21日執行　川崎市選挙管理委員会編　［川崎］　川崎市選挙管理委員会　2014.3印刷　165p　30cm　Ⓝ314.8

川崎市（男女共同参画）
◇川崎市男女平等推進行動計画―かわさき☆かがやきプラン　第3期　2014年度―2018年度　川崎　川崎市市民・こども局人権・男女共同参画室　2014.3　64p　30cm　〈年表あり〉　Ⓝ367.2137
◇川崎市男女平等推進行動計画―かわさき☆かがやきプラン―年次報告書　第2期　2012年度 / 川崎市男女平等推進審議会ヒアリング結果報告書　第6期　川崎市市民・こども局人権・男女共同参画室編　川崎　川崎市市民・こども局人権・男女共同参画室　2014.1　124p　30cm　Ⓝ367.2137

川崎市（地誌）
◇郷土史登戸―歴史・自治会・祭礼・獅子舞　大木恒夫著，長島孟編　［出版地不明］　大木恒夫　2014.9　88p　30cm　Ⓝ291.37

川崎市（地方自治）
◇川崎市自治推進委員会報告書　第4期　［川崎］　川崎市自治推進委員会　2014.3　102p　30cm　Ⓝ318.237
◇市民自治の実態等に関する調査報告書　平成25年度　総合企画局自治政策部編　［川崎］　川崎市　2014.3　213p　31cm　〈背・表紙のタイトル（誤植）：市民自治の実体等に関する調査報告書　ルーズリーフ〉　Ⓝ318.237

川崎市（地方選挙）
◇川崎市長選挙の記録―平成25年10月27日執行　川崎市選挙管理委員会編　［川崎］　川崎市選挙管理委員会　2014.3印刷　105p　30cm　Ⓝ314.8

川崎市（中小企業）
◇なぜ、川崎モデルは成功したのか？―中小企業支援にイノベーションを起こした川崎市役所　藤沢久美著　実業之日本社　2014.4　231p　19cm　Ⓘ978-4-408-11047-9　Ⓝ601.137　［1400円］

川崎市（通過儀礼）
◇菅散歩 19　人生儀礼 1　佐保田五郎編著　川崎　『菅散歩』出版舎　2014.1　160p　19cm　Ⓝ213.7

川崎市（伝記）
◇近代川崎人物伝―川崎の礎を築いた偉人たち：市制90周年記念　川崎市市民ミュージアム編　川崎　川崎市市民ミュージアム　2014.6　64p　30cm　〈会期：2014年6月7日―8月24日　奥付のタイトル：図録「近代川崎人物伝」〉　Ⓝ281.37

川崎市（都市計画）
◇カワサキ・シティ―日本を牽引する街：開館25周年記念特別展　川崎市市民ミュージアム編　川崎　川崎市市民ミュージアム　2013.10　95p　30cm　〈年表あり　会期：2013年10月12日―12月15日〉　Ⓝ518.8

日本件名図書目録2014　Ⅰ　　　　　　　　　　　　　　　　　　　　　　　　　河内長野市〔遺跡・遺物〕

川崎市〔図書館〕
◇川崎市立図書館協議会研究活動報告書　平成24・25年度　学校及び学校図書館との連携について　川崎市立図書館協議会編　[川崎]　川崎市立図書館　2014.5　27p　30cm　Ⓝ016.2137

川崎市〔文化財保護〕
◇川崎市文化財保護活用計画―文化財が人をつなぎ、地域を守り育むまちづくり　[川崎]　川崎市教育委員会　2014.3　51p　30cm　Ⓝ709.137

川崎市〔民間社会福祉事業〕
◇川崎市市民活動支援指針改訂検討委員会報告書　[川崎]　川崎市市民活動支援指針改訂検討委員会　2014.11　58p　30cm　Ⓝ369.14

川崎市〔緑地計画〕
◇川崎市緑の実施計画　第3期　建設緑政局緑政部みどりの企画管理課編　[川崎]　川崎市　2014.5　100p　30cm　Ⓝ518.85

川崎市〔労働市場〕
◇川崎市の就業構造―平成24年就業構造基本調査結果　平成24年　総合企画局都市経営部統計情報課編　[川崎]　川崎市　2014.3　74p　29cm　（統計情報 2013 第13号）Ⓝ366.2137

川崎市〔路線価〕
◇路線価図―東京国税局管内：財産評価基準書　平成25年分第11分冊　横浜市　川崎市　東京国税局［編］　全国官報販売協同組合　2013.7　987p　21×30cm　〈内容：戸塚署・緑署・川崎南署・川崎北署・川崎西署〉Ⓘ978-4-86458-045-8　Ⓝ345.5　［8381円］

◇路線価図―東京国税局管内：財産評価基準書　平成26年分第11分冊　横浜市　川崎市　東京国税局［編］　全国官報販売協同組合　2014.7　987p　21×30cm　〈内容：戸塚署・緑署・川崎南署・川崎北署・川崎西署〉Ⓘ978-4-86458-079-3　Ⓝ345.5　［8426円］

川崎市議会
◇資産公開制度ハンドブック　平成25年度改訂版　川崎市総務局情報管理部行政情報課編　[川崎]　川崎市総務局情報管理部行政情報課　2013　138p　29cm　Ⓝ318.437

川崎市文化協会
◇六十年のあゆみ　川崎市文化協会創立60周年記念事業実行委員会編　川崎　川崎市文化協会事務局　2014.1　45p　30cm　Ⓝ706

川崎フロンターレ
◇フットボールサミット―サッカー界の論客首脳会議　第19回　川崎フロンターレの等々力劇場　『フットボールサミット』議会編著　カンゼン　2014.3　228p　21cm　〈内容：中村憲剛等々力劇場で見る夢（中村憲剛述、いしかわごう著）　大久保嘉人キングの野心（大久保嘉人述、益子浩一著）　風間八宏揺るぎなき哲学と信念（風間八宏述、いしかわごう著）　ACL対戦相手レポート（槙武宏、植松久隆述）　ジェシ気高き魂（ジェシ述、江藤高志著）　レナト左サイドの閃光（レナト述、江藤高志著）　パウリーニョ愛される必然（パウリーニョ述、鈴木康浩著）　蒼と黒の三銃士、それぞれの成長曲線（小林悠、山本真希、登里享平述、江藤高志著）　大島僚太強気と弱気（大島僚太述、羽田智之著）　勝ためのスタイル（稲本潤一、井川祐輔述、いしかわごう著）　田中裕介プロ10年目の決意（田中裕介述、江藤高志著）　西部洋平のGK論（西部洋平述、小林剛著）　チームメイトが明かす！　あの選手はこんな人　新シーズンに懸ける男たち（いしかわごう著）　新加入選手たちが目指すもの（森島康仁、金久保順、武岡優斗ほか述、小林剛著）　知られざるプロモーション活動の舞台裏（伊藤宏樹、天野春果、恋塚唯述、いしかわごう著）　育成の現在地と未来像（向島健、今野章、寺田周平ほか述、江藤高志著）　武田信平社長がこれまで見てきた風景とこれから見たい風景（武田智之述、羽田智之著）「ファイフロ」「スキフロ」の両MCが語る愛される応援番組の魂（いしかわごう著）　僕が選手たちから聞いた・見た！こぼれ話シリーズ（ふろん太著）〉Ⓘ978-4-86255-232-7　Ⓝ783.47　［1300円］

◇フロンターレの旗を掲げよ　真田幸次著　駒草出版ダンク出版事業部　2014.10　293p　19cm　Ⓘ978-4-905447-37-5　Ⓝ783.47　［1400円］

川崎町〔福岡県〕（遺跡・遺物）
◇三ヶ幡遺跡　川崎町(福岡県)　川崎町教育委員会　2014.3　48p　図版 28p　30cm　（川崎町文化財調査報告書 第13集）〈川崎町大字池尻所在の埋蔵文化財発掘調査、小規模店舗建設に伴う埋蔵文化財発掘調査〉Ⓝ210.0254

◇戸山原古墳群　2次調査　川崎町(福岡県)　川崎町教育委員会　2014.3　44p　図版 27p　30cm　（川崎町文化財調査報告書 第14集）〈川崎町大字安眞木所在の埋蔵文化財発掘調査、史跡範囲内容確認調査に伴う埋蔵文化財発掘調査〉Ⓝ210.0254

川崎町〔福岡県〕（文化活動―歴史）
◇筑豊川崎ふるさとの文化―聞き歩き　濱嵜弘毅著　改訂版　北九州　せいうん　2013.7　249p　22cm　〈年表あり　文献あり〉Ⓘ978-4-902573-92-3　Ⓝ702.1991　［2000円］

川路 聖謨〔1801〜1868〕
◇川路聖謨之生涯　川路寛堂編述　周南　マツノ書店　2014.6　1冊　22cm　〈吉川弘文館明治36年刊 の復刻版〉Ⓝ289.1

川島 永嗣〔1983〜〕
◇準備する力―夢を実現する逆算のマネジメント　川島永嗣［著］　文庫改訂版　KADOKAWA　2014.4　313p　15cm　（角川文庫 か67-1）〈初版：角川書店 2011年刊〉Ⓘ978-4-04-101544-5　Ⓝ783.47　［600円］

川島 堯〔1883〜1957〕
◇弓道回顧録―日置流雪荷派の弓　川島堯著，小澤勉編纂，松尾牧則監修　半田　一粒社書房　2013.12　231p　21cm　〈年譜あり〉Ⓘ978-4-86431-244-8　Ⓝ789.5　［1600円］

川島 つゆ〔1892〜1972〕
◇評伝川島つゆ　上　己が墳は己が手に築くべきである　古庄ゆき子著　ドメス出版　2014.10　121,38p　21cm　〈著作目録あり〉Ⓘ978-4-8107-0813-4　Ⓝ289.1　［2000円］

川嶋 真人〔1944〜〕
◇苦楽吉祥　川嶋眞人著　福岡　梓書院　2014.4　327p　22cm　Ⓘ978-4-87035-525-5　Ⓝ289.1　［2315円］

川島 雄三〔1918〜1963〕
◇監督川島雄三松竹時代　カワシマクラブ編　ワイズ出版　2014.5　359p　21cm　〈作品目録あり　年譜あり　内容：松竹全作品解説（飯塚昇任、金子達郎、櫻井久美子ほか述）　エッセイざっくばらんな話（川島雄三、杉江敏男、谷口千吉ほか述）　娘はかく抗議する（川島雄三、高橋貞二、大木実ほか述）　東京マダムと大阪夫人（川島雄三、藤沢桓夫、水原眞知子ほか述）　松竹大船時代からの作品から見た川島雄三作品の本質（立川志ら く著）　川島雄三の修業時代（木全公彦著）　川島松竹作品と東京風景（泉麻人著）　風俗と風刺の間（アロ・ユエカルダ著）　川島雄三湾岸論（定成寛著）　我が「わが町」（篠原昌人著）　つかんで離さぬ「軽さ」（こうだ英人著）　川島雄三を語り継ぐ（高瀬厚太郎著）　生き急ぎまた感じせく（馬場正俊著）　世界にたった一人しかいない喜劇作家（飛鳥田一雄著）　反大船調・反小市民的映画作家（西河克己著）　際立った世俗的な視点（三橋逹也著）　シナリオ「四つの都」（織田作之助著）〉Ⓘ978-4-89830-276-7　Ⓝ778.21　［2500円］

川田 甕江〔1830〜1896〕
◇川田甕江資料集　4　川田甕江［著］　倉敷　川田甕江資料を読む会　2014.5　250p　21cm　Ⓝ121.6

川田 貞治郎〔1879〜1959〕
◇川田貞治郎の「教育的治療学」の体系化とその教育的・保護的性格に関する研究―小田原家庭学園における着想から藤倉学園における実践まで　高野聡子著　大空社　2013.11　249p　22cm　〈文献あり〉Ⓘ978-4-283-00800-7　Ⓝ378.6　［6500円］

川田 靖子〔1934〜〕
◇我はまことの葡萄の木　川田靖子著　教文館　2013.6　215p　20cm　Ⓘ978-4-7642-9955-9　Ⓝ289.1　［1500円］

川棚町〔長崎県〕（ダム）
◇小さなダムの大きな闘い―石木川にダムはいらない！　石木ダム建設絶対反対同盟、石木ダム問題ブックレット編集委員会編　［東京］　花伝社　2014.3　94p　21cm　（共著噴 発売）文献あり　年表あり　内容：ダム建設予定地はどんなところ（こうばるほずみ著）　どんな方が生活されているの（こうばるほずみ著）　ダム事業認定を斬る（遠藤保男著）　住民座談会　行政と闘い続けた半世紀　石木ダム建設反対運動の到達点と展望（山下千秋著）　虚構の民意（松本美智惠著）　建設予定地に住む一三世帯の居住地を奪う石木ダム事業計画と憲法（坂井優著）〉Ⓘ978-4-7634-0697-2　Ⓝ517.7　［900円］

河内長野市〔遺跡・遺物〕
◇太井遺跡発掘調査概要　3　大阪　大阪府教育委員会　2014.3　46p　図版 27枚　30cm　〈共同刊行：河内長野市教育委員会〉Ⓝ210.0254

◇河内長野市埋蔵文化財調査報告書　33　河内長野　河内長野市教育委員会　2014.3　14p　図版 5枚　30cm　（河内長野市文化財調査報告書 第57輯）〈内容：清水遺跡　高向遺跡　塩谷遺跡　市町東遺跡〉Ⓝ210.0254

◇長池窯跡群　大阪　大阪府教育委員会　2014.3　14p　図版 6枚　30cm　（大阪府埋蔵文化財調査報告 2013-5）〈共同刊行：河内長野市教育委員会〉Ⓝ210.0254

◇三日市北遺跡　4　河内長野　河内長野市教育委員会　2013.3　137p　図版 25枚　30cm　（河内長野市文化財調査報告 第56輯）Ⓝ210.0254

河内長野市（城跡—保存・修復）

河内長野市（城跡—保存・修復）
◇史跡烏帽子形城跡整備基本計画書　河内長野　河内長野市教育委員会　2014.3　77p　30cm　Ⓝ709.163
◇史跡烏帽子形城跡保存管理計画書　河内長野　河内長野市教育委員会　2014.3　76p　30cm　Ⓝ709.163

河内長野市（地誌）
◇「知ったはりまっか？」河内長野　河内長野市郷土研究会編　［河内長野］　［河内長野市郷土研究会］　2014.10　126p　21cm　〈年表あり　創立50周年記念〉Ⓝ291.63

川中 なほこ〔1929～〕
◇キリストに生きる感謝—川中なほ子回顧録　川中なほ子著　習志野　教友社　2014.8　113p　19cm　Ⓘ978-4-907991-02-9　〔900円〕

河鍋 暁斎〔1831～1889〕
◇画鬼暁斎読本—河鍋暁斎記念美術館ブックレット　暁斎［画］,河鍋楠美, 桧山勝典, 河鍋暁斎記念美術館編　蕨　翠企画　2014.3　63p　21cm　〈共同刊行：河鍋暁斎記念美術館〉Ⓝ721.9
◇河鍋暁斎—戯画と笑いの天才絵師　河出書房新社　2014.6　127p　26cm　〈傑作浮世絵コレクション〉〈文献あり　年譜あり〉Ⓘ978-4-309-62322-1　721.9　〔2200円〕

川西市（遺跡・遺物）
◇川西市発掘調査報告　平成23年度　川西市教育委員会編　［川西］　川西市教育委員会　2013.3　26p　図版12枚　30cm　Ⓝ210.0254
◇川西市発掘調査報告　平成24年度　川西市教育委員会編　［川西］　川西市教育委員会　2014.3　29p　図版10枚　30cm　Ⓝ210.0254

川西市（写真集）
◆ふるさと川西—市制60周年記念決定版写真集!!：保存版　田辺眞人監修　松本　郷土出版社　2014.10　231p　31cm　Ⓘ978-4-86375-220-7　216.4　〔9250円〕

川西市（鉄道—歴史）
◇川西鉄道小史—国鉄・能勢電・阪急とまちの回顧録　森田敏生著　立川　けやき出版　2014.9　250p　21cm　〈文献あり　年表あり〉Ⓘ978-4-87751-519-5　686.2164　〔1600円〕

川西町〔山形県〕（昔話）
◇むがしむがし—川西町に語り継がれた民話　川西昔ばなしの会編　［川西町（山形県）］　川西昔ばなしの会　2014.3　100p　21cm　Ⓝ388.125

河野 滋〔1950～〕
◇泥花　河野滋著　［長岡］　ダイエープロビス　2013.12　261p　20cm　Ⓝ289.1

河野 貴輝〔1972～〕
◇スーパーベンチャーの創り方—TKP創業者河野貴輝の起業論　村上実著　オータパブリケイションズ　2014.9　344p　19cm　〈年譜あり〉Ⓘ978-4-903721-44-6　289.1　〔1500円〕

河野 正憲〔1944～〕
◇民事手続法の比較法的・歴史的研究—河野正憲先生古稀祝賀　本間靖規, 中島弘雅, 菅原郁夫, 西川佳代, 安西明子, 渡部美由紀編集委員　市之町（東京都）　慈学社出版　2014.9　751p　22cm　〈大学図書（発売）　著作目録あり　年譜あり　内容：訴訟告知の目的と択一的関係（松本博之著）　独立証拠手続の最前線（春日偉知郎著）　民事司法手続と民主主義（池田辰夫著）　非訟裁判の既判力に関する一考察（本間靖規著）　戦後以降の本人訴訟当事者像変遷の素描（菅原郁夫著）　「手続集中」理念とその方策としての弁論準備システム（松村和德著）　電子証拠の取調べに関する考察（垣内秀介著）　国際民事訴訟における事実上の推定（芳賀雅顯著）　トルコとウクライナの外国判決承認・執行制度についての考察（小室百合著）　判決後ディスカバリの意義と機能（田邊佳代著）　子の引渡しをめぐる判断・執行手続（安西明子著）　執行費用の負担分配（吉田純平著）　会社経営者の倒産責任の取り方に関する覚書き（中島弘雅著）　フランス倒産法制の近時の展開（山本和彦著）　破産管財人と申立代理人の役割（野村剛司著）　倒産手続の手続構造（河野憲一郎著）　インドネシアの和解、調停についての二〇〇八年最高裁規則の作成と法整備支援（草野芳郎著）　訴訟係属後のADR手続の利用について（山田文著）　多数当事者紛争仲裁の法的規律（渡部美由紀著）〉Ⓘ978-4-903425-89-4　327.2　〔18000円〕

川畑 要〔1979～〕
◇トーキング・プラネッツ　002　川畑要—ア・チェンジ・イズ・ゴナ・カム　高野育郎責任編集　川畑要著　グループアム　2014.12　175p　26cm　〈星雲社（発売）　歌手編〉Ⓘ978-4-434-20017-5　Ⓝ700　〔1500円〕

川端 博〔1944～〕
◇川端博先生古稀記念論文集　上巻　井田良, 高橋則夫, 只木誠, 中空壽雅, 山口厚編集委員　成文堂　2014.10　909p　22cm　〈内容：因果関係に関する理論と結論（前田雅英著）　行為規範と事前判断（江藤隆之著）　違法性と責任の区別について（髙山佳奈子著）　正当防衛と法・権利の確証（飯島暢著）　自招侵害論再考（井上宜裕著）　犯罪における同時存在の原則と自招侵害（松原久利著）　喧嘩闘争に関する正当防衛の成否（余振華著）　正当防衛における「やむを得ずにした行為」の意義（明照博章著）　人工延命装置の差控え・中止〈尊厳死〉問題の「解決」モデル（甲斐克則著）　仮定的同意に関する序論的考察（佐藤陽子著）　アスペルガー症候群と刑事責任（城下裕二著）　故意と行為意思の犯罪論体系的内実規定（伊東研祐著）　いわゆる「ブーメラン現象」と犯罪論体系（奥村正雄著）　予見可能性論の動向と予見可能性の判断構造（大塚裕史著）　過失犯における危険性と注意義務（小田直樹著）　過失犯の成立要件（小林憲太郎著）　過失犯における違法性の認識の可能性（平野潔著）　過失犯における回避措置重点化説（船山泰範著）　障害未遂・中止未遂における点と線・再論（関哲夫著）　国際刑法における行為支配論と正犯概念の新展開（フィリップ・オステン著）　共犯の本質と処罰根拠（浅田和茂著）　承継的共同正犯について—部分的肯定説の再検討（阿部力也著）　承継的共同正犯について（高橋則夫著）　「承継的共同正犯」について（橋本正博著）　共犯の先行行為に基づく保障人的義務について（岩間康夫著）　犯罪の不阻止と共犯・再論（奥村正雄著）　不作為犯の正犯と共犯（山中敬一著）　共謀の射程と量的過剰防衛（十河太朗著）　インサイダー取引規制の改正と共同正犯の成否（平山幹子著）　共犯と身分（日髙義博著）　共犯行為と故意（林幹人著）　犯罪論体系〈構成要件論・三元的犯罪構造説〉の刑事実務的意義に関する若干の考察（松本純也著）　併合罪における統一的評価の限界について（内田幸隆著）　集積犯について（佐久間修著）　終身刑についての規範的考察（岡上雅美著）　刑の一部の執行猶予制度の導入と検察の課題（伊藤栄二著）〉Ⓘ978-4-7923-5126-7　Ⓝ326.04　〔25000円〕
◇川端博先生古稀記念論文集　下巻　井田良, 高橋則夫, 只木誠, 中空壽雅, 山口厚編集委員　成文堂　2014.10　915p　22cm　〈著作目録あり　年譜あり　内容：監禁罪の保護法益と被害者の意思に関する一考察（須之内克彦著）　強制わいせつ罪・強姦罪における暴力脅迫について（曲田統著）　準強姦罪における「抗拒不能」について（川本哲郎著）　建造物侵入罪における「侵入」概念について（只木誠著）　財産上の利益に対する刑法的保護に関する一考察（金澤真理著）　パチンコ玉やメダルの不正取得と窃盗罪の成否について（江口和伸著）　法益主体〈行為客体〉側の事情による実行行為の相対化（内山良雄著）　事後強盗罪に関する覚書（佐伯仁志著）　イギリス二〇〇六年詐欺罪法と詐欺処罰の限界について（木村光江著）　詐欺罪における占有（佐藤拓磨著）　振込みと財産犯・再論（松宮孝明著）　訴訟詐欺について（森永真綱著）　アメリカ経済刑法における証券詐欺罪の一考察（原田保著）　代理文書と文書偽造罪（松原芳博著）　個人の尊重に基づく児童ポルノの刑事規制（石井徹哉著）　戸籍行政の現状と戸籍に関する刑事法上の若干の問題（石井隆著）　いわゆる赤信号無視罪の危険運転致死傷の罪における「殊更に無視し」の意義（古川伸彦著）　自動車交通犯傷事故に対する刑事的対応（丸山雅夫著）　危険運転致死傷罪〈赤色信号の殊更無視類型〉に係る諸論点（山田利行著）　刑法と行政法の交錯形態に関する一考察（今村暢好著）　金融商品取引法一五七条の適用について（甲斐行夫著）　海賊対処法の適用をめぐる刑事法上の法的問題（北川佳世子著）　「プライヴァシーの期待」についての考察（清水真著）　同意に基づく無令状捜索について（洲見光男著）　科学的捜査方法とプライバシーの合理的期待（辻脇葉子著）　「人格的自律権」について（寺崎嘉博著）　刑事裁判における起訴主義の意義（川出敏裕著）　告訴の受理義務と告訴不受理の場合の国家賠償責任（黒澤睦著）　裁判員裁判の量刑評議における裁判官と裁判員の役割分担と協働（井田良著）　裁判員裁判の公判審理の在り方を考える際の出発点（白鳥悠三著）　裁判員裁判に関する若干の覚書その2（中山隆夫著）　日本の薬物犯罪政策と「ダメ。ゼッタイ。」アプローチ（酒井安行著）　マネー・ローンダリング対策における顧客管理について（安冨潔著）　少年刑法の理論（吉中信人著）　日本の刑罰制度に関する史的素描（瀬川晃著）〉Ⓘ978-4-7923-5127-4　Ⓝ326.04　〔25000円〕

川端 康成〔1899～1972〕
◇篝火に誓った恋—川端康成が歩いた岐阜の町　三木秀生著　［岐阜］　岐阜新聞社　2014.9　115p　21cm　〈岐阜新聞情報センター出版室（発売）　文献あり　第3刷〉Ⓘ978-4-87797-208-0　Ⓝ910.268　〔1111円〕
◇川端文学への視界　年報2014（NO.29）　川端康成学会/編　鎌倉　銀の鈴社　2014.6　149p　19cm　Ⓘ978-4-87786-785-0　〔2500円〕

◇川端康成の「魔界」に関する研究—その生成を中心に 李聖傑著 早稲田大学出版部 2014.3 435p 30cm (早稲田大学モノグラフ 106)〈文献あり 年譜あり〉①978-4-657-14508-6 Ⓝ910.268 [4200円]

◇川端康成魔界の文学 富岡幸一郎著 岩波書店 2014.5 247p 19cm (岩波現代全書 031)①978-4-00-029131-6 Ⓝ910.268 [2200円]

◇巨匠の眼—川端康成と東山魁夷 川端香男里,東山すみ,斉藤進監修, 水原園博編纂・執筆 求龍堂 2014.4 476p 21cm〈作品目録あり〉①978-4-7630-1426-9 Ⓝ910.268 [2700円]

◇魔界の住人川端康成—その生涯と文学 上 森本穫著 勉誠出版 2014.9 816,70p 22cm〈索引あり 布装〉①978-4-585-29075-9 Ⓝ910.268 [10000円]

◇魔界の住人川端康成—その生涯と文学 下 森本穫著 勉誠出版 2014.9 794,71p 22cm〈索引あり 布装〉①978-4-585-29076-6 Ⓝ910.268 [10000円]

河原 清〔1925～〕
◇ある自転車屋のおはなし—history of河原自転車商会 河原京子著 岡山 丸善書店岡山シンフォニービル店出版サービスセンター 2014.10 80p 30cm ①978-4-89620-225-0 Ⓝ289.1 [1000円]

河原 雅彦〔1969～〕
◇気になちゃるモノ 古田新太,河原雅彦著 光文社 2014.12 156p 20cm ①978-4-334-97804-4 Ⓝ772.1 [1000円]

川原 竜三郎〔1940～2012〕
◇楽しく、美術館に、行こう—遺稿集：川原さんの思い出 川原竜三郎著 南砺 ふくみつ光房 2013.6 167p 21cm Ⓝ712.1 [1000円]

川淵 依子〔1923～2012〕
◇かいつぶり—川渕依子先生の三回忌に寄せて 大津 ふじみ手話サークル「かいつぶり」 2014.11 147p 19cm〈年譜あり〉Ⓝ289.1

河村〔氏〕
◇御林守河村家の歴史 中世編 河村隆夫著 [島田] 河村隆夫 2014.6 133p 20cm〈静岡新聞社（発売）〉①978-4-7838-9870-2 Ⓝ288.2 [1850円]

河村 勧
◇私の進んだ道—河村勧回顧録：AWWA「水道協堂」入り 河村勧[著], 刊行委員会編纂 [川口] 回顧録刊行委員会 2013.2 394p 22cm〈年譜あり 著作目録あり〉［非売品］

河村 たかし〔1948～ 〕
◇河村市政の裏表 月刊東海財界編 名古屋 東海財界出版 2014.9 159p 19cm〈三恵社（発売）〉①978-4-86487-233-1 Ⓝ318.255 [1200円]

河村 宏〔1947～ 〕
◇図書館から、図書館を超えて—視覚障害学生との出会い、DAISY、国際貢献 河村宏語り手, 赤瀬美穂,田口瑛子,深井耀子企画・編集 神戸 女性図書館職研究会・日本図書館研究会図書館職の記録研究グループ 2014.10 86p 26cm (シリーズ私と図書館 no. 6)〈年譜あり 著作目録あり 聞き手：赤瀬美穂ほか〉①978-4-89467-272-7 Ⓝ015.17

川村 昌子
◇からだは驚異の記憶装置！—タッピングカウンセリング：マコ川村の感謝帳 川村昌子著 京都 文理閣 2014.4 215p 19cm〈文献あり〉①978-4-89259-729-9 Ⓝ289.1 [1500円]

川村学園女子大学
◇川村学園女子大学25年のあゆみ 「川村学園女子大学25年のあゆみ」編集委員会編 川村学園 2014.3 193p 30cm〈年表あり 川村学園90周年記念〉Ⓝ377.28

香春町（福岡県）（遺跡・遺物）
◇次郎丸尾敷遺跡 香春町（福岡県） 香春町教育委員会 2014.3 24p 図版 8p 30cm (香春町文化財調査報告書 第20集)〈福岡県田川郡香春町大字鏡山所在遺跡の調査〉Ⓝ210.0254

◇宮原金山遺跡 2 鉄関連遺物・分析篇 小郡 九州歴史資料館 2014.3 246p 図版 [19] 枚 30cm (福岡県文化財調査報告書 第245集)〈福岡県田川郡香春町大字採銅所所在遺跡の調査〉Ⓝ210.0254

川和保育園
◇ふってもはれても—川和保育園・園庭での日々と113の「つぶやき」 川和保育園編, 寺田信太郎執筆, 宮原洋一執筆・写真 新評論 2014.10 238p 図版8枚 21cm ①978-4-7948-0982-7 Ⓝ369.42 [2000円]

漢〔中国〕（外国関係—アジア—歴史）
◇地図で読む「魏志倭人伝」と「邪馬台国」 武光誠著 PHP研究所 2014.11 243p 15cm (PHP文庫 た17-16)①978-4-569-76261-6 Ⓝ210.273 [660円]

漢〔中国〕（政治—歴史—後漢）
◇後漢政治制度の研究 渡邉将智著 早稲田大学出版部 2014.3 451,12p 22cm (早稲田大学学術叢書 31)〈文献あり 索引あり 内容：漢王朝の皇帝支配体制と後漢時代 後漢における宦官の制度的基盤と尚書台 後漢における外戚の制度的基盤と尚書台 「三公形骸化説」の再検討 後漢における公府・将軍府と府主 政策形成と文書伝達 後漢洛陽城における皇帝・諸官の政治空間 政治空間よりみた後漢の外戚輔政 漢王朝の皇帝支配体制の特色とその展開 後漢における「内朝官」の解体と九卿の再編〉①978-4-657-14701-1 Ⓝ312.22 [8400円]

漢〔中国〕（法制史）
◇漢代二十等爵制の研究 楯身智志著 早稲田大学出版部 2014.2 286,10p 30cm (早稲田大学モノグラフ 101)①978-4-657-14503-1 Ⓝ322.22 [3500円]

◇張家山漢簡『二年律令』研究 東洋文庫中国古代地域史研究編 東洋文庫 2014.3 520,61p 22cm (東洋文庫論叢 第77)〈年表あり 内容：雲夢睡虎地・荊州張家山調査報告記（飯尾秀幸著）中国古代土地所有問題に寄せて（飯尾秀幸著）秦漢時代の戸籍について（池田雄一著）「五任」と「無任」（石黒ひさ子著）収の原理と淵源（石原遼平著）秦漢出土法律文書にみる「田」・「宅」に関する諸問題（太田幸男著）国家による労働力編成と在地社会（小嶋茂稔著）漢代婚姻形態に関する一考察（佐々木満実著）二年律令にみる民の生活形態について（椎名一雄著）「家罪」および「公室告」「非公室告」に関する一考察（多田麻希子著）秦・前漢初期における国家と亡人（福島大我著）『秦律』・『漢律』（二年律令）に見える「三環」・「免老」について（藤田忠著）列侯と関内侯（遠見統著）呂氏政権における領域統治（山元貴尚著）〉①978-4-8097-0257-0 Ⓝ322.22 ［非売品］

◇張家山二四七号漢墓竹簡『二年律令』・『奏讞書』釈文文字異同考証 板垣明,山元貴尚編 [日野] 中国の歴史と地理研究会 2014.3 173, 73p 26cm (中国の歴史と地理 第2集)〈附：一字索引〉Ⓝ322.22

漢〔中国〕（歴史）
◇両漢交替期研究 仲山茂,飯田祥子,柴田昇著 江南 名古屋中国古代史研究会 2014.12 114p 21cm (名古屋中国古代史研究会報告集 3)〈内容：両漢交代期における県と侯国（仲山茂著）人事よりみた更始政権の構成（飯田祥子著）赤眉集団研究史（柴田昇著）重近啓樹先生の中国古代史研究（柴田昇著）〉①978-4-9905047-2-4 Ⓝ222.042

漢〔中国〕（歴史—後漢）
◇後漢魏晋史論攷—好並隆司遺稿集 好並隆司著 [出版地不明] 好並晶 2014.2 334p 22cm〈発行所：溪水社〉①978-4-86327-230-9 Ⓝ222.042 [6000円]

漢〔中国〕（歴史—前漢）
◇呂太后期の権力構造—前漢初期「諸呂の乱」を手がかりに 郭茵著 福岡 九州大学出版会 2014.3 232p 22cm〈文献あり 年譜あり 索引あり〉①978-4-7985-0123-9 Ⓝ222.042 [3600円]

関 羽〔160～219〕
◇関帝廟と横浜華僑—関帝帝君鎮座150周年記念 「関帝廟と横浜華僑」編集委員会編著 横浜 自在 2014.12 347p 30cm〈年表あり〉①978-4-9908504-0-1 Ⓝ387.02137 [3900円]

韓 慶愈
◇ある華僑の戦後日中関係史—日中交流のはざまに生きた韓慶愈 大類善啓著 明石書店 2014.8 252p 19cm〈文献あり 年譜あり〉①978-4-7503-4056-2 Ⓝ289.2 [2300円]

菅 茶山〔1748～1827〕
◇菅茶山、鎌倉・江の島を行く 井口鐵郎著 仙台 本の森 2014.12 169p 21×30cm Ⓝ919.5

姜 尚中〔1950～ 〕
◇是枝裕和×姜尚中 NHK『SWITCHインタビュー達人達』制作班, 是枝裕和,姜尚中著 ぴあ 2014.7 128p 19cm (SWITCHインタビュー達人達)①978-4-8356-1889-0 Ⓝ778.21 [800円]

観音寺市（遺跡・遺物）
◇大野原古墳群—範囲確認調査 1 観音寺市教育委員会編 観音寺 観音寺市教育委員会 2014.3 122p 図版 [42] 枚 30cm (観音寺市内遺跡発掘調査事業報告書 15)〈国庫補助事業報告書 内容：椀貸塚古墳 平塚古墳 角塚古墳〉Ⓝ210.0254

観音寺市（伝説）
◇伊吹島の民話—平成25年度公益財団法人福武財団瀬戸内海文化研究・活動支援助成成果報告 三好兼光編 [観音寺] 伊

観音寺市（昔話）

吹島研究会　2014.9　57p　21×30cm　（伊吹島研究資料叢書5）　Ⓝ388.182

観音寺市（昔話）

◇伊吹島の民話―平成25年度公益財団法人福武財団瀬戸内海文化研究・活動支援助成成果報告　三好兼光編　［観音寺］　伊吹島研究会　2014.9　57p　21×30cm　（伊吹島研究資料叢書5）　Ⓝ388.182

咸宜園

◇廣瀬淡窓と咸宜園―近世日本の教育遺産として　日田市教育庁世界遺産推進室編　［日田］　日田市教育委員会　2013.3　297p　30cm　〈年譜あり〉　Ⓝ121.57

◇廣瀬淡窓と咸宜園―近世日本の教育遺産として　資料編　別府大学文化財研究所編　［別府］　別府大学文化財研究所　2013.3　145p　30cm　〈共同刊行：日田市教育委員会〉　Ⓝ121.57

環境省

◇環境省名鑑　2013年版　米盛康正編著　時評社　2013.1　209p　19cm　①978-4-88339-189-9　Ⓝ317.269　［3333円］

◇環境省名鑑　2014年版　米盛康正編著　時評社　2013.12　221p　19cm　①978-4-88339-199-8　Ⓝ317.269　［3333円］

元興寺（奈良市）

◇わかる！　元興寺―元興寺公式ガイドブック　元興寺，元興寺文化財研究所編著　京都　ナカニシヤ出版　2014.11　95p　15×17cm　〈年譜あり〉　①978-4-7795-0801-1　Ⓝ188.35　［800円］

韓国　→大韓民国を見よ

関西学生サッカー連盟

◇関西学生サッカー連盟80年史　関西学生サッカー連盟編　大阪　関西学生サッカー連盟　2014.3　319p　30cm　Ⓝ783.47

関西詩人協会

◇関西詩人協会設立20周年記念誌　［堺］　関西詩人協会　2014.12　85p　21cm　〈竹林館（発売）年表あり〉　①978-4-86000-289-3　Ⓝ911.52　［1500円］

関西大学

◇関西大学研究・技術シーズ集　2014-2015　吹田　関西大学社会連携部産学官連携センター　2014.9　181p　21cm　〈共同刊行：関西大学先端科学技術推進機構〉　Ⓝ507

関西電力株式会社

◇関西電力と原発　矢野宏，高橋宏幸　吹田　西日本出版社　2014.5　342p　19cm　〈文献あり〉　①978-4-901908-86-3　Ⓝ543.5　［1500円］

神埼市（遺跡・遺物）

◇市内遺跡確認調査概要報告書　5　神埼　神埼市教育委員会　2013.3　45p　30cm　（神埼市文化財調査報告書　第19集）　〈神埼市内埋蔵文化財確認調査（平成20-22年度）の概要〉　Ⓝ210.0254

◇伏部大石遺跡　4区　神埼　神埼市教育委員会　2013.3　9p　30cm　（神埼市文化財調査報告書　第20集）　〈佐賀県神埼市神埼町竹に所在する伏部大石遺跡4区の発掘調査報告書〉　Ⓝ210.0254

監査懇話会

◇創立60年の歩み　監査懇話会　2014.11　124p　30cm　〈年表あり〉　Ⓝ335.43

患者の権利オンブズマン東京

◇10年のあゆみ―「苦情は宝」を合い言葉に　患者の権利オンブズマン東京　2014.3　104p　30cm　〈年表あり〉　Ⓝ498.12

甘粛省（遺跡・遺物）

◇シルクロードの記憶―秋田県・甘粛省友好提携30周年記念文化交流展　菅谷文則監修，秋田県教育委員会編　［秋田］　新秋田県立美術館公開活用事業実行委員会　2013.2　141p　29cm　〈会期・会場：2014年2月15日―3月23日　秋田県立美術館（1階県民ギャラリー）ほか〉　Ⓝ222.17

甘粛省（紀行・案内記）

◇シニア応用気象学者の中国西北オアシス滞在記　小林哲夫著　評言社　2014.4　224p　19cm　①978-4-8282-0571-7　Ⓝ292.217　［1500円］

観世　元章〔1722～1774〕

◇観世元章の世界　松岡心平編　檜書店　2014.6　566p　22cm　〈文献あり　年譜あり　索引あり　内容：十五世観世元章について（観世清河寿，松岡心平述）　観世大夫家と大徳寺（江口文恵著）　観世元章と大徳寺派僧との交流（長田あかね著）　観世元章手沢・石畳艶出模様紺表紙一番謡謡本の周辺（高橋悠介著）　観世大夫の子ども時代（鵜澤瑞希著）　田安宗武の改

訂案書付（中尾薫著）　『副言巻』をめぐる諸問題（橋場夕佳著）　明和改正研究への視点（恵阪悟著）　「大原御幸」をめぐって（井上愛著）　舞う宗武を見つめる清親（柳瀬千穂著）　能の舞を記譜すること（横山太郎著）　「師家」の型、「弟子」の型（深澤希望著）　元章時代の小書とその演出意図（山中玲子著）　元章小事典（松岡心平，中尾薫，高橋悠介編）　元章年譜と研究資料目録（中尾薫著）〉　①978-4-8279-0995-1　Ⓝ773.28　［9000円］

関西学院

◇関西学院事典　関西学院創立125周年記念事業推進委員会年史実行委員会（事務局・学院史編纂室）編集　増補改訂版　西宮　関西学院　2014.9　625p　22cm　（関西学院大学出版会（発売）文献あり　年譜あり　索引あり〉　①978-4-86283-173-6　Ⓝ377.28　［2800円］

関西学院大学

◇学生たちの日々―1976-2010：関西学院大学カレッジ・コミュニティ調査から　関西学院大学教務機構高等教育推進センター編　西宮　関西学院大学出版会　2014.12　205p　21cm　〈文献あり〉　①978-4-86283-176-7　Ⓝ377.9　［1900円］

関西学院大学商学部

◇世の光たれ！―関西学院高等学部商科開設100周年記念誌：1912-2012　関西学院高等学部商科開設100周年記念誌編集委員会編　西宮　関西学院大学商学部　2014.7　161p　30cm　〈関西学院大学出版会（発売）年譜あり〉　①978-4-86283-165-1　Ⓝ377.28　［2800円］

関西学院大学図書館

◇関西学院大学図書館史―1889年―2012年　関西学院大学図書館史編纂委員会編　西宮　関西学院大学図書館　2014.1　772p　22cm　〈年表あり〉　①978-4-9907476-0-2　Ⓝ017.7164

神田〔東京都千代田区〕

◇なつかしや神田―江戸っ子着物絵師の昭和　松柏岩崎敬一著　鶴書院　2014.4　135p　20cm　〈星雲社（発売）〉　①978-4-434-18932-6　Ⓝ382.1361　［1000円］

神田　香織〔1957～　〕

◇3・11後を生き抜く力声を持て　神田香織著　インパクト出版会　2014.4　295p　20cm　①978-4-7554-0245-6　Ⓝ779.12　［1800円］

神田　唯憲〔1899～1984〕

◇名人木村徹量の継承者神田唯憲の節談　直林不退著　八王子　節談説教研究会　2014.1　148p　21cm　①978-4-9907605-0-2　Ⓝ188.72　［3000円］

苅田町〔福岡県〕（遺跡・遺物）

◇長畑遺跡群Ⅱ地区　小郡　九州歴史資料館　2014.3　11p　図版　4p　30cm　（福岡県文化財調査報告書　第246集）　〈県道須磨園南原曽根線道路改良事業関係埋蔵文化財調査報告〉　Ⓝ210.0254

ガンディー，M.K.〔1869～1948〕

◇身の丈の経済論―ガンディー思想とその系譜　石井一也著　法政大学出版局　2014.3　342p　20cm　（サピエンティア35）　〈文献あり　年譜あり　索引あり〉　①978-4-588-60335-8　Ⓝ331.225　［2800円］

カント，I.〔1724～1804〕

◇カントを読む―ポストモダニズム以降の批判哲学　牧野英二著　岩波書店　2014.10　343,5p　19cm　（岩波人文書セレクション）　〈文献あり　年譜あり　索引あり　2003年刊の再刊〉　①978-4-00-028788-3　Ⓝ134.2　［2800円］

◇カント事典　有福孝岳，坂部恵編集顧問，石川文康，大橋容一郎，黒崎政男，中島義道，福谷茂，牧野英二編集委員　縮刷版　弘文堂　2014.6　607p　20cm　〈索引あり〉　①978-4-335-15059-3　Ⓝ134.2　［3500円］

◇カントとスミス―身体論の立場から　知念英行著　講談社ビジネスパートナーズ　2014.2　135p　20cm　①978-4-86424-016-1　Ⓝ134.2　［1600円］

◇カント『判断力批判』研究―超感性的なもの、認識一般、根拠　浜野喬士著　作品社　2014.3　218,4p　20cm　〈文献あり　索引あり〉　①978-4-86182-470-8　Ⓝ134.2　［2400円］

◇日本カント研究　15　カントと日本国憲法　日本カント協会編　つくば　日本カント協会　2014.7　233p　22cm　〈知泉書館（発売）内容：日本国憲法における定言命法と仮言命法（小野原雅夫著）　カントと日本国憲法をつなぐ（杉田孝夫著）道具的実践理性について（銭谷秋生著）　道具的な実践的要請の根拠（成田和信著）　運動としての自己触発（中野裕考著）カント自己触発論における「私の現在存在の規定」（久呉高之著）メンデルスゾーン美学における「混合感情」の射程（山蔦真之著）　メンデルスゾーンにおける「ヒュームの問題」（藤井良彦著）　自由なWillkürの自由（檜垣良成著）　寛容の先へ（上杉敬子著）　物質はsubstantia phaenomenonである（嶋崎太一著）　『基礎づけ』第三章における自由概念の演繹（池田準著）

W.ケアスティング著　舟場保之・寺田俊郎監訳『自由の秩序
―カントの法および国家の哲学』(小谷英治著)　瀬戸一夫著
『カントからヘルダーリンヘ―ドイツ近代思想の輝きと翳り』
(大橋容一郎著)　手代木陽著『ドイツ啓蒙主義哲学研究―蓋
然性概念を中心として』(田山令史著)　第二十三回世界哲学会
(河村克俊著)　マインツ大学研究会「カント『純粋理性批判』
第二版〈一七八七〉における純粋悟性概念の演繹」報告(山蔦真
之著)〉Ⓝ978-4-86285-919-8　[134.2　[2000円]

関東学院大学体育会アメリカンフットボール部
◇前進への軌跡―関東学院大学体育会アメリカンフットボール
部創部50周年記念誌　[横浜]　関東学院大学アメリカンフッ
トボール部OB会　2014.7　86p　30cm　Ⓝ783.46

関東学院大学ラグビー部
◇再び栄光をめざして―新生関東学院大ラグビー　内藤幸穂著
産経新聞出版　2014.5　231p　19cm　Ⓘ978-4-86306-107-1
Ⓝ783.48　[926円]

関東黒島郷友会
◇くろしま―Safujima：関東黒島郷友会創立50周年記念誌　関
東黒島郷友会会長宅　2013.10　82p　30cm〈年表あり〉
Ⓝ361.65

関東州（気象）
◇帝国日本の気象観測ネットワーク―満洲・関東州　山本晴彦
著　農林統計出版　2014.1　330p　21cm〈索引あり〉Ⓘ978-
4-89732-284-1　Ⓝ451.2　[3400円]

関東地方（遺跡・遺物）
◇考古学の窓　3　國學院大學卒業生in群馬編　[出版地不明]
國學院大學卒業生in群馬　2014.5　46p　30cm〈文献あり　内
容：縄紋草創期爪形紋土器編年の検証(中束耕志著)　諸磯式土
器に於ける口顆部無文様の土器(関根慎二著)　石皿の縁と色
(田村博著)　群馬県内の初期横穴式石室　1(志知哲著)　前
二子古墳石室復元市民プロジェクト第2期事業を終えて(前原
豊著)　高崎市八幡観音塚古墳の出土人歯(石守晃著)〉Ⓝ213
◇低地遺跡からみた関東地方における古墳時代への変革　福田
聖著　六一書房　2014.9　320p　30cm　Ⓘ978-4-86445-054-6
Ⓝ210.32　[4000円]
◇弥生文化と海人　杉山浩平著　六一書房　2014.3　188p
27cm　Ⓘ978-4-86445-040-9　Ⓝ210.27　[5800円]

関東地方（運送）
◇数字で見る関東の運輸の動き　2014　運輸振興協会　2014.9
192p　21cm　[952円]

関東地方（会社一名簿）
◇東商信用録―関東版　平成26年版　東京商工リサーチ東京支
社　2014.10　3冊〈索引とも〉31cm　Ⓘ978-4-88754-966-1
(set)　Ⓝ335.035　[全98000円]

関東地方（河川行政）
◇戦後河川行政とダム開発―利根川水系における治水・利水の構
造転換　梶原健嗣著　京都　ミネルヴァ書房　2014.6　397p
22cm　(現代社会政策のフロンティア 8)〈文献あり　索引あ
り〉Ⓘ978-4-623-07070-1　Ⓝ517.091　[7500円]

関東地方（家庭用電気製品―リサイクル）
◇「小型電子機器等リサイクルシステム構築実証事業運営業務
(一次募集分(関東中部))」報告書　平成25年度　[東京]
リーテム　2014.3　144p　30cm　Ⓝ545.88
◇「小型電子機器等リサイクルシステム構築実証事業運営業務
(一次募集分(関東南部))」報告書　平成25年度　[東京]
リーテム　2014.3　149p　30cm　Ⓝ545.88
◇「小型電子機器等リサイクルシステム構築実証事業運営業務
(一次募集分(関東北部))」報告書　平成25年度　[東京]
リーテム　2014.3　1冊　30cm　Ⓝ545.88
◇小型電子機器等リサイクルシステム構築実証事業運営業務(二
次募集分(関東B))報告書　平成25年度　[八王子]　環境管
理センター　2014.3　1冊　30cm　Ⓝ545.88
◇小型電子機器等リサイクルシステム構築実証事業運営業務(二
次募集分(関東C))報告書　平成25年度　[東京]　スズトク
ホールディングス　2014.3　1冊　30cm　Ⓝ545.88

関東地方（家庭用電気製品―リサイクル―PR）
◇小型家電リサイクル制度普及啓発業務報告書　[八王子]　環
境管理センター　2014.3　1冊　30cm　Ⓝ545.88

関東地方（観音巡り）
◇坂東巡礼―三十三観音と心の法話　坂東札所霊場会監修，五
艘鐵太郎文・絵　電気情報社　2014.5　301p　19cm〈文献あ
り〉978-4-924513-07-5　[186.913　[2000円]

関東地方（観音霊場）
◇坂東巡礼―三十三観音と心の法話　坂東札所霊場会監修，五
艘鐵太郎文・絵　電気情報社　2014.5　301p　19cm〈文献あ
り〉978-4-924513-07-5　Ⓝ186.913　[2000円]

関東地方（企業―名簿）
◇主要企業要覧　北関東版　2013年新年特集号　帝国データバン
ク　2013.1　363p　30cm　(日刊帝国ニュース　北関東版)
Ⓝ335.035　[10000円]
◇主要企業要覧　南関東版　2013年新年特集号　帝国データバン
ク　2013.1　370p　30cm　(日刊帝国ニュース　南関東版)
Ⓝ335.035　[10000円]
◇主要企業要覧　北関東版　2014年新年特集号　帝国データバン
ク　2014.1　379p　30cm　(日刊帝国ニュース　北関東版)
Ⓝ335.035　[10000円]
◇主要企業要覧　南関東版　2014年新年特集号　帝国データバン
ク　2014.1　368p　30cm　(日刊帝国ニュース　南関東版)
Ⓝ335.035　[10000円]

関東地方（紀行・案内記）
◇ちょっぴりエッチでかなーりおバカな誌上最小！　アメリカ横
断ウルトラ旅行記―東急電鉄・西武鉄道・東京メガループ，
JRバス関東・都営バス・千葉交通　湯浅祥司本文・写真　そ
よ風文芸食堂　2014.5　90p　21cm　Ⓝ291.3　[700円]

関東地方（郷土芸能）
◇おしゃらく　藤本秀康著　イースト・プレス　2014.10　310,
9, 13p　22cm　Ⓘ978-4-7816-1246-1　Ⓝ386.813　[3500円]

関東地方（郊外）
◇郊外に明日はあるか―持続可能な郊外居住をめざして　ハイ
ライフ研究所　2014.3　59p　30cm　(ハイライフセミナー
第25回)〈会期・会場：2014年2月14日　東京国際フォーラム
ホールD1　内容：縮退する郊外はどう生きていくか(若林幹
夫述)　郊外居住におけるビジネスの可能性(榎本元述)　成熟
に向けた郊外居住の戦略(大月敏雄述)〉Ⓝ361.785

関東地方（高速道路）
◇首都高速道路交通起終点調査報告書　第28回　[東京]　首都
高速道路　[2014]　216p　30cm〈調査：平成24年11月〉
Ⓝ685.7
◇東海道新幹線と首都高―50 + 50：1964東京オリンピックに
始まる50年の軌跡：その意図、成果、そして未来に向けた新た
な飛躍　家田仁, 安藤憲一, 小菅俊一編，土木学会50 + 50特
別シンポジウム実行委員会著　土木学会　2014.11　249p
21cm　(丸善出版(発売)　年表あり〉Ⓘ978-4-8106-0869-4
Ⓝ686.21　[4000円]

関東地方（交通）
◇首都高速道路交通起終点調査報告書　第28回　[東京]　首都
高速道路　[2014]　216p　30cm〈調査：平成24年11月〉
Ⓝ685.7

関東地方（交通調査）
◇首都高速道路交通起終点調査報告書　第28回　[東京]　首都
高速道路　[2014]　216p　30cm〈調査：平成24年11月〉
Ⓝ685.7

関東地方（高齢化社会）
◇首都圏の高齢化　井上孝, 渡辺真知子編著　原書房　2014.3
224p　22cm　(人口学ライブラリー 14)〈索引あり　内容：
首都圏における高齢化の進展(井上孝著)　高齢者の地理的分布
(鎌田健司著)　高齢人口移動(平井誠著)　郊外住宅団地の行
方(関村オリエ著)　世帯と居住状態(鈴木透著)　医療・介護
と福祉(浦川邦夫著)　高齢化と地方財政(増田幹人著)　雇用
と所得・資産(松浦司著)　消費行動と市場の可能性(渡辺真
知子著)〉Ⓘ978-4-562-09194-2　Ⓝ334.313　[3200円]

関東地方（国勢調査）
◇国勢調査報告　平成22年　第5巻　抽出詳細集計結果　その2(都
道府県・市区町村編)3(関東1)　総務省統計局編　総務省統
計局　2014.2　1冊　27cm〈英語併記〉Ⓝ358.1
◇国勢調査報告　平成22年　第5巻　抽出詳細集計結果　その2(都
道府県・市区町村編)4(関東2)　総務省統計局編　総務省統
計局　2014.2　1冊　27cm〈英語併記〉Ⓝ358.1
◇国勢調査報告　平成22年　第6巻　その3　従業地・通学地によ
る抽出詳細集計結果　2(全国, 関東)　総務省統計局編　総務
省統計局　2014.1　1冊　27cm〈英語併記〉Ⓝ358.1
◇国勢調査報告　平成22年　第5巻　抽出詳細集計結果　その2(都
道府県・市区町村編)3(関東1)　総務省統計局編　日本統計
協会　2014.3　1冊　27cm〈英語併記〉Ⓘ978-4-8223-3757-5
Ⓝ358.1　[6400円]

関東地方（古墳）

◇国勢調査報告　平成22年　第5巻　抽出詳細集計結果　その2（都道府県・市区町村編）4（関東 2）　総務省統計局編　日本統計協会　2014.3　1冊　27cm〈英語併記〉①978-4-8223-3758-2 Ⓝ358.1 ［9200円］

◇国勢調査報告　平成22年　第6巻　その3　従業地・通学地による抽出詳細集計結果　2（全国，関東）　総務省統計局，統計センター編　統計センター　2014.3　1冊　27cm〈英語併記〉①978-4-86464-171-5 Ⓝ358.1 ［7400円］

関東地方（古墳）

◇東京古墳散歩　まりこふん文，ヨザワマイ漫画　徳間書店　2014.11　141p　21cm　①978-4-19-863883-2 Ⓝ213 ［1200円］

◇横穴式石室と東国社会の原像　小林孝秀著　雄山閣　2014.5　287p　27cm〈布装　内容：本書の視点と課題　横穴式石室導入の一側面　上野・下野の横穴式石室　常陸南部における横穴式石室の系譜と地域性　下野の刳り抜き玄門をもつ横穴式石室　北武蔵における横穴式石室の動向とその系譜　南関東の横穴式石室　上野における横穴式石室研究の視角　横穴式石室の構造と葬送儀礼の変化　羨道部に区画をもつ横穴式石室　東毛地域における古墳終末の一様相　横穴式石室から見た上野と畿内の関係性　九州系石室の伝播と東国古墳の諸相　関東の横穴式石室と朝鮮半島への視座　太平洋沿岸の海上交通と横穴式石室　古代国家の形成と東国社会〉①978-4-639-02314-2 Ⓝ213 ［12000円］

関東地方（財産評価）

◇評価倍率表—東京国税局管内：財産評価基準書　平成25年分　第1分冊　東京国税局［編］　全国官報販売協同組合　2013.7　462p　21×30cm　①978-4-86458-035-9 Ⓝ345.5 ［3619円］

◇評価倍率表—東京国税局管内：財産評価基準書　平成26年分　第1分冊　東京国税局［編］　全国官報販売協同組合　2014.7　462p　21×30cm　①978-4-86458-069-4 Ⓝ345.5 ［3796円］

関東地方（祭祀遺跡）

◇水へのいのり—古代東国の川辺と井戸のまつり：企画展　横浜市歴史博物館編　横浜　横浜市ふるさと歴史財団　2013.7　48p　30cm〈会期・会場：平成25年7月27日—9月23日　横浜市歴史博物館〉Ⓝ213

関東地方（山岳崇拝）

◇オオカミの護符　小倉美惠子著　新潮社　2014.12　242p　16cm　（新潮文庫　お-88-1）〈文献あり〉①978-4-10-126291-8 Ⓝ387.0213 ［490円］

関東地方（住宅）

◇郊外に明日はあるか—持続可能な郊外居住をめざして　ハイライフ研究所　2014.3　59p　30cm　（ハイライフセミナー第25回）〈会期・会場：2014年2月14日　東京国際フォーラムホールD1　内容：縮退する郊外はどう生きていくか（若林幹夫述）郊外居住におけるビジネスの可能性（榎本元述）成熟に向けた郊外居住の戦略（大月敏雄述）〉Ⓝ361.785

関東地方（住宅問題）

◇高齢化と加齢化で進む都市居住の新陳代謝—研究報告　phase 2　東京郊外住民の憂鬱　ハイライフ研究所　2014.3　91p　30cm Ⓝ365.3

関東地方（縄文土器）

◇加曾利E(新)式土器研究の歩みと針路—土器論を基礎とした先史文化の研究に向けて　長山明弘著　那珂川町（栃木県）那珂川書房　2014.7　425p　30cm　（千葉大学考古学研究叢書 6）〈年表あり　文献あり〉①978-4-9907933-0-2 Ⓝ213 ［5000円］

関東地方（震災予防）

◇東京湾岸の地震防災対策—臨海コンビナートは大丈夫か　濱田政則，樋口俊一，中村孝明，佐藤孝治，飯塚信夫著　早稲田大学出版部　2014.9　152p　21cm　（早稲田大学ブックレット）〈内容：コンビナートの地震・津波リスク（濱田政則著）東京湾の現状（濱田政則著）東京湾臨海コンビナートの危険性（濱田政則著）コンビナートの強靭化と耐震補強（樋口俊一著）土木構造物の耐震補強（樋口俊一著）プラント設備の耐震補強（樋口俊一著）津波対策（樋口俊一著）コンビナート施設の地震リスク診断と最適投資（中村孝明著）コンビナート災害が社会・経済活動に及ぼす影響（佐藤孝治著）大規模災害の経済的被害の推計（飯塚信夫著）〉①978-4-657-14302-0 Ⓝ575.5 ［1200円］

◇東京湾巨大津波の被害と対策　未来予測研究所　2014.8　94p　30cm　①978-4-944021-86-4 Ⓝ369.31 ［35000円］

関東地方（水質汚濁）

◇水環境放射性物質モニタリング調査業務報告書　平成25年度　仙台　東北緑化環境保全　2014.3　327p　31cm〈ルーズリーフ〉Ⓝ519.4

関東地方（水道）

◇東日本大震災水道施設被害状況調査最終報告書—厚生労働省健康局水道課とりまとめ　水道産業新聞社　2014.3　1冊　30cm　①978-4-915276-95-8 Ⓝ518.1 ［4500円］

関東地方（石油コンビナート—安全管理）

◇東京湾岸の地震防災対策—臨海コンビナートは大丈夫か　濱田政則，樋口俊一，中村孝明，佐藤孝治，飯塚信夫著　早稲田大学出版部　2014.9　152p　21cm　（早稲田大学ブックレット）〈内容：コンビナートの地震・津波リスク（濱田政則著）東京湾の現状（濱田政則著）東京湾臨海コンビナートの危険性（濱田政則著）コンビナートの強靭化と耐震補強（樋口俊一著）土木構造物の耐震補強（樋口俊一著）プラント設備の耐震補強（樋口俊一著）津波対策（樋口俊一著）コンビナート施設の地震リスク診断と最適投資（中村孝明著）コンビナート災害が社会・経済活動に及ぼす影響（佐藤孝治著）大規模災害の経済的被害の推計（飯塚信夫著）〉①978-4-657-14302-0 Ⓝ575.5 ［1200円］

関東地方（石器）

◇石器が語る時代の変化—岩宿博物館第58回企画展：展示図録　岩宿博物館編　みどり　岩宿博物館　2014.10　52p　30cm〈会期：平成26年10月4日—11月24日　平成26年度重要文化財公開促進事業〉Ⓝ213

◇石器の変遷と時代の変革—旧石器から縄文石器へ：予稿集　岩宿博物館編　みどり　岩宿博物館　2014.11　117p　30cm〈文献あり　岩宿フォーラム2014/シンポジウム　共同刊行：岩宿フォーラム実行委員会〉Ⓝ213

関東地方（大気汚染）

◇首都圏の酸性雨の広域・長期観測データの解析に基づく多摩川流域への環境影響評価　田中茂著　とうきゅう環境財団　2014.11　1冊　30cm　（研究助成・学術研究　vol. 43 no. 311）Ⓝ519.3

◇首都圏のネットワーク観測による酸性雨の研究—1990-2012年：観測データ集　［横浜］　酸性雨問題研究会　［201-］　1冊　30cm〈背のタイトル：首都圏ネットワーク観測による酸性雨の研究　共同刊行：慶應義塾大学理工学部環境化学研究室〉Ⓝ519.3

◇放射性物質測定調査委託費（浮遊粒子状物質測定用テープろ紙の放射性物質による大気中放射性物質濃度把握）事業報告書　平成25年度　［千葉］　日本分析センター　2014.3　413p　31cm〈ルーズリーフ〉Ⓝ519.3

関東地方（宅地開発—歴史）

◇街並みの形成—民間住宅地開発の変遷首都圏　上川勇治著　住宅新報社　2013.8　189p　図版16p　26cm〈文献あり　索引あり〉①978-4-7892-3606-5 Ⓝ518.83 ［3000円］

関東地方（ダム）

◇戦後河川行政とダム開発—利根川水系における治水・利水の構造転換　梶原健嗣著　京都　ミネルヴァ書房　2014.6　397p　22cm　（現代社会政策のフロンティア 8）〈文献あり　索引あり〉①978-4-623-07070-1 Ⓝ517.091 ［7500円］

関東地方（地域開発）

◇首都圏白書　平成26年版　国土交通省／編　勝美印刷　2014.8　126p　30cm　①978-4-906955-23-7 ［2500円］

関東地方（地質）

◇新・関東の地盤　関東地域における地盤情報の社会的・工学的活用法の検討委員会編，地盤工学会関東支部編集・製作　地盤工学会　2014.6　237p　31cm〈丸善出版（発売）DVD-ROMのタイトル：増補地盤情報データベースと地盤モデル付（2014年版）〉①978-4-88644-095-2 Ⓝ455.13 ［23000円］

関東地方（鉄道）

◇最新東京圏通勤電車事情大research　川島令三著　草思社　2014.11　398p　19cm　①978-4-7942-2090-5 Ⓝ686.213 ［1700円］

◇図説街場の鉄道遺産　首都圏近郊編　阪和明文，松本典久構成，岡倉禎志写真　セブン＆アイ出版　2014.7　71p　26cm〈文献あり〉①978-4-86008-636-7 Ⓝ686.21 ［1000円］

◇つくばエクスプレス最強のまちづくり　塚本一也著　創英社/三省堂書店　2014.10　205p　18cm　①978-4-88142-877-1 Ⓝ518.8 ［1000円］

◇特別編成首都近郊スペシャル全線・全駅・全配線　川島令三著　講談社　2014.4　99p　26cm　（〈図説〉日本の鉄道）〈文献あり〉①978-4-06-295167-8 Ⓝ686.213 ［1300円］

関東地方（鉄道貨物輸送—歴史）

◇追憶・西関東の鉄道貨物輸送—鉄道貨物研究家・渡辺一策氏のフィールドノートから　渡辺一策監修，渡辺一策，澤内一晃執筆，物流博物館編　利用運送振興会　2014.5　72p　30cm〈著作目録あり〉Ⓝ686.6

関東地方（鉄道政策）

◇つくばエクスプレス最強のまちづくり　塚本一也著　創英社/三省堂書店　2014.10　205p　18cm　①978-4-88142-877-1　Ⓝ518.8　［1000円］

関東地方（伝記）

◇東京・神奈川・千葉・埼玉歴史に名を残す120人―おらが地元の偉人列伝！：南関東編：思わず自慢したくなる！　高尾善希監修　メイツ出版　2014.8　144p　21cm　（[メイツ出版の「わかる！」本]）〈索引あり〉①978-4-7804-1438-7　Ⓝ281.3　［1600円］

関東地方（都市）

◇高齢化と加齢化で進む都市居住の新陳代謝―研究報告　phase 2　東京郊外住居の憂鬱　ハイライフ研究所　2014.3　91p　30cm　Ⓝ365.3

関東地方（都市計画）

◇つくばエクスプレス最強のまちづくり　塚本一也著　創英社/三省堂書店　2014.10　205p　18cm　①978-4-88142-877-1　Ⓝ518.8　［1000円］

関東地方（病院―名簿）

◇関東病院情報―東京・神奈川・千葉・埼玉・群馬・栃木・茨城　2014年版　医事日報　2014.9　1184p　26cm　〈索引あり〉①978-4-900364-93-6　Ⓝ498.16　［24000円］

関東地方（風俗・習慣）

◇関西と関東　宮本又次著　文藝春秋　2014.4　453p　16cm　（文春学藝ライブラリー）〈文献あり　青蛙房 1966年刊の再刊〉①978-4-16-813016-8　Ⓝ382.13　［1580円］

◇十方庵の遊歴と民俗　大島建彦著　三弥井書店　2013.6　200p　20cm　（[三弥井民俗選書]）〈内容：池袋の天神　高輪の今昔　野口仮屋の神事　家伝の呪符　蛇よけのまじない　紅皿塚の縁起　虎が石と虎の石塔　江戸周辺の八百比丘尼　鶴見の子育観音　東松山の二尾稲荷　布施の弁天　古河の弘法水　『遊歴雑記』とその著者〉①978-4-8382-9087-1　Ⓝ382.13　［2800円］

関東地方（噴火災害―歴史―史料）

◇浅間嶽一件〔柏〕　古文書にみる柏歴史研究会　2014.1　69p　30cm　（古文書にみる柏歴史研究会会誌　第1号）〈複製を含む〉Ⓝ369.31

関東地方（ベンチャーキャピタル）

◇首都圏のベンチャーキャピタル―その投資戦略と投資先支援　中小企業基盤整備機構経営支援情報センター　2014.3　8, 340p　30cm　（中小機構調査研究報告書　第6巻　第2号）Ⓝ338.14

関東地方（方言）

◇首都圏言語研究の視野―首都圏の言語の実態と動向に関する研究成果報告書　三井はるみ編　立川　人間文化研究機構国立国語研究所　2014.2　326p　30cm　（国立国語研究所共同研究報告 13-2）〈文献あり〉①978-4-906055-32-6　Ⓝ818.3

◇首都圏方言アクセントの基礎的研究　三樹陽介著　おうふう　2014.2　332p　22cm　〈文献あり　索引あり　内容：首都圏方言アクセント研究の射程　東京方言のアクセント体系　東京方言形容詞アクセント1・2類の統合実態　東京方言の形容詞アクセント1・2類の統合について　首都圏方言の形容詞連用形アクセント1・2類の統合実態　東京方言におけるA型B型アクセントの現在位置　東京都市圏における若年層のアクセントの個人差　山梨県上野原市方言のアクセント体系　山梨県上野原市方言アクセントにみられる特徴　山梨県上野原市方言における形容詞アクセント1・2類の統合について　山梨県上野原市方言の複合名詞アクセント　山梨県上野原市方言の複合動詞アクセント規則　東京都檜原村方言のアクセント　神奈川県小田原方言のアクセント　若年層話者における埼玉特殊アクセントの現在〉①978-4-273-03745-1　Ⓝ818.3　［11000円］

関東地方（墓地）

◇霊園ガイド　2014（上半期号）　霊園ガイド編集部/編　六月書房　2014.2　256p　26cm　①978-4-434-18852-7　［952円］

関東地方（民間社会福祉事業）

◇「課題発見・解決志向型の新たな地区社協」づくりに向けて―先進地区の事例から：東京都内区市町村社協における新たな挑戦：課題発見・解決志向型の地区社協整備に関する検討委員会報告書　東京都社会福祉協議会　2014.3　130p　30cm　①978-4-86353-198-7　Ⓝ369.14　［1000円］

関東地方（歴史）

◇鎌倉府と地域社会　山田邦明著　同成社　2014.10　344p　22cm　（同成社中世史選書 16）〈内容：足利尊氏と関東　室町時代の鎌倉　遍照院頼印と鎌倉府　犬懸上杉氏の政治的位置　鎌倉府の八朔　南北朝・室町期の六浦　中世三浦の寺院とその展開　古代・中世の江戸　上総佐坪にみる室町期の在地社会　宇塚道慶の活躍　香取の小字と天正検地　常陸真壁氏の系図に関する一考察　香取文書にみる中世の年号意識　真壁氏の家臣団について〉①978-4-88621-681-6　Ⓝ213　［8000円］

◇後北条氏の武蔵支配と地域領主　井上恵一著　岩田書院　2014.10　426p　22cm　（戦国史研究叢書 11）〈年表あり〉①978-4-87294-823-3　Ⓝ213　［9900円］

関東連合

◇遺稿―関東連合崩壊の真実と、ある兄弟の絆　瓜田純士著　太田出版　2014.4　224p　19cm　①978-4-7783-1406-4　Ⓝ368.51　［1200円］

◇いびつな絆―関東連合の真実　工藤明男著　宝島社　2014.1　415p　16cm　（宝島SUGOI文庫　Aく-7-1）〈2013年刊に書き下ろしの章を加えて改訂〉①978-4-8002-2023-3　Ⓝ368.51　［648円］

◇破戒の連鎖―いびつな絆が生まれた時代：TOKYO UMBRELLA　工藤明男著　宝島社　2014.8　311p　19cm　①978-4-8002-2550-4　Ⓝ368.51　［1300円］

管野 すが〔1881～1911〕

◇管野スガ再考―婦人矯風会から大逆事件へ　関口すみ子著　白澤社　2014.4　253p　20cm　〈現代書館（発売）　索引あり〉①978-4-7684-7953-7　Ⓝ289.1　［2500円］

菅野 直〔1921～1945〕

◇最後の撃墜王―紫電改戦闘機隊長菅野直の生涯　碇義朗著　新装版　潮書房光人社　2014.4　492p　16cm　（光人社NF文庫）①978-4-7698-2542-5　Ⓝ289.1　［960円］

菅野 廉〔1889～1988〕

◇蔵王の画家菅野廉　王田尊英著　仙台　南北社　2014.3　283p　21cm　〈年譜あり　文献あり〉①978-4-903159-12-6　Ⓝ723.1　［1500円］

神野織物株式会社

◇老舗手ぬぐい問屋のV字回復術―赤字つづきの老舗が黒字転換するために必要なたった1つのこと　神野哲郎著　パブラボ　2014.3　181p　19cm　〈星雲社（発売）〉①978-4-434-18913-5　Ⓝ673.58　［1500円］

観音院〔鳥取市〕

◇名勝観音院庭園保存修理事業報告書　観音院編　鳥取　観音院　2014.3　116p　図版 7p　30cm　Ⓝ629.21

カンバーバッチ, B.〔1976～〕

◇Benedict Cumberbatch―perfect style of Cumberbatch　メディアパル編　メディアパル　2014.2　127p　23cm　（Mediapal Books）〈文献あり　本文は日本語〉①978-4-89610-144-7　Ⓝ778.233　［1750円］

カンボジア（遺跡・遺物）

◇アンコール遺跡を科学する―第18回アンコール遺跡国際調査団報告　阿部千佐編集責任　［東京］　上智大学アンコール遺跡国際調査団　2013.12　94p　26cm　〈英語・クメール語併載　発行所：上智大学アジア人材養成研究センター〉Ⓝ223.5

◇カンボジア密林の五大遺跡　石澤良昭, 三輪悟著　連合出版　2014.9　270p　22cm　〈文献あり　年表あり　索引あり　内容：アンコール王朝繁栄の謎（石澤良昭著）　王道と五大遺跡（石澤良昭著）　密林の遺跡を踏査する（三輪悟著）〉①978-4-89772-284-9　Ⓝ223.5　［2500円］

◇コー・ケーとベン・メアレア―アンコール広域拠点遺跡群の建築学的研究　中川武, 溝口明則監修　中央公論美術出版　2014.2　240,147p　31cm　〈英語併載　内容：遺跡概要と既往研究（佐藤桂著）　遺跡周辺の地形と立地環境（久保純子著）　古代クメール期コー・ケー遺跡群の配置における宗教的コンセプト（下田一太, 佐藤桂著）　建築遺構の特徴と分布（佐藤桂著）　リンガ・神像安置のための台座遺構（下田麻里子著）　設計技術の復原考察（溝口明則著）　アンクナ調査報告（伊藤奈保子著）　大型リンガ祭壇の考古学的発掘調査（下田一太, イア・ダリス, チュン・メンホンほか著）「アンドン・プレン」の基礎調査（下田一太, チュン・メンホン, チャン・ビタロンほか著）　プラサート・トム寺院の3次元計測による幾何モデルの作成（影澤政啓, 池内克史著）　遺跡概要と既往研究（佐藤桂著）　ベン・メアレア遺跡群の建築学的概要（下田一太, 百瀬純哉, 原智子ほか著）　中央祠堂の復原研究（百瀬純哉著）「経蔵」の復原考察（原智子著）　設計技術の復原考察（溝口明則著）　ベン・メアレア寺院を中心としたクメールの「宮殿」遺構について（石塚充雅著）　繋ぎ梁構法（荒川千晶著）　メボンより発見された彫像片（百瀬純哉著）　ベン・メアレア周辺の表採調査（チュン・メンホン著）　チャウ・スレイ・ビボール遺跡の建築学的調査（下田一太, 石塚充雅, 下田麻里子ほか著）　アンコールからコンポン・スヴァイのプレア・カーンまでの王道沿いに分布する宿駅寺院（下田麻里子, 下田一太著）〉①978-4-8055-0719-3　Ⓝ526.16　［35000円］

カンボジア（外国関係―日本）

◇カンボジア・スタディツアーの教育的効果と可能性に関する実証的研究―平成25年（2013年）度駒澤大学特別研究助成（個人研究）2013年度 概要・資料編 坪井健研究代表 駒澤大学文学部社会学科坪井健研究室 2014.2 189p 30cm Ⓝ319.10235

カンボジア（紀行・案内記）

◇写真と童話で訪れるアンコール遺跡群と乳がん―がんの予防と共存を考える 槇野博史著, 土井原博義［著］ メディカルレビュー社 2014.1 77p 22cm〈内容：アンコール遺跡群とハロン湾を訪ねて（槇野博史写真・文）水色の封筒が届いたら（土井原博義著）〉Ⓘ978-4-7792-1232-1 Ⓝ292.35 ［2000円］

カンボジア（技術援助―日本）

◇カンボジア国カンボジア開発評議会投資関連サービス向上プロジェクトプロジェクト事業完了報告書 ［東京］ 国際協力機構 2013.3 1冊 30cm〈共同刊行：コーエイ総合研究所〉Ⓝ333.804

◇カンボジア国橋梁改善調査プロジェクト（開発計画調査型技術協力）最終報告書―和文要約 ［東京］ 国際協力機構 2013.3 1冊 30cm〈共同刊行：長大ほか〉Ⓝ333.804

◇官民連携技術協力促進検討調査自然再生エネルギー（小水力）現地調査報告書―カンボジア王国 ［東京］ 海外農業開発コンサルタンツ協会 2014.3 12, 82, 18p 30cm〈平成25年度海外技術協力促進検討事業〉Ⓝ543.3

カンボジア（教育援助―日本）

◇Nikoにこカンボジア―エナジーをあなたに 二胡著 文芸社 2014.2 162p 19cm Ⓘ978-4-286-14496-2 Ⓝ302.235 ［1100円］

カンボジア（経済）

◇カンボジア 2014/15年版 ARC国別情勢研究会編集 ARC国別情勢研究会 2014.6 158p 26cm（ARCレポート 経済・貿易・産業報告書 2014/15）〈索引あり〉Ⓘ978-4-907366-15-5 Ⓝ332.235 ［12000円］

カンボジア（国際投資―日本）

◇カンボジア進出・展開・撤退の実務―投資・労働法務、会計税務 夏山宗平, 芝清隆, 藪本雄登著 同文舘出版 2014.3 240p 21cm〈索引あり〉Ⓘ978-4-495-19951-7 Ⓝ338.92235 ［2800円］

◇カンボジアで事業を興す―ビジネス渡航・視察・進出・投資Q&A 藪本雄登法務監修, Watch！CLMB編集部編集 キョーハンブックス（発売）2014.6 159p 21cm Ⓘ978-4-87641-799-5 Ⓝ338.92235 ［1600円］

カンボジア（社会）

◇カンボジアで事業を興す―ビジネス渡航・視察・進出・投資Q&A 藪本雄登法務監修, Watch！CLMB編集部編集 キョーハンブックス（発売）2014.6 159p 21cm Ⓘ978-4-87641-799-5 Ⓝ338.92235 ［1600円］

◇Nikoにこカンボジア―エナジーをあなたに 二胡著 文芸社 2014.2 162p 19cm Ⓘ978-4-286-14496-2 Ⓝ302.235 ［1100円］

カンボジア（宗教建築―歴史）

◇コー・ケーとベン・メアレア―アンコール広域拠点遺跡群の建築学的研究 中川武, 溝口明則監修 中央公論美術出版 2014.2 240,147p 31cm〈英語併記 内容：遺跡概要と既往研究（佐藤桂著）遺跡周辺の地形と立地環境（久保純子著）古代クメール都市コー・ケー遺跡群の配置における宗教的コンセプト（下田一太, 佐藤桂著）建築遺構の特徴と分布（佐藤桂著）リンガ・神像安置のための台座遺構（下田麻里子著）設計技術の復原考察（溝口明則著）アン・クナ調査報告（伊藤奈保子著）大型リンガ祭壇の考古学的発掘調査（下田一太, イア・ダリス, チュン・メンホンほか著）「アンドン・プレン」の基礎調査（下田一太, チュン・メンホン, チャン・ピタロほか著）プラサート・トム寺院の3次元計測による幾何モデルの作成（影澤政隆, 池内克史著）遺跡概要と既往研究（佐藤桂著）ベン・メアレア遺跡群の建築学的概要（下田一太, 百瀬純哉, 原智子ほか著）中央祠堂の復原研究（百瀬純哉著）「経蔵」の復原考察（原智子著）設計技術の復原考察（溝口明則著）ベン・メアレア寺院を中心としたクメールの「宮殿」遺構について（石塚充雅著）繋ぎ梁構法（荒川千晶著）メボンより発見された彫像片（百瀬純哉著）ベン・メアレア周辺の表採調査（チュン・メンホン著）チャウ・スレイ・ビボール遺跡の建築学的調査（石塚充雅, 下田麻里子著）アンコールからコンポン・スヴァイのプレア・カーンまでの王道沿いに分布する宿駅寺院（下田麻里子, 下田一太著）〉Ⓘ978-4-8055-0719-3 Ⓝ526.16 ［35000円］

カンボジア（小水力発電）

◇官民連携技術協力促進検討調査自然再生エネルギー（小水力）現地調査報告書―カンボジア王国 ［東京］ 海外農業開発コンサルタンツ協会 2014.3 12, 82, 18p 30cm〈平成25年度海外技術協力促進検討事業〉Ⓝ543.3

カンボジア（商品流通）

◇アセアン物流事情調査 その6 カンボジア・カンボジアと南部経済回廊 国際フレイトフォワーダーズ協会 2014.3 133p 30cm Ⓝ675.4

カンボジア（著作権法）

◇外国著作権法令集 48 カンボジア編 財田寛子, 横山眞司共訳, 阿部浩二監修 著作権情報センター 2014.3 27p 21cm〈SARVH共通目的事業（平成25年度）〉Ⓝ021.2 ［非売品］

カンボジア（内乱―歴史―1945～）

◇消去―虐殺を逃れた映画作家が語るクメール・ルージュの記憶と真実 リティ・パニュ, クリストフ・バタイユ著, 中村富美子訳 現代企画室 2014.7 310p 19cm〈文献あり 年表あり〉Ⓘ978-4-7738-1416-3 Ⓝ956 ［1850円］

カンボジア（売春）

◇ブラックアジア―売春地帯をさまよい歩いた日々 第1部 カンボジア・タイ編 鈴木傾城著 ラピュータ 2013.11 319p 19cm（LAPUTA BOOKS）Ⓘ978-4-905055-13-6 Ⓝ368.4 ［1500円］

かんぽ生命

◇株式上場と金融2社の成長戦略を考える―金融研究会報告書 株式上場・企業価値向上に向けた金融2社のあり方研究会［著］［東京］ JP総合研究所 2014.7 89p 30cm〈文献あり〉Ⓝ693.21

閑馬尋常小学校〔栃木県〕

◇栃木県安蘇郡閑馬村・閑馬小学校資料編―東海大学教育研究所個別プロジェクト研究 馬場弘臣・情報史科学研究所編集兼監修 改訂版 平塚 情報史科学研究所 2014.1 66p 26cm（近代教育史叢書 2）Ⓝ376.2132

◇明治期の村落小学校関係資料集―栃木県安蘇郡閑馬小学校：東海大学教育研究所個別プロジェクト研究 馬場弘臣・情報史科学研究所編集兼監修 平塚 情報史科学研究所 2014.1 201p 26cm（近代教育史叢書 1）Ⓝ376.2132

冠 松次郎〔1883～1970〕

◇岳人冠松次郎と学芸官中田俊造―戦前期における文部省山岳映画：北区飛鳥山博物館平成二十五年度春期企画展：展示解説書 北区飛鳥山博物館編 北区教育委員会 2014.3 77p 30cm〈年譜あり 会期：平成26年3月15日～5月6日〉Ⓝ289.1

咸臨丸子孫の会

◇咸臨丸子孫の会20年の歩み 大阪 咸臨丸子孫の会 2014.3 63p 26cm〈年表あり〉Ⓝ210.58 ［非売品］

【 き 】

魏〔中国〕（歴史―三国時代）

◇後漢魏晋史論攷―好並隆司遺稿集 好並隆司著 ［出版地不明］ 好並晶 2014.2 334p 22cm〈発行所：渓水社〉Ⓘ978-4-86327-230-9 Ⓝ222.042 ［6000円］

キェルケゴール, S.A.〔1813～1855〕

◇キェルケゴールの信仰と哲学―生と思想の全体像を問う 鈴木祐丞著 京都 ミネルヴァ書房 2014.10 252,9p 22cm（MINERVA人文・社会科学叢書 201）〈文献あり 索引あり〉Ⓘ978-4-623-07155-5 Ⓝ139.3 ［7000円］

◇キルケゴール 工藤綏夫著 新装版 清水書院 2014.9 216p 19cm（Century Books）〈文献あり 年譜あり 索引あり〉Ⓘ978-4-389-42019-2 Ⓝ139.3 ［1000円］

◇キルケゴール―美と倫理のはざまに立つ哲学 藤野寛著 岩波書店 2014.12 270p 19cm（岩波現代全書 049）〈文献あり〉Ⓘ978-4-00-029149-1 Ⓝ139.3 ［2300円］

◇キルケゴールと「キリスト教界」 須藤孝也著 創文社 2014.2 463,19p 22cm〈索引あり〉Ⓘ978-4-423-17155-4 Ⓝ139.3 ［9000円］

◇セーレン・キルケゴール北シェランの旅―真理とは何か 橋本淳著 大阪 創元社 2014.5 394p 22cm〈文献あり 索引あり セーレン・キルケゴール生誕二〇〇年日本キェルケゴール研究センター記念刊行物 内容：北シェラン日誌 キェルケゴールの北シェランを巡りして 資料問題 自然と人間 いわゆる「大地震」の問題 遠き日の〉Ⓘ978-4-422-93073-2 Ⓝ139.3 ［5800円］

祇園
◇京都の流儀 もてなし篇 徳力龍之介著 木楽舎 2014.10 159p 19cm （翼の王国books） ①978-4-86324-079-7 Ⓝ384.9 ［1200円］

祇園橋
◇国指定重要文化財祇園橋—歴史と魅力：Q&A 山下義広著，鶴田文史監修 天草 山下義広 2014.11 53p 26cm Ⓝ515.42 ［1500円］

企画院
◇昭和戦中期の総合国策機関 古川隆久著 オンデマンド版 吉川弘文館 2013.10 382,5p 22cm 〈索引あり 印刷・製本：デジタルパブリッシングサービス〉 ①978-4-642-04258-1 Ⓝ317.2 ［13000円］

菊川市〔遺跡・遺物〕
◇虚空蔵横穴群発掘調査報告書 平成26年度 静岡県菊川市教育委員会編 菊川 静岡県菊川市教育委員会 2014.12 6p 図版 4p 30cm （菊川市埋蔵文化財調査報告書 第15集） 〈市道赤土高橋線築造工事に伴う発掘調査〉 Ⓝ210.0254
◇宮ノ西遺跡第5次調査発掘調査報告書 平成25年度 静岡県菊川市教育委員会編 菊川 静岡県菊川市教育委員会 2014.3 5p 図版 3p 30cm （菊川市埋蔵文化財調査報告書 第14集） 〈耐震性貯水槽設置工事に伴う発掘調査〉 Ⓝ210.0254

菊川市〔歴史〕
◇享和二年壬戌七月吉日取扱済口証文之写—倉沢・吉沢村榛場山境論出入 ［小笠町〔静岡県〕］ 静岡県教職員互助組合小笠支部退職互助部古文書研究会 ［2014］ 5,99p 26cm 〈複製を含む〉 Ⓝ215.4

菊池 華秋〔1888～1946〕
◇菊池華秋・花仙夫妻（日本画家）の絵／菊池友一（日本画家）の屏風絵 菊池華秋，花仙，菊池友一［画］，杉沼永一編著 山形 山形Bibliaの会 2014.9 160p 21cm 〈年譜あり〉 Ⓝ721.9 ［1500円］

菊地 一富〔1934～ 〕
◇絆—出会いを大切に 菊地一富著 高崎 あさを社 2014.3 299p 22cm ①978-4-87024-569-3 Ⓝ289.1

菊池 花仙〔1888～1967〕
◇菊池華秋・花仙夫妻（日本画家）の絵／菊池友一（日本画家）の屏風絵 菊池華秋，花仙，菊池友一［画］，杉沼永一編著 山形 山形Bibliaの会 2014.9 160p 21cm 〈年譜あり〉 Ⓝ721.9 ［1500円］

菊地 友一〔1912～1993〕
◇菊池華秋・花仙夫妻（日本画家）の絵／菊池友一（日本画家）の屏風絵 菊池華秋，花仙，菊池友一［画］，杉沼永一編著 山形 山形Bibliaの会 2014.9 160p 21cm 〈年譜あり〉 Ⓝ721.9 ［1500円］

菊地 信義〔1943～ 〕
◇菊地信義とある「著者11人の文」集 神奈川文学振興会編 ［横浜］ 県立神奈川近代文学館 2014.5 61p 19cm 〈年譜あり 会期・会場：2014年5月31日‐7月25日 県立神奈川近代文学館 共同刊行：神奈川文学振興会〉 Ⓝ022.57

菊地 浩〔1927～1988〕
◇霧のヴェールの彼方—ソ連人になった日本人の物語 菊地浩著，東広子編 八尾 ドニエプル出版 2014.7 207p 21cm 〈新風書房（発売）〉 ①978-4-88269-796-1 Ⓝ289.1 ［1000円］

菊池 良〔1987～ 〕
◇世界一即戦力な男—引きこもり・非モテ青年が音速で優良企業から内定をゲットした話 菊池良著 フォレスト出版 2014.8 252p 19cm ①978-4-89451-630-4 Ⓝ289.1 ［1400円］

菊池 涼介〔1990～ 〕
◇菊池涼介 丸佳浩メッセージBOOK—コンビスペシャルーキクマル魂— 菊池涼介，丸佳浩著 廣済堂出版 2014.9 207p 21cm ①978-4-331-51866-3 Ⓝ783.7 ［1850円］

菊池市〔遺跡・遺物〕
◇陣床遺跡・佐野原遺跡 菊池市教育委員会編 菊池 菊池市教育委員会 2014.3 54p 30cm （菊池市文化財調査報告 第8集） 〈熊本県菊池市木庭・原所在の遺跡 県営菊池東部2期地区中山間地域総合整備事業に伴う埋蔵文化財調査〉 Ⓝ210.0254

菊池市〔城郭〕
◇鞠智城跡 2 論考編 1 熊本県教育委員会編 熊本 熊本県教育委員会 2014.3 141p 30cm 〈内容：鞠智城の湧水施設（坪井清足著） 鞠智城の歴史的位置（佐藤信著） 古代山城は完成していたのか（亀田修一著） 鞠智城西南部の古代官衙について（木本雅康著） 鞠智城の遺構の特徴と特殊性（海野聡

著） 鞠智城跡貯水池跡について（西住欣一郎著） 鞠智城跡・土塁の構築とその特徴（矢野裕介著） 鞠智城の役割に関する一考察（木村龍生著） 菊池川流域の古代集落と鞠智城（能登原孝道著）〉 Ⓝ219.4
◇鞠智城跡 2 論考編 2 熊本県教育委員会編 熊本 熊本県教育委員会 2014.11 124p 30cm 〈内容：鞠智城跡の建物について（小西龍三郎著） 朝鮮三国における八角形建物とその性格（田中俊明著） 古代山城試論 2（出宮徳尚著） 鞠智城の変遷（向井一雄著） 「鞠智城選地論」覚書（木﨑康弘著）〉 Ⓝ219.4
◇鞠智城シンポジウム—成果報告書 2012 ここまでわかった鞠智城 熊本県教育委員会編 熊本 熊本県教育委員会 2013.3 182, 68p 21cm 〈年表あり 会期・会場：平成24年8月26日 ホテル熊本テルサホールほか 内容：鞠智城解明の最前線：熊本会場 最新調査成果報告（矢野裕介述） 鞠智城の築造時期と貯水池について（赤司善彦述） 古代山城築造の意義（狩野久述） 百済仏像と東アジア（大西修也述） 古代山城の歴史を探る：福岡会場 鞠智城の創設について（小田富士雄述） 東アジア史からみた鞠智城（石井正敏述） 地方官衙と鞠智城（坂井秀弥述）〉 Ⓝ219.4
◇鞠智城シンポジウム—成果報告書 2013 古代山城の成立と鞠智城—古代山城鞠智城築城の謎を探る 熊本県教育委員会編 熊本 熊本県教育委員会 2014.3 164, 122p 21cm 〈年表あり 会期・会場：平成25年7月28日 東京国立博物館（平成館大講堂）ほか 内容：律令国家への道と東アジア：東京会場 鞠智城跡の調査と成果（能登原孝道，矢野裕介述） 律令国家と古代山城（荒木敏夫述） 古代山城は完成していたのか（亀田修一述） 鞠智城の建物跡について（小西龍三郎述） 築城技術の源流：大阪会場 古代の東アジアの動向と鞠智城（酒寄雅志述） 古代山城のフォーメイションと鞠智城（出宮徳尚述） 韓国古代城郭からみた鞠智城（向井一雄述）〉 Ⓝ219.4
◇鞠智城と古代社会 第2号 熊本県教育委員会編 熊本 熊本県教育委員会 2014.3 110p 30cm （鞠智城跡「特別研究」論文集 平成25年度） 〈文献あり 内容：論文 古代肥後における仏教伝来（有働智奘著） 古代山城出土唐居敷から見た鞠智城跡の位置づけ（小澤佳憲著） 朝鮮式山城の外交・防衛上の機能の比較研究からみた鞠智城（柿沼亮介著） 律令国家成立期における鞠智城（菊池達也著） 日本における古代山城の変遷（古内絵里子著）〉 Ⓝ219.4
◇鞠智城とその時代—平成14-21年度「館長講座」の記録 2 熊本県立装飾古墳館分館歴史公園鞠智城・温故創生館編 山鹿 熊本県立装飾古墳館分館歴史公園鞠智城・温故創生館 2014.3 129p 30cm Ⓝ219.4

菊池市〔文化財〕
◇菊池市の文化財 菊池市文化財保護委員会執筆編集 菊池 菊池市教育委員会 2014.3 201p 21cm 〈年表あり〉 Ⓝ709.194

菊陽町立菊陽西小学校〔熊本県〕
◇菊陽西小学校創立30周年記念誌 30周年記念事業特別委員会編 ［菊陽町〔熊本県〕］ 菊陽町立菊陽西小学校 2013.11 82p 30cm 〈年表あり 共同刊行：菊陽町立菊陽西小学校PTA〉 Ⓝ376.28

キケロ，M.T.〔106～43B.C.〕
◇キケロー 角田幸彦著 新装版 清水書院 2014.9 296p 19cm （Century Books） 〈文献あり 年譜あり 索引あり〉 ①978-4-389-42173-1 Ⓝ131.8 ［1000円］
◇ローマ政治家伝 3 キケロ マティアス・ゲルツァー著，長谷川博隆訳 名古屋 名古屋大学出版会 2014.9 493,17p 22cm 〈年譜あり 索引あり〉 ①978-4-8158-0737-5 Ⓝ312.8 ［5500円］

木古内町〔北海道〕（遺跡・遺物）
◇釜谷8遺跡 北海道埋蔵文化財センター編 江別 北海道埋蔵文化財センター 2014.3 236p 図版 [37] 枚 30cm （（公財）北海道埋蔵文化財センター調査報告書 第305集） 〈木古内町所在 高規格幹線道路函館江差自動車道建設工事用地内埋蔵文化財発掘調査報告書〉 Ⓝ210.0254
◇木古内遺跡 北海道埋蔵文化財センター編 江別 北海道埋蔵文化財センター 2014.3 321p 図版 [46] 枚 30cm （公益財団法人北海道埋蔵文化財センター調査報告書 第304集） 〈木古内町所在 北海道新幹線建設事業埋蔵文化財発掘調査報告書〉 Ⓝ210.0254
◇札苅6遺跡 北海道埋蔵文化財センター編 江別 北海道埋蔵文化財センター 2014.1 278p 図版 [52] 枚 30cm （（公財）北海道埋蔵文化財センター調査報告書 第301集） 〈木古内町所在 高規格幹線道路函館江差自動車道工事用地内埋蔵文化財発掘調査報告書〉 Ⓝ210.0254

木更津市（遺跡・遺物）

木更津市〔遺跡・遺物〕
◇大山台遺跡　木更津　木更津市教育委員会　2014.1　73p　図版 57p　30cm　（請西遺跡群発掘調査報告書 11）〈千葉県木更津市所在〉Ⓝ210.0254
◇木更津市文化財調査集報　17　木更津　木更津市教育委員会 2013.3　29p　30cm〈内容：埋蔵文化財の調査報告　塚の腰古墳　酒盛塚古墳　本郷A遺跡　久ケ原遺跡　稲荷森古墳　金鈴塚古墳　塚原古墳群　庚申塚B遺跡　鹿島塚古墳群　市場台遺跡　峯古墳群　本郷B遺跡　大山台9号墳の調査と出土遺物について（補遺）塚の腰古墳出土資料について　鹿島塚A遺跡出土礫石経について〉Ⓝ709.135
◇山王台遺跡発掘調査報告書　木更津　木更津市教育委員会 2014.2　11p　図版 3p　30cm　（木更津市埋蔵文化財発掘調査報告書 第12集）〈千葉県木更津市所在〉Ⓝ210.0254
◇天神前遺跡発掘調査報告書　2　木更津　木更津市教育委員会 2014.2　22p　図版 11p　30cm　（木更津市埋蔵文化財発掘調査報告書 第11集）〈千葉県木更津市所在〉Ⓝ210.0254

岸 惠子〔1932～ 〕
◇歩いて行く二人―岸惠子　吉永小百合　岸惠子,吉永小百合著 世界文化社　2014.7　191p　22cm〈年譜あり〉Ⓘ978-4-418-14502-7　Ⓝ778.21　［1800円］
◇女優岸惠子　キネマ旬報社　2014.6　219p　26cm〈作品目録 年譜あり〉Ⓘ978-4-87376-426-9　Ⓝ778.21　［3000円］

来住 史郎〔1928～ 〕
◇反骨人生奮闘記　来住史郎著　［横浜］［来住史郎］2014.3 145p　19cm　Ⓝ289.1

岸 信介〔1896～1987〕
◇岸信介証言録　岸信介［述］,原彬久編　中央公論新社　2014. 11　541p　16cm　（中公文庫 は69-1）〈年譜あり　毎日新聞社 2003年刊の再刊〉Ⓘ978-4-12-206041-8　Ⓝ312.1　［1200円］
◇岸信介の回想　岸信介,矢次一夫,伊藤隆著　文藝春秋　2014. 10　474p　16cm　（文春学藝ライブラリー）Ⓘ978-4-16-813028-1　Ⓝ312.1　［1580円］
◇絢爛たる醜聞　岸信介伝　工藤美代子［著］幻冬舎　2014.8 587p　16cm　（幻冬舎文庫 く-15-4）〈文献あり　「絢爛たる悪運　岸信介伝」（2012年刊）の改題〉Ⓘ978-4-344-42233-9 Ⓝ312.1　［800円］
◇叛骨の宰相岸信介　北康利著　KADOKAWA　2014.1　406p 20cm〈文献あり　年譜あり〉Ⓘ978-4-04-600141-2　Ⓝ312.1 ［1800円］

岸田 吟香〔1833～1905〕
◇岸田吟香・劉生・麗子―知られざる精神の系譜　岸田吟香,劉生,麗子［作］,世田谷美術館,岡山県立美術館,毎日新聞社編 ［東京］毎日新聞社　2014　359,11p　27cm〈年表あり 年譜あり　文献あり　会期・会場：2014年2月8日～4月6日 世田谷美術館ほか〉Ⓝ289.1

岸田 劉生〔1891～1929〕
◇岸田吟香・劉生・麗子―知られざる精神の系譜　岸田吟香,劉生,麗子［作］,世田谷美術館,岡山県立美術館,毎日新聞社編 ［東京］毎日新聞社　2014　359,11p　27cm〈年表あり 年譜あり　文献あり　会期・会場：2014年2月8日～4月6日 世田谷美術館ほか〉Ⓝ289.1

岸田 麗子〔1914～1962〕
◇岸田吟香・劉生・麗子―知られざる精神の系譜　岸田吟香,劉生,麗子［作］,世田谷美術館,岡山県立美術館,毎日新聞社編 ［東京］毎日新聞社　2014　359,11p　27cm〈年表あり 年譜あり　文献あり　会期・会場：2014年2月8日～4月6日 世田谷美術館ほか〉Ⓝ289.1

岸浪〔氏〕
◇岸浪家の記録―第1部・第2部　岸浪信夫監修　［出版地不明］ 岸浪利郎　2014.9　24,136p　30cm〈年表あり　折り込 1 枚〉Ⓝ288.2

木島平村〔長野県〕〔高齢者福祉〕
◇農村環境を活かした介護のあり方調査研究事業報告書―農村環境を活かした「いきいきライフ」の実現　［木島平村（長野県）］　長野県木島平村　2014.3　101p　30cm〈平成25年度老人保健事業推進費等補助金老人保健健康増進等事業〉 Ⓝ369.26

岸本 清美〔1940～ 〕
◇粉骨砕身30年!!―ありがとう県政を作州へ　岸本清美著　岡山 ふくろう出版　2014.7　13,121p　19cm　Ⓘ978-4-86186-609-8　Ⓝ318.275　［463円］

気象庁
◇気象業務はいま　2014　気象庁／編　岡山　研精堂印刷 2014.6　175p　30cm　Ⓘ978-4-904263-06-8　［2600円］

岸和田市〔遺跡・遺物〕
◇久米田古墳群発掘調査報告　2　風吹山古墳・無名塚古墳・持ノ木古墳の調査　岸和田市教育委員会編　［岸和田］　岸和田市教育委員会　2014.3　172p　図版 67p　30cm　（岸和田市埋蔵文化財調査報告書 12）Ⓝ210.0254
◇発掘調査概要　平成25年度　岸和田市教育委員会編　岸和田 岸和田市教育委員会　2014.3　24p　図版 10枚　30cm　（岸和田市文化財調査概要 40）Ⓝ210.0254

岸和田市〔行政〕
◇世代をむすぶ岸和田再発見　岸和田市地域調査研究会編著, 大阪自治体問題研究所編　自治体研究社　2013.10　187p 21cm　Ⓘ978-4-88037-609-7　Ⓝ318.263　［1000円］

木津川市〔遺跡・遺物〕
◇神雄寺跡（馬場南遺跡）発掘調査報告書　木津川市教育委員会編　木津川　木津川市教育委員会　2014.3　131p　図版［11］ 枚　30cm　（木津川市埋蔵文化財調査報告書 第16集）Ⓝ210. 0254
◇木津川市内遺跡発掘調査概報　5　木津川市教育委員会編　木津川　木津川市教育委員会　2013.3　24p　30cm　（木津川市埋蔵文化財調査報告書 第14集）〈内容：鹿背山城跡第5次発掘調査概報　恭仁宮跡第91次発掘調査概報〉Ⓝ210.0254
◇木津川市内遺跡発掘調査概報　6　木津川市教育委員会編　木津川　木津川市教育委員会　2014.3　20p　30cm　（木津川市埋蔵文化財調査報告書 第15集）〈内容：恭仁宮跡第92次発掘調査概報〉Ⓝ210.0254

木瀬 勝野〔1901～1986〕
◇五本の指―父母・木瀬喜太郎と勝野の思い出　「五本の指」姉妹会著　［出版地不明］［「五本の指」姉妹会］　2014.10 179p　21cm〈年表あり〉Ⓝ289.1

木瀬 喜太郎〔1897～1972〕
◇五本の指―父母・木瀬喜太郎と勝野の思い出　「五本の指」姉妹会著　［出版地不明］［「五本の指」姉妹会］　2014.10 179p　21cm〈年表あり〉Ⓝ289.1

徽宗〔1082～1135〕
◇風流天子と「君主独裁制」―北宋徽宗朝政治史の研究　藤本猛著　京都　京都大学学術出版会　2014.3　510p　22cm　（プリミエ・コレクション 50）〈索引あり　内容：序章　崇寧五年正月の政変　妖人・張懐素の獄　政和封禅計画の始末　徽宗朝の殿中省　北宋末の宣和殿　宋代の転対・輪対制度　武臣の清要　終章〉Ⓘ978-4-87698-474-9　Ⓝ312.22　［7200円］

貴族院
◇貴族院・研究会写真集―尚友倶楽部所蔵　千葉功　監修：尚友倶楽部,長谷川怜編　尚友倶楽部　2013.11　165p　22×31cm〈年表あり〉Ⓝ314.16　［非売品］

基礎生物学研究所
◇外部点検評価報告書―大学共同利用機関法人自然科学研究機構基礎生物学研究所　2013　岡崎　自然科学研究機構基礎生物学研究所点検評価委員会　2014.7　210p　30cm　Ⓝ460.76

北 一輝〔1883～1937〕
◇北一輝―革命思想として読む　古賀暹著　御茶の水書房 2014.6　460p　23cm〈年譜あり〉Ⓘ978-4-275-01073-5 Ⓝ289.1　［4600円］
◇評伝北一輝　1　若き北一輝　松本健一著　中央公論新社 2014.7　389p　16cm　（中公文庫 ま44-3）〈岩波書店 2004 年刊の増補版〉Ⓘ978-4-12-205985-6　Ⓝ289.1　［1000円］
◇評伝北一輝　2　明治国体論に抗して　松本健一著　中央公論新社　2014.8　348p　16cm　（中公文庫 ま44-4）〈岩波書店 2004年刊の増補版〉Ⓘ978-4-12-205996-2　Ⓝ289.1　［1000円］
◇評伝北一輝　3　中国ナショナリズムのただなかへ　松本健一著　中央公論新社　2014.9　377p　16cm　（中公文庫 ま44-5）〈底本：岩波書店 2004年刊〉Ⓘ978-4-12-206012-8 Ⓝ289.1　［1000円］
◇評伝北一輝　4　二・二六事件へ　松本健一著　中央公論新社 2014.10　399p　16cm　（中公文庫 ま44-6）〈底本：岩波書店 2004年刊〉Ⓘ978-4-12-206031-9　Ⓝ289.1　［1100円］
◇評伝北一輝　5　北一輝伝説　松本健一著　中央公論新社 2014.12　339p　16cm　（中公文庫 ま44-7）〈底本：岩波書店 2004年刊〉Ⓘ978-4-12-206043-2　Ⓝ289.1　［1000円］

木田 元〔1928～2014〕
◇木田元―軽妙洒脱な反哲学　河出書房新社　2014.12　191p 21cm　（KAWADE道の手帖）〈著作目録あり　年譜あり〉 Ⓘ978-4-309-74054-6　Ⓝ121.6　［1700円］

木田 宏〈1922～2005〉

◇戦後どのように教育委員会制度ができたか—木田宏先生〈成立当時の文部省担当課長〉の証言より：岐阜女子大学デジタルアーカイブ「木田宏オーラルヒストリー」より　木田宏[述]，後藤忠彦，松川禮子編　岐阜　岐阜女子大学大学院文化創造学研究科　2014.2　73p　26cm〈著作目録あり〉Ⓝ373.2

北 杜夫〈1927～2011〉

◇北杜夫初期作品の基礎的研究　松本和也編　松本　信州大学人文学部松本研究室　2014.2　74p　26cm〈内容：論文「類型」的な「成長」と＜笑い＞（山田夏樹著）北杜夫初期作品と埴谷雄高（住友直子著）　ノート　北杜夫初期作品の本文異同（松本和也著）〉Ⓝ910.268

北アイルランド〈社会〉

◇北アイルランドのインターフェイス　佐藤亨写真・文　水声社　2014.1　140p　22cm　①978-4-8010-0009-4　[2500円]

北秋田市〈遺跡・遺物〉

◇石倉岱遺跡—2012年度発掘調査報告書　國學院大學文学部考古学研究室　2014.3　158p　図版　37p　30cm　（國學院大學文学部考古学実習報告　第49集）〈秋田県北秋田市所在　編集：阿部昭典ほか〉Ⓝ210.0254

◇藤株遺跡　第2次　秋田県埋蔵文化財センター編　秋田　秋田県教育委員会　2014.9　272p　図版　[17]　枚　30cm　（秋田県文化財調査報告書　第494集）Ⓝ210.0254

北秋田市〈社会福祉〉

◇地方自治体の福祉ガバナンス—「日本一の福祉」を目指した秋田県鷹巣町の20年　朴姫淑著　京都　ミネルヴァ書房　2014.1　363p　22cm　（現代社会政策のフロンティア 7）〈文献あり　索引あり〉①978-4-623-06779-4　Ⓝ369.11　[7000円]

北秋田市〈年中行事〉

◇阿仁地方の万灯火—平成二四年度・変容の危機にある無形の民俗文化財の記録作成の推進事業　文化庁文化部伝統文化課　2013.3　173p　30cm〈文献あり　調査・作成：TEM研究所〉Ⓝ386.124

北秋田市〈風俗・習慣〉

◇阿仁根子　東北芸術工科大学東北文化研究センター編　山形　東北芸術工科大学東北文化研究センター　2014.3　51p　26cm　（東北一万年のフィールドワーク 9）〈文部科学省私立大学戦略的研究基盤形成支援事業「環境動態を視点とした地域社会と集落形成に関する総合的研究」〉Ⓝ382.124

北秋田市〈文化活動〉

◇コミュニティ・アートプロジェクト—ゼロダテ/絶望をエネルギーに変え、街を再生する　中村政人著，アートNPOゼロダテ編　大館　アートNPOゼロダテ　2013.10　239p　21cm〈年表あり〉①978-4-9907363-0-9　Ⓝ702.1924　[1800円]

北アメリカ〈インディアン〉

◇サンフランシスコ湾岸域の先住民　関俊彦著　六一書房　2014.7　334p　21cm　（Archaeology square 4）①978-4-86445-049-2　Ⓝ382.53993　[2200円]

◇聖なる木の下へ—アメリカインディアンの魂を求めて　阿部珠理[著]　KADOKAWA　2014.4　222p　15cm　（[角川ソフィア文庫]　[J200-1]）〈「アメリカ先住民の精神世界」（日本放送出版協会　1994年刊）の改題、改訂〉①978-4-04-409462-1　Ⓝ382.53　[760円]

◇トーテムポールの人びと—漁労・狩猟採集民のくらし：平成26年度特別展　八戸市埋蔵文化財センター是川縄文館編　[八戸]　八戸市埋蔵文化財センター是川縄文館　2014.7　68p　30cm〈文献あり　会期：平成26年8月1日—9月15日〉Ⓝ382.53

◇ネイティブ・アメリカン幸せを呼ぶ魔法の言葉（スピリチュアル・ワーズ）ケント・ナーバーン編，藤井良江訳　日本文芸社　2014.8　223p　19cm　①978-4-537-26075-5　Ⓝ382.5　[1600円]

北アメリカ〈外国会社〉

◇米国・カナダ進出日系企業実態調査　2013年度　[東京]　日本貿易振興機構海外調査部北米課　2014.1　133p　30cm　Ⓝ338.925　[非売品]

北アメリカ〈国際投資〔日本〕〉

◇米国・カナダ進出日系企業実態調査　2013年度　[東京]　日本貿易振興機構海外調査部北米課　2014.1　133p　30cm　Ⓝ338.925　[非売品]

北アメリカ〈植民地〔イギリス〕—歴史〉

◇南・北アメリカの比較史的研究—南・北アメリカ社会の相違の歴史的根源　宮野啓二著　御茶の水書房　2013.10　366p

23cm〈内容：南・北アメリカの比較経済史的考察　アングロ・アメリカ植民地とラテン・アメリカ植民地の比較史　新大陸奴隷制の比較史的研究　フロンティアの比較史的研究　アステカ社会におけるカルプリ共同体　ラテン・アメリカにおけるラティフンディオと原住民共同体　スペイン領アメリカにおける原住民の集住政策　新大陸におけるスペイン植民都市の歴史的特質〉①978-4-275-01049-0　Ⓝ255　[7600円]

北アメリカ〈博物館〉

◇北米の小さな博物館—「知」の世界遺産 3　北米エスニシティ研究会編　彩流社　2014.1　326p　21cm　①978-4-7791-1920-0　Ⓝ069.025　[2500円]

北アメリカ〈郵便事業〉

◇日本郵政グループ労働組合海外郵便事情調査報告書　[東京]　日本郵政グループ労働組合　2014.6　58p　30cm　Ⓝ693.2

北鬼江八幡宮〔魚津〕

◇竣工記念誌—北鬼江八幡宮修復再建事業　北鬼江八幡宮修復再建委員会記念誌編集委員会編　魚津　北鬼江八幡宮修復再建委員会　2014.2　97p　31cm〈年表あり〉Ⓝ175.942

北垣 国道〈1836～1916〉

◇北国国道の生涯と龍馬の影—戊辰戦争・北海道開拓・京都復興に足跡　北国諒星著　札幌　北海道出版企画センター　2014.6　226p　19cm〈文献あり　年譜あり〉①978-4-8328-1404-2　Ⓝ289.1　[1600円]

喜多方市〈遺跡・遺物〉

◇家西遺跡　1次　福島県喜多方市教育委員会編　喜多方　福島県喜多方市教育委員会　2014.3　73p　30cm　（喜多方市文化財調査報告書　第14集）〈福島県会津農林事務所の委託による〉Ⓝ210.0254

◇小田高原遺跡　3次調査　福島県文化振興財団遺跡調査部編　福島　福島県教育委員会　2013.12　84p　30cm　（福島県文化財調査報告書　第489集）〈共同刊行：福島県文化振興財団ほか〉Ⓝ210.0254

◇県道喜多方西会津線道路改良工事に係る香阪山古墳発掘調査報告書　福島県喜多方市教育委員会編　喜多方　福島県喜多方市教育委員会　2014.3　21p　30cm　（喜多方市文化財調査報告書　第16集）〈福島県喜多方建設事務所の委託による〉Ⓝ210.0254

◇市道上江地北線道路改良工事に係る上江館跡発掘調査報告書　福島県喜多方市教育委員会編　喜多方　福島県喜多方市教育委員会　2014.3　14p　30cm　（喜多方市文化財調査報告書　第17集）Ⓝ210.0254

◇市内遺跡発掘調査報告書　平成25年度　福島県喜多方市教育委員会編　喜多方　福島県喜多方市教育委員会　2014.3　13p　30cm　（喜多方市文化財調査報告書　第15集）〈奥付の編者・出版者（誤植）：福島県喜多方市養育委員会　内容：渋井館跡試掘調査〉Ⓝ210.0254

喜多方市〈遺跡・遺物—保存・修復〉

◇国指定史跡会津新宮城跡・古屋敷遺跡保存管理計画書　喜多方市教育委員会編　喜多方　喜多方市教育委員会　2013.3　88p　30cm〈折り込 6枚〉Ⓝ709.126

喜多方市〈祭礼〉

◇ひめさゆり祭り30年の歩み—1984-2013　喜多方　熱塩加納ひめさゆり祭り実行委員会　2014.3　85p　30cm〈平成25年度喜多方地方ふるさと市町村圏推進事業〉Ⓝ386.126

喜多方市〈城跡—保存・修復〉

◇国指定史跡会津新宮城跡・古屋敷遺跡保存管理計画書　喜多方市教育委員会編　喜多方　喜多方市教育委員会　2013.3　88p　30cm〈折り込 6枚〉Ⓝ709.126

喜多方市〈美術—図集〉

◇喜多方・夢・アートプロジェクト—図録　2013　喜多方・夢・アートプロジェクト2013運営委員会編　喜多方　喜多方・夢・アートプロジェクト2013運営委員会　2014.3　48p　30cm〈会期・会場：2013年9月7日—10月6日　喜多方市美術館ほか　内容：せびろの夢：せはセザンヌのセ展：大原美術館所蔵作品展　喜多方アート暮らし：artist in residence program〉Ⓝ702.1926

喜多方市〈歴史〉

◇塩川町史　第2巻　通史編 2（近・現代）喜多方市教育委員会，喜多方市塩川町史編さん委員会編　喜多方　喜多方市　2014.3　693p　22cm〈年表あり〉Ⓝ212.6

北上市〈遺跡・遺物〉

◇岩崎城跡　2011年度　北上市教育委員会，北上市立埋蔵文化財センター編　[北上]　北上市教育委員会　2014.3　1冊　30cm　（北上市埋蔵文化財調査報告 第110集）〈共同刊行：北上市立埋蔵文化財センター〉Ⓝ210.0254

◇北上市内試掘調査概報　2011年度　北上市教育委員会編　北上　北上市教育委員会　2013.3　28p　図版　[7]　枚　30cm　（北上市埋蔵文化財調査報告　第109集）Ⓝ210.0254

北上市（歴史）

◇北上市内試掘調査報告　2012年度　北上市教育委員会,北上市立埋蔵文化財センター編　［北上］　北上市教育委員会　2014.3　30p　図版7p　30cm　（北上市埋蔵文化財調査報告　第112集）〈共同刊行：北上市立埋蔵文化財センター〉Ⓝ210.0254

◇北上市内試掘調査報告　2013年度　金附遺跡　北上市教育委員会,北上市立埋蔵文化財センター編　［北上］　北上市教育委員会　2014.3　1冊　30cm　（北上市埋蔵文化財調査報告書　第111集）〈共同刊行：北上市立埋蔵文化財センター〉Ⓝ210.0254

◇国見山廃寺跡　第32-45次　北上市教育委員会編　北上　北上市教育委員会　2013.3　34p　図版［26］枚　30cm　（北上市埋蔵文化財調査報告　第108集）Ⓝ210.0254

◇下江釣子羽場遺跡　2011年度　北上市教育委員会編　北上　北上市教育委員会　2013.3　6p　図版［9］枚　30cm　（北上市埋蔵文化財調査報告　第106集）Ⓝ210.0254

◇高前壇Ⅱ遺跡　2011年度　北上市教育委員会編　北上　北上市教育委員会　2013.3　32p　図版［65］枚　30cm　（北上市埋蔵文化財調査報告　第107集）Ⓝ210.0254

◇立花南遺跡発掘調査報告書　岩手県文化振興事業団埋蔵文化財センター編　盛岡　国土交通省東北地方整備局岩手河川国道事務所　2014.3　79p　30cm　（岩手県文化振興事業団埋蔵文化財調査報告書　第621集）〈北上川中流部緊急治水対策事業（立花地区）関連遺跡発掘調査　共同刊行：岩手県文化振興事業団〉Ⓝ210.0254

◇根岸遺跡　2008・2009年度　北上市教育委員会,北上市立埋蔵文化財センター編　［北上］　北上市教育委員会　2014.3　1冊　30cm　（北上市埋蔵文化財調査報告　第113集）〈共同刊行：北上市立埋蔵文化財センター〉Ⓝ210.0254

北上市（歴史）
◇ふるさと春秋―みちのく民俗村村長トーク集　相澤史郎著　北上　オノ企画　2014.8　149p　21cm　212.2　［2000円］

喜多川　歌麿〔1753～1806〕
◇英語と現代文でたのしむ春画―喜多川歌麿「願ひの糸ぐち」　喜多川歌麿［画］,早川聞多翻刻・解説　すばる舎リンケージ　2014.7　63p　16×22cm　（おとなの愉しみシリーズ　2）〈すばる舎（発売）　英語併記　訳：アンドリュー・ガーストル〉①978-4-7991-0358-6　Ⓝ721.8　［2500円］

北川　智恵子〔1937～〕
◇わたしは、雑草　下　翔べ！　雛たち!!　北川智恵子著　トーホウ出版会　2014.1　178p　17cm　①978-4-9907321-0-3　Ⓝ289.1　［1000円］

北川　悠仁〔1977～〕
◇宮本亜門×北川悠仁　NHK『SWITCHインタビュー達人達』制作班,宮本亜門,北川悠仁著　ぴあ　2014.7　128p　19cm　（SWITCHインタビュー達人達）①978-4-8356-1897-5　Ⓝ771.6　［800円］

北九州港
◇災害等非常時にも効果的な港湾地域低炭素化推進事業（北九州港実証事業）平成25年度　［北九州］　ソルネット　2014.3　5,7,93p　30cm〈平成25年度環境省地球環境局委託　背のタイトル：災害等非常時にも効果的な港湾地域低炭素化推進事業報告書（北九州港実証事業）〉Ⓝ517.85

北九州市（遺跡・遺物）
◇愛宕山横穴墓群　1　第3支群12A・B号横穴墓　北九州　北九州市芸術文化振興財団埋蔵文化財調査室　2014.3　16p　図版6p　30cm　（北九州市埋蔵文化財調査報告書　第508集）Ⓝ210.0254

◇上ノ原遺跡第2地点・郷屋遺跡第3地点　北九州　北九州市芸術文化振興財団埋蔵文化財調査室　2014.3　56p　図版22p　30cm　（北九州市埋蔵文化財調査報告書　第517集）〈宅地造成（長尾六丁目）に伴う埋蔵文化財調査報告〉Ⓝ210.0254

◇潤崎遺跡第10地点　北九州　北九州市芸術文化振興財団埋蔵文化財調査室　2014.3　33p　図版12p　30cm　（北九州市埋蔵文化財調査報告書　第518集）〈折り込1枚〉Ⓝ210.0254

◇加用遺跡第2地点　北九州　北九州市芸術文化振興財団埋蔵文化財調査室　2014.3　28p　図版6p　30cm　（北九州市埋蔵文化財調査報告書　第509集）〈柴川水系東谷川河川改修事業に伴う埋蔵文化財調査報告　折り込1枚〉Ⓝ210.0254

◇北方遺跡　第13次調査　北九州　北九州市芸術文化振興財団埋蔵文化財調査報告書　第515集）〈マンション建設（北方二丁目）に伴う埋蔵文化財調査報告　折り込1枚〉Ⓝ210.0254

◇京町遺跡　第10地点　北九州　北九州市芸術文化振興財団埋蔵文化財調査室　2014.3　40p　図版7p　30cm　（北九州埋蔵文化財調査報告書　第516集）〈新社屋建設（京町三丁目）に伴う埋蔵文化財調査報告〉Ⓝ210.0254

◇三郎丸遺跡第3地点　1　1A・1E区　北九州　北九州市芸術文化振興財団埋蔵文化財調査室　2014.3　125p　図版44p　30cm　（北九州市埋蔵文化財調査報告書　第511集）Ⓝ210.0254

◇三郎丸遺跡第3地点　2　1C区・1D区　北九州　北九州市芸術文化振興財団埋蔵文化財調査室　2014.3　186p　図版72p　30cm　（北九州市埋蔵文化財調査報告書　第512集）〈折り込1枚〉Ⓝ210.0254

◇三郎丸遺跡第3地点　3　1B・1F(1)・1F(2)区　北九州　北九州市芸術文化振興財団埋蔵文化財調査室　2014.3　150p　図版62p　30cm　（北九州市埋蔵文化財調査報告書　第513集）〈折り込4枚〉Ⓝ210.0254

◇三郎丸遺跡第3地点　4　2区　北九州　北九州市芸術文化振興財団埋蔵文化財調査室　2014.3　44p　図版18p　30cm　（北九州市埋蔵文化財調査報告書　第514集）〈折り込3枚〉Ⓝ210.0254

◇重住遺跡第2地点　北九州　北九州市教育委員会　2014.3　30p　図版9p　30cm　（北九州市文化財調査報告書　第135集）〈個人住宅建築に伴う埋蔵文化財調査報告〉Ⓝ210.0254

◇下石田中尾遺跡　北九州　北九州市芸術文化振興財団埋蔵文化財調査報告書　2014.3　26p　図版6p　30cm　（北九州市埋蔵文化財調査報告書　第521集）Ⓝ210.0254

◇城野遺跡　10　6区の調査　北九州　北九州市芸術文化振興財団埋蔵文化財調査室　2014.3　146p　図版68p　30cm　（北九州市埋蔵文化財調査報告書　第507集）〈城野駅南口線駅前広場改良工事に伴う埋蔵文化財調査報告　折り込3枚〉Ⓝ210.0254

◇瀬板遺跡第2地点　北九州　北九州市芸術文化振興財団埋蔵文化財調査室　2014.3　22p　図版7p　30cm　（北九州市埋蔵文化財調査報告書　第520集）〈サンディエゴ永野Ⅴ建設に伴う埋蔵文化財調査報告　折り込1枚〉Ⓝ210.0254

◇大門遺跡　第5地点　北九州　北九州市教育委員会市民文化スポーツ局文化スポーツ部文化振興課　2013.3　14p　図版2p　30cm　（北九州市文化財調査報告書　第129集）〈店舗併用住宅新築（大門二丁目）に伴う埋蔵文化財調査報告〉Ⓝ210.0254

◇高津尾遺跡28区　北九州　北九州市教育委員会　2014.3　36p　図版12p　30cm　（北九州市文化財調査報告書　第136集）〈個人住宅建築に伴う埋蔵文化財調査報告〉Ⓝ210.0254

◇水町遺跡第5地点　北九州　北九州市芸術文化振興財団埋蔵文化財調査室　2014.3　25p　図版7p　30cm　（北九州市埋蔵文化財調査報告書　第519集）〈宅地造成（湯川新町一丁目）に伴う埋蔵文化財調査報告〉Ⓝ210.0254

◇八旗神社古墳群　北九州　北九州市教育委員会　2014.3　84p　図版38p　30cm　（北九州市文化財調査報告書　第137集）〈文献あり〉Ⓝ210.0254

◇山田遺跡　3　4区　北九州　北九州市芸術文化振興財団埋蔵文化財調査室　2014.3　45p　図版25p　30cm　（北九州市埋蔵文化財調査報告書　第510集）〈折り込4枚〉Ⓝ210.0254

北九州市（観光開発）
◇地域課題研究　2013年度　北九州　北九州市立大学都市政策研究所　2014.3　116p　30cm〈文献あり〉Ⓝ518.8

北九州市（機械工業―歴史）
◇北九州における溶接技術の歴史と発展―平成25年度報告書　宮田守次,安西敏雄,末松正典,和田洋二執筆　北九州　北九州産業技術保存継承センター　2014.3　116p　30cm　（北九州市産業技術史調査研究）〈文献あり　年表あり〉Ⓝ530.92191

北九州市（経営者）
◇北九州の底ぢから―「現場力」が海図なき明日を拓く　長妻靖彦著　福岡　石風社　2014.2　617p　22cm〈年表あり〉①978-4-88344-240-9　Ⓝ332.8　［3500円］

北九州市（史跡名勝）
◇北九州市郷土史跡ガイドブック　北九州市郷土史跡ガイドブック製作委員会編　北九州　北九州市郷土史跡ガイドブック製作委員会　2013.3　171p　21cm　291.91

北九州市（社会福祉）
◇「地域づくり」に関する調査研究―2013年度地域課題研究　［北九州］　地域づくり研究会　2014.3　99p　30cm〈共同刊行：北九州市立大学都市政策研究所〉Ⓝ369.02191

北九州市（就労支援〔生活困窮者〕）
◇生活困窮者に対する生活自立を基盤とした就労準備のための伴走型支援事業の実施・運営、推進に関する調査研究事業報告書　北九州　北九州ホームレス支援機構　2014.3　203p　30cm〈厚生労働省平成25年度セーフティネット支援対策等事業費補助金（社会福祉推進事業）〉Ⓝ366.28

北九州市〔スポーツ産業〕
◇北九州におけるスポーツを活かしたまちづくりの課題と展望 ―北九州市立大学都市政策研究所2013年度地域課題研究 北九州 北九州市立大学都市政策研究所 2014.3 78p 30cm Ⓝ780.2191

北九州市〔選挙―統計〕
◇選挙結果調 第56号 北九州市選挙管理委員会編 北九州 北九州市選挙管理委員会 2013.12 82p 30cm〈参議院議員通常選挙 平成25年7月21日執行〉Ⓝ314.8

北九州市〔淡水動物〕
◇響灘ビオトープの水辺の生きもの―響灘ビオトープ開園1周年記念誌:101種 井上大輔,福岡県立北九州高等学校魚部,北九州市響灘ビオトープ企画・編集 北九州 福岡県立北九州高等学校魚部 2013.10 80p 30cm〔魚部・地域の自然図鑑シリーズ 4〕Ⓝ482.191 ［1000円］

北九州市〔地域開発〕
◇北九州におけるスポーツを活かしたまちづくりの課題と展望 ―北九州市立大学都市政策研究所2013年度地域課題研究 北九州 北九州市立大学都市政策研究所 2014.3 78p 30cm Ⓝ780.2191

北九州市〔電気機械・器具工業―歴史〕
◇北九州におけるモータドライブ技術の歴史と発展―平成25年度報告書 山本正治執筆 北九州 北九州産業技術保存継承センター 2014.3 143p 30cm〔北九州市産業技術史調査研究〕〈年表あり 文献あり〉Ⓝ542.09

北九州市〔都市計画〕
◇地域課題研究 2013年度 北九州 北九州市立大学都市政策研究所 2014.3 116p 30cm〈文献あり〉Ⓝ518.8

北九州市〔二酸化炭素―排出抑制〕
◇災害等非常時にも効果的な港湾地域低炭素化推進事業(北九州港実証事業) 平成25年度 ［北九州］ ソルネット 2014.3 5, 7, 93p 30cm〈平成25年度環境省地球環境局委託 背のタイトル:災害等非常時にも効果的な港湾地域低炭素化推進事業報告書(北九州港実証事業)〉Ⓝ517.85

北九州市〔文化活動〕
◇北九州学 その9 影浦陽治,樺井敬三,波多野直之,田中淳,小野憲昭著 ［北九州］ 北九州市立大学基盤教育センター企画委員会 2013.12 100p 21cm〔北九州市立大学基盤教育センターブックレット no. 10〕〈発行所:北九州市立大学基盤教育センター 内容:紫川にまつわる民話・伝承(影浦陽治述) 小倉祇園太鼓(樺井敬三述) 黒崎祇園について(波多野直之述) 戸畑祇園大山笠(田中淳述)〉Ⓝ219.1

北九州市〔マイクログリッド〕
◇災害等非常時にも効果的な港湾地域低炭素化推進事業(北九州港実証事業) 平成25年度 ［北九州］ ソルネット 2014.3 5, 7, 93p 30cm〈平成25年度環境省地球環境局委託 背のタイトル:災害等非常時にも効果的な港湾地域低炭素化推進事業報告書(北九州港実証事業)〉Ⓝ517.85

北九州市若松区医師会
◇北九州市若松区医師会百年史 北九州市若松区医師会［著］ 北九州 北九州市若松区医師会 2014.4 395p 31cm〈年表あり〉Ⓝ490.6 ［非売品］

北九州地方〔歴史〕
◇中世の北部九州の歴史―とくに前期の歴史を中心に 恵良宏［著］ 北九州 朽網の郷土史を語る会 2014.5 59p 26cm Ⓝ219

北里 柴三郎〔1852～1931〕
◇北里柴三郎と後藤新平―世界的細菌学者と近代行政の先覚者との絆 野村節三著 大船渡 東海新報社(印刷) 2014.3 343, 17p 22cm〈年譜あり 文献あり〉①978-4-905336-11-2 Ⓝ289.1 ［2000円］
◇ラウソンレポート 檀原宏文著 北里柴三郎記念会 2014.9 316p 22cm〈北里柴三郎記念会五周年記念〉Ⓝ493.84 ［非売品］

北里研究所〔2008年〕
◇学校法人北里研究所 北里研究所 2014.9 30p 30cm〈英語併記〉Ⓝ377.28

北沢 豪〔1968～ 〕
◇父親というポジション 北澤豪著 中央公論新社 2014.7 187p 20cm ①978-4-12-004629-2 Ⓝ783.47 ［1350円］

北塩原村〔福島県〕〔遺跡・遺物〕
◇下高山遺跡 北塩原村(福島県) 北塩原村教育委員会 2014.3 40p 図版16p 30cm〔北塩原村文化財調査報告書 第2集〕〈福島県耶麻郡北塩原村所在〉Ⓝ210.0254

北塩原村〔福島県〕〔城跡〕
◇柏木城跡―北塩原村城館等保存・整備・活用検討委員会の記録 北塩原村(福島県) 北塩原村教育委員会 2014.3 72p 30cm〔北塩原村文化財調査報告書 第3集〕〈年表あり〉Ⓝ212.6

北島 進
◇子供の頃は、ボンクラでもよか 北島進著 福岡 海鳥社 2014.11 87p 27cm ①978-4-87415-926-2 Ⓝ289.1 ［1800円］

北大東島
◇きただいとう―島のアルバム:土地所有権確立50周年記念写真集 北大東村記録写真集編さん委員会編 北大東村(沖縄県) 北大東村 2014.11 451p 31cm〈年表あり〉Ⓝ219.9

北大東村〔沖縄県〕〔写真集〕
◇きただいとう―島のアルバム:土地所有権確立50周年記念写真集 北大東村記録写真集編さん委員会編 北大東村(沖縄県) 北大東村 2014.11 451p 31cm〈年表あり〉Ⓝ219.9

北太平洋
◇沖縄周辺海域の海洋地質学的研究―平成25年度研究概要報告書:徳之島周辺海域 荒井晃作編 つくば 産業技術総合研究所地質調査総合センター 2014.3 78p 30cm〔地質調査総合センター速報 no. 64〕〈文献あり〉Ⓝ452.15

北太平洋地域〔貿易―ロシア―歴史―近代〕
◇北太平洋世界とアラスカ毛皮交易―ロシア・アメリカ会社の人びと 森永貴子［著］ 東洋書店 2014.5 63p 21cm〔ユーラシア・ブックレット no.193〕〈文献あり〉①978-4-86459-186-7 Ⓝ648.9 ［800円］

北朝鮮 →朝鮮民主主義人民共和国を見よ

北名古屋市〔高齢者福祉〕
◇高齢者の居場所づくりと役割づくり―とき、ひと、地域をつないだ地域回想法10年の軌跡 北名古屋 愛知県北名古屋市 2013.3 77p 30cm Ⓝ369.26

北名古屋市〔男女共同参画〕
◇北名古屋市男女共同参画プラン 改定版 北名古屋 北名古屋市総務部市民活動推進課 2013.4 50p 30cm Ⓝ367.2155

木谷〔氏〕
◇讃岐の一豪農の三百年―木谷家と村・藩・国の歴史 木谷勤著 刀水書房 2014.7 271p 20cm〈文献あり 索引あり〉①978-4-88708-416-2 Ⓝ288.2 ［2000円］

北野 さき〔1904～1999〕
◇北野家の躾と家族愛―母は"強し"弟は"たけし" 北野大著 第三企画出版 2014.4 230p 19cm〔人物シリーズ〕〈創英社/三省堂書店(発売)〉①978-4-9906994-7-5 Ⓝ289.1 ［1500円］

北野 武 →ビートたけしを見よ

北野 大〔1942～ 〕
◇北野家の躾と家族愛―母は"強し"弟は"たけし" 北野大著 第三企画出版 2014.4 230p 19cm〔人物シリーズ〕〈創英社/三省堂書店(発売)〉①978-4-9906994-7-5 Ⓝ289.1 ［1500円］

北野天満宮〔京都市〕
◇北野天満宮史料 宮仕記録 続6 北野天満宮史料刊行会編 京都 北野天満宮 2014.10 455p 22cm Ⓝ175.962
◇京都天神をまつる人びと―ずいきみこしと西之京 西村豊写真、三枝暁子文 岩波書店 2014.9 118p 22cm ①978-4-00-025991-0 Ⓝ386.162 ［2700円］

北畠 顕家〔1318～1338〕
◇北畠顕家―奥州を席捲した南朝の貴族将軍 大島延次郎著 戎光祥出版 2014.6 206p 19cm〔中世武士選書 22〕〈年譜あり 「南朝の若武者」(人物往来社 1967年刊)の改題、再刊〉①978-4-86403-118-9 Ⓝ289.1 ［2500円］

北原 怜子〔1929～1958〕
◇アリの街のマリア―北原怜子の生涯 酒井友身著 女子パウロ会 2014.12 162p 15cm〔パウロ文庫〕〈文献あり〉①978-4-7896-0745-2 Ⓝ198.221 ［750円］

北原 白秋〔1885～1942〕
◇北原白秋石川啄木萩原朔太郎―対比評伝 宮本一宏著 福岡 花書院 2014.3 59p 26cm〈著作目録あり 付・朔太郎と白秋の生育文化―共有淵源の詩篇「幻燈のにほひ」〉①978-4-905324-92-8 Ⓝ910.26 ［2000円］
◇白秋研究資料集成 第1巻 評伝北原白秋 宮澤健太郎編・解説 薮田義雄著 クレス出版 2014.10 506,7p 22cm〈著作目録あり 年譜あり 増補改訂 玉川大学出版部 昭和53年刊の複製 布装〉①978-4-87733-838-1,978-4-87733-848-0(set) Ⓝ911.52 ［12000円］
◇白秋研究資料集成 第2巻 北原白秋〈物評評伝〉宮澤健太郎編・解説 宮本一宏,松永伍一著 クレス出版 2014.10 198,

144,9p　22cm　〈おうふう　1986年刊の複製　日本放送出版協会　昭和56年刊の複製　布装〉　Ⓘ978-4-87733-839-8,978-4-87733-848-0(set)　Ⓝ911.52　[8000円]

◇白秋研究資料集成　第3巻　白秋研究、北原白秋と俳諧　宮澤健太郎編・解説　木俣修著　クレス出版　2014.10　364p p36～47,6p　22cm　〈年譜あり　文化書院　昭和21年刊の複製　昭和18年刊の複製　布装〉978-4-87733-840-4,978-4-87733-848-0(set)　Ⓝ911.52　[9000円]

◇白秋研究資料集成　第4巻　北原白秋の秀歌　宮澤健太郎編・解説　吉野昌夫著　クレス出版　2014.10　298,9p　22cm　〈年譜あり　短歌新聞社　平成7年刊の複製　布装〉　Ⓘ978-4-87733-841-1,978-4-87733-848-0(set)　Ⓝ911.52　[6000円]

◇白秋研究資料集成　第5巻　詩人白秋その愛と死　宮澤健太郎編・解説　嶋岡晨著　クレス出版　2014.10　244,6p　22cm　〈年譜あり　社会思想社　昭和47年刊の複製　布装〉　Ⓘ978-4-87733-842-8,978-4-87733-848-0(set)　Ⓝ911.52　[6000円]

◇白秋研究資料集成　第6巻　北原白秋ノート　宮澤健太郎編・解説　飯島耕一著　クレス出版　2014.10　307,4p　22cm　〈小沢書店　昭和53年刊の複製　布装〉Ⓘ978-4-87733-843-5,978-4-87733-848-0(set)　Ⓝ911.52　[7000円]

◇白秋研究資料集成　第7巻　北原白秋の世界—その世紀末的詩境の考察　宮澤健太郎編・解説　河村政敏著　クレス出版　2014.10　356,6p　22cm　〈至文堂　平成9年刊の複製　布装〉Ⓘ978-4-87733-844-2,978-4-87733-848-0(set)　Ⓝ911.52　[9000円]

◇白秋研究資料集成　第8巻　白秋の童謡　宮澤健太郎編・解説　佐藤通雅著　クレス出版　2014.10　232,6p　22cm　〈沖積舎　平成3年刊の複製　布装〉Ⓘ978-4-87733-845-9,978-4-87733-848-0(set)　Ⓝ911.52　[6000円]

◇白秋研究資料集成　第9巻　北原白秋と児童自由詩運動　宮澤健太郎編・解説　野口茂夫著　クレス出版　2014.10　469,5p　22cm　〈著作目録あり　興英文化社　1997年刊の複製　布装〉Ⓘ978-4-87733-846-6,978-4-87733-848-0(set)　Ⓝ911.52　[10000円]

◇白秋研究資料集成　第10巻　北原白秋—童心の彼方へ　宮澤健太郎編・解説　宮澤健太郎著　クレス出版　2014.10　268,77,10p　22cm　〈文伸/ぶんしん出版　平成18年刊の複製　布装　内容：北原白秋　童心の彼方へ　『白秋小唄集』をめぐって　谷崎潤一郎と白秋　小川未明と白秋　「白秋の歌一首」と斎藤茂吉　白秋と朔太郎　朔太郎の恋文　金子光晴の童話と白秋　『白南風＝しらはえ』と白秋　白秋と室生犀星〉Ⓘ978-4-87733-847-3,978-4-87733-848-0(set)　Ⓝ911.52　[8000円]

北原　正司〔1943～ 〕

◇〈金の卵〉といわれて—わが半生の記　北原正司著　[石岡]　[北原正司]　2014.4　223p　21cm　〈年譜あり〉　Ⓝ289.1　[非売品]

北広島町〔広島県〕（郷土芸能）

◇ユネスコ無形文化遺産壬生の花田植—歴史・民俗・未来　新谷尚紀監修，広島県北広島町編集　吉川弘文館　2014.3　330p　21cm　〈内容：文化財保護の視点から〈無形の〉民俗文化財を考える（石垣悟著）　技術としての田植え、精神としての田植え（石垣悟著）　現場からの報告（藤本隆幸著）　花田植の歴史（六郷寛著）　花田植の現在（森悦子著）　花田植の未来（戸田常一著）　花田植と地域経済（齋藤英智著）　花田植と観光振興（池上博文著）　機械化以前の稲作（森悦子著）　高度経済成長と農業の変化（新谷尚紀著）〉Ⓘ978-4-642-08196-2　Ⓝ384.31　[3300円]

北広島町〔広島県〕（農耕儀礼）

◇ユネスコ無形文化遺産壬生の花田植—歴史・民俗・未来　新谷尚紀監修，広島県北広島町編集　吉川弘文館　2014.3　330p　21cm　〈内容：文化財保護の視点から〈無形の〉民俗文化財を考える（石垣悟著）　技術としての田植え、精神としての田植え（石垣悟著）　現場からの報告（藤本隆幸著）　花田植の歴史（六郷寛著）　花田植の現在（森悦子著）　花田植の未来（戸田常一著）　花田植と地域経済（齋藤英智著）　花田植と観光振興（池上博文著）　機械化以前の稲作（森悦子著）　高度経済成長と農業の変化（新谷尚紀著）〉978-4-642-08196-2　Ⓝ384.31　[3300円]

北広島町〔広島県〕（博物誌）

◇北広島町の自然—北広島町自然学術調査報告書　北広島町生物多様性専門員会議編　北広島町[広島県]　北広島町教育委員会　2014.3　700p　31cm　〈文献あり　折り込　1枚〉Ⓝ402.9176

北見市（遺跡・遺物）

◇黒曜石の流通と消費からみた環日本海北部地域における更新世人類社会の形成と変容　3　吉井沢遺跡の研究　佐藤宏之，

山田哲編　北見　東京大学大学院人文社会系研究科附属北海文化研究常呂実習施設　2014.3　313p　30cm　〈東京大学常呂実習施設研究報告　第13集〉〈文献あり〉Ⓝ211

北見市（洪水—歴史）

◇常呂川—洪水と治水の歴史　佐々木覺著，常呂町郷土研究同好会編　北見　常呂町郷土研究同好会　2014.3　53p　17cm　（ところ文庫　30）Ⓝ517.4

北見市（石器）

◇黒曜石の流通と消費からみた環日本海北部地域における更新世人類社会の形成と変容　3　吉井沢遺跡の研究　佐藤宏之，山田哲編　北見　東京大学大学院人文社会系研究科附属北海文化研究常呂実習施設　2014.3　313p　30cm　〈東京大学常呂実習施設研究報告　第13集〉〈文献あり〉Ⓝ211

北見市（治水—歴史）

◇常呂川—洪水と治水の歴史　佐々木覺著，常呂町郷土研究同好会編　北見　常呂町郷土研究同好会　2014.3　53p　17cm　（ところ文庫　30）Ⓝ517.4

北村　薫〔1958～ 〕

◇たたかうおっぱい—乳腺外科医と女たちの日々　北村薫著　西田書店　2014.6　187p　19cm　〈「乳腺外科医、参上！」（悠飛社　2009年刊）の改題、改稿〉Ⓘ978-4-88866-582-7　Ⓝ495.46　[1500円]

北村　透谷〔1868～1894〕

◇幻視の国家—透谷・啄木・介山、それぞれの〈居場所探し〉　小寺正敏著　奈良　萌書房　2014.5　268,6p　22cm　〈索引あり〉Ⓘ978-4-86065-084-1　Ⓝ910.26　[4000円]

北村　龍平〔1969～ 〕

◇映画監督という生き様　北村龍平著　集英社　2014.8　222p　18cm　（集英社新書　0750）Ⓘ978-4-08-720750-7　Ⓝ778.21　[740円]

北本市（遺跡・遺物）

◇諏訪北Ⅰ/諏訪北Ⅱ/諏訪南/二ツ家下　熊谷　埼玉県埋蔵文化財調査事業団　2014.3　212p　図版　53p　30cm　〈国土交通省関東地方整備局の委託による　桶川市・北本市所在　一般国道468号首都圏中央連絡自動車道新設工事に伴う桶川北本地区埋蔵文化財発掘調査報告〉Ⓝ210.0254

北本市（観光行政）

◇北本市観光基本計画　[北本]　北本市　2014.2　75p　30cm　Ⓝ689.1

奇譚クラブ

◇コップのフチ子のつくり方　古屋大貴著　バルコエンタテインメント事業部　2014.8　220p　19cm　Ⓘ978-4-86506-085-0　Ⓝ589.77　[1300円]

吉祥寺バウスシアター

◇吉祥寺バウスシアター映画から船出した映画館　ラスト・バウス実行委員会編　boid　2014.5　189p　26cm　〈年譜あり　内容：バウスシアター思い出の写真集　バウスシアターという船で長い永い航海をしてきました（本田拓夫インタヴュー）　『ストップ・メイキング・センス』との出会いから爆音映画祭まで（西村協インタヴュー）　すべて手作りでやってきた、まるで学園祭のような劇場（小嶋尚之インタヴュー）　バウスシアターでの落語会（春風亭昇太著）　バウスシアターと３００（渡辺えり著）　僕の歴史の一部分はバウスシアターで形成された（田口トモロヲ著）　吉祥寺の入口であり出口であったバウスシアター（松江哲明著）　吉祥寺の街とバウスシアター（松田広子著）　本田拓夫社長の手描きコメントPOPコレクション　これが『DADA（駄駄）』「おぞをがみ」だ！　小嶋尚之氏の手描きスケジュール表コレクション　演劇・舞踏公演年表　音楽ライヴ年表　爆音上映年表　バウスシアター年間上映年表1984～2014　「ラスト・バウス～さよならバウスシアター、最後の宴」プログラム〉Ⓘ978-4-9904938-7-5　Ⓝ778.09　[1500円]

吉祥女子高等学校

◇Kichijo—学園誌　第20号　2013　武蔵野　吉祥女子中学・高等学校　2014.3　239p　26cm　〈特集創立75周年24,410人の卒業生〉Ⓝ376.48

◇羽ばたけ撫子たち—卒業生110名の軌跡：創立75周年記念誌　創立75周年記念誌刊行委員会編　武蔵野　吉祥女子中学高等学校　2014.2　267p　27cm　Ⓝ281.365

吉祥女子中学校

◇Kichijo—学園誌　第20号　2013　武蔵野　吉祥女子中学・高等学校　2014.3　239p　26cm　〈特集創立75周年24,410人の卒業生〉Ⓝ376.48

◇羽ばたけ撫子たち—卒業生110名の軌跡：創立75周年記念誌　創立75周年記念誌刊行委員会編　武蔵野　吉祥女子中学高等学校　2014.2　267p　27cm　Ⓝ281.365

吉瀬 美智子〔1975～ 〕
◇幸転力　吉瀬美智子著　小学館　2014.9　237p　19cm
①978-4-09-363736-7　Ⓝ778.21　[1400円]

杵築市〔遺跡・遺物〕
◇豊後國山香郷の調査　資料編 2　宇佐　大分県立歴史博物館
2014.3　94p　30cm　（大分県立歴史博物館報告書 第15集）
Ⓝ219.5

吉林省（経済）
◇中国東北における地域構造変化の地理学的研究―長春調査報
告　小島泰雄編　京都大学人間・環境学研究科地域空
間論分野　2013.8　67p　30cm〈文献あり　内容：長春にお
ける都市計画と景観（秋山元秀著）　再開発にともなう長春市の
回族地域社会の変容（高橋健太郎著）　長春市南湖公園におけ
るレジャー空間の特性（石田曜著）　中国におけるグローバル
化の影響による都市空間の再編（小野寺淳著）　立地上の条件
不利地域における日系自動車産業の展開（柳井雅也,阿部康久
著）　長春農村における作目転換と自給性（小島泰雄著）　中
国を対象とする教育地理学的研究に向けて（柴田陽一著）〉
Ⓝ302.2255

吉林省（社会）
◇中国東北における地域構造変化の地理学的研究―長春調査報
告　小島泰雄編　京都　京都大学人間・環境学研究科地域空
間論分野　2013.8　67p　30cm〈文献あり　内容：長春にお
ける都市計画と景観（秋山元秀著）　再開発にともなう長春市の
回族地域社会の変容（高橋健太郎著）　長春市南湖公園におけ
るレジャー空間の特性（石田曜著）　中国におけるグローバル
化の影響による都市空間の再編（小野寺淳著）　立地上の条件
不利地域における日系自動車産業の展開（柳井雅也,阿部康久
著）　長春農村における作目転換と自給性（小島泰雄著）　中
国を対象とする教育地理学的研究に向けて（柴田陽一著）〉
Ⓝ302.2255

城戸 幹
◇瞼の媽媽―自力で帰国した残留孤児の手記　城戸幹著　文藝
春秋　2014.8　504p　16cm　〈『「孫玉
福」39年目の真実』（情報センター出版局 2009年刊）の改題〉
①978-4-16-790174-5　Ⓝ289.1　[870円]

木戸 幸一〔1889～1977〕
◇近衛文麿「黙」して死す　鳥居民著　草思社　2014.12　252p
16cm　（草思社文庫 と2-4）①978-4-7942-2095-0　Ⓝ210.75
[800円]

キトラ古墳
◇キトラ古墳壁画―特別展　文化庁, 東京国立博物館, 奈良文化
財研究所, 朝日新聞社編　[東京]　朝日新聞社　2014　139p
30cm〈年表あり　文献あり　会期・会場：2014年4月22日―5
月18日　東京国立博物館本館特別5室〉Ⓝ702.133

キートン, D.〔1946～ 〕
◇ダイアン・キートン自伝―あの時をもう一度　ダイアン・キー
トン著, 酒井洋子訳　早川書房　2014.2　365p　20cm
①978-4-15-209439-1　Ⓝ778.253　[3000円]

ギニア（技術援助（日本））
◇ギニア国中部・高地ギニア持続的農村開発計画調査―ファイナ
ルレポート　主報告書　[東京]　国際協力機構　2013.1　1冊
30cm〈共同刊行：NTCインターナショナル〉Ⓝ333.804
◇ギニア国中部・高地ギニア持続的農村開発計画調査―ファイナ
ルレポート　別冊　[東京]　国際協力機構　2013.1　1冊
30cm〈共同刊行：NTCインターナショナル〉Ⓝ333.804

紀の川
◇紀の川流域の文化遺産を活かした地域活性化事業調査研究報
告書　平成25年度　紀の川流域文化遺産活用地域活性化協議
会編　[和歌山]　和歌山県文化遺産活用活性化委員会　2014.
3　96p　30cm〈文献あり〉Ⓝ216.6
◇流域の歴史・自然・人―紀の川　紀の川流域文化遺産活用地域活
性化協議会編　[和歌山]　和歌山県文化遺産活用活性化委員
会　2014.3　48p　26cm　Ⓝ291.66

紀の川市（遺跡・遺物）
◇紀の川市内遺跡発掘調査概要報告書　平成24年度　紀の川
紀の川市教育委員会編　2014.3　62p　30cm（紀の川市文化財
調査報告書 第8集）〈内容：平池遺跡調査　丸山古墳（第2
次）・貴志城跡調査　元遺跡（第3次）調査　史跡旧名手宿本陣
（第4次）調査.　遺物編〉Ⓝ210.0254

宜野座村（沖縄県）（郷土芸能）
◇宜野座の八月あしび―記録作成等の措置を講ずべき無形の民
俗文化財：記述宜野座の八月あしび民俗文化財調査（祭り・行
事を含む）報告書　宜野座村（沖縄県）　宜野座村教育委員会

2014.3　243p　30cm　（宜野座村乃文化財 25集）Ⓝ386.
8199

木下 順二〔1914～2006〕
◇木下順二の世界―敗戦日本と向きあって　井上理恵編著　社
会評論社　2014.2　309p　19cm〈文献あり　内容：木下順二
の出発（井上理恵著）　暗い花火（井上理恵著）「蛙昇天」論
（阿部由香子著）「沖縄」「オットーと呼ばれる日本人」（井上
理恵著）　小説『無限軌道』（川上美那子著）　白い夜の宴（菊
川徳之助著）『子午線の祀り』素描（秋葉裕一著）　ドラマの
フォームと思想あるいは歴史と個人のかかわり（斎藤偕子
著）〉①978-4-7845-1132-7　Ⓝ912.6　[2600円]

木下 寿美子〔1902～2001〕
◇つくし・救いの道　木下寿美子著　天理　天理教道友社
2014.3　338p　15cm　（道友社文庫）①978-4-8073-0582-7
Ⓝ178.82　[700円]

木下 隆〔1938～ 〕
◇忘れ難き榛南の日々―地方転勤十八年間の家族史　木下隆著
大阪　オーエム（印刷）　2013.11　239p　21cm　Ⓝ289.1

木下 杢太郎〔1885～1945〕
◇木下杢太郎を読む日　岡井隆著　幻戯書房　2014.1　267p
20cm〈内容：鷗外を語りながら自らを弁ずる　「竹枝」から
始まる「藩陽雑詩」　詩境を拡げた「暗い心」　自閉と切歯
メランコリイの足音　蓄えた空想の宝　LAMARTINEの詩
到底実現の出来ない、ほんとうの夢　評伝「木下杢太郎」の著
者杉山二郎を哀悼する　自殺願望という友「雪」と「湖」の
間　若き日の詩集『食後の唄』再考　ホフマンスタールとの交
叉　青年時代に受けた決定的影響　長い弔辞　テルツィーネ
ンの詩型　訳詩「窓に倚る夫人の独白」　口語体と文語体の混
合『食後の唄』という離反表明　反宗教と俗謡の落差　中年
の熟成たる「諷詠」　鷗外への無言の抗議　鷗外訳「痴人と死
と」　死への一般的な感慨　訳者の創作　わずかに先の時代
の人〉①978-4-86488-040-4　Ⓝ911.52　[3300円]

木下 夕爾〔1914～1965〕
◇木下夕爾への招待―乾草いろの歳月：生誕100年　木下夕爾
[詩]　ふくやま文学館編　福山　ふくやま文学館　2014.9
47p　24cm〈年譜あり　会期・会場：2014年9月12日―11月30
日　ふくやま文学館〉Ⓝ911.52

宜野湾市（遺跡・遺物）
◇基地内文化財 6　沖縄県立埋蔵文化財センター編　[西原町
（沖縄県）]　沖縄県立埋蔵文化財センター　2014.3　147p
30cm　（沖縄県立埋蔵文化財センター調査報告書 第71集）
〈内容：普天間飛行場内試掘調査.　平成18-20年度〉Ⓝ219.9

宜野湾市（遺跡地図）
◇宜野湾市文化財情報図　平成25年度版　宜野湾　沖縄県宜野
湾市教育委員会・文化課　2014.3　50p　30cm　（宜野湾市文
化財保護資料 第72集）〈文献あり〉Ⓝ219.9

宜野湾市（軍事基地）
◇普天間移設日米の深層　琉球新報「日米廻り舞台」取材班著
青灯社　2014.9　201p　19cm　①978-4-86228-075-6　Ⓝ395.
39　[1400円]

木原 淳也〔1989～ 〕
◇俺は世界を変えたい　木原淳也著　文芸社　2014.8　89p
19cm　①978-4-286-14600-3　Ⓝ289.1　[1000円]

キハラ株式会社
◇図書館とともに―キハラ100年の歩み　キハラ100周年記念誌
編集委員会企画・編集　キハラ　2014.1　289p　31cm〈年表
あり〉①978-4-87377-071-0　Ⓝ012.9　[15000円]

岐阜県
◇岐阜の法則　岐阜の法則研究委員会編　泰文堂　2014.12
174p　18cm　（リンダブックス）〈文献あり〉①978-4-8030-
0629-2　Ⓝ291.53　[950円]

岐阜県（遺跡・遺物）
◇飛騨と考古学 3　飛騨考古学会編　[高山]　飛騨考古学会
2013.3　88p　26cm〈年表あり〉Ⓝ215.3

岐阜県（遺跡・遺物―恵那市）
◇岩村城跡基礎調査報告書 2　恵那市教育委員会編　恵那　恵
那市教育委員会　2013.3　197p　30cm　（恵那市文化財調査
報告書 第44集）〈平成20年度―24年度市内遺跡発掘調査等報
告書〉Ⓝ210.0254

岐阜県（遺跡・遺物―大垣市）
◇荒尾南遺跡C地区　第1分冊　岐阜県文化財保護センター編
岐阜　岐阜県文化財保護センター　2014.2　268p　図版 4p
30cm　（岐阜県文化財保護センター調査報告書 第129集）
Ⓝ210.0254
◇荒尾南遺跡C地区　第2分冊　岐阜県文化財保護センター編
岐阜　岐阜県文化財保護センター　2014.2　272p　30cm
（岐阜県文化財保護センター調査報告書 第129集）Ⓝ210.0254

岐阜県（遺跡・遺物―可児市）　　　　　　　　　　　　　　　　　　　　　　　　　　日本件名図書目録2014　Ⅰ

き

◇荒尾南遺跡C地区　第3分冊　岐阜県文化財保護センター編　岐阜　岐阜県文化財保護センター　2014.2　262p　30cm（岐阜県文化財保護センター調査報告書　第129集）Ⓝ210.0254

◇荒尾南遺跡C地区　第4分冊　岐阜県文化財保護センター編　岐阜　岐阜県文化財保護センター　2014.2　128p　図版151p　30cm（岐阜県文化財保護センター調査報告書　第129集）Ⓝ210.0254

◇岐阜県史跡旗本西高木家陣屋跡―測量調査・発掘調査報告書　大垣市教育委員会編　大垣　大垣市教育委員会　2013.3　263p　図版16p　30cm（大垣市埋蔵文化財調査報告書　第23集）Ⓝ210.0254

岐阜県（遺跡・遺物―可児市）

◇今渡遺跡　岐阜県文化財保護センター編　岐阜　岐阜県文化財保護センター　2014.3　78p　図版13p　30cm（岐阜県文化財保護センター調査報告書　第130集）Ⓝ210.0254

◇柿田遺跡（道の駅地点）・ほうの木古窯跡　可児市教育委員会編　可児　可児市教育委員会　2014.3　49p　30cm（可児市埋文調査報告　45）〈市開発事業に伴う発掘調査報告書〉Ⓝ210.0254

◇可児市内遺跡発掘調査報告書　平成22-25年度　可児市教育委員会編　可児　可児市教育委員会　2014.12　41p　30cm（可児市埋文調査報告　47）Ⓝ210.0254

◇坂戸上野遺跡・古墳発掘調査報告書　可児市教育委員会編　可児　可児市教育委員会　2014.9　46p　30cm（可児市埋文調査報告　46）〈運動公園整備事業に伴う発掘調査報告書〉Ⓝ210.0254

岐阜県（遺跡・遺物―岐阜市）

◇加納城跡　イビソク編　［大垣］　イビソク　2013.11　122p　図版81p　30cm〈ジェイアール東海不動産の委託による　岐阜市加納西丸町宅地開発工事に伴う緊急発掘調査〉Ⓝ210.0254

◇岐阜市市内遺跡発掘調査報告書　平成24年度　岐阜市教育文化振興事業団編　岐阜　岐阜市教育委員会　2014.3　203p　30cm　Ⓝ210.0254

岐阜県（遺跡・遺物―下呂市）

◇桜洞城跡発掘調査報告書　下呂市教育委員会編　下呂　下呂市教育委員会　2014.1　164p　図版〔9〕枚　30cm（下呂市文化財調査報告書　第3集）〈年表あり〉Ⓝ210.0254

◇下切遺跡　岐阜県文化財保護センター編　岐阜　岐阜県文化財保護センター　2014.10　266p　図版40p　30cm（岐阜県文化財保護センター調査報告書　第128集）Ⓝ210.0254

◇萩原諏訪城跡発掘調査報告書　下呂市教育委員会編　下呂　下呂市教育委員会　2014.10　29p　図版2p　30cm（下呂市文化財調査報告書　第4集）〈史跡諏訪城跡の石垣崩落防止工事に伴う範囲確認調査〉Ⓝ210.0254

岐阜県（遺跡・遺物―高山市）

◇高山市内遺跡発掘調査報告書　高山市教育委員会編　高山　高山市教育委員会　2013.3　71p　30cm（高山市埋蔵文化財調査報告書　第31号）Ⓝ210.0254

岐阜県（遺跡・遺物―土岐市）

◇土岐市内遺跡発掘調査報告書　平成24年度　岐阜県土岐市教育委員会，土岐市文化振興事業団編　土岐　岐阜県土岐市教育委員会　2014.3　30p　図版10p　30cm〈共同刊行：土岐市文化振興事業団〉Ⓝ210.0254

◇元屋敷陶器窯跡出土遺物整理報告書　土岐市教育委員会，土岐市文化振興事業団編　土岐　土岐市教育委員会　2014.3　47p　図版3p　30cm〈共同刊行：土岐市文化振興事業団〉Ⓝ215.3

岐阜県（遺跡・遺物―中津川市）

◇上県2号窯跡第8次発掘調査概要報告書　日進　愛知学院大学文学部歴史学科　2013.4　60p　図版8p　30cm〈年表あり〉（愛知学院大学考古学発掘調査報告　18）〈岐阜県中津川市所在〉Ⓝ210.0254

岐阜県（遺跡・遺物―飛騨市）

◇黒内細野遺跡　玉川文化財研究所編著　飛騨　飛騨市教育委員会　2014.12　111p　図版43p　30cm（飛騨市文化財調査報告書　第8集）Ⓝ210.0254

岐阜県（遺跡・遺物―保存・修復―中津川市）

◇中山道保存管理計画書　中津川市編　中津川　中津川市　2013.3　86p　30cm〈文献あり〉Ⓝ682.153

岐阜県（遺跡・遺物―瑞浪市）

◇瑞浪市遺跡詳細分布調査報告書　瑞浪市教育委員会（スポーツ・文化課）編　瑞浪　瑞浪市教育委員会　2014.3　300p　30cm（瑞浪市埋蔵文化財調査報告書　第6集）Ⓝ210.0254

岐阜県（遺跡地図―瑞浪市）

◇瑞浪市遺跡地図　瑞浪市教育委員会（スポーツ・文化課）編　瑞浪　瑞浪市教育委員会　2014.3　84枚　37cm（瑞浪市埋蔵文化財調査報告書　第6集）Ⓝ215.3

岐阜県（学校―統計）

◇学校基本調査結果　平成25年度　岐阜県総合企画部統計課編　岐阜　岐阜県総合企画部統計課　2014.1　125p　30cm（ぎふ統苑統計調査結果報告書　2014　no.1）Ⓝ370.59

岐阜県（学校衛生―中津川市―歴史）

◇明治期地域学校衛生史研究―中津川興風学校の学校衛生活動　高橋裕子著　学術出版会　2014.11　322p　22cm（学術叢書）〈日本図書センター（発売）文献あり　年表あり　索引あり　内容：中津川興風学校の学校構想　明治初期における小学校の病気欠席の問題　明治一二年のコレラ流行に対する中津川興風学校の「閉校」措置　中津川興風学校と岐阜県私立衛生会の接点　明治政府の学校医制度　中津川興風学校の学校医の活動とその意義　中津川興風学校の学校衛生活動年表〉①978-4-284-10417-3　Ⓝ374.9　［4800円］

岐阜県（家庭用電気製品―リサイクル）

◇小型電子機器等リサイクルシステム構築実証事業運営業務（中部地方その3）報告書　平成25年度　環境省中部地方環境事務所　2014.3　99p　30cm〈請負先：三菱UFJリサーチ＆コンサルティング〉Ⓝ545.88

岐阜県（環境行政―多治見市）

◇多治見市環境基本計画―環境と共生するまち多治見　第2次　多治見市環境文化部環境課編　改訂版　多治見　多治見市環境文化部環境課　2013.3　103p　30cm　Ⓝ519.1

◇多治見市環境基本計画―環境と共生するまち多治見　第2次　多治見市環境文化部環境課編　改訂版　多治見　多治見市環境文化部環境課　2013.3　104p　30cm　Ⓝ519.1

◇多治見市地球温暖化対策実行計画　区域施策編　多治見市環境文化部環境課編　［多治見］　多治見市　2013.3　30, 18p　30cm　Ⓝ519.1

岐阜県（企業―名簿）

◇岐阜県海外進出企業リスト　2013年度　［岐阜］　日本貿易振興機構岐阜貿易情報センター　［2013］　1冊　30cm〈共同刊行：岐阜県商工労働部地域産業課〉Ⓝ335.035

岐阜県（教育―統計）

◇学校基本調査結果　平成25年度　岐阜県総合企画部統計課編　岐阜　岐阜県総合企画部統計課　2014.1　125p　30cm（ぎふ統苑統計調査結果報告書　2014　no.1）Ⓝ370.59

岐阜県（教育―歴史―史料―中津川市）

◇興風学校日誌―資料　第6集　大正11年―15年　中津川市教育文化資料委員会編　［中津川］　中津川市教育研修所　2014.3　455p　26cm　Ⓝ372.153

◇興風学校日誌―資料　第7集　昭和2年―7年　中津川市教育文化資料委員会編　［中津川］　中津川市教育研修所　2014.4　410p　26cm　Ⓝ372.153

◇興風学校日誌―資料　第8集　昭和8年―16年　中津川市教育文化資料委員会編　［中津川］　中津川市教育研修所　2014.4　440p　26cm　Ⓝ372.153

◇興風学校日誌―資料　第9集　昭和18年―25年／川上分教場1　中津川市教育文化資料委員会編　［中津川］　中津川市教育研修所　2014.4　485p　26cm　Ⓝ372.153

◇興風学校日誌―資料　第10集　川上分教場2　中津川市教育文化資料委員会編　［中津川］　中津川市教育研修所　2014.4　455p　26cm　Ⓝ372.153

岐阜県（教育行政）

◇岐阜県教育ビジョン　第2次　平成26年度―平成30年度　岐阜県教育委員会教育総務課編　岐阜　岐阜県教育委員会教育総務課　2014.3　107p　30cm〈平成26年3月策定　第2次のタイトル関連情報：「清流の国」の明日をひらく人づくり〉Ⓝ373.2

岐阜県（教育行政―御嵩町）

◇21世紀御嵩町教育・夢プラン―第二次改訂　御嵩町（岐阜県）御嵩町教育委員会　2013.3　34, 4p　29cm　Ⓝ373.2

◇21世紀御嵩町教育・夢プラン―第二次改訂（4年目）御嵩町（岐阜県）　可児郡御嵩町教育委員会　2014.4　24p　30cm　Ⓝ373.2

岐阜県（景気）

◇岐阜県の景況調査―2014年1-3月期実績：2014年4-6月期見通し　［岐阜］　岐阜県産業経済振興センター　2014.3　37p　30cm　Ⓝ332.153

◇岐阜県の景況調査―2014年4-6月期実績：2014年7-9月期見通し　［岐阜］　岐阜県産業経済振興センター　2014.6　38p　30cm〈2014,7,15改訂版〉Ⓝ332.153

◇岐阜県の景況調査―2014年7-9月期実績：2014年10-12月期見通し　［岐阜］　岐阜県産業経済振興センター　2014.9　37p　30cm　Ⓝ332.153

岐阜県（人口―統計）

岐阜県（経済）
◇岐阜県の景況調査―2014年10-12月期実績：2015年1-3月期見通し　［岐阜］　岐阜県産業経済振興センター　2014.12　38p　30cm　Ⓝ332.153

岐阜県（経済）
◇岐阜県の景況調査―2014年1-3月期実績：2014年4-6月期見通し　［岐阜］　岐阜県産業経済振興センター　2014.3　37p　30cm　Ⓝ332.153
◇岐阜県の景況調査―2014年4-6月期実績：2014年7-9月期見通し　［岐阜］　岐阜県産業経済振興センター　2014.6　38p　30cm　〈2014,7,15改訂版〉　Ⓝ332.153
◇岐阜県の景況調査―2014年7-9月期実績：2014年10-12月期見通し　［岐阜］　岐阜県産業経済振興センター　2014.9　37p　30cm　Ⓝ332.153
◇岐阜県の景況調査―2014年10-12月期実績：2015年1-3月期見通し　［岐阜］　岐阜県産業経済振興センター　2014.12　38p　30cm　Ⓝ332.153

岐阜県（経済―統計）
◇岐阜県の県民経済計算結果　平成23年度　岐阜県総合企画部統計課編　岐阜　岐阜県総合企画部統計課　2014.3　137p　30cm　（ぎふ統苑統計調査結果報告書 2014 no. 2）　Ⓝ330.59
◇岐阜県の市町村民経済計算結果　平成23年度　岐阜県総合企画部統計課編　岐阜　岐阜県総合企画部統計課　2014.3　136p　30cm　（ぎふ統苑統計調査結果報告書 2014 no. 3）　Ⓝ330.59

岐阜県（建築―高山市）
◇高山市史　建造物編　上　高山市教育委員会編　［高山］　高山市教育委員会　2014.3　12, 362p　30cm　（高山市史編纂資料 第3号の1）〈内容：第1章　城下町高山の建造物群　第2章　建築規制　第3章　高山の町家建築〉　Ⓝ215.3
◇高山市史　建造物編　下　高山市教育委員会編　［高山］　高山市教育委員会　2014.3　8, 270p　30cm　（高山市史編纂資料第3号の2）〈内容：第4章　農家建築　第5章　社寺建築　第6章　近代建築　第7章　資料〉　Ⓝ215.3

岐阜県（校歌―高山市）
◇校歌―ふるさとの原風景：戦後の高山市立小中学校　高山市文化協会編　［高山］　高山市文化協会　2013.5　99p　30cm　Ⓝ767.6

岐阜県（工業―統計）
◇岐阜県の鉱工業生産動向　平成24年 / 岐阜県鉱工業生産動態統計調査結果　岐阜県環境生活部統計課編　岐阜　岐阜県環境生活部統計課　2014.9　56p　30cm　（ぎふ統苑統計調査結果報告書 2014 no. 7）　Ⓝ505.9
◇工業統計調査結果　平成24年 / 岐阜県輸出関係調査結果　岐阜県総合企画部統計課編　岐阜　岐阜県総合企画部統計課　2014.3　114p　30cm　（ぎふ統苑統計調査結果報告書 2014 no. 5）　Ⓝ505.9

岐阜県（鉱業―統計）
◇岐阜県の鉱工業生産動向　平成24年 / 岐阜県鉱工業生産動態統計調査結果　岐阜県環境生活部統計課編　岐阜　岐阜県環境生活部統計課　2014.9　56p　30cm　（ぎふ統苑統計調査結果報告書 2014 no. 7）　Ⓝ505.9

岐阜県（鉱業―歴史―史料―書目）
◇鉱山史料(中野家文書岐阜県鉱山関係史料)目録―東京大学大学院経済学研究科・経済学部所蔵特別資料　東京大学経済学部資料室編　東京大学経済学部資料室　2014.3　148p　30cm　Ⓝ560.92153　［非売品］

岐阜県（交通―歴史）
◇平成美濃路ウォーク―地元の人も知らない郷土の歴史関ケ原から名古屋まで　奥出光男著　半田　一粒書房　2014.9　236p　21cm　〈年表あり　文献あり〉　①978-4-86431-304-9　Ⓝ291.53　［1700円］

岐阜県（交通―歴史―中津川市）
◇中山道保存管理計画書　中津川市編　中津川　中津川市　2013.3　86p　30cm　〈文献あり〉　Ⓝ682.153

岐阜県（交通―歴史―飛騨市）
◇神岡の街道　5　信濃街道(旧阿曽布村筋)　ふるさと神岡を語る会編　［飛騨］　ふるさと神岡を語る会　2014.3　108p　26cm　（ふるさと調べ 第19集）　Ⓝ682.153

岐阜県（交通政策―中津川市）
◇中津川市リニアのまちづくりビジョン　中津川　中津川市　2013.8　131p　30cm　Ⓝ681.1

岐阜県（高齢者―岐阜市）
◇高齢者等実態調査報告書　岐阜市福祉部編　岐阜　岐阜市　2014.3　366p　30cm　Ⓝ369.26

岐阜県（高齢者福祉―岐阜市）
◇高齢者等実態調査報告書　岐阜市福祉部編　岐阜　岐阜市　2014.3　366p　30cm　Ⓝ369.26

岐阜県（財産評価）
◇評価倍率表―財産評価基準書　平成26年分岐阜県版　名古屋　新日本法規出版　c2014　296p　30cm　〈索引あり〉　①978-4-7882-7873-8　Ⓝ345.5　［7900円］

岐阜県（祭礼―大垣市）
◇大垣祭総合調査報告書　大垣　大垣市文化遺産活用推進事業実行委員会　2014.3　423p　図版［14］枚　30cm　Ⓝ386.153

岐阜県（祭礼―大垣市―歴史―史料）
◇大垣祭総合調査報告書　資料編　大垣　大垣市文化遺産活用推進事業実行委員会　2014.3　110p　30cm　〈年表あり〉　Ⓝ386.153

岐阜県（産業廃棄物―岐阜市）
◇岐阜市北部地区産業廃棄物不法投棄事案の記録　岐阜市環境事業部産業廃棄物特別対策課編　［岐阜］　岐阜市　2014.3　102, 5p　30cm　〈年表あり〉　Ⓝ519.7

岐阜県（社会教育―御嵩町）
◇生涯学習の姿　御嵩町教育委員会生涯学習課企画・編集　御嵩町（岐阜県）　御嵩町教育委員会生涯学習課　2013.3　64p　30cm　Ⓝ379.02153
◇生涯学習の姿　平成25年度　御嵩町教育委員会生涯学習課企画・編集　御嵩町（岐阜県）　御嵩町教育委員会生涯学習課　2014.3　63p　29cm　Ⓝ379.02153

岐阜県（社会福祉―岐阜市）
◇岐阜市地域福祉計画―誰もが心豊かに安心して暮らせる地域社会の創造　第2期　平成26年度計画　岐阜市福祉部福祉政策課編　［岐阜］　岐阜市　2014.3　75p　30cm　Ⓝ369.11

岐阜県（宿駅―大垣市―歴史―史料）
◇美濃路大垣宿軒別絵図面　［大垣］　大垣市文化財保護協会　2013.6　66p　21cm　Ⓝ682.153

岐阜県（宿泊施設―高山市）
◇焼岳小屋・小屋開け小屋締め　焼岳叢書制作委員会編著　三月社　2014.6　57p　20cm　（焼岳叢書 1）　①978-4-9907755-0-6　Ⓝ291.53　［1250円］

岐阜県（障害者福祉―岐阜市）
◇第3次岐阜市障害者計画及び第4期岐阜市障害福祉計画策定アンケート調査報告書　岐阜　岐阜市福祉部福祉事務所障がい福祉課　2014.3　406p　30cm　Ⓝ369.27

岐阜県（植物―中津川市）
◇落合の植物―中津川市落合公民館植物観察講座　スミレ会編集委員会編　中津川　落合公民館植物観察講座スミレ会　2013.3　62p　30cm　Ⓝ472.153

岐阜県（植物―御嵩町）
◇みたけの森植物ガイド　御嵩町教育委員会編著　［御嵩町（岐阜県）］　御嵩町教育委員会　2014.3　90p　21cm　Ⓝ472.153

岐阜県（所得―統計）
◇岐阜県の市町村民経済計算結果　平成23年度　岐阜県総合企画部統計課編　岐阜　岐阜県総合企画部統計課　2014.3　136p　30cm　（ぎふ統苑統計調査結果報告書 2014 no. 3）　Ⓝ330.59

岐阜県（書目）
◇岐阜県EL新聞記事情報リスト　2013-1　エレクトロニック・ライブラリー編　エレクトロニック・ライブラリー　2014.2　849p　31cm　〈制作：日外アソシエーツ〉　Ⓝ025.8153
◇岐阜県EL新聞記事情報リスト　2013-2　エレクトロニック・ライブラリー編　エレクトロニック・ライブラリー　2014.2　p851-1441　31cm　〈制作：日外アソシエーツ〉　Ⓝ025.8153
◇岐阜県EL新聞記事情報リスト　2013-3　エレクトロニック・ライブラリー編　エレクトロニック・ライブラリー　2014.2　p1443-2206　31cm　〈制作：日外アソシエーツ〉　Ⓝ025.8153

岐阜県（人権）
◇岐阜県人権施策推進指針―一人ひとりの人権が尊重される社会を目指して　第2次改定　岐阜　岐阜県環境生活部人権施策推進室　2013.3　83p　30cm　〈年表あり〉　Ⓝ316.1

岐阜県（人権―児童―多治見市）
◇多治見市子どもの権利に関する推進計画―後期計画（平成25年度―28年度）第2次　多治見市環境文化部くらし人権課編　多治見　多治見市環境文化部くらし人権課　2013.3　54p　30cm　Ⓝ316.1

岐阜県（人口―統計）
◇岐阜県人口動態統計調査結果　平成25年　岐阜県総合企画部統計課編　岐阜　岐阜県総合企画部統計課　2014.3　89p　30cm　（ぎふ統苑統計調査結果報告書 2014 no. 4）　Ⓝ358.153

岐阜県（森林）

岐阜県（森林）
◇酸性雨モニタリング（土壌・植生）調査委託業務結果報告書 平成25年度 ［岐阜］ 岐阜県 2014.3 49p 30cm〈環境省委託業務報告書〉Ⓝ519.5

岐阜県（水質汚濁）
◇酸性雨モニタリング（陸水） 平成25年度 ［岐阜］ 岐阜県 2014.3 150p 30cm〈平成25年度環境省委託業務報告書〉Ⓝ519.4

岐阜県（青少年教育―中津川市）
◇「中学生タイ研修」事業報告書 中津川市国際交流事業検討委員会事務局編 ［中津川］ 中津川市国際交流事業検討委員会 2013.11 53p 30cm〈期間：2013年8月16日―8月21日 平成25年度中津川市市民国際交流事業 共同刊行：中津川市〉Ⓝ379.3
◇「中学生マレーシア研修」事業報告書 中津川市国際交流事業検討委員会事務局編 ［中津川］ 中津川市国際交流事業検討委員会 2014.11 56p 30cm〈平成26年度中津川市市民国際交流事業 共同刊行：中津川市〉Ⓝ379.3

岐阜県（選挙―岐阜市―統計）
◇選挙のあゆみ 岐阜市選挙管理委員会事務局編 11版 岐阜 岐阜市選挙管理委員会事務局 2014.3 93p 30cm〈年表あり〉Ⓝ314.8 ［非売品］

岐阜県（戦没者―白川村）
◇遺芳―岐阜県大野郡白川村戦没者遺影集 白川村戦没者遺影集編纂委員会編 ［白川村（岐阜県）］ 岐阜県大野郡白川村白川村遺族会 2014.5 186p 27cm〈年表あり 文献あり〉Ⓝ281.53

岐阜県（高山市）
◇飛騨・高山原人 今井文菜編 原人舎 2013.4（第2刷） 221p 19cm ①978-4-905306-06-1 Ⓝ291.53 ［800円］

岐阜県（多文化教育―高山市）
◇多文化社会日本における異文化間教育の実態と可能性―岐阜県高山市を例として ポール O. フレデリクソン Jr.著 成城大学グローカル研究センター 2014.10 58p 30cm〈Seijo CGS working paper series no. 10）〈文献あり 英語併記〉①978-4-906845-13-2 Ⓝ371.5

岐阜県（ダム―白川村）
◇発電ダムが建設された時代―聞き書き御母衣ダムの記憶 浜本篤史編 名古屋 グローバル社会を歩く研究会 2014.5 161p 21cm〈グローバル社会を歩く 8〉〈新泉社（発売）年表あり〉①978-4-7877-1323-0 Ⓝ215.3 ［1500円］

岐阜県（男女共同参画―大垣市）
◇大垣市男女共同参画プラン 第3次 大垣 大垣市かがやきライフ推進部まちづくり推進課男女共同参画推進室 2013.3 89p 30cm〈年表あり〉Ⓝ367.2153

岐阜県（男女共同参画―関市）
◇せき男女共同参画まちづくりプラン―後期プラン 第2次 関 関市企画部市民協働課 2014.3 80p 30cm Ⓝ367.2153

岐阜県（男女共同参画―多治見市）
◇第2次たじみ男女共同参画プラン後期計画 多治見市環境文化部くらし人権課編 多治見 多治見市環境文化部くらし人権課 2013.3 75p 30cm Ⓝ367.2153

岐阜県（淡水動物―保護）
◇ぎふの淡水生物をまもる―岐阜の淡水生物保全book 楠田哲士編 岐阜 岐阜大学応用生物科学部動物繁殖学研究室 2014.3 50p 30cm ①978-4-9905397-2-6 Ⓝ482.153
◇ぎふの淡水生物をまもる―岐阜の淡水生物保全book 楠田哲士編 増補改訂版 岐阜 岐阜大学応用生物科学部動物繁殖学研究室 2014.7 76p 30cm ①978-4-9905397-3-3 Ⓝ482.153

岐阜県（地域社会―岐阜市）
◇岐阜大学地域科学部・地域学実習報告書 パート13 長良ぶどう・芥見東・長良川おんぱく・古民家・羽島市竹鼻・インターンシップ 岐阜 岐阜大学地域科学部 2013.3 125p 30cm Ⓝ361.7

岐阜県（地域社会―羽島市）
◇岐阜大学地域科学部・地域学実習報告書 パート13 長良ぶどう・芥見東・長良川おんぱく・古民家・羽島市竹鼻・インターンシップ 岐阜 岐阜大学地域科学部 2013.3 125p 30cm Ⓝ361.7

岐阜県（地誌）
◇岐阜をもっと知ろう！ 岐阜大学教育推進・学生支援機構編 岐阜 みらい 2014.3 115p 21cm（教養ブックレット Vol.6）〈内容：私的見聞による岐阜の歴史（森秀樹著） 文豪の

岐阜物語（林正子著） 岐阜県の方言を知ろう（山田敏弘著） 円空仏を見に出かけよう！（野村幸弘著） 岐阜学現代のまちづくりと住民（富樫幸一著） 岐阜県の農産物の生産・流通・消費（前澤重禮著） 岐阜県の河川環境と魚類の生態（古屋康則著） 岐阜の森や川、そこに生きる生き物たちと人（肥後睦輝, 向井貴彦, 粕谷志郎ほか著） 岐阜県誌 岐阜県の歴史・文化・自然（小嶋智著）〉①978-4-86015-325-0 Ⓝ291.53 ［1200円］

岐阜県（地誌―岐阜市）
◇鏡島の歴史 ［出版地不明］ 鏡島の歴史書刊行委員会 2014.10 247p 31cm〈年譜あり 文献あり 共同刊行：岐阜市鏡島校区自治会連合会〉Ⓝ291.53

岐阜県（地方選挙）
◇選挙のあゆみ 岐阜市選挙管理委員会事務局編 11版 岐阜 岐阜市選挙管理委員会事務局 2014.3 93p 30cm〈年表あり〉Ⓝ314.8 ［非売品］

岐阜県（地方選挙―岐阜市）
◇選挙のあゆみ 岐阜市選挙管理委員会事務局編 11版 岐阜 岐阜市選挙管理委員会事務局 2014.3 93p 30cm〈年表あり〉Ⓝ314.8 ［非売品］

岐阜県（地名）
◇地名由来飛騨・美濃 山内和幸著 岐阜 まつお出版 2014.12 173p 19cm〈文献あり〉①978-4-944168-40-8 Ⓝ291.53 ［1600円］

岐阜県（中小企業）
◇広域支援室事業報告書 平成25年度 ［岐阜］ 岐阜県商工会連合会 ［2014］ 82p 30cm Ⓝ336.83

岐阜県（都市再開発―岐阜市）
◇岐阜スカイウイング37―事業誌 岐阜市（都市建設部）監修 ［岐阜］ 問屋町西部南街区市街地再開発組合 2013.11 112p 30cm〈年表あり 問屋町西部南街区第一種市街地再開発事業〉Ⓝ518.8

岐阜県（土壌汚染）
◇酸性雨モニタリング（土壌・植生）調査委託業務結果報告書 平成25年度 ［岐阜］ 岐阜県 2014.3 49p 30cm〈環境省委託業務報告書〉Ⓝ519.5

岐阜県（土地区画整理―瑞浪市）
◇竣功記念誌 ［瑞浪］ 瑞浪市下益見土地区画整理組合 2013.12 29p 22×31cm Ⓝ518.86

岐阜県（博物誌―岐阜市）
◇岐阜市の自然情報―岐阜市自然環境基礎調査 岐阜 岐阜市自然共生部自然環境課 2014.3 238p 30cm〈文献あり〉Ⓝ402.9153

岐阜県（発電計画―高山市）
◇再生可能エネルギー事業のための緊急検討委託業務（岐阜県高山市奥飛騨温泉郷中尾高原）報告書 平成24年度 ［東京］ 東芝 2014.3 1冊 31cm〈平成24年度環境省委託業務〉Ⓝ501.6

岐阜県（美術―図集）
◇岐阜県美術展―第19回岐阜県民文化祭：一般部 第68回 岐阜県教育文化財団編 岐阜 岐阜県教育文化財団 2014.11 32p 30cm〈年表あり 会期・会場：平成26年6月7日―15日 岐阜県美術館ほか 奥付のタイトル：岐阜県美術展図録〉Ⓝ702.1953

岐阜県（不法投棄―岐阜市）
◇岐阜市北部地区産業廃棄物不法投棄事案の記録 岐阜市環境事業部産業廃棄物特別対策課編 ［岐阜］ 岐阜市 2014.3 102, 5p 30cm〈年表あり〉Ⓝ519.7

岐阜県（文化活動）
◇岐阜県美術展―第19回岐阜県民文化祭：一般部 第68回 岐阜県教育文化財団編 岐阜 岐阜県教育文化財団 2014.11 32p 30cm〈年表あり 会期・会場：平成26年6月7日―15日 岐阜県美術館ほか 奥付のタイトル：岐阜県美術展図録〉Ⓝ702.1953

岐阜県（文化財）
◇岐阜県指定文化財調査報告書 第55巻 岐阜県教育委員会社会教育文化課編 ［岐阜］ 岐阜県教育委員会 2014.3 11p 21cm Ⓝ709.153

岐阜県（文化財保護）
◇文化遺産と市民―その関わり合いを考える―ミュージアムフォーラム：資料集 みのかも文化の森美濃加茂市民ミュージアム編 美濃加茂 みのかも文化の森美濃加茂市民ミュージアム 2014.2 30p 30cm〈会期・会場：2014年2月23日 美濃加茂市民ミュージアム・緑のホール 平成25年度「公民館等を中心とした社会教育活性化支援プログラム」事業〉Ⓝ709.153

日本件名図書目録2014　Ⅰ

岐阜県〔名簿〕
◇岐阜県人物・人材情報リスト　2015　日外アソシエーツ株式会社編　日外アソシエーツ（制作）2014.11　765, 36p　30cm　Ⓝ281.5P

岐阜県〔歴史〕
◇あなたの知らない岐阜県の歴史　山本博文監修　洋泉社　2014.6　189p　18cm　（歴史新書）〈文献あり　年表あり〉　①978-4-8003-0422-3　Ⓝ215.3　［930円］

◇関の孫六（孫六兼元）の系譜一他：祖から末裔へ　金子征史著　［出版地不明］　［金子征史］　2014.1　1冊　30cm　Ⓝ756.6

岐阜県〔歴史―恵那市〕
◇飯地の歴史　8　苗木城の攻防と烏峰城の由来・尾張領久田見村と苗木領九ヶ村の山論　柘植成實著　［恵那］　［柘植成實］　2013.11　196p　22cm　Ⓝ215.3

岐阜県〔歴史―大垣市〕
◇大垣市史　総集編　大垣市編　［大垣］　大垣市　2014.3　287p　31cm　〈年表あり〉　Ⓝ215.3

◇図説大垣市史　大垣市編　［大垣］　大垣市　2014.3　391p　31cm　〈年表あり〉　Ⓝ215.3

岐阜県〔歴史―史料―恵那市〕
◇明知詰御家中御切米請印牒　熊谷博幸, 恵那市教育委員会文化課編　［恵那］　岐阜県恵那市教育委員会　2013.12　166p　26cm　〈複製及び翻刻　内容：御用方米幷御家中御扶持米勘定帳（寛政2年刊）　明知詰御家中御切米請印牒（文化6年刊）　明知詰御家中御切米請印牒（文政11年刊）　御用状賃銀帳（文久元年刊）　村々諸職人役銀幷諸御運上取集勘定仕上帳（文久3年刊）　金銀払方渡受印帳（文久4年刊）〉　Ⓝ215.3

岐阜県〔歴史―史料―各務原市〕
◇旧中山道鵜沼宿本陣桜井家文書　4　各務原市歴史民俗資料館編　各務原　各務原市　2014.3　85p　30cm　（各務原市資料調査報告書　第37号）　Ⓝ291.53

岐阜県〔歴史―史料―岐阜市〕
◇鏡島の歴史　史料編　［出版地不明］　［鏡島の歴史書刊行委員会］　［2014］　133p　31cm　Ⓝ291.53

◇真長寺古文書読解書―真長寺をめぐる地域の歴史　第3巻　三輪喜久子翻刻・読み下し・口語訳　岐阜　三輪山真長寺文化財保存会　2014.11　12, 230p　30cm　〈三輪山真長寺文化財保存会二十周年記念事業〉　Ⓝ215.3

岐阜県〔歴史―史料―書目―大垣市〕
◇大垣市立図書館郷土資料目録　第33集　家分文書　大垣市教育委員会編纂　大垣　大垣市教育委員会　2014.2　129p　26cm　Ⓝ025.8153

岐阜県〔歴史―史料―書目―岐阜市〕
◇美濃国本巣郡長屋村長屋家文書目録　岐阜大学地域科学部地域資料・情報センター編　岐阜　岐阜大学地域科学部地域資料・情報センター　2014.2　125p　30cm　（岐阜大学教育学部郷土博物館収蔵史料目録 6）　Ⓝ215.3

岐阜県〔歴史―史料―中津川市〕
◇苗木の伝承　中津川市苗木遠山史料館編　中津川　中津川市苗木遠山史料館　2014.3　27p　30cm　Ⓝ215.3

岐阜県〔労働問題―統計〕
◇毎月勤労統計調査結果　平成25年 / 毎月勤労統計調査特別調査結果　岐阜県環境生活部統計課編　岐阜　岐阜県環境生活部統計課　2014.9　145p　30cm　（ぎふ統苑統計調査結果報告書 2014 no. 8）　Ⓝ366.059

岐阜県〔路線価〕
◇路線価図―岐阜県版（1）　名古屋　新日本法規出版　c2013　1冊　30cm　（財産評価基準書 平成25年分）〈内容：岐阜北署〉　①978-4-7882-7699-4　Ⓝ345.5　［10400円］

◇路線価図―岐阜県版（2）　名古屋　新日本法規出版　c2013　1冊　30cm　（財産評価基準書 平成25年分）〈内容：岐阜南署〉　①978-4-7882-7700-7　Ⓝ345.5　［10400円］

◇路線価図―岐阜県版（3）　名古屋　新日本法規出版　c2013　1冊　30cm　（財産評価基準書 平成25年分）〈内容：大垣署〉　①978-4-7882-7701-4　Ⓝ345.5　［8300円］

◇路線価図―岐阜県版（4）　名古屋　新日本法規出版　c2013　1冊　30cm　（財産評価基準書 平成25年分）〈内容：高山署　多治見署　関署　中津川署〉　①978-4-7882-7702-1　Ⓝ345.5　［13500円］

◇路線価図―財産評価基準書　平成26年分岐阜県版1　岐阜北署　名古屋　新日本法規出版　c2014　1冊　30cm　〈索引あり〉　①978-4-7882-7844-8　Ⓝ345.5　［12500円］

◇路線価図―財産評価基準書　平成26年分岐阜県版2　岐阜南署　名古屋　新日本法規出版　c2014　1冊　30cm　〈索引あり〉　①978-4-7882-7845-5　Ⓝ345.5　［11500円］

◇路線価図―財産評価基準書　平成26年分岐阜県版3　大垣署　名古屋　新日本法規出版　c2014　1冊　30cm　〈索引あり〉　①978-4-7882-7846-2　Ⓝ345.5　［10000円］

◇路線価図―財産評価基準書　平成26年分岐阜県版4　高山署　多治見署　関署　中津川署　名古屋　新日本法規出版　c2014　1冊　30cm　〈索引あり〉　①978-4-7882-7847-9　Ⓝ345.5　［14900円］

岐阜高等学校〔岐阜県立〕
◇新校舎とともに―岐阜高校創立140周年：平成15年度―平成25年度　創立140周年記念誌編集委員会編　岐阜　岐阜県立岐阜高等学校　2013.11　95p　30cm　Ⓝ376.48

岐阜市〔遺跡・遺物〕
◇加納城跡　イビソク編　［大垣］　イビソク　2013.11　122p　図版81p　30cm　〈ジェイアール東海不動産の委託による　岐阜市加納西丸町宅地開発工事に伴う緊急発掘調査〉　Ⓝ210.0254

◇岐阜市市内遺跡発掘調査報告書　平成24年度　岐阜市教育文化振興事業団編　岐阜　岐阜市教育委員会　2014.3　203p　30cm　Ⓝ210.0254

岐阜市〔高齢者〕
◇高齢者等実態調査報告書　岐阜市福祉部編　岐阜　岐阜市　2014.3　366p　30cm　Ⓝ369.26

岐阜市〔高齢者福祉〕
◇高齢者等実態調査報告書　岐阜市福祉部編　岐阜　岐阜市　2014.3　366p　30cm　Ⓝ369.26

岐阜市〔産業廃棄物〕
◇岐阜市北部地区産業廃棄物不法投棄事案の記録　岐阜市環境事業部産業廃棄物特別対策課編　［岐阜］　岐阜市　2014.3　102, 5p　30cm　〈年表あり〉　Ⓝ519.7

岐阜市〔社会福祉〕
◇岐阜市地域福祉計画―誰もが心豊かに安心して暮らせる地域社会の創造　第2期　平成26年度計画　岐阜市福祉部福祉政策課編　［岐阜］　岐阜市　2014.3　75p　30cm　Ⓝ369.11

岐阜市〔障害者福祉〕
◇第3次岐阜市障害者計画及び第4期岐阜市障害福祉計画策定アンケート調査報告書　岐阜　岐阜市福祉部福祉事務所障がい福祉課　2014.11　406p　30cm　Ⓝ369.26

岐阜市〔選挙―統計〕
◇選挙のあゆみ　岐阜市選挙管理委員会事務局編　11版　岐阜　岐阜市選挙管理委員会事務局　2014.3　93p　30cm　〈年表あり〉　Ⓝ314.8　［非売品］

岐阜市〔地域社会〕
◇岐阜大学地域科学部・地域学実習報告書　パート13　長良ぶどう・芥見東・長良川おんぱく・古民家・羽島市竹鼻・インターンシップ　岐阜　岐阜大学地域科学部　2013.3　125p　30cm　Ⓝ361.7

岐阜市〔地誌〕
◇鏡島の歴史　［出版地不明］　鏡島の歴史書刊行委員会　2014.10　247p　31cm　〈年譜あり　文献あり　共同刊行：岐阜市鏡島校区自治会連合会〉　Ⓝ291.53

岐阜市〔地方選挙〕
◇選挙のあゆみ　岐阜市選挙管理委員会事務局編　11版　岐阜　岐阜市選挙管理委員会事務局　2014.3　93p　30cm　〈年表あり〉　Ⓝ314.8　［非売品］

岐阜市〔都市再開発〕
◇岐阜スカイウイング37―事業誌　岐阜市（都市建設部）監修　［岐阜］　問屋町西部南街区市街地再開発組合　2013.11　112p　30cm　〈年表あり　問屋町西部南街区第一種市街地再開発事業〉　Ⓝ518.8

岐阜市〔博物館〕
◇岐阜市の自然情報―岐阜市自然環境基礎調査　岐阜　岐阜市自然共生部自然環境課　2014.3　238p　30cm　〈文献あり〉　Ⓝ402.9153

岐阜市〔不法投棄〕
◇岐阜市北部地区産業廃棄物不法投棄事案の記録　岐阜市環境事業部産業廃棄物特別対策課編　［岐阜］　岐阜市　2014.3　102, 5p　30cm　〈年表あり〉　Ⓝ519.7

岐阜市〔歴史―史料〕
◇鏡島の歴史　史料編　［出版地不明］　［鏡島の歴史書刊行委員会］　［2014］　133p　31cm　Ⓝ291.53

◇真長寺古文書読解書―真長寺をめぐる地域の歴史　第3巻　三輪喜久子翻刻・読み下し・口語訳　岐阜　三輪山真長寺文化財保存会　2014.11　12, 230p　30cm　〈三輪山真長寺文化財保存会二十周年記念事業〉　Ⓝ215.3

岐阜市（歴史―史料―書目）　　　　　　　　　　　　　　　　　　　　　日本件名図書目録2014　Ⅰ

き

岐阜市〔歴史―史料―書目〕
◇美濃国本巣郡長屋村長屋家文書目録　岐阜大学地域科学部地域資料・情報センター編　岐阜　岐阜大学地域科学部地域資料・情報センター　2014.2　125p　30cm　（岐阜大学教育学部郷土博物館収蔵史料目録 6）　Ⓝ215.3

岐阜聖公会訓盲院
◇森巻耳と支援者たち―岐阜訓盲院創立のころ　東海良興著　岐阜　岐阜県立岐阜盲学校創立120周年記念事業実行委員会　〔201-〕　212p　22cm　〈年譜あり〉　378.1

ギブソン
◇マーティンD-18&D-28＋ギブソンJ-45パーフェクトガイド―103Vintage guitars & More!!　晋遊舎　2014.5　242p　29cm　〈タイトルは奥付・背による.標題紙・表紙のタイトル：Martin D-18 & D-28＋Gibson J-45 Perfect Guide〉　①978-4-86391-986-0　Ⓝ582.7　［2800円］

岐阜盲学校〔岐阜県立〕
◇岐阜盲学校創立百二十周年記念誌　岐阜　岐阜県立岐阜盲学校創立120周年記念事業委員会　2014.3　90p　30cm　〈年譜あり 年表あり〉　奥付のタイトル：創立120周年記念誌　Ⓝ378.1

キプロス〔外国関係〕
◇ニコシア発外伝―シリア西方200キロ　小川光一著　キャラバン　2014.9　358p　19cm　①978-4-9903749-4-5　Ⓝ319.27　［1600円］

奇兵隊
◇長州第二奇兵隊の悲劇倉敷・浅尾暴動事件―丙寅（慶応二年）初夏、維新を目前に夢潰えた若者たち　岡崎鑛生編著　［下松］〔岡崎鑛生〕　2014.3　418p　21cm　〈文献あり〉　Ⓝ210.58

紀宝町〔三重県〕〔水害〕
◇紀伊半島大水害記録誌―平成23年9月台風第12号紀宝町の災害記録　紀宝町総務課紀宝町災害復興プロジェクト「災害記録作成」に関するワーキンググループ企画・編集　紀宝町（三重県）紀宝町　2014.3　145p　30cm　Ⓝ369.33

鬼北町〔愛媛県〕〔文化財〕
◇鬼北の文化財　鬼北町教育委員会編　鬼北町（愛媛県）鬼北町教育委員会　2013.3　92p　30cm　〈折り込 1枚〉　Ⓝ709.183

木俣 修〔1906～1983〕
◇木俣修自画像百景　古玉従子著　京都　青磁社　2014.9　335p　20cm　（青磁社評論シリーズ 9）　〈年表あり〉　①978-4-86198-270-5　Ⓝ911.162　［2800円］

君津市〔遺跡・遺物〕
◇九十九坊寺跡Ⅳ・Ⅴ・Ⅵ・Ⅶ、三直中郷遺跡第4地点　君津　君津市教育委員会　2014.3　30p　図版 6p　30cm　（君津市内遺跡発掘調査報告書 平成25年度）　〈千葉県所在〉　Ⓝ210.0254
◇戸城城山遺跡28地点　〔君津〕　君津市教育委員会　2013.3　12p　図版 2p　30cm　〈君津市所在　施設建設に伴う埋蔵文化財調査報告書　共同刊行：日東マネジメント〉　Ⓝ210.0254

君津市文化協会
◇40周年記念誌―新たな一歩を：2014　君津市文化協会創立40周年記念事業記念誌部会編　君津　君津市文化協会　2014.11　103p　30cm　Ⓝ706

君津市立中央図書館
◇君津市立中央図書館開館10周年記念誌　君津市立中央図書館開館10周年記念誌編集委員会編　君津　君津市立中央図書館　2014.3　91p　30cm　〈年表あり〉　Ⓝ016.2135

金 日成〔1912～1994〕
◇異形国家をつくった男―キム・イルソンの生涯と負の遺産　大島信三著　芙蓉書房出版　2014.9　374p　19cm　〈文献あり〉　①978-4-8295-0627-1　Ⓝ312.21　［2300円］

金 正恩
◇金正恩の生存戦略―日本はいかに対応すべきか―セミナー　城内康伸〔述〕　公共政策調査会　2013.8　36p　21cm　（Special report no. 121）　Ⓝ312.21
◇著作でよむ金正恩政治のいま　名田隆司著　松山　さらむ・さらん社　2014.1　288p　19cm　Ⓝ312.21　［2000円］
◇マンガ金正恩入門―北朝鮮若き独裁者の素顔　河泰慶作、崔炳善漫画、李英和監修、李柳真訳　TOブックス　2013.8　181p　15cm　（TO文庫 は1-1）　①978-4-86472-173-8　Ⓝ289.2　［571円］

金 亨律〔1970～2005〕
◇被ばく者差別をこえて生きる―韓国原爆被害者2世金亨律とともに　青柳純一編訳・著　三一書房　2014.4　239p　19cm　〈年譜あり〉　①978-4-380-14003-7　Ⓝ289.2　［2200円］

木村 秋則
◇地球に生きるあなたの使命　木村秋則, ムラキテルミ著　ロングセラーズ　2014.7　214p　19cm　〈文献あり〉　①978-4-8454-2324-8　Ⓝ289.1　［1300円］

木村 芥舟〔1830～1901〕
◇咸臨丸の絆―軍艦奉行木村摂津守と福沢諭吉　宗像善樹著　海文堂出版　2014.8　253p　20cm　〈文献あり〉　①978-4-303-63431-5　Ⓝ210.5953　［1600円］

木村 和也〔1969～〕
◇一言入魂　木村和也著　〔熊本〕　熊本日日新聞社　2014.3　269p　19cm　（再起可能 2）　〈熊日情報文化センター（発売）〉　①978-4-87755-484-2　Ⓝ289.1　［1300円］

木村 久夫〔1918～1946〕
◇塩尻公明と戦没学徒木村久夫―「或る遺書について」の考察　中谷彪著　岡山　大学教育出版　2014.7　194p　19cm　〈年譜あり〉　①978-4-86429-306-8　Ⓝ289.1　［1800円］
◇真実の「わだつみ」―学徒兵木村久夫の二通の遺書　加古陽治編・著　東京新聞　2014.8　197p　18cm　〈文献あり〉　①978-4-8083-0995-4　Ⓝ289.1　［900円］
◇「わだつみ」木村久夫遺稿―父が編集：「東京新聞」の誤報を質す　中谷彪著　大阪　中谷彪　2014.9　170p　30cm　〈年譜あり〉　Ⓝ289.1

木村 敏〔1931～〕
◇木村敏と中井久夫　佐藤幹夫編　言視舎　2014.9　209p　21cm　（飢餓陣営せれくしょん 1）　〈内容：『臨床哲学の知』を読む（西研, 滝川一廣, 小林隆児ほか述, 佐藤幹夫司会）　関係発達臨床からみた「あいだ」論（小林隆児著）　中井久夫随想（熊木徹夫著）　私が出会った中井久夫先生（伊藤研一著）　翻訳と臨床の出会うところ（内海新祐著）　統合失調症という生き方（栗田篤志著）　中井久夫の「言葉」（佐藤幹夫著）　人の生を支える“条件”とはどのようなものか（西研述）　社会的弱者と刑事司法（後藤弘子述, 佐藤幹夫聞き手）　福祉の代替施設化する刑務所, 刑事政策の課題（山本譲司述）　生活世界/供述/共にある自由（浜田寿美男述, 佐藤幹夫聞き手）　発達障害と「問題行動」（滝川一廣述）　罪を犯した障碍者との面接で見えてきたもの（小林隆児述）　「ふるさとの会」の取り組みと対人援助論（水田恵述）　新しい支援論をつくろう（石川恒述）〉　①978-4-905369-98-1　Ⓝ493.7　［1800円］

木村 政彦〔1917～1993〕
◇木村政彦はなぜ力道山を殺さなかったのか　上巻　増田俊也著　新潮社　2014.3　563p　16cm　（新潮文庫 ま-41-1）　①978-4-10-127811-7　Ⓝ789.2　［790円］
◇木村政彦はなぜ力道山を殺さなかったのか　下巻　増田俊也著　新潮社　2014.3　616p　16cm　（新潮文庫 ま-41-2）　〈文献あり〉　①978-4-10-127812-4　Ⓝ789.2　［840円］

木村 勝〔1901～1987〕
◇切手画家木村勝の遺した資料―戦後切手1962-1984：福島市資料展示室（ふれあい歴史館）・郵政博物館所蔵資料　『木村勝の遺した資料』編集委員会企画監修　日本郵趣協会　2014.10　95p　26cm　①978-4-88963-773-1　Ⓝ693.8　［4500円］

木村 礎〔1924～2004〕
◇木村礎研究―戦後歴史学への挑戦　明治大学史資料センター編　日本経済評論社　2014.8　240p　22cm　〈文献あり 著作目録あり 年譜あり　内容：木村礎さんの近世村落史研究へのこだわり（青木美智男著）　木村礎さんの思い出（村上直著）　『新田村落』の成立過程（脇田修造著）　木村藩政史研究の到達点と課題（森朋久著）　「村歩き」の研究（鈴木秀幸著）　木村礎の下級武士論（長沼秀明著）　木村の歴史資料保存法制定への運動（森朋久著）　木村礎と大学史（村松玄太著）　明治大学という大きな〈村〉を歩いた一教員の軌跡（山泉進著）〉　①978-4-8188-2347-1　Ⓝ289.1　［3500円］

肝付町〔鹿児島県〕〔武家住宅―保存・修復〕
◇日高家武家門修復調査研究報告書　鹿児島　鹿児島県建築士会　2014.3　52p　30cm　（歴史的建造物調査研究報告書 2）　Ⓝ521.853

肝付町〔鹿児島県〕〔門―保存・修復〕
◇日高家武家門修復調査研究報告書　鹿児島　鹿児島県建築士会　2014.3　52p　30cm　（歴史的建造物調査研究報告書 2）　Ⓝ521.853

キヤノン株式会社
◇キヤノンに勝つ―偽装請負を告発した非正規労働者たち　キヤノン非正規労働者組合編　大阪　耕文社　2014.4　192p　21cm　〈年表あり〉　①978-4-86377-033-1　Ⓝ366.66　［1100円］

キャパ, R.〔1913～1954〕
◇ロバート・キャパの謎―『崩れ落ちる兵士』の真実を追う　吉岡栄二郎著　青弓社　2014.8　234p　20cm　（写真叢書）　①978-4-7872-7356-7　Ⓝ740.253　［2000円］

226

日本件名図書目録2014　Ⅰ　　　　　　　　　　　　　　　　　　　　　　　　　　　　　　九州地方（観光開発）

キャベル, E.〔1865～1915〕
◇看護師イーディス・キャベル—博愛・不屈・犠牲・献身に生きた　ダイアナ・スーハミ著，イーディス・キャベル研究会訳，下笠徳次監訳　東京教学社　2014.2　450p　21cm　①978-4-8082-8083-3　Ⓝ289.3　［3000円］

木山 捷平〔1904～1968〕
◇木山捷平—文学の故郷：生誕110周年　中脇紀一朗［著］［出版地不明］［中脇紀一朗］2014　101p　30cm　〈年譜あり　著作目録あり〉Ⓝ910.268　［非売品］
◇木山捷平研究　増刊号　木山捷平文学研究会編　府中（東京都）木山捷平文学研究会　2014.4　99p　21cm　〈年譜あり　内容：表現者・大西重利の人と生涯（内海庄陸著）〉Ⓝ910.268
◇木山捷平資料集　総社　清音読書会　［201-］127p　30cm　〈年譜あり　著作目録あり〉Ⓝ910.268　［非売品］

旧共楽館
◇共楽館と共に20年—共楽館を考える集い20周年記念誌　記念誌編集委員会編　日立　共楽館を考える集い　2014.3　116p　30cm　〈年表あり〉Ⓝ526.77

九州共立大学野球部
◇エース育成論—九州の大学野球を変えた男　仲里清著　ベースボール・マガジン社　2014.8　191p　19cm　①978-4-583-10747-9　Ⓝ783.7　［1400円］

九州交響楽団
◇九州交響楽団60年史　福岡　九州交響楽団　2014.2　140p　26cm　〈年表あり〉Ⓝ764.3　［2000円］

九州産交バス株式会社
◇九州産交バス　越谷　BJエディターズ　2014.9　68p　19cm　（バスジャパンハンドブックシリーズS 85）〈星雲社（発売）〉①978-4-434-18847-3　Ⓝ685.5　［1000円］

九州大学
◇九州大学大学史料叢書　第20輯　九州大学新聞記事索引　2　九州大学大学文書館編　福岡　九州大学大学文書館　2014.3　2, 296p　30cm　Ⓝ377.28

九州大学医学部
◇私の臨床精神医学—十九大精神科講演録　神庭重信編著　大阪　創元社　2014.5　369p　22cm　〈［述］：中尾弘之ほか　内容：精神科治療におけるセレンディピティ（稲永和豊述）芸論と精神療法（前田重治述）　現在の精神分析は精神医学にいかに貢献できるか（西園昌久述）　双極性障害の診断と治療（神田橋條治述）　難治症例に潜む発達障害（神田橋條治述）　子どものうつ病（村田豊久述）　森田療法は今日の精神医療の中でどのように活かせるのか（中村英幸述）　高齢者の認知症とうつ病（三山吉夫述）　わたしの治療のしかた（山上敏子述）　私の生きた時代の精神医学（牛島定信述）　マズローの理論と臨床精神医学（田代信維述）　統合失調症における表情認知に対する脳内反応特性（前田久雄述）　精神科医と作家（森山成彬述）身体のなかの心、心のなかの身体（神庭重信述）　森田療法雑感（池田数好述）〉①978-4-422-11576-4　Ⓝ493.7　［3500円］

九州大学文学部
◇九州大学文学部90年の歩み—1924-2014　九州大学文学部編集　福岡　九州大学文学部　2014.9　194p　21cm　〈九州大学出版会（発売）年譜あり〉①978-4-7985-0133-8　Ⓝ377.28　［1000円］

九州地方（遺跡・遺物）
◇縄文人は肥薩線に乗って—人吉・球磨100万年の歴史　杉下潤二著　［熊本］熊日出版　2014.3　167p　21cm　〈熊日情報文化センター（制作）〉Ⓝ456.9194

九州地方（遺跡・遺物—会議録）
◇九州考古学会総会研究発表資料集　平成26年度　九州考古学会編　福岡　九州考古学会　2014.11　93p　30cm　〈文献あり　会期・会場：2014年11月29日—30日　福岡大学文系センター棟第4会議室　内容：口頭発表　吉野ヶ里遺跡出土の弥生時代石器について（渡部芳久著）　新幹線建設に伴う大村市竹松遺跡の調査（田鳳陽子，川畑敏則著）　小児用甕棺にみられるススコゲ痕跡（永島聡士著）　九州南部における甑形土器の受容過程（松﨑大嗣著）　佐賀県伊万里市腰巻黒曜石原産地における黒曜石露頭および遺跡群の発見とその意義（芝康次郎ほか著）　熊本大学構内における縄文時代後期遺跡の発見とその意義（山野ケン陽次郎，大坪志子著）　鹿児島県瓶﨑手打貝塚の貝資源利用（大西智和ほか著）　重圏文鏡の生産と流通（中井歩著）　本庄古墳の調査成果について（中島圭著）　イモガイ装雲珠・辻金具を伴う馬装の性格（宮代栄一著）　ポスターセッション　地球科学的高精度分析に基づく今山系石斧の新たな原産地（田尻義了ほか著）　石斧資料の新たな資料採取法の開発と紹介

（田尻義了，足立達朗著）　熊本白川流域における弥生時代の標石についての調査報告（馬場正弘，宮本大著）〉Ⓝ219.04
◇6世紀の九州島ミヤケと渡来人「記録集」—地域の視点で古代史を見直す。—掘ったバイ筑豊2012 in嘉麻古代史シンポジウム　嘉麻市教育委員会編　嘉麻　嘉麻市教育委員会　2014.3　54p　30cm　〈文献あり　会期・会場：2012年11月10日　嘉麻市嘉穂生涯学習センター　内容：各論　ミヤケの経営と渡来人（田中史生述）　ミヤケと北部九州の遺跡（桃﨑祐輔述）　磐井の乱前後の韓日交渉（朴天秀述）「筑豊」のミヤケと渡来文化（松浦宇哲述）　討論　遠賀川流域のミヤケと渡来人について〉Ⓝ219

九州地方（駅伝競走—歴史）
◇九州一周駅伝62年の物語—Run to the Moon：ランナーたちがつないだ夢と思い出の足跡　西日本新聞社運動部・企画事業局編　福岡　西日本新聞社　2014.2　143p　21cm　①978-4-8167-0884-8　Ⓝ782.3　［2000円］

九州地方（エコツーリズム）
◇ジオツーリズムとエコツーリズム　深見聡著　古今書院　2014.11　197p　21cm　（地域づくり叢書 3）〈索引あり　内容：地域資源を活かした観光による地域づくりへの視点　ジオパークの定義と類似制度の概観　ジオパークとジオツーリズムの成立に関する考察　小規模島嶼におけるジオパーク構築の可能性　島原半島ジオパークにおける体験型フィールド学習と地理教育　ジオパーク"先進地"・中国におけるジオツーリズム　世界遺産・屋久島を訪れる観光客の環境保全意識　世界遺産・屋久島にみる環境保全と観光振興のジレンマ　島嶼におけるエコツーリズムの展開　環境首都・水俣における環境教育旅行受け入れの現状と課題　災害復興と着地型観光〉①978-4-7722-4179-3　Ⓝ689.4　［2800円］

九州地方（会社一名簿）
◇東商信用録—九州版　平成26年版　福岡　東京商工リサーチ福岡支社　2014.8　125, 1772p　31cm　①978-4-88754-933-3　Ⓝ335.035　［80000円］

九州地方（海洋汚染）
◇水質総量削減に係る発生負荷量等算定調査業務報告書—発生負荷量等算定調査（有明海及び八代海）平成25年度　［東京］環境省水・大気環境局　2014.3　113, 177p　30cm　Ⓝ519.4

九州地方（科学技術研究）
◇九州・沖縄産業技術オープンデー—予稿集：つかもう！技術、つくろう！ネットワーク　平成26年度　産業技術総合研究所九州センター九州産学官連携センターオープンデー事務局，九州経済産業局地域経済部技術企画課編　鳥栖　産業技術総合研究所九州センター九州産学官連携センターオープンデー事務局　2014.11　49p　30cm　〈共同刊行：九州経済産業局地域経済部技術企画課〉Ⓝ502.19

九州地方（火山）
◇原発と火山—地球科学からの警告　須藤靖明著　福岡　權歌書房　2014.5　140p　21cm　〈星雲社（発売）文献あり〉①978-4-434-19085-8　Ⓝ543.5　［1300円］

九州地方（貸本屋）
◇貸本関係資料集成—戦後大衆の読書装置　第15巻　貸本関係誌紙　九州編1　浅岡邦雄，大竹正春，梶井純，藤島隆編　金沢　金沢文圃閣　2014.2　438p　22cm　（文圃文献類従 28）〈『佐賀地区貸本業組合ニュース．12号（1958年6月）-100号（1966年8月）』の複製〉①978-4907789-92-3（set）Ⓝ016.9　［22000円］
◇貸本関係資料集成—戦後大衆の読書装置　第16巻　貸本関係誌紙　九州編2　浅岡邦雄，大竹正春，梶井純，藤島隆編　金沢　金沢文圃閣　2014.2　398p　22cm　（文圃文献類従 28）〈複製　内容：『佐賀地区貸本業組合ニュース』101号（1966年12月）-169号（1994年7月）『佐賀県連ニュース』1号（1960年5月）〉①978-4907789-92-3（set）Ⓝ016.9　［22000円］
◇貸本関係資料集成—戦後大衆の読書装置　第17巻　貸本関係誌紙　九州編3　浅岡邦雄，大竹正春，梶井純，藤島隆編　金沢　金沢文圃閣　2014.2　268p　22cm　（文圃文献類従 28）〈複製　内容：『貸本サセボ情報』16号（1961年6月）-21号（1961年12月）『Bulldozer—読書普及のために』1号（1965年3月）-100号（1971年11月）『マンガ館情報』1号（1983年2月）-35号（1995年8月）〉①978-4907789-92-3（set）Ⓝ016.9　［22000円］

九州地方（観光開発）
◇ジオツーリズムとエコツーリズム　深見聡著　古今書院　2014.11　197p　21cm　（地域づくり叢書 3）〈索引あり　内容：地域資源を活かした観光による地域づくりへの視点　ジオパークの定義と類似制度の概観　ジオパークとジオツーリズムの成立に関する考察　小規模島嶼におけるジオパーク構築の可能性　島原半島ジオパークにおける体験型フィールド学習と地理教育　ジオパーク"先進地"・中国におけるジオツーリズム　世界遺産・屋久島を訪れる観光客の環境保全意識

九州地方（企業）

世界遺産・屋久島にみる環境保全と観光振興のジレンマ　島嶼におけるエコツーリズムの展開　環境首都・水俣における環境教育旅行受け入れの現状と課題　災害復興と着地型観光〉①978-4-7722-4179-3　Ｎ689.4　［2800円］

九州地方（企業）
◇九州を創る男たち—なぜ地方企業が日本と世界を唸らせたか　産経新聞九州総局著　産経新聞出版　2014.9　255p　19cm　①978-4-86306-108-8　Ｎ335.219　［1300円］

九州地方（企業一名簿）
◇主要企業要覧　九州版　2013年新年特集号　福岡　帝国データバンク福岡支店　2013.1　371p　30cm　（帝国ニュース　九州版）Ｎ335.035　［10000円］
◇主要企業要覧　九州版　2014年新年特集号　福岡　帝国データバンク福岡支店　2014.1　379p　30cm　（帝国ニュース　九州版）Ｎ335.035　［10000円］

九州地方（近代化遺産）
◇官営八幡製鐵所の開業に活躍した九州鉄道大蔵線—赤煉瓦橋梁からみた草創期の鉄道：平成25年度調査研究報告書　前industry田廣幸執筆・編集　北九州　北九州産業技術保存継承センター　2014.3　68p　30cm　〈年表あり　文献あり〉Ｎ686.219

九州地方（経済）
◇図説九州経済　2015　九州経済調査協会/編　福岡　九州経済調査協会　2014.10　108p　30cm　①978-4-903775-19-7　［2500円］

九州地方（芸術家）
◇KOA九州・沖縄アーティストファイル　［福岡］　九州・沖縄アーティストファイル実行委員会　2014.9　143p　21cm　〈英語併記　共同刊行：Fukuoka Art Tips〉①978-4-9907865-0-2　Ｎ702.8　［1204円］

九州地方（研究開発）
◇九州・沖縄産業技術オープンデー—予稿集：つかもう！技術、つくろう！ネットワーク　平成26年度　産業技術総合研究所九州センター九州産学官連携センターオープンデー事務局、九州経済産業局地域経済部技術企画課編　鳥栖　産業技術総合研究所九州センター九州産学官連携センターオープンデー事務局　2014.11　49p　30cm　〈共同刊行：九州経済産業局地域経済部技術企画課〉Ｎ502.19

九州地方（県民性）
◇九州・沖縄「方言」から見える県民性の謎　篠崎晃一著　実業之日本社　2014.7　207p　18cm　（じっぴコンパクト新書197）〈文献あり〉①978-4-408-45511-2　Ｎ818.9　［800円］

九州地方（工業）
◇グローバルプレッシャー下の日本の産業集積　伊東維年, 山本健兒, 柳井雅也編著　日本経済評論社　2014.3　288p　22cm　〈索引あり　内容：産業の国際競争と集積（山本健兒著）　東日本大震災被災後の東北電機産業の実態（柳井雅也著）　東北の自動車産業集積の現状と課題（折橋伸哉著）　東北の清酒産業の変貌と今後の方向性（佐藤淳著）　日本の半導体産業の凋落下でのシリコンアイランド九州の半導体産業・関連産業（伊東維年著）　太陽電池産業クラスターによる地域経済活性化（田中利彦著）　本格焼酎産業の産業集積と今後の課題（中野元著）　グローバルプレッシャー下の日本の産業集積（伊東維年著）〉①978-4-8188-2318-1　Ｎ509.212　［3500円］

九州地方（国勢調査）
◇国勢調査報告　平成22年　第5巻　抽出詳細集計結果　その2（都道府県・市区町村編）11（九州 1）総務省統計局編　総務省統計局　2014.2　1冊　27cm　〈英語併記〉Ｎ358.1
◇国勢調査報告　平成22年　第5巻　抽出詳細集計結果　その2（都道府県・市区町村編）12（九州 2・沖縄）総務省統計局編　総務省統計局　2014.2　1冊　27cm　〈英語併記〉Ｎ358.1
◇国勢調査報告　平成22年　第6巻　その3　従業地・通学地による抽出詳細集計結果　6（全国、九州・沖縄）総務省統計局編　総務省統計局　2014.1　1冊　27cm　〈英語併記〉Ｎ358.1
◇国勢調査報告　平成22年　第5巻　抽出詳細集計結果　その2（都道府県・市区町村編）11（九州 1）総務省統計局編　日本統計協会　2014.3　1冊　27cm　〈英語併記〉①978-4-8223-3765-0　Ｎ358.1　［6800円］
◇国勢調査報告　平成22年　第5巻　抽出詳細集計結果　その2（都道府県・市区町村編）12（九州 2・沖縄）総務省統計局編　日本統計協会　2014.3　1冊　27cm　〈英語併記〉①978-4-8223-3766-7　Ｎ358.1　［6400円］
◇国勢調査報告　平成22年　第6巻　その3　従業地・通学地による抽出詳細集計結果　6（全国、九州・沖縄）総務省統計局編、統計センター編　統計センター　2014.3　1冊　27cm　〈英語併記〉①978-4-86464-175-3　Ｎ358.1　［8100円］

九州地方（災害予防—情報サービス）
◇九州・山口県防災気象情報ハンドブック　2014　［福岡］　福岡管区気象台　2014.5　140p　30cm　Ｎ369.3

九州地方（祭祀遺跡）
◇第4回九州山岳霊場遺跡研究会平成26年度おおいた石造文化研究会合同研究大会—国東半島の山岳霊場遺跡—六郷満山の寺院と信仰：資料集　九州山岳霊場遺跡研究会, 九州歴史資料館編　小郡　九州山岳霊場遺跡研究会　2014.8　244p　30cm　〈文献あり　会期・会場：平成26年8月31日　豊後高田市中央公民館大ホール〉Ｎ219

九州地方（里海）
◇有明海及び中海の里海としての利用慣行—常民文化奨励研究調査報告書　樫村賢二編　横浜　神奈川大学日本常民文化研究所　2014.3　125p　30cm　（神奈川大学日本常民文化研究所調査報告　第21集）〈文献あり　内容：里海としての有明海　有明海の漁撈活動におけるウミ利用と環境変化（磯本宏紀著）　干潟域での漁撈活動にみる漁民の民俗知と環境認識（藤永豪著）　採集・農耕用具からみた有明海沿岸の暮らし（樫村賢二著）　戦後の農業経営にみる農家と干潟の関係（土田拓著）　前進する陸海の境界・天満宮に寄り集まる神々（本田佳奈著）　里海としての中海　中海の漁撈活動におけるウミの利用と環境変化（磯本宏紀著）　汽水・浅水域での漁撈活動にみる漁民の民俗知と環境認識（藤永豪著）　モバ採集用具からみた中海沿岸の暮らし（樫村賢二著）　戦後の農業経営にみる農家と中海の関係（土田拓著）　彦名町後藤川地区の「舟入」を基点とする（本田佳奈著）〉Ｎ661.9

九州地方（山岳崇拝）
◇第4回九州山岳霊場遺跡研究会平成26年度おおいた石造文化研究会合同研究大会—国東半島の山岳霊場遺跡—六郷満山の寺院と信仰：資料集　九州山岳霊場遺跡研究会, 九州歴史資料館編　小郡　九州山岳霊場遺跡研究会　2014.8　244p　30cm　〈文献あり　会期・会場：平成26年8月31日　豊後高田市中央公民館大ホール〉Ｎ219

九州地方（山岳崇拝—歴史）
◇脊振山信仰の源流—西日本地域を中心として　吉田扶希子著　福岡　中国書店　2014.3　320, 6p　27cm　〈年表あり〉①978-4-903316-34-5　Ｎ387.0219　［9500円］
◇山の神々—九州の霊峰と神祇信仰：竈門神社肇祀一三五〇年記念：トピック展示　九州国立博物館, 九州歴史資料館編　［太宰府］　九州国立博物館　2013.10　79p　30cm　〈会期・会場：平成25年10月22日—12月1日　九州国立博物館四階文化交流展示室関連第九室ほか〉Ｎ387.0219

九州地方（産業クラスター）
◇グローバルプレッシャー下の日本の産業集積　伊東維年, 山本健兒, 柳井雅也編著　日本経済評論社　2014.3　288p　22cm　〈索引あり　内容：産業の国際競争と集積（山本健兒著）　東日本大震災被災後の東北電機産業の実態（柳井雅也著）　東北の自動車産業集積の現状と課題（折橋伸哉著）　東北の清酒産業の変貌と今後の方向性（佐藤淳著）　日本の半導体産業の凋落下でのシリコンアイランド九州の半導体産業・関連産業（伊東維年著）　太陽電池産業クラスターによる地域経済活性化（田中利彦著）　本格焼酎産業の産業集積と今後の課題（中野元著）　グローバルプレッシャー下の日本の産業集積（伊東維年著）〉①978-4-8188-2318-1　Ｎ509.212　［3500円］

九州地方（産業政策）
◇九州産業支援ガイドブック—九州の経済発展と技術士・学識者による産業支援に向けて　九州産業コンサルタント協会（編集委員会）編　大野城　九州産業コンサルタント協会　2013.10　345p　30cm　Ｎ601.19　［非売品］

九州地方（ジオパーク）
◇ジオツーリズムとエコツーリズム　深見聡著　古今書院　2014.11　197p　21cm　（地域づくり叢書 3）〈索引あり　内容：地域資源を活かした観光による地域づくりへの視点　ジオパークの定義と類似制度の概観　ジオパークとジオツーリズムの成立に関する考察　小規模島嶼におけるジオパーク構築の可能性　島原半島ジオパークにおける体験型フィールド学習と地理教育　ジオパーク"先進地"中国におけるジオツーリズム　世界遺産・屋久島を訪れる観光客の環境保全意識　世界遺産・屋久島にみる環境保全と観光振興のジレンマ　島嶼におけるエコツーリズムの展開　環境首都・水俣における環境教育旅行受け入れの現状と課題　災害復興と着地型観光〉①978-4-7722-4179-3　Ｎ689.4　［2800円］

九州地方（自然災害）
◇九州・山口県防災気象情報ハンドブック　2014　［福岡］　福岡管区気象台　2014.5　140p　30cm　Ｎ369.3

九州地方（自然保護）
◇森里海連環による有明海再生への道—心の森を育む　SPERA森里海・時代を拓く編, 田中克, 吉永郁生監修　福岡　花乱社

日本件名図書目録2014　I　　　　　　　　　　　　　　　　　　　　　　　　　　　　　　九州地方（歴史）

2014.7　181p　21cm　（花乱社選書 5）〈文献あり　内容：
筑後川流域から有明海再生を（田中克著）　有明海再生への展望
（田中克著）　山の森、海の森、心の森（畠山重篤著）　韓国スン
チョン湾に諫早湾、有明海の未来を重ねる（佐藤正典、田中
克著）　大震災を乗り越え、自然の環から人の和へ（畠山信著）
有明海のアサリ復活を人の輪で（吉永郁生著）　有明海の自然
と漁の特徴（中尾勘悟著）　メカジャ倶楽部からNPO法人
SPERA森里海・時代を拓くへ（内山耕蔵著）　NPO法人
「SPERA森里海・時代を拓く」の目的と思い（内山里美ほか
著）　世代をつなぐ森里海連環に未来を託す（亀ớ 真央ほか
著）　地球の未来を担う子どもたちへ（木庭慎治著）　有明海
再生におけるNPO法人の役割（平方宣清著）　アサリの潮干狩
り復活祭りに未来を託す（大坪勲ほか著）　森里海連環による
有明海再生の展望（田中克著）〉 ①978-4-905327-36-3 Ⓝ519.
819　［1600円］

九州地方（持続可能な開発）
◇グリーン経済の構築による地域の持続的成長と広域行政―九
州大学産学連携セミナー2014年度地域政策デザイナー養成講
座　福岡　地域政策デザイナー養成講座実行委員会事務局
2014.11　129p　30cm〈文献あり　共同刊行：大学改革シン
ポジウム〉Ⓝ519.0219

九州地方（真宗―歴史）
◇九州真宗の源流と水脈　中川正法、緒方知美、遠藤一編　京都
法藏館　2014.3　325p　22cm　（筑紫女学園大学・短期大学
部人間文化研究所叢書 1）①978-4-8318-7454-2　Ⓝ188.72
［3000円］

九州地方（水上生活者）
◇西海のコスモロジー――海人たちの時間と空間　東靖晋著　福
岡　弦書房　2014.11　87p　21cm　（Fukuoka Uブックレッ
ト no. 7）①978-4-86329-107-2　Ⓝ384.36　［800円］

九州地方（水路誌）
◇九州沿岸水路誌　［平成22年2月］追補 第4　海上保安庁海洋
情報部編　海上保安庁　2014.2　33p　30cm　（書誌 第105号
追）〈共同刊行：日本水路協会〉Ⓝ557.782

九州地方（姓氏）
◇あなたの知らない九州・沖縄地方の名字の秘密　森岡浩著
洋泉社　2014.12　270p　18cm　（歴史新書）〈索引あり〉
①978-4-8003-0468-1　Ⓝ288.1　［900円］

九州地方（大気汚染）
◇「微小粒子状物質（PM2.5）に関する広域分布特性調査」報告
書―2012年～2013年日韓海峡沿岸県市道環境技術交流事業
［山口］　日韓海峡沿岸環境技術交流協議会　2014.3　151p
30cm〈背のタイトル：微小粒子状物質（PM2.5）に関する広域
分布特性調査　共同刊行：日韓海峡沿岸県市道環境技術交流
会議〉Ⓝ519.3

九州地方（地域開発）
◇九州産業支援ガイドブック―九州の経済発展と技術士・学識者
による産業支援に向けて　九州産業コンサルタント協会（編集
委員会）編　大野城　九州産業コンサルタント協会　2013.10
345p　30cm　［非売品］　Ⓝ601.19

九州地方（地域ブランド）
◇地域活性化への試論―地域ブランドの視点　片山富弘編著
五絃舎　2014.1　154p　21cm〈索引あり　内容：地域活性化
とマーケティング（片山富弘著）　地域ブランドについて（片山
富弘著）　長崎県平戸市根獅子町の活性化への取り組み（岩永
忠康著）　長崎県波佐見町における地域ブランドの構築（西島
博樹、山口夕妃子著）　佐賀県呼子町の地域プランドと住民関
与の重要性（石井隆著）　佐賀県小川島の活性化に向けて（片
山富弘著）　佐賀県嬉野市の観光産業による地域起こし（堤田
稔著）　熊本県阿蘇地域観光開発戦略（池田重信著）〉①978-4-
86434-028-1　Ⓝ601.19　［1800円］

九州地方（底質悪化）
◇有明海・八代海等再生評価支援（有明海二枚貝類の減少要因解
明等調査）　水産総合研究センター西海区水産研究所編　［横
浜］　水産総合研究センター　2014.3　2枚, 166p　30cm
（環境省請負業務結果報告書 平成25年度）〈共同刊行：佐賀
大学〉Ⓝ519.4

◇有明海・八代海等再生評価支援（有明海・八代海環境特性解明
等調査）業務報告書　平成25年度　［東京］　いであ　2014.3
1冊　30cm　Ⓝ519.4

九州地方（鉄器）
◇九州南部における古墳時代鉄器の基礎的研究　橋本達也編
鹿児島　鹿児島大学総合研究博物館　2014.8　84p　30cm
〈文献あり〉Ⓝ219

九州地方（鉄道）
◇「ななつ星」物語―めぐり逢う旅と「豪華列車」誕生の秘話
一志治夫著　小学館　2014.4　237p　20cm　①978-4-09-
388354-2　Ⓝ686.5　［1400円］

九州地方（鉄道―歴史）
◇官営八幡製鐵所の開業に活躍した九州鉄道大蔵線―赤煉瓦橋
梁からみた草創期の鉄道：平成25年度調査研究報告書　前薗
廣幸執筆・編集　北九州　北九州産業遺産保存継承センター
2014.3　68p　30cm〈年表あり　文献あり〉Ⓝ686.219

◇九州の鉄道おもしろ史―明治・大正・昭和　弓削信夫著　福岡
西日本新聞社　2014.6　445p　19cm〈索引あり　「九州の
駅・珍談160話」2011年刊」の改題、増補〉①978-4-
8167-0885-5　Ⓝ686.219　［1700円］

九州地方（陶磁全〔日本〕―図集）
◇大名茶の時代―薩摩と九州山口の茶陶：薩摩伝承館特別展
薩摩伝承館［著］　美術出版社　c2014　103p　27cm〈年表あ
り　索引あり　会期・会場：平成26年6月28日（土）から8月31
日（日）薩摩伝承館　主催：薩摩伝承館、南日本新聞社　後援：
茶道裏千家淡交会鹿児島支部、鹿児島県ほか〉①978-4-568-
10479-0　Ⓝ751.1　［1296円］

九州地方（土器―歴史）
◇九州における縄文時代早期末―前期前葉の土器様相―第24回
九州縄文研究会大分大会：発表要旨・資料編　九州縄文研究会
大分大会事務局編　［大分］　九州縄文研究会　2014.2　368p
30cm〈文献あり　会期・会場：平成26年2月22日～23日　別府
大学メディア教育・研究センターメディアホール〉Ⓝ219

九州地方（農業―統計）
◇耕地及び普通作物市町村別データ　平成25年　九州農政局福
岡地域センター編　福岡　九州農政局福岡地域センター
2014.5　22p　30cm　Ⓝ610.59

九州地方（農業経営）
◇新品種で拓く地域農業の未来―食農連携の実践モデル　岡本
正弘監修、後藤一寿、坂井真編著　農林統計出版　2014.3
246p　21cm　①978-4-89732-292-6　Ⓝ611.7　［2700円］

◇中山間地域の再編成　鈴木康夫著　成文堂　2014.5　236p
21cm〈索引あり　内容：九州の農業地域　土地利用からみた
中山間地域の条件不利性　土地利用の変遷　ランドサット画
像による阿蘇地域の草地利用判読　中山間地域における環境
保全型農業の展開と持続可能性　山村の農業振興政策　グ
リーンツーリズムによる農村活性化　山間地社会の再生と大
学の地域連携〉①978-4-7923-9241-3　Ⓝ611.9219　［2400円］

九州地方（農商工連携）
◇新品種で拓く地域農業の未来―食農連携の実践モデル　岡本
正弘監修、後藤一寿、坂井真編著　農林統計出版　2014.3
246p　①978-4-89732-292-6　Ⓝ611.7　［2700円］

九州地方（農村）
◇中山間地域の再編成　鈴木康夫著　成文堂　2014.5　236p
21cm〈索引あり　内容：九州の農業地域　土地利用からみた
中山間地域の条件不利性　土地利用の変遷　ランドサット画
像による阿蘇地域の草地利用判読　中山間地域における環境
保全型農業の展開と持続可能性　山村の農業振興政策　グ
リーンツーリズムによる農村活性化　山間地社会の再生と大
学の地域連携〉①978-4-7923-9241-3　Ⓝ611.9219　［2400円］

九州地方（花―図集）
◇〈原色〉九州の花・実図譜 5　益村聖作画・解説　福岡　海鳥
社　2014.3　127p　27cm〈索引あり〉①978-4-87415-901-9
Ⓝ477.0219　［4200円］

九州地方（病院―名簿）
◇九州・沖縄病院情報―福岡・佐賀・長崎・熊本 大分・宮崎・
鹿児島・沖縄 2015年版　医事日報　2014.12　740p　26cm
〈索引あり〉①978-4-900364-94-3　Ⓝ498.16　［21000円］

九州地方（部落問題―歴史）
◇冬来たりなば春遠からじ―全九州水平社を担った人々　福岡
県人権研究所編　福岡　福岡県人権研究所　2014.5　166p
21cm　（ブックレット菜の花 18）〈文献あり〉①978-4-
938725-60-0　Ⓝ361.86　［1000円］

九州地方（方言）
◇九州・沖縄「方言」から見える県民性の謎　篠崎晃一著　実業
之日本社　2014.3　207p　18cm　（じっぴコンパクト新書
197）〈文献あり〉①978-4-408-45511-2　Ⓝ818.9　［800円］

九州地方（歴史）
◇九州の戦国―平成26年度特別展　大分県立歴史博物館編　［宇
佐］　大分県立歴史博物館　2014.10　97p　30cm〈年表あり
会期・会場：平成26年10月17日～11月24日　大分県立歴史博物
館第1・第2企画展示室〉Ⓝ219

◇戦国武将の誇りと祈り―九州の覇権のゆくえ：九州歴史資料館
開館40周年記念・九州歴史資料館移転開館3周年記念特別展
九州歴史資料館編　小郡　九州歴史資料館　2013.9　139p

き

30cm〈年表あり　文献あり　会期・会場：平成25年9月28日—11月10日 九州歴史資料館第一展示室〉Ⓝ219

九州地方（歴史—会議録）

◇6世紀の九州島ミヤケと渡来人「記録集」—地域の視点で古代史を見直す。：掘ったバイ筑豊2012 in嘉麻古代史シンポジウム　嘉麻市教育委員会編　嘉麻　嘉麻市教育委員会　2014.3　54p　30cm〈文献あり　会期・会場：2012年11月10日 嘉麻市嘉穂生涯学習センター　内容：各論　ミヤケの経営と渡来人（田中史生述）ミヤケと北部九州の遺跡（桃﨑祐輔述）　磐井の乱前後の韓日交渉（朴天秀述）「筑豊」のミヤケと渡来文化（松浦宇哲述）討論　遠賀川流域のミヤケと渡来人について〉Ⓝ219

九州電力株式会社川内原子力発電所

◇川内原子力発電所温排水影響調査報告書　平成24年度　［鹿児島］　鹿児島県　2013.12　9, 45p　30cm　Ⓝ519.4

◇川内原子力発電所の運転状況　鹿児島　鹿児島県危機管理局原子力安全対策課　2014.3　70p　30cm〈年表あり〉Ⓝ543.5

九州旅客鉄道株式会社

◇やる！—唐池恒二の夢みる力が「気」をつくる　唐池恒二著　かんき出版　2014.10　239p　19cm　①978-4-7612-7033-9　Ⓝ686.3　［1400円］

九州ルーテル学院大学

◇自己点検・評価報告書　2013年度　自己点検・総合評価委員会編　熊本　九州ルーテル学院大学　2014.6　182p　30cm　Ⓝ377.1

キューバ（移民・植民〔日本〕）

◇眉屋私記　上野英信［著］　福岡　海鳥社　2014.11　544p　20cm〈潮出版社 1984年刊の再刊〉①978-4-87415-924-8　Ⓝ334.51　［4500円］

キューバ（外国関係—アメリカ合衆国）

◇13日間—キューバ危機回顧録　ロバート・ケネディ著，毎日新聞社外信部訳　改版　中央公論新社　2014.4　200p　16cm（中公文庫 ケ6-1）①978-4-12-205942-9　Ⓝ319.53038　［900円］

キューバ（紀行・案内記）

◇エキサイティングキューバ—音楽と革命・世界遺産への旅　西山とき子著　京都　かもがわ出版　2014.10　63p　21cm　①978-4-7803-0741-2　Ⓝ295.9109　［600円］

◇キューバ自転車横断紀行　小林建一著　彩流社　2014.9　237p　19cm　①978-4-7791-2045-9　Ⓝ295.9109　［1900円］

キューバ（社会）

◇革命キューバの民族誌—非常な日常を生きる人びと　田沼幸子著　京都　人文書院　2014.2　279p　20cm〈文献あり　年表あり〉①978-4-409-53046-7　Ⓝ302.591　［6000円］

キュリー, M.〔1867～1934〕

◇キュリー夫人伝　エーヴ・キュリー著，河野万里子訳　新装版　白水社　2014.7　542p　19cm〈年譜あり〉①978-4-560-08389-5　Ⓝ289.3　［2600円］

許 自昌〔1578～1623〕

◇『水滸記』鈔本の翻刻と研究—早稲田大学坪内博士記念演劇博物館蔵　岡崎由美，黄仕忠，伴俊典，川浩二著，岡崎由美，伴俊典編　［東京］　早稲田大学坪内博士記念演劇博物館演劇映像学連携研究拠点「日本における中国古典演劇の受容と研究」チーム　2013.12　75, 229p　30cm〈文献あり　複製及び翻刻　内容：日本譯本《水滸記》整理本序（黄仕忠著）早稲田大学坪内博士記念演劇博物館蔵『水滸記』鈔本について（岡崎由美著）『水滸記』日中の研究と『水滸記』鈔本書入れの解説（伴俊典著）江戸期における『水滸伝』絵画と中国人物画（川浩二著）〉Ⓝ922.5

教王護国寺〔京都市〕

◇東寺百合文書　11　チ函　3　京都府立総合資料館編　京都　思文閣出版　2014.10　412,25p　22cm　①978-4-7842-1759-5　Ⓝ210.088　［9500円］

京鹿子社

◇京鹿子叢書断章　髙木智著　大津　海青社　2014.11　189p　22cm（京鹿子叢書 第255編）〈文献あり　布装〉①978-4-86099-298-9　Ⓝ911.306　［3000円］

行基〔670～749〕

◇行基と知識集団の考古学　近藤康司著　大阪　清文堂出版　2014.2　278p　22cm〈文献あり 年譜あり 索引あり　布装　内容：行基研究のあゆみ　行基の生涯　行基建立四十九院の考古学的検討　行基の開発と土木技術　大野寺・土塔概説　土塔建立から廃絶までの系譜　土塔の構造復元　軒瓦の編年からみた大野寺・土塔の盛衰　土塔の造瓦集団　土塔の人名瓦　大野寺瓦窯の検討　土塔の系譜　土塔建立の意義　山崎院の考古学的検討　行基の知識集団の考察　備後・宮の前廃寺の人名瓦　考古学からみた奈良時代の知識〉①978-4-7924-1001-8　Ⓝ182.1　［6800円］

共産主義インターナショナル

◇上海「ヌーラン事件」の闇—戦間期アジアにおける地下活動のネットワークとイギリス政治情報警察　鬼丸武士著　書籍工房早山　2014.1　257p　22cm〈文献あり 索引あり〉①978-4-904701-36-2　Ⓝ309.32　［2500円］

◇資料集コミンテルンと日本共産党　和田春樹,G.M.アジベーコフ監修，富田武，和田春樹編訳　岩波書店　2014.9　426,17p　22cm〈索引あり〉①978-4-00-022936-4　Ⓝ315.1　［15000円］

行秀

◇手放せば仏—「従容録」にまなぶ　青山俊董著　春秋社　2014.12　232p　20cm　①978-4-393-15337-6　Ⓝ188.84　［1800円］

行田市（遺跡・遺物）

◇史跡埼玉古墳群奥の山古墳—発掘調査・保存整備事業報告書　埼玉県立さきたま史跡の博物館編　［さいたま］　埼玉県教育委員会　2014.3　234p 図版 94p　30cm　Ⓝ210.0254

◇常設展示解説図録—行田市郷土博物館　行田市郷土博物館編　行田　行田市郷土博物館　2014.3　101p　30cm〈年表あり　文献あり〉Ⓝ213.4

行田市（金石・金石文）

◇忍城史跡碑めぐり　行田歴史観光研究会編著　行田　行田歴史観光研究会　2014.2　147p　21cm〈文献あり　折り込 2枚〉Ⓝ213.4

行田市（産業—歴史）

◇行田市史—行田の民俗—くらしの成り立ちと移り変わり　行田市史編さん委員会，行田市教育委員会編　行田　行田市　2014.3　195p　26cm　Ⓝ213.4

行田市（風俗・習慣）

◇行田市史—行田の民俗—くらしの成り立ちと移り変わり　行田市史編さん委員会，行田市教育委員会編　行田　行田市　2014.3　195p　26cm　Ⓝ213.4

行田市（歴史）

◇常設展示解説図録—行田市郷土博物館　行田市郷土博物館編　行田　行田市郷土博物館　2014.3　101p　30cm〈年表あり　文献あり〉Ⓝ213.4

行田市郷土博物館

◇行田市郷土博物館報　第17号　平成23・24年度　行田市郷土博物館編　行田　行田市郷土博物館　2014.3　32p　30cm〈年表あり〉Ⓝ213.4

京田辺市（遺跡・遺物）

◇三山木遺跡第6次発掘調査報告書　イビソク関西支店編　京田辺　京田辺市教育委員会　2014.6　96p 図版 4枚　30cm（京田辺市埋蔵文化財調査報告書 第41集）〈京都府京田辺市所在　集合住宅建設に伴う発掘調査　折り込 1枚〉Ⓝ210.0254

京田辺市（子育て支援）

◇京田辺市子ども・子育て支援に関するニーズ調査調査結果報告書　［京田辺］　京田辺市　2014.3　149p　30cm　Ⓝ369.4

京田辺市（都市計画）

◇全国大学まちづくり政策フォーラムin京田辺報告書　第8回　［京田辺］「全国大学まちづくり政策フォーラムin京田辺」実行委員会　2014.4　67p　30cm　Ⓝ518.8

京丹後市（遺跡・遺物）

◇大耳尾古墳群発掘調査報告書—1・2・4・5号墳　京丹後　京丹後市教育委員会　2014.3　41p 図版 20p　30cm（京都府京丹後市文化財調査報告書 第10集）〈赤坂工業団地造成に伴う埋蔵文化財発掘調査〉Ⓝ210.0254

京丹後市（寺院建築）

◇京都府京丹後市寺社建築物調査報告書—久美浜町　妻木宣嗣［著］　京丹後　京丹後市教育委員会　2014.5　503p　30cm　Ⓝ521.81

京丹後市（ジオパーク）

◇琴引浜ガイド—山陰海岸ジオパークを楽しもう　安松貞夫・美佐子著　京丹後　琴引浜ネイチャークラブハウス　2014.2　105p　21cm〈2011年刊 の増訂〉①978-4-9907553-0-0　Ⓝ455.162　［1000円］

京丹後市（神社建築）

◇京都府京丹後市寺社建築物調査報告書—久美浜町　妻木宣嗣［著］　京丹後　京丹後市教育委員会　2014.5　503p　30cm　Ⓝ521.81

日本件名図書目録2014　Ⅰ

京都市（遺跡・遺物）

京丹後市（単親家庭）
◇京丹後市ひとり親家庭等自立促進計画—ひとり親家庭等の自立と子どもの健やかな育ちをめざすまち　第2次　京丹後　京丹後市健康長寿福祉部生活福祉課　2014.4　81p　30cm　Ⓝ369.41

京丹後市（統計）
◇京丹後市白書　平成25年度版　秘書広報広聴課/編　京丹後市　2014.3　207p　30cm　［1454円］

京丹後市（風俗・習慣）
◇京丹後市の民俗—京丹後市史資料編　京丹後市史編さん委員会編　京丹後　京丹後市　2014.3　429p　30cm　Ⓝ382.162

京丹後市（歴史―史料）
◇久美浜代官所関係史料集—京丹後市史資料編　京丹後市史編さん委員会編　京丹後　京丹後市　2014.3　436p　22cm　〈文献あり〉Ⓝ216.2

共働学舎新得農場
◇いらない人間なんていない—世界一のチーズを作った農場物語　宮嶋望著　いのちのことば社フォレストブックス　2014.7　160p　19cm　〈奥付のタイトル関連情報（誤植）：日本一のチーズを作った農場物語〉①978-4-264-03054-6　Ⓝ611.61　［1200円］

京都工芸繊維大学
◇KIT男女共同参画推進センター平成24年度・平成25年度活動報告書　京都工芸繊維大学KIT男女共同参画推進センター　2014.7　48p　30cm　〈文部科学省科学技術人材育成費補助事業「女性研究者研究活動支援事業」〉Ⓝ377.21

京都国立博物館
◇京都で日本美術をみる—京都国立博物館：KYOTO NATIONAL MUSEUM COLLECTION　橋本麻里著　集英社クリエイティブ　2014.10　125p　21cm　〈集英社（発売）文献あり　索引あり〉①978-4-420-31070-3　Ⓝ702.1　［1700円］
◇京博が新しくなります—至宝の数々、語ります　京都国立博物館編　クバプロ　2014.8　212p　21cm　〈内容：京博の過去・現在・未来（佐々木丞平述）超名作そろいぶみ（山本英男述）バラエティゆたかな京都の仏像（淺湫毅述）　国宝『鳥獣戯画』（大原嘉豊述）東アジア染織の宝蔵・日本（山川曉述）坂本龍馬の奇妙な手紙（宮川禎一述）古代技術の謎に迫る（村上隆述）京都から世界へ（永島明子述）美を伝えるために（村上隆述）〉①978-4-87805-137-1　Ⓝ069.6　［2200円］

京都御所
◇近世公家名鑑編年集成　26　内裏・公家屋敷図　索引　深井雅海, 藤實久美子編　柊風舎　2014.3　257p　23cm　〈複製〉①978-4-86498-014-2　Ⓝ281.035　［32000円］
◇近世の禁裏と都市空間　岸泰子著　京都　思文閣出版　2014.2　306,4p　22cm　〈索引あり　内容：室町後期・戦国期の内侍所　近世の内侍所仮殿下賜と上・下御霊社の社殿拝領について　寛政度内裏以降の内侍所仮殿の造営・下賜と神嘉殿　中世後期の天皇崩御触穢　近世前期の天皇崩御と内侍所　近世禁裏御所と都市社会　室町・戦国期における宮中御八講・懺法講の場　近世安楽寿院の鳥羽法皇遠忌法会　承応度・寛文度内裏造営と非蔵人　近世京都の都市空間再生と禁裏御所普請　安政度内裏遷幸と都市空間　近世前期の上・下御霊祭礼行列と天皇〉①978-4-7842-1740-3　Ⓝ216.2　［6400円］

京都サンガFC
◇京都サンガF.C.あるある　武田賢宗, 雨堤俊祐, 和田りつ子著, なかむらみつのり画　TOブックス　2014.1　159p　18cm　①978-4-86472-220-9　Ⓝ783.47　［1200円］

京都市
◇京都移住計画　田村篤史著　京都　コトコト　2014.3　125p　19cm　①978-4-903822-62-4　Ⓝ291.62　［1200円］
◇日本人の忘れもの—京都、こころここに　第2部　京都新聞社編　京都　京都新聞出版センター　2014.2　255p　21cm　〈内容：誠心のもてなし（小川後楽著）リメンバー「疏水」（須田寛著）ジャパン（下出祐太郎著）心やすらぐ場所（溝部脩著）オリジナルとは（羽田登著）「始末」するこころ（脇田晴子著）日本人の精神文化（江里康慧著）伝統の継承（茂山千五郎著）邦楽（小山菁山著）青磁（諏訪蘇山著）ツールとしての歴史（井上満郎著）競い合う心（木田安彦著）名望家のつとめ（井上章一著）もんもな京料理（栗栖熊三郎著）謙虚な気持ち（大津名倉著）おもてなし（杉浦京子著）日本画（猪熊佳子著）手書き文字（杭迫柏樹著）寄り添う「個性」（広上淳一著）火の文化（熊倉功夫著）伝統文化（佐々木丞平著）ものづくり（村山明著）死語（建畠晢著）布施（森清範著）四季の変化（木下博夫著）文化交流（井口和起著）日本文化（彬子女王著）妖怪文化（小松和彦著）いけばなの

心（桑原仙溪著）日本のピアノ作品（田隅靖子著）神々を迎える心（深見茂著）多様性の意味（安齋哲三著）知恵を源泉に（立石義雄著）鎮守の森と日本人（田中恆清, 加地伸行述）職人技（岡田博和, 村山裕三述）思いやる心（加藤好文, 小林隆彰述）紙の文化（柿本新也, 佐藤典司述）お茶の文化（福井正憲, 村山裕三述）教育（高坂節三, 中西寛述）戦後教育（佐々木喜一, 川本八郎述）人材養成（小路明善, 小林一彦述）もてなしの心（田中誠二, 中村清述）京都型ビジネス（沓掛英二, 村山裕三述）食文化（平井誠雄, 伏木亨述）言葉（永田和宏, 鷲田清一述）日本人のDNA（中西浩一, 佐藤敬二述）向上心（大柳雅利, 高田公理述）忍耐力（安達光二, 森田りえ子述）不易流行（稲地利彦, 田中恆清述）幸福感（田辺親男, 横山俊夫述）食の本質（続木創, フィリップ・ジャンヴィエ=神山述）伝統芸能（升田高寛, マリア・パヘス述）日本食（佐竹力総, 河島伸子述）大切にしたい言葉と季節感　万物に「八百万の神」見いだす〉①978-4-7638-0672-7　Ⓝ291.62　［1800円］

京都市（遺跡・遺物）
◇延勝寺跡・岡崎遺跡　京都市埋蔵文化財研究所編　京都　京都市埋蔵文化財研究所　2014.7　38p　図版7p　30cm　（京都市埋蔵文化財研究所発掘調査報告　2014-1）〈文献あり〉Ⓝ210.0254
◇上京遺跡・室町殿跡　京都市埋蔵文化財研究所編　京都　京都市埋蔵文化財研究所　2014.3　112p　図版［11］枚　30cm　（京都市埋蔵文化財研究所発掘調査報告　2013-8）Ⓝ210.0254
◇京都市内遺跡試掘調査報告　平成25年度　京都市文化市民局文化芸術都市推進室文化財保護課編　［京都］京都市文化市民局　2014.3　98p　図版22p　30cm　Ⓝ210.0254
◇京都市内遺跡詳細分布調査報告　平成25年度　京都市埋蔵文化財研究所編　京都　京都市文化市民局　2014.3　74p　図版36p　30cm　Ⓝ210.0254
◇京都市内遺跡発掘調査報告　平成25年度　京都市埋蔵文化財研究所編　京都　京都市文化市民局　2014.3　263p　図版［28］枚　30cm　〈文献あり〉Ⓝ210.0254
◇京都府遺跡調査報告集　第159冊　向日　京都府埋蔵文化財調査研究センター　2014.3　164p　図版［39］枚　30cm　〈内容：植物園北遺跡・下鴨半木町遺跡〉Ⓝ210.0254
◇史跡・名勝嵐山　京都市埋蔵文化財研究所編　京都　京都市埋蔵文化財研究所　2013.12　13p　図版3p　30cm　（京都市埋蔵文化財研究所発掘調査報告　2013-7）Ⓝ210.0254
◇相国寺旧境内・上京遺跡発掘調査報告書　同志社大学歴史資料館, 京都市埋蔵文化財研究所編　同志社大学歴史資料館　2013.11　326p　30cm　（同志社大学歴史資料館調査研究報告　第12集）〈同志社大学烏丸キャンパス建設に伴う発掘調査〉Ⓝ210.0254
◇植物園北遺跡　京都市埋蔵文化財研究所編　京都　京都市埋蔵文化財研究所　2013.6　70p　図版15p　30cm　（京都市埋蔵文化財研究所発掘調査報告　2012-24）Ⓝ210.0254
◇植物園北遺跡　京都市埋蔵文化財研究所編　京都　京都市埋蔵文化財研究所　2013.9　19p　図版3p　30cm　（京都市埋蔵文化財研究所発掘調査報告　2013-4）〈文献あり〉Ⓝ210.0254
◇白河街区跡・岡崎遺跡　イビソク関西支店編　京都　イビソク関西支店　2013.9　97p　図版［17］枚　30cm　（イビソク京都市内遺跡調査報告　第5輯）〈集合住宅建設に伴う埋蔵文化財発掘調査報告書〉Ⓝ210.0254
◇長岡京右京北辺四坊八町跡・上里北ノ町遺跡　京都市埋蔵文化財研究所編　京都　京都市埋蔵文化財研究所　2014.3　13p　図版2p　30cm　（京都市埋蔵文化財研究所発掘調査報告　2013-13）Ⓝ210.0254
◇長岡京左京三条三坊十町跡・鶏冠井清水遺跡　京都市埋蔵文化財研究所編　京都　京都市埋蔵文化財研究所　2013.3　13p　図版4p　30cm　（京都市埋蔵文化財研究所発掘調査報告　2012-19）Ⓝ210.0254
◇長岡京左京三条三坊十町跡・鶏冠井清水遺跡　京都市埋蔵文化財研究所編　京都　京都市埋蔵文化財研究所　2014.3　18p　図版3p　30cm　（京都市埋蔵文化財研究所発掘調査報告　2014-3）Ⓝ210.0254
◇長岡京左京三条四坊六町跡　京都市埋蔵文化財研究所編　京都　京都市埋蔵文化財研究所　2013.9　36p　図版7p　30cm　（京都市埋蔵文化財研究所発掘調査報告　2013-3）Ⓝ210.0254
◇伏見城跡・桃陵遺跡—発掘調査報告書　京都平安文化財編　京都　京都平安文化財　2014.4　47p　図版11p　30cm　（京都平安文化財発掘調査報告　第2集）Ⓝ210.0254
◇平安宮典薬寮・御井跡　京都市埋蔵文化財研究所編　京都　京都市埋蔵文化財研究所　2014.7　16p　図版3p　30cm　（京都市埋蔵文化財研究所発掘調査報告　2014-2）Ⓝ210.0254
◇平安京　京都市文化市民局文化芸術都市推進室文化財保護課編　京都　京都市文化市民局文化芸術都市推進室文化財保護

231

課 2014.3 119p 30cm （京都市文化財ブックス 第28集）〈文献あり 附・第31回京都市指定・登録文化財〉Ⓝ210.36 ［1500円］

◇平安京右京三条一坊六・七町跡―西三条第（百花亭）跡 京都市埋蔵文化財研究所編 京都 京都市埋蔵文化財研究所 2013.3 229p 図版 [80] 枚 30cm （京都市埋蔵文化財研究所発掘調査報告 2011-9）Ⓝ210.0254

◇平安京右京三条三坊三町跡・西ノ京遺跡 京都市埋蔵文化財研究所編 京都 京都市埋蔵文化財研究所 2013.6 62p 図版 10p 30cm （京都市埋蔵文化財研究所発掘調査報告 2012-23）Ⓝ210.0254

◇平安京右京四条一坊七町（朱雀院）跡 京都平安文化財編 京都 京都平安文化財 2013.10 70p 図版 7p 30cm （京都平安文化財発掘調査報告 第1集）Ⓝ210.0254

◇平安京右京四条三坊十一町跡 京都市埋蔵文化財研究所編 京都 京都市埋蔵文化財研究所 2013.8 28p 図版 4p 30cm （京都市埋蔵文化財研究所発掘調査報告 2013-4）Ⓝ210.0254

◇平安京右京四条二坊四町跡・壬生遺跡 京都市埋蔵文化財研究所編 京都 京都市埋蔵文化財研究所 2013.12 34p 図版 4p 30cm （京都市埋蔵文化財研究所発掘調査報告 2013-5）Ⓝ210.0254

◇平安京右京二条三坊十五町跡 京都市埋蔵文化財研究所編 京都 京都市埋蔵文化財研究所 2013.12 20p 図版 3p 30cm （京都市埋蔵文化財研究所発掘調査報告 2013-6）Ⓝ210.0254

◇平安京右京二条二坊十一町・西堀川小路跡、御土居跡 京都市埋蔵文化財研究所編 京都 京都市埋蔵文化財研究所 2014.2 89p 図版 [24] 枚 30cm （京都市埋蔵文化財研究所発掘調査報告 2012-25）Ⓝ210.0254

◇平安京左京五条二坊四町跡 京都市埋蔵文化財研究所編 京都 京都市埋蔵文化財研究所 2014.1 26p 図版 15p 30cm （京都市埋蔵文化財研究所発掘調査報告 2013-10）Ⓝ210.0254

◇平安京左京四条三坊八町跡・烏丸御池遺跡 京都市埋蔵文化財研究所編 京都 京都市埋蔵文化財研究所 2013.9 65p 図版 16p 30cm （京都市埋蔵文化財研究所発掘調査報告 2013-2）Ⓝ210.0254

◇平安京左京二条二坊十二町跡 イビソク関西支店編 京都 イビソク関西支店 2013.9 49p 図版 16p 30cm （イビソク京都市内遺跡調査報告 第6輯）〈集合住宅建設に伴う埋蔵文化財発掘調査報告書〉Ⓝ210.0254

◇平安京左京八条一坊十六町跡 京都市埋蔵文化財研究所編 京都 京都市埋蔵文化財研究所 2014.6 42p 図版 8p 30cm （京都市埋蔵文化財研究所発掘調査報告 2013-16）Ⓝ210.0254

◇平安京左京八条四坊八町跡・御土居跡 京都市埋蔵文化財研究所編 京都 京都市埋蔵文化財研究所 2014.3 48p 図版 21p 30cm （京都市埋蔵文化財研究所発掘調査報告 2013-11）Ⓝ210.0254

◇平安京左京北辺四坊一町跡・公家町遺跡 京都市埋蔵文化財研究所編 京都 京都市埋蔵文化財研究所 2014.3 49p 図版 19p 30cm （京都市埋蔵文化財研究所発掘調査報告 2013-12）〈年表あり〉Ⓝ210.0254

◇六波羅蜜寺境内・六波羅政庁跡 京都市埋蔵文化財研究所編 京都 京都市埋蔵文化財研究所 2014.1 60p 図版 8p 30cm （京都市埋蔵文化財研究所発掘調査報告 2013-9）Ⓝ210.0254

京都市（衛生行政）
◇保健福祉局事業概要 京都市保健福祉局保健福祉部保健福祉総務課編 京都 京都市保健福祉局保健福祉部保健福祉総務課 ［2013］319p 30cm Ⓝ369.11

京都市（エネルギー政策）
◇京都市エネルギー政策推進のための戦略 京都 京都市環境政策局地球温暖化対策室 2013.12 36p 30cm Ⓝ501.6

京都市（介護保険）
◇第6期京都市民長寿すこやかプラン（案）―平成27年度―29年度：中間報告 ［京都］京都市 2014.12 66p 30cm〈内容：京都市高齢者保健福祉計画 京都市介護保険事業計画〉Ⓝ369.26

京都市（学校図書館）
◇私の学校図書館半生記―司書として、司書教諭として 家城清美［述］、『私の学校図書館半生記―司書として、司書教諭として―』編集委員会編 中村百合子編 2013.8 171p 21cm〈年表あり 著作目録あり〉Ⓝ017.02162 ［2000円］

京都市（祇園祭）
◇イラスト祇園祭 吉田孝次郎監修、下間正隆文・絵 京都 京都新聞出版センター 2014.6 112p 21cm〈文献あり〉①978-4-7638-0678-9 Ⓝ386.162 ［1000円］

◇凱旋―祇園祭大船鉾復原の歩み：基本設計図完成報告書 大船鉾復原検討委員会編 京都 祇園祭山鉾連合会 2013.3 118p 30cm〈平成24年度文化庁文化芸術振興費補助金（文化遺産を活かした観光振興・地域活性化事業）〉Ⓝ386.162

京都市（紀行・案内記）
◇切手と旅する京都―京100選 福井和雄著 日本郵趣出版 2014.10 125p 21cm （切手ビジュアルトラベル・シリーズ）〈郵趣サービス社（発売）〉①978-4-88963-777-9 Ⓝ291.62 ［2050円］

◇京都季節めぐり 八つ橋アヤメ著 文芸社 2014.6 125p 15cm ①978-4-286-14155-8 Ⓝ291.62 ［600円］

◇京都手仕事帖―京のめぐりあい 暮らす旅舎編 実業之日本社 2014.11 159p 21cm （giorniの本）①978-4-408-42067-7 Ⓝ750.2162 ［1500円］

◇京都の路地裏―生粋の京都人が教えるひそかな愉しみ 柏井壽著 幻冬舎 2014.9 201p 18cm （幻冬舎新書 か-17-1）①978-4-344-98358-8 Ⓝ291.62 ［780円］

◇京都まちかど遺産めぐり―なにげない風景から歴史を読み取る 千田稔, 本多健一, 飯塚隆藤, 鈴木耕太郎編 京都 ナカニシヤ出版 2014.5 157p 21cm〈著者：千田稔 ほか〉①978-4-7795-0823-3 Ⓝ291.62 ［1800円］

◇説話をつれて京都古典漫歩 福井栄一著 京都 京都書房 2013.7 190p 18cm （京都書房ことのは新書 008）〈索引あり〉①978-4-7637-2610-0 Ⓝ910.2 ［740円］

◇本屋の窓からのぞいた［京都］―恵文社一乗寺店の京都案内 恵文社一乗寺店著 新版 マイナビ 2014.9 159p 21cm ①978-4-8399-5303-4 Ⓝ291.62 ［1500円］

◇ゆるり京都おひとり歩き―隠れた名店と歴史をめぐる〈七つの道〉 柏井壽著 光文社 2014.10 298p 18cm （光文社新書 722）①978-4-334-03825-0 Ⓝ291.62 ［860円］

京都市（技術教育―歴史）
◇大正時代の工芸教育―京都市立陶磁器試験場附属伝習所の記録 前﨑信也編 京都 宮帯出版社 2014.6 229,327p 22cm〈文献あり 索引あり 内容：大正時代における京都市立陶磁器試験場及び附属伝習所の活動について（前﨑信也著）日記〈大正五年〉（松林鶴之助著）日記〈大正六年〉（松林鶴之助著）三橋先生製型講義（三橋清者）製陶法 其二 大須賀先生講義（大須賀真蔵著）製陶法 特別科一学年（瀧田岩造, 大須賀真蔵著）濱田先生登り窯講義（浜田庄司著）〉①978-4-86366-934-5 Ⓝ573.2 ［5000円］

京都市（芸者）
◇おもてなしの仕組み―京都花街に学ぶマネジメント 西尾久美子著 中央公論新社 2014.3 257p 16cm （中公文庫 に19-1）〈文献あり 「京都花街の経営学」（東洋経済新報社2007年刊）の改題, 補筆・修正〉①978-4-12-205921-4 Ⓝ384.9 ［648円］

京都市（芸術教育）
◇記憶の街 Jun'ya Yamaide［著］、森山貴之, 山下晃平編 ［京都］京都市立芸術大学 2014.3 63p 19×26cm〈アーティストの招聘による多角的なワークショップなどを通じた新進芸術家育成事業〉Ⓝ707.02162

◇Work in memory Apichatpong Weerasethakul, Uthis Haemamool［著］ ［京都］京都市立芸術大学 2014.3 277p 19×26cm〈本文は日本語 アーティストの招聘による多角的なワークショップなどを通じた新進芸術家育成事業 編集：徳山拓一〉Ⓝ707.02162

京都市（高齢者福祉）
◇第6期京都市民長寿すこやかプラン（案）―平成27年度―29年度：中間報告 ［京都］京都市 2014.12 66p 30cm〈内容：京都市高齢者保健福祉計画 京都市介護保険事業計画〉Ⓝ369.26

京都市（個人情報保護）
◇個人情報保護事務の手引及び情報公開・個人情報保護審議会事務の手引 京都市総合企画局［著］ ［京都］京都市 2014.4 235, 12p 30cm Ⓝ318.562

◇情報公開事務の手引及び情報公開・個人情報保護審査会事務の手引 ［京都］京都市総合企画局 2014.4 116, 20p 30cm Ⓝ318.562

京都市（昆虫）
◇フンコロガシ先生の京都昆虫記 塚本珪一著 青土社 2014.8 249p 20cm〈文献あり〉①978-4-7917-6808-0 Ⓝ486.02162 ［1800円］

京都市（祭礼）
◇京都天神をまつる人びと―ずいきみこしと西之京 西村豊写真, 三枝暁子文 岩波書店 2014.9 118p 22cm ①978-4-00-025991-0 Ⓝ386.162 ［2700円］

日本件名図書目録2014　I　　　　　　　　　　　　　　　　　　　　　　　　　　　　　　　　　　京都市（庭園）

◇京都の三大祭　所功［著］　KADOKAWA　2014.6　307p
15cm　（［角川ソフィア文庫］［I119-1]）〈文献あり〉①978-
4-04-409466-9　Ⓝ386.162　［800円］

京都市（殺人）
◇餃子の王将社長射殺事件　一橋文哉著　KADOKAWA　2014.
11　270p　19cm〈文献あり〉①978-4-04-102409-6　Ⓝ368.
61　［1600円］

京都市（産業―統計）
◇京都市の事業所・企業―経済センサス―活動調査結果報告
平成24年　京都市総合企画局情報化推進室情報統計担当編
京都　京都市総合企画局情報化推進室情報統計担当　2014.10
458p　30cm　Ⓝ605.9

京都市（産業政策）
◇京都の産業と産業政策―龍谷大学大学院経営学研究科2012年
度大学院講義・講義録　龍谷大学大学院経営学研究科編　京
都　龍谷大学大学院経営学研究科　2014.1　380p　30cm
Ⓝ601.162

京都市（自殺予防）
◇きょういのちほっとプラン―京都市自殺総合対策推進計画：中
間評価及び見直し　京都　京都市保健福祉局障害保健福祉推
進室　2014.3　85p　30cm〈共同刊行：京都市こころの健康
増進センター〉Ⓝ368.3

京都市（司書教諭）
◇私の学校図書館半生記―司書として、司書教諭として　家城
清美［述］、『私の学校図書館半生記―司書として、司書教諭
として―』編集委員会編　中村百合子　2013.8　171p　21cm
〈年表あり　著作目録あり〉Ⓝ017.02162　［2000円］

京都市（史跡名勝）
◇戦国時代の京都を歩く　河内将芳著　吉川弘文館　2014.3
152,8p　21cm　（歴史の旅）〈文献あり　索引あり〉①978-4-
642-08101-6　Ⓝ291.62　［2000円］

京都市（地蔵）
◇京都の「地蔵」信仰と地蔵盆を活かした地域活性化事業報告書
平成25年度　京都の「地蔵」信仰と地蔵盆を活かした地域活性
化事業実行委員会編　［京都］　京都の「地蔵」信仰と地蔵盆
を活かした地域活性化事業実行委員会　2014.3　38p　30cm
〈平成25年度文化庁文化芸術振興費補助金（文化遺産を活かし
た地域活性化事業）〉Ⓝ387.4

京都市（自転車駐車場）
◇京都市自転車総合計画―見直し（案）改訂　［京都］　京都市
建設局自転車政策推進室　2014.12　57p　30cm　Ⓝ685.8

京都市（老舗）
◇京都100年企業に学ぶ商いのイロハ―老舗ノ教訓　林勇作著
大阪　コミニケ出版　2014.7　190p　19cm　①978-4-903841-
11-3　Ⓝ336　［1500円］

京都市（地場産業）
◇京のれん―公益社団法人京都府物産協会創立五十周年記念誌
京都　京都府物産協会　2013.12　121p　31cm〈年表あり
共同刊行：創立五十周年記念事業実行委員会〉Ⓝ602.162

京都市（社会福祉）
◇保健福祉事業概要　京都市保健福祉局保健福祉部保健福祉
総務課編　京都　京都市保健福祉局保健福祉部保健福祉総務
課　［2013］　319p　30cm　Ⓝ369.11
◇京（みやこ）・地域福祉推進指針　2014　京都　京都市保健福
祉局生活福祉部地域福祉課　2014.3　56p　30cm　Ⓝ369.11

京都市（小学校―歴史）
◇京都の学校社会史　小林昌代［著］　［出版地不明］　小林昌代
2014.6　62p　21cm〈文献あり〉Ⓝ376.2162

京都市（情報公開制度）
◇情報公開事務の手引及び情報公開・個人情報保護審査会事務の
手引　［京都］　京都市総合企画局　2014.4　116,20p　30cm
Ⓝ318.562

京都市（職人）
◇京都人ブルース　米原有二文，堀道広絵　大阪　京阪神エル
マガジン社　2013.6　141p　19cm　①978-4-87435-411-7
Ⓝ750.2162　［1200円］
◇京都の染め職人たち―「ほんまもん」を生みだす技　藤田綾子
著　現代書館　2014.12　211p　20cm〈文献あり〉①978-4-
7684-5740-5　Ⓝ753.8　［2000円］
◇京の遺伝子・職人―数寄屋建築を支える　山本良介著　京都
淡交社　2014.2　207p　21cm〈写真：関谷虹〉①978-4-473-
03934-7　Ⓝ521.86　［1800円］

京都市（人口―統計）
◇京都市の住民基本台帳人口―公称町別世帯数及び男女別人口
並びに元学区別年齢5歳階級別男女別人口　平成25年版　京都
市総合企画局情報化推進室情報統計担当編　京都　京都市総
合企画局情報化推進室情報統計担当　2014.3　100p　30cm
Ⓝ358.162

京都市（水質汚濁）
◇酸性雨モニタリング（陸水）調査報告書　平成25年度　［京都］
京都　2014.3　92p　30cm〈平成25年度環境省委託業務結
果報告書〉Ⓝ519.4

京都市（水道）
◇水に関する意識調査―調査結果報告書　平成25年度　本冊
［京都］　京都市上下水道局　2014.7　120p　30cm　Ⓝ518.1

京都市（生活）
◇京都移住計画　田村篤史著　京都　コトコト　2014.3　125p
19cm　①978-4-903822-62-4　Ⓝ291.62　［1200円］

京都市（世帯―統計）
◇京都市の住民基本台帳人口―公称町別世帯数及び男女別人口
並びに元学区別年齢5歳階級別男女別人口　平成25年版　京都
市総合企画局情報化推進室情報統計担当編　京都　京都市総
合企画局情報化推進室情報統計担当　2014.3　100p　30cm
Ⓝ358.162

京都市（染色）
◇京都の染め職人たち―「ほんまもん」を生みだす技　藤田綾子
著　現代書館　2014.12　211p　20cm〈文献あり〉①978-4-
7684-5740-5　Ⓝ753.8　［2000円］

京都市（租税―条例）
◇京都市市税関係例規集　平成26年　京都市行財政局税務部税
制課編　京都　京都市行財政局税務部税制課　2014.9　375p
21cm　Ⓝ349.55

京都市（大学）
◇京都・大学ミュージアム連携活動報告書　2011年度―2013年
度　京都・大学ミュージアム連携実行委員会事務局編　［京
都］　京都・大学ミュージアム連携　2014.3　88p　30cm
〈「京都・大学ミュージアム連携」による地域文化活性化プロ
ジェクト（平成25年度文化庁地域と共働した美術館・歴史博物
館創造活動支援事業）〉Ⓝ069.7
◇公益財団法人大学コンソーシアム京都第4ステージプラン―
2014-2018年度：京都地域における学生の「学びと成長」の支
援をめざして　大学政策委員会［著］　京都　大学コンソーシ
アム京都　2014.3　53p　30cm〈年表あり　背のタイトル：
第4ステージプラン〉Ⓝ377.2162
◇大学のまち京都・学生のまち京都推進計画―2014-2018：大
学・まち・学生むすぶプラン　［京都］　京都市総合企画局市
民協働政策推進室大学政策担当　2014.3　45p　30cm〈年表
あり　共同刊行：大学コンソーシアム京都〉Ⓝ377.2162

京都市（山車）
◇凱旋―祇園祭大船鉾復原の歩み：基本設計図完成報告書　大
船鉾復原検討委員会編　京都　祇園祭山鉾連合会　2013.3
118p　30cm〈平成24年度文化庁文化芸術振興費補助金（文化
遺産を活かした観光振興・地域活性化事業）〉Ⓝ386.162

京都市（地誌）
◇地図・地名からよくわかる！　京都謎解き街歩き　浅井建爾著
実業之日本社　2014.5　223p　18cm　（じっぴコンパクト新
書191）〈文献あり〉①978-4-408-33511-7　Ⓝ291.62　［762
円］
◇淀南の歴史　淀南地誌の会［編］，植村善博監修　京都　淀南
地誌の会　2014.10　160p　30cm　Ⓝ291.62

京都市（地名）
◇平安京地名探検　1　愛宕郡北部（左京区・北区）　岸元史明著
［ふじみ野］　国文学研究所　2014.4　350p　21cm　Ⓝ291.62
［3000円］

京都市（庭園）
◇縁側から庭へ―フランスからの京都回顧録　エマニュエル・
マレス著　京都　あいり出版　2014.3　139p　19cm〈文献あ
り〉①978-4-901903-91-2　Ⓝ629.21　［1200円］
◇桂離宮・修学院離宮・仙洞御所―庭守の技と心　川瀬昇作著，
仲隆裕監修　京都　学芸出版社　2014.12　159p　21cm
①978-4-7615-2586-6　Ⓝ629.21　［2500円］
◇庭師とあるく京の隠れ庭　小埜雅章著　平凡社　2014.7
135p　22cm　（コロナ・ブックス194）①978-4-582-63492-1
Ⓝ629.21　［1600円］

京都市（庭園―保存・修復）

京都市（庭園―保存・修復）
◇特別史跡及び特別名勝醍醐寺三宝院庭園保存修理事業報告書　2　植栽・築山・茶室（枕流亭）編　醍醐寺編　京都　醍醐寺　2014.3　190p 図版［17］枚　30cm　Ⓝ629.21
◇名勝清風荘庭園保存修理事業報告書　京都大学編　京都　京都大学　2014.3　55, 489p 図版4p　30cm　Ⓝ629.21

京都市（伝統的工芸品産業）
◇京職人ブルース　米原有二文，堀道広絵　大阪　京阪神エルマガジン社　2013.6　141p　19cm　Ⓘ978-4-87435-411-7　Ⓝ750.2162　［1200円］
◇京都手仕事帖―京のめぐりあい　暮らす旅舎編　実業之日本社　2014.11　159p　21cm　(giorniの本)　Ⓘ978-4-408-42067-7　Ⓝ750.2162　［1500円］
◇京都の伝統産業実習報告集　18　2013年度　京都　京都精華大学　2013.12　57p　30cm　〈折り込1枚〉　Ⓝ509.2162

京都市（陶磁器―歴史）
◇大正時代の工芸教育―京都市立陶磁器試験場附属伝習所の記録　前﨑信也編　京都　宮帯出版社　2014.6　229,327p　22cm　〈文献あり　索引あり　内容：大正時代における京都市立陶磁器試験場及び附属伝習所の活動について（前﨑信也著）　日記〈大正五年〉（松林鶴之助著）　日記〈大正六年〉（松林鶴之助著）　三橋先生製型講義（三橋清著）　製陶法　其二　大須賀先生講義（大須賀真蔵著）　製陶法　特科一学年（瀧田岩造，大須賀真蔵著）　濱田先生登り窯講義（浜田庄司著）〉　Ⓘ978-4-86366-934-5　Ⓝ573.2　［5000円］

京都市（土地利用―統計）
◇土地利用現況調査資料　平成25年1月1日現在　［京都］　京都市市市計画局都市計画課　［2013］　333p　21×30cm　Ⓝ334.6

京都市（年中行事）
◇旧家に学ぶ，知恵としきたり―日本の歳時記京都：冷泉家　武者小路千家　杉本家　冷泉貴実子，千宗守，杉本秀太郎著，田中昭三編・著　小学館　2014.9　191p　21cm　Ⓘ978-4-09-388382-5　Ⓝ386.162　［2000円］
◇大文字古記録の研究　青木博彦著　京都　百科書林　2014.8　143p　22cm　Ⓘ978-4-89467-266-6　Ⓝ386.162　［4000円］

京都市（葉書―歴史）
◇山科の歴史探訪　7　山科・絵はがき帖　山科の歴史を知る会編　京都　山科の歴史を知る会　2014.3　121p　30cm　Ⓝ216.2

京都市（博物館）
◇京都・大学ミュージアム連携活動報告書　2011年度―2013年度　京都・大学ミュージアム連携実行委員会事務局編　［京都］　京都・大学ミュージアム連携　2014.3　88p　30cm　〈「京都・大学ミュージアム連携」による地域文化活性化プロジェクト（平成25年度文化庁地域と共働した美術館・歴史博物館創造活動支援事業）〉　Ⓝ069.7

京都市（風俗・習慣）
◇おどろき京都案内　日本経済新聞京都支社編　日本経済新聞出版社　2014.2　226p　18cm　(日経プレミアシリーズ 229)　Ⓘ978-4-532-26229-7　Ⓝ382.162　［850円］
◇京都西陣イケズで明るい交際術　京の町家暮らしの意匠会議編　新潮社　2014.9　200p　19cm　Ⓘ978-4-10-336551-8　Ⓝ385.93　［1200円］

京都市（部落問題―歴史）
◇「京あまべの歴史」を語る　辻ミチ子［著］　京都　部落解放同盟京都府連合会東三条支部　2014.3　140p　26cm　Ⓝ361.56

京都市（文学上）
◇京あふみの芭蕉とわたしの京都　福田國彌著　京都　晃洋書房　2014.11　120p　19cm　〈文献あり〉　Ⓘ978-4-7710-2568-4　Ⓝ911.32　［1300円］

京都市（文学碑）
◇京都・湖南の芭蕉　さとう野火著　京都　京都新聞出版センター　2014.6　199p　21cm　〈文献あり　年譜あり　撮影：北山富士夫ほか〉　Ⓘ978-4-7638-0677-2　Ⓝ911.32　［1600円］

京都市（墳墓）
◇くろ谷金戒光明寺に眠る人びと　白蚩顕成著　京都　浄土宗大本山くろ谷金戒光明寺　2013.12　613p　22cm　Ⓝ216.2

京都市（放置自転車）
◇京都市自転車総合計画―見直し（案）改訂　［京都］　京都市建設局自転車政策推進室　2014.12　57p　30cm　Ⓝ685.8

京都市（町屋）
◇京都の都心居住と京町家に関する研究―報告書　アーバンハウジング　2014.4　168, 83p　30cm　〈文献あり〉　Ⓝ521.86

京都市（町家）
◇京都の町家―古都の雅　藤島幸彦著　新装丁版　札幌　学術出版会風土デザイン研究所　2013.4　128p　21cm　Ⓘ978-4-9905024-1-6　Ⓝ521.86　［2381円］
◇京町家の限界耐力計算および耐震診断・耐震改修指針　日本建築構造技術者協会関西支部木造住宅レビュー委員会監修　増訂版　［京都］　京都市都市計画局建築指導部建築安全推進課　2014.3　1冊　30cm　〈文献あり〉　Ⓝ521.86　［2000円］
◇町家と暮らし―伝統，快適性，低炭素社会の実現を目指して　増田啓子，北川秀樹編著　京都　晃洋書房　2014.3　246p　22cm　(龍谷大学社会科学研究所叢書 第100巻)　〈内容：町家と環境を考える（北川秀樹著）　京町家の現状と保存・再生（歯黒健夫著）　建築という文化（奥谷三穂著）　大学による町家の利活用と地域活性化（井上芳恵著）　京町家〈木造戸建住宅〉の電力消費量と室温からみた省エネの暮らし方（増田啓子著）　木造住宅の住まい方による省エネ（宮本康弘著）　木造住宅の暮らしと快適性（松原斎樹著）　京都市の建築指導行政における京町家保全・再生の取組み（高木勝英著）　京都府産木材の流通実態と地域利用による環境貢献（渕上佑樹著）〉　Ⓘ978-4-7710-2499-1　Ⓝ521.86　［3000円］

京都市（町屋―保存・修復）
◇京町家まちづくりファンド改修助成事業記録集　京都　京都市景観・まちづくりセンター　2013.6　1冊（ページ付なし）　32cm　〈ルーズリーフ〉　Ⓝ521.86

京都市（町屋―歴史）
◇京都の町家と聚楽第―太閤様，御成の筋につき　丸山俊明著　京都　昭和堂　2014.5　561p　22cm　〈内容：京都府の町家と百姓家に七つの形式　中世，町家と百姓家に同じ間取り　戦国時代の間取りが，町家にもなり百姓家にもなり　『洛中洛外図』の謎，桁なし町家は本当にあったのか　鰻の寝床が現れた本当のわけ　前に主屋，奥に土蔵の屋敷構成の真因　本二階建ての町なみ，太閤様御成りの筋をいく　保津川水運の筏と，厨子二階の低い軒高　むしこはもともと，お城のデザイン　京都最古級の町家発見！　ご法度の影響ありや　並瓦葺の普及と卯建の減少　町家は什么，そして，洛中農村の百姓家が町家と記されたわけ　摂丹型の町家と百姓家，違いはどこ？　京都の社家は，妻入町家のかたち　町家一軒の新築，入用少なからず　町家一軒借り切って江戸の殿様おもてなし　いざ御所へ，町家が工場の指物師　普請御願が免除されるという特権の意味　京都の町家と聚楽第〉　Ⓘ978-4-8122-1355-1　Ⓝ521.86　［7200円］

京都市（民家―保存・修復）
◇名勝對龍山荘庭園内建物保存修理工事報告書　京都伝統建築技術協会編　［東京］　ニトリホールディングス　2013.3　17p, 18-64枚 図版4枚　30cm　Ⓝ521.86

京都市（民間信仰）
◇京都の「地蔵」信仰と地蔵盆を活かした地域活性化事業報告書　平成25年度　京都の「地蔵」信仰と地蔵盆を活かした地域活性化事業実行委員会編　［京都］　京都の「地蔵」信仰と地蔵盆を活かした地域活性化事業実行委員会　2014.3　38p　30cm　〈平成25年度文化庁文化芸術振興費補助金（文化遺産を活かした地域活性化事業）〉　Ⓝ387.4

京都市（民間防衛―歴史）
◇建物疎開と都市防空―「非戦災都市」京都の戦中・戦後　川口朋子著　京都　京都大学学術出版会　2014.3　308p　22cm　(プリミエ・コレクション 41)　〈文献あり　年表あり　索引あり〉　Ⓘ978-4-87698-480-0　Ⓝ210.75　［3800円］

京都市（歴史）
◇京都〈千年の都〉の歴史　髙橋昌明著　岩波書店　2014.9　267,5p　18cm　(岩波新書 新赤版 1503)　〈文献あり　索引あり〉　Ⓘ978-4-00-431503-2　Ⓝ216.2　［840円］
◇近世の禁裏と都市空間　岸泰子著　京都　思文閣出版　2014.2　306,4p　22cm　〈索引あり　内容：室町後期・戦国期の内侍所　近世の内侍所仮殿下賜と上・下御霊社の社殿拝領について　寛政度内裏以降の内侍所仮殿の造営・下賜と神嘉殿　中世後期の天皇崩御触穢　近世前期の天皇崩御と内侍所　近世禁裏御所と都市社会　室町・戦国期における宮中御八講・懴法講の場　近世安楽寿院の鳥羽法皇遠忌法会　承応度・寛文度内裏造営と非蔵人　近世京都の都市空間再生と禁裏御所普請　安政度内裏遷幸と都市空間　近世前期の上・下御霊祭礼行列と天皇〉　Ⓘ978-4-7842-1740-3　Ⓝ216.2　［6400円］
◇民衆と天皇　坂田聡，吉岡拓著　高志書院　2014.5　223p　20cm　(高志書院選書 9)　〈文献あり〉　Ⓘ978-4-86215-135-3　Ⓝ216.2　［2500円］
◇洛中洛外図の世界―室町時代の京都を見る　井上知明著　鳥影社　2014.2　104p　21cm　〈文献あり〉　Ⓘ978-4-86265-442-7　Ⓝ721.4　［1500円］

京都府（遺跡・遺物―向日市）

◇洛北静原　中村治著　堺　大阪公立大学共同出版会　2014.3　59p　30cm〈奥付のタイトル：京都洛北静原〉①978-4-907209-21-6　Ⓝ216.2　[1500円]

京都市（歴史―写真集）
◇洛北一乗寺―その暮らしの変化　中村治著、修学院学区郷土誌研究会編集　堺　大阪公立大学共同出版会　2014.3　48p　30cm〈奥付のタイトル：京都洛北一乗寺〉①978-4-907209-15-5　Ⓝ216.2　[1200円]

京都市（歴史―史料）
◇京郊農村の近代―葛野郡岡区事務日誌　京都市歴史資料館編　京都　京都市歴史資料館　2014.3　396p　22cm〈叢書京都の史料 13〉①978-4-9907639-7-8　Ⓝ216.2　[3519円]

京都市（歴史地図）
◇京都まちかど遺産めぐり―なにげない風景から歴史を読み取る　千田稔,本多健一,飯塚隆藤,鈴木耕太郎編　京都　ナカニシヤ出版　2014.5　157p　21cm〈著者：千田稔ほか〉①978-4-7795-0823-3　Ⓝ291.62　[1800円]

京都市（路線価）
◇路線価図―京都府(1)　大阪　納税協会連合会　2014.7　1冊　30cm　（財産評価基準書 平成26年分 8/49）〈清文社（発売）内容：上京（京都市北区・上京区）　左京（京都市左京区）　中京（京都市中京区）〉Ⓝ345.5　[7700円]
◇路線価図―京都府(2)　大阪　納税協会連合会　2014.7　1冊　30cm　（財産評価基準書 平成26年分 9/49）〈清文社（発売）内容：東山（京都市東山区・山科区）　下京（京都市下京区・南区）〉Ⓝ345.5　[5900円]
◇路線価図―京都府(4)　大阪　納税協会連合会　2014.7　1冊　30cm　（財産評価基準書 平成26年分 11/49）〈清文社（発売）内容：伏見（京都市伏見区）〉Ⓝ345.5　[5200円]

京都市左京区
◇「百人百景」京都市岡崎　村松伸,京都・岡崎「百人百景」実行委員会編　京都　京都通信社　2013.4　96p　17×20cm（シリーズ人と風と景と）①978-4-903473-70-3　Ⓝ291.62　[1600円]

京都精華大学
◇マンガで読み解くマンガ教育　京都精華大学SEIKAマンガ教育研究プロジェクト編　京都　阿吽社　2014.3　254p　21cm①978-4-907244-09-5　Ⓝ726.101　[1000円]

京都大学
◇京大生のアルバイト―京都大学文学部社会学研究室2012年度社会学実習報告書　太郎丸博編　[京都]　京都大学文学部社会学研究室　2013.6　100p　30cm〈文献あり〉Ⓝ366.8
◇京都から大学を変える　松本紘[著]　祥伝社　2014.4　274p　18cm（祥伝社新書 362）①978-4-396-11362-9　Ⓝ377.21　[820円]
◇十五年戦争期の京大学生運動―戦争とファシズムに抵抗した青春　岩井忠熊著　文理閣　2014.11　163p　20cm①978-4-89259-746-6　Ⓝ377.96　[2000円]

京都大学工学部建築学教室
◇「建築論」の京都学派―森田慶一と増田友也を中心として　市川秀和著　近代文藝社　2014.12　158p　18cm（近代文藝社新書）①978-4-7733-7966-2　Ⓝ523.1　[1000円]

京都大学大学院公共政策教育部
◇京都大学公共政策大学院自己点検・評価報告書　第4号　2014　京都　京都大学公共政策大学院　2014.10　85p　30cm〈奥付のタイトル：京都大学大学院公共政策連携研究部（公共政策大学院）自己点検・評価報告書〉Ⓝ377.1

京都大学大学院公共政策連携研究部
◇京都大学公共政策大学院自己点検・評価報告書　第4号　2014　京都　京都大学公共政策大学院　2014.10　85p　30cm〈奥付のタイトル：京都大学大学院公共政策連携研究部（公共政策大学院）自己点検・評価報告書〉Ⓝ377.1

京都大学大学院法学研究科
◇京都大学大学院法学研究科・法学部自己点検・評価報告書　第11号　2013　京都　京都大学大学院法学研究科　2014.3　311p　30cm　Ⓝ377.1

京都大学フィールド科学教育研究センター瀬戸臨海実験所
◇瀬戸臨海実験所創立90周年(1922-2012年)記念誌　京都大学フィールド科学教育研究センター瀬戸臨海実験所　白浜町(和歌山県)　京都大学フィールド科学教育研究センター瀬戸臨海実験所　2013.12　81p　26cm〈文献あり〉Ⓝ468.8

京都大学法学部
◇京都大学大学院法学研究科・法学部自己点検・評価報告書　第11号　2013　京都　京都大学大学院法学研究科　2014.3　311p　30cm　Ⓝ377.1

京都府
◇京都あるある　中京コマチ著,福島モンタ画　TOブックス　2014.4　143p　18cm①978-4-86472-245-2　Ⓝ291.62　[1200円]

京都府（遺跡・遺物）
◇丹後発掘―縄文・弥生・古墳時代　京都府立丹後郷土資料館編　宮津　京都府立丹後郷土資料館　2014.7　78p　30cm〈文献あり　会期・会場：2014年7月12日―8月31日　京都府立丹後郷土資料館〉Ⓝ216.2

京都府（遺跡・遺物―綾部市）
◇青野南遺跡第9次発掘調査報告　綾部　綾部市教育委員会　2014.3　14p　図版 8p　30cm（綾部市文化財調査報告 第41集）Ⓝ210.0254

京都府（遺跡・遺物―宇治市）
◇新宇治の碑―路傍の語り部たち　宇治市文化財愛護協会編　宇治　宇治市文化財愛護協会　2014.1　100p　21cm　Ⓝ216.2

京都府（遺跡・遺物―木津川市）
◇神雄寺跡（馬場南遺跡）発掘調査報告書　木津川市教育委員会編　木津川　木津川市教育委員会　2014.3　131p　図版 [11]枚　30cm（木津川市埋蔵文化財調査報告書 第16集）Ⓝ210.0254
◇木津川市内遺跡発掘調査概報　5　木津川市教育委員会編　木津川　木津川市教育委員会　2013.3　24p　30cm（木津川市埋蔵文化財調査報告書 第14集）〈内容：鹿背山城跡第5次発掘調査概報　恭仁宮跡第91次発掘調査概報〉Ⓝ210.0254
◇木津川市内遺跡発掘調査概報　6　木津川市教育委員会編　木津川　木津川市教育委員会　2014.3　20p　30cm（木津川市埋蔵文化財調査報告書 第15集）〈内容：恭仁宮跡第92次発掘調査概報〉Ⓝ210.0254

京都府（遺跡・遺物―京田辺市）
◇三山木遺跡第6次発掘調査報告書　イビソク関西支店編　京田辺　京田辺市教育委員会　2014.6　96p　図版 4枚　30cm（京田辺市埋蔵文化財調査報告書 第41集）〈京都府京田辺所在　集合住宅建設に伴う発掘調査　折り込 1枚〉Ⓝ210.0254

京都府（遺跡・遺物―京丹後市）
◇大耳尾古墳群発掘調査報告書―1・2・4・5号墳　京丹後　京丹後市教育委員会　2014.3　41p　図版 20p　30cm（京都府京丹後市文化財調査報告書 第10集）〈赤坂工業団地造成に伴う埋蔵文化財発掘調査〉Ⓝ210.0254

京都府（遺跡・遺物―城陽市）
◇城陽市埋蔵文化財調査報告書　第67集　城陽　城陽市教育委員会　2014.3　29p　図版 8p　30cm　Ⓝ210.0254
◇城陽市埋蔵文化財調査報告書　第68集　城陽　城陽市教育委員会　2014.3　127p　図版 [15]枚　30cm〈内容：芝ヶ原古墳発掘調査・整備報告書〉Ⓝ210.0254

京都府（遺跡・遺物―長岡京市）
◇京都府遺跡調査報告集　第158冊　向日　京都府埋蔵文化財調査研究センター　2014.3　90p　図版 [26]枚　30cm〈内容：鳥取富岡宮津自動車道（野田川大宮道路）関係遺跡　石田城跡　由里古墳群　石田谷古墳　石田谷遺跡．第2・3次　長岡京跡右京第1067次(7ANKSM-18地区)・開田遺跡・開田古墳群〉Ⓝ210.0254
◇長岡京市文化財調査報告書　第66冊　長岡京市埋蔵文化財センター編　長岡京　長岡京市教育委員会　2014.3　26p　図版 [10]枚　30cm　Ⓝ210.0254
◇長岡京市埋蔵文化財発掘調査資料選　3　長岡京市埋蔵文化財センター編　長岡京　長岡京市埋蔵文化財センター　2013.12　82p　30cm　Ⓝ210.0254
◇長岡京市埋蔵文化財発掘調査資料選　4　長岡京市埋蔵文化財センター編　長岡京　長岡京市埋蔵文化財センター　2014.7　114p　30cm　Ⓝ210.0254

京都府（遺跡・遺物―南丹市）
◇西ノ下遺跡　第1次　南丹　南丹市教育委員会　2013.3　8p　30cm（南丹市文化財調査報告 第17集）Ⓝ210.0254

京都府（遺跡・遺物―向日市）
◇五塚原古墳第4次発掘調査概報　立命館大学文学部考古学・文化遺産専攻編　京都　立命館大学文学部考古学・文化遺産専攻　2014.3　8p　30cm（立命館大学文学部学芸員課程研究報告 第16集）Ⓝ210.0254
◇長岡宮跡　向日市教育委員会文化財調査事務所編　向日　京都府向日市　2013.3　47p　図版 16p　26cm（向日市埋蔵文化財調査報告書 第97集）Ⓝ210.0254
◇長岡京跡,南条遺跡・南条古墳群　向日市埋蔵文化財センター編　向日　向日市教育委員会　2014.2　101p　図版 [18]枚　26cm（向日市埋蔵文化財調査報告書 第95集）Ⓝ210.0254

京都府（遺跡・遺物―八幡市）　　　　　　　　　　　　　　　　　　日本件名図書目録2014　Ⅰ

◇長岡京跡―ほか　向日市埋蔵文化財センター編　向日　向日市教育委員会　2014.3　161p　図版40p　30cm　（向日市埋蔵文化財調査報告書　第100集）Ⓝ210.0254

◇元稲荷古墳　向日市埋蔵文化財センター編　向日　向日市教育委員会　2014.3　230p　図版[20]枚　30cm　（向日市埋蔵文化財調査報告書　第101集）Ⓝ210.0254

京都府（遺跡・遺物―八幡市）

◇京都府遺跡調査報告集　第157冊　向日　京都府埋蔵文化財調査研究センター　2014.3　190p　図版[50]枚　30cm〈内容：新名神高速道路整備事業関係遺跡　女谷・荒坂横穴群第13次　荒坂遺跡第5次〉Ⓝ210.0254

◇京都府遺跡調査報告集　第160冊　向日　京都府埋蔵文化財調査研究センター　2014.3　88p　図版40p　30cm〈八幡インター線関係遺跡　美濃山廃寺第9次・美濃山廃寺下層遺跡第12次　美濃山瓦窯跡群　美濃山遺跡第3次〉Ⓝ210.0254

京都府（医療）

◇地域に保健・医療・福祉のネットワークを　京都自治体問題研究所・京都府政研究会編著　京都　田中プリント　2014.1　135p　21cm　（京都府政研究2014シリーズ3）①978-4-907536-02-2　Ⓝ498.1　[500円]

京都府（衛生行政）

◇地域に保健・医療・福祉のネットワークを　京都自治体問題研究所・京都府政研究会編著　京都　田中プリント　2014.1　135p　21cm　（京都府政研究2014シリーズ3）①978-4-907536-02-2　Ⓝ498.1　[500円]

京都府（衛生行政―精華町）

◇精華町健康増進計画―笑顔・ささえあい・健やか元気なまちせいか　第2期　平成25年度―平成34年度　精華町（京都府）精華町健康福祉環境部健康推進課　2013.3　75p　30cm　Ⓝ498.1

京都府（衛生行政―長岡京市）

◇長岡京市健康増進計画―命をつなぐ人をつなぐ心をつなぐ長岡京　長岡京市健康福祉部健康推進課編　[長岡京]　京都府長岡京市　2014.3　75p　30cm〈年表あり〉Ⓝ498.1

京都府（介護保険）

◇介護保険サービス利用者アンケート調査（第9回）結果の概要　[京都]　京都府　2014.9　98p　30cm　Ⓝ364.4

京都府（観光開発―宇治市）

◇フィールドワーク実習報告書　2012年度（レンタ・サイクルで少し遠くの宇治を楽しむ）新「宇治観光案内」の提案―萩市（山口県）レンタ・サイクル観光との比較　橋本和也[編][宇治]　京都文教大学総合社会学科文化人類学科　[2013]　92p　26cm　Ⓝ361.91

京都府（感染症対策）

◇京都府新型インフルエンザ等対策行動計画　[京都]　京都府　2013.7　81p　30cm　Ⓝ498.6

京都府（企業）

◇京都企業の人事労務管理の論理と実際　京都産業学研究シリーズ編集委員会編集　京都　龍谷大学・京都産業学センター　2014.3　102p　21cm　（京都産業学研究シリーズ・ブックレット）〈晃洋書房（発売）内容：「従業員にやさしい」京都企業とその必然性（三島倫八著）　島津製作所（三宅正伸著）　島津製作所の労使の関係を探る（三宅正伸著）　カシフジ（山西万三著）　日本電気化学（小林剛一著）　中西印刷（中西弥彦著）　従業員にやさしい京都企業の人事労務管理（重本直利著）〉①978-4-7710-2548-6　Ⓝ336.4　[1000円]

京都府（紀行・案内記）

◇「そうだ京都、行こう。」の20年　ウェッジ編　ウェッジ　2014.9　175p　25cm〈索引あり〉①978-4-86310-131-9　Ⓝ674.21　[1800円]

京都府（教育―歴史）

◇戦後日本の地域と教育―京都府奥丹後における教育実践の社会史　小林千枝子著　学術出版会　2014.9　426p　22cm　（学術叢書）〈日本図書センター（発売）索引あり〉①978-4-284-10415-9　Ⓝ372.162　[5600円]

京都府（教育行政）

◇京都の教育―現状とその目指すべき方向　京都自治体問題研究所・京都府政研究会編著　京都　田中プリント　2013.12　80p　21cm　（京都府政研究2014シリーズ4）①978-4-907536-03-9　Ⓝ373.2　[500円]

京都府（教員）

◇学校の教育力の向上を目指して―教職の手引き　平成26年度版　京都　京都府総合教育センター　[2014]　185p　30cm〈文献あり〉Ⓝ375.1

京都府（行政）

◇暮らしを支える京都府であるために―京都府の存在意義と府政のあり方を考える　京都自治体問題研究所・京都府政研究会編著　京都　田中プリント　2013.12　94p　21cm　（京都府政研究2014シリーズ1）①978-4-907536-00-8　Ⓝ318.262　[500円]

◇もうひとつの「自治体行革」―住民満足度向上へつなげる　青山公三，小沢修司，杉岡秀紀，藤沢実編著　公人の友社　2014.3　118p　21cm　（京都政策研究センターブックレット No.2）〈奥付のタイトル（誤植：もうひとつの「自治体改革」　内容：地域の再生、日本の再生（山田啓二述）地方自治の真価（山田啓二，増田寛也述）　京都府内市町村の行財政改革の現状と課題（中越豊著）　債権回収と生活再建によるもうひとつの「行革」（小沢修司著）　自治体評価ともうひとつの行政改革（窪田好男著）　人材育成と行政改革（杉岡秀紀著）　公共施設マネジメントの取組と、課題、今後の展開について（堀政彦著）　もうひとつの「自治体行革」とは（藤沢実司会，青山公三，小沢修司，窪田好男ほか述）〉①978-4-87555-640-4　Ⓝ318.262　[1000円]

京都府（行政―舞鶴市）

◇舞鶴市市制施行70周年記念誌―このタカラモノを未来へ　舞鶴市企画管理部企画室広報広聴課編　舞鶴　舞鶴市　2014.3　97p　30cm〈年表あり〉Ⓝ318.262

京都府（行政改革）

◇もうひとつの「自治体行革」―住民満足度向上へつなげる　青山公三，小沢修司，杉岡秀紀，藤沢実編著　公人の友社　2014.3　118p　21cm　（京都政策研究センターブックレット No.2）〈奥付のタイトル（誤植：もうひとつの「自治体改革」）　内容：地域の再生、日本の再生（山田啓二述）地方自治の真価（山田啓二，増田寛也述）　京都府内市町村の行財政改革の現状と課題（中越豊著）　債権回収と生活再建によるもうひとつの「行革」（小沢修司著）　自治体評価ともうひとつの行政改革（窪田好男著）　人材育成と行政改革（杉岡秀紀著）　公共施設マネジメントの取組と、課題、今後の展開について（堀政彦著）　もうひとつの「自治体行革」とは（藤沢実司会，青山公三，小沢修司，窪田好男ほか述）〉①978-4-87555-640-4　Ⓝ318.262　[1000円]

京都府（経済）

◇人間的な経済社会をめざして　京都自治体問題研究所・京都府政研究会編著　京都　田中プリント　2013.12　107p　21cm　（京都府政研究2014シリーズ2）①978-4-907536-01-5　Ⓝ332.162　[500円]

京都府（下水処分）

◇京の水環境保全と安全なくらしのために―下水道・農業集落排水・浄化槽　2014　京都　京都府文化環境部水環境対策課　2014.9　76p　30cm　Ⓝ518.2

京都府（原子力災害―防災）

◇原発事故！その時どこへ？―避難計画の検証　京都　京都自治体問題研究所　2014.8　35p　30cm①978-4-907536-05-3　Ⓝ369.36　[500円]

京都府（建設事業―歴史）

◇京都の砂持風流絵巻―武蔵大学図書館蔵絵巻　福原敏男著　渡辺出版　2014.3　127p　21×30cm〈文献あり〉①978-4-902119-18-3　Ⓝ382.162　[2800円]

京都府（公益法人―長岡京市）

◇長岡京市外郭団体検討評価委員会報告書　平成25年度　[長岡京]　長岡京市外郭団体検討評価委員会　2014.2　64p　30cm　Ⓝ335.8

京都府（工芸家）

◇京の茶道具作家名鑑　淡交社編集局編　京都　淡交社　2014.5　127p　21cm①978-4-473-03937-8　Ⓝ791.5　[1600円]

京都府（子育て支援―京田辺市）

◇京田辺市子ども・子育て支援に関するニーズ調査調査結果報告書　[京田辺]　京田辺市　2014.3　149p　30cm　Ⓝ369.4

京都府（子ども文庫）

◇アンダンテ　2　京都家庭文庫地域文庫連絡会40周年記念事業実行委員会編　[京都]　京都家庭文庫地域文庫連絡会40周年記念事業実行委員会　2014.10　118p　26cm〈年表あり　京庫連40周年記念誌〉Ⓝ016.29　[800円]

京都府（財産評価）

◇評価倍率表―滋賀県・京都府　大阪　納税協会連合会　2014.7　484p　30cm　（財産評価基準書　平成26年分 1/49）〈清文社（発売）〉Ⓝ345.5　[7400円]

京都府（寺院）

◇幻の、京都―隠れた歴史の深淵を訪ねる　西川照子著　京都　光村推古書院　2014.10　336p　19cm〈文献あり　底本：京

日本件名図書目録2014　I　　　　　　　　　　　　　　　　　　　　　　　　　　　　　　　　京都府（地誌）

都発見　1〜4（新潮社　1997〜2002年刊）〉Ⓘ978-4-8381-0517-5
Ⓝ175.962　［2500円］

京都府（寺院建築―京丹後市）
◇京都府京丹後市寺社建築物調査報告書―久美浜町　妻木宣嗣
［著］　京丹後　京丹後市教育委員会　2014.5　503p　30cm
Ⓝ521.81

京都府（ジオパーク―京丹後市）
◇琴引浜ガイド―山陰海岸ジオパークを楽しもう　安松貞夫・
美佐子著　京丹後　琴引浜ネイチャークラブハウス　2014.2
105p　21cm〈2011年刊の増訂〉Ⓘ978-4-9907553-0-0
Ⓝ455.162　［1000円］

京都府（自然災害―歴史）
◇京都盆地の災害地名　網本逸雄著　勉誠出版　2013.9　317,
20p　22cm〈文献あり　年表あり　索引あり〉Ⓘ978-4-585-
22066-4　Ⓝ291.62　［3800円］

京都府（自然保護）
◇地域生物多様性保全計画（京都府生物多様性地域戦略）策定事
業委託業務報告書　平成25年度　京都　京都府文化環境部環
境・エネルギー局自然環境保全課　2014.3　290p　30cm〈環
境省委託業務　奥付のタイトル：地域生物多様性保全計画（京
都府生物多様性地域戦略）策定事業報告書〉Ⓝ519.8162

京都府（漆工芸―図集）
◇うるしの近代―京都、「工芸」前夜から　［京都］　京都国立近
代美術館　2014.7　279p　30cm〈年表あり　会期・会場：
2014年7月19日―8月24日　京都国立近代美術館　編集：中尾優
衣ほか、執筆：中尾優衣ほか〉Ⓘ978-4-87642-203-6　Ⓝ752.2

京都府（社会福祉）
◇地域に保健・医療・福祉のネットワークを　京都自治体問題研
究所・京都府政研究会編著　京都　田中プリント　2014.1
135p　21cm（京都府政研究　2014　シリーズ3）Ⓘ978-4-
907536-02-2　Ⓝ498.1　［500円］

京都府（写真集）
◇京都百景―写真集　山中博著　［京都］　山中博　2014.7
119p　21cm　Ⓝ216.2

京都府（写真集―城陽市）
◇城陽・八幡・久御山の今昔―保存版　竹中友里代監修　松本
郷土出版社　2013.12　222p　31cm〈文献あり〉Ⓘ978-4-
86375-207-8　Ⓝ216.2　［9500円］

京都府（写真集―八幡市）
◇城陽・八幡・久御山の今昔―保存版　竹中友里代監修　松本
郷土出版社　2013.12　222p　31cm〈文献あり〉Ⓘ978-4-
86375-207-8　Ⓝ216.2　［9500円］

京都府（住宅政策―八幡市）
◇八幡市住宅基本計画―後期計画　第1編　八幡市住生活基本計
画　八幡　八幡市まちづくり推進部都市計画課　2014.3　131,
7p　30cm　Ⓝ365.31
◇八幡市住宅基本計画―後期計画　第2編　八幡市営住宅等ス
トック総合活用計画　八幡　八幡市都市管理部住宅管理課
2014.3　118p　30cm　Ⓝ365.31

京都府（食育―久御山町）
◇第2次健康くみやま21・久御山町食育推進計画　久御山町民生
部長寿健康課編　久御山町（京都府）久御山町民生部長寿健康
課　2014.3　86p　30cm　Ⓝ498.5

京都府（書目）
◇京都府EL新聞記事情報リスト　2013-1　エレクトロニック・
ライブラリー編　エレクトロニック・ライブラリー　2014.2
633p　31cm〈制作：日外アソシエーツ〉Ⓝ025.8162
◇京都府EL新聞記事情報リスト　2013-2　エレクトロニック・
ライブラリー編　エレクトロニック・ライブラリー　2014.2
p635-1500　31cm〈制作：日外アソシエーツ〉Ⓝ025.8162
◇京都府EL新聞記事情報リスト　2013-3　エレクトロニック・
ライブラリー編　エレクトロニック・ライブラリー　2014.2
p1501-2395　31cm〈制作：日外アソシエーツ〉Ⓝ025.8162
◇京都府EL新聞記事情報リスト　2013-4　エレクトロニック・
ライブラリー編　エレクトロニック・ライブラリー　2014.2
p2397-3299　31cm〈制作：日外アソシエーツ〉Ⓝ025.8162
◇京都府EL新聞記事情報リスト　2013-5　エレクトロニック・
ライブラリー編　エレクトロニック・ライブラリー　2014.2
p3301-3970　31cm〈制作：日外アソシエーツ〉Ⓝ025.8162

京都府（神社）
◇幻の、京都―隠れた歴史の深淵を訪ねる　西川照子著　京都
光村推古書院　2014.10　336p　19cm〈文献あり　底本：京

都発見　1〜4（新潮社　1997〜2002年刊）〉Ⓘ978-4-8381-0517-5
Ⓝ175.962　［2500円］

京都府（神社建築―京丹後市）
◇京都府京丹後市寺社建築物調査報告書―久美浜町　妻木宣嗣
［著］　京丹後　京丹後市教育委員会　2014.5　503p　30cm
Ⓝ521.81

京都府（森林計画）
◇由良川地域森林計画書（変更）―由良川森林計画区　［京都］
京都府　［2013］　8p　30cm〈計画期間：平成23年4月1日―
平成33年3月31日　計画決定：平成25年12月27日〉Ⓝ651.1
◇淀川上流地域森林計画書（変更）―淀川上流森林計画区　［京
都］　京都府　［2013］　11p　30cm〈計画期間：平成25年4月
1日―平成35年3月31日　計画決定：平成25年12月27日〉
Ⓝ651.1

京都府（水道）
◇京都府営水道ビジョン　京都　京都府文化環境部　2013.3
188p　30cm　Ⓝ518.11

京都府（スポーツ）
◇京都府民のスポーツに関する調査―結果報告書　京都府教育
庁指導部保健体育課編　京都　京都府教育庁指導部保健体育
課　2013.3　87p　30cm　Ⓝ780.2162

京都府（スポーツ振興基本計画）
◇京都府スポーツ推進計画　京都　京都府教育委員会　2014.3
41, 12p　30cm　Ⓝ780.2162

京都府（生物多様性）
◇地域生物多様性保全計画（京都府生物多様性地域戦略）策定事
業委託業務報告書　平成25年度　京都　京都府文化環境部環
境・エネルギー局自然環境保全課　2014.3　290p　30cm〈環
境省委託業務　奥付のタイトル：地域生物多様性保全計画（京
都府生物多様性地域戦略）策定事業報告書〉Ⓝ519.8162

京都府（セミ）
◇京都府北部地方に生きるセミ―生態調査研究　第5・最終巻
嶋田勇著　京丹後　嶋田勇　2014.3　362p　30cm　Ⓘ978-4-
900783-61-4　Ⓝ486.5　［3000円］

京都府（選挙―統計）
◇選挙の記録　［京都］　京都府選挙管理委員会　［2014］　1冊
30cm〈参議院議員通常選挙　平成25年7月21日執行〉Ⓝ314.8

京都府（蔬菜）
◇もっと知りたい京野菜　上田耕司著　京都　淡交社　2014.10
110p　21cm（京都を愉しむ）〈「京野菜を楽しむ」（2003年
刊）の改題、改訂〉Ⓘ978-4-473-03967-5　Ⓝ626.02162
［1400円］

京都府（村落―歴史）
◇近世京都近郊の村と百姓　尾脇秀和著　京都　佛教大学
2014.2　274,8p　22cm　（佛教大学研究叢書　22）〈思文閣出
版（発売）　索引あり　内容：本書の研究視角と構成　相給支配
構造と株百姓の実態　文政期の村方騒動と百姓の壱人両名
村役人層の変容　大島家の壱人両名　大島家の学芸活用　在
方医師の活動実態　在方医師と村　大島家の病と地域の医療〉
Ⓘ978-4-7842-1731-1　Ⓝ216.2　［4800円］

京都府（体育―小学校）
◇京のこども元気なからだスタンダード―実践事例集　平成24
年度　京都府教育庁指導部保健体育課編　［京都］　京都府教
育委員会　2013.3　55p　30cm　Ⓝ375.492
◇京の子ども元気なからだスタンダードplus[+]―指導用資料　京
都府教育庁指導部保健体育課編　［京都］　京都府教育委員会
2013.3　65p　30cm　Ⓝ375.492

京都府（単親家庭―京丹後市）
◇京丹後市ひとり親家庭等自立促進計画―ひとり親家庭等の自
立と子どもの健やかな育ちをめざすまち　第2次　京丹後　京
丹後市健康長寿福祉部生活福祉課　2014.4　81p　30cm
Ⓝ369.41

京都府（地域開発）
◇京都府下の地域課題と地方自治の可能性　京都自治体問題研
究所・京都府政研究会編著　京都　田中プリント　2014.1
100p　21cm　（京都府政研究　2014　シリーズ5）Ⓘ978-4-
907536-04-6　Ⓝ601.162　［500円］
◇時代劇文化の発信地・京都　大石学, 時代考証学会編　彦根
サンライズ出版　2014.3　270p　21cm〈Ⓘ978-4-88325-537-5
Ⓝ778.8　［2500円］
◇人口減少時代の地域づくり　4　「元気な地域」を比較する
東京大学大学院人文社会系研究科　2013.3　109p　30cm
（社会調査実習報告書　2012年度）〈文献あり　共同刊行：東
京大学文学部社会学研究室〉Ⓝ601.152

京都府（地誌）
◇『丹後国風土記』の世界を旅する―記録集：丹後建国1300年記
念シンポジウム　［京丹後］　京丹後市教育委員会　2014.3

京都府（地名）

68p 30cm〈会期：2013年11月30日　内容：基調講演　『丹後風土記』の世界その神話と伝承をめぐって（荊木美行述）　講演　浦島太郎はどこへ行ったのか（髙橋大輔述）〉Ⓝ291.62

京都府（地名）

◇京都盆地の災害地名　綱本逸雄著　勉誠出版　2013.9　317, 20p 22cm〈文献あり　年表あり　索引あり〉①978-4-585-22066-4　Ⓝ291.62　[3800円]

京都府（茶業―宇治田原町―歴史）

◇宇治田原町茶史調査報告書　宇治田原町（京都府）宇治田原町教育委員会　2014.3　151p 30cm　Ⓝ619.8

京都府（鉄道）

◇JR京都線・神戸線―街と駅の1世紀：JR京都線・神戸線各駅今昔散歩明治・大正・昭和の街角を紹介　生田誠著　彩流社　2014.3　87p 26cm　（懐かしい沿線写真で訪ねる）〈年譜あり〉①978-4-7791-1728-2　Ⓝ686.2162　[1850円]

京都府（特別支援教育）

◇地域で取り組む小集団活動マニュアル―発達障害児のソーシャルスキルを育むために　相澤雅大, 佐藤美幸, 全有耳, 高木優一, 廣田真, 吉田真紀編　［京都］　京都府　2014.3　83p 21cm〈共同刊行：京都教育大学附属教育実践センター機構特別支援教育臨床実践センター〉Ⓝ378

京都府（都市計画―京田辺）

◇全国大学まちづくり政策フォーラムin京田辺報告書　第8回　［京田辺］　「全国大学まちづくり政策フォーラムin京田辺」実行委員会　2014.4　67p 30cm　Ⓝ518.8

京都府（都市再開発―八幡市）

◇男山地域再生基本計画　［八幡］　八幡市　2014.3　99p 図版24p 30cm　Ⓝ518.8

京都府（人形―目録）

◇京都の郷土人形コレクション総目録―国登録有形民俗文化財イケマン人形文化保存財団博物館がさがの人形の家編　京都　イケマン人形文化保存財団博物館さがの人形の家　2013.3　350p 30cm〈平成24年度文化庁文化芸術振興費補助金〔文化遺産を活かした観光振興・地域活性化事業〕〉Ⓝ759.038

京都府（農業）

◇京都府内『農業委員会だより』集　平成25年　第23回農業委員会広報コンクール応募作品　［京都］　京都府農業会議　2014.1　234p 30cm　（農業会議資料 25-5）Ⓝ612.162

◇平成26年度の京都府農業・農村・農業者への支援に向けて―平成25年度農業委員会・農業会議の活動から　京都　京都府農業会議　2014.3　112p 30cm　（農業会議資料 25-7）Ⓝ611.7

京都府（農業経営）

◇平成26年度の京都府農業・農村・農業者への支援に向けて―平成25年度農業委員会・農業会議の活動から　京都　京都府農業会議　2014.3　112p 30cm　（農業会議資料 25-7）Ⓝ611.7

京都府（農民―歴史）

◇近世京都近郊の村と百姓　尾脇秀和著　京都　佛教大学　2014.2　274,8p 22cm　（佛教大学研究叢書 22）〈思文閣出版（発売）　索引あり　内容：本書の研究視角と構成　相給支配構造と株百姓の実態　文政期の村方騒動と百姓の壱人両名　村役人層の変容　大島家の壱人両名　大島家の学芸活動　在方医師の活動実態　在方医師と村　大島家の病と地域の医療〉①978-4-7842-1731-1　Ⓝ216.2　[4800円]

京都府（美術―八幡市―図集）

◇はちコレ―八幡のコレクション―松花堂美術館の収蔵品から：平成26年度開館12年特別展　八幡市立松花堂庭園・美術館編　八幡　八幡市立松花堂庭園・美術館　2014.10　51, 4p 26cm〈年表あり　会場：平成26年10月11日―12月14日　八幡市立松花堂美術館展示室〉Ⓝ702.1962

京都府（フィルムアーカイブ）

◇時代劇文化の発信地・京都　大石学, 時代考証学会編　彦根　サンライズ出版　2014.3　270p 21cm　①978-4-88325-537-5　Ⓝ778.8　[2500円]

京都府（風俗・習慣―京丹後市）

◇京丹後市の民俗―京丹後市史資料編　京丹後市史編さん委員会編　京丹後　京丹後市　2014.3　429p 30cm　Ⓝ382.162

京都府（風俗・習慣―歴史）

◇京都の砂持風流絵巻―武蔵大学図書館蔵絵巻　福原敏男著　渡辺出版　2014.3　127p 21×30cm〈文献あり〉①978-4-902119-18-3　Ⓝ382.162　[2800円]

京都府（仏像―図集）

◇京都南山城の仏たち―古寺巡礼　京都南山城古寺の会編　［京都］　京都南山城古寺の会　2014.5　95p 30cm〈東京美術（発売）〉①978-4-8087-0999-0　Ⓝ718.02162　[2000円]

京都府（部落問題―歴史）

◇部落史連続講座講演録　2013年度　京都市部落問題研究資料センター編　京都　京都市部落問題研究資料センター　2014.3　168p 21cm〈内容：京都の渡来系氏族・秦氏について（菅澤庸子述）　近世京都・山城の葬送と賤民・葬具業者（木下光生述）　花山の清目をルーツにもつ近世の川田村（辻ミチ子述）　留岡幸助と部落改善論（関口寛述）　髙田保馬の身分・階級・民族論（田中和男述）　漆器見ье と京都市社会行政をめぐる人々（杉本弘幸述）〉Ⓝ361.86

京都府（文学上）

◇乙訓地名詩　第2輯　チーム乙訓編纂　［出版地不明］　［チーム乙訓］　2014.1　155p 30cm　Ⓝ919

◇京都府の古典　［京都］　京都府　2014.3　117p 21cm〈平成25年度文化庁地域発・文化芸術創造発信イニシアチブ　共同刊行：京都府教育委員会〉Ⓝ910.2

京都府（文化財―南丹市）

◇南丹市文化財調査報告書　6　平成23年度　南丹　南丹市教育委員会　2013.3　9p 30cm　（南丹市文化財調査報告 第18集）Ⓝ709.162

京都府（文化的景観―宮津市）

◇宮津天橋立の文化的景観―文化的景観調査報告書　宮津　宮津市　2014.3　319p 30cm　（宮津市文化財調査報告 第42集）〈文献あり〉Ⓝ629.1

京都府（名簿）

◇京都府人物・人材情報リスト　2015　第1巻　日外アソシエーツ株式会社編　日外アソシエーツ（制作）　2014.11　486p 30cm　Ⓝ281.62

◇京都府人物・人材情報リスト　2015　第2巻　日外アソシエーツ株式会社編　日外アソシエーツ（制作）　2014.11　p487-1331　30cm　Ⓝ281.62

◇京都府人物・人材情報リスト　2015　第3巻　日外アソシエーツ株式会社編　日外アソシエーツ（制作）　2014.11　p1333-1984　30cm　Ⓝ281.62

◇京都府人物・人材情報リスト　2015　第4巻　日外アソシエーツ株式会社編　日外アソシエーツ（制作）　2014.11　p1985-2601, 102p　30cm　Ⓝ281.62

京都府（窯業―歴史）

◇わざの極意は道具にあり―山城の瓦づくり：「山城の瓦製作用具」京都府指定有形民俗文化財指定記念：特別展　京都府立山城郷土資料館編　［木津川］　京都府立山城郷土資料館　2014.10　109p 30cm　（展示図録 35）〈会期・会場：平成26年10月25日―12月7日　京都府立山城郷土資料館〉Ⓝ573.35

京都府（緑地計画―亀岡市）

◇亀岡市緑の基本計画―緑・水・うるおいのあるまち―かめおか　亀岡　亀岡市まちづくり推進部都市計画課　2014.3　100p 30cm　Ⓝ518.85

京都府（歴史）

◇あなたの知らない京都府の歴史　山本博文監修　洋泉社　2014.7　189p 18cm　（歴史新書）〈文献あり　年表あり〉①978-4-8003-0440-7　Ⓝ216.2　[850円]

◇京都地域情報・文化遺産データベースの展開・活用―「郡村誌」の地図化と二ノ瀬・岡崎を事例に　東昇編　京都　京都府立大学文学部歴史学科文化情報学研究室　2014.3　93p 30cm　（京都府立大学地域貢献型特別研究成果報告書 2013年度）Ⓝ216.2

◇京都における歴史学の誕生―日本史研究の創造者たち　小林丈広編著　京都　ミネルヴァ書房　2014.4　277,8p 22cm　（MINERVA日本史ライブラリー 26）〈年表あり　索引あり　内容：現場からの史学史を目指して（小林丈広著）　『平安通志』編纂と歴史学（小林丈広）　長岡宮大極殿跡の探究と岡本稲平（玉城玲子著）　海外雄飛時代の歴史学（福家崇洋著）　『京都市史』編纂と歴史学（入山洋子著）　篠崎勝の前半生（松中博著）　林屋辰三郎と戦後京都の日本史研究の環境（佐野方郎著）　部落史への回帰（本郷浩二著）　朝鮮通信使を描いた一絵図の変転（伊東宗裕著）〉①978-4-623-07052-7　Ⓝ216.2　[6000円]

◇発見!!山城のあゆみ―山城の知識満載!!やましろの地域・歴史ガイドブック　［京田辺］　京都府山城教育局　［2013］　57p 30cm〈共同刊行：京都府立山城郷土資料館〉Ⓝ216.2

京都府（歴史―綾部市）

◇山家の村々―釜輪の歴史を中心に　川端二三三郎編　綾部　綾部史談会　2014.3　108p 30cm〈共同刊行：山家歴史の会〉Ⓝ216.2

京都府（歴史―宇治市）

◇宇治市の写真資料　4　宇治市歴史資料館編　宇治　宇治市歴史資料館　2014.3　55p 26cm　（収蔵資料調査報告書 16）〈年表あり〉Ⓝ216.2

京都府（歴史―亀岡市）

◇丹波国馬路帯刀郷士覚書―人見中川「両苗」郷士の存在形態と政治的運動　岡本幸雄著　福岡　海鳥社　2014.5　182p　22cm　①978-4-87415-906-4　Ⓝ216.2　[3000円]

京都府（歴史―写真集）

◇京田辺・木津川・綴喜・相楽の今昔―保存版　中津川敬朗監修　松本　郷土出版社　2014.11　223p　31cm　①978-4-86375-223-8　Ⓝ216.2　[9250円]

京都府（歴史―史料―京丹後市）

◇久美浜代官所関係史料集―京丹後市史資料編　京丹後市史編さん委員会編　京丹後　京丹後市　2014.3　436p　22cm〈文献あり〉Ⓝ216.2

京都府（歴史―史料―書目―南丹市）

◇南丹市立文化博物館蔵美園町区有文書目録　南丹市立文化博物館編　南丹　南丹市立文化博物館　2013.3　109p　30cm（南丹市立文化博物館調査報告書　第3集）Ⓝ216.2

京都府（歴史―南丹市）

◇図説丹波八木の歴史　第2巻　古代・中世編　八木町史編集委員会編　南丹　京都府南丹市　2013.3　177, 10p　30cm〈文献あり　年表あり〉Ⓝ216.2

◇図説丹波八木の歴史　第3巻　近世編　八木町史編集委員会編　南丹　京都府南丹市　2013.3　175, 11p　30cm〈文献あり〉Ⓝ216.2

京都府（路線価）

◇路線価図―京都府（3）　大阪　納税協会連合会　2014.7　1冊　30cm（財産評価基準書　平成26年分　10/49）（清文社（発売））内容：右京（京都市右京区・西京区、向日市/長岡京市/乙訓郡大山崎町））Ⓝ345.5　[6700円]

◇路線価図―京都府（5）　大阪　納税協会連合会　2014.7　1冊　30cm（財産評価基準書　平成26年分　12/49）（清文社（発売））内容：福知山（福知山市/綾部市）　舞鶴（舞鶴市））Ⓝ345.5　[5300円]

◇路線価図―京都府（6）　大阪　納税協会連合会　2014.7　1冊　30cm（財産評価基準書　平成26年分　13/49）（清文社（発売））内容：宇治（宇治市/城陽市/八幡市/京田辺市、木津川市/久世郡久御山町、綴喜郡井手町・宇治田原町、相楽郡精華町））Ⓝ345.5　[12800円]

◇路線価図―京都府（7）　大阪　納税協会連合会　2014.7　1冊　30cm（財産評価基準書　平成26年分　14/49）（清文社（発売））内容：宮津（宮津市/与謝郡与謝野町）　園部（亀岡市/南丹市/峰山（京丹後市））Ⓝ345.5　[6200円]

京都府太鼓連合会

◇京都府太鼓連合会30周年記念誌　京都府太鼓連合会編　[出版地不明]　京都府太鼓連合会　2013.7　68p　30cm〈年表あり〉Ⓝ768.17

京都府町村議会議長会

◇創立65周年記念誌―京都府町村議会議長会　京都府町村議会議長会編　京都　京都府町村議会議長会　2014.7　125p　30cm〈年表あり〉Ⓝ318.422　[非売品]

京都府農業会議

◇京都府農業会議60年のあゆみ―土地と農業を守り、担い手の育成をめざして！：記念誌　2014年増補版　京都　京都府農業会議　2014.11　133p　30cm〈年表あり〉Ⓝ611.13

京都府立医科大学眼科学教室

◇京都府立医科大学眼科学教室百三十年史―1884-2014　京都府立医科大学眼科学教室百二十年史編集委員会編　[京都]　木下茂　2014.9　515p　図版 [16] 枚　22cm〈年表あり　文献あり〉Ⓝ377.28　[非売品]

京都府立総合資料館

◇京都府立総合資料館開館50周年記念誌―1963-2013　京都府立総合資料館編　京都　京都府立総合資料館　2014.3　112p　30cm〈年表あり〉Ⓝ216.2

京都ライオンズクラブ

◇京都ライオンズクラブ60周年記念誌　京都ライオンズクラブCN 60周年記念誌部会編　京都　京都ライオンズクラブ　2014.9　63p　27cm〈タイトルは奥付、表紙による〉Ⓝ065

京都ワークハウス

◇じゃあ、また明日。―障がいのある人たちと共に歩んだ30年　京都ワークハウス編　京都　ウインかもがわ　2013.5　191p　19cm〈かもがわ出版（発売）　年譜あり〉①978-4-903882-50-5　Ⓝ369.28　[1000円]

教如〔1558～1614〕

◇教如と東西本願寺　同朋大学仏教文化研究所編　京都　法蔵館　2013.12　292p　22cm〈文献あり　年譜あり〉内容：本願

寺教如（安藤弥著）　北陸との関係（木越祐馨著）　秀吉との関係（遠藤一著）　継職問題（岡村喜史著）　家康との関係（川端泰幸著）　教団の整備（松金直美著）　史料論の課題（金龍静著）　地域教団論（安藤弥著）　東本願寺家臣（太田光俊著）　茶人との交流（青木馨著）　本願寺と梵鐘（小山正文著）①978-4-8318-7456-6　Ⓝ188.72　[6000円]

凝然〔1240～1321〕

◇華厳宗要義講読　藤丸要著　京都　永田文昌堂　2014.7　502, 7p　22cm〈著作目録あり〉①978-4-8162-2146-0　Ⓝ188.31　[10000円]

清河 八郎〔1830～1863〕

◇清河八郎関係書簡　2　庄内町教育委員会編　庄内町（山形県）庄内町　2014.3　225p　21cm（庄内町史資料　第2号）〈年譜あり〉Ⓝ289.1

◇新選組誕生と清河八郎―新選組誕生一五〇年記念巡回特別展　日野　日野市　2014.1　122p　30cm（日野市立新選組のふるさと歴史館叢書　第11輯）〈日野市立新選組のふるさと歴史館（製作）　会期：平成25年7月13日―9月23日ほか〉Ⓝ210.58

旭水町内会

◇旭水町内会50周年史―地域郷土史・きょくすいのいまむかし　旭水町内会50周年史編集委員会編　[札幌]　旭水町内会　2013.10　99p　30cm〈年表あり　認可地縁団体旭水町内会創立50周年記念〉Ⓝ318.815

極地（便覧）

◇世界自然環境大百科　9　北極・南極・高山・孤立系[Ramon Folch編]，大澤雅彦総監訳　柴田治，大澤雅彦，伊藤秀三監訳　朝倉書店　2014.7　481p　29cm〈文献あり　索引〉①978-4-254-18519-5　Ⓝ468.036　[28000円]

曲亭 馬琴〔1767～1848〕

◇青砥藤綱摸稜案　備考篇　曲亭馬琴作，伊井暇幻校訂・備考[出版地不明]　海南人文研究室　2014.9　p297-424　26cm　Ⓝ913.56

極東〔ロシア〕（遺跡・遺物）

◇環日本海北回廊の考古学的研究　1　ヤミフタ遺跡発掘調査報告書　大貫静夫監修，福田正宏，シェフコムード,I. Ya.，森先一貴，熊木俊朗編　北見　東京大学大学院人文社会系研究科附属北海文化研究常呂実習施設　2014.3　160p　図版 8p　30cm（東京大学常呂実習施設研究報告　第11集）〈文献あり　ロシア語併載〉Ⓝ229.2

極東〔ロシア〕（開発計画）

◇ロシアが仕掛ける"本気の極東戦略"　山口英一著　日刊工業新聞社　2014.1　183p　21cm（B&Tブックス）〈文献あり〉①978-4-526-07190-4　Ⓝ601.292　[1800円]

◇ロシア極東・シベリア地域開発と日本の経済安全保障　[東京]　日本国際問題研究所　2014.3　110p　30cm〈平成25年度外務省外交・安全保障調査事業（総合事業）〉Ⓝ601.292

極東〔ロシア〕（石炭産業）

◇極東及びサハリンにおける石炭輸出ポテンシャル等調査―平成25年度海外炭開発支援事業海外炭開発高度化等調査　石油天然ガス・金属鉱物資源機構　2014.3　15, 184p　30cm〈背のタイトル：ロシア・極東及びサハリン〉Ⓝ567.092292

極東〔ロシア〕（石油産業）

◇日本はロシアのエネルギーをどう使うか　本村眞澄 [著]　東洋書店　2013.12　63p　21cm（ユーラシア・ブックレットno.187）〈文献あり〉①978-4-86459-158-4　Ⓝ568.09　[800円]

極東〔ロシア〕（石器）

◇環日本海北回廊における完新世初頭の様相解明―「石刃鏃文化」に関する新たな調査研究：科学研究費助成事業『環日本海北回廊の考古学的研究』研究集会　大貫静夫，福田正宏編　東京大学大学院人文社会系研究科考古学研究室　2014.2　124p　30cm〈文献あり　会期・会場：平成26年2月15日―16日　東京大学総合研究博物館本郷本館7Fミューズホール　共同研究：東京大学大学院新領域創成科学研究科社会文化環境学専攻　内容：基調講演「石刃鏃文化論と女満別式土器論の行方」（大貫静夫著）　基調報告「ロシア極東・道東におけるこれまでの調査成果」（福田正宏著）　北東アジアの石刃鏃石器群における体系的黒曜石研究の適用（出穂雅英，森先一貴著）　石刃鏃石器群の年代（國木田大著）　北海道東部の縄文時代早期土器（山原敏朗著）　縄文早期の土器群（道西）（富永勝也著）　北海道の石刃鏃石器群再考（高倉純著）　ロシア極東における石刃鏃を伴う石器群（森先一貴著）　石刃鏃石器群の多様性と共通性（佐藤宏之著）〉Ⓝ211

極東〔ロシア〕（天然ガス）

◇日本はロシアのエネルギーをどう使うか　本村眞澄 [著]　東洋書店　2013.12　63p　21cm（ユーラシア・ブックレットno.187）〈文献あり〉①978-4-86459-158-4　Ⓝ568.09　[800円]

清沢 満之〔1863～1903〕

清沢 満之〔1863～1903〕
◇清沢満之と日本近現代思想—自力の呪縛から他力思想へ　山本伸裕著　明石書店　2014.10　286p　20cm　〈文献あり〉　①978-4-7503-4092-0　Ⓝ188.72　［3000円］

清須市（写真集）
◇稲沢・清須の昭和—写真アルバム　名古屋　樹林舎　2014.2　263p　図版16p　31cm　〈年表あり〉①978-4-902731-63-7　Ⓝ215.5　［9514円］

清瀬市（郷土芸能）
◇清瀬の民俗行事と民俗芸能　さいたま民俗文化研究所作成　清瀬　清瀬市郷土博物館　2014.3　194p　30cm　（清瀬市歴史・文化双書 1)〈文献あり〉Ⓝ386.1365

清瀬市（祭祀）
◇清瀬の民俗行事と民俗芸能　さいたま民俗文化研究所作成　清瀬　清瀬市郷土博物館　2014.3　194p　30cm　（清瀬市歴史・文化双書 1)〈文献あり〉Ⓝ386.1365

清瀬市（労働運動）
◇革命バカ一代駐車場日記—たかが駐車場、されど駐車場　塩見孝也著　鹿砦社　2014.11　282p　19cm　①978-4-8463-1025-7　Ⓝ366.621365　［1500円］

清武 弘嗣〔1989～ 〕
◇明日への足音　清武弘嗣著　小学館　2014.5　245p　19cm　①978-4-09-388361-0　Ⓝ783.47　［1400円］
◇だから僕は、前に進める。　清武弘嗣［著］　ワニブックス　2014.6　121p　25cm　①978-4-8470-9228-2　Ⓝ783.47　［1600円］

ギリシア（紀行・案内記）
◇天使と翔ける冒険旅行 19　ギリシャとトルコ　ドク・ヨーコ写真・文　ブックコム　2014.10　159p　19×19cm　①978-4-907446-19-2　Ⓝ290.9　［3000円］

ギリシア（商人）
◇海賊と商人の地中海—マルタ騎士団とギリシア商人の近世海洋史　モーリー・グリーン著、秋山晋吾訳　NTT出版　2014.4　349p　22cm　〈文献あり 索引あり〉①978-4-7571-4295-4　Ⓝ230.5　［3600円］

ギリシア（数学—歴史—古代）
◇アルキメデス『方法』の謎を解く　斎藤憲著　岩波書店　2014.11　144p　19cm　（岩波科学ライブラリー 232)〈文献あり　「よみがえる天才アルキメデス」(2006年刊）の改題、改訂〉①978-4-00-029632-8　Ⓝ410.231　［1300円］

ギリシア（政治思想—歴史—古代）
◇古代ギリシアにおける自由と社会　仲手川良雄著　創文社　2014.11　521,67p　22cm　〈索引あり〉①978-4-423-46071-9　Ⓝ311.2395　［12000円］

ギリシア（文化—歴史—古代）
◇古代地中海世界における文化受容の諸断面 2011-2013年度保坂高殿編　［千葉］　千葉大学大学院人文社会科学研究科　2014.2　131p　30cm　（人文社会科学研究プロジェクト報告書 第269集)〈文献あり　内容：古代地中海世界における国家と教会の互恵関係(保坂高殿）古典期アテナイにおける学問伝統の諸展開(和泉ちえ著)　ノラのパウリヌスCarmen 20における動物の犠牲描写について(野村嗣著)プラトンにおけるヘラクレイトス像(阪田祥章著)〉Ⓝ209.3

ギリシア（法制史—古代）
◇古典ギリシア憲法—コンメンタール　安部萬年編著　保存版大分　自由とデモクラシー研究会　2014.6　802p　22cm　（教育史料出版会（発売）文献あり 年表あり 索引あり〉①978-4-87652-527-0　Ⓝ322.3　［13500円］

ギリシア（歴史—古代）
◇ペリクレスの世紀　ジャン＝ジャック・マッフル著、幸田礼雅訳　白水社　2014.8　162,7p　18cm　（文庫クセジュ 993)〈文献あり〉①978-4-560-50993-7　Ⓝ231　［1200円］

霧島市（遺跡・遺物）
◇気色の杜遺跡—大隅国府跡 2　霧島　霧島市教育委員会　2014.3　49p　30cm　（霧島市埋蔵文化財発掘調査報告書 21)〈宅地造成に伴う埋蔵文化財発掘調査報告書〉Ⓝ210.0254
◇前原和田遺跡　霧島　鹿児島県立埋蔵文化財センター　2014.3　116p　30cm　（鹿児島県立埋蔵文化財センター発掘調査報告書 181)〈霧島市福山町所在〉Ⓝ210.0254

霧島市（空襲）
◇国分海軍航空隊—国分第一及び第二基地米国空軍の爆撃記録その他　今吉孝夫訳編　［さいたま］［今吉孝夫］　2014.1　1冊　30cm　〈英語併載〉Ⓝ210.75

霧島市（軍事基地）
◇国分海軍航空隊—国分第一及び第二基地米国空軍の爆撃記録その他　今吉孝夫訳編　［さいたま］［今吉孝夫］　2014.1　1冊　30cm　〈英語併載〉Ⓝ210.75

霧島市（自然保護）
◇地域生物多様性保全計画策定事業委託業務報告書　平成25年度　［霧島］　霧島市　2014.3　57,68p　30cm　〈環境省委託事業〉Ⓝ519.8197

霧島市（生物多様性）
◇地域生物多様性保全計画策定事業委託業務報告書　平成25年度　［霧島］　霧島市　2014.3　57,68p　30cm　〈環境省委託事業〉Ⓝ519.8197

キリスト
◇イエス・キリストは実在したのか？　レザー・アスラン著、白須英子訳　文藝春秋　2014.7　352,11p　20cm　〈文献あり 年表あり〉①978-4-16-390093-3　Ⓝ192.8　［1850円］
◇イエスという経験　大貫隆著　岩波書店　2014.10　323,22p　15cm　（岩波現代文庫)〈文献あり 索引あり〉①978-4-00-600321-0　Ⓝ192.8　［1300円］
◇各時代の希望—イエス・キリストの生涯　上巻　エレン・G.ホワイト著、左近允公訳　立川　福音社　2014.12　494p　15cm　①978-4-89222-453-9　Ⓝ192.8　［1000円］
◇各時代の希望—イエス・キリストの生涯　中巻　エレン・G.ホワイト著、左近允公訳　立川　福音社　2014.12　511p　15cm　①978-4-89222-454-6　Ⓝ192.8　［1000円］
◇各時代の希望—イエス・キリストの生涯　下巻　エレン・G.ホワイト著、左近允公訳　立川　福音社　2014.12　503p　15cm　①978-4-89222-455-3　Ⓝ192.8　［1000円］
◇キリストに出会う本—Jesus Story　守部喜雅著　いのちのことば社フォレストブックス　2014.4　63p　19cm　①978-4-264-03214-4　Ⓝ191.2　［500円］
◇釈迦とイエス真理は一つ　三田誠広著　集英社　2014.6　217p　18cm　（集英社新書 0744)①978-4-08-720744-6　Ⓝ182.8　［740円］
◇徹底検証キリスト教—信じる根拠はどこにあるのか　第2巻　キリスト　ジョシュ・マクドウェル著、中村光弘訳、川端光生監修　三鷹　日本キャンパス・クルセード・フォー・クライスト　2014.11　477p　19cm　（いのちのことば社（発売)〉①978-4-264-03270-0　Ⓝ191　［2600円］
◇ナザレの人イエス　D.ゼレ,L.ショットロフ著、丹治めぐみ訳　日本キリスト教団出版局　2014.2　206p　19cm　〈文献あり 年表あり 索引あり〉①978-4-8184-0883-8　Ⓝ191.2　［2200円］

キリスト（美術上）
◇キリストの顔—イメージ人類学序説　水野千依著　筑摩書房　2014.6　398p　19cm　（筑摩選書 0093)〈文献あり 索引あり　内容：失われた顔を求めて　マンディリオン伝説の構築　マンディリオンの表象　複製される神聖空間　ラテラーノ宮殿の救世主の肖像　ヴェロニカ伝説の構築　ヴェロニカの表象　キリストのプロフィール肖像〉①978-4-480-01601-0　Ⓝ702.099　［2000円］

キリスト教福音宣教会
◇天のことば私のことば　第3巻　鄭明析著、KSG,KBY翻訳　［出版地不明］　［出版者不明］　2014.6　226p　19cm　①978-4-86522-021-6　Ⓝ169.21

桐竹 勘十郎〔3代目〕
◇なにわの華 文楽へのいざない—人形遣い桐竹勘十郎　桐竹勘十郎著　京都　淡交社　2014.5　127p　21cm　〈年譜あり〉①978-4-473-03950-7　Ⓝ777.1　［2000円］

キリックスグループ
◇レクサス星が丘の奇跡—No.1トヨタのおもてなし　志賀内泰弘著　PHP研究所　2014.9　217p　19cm　〈文献あり〉①978-4-569-82051-4　Ⓝ537.09　［1400円］

桐生市（遺跡・遺物）
◇桐生市内遺跡発掘調査報告　平成23・24年度調査　桐生市教育委員会文化財保護課編著　［桐生］　桐生市教育委員会事務局　2014.3　138p　30cm　（桐生市文化財調査報告書 第33集)〈内容：平成23年度調査　桐生市新里町山上天笠南J遺跡　桐生市新里町関関長者塚古墳．3　桐生市新里町山上天笠南K遺跡　桐生市新里町山上上新町IV遺跡　桐生市新里町新川元宿I遺跡　平成24年度調査　桐生市新里町山上天笠南L遺跡　桐生市新里町関関長者塚古墳．4　平成23・24年度試掘調査　桐生市内遺跡確認調査〉Ⓝ210.0254

桐生市〈辞書〉

◇桐生市ことがら事典―索引・正誤表・増補・附図つき　図書館資料整理ボランティア編　桐生　桐生市教育委員会　2014.3　1冊（ページ付なし）30cm〈桐生市制施行90周年・水道創設80周年記念事業「桐生市ことがら事典」（2012年刊）の索引・正誤表・増補・附図〉Ⓝ291.33

桐生市桜木婦人会

◇桜木婦人会のあゆみ―創立50周年記念誌　[桐生]　桐生市桜木婦人会　2014.5　347p　30cm〈年表あり　折り込2枚〉Ⓝ367.06

キリンホールディングス株式会社

◇サントリー対キリン　永井隆著　日本経済新聞出版社　2014.11　255p　19cm　Ⓘ978-4-532-31960-1　Ⓝ588.5　[1500円]

キルギス〈婚姻―写真集〉

◇キルギスの誘拐結婚　林典子写真・文　日経ナショナルジオグラフィック社　2014.6　138p　24×26cm　（NATIONAL GEOGRAPHIC）〈日経BPマーケティング（発売）〉Ⓘ978-4-86313-281-8　Ⓝ367.22962　[2600円]

キルギス〈女性問題―写真集〉

◇キルギスの誘拐結婚　林典子写真・文　日経ナショナルジオグラフィック社　2014.6　138p　24×26cm　（NATIONAL GEOGRAPHIC）〈日経BPマーケティング（発売）〉Ⓘ978-4-86313-281-8　Ⓝ367.22962　[2600円]

ギルモア，L.〔1873～1933〕

◇レオニー・ギルモア―イサム・ノグチの母の生涯　エドワード・マークス著，羽田美也子，田村七重，中地幸訳　彩流社　2014.1　520,21p　21cm〈文献あり　索引あり〉Ⓘ978-4-7791-1978-1　Ⓝ289.3　[5000円]

喜和田鉱山

◇喜和田鉱山探鉱回顧　長原正治編　[出版地不明]　長原知子　2014.8　152p　26cm〈発行所：日本鉱業史研究会〉Ⓝ562.4

キーン，D.〔1922～　〕

◇ドナルド・キーン―世界に誇る日本文学者の軌跡　河出書房新社　2014.2　191p　21cm　（KAWADE道の手帖）〈年譜あり〉Ⓘ978-4-309-74051-5　Ⓝ289.3　[1600円]

◇ドナルド・キーン著作集　第10巻　自叙伝決定版　ドナルド・キーン著　新潮社　2014.6　469p　22cm〈索引あり　内容：ニューヨーク郊外の少年時代　九歳，ヨーロッパへの船旅　パリ，ウィーンでの歴史との出会い　十六歳，コロンビア大学に入学　ナチ侵攻のさなか，『源氏物語』に没頭　最初の日本語は「サクランボ」　角田柳作先生と真珠湾攻撃　海軍日本語学校へ　日本兵の日記に感じ入る　アッツ島・キスカ島作戦　日本人の捕虜たちと　神風特攻機に肝を冷やす　沖縄本島上陸　初めて「部下」を持つ　原爆投下と終戦　中国の青島へ　戦犯調査任務の苦痛　バンザイ・アタック論争　焼け野原の東京へ　帰還時の記憶　戦争が与えてくれた贈り物　コロンビア大学に復学　日本学者への道　ハーヴァード大学へ「遍参」　ライシャワー教授　ヨーロッパを旅する　ケンブリッジでの生活　ディキンズ夫人との友情　バートランド・ラッセル卿の意外な発言　作家フォースターとオペラ　我がお手本アーサー・ウエーリ　日本語と朝鮮語の教師に　落胆を覚えた日本語連続講義　日本行きの奨学金を得る　留学の地，京都へ　念願の日本式生活を始める　『日本文学選集』の編纂　書と狂言を習う　永井道雄との出会い　よき時代の京都　伊勢神宮式年遷宮を初めて奉拝　嶋中鵬二を訪ねる　三島由紀夫との十七年　大谷崎　谷崎源氏と講演で気づいたこと　日本を去る　教師生活とパーティーと日本ブーム　グレタ・ガルボをエスコート　日本での国際ペンクラブ大会に参加　我が「処女小説」　イヴァン・モリスの思い出と古典の翻訳　東京の作家たちと交わる　謡曲「熊野」と母からの手紙　東南アジアの旅へ　ウエーリとの別れ，母の死，そして日本での救い　六〇年代の仕事と旅　大江健三郎と安部公房　ソ連訪問について　『日本文学史』の構想を転換　共産主義国家とファシズム国家　二つの人生を生きることに　国際文学審査員の栄光と挫折　三島由紀夫の自決　葬儀委員長川端康成とノーベル文学賞　日記文学を「発見」した『百代の過客』から伝記『明治天皇』へ　「日本のこころ」を足利義政に見出す　「年中行事」とニューヨーク　旧友ヨーロッパ，「最後の港」日本　「紅毛碧眼」の一人だった私と蘭学者たち　「渡辺崋山」を書いた理由　「老齢」を楽観する　光彩陸離たる日々　大震災と日本国籍　生涯一学徒　私の大事な空　光と影のスペイン　北京の春　ポーランドにリラが咲く頃　五十三年ぶりのウィーン　「清き水上尋ねてや……」‐京都・鴨川　わが街，東京　"かけ橋"としての人生（川島啓助訳）　ニューヨークの近松門左衛門　私の自己証明　定説と自説の間で　文学と歴史の境界線を越えて　東北に対する私の偏見　漢字が消える日は来るか　学者の苦労　私という濾過器　作品で世界と「会話」　御堂筋を歩いた思い出　友人であり恩人　良い友達を失ってしまった　私の好きな空間　ケンブリッジのキャスリーン・フェリアー　わがマリア・カラス　メトロポリタンに「還暦のドミンゴ」を聴く（武藤浩史訳）〉Ⓘ978-4-10-647110-0　Ⓝ210.08　[3200円]

◇ドナルド・キーンわたしの日本語修行　ドナルド・キーン，河路由佳著　白水社　2014.9　265p　20cm〈文献あり　年譜あり〉Ⓘ978-4-560-08677-3　Ⓝ289.3　[1800円]

金天海〔1899～　〕

◇金天海―在日朝鮮人社会運動家の生涯　樋口雄一著　社会評論社　2014.10　223p　19cm　Ⓘ978-4-7845-1205-8　Ⓝ289.2　[2200円]

金佩華〔1952～　〕

◇北京と内モンゴル，そして日本―文化大革命を生き抜いた回族少女の青春記　金佩華著　福岡　集広舎　2014.3　366p　20cm　Ⓘ978-4-904213-19-3　Ⓝ289.2　[2600円]

近畿大学

◇なぜ関西のローカル大学「近大」が，志願者数日本一になったのか　山下柚実著　光文社　2014.11　253p　19cm　Ⓘ978-4-334-97802-0　Ⓝ377.21　[1300円]

近畿大学梅友会静岡県支部

◇通信教育の実践―梅友会静岡県支部20周年記念誌　近畿大学梅友会静岡県支部編　静岡　近畿大学梅友会静岡県支部　2014.3　88p　26cm〈年表あり　共同刊行：近畿大学通信教育部静岡県学習会〉Ⓝ379.7

近畿大学附属豊岡高等学校

◇輝きの半世紀―近畿大学附属豊岡高等学校創立五十周年記念誌　記念誌発行委員会編　豊岡　近畿大学附属豊岡高等学校　2014.6　179p　31cm〈年表あり〉Ⓝ376.48

近畿地方〈遺跡・遺物〉

◇葛城とヤマトタケル白鳥伝説―古代人がのこした鳥の造形：第15回特別展　葛城　葛城市歴史博物館　2014.9　51p　30cm（葛城市歴史博物館特別展図録　第15冊）〈会期・会場：平成26年9月27日～11月24日　葛城市歴史博物館〉Ⓝ216

◇変わる寺内町像―発掘調査の成果から：平成26年度特別展　八尾市文化財調査研究会編　[八尾]　八尾市文化財調査研究会　2014.10　80p　30cm〈文献あり　会期：平成26年10月11日～11月24日　共同刊行：八尾市立歴史民俗資料館〉Ⓝ216

◇古墳時代の船と水運―高槻市立今城塚古代歴史館平成26年度秋季特別展　高槻市立今城塚古代歴史館編　高槻　高槻市立今城塚古代歴史館　2014.10　63p　30cm〈文献あり　会期：平成26年10月11日～12月7日〉Ⓝ216

近畿地方〈エコシティ〉

◇コンパクトな都市―都市のコンパクト化と交通委員会報告書　関西鉄道協会都市交通研究所編　[大阪]　関西鉄道協会都市交通研究所　2014.7　124p　30cm　（IUT 1045）〈文献あり〉Ⓝ519

近畿地方〈外国人労働者〉

◇関西地域の投資戦略―高度外国人財の活用による活性化　大阪　アジア太平洋研究所　2013.5　9,101p　30cm　（アジア太平洋研究所資料 13-10）〈文献あり〉Ⓘ978-4-87769-654-2　Ⓝ366.89

近畿地方〈会社―名簿〉

◇東商信用録―近畿・北陸版　平成26年版　上巻　大阪　東京商工リサーチ関西支社　2014.9　116,1452p　31cm　Ⓘ978-4-88754-930-2（set）　Ⓝ335.035

◇東商信用録―近畿・北陸版　平成26年版　下巻　大阪　東京商工リサーチ関西支社　2014.9　140,1782p　31cm　Ⓘ978-4-88754-930-2（set）　Ⓝ335.035

近畿地方〈観光事業〉

◇関西からおもてなし―ふるさと関西を考えるキャンペーン39年　大阪　明治安田生命保険相互会社大阪総務部関西を考える会　2014.6　87p　30cm　Ⓝ689.216　[非売品]

近畿地方〈企業〉

◇関西商法に学ぶ商売繁盛のヒント　中森勇人著　TKC出版　2014.4　225p　19cm　Ⓘ978-4-905467-17-5　Ⓝ335.216　[1300円]

◇ザ・トップフライト―関西から未来へ，世界へ　ダイヤモンド経営者倶楽部関西事務局編著　ダイヤモンド社　2014.9　169p　19cm　Ⓘ978-4-478-02966-4　Ⓝ335.216　[1800円]

近畿地方〈企業―名簿〉

◇主要企業要覧　関西版　2013年新年特集号　大阪　帝国データバンク大阪支社　2013.1　468p　30cm　（帝国ニュース　関西版）Ⓝ335.035　[10000円]

近畿地方（紀行・案内記）

◇主要企業要覧 関西版 2014年新年特集号 大阪 帝国データ
バンク大阪支社 2014.1 498p 30cm （帝国ニュース 関西
版）Ⓝ335.035 ［10000円］

近畿地方（紀行・案内記）

◇関西ぶらり探訪 藤田佳信著 姫路 ブックウェイ 2014.12
71p 19cm Ⓘ978-4-907439-04-0 Ⓝ291.6 ［750円］

近畿地方（近代化遺産）

◇大阪・神戸の近代化遺産を訪ねて―大人の散歩：ちょっと京
都・奈良 國眼隆一，トイロ・ビジネス編著 池田 自然総研
2014.3 225p 21cm 〈神戸新聞総合出版センター（発売）〉
Ⓘ978-4-343-00775-9 Ⓝ523.16 ［1600円］

◇鉄道がきた！―舟運・海運・馬車道・鉄道：大阪―神戸鉄道開
通140年記念特別展阪神・淡路大震災20年展 兵庫県立考古博
物館編 播磨町（兵庫県） 兵庫県立考古博物館 2014.10
102p 30cm 〈年表あり 会期：2014年10月4日―11月30日〉
Ⓝ686.216

近畿地方（空港）

◇関西全体の航空需要拡大について考えるセミナー・フォーラム
の記録 ［神戸］ 兵庫県 2013.3 1冊 30cm 〈内容：関
空・伊丹の経営統合と関西経済の活性化（野村宗訓述） 新関西
国際空港（株）の経営戦略（室谷正裕述） 日本初の本格的LCC
が画く関空を拠点とした経営戦略（井上慎一述） 関西経済の
競争力強化に向けた空港の役割（加藤恵正述） 航空需要拡大
に必要な連携策（引頭雄一述） 関西における航空ネットワー
クの展望と課題について（大貫哲也述） コンセッションの意
義と空港の事業価値について（黒石匡昭述） コンセッション
と関西経済（加藤一誠述） 航空業界の環境変化と関西3空港
（藤村修一述） 関西3空港のこれから（高橋望述）〉Ⓝ687.216

◇関西全体の航空需要拡大について考えるセミナー・フォーラム
の記録 ［神戸］ 兵庫県 2014.3 1冊 30cm 〈内容：関西3
空港への期待（角和夫述） 今後の大阪国際空港のあり方（蒲生
猛述） 経営統合の成果と今後の進むべき道（野村宗訓述）
神戸空港のポテンシャル（大橋忠晴述） エアラインの戦略と
神戸空港への期待（齋藤貞夫述） エアラインの戦略と神戸空
港への期待（高橋洋述） 神戸空港が目指すべき道（上村敏之
述） 空を変える、日本が変わる（安藤圭一述）〉Ⓝ687.216

近畿地方（経営者）

◇女の本気―関西女性経営者46人からの本気のメッセージ！
エメラルド倶楽部関西著 オータパブリケイションズ 2014.
8 204p 19cm 〈内容：小篠美智子（小篠美智子述） 菅原智
美（菅原智美述） 福田和美（福田和美述） 山崎美香（山崎美
香述） 國府淑美（國府淑美述） 佐伯浩子（佐伯浩子述） 山
川景子（山川景子述） 福森鈴子（福森鈴子述） 嶋原康子（嶋
原康子述） 中西理翔（中西理翔述） 福西麻花（福西麻花述）
大崎澄子（大崎澄子述） 山口里美（山口里美述） 岡真由美
（岡真由美述） 磯崎雅美（磯崎雅美述） 川崎昌子（川崎昌子
述） 岩肥弥生（岩肥弥生述） 西村有子（西村有子述） 黒山
元子（黒山元子述） 山田まこ（山田まこ述） 高橋智栄（高橋
智栄述） 芳野順子（芳野順子述） 山本美穂（山本美穂述）
中田圭子（中田圭子述） 高山尚子（高山尚子述） 深谷亜由美
（深谷亜由美述） 板谷國子（板谷國子述） 榮本信子（榮本信
子述） 田中三紀子（田中三紀子述） 渡邊弘子（渡邊弘子述）
渋谷麻衣子（渋谷麻衣子述） 山本祐美子（山本祐美子述） 河
上和実（河上和実述） 菊本美和（菊本美和述） 花岡末子（花
岡末子述） 阿部あい子（阿部あい子述） 錦弘美（錦弘美述）
堀内麻祐子（堀内麻祐子述） 松浦鈴枝（松浦鈴枝述） 洞渕美
佐緒（洞渕美佐緒述） 山村貴乃（山村貴乃述） 伊與田美貴
（伊與田美貴述） 石川敏子（石川敏子述） 石尾麻衣（石尾麻
衣述） 白水千雅（白水千雅述） 中田しのぶ（中田しのぶ
述）〉Ⓘ978-4-903721-45-3 Ⓝ332.8 ［1500円］

近畿地方（経済）

◇関西経済白書 2014年版 KANSAI発のイノベーションとは
何か 大阪 アジア太平洋研究所 2014.9 181,45p 30cm
〈年表あり〉Ⓘ978-4-87769-662-7 Ⓝ332.16 ［2381円］

近畿地方（建築―歴史）

◇大阪・神戸の近代化遺産を訪ねて―大人の散歩：ちょっと京
都・奈良 國眼隆一，トイロ・ビジネス編著 池田 自然総研
2014.3 225p 21cm 〈神戸新聞総合出版センター（発売）〉
Ⓘ978-4-343-00775-9 Ⓝ523.16 ［1600円］

◇関西のモダニズム建築―1920年代～60年代、空間にあらわれ
た合理・抽象・改革 石田潤一郎監修 京都 淡交社 2014.6
351p 26cm 〈索引あり 内容：序論―「関西のモダニズム建
築」再発見のために（石田潤一郎著） 大阪朝日ビル（石田潤一
郎著） 御影公会堂（川島智生著） 本野邸・栗原邸・京都工芸
繊維大学3号館（笠原一人著） 其中堂・JR奈良駅旧駅舎・清水
小学校（中川理著） 大阪市営改良住宅（川島智生著） 大阪市

立大学モダニズム校舎群（笠原一人著） 旧高津邸・旧岡野邸・
旧島津邸（笠原一人著） 大阪ガスビルディング（酒井一光著）
摩耶ホテル（川島智生著） 小林聖心女子学院と大阪聖母女学
院（笠原一人著） 京都府立鴨沂高等学校〈旧京都府立第一高
等女学校〉（石川祐一著） 中央電気倶楽部（酒井一光著） 大
阪証券取引所市場館（石田潤一郎著） 関西日仏学館（石田潤
一郎著） 近江神宮（青井哲人著） 神戸税関庁舎（梅宮弘光
著） 旧高岡石松邸からみえるモダニズムの位相（川島智生
著） 大阪城天守閣（酒井一光著） 建築家・増田清による「剛
接アーチ」空間（川島智生著） 相互タクシー営業所建物（梅宮
弘光著） 大阪女学院ヘール・チャペルと北校舎（山形政昭著）
大阪市営古市中住宅（中嶋節子著） 円形校舎にみるモダニズ
ムの戦後（梅宮弘光著） 村野藤吾の関西大学千里山キャンパ
ス（橋寺知子著） 富士フイルムビルディング（田中禎彦著）
知られざる建築家と日本真珠会館（志方敬育著） 「御堂ビル」
と岩本博行（松隈章著） サントリー山崎蒸溜所製麦棟（石田
潤一郎著） 京都第二日赤病院本館（中川理著） 大規模複合
建築のマイルストーン「新朝日ビル」と小川正（松隈章著）
宮津市庁舎（石田潤一郎著） 神戸ポートタワー（梅宮弘光著）
日本工芸館・愛染園の一連の施設（笠原一人著） 京都会館
（松隈洋著） 北御堂〈本願寺津村別院〉の建築（青井哲人著）
京都タワーの憂鬱（中嶋節子著） 大津市庁舎（石田潤一郎著）
エキスポタワー（笠原一人著） 「正面のない家」再読（花田佳
明著） 芦屋市民センター（笠原一人著） 東山会館・豊岡市
民会館・京都大学総合体育会館（松本正著） 希望が丘文化
公園青年の城（笠原一人著） カトリック桂教会聖堂（中嶋節
子著） 千里ニュータウンの幻の学校（花田佳明著） 百十四
銀行本店（中川理著） 塩野義製薬中央研究所本館（笠原一人
著） 小原流家元会館と豊雲記念館（笠原一人著） 専考一新
ダイビル（西島業士著） 「戦没学徒記念若人の広場」の建築位
相（川島智生著） 大阪府立総合青少年野外活動センター（笠
原一人著）〉Ⓘ978-4-473-03945-3 Ⓝ523.16 ［3500円］

近畿地方（航空運送）

◇関西全体の航空需要拡大について考えるセミナー・フォーラム
の記録 ［神戸］ 兵庫県 2013.3 1冊 30cm 〈内容：関
空・伊丹の経営統合と関西経済の活性化（野村宗訓述） 新関西
国際空港（株）の経営戦略（室谷正裕述） 日本初の本格的LCC
が画く関空を拠点とした経営戦略（井上慎一述） 関西経済の
競争力強化に向けた空港の役割（加藤恵正述） 航空需要拡大
に必要な連携策（引頭雄一述） 関西における航空ネットワー
クの展望と課題について（大貫哲也述） コンセッションの意
義と空港の事業価値について（黒石匡昭述） コンセッション
と関西経済（加藤一誠述） 航空業界の環境変化と関西3空港
（藤村修一述） 関西3空港のこれから（高橋望述）〉Ⓝ687.216

◇関西全体の航空需要拡大について考えるセミナー・フォーラム
の記録 ［神戸］ 兵庫県 2014.3 1冊 30cm 〈内容：関西3
空港への期待（角和夫述） 今後の大阪国際空港のあり方（蒲生
猛述） 経営統合の成果と今後の進むべき道（野村宗訓述）
神戸空港のポテンシャル（大橋忠晴述） エアラインの戦略と
神戸空港への期待（齋藤貞夫述） エアラインの戦略と神戸空
港への期待（高橋洋述） 神戸空港が目指すべき道（上村敏之
述） 空を変える、日本が変わる（安藤圭一述）〉Ⓝ687.216

近畿地方（高齢者福祉）

◇高齢者福祉助成成果報告集 第28回 平成24年度助成 ［大
阪］ 大阪ガスグループ福祉財団 2014.6 116p 30cm
Ⓝ369.26

近畿地方（国勢調査）

◇国勢調査報告 平成22年 第5巻 抽出詳細集計結果 その2（都
道府県・市区町村編）7（近畿 1） 総務省統計局編 総務省統
計局 2014.2 1冊 27cm 〈英語併記〉Ⓝ358.1

◇国勢調査報告 平成22年 第5巻 抽出詳細集計結果 その2（都
道府県・市区町村編）8（近畿 2） 総務省統計局編 総務省統
計局 2014.2 1冊 27cm 〈英語併記〉Ⓝ358.1

◇国勢調査報告 平成22年 第5巻 その3 従業地・通学地によ
る抽出詳細集計結果 4（全国, 近畿） 総務省統計局編 総務
省統計局 2014.1 1冊 27cm 〈英語併記〉Ⓝ358.1

◇国勢調査報告 平成22年 第5巻 抽出詳細集計結果 その2（都
道府県・市区町村編）7（近畿 1） 総務省統計局編 日本統計
協会 2014.3 1冊 27cm 〈英語併記〉Ⓘ978-4-8223-3761-2
Ⓝ358.1 ［7400円］

◇国勢調査報告 平成22年 第5巻 抽出詳細集計結果 その2（都
道府県・市区町村編）8（近畿 2） 総務省統計局編 日本統計
協会 2014.3 1冊 27cm 〈英語併記〉Ⓘ978-4-8223-3762-9
Ⓝ358.1 ［6400円］

◇国勢調査報告 平成22年 第6巻 その3 従業地・通学地によ
る抽出詳細集計結果 4（全国, 近畿） 総務省統計局編, 統計セン
ター編 統計センター 2014.3 1冊 27cm 〈英語併記〉
Ⓘ978-4-86464-173-9 Ⓝ358.1 ［6600円］

近畿地方（サブカルチャー）

◇関西新文化シンポジウム・ハルヒサマーフェス─公式パンフレット 2013 猪岡佳太編 ［出版地不明］ 関西新文化振興会 2013.8 50p 26cm〈文献あり 会期・会場：2013年8月24日─25日 夙川学院中学校・高等学校三号館〉Ⓝ361.5

近畿地方（算額）

◇算額紀行─各地の算額を訪ねる 2 滋賀県、兵庫県、大阪府、奈良県 吉田百合子著 箕面 工房YULY（制作・印刷）2014.7 151p 21cm Ⓝ419.1

近畿地方（山岳崇拝─歴史）

◇脊梁山信仰の源流─西日本地域を中心として 吉田扶希子著 福岡 中国書店 2014.3 320,6p 27cm〈年表あり〉①978-4-903316-34-5 Ⓝ387.0219 ［9500円］

近畿地方（住宅産業─名簿）

◇全国安心工務店一覧 関西版 2014-2015 全国安心工務店選定委員会編 ［東京］ 安心工務店出版 2014.11 141p 26cm〈ハウジングエージェンシー出版局（発売） 関西版2014-2015のサブタイトル：地元で信頼される住宅会社〉①978-4-89990-277-5 Ⓝ520.9 ［1200円］

近畿地方（出版─歴史）

◇秋里籬島と近世中後期の上方出版界 藤川玲満著 勉誠出版 2014.11 350,20p 22cm〈年譜あり 索引あり 内容：籬島の伝記 籬島の俳諧活動 『天橋立紀行』に見る交遊圏 吉野屋為八の出版活動 俳人三居庵古音小考 名所図会をめぐる書肆の動向 『信長記拾遺』考 『忠孝人竜伝』考 『都名所図会』『拾遺都名所図会』考 『京の水』考 『大和名所図会』考 『東海道名所図会』考 『蓮如上人御旧跡絵抄』の周辺〉①978-4-585-22107-4 Ⓝ023.16 ［8500円］

近畿地方（城）

◇〈図解〉近畿の城郭 1 中井均監修, 城郭談話会編 戎光祥出版 2014.8 475p 26cm〈『図解近畿中世城郭事典』（城郭談話会 2004年刊）の改題、改訂新版〉①978-4-86403-124-0 Ⓝ216 ［5800円］

近畿地方（水質汚濁）

◇BYQ水環境レポート─琵琶湖・淀川の水環境の現状 第20巻 平成24年度 大阪 琵琶湖・淀川水質保全機構 2014.2 1冊 30cm〈年表あり 文献あり〉Ⓝ519.4

近畿地方（姓氏）

◇あなたの知らない近畿地方の名字の秘密 森岡浩著 洋泉社 2014.1 238p 18cm（歴史新書）〈索引あり〉①978-4-8003-0286-1 Ⓝ288.1 ［800円］

近畿地方（中小企業）

◇活力経営の原点を探る─キラリと光る関西の中堅・中小企業 フジサンケイビジネスアイ（日本工業新聞社）大阪本社編著 大阪 フジサンケイビジネスアイ大阪本社 2014.11 191p 21cm（浪速社（発売））①978-4-88854-484-9 Ⓝ335.35 ［1800円］

近畿地方（鉄道）

◇図説街場の鉄道遺産 京都・大阪編 京都・滋賀・大阪 松本典久文, 岡倉禎志写真 セブン＆アイ出版 2014.7 71p 26cm〈文献あり〉①978-4-86008-637-4 Ⓝ686.21 ［1000円］

近畿地方（鉄道─写真集）

◇関西の電車僕らの青春 私鉄編 奥田英夫, 正垣修写真・文 神戸 神戸新聞総合出版センター 2014.3 303p 26cm ①978-4-343-00781-0 Ⓝ686.216 ［2700円］

◇関西の電車僕らの青春 国鉄編 奥田英夫, 正垣修写真・文 神戸 神戸新聞総合出版センター 2014.9 223p 26cm ①978-4-343-00810-7 Ⓝ686.216 ［2500円］

近畿地方（鉄道─歴史）

◇関西鉄道遺産─私鉄と国鉄が競った技術史 小野田滋著 講談社 2014.10 190p 18cm（ブルーバックス B-1886）〈文献あり 年表あり 索引あり〉①978-4-06-257886-8 Ⓝ686.216 ［1000円］

◇国鉄・JR関西圏近郊電車発達史─大阪駅140年の歴史とアーバンネットワークの成り立ち 寺本光照著 JTBパブリッシング 2014.6 191p 21cm（キャンブックス）〈文献あり 年譜あり〉①978-4-533-09794-2 Ⓝ686.216 ［1900円］

近畿地方（電気事業─歴史）

◇京都電灯会社創立顚末─電灯はどのようにして広まったか（神戸電灯, 大阪電灯, 京都電灯）：稿本 阿久津聰著 ［出版地不明］ 阿久津聰 2014.5 154p 30cm Ⓝ540.9216

近畿地方（電車）

◇阪急新1000 レイルロード編 豊中 レイルロード 2014.10 84p 30cm（車両アルバム 18）〈文苑堂（発売）〉①978-4-947714-33-6 Ⓝ546.5 ［2130円］

◇阪急2300 レイルロード編 豊中 レイルロード 2014.4 100p 30cm（車両アルバム 16）〈文苑堂（発売）〉①978-4-947714-31-2 Ⓝ546.5 ［2130円］

近畿地方（都市交通）

◇コンパクトな都市─都市のコンパクト化と交通委員会報告書 関西鉄道協会都市交通研究会編 ［大阪］ 関西鉄道協会都市交通研究会 2014.7 124p 30cm（IUT 1045）〈文献あり〉Ⓝ519

近畿地方（土砂災害）

◇平成23年（2011年）紀伊半島台風12号土砂災害調査報告 ［つくば］ 国土技術政策総合研究所 2013.3 213p 30cm（国土技術政策総合研究所資料 第728号／土木研究所資料 第4260号）〈共同刊行：土木研究所〉Ⓝ455.89

近畿地方（農業）

◇近畿中国四国地域農業─図説 2012年版 農研機構近畿中国四国農業研究センター編 福山 農研機構近畿中国四国農業研究センター 2013.11 126p 30cm Ⓝ612.16

近畿地方（病院─名簿）

◇近畿病院情報─大阪・京都・兵庫・奈良・和歌山・滋賀・三重 2014年版 医事日報 2014.2 910p 26cm〈索引あり〉①978-4-900364-90-5 Ⓝ498.16 ［22000円］

近畿地方（風俗・習慣）

◇関西と関東 宮本又次著 文藝春秋 2014.4 453p 16cm（文春学藝ライブラリー）〈文献あり 青蛙房 1966年刊の再刊〉①978-4-16-813016-8 Ⓝ382.13 ［1580円］

近畿地方（仏教美術）

◇上代南山城における仏教文化の伝播と受容─研究発表と座談会 赤尾栄慶編 京都 仏教美術研究上野記念財団 2014.3 44,6p 30cm（公益財団法人仏教美術研究上野記念財団研究報告書 第40冊）〈内容：研究発表 南山城の仏教遺跡について（中島正著） 南山城の塑像について（寺島典人著） 南山城の乾漆像について（田中健一著）〉Ⓝ702.17

近畿地方（方言）

◇かんさい絵ことば辞典 ニシワキタダシ著, 早川卓馬コラム バイインターナショナル 2014.4 207p 19cm〈索引あり ビエ・ブックス 2011年刊の再刊〉①978-4-7562-4531-1 Ⓝ818.6 ［950円］

近畿地方（料理店）

◇カタノトモコのぐるぐるグルメ日記 カタノトモコ著 主婦と生活社 2014.8 120p 21cm ①978-4-391-14531-1 Ⓝ596 ［926円］

近畿地方（歴史）

◇変わる寺内町像─発掘調査の成果から：平成26年度特別展 八尾市文化財調査研究会編 ［八尾］ 八尾市文化財調査研究会 2014.10 80p 30cm〈文献あり 会期：平成26年10月11日─11月24日 共同刊行：八尾市立歴史民俗資料館〉Ⓝ216

◇畿内・近国の旗本知行と在地代官 熊谷光子著 大阪 清文堂出版 2013.12 424p 22cm〈索引あり 布装 内容：畿内・近国の旗本知行所と在地代官 大庄屋と在地代官 用達・館入与力・名代 書評村田路人『近世広域支配の研究』 書評岩城卓二『近世畿内・近国支配の構造』 近世畿内の在地代官と家 在地代官沢田家の経営と旗本知行所 在地代官沢田家と「村」落秩序 在地代官沢田家と地域社会 近世大名下級家臣団の構造的分析〉①978-4-7924-0992-0 Ⓝ216 ［9200円］

◇中世の畿内武士と公武政権 生駒孝臣著 戎光祥出版 2014.10 324,11p 22cm（戎光祥研究叢書 2）〈索引あり 内容：平安末・鎌倉初期における畿内武士の成立と展開 鎌倉期における摂津渡辺党と公家社会 鎌倉中・後期の摂津渡辺党遠藤氏について 中世前期の畿内武士と公家社会 鎌倉幕府の成立と畿内武士の変容 軍記・系図からみた南北朝期の渡辺党 南北朝・室町期の摂津渡辺"党"と畿内武士〉①978-4-86403-135-6 Ⓝ216 ［8400円］

銀座〔東京都中央区〕

◇銀座が先生 岩田理栄子著 芸術新聞社 2014.3 176p 21cm ①978-4-87586-398-4 Ⓝ673 ［1800円］

◇「銀ブラ」の語源を正す─カフェーパウリスタと「銀ブラ」 星田宏司, 岡本秀徳著 いなば書房 2014.3 204p 20cm（星雲社（発売））〈内容：「銀ブラ」の語源を正す（星田宏司著）「銀ブラ」語源異聞（岡本秀徳著）〉①978-4-434-18434-5 Ⓝ673.98 ［1500円］

◇史跡と建築で巡る銀座の歩き方 花房孝典著 ダイヤモンド・ビッグ社 2014.4 190p 19cm（地球の歩き方BOOKS）〈ダイヤモンド社（発売） 文献あり〉①978-4-478-04533-6 Ⓝ291.361 ［1300円］

銀座くらま会

◇銀座くらま会90—銀座の粋と心意気　銀座くらま会　2014.9　260p 図版 8p　21cm〈年表あり〉Ⓝ768.06

金城　眞吉〔1944～　〕

◇名伯楽のミット一本—ボクシング王国・沖縄金城眞吉の道　磯野直著　那覇　沖縄タイムス社　2014.7　207p　19cm　Ⓘ978-4-87127-216-2　Ⓝ788.3　［1300円］

今上天皇　→天皇陛下を見よ

金田一　京助〔1882～1971〕

◇金田一家、日本語百年のひみつ　金田一秀穂著　朝日新聞出版　2014.8　220p　18cm　（朝日新書 476）Ⓘ978-4-02-273576-8　Ⓝ810　［760円］

金田一　春彦〔1913～2004〕

◇金田一家、日本語百年のひみつ　金田一秀穂著　朝日新聞出版　2014.8　220p　18cm　（朝日新書 476）Ⓘ978-4-02-273576-8　Ⓝ810　［760円］

金田一　秀穂〔1953～　〕

◇金田一家、日本語百年のひみつ　金田一秀穂著　朝日新聞出版　2014.8　220p　18cm　（朝日新書 476）Ⓘ978-4-02-273576-8　Ⓝ810　［760円］

近鉄バファローズ

◇近鉄バファローズ猛牛伝説の深層　梨田昌孝著　ベースボール・マガジン社　2014.9　199p　20cm〈年譜あり〉Ⓘ978-4-583-10711-0　Ⓝ783.7　［1500円］

筋肉少女帯

◇筋肉少女帯—4半世紀アフター　音楽専科社　2013.9　126p　30cm　（SHOXX SPECIAL）〈作品目録あり〉Ⓘ978-4-87279-263-8　Ⓝ767.8　［3048円］

金文会

◇金文会百年史——筋の長い道　金文会百周年実行委員会編集［久留米］金文会　2014.1　574p　22cm〈図書出版花乱社（発売）年譜あり　表紙のタイトル：一筋の長い道　布装　内容：祝一筋長道（大石宏典著）　百年の長く大きな流れの中で（山本太一郎著）　老舗こそ日々これ新たなり（藤井武彦著）　新年会初参加の出来事（松田宏著）　新しく始まる一日に向けて（竹内和芳著）　よく働き、よく遊んだ金文会との十年間（森武文著）　変化できる者が生き残る（岡本明剛著）　出版界が抱える三つの問題（坂井宏先著）　金文会担当七年間の思い出（佐藤将著）　金文会の歩みと人物紹介（大石宏典著）　金文会の伝統と次世代に伝えたいこと（坂口洋右, 小柳一郎, 白石穣一ほか述, 都渡正道司会）　一緒に生き残るために、変わっていかなければならない（野間徳伸, 鶴見直子, 吉田俊輔ほか述, 百周年実行委員会聴き手）　百年前に学び、未来に向けた販売戦略を（相賀昌宏, 山本太一郎, 安永寛ほか述, 都渡正道司会）　何が人を惹きつけるのか、お客様にとっての最良を考え抜く（柴田憲良, 亥角政春, 松田裕宣ほか述, 白石隆之司会）　伝統を受け継ぎつつ、新しいチャレンジを（中村吉寛, 多田真, 高橋信也ほか述, 大石宏典司会）　生きた経験の集積、書店経営の糧に（白石穣一著）　先輩からの忘れられない一言（元野木治比古著）　培われた団結力で歴史に恥じない販売実績を（宮崎容一著）　移動十日会の思い出（林信幸著）　祖父、父からのバトン（坂直繁著）　もう一度、外商企画の攻めの販売を（奥村晴治著）〉Ⓘ978-4-905327-30-1　Ⓝ024.06　［5000円］

金融庁

◇金融庁の1年　平成25事務年度版　［東京］金融庁　2014.12　761p　30cm　Ⓝ317.217

◇財務省・金融庁・財務局の組織と事務　［東京］財務省財務総合政策研究所研修部　[2014]　78, 52p　30cm　（研修部教材 平成26年度 1）Ⓝ317.24

◇事業評価書　平成25年度　［東京］金融庁　2013.8　7p　30cm　Ⓝ317.217

◇事業評価書　平成26年度　［東京］金融庁　2014.8　8p　30cm　Ⓝ317.217

◇実績評価書　平成24年度　［東京］金融庁　2013.8　273p　30cm〈評価対象期間：平成24年4月—25年3月〉Ⓝ317.217

◇実績評価書　平成25年度　［東京］金融庁　2014.8　298p　30cm〈評価対象期間：平成25年4月—26年3月〉Ⓝ317.217

金鈴荘

◇栃木県指定有形文化財岡部記念館金鈴荘修理工事（災害復旧）報告書　東京藝術大学大学院美術研究科文化財保存学専攻保存修復建造物研究室編　［真岡］真岡市教育委員会　2014.3　Ⓝ521.86

キンレイ・ドルジ〔1958～　〕

◇「幸福の国」と呼ばれて—ブータンの知性が語るGNH　キンレイ・ドルジ著, 真崎克彦, 菊地めぐみ訳　コモンズ　2014.7

230p　19cm〈年表あり〉Ⓘ978-4-86187-117-7　Ⓝ302.2588　［2200円］

【く】

盧　千恵

◇私のなかのよき日本　盧千恵著　草思社　2014.12　218p　16cm　（草思社文庫 ロ2-1）Ⓘ978-4-7942-2093-6　Ⓝ289.2　［700円］

グアテマラ（紀行・案内記）

◇エル・ミラドールへ、そのさらに彼方へ—メソアメリカ遺跡紀行　土方美雄著　社会評論社　2014.2　336p　19cm〈文献あり〉Ⓘ978-4-7845-1351-2　Ⓝ295.609　［2600円］

グアム（紀行・案内記）

◇グアム　2015～2016年版「地球の歩き方」編集室/編　改訂第26版　ダイヤモンド・ビッグ社, ダイヤモンド社〔発売〕2014.11　315p　21×14cm　（地球の歩き方 C04）〈付属資料：地図1〉Ⓘ978-4-478-04660-9　［1400円］

グアルディオラ，P.〔1971～　〕

◇グアルディオラ主義—名将の戦術眼は何を見ているのか　西部謙司著　河出書房新社　2014.3　211p　19cm　Ⓘ978-4-309-27469-0　Ⓝ783.47　［1500円］

◇知られざるペップ・グアルディオラ—サッカーを進化させた若き名将の肖像　グイレム・バラゲ著, 田邊雅之監訳　フロムワン　2014.2　556p　19cm〈朝日新聞出版（発売）文献あり〉Ⓘ978-4-02-190238-3　Ⓝ783.47　［1800円］

◇ペップの狂気—妥協なき理想主義が生むフットボールの究極形　D.シュルツェ＝マルメリンク著, 清水英斗監修, 鈴木達朗訳　カンゼン　2014.6　453p　19cm　Ⓘ978-4-86255-244-0　Ⓝ783.47　［1800円］

クウェート（廃棄物処理）

◇クウェートにおける固形廃棄物処理システムの構築に関する基礎調査業務報告書　平成25年度　［東京］Dowaエコシステム　2014.3　55p　30cm〈文献あり　平成25年度環境省委託業務〉Ⓝ518.52

空海〔774～835〕

◇空海—真言宗　澤田ふじ子著　京都　淡交社　2014.9　207p　18cm　（京都・宗祖の旅）〈年表あり　1990年刊の再編集〉Ⓘ978-4-473-03958-3　Ⓝ188.52　［1200円］

◇空海—人生の言葉：現代語訳　空海［著］, 川辺秀美編訳　ディスカヴァー・トゥエンティワン　2014.10　1冊（ページ付なし）18cm　（ディスカヴァー携書 131）〈文献あり　2010年刊の再刊〉Ⓘ978-4-7993-1580-4　Ⓝ188.54　［1000円］

◇空海思想とその展開　福田亮成著　ノンブル社　2014.4　500p　22cm〈索引あり　内容：空海の密教的視座　空海の『即身成仏義』の周辺　空海の構造的成仏論　『即身成仏品』について　法身如来としての空海　空海の『開題』類にみる密教．1　空海の『開題』類にみる密教．2　空海の『法華経開題』攷　空海思想における四種法身と四種曼荼羅身について　空海思想における「両部」ということ　円満と平等の原理　空海の社会救済とその周辺　密教マンダラ観に基づく「共生」　頼瑜における空海思想の把捉について　真実曼荼羅と形像曼荼羅　『五蔵曼荼羅和会釈』攷　日本密教と神祇思想　立川流の一資料〉Ⓘ978-4-903470-79-5　Ⓝ188.52　［15500円］

◇空海の足音四国へんろ展　徳島編　徳島県立博物館編　［徳島］四国へんろ展実行委員会　2014.10　237p　30cm〈年表あり　文献あり　会期・会場：平成26年10月25日—11月30日　徳島県立博物館　四国霊場開創一二〇〇年記念四県連携事業〉Ⓝ702.17

◇空海の足音四国へんろ展　香川編　香川県立ミュージアム編　高松　香川県立ミュージアム　2014.10　203p　30cm〈年表あり　年表あり　文献あり　会期・会場：平成26年10月18日—11月24日　香川県立ミュージアム　四国霊場開創一二〇〇年記念四県連携事業〉Ⓝ702.17

◇空海の足音四国へんろ展　高知編　高知県文化財団編　［高知］高知県文化財団　2014.8　239p　30cm〈年譜あり　年表あり　文献あり　会期・会場：平成26年8月23日—9月23日　高知県立美術館　四国霊場開創一二〇〇年記念四県連携事業〉Ⓝ702.17

◇空海の思想　竹内信夫著　筑摩書房　2014.7　268p　18cm　（ちくま新書 1081）〈文献あり〉Ⓘ978-4-480-06785-2　Ⓝ188.52　［840円］

◇空海ベスト名文—「ありのまま」に生きる　空海, 川辺秀美［著］講談社　2014.12　241p　16cm　（講談社＋α文庫

A152-1)〈文献あり〉Ⓘ978-4-06-281579-6 Ⓝ188.54 ［720円］

◇空海読み解き事典 小峰彌彦編著 柏書房 2014.3 371,8p 20cm〈文献あり 年譜あり 索引あり 執筆：阿部貴子ほか〉Ⓘ978-4-7601-4341-2 Ⓝ188.54 ［3200円］

◇空海は、すごい─超訳弘法大師のことば 苫米地英人著 PHP研究所 2014.2 199p 20cm〈著作目録あり〉Ⓘ978-4-569-81681-4 Ⓝ188.54 ［1400円］

◇苦悩力─精神科医が明かす空海の生と死 保坂隆著 さくら舎 2014.1 189p 19cm Ⓘ978-4-906732-61-6 Ⓝ490.14 ［1400円］

◇幻想神空海 夢枕獏著 マガジンハウス 2014.5 240p 19cm Ⓘ978-4-8387-2673-8 Ⓝ188.52 ［1500円］

◇弘法大師空海展─四国霊場開創1200年記念：愛媛県歴史文化博物館平成26年度特別展図録 愛媛県歴史文化博物館編 西予 愛媛県歴史文化博物館指定管理者イヨテツケーターサービス 2014.4 184p 30cm〈年譜あり 年表あり 文献あり 会期・会場：平成26年4月26日─6月8日 愛知県歴史文化博物館〉Ⓝ188.52

◇弘法大師空海の金言をひらく 静慈圓著 改訂版 セルバ出版 2014.2 119p 21cm（セルバ仏教ブックス 知る・わかる・こころの旅を豊かにする）〈創英社/三省堂書店（発売）〉Ⓘ978-4-86367-145-4 Ⓝ188.52 ［1200円］

◇弘法大師に親しむ 川﨑一洋著 セルバ出版 2014.8 127p 21cm〈創英社/三省堂書店（発売）文献あり〉Ⓘ978-4-86367-165-2 Ⓝ188.52 ［1600円］

◇高野山の研究─水原堯榮の軌跡 第1巻 画像/伝承 水原堯榮著 同朋舎メディアプラン 2013.11 543p 22cm Ⓘ978-4-86236-050-2（set）Ⓝ188.5

◇高野山の研究─水原堯榮の軌跡 別冊図版 1 弘法大師御影 水原堯榮著 同朋舎メディアプラン 2013.11 56枚 31cm Ⓘ978-4-86236-050-2（set）Ⓝ188.5

◇四国遍路道弘法大師伝説を巡る 白木利幸著，溝縁ひろし写真 京都 淡交社 2014.5 191p 21cm〈索引あり〉Ⓘ978-4-473-03946-0 Ⓝ186.918 ［1600円］

◇即身成仏義─現代語訳 福田亮成著 改訂版 ノンブル 2014.2 212p 22cm（弘法大師に聞くシリーズ 3）Ⓘ978-4-903470-77-1 Ⓝ188.53 ［1500円］

◇超訳空海の言葉 空海［著］，一条真也監訳 ベストセラーズ 2014.12 1冊（ページ付なし）20cm〈文献あり 年譜あり〉Ⓘ978-4-584-13609-6 Ⓝ188.54 ［1500円］

◇ふれる空海─高野山1200年至宝展 共同通信社編 ［東京］ 共同通信社 c2014 63p 30cm〈高野山開創1200年記念〉Ⓝ188.52

◇密教の秘密と弘法大師の詩 遠藤妙美著 名古屋 ブイツーソリューション 2014.1 164p 18cm Ⓘ978-4-86476-171-0 Ⓝ188.51 ［876円］

グエン, ティ・ビン〔1927～ 〕
◇家族、仲間、そして祖国─ベトナム社会主義共和国・元国家副主席グエン・ティ・ビン女史回顧録 グエン・ティ・ビン著，冨田健次, 清水政明監訳・翻訳 コールサック社 2013.8 365p 19cm〈年譜あり 日本ベトナム国交樹立四十周年記念・枯葉剤被害者支援企画 共訳：三木理恵ほか〉Ⓘ978-4-86435-123-2 Ⓝ289.2 ［2000円］

グエン, ドク〔1981～ 〕
◇ドクちゃんは父になった─ベトちゃんドクちゃん分離手術を支えた人たち 野島和男編著 高文研 2014.2 190p 19cm Ⓘ978-4-87498-535-9 Ⓝ289.2 ［1800円］

九鬼 周造〔1888～1941〕
◇九鬼周造と輪廻のメタフィジックス 伊藤邦武著 ぷねうま舎 2014.7 240p 20cm Ⓘ978-4-906791-32-3 Ⓝ121.6 ［3200円］

久喜剣友会
◇久喜剣友会創立50周年記念誌 ［久喜］［久喜剣友会］ ［2013］ 194p 30cm〈年表あり〉Ⓝ789.3

久喜市（遺跡・遺物）
◇発掘！縄文時代のむら─地獄田遺跡展：第5回特別展 久喜 久喜市立郷土資料館 2014.10 58p 30cm〈会期：平成26年10月18日─12月27日〉Ⓝ213.4

久喜市（神楽）
◇神楽の世界と久喜の歴史・文化─常設展示図録 久喜 久喜市立郷土資料館 2014.2 60p 30cm Ⓝ213.4

久喜市（写真集）
◇懐かしいふるさとの風景─久喜を写した古写真展 久喜市立郷土資料館編 久喜 久喜市立郷土資料館 2014.3 60p

30cm （特別展 第4回）〈会期：平成26年3月22日─6月29日〉Ⓝ213.4

久喜市（歴史）
◇神楽の世界と久喜の歴史・文化─常設展示図録 久喜 久喜市立郷土資料館 2014.2 60p 30cm Ⓝ213.4

◇久喜市栗橋町史 第2巻 通史編 下 久喜市教育委員会編 久喜 久喜市教育委員会 2014.3 447p 27cm Ⓝ213.4

グーグル
◇Googleの哲学─世界一先進的な企業がやっている40のこと 牧野武文著 大和書房 2014.8 263p 15cm（だいわ文庫 279-1G）Ⓘ978-4-479-30497-5 Ⓝ007.35 ［700円］

◇Google Boys─グーグルをつくった男たちが「10年後」を教えてくれる：［ラリー・ペイジ&セルゲイ・ブリンの言葉から私たちは何を活かせるか］ ジョージ・ビーム編，林信行監訳・解説 三笠書房 2014.11 253p 19cm〈年譜あり〉Ⓘ978-4-8379-5754-6 Ⓝ007.35 ［1200円］

◇How Google Works─私たちの働き方とマネジメント エリック・シュミット, ジョナサン・ローゼンバーグ, アラン・イーグル著, 土方奈美訳 日本経済新聞出版社 2014.10 371p 20cm Ⓘ978-4-532-31955-7 Ⓝ007.35 ［1800円］

久坂 玄瑞〔1840～1864〕
◇久坂玄瑞 一瓜太郎著 ［萩］ 萩ものがたり 2014.12 53p 21cm（萩ものがたり vol 44）Ⓝ289.1 ［473円］

◇吉田松陰と久坂玄瑞─高杉晋作、伊藤博文、山県有朋らを輩出した松下村塾の秘密 河合敦著 幻冬舎 2014.11 211p 18cm（幻冬舎新書 か-11-5）Ⓘ978-4-344-98365-6 Ⓝ121.7 ［780円］

草津温泉
◇湯ノ言 井田剛文, 長島秀行監修, 草津湯治の会編著 ［堺］ 銀河書籍 2014.2 506p 21cm（時間湯の伝統と現在 2）〈年表あり〉Ⓘ978-4-907628-02-4 Ⓝ492.54 ［2400円］

草津市（遺跡・遺物）
◇草津市文化財年報 22 草津 草津市教育委員会文化財保護課 2014.1 27p 30cm（草津市文化財調査報告書 99）Ⓝ709.161

◇中畑遺跡発掘調査報告書 平成25年度調査 草津市教育委員会事務局文化財保護課編 草津 草津市教育委員会事務局文化財保護課 2014.3 13p 図版 4p 30cm（草津市文化財調査報告書 100）Ⓝ210.0254

◇霊仙寺遺跡1次発掘調査報告書 ［草津］ 草津市教育委員会文化財保護課 2013.12 24p 30cm（草津市文化財調査報告書 98）Ⓝ210.0254

草津市（公共施設）
◇草津市公共施設白書 草津市総務部財産管理課編 草津 草津市 2014.11 143p 30cm Ⓝ318.261

草津市（宿駅─保存・修復）
◇史跡草津宿本陣（長屋ほか2棟）保存修理工事報告書 建築研究協会編 草津 草津市教育委員会事務局文化財保護課 2014.3 1冊 30cm〈奥付の責任表示（誤植）：建築研究協会会〉Ⓝ521.86

草津市（文化財）
◇草津市文化財年報 22 草津 草津市教育委員会文化財保護課 2014.1 27p 30cm（草津市文化財調査報告書 99）Ⓝ709.161

草津町（群馬県）（花）
◇草津白根山花と自然ガイド 湯田六男撮影・著 長野 ほおずき書籍 2014.6 103p 19cm〈星雲社（発売）〉Ⓘ978-4-434-19300-2 Ⓝ472.133 ［1000円］

草野産業株式会社
◇和一草野100年の歩み 草野産業社史編纂委員会, 文藝春秋企画出版部編集・制作 草野産業 2014.4 159p 31cm〈年表あり〉Ⓝ564.067

久慈川
◇久慈川のほとり 記念号 久慈川水系環境保全協議会編 ［日立］ 久慈川水系環境保全協議会 2014.11 513p 30cm Ⓝ517.213

久慈市（遺跡・遺物）
◇北野XII遺跡発掘調査報告書 1 久慈市教育委員会編 宮古 国土交通省東北地方整備局三陸国道事務所 2014.3 68p 30cm （久慈市埋蔵文化財調査報告書 第3集）〈八戸・久慈自動車道久慈北道路整備事業関連遺跡発掘調査報告書 共同刊 行：久慈市〉Ⓝ210.0254

◇小袖漁港漁業集落環境整備事業関連遺跡発掘調査報告書 久慈市教育委員会編 久慈 久慈市教育委員会 2014.3 56p

久慈市（発電計画）

30cm （久慈市埋蔵文化財調査報告書 第2集）〈内容：小袖Ⅱ遺跡 館石Ⅱ－Ⅴ遺跡 館石Ⅸ遺跡〉Ⓝ210.0254

久慈市（発電計画）
◇再生可能エネルギー事業のための緊急検討委託業務（岩手県久慈市）成果報告書 平成23年度 ［東京］ 仕事人倶楽部 2013.3 1冊 30cm〈平成23年度環境省委託業務 共同刊行：竹中土木ほか〉Ⓝ543.6

久慈市〔歴史―史料〕
◇山形村誌 第2巻 史料編 山形村誌編さん委員会編 ［久慈］ 久慈市 2013.3 2冊 27cm〈内容：1 近世 2 近現代〉Ⓝ291.22

串田 孫一〔1915～2005〕
◇山の文芸誌「アルプ」と串田孫一 中村誠著 青弓社 2014.11 318p 20cm〈年譜あり 内容：山に登る串田孫一／山を書く串田孫一 串田孫一の初期詩業と詩誌「歴程」 串田孫一と同人誌「アルビレオ」 『博物誌』の世界 一九三〇年代の〈山岳文学論争〉をめぐって 串田孫一と山岳雑誌「まいんべるく」 昭和三十年代の「アルプ」が果たしたもの 孤独の詩人 尾崎喜八 鳥見迅彦の〈山の詩〉辻まことの〈風刺的画文〉辻まことの〈山の画文〉「アルプ」以降とこれから〉①978-4-7872-9225-4 ［3000円］

櫛部 武俊〔1951～ 〕
◇釧路市の生活保護行政と福祉職・櫛部武俊 櫛部武俊話し手, 沼尾波子, 金井利之, 上林陽治, 正木浩司聞き手 公人社 2014.12 181p 21cm （自治総研ブックレット 17）〈文献あり 年譜あり〉①978-4-86162-098-0 ［1500円］

釧路工業高等専門学校
◇研究シーズ集―釧路工業高等専門学校 2014年度版 釧路 釧路工業高等専門学校総務課研究協力室 2014.7 111p 30cm Ⓝ507

釧路市（郷土芸能）
◇くしろの太鼓 北海道くしろ蝦夷太鼓保存会編 ［釧路］ 釧路市教育委員会 2014.3 181p 18cm （釧路新書 33）Ⓝ386.8112 ［700円］

釧路市（産業―歴史）
◇釧路のあゆみと産業 戸田恭司, 石川孝織著 釧路 釧路市立博物館 2014.3 53p 21cm （釧路市立博物館解説シリーズ）〈年表あり〉Ⓝ602.112

釧路市（生活保護）
◇釧路市の生活保護行政と福祉職・櫛部武俊 櫛部武俊話し手, 沼尾波子, 金井利之, 上林陽治, 正木浩司聞き手 公人社 2014.12 181p 21cm （自治総研ブックレット 17）〈文献あり 年譜あり〉①978-4-86162-098-0 ［1500円］

釧路市（石炭鉱業―歴史）
◇釧路炭田森鉱（ヤマ）と鉄路と 石川孝織著 釧路 釧路市立博物館友の会 2014.9 197p 21cm〈発行所：水公舎〉①978-4-905307-08-2 ［1112円］

釧路市（地方鉄道―歴史）
◇釧路炭田森鉱（ヤマ）と鉄路と 石川孝織著 釧路 釧路市立博物館友の会 2014.9 197p 21cm〈発行所：水公舎〉①978-4-905307-08-2 ［1112円］

葛原 しげる〔1886～1961〕
◇ぎんぎんぎらぎら夕日が沈む―童謡詩人葛原齒の生涯 佐々木龍三郎著 文芸社 2014.11 271p 15cm〈文献あり〉①978-4-286-15660-6 ［700円］

楠部 三吉郎〔1938～ 〕
◇「ドラえもん」への感謝状 楠部三吉郎著 小学館 2014.9 303p 20cm ①978-4-09-388379-5 Ⓝ778.77 ［1600円］

玖珠町（大分県）〔遺跡・遺物〕
◇志津里遺跡石5 4-6次発掘調査報告書 大分 大分県教育庁埋蔵文化財センター 2014.3 116p 図版 36p 30cm （大分県教育庁埋蔵文化財センター調査報告書 第77集）Ⓝ210.0254

くすり博物館
◇薬の博物館―日本人と薬の歴史 前川久太郎, 青木允夫共編 日本図書センター 2014.3 159p 31cm（「くすり博物館」〔彩巧社 1979年刊〕の複製〉①978-4-284-50346-4 Ⓝ499.06 ［26000円］

九頭竜大社〔京都市〕
◇九頭竜大社六十年史 九頭竜大社著 京都 北斗書房 2014.11 77p 30cm〈年表あり〉①978-4-89467-276-5 Ⓝ175.962

具体美術協会
◇具体、海を渡る。 芦屋市立美術博物館編 ［芦屋］ 芦屋市立美術博物館 c2014 62p 24cm〈年表あり 会期：2014年7月5日―9月7日〉Ⓝ702.16

久高島

久高島
◇歴史のなかの久高島―家・門中と祭祀世界 赤嶺政信著 慶友社 2014.2 454p 22cm （考古民俗叢書）〈文献あり 索引あり 内容：本研究の課題と方法 歴史のなかの久高島 久高島の家と地割制 久高島の祖霊観念・祖先祭祀と家の態様 久高島の門中の実態とその特徴 久高島の祭祀組織の特徴 久高島の村落の祭祀世界と門中 イザイホウと国家制度 八月行事と国家制度 ナーリキ〈名付け〉と国家制度 門中化現象に見る久高島の社会史 本研究のまとめと展望〉①978-4-87449-143-0 Ⓝ386.199 ［9500円］

下松市（写真集）
◇周南・下松・光の昭和―写真アルバム 名古屋 樹林舎 2014.7 262p 図版 16p 31cm〈年表あり〉①978-4-902731-66-8 Ⓝ217.7 ［9250円］

朽木〔氏〕
◇丹波國福知山藩朽木家文書目録 朽木家所蔵資料研究会編 ［福知山］ 朝暉会 2014.3 186p 30cm〈年譜あり 文献あり 奥付のタイトル：福知山藩朽木家文書目録 共同刊行：朽木家所蔵資料研究会〉Ⓝ288.2

グッチ
◇グッチの戦略―名門を3度よみがえらせた驚異のブランドイノベーション 長沢伸也編著, 福永輝彦, 小山太郎, 岩谷昌樹著 東洋経済新報社 2014.11 405p 20cm〈文献あり 年譜あり〉①978-4-492-50258-7 Ⓝ589.27 ［2600円］

グッドデザインカンパニー
◇good design company水野学 デザインノート編集部編 誠文堂新光社 2014.8 171p 29cm（「デザインノートEXTRA」（2013年刊）の改題、一部改訂〉①978-4-416-11467-4 Ⓝ674.3 ［1600円］

宮藤 官九郎〔1970～ 〕
◇宮藤官九郎×葉加瀬太郎 NHK『SWITCHインタビュー達人達』制作班, 宮藤官九郎, 葉加瀬太郎著 ぴあ 2014.4 136p 19cm （SWITCHインタビュー達人達）①978-4-8356-1873-9 Ⓝ772.1 ［800円］

工藤 公康
◇孤独を怖れない力 工藤公康著 青春出版社 2014.5 188p 18cm （青春新書INTELLIGENCE PI-423）①978-4-413-04423-3 Ⓝ783.7 ［830円］

工藤 堅太郎〔1941～ 〕
◇役者ひとすじ―我が人生&交遊録 工藤堅太郎著 大阪 風詠社 2014.10 335p 19cm〈星雲社（発売）〉①978-4-434-19853-3 Ⓝ778.21 ［1500円］

工藤 俊作〔1901～1979〕
◇敵兵を救助せよ！―駆逐艦「雷」工藤艦長と海の武士道 恵隆之介著 草思社 2014.8 397p 図版16p 16cm （草思社文庫 め1-1）〈文献あり〉①978-4-7942-2070-7 Ⓝ289.1 ［980円］

工藤 吉隆〔 ～1264〕
◇工藤吉隆公と日澄寺 鴨川 宗門史跡明星山日澄寺 2013.11 83p 26cm〈小松原法難七五〇年工藤吉隆公第七五〇遠忌記念出版〉Ⓝ188.92

宮内卿〔 ～1207〕
◇異端の皇女と女房歌人―式子内親王たちの新古今集 田渕句美子著 KADOKAWA 2014.2 254p 19cm （角川選書 536）〈文献あり〉①978-4-04-703536-2 Ⓝ911.142 ［1800円］

宮内庁
◇宮内庁関係法規集―平成二十六年十一月一日現在 ［東京］ 宮内庁長官官房秘書課 2014 133p 21cm Ⓝ317.214

国木田 独歩〔1871～1908〕
◇媒介者としての国木田独歩―ヨーロッパから日本、そして朝鮮へ 丁貴連著 翰林書房 2014.2 484p 22cm ①978-4-87737-362-7 Ⓝ910.268 ［5600円］

国東半島
◇くにさき仏の里めぐり 田中みのる著・撮影 豊後高田 永岡恵一郎 2014.6 112p 30cm Ⓝ185.9195

国立市〔遺跡・遺物〕
◇梅林遺跡第14地点発掘調査報告書　国立市教育委員会編　国立　国立市教育委員会　2014.9　103p　30cm　（国立市文化財調査報告書　第56集）〈東京都国立市所在　内容：下谷保10号墳　梅林1号横穴墓〉Ⓝ210.0254
◇緑川東遺跡―第27地点　ダイサン編　国立　国立あおやぎ会　2014.3　180p　図版〔21〕枚　30cm〈東京都国立市所在　介護老人保健施設国立あおやぎ苑増築工事に伴う埋蔵文化財発掘調査報告書　折り込1枚〉Ⓝ210.0254

国立市〔女性教育〕
◇学習としての託児―くにたち公民館保育室活動　くにたち公民館保育室問題連絡会編　未来社　2014.4　266,34p　22cm〈年譜あり〉①978-4-624-50134-1　Ⓝ379.2　〔3500円〕

国立市公民館
◇学習としての託児―くにたち公民館保育室活動　くにたち公民館保育室問題連絡会編　未来社　2014.4　266,34p　22cm〈年譜あり〉①978-4-624-50134-1　Ⓝ379.2　〔3500円〕

国友 藤兵衛〔1778～1840〕
◇国友一貫斎考案の井戸掘り機―徳山藩の砲術師範・中川半平との交流　村野豊著　青梅　きまぐれ工房　2013.9　59p　26cm　Ⓝ518.12

久邇宮 朝彦〔1824～1891〕
◇久邇親王行実　皇學館編　伊勢　皇學館　2013.12　552p　22cm〈皇學館大学創立百三十周年・再興五十周年記念〉Ⓝ288.44

国見町〔福島県〕〔遺跡・遺物〕
◇阿津賀志山防塁史跡指定調査概報　5　国見町（福島県）国見町教育委員会　2013.3　44p　図版〔10〕枚　30cm（国見町文化財調査報告書　第21集）Ⓝ210.0254
◇阿津賀志山防塁史跡指定調査概報　6　国見町（福島県）国見町教育委員会　2014.3　38p　図版〔10〕枚　30cm（国見町文化財調査報告書　第23集）Ⓝ210.0254
◇震災復興に伴う町内遺跡調査報告　平成24・25年度　国見町（福島県）国見町教育委員会　2014.3　21p　30cm（国見町文化財調査報告書　第22集）〈内容：藤田城跡　山崎城跡　東大窪館跡〉Ⓝ210.0254
◇町内遺跡試掘調査報告　平成24年度　国見町（福島県）国見町教育委員会　2013.3　23p　30cm（国見町文化財調査報告書第20集）〈内容：中屋敷跡　小坂南地区分布調査　中島岩跡　森山古墳群　山崎条里遺構〉Ⓝ210.0254

久能 隆博〔　～2012〕
◇今を生きる―東北学院榴ケ岡高等学校と久能隆博君　［仙台］東北学院榴ケ岡高等学校同窓会　2014.3　121p　27cm〈年表あり〉Ⓝ376.4123

久保〔家〕〔鹿児島県市来町〕
◇久保家の歴史　久保弘明著　半田　一粒書房　2013.11　123p　22cm　①978-4-86431-233-2　Ⓝ288.3

久保 敬治〔1920～2012〕
◇久保敬治先生を偲ぶ久保敬治先生追悼随筆集　松下乾次編集責任　久保　インタープリンツ　2014.6　111p　21cm〈年譜あり　著作目録あり〉Ⓝ366.14

久保 忠夫〔1926～　〕
◇久保忠夫先生著作目録　保坂美和子編　［上尾］［保坂美和子］2014.1　83p　21cm〈年譜あり　私家版〉Ⓝ027.38

窪田 空穂〔1877～1967〕
◇窪田空穂記念館収蔵資料目録　松本市立博物館分館窪田空穂記念館編　松本　松本市立博物館分館窪田空穂記念館　2014.3　327p　26cm　Ⓝ911.162

窪田 次郎〔1835～1902〕
◇窪田次郎―美しき明治人　有元正雄著　広島　渓水社　2013.7　186p　22cm〈文献あり　索引あり〉①978-4-86327-220-0　Ⓝ289.1　〔2500円〕

久保田 英夫〔1937～　〕
◇負けてたまるか。オレは日本人だ！―友情を胸に、武道を心身に、海外へ雄飛した熱き男のロマン　久保田英夫著　求龍堂　2014.9　445p　19cm〈年譜あり〉①978-4-7630-1436-8　Ⓝ289.1　〔1800円〕

窪田 弘〔1931～2013〕
◇追悼窪田弘　「追悼窪田弘」編纂会　2014.1　217p　22cm〈年譜あり〉Ⓝ338.5

隈 研吾〔1954～　〕
◇僕の場所　隈研吾著　大和書房　2014.4　247p　19cm　①978-4-479-39257-6　Ⓝ523.1　〔1500円〕

熊井 眞知子
◇私は音を失った。でも私は舞台女優。きっとまた舞台に立つ。熊井眞知子著　幻冬舎ルネッサンス　2014.3　396p　19cm　①978-4-7790-0818-4　Ⓝ775.1　〔1600円〕

熊谷 直実〔1141～1208〕
◇熊谷直実―中世武士の生き方　高橋修著　吉川弘文館　2014.9　182p　19cm（歴史文化ライブラリー　384）〈文献あり〉①978-4-642-05784-4　Ⓝ289.1　〔1700円〕

熊谷 守一〔1880～1977〕
◇蒼蠅　熊谷守一著　増補改訂版　求龍堂　2014.8　316p　図版28p　22cm〈年譜あり　内容：わたしのことなど　九十六の春　硯墨筆紙　美校まで　かまきり　友人　わたしたちの日々（熊谷秀子著）〉①978-4-7630-1433-7　Ⓝ723.1　〔2900円〕
◇熊谷守一画家と小さな生きものたち　林綾野編　講談社　2014.9　95p　21cm〈著作目録あり　作品目録あり　年譜あり〉①978-4-06-218855-5　Ⓝ723.1　〔1700円〕

熊谷市〔遺跡・遺物〕
◇上之古墳群・諏訪木遺跡　［熊谷］埼玉県熊谷市遺跡調査会　2013.3　22p　図版　6p　30cm（埼玉県熊谷市遺跡調査会埋蔵文化財報告書）Ⓝ210.0254
◇熊谷市前中西遺跡を語る―弥生時代の大規模集落　関東弥生文化研究会,埼玉弥生土器観会編　六一書房　2014.8　290p　21cm（考古学リーダー　23）〈文献あり　内容：シンポジウム後の補足研究　前中西遺跡の周辺をめぐる課題（柿沼幹夫著）シンポジウムの補遺と若干の考察（宅間清公著）所謂『栗林式』有文壺群の変遷（鈴木正博著）前中西遺跡の研究　熊谷市前中西遺跡を訪ねて（やませ吹くとき）（菊池健一著）前中西遺跡の弥生石器について（杉山浩平著）前中西遺跡と地域間交流（轟直行著）前中西遺跡の栗林式系統の検討（大木紳一郎著）「北島式」の再考（吉田稔著）大宮台地南端における弥生時代中期の遺跡（小坂延仁著）荒川扇状地における弥生集落（白石哲也著）南関東から見た弥生中期妻沼低地集落群の特質（杉山祐一著）下総から前中西遺跡を考える（予察）（小林嵩著）佐久地域北部の弥生集落の変遷（小山岳夫著）信州から前中西遺跡を見る（馬場伸一郎著）〉①978-4-86445-046-1　Ⓝ213.4　〔3600円〕
◇不二ノ腰遺跡　2　［熊谷］埼玉県熊谷市不二ノ腰遺跡調査会　2014.3　20p　図版4p　30cm〈熊谷市不二ノ腰遺跡調査会埋蔵文化財調査報告書〉Ⓝ210.0254
◇前中西遺跡　9　［熊谷］埼玉県熊谷市前中西遺跡調査会　2014.3　115p　図版30p　30cm（埼玉県熊谷市前中西遺跡調査会埋蔵文化財調査報告書）Ⓝ210.0254
◇南方遺跡　2　［熊谷］埼玉県熊谷市南方遺跡調査会　2014.3　29p　図版7p　30cm（埼玉県熊谷市南方遺跡調査会埋蔵文化財調査報告書）Ⓝ210.0254

熊谷市〔教育―歴史〕
◇幕末明治初期における庶民教育史料集成―寺子屋から変則中学への軌跡　新井常雄［著］熊谷　新井常雄　2014.6　216p　21cm〈著作目録あり〉Ⓝ372.134

熊谷市〔地租改正〕
◇埼玉県における地租改正事業―埼玉県第八大区三小区下奈良村の事例を中心に　立正大学古文書研究会編　立正大学古文書研究会　2014.3　125p　26cm（調査報告書　平成25年度）Ⓝ611.23

熊谷市〔風俗・習慣〕
◇熊谷市史　別編1　民俗編　熊谷市教育委員会編　［熊谷］熊谷市　2014.3　639p　31cm　Ⓝ213.4

久万高原町〔愛媛県〕〔遺跡・遺物〕
◇上黒岩第2岩陰遺跡―2010・2011年度発掘調査　［八王子］中央大学文学部考古学研究室　2014.3　39p　図版10p　30cm（中央大学文学部考古学研究室調査研究報告書　4）〈共同刊行：久万高原町教育委員会〉Ⓝ210.0254

熊坂 台州〔1739～1803〕
◇高子二十境を巡る―漢詩と絵から読み解く景観　小林敬一著　山形　大風出版局　2014.9　45p　26cm　①978-4-900866-53-9　Ⓝ919.5　〔1800円〕

熊沢 友雄〔1831～1896〕
◇熊沢友雄日記　6　明治23年―明治25年　熊沢友雄［著］,岸和田市教育委員会編　［岸和田］岸和田市教育委員会　2014.3　266p　26cm（岸和田市史史料　第11輯）Ⓝ289.1

熊沢 蕃山〔1619～1691〕
◇熊沢蕃山の思想冒険　山田芳則著　京都　思文閣出版　2014.12　207,5p　22cm〈索引あり　内容：中江藤樹の『翁問答』の思想　池田光政の藩政改革　思想形成と『源語外伝』の思想

『集義和書』初版の思想　『集義和書』二版の思想　『集義外書』の思想　『中庸小解』と『論語小解』の思想　『女子訓』の思想　『三輪物語』と『大学或問』の思想　『孝経小解』と『孝経外伝或問』の思想　『大学小解』・『夜会記』・『繋辞伝』・『易経小解』の思想〉Ⓝ978-4-7842-1783-0　Ⓝ121.55　［5000円］

熊田 千佳慕〔1911〜2009〕

◇熊田千佳慕のハイカラ人生記　熊田千佳慕著　求龍堂　2014.8　381p　20cm〈「千佳慕の横浜ハイカラ少年記」（フレーベル館 2006年刊）と「千佳慕の横浜ハイカラ青年記」（フレーベル館 2007年刊）ほかの改題、合本〉Ⓝ978-4-7630-1435-1　Ⓝ723.1　［2000円］

熊取町〔大阪府〕（遺跡・遺物）

◇熊取町遺跡群発掘調査概要報告書　27　熊取町教育委員会編　熊取町（大阪府）熊取町教育委員会　2014.3　9p　図版 3p　30cm　（熊取町埋蔵文化財調査報告 第55集）Ⓝ210.0254

熊野〔和歌山県〕

◇熊野、魂の系譜—歌びとたちに描かれた熊野　谷口智行著　書肆アルス　2014.2　322p　21cm〈文献あり〉Ⓝ978-4-907078-05-8　Ⓝ910.2　［3000円］

熊野 義孝〔1899〜1981〕

◇教会員のための神学ノート—熊野義孝先生の神学をやさしく解説　鳥羽和雄著　横浜　鳥羽和雄　2013.12　334p　21cm　Ⓝ191

熊野街道

◇熊野古道を歩く　高木徳郎著　吉川弘文館　2014.3　203,7p　21cm　（歴史の旅）〈文献あり 索引あり〉Ⓝ978-4-642-08102-3　Ⓝ175.966　［2500円］

◇世界遺産バカ一実録！ 熊野古道を世界遺産登録し地球エコロジーを実現する男　玉置公良著　文芸社　2014.1　226p　19cm　Ⓝ978-4-286-14177-0　Ⓝ519.8166　［1500円］

熊野三山

◇熊野三山—神々が住まう蘇りの聖地　Kankan写真　［東京］JTBパブリッシング　2014.12　127p　21cm　（楽学ブックス）〈文献あり〉Ⓝ978-4-533-10081-9　Ⓝ175.966　［1500円］

◇熊野三山民俗文化財調査報告書　本文編　和歌山県教育委員会編　和歌山　和歌山県教育委員会　2013.3　312p　30cm　Ⓝ175.966

◇熊野三山民俗文化財調査報告書　資料編　和歌山県教育委員会編　和歌山　和歌山県教育委員会　2013.3　196p　30cm　〈文献あり〉Ⓝ175.966

◇熊野信仰の諸相—中世から近世における熊野本願所と修験道　小内潤治著　ミヤオビパブリッシング　2014.7　234p　19cm〈宮帯出版社（発売）年表あり 内容：熊野本願の宗教的活動と機能　熊野三山検校と聖護院在地支配の展開　大乗峯〈伊吹山〉一宿相論の過程における聖護院門跡の山伏支配　中世修験道における当山派　「熊野那智参詣曼荼羅」に見える補陀落渡海の仏教的他界観　参詣曼荼羅と参詣文化　院政期国家仏事体系における法勝寺の意義　室町殿と王権　院政期の仏像と文化環境　王権の祭り賀茂祭〉Ⓝ978-4-86366-986-4　Ⓝ172　［2000円］

熊野市（庚申塔）

◇熊野市域の庚申塔と庚申信仰　向井弘晏著　［熊野］［向井弘晏］　2014.11　166p　26cm　Ⓝ387.6

熊野市（地域社会）

◇地域にまなぶ　第17集　三重県熊野地域から　京都大学文学部社会学研究室編　［京都］京都大学文学部社会学研究室　2013.3　123p　26cm　（社会調査実習報告書 2012年度）〈共同刊行：関西学院大学社会学部環境社会学研究室ほか〉Ⓝ361.7

熊野市（文化財）

◇熊野市の文化財　熊野市文化財専門委員会,熊野市教育委員会編　熊野　熊野市教育委員会　2014.3　192p　26cm〈折り込2枚〉Ⓝ709.156

熊野那智大社

◇那智田楽へのいざない—和歌山県立紀伊風土記の丘ユネスコ無形文化遺産登録記念秋期特別展　和歌山県立紀伊風土記の丘編　和歌山　和歌山県立紀伊風土記の丘　2013.9　69p　30cm〈会期：平成25年9月28日—12月1日〉Ⓝ773.21

熊本 典道〔1937〜 〕

◇袴田事件を裁いた男—無罪を確信しながら死刑判決文を書いた元判事の転落と再生の四十六年　尾形誠規著　朝日新聞出版　2014.6　322p　15cm　（朝日文庫 お70-1）〈文献あり 年譜あり　「美談の男」（鉄人社 2010年刊）を改題、加筆訂正し、

「文庫本まえがき」「9 四年後 あとがきに代えて」を新たに書き下ろし追加〉Ⓝ978-4-02-261799-6　Ⓝ326.23　［700円］

熊本県

◇熊本あるある　木山直子著,丸岡巧画　TOブックス　2014.6　153p　18cm　Ⓝ978-4-86472-253-7　Ⓝ291.94　［1000円］

◇熊本原人　東上真弓編　原人舎出版　2013.6　221p　19cm　Ⓝ978-4-905306-08-5　Ⓝ291.94　［800円］

◇熊本の法則　熊本の法則研究委員会編　泰文堂　2014.10　174p　18cm　（リンダブックス）〈文献あり〉Ⓝ978-4-8030-0604-9　Ⓝ291.94　［950円］

熊本県（遺跡・遺物）

◇肥国・菊池川流域と百済侯国—茂賀の浦・江田船山古墳・鞠智城　堤克彦編著　菊池　熊本郷土史譚研究所　2014.3　188p　21cm〈トライ（発売）「菊池川流域の原始・古代の解明」の増訂〉Ⓝ978-4-903638-33-1　Ⓝ219.4　［2000円］

熊本県（遺跡・遺物—宇土市）

◇宇土城跡（西岡台）12　熊本県宇土市教育委員会編　宇土　熊本県宇土市教育委員会　2014.3　68p　図版 [10] 枚　30cm　（宇土市埋蔵文化財調査報告書 第34集）〈史跡整備事業に伴う平成17-20年度（第18-21次）発掘調査報告書〉Ⓝ210.0254

熊本県（遺跡・遺物—菊池市）

◇陣床遺跡・佐野原遺跡　菊池市教育委員会編　菊池　菊池市教育委員会　2014.3　54p　30cm　（菊池市文化財調査報告 第8集）〈熊本県菊池市木庭・原所在の遺跡　県営菊池東部2期地区中山間地域総合整備事業に伴う埋蔵文化財調査〉Ⓝ210.0254

熊本県（遺跡・遺物—玉名市）

◇伊倉城跡　玉名市教育委員会編　玉名　玉名市教育委員会　2013.3　43p　30cm　（玉名市文化財調査報告 第27集）〈市道船津宮原線道路改良工事に伴う埋蔵文化財調査報告書〉Ⓝ210.0254

◇川原遺跡・紺屋遺跡　玉名市教育委員会編　玉名　玉名市教育委員会　2014.2　142p　30cm　（玉名市文化財調査報告 第29集）〈玉名市新庁舎建設事業に伴う発掘調査報告書〉Ⓝ210.0254

◇古閑野田遺跡　熊本県教育委員会編　［熊本］熊本県教育委員会　2014.3　47p　30cm　（熊本県文化財調査報告 第294集）〈一般県道大野下停車場西照寺線単県道路改良事業に伴う埋蔵文化財調査報告書〉Ⓝ210.0254

◇城ヶ辻城跡・城ヶ辻古墳群2　熊本県教育委員会編　熊本　熊本県教育委員会　2014.3　68p　図版 [33] 枚　30cm　（熊本県文化財調査報告 第300集）〈一般国道208号改築事業に伴う埋蔵文化財発掘調査報告〉Ⓝ210.0254

◇玉名高校校庭遺跡　熊本　熊本県教育委員会　2014.3　14p　30cm　（熊本県文化財調査報告 第306集）〈玉名高等学校渡り廊下改築工事に伴う埋蔵文化財調査報告〉Ⓝ210.0254

◇玉名平野条里跡3両迫間日渡遺跡2玉名の平城跡　熊本県教育委員会編　熊本　熊本県教育委員会　2014.3　495p　図版 2枚　30cm　（熊本県文化財調査報告 第299集）〈熊本県玉名市所在の埋蔵文化財　県道玉名山鹿線道路改良工事に伴う埋蔵文化財調査,県道6号（玉名立花線）拡幅工事に伴う埋蔵文化財調査〉Ⓝ210.0254

◇南大門遺跡—中世真言律宗系寺院浄光寺跡　蓮華院誕生寺監修,九州文化財研究所編　玉名　玉名市教育委員会　2013.11　166p　図版 4p　26cm　（玉名市文化財調査報告 第28集）〈蓮華院誕生寺南大門再建に伴う発掘調査〉Ⓝ210.0254

◇山田松尾平遺跡　上巻　熊本県教育委員会編　熊本　熊本県教育委員会　2014.3　208, 52p　図版 [42] 枚　30cm　（熊本県文化財調査報告 第304集）〈一般国道208号改築事業に伴う埋蔵文化財発掘調査報告〉Ⓝ210.0254

◇山田松尾平遺跡　下巻　熊本県教育委員会編　熊本　熊本県教育委員会　2014.3　1冊　30cm　（熊本県文化財調査報告 第304集）〈一般国道208号改築事業に伴う埋蔵文化財発掘調査報告〉Ⓝ210.0254

熊本県（医療）

◇熊本県へき地保健医療計画　第11次　平成25年度—平成29年度　［熊本］熊本県　［2013］　45p　30cm　Ⓝ498.1

熊本県（衛生行政）

◇熊本県へき地保健医療計画　第11次　平成25年度—平成29年度　［熊本］熊本県　［2013］　45p　30cm　Ⓝ498.1

熊本県（温泉—小国町）

◇地域主導型再生可能エネルギー事業化検討委託業務（熊本県小国町）成果報告書　平成25年度　［熊本］熊本県工業連合会　2014.3　1冊　30cm〈平成25年度環境省委託業務〉Ⓝ501.6

熊本県（果樹栽培—統計）

◇熊本県果樹振興実績書　平成24年産　［熊本］熊本県　［2014］　108p　30cm　Ⓝ625.059

日本件名図書目録2014　I　　　　　　　　　　　　　　　　　　　　　　　　　　　　　　熊本県（城跡―菊池市）

熊本県（環境問題―天草市）
◇森と川と海を守りたい―住民があばく路木ダムの嘘　路木ダム問題ブックレット編集委員会編　［東京］　花伝社　2014.12　84p　21cm〈共栄書房（発売）　年表あり〉　内容：羊角湾のすばらしさと路木ダム建設の影響（松本基督著）　生業の場・羊角湾を守る（中山健二著）　貴重な自然河川の生態系を破壊する路木ダム（金井塚務著）　荒瀬ダムの撤去から、路木川・羊角湾を考える（つる詳子著）　世界一破廉恥なダム、路木ダム（中島康著）　住民は証言する「路木川に水害はなかった」天草市民の生活を破壊する路木ダム問題どうなる水道料金（笠井洋子著）　路木ダム事業とダム反対運動の経緯（植村振作著）　またも不要なダムがつくられてしまった（今本博健著）〉　①978-4-7634-0723-8　Ⓝ517.7　［800円］

熊本県（希少植物）
◇熊本県の保護上重要な野生動植物―レッドリストくまもと2014　熊本県希少野生動植物検討委員会編著　熊本　熊本県環境生活部環境局自然保護課　2014.7　135p　30cm　Ⓝ462.194

熊本県（希少動物）
◇熊本県の保護上重要な野生動植物―レッドリストくまもと2014　熊本県希少野生動植物検討委員会編著　熊本　熊本県環境生活部環境局自然保護課　2014.7　135p　30cm　Ⓝ462.194

熊本県（教育）
◇寄りそい支えあって―わたくしの教育に想う　中川静也著　［熊本］　熊日出版　2014.2　142p　22cm〈熊日情報文化センター（制作）〉　①978-4-87755-481-1　Ⓝ372.194　［1200円］

熊本県（教育行政）
◇くまもと「夢への架け橋」教育プラン―熊本県教育振興基本計画　第2期　熊本　熊本県教育庁教育政策課　2014.3　98p　30cm〈共同刊行：熊本県〉Ⓝ373.2

熊本県（教員養成）
◇熊本大学教育学部フレンドシップ事業実施・成果報告書　2013年度　熊本大学教育学部附属教育実践総合センター編　熊本　熊本大学教育学部附属教育実践総合センター　2014.3　76p　30cm　Ⓝ373.7

熊本県（行政）
◇私がくまモンの上司です―ゆるキャラを営業部長に抜擢した「皿を割れ」精神　蒲島郁夫著　祥伝社　2014.3　253p　19cm　①978-4-396-61486-7　Ⓝ318.294　［1380円］

熊本県（行政―八代市）
◇八代市勢要覧　2013　資料編　［八代］　［八代市］　［2013］　16p　30cm〈年表あり〉Ⓝ318.294
◇八代市勢要覧　2014　資料編　［八代］　［八代市］　［2014］　16p　30cm　Ⓝ318.294

熊本県（郷土舞踊―八代市）
◇久連子古代踊調査報告書　八代妙見祭活性化協議会編　八代　八代妙見祭活性化協議会　2014.3　286p　30cm〈文化庁文化遺産を活かした地域活性化事業　付属資料：DVD-Video 2枚（12cm）：久連子古代踊・手踊, 久連子古代踊の歌〉Ⓝ386.8194

熊本県（近代化遺産）
◇熊本の近代化遺産　下　県北・県南・天草　熊本産業遺産研究会,熊本まちなみトラスト編　福岡　弦書房　2014.1　165p　21cm〈文献あり　年表あり〉①978-4-86329-096-9　Ⓝ523.194　［1900円］

熊本県（景観保全―天草市）
◇天草市大江の農村景観―保存調査報告書・保存計画書　天草　天草市教育委員会文化課世界遺産登録推進室　2013.3　350p　図版［12］枚　30cm〈文献あり　奥付のタイトル：大江の農村景観〉Ⓝ518.8

熊本県（景観保全―宇城市）
◇三角浦の文化的景観―調査報告書・保存計画書　熊本県宇城市教育委員会編　宇城　熊本県宇城市教育委員会　2014.3　152, 45p　30cm〈文献あり〉Ⓝ518.8

熊本県（経済）
◇これからの熊本を考える―2020年へのアプローチ　熊本　地方経済総合研究所　2014.7　91p　30cm　①978-4-925195-14-0　Ⓝ602.194　［2000円］

熊本県（経済―統計）
◇市町村民所得推計報告書　平成23年度　熊本　熊本県統計協会　2014.3　69p　30cm　Ⓝ330.59

熊本県（工業―統計）
◇熊本県鉱工業指数―基準改定の概要：平成22年（2010年）基準　熊本県企画振興部交通政策・情報局統計調査課編　熊本　熊

本県企画振興部交通政策・情報局統計調査課　2014.3　59p　30cm　Ⓝ505.9

熊本県（鉱業―統計）
◇熊本県鉱工業指数―基準改定の概要：平成22年（2010年）基準　熊本県企画振興部交通政策・情報局統計調査課編　熊本　熊本県企画振興部交通政策・情報局統計調査課　2014.3　59p　30cm　Ⓝ505.9

熊本県（公有財産）
◇公有財産表　平成26年3月31日現在　［熊本］　熊本県　［2014］　94p　30cm　Ⓝ349.8

熊本県（港湾施設―保存・修復―宇城市）
◇重要文化財三角旧港（三角西港）施設保存活用計画　宇城市教育委員会編　宇城　宇城市教育委員会　2013.3　81p　30cm〈年表あり〉Ⓝ517.8

熊本県（子育て支援）
◇地域における子育ち・子育て応援実践報告書　平成25年度　熊本県健康福祉部子ども・障がい福祉局子ども未来課編　熊本　熊本県健康福祉部子ども・障がい福祉局子ども未来課　2014.3　21p　30cm　Ⓝ369.4

熊本県（古墳―阿蘇市）
◇考古学研究室報告　第49集　平原古墳群調査報告　2　熊本大学文学部考古学研究室編　熊本　熊本大学文学部考古学研究室　2014.3　28p　図版8p　30cm〈内容：2013年度考古学研究室の足跡〉Ⓝ210.025

熊本県（祭礼―五木村―写真集）
◇五木歳時記　小林正明著　福岡　花乱社　2014.2　107p　24×26cm　①978-4-905327-31-8　Ⓝ386.194　［2500円］

熊本県（産学連携）
◇熊本大学政策創造研究教育センター産学官共同による共創的地域マネジメント創成事業報告書　平成25年度　熊本　熊本大学政策創造研究教育センター　2014.3　57p　30cm〈奥付のタイトル：産学官共同による共創的地域マネジメント創成事業報告書〉Ⓝ361.7

熊本県（産業）
◇これからの熊本を考える―2020年へのアプローチ　熊本　地方経済総合研究所　2014.7　91p　30cm　①978-4-925195-14-0　Ⓝ602.194　［2000円］

熊本県（自然保護）
◇有明海・八代海等の再生に向けた熊本県計画―平成26年6月一部変更　［熊本］　熊本県　［2014］　32, 22p　30cm〈年表あり〉Ⓝ519.8194

熊本県（写真集）
◇荒尾・玉名・山鹿の昭和―写真アルバム　名古屋　樹林舎　2014.10　264p　図版16p　31cm〈熊本県教科書供給所（発売）〉①978-4-902731-72-9　Ⓝ219.4　［9250円］

熊本県（宗教団体―名簿）
◇熊本県宗教法人名簿　平成26年4月1日現在　［熊本］　熊本県総務部総務私学局私学振興課　［2014］　62p　30cm　Ⓝ160.35

熊本県（障害者福祉）
◇障がい福祉のしおり　熊本　熊本県健康福祉部子ども・障がい福祉局障がい者支援課　2014.7　84p　30cm　Ⓝ369.27

熊本県（所得―統計）
◇市町村民所得推計報告書　平成23年度　熊本　熊本県統計協会　2014.3　69p　30cm　Ⓝ330.59

熊本県（書目）
◇熊本県EL新聞記事情報リスト　2013-1　エレクトロニック・ライブラリー編　エレクトロニック・ライブラリー　2014.2　972p　31cm〈制作：日外アソシエーツ〉Ⓝ025.8194
◇熊本県EL新聞記事情報リスト　2013-2　エレクトロニック・ライブラリー編　エレクトロニック・ライブラリー　2014.2　p973-1775　31cm〈制作：日外アソシエーツ〉Ⓝ025.8194
◇熊本県EL新聞記事情報リスト　2013-3　エレクトロニック・ライブラリー編　エレクトロニック・ライブラリー　2014.2　p1777-2599　31cm〈制作：日外アソシエーツ〉Ⓝ025.8194

熊本県（城跡―菊池市）
◇鞠智城跡　2　論考編　1　熊本県教育委員会編　熊本　熊本県教育委員会　2014.3　141p　30cm〈内容：鞠智城の湧水施設（坪井清足著）　鞠智城の歴史的位置（佐藤信著）　古代山城は完成していたのか（亀田修一著）　鞠智城西南部の古代官道について（木本雅康著）　鞠智城跡の遺構の特徴と特殊性（海野聡著）　鞠智城跡貯水池跡について（西住欣一郎著）　鞠智城跡・土塁の構築とその特徴（矢野裕介著）　鞠智城の役割に関する

一考察(木村龍生著) 菊池川流域の古代集落と鞠智城(能登原孝道著)〉Ⓝ219.4

◇鞠智城跡 2 論考編2 熊本県教育委員会編 熊本 熊本県教育委員会 2014.11 124p 30cm 〈内容:鞠智城跡の建物について(小西龍三郎著) 朝鮮三国における八角形建物とその性格(田中俊明著) 古代山城試論 2(出宮徳尚著) 鞠智城の変遷(向井一雄著) 「鞠智城選地論」覚書(木﨑康弘著)〉Ⓝ219.4

◇鞠智城シンポジウム—成果報告書 2012 ここまでわかった鞠智城 熊本県教育委員会編 熊本 熊本県教育委員会 2013.3 182, 68p 21cm 〈年表あり 会期・会場:平成24年8月26日 ホテル熊本テルサホールほか 内容:鞠智城解明の最前線:熊本会場 最新調査成果報告(矢野裕介述) 鞠智城の築造時期と貯水池について(赤司善彦述) 古代山城築造の意義(狩野久述) 百済仏像と東アジア(大西修也述) 古代山城の歴史を探る:福岡会場 鞠智城の創設について(小田富士雄述) 東アジア史からみた鞠智城(石井正敏述) 地方官衙と鞠智城(坂井秀弥述)〉Ⓝ219.4

◇鞠智城シンポジウム—成果報告書 2013 古代山城の成立と鞠智城—古代山城鞠智城築城の謎を探る 熊本県教育委員会編 熊本 熊本県教育委員会 2013.3 164, 122p 21cm 〈年表あり 会期・会場:平成25年7月28日 東京国立博物館(平成館大講堂)ほか 内容:律令国家への道と東アジア:東京会場 鞠智城跡の調査と成果(能登原孝道, 矢野裕介述) 律令国家と古代山城(荒木敏夫述) 古代山城は完成していたのか(亀田修一述) 鞠智城の建物跡について(小西龍三郎述) 築城技術の源流:大阪会場 古代の東アジアの動向と鞠智城(酒寄雅志述) 古代山城のフォーメイションと鞠智城(出宮徳尚述) 韓国古代城郭からみた鞠智城(向井一雄述)〉Ⓝ219.4

◇鞠智城と古代社会 第2号 熊本県教育委員会編 熊本 熊本県教育委員会 2014.3 110p 30cm 〈鞠智城跡「特別研究」論文集 平成25年度〉〈文献あり 内容:論文 古代肥後における仏教伝来(有働智奘著) 古代山城出土唐居敷から見た鞠智城跡の位置づけ(小澤佳憲著) 朝鮮式山城の外交・防衛上の機能の比較研究からみた鞠智城(柿沼亮介著) 律令国家成立期における鞠智城(菊池達也著) 日本における古代山城の変遷(古内絵里子著)〉Ⓝ219.4

◇鞠智城とその時代—平成14-21年度「館長講座」の記録 2 熊本県立装飾古墳館分館歴史公園鞠智城・温故創生館編 山鹿 熊本県立装飾古墳館分館歴史公園鞠智城・温故創生館 2014.3 129p 30cm Ⓝ219.4

熊本県(森林計画)

◇天草地域森林計画変更計画書—天草森林計画区 平成25年度 [熊本] 熊本県 [2014] 7p 30cm 〈計画期間:平成23年4月1日—平成33年3月31日〉Ⓝ651.1

◇球磨川地域森林計画変更計画書—球磨川森林計画区 平成25年度 [熊本] 熊本県 [2014] 23p 30cm 〈計画期間:平成25年4月1日—平成35年4月31日〉Ⓝ651.1

◇白川・菊池川地域森林計画変更計画書—白川・菊池川森林計画区 平成25年度 [熊本] 熊本県 [2014] 25p 30cm 〈計画期間:平成22年4月1日—平成32年4月31日〉Ⓝ651.1

◇緑川地域森林計画書—緑川森林計画区 平成25年度 [熊本] 熊本県 [2014] 102p 30cm 〈計画期間:平成26年4月1日—平成36年3月31日〉Ⓝ651.1

熊本県(水害—阿蘇市)

◇阿蘇地域記録誌—平成24年7月12日熊本広域大水害 被害編 阿蘇 熊本県北広域本部阿蘇地域振興局 2014.3 47p 30cm Ⓝ369.33

熊本県(スポーツ振興基本計画)

◇熊本県スポーツ推進計画—スポーツによる人が輝く豊かなくまもとづくり 熊本県教育庁教育指導局体育保健課編 熊本 熊本県教育庁教育指導局体育保健課 2014.2 64p 30cm Ⓝ780.2194

熊本県(戦争遺跡)

○つたえる熊本の戦争遺跡—山鹿の戦争遺跡の記憶と記録を今に:髙谷和生先生講演録 髙谷和生[述] 山鹿 山鹿市教育委員会文化課 2014.3 73p 19cm 〈新山鹿双書 9〉〈会期・会場:平成25年7月27日 山鹿市立博物館〉Ⓝ219.4

熊本県(耐震建築)

◇熊本県建築物耐震改修促進計画—「建築物の耐震改修の促進に関する法律」に基づく:策定平成19年3月変更平成25年9月 [熊本] 熊本県 [2014] 34, 90p 30cm Ⓝ524.91

熊本県(城跡—山鹿市)

◇鞠智城跡 2 論考編1 熊本県教育委員会編 熊本 熊本県教育委員会 2014.3 141p 30cm 〈内容:鞠智城の湧水施設(坪井清足著) 鞠智城の歴史的位置(佐藤信著) 古代山城は完成していたのか(亀田修一著) 鞠智城西南部の古代官道について(木本雅康著) 鞠智城の遺構の特徴と特殊性(海野聡著) 鞠智城跡貯水池跡について(西住欣一郎著) 鞠智城跡・土塁の構築と特徴(矢野裕介著) 鞠智城の役割に関する一考察(木村龍生著) 菊池川流域の古代集落と鞠智城(能登原孝道著)〉Ⓝ219.4

◇鞠智城跡 2 論考編2 熊本県教育委員会編 熊本 熊本県教育委員会 2014.11 124p 30cm 〈内容:鞠智城跡の建物について(小西龍三郎著) 朝鮮三国における八角形建物とその性格(田中俊明著) 古代山城試論 2(出宮徳尚著) 鞠智城の変遷(向井一雄著) 「鞠智城選地論」覚書(木﨑康弘著)〉Ⓝ219.4

◇鞠智城シンポジウム—成果報告書 2012 ここまでわかった鞠智城 熊本県教育委員会編 熊本 熊本県教育委員会 2013.3 182, 68p 21cm 〈年表あり 会期・会場:平成24年8月26日 ホテル熊本テルサホールほか 内容:鞠智城解明の最前線:熊本会場 最新調査成果報告(矢野裕介述) 鞠智城の築造時期と貯水池について(赤司善彦述) 古代山城築造の意義(狩野久述) 百済仏像と東アジア(大西修也述) 古代山城の歴史を探る:福岡会場 鞠智城の創設について(小田富士雄述) 東アジア史からみた鞠智城(石井正敏述) 地方官衙と鞠智城(坂井秀弥述)〉Ⓝ219.4

◇鞠智城シンポジウム—成果報告書 2013 古代山城の成立と鞠智城—古代山城鞠智城築城の謎を探る 熊本県教育委員会編 熊本 熊本県教育委員会 2013.3 164, 122p 21cm 〈年表あり 会期・会場:平成25年7月28日 東京国立博物館(平成館大講堂)ほか 内容:律令国家への道と東アジア:東京会場 鞠智城跡の調査と成果(能登原孝道, 矢野裕介述) 律令国家と古代山城(荒木敏夫述) 古代山城は完成していたのか(亀田修一述) 鞠智城の建物跡について(小西龍三郎述) 築城技術の源流:大阪会場 古代の東アジアの動向と鞠智城(酒寄雅

熊本県(棚田—山都町—歴史)

◇棚田の歴史—通潤橋と白糸台地から 吉村豊雄著 農山漁村文化協会 2014.2 214p 22cm ①978-4-540-13204-9 Ⓝ611.73 〔3000円〕

熊本県(ダム)

◇ダムより河川改修を—とことん検証阿蘇・立野ダム:世界の阿蘇に立野ダムはいらない PART2 立野ダム問題ブックレット編集委員会,立野ダムによらない自然と生活を守る会編 [東京] 花伝社 2014.7 84p 21cm 〈共栄書房(発売) 文献あり 年表あり〉①978-4-7634-0705-4 Ⓝ517.7 〔800円〕

熊本県(ダム—天草市)

◇森と川と海を守りたい—住民があばく路木ダムの嘘 路木ダム問題ブックレット編集委員会編 [東京] 花伝社 2014.12 84p 21cm 〈共栄書房(発売) 年表あり 内容:羊角湾のすばらしさと路木ダム建設の影響(松本基督著) 生業の場として羊角湾を守る(中山健二著) 貴重な自然河川の生態系を破壊する路木ダム(金井塚務著) 荒瀬ダムの撤去から、路木川・羊角湾を考える(つる詳子著) 世界一破廉恥な路木ダム(中島康著) 住民は証言する「路木川に水害はなかった」 天草市民の生活を破壊する路木ダム問題どうなる水道料金(笠井洋子著) 路木ダム事業とダム反対運動の経緯(植村振作著) またも不要なダムがつくられてしまった(今本博健著)〉①978-4-7634-0723-8 Ⓝ517.7 〔800円〕

熊本県(男女共同参画)

◇熊本県男女共同参画社会づくり地域リーダー育成事業研修報告書 平成25年度 熊本 くまもと県民交流館男女共同参画センター 2014.3 87p 30cm 〈裏表紙のタイトル:男女共同参画社会づくり地域リーダー育成事業研修報告書 タイトル関連情報:輪く湧く25〉Ⓝ367.2194

熊本県(単親家庭)

◇熊本県ひとり親家庭等自立促進計画 第3期 [熊本] 熊本県 2014.3 34p 30cm Ⓝ369.41

熊本県（地域開発）

◇くまモン力―人を惹きつける愛と魅力の秘密　亀山早苗著　イースト・プレス　2014.1　213p　19cm　①978-4-7816-1122-8　⑥601.194　[1000円]

◇水俣・芦北地域振興計画　第5次　平成27年度実施計画編　[熊本]　熊本県　2014.7　66p　30cm　⑥318.694

熊本県（地域社会）

◇熊本大学政策創造研究教育センター産学官共同による共創的地域マネジメント創成事業報告書　平成25年度　熊本　熊本大学政策創造研究教育センター　2014.3　57p　30cm　〈奥付のタイトル：産学官共同による共創的地域マネジメント創成事業報告書〉⑥361.7

熊本県（地誌）

◇菊池風土記　1　渋江松石［著］，鈴木元［編］　熊本　熊本県立大学日本語日本文学研究室　2014.12　98p　19×26cm　（熊本文化研究叢書 9）〈平成24-26年度JSPS科学研究費補助金基盤研究（C）（24520228）成果報告書　複製〉⑥291.94

熊本県（地質）

◇熊本地域の地質断面図　熊本地盤研究会編　宇城　中山洋　2014.3　94枚　30×42cm　〈くまもと地下水財団（印刷）　文献あり〉①978-4-9905275-1-8　⑥455.194

熊本県（治水）

◇ダムより河川改修を―とことん検証阿蘇・立野ダム：世界の阿蘇に立野ダムはいらない　PART2　立野ダム問題ブックレット編集委員会，立野ダムによらない自然と生活を守る会編　[東京]　花伝社　2014.7　84p　21cm　〈共栄書房（発売）　文献あり　年表あり〉①978-4-7634-0705-4　[800円]

熊本県（地層）

◇縄文人は肥薩線に乗って―人吉・球磨100万年の歴史　杉下潤二著　[熊本]　熊日出版　2014.3　167p　21cm　〈熊日情報文化センター（制作）〉⑥456.9194

熊本県（中小企業金融）

◇熊本県チャレンジサポート融資事業計画作成マニュアル　[熊本]　熊本県　2014.2　49p　30cm　〈共同刊行：熊本県商工会連合会〉⑥338.63

◇熊本県中小企業融資制度要項集　平成26年度　[熊本]　熊本県商工観光労働部商工労働局商工振興金融課　[2014]　109p　30cm　⑥338.63

熊本県（伝記）

◇熊本県の近代文化に貢献した人々―功績と人と：近代文化功労者　平成25年度　熊本県教育委員会編　熊本　熊本県教育委員会　[2013]　59p　21cm　〈背のタイトル：平成二十五年度熊本県近代文化功労者功績集〉⑥281.94

熊本県（電気事業―天草市―歴史）

◇天草電気の歴史100年史　松岡近［著］　天草　松岡近　2014.10　184p　31cm　〈年表あり〉⑥540.92194

熊本県（統計）

◇熊本くらしの指標100　平成25年度版　熊本県企画振興部交通政策・情報局統計調査課編　熊本　熊本県企画振興部交通政策・情報局統計調査課　2014.3　228p　30cm　⑥351.94

熊本県（図書館―名簿）

◇みんなあつまれ―子ども文庫とお話のグループ公共図書館・公民館図書室：情報誌　2014年度版　熊本子どもの本の研究会，文庫とお話の会連絡会くまもと編　[熊本]　熊本子どもの本の研究会　2014.8　30p　30cm　〈共同刊行：文庫とお話の会連絡会くまもと〉⑥015.8　[300円]

熊本県（ドメスティックバイオレンス）

◇熊本県配偶者からの暴力の防止及び被害者の保護等に関する基本計画　第3次　[熊本]　熊本県　2014.3　79p　30cm　⑥367.3

熊本県（鳥）

◇里山の野鳥百科　大田眞也著　福岡　弦書房　2014.6　262p　21cm　①978-4-86329-102-7　⑥488.2194　[2000円]

熊本県（農業経営）

◇農業経営改善に取り組む事例集―熊本県農業コンクール大会より　平成25年度　[熊本]　熊本県　2014.3　75p　30cm　⑥611.7

熊本県（農村―天草市）

◇天草市大江の農村景観―保存調査報告書・保存計画書　天草　天草市教育委員会文化課世界遺産登録推進室　2013.3　350p　図版［12］枚　30cm　〈文献あり　奥付のタイトル：大江の農村景観〉⑥518.8

熊本県（農村―歴史）

◇近世熊本の農村と社会　岩本税著　熊本　岩本税論文集刊行会　2014.7　447p　22cm　〈熊本出版文化会館（制作）　著作目録あり　年譜あり　布装　内容：肥後藩領における農村構造の問題　肥後近世山間地の土地集積　名子百姓の自立過程について　質地・譲地地主の土地集積　寸志寸考　近世内牧の火災と手永役人の功労と意義　惣庄屋と光永円右衛門　加藤清正・小西行長の相剋　阿蘇開発と北国農法の導入　入会権相論と林政の転換　中村手永岳間地域の製茶　肥後宝暦改革と孝子表彰　民衆の情念と行動　五家荘伝承考　藩体制下における地方神ого専業化　近世の祭礼・諸興行と民衆　肥後城北地方における庚申信仰遺跡について　〈参考〉肥後周辺における庚申塔の地域性と時代相　神社経営と氏子村々　近世のかくれ念仏考　近世肥後と薩摩の真宗三業惑乱事件　肥・薩国境地における社寺堂塔　肥薩の接地「獅子島」の史的考察　〈史料紹介〉慶長五年から寛永九年に至る薩摩国への逃亡〈走り〉百姓の史料について　御所浦島海人集団の遺跡を歩く　鎌倉期天草領長島山門野の地頭職相論者の出自について　出水郡東町〈長島〉山門野の祭礼・信仰行事小考　倒幕期における天領天草と薩摩藩の動向　郡築小作争議の史的位置付けと小作農民の動向　小作農民の離村について　熊本の近世史研究と岩本論文（松本寿三郎著）　郡築小作争議研究と岩本税先生（水野公寿著）　熊本歴史学研究会初代会長・岩本税氏を偲ぶ（松野國策著）　熊本近世史の研究仲間岩本さん（城後尚年著）　徳永直の会にかかわった税さん（中村青史著）　「くまもと歴史と教育研究会」〈一・五会〉とともに歩まれた岩本先生（高野茂著）　不肖の「弟子」の反省文（児玉光著）〉①978-4-906897-18-6　⑥612.194　[8000円]

熊本県（廃棄物処理施設―八代市）

◇八代市環境センター建設事業環境影響評価書　[八代]　八代市　2013.10　1冊　30cm　⑥518.52

◇八代市環境センター建設事業環境影響評価書―要約書　[八代]　八代市　2013.10　1冊　30cm　⑥518.52

◇八代市環境センター建設事業環境影響評価書　資料編　[八代]　八代市　2013.10　1冊　30cm　⑥518.52

熊本県（発電計画―南阿蘇村）

◇地域主導型再生可能エネルギー事業化検討委託業務（熊本県南阿蘇村）成果報告書　平成25年度　[阿蘇]　九州バイオマスフォーラム　2014.3　155p　30cm　〈平成25年度環境省委託業務〉⑥543.4

熊本県（プロテスタント教会―歴史）

◇肥後もっこすと熊本バンド―生涯貴高いサムライ精神を貫いた明治男　亀山勝著　長野　龍鳳書房　2014.12　315p　20cm　〈文献あり〉①978-4-947697-49-3　⑥198.52　[2500円]

熊本県（文化財―菊池市）

◇菊池市の文化財　菊池市文化財保護委員会執筆編集　菊池　菊池市教育委員会　2014.3　201p　21cm　〈年表あり〉⑥709.194

熊本県（文化的景観―天草市）

◇天草市大江の農村景観―保存調査報告書・保存計画書　天草　天草市教育委員会文化課世界遺産登録推進室　2013.3　350p　図版［12］枚　30cm　〈文献あり　奥付のタイトル：大江の農村景観〉⑥518.8

熊本県（文化的景観―宇城市）

◇三角浦の文化的景観―調査報告書・保存計画書　熊本県宇城市教育委員会編　宇城　熊本県宇城市教育委員会　2014.3　152p，45p　30cm　〈文献あり〉⑥518.8

熊本県（方言―天草市）

◇天草方言集―心に響くふるさとことば　鶴田功著　第8版　[出版地不明]　[鶴田功]　2014.2　424p　26cm　⑥818.94

熊本県（水俣市）

◇シロアリと生きる―よそものが出会った水俣　池田理知子著　京都　ナカニシヤ出版　2014.2　172p　19cm　①978-4-7795-0814-1　⑥527　[2000円]

熊本県（名簿）

◇熊本県人物・人材情報リスト　2015　日外アソシエーツ株式会社編　日外アソシエーツ（制作）　2014.11　795，33p　30cm　⑥281.94

熊本県（歴史）

◇肥国・菊池川流域と百済倭国―茂賀の浦・江田船山古墳・鞠智城　堤克彦編著　菊池　熊本郷土史譚研究所　2014.3　188p　21cm　〈トライ（発売）「菊池川流域の原始・古代の解明」の増訂〉①978-4-903638-33-1　⑥219.4　[2000円]

熊本県（歴史―写真集）

◇八代・水俣・葦北の今昔―保存版　麦島勝監修　松本　郷土出版社　2013.12　222p　31cm　〈文献あり〉①978-4-86375-206-1　⑥219.4　[9500円]

熊本県（歴史―史料）　　　　　　　　　　　　　　　　　　　　日本件名図書目録2014　Ⅰ

熊本県（歴史―史料）

◇町在　6　天保12年―嘉永元年　城後尚年監修，七浦古文書会編　津奈木町（熊本県）七浦古文書会　2014.1　158p　26cm（芦北郡史料叢書　第15集）〈（公財）水俣・芦北地域振興財団助成事業　付属資料：8p：月報　第17号〉Ⓝ219.4

◇町在　7　嘉永2年―安政3年　城後尚年監修，七浦古文書会編　津奈木町（熊本県）七浦古文書会　2014.3　170p　26cm（芦北郡史料叢書　第16集）〈（公財）水俣・芦北地域振興財団助成事業　付属資料：8p：月報　第18号〉Ⓝ219.4

◇町在　8　安政4年―文久3年　城後尚年監修，七浦古文書会編　津奈木町（熊本県）七浦古文書会　2014.9　183p　26cm（芦北郡史料叢書　第17集）〈（公財）水俣・芦北地域振興財団助成事業　付属資料：10p：月報　第18号〉Ⓝ219.4

熊本県（歴史―史料―人吉市）

◇御当家聞書　人吉市教育委員会（教育部歴史遺産課）編　人吉　人吉市教育委員会　2014.3　86p　30cm（人吉史料叢書　第1巻）〈年譜あり〉Ⓝ219.4

熊本県立菊池農業高等学校

◇熊本県立菊池農業高等学校創立110周年記念誌　菊池　熊本県立菊池農業高等学校　2014.3　157p　30cm〈標題紙等のタイトル：創立110周年記念誌〉Ⓝ376.48

熊本県立工業学校土木科

◇熊工土木科・戦前史―昭和3-20年　野田民生著　［出版地不明］　野田民生　2014.2　195p　30cm　Ⓝ376.4194

熊本県立図書館

◇熊本県立図書館百周年記念誌　熊本県立図書館編　熊本　熊本県立図書館　2014.1　106p　30cm〈年表あり〉Ⓝ016.2194

熊本県立氷川高等学校

◇熊本県立氷川高等学校閉校記念誌―若鮎　八代　熊本県立氷川高等学校　2014.3　109p　30cm〈年表あり　タイトルは奥付による〉Ⓝ376.48

熊本市

◇これでいいのか熊本県熊本市―政令市になったはいいが本当に大丈夫!?　岡島慎二，土屋幸仁編　マイクロマガジン社　2014.5　139p　26cm〈文献あり　日本の特別地域特別編集〉①978-4-89637-456-8　Ⓝ291.94　［1300円］

熊本市（遺跡・遺物）

◇植木町内遺跡発掘調査報告書　平成19年度　熊本市教育委員会編　熊本　熊本市教育委員会　2014.3　2p　30cm（熊本市の文化財　第34集）Ⓝ210.0254

◇熊本市埋蔵文化財発掘調査報告集　平成24年度　熊本　熊本市教育委員会　2013.3　105p　30cm（熊本市の文化財　第25集）〈文献あり　内容：調査報告　大江遺跡群．第114次調査区　神水遺跡．第31次調査区　神水遺跡．第39次調査区　健軍神社周辺遺跡群．第8次調査区〉Ⓝ210.0254

◇熊本市埋蔵文化財発掘調査報告集　平成25年度　熊本　熊本市教育委員会　2014.3　192p　30cm（熊本市の文化財　第32集）〈内容：調査報告　長嶺遺跡群．第6次調査区　長嶺遺跡群．第8次調査区　江津湖遺跡群．第28次調査区　二本木遺跡群．第65次調査区　平田町遺跡．第2次調査区〉Ⓝ210.0254

◇熊本城跡遺跡群　熊本県教育委員会編　熊本　熊本県教育委員会　2014.3　414p　30cm（熊本県文化財調査報告　第303集）〈JR鹿児島本線外―線連続立体交差事業に伴う新馬借遺跡および花岡山・万日山遺跡群埋蔵文化財発掘調査報告〉Ⓝ210.0254

◇熊本城跡発掘調査報告書　1　熊本　熊本市熊本城調査研究センター　2014.11　317p　30cm（熊本城調査研究センター報告書　第1集）〈年表あり　文献あり　内容：飯田丸の調査〉Ⓝ210.0254

◇熊本大学構内遺跡発掘調査報告　10　1999・2002・2012年度　熊本大学埋蔵文化財調査センター編　熊本　熊本大学埋蔵文化財調査センター　2014.3　342p　図版2p　30cm（熊本大学埋蔵文化財調査報告書　第10集）Ⓝ210.0254

◇神水遺跡　13　熊本市教育委員会編　熊本　熊本市教育委員会　2013.3　82p　30cm（熊本市の文化財　第29集）〈第26次調査区第47次調査区発掘調査報告書〉Ⓝ210.0254

◇神水遺跡　4　熊本県教育委員会編　熊本　熊本県教育委員会　2014.3　67p　図版37p　30cm（熊本県文化財調査報告　第295集）Ⓝ210.0254

◇新屋敷遺跡　3　熊本県教育委員会編　［熊本］　熊本県教育委員会　2014.3　130p　図版23p　30cm（熊本県文化財調査報告　第298集）〈国土交通省白川河川改修工事に伴う埋蔵文化財発掘調査〉Ⓝ210.0254

◇田原坂―西南戦争遺跡・田原坂第3・4次調査の概要　3　熊本市教育委員会編　熊本　熊本市教育委員会　2013.3　46p　30cm（熊本市の文化財　第30集）Ⓝ210.0254

◇田原坂　4　熊本市教育委員会編　熊本　熊本市教育委員会　2014.3　32p　30cm（熊本市の文化財　第39集）Ⓝ210.0254

◇池辺寺跡　15　平成23年度発掘調査報告書　熊本市教育委員会編　［熊本］　熊本市教育委員会　2013.3　41p　30cm（熊本市の文化財　第23集）〈文献あり〉Ⓝ210.0254

◇池辺寺跡　16　平成24年度発掘調査報告書　熊本市教育委員会編　［熊本］　熊本市教育委員会　2014.3　95p　30cm（熊本市の文化財　第35集）〈文献あり〉Ⓝ210.0254

◇二本木遺跡群　20　熊本　熊本市教育委員会　2013.3　139p　30cm（熊本市の文化財　第26集）〈文献あり　二本木遺跡群第56次調査区発掘調査報告書〉Ⓝ210.0254

◇二本木遺跡群　21　熊本　熊本市教育委員会　2013　272p　30cm（熊本市の文化財　第27集）〈二本木遺跡群第32次調査区（K・R地点）・第40次調査区（M地点）・第54次調査区（A・B地点）発掘調査報告書〉Ⓝ210.0254

◇二本木遺跡群　22　熊本　熊本市教育委員会　2014.3　68p　30cm（熊本市の文化財　第37集）〈二本木遺跡群第67次調査区発掘調査報告書〉Ⓝ210.0254

◇二本木遺跡群　23　熊本　熊本市教育委員会　2014　154p　30cm（熊本市の文化財　第36集）〈二本木遺跡群第32次調査区（S・U地点）・第47次調査区（D地点）・第54次調査区（G地点）発掘調査報告書〉Ⓝ210.0254

◇二本木遺跡群　24　熊本市教育委員会編　熊本　熊本市教育委員会　2014.3　40p　30cm（熊本市の文化財　第38集）〈二本木遺跡群第68次調査区発掘調査報告書，市道春日2丁目第2号線工事にともなう埋蔵文化財発掘調査報告書〉Ⓝ210.0254

◇法王鶴遺跡　1　熊本市教育委員会編　熊本　熊本市教育委員会　2014.3　156p　図版48p　30cm（熊本市の文化財　第33集）〈文献あり　法王鶴遺跡第1次調査区発掘調査報告書，変電設備建て替えに伴う埋蔵文化財発掘調査報告書〉Ⓝ210.0254

◇宮地遺跡群　1　熊本　熊本市教育委員会　2013.3　95p　30cm（熊本市の文化財　第28集）〈宮地遺跡群第1次調査区発掘調査報告書〉Ⓝ210.0254

熊本市（学生）

◇学生生活の記憶　特別座談　熊本大学60年史編纂委員会編　［熊本］　熊本大学　2014.3　41p　26cm（熊本大学六十年史　別編）Ⓝ377.9

◇熊大生の休日―体感して学ぶ民俗学：熊本大学文学部総合人間学科（民俗学研究室）平成二四（二〇一二）年度社会調査実習Ⅰ/Ⅱ報告書　熊本　熊本大学文学部総合人間学科民俗学研究室　2013.3　450p　21cm（熊民叢書　3）〈文献あり　年表あり　折り込3枚〉Ⓝ377.9

熊本市（行政）

◇コウヤマノート―熊本市政4,383日の軌跡：2002 2014　幸山政史著　［出版地不明］　幸山政史　2014.12　264p　19cm〈熊日出版（制作発売）年表あり〉①978-4-87755-505-4　Ⓝ318.294　［1300円］

熊本市（ペット―保護）

◇ゼロ！―熊本市動物愛護センター10年の闘い　片野ゆか著　集英社　2014.5　364p　16cm（集英社文庫　か51-2）〈2012年刊の加筆〉①978-4-08-745196-2　Ⓝ645.6　［680円］

熊本市動物愛護センター

◇ゼロ！―熊本市動物愛護センター10年の闘い　片野ゆか著　集英社　2014.5　364p　16cm（集英社文庫　か51-2）〈2012年刊の加筆〉①978-4-08-745196-2　Ⓝ645.6　［680円］

熊本市保育園連盟

◇熊本市の保育―分離独立15周年記念誌　熊本　熊本市保育園連盟　2014.12　212p　30cm〈年表あり〉Ⓝ369.42

熊本大学

◇学生生活の記憶　特別座談　熊本大学60年史編纂委員会編　［熊本］　熊本大学　2014.3　41p　26cm（熊本大学六十年史　別編）Ⓝ377.9

◇熊大生の休日―体感して学ぶ民俗学：熊本大学文学部総合人間学科（民俗学研究室）平成二四（二〇一二）年度社会調査実習Ⅰ/Ⅱ報告書　熊本　熊本大学文学部総合人間学科民俗学研究室　2013.3　450p　21cm（熊民叢書　3）〈文献あり　年表あり　折り込3枚〉Ⓝ377.9

◇熊本大学60年史　通史編　熊本大学60年史編纂委員会編　熊本　熊本大学　2014.3　839p　27cm〈文献あり　年表あり〉Ⓝ377.28

熊本大学薬学部

◇熊薬ものがたり―熊本大学薬学部の研究と教育　熊本大学薬学部企画・編集　改訂　［熊本］　熊本日日新聞社　2014.3

252

287p　19cm　〈朝日情報文化センター（発売）　年表あり〉
①978-4-87755-480-4　Ⓝ377.21　[1500円]

熊本藩
◇藩校「時習館学」入門—肥後藩の教育：寺子屋・私塾・藩校の実情　堤克彦著　熊本　トライ　2014.5　171p　21cm
①978-4-903638-34-8　Ⓝ372.105　[1500円]

熊本放送
◇熊本放送60年史—1953-2013　熊本　熊本放送　2014.6　123p　29cm　Ⓝ699.067

久御山町〔京都府〕（写真集）
◇城陽・八幡・久御山の今昔—保存版　竹中友里代監修　松本郷土出版社　2013.12　222p　31cm　〈文献あり〉　①978-4-86375-207-8　Ⓝ216.2　[9500円]

久御山町〔京都府〕（食育）
◇第2次健康くみやま21・久御山町食育推進計画　久御山町民生部長寿健康課編　久御山町（京都府）久御山町民生部長寿健康課　2014.3　86p　30cm　Ⓝ498.5

久米島
◇民俗研究　第41号（2012年度）久米島・島尻の調査報告　宜野湾　沖縄国際大学総合文化学部社会文化学科南島民俗研究室　2013.3　172p　30cm　Ⓝ382.1

久米島町〔沖縄県〕（遺跡・遺物）
◇具志川城跡発掘調査報告書　3　久米島町（沖縄県）沖縄県久米島町教育委員会　2014.3　103p　30cm　〈久米島町文化財調査報告書　第6集〉〈史跡具志川城跡保存修理事業に伴う発掘調査報告〉　Ⓝ210.0254

久米島町〔沖縄県〕（祭礼）
◇久米島謝名堂の神祭り　大山須美著　那覇　沖縄国際平和研究所（制作）2014.6　214p　21cm　〈文献あり　年表あり〉　Ⓝ386.199

久米島町〔沖縄県〕（風俗・習慣）
◇民俗研究　第41号（2012年度）久米島・島尻の調査報告　宜野湾　沖縄国際大学総合文化学部社会文化学科南島民俗研究室　2013.3　172p　30cm　Ⓝ382.1

クライフ, J.〔1947～　〕
◇クライフ哲学ノススメ—試合の流れを読む14の鉄則　木崎伸也,若水大樹著　増補改訂版　ガイドワークス　2013.12　207p　18cm　〈サッカー小僧新書EX 005〉〈文献あり　初版：白夜書房　2010年刊〉　①978-4-86535-024-1　Ⓝ783.47　[900円]

クライン, M.〔1882～1960〕
◇クライン派用語事典　R.D.ヒンシェルウッド著, 衣笠隆幸総監訳, 福本修, 奥寺崇, 木部則雄, 小川豊昭, 小野泉監訳　誠信書房　2014.10　643p　21cm　〈文献あり〉　①978-4-414-41456-1　Ⓝ146.1　[8200円]
◇新釈メラニー・クライン　ミーラ・リカーマン著, 飛谷渉訳　岩崎学術出版社　2014.11　300p　22cm　〈索引あり〉　①978-4-7533-1081-4　Ⓝ146.1　[4000円]

クラウゼヴィッツ, K.v.〔1780～1831〕
◇平和ボケした日本人のための戦争論　長谷川慶太郎著　ビジネス社　2014.6　243p　18cm　〈「新『戦争論』の読み方」（PHP研究所　2002年刊）の改題、大幅に加筆し再刊〉　①978-4-8284-1754-7　Ⓝ391　[1100円]
◇60分で名著快読クラウゼヴィッツ『戦争論』　川村康之著　日本経済新聞出版社　2014.9　313p　15cm　（日経ビジネス人文庫　か11-1）〈文献あり　索引あり〉〈「クラウゼヴィッツの戦争論」（ナツメ社　2004年刊）の改題、編集〉　①978-4-532-19740-7　Ⓝ391.3　[900円]

クラウン少女合唱団
◇歌は生命（いのち）の輝き—岡崎清吾と児童合唱　牛山剛著　東大和　踏青社　2014.4　246p　20cm　〈年譜あり〉　①978-4-924440-65-4　Ⓝ767.4　[1800円]

倉敷市
◇青史　5　平成5年～8年の倉敷点描　小林源蔵著　岡山　吉備人出版　2014.1　282p　20cm　①978-4-86069-380-0　Ⓝ291.75　[1700円]
◇青史　6　平成9年～12年の倉敷点描　小林源蔵著　岡山　吉備人出版　2014.5　285p　20cm　①978-4-86069-396-1　Ⓝ291.75　[1700円]
◇青史　7　落ち穂拾い　小林源蔵著　岡山　吉備人出版　2014.12　288p　20cm　①978-4-86069-414-2　Ⓝ291.75　[1700円]

倉敷市（環境教育）
◇「環境学習で、人とまちと未来をつくる！」協働推進事業成果報告書　[倉敷]　水島地域環境再生財団　2014.2　76, 10p　31cm　〈年表あり　環境省「平成25年度地域活性化を担う環境保全活動の協働取組推進事業」（岡山ブロック）折り込　2枚　ルーズリーフ〉　Ⓝ601.175

倉敷市（写真集）
◇倉敷・総社今昔写真集　名古屋　樹林舎　2014.10　160p　38cm　〈岡山県教科図書販売（発売）年表あり〉　①978-4-902731-71-2　Ⓝ217.5　[9250円]

倉敷市（地域開発）
◇「環境学習で、人とまちと未来をつくる！」協働推進事業成果報告書　[倉敷]　水島地域環境再生財団　2014.2　76, 10p　31cm　〈年表あり　環境省「平成25年度地域活性化を担う環境保全活動の協働取組推進事業」（岡山ブロック）折り込　2枚　ルーズリーフ〉　Ⓝ601.175

倉敷市（伝記）
◇玉島旧柚木家ゆかりの人々　倉敷ぶんか倶楽部編　岡山　日本文教出版　2014.2　156p　15cm　（岡山文庫　287）〈文献あり〉　①978-4-8212-5287-9　Ⓝ281.75　[860円]

倉敷市（仏教美術—図集）
◇倉敷仏教寺院の至宝　倉敷市立美術館編　倉敷　倉敷市立美術館　2014.3　56p　21×30cm　〈倉敷市立美術館開館30周年記念　会期：平成25年10月5日～11月24日〉　Ⓝ702.17

倉敷市（歴史）
◇郷土史はなぜおもしろいのか—地域づくりに繋がる新たな郷土史　杉原尚示著　文芸社　2014.1　263p　15cm　①978-4-286-14568-6　Ⓝ217.5　[700円]
◇倉敷伝建地区の歩み　大森久雄著　倉敷　備中倉敷学　2014.10　112p　21cm　〈年表あり〉　Ⓝ217.5

藏重 淳〔1940～　〕
◇吾が人生　藏重淳著　大阪　パレード　2013.11　151p　27cm　〈文献あり〉　①978-4-939061-88-2　Ⓝ588.7

倉田 徹也〔1954～　〕
◇川筋挽歌—そして、東京の夢　倉田徹也著　幻冬舎ルネッサンス　2014.8　439p　20cm　①978-4-7790-1115-3　Ⓝ289.1　[1400円]

倉田 春雄〔1931～　〕
◇オリオンの星たち—おもむろに、そしてたしかな歩み　倉田春雄著　秦野　倉田春雄　2014.5　284p　19cm　〈夢工房（制作）〉　Ⓝ289.1

クラッシュ
◇ザ・クラッシュコンプリート・ワークス　ザ・クラッシュ著, 大田黒奉之訳　TOブックス　2013.6　495p　22cm　①978-4-86472-133-2　Ⓝ767.8　[4800円]

クラッシュギャルズ
◇1985年のクラッシュ・ギャルズ　柳澤健著　文藝春秋　2014.3　313p　16cm　（文春文庫　や43-2）①978-4-16-790062-5　Ⓝ788.2　[600円]

グラバー, T.B.〔1838～1911〕
◇明治維新の大功労者トーマス・グラバー—フリーメーソンとしての活躍　山口幸彦著　長崎　長崎文献社　2014.9　205p　21cm　〈文献あり〉　①978-4-88851-221-3　Ⓝ289.3　[1000円]

グラバー園
◇グラバー園開園40周年記念誌　長崎　グラバー園　2014.10　152p　30cm　〈年表あり〉　Ⓝ523.193　[非売品]

クラプトン, E.〔1945～　〕
◇エリック・クラプトン・トレジャーズ　クリス・ウェルチ著, 佐藤信夫訳　スペースシャワーネットワーク　2014.2　62p　29cm　（SPACE SHOWER BOOKs）〈タイトルは奥付・背による．標題紙のタイトル：THE STORY OF ERIC CLAPTON〉①978-4-907435-09-7　Ⓝ767.8　[4800円]

グラミン・アメリカ
◇構想グラミン日本—貧困克服への挑戦：グラミン・アメリカの実践から学ぶ先進国型マイクロファイナンス　菅正広著　明石書店　2014.7　253p　20cm　〈文献あり　索引あり〉　①978-4-7503-4041-8　Ⓝ338.7　[2400円]

グラミン銀行
◇構想グラミン日本—貧困克服への挑戦：グラミン・アメリカの実践から学ぶ先進国型マイクロファイナンス　菅正広著　明石書店　2014.7　253p　20cm　〈文献あり　索引あり〉　①978-4-7503-4041-8　Ⓝ338.7　[2400円]

グラムシ, A.〔1891～1937〕

◇グラムシとフレイレ—対抗ヘゲモニー文化の形成と成人教育 ピーター・メイヨー著，里見実訳 太郎次郎社エディタス 2014.6 347p 20cm〈文献あり 索引あり〉Ⓘ978-4-8118-0766-9 Ⓝ379 〔4500円〕

倉本 康子

◇40歳、進化する私のスタイル—my STYLE BOOK 倉本康子著 宝島社 2014.11 127p 21cm Ⓘ978-4-8002-3079-9 Ⓝ289.1 〔1500円〕

グランヴィル, J.J.〔1803～1847〕

◇諷刺画家グランヴィル—テクストとイメージの19世紀 野村正人著 水声社 2014.5 418p 22cm〈文献あり 索引あり 内容：グランヴィルの生涯 フランスの出版文化とその背景 顔 政治諷刺の経験 ラ・フォンテーヌ『寓話』の挿絵 グランヴィルと『動物たちの私的公的生活情景』『もうひとつの世界』の挿絵 最後のグランヴィル 蝉はどこに消えたのか〉Ⓘ978-4-8010-0029-2 Ⓝ726.501 〔6000円〕

栗木 京子〔1954～ 〕

◇栗木京子 伊藤一彦監修, 吉川宏志編集 京都 青磁社 2014.12 174p 21cm（シリーズ牧水賞の歌人たち Vol.9）〈年譜あり〉Ⓘ978-4-86198-298-9 Ⓝ911.162 〔1800円〕

栗城 史多

◇弱者の勇気—小さな勇気を積み重ねることで世界は変わる 栗城史多著 学研パブリッシング 2014.10 243p 19cm〈学研マーケティング（発売）〉Ⓘ978-4-05-800373-2 Ⓝ786.1 〔1400円〕

栗崎 由子〔1955～ 〕

◇女・東大卒、異国で失業、50代半ばから生き直し 栗崎由子著 パド・ウィメンズ・オフィス 2014.7 263p 19cm Ⓘ978-4-86462-078-9 Ⓝ289.1 〔2500円〕

クリスティー, A.〔1890～1976〕

◇アガサ・クリスティー完全攻略 霜月蒼著 講談社 2014.5 419p 19cm〈文献あり〉Ⓘ978-4-06-218968-2 Ⓝ930.278 〔2750円〕

◇謎解きのことば学—アガサ・クリスティの英語を楽しむ 稲木昭子著 英宝社 2013.2 135p 22cm〈文献あり〉Ⓘ978-4-269-77048-5 Ⓝ830.1 〔2000円〕

クリティバ〔ブラジル〕（環境行政）

◇ブラジルの環境都市を創った日本人—中村ひとし物語 服部圭郎著 未来社 2014.3 257p 19cm〈文献あり〉Ⓘ978-4-624-40065-1 Ⓝ518.8 〔2800円〕

クリティバ〔ブラジル〕（都市計画）

◇ブラジルの環境都市を創った日本人—中村ひとし物語 服部圭郎著 未来社 2014.3 257p 19cm〈文献あり〉Ⓘ978-4-624-40065-1 Ⓝ518.8 〔2800円〕

栗原 明子〔1926～ 〕

◇ヒロシマからの祈り 栗原明子著 いのちのことば社 2013.8 95p 21cm（3.11ブックレット）Ⓘ978-4-264-03145-1 Ⓝ289.1 〔800円〕

クリフバー社

◇レイジング・ザ・バー—妥協しない物つくりの成功物語 ゲーリー・エリクソン著, ルイス・ロレンツェン共著, 谷克二訳 エイアンドエフ 2014.5 407p 20cm Ⓘ978-4-9907065-1-7 Ⓝ588.3 〔2600円〕

グリム, J.〔1785～1863〕

◇グリム童話とドイツ伝承文学における父親像と母親像 野口芳子編 日本独文学会 2014.10 73p 21cm（日本独文学会研究叢書 102号）〈内容：「ハーメルンの笛吹き男伝説」における父親像と母親像（溝井裕一著）「灰かぶり」と「千枚皮」における父親像と母親像（竹原威滋著）『少年の魔法の角笛』に基づく音楽作品における父親像と母親像（山本まり子著）ドイツの現代伝説における父親像と母親像（金城ハウプトマン朱美著）グリム童話全体における父親像と母親像（野口芳子著）〉Ⓘ978-4-901909-02-0 Ⓝ943.6

◇グリム童話の旅—グリム兄弟とめぐるドイツ 小林将輝著 川崎 小澤昔ばなし研究所 2014.8 103p 19cm〈年譜あり〉Ⓘ978-4-902875-63-8 Ⓝ293.4 〔1500円〕

グリム, W.〔1786～1859〕

◇グリム童話とドイツ伝承文学における父親像と母親像 野口芳子編 日本独文学会 2014.10 73p 21cm（日本独文学会研究叢書 102号）〈内容：「ハーメルンの笛吹き男伝説」における父親像と母親像（溝井裕一著）「灰かぶり」と「千枚皮」における父親像と母親像（竹原威滋著）『少年の魔法の角笛』に基づく音楽作品における父親像と母親像（山本まり子著）

◇ドイツの現代伝説における父親像と母親像（金城ハウプトマン朱美著）グリム童話全体における父親像と母親像（野口芳子著）〉Ⓘ978-4-901909-02-0 Ⓝ943.6

◇グリム童話の旅—グリム兄弟とめぐるドイツ 小林将輝著 川崎 小澤昔ばなし研究所 2014.8 103p 19cm〈年譜あり〉Ⓘ978-4-902875-63-8 Ⓝ293.4 〔1500円〕

グリモ・ド・ラ・レニエール, A.-B.-L.〔1758～1837〕

◇美食家の誕生—グリモと〈食〉のフランス革命 橋本周子著 名古屋 名古屋大学出版会 2014.1 322,73p 22cm〈文献あり 年譜あり 索引あり〉Ⓘ978-4-8158-0755-9 Ⓝ383.835 〔5600円〕

栗山 大膳〔1591～1652〕

◇栗山大膳—黒田騒動その後 小野重喜著 福岡 花乱社 2014.12 239p 20cm〈文献あり〉Ⓘ978-4-905327-40-0 Ⓝ289.1 〔1700円〕

グルジア（紀行・案内記）

◇カウベルの響き・コーカサス—民族攻防の地峡 角田富男著〔釧路〕釧路シルクロードの会 2014.3 270p 図版〔22〕枚 22cm（シルクロードの旅 17）Ⓝ292.99309

クルーズ, T.〔1962～ 〕

◇トム・クルーズ—キャリア、人生、学ぶ力 南波克行編著 フィルムアート社 2014.4 231p 19cm〈文献あり 作品目録あり 年譜あり 内容：すべての困難を仕事にモチベートする トム・クルーズと同年代の俳優たち（長谷川町蔵著）仕事への責任ある関わり方 トム・クルーズと女性〈女優〉たち（山崎まどか著）自己アピールと学びの両立 キャメロン・クロウとの対談〈1986年5月〉（トム・クルーズ, キャメロン・クロウ述, 南波克行訳）最適な環境を作り出す トム・クルーズと監督の仕事（西田博至著）さまざまな才能との協働で、ハリウッドを更新し続ける トム・クルーズと自己神話化（斎藤環著）〉Ⓘ978-4-8459-1323-7 Ⓝ778.253 〔1800円〕

クルスク（世界戦争〔1939～1945〕—会戦）

◇クルスク大戦車戦—独ソ機甲部隊の史上最大の激突 山崎雅弘著 潮書房光人社 2014.8 441p 16cm（光人社NF文庫 やN-842）〈文献あり〉Ⓘ978-4-7698-2842-6 Ⓝ391.2074 〔900円〕

クルティーヌ, J.-J.

◇身体はどう変わってきたか—16世紀から現代まで アラン・コルバン, 小倉孝誠, 鷲見洋一, 岑村傑著 藤原書店 2014.12 310p 20cm〈文献あり 内容：『身体の歴史』とは何か（アラン・コルバン述, 小倉孝誠訳）「からだ」と「こころ」の狭間で（鷲見洋一著）感覚の主体、幻想の対象（小倉孝誠著）あざなえる視線（岑村傑著）アンシャン・レジーム期の身体とその表象（鷲見洋一著）幸福な身体のために（小倉孝誠著）二十世紀の文学と身体（岑村傑著）〉Ⓘ978-4-89434-999-5 Ⓝ230.5 〔2600円〕

グールド, G.〔1932～1982〕

◇グレン・グールド—未来のピアニスト 青柳いづみこ著 筑摩書房 2014.9 443,8p 15cm（ちくま文庫 あ49-1）〈文献あり〉Ⓘ978-4-480-43196-7 Ⓝ762.51 〔1200円〕

◇グレン・グールドと32人のピアニスト—不滅のクラシック 真嶋雄大著 PHP研究所 2014.5 244p 19cm Ⓘ978-4-569-81805-4 Ⓝ762.51 〔1700円〕

車田 勝彦〔1941～ 〕

◇ズリ山の彼方に 車田勝彦著 八王子 清水工房（印刷）2014.12 160p 21cm Ⓝ289.1

車谷 長吉〔1945～ 〕

◇車谷長吉を読む 深谷考著 青弓社 2014.12 249p 20cm Ⓘ978-4-7872-9226-1 Ⓝ910.268 〔2400円〕

クルム伊達 公子

◇幸福論—Nothing to Lose クルム伊達公子著 PHP研究所 2014.9 198p 18cm（PHP新書 945）Ⓘ978-4-569-81942-6 Ⓝ783.5 〔760円〕

久留米市（遺跡・遺物）

◇京隈侍屋敷遺跡—第26次発掘調査報告 久留米市市民文化部文化財保護課編〔久留米〕久留米市教育委員会 2014.3 17p 30cm（久留米市文化財調査報告書 第345集）Ⓝ210.0254

◇京隈侍屋敷遺跡—第27次発掘調査報告 久留米市市民文化部文化財保護課編〔久留米〕久留米市教育委員会 2014.3 8p 30cm（久留米市文化財調査報告書 第343集）Ⓝ210.0254

◇櫛原侍屋敷遺跡—第17次発掘調査報告 久留米市市民文化部文化財保護課編〔久留米〕久留米市教育委員会 2013.9 17p 30cm（久留米市文化財調査報告書 第336集）Ⓝ210.0254

◇櫛原侍屋敷遺跡—第18次発掘調査報告 久留米市市民文化部文化財保護課編〔久留米〕久留米市教育委員会 2013.10 13p 30cm（久留米市文化財調査報告書 第338集）Ⓝ210.0254

◇久留米市内遺跡群 平成25年度 久留米市市民文化部文化財保護課編 ［久留米］ 久留米市教育委員会 2014.3 123p 30cm （久留米市文化財調査報告書 第346集）〈内容：南薫西遺跡. 第7次調査 正覚山浄土寺飯田庵跡. 第1次調査 竹の子古墳群. 第1次調査 二子塚遺跡. 第7次調査 日出原南遺跡. 第6次調査 吉木古墳群. 第2次調査 北山古墳群. 第4次調査 高三潴遺跡. 第1・2次調査 久留米城外郭遺跡. 第21・22次調査 木塚遺跡. 第6次調査〉Ⓝ210.0254

◇久留米城下町遺跡―通町十丁目：第22次発掘調査報告 久留米市市民文化部文化財保護課編 ［久留米］ 久留米市教育委員会 2013.9 13p 30cm （久留米市文化財調査報告書 第337集）Ⓝ210.0254

◇久留米城下町遺跡―第23次発掘調査報告 久留米市市民文化部文化財保護課編 ［久留米］ 久留米市教育委員会 2013.12 17p 30cm （久留米市文化財調査報告書 第339集）Ⓝ210.0254

◇下馬場古墳―国指定史跡：第2・3次発掘調査報告 ［久留米市］市民文化部文化財保護課編 ［久留米］ 久留米市教育委員会 2014.3 53p 30cm （久留米市文化財調査報告書 第349集）Ⓝ210.0254

◇庄島侍屋敷遺跡―第9次発掘調査報告 久留米市市民文化部文化財保護課編 ［久留米］ 久留米市教育委員会 2014.1 13p 30cm （久留米市文化財調査報告書 第340集）Ⓝ210.0254

◇田主丸大塚古墳 2 第6・7次調査 久留米市市民文化部文化財保護課編 ［久留米］ 久留米市教育委員会 2014.3 22p 図版 6p 30cm （久留米市文化財調査報告書 第348集）〈折り込 6枚〉Ⓝ210.0254

◇筑後国府跡―立石土塁：第272次発掘調査報告書 久留米市市民文化部文化財保護課編 ［久留米］ 久留米市教育委員会 2014.3 17p 30cm （久留米市文化財調査報告書 第341集）Ⓝ210.0254

◇筑後国府跡―第274次調査概要報告 久留米市市民文化部文化財保護課編 ［久留米］ 久留米市教育委員会 2014.3 19p 30cm （久留米市文化財調査報告書 第342集）Ⓝ210.0254

◇筑後国府跡―平成25年度発掘調査報告 ［久留米市］ 市民文化部文化財保護課編 ［久留米］ 久留米市教育委員会 2014.3 64p 30cm （久留米市文化財調査報告書 第347集）〈折り込 1枚〉Ⓝ210.0254

◇二本木遺跡―第30次発掘調査概要報告 久留米市市民文化部文化財保護課編 ［久留米］ 久留米市教育委員会 2014.3 12p 図版 4p 30cm （久留米市文化財調査報告書 第344集）〈折り込 1枚〉Ⓝ210.0254

久留米市（地誌）

◇ふるさと大城―久留米市立大城小学校創立100周年記念誌「別巻史料集」 ［大城小学校創立100周年記念事業実行委員会編］ 久留米 ダイワインクス（印刷） 2014.9 79p 30cm 〈年表あり〉Ⓝ291.91

久留米市（地方自治）

◇地方自治の現場で考えたこと 江口善明著 北九州 せいうん 2013.8 299p 21cm Ⓘ978-4-902573-93-0 Ⓝ318.291 ［1000円］

久留米市立大城小学校

◇ますかげ―久留米市立大城小学校創立100周年記念誌 ［大城小学校創立100周年記念事業実行委員会編］ 久留米 ダイワインクス（印刷） 2014.9 127p 31cm 〈年表あり〉Ⓝ376.28

クレー, P.〔1879～1940〕

◇パウル・クレー地中海の旅 新藤信著 平凡社 2014.3 126p 22cm （コロナ・ブックス 192）〈文献あり 作品目録あり 年譜あり〉Ⓘ978-4-582-63491-4 Ⓝ723.345 ［1600円］

◇パウル・クレーの文字絵―アジア・オリエントと音楽へのまなざし 野田由美意著 オンデマンド版 アルテスパブリッシング 2014.5 150,60p 21cm 〈文献あり〉Ⓘ978-4-903951-83-6 Ⓝ723.345 ［3800円］

呉海軍病院

◇呉海軍病院史 国立病院機構呉医療センター・中国がんセンター編 改訂版 呉 国立病院機構呉医療センター・中国がんセンター 2014.7 265p 図版［11］枚 31cm 〈年表あり〉Ⓝ498.16

呉市（行政）

◇第4次呉市長期総合計画―平成23-27年度：「絆」と「活力」を創造する都市・くれ―協働による自主的で自立したまちを目指して 前期基本計画編 平成26年度改定版 呉 呉市総務企画部企画情報課 ［2014］ 112p 30cm Ⓝ318.276

呉市（軍港―歴史）

◇軍港都市史研究 3 呉編 河西英通編 大阪 清文堂出版 2014.4 358p 22cm 〈索引あり 内容：呉と軍港（河西英通著） 呉軍港の創設と近世呉の消滅（中山富広著） 鎮守府設置と資産家の成長（坂根嘉弘著） 在来製鉄業と呉海軍工廠（平下義記著） 呉海軍鎮守府と地域の医療・衛生（布川弘著） 米の記憶と宅地化（砂本文彦著） 大正七年呉の米騒動と海軍（齋藤義朗著） 軍港と漁業（河西英通著） 戦時期、呉周辺地域における海面利用（落合功著） 呉市における戦後復興と旧軍港市転換法（林美和著）〉Ⓘ978-4-7924-1008-7 Ⓝ395.3 ［7800円］

呉市（祭礼）

◇伝えておきたい呉の魅力・お宝90選 第2巻 イベント・祭り・風習編 呉市編 呉 呉市 2014.12 211p 21cm Ⓝ291.76

呉市（酒場）

◇がんぱ山田の普段使いの広島酒場―フダヅカ 山田幸成著 広島 本分社 2014.4 115p 22cm 〈コスモの本（発売）〉Ⓘ978-4-86485-014-8 Ⓝ673.98 ［1500円］

呉市（産業―歴史）

◇軍港都市史研究 3 呉編 河西英通編 大阪 清文堂出版 2014.4 358p 22cm 〈索引あり 内容：呉と軍港（河西英通著） 呉軍港の創設と近世呉の消滅（中山富広著） 鎮守府設置と資産家の成長（坂根嘉弘著） 在来製鉄業と呉海軍工廠（平下義記著） 呉海軍鎮守府と地域の医療・衛生（布川弘著） 米の記憶と宅地化（砂本文彦著） 大正七年呉の米騒動と海軍（齋藤義朗著） 軍港と漁業（河西英通著） 戦時期、呉周辺地域における海面利用（落合功著） 呉市における戦後復興と旧軍港市転換法（林美和著）〉Ⓘ978-4-7924-1008-7 Ⓝ395.3 ［7800円］

呉市（年中行事）

◇伝えておきたい呉の魅力・お宝90選 第2巻 イベント・祭り・風習編 呉市編 呉 呉市 2014.12 211p 21cm Ⓝ291.76

グレース妃〔1929～1982 モナコ公妃〕

◇グレース・オブ・モナコ ジェフリー・ロビンソン［著］, 藤沢ゆき, 小松美都訳 KADOKAWA 2014.9 463p 15cm （角川文庫 ロ15-1）Ⓘ978-4-04-101549-0 Ⓝ289.3 ［880円］

クレッツマー, K.〔1954～〕

◇久仁子さ～ん、どうしてアメリカに行ったんですか～？ クニコ・クレッツマー著 文芸社 2014.4 107p 15cm Ⓘ978-4-286-14657-7 Ⓝ302.53 ［600円］

クレッパー, J.〔1903～1942〕

◇「境界に立つ市民」の誇り―ユダヤ人を家族に持つナチ時代のアーリア人作家クレッパー 長田浩彰著 丸善出版 2014.1 160p 19cm （叢書インテグラーレ 12）〈年譜あり 文献あり〉Ⓘ978-4-621-08605-0 Ⓝ940.278 ［1900円］

クレンペラー, O.〔1885～1973〕

◇クレンペラーとの対話 クレンペラー［述］, ピーター・ヘイワース編, 佐藤章訳 新装復刊 白水社 2014.5 243,36p 20cm 〈作品目録あり〉Ⓘ978-4-560-08367-3 Ⓝ762.34 ［4600円］

クロ, C.〔1842～1888〕

◇シャルル・クロ―詩人にして科学者：詩・蓄音機・色彩写真 福田裕大著 水声社 2014.3 323p 22cm 〈文献あり〉Ⓘ978-4-8010-0034-6 Ⓝ951.6 ［4500円］

クロアチア（アニメーション―歴史）

◇東欧アニメをめぐる旅―ポーランド・チェコ・クロアチア 求龍堂 2014.12 146p 23cm 〈文献あり 年表あり 会期・会場：2014年9月27日～2015年1月12日 神奈川県立近代美術館葉山 主催：神奈川県立近代美術館〉Ⓘ978-4-7630-1446-7 Ⓝ778.77 ［2500円］

クロアチア（紀行・案内記）

◇ちょっと、東欧へ 小栗愛美著 日本文学館 2014.6 105p 19cm Ⓘ978-4-7765-3840-0 Ⓝ293.93609 ［600円］

クロアチア（社会―歴史―近代）

◇ハプスブルク軍政国境の社会史―自由農民にして兵士 カール・カーザー著, 越村勲, 戸谷浩編訳 学術出版会 2013.11 447p 22cm （学術叢書）〈日本図書センター（発売） 文献あり〉Ⓘ978-4-284-10398-5 Ⓝ239.35 ［6800円］

黒石市（歴史）

◇弘前・黒石・平川の昭和―写真アルバム 長岡 いき出版 2014.10 279p 31cm 〈青森県図書教育用品（発売）〉Ⓘ978-4-904614-55-6 Ⓝ212.1 ［9250円］

黒川 つ江子〔1921～〕

◇野にあるように―一九七三歳の今 黒川つ江子著 札幌 旭図書刊行センター 2014.8 259p 22cm Ⓘ978-4-86111-127-3 Ⓝ289.1

黒木 国昭〔1945〜 〕
◇未来へつなぐものづくりの心　黒木国昭著　相模原　どう出版　2014.3　172p　21cm　〈年譜あり〉　①978-4-904464-52-6　Ⓝ751.5　[2000円]

黒木 圭子〔1938〜 〕
◇この世に生まれ生かされて今　黒木圭子著　[越谷]　[黒木圭子]　2014.12　184p　21cm　（ふだん記創書 43）　Ⓝ289.1

黒沢 明〔1910〜1998〕
◇黒澤明と小林秀雄―「罪と罰」をめぐる静かなる決闘　高橋誠一郎著　横浜　成文社　2014.7　302p　20cm　〈文献あり　年譜あり　内容：「シベリアから還つた」ムィシキン　映画《白痴》の魅力と現代性　映画《生きものの記録》と長編小説『死の家の記録』　映画《赤ひげ》から《デルス・ウザーラ》へ　映画《夢》と長編小説『罪と罰』〉　①978-4-86520-005-8　Ⓝ980.268　[2500円]
◇もう一度天気待ち―監督・黒澤明とともに　野上照代著　草思社　2014.1　367p　19cm　「天気待ち」（文藝春秋 2001年刊）の改題、一部を割愛し、書き下ろしを加えて再刊　内容：もう一度、天気待ち　天気待ち〉　①978-4-7942-2026-4　Ⓝ778.21　[1900円]

黒沢 清〔1955〜 〕
◇黒沢清と〈断続〉の映画　川崎公平著　水声社　2014.12　372p　21cm　〈文献あり　作品論より　内容：媒介者の肖像　「断続」をめぐる闘争　「決定」をやりなおす　根拠なき分身　事後の光　記憶喪失者のフラッシュバック　「戦い」をはじめなおすために〉　①978-4-8010-0072-8　Ⓝ778.21　[5000円]

クロスキャット
◇株式会社クロスキャット40年史　クロスキャット　2014.2　47p　26cm　〈年表あり〉　Ⓝ007.35

クロソウスキー，P.〔1905〜2001〕
◇ピエール・クロソウスキー―伝達のドラマトゥルギー　大森晋輔著　左右社　2014.10　395,99p　20cm　（流動する人文学）　〈文献あり　索引あり　内容：伝達/交流の形式としてのパトファニー　『わが隣人サド』における伝達　ニーチェ論における伝達　『歓待の掟』における伝達　言葉の試練としてのエクフラシス　絵画論における伝達　結論〉　①978-4-86528-107-1　Ⓝ950.278　[7000円]

黒田〔家〕
◇黒田官兵衛目薬伝説―目の神、鉄の神、足なえの神　桃山堂編　桃山堂　2014.9　246p　19cm　〈文献あり　執筆：奥沢康正ほか〉　①978-4-905342-04-5　Ⓝ288.3　[1700円]

黒田 一久
◇微笑（スマ）イルQちゃん泣き虫Qちゃん　黒田一久著　砥部町（愛媛県）　黒田一久　2014.4　159p　22cm　〈晴耕雨読（製作）〉　Ⓝ289.1

黒田 清輝〔1866〜1924〕
◇明治絵画と理想主義―横山大観と黒田清輝をめぐって　植田彩芳子著　吉川弘文館　2014.11　229,2p　22cm　（シリーズ近代美術のゆくえ）　〈内容：理想主義をめぐる理論と実践　横山大観筆《昔語り》と「エクスプレッション」　「心持ち」をめぐって　黒田清輝筆《昔語り》の構造　黒田清輝筆《智・感・情》と美学〉　①978-4-642-03838-6　Ⓝ721.026　[4200円]

黒田 源次〔1886〜1957〕
◇有馬源内と黒田源次―父子二代の100年　砂川雄一，砂川淑子著　増補改訂版　八王子　砂川雄一　2014.9　374p　図版20枚　21cm　〈著作目録あり　年譜あり〉　Ⓝ289.1　[非売品]

黒田 辰秋〔1904〜1982〕
◇黒田辰秋の世界―目利きと匠の邂逅：河井寛次郎　柳宗悦　鍵善良房　白洲正子　小林秀雄　武者小路実篤　川端康成　黒澤明　青木正弘監修，井内佳津恵，森谷美保，平利弘執筆　世界文化社　2014.2　207p　26cm　〈文献あり　年譜あり〉　①978-4-418-14200-2　Ⓝ754.3　[2400円]

黒田 孝高〔1546〜1604〕
◇キリシタン黒田官兵衛　下巻　雑賀信行著　八王子　雑賀編集工房　2014.2　219p　19cm　〈文献あり〉　①978-4-906968-02-2　Ⓝ289.1　[1400円]
◇黒田官兵衛―豊臣秀吉の天下取りを支えた軍師　小和田哲男監修　京都　宮帯出版社　2014.2　334p　図版10p　22cm　〈文献あり　年譜あり　内容：軍師黒田官兵衛（小和田哲男著）　黒田官兵衛の先祖（太田浩司著）　戦国期の小寺氏（野田泰三著）　黒田重隆・小寺職隆の時代（渡邊大門著）　織田政権と黒田官兵衛（柴裕之著）　黒田官兵衛と荒木村重（轟彰美著）　黒田官兵衛と羽柴秀吉（三浦明彦著）　黒田孝高と四国平定・九州平定（戸谷穂高著）　黒田官兵衛の豊前入国と一揆（則松弘明著）

黒田官兵衛と朝鮮出兵（中野等著）　黒田官兵衛と関ヶ原合戦（白峰旬著）　黒田官兵衛の家臣団（本山一城著）　黒田官兵衛と禅の由緒地（竹貫元勝著）　キリシタン大名黒田官兵衛（清水紘一著）　黒田官兵衛の築城術（中井均著）　黒田官兵衛の刀剣甲冑（本山一城著）　黒田官兵衛の茶の湯（松岡博和著）　黒田官兵衛の連歌（綿抜豊昭著）〉　①978-4-86366-914-7　Ⓝ289.1　[3500円]
◇黒田官兵衛―姫路が生んだ戦国の智将　姫路獨協大学播磨総合研究所編　神戸　神戸新聞総合出版センター　2014.5　279p　19cm　〈内容：黒田官兵衛　天下盗りの野望（加来耕三著）　福岡藩の藩祖・黒田官兵衛と初代藩主・黒田長政（石瀧豊美述）　黒田家の目薬と廣峯神社（幸田精久述）　文学に描かれた黒田官兵衛（玉田克宏述）　毛利家と播磨の豪族たちの帰趨（冨士本健述）　黒田官兵衛と織豊系城郭（多田暢久述）　豊前国中津の黒田官兵衛（松本達雄述）　官兵衛を支えた家臣団・黒田二十四騎（本山一城述）　黒田官兵衛に学ぶ人間学（三木英一述）　軍師官兵衛知られざる実像（小和田哲男述）　黒田官兵衛を語る（小和田哲男ほか述，道谷卓司会）〉　①978-4-343-00804-6　Ⓝ289.1　[1700円]
◇黒田官兵衛と軍師たちの「意外」な真実　熊谷充晃著　大和書房　2014.3　207p　15cm　（だいわ文庫 269-1H）　〈文献あり〉　①978-4-479-30472-2　Ⓝ289.1　[650円]
◇黒田官兵衛と二十四騎　本山一城著　京都　宮帯出版社　2014.4　367p　図版24p　22cm　①978-4-86366-913-0　Ⓝ289.1　[1800円]
◇黒田官兵衛はなぜ天下を取らなかったのか？　爆笑問題著　幻冬舎　2014.3　166p　18cm　（[爆笑問題の日本原論]）　〈文献あり〉　①978-4-344-02544-8　Ⓝ289.1　[1000円]
◇絶対絶対めげない男黒田官兵衛の行動原理　鳥越一朗著　京都　ユニプラン　2013.12　128p　15cm　〈文献あり　年表あり〉　①978-4-89704-323-4　Ⓝ289.1　[700円]
◇天を想う生涯―キリシタン大名黒田官兵衛と高山右近　守部喜雅著　いのちのことば社フォレストブックス　2014.3　167p　19cm　（聖書を読んだサムライたち）　〈文献あり〉　①978-4-264-03138-3　Ⓝ198.221　[1200円]
◇日本に今一番必要な男黒田官兵衛　原口泉著　幻冬舎　2014.1　228p　18cm　〈文献あり〉　①978-4-344-02516-5　Ⓝ289.1　[1000円]
◇信長・秀吉・家康の時代を生き抜いた軍師官兵衛戦跡地図本　鳥越一朗文　京都　ユニプラン　2014.4　89p　26cm　①978-4-89704-330-2　Ⓝ291.02　[1000円]
◇播磨を生きた官兵衛―乱世の中の室津：特別展　室津海駅館、室津民俗館専門委員会編　[たつの]　たつの市教育委員会　2014.10　49p　30cm　（図録 20）　〈文献あり　年表あり　会期：2014年10月22日―11月24日　共同刊行：たつの市立室津海駅館〉　Ⓝ216.4
◇秀吉に天下を獲らせた男黒田官兵衛　本山一城著　京都　宮帯出版社　2014.2　257p　19cm　①978-4-86366-912-3　Ⓝ289.1　[1300円]
◇不屈の人黒田官兵衛　安藤優一郎著　メディアファクトリー　2013.6　205p　18cm　（メディアファクトリー新書 081）　〈文献あり　年譜あり〉　①978-4-8401-5222-8　Ⓝ289.1　[840円]
◇マンガ戦国の世を生きる黒田官兵衛と宇都宮鎮房　屋代尚宣漫画，大分県中津市監修　福岡　梓書院　2014.2　163p　19cm　〈文献あり　年譜あり　表紙のタイトル：マンガ黒田官兵衛と宇都宮鎮房戦国の世を生きる〉　①978-4-87035-515-6　Ⓝ289.1　[667円]

グロティウス，H.〔1583〜1645〕
◇グロティウス　柳原正治著　新装版　清水書院　2014.9　227p　19cm　（Century Books）　〈文献あり　年譜あり　索引あり〉　①978-4-389-42178-6　Ⓝ289.3　[1000円]

クローナー，R.〔1884〜1974〕
◇精神の自己主張―ティリヒ=クローナー往復書簡1942-1964　フリードリヒ・ヴィルヘルム・グラーフ，アルフ・クリストファーセン編，茂牧人，深井智朗，宮崎直美訳　未来社　2014.11　189p　19cm　（転換期を読む 24）　①978-4-624-93444-6　Ⓝ191　[2200円]

黒部市（女性議員）
◇黒部市女性議会の記録　第7回　くろべ女性団体連絡協議会第7回黒部市女性議会事務局，黒部市教育委員会生涯学習スポーツ課編　[黒部]　くろべ女性団体連絡協議会第7回黒部市女性議会事務局　2014.3　62p　30cm　〈共同刊行：黒部市教育委員会生涯学習スポーツ課〉　Ⓝ318.442

黒部市議会
◇黒部市女性議会の記録　第7回　くろべ女性団体連絡協議会第7回黒部市女性議会事務局，黒部市教育委員会生涯学習スポーツ課編　[黒部]　くろべ女性団体連絡協議会第7回黒部市女性議会事務局　2014.3　62p　30cm　〈共同刊行：黒部市教育委員会生涯学習スポーツ課〉　Ⓝ318.442

日本件名図書目録2014　Ⅰ　　　　　　　　　　　　　　　　　　　　群馬県（遺跡・遺物―高崎市）

黒柳 徹子〔1933～〕
◇本物には愛が。―みんな一緒　黒柳徹子著　PHP研究所　2014.9　157p　20cm　［「100年インタビュー」］　①978-4-569-78422-9　Ⓝ772.1　［1200円］

桑島 久男
◇風よ　桑島久男著　菜の花舎　2014.6　390p　図版 16p　22cm　〈年譜あり〉　Ⓝ289.1

桑名市（文学上）
◇桑名、文學ト云フ事。―芭蕉・鏡花・中也：特別企画展　芭蕉，鏡花，中也[作]，桑名市博物館編　桑名　桑名市博物館　2014.11　48p　30cm　〈会期・会場：平成26年11月15日―12月14日 桑名市博物館〉　Ⓝ910.25

桑名市（歴史―史料―書目）
◇桑名市内所在資料目録　1　桑名　桑名市教育委員会　2014.3　53p　30cm　Ⓝ215.6

くわばた りえ
◇あなたが生まれてから　くわばたりえ著　マイナビ　2014.10　135p　21cm　①978-4-8399-4849-8　Ⓝ779.14　［1200円］

訓子府小学校〔北海道訓子府町立〕
◇にれの木のもとで100年―開校100周年記念誌　訓子府小学校開校100周年記念事業協賛会記念誌部編　［訓子府町（北海道）］　訓子府小学校開校100周年記念事業協賛会　2014.11　300p　30cm　〈年表あり　共同刊行：訓子府町立訓子府小学校〉　Ⓝ376.28

群馬県
◇群馬あるある　池村聡監修，亀谷哲弘著，たかさきゆこ画　TOブックス　2014.10　159p　18cm　①978-4-86472-303-9　Ⓝ291.33　［980円］
◇群馬が最高　群馬ベスト選出委員会編　泰文堂　2014.11　155p　18cm　（リンダブックス）　〈文献あり〉　①978-4-8030-0616-2　Ⓝ291.33　［950円］
◇群馬の逆襲―日本一"無名"な群馬県の「幸せ力」　木部克彦著　言視復版　言視舎　2014.2　222p　19cm　〈初版：彩流社 2010年刊〉　①978-4-905369-80-6　Ⓝ291.33　［1400円］

群馬県（遺跡・遺物）
◇県内遺跡発掘調査報告書―群馬県内公共開発に伴う　平成24年度　群馬県教育委員会事務局文化財保護課編　前橋　群馬県教育委員会事務局文化財保護課　2014.3　52p　30cm　Ⓝ210.0254

群馬県（遺跡・遺物―安中市）
◇国衙下送Ⅱ遺跡　安中市教育委員会編　安中　安中市教育委員会　2014.3　44p　図版 15p　30cm　〈小規模土地改良事業に伴う埋蔵文化財発掘調査報告書〉　Ⓝ210.0254
◇二軒在家原田頭遺跡　安中市教育委員会編　安中　安中市教育委員会　2014.3　20p　図版 [4]枚　30cm　（西横野中部地区遺跡群発掘調査概報 5）　〈県営農地整備事業松義中部地区（第2工区B-2・C）に伴う埋蔵文化財発掘調査概報報告書〉　Ⓝ210.0254
◇西横野東部地区遺跡群　安中市教育委員会編　安中　安中市教育委員会　2014.3　2冊　30cm　〈県営農地整備事業松義東部地区に伴う埋蔵文化財発掘調査報告書　「第1分冊」「第2分冊」に分冊刊行〉　Ⓝ210.0254

群馬県（遺跡・遺物―伊勢崎市）
◇新屋敷遺跡　2　スナガ環境測設株式会社編　伊勢崎　伊勢崎市　2013.3　22p　図版 [6]枚　30cm　（伊勢崎市文化財調査報告書 第108集）　〈市道（境）2-558号線築造に伴う埋蔵文化財発掘調査報告書〉　Ⓝ210.0254
◇伊与久・久保田東遺跡　3　伊勢崎市教育委員会文化財保護課編　伊勢崎　伊勢崎市教育委員会文化財保護課　2013.3　16p　図版 7p　30cm　（伊勢崎市文化財調査報告書 第107集）　〈市道（境）2-24号線整備事業に伴う埋蔵文化財発掘調査報告書〉　Ⓝ210.0254
◇三軒屋遺跡　総括編　伊勢崎　伊勢崎市教育委員会文化財保護課　2013.2　134p　図版 16p　30cm　（上野国佐位郡衙正倉院発掘調査報告書 第106集）　Ⓝ210.0254
◇市内遺跡　2　伊勢崎　伊勢崎市教育委員会文化財保護課　2013.3　23p　図版 5p　30cm　（伊勢崎市文化財調査報告書 第109集）　Ⓝ210.0254
◇本関町古墳群・関道跡（2）　群馬県埋蔵文化財調査事業団編　渋川　群馬県埋蔵文化財調査事業団　2014.3　304p　図版 124p　30cm　（公益財団法人群馬県埋蔵文化財調査事業団調査報告書 第583集）　〈群馬県伊勢崎土木事務所の委託による

社会資本整備総合交付金事業（活力創出基盤整備）国道462号（本関拡幅）に伴う埋蔵文化財発掘調査報告書〉　Ⓝ210.0254
◇宗高南遺跡　群馬県埋蔵文化財調査事業団編　渋川　群馬県埋蔵文化財調査事業団　2014.3　39p　図版 11p　30cm　（公益財団法人群馬県埋蔵文化財調査事業団調査報告書 第585集）　〈群馬県伊勢崎土木事務所の委託による　社会資本整備総合交付金（防災・安全/街路）事業（都）3.4.18号伊勢崎桐生線に伴う埋蔵文化財発掘調査報告書〉　Ⓝ210.0254

群馬県（遺跡・遺物―太田市）
◇太田市内遺跡　9　平成24年度調査　群馬県太田市教育委員会編　太田　群馬県太田市教育委員会　2014.3　56p　30cm　Ⓝ210.0254
◇上宿遺跡・寺中遺跡　群馬県埋蔵文化財調査事業団編　渋川　群馬県埋蔵文化財調査事業団　2014.3　91p　図版 26p　30cm　（公益財団法人群馬県埋蔵文化財調査事業団調査報告書 第584集）　〈群馬県太田土木事務所の委託による　社会資本総合整備（防災安全）（交安）（主）足利伊勢崎線事業に伴う埋蔵文化財発掘調査報告書〉　Ⓝ210.0254
◇川久保遺跡・川久保Ⅱ遺跡　太田　群馬県太田市教育委員会　2014.3　76p　図版 24p　30cm　（太田市埋蔵文化財発掘調査報告書）　〈新田下田中地区工業団地造成事業に伴う埋蔵文化財発掘調査報告書〉　Ⓝ210.0254
◇北関東における郡衙の正倉予稿集―平成25年度文化財シンポジウム　太田市教育委員会編　［太田］　太田市教育委員会　2014.2　69p　30cm　〈文献あり　会期・会場：2月16日 太田市藪塚本町文化ホールカルトピア〉　Ⓝ213.3

群馬県（遺跡・遺物―桐生市）
◇桐生市内遺跡発掘調査報告　平成23・24年度調査　桐生市教育委員会文化財保護課編著　［桐生］　桐生市教育委員会事務局　2014.3　138p　30cm　（桐生市内遺跡調査報告書 第33集）　〈内容：平成23年度調査　桐生市新里町山上天笠南J遺跡 桐生市新里町関周長者塚古墳. 3　桐生市新里町山上天笠南K遺跡 桐生市新里町山上山上新町Ⅳ遺跡　桐生市新里町新川元宿I遺跡　平成24年度調査　桐生市新里町山上天笠南L遺跡 桐生市新里町関周長者塚古墳. 4　平成23・24年度試掘調査 桐生市内遺跡確認調査〉　Ⓝ210.0254

群馬県（遺跡・遺物―渋川市）
◇有馬寺畑遺跡　渋川市教育委員会編　渋川　渋川市教育委員会　2014.3　242p　図版 88p　30cm　（渋川市埋蔵文化財発掘調査報告書 第31集）　〈古巻中部土地改良事業に伴う発掘調査報告〉　Ⓝ210.0254
◇渋川市市内遺跡　7　渋川市教育委員会編　渋川　渋川市教育委員会　2014.3　21p　図版 6p　30cm　（渋川市埋蔵文化財発掘調査報告書 第34集）　〈内容：平成24年度市内遺跡範囲確認調査報告〉　Ⓝ210.0254
◇渋川市内発掘調査報告書　渋川市教育委員会編　渋川　渋川市教育委員会　2014.3　60p　図版 16p　30cm　（渋川市埋蔵文化財発掘調査報告書 第33集）　〈内容：石原西浦遺跡. 3　石原東古墳群. 2　八崎大宮遺跡. 2　中筋遺跡. 13次　白井仄谷戸遺跡〉　Ⓝ210.0254
◇白井北中道遺跡　2　スナガ環境測設株式会社編　［郡山］　ニラク　2014.3　22p　図版 6p　30cm　（株式会社ニラク遊技場建設工事に伴う埋蔵文化財発掘調査報告書　折り込 1枚）　Ⓝ210.0254
◇白井南中道遺跡　3　毛野考古学研究所編　前橋　毛野考古学研究所　2014.11　24p　図版 8p　30cm　〈群馬県渋川市所在 株式会社TTC業務用倉庫及び事務所建設工事に伴う埋蔵文化財発掘調査報告書　塚本建設の委託による〉　Ⓝ210.0254
◇滝沢御所遺跡　群馬県埋蔵文化財調査事業団編　渋川　群馬県埋蔵文化財調査事業団　2014.12　78p　図版 30p　30cm　（公益財団法人群馬県埋蔵文化財調査事業団調査報告書 第592集）　〈文献あり　（一）津久田停車場前橋線上三原田バイパス地方特定道路整備事業に伴う埋蔵文化財発掘調査報告書　共同刊行：群馬県渋川土木事務所〉　Ⓝ210.0254
◇津久田上安城遺跡　2　渋川市教育委員会編　渋川　渋川市教育委員会　2014.3　60p　図版 18p　30cm　（渋川市埋蔵文化財発掘調査報告書 第32集）　〈小規模土地改良事業に伴う埋蔵文化財発掘調査報告書〉　Ⓝ210.0254

群馬県（遺跡・遺物―高崎市）
◇下滝高井前遺跡　本文編　群馬県埋蔵文化財調査事業団編　渋川　群馬県埋蔵文化財調査事業団　2014.1　766p　30cm　（公益財団法人群馬県埋蔵文化財調査事業団調査報告書 第579集）　〈群馬県高崎土木事務所の委託による　国道354号高崎玉村バイパス（高崎工区）社会資本総合整備（活力創出基盤整備）事業に伴う埋蔵文化財発掘調査報告書〉　Ⓝ210.0254
◇下滝高井前遺跡　写真図版編　群馬県埋蔵文化財調査事業団編　渋川　群馬県埋蔵文化財調査事業団　2014.1　221p　30cm　（公益財団法人群馬県埋蔵文化財調査事業団調査報告書 第579集）　〈群馬県高崎土木事務所の委託による　国道354

群馬県（遺跡・遺物—館林市）　　　　　　　　　　　　　　　　　　　　　　　　　　　　　　　日本件名図書目録2014　Ⅰ

号高崎玉村バイパス（高崎工区）社会資本総合整備（活力創出基盤整備）事業に伴う埋蔵文化財発掘調査報告書　Ⓝ210.0254

群馬県（遺跡・遺物—館林市）
◇館林市内遺跡発掘調査報告書—平成25年度各種開発に伴う埋蔵文化財調査　館林市教育委員会文化振興課文化財係編　館林　館林市教育委員会文化振興課文化財係　2014.3　8p　30cm　（館林市埋蔵文化財発掘調査報告書　第50集）〈内容：大街道遺跡（平25地点）　当郷遺跡（平25地点）〉Ⓝ210.0254

群馬県（遺跡・遺物—富岡市）
◇小野広畑遺跡　2　山下工業株式会社編　［富岡］　富岡市　2014.1　30p　図版13p　30cm〈群馬県富岡市所在　市道藤木相野田線整備事業に伴う埋蔵文化財発掘調査報告書　共同刊行：山下工業ほか〉Ⓝ210.0254
◇上高田社宮子原遺跡　1　縄文・弥生時代編　富岡市教育委員会編　富岡　富岡市教育委員会　2014.3　87p　図版［39］枚　30cm　（富岡市埋蔵文化財発掘調査報告書　第38集）〈県営農地整備事業松304中部地区に伴う埋蔵文化財発掘調査報告書〉Ⓝ210.0254
◇上高田筑前上遺跡Ⅱ・上高田稲塚上遺跡　富岡市教育委員会編　富岡　富岡市教育委員会　2014.2　110p　図版［28］枚　30cm　（富岡市埋蔵文化財発掘調査報告書　第37集）〈県営農地整備事業松304東部地区に伴う埋蔵文化財発掘調査報告書〉Ⓝ210.0254
◇史跡旧富岡製糸場内容確認調査報告書　2　遺構編　富岡市教育委員会編　富岡　富岡市教育委員会　2014.3　89p　30cm　（富岡市埋蔵文化財発掘調査報告書　第40集）〈内容：社宅周辺　候門所跡〉Ⓝ210.0254
◇富岡坪之内遺跡　シン技術コンサル編　［富岡］　広井建設　2014.4　18p　図版6p　30cm〈群馬県富岡市所在　分譲住宅地造成に伴う埋蔵文化財発掘調査報告書　共同刊行：シン技術コンサルほか〉Ⓝ210.0254
◇七日市六反田遺跡—発掘調査報告書　3　毛野考古学研究所編　［富岡］　富岡市教育委員会　2013.5　14p　図版6p　30cm〈群馬県富岡市所在　民間保育園建設に伴う埋蔵文化財発掘調査報告書　共同刊行：一峰会ほか〉Ⓝ210.0254
◇七日市六反田遺跡—発掘調査報告書　4　毛野考古学研究所編　［富岡］　富岡市　2014.3　26p　図版6p　30cm〈群馬県富岡市所在　市道6430号線整備事業に伴う埋蔵文化財発掘調査報告書　共同刊行：毛野考古学研究所ほか〉Ⓝ210.0254

群馬県（遺跡・遺物—沼田市）
◇下沼田西沢遺跡　群馬県埋蔵文化財調査事業団編　渋川　群馬県埋蔵文化財調査事業団　2014.10　25p　図版6p　30cm　（公益財団法人群馬県埋蔵文化財調査事業団調査報告書　第590集）〈群馬県沼田土木事務所の委託による　社会資本総合整備（防災・安全）事業に伴う埋蔵文化財発掘調査報告書〉Ⓝ210.0254
◇広瀬遺跡・月夜野遺跡—屋形原南部地区遺跡群　沼田市教育委員会社会教育課文化財保護係編　沼田　沼田市教育委員会　2014.3　110p　図版49p　30cm〈（農山）県営農地整備事業（畑地帯担い手育成型）屋形原南部地区に伴う埋蔵文化財調査報告書〉Ⓝ210.0254

群馬県（遺跡・遺物—藤岡市）
◇E24c三本木水口B遺跡E24e三本木中宿遺跡　毛野考古学研究所編　藤岡　群馬県藤岡市教育委員会　2014.3　329p　図版50p　30cm〈文献あり　三本木工業団地造成に伴う埋蔵文化財発掘調査報告書〉Ⓝ210.0254
◇市内遺跡　20　群馬県藤岡市教育委員会編　藤岡　群馬県藤岡市教育委員会　2014.3　27p　30cm　Ⓝ210.0254
◇B39下戸塚東田遺跡　群馬県藤岡市教育委員会編　藤岡　群馬県藤岡市教育委員会　2014.2　38p　図版32p　30cm〈平成25年度（農山）県営農業生産基盤整備事業（経営体育成型）下戸塚地区に伴う下戸塚地区遺跡群埋蔵文化財調査報告書〉Ⓝ210.0254
◇平井地区2号古墳・平井地区2号北古墳—範囲確認調査報告書　群馬県藤岡市教育委員会編　藤岡　群馬県藤岡市教育委員会　2014.3　19p　30cm　Ⓝ210.0254
◇本郷下海戸遺跡　群馬県藤岡市教育委員会編　藤岡　群馬県藤岡市教育委員会　2014.3　42p　図版9p　30cm〈特別支援学校建設に伴う埋蔵文化財発掘調査報告書〉Ⓝ210.0254

群馬県（遺跡・遺物—前橋市）
◇上細井中島遺跡　群馬県埋蔵文化財調査事業団編　渋川　群馬県埋蔵文化財調査事業団　2014.3　137p　図版31p　30cm　（公益財団法人群馬県埋蔵文化財調査事業団調査報告書　第576集）〈国土交通省の委託による　一般国道17号（上武道路）改築工事に伴う埋蔵文化財発掘調査（その3）報告書〉Ⓝ210.0254

◇川上遺跡　7　スナガ環境測設株式会社編　前橋　スナガ環境測設　2013.3　24p　図版8p　30cm〈ハウジングプラザの委託による　群馬県伊勢崎市所在　分譲住宅地造成に伴う埋蔵文化財発掘調査報告書〉Ⓝ210.0254
◇関根赤城遺跡　群馬県埋蔵文化財調査事業団編　渋川　群馬県埋蔵文化財調査事業団　2014.3　183p　図版50p　30cm　（公益財団法人群馬県埋蔵文化財調査事業団調査報告書　第582集）〈一般国道17号（上武道路）改築工事に伴う埋蔵文化財調査（その3）報告書　共同刊行：国土交通省〉Ⓝ210.0254
◇天王・東紺屋谷戸遺跡　群馬県埋蔵文化財調査事業団編　渋川　群馬県埋蔵文化財調査事業団　2013.12　476p　図版156p　30cm　（公益財団法人群馬県埋蔵文化財調査事業団調査報告書　第575集）〈一般国道17号（上武道路）改築工事に伴う埋蔵文化財発掘調査（その3）報告書　共同刊行：国土交通省〉Ⓝ210.0254
◇新潟大学考古学研究室調査研究報告　14　笂井八日市遺跡測量・発掘調査報告—群馬県前橋市／牡丹山諏訪神社古墳測量調査報告—新潟県新潟市　新潟大学考古学研究室編　［新潟］　新潟大学人文学部　2014.3　81p　図版8p　26cm　Ⓝ210.025
◇前橋城跡　群馬県埋蔵文化財調査事業団編　渋川　群馬県埋蔵文化財調査事業団　2014.2　256p　図版［16］枚　30cm　（公益財団法人群馬県埋蔵文化財調査事業団調査報告書　第580集）〈前橋地方合同庁舎（仮称）整備に伴う埋蔵文化財発掘調査報告書　共同刊行：国土交通省〉Ⓝ210.0254

群馬県（遺跡・遺物—みどり市）
◇みどり市内遺跡　5　みどり市教育委員会編　みどり　みどり市教育委員会　2014.3　131p　30cm　（みどり市埋蔵文化財調査報告書　第7集）Ⓝ210.0254

群馬県（衛生行政）
◇事業概要　平成25年度版　沼田　群馬県利根沼田振興局利根沼田保健福祉事務所　2014.9　57p　30cm〈年表あり〉Ⓝ498.1

群馬県（NPO）
◇特定非営利活動法人設立手続の手引—Non-Profit Organization　第10版　前橋　群馬県NPO・多文化共生推進課　2014.4　113p　30cm　Ⓝ324.12　［550円］

群馬県（河川—館林市）
◇水と共に生きてきた歴史と暮らし—報告書：田中正造没後100年記念シンポジウム　前橋　田中正造没後100年記念シンポジウム実行委員会　2013.12　48p　30cm〈年表あり　会期・会場：2013年10月20日　館林市の三の丸芸術ホール〉Ⓝ517.2133

群馬県（家庭用電気製品—リサイクル—前橋市）
◇小型電子機器等リサイクルシステム構築実証事業（平成24年度第二次）運営業務（関東地方）に関する報告書　平成25年度　［東京］　リーテム　［2014］　100p　30cm〈表紙のタイトル（誤植）：小型電子機器等リサクルシステム構築実証事業（平成24年度第二次）運営業務（関東地方）に関する報告書〉Ⓝ545.88

群馬県（観光開発）
◇TOMIOKA世界遺産会議BOOKLET　2　石森秀三,奥西麻由子［述］　前橋　上毛新聞社事業局出版部　2014.3　70p　21cm〈内容：世界遺産登録と観光振興は両立できるか？（石森秀三述）　アートを通じて地域にフレッシュな視点を！（奥西麻由子述）〉①978-4-86352-102-5　Ⓝ586.42133　［600円］
◇TOMIOKA世界遺産会議BOOKLET　3　隈研吾,宮崎均,星和彦,石田敏明［述］　前橋　上毛新聞社事業局出版部　2014.10　80p　21cm〈会期・会場：平成26年5月31日（土）前橋工科大学　主催：上毛新聞社　共催：前橋工科大学〉①978-4-86352-115-5　Ⓝ586.42133　［600円］

群馬県（紀行・案内記）
◇吾妻渓谷見て歩き　浦野安孫著　前橋　上毛新聞社事業局出版部　2014.4　149p　18cm〈折り込1枚〉Ⓝ291.33　［1000円］
◇ぐんま絹遺産—絵手紙めぐり　小林生子著　前橋　上毛新聞社事業局出版部　2014.4　95p　16×22cm　①978-4-86352-103-2　Ⓝ291.33　［1200円］
◇上州をゆく　続　中島克幸著　高崎　あさを社　2014.9　197p　20cm〈「続」のタイトル関連情報：とっておきの群馬のお話〉①978-4-87024-573-0　Ⓝ291.33　［1500円］

群馬県（絹織物）
◇いせさき銘仙　青木宏監修　前橋　みやま文庫　2014.8　214p　19cm　（みやま文庫　215）〈年表あり　文献あり　内容：伊勢崎織物史　Ⅰ（菊池誠一著）　伊勢崎織物史　Ⅱ（宮崎俊弥著）　伊勢崎織物業と地域の社会経済（松嶋久実著）　伊勢崎銘仙の技法とその変遷（新井正直著）　伊勢崎織物関係語彙（用語解説）（矢島宣弘著）　民俗学からみた伊勢崎銘仙（板橋春夫著）　伊勢崎銘仙の近況（五十嵐満著）　技術の伝承（倉林昭次著）〉Ⓝ586.42133　［1500円］

258

日本件名図書目録2014　Ⅰ　　　　　　　　　　　　　　　　　　　　　　　　　　　　　　　群馬県（城）

群馬県（教育行政）
◇群馬県教育振興基本計画　第2期　平成26年度—平成30年度　群馬県教育委員会事務局総務課編　［前橋］　群馬県　2014.3　135p　30cm　Ⓝ373.2

群馬県（行政）
◇はばたけ群馬プラン—第14次群馬県総合計画：重点プロジェクト：平成26年4月1日改定版　前橋　群馬県　2014.4　53p　30cm　Ⓝ318.233
◇はばたけ群馬プラン—第14次群馬県総合計画：分野別・地域別施策展開：平成26年4月1日改定　前橋　群馬県　2014.4　62p　30cm　Ⓝ318.233

群馬県（行政—藤岡市）
◇藤岡市の10年—平成16年度—平成25年度：市制施行60周年記念誌　藤岡市総務部行政課編　［藤岡］　藤岡市　2014.10　316p　30cm　Ⓝ318.233

群馬県（金石・金石文—高崎市）
◇上野三碑と楫取素彦—幕末近代のアーカイブ：平成26年度多胡碑記念館第38回企画展　多胡碑記念館編　高崎　多胡碑記念館　2014.10　48p　30cm〈多胡碑研究史シリーズ第2弾　会期：平成26年10月7日—12月7日〉Ⓝ210.02

群馬県（渓谷）
◇吾妻渓谷見て歩き　浦野安孫著　前橋　上毛新聞社事業局出版部　2014.4　149p　18cm〈折り込1枚〉Ⓝ291.33　［1000円］

群馬県（下水処分）
◇群馬県汚水処理計画　県土整備部下水環境課編　［前橋］　群馬県　2013.3　26, 91p　30cm　Ⓝ518.21
◇群馬県汚水処理計画図集　［前橋］　群馬県　2013.3　1冊　42cm　Ⓝ518.21

群馬県（建築）
◇世界遺産〈富岡製糸場と絹産業遺産群〉建築ガイド—まるごとわかる　富岡製糸場世界遺産伝道師協会編　前橋　上毛新聞社〈事業局出版部〉　2014.8　112p　21cm〈文献あり　年表あり〉Ⓘ978-4-86352-110-0　Ⓝ586.42133　［1200円］

群馬県（県民性）
◇群馬ルール—群馬めでたいライフを楽しむための49のルール　都会生活研究プロジェクト〈群馬チーム〉著　KADOKAWA　2014.10　158p　19cm〈文献あり　背・表紙のタイトル：GUNMA RULES〉Ⓘ978-4-04-600875-6　Ⓝ361.42　［980円］

群馬県（工芸美術）
◇ぐんまの手仕事　前橋　上毛新聞社事業局出版部　2014.3　135p　21cm　Ⓘ978-4-86352-099-8　Ⓝ750.2133　［1200円］
◇ぐんまの手仕事　2　前橋　上毛新聞社事業局出版部　2014.10　127p　21cm　Ⓘ978-4-86352-114-8　Ⓝ750.2133　［1200円］

群馬県（公示地価）
◇地価公示標準地価格　平成26年　［前橋］　群馬県　［2014］　106p　30cm〈付標準地案内図〉Ⓝ334.6

群馬県（洪水）
◇平成25年洪水記録—9月15日—16日台風第18号　前橋　群馬県県土整備部河川課　2014.1　39p　30cm　Ⓝ369.33

群馬県（交通安全）
◇群馬県交通安全実施計画　平成26年度　群馬県県土整備部交通政策課編　［前橋］　群馬県交通安全対策会議　2014.6　42p　30cm〈共同刊行：群馬県県土整備部交通政策課〉Ⓝ681.3

群馬県（公有財産）
◇公有財産に関する調書　平成26年3月31日現在　［前橋］　群馬県　［2014］　94p　30cm　Ⓝ349.8

群馬県（祭祀—玉村町）
◇五料の水神祭　玉村町（群馬県）　群馬県佐波郡玉村町教育委員会　2014.3　114p　30cm〈文献あり　作成：さいたま民俗文化研究所〉Ⓝ386.133

群馬県（蚕業—写真集）
◇お蚕（こ）さま物語—信仰と営みの記録：角田新八写真集　角田新八著　前橋　上毛新聞社事業局出版部　2014.12　111p　25×27cm　Ⓘ978-4-86352-119-3　Ⓝ632.133　［3000円］

群馬県（蚕業—歴史）
◇ぐんま絹遺産—絵手紙めぐり　小林生子著　前橋　上毛新聞社事業局出版部　2014.4　95p　16×22cm　Ⓘ978-4-86352-103-2　Ⓝ291.33　［1200円］
◇世界遺産〈富岡製糸場と絹産業遺産群〉建築ガイド—まるごとわかる　富岡製糸場世界遺産伝道師協会編　前橋　上毛新聞

社〈事業局出版部〉　2014.8　112p　21cm〈文献あり　年表あり〉Ⓘ978-4-86352-110-0　Ⓝ586.42133　［1200円］
◇富岡製糸場と絹産業遺産群　今井幹夫編著　ベストセラーズ　2014.3　159p　図版32p　18cm　（ベスト新書 436）〈文献あり〉Ⓘ978-4-584-12436-9　Ⓝ586.42133　［933円］

群馬県（自殺予防）
◇群馬県自殺総合対策行動計画—自殺対策アクションプラン　第2次　群馬県健康福祉部障害政策課編　前橋　群馬県健康福祉部障害政策課　2014.3　50p　30cm　Ⓝ368.3

群馬県（辞書—桐生市）
◇桐生市ことがら事典—索引・正誤表・増補・附図つき　図書館資料整理ボランティア編　桐生　桐生市教育委員会　2014.3　1冊（ページ付なし）30cm〈桐生市制施行90周年・水道創設80周年記念事業　「桐生市ことがら事典」(2012年刊)の索引・正誤表・増補・附図〉Ⓝ291.33

群馬県（詩人）
◇群馬県における近・現代詩　愛敬浩一著，詩的現代出版部編　富岡　詩的現代出版部（制作）　2014.9　62p　26cm　（詩的現代叢書 5）〈内容：岡田刀水士の詩作品を中心に　清水房之丞の詩作品を中心に　東宮七男の詩作品を中心に　根岸正吉　富岡啓二〉Ⓝ911.52　［500円］

群馬県（史跡名勝—太田市）
◇太平記の里—おおた歴史めぐり：徳川発祥の地　群馬県東部県民局東部行政事務所編　太田　群馬県東部県民局東部行政事務所　2013.3　138p　21cm　Ⓝ291.33

群馬県（自然保護）
◇良好な自然環境を有する地域学術調査報告書　40　群馬県環境森林部自然環境課編　［前橋］　群馬県環境森林部自然環境課　2014.11　258p　30cm〈良好な自然環境の調査〉Ⓝ402.9133

群馬県（社会福祉）
◇事業概要　平成25年度版　沼田　群馬県利根沼田振興局利根沼田保健福祉事務所　2014.9　57p　30cm〈年表あり〉Ⓝ498.1

群馬県（写真集—太田市）
◇太田・館林・邑楽の昭和—写真アルバム　長岡　いき出版　2014.2　279p　31cm〈群馬県教科書特約供給所（発売）文献あり〉Ⓘ978-4-904614-44-0　Ⓝ213.3　［9514円］

群馬県（写真集—館林市）
◇太田・館林・邑楽の昭和—写真アルバム　長岡　いき出版　2014.2　279p　31cm〈群馬県教科書特約供給所（発売）文献あり〉Ⓘ978-4-904614-44-0　Ⓝ213.3
◇写真で見る館林　館林市史編さん委員会編　［館林］　館林市　2014.3　245p　30cm　（館林市史 別巻）〈年表あり　文献あり　市制施行60周年記念〉Ⓝ213.3

群馬県（宿駅—太田市）
◇上州丸山宿—開զ400年を辿った丸山塾の10年　青木益夫著　青陶社　2014.1　165p　26cm〈年表あり　文献あり〉Ⓝ213.3　［1300円］

群馬県（障害者福祉—伊勢崎市）
◇伊勢崎市障害者計画　第2次　伊勢崎市福祉部障害福祉課編　［伊勢崎］　伊勢崎市　2014.3　79p　30cm　Ⓝ369.27

群馬県（食生活—前橋市）
◇前橋食堂—暮らしの中に見えたもの：Shokudo project　増田拓史制作，Felice Forby, 菊池里沙，宮原真美子，須田久美子訳　［石巻］　グッドモーニングファクトリー　2014.1　111p　15×15cm　（英語併記）Ⓘ978-4-907859-00-8　Ⓝ383.8133　［1200円］

群馬県（女性労働者—富岡市—歴史）
◇異郷に散った若い命—旧官営富岡製糸所工女の墓　高瀬豊二著，「異郷に散った若い命—官営富岡製糸所工女の墓—」再版委員会編　復刻版　富岡　オリオン舎　2014.6　180p　19cm〈原本：1972年刊〉Ⓘ978-4-9907413-2-7　Ⓝ366.38　［926円］

群馬県（書目）
◇群馬県EL新聞記事情報リスト　2013-1　エレクトロニック・ライブラリー編　エレクトロニック・ライブラリー　2014.2　1001p　31cm〈制作：日外アソシエーツ〉Ⓝ025.8133
◇群馬県EL新聞記事情報リスト　2013-2　エレクトロニック・ライブラリー編　エレクトロニック・ライブラリー　2014.2　p1003-1833　31cm〈制作：日外アソシエーツ〉Ⓝ025.8133
◇群馬県EL新聞記事情報リスト　2013-3　エレクトロニック・ライブラリー編　エレクトロニック・ライブラリー　2014.2　p1835-2647　31cm〈制作：日外アソシエーツ〉Ⓝ025.8133

群馬県（城）
◇真田幸隆のルーツと山城紀行—信濃から上野国へ　竹本茂雄著　［神戸］　［竹本茂雄］　2014.6　1冊　30cm　Ⓝ215.2

群馬県（人権教育―館林市）

群馬県（人権教育―館林市）
◇館林市人権教育・啓発に関する基本計画　市民部市民協働課編　[館林]　館林市　2014.3　64p　30cm　Ⓝ316.1

群馬県（森林計画）
◇地域森林計画変更計画書　平成25年度　[前橋]　群馬県　[2013]　8, 7p　30cm　〈内容：西毛森林計画区　利根下流森林計画区〉　Ⓝ651.1

群馬県（森林災害）
◇平成25年の林業災害　[前橋]　群馬県環境森林部森林保全課　2014.3　15p　30cm　Ⓝ654

群馬県（水害）
◇平成25年洪水記録―9月15日―16日台風第18号　前橋　群馬県県土整備部河川課　2014.1　39p　30cm　Ⓝ369.33

群馬県（水害予防）
◇群馬県水防計画　平成26年度　前橋　群馬県県土整備部河川課防災係　[2014]　478p　31cm　〈標題紙のタイトル：水防計画　ルーズリーフ〉　Ⓝ369.33

群馬県（製糸業―安中市―歴史）
◇碓氷峠―安中市の養蚕業の過去と現在　安中市学習の森ふるさと学習館編　安中　安中市学習の森ふるさと学習館　2014.11　143p　30cm　〈年表あり　文献あり〉　Ⓝ639.06

群馬県（製糸業―歴史）
◇世界文化遺産富岡製糸場と明治のニッポン　熊谷充晃著　WAVE出版　2014.6　205p　19cm　〈文献あり〉　Ⓘ978-4-87290-694-3　Ⓝ639.02133　[1200円]

群馬県（選挙―統計）
◇選挙の記録　群馬県選挙管理委員会編　前橋　群馬県選挙管理委員会　2014.2　490p　30cm　〈第46回衆議院議員総選挙第22回最高裁判所裁判官国民審査　平成24年12月16日執行, 第23回参議院議員通常選挙　平成25年7月21日執行〉　Ⓝ314.8

群馬県（治山）
◇群馬県民有林治山事業の概要　平成26年度　[前橋]　群馬県環境森林部森林保全課　[2014]　83p　30cm　Ⓝ656.5

群馬県（地誌）
◇群馬「地理・地名・地図」の謎―意外と知らない群馬県の歴史を読み解く！　手島仁監修　実業之日本社　2014.9　191p　18cm　（じっぴコンパクト新書 202）〈文献あり〉　Ⓘ978-4-408-11087-5　Ⓝ291.33　[800円]
◇歴史・民俗からみた環境と暮らし　群馬歴史民俗研究会編　岩田書院　2014.3　154p　21cm　（岩田書院ブックレット 歴史考古学系 H-18）〈内容：江戸時代の山野と草肥農業（水本邦彦著）　農用林としての里山と暮らし（篠原徹著）　中世の境内林と屋敷林（蘖満大輔著）　近世における山地利用の一形態（佐藤孝之著）　用水をめぐる民俗と村落社会（飯島康夫著）　焼畑と採草地をめぐる山地の利用と環境（永島政彦著）　垣根と屋敷林の民俗（板橋春夫著）　桐生の水利用（亀井好恵著）〉　Ⓘ978-4-87294-854-7　Ⓝ291.33　[1600円]

群馬県（地質―下仁田町）
◇金剛萱に旧石器時代をさぐる―金剛萱遺跡と下仁田ローム層　金剛萱遺跡研究会「下仁田自然学校文庫8」編集委員会編著　下仁田町（群馬）　下仁田自然学校　2014.11　56p　26cm　（下仁田自然学校文庫 8）〈年表あり〉　Ⓝ213.3

群馬県（鉄道）
◇東北ライン全線・全駅・全配線　第1巻　両毛エリア　川島令三編著　講談社　2014.7　95p　26cm　（〈図説〉日本の鉄道）〈文献あり〉　Ⓘ978-4-06-295168-5　Ⓝ686.21　[1300円]

群馬県（鉄道災害―高崎市）
◇鉄道重大インシデント調査報告書　RI2013-1-3　[東京]　運輸安全委員会　[2013]　34, 26, 28p　30cm　〈内容：三岐鉄道株式会社三岐線東藤原駅構内における鉄道重大インシデント車両脱線（「本線において車両が脱線したもの」に係る鉄道重大インシデント）　天竜浜名湖鉄道株式会社天竜浜名湖線浜松大学前駅―都田駅間における鉄道重大インシデント車両障害（車両の走行装置、ブレーキ装置、電気装置、連結装置、運転保安設備等に列車の運転の安全に支障を及ぼす故障、損傷、破壊等が生じた事態」に係る鉄道重大インシデント）　東日本旅客鉄道株式会社高崎線高崎駅構内における鉄道重大インシデント工事違反（「列車の運転を停止して行うべき工事又は保守の作業中に、列車が当該作業をしている区間を走行した事態」に係る鉄道重大インシデント）〉　Ⓝ686.7

群馬県（鳥）
◇群馬県鳥類目録　2012　日本野鳥の会群馬（群馬県鳥類目録編集作業チーム）編　高崎　日本野鳥の会群馬　2014.4　278p　30cm　〈文献あり　日本野鳥の会群馬創立50周年記念〉　Ⓝ488.2133　[1500円]
◇市町村別鳥類生息密度調査報告書―第11次鳥獣保護事業計画（平成24年度―平成28年度）　第2次報告　[前橋]　群馬県　2014.9　122p　30cm　Ⓝ488.2133

群馬県（人形―太田市）
◇人形使節メリーちゃん物語　野村豊著　太田　野村豊　2014.7　159p　19cm　〈すばる書房（制作）〉　Ⓝ759.02133

群馬県（博物誌）
◇尾瀬の博物誌　田部井淳子監修, 大山昌克著　世界文化社　2014.7　191p　22cm　〈文献あり〉　Ⓘ978-4-418-14218-7　Ⓝ402.9133　[3000円]
◇群馬県立自然史博物館自然史調査報告書　第6号　群馬県立自然史博物館編　富岡　群馬県立自然史博物館　2014.3　78p　30cm　〈背のタイトル：群馬県立自然史博物館調査報告書　内容：上野村地域学術調査〉　Ⓝ402.9133
◇良好な自然環境を有する地域学術調査報告書　40　群馬県環境森林部自然環境課編　[前橋]　群馬県環境森林部自然環境課　2014.11　258p　30cm　〈良好な自然環境の調査〉　Ⓝ402.9133

群馬県（花）
◇尾瀬の花―ひと目でわかる：カラーポケット・ガイドブック　[沼田]　[ナグモ]　[20--]　68p　15cm　Ⓝ477.02133

群馬県（花―草津町）
◇草津白根山花と自然ガイド　湯田六男撮影・著　長野　ほおずき書籍　2014.6　103p　19cm　〈星雲社（発売）〉　Ⓘ978-4-434-19300-2　Ⓝ472.133　[1000円]

群馬県（花―中之条町）
◇野反湖花と散策ガイド　中村一雄撮影・著　長野　ほおずき書籍　2014.5　103p　19cm　〈星雲社（発売）索引あり〉　Ⓘ978-4-434-19072-8　Ⓝ472.133　[1000円]

群馬県（防災計画―高崎市）
◇高崎市地域防災計画　高崎市防災会議編　[高崎]　高崎市防災会議　2014.3　307p　30cm　Ⓝ369.3

群馬県（民謡）
◇上州路の民謡を訪ねて　酒井正保著　前橋　上毛新聞社事業局出版部　2014.4　231p　21cm　Ⓘ978-4-86352-096-7　Ⓝ388.9133　[1500円]

群馬県（昔話―前橋市）
◇寺尾の昔話―全30話　角田佳一著　前橋　角田光利　2014.2　135p　21cm　〈年譜あり〉　Ⓝ388.133　[1500円]

群馬県（名簿）
◇群馬県人物・人材情報リスト　2015　日外アソシエーツ株式会社編　日外アソシエーツ（制作）2014.11　722, 30p　30cm　Ⓝ281.33

群馬県（林業）
◇平成25年の林業災害　[前橋]　群馬県環境森林部森林保全課　2014.3　15p　30cm　Ⓝ654

群馬県（歴史）
◇群馬県の歴史　西垣晴次, 山本隆志, 丑木幸男編　第2版　山川出版社　2013.11　324,48p　図版5枚　20cm　（県史 10）〈文献あり　年表あり　索引あり〉　Ⓘ978-4-634-32101-4　Ⓝ213.3　[2400円]

群馬県（歴史―太田市）
◇大間々扇状地―人と自然のかかわり　澤口宏, 宮階俊弥編　前橋　みやま文庫　2014.1　205p　19cm　（みやま文庫 213）〈文献あり〉　Ⓝ213.3　[1500円]
◇上州丸山宿―開宿400年を辿った丸山塾の10年　青木益夫著　青陶社　2014.1　165p　26cm　〈年表あり　文献あり〉　Ⓝ213.3　[1300円]

群馬県（歴史―史料）
◇中世文書資料集―群馬県立歴史博物館所蔵　群馬県立歴史博物館編　増訂　[高崎]　群馬県立歴史博物館　2014.1　165p　30cm　〈文献あり〉　Ⓝ213.3

群馬県（歴史―高崎市）
◇未来への道しるべ―高崎市倉賀野町合併50周年記念誌　合併50周年記念誌編集委員会編　高崎　倉賀野地区地域づくり活動協議会　2013.12　56p　30cm　〈年表あり〉　Ⓝ213.3

群馬県（歴史―みどり市）
◇大間々扇状地―人と自然のかかわり　澤口宏, 宮階俊弥編　前橋　みやま文庫　2014.1　205p　19cm　（みやま文庫 213）〈文献あり〉　Ⓝ213.3　[1500円]

日本件名図書目録2014　I

群馬県童謡作詞作曲家協会
◇群馬童謡―創立30周年記念誌　群馬県童謡作詞作曲家協会,群馬県童謡文化協会編　［高崎］　群馬県童謡作詞作曲家協会　2014.5　48p　30cm〈年表あり　共同刊行：群馬県童謡文化協会〉Ⓝ909.1

群馬県童謡文化協会
◇群馬童謡―創立30周年記念誌　群馬県童謡作詞作曲家協会,群馬県童謡文化協会編　［高崎］　群馬県童謡作詞作曲家協会　2014.5　48p　30cm〈年表あり　共同刊行：群馬県童謡文化協会〉Ⓝ909.1

群馬県藤岡保健所
◇藤岡保健所活動小史　大月邦夫著　海苑社　2013.5　286p　31cm〈年表あり　文献あり〉Ⓘ978-4-86164-116-9　Ⓝ498.16　［1800円］

群馬県立産業技術センター
◇10年のあゆみ―群馬県立産業技術センター開所10周年記念誌　前橋　群馬県立産業技術センター　2014.2　149p　30cm〈年表あり　表紙のタイトル：群馬県立産業技術センター10年のあゆみ〉Ⓝ507.6

群馬大学医学部
◇群馬大学医学部・医学系研究科七十年史　群馬大学医学部七十年史編纂委員会編　前橋　［群馬大学］医学部　2014.3　289p　31cm〈年表あり　共同刊行：群馬大学医学系研究科ほか〉Ⓝ377.28

群馬大学大学院医学系研究科
◇群馬大学医学部・医学系研究科七十年史　群馬大学医学部七十年史編纂委員会編　前橋　［群馬大学］医学部　2014.3　289p　31cm〈年表あり　共同刊行：群馬大学医学系研究科ほか〉Ⓝ377.28

【け】

K〔1983～ 〕
◇幸せを数える。　K著　幻冬舎　2013.5　252p　19cm　Ⓘ978-4-344-02390-1　Ⓝ767.8　［1300円］

k. m. p
◇2人で、おうちで、しごとです。　なかがわみどり,ムラマツエリコ著　新装版　KADOKAWA　2013.12　174p　21cm　（［k.m.p.の、またまたシリーズ］）〈初版：幻冬舎 2006年刊〉Ⓘ978-4-04-729255-0　Ⓝ726.501　［950円］

慶應義塾茨城通信三田会
◇三色旗とともに―慶應義塾茨城通信三田会創立45周年記念誌　創立45周年記念事業実行委員会(役員会)編　［水戸］　慶應義塾茨城通信三田会　2014.12　175p　26cm　（生涯青春 part 3）Ⓝ377.28

慶応義塾大学
◇慶應義塾大学の「今」を読む―OB・現役学生なら知っておきたい大学の真実　造事務所編　実業之日本社　2014.11　223p　18cm　（じっぴコンパクト新書 223）〈文献あり〉Ⓘ978-4-408-11103-2　Ⓝ377.21　［850円］
◇持続可能な社会に向けた環境人材育成―慶應義塾大学湘南藤沢キャンパス〈SFC〉の挑戦　太田志津子著　化学工業日報社　2013.6　160p　18cm〈文献あり〉Ⓘ978-4-87326-628-2　Ⓝ519.07　［1800円］
◇塾生による塾生のための半学半教の場作り―「学びの連携」プロジェクト公開セミナー　慶應義塾で展開されるピアサポートシステムの成果と今後　慶應義塾大学教養研究センター編　横浜　慶應義塾大学教養研究センター　2013.7　52p　30cm　（CLA－アーカイブズ 29）〈文献あり　会期・会場：2013年3月18日 慶應義塾大学日吉キャンパス来往舎1階シンポジウムスペース〉Ⓘ978-4-903248-45-5　Ⓝ377.9
◇早慶トーーク！　大学あるある研究会著　宝島社　2014.3　191p　18cm〈文献あり〉Ⓘ978-4-8002-2396-8　Ⓝ377.21　［1000円］

慶應義塾大学アルペンフェライン山岳会
◇慶應義塾大学アルペンフェライン山岳会創立55周年記念誌　55年記念誌制作委員会編　［出版地不明］　55年記念誌制作委員会　2014.9　303p　26cm　Ⓝ786.1

慶応義塾大学医学部
◇慶應医学部の闇－福澤諭吉が泣いている　髙須基仁著　［東京］　展望社　2014.7　220p　20cm　Ⓘ978-4-88546-283-2　Ⓝ377.21　［1600円］

慶應義塾大学先端生命科学研究所からだ館がん情報ステーション
◇からだ館の5年間そして未来へ―地域とともに　［鶴岡］　慶應義塾大学先端生命科学研究所「からだ館」がん情報ステーション　2013.3　10p　26cm〈年表あり　奥付のタイトル：慶應義塾大学先端生命科学研究所「からだ館」がん情報ステーション5周年記念誌〉Ⓝ491.65

慶応義塾大学理工学部
◇慶應義塾大学理工学部75年史―1939-2014　慶應義塾大学理工学部創立75年記念史編纂委員会編　横浜　慶應義塾大学理工学部　2014.5　238p　30cm〈年表あり〉Ⓝ377.28

慶応義塾普通部
◇目路はるか教室の記録　第16回　2013　目路はるか委員会編　横浜　慶應義塾普通部　2014.3　278p　26cm　Ⓝ375.6

慶應義塾幼稚舎
◇慶應幼稚舎と慶應横浜初等部　石井至著　朝日新聞出版　2014.5　204p　18cm　（朝日新書 461）Ⓘ978-4-02-273561-4　Ⓝ376.21361　［720円］

慶應義塾横浜初等部
◇慶應幼稚舎と慶應横浜初等部　石井至著　朝日新聞出版　2014.5　204p　18cm　（朝日新書 461）Ⓘ978-4-02-273561-4　Ⓝ376.21361　［720円］

京王電鉄バス株式会社
◇京王バス　西東京バス　越谷　BJエディターズ　2014.12　68p　19cm　（バスジャパンハンドブックシリーズS 86）〈星雲社(発売)〉Ⓘ978-4-434-19866-3　Ⓝ685.5　［1000円］

景戒
◇日本霊異記の仏教思想　小林真由美著　青簡舎　2014.3　217p　22cm　Ⓘ978-4-903996-73-8　Ⓝ913.37　［5000円］
◇仏と天皇と「日本国」―『日本霊異記』を読む　伊藤由希子著　ぺりかん社　2013.12　262p　20cm〈索引あり〉Ⓘ978-4-8315-1369-4　Ⓝ913.37　［2600円］

経済産業省
◇経済産業ハンドブック―経済産業省職員録・主要団体名簿　2014　商工会館編　商工会館　2013.12　796,42p　19cm〈索引あり〉Ⓘ978-4-915106-17-0　Ⓝ317.255　［5715円］
◇経済産業ハンドブック―経済産業省職員録・主要団体名簿　2015　商工会館/編　商工会館　2014.12　836,43p　19cm　Ⓘ978-4-915106-18-7　［6019円］

経済団体連合会
◇経団連―落日の財界総本山　安西巧著　新潮社　2014.5　223p　18cm　（新潮新書 570）Ⓘ978-4-10-610570-8　Ⓝ330.66　［720円］

計算科学センター
◇Activity report 2013―Computing Research Center　［つくば］　High Energy Accelerator Research Organization　2014.12　126p　30cm　（KEK progress report 2014-3）〈本文は日本語〉Ⓝ429.076

警視庁
◇警視庁科学捜査最前線　今井良著　新潮社　2014.6　207p　18cm　（新潮新書 575）〈文献あり〉Ⓘ978-4-10-610575-3　Ⓝ317.75　［720円］

敬順
◇十方庵の遊歴と民俗　大島建彦著　三弥井書店　2013.6　200p　20cm　［三弥井民俗選書］〈内容：池袋の天神　高輪の今昔　野口仮屋の神事　家伝の呪符　蛇よけのまじない　紅皿塚の縁起　虎が石と虎の石塔　江戸周辺の八百比丘尼　鶴見の子育観音　東松山の二尾稲荷　布施の弁天　古河の弘法水　『遊歴雑記』とその著者〉Ⓘ978-4-8382-9087-1　Ⓝ382.13　［2800円］

京城帝国大学
◇帝国日本と植民地大学　酒井哲哉,松田利彦編　ゆまに書房　2014.2　638p　22cm〈年表あり　文献あり〉Ⓘ978-4-8433-4456-9　Ⓝ377.22　［12000円］

慶尚南道 (地誌)
◇韓南島嶼ノ富源／明治四十四年全羅南道道勢要覧／日清韓新三國志　度支部,全羅南道,春陽堂編　復刻版　龍溪書舎　2014.5　1冊　21cm　（韓国併合史研究資料 101）〈東京経済大学図書館蔵の複製〉Ⓘ978-4-8447-0175-0　Ⓝ292.18　［8000円］

京成電鉄株式会社
◇京成の駅今昔・昭和の面影―100年の歴史を支えた全駅を紹介　石本祐吉著　JTBパブリッシング　2014.2　175p　21cm　（キャンブックス）〈文献あり〉Ⓘ978-4-533-09553-5　Ⓝ686.21　［1800円］

継体天皇
◇消えた出雲と継体天皇の謎　関裕二［著］　学研パブリッシング　2014.7　258p　15cm　（学研M文庫 せ-2-6）〈学研マー

ケティング（発売）文献あり〉①978-4-05-900888-0 Ｎ288.
41 ［600円］

K2
◇K2に憑かれた男たち　本田靖春著　山と渓谷社　2014.2
429p 15cm （ヤマケイ文庫）〈文献あり　文春文庫 1985年
刊の再刊〉①978-4-635-04770-8 Ｎ292.58 ［1000円］

京阪電気鉄道株式会社
◇京阪電鉄のひみつ　PHP研究所編　PHP研究所　2014.4
223p 19cm〈文献あり　索引あり〉①978-4-569-81827-6
Ｎ686.216 ［1524円］

京浜急行電鉄株式会社
◇京急電車の運転と車両探見―向上した羽田空港アクセスと車
両の現況　佐藤良介著　JTBパブリッシング　2014.4 191p
21cm （キャンブックス）①978-4-533-09705-8 Ｎ686.213
［1900円］
◇京急400・500形―大型吊り掛け駆動車の生涯　上　佐藤良介
著　ネコ・パブリッシング　2014.1 47p 26cm （RM
LIBRARY 173）①978-4-7770-5359-9 Ｎ686.213 ［1200
円］
◇京急400・500形―大型吊り掛け駆動車の生涯　中　佐藤良介
著　ネコ・パブリッシング　2014.2 47p 26cm （RM
LIBRARY 174）①978-4-7770-5360-5 Ｎ686.213 ［1200
円］
◇京急400・500形―大型吊り掛け駆動車の生涯　下　佐藤良介
著　ネコ・パブリッシング　2014.3 47p 26cm （RM
LIBRARY 175）①978-4-7770-5363-6 Ｎ686.213 ［1200
円］

京浜急行バス株式会社
◇京浜急行バス　越谷　BJエディターズ　2014.6 68p 19cm
（バスジャパンハンドブックシリーズS 84）〈星雲社（発売）〉
①978-4-434-18846-6 Ｎ685.5 ［1000円］

京浜デパート
◇社史で見る日本経済史　第70巻　京浜デパート大観―開店満
五周年記念　ゆまに書房　2014.4 168,21p 22cm〈百貨店
日日新聞社 1938年刊の複製　解説：末田智樹　布装〉①978-
4-8433-4563-4,978-4-8433-4561-0 (set) Ｎ335.48 ［10000円］

恵文社
◇本屋の窓からのぞいた｜京都｜―恵文社一乗寺店の京都案内
恵文社一乗寺店著　新版　マイナビ　2014.9 159p 21cm
①978-4-8399-5303-4 Ｎ291.62 ［1500円］

ケインズ, J.M.〔1883～1946〕
◇経済倫理学序説　西部邁著　改版　中央公論新社　2014.7
246p 16cm （中公文庫 に5-6）①978-4-12-205983-2
Ｎ331.74 ［840円］
◇ケインズ　ポール・デイヴィッドソン著，小谷野俊夫訳　一灯
舎　2014.10 346,38p 20cm （マクミラン経済学者列伝）
〈文献あり　索引あり〉①978-4-907600-27-3 Ｎ331.74
［2500円］
◇ケインズの予言　佐伯啓思著　中央公論新社　2014.3 241p
16cm （中公文庫 さ66-2）〈PHP新書 1999年刊の再刊〉
①978-4-12-205920-7 Ｎ331.74 ［648円］
◇ケインズ理論とは何か―市場経済の金融的不安定性　ハイマ
ン,P.ミンスキー［著］，堀内昭義訳　岩波書店　2014.1 281,
11p 19cm （岩波人文書セレクション）〈文献あり　索引あり〉
1988年刊の再刊〉①978-4-00-028677-0 Ｎ331.74 ［2800円］
◇ケインズは，《今》、なぜ必要か?―グローバルな視点からの現
在的意義　ケインズ学会編，ケインズ学会 作品社　2014.2
274p 20cm〈内容：金融危機後の、「輸出主導型成長」と「対
外債務削減」という幻想（ヤン・クレーゲル著、渡辺良夫訳）
今日の世界でケインズの国際経済学は通用するのか？（アン
ナ・カラベリ，マリオ・チェドリーニ著、伊藤宣広訳）なぜケ
インズが重要なのか（ロジャー・バックハウス著、黒瀬一弘訳）
現代世界におけるケインズ（クリスティーナ・マルクッゾ著，
西川弘晃訳）　哲学から見たケインズの今日的妥当性（ロッ
ド・オドネル著,藤原新訳）　世界同時不況と景気循環（浅子和
美述）　資本主義はいずこへ（平井俊顕述）　歴史の危機と21
世紀の利子率革命（水野和夫述）　ケインズ経済学（福岡正夫
述）　ケインズと「危機」の思想（間宮陽介述）　ケインズと現
代理論（酒井泰弘述）　ケインズと国際経済（岩本武和述）　シ
ンポジウム1・2を終えて（浅子和美，平井俊顕,酒井泰弘ほか
著）〉①978-4-86182-458-6 Ｎ331.74 ［2400円］
◇資本主義の革命家ケインズ　ロジャー・E・バックハウス，ブ
ラッドリー・W・ベイトマン著，西沢保監訳，栗林寛幸訳　作
品社　2014.8 251p 20cm〈文献あり　索引あり〉①978-
4-86182-493-7 Ｎ331.74 ［2400円］

劇団四季
◇劇団四季ミュージカル『キャッツ』のすべて―奇跡のロングラ
ンの歴史から舞台裏まで見られる完全ガイドブック　光文社
2014.9 97p 30cm （光文社女性ブックス No.148）①978-
4-334-84255-0 Ｎ775.4 ［1500円］

ケージ, J.〔1912～1992〕
◇「4分33秒」論―「音楽」とは何か　佐々木敦著　Pヴァイン
2014.6 254p 20cm （ele-king books）〈日貿アイ・ビー・
エス（発売）〉①978-4-907276-13-3 Ｎ763 ［2500円］

ゲゼル, S.〔1862～1930〕
◇ゲゼル研究―シルビオ・ゲゼルと自然的経済秩序　相田愼一
著　ぱる出版　2014.3 252p 22cm〈著作目録あり　内容：
カウツキー、民族問題そしてゲゼル　今、地域通貨を考える
シルビオ・ゲゼル研究の現段階　シルビオ・ゲゼルの貨幣＝利
子理論　シルビオ・ゲゼルの「基礎利子」論　経済理論史にお
けるゲゼルの『自由地と自由貨幣による自然的経済秩序』（ゲ
ルハルト・ゼンフト著）シルビオ・ゲゼルの反戦平和思想
ゲゼルとアナーキズム思想〉①978-4-8272-0796-5 Ｎ331.234
［3500円］

気仙沼ケーブルネットワーク株式会社
◇地域と共に生きる―2011.3.11東日本大震災から3年：気仙沼
ケーブルネットワークの軌跡を綴る　サテマガ・ビー・アイ
2014.7 88p 19cm （ケセラbooks）①978-4-901867-58-0
Ｎ699.067 ［926円］

気仙沼市（健康管理―情報サービス）
◇ICT等を活用した高齢者の自発的な健康づくりの支援に関する
調査研究事業　［東京］地域交流センター　2014.3 114p
30cm〈平成25年度老人保健事業推進費等補助金老人保健健康
増進等事業〉Ｎ498.3

気仙沼市（高齢者福祉―情報サービス）
◇ICT等を活用した高齢者の自発的な健康づくりの支援に関する
調査研究事業　［東京］地域交流センター　2014.3 114p
30cm〈平成25年度老人保健事業推進費等補助金老人保健健康
増進等事業〉Ｎ498.3

気仙沼市（災害復興）
◇企業内診断士、被災地での挑戦―「気仙沼バル」成功の裏側
気仙沼バル実行委員会中小企業診断士チーム編著　同友館
2014.8 197p 19cm ①978-4-496-05063-3 Ｎ672.123
［1600円］
◇被災から前進するために　第2集　［気仙沼］宮城県気仙沼市
立学校長会　2013.5 171p 30cm〈第2集のタイトル関連情
報：東日本大震災から2年目の取組　共同刊行：気仙沼市教育
委員会ほか〉Ｎ376.2123
◇被災から前進するために　第3集　［気仙沼］宮城県気仙沼市
立学校長会　2014.3 183p 30cm〈第3集のタイトル関連情
報：未来へのメッセージ　共同刊行：気仙沼市教育委員会ほ
か〉Ｎ376.2123

気仙沼市（社会教育施設）
◇盛岡・気仙沼被災地現地研修の記録―お茶の水女子大学平成
24年度共同研究用研究経費研究成果報告書　平成24年度　お
茶の水女子大学盛岡・気仙沼現地研修実行委員会［編］　お茶
の水女子大学大学院人間文化創成科学研究科　2013.1 119p
30cm Ｎ369.31

気仙沼市（小学校）
◇被災から前進するために　第2集　［気仙沼］宮城県気仙沼市
立学校長会　2013.5 171p 30cm〈第2集のタイトル関連情
報：東日本大震災から2年目の取組　共同刊行：気仙沼市教育
委員会ほか〉Ｎ376.2123
◇被災から前進するために　第3集　［気仙沼］宮城県気仙沼市
立学校長会　2014.3 183p 30cm〈第3集のタイトル関連情
報：未来へのメッセージ　共同刊行：気仙沼市教育委員会ほ
か〉Ｎ376.2123

気仙沼市（商店街）
◇企業内診断士、被災地での挑戦―「気仙沼バル」成功の裏側
気仙沼バル実行委員会中小企業診断士チーム編著　同友館
2014.8 197p 19cm ①978-4-496-05063-3 Ｎ672.123
［1600円］

気仙沼市（中学校）
◇被災から前進するために　第2集　［気仙沼］宮城県気仙沼市
立学校長会　2013.5 171p 30cm〈第2集のタイトル関連情
報：東日本大震災から2年目の取組　共同刊行：気仙沼市教育
委員会ほか〉Ｎ376.2123
◇被災から前進するために　第3集　［気仙沼］宮城県気仙沼市
立学校長会　2014.3 183p 30cm〈第3集のタイトル関連情
報：未来へのメッセージ　共同刊行：気仙沼市教育委員会ほ
か〉Ｎ376.2123

気仙沼市〔年中行事〕
◇小々汐仁屋の年中行事　東北芸術工科大学東北文化研究センター編　山形　東北芸術工科大学東北文化研究センター　2014.3　56p　26cm　（ブックレット〈むらの記憶〉1）〈文部科学省私立大学戦略的研究基盤形成支援事業「環境動態を視点とした地域社会と集落形成に関する総合的研究」〉Ⓝ386.123

気仙沼市〔東日本大震災〔2011〕—被害〕
◇東日本大震災の記録と津波の災害史—リアス・アーク美術館常設展示図録：配布版　気仙沼　リアス・アーク美術館　2014.3　175p　26cm　〈編集：山内宏泰〉Ⓝ369.31

気仙沼市〔方言〕
◇生活を伝える被災地方言会話集—宮城県気仙沼市・名取市の100場面会話　東北大学方言研究センター編　仙台　東北大学大学院文学研究科国語学研究室　2014.3　384p　26cm　Ⓝ818.23
◇被災地方言の保存・継承のための方言会話の記録と公開　東北大学方言研究センター編　仙台　東北大学大学院文学研究科国語学研究室　2014.3　384p　30cm　（文化庁委託事業報告書）Ⓝ818.23

気多神社〔羽咋市〕
◇能登国・延喜式名神大社気多神社考　櫻井正範著　［出版地不明］　櫻井正範　2014.5　49p　30cm　①978-4-86091-513-1　Ⓝ175.943　[1500円]

ゲーテ，J.W.〔1749～1832〕
◇ゲーテ　星野慎一著　新装版　清水書院　2014.9　235p　19cm　（Century Books）〈文献あり　年譜あり　索引あり〉①978-4-389-42067-3　Ⓝ940.268　[1000円]
◇ゲーテとシラー—ある友情の歴史　リューディガー・ザフランスキー著，川島隆夫訳　土淵　IPC出版センター・ビブロス　2014.6　336p　21cm　①978-4-901291-36-1　Ⓝ940.268　[3000円]
◇西と東の詩的世界—越谷直也論文集・歌集　越谷直也著　同学社　2013.11　352,116p　22cm　〈内容：ゲーテに於ける憧憬の諸相　シュライエルマッハーの『宗教講話』に於ける「人間性」の理解　シュライエルマッハーの「対話的精神」　イロニーの多様性とその限界　キルケゴールのゲーテ解釈　1　ゲーテの「地質学」に関する考察　ゲーテの自然学方法論　ドイツ近代揺籃期の法・社会慣習と文学者　ゲーテとハーフィズの「神秘主義」　晩年の作品に於けるゲーテの経済認識　Adalbert Stifters Theorie zur Agrarwirtschaft　錬金術から近代化学へ　極性・化学量論・自然発生　エマソンのゲーテ理解　越谷直也　全歌集（大坪利彦編）〉①978-4-8102-0246-5　Ⓝ940.268　[4600円]

ゲート，A.L.〔1908～1946〕
◇祖父はアーモン・ゲート—ナチ強制収容所所長の孫　ジェニファー・テーゲ，ニコラ・ゼルマイヤー著，笠井宣明訳　原書房　2014.8　259p　20cm　〈文献あり〉①978-4-562-05084-0　Ⓝ234.074　[2500円]

ケニア〔乾燥地帯〕
◇森林・水環境に配慮した森林造成技術ガイドライン　［東京］　国際緑化推進センター　2014.3　120p　30cm　〈文献あり〉Ⓝ653.4

ケニア〔紀行・案内記〕
◇ポレポレ日記—アフリカ旅行と思い出、そして現実—自然・社会・人間考　矢吹菊夫著　大阪　清風堂書店　2014.2　241p　19cm　〈内容：ポレポレ日記—アフリカ旅行と思い出、そして現実　アフリカの現実の一端から〉①978-4-88313-812-8　Ⓝ294.5409　[1500円]

ケニア〔教育援助〔日本〕〕
◇アフリカに大学をつくったサムライたち—ジョモ・ケニヤッタ農工大学物語　荒木光弥著　国際開発ジャーナル社　2014.1　279p　19cm　（丸善出版（発売）〈文献あり　年譜あり〉①978-4-87539-085-5　Ⓝ377.2454　[1852円]

ケニア〔経済〕
◇ケニア　ARC国別情勢研究会／編　ARC国別情勢研究会　2014.12　136p　26cm　（ARCレポート　2014/15年版）①978-4-907366-27-8　[12000円]

ケニア〔児童〕
◇この子は俺の未来だ—パプアニューギニア＆ケニア"つながり"の文化人類学　馬場淳著　俊成出版社　2014.7　239p　19cm　〈文献あり〉①978-4-333-02659-3　Ⓝ384.5　[1400円]

ケニア〔呪術〕
◇信念の呪縛—ケニア海岸地方ドゥルマ社会における妖術の民族誌　浜本満著　福岡　九州大学出版会　2014.1　534p　22cm　〈文献あり　索引あり　布装〉①978-4-7985-0117-8　Ⓝ387.9454　[8800円]

ケニア〔地域社会開発〕
◇さまよえる「共存」とマサイ—ケニアの野生動物保全の現場から　目黒紀夫著　新泉社　2014.10　433,18p　20cm　〈文献あり〉①978-4-7877-1410-7　Ⓝ480.9　[3500円]

ケニア〔野生動物—保護〕
◇さまよえる「共存」とマサイ—ケニアの野生動物保全の現場から　目黒紀夫著　新泉社　2014.10　433,18p　20cm　〈文献あり〉①978-4-7877-1410-7　Ⓝ480.9　[3500円]

ケネディ，C.〔1957～〕
◇愛しの（スイート）キャロライン—ケネディ王朝復活へのオデッセイ　クリストファー・アンダーセン著，前田和男訳　ビジネス社　2014.11　399p　20cm　〈年譜あり〉①978-4-8284-1776-9　Ⓝ289.3　[2800円]

ケネディ，J.F.〔1917～1963〕
◇ケネディを沈めた男—日本海軍士官と若き米大統領の日米友情物語　星亮一著　潮書房光人社　2014.11　213p　19cm　〈文献あり〉①978-4-7698-1582-2　Ⓝ391.2074　[1900円]
◇ケネディのいちばん長い日—ある日本軍人との死闘　ロバート・ドノバン著，波多野裕造訳　毎日ワンズ　2014.5　236p　19cm　〈文献あり　「PT109—太平洋戦争とケネディ中尉」（日本外政学会　1963年刊）の改題、補筆や加筆をなし、再構成〉①978-4-901622-77-6　Ⓝ289.3　[1400円]
◇ケネディの言葉—名言に学ぶ指導者の条件　御手洗昭治編著，小笠原はるの著　東洋経済新報社　2014.7　190p　19cm　〈文献あり　英語抄訳付〉①978-4-492-04540-4　Ⓝ289.3　[1400円]
◇世界を動かす—ケネディが求めた平和への道　ジェフリー・サックス著，櫻井祐子訳　早川書房　2014.5　355p　20cm　〈文献あり〉①978-4-15-209455-1　Ⓝ319.53　[2300円]

ケネディ・オナシス，J.〔1929～1994〕
◇ジャクリーン・ケネディという生き方　山口路子著　KADOKAWA　2014.3　251p　15cm　（新人物文庫　や-1-6）〈文献あり　年譜あり〉①978-4-04-600260-0　Ⓝ289.3

ゲバラ，E.〔1928～1967〕
◇イコンとしてのチェ・ゲバラ—〈英雄的ゲリラ〉像と〈チェボリューション〉のゆくえ　加藤薫著　新評論　2014.2　179p　21cm　〈文献あり〉①978-4-7948-0962-9　Ⓝ289.3　[2200円]
◇チェ・ゲバラ伝　三好徹著　増補版　文藝春秋　2014.4　462p　16cm　（文春文庫　み8-13）〈文献あり　年譜あり　初版：原書房　1998年刊〉①978-4-16-790083-0　Ⓝ289.3　[820円]

ケプラー，J.〔1571～1630〕
◇ケプラーとガリレイ—書簡が明かす天才たちの素顔　トーマス・デ・パドヴァ著，藤川芳朗訳　白水社　2014.1　401,24p　20cm　〈文献あり　年譜あり　年表あり〉①978-4-560-08339-0　Ⓝ440.23　[3400円]

ケベック州〔社会〕
◇ケベックとカナダ—地域研究の愉しみ　竹中豊著　彩流社　2014.1　330,10p　20cm　〈索引あり　内容：日本カナダ学会〈JACS〉創設の頃　多文化共生を語る　ケベックにおける"開かれたライシテ"　カナダ研究の軌跡　ヌーヴェル・フランス史における西部進展　カナダ　ヌーヴェル・フランスとその歴史的遺産　オタワ　アイデンティティの"危機"か新しい"調和"か　ケベックとカナダ　アンリ・ジュリアンの描いたカナダ　歴史像の"発明"　絵画とアイデンティティ　美意識における"ケベックと江戸文化　ケベック研究のおもしろさ　カナダ研究はどこへ行く？　カナダ研究の今昔〉①978-4-7791-1970-5　Ⓝ302.514　[4500円]

ケラー，H.A.〔1880～1968〕
◇赤毛のアン＆花子の生き方とヘレン・ケラー奇跡の言葉—強く、たくましく、しなやかに生きる知恵　アンと花子さん東京研究会編著　神宮館　2014.7　221p　19cm　〈文献あり〉①978-4-86076-218-6　Ⓝ910.268　[1000円]
◇日米の架け橋—ヘレン・ケラーと塙保己一を結ぶ人間模様：対訳　佐藤隆久著，温故学会監修，西林静美対訳　熊本　熊本第一ライオンズクラブ　2014.7　268p　31cm　〈年譜あり　英語併記〉Ⓝ289.3　[5000円]

ケルゼン，H.〔1881～1973〕
◇ケルゼン研究　3　長尾龍一著　日の出町（東京都）　慈学社出版　2013.4　456p　20cm　（慈学社叢書）（大学図書（発売）索引あり　内容：新カント主義と現代　アリストテレスと現代　『ハンス・ケルゼン著作集』の完結に寄せて　ケルゼンと

哲学　人間原理と哲学史　ケルゼンの「実定法学」　ケルゼンのWillensdogma批判　ケルゼンにおける法と道徳　ケルゼンと憲法裁判所　ハンス・ケルゼンと抵抗権　日本におけるケルゼン　ナチ期シュミット問題の一端　カール・シュミットと終末論　カール・シュミットの非常事態論と主権論　レオ・シュトラウスの「密教」　レオ・シュトラウス問題　戦前期独墺公法学におけるユダヤ人　ユダヤ人の自己憎悪　『儒教と道教』再読　ホッブズとアメリカ　ホッブズとイラク戦争　トマス・ホッブズ『リヴァイアサン』　ホッブズとシュミット　ホッブズと「敵対刑法」〉Ⓘ978-4-903425-79-5　［4000円］

下呂市（遺跡・遺物）

◇桜洞城跡発掘調査報告書　下呂市教育委員会編　下呂　下呂市教育委員会　2014.1　164p 図版［9］枚　30cm　〈下呂市文化財調査報告書 第3集〉〈年表あり〉Ⓝ210.0254

◇下切遺跡　岐阜県文化財保護センター編　岐阜　岐阜県文化財保護センター　2014.10　266p 図版 40p　30cm　〈岐阜県文化財保護センター調査報告書 第128集〉Ⓝ210.0254

◇萩原諏訪城跡発掘調査報告書　下呂市教育委員会編　下呂　下呂市教育委員会　2014.10　29p 図版2p　30cm　〈下呂市文化財調査報告書 第4集〉〈史跡諏訪城跡の石垣崩落防止工事に伴う範囲確認調査〉Ⓝ210.0254

元〔中国〕（美術―歴史―図集）

◇東山御物の美―足利将軍家の至宝：特別展　三井文庫三井記念美術館編　三井文庫三井記念美術館　2014.10　209p　30cm　〈年表あり　文献あり　会期・会場：平成26年10月4日―11月24日 三井記念美術館〉Ⓝ702.22

玄海町〔佐賀県〕（住民運動）

◇風がおしえる未来予想図―脱原発・風船プロジェクト～私たちの挑戦：飛んだ距離554km「見える化」実験でわかったこと 原発なくそう！ 九州玄海訴訟「風船プロジェクト」実行委員会編　［東京］　花伝社　2014.6　100,23p 図版8枚　21cm　〈共栄書房（発売）〉Ⓘ978-4-7634-0703-0　［1000円］

研究会

◇貴族院・研究会写真集―尚友倶楽部所蔵　千葉功 監修：尚友倶楽部, 長谷川怜編　尚友倶楽部　2013.11　165p　22×31cm　〈年表あり〉Ⓝ314.16　［非売品］

源空〔1133～1212〕

◇梅原猛の仏教の授業法然・親鸞・一遍　梅原猛著　PHP研究所　2014.9　247p　15cm　（PHP文庫 う5-4）〈文献あり〉Ⓘ978-4-569-76225-8　Ⓝ188.62　［700円］

◇国宝法然上人行状絵図―四十八巻伝・知恩院蔵　1 第1巻―第12巻 中井眞孝監修・編 京都 総本山知恩院 2014.3 309p 22×31cm （法然上人絵伝集成 4）〈法然上人八百年大遠忌記念 複製 共同刊行：浄土宗 外箱入〉Ⓘ978-4-88363-070-7　Ⓝ188.62　［非売品］

◇国宝法然上人行状絵図―四十八巻伝・知恩院蔵　2 第13巻―第24巻 中井眞孝監修・編 京都 総本山知恩院 2014.3 289p 22×31cm （法然上人絵伝集成 4）〈法然上人八百年大遠忌記念 複製 共同刊行：浄土宗 外箱入〉Ⓘ978-4-88363-073-8　Ⓝ188.62　［非売品］

◇国宝法然上人行状絵図―四十八巻伝・知恩院蔵　3 第25巻―第36巻 中井眞孝監修・編 京都 総本山知恩院 2014.3 317p 22×31cm （法然上人絵伝集成 4）〈法然上人八百年大遠忌記念 複製 共同刊行：浄土宗 外箱入〉Ⓘ978-4-88363-074-5　Ⓝ188.62　［非売品］

◇国宝法然上人行状絵図―四十八巻伝・知恩院蔵　4 第37巻―第48巻 中井眞孝監修・編 京都 総本山知恩院 2014.3 302p 22×31cm （法然上人絵伝集成 4）〈法然上人八百年大遠忌記念 複製 共同刊行：浄土宗 外箱入〉Ⓘ978-4-88363-075-2　Ⓝ188.62　［非売品］

◇国宝法然上人行状絵図―四十八巻伝・知恩院蔵　5 翻刻篇 中井眞孝監修・編 京都 総本山知恩院 2014.3 358p 22×31cm （法然上人絵伝集成 4）〈法然上人八百年大遠忌記念 共同刊行：浄土宗 外箱入〉Ⓘ978-4-88363-076-9　Ⓝ188.62　［非売品］

◇「西方指南抄」解体修理からの新事実―『西方指南抄』ダイジェスト版（別冊）新光晴著　同朋舎メディアプラン　2013.10　29p　19cm　〈真宗高田派本山専修寺親鸞聖人七百五十回御忌記念出版〉Ⓘ978-4-86236-066-3（set）Ⓝ188.64

◇「西方指南抄」について―『西方指南抄』ダイジェスト版（別冊）清水谷正豪著　同朋舎メディアプラン　2013.10　61p　19cm　〈年表あり　真宗高田派本山専修寺親鸞聖人七百五十回御忌記念出版〉Ⓘ978-4-86236-066-3（set）Ⓝ188.64

◇法然―浄土宗　左方郁子著　京都　淡交社　2014.10　203p　18cm　（京都・宗祖の旅）〈年譜あり　1990年刊の再編集〉Ⓘ978-4-473-03964-4　Ⓝ188.62　［1200円］

◇法然の思想親鸞の実践　佐々木正著　青土社　2014.5　268p　20cm　〈文献あり〉Ⓘ978-4-7917-6781-6　Ⓝ188.62　［2400円］

源氏 →源〔氏〕（みなもと・し）を見よ

兼寿〔1415～1499〕

◇蓮如　一楽真著　大阪　創元社　2014.7　206p　18cm　（日本人のこころの言葉）〈文献あり　年譜あり〉Ⓘ978-4-422-80065-3　Ⓝ188.72　［1200円］

◇蓮如の遺した教え―何を信じるところを問ふ：蓮如上人御生誕600年記念出版　大谷暢順著　致知出版社　2014.11　151p　20cm　Ⓘ978-4-8009-1046-2　Ⓝ188.74　［1500円］

原子力規制委員会

◇原子力安全規制の最適化に向けて―炉規制法改正を視野に：報告書：21世紀政策研究所研究プロジェクト　21世紀政策研究所　2014.8　70p　30cm　〈研究主幹：澤昭裕〉Ⓝ539.091

源信〔942～1017〕

◇日本人の「地獄と極楽」―死者の書『往生要集』の世界　大角修監修　PHP研究所　2014.6　221p　15cm　（PHP文庫 お74-1）〈文献あり〉Ⓘ978-4-569-76191-6　Ⓝ188.63　［700円］

建設業労働災害防止協会

◇建設業労働災害防止協会大阪府支部創立50周年記念誌―次の50年に夢をつないで…　大阪　建設業労働災害防止協会大阪府支部　2014.11　50p　30cm　〈年表あり〉Ⓝ510.96

建設コンサルタンツ協会

◇会員名簿　平成26年度　建設コンサルタンツ協会　［2014］718p　30cm　Ⓝ510.6

現代思潮社

◇「現代思潮社」という閃光　陶山幾朗著　現代思潮新社　2014.5　210p　20cm　Ⓘ978-4-329-00490-1　Ⓝ023.1　［2400円］

現代彫刻センター

◇現代彫刻センターの記録　飯野毅一編　横浜　飯野毅一　2014.4　136p　30cm　Ⓝ706.7

現代美術懇談会

◇ゲンビnew era for creations―現代美術懇談会の軌跡1952-1957　芦屋市立美術博物館編　［芦屋］　芦屋市立美術博物館　c2013　95p　21cm　〈年表あり　文献あり　会期：2013年10月19日―11月24日〉Ⓝ702.16

建長寺〔鎌倉市〕

◇東アジアのなかの建長寺―宗教・政治・文化が交叉する禅の聖地　村井章介編　勉誠出版　2014.11　476p 図版24p　22cm　〈文献あり　年譜あり　内容：蘭渓道隆の渡日をめぐる人脈（村井章介著）東アジアをつなぐ禅思想（横内裕人著）　中世「江湖」の思想へ（東晹誠著）　博多と鎌倉（伊藤幸司著）　北条時頼とその時代（高橋典幸著）　北条氏の政治思想（本郷恵子著）　鎌倉における仏教史点描（高橋秀榮著）　建長寺略史（三浦浩樹著）　蘭渓道隆と泉涌寺僧の交流（西谷功著）　建長寺の開山（舘隆志著）　蘭渓道隆の墨蹟（西尾賢隆著）　建長寺の蘭渓道隆像（高橋真作著）　中世鎌倉の渡来僧（佐藤秀孝著）　建長寺船の派遣とその成果（菊地大樹著）　鎌倉幕府と禅宗（中村翼著）　北条得宗家の禅宗信仰を見直す（橋本雄著）　日本五山と呉越国・北宋・南宋（西山美香著）　室町時代の鎌倉禅林（川本愼自著）　鎌倉五山・京都五山と尼五山（山家浩樹著）　中世都市鎌倉と禅宗寺院（高橋慎一朗著）　『建長寺指図』と仏殿・法堂・衆寮（野村俊一著）　鎌倉の禅宗庭園（三浦彩子著）　鎌倉の中世石造物と建長寺開山塔（古田土俊一著）　建長寺の伽藍神と聖僧（奥健夫著）　鎌倉時代禅宗寺院の喫茶（祢津宗伸著）　建長寺の学問（西岡芳文著）　鎌倉武士と和歌（小川剛生著）〉Ⓘ978-4-585-22101-2　Ⓝ188.85　［3500円］

建仁寺〔京都市〕

◇栄西と建仁寺―特別展：開山・栄西禅師八〇〇年遠忌　東京国立博物館,読売新聞社,NHK,NHKプロモーション編　読売新聞社　2014.3　332, 16p　30cm　〈年譜あり　年表あり　会期・会場：2014年3月25日―5月18日 東京国立博物館平成館　共同刊行：NHKほか〉Ⓝ702.17

原発事故から命と環境を守る会

◇あの日から―そして、明日へ生きる―3・11福島第一原子力発電所事故：南相馬六角支援隊の記録　南相馬六角支援隊［著］［南相馬］　原発事故から命と環境を守る会　2013.12　139p　21cm　〈オフィスエム（発売）〉Ⓘ978-4-904570-77-7　Ⓝ369.36　［1000円］

ケンブリッジ〔イギリス〕（外国留学）

◇グレイトブリテン一人旅　髙橋信哉著　［東京］　東京図書出版　2014.9　334p　20cm　〈リフレ出版（発売）文献あり〉Ⓘ978-4-86223-771-2　Ⓝ293.33　［1800円］

ケンブリッジ〔イギリス〕（産業クラスター）
◇都市地域における産業転換―米英イノベーション先進地域のエコシステム：法政大学イノベーション・マネジメント研究センター国際シンポジウム：講演録　法政大学イノベーション・マネジメント研究センター編　法政大学イノベーション・マネジメント研究センター　2014.5　61p　30cm〈Working paper series no. 155〉〈会期・会場：2014年2月1日　法政大学市ヶ谷キャンパスボアソナード・タワー26階スカイホール　内容：問題提起　米英3都市（田路則子述）　講演　Technology development consultancies and the high-tech cluster in Cambridge(UK)（Jocelyn Probert述）　米国オースティン（福嶋路述）　米国シアトル（山縣宏之述）〉Ⓝ332.333　[非売品]

見坊 豪紀〔1914～1992〕
◇辞書になった男―ケンボー先生と山田先生　佐々木健一著　文藝春秋　2014.2　347p　20cm〈文献あり　年譜あり〉Ⓘ978-4-16-390015-5　[1800円]

憲法問題研究会〔1958年〕
◇憲法と知識人―憲法問題研究会の軌跡　邱静著　岩波書店　2014.11　262p　19cm　（岩波現代全書 048）Ⓘ978-4-00-029148-4　Ⓝ323.14　[2300円]

剣持 章行〔1790～1871〕
◇和算家剣持章行の遊歴日記　剣持章行[著]，大竹茂雄編　前橋　群馬県文化事業振興会　2013.12　428p　22cm〈年譜あり〉Ⓘ419.1　[5000円]

研友社
◇研友社のあゆみ―公益法人制度改革までの65年　国分寺　研友社　2014.5　178p　31cm〈年表あり〉Ⓘ978-4-907808-07-5　Ⓝ516.06　[非売品]

元老院
◇元老院の研究　久保田哲著　慶應義塾大学出版会　2014.10　239,8p　22cm〈文献あり　索引あり　内容：元老院の創設　草創期元老院議官考　元老院の「議法」機能　明治十年代前半の元老院　内閣制度創設後の元老院　明治憲法と元老院　元老院の終焉　元老院に関する新史料〉Ⓘ978-4-7664-2186-6　Ⓝ312.1　[5200円]

兼六園
◇大名庭園・兼六園読本―愛する人の輪をひろげよう　金沢　金沢城・兼六園研究会　2014.1　72p　26cm〈年表あり〉Ⓝ629.21

【こ】

呉 清源〔1914～2014〕
◇呉清源の生涯―一局―昭和の棋聖―〇〇年の軌跡　呉清源著　誠文堂新光社　2014.5　271p　22cm〈年譜あり〉Ⓘ978-4-416-31415-9　Ⓝ795　[2500円]

高 漢容〔1903～2014〕
◇京城のダダ、東京のダダ―高漢容と仲間たち　吉川凪著　平凡社　2014.7　223p　20cm〈文献あり　年譜あり〉Ⓘ978-4-582-74432-3　Ⓝ929.1　[2200円]

小池 隆一〔1943～ 〕
◇虚業―小池隆一が語る企業の闇と政治の呪縛　七尾和晃著　七つ森書館　2014.10　269p　20cm〈文献あり〉Ⓘ978-4-8228-1416-8　Ⓝ289.1　[1700円]

小石川後楽園
◇新説小石川後楽園庭園デザイン論　町田行雄著　[出版地不明]　町田行雄　2014.8　231p　30cm〈年表あり　文献あり〉Ⓝ629.21
◇特別史跡特別名勝小石川後楽園円月橋修理工事報告書　文化財建造物保存技術協会編　東京都建設局東部公園緑地事務所　2014.3　61p　図版 [15] 枚　30cm〈文献あり〉Ⓝ515.55

小石川後楽園庭園保存会
◇庭園保存会だより―創刊号―第15号　[東京]　小石川後楽園庭園保存会　[2013]　1冊　30cm〈内容：庭園保存会だより．創刊号―第15号　10周年記念誌先憂後楽　現代神田川流域民族誌　大名庭園サミット報告書〉Ⓝ629.21

小泉 純一郎〔1942～ 〕
◇小泉純一郎「原発ゼロ」戦争　大下英治著　青志社　2014.2　271p　19cm　Ⓘ978-4-905042-80-8　Ⓝ539.091　[1300円]
◇小泉政権・1980日　上　倉重篤郎著　行研　2013.7　492p　20cm〈文献あり　年譜あり〉Ⓘ978-4-87732-022-5　Ⓝ312.1　[2500円]

◇小泉政権・1980日　下　倉重篤郎著　行研　2013.7　422p　20cm　Ⓘ978-4-87732-023-2　Ⓝ312.1　[2500円]

小泉 信三〔1888～1966〕
◇伝記小泉信三　神吉創二著　慶應義塾大学出版会　2014.7　231p　21cm　Ⓘ978-4-7664-2159-0　Ⓝ289.1　[2400円]

小泉 節子〔1868～1932〕
◇八雲の妻―小泉セツの生涯　長谷川洋二著　松江　今井書店　2014.5　359,36p　19cm〈年譜あり　「小泉八雲の妻」（松江　今井書店 1988年刊）の改題, 全面改稿新版〉Ⓘ978-4-89678-092-5　Ⓝ289.1　[2200円]

小泉 八雲〔1850～1904〕
◇怪談四代記―八雲のいたずら　小泉凡著　講談社　2014.7　223p　20cm〈文献あり〉Ⓘ978-4-06-219024-4　Ⓝ930.268　[1600円]
◇へるん先生の汽車旅行―小泉八雲、旅に暮らす　芦原伸著　集英社インターナショナル　2014.2　276p　20cm〈集英社（発売）　文献あり〉Ⓝ930.268　[1700円]
◇八雲の妻―小泉セツの生涯　長谷川洋二著　松江　今井書店　2014.5　359,36p　19cm〈年譜あり　「小泉八雲の妻」（松江　今井書店 1988年刊）の改題, 全面改稿新版〉Ⓘ978-4-89678-092-5　Ⓝ289.1　[2200円]
◇ラフカディオ・ハーンの英語クラス―黒板勝美のノートから　黒板勝美[写]，平川祐弘編　福岡　弦書房　2014.10　170p　27cm〈英語併載　複製を含む〉Ⓘ978-4-86329-106-5　Ⓝ930.268　[3200円]

小磯 明〔1960～ 〕
◇専門社会調査士認定申請書（第8条規定）資料　小磯明調査・執筆　小磯明　2014.6　1冊　30cm〈2010年7月8日申請〉Ⓝ301

小出 満二〔1879～1955〕
◇日本農業教育の碩学小出満二―その業績と追憶　加藤整著　神戸　交友プランニングセンター・友月書房　2014.11　180p　19cm〈年譜あり　文献あり〉Ⓘ978-4-87787-635-7　Ⓝ289.1　[3200円]

小岩井 浄〔1897～1959〕
◇細迫兼光と小岩井淨―反ファシズム統一戦線のために　細迫朝夫著　高知　南の風社　2014.8　118p　21cm　Ⓘ978-4-86202-073-4　Ⓝ289.1　[1000円]

洪 応明〔明代〕
◇菜根譚―中国の古典　湯浅邦弘[著]　KADOKAWA　2014.10　237p　15cm（[角川ソフィア文庫][B-1-16]）〈文献あり　索引あり〉Ⓘ978-4-04-407231-5　Ⓝ159　[800円]
◇「菜根譚」叢書　第13巻　全釈菜根譚　改訂版　湯浅邦弘監修　加藤咄堂編著　大空社　2014.9　466p　22cm〈重版 大東出版社 昭和18年刊の複製　布装〉Ⓘ978-4-283-01090-1,978-4-283-01095-6(set)　Ⓝ159　[17500円]
◇「菜根譚」叢書　第14巻　ポケット菜根譚　湯浅邦弘監修　五島慶太編著　大空社　2014.9　307p　22cm〈索引あり　4版 實業之日本社 昭和27年刊の複製　布装〉Ⓘ978-4-283-01091-8,978-4-283-01095-6(set)　Ⓝ159　[12500円]
◇「菜根譚」叢書　第15巻　新釈菜根譚　湯浅邦弘監修　小和田武紀編著　大空社　2014.9　364p　22cm〈再版 明治書院 昭和19年刊の複製　布装〉Ⓘ978-4-283-01092-5,978-4-283-01095-6(set)　Ⓝ159　[15000円]
◇「菜根譚」叢書　第16巻　菜根譚新訳　湯浅邦弘監修　魚返善雄編著　大空社　2014.9　226p　22cm〈鎌倉文庫 昭和23年刊の複製　布装〉Ⓘ978-4-283-01093-2,978-4-283-01095-6(set)　Ⓝ159　[9000円]
◇「菜根譚」叢書　第17巻　菜根譚新講　湯浅邦弘監修　末政寂仙編著　大空社　2014.9　316p　22cm〈学修社 昭和31年刊の複製　布装〉Ⓘ978-4-283-01094-9,978-4-283-01095-6(set)　Ⓝ159　[12500円]

黄 爵滋〔1793～1853〕
◇アヘン戦争の起源―黄爵滋と彼のネットワーク　新村容子著　汲古書院　2014.1　408p　22cm〈文献あり　索引あり　内容：「宣南詩社」に関する覚書　「黄爵滋ネットワーク」の形成　道光十年〈1830〉の3回の集会について　「黄爵滋ネットワーク」から「清流党」へ　道光十五年〈1835〉黄爵滋「敬陳六事疏」・「片奏」について　「弛禁上奏」再論　道光十六年〈1836〉四月四日「江亭展禊」について　アヘン戦争前夜における清朝中央の政策決定過程　塩谷宕陰『阿芙蓉彙聞』について　佐久間象山と魏源〉Ⓘ978-4-7629-6512-8　Ⓝ222.065　[11000円]

耿 諄〔1914～2012〕
◇花岡を忘れるな耿諄の生涯―中国人強制連行と日本の戦後責任　野添憲治編著　社会評論社　2014.6　286p　19cm〈文献あり　年譜あり　内容：花岡事件・耿諄伝（野添憲治著）　父耿諄のこと（耿碩宇著）　終わらない戦争、「尊厳」のための戦い

洪 仁玕〔1822～1864〕

（山邉悠喜子著）　日中間の歴史認識に横たわる深い〈溝〉〈張宏波著〉　①978-4-7845-1522-6　Ⓝ366.8　[2200円]

洪 仁玕〔1822～1864〕
◇中国近代開港場とキリスト教―洪仁玕がみた「洋」社会　倉田明子著　東京大学出版会　2014.8　363,19p　22cm　〈文献あり　索引あり　内容：開港場の誕生　プロテスタント布教の開始と展開　洪仁玕とキリスト教　開港場知識人の誕生　『資政新篇』とキリスト教　洪仁玕と太平天国　開港場知識人の台頭　開港場と近代〉①978-4-13-026150-0　Ⓝ192.22　[7200円]

洪 邁〔1123～1202〕
◇『夷堅志』訳注　甲志上　齋藤茂、田渕欣也、福田知可志、安田真穂、山口博子訳注　汲古書院　2014.7　307,14p　27cm　〈索引あり〉978-4-7629-6530-2　Ⓝ923.5　[8000円]

洪 亮吉〔1746～1809〕
◇洪亮吉―清朝知識人の生き方　片岡一忠著　研文出版　2013.11　349,9p　22cm　〈年譜あり　文献あり〉978-4-87636-369-8　Ⓝ289.2　[6000円]

高エネルギー加速器研究機構
◇KEK技術職員報告集　2011・2012年度　[つくば]　高エネルギー加速器研究機構技術部門連絡会議　2014.2　114p　30cm　（KEK progress report 2013-5）Ⓝ429.076

高円寺あづま通り商店会
◇わが街・高円寺あづま通り商店街60年の歩み　高円寺あづま通り商店会編　高円寺あづま通り商店会　2013.12　92p　30cm　〈年表あり〉Ⓝ672.1361

黄海
◇週末ぶらっと黄海旅行記―とっくり楽しめる、タイムスリップ！　平井敏晴著　三五館　2014.11　253p　19cm　①978-4-88320-621-6　Ⓝ292.109　[1400円]

公害研究委員会
◇公害・環境研究のパイオニアたち―公害研究委員会の50年　宮本憲一、淡路剛久編　岩波書店　2014.9　233p　19cm　〈年譜あり〉978-4-00-022934-0　Ⓝ519.21　[2700円]

甲賀市〔遺跡・遺物〕
◇青木城遺跡第1次発掘調査報告書　甲賀市教育委員会編　甲賀　甲賀市教育委員会　2014.3　36p　30cm　（甲賀市文化財報告書　第23集）Ⓝ210.0254
◇市内遺跡発掘調査報告書　平成25年度　甲賀市教育委員会編　甲賀　甲賀市教育委員会　2014.3　50p　30cm　（甲賀市文化財報告書　第22集）Ⓝ210.0254
◇聖武天皇と紫香楽宮　栄原永遠男著　敬文舎　2014.3　319p　20cm　（日本歴史私の最新講義　09）〈文献あり　年表あり　索引あり〉978-4-906822-09-6　Ⓝ210.35　[2400円]

甲賀市〔道標〕
◇甲賀の道標　甲賀市教育委員会編　甲賀　甲賀市教育委員会　2014.3　43p　30cm　（甲賀市史編纂叢書　第10集）Ⓝ682.161

甲賀市〔歴史〕
◇甲賀市史　第3巻　道・町・村の江戸時代　甲賀市史編さん委員会編　甲賀　甲賀市　2014.2　587,34p　27cm　〈年表あり　文献あり〉Ⓝ216.1

皇学館大学
◇皇學館大學百三十年史　資料篇2　伊勢　皇學館　2014.3　1321p　22cm　〈複製を含む〉Ⓝ377.28
◇皇學館大學百三十年史　資料篇3　伊勢　皇學館　2014.3　1478p　22cm　〈複製を含む　折り込1枚〉Ⓝ377.28

江川
◇江の川水系出羽川流域河川整備計画　[松江]　島根県　2014.1　22p　30cm　Ⓝ517.091
◇江の川水系出羽川流域河川整備計画―付属資料　[松江]　島根県　2014.1　4,76p　30cm　Ⓝ517.091
◇江の川水系下流支川河川整備計画　[松江]　島根県　2014.6　27p　30cm　Ⓝ517.091
◇江の川水系下流支川河川整備計画―付属資料　[松江]　島根県　2014.6　30p　30cm　Ⓝ517.091

航空自衛隊
◇スクランブル―警告射撃を実施せよ　田中石城著　潮書房光人社　2014.12　270p　16cm　（光人社NF文庫　たN-861）〈文献あり　かや書房　1997年の再刊〉978-4-7698-2861-7　Ⓝ916　[770円]
◇ブルーインパルス―大空を駆けるサムライたち　武田頼政著　文藝春秋　2014.4　473p　16cm　（文春文庫　た91-1）〈文献あり〉①978-4-16-790077-9　Ⓝ538.8　[830円]

◇ブルーインパルスの科学―知られざる編隊曲技飛行の秘密　赤塚聡著　SBクリエイティブ　2014.9　190p　18cm　（サイエンス・アイ新書　SIS-313）〈文献あり　索引あり〉①978-4-7973-7313-4　Ⓝ538.8　[1000円]

上毛町〔福岡県〕〔遺跡・遺物〕
◇大久保楢迫4号墳・ガサメfル古墳群・緒方1号墳　[上毛町（福岡県）]　上毛町教育委員会　2014.3　144p　図版　2p　30cm　（上毛町文化財調査報告書　第18集）〈東九州自動車道建設に伴う埋蔵文化財調査報告書　折り込　9枚〉Ⓝ210.0254
◇東九州自動車道関係埋蔵文化財調査報告　16　小郡　九州歴史資料館　2014.3　62p　図版　30p　30cm　〈福岡県築上郡上毛町所在遺跡群の調査　内容：土佐井遺跡2区　土佐井小迫遺跡　唐原山城跡　穴ケ葉山南古墳群．2次　新池南古墳〉Ⓝ210.0254

皇后陛下〔1934～〕
◇皇后陛下慈しみ―日本赤十字社名誉総裁としてのご活動とお言葉：名誉総裁在位二五周年に寄せて　日本赤十字社　2014.9　135p　27cm　〈世界文化社（発売）年譜あり〉①978-4-418-14506-5　Ⓝ288.44　[2300円]
◇皇后陛下美智子さま心のかけ橋　渡邊満子著　中央公論新社　2014.10　275p　20cm　〈文献あり〉978-4-12-004663-6　Ⓝ288.44　[1800円]
◇皇后美智子さま―傘寿記念写真集　朝日新聞出版編　朝日新聞出版　2014.10　160p　31cm　〈年譜あり〉978-4-02-251218-5　Ⓝ288.44　[3000円]
◇皇后美智子さまのうた　安野光雅著　朝日新聞出版　2014.6　142p　22cm　978-4-02-331301-9　Ⓝ911.162　[1800円]
◇天皇皇后両陛下の80年―信頼の絆をひろげて　宮内庁侍従職監修、宮内庁写真　毎日新聞社　2014.10　183p　26cm　〈年譜あり〉978-4-620-60670-5　Ⓝ288.44　[2300円]
◇美智子さま美しきひと　渡邊みどり著　いきいき株式会社出版局　2014.10　139p　22cm　978-4-906912-15-5　Ⓝ288.44　[2000円]
◇美智子さま38のいい話―日本人でよかったと思える　渡澄みどり著　朝日新聞出版　2014.9　239p　20cm　〈文献あり　年譜あり〉①978-4-02-251214-7　Ⓝ288.44　[1800円]

光厳天皇〔1313～1364〕
◇光厳天皇―をさまらぬ世のための身ぞうれはしき　深津睦夫著　京都　ミネルヴァ書房　2014.2　265,5p　20cm　（ミネルヴァ日本評伝選）〈文献あり　年譜あり　索引あり〉978-4-623-07006-0　Ⓝ288.41　[3200円]

工作舎
◇工作舎物語―眠りたくなかった時代　臼田捷治著　左右社　2014.12　292p　19cm　〈文献あり　索引あり〉978-4-86528-109-5　Ⓝ023.1　[2200円]

高山寺〔京都〕
◇高山寺典籍文書綜合調査団研究報告論集　平成25年度　札幌　高山寺典籍文書綜合調査団　2014.3　101p　26cm　〈文献あり　背のタイトル：研究報告論集　続　内容：高山寺典籍文書綜合調査団略記録　續　同寺所蔵高麗版続蔵写本に見る遼代仏教（末木文美士著）　高山寺蔵『［善財院聖教］目録』について（徳永良次著）　高山寺本宋版法蔵和尚伝（影印）（石塚晴通著）　絶品絵（大槻信著）　高山寺新訳華厳経音義と宋版大蔵経（池田証寿著）　高山寺蔵『法華義疏巻一』院政期点釈文試案　6（古田恵美子著）　高山寺蔵本大毘盧遮那成佛経疏巻第十五康和点訳文稿　10（月本雅幸著）　高山寺典籍文書綜合調査団団員研究調査報告〉Ⓝ188.3
◇国宝鳥獣戯画と高山寺―特別展覧会修理完成記念　京都国立博物館、朝日新聞社編　[京都]　京都国立博物館　2014.10　189p　30cm　〈年表あり　会期：平成26年10月7日―11月24日　京都国立博物館明治古都館　朝日新聞創刊一三五周年記念　共同刊行：朝日新聞社　付属資料：1冊：鳥獣人物戯画〉Ⓝ702.17

神島 作太郎〔1895～1948〕
◇見果てぬ夢―神島作太郎伝　神島喜與一著　[大阪]　中越黒鉛工業所　2014.2　357p　22cm　〈年譜あり〉Ⓝ289.1

甲州街道
◇近世交通史料集　6　日光・奥州・甲州道中宿村大概帳　児玉幸多校訂　オンデマンド版　吉川弘文館　2013.10　1069p　22cm　〈印刷・製本：デジタルパブリッシングサービス〉①978-4-642-04305-2　Ⓝ682.1　[24000円]

甲州市〔遺跡・遺物〕
◇宇賀屋敷遺跡　甲州市教育委員会生涯学習課編　[甲州]　甲州市教育委員会　2013.3　29p　30cm　（甲州市文化財調査報告書　第13集）〈山梨県甲州市所在　個人住宅建設に伴う発掘調査報告書〉Ⓝ210.0254
◇市内遺跡発掘調査等事業報告書　平成23年度　甲州市教育委員会生涯学習課編　[甲州]　甲州市教育委員会　2013.3　19p

日本件名図書目録2014　I　　　　　　　　　　　　　　　　　　　　　　　　　　　　　　　　高知県（気候変化）

30cm　（甲州市文化財調査報告書　第14集）〈山梨県甲州市所在〉　Ⓝ210.0254
◇市内遺跡発掘調査等事業報告書　平成24年度　甲州市教育委員会生涯学習課編　〔甲州〕甲州市教育委員会　2014.3　52p　30cm　（甲州市文化財調査報告書　第15集）〈山梨県甲州市所在〉　Ⓝ210.0254
◇福寺遺跡—埋蔵金貨及び渡来銭貨発見地点の発掘調査報告書　山梨県立博物館編　笛吹　山梨県立博物館　2014.3　68p　（山梨県立博物館調査・研究報告　8）Ⓝ210.0254

郷荘神社〔和泉市〕
◇和泉市歴史的建造物調査報告書　1　谷直樹監修　和泉　和泉市教育委員会　2014.3　125p　図版8p　30cm　（和泉市史紀要　第21集）Ⓝ521.8

神津島村〔東京都〕（鳥）
◇伊豆諸島神津島野鳥図鑑　神津島村（東京都）東京都神津島村　2014.3　142p　21cm〈編集：神津島野鳥調査隊〉Ⓝ488.21369

江西省（鉱山労働）
◇安源炭鉱実録—中国労働者階級の栄光と夢想　于建嶸著，横澤泰夫訳　福岡　集広舎　2014.3　544p　22cm〈［中国書店（発売）〕文献あり〉Ⓘ978-4-904213-20-9　Ⓝ567.096　［4500円］

江西省（石炭鉱業）
◇安源炭鉱実録—中国労働者階級の栄光と夢想　于建嶸著，横澤泰夫訳　福岡　集広舎　2014.3　544p　22cm〈［中国書店（発売）〕文献あり〉Ⓘ978-4-904213-20-9　Ⓝ567.096　［4500円］

公正取引委員会
◇公正取引委員会年次報告—独占禁止白書　平成26年版　公正取引委員会/編　公正取引協会　2014.12　301p　30cm　Ⓘ978-4-87622-012-0　［2000円］
◇公正取引委員会の最近の活動状況　［東京］公正取引委員会事務総局　2014.4　51p　30cm　Ⓝ335.57
◇公正取引委員会の最近の活動状況　［東京］公正取引委員会事務総局　2014.10　51p　30cm　Ⓝ335.57

厚生年金事業振興団
◇厚生年金事業振興団史　厚生年金事業振興団編　厚生年金事業振興団　2014.3　760p　27cm　Ⓝ364.6
◇厚生年金事業振興団史　別冊　厚生年金事業振興団編　厚生年金事業振興団　2014.3　291p　27cm〈年表あり〉Ⓝ364.6

厚生労働省
◇ガイドブック厚生労働省　平成26年4月版　厚生行政出版会　c2014　311p　19cm〈平成26年4月16日現在〉Ⓘ978-4-907476-01-4　Ⓝ317.28　［1800円］
◇ガイドブック厚生労働省　平成26年8月版　第77版　厚生行政出版会　2014.8　310p　19cm　Ⓘ978-4-907476-02-1　［1800円］
◇厚生労働省の政策過程分析　佐藤満著　日の出町（東京都）慈学社出版　2014.12　212p　22cm〈大学図書（発売）　文献あり　索引あり　内容：分析枠組み　日本の政策過程　厚生労働省はどういう省か　確定拠出年金法〔日本版401K〕臓器移植法　介護保険法　結語〉Ⓘ978-4-903425-88-7　Ⓝ364.1　［4000円］

皎然〔唐代〕
◇詩僧皎然集注　乾源俊主編，愛甲弘志，淺見洋二，乾源俊，齋藤茂編　汲古書院　2014.3　306,44p　22cm〈作品目録あり　索引あり〉Ⓘ978-4-7629-6524-1　Ⓝ921.43　［10000円］

興禅寺〔鳥取市〕
◇黄檗宗資料集成　第1巻　木村得玄編　春秋社　2014.11　227p　22cm〈布装　内容：興禅寺改派之記　甲州龍華山建立次第〉Ⓘ978-4-393-17611-5　Ⓝ188.82　［3500円］

江蘇省（産業廃棄物）
◇我が国循環産業海外展開事業化促進事業中国江蘇省向け工業固形廃棄物適正・無害化処理事業—報告書　平成25年度　〔いわき〕クレハ環境　2014.3　1冊　30cm　Ⓝ519.7

江蘇省（廃棄物処理）
◇我が国循環産業海外展開事業化促進事業中国江蘇省向け工業固形廃棄物適正・無害化処理事業—報告書　平成25年度　〔いわき〕クレハ環境　2014.3　1冊　30cm　Ⓝ519.7

古宇田　清平〔1893～1990〕
◇歌人古宇田清平の研究—与謝野寛・晶子との関わり　小清水裕子編　鼎書房　2014.6　322p　22cm〈年譜あり　著作目録あり〉Ⓘ978-4-907282-14-1　Ⓝ911.162　［6500円］

皇太子殿下〔1960～　〕
◇皇太子さまと雅子さま　日本新聞連盟　2014.3　285p　31cm〈皇太子さま雅子さま御成婚20周年記念〉Ⓝ288.44　［30000円］

皇太子妃殿下〔1963～　〕
◇皇太子さまと雅子さま　日本新聞連盟　2014.3　285p　31cm〈皇太子さま雅子さま御成婚20周年記念〉Ⓝ288.44　［30000円］

講談社
◇戦後の講談社と東都書房　原田裕著　論創社　2014.8　209p　19cm　（出版人に聞く　14）Ⓘ978-4-8460-1338-7　Ⓝ023.1　［1600円］

高知県（空き家）
◇空き家ストックと廃校施設の活用による南海地震に備えた沿岸都市部と農村の事前連携のデザイン—調査研究報告書　大槻知史［著］，第一生命財団編　第一生命財団　2014.8　49p　30cm　Ⓝ369.31　［非売品］

高知県（遺跡・遺物—高知市）
◇史跡高知城跡　南国　高知県文化財団埋蔵文化財センター　2014.8　84p　図版34p　30cm　（高知県埋蔵文化財センター発掘調査報告書　第141集）〈追手門東北矢狭間塀石垣改修工事調査報告書　共同刊行：高知県教育委員会〉Ⓝ210.0254
◇弘人屋敷跡　南国　高知県文化財団埋蔵文化財センター　2014.3　511p　30cm　（高知県埋蔵文化財センター発掘調査報告書　第140集）〈高知県の委託による　新資料館整備事業に伴う埋蔵文化財発掘調査報告書〉Ⓝ210.0254
◇御手洗遺跡　高知　高知市教育委員会　2014.3　224p　図版3枚　30cm　（高知市文化財調査報告書　第38集）〈高知広域都市計画道路上町2丁目南城山線道路改良工事に伴う埋蔵文化財発掘調査報告書〉Ⓝ210.0254

高知県（遺跡・遺物—香南市）
◇徳王子広本遺跡　南国　高知県文化財団埋蔵文化財センター　2014.3　140p　図版50p　30cm　（高知県埋蔵文化財センター発掘調査報告書　第136集）〈文献あり　共同刊行：高知県教育委員会〉Ⓝ210.0254
◇東野土居遺跡　1　南国　高知県文化財団埋蔵文化財センター　2014.3　285p　図版69p　30cm　（高知県埋蔵文化財センター発掘調査報告書　第137集）〈共同刊行：高知県教育委員会〉Ⓝ210.0254

高知県（遺跡・遺物—南国市）
◇関遺跡　南国　高知県文化財団埋蔵文化財センター　2014.3　137p　図版43p　30cm　（高知県埋蔵文化財センター発掘調査報告書　第138集）〈高知県教育委員会の委託による〉Ⓝ210.0254
◇西野々遺跡　南国　高知県南国市教育委員会　2014.3　50p　図版30cm　（南国市埋蔵文化財発掘調査報告書　第26集）Ⓝ210.0254

高知県（医療）
◇高知県がん対策推進計画　第2期　高知　高知県健康政策部健康対策課　2013.3　54p　30cm　Ⓝ498.1

高知県（衛生行政）
◇高知県がん対策推進計画　第2期　高知　高知県健康政策部健康対策課　2013.3　54p　30cm　Ⓝ498.1

高知県（エネルギー政策）
◇地域主導型再生可能エネルギー事業化検討委託業務（高知県）成果報告書　平成25年度　高知　高知県林業振興・環境部新エネルギー推進課　2014.3　1冊　30cm〈平成25年度環境省委託業務〉Ⓝ501.6

高知県（海岸）
◇自然環境保全基礎調査沿岸域変化状況等調査業務報告書　平成24年度　富士吉田　環境省自然環境局生物多様性センター　2013.3　1冊　30cm〈環境省請負業務，請負者：アジア航測〉Ⓝ454.7

高知県（学校施設・設備）
◇空き家ストックと廃校施設の活用による南海地震に備えた沿岸都市部と農村の事前連携のデザイン—調査研究報告書　大槻知史［著］，第一生命財団編　第一生命財団　2014.8　49p　30cm　Ⓝ369.31　［非売品］

高知県（感染症対策）
◇高知県新型インフルエンザ等対策行動計画—平成25年12月策定　高知　高知県健康政策部健康対策課　2013.12　101p　30cm　Ⓝ498.6

高知県（気候変化）
◇流域圏にダウンスケールした気候変動シナリオと高知県の適応策—平成24年度委託業務成果報告書：文部科学省気候変動

267

高知県（教育行政）

適応研究推進プログラム　［つくば］　農業環境技術研究所　2013.3　89p　30cm〈文部科学省平成24年度地球観測技術等調査研究委託事業　研究代表者：西森基貴〉Ⓝ451.85

高知県（教育行政）
◇高知県教育振興基本計画重点プラン　高知県教育委員会事務局教育政策課編　改訂版　［高知］　高知県教育委員会　2014.4　113p　30cm　Ⓝ373.2

高知県（行政―高知市）
◇市政あんない　平成26年度版　高知市議会事務局編　高知　高知市議会事務局　2014.8　316p　30cm〈年表あり〉Ⓝ318.284

高知県（行政組織）
◇行政機関等ガイドブック―高知県版　平成26年4月1日現在　高知　総務省高知行政評価事務所　［2014］　98p　30cm　Ⓝ317.2

高知県（協働〔行政〕）
◇地方都市の公共経営―課題解決先進県「高知」を目指して　梅村仁編著　高知　南の風社　2013.12　86p　21cm〈内容：自治体政策　自治体地域支援政策と住民会社の設立（梅村仁著）　土佐まるごと立志塾の創設（岡崎拓児著）　高知県の地場産業・紙産業の集積と立地分析（梅村仁、坂本ひとみ著）　地域振興　地方自治をめぐる憲法現状と高知県の取組み　小林直三著　住民自ら作る集落再生への道（市川拓史著）　地域おこし協力隊制度（中井勇介著）　産学官連携　高知の強みを活かした産学官融合体制（石塚悟史著）　高知からの技術開発・冷却媒体スラリーアイスの可能性（松本泰典著）　高知の産学官民コミュニティ「土佐まるごと社中（TMS）」（佐藤暢著）　域学連携による地域づくり（梅村仁著）〉①978-4-86202-067-3　Ⓝ601.184　［1000円］

高知県（建設行政）
◇高知県建設工事競争入札参加資格審査申請書（県内業者）・経営事項審査申請書作成の手引き及び建設業法関係資料　平成26年度　高知　高知県土木部建設管理課　2013.8　370p　30cm　Ⓝ510.91

高知県（工業用水道）
◇公営企業局の概要―電気事業及び工業用水道事業　平成25年度　高知　高知県公営企業局　2013.6　57p　30cm〈年表あり〉Ⓝ540.9

高知県（小売市場―高知市）
◇とさの街路市―on facebook　濵田末子監修　高知　高知市シルバー人材センター　2014.3　108p　30cm　Ⓝ673.7

高知県（財産評価）
◇評価倍率表―高松国税局管内：愛媛県・高知県　高松国税局［編］　大蔵財務協会　2014.7　404p　30cm（財産評価基準書　平成26年分 2）Ⓝ345.5　［5741円］

高知県（産学連携）
◇地方都市の公共経営―課題解決先進県「高知」を目指して　梅村仁編著　高知　南の風社　2013.12　86p　21cm〈内容：自治体政策　自治体地域支援政策と住民会社の設立（梅村仁著）　土佐まるごと立志塾の創設（岡崎拓児著）　高知県の地場産業・紙産業の集積と立地分析（梅村仁、坂本ひとみ著）　地域振興　地方自治をめぐる憲法現状と高知県の取組み　小林直三著　住民自ら作る集落再生への道（市川拓史著）　地域おこし協力隊制度（中井勇介著）　産学官連携　高知の強みを活かした産学官融合体制（石塚悟史著）　高知からの技術開発・冷却媒体スラリーアイスの可能性（松本泰典著）　高知の産学官民コミュニティ「土佐まるごと社中（TMS）」（佐藤暢著）　域学連携による地域づくり（梅村仁著）〉①978-4-86202-067-3　Ⓝ601.184　［1000円］

高知県（史跡名勝）
◇長宗我部元親と四国　津野倫明著　吉川弘文館　2014.6　159p　21cm（人をあるく）〈文献あり　年譜あり〉①978-4-642-06782-9　Ⓝ289.1　［2000円］

高知県（自然保護）
◇地域生物多様性保全計画（高知県生物多様性地域戦略）策定事業委託業務報告書　平成25年度　［高知］　高知県　2014.3　69p　30cm〈環境省委託事業〉Ⓝ519.8184
◇ふるさとのいのちをつなぐこうちプラン―生物多様性こうち戦略　高知　高知県林業振興・環境部環境共生課　2014.3　168p　30cm　Ⓝ519.8184

高知県（写真集―高知市）
◇高知市の昭和―写真アルバム　名古屋　樹林舎　2014.8　263p　図版 16p　31cm〈高知県教科書（発売）　年表あり〉①978-4-902731-68-2　Ⓝ218.4　［9250円］

高知県（巡礼〔仏教〕）
◇空海の足音四国へんろ展　高知編　高知県文化財団編　［高知］　高知県文化財団　2014.8　239p　30cm〈年譜あり　年表あり　文献あり　会期・会場：平成26年8月23日―9月23日　高知県立美術館　四国霊場開創一二〇〇年記念四県連携事業〉Ⓝ702.17

高知県（書目）
◇高知県EL新聞記事情報リスト　2013-1　エレクトロニック・ライブラリー編　エレクトロニック・ライブラリー　2014.2　679p　31cm〈制作：日外アソシエーツ〉Ⓝ025.8184
◇高知県EL新聞記事情報リスト　2013-2　エレクトロニック・ライブラリー編　エレクトロニック・ライブラリー　2014.2　p681-1765　31cm〈制作：日外アソシエーツ〉Ⓝ025.8184

高知県（震災予防）
◇空き家ストックと廃校施設の活用による南海地震に備えた沿岸都市部と農村の事前連携のデザイン―調査研究報告書　大槻知史［著］，第一生命財団編　第一生命財団　2014.8　49p　30cm　Ⓝ369.31　［非売品］
◇南海トラフ地震による被害想定調査結果　第2編　図面集　高知　高知県危機管理部南海地震対策課　2013.12　225p　30×42cm〈内容：津波浸水予測図（詳細版）　震度分布図　液状化予測図　長期浸水予測図〉Ⓝ369.31
◇保育所・幼稚園等南海トラフ地震対策事例集　太田光洋監修，高知県教育委員会事務局幼保支援課編　［高知］　高知県教育委員会事務局幼保支援課　2014.3　86p　30cm　Ⓝ369.31

高知県（森林）
◇酸性雨モニタリング（土壌・植生）調査　平成25年度　［高知］　高知県　2014.3　1冊（ページ付なし）31cm〈平成25年度環境省委託業務結果報告書　はり込写真9枚　ルーズリーフ〉Ⓝ519.5

高知県（森林鉄道―馬路村）
◇魚梁瀬森林鉄道「りんてつ」私の記憶―1911-1963：馬路村［馬路村（高知県）］　魚梁瀬森林鉄道保存クラブ　［20－－］　47p　26cm　①978-4-86338-076-9　Ⓝ656.24　［1000円］

高知県（生物多様性）
◇地域生物多様性保全計画（高知県生物多様性地域戦略）策定事業委託業務報告書　平成25年度　［高知］　高知県　2014.3　69p　30cm〈環境省委託事業〉Ⓝ519.8184
◇ふるさとのいのちをつなぐこうちプラン―生物多様性こうち戦略　高知　高知県林業振興・環境部環境共生課　2014.3　168p　30cm　Ⓝ519.8184

高知県（選挙―統計）
◇選挙の記録　高知　高知県選挙管理委員会　2013.12　219p　30cm〈参議院議員通常選挙　平成25年7月21日執行〉Ⓝ314.8

高知県（地域開発）
◇地方都市の公共経営―課題解決先進県「高知」を目指して　梅村仁編著　高知　南の風社　2013.12　86p　21cm〈内容：自治体政策　自治体地域支援政策と住民会社の設立（梅村仁著）　土佐まるごと立志塾の創設（岡崎拓児著）　高知県の地場産業・紙産業の集積と立地分析（梅村仁、坂本ひとみ著）　地域振興　地方自治をめぐる憲法現状と高知県の取組み　小林直三著　住民自ら作る集落再生への道（市川拓史著）　地域おこし協力隊制度（中井勇介著）　産学官連携　高知の強みを活かした産学官融合体制（石塚悟史著）　高知からの技術開発・冷却媒体スラリーアイスの可能性（松本泰典著）　高知の産学官民コミュニティ「土佐まるごと社中（TMS）」（佐藤暢著）　域学連携による地域づくり（梅村仁著）〉①978-4-86202-067-3　Ⓝ601.184　［1000円］

高知県（地域社会）
◇地域貢献調査報告　1　地域貢献ニーズ集　［高知県立大学地域教育研究センター］　地域課題研究部会編　［高知］　高知県立大学地域教育研究センター　2013.3　174p　30cm〈内容：高知県各地域の地域課題の現況等に関する調査報告書〉Ⓝ377.21

高知県（伝記―高知市）
◇介良のえらいて　鍋島高明編著　東村山　五台山書房　2014.10　226p　22cm〈文献あり〉Ⓝ281.84　［1200円］

高知県（電気事業）
◇公営企業局の概要―電気事業及び工業用水道事業　平成25年度　高知　高知県公営企業局　2013.6　57p　30cm〈年表あり〉Ⓝ540.9

高知県（土壌汚染）
◇酸性雨モニタリング（土壌・植生）調査　平成25年度　［高知］　高知県　2014.3　1冊（ページ付なし）31cm〈平成25年度環境省委託業務結果報告書　はり込写真9枚　ルーズリーフ〉Ⓝ519.5

高知県（入札）
◇高知県建設工事競争入札参加資格審査申請書（県内業者）・経営事項審査申請書作成の手引き及び建設業法関係資料　平成26年度　高知　高知県土木部建設管理課　2013.8　370p　30cm　Ⓝ510.91

高知県（農商工連携）
◇6次産業化と中山間地域—日本の未来を先取る高知地域産業の挑戦　関満博編　新評論　2014.5　398p　22cm〈内容：高知県地域産業の基本構造（関満博著）　高知市近郊のハウス園芸地帯の展開（関満博著）　高知市周辺の農商工連携（関満博、松永桂子、畦地和也著）　過疎地域の地域資源を見直した産業化（関満博著）　仁淀川流域、檮原の産業化（関満博著）　6次化に向かう四万十川周辺の農業（関満博著）　四万十川流域周辺の水産業の新たな展開（関満博著）　四万十川流域の女性起業と集落ビジネス（関満博、松永桂子著）　「暮らし」と「食」をめぐる高知の未来（関満博著）　高知県東部沿岸の農村女性の取り組み（関満博、松永桂子著）　山間地に「独立王国」を形成（関満博著）〉Ⓘ978-4-7948-0970-4　Ⓝ601.184　［5500円］

高知県（被災者支援）
◇空き家ストックと廃校施設の活用による南海地震に備えた沿岸都市部と農村の事前連携のデザイン—調査研究報告書　大槻知史［著］，第一生命財団編　第一生命財団　2014.8　49p　30cm　Ⓝ369.31　［非売品］

高知県（美術—図集）
◇高知平和美術展30周年記念作品集　30周年記念高知平和美術展作品集編集委員会編　高知　高知平和美術展実行委員会　2013.12　63p　26cm　（平和と美術 14号）〈年表あり　奥付のタイトル：30周年記念高知平和美術展作品集〉Ⓝ702.1984

高知県（風俗・習慣—歴史—高知市）
◇地方都市の暮らしとしあわせ　高知市史編さん委員会民俗部会編　高知　高知市　2014.3　429p　21cm　（高知市史 民俗編）Ⓘ978-4-906910-21-2　Ⓝ382.184　［1000円］

高知県（仏教美術—図集）
◇空海の足音四国へんろ展　高知編　高知県文化財団編　［高知］　高知県文化財団　2014.8　239p　30cm〈年譜あり　年表あり　文献あり　会期・会場：平成26年8月23日—9月23日　高知県立美術館　四国霊場開創一二〇〇年記念四県連携事業〉Ⓝ702.17

高知県（仏像）
◇四国霊場仏像を訪ねて　下　高知　愛媛編　櫻井恵津子著　ミヤオビパブリッシング　2014.7　211p　21cm〈宮帯出版社（発売）年譜あり〉Ⓘ978-4-86366-923-9　Ⓝ718.0218　［2000円］

高知県（仏像—四万十町）
◇私のメモ帖—私家版　第9　前田和男著　高知　前田和男　2014.8　326，2p　26cm　Ⓝ718.3

高知県（仏像—図集）
◇祈りの道へ—四国遍路と土佐のほとけ　［多摩］　多摩美術大学美術館　2014.11　262p　30cm〈年表あり　文献あり　会期・会場：2014年11月22日—2015年1月18日　多摩美術大学美術館　四国霊場開創1200年記念　編集：青木淳ほか〉Ⓝ718.02184

高知県（仏像—日高村）
◇私のメモ帖—私家版　第9　前田和男著　高知　前田和男　2014.8　326，2p　26cm　Ⓝ718.3

高知県（保育所—安全管理）
◇保育所・幼稚園等南海トラフ地震対策事例集　太田光洋監修，高知県教育委員会事務局幼保支援課編　［高知］　高知県教育委員会事務局幼保支援課　2014.3　86p　30cm　Ⓝ369.31

高知県（盆踊）
◇豊島の盆踊り音頭—インタビュー・資料集　大谷将編　土庄町（香川県）　てしまのまど　2014.3　79p　21cm〈公益財団法人中條文化振興財団助成事業〉Ⓝ386.8182

高知県（人物）
◇高知県人物・人材情報リスト　2015　日外アソシエーツ株式会社編　日外アソシエーツ（制作）　2014.11　615，25p　30cm　Ⓝ281.84

高知県（幼稚園—安全管理）
◇保育所・幼稚園等南海トラフ地震対策事例集　太田光洋監修，高知県教育委員会事務局幼保支援課編　［高知］　高知県教育委員会事務局幼保支援課　2014.3　86p　30cm　Ⓝ369.31

高知県（予算・決算）
◇平成26年度当初予算編成の概要　［高知］　高知県総務部財政課　［2014］　114p　30cm　Ⓝ349.4184

高知県（歴史）
◇中世土佐幡多荘の寺院と地域社会　東近伸著　高知　リーブル出版　2014.9　274p　22cm　Ⓘ978-4-86338-094-3　Ⓝ218.4　［2500円］
◇長宗我部元親　平井上総編著　戎光祥出版　2014.10　364p　21cm　（シリーズ・織豊大名の研究 1）〈内容：総論　長宗我部元親の四国侵攻と外交関係（平井上総著）　永禄末期における長宗我部氏の権力構造（市村高男著）　織豊期長宗我部氏の一側面（秋澤繁著）　湯築城跡出土の瓦について（中野良一著）　伊予国における長宗我部氏系築城技術の導入について（日和佐宣正著）　長宗我部元親夫人の出自について（朝倉慶景著）　豊臣期土佐における女性の知行（吉村佐織著）　戦国末期の国人本山茂辰とその家族たち（朝倉慶景著）　中世四国における西遷武士団のその後（市村高男著）　土佐における禅僧餘談（関田駒吉著）　仁如集尭と長宗我部国親（関田駒吉著）　土佐史界の開拓者谷秦山（関田駒吉著）　試論　長宗我部元親発給文書に関する若干の考察（野本亮著）　長宗我部元親の右筆とその周辺（野本亮著）〉Ⓘ978-4-86403-125-7　Ⓝ218.4　［6500円］
◇野根山二十三士—野根山事件150年　原田英祐著　［東洋町（高知県）］　原田英祐　2014.3　170p　27cm　（東洋町資料集 第4集）Ⓝ218.4

高知県（歴史—史料）
◇土佐國群書類従拾遺—土佐国史料集成　第3巻　傳記部　［吉村春峰編纂］，高知県立図書館編　高知　高知県立図書館　2014.12　452p　22cm　Ⓝ218.4
◇土佐藩重臣日記　上　渋谷雅之［著］　徳島　渋谷雅之　2014.1　344p　22cm　（近世土佐の群像 8）〈文献あり〉Ⓝ218.4　［非売品］

高知県議会
◇議会のあゆみ　平成23年5月—平成25年3月　高知　高知県議会事務局　［2013］　167p　30cm　Ⓝ318.484
◇高知県議会史　昭和62年4月—平成7年3月　高知県議会史編さん委員会編　［高知］　高知県議会　2014.2　1527p　22cm　Ⓝ318.484

高知県立大学
◇地域貢献調査報告　2　地域貢献シーズ集　［高知県立大学地域教育研究センター］地域課題研究部会編　［高知］　高知県立大学地域教育研究センター　2013.3　141p　30cm〈内容：地域貢献に関する実績・資源調査報告書〉Ⓝ377.21

高知工業高等学校〔高知県立〕
◇高知工業高等学校創立100周年記念誌　高知　高知県立高知工業高等学校創立100周年記念事業実行委員会　2013.3　326p　31cm〈年表あり　タイトルは奥付による〉Ⓘ978-4-904242-33-9　Ⓝ376.48
◇高知工業高等学校創立100周年記念誌　［別冊］　芳名簿—協賛募金・愛校募金協賛広告　高知　高知県立高知工業高等学校創立100周年記念事業実行委員会　2013.3　61p　31cm〈2013年1月31日現在　タイトルは奥付による〉Ⓝ376.48

高知工業高等専門学校
◇寒蘭（らん）の校章（しるし）に—高知工業高等専門学校創立五十周年記念誌　高知工業高等専門学校五十年史編集専門委員会編　南国　高知工業高等専門学校　2014.1　112p　31cm〈年表あり〉Ⓝ377.3

高知県（遺跡・遺物）
◇史跡高知城跡　南国　高知県文化財団埋蔵文化財センター　2014.8　84p　図版 34p　30cm　（高知県埋蔵文化財センター発掘調査報告書 第141集）〈追手門東北矢狭間塀石垣改修工事調査報告書　共同刊行：高知県教育委員会〉Ⓝ210.0254
◇弘人屋敷跡　南国　高知県文化財団埋蔵文化財センター　2014.3　511p　30cm　（高知県埋蔵文化財センター発掘調査報告書 第140集）〈高知県の委託による　新資料館整備事業に伴う埋蔵文化財発掘調査報告書〉Ⓝ210.0254
◇御手洗遺跡　高知　高知市教育委員会　2014.3　224p　図版 3枚　30cm　（高知市文化財調査報告書 第38集）〈高知広域都市計画道路上町2丁目南城山線道路改良工事に伴う埋蔵文化財発掘調査報告書〉Ⓝ210.0254

高知市（行政）
◇市政あんない　平成26年度版　高知市議会事務局編　高知　高知市議会事務局　2014.8　316p　30cm〈年表あり〉Ⓝ318.284

高知市（小売市場）
◇とさの街路市—on facebook　濵田末子監修　高知　高知市シルバー人材センター　2014.3　108p　30cm　Ⓝ673.7

高知市（写真集）
◇高知市の昭和—写真アルバム　名古屋　樹林舎　2014.8　263p　図版 16p　31cm〈高知県教科書（発売）年表あり〉Ⓘ978-4-902731-68-2　Ⓝ218.4　［9250円］

高知市（伝記）

◇介良のえらいて　鍋島高明編著　東村山　五台山書房　2014.10　226p　22cm　〈文献あり〉　Ⓝ281.84　[1200円]

高知市（風俗・習慣―歴史）

◇地方都市の暮らしとしあわせ　高知市史編さん委員会民俗部会編　高知　高知市　2014.3　429p　21cm　（高知市史 民俗編）　①978-4-906910-21-2　Ⓝ382.184　[1000円]

交通エコロジー・モビリティ財団

◇エコモ財団20年史　交通エコロジー・モビリティ財団編　交通エコロジー・モビリティ財団　2014.10　209p　30cm　〈年表あり〉　Ⓝ680.6

江津市（遺跡・遺物）

◇二枚畑遺跡発掘調査報告書　江津市教育委員会編　[江津]　江津市教育委員会　2014.3　60p 図版 41p　30cm　〈波積ダム建設事業に伴う〉　Ⓝ210.0254

厚東〔氏〕〔宇部市〕

◇長門国守護厚東氏発給文書　『長門国守護厚東氏発給文書』編集委員会編　山口　山口県地方史学会　2014.1　66p　22×29cm　〈年表あり　文献あり　山口県地方史学会創立六十周年記念〉　Ⓝ217.7

江東区立小学校PTA連合会

◇江東区立小学校PTA連合会設立50周年記念誌―つむぐ　設立50周年記念誌委員会編　[東京]　江東区立小学校PTA連合会　2014.2　86p　30cm　〈年表あり　折り込 1枚〉　Ⓝ374.6

香南市（遺跡・遺物）

◇徳王子広本遺跡　南国　高知県文化財団埋蔵文化財センター　2014.3　140p 図版 50p　30cm　（高知県埋蔵文化財センター発掘調査報告書 第136集）　〈文献あり　共同刊行：高知県教育委員会〉　Ⓝ210.0254

◇東野土居遺跡　1　南国　高知県文化財団埋蔵文化財センター　2014.3　285p 図版 69p　30cm　（高知県埋蔵文化財センター発掘調査報告書 第137集）　〈共同刊行：高知県教育委員会〉　Ⓝ210.0254

甲南大学

◇甲南大学における教育哲学―学生の心に響く大学教育の実践に向けて　神戸　甲南大学総合研究所　2014.1　43p　21cm　（甲南大学総合研究所叢書 119）　Ⓝ371.1　[非売品]

公認会計士監査審査会

◇公認会計士・監査審査会の活動状況　[東京]　公認会計士・監査審査会　2014.6　131p　30cm　Ⓝ336.97

河野 一郎〔1898～1965〕

◇首相になれなかった男たち―井上馨・床次竹二郎・河野一郎　村瀬信一著　吉川弘文館　2014.9　394p　20cm　〈文献あり〉　①978-4-642-03836-2　Ⓝ312.8　[3200円]

河野 聖子

◇流れる雲にのって―わたしの中の「昭和」　河野聖子著　丸善プラネット　2014.2　123p　20cm　〈丸善出版（発売）〉　①978-4-86345-193-5　Ⓝ289.1　[1200円]

河野 実〔1941～ 〕

◇マコは生きた！―ミコとの別れから50年　河野實著　展望社　2014.2　325p　19cm　①978-4-88546-274-0　Ⓝ289.1　[1700円]

河野 保雄〔1936～2013〕

◇夢の花―河野保雄追悼　福島　百点美術館出版部　2014.3　94p　22cm　〈年譜あり〉　Ⓝ289.1　[非売品]

鴻池 清司〔1937～ 〕

◇マイウェイ―21世紀にかける夢　中編　鴻池清司編　和歌山　鴻池清司　2014.9　68p　30cm　Ⓝ782　[非売品]

鴻巣市（遺跡・遺物）

◇新屋敷遺跡　第1次・第2次調査　鴻巣市教育委員会編　[鴻巣]　鴻巣市教育委員会　2014.3　62p 図版 34p　30cm　（鴻巣市文化財調査報告 第16集）　Ⓝ210.0254

◇伝源経基館跡　第2次～第9次調査　鴻巣市教育委員会編　[鴻巣]　鴻巣市教育委員会　2014.3　54p 図版 15p　30cm　（鴻巣市文化財調査報告 第17集）　Ⓝ210.0254

◇馬室小校庭内遺跡　第1次調査　鴻巣市教育委員会編　[鴻巣]　鴻巣市教育委員会　2014.3　65p 図版 25p　30cm　（鴻巣市文化財調査報告 第15集）　Ⓝ210.0254

鴻巣市（食生活）

◇鴻巣の食文化　鴻巣市コスモス大学校第25期生編　[鴻巣]　鴻巣市コスモス大学校第25期生　2014.11　100p　30cm　Ⓝ383.8134

光風会

◇光風会史―1912-2014　光風会史編集委員会編　光風会　2014.4　291p　22cm　〈年表あり　100回記念〉　Ⓝ720.6

幸福会ヤマギシ会

◇贈り合いの経済―私のなかのヤマギシ会　佐川清和著　ロゴス　2014.8　284p　21cm　〈文献あり〉　①978-4-904350-32-4　Ⓝ379.3　[2500円]

興福寺〔奈良市〕

◇三箇院家抄　第1　[尋尊著]，小泉宜右，海老澤美基校訂　オンデマンド版　八木書店古書出版部　2014.1　269p　21cm　（史料纂集）　〈八木書店（発売）　初版：続群書類従完成会 1981年刊　印刷・製本：デジタルパブリッシングサービス〉　①978-4-8406-3300-0　Ⓝ188.215　[9000円]

幸福実現党

◇七海ひろこの日本丸ごと富国宣言　七海ひろこ著　幸福実現党　2014.11　63p　19cm　〈幸福の科学出版（発売）〉　①978-4-86395-610-0　Ⓝ315.1　[648円]

幸福の科学

◇新しき大学とミッション経営　九鬼一著　幸福の科学出版　2014.6　179p　19cm　（OR BOOKS）　①978-4-86395-491-5　Ⓝ169.1　[1200円]

◇イノベーション経営の秘訣―ドラッカー経営学の急所　大川隆法著　幸福の科学出版　2014.9　141p　19cm　（[幸福の科学大学シリーズ] [58]）　〈著作目録あり〉　①978-4-86395-550-9　Ⓝ169.1　[1500円]

◇エクソシスト概論―あなたを守る、「悪魔祓い」の基本知識Q&A　大川隆法著　幸福の科学出版　2014.8　139p　19cm　（OR BOOKS）　〈著作目録あり〉　①978-4-86395-509-7　Ⓝ169.1　[1500円]

◇大川総裁の読書力―知的自己実現メソッド　大川隆法著　幸福の科学出版　2013.10　169p　19cm　（OR BOOKS）　〈著作目録あり〉　①978-4-86395-392-5　Ⓝ169.1　[1400円]

◇大川真輝の「幸福の科学大学シリーズ」の学び方　大川真輝著　幸福の科学出版　2014.9　242p　19cm　（[幸福の科学大学シリーズ] [A-1]）　①978-4-86395-568-4　Ⓝ169.1　[1200円]

◇夫を出世させる「あげまん妻」の10の法則　大川隆法著　幸福の科学出版　2014.11　159p　18cm　（アイム・ハッピーBOOKS）　〈文献あり〉　①978-4-86395-583-7　Ⓝ169.1　[1300円]

◇危機突破の社長学――倉定の「厳しさの経営学」入門　大川隆法著　幸福の科学出版　2014.9　139p　19cm　（[幸福の科学大学シリーズ] [57]）　〈著作目録あり〉　①978-4-86395-549-3　Ⓝ169.1　[1500円]

◇希望の経済学入門―生きていくための戦いに勝つ　大川隆法著　幸福の科学出版　2014.10　125p　19cm　（[幸福の科学大学シリーズ] [62]）　〈著作目録あり〉　①978-4-86395-558-5　Ⓝ169.1　[1500円]

◇究極の国家成長戦略としての「幸福の科学大学の挑戦」―大川隆法vs.木村智重・九鬼一・黒川白雲　大川隆法著　幸福の科学出版　2014.5　157p　19cm　〈著作目録あり〉　①978-4-86395-477-9　Ⓝ169.1　[1500円]

◇経営を成功に導く心の力―できる社長は宗教に学ぶ　原田尚彦著　幸福の科学出版　2014.11　235p　19cm　（[幸福の科学大学シリーズ] [B-13]）　〈文献あり〉　①978-4-86395-580-6　Ⓝ169.1　[1100円]

◇経営が成功するコツ―実践的経営学のすすめ　大川隆法著　幸福の科学出版　2014.6　163p　19cm　〈著作目録あり〉　①978-4-86395-478-6　Ⓝ169.1　[1800円]

◇「経営成功学の原点」としての松下幸之助の発想　大川隆法著　幸福の科学出版　2014.8　141p　19cm　（[幸福の科学大学シリーズ] [49]）　〈著作目録あり〉　①978-4-86395-541-7　Ⓝ169.1　[1500円]

◇経営の創造―新規事業を立ち上げるための要諦　大川隆法著　幸福の科学出版　2014.5　147p　20cm　〈著作目録あり〉　①978-4-86395-467-0　Ⓝ169.1　[2000円]

◇「現行日本国憲法」をどう考えるべきか―天皇制、第九条、そして議院内閣制　大川隆法著　幸福の科学出版　2014.2　163p　19cm　〈著作目録あり〉　①978-4-86395-435-9　Ⓝ169.1　[1500円]

◇現代の帝王学序説―人の上に立つ者はかくあるべし　大川隆法著　幸福の科学出版　2014.10　139p　19cm　（[幸福の科学大学シリーズ] [66]）　①978-4-86395-577-6　Ⓝ169.1　[1500円]

◇幸福学概論　大川隆法著　幸福の科学出版　2014.8　155p　19cm　（[幸福の科学大学シリーズ] [27]）　①978-4-86395-517-2　Ⓝ169.1　[1500円]

◇「幸福の科学教学」を学問的に分析する　大川隆法著　幸福の科学出版　2014.9　145p　19cm　（[幸福の科学大学シリー

ズ」[55])〈著作目録あり〉①978-4-86395-547-9 Ⓝ169.1
[1500円]

◇「幸福の科学教学実践研究」試論―「私的幸福」論と「公的幸福」論へのアプローチ 金子一之著 人間幸福学研究会 2014.1 134p 18cm (人間幸福学叢書)〈文献あり〉①978-4-905437-15-4 Ⓝ169.1 [非売品]

◇幸福の科学大学創立者の精神を学ぶ〈概論〉1 宗教的精神に基づく学問とは何か 大川隆法著 幸福の科学出版 2014.8 125p 19cm (「幸福の科学大学シリーズ」[41])〈著作目録あり〉①978-4-86395-532-5 Ⓝ169.1 [1500円]

◇幸福の科学大学創立者の精神を学ぶ〈概論〉2 普遍的真理への終わりなき探究 大川隆法著 幸福の科学出版 2014.8 153p 19cm (「幸福の科学大学シリーズ」[42])〈著作目録あり〉①978-4-86395-533-2 Ⓝ169.1 [1500円]

◇幸福の科学大学の目指すもの―ザ・フロンティア・スピリット 九鬼一著 幸福の科学出版 2014.6 131p 19cm (OR BOOKS)〈文献あり〉①978-4-86395-492-2 Ⓝ169.1 [1200円]

◇「幸福の科学」はどこまでやるのか―わずか20数年で世界規模になった宗教の真実 現代宗教研究会著 幸福の科学出版 2014.4 274p 19cm ①978-4-86395-451-9 Ⓝ169.1 [1200円]

◇「幸福の心理学」講義―相対的幸福と絶対的幸福 大川隆法著 幸福の科学出版 2014.8 141p 19cm (「幸福の科学大学シリーズ」[47])〈著作目録あり〉①978-4-86395-539-4 Ⓝ169.1 [1500円]

◇国際政治を見る眼―世界秩序の新基準とは何か 大川隆法著 幸福の科学出版 2014.10 133p 19cm (OR BOOKS)〈著作目録あり〉①978-4-86395-576-9 Ⓝ169.1 [1500円]

◇国際伝道を志す者たちへの外国語学習のヒント 大川隆法著 幸福の科学出版 2014.9 135p 19cm (「幸福の科学大学シリーズ」[54])〈著作目録あり〉①978-4-86395-546-2 Ⓝ169.1 [1500円]

◇子供たちの夢、母の願い―それでも幸福の科学大学に行きたい 大川咲也加著 幸福の科学出版 2014.11 199p 19cm (OR BOOKS)〈文献あり〉①978-4-86395-604-9 Ⓝ169.1 [1300円]

◇財務的思考とは何か―経営参謀としての財務の実践論 大川隆法著 幸福の科学出版 2014.9 157p 20cm (「幸福の科学大学シリーズ」[50])〈著作目録あり〉①978-4-86395-542-4 Ⓝ169.1 [3000円]

◇悟りと救い―『大悟の法』講義 大川隆法著 幸福の科学出版 2014.8 209p 19cm (「幸福の科学大学シリーズ」[38])〈著作目録あり〉①978-4-86395-528-8 Ⓝ169.1 [1500円]

◇実戦英語仕事学 木村智重著 幸福の科学出版 2014.8 217p 19cm (OR BOOKS)〈文献あり 著作目録あり〉①978-4-86395-535-6 Ⓝ169.1 [1200円]

◇実戦起業法―「成功すべくして成功する起業」を目指して 大川隆法著 幸福の科学出版 2014.12 149p 19cm (「幸福の科学大学シリーズ」[82])〈著作目録あり〉①978-4-86395-628-5 Ⓝ169.1 [1500円]

◇「実践経営学」入門―「創業」の心得と「守成」の帝王学 大川隆法著 幸福の科学出版 2014.7 147p 19cm (幸福の科学「大学シリーズ」25)〈著作目録あり〉①978-4-86395-495-3 Ⓝ169.1 [1800円]

◇「自分の時代」を生きる―霊的人生観と真の自己実現 金子一之著 幸福の科学出版 2014.10 243p 19cm (「幸福の科学大学シリーズ」[B-12])〈文献あり〉①978-4-86395-573-8 Ⓝ169.1 [1100円]

◇資本主義の未来―来たるべき時代の「新しい経済学」 大川隆法著 幸福の科学出版 2014.12 141p 20cm (「幸福の科学大学シリーズ」[74])〈著作目録あり〉①978-4-86395-613-1 Ⓝ169.1 [2000円]

◇自由を守る国へ―国師が語る「経済・外交・教育」の指針 大川隆法著 幸福の科学出版 2014.11 131p 19cm (OR BOOKS)①978-4-86395-605-6 Ⓝ169.1 [1500円]

◇宗教社会学概論―人生と死後の幸福学 大川隆法著 幸福の科学出版 2014.8 125p 19cm (「幸福の科学大学シリーズ」[43])〈著作目録あり〉①978-4-86395-534-9 Ⓝ169.1 [1500円]

◇「集団的自衛権」はなぜ必要なのか 大川隆法著 幸福実現党 2014.7 137p 19cm〈幸福の科学出版（発売）著作目録あり〉①978-4-86395-499-1 Ⓝ169.1 [1500円]

◇自由の革命―日本の国家戦略と世界情勢のゆくえ 大川隆法著 幸福の科学出版 2014.5 151p 19cm (OR BOOKS)〈著作目録あり〉①978-4-86395-474-8 Ⓝ169.1 [1500円]

◇女性らしさの成功社会学―女性らしさを「武器」にすることは可能か 大川隆法著 幸福の科学出版 2014.10 127p 19cm (「幸福の科学大学シリーズ」[64])〈著作目録あり〉①978-4-86395-575-2 Ⓝ169.1 [1500円]

◇神秘学要論―「唯物論」の呪縛を超えて 大川隆法著 幸福の科学出版 2014.7 125p 19cm (「幸福の科学大学シリーズ」[26])〈著作目録あり〉①978-4-86395-506-6 Ⓝ169.1 [1500円]

◇「成功の心理学」講義―成功者に共通する「心の法則」とは何か 大川隆法著 幸福の科学出版 2014.8 145p 19cm (「幸福の科学大学シリーズ」[44])〈著作目録あり〉①978-4-86395-536-3 Ⓝ169.1 [1500円]

◇政治哲学の原点―「自由の創設」を目指して 大川隆法著 幸福の科学出版 2014.4 141p 19cm〈著作目録あり〉①978-4-86395-450-2 Ⓝ169.1 [1500円]

◇青春マネジメント―若き日の帝王学入門 大川隆法著 幸福の科学出版 2014.8 19cm (「幸福の科学大学シリーズ」24)〈著作目録あり〉①978-4-86395-488-5 Ⓝ169.1 [1500円]

◇禅について考える―『黄金の法』講義4 大川隆法著 幸福の科学出版 2014.8 119p 19cm (「幸福の科学大学シリーズ」[39])〈著作目録あり〉①978-4-86395-530-1 Ⓝ169.1 [1500円]

◇創造する頭脳―人生・組織・国家の未来を開くクリエイティビティー 大川隆法著 幸福の科学出版 2014.12 125p 19cm (OR BOOKS)〈著作目録あり〉①978-4-86395-615-5 Ⓝ169.1 [1500円]

◇創立者の精神を学ぶ 1 金子一之編著 HSU出版会 2014.12 206p 21cm (HSUテキスト 1)〈幸福の科学出版（発売）文献あり〉①978-4-86395-627-8 Ⓝ169.1 [1500円]

◇大学教育における信仰の役割 九鬼一著 幸福の科学出版 2014.6 119p 19cm (OR BOOKS)〈文献あり〉①978-4-86395-493-9 Ⓝ169.1 [1200円]

◇大学生からの超高速回転学習法―人生にイノベーションを起こす新戦略 大川隆法著 幸福の科学出版 2014.9 149p 19cm (「幸福の科学大学シリーズ」[59])〈著作目録あり 表ási題のタイトル：SUPER-HIGH QUICK STUDYING METHOD FOR UNIVERSITY STUDENTS AND BEYOND〉①978-4-86395-553-0 Ⓝ169.1 [1500円]

◇「正しき心の探究」の大切さ 大川隆法著 幸福の科学出版 2014.1 143p 20cm (OR BOOKS)〈著作目録あり〉①978-4-86395-431-1 Ⓝ169.1 [1500円]

◇他力信仰について考える―『黄金の法』講義3 大川隆法著 幸福の科学出版 2014.8 156p 19cm (「幸福の科学大学シリーズ」[37])〈著作目録あり〉①978-4-86395-527-1 Ⓝ169.1 [1500円]

◇知的幸福整理学―「幸福とは何か」を考える 黒川白雲著 幸福の科学出版 2014.9 171p 19cm (OR BOOKS)〈文献あり〉①978-4-86395-552-3 Ⓝ169.1 [1200円]

◇西田幾多郎の「善の研究」と幸福の科学の基本教学「幸福の原理」を対比する 大川隆法著 幸福の科学出版 2014.8 129p 19cm (「幸福の科学大学シリーズ」[45])〈著作目録あり〉①978-4-86395-537-0 Ⓝ169.1 [1500円]

◇日蓮を語る―『黄金の法』講義5 大川隆法著 幸福の科学出版 2014.8 132p 19cm (「幸福の科学大学シリーズ」[40])〈著作目録あり〉①978-4-86395-529-5 Ⓝ169.1 [1500円]

◇日本神道的幸福論―日本の精神性の源流を探る 大川隆法著 幸福の科学出版 2014.9 125p 19cm (「幸福の科学大学シリーズ」[53])〈著作目録あり〉①978-4-86395-545-5 Ⓝ169.1 [1500円]

◇「人間学概論」講義―人間の「定義と本質」の探究 大川隆法著 幸福の科学出版 2014.8 125p 19cm (「幸福の科学大学シリーズ」[48])〈著作目録あり〉①978-4-86395-540-0 Ⓝ169.1 [1500円]

◇人間学の根本問題―「悟り」を比較分析する 大川隆法著 幸福の科学出版 2014.9 135p 19cm (「幸福の科学大学シリーズ」[52])〈著作目録あり〉①978-4-86395-544-8 Ⓝ169.1 [1500円]

◇人間とは何か―幸福の科学教学の新しい地平 黒川白雲著 幸福の科学出版 2014.10 222p 19cm (「幸福の科学大学シリーズ」[B-7])〈文献あり〉①978-4-86395-561-5 Ⓝ169.1 [1200円]

◇忍耐の時代の経営戦略―企業の命運を握る3つの成長戦略 大川隆法著 幸福の科学出版 2014.4 183p 22cm〈文献あり〉①978-4-86395-453-3 Ⓝ169.1 [10000円]

こ

◇忍耐の法―「常識」を逆転させるために　大川隆法著　幸福の科学出版　2014.1　341p　20cm　（OR BOOKS）〈文献あり〉①978-4-86395-412-0　Ⓝ169.1　［2000円］
◇八正道の心―『黄金の法』講義 2　大川隆法著　幸福の科学出版　2014.8　134p　19cm　（［幸福の科学大学シリーズ］［36］）〈著作目録あり〉①978-4-86395-526-4　Ⓝ169.1　［1500円］
◇「比較幸福学」入門―知的生活という名の幸福　大川隆法著　幸福の科学出版　2014.9　117p　19cm　（［幸福の科学大学シリーズ］［56］）〈著作目録あり〉①978-4-86395-548-6　Ⓝ169.1　［1500円］
◇比較幸福学の基本論点―偉人たちの「幸福論」を学ぶ　黒川白雲著　幸福の科学出版　2014.9　214p　19cm　（OR BOOKS）〈文献あり〉①978-4-86395-554-7　Ⓝ169.1　［1200円］
◇比較宗教学から観た「幸福の科学」学・入門―性のタブーと結婚・出家制度　大川隆法著　幸福の科学出版　2014.2　163p　19cm〈著作目録あり〉①978-4-86395-430-4　Ⓝ169.1　［1500円］
◇人を動かす誠の力―吉田松陰、フスの生き方に学ぶ　大川咲也加著　幸福の科学出版　2014.12　160p　19cm　（OR BOOKS）〈文献あり〉①978-4-86395-621-6　Ⓝ169.1　［1300円］
◇不惜身命―大川隆法伝道の軌跡　2013　霊性革命の胎動　大川隆法監修，幸福の科学編集　幸福の科学出版　2014.12　273p　21cm　（OR BOOKS）〈索引あり〉①978-4-86395-591-2　Ⓝ169.1　［1800円］
◇仏教的幸福論―施論・戒論・生天論　大川隆法著　幸福の科学出版　2014.8　141p　19cm　（［幸福の科学大学シリーズ］［46］）〈著作目録あり〉①978-4-86395-538-7　Ⓝ169.1　［1500円］
◇仏法真理教学論文集　1　近藤海城著　人間幸福学研究会　2014.1　148p　18cm　（人間幸福学叢書）①978-4-905437-13-0　Ⓝ169.1　［非売品］
◇フロンティアを拓く未来技術―幸福の科学大学が目指す新たなステージ　近藤海城著　幸福の科学出版　2014.10　200p　19cm　（［幸福の科学大学シリーズ］［B-10］）〈文献あり〉①978-4-86395-571-4　Ⓝ169.1　［1100円］
◇法哲学入門―法の根源にあるもの　大川隆法著　幸福の科学出版　2014.5　159p　19cm〈著作目録あり〉①978-4-86395-466-3　Ⓝ169.1　［1500円］
◇僕らの宗教、僕らの大学　上　大川真輝著　幸福の科学出版　2014.11　128p　19cm　（OR BOOKS）〈文献あり〉①978-4-86395-596-7　Ⓝ169.1　［1300円］
◇僕らの宗教、僕らの大学　下　大川真輝著　幸福の科学出版　2014.11　161p　19cm　（OR BOOKS）〈文献あり〉①978-4-86395-597-4　Ⓝ169.1　［1300円］
◇「未知」への挑戦―幸福の科学大学が拓く新しい夢　福井幸男著　幸福の科学出版　2014.10　171p　19cm　（幸福の科学大学シリーズ B-9）〈文献あり 著作目録あり〉①978-4-86395-570-7　Ⓝ169.1　［1100円］
◇未来にどんな発明があるとよいか―未来産業を生み出す「発想力」　大川隆法著　幸福の科学出版　2014.2　153p　19cm〈著作目録あり〉①978-4-86395-442-7　Ⓝ169.1　［1500円］
◇乱気流時代を勝ち抜く経営―『智慧の経営』を読み解く　石見泰介著　幸福の科学出版　2014.11　237p　19cm　（［幸福の科学大学シリーズ］［B-14］）〈文献あり〉①978-4-86395-588-2　Ⓝ169.1　［1100円］
◇恋愛学・恋愛失敗学入門　大川隆法著　幸福の科学出版　2014.2　137p　19cm〈著作目録あり〉①978-4-86395-434-2　Ⓝ169.1　［1500円］

甲府市（遺跡・遺物）
◇甲府城跡―楽屋曲輪地点　山梨県埋蔵文化財センター編　［甲府］　山梨県教育委員会　2014.3　32p 図版 8p　30cm　（山梨県埋蔵文化財センター調査報告書 第295集）〈県庁舎耐震化等整備事業（駐輪場建設）にともなう埋蔵文化財発掘調査報告書　共同刊行：山梨県総務部〉Ⓝ210.0254
◇甲府城下町遺跡　8　甲府市，甲府市教育委員会教育部生涯教育振興室文化振興課，山梨文化財研究所編　甲府　甲府市　2013.3　76p 図版［15］枚　30cm　（甲府市文化財調査報告 62）〈甲府駅周辺土地区画整理事業（17・43街区）に伴う埋蔵文化財発掘調査報告書　共同刊行：甲府市教育委員会教育部生涯教育振興室文化振興課ほか〉Ⓝ210.0254

甲府市（日本文学―歴史）
◇甲府文芸遊歩―甲府文芸講座集：文化満喫！ 暮らしと味わいフェスティバル　甲府文芸講座実行委員会監修　甲府　第28回国民文化祭甲府市実行委員会　2013.12　178p　30cm〈年表あり〉Ⓝ910.29

甲府城
◇県指定史跡甲府城跡平成24・25年度調査・整備報告書　山梨県埋蔵文化財センター編　［甲府］　山梨県教育委員会　2014.3　171p　30cm　（山梨県埋蔵文化財センター調査報告書 第299集）〈舞鶴城公園石垣補修工事に伴う天守台北南西面・天守曲輪南面・謝恩碑西面石垣の調査・工事の報告および立会調査等の報告　共同刊行：山梨県県土整備部〉Ⓝ521.823

神戸市
◇神戸謎解き散歩　大国正美編著　KADOKAWA　2014.2　287p　15cm　（新人物文庫 お－7-2）①978-4-04-600175-7　Ⓝ291.64　［800円］

神戸市（遺跡・遺物）
◇唐崎城跡・尼崎学園古墳群発掘調査報告書　神戸　神戸市教育委員会文化財課　2014.3　40p 図版［10］枚　30cm〈神戸市北区道場町塩田3083番における学園施設建設に伴う埋蔵文化財発掘調査〉Ⓝ210.0254
◇北青木遺跡第7次発掘調査報告書　神戸　神戸市教育委員会文化財課　2014.3　128p 図版［22］枚　30cm〈文献あり〉Ⓝ210.0254
◇楠・荒田町遺跡―第53次発掘調査報告書　神戸市教育委員会社会教育部文化財課編　神戸　神戸市教育委員会社会教育部文化財課　2014.3　79p　30cm　Ⓝ210.0254
◇楠・荒田町遺跡―第54次発掘調査報告書　神戸　神戸市教育委員会文化財課　2014.3　76p 図版 18p　30cm　Ⓝ210.0254
◇下山手遺跡　第6次発掘調査報告書　神戸　神戸市教育委員会文化財課　2014.3　62p 図版 28p　30cm〈文献あり〉Ⓝ210.0254
◇住吉宮町遺跡第50次発掘調査報告書　神戸　神戸市教育委員会文化財課　2014.3　35p 図版［8］枚　30cm〈文献あり 神戸市東灘区住吉宮町7丁目における保育園建設に伴う埋蔵文化財発掘調査〉Ⓝ210.0254
◇堂垣内遺跡・小坂遺跡　兵庫県まちづくり技術センター埋蔵文化財調査部編　神戸　兵庫県教育委員会　2014.3　1冊　30cm　（兵庫県文化財調査報告 第470冊）〈神戸市所在　新名神高速道路箕面―神戸間（兵庫県域）建設工事に伴う埋蔵文化財発掘調査報告書〉Ⓝ210.0254
◇兵庫津遺跡第57次発掘調査報告書　神戸　神戸市教育委員会文化財課　2014.3　130p 図版［58］枚　30cm　Ⓝ210.0254
◇深江北町遺跡第12・14次調査埋蔵文化財発掘調査報告書　神戸　神戸市教育委員会文化財課　2014.3　184, 4p 図版［18］枚　30cm〈文献あり〉Ⓝ210.0254
◇古川町遺跡第2次発掘調査報告書　神戸　神戸市教育委員会文化財課　2014.3　40p 図版［12］枚　30cm　Ⓝ210.0254

神戸市（環境行政）
◇神戸市環境基本計画年次報告書　平成24年度　［神戸］　神戸市　2014.1　126p　30cm　Ⓝ519.1

神戸市（感染症対策）
◇神戸市新型インフルエンザ等対策行動計画　［神戸］　神戸市　［2014］　108p　30cm〈平成26（2014）年6月策定〉Ⓝ498.6

神戸市（教育行政）
◇神戸市教育振興基本計画　第2期　［神戸］　神戸市　2014.3　149p　30cm　Ⓝ373.2

神戸市（行政）
◇各区計画検証・評価シート―平成25年度の取り組み状況　［神戸］　［神戸市企画調整局企画調整部総合計画課］　2014.9　70p　30cm　Ⓝ318.264
◇神戸市基本計画―神戸2015ビジョン　第5次　平成26年5月改訂　［神戸］　神戸市　［2014］　171p　30cm〈平成23年2月策定〉Ⓝ318.264
◇神戸2015ビジョン検証シート―平成25年度の取り組み状況　［神戸］　［神戸市企画調整局企画調整部総合計画課］　2014.9　208p　30cm　Ⓝ318.264
◇広報紙Kobe・区民広報紙―縮刷版　平成24年4月―25年3月　［神戸］　神戸市　［2013］　1冊　22×31cm　Ⓝ318.264
◇住民自治組織代表者と区長との懇談会のまとめ　平成25年度　［神戸］　神戸市北区まちづくり推進課　2014.2　56p　30cm　Ⓝ318.864
◇垂水区住民自治組織代表者と区長との懇談会まとめ　平成25年度　［神戸］　［神戸市］垂水区まちづくり推進部まちづくり課　2014.2　67p　30cm〈会期・会場：平成25年11月1日 垂水勤労市民センター多目的室　共同刊行：垂水区自治会連絡協議会〉Ⓝ318.864

日本件名図書目録2014　Ⅰ

神戸市 (高齢者)

◇NHK「ラジオ深夜便」笑顔の老いを支え合う　西橋正泰著　新日本出版社　2014.8　197p　19cm　①978-4-406-05809-4　Ⓝ369.26　[1500円]

神戸市 (災害復興)

◇よみがえる神戸―危機と復興契機の地理的不均衡　デビッドW.エジントン著，香川貴志，久保倫子共訳　大津　海青社　2014.1　349p　22cm　〈文献あり　年表あり　索引あり〉①978-4-86099-293-4　Ⓝ369.31　[3600円]

神戸市 (災害予防)

◇こうべ災害ボランティア支援マニュアル　改訂　神戸　神戸市社会福祉協議会ボランティア情報センター　2014.3　106p　30cm　Ⓝ369.3

神戸市 (財政)

◇包括外部監査結果報告書　平成25年度　[神戸]　神戸市包括外部監査人　[2014]　178p　30cm　Ⓝ349.2164

神戸市 (産業―統計)

◇神戸市町別事業所数・従業者数(民営)―平成24年経済センサス―活動調査結果　[神戸市]　企画調整局企画調整部総合計画課編　[神戸]　神戸市　2014.3　85p　30cm　Ⓝ605.9　[1000円]

神戸市 (産業―歴史)

◇新修神戸市史　産業経済編 4　総論　新修神戸市史編集委員会編　神戸　神戸市　2014.3　871, 23p　22cm　〈文献あり〉Ⓝ216.4

神戸市 (史跡名勝)

◇東灘歴史散歩　田辺眞人著　新訂第3版　神戸　東灘区　2014.12　164p　19cm　[300円]

神戸市 (自治会)

◇住民自治組織代表者と区長との懇談会のまとめ　平成25年度　[神戸]　神戸市北区まちづくり推進課　2014.2　56p　30cm　Ⓝ318.864

◇垂水区住民自治組織代表者と区長との懇談会まとめ　平成25年度　[神戸]　[神戸市]　垂水区まちづくり推進部まちづくり課　2014.2　67p　30cm　〈会期・会場：平成25年11月1日　垂水勤労市民センター多目的室　共同刊行：垂水区自治会連絡協議会〉Ⓝ318.864

神戸市 (単親家庭)

◇ひとり親家庭等実態調査報告書　神戸市こども家庭局こども企画育成部こども家庭支援課編　神戸　神戸市こども家庭局こども企画育成部こども家庭支援課　2014.1　103p　30cm　Ⓝ369.41

神戸市 (地域社会)

◇阪神・淡路大震災の生活再建・復興の今 7　神戸市長田区御蔵における取り組み　大矢根淳監修　川崎　大矢根研究室　2013.2　163p　30cm　〈社会調査士実習報告書 2012年度〉〈文献あり　専修大学人間科学部社会学科2012年度「社会調査士実習」報告書　総編集：濱砂洋子，執筆：太田裕子ほか　共同刊行：専修大学人間科学部社会学科〉Ⓝ361.7

◇平野地区住民意識調査報告書　平成24年度　神戸　平野ふれあいのまちづくり協議会　2013.3　80p　30cm　〈共同刊行：神戸山手大学調査研究会〉Ⓝ361.7

神戸市 (地誌)

◇神戸スタディーズ―時間と空間を横断しながら，足元を見つめる　神戸　デザイン・クリエイティブセンター神戸　2014.3　59p　19×26cm　〈編集：松本ひとみ〉Ⓝ291.64

神戸市 (読書指導)

◇新・こうべっ子読書活動推進プラン―第3次神戸市子供読書活動推進計画：いつでも，どこでも，どの子にも，本へのとびらをひらきます　神戸　神戸市教育委員会事務局社会教育部生涯学習課　2014.3　45p　30cm　〈共同刊行：神戸市〉Ⓝ019.2

神戸市 (都市計画)

◇よみがえる神戸―危機と復興契機の地理的不均衡　デビッドW.エジントン著，香川貴志，久保倫子共訳　大津　海青社　2014.1　349p　22cm　〈文献あり　年表あり　索引あり〉①978-4-86099-293-4　Ⓝ369.31　[3600円]

神戸市 (文化活動)

◇神戸ビエンナーレ―港で出合う芸術祭 2013　作品記録集　大森正夫，神戸ビエンナーレ組織委員会事務局監修　美術出版社　2014.7　181p　30cm　〈英語抄訳付　会期・会場：2013年

10月1日(火)～12月1日(日)神戸メリケンパーク　兵庫県立美術館ほか　主催：神戸ビエンナーレ組織委員会　神戸市　訳：アーバン・コネクションズ〉①978-4-568-50587-0　Ⓝ702.1964　[2000円]

神戸市 (砲台―歴史―史料)

◇和田岬御台場御築造御用留　神戸　神戸市教育委員会文化財課　2014.2　217p　21cm　Ⓝ216.4

神戸市 (民家―保存・修復)

◇登録有形文化財旧武藤家別邸洋館移築修理工事報告書　建築研究協会編著　神戸　兵庫県　2013.3　1冊　30cm　Ⓝ521.86

神戸市 (歴史)

◇生田の杜とミナト神戸の事始め　加藤隆久著　戎光祥出版　2014.1　127p　21cm　①978-4-86403-100-4　Ⓝ216.4　[1400円]

神戸市 (歴史―写真集)

◇昭和の神戸―昭和10～50年代　飯塚富郎, ハナヤ勘兵衛写真　京都　光村推古書院　2014.7　238p　16×18cm　〈文献あり　年表あり〉①978-4-8381-0509-0　Ⓝ216.4　[2000円]

神戸市 (歴史―史料―書目)

◇神戸市立博物館館蔵品目録　考古・歴史の部 30　古文書 12　神戸市立博物館編　神戸　神戸市立博物館　2014.3　20p　26cm　〈内容：摂津国八部郡郡奥平野村山根家文書〉Ⓝ069.9

神戸市 (路線価)

◇路線価図―兵庫県(2)　大阪　納税協会連合会　2014.7　1冊　30cm　（財産評価基準費 平成26年分 32/49）〈清文社(発売)　内容：長田(神戸市長田区)　須磨(神戸市須磨区・垂水区)　神戸(神戸市中央区)〉Ⓝ345.5　[8100円]

神戸市 (路面電車―歴史)

◇阪神国道電車―1975年廃止その昭和浪漫を求めて　神戸鉄道大好き会編著　大阪　トンボ出版　2014.3　191p　26cm　〈文献あり〉①978-4-88716-131-3　Ⓝ686.9164　[2600円]

神戸市外国語大学

◇公立大学法人神戸市外国語大学の業務実績に関する評価結果―第1期中期目標　[神戸]　神戸市公立大学法人評価委員会　2013.8　68p　30cm　Ⓝ377.1

◇公立大学法人神戸市外国語大学の業務実績に関する評価結果　平成24年度　[神戸]　神戸市公立大学法人評価委員会　2013.8　52p　30cm　Ⓝ377.1

◇第1期中期目標期間事業報告書―自2007年4月1日至2013年3月31日　[神戸]　神戸市外国語大学　[2013]　59p　30cm　〈年表あり〉Ⓝ377.21

神戸市看護大学

◇神戸市看護大学COC実績報告冊子　第1号　神戸　神戸市看護大学地域連携教育・研究センター　2014.4　51p　30cm　〈文部科学省地(知)の拠点〉①978-4-9907799-2-4　Ⓝ492.907

神戸市北区

◇住民自治組織代表者と区長との懇談会のまとめ　平成25年度　[神戸]　神戸市北区まちづくり推進課　2014.2　56p　30cm　Ⓝ318.864

神戸市東灘区

◇東灘歴史散歩　田辺眞人著　新訂第3版　神戸　東灘区　2014.12　164p　19cm　[300円]

神戸市民病院機構

◇地方独立行政法人神戸市民病院機構平成24事業年度の業務実績に関する評価結果　[神戸]　地方独立行政法人神戸市民病院機構評価委員会　2013.8　146p　30cm　Ⓝ498.16

神戸大学体育会陸上競技部

◇神戸大学陸上競技部創部100周年記念誌―ありがとう100年アスリートの誇り―いつまでも!!　[宝塚]　神戸大学凌霜陸上競技部OB会　2013.10　391p　31cm　〈背のタイトル：創部100周年記念誌〉Ⓝ782

神戸大学附属住吉小学校

◇神戸大学附属住吉小学校全史―創立から閉校まで　神戸大学附属住吉小学校同窓会閉校行事実行委員会編　神戸　神戸大学附属住吉小学校同窓会閉校行事実行委員会　2014.3　136p　19×26cm　Ⓝ376.28

神戸高塚高等学校〔兵庫県立〕

◇創立30周年記念誌―兵庫県立神戸高塚高等学校　兵庫県立神戸高塚高等学校創立30周年記念誌編集委員会編　神戸　兵庫県立神戸高塚高等学校創立30周年記念誌編集委員会　2013.10　64p　30cm　〈年表あり〉Ⓝ376.48

高弁〔1173～1232〕

◇山田昭全著作集　第5巻　文覚・上覚・明恵　山田昭全著, 清水宥聖, 米山孝子, 大場朗, 森晴彦, 魚尾孝久, 鈴木治子, 由井恭子, 室賀和子, 林晃則編集委員　おうふう　2014.2　329p　22cm　〈布装　内容：文覚の生涯〈素描〉文覚の狂気　文覚の

孝明天皇〔1831～1866〕

弘法大師信仰　文覚と西行　文覚と俊成　二人の文覚　文覚略年譜（増訂版）神護寺聖人上覚房行慈伝考　上覚・千覚と『玄玉集』の撰者　上覚・千覚と仁和寺和歌圏　明恵〈素描〉明恵上人と夢　明恵の夢と佐藤氏蔵『夢之記切』について　建仁三年三月十一日の「夢ノ記断簡」を読む　明恵上人の和歌　明恵の和歌と仏教　明恵上人作『光明真言土沙勧信記』について　明恵の臨終　隠されていた建仁三年の明恵の行状〉Ⓘ978-4-273-03655-3 Ⓝ910.8 ［12000円］

孝明天皇〔1831～1866〕

◇江戸幕府崩壊─孝明天皇と「一会桑」　家近良樹［著］　講談社　2014.2 269p 15cm （講談社学術文庫 2221）〈文献あり　『孝明天皇と「一会桑」』（文藝春秋 2002年刊）の改題〉Ⓘ978-4-06-292221-0 Ⓝ210.58 ［920円］

公明党

◇公明党50年の歩み─大衆とともに　公明党史編纂委員会著　公明党機関紙委員会　2014.11 337p 21cm〈年表あり〉Ⓘ978-4-87865-002-3 Ⓝ315.1 ［1300円］

◇公明党の深層　大下英治著　イースト・プレス　2014.6 390p 18cm （イースト新書 030）Ⓘ978-4-7816-5030-2 Ⓝ315.1 ［907円］

◇「自民党"公明派"」15年目の大罪─集団的自衛権行使への「抵抗勢力サギ」　古川利明著　第三書館　2014.8 176p 21cm Ⓘ978-4-8074-1450-5 Ⓝ315.1 ［926円］

◇創価学会と公明党─ふたつの組織は本当に一体なのか　島田裕巳著　宝島社　2014.8 238p 18cm Ⓘ978-4-8002-2722-5 Ⓝ315.1 ［1200円］

◇日本政治と公明党─政治は誰のためにあるのか　「潮」編集部編　潮出版社　2014.11 118p 22cm Ⓘ978-4-267-01992-0 Ⓝ315.1 ［1000円］

高野山

◇高野山　松長有慶著　岩波書店　2014.10 233,9p 18cm （岩波新書 新赤版 1508）〈文献あり　年表あり　索引あり〉Ⓘ978-4-00-431508-7 Ⓝ188.55 ［880円］

◇高野山の研究─水原堯榮の軌跡　第1巻　画像/伝承　水原堯榮著　同朋舎メディアプラン　2013.11 543p 22cm Ⓘ978-4-86236-050-2 (set) Ⓝ188.5

◇高野山の研究─水原堯榮の軌跡　第5巻　金石　水原堯榮著　同朋舎メディアプラン　2014.6 879p 図版 52p 22cm Ⓘ978-4-86236-054-0 Ⓝ188.5 ［25714円］

高野町〔和歌山県〕（墓誌）

◇戦国武将と高野山奥之院─石塔の銘文を読む　木下浩良著　大阪　朱鷺書房　2014.5 290p 21cm〈文献あり〉Ⓘ978-4-88602-202-8 Ⓝ281.02 ［2500円］

高野町〔和歌山県〕（歴史）

◇高野町史　別巻　高野町の昔と今　高野町史編纂委員会編　高野町〔和歌山県〕　高野町　2014.3 612, 32p 26×30cm Ⓝ216.6

高麗〔朝鮮〕（外国関係─日本─歴史）

◇真実の朝鮮史─663-1868　宮脇淳子、倉山満著　ビジネス社　2014.8 253p 20cm〈文献あり〉Ⓘ978-4-8284-1767-7 Ⓝ319.1021 ［1600円］

高麗〔朝鮮〕（科学技術─歴史）

◇朝鮮古代中世科学技術史研究─古朝鮮から高麗時代までの諸問題　任正爀編著　皓星社　2014.12 454p 22cm〈文献あり　年表あり　内容：古朝鮮の石刻天文法（金東日著）古朝鮮の支石墓に描かれた北斗七星　支石墓星座図を通じてみた古代気象天文観測の特徴（キム・チュンギル、キム・ジョンスン著）　古朝鮮の哲学思想（鄭聖哲著）　古代朝鮮の金属技術の研究（全相運著）　古代朝鮮の製鉄技術（康忠熙著）　朝鮮の原始時代および古代の金属片遺物分析（崔尚浚著）　楽浪跡の金属遺物について（姜承男著）　三国時代の科学技術（全相運著）　高句麗古墳壁画の概観（朱栄憲著）　高句麗の天文学的知識（兪尚哲著）　平壌遷都前後期の古墳壁画に見られる北斗七星（金東日著）　キトラ古墳壁画に与えた高句麗古墳壁画の影響（全浩天著）　瞻星台をどのように見るべきか（李文雋著）　高句麗の建築とその歴史的位置（韓仁浩著）　高麗の科学技術と印刷技術の発展（任正爀著）　10～12世紀高麗前期の科学（李容泰著）　13～14世紀高麗後期の科学（李容泰著）『高麗宣明暦』に関する考察（韓永吉著）『授時暦』受容と『七政算』の完成（朴星来著）　14世紀の高麗の天文計算で利用された補間法について（ソン・チャンホ著）　八万大蔵経の製作と保存技術（康忠熙著）　開城高麗宮の文化遺産的価値（金東旭著）　高麗磁器の技術的分析（崔尚浚ほか著）〉Ⓘ978-4-7744-0495-0 Ⓝ402.21 ［6800円］

高麗〔朝鮮〕（公文書─歴史）

◇朝鮮中近世の公文書と国家─変革期の任命文書をめぐって　川西裕也著　福岡　九州大学出版会　2014.3 255,13p 22cm （九州大学人文学叢書 5）〈文献あり　索引あり　布装　内容：『頤齋乱藁』辛丑日暦所載の高麗事元期から朝鮮初期の古文書　高麗事元期から朝鮮初期における任命文書体系の再検討　朝鮮初期における官教の体式の変遷　事元以後における高麗の元任命箚付の受容　朝鮮初期における文武官妻封爵の規定と封爵文書体式の変遷〉Ⓘ978-4-7985-0122-2 Ⓝ221.04 ［3800円］

高麗〔朝鮮〕（美術─歴史─図集）

◇早稲田のなかの韓国美術─한국미술　早稲田大学會津八一記念博物館編　早稲田大学會津八一記念博物館　2014.9 46p 30cm〈会期：2014年9月26日─11月3日〉Ⓝ702.21

浩寮

◇東北大学浩寮通観　水戸　東北大学浩寮会　2014.5 210p 30cm〈年表あり〉Ⓝ377.9

広陵高等学校野球部

◇ともに泣きともに笑う─広陵高校野球部の真髄　中井哲之著　ベースボール・マガジン社　2014.7 207p 19cm Ⓘ978-4-583-10714-1 Ⓝ783.7 ［1300円］

光林寺〔花巻市〕

◇林長山蓮華光院光林寺縁起─時宗　三井義覚編　［花巻］　林長山光林寺　2014.4 315p〈年表あり〉Ⓝ188.695

肥沼 信次〔1908～1946〕

◇ヴリーツェンに散る桜─日・英・独語版：ドイツで伝染病と闘った日本人医師肥沼信次の物語　なかむらちえ著　開発社　2014.3 106p 19cm〈文献あり　表紙の副タイトル（誤植）：ドイツで伝染病と闘った日本人医師肥沼信次のものがたり〉Ⓘ978-4-7591-0145-4 Ⓝ289.1 ［1200円］

桑折町〔福島県〕（遺跡・遺物）

◇史跡桑折西山城跡発掘調査報告書　第6次・第7次調査　［桑折町〔福島県〕］　桑折町教育委員会　2014.3 59p 30cm （桑折町埋蔵文化財調査報告書 27）Ⓝ210.0254

郡山市（遺跡・遺物）

◇郡山市埋蔵文化財分布調査報告　19　郡山市文化・学び振興公社文化財調査センター編　郡山　郡山市教育委員会　2013.3 82p 30cm Ⓝ210.0254

◇西原遺跡─第2次・第3次発掘調査報告　郡山市文化・学び振興公社文化財調査研究センター編　郡山　郡山市教育委員会　2013.3 50p 図版 12p 30cm〈福島県県中建設事務所の委託による　国道288号（富久山バイパス）整備事業関連〉Ⓝ210.0254

郡山市（観光行政）

◇郡山観光振興基本計画─郡山の魅力と市民の誇りが共感できる国際観光・コンベンションのまち　第2次　郡山市商工観光部観光物産課編　［郡山］　郡山市　2014.3 66p 30cm Ⓝ689.1

郡山市（工業─名簿）

◇こおりやまものづくり企業ガイドブック─こおりやまのものづくり企業209社掲載　2013　郡山　郡山市商工観光部商工振興課　［2014］　213p 30cm Ⓝ503.5

郡山市（児童福祉）

◇郡山物語─未来を生きる世代よ！　震災後子どものケアプロジェクト　菊池信太郎、柳田邦男、渡辺久子、鴇田夏子編　福村出版　2014.3 333p 19cm〈年譜あり　内容：大震災・子ども心とこの国の未来（柳田邦男著）地震発生直後の郡山市の様子（菊池信太郎著）　未曾有の災害に直面して（原正夫著）東日本大震災と原発事故（菊池辰夫著）　郡山市震災後子どもの心のケアプロジェクト発足（菊池信太郎著）　子どもに寄り添うということ（渡辺久子著）　メンタルヘルスケアと支援のコラボレーション（成井香奈著）　長期化する子どもたちの制限された生活環境（菊池信太郎著）　大震災とそれに続く災害が郡山の子どもと家族に与えた衝撃（ジョン高山一郎著）PEP Kids Koriyama（菊池信太郎著）　健やかな子どもを育むために（中村和彦著）　子どもの遊びの重要性（笠間浩幸著）　ふるさとの子どもたちに夢と希望を（大高善興著）　プロジェクト発足1周年（菊池信太郎著）　子どもは未来（渡辺久子著）　子どもたちの真の復興にむけて（菊池信太郎著）　教育行政現場での取り組み（郡山市教育委員会著）　子どもたちの笑顔を取り戻すために（野口雅世子著）〉Ⓘ978-4-571-41050-5 Ⓝ493.937 ［1500円］

郡山市（社会福祉）

◇郡山地域福祉計画　第2期　平成25年度─平成29年度　保健福祉部社会福祉課編　［郡山］　郡山市　2013.2 81p 30cm Ⓝ369.11

日本件名図書目録2014　Ｉ　　　　　　　　　　　　　　　　　　　　　　　　　　国際ビフレンダーズ宮崎自殺防止センター

郡山市〔障害者福祉〕
◇障がい福祉のあんない　平成25年度　郡山　郡山市保健福祉部障がい福祉課　2013.8　91p　30cm〈奥付のタイトル：障がい福祉の案内〉Ⓝ369.27

郡山市〔男女共同参画〕
◇こおりやま男女共同参画プラン―平成24年度実施状況等報告書　第2次　郡山　郡山市市民部男女共同参画課　2013.8　124p　30cm〈年表あり〉Ⓝ367.2126

郡山市〔防災計画〕
◇郡山市地域防災計画―平成25年3月修正　郡山市防災会議編　〔郡山〕　郡山市防災会議　〔2013〕　206p　30cm　Ⓝ369.3

郡山市〔歴史〕
◇安積歴史入門　安藤智重著　会津若松　歴史春秋出版　2014.11　63p　19cm　（歴春ブックレット安積 1）〈文献あり〉①978-4-89757-841-5　Ⓝ212.6　[600円]
◇郡山市史　続編 4　通史　郡山市史編さん委員会編　郡山　郡山市　2014.10　784p　23cm〈年表あり〉Ⓝ212.6
◇郡山市史　続編 4　資料　郡山市史編さん委員会編　郡山　郡山市　2014.10　704p　図版88p　23cm　Ⓝ212.6
◇郡山の歴史　郡山市編さん委員会編　郡山　郡山市　2014.10　217p　30cm〈年表あり〉Ⓝ212.6　[926円]

郡山市〔歴史―史料―書目〕
◇郡山市歴史資料館収蔵史料目録　第28集　郡山市歴史資料館編　郡山　郡山市教育委員会　2014.3　34p　30cm〈年表あり〉Ⓝ212.6

五街道 雲助〔1948～ 〕
◇雲助、悪名一代―芸人流、成り下がりの粋　五街道雲助著　白夜書房　2013.9　216p　18cm　（落語ファン倶楽部新書 008）〈文献あり 作品目録あり 年譜あり〉①978-4-86494-003-0　Ⓝ779.13　[952円]

コーカサス〔外国関係〕
◇コーカサスと黒海の資源・民族・紛争　中島偉晴著　明石書店　2014.11　267p　20cm〈文献あり 年表あり〉①978-4-7503-4102-6　Ⓝ316.8297　[3200円]

コーカサス〔紀行・案内記〕
◇天使と翔ける冒険旅行　20　中欧1とコーカサスの国々　ドク・ヨーコ写真・文　ブックコム　2014.11　157p　19×19cm　①978-4-907446-23-9　Ⓝ290.9　[3000円]
◇バルカンの花、コーカサスの虹　蔵前仁一著　旅行人　2014.6　294p　21cm　①978-4-947702-72-2　Ⓝ293.909　[1800円]

コーカサス〔民族問題〕
◇コーカサスと黒海の資源・民族・紛争　中島偉晴著　明石書店　2014.11　267p　20cm〈文献あり 年表あり〉①978-4-7503-4102-6　Ⓝ316.8297　[3200円]

古河市〔遺跡・遺物〕
◇古屋敷遺跡・恩名新三郎遺跡　水戸　茨城県教育財団　2014.3　74p　図版16p　30cm　（茨城県教育財団文化財調査報告 第388集）〈茨城県県土木事務所の委託による　県道尾崎境線バイパス事業地内埋蔵文化財調査報告書〉Ⓝ210.0254

小金井市〔住民運動〕
◇来るべき民主主義―小平市都道328号線と近代政治哲学の諸問題　國分功一郎著　幻冬舎　2013.9　254p　18cm　（幻冬舎新書 こ-18-1）①978-4-344-98316-8　Ⓝ318.8365　[780円]

小金井市〔伝記〕
◇まちの力ひとの力―変える試みる小金井の人たち　佐藤和雄著　武蔵野　クレイン　2014.7　301p　21cm　①978-4-906681-40-2　Ⓝ281.365　[1500円]

小金井市〔歴史―史料〕
◇小金井市史　資料編 近代　小金井市史編さん委員会編　小金井　小金井市　2014.3　824p　図版8p　22cm　Ⓝ213.65
◇小金井市史編纂資料　第53編　下小金井村大久保家文書 近世編　小金井市史編さん委員会編　〔小金井〕　小金井市教育委員会　2014.3　369p　30cm　Ⓝ213.65

小金井市子ども文庫サークル連絡会
◇黄金色の時間 の中で―小金井市子ども文庫サークル連絡会の40年：文集　小金井市子ども文庫サークル連絡会編　〔小金井〕　小金井市子ども文庫サークル連絡会　2014.3　64p　30cm〈年譜あり 年表あり〉Ⓝ015.6　[500円]

古河藩
◇古河藩の武芸拾遺―史料と研究　服部鍈弥著　〔古河〕　服部鍈弥　2014.5　461p　27cm〈文献あり〉Ⓝ789.3

五霞町〔茨城県〕〔遺跡・遺物〕
◇宿北遺跡・宿東遺跡・寺山遺跡　水戸　茨城県教育財団　2014.3　178p　図版54p　30cm　（茨城県教育財団文化財調査報告 第383集）〈国土交通省関東地方整備局利根川上流河川事務所の委託による〉Ⓝ210.0254

後漢〔中国〕〔政治―歴史―漢時代〕
◇後漢政治制度の研究　渡邉将智著　早稲田大学出版部　2014.3　451,12p　22cm　（早稲田大学学術叢書 31）〈文献あり 索引あり　内容：漢王朝の皇帝支配体制と後漢時代　後漢における宦官の制度的基盤と尚書台　後漢における外戚の制度的基盤と尚書台　「三公形骸化説」の再検討　後漢における公府・将軍府と府主　政策形成と文書伝達　後漢洛陽城における皇帝・諸官の政治空間　政治空間よりみた後漢の外戚輔政　漢王朝の皇帝支配体制の特色とその展開　後漢における「内朝官」の解体と九卿の再編〉①978-4-657-14701-1　Ⓝ312.22　[8400円]

後漢〔中国〕〔歴史―漢時代〕
◇後漢魏晋史論攷―好並隆司遺稿集　好並隆司著　[出版地不明]　好並晶　2014.2　334p　22cm〈発行所：溪水社〉①978-4-86327-230-9　Ⓝ222.042　[6000円]

後久洋家具店
◇後久洋家具店製作家具図面集―港区立港郷土資料館所蔵　港区立港郷土資料館編　[東京]　港区教育委員会　2014.3　269p　30cm〈年譜あり〉Ⓝ583.7

国際基督教大学
◇国際基督教大学（ICU）の3学期制とカリキュラム―基盤研究「慶應義塾大学のカリキュラム研究」企画　慶應義塾大学教養研究センター編　横浜　慶應義塾大学教養研究センター　2013.6　24p　30cm　（慶應義塾大学教養研究センターシンポジウム 11）〈会期・会場：2013年3月8日 慶應義塾大学日吉キャンパス来往舎2階大会議室〉①978-4-903248-43-1　Ⓝ377.15
◇建物に見るICUの歴史―献学60周年記念展・国際基督教大学歴史資料室共催　M. ウィリアム・スティール監修, 湯浅八郎記念館編　三鷹　国際基督教大学博物館湯浅八郎記念館　2014.11　83p　26cm〈英語併記〉①978-4-9907480-1-2　Ⓝ526.37

国際刑事裁判所
◇国際刑事裁判所―最も重大な国際犯罪を裁く　村瀬信也, 洪恵子共編　第2版　東信堂　2014.9　398p　21cm〈索引あり　内容：国際刑事裁判権の意義と問題（古谷修一著）　ICCにおける管轄権の構造（洪恵子著）　集団殺害犯罪（稲角光恵著）　人道に対する犯罪（坂本一也著）　戦争犯罪（真山全著）　侵略犯罪（新井京著）　ICCの刑事手続の特質（高山佳奈子著）　ICCに対する国家の協力（村井伸行著）　被害者信託基金とその活動の地位（東澤靖著）　被害者信託基金とその活動（野口元郎著）　日本と国際刑事裁判所（正木靖著）〉①978-4-7989-1256-1　Ⓝ329.7　[4200円]
◇ぼくのお母さんを殺した大統領をつかまえて。―人権を守る新しいしくみ・国際刑事裁判所　アムネスティ・インターナショナル日本国際人権法チーム編　合同出版　2014.4　159p　21cm〈文献あり〉①978-4-7726-1192-3　Ⓝ329.7　[1400円]

国際通貨基金
◇IMF自由主義政策の形成―ブレトンウッズから金融グローバル化へ　西川輝著　名古屋　名古屋大学出版会　2014.9　278p　22cm〈文献あり 索引あり〉①978-4-8158-0780-1　Ⓝ338.97　[5800円]
◇IMFと世界銀行の最前線―日本人職員がみた国際金融と開発援助の現場　井出穂治, 児玉十代子著　日本評論社　2014.5　216p　19cm　①978-4-535-55783-3　Ⓝ338.97　[1800円]
◇IMFと世界銀行の誕生―英米の通貨協力とブレトンウッズ会議　牧野裕著　日本経済評論社　2014.11　500p　22cm〈文献あり 索引あり〉①978-4-8188-2353-2　Ⓝ338.97　[6400円]
◇戦後IMF史―創生と変容　伊藤正直, 浅井良夫編　名古屋　名古屋大学出版会　2014.7　326p　22cm〈文献あり 索引あり　内容：IMFと戦後国際金融秩序（浅井良夫著）　IMFの成立（伊藤正直著）　IMFの初期政策形成（須藤功著）　制度化の進展と国際環境（浅井良夫著）　IMFの自由化政策路線（西川輝著）西欧通貨の交換性回復と国際流動性調達（鷲見誠良著）　1960年代の国際流動性問題（野下保利著）　IMFとフランス（矢後和彦著）　IMFとドイツ（石坂綾子著）　IMFとイタリア（伊藤カンナ著）　IMFとカナダ（菅原歩著）　日本のIMF加盟と戦前期外債処理問題（岸田真著）　IMFの変容をどう理解するか（伊藤正直著）〉①978-4-8158-0776-4　Ⓝ338.97　[5800円]

国際ビフレンダーズ宮崎自殺防止センター
◇特定非営利活動法人国際ビフレンダーズ宮崎自殺防止センター設立5周年記念誌　[宮崎]　国際ビフレンダーズ宮崎自殺防止センター　2013.6　65p　30cm〈年表あり タイトルは奥付による〉Ⓝ368.3

国際復興開発銀行

◇世界銀行—その隠されたアジェンダ エリック・トゥーサン 著, 大倉純子訳 柘植書房新社 2013.6 307p 21cm〈文献あり〉①978-4-8068-0644-8 Ⓝ338.98 ［3200円］

国際油濁補償基金

◇国際油濁補償基金に関連する事故 2013年版 International Oil Pollution Compensation Funds［編］, 石油海事協会訳 石油海事協会 2013 138p 30cm Ⓝ519.4

国際連合

◇岐路に立つ国連開発—変容する国際協力の枠組み ブルース・ジェンクス, ブルース・ジョーンズ編著, 丹羽敏之監訳 人間と歴史社 2014.6 219p 26cm①978-4-89007-193-7 Ⓝ333.8 ［3800円］

◇グローバル・コモンズと国連 日本国際連合学会編 国際書院 2014.6 314p 21cm （国連研究 第15号）〈内容：公共圏におけるグローバル・コモンズの安定的利用と国連の役割（池島大策著） グローバル金融が地球共有財となるために（上村雄彦著） グローバル気候ガバナンスを解剖する（毛利聡子著） グローバル・コモンズと核不拡散秩序（秋山信将著） 保護する責任（R2P）論の「第3の潮流」（高澤洋志著） 国際人道システムの発展と国際連合（赤星聖著） サイバー攻撃に関する法的整理と対処の方向性（坂本まゆみ著） 世界銀行をめぐる2つのNGO関係（段家誠著） 秋月弘子・中谷和弘・西海真樹編『人類の道しるべとしての国際法—平和、自由、繁栄をめざして』（植木俊哉著） 長谷川祐弘著『プリモーディアル・リーダーシップ—東ティモールにおける平和構築と現地主体性』（上杉勇司著） 藤重博美・吉崎知典編『平和構築における治安部門改革』（山下光著） 山本慎一・川口智恵・田中（坂部）有佳子編著『国際平和活動における包括的アプローチ—日本型協力システムの形成過程』（久保田徳仁著） 上野友也著『戦争と人道支援戦争の被災をめぐる人道の政治』（白戸純著） ジョセフE.スティグリッツ＆メアリー・カルドー編著『安全への探求—保護主義なしの保護とグローバル・ガバナンスの挑戦』（内田孟男著） ステン・アスク, アンナ・マルク＝ユングヴィスト編, 光橋翠訳『世界平和への冒険旅行—ダグ・ハマーショルドと国連の未来』（功刀達朗著） 国連システム学術評議会〈ACUNS〉2013年度年次研究大会に出席して（長谷川祐弘著） 第13回東アジア国連システム・セミナー報告（渡部茂己著）〉①978-4-87791-260-4 Ⓝ319.9 ［3200円］

◇パリの国連で夢を食う。 川内有緒著 イースト・プレス 2014.9 315p 19cm ①978-4-7816-1243-0 Ⓝ329.33 ［1500円］

国際連合開発計画

◇国連開発計画〈UNDP〉の歴史—国連は世界の不平等にどう立ち向かってきたか クレイグ・N.マーフィー著, 峯陽一, 小山田英治監訳, 内山智絵, 石高真吾, 福田州平, 坂田有弥, 岡野英之, 山田佳代訳 明石書店 2014.3 679p 20cm（世界歴史叢書）〈索引あり〉①978-4-7503-3989-4 Ⓝ333.8 ［8800円］

国際連合食糧農業機関

◇イギリス食料政策論—FAO初代事務局長J.B.オール 服部正治著 日本経済評論社 2014.12 287p 22cm〈索引あり 内容：第二次世界大戦までのオール 第二次世界大戦下のイギリス食料政策論 FAOの成立とオール 世界食料委員会提案の挫折 食料政策論におけるナショナルとインターナショナル 「自由貿易国民」の興隆と解体〉①978-4-8188-2357-0 Ⓝ611.31 ［5600円］

国際労働組合総連合

◇ITUC（国際労働組合総連合）世界大会報告書 第3回 日本労働組合総連合会総合国際局編 ［東京］ ［日本労働組合総連合会総合国際局］ 2014.10 86p 30cm〈会期・開催地：2014年5月18日〜23日 ドイツ・ベルリン〉Ⓝ366.629

国税庁

◇国税庁実績評価実施計画及び事前分析表 平成26事務年度 ［東京］ 財務省 2014.6 68, 27p 30cm Ⓝ317.245

◇国税庁実績評価書 平成25事務年度 ［東京］ 財務省 2014.10 149p 30cm Ⓝ317.245

国鉄 →日本国有鉄道を見よ

国鉄労働組合

◇国鉄闘争の成果と教訓 国鉄闘争を継承する会編, 加藤晋介, 二瓶久勝監修 スペース伽耶 2013.5 218,28p 19cm〈星雲社（発売）年表あり〉①978-4-434-17957-0 Ⓝ366.628 ［1500円］

国土交通省

◇国土交通省会計実務要覧 平成26年度版 ぎょうせい編集 ぎょうせい 2014.10 1460p 21cm ①978-4-324-09876-9 Ⓝ343.9 ［4300円］

◇国土交通省機構関係法令集 平成26年版 国土交通省大臣官房総務課監修 ぎょうせい 2014.10 843p 21cm ①978-4-324-09875-2 Ⓝ317.26 ［3700円］

◇国土交通省重点政策 ［東京］ 国土交通省 2013.8 95p 30cm〈折り込1枚〉Ⓝ317.26

◇国土交通省名鑑 2013年版 米盛康正編著 時評社 2013.2 822p 19cm ①978-4-88339-190-5 Ⓝ317.26 ［5524円］

◇国土交通省名鑑 2014年版 米盛康正編著 時評社 2014.1 790p 19cm ①978-4-88339-200-1 Ⓝ317.26 ［5524円］

国土交通省（名簿）

◇国土交通省職員録 建設広報協会, 運輸振興協会, 国土計画協会, 北海道開発協会／編 建設広報協会 ［2014.1］ 717p 30cm ［3334円］

◇国土交通省職員録—平成26年10月1日現在 運輸振興協会, 建設広報協会, 国土計画協会, 北海道開発協会／編 運輸振興協会, 建設広報協会, 国土計画協会,（札幌）北海道開発協会 2014.11 717p 30cm ［3333円］

国土交通省国土技術政策総合研究所

◇国土技術政策総合研究所研究評価委員会報告書 平成25年度 第1回 国土技術政策総合研究所研究評価委員会［著］ ［つくば］ 国土技術政策総合研究所 2014.1 154p 30cm（国土技術政策総合研究所資料 第774号）Ⓝ510.76

国分寺〔国分寺市〕

◇武蔵国分寺のはなし—見学ガイド 国分寺市教育委員会ふるさと文化財課編 改訂2版, 増補版 ［国分寺］ 国分寺市教育委員会 2014.5 147p 21cm〈年表あり〉Ⓝ185.91365

国分寺市（遺跡・遺物）

◇武蔵国分寺のはなし—見学ガイド 国分寺市教育委員会ふるさと文化財課編 改訂2版, 増補版 ［国分寺］ 国分寺市教育委員会 2014.5 147p 21cm〈年表あり〉Ⓝ185.91365

国分寺市（遺跡・遺物—保存・修復）

◇東山道武蔵路跡保存整備事業報告書 国分寺市教育委員会ふるさと文化財課編 国分寺 国分寺市教育委員会ふるさと文化財課 2013.3 81p 図版6p 30cm Ⓝ709.1365

国分寺市〔歴史〕

◇ふるさと国分寺—国分寺市50年のあゆみ：保存版 星野信夫監修 松本 郷土出版社 2014.12 230p 31cm〈国分寺市制施行50周年記念写真集〉①978-4-86375-226-9 Ⓝ213.65 ［9250円］

国民協会〔1920年〕

◇朝鮮在来教派概観／朝鮮佛教大会紀要／国民協会運動史 統監府警務総監部,［佐々木淨鏡］,朝鮮佛教団, 国民協会本部編 復刻版 龍溪書舎 2014.5 1冊 21cm（韓国併合史研究資料 103）〈東京経済大学図書館蔵の複製〉①978-4-8447-0177-4 Ⓝ162.21 ［9000円］

国民自由党

◇ビスマルク時代のドイツ自由主義 大内宏一著 彩流社 2014.9 283,25p 22cm〈文献あり 索引あり 内容：ドイツ自由主義と「レアルポリティーク」 エドゥアルト・ラスカーと妥協の政治 一八七〇年代のドイツ帝国議会国民自由党議員団 一八七八年宰相代理法と国民自由党 ドイツ自由主義と手工業者問題 ドイツ自由主義と文化闘争 ドイツ自由主義と一八八一〜八四年の社会保険政策 ドイツ自由主義と一八八四〜八五年の植民地政策 ドイツ自由主義と一八八五〜八六年の対ポーランド人政策 プロイセン選挙権改革と国民自由党〉①978-4-7791-2040-4 Ⓝ315.34 ［4000円］

国立教育政策研究所

◇国立教育政策研究所研究者等総覧 平成25年度 国立教育政策研究所編 国立教育政策研究所 2013.12 217p 30cm〈背のタイトル：研究者等総覧〉Ⓝ373.1

国立競技場

◇異議あり！新国立競技場—2020年オリンピックを市民の手に 森まゆみ編, 山本想太郎, 松隈洋, 藤本昌也, 日置雅晴, 森山高至［執筆］ 岩波書店 2014.4 62p 21cm（岩波ブックレット No.895）〈内容：国立競技場を市民の手に取り戻すために（森まゆみ著） 専門性ではなく総合的な問題として（山本想太郎著） 歴史の中の神宮外苑（松隈洋著） 今、建築家が議論すべき肝心な問題は何か（藤本昌也著） 法的係争の可能性（日置雅晴著） 国立競技場は改修可能だ！（森山高至著）〉①978-4-00-270895-9 Ⓝ518.9 ［520円］

◇SAYONARA国立競技場56年の軌跡—1958-2014 日本スポーツ振興センター 2014.10 256p 27cm〈朝日新聞出版（発売）文献あり 年表あり〉①978-4-02-190250-5 Ⓝ780.67 ［3000円］

◇新国立競技場、何が問題か—オリンピックの17日間と神宮の杜の100年 槇文彦, 大野秀敏編著 平凡社 2014.3 198p

19cm〈内容：プロローグ（元倉眞琴著） 新国立競技場案を神宮外苑の歴史的文脈の中で考える（槇文彦著） 問題の根本はプログラムにある（槇文彦著） 明治神宮と外苑はいかにつくられたか（陣内秀信著） 環境倫理学から街づくりへ（宮台真司著） 歴史との対話から都市を計画する（大野秀敏著） いい街づくりには何が必要か　今後の展開とメディアの役目　"市民の目"が景観をつくる（吉良森子著） 新国立競技場は、神宮外苑とオリンピックの歴史を踏まえるべき（越澤明著） 今、私たちの見識と想像力が試されている（松隈洋著） 東京のランドスケープ・ダイバーシティをめざせ（進士五十八著） 市民の立場から国立競技場を考える（森まゆみ著） ロンドンオリンピック施設計画・設計の事例に触れて（長島孝一著） これからの100年のために（大野秀敏著）〉①978-4-582-82471-1 Ⓝ518.8 ［1400円］

国立劇場おきなわ
◇国立劇場おきなわ10年誌　日本芸術文化振興会、国立劇場おきなわ運営財団編著　浦添　国立劇場おきなわ運営財団　2014.1　127p　26cm〈年表あり〉Ⓝ770.6

国立重度知的障害者総合施設のぞみの園
◇国立のぞみの園10周年記念紀要　国立重度知的障害者総合施設のぞみの園編　高崎　国立重度知的障害者総合施設のぞみの園　2014.7　138p　30cm〈年表あり　編集委員：佐藤孝之ほか〉Ⓝ369.28
◇国立のぞみの園設立10周年記念誌　国立重度知的障害者総合施設のぞみの園編　高崎　国立重度知的障害者総合施設のぞみの園　2013.12　235p　30cm〈年表あり〉Ⓝ369.28

国立障害者リハビリテーションセンター自立支援局函館視力障害センター
◇生棒―国立障害者リハビリテーションセンター自立支援局函館視力障害センター創立五十周年記念誌　函館視力障害センター創立50周年記念事業検討委員会編　函館　国立障害者リハビリテーションセンター自立支援局函館視力障害センター　2014.6　109p　30cm〈年表あり〉Ⓝ369.275

国立西洋美術館
◇国立西洋美術館ボランティア活動報告　2008年度―2011年度　国立西洋美術館（制作）2013.3　64p　21cm〈編集：薦谷祐子〉Ⓝ706.9

国立病院機構いわき病院
◇巨大地震・津波いわき病院の記録―平成23年3月11日―平成23年9月26日　いわき　国立病院機構いわき病院　［201-］　99p　30cm〈年表あり〉Ⓝ498.16

国立療養所大島青松園
◇溶融の時―ハンセン病療養所大島　太田昭生著　蒼穹舎　2014.4　91p　25×25cm〈年表あり　英語併記〉Ⓝ498.6　［3600円］

国立療養所邑久光明園
◇分からないけど理由（わけ）がある　畑野研太郎著　聖公会出版　2014.4　306p　19cm①978-4-88274-263-0　Ⓝ498.6　［1800円］

国立療養所多磨全生園
◇病いの共同体―ハンセン病療養所における患者文化の生成と変容　青山陽子著　新曜社　2014.11　297,12p　22cm〈文献あり　索引あり〉①978-4-7885-1412-6　Ⓝ498.6　［3600円］

国立歴史民俗博物館
◇国立歴史民俗博物館三十年史―大学共同利用機関法人人間文化研究機構　国立歴史民俗博物館三十年史編纂委員会編　佐倉　人間文化研究機構国立歴史民俗博物館　2014.3　435p　図版16p　31cm　Ⓝ210.06

護国寺〔東京都文京区〕
◇護國寺日記　第1　自元祿十年正月至元祿十三年十二月　坂本正仁校訂　八木書店古書出版部　2014.4　280p　22cm　（史料纂集）〈八木書店（発売）付属資料：4p：月報　第170号〉①978-4-8406-5170-7　Ⓝ188.55　［13000円］

こころネット株式会社
◇感動のある人生を。―こころネットグループのあくなき挑戦　鶴蒔靖夫著　IN通信社　2014.11　245p　20cm①978-4-87218-401-3　Ⓝ673.93　［1800円］

湖西市（遺跡・遺物）
◇神座B古墳群第3次発掘調査概報―4号墳・5号墳・7号墳・巨石群周辺の発掘調査　駒澤大学考古学研究室, 湖西市教育委員会編　［東京］　駒澤大学考古学研究室　2014.3　40p　図版14p　30cm〈静岡県湖西市所在　共同刊行：湖西市教育委員会〉Ⓝ210.0254

湖西市（関所―保存・修復―歴史）
◇新居関所面番所―建物の歩んだ歴史と昭和大修理：新居関所史料館企画展　新居関所史料館編　湖西　新居関所史料館　2013.10　58p　30cm〈会期・会場：平成25年10月30日―12月1日　新居関所史料館〉Ⓝ526.68

湖西市（都市計画）
◇湖西市都市計画マスタープラン―豊かな自然と歴史に包まれた、活力あるくらし・産業創造都市湖西　湖西市都市計画課編　湖西　湖西市都市計画課　2014.3　121p　30cm　Ⓝ518.8
◇湖西市都市計画マスタープラン―豊かな自然と歴史に包まれた、活力あるくらし・産業創造都市湖西　資料編　湖西市都市計画課編　湖西　湖西市都市計画課　2014.3　220p　30cm　Ⓝ518.8

小坂鉄道株式会社
◇小坂鉄道　上　寺田裕一著　ネコ・パブリッシング　2014.10　47p　26cm　（RM LIBRARY 182）①978-4-7770-5372-8　Ⓝ686.2124　［1250円］
◇小坂鉄道　下　寺田裕一著　ネコ・パブリッシング　2014.11　48p　26cm　（RM LIBRARY 183）〈文献あり〉①978-4-7770-5373-5　Ⓝ686.2124　［1250円］

古座川町（和歌山県）（地誌）
◇古座川風土記　古座川町（和歌山県）古座川「水のまちづくり」推進協議会（制作）2014.3　221p　30cm〈発行所：古座川街道やどやの会〉Ⓝ291.66　［1852円］

越谷市（昆虫）
◇ふるさといきもの調査報告書　平成24年度　第4次　越谷　越谷市環境経済部環境政策課　2014.1　64p　30cm〈文献あり〉Ⓝ462.134

越谷市（写真集）
◇越谷市の昭和―写真アルバム　長岡　いき出版　2014.12　279p　31cm〈埼玉書籍（発売）〉①978-4-904614-58-7　Ⓝ213.4　［9250円］

越谷市（消費者行動）
◇越谷市消費者動向調査報告書　平成25年度版　越谷市環境経済部産業支援課編　越谷　越谷市環境経済部産業支援課　2014.3　130p　30cm　Ⓝ675.2

越谷市（植物）
◇ふるさといきもの調査報告書　平成24年度　第4次　越谷　越谷市環境経済部環境政策課　2014.1　64p　30cm〈文献あり〉Ⓝ462.134

越谷市（鳥）
◇ふるさといきもの調査報告書　平成24年度　第4次　越谷　越谷市環境経済部環境政策課　2014.1　64p　30cm〈文献あり〉Ⓝ462.134

越谷松伏水道企業団
◇越谷・松伏水道企業団水道事業会計予算書及び予算説明書　平成26年度　［越谷］　越谷・松伏水道企業団　［2014］　32p　30cm　Ⓝ518.1

小柴昌俊〔1926～〕
◇ニュートリノと私―Not a miracle at all　小柴昌俊著　PHP研究所　2014.8　157p　20cm　（［100年インタビュー]）①978-4-569-78408-3　Ⓝ289.1　［1200円］

小島慶子
◇解縛―しんどい親から自由になる　小島慶子著　新潮社　2014.2　187p　20cm①978-4-10-335111-5　Ⓝ289.1　［1200円］
◇大黒柱マザー―夫が仕事をやめたから一家で海外に引っ越してみた！　小島慶子著　双葉社　2014.12　205p　19cm①978-4-575-30800-6　Ⓝ289.1　［1300円］

小島頓宮法楽連歌会
◇小島頓宮法楽連歌会二十周年記念誌　［揖斐川町（岐阜県）］　小島頓宮法楽連歌会　2014.11　54p　Ⓝ911.2

コジモ1世〔1519～1574　トスカナ大公〕
◇フェスティナ・レンテ―メディチ家もうひとつの物語　豊田正明著　鳥影社　2014.3　230p　20cm〈文献あり〉①978-4-86265-439-7　Ⓝ289.3　［1800円］

五條市（水害）
◇五條市大水害の記録―平成23年台風12号紀伊半島大水害　五條市危機管理課企画・編集　五條　五條市　2014.3　143p　30cm　Ⓝ369.33

五所川原市（遺跡・遺物）
◇十三盛遺跡　2　青森県埋蔵文化財調査センター編　［青森］　青森県教育委員会　2014.3　198p　図版2p　30cm　（青森県

後白河天皇〔1127〜1192〕

埋蔵文化財調査報告書 第538集〉〈一般国道101号五所川原西バイパス建設事業に伴う遺跡発掘調査報告〉 Ⓝ210.0254

◇明神沼遺跡・福島城跡5 青森県教育庁文化財保護課編 ［青森］ 青森県教育委員会 2014.3 62p 図版 2p 30cm （青森県埋蔵文化財調査報告書 第548集）〈年表あり〉Ⓝ210.0254

後白河天皇〔1127〜1192〕

◇梁塵秘抄 ［後白河天皇編纂］，植木朝子編訳 筑摩書房 2014.10 348p 15cm （ちくま学芸文庫 コ10-10）〈索引あり〉①978-4-480-09631-9 Ⓝ911.63 ［1300円］

小杉 あさ〔1881〜1969〕

◇愛盲―小杉あさと静岡県の盲教育 足立洋一郎著 静岡 静岡新聞社 2014.7 173p 18cm （静新新書 046）〈文献あり 年譜あり〉①978-4-7838-0369-0 Ⓝ289.1 ［880円］

小菅 康行〔1939〜 〕

◇私の履歴書―和気堂に満つ 小菅康行著 大阪 パレード 2014.5 279p 20cm ①978-4-86522-012-4 Ⓝ289.1 ［非売品］

後崇光院〔1372〜1456〕

◇看聞日記 7 ［伏見宮貞成親王著］ ［東京］ 宮内庁書陵部 2014.3 342p 22cm （図書寮叢刊）〈内容：嘉吉3年4月―宝徳4年7月〉Ⓝ210.46

コスタリカ（社会）

◇岐路に立つコスタリカ―新自由主義か社会民主主義か 山岡加奈子編 千葉 アジア経済研究所 2014.2 217p 21cm （アジ研選書 no. 36）〈内容：コスタリカ（山岡加奈子著） コスタリカ・リベラル・デモクラシーの成立と変容（尾尻希和著） コスタリカにおける民主主義の価値判断（久松佳彰著） コスタリカをめぐる国際関係（山岡加奈子著） 中米の福祉国家における新自由主義改革（宇佐見耕一著） コスタリカの教育（米村明夫著） コスタリカにおける工業化の進展と課題（北野浩一著） コスタリカにおける地域格差と新たな農村開発戦略（狐崎知己著） 進路を決めかねるコスタリカ（山岡加奈子著）〉①978-4-258-29036-9 Ⓝ302.576 ［2700円］

◇軍隊を廃止した国コスタリカ―平和は民主主義から 高木善之著 大阪 ネットワーク『地球村』 2014.4 56p 19cm （地球村紀行 vol. 3）①978-4-902306-52-1 Ⓝ302.576 ［278円］

コスモス

◇素晴らしきインチキ・ガチャガチャの世界―コスモスよ永遠に 池田浩明著 双葉社 2014.7 159p 21cm 〈集：ワッキー貝山〉①978-4-575-30712-2 Ⓝ589.77 ［1800円］

古関 裕而〔1909〜1989〕

◇古関裕而1929/30―かぐや姫はどこへ行った 国分義司，ギボンズ京子著 ［東京］ 日本図書刊行会 2014.4 252p 20cm 〈近代文藝社（発売）年譜あり〉①978-4-8231-0895-2 Ⓝ767.8 ［1900円］

古関 れん〔1995〜 〕

◇れんじてん。 古関れん著 宝島社 2014.9 109p 21cm ①978-4-8002-3090-4 Ⓝ289.1 ［1300円］

御所市（遺跡・遺物）

◇名柄遺跡―第7次発掘調査報告 御所市教育委員会編 御所 御所市教育委員会 2013.3 18p 図版 5p 26cm （御所市文化財調査報告書 第44集）〈奈良県御所市所在〉Ⓝ210.0254

◇南郷遺跡（向坂地区） 御所市教育委員会編 御所 御所市教育委員会 2014.3 8p 26cm （御所市文化財調査報告書 第45集）〈奈良県御所市所在〉Ⓝ210.0254

御所市（年中行事）

◇茅原のトンド総合報告書 御所市文化遺産活性化委員会編 ［御所］ 御所市文化遺産活性化委員会 2014.3 59p 30cm （御所市文化財調査報告書 第46集）〈平成25年度文化庁文化芸術振興費補助金（文化遺産を活かした地域活性化事業）〉Ⓝ386.165

小平市（歴史―索引）

◇小平市史 付編 索引 小平市企画政策部編 小平 小平市 2014.3 229p 21cm ②213.65 ［550円］

小平市（歴史―史料―書目）

◇諸家文書追加目録 2 小平市中央図書館編 小平 小平市中央図書館 2014.3 391p 26cm （古文書目録 第15集）Ⓝ213.65 ［1900円］

小平市（歴史―年表）

◇小平市史 付編 年表 小平市企画政策部編 小平 小平市 2014.3 6, 251p 21cm 〈文献あり〉Ⓝ213.65 ［650円］

古代ローマ（遺跡・遺物）

◇実験パブリックアーケオロジー―遺跡発掘と地域社会 松田陽著 同成社 2014.10 314p 22cm 〈文献あり 索引あり〉①978-4-88621-675-5 Ⓝ202.5 ［8000円］

古代ローマ（キリスト教―歴史―帝政時代）

◇キリスト教とローマ帝国―小さなメシア運動が帝国に広がった理由 ロドニー・スターク著，穐田信子訳 新教出版社 2014.10 306p 20cm 〈文献あり〉①978-4-400-22723-6 Ⓝ192.3 ［3200円］

◇「コンスタンティヌスの寄進状」を論ず ロレンツォ・ヴァッラ著，高橋薫訳 水声社 2014.4 192p 22cm ①978-4-8010-0008-7 Ⓝ192.3 ［3000円］

古代ローマ（婚姻）

◇古代ローマ人の愛と性―官能の帝都を生きる民衆たち アルベルト・アンジェラ著，関口英子，佐瀬奈緒美訳 河出書房新社 2014.4 390p 20cm 〈文献あり〉①978-4-309-22604-0 Ⓝ384.7 ［2500円］

古代ローマ（性風俗）

◇愛欲のローマ史―変貌する社会の底流 本村凌二［著］ 講談社 2014.5 221p 15cm （講談社学術文庫 2235）〈文献あり 「ローマ人の愛と性」（1999年刊）の改題〉①978-4-06-292235-7 Ⓝ384.7 ［800円］

◇古代ローマ人の愛と性―官能の帝都を生きる民衆たち アルベルト・アンジェラ著，関口英子，佐瀬奈緒美訳 河出書房新社 2014.4 390p 20cm 〈文献あり〉①978-4-309-22604-0 Ⓝ384.7 ［2500円］

古代ローマ（地方行政―歴史―帝政時代）

◇ローマ帝国の統治構造―皇帝権力とイタリア都市 飯坂晃治著 札幌 北海道大学出版会 2014.3 227,8p 22cm （北海道大学大学院文学研究科研究叢書 25）〈文献あり 索引あり 内容：序論 帝政前期イタリアにおける官僚機構の形成 都市監督官〈curator rei publicae〉とイタリア都市 地方裁判官〈iuridicus〉とイタリア都市 三世紀イタリアにおける州制度導入のプロセスについて 総督〈corrector〉とイタリア都市 結語〉978-4-8329-6797-7 Ⓝ232.8 ［5000円］

古代ローマ（帝王）

◇ローマ皇帝群像 4 アエリウス・スパルティアヌス他［著］，井上文則訳・解題 京都 京都大学学術出版会 2014.9 323, 53p 20cm＋ （西洋古典叢書 L025）〈年表あり 索引あり 付属資料：8p：月報 109 布装 内容：神君クラウディウスの生涯（トレベリウス・ポリオ著） 神君アウレリアヌスの生涯（フラウィウス・ウォピスクス著） タキトゥスの生涯（フラウィウス・ウォピスクス著） プロブスの生涯（フラウィウス・ウォピスクス著） フィルムス、サトゥルニヌス、プロクルス、ボノスス、すなわち四人の僭称帝たちの生涯（フラウィウス・ウォピスクス著） カルス、カリヌス、ヌメリアヌスの生涯（フラウィウス・ウォピスクス著）〉①978-4-87698-486-2 Ⓝ232.8 ［3700円］

古代ローマ（風俗・習慣―歴史）

◇愛欲のローマ史―変貌する社会の底流 本村凌二［著］ 講談社 2014.5 221p 15cm （講談社学術文庫 2235）〈文献あり 「ローマ人の愛と性」（1999年刊）の改題〉①978-4-06-292235-7 Ⓝ384.7 ［800円］

古代ローマ（文化―歴史）

◇古代地中海世界における文化受容の諸断面 2011-2013年度 保坂高殿編 ［千葉］ 千葉大学大学院人文社会科学研究科 2014.2 131p 30cm （人文社会科学研究科研究プロジェクト報告書 第269集）〈文献あり 内容：古代地中海世界における国家と教会の互恵関係（保坂高殿著） 古典期アテナイにおける学問伝統の諸展開（和泉ちえ著） ノラのパウリヌス Carmen 20における動物の犠牲描写について（野村嗣著） プラトンにおけるヘラクレイトス像（阪田祥章著）〉Ⓝ209.3

古代ローマ（歴史）

◇はじめて読む人のローマ史1200年 本村凌二［著］ 祥伝社 2014.6 307p 18cm （祥伝社新書 366）①978-4-396-11366-7 Ⓝ232 ［840円］

◇ローマ建国以来の歴史 4 イタリア半島の征服 2 リウィウス［著］ 毛利晶訳 京都 京都大学学術出版会 2014.1 311,27p 20cm （西洋古典叢書 L023）〈文献あり 索引あり 付属資料：8p：月報 105 布装〉①978-4-87698-293-6 Ⓝ232 ［3400円］

◇ローマ建国以来の歴史 5 ハンニバル戦争 1 リウィウス［著］ 安井萌訳 京都 京都大学学術出版会 2014.4 234p 20cm （西洋古典叢書 L024）〈付属資料：8p：月報 107 布装〉①978-4-87698-484-8 Ⓝ232 ［2900円］

古代ローマ（歴史―共和政時代）

◇ローマ政治家伝 3 キケロ マティアス・ゲルツァー著，長谷川博隆訳 名古屋 名古屋大学出版会 2014.9 493,17p 22cm 〈年譜あり 索引あり〉①978-4-8158-0737-5 Ⓝ312.8 ［5500円］

日本件名図書目録2014 Ⅰ

古代ローマ（歴史―帝政時代）
◇ローマ皇帝群像 4 アエリウス・スパルティアヌス他[著]，井上文則訳・解題 京都 京都大学学術出版会 2014.9 323，53p 20cm+ （西洋古典叢書 L025）〈年表あり 索引あり〉付属資料：8p：月報 109 布装 内容：神君クラウディウスの生涯（トレベリウス・ポリオ著） 神君アウレリアヌスの生涯（フラウィウス・ウォピスクス著） タキトゥスの生涯（フラウィウス・ウォピスクス著） プロブスの生涯（フラウィウス・ウォピスクス著） フィルムス，サトゥルニヌス，プロクルス，ボノスス，すなわち四人の僭称帝たちの生涯（フラウィウス・ウォピスクス著） カルス，カリヌス，ヌメリアヌスの生涯（フラウィウス・ウォピスクス著）〉978-4-87698-486-2 Ⓝ232.8 ［3700円］
◇ローマ五賢帝―「輝ける世紀」の虚像と実像 南川高志[著] 講談社 2014.1 253p 15cm （講談社学術文庫 2215）〈文献あり 年表あり〉①978-4-06-292215-9 Ⓝ232.8 ［880円］
◇ローマ帝国の崩壊―文明が終わるということ ブライアン・ウォード＝パーキンズ著，南雲泰輔訳 白水社 2014.6 286，49p 20cm〈文献あり 年表あり 索引あり〉①978-4-560-08354-3 Ⓝ232.8 ［3300円］

小高 賢〔1944～2014〕
◇小高賢 伊藤一彦監修 京都 青磁社 2014.3 197p 21cm （シリーズ牧水賞の歌人たち Vol.5）〈年譜あり〉①978-4-86198-273-6 Ⓝ911.162 ［1800円］

古高 俊太郎〔1829～1864〕
◇古高俊太郎没後百五十年祭―日本の夜明けの礎：建国に情熱を捧げた勤王志士 古高俊太郎先生遺徳顕彰会[編] 守山 古高俊太郎先生遺徳顕彰会 2014.7 40p 19cm〈年譜あり〉Ⓝ289.1

小玉 和文〔1955～ 〕
◇いつの日かダブラトランペッターと呼ばれるようになった こだま和文著 東京キララ社 2014.6 253p 19cm〈年譜あり〉①978-4-903883-04-5 Ⓝ764.7 ［1500円］

児玉 佳与子〔1933～ 〕
◇斎藤宗次郎・孫佳与子との往復書簡―空襲と疎開のはざまで 斎藤宗次郎，児玉佳与子著，児玉実英編 教文館 2013.7 375p 20cm〈文献あり〉①978-4-7642-9957-3 Ⓝ198.992 ［3000円］

小玉 暁村〔1881～1942〕
◇秋田民謡育ての親 小玉暁村 民族芸術研究所編 秋田 無明舎出版 2013.8 222p 19cm〈著作目録あり 年譜あり 内容：小玉暁村の人と業績（小田島清朗著） 俳人・暁村の感性が捉えた仙北民謡（工藤一紘著） 暁村の郷土芸能の研究や想いに学ぶこと（麻生正秋著） この人こそ飾山囃子育ての親（根岸正幸著） 三一さんのレコードを手本に（千葉美子著） 藤田陽治と小玉暁村（原田久美子著） 民謡仙北おばこ（楽天者） 民謡私論（寺田暁味著） にがた節情調（中川白芳著） 郷土芸術往来〈仙北の歌踊〉〈抄〉（小玉暁村著） 秋田民謡の味（小玉暁村著） 飾山囃子の再認識とお願（小玉暁村著） 田園の娯楽問題（小玉暁村著） 小玉暁村氏のこと（武田忠一郎著） 楽譜「おほねだし」と「生保内節」〉①978-4-89544-573-3 Ⓝ388.9124 ［1600円］

児玉 清〔1934～2011〕
◇人生とは勇気―児玉清からあなたへラストメッセージ 児玉清著 集英社 2014.10 190p 16cm （集英社文庫 こ33-2）①978-4-08-745239-6 Ⓝ778.21 ［430円］

児玉 源太郎〔1852～1906〕
◇児玉源太郎―明治陸軍のリーダーシップ 大澤博明著 山川出版社 2014.9 95p 21cm （日本史リブレット人 089）〈文献あり 年譜あり〉①978-4-634-54889-3 Ⓝ289.1 ［800円］

小玉 誠三
◇生きる 命の大切さ―震度7でも被害を防ぐ耐震マットを開発 大震災で一念発起した男の軌跡 小玉誠三著 日刊工業新聞社 2014.3 135p 19cm ①978-4-526-07244-4 Ⓝ289.1 ［1200円］

小玉 正巳〔1911～2002〕
◇秋田のレスリングに賭けた夢―小玉正巳と秋田のレスラーたち 長尾景義著 秋田 秋田協同印刷 2014.7 253p 20cm〈年譜あり〉①978-4-907159-15-3 Ⓝ788.2 ［1500円］

児玉 誉士夫〔1911～1984〕
◇CIA日本人ファイル―米国国立公文書館機密解除資料 第4巻 児玉誉士夫 加藤哲郎編集・解説 現代史料出版 2014.7 334p 31cm 〔東出版（発売） 複製 布装〕①978-4-87785-300-6,978-4-87785-296-2(set) Ⓝ319.1053

ゴーチエ, T.〔1811～1872〕
◇テオフィル・ゴーチエと19世紀芸術 澤田肇，吉村和明，ミカエル・デプレ共編 Sophia University Press上智大学出版 2014.5 514,10p 20cm〈ぎょうせい（制作・発売）索引あり 内容：テオフィル・ゴーチエあるいは事物の奇妙な響き合い（ミカエル・デプレ著，吉村和明訳）「モデルニテ」と「デカダンス」（井村実名子著） ゴーチエからボードレールへ（吉村和明著） バルザックとゴーチエ（澤田肇著） 歌曲「夏の夜」（博多かおる著） テオフィル・ゴーチエとパリのオペラ（フランソワ・ブリュネ著） ゴーチエのバレエ作品における身体の表象（岡見さえ著） ゴーチエ，ジャナン，マラルメ（設楽聡子著） ゴーチエと舞踏（ジャン＝ギヨーム・バール著，岡見さえ訳） 幻想小説作家としてのテオフィル・ゴーチエ（渡辺響子著） ゴーチエにおけるフラヌリーと芸術（朝比奈美知子著） パンテオンの幻の壁画と人類の叙事詩（田村毅著） 描写に従って（マリアンヌ・シモン＝及川，新田昌英訳） テオフィル・ゴーチエのオリエント体験（畑浩一郎著） 乗り越えがたい距離（ミカエル・デプレ著，合田陽祐訳） テオフィル・ゴーチエのエグゾチスム（セルジュ・ゼンキン著，横山千晶訳）〉978-4-324-09772-4 Ⓝ950.268 ［5500円］

国会
◇金森徳次郎著作集 2 日本憲法民主化の焦点/新憲法大観/新憲法の精神/国会論/公務員の倫理について/混沌堂雑記 金森徳次郎[著]，高見勝利編 日の出町（東京都）慈学社出版 2014.4 540p 19cm〈大学図書（発売）索引あり〉978-4-903425-85-6 Ⓝ323.14 ［3600円］
◇国会運営の理論 鈴木隆夫著 完全復刻版 信山社 2014.5 647p 22cm （学術選書プラス 16）「國會運營の理論」（聯合出版社 昭和28年刊）の複製 解題：今野彧明〉①978-4-7972-1266-2 Ⓝ314.1 ［16800円］
◇国会便覧 134版 広済堂出版 2014.2 433p 18cm ①978-4-331-51813-7 ［2714円］
◇国会便覧 135版 広済堂出版 2014.8 459p 17cm ①978-4-331-51868-7 ［2714円］
◇国会便覧 平成26年10月臨時版 136版 広済堂出版 2014.11 459p 18cm ①978-4-331-51892-2 ［2714円］
◇「三権分立論」の虚妄性―国会は〈国権の最高機関〉である 西尾孝司著 [東京] 公人の友社 2014.5 160p 21cm ①978-4-87555-647-3 Ⓝ314.1 ［2200円］
◇新・国会事典―用語による国会法解説 浅野一郎，河野久編著 第3版 有斐閣 2014.6 281p 22cm〈文献あり 索引あり〉①978-4-641-13169-9 Ⓝ314.1 ［3600円］
◇占領下の議会と官僚 天川晃著 現代史料出版 2014.8 326p 22cm〈東出版（発売）索引あり 内容：敗戦後の帝国議会 占領下の国会 「民主化」過程と官僚の対応 占領政策と官僚の対応 内閣法制局の対応 民政局と内務省 民政局と官僚制改革 占領と官僚制〉①978-4-87785-295-5 Ⓝ314.12 ［3400円］

国家開発銀行
◇チャイナズ・スーパーバンク―中国を動かす謎の巨大銀行 ヘンリー・サンダースン，マイケル・フォーサイス著，築地正登訳 原書房 2014.4 313p 20cm ①978-4-562-05059-8 Ⓝ338.6 ［2800円］

国家社会主義ドイツ労働者党
◇第三帝国の歴史―画像でたどるナチスの全貌 ヴォルフガング・ベンツ著，斉藤寿雄訳 現代書館 2014.8 315p 22cm〈文献あり 索引あり〉①978-4-7684-5720-7 Ⓝ234.074 ［3300円］

ゴッホ, V.〔1853～1890〕
◇ゴッホ〈自画像〉紀行―カラー版 木下長宏著 中央公論新社 2014.11 216p 18cm （中公新書 2292）①978-4-12-102292-9 Ⓝ723.359 ［1000円］
◇ゴッホの愛した庭風景―生涯，自身の庭を持たなかったフィンセント・ファン・ゴッホの庭への愛着と素描 ラルフ・スケア著，一杉由美訳 ガイアブックス 2014.9 111p 24cm〈文献あり〉①978-4-88282-918-8 Ⓝ723.359 ［2300円］
◇ゴッホのひまわり全点謎解きの旅 朽木ゆり子著 集英社 2014.3 232p 18cm （集英社新書 0730）〈文献あり〉①978-4-08-720730-9 Ⓝ723.359 ［780円］
◇書簡で読み解くゴッホ―逆境を生きぬく力 坂口哲啓著 藤原書店 2014.6 286p 20cm〈文献あり 年譜あり 索引あり〉①978-4-89434-975-9 Ⓝ723.359 ［2800円］

小寺 彰〔1952～2014〕
◇小寺彰先生論文集―追悼文集 小寺彰[著] トラスト未来フォーラム 2014.10 311p 26cm （トラスト未来フォーラム叢書）〈年譜あり 著作目録あり 内容：小寺先生論文集 国際法と域外適用 国際法から見た競争法の域外適用 APEC紛争処理手続の在り方 GATSと電気通信 国際経済体制への法構造 投資ルールとわが国の課題 自由貿易地域

御殿場市（遺跡・遺物）

(FTA)の法的検討 執行管轄権の域外行使 国家間の法としての国際法 投資協定における「公平かつ衡平な待遇」 租税条約の解釈におけるOECDコンメンタールの意義 国内法の「域外適用」と国際法 座談会「研究会の26年を振り返る」 追悼文集 小寺先生の思い出（相澤英孝著） ほか Ⓝ329.04 〔非売品〕

御殿場市（遺跡・遺物）

◇御殿場市神山・駒門の遺跡群 静岡県埋蔵文化財センター編 静岡 静岡県埋蔵文化財センター 2014.3 89p 図版 17p 30cm （静岡県埋蔵文化財センター調査報告 第42集）〈中日本高速道路東京支社の委託による 御殿場市所在 第二東名建設事業に伴う埋蔵文化財発掘調査報告書 内容：総論（沼津工区御殿場地区） イザワ塚遺跡（第二東名no. 156地点） 宮ノ台遺跡（第二東名no. 159地点）〉Ⓝ210.0254

後藤 新平〔1857～1929〕

◇北里柴三郎と後藤新平―世界的細菌学者と近代行政の先覚者との絆 野村節三著 大船渡 東海新報社（印刷） 2014.3 343, 17p 22cm〈年譜あり 文献あり〉Ⓘ978-4-905336-11-2 Ⓝ289.1 〔2500円〕

◇後藤新平日本の羅針盤となった男 山岡淳一郎著 草思社 2014.12 492p 16cm （草思社文庫 や1-2）〈文献あり〉Ⓘ978-4-7942-2092-9 〔1200円〕

◇時代が求める後藤新平―自治/公共/世界認識：1857-1929 藤原書店編集部編 藤原書店 2014.6 430p 21cm〈年譜あり 索引あり〉 内容：石をくほます水滴へ（鶴見和子著） 文明の創造者（粕谷一希著） 二十一世紀にこそ求められる真のリーダー、後藤新平（増田寛也著） 現実を踏まえた構想力（榊原英資著） 構想力が求められる時代（岩見隆夫著） 後藤新平、大人の魅力（塩川正十郎著） 渇望される卓越した指導力（大星公二著） 後藤新平の遠眼鏡（加藤聖文著） 国家経営者のモデルとしての後藤新平（三谷太一郎著） 「大きな絵」と「後藤流"政治力"」（竹中平蔵著） 鶴見祐輔による「幻」の後藤新平論（春山明哲著） 「開発支援」に生きる後藤新平の思想（緒方貞子著） 「自治三訣」の心（加藤丈夫著） 熊沢蕃山と後藤新平（鈴木一策著） "公"の人、後藤新平（大宅映子著） 科学的精緻と宗教的情熱の人（橋本五郎著） 中央に頼らぬ「自治」の精神（江田五月著） 「本能」としての自治（三砂ちづる著） 「生活」こそすべての基本（中村桂子著） 東京の未来と後藤新平（下河辺淳著） 後藤新平の自治論と都市論（青山佾著） 細部に宿る後藤新平の精神（鈴木博之著） 後藤の複眼的「ものの見方」（西澤泰彦著） 文明の素養をもった政治家（松葉一清著） 国際関係の先駆者、後藤新平（西澤潤一著） "国際開発学の父"としての後藤新平（渡辺利夫著） 後藤新平の衛生国家思想（姜克實著） 闘争と調和（苅部直著） アジアの転換のために（小倉和夫著） 後藤新平の高い知性と広大な視野（三宅正樹著） 後藤新平のミッションに学ぶ（片山善博著） 後藤の構想ロジックと情報作法（三神万里子著） 客観性のある調査研究の大切さを教えた後藤新平（片山善博著） 後藤新平と東京駅（小野田滋著） 後藤新平と出雲大社（玉手義朗著） 後藤新平の「大風呂敷」（中田宏著） ふたりの「大風呂敷」（尾崎護著） 偉大な行政官（榊原英資著） 「放送開始！」あの気宇を（吉田直哉著） 鉄道の先駆者、後藤新平（葛西敬之著） 後藤新平と東京自治会館（中島純著） 「格差」をおそれず「画一」をおそれよ（笠原英彦著） 後藤新平が「入閣」したら？（五十嵐敬喜著） 後藤新平と小沢一郎（山田孝男著） 後藤新平と政党政治（千葉功著） 「政治の倫理化」とは何か（高橋力著） 「科学的植民地主義」の先駆者（ウヴァ・ダヴィッド著） 後藤新平を憶う（松岡満寿男著） 日露協会学校と後藤新平（小林英夫著） ロシアから見た後藤新平（ワシーリー・モロジャコフ著） 伊藤博文からみた後藤新平（上垣外憲一著） 劇中劇としての「厳島夜話」（堤春恵著） 後藤新平とドイツ（サーラ・スヴェン著） 台湾とのつながり（松原治著） 台湾協会学校と後藤新平（福田勝幸著） 阿里山と後藤新平（藤森照信著） 八田與一から後藤新平を想う（加来耕三著） 後藤新平と私（李登輝著） 優れた都市行政の先達（鈴木俊一著） 後藤新平の足跡を辿った都庁時代（青山佾著） 後藤新平と同潤会アパート（大月敏雄著） 震災前に生まれていた復興小学校（吉川仁著） 東日本大震災の直後に（波多野澄雄著） 後藤新平の震災復興（丸茂恭子著） 関東大震災の資料から（北原糸子著） 敗北の美学（山岡淳一郎著） 帝都復興から八〇年を控えて（川西崇行著） 「くにたち大学町」の誕生と後藤新平（長内敏之著） 後藤新平のルーツ（平野眞一著） 海水浴と後藤新平（小口千明著） 厚生行政の先輩（新村拓著） 後藤新平と北里柴三郎（大村智著） 「建設的社会制度」の構想（宮城洋一郎著） 日本人女性の寿命を延ばした男（養老孟司著） 教育者、後藤新平（草原克豪著） 拓殖大学への貢献（福田勝幸著） 笈を負ふて都に出づ（中島純著） わが国初の「大学拡張」事

業（岡田渥美著） 後藤新平の心を次世代に（及川正昭著） そなへよつねに（春山明哲著） ボーイスカウト誕生秘話（新元博文著） ふるさと水沢と後藤新平（平澤永助著） 少年は大志を抱いていた（梅森健司著） 水沢の三偉人（吉田瑞男著） 自治の町・須賀川と後藤新平（菊地大介著） 後藤新平を師と仰いだ十河信二（梅森健司著） わが父・後藤新平（河崎武嘉著） "平成の後藤新平"待望論（藤原作弥著） 『無償の愛』を書き終えて（河崎充代著） 時代を超える「作品」（椎名素夫著） 二人の和子、武家の女の系譜（赤坂憲雄著） 後藤新平と鶴見祐輔（上品和馬著） 細川家と安場家と後藤新平（細川佳代子著） 大胆にして細心（小林英夫著） 不思議な縁（森繁久彌著） 「シチズン」と命名した後藤新平（梅原誠著） 人間、この奥深きもの（小島英記著） 今なお色褪せない後藤新平の言葉（阿部直哉著） ほか Ⓘ978-4-89434-977-3 Ⓝ289.1 〔3600円〕

◇自治三訣の訓―後藤新平顕彰会創立一〇周年記念誌 後藤新平顕彰会編 〔奥州〕〔後藤新平顕彰会〕 2014.2 164p 30cm〈年譜あり〉Ⓝ289.1

後藤 せき子〔1929～ 〕

◇正直に前向きにそして明るくね―独立独歩で60年：スーパーマーケット文化堂創業者後藤せき子の言葉 後藤せき子著 代表 文化堂 2014.5 159p 19cm〈年表あり〉Ⓝ673.868

後藤 洋央紀〔1979～ 〕

◇同級生―魂のプロレス青春録 後藤洋央紀、柴田勝頼著 辰巳出版 2014.12 255p 19cm （G SPIRITS BOOK Vol.4)〈年表あり〉Ⓘ978-4-7778-1317-9 Ⓝ788.2 〔1400円〕

後藤 昌幸〔1933～ 〕

◇百の功績も一の過ちで全てを失う―経営の本音を語る：うぬぼれるなへこたれるな 後藤昌幸著 髙木書房（発売） 2014.12 223p 18cm Ⓘ978-4-88471-434-5 Ⓝ289.1 〔926円〕

後藤 又兵衛〔1560～1615〕

◇後藤又兵衛の研究―最後の戦国武将とその系譜 小嶋太門著 名古屋 樹林舎 2014.3 287p 19cm （樹林舎叢書）〈人間社（発売） 年譜あり 「後藤又兵衛基次とその子」（人間社2007年刊）の改題、一部章立ての変更〉Ⓘ978-4-931835-76-5 Ⓝ289.1 〔1600円〕

後藤 夜半〔1895～1976〕

◇後藤夜半の百句―作句の心を探り表現の美しさに学ぶ。 後藤比奈夫著 調布 ふらんす堂 2014.2 203p 18cm〈索引あり〉Ⓘ978-4-7814-0645-9 Ⓝ911.362 〔1500円〕

五島市（洋上風力発電）

◇浮体式洋上風力発電実証事業委託業務成果報告書 平成25年度 〔東京〕 戸田建設 2014.6 1冊 30cm〈文献あり 平成25年度環境省委託事業 共同刊行：日立製作所ほか〉Ⓝ543.6

琴欧洲 勝紀〔1983～ 〕

◇今、ここで勝つために―琴欧洲自伝 琴欧洲勝紀著 徳間書店 2014.9 182p 19cm Ⓘ978-4-19-863860-3 Ⓝ788.1 〔1400円〕

コートジボワール（国際投資〔日本〕）

◇日本食・食産業の海外市場の新規開拓支援検討調査事業成果報告書 平成25年度 〔東京〕 三菱総合研究所 2014.3 132p 30cm〈農林水産省委託事業〉Ⓝ588.09

後鳥羽天皇〔1180～1239〕

◇おどろが下―実朝、後鳥羽院、阿仏尼を読む 山内太郎著 武蔵野 槻の木会 2014.6 255p 19cm Ⓝ911.142 〔2000円〕

子ども大学かわごえ

◇子どものための大学―日本初の子ども大学 子ども大学かわごえ編 勉誠出版 2014.9 201p 19cm Ⓘ978-4-585-23027-4 Ⓝ379.3 〔2000円〕

コトラー, P.

◇超入門コトラーの「マーケティング・マネジメント」 安部徹也著 かんき出版 2014.1 287p 21cm〈索引あり〉Ⓘ978-4-7612-6969-2 Ⓝ675 〔1600円〕

◇マーケティングと共に―フィリップ・コトラー自伝 フィリップ・コトラー著, 田中陽, 土方奈美訳 日本経済新聞出版社 2014.8 229p 20cm〈著作目録あり〉Ⓘ978-4-532-16922-0 Ⓝ289.3 〔1800円〕

小浪 幸子〔1946～ 〕

◇帝王のいない家―キャバレーミカドの娘たち 小浪幸子著 幻冬舎ルネッサンス 2014.11 263p 19cm Ⓘ978-4-7790-1130-6 Ⓝ289.1 〔1400円〕

湖南市（特別支援教育）

◇発達支援をつなぐ地域の仕組み―糸賀一雄の遺志を継ぐ滋賀県湖南市の実践 竹田契一監修, 湖南市糸賀一雄生誕100年記念事業実行委員会編 京都 ミネルヴァ書房 2014.2 255p 26cm Ⓘ978-4-623-06999-6 Ⓝ378.02161 〔2800円〕

狐野 扶実子〔1969～ 〕
◇世界出張料理人　狐野扶実子著　KADOKAWA　2014.2　254p　19cm　Ⓘ978-4-04-110554-2　Ⓝ596.23　［1500円］

近衛 文麿〔1891～1945〕
◇近衛文麿「黙」して死す　鳥居民著　草思社　2014.12　252p　16cm　（草思社文庫 と2-4）Ⓘ978-4-7942-2095-0　Ⓝ210.75　［800円］
◇無念なり―近衛文麿の闘い　大野芳著　平凡社　2014.1　367p　20cm　Ⓘ978-4-582-83640-0　Ⓝ289.1　［1900円］

近衛 家熙〔1667～1736〕
◇御茶湯之記―予楽院近衛家煕の茶会記　熊倉功夫, 筒井紘一, 名和修監修, 川崎佐知子校訂　京都　思文閣出版　2014.6　509,77p　22cm　（茶湯古典叢書 6）〈年譜あり 索引あり 布装〉Ⓘ978-4-7842-1756-4　Ⓝ791.7　［15000円］

近衛 秀麿〔1898～1973〕
◇音楽家近衛秀麿の遺産　藤田由之編, 藤田由之, 楢崎洋子, 三枝まり, 近藤滋郎著　音楽之友社　2014.6　204,59p 図版16p　22cm〈著作目録あり 作品目録あり 年譜あり　内容：日本におけるオーケストラとその作品（楢崎洋子著）近衛秀麿の日本のオーケストラへの貢献（三枝まり著）「近衛版」とは何か（藤田由之著）近衛秀麿による《越天楽》（三枝まり著）〉Ⓘ978-4-276-21531-3　Ⓝ762.1　［3800円］

小橋 健太〔1967～ 〕
◇今日より強い自分になる　小橋建太著　ワニブックス　2014.5　221p　19cm〈年譜あり〉Ⓘ978-4-8470-9239-8　Ⓝ788.2　［1296円］

小林 一三〔1873～1957〕
◇小林一三―時代の十歩先が見えた男　北康利著　京都　PHP研究所　2014.6　269p　20cm〈文献あり 年譜あり〉Ⓘ978-4-569-81889-4　Ⓝ289.1　［1700円］
◇DREAMER―阪急・宝塚を創り、日本に夢の花を咲かせた男　宮徹著　WAVE出版　2014.7　378p　20cm〈文献あり　「小林一三夢なき経済に明日はない」（1995年刊）の改題、加筆、再編集〉Ⓘ978-4-87290-703-2　Ⓝ289.1　［1600円］

小林 一茶〔1763～1827〕
◇新しい小林一茶―「心の師」は西鶴　伊藤晃著　流山　崙書房出版　2014.4　210p　18cm　（ふるさと文庫 208）Ⓘ978-4-8455-0208-0　Ⓝ911.35　［1300円］
◇小林一茶―句による評伝　金子兜太著　岩波書店　2014.3　202p　15cm　（岩波現代文庫）〈小沢書店 1987刊の再刊〉Ⓘ978-4-00-602236-5　Ⓝ911.35　［860円］
◇四季の一茶　矢羽勝幸著　長野　信濃毎日新聞社　2014.2　231p　21cm〈年譜あり 索引あり〉Ⓘ978-4-7840-7228-6　Ⓝ911.35　［1600円］
◇俳諧つれづれの記―芭蕉・蕪村・一茶　大野順一著　論創社　2014.2　221p　20cm　Ⓘ978-4-8460-1294-6　Ⓝ911.302　［2200円］

小林 英治〔1934～ 〕
◇アジアに学んだ半世紀―図書館から国際機関・大学へ：ハワイ、マニラ、ジャカルタに暮らす　小林英治著　日外アソシエーツ　2014.4　235p　21cm〈文献あり 著作目録あり 年譜あり 索引あり〉Ⓘ978-4-8169-2470-5　Ⓝ289.1　［2000円］

小林 賢太郎〔1973～ 〕
◇僕がコントや演劇のために考えていること　小林賢太郎著　幻冬舎　2014.9　151p　19cm　Ⓘ978-4-344-02624-7　Ⓝ779.14　［1296円］

小林 章一
◇「感動」に不況はない―アルビオン小林章一社長はなぜ広告なしで人の心を動かすのか　大塚英樹［著］　講談社　2014.7　276p　16cm　（講談社＋α文庫 G49-4）〈2010年刊の加筆、一部再構成〉Ⓘ978-4-06-281562-8　Ⓝ576.7　［750円］

小林 善九郎〔1885～1946〕
◇小林善九郎関係文書調査報告書　植村善博, 奥田裕樹執筆・編集　京丹後　京丹後市教育委員会　2014.3　61p　30cm〈年譜あり〉Ⓝ289.1

小林 武史〔1931～ 〕
◇ファンタジアわが人生　小林武史著　横浜　神奈川新聞社　2013.11　245p　19cm〈年譜あり〉Ⓘ978-4-87645-510-2　Ⓝ762.1　［1800円］

小林 徳三郎〔1884～1949〕
◇小林徳三郎研究図録　小林徳三郎［画］，ふくやま美術館編　福山　ふくやま美術館　2014.1　125p　26cm〈年譜あり　文献あり　会期：2013年12月21日―2014年4月6日〉Ⓝ723.1

小林 ハル〔1900～2005〕
◇瞽女キクイとハル―強く生きた盲女性たち　川野楠己著　宮崎　鉱脈社　2014.10　325p　19cm　（みやざき文庫 109）〈文献あり〉Ⓘ978-4-86061-555-0　Ⓝ384.38　［2000円］

小林 秀雄〔1902～1983〕
◇黒澤明と小林秀雄―「罪と罰」をめぐる静かなる決闘　高橋誠一郎著　横浜　成文社　2014.7　302p　20cm〈文献あり 年譜あり　内容：「シベリヤから還つた」ムィシキン　映画《白痴》の魅力と現代性　映画《生きものの記録》と長編小説『死の家の記録』　映画《赤ひげ》から《デルス・ウザーラ》へ　映画《夢》と長編小説『罪と罰』〉Ⓘ978-4-86520-005-8　Ⓝ980.268　［2500円］
◇小林秀雄とその戦争の時―『ドストエフスキイの文学』の空白　山城むつみ著　新潮社　2014.7　309p　20cm　Ⓘ978-4-10-335991-3　Ⓝ910.268　［2300円］
◇小林秀雄と夏目漱石―その経験主義と内発的生　廣木寧著　総和社　2013.9　276p　19cm〈内容：内発的に生きるということ　夏目漱石の『心』について　「先生の遺書」としての『心』　漱石の友情　不動明王　歴史について（小林秀雄, 江藤淳述）われに来たれ　ソクラテスと吉田松陰　学問と人生　小林秀雄「美を求める心」　霧島合宿の小林秀雄　小林秀雄阿蘇合宿の小林秀雄　『本居宣長』異聞　小林秀雄氏の經驗主義〉Ⓘ978-4-86286-073-6　Ⓝ910.268　［1500円］
◇小林秀雄の思ひ出　郡司勝義著　文藝春秋　2014.6　557p　16cm　（文春学藝ライブラリー）〈1993年刊の再刊〉Ⓘ978-4-16-813021-2　Ⓝ910.268　［1730円］

小林 正夫〔1947～ 〕
◇信念―激動を歩む！ －政権交代、東日本大震災、福一事故　小林正夫著　再版　環境・エネ政策研究会　2014.10　327p　20cm　Ⓝ312.1　［1000円］

小林古径記念美術館
◇小林古径記念美術館年報　第1号　2004-2013　上越　小林古径記念美術館　2014.3　54p　30cm〈年表あり〉Ⓝ706.9

小林市（遺跡・遺物）
◇柿川内第1遺跡　［小林］　小林市教育委員会　2014　29p　30cm　（小林市文化財調査報告書 第9集）〈送電線鉄塔建設に伴う埋蔵文化財発掘調査報告書〉Ⓝ210.0254

小林市（衛生行政）
◇健康こばやし21―愛can笑顔あふれるまち小林　第2次　平成26年度―平成35年度　小林市健康福祉部健康推進課編　［小林］　宮崎県小林市　2014.3　97p　30cm　Ⓝ498.1

小林市（環境行政）
◇小林市環境基本計画―平成25年度―平成34年度：水と緑の「たすき」をつなぎ協働により安心安全に暮らせるまちこばやし　小林　小林市市民生活部生活環境課　2013.3　85, 21p　30cm　Ⓝ519.1

小林市（感染症対策）
◇小林市新型インフルエンザ等対策行動計画及び小林市業務継続計画（新型インフルエンザ等編）　小林市健康福祉部健康推進課編　［小林］　宮崎県小林市　2014.3　100p　30cm　Ⓝ498.6

小林市（行政）
◇小林市ふるさとこばやし定住促進ビジョン　［小林］　小林市　2013.12　51p　30cm　Ⓝ318.296

小林市（事業継続管理）
◇小林市新型インフルエンザ等対策行動計画及び小林市業務継続計画（新型インフルエンザ等編）　小林市健康福祉部健康推進課編　［小林］　宮崎県小林市　2014.3　100p　30cm　Ⓝ498.6

小林市（自殺予防）
◇小林市自殺対策行動計画―平成26年度―平成30年度　小林市健康福祉部健康推進課編　［小林］　宮崎県小林市　2014.3　55p　30cm　Ⓝ368.3

小林市（男女共同参画）
◇小林市男女共同参画基本計画―小林市配偶者からの暴力の防止及び被害者の保護に関する基本計画　第2次　平成25年度―平成34年度　小林市市民部市民課編　［小林］　宮崎県小林市　2013.3　112p　30cm〈年表あり〉Ⓝ367.2196

小林市（地名）
◇小林の地名考―ふる里への感謝を込めて　吉本正義編著　宮崎　鉱脈社　2014.7　164p　19cm　Ⓘ978-4-86061-544-4　Ⓝ291.96　［1400円］

コバルトーレ女川
◇被災地からのリスタート―コバルトーレ女川の夢　佐藤拓也著　出版芸術社　2014.3　187p　19cm　Ⓘ978-4-88293-459-2　Ⓝ783.47　［1200円］

こ

小比類巻 貴之

◇あきらめない、迷わない、逃げない。―挑みつづける人の「心の習慣」 小比類巻貴之著 サンマーク出版 2014.5 188p 19cm ①978-4-7631-3354-0 Ⓝ788 ［1400円］

コペルニク

◇世界を巻き込む。一誰も思いつかなかった「しくみ」で問題を解決するコペルニクの挑戦 中村俊裕著 ダイヤモンド社 2014.2 229p 19cm ①978-4-478-02609-0 Ⓝ333.8 ［1500円］

小堀 鞆音〔1864〜1931〕

◇小堀鞆音―歴史画は故実に拠るべし 小堀桂一郎著 京都 ミネルヴァ書房 2014.9 418,11p 20cm （ミネルヴァ日本評伝選）〈文献あり 年譜あり 索引あり〉①978-4-623-06392-5 Ⓝ721.9 ［4200円］

狛江市（遺跡・遺物）

◇圦上遺跡―第6次発掘調査報告書 島田組編 新日鉄興和不動産 2013.5 67p 図版［8］枚 30cm〈東京都狛江市所在〉Ⓝ210.0254

狛江市（介護保険）

◇シルバーガイドブック 狛江市福祉保健部高齢障がい課編 狛江 狛江市福祉保健部高齢障がい課 2014.7 80p 30cm Ⓝ369.26

狛江市（環境行政）

◇狛江市環境保全実施計画―平成26年度―平成28年度 狛江市環境部環境政策課環境係編 ［狛江］ 狛江市 2014.7 109p 30cm Ⓝ519.1 ［170円］

狛江市（教育行政）

◇狛江市教育振興基本計画 第2期 狛江市教育委員会教育部学校教育課編 ［狛江］ 狛江市教育委員会 2014.11 25p 30cm Ⓝ373.2 ［30円］

狛江市（行政）

◇狛江市後期基本計画の指標等に係る市民アンケート調査報告書 平成26年度 企画財政部政策室編 ［狛江］ 狛江市 2014.8 129p 30cm Ⓝ318.2365 ［170円］

◇狛江市実行プラン―平成26年度ローリング版 企画財政部政策室・財政課編 ［狛江］ 狛江市 2014.6 55p 30cm Ⓝ318.2365 ［70円］

狛江市（行政改革）

◇狛江市第5次行財政改革推進計画―平成26年度―平成28年度 ［狛江市］ 企画財政部政策室編 ［狛江］ 狛江市 2014.6 67p 30cm Ⓝ318.2365 ［90円］

狛江市（高齢者福祉）

◇シルバーガイドブック 狛江市福祉保健部高齢障がい課編 狛江 狛江市福祉保健部高齢障がい課 2014.7 80p 30cm Ⓝ369.26

狛江市（国民保護計画）

◇狛江市国民保護計画 狛江市総務部安心安全課編 平成26年修正 ［狛江］ 狛江市 2014.4 118p 30cm Ⓝ393.2 ［160円］

狛江市（子育て支援）

◇狛江市子ども・子育て支援に関するニーズ調査報告書 狛江市児童青少年部子育て支援課編 ［狛江］ 狛江市 2014.3 143p 30cm Ⓝ369.4 ［870円］

◇みんなで子育て・こまえプラン（後期）―次世代育成支援行動計画：進捗状況と評価 平成24年度 狛江市児童青少年部子育て支援課編 ［狛江］ 狛江市 2014.1 116p 30cm Ⓝ369.4 ［150円］

狛江市（古墳）

◇猪方小川塚古墳と狛江古墳群―多摩川流域における古墳時代の証言 狛江市教育委員会編 狛江 狛江市教育委員会 2014.3 71p 21cm （こまえ文化財ブックレット 2）〈年表あり 文献あり〉Ⓝ213.65 ［900円］

狛江市（商店街）

◇狛江市商店街振興プラン―平成26年度―平成30年度 狛江市市民生活部地域活性課編 ［狛江］ 狛江市 2014.4 102p 30cm Ⓝ672.1365 ［170円］

狛江市（震災予防）

◇狛江市地域防災計画―対照表 平成26年修正 震災編 ［狛江市編］ ［狛江］ ［狛江市防災会議］ ［2014］ 19枚 30cm Ⓝ369.3

◇狛江市地域防災計画 平成26年修正 震災編 狛江市総務部安心安全課編 ［狛江］ 狛江市防災会議 2014.3 239p 30cm Ⓝ369.3 ［360円］

狛江市（選挙―統計）

◇選挙の記録 狛江市選挙管理委員会編 狛江 狛江市選挙管理委員会 2014.3 1冊 30cm〈東京都議会議員選挙 平成25年6月23日執行，参議院議員選挙 平成25年7月21日執行，東京都知事選挙 平成26年2月9日執行〉Ⓝ314.8 ［230円］

狛江市（男女共同参画）

◇狛江市男女共同参画推進計画推進状況報告書 平成25年度 狛江市企画財政部政策室編 ［狛江］ 狛江市 2014.10 68p 30cm〈表紙のタイトル：狛江市男女共同参画推進計画―ともに生きるこまえ21プラン―平成25年度推進状況報告書 共同刊行：狛江市男女共同参画推進計画庁内推進本部ほか〉Ⓝ367.21365 ［90円］

◇狛江市男女共同参画に関する市民意識調査報告書 狛江市企画財政部政策室編 ［狛江］ 狛江市 2014.9 72p 30cm Ⓝ367.21365 ［100円］

狛江市（都市計画）

◇狛江市都市計画マスタープラン進捗管理―平成25年度報告書 狛江市都市建設部まちづくり推進課編 ［狛江］ 狛江市 2014.7 84p 30cm〈表紙のタイトル：都市計画マスタープラン進捗管理〉Ⓝ518.8 ［120円］

狛江市（風水害）

◇狛江市地域防災計画―対照表 平成26年修正 風水害編 ［狛江市編］ ［狛江］ ［狛江市防災会議］ ［2014］ 7枚 30cm Ⓝ369.3

◇狛江市地域防災計画 平成26年修正 風水害編 狛江市総務部安心安全課編 ［狛江］ 狛江市防災会議 2014.3 91p 30cm Ⓝ369.3 ［160円］

狛江市（防災計画）

◇狛江市地域防災計画―対照表 平成26年修正 風水害編 ［狛江市編］ ［狛江］ ［狛江市防災会議］ ［2014］ 7枚 30cm Ⓝ369.3

◇狛江市地域防災計画 平成26年修正 風水害編 狛江市総務部安心安全課編 ［狛江］ 狛江市防災会議 2014.3 91p 30cm Ⓝ369.3 ［160円］

◇狛江市地域防災計画 平成26年修正 資料編 狛江市総務部安心安全課編 ［狛江］ 狛江市防災会議 2014.3 30, 143, 17p 30cm Ⓝ369.3 ［300円］

狛江市（民間信仰）

◇俗信と言いならわし―暮らしが育む心と言葉のはたらき 狛江 狛江市教育委員会 2014.3 88p 30cm （狛江市文化財調査報告書 第29集）Ⓝ387.91365 ［470円］

駒ケ岳〔北海道〕

◇北海道駒ヶ岳噴火史料集 津久井雅志編 千葉 津久井雅志 2014.3 103p 30cm〈文献あり〉Ⓝ369.31

駒ヶ根（地域開発）

◇信州・駒ヶ根ソースかつ丼物語―ご当地グルメに託したまちおこし 山口真一著 長野 ほおずき書籍 2014.2 149p 19cm （星雲社（発売）①978-4-434-18891-6 Ⓝ601.152 ［1500円］

駒木 銀三郎〔5代目 1931〜 〕

◇駒木家の歴史―五代目銀三郎自傳 五代目駒木銀三郎著 ［東京］ 文藝春秋企画出版部 2014.4 412p 22cm〈文藝春秋（発売）年表あり〉Ⓝ289.1

小牧 太〔1967〜 〕

◇小牧太の「太論」―なぜ馬に乗り続けるのか 小牧太［著］，競馬道OnLine編集部企画・編集 スタンダードマガジン（発売） 2014.5 207p 18cm （競馬道OnLine新書 007）①978-4-938280-60-4 Ⓝ788.5 ［900円］

小牧（遺跡・遺物）

◇史跡小牧山主郭地区第4次発掘調査概要報告書 小牧市教育委員会編 小牧 小牧市教育委員会 2013.3 12p 30cm〈愛知県小牧市堀の内一丁目地内所在 内容：小牧山城〉Ⓝ210.0254

◇市内遺跡発掘調査報告書 21 小牧市教育委員会編 小牧 小牧市教育委員会 2013.3 11p 30cm〈愛知県小牧市所在 内容：浜井場遺跡 若宮遺跡 南外山遺跡 三ツ渕・東播州遺跡 高拍子遺跡〉Ⓝ210.0254

◇市内遺跡発掘調査報告書 22 小牧市教育委員会編 小牧 小牧市教育委員会 2013.11 30cm〈愛知県小牧市所在 内容：南外山遺跡 浄音寺山遺跡 多気神社西遺跡 天王塚遺跡〉Ⓝ210.0254

小牧市（行政）

◇第6次小牧市総合計画新基本計画―2014-2018 小牧市市長公室市政戦略課編 小牧 小牧市 2014.3 212p 21cm Ⓝ318.255

小牧市（城跡―保存・修復）
◇信長のまちづくり―新しい時代の扉：報告書：こまき信長・夢フォーラム　小牧市教育委員会編　小牧　小牧市教育委員会　2014.3　63p　30cm〈会期・会場：平成25年9月22日 小牧市市民会館ホール　小牧山城築城450年記念事業〉Ⓝ709.155

小牧市（神社）
◇小牧の神社　資料編　小牧市文化財資料研究員会編　小牧　小牧市教育委員会　2014.3　122p　26cm　Ⓝ175.955

小松 アキヱ〔1932～ 〕
◇白い約束―悲しみをのり越えて美容の道に生きる　小松アキヱ著　［山形］　山形文庫　2013.9　119p　21cm〈年譜あり　企画・編集：企業組合リンクシップ〉Ⓝ289.1

小松鋼機株式会社
◇小松鋼機創立50周年記念誌―大きな信頼輝く未来　小松鋼機50年誌編集委員会編　小松　小松鋼機　2014.3　126p　31cm〈年表あり〉Ⓝ564.067

小松市（遺跡・遺物）
◇大川遺跡　金沢　石川県教育委員会　2014.3　381p 図版［35］枚　30cm〈小松市所在　都市計画道路根上小松線（一般県道小松根上線）街路工事に係る埋蔵文化財発掘調査報告書　共同刊行：石川県埋蔵文化財センター〉Ⓝ210.0254
◇大川遺跡　石川県小松市教育委員会編　小松　石川県小松市教育委員会　2014.3　241p 図版［25］枚　30cm〈都市計画道路根上小松線街路工事に係る埋蔵文化財発掘調査報告書〉Ⓝ210.0254
◇大長野A遺跡　金沢　石川県教育委員会　2014.3　172p 図版28p　30cm〈小松市・能美市所在　一般国道8号（小松バイパス）改築工事に係る埋蔵文化財発掘調査報告書　共同刊行：石川県埋蔵文化財センター〉Ⓝ210.0254
◇小松市内遺跡発掘調査報告書　10　石川県小松市教育委員会編　小松　石川県小松市教育委員会　2014.3　54p 図版 6p　30cm〈内容：矢田借屋古墳群　島遺跡　吉竹C遺跡〉Ⓝ210.0254
◇八日市地方遺跡　2　石川県小松市教育委員会編　小松　石川県小松市教育委員会　2013.3　224p 図版 32p　30cm〈小松駅東土地区画整理事業に係る埋蔵文化財発掘調査報告書〉Ⓝ210.0254
◇吉竹遺跡　2　石川県小松市教育委員会編　小松　石川県小松市教育委員会　2013.11　8p　30cm〈分譲宅地造成に係る埋蔵文化財発掘調査報告書　共同刊行：清水不動産サービス〉Ⓝ210.0254

小松市（風俗・習慣）
◇新修小松市史　資料編 11　民俗　新修小松市史編集委員会編　小松　石川県小松市　2014.3　354p　27cm〈付属資料：DVD-Video 1枚（12cm）：映像と音による小松の無形文化〉Ⓝ214.3

小松島市（歴史―史料）
◇御鷹方御用幷諸願一巻控帳―和田津新田栗本家文書　［徳島］　徳島の古文書を読む会六班　2014.3　257p　26cm　（史料集 12）〈複製及び翻刻〉Ⓝ218.1　［非売品］

小松能美メンタルヘルスボランティア友の会
◇いっぽといっぽ―10周年記念誌　小松能美メンタルヘルスボランティア友の会10周年記念誌編集委員会編　［小松］　小松能美メンタルヘルスボランティア友の会　2014.6　93p　30cm〈年表あり　奥付のタイトル：設立10周年記念誌〉Ⓝ369.28

こまどり姉妹
◇こまどり姉妹とは誰か？―"一千萬失郷少年少女"の唄　浜田政弘著　［東京］　大牟田太郎　2013.2　144, 2p　21cm　（人物研究叢書）Ⓝ767.8

小峯 隆生〔1959～ 〕
◇若者のすべて―1980～86「週刊プレイボーイ」風雲録　小峯隆生著　講談社　2014.10　294p　19cm　①978-4-06-219180-7　Ⓝ023.1　［1600円］

小宮 一哲〔1976～ 〕
◇1年間"がむしゃら"に働くだけで、人生は180度変わる　小宮一哲［著］　クロスメディア・パブリッシング　2014.4　166p　19cm〈インプレスコミュニケーションズ（発売）〉①978-4-8443-7357-5　Ⓝ289.1　［1280円］

小宮山〔家〕〔東京都〕
◇小宮山家の人びと―ある家族の明治・大正・昭和史　中森涼子著　伊那　マザーアース　2013.8　187p　21cm　Ⓝ288.3

小村 雪岱〔1887～1940〕
◇小村雪岱―物語る意匠　小村雪岱［画］，埼玉県立近代美術館監修，大越久子著　東京美術　2014.8　159p　26cm　（ToBi selection）〈文献あり〉①978-4-8087-1007-1　Ⓝ721.9　［2800円］

コメニウス, J.A.〔1592～1670〕
◇ヤン・パトチカのコメニウス研究―世界を教育の相のもとに　ヤン・パトチカ［著］，相馬伸一編訳，宮坂和男，矢田部順二共訳　福岡　九州大学出版会　2014.8　267,9p　22cm〈索引あり　内容：コメニウスへの新たなまなざしについて　コメニウスと一七世紀の主要な哲学思想　ヴェルラム卿ベーコンとコメニウスの教授学　コメニウスとクザーヌス　『平安の中心』とクザーヌス　コメニウスと開けた魂　コメニウスと今日の人間　コメニウスの教育の哲学〉①978-4-7985-0136-9　Ⓝ371.2348　［4400円］

ゴヤ, F.J.〔1746～1828〕
◇ゴヤ啓蒙の光の影で　ツヴェタン・トドロフ［著］，小野潮訳　法政大学出版局　2014.9　292,24p 図版24p　20cm　（叢書・ウニベルシタス 1012）〈文献あり 著作目録あり 索引あり〉①978-4-588-01012-5　Ⓝ723.36　［3800円］
◇信仰の眼で読み解く絵画　3　エル・グレコ/ゴヤ/ベラスケス　岡山敦彦著　いのちのことば社（発売）　2013.11　227p 図版［12］枚　19cm　①978-4-264-03134-5　Ⓝ723　［1300円］

小山 薫堂〔1964～ 〕
◇小山薫堂×佐藤可士和　NHK『SWITCHインタビュー達人達』制作班，小山薫堂，佐藤可士和著　ぴあ　2014.3　128p　19cm　（SWITCH INTERVIEW達人達）①978-4-8356-1872-2　Ⓝ910.268　［800円］

小山 晃佑〔1929～2009〕
◇共感する神―非暴力と平和を求めて　佐々木勝彦著　教文館　2014.4　310p　19cm〈著作目録あり 年譜あり〉①978-4-7642-6979-8　Ⓝ199　［1900円］

小山 竜太郎〔1918～1995〕
◇浜坂先人記念館と、その周辺―特集小山龍太郎　喜尚晃子編　［大阪］　アトリエ融（製作）　2013.7　67p　21cm〈年譜あり〉Ⓝ910.268

五来 欣造〔1875～1944〕
◇五來欣造伝―大隈重信に仕えた国際ジャーナリストの生涯　森田信子著　五來文庫　2014.5　121p　21cm〈著作目録あり　年譜あり　文献あり〉①978-4-9907798-0-1　Ⓝ289.1　［3000円］

五稜郭
◇五稜郭築造と箱館戦争―市立函館博物館平成26年度特別展展示図録　市立函館博物館編　函館　市立函館博物館　2014.6　69p　30cm〈会期：平成26年6月15日―8月31日　五稜郭築造150年記念〉Ⓝ210.61

コルトレーン, J.〔1926～1967〕
◇ジョン・コルトレーン「至上の愛」の真実―スピリチュアルな音楽の創作過程　アシュリー・カーン著，川嶋文丸訳　新装改訂版　［東京］　Du Books　2014.11　400p　21cm〈ディスクユニオン（発売）　文献あり　音楽之友社2006年刊 の増訂〉①978-4-907583-21-7　Ⓝ764.78　［3600円］

コールハース, R.〔1944～ 〕
◇レム・コールハースは何を変えたのか　五十嵐太郎，南泰裕編　鹿島出版会　c2014　351p　21cm〈内容：レム・コールハースを読む（五十嵐太郎著）　疾走するアジアのジェネリック・シティ（五十嵐太郎著）　傾いた柱（南泰裕著）　「ボルドーの住宅」における三層の世界（槻橋修著）　観測者のランドスケープ（槻橋修著）　過密と原発（南泰裕著）　プラダ・エピセンターが変え〈なかっ〉たもの（浅子佳英著）　レム・コールハースから王澍まで（市川紘司著）　いま、アイロニーを捨てるべきか（橋本健史著）　OMA@ヴェネツィア・ビエンナーレ国際建築展（五十嵐太郎著）　ふつうではない建築のドキュメント（五十嵐太郎著）　メトロポリスのビッグな出版・編集者（瀧本雅志著）『S,M,L,XL』試論（岩元真明著）『VOLUME』再読（榊原充大著）　図義通りの建築（服部一晃著）　レム・コールハース/OMAのエディット戦略（菊地尊也著）　OMAの建築写真（出原日向子著）　コールハース/OMA/AMO主要著作解題（岩元真明編・著，丁周磨著）〉①978-4-306-04605-4　Ⓝ523.359　［2600円］

Gorbachev, Mikhail Sergeevich〔1931～ 〕
◇レーガン、ゴルバチョフ、ブッシュ―冷戦を終結させた指導者たち　和田修一著　一藝社　2014.9　284p　21cm〈文献あり　索引あり〉①978-4-86359-089-2　Ⓝ319.53038　［2200円］

コルバン, A.〔1936～ 〕
◇身体はどう変わってきたか―16世紀から現代まで　アラン・コルバン，小倉孝誠，鷲見洋一，岑村傑著　藤原書店　2014.12　310p　20cm〈文献あり　内容：『身体の歴史』とは何か（アラン・コルバン述，小倉孝誠訳）「からだ」と「こころ」の狭間で（鷲見洋一著）　感覚の主体、幻想の対象（小倉孝誠著）　あざなえる視線（岑村傑著）　アンシアン・レジーム期の身体とそ

是枝 裕和〔1962～ 〕

の表象（鷲見洋一著）　幸福な身体のために（小倉孝誠著）　二十世紀の文学と身体（岑村傑著）〉①978-4-89434-999-5 Ⓝ230.5　〔2600円〕

是枝 裕和〔1962～ 〕
◇是枝裕和×姜尚中　NHK『SWITCHインタビュー達人達』制作班, 是枝裕和, 姜尚中著　ぴあ　2014.7　128p　19cm（SWITCHインタビュー達人達）①978-4-8356-1889-0 Ⓝ778.21　〔2600円〕

コレクティブハウスかんかん森
◇これが, コレクティブハウスだ！―コレクティブハウスかんかん森の12年　コレクティブハウスかんかん森居住者組合会の風編　ドメス出版　2014.11　173p　21cm〈年譜あり〉①978-4-8107-0814-1 Ⓝ365.35　〔2000円〕

惟喬親王〔844～897〕
◇惟喬親王伝説を追う　中島伸男筆　〔東近江〕　〔中島伸男〕2014.10　125p　26cm Ⓝ288.44

五郎丸 歩〔1986～ 〕
◇不動の魂―桜の15番ラグビーと歩む　五郎丸歩著, 大友信彦編　実業之日本社　2014.12　275p　19cm ①978-4-408-45528-0 Ⓝ783.48　〔1600円〕

コロッケ〔1960～ 〕
◇母さんの「あおいくま」　コロッケ著　新潮社　2014.12　188p　16cm（新潮文庫　こ-61-1）①978-4-10-126271-0 Ⓝ779.16　〔430円〕
◇マネる技術　コロッケ［著］　講談社　2014.6　183p　18cm（講談社＋α新書 652-1C）①978-4-06-272846-1 Ⓝ779.16　〔840円〕

衣浦港
◇衣浦港港湾計画書　改訂　〔名古屋〕　愛知県　2014.3　31p　30cm（交通政策審議会港湾分科会資料 第55回）〈付属資料：1枚：衣浦港港湾計画図〉Ⓝ683.92155
◇衣浦港港湾計画資料　その1　改訂　〔名古屋〕　愛知県　2014.3　1冊　30cm Ⓝ683.92155
◇衣浦港港湾計画資料　その2　改訂　〔名古屋〕　愛知県　2014.3　223p　30cm Ⓝ683.92155

コロラド州
◇初期在北米日本人の記録　北米編　第152冊　米國西北部聯絡日本人會總會及會計報告　奥泉榮三郎監修・新序文　米國西北部聯絡日本人會, 傳馬實業同志會編　文生書院　2014.3　1冊　23cm（Digital reprint series）〈電子復刻版〉①978-4-89253-512-3 Ⓝ334.45　〔9600円〕

コロンビア（移民・植民〔日本〕）―歴史
◇黄金郷（エル・ドラド）を求めて―日本人コロンビア移住史　イネス・サンミゲル著, 加藤薫編・訳, 野田典子訳　横浜　神奈川大学出版会　2014.2　195p　21cm〈丸善出版（発売）文献あり　索引あり〉①978-4-906279-06-7 Ⓝ334.4614　〔2000円〕

コロンビア（経済援助〔日本〕）
◇コロンビア国別評価―第三者評価：報告書：平成25年度外務省ODA評価　〔東京〕　コーエイ総合研究所　2014.2　1冊　30cm〈文献あり〉Ⓝ333.8614

コロンビア（石炭産業）
◇コロンビアの我が国及びアジア市場への石炭輸出ポテンシャル調査―平成25年度海外炭開発支援事業海外炭開発高度化等調査　石油天然ガス・金属鉱物資源機構　2014.3　104p　30cm〈背のタイトル：コロンビア〉Ⓝ567.092614

金戒光明寺（京都市）
◇くろ谷金戒光明寺に眠る人びと　白嵜顕成著　京都　浄土宗大本山くろ谷金戒光明寺　2013.12　613p　22cm Ⓝ216.2

金光学園
◇金光学園の歩み　2005-2014　浅口　金光学園　2014.11　120p　21cm〈年表あり〉創立120年記念〉Ⓝ376.48

金光教
◇よっしゃ。―生きる力 ＋ 助かる力 ＋ 喜ぶ力：湯川安太郎の言葉から　金光教玉水教会編　大阪　金光教玉水教会　2014.2　209p　15cm〈あゆみ社（発売）初代大先生七十年祭記念出版〉Ⓝ178.74

金剛寺（河内長野市）
◇天野山金剛寺建築調査報告書　河内長野　河内長野市教育委員会　2013.3　1冊　30cm（河内長野市文化財調査報告書第53輯）Ⓝ521.818

金剛福寺（土佐清水市）
◇中世土佐幡多荘の寺院と地域社会　東近伸著　高知　リーブル出版　2014.9　274p　22cm ①978-4-86338-094-3 Ⓝ218.4　〔2500円〕

金剛峯寺〔和歌山県高野町〕
◇高野山の研究―水原堯榮の軌跡　第6巻　行事　水原堯榮著　同朋舎メディアプラン　2014.7　588p 図版 6p　22cm ①978-4-86236-055-7 Ⓝ188.5　〔25714円〕
◇高野山の名宝―高野山開創一二〇〇年記念　サントリー美術館, あべのハルカス美術館, 読売新聞大阪本社編　〔大阪〕　読売新聞大阪本社　2014.10　182, 7p　31cm〈文献あり　年譜あり　年表あり　会期・会場：2014年10月11日―12月7日 サントリー美術館ほか〉Ⓝ702.17
◇戦国武将と高野山奥之院―石塔の銘文を読む　木下浩良著　大阪　朱鷺書房　2014.5　290p　21cm〈文献あり〉①978-4-88602-202-8　Ⓝ221.02　〔2500円〕
◇中世の高野山を歩く　山陰加春夫著　吉川弘文館　2014.12　194,5p　21cm（歴史の旅）〈文献あり　索引あり〉①978-4-642-08259-4 Ⓝ188.55　〔2600円〕

金剛輪寺（滋賀県愛荘町）
◇名勝金剛輪寺明壽院庭園保存管理計画書　愛荘町教育委員会著, 環境事業計画研究所編　愛荘町（滋賀県）愛荘町教育委員会　2014.3　81p　30cm〈年表あり〉Ⓝ629.21
◇名勝金剛輪寺明壽院庭園保存修理工事報告書　建築研究協会編　愛荘町（滋賀県）明壽院　2014.3　132p　30cm Ⓝ629.21

コンサドーレ札幌
◇コンサドーレ札幌公式グラフ　2014　北海道新聞社編著　札幌　北海道新聞社　2014.12　141p　30cm ①978-4-89453-766-8 Ⓝ783.47　〔1204円〕

コンデ, M.〔1937～ 〕
◇渡りの文学―カリブ海のフランス語作家, マリーズ・コンデを読む　大辻都著　法政大学出版局　2013.12　464p　20cm〈文献あり　年譜あり　年表あり　索引あり〉①978-4-588-49032-3 Ⓝ950.278　〔4500円〕

コント, A.〔1798～1857〕
◇オーギュスト・コント　清水幾太郎著　筑摩書房　2014.7　366p　16cm（ちくま学芸文庫 シ26-3）〈文献あり　内容：オーギュスト・コント　最終講義オーギュスト・コント　コントとスペンサー　革命と経済学〉①978-4-480-09633-3 Ⓝ135.4　〔1300円〕

近藤 あや〔1991～ 〕
◇わりと, 近藤です。　近藤あや著　宝島社　2014.4　111p　26cm ①978-4-8002-2475-0 Ⓝ289.1　〔1200円〕

近藤 謙司
◇エベレスト、登れます。　近藤謙司著　産業編集センター　2014.4　327p　19cm ①978-4-86311-093-9 Ⓝ786.1　〔1300円〕
◇ぼくは冒険案内人　近藤謙司著　山と渓谷社　2014.12　237p　19cm〈年譜あり〉①978-4-635-17179-3 Ⓝ786.1　〔1400円〕

近藤 ちよ〔1913～1996〕
◇桜梅桃李―創立者近藤ちよ生誕百周年記念誌　狭山ヶ丘学園出版部編著　入間　狭山ヶ丘学園　2014.9　495p　21cm〈文献あり　年表あり〉Ⓝ289.1

近藤 等則〔1948～ 〕
◇空の気―自然と音とデザインと　近藤等則, 佐藤卓［著］　みすず書房　2014.5　156p　20cm ①978-4-622-07808-1 Ⓝ764.78　〔2600円〕

近藤 富蔵〔1805～1887〕
◇近藤重蔵と近藤富蔵―寛政改革の光と影　谷本晃久著　山川出版社　2014.4　94p　21cm（日本史リブレット人 058）〈文献あり　年譜あり〉①978-4-634-54858-9 Ⓝ289.1　〔800円〕

近藤 夏子〔1985～ 〕
◇ナッコトバ　近藤夏子著　宝島社　2014.2　111p　21cm ①978-4-8002-1933-6 Ⓝ767.8　〔1238円〕

権藤 博
◇もっと投げたくはないか―権藤博からのメッセージ　権藤博著　日刊スポーツ出版社　2014.10　157p　19cm ①978-4-8172-0525-0 Ⓝ783.7　〔1500円〕

近藤 文夫〔1947～ 〕
◇食べることは、生きること―世界一のてんぷらをあげる　近藤文夫著　幻冬舎　2014.11　183p　18cm ①978-4-344-02685-8 Ⓝ596.21　〔1000円〕

近藤 守重〔1771～1829〕
◇近藤重蔵と近藤富蔵―寛政改革の光と影　谷本晃久著　山川出版社　2014.4　94p　21cm（日本史リブレット人 058）〈文献あり　年譜あり〉①978-4-634-54858-9 Ⓝ289.1　〔800円〕

今野 大力〔1904～1935〕
◇北の詩人小熊秀雄と今野大力　金倉義慧著　高文研　2014.8　438p　20cm ①978-4-87498-550-2 Ⓝ911.52　〔3200円〕

今野 浩〔1940～ 〕
◇あのころ、僕たちは日本の未来を真剣に考えていた　今野浩著　青土社　2014.3　205p　20cm　Ⓘ978-4-7917-6776-2　Ⓝ289.1　［1800円］

今野 敏〔1955～ 〕
◇流行作家は伊達じゃない　今野敏著　角川春樹事務所　2014.1　248p　16cm　（ハルキ文庫 こ3-38）〈著作目録あり　内容：私の歩いてきた道　初任教養〉Ⓘ978-4-7584-3795-0　Ⓝ910.268　［580円］

近野教育振興会
◇未来を創る教育―若き人々のために：財団創立20周年記念誌　米沢　近野教育振興会　2014.3　327p　22cm　〈著作目録あり〉

金春 禅竹〔1405～ 〕
◇禅竹能楽論の世界　高橋悠介著　慶應義塾大学出版会　2014.3　434,12p　図版16p　22cm　〈文献あり　索引あり〉Ⓘ978-4-7664-2099-9　Ⓝ773.8　［6600円］

コンラッド, J.〔1857～1924〕
◇ジョウゼフ・コンラッド研究―比較文学的アプローチ　松村敏彦著　大阪　大阪教育図書　2014.8　286p　22cm　〈文献あり　索引あり　布装　内容：ラフカディオ・ハーンとジョウゼフ・コンラッド　宮崎駿とラフカディオ・ハーン　村上春樹とジョウゼフ・コンラッド　オルハン・パムクとジョウゼフ・コンラッド〉Ⓘ978-4-271-21033-7　Ⓝ930.278　［3500円］

【 さ 】

西域 →シルクロードを見よ

佐伯市（遺跡・遺物）
◇佐伯城跡測量調査報告書・佐伯市内遺跡試掘確認調査報告書　佐伯　佐伯市教育委員会　2014.3　48p　図版2枚　30cm　（佐伯市文化財調査報告書 第5集）Ⓝ210.0254
◇栂牟礼遺跡天神ノ下地区栂牟礼遺跡掃木地区曳地館跡元越遺跡　大分　大分県教育庁埋蔵文化財センター編　大分　大分県教育庁埋蔵文化財センター　2014.3　174p　30cm　（大分県教育庁埋蔵文化財センター調査報告書 第72集）Ⓝ210.0254
◇栂牟礼城跡関連遺跡発掘調査報告書　2　佐伯　佐伯市教育委員会　2014.3　44p　図版2枚　30cm　（佐伯市文化財調査報告書 第4集）Ⓝ210.0254

佐伯市（都市計画）
◇佐伯市都市計画マスタープラン―自然・歴史・食文化のとけるうまべの都　佐伯市建設部都市計画課編　佐伯　佐伯市建設部都市計画課　2013.12　171p　30cm　Ⓝ518.8

西行〔1118～1190〕
◇自由人西行　名越護著　鹿児島　南方新社　2014.9　247p　19cm　〈文献あり　年譜あり〉Ⓘ978-4-86124-297-7　Ⓝ911.142　［2000円］

西教寺〔和泉市〕
◇和泉市歴史的建造物調査報告書　1　谷直樹監修　和泉　和泉市教育委員会　2014.3　125p　図版8p　30cm　（和泉市史紀要 第21集）Ⓝ521.8

三枝 博音〔1892～1963〕
◇三枝博音大学と思想―三枝博音先生没後50年記念誌　横浜市立大学三枝博音先生没後50年記念事業委員会編　横浜　横浜市立大学学術研究会　2013.11　63p　21cm　〈年譜あり　共同刊行：横浜市立大学〉Ⓝ121.6

西郷 隆盛〔1827～1877〕
◇消された「西郷写真」の謎―写真がとらえた禁断の歴史　斎藤充功著　学研パブリッシング　2014.4　287p　20cm　〈学研マーケティング（発売）文献あり　年譜あり〉Ⓘ978-4-05-405983-2　Ⓝ210.61　［1800円］
◇西郷「征韓論」の真相―歴史家の虚構をただす　川道麟太郎著　勉誠出版　2014.5　336p　20cm　Ⓘ978-4-585-22089-3　Ⓝ210.621　［2200円］
◇西郷隆盛紀行　橋川文三著　文藝春秋　2014.10　250p　16cm　（文春学藝ライブラリー）〈底本：朝日新聞社 1985年刊〉
◇西郷隆盛伝説　佐高信著　光文社　2014.3　436p　16cm　（光文社知恵の森文庫 あさ2-16）〈角川文庫 2010年刊の再刊〉Ⓘ978-4-334-78642-7　Ⓝ289.1　［900円］
◇西郷隆盛伝説の虚実　安藤優一郎著　日本経済新聞出版社　2014.5　237p　20cm　〈文献あり〉Ⓘ978-4-532-16930-5　Ⓝ289.1　［1800円］

◇西郷隆盛と薩摩　松尾千歳著　吉川弘文館　2014.3　159p　21cm　（人をあるく）〈文献あり　年譜あり〉Ⓘ978-4-642-06779-9　Ⓝ289.1　［2000円］
◇西郷隆盛の首を発見した男　大野敏明著　文藝春秋　2014.2　246p　18cm　（文春新書 958）〈文献あり　年譜あり〉Ⓘ978-4-16-660958-1　Ⓝ289.1　［820円］
◇西郷南洲の遺訓に学ぶ―森信三講録　森信三著　致知出版社　2014.2　196p　20cm　Ⓘ978-4-8009-1033-2　Ⓝ289.1　［1400円］
◇親友・西郷隆盛―伝承の日本史　斎木雲州著　藤沢　大元出版　2014.11　144p　22cm　Ⓘ978-4-901596-13-8　Ⓝ289.1　［2037円］

最高裁判所
◇弁護士から最高裁判所判事へ―折り折りの思索　須藤正彦著　商事法務　2014.5　442p　22cm　〈内容：最高裁判事の職務に思う　私の個別意見　ヘルパー派遣における高齢者の救済手続　新しい日弁連綱紀委員会覚書　ABLの二方面での合理性と法的扱い　特別危機管理銀行（一時国有化銀行）と金融業務　弁護士実務と学説　近頃執行官の職務に思うこと　前臨床での会社再生　バンドウの大学〉Ⓘ978-4-7857-2185-5　Ⓝ327.122　［5500円］

西条 八十〔1892～1970〕
◇西條八十全集　別巻　著作目録・年譜　西條八十［著］　西條八十全集編集委員会編　国書刊行会　2014.4　676,63p　22cm　〈文献あり　索引あり　内容：西條八十著作目録　主要雑誌目次一覧　西條八十年譜　索引〉Ⓘ978-4-336-03318-5　Ⓝ918.68　［14000円］

済生丸
◇済生丸50年誌―海をわたる診療船「済生丸」半世紀の歩み　恩賜財団済生会支部岡山・広島・香川・愛媛県済生会編　岡山　恩賜財団済生会支部岡山・広島・香川・愛媛県済生会　2014.1　202p　30cm　〈年表あり〉Ⓝ498.16　［非売品］

西大寺〔岡山市〕
◇備前国西大寺縁起絵巻　川崎剛志、苅米一志、土井通弘編　岡山　就実大学吉備地方文化研究所　2013.12　111p　22×31cm　Ⓘ978-4-9907564-0-6　Ⓝ188.55　［6500円］

埼玉
◇埼玉あるある　さいたま与太郎著、花小金井正幸画　TOブックス　2014.8　159p　18cm　Ⓘ978-4-86472-285-8　Ⓝ291.34　［950円］
◇埼玉のおきて―サイタマを楽しむための52のおきて　埼玉県地位向上委員会編　アース・スターエンターテイメント　2014.3　174p　18cm　〈泰文堂（発売）文献あり〉Ⓘ978-4-8030-0548-6　Ⓝ291.34　［952円］
◇埼玉の謎学　博学こだわり倶楽部、夢の設計社企画・編集　河出書房新社　2014.12　221p　15cm　（KAWADE夢文庫 K1008）〈文献あり〉Ⓘ978-4-309-49908-6　Ⓝ291.34　［620円］

埼玉県（遺跡・遺物―上尾市）
◇坂上遺跡　第3次調査　上尾　上尾市遺跡調査会　2014.1　56p　図版16p　26cm　（上尾市遺跡調査会調査報告書 第43集）Ⓝ210.0254

埼玉県（遺跡・遺物―朝霞市）
◇朝霞市埋蔵文化財調査報告集報　4　朝霞市教育委員会（文化財課）編　［朝霞］　朝霞市教育委員会　2014.3　82p　図版18p　30cm　（朝霞市埋蔵文化財発掘調査報告書 第40集）〈文献あり　内容：古屋敷遺跡　第1地点　行人塚・金子塚下遺跡　第2・3地点〉Ⓝ210.0254
◇朝霞市埋蔵文化財調査報告集報　5　朝霞市教育委員会（文化財課）編　［朝霞］　朝霞市教育委員会　2014.3　57p　図版7p　30cm　（朝霞市埋蔵文化財発掘調査報告書 第41集）〈内容：大瀬戸遺跡　第9地点　立泉遺跡　第1地点　北割・西原遺跡　第7地点　島の上遺跡　第1地点　稲荷山・郷戸遺跡　第7地点〉Ⓝ210.0254

埼玉県（遺跡・遺物―入間市）
◇市内遺跡調査報告書　8　入間　入間市教育委員会博物館　2014.3　21p　30cm　（入間市埋蔵文化財報告書 第8集）〈平成25年度市内遺跡試掘調査〉Ⓝ210.0254

埼玉県（遺跡・遺物―桶川市）
◇桶川市内遺跡範囲確認調査報告書　平成25年度　桶川市教育委員会編　［桶川］　桶川市教育委員会　2014.3　27p　図版2p　30cm　Ⓝ210.0254
◇諏訪北Ⅰ/諏訪北Ⅱ/諏訪南/二ツ家下　熊谷　埼玉県埋蔵文化財調査事業団　2014.3　212p　図版53p　30cm　（埼玉県埋蔵文化財調査事業団報告書 第409集）〈国土交通省関東地方整備局の委託による　桶川市・北本市所在　一般国道468号首都圏

埼玉県（遺跡・遺物—春日部市）

中央連絡自動車道新設工事に伴う桶川北本地区埋蔵文化財発掘調査報告〉Ⓝ210.0254

◇諏訪野遺跡　1　第1分冊　熊谷　埼玉県埋蔵文化財調査事業団　2014.3　386p　図版　3枚　30cm　（埼玉県埋蔵文化財調査事業団報告書　第410集）〈国土交通省関東地方整備局の委託による　桶川市所在　一般国道468号首都圏中央連絡自動車道新設工事に伴う桶川地区埋蔵文化財発掘調査報告〉Ⓝ210.0254

◇諏訪野遺跡　1　第2分冊　熊谷　埼玉県埋蔵文化財調査事業団　2014.3　p387-495　図版　198p　30cm　（埼玉県埋蔵文化財調査事業団報告書　第410集）〈国土交通省関東地方整備局の委託による　桶川市所在　一般国道468号首都圏中央連絡自動車道新設工事に伴う桶川地区埋蔵文化財発掘調査報告〉Ⓝ210.0254

埼玉県（遺跡・遺物—春日部市）

◇貝の内遺跡17．27次地点・浜川戸遺跡31．32．33次地点　春日部　春日部市教育委員会　2014.3　74p　30cm　（春日部市埋蔵文化財発掘調査報告書　第16集）Ⓝ210.0254

◇八木崎遺跡5次地点　春日部　春日部市教育委員会　2014.3　17p　30cm　（春日部市埋蔵文化財発掘調査報告書　第15集）Ⓝ210.0254

埼玉県（遺跡・遺物—加須市）

◇騎西城武家屋敷跡第2・3・8・9・50・51次調査騎西城跡第3・12・14・15次調査多賀谷氏屋敷跡第1-3次調査　加須　加須市教育委員会　2014.3　155p　図版　[32]枚　30cm　（加須市埋蔵文化財調査報告書　第7集）〈年表あり　文献あり　埼玉県加須市所在〉Ⓝ210.0254

埼玉県（遺跡・遺物—川口市）

◇小谷場貝塚遺跡—区画整理事業に伴う第9次埋蔵文化財発掘調査　埼玉県川口市遺跡調査会編　［川口］　埼玉県川口市遺跡調査会　2014.3　123p　図版12p　30cm　（川口市遺跡調査会報告　第45集）〈文献あり〉Ⓝ210.0254

◇小谷場貝塚遺跡—区画整理事業に伴う第11・13・14次埋蔵文化財発掘調査　川口市遺跡調査会編　［川口］　川口市遺跡調査会　2014.3　76p　図版21p　30cm　（川口市遺跡調査会報告　第46集）〈文献あり〉Ⓝ210.0254

◇平柳遺跡　埼玉県川口市教育委員会編　［川口］　埼玉県川口市教育委員会　2014.3　198p　図版60p　30cm　（川口市埋蔵文化財調査報告書）Ⓝ210.0254

◇宝蔵寺/新井宿上一斗蒔/東町裏　熊谷　埼玉県埋蔵文化財調査事業団　2014.3　50p　図版12p　30cm　（埼玉県埋蔵文化財調査事業団報告書　第412集）〈埼玉県の委託による　川口市所在　県道さいたま鳩ヶ谷線建設事業関係埋蔵文化財発掘調査報告〉Ⓝ210.0254

埼玉県（遺跡・遺物—川越市）

◇三変稲荷神社古墳—第2次発掘調査報告書　川越市遺跡調査会，川越市教育委員会編　［川越］　川越市遺跡調査会　2013.8　50p　図版7p　30cm　（川越市遺跡調査会調査報告書　第43集）〈共同刊行：川越市教育委員会〉

◇市内遺跡　1　川越市教育委員会，川越市遺跡調査会編　［川越］　川越市教育委員会　2013.3　168p　図版29p　30cm　（川越市遺跡調査会調査報告書　第42集）〈共同刊行：川越市遺跡調査会　内容：弁天西遺跡．第2次　弁天西遺跡．第5次　弁天西遺跡．第6次　弁天遺跡．第7次　弁天西遺跡．第9次　弁天遺跡．第10次　弁天南遺跡．第1次　浅間神社南遺跡．第1次　浅間神社南遺跡．第2次　浅間下遺跡．第4次　新田屋敷遺跡．第4次　新田屋敷遺跡．第8次　新田屋敷遺跡．第13次　天王遺跡．第10次　天王遺跡．第13次　会下遺跡．第5次　寿町東遺跡．第2次　山王脇遺跡．第7次　南女堀遺跡．第1次　大塚遺跡．第1次〉Ⓝ210.0254

◇堂山遺跡—第1次発掘調査報告書　川越市教育委員会編　川越　川越市教育委員会　2013.3　34p　図版7p　30cm　（川越市埋蔵文化財発掘調査報告書　第24集）Ⓝ210.0254

埼玉県（遺跡・遺物—北本市）

◇諏訪北Ⅰ/諏訪北Ⅱ/諏訪南/二ツ家下　熊谷　埼玉県埋蔵文化財調査事業団　2014.3　212p　図版53p　30cm　（埼玉県埋蔵文化財調査事業団報告書　第409集）〈国土交通省関東地方整備局の委託による　桶川市・北本市所在　一般国道468号首都圏中央連絡自動車道新設工事に伴う桶川北本地区埋蔵文化財発掘調査報告〉Ⓝ210.0254

埼玉県（遺跡・遺物—行田市）

◇史跡埼玉古墳群奥の山古墳—発掘調査・保存整備事業報告書　埼玉県立さきたま史跡の博物館編　［さいたま］　埼玉県教育委員会　2014.3　234p　図版94p　30cm　Ⓝ210.0254

◇常設展示解説図録—行田市郷土博物館　行田市郷土博物館編　行田　行田市郷土博物館　2014.3　101p　30cm　〈年表あり　文献あり〉Ⓝ213.4

埼玉県（遺跡・遺物—久喜市）

◇発掘！縄文時代のむら—地獄田遺跡展：第5回特別展　久喜　久喜市立郷土資料館　2014.10　58p　30cm　〈会期：平成26年10月18日—12月27日〉Ⓝ213.4

埼玉県（遺跡・遺物—熊谷市）

◇上之古墳群・諏訪木遺跡　［熊谷］　埼玉県熊谷市遺跡調査会　2013.3　22p　図版6p　30cm　（埼玉県熊谷市遺跡調査会埋蔵文化財調査報告書）Ⓝ210.0254

◇熊谷市前中西遺跡を語る—弥生時代の大規模集落　関東弥生文化研究会，埼玉弥生土器観会編　六一書房　2014.8　290p　21cm　（考古学リーダー　23）〈文献あり　内容：シンポジウム後の補足研究　前中西遺跡の周辺をめぐる課題（柿沼幹夫著）　シンポジウムの補遺と若干の考察（宅間清公著）　所謂『栗林式』有文壺形の変遷（鈴木正博著）　前中西遺跡の研究　熊谷市前中西遺跡を訪ねて（やませ吹くとき）（菊池健一著）　前中西遺跡の弥生石器について（杉山浩平著）　前中西遺跡と地域間交流（轟直行著）　前中西遺跡の栗林式系甕の検討（大木紳一郎著）「北島式」の再考（吉田稔著）　大宮台地南端における弥生後期の遺跡（小坂延仁著）　荒川扇状地における弥生集落（白石哲也著）　南関東から見た弥生中期妻沼低地集落群の特質（杉山祐一著）　下総から前中西遺跡を考える（予察）（小林嵩著）　佐久地域北部の弥生集落の変遷（小山岳夫著）　信州から前中西遺跡を見る（馬場伸一郎著）〉①978-4-86445-046-1　Ⓝ213.4　[3600円]

◇不二ノ腰遺跡　2　［熊谷］　埼玉県熊谷市不二ノ腰遺跡調査会　2014.3　20p　図版4p　30cm　〈熊谷市不二ノ腰遺跡調査会埋蔵文化財調査報告書〉Ⓝ210.0254

◇前中西遺跡　9　［熊谷］　埼玉県熊谷市前中西遺跡調査会　2014.3　115p　図版30p　30cm　（埼玉県熊谷市前中西遺跡調査会埋蔵文化財調査報告書）Ⓝ210.0254

◇南方遺跡　2　［熊谷］　埼玉県熊谷市南方遺跡調査会　2014.3　29p　図版7p　30cm　（埼玉県熊谷市南方遺跡調査会埋蔵文化財調査報告書）Ⓝ210.0254

埼玉県（遺跡・遺物—鴻巣市）

◇新屋敷遺跡　第1次・第2次調査　鴻巣市教育委員会編　［鴻巣］　鴻巣市教育委員会　2014.3　62p　図版34p　30cm　（鴻巣市文化財調査報告　第16集）Ⓝ210.0254

◇伝源経基館跡　第2次—第9次調査　鴻巣市教育委員会編　［鴻巣］　鴻巣市教育委員会　2014.3　54p　図版15p　30cm　（鴻巣市文化財調査報告　第17集）Ⓝ210.0254

◇馬室小校庭内遺跡　第1次調査　鴻巣市教育委員会編　［鴻巣］　鴻巣市教育委員会　2014.3　65p　図版25p　30cm　（鴻巣市文化財調査報告　第15集）Ⓝ210.0254

埼玉県（遺跡・遺物—坂戸市）

◇上谷遺跡　6　坂戸　埼玉県坂戸市教育委員会　2014.3　44p　図版8p　30cm　〈上谷遺跡3区発掘調査報告書〉Ⓝ210.0254

埼玉県（遺跡・遺物—志木市）

◇志木市遺跡群　20　志木　埼玉県志木市教育委員会　2013.3　72p　図版18p　30cm　（志木市の文化財　第51集）〈内容：田子山遺跡．第107地点　新邸遺跡．第10地点　西原大塚遺跡．第159地点〉Ⓝ210.0254

◇志木市遺跡群　21　志木　埼玉県志木市教育委員会　2014.3　132p　図版26p　30cm　（志木市の文化財　第58集）〈内容：城山遺跡．第62(1)-(11)地点　西原大塚遺跡．第165地点　西原大塚遺跡．第166地点　西原大塚遺跡．第171地点〉Ⓝ210.0254

◇城山遺跡第64地点埋蔵文化財発掘調査報告書　志木　埼玉県志木市教育委員会　2013.3　78p　図版22p　30cm　（志木市の文化財　第53集）Ⓝ210.0254

◇城山遺跡第71地点埋蔵文化財発掘調査報告書　志木　埼玉県志木市教育委員会　2013.3　208p　図版40p　30cm　（志木市の文化財　第54集）Ⓝ210.0254

◇城山遺跡第76地点埋蔵文化財発掘調査報告書　志木　埼玉県志木市教育委員会　2013.3　56p　図版10p　30cm　（志木市の文化財　第52集）Ⓝ210.0254

◇中野遺跡第78地点埋蔵文化財発掘調査報告書　志木　埼玉県志木市教育委員会　2014.3　38p　図版6p　30cm　（志木市の文化財　第57集）Ⓝ210.0254

◇西原大塚遺跡第174(1)地点埋蔵文化財発掘調査報告書　志木　埼玉県志木市教育委員会　2013.3　221p　30cm　（志木市の文化財　第55集）Ⓝ210.0254

◇西原大塚遺跡第179地点埋蔵文化財発掘調査報告書　志木　埼玉県志木市教育委員会　2014.3　90p　図版18p　30cm　（志木市の文化財　第56集）Ⓝ210.0254

◇埋蔵文化財調査報告書　5　志木　埼玉県志木市教育委員会　2014.3　67p　図版18p　30cm　（志木市の文化財　第59集）〈埼玉県志木市所在　内容：城山遺跡．第26地点〉Ⓝ210.0254

埼玉県（遺跡・遺物―白岡市）
◇前田遺跡　第2地点　［白岡］　白岡市教育委員会　2014.3
91p 図版［12］枚　30cm　（白岡市埋蔵文化財調査報告書
第23集）Ⓝ210.0254

埼玉県（遺跡・遺物―鶴ヶ島市）
◇天神前遺跡第1・4次上山田遺跡第9・11次　鶴ヶ島　埼玉県
鶴ヶ島市教育委員会　2014.3 64p 図版16p 30cm　（鶴ヶ
島市埋蔵文化財調査報告　第73集）Ⓝ210.0254
◇元屋敷遺跡B―発掘調査報告書　鶴ヶ島　埼玉県鶴ヶ島市遺跡
調査会　2014.12 28p 図版4p 30cm　（鶴ヶ島市埋蔵文
化財調査報告　第74集）〈岸田建設の委託による〉Ⓝ210.0254

埼玉県（遺跡・遺物―所沢市）
◇北久米遺跡　第1-4次調査　［所沢］　埼玉県所沢市教育委員会
2014.3 262p 図版54p 30cm　（所沢市埋蔵文化財調査報告
書　第61集）〈共同刊行：所沢市立埋蔵文化財調査センター〉
Ⓝ210.0254
◇市内遺跡調査報告　20　［所沢］　埼玉県所沢市教育委員会
2014.3 44p 図版29p 30cm　（所沢市埋蔵文化財調査報告
書　第60集）〈附篇平成25年度市内遺跡確認調査（国庫・県費
補助対象分）　共同刊行：所沢市立埋蔵文化財調査センター
内容：下安松遺跡．第6次調査〉Ⓝ210.0254
◇谷戸遺跡　第3次調査　［所沢］　埼玉県所沢市教育委員会
2014.3 48p 図版［13］枚　30cm　（所沢市埋蔵文化財調査
報告書　第62集）〈共同刊行：所沢市立埋蔵文化財調査セン
ター〉Ⓝ210.0254

埼玉県（遺跡・遺物―戸田市）
◇前谷遺跡―埋蔵文化財発掘調査報告書　2　埼玉県戸田市教育
委員会編　戸田　埼玉県戸田市教育委員会　2014.3 39p 図
版7p 30cm　（戸田市文化財調査報告　19）Ⓝ210.0254
◇南原遺跡―埋蔵文化財発掘調査報告書　11　埼玉県戸田市教
育委員会編　戸田　埼玉県戸田市教育委員会　2013.12 75p
図版13p 30cm　（戸田市文化財調査報告 18）Ⓝ210.0254

埼玉県（遺跡・遺物―新座市）
◇新座市内遺跡―新座市内遺跡確認調査報告書　17　新座　新
座市教育委員会　2014.3 25p 30cm　（新座市埋蔵文化財報
告　第30集）Ⓝ210.0254
◇根通遺跡第1地点発掘調査報告書　東京航業研究所編　［新座］
埼玉県新座市教育委員会　2013.6 51p 図版18p 30cm
（新座市埋蔵文化財調査報告　第29集）〈埼玉県新座市所在〉
Ⓝ210.0254

埼玉県（遺跡・遺物―蓮田市）
◇荒川附遺跡　3　熊谷　埼玉県埋蔵文化財調査事業団　2014.3
64p 図版18p 30cm　（埼玉県埋蔵文化財調査事業団報告書
第411集）〈埼玉県の委託による　蓮田市所在　県道上尾蓮田
線建設事業関係埋蔵文化財発掘調査報告〉Ⓝ210.0254
◇埼玉県蓮田市文化財調査報告書　第51集　蓮田　蓮田市教育
委員会　2014.3 28p 図版8p 30cm　〈内容：宿浦遺跡．第
20調査地点　宿浦遺跡．第22調査地点　荒川附遺跡．第25調
査地点　天神前遺跡．第31調査地点〉Ⓝ210.0254
◇宿浦遺跡　蓮田　蓮田市教育委員会　2014.3 56p 図版8p
26cm　（埼玉県蓮田市文化財調査報告書 第53集）〈内容：23'
区　第15地点　第16地点　第21地点　第23地点　第24地点
第25地点〉Ⓝ210.0254

埼玉県（遺跡・遺物―羽生市）
◇小松古墳群1号墳　羽生　羽生市教育委員会　2014.3 1冊
30cm　（羽生市発掘調査報告書　第4集）〈水道管敷設工事に伴
う埋蔵文化財発掘調査〉Ⓝ210.0254

埼玉県（遺跡・遺物―飯能市）
◇飯能の遺跡　41　飯能　埼玉県飯能市教育委員会　2014.3 6,
70p 30cm　〈内容：堂前遺跡．第6-10次調査〉Ⓝ210.0254

埼玉県（遺跡・遺物―日高市）
◇北ハ原─1次調査，西佛─2・3次調査，森ノ腰─2次調査　日高
市教育委員会編　日高　日高市教育委員会　2013.3 48p 図
版20p 30cm　（日高市埋蔵文化財調査報告書 第34集）
Ⓝ210.0254
◇高麗石器時代住居跡遺跡―確認調査報告書　日高市教育委員
会編　日高　日高市教育委員会　2014.3 48p 図版［7］枚
30cm　（日高市埋蔵文化財調査報告書 第35集）Ⓝ210.0254

埼玉県（遺跡・遺物―深谷市）
◇上南原下遺跡　第4次　［深谷］　埼玉県深谷市教育委員会
2013.3 7p 図版2p 30cm　（埼玉県深谷市埋蔵文化財発掘
調査報告書 第134集）Ⓝ210.0254
◇熊野遺跡　13　133次調査　深谷市教育委員会編　深谷　深谷
市教育委員会　2013.3 17p 図版4p 30cm　（埼玉県深谷市
埋蔵文化財発掘調査報告書 第133集）Ⓝ210.0254

◇下郷遺跡　7　［深谷］　埼玉県深谷市教育委員会　2013.3
204p 図版54p 30cm　（埼玉県深谷市埋蔵文化財発掘調査報
告書 第130集）Ⓝ210.0254
◇上敷免森下遺跡　第2次　［深谷］　埼玉県深谷市教育委員会
2013.3 80p 図版19p 30cm　（埼玉県深谷市埋蔵文化財発
掘調査報告書 第129集）Ⓝ210.0254
◇外谷田遺跡　［深谷］　埼玉県深谷市埋蔵文化財発掘調査報告書
図版3p 30cm　（埼玉県深谷市埋蔵文化財発掘調査報告書
第135集）Ⓝ210.0254
◇榛沢遺跡群　1　［深谷］　埼玉県深谷市教育委員会　2013.3
150p 図版［18］枚　30cm　（埼玉県深谷市埋蔵文化財発掘
調査報告書 第131集）〈内容：石蕨遺跡A　大寄遺跡A〉
Ⓝ210.0254
◇洛山古墳群─1号墳　2　深谷市教育委員会編　深谷　深谷市
教育委員会　2013.3 9p 図版1p 30cm　（埼玉県深谷市埋
蔵文化財発掘調査報告書 第132集）Ⓝ210.0254

埼玉県（遺跡・遺物―ふじみ野市）
◇市内遺跡群　8　ふじみ野　ふじみ野市教育委員会　2013.3
158p 30cm　（ふじみ野市埋蔵文化財調査報告 第9集）〈埼
玉県ふじみ野市所在〉Ⓝ210.0254
◇市内遺跡群　9　ふじみ野　ふじみ野市教育委員会　2013.3
76p 30cm　（ふじみ野市埋蔵文化財調査報告 第10集）〈埼
玉県ふじみ野市所在　内容：松山遺跡第54地点　東久保遺跡
第68地点　神明後遺跡第41地点〉Ⓝ210.0254

埼玉県（遺跡・遺物―本庄市）
◇金屋南遺跡　3　本庄　本庄市教育委員会　2013.3 57p 図版
28p 30cm　（本庄市埋蔵文化財調査報告書 第31集）〈文献
あり　長沖古墳群内：縄文A地区・江ノ浜地区〉
◇久下前遺跡Ⅴ（F1地点）・久下東遺跡Ⅵ（G1地点）　本庄　本庄
市教育委員会　2013.3 150p 図版40p 30cm　（本庄市埋蔵
文化財調査報告書 第32集）Ⓝ210.0254
◇左口遺跡Ⅱ-B地点の調査本庄飯玉遺跡北堀新田遺跡Ⅲ-D地点
の調査　本庄　本庄市教育委員会　2013.3 42p 図版11p
30cm　（本庄市埋蔵文化財調査報告書 第34集）Ⓝ210.0254
◇本庄2号遺跡・薬師堂東遺跡（第1・第2地点）・御堂坂4号墳
本庄　本庄市教育委員会　2013.3 60p 図版13p 30cm
（本庄市埋蔵文化財調査報告書 第33集）Ⓝ210.0254
◇南御堂坂遺跡　本庄　本庄市教育委員会　2013.3 9p 図版
2p 30cm　（本庄市埋蔵文化財調査報告書 第35集）Ⓝ210.
0254

埼玉県（遺跡・遺物―八潮市）
◇八條遺跡　熊谷　埼玉県埋蔵文化財調査事業団　2013.11
78p 図版24p 30cm　（埼玉県埋蔵文化財調査事業団報告書
第407集）〈国土交通省関東地方整備局の委託による　八潮市
所在　中川右岸改修事業に伴う埋蔵文化財発掘調査報告〉
Ⓝ210.0254

埼玉県（遺跡・遺物―和光市）
◇市場峡・市場上遺跡　第20次・第21次・第22次調査　和光市
遺跡調査会,和光市教育委員会　［和光］　和光市遺跡調査会
2014.3 127p 図版33p 30cm　（和光市埋蔵文化財調査報告
書　第53集）〈埼玉県和光市所在　和光市白子三丁目中央土地
区画整理に伴う発掘調査報告書　共同刊行：和光市教育委員
会〉Ⓝ210.0254
◇市場峡・市場上遺跡　第23次調査　和光市遺跡調査会,和光市
教育委員会編　［和光］　和光市遺跡調査会　2014.3 26p 図
版6p 30cm　（和光市埋蔵文化財調査報告書 第54集）〈埼
玉県和光市所在　和光市白子三丁目中央土地区画整理に伴う
発掘調査報告書　共同刊行：和光市教育委員会〉Ⓝ210.0254
◇市内遺跡発掘調査報告書　17　和光市教育委員会編　和光　和
光市教育委員会　2014.3 34p 図版10p 30cm　（和光市埋
蔵文化財調査報告書 第55集）〈埼玉県和光市所在　内容：市
場峡・市場上遺跡．第13次　城山遺跡．第4次〉Ⓝ210.0254

埼玉県（衛生行政―入間市）
◇健康いるま21計画―だれもが生き生き「元気な入間」　第2次
入間市健康福祉センター編　［入間］　入間市　2014.4 106p
30cm Ⓝ498.1

埼玉県（衛生行政―川口市）
◇川口市健康・生きがいづくり計画　第2次　川口市健康増進部
保健衛生課編　［川口］　川口市　2014.3 185p 30cm
Ⓝ498.1

埼玉県（NPO）
◇埼玉県「新しい公共」支援事業評価報告書　さいたま　埼玉県
県民生活部共助社会づくり課　2013.9 165p 30cm Ⓝ318.
234

埼玉県（エネルギー政策）
◇地域主導型再生可能エネルギー事業化検討委託業務（さいたま
市、秩父市）成果報告書　平成25年度　［さいたま］　環境

埼玉県（織物工業—飯能市—歴史）

ネットワーク埼玉　2014.3　114p　30cm　〈平成25年度環境省委託業務〉Ⓝ501.6

埼玉県（織物工業—飯能市—歴史）
◇機屋の挑戦—明治から昭和へ、小槻工場物語：特別展　飯能　飯能市郷土館　2014.10　55p　30cm　〈年表あり　会期：平成26年10月12日—12月7日〉Ⓝ586.72134

埼玉県（貝塚—蓮田市）
◇国指定史跡黒浜貝塚地質調査・物理探査・科学分析総合調査報告書　蓮田　埼玉県蓮田市教育委員会　2014.3　113p　30cm（埼玉県蓮田市文化財調査報告書　第52集）Ⓝ213.4

埼玉県（貝塚—保存・修復—蓮田市）
◇黒浜貝塚—国指定史跡：整備基本構想・基本計画策定報告書　蓮田　埼玉県蓮田市教育委員会　2014.3　80p　30cm　〈受託者：中央開発〉Ⓝ213.4

埼玉県（科学教育）
◇将来の日本をリードする人材育成事業彩の国理数科ネットワーク推進事業サイエンスアカデミー針路オリエンテーション・他報告書—平成24年度県立高校科学活動総合支援事業　［越谷］　埼玉県立越谷北高等学校　[2013]　58p　30cm　Ⓝ375.25

埼玉県（学童保育）
◇埼玉県学童保育研究集会資料　第42回　さいたま　埼玉県学童保育連絡協議会　[2014]　68p　30cm　〈会期・会場：2014年5月25日　埼玉会館　表紙のタイトル：埼玉県学童保育研究集会〉Ⓝ369.42
◇埼玉県学童保育実践交流会レポート集　第35回　［さいたま］　埼玉県学童保育連絡協議会　2014.2　207p　30cm　〈会期・会場：2014年2月23日　国立女性教育会館　共同刊行：埼玉県学童保育指導員連絡協議会〉Ⓝ369.42

埼玉県（神楽—久喜市）
◇神楽の世界と久喜の歴史・文化—常設展示図録　久喜　久喜市立郷土資料館　2014.2　60p　30cm　Ⓝ213.4

埼玉県（窯跡）
◇南比企窯と東金子窯—8世紀の東金子窯の編年と土器の分布　1　古代の入間を考える会編　［入間］　古代の入間を考える会　2014.5　87p　図版8p　30cm　〈文献あり〉Ⓝ213.4

埼玉県（環境行政—富士見市）
◇富士見市環境基本計画　第2次　富士見市自治振興部環境課編　［富士見］　富士見市　2013.3　90p　30cm　Ⓝ519.1
◇富士見市環境基本計画　第2次　資料編　富士見市自治振興部環境課編　［富士見］　富士見市　2013.3　61p　30cm　Ⓝ519.1

埼玉県（環境問題—条例）
◇埼玉県環境関係法規集　平成26年版　埼玉県環境検査研究協会編　さいたま　埼玉県環境検査研究協会　2014.9　872, 6p　21cm　Ⓝ519.12　［3500円］

埼玉県（観光行政—北本市）
◇北本市観光基本計画　［北本］　北本市　2014.2　75p　30cm　Ⓝ689.1

埼玉県（岩石）
◇ぐるり埼玉・石ものがたり49　関根久夫著　さいたま　幹書房　2014.7　303p　19cm　〈文献あり〉Ⓘ978-4-906799-41-1　Ⓝ291.34　［1400円］

埼玉県（感染症対策）
◇埼玉県新型インフルエンザ等対策行動計画　［さいたま］　埼玉県　2014.1　98p　30cm　Ⓝ498.6

埼玉県（感染症対策—入間市）
◇入間市新型インフルエンザ等対策行動計画　［入間］　入間市　2014.11　57p　30cm　Ⓝ498.6

埼玉県（教育—歴史—熊谷市）
◇幕末明治初期における庶民教育史料集成—寺子屋から変則中学への軌跡　新井常雄［著］　熊谷　新井常雄　2014.6　216p　21cm　〈著作目録あり〉Ⓝ372.134

埼玉県（教育行政）
◇生きる力と絆の埼玉教育プラン—埼玉県教育振興基本計画　第2期　2014-2018　埼玉県, 埼玉県教育委員会編　［さいたま］　埼玉県　2014.10　4, 123p　30cm　〈共同刊行：埼玉県教育委員会〉Ⓝ373.2

埼玉県（教員）
◇教師となって第一歩　平成26年度　埼玉県立総合教育センター編　さいたま　埼玉県教育委員会　2014.3　164p　30cm　Ⓝ374.35

埼玉県（教員—統計）
◇学校教員統計調査　平成25年度　埼玉県教育局教育総務部教育政策課編　［さいたま］　埼玉県教育局教育総務部教育政策課　2014.3　36p　30cm（調査報告書　第1304号）Ⓝ374.3

埼玉県（行政）
◇国の施策に対する提案・要望　平成27年度　さいたま　埼玉県企画財政部企画総務課　2014.6　181p　30cm　Ⓝ318.234
◇国の施策に対する提案・要望　平成27年度　さいたま　埼玉県企画財政部企画総務課　2014.11　206p　30cm　Ⓝ318.234
◇埼玉県市町村国際施策実施状況調査　平成25年度　さいたま　埼玉県県民生活部国際課　2014.2　141p　30cm　Ⓝ318.234
◇埼玉県市町村国際施策実施状況調査　平成26年度　さいたま　埼玉県県民生活部国際課　2014.11　141p　30cm　Ⓝ318.234
◇政策課題共同研究報告書　平成25年度　さいたま　彩の国さいたま人づくり広域連合　2014.3　257p　30cm　〈文献あり　内容：観光資源としての農業の可能性　自治体FM戦略〉Ⓝ318.234　［500円］

埼玉県（行政—上尾市）
◇上尾市市民意識調査結果報告書　平成25年度　［上尾］　上尾市企画財政部自治振興課　2014.3　184p　30cm　Ⓝ318.234

埼玉県（行政—幸手市）
◇第5次幸手市総合振興計画—後期基本計画：平成26年度—30年度　総務部政策調整課編　［幸手］　幸手市　2014.3　188p　30cm　Ⓝ318.234

埼玉県（行政—書目）
◇県政資料コーナー資料目録—分類番号順総目録　平成26年5月末日現在　［さいたま］　埼玉県県民生活部県政情報センター　[2014]　354p　30cm　Ⓝ318.234

埼玉県（行政—歴史—史料—書目—上尾市）
◇原市町役場文書目録　下　上尾　上尾市教育委員会　2014.3　244p　26cm（上尾市文化財調査報告　第100集）Ⓝ318.234

埼玉県（協働（行政））
◇埼玉県「新しい公共」支援事業評価報告書　さいたま　埼玉県県民生活部共助社会づくり課　2013.9　165p　30cm　Ⓝ318.234

埼玉県（金石・金石文）
◇石碑が語る秩父事件百三十年　野口正士編著　［長瀞町（埼玉県）］　［野口正士］　2014.11　155p　19×26cm　Ⓝ210.635　［2500円］

埼玉県（金石・金石文—行田市）
◇忍城史跡碑めぐり　行田歴史観光研究会編著　行田　行田歴史観光研究会　2014.2　147p　21cm　〈文献あり　折り込2枚〉Ⓝ213.4

埼玉県（軍事基地）
◇基地対策に関する要望書　平成27年度　［さいたま］　埼玉県基地対策協議会　2014.7　28p　30cm　Ⓝ395.39

埼玉県（建築行政）
◇埼玉県建築工事実務要覧　平成26年版　埼玉県県土整備部建設管理課編　［さいたま］　埼玉県　2014.7　604p　22cm　Ⓝ520.91

埼玉県（公共事業）
◇埼玉県土木工事実務要覧　第1巻　埼玉県県土整備部建設管理課編　［さいたま］　埼玉県　2014.4　4, 1556p　22cm　Ⓝ510.91
◇埼玉県土木工事実務要覧　第2巻　埼玉県県土整備部建設管理課編　［さいたま］　埼玉県　2014.4　616p　22cm　Ⓝ510.91

埼玉県（公共施設—日高市）
◇将来推計と市民ニーズを踏まえた公共施設管理に関する調査研究　平成25年度　日高　日高市企画財政部企画課　2014.3　167p　30cm　〈共同刊行：地方自治研究機構〉Ⓝ334.3134

埼玉県（高齢者福祉—朝霞市）
◇中間リーダー育成による介護予防促進と支え合い構築事業実施報告書　［朝霞］　中間リーダー育成による介護予防促進と支え合い構築事業協議会　2013.2　63p　30cm　〈埼玉県共助社会づくり支援事業〉Ⓝ369.26

埼玉県（古地図—川越市）
◇絵図で見る川越—空から眺める江戸時代の川越：第40回企画展　川越市立博物館編　川越　川越市立博物館　2014.3　80p　30cm　〈年表あり　会期：平成26年3月29日—5月11日　折り込2枚〉Ⓝ291.34

埼玉県（昆虫—越谷市）
◇ふるさといきもの調査報告書　平成24年度　第4次　越谷　越谷市環境経済部環境政策課　2014.1　64p　30cm　〈文献あり〉Ⓝ462.134

埼玉県（財政）
◇埼玉県包括外部監査結果報告書　平成25年度　［さいたま］　埼玉県包括外部監査人　[2014]　484p　30cm　〈タイトル関連情報：補助金等に係る財務事務の執行について〉Ⓝ349.2134

日本件名図書目録2014　Ⅰ　　　　　　　　　　　　　　　　　　　　　　　　　　　　　　　　埼玉県（進路指導）

埼玉県（財政—条例）
◇埼玉県財務規則　埼玉県出納総務課編　［さいたま］　埼玉県出納総務課　2014.6　234, 30p　30cm　Ⓝ349.3

埼玉県（財政—所沢市）
◇市民から見た所沢市の財政　ところざわの財政を学ぶ会編　［所沢］　ところざわの財政を学ぶ会　2014.10　94p　30cm　〈年表あり〉　Ⓝ349.2134　［1000円］

埼玉県（祭礼—秩父市）
◇秩父神社例大祭「祭礼日記」「御祭礼記録」　秩父　中村町会　2014.11　99p　30cm　〈埼玉県文化振興基金助成事業　複製を含む〉　Ⓝ386.134

埼玉県（産業—歴史—行田市）
◇行田市史—行田の民俗—くらしの成り立ちと移り変わり　行田市史編さん委員会, 行田市教育委員会編　行田　行田市　2014.3　195p　26cm　Ⓝ213.4

埼玉県（史跡名勝）
◇歩いて廻る「比企の中世・再発見」　改訂　嵐山町（埼玉県）　埼玉県立嵐山史跡の博物館　2014.1　106p　19cm　〈年表あり〉　Ⓝ291.34
◇ぐるり埼玉・石ものがたり49　関根久夫著　さいたま　幹書房　2014.7　303p　19cm　〈文献あり〉　①978-4-906799-41-1　Ⓝ291.34　［1400円］

埼玉県（自治会—川越市）
◇首都圏近郊都市の生活誌調査—東京国際大学人間社会学部平成24年度「社会調査実習」報告書　3　コミュニティの人びとの集う場所　高田知和編　川越　東京国際大学人間社会学部　2013.3　60p　30cm　Ⓝ361.7

埼玉県（社会福祉—入間市）
◇元気ないるま福祉プラン—第2次入間市地域福祉計画/入間市地域福祉活動計画　入間市生活福祉課, 入間市社会福祉協議会編　［入間］　入間市　2014.3　158p　30cm　〈共同刊行：入間市社会福祉協議会〉　Ⓝ369.11

埼玉県（社会福祉—鶴ヶ島市）
◇「住民力」を支えるフューチャーセンター機能のあり方に関する調査・研究事業　鶴ヶ島　地域協働推進機構　2013.3　127p　30cm　〈平成24年度セーフティネット支援対策等事業費補助金社会福祉推進事業〉　Ⓝ369.02134

埼玉県（写真集—入間市）
◇狭山・入間の昭和—写真アルバム　長岡　いき出版　2014.7　279p　31cm　〈埼玉書籍（発売）〉　①978-4-904614-50-1　Ⓝ213.4　［9250円］

埼玉県（写真集—久喜市）
◇懐かしいふるさとの風景—久喜を写した古写真展　久喜市立郷土資料館編　久喜　久喜市立郷土資料館　2014.3　60p　30cm　（特別展　第4回）　〈会期：平成26年3月22日—6月29日〉　Ⓝ213.4

埼玉県（写真集—越谷市）
◇越谷市の昭和—写真アルバム　長岡　いき出版　2014.12　279p　31cm　〈埼玉書籍（発売）〉　①978-4-904614-58-7　Ⓝ213.4　［9250円］

埼玉県（写真集—狭山市）
◇狭山・入間の昭和—写真アルバム　長岡　いき出版　2014.7　279p　31cm　〈埼玉書籍（発売）〉　①978-4-904614-50-1　Ⓝ213.4　［9250円］

埼玉県（写真集—羽生市）
◇藍を謳う—藍染めの里羽生の自然・人・こころ　みやこうせい写真・文　［羽生］　野川染織工業　2014.11　142p　21×30cm　〈未知谷（発売）　文献あり　年表あり　英語抄訳付〉　①978-4-89642-456-0　Ⓝ291.34　［3000円］

埼玉県（宿駅—幸手市—歴史）
◇日光道中幸手宿受け売りばなし—野澤秀吉講演集　野澤秀吉執筆編集　［幸手］　［野澤秀吉］　2014.1　143p　26cm　〈文献あり〉　Ⓝ213.4

埼玉県（商業）
◇埼玉化する日本　中沢明子著　イースト・プレス　2014.12　207p　18cm　（イースト新書　042）　〈文献あり〉　①978-4-7816-5042-5　Ⓝ672.134　［861円］

埼玉県（小説家—草加市）
◇私と昭和の文士たち　染谷冽著　鶴書院　2014.4　160p　19cm　〈星雲社（発売）　内容：水上勉と豊田三郎　草加の後藤明生　草加の団地作家小山龍太郎　野口富士男と豊田三郎　豊田文学の諸相について〉　①978-4-434-19145-9　Ⓝ910.26　［1100円］

埼玉県（小中一貫教育）
◇小中一貫教育推進ガイド　埼玉県教育局市町村支援部義務教育指導課編　［さいたま］　埼玉県教育委員会　2014.2　60p　Ⓝ376.2134

埼玉県（消費）
◇埼玉化する日本　中沢明子著　イースト・プレス　2014.12　207p　18cm　（イースト新書　042）　〈文献あり〉　①978-4-7816-5042-5　Ⓝ672.134　［861円］

埼玉県（消費者行動—越谷市）
◇越谷市消費者動向調査報告書　平成25年度版　越谷市環境経済部産業支援課編　越谷　越谷市環境経済部産業支援課　2014.3　130p　30cm　Ⓝ675.2

埼玉県（食生活—鴻巣市）
◇鴻巣の食文化　鴻巣市コスモス大学校第25期生編　［鴻巣］　鴻巣市コスモス大学校第25期生　2014.11　100p　30cm　Ⓝ383.8134

埼玉県（植物—越谷市）
◇ふるさといきもの調査報告書　平成24年度　第4次　越谷　越谷市環境経済部環境政策課　2014.1　64p　30cm　〈文献あり〉　Ⓝ462.134

埼玉県（植物—図集）
◇フィールドで使える図説植物検索ハンドブック—埼玉2824種類　埼玉県絶滅危惧植物種調査団著　さいたま　さきたま出版会　2014.3　527p　21cm　〈文献あり　索引あり〉　①978-4-87891-409-6　Ⓝ472.134　［2700円］

埼玉県（書目）
◇埼玉県EL新聞記事情報リスト　2013-1　エレクトロニック・ライブラリー編　エレクトロニック・ライブラリー　2014.2　850p　31cm　〈制作：日外アソシエーツ〉　Ⓝ025.8134
◇埼玉県EL新聞記事情報リスト　2013-2　エレクトロニック・ライブラリー編　エレクトロニック・ライブラリー　2014.2　p851-1826　31cm　〈制作：日外アソシエーツ〉　Ⓝ025.8134
◇埼玉県EL新聞記事情報リスト　2013-3　エレクトロニック・ライブラリー編　エレクトロニック・ライブラリー　2014.2　p1827-2807　31cm　〈制作：日外アソシエーツ〉　Ⓝ025.8134
◇埼玉県EL新聞記事情報リスト　2013-4　エレクトロニック・ライブラリー編　エレクトロニック・ライブラリー　2014.2　p2809-3826　31cm　〈制作：日外アソシエーツ〉　Ⓝ025.8134
◇埼玉県EL新聞記事情報リスト　2013-5　エレクトロニック・ライブラリー編　エレクトロニック・ライブラリー　2014.2　p3827-4823　31cm　〈制作：日外アソシエーツ〉　Ⓝ025.8134

埼玉県（書目—富士見市）
◇富士見市関係新聞記事目録　2013年　富士見市立中央図書館編　富士見　富士見市立中央図書館　2014.3　78p　21×30cm　Ⓝ213.4
◇富士見市関係新聞記事目録　2014年　1月1日—6月30日　富士見市立中央図書館編　富士見　富士見市立中央図書館　2014.8　21p　21×30cm　Ⓝ213.4

埼玉県（人権教育）
◇人権感覚育成プログラム—『自分』『人』彩発見プログラム　学校教育編　増補版　［さいたま］　埼玉県教育委員会　2013.3　60p　30cm　Ⓝ375

埼玉県（人口—統計—草加市）
◇草加市町名別年齢別人口集計結果報告書　平成26年1月1日現在　草加市総務部庶務課編　草加　草加市　2014.3　119p　30cm　Ⓝ358.134

埼玉県（人口—日高市）
◇将来推計と市民ニーズを踏まえた公共施設管理に関する調査研究　平成25年度　日高　日高市企画財政部企画課　2014.3　167p　30cm　〈共同刊行：地方自治研究機構〉　Ⓝ334.3134

埼玉県（震災予防）
◇埼玉県地震被害想定調査報告書　さいたま　埼玉県危機管理防災部危機管理課　2014.3　1冊　30cm　〈文献あり　年表あり〉　Ⓝ369.31

埼玉県（震災予防—川口市）
◇川口市地域防災計画　震災対策編　川口市防災会議編　［川口］　川口市防災会議　2014.3　132p　30cm　Ⓝ369.3

埼玉県（進路指導）
◇将来の日本をリードする人材育成事業彩の国理数科ネットワーク推進事業サイエンスアカデミー針路オリエンテーション・他報告書—平成24年度県立高校教育活動総合支援事業　［越谷］　埼玉県立越谷北高等学校　［2013］　58p　30cm　Ⓝ375.25
◇平成25年3月中学校等卒業者の進路状況・平成25年4月高等学校入学状況　埼玉県教育局教育総務部教育政策課編　［さいたま］　埼玉県教育局教育総務部教育政策課　2014.3　74p　30cm　（調査報告書　第1301号）　〈背のタイトル：25・3中学校

埼玉県（水害予防―歴史）　　　　　　　　　　　　　　日本件名図書目録2014　Ⅰ

等卒業者の進路状況25・4高等学校入学状況調査報告書〉
Ⓝ375.25

埼玉県（水害予防―歴史）
◇埼葛・北埼玉の水塚　［春日部］　東部地区文化財担当者会
2013.12　169p　30cm　（東部地区文化財担当者会報告書 第7
集）Ⓝ517.57
◇水と闘う地域と人々―利根川・中条堤と明治43年大水害　松
浦茂樹, 松尾宏著　さいたま　武蔵文化研究会　2014.2　240p
21cm〈さきたま出版会（発売）文献あり　内容：序章（松浦
茂樹著）　中条堤の概要（松浦茂樹著）　近世の中条堤（松浦茂
樹著）　明治時代の争論と利根川治水（松浦茂樹著）　明治四
十三年大洪水と大争論（松浦茂樹著）　利根川明治改修と中条
堤（松浦茂樹著）　明治四十三年大水害（松尾宏著）　中条堤の
修復とその後の変貌（松尾宏著）　中条堤の今後の期待（松浦
茂樹, 松尾宏著）〉Ⓘ978-4-87891-406-5　Ⓝ517.57　［2000円］

埼玉県（水道―上尾市―歴史）
◇上尾の水道50年のあゆみ　上尾市上下水道部編　上尾　上尾
市上下水道部　2014.10　56p　30cm〈年表あり〉Ⓝ518.1

埼玉県（製糸業―小川町―歴史）
◇官営富岡製糸場工女取締青木てる物語―養蚕と蚕糸　新田文
子著　小川町（埼玉県）　新田文子　2014.4　107p　19cm〈年
表あり　文献あり〉Ⓝ586.42133　［700円］

埼玉県（青少年教育―新座市）
◇新座市青少年海外派遣報告集　第13回　平成25年　第13回新
座市青少年海外派遣団員, 新座市経済観光部コミュニティ推進
課編　新座　新座市　2014.2　59p　30cm〈表紙のタイトル：
新座市青少年海外派遣〉Ⓝ379.3

埼玉県（石造美術）
◇ぐるり埼玉・石ものがたり49　関根久夫著　さいたま　幹書
房　2014.7　303p　19cm〈文献あり〉Ⓘ978-4-906799-41-1
Ⓝ291.34　［1400円］

埼玉県（村落―坂戸市―歴史）
◇近世後期社会の構造と村請制　小松賢司著　校倉書房　2014.
4　376p　22cm（歴史科学叢書）〈索引あり　内容：序章
赤尾村名主林家の経営と経済的諸関係　赤尾村の村落構造と
同族関係　「村役人くじ引制」と村社会　人馬役負担体系の変化
と村社会　川越藩の支配と頭取名主制　川越藩の海岸防備と
頭取名主・村名主　藩領村役人にとっての城下町　川越藩御
用達商人横田家と地域社会　終章〉Ⓝ213.4　Ⓘ978-4-7517-4530-4
［10000円］

埼玉県（男女共同参画）
◇〈埼玉に住んで働く〉を幸せにするしくみを考えよう！　実施報
告―平成25年度女性からの政策提言講座　さいたま　埼玉県
県民生活部男女共同参画課　2014.2　96p　30cm〈文献あり
会期・会場：平成25年11月5日　キュポ・ラほか〉Ⓝ367.2134
◇みんなですすめよう男女共同参画―平成26年度版男女共同参
画に関する年次報告　埼玉県県民生活部男女共同参画課編
［さいたま］　埼玉県県民生活部男女共同参画課　2014.11
88p　30cm〈年表あり〉Ⓝ367.2134

埼玉県（地域開発）
◇県内市町村の地域振興施策事例集―いち押しの取組　埼玉県
企画財政部地域政策課編　さいたま　埼玉県企画財政部地域
政策課　2014.5　210p　30cm　Ⓝ601.134

埼玉県（地域開発―草加市―歴史）
◇草加松原ルネッサンス　横山正明著　草加　松風書房　2013.
12　146p　20cm　Ⓝ601.134　［980円］

埼玉県（地域社会―八潮市）
◇八潮市のまちづくりに関する市民意識調査報告書　八潮　埼
玉県八潮市まちづくり企画部企画経営課　2013.12　95p
30cm　Ⓝ361.7

埼玉県（地域情報化）
◇埼玉県IT推進アクションプラン　2014-2016　さいたま　埼玉
県企画財政部情報システム課　2014.3　75p　30cm〈「2014-
2016」のタイトル関連情報：ITを活用した県民生活の利便性
の向上〉Ⓝ318.234

埼玉県（地誌）
◇埼玉「地理・地名・地図」の謎―意外と知らない埼玉県の歴史
を読み解く！　山本博文監修　実業之日本社　2014.5　191p
18cm（じっぴコンパクト新書 185）〈文献あり〉Ⓘ978-4-
408-45500-6　Ⓝ291.34　［762円］
◇埼玉の日本一風土記　関根久夫著　補訂版　さいたま　幹書
房　2014.7　263p　19cm〈文献あり〉Ⓘ978-4-906799-42-8
Ⓝ291.34　［1400円］

◇埼玉の街ものがたり92　鶴崎敏康著　さいたま　埼玉新聞社
2014.11　743p　22cm　Ⓘ978-4-87889-422-0　Ⓝ291.34
［2500円］

埼玉県（地租改正―熊谷市）
◇埼玉県における地租改正事業―埼玉県第八大区三小区下奈良
村の事例を中心に　立正大学古文書研究会編　立正大学古文
書研究会　2014.3　125p　26cm　（調査報告書 平成25年度）
Ⓝ611.23

埼玉県（地名）
◇地名でたどる埼玉県謎解き散歩　宮内正勝, 加藤隆榮, 千田文
彦編著　KADOKAWA　2014.3　317p　15cm（新人物文庫
み－5-1）Ⓘ978-4-04-600212-9　Ⓝ291.34　［750円］

埼玉県（中小企業金融）
◇埼玉県制度融資要綱の解説（Q&A）　さいたま　埼玉県産業労
働部金融課　2014.4　1冊　30cm　Ⓝ338.63

埼玉県（定時制高等学校）
◇「定時制高校生自立支援プログラム事業」報告書　平成25年度
久喜　埼玉県立久喜高等学校（定時制の課程）　2014.3　66p
30cm　Ⓝ375.2

埼玉県（鉄道）
◇埼玉の鉄道百科　いのうえこーいち文, 佐々倉実写真　彩流
社　2014.9　79p　30cm　Ⓘ978-4-7791-2355-9　Ⓝ686.2134
［1850円］
◇東北ライン全線・全駅・全配線　第1巻　両毛エリア　川島令
三編著　講談社　2014.7　95p　26cm　（〈図説〉日本の鉄道）
〈文献あり〉Ⓘ978-4-06-295168-5　Ⓝ686.21　［1300円］

埼玉県（図書館）
◇図書館と県民のつどい埼玉2013記録―みんなが「図書館」で
つながる日　埼玉県図書館協会編　さいたま　埼玉県図書館
協会　2014.2　25p　30cm〈会期・会場：2013年12月1日　桶
川市民ホール・さいたま文学館〉Ⓝ015

埼玉県（図書館協力）
◇図書館協力ハンドブック　2013年版　［熊谷］　埼玉県立熊谷
図書館　2013.5　32, 52p　30cm〈共同刊行：埼玉県立浦和図
書館ほか　ルーズリーフ〉Ⓝ011.3

埼玉県（土地価格）
◇埼玉県実勢地価図　平成25年度版　国際地学協会編集部編
国際地学協会　2013.6　96, 95, 87p　30cm　（ユニオンマッ
プ）〈平成25年3月実勢地価, 平成25年3月地価公示標準地価,
平成24年9月基準地価格　左右同一ページ付〉Ⓘ978-4-7718-
5261-7　Ⓝ334.6　［40000円］
◇埼玉県実勢地価図　平成26年度版　国際地学協会編集部編
国際地学協会　2014.6　96, 95, 79p　30cm　（ユニオンマッ
プ）〈平成26年3月実勢地価, 平成26年3月地価公示標準地価,
平成25年9月基準地価格　左右同一ページ付〉Ⓘ978-4-7718-
5265-5　Ⓝ334.6　［40000円］

埼玉県（鳥―越谷市）
◇ふるさといきもの調査報告書　平成24年度 第4次　越谷　越
谷市環境経済部環境政策課　2014.1　64p　30cm〈文献あり〉
Ⓝ462.134

埼玉県（農業行政―三郷市）
◇三郷市農業振興計画―豊かな食と人を育む三郷市農業を目指
して：平成26年度―平成35年度　三郷　三郷市環境経済部産
業振興課　2014.3　70p　30cm　Ⓝ611.1

埼玉県（農産製造）
◇農業の6次産業化の取組―埼玉農業の新たなチャレンジ　さい
たま　埼玉県農林部農業支援課　2014.2　63p　30cm　Ⓝ619.
02134

埼玉県（排気ガス―排出抑制）
◇総量削減計画進行管理調査報告書　［さいたま］　埼玉県
2014.3　149, 21, 13p　30cm　（環境省委託業務報告書 平成
25年度）Ⓝ519.3

埼玉県（風俗・習慣―行田市）
◇行田市史―行田の民俗―くらしの成り立ちと移り変わり　行
田市史編さん委員会, 行田市教育委員会編　行田　行田市
2014.3　195p　26cm　Ⓝ213.4

埼玉県（風俗・習慣―熊谷市）
◇熊谷市史　別巻 1　民俗編　熊谷市教育委員会編　［熊谷］
熊谷市　2014.3　639p　31cm　Ⓝ213.4

埼玉県（風俗・習慣―秩父市）
◇太田部の花輪踊りを訪ねて―秩父市吉田太田部の花輪踊りと
女子大生：2007年―2012年度訪問の記録　新井幸恵著　東松
山　まつやま書房　2013.3　183p　21cm　Ⓘ978-4-89623-
082-6　Ⓝ213.4
◇太田部の花輪踊りを訪ねて―秩父山村と女子大生の交流　新
井幸恵著　東松山　まつやま書房　2014.3　226p　21cm
Ⓘ978-4-89623-084-0　Ⓝ213.4　［1200円］

日本件名図書目録2014 Ⅰ　　　　　　　　　　　　　　　　　　　　　　　　　　　　　　　　　　　　　さいたま市（遺跡・遺物）

埼玉県（物産）
◇県産品事例集　平成25年度　さいたま　埼玉県県土整備部建設管理課　2014.4　44p　30cm〈タイトル関連情報：県産品の一層の利用促進にむけて〉Ⓝ602.134

埼玉県（文学碑）
◇埼玉の万葉集―野山に流れた古歌を求めて　藤倉明著　桶川　野外調査研究所　2014.10　227p　19cm　（野外研叢書 5）〈さきたま出版会（発売）文献あり〉①978-4-87891-414-0　Ⓝ911.125　［1800円］

埼玉県（文化財）
◇埼玉県指定文化財調査報告書　第26集　平成22・23・24年度分　埼玉県教育委員会編　さいたま　埼玉県教育委員会　2014.3　40p　30cm　Ⓝ709.134

埼玉県（平和教育―東松山市）
◇花とウォーキングのまちの平和賞入選作品集（作文・絵画）第16回　［東松山］　総務部総務課編　［東松山］　東松山市　2014.1　64p　30cm〈表紙のタイトル：第16回花とウォーキングのまちの平和賞〉Ⓝ375

埼玉県（防災教育〔学校〕）
◇中学生向けの危機管理・防災に関する教材指導者用資料―指導展開例、資料・ワークシート集　［さいたま］　埼玉県　2013.4　61p　30cm　Ⓝ374.92

埼玉県（防災計画）
◇埼玉県地域防災計画　［さいたま］　［埼玉県防災会議］　2014.3　1冊　23×32cm〈ルーズリーフ〉Ⓝ369.3

埼玉県（防災計画―川口市）
◇川口市地域防災計画　共通編　川口市防災会議編　［川口］　川口市防災会議　2014.3　181p　30cm　Ⓝ369.3
◇川口市地域防災計画　震災対策編　川口市防災会議編　［川口］　川口市防災会議　2014.3　132p　30cm　Ⓝ369.3
◇川口市地域防災計画　風水害・大規模火災・特殊災害対策編　川口市防災会議編　［川口］　川口市防災会議　2014.3　198p　30cm　Ⓝ369.3
◇川口市地域防災計画　資料編　川口市防災会議編　［川口］　川口市防災会議　2014.3　257p　30cm　Ⓝ369.3

埼玉県（防災計画―富士見市）
◇富士見市地域防災計画　［富士見］　富士見市防災会議　2014.3　1冊　31cm〈ルーズリーフ〉Ⓝ369.3

埼玉県（民家―保存・修復―八潮市）
◇重要文化財和井田家住宅主屋及び長屋門保存修理工事報告書　文化財建造物保存技術協会編著　八潮　和井田泰之　2014.12　113p　図版［29］枚　30cm　Ⓝ521.86

埼玉県（名簿）
◇埼玉県人物・人材情報リスト　2015　第1巻　日外アソシエーツ株式会社編　日外アソシエーツ（制作）　2014.11　788p　30cm　Ⓝ281.34
◇埼玉県人物・人材情報リスト　2015　第2巻　日外アソシエーツ株式会社編　日外アソシエーツ（制作）　2014.11　p789-1303、55p　30cm　Ⓝ281.34

埼玉県（世論―上尾市）
◇上尾市市民意識調査結果報告書　平成25年度　［上尾］　上尾市企画財政部自治振興課　2014.3　184p　30cm　Ⓝ318.234

埼玉県（歴史）
◇戦国の境目―秩父谷の城と武将　梅沢太久夫著　東松山　まつやま書房　2013.8　367p　21cm〈文献あり　年表あり　内容：争乱の北武蔵・境目の合戦　境目の城郭　熊倉城と塩沢城に関する覚書　北条氏邦の鉢形城入城をめぐって　境目の戦国武将〉①978-4-89623-083-3　Ⓝ213.4　［2500円］
◇もっと知りたい埼玉県の歴史　小和田哲男監修　洋泉社　2014.10　189p　18cm　（歴史新書）〈文献あり　年表あり〉①978-4-8003-0498-8　Ⓝ213.4　［780円］
◇わくわく埼玉県歴史ロマンの旅　埼玉県立歴史と民俗の博物館編　学陽書房　2014.6　239p　15cm〈年表あり〉①978-4-313-77000-3　Ⓝ213.4　［760円］

埼玉県（歴史―川越市）
◇川越市中世府川郷調査報告書　川越市中世府川郷調査研究会編　川越　川越市中世府川郷調査研究会　2014.9　80p　30cm〈内容：文献からみる戦国時代の府川郷・本郷（池上裕子著）大野家・竹ノ谷家の「構堀」（落合義明著）戦国期武蔵国入間川周辺の用水と郷村（高橋裕文著）仏地院過去帳からみる府川郷の考察（大野政己著）板碑からみる府川郷府川郷（中西望介著）〉Ⓝ213.4

◇川越歴史こぼれ話　安斉祥造著　［川越］　［安斉祥造］　2014.8　266p　22cm〈文献あり〉Ⓝ213.4

埼玉県（歴史―行田市）
◇常設展示解説図録―行田市郷土博物館　行田市郷土博物館編　行田　行田市郷土博物館　2014.3　101p　30cm〈年表あり　文献あり〉Ⓝ213.4

埼玉県（歴史―久喜市）
◇神楽の世界と久喜の歴史・文化―常設展示図録　久喜　久喜市立郷土資料館　2014.2　60p　30cm　Ⓝ213.4
◇久喜市栗橋町史　第2巻　通史編　下　久喜市教育委員会編　久喜　久喜市教育委員会　2014.3　447p　27cm　Ⓝ213.4

埼玉県（歴史―史料）
◇埼玉県史料叢書　12　中世新出重要史料 2　埼玉県教育委員会編　［さいたま］　埼玉県　2014.3　404、91p　21cm　Ⓝ213.4
◇埼玉県史料叢書　16　栗橋関所史料 5　埼玉県教育委員会編　［さいたま］　埼玉県　2013.3　499、55p　21cm〈内容：御用留．2　御関所日記〉Ⓝ213.4

埼玉県（歴史―史料―書目）
◇戸谷家文書目録　埼玉県立文書館編　さいたま　埼玉県立文書館　2013.3　205p　30cm　（収蔵文書目録 第52集）Ⓝ213.4
◇諸井（三）家文書目録　埼玉県立文書館編　さいたま　埼玉県立文書館　2014.3　236p　30cm　（埼玉県立文書館収蔵文書目録 第53集）Ⓝ213.4

埼玉県（歴史―史料―書目―川越市）
◇上寺山帯津家文書目録　川越　川越市立博物館　2014.3　44p　30cm　Ⓝ213.4

埼玉県（歴史―史料―吉川市）
◇吉川市史　資料編　現代　吉川市史編さん委員会編　吉川　吉川市　2013.12　564、39p　27cm〈年表あり〉Ⓝ213.4

埼玉県（歴史―秩父市）
◇太田部の花輪踊りを訪ねて―秩父市吉田太田部の花輪踊りと女子大生：2007年―2012年度訪問の記録　新井幸恵著　東松山　まつやま書房　2013.3　183p　21cm①978-4-89623-082-6　Ⓝ213.4
◇太田部の花輪踊りを訪ねて―秩父山村と女子大生の交流　新井幸恵著　東松山　まつやま書房　2014.3　226p　21cm①978-4-89623-084-0　Ⓝ213.4　［1200円］

埼玉県（歴史―年表―新座市）
◇郷土の歩み―一覧覧用　新座市総務部総務課編　新座　新座市総務部総務課　2013.12　61p　30cm　Ⓝ213.4

埼玉県（歴史―本庄市）
◇本庄市の武蔵武士―武蔵七党児玉党の活躍とその後　本庄　本庄市教育委員会文化財保護課　2014.3　52p　30cm　（本庄市郷土叢書 第3集）Ⓝ213.4

埼玉県立浦和西高等学校
◇進学指導重点推進校事業実施報告書　平成24年度　［さいたま］　埼玉県立浦和西高等学校　［2013］　113p　30cm　Ⓝ375.25

埼玉県立大宮高等学校
◇研究紀要―大宮高校の進路指導：平成24年度進学指導重点推進校報告書　さいたま　埼玉県立大宮高等学校　［2013］　98p　30cm　Ⓝ375.25

埼玉県立越谷北高等学校
◇進学指導重点推進校報告書―平成24年度県立高校教育活動総合支援事業　［越谷］　埼玉県立越谷北高等学校　［2013］　62p　30cm　Ⓝ375.25

さいたま市（遺跡・遺物）
◇岩槻城跡（御茶屋曲輪跡第1地点）発掘調査　遺構編　［さいたま市教育委員会］　生涯学習部文化財保護課編　さいたま　さいたま市教育委員会　2014.3　41p　30cm　（さいたま市埋蔵文化財調査報告書 第9集）Ⓝ210.0254
◇大木戸遺跡　2　第1分冊　熊谷　埼玉県埋蔵文化財調査事業団　2013.8　404p　図版3p　30cm　（埼玉県埋蔵文化財調査事業団報告書 第405集）〈都市再生機構の委託による　さいたま市所在　大宮西部特定土地区画整理事業地内埋蔵文化財発掘調査報告〉Ⓝ210.0254
◇大木戸遺跡　2　第2分冊　熊谷　埼玉県埋蔵文化財調査事業団　2013.8　p405-468　図版166p　30cm　（埼玉県埋蔵文化財調査事業団報告書 第405集）〈都市再生機構の委託による　さいたま市所在　大宮西部特定土地区画整理事業地内埋蔵文化財発掘調査報告〉Ⓝ210.0254

◇大谷口向北遺跡　さいたま市遺跡調査会編　さいたま　さいたま市遺跡調査会　2013.11　21p　図版7p　30cm　(さいたま市都市計画道路事業東浦和駅北通り線整備に伴う遺跡発掘調査報告　共同刊行：さいたま市)　Ⓝ210.0254

◇大古里遺跡　第28地点　さいたま市遺跡調査会編　さいたま　さいたま市遺跡調査会　2014.1　41p　図版16p　30cm　(さいたま市遺跡調査会報告書　第112集)　Ⓝ210.0254

◇亀在家南遺跡　第4次　さいたま市遺跡調査会編　さいたま　さいたま市遺跡調査会　2014.4　16p　図版6p　30cm　(さいたま市遺跡調査会報告書　第131集)　Ⓝ210.0254

◇亀在家南遺跡(第2・3次調査)・古貝戸遺跡(第2次調査)・中尾緑島東遺跡(第3・4次調査)　[さいたま市教育委員会]　生涯学習部文化財保護課編　さいたま　さいたま市遺跡調査会　2013.3　73p　図版34p　30cm　(さいたま市内遺跡発掘調査報告書　第12集)　Ⓝ210.0254

◇さいたま市内遺跡発掘調査報告書　第13集　さいたま市教育委員会生涯学習部文化財保護課編　さいたま　さいたま市教育委員会生涯学習部文化財保護課　2014.3　56p　図版10p　30cm　(内容：宿宮前遺跡.　第8次調査　白鍬宮腰遺跡.　第7次調査　根岸遺跡.　第10次調査　桜山貝塚.　第3次調査　椚谷遺跡.　第18次調査)　Ⓝ210.0254

◇実践！パブリック・アーケオロジー─鈴木正博さんと馬場小室山遺跡につどう仲間たち　馬場小室山遺跡に学ぶ市民フォーラム編　さいたま　馬場小室山遺跡に学ぶ市民フォーラム　2013.11　281p　26cm　〈文献あり〉　Ⓝ202.5

◇下大久保新田遺跡　第10次　さいたま市遺跡調査会編　さいたま　さいたま市遺跡調査会　2014.6　12p　図版5p　30cm　(さいたま市遺跡調査会報告書　第136集)　Ⓝ210.0254

◇白鍬宮腰遺跡　第12次　さいたま市遺跡調査会編　さいたま　さいたま市遺跡調査会　2013.3　10p　図版4p　30cm　(さいたま市遺跡調査会報告書　第145集)　Ⓝ210.0254

◇真福寺貝塚(F地点)─発掘調査　[さいたま市教育委員会]　生涯学習部文化財保護課編　さいたま　さいたま市教育委員会　2013.3　22p　図版8p　30cm　(さいたま市埋蔵文化財調査報告書　第8集)　Ⓝ210.0254

◇外東遺跡　2　熊谷　埼玉県埋蔵文化財調査事業団　2014.1　34p　図版6p　30cm　(埼玉県埋蔵文化財調査事業団報告書　第408集)〈国土交通省関東地方整備局の委託による　さいたま市所在　さいたま築堤に伴う埋蔵文化財発掘調査報告〉　Ⓝ210.0254

◇高木道下(C-99号)/高木道下北　熊谷　埼玉県埋蔵文化財調査事業団　2013.9　86p　図版23p　30cm　(埼玉県埋蔵文化財調査事業団報告書　第406集)〈都市再生機構の委託によるさいたま市所在　大宮西部特定土地区画整理事業地内埋蔵文化財発掘調査報告〉　Ⓝ210.0254

◇土屋下遺跡　第2次　さいたま市遺跡調査会編　さいたま市遺跡調査会　2014.4　31p　図版6p　30cm　(さいたま市遺跡調査会報告書　第102集)　〈文献あり〉　Ⓝ210.0254

◇土呂陣屋跡「B-22号遺跡」─Y地点　さいたま市遺跡調査会編　さいたま　さいたま市遺跡調査会　2014.3　177p　図版58p　30cm　(さいたま市遺跡調査会報告書　第156集)〈さいたま市土呂農住特定土地区画整理地内遺跡発掘調査報告〉　Ⓝ210.0254

◇西浦1号遺跡　第3次　さいたま市遺跡調査会編　さいたま　さいたま市遺跡調査会　2014.4　16p　図版8p　30cm　(さいたま市遺跡調査会報告書　第103集)　Ⓝ210.0254

◇西原遺跡─第6地点　さいたま市遺跡調査会編　さいたま　さいたま市遺跡調査会　2013.12　31p　図版10p　30cm　(さいたま市遺跡調査会報告書　第101集)　Ⓝ210.0254

◇東裏西遺跡　第4次　さいたま市遺跡調査会編　さいたま　さいたま市遺跡調査会　2014.4　91p　図版[25]枚　30cm　(さいたま市遺跡調査会報告書　第106集)　Ⓝ210.0254

◇日向北遺跡　第4・5次　さいたま市遺跡調査会編　さいたま　さいたま市遺跡調査会　2014.3　186p　図版[48]枚　30cm　(さいたま市遺跡調査会報告書　第160集)〈さいたま都市計画道路道地三室線2工区建設事業地内埋蔵文化財発掘調査報告　共同刊行：さいたま市)　Ⓝ210.0254

◇風渡野住環上西遺跡　さいたま市遺跡調査会編　さいたま　さいたま市遺跡調査会　2014.3　24p　図版12p　30cm　(さいたま市遺跡調査会報告書　第158集)〈さいたま市七里駅北側特定土地区画整理地内遺跡発掘調査報告〉　Ⓝ210.0254

◇丸ヶ崎遺跡群　4　さいたま市遺跡調査会編　さいたま　さいたま市遺跡調査会　2014.3　18p　図版6p　30cm　(さいたま市遺跡調査会報告書　第155集)〈内容：A-147号遺跡.　第3次)　Ⓝ210.0254

◇南2号遺跡　さいたま市遺跡調査会編　さいたま　さいたま市遺跡調査会　2014.3　26p　図版8p　30cm　(さいたま市遺跡調査会報告書　第159集)　Ⓝ210.0254

◇宮本西遺跡　さいたま市遺跡調査会編　さいたま　さいたま市遺跡調査会　2014.6　14p　図版6p　30cm　(さいたま市遺跡調査会報告書　第110集)　Ⓝ210.0254

◇横根野方遺跡　さいたま市遺跡調査会編　さいたま　さいたま市遺跡調査会　2014.3　30p　図版10p　30cm　(さいたま市遺跡調査会報告書　第157集)　Ⓝ210.0254

さいたま市(庚申塔)

◇庚申塔・馬頭観音─江戸時代の石造神仏を訪ねて：さいたま市緑区の　石戸誠著　[名古屋]　ブイツーソリューション(印刷)　2014.3　125p　21cm　〈文献あり〉　①978-4-86476-223-6　Ⓝ387.6　[1900円]

さいたま市(桜草─保護)

◇国指定特別天然記念物田島ケ原サクラソウ自生地保存管理計画策定報告書　さいたま市教育委員会生涯学習部文化財保護課編　さいたま　さいたま市教育委員会　2014.3　112p　図版7p　30cm　〈文献あり　年表あり〉　Ⓝ519.8134

さいたま市(人口)

◇さいたま市の人口─平成22年国勢調査職業等基本集計結果報告書　さいたま市総務局総務部総務課編　さいたま　さいたま市　2014.3　337p　30cm　〈平成22年10月1日現在〉　Ⓝ334.2　[1000円]

さいたま市(地域社会開発)

◇地域社会を創る─ある出版人の挑戦　阿部年晴著　さいたま　さきたま出版会　2014.8　231p　21cm　〈年譜あり〉　①978-4-87891-411-9　Ⓝ361.98　[2000円]

さいたま市(読書指導)

◇さいたま市子ども読書活動推進計画　改訂版　[さいたま]　さいたま市　2013.10　56p　30cm　Ⓝ019.2

さいたま市(都市計画)

◇さいたま市総合振興計画後期基本計画実施計画　さいたま市政策局政策企画部企画調整課企画・編集　[さいたま]　さいたま市　2014.6　140p　30cm　Ⓝ318.234　[700円]

◇さいたま希望(ゆめ)のまちプラン総合振興計画(基本構想・後期基本計画)　2020　さいたま市政策局政策企画部企画調整課企画・編集　[さいたま]　さいたま市　2014.6　216p　30cm　Ⓝ318.234　[700円]

さいたま市(馬頭観音)

◇庚申塔・馬頭観音─江戸時代の石造神仏を訪ねて：さいたま市緑区の　石戸誠著　[名古屋]　ブイツーソリューション(印刷)　2014.3　125p　21cm　〈文献あり〉　①978-4-86476-223-6　Ⓝ387.6　[1900円]

さいたま市(文化行政)

◇さいたま市文化芸術都市創造計画─生き生きと心豊かに暮らせる文化芸術都市　さいたま市市民・スポーツ文化局スポーツ文化部文化振興課編　[さいたま]　さいたま市　2014.3　80p　30cm　Ⓝ709.134　[680円]

さいたま市(歴史)

◇北浦和歴史再発見─開館40周年記念北浦和歴史発掘プロジェクト　さいたま市市立北浦和図書館編　さいたま　さいたま市立北浦和図書館　2014.3　87p　30cm　Ⓝ213.4

◇さいたま市の歴史と文化を知る本　青木義脩著　さいたま　さきたま出版会　2014.6　390,4p　21cm　〈索引あり〉　①978-4-87891-410-2　Ⓝ213.4　[2000円]

埼玉西武ライオンズ

◇埼玉西武ライオンズあるある　ふじいたかし著，水元あきつぐ，小山高志郎画　TOブックス　2014.8　159p　18cm　①978-4-86472-271-1　Ⓝ783.7　[1000円]

最澄〔767〜822〕

◇あなたの知らない最澄と天台宗　山折哲雄監修　洋泉社　2014.2　190p　18cm　(歴史新書)　〈文献あり　年表あり〉　①978-4-8003-0325-7　Ⓝ188.42　[860円]

◇最澄─天台宗　百瀬明治著　京都　淡交社　2014.10　195p　18cm　(京都・宗祖の旅)　〈年表あり　1990年刊の加筆・調整、再編集〉　①978-4-473-03969-9　Ⓝ188.42　[1200円]

◇伝教大師伝の研究　佐伯有清著　オンデマンド版　吉川弘文館　2013.10　602,16p　22cm　(日本史学研究叢書)　〈索引あり　印刷・製本：デジタルパブリッシングサービス〉　①978-4-642-04233-8　Ⓝ188.42　[16500円]

斎藤〔氏〕

◇論集戦国大名と国衆　16　美濃斎藤氏　木下聡編　岩田書院　2014.11　206p　21cm　〈内容：総論美濃斎藤氏の系譜と動向(木下聡著)　六角遠征以後の前斎藤氏について(尾関章者)　土岐頼武の文書と美濃守護在任時期(横山住雄著)　永禄三年六角承禎条書について(丸山幸太郎著)　斎藤道三の二度出家

説（横山住雄著）　斎藤大納言と「今枝氏古文書等写」について（横山住雄著）　道三文書の編年と関連史料に関する予察（土山公仁著）　別伝の乱（福井金弘著）　忘れられている美濃戦国文化（鈴木秀雄著）　版本『天正軍記』の斎藤道三と義龍の物語（奥田尚著）〉①978-4-87294-891-2　Ⓝ210.47　［3000円］

齋藤 玲〔1933～　〕
◇斎藤玲業績集　斎藤玲［編］　［出版地不明］　斎藤玲　2014.10　164p　27cm〈著作目録あり〉Ⓝ493.8

斎藤 惇夫〔1940～　〕
◇わたしはなぜファンタジーに向かうのか　斎藤惇夫著　教文館　2014.2　103,14p　19cm〈文献あり 著作目録あり〉①978-4-7642-6976-7　Ⓝ910.268　［1100円］

齋藤 絹子〔1931～　〕
◇私の身辺整理　齋藤絹子著　新聞編集センター　2014.9　246p 図版 8p　21cm　Ⓝ289.1　［1000円］

西東 三鬼〔1900～1962〕
◇西東三鬼自伝・俳論　西東三鬼著　沖積舎　2014.6　355p　21cm〈年譜あり　内容：神戸　神戸．続　俳愚伝　新興俳句の趨向について　難解派の人々　二つの底流　熱性その他　酷烈なる精神　鶏頭の十四五本もありぬべし　教師俳壇　難解派の旧派と新派　現代俳句の断絶　「私達」の発生　誓子氏の三つの作品について　「蘆刈」の鑑賞　中村草田男鑑賞　「月下の俘虜」探索　句集の序文〈十一篇〉崖の下雑記　海辺雑記　葉山雑記〉①978-4-8060-4766-7　Ⓝ911.362　［4800円］

齋藤 彰一
◇三明―明朗・明快・透明　齋藤彰一著　名古屋　中部経済新聞社　2013.7　206p　18cm　（中経マイウェイ新書 015）①978-4-88520-177-6　Ⓝ289.1　［800円］

斉藤 宗次郎〔1877～1968〕
◇斎藤宗次郎・孫佳與子との往復書簡―空襲と疎開のはざまで　斎藤宗次郎，児玉佳與子著，児玉実英編　教文館　2013.7　375p　20cm〈文献あり〉①978-4-7642-9957-3　Ⓝ198.992　［3000円］

斎藤 隆夫〔1870～1949〕
◇回顧七十年　斎藤隆夫著　改版　中央公論新社　2014.9　289p　16cm　（中公文庫 さ4-2）①978-4-12-206013-5　Ⓝ289.1　［1000円］

齋藤 徳重〔1926～　〕
◇回顧録　齋藤徳重［著］　酒々井町（千葉県）　齋藤徳重　2014.4　151p　21cm　Ⓝ289.1　［非売品］

斎藤 一〔1844～1915〕
◇斎藤一―新選組最強の剣客　相川司著　中央公論新社　2014.7　317p　16cm　（中公文庫 あ75-2）〈文献あり 年譜あり〉①978-4-12-205988-7　Ⓝ289.1　［820円］

斎藤 茂吉〔1882～1953〕
◇斎藤茂吉異形の短歌　品田悦一著　新潮社　2014.2　254p　20cm　（新潮選書）〈文献あり〉①978-4-10-603741-2　Ⓝ911.162　［1300円］

斉藤 安子〔1941～　〕
◇神様の恵みから―キリストに導かれ神様の救いに与った少女の人生　斉藤安子著　福岡　櫂歌書房　2014.4　93p　19cm〈星雲社（発売）〉①978-4-434-19143-5　Ⓝ289.1　［1000円］

西都市（遺跡・遺物）
◇西都原47号墳・西都原284号墳　宮崎県立西都原考古博物館編　宮崎　宮崎県教育委員会　2014.3　104p　30cm　（特別史跡西都原古墳群発掘調査報告書 第11集）Ⓝ210.0254
◇西都原の100年考古博の10年そして、次の時代へ―西都原古墳群発掘100年西都原考古博物館開館10周年記念特別展　展示会 1　西都原の逸品たち　西都　宮崎県立西都原考古博物館　2014.4　55p　21cm〈会期：2014年4月19日―6月15日　編集：甲斐貴充〉Ⓝ219.6
◇西都原の100年考古博の10年そして、次の時代へ―西都原古墳群発掘100年西都原考古博物館開館10周年記念特別展　展示会 2　埴輪を科学する　西都　宮崎県立西都原考古博物館　2014.7　49p　21cm〈会期：2014年7月19日―9月21日　編集：藤木聡〉Ⓝ219.6
◇西都原の100年考古博の10年そして、次の時代へ―西都原古墳群発掘100年西都原考古博物館開館10周年記念特別展　展示会 3　日向の神々と出雲の神々　西都　宮崎県立西都原考古博物館　2014.10　63p　21cm〈会期：2014年10月11日―11月30日　編集：髙橋浩子〉Ⓝ219.6
◇特別史跡西都原古墳群―発掘調査・保存整備概要報告書　16　宮崎　宮崎県教育委員会　2014.3　9p　30cm〈共同刊行：宮崎県立西都原考古博物館〉Ⓝ210.0254
◇日向国府跡―平成25年度発掘調査概要報告書　西都市教育委員会編　［西都］　西都市教育委員会　2014.3　17p 図版 6p　30cm　（西都市埋蔵文化財発掘調査報告書 第66集）Ⓝ210.0254

西都市（古墳―保存・修復）
◇西都原古墳群調査整備活性化事業計画書―特別史跡　宮崎　宮崎県教育委員会　2014.3　40p　30cm　Ⓝ709.196
◇特別史跡西都原古墳群活用促進ゾーン整備事業報告書　［宮崎］　宮崎県教育委員会　2014.3　59p　30cm　Ⓝ709.196

さ

THEイナズマ戦隊
◇GOOD ROCKS！ SPECIAL EDITION THEイナズマ戦隊 17th Anniversary Book―素晴らしき17年がここにある　ロックスエンタテインメント合同会社編集　大阪　ロックスエンタテインメント　2014.10　114p　21cm〈シンコーミュージック・エンタテイメント（発売）〉①978-4-401-76161-6　Ⓝ767.8　［1300円］

サイバーエージェント
◇渋谷ではたらく社長の告白　藤田晋［著］　新装版　幻冬舎　2013.6　302p　16cm　（幻冬舎文庫 ふ-15-2）①978-4-344-42016-8　Ⓝ674.4　［533円］

サイパン島（太平洋戦争〔1941～1945〕―会戦）
◇玉砕の島サイパンと私　川本仕著　文芸社　2014.8　121p　19cm　①978-4-286-15348-3　Ⓝ916　［1000円］
◇サイパン戦車戦―戦車第九連隊の玉砕　下田四郎著　新装版　潮書房光人社　2014.2　238p　16cm　（光人社NF文庫）①978-4-7698-2354-4　Ⓝ916　［714円］
◇老医師と主婦の歩いた続玉砕の島サイパン　美濃部欣平，美濃部幸恵著　鎌倉　美濃部欣平　2014.3　110p　21cm〈文献あり〉Ⓝ210.75

最明寺（守山市）
◇重要文化財最明寺五重塔保存修理工事報告書　滋賀県教育委員会事務局文化財保護課編　［大津］　滋賀県教育委員会　2014.3　1冊　30cm　Ⓝ521.818

財務省
◇財務省・金融庁・財務局の組織と事務　［東京］　財務省財務総合政策研究所研修部　［2014］　78, 52p　30cm　（研修部教材 平成26年度 1）Ⓝ317.24
◇財務省職員録　平成26年版　大蔵財務協会　2014.1　578,11p　19cm〈索引あり〉①978-4-7547-2078-0　Ⓝ317.24　［2667円］
◇財務省の機構　平成26年版　大蔵財務協会　2014.11　678p　19cm　①978-4-7547-2051-3　Ⓝ317.24　［2381円］
◇財務省の機構　平成27年版　大蔵財務協会/編　大蔵財務協会　2014.11　706p　19cm　①978-4-7547-2153-4　［2500円］
◇財務省名鑑　2014年版　米盛康正編著　時評社　2013.10　380p　19cm〈索引あり〉①978-4-88339-196-7　Ⓝ317.24　［4286円］
◇政策評価実施計画　平成25年度　［東京］　財務省　［2014］　175p　30cm〈平成25年3月（平成26年6月一部改正）〉Ⓝ317.24
◇政策評価実施計画　平成26年度　［東京］　財務省　［2014］　170p　30cm〈平成26年3月（平成26年6月一部改正）〉Ⓝ317.24
◇政策評価実施計画　平成26年度　［東京］　財務省　2014.3　188p　30cm　Ⓝ317.24
◇政策評価書　平成25年度　［東京］　財務省　2014.6　358p　30cm　Ⓝ317.24
◇増税と政局・暗闘50年史　倉山満著　イースト・プレス　2014.4　308p　18cm　（イースト新書 027）①978-4-7816-5027-2　Ⓝ342.1　［907円］

財務省財務局
◇財務省・金融庁・財務局の組織と事務　［東京］　財務省財務総合政策研究所研修部　［2014］　78, 52p　30cm　（研修部教材 平成26年度 1）Ⓝ317.24

Silent Siren
◇ワンダーブック/サイレントサイレン　エムオン・エンタテインメント　2014.3　175p　25cm　①978-4-7897-3610-7　Ⓝ767.8　［3000円］

幸倶楽部
◇幸倶楽部沿革日誌　尚友倶楽部史料調査室，小林和幸編　尚友倶楽部　2013.12　201p　21cm　（尚友ブックレット 26）Ⓝ314.16

サウジアラビア（歴史）
◇サウディアラビア―二聖都の守護者　森伸生著，NIHUプログラムイスラーム地域研究監修　山川出版社　2014.3　122p　21cm　（イスラームを知る 19）〈文献あり〉①978-4-634-47479-6　Ⓝ227.81　［1200円］

佐伯 祐正〔1896～1945〕

◇光徳寺善隣館と佐伯祐正　渡辺祐子,河﨑洋充編　大阪　光徳
寺善隣館　2014.11　375p　図版 8p　22cm〈年表あり〉
Ⓝ188.72

佐伯 泰英〔1942～ 〕

◇佐伯泰英『吉原裏同心』読本　光文社文庫編集部編　光文社
2014.6　335p　16cm　（光文社文庫 こ1-14）〈文献あり 著作
目録あり〉Ⓘ978-4-334-76751-8　Ⓝ913.6　[600円]

サエコ〔1986～ 〕

◇SAEKO EVERYDAY—FASHION PHILOSOPHY,DAILY
COORDINATE & MORE　紗栄子著　宝島社　2014.12
177p　21cm〈本文は日本語〉Ⓘ978-4-8002-3502-2　Ⓝ779.9
[1400円]

蔵王山

◇蔵王花心　高山文夫著　山形　大鳳印刷　2013.4　302p
19cm　Ⓘ978-4-90086-646-1　Ⓝ472.125　[2000円]

蔵王町〔宮城県〕（遺跡・遺物）

◇磯ヶ坂遺跡—ほか　蔵王町（宮城県）蔵王町教育委員会
2014.3　116p　図版 2p　30cm（蔵王町文化財調査報告書 第
17集）〈経営体育成基盤整備事業（県営ほ場整備事業）に伴う
緊急発掘調査　内容：磯ヶ坂遺跡　六角遺跡　原道遺跡〉
Ⓝ210.0254

◇円田盆地の遺跡群　1　蔵王町教育委員会編　蔵王町（宮城県）
蔵王町教育委員会　2014.3　86p　30cm（蔵王町文化財調査
報告書 第19集）〈経営体育成基盤整備事業（県営ほ場整備事
業）に伴う緊急発掘調査〈総括編〉内容：都遺跡　新城館跡
窪田遺跡　十郎田遺跡　西小屋館跡　西屋敷遺跡　前戸内遺
跡　戸ノ内遺跡　六角遺跡　原遺跡　磯ヶ坂遺跡　車地蔵遺
跡　鍛冶屋敷遺跡　上葉の木沢遺跡〉Ⓝ210.0254

◇蔵王町内遺跡発掘調査報告書　1　蔵王町教育委員会編　蔵王
町（宮城県）蔵王町教育委員会　2014.3　68p　30cm（蔵王
町文化財調査報告書 第18集）〈各種開発事業に伴う遺構確認
調査・小規模開発事業に伴う緊急発掘調査（平成18-24年度）
内容：原遺跡　鍛冶沢遺跡　西浦B遺跡　谷地遺跡
円田入B遺跡　寺門前遺跡　諏訪舘前遺跡　三の輪遺跡　戸ノ
内遺跡　愛宕山遺跡〉Ⓝ210.0254

早乙女 直枝〔 ～2008〕

◇もしも君に会わなかったら　早乙女勝元著　新日本出版社
2014.9　173p　20cm　Ⓘ978-4-406-05819-3　Ⓝ289.1　[1400
円]

早乙女 りん〔1900～1996〕

◇わが母の歴史—明治・大正・昭和をりんりんと生き抜いた　早
乙女勝元著　新装改訂版　青風舎　2014.7　162p　19cm〈初
版：草の根出版会 1994年刊〉Ⓘ978-4-902326-47-5　Ⓝ289.1
[1600円]

坂井〔家〕〔新潟市〕

◇坂井家の物語　新潟　坂井規正　2014.6　339p　21cm〈喜怒
哀楽書房（制作・印刷）〉Ⓝ288.3

酒井 景都

◇Girl in Mode Kate's BOOK　酒井景都著　宝島社　2014.5
109p　21cm〈本文は日本語〉Ⓘ978-4-8002-2353-1　Ⓝ289.1
[1500円]

坂井 犀水〔1871～1940〕

◇坂井犀水の青春—その前半生をたどって：金沢が生んだ隠れた
美の牽引者　西田孝司著　［出版地不明］　西田孝司　2014.4
98p　21cm〈年譜あり〉Ⓝ289.1

坂井 忠〔1938～ 〕

◇ダメ元地方議員の不純マルクス教批判—NHKはもはやいらな
い　坂井忠著　文芸社　2014.10　242p　15cm　Ⓘ978-4-286-
15260-8　Ⓝ289.1　[700円]

酒井 伴四郎〔1834～ 〕

◇紀州藩士酒井伴四郎関係文書　小野田一幸,髙久智広編　大阪
清文堂出版　2014.7　350p　22cm　（清文堂史料叢書 第124
刊）〈神戸市立博物館所蔵の翻刻　東京都江戸東京博物館所蔵
の翻刻ほか〉Ⓘ978-4-7924-1022-3　Ⓝ210.58　[8800円]

坂井市〔遺跡・遺物〕

◇上após垣内遺跡　福井　福井県教育庁埋蔵文化財調査センター
2014.3　26p　図版 4p　30cm（福井県埋蔵文化財調査報告
第151集）〈国営九頭竜川下流土地改良事業に伴う調査〉
Ⓝ210.0254

堺市〔遺跡・遺物〕

◇国庫補助事業発掘調査報告書　平成24年度　［堺市］文化観光
局文化財課編　［堺］堺市教育委員会　2013.3　8p
30cm〈内容：堺環濠都市遺跡. SKT1072 堺環濠都市遺跡.

SKT1071 堺環濠都市遺跡. SKT1070 堺環濠都市遺跡.
SKT1076 四ッ池遺跡 北花田遺跡 堺環濠都市遺跡.
SKT1082 四ッ池遺跡 SKT1083 堺環濠都市遺跡.
SKT1086 浜寺元町遺跡 堺環濠都市遺跡. SKT1085 南花
田遺跡 田出井山古墳・向泉寺跡 堺環濠都市遺跡.
SKT1095 堺環濠都市遺跡 SKT1090〉Ⓝ210.0254

◇堺環濠都市遺跡発掘調査概要報告—SKT1077地点・寺地町東
一丁 堺市文化観光局文化部文化財課編　［堺］堺市教育委
員会　2013.10　12p　図版 5p　30cm（堺市埋蔵文化財調査
概要報告 第146冊）Ⓝ210.0254

◇市内遺跡発掘・立会調査概要報告　平成23・24年度　堺市文
化観光局文化部文化財課編　［堺］堺市教育委員会　2013.3
26,6p　図版［13］枚　30cm（堺市埋蔵文化財調査概要報告
第144冊）〈内容：平成23・24年度下水道管布設工事等に伴う
発掘・立会調査概要報告 陶邑窯跡群（高蔵寺地区）檜尾中山
遺跡 陶邑窯跡群（栂地区）陶邑窯跡群（光明池地区）太井
遺跡 日置荘北町遺跡 平井遺跡 平成23年度水道管布設工
事に伴う立会調査概要報告 船尾西遺跡 陵西遺跡 堺環濠
都市遺跡〉Ⓝ210.0254

◇大仙西町遺跡(DSW-3)発掘調査概要報告　堺市文化観光局文
化部文化財課編　［堺］堺市教育委員会　2013.3　20p　図版
［4］枚　30cm（堺市埋蔵文化財調査概要報告 第143冊）
〈堺区大仙西町4丁所在〉Ⓝ210.0254

◇檜尾中山(HON-4)遺跡発掘調査概要報告　堺市文化観光局文
化部文化財課編　［堺］堺市教育委員会　2013.3　16p　図版
6p　30cm（堺市埋蔵文化財調査概要報告 第145冊）〈南区
檜尾・美木多上所在〉Ⓝ210.0254

◇百舌鳥古墳群の調査　7　御廟表塚古墳(GBO-2)発掘調査報
告書 堺市文化観光局文化部文化財課編　［堺］堺市教育委
員会　2013.8　38p　図版 9p　30cm　Ⓝ210.0254

◇四ッ池遺跡　その6　堺市文化観光局文化部文化財課編　［堺］
堺市教育委員会　2013.2　3冊　26cm〈「本文編」「図版編」
「付図」に分冊刊行　昭和51年度発掘調査報告書　共同刊行：
四ッ池遺跡調査会〉Ⓝ210.0254

堺市（行政）

◇訣別—橋下維新を破った男　竹山修身著　KADOKAWA
2014.3　244p　20cm　Ⓘ978-4-04-110754-6　Ⓝ318.263
[1500円]

堺市（写真集）

◇『堺大観』写真集—明治と現在　堺市立中央図書館編　堺　堺
市立中央図書館　2014.3　80p　19×26cm〈文献あり〉
Ⓝ216.3

堺市（障害児福祉）

◇「この子の願いをわかりたい」からはじまる療育—堺市児童発
達支援センター5園の実践　堺市社会福祉事業団職員集団,高
橋真保子,白石正久編　京都　かもがわ出版　2014.6　205p
21cm　Ⓘ978-4-7803-0700-9　Ⓝ369.49　[2000円]

堺市（地方自治）

◇よみがえれ堺—輝かしい歴史と未来を取り戻すために　大阪・
堺から地方自治を考える会編集　堺　大阪・堺から地方自治
を考える会　2013.7　107p　30cm（にんげん出版（発売）内
容：輝かしい歴史に学ぶ苦難との戦い（大阪・堺の地方自治
を考える会著）理念なき東西鉄軌道計画中止を越えて（堺まち
づくり研究会著）3線成だけ導入される低床式車両〈LRV〉の
問題点（南出家年著）「さかいは国のまほろば」もう伝統産業
とは呼ばせない（堺の伝統産業を愛する会著）未来をつくる
堺の教育行政（堺の教育を考える会著）市民の暮らしを支え
るセーフティネット（高橋保著）歴史と文化のまち「堺」の
一層の発展のために（津守滋著）音楽文化の振興と「堺」（片
山勲著）フランスのLRTを中心としたまちづくり〈ストラス
ブールの例〉（ヴァンソン・藤井由実著）〉Ⓘ978-4-931344-37-
2　Ⓝ318.263　[1000円]

堺市（地方選挙）

◇訣別—橋下維新を破った男　竹山修身著　KADOKAWA
2014.3　244p　20cm　Ⓘ978-4-04-110754-6　Ⓝ318.263
[1500円]

堺市（鉄器）

◇漆黒の武具・白銀の武器—百舌鳥古墳群と五世紀の動乱　堺
市文化観光局文化部文化財課編　［堺］堺市　2013.3　200p
図版 2p　21cm（堺市文化財講演会録 第6集）〈会期・会
場：平成24年3月20日 財団法人堺市産業振興センターイベン
トホール　内容：基調講演 百舌鳥・古市古墳群の成立と東ア
ジア世界の動向（菅谷文則述）講演 倭王の武装（橋本達也
述）百舌鳥古墳群の武器武具に見る特質（鈴木一有述）古
墳時代中期の武器と東アジア世界（水野敏典述）討論 漆黒
の武具・白銀の武器〉Ⓝ216.3

堺市（歴史）

◇国際堺学を学ぶ人のために　木村一信,西尾宣明編　京都　世
界思想社　2013.12　342p　19cm〈年表あり 索引あり　内
容：国際文化都市・堺の可能性（北村修治著）国際都市・堺市

史（村田和男著）　堺と近代社会の変容（加藤源太郎著）　堺とユネスコ活動（岡崎裕著）　堺の防災と緊急対応（西道実著）　百舌鳥古墳群と古代の堺（十河良和著）　堺の旧街道（山村茂樹著）　堺とキリスト教（中村博武著）　千利休と茶道（加藤晴美著）　与謝野晶子と堺の文化的風土（入江春行著）　国際人としての与謝野晶子（太田登著）　慶応四年の国際問題「堺事件」と森鴎外・団鬼六の小説（西尾宣明著）　築山三郎『黄金の日日』の堺（奈良崎英穂著）　堺の地場産業（鶴坂貴恵著）　堺および関西経済と中国（川井悟著）　観光都市・堺の広報戦略（伊藤宏著）　観光文化都市・堺の可能性（浅羽良基著）　堺の近代教育史（和田充弘著）　「子ども堺学」の理念と可能性（佃繁著）　堺の子育て支援（寺田恭子著）　堺における英語教育（蔵田實著）　堺の高等教育機関での新たな特別支援教育の実践（中村健著）〉①978-4-7907-1614-3 Ⓝ216.3 ［2300円］
◇フォーラム堺学　第20集　堺　堺都市政策研究所　2014.3　149p　21cm〈文献あり〉内容：河口慧海を支えた人々（奥山直司述）近世の堺と周辺農村（岡田光代述）ニサンザイ古墳の調査成果（内本勝彦述）　開口神社と堺（渋谷一成述）①978-4-907907-19-8 Ⓝ216.3 ［1048円］

堺市〔路線価〕
◇路線価図一大阪府（5）　大阪　納税協会連合会　2014.7　1冊　30cm　（財産評価基準書　平成26年分　19/49）〈清文社（発売）〉内容：堺（堺市）Ⓝ345.5 ［9600円］

坂出市〔遺跡・遺物〕
◇川津六反地遺跡・川津昭和遺跡　香川県埋蔵文化財センター編　［高松］　香川県教育委員会　2014.3　1冊　30cm〈国道438号道路改良工事・県道富熊宇多津線道路改良工事・城山川河川改修事業に伴う埋蔵文化財発掘調査報告〉Ⓝ210.0254
◇讃岐国府跡発掘調査機報一香川県内遺跡発掘調査　平成23・24年度　香川県埋蔵文化財センター編　［高松］　香川県教育委員会　2013.12　36p　30cm　Ⓝ210.0254
◇新宮古墳・醍醐3号墳の確認調査　香川県埋蔵文化財センター編　［坂出］　香川県埋蔵文化財センター　2014.2　46p　30cm　（讃岐国府跡探索事業調査報告　平成25年度）Ⓝ210.0254

寒河江市〔遺跡・遺物〕
◇寒河江市内遺跡発掘調査報告書　20　［寒河江］　寒河江市教育委員会　2014.3　40p　30cm　（山形県寒河江市埋蔵文化財調査報告書　第37集）Ⓝ210.0254

寒河江市〔歴史一史料〕
◇米沢市資料一熊谷五右衛門家資料　寒河江市史編纂委員会編　［寒河江］　寒河江市教育委員会生涯学習課　2014.10　343p　21cm　（寒河江市史編纂叢書　第83集）Ⓝ212.5

栄村〔長野県〕〔地震〕
◇絆一栄村震災記録集：長野県北部地震　栄村総務課編　第2版　栄村〔長野県〕　長野県栄村　2013.10　95p　30cm　Ⓝ369.31
◇震災体験記一長野県北部地震　栄村，栄村教育委員会編　栄村〔長野県〕　長野県栄村，栄村教育委員会　2014.9　115p　30cm〈栄村震災復興特別基金事業〉Ⓝ916

坂上　忍〔1967～ 〕
◇偽悪のすすめ一嫌われることが怖くなくなる生き方　坂上忍［著］　講談社　2014.1　198p　18cm　（講談社＋α新書638-1A）①978-4-06-272829-4 Ⓝ778.21 ［840円］

榊原　亀三郎〔1868～1925〕
◇幸せの風を求めて一榊原弱者救済所　西まさる著　改訂版　大阪　新葉館出版　2014.3　230p　19cm　①978-4-86044-480-8 Ⓝ289.1 ［1700円］

坂城町〔長野県〕〔遺跡・遺物〕
◇坂城町内遺跡発掘調査報告書　2013　坂城町教育委員会編　［坂城町〔長野県〕］　坂城町教育委員会　2014.3　16p　30cm　（坂城町埋蔵文化財調査報告書　第44集）〈平成25年度試掘・立会い調査報告〉Ⓝ210.0254

坂城町〔長野県〕〔地名〕
◇ふるさと坂城の地名　さかき歴史同好会編　［坂城町〔長野県〕］　さかき歴史同好会　2014.2　131p　30cm　Ⓝ291.52

阪口　裕樹〔1987～ 〕
◇うつ病で半年間寝たきりだった僕が，PC一台で世界を自由に飛び回るようになった話　阪口裕樹著　朝日新聞出版　2014.4　263p　19cm　①978-4-02-331296-8 Ⓝ289.1 ［1400円］

佐賀県〔遺跡・遺物〕
◇佐賀県内遺跡確認調査報告書　30　佐賀　佐賀県教育委員会　2014.3　96p　30cm　（佐賀県文化財調査報告書　第205集）〈文化庁補助事業〉Ⓝ210.0254

佐賀県〔遺跡・遺物一小城市〕
◇小城市内遺跡　4　小城　佐賀県小城市教育委員会　2014.3　49p　図版　20p　30cm　（小城市文化財調査報告書　第24集）〈1996-2000年度における佐賀県小城市小城町内の確認・試掘調査記録〉Ⓝ210.0254
◇丁永遺跡6・8区，天神軒遺跡2区，八ッ戸遺跡5・6区　小城　小城市教育委員会　2013.12　136p　30cm　（小城市文化財調査報告書　第22集）Ⓝ210.0254
◇八ッ戸遺跡7区　小城　小城市教育委員会　2014.2　50p　図版　20p　30cm　（小城市文化財調査報告書　第25集）〈株式会社ジェイエイビバレッジ佐賀小城事業所跡地における埋蔵文化財発掘調査報告書〉Ⓝ210.0254

佐賀県〔遺跡・遺物一唐津市〕
◇宇木汲田遺跡　唐津市教育委員会編　唐津　唐津市教育委員会　2013.3　72p　図版　20p　30cm　（唐津市文化財調査報告書　第163集）Ⓝ210.0254
◇唐津市内遺跡確認調査　29　唐津市教育委員会編　唐津　唐津市教育委員会　2013.3　48p　図版　10p　30cm　（唐津市文化財調査報告書　第162集）〈土地開発に伴う市内遺跡確認調査報告〉Ⓝ210.0254
◇唐津城跡　6　唐津　唐津市教育委員会　2013.1　15p　図版　4p　30cm　（唐津市文化財調査報告書　第161集）〈市道御見馬場2号線道路改良工事に伴う埋蔵文化財調査〉Ⓝ210.0254
◇唐津城跡本丸　1　唐津　唐津市教育委員会　2013.3　230p　図版［39］枚　30cm　（唐津市文化財調査報告書　第164集）Ⓝ210.0254
◇中原遺跡　8（9区・10区の調査と鍛冶関連遺物）第1分冊　佐賀　佐賀県教育委員会　2014.3　442p　図版　8p　30cm　（佐賀県文化財調査報告書　第203集）〈文献あり〉Ⓝ210.0254
◇中原遺跡　8（9区・10区の調査と鍛冶関連遺物）第2分冊　佐賀　佐賀県教育委員会　2014.3　130p　30cm　（佐賀県文化財調査報告書　第203集）Ⓝ210.0254
◇名護屋城跡一山里丸I：特別史跡「名護屋城跡並びに陣跡」　佐賀県立名護屋城博物館編　唐津　佐賀県立名護屋城博物館　2014.3　70p　図版［15］枚　30cm　（佐賀県立名護屋城博物館調査報告書　第9集）〈年表あり〉Ⓝ210.0254

佐賀県〔遺跡・遺物一神埼市〕
◇市内遺跡確認調査概要報告書　5　神埼　神埼市教育委員会　2013.3　45p　30cm　（神埼市文化財調査報告書　第19集）〈神埼市内埋蔵文化財確認調査（平成20-22年度）の概要〉Ⓝ210.0254
◇伏部大石遺跡　4区　神埼　神埼市教育委員会　2013.3　9p　30cm　（神埼市文化財調査報告書　第20集）〈佐賀県神埼市神埼町竹に所在する伏部大石遺跡4区の発掘調査報告書〉Ⓝ210.0254

佐賀県〔遺跡・遺物一佐賀市〕
◇春日丘遺跡一9区・10区の調査　佐賀　佐賀市教育委員会　2014.3　11p　30cm　（佐賀市埋蔵文化財調査報告書　第83集）Ⓝ210.0254
◇佐賀市埋蔵文化財確認調査報告書　2011年度　佐賀　佐賀市教育委員会　2014.3　94p　30cm　（佐賀市埋蔵文化財調査報告書　第81集）Ⓝ210.0254
◇高尾井手遺跡一1区の調査　佐賀　佐賀市教育委員会　2014.3　18p　図版　2p　30cm　（佐賀市埋蔵文化財調査報告書　第82集）Ⓝ210.0254
◇幕末佐賀藩三重津海軍所跡　2　18区の調査　佐賀　佐賀市教育委員会　2013.3　206，16p　30cm　（佐賀市重要産業遺跡関係調査報告書　第3集）〈奥付の出版者（誤植）：佐賀市教育委員〉Ⓝ219.2
◇幕末佐賀藩三重津海軍所跡　3　20区の調査　佐賀　佐賀市教育委員会　2014.3　267，13p　30cm　（佐賀市重要産業遺跡関係調査報告書　第5集）〈奥付の出版者：佐賀市教育委員〉Ⓝ219.2

佐賀県〔遺跡・遺物一多久市〕
◇多久市内遺跡発掘調査報告書　5　平成16年度一17年度の調査　多久　多久市教育委員会　2014.3　16p　30cm　（多久市文化財調査報告書　第53集）Ⓝ210.0254

佐賀県〔遺跡・遺物一保存・修復一佐賀市〕
◇史跡三重津海軍所跡保存管理計画書　佐賀市教育委員会監修　佐賀　佐賀市教育委員会　2013.12　87p　30cm　Ⓝ709.192

佐賀県〔貝塚一佐賀市〕
◇貝と骨からわかる縄文人の素顔一貝塚に残されたもの：東名シンポジウム記録集：東名シンポジウム2013　佐賀　佐賀市教育委員会　2014.3　114p　図版　8p　21cm〈会期・会場：平成

佐賀県（行政—武雄市）　　　　　　　　　　　　　　　　　　日本件名図書目録2014　Ⅰ

25年10月12日 佐賀県立美術館ホール　平成25年度文化庁国庫補助事業　内容：基調報告 東名遺跡に残されたもの（西田巖著） 貝塚と縄文人（水ノ江和同著）　貝輪と縄文人（忍澤成視著）　人骨から見た縄文人（松下孝幸著）　イヌと縄文人（佐藤孝雄著）〉Ⓝ219.2

佐賀県（行政—武雄市）
◇反省しない。—すぐやる、攻める、そして組む　樋渡啓祐著　KADOKAWA　2014.8　207p　19cm　①978-4-04-600587-8　Ⓝ318.292　［1500円］

佐賀県（近代化遺産—佐賀市）
◇幕末佐賀藩反射炉関係文献調査報告書　佐賀　佐賀市教育委員会　2013.3　139p　30cm　（佐賀市重要産業遺跡関係調査報告書 第4集）〈文献あり〉Ⓝ219.2
◇幕末佐賀藩反射炉関係文献調査報告書 2　佐賀　佐賀市教育委員会　2014.3　118, 11p　30cm　（佐賀市重要産業遺跡関係調査報告書 第6集）Ⓝ219.2

佐賀県（下水処分—佐賀市）
◇佐賀市排水対策基本計画　佐賀　佐賀市建設部河川砂防課水問題対策室　2014.3　53p　30cm　Ⓝ518.24

佐賀県（原子力行政）
◇佐賀県の原子力発電　［佐賀県］くらし環境本部原子力安全対策課編　平成26年3月改訂　［佐賀］佐賀県　［2014］181p　30cm　〈年表あり　平成25年度広報・調査等交付金事業〉Ⓝ539.091

佐賀県（交通—統計）
◇交通さが—交通ルールを守ってつながる笑顔　平成25年　佐賀県警察本部交通企画課編　［佐賀］佐賀県警察本部　［2014］287p　30cm　〈年表あり〉Ⓝ681.3

佐賀県（財政—歴史）
◇小城城下と牛津宿—小城藩政の展開と人びとの経済活動：平成26年度佐賀大学・小城市交流事業特別展　佐賀　佐賀大学地域学歴史文化研究センター　2014.10　100, 13p　30cm　〈会期・会場：平成26年11月1日—12月7日　小城市立歴史資料館　編集：伊藤昭弘〉Ⓝ342.192

佐賀県（児童—唐津市—歴史）
◇子ども博物誌—仕事とあそびの同化　丹野眞智俊著　京都　あいり出版　2014.12　189p　19cm　〈文献あり〉①978-4-901903-99-8　Ⓝ384.5　［1600円］

佐賀県（写真集）
◇武雄・鹿島・嬉野・杵島・藤津の昭和—写真アルバム　名古屋　樹林舎　2014.9　16, 263p　31cm　〈年表あり〉①978-4-902731-70-5　Ⓝ219.2　［9250円］

佐賀県（住民運動—玄海町）
◇風がおしえる未来予想図—脱原発・風船プロジェクト～私たちの挑戦：飛んだ距離554km「見える化」実験でわかったこと 原発なくそう！九州玄海訴訟「風船プロジェクト」実行委員会編　［東京］花伝社　2014.6　100,23p　図版8枚　21cm　〈共栄書房（発売）〉①978-4-7634-0703-0　Ⓝ543.5　［1000円］

佐賀県（障害者福祉）
◇佐賀県障害者プラン　第3次　佐賀　佐賀県健康福祉本部障害福祉課　2014.3　81p　30cm　Ⓝ369.27

佐賀県（書目）
◇佐賀県EL新聞記事情報リスト　2013-1　エレクトロニック・ライブラリー編　エレクトロニック・ライブラリー　2014.2　589p　31cm　〈制作：日外アソシエーツ〉Ⓝ025.8192
◇佐賀県EL新聞記事情報リスト　2013-2　エレクトロニック・ライブラリー編　エレクトロニック・ライブラリー　2014.2　p591-1606　31cm　〈制作：日外アソシエーツ〉Ⓝ025.8192

佐賀県（城跡）
◇佐賀県の中近世城館　第3集 各説編 2　小城・杵島・藤津地区　佐賀　佐賀県教育委員会　2014.3　397p　30cm　（佐賀県文化財調査報告書 第204集）Ⓝ219.2

佐賀県（清酒製造業）
◇佐賀酒ものがたり—濃醇旨口：酒蔵ガイドブック　平尾茂彦著　福岡　西日本新聞社　2014.1　119p　21cm　〈文献あり〉①978-4-8167-0878-7　Ⓝ588.52　［1200円］

佐賀県（石造美術—佐賀市）
◇聖王山石塔寺　佐賀市教育委員会編　佐賀　佐賀市教育委員会　2014.3　20p　図版 5p　30cm　（佐賀市埋蔵文化財調査報告書 第84集）Ⓝ714.02192

佐賀県（選挙—統計）
◇結果調　［佐賀］佐賀県選挙管理委員会　［2013］258p　30cm　〈第46回衆議院議員総選挙 平成24年12月16日執行, 最

高裁判所裁判官国民審査 平成24年12月16日執行, 佐賀県有明海区・松浦海区漁業調整委員会委員選挙 平成24年8月2日執行, 市町選挙 平成24年1月1日以降平成24年12月31日まで執行〉Ⓝ314.8
◇結果調　［佐賀］佐賀県選挙管理委員会　［2014］226p　30cm　〈第23回参議院議員通常選挙 平成25年7月21日執行, 市町選挙 平成25年1月1日以降平成25年12月31日まで執行〉Ⓝ314.8

佐賀県（地域学）
◇佐賀学—佐賀の歴史・文化・環境 2　佐賀大学・地域学創出プロジェクト編　岩田書院　2014.4　304, 9p　22cm　〈文献あり　内容：倭女王卑弥呼の宮殿（七田忠昭著）　佐賀平野の古代集落に関する一考察（重藤輝行著）　戦国期肥前国の「屋形様」（大塚俊司著）　龍造寺隆信と母慶誾尼について（鈴木（宮島）敦子著）　文人大名—鍋島直條（中尾友香梨著）　小城鍋島文庫『十帖源氏』のこと（白石良夫著）　佐賀藩引痘方とその活動（青木歳幸著）　幕末佐賀藩の銀札について（伊藤昭弘著）　廃藩置県と佐賀藩の大小銃・藩船の処分（長野遥著）　九州・東南アジアにおける郷土文化とナショナリズム（山﨑功著）「グリコ」の誕生（鬼嶋淳著）　小城神代家の人びと（川久保善智著）　鍋島松濤園の住宅地開発について（三島伸雄著）　物理探査法の遺跡への応用（半田駿著）　水環境と溶け合う佐賀平野の生活・文化（岡島俊哉著）〉①978-4-87294-097-8　Ⓝ291.92　［3000円］

佐賀県（地誌—伊万里市）
◇大坪・立花町誌　大坪・立花町誌編纂委員会編　［伊万里］大坪・立花町誌編纂委員会　2014.3　511p　31cm　〈年表あり〉Ⓝ291.92

佐賀県（地方選挙）
◇結果調　［佐賀］佐賀県選挙管理委員会　［2013］258p　30cm　〈第46回衆議院議員総選挙 平成24年12月16日執行, 最高裁判所裁判官国民審査 平成24年12月16日執行, 佐賀県有明海区・松浦海区漁業調整委員会委員選挙 平成24年8月2日執行, 市町選挙 平成24年1月1日以降平成24年12月31日まで執行〉Ⓝ314.8
◇結果調　［佐賀］佐賀県選挙管理委員会　［2014］226p　30cm　〈第23回参議院議員通常選挙 平成25年7月21日執行, 市町選挙 平成25年1月1日以降平成25年12月31日まで執行〉Ⓝ314.8

佐賀県（中小企業）
◇中小企業施策ハンドブック　平成26年度　［佐賀］佐賀県農林水産商工本部　c2014　71p　30cm　Ⓝ335.35

佐賀県（陶磁器〔日本〕—図集）
◇白き黄金—有田・伊万里・武雄・嬉野の磁器の美と技：有田焼創業400年事業特別企画展　佐賀県立九州陶磁文化館編　［有田町（佐賀県）］佐賀県立九州陶磁文化館　2014.10　164p　30cm　〈文献あり　会期：平成26年10月4日—11月24日　共同刊行：佐賀県有田焼創業400年事業実行委員会〉Ⓝ751.1

佐賀県（農業試験）
◇試験研究の成果—終了課題報告　平成24年度　［佐賀］佐賀県農業試験研究センター　2014.5　104p　30cm　（佐賀農業セ研究技術情報資料 no. 40）Ⓝ610.76

佐賀県（被災者支援—鳥栖市）
◇鳥栖のつむぎ—もうひとつの震災ユートピア　関礼子, 廣本由香編　新泉社　2014.12　269p　20cm　①978-4-7877-1415-2　Ⓝ369.36　［1800円］

佐賀県（法制史—史料）
◇佐賀城下法令史料集　鍋島報效会（徴古館）編　佐賀　鍋島報效会　2014.3　16, 180p　30cm　〈平成24年度文化庁文化遺産を活かした観光振興・地域活性化事業（ミュージアム活性化事業）, 平成25年度文化庁地域と共働した美術館・歴史博物館創造活動支援事業〉Ⓝ322.1992

佐賀県（砲台—佐賀市—歴史—史料）
◇幕末佐賀藩反射炉関係文献調査報告書 2　佐賀　佐賀市教育委員会　2014.3　118, 11p　30cm　（佐賀市重要産業遺跡関係調査報告書 第6集）Ⓝ219.2

佐賀県（名簿）
◇佐賀県人物・人材情報リスト　2015　日外アソシエーツ株式会社編　日外アソシエーツ（制作）2014.11　496, 23p　30cm　Ⓝ281.92

佐賀県（歴史）
◇佐賀県の歴史　杉谷昭, 佐田茂, 宮島敬一, 神山恒雄著　第2版　山川出版社　2013.12　321,38p　図版5枚　20cm　（県史 41）〈文献あり 年表あり 索引あり〉①978-4-634-32411-4　Ⓝ219.2　［2400円］

日本件名図書目録2014　Ⅰ

坂戸市（村落—歴史）

佐賀県（歴史—小城市）
◇佐賀県小城市立歴史資料館・小城市立中林梧竹記念館調査研究報告書　第7集　平成24年度事業報告　小城市立歴史資料館，小城市立中林梧竹記念館編　[小城]　小城市立歴史資料館　2014.3　67p　30cm〈表紙のタイトル：調査研究報告書　共同刊行：小城市立中林梧竹記念館〉Ⓝ219.2
◇写真や絵で見る小城の歴史　牛津編　川副正文編　牛津町（佐賀県）川副正文　2013.6　100p　30cm〈年表あり〉Ⓝ219.2

佐賀県（歴史—写真集）
◇唐津・伊万里・松浦の今昔—保存版　中島直幸, 金子義弘監修　松本　郷土出版社　2014.2　223p　31cm　①978-4-86375-210-8　Ⓝ219.2　[9500円]

佐賀県（歴史—史料）
◇佐賀県近世史料　第10編　第3巻　佐賀県立図書館編　佐賀　佐賀県立図書館　2014.3　26, 702, 37p　22cm　Ⓝ219.2
◇肥前路の幕府巡見使　峰松正輝著　[鹿島]　[峰松正輝]　2014.3　218p　26cm　Ⓝ219.2

佐賀県（歴史—史料—小城市）
◇犬山家文書　第3集　小城市教育委員会文化課編　小城　佐賀県小城市教育委員会　2014.3　242p　26cm　（小城市文化財調査報告書　第23集）Ⓝ219.2

佐賀県（歴史—年表）
◇佐賀近代史年表　大正編　大正元年8月—大正2年12月　佐賀近代史研究会編　佐賀　佐賀大学地域学歴史文化研究センター　2014.3　160p　30cm　Ⓝ219.2

佐賀県（和菓子—小城市—歴史）
◇村岡総本舗羊羹資料館案内　小城　村岡総本舗　2014.5　135p　30cm〈年表あり〉Ⓝ383.8192　[1200円]

佐賀市（遺跡・遺物）
◇春日丘遺跡—9区・10区の調査　佐賀　佐賀市教育委員会　2014.3　11p　30cm　（佐賀市埋蔵文化財調査報告書　第83集）Ⓝ210.0254
◇佐賀市埋蔵文化財確認調査報告書　2011年度　佐賀　佐賀市教育委員会　2014.3　94p　30cm　（佐賀市埋蔵文化財調査報告書　第81集）Ⓝ210.0254
◇高尾井手遺跡—1区の調査　佐賀　佐賀市教育委員会　2014.3　18p　図版2p　30cm　（佐賀市埋蔵文化財調査報告書　第82集）Ⓝ210.0254
◇幕末佐賀藩三重津海軍所跡　2　18区の調査　佐賀　佐賀市教育委員会　2013.3　206, 16p　30cm　（佐賀市重要産業遺跡関係調査報告書　第3集）〈奥付の出版者（誤植）：佐賀市教育委員〉Ⓝ219.2
◇幕末佐賀藩三重津海軍所跡　3　20区の調査　佐賀　佐賀市教育委員会　2014.3　267, 13p　30cm　（佐賀市重要産業遺跡関係調査報告書　第5集）〈奥付の出版者：佐賀市教育委員〉Ⓝ219.2

佐賀市（遺跡・遺物—保存・修復）
◇史跡三重津海軍所跡保存管理計画書　佐賀市教育委員会監修　佐賀　佐賀市教育委員会　2013.12　87p　30cm　Ⓝ709.192

佐賀市（貝塚）
◇貝と骨からわかる縄文人の素顔—貝塚に残されたもの：東名シンポジウム記録集：東名シンポジウム2013　佐賀　佐賀市教育委員会　2014.3　114p　図版8p　21cm〈会期・会場：平成25年10月12日 佐賀県立美術館ホール　平成25年度文化庁国庫補助事業　内容：基調報告　東名遺跡に残されたもの（田島巌視著）　貝塚と縄文人（水ノ江和可著）　貝輪と縄文人（忍澤成視著）　人骨から見た縄文人（松下孝幸著）　イヌと縄文人（佐藤孝雄著）〉Ⓝ219.2

佐賀市（近代化遺産）
◇幕末佐賀藩反射炉関係文献調査報告書　佐賀　佐賀市教育委員会　2013.3　139p　30cm　（佐賀市重要産業遺跡関係調査報告書　第4集）〈文献あり〉Ⓝ219.2
◇幕末佐賀藩反射炉関係文献調査報告書　2　佐賀　佐賀市教育委員会　2014.3　118, 11p　30cm　（佐賀市重要産業遺跡関係調査報告書　第6集）Ⓝ219.2

佐賀市（下水処分）
◇佐賀市排水対策基本計画　佐賀　佐賀市建設部河川砂防課水問題対策室　2014.3　53p　30cm　Ⓝ518.24

佐賀市（石造美術）
◇醫王山石長寺　佐賀市教育委員会編　佐賀　佐賀市教育委員会　2014.3　20p　図版5p　30cm　（佐賀市埋蔵文化財調査報告書　第84集）Ⓝ714.02192

佐賀市（砲台—歴史—史料）
◇幕末佐賀藩反射炉関係文献調査報告書　2　佐賀　佐賀市教育委員会　2014.3　118, 11p　30cm　（佐賀市重要産業遺跡関係調査報告書　第6集）Ⓝ219.2

佐潟
◇佐潟周辺自然環境保全計画　[新潟]　新潟市　2014.3　81, 13p　30cm〈平成12年5月30日策定, 平成18年3月30日改定, 平成26年3月31日改定〉Ⓝ519.8194

坂田 三吉〔1870〜1946〕
◇反骨の棋譜坂田三吉　大山勝男著　現代書館　2014.4　205p　20cm〈文献あり　年譜あり〉①978-4-7684-5704-7　Ⓝ796　[1800円]

坂田 章〔1929〜　〕
◇蛇行の跡　坂田章著　[安来]　[坂田章]　2014.11　202p　20cm〈年譜あり〉Ⓝ289.1

坂田 晋作〔　〜2013〕
◇坂田晋作論考集—坂田晋作という生き方　坂田晋作[著]　[東京]　坂田晋作さんの偲ぶ会呼びかけ団体　2014.8　151p　26cm〈内容：岐路にたつ春闘（坂田晋作著）「幹部の役割と任務」にもふれながら（坂田晋作著）　誰もが願っている1,047人の大同団結（坂田晋作著）　賃金論を正面にすえて（坂田晋作著）　だから労働組合が必要なんだ（坂田晋作著）　自ら考え行動する組織へ（坂田晋作述）　苦節19年！　明日への光明（坂田晋作著）〉Ⓝ366.621

坂田 武雄〔1919〜　〕
◇激動に生きる一自伝　坂田武雄著　青山ライフ出版　2014.3　194p　22cm　Ⓝ289.1

坂田 道太〔1916〜2004〕
◇むしろ素人の方がよい—防衛庁長官・坂田道太が成し遂げた政策の大転換　佐瀬昌盛著　新潮社　2014.1　223p　20cm（新潮選書）〈年譜あり〉①978-4-10-603740-5　Ⓝ393　[1200円]

酒田港
◇災害等非常時にも効果的な港湾地域低炭素推進事業（酒田港災害対応型低炭素化設備等整備実証事業）　平成25年度　[酒田]　酒田港リサイクル産業センター　2014.3　83p　30cm〈平成25年度環境省地球環境局委託　背のタイトル：災害等非常時にも効果的な港湾地域低炭素化推進事業（酒田港災害対応型低炭素設備等整備実証事業）〉Ⓝ517.85

酒田（漁撈）
◇1986飛島の磯と海—はずれのあたりにある学問　宮本常一, 森本孝, 本間又右衛門, 岸本誠司[著]，岸本誠司, 松本友哉, 小川ひかり編　酒田　とびしま漁村文化研究会　2013.11（2刷）69p　26cm　（飛島学叢書）①978-4-9907491-0-1　Ⓝ384.36　[700円]

酒田市（二酸化炭素—排出抑制）
◇災害等非常時にも効果的な港湾地域低炭素推進事業（酒田港災害対応型低炭素化設備等整備実証事業）　平成25年度　[酒田]　酒田港リサイクル産業センター　2014.3　83p　30cm〈平成25年度環境省地球環境局委託　背のタイトル：災害等非常時にも効果的な港湾地域低炭素化推進事業（酒田港災害対応型低炭素設備等整備実証事業）〉Ⓝ517.85

酒田市（マイクログリッド）
◇災害等非常時にも効果的な港湾地域低炭素推進事業（酒田港災害対応型低炭素化設備等整備実証事業）　平成25年度　[酒田]　酒田港リサイクル産業センター　2014.3　83p　30cm〈平成25年度環境省地球環境局委託　背のタイトル：災害等非常時にも効果的な港湾地域低炭素化推進事業（酒田港災害対応型低炭素設備等整備実証事業）〉Ⓝ517.85

酒田市（歴史）
◇酒田・新庄・最上の昭和—写真アルバム　長岡　いき出版　2014.11　279p　31cm〈山形県教科書供給所（発売）〉①978-4-904614-56-3　Ⓝ212.5　[9250円]

嵯峨天皇〔786〜842〕
◇古代ロマン漂う嵯峨野　坂口博翁著　[東京]　東京図書出版　2013.7　165p　19cm〈リフレ出版（発売）文献あり　年表あり〉①978-4-86223-661-6　Ⓝ288.41　[1500円]

坂戸市（遺跡・遺物）
◇上谷遺跡　6　坂戸　埼玉県坂戸市教育委員会　2014.3　44p　図版8p　30cm〈上谷遺跡3区発掘調査報告書〉Ⓝ210.0254

坂戸市（村落—歴史）
◇近世後期社会の構造と村請制　小松賢司著　校倉書房　2014.4　376p　22cm　（歴史科学叢書）〈索引あり　内容：序章　赤尾村名主林家の経営と経済的諸関係　赤尾村の村落構造と

同族団 「村役人くじ引制」と村社会 人馬役負担体系の変化と村社会 川越藩の支配と取米名主制 川越藩の海岸防備と頭取名主・村名主 藩領村役人にとっての城下町 川越藩御用達商人横田家と地域社会 終章〉①978-4-7517-4530-4 Ⓝ213.4 ［10000円］

佐賀藩

◇江戸のサイエンス―武雄蘭学の軌跡 九州国立博物館, 武雄市教育委員会編 ［太宰府］ 九州国立博物館 2013.4 79p 28cm〈会期・会場：平成25年4月16日―7月7日 九州国立博物館文化交流展示室 共同刊行：武雄市教育委員会〉Ⓝ219.2

◇佐賀城下法令史料集 鍋島報效会（徴古館）編 佐賀 鍋島報效会 2014.3 16, 180p 30cm〈平成24年度文化庁文化遺産を活かした観光振興・地域活性化事業（ミュージアム活性化事業），平成25年度文化庁地域と共働した美術館・歴史博物館創造活動支援事業〉Ⓝ322.1992

◇幕末佐賀藩反射炉関係文献調査報告書 佐賀 佐賀市教育委員会 2013.3 139p 30cm（佐賀市重要産業遺跡関係調査報告書 第4集）〈文献あり〉Ⓝ219.2

◇幕末佐賀藩反射炉関係文献調査報告書 2 佐賀 佐賀市教育委員会 2014.3 118, 11p 30cm（佐賀市重要産業遺跡関係調査報告書 第6集）Ⓝ219.2

◇幕末佐賀藩三重津海軍所跡 2 18区の調査 佐賀 佐賀市教育委員会 2013.3 206, 16p 30cm（佐賀市重要産業遺跡関係調査報告書 第3集）〈奥付の出版者（誤植）:佐賀市教育委員〉Ⓝ219.2

◇幕末佐賀藩三重津海軍所跡 3 20区の調査 佐賀 佐賀市教育委員会 2014.3 267, 13p 30cm（佐賀市重要産業遺跡関係調査報告書 第5集）〈奥付の出版者 :佐賀市教育委員〉Ⓝ219.2

相模鉄道株式会社

◇相模鉄道―相鉄の過去・現在・未来 広岡友紀著 JTBパブリッシング 2014.12 163p 21cm（キャンブックス）①978-4-533-10002-4 Ⓝ686.2137 ［1800円］

◇相模鉄道―街と駅の1世紀：相模鉄道本線・いずみ野線各駅今昔散歩大正・昭和の街角を紹介 生田誠, 山田亮著 彩流社 2014.2 79p 26cm（懐かしい沿線写真で訪ねる）〈年譜あり〉①978-4-7791-1727-5 Ⓝ686.2137 ［1800円］

相模原市（遺跡・遺物）

◇相川八幡西遺跡第4地点 武蔵文化財研究所編 ［町田］ 宝英地所 2014.9 30p 図版 9p 30cm〈神奈川県相模原市所在 宅地造成工事に伴う埋蔵文化財発掘調査報告書〉Ⓝ210.0254

◇小倉原西遺跡 横浜 かながわ考古学財団 2014.2 382p 図版 73p 30cm（かながわ考古学財団調査報告 296）〈一般国道468号（さがみ縦貫道路相模原市城山地区）建設事業に伴う発掘調査〉Ⓝ210.0254

◇小倉原西遺跡 相模原市教育委員会編 相模原 相模原市 2014.3 198p 図版［22］枚 30cm（相模原市埋蔵文化財調査報告 45）〈津久井広域道路整備事業に伴う発掘調査〉Ⓝ210.0254

◇大日野原遺跡―第3次発掘調査 遺物編 中央大学文学部考古学研究室, 相模原市教育委員会編 ［八王子］ 中央大学文学部考古学研究室 2014.3 85p 図版 8p 30cm（中央大学文学部考古学研究室調査報告書 3）〈共同刊行:相模原市教育委員会〉Ⓝ210.0254

◇川尻中村遺跡第5地点 大成エンジニアリング株式会社埋蔵文化財調査部門編 横浜 東京電力神奈川工事センター 2014.2 74p 図版 17p 30cm〈神奈川県相模原市所在 鉄塔建替工事に伴う発掘調査〉Ⓝ210.0254

◇畑久保西遺跡 第1分冊 ［横浜］ かながわ考古学財団 2014.3 266p 30cm（かながわ考古学財団調査報告 302）〈一般国道468号（さがみ縦貫道路相模原市城山地区）に伴う発掘調査〉Ⓝ210.0254

◇畑久保西遺跡 第2分冊 ［横浜］ かながわ考古学財団 2014.3 p267-573 30cm（かながわ考古学財団調査報告 302）〈一般国道468号（さがみ縦貫道路相模原市城山地区）建設事業に伴う発掘調査〉Ⓝ210.0254

◇畑久保西遺跡 第3分冊 ［横浜］ かながわ考古学財団 2014.3 p575-970 30cm（かながわ考古学財団調査報告 302）〈一般国道468号（さがみ縦貫道路相模原市城山地区）建設事業に伴う発掘調査〉Ⓝ210.0254

◇畑久保西遺跡 第4分冊 横浜 かながわ考古学財団 2014.3 187p 30cm（かながわ考古学財団調査報告 302）〈一般国道468号（さがみ縦貫道路相模原市城山地区）建設事業に伴う発掘調査〉Ⓝ210.0254

相模原市（協働〔行政〕）

◇相模原市市民協働推進基本計画―平成26年度―平成31年度 相模原市市民局市民協働推進課編 ［相模原］ 相模原市 2014.3 83p 30cm Ⓝ318.237

相模原市（高齢者教育）

◇皆の「あじさい大學新聞」 鈴木千慧子, 森川多佳子監修, 小玉正朋編 大阪 パレード 2014.4 263p 20cm〈内容：あじさい大學新聞一世界史学部. 平成23年度 あじさい大學新聞―文芸（短歌学習）. 平成24年度〉Ⓝ379.47 ［非売品］

相模原市（高齢者福祉）

◇相模原市高齢者等実態調査報告書 相模原市健康福祉局保険高齢部高齢政策課, 相模原市健康福祉局保険高齢部介護保険課編 相模原 相模原市 2014.3 477p 30cm Ⓝ369.26

相模原市（子育て支援）

◇子ども・子育て支援に関するアンケート調査報告書 平成25年度 相模原 相模原市健康福祉局こども育成部こども青少年課 2014.3 359p 30cm Ⓝ369.4

相模原市（財政）

◇相模原市財政白書―平成24年度普通会計決算の解説 相模原市企画財政局財務部財務課編 ［相模原］ 相模原市 2014.4 167p 30cm Ⓝ349.2137

相模原市（産業）

◇経済センサス―活動調査結果報告書 平成24年 企画財政局企画部情報政策課統計班編 相模原 相模原市 2014.3 102p 30cm Ⓝ602.137

相模原市（障害者福祉）

◇相模原市障害者福祉計画等策定基礎調査報告書 相模原市健康福祉局福祉部障害政策課編 ［相模原］ 相模原市 2014.3 242p 30cm Ⓝ369.27

相模原市（食育）

◇第2次相模原市食育推進計画 相模原市健康福祉局保健所地域保健課編 相模原 相模原市 2014.3 57p 30cm Ⓝ498.5

相模原市（城跡）

◇津久井城ものがたり―過去から未来へ：津久井湖城山公園ガイドブック 相模原 神奈川県厚木土木事務所津久井治水センター 2014.3 88p 21cm〈年表あり 折り込 1枚〉Ⓝ213.7

相模原市（墓地）

◇相模原市営霊園整備調査報告書 相模原 相模原市環境経済局環境共生部公園課 2014.3 114p 30cm〈調査機関：全日本墓園協会〉Ⓝ629.8

相模原市（歴史）

◇相模原市史 現代テーマ編 軍都・基地そして都市化 相模原市教育委員会教育局生涯学習部博物館編 ［相模原］ 相模原市 2014.3 883p 22cm〈文献あり〉Ⓝ213.7

相模屋食料株式会社

◇「ザクとうふ」の哲学―相模屋食料はいかにして業界No.1となったか 鳥越淳司著 PHP研究所 2014.9 238p 19cm ①978-4-569-82144-3 Ⓝ619.6 ［1400円］

坂本 九〔1941~1985〕

◇上を向いて歩こう展―奇跡の歌から希望の歌へ 世田谷文学館編 世田谷文学館 2013.4 64p 22×22cm〈年表あり 会期・会場：2013年4月20日―6月30日 世田谷文学館〉Ⓝ767.8

坂本 進一郎〔1941~ 〕

◇黙して大地に書く 坂本進一郎［著］, 秋田魁新報社編 秋田 秋田魁新報社 2014.6 159p 18cm（さきがけ新書）〈年譜あり 著作目録あり〉①978-4-87020-354-9 Ⓝ289.1 ［800円］

坂本 孝〔1940~ 〕

◇『俺のイタリアン』を生んだ男―「異能の起業家」坂本孝の経営哲学 尾崎弘之著 IBCパブリッシング 2014.5 189p 19cm〈文献あり〉①978-4-7946-0274-9 Ⓝ673.97 ［1400円］

◇俺のフィロソフィ―仕組みで勝って、人で圧勝する俺のイタリアンの成功哲学 坂本孝語り手, 福井康夫聞き手 商業界 2014.9 199p 19cm ①978-4-7855-0467-0 Ⓝ673.97 ［1500円］

坂本 太郎〔1901~1987〕

◇坂本太郎著作集 第12巻 わが青春 坂本太郎著 オンデマンド版 吉川弘文館 2013.10 398p 22cm〈著作目録あり 年譜あり 印刷・製本：デジタルパブリッシングサービス 内容：古代史の道 祖母の物語 我が家 お稲荷さんの思い出 方言 変わり者・四友会 手習い 停年退職 研究生活の思

い出　禁酒禁煙　腹の立つむだ　わが青春〉①978-4-642-04283-3　Ⓝ210.3　[13000円]

坂本 俊篤〔1858～1941〕
◇大日本帝国の運命を変えた地層—坂本俊篤の石油掘削論と第二次大戦秘話20　原徳三著　[東京]　文藝春秋企画出版部　2014.6　205p　20cm〈文藝春秋（発売）文献あり〉①978-4-16-008803-0　Ⓝ312.1　[1389円]

坂本 直寛〔1853～1911〕
◇龍馬の夢—北の大地で志を継いだ・沢辺琢磨と坂本直寛　守部喜雅著　いのちのことば社フォレストブックス　2013.6　153p　19cm　（聖書を読んだサムライたち）〈文献あり　標題紙の副タイトル（誤植：志を継いだ男たち・沢辺琢磨と坂本直寛）〉①978-4-264-03078-2　Ⓝ198.192　[1200円]

坂本 美雨〔1980～〕
◇ネコの吸い方—CRAAAAZY CAT LOVER　坂本美雨著　幻冬舎　2014.12　104p　21cm　①978-4-344-02691-9　Ⓝ767.8　[1200円]

さかもと 未明〔1965～〕
◇まさか発達障害だったなんて—「困った人」と呼ばれつづけて　星野仁彦, さかもと未明著　PHP研究所　2014.9　286p　18cm　（PHP新書 947）①978-4-569-80948-9　Ⓝ493.76　[800円]

坂本 龍馬〔1835～1867〕
◇坂本龍馬からの手紙—全書簡現代語訳　坂本龍馬[著], 宮川禎一著　増補改訂版　教育評論社　2014.7　397p　19cm〈文献あり　年譜あり〉①978-4-905706-87-8　Ⓝ289.1　[1900円]
◇坂本龍馬関係写真集　坂本登, 三吉治敬, 海保幸康監修, 森重和雄, 倉持基編　国書刊行会　2014.9　261,7p　27cm〈文献あり　年表あり　布装〉①978-4-336-05809-6　Ⓝ289.1　[15000円]
◇龍馬の「船中八策」と台湾の政治改革—李登輝先生講演録　李登輝[述], 冨澤賢公編　文芸社　2014.11　83p　22cm①978-4-286-15546-3　Ⓝ319.10224　[1500円]

相良 知安〔1836～1906〕
◇相良知安—医と易　羽場俊秀著　佐賀　佐賀新聞社　2014.3　172p　19cm〈年譜あり　文献あり〉①978-4-88298-195-4　Ⓝ289.1　[1000円]

サカリャンスキー, I.A.〔1889～1960〕
◇盲ろうあ児教育のパイオニア・サカリャンスキーの記録　広瀬信雄編著/訳　文芸社　2014.6　265p　15cm〈文献あり　著作目録あり　年譜あり〉①978-4-286-15132-8　Ⓝ378.1　[700円]

佐喜眞美術館
◇アートで平和をつくる—沖縄・佐喜眞美術館の軌跡　佐喜眞道夫著　岩波書店　2014.7　71p　21cm　（岩波ブックレット No.904）①978-4-00-270904-8　Ⓝ706.9　[660円]

崎本 宜子〔1931～〕
◇鼓草のあゆみ　崎本宜子著　高槻　ふだん記関西グループ　2014.10　148p　21cm　（ふだん記本 192）Ⓝ289.1

佐久市
◇松ノ木遺跡　3　佐久市教育委員会編　佐久　佐久市教育委員会　2014.3　26p　図版 13p　30cm　（佐久市埋蔵文化財調査報告書 第223集）〈長野県佐久市岩村田松ノ木遺跡第Ⅲ次調査〉Ⓝ210.0254
◇松ノ木遺跡　4　佐久市教育委員会編　佐久　佐久市教育委員会　2014.3　25p　30cm　（佐久市埋蔵文化財調査報告書 第209集）〈長野県佐久市岩村田松ノ木遺跡第4次調査　共同刊行：佐久市〉Ⓝ210.0254

佐久市（遺跡・遺物）
◇上大豆塚遺跡—西近津遺跡群・常田居屋敷遺跡群　佐久市教育委員会編　佐久　佐久市教育委員会　2014.3　17p　図版 7p　30cm　（佐久市埋蔵文化財調査報告書 第217集）〈長野県佐久市長土呂上大豆塚遺跡発掘調査報告書〉Ⓝ210.0254
◇市内遺跡発掘調査報告書　2012　長野県佐久市教育委員会編　佐久　長野県佐久市教育委員会　2014.3　72p　30cm　（佐久市埋蔵文化財調査報告書 第221集）〈折り込み 1枚〉Ⓝ210.0254
◇周防畑遺跡群　長野　長野県文化振興事業団長野県埋蔵文化財センター　2014.3　288p　図版 57p　30cm　（長野県埋蔵文化財センター発掘調査報告書 105）〈佐久市所在　共同刊行：国土交通省関東地方整備局〉Ⓝ210.0254
◇龍岡城跡　1・2・3・4　佐久市教育委員会編　佐久　佐久市教育委員会　2014.3　144p　図版 7p　30cm　（佐久市埋蔵文化財調査報告書 第216集）〈年表あり　長野県佐久市田口西洋式城郭の石垣修理等に伴う発掘調査〉Ⓝ210.0254

◇田端遺跡—筒畑遺跡群　1　佐久市教育委員会編　佐久　佐久市教育委員会　2014.3　20p　30cm　（佐久市埋蔵文化財調査報告書 第220集）〈長野県佐久市新子田田端遺跡第1次調査〉Ⓝ210.0254
◇道常遺跡—周防畑遺跡群　2　佐久市教育委員会編　佐久　佐久市教育委員会　2013.8　11p　30cm　（佐久市埋蔵文化財調査報告書 第213集）〈長野県佐久市長土呂道常遺跡Ⅱ発掘調査報告書〉Ⓝ210.0254
◇中道遺跡—中道遺跡群　1　佐久市教育委員会編　佐久　佐久市教育委員会　2014.3　16p　図版 10p　30cm　（佐久市埋蔵文化財調査報告書 第222集）〈長野県佐久市前山中道遺跡第1次調査〉Ⓝ210.0254
◇西近津遺跡—西近津遺跡群　3・4・5　長野県佐久市教育委員会編　佐久　長野県佐久市教育委員会　2014.3　208p　図版 91p　30cm　（佐久市埋蔵文化財調査報告書 第208集）〈長野県佐久市長土呂西近津遺跡第3・4・5次調査　共同刊行：佐久市〉Ⓝ210.0254
◇東一本柳遺跡—岩村田遺跡群　2　長野県佐久市教育委員会編　佐久　長野県佐久市教育委員会　2014.3　121p　30cm　（佐久市埋蔵文化財調査報告書 第218集）〈長野県佐久市岩村田東一本柳遺跡第2次調査〉Ⓝ210.0254
◇丸山遺跡　佐久市教育委員会編　佐久　佐久市教育委員会　2014.3　17p　30cm　（佐久市埋蔵文化財調査報告書 第224集）〈長野県佐久市下小田切丸山遺跡発掘調査報告書〉Ⓝ210.0254
◇三千束遺跡群市内遺跡Ⅴ・平塚遺跡群平馬塚遺跡Ⅱ・北裏遺跡群北裏遺跡Ⅱ・宮浦遺跡群宮浦遺跡Ⅰ・北畑遺跡群北畑遺跡Ⅲ　佐久市教育委員会編　佐久　佐久市教育委員会　2014.3　138p　図版 [39] 枚　30cm　（佐久市埋蔵文化財調査報告書 第219集）〈共同刊行：佐久建設事務所〉Ⓝ210.0254
◇南下北原遺跡—周防畑遺跡群　3　佐久市教育委員会編　佐久　佐久市教育委員会　2013.7　5p　30cm　（佐久市埋蔵文化財調査報告書 第215集）〈長野県佐久市長土呂南下北原遺跡Ⅲ発掘調査報告書〉Ⓝ210.0254
◇宮の上遺跡—宮の上遺跡群　5　佐久市教育委員会編　佐久　佐久市教育委員会　2014.3　12p　図版 4p　30cm　（佐久市埋蔵文化財調査報告書 第214集）〈長野県佐久市横和宮の上遺跡発掘調査報告書〉Ⓝ210.0254
◇森平遺跡寄塚遺跡群今井西原遺跡今井宮の前遺跡　長野　長野県埋蔵文化財センター　2014.3　268p　図版 50p　30cm　（長野県埋蔵文化財センター発掘調査報告書 107）〈佐久市所在　共同刊行：国土交通省関東地方整備局〉Ⓝ210.0254

佐久市（伝記）
◇佐久の先人　佐久市佐久の先人検討委員会編　[佐久]　佐久市　2014.1　292p　19cm〈文献あり　共同刊行：佐久市教育委員会〉Ⓝ281.52

佐久市（歴史—史料）
◇佐久市五郎兵衛記念館古文書調査報告書　第7集　佐久市五郎兵衛記念館編　[佐久]　佐久市教育委員会　2014.3　50p　26cm　Ⓝ215.2

佐久市（歴史—史料—書目）
◇望月町誌文書目録　[1]　近世文書　1　佐久市教育委員会社会教育部文化財課編　佐久　長野県佐久市教育委員会　2014.3　353p　30cm　Ⓝ215.2
◇望月町誌文書目録　[2]　近世文書　2　佐久市教育委員会社会教育部文化財課編　佐久　長野県佐久市教育委員会　2014.3　129p　30cm　Ⓝ215.2
◇望月町誌文書目録　[3]　近世文書　3　佐久市教育委員会社会教育部文化財課編　佐久　長野県佐久市教育委員会　2014.3　266p　30cm　Ⓝ215.2
◇望月町誌文書目録　[4]　近世文書　4　佐久市教育委員会社会教育部文化財課編　佐久　長野県佐久市教育委員会　2014.3　368p　30cm　Ⓝ215.2
◇望月町誌文書目録　5　近現代文書・役場文書　佐久市教育委員会社会教育部文化財課編　佐久　長野県佐久市教育委員会　2014.3　214p　30cm　Ⓝ215.2

佐久穂町〔長野県〕（歴史—史料）
◇佐久穂町の古文書　2　佐久穂町教育委員会文化財・芸術係編　佐久穂町（長野県）　佐久穂町教育委員会　2014.3　56p　30cm〈年表あり〉Ⓝ215.2

佐久間〔氏〕
◇新田・佐久間八郎右衛門の功績と家系　福田忠節, 丸山学共著　[東京]　ファミリーヒストリー記録社　2014.11　90p　21cm①978-4-990783-10-5　Ⓝ288.2　[1500円]

佐久間 象山〔1811～1864〕
◇佐久間象山　奈良本辰也, 左方郁子共著　新装版　清水書院　2014.9　197p　19cm　（Century Books）〈文献あり　年表あり　索引あり〉①978-4-389-42048-2　Ⓝ121.55　[1000円]

さくら ももこ〔1965~ 〕

◇佐久間象山と横浜—海防、開港、そして人間・象山　横浜市歴史博物館編　横浜　横浜市ふるさと歴史財団　2014.5　87p　30cm〈年譜あり　文献あり〉　会期・会場：平成26年5月31日—7月6日　横浜市歴史博物館〉Ⓝ121.55

さくら ももこ〔1965~ 〕

◇さくらももこ編集長おめでとう—デビュー30周年記念　さくらももこ特別編集長　集英社　2014.7　191p　21cm　Ⓘ978-4-08-102176-5　Ⓝ726.101　［1296円］

桜井 郁子

◇郁子ひとり旅—ロシア演劇に魅せられて　桜井郁子著　大阪　せせらぎ出版　2014.6　254p　20cm〈著作目録あり　作品目録あり　内容：自分を語る　原水爆禁止世界大会第一回に参加する　ひとり旅　文学碑と燈台　沖縄　国内旅行の記　ヨーロッパ旅行　私の留学生日記　質量とも豊かなソ連演劇　ソビエト演劇人との交流　一九八〇年代の新しい波とアレクサンドル・ガーリン　叙事詩『兄弟姉妹』と演出家レフ・ドージン　ロシア演劇への関心、やまず　ロシア紀行　翻訳した劇曲を舞台に見る　『牛乳屋テヴィエ物語』誕生をめぐる人びと　ソビエト連邦崩壊後のロシア演劇　チェーホフ劇、名演出の数々　日本とロシアの演劇交流　東京芸術座『どん底』公演について、オムスク市民の言葉　リュビーモフの『罪と罰』　自分を語る．続　ささやかな山歩きの記　気楽な、世界旅日記『ロシア文学を読む会』の記録　『わびしい話』を書くまで　リーカとの出会い　チェーホフのメーリホヴォ時代　僧正　映画化されたチェーホフ作品　ヴァムピーロフのこと・作品のこと　『ホルストメール』のこと　現代ロシアに生きるチェーホフ劇　私の三十年物語より　ロシア演劇はどこへ行く？〉Ⓘ978-4-88416-228-3　Ⓝ772.38　［2500円］

桜井 良子〔1945~ 〕

◇何があっても大丈夫　櫻井よしこ著　新潮社　2014.7　438p　16cm　（新潮文庫　さ-41-9）Ⓘ978-4-10-127229-0　Ⓝ289.1　［670円］

桜井市〔遺跡・遺物〕

◇国庫補助による発掘調査報告書　平成24年度　桜井　桜井市教育委員会文化財課　2014.3　32p　図版11p　30cm（桜井市埋蔵文化財発掘調査報告書　第41集）〈内容：吉備遺跡．第16次調査　脇本遺跡．第19次調査　纒向遺跡．第175次調査　小川塚西古墳・小川塚東古墳・サシコマ古墳測量調査〉Ⓝ210.0254

◇桜井市内遺跡発掘調査報告書　2012年度　桜井　桜井市文化財協会　2014.3　51p　図版30p　30cm〈内容：戒重遺跡第1次調査　横内遺跡第8次調査　纒向遺跡第174次調査　城島遺跡第45次調査　談山神社・妙楽寺跡第2次調査　城島遺跡第46次調査〉Ⓝ210.0254

◇松之本遺跡　第4次調査　奈良県立橿原考古学研究所編　橿原　奈良県立橿原考古学研究所　2014.3　38p　図版12p　30cm（奈良県文化財調査報告書　第163集）Ⓘ978-4-905398-20-2　Ⓝ210.0254

◇脇本遺跡　2　橿原　奈良県立橿原考古学研究所　2014.3　187p　図版116p　31cm（奈良県立橿原考古学研究所調査報告　第115集）Ⓘ978-4-905398-22-6　Ⓝ210.0254

桜井市〔古墳〕

◇纒向と箸墓—平成25年度弥生フェスティバル連続講演会：講演資料集　大阪府立弥生文化博物館編　和泉　大阪府立弥生文化博物館　2014.3　74p　30cm〈年表あり　会期：2014年3月25日—31日〉Ⓝ216.5

桜川市〔遺跡・遺物〕

◇史跡真壁城跡　7　中城南西部の調査概要　桜川　桜川市教育委員会　2014.3　61p　図版20p　30cm（史跡真壁城跡発掘調査報告　第7集）〈共同刊行：茨城県桜川市〉Ⓝ210.0254

◇真壁城跡　東京航業研究所編　桜川　桜川市教育委員会　2013.3　33p　図版13p　30cm〈年表あり　老人ホーム建設事業に伴う埋蔵文化財発掘調査報告書　共同刊行：茨城県桜川市〉Ⓝ210.0254

さくら市〔遺跡・遺物〕

◇小鍋内Ⅰ遺跡・小鍋内Ⅱ遺跡　とちぎ未来づくり財団埋蔵文化財センター編　宇都宮　栃木県教育委員会　2013.3　307p　図版［27］枚　30cm（栃木県埋蔵文化財調査報告　第358集）〈経営体育成基盤整備事業江川南部Ⅰ地区に伴う埋蔵文化財発掘調査　共同刊行：とちぎ未来づくり財団〉Ⓝ210.0254

◇山の神Ⅱ遺跡・欠ノ上Ⅰ遺跡・欠ノ上Ⅱ遺跡　とちぎ未来づくり財団埋蔵文化財センター編　宇都宮　栃木県教育委員会　2013.3　510p　図版40p　30cm（栃木県埋蔵文化財調査報告　第359集）〈文献あり　経営体育成基盤整備事業江川南部Ⅱ地区に伴う埋蔵文化財発掘調査　共同刊行：とちぎ未来づくり財団〉Ⓝ210.0254

佐倉市〔遺跡・遺物〕

◇曲輪ノ内遺跡　第11次　印旛郡市文化財センター編　成田　公津ホーム　2014.3　11p　図版2p　30cm（公益財団法人印旛郡市文化財センター発掘調査報告書　第334集）〈店舗建設に伴う埋蔵文化財調査委託　千葉県佐倉市所在〉Ⓝ210.0254

◇佐倉市史　考古編　佐倉市史編さん委員会、佐倉市編　［佐倉］　佐倉市史編さん委員会　2014.3　2冊　31cm〈文献あり　年表あり　本編と資料編に分冊刊行　共同刊行：佐倉市〉Ⓝ210.0254

◇佐倉市埋蔵文化財発掘調査報告書　平成24年度　佐倉市教育委員会文化課編　佐倉　佐倉市教育委員会　2014.3　96p　図版27p　30cm〈内容：田町遺跡．第5地点　鍋山西ノ谷遺跡．第6次　石川神宿遺跡．第3次　海隣寺並木遺跡．第4-5次　八木宇廣遺跡．第2次　城番塚遺跡．第4次　下勝田台畑遺跡．第3次　間野台・古屋敷遺跡C地区．第8次　大佐倉大御堂遺跡．第3次　飯郷作遺跡．第2次　遠部台遺跡．第5次　江原埜谷遺跡．第7次　直弥上中方遺跡　城城跡．第2次　城城跡　第3・5次　城城跡．第4次　佐倉城跡　天辺内山1号墳〉Ⓝ210.0254

佐倉市〔祭礼〕

◇佐倉の祭礼—平成25年麻賀多神社編　佐倉山車人形保存会編　佐倉　佐倉山車人形保存会　2014.3　151p　30cm〈年表あり　平成25年度文化遺産を活かした地域活性化事業〉Ⓝ386.135

佐倉市〔男女共同参画〕

◇佐倉市男女平等参画基本計画—第3期：だれもが輝くまち佐倉　千葉県佐倉市市民部自治人権推進課編　改訂版　佐倉　千葉県佐倉市　2014.3　76p　31cm〈年表あり〉Ⓝ367.2135

佐倉市〔歴史〕

◇佐倉市史　考古編　佐倉市史編さん委員会、佐倉市編　［佐倉］　佐倉市史編さん委員会　2014.3　2冊　31cm〈文献あり　年表あり　本編と資料編に分冊刊行　共同刊行：佐倉市〉Ⓝ213.5

桜島

◇桜島大正噴火100周年記念誌　［鹿児島］　桜島大正噴火100周年事業実行委員会　2014.1　163p　31cm〈年表あり〉Ⓝ369.31

◇櫻島大爆震記—大正三年　鹿児島新聞記者十餘名共纂、難波経健監修　改訂復刻版　鹿児島　難波経健　2014.8　1冊　19cm〈南日本新聞開発センター（制作・印刷）〉Ⓘ978-4-86074-221-8　Ⓝ369.31　［1500円］

◇桜島噴火記—住民ハ理論ニ信頼セズ　柳川喜郎著　復刻　鹿児島　南方新社　2014.1　313p　19cm〈初版：日本放送出版協会　1984年刊〉Ⓘ978-4-86124-289-2　Ⓝ453.82197　［1800円］

桜庭 和志〔1969~ 〕

◇哀しみのぼく。　桜庭和志著　東邦出版　2014.8　223p　19cm　Ⓘ978-4-8094-1238-7　Ⓝ788.2　［1400円］

さくら保育園

◇それでも、さくらは咲く—福島・渡利あの日から保育をつくる　わたり福祉会さくら保育園編、安斎育郎、大宮勇雄著　京都　かもがわ出版　2014.8　175p　21cm〈内容：…そして、今まで被災3年間のあゆみ（齋藤美智子著）　そのとき、それから、保育は・子どもたちは…（金沢忍ほか著）　支え合うそれからのおとなたち（江刺多恵子ほか著）　ここで生きる仲間として　保護者より（杉山いずみほか著）　放射能被害から子どもを守る研究と実践（安斎育郎著）　子どもたちの叫びを抱いて、福島で生きる（大宮勇雄著）〉Ⓘ978-4-7803-0718-4　Ⓝ369.42　［1700円］

ザ・クレイジーSKB〔1968~ 〕

◇狂人白書—ザ・クレイジーSKB＆殺害塩化ビニール伝説　ザ・クレイジーSKB著　ルーフトップ/ロフトブックス編集部　2014.10　331p　21cm〈作品目録あり〉Ⓘ978-4-907929-03-9　Ⓝ767.8　［3666円］

ザ・グレート・カブキ〔1948~ 〕

◇"東洋の神秘"ザ・グレート・カブキ自伝　ザ・グレート・カブキ著　辰巳出版　2014.11　255p　19cm　（G SPIRITS BOOK Vol.3）Ⓘ978-4-7778-1393-3　Ⓝ788.2　［1350円］

ザ50回転ズ

◇GOOD ROCKS！SPECIAL EDITIONザ50回転ズ10th Anniversary 50'S FREAK SHOW!!　大阪　ロックスエンタテインメント　2014.7　98p　21cm〈シンコーミュージック・エンタテイメント（発売）〉Ⓘ978-4-401-76154-8　Ⓝ767.8　［900円］

左近允 孝之進〔1870~1909〕

◇左近允孝之進—兵庫県の視覚障害者教育の父　松岡秀隆著　福崎町（兵庫県）　松岡秀隆　2014.6　131p　19cm〈交友プランニングセンター/友月書房（制作）〉Ⓘ978-4-87787-619-7　Ⓝ289.1　［3000円］

笹川 陽平〔1939~ 〕
◇宿命の子―笹川一族の神話 髙山文彦著 小学館 2014.12 701p 20cm 〈文献あり 年譜あり 索引あり〉 ①978-4-09-379863-1 Ⓝ289.1 ［2500円］

佐々木 明〔1981~ 〕
◇鬼攻め―魂割って 佐々木明著 横浜 アートオフィスプリズム 2014.10 193p 19cm 〈報知新聞東京本社出版部（発売）〉 ①978-4-8319-0145-3 Ⓝ784.33 ［1296円］

佐々木 喜善〔1886~1933〕
◇佐々木喜善の世界―『遠野物語』ゼミナール2013講義記録 遠野物語研究所編 遠野 遠野物語研究所 2014.2 204p 18cm 〈年譜あり 内容：基調講演 佐々木喜善の世界（佐藤誠輔述） 記念講演 日本の口承文化史のなかの佐々木喜善（三浦佑之述） 佐々木喜善素描『遠野物語』と初期短編小説および後の喜善（大橋進,黒渕利子述） フィールドワーク 喜善の故郷を歩く（髙柳俊郎著）〉Ⓝ380.1
◇佐々木喜善の足跡をたどる 遠野物語研究所編著 遠野 遠野物語研究所 2014.3 119p 21cm （遠野物語教室（散歩）記録 2013年度）Ⓝ382.122 ［非売品］

佐々木 邦〔1883~1964〕
◇朗らかに笑え―ユーモア小説のパイオニア佐々木邦とその時代 松井和男著 講談社 2014.7 269p 20cm ①978-4-06-219049-7 Ⓝ910.268 ［1600円］

佐々木 静子〔1926~ 〕
◇命もやして―87歳現役女性弁護士の回想 佐々木静子著 潮出版社 2014.2 174p 19cm 〈文献あり〉 ①978-4-267-01969-2 Ⓝ289.1 ［1500円］

佐々木 到一〔1886~1955〕
◇日本はいかにして中国との戦争に引きずり込まれたか―支那通軍人・佐々木到一の足跡から読み解く 田中秀雄著 草思社 2014.6 350p 20cm 〈文献あり 年譜あり〉 ①978-4-7942-2054-7 Ⓝ210.74 ［2200円］

佐々木 長淳〔1830~1916〕
◇佐々木長淳の生涯と業績―澳国博覧会参加、西欧の養蚕・製糸・絹糸紡績調査、新町屑糸紡績所建設、全国養蚕指導で活躍 温井眞一編著 ［高崎］ よみがえれ！ 新町紡績所の会 2014.1 51p 30cm 〈年譜あり 文献あり〉 Ⓝ289.1

佐々木 弘綱〔1828~1891〕
◇竹柏園姓名録―再編：佐々木弘綱の交友録 坂倉賢芳編著 亀山 龍潤寺 2014.4 224, 21p 30cm ①121.52 ［2100円］

笹本 恒子〔1914~ 〕
◇100歳の幸福論。―ひとりで楽しく暮らす、5つの秘訣 笹本恒子［著］ 講談社 2014.11 162p 16cm （講談社＋α文庫 A151-1）〈「97歳の幸福論。」(2012年刊)の改題、再編集〉 ①978-4-06-281575-8 Ⓝ740.21 ［830円］
◇ライカでショット！―私が歩んだ道と時代 笹本恒子著 新潮社 2014.9 284p 16cm （新潮文庫 さ-84-1）〈清流出版 2002年刊の一部改稿〉 ①978-4-10-126161-4 Ⓝ740.21 ［520円］

笹森 儀助〔1845~1915〕
◇我、遠遊の志あり―笹森儀助風霜録 松田修一著 ゆまに書房 2014.4 374p 20cm （ゆまに学芸選書ULULA 10）〈文献あり 年譜あり〉 ①978-4-8433-4391-3 Ⓝ289.1 ［2200円］

篠山市（古文書）
◇丹波篠山のむかしを読む―出版（支援）体験ばなし 愛原豊著 ［神戸］ 友月書房 2014.8 135p 21cm 〈交友プランニングセンター（制作）〉 ①978-4-87787-622-7 Ⓝ023.89 ［1200円］

篠山市（町屋―保存・修復）
◇城下町篠山まちづくりのあゆみ―重要伝統的建造物群保存地区選定10周年記念誌 篠山市, 篠山市教育委員会編 ［篠山］ 篠山市 2014.11 85p 30cm 〈年表あり 芸術文化振興基金助成事業 共同刊行：篠山市教育委員会）〉 Ⓝ521.86

篠山市（歴史）
◇丹波篠山日置の古文書―ルーツの信憑性調査 火置弘著 ［神戸］ 友月書房 2014.10 121p 26cm 〈交友プランニングセンター（制作）〉 ①978-4-87787-634-0 Ⓝ216.4 ［非売品］

ささゆり会
◇福祉施設経営革新―職員の総力で施設経営を：社会福祉法人ささゆり会の施設経営 塚口伍喜夫監修, 笹山周作, 明路咲子, 野嶋納美, 植田智編著 岡山 大学教育出版 2014.6 220p 21cm ①978-4-86429-275-7 Ⓝ369.263 ［1800円］

佐世保市（遺跡・遺物）
◇市内遺跡発掘調査報告書 佐世保市教育委員会編 佐世保 佐世保市教育委員会 2014.3 43p 30cm （佐世保市文化財調査報告書 第11集）Ⓝ210.0254

◇竹辺遺跡 佐世保市教育委員会編 佐世保 佐世保市教育委員会 2014.8 24p 30cm （佐世保市文化財調査報告書 第12集）Ⓝ210.0254

佐世保市（殺人）
◇謝るなら、いつでもおいで 川名壮志著 集英社 2014.3 324p 20cm 〈文献あり〉 ①978-4-08-781550-4 Ⓝ368.7 ［1500円］

佐世保市（少年犯罪）
◇謝るなら、いつでもおいで 川名壮志著 集英社 2014.3 324p 20cm 〈文献あり〉 ①978-4-08-781550-4 Ⓝ368.7 ［1500円］

佐多 稲子〔1904~1998〕
◇個人全集月報集―円地文子文庫・円地文子全集：佐多稲子全集：宇野千代全集 講談社文芸文庫編 講談社 2014.8 364p 16cm （講談社文芸文庫 こJ35）〈内容：円地文子文庫月報（谷崎潤一郎, 尾崎一雄, 大江健三郎ほか著） 円地文子全集月報（髙橋たか子, 吉田精一, 網野菊ほか著） 佐多稲子全集月報（小田切秀雄, 原泉, 川村二郎ほか著） 宇野千代全集月報（井伏鱒二, 小山いと子, 菊池寛一ほか著）〉 ①978-4-06-290241-0 Ⓝ910.26 ［1700円］

ザッカーバーグ, M.
◇THINK LIKE ZUCK―マーク・ザッカーバーグの思考法 エカテリーナ・ウォルター著, 斎藤栄一郎訳 講談社 2014.5 269p 19cm 〈年表あり〉 ①978-4-06-218959-0 Ⓝ335.13 ［1500円］

五月 みどり〔1939~ 〕
◇五月みどりきれいのヒ・ミ・ツ―みずみずしさのワケ…おヒマなら読んでね 五月みどり著 主婦の友社 2014.6 191p 19cm （ゆうゆうBOOKS）〈表紙のタイトル：Satsuki Midori〉 ①978-4-07-293309-1 Ⓝ779.9 ［1400円］

サックス, M.〔1927~ 〕
◇現代版ガリレオ メンデル・サックス―単位の相対性 原田稔著 ［東京］ 東京図書出版 2014.1 132p 18cm （TTS新書）〈リフレ出版（発売）〉 ①978-4-86223-713-2 Ⓝ421.2 ［900円］

ザッケローニ, A.
◇監督ザッケローニの本質―20人の証言で探る知将の戦略 片野道郎, アントニオ・フィンコ著 増補完全版 光文社 2014.5 357p 19cm ①978-4-334-97783-2 Ⓝ783.47 ［1600円］
◇ゆだねて束ねる―ザッケローニの仕事 増島みどり著 飛鳥新社 2014.6 247p 19cm ①978-4-86410-326-8 Ⓝ783.47 ［1204円］

佐々 成政〔 ~1588〕
◇佐々成政―戦国越中の覇者：富山市郷土博物館特別展 富山市郷土博物館編 富山 富山市郷土博物館 2013.9 60p 30cm 〈年譜あり 会期・会場：平成25年9月14日~11月10日 富山市郷土博物館〉 Ⓝ289.1

サッチャー, M.〔1925~2013〕
◇サッチャーと英国は―1980年代から現代へ 香戸美智子著 丸善プラネット 2014.3 213p 20cm 〈丸善出版（発売）年表あり 文献あり〉 ①978-4-86345-208-4 Ⓝ312.33 ［3000円］
◇レーガンとサッチャー―新自由主義のリーダーシップ ニコラス・ワプショット著, 久保恵美子訳 新潮社 2014.2 430p 20cm （新潮選書）〈文献あり 索引あり〉 ①978-4-10-603742-9 Ⓝ312.53 ［1800円］

幸手市（行政）
◇第5次幸手市総合振興計画―後期基本計画：平成26年度~30年度 総務部政策調整課編 ［幸手］ 幸手市 2014.3 188p 30cm Ⓝ318.234

幸手市（宿駅―歴史）
◇日光道中幸手宿受け売りばなし―野澤秀吉講演集 野澤秀吉執筆編集 ［幸手］ ［野澤秀吉］ 2014.1 143p 26cm 〈文献あり〉 Ⓝ213.4

札幌弓道連盟
◇札幌弓道連盟創立八十周年記念誌―平成十六年―平成二十五年の記録 ［札幌］ 札幌弓道連盟 2014.4 133p 30cm 〈年表あり〉 Ⓝ789.5

札幌市
◇札幌謎解き散歩 合田一道著 KADOKAWA 2014.1 255p 15cm （新人物文庫 ご-2-2）〈文献あり〉 ①978-4-04-600133-7 Ⓝ291.15 ［800円］

札幌市（遺跡・遺物）
◇S547遺跡 札幌市埋蔵文化財センター編 札幌 札幌市教育委員会 2014.3 184p 30cm （札幌市文化財調査報告書 100）Ⓝ210.0254

札幌市（一般廃棄物） 日本件名図書目録2014　I

◇S354遺跡　第3次調査　札幌市埋蔵文化財センター編　札幌　札幌市教育委員会　2014.3　201p　30cm　（札幌市文化財調査報告書 99）〈文献あり〉Ⓝ210.0254

◇調査報告書　平成26年度　札幌市埋蔵文化財センター編　札幌　札幌市教育委員会　2014.3　61p　30cm　（市内遺跡発掘調査報告書 6）Ⓝ210.0254

札幌市（一般廃棄物）

◇スリムシティさっぽろ計画―札幌市一般廃棄物処理基本計画　札幌市環境局編　改定版　札幌　札幌市環境局　2014.3　106p　30cm　Ⓝ518.52

札幌市（衛生行政）

◇札幌市健康づくり基本計画「健康さっぽろ21（第二次）」―つながる人と地域と未来へ：平成26-35年度　札幌市保健福祉局保健所健康企画・編集　［札幌］　札幌市　2014.3　94p　30cm　Ⓝ498.1

札幌市（エネルギー政策）

◇札幌市エネルギービジョン―エネルギー有効利用とエネルギー転換の推進：平成26年度―平成34年度（2014年度―2022年度）　札幌市市長政策室政策企画部企画・編集　［札幌］　札幌市　2014.10　73p　30cm　Ⓝ501.6

◇「札幌市エネルギービジョン（案）」に対するご意見の概要と札幌市の考え方　札幌市市長政策室政策企画部エネルギー政策統括担当課編　札幌　札幌市市長政策室政策企画部エネルギー政策統括担当課　2014.9　57p　30cm　〈奥付のタイトル：札幌市エネルギービジョンパブリックコメント意見集〉Ⓝ501.6

札幌市（介護福祉―統計）

◇札幌市要介護（支援）認定者意向調査報告書　札幌市保健福祉局高齢保健福祉部高齢福祉課編　［札幌］　札幌市　2014.3　210p　30cm　Ⓝ369.26

札幌市（介護保険）

◇札幌市介護保険サービス事業者調査報告書　札幌市保健福祉局高齢保健福祉部高齢福祉課編　［札幌］　札幌市　2014.3　469p　30cm　Ⓝ369.26

札幌市（観光行政）

◇札幌市観光まちづくりプラン―新時代の"さっぽろツーリズム"の展開　平成25-34年度　札幌市観光文化局観光コンベンション部観光企画課・編集　札幌　札幌市観光文化局観光コンベンション部観光企画課　2014.3　82p　30cm　Ⓝ689.1

札幌市（感染症対策）

◇札幌市新型インフルエンザ等対策行動計画　［札幌］　札幌市　2014.8　64p　30cm　Ⓝ498.6

札幌市（キノコ―図集）

◇藻岩山の森林と関わるきのこたち＆札幌近郊林のきのこ　髙橋郁雄監修，中田洋子著　［札幌］　藻岩山きのこ観察会　2014.4　482p　30cm　〈文献あり〉Ⓘ978-4-9907727-8-9　Ⓝ474.85

札幌市（給水装置―条例）

◇特定建築物・専用水道・簡易専用水道・給水設備関係要綱・要領等一覧　［札幌］　札幌市保健福祉局　2014.7　134, 46p　30cm　Ⓝ520.91

札幌市（教育行政）

◇札幌市教育振興基本計画　札幌市教育委員会生涯学習部総務課企画調整担当編　札幌　札幌市教育委員会生涯学習部総務課企画調整担当　2014.3　108p　30cm　〈内容：札幌市教育ビジョン．平成26-35年度　札幌市教育アクションプラン．平成26-30年度〉Ⓝ373.2

◇札幌市教育推進計画―小・中学生の教育に関する改革プログラム：教育改革プログラム個別事業調書（平成25年度実施報告/総括）［札幌］　札幌市教育委員会生涯学習部総務課　2014.3　68p　30cm　Ⓝ373.2

札幌市（行政）

◇札幌市国際戦略プラン　札幌　札幌市総務局国際部交流課　2014.3　106p　30cm　〈年表あり〉Ⓝ318.215

札幌市（協働〈行政〉）

◇札幌市市民まちづくり活動促進基本計画　第2期　札幌　札幌市市民まちづくり局市民自治推進室市民活動促進担当課　2014.6　67p　30cm　Ⓝ318.615

札幌市（下水処分）

◇札幌コンポスト30年のあゆみ　札幌　札幌市下水道資源公社　2013.10　116p　30cm　（調査研究事業報告書 特別号）〈年表あり〉Ⓝ518.24

札幌市（健康管理―世論）

◇札幌市市政世論調査報告書　平成26年度　市民の健康づくり　札幌　札幌市市長政策室広報部市民の声を聞く課　2014.12

464p　30cm　〈奥付のタイトル：札幌市市政世論調査〉Ⓝ318.215　［480円］

札幌市（建築―条例）

◇特定建築物・専用水道・簡易専用水道・給水設備関係要綱・要領等一覧　札幌　札幌市保健福祉局　2014.7　134, 46p　30cm　Ⓝ520.91

札幌市（交通調査―統計）

◇交通量調査集計結果表　平成25年度　札幌　札幌市市民まちづくり局総合交通計画部交通計画課　2014.3　185p　21×30cm　Ⓝ685.059　［680円］

札幌市（高齢者）

◇高齢社会に関する意識調査―報告書：65歳以上対象　札幌市保健福祉局高齢保健福祉部高齢福祉課編　［札幌］　札幌市　2014.3　449p　30cm　Ⓝ369.26

◇高齢社会に関する意識調査―報告書：64歳以下対象　札幌市保健福祉局高齢保健福祉部高齢福祉課編　［札幌］　札幌市　2014.3　186p　30cm　Ⓝ369.26

◇高齢社会に関する意識調査―報告書　自由記載編　札幌市保健福祉局高齢保健福祉部高齢福祉課編　［札幌］　札幌市　2014.3　187p　30cm　Ⓝ369.26

札幌市（高齢者福祉）

◇高齢社会に関する意識調査―報告書：65歳以上対象　札幌市保健福祉局高齢保健福祉部高齢福祉課編　［札幌］　札幌市　2014.3　449p　30cm　Ⓝ369.26

◇高齢社会に関する意識調査―報告書：64歳以下対象　札幌市保健福祉局高齢保健福祉部高齢福祉課編　［札幌］　札幌市　2014.3　186p　30cm　Ⓝ369.26

◇高齢社会に関する意識調査―報告書　自由記載編　札幌市保健福祉局高齢保健福祉部高齢福祉課編　［札幌］　札幌市　2014.3　187p　30cm　Ⓝ369.26

◇札幌市介護保険サービス事業者調査報告書　札幌市保健福祉局高齢保健福祉部高齢福祉課編　［札幌］　札幌市　2014.3　469p　30cm　Ⓝ369.26

札幌市（高齢者福祉―統計）

◇札幌市要介護（支援）認定者意向調査報告書　札幌市保健福祉局高齢保健福祉部高齢福祉課編　［札幌］　札幌市　2014.3　210p　30cm　Ⓝ369.26

札幌市（子育て支援）

◇札幌市における子育て支援環境の調査研究―インタビュー調査による質的分析　金子勇編　［札幌］　北海道大学大学院文学研究科社会システム科学講座　2013.3　131p　30cm　〈文献あり〉Ⓝ369.4

札幌市（災害予防）

◇平成25年清田区災害時助け合い活動フォーラム『あの日を忘れない―災害時いかに行動すべきか』報告書　札幌市清田区保健福祉部保健福祉課　2014.3　68p　30cm　〈会期・会場：平成26年2月8日　清田区民センター区民ホール〉Ⓝ369.3

札幌市（自殺予防）

◇札幌市自殺総合対策行動計画―札幌ほっとけない・こころのプラン　第2次　札幌市保健福祉局障がい保健福祉部精神保健福祉センター編　［札幌］　札幌市自殺総合対策推進会議　2014.3　100p　30cm　Ⓝ368.3

札幌市（自治会）

◇町内会活動のヒント　札幌市市民まちづくり局市民自治推進室市民自治推進課編　改訂版　札幌　札幌市市民まちづくり局市民自治推進室市民自治推進課　2014.6　107p　30cm　Ⓝ318.815

札幌市（障害者福祉）

◇札幌市の障がい福祉施策に係る障がい児者実態等調査報告書　平成25年度　札幌市保健福祉局障がい保健福祉部編　［札幌］　札幌市　2014.3　230p　30cm　〈奥付のタイトル：札幌市の障がい福祉施策に係る障がい児者実態等調査〉Ⓝ369.27

札幌市（食品安全）

◇「食べる人」に知ってほしい、「つくる人」の考えていること。―"さっぽろ食の安全・安心推進協定"ガイドブック　［札幌］　札幌市保健所食の安全推進課　2013.3　63p　21cm　Ⓝ498.54

札幌市（食品衛生）

◇「食べる人」に知ってほしい、「つくる人」の考えていること。―"さっぽろ食の安全・安心推進協定"ガイドブック　［札幌］　札幌市保健所食の安全推進課　2013.3　63p　21cm　Ⓝ498.54

札幌市（人口）

◇将来推計人口に基づく地域分析調書―戦略的地域カルテ・マップ　中央区編　札幌市市民まちづくり局市民自治推進室市民自治推進課編　札幌　札幌市市民まちづくり局市民自治推進室市民自治推進課　2014.7　63p　30cm　Ⓝ334.3115

日本件名図書目録2014　I　　札幌市（鉄道行政）

◇将来推計人口に基づく地域分析調書—戦略的地域カルテ・マップ　北区版　札幌市市民まちづくり局市民自治推進室市民自治推進課編　札幌　札幌市市民まちづくり局市民自治推進室市民自治推進課　2014.7　54p　30cm　Ⓝ334.3115

◇将来推計人口に基づく地域分析調書—戦略的地域カルテ・マップ　東区版　札幌市市民まちづくり局市民自治推進室市民自治推進課編　札幌　札幌市市民まちづくり局市民自治推進室市民自治推進課　2014.7　51p　30cm　Ⓝ334.3115

◇将来推計人口に基づく地域分析調書—戦略的地域カルテ・マップ　白石版　札幌市市民まちづくり局市民自治推進室市民自治推進課編　札幌　札幌市市民まちづくり局市民自治推進室市民自治推進課　2014.7　45p　30cm　Ⓝ334.3115

◇将来推計人口に基づく地域分析調書—戦略的地域カルテ・マップ　厚別版　札幌市市民まちづくり局市民自治推進室市民自治推進課編　札幌　札幌市市民まちづくり局市民自治推進室市民自治推進課　2014.7　39p　30cm　Ⓝ334.3115

◇将来推計人口に基づく地域分析調書—戦略的地域カルテ・マップ　豊平版　札幌市市民まちづくり局市民自治推進室市民自治推進課編　札幌　札幌市市民まちづくり局市民自治推進室市民自治推進課　2014.7　48p　30cm　Ⓝ334.3115

◇将来推計人口に基づく地域分析調書—戦略的地域カルテ・マップ　清田版　札幌市市民まちづくり局市民自治推進室市民自治推進課編　札幌　札幌市市民まちづくり局市民自治推進室市民自治推進課　2014.7　36p　30cm　Ⓝ334.3115

◇将来推計人口に基づく地域分析調書—戦略的地域カルテ・マップ　南区版　札幌市市民まちづくり局市民自治推進室市民自治推進課編　札幌　札幌市市民まちづくり局市民自治推進室市民自治推進課　2014.7　48p　30cm　Ⓝ334.3115

◇将来推計人口に基づく地域分析調書—戦略的地域カルテ・マップ　西区版　札幌市市民まちづくり局市民自治推進室市民自治推進課編　札幌　札幌市市民まちづくり局市民自治推進室市民自治推進課　2014.7　45p　30cm　Ⓝ334.3115

◇将来推計人口に基づく地域分析調書—戦略的地域カルテ・マップ　手稲版　札幌市市民まちづくり局市民自治推進室市民自治推進課編　札幌　札幌市市民まちづくり局市民自治推進室市民自治推進課　2014.7　42p　30cm　Ⓝ334.3115

◇将来推計人口に基づく地域分析調書—戦略的地域カルテ・マップ　中央区・北区・東区・白石区・厚別区編　札幌市市民まちづくり局市民自治推進室市民自治推進課編　札幌　札幌市市民まちづくり局市民自治推進室市民自治推進課　2014.10　287p　30cm　Ⓝ334.3115　［1380円］

◇将来推計人口に基づく地域分析調書—戦略的地域カルテ・マップ　豊平区・清田区・南区・西区・手稲区編　札幌市市民まちづくり局市民自治推進室市民自治推進課編　札幌　札幌市市民まちづくり局市民自治推進室市民自治推進課　2014.10　232p　30cm　Ⓝ334.3115　［1120円］

札幌市（人口—統計）
◇札幌市の人口　3　平成22年国勢調査（職業等基本集計、従業地・通学地集計、人口移動集計）結果報告書　札幌市市長政策室政策企画部企画課編　札幌　札幌市市長政策室政策企画部企画課　［2014］　230p　30cm　Ⓝ358.115

札幌市（水道—条例）
◇特定建築物・専用水道・簡易専用水道・給水設備関係要綱・要領等一覧　［札幌］　札幌市保健福祉局　2014.7　134, 46p　30cm　Ⓝ520.91

札幌市（スポーツ振興基本計画）
◇札幌市スポーツ推進計画—スポーツ元気都市さっぽろ—スポーツを通じて、市民が、地域が、さっぽろが元気に：平成25-34年度　札幌市観光文化局スポーツ部企画事業課企画・編集　［札幌］　札幌市　2014.3　93p　30cm　Ⓝ780.2115

札幌市（生活環境—条例）
◇札幌市生活環境の確保に関する条例関係集　［札幌］　札幌市環境局　2014.6　164p　30cm　Ⓝ519.1

札幌市（雪害—世論）
◇討論型世論調査「雪とわたしたちのくらし」調査報告書　札幌　札幌市市長政策室広報部市民の声を聞く課　2014.8　1冊　30cm　〈共同刊行：慶應義塾大学DP研究センター〉　Ⓝ451.66115

◇討論型世論調査「雪とわたしたちのくらし」調査報告書　修正版　札幌　札幌市市長政策室広報部市民の声を聞く課　2014.8　185p　30cm　〈共同刊行：慶應義塾大学DP研究センター〉　Ⓝ451.66115

札幌市（選挙—統計）
◇札幌市選挙のあゆみ　第25号　平成24-25年版　札幌市選挙管理委員会事務局選挙課編　札幌　札幌市選挙管理委員会事務

局選挙課　2014.3　273p　30cm　〈第46回衆議院議員総選挙　平成24年12月16日執行, 第23回参議院議員通常選挙　平成25年7月21日執行〉　Ⓝ314.8

札幌市（宅地造成）
◇宅地造成等規制法による宅地造成の手引き　札幌市都市局市街地整備部宅地課編　［札幌］　札幌市都市局市街地整備部宅地課　2014.2　121p　30cm　Ⓝ518.8

札幌市（男女共同参画）
◇男女共同参画さっぽろプラン—平成24年度実施報告書　札幌市市民まちづくり局市民生活部男女共同参画室男女共同参画課編　札幌　札幌市市民まちづくり局市民生活部男女共同参画室男女共同参画課　2014.3　146p　30cm　〈年表あり〉　Ⓝ367.2115

札幌市（単親家庭）
◇札幌市ひとり親家庭等自立促進計画—ひとり親家庭等の生活の安定と子どもの健やかな成長を目指して：計画期間：平成25年度—平成29年度　札幌市子ども未来局子育て支援部子育て支援課編　札幌　札幌市子ども未来局子育て支援部子育て支援課　2014.1　94p　30cm　〈背のタイトル：札幌市ひとり親家庭等自立促進計画計画期間（平成25年度 - 平成29年度）〉　Ⓝ369.41

札幌市（地域開発）
◇札幌市市民まちづくり活動促進基本計画　第2期　札幌　札幌市市民まちづくり局市民自治推進室市民活動促進担当課　2014.6　67p　30cm　Ⓝ318.615

◇将来推計人口に基づく地域分析調書—戦略的地域カルテ・マップ　中央区版　札幌市市民まちづくり局市民自治推進室市民自治推進課編　札幌　札幌市市民まちづくり局市民自治推進室市民自治推進課　2014.7　63p　30cm　Ⓝ334.3115

◇将来推計人口に基づく地域分析調書—戦略的地域カルテ・マップ　北区版　札幌市市民まちづくり局市民自治推進室市民自治推進課編　札幌　札幌市市民まちづくり局市民自治推進室市民自治推進課　2014.7　54p　30cm　Ⓝ334.3115

◇将来推計人口に基づく地域分析調書—戦略的地域カルテ・マップ　東区版　札幌市市民まちづくり局市民自治推進室市民自治推進課編　札幌　札幌市市民まちづくり局市民自治推進室市民自治推進課　2014.7　51p　30cm　Ⓝ334.3115

◇将来推計人口に基づく地域分析調書—戦略的地域カルテ・マップ　白石区版　札幌市市民まちづくり局市民自治推進室市民自治推進課編　札幌　札幌市市民まちづくり局市民自治推進室市民自治推進課　2014.7　45p　30cm　Ⓝ334.3115

◇将来推計人口に基づく地域分析調書—戦略的地域カルテ・マップ　厚別区版　札幌市市民まちづくり局市民自治推進室市民自治推進課編　札幌　札幌市市民まちづくり局市民自治推進室市民自治推進課　2014.7　39p　30cm　Ⓝ334.3115

◇将来推計人口に基づく地域分析調書—戦略的地域カルテ・マップ　豊平区版　札幌市市民まちづくり局市民自治推進室市民自治推進課編　札幌　札幌市市民まちづくり局市民自治推進室市民自治推進課　2014.7　48p　30cm　Ⓝ334.3115

◇将来推計人口に基づく地域分析調書—戦略的地域カルテ・マップ　清田区版　札幌市市民まちづくり局市民自治推進室市民自治推進課編　札幌　札幌市市民まちづくり局市民自治推進室市民自治推進課　2014.7　36p　30cm　Ⓝ334.3115

◇将来推計人口に基づく地域分析調書—戦略的地域カルテ・マップ　南区版　札幌市市民まちづくり局市民自治推進室市民自治推進課編　札幌　札幌市市民まちづくり局市民自治推進室市民自治推進課　2014.7　48p　30cm　Ⓝ334.3115

◇将来推計人口に基づく地域分析調書—戦略的地域カルテ・マップ　西区版　札幌市市民まちづくり局市民自治推進室市民自治推進課編　札幌　札幌市市民まちづくり局市民自治推進室市民自治推進課　2014.7　45p　30cm　Ⓝ334.3115

◇将来推計人口に基づく地域分析調書—戦略的地域カルテ・マップ　手稲区版　札幌市市民まちづくり局市民自治推進室市民自治推進課編　札幌　札幌市市民まちづくり局市民自治推進室市民自治推進課　2014.7　42p　30cm　Ⓝ334.3115

◇将来推計人口に基づく地域分析調書—戦略的地域カルテ・マップ　中央区・北区・東区・白石区・厚別区編　札幌市市民まちづくり局市民自治推進室市民自治推進課編　札幌　札幌市市民まちづくり局市民自治推進室市民自治推進課　2014.10　287p　30cm　Ⓝ334.3115　［1380円］

◇将来推計人口に基づく地域分析調書—戦略的地域カルテ・マップ　豊平区・清田区・南区・西区・手稲区編　札幌市市民まちづくり局市民自治推進室市民自治推進課編　札幌　札幌市市民まちづくり局市民自治推進室市民自治推進課　2014.10　232p　30cm　Ⓝ334.3115　［1120円］

札幌市（鉄道行政）
◇札幌市交通事業経営計画—平成26-30年度（2014-2018年度）　［札幌］　札幌市交通局　2014.6　77p　30cm　Ⓝ681.2

札幌市（読書指導）

◇読書についてのアンケート調査報告書—札幌市子どもの読書活動推進計画　札幌　札幌市教育委員会中央図書館　2014.9　95p　30cm　Ⓝ019.3

札幌市（読書調査）

◇読書についてのアンケート調査報告書—札幌市子どもの読書活動推進計画　札幌　札幌市教育委員会中央図書館　2014.9　95p　30cm　Ⓝ019.3

札幌市（都市交通）

◇札幌の都市交通データブック　2013年版　札幌市市民まちづくり局総合交通計画部都市交通課編　札幌　札幌市市民まちづくり局総合交通計画部都市交通課　2014.3　121p　30cm　Ⓝ681.8　［560円］

札幌市（廃棄物処理）

◇スリムシティさっぽろ計画—札幌市一般廃棄物処理基本計画　札幌市環境局編　改定版　札幌　札幌市環境局　2014.3　106p　30cm　Ⓝ518.52

札幌市（ひきこもり）

◇ひきこもり地域拠点型アウト・リーチ支援事業報告書　田中敦監修　札幌　レター・ポスト・フレンド相談ネットワーク　2014.3　84, 9p　30cm　〈独立行政法人福祉医療機構社会福祉振興助成事業〉Ⓝ369.4

札幌市（不動産投資）

◇札幌不動産投資のすすめ—相続対策決定版！：「財産を守り、老後の備えを万全にしたい」と考えている方に　坂上一樹著　経済界　2014.7　176p　19cm　①978-4-7667-4002-8　Ⓝ673.99　［1200円］

札幌市（保育所）

◇札幌市保育所等における食物アレルギー対応マニュアル　札幌市子ども未来局子育て支援部保育課編　札幌　札幌市子ども未来局子育て支援部保育課　2014.3　1冊　30cm　〈文献あり〉Ⓝ369.42

札幌市（ボランティア活動）

◇まちづくりのための北のガーデニングボランティアハンドブック　札幌市公園緑化協会編　札幌　北海道大学出版会　2014.6　278p　30cm　〈索引あり〉①978-4-8329-7414-2　Ⓝ629　［4500円］

札幌市（雪—世論）

◇討論型世論調査「雪とわたしたちのくらし」調査報告書　札幌　札幌市市長政策室広報部市民の声を聞く課　2014.8　1冊　30cm　〈共同刊行：慶應義塾大学DP研究センター〉Ⓝ451.66115

◇討論型世論調査「雪とわたしたちのくらし」調査報告書　修正版　札幌　札幌市市長政策室広報部市民の声を聞く課　2014.8　189p　30cm　〈共同刊行：慶應義塾大学DP研究センター〉Ⓝ451.66115

札幌市（リサイクル〔廃棄物〕）

◇札幌コンポスト30年のあゆみ　札幌　札幌市下水道資源公社　2013.10　116p　30cm　（調査研究事業報告書　特別号）〈年表あり〉Ⓝ518.24

札幌市（緑地計画）

◇まちづくりのための北のガーデニングボランティアハンドブック　札幌市公園緑化協会編　札幌　北海道大学出版会　2014.6　278p　30cm　〈索引あり〉①978-4-8329-7414-2　Ⓝ629　［4500円］

札幌市（歴史）

◇札幌ものがたり—札幌のあゆみを知る　さっぽろ時計台の会編　札幌　時計台まつり実行委員会　2013.10　191p　21cm　〈中西出版（発売）　年表あり　札幌時計台創建135周年記念〉①978-4-89115-288-8　Ⓝ211.5　［1000円］

札幌市元町団地自治会

◇元町団地自治会50年誌　［札幌］　［札幌市元町団地自治会］　2013.11　154p　図版23p　30cm　〈年表あり〉Ⓝ318.815

札幌農学校

◇日本のオールターナティブ—クラーク博士が種を蒔き、北大の前身・札幌農学校で育まれた清き精神　藤田正一著　鎌倉　銀の鈴社　2013.12　359p　19cm　（銀鈴叢書）〈年譜あり〉①978-4-87786-389-0　Ⓝ377.3　［2400円］

薩摩川内市（遺跡・遺物）

◇堀之内遺跡　鹿児島県教育委員会, 鹿児島県文化振興財団埋蔵文化財調査センター編　［鹿児島］　鹿児島県教育委員会　2014.3　199p　図版3枚　30cm　（公益財団法人鹿児島県文化振興財団埋蔵文化財調査センター発掘調査報告書2）〈薩摩川内市所在　南九州西回り自動車道建設（川内隈之城道路）に伴

う埋蔵文化財発掘調査報告書　共同刊行：鹿児島県文化振興財団埋蔵文化財調査センター〉Ⓝ210.0254

◇山口遺跡　鹿児島県立埋蔵文化財センター編　霧島　鹿児島県立埋蔵文化財センター　2013.3　334p　図版2枚　30cm　（鹿児島県立埋蔵文化財センター発掘調査報告書179）〈薩摩川内市都町所在〉Ⓝ210.0254

薩摩川内市（歴史）

◇北郷家と川内—海と川内川が育んだ歴史・文化：川内歴史資料館30周年記念特別展図録　薩摩川内市川内歴史資料館編　薩摩川内　薩摩川内市川内歴史資料館　2014.1　100p　30cm　〈年表あり　文献あり　会期：平成26年2月1日—3月30日〉Ⓝ219.7

薩摩川内市川内歴史資料館

◇川内歴史資料館要覧—30年の歩み　薩摩川内市川内歴史資料館編　薩摩川内　薩摩川内市川内歴史資料館　2014.3　74p　30cm　〈年表あり〉Ⓝ219.7

薩摩藩

◇薩摩藩領の農民に生活はなかったか　有薗正一郎著　名古屋　あるむ　2014.8　88p　21cm　〈索引あり　内容：薩摩藩領の耕作技術と農民の暮らし研究の展望　『列朝制度』巻之四農業」の翻刻・現代語訳・解題〉①978-4-86333-086-3　Ⓝ219.7　［800円］

◇参勤の道—九州路　出水市教育委員会読書推進課編　新装版　［出水］　出水市教育委員会　2013.3　157p　21cm　〈執筆：秀島實〉Ⓝ219.7

サティ，E.A.L.（1866〜1925）

◇卵のように軽やかに—サティによるサティ　エリック・サティ著, 秋山邦晴, 岩佐鉄男編訳　筑摩書房　2014.11　322,4p　15cm　（ちくま学芸文庫　サ32-1）〈作品目録あり　索引あり　1992年刊の一部改稿、追加　内容：カトリックの芸術家とすべてのキリスト教徒にあてたエリック・サティの第一の書簡（岩佐鉄男訳）　アンブロワーズ・トマ（岩佐鉄男訳）　批評家礼賛（岩佐鉄男訳）〈新青年〉派（岩佐鉄男訳）〈六人組〉についての講演（岩佐鉄男訳）　コンサートの前説（岩佐鉄男訳）　六人組（岩佐鉄男訳）　音楽時評（岩佐鉄男訳）　イゴール・ストラヴィンスキー（岩佐鉄男訳）　低い声で話そう（岩佐鉄男訳）　イゴール・ストラヴィンスキー（岩佐鉄男訳）　若い音楽家たち（岩佐鉄男訳）　音楽と動物（講演）（岩佐鉄男訳）　私は何者か（秋山邦晴訳）　エリック・サティの身元調査（秋山邦晴訳）　音楽家の一日（秋山邦晴訳）　劇場のこと（秋山邦晴訳）　単純な質問（秋山邦晴訳）　古本屋（秋山邦晴訳）　食卓で（秋山邦晴訳）　我慢のならない範例（秋山邦晴訳）　家具の音楽について（秋山邦晴訳）　目まいについて（岩佐鉄男訳）　日本風サラダ（岩佐鉄男訳）　日本風サラダ（岩佐鉄男訳）　断片（岩佐鉄男訳）　頑固者の屁理屈（岩佐鉄男訳）　哺乳類の手帖（抄）（岩佐鉄男訳）　サティ詩抄（秋山邦晴訳）　メドゥーサの罠（秋山邦晴訳）〉①978-4-480-09634-0　Ⓝ762.35　［1300円］

佐渡　裕（1961〜 ）

◇棒を振る人生—指揮者は時間を彫刻する　佐渡裕著　PHP研究所　2014.10　233p　18cm　（PHP新書951）①978-4-569-82059-0　Ⓝ762.1　［760円］

佐藤〔家〕〔松本市〕

◇佐藤家の系譜　佐藤英正［著］　改訂　松本　佐藤英正　2014.4　73p　24cm　〈文献あり　複製を含む〉Ⓝ288.3

佐藤　昭子（1928〜2010）

◇昭—田中角栄と生きた女　佐藤あつ子［著］　講談社　2014.9　293p　15cm　（講談社文庫　さ109-1）〈文献あり〉①978-4-06-277883-1　Ⓝ289.1　［770円］

佐藤　一斎〔1772〜1859〕

◇〈超訳〉言志四録己を律する200の言葉　佐藤一斎著, 岬龍一郎編訳　PHP研究所　2014.10　245p　15cm　（PHP文庫　み33-6）「言志四録」（2005年刊）の改題、再編集〉①978-4-569-76196-1　Ⓝ121.55　［580円］

佐藤　可士和（1965〜 ）

◇小山薫堂×佐藤可士和　NHK『SWITCHインタビュー達人達』制作班, 小山薫堂, 佐藤可士和著　ぴあ　2014.3　128p　19cm　（SWITCH INTERVIEW達人達）①978-4-8356-1872-2　Ⓝ910.268　［800円］

佐藤　勝〔1915〜 〕

◇三橋美智也の生涯—民謡と歌謡曲の頂点に／佐藤勝の生涯—映画音楽に命をかける　下山光雄, 合田一道著　札幌　北海道科学文化協会　2014.11　121p　21cm　（北海道青少年叢書32）〈北海道科学文化協会編　年譜あり〉Ⓝ767.8

佐藤　元萇〔1818〜1897〕

◇起居注　2　佐藤元萇［著］, 安藤昌益と千住宿の関係を調べる会事務局編　安藤昌益と千住宿の関係を調べる会　2014.9　64p　22cm　（佐藤元萇日記　第4巻）［500円］Ⓝ289.1

佐藤 佐太郎〔1909～1987〕

◇佐太郎秀歌私見 尾崎左永子著 ［東京］ Kadokawa 2014.10 243p 20cm ①978-4-04-652879-7 Ⓝ911.162 ［2200円］

佐藤 暁〔1928～ 〕

◇オウリィと呼ばれたころ─終戦をはさんだ自伝物語 佐藤さとる作 理論社 2014.10 249p 20cm ①978-4-652-20050-6 Ⓝ910.268 ［1600円］

佐藤 しのぶ〔1958～ 〕

◇明日へ続く歌─出逢いのハーモニー 佐藤しのぶ著 東京書籍 2014.7 316p 20cm 〈内容：三十年目に歌い始めた曲 生命の時間 明日へと歌い続ける力 人間の価値は自分の意志と行動で決まる。アーティストはものを創造して価値が出る（なかにし礼述） 柔道の「道」とはフェアプレーの精神を日常生活で生かしていくこと（山下泰裕述） 一枚の写真が後に大きな役割を果たす。写真は時の証言者（笹本恒子述） 野球人生が終わっても子どもたちの笑顔が欲しかった（工藤公康述） パリの名店では門前払い。そんな若き日も無駄にはならないとわかりました（杉野英実述） 地域全体が力を合わせれば復興を応援できるとわかりました（川口浩人，露木俊文述） 日本を文化大国に。きっかけを作るのは僕らの仕事（宮田亮平述） 前の時代から受け継いだものをセレクトして後世に繋ぐ（保阪正康述） 一人一人違った幸せがあって、全体が調和する社会を作るべき（月尾嘉男述） おいしいものを食べるより、ものをおいしく食べたい（山本益博述） 日本では天の行為が国土を変えてしまうんです（大石久和述） 何をしたら試合に出られるか。ホームランだと思ったんです（衣笠祥雄述） 出逢いのハーモニー 歌の道 校歌 才能 夕鶴〉①978-4-487-80844-1 Ⓝ762.1 ［1500円］

佐藤 誠三郎〔1932～1999〕

◇佐藤誠三郎追想録 「佐藤誠三郎追想録」編集委員会編 秀明出版会 2014.3 275p 20cm Ⓝ289.1 ［5000円］

佐藤 卓〔1955～ 〕

◇空の気─自然と音とデザインと 近藤等則，佐藤卓［著］ みすず書房 2014.5 156p 20cm ①978-4-622-07808-1 Ⓝ764.78 ［2600円］

佐藤 忠男〔1930～ 〕

◇独学でよかった─読書と私の人生 佐藤忠男著 中日映画社 2014.11 271p 19cm 〈三交社（発売） チクマ秀版社 2007年刊の修正、書き下ろし「あらためて思うこと」を加える〉①978-4-87919-821-1 Ⓝ019 ［1600円］

佐藤 玉枝

◇わたしの台湾 佐藤玉枝著 さいたま アジェンダ 2014.10 162p 22cm Ⓝ289.1

佐藤 勉〔1940～ 〕

◇遺伝子組換えの奇跡 佐藤勉著 名古屋 三恵社 2014.2 144, 101p 21cm 〈著作目録あり〉①978-4-86487-183-9 Ⓝ289.1 ［2000円］

佐藤 信男〔1935～ 〕

◇おれの八百屋一代記 佐藤信男［著］，秋田魁新報社編 秋田 秋田魁新報社 2014.7 137p 18cm 〈さきがけ新書〉〈年譜あり〉①978-4-87020-358-7 Ⓝ289.1 ［800円］

佐藤 春夫〔1892～1964〕

◇佐藤春夫と中国古典─美意識の受容と展開 張文宏著 大阪 和泉書院 2014.9 266p 22cm 〈近代文学研究叢刊 54〉〈内容：佐藤春夫『玉簪花』原典考 佐藤春夫における『聊斎志異』の翻訳・翻案の態度 佐藤春夫における『太平広記』の受容 佐藤春夫訳『平妖伝』の考察 佐藤春夫の「人虎伝」解釈 佐藤春夫に見られる美意識の表象 終章 附章「玉簪花」の典拠「馮燕伝」 蒲松齢著『聊斎志異』 李昉ら編『太平広記』 馮夢龍著『平妖伝』 李景亮撰「人虎伝」とその関連資料 沈既済撰「枕中記」〉①978-4-7576-0717-0 Ⓝ910.268 ［4700円］

佐藤 久男〔1943～ 〕

◇あなたを自殺させない─命の相談所「蜘蛛の糸」佐藤久男の闘い 中村智志著 新潮社 2014.10 302p 20cm 〈文献あり〉①978-4-10-306702-3 Ⓝ368.3 ［1500円］

佐藤 寿人〔1982～ 〕

◇小さくても、勝てる。佐藤寿人著 幻冬舎 2013.6 204p 19cm ①978-4-344-02412-0 Ⓝ783.47 ［1300円］

佐藤 仙務〔1991～ 〕

◇寝たきりだけど社長やってます─十九歳で社長になった重度障がい者の物語 佐藤仙務著 彩図社 2014.7 190p 15cm 〈「働く、ということ」（2012年刊）の改題、再編集〉①978-4-8013-0003-3 Ⓝ289.1 ［590円］

佐藤 博〔1934～ 〕

◇人生─ふるさととともに 佐藤博著 ［出版地不明］ ［佐藤博］ 2014.3 390p 20cm Ⓝ318.255

佐藤 優〔1960～ 〕

◇紳士協定─私のイギリス物語 佐藤優著 新潮社 2014.11 405p 16cm 〈新潮文庫 さ-62-7〉①978-4-10-133177-5 Ⓝ289.1 ［670円］

◇先生と私 佐藤優著 幻冬舎 2014.1 328p 20cm ①978-4-344-02519-6 Ⓝ289.1 ［1700円］

佐藤 真海〔1982～ 〕

◇ラッキーガール 佐藤真海著 集英社 2014.3 181p 16cm 〈集英社文庫 さ55-1〉〈2004年刊の加筆、再編集〉①978-4-08-745175-7 Ⓝ289.1 ［450円］

佐藤 幹夫

◇佐藤幹夫の数学 佐藤幹夫ほか著，木村達雄編 増補版 日本評論社 2014.9 490p 22cm 〈内容：佐藤幹夫氏へのインタヴュー（エマニュエル・アンドロニコフインタヴュー，杉山和成訳，佐藤幹夫述） 私の数学（佐藤幹夫述） 現代数学を語る（佐藤幹夫，一松信述） 素数からみた数学の発展（佐藤幹夫述） 数と函数（佐藤幹夫述） オイラーの数学（佐藤幹夫述） 方程式に秘匿された世界構造（佐藤幹夫述，十川治江インタヴュー） 代数解析の周辺（佐藤幹夫述） 佐藤超函数論の成立と展開，ほか（佐藤幹夫述） D加群と非線型可積分系（佐藤幹夫述） Weil予想とRamanujan予想（佐藤幹夫著） 佐藤超関数とは何か（佐藤幹夫述，木村達雄インタヴュー・構成） 佐藤幹夫先生との会見（佐藤幹夫述，木村達雄インタヴュー・構成） 概均質ベクトル空間とは？（木村達雄述） 数理物理と佐藤幹夫先生（三輪哲二，野海正俊，高崎金久述，上野健爾司会） 特異摂動論への一つの誘い（河合隆裕，竹井義次著） 佐藤sin[2]─予想の話（難波完爾著） 佐藤─テイト予想の解決（黒川信重著） 私の学生時代（佐藤幹夫著） 数学の方向（佐藤幹夫，杉浦光夫述） マヤ・ゲームの数学的理論（榎本彦衛者，佐藤幹夫述） 超函数の理論（佐藤幹夫著）〉①978-4-535-78587-8 Ⓝ410.4 ［5000円］

佐藤 泰志〔1949～1990〕

◇佐藤泰志─生の輝きを求めつづけた作家 福間健二監修 河出書房新社 2014.2 239p 21cm 〈著作目録あり 年譜あり 内容：退学処分（佐藤泰志著） 青春の記憶（佐藤泰志著） 死んだ花実が咲いた人（中澤雄大著） 佐藤泰志ルネサンス（堀江敏幸，岡崎武志述） 金鶴泳がいて、佐藤泰志がいた（文弘樹述） 佐藤泰志文学を映画にする（菅原和博述） 『海炭市叙景』を監督して（熊切和嘉述） 映画『そこのみにて光輝く』をめぐって（呉美保，高田亮，星野秀樹述） すべてを宙づりにする（福間健二著） 渇望される夏（世良利和著） 佐藤泰志の余白へ（加藤健次著） 明暗を泳いで（井坂洋子著） 佐藤泰志の青春小説（石川忠司著） 人生の休暇と視線の低さ（陣野俊史著） 佐藤泰志の主人公たちが痛い目に合うわけ（阿部公彦著） 優しさの由来（川口正和著） 美しい夏の、鉱脈（暁方ミセイ著） 佐藤泰志のせつじつさ（桜井晴也著） 半身は、ここへ置いてゆけ（中里勇太著）〉①978-4-309-02261-1 Ⓝ910.268 ［1600円］

◇佐藤泰志そこに彼はいた 福間健二著 河出書房新社 2014.11 449p 20cm 〈年譜あり〉①978-4-309-02345-8 Ⓝ910.268 ［2900円］

佐藤鉄工株式会社

◇佐藤鉄工のあゆみ 佐藤鉄工のあゆみ編纂事務局編 立山町（富山県） 佐藤鉄工 2014.3 293p 27cm 〈年表あり〉Ⓝ564.067

佐渡市（遺跡・遺物）

◇佐渡金銀山─佐渡金山遺跡（上寺町地区）分布調査報告書 佐渡市世界遺産推進課編 佐渡 佐渡市世界遺産推進課 2014.2 126p 図版［13］枚 30cm 〈佐渡金銀山遺跡調査報告書 17〉〈共同刊行：佐渡市教育委員会〉Ⓝ214.1

◇佐渡金銀山─佐渡金山遺跡（相川金銀山跡）分布調査報告書 佐渡市世界遺産推進課編 佐渡 佐渡市世界遺産推進課 2014.3 387p 図版 34p 30cm 〈佐渡金銀山遺跡調査報告書 18〉〈年表あり 共同刊行：佐渡市教育委員会 折り込 1枚〉Ⓝ214.1

◇佐渡金山を世界遺産に─甦る鉱山都市の記憶 五十嵐敬喜, 岩槻邦男, 西村幸夫, 松浦晃一郎編著 ブックエンド 2014.10 142p 21cm ①978-4-907083-17-5 Ⓝ214.1 ［1800円］

佐渡市（遺跡・遺物─会議録）

◇世界遺産国際シンポジウム「佐渡金銀山遺跡の世界遺産登録を目指して」シンポジウム記録 2013 新潟県教育庁文化行政課世界遺産登録推進室編 ［東京］ 文化庁 2014.3 58p 30cm 〈会期・会場：平成25年11月10日 朱鷺メッセマリンホール 背のタイトル：世界遺産国際シンポジウム記録2013

佐渡市（金―鉱山―歴史）

佐渡金銀山遺跡の世界遺産登録を目指して　共同刊行：新潟県教育委員会ほか　Ⓝ214.1

佐渡市（金―鉱山―歴史）
◇受託研究「近代の佐渡金銀山の歴史的価値に関する研究」―二〇一三年度調査報告書　小風秀雅編　小風秀雅　2014.3　89p　30cm〈年表あり〉Ⓝ562.1

佐渡市（銀―鉱山―歴史）
◇受託研究「近代の佐渡金銀山の歴史的価値に関する研究」―二〇一三年度調査報告書　小風秀雅編　小風秀雅　2014.3　89p　30cm〈年表あり〉Ⓝ562.1

佐渡市（鉱山）
◇佐渡金銀山―佐渡金山遺跡（上寺町地区）分布調査報告書　佐渡市世界遺産推進課編　佐渡　佐渡市世界遺産推進課　2014.2　126p　図版［13］枚　30cm（佐渡金銀山遺跡調査報告書17）〈共同刊行：佐渡市教育委員会〉Ⓝ214.1
◇佐渡金銀山―佐渡金山遺跡（相川金銀山跡）分布調査報告書　佐渡市世界遺産推進課編　佐渡　佐渡市世界遺産推進課　2014.3　387p　図版　34p　30cm（佐渡金銀山遺跡調査報告書18）〈年表あり　共同刊行：佐渡市教育委員会　折り込 1枚〉Ⓝ214.1
◇佐渡金山を世界遺産に―甦る鉱山都市の記憶　五十嵐敬喜, 岩槻邦男, 西村幸夫, 松浦晃一郎編著　ブックエンド　2014.10　142p　21cm　Ⓝ214.1　［1800円］

佐渡市（鉱山―会議録）
◇世界遺産国際シンポジウム「佐渡金銀山遺跡の世界遺産登録を目指して」シンポジウム記録　2013　新潟県教育庁文化行政課世界遺産登録推進室編世界遺産登録推進室　2014.3　58p　30cm〈会期・会場：平成25年11月10日　朱鷺メッセマリンホール　背のタイトル：世界遺産国際シンポジウム記録2013佐渡金銀山遺跡の世界遺産登録を目指して　共同刊行：新潟県教育委員会ほか〉Ⓝ214.1

佐渡市（版画―画集）
◇佐渡版画村作品集　第4集　佐渡　佐渡版画村　2014.11　89p　30cm〈年表あり　創立30周年記念〉Ⓝ730.87　［2000円］

佐渡市（町屋―保存・修復―歴史）
◇千石船の里・宿根木―町並み保存のあゆみ：ふりかえり・明日につなぐ：重要伝統的建造物群保存地区選定20周年記念誌　宿根木を愛する会編　［佐渡］　宿根木を愛する会　2014.3　103p　30cm〈年表あり　平成25年度佐渡おこしチャレンジ事業〉Ⓝ521.86

佐渡市（歴史）
◇佐渡瓜生屋史　［佐渡］　瓜生屋歴史文化研究会　2014.3　428p　22cm〈年表あり　文献あり〉Ⓝ214.1

里庄町（岡山県）（遺跡・遺物）
◇里見山中遺跡　里庄町教育委員会編　里庄町（岡山県）　里庄町教育委員会　2014.3　30p　図版［5］枚　30cm（里庄町埋蔵文化財発掘調査報告 1）〈宅地造成工事に伴う発掘調査〉Ⓝ210.0254

佐渡市立羽茂中学校
◇若鮎―羽茂中学校閉校記念誌　佐渡　羽茂中学校閉校記念事業実行委員会　2014.3　243p　31cm〈年表あり　共同刊行：佐渡市立羽茂中学校〉Ⓝ376.38

里田 啓〔1930～ 〕
◇車両を造るという仕事―元営団車両部長が語る地下鉄発達史　里田啓著　交通新聞社　2014.4　285p　18cm（交通新書 066）〈文献あり〉①978-4-330-46014-7　Ⓝ546.5　［800円］

里見〔氏〕
◇里見氏の遺産―城下町館山―東京湾の湊町：里見氏安房国替400年特別展　館山市立博物館編　館山　館山市立博物館　2014.9　56p　30cm（展示図録 no. 24）〈会期：平成26年9月6日―10月19日〉Ⓝ288.2
◇房総里見氏　滝川恒昭編　戎光祥出版　2014.11　370p　21cm（シリーズ・中世関東武士の研究 第13巻）〈内容：房総里見氏論（滝川恒昭著）　中世城館跡の調査と保存・活用（峰岸純夫著）　美濃里見氏小考（滝川恒昭著）　里見義実の安房入部（長塚孝著）　里見義通義豊義堯世次及事実の弁誤（重野安繹著）　里見義豊の政治的地位（黒田基樹著）　鎌倉府重臣里見刑部少輔の動向（須藤聡著）　天文二・三年の安房里見家内訌について（岡田晃司著）　房総里見氏の歴史過程における「天文の内訌」の位置付け（滝川恒昭著）　房総里見氏の歴史における稲村城（滝川恒昭著）　小弓公方足利義明（佐藤博信著）　里見氏と岡本城（滝川恒昭著）　喜連川頼氏の寄寓に就て（大野太平著）　豊臣期における喜連川氏の動向（斉藤司著）　館

山城についての一考察（川名登著）　館山町成立の契機について（岡田晃司著）　中世・近世移行期の房総（山田邦明著）　里見氏にあてた家康の起請文（滝川恒昭著）　鳥取県東伯郡北条町北尾の八幡神社に伝わる里見忠義寄進棟札について（島津晴久, 岡田晃司著）　南房州見学の記（土曜会著）　「里見家永正元亀年中書札留抜書」（内閣文庫蔵）（佐藤博信著）　里見義堯と"おびんづるさま"（早川正司著）〉①978-4-86403-138-7　Ⓝ288.2　［6500円］

佐土原城
◇佐土原城興亡史―日向の"中原"をめぐる伊東氏と島津氏の攻防　末永和孝著　宮崎　鉱脈社　2014.10　233p　19cm（みやざき文庫 79）〈「佐土原城」の増補改訂版〉①978-4-86061-554-3　Ⓝ219.6　［1700円］

佐土原藩
◇佐土原藩嶋津家江戸日記　15　宮崎県立図書館編　宮崎　宮崎県立図書館　2014.3　675p　22cm　Ⓝ210.55　［非売品］

真田〔氏〕
◇真田一族外伝―伝説の英雄はなぜ誕生したのか　田中博文著　産学社　2014.5　182p　19cm〈文献あり　年譜あり　奥付の責任表示（誤植）：編者 田中博文〉①978-4-7825-3390-1　Ⓝ288.2　［1250円］
◇真田四将伝―幸隆・昌幸・幸村・信之　清水昇著　長野　信濃毎日新聞社　2014.11　334p　19cm〈文献あり　年譜あり〉①978-4-7840-7250-7　Ⓝ288.2　［1600円］
◇論集戦国大名と国衆　13　信濃真田氏　丸島和洋編　岩田書院　2014.3　395p　21cm〈内容：総論信濃真田氏の系譜と政治的動向（丸島和洋著）　真田氏祖先について（飯島忠夫著）　真田一族覚書（小林計一郎著）　真田氏の吾妻郡攻略をめぐって（唐澤定市著）　真田氏の領国形成過程（堀内亨著）　上野国沼田領における武田氏と真田氏（栗原修著）　真田氏の本拠を訪ねて（中澤克昭著）　新出史料紹介真田昌幸書状（原田和彦著）　国文学研究資料館所蔵武田頼書状について（馬場廣幸著）　織田政権と真田昌幸（柴辻俊六著）　真田氏領における支配構造（山岡信一著）　戦国大名真田氏の領国形成（唐澤定市著）　真田史料随収随録 1（栗原英治著）　上田築城の開始をめぐる真田・徳川・上杉の動静（寺島隆史著）　第一次上田合戦前後における真田昌幸の動静の再考（寺島隆史著）　第一次上田合戦の再考（寺島隆史著）　真田氏と南信（藤澤好古著）　戦国末期より徳川期における真田氏の伝馬制と交通史の一端（山口武夫著）　真田氏の分立と家臣および領民（尾崎行也著）　上田時代における真田氏の政策の一断片（米山一政著）〉①978-4-87294-856-1　Ⓝ210.47　［4800円］
◇論集戦国大名と国衆　14　真田氏一門と家臣　丸島和洋編　岩田書院　2014.4　380p　21cm〈内容：総論真田氏家臣団の基礎研究（丸島和洋著）　真田幸村とは（原田和彦著）　矢沢綱頼の出自と足跡（竜野敬一郎著）　矢澤家文書について（北村保著）　戦国時代における矢沢氏の一考察（利根川淳子著）　柏木文書中の小山田十郎兵衛宛文書について（丸島和洋著）　上田城下町の商家となった武田家臣「海野衆」神尾氏（寺島隆史著）　真田宝物館所蔵恩田文書について（山中さゆり著）　沼田真田藩の郷士制度の成立及びその変質過程（山口武夫著）　沼田真田藩への仕官と帰農（赤見初夫著）　真田氏松代移封と知行給人（寺島隆史著）　鈴木左近忠重小伝（小林計一郎著）　小県郡下の古検地帳（黒坂周平著）　真田氏の領国形成過程（河内八郎著）　真田氏給人知行地検地帳解説（桜井松夫著）〉①978-4-87294-858-5　Ⓝ210.47　［4800円］

真田 幸隆〔1513～1574〕
◇真田幸隆のルーツと山城紀行―信濃から上野国へ　竹本茂雄著　［神戸］　［竹本茂雄］　2014.6　1冊　30cm　Ⓝ215.2

真田 幸村〔1567～1615〕
◇実伝真田幸村　火坂雅志著　KADOKAWA　2014.1　237p　15cm（角川文庫 ひ20-23）①978-4-04-400316-6　Ⓝ289.1　［640円］

さぬき市（歴史―写真集）
◇ふるさとの原風景―なつかしの写真集　さぬき　さぬき市文化財保護協会大川支部　2014.3　113p　30cm〈文献あり〉Ⓝ218.2

実重 每子〔1933～ 〕
◇每子の踏跡　3　実重每子著　［安来］　［実重每子］　2014.9　272p　21cm〈年譜あり〉Ⓝ289.1

佐野 ぬい〔1932～ 〕
◇ル・ソワール回想　佐野ぬい著　松戸　三好企画　2014.10　211p　21cm〈文献あり　作品目録あり　年譜あり〉①978-4-938740-93-1　Ⓝ723.1　［2500円］

佐野市（遺跡・遺物）
◇下明辰巳遺跡　佐野市教育委員会生涯学習課文化財保護係編　佐野　佐野市教育委員会生涯学習課文化財保護係　2013.9　26p　図版 4p　30cm（佐野市文化財調査報告書 第36集）〈宅地造成工事に伴う埋蔵文化財発掘調査〉Ⓝ210.0254

日本件名図書目録2014　I　　　　　　　　　　　　　　　　　　　　　　　　　　　　　佐用町〔兵庫県〕（水害）

◇興聖寺城跡・寺之後遺跡　とちぎ未来づくり財団埋蔵文化財センター編　宇都宮　栃木県教育委員会　2013.3　116p　図版30p　30cm　（栃木県埋蔵文化財調査報告　第357集）〈安全な道づくり事業費（交付金）主要地方道佐野田沼線新吉水工区に伴う埋蔵文化財発掘調査報告書　共同刊行：とちぎ未来づくり財団〉Ⓝ210.0254

佐野市（写真集）
◇足利・佐野の昭和─写真アルバム　長岡　いき出版　2014.6　279p　31cm　〔栃木県教科書供給所（発売）〕①978-4-904614-47-1　Ⓝ213.2　〔9250円〕

佐野市（人権教育）
◇第Ⅱ期佐野市人権教育・啓発推進行動計画　佐野　佐野市市民生活部人権・男女共同参画課　2014.3　61p　30cm　Ⓝ316.1

佐野市（男女共同参画）
◇佐野市男女共同参画プラン─男女共同参画社会の実現をめざして　第2期　佐野市市民生活部人権・男女共同参画課編　〔佐野〕佐野市　2014.3　107p　30cm　〈年表あり〉Ⓝ367.2132

佐野市（文化財保護）
◇佐野市の文化財保護　佐野市教育委員会事務局生涯学習部生涯学習課文化財保護係編　佐野　佐野市教育委員会事務局生涯学習部生涯学習課文化財保護係　2014.3　35p　30cm　（佐野市文化財調査報告書　第37集）Ⓝ709.132

佐野市（昔話）
◇佐野の民話─佐野ふるさとの民話集　「佐野の民話」作成委員会作成，「佐野の民話」編集委員会編　〔佐野〕佐野ロータリークラブ　2014.1　158p　26cm　Ⓝ388.132　〔1000円〕

鯖江市（家庭用電気製品─リサイクル）
◇小型電子機器等リサイクルシステム構築実証事業運営業務（中部地方）報告書　平成25年度　〔名古屋〕環境省中部地方環境事務所　2014.3　32p　30cm　〈請負先：三菱UFJリサーチ＆コンサルティング〉Ⓝ545.88

鯖江市（金石・金石文）
◇鯖江市内石碑調査概要報告書　鯖江市教育委員会編　鯖江　鯖江市教育委員会　2014.3　106p　30cm　〈文献あり〉Ⓝ214.4

鯖江藩
◇近世日本の支配構造と藩地域　野尻泰弘著　吉川弘文館　2014.7　283,6p　22cm　〈索引あり　内容：藩地域論の構想　鯖江藩大庄屋制の成立過程　鯖江藩大庄屋の職掌　鯖江藩政と大庄屋の職務意識　鯖江藩大庄屋の行動と階層化　鯖江藩における産物問屋・会所の展開　鯖江藩大庄屋の動向と藩財政　鯖江藩政の動向　藩地域論の深化を目指して〉①978-4-642-03464-7　Ⓝ214.4　〔12000円〕

サパタ，E.〔1879～1919〕
◇ビリャとサパタ─メキシコ革命の指導者たち　国本伊代著　山川出版社　2014.6　91p　21cm　（世界史リブレット人　75）〈文献あり　年譜あり〉①978-4-634-35075-5　Ⓝ256.06　〔800円〕

サハラ
◇サハラを走る。─7日間、245キロ！　サバイバルマラソンへの挑戦。　赤坂剛史著　大和　アトリエ・レトリック　2014.8　175p　19cm　①978-4-9906865-4-3　Ⓝ782.3　〔1400円〕

佐原 洋子〔1926～ 〕
◇花も盛りの88歳！─向島百花園のスーパーレディ一代記　佐原洋子著　KADOKAWA　2014.5　191p　19cm　〈文献あり〉①978-4-04-066740-9　Ⓝ289.1　〔1200円〕

サハリン　→樺太を見よ

サピア，E.〔1884～1939〕
◇ソシュールとサピアの言語思想─現代言語学を理解するために　三輪伸春著　開拓社　2014.6　207p　19cm　（開拓社言語・文化選書　45）〈文献あり　索引あり　内容：ソシュール，サピアへの道　ソシュールの言語学「入門」「ラング（langue）」をめぐって　ソシュールの「ラング（langue）」の定義　言語活動における「ラング」の位置　サピアの『言語』〈第7章, 第8章〉サピアの『言語』〈第9章〉〉①978-4-7589-2545-7　Ⓝ801　〔1900円〕

サファヴィー朝
◇世界史劇場イスラーム三國志─臨場感あふれる解説で、楽しみながら歴史を"体感"できる　神野正史著　ベレ出版　2014.3　317p　21cm　〈文献あり　年表あり〉①978-4-86064-387-4　Ⓝ227.4　〔1600円〕

佐分利 貞男〔1879～1929〕
◇藪のかなた─駐華公使・佐分利貞男変死事件　樋口正士著　グッドタイム出版　2014.11　185p　19cm　〈エコー出版（発売）文献あり　年表あり〉①978-4-904446-34-8　Ⓝ289.1　〔1200円〕

さぽうと21
◇36年目からの挑戦─外国出身者への支援：社会福祉法人さぽうと21の記録　一柳みどり編集室著　〔東京〕さぽうと21　2014.12　65p　26cm　〈年表あり〉Ⓝ369.38

佐保会大阪支部
◇佐保会大阪支部のあゆみ─奈良女子大学同窓会　佐保会大阪支部あゆみ編集委員会企画・編集　〔枚方〕佐保会大阪支部　2014.8　454p　22cm　〈年表あり〉Ⓝ377.28

座間市（環境行政）
◇座間市環境基本計画─豊かな水と緑を守り育て未来へつなぐ人と環境にやさしいまちざま　座間市環境経済部環境政策課編　〔座間〕座間市　2014.3　84p　30cm　Ⓝ519.1

座間市（軍事基地）
◇座間市と基地　〔座間市〕特定政策推進室編　〔座間〕座間市　2014.3　205p　30cm　〈年表あり〉Ⓝ395.39

座間市（歴史）
◇座間市史　5　通史編　下巻　座間市，座間市教育委員会教育部生涯学習課編　〔座間〕座間市　2014.3　517p　22cm　〈共同刊行：座間市教育委員会教育部生涯学習課〉Ⓝ213.7

サマーシュ
◇パン屋さんのつくり方─私たちの店はこうしてできました　西川功晃，西川文著　旭屋出版　2014.4　111p　21×21cm　〈文献あり〉①978-4-7511-1085-0　Ⓝ588.32　〔2500円〕

様似民族文化保存会
◇30年のあゆみ─1983-2013：様似民族文化保存会記念写真集　様似町（北海道）様似民族文化保存会　2014.2　109p　30cm　〈年表あり　平成25年度公益財団法人アイヌ文化・振興研究推進機構出版助成事業発刊物〉Ⓝ382.11

サミット株式会社
◇サミット株式会社年代記　part 3　2003-2012　サミット株式会社編纂　サミット　2014.1　152p　30cm　〈年表あり〉Ⓝ673.868

寒川神社〔神奈川県寒川町〕
◇寒川町史調査報告書　19　浜降祭日記　4　寒川町史編集委員会編　寒川町（神奈川県）寒川町　2014.3　160p　26cm　Ⓝ213.7

寒川町〔神奈川県〕（遺跡・遺物）
◇高田南遺跡発掘調査報告書　玉川文化財研究所編著　〔横浜〕玉川文化財研究所　2014.3　42p　図版13p　30cm　〈神奈川県高座郡寒川町所在〉Ⓝ210.0254

サムスン電子株式会社
◇サムスン電子グループの実態　2014年版　名古屋　アイアールシー　2013.12　498p　30cm　（特別調査資料）〈年表あり〉Ⓝ549.09　〔78000円〕
◇人材を育てるホンダ競わせるサムスン　佐藤登著　〔東京〕日経BP社　2014.7　239p　19cm　〈日経BPマーケティング（発売）〉①978-4-8222-7787-1　Ⓝ537.09　〔1400円〕

佐村河内 守
◇ペテン師と天才─佐村河内事件の全貌　神山典士著　文藝春秋　2014.12　321p　20cm　①978-4-16-390184-8　Ⓝ762.1　〔1500円〕

鮫川村〔福島県〕（昔話）
◇鮫川のむかし話─民話集　さめがわ民話の会編　〔鮫川村（福島県）〕鮫川村教育委員会　2014.3　151p　21cm　〈背のタイトル：鮫川村のむかし話〉Ⓝ388.126

狭山市（写真集）
◇狭山・入間の昭和─写真アルバム　長岡　いき出版　2014.7　279p　31cm　〔埼玉書籍（発売）〕①978-4-904614-50-1　Ⓝ213.4　〔9250円〕

佐用町〔兵庫県〕（遺跡・遺物）
◇平福御殿屋敷跡　兵庫県まちづくり技術センター埋蔵文化財調査部編　神戸　兵庫県教育委員会　2014.3　1冊　30cm　（兵庫県文化財調査報告　第463冊）〈佐用郡佐用町所在　（二）千種川水系佐用川河川災害復旧助成事業に伴う埋蔵文化財発掘調査報告書〉Ⓝ210.0254

佐用町〔兵庫県〕（災害復興）
◇こころの輪─平成21年台風第9号佐用町災害記録誌　企画防災課まちづくり企画室編　佐用町（兵庫県）佐用町　2014.8　143p　30cm　〈年表あり〉Ⓝ369.33

佐用町〔兵庫県〕（水害）
◇こころの輪─平成21年台風第9号佐用町災害記録誌　企画防災課まちづくり企画室編　佐用町（兵庫県）佐用町　2014.8　143p　30cm　〈年表あり〉Ⓝ369.33

サルトル, J.P.〔1905～1980〕

◇90分でわかるサルトル　ポール・ストラザーン著，浅見昇吾訳　WAVE出版　2014.10　157p　20cm〈年表あり〉①978-4-87290-693-6　Ⓝ135.54　[1000円]

◇サルトル　村上嘉隆著　新装版　清水書院　2014.9　196p　19cm　（Century Books）〈文献あり　年譜あり　索引あり〉①978-4-389-42034-5　Ⓝ135.54　[1000円]

猿払村〔北海道〕（歴史）

◇猿払村史　第2巻　猿払村史編さん発行委員会編　猿払村（北海道）　猿払村　2014.3　813p　27cm〈年表あり　文献あり〉Ⓝ211.1

沢 恩〔1923～〕

◇家族の記憶―歴史の中の足跡　八谷みち文　[青梅]　[八谷みち]　2014.10　137p　21cm〈文献あり〉Ⓝ289.1

沢木 興道〔1880～1965〕

◇澤木興道全集　別巻1　雲水興道一代記　澤木興道著　オンデマンド版　大法輪閣　2013.12　351p　19cm〈印刷・製本：デジタルパブリッシングサービス〉①978-4-8046-1918-7　Ⓝ188.8　[3900円]

沢田 秀雄〔1951～〕

◇H.I.S.澤田秀雄の「稼ぐ観光」経営学　木ノ内敏久著　イースト・プレス　2014.8　254p　18cm　（イースト新書 035）〈文献あり　年譜あり〉①978-4-7816-5035-7　Ⓝ689.5　[861円]

沢辺 琢磨〔1834～1913〕

◇龍馬の夢―北の大地で志を継いだ・沢辺琢磨と坂本直寛　守部喜雅著　いのちのことば社フォレストブックス　2013.6　153p　19cm　（聖書を読んだサムライたち）〈文献あり　標題紙の副タイトル（誤植）：志を継いだ男たち・沢辺琢磨と坂本直寛〉①978-4-264-03078-2　Ⓝ198.192　[1200円]

沢村 貞子〔1908～1996〕

◇老いの楽しみ　沢村貞子著　筑摩書房　2014.8　254p　15cm　（ちくま文庫 さ30-4）〈底本：岩波現代文庫 2000年刊〉①978-4-480-43198-1　Ⓝ778.21　[740円]

◇貝のうた　沢村貞子著　河出書房新社　2014.3　257p　15cm　（河出文庫 さ29-1）①978-4-309-41281-8　Ⓝ778.21　[760円]

◇わたしの三面鏡　沢村貞子著　筑摩書房　2014.4　222p　15cm　（ちくま文庫 さ30-3）〈朝日文庫 1986年刊の再刊〉①978-4-480-43159-2　Ⓝ778.21　[680円]

沢柳 政太郎〔1865～1927〕

◇澤柳政太郎その生涯と思想　新田義之著　本の泉社　2014.4　223p　19cm〈文献あり　年譜あり〉①978-4-7807-1152-3　Ⓝ289.1　[1500円]

三愛

◇三愛水着の歴史　三愛　2014.11　90p　19cm〈年表あり　編集：永島和祥〉①978-4-9908039-0-2　Ⓝ589.217　[1000円]

三愛石油株式会社

◇反面教師―組織の頂点に立つ権力者の盲点　西口昭男著　創英社/三省堂書店　2014.5　184p　19cm　①978-4-88142-855-9　Ⓝ575.5　[1300円]

サンアド

◇そこは表現の学校のような場所でした。　伊藤総研編，ブレーン編集部監修　宣伝会議　2014.8　149p　26cm　（ブレーン別冊）Ⓝ674.4　[1600円]

三一書房

◇三一新書の時代　井家上隆幸著　論創社　2014.12　193p　19cm　（出版人に聞く 16）①978-4-8460-1379-0　Ⓝ023.1　[1600円]

ⅢⅠスコール会

◇よみがえる海外研修―昭和57年度海外教育事情視察：ⅢⅠスコール会30周年記念誌　[出版地不明]　ⅢⅠスコール会　2014.3　67p　30cm　Ⓝ372.3

山陰海岸国立公園

◇鳥取砂丘景観保全調査報告書―山陰海岸国立公園　鳥取砂丘再生会議（保全再生部会）編　[鳥取]　鳥取砂丘再生会議　2013.3　77p　30cm〈年表あり　文献あり〉Ⓝ454.64

山陰信販株式会社

◇五十年時への想い縁にかえて　山陰信販株式会社編　米子　山陰信販　2013.12　47p　31cm〈年表あり　奥付・背のタイトル：山陰信販株式会社50周年記念誌〉Ⓝ338.7

山陰地方（遺跡・遺物）

◇山陰地方の縄文社会　松江　島根県古代文化センター　2014.3　211p　30cm　（古代文化センター研究論集 第13集）〈文献あ

り　内容：論考編　石器製作・石材利用からみた山陰地域社会の展開（竹広文明著）　中四国地域における縄文時代精神文化について（中村豊著）　縄文後期土器研究の現状と課題（千葉豊著）　縄文時代の集団領域と集団の輪郭（幡中光輔著）　自然災害と地域社会の定着性（幡中光輔著）　縄文時代の島根県の古地形と三瓶火山の活動の影響（中村唯史著）　島根県飯南町森Ⅲ遺跡の突帯文土器と遠賀川式土器（濱田竜彦著）　縄文時代における山陰地方の食料獲得（柳浦俊一著）　呪術具の素材からみた縄文時代の価値観（柳浦俊一著）　資料編　貝類による土器の器面調整と施文（柳浦俊一著）　サルガ鼻洞窟遺跡・坂井原遺跡出土の黒曜石製遺物の原材産地分析（藁科哲男著）　小浜洞穴出土人骨の炭素・窒素同位体比と放射性炭素年代（米田穣ほか著）　小浜洞穴遺跡出土人骨（柳浦俊一著）　山陰地方の縄文時代遺跡データベースと型式別遺跡数の推移（幡中光輔著）　中国地方の縄文時代祭祀遺物集成（深田浩著）　島根県の主要縄文時代遺跡の石器集成（是田敦著）　西日本の貯蔵穴基礎データ（柳浦俊一著）　鳥取県・島根県の落し穴集成（稲田陽介、柳浦俊一著）　鳥取県・島根県の住居跡集成（稲田陽介、柳浦俊一著）　島根県の土器埋設遺構集成（稲田陽介、柳浦俊一著）　山陰地方を中心とした植物遺存体集成（柳浦俊一著）　山陰地方・動物遺存体集成（柳浦俊一著）　放射性炭素年代測定資料（近畿・中国・四国地方）（柳浦俊一著）　鳥取県・島根県の縄文時代関係文献目録（幡中光輔著）〉Ⓝ217.1

山陰地方（童謡）

◇山陰のわらべ歌・民話文化論　酒井菫美著　三弥井書店　2013.6　435p　22cm〈文献あり　布装　内容：八百比丘尼伝説　古事記神話につながる伝承民話のこと　山陰の民話「打吹山の天女」伝説について　民話のあるべき語り方を考える　伝承の不思議を考える　鳥取県のわらべ歌に見る地域性〉①978-4-8382-3248-2　Ⓝ388.9171　[8900円]

山陰地方（昔話）

◇山陰のわらべ歌・民話文化論　酒井菫美著　三弥井書店　2013.6　435p　22cm〈文献あり　布装　内容：八百比丘尼伝説　古事記神話につながる伝承民話のこと　山陰の民話「打吹山の天女」伝説について　民話のあるべき語り方を考える　伝承の不思議を考える　鳥取県のわらべ歌に見る地域性〉①978-4-8382-3248-2　Ⓝ388.9171　[8900円]

三角寺〔四国中央市〕

◇三角寺宝篋印塔保存修復報告書―愛媛県四国中央市　元興寺文化財研究所編　[四国中央]　三角寺　2014.3　26p　図版3p　30cm　Ⓝ521.818

三ケ神明社〔魚津市〕

◇竣工記念誌―三ケ神明社拝殿修復　三ケ神明社拝殿修復工事実行委員会記念誌部会編　魚津　三ケ神明社拝殿修復工事実行委員会記念誌部会　2014.12　70p　31cm　Ⓝ521.817

参議院

◇本格政権が機能するための政治のあり方―選挙制度のあり方と参議院の役割―報告書：21世紀政策研究所研究プロジェクト：日本政治プロジェクト　21世紀政策研究所　2014.6　81p　30cm〈文献あり　研究主幹：小林良彰　折り込 1枚〉Ⓝ314.8

産業技術総合研究所

◇研究関連等業務活動評価報告書　平成25年度　つくば　産業技術総合研究所評価部　2014.5　70p　30cm　Ⓝ507.6

◇研究ユニット評価報告書　平成25年度　つくば　産業技術総合研究所評価部　2014.4　169p　30cm　Ⓝ507.6

サンクトペテルブルク（文学上）

◇ペテルブルク・ロシア―文学都市の神話学　近藤昌夫著　未知谷　2014.1　461p　20cm〈内容：広場の重力を振り切る黄金色の垂線　増殖する事実と神話の分界線　ピエロ・ブルク　冥界へ出立する馬車　冥界の手記と神話層　黄色い十字路と水晶宮　十字路から聖堂へ　最初の聖所　永遠のペテルブルク・ロシア　モスクワに回帰するロシア　石の方舟と垂直の時間軸〉①978-4-89642-432-4　Ⓝ980.2　[5000円]

サンクロン

◇哲学堂随想―株式会社サンクロン創立六十周年記念誌　上田　サンクロン　2014.6　166p　20cm　Ⓝ499.067　[非売品]

三条高等学校〔新潟県立〕

◇想南―創立110周年記念誌　新潟県立三条高等学校創立110周年記念誌編集委員会編　三条　新潟県立三条高等学校同窓会　2013.3　87p　30cm　Ⓝ376.48

三条市（遺跡・遺物）

◇五百川遺跡　三条市市民部生涯学習課編　[三条]　三条市教育委員会　2013.3　100p　図版105p　30cm〈新潟県三条市所在　県営農地環境整備事業北五百川地区に伴う埋蔵文化財発掘調査報告書〉Ⓝ210.0254

◇高野遺跡　三条市市民部生涯学習課編　[三条]　三条市教育委員会　2013.3　30p　図版24p　30cm〈新潟県三条市所在

県営農地環境整備事業北五百川地区に伴う埋蔵文化財発掘調査報告書　Ⓝ210.0254

三条市〔職人〕
◇伝承―伊勢神宮に宿る三条の名工の技と心　新潟日報事業社編　三条　三条シティセールス事業実行委員会　2014.3　79p　25×26cm　〈新潟日報事業社（発売）取材・執筆：橋本啓子ほか〉①978-4-86132-562-5　Ⓝ566.2　［2000円］

三条市〔被災者支援〕
◇東日本大震災広域避難者受入れの記録―三条市は避難者をどのように受入れたか　三条市総務部行政課防災対策室編　［三条］　新潟県三条市　2013.3　116p　30cm　Ⓝ369.3

三条市〔避難所〕
◇東日本大震災広域避難者受入れの記録―三条市は避難者をどのように受入れたか　三条市総務部行政課防災対策室編　［三条］　新潟県三条市　2013.3　116p　30cm　Ⓝ369.3

サンスベリー, C.K.〔1905～1993〕
◇二つの日本―真珠湾までの10年間　オードリー・サンスベリー・トークス著，松平信久，北條鎮雄訳　聖公会出版　2013.6　426p　19cm　〈年表あり　索引あり〉①978-4-88274-243-2　Ⓝ198.47　［3500円］

サンソン〔家〕
◇パリの断頭台―七代にわたる死刑執行人サンソン家年代記　バーバラ・レヴィ［著］，喜多迅鷹，喜多元子訳　新装版　法政大学出版局　2014.3　292p　図版16p　20cm　①978-4-588-36416-7　Ⓝ322.35　［2600円］

三代目J Soul Brothers
◇三代目J Soul Brothers from EXILE TRIBE　三代目J Soul Brothers著　幻冬舎　2014.2　1冊（ページ付なし）27cm　①978-4-344-02525-7　Ⓝ767.8　［3000円］

三田市〔遺跡・遺物〕
◇福島・長町遺跡　兵庫県まちづくり技術センター埋蔵文化財調査部編　神戸　兵庫県教育委員会　2014.3　28p　図版15p　30cm　〈兵庫県文化財調査報告　第459冊〉〈三田市所在（二）武庫川水系大池川河川改良事業に伴う発掘調査報告書〉Ⓝ210.0254

三田市〔伝記〕
◇さんだ人物誌　歴史文化財ネットワークさんだ「さんだ人物誌」編集委員会編　［三田］　歴史文化財ネットワークさんだ　2014.5　109p　26cm　〈文献あり〉Ⓝ281.64

三田藩
◇三田藩の歴史―九鬼氏代々の記録から知る摂津国　高田義久著，安部みき子，小川貞昭監修　［三田］　［高田義久］　2014.12　216p　26cm　Ⓝ216.4

サン＝テグジュペリ, A.〔1900～1944〕
◇サンテクスの人生とその主要作品　金森憲雄［著］　［出版地不明］　金森憲雄　2014.6　84p　21cm　Ⓝ950.278　［1000円］
◇サンテクスの人生とその主要作品　紫野守夫著　第2版　名古屋　書肆B612　2014.9　104p　21cm　〈文献あり〉Ⓝ950.278　［非売品］
◇誰が星の王子さまを殺したのか―モラル・ハラスメントの罠　安冨歩著　明石書店　2014.8　251p　20cm　〈文献あり〉①978-4-7503-4045-6　Ⓝ953.7　［2000円］
◇『星の王子さま』隠された物語―サン＝テグジュペリが伝えたかったこと　鳥取絹子著　ベストセラーズ　2014.12　206p　19cm　〈文献あり　「大人のための「星の王子さま」」(2000年刊)の改題、加筆・修正〉①978-4-584-13612-6　Ⓝ953.7　［1300円］

サンテレビジョン
◇株式会社サンテレビジョン45年史　サンテレビジョン社史編纂委員会編修　神戸　サンテレビジョン　2014.4　163p　30cm　〈年表あり〉Ⓝ699.067

サンド, G.〔1804～1876〕
◇なぜ〈ジョルジュ・サンド〉と名乗ったのか？　マルティーヌ・リード［著］，持田明子訳　藤原書店　2014.6　330p　20cm　〈文献あり〉①978-4-89434-972-8　Ⓝ950.268　［3200円］

三東アパレルグループ
◇三東アパレルグループ物語―大塚氏卒寿を迎え、過ぎし方を語る（話は行ったり来たり戻ったり―）大塚［述］，河原潤子聞き手　［東京］　［河原潤子］　2014.10印刷　176p　21cm　〈年表あり〉Ⓝ589.21

SANDWICH
◇KOHEI NAWA | SANDWICH―CREATIVE PLATFORM FOR CONTEMPORARY ART　名和晃平,SANDWICH著

京都　学芸出版社　2014.1　207p　21cm　〈年譜あり　本文は日本語〉①978-4-7615-2566-8　Ⓝ702.16　［2800円］

山東省〔遺跡・遺物〕
◇黄河と泰山展―中華文明の源と世界遺産　［萩］　黄河と泰山展実行委員会　2013.9　127p　30cm　〈年表あり　会期・会場：2013年9月14日―10月20日　和歌山県立博物館〉Ⓝ222.12

山東省〔紀行・案内記〕
◇シリーズ明治・大正の旅行　第1期16　山東鉄道旅行案内　荒山正彦監修・解説　青島守備軍民政部鐵道部,台湾総督府鉄道部編　ゆまに書房　2014.11　682p　22cm　〈訂正増補　別役元胤　大正10年刊の複製　臺灣總督府鐵道部　大正12年刊の複製　第1期のタイトル関連情報：旅行案内書集成　布装〉①978-4-8433-4657-0,978-4-8433-4652-5(set)　Ⓝ384.37　［26000円］

山東省〔鉄道〕
◇シリーズ明治・大正の旅行　第1期16　山東鉄道旅行案内　荒山正彦監修・解説　青島守備軍民政部鐵道部,台湾総督府鉄道部編　ゆまに書房　2014.11　682p　22cm　〈訂正増補　別役元胤　大正10年刊の複製　臺灣總督府鐵道部　大正12年刊の複製　第1期のタイトル関連情報：旅行案内書集成　布装〉①978-4-8433-4657-0,978-4-8433-4652-5(set)　Ⓝ384.37　［26000円］

サントリーホールディングス株式会社
◇サントリー対キリン　永井隆著　日本経済新聞出版社　2014.11　255p　19cm　①978-4-532-31960-1　Ⓝ588.5　［1500円］

三内丸山遺跡
◇三内丸山遺跡　岡田康博著　同成社　2014.3　170p　20cm　（日本の遺跡　48）〈文献あり〉①978-4-88621-559-8　Ⓝ212.1　［1800円］

サンパウロ〔ブラジル〕〔ボランティア活動〕
◇60歳からの出発―大学生そしてJICAシニアボランティア　宇野博編著　岸和田　宇野博　2014.7　104p　26cm　〈内容：大学生生活(2008.4-2012.3)　JICA日系社会シニアボランティア(2012.4-2014.7)〉Ⓝ367.7

ザンビア〔技術援助〕〔日本〕
◇アフリカ等農業・農民組織活性化支援事業（アフリカ）に係る報告書　平成24年度　農業マーケティング研究所　2013.3　180p　30cm　〈平成24年度農林水産省補助事業途上国の農業等協力に係る現地活動支援事業〉Ⓝ611.7
◇ザンビアHIV/エイズ　2006-2010　野崎威功眞,宮野真輔執筆　国立国際医療研究センター国際医療協力局　2014.3　67p　30cm　（テクニカル・レポート　vol. 6）〈文献あり　英語併記　表紙のタイトル：ザンビアのHIV/エイズ〉Ⓝ333.804

ザンビア〔経済援助〕〔日本〕
◇ザンビア「電力アクセス向上事業」・ブータン「地方電化事業」のCDM事業登録能力向上支援最終報告書　［東京］　国際協力機構　2013.3　1冊　30cm　〈共同刊行：三菱UFJモルガン・スタンレー証券〉Ⓝ333.804

ザンビア〔農業経営〕
◇アフリカ等農業・農民組織活性化支援事業（アフリカ）に係る報告書　平成24年度　農業マーケティング研究所　2013.3　180p　30cm　〈平成24年度農林水産省補助事業途上国の農業等協力に係る現地活動支援事業〉Ⓝ611.7

三仏寺〔鳥取県三朝町〕
◇三徳山総合調査報告書　第1集　仏像・美術工芸品/科学分析調査/山岳修験　三徳山総合調査報告書編集委員会編　三朝町（鳥取県）　鳥取県三朝町教育委員会　2014.3　134p　30cm　〈文献あり〉Ⓝ188.45

サンフランシスコ
◇在米コリアンのサンフランシスコ日本街―境界領域の人類学　河上幸子著　御茶の水書房　2014.3　198p　22cm　〈文献あり　索引あり　内容：見えない場所の意味を問う　在米アジア系マイノリティの日本街　在米コリアン企業家の日本街　在米アジア系若年層の日本街　境界領域を人類学する〉①978-4-275-01069-8　Ⓝ334.45393　［5600円］
◇初期在北米日本人の記録　北米編第154冊　面白い桑港　奥泉栄三郎監修　二宮利作,日本協賛株式會社著　文生書院　2014.11　118, 190p　図版［13］枚　22cm　（Digital reprint series）〈電子復刻版〉①978-4-89253-565-9　Ⓝ334.45　［11000円］

サンフランシスコ〔商店街〕
◇よみがえる商店街―アメリカ・サンフランシスコ市の経験　畢滔滔著　津　碩学舎　2014.2　248p　22cm　（碩学叢書）〈中央経済社（発売）文献あり　索引あり〉①978-4-502-08890-2　Ⓝ672.5393　［3400円］

サンフランシスコ〔スーパーマーケット〕
◇スーパーマーケットのグロサリーデザインinサンフランシスコ―エコフレンドリーな街で見つけた、いま注目の食品＆日用雑

貨　碓井美樹編著　誠文堂新光社　2014.2　191p　21cm
①978-4-416-11403-2　Ⓝ673.868　[1800円]

サンフランシスコ〔都市再開発〕
◇よみがえる商店街―アメリカ・サンフランシスコ市の経験
畢滔滔著　津頑学舎　2014.2　248p　22cm　(碩学叢書)
〈中央経済社（発売）文献あり　索引あり〉①978-4-502-08890-
2　Ⓝ672.5393　[3400円]

三瓶山
◇三瓶火山/松井・福岡資料データベース　福岡孝昭著　[大
田]　島根県立三瓶自然館　2014.7　77p　30cm〈文献あり
共同刊行：しまね自然と環境財団〉Ⓝ453.82173

山武市〔歴史―史料〕
◇松尾地区の近世　山武市教育委員会編　山武　山武市教育委員
会　2014.3　256p　30cm　(山武市郷土史料集 20)　Ⓝ213.5

三遊亭 円歌〔3代目 1929～ 〕
◇三遊亭圓歌ひとり語り全部ウソ。　三遊亭圓歌著、田中聡聞
き書き　河出書房新社　2014.11　258p　20cm　①978-4-309-
27537-6　Ⓝ779.13　[1750円]

山陽地方〔遺跡・遺物〕
◇古代官道山陽道と駅家―律令国家を支えた道と駅：風土記
1300年記念特別展阪神・淡路大震災20年展：兵庫県立考古博
物館図録　兵庫県立考古博物館編　播磨町（兵庫県）兵庫県立
考古博物館　2014.4　91p　30cm〈著作目録あり
文献あり　会期・会場：平成26年4月19日～6月22日　兵庫県立
考古博物館特別展示室他〉Ⓝ217.4

山陽地方〔宿駅〕
◇古代官道山陽道と駅家―律令国家を支えた道と駅：風土記
1300年記念特別展阪神・淡路大震災20年展：兵庫県立考古博
物館図録　兵庫県立考古博物館編　播磨町（兵庫県）兵庫県立
考古博物館　2014.4　91p　30cm〈年表あり　著作目録あり
文献あり　会期・会場：平成26年4月19日～6月22日　兵庫県立
考古博物館特別展示室他〉Ⓝ217.4

山陽地方〔文学上〕
◇歌人が巡る中国の歌枕　山陽の部　宮野恵基著　文化書房博
文社　2014.5　348p　22cm〈文献あり　年表あり〉①978-4-
8301-1258-4　Ⓝ911.102　[2300円]

三洋電機株式会社
◇会社が消えた日―三洋電機10万人のそれから　大西康之著
[東京]　日経BP社　2014.5　323p　19cm〈日経BPマーケ
ティング（発売）〉①978-4-8222-5017-1　Ⓝ542.09　[1600円]
◇三洋電機経営史―1950-2011　「三洋電機アーカイブス」プロ
ジェクトチーム企画・編集　守口　三洋電機　2014.3　1035p
21cm〈年表あり〉Ⓝ540.67
◇三洋電機商品史―挑戦の軌跡　「三洋電機アーカイブス」プロ
ジェクトチーム企画・編集　守口　三洋電機　2014.3　389p
22cm　Ⓝ542.09

山陽道
◇古代官道山陽道と駅家―律令国家を支えた道と駅：風土記
1300年記念特別展阪神・淡路大震災20年展：兵庫県立考古博
物館図録　兵庫県立考古博物館編　播磨町（兵庫県）兵庫県立
考古博物館　2014.4　91p　30cm〈年表あり　著作目録あり
文献あり　会期・会場：平成26年4月19日～6月22日　兵庫県立
考古博物館特別展示室他〉Ⓝ217.4

三陸鉄道株式会社
◇三陸鉄道情熱復活物語―笑顔をつなぐ、ずっと…　品川雅彦
著　三省堂　2014.7　301p　20cm〈年譜あり〉①978-4-385-
36584-8　Ⓝ686.2122　[1500円]
◇線路はつながった―三陸鉄道復興の始発駅　冨手淳著　新潮
社　2014.2　183p　20cm〈年譜あり〉①978-4-10-335271-6
Ⓝ686.2122　[1200円]
◇夢と希望の三陸鉄道―開業30周年&全線運行再開記念　中井
精也撮影　徳間書店　2014.5　143p　22cm〈年譜あり〉
①978-4-19-863805-4　Ⓝ686.2122　[1800円]

【 し 】

CIA →アメリカ合衆国中央情報局を見よ
シアトル〔ワシントン州〕〔産業クラスター〕
◇都市地域における産業転換―米英イノベーション先進地域の
エコシステム：法政大学イノベーション・マネジメント研究セ
ンター国際シンポジウム：講演録　法政大学イノベーション・
マネジメント研究センター編　法政大学イノベーション・マ

ネジメント研究センター　2014.5　61p　30cm　(Working
paper series no. 155)〈会期・会場：2014年2月1日　法政大学
市ヶ谷キャンパスボアソナード・タワー26階スカイホール
内容：問題提起　米英3都市（田路則子述）講演　Technology
development consultancies and the high-tech cluster
in Cambridge(UK)(Jocelyn Probert述)　米国オース
ティン（福嶋路述）　米国シアトル（山縣宏之述）〉Ⓝ332.333
[非売品]

椎名 へきる〔1974～ 〕
◇20years of legend―CD Debut 20th Anniversary　Hekiru
Shiina[著]　音楽専科社　2014.10　1冊　31cm　①978-4-
87279-268-3　Ⓝ778.77　[4352円]

椎名 林檎〔1978～ 〕
◇音楽家のカルテ　椎名林檎[著]　スイッチ・パブリッシング
2014.12　175p　22cm　(SWITCH LIBRARY)〈背・表紙
のタイトル：Die Karte für die Musikerin　内容：音楽家の
マナー　淑女の事変　音楽家のタブー　運動的音楽論　瞬間
を生きるために　音楽家の逆襲〉①978-4-88418-440-7
Ⓝ767.8　[1667円]

椎名 麟三〔1911～1973〕
◇椎名麟三の文学と希望―キリスト教文学の誕生　小林孝吉著
菁柿堂　2014.3　254p　19cm　(Edition Trombone)〈星雲
社（発売）年譜あり　内容：椎名麟三の文学と希望　闇と向き
合う自由　椎名麟三における回心の瞬間　キリスト教文学の
誕生　罪と自由　死と終末のなかで　自由論　椎名麟三の文
学と〈ほんとうの自由〉椎名麟三の文学とともに未来へ〉
①978-4-434-18935-7　Ⓝ910.268　[2000円]

ジェイアイエヌ
◇振り切る勇気―メガネを変えるJ！NSの挑戦　田中仁著
[東京]　日経BP社　2014.5　191p　19cm〈日経BPマーケ
ティング（発売）年譜あり〉①978-4-8222-5019-5　Ⓝ535.89
[1400円]

JRグループ
◇JR新幹線・特急全車両大図鑑―世界に誇るスーパートレイン
原口隆行編著, 井上廣和写真　世界文化社　2014.5　143p
26cm　①978-4-418-14210-1　Ⓝ536　[2200円]

ジェイアール東海エージェンシー
◇ジェイアール東海エージェンシー50周年記念誌　ジェイアー
ル東海エージェンシー50周年記念誌編纂委員会編　ジェイ
アール東海エージェンシー　2014.10　180p　31cm〈年表あ
り〉Ⓝ674.4

JR東日本 →東日本旅客鉄道株式会社を見よ
シェイクスピア, W.〔1564～1616〕
◇英国地図製作とシェイクスピア演劇　勝山貴之著　英宝社
2014.11　287p　22cm〈索引あり〉①978-4-269-72133-3
Ⓝ932.5　[3200円]
◇こんなに面白かった「シェイクスピア」　河合祥一郎監修
PHP研究所　2014.3　285p　15cm　(PHP文庫 か71-1)〈文
献あり　作品目録あり　索引あり〉①978-4-569-76146-6
Ⓝ932.5　[743円]
◇シェイクスピア一日一言―名句とクイズ　荒井良雄監修, 楜
振一郎著　英宝社　2014.10　231p　20cm〈作品目録あり　年
表あり　索引あり〉①978-4-269-72131-9　Ⓝ932.5　[2200円]
◇シェイクスピアいろいろ　青山誠子著　開文社出版　2013.12
271p　19cm〈文献あり　著作目録あり　年譜あり　内容：シェ
イクスピアの生きた時代とは　シェイクスピアの現代　シェ
イクスピアの女たち　シェイクスピアの結婚観　シェイクス
ピア劇における「罪」と「裁き」　シェイクスピアの二つの
顔〉①978-4-87571-073-8　Ⓝ932.5　[1600円]
◇シェイクスピアを追え！―消えたファースト・フォリオ本の行
方　エリック・ラスムッセン[著]、安達まみ訳　岩波書店
2014.2　208p　20cm　①978-4-00-025965-1　Ⓝ932.5　[2100
円]
◇シェイクスピアを読んで、考える―趣味の研究ノート及び読後
感想　第2部　長谷川幹夫[著]　[出版地不明]　長谷川幹
夫　[2014]　132p　21cm〈文献あり〉Ⓝ932.5
◇シェイクスピア劇に潜む意外性―シェイクスピア劇における
愛　村上世津子著　文芸社　2014.3　287p　15cm〈2010年刊
の再刊〉①978-4-286-14783-3　Ⓝ932.5　[700円]
◇シェイクスピア劇の道化　西野義彰著　英宝社　2014.4
185p　22cm〈文献あり　索引あり〉①978-4-269-72127-2
Ⓝ932.5　[2400円]
◇シェイクスピア古典文学と対話する劇作家　小林潤司, 杉井正
史, 廣田麻子, 高谷修著　京都　松籟社　2014.2　145p　19cm
〈著作目録あり　索引あり　内容：まえがき（小林潤司著）『メ
ナエクムス兄弟』と『間違いの喜劇』の比較（杉井正史著）
『十二夜』にみられるオウィディウスの影響（廣田麻子著）
『ヴィーナスとアドーニス』と古典文学（高谷修著）　シェイク

スピアとエクプラシス〈小林潤司著〉 ⓘ978-4-87984-324-1 Ⓝ932.5 ［1500円］

◇シェイクスピアに魅せられて 田中實著 朝日出版社 2014.4 187p 22cm ⓘ978-4-255-00775-5 Ⓝ932.5 ［1204円］

◇できるリーダーはなぜ「リア王」にハマるのか—100冊のビジネス書より「シェイクスピア」！ 深山敏郎著 青春出版社 2013.9 189p 18cm （青春新書INTELLIGENCE PI-407） ⓘ978-4-413-04407-3 Ⓝ336.49 ［848円］

◇日本シェイクスピア研究書誌 江戸時代編 佐々木隆編 那須町（栃木県） イーコン 2013.12 47p 30cm 〈文献あり〉 ⓘ978-4-907505-02-8 Ⓝ932.5

◇日本シェイクスピア研究書誌 平成編 佐々木隆編 増補版 那須町（栃木県） イーコン 2014.10 693p 30cm ⓘ978-4-907505-04-2 Ⓝ932.5

◇ハムレットとパッセージの異同 辻照彦著 名古屋 三惠社 2014.4 261p 21cm 〈文献あり〉 ⓘ978-4-86487-201-0 Ⓝ932.5 ［2640円］

◇マーガレット・オブ・ヨークの「世紀の結婚」—英国史劇とブルゴーニュ公国 大谷伴子著 春風社 2014.9 238p 21cm 〈索引あり〉 ⓘ978-4-86110-419-0 Ⓝ932.5 ［2700円］

◇マルクスとハムレット—新しく『資本論』を読む 鈴木一策著 藤原書店 2014.4 210p 20cm ⓘ978-4-89434-966-7 Ⓝ331.6 ［2200円］

◇名画で見るシェイクスピアの世界 平松洋著 KADOKAWA 2014.5 157p 21cm （ビジュアル選書）〈文献あり〉 ⓘ978-4-04-600323-2 Ⓝ723.05 ［2100円］

自衛隊

◇高校生をリクルートする自衛隊・自衛隊の手法を取り入れる教育行政—集団的自衛権行使で教え子を再び戦場に送るのか！「高校生をリクルートする自衛隊・自衛隊の手法を取り入れる教育行政」編集委員会編 同時代社 2014.11 90p 21cm ⓘ978-4-88683-772-1 Ⓝ374.92 ［800円］

◇こんなにスゴイ！自衛隊の新世代兵器 菊池雅之著 竹書房 2014.12 191p 19cm 〈文献あり〉 ⓘ978-4-8019-0097-4 Ⓝ392.1076 ［580円］

◇自衛官の人事・給与上の処遇について—忘れられていた安全保障・防衛政策 光田隆至著 朝霞 光田隆至 2014.10 146p 30cm Ⓝ392.1076

◇自衛隊員の営利企業への就職の承認に関する報告 平成25年 ［東京］ ［内閣府］ 2014 100, 108p 30cm Ⓝ392.1076

◇自衛隊を国防軍にする理由—憲法改正へ！今こそ知りたい自衛隊Q&A 松島悠佐著 明成社 2014.1 64p 21cm ⓘ978-4-905410-26-3 Ⓝ392.1076 ［600円］

◇自衛隊この国営ブラック企業—隊内からの辞めたい死にたいという悲鳴 小西誠著 社会批評社 2014.10 230p 19cm ⓘ978-4-907127-11-4 Ⓝ392.1076 ［1600円］

◇自衛隊・新世代兵器PERFECTBOOK 2035年兵器カタログ 別冊宝島編集部編 宝島社 2014.4 159p 21cm 〈2011年刊の大幅改定〉 ⓘ978-4-8002-2537-5 Ⓝ392.1076 ［1300円］

◇自衛隊と防衛産業 桜林美佐著 並木書房 2014.8 195p 19cm ⓘ978-4-89063-318-0 Ⓝ559.09 ［1500円］

◇自衛隊の最新・最強兵器99の謎—世界に誇る装備の数々を徹底解説！ 自衛隊の謎検証委員会編 彩図社 2014.10 219p 19cm 〈文献あり〉 ⓘ978-4-8013-0022-4 Ⓝ392.1076 ［537円］

◇自衛隊兵器大全 別冊宝島編集部編 完全保存版！ 宝島社 2014.9 190p 16cm （宝島SUGOI文庫 Aヘ-1-187） ⓘ978-4-8002-3068-3 Ⓝ392.1076 ［700円］

◇自衛隊兵器大全—日本を守る防衛装備60年史 菊池雅之著 竹書房 2014.2 223p 15cm （竹書房文庫 き2-1）〈文献あり〉 ⓘ978-4-8124-9912-2 Ⓝ559.021 ［650円］

◇出動せず—自衛隊60年の苦悩と集団的自衛権 瀧野隆浩著 ポプラ社 2014.12 245p 20cm ⓘ978-4-591-14250-9 Ⓝ392.1076 ［1500円］

◇証言自衛隊員たちの東日本大震災 大場一石編著 並木書房 2014.2 362p 19cm ⓘ978-4-89063-314-2 Ⓝ392.1076 ［1600円］

◇知られざる自衛隊の謎 自衛隊の謎検証委員会編 彩図社 2014.1 221p 19cm 〈文献あり 2011年刊の加筆・修正・再編集〉 ⓘ978-4-88392-964-1 Ⓝ392.1076 ［620円］

◇とことんわかる！艦艇の基礎知識—イージス艦から原子力空母まで、艦艇の最新事情を徹底紹介 菊池雅之著 イカロス出版 2014.9 304p 19cm 〈文献あり〉 「よくわかる！艦

艇の基礎知識」新版（2008年刊）の改題、加筆・再編集〉 ⓘ978-4-86320-923-7 Ⓝ556.9 ［1750円］

◇日本は戦争をするのか—集団的自衛権と自衛隊 半田滋著 岩波書店 2014.5 203p 18cm （岩波新書 新赤版 1483） ⓘ978-4-00-431483-7 Ⓝ323.142 ［740円］

自衛隊（年鑑）

◇自衛隊装備年鑑 2014・2015 朝雲新聞社編集局/編著 朝雲新聞社 2014.7 540p 21cm ⓘ978-4-7509-1035-2 ［3800円］

◇自衛隊年鑑 2014年版 防衛日報社 2014.6 798p 19cm ⓘ978-4-938467-25-8 ［7000円］

自衛隊（便覧）

◇自衛隊現況 2015 防衛日報社 2014.12 124p 26cm ⓘ978-4-938467-74-6 ［7000円］

ジェイムズ，W.〔1842～1910〕

◇ユングとジェイムズ—個と普遍をめぐる探求 小木曽由佳著 大阪 創元社 2014.6 186p 22cm （こころの未来選書）〈索引有 内容：序章 ユング心理学成立前夜 タイプ理論とプラグマティズム 『赤の書』と「タイプ論」 個性化と宗教的経験 個性化と多元的宇宙 終章〉 ⓘ978-4-422-11227-5 Ⓝ146.15 ［2800円］

シエナ（歴史）

◇公共善の彼方に—後期中世シエナの社会 池上俊一著 名古屋 名古屋大学出版会 2014.2 473,120p 22cm 〈文献あり 索引あり〉 ⓘ978-4-8158-0765-8 Ⓝ237.04 ［7200円］

ジェネシスオブエンターテイメント

◇風のHEROES〜車いすダンスの軌跡〜—ジェネシスオブエンターテイメント 星湖舎編集部編 大阪 星湖舎 2014.3 103p 21cm ⓘ978-4-86372-058-9 Ⓝ799.021 ［1000円］

シェパード，S.〔1943～ 〕

◇シェパードの舞台 古山みゆき著 新装版 彩流社 2014.2 221p 20cm 〈文献あり 初版：近代文芸社 2006年刊 内容：不確実な言葉〈第一期〉散逸構造的シェパードの劇『ラ・トゥリスタ』を中心に 『罪の歯』の言葉 家父長制的核家族の崩壊〈第二期〉ポストモダニズム的家族劇『飢えた階級の呪い』を中心に ノヴァ・リアリズムの家族劇『埋められた子供』を中心に 『恋狂い』の物語について 『心の嘘』の失語症 過去を越える息子達〈第三期〜〉変身のパロディ『衝撃状態』を中心に 愚かな探偵西部劇『シンパティコ』を中心に〉 ⓘ978-4-7791-1993-4 Ⓝ778.253 ［2000円］

ジェファーソン，T.〔1743～1826〕

◇アメリカ歴代大統領大全 第1シリーズ[3] 建国期のアメリカ大統領 3（トマス・ジェファソン伝記事典） 西川秀和著 岡山 大学教育出版 2014.12 265p 22cm 〈文献あり 年譜あり 年表あり〉 ⓘ978-4-86429-172-9 Ⓝ312.8 ［3200円］

シェーファー・ヴィンヤーズ

◇ナパ奇跡のぶどう畑—第二の人生で世界最高のワイナリーを造りあげた〈シェーファー〉の軌跡 ダグ・シェーファー，アンディ・デムスキィ著，野澤玲子訳 阪急コミュニケーションズ 2014.9 384,9p 19cm ⓘ978-4-484-14117-6 Ⓝ588.55

シェープキン，M.S.〔1788～1863〕

◇評伝・シェープキン—ロシア・リアリズム演劇の源流 V・I・イワシネフ編著，森光以訳 而立書房 2014.1 359p 19cm （「日露演劇会議」叢書）〈文献あり 年譜あり〉 ⓘ978-4-88059-377-7 Ⓝ772.38 ［2000円］

ジェームズ，C.L.R.〔1901～1989〕

◇革命の芸術家—C・L・R・ジェームズの肖像 ポール・ビュール著，中井亜佐子，星野真志，吉田裕訳 こぶし書房 2014.9 387,10p 20cm （こぶしフォーラム 26）〈文献あり 年譜あり 索引あり〉 ⓘ978-4-87559-293-8 Ⓝ289.3 ［4000円］

ジェームズ1世〔1566～1625 イングランド王〕

◇近世スコットランドの王権—ジェイムズ六世と「君主の鑑」 小林麻衣子著 京都 ミネルヴァ書房 2014.10 286,27p 22cm （MINERVA西洋史ライブラリー 104）〈文献あり 索引あり〉 ⓘ978-4-623-07109-8 Ⓝ311.5 ［6000円］

ジェラテリア・イル・ブリガンテ

◇Gelateria IL BRIGANTE—誇り高き南イタリア人シェフの魂 松田春華文・写真，大山好子構成・監修 名古屋 ブイツーソリューション 2014.4 55p 21cm ⓘ978-4-86476-173-4 Ⓝ673.98 ［556円］

シェリー，M.W.〔1797～1851〕

◇フランケンシュタインとは何か—怪物の倫理学 武田悠一著 彩流社 2014.9 255,21p 20cm 〈索引あり〉 ⓘ978-4-7791-2049-7 Ⓝ933.6 ［2700円］

シェリング，F.W.J.v.〔1775～1854〕

◇悲劇の哲学―シェリング芸術哲学の光芒　松山壽一著　奈良　萌書房　2014.10　184,27p　20cm　(叢書シェリング入門 6)　Ⓘ978-4-86065-088-9　Ⓝ134.3　[2500円]

◇非有の思惟―シェリング哲学の本質と生成　浅沼光樹著　知泉書館　2014.9　285,5p　22cm　〈索引あり　内容：生成における―　無制約者と知的直観　シェリング哲学の出発点　歴史的理性の生成　神の内なる自然　『自由論』の立場　もう一つのエコソフィを求めて　シェリングにおける神と自然過程　第九回日本シェリング協会研究奨励賞を受賞した〉Ⓘ978-4-86285-194-9　Ⓝ134.3　[5000円]

GLS銀行

◇人間のための銀行―社会運動としてのGLS銀行のあゆみ　ロルフ・ケルラー著，村上祐子，村上介敏訳　涼風書林　2014.8　183p　21cm　Ⓘ978-4-903865-30-0　Ⓝ338.6　[2400円]

GLA総合本部

◇心の指針―苦楽の原点は心にある　高橋信次著　新装改訂版　第7版　三宝出版　2014.6　247p　18cm　Ⓘ978-4-87928-090-9　Ⓝ169.1　[1000円]

◇心眼を開く―あなたの明日への指針　高橋信次著　新装改訂版，第6版　三宝出版　2013.8　277p　18cm　Ⓘ978-4-87928-087-9　Ⓝ169.1　[1000円]

◇人間釈迦　1　偉大なる悟り　高橋信次著　新装改訂版　三宝出版　2014.6　297p　18cm　〈第9版〉Ⓘ978-4-87928-091-6　Ⓝ169.1　[1000円]

慈円〔1155～1225〕

◇愚管抄の言語空間　尾崎勇著　汲古書院　2014.3　694,12p　22cm　〈索引あり　内容：構築される空間とその外側　王と王女　慈鎮和尚夢想記の方法　日蔵夢記の役割　塩沼亮潤の「大峯千日回峰行」から　承久元年と六道絵　四天王寺の絵堂の再建　明恵の夢にあらわれた九条家　治承物語と西山の空間　治承物語の復元　「あそび心」と今様　再編された六巻本　治承物語と九条道家　證空と法性寺の空間　静明について　兼好の平家物語成立に関する伝聞的考証　宇都宮入道蓮生の位置　物語化される梶原景時　屋代本平家物語の建礼門院の往生　長門本平家物語の成立圏と文体　延慶本平家物語とスペイン武勲詩　国木田独歩の小説から〉Ⓘ978-4-7629-3613-5　Ⓝ913.42　[18000円]

塩竈港運送株式会社

◇創立70年史―1944-2014：水平線の遥か彼方へ：100年100億企業を目指して　塩竈　塩竈港運送　2014.6　184p　31cm　〈年表あり〉Ⓝ683.9

塩澤 幸登〔1947～〕

◇編集の砦―平凡出版とマガジンハウスの一万二〇〇〇日　塩澤幸登著　茉莉花社　2014.4　558p　20cm　〈河出書房新社(発売)　文献あり〉Ⓘ978-4-309-92018-4　Ⓝ023.1　[3000円]

塩尻 公明〔1901～1969〕

◇塩尻公明と戦没学徒木村久夫―「或る遺書について」の考察　中谷彪著　岡山　大学教育出版　2014.7　194p　19cm　〈年譜あり〉Ⓘ978-4-86429-306-8　Ⓝ289.1　[1800円]

◇「わだつみ」木村久夫遺稿―父が編集：「東京新聞」の誤報を質す　中谷彪著　大阪　中谷彪　2014.9　170p　30cm　〈年譜あり〉Ⓝ289.1

塩尻市（町屋―保存・修復）

◇平出―伝統的建造物群保存対策調査報告　国立文化財機構奈良文化財研究所編　塩尻　塩尻市教育委員会　2014.3　116p　図版［14］枚　30cm　Ⓝ521.86

塩尻市（民家―保存・修復）

◇重要文化財小野家住宅主屋ほか二棟保存修理工事報告書　文化財建造物保存技術協会編著　塩尻　小野良文　2013.11　1冊　30cm　〈年表あり〉Ⓝ521.86

ジオノ，J.〔1895～1970〕

◇天性の小説家ジャン・ジオノ『木を植えた男』を書いた男　山本省著　彩流社　2014.3　216p　19cm　(フィギュール彩10)　〈文献あり　著作目録あり　年譜あり〉Ⓘ978-4-7791-7006-5　Ⓝ950.278　[1900円]

塩野 和夫〔1952～〕

◇キリスト教教育と私　前篇　塩野和夫著　教文館　2013.5　243p　20cm　Ⓘ978-4-7642-9951-1　Ⓝ198.321　[1500円]

慈恩寺〔山形県〕

◇慈恩寺総合調査報告書　寒河江市教育委員会編　寒河江　寒河江市教育委員会　2014.3　141p　図版［29］枚　30cm　(山形県寒河江市埋蔵文化財調査報告書 第36集)　〈文献あり〉Ⓝ188.215

志賀 直哉〔1883～1971〕

◇〈志賀直哉〉の軌跡―メディアにおける作家表象　永井善久著　森話社　2014.7　254p　20cm　〈索引あり　内容：大正十年代の〈志賀直哉〉.1　文学職業化時代の"芸術家"　大正十年代の〈志賀直哉〉.2　「暗夜行路」・「雨蛙」・古美術〈志賀直哉・昭和三年　「万暦赤絵」論　「菰野〈日記帖〉」論 "映画人"志賀直三の軌跡　文芸復興期の〈志賀直哉〉戦時下の〈暗夜行路〉〉Ⓘ978-4-86405-067-8　Ⓝ910.268　[2600円]

滋賀医科大学

◇開学四十周年記念誌　滋賀医科大学開学四十周年記念誌編集委員会編　大津　滋賀医科大学　2014.10　251p　30cm　〈年表あり　奥付のタイトル：滋賀医科大学開学四十周年記念誌〉Ⓝ377.28

視覚障害をもつ医療従事者の会

◇ゆいまーる―「視覚障害をもつ医療従事者の会」機関誌　第3号　[東京]　視覚障害をもつ医療従事者の会　2014.6　71p　26cm　〈年表あり〉Ⓝ498.14

滋賀県

◇これでいいのか滋賀県―地味～な滋賀の意外な発展!?　岡島慎二，土屋幸登編　マイクロマガジン社　2014.7　139p　26cm　〈文献あり　日本の特別地域特別編集〉Ⓘ978-4-89637-462-9　Ⓝ291.61　[1300円]

◇滋賀県謎解き散歩　中井均編著　中経出版　2013.5　287p　15cm　(新人物文庫 な-5-2)　Ⓘ978-4-8061-4729-9　Ⓝ291.61　[857円]

滋賀県（いじめ―大津市）

◇教室のいじめとたたかう―大津いじめ事件・女性市長の改革　越直美著　ワニブックス　2014.10　207p　18cm　(ワニブックス｜PLUS｜新書 125)　Ⓘ978-4-8470-6553-8　Ⓝ371.42　[830円]

滋賀県（遺跡・遺物）

◇近江三都物語―大津宮・紫香楽宮・保良宮：平成26年冬季特別展　滋賀県立安土城考古博物館編　近江八幡　滋賀県立安土城考古博物館　2014.2　112p　30cm　〈年表あり　文献あり　会期：平成26年2月8日～4月6日〉Ⓝ216.1

◇内湖とその暮らし―入江内湖、松原内湖、大中の湖・小中の湖　滋賀県文化財保護協会編　[大津]　滋賀県文化財保護協会　2014.2　48p　26cm　(シリーズ近江の文化財 7)　Ⓝ216.1

滋賀県（遺跡・遺物―近江八幡市）

◇安土城下町遺跡佐久間地区8次調査概要報告書　近江八幡市、近江八幡市教育委員会編　[近江八幡]　近江八幡市　2013.3　41p　図版 24p　30cm　(近江八幡市埋蔵文化財発掘調査報告書 48)　〈共同刊行：近江八幡市教育委員会〉Ⓝ210.0254

◇近江八幡市埋蔵文化財発掘調査報告書　47　近江八幡市総合政策部文化観光課，近江八幡市教育委員会編　[近江八幡]　近江八幡市総合政策部文化観光課　2013.3　90p　図版 44p　30cm　〈共同刊行：近江八幡市教育委員会〉Ⓝ210.0254

◇近江八幡市埋蔵文化財発掘調査報告書　49　近江八幡市総合政策部文化観光課，近江八幡市教育委員会編　[近江八幡]　近江八幡市総合政策部文化観光課　2014.3　48p　図版 32p　30cm　〈共同刊行：近江八幡市教育委員会〉Ⓝ210.0254

◇勧学院遺跡5次調査概要報告書　近江八幡市、近江八幡市教育委員会編　[近江八幡]　近江八幡市　2014.3　40p　図版 21p　30cm　(近江八幡市埋蔵文化財発掘調査報告書 50)　〈共同刊行：近江八幡市教育委員会〉Ⓝ210.0254

◇琵琶湖東部の湖底・湖岸遺跡　第1分冊　本文編　滋賀県教育委員会事務局文化財保護課，滋賀県文化財保護協会編　大津　滋賀県教育委員会事務局文化財保護課　2014.3　329p　30cm　(琵琶湖開発事業関連埋蔵文化財発掘調査報告書 14)　〈年表あり　共同刊行：滋賀県文化財保護協会　内容：長命寺湖底遺跡　長命寺遺跡　大房遺跡　牧湖岸遺跡　岡山城遺跡　多景島遺跡〉Ⓝ210.0254

◇琵琶湖東部の湖底・湖岸遺跡　第2分冊　写真図版編　滋賀県教育委員会事務局文化財保護課，滋賀県文化財保護協会編　大津　滋賀県教育委員会事務局文化財保護課　2014.3　8,229p　30cm　(琵琶湖開発事業関連埋蔵文化財発掘調査報告書 14)　〈共同刊行：滋賀県文化財保護協会　内容：長命寺湖底遺跡　長命寺遺跡　大房遺跡　牧湖岸遺跡　岡山城遺跡　多景島遺跡〉Ⓝ210.0254

滋賀県（遺跡・遺物―大津市）

◇石山国分遺跡発掘調査報告書　2　大津市教育委員会編　大津　大津市教育委員会　2013.3　79p　図版［14］枚　30cm　(大津市埋蔵文化財調査報告書 69)　Ⓝ210.0254

◇近江国府跡・管池遺跡発掘調査報告書　大津市教育委員会編　大津　大津市教育委員会　2013.3　22p　図版 31p　30cm　(大津市埋蔵文化財調査報告書 71)　Ⓝ210.0254

滋賀県（遺跡・遺物―彦根市）

◇近江国府跡・惣山遺跡発掘調査報告書　大津市教育委員会編　大津　大津市教育委員会　2014.1　13p　図版 5枚　30cm　（大津市埋蔵文化財調査報告書 74）　Ⓝ210.0254

◇近江国府跡・惣山遺跡発掘調査報告書　大津市教育委員会編　大津　大津市教育委員会　2014.1　12p　図版 4枚　30cm　（大津市埋蔵文化財調査報告書 75）　Ⓝ210.0254

◇滋賀里遺跡発掘調査報告書　3　大津市教育委員会編　大津　大津市教育委員会　2014.2　17p　図版［8］枚　30cm　（大津市埋蔵文化財調査報告書 76）　Ⓝ210.0254

◇史跡延暦寺境内発掘調査報告書　2　大津市教育委員会編　大津　大津市教育委員会　2014.3　21p　図版［7］枚　30cm　（大津市埋蔵文化財調査報告書 77）　Ⓝ210.0254

◇膳所城遺跡　滋賀県教育委員会事務局文化財保護課，滋賀県文化財保護協会編　大津　滋賀県教育委員会事務局文化財保護課　2013.12　200p　図版［21］枚　30cm　〈文献あり　大津市丸の内所在　近江大橋有料道路建設工事（西詰交差点改良）に伴う発掘調査報告書　共同刊行：滋賀県文化財保護協会〉Ⓝ210.0254

◇南滋賀遺跡発掘調査報告書　5　大津市教育委員会編　大津　大津市教育委員会　2013.9　29p　図版［14］枚　30cm　（大津市埋蔵文化財調査報告書 72）　Ⓝ210.0254

滋賀県（遺跡・遺物―草津市）

◇草津市文化財年報　22　草津　草津市教育委員会文化財保護課　2014.1　27p　30cm　（草津市文化財調査報告書 99）　Ⓝ709.161

◇中畑遺跡発掘調査報告書　平成25年度調査　草津市教育委員会事務局文化財保護課編　草津　草津市教育委員会事務局文化財保護課　2014.3　13p　図版 4p　30cm　（草津市文化財調査報告書 100）　Ⓝ210.0254

◇霊仙寺遺跡1次発掘調査報告書　［草津］　草津市教育委員会文化財保護課　2013.12　24p　30cm　（草津市文化財調査報告書 98）　Ⓝ210.0254

滋賀県（遺跡・遺物―甲賀市）

◇青木城遺跡第1次発掘調査報告書　甲賀市教育委員会編　甲賀　甲賀市教育委員会　2014.3　36p　30cm　（甲賀市文化財報告書 第23集）　Ⓝ210.0254

◇市内遺跡発掘調査報告書　平成25年度　甲賀市教育委員会編　甲賀　甲賀市教育委員会　2014.3　50p　30cm　（甲賀市文化財報告書 第22集）　Ⓝ210.0254

◇聖武天皇と紫香楽宮　栄原永遠男著　敬文舎　2014.3　319p　20cm　（日本歴史私の最新講義 09）　〈文献あり　年表あり　索引あり〉①978-4-906822-09-6　Ⓝ210.35　［2400円］

滋賀県（遺跡・遺物―高島市）

◇馬塚古墳発掘調査報告書　高島市教育委員会編　高島　高島市教育委員会　2014.3　16p　図版 4p　30cm　（高島市文化財調査報告書 第23集）〈滋賀県高島市音羽所在〉Ⓝ210.0254

◇高島市内遺跡調査報告書　平成25年度　高島市教育委員会事務局文化財保護課　2014.3　11p　図版 5p　30cm　（高島市文化財調査報告書 第22集）〈滋賀県高島市所在〉Ⓝ210.0254

◇日置前遺跡発掘調査報告書　高島市教育委員会編　高島　高島市教育委員会　2014.3　8p　図版 5p　30cm　（高島市文化財調査報告書 第24集）〈滋賀県高島市今津町所在〉Ⓝ210.0254

◇琵琶湖西北部の湖底・湖岸遺跡　第1分冊　本文編　滋賀県教育委員会事務局文化財保護課，滋賀県文化財保護協会編　大津　滋賀県教育委員会事務局文化財保護課　2014.3　502p　30cm　（琵琶湖開発事業関連埋蔵文化財発掘調査報告書 11）〈共同刊行：滋賀県文化財保護協会　内容：西浜遺跡　森浜遺跡　針江浜遺跡　外ケ浜遺跡　四津川遺跡　大溝湖底遺跡〉Ⓝ210.0254

◇琵琶湖西北部の湖底・湖岸遺跡　第2分冊　写真図版編　滋賀県教育委員会事務局文化財保護課，滋賀県文化財保護協会編　大津　滋賀県教育委員会事務局文化財保護課　2014.3　8, 298p　30cm　（琵琶湖開発事業関連埋蔵文化財発掘調査報告書 11）〈共同刊行：滋賀県文化財保護協会　内容：西浜遺跡　森浜遺跡　針江浜遺跡　外ケ浜遺跡　四津川遺跡　大溝湖底遺跡〉Ⓝ210.0254

滋賀県（遺跡・遺物―長浜市）

◇鴨田遺跡―第28次調査報告書　滋賀県長浜市教育委員会教育総務課文化財保護センター編　長浜　滋賀県長浜市教育委員会教育総務課文化財保護センター　2014.3　22p　図版 7p　30cm　（長浜市埋蔵文化財調査資料 第144集）〈市立長浜病院診療支援棟建設工事に伴う調査〉Ⓝ210.0254

◇高月南遺跡第53次調査報告書　滋賀県長浜市教育委員会文化財保護センター編　長浜　滋賀県長浜市教育委員会文化財保

護センター　2014.3　19p　図版 9p　30cm　（長浜市埋蔵文化財調査資料 第143集）〈宅地建売分譲地造成工事に伴う埋蔵文化財発掘調査〉Ⓝ210.0254

◇物部遺跡―第26次調査報告書　滋賀県長浜市教育委員会教育総務課文化財保護センター編　長浜　滋賀県長浜市教育委員会教育総務課文化財保護センター　2014.3　22p　図版 14p　30cm　（長浜市埋蔵文化財調査資料 第145集）〈ガソリンスタンド・店舗建築工事に伴う埋蔵文化財発掘調査〉Ⓝ210.0254

滋賀県（遺跡・遺物―東近江市）

◇相谷熊原遺跡　1　滋賀県教育委員会事務局文化財保護課，滋賀県文化財保護協会編　大津　滋賀県教育委員会事務局文化財保護課　2014.3　279p　図版［43］枚　30cm　（農地環境整備事業関係遺跡発掘調査報告書 1）〈東近江市永源寺相谷町所在　共同刊行：滋賀県文化財保護協会〉Ⓝ210.0254

◇蛭子田遺跡　1　本文編　滋賀県教育委員会事務局文化財保護課，滋賀県文化財保護協会編　大津　滋賀県教育委員会事務局文化財保護課　2014.3　379p　図版 2p　30cm　〈東近江市木村町所在　蒲生スマートインターチェンジ設置工事（NEXCO事業区域）に伴う発掘調査報告書　共同刊行：滋賀県文化財保護協会〉Ⓝ210.0254

◇蛭子田遺跡　1　写真図版編　滋賀県教育委員会事務局文化財保護課，滋賀県文化財保護協会編　大津　滋賀県教育委員会事務局文化財保護課　2014.3　237p　30cm　〈東近江市木村町所在　蒲生スマートインターチェンジ設置工事（NEXCO事業区域）に伴う発掘調査報告書　共同刊行：滋賀県文化財保護協会〉Ⓝ210.0254

◇蛭子田遺跡　1　実測図版編　滋賀県教育委員会事務局文化財保護課，滋賀県文化財保護協会編　大津　滋賀県教育委員会事務局文化財保護課　2014.3　1冊（ページ付なし）　30cm　〈東近江市木村町所在　蒲生スマートインターチェンジ設置工事（NEXCO事業区域）に伴う発掘調査報告書　共同刊行：滋賀県文化財保護協会〉Ⓝ210.0254

◇蛭子田遺跡　2　滋賀県教育委員会事務局文化財保護課，滋賀県文化財保護協会編　大津　滋賀県教育委員会事務局文化財保護課　2014.3　232p　図版［45］枚　30cm　〈文献あり　東近江市木村町所在　蒲生スマートインターチェンジ設置工事（県事業区域）に伴う発掘調査報告書　共同刊行：滋賀県文化財保護協会〉Ⓝ210.0254

◇上沢遺跡・浄土屋敷遺跡Ⅲ　滋賀県教育委員会事務局文化財保護課，滋賀県文化財保護協会編　大津　滋賀県教育委員会事務局文化財保護課　2014.3　56p　図版 47p　30cm　（ほ場整備関係（経営体育成基盤整備）遺跡発掘調査報告書 41-1）〈東近江市上平木町所在　共同刊行：滋賀県文化財保護協会〉Ⓝ210.0254

◇下和田遺跡　滋賀県教育委員会事務局文化財保護課，滋賀県文化財保護協会編　大津　滋賀県教育委員会事務局文化財保護課　2014.3　37p　図版 36p　30cm　（ほ場整備関係（経営体育成基盤整備）遺跡発掘調査報告書 41-2）〈東近江市上平木町所在　共同刊行：滋賀県文化財保護協会〉Ⓝ210.0254

◇辻岡山瓦窯跡　東近江市教育委員会，東近江市埋蔵文化財センター，滋賀大学考古学ゼミナール編　［東近江］　東近江市教育委員会　2014.3　109p　図版 51p　30cm　（東近江市埋蔵文化財調査報告書 第24集）〈共同刊行：東近江市埋蔵文化財センターほか〉Ⓝ210.0254

◇東近江市埋蔵文化財調査報告書　第22集　東近江市教育委員会，東近江市埋蔵文化財センター編　［東近江］　東近江市教育委員会　2014.3　113p　図版 80p　30cm　〈共同刊行：東近江市埋蔵文化財センター　内容：市内遺跡の調査．平成22-25年度〉Ⓝ210.0254

◇東近江市埋蔵文化財調査報告書　第23集　東近江市教育委員会，東近江市埋蔵文化財センター編　［東近江］　東近江市教育委員会　2014.3　27p　図版 4p　30cm　〈共同刊行：東近江市埋蔵文化財センター　内容：青山城遺跡測量調査報告書　小倉城遺跡測量調査報告書　井元城遺跡測量調査報告書〉Ⓝ210.0254

◇東近江市埋蔵文化財調査報告書　第25集　東近江市教育委員会，東近江市埋蔵文化財センター編　［東近江］　東近江市教育委員会　2014.3　47p　図版 38p　30cm　〈共同刊行：東近江市埋蔵文化財センター　内容：中沢遺跡．23次　中沢遺跡．24次　市子遺跡〉Ⓝ210.0254

滋賀県（遺跡・遺物―彦根市）

◇竹ヶ鼻廃寺遺跡　7　彦根市教育委員会文化財課編　彦根　彦根市教育委員会文化財課　2014.3　30cm　（彦根市埋蔵文化財調査報告書 第54集）〈宅地造成工事に伴う埋蔵文化財発掘調査事業〉Ⓝ210.0254

◇琵琶湖東部の湖底・湖岸遺跡　第1分冊　本文編　滋賀県教育委員会事務局文化財保護課，滋賀県文化財保護協会編　大津　滋賀県教育委員会事務局文化財保護課　2014.3　329p　30cm　（琵琶湖開発事業関連埋蔵文化財発掘調査報告書 14）〈年表

滋賀県（遺跡・遺物—保存・修復）　　　　　　　　　　　　　　　　　　　　　　　日本件名図書目録2014　I

あり　共同刊行：滋賀県文化財保護協会　内容：長命寺湖底遺跡　長命寺遺跡　大房遺跡　牧湖岸遺跡　岡山城遺跡　多景島遺跡〉Ⓝ210.0254

◇琵琶湖東部の湖底・湖岸遺跡　第2分冊　写真図版編　滋賀県教育委員会事務局文化財保護課, 滋賀県文化財保護協会編　大津　滋賀県教育委員会事務局文化財保護課　2014.3　8, 229p　30cm　（琵琶湖開発事業関連埋蔵文化財発掘調査報告書 14）〈共同刊行：滋賀県文化財保護協会　内容：長命寺湖底遺跡　長命寺遺跡　大房遺跡　牧湖岸遺跡　岡山城遺跡　多景島遺跡〉Ⓝ210.0254

◇藤丸遺跡　3　彦根市教育委員会文化財課編　彦根　彦根市教育委員会文化財課　2013.6　16p　図版 5p　30cm　（彦根市埋蔵文化財調査報告書 第53集）〈宅地造成工事に伴う発掘調査〉Ⓝ210.0254

滋賀県（遺跡・遺物—保存・修復）

◇琵琶湖開発事業関連埋蔵文化財保管整理業務事業報告　滋賀県教育委員会事務局文化財保護課編　大津　滋賀県教育委員会事務局文化財保護課　2014.3　30p　30cm　（琵琶湖開発事業関連埋蔵文化財発掘調査報告書 15-1）〈共同刊行：滋賀県文化財保護協会〉Ⓝ709.161

滋賀県（遺跡・遺物—保存・修復—高島市）

◇名勝朽木池の沢庭園保存管理計画書　高島市教育委員会事務局文化財課編　高島　高島市教育委員会事務局文化財課　2014.3　75p　30cm　Ⓝ709.161

滋賀県（遺跡・遺物—米原市）

◇清滝寺遺跡・能仁寺遺跡　2　滋賀県教育委員会事務局文化財保護課, 滋賀県文化財保護協会編　大津　滋賀県教育委員会事務局文化財保護課　2014.3　173p　図版 [28] 枚　30cm　（能仁寺川通常砂防工事に伴う発掘調査報告書 2）〈米原市清滝所在　共同刊行：滋賀県文化財保護協会〉Ⓝ210.0254

滋賀県（遺跡・遺物—野洲市）

◇野洲市内遺跡発掘調査年報　平成25年度　野洲市教育委員会文化財保護課編　野洲　野洲市教育委員会文化財保護課　2014.3　133p　30cm　Ⓝ210.0254

◇野洲市埋蔵文化財調査概要報告書　平成25年度　野洲市教育委員会文化財保護課編　野洲　野洲市教育委員会文化財保護課　2014.3　90p　30cm　Ⓝ210.0254

◇野洲市埋蔵文化財調査概要報告書　平成25年度 2　野洲市教育委員会文化財保護課編　野洲　野洲市教育委員会文化財保護課　2014.3　80p　30cm　Ⓝ210.0254

滋賀県（遺跡・遺物—栗東市）

◇岩畑遺跡発掘調査報告書　平成23年度 1次調査　栗東市教育委員会, 栗東市体育協会文化財調査課編　栗東　栗東市教育委員会　2013.6　10p　30cm　（栗東市文化財調査報告書 第68冊）〈共同刊行：栗東市体育協会文化財調査課〉Ⓝ210.0254

◇岩畑遺跡発掘調査報告書　平成24年度 2次調査　栗東市教育委員会文化体育振興課, 栗東市体育協会文化財調査課編　栗東　栗東市教育委員会文化体育振興課　2013.8　11p　30cm　（栗東市文化財調査報告書 第73冊）〈共同刊行：栗東市体育協会文化財調査課〉Ⓝ210.0254

◇下鈎遺跡発掘調査報告書　平成24年度 2次調査　栗東市教育委員会, 栗東市体育協会文化財調査課編　栗東　栗東市教育委員会　2013.12　16p　30cm　（栗東市文化財調査報告書 第74冊）〈共同刊行：栗東市体育協会文化財調査課〉Ⓝ210.0254

◇下鈎遺跡発掘調査報告書　平成25年度 1次調査　栗東市教育委員会, 栗東市体育協会文化財調査課編　栗東　栗東市教育委員会　2014.2　16p　30cm　（栗東市文化財調査報告書 第76冊）〈共同刊行：栗東市体育協会文化財調査課〉Ⓝ210.0254

◇手原遺跡発掘調査報告書　平成24年度 1次調査　栗東市教育委員会, 栗東市体育協会文化財調査課編　栗東　栗東市教育委員会　2013.3　20p　30cm　（栗東市文化財調査報告書 第69冊）〈共同刊行：栗東市体育協会文化財調査課〉Ⓝ210.0254

滋賀県（屋外広告—条例）

◇屋外広告物関係法令集　大津　滋賀県土木交通部都市計画課　2014.2　102p　30cm　Ⓝ674.8

滋賀県（絵画〔日本〕—画集）

◇近江巡礼—祈りの至宝展—滋賀県立琵琶湖文化館が守り伝える美　滋賀県立琵琶湖文化館, 毎日新聞社編　［大津］　滋賀県立琵琶湖文化館　2013.1　173, 6p　30cm　〈会期・会場：2013年1月2日—2月11日　静岡市美術館ほか　共同刊行：毎日新聞社〉Ⓝ702.17

滋賀県（官庁建築）

◇滋賀県庁舎本館—庁舎の佐藤功一×装飾の國枝博　滋賀県監修, 石田潤一郎, 池野保著　彦根　サンライズ出版　2014.10

111p　22cm　〈文献あり　年表あり〉①978-4-88325-547-4　Ⓝ523.1　[2000円]

滋賀県（企業）

◇県内企業海外展開実態・意向等調査報告書　平成25年度　［大津］　滋賀県商工観光労働部商工政策課　2014.2　93p　30cm　〈調査委託先：帝国データバンク〉Ⓝ338.92

滋賀県（紀行・案内記）

◇琵琶湖一周山辺の道—55万3000歩　岡野忠雄著　彦根　サンライズ出版　2014.6　197p　図版 4p　20cm　〈文献あり〉①978-4-88325-541-2　Ⓝ291.61　[1800円]

滋賀県（技術者）

◇おうみ若者マイスター認定事業実施要綱・実施要領集　大津　滋賀県商工観光労働部労働雇用政策課　2014.6　26p　30cm　Ⓝ601.161

滋賀県（給与—地方公務員）

◇任用給与等条例規則集　平成26年1月　大津　滋賀県人事委員会事務局　2014.2　618p　21cm　Ⓝ318.34

滋賀県（教育）

◇「学校・家庭・地域の連携による教育支援活動促進事業」実践事例集　平成25年度　大津　滋賀県教育委員会事務局生涯学習課　2014.3　193p　30cm　〈平成25年度文部科学省補助事業　表紙のタイトル：滋賀県学校・家庭・地域の連携による教育支援活動促進事業実践事例集〉Ⓝ371.31

滋賀県（教育行政—大津市）

◇教室のいじめとたたかう—大津いじめ事件・女性市長の改革　越直美著　ワニブックス　2014.10　207p　18cm　（ワニブックス｜PLUS｜新書 125）①978-4-8470-6553-8　Ⓝ371.42　[830円]

滋賀県（教員研修）

◇研修・事業案内　平成26年度　野洲　滋賀県総合教育センター　2014.3　129p　30cm　Ⓝ374.35

滋賀県（行政）

◇滋賀県・湖南省の30年湖がつなぐ縁、そして次世代へ—滋賀県・湖南省友好提携30周年記念誌　大津　滋賀県商工観光労働部観光交流局国際室　2014.2　69p　30cm　〈年表あり〉Ⓝ318.261

◇住み心地日本一滋賀プラン—滋賀県基本構想未来戦略プロジェクト実施計画　2014　［大津］　滋賀県　2014.4　73p　30cm　Ⓝ318.261

滋賀県（景観計画—長浜市）

◇菅浦の湖岸集落景観保存活用計画報告書　長浜市文化財保護センター編　［長浜］　滋賀県長浜市教育委員会　2014.3　177, 50p　30cm　Ⓝ518.8

滋賀県（広域行政）

◇滋賀県広域行政のあり方研究会報告書　大津　滋賀県広域行政のあり方研究会事務局　2014.3　130p　30cm　Ⓝ318.18

滋賀県（工業—名簿）

◇Takumiテクノロジー企業—モノづくり基盤技術を保有する企業ガイドブック　大津　滋賀県商工観光労働部モノづくり振興課　2014.10　117p　30cm　Ⓝ503.5

滋賀県（公共施設—草津市）

◇草津市公共施設白書　草津市総務部財産管理課編　草津　草津市　2014.11　143p　30cm　Ⓝ318.261

滋賀県（公的扶助—歴史）

◇滋賀県公的扶助史研究—戦前・戦中社会事業のあゆみ　畠中耕著　本の泉社　2014.3　222p　21cm　〈内容：滋賀県における米騒動と救貧　民力涵養運動と方面委員制度の成立　関東大震災と滋賀県. 1　震災救護関西府県聯合と滋賀県　関東大震災と滋賀県. 2　滋賀県人共済会の同胞援護事業　室戸台風と震災救助　昭和初期における農村社会事業の展開　戦時下における農村隣保施設事業　滋賀県における救護施設の創設　軍事援護事業の展開　海野幸徳の「湖西社会事業」論〉①978-4-7807-1141-7　Ⓝ369.2　[1500円]

滋賀県（湖沼）

◇内湖とその暮らし—入江内湖、松原内湖、大中の湖・小中の湖　滋賀県文化財保護協会編　［大津］　滋賀県文化財保護協会　2014.2　48p　26cm　（シリーズ近江の文化財 7）Ⓝ216.1

滋賀県（個人情報保護）

◇滋賀県の情報公開・個人情報保護—運用状況報告書　平成25年度　大津　滋賀県総合政策部県民活動生活課県民情報室　2014.12　108p　30cm　Ⓝ318.561

滋賀県（雇用）

◇採用にあたって　2013　滋賀労働局職業安定部職業対策課監修　大津　滋賀県商工観光労働部労働雇用政策課　2013.5　120p　30cm　〈年表あり〉Ⓝ336.42

滋賀県（財産評価）
◇評価倍率表—滋賀県・京都府　大阪　納税協会連合会　2014.7　484p　30cm　（財産評価基準書　平成26年分　1/49）〈清文社（発売）〉Ⓝ345.5　［7400円］

滋賀県（産業政策）
◇おうみ若者マイスター認定事業実施要綱・実施要領集　大津　滋賀県商工観光労働部労働雇用政策課　2014.6　26p　30cm　Ⓝ601.161
◇滋賀県の将来の経済産業構造に関する調査業務—報告書　平成25年度　［大津］　滋賀県　2014.2　49p, 116欄　30cm　Ⓝ601.161

滋賀県（自殺予防）
◇自殺に関する県民意識調査報告書　滋賀県立精神保健福祉センター編　草津　滋賀県立精神保健福祉センター　2014.1　152p　30cm　Ⓝ368.3

滋賀県（住宅建築—保存・修備—大津市）
◇失われた近代の知の遺産—山本天文台（第一観測棟・第二観測棟・研究棟）記録保存調査報告書　山岸常人編　東近江　Office萬瑠夢　2013.11　73p　30cm　Ⓝ526.44

滋賀県（宿駅—保存・修備—草津市）
◇史跡草津宿本陣（長屋ほか2棟）保存修理工事報告書　建築研究協会編　草津　草津市教育委員会事務局文化財保護課　2014.3　1冊　30cm　〈奥付の責任表示（誤植）：建築研究協会会〉Ⓝ521.86

滋賀県（商人—日野町—歴史）
◇近江日野商人の経営史—近江から関東へ　上村雅洋著　大阪　清文堂出版　2014.8　353p　22cm　〈索引あり　布装　内容：正野玄三家の事業と奉公人　正野玄三家の奉公人と給金　近代における正野玄三家の雇用形態　明治期における正野玄三家の家계と店則　吉村儀兵衛家と酒造業　吉村儀兵衛家の本店経営　吉村儀兵衛家の出店経営　吉村儀兵衛家の雇用形態　高井作右衛門家の経営　日野商人の特性　結論〉①978-4-7924-1019-3　Ⓝ672.161　［8500円］

滋賀県（商人—歴史）
◇近江商人と三方よし—現代ビジネスに生きる知恵　末永國紀著　柏　モラロジー研究所　2014.12　319p　20cm　〈廣池学園事業部（発売）文献あり　索引あり〉①978-4-89639-242-5　Ⓝ672.161　［2000円］

滋賀県（情報公開制度）
◇滋賀県の情報公開・個人情報保護—運用状況報告書　平成25年度　大津　滋賀県総合政策部県民活動生活課県民情報室　2014.12　108p　30cm　Ⓝ318.561

滋賀県（植物—長浜市—図集）
◇小谷城跡の植物・野鳥—日本五大山城戦国の名城小谷城：小谷城址保勝会設立90周年記念誌　長浜　小谷城址保勝会　2014.4　142p　21cm　〈年表あり〉Ⓝ462.161

滋賀県（書目）
◇滋賀県EL新聞記事情報リスト　2013-1　エレクトロニック・ライブラリー編　エレクトロニック・ライブラリー　2014.2　696p　31cm　〈制作：日外アソシエーツ〉Ⓝ025.8161
◇滋賀県EL新聞記事情報リスト　2013-2　エレクトロニック・ライブラリー編　エレクトロニック・ライブラリー　2014.2　p697-1306　31cm　〈制作：日外アソシエーツ〉Ⓝ025.8161
◇滋賀県EL新聞記事情報リスト　2013-3　エレクトロニック・ライブラリー編　エレクトロニック・ライブラリー　2014.2　p1307-1905　31cm　〈制作：日外アソシエーツ〉Ⓝ025.8161

滋賀県（城跡—保存・修備—長浜市）
◇史跡小谷城跡保存管理計画書　長浜市文化財保護センター編　長浜　長浜市文化財保護センター　2014.3　125p　30cm　〈年表あり　共同刊行：滋賀県長浜市教育会〉Ⓝ709.161

滋賀県（神社—長浜市）
◇湯次神社と地域村社の歴史　三田村法勝著　彦根　サンライズ出版（印刷）　2014.9　87p　21cm　Ⓝ175.961

滋賀県（神道美術—図集）
◇近江巡礼—祈りの至宝展：滋賀県立琵琶湖文化館が守り伝える美　滋賀県立琵琶湖文化館, 毎日新聞社編　［大津］　滋賀県立琵琶湖文化館　2013.1　173, 6p　30cm　〈会期・会場：2013年1月2日～2月11日　静岡市美術館ほか　共同刊行：毎日新聞社〉Ⓝ702.17

滋賀県（森林計画）
◇湖南地域森林計画変更計画書—湖南森林計画区：平成24年12月樹立平成25年12月変更　大津　滋賀県琵琶湖環境部森林政策課　2014.1　83p　30cm　〈計画期間：平成25年4月1日～平成35年3月31日〉Ⓝ651.1

◇湖北地域森林計画変更計画書—湖北森林計画区：平成21年12月樹立平成25年12月変更　大津　滋賀県琵琶湖環境部森林政策課　2014.1　85p　30cm　〈計画期間：平成22年4月1日～平成32年3月31日〉Ⓝ651.1

滋賀県（水害—高島市）
◇高島市豪雨災害の記録—台風18号襲来（平成25年9月15日16日）　高島　高島市政策部総合防災局　2014.10　74p　30cm　Ⓝ369.33

滋賀県（水底遺跡）
◇湖底遺跡が語る湖国二万年の歴史　滋賀県文化財保護協会編　［大津］　滋賀県文化財保護協会　2014.7　48p　30cm　（シリーズ近江の文化財　8）Ⓝ216.1
◇琵琶湖開発事業関連埋蔵文化財保管整理事業報告　滋賀県教育委員会事務局文化財保護課, 滋賀県文化財保護協会編　大津　滋賀県教育委員会事務局文化財保護課　2014.3　30p　30cm　（琵琶湖開発事業関連埋蔵文化財発掘調査報告書 15-1）〈共同刊行：滋賀県文化財保護協会〉Ⓝ709.161
◇琵琶湖の湖底遺跡　調査成果概要・基礎データ編　滋賀県教育委員会事務局文化財保護課, 滋賀県文化財保護協会編　大津　滋賀県教育委員会事務局文化財保護課　2014.3　184p　30cm　（琵琶湖開発事業関連埋蔵文化財発掘調査報告書 15-3）〈共同刊行：滋賀県文化財保護協会〉Ⓝ216.1
◇琵琶湖の湖底遺跡　調査成果総括編　滋賀県教育委員会事務局文化財保護課, 滋賀県文化財保護協会編　大津　滋賀県教育委員会事務局文化財保護課　2014.3　63p　30cm　（琵琶湖開発事業関連埋蔵文化財発掘調査報告書 15-2）〈共同刊行：滋賀県文化財保護協会〉Ⓝ216.1

滋賀県（水路—保存・修備—近江八幡市）
◇琵琶湖と人の暮らしをつなぐ八幡堀—写真にみる自然・治水・経済・再生・保全の歩み　八幡堀の歴史を残す編集委員会監修　近江八幡　ハートランド推進財団　2014.3　80p　21×30cm　〈年表あり〉Ⓝ517.2161

滋賀県（生活）
◇湖東ライフ読本—彦根市・愛荘町・豊郷町・甲良町・多賀町　［彦根］　湖東地域定住支援ネットワーク　2014.3　49p　26cm　〈滋賀移住ライフスタイル情報発信事業（湖東地域）〉Ⓝ365.02161

滋賀県（生物多様性）
◇地域生物多様性保全計画（滋賀県生物多様性地域戦略）策定事業委託業務報告書　平成25年度　［大津］　滋賀県琵琶湖環境部自然環境保全課　2014.3　104p　30cm　〈環境省委託業務〉Ⓝ462.161

滋賀県（選挙—近江八幡市—統計）
◇近江八幡市選挙の概要　平成25年度版　近江八幡市選挙管理委員会編　［近江八幡］　近江八幡市選挙管理委員会　2014.4　47p　30cm　〈折り込 1枚〉Ⓝ314.8

滋賀県（選挙—統計）
◇選挙の記録　［大津］　滋賀県選挙管理委員会　［2014］　234p　図版［12］枚　30cm　〈第46回衆議院議員総選挙・第22回最高裁判所裁判官国民審査　平成24年12月16日執行〉Ⓝ314.8
◇選挙の記録　［大津］　滋賀県選挙管理委員会　［2014］　242p　30cm　〈第23回参議院議員通常選挙　平成25年7月21日執行〉Ⓝ314.8

滋賀県（前方後円墳）
◇古墳時代前期の王墓—雪野山古墳から見えてくるもの　竜王町教育委員会編集　竜王町（滋賀）　竜王町教育委員会　2014.2　262p　19cm　〈サンライズ出版（制作・発売）　内容：近江の古墳時代史と雪野山古墳（福永伸哉著）　雪野山古墳の鏡から見た古墳時代史（岸本直文著）　雪野山古墳と石製品（北條芳隆著）　靫〈矢入れ具〉から見た雪野山古墳（杉井健著）　副葬された武器からみた雪野山古墳（松木武彦著）　農工漁具から見た雪野山古墳（清野孝之著）　琵琶湖地域の中の雪野山古墳（細川修平著）　古墳時代前期甲冑の技術と系譜（橋本達也著）　雪野山古墳で見つかった中世の城跡について（中井均著）〉①978-4-88325-527-6　Ⓝ216.1　［1800円］

滋賀県（騒音（鉄道）—彦根市）
◇新幹線鉄道騒音および社会反応調査委託業務結果報告書　平成25年度　［彦根］　彦根市　2014.3　1冊　31cm　〈ルーズリーフ〉Ⓝ519.6

滋賀県（男女共同参画）
◇滋賀県男女共同参画に関する意識調査報告書　平成25年度　［大津］　滋賀県　2014.2　149p　30cm　Ⓝ367.2161
◇滋賀の男女共同参画—統計で見る男女共同参画の状況：平成24年度新パートナーしップラン進捗状況　大津　滋賀県総合政策部男女共同参画課　2013.12　106p　30cm　Ⓝ367.2161

し

滋賀県（地域開発）
◇湖東ライフ読本―彦根市・愛荘町・豊郷町・甲良町・多賀町 ［彦根］ 湖東地域定住支援ネットワーク 2014.3 49p 26cm〈滋賀移住ライフスタイル情報発信事業（湖東地域）〉 Ⓝ365.02161

滋賀県（地域開発―近江八幡市）
◇日本における水辺のまちづくり 2 神頭広好，麻生憲一，角本伸晃，駒木伸比古，張慧娟，藤井孝宗著 名古屋 愛知大学経営総合科学研究所 2014.3 85p 26cm （愛知大学経営総合科学研究所叢書 43）〈文献あり 「2」のタイトル関連情報：近江八幡市および松江市を対象にして〉 Ⓘ978-4-906971-02-2 Ⓝ601.1 ［非売品］

滋賀県（地誌）
◇滋賀「地理・地名・地図」の謎―意外と知らない滋賀県の歴史を読み解く！ 木村至宏監修，造事務所編著 実業之日本社 2014.11 190p 18cm （じっぴコンパクト新書 217）〈文献あり〉 Ⓘ978-4-408-11092-9 Ⓝ291.61 ［800円］

滋賀県（地誌―米原市）
◇落人と木地師伝説の地甲津原のまちおこし―天窓の地：歴史の検証からさぐる地域の活性化：国の重要文化的景観選定地域の里 法雲俊邑著 半田 一粒書房 2014.4 189p 21cm〈文献あり 年表あり〉 Ⓘ978-4-86431-313-1 Ⓝ291.61 ［2800円］

滋賀県（地方公務員―条例）
◇任用給与等条例規則集 平成26年1月 大津 滋賀県人事委員会事務局 2014.2 618p 21cm Ⓝ318.34

滋賀県（地方選挙）
◇近江八幡市選挙の概要 平成25年度版 近江八幡市選挙管理委員会編 ［近江八幡］ 近江八幡市選挙管理委員会 2014.4 47p 30cm〈折り込 1枚〉 Ⓝ314.8

滋賀県（地方選挙―近江八幡市）
◇近江八幡市選挙の概要 平成25年度版 近江八幡市選挙管理委員会編 ［近江八幡］ 近江八幡市選挙管理委員会 2014.4 47p 30cm〈折り込 1枚〉 Ⓝ314.8

滋賀県（伝説）
◇滋賀の伝説と民話 渡邊守順著 東近江 近江文化会 2014.3 128p 21cm Ⓝ388.161 ［非売品］

滋賀県（道標―甲賀市）
◇甲賀の道標 甲賀市教育委員会編 甲賀 甲賀市教育委員会 2014.3 43p 30cm （甲賀市史編纂叢書 第10集） Ⓝ682.161

滋賀県（特別支援教育―湖南市）
◇発達支援をつなぐ地域の仕組み―糸賀一雄の遺志を継ぐ滋賀県湖南市の実践 竹田契一監修，湖南市糸賀一雄生誕100年記念事業実行委員会編 京都 ミネルヴァ書房 2014.2 255p 26cm Ⓘ978-4-623-06999-6 Ⓝ378.02161 ［2800円］

滋賀県（都城）
◇近江三都物語―大津宮・紫香楽宮・保良宮：平成26年冬季特別展 滋賀県立安土城考古博物館編 近江八幡 滋賀県立安土城考古博物館 2014.2 112p 30cm〈年表あり 文献あり 会期：平成26年2月8日―4月6日〉 Ⓝ216.1

滋賀県（図書館）
◇図書館からの贈り物 梅澤幸平著 日外アソシエーツ 2014.12 196p 19cm （図書館サポートフォーラムシリーズ）〈紀伊國屋書店（発売） 索引あり〉 Ⓘ978-4-8169-2511-5 Ⓝ016.2161 ［2300円］

滋賀県（土地価格）
◇滋賀県地価マップ 平成26年 滋賀県総合政策部県民活動生活課土地対策担当監修 大津 滋賀県不動産鑑定士協会 2014.9 128p 30cm Ⓝ334.6 ［8640円］

滋賀県（鳥―長浜市―図集）
◇小谷城跡の植物・野鳥―日本五大山城戦国の名城小谷城：小谷城址保勝会設立90周年記念誌 長浜 小谷城址保勝会 2014.4 142p 21cm〈年表あり〉 Ⓝ462.161

滋賀県（長屋門―保存・修復―彦根市）
◇彦根市指定文化財旧池田屋敷長屋門保存修理工事報告書 彦根市教育委員会文化財部文化財課編 彦根 彦根市教育委員会文化財部文化財課 2013.3 144p 30cm〈年表あり〉 Ⓝ521.86

滋賀県（農業金融―条例）
◇滋賀県農業制度資金規程集―特定農業団体等向け農業近代化資金：農業経営改善促進（新スーパーS）資金 大津 滋賀県農政水産部農政課 2014.10 253p 30cm Ⓝ611.5

滋賀県（農業政策）
◇滋賀の農業農村整備・農村振興 2014 大津 滋賀県農政水産部耕地課・農村振興課 2014.3 59p 30cm〈年表あり〉 Ⓝ611.1

滋賀県（農業普及事業）
◇だから好きですがんばる甲賀の農業 2013 甲賀 滋賀県甲賀農業農村振興事務所農産普及課 2014.3 40p 30cm （普及活動実績集 平成25年度） Ⓝ611.15161
◇普及活動実績集 平成25年度 東近江 滋賀県東近江農業農村振興事務所農産普及課東部産地づくり・技術支援担当 2014.3 66p 30cm〈共同刊行：滋賀県東近江農業農村振興事務所農産普及課西部産地づくり・技術支援担当〉 Ⓝ611.15161

滋賀県（花）
◇伊吹山花散歩 青木繁監修，橋本猛写真・文 彦根 サンライズ出版 2014.3 225p 20×21cm〈文献あり 索引あり〉 Ⓘ978-4-88325-530-6 Ⓝ477.02161 ［2400円］

滋賀県（仏教美術―図集）
◇近江巡礼―祈りの至宝展：滋賀県立琵琶湖文化館が守り伝える美 滋賀県立琵琶湖文化館，毎日新聞社編 ［大津］ 滋賀県立琵琶湖文化館 2013.1 173, 6p 30cm〈会期・会場：2013年1月2日―2月11日 静岡市美術館ほか 共同刊行：毎日新聞社〉 Ⓝ702.17

滋賀県（仏像）
◇近江の古像 高梨純次著 京都 思文閣出版 2014.8 399, 17p 22cm〈索引あり 内容：湖南市・善水寺金銅誕生釈迦仏立像について 長浜市木之本町・鶏足寺木心乾漆造十二神将立像の制作年代について 長浜市高月町・日吉神社木造千手観音立像をめぐって 己高山寺の草創 長浜市木之本町・鶏足寺木造十一面観音立像について 円仁帰国後の延暦寺の造像について 東近江市〈旧蒲生町〉・梵釈寺宝冠阿弥陀如来像の制作時期 長浜市木之本町・金居原薬師堂の木造伝薬師如来立像について 石山寺木造阿弥陀如来坐像について 長浜市木之本町・石道寺の造像 甲賀市甲南町・正福寺の金剛力士像とその周辺 甲賀市・永昌寺木造地蔵菩薩立像について 栗東市・金勝寺木造僧形神坐像について 米原市・惣持寺の木造天部形立像について〉 Ⓘ978-4-7842-1761-8 Ⓝ718.02161 ［9000円］

滋賀県（仏像―長浜市）
◇びわ湖・長浜のホトケたち―「観音の里の祈りとくらし展―びわ湖・長浜のホトケたち―」図録 長浜市長浜城歴史博物館編 長浜 長浜市 2014.3 134p 21cm〈会期・会場：平成26年3月21日―4月13日 東京藝術大学大学美術館 企画：長浜市ほか〉 Ⓝ718.02161
◇びわ湖・長浜のホトケたち―「観音の里の祈りとくらし展―びわ湖・長浜のホトケたち―」図録 長浜市長浜城歴史博物館編集 長浜 長浜市 2014.3 134p 21cm〈サンライズ出版（発売） 文献あり 会期・会場：2014年3月21日―4月13日 東京藝術大学大学美術館 主催：東京藝術大学・長浜市〉 Ⓘ978-4-88325-533-7 Ⓝ718.02161 ［1500円］

滋賀県（文学碑）
◇京都・湖南の芭蕉 さとう野火著 京都 京都新聞出版センター 2014.6 199p 21cm〈文献あり 年譜あり 撮影：北山冨士夫ほか〉 Ⓘ978-4-7638-0677-2 Ⓝ911.32 ［1600円］

滋賀県（文化財―草津市）
◇草津市文化財年報 22 草津 草津市教育委員会文化財保護課 2014.1 27p 30cm （草津市文化財調査報告書 99） Ⓝ709.161

滋賀県（母子保健）
◇滋賀の母子保健 ［大津］ 滋賀県健康医療福祉部健康医療課 2014.5 97p 30cm Ⓝ498.7
◇滋賀の母子保健 ［大津］ 滋賀県健康福祉部健康長寿課 2013.4 98p 30cm Ⓝ498.7

滋賀県（町屋―保存・修復―東近江市）
◇五個荘金堂まちなみ保存事業の歩み 2 東近江市教育委員会（文化財課）編 東近江 東近江市教育委員会 2014.3 92p 30cm〈年表あり 芸術文化振興基金助成事業 奥付のタイトル：五個荘金堂まちなみ保存事業のあゆみ〉 Ⓝ521.86

滋賀県（水ビジネス）
◇滋賀の水環境ビジネス―琵琶湖で育んだ企業の知恵と技術 2014 大津 滋賀県商工観光労働部商工政策課 2014.2 55p 30cm〈受託先：ダン計画研究所〉 Ⓝ517

滋賀県（昔話）
◇滋賀の伝説と民話 渡邊守順著 東近江 近江文化会 2014.3 128p 21cm Ⓝ388.161 ［非売品］

滋賀県（名簿）
◇滋賀県人物・人材情報リスト 2015 日外アソシエーツ株式会社編 日外アソシエーツ（制作） 2014.11 612, 28p 30cm Ⓝ281.61

滋賀県（歴史）

◇あなたの知らない滋賀県の歴史　山本博文監修　洋泉社　2014.8　189p　18cm　（歴史新書）〈文献あり　年表あり〉 ①978-4-8003-0462-9　Ⓝ216.1　［930円］

◇本土決戦と滋賀―空襲・予科練・比叡山「桜花」基地　水谷孝信著　彦根　サンライズ出版　2014.8　235p　19cm　（別冊淡海文庫 22）〈文献あり〉①978-4-88325-178-0　Ⓝ216.1　［1800円］

滋賀県（歴史―近江八幡市）

◇近江八幡の歴史　第6巻　通史　1（歴史のあけぼのから安土城まで）近江八幡市史編集委員会編　近江八幡　近江八幡市　2014.3　371p　30cm〈文献あり〉Ⓝ216.1

滋賀県（歴史―甲賀市）

◇甲賀市史　第3巻　道・町・村の江戸時代　甲賀市史編さん委員会編　甲賀　甲賀市　2014.2　587, 34p　27cm〈年表あり　文献あり〉Ⓝ216.1

滋賀県（歴史―史料―書目―東近江市）

◇下里町・西菩提寺町・南菩提寺町・横溝町・中岸本町・下岸本町・北清水町共有文書目録　東近江市教育委員会市史編纂室編　東近江　東近江市教育委員会市史編纂室　2014.10　177p　30cm　（東近江市湖東地区古文書調査報告書 4）Ⓝ216.1

滋賀県（歴史―高島市）

◇椋川―資料が語る山里の暮らし：区誌　続　澤田純三著　彦根　サンライズ出版（印刷）2014.9　71p　26cm〈年表あり〉Ⓝ216.1

滋賀県（歴史―長浜市）

◇菅浦文書が語る民衆の歴史―日本中世の村落社会　長浜市長浜城歴史博物館編　長浜　長浜市長浜城歴史博物館　2014.11　146p　19×26cm〈サンライズ出版（発売）文献あり　年表あり　会期・会場：2014年11月1日～11月30日　長浜市長浜城歴史博物館　主催：長浜市長浜城歴史博物館・長浜市西浅井町菅浦自治会〉①978-4-88325-551-1　Ⓝ216.1　［1500円］

滋賀県（歴史―東近江市）

◇東近江市史能登川の歴史　第3巻　近代・現代編　東近江市史能登川の歴史編集委員会編　東近江　滋賀県東近江市　2014.7　611, 96p　27cm〈文献あり〉Ⓝ216.1

滋賀県（歴史―彦根市）

◇マンガ彦根の歴史―日本語版　小島瑛由マンガ作画, 京都精華大学事業推進室編　彦根　彦根市教育委員会文化財部文化財課　2013.12　69p　21cm　Ⓝ216.1

滋賀県（労働組合―歴史）

◇近江絹糸「人権争議」の真実　朝倉克己著　彦根　サンライズ出版　2014.8　181p　19cm　①978-4-88325-544-3　Ⓝ366.66　［1600円］

滋賀県（労働争議―歴史）

◇近江絹糸「人権争議」の真実　朝倉克己著　彦根　サンライズ出版　2014.8　181p　19cm　①978-4-88325-544-3　Ⓝ366.66　［1600円］

滋賀県（路線価）

◇路線価図―滋賀県 (1)　大阪　納税協会連合会　2014.7　1冊　30cm　（財産評価基準書　平成26年分 5/49）（清文社（発売）内容：大津（大津市））Ⓝ345.5　［7200円］

◇路線価図―滋賀県 (2)　大阪　納税協会連合会　2014.7　1冊　30cm　（財産評価基準書　平成26年分 6/49）（清文社（発売）内容：彦根　長浜（長浜市/米原市）　近江八幡（近江八幡市/東近江市・蒲生郡日野町））Ⓝ345.5　［8200円］

◇路線価図―滋賀県 (3)　大阪　納税協会連合会　2014.7　1冊　30cm　（財産評価基準書　平成26年分 7/49）（清文社（発売）内容：草津（草津市/守山市/栗東市・野洲市）　水口（甲賀市/湖南市）　今津（高島市））Ⓝ345.5　［11200円］

滋賀県庁舎本館

◇滋賀県庁舎本館―庁舎の佐藤功一×装飾の國枝博　滋賀県監修, 石田潤一郎, 池野保著　彦根　サンライズ出版　2014.10　111p　22cm〈文献あり　年表あり〉①978-4-88325-547-4　Ⓝ523.1　［2000円］

滋賀県立石山高等学校

◇50年目の変革高きを仰げ―滋賀県立石山高等学校創立50周年記念誌　滋賀県立石山高等学校50周年記念誌委員会編　大津　滋賀県立石山高等学校　2014.2　224p　30cm〈年表あり　表紙のタイトル：創立50周年記念誌〉Ⓝ376.48

シカゴ（社会）

◇シカゴ物語　横野博史［著］　［出版地不明］　横野博史　2013.12　102p　26cm〈年表あり〉Ⓝ302.5343

紫香楽宮

◇聖武天皇と紫香楽宮　栄原永遠男著　敬文舎　2014.3　319p　20cm　（日本歴史私の最新講義 09）〈文献あり　年表あり　索引あり〉①978-4-906822-09-6　Ⓝ210.35　［2400円］

志木市（遺跡・遺物）

◇志木市遺跡群 20　志木　埼玉県志木市教育委員会　2013.3　72p　図版18p　30cm　（志木市の文化財 第51集）〈内容：田子山遺跡. 第107地点　新邸遺跡. 第10地点　西原大塚遺跡. 第159地点〉Ⓝ210.0254

◇志木市遺跡群 21　志木　埼玉県志木市教育委員会　2014.3　132p　図版26p　30cm　（志木市の文化財 第58集）〈内容：城山遺跡. 第62(1)-(11)地点　西原大塚遺跡. 第165地点　西原大塚遺跡. 第166地点　西原大塚遺跡. 第171地点〉Ⓝ210.0254

◇城山遺跡第64地点埋蔵文化財発掘調査報告書　志木　埼玉県志木市教育委員会　2013.3　78p　図版22p　30cm　（志木市の文化財 第53集）Ⓝ210.0254

◇城山遺跡第71地点埋蔵文化財発掘調査報告書　志木　埼玉県志木市教育委員会　2013.3　208p　図版40p　30cm　（志木市の文化財 第54集）Ⓝ210.0254

◇城山遺跡第76地点埋蔵文化財発掘調査報告書　志木　埼玉県志木市教育委員会　2013.3　56p　図版10p　30cm　（志木市の文化財 第52集）Ⓝ210.0254

◇中野遺跡第78地点埋蔵文化財発掘調査報告書　志木　埼玉県志木市教育委員会　2014.3　38p　図版6p　30cm　（志木市の文化財 第57集）Ⓝ210.0254

◇西原大塚遺跡第174(1)地点埋蔵文化財発掘調査報告書　志木　埼玉県志木市教育委員会　2013.3　221p　30cm　（志木市の文化財 第55集）Ⓝ210.0254

◇西原大塚遺跡第179地点埋蔵文化財発掘調査報告書　志木　埼玉県志木市教育委員会　2014.3　90p　図版18p　30cm　（志木市の文化財 第56集）Ⓝ210.0254

◇埋蔵文化財調査報告書 5　志木　埼玉県志木市教育委員会　2014.3　67p　図版18p　30cm　（志木市の文化財 第59集）〈埼玉県志木市所在　内容：城山遺跡. 第26地点〉Ⓝ210.0254

式子内親王〔　～1201〕

◇異端の皇女と女房歌人―式子内親王たちの新古今集　田渕句美子著　KADOKAWA　2014.2　254p　19cm　（角川選書 536）〈文献あり〉①978-4-04-703536-2　Ⓝ911.142　［1800円］

◇式子内親王全歌新釈　小田剛釈　新典社　2013.12　381p　21cm〈索引あり〉①978-4-7879-0635-9　Ⓝ911.132　［3700円］

敷島製パン株式会社

◇ゆめのちから―食の未来を変えるパン　盛田淳夫著　ダイヤモンド・ビジネス企画　2014.12　254p　20cm〈ダイヤモンド社（発売）〉①978-4-478-08356-7　Ⓝ588.32　［1500円］

重光 葵〔1887～1957〕

◇重光葵と戦後政治　武田知己著　オンデマンド版　吉川弘文館　2013.10　347,6p　22cm〈文献あり　年譜あり　索引あり　印刷・製本：デジタルパブリッシングサービス〉①978-4-642-04260-4　Ⓝ319.1　［12500円］

慈眼寺〔笛吹市〕

◇重要文化財慈眼寺本堂・鐘楼保存修理工事報告書　文化財建造物保存技術協会編著　笛吹　慈眼寺　2014.1　1冊　30cm　Ⓝ521.818

始皇帝〔259～210B.C.〕

◇あらすじとイラストでわかる秦の始皇帝　平勢隆郎監修　宝島社　2014.1　223p　16cm　（宝島SUGOI文庫 Dひ-2-1）〈文献あり　年表あり　2013年刊の改訂〉①978-4-8002-2228-2　Ⓝ222.041　［620円］

四国タオル工業組合

◇今治タオル奇跡の復活―起死回生のブランド戦略　佐藤可士和, 四国タオル工業組合著　朝日新聞出版　2014.11　223p　19cm　①978-4-02-331339-2　Ⓝ586.27　［1500円］

四国地方（鬼瓦）

◇鬼瓦お遍路―四国霊場八十八か所写真紀行　富山弘毅著　幻冬舎ルネッサンス　2014.6　177p　図版20p　23cm〈文献あり〉①978-4-7790-1104-7　Ⓝ185.5　［1800円］

四国地方（会社―名簿）

◇東商信用録―四国版　平成26年版　高松　東京商工リサーチ高松支社　2014.7　145, 1182p　31cm　①978-4-88754-932-6　Ⓝ335.035　［70000円］

四国地方（神楽）

◇中国・四国地方の神楽探訪　三村泰臣著　広島　南々社　2013.12　331p　21cm〈文献あり　「広島の神楽探訪」(2004

四国地方（家庭用電気製品―リサイクル）　　　　　　　　　日本件名図書目録2014　Ｉ

年刊）の改題、加筆修正〉Ⓘ978-4-86489-014-4　Ⓝ386.817
［2400円］

四国地方（家庭用電気製品―リサイクル）
◇小型電子機器等リサイクルシステム構築実証事業（第一次）運
営業務（中国四国地方）報告書　平成25年度　［岡山］環境省
中国四国地方環境事務所　2014.3　132p　30cm〈請負者：中
電技術コンサルタント臨海・都市部循環システムグループ〉
Ⓝ545.88
◇小型電子機器等リサイクルシステム構築実証事業（平成24年度
第二次）運営業務（中国四国地方）報告書　平成25年度　［岡
山］環境省中国四国地方環境事務所　2014.3　1冊　30cm
（環境省請負業務報告書　平成25年度）〈請負者：三菱UFJリ
サーチ＆コンサルティング環境・エネルギー部〉Ⓝ545.88

四国地方（企業―名簿）
◇主要企業要覧　四国版　2013年新年特集号　高松　帝国データ
バンク高松支店　2013.1　199p　30cm（帝国ニュース　四国
版）Ⓝ335.035　［10000円］
◇主要企業要覧　四国版　2014年新年特集号　高松　帝国データ
バンク高松支店　2014.1　211p　30cm（帝国ニュース　四国
版）Ⓝ335.035　［10000円］

四国地方（紀行・案内記）
◇これならできる『つまみ食い遍路』―礼礼は大人の歴史散歩
岩田憲道著　弘報印刷出版センター　2014.1　436p　27cm
Ⓘ978-4-907510-02-2　Ⓝ291.8　［1500円］
◇四国遍路考　雨宮湘介著　のべる出版企画　2014.7　195p
20cm〈コスモヒルズ（発売）〉Ⓘ978-4-87703-979-0　Ⓝ291.8
［1200円］
◇だいたい四国八十八ケ所　宮田珠己著　集英社　2014.1
349p　16cm（集英社文庫　み45-2）〈本の雑誌社　2011年刊
の再刊〉Ⓘ978-4-08-745153-5　Ⓝ291.8　［700円］
◇八十八か所歩き―変えられるか自分の生き方歩む道　黒岩晶
著　文芸社　2014.10　197p　19cm　Ⓘ978-4-286-15499-2
Ⓝ291.8　［1300円］
◇山折哲雄の新・四国遍路　山折哲雄著、黒田仁朗同行人
PHP研究所　2014.7　205p　18cm（PHP新書　936）Ⓘ978-
4-569-81963-1　Ⓝ291.8　［800円］

四国地方（軍事基地―歴史）
◇地域のなかの軍隊　5　西の軍隊と軍港都市―中国・四国　坂
根嘉弘編　吉川弘文館　2014.11　213,6p　20cm〈内容：広
島の都市形成と第五師団（布川弘著）第一一師団と善通寺（山
本裕著）鳥取・松江の連隊誘致と陸軍記念日（能川泰治著）
軍港都市〈呉〉から平和産業港湾都市〈呉〉へ（上杉和央著）
陸海軍と中国・四国・瀬戸内の経済成長（坂根嘉弘著）軍馬
補充部大山支部と周辺農村・農民（大瀧真俊著）高知県にお
ける戦没者慰霊（小幡尚著）〉Ⓘ978-4-642-06477-4　Ⓝ392.1
［2800円］

四国地方（国勢調査）
◇国勢調査報告　平成22年　第5巻　抽出詳細集計結果　その2（都
道府県・市区町村編）10（四国）総務省統計局編　総務省統計
局　2014.2　1冊　27cm〈英語併記〉Ⓝ358.1
◇国勢調査報告　平成22年　第6巻　その3　従業地・通学地によ
る抽出詳細集計結果　5（全国, 中国・四国）総務省統計局編
総務省統計局　2014.1　1冊　27cm〈英語併記〉Ⓝ358.1
◇国勢調査報告　平成22年　第5巻　抽出詳細集計結果　その2（都
道府県・市区町村編）10（四国）総務省統計局編　日本統計協
会　2014.3　1冊　27cm〈英語併記〉Ⓘ978-4-8223-3764-3
Ⓝ358.1　［6200円］
◇国勢調査報告　平成22年　第6巻　その3　従業地・通学地によ
る抽出詳細集計結果　5（全国, 中国・四国）総務省統計局編, 統
計センター編　統計センター　2014.3　1冊　27cm〈英語併
記〉Ⓘ978-4-86464-174-6　Ⓝ358.1　［8900円］

四国地方（寺院）
◇鬼瓦お遍路―四国霊場八十八か所写真紀行　富山弘毅著　幻
冬舎ルネッサンス　2014.6　177p　図版20p　23cm〈文献あ
り〉Ⓘ978-4-7790-1104-7　Ⓝ185.5　［1800円］
◇四国八十八カ所つなぎ遍路　家田荘子著　ベストセラーズ
2014.1　454p　19cm〈文献あり　2009年刊の加筆・修正〉
Ⓘ978-4-584-13544-0　Ⓝ186.918　［1600円］

四国地方（ジャズ喫茶）
◇四国ジャズロード　田代俊一郎著　福岡　書肆侃侃房　2014.
10　174p　21cm　Ⓘ978-4-86385-160-3　Ⓝ673.98　［1800
円］

四国地方（巡礼〔仏教〕）
◇祈りの道へ―四国遍路と土佐のほとけ　［多摩］多摩美術大
学美術館　2014.11　262p　30cm〈年表あり　文献あり　会

期・会場：2014年11月22日―2015年1月18日　多摩美術大学美
術館　四国霊場開創1200年記念　編集：青木淳ほか〉Ⓝ718.
02184
◇これならできる『つまみ食い遍路』―礼礼は大人の歴史散歩
岩田憲道著　弘報印刷出版センター　2014.1　436p　27cm
Ⓘ978-4-907510-02-2　Ⓝ291.8　［1500円］
◇四国八十八か所つなぎ遍路　家田荘子著　ベストセラーズ
2014.1　454p　19cm〈文献あり　2009年刊の加筆・修正〉
Ⓘ978-4-584-13544-0　Ⓝ186.918　［1600円］
◇四国遍路考　雨宮湘介著　のべる出版企画　2014.7　195p
20cm〈コスモヒルズ（発売）〉Ⓘ978-4-87703-979-0　Ⓝ291.8
［1200円］
◇四国遍路と山岳信仰　四国地域史研究連絡協議会編　岩田書
院　2014.1　131p　21cm（岩田書院ブックレット　歴史考古
学系 H-16）〈文献あり　内容：山林寺院中寺廃寺跡と弘法大
師空海の時代【香川】（加納裕之著）考古学的視点でみた阿波
の四国霊場【徳島】（早渕隆人著）土佐の山岳信仰と四国霊場
【高知】（岡本桂典著）女人不浄戒と山岳信仰・四国遍路【愛
媛】（森正康著）山岳信仰と四国遍路（胡光著）石鎚信仰と
四国遍路（西海賢二著）古代ギリシアの宗教と王権（山川廣
司著）〉Ⓘ978-4-87294-844-8　Ⓝ186.918　［1600円］
◇四国遍路道弘法大師伝説を巡る　白木利幸著, 溝縁ひろし写
真　京都　淡交社　2014.5　191p　21cm〈索引あり〉Ⓘ978-
4-473-03946-0　Ⓝ186.918　［1600円］
◇だいたい四国八十八か所　宮田珠己著　集英社　2014.1
349p　16cm（集英社文庫　み45-2）〈本の雑誌社　2011年刊
の再刊〉Ⓘ978-4-08-745153-5　Ⓝ291.8　［700円］
◇八十八か所歩き―変えられるか自分の生き方歩む道　黒岩晶
著　文芸社　2014.10　197p　19cm　Ⓘ978-4-286-15499-2
Ⓝ291.8　［1300円］
◇山折哲雄の新・四国遍路　山折哲雄著, 黒田仁朗同行人
PHP研究所　2014.7　205p　18cm（PHP新書　936）Ⓘ978-
4-569-81963-1　Ⓝ291.8　［800円］

四国地方（巡礼〔仏教〕―歴史）
◇江戸初期の四国遍路―澄禅『四国辺路日記』の道再現　柴谷宗
叔著　京都　法藏館　2014.4　345p　27cm〈文献あり〉
Ⓘ978-4-8318-5694-4　Ⓝ186.918　［8500円］
◇四国遍路―八八ケ所巡礼の歴史と文化　森正人著　中央公論
新社　2014.12　204p　18cm（中公新書　2298）〈文献あり〉
Ⓘ978-4-12-102298-1　Ⓝ186.918　［760円］
◇四国遍路ぐるり今昔―平成25年度企画展図録　愛媛県歴史文
化博物館編　西予　愛媛県歴史文化博物館指定管理者イヨテ
ツケーターサービス　2014.2　143p　30cm〈会期：平成26年
2月18日―4月6日〉Ⓝ186.918
◇巡拝記にみる四国遍路　佐藤久光著　大阪　朱鷺書房　2014.
9　246p　19cm〈文献あり〉Ⓘ978-4-88602-203-5　Ⓝ186.
918　［1600円］

四国地方（巡礼〔仏教〕―歴史―史料）
◇四國遍禮名所圖會近代の御影・霊場写真　室戸　金剛頂寺
2014.3　519p　27cm〈翻字考察執筆：小松勝記　複製及び翻
刻〉Ⓝ186.918　［13000円］

四国地方（食農教育）
◇食育のすゝめ―君たちにできること：高校生・大学生等による
食育活動事例集　岡山　中国四国農政局消費・安全部消費生
活課　2014.2　56p　30cm　Ⓝ610.7

四国地方（地域社会）
◇「四国・住みたいまちに生きる」ワーキンググループ中間報告
―四国の6大学と産総研の四国研究プラットフォーム　2　産
業技術総合研究所四国センター四国産学官連携センター編
高松　産業技術総合研究所四国センター四国産学官連携セン
ター　2014.3　Ⓘ978-4-9907234-2-2　Ⓝ361.7

四国地方（都市―歴史）
◇地域のなかの軍隊　5　西の軍隊と軍港都市―中国・四国　坂
根嘉弘編　吉川弘文館　2014.11　213,6p　20cm〈内容：広
島の都市形成と第五師団（布川弘著）第一一師団と善通寺（山
本裕著）鳥取・松江の連隊誘致と陸軍記念日（能川泰治著）
軍港都市〈呉〉から平和産業港湾都市〈呉〉へ（上杉和央著）
陸海軍と中国・四国・瀬戸内の経済成長（坂根嘉弘著）軍馬
補充部大山支部と周辺農村・農民（大瀧真俊著）高知県にお
ける戦没者慰霊（小幡尚著）〉Ⓘ978-4-642-06477-4　Ⓝ392.1
［2800円］

四国地方（病院―名簿）
◇中国・四国病院情報―岡山・広島・鳥取・島根・山口　徳島・香
川・愛媛・高知　2014年版　医事日報　2014.4　592p　26cm
〈索引あり〉Ⓘ978-4-900364-91-2　Ⓝ498.16　［20000円］

日本件名図書目録2014　Ⅰ　　　　　　　　　　　　　　　　　　　　　　　　　　　　　　　　　　　静岡県（遺跡・遺物―掛川市）

四国地方（哺乳類）
◇四国の哺乳類　金子之史監修, 徳島県立博物館, 四国自然史科学研究センター編　徳島　徳島県立博物館　2014.7　67p　21cm　〈徳島県立博物館平成26年度企画展「まんまるワールド―世界と四国の哺乳類―」記念出版物〉Ⓝ489.0217

四国地方（水資源）
◇気候変動下における四国の水資源政策決定支援システムの開発―成果報告書　［香美］　高知工科大学社会マネジメントシステム研究センター　2013.3　57p　30cm　〈平成24年度地球観測技術等調査研究委託事業〉Ⓝ452.9

四国地方（UJIターン）
◇四国で暮らす―故郷で仕事を探す方法　和田さつき著　半田　一粒書房　2014.4　167p　19cm　①978-4-86431-279-0　Ⓝ366.218　［1400円］

四国地方（歴史）
◇四国の大名―その美と心：特別展　徳島市立徳島城博物館編　徳島　徳島市立徳島城博物館　2014.10　104p　30cm　〈会期：2014年10月18日～11月24日　芸術文化振興基金助成事業〉Ⓝ218
◇長宗我部元親と四国　津野倫明著　吉川弘文館　2014.6　159p　21cm　（人をあるく）〈文献あり　年譜あり〉①978-4-642-06782-9　Ⓝ289.1　［2000円］

四国中央市（遺跡・遺物）
◇上分西遺跡―埋蔵文化財発掘調査報告書　4次　愛媛県埋蔵文化財センター編　松山　愛媛県埋蔵文化財センター　2013.11　76p　図版21p　30cm　（埋蔵文化財発掘調査報告書　第181集）Ⓝ210.0254
◇上分西遺跡―埋蔵文化財発掘調査報告書　5次　愛媛県埋蔵文化財センター編　松山　愛媛県埋蔵文化財センター　2014.3　46p　図版20p　30cm　（埋蔵文化財発掘調査報告書　第182集）〈主要地方道川之江大豊線改築工事に伴う埋蔵文化財調査報告書〉Ⓝ210.0254

四国中央市（写真集）
◇ふるさと富郷　［四国中央市］　四国中央市富郷地区協議会　2013.3　212p　30cm　Ⓝ218.3

四国電力株式会社伊方原子力発電所
◇伊方原発設置反対運動裁判資料　第5巻　澤正宏編集・解題・解説　クロスカルチャー出版　2014.2　603p　27cm　〈複製内容：伊方発電所原子炉設置許可処分取消請求上告事件上告理由書〉①978-4-905388-67-8,978-4-905388-66-1（set）Ⓝ543.5
◇伊方原発設置反対運動裁判資料　第6巻　澤正宏編集・解題・解説　クロスカルチャー出版　2014.2　425p　27cm　〈複製折り込 1枚　内容：伊方発電所原子炉設置許可処分取消請求上告事件上告理由補充書　昭和六〇年（行ツ）第一三三号伊方発電所原子炉設置許可処分取消請求上告事件上告理由補充書.2-3〉①978-4-905388-68-5,978-4-905388-66-1（set）Ⓝ543.5
◇伊方原発設置反対運動裁判資料　第7巻　澤正宏編集・解題・解説　クロスカルチャー出版　2014.2　592p　27cm　〈複製折り込 1枚　内容：伊方発電所原子炉設置許可処分取消請求控訴事件準備書面（控訴人（原告）四）伊方発電所原子炉設置許可処分取消請求事件最高裁判所判例集第四六巻第七号（平成四年一〇月分登載）伊方発電所訴訟・判決・決定・要旨　伊方発電所原子炉設置許可処分取消請求控訴事件判決（「主文」と「理由」（一審判決の「補正」箇所付））〉①978-4-905388-69-2,978-4-905388-66-1（set）Ⓝ543.5
◇伊方原発設置反対運動裁判資料　第2回配本 別冊　澤正宏編集・解題・解説　クロスカルチャー出版　2014.2　74p　26cm　〈年表あり〉①978-4-905388-73-9,978-4-905388-66-1（set）Ⓝ543.5

ジジェク, S.〔1949～ 〕
◇ジジェク, 革命を語る―不可能なことを求めよ　スラヴォイ・ジジェク著, パク・ヨンジュン編, 中山徹訳　青土社　2014.4　225,4p　20cm　〈索引あり〉①978-4-7917-6774-8　Ⓝ139.3　［2400円］

G.G.佐藤〔1978～ 〕
◇妄想のすすめ―夢をつかみとるための法則48　G.G.佐藤著　ミライカナイブックス　2014.7　237p　19cm　①978-4-907333-01-0　Ⓝ783.7　［1300円］

慈受院〔京都市〕
◇慈受院門跡―薄雲御所：花法話　花妙壽庵著　京都　光村推古書院　2013.10　59p　17×19cm　〈写真：水野克比古〉①978-4-8381-9994-5　Ⓝ188.85　［1200円］

四条畷市（遺跡・遺物）
◇北口遺跡・讃良郡条里遺跡発掘調査報告書　四條畷市教育委員会編　四條畷　四條畷市教育委員会　2013.5　25p　図版9

枚　30cm　（四條畷市文化財調査報告　第48集）〈四條畷市岡山5丁目所在　るうてるホーム建設工事に伴う埋蔵文化財発掘調査〉Ⓝ210.0254

酒々井町〔千葉県〕（遺跡・遺物）
◇尾上木見津遺跡（第2・3地点）, 駒詰遺跡（第2-7・9地点）本文編　印旛郡市文化財センター編　千葉　千葉県県土整備部　2014.3　490p　図版4p　30cm　（公益財団法人印旛郡市文化財センター発掘調査報告書　第325集）〈文献あり　社会資本整備総合交付金（住宅）委託（埋蔵文化財整理その2）　千葉県印旛郡酒々井町所在, 千葉県富里市所在〉Ⓝ210.0254
◇尾上木見津遺跡（第2・3地点）, 駒詰遺跡（第2-7・9地点）写真図版編　印旛郡市文化財センター編　千葉　千葉県県土整備部　2014.3　158p　30cm　（公益財団法人印旛郡市文化財センター発掘調査報告書　第325集）〈社会資本整備総合交付金（住宅）委託（埋蔵文化財整理その2）　千葉県印旛郡酒々井町所在, 千葉県富里市所在〉Ⓝ210.0254
◇酒々井町飯積原山遺跡　1　旧石器時代奈良時代一中・近世編　千葉県教育振興財団文化財センター編　都市再生機構首都圏ニュータウン本部　2014.3　424p　図版［39］枚　30cm　（千葉県教育振興財団調査報告　第720集）〈共同刊行：千葉県教育振興財団〉Ⓝ210.0254
◇墨木戸遺跡　第4次　印旛郡市文化財センター編　［酒々井町（千葉県）］　千葉県酒々井町　2013.12　14p　図版9p　30cm　（公益財団法人印旛郡市文化財センター発掘調査報告書　第324集）〈都市計画道路墨七栄線埋蔵文化財調査委託　千葉県酒々井町所在〉Ⓝ210.0254
◇墨木戸遺跡（第3次）・柳沢牧墨木戸境野馬土手　印旛郡市文化財センター編　［八街］　千葉県印旛土木事務所　2014.3　6p　図版7p　30cm　（公益財団法人印旛郡市文化財センター発掘調査報告書　第332集）〈地域自主戦略交付金（文化調査）千葉県酒々井町所在, 千葉県八街市所在〉Ⓝ210.0254

静岡県
◇静岡あるある　鈴木富士太郎著, 菅原県画　TOブックス　2014.10　159p　18cm　①978-4-86472-304-6　Ⓝ291.54　［980円］
◇静岡のおきて―シズオカを楽しむための50のおきて　静岡県地位向上委員会編　アース・スターエンターテイメント　2014.6　174p　18cm　〈泰文堂（発売）文献あり〉①978-4-8030-0579-0　Ⓝ291.54　［952円］
◇静岡の法則　静岡の法則研究委員会編　泰文堂　2014.12　174p　18cm　（リンダブックス）〈文献あり〉①978-4-8030-0632-2　Ⓝ291.54　［950円］

静岡県（遺跡・遺物）
◇伊豆天城柏峠黒曜石原産地の基礎的研究　3　杉山浩平　柏峠学術調査団　2014.5　16p　30cm　（伊豆・箱根黒曜石原産地研究会研究報告 4）〈「3」のタイトル関連情報：伊豆市徳永字白坂洞徳永東共有林地点の2014年調査概報　共同刊行：伊豆市教育委員会〉Ⓝ215.4

静岡県（遺跡・遺物―磐田市）
◇上坂上Ⅰ遺跡/上坂上古墳群―第2・3次調査発掘調査報告書　平成23・24年度　磐田市埋蔵文化財センター編　磐田　磐田市教育委員会　2014.3　30p　図版9p　30cm　Ⓝ210.0254
◇御殿・二之宮遺跡発掘調査報告書　平成24年度　磐田市埋蔵文化財センター編　磐田　磐田市教育委員会　2014.3　46p　図版16p　30cm　〈文献あり　市道改良工事に伴う第89・93・94次発掘調査〉Ⓝ210.0254
◇御殿・二之宮遺跡発掘調査報告書　磐田市埋蔵文化財センター編　磐田　磐田市教育委員会　2014.3　45p　図版8p　30cm　〈文献あり　個人住宅建設に伴う第122次発掘調査〉Ⓝ210.0254
◇御殿・二之宮遺跡発掘調査報告書　磐田市埋蔵文化財センター編　磐田　磐田市教育委員会　2014.3　26p　図版10p　30cm　〈集合住宅新築工事に伴う第124・125次発掘調査〉Ⓝ210.0254
◇静岡県磐田市市内遺跡確認調査報告書　磐田市埋蔵文化財センター編　磐田　磐田市教育委員会　2014.3　87p　図版18p　30cm　〈文献あり　平成17-19年度国庫及び県費補助事業に伴う市内遺跡発掘調査等事業〉Ⓝ210.0254
◇静岡県磐田市市内遺跡確認調査報告書　磐田市埋蔵文化財センター編　磐田　磐田市教育委員会　2014.3　77p　図版18p　30cm　〈文献あり　平成24年度国庫及び県費補助事業に伴う市内遺跡発掘調査等事業〉Ⓝ210.0254

静岡県（遺跡・遺物―掛川市）
◇林遺跡第2次・女高Ⅰ遺跡第15次・東原遺跡第8次―発掘調査報告書　掛川市教育委員会編　掛川　掛川市教育委員会　2014.3　93p　図版［23］枚　30cm　Ⓝ210.0254

静岡県（遺跡・遺物―菊川市）

静岡県（遺跡・遺物―菊川市）
◇虚空蔵横穴群発掘調査報告書　平成26年度　静岡県菊川市教育委員会編　菊川　静岡県菊川市教育委員会　2014.12　6p　図版 4p　30cm　（菊川市埋蔵文化財調査報告書　第15集）〈市道赤土高橋線築造工事に伴う発掘調査〉Ⓝ210.0254

◇宮ノ西遺跡第5次調査発掘調査報告書　平成25年度　静岡県菊川市教育委員会編　菊川　静岡県菊川市教育委員会　2014.3　5p　図版 3p　30cm　（菊川市埋蔵文化財調査報告書 第14集）〈耐震性貯水槽設置工事に伴う発掘調査〉Ⓝ210.0254

静岡県（遺跡・遺物―湖西市）
◇神座B古墳群第3次発掘調査概報―4号墳・5号墳・7号墳・巨石群周辺の発掘調査　駒澤大学考古学研究室，湖西市教育委員会編　[東京]　駒澤大学考古学研究室　2014.3　40p 図版14p　30cm〈静岡県湖西市所在　共同刊行：湖西市教育委員会〉Ⓝ210.0254

静岡県（遺跡・遺物―御殿場市）
◇御殿場市神山・駒門の遺跡群　静岡県埋蔵文化財センター編　静岡　静岡県埋蔵文化財センター　2014.3　89p 図版17p　30cm　（静岡県埋蔵文化財センター調査報告　第42集）〈中日本高速道路東京支社の委託による　御殿場市所在　第二東名建設事業に伴う埋蔵文化財調査報告　内容：総論（沼津工区御殿場地区）　イザワ塚遺跡（第二東名no. 156地点）　宮ノ台遺跡（第二東名no. 159地点）〉Ⓝ210.0254

静岡県（遺跡・遺物―島田市）
◇市内遺跡発掘調査報告書　2014　静岡県島田市教育委員会（文化課）編　[島田]　静岡県島田市教育委員会　2014.3　119p 図版[23]　30cm　（静岡県島田市埋蔵文化財報告　第48集）〈文献あり　内容：青木原遺跡　中原遺跡　原ノ平遺跡　宮上遺跡〉Ⓝ210.0254

静岡県（遺跡・遺物―袋井市）
◇掛之上遺跡　平成17・18年度 遺構・遺物図版編 1　袋井市教育委員会，袋井市都市建設部都市計画課編　[袋井]　袋井市教育委員会　2013.3　4枚，119p　30cm　（袋井市駅前第二地区土地区画整理事業に伴う発掘調査報告 33）〈共同刊行：袋井市都市建設部都市計画課〉Ⓝ210.0254

◇掛之上遺跡　平成17・18年度 遺構・遺物図版編 2　袋井市教育委員会，袋井市都市建設部都市計画課編　[袋井]　袋井市教育委員会　2013.3　p120-241　30cm　（袋井市駅前第二地区土地区画整理事業に伴う発掘調査報告 34）〈共同刊行：袋井市都市建設部都市計画課〉Ⓝ210.0254

静岡県（遺跡・遺物―藤枝市）
◇寺家前遺跡―第二東名no. 81地点 3 古墳時代後期編　静岡県埋蔵文化財センター編　静岡　静岡県埋蔵文化財センター　2014.3　248p 図版[45]　枚　30cm　（静岡県埋蔵文化財センター調査報告 第43集）〈中日本高速道路東京支社の委託による〉Ⓝ210.0254

◇寺家前遺跡―第二東名no. 81地点 4 弥生時代後期―古墳時代前期・総括編　静岡県埋蔵文化財センター編　静岡　静岡県埋蔵文化財センター　2014.3　221p 図版[39]　枚　30cm　（静岡県埋蔵文化財センター調査報告 第44集）〈中日本高速道路東京支社の委託による〉Ⓝ210.0254

静岡県（遺跡・遺物―富士市）
◇沢東A遺跡　第1次　富士市教育委員会編　富士　富士市教育委員会　2014.3　95p 図版[21]　枚　30cm　（富士市埋蔵文化財調査報告 第56集）〈静岡県富士市所在　遊技場建設に伴う埋蔵文化財発掘調査報告書〉Ⓝ210.0254

◇富士市内遺跡発掘調査報告書　平成22・23年度　富士市教育委員会編　富士　富士市教育委員会　2013.3　176p 図版[17]　枚　30cm　（富士市埋蔵文化財調査報告 第54集）〈静岡県富士市所在　内容：東平遺跡第55地区　富士岡1古墳群花川戸第4号墳　柏原遺跡第6地区　沖田遺跡第133次調査地点その他の試掘確認調査〉Ⓝ210.0254

◇六所家総合調査報告書　埋蔵文化財　富士市教育委員会編　富士　富士市教育委員会　2014.3　76p 図版[16]　枚　30cm　Ⓝ215.4

静岡県（遺跡・遺物―富士宮市）
◇浅間大社遺跡 3　富士宮市教育委員会編　富士宮　富士宮市教育委員会　2013.3　64p 図版4p　（富士宮市文化財調査報告書 第46集）〈国指定特別天然記念物『湧玉池』再生事業に伴う埋蔵文化財発掘調査報告書〉Ⓝ210.0254

◇丸ヶ谷戸遺跡 3　富士宮市教育委員会編　富士宮　富士宮市教育委員会　2013.5　38p 図版8p　30cm　（富士宮市文化財調査報告書 第47集）〈奥付のタイトル（誤植）：丸ヶ谷遺跡　Yumi Reaityによる宅地造成に伴う埋蔵文化財発掘調査報告書〉Ⓝ210.0254

◇元富士大宮司館跡 2　富士宮市教育委員会編　富士宮　富士宮市教育委員会　2014.3　46p 図版10p　30cm　（富士宮市文化財調査報告書 第48集）〈大宮城跡にかかわる埋蔵文化財発掘調査報告書〉Ⓝ210.0254

静岡県（遺跡・遺物―三島市）
◇願合寺A遺跡　三島市教育委員会編著　[三島]　三島市教育委員会　2014.3　182p 図版[12]　枚　30cm　（笹原山中バイパス建設に伴う埋蔵文化財発掘調査報告書 その1）〈静岡県三島市所在〉Ⓝ210.0254

◇三島市埋蔵文化財調査報告 18　三島市教育委員会編　[三島]　三島市教育委員会　2013.3　48p 図版13p　30cm〈静岡県三島市所在　内容：平成21・22年度実施の確認調査〉Ⓝ210.0254

◇山中城遺跡　三島市教育委員会編著　[三島]　三島市教育委員会　2014.3　209p 図版[23]　枚　30cm　（笹原山中バイパス建設に伴う埋蔵文化財発掘調査報告書 その2）〈静岡県三島市所在〉Ⓝ210.0254

静岡県（衛生―西伊豆町）
◇西伊豆町住民の生活習慣病に係る保健行動調査―発症予防・重症化予防対策の検討：報告書　西伊豆町健康増進課編　下田　静岡県賀茂健康福祉センター健康増進課　2014.3　63p　30cm　Ⓝ498.02154

静岡県（エネルギー資源）
◇図表で見るしずおかエネルギーデーター―エネルギー関係資料集　静岡県企画広報部政策企画局エネルギー政策課編　静岡　静岡県企画広報部政策企画局エネルギー政策課　2014.2　135p　30cm〈背のタイトル：しずおかエネルギーデータ〉Ⓝ501.6

静岡県（屋外広告）
◇静岡県屋外広告業登録簿　平成26年12月26日現在　[静岡]　静岡県交通基盤部都市局都市計画課　[2014]　1冊（ページ付なし）　30cm（ルーズリーフ）Ⓝ674.035

静岡県（介護福祉）
◇福祉・介護人材実態調査報告書―福祉・介護人材短期離職者調査事業　静岡　静岡県社会福祉協議会　2014.3　169p　30cm〈平成25年度老人保健事業推進費等補助金老人保健健康増進等事業〉Ⓝ369.26

静岡県（会社―名簿）
◇静岡県会社要覧　2014年　静岡　静岡経済研究所　2014.1　1407p　21cm　[6667円]

◇静岡県会社要覧　2014　静岡　静岡経済研究所　2014.1　1冊　19cm〈付属資料：CD‐ROM1 for Windows〉[6667円]

静岡県（花き市場―統計）
◇静岡県花き園芸の生産と流通―花き白書　静岡県経済産業部農林業局みかん園芸課編　静岡　静岡県経済産業部農林業局みかん園芸課　2014.3　38p　30cm　Ⓝ627.059

静岡県（環境管理）
◇世界遺産にされて富士山は泣いている　野口健著　PHP研究所　2014.6　232p　18cm　（PHP新書 934）①978-4-569-82004-0　Ⓝ519.2151　[760円]

静岡県（祇園祭―富士市）
◇吉原祇園祭　富士市教育委員会編　富士　富士市教育委員会　2014.3　121p　30cm　（富士市文化財調査報告書 第4集）〈文献あり〉Ⓝ386.154

静岡県（帰化植物）
◇静岡県の帰化植物 2　新静岡県産外来植物目録・著作集　杉野孝雄著　掛川　杉野植物研究所　2013.7　196p　26cm〈文献あり　著作目録あり〉Ⓝ471.71

静岡県（基準地価格）
◇静岡県地価調査基準地位置図　平成26年　静岡県交通基盤部土地対策課編　静岡　静岡県交通基盤部土地対策課　[2014]　68, 68p　30cm〈左右同一ページ付〉Ⓝ334.6

◇静岡県地価調査資料　平成26年　静岡県交通基盤部土地対策課編　静岡　静岡県交通基盤部土地対策課　[2014]　159p　30cm　Ⓝ334.6

静岡県（教育行政）
◇「有徳の人」づくりアクションプラン―静岡県教育振興基本計画　第2期計画　静岡県教育振興基本計画策定プロジェクト推進本部編　静岡　静岡県　2014.5　125p　30cm〈共同刊行：静岡県教育委員会〉Ⓝ373.2

静岡県（行政）
◇静岡県総合計画富国有徳の理想郷"ふじのくに"のグランドデザイン―後期アクションプラン：ポスト東京時代の日本の理想郷を創る　静岡　静岡県企画広報部企画課　2014.3　339p　30cm　Ⓝ318.254

静岡県（行政―沼津市）

◇姉妹都市提携50周年記念誌―沼津市カラマズー市　姉妹都市提携50周年記念誌編集委員会編　［沼津］　沼津国際交流協会　2014.3　70p　30cm〈年表あり〉Ⓝ318.254

静岡県（行政―歴史―史料―富士宮市）

◇旧上野村役場文書　富士宮市教育委員会編　富士宮　富士宮市教育委員会　2014.3　113p　図版　2p　30cm　Ⓝ318.254

静岡県（健康管理）

◇健康に関する県民意識調査報告書　平成25年度　静岡県健康福祉部医療健康局健康増進班編　静岡　静岡県健康福祉部医療健康局健康増進課　2013.11　194p　30cm　Ⓝ498.02154

静岡県（原子力行政）

◇静岡県の原子力発電　平成25年度版　静岡県危機管理部原子力安全対策課編　静岡　静岡県危機管理部原子力安全対策課　2014.3　138p　30cm〈年表あり〉Ⓝ539.091

静岡県（原子力災害―防災―焼津市）

◇焼津市地域防災計画　原子力災害対策の巻　［焼津］　焼津市防災会議　2014.3　57p　30cm　Ⓝ369.3

静岡県（県民性）

◇静岡共和国のオキテ100カ条―ハンペンは「黒」を食べるべし！：静岡県がもっと楽しくなる、知っておきたいオキテたち！　久保ひとみ監修　メイツ出版　2014.7　192p　19cm　①978-4-7804-1458-5　Ⓝ361.42　［980円］

◇静岡ルール―静岡のんびりライフを楽しむための49のルール　都会生活研究プロジェクト〈静岡チーム〉著　KADOKAWA　2014.6　158p　19cm〈文献あり〉①978-4-04-600497-0　Ⓝ361.42　［980円］

静岡県（工業―統計）

◇静岡県の工業―平成24年経済センサス活動調査産業別集計（製造業）報告書　平成23年　［静岡］　静岡県企画広報部情報統計局統計調査課　2013.12　174p　30cm　Ⓝ505.9

静岡県（公共建築―図集）

◇百の建築―静岡県の公共建築百選　vol. 3　2008-2012　静岡県公共建築推進協議会編　［静岡］　静岡県公共建築推進協議会　2013.3　260p　30cm　Ⓝ526.3

静岡県（公共施設）

◇静岡県防災拠点等における設備地震対策ガイドライン　平成25年度　［静岡］　静岡県　［2014］　141p　30cm〈文献あり〉Ⓝ518.87

静岡県（広告業―名簿）

◇静岡県屋外広告業登録簿　平成26年12月26日現在　［静岡］　静岡県交通基盤部都市局都市計画課　［2014］　1冊（ページ付なし）30cm〈ルーズリーフ〉Ⓝ674.035

静岡県（交通安全）

◇静岡県交通安全実施計画　平成26年度　静岡県くらし・環境部くらし交通安全課編　［静岡］　静岡県交通安全対策会議　2014.3　70p　30cm　Ⓝ681.3

静岡県（高齢者福祉）

◇福祉・介護人材実態調査報告書―福祉・介護人材短期離職者調査事業　静岡　静岡県社会福祉協議会　2014.3　169p　30cm〈平成25年度老人保健事業推進費等補助金老人保健健康増進等事業〉Ⓝ369.26

静岡県（古墳）

◇富士山の下（ふもと）に灰を雨（ふ）らす―富士の噴火と古墳時代後期の幕開け：富士市立博物館第53回企画展　富士　富士市立博物館　2014.7　43p　30cm〈年表あり　会期：平成26年7月12日―10月13日〉Ⓝ215.4

静岡県（災害予防）

◇災害を知り、防災を考える　静岡大学イノベーション社会連携推進機構編　静岡　静岡大学イノベーション社会連携推進機構　2014.3　96p　21cm（静岡大学公開講座ブックレット8）〈会期・会場：2013年9月7日　沼津市民文化センターほか　内容：火山噴火予知の方法（鵜川元雄述）　静岡の津波防災を考える（原田賢治述）　大地が伝える津波と地震の記憶（北村晃寿述）〉Ⓝ369.3

◇静岡県防災拠点等における設備地震対策ガイドライン　平成25年度　［静岡］　静岡県　［2014］　141p　30cm〈文献あり〉Ⓝ518.87

静岡県（財産評価）

◇評価倍率表―財産評価基準書　平成26年分静岡県版　名古屋　新日本法規出版　c2014　356p　30cm〈索引あり〉①978-4-7882-7874-5　Ⓝ345.5　［10100円］

静岡県（作物）

◇しずおかの在来作物―風土が培うタネの物語　プロジェクトZ・在来の味を愉しむ会編, 稲垣栄洋著　静岡　静岡新聞社　2014.10　207p　19cm　①978-4-7838-0772-8　Ⓝ615.02154　［1400円］

静岡県（産業）

◇フロンティアへの挑戦―産業構造の再構築が未来を拓く　静岡　静岡経済研究所　2013.11　172p　21cm（静岡県経済白書2013/2014）〈年表あり　創立50周年記念〉Ⓝ602.154　［1429円］

静岡県（産業―統計）

◇静岡県の事業所―経済センサス活動調査結果報告書　平成24年　［静岡］　静岡県企画広報部情報統計局統計調査課　［2014］　341p　30cm　Ⓝ605.9

静岡県（産業政策）

◇静岡県経済産業ビジョン―2014-2017　静岡　静岡県経済産業部管理局政策監　2014.3　212p　30cm　Ⓝ601.154

静岡県（寺院―南伊豆町）

◇南伊豆町史―資料　第1集　寺院編　南伊豆町史編さん委員会編　［南伊豆町（静岡県）］　南伊豆町教育委員会　2014.3　356p　図版　［20］枚　27cm〈文献あり　年表あり〉Ⓝ215.4

静岡県（寺院―焼津市）

◇焼津市の寺院　柴田芳憲著　［焼津］　焼津市仏教会　2014.2　303p　22cm〈文献あり　年表あり〉Ⓝ185.9154

静岡県（自然保護）

◇富士山の光と影―傷だらけの山・富士山を、日本人は救えるのか!?　渡辺豊博著　清流出版　2014.6　197p　19cm　①978-4-86029-417-5　Ⓝ519.8151　［1600円］

静岡県（地場産業）

◇データでみる静岡県の地場産業―統計資料等　静岡　静岡県経済産業部商工業局地域産業課　2014.3　52p　30cm　Ⓝ602.154

静岡県（住宅政策）

◇静岡県住まいづくり支援ガイド　平成26年度版　静岡県くらし・環境部建築住宅局住まいづくり課編　静岡　静岡県くらし・環境部建築住宅局住まいづくり課　2014.7　220p　30cm〈奥付のタイトル：住まいづくり支援ガイド〉Ⓝ365.31

静岡県（住民運動）

◇浜岡・反原発の民衆史　竹内康人著　社会評論社　2014.6　370p　21cm〈文献あり　年譜あり〉①978-4-7845-1493-9　Ⓝ543.5　［2800円］

静岡県（宿駅―三島市）

◇三島宿を支えた人々―三島問屋場・町役場文書から　三島市郷土資料館創造活動事業実行委員会編　三島　三島市郷土資料館創造活動事業実行委員会　2014.3　50p　30cm〈文献あり　平成25年度文化庁地域と共働した美術館・歴史博物館創造活動支援事業〉Ⓝ682.154

静岡県（条例）

◇静岡県部設置条例・静岡県行政組織規則・静岡県各職員定数条例　［静岡］　静岡県経営管理部職員局人事課　2014.4　106p　21cm　Ⓝ318.254

静岡県（条例―焼津市）

◇焼津市例規集　平成26年度版 1　通規, 議会・選挙・監査, 行政通則, 人事　焼津市編　［焼津］　［焼津市］　［2014］　860p　21cm〈平成26年5月14日現在〉Ⓝ318.254

◇焼津市例規集　平成26年度版 2　給与　焼津市編　［焼津］　［焼津市］　［2014］　p861-1645　21cm〈平成26年5月14日現在〉Ⓝ318.254

◇焼津市例規集　平成26年度版 3　財務・教育　焼津市編　［焼津］　［焼津市］　［2014］　p1647-2540　21cm〈平成26年5月14日現在〉Ⓝ318.254

◇焼津市例規集　平成26年度版 4　民生　焼津市編　［焼津］　［焼津市］　［2014］　p2541-3782　21cm〈平成26年5月14日現在〉Ⓝ318.254

◇焼津市例規集　平成26年度版 5　経済・建設　焼津市編　［焼津］　［焼津市］　［2014］　p3783-4905　21cm〈平成26年5月14日現在〉Ⓝ318.254

◇焼津市例規集　平成26年度版 6　公営企業等・防災・雑　焼津市編　［焼津］　［焼津市］　［2014］　p4907-5445　21cm〈平成26年5月14日現在〉Ⓝ318.254

静岡県（食育―富士市）

◇富士山おむすび計画―富士市食育推進計画　第2次　富士市保健部保健医療課食育推進室編　富士　富士市保健部保健医療課食育推進室　2014.3　76p　30cm　Ⓝ498.5

静岡県（植物）

静岡県（植物）
◇富士山自然ガイドブック—吉田口五合目—御中道　荒牧重雄, 上野龍之, 高田亮, 石塚吉浩, 中野隆志著　改訂版　富士吉田　山梨県環境科学研究所　2014.3　207p　21cm〈文献あり　内容：富士山火山ガイドブック　富士山植物ガイドブック〉①978-4-9903350-3-8　Ⓝ453.82151

静岡県（植物—富士宮市）
◇ポケットブック富士山の草花　佐野光雄絵と文　勉誠出版　2014.8　171p　19cm〈文献あり　索引あり〉①978-4-585-24006-8　Ⓝ472.154　［1200円］

静岡県（書籍商）
◇〈静岡〉本のある場所　清水麻子著　静岡　マイルスタッフ　2014.12　143p　21cm　(momo book)〈インプレス（発売）〉①978-4-8443-7654-5　Ⓝ024.154　［1500円］

静岡県（書目）
◇静岡県EL新聞記事情報リスト　2013-1　エレクトロニック・ライブラリー編　エレクトロニック・ライブラリー　2014.2　763p　31cm〈制作：日外アソシエーツ〉Ⓝ025.8154
◇静岡県EL新聞記事情報リスト　2013-2　エレクトロニック・ライブラリー編　エレクトロニック・ライブラリー　2014.2　p765-1632　31cm〈制作：日外アソシエーツ〉Ⓝ025.8154
◇静岡県EL新聞記事情報リスト　2013-3　エレクトロニック・ライブラリー編　エレクトロニック・ライブラリー　2014.2　p1633-2581　31cm〈制作：日外アソシエーツ〉Ⓝ025.8154
◇静岡県EL新聞記事情報リスト　2013-4　エレクトロニック・ライブラリー編　エレクトロニック・ライブラリー　2014.2　p2583-3438　31cm〈制作：日外アソシエーツ〉Ⓝ025.8154
◇静岡県EL新聞記事情報リスト　2013-5　エレクトロニック・ライブラリー編　エレクトロニック・ライブラリー　2014.2　p3439-4381　31cm〈制作：日外アソシエーツ〉Ⓝ025.8154

静岡県（人権）
◇人権問題に関する県民意識調査結果報告書　平成26年度　静岡県健康福祉部地域福祉課人権同和対策室，静岡県人権啓発センター編　［静岡］　静岡県健康福祉部地域福祉課人権同和対策室　2014.11　88p　30cm〈共同刊行：静岡県人権啓発センター〉Ⓝ316.1

静岡県（震災予防）
◇東海地震についての企業防災実態調査　平成26年度　［静岡］　静岡県危機管理部危機情報課　［2014］　113p　30cm　(地震対策資料 no. 285-2014)　Ⓝ336.02154
◇東海地震についての県民意識調査—報告書　平成25年度　静岡　静岡県危機管理部危機情報課　2014.3　187p　30cm　(地震対策資料 no. 281-2014)　Ⓝ369.31

静岡県（診療所—名簿）
◇静岡県病院・診療所名簿　平成25年度　［静岡］　［静岡県健康福祉部医療健康局医務課］　［2013］　37, 153p　31cm〈ルーズリーフ〉Ⓝ498.16
◇静岡県病院・診療所名簿　平成26年度　［静岡］　［静岡県健康福祉部医療健康局医療政策課］　［2014］　37, 151p　31cm〈ルーズリーフ〉Ⓝ498.16

静岡県（森林計画）
◇伊豆地域森林計画変更計画書　伊豆森林計画区編　静岡県交通基盤部森林局森林計画課編　静岡　静岡県交通基盤部森林局森林計画課　2014.1　3, 49p　30cm〈計画期間：平成24年4月1日—平成34年3月31日　変更年月日：平成25年12月27日　（公表年月日：平成26年1月10日）〉Ⓝ651.1
◇静岡地域森林計画変更計画書　静岡森林計画区編　静岡県交通基盤部森林局森林計画課編　静岡　静岡県交通基盤部森林局森林計画課　2014.1　3, 71p　30cm〈計画期間：平成22年4月1日—平成32年3月31日　変更年月日：平成25年12月27日　（公表年月日：平成26年1月10日）〉Ⓝ651.1
◇地域森林計画書　各森林計画区共通編　静岡県交通基盤部森林局森林計画課編　静岡　静岡県交通基盤部森林局森林計画課　2014.1　56p　30cm　Ⓝ651.1
◇天竜地域森林計画書　天竜森林計画区編　静岡県交通基盤部森林局森林計画課編　静岡　静岡県交通基盤部森林局森林計画課　2014.1　97p　30cm〈計画期間：自平成26年4月1日—至平成36年3月31日〉Ⓝ651.1
◇富士地域森林計画変更計画書　富士森林計画区編　静岡県交通基盤部森林局森林計画課編　静岡　静岡県交通基盤部森林局森林計画課　2014.1　3, 49p　30cm〈計画期間：平成23年4月1日—平成33年3月31日　変更年月日：平成25年12月27日　（公表年月日：平成26年1月10日）〉Ⓝ651.1

静岡県（水産業）
◇フィールドワーク実習報告書　平成26年度　静岡県静岡市駿河区用宗地区　静岡　静岡大学人文社会科学部社会学科文化人類学コース　2014.12　141p　26cm〈文献あり〉Ⓝ382.154

静岡県（水産業—焼津市）
◇屋号のまち焼津—屋号と創業史　水産編　屋号のまち焼津プロジェクト企画・編集　焼津　焼津信用金庫　2014.3　221p　27cm　Ⓝ384.4

静岡県（水田農業）
◇静岡県水田農業の現状—こめ白書　静岡県経済産業部農林業局茶業農産課編　静岡　静岡県経済産業部農林業局茶業農産課　2014.3　56p　30cm　Ⓝ611.73

静岡県（水利）
◇天竜川水系・大井川水系平成25年度の節水対策（夏・冬）　静岡県くらし・環境部環境局水利用課天竜川水利調整協議会事務局, 静岡県くらし・環境部環境局水利用課大井川水利調整協議会事務局編　［静岡］　静岡県くらし・環境部環境局水利用課天竜川水利調整協議会事務局　2014.7　106p　30cm〈共同刊行：静岡県くらし・環境部環境局水利用課大井川水利調整協議会事務局〉Ⓝ517
◇天竜川水系平成23・24年度の節水対—平成23年度冬・平成24年度夏　静岡県くらし・環境部環境局水利用課天竜川水利調整協議会事務局, 静岡県くらし・環境部環境局水利用課大井川水利調整協議会事務局編　［静岡］　静岡県くらし・環境部環境局水利用課天竜川水利調整協議会事務局　2013.3　68p　30cm〈参考：大井川水系の流況　共同刊行：静岡県くらし・環境部環境局水利用課大井川水利調整協議会事務局〉Ⓝ517

静岡県（水利—三島市）
◇御門地誌稿　3　水車エネルギーの世界　芦川政晴執筆　三島　芦川政晴　2014.9　210p　30cm〈共同刊行：錦田郷土研究会〉Ⓝ291.54　［非売品］

静岡県（スポーツ振興基本計画）
◇静岡県スポーツ推進計画　［静岡］　静岡県教育委員会　［2014］　44p　30cm　Ⓝ780.2162

静岡県（関所—保存・修復—湖西市—歴史）
◇新居関所面番所—建物の歩んだ歴史と昭和大修理：新居関所史料館企画展　新居関所史料館編　湖西　新居関所史料館　2013.10　58p　30cm〈会期・会場：平成25年10月30日—12月1日　新居関所史料館〉Ⓝ526.68

静岡県（選挙—統計）
◇選挙結果調—平成24年・平成25年　上巻　［静岡］　静岡県選挙管理委員会　［2014］　568p　30cm〈衆議院議員総選挙最高裁判所裁判官国民審査　平成24年12月16日執行, 参議院議員通常選挙　平成25年7月21日執行　市町選挙結果一覧〉Ⓝ314.8
◇選挙結果調—平成24年・平成25年　下巻　［静岡］　静岡県選挙管理委員会　［2014］　p569-814　30cm〈静岡県知事選挙　平成25年6月16日執行, 静岡県伊豆の国市県議会議員補欠選挙　平成25年4月21日執行, 静岡県静岡市駿河区県議会議員補欠選挙・静岡県焼津市県議会議員補欠選挙・静岡県磐田市県議会議員補欠選挙・静岡県浜松市中区県議会議員補欠選挙・静岡県浜松市東区県議会議員補欠選挙　平成25年6月16日執行, 静岡海区漁業調整委員会委員選挙　平成24年8月2日執行　市町選挙結果一覧〉Ⓝ314.8

静岡県（蔬菜栽培—統計）
◇静岡県野菜園芸の生産と流通—野菜白書・わさび白書　静岡県経済産業部農林業局みかん園芸課編　静岡　静岡県経済産業部農林業局みかん園芸課　2013.3　77p　30cm　Ⓝ626.059
◇静岡県野菜園芸の生産と流通—野菜白書・わさび白書　静岡県経済産業部農林業局みかん園芸課編　静岡　静岡県経済産業部農林業局みかん園芸課　2014.3　77p　30cm　Ⓝ626.059

静岡県（地域社会）
◇観光フィールドワーク演習調査実習報告書　2012　静岡英和学院大学人間社会学部人間社会学科2012年度「観光フィールドワーク演習」履修者著　静岡　静岡英和学院大学人間社会学部人間社会学科2012年度「観光フィールドワーク演習」履修者　2013.1　93p　30cm〈担当教員：野瀬元子〉Ⓝ361.78

静岡県（地域社会—歴史）
◇戦国大名武田氏と地域社会　小笠原春香, 小川雄, 小佐野浅子, 長谷川幸一著　岩田書院　2014.5　116p　21cm　(岩田書院ブックレット　歴史考古学系 H-19)〈内容：武田氏の戦争と境目国衆（小笠原春香著）　武田氏の駿河領国化と海賊衆（小川雄著）　武田氏の駿河領国化と富士信仰（小佐野浅子著）　武田領国における修験（長谷川幸一著）〉①978-4-87294-866-0　Ⓝ215.4　［1500円］

静岡県（地誌）
◇思わず人に話したくなる静岡学　県民学研究会編　洋泉社　2014.9　190p　18cm　(歴史新書)〈文献あり〉①978-4-8003-0488-9　Ⓝ291.54　［930円］

日本件名図書目録2014　Ⅰ　　　　　　　　　　　　　　　　　　　　　　　　　　　　　静岡県（水資源）

◇静岡「地理・地名・地図」の謎—意外と知らない静岡県の歴史を読み解く！　小和田哲男監修　実業之日本社　2014.9　195p　18cm　（じっぴコンパクト新書 209）〈文献あり〉①978-4-408-45518-1　Ⓝ291.54　［800円］

静岡県（地方選挙）
◇選挙結果調—平成24年・平成25年　下巻　［静岡］　静岡県選挙管理委員会　［2014］, p569-814　30cm〈静岡県知事選挙 平成25年6月16日執行, 静岡県県議会議員補欠選挙 平成25年4月21日執行, 静岡県静岡市駿河区県議会議員補欠選挙・静岡県焼津市県議会議員補欠選挙・静岡県磐田市県議会議員補欠選挙・静岡県浜松市中区県議会議員補欠選挙・静岡県浜松市東区県議会議員補欠選挙 平成25年6月16日執行, 静岡海区漁業調整委員会委員選挙 平成24年8月2日執行　市町選挙結果一覧〉Ⓝ314.8
◇選挙結果調　[浜松]　浜松市選挙管理委員会　2014.1　1冊　30cm〈静岡県知事選挙・静岡県県議会議員補欠選挙（中区・東区）平成25年6月16日執行, 参議院静岡県選出議員選挙・参議院比例代表選出議員選挙 平成25年7月21日執行〉Ⓝ314.8

静岡県（地名）
◇静岡県民も知らない地名の謎　日本地名の会著　PHP研究所　2014.9　313p　15cm　（PHP文庫 に32-2）〈文献あり〉①978-4-569-76226-5　Ⓝ291.54　［780円］

静岡県（茶業）
◇静岡県茶業の現状—お茶白書　静岡　静岡県経済産業部農林業局茶業農産課　2014.3　136p　30cm〈年表あり〉Ⓝ619.8

静岡県（茶業—歴史）
◇深蒸し茶のルーツ—サントリー文化財団2013年度地域文化に関するグループ研究助成「静岡の茶業と茶文化の共同研究と発信による地域振興」報告書　静岡茶共同研究会編, 小二田誠二監修　静岡　静岡大学人文社会学部小二田研究室　［2014］133p　30cm〈年表あり〉Ⓝ619.8

静岡県（中小企業）
◇元気な企業実態調査報告書　7　平成25年度　静岡　静岡県経済産業部商工業局商工振興課　2014.2　107p　30cm　Ⓝ335.2154

静岡県（津波）
◇災害を知り、防災を考える　静岡大学イノベーション社会連携推進機構編　静岡　静岡大学イノベーション社会連携推進機構　2014.3　96p　21cm　（静岡大学公開講座ブックレット8）〈会期・会場：2013年9月7日 沼津市民文化センターほか　内容：火山噴火予知の方法（鵜川元雄述）静岡の津波防災を考える（原田賢治述）　大地が伝える津波と地震の記憶（北村晃寿述）〉Ⓝ369.3

静岡県（伝説）
◇富士山の祭りと伝説—その知られざる起源に迫る：シリーズ富士山　静岡　静岡県文化財団　2014.1　219p　19cm　（しずおかの文化新書 15）①978-4-905300-14-4　Ⓝ387　［476円］

静岡県（道路—下田市）
◇都市計画道路伊豆縦貫自動車道（下田市）環境影響評価書　［静岡］　静岡県　2014.11　1冊　30cm　Ⓝ514.092154

静岡県（読書指導）
◇静岡県子ども読書活動推進計画—第二次中期計画　静岡　静岡県教育委員会　2014.3　66p　30cm　Ⓝ019.2

静岡県（都市計画）
◇静岡県都市計画区域マスタープラン策定方針　第1編　［静岡］　静岡県　2013.10　220p　30cm　Ⓝ518.8
◇静岡県都市計画区域マスタープラン策定方針　第2編　［静岡］　静岡県　2013.10　160p　30cm　Ⓝ518.8
◇静岡県都市計画区域マスタープラン策定方針　第3編　［静岡］　静岡県　2013.10　103p　30cm　Ⓝ518.8
◇静岡県の都市計画　資料編　平成26年3月　［静岡］　静岡県都市計画課　2014.10　199p　30cm　Ⓝ518.8

静岡県（都市計画—湖西市）
◇湖西市都市計画マスタープラン—豊かな自然と歴史に包まれた、活力あるくらし・産業創造都市湖西　湖西市都市計画課編　湖西　湖西市都市計画課　2014.3　121p　30cm　Ⓝ518.8
◇湖西市都市計画マスタープラン—豊かな自然と歴史に包まれた、活力あるくらし・産業創造都市湖西　資料編　湖西市都市計画課編　湖西　湖西市都市計画課　2014.3　220p　30cm　Ⓝ518.8

静岡県（土壌）
◇静岡県土壌肥料ハンドブック—環境にやさしい持続性の高い農業の推進　静岡県産業部農山村共生課編　静岡　静岡県産

業部農山村共生課　2014.3　395p　30cm〈内容：持続的農業を推進する土壌肥料技術指針　農作物施肥基準　土づくりと土壌改善基準〉Ⓝ613.49

静岡県（ドメスティックバイオレンス）
◇静岡県配偶者等からの暴力の防止及び被害者の保護・支援に関する基本計画—第三次静岡県DV防止基本計画：DVのない社会づくりとDV被害者の自立を目指して　［静岡］　静岡県健康福祉部こども家庭課　2014.3　79p　30cm　Ⓝ367.3

静岡県（農業政策）
◇静岡県経済産業ビジョン—2014-2017　農業・農村編　［静岡］　静岡県　2014.3　47, 8p　30cm　Ⓝ601.154

静岡県（バス事業）
◇静岡の高速バス倉庫　2013夏—2014初夏　MIKU地域社会研究室編　［出版地不明］　MIKU地域社会研究室　2014.8　32p　26cm　Ⓝ685.5

静岡県（風俗・習慣—沼津市）
◇戸田村史　民俗編　暮らしの伝承　戸田村史編さん委員会, 沼津市教育委員会編　沼津　沼津市　2014.3　455p　27cm〈文献あり〉Ⓝ215.4

静岡県（福祉作業所—名簿）
◇障害のある人が働く事業所名鑑　上巻　静岡　静岡県健康福祉部障害者支援局　2013.9　351p　21cm〈静岡県委託事業, 委託先：オールしずおかベストコミュニティ〉Ⓝ369.5
◇障害のある人が働く事業所名鑑　下巻　静岡　静岡県健康福祉部障害者支援局　2013.9　310p　21cm〈静岡県委託事業, 委託先：オールしずおかベストコミュニティ〉Ⓝ369.5

静岡県（文化活動）
◇文化に関する意識調査　平成24年度　静岡　静岡県文化・観光部文化政策課　［2013］　202p　30cm　Ⓝ379.02154

静岡県（文化財—御前崎市）
◇御前崎市の指定文化財　御前崎市教育委員会編　御前崎　御前崎市教育委員会　2014.3　81p　26cm　Ⓝ709.154

静岡県（文化財—裾野市）
◇須山地区の文化財めぐり　裾野市文化財保護審議委員会編　一部修正　裾野　裾野市教育委員会　2014.3　54p　21cm　Ⓝ709.154

静岡県（噴火災害）
◇災害を知り、防災を考える　静岡大学イノベーション社会連携推進機構編　静岡　静岡大学イノベーション社会連携推進機構　2014.3　96p　21cm　（静岡大学公開講座ブックレット8）〈会期・会場：2013年9月7日 沼津市民文化センターほか　内容：火山噴火予知の方法（鵜川元雄述）静岡の津波防災を考える（原田賢治述）　大地が伝える津波と地震の記憶（北村晃寿述）〉Ⓝ369.3

静岡県（噴火災害—歴史）
◇富士山の下（ふもと）に灰を雨（ふ）らす富士の噴火と古墳時代後期の幕開け：富士市立博物館第53回企画展　富士市立博物館編　富士　富士市立博物館　2014.7　43p　30cm〈年表あり　会期：平成26年7月12日—10月13日〉Ⓝ215.4

静岡県（防災計画）
◇「内陸のフロンティア」を拓く取組—ふじのくに防災減災・地域成長モデル：全体構想　改訂版　静岡　静岡県企画広報部政策企画局地域政策課　2014.3　161p　30cm　Ⓝ518.87

静岡県（防災計画—伊豆の国市）
◇伊豆の国市地域防災計画　［伊豆の国］　伊豆の国市防災会議　2014.5　370p　30cm　Ⓝ369.3

静岡県（防災計画—焼津市）
◇焼津市地域防災計画　共通対策の巻・地震対策の巻・津波対策の巻・風水害対策の巻・大火災対策の巻　［焼津］　焼津市防災会議　2014.3　1冊　30cm　Ⓝ369.3

静岡県（ミカン—栽培—統計）
◇静岡県果樹園芸の生産と流通—みかん白書　静岡県経済産業部みかん園芸課編　静岡　静岡県経済産業部みかん園芸課　2014.3　65p　30cm　Ⓝ625.32

静岡県（水資源）
◇天竜川水系・大井川水系平成25年度の節水対策（夏・冬）静岡県くらし・環境部環境局水利用課天竜川水利調整協議会事務局, 静岡県くらし・環境部環境局水利用課大井川水利調整協議会事務局編　［静岡］　静岡県くらし・環境部環境局水利用課天竜川水利調整協議会事務局　2014.7　106p　30cm〈共同刊行：静岡県くらし・環境部環境局水利用課大井川水利調整協議会事務局〉Ⓝ517
◇天竜川水系平成23・24年度の節水対—平成23年度冬・平成24年度夏　静岡県くらし・環境部環境局水利用課天竜川水利調整協議会事務局, 静岡県くらし・環境部環境局水利用課天竜川水利調整協議会事務局編　［静岡］　静岡県くらし・環境部環境局水利用課天竜川水利調整協議会事務局　2013.3　68p

静岡県（名簿）

30cm〈参考：大井川水系の流況　共同刊行：静岡県くらし・環境部環境局水利用課大井川水利調整協議会事務局〉Ⓝ517

静岡県（名簿）
◇静岡県人物・人材情報リスト　2015　第1巻　日外アソシエーツ株式会社編　日外アソシエーツ（制作）2014.11　665p　30cm　Ⓝ281.54
◇静岡県人物・人材情報リスト　2015　第2巻　日外アソシエーツ株式会社編　日外アソシエーツ（制作）2014.11　p667-1341,56p　30cm　Ⓝ281.54

静岡県（屋号―焼津市）
◇屋号のまち焼津―屋号と創業史　水産編　屋号のまち焼津プロジェクト企画・編集　焼津　焼津信用金庫　2014.3　221p　27cm　Ⓝ384.4

静岡県（歴史）
◇静岡と世界―静岡県国際化事始め　桜井祥行著　静岡　羽衣出版　2014.3　375p　22cm〈文献あり〉①978-4-907118-09-9　Ⓝ215.4　[2300円]
◇戦国大名武田氏と地域社会　小笠原春香,小川雄,小佐野浅子,長谷川幸一等　岩田書院　2014.5　116p　21cm（岩田書院ブックレット　歴史考古学系　H-19）〈内容：武田氏の戦争と境目国衆（小笠原春香著）　武田氏の駿河領国化と海賊衆（小川雄著）　武田氏の駿河領国化と富士信仰（小佐野浅子著）　武田領国における修験（長谷川幸一著）〉①978-4-87294-866-0　Ⓝ215.4　[1500円]

静岡県（歴史―菊川市）
◇享和二年壬戌七月吉日取扱済口証文之写―倉沢・吉沢村稼場山境論出入　[小笠町（静岡県）]　静岡県教職員互助会小笠支部退職互助部古文書研究会　[2014]　5,99p　26cm〈複製を含む〉Ⓝ215.4

静岡県（歴史―史料）
◇古文書演習　平成26年度　1　駿河古文書会編　[静岡]　駿河古文書会　[2014]　69枚　26×37cm〈複製〉Ⓝ210.029
◇古文書演習　平成26年度　2　駿河古文書会編　[静岡]　駿河古文書会　[2014]　60枚　26×37cm〈複製〉Ⓝ210.029
◇静岡県史　資料編　29　近現代　8（富士山静岡空港）　静岡県編　静岡　静岡県　2014.3　1001p　27cm〈年表あり〉Ⓝ215.4

静岡県（歴史―史料―伊東市）
◇伊東市史　史料編　近現代　1　伊東市史編集委員会編　伊東　伊東市　2014.3　751p　27cm　Ⓝ215.4

静岡県（歴史―史料―磐田市）
◇福田町史　資料編　6　近世・近現代（続）　福田町史編さん委員会編　磐田　磐田市　2014.3　959p　22cm　Ⓝ215.4

静岡県（歴史―史料―書目―三島市）
◇三島問屋場・町役場文書目録―三島市郷土資料館所蔵　三島市郷土資料館創造活動事業実行委員会編　三島　三島市郷土資料館創造活動事業実行委員会　2014.3　8,226p　30cm〈平成25年度文化庁地域と共働した美術館・歴史博物館創造活動支援事業〉Ⓝ215.4

静岡県（歴史―史料―富士市）
◇六所家総合調査報告書　古文書　1　富士市立博物館ほか　[富士]　富士市教育委員会　2014.3　184p　22cm　Ⓝ215.4

静岡県（歴史―藤枝市）
◇図説藤枝市史　藤枝市史編さん委員会編　[藤枝]　静岡県藤枝市　2013.3　199p　図版　2p　30cm〈年表あり〉Ⓝ215.4

静岡県（労働災害―御前崎市）
◇原発の底で働いて―浜岡原発と原発下請労働者の死　高杉晋吾著　緑風出版　2014.1　213p　20cm〈文献あり〉①978-4-8461-1402-2　Ⓝ543.5　[2000円]

静岡県（路線価）
◇路線価図―静岡県版（2）　名古屋　新日本法規出版　c2013　1冊　30cm　（財産評価基準書　平成25年分）〈内容：浜松西署　浜松東署〉①978-4-7882-7704-5　Ⓝ345.5　[13000円]
◇路線価図―静岡県版（3）　名古屋　新日本法規出版　c2013　1冊　30cm　（財産評価基準書　平成25年分）〈内容：沼津署〉①978-4-7882-7705-2　Ⓝ345.5　[7200円]
◇路線価図―静岡県版（4）　名古屋　新日本法規出版　c2013　1冊　30cm　（財産評価基準書　平成25年分）〈内容：熱海署　三島署　下田署〉①978-4-7882-7706-9　Ⓝ345.5　[6300円]
◇路線価図―静岡県版（5）　名古屋　新日本法規出版　c2013　1冊　30cm　（財産評価基準書　平成25年分）〈内容：島田署　藤枝署〉①978-4-7882-7707-6　Ⓝ345.5　[6000円]
◇路線価図―静岡県版（6）　名古屋　新日本法規出版　c2013　1冊　30cm　（財産評価基準書　平成25年分）〈内容：富士署〉①978-4-7882-7708-3　Ⓝ345.5　[7900円]

◇路線価図―静岡県版（7）　名古屋　新日本法規出版　c2013　1冊　30cm　（財産評価基準書　平成25年分）〈内容：磐田署　掛川署〉①978-4-7882-7709-0　Ⓝ345.5　[6500円]
◇路線価―財産評価基準書　平成26年分静岡県版2　浜松西署　浜松東署　名古屋　新日本法規出版　c2014　1冊　30cm〈索引あり〉①978-4-7882-7849-3　Ⓝ345.5　[14300円]
◇路線価―財産評価基準書　平成26年分静岡県版3　沼津署　名古屋　新日本法規出版　c2014　1冊　30cm〈索引あり〉①978-4-7882-7850-9　Ⓝ345.5　[8000円]
◇路線価―財産評価基準書　平成26年分静岡県版4　熱海署　三島署　下田署　名古屋　新日本法規出版　c2014　1冊　30cm〈索引あり〉①978-4-7882-7851-6　Ⓝ345.5　[7000円]
◇路線価―財産評価基準書　平成26年分静岡県版5　島田署　藤枝署　名古屋　新日本法規出版　c2014　1冊　30cm〈索引あり〉①978-4-7882-7852-3　Ⓝ345.5　[6600円]
◇路線価―財産評価基準書　平成26年分静岡県版6　富士署　名古屋　新日本法規出版　c2014　1冊　30cm〈索引あり〉①978-4-7882-7853-0　Ⓝ345.5　[8700円]
◇路線価―財産評価基準書　平成26年分静岡県版7　磐田署　掛川署　名古屋　新日本法規出版　c2014　1冊　30cm〈索引あり〉①978-4-7882-7854-7　Ⓝ345.5　[7200円]

静岡県立清水南高等学校
◇南陵―創立50周年記念誌　静岡県立清水南高等学校創立50周年記念事業実行委員会記念誌委員会編　静岡　静岡県立清水南高等学校・中等部　2013.11　303p　31cm〈年表あり　静岡県立清水南高等学校創立50周年,静岡県立清水南高等学校中等部創立10周年〉Ⓝ376.48

静岡県立清水南高等学校中等部
◇南陵―創立50周年記念誌　静岡県立清水南高等学校創立50周年記念事業実行委員会記念誌委員会編　静岡　静岡県立清水南高等学校・中等部　2013.11　303p　31cm〈年表あり　静岡県立清水南高等学校創立50周年,静岡県立清水南高等学校中等部創立10周年〉Ⓝ376.48

静岡市（遺跡・遺物）
◇一丁田遺跡　10区・12区　静岡　静岡市教育委員会　2014.3　64p　図版　30p　30cm　（静岡市埋蔵文化財調査報告）〈清水富士宮線建設に伴う発掘調査報告書〉Ⓝ210.0254
◇小鹿杉本堀合坪遺跡　4　静岡県埋蔵文化財センター編　静岡　静岡県埋蔵文化財センター　2014.2　60p　図版　12p　30cm　（静岡県埋蔵文化財センター調査報告　第41集）〈平成24年度静岡県立大学新看護学部棟建設に伴う埋蔵文化財発掘調査報告書〉Ⓝ210.0254
◇静岡市内遺跡群発掘調査報告書　平成25年度　静岡市教育委員会編　静岡　静岡市教育委員会　2014.3　81p　図版　37p　30cm　（静岡市埋蔵文化財調査報告）Ⓝ210.0254
◇鷹ノ道遺跡―第14次発掘調査報告書　静岡市教育委員会編　静岡　静岡市教育委員会　2014.3　121p　図版　51p　30cm　（静岡市埋蔵文化財調査報告）Ⓝ210.0254

静岡市（行政）
◇第2次静岡市総合計画―第3期実施計画（平成24年度―26年度）　静岡市企画局企画部企画課編　再改定　[静岡]　静岡市　2014.2　106p　30cm　Ⓝ318.254

静岡市（空襲）
◇静岡炎上―空襲で焦土となった　柴田慎著　平原社　2014.9　251p　20cm〈背のタイトル関連情報（誤植）：空襲で焦土になった〉①978-4-938391-52-2　Ⓝ916　[1800円]

静岡市（公園）
◇静岡市都市計画公園見直しガイドライン　静岡市都市局都市計画部緑地政策課編　静岡　静岡市都市局都市計画部緑地政策課　2013.11　83p　30cm　Ⓝ518.85

静岡市（個人情報保護）
◇静岡市の情報公開―静岡市情報公開制度運用状況報告書　平成25年度　静岡市総務局行政管理部政策法務課法規・情報公開グループ編　[静岡]　静岡市総務局行政管理部政策法務課　2014.1　1冊　30cm　Ⓝ318.554

静岡市（情報公開制度）
◇静岡市の情報公開―静岡市情報公開制度運用状況報告書　平成25年度　静岡市総務局行政管理部政策法務課法規・情報公開グループ編　[静岡]　静岡市総務局行政管理部政策法務課　2014.8　1冊　30cm　Ⓝ318.554

静岡市（地域開発）
◇フィールドワーク実習報告書　平成25年度　静岡市北部（奥藁科山地域）　富沢寿勇,玉置泰明,湖中真哉,松浦直毅共編　[静岡]　静岡県立大学国際関係学部国際行動学コース　2014.2　78p　26cm〈文献あり〉Ⓝ382.154　[非売品]

◇フィールドワーク実習報告書　平成26年度　静岡県静岡市駿河区用宗地区　静岡　静岡大学人文社会科学部社会学科文化人類学コース　2014.12　141p　26cm　〈文献あり〉　Ⓝ382.154　[1600円]

静岡市（都市計画）
◇静岡市の都市計画―平成26年3月31日現在　資料編　[静岡]　静岡市都市計画課　[2014]　79p　30cm　Ⓝ518.8

静岡市（農業）
◇フィールドワーク実習報告書　平成25年度　静岡市北部(奥藁科地域)　富沢寿勇,玉置泰明,湖中真哉,松浦直毅共編　[静岡]　静岡県立大学国際関係学部国際行動学コース　2014.2　78p　26cm　〈文献あり〉　Ⓝ382.154　[非売品]

静岡市（風俗・習慣）
◇フィールドワーク実習報告書　平成26年度　静岡県静岡市駿河区用宗地区　静岡　静岡大学人文社会科学部社会学科文化人類学コース　2014.12　141p　26cm　〈文献あり〉　Ⓝ382.154

静岡市（方言）
◇静岡県静岡市千代田方言の記述研究　堀博文,滝川史明編　静岡　静岡大学人文社会科学部言語文化学科　2014.3　417p　26cm　Ⓝ818.54

静岡市（緑地計画）
◇静岡市都市計画公園見直しガイドライン　静岡市都市局都市計画部緑地政策課編　静岡　静岡市都市局都市計画部緑地政策課　2013.11　83p　30cm　Ⓝ518.85

静岡市（歴史）
◇古里・俵峰を愛して―歴史を楽しむ　望月庄太郎[著]　[静岡]　[望月庄太郎]　[2014]　133p　26cm　〈年表あり　複製を含む〉　Ⓝ215.4
◇曲金の郷　加藤三男著　[静岡]　加藤三男　2013.6　183p　19cm　〈静岡新聞社（発売）「曲金の里」平成11年刊　の増訂〉　①978-4-7838-9857-3　Ⓝ215.4　[1200円]

静岡市（歴史―史料）
◇年代記話傳―庵原郡寺尾村小池太三郎記　第1部　天保十五年から明治二年まで　小池太三郎[著],　古文書考房解説・編集　[静岡]　古文書考房　2014.5　121, 148, 6p　30cm　〈奥付のタイトル（誤植）：年代記伝傳　複製を含む〉　Ⓝ215.4

静岡市（路線価）
◇路線価図―静岡県版(1)　名古屋　新日本法規出版　c2013　1冊　30cm　（財産評価基準書　平成25年分）〈内容：静岡署　清水署〉　①978-4-7882-7703-8　Ⓝ345.5　[11600円]
◇路線価図―財産評価基準書　平成26年分静岡県版1　静岡署　清水署　名古屋　新日本法規出版　c2014　1冊　30cm　〈索引あり〉　①978-4-7882-7848-6　Ⓝ345.5　[12800円]

静岡大学
◇社会調査実習調査報告書　2011年度―2012年度　静岡　静岡大学人文社会科学部社会学科社会学研究室　2013.3　99p　30cm　〈担当教員：荻野達夫ほか〉　Ⓝ361.91
◇大学の情報基盤―ある情報センターの挑戦　八巻直一著　[浜松]　ITSC静岡学術出版事業部　2014.5　12p　18cm　（静岡学術出版教養ブックス）①978-4-86474-033-3　Ⓝ377.21　[1700円]

静岡大学教育学部附属特別支援学校
◇今、知りたい！かかわる力・調整する力―特別支援教育のコツ　静岡大学教育学部附属特別支援学校編著　ジアース教育新社　2013.11　147p　26cm　①978-4-86371-244-7　Ⓝ378.6　[1700円]

静岡文化芸術大学
◇静岡文化芸術大学一〇年史　静岡文化芸術大学一〇年史編集委員会編　平凡社　2014.3　349p　21cm　〈年譜あり〉①978-4-582-45003-3　Ⓝ377.21　[2200円]

雫石町〔岩手県〕（遺跡・遺物）
◇小日谷地ⅠB遺跡発掘調査報告書　平成24年度　雫石町教育委員会編　雫石町(岩手県)　雫石町教育委員会　2013.3　213p　30cm　（雫石町埋蔵文化財調査報告書　第13集）　Ⓝ210.0254

雫石町〔岩手県〕（発電計画）
◇地熱開発加速化支援・基盤整備事業委託業務(岩手県雫石町)報告書　平成25年度　[滝沢]　地熱エンジニアリング　2014.3　1冊　30cm　Ⓝ543.7

自然社
◇橋本郷見著作集　第1巻　昭和24年―29年　橋本郷見[著],　教長著作編纂委員会編纂　大阪　自然社　2014.10　296p　22cm　①978-4-915586-34-7　Ⓝ178.94　[3900円]

四川省（紀行・案内記）
◇四川紀行―中国現代史家が接した中国市民　今井駿著　而立書房　2014.12　188p　20cm　①978-4-88059-384-5　Ⓝ292.235　[1500円]

◇中国奥地紀行　2　イザベラ・バード著,　金坂清則訳　平凡社　2014.2　427p　16cm　（平凡社ライブラリー　805）〈索引あり　東洋文庫　2002年刊の再刊〉①978-4-582-76805-3　Ⓝ292.22　[1600円]

宍粟市（郷土教育―歴史―史料）
◇三方の光―昭和五年十一月：宍粟郡三方尋常高等小学校　宍粟市歴史資料館編　宍粟　宍粟市歴史資料館　2014.2　294p　30cm　（宍粟市郷土資料集　第1集）〈年表あり〉　Ⓝ216.4

宍粟市（歴史―史料）
◇播磨国宍粟郡広瀬宇野氏の史料と研究　宍粟市歴史資料館編　宍粟　宍粟市歴史資料館　2014.3　236p　30cm　（宍粟市郷土資料集　第2集）　Ⓝ216.4
◇三方の光―昭和五年十一月：宍粟郡三方尋常高等小学校　宍粟市歴史資料館編　宍粟　宍粟市歴史資料館　2014.2　294p　30cm　（宍粟市郷土資料集　第1集）〈年表あり〉　Ⓝ216.4

志田　忠儀〔1916〜　〕
◇ラスト・マタギ―志田忠儀・98歳の生活と意見　志田忠儀著　KADOKAWA　2014.11　203p　20cm　①978-4-04-101518-6　Ⓝ289.1　[1500円]

紫竹　昭葉〔1927〜　〕
◇咲きたい花はかならず開く　紫竹昭葉著　KADOKAWA　2014.2　183p　19cm　①978-4-04-066304-3　Ⓝ289.1　[1200円]

幣原　喜重郎〔1872〜1951〕
◇近代日本外交と「死活的利益」―第二次幣原外交と太平洋戦争への序曲　種稲秀司著　芙蓉書房出版　2014.3　345p　22cm　〈索引あり　内容：序章　日本外交にとっての「死活的利益〈vital　interest〉」　第二次幣原外交初期の日中交渉　対満行政機関統一問題と一九二九年中ソ紛争　一九二九年中ソ紛争の「衝撃」　満洲事変における幣原外交の再検討　一九三一年一二月国際連盟理事会決議の成立過程　満洲事変におけるハルビン進攻　終章〉①978-4-8295-0612-7　Ⓝ319.1　[4600円]

四天王寺〔大阪市〕
◇四天王寺舞楽所用具　舞楽面編　[大阪]　四天王寺　2014.3　440p　30cm　〈平成二十五年度文化遺産を活かした地域活性化事業〉　Ⓝ768.21

市東〔氏〕
◇遠い日の人たち―両親の系譜を尋ねて　金丸純一,金丸新樹著　青娥書房　2014.9　175p　図版8p　22cm　①978-4-7906-0322-1　Ⓝ288.2

自動車検査独立行政法人
◇自動車検査独立行政法人審査事務規程　平成26年3月本則　交文社　2014.3　1395p　21cm　①978-4-906000-67-8　Ⓝ537.7　[4800円]
◇自動車検査独立行政法人審査事務規程　平成26年8月別表・様式・別添・付録　交文社　2014.8　573p　21cm　①978-4-906000-68-5　Ⓝ537.7　[2500円]

自動車リサイクル促進センター
◇自動車リサイクル法指定法人10年の歩み　自動車リサイクル促進センター　2013.11　119p　30cm　Ⓝ537.09

持統天皇〔645〜702〕
◇天武天皇と持統天皇―律令国家を確立した二人の君主　義江明子著　山川出版社　2014.6　94p　21cm　（日本史リブレット人　006）〈文献あり　年譜あり〉①978-4-634-54806-0　Ⓝ288.41　[800円]

至徳堂
◇近世地域教育の一断面―上総の郷学「至徳堂」の歴史　三浦茂一著　流山　崙書房出版　2014.6　230p　21cm　〈年表あり　内容：西上総高柳いまなかむ　木更津市内最古の武蔵板碑と巌根手力雄命　至徳堂関係史料についての二、三の覚書　「至徳堂之碑」銘を読む　至徳堂の運営と学習活動　上総の郷学至徳堂と教授松下葵岡　至徳堂の釈奠儀礼　至徳堂の頼母子講と重城琢斎　南総の隠士正木幽谷　大勢狂人『小学噯嘲』の刊行　幽谷居士の漢詩集　「上総日記」にみる時田祐と幽谷　高柳銚子塚古墳上の三つの至徳堂碑　“脚気先生”遠山父子と山子学　至徳堂社友の海和知上　三人の鈴木先生　梅香園の重城良造さん　「柳井記」の碑の銘文を読む　「退筆塚」の碑文を読む　“御師匠様”宅の墨跡を読む〉①978-4-8455-1192-1　Ⓝ372.105　[2800円]

シドニー〔オーストラリア〕（食生活）
◇シドニーのそれぞれ楽しいご飯たち　宇田和子編著　開文社出版　2014.5　86p　21cm　〈文献あり　レシピ：Jane Chaytorほか〉①978-4-87571-876-5　Ⓝ383.8715　[860円]

シトローエン自動車会社

◇シトロエン2CV—フランスが生んだ大衆のための実用車　武田隆著　三樹書房　2014.5　133p　27cm〈文献あり　年表あり〉①978-4-89522-624-0　Ⓝ537.92　［3800円］

◇シトロエン2CV—フランスが生んだ大衆のための実用車　武田隆著　［特別限定版］　三樹書房　2014.7　133p　27cm〈文献あり　年表あり　布装〉①978-4-89522-628-8　Ⓝ537.92　［4800円］

品川 弥二郎〔1843～1900〕

◇品川弥二郎伝　奥谷松治著　復刻版　周南　マツノ書店　2014.1　363, 308, 5p　22cm〈年譜あり　原本：高陽書院昭和15年刊　付：『品川子爵追悼録』　折り込み 1枚〉Ⓝ289.1

品川台場

◇江戸湾防備と品川御台場　品川区立品川歴史館編　岩田書院　2014.3　121p　21cm　（岩田書院ブックレット　歴史考古学系 H-17）〈内容：品川御台場研究の新展開に向けて（柘植信行著）　幕末江戸湾防備の拠点・品川御台場の築造と地域社会（冨川武史著）　台場の構築に用いられた木材を調べる（鈴木伸哉著）　ロシア船来航時における応接と大坂町奉行の役割（高入智弘著）　品川台場と佐賀藩（本多美穂著）　史跡「品川台場」の保存と活用を考える（冨川武史著）〉①978-4-87294-846-2　Ⓝ213.61　［1500円］

信濃川

◇信濃川水系信濃川下流（山地部）圏域河川整備計画　［新潟］新潟県　［2013］　78p　30cm〈平成18年7月（平成19年11月一部変更）（平成25年4月一部変更）〉Ⓝ517.091

◇信濃川水系信濃川下流（平野部）圏域河川整備計画　［新潟］新潟県　［2014］　69p　30cm〈平成16年8月（平成26年12月一部変更）〉Ⓝ517.091

信濃橋画廊

◇信濃橋画廊インタビュー集　兵庫県立美術館編　［神戸］　兵庫県立美術館　2014.3　174p　30cm　Ⓝ706.7

篠田 桃紅〔1913～ 〕

◇百歳の力　篠田桃紅著　集英社　2014.6　185p　18cm　（集英社新書 0743）①978-4-08-720743-9　Ⓝ728.216　［700円］

篠原 欣子〔1934～ 〕

◇前を向いて歩こう　篠原欣子著　日本経済新聞出版社　2014.3　227p　20cm　（私の履歴書）〈年譜あり〉①978-4-532-31931-1　Ⓝ289.1　［1600円］

篠原 儀治〔1924～ 〕

◇江戸風鈴—篠原儀治さんの口語り　篠原儀治［述］，野村敬子著　藤沢　瑞木書房　2014.6　245p　20cm　（慶友社（発売））①978-4-87449-187-4　Ⓝ751.5　［2000円］

篠宮 龍三

◇素潜り世界——人体の限界に挑む　篠宮龍三著　光文社　2014.7　238p　18cm　（光文社新書 706）①978-4-334-03810-6　Ⓝ785.23　［820円］

司馬 光〔1019～1086〕

◇本当に残酷な中国史—大著「資治通鑑」を読み解く　麻生川静男著　KADOKAWA　2014.9　245p　18cm　（角川SSC新書 232）〈年表あり〉①978-4-04-731643-0　Ⓝ222.01　［820円］

司馬 遷〔145～86B.C.〕

◇史記〔列伝〕3　青木五郎著，小澤賢映編　明治書院　2014.4　174p　18cm　（新書漢文大系 36）①978-4-625-66427-4　Ⓝ222.03　［1200円］

◇新釈漢文大系 120　史記 14〔列伝 7〕〔司馬遷原著〕，青木五郎著　明治書院　2014.6　488p　22cm〈索引あり　付属資料：4p：月報 no.114〉①978-4-625-67319-1　Ⓝ082　［8500円］

司馬 遼太郎〔1923～1996〕

◇雑感—司馬文学について　合田盛文著　［出版地不明］　［合田盛文］　2014.5　122p　15cm　Ⓝ910.268

◇司馬氏！ しばし待たれい!!—司馬遼太郎を丸裸にする〈「坂の上の雲」より〉佐野量幸著　日本文学館　2014.1　226p　19cm〈文献あり〉①978-4-7765-3735-9　Ⓝ913.6　［1200円］

◇司馬文学の真髄とその魅力　合田盛文著　［出版地不明］　［合田盛文］　2014.2印刷　330p　18cm　Ⓝ910.268

◇司馬遼太郎の描く異才 1　空海、義経、武蔵、家康　週刊朝日編集部編　朝日新聞出版　2014.1　294p　図版24p　15cm　（朝日文庫 し1-109）〈文献あり　「週刊司馬遼太郎 3」（朝日新聞社 2008年刊）「週刊司馬遼太郎 4 8 9」（2008～2012年刊）をもとに改題、再構成・加筆・修正　内容：空海が見た宇宙『空海の風景』余話　源家の血の魅力　司馬遼太郎剣豪列伝

家康という時代　私と司馬さん（浅野妙子ほか述）〉①978-4-02-264729-0　Ⓝ910.268　［660円］

◇司馬遼太郎の描く異才 2　高田屋嘉兵衛、千葉周作、江藤新平　週刊朝日編集部編　朝日新聞出版　2014.1　281p　図版24p　15cm　（朝日文庫 し1-110）〈文献あり　「週刊司馬遼太郎 4 8 9」（2008～2012年刊）をもとに改題、再構成・加筆・修正　内容：高田屋嘉兵衛の海　『菜の花の沖』について　幕末のハードボイルド　江藤新平権力と反骨　大隈重信が目指した文明　私と司馬さん（大村彦次郎ほか述）〉①978-4-02-264730-6　Ⓝ910.268　［660円］

◇歴史小説の罠—司馬遼太郎、半藤一利、村上春樹　福井雄三著　総和社　2013.12　275p　19cm　①978-4-86286-075-0　Ⓝ210.6　［1500円］

芝浦グループ

◇お金のない人は知恵を出せ—起業家・新地哲己の電力王への道　鶴蒔靖夫著　IN通信社　2014.3　254p　20cm　①978-4-87218-394-8　Ⓝ543.8　［1800円］

柴田 勝頼〔1979～ 〕

◇同級生—魂のプロレス青春録　後藤洋央紀，柴田勝頼著　辰巳出版　2014.12　255p　19cm　（G SPIRITS BOOK Vol.4）〈年表あり〉①978-4-7778-1317-9　Ⓝ788.2　［1400円］

柴田 紗希〔1991～ 〕

◇シバサキ　柴田紗希著　学研パブリッシング　2014.9　112p　21cm〈学研マーケティング（発売）〉①978-4-05-406113-2　Ⓝ289.1　［1300円］

新発田市（遺跡・遺物）

◇小船渡遺跡　新潟県教育委員会，新潟県埋蔵文化財調査事業団編　新潟　新潟県教育委員会　2014.3　114p　図版102p　30cm　（新潟県埋蔵文化財調査報告書 第247集）〈一般国道7号新発田拡幅事業関係発掘調査報告書　共同刊行：新潟県埋蔵文化財調査事業団〉Ⓝ210.0254

◇新発田城跡発掘調査報告書 9　新発田　新発田市教育委員会　2013.3　74p　図版29p　30cm　（新発田市埋蔵文化財調査報告 第49）〈内容：第21地点〉Ⓝ210.0254

◇下山田遺跡発掘調査報告書　新発田　新発田市教育委員会　2013.3　36p　図版7p　30cm　（新発田市埋蔵文化財調査報告 第48）Ⓝ210.0254

◇中野遺跡・庄道田遺跡発掘調査報告書　新発田　新発田市教育委員会　2014.3　144p　図版58p　30cm　（新発田市埋蔵文化財調査報告 第51）Ⓝ210.0254

◇丸山A遺跡発掘調査報告書　新発田　新発田市教育委員会　2014.3　212p　図版47p　30cm　（新発田市埋蔵文化財調査報告 第50）〈県営圃場整備事業（蔵光地区）に伴う埋蔵文化財発掘調査報告書　折り込み 1枚〉Ⓝ210.0254

芝山町（千葉県）（遺跡・遺物）

◇小池麻生遺跡（庚申前2512-1地点）権現遺跡（316-4地点）芝山町（千葉県）　芝山町教育委員会　2014.3　14p　図版4p　30cm　（芝山町内遺跡発掘調査報告書 平成25年度）Ⓝ210.0254

ジバンシィ，H.〔1927～ 〕

◇VOGUE ONユベール・ド・ジバンシィ　ドルシラ・ベイファス著，和田侑子訳　ガイアブックス　2014.9　156p　22cm〈文献あり　索引あり〉①978-4-88282-921-8　Ⓝ593.3　［2400円］

渋川 玄耳〔1872～1926〕

◇玄耳と東京法学院の時代　岡村惇著　八王子　中央大学出版部　2014.5　214p　19cm〈文献あり〉①978-4-8057-6184-7　Ⓝ289.1　［2000円］

渋川市（遺跡・遺物）

◇有馬寺畑遺跡　渋川市教育委員会編　渋川　渋川市教育委員会　2014.3　242p　図版88p　30cm　（渋川市埋蔵文化財発掘調査報告書 第31集）〈古巻中部土地改良事業に伴う発掘調査報告〉Ⓝ210.0254

◇渋川市市内遺跡 7　渋川市教育委員会編　渋川　渋川市教育委員会　2014.3　21p　図版6p　30cm　（渋川市埋蔵文化財発掘調査報告書 第34集）〈内容：平成24年度市内遺跡範囲確認調査報告〉Ⓝ210.0254

◇渋川市内発掘調査報告書　渋川市教育委員会編　渋川　渋川市教育委員会　2014.3　60p　図版16p　30cm　（渋川市埋蔵文化財発掘調査報告書 第33集）〈内容：石原西浦遺跡. 3　石原東古墳群. 2　八崎大宮遺跡. 2　中筋遺跡. 13次　白井叺谷戸遺跡〉Ⓝ210.0254

◇白井北中道遺跡 2　スナガ環境測設株式会社編　［郡山］　ニラク　2014.3　22p　図版6p　30cm〈株式会社ニラク遊技場建設工事に伴う埋蔵文化財発掘調査報告書　折り込み 1枚〉Ⓝ210.0254

◇白井南中道遺跡 3　毛野考古学研究所編　前橋　毛野考古学研究所　2014.11　24p　図版8p　30cm〈群馬県渋川市所在

株式会社TTC業務用倉庫及び事務所建設工事に伴う埋蔵文化財発掘調査報告書 塚本建設の委託による〉 Ⓝ210.0254

◇滝沢御所遺跡 群馬県埋蔵文化財調査事業団編 渋川 群馬県埋蔵文化財調査事業団 2014.12 78p 図版 30p 21cm （公益財団法人群馬県埋蔵文化財調査事業団調査報告書 第592集）〈文献あり （一）津久田停車場前橋線上三原田バイパス地方特定道路整備事業に伴う埋蔵文化財発掘調査報告書 共同刊行：群馬県渋川土木事務所〉 Ⓝ210.0254

◇津久田上安城遺跡 2 渋川市教育委員会 渋川 渋川市教育委員会 2014.3 60p 図版 18p 30cm （渋川市埋蔵文化財発掘調査報告書 第32集）〈小規模土地改良事業に伴う埋蔵文化財発掘調査報告書〉 Ⓝ210.0254

渋沢 栄一〔1840～1931〕

◇記憶と記録のなかの渋沢栄一 平井雄一郎, 高田知和編 法政大学出版局 2014.8 341p 22cm〈索引あり 内容：序「渋沢栄一」という「意味」への招待（平井雄一郎著） 渋沢敬三による渋沢栄一の顕彰（鶴見太郎著） 近代日本における「実業」の位相（佐藤健二著） 郷里からみた渋沢栄一（高田知和著） 二五人の渋沢栄一（木下直之著） 渋沢栄一、流通する肖像（菊池哲彦著） 渋沢栄一の「事実/真実」から「存在の謎」へ（平井雄一郎著） イメージの収蔵と拡散（中村宗悦著） ブリコルールへの贈り物ができるまで（山田仁美著） 『渋沢栄一伝記資料』を紙から解き放つ（小出いずみ著） 渋沢史料館というテクノロジー（井上潤著）〉 ①978-4-588-32705-6 Ⓝ289.1 ［5000円］

◇グローバル資本主義の中の渋沢栄一――合本キャピタリズムとモラル 橘川武郎, パトリック・フリデンソン編著 東洋経済新報社 2014.2 257p 22cm〈索引あり 内容：渋沢栄一による合本主義（島田昌和著） 道徳経済合一説（田中一弘著） 官民の関係と境界（パトリック・フリデンソン著, 木村昌人訳）「見える手」による資本主義（宮本又郎著） 公正な手段で富を得る（ジャネット・ハンター著, 木村昌人訳） グローバル社会における渋沢栄一の商業道徳観（木村昌人著） 世界的視野における合本主義（ジェフリー・ジョーンズ著, 木村昌人訳） 資本主義観の再構築と渋沢栄一の合本主義（橘川武郎著）〉 ①978-4-492-39601-8 Ⓝ332.106 ［3000円］

◇原water　原典でよむ渋沢栄一のメッセージ 島田昌和編 岩波書店 2014.7 213p 19cm （岩波現代全書 039）①978-4-00-029139-2 Ⓝ289.1 ［2100円］

◇実業家たちのおもてなし―渋沢栄一と帝国ホテル：企画展「企業の原点を探る」シリーズ 渋沢栄一記念財団渋沢史料館 2014.3 87p 21×22cm〈年表あり 会期・会場：2014年3月15日―5月25日 渋沢史料館企画展示室〉 Ⓝ689.81361

◇渋沢栄一物語―社会人になる前に一度は触れたい論語と算盤勘定 田中直隆著 三冬社 2014.7 220p 20cm〈文献あり 年譜あり〉①978-4-904022-85-6 Ⓝ289.1 ［1500円］

◇商人の輿論をつくる！―渋沢栄一と東京商法会議所 渋沢栄一記念財団渋沢史料館 2014.10 77p 26cm〈文献あり 年表あり 会期・会場：2014年10月4日―11月30日 渋沢史料館企画展示室〉 Ⓝ330.66

◇若き日の渋沢栄一――事上磨練の人生 新井慎一著 深谷 深谷ててて編集局 2014.5 64p 21cm （ててて叢書 第1巻）〈年譜あり 文献あり〉①978-4-990778-70-5 Ⓝ289.1 ［926円］

志布志市〔遺跡・遺物〕

◇船迫遺跡・高玉B遺跡 鹿児島県立埋蔵文化財センター編 霧島 鹿児島県立埋蔵文化財センター 2014.3 350p 30cm （鹿児島県立埋蔵文化財センター発掘調査報告書 180）〈志布志市志布志町所在〉 Ⓝ210.0254

ジブチ〔経済援助〔日本〕〕

◇ジブチ共和国廃棄物処理機材整備計画準備調査報告書 ［東京］ 国際協力機構 2013.1 1冊 30cm〈共同刊行：日本テクノ〉 Ⓝ333.804

渋谷 弘利〔1931～ 〕

◇心に青春を―夢は大きく足元は盤石に 澁谷弘利著 金沢 北國新聞社 2014.6 211p 22cm ①978-4-8330-1988-0 Ⓝ289.1 ［2500円］

澁谷 洋子

◇老いの落書き―私の人生 澁谷洋子著, 澁谷正編 弘報印刷 2014.12 236p 19cm Ⓝ289.1

渋谷駅

◇東急電鉄旧渋谷駅とその周辺―失われた風景 黒田和子著 ［出版地不明］ 〔黒田和子〕 2014.4 63p 20×22cm Ⓝ686.53

標津町〔北海道〕〔遺跡・遺物〕

◇北方古代文化の邂逅・カリカリウス遺跡 椙田光明著 新泉社 2014.12 93p 21cm （シリーズ「遺跡を学ぶ」 098）〈文献あり〉①978-4-7877-1338-4,978-4-7877-1530-2(set) Ⓝ211.2 ［1500円］

シベリア〔開発計画〕

◇ロシア極東・シベリア地域開発と日本の経済安全保障 ［東京］ 日本国際問題研究所 2014.3 110p 30cm （平成25年度外務省外交・安全保障調査研究事業（総合事業）） Ⓝ601.292

シベリア〔紀行・案内記〕

◇シリーズ明治・大正の旅行 第1期14 南満洲鉄道案内 明治42年 荒山正彦監修・解説 南満洲鐵道株式會社, 大橋省三編 ゆまに書房 2014.11 708p 図版5枚 22cm〈南満洲鐵道 明治42年刊の複製 南満洲鐵道 大正元年刊の複製ほか 第1期のタイトル関連情報：旅行案内書集成 布装〉①978-4-8433-4655-6,978-4-8433-4652-5(set) Ⓝ384.37 ［32000円］

シベリア〔狩猟〕

◇アムールトラを追う―タイガの帝王 福田俊司著 東洋書店 2013.5 323p 図版16p 20cm〈文献あり〉①978-4-86459-117-1 Ⓝ489.53 ［2600円］

シベリア〔食生活〕

◇食と儀礼をめぐる地球の旅―先住民文化からみたシベリアとアメリカ 高倉浩樹, 山口未花子編 仙台 東北大学出版会 2014.10 217p 19cm （東北アジア学術読本 4）〈内容：狩猟対象から儀礼対象へ（加藤博文著） シベリア・トナカイ牧畜先住民における食の多様な世界（吉田睦著） 北アメリカ大陸極北地帯の食と儀礼（本多俊和著） アラスカの捕鯨民イヌピアットの真夏の祭典ナルカタック（岸上伸啓著） ナスカの地上絵の調査からみた食と儀礼（坂井正人著） 中央アンデス高地における日常食と儀礼食（若林大我著）〉①978-4-86163-250-1 Ⓝ383.8294 ［2500円］

シベリア〔鉄道〕

◇シリーズ明治・大正の旅行 第1期14 南満洲鉄道案内 明治42年 荒山正彦監修・解説 南満洲鐵道株式會社, 大橋省三編 ゆまに書房 2014.11 708p 図版5枚 22cm〈南満洲鐵道 明治42年刊の複製 南満洲鐵道 大正元年刊の複製ほか 第1期のタイトル関連情報：旅行案内書集成 布装〉①978-4-8433-4655-6,978-4-8433-4652-5(set) Ⓝ384.37 ［32000円］

シーボルト, P.F.〔1796～1866〕

◇シーボルト年表―生涯とその業績 石山禎一, 宮崎克則著 八坂書房 2014.1 433p 22cm〈文献あり〉①978-4-89694-166-1 Ⓝ289.3 ［4800円］

島尾 忠男〔1924～ 〕

◇島尾忠男先生卒寿記念―回顧と将来への展望 結核予防会島尾忠男先生卒寿記念誌刊行会編 島尾忠男先生卒寿記念誌刊行会 2014.9 187p 図版 8p 26cm〈著作目録あり 文献あり〉Ⓝ493.89 ［非売品］

志摩市〔遺跡・遺物〕

◇鰯浦間近世墓発掘調査報告 三重県埋蔵文化財センター編 ［明和町（三重県）］ 三重県埋蔵文化財センター 2014.3 46p 30cm （三重県埋蔵文化財調査報告 349）〈志摩市大王町波切所在〉 Ⓝ210.0254

◇南張貝塚（第4・5次）発掘調査報告 三重県埋蔵文化財センター編 ［明和町（三重県）］ 三重県埋蔵文化財センター 2014.2 28p 30cm （三重県埋蔵文化財調査報告 347）〈志摩市浜島町南張所在〉 Ⓝ210.0254

島津〔家〕

◇県指定史跡福昌寺跡（島津家墓所）―第一次調査概要報告書 鹿児島 鹿児島市教育委員会文化課 2014.3 22p 30cm （鹿児島市埋蔵文化財発掘調査報告書 70）Ⓝ219.7

島津〔氏〕

◇薩摩島津氏 新名一仁編著 戎光祥出版 2014.2 410p 21cm （シリーズ・中世西国武士の研究 1）〈内容：中世後期島津氏の研究状況（新名一仁著） 島津氏における領国制形成の課題（郡山良光著） 中世後期島津氏の権力構造（稲本紀昭著） 戦国期島津氏の家臣団編成（山口研一著） 中世の薩琉関係について（小山博著） 一六世紀南九州の港津役人と島津氏（米澤英昭著） 総州家島津忠朝について二、三の覚書（五味克夫著） 南北朝・室町期における島津家と被官酒匂氏について（五味克夫著） 戦国期島津氏の家督相続と老中制（山口研一著） 戦国大名島津氏の権力形成過程（大山智美著） 島津義弘の本宗家家督相続について（西本誠司著） 中世末期における近衛家と島津氏の交流（金井静香著） 天正期島津氏の領国拡大と足利義昭の関係（伊集守道著） 中近世移行期における島津氏の京都外交（岩川拓志著）〉①978-4-86403-103-5 Ⓝ288.3 ［6500円］

◇日向国山東河南の攻防―室町時代の伊東氏と島津氏 新名一仁著 宮崎 鉱脈社 2014.1 199p 19cm （みやざき文庫

島津 重豪〔1745〜1833〕

101）〈年表あり　文献あり〉①978-4-86061-525-3　Ⓝ219.6
［1600円］

島津 重豪〔1745〜1833〕
◇島津重豪―黎明館開館30周年記念企画特別展　鹿児島県歴史
資料センター黎明館企画・編集　［出版地不明］「島津重豪」
実行委員会　2013.9　171p　30cm〈年表あり　文献あり　会
期：平成25年9月27日―11月3日　共同刊行：文化庁〉Ⓝ289.1

島田 叡〔1901〜1945〕
◇10万人を超す命を救った沖縄県知事・島田叡　TBSテレビ報
道局『生きろ』取材班著　ポプラ社　2014.8　221p　18cm
（ポプラ新書 039）〈文献あり〉①978-4-591-14125-0　Ⓝ318.
299　［780円］

島田 武雄〔1914〜1963〕
◇未完のたたかい―長野の農村民主化運動島田武雄の足跡　島
田隆著　農山漁村文化協会　2014.1　351p　19cm（ルーラ
ルブックス）〈年表あり〉①978-4-540-13154-7　Ⓝ289.1
［2000円］

島田市（遺跡・遺物）
◇市内遺跡発掘調査報告書　2014　静岡県島田市教育委員会（文
化課）編　［島田］　静岡県島田市教育委員会　2014.3　119p
図版［23］枚　30cm（静岡県島田市埋蔵文化財報告 第48
集）〈文献あり　内容：青木原遺跡　中原遺跡　原ノ平遺跡
宮上遺跡〉Ⓝ210.0254

嶋谷〔氏〕
◇波浪の百余年を航海した嶋谷海運業史　嶋谷徹編著　［神戸］
［嶋谷徹］　2014.12　442p　22cm〈文献あり　年表あり〉
Ⓝ683.21

島根県（石工）
◇島根の石造物データ―狛犬を中心とした幻の石工達の実態に
せまる　永井泰、齋藤正編　［出版地不明］　永井泰　2014.4
243p　30cm　Ⓝ714.02173

島根県（遺跡・遺物）
◇出雲の考古学　川原和人著　同成社　2014.12　266p　27cm
〈文献あり　内容：島根県における縄文時代の石器の変遷　島
根県における縄文晩期突帯文土器　出雲地方における突帯文土
器・扁平打製石斧　縄文時代の住居跡　出雲東部・山間部にお
ける弥生時代中期〜後期の集落形態　出雲平野における弥生
時代後期の集落　島根県における発生期古墳　石見地方の江
川流域における四隅突出型墳丘墓　四隅突出型墳丘墓の起源
出雲地方における弥生時代中・後期の漆　出雲地方における
前期古墳　浅柄古墳　古墳時代前期から中期の墳丘築造方法
史跡今市大念寺古墳　島根県岡田山1号墳の横穴式石室構造
出雲西部における横穴式石室の形態および築造工程　石見地
方における古式須恵器　浜田市めんぐろ古墳出土の須恵器
日脚遺跡における須恵器の編年　出雲東部における古墳時代
中期の住居跡　出雲地方における律令時代の須恵器　滑石製
石鍋の変遷　島根県における中世墓　近世における来待石石
切り場の変遷〉①978-4-88621-677-9　Ⓝ217.3　［8500円］

島根県（遺跡・遺物―出雲市）
◇旧石器が語る「砂原遺跡」―遥かなる人類の足跡をもとめて
松藤和人、成瀬敏郎著　松江　ハーベスト出版　2014.6　199p
19cm（山陰文化ライブラリー 6）①978-4-86456-107-5
Ⓝ217.3　［1200円］

島根県（遺跡・遺物―雲南市）
◇郡垣遺跡　3　雲南市教育委員会編　雲南　雲南市教育委員会
2014.3　109p　図版［12］枚　30cm（雲南市埋蔵文化財調
査報告書 8）Ⓝ210.0254

島根県（遺跡・遺物―大田市）
◇庵寺古墳群Ⅱ大辻ツリ遺跡小釜野遺跡　島根県教育庁埋蔵文
化財調査センター編　［松江］　島根県教育委員会　2014.3
248p　図版［52］枚　30cm（一般国道9号（仁摩温泉津道
路）改築工事に伴う埋蔵文化財発掘調査報告書 5）〈文献あり
国土交通省松江国道事務所の委託による〉Ⓝ210.0254
◇市井深田遺跡荒横遺跡鈴見B遺跡1区　島根県教育庁埋蔵文化
財調査センター編　［松江］　島根県教育委員会　2014.3
122p　図版［35］枚　30cm（一般国道9号（朝山大田道路）
改築工事に伴う埋蔵文化財発掘調査報告書 2）〈国土交通省松
江国道事務所の委託による〉Ⓝ210.0254
◇石見銀山遺跡発掘調査概要　22　大田　島根県大田市教育委員
会　2014.3　54p　30cm〈内容：昆布山谷地区〉Ⓝ210.0254
◇石見銀山遺跡発掘調査報告書　3　大田　島根県大田市教育委
員会　2014.3　29p　30cm〈文献あり〉Ⓝ210.0254
◇大谷地区本経寺墓地発掘調査報告書―山吹城南西麓の郭遺構
の調査：石見銀山　島根県教育委員会編　松江　島根県教育
委員会　2014.3　29p　30cm〈文献あり〉Ⓝ210.0254

島根県（遺跡・遺物―江津市）
◇二枚畑遺跡発掘調査報告書　江津市教育委員会編　［江津］
江津市教育委員会　2014.3　60p　図版 41p　30cm〈波積ダム
建設事業に伴う〉Ⓝ210.0254

島根県（遺跡・遺物―浜田市）
◇島根県浜田市遺跡地図Ⅵ・浜田市旭町重富試掘調査　浜田　島
根県浜田市教育委員会　2014.3　21p　30cm（市内遺跡発掘
調査報告書 平成24年度）Ⓝ210.0254
◇沖手遺跡　益田市教育委員会編　益田　益田市教育委員会
2014.3　37p　図版 18p　30cm〈ホームプラザナフコ益田北店
開発事業に伴う埋蔵文化財発掘調査報告書〉Ⓝ210.0254

島根県（遺跡・遺物―松江市）
◇城山北公園線都市計画街路事業に伴う松江城下町遺跡発掘調
査報告書　4　［松江］　島根県松江市教育委員会　2014.3
172p　図版 48p　30cm（松江市文化財調査報告書 第157集）
〈共同刊行：松江市スポーツ振興財団　内容：松江城下町遺跡.
第16ブロック（東側）南田町134-11外　松江城下町遺跡.　第16
ブロック（東側）南田町136-13外　松江城下町遺跡.　第16ブ
ロック（東側）南田町137-13外〉Ⓝ210.0254
◇柳堀遺跡・大庭原ノ前遺跡　［松江］　島根県松江市教育委員
会　2014.3　84p　図版 29p　30cm（松江市文化財調査報告
書 第158集）〈松江市宇竜谷土地区画整理事業に伴う発掘調査
報告書　共同刊行：松江市スポーツ振興財団〉Ⓝ210.0254

島根県（神楽）
◇石見神楽の創造性に関する研究　島根県古代文化センター編
松江　島根県古代文化センター　2013.12　165p　30cm（島
根県古代文化センター研究論集 第12集）〈内容：石見神楽を
ひもとく（山路興造著）　石見神楽にみる創作神楽（渡辺友千代
著）　石見神楽「新舞」の隆盛をもたらした「神楽競演大会」
（六郷寛著）　八頭の大蛇が辿ってきた道（俵木悟著）　石見神
楽を舞う女性たち（石山祥子著）　石見地域に遺る神楽の古衣
裳（浅沼政誌著）　石東の神楽に特有な出雲神楽の影響と正月
子ども神楽（錦織稔之著）　石見地方の子ども神楽について
（藤原宏夫著）〉386.8173
◇しまね子ども神楽ガイドブック―神話のふるさと：受け継ごう
しまねの神楽　しまね文化振興財団調査・編集　［松江］　島
根県教育庁社会教育課　2014.3　72p　30cm　386.8173

島根県（河川行政）
◇江の川水系出羽川流域河川整備計画　［松江］　島根県　2014.
1　22p　30cm　Ⓝ517.091
◇江の川水系出羽川流域河川整備計画―付属資料　［松江］　島
根県　2014.1　4, 76p　30cm　Ⓝ517.091
◇江の川水系下流支川域河川整備計画　［松江］　島根県　2014.
6　27p　30cm　Ⓝ517.091
◇江の川水系下流支川域河川整備計画―付属資料　［松江］　島
根県　2014.6　62p　30cm　Ⓝ517.091
◇高津川水系上流域河川整備計画　［松江］　島根県　2014.1
28p　30cm　Ⓝ517.091
◇高津川水系上流域河川整備計画―付属資料　［松江］　島根県
2014.1　116p　30cm　Ⓝ517.091
◇高津川水系上流域河川整備計画　［松江］　島根県　2014.3
32p　30cm　Ⓝ517.091
◇高津川水系上流域河川整備計画―付属資料　［松江］　島根県
2014.3　128p　30cm　Ⓝ517.091

島根県（学校図書館）
◇学校図書館は何ができるのか？　その可能性に迫る―小・中・
高等学校の学校司書3人の仕事から学ぶ　門脇久美子、実重和
美、漆谷成子、堀川照代著　国土社　2014.8　223p　26cm
①978-4-337-45049-3　Ⓝ017.02173　［2000円］

島根県（観光開発）
◇島根・鳥取　福岡　九州大学文学部地理学研究室　2013.3
162p　図版 6p　30cm（地域調査報告 15）〈文献あり〉
Ⓝ689.4

島根県（観光事業―出雲市―歴史）
◇出雲国大社観光史―参詣地から観光地へ　［大社町（島根県）］
大社史話会　2014.9　249p　22cm　Ⓝ689.2173

島根県（紀行・案内記）
◇あたらしい出雲旅行　広沢真貴子文　WAVE出版　2014.1
143p　21cm（NEW TRIP）〈写真：青木和幸〉①978-4-
87290-666-0　Ⓝ291.73　［1500円］

島根県（希少植物）
◇しまねレッドデータブック―島根県の絶滅のおそれのある野
生植物　2013 植物編　松江　島根県環境生活部自然環境課

島根県（神社建築―大田市）

2013.3　254p　図版 18p　30cm　〈文献あり〉①978-4-
9906997-0-3　Ⓝ462.171

島根県（希少動物）

◇しまねレッドデータブック―島根県の絶滅のおそれのある野
生動物　2014 動物編　松江　島根県環境生活部自然環境課
2014.3　318p　図版 30p　30cm　〈文献あり〉①978-4-
9906997-1-0　Ⓝ462.171

島根県（教育行政）

◇しまね教育ビジョン21　第2期　松江　島根県教育委員会
2014.7　65p　30cm　〈第2期のタイトル関連情報：島根を愛し
世界を志す心豊かな人づくり〉Ⓝ373.2

島根県（行政）

◇国家間対立に直面する地方自治体の国際政策―山陰地方にお
ける地方間国際交流を事例として　永井義人著　国際書院
2014.5　198p　22cm　〈文献あり 索引あり〉①978-4-87791-
256-7　Ⓝ318.271　［4800円］

島根県（行政組織）

◇行政機関ガイドブック　平成25年度　島根県版　松江　総務省
島根行政評価事務所　2013.6　56p　30cm　Ⓝ317.2

島根県（原子力災害）

◇島根県地域防災計画　原子力災害対策編　島根県総務部原子
力安全対策課編　松江　島根県総務部原子力安全対策課
2013.2　64p　30cm　〈共同刊行：島根県防災会議 折り込 1
枚〉Ⓝ369.3

◇島根県地域防災計画　原子力災害対策編　島根県防災部原子
力安全対策課編　松江　島根県防災部原子力安全対策課
2014.3　70p　30cm　〈共同刊行：島根県防災会議 折り込 3
枚〉Ⓝ369.3

島根県（工業）

◇経済センサス―活動調査（製造業）結果報告書―「平成23年工
業統計調査」相当　平成24年　［松江］　島根県政策企画局統
計調査課　2014.6　169p　30cm　（統計資料 26-no. 9）
Ⓝ509.2173

島根県（古墳―出雲市）

◇『国富中村古墳のお葬式』記録集―国富中村古墳発見10周年記
念シンポジウム　出雲市文化環境部文化財課［編］　出雲　出
雲市文化環境部文化財課　2014.3　61p　30cm　Ⓝ217.3

島根県（狛犬）

◇島根の石造物データ―狛犬を中心とした幻の石工達の実態に
せまる　永井泰, 齋藤正編　［出版地不明］　永井泰　2014.4
243p　30cm　Ⓝ714.02173

島根県（災害救助）

◇島根県緊急輸送道路ネットワーク計画　第2回改訂　［松江］
島根県緊急輸送道路ネットワーク計画等策定協議会　2013.6
163p　30cm　Ⓝ369.31

島根県（里海）

◇有明海及び中海の里海としての利用慣行―常民文化奨励研究
調査報告書　樫村賢二編　横浜　神奈川大学日本常民文化研
究所　2014.3　125p　30cm　（神奈川大学日本常民文化研究
所調査報告 第21集）〈文献あり 内容：里海としての有明海
有明海の漁撈活動におけるウミ利用と環境変化（磯本宏紀著）
干潟域での漁撈活動にみる漁民の民俗知と環境認識（藤永豪
著）　採集・耕耘用具からみた有明海沿岸の暮らし（樫村賢二
著）　戦後の農業経営にみる農家と干潟の関係（土田拓著）
前進する陸海の境界・天満宮に寄り集まる神々（本田佳奈著）
里海としての中海　中海の漁撈活動におけるウミの利用と環
境変化（磯本宏紀著）　汽水・浅水域での漁撈活動にみる漁民
の民俗知と環境認識（藤永豪著）　モバ採集用具からみた中海
沿岸の暮らし（樫村賢二著）　戦後の農業経営にみる農家と中
海の関係（土田拓著）　彦名町後藤川地区の「舟入」を基点と
する（本田佳奈著）〉Ⓝ661.9

島根県（産業）

◇経済センサス―活動調査集計―島根県の概要　平成24年　［松
江］　島根県政策企画局統計調査課　2014.3　50p　30cm
（統計資料 25-no. 22）〈調査期日：平成24年2月1日現在〉
Ⓝ602.173

◇経済センサス―活動調査集計―卸売業、小売業に関する集計
平成24年　［松江］　島根県政策企画局統計調査課　2014.3　1
冊　30cm　（統計資料 25-no. 23）〈調査期日：平成24年2月1
日現在〉Ⓝ602.173

◇経済センサス―活動調査集計―島根県に関する確報　平成24
年　［松江］　島根県政策企画局統計調査課　2014.6　119p
30cm　（統計資料 26-no. 8）〈調査期日：平成24年2月1日現
在〉Ⓝ602.173

島根県（産業―歴史）

◇島根県を中心とした産業発展の歴史　中国電力株式会社エネ
ルギア総合研究所編　広島　中国地方総合研究センター
2013.3　171p　30cm　〈文献あり〉Ⓝ602.173

島根県（寺院―松江市―歴史―史料―書目）

◇松江市内寺社史料調査目録　平成22年度―平成25年度　松江
松江市教育委員会文化財課　2014.3　669p　30cm　（松江市
文書調査報告書 第2集）Ⓝ185.9173

島根県（寺院建築―大田市）

◇史跡石見銀山遺跡地内建造物（10社寺）調査報告書　大田　島
根県大田市教育委員会　2013.3　137, 90p　30cm　（史跡石
見銀山遺跡総合整備事業報告書 別冊 2）Ⓝ521.817

島根県（ジオパーク）

◇島根の大地みどころガイド―島根地質百選　島根地質百選編
集委員会編, 中国地質調査業協会島根県支部, 島根大学総合理
工学研究科地球資源環境学教室監修　第2版　米子　今井印刷
2013.9　239p　21cm　①978-4-906794-29-4　Ⓝ455.173
［2400円］

島根県（史跡名勝）

◇人麻呂さん石見に生きて恋して　川島美美子著　松江　山陰
中央新報社　2013.9　95p　21cm　〈文献あり〉①978-4-
87903-179-2　Ⓝ911.122　［1200円］

島根県（紙幣―歴史）

◇出雲・隠岐両国古札図録　那須寛正編　［大田］　［那須寛正］
2014.1　233p　22×31cm　Ⓝ337.2173　［非売品］

島根県（社会福祉―松江市）

◇「対話と学び合い」の地域福祉のすすめ―松江市のコミュニ
ティソーシャルワーク実践　上野谷加代子, 松端克文, 斉藤弥
生編著　仙台　全国コミュニティライフサポートセンター
2014.6　213p　26cm　〈文献あり　「松江市の地域福祉計画」
（平成18年刊）の続〉①978-4-904874-26-4　Ⓝ369.02173
［2700円］

島根県（城下町―松江市）

◇松江城と城下町の謎にせまる―城と城下の移り変わり　石井
悠著　松江　ハーベスト出版　2013.7　207p　19cm　（山陰
文化ライブラリー 4）〈文献あり〉①978-4-86456-067-2
Ⓝ521.823　［1200円］

島根県（植物）

◇杦村喜則氏収集植物標本目録　2　井上雅行編　［大田］　島根
県立三瓶自然館　2014.3　207p　30cm　（島根県立三瓶自然
館収蔵資料目録 第12号）〈共同刊行：しまね自然と環境財
団〉Ⓝ472.173

島根県（書目）

◇島根県EL新聞記事情報リスト　2013-1　エレクトロニック・
ライブラリー編　エレクトロニック・ライブラリー　2014.2
852p　31cm　〈制作：日外アソシエーツ〉Ⓝ025.8173

◇島根県EL新聞記事情報リスト　2013-2　エレクトロニック・
ライブラリー編　エレクトロニック・ライブラリー　2014.2
p853-1692　31cm　〈制作：日外アソシエーツ〉Ⓝ025.8173

◇島根県EL新聞記事情報リスト　2013-3　エレクトロニック・
ライブラリー編　エレクトロニック・ライブラリー　2014.2
p1693-2294　31cm　〈制作：日外アソシエーツ〉Ⓝ025.8173

島根県（書目―解題―出雲市）

◇出雲市ブックガイド　出雲市文化環境部出雲中央図書館編
［出雲］　出雲市　2014.3　105p　26cm　Ⓝ025.8173

島根県（城跡）

◇出雲の山城―山城50選と発掘された城館　高屋茂男編　松江
ハーベスト出版　2013.9　311p　21cm　〈文献あり〉①978-4-
86456-080-1　Ⓝ217.3　［1800円］

島根県（震災）

◇島根県地域防災計画　震災編　島根県防災部防災危機管理課
編　松江　島根県防災部防災危機管理課　2014.3　562p
30cm　〈年表あり　共同刊行：島根県防災会議〉Ⓝ369.3

島根県（震災予防）

◇島根県緊急輸送道路ネットワーク計画　第2回改訂　［松江］
島根県緊急輸送道路ネットワーク計画等策定協議会　2013.6
163p　30cm　Ⓝ369.31

島根県（神社―松江市―歴史―史料―書目）

◇松江市内寺社史料調査目録　平成22年度―平成25年度　松江
松江市教育委員会文化財課　2014.3　669p　30cm　（松江市
文書調査報告書 第2集）Ⓝ185.9173

島根県（神社建築―大田市）

◇史跡石見銀山遺跡地内建造物（10社寺）調査報告書　大田　島
根県大田市教育委員会　2013.3　137, 90p　30cm　（史跡石
見銀山遺跡総合整備事業報告書 別冊 2）Ⓝ521.817

島根県（森林）

島根県（森林）
◇酸性雨モニタリング（土壌・植生）調査 ［松江］ 島根県
2014.3 117p 31cm〈平成25年度環境省委託業務結果報告
書〉Ⓝ519.5

島根県（水害）
◇豪雨災害の記録―農作物等の被害状況と復旧・復興の取組：山
口・島根豪雨（平成25年7月28日）からの報告 ［萩］ 山口県
萩農林事務所農業部 2014.3 119p 30cm Ⓝ369.33

島根県（水質汚濁）
◇公共用水域・地下水水質測定計画 平成26年度 ［松江］ 島
根県 ［2014］ 35p 30cm Ⓝ519.4
◇酸性雨モニタリング（陸水）調査―島根県益田市： 蟠竜湖
［松江］ 島根県 2014.3 81p 31cm〈平成25年度環境省委
託業務結果報告書 ルーズリーフ〉Ⓝ519.4

島根県（生物―雲南市）
◇ふるさと尺の内公園の自然誌 出雲 ホシザキグリーン財団
ホシザキ野生生物研究所 2014.4 272p 31cm〈年表あり
ふるさと尺の内公園開園20周年記念〉Ⓝ462.173

島根県（石造美術）
◇島根の石造物データ―狛犬を中心とした幻の石工達の実態に
せまる 永井泰,齋藤正編 ［出版地不明］ 永井泰 2014.4
243p 30ccm Ⓝ714.02173

島根県（石造美術―大田市）
◇石見銀山―栃畑谷地区字甚光院の石造物調査 島根県教育委
員会,大田市教育委員会編 松江 島根県教育委員会 2014.3
62p 図版 11p 30cm （石見銀山遺跡石造物調査報告書 14)
〈文献あり 附編：【大谷地区高橋家裏の石造物】【清水谷地区
本法寺跡―銀山町地役人門脇家墓地―】【下河原地区下河原天
満宮跡の石造物】〉Ⓝ714.02173

島根県（選挙―統計）
◇選挙の記録 島根県選挙管理委員会編 松江 島根県選挙管
理委員会 2014.2 171p 図版［10］枚 30cm〈参議院議員
通常選挙 平成25年7月21日執行,市町村選挙の結果〉Ⓝ314.8

島根県（地域開発―松江市）
◇日本における水辺のまちづくり 2 神頭広好,麻生憲一,角本
伸晃,駒木伸比古,張慧娟,藤井孝宗著 名古屋 愛知大学経営
総合科学研究所 2014.3 85p 26cm （愛知大学経営総合科
学研究所叢書 43)〈文献あり 「2」のタイトル関連情報：近
江八幡市および松江市を対象にして〉①978-4-906971-02-2
Ⓝ601.1 ［非売品］

島根県（地誌）
◇ジャパングラフ―暮らしの中にある47の日本 05/47 島根
七雲編 七雲 2014.5 122p 26cm〈グリーンキャット（発
売）〉①978-4-904559-09-3 Ⓝ291 ［1200円］

島根県（地誌―雲南市）
◇中之段郷土誌 中之段郷土誌編纂委員会編 ［出版地不明］
廣澤幸博 2014.3 149p 26cm Ⓝ291.73

島根県（地誌―大田市）
◇石見銀山域の歴史と景観―世界遺産と地域遺産 上杉和央編
京都 京都府立大学文学部歴史学科 2014.3 330p 30cm
（京都府立大学文化遺産叢書 第8集)〈文献あり 年表あり〉
Ⓝ291.73
◇三瓶山とともに―13編の聞き書き集：”三瓶山”国立公園指定50
周年記念誌 緑と水の連絡会議編 ［大田］ ”三瓶山”国立公
園指定50周年記念事業実行委員会 2014.1 252p 21cm〈年
表あり〉Ⓝ291.73

島根県（地方選挙）
◇選挙の記録 島根県選挙管理委員会編 松江 島根県選挙管
理委員会 2014.2 171p 図版［10］枚 30cm〈参議院議員
通常選挙 平成25年7月21日執行,市町村選挙の結果〉Ⓝ314.8

島根県（闘牛―隠岐の島町）
◇隠岐の牛突き―番付に見た「称号」574選 神村信幸著 隠岐
の島町（島根県）服部 2014.7 439p 21cm〈年表あり 文
献あり〉①978-4-9907874-0-0 Ⓝ788.4 ［2000円］

島根県（道路）
◇島根県緊急輸送道路ネットワーク計画 第2回改訂 ［松江］
島根県緊急輸送道路ネットワーク計画等策定協議会 2013.6
163p 30cm Ⓝ369.31

島根県（土壌汚染）
◇酸性雨モニタリング（土壌・植生）調査 ［松江］ 島根県
2014.3 117p 31cm〈平成25年度環境省委託業務結果報告
書〉Ⓝ519.5

島根県（日本文学―歴史）
◇島根県近代文芸史稿―資料と考察 寺本喜徳著 松江 山陰
文藝協会 2014.9 464p 22cm〈年譜あり 年表あり〉
①978-4-921080-12-9 Ⓝ910.29 ［4600円］

島根県（風水害）
◇島根県地域防災計画 風水害等対策編 島根県防災部防災危
機管理課編 松江 島根県防災部防災危機管理課 2014.3
564p 30cm〈共同刊行：島根県防災会議〉Ⓝ369.3

島根県（貿易―統計）
◇島根県貿易概況調査報告書 2012 ［松江］ 島根県商工労働
部 ［2014］ 78p 21cm Ⓝ678.91
◇島根県貿易概況調査報告書 2013 ［松江］ 島根県商工労働
部 ［2014］ 82p 21cm Ⓝ678.91

島根県（防災計画）
◇島根県地域防災計画 原子力災害対策編 島根県総務部原子
力安全対策課編 松江 島根県総務部原子力安全対策課
2013.2 64p 30cm〈共同刊行：島根県防災会議 折り込1
枚〉Ⓝ369.3
◇島根県地域防災計画 震災編 島根県防災部防災危機管理課
編 松江 島根県防災部防災危機管理課 2014.3 562p
30cm〈年表あり 共同刊行：島根県防災会議〉Ⓝ369.3
◇島根県地域防災計画 風水害等対策編 島根県防災部防災危
機管理課編 松江 島根県防災部防災危機管理課 2014.3
564p 30cm〈共同刊行：島根県防災会議〉Ⓝ369.3
◇島根県地域防災計画 原子力災害対策編 島根県防災部原子
力安全対策課編 松江 島根県防災部原子力安全対策課
2014.3 70p 30cm〈共同刊行：島根県防災会議 折り込3
枚〉Ⓝ369.3

島根県（墓地―大田市）
◇石見銀山―栃畑谷地区字甚光院の石造物調査 島根県教育委
員会,大田市教育委員会編 松江 島根県教育委員会 2014.3
62p 図版 11p 30cm （石見銀山遺跡石造物調査報告書 14)
〈文献あり 附編：【大谷地区高橋家裏の石造物】【清水谷地区
本法寺跡―銀山町地役人門脇家墓地―】【下河原地区下河原天
満宮跡の石造物】〉Ⓝ714.02173

島根県（昔話）
◇神々の運定め いずも民話の会編 松江 ハーベスト出版
2013.12 204p 21cm （山陰民話語り部シリーズ 2)〈内
容：オオアナムチの試練 やまたのおろち（常松秀延再話）えび
すさまにわたり あわてものの大社さんまいり（青木清吉
語り手,常松秀延採話） 聞きちがい（常松於喜語り手,常松秀
延採話） だんご待て待て（近藤トクノ語り手,作野加奈恵採
話） たの吉とうわばみ（吉儀幸司語り手,常松秀延採話） 盆
の漁（浅野英二語り手） 果報は寝て待つ（前島春雄語り手,小
村尚司採話） 狐のしっぽと欲平さん（小村尚司採話） 小津
の仁衛門の俵薬師（加藤虎太郎語り手） 狐と狸の知恵くらべ
（小村尚司採話） 豆六のおつかい（阿部文四郎語り手,阿部洋
子再話） 「し」の字きらい（三原政雄語り手） 飯山狐（三島
勝郎採話） 三人小僧（小汀松之進再話） 金のニワトリ（和田
義成再話） 伊丹地蔵と伊丹堂の話 お袖の伝説（小村尚司採
話） とんでにげたおに（青木清吉語り手,常松秀延採話） 化
け猫（藤原昌子語り手） 流浪のお地蔵さん（兵庫修吉採話）
かえるの恩返し（原リヨ語り手） 瓜姫とアマンジャク（安部
イト語り手） 曲がりのお玉狐（小村尚司採話） ホーヤラ
エーガラガラ（米井剛語り手） お忌みさんと十神山（石塚尊
俊再話） てんじくてんさい坊（石塚コヨ語り手,石塚尊俊再
話） おにの面（吉岡艶子語り手,宮廻正昭採話） 吉祥姫 一
畑薬師まいり 神門寺の蛙（花田敦子作） 孝行なおばあさん
（日御碕男語り手） たたかぬ太鼓の鳴る太鼓（石塚コヨ語り
手,石塚尊俊再話） 大歳の火（飯島サダノ語り手） おおかみ
のおんがえし（原美子語り手） 向柏寺のお地蔵様（藤井健蔵,
安部勇,甲山美紀恵述） 助さんと狐（小林伸一郎語り手,小村
尚司採話） きつねのあった（宮本忠三郎語り手,阿部洋子再
話） 塩ぐれ、塩ぐれ（実重倭子原話,小汀松之進再話） 大つ
ごもりの福の神（上野百合子原話,岡義重再話） 六反ギツネも
のがたり 粽を巻かない家（甲山美紀恵述） 神々の運定め
（前島春雄語り手,小村尚司採話） 黄金の大黒像（斉藤至採
話） 玄光院の赤地蔵 川井戸の地蔵さま（石田徳安語り手,小
村尚司採話） 浜根の助六（曽田米市語り手,小村尚司採話）
みにんげさん（竹並シノ語り手） 化かされたお医者さん（大
谷富子語り手）〉①978-4-86456-090-0 Ⓝ388.173 ［1800円］
◇夕陽を招く長者 民話の会「石見」編 松江 ハーベスト出版
2013.8 187p 21cm （山陰民話語り部シリーズ 1)〈内容：
あいたいのけんか 海老と大鳥 閻魔の失敗 蛙壷 椛谷次
郎の山芋納め 狐をだました話 くたくた仏 手打ちか半殺
しか 難題婿 ぶいが谷の酒 屁ひり爺 高島のおいせ お
しも田 落人と子安地蔵 お花峠 お菊化身地蔵 猿婿 七
尾城悲話 蛇女房 法師御 ホトトギス みんみん蝉 小沙
夜淵 願長堤 ケヤキを伐った話 牛鬼という化けもの 地
蔵さんのくれた鋏 そばの登城 取りつく引っつく 肉付き

の面　呼び子　汗かき地蔵　犬島・猫島　蟹報恩　唐音の白
南天　邯鄲夢の枕　穀物の種を伝えた狭姫　こけらの観音様
子育て幽霊　地蔵浄土　夕陽を招く長者　なれあい観音　万
念田の小豆洗い　ムスビを食べた地蔵さま　いりこ屋才助
えんこうの話　往生の滝　猫化けの話　母の面と鬼の面　わ
らしべ長者〉①978-4-86456-073-3　Ⓝ388.173　[1800円]

島根県〔名簿〕
◇島根県人物・人材情報リスト　2015　日外アソシエーツ株式
会社編　日外アソシエーツ（制作）2014.11　434, 19p　30cm
Ⓝ281.73

島根県〔薬用植物〕
◇古代出雲の薬草文化―見直される出雲薬と和方　伊田喜光, 根
本幸夫監修, 横浜薬科大学漢方和漢薬調査研究センター編
新版　出帆新社　2013.5　372p　19cm　①978-4-86103-100-7
Ⓝ499.87　[3500円]

島根県〔歴史〕
◇出雲古代史論攷　瀧音能之著　岩田書院　2014.2　1038p
22cm　①978-4-87294-855-4　Ⓝ217.3　[20000円]
◇国引き神話の解釈考―出雲国風土記　梶谷実著　出雲　リュ
ウ企画　2014.5　25枚　21×30cm　Ⓝ217.3
◇古代出雲の深層と時空　関和彦著　同成社　2014.8　495p
22cm〈内容：神宅臣金太理の基礎的考察　水上からの「八雲
立つ出雲」　出雲国庁周辺の官衙群の地域展開　出雲国大原
郡に見る古代の地域像　水上の十字街・朝酌「渡り」考　朝酌
郷「大井浜」の生業と社会　忌部神戸と蛇喰遺跡　恵曇郷・社
部氏と地域社会と神社　出雲国の正倉　出雲国の五つの烽
八雲立つ「出雲」の国号　神話の舞台と神々　復奏儀礼として
の神賀詞奏上　神賀詞奏上と三輪山にみる和魂　かむなび山
木霊考　青木遺跡と神社空間　出雲郡神社回廊　涼殿祭の始
源　熊野大神と地域の周辺　佐太大神と地域社会とその
周辺　野城大神の消長と信仰圏　西伯者に残る出雲神話
『出雲国風土記』記載の神原郷　日置と塩治世界　飯石郡頓原
世界の歴史諸相　藤原宮出土木簡「室原」　出雲と阿波・伊予
渡部郷の復権と周辺の人間模様　三年『御崎日記』にみる
国学者　横山永福・人と学問　春日信風の基礎的考察　朝山
皓大人『出雲国風土記私考』近世国学の功罪〉①978-4-
88621-669-4　Ⓝ217.3　[12000円]
◇古代王権と出雲　森田喜久男著　同成社　2014.6　211p
22cm〈同成社古代史選書 12〉〈内容：補完し合う「二つの
出雲神話」　ヤマタノヲロチ退治神話成立の歴史的条件　国
譲り神話と出雲　「所造天下大神」の狩猟神話とその背景　国
引き神話と出雲　「薗の松山」出雲の政治勢力　古代出雲西部
の政治的情勢　出雲国造と朝酌郷　古代王権と出雲国造　律
令制国家の成立と山陰道諸国〉①978-4-88621-666-3　Ⓝ217.3
[5000円]
◇古代史謎解き紀行　2　神々の故郷出雲編　関裕二著　新潮社
2014.7　293p　16cm〈新潮文庫　せ-13-7〉〈文献あり　ポ
プラ社　2006年刊の再刊〉①978-4-10-136477-3　Ⓝ210.3
[550円]
◇中世出雲と国家的支配―権門体制国家の地域支配構造　佐伯
徳哉著　京都　法藏館　2014.9　350, 23p　22cm〈索引あり
内容：中世前期の出雲地域の支配　「出雲大社幷神郷
図」は何を語るか　天仁・永久の出雲国杵築大社造営と白河院
政の台頭　平安末・鎌倉期出雲国一宮の造営・祭祀からみた地
域支配と国家　鎌倉・南北朝期における出雲国内支配と八幡
宮　戦国大名尼子氏の領国支配と地域寺社勢力　建久の杵築
大社造営とその政治的背景　国造出雲氏の身分と大庭田尻保
地頭職　戦国期石見国における在地領主支配と地域経済秩序
尼子領国衰退と毛利領国勃興をめぐる地域構造　戦国期石見
小笠原権力の再編と地域支配　十五、六世紀の朝鮮王国・対馬
と出雲・石見間の動きから　権門体制国家の支配メカニズム
と地域の多元的・重層的構成〉①978-4-8318-6026-2　Ⓝ217.3
[9500円]

島根県〔歴史―大田市〕
◇石見銀山遺跡関連講座記録集　平成25年度　松江　島根県教
育委員会　2014.3　74p　30cm〈内容：戦国大名尼子氏と石
見銀山　報告1「尼子氏の銀山支配―尼子氏家臣の動向から
―」（矢野健太郎述）報告2「尼子氏再興戦の協力者について」
（金子義男述）講座「尼子氏と石見銀山」（長谷川博史述）
石見銀山における港湾機能をめぐって　報告1「江津本町発掘
調査概報」（伊藤創述）報告2「温泉津日記から見る温泉津湊」
（目次謙一述）講座1「温泉津湊とその周辺地域の民俗調査か
ら」（多田房明述）講座2「近世・近代の絵図・地図類にみる
江津本町」（阿部志朗述）〉562.1

島根県〔歴史―写真集―松江市〕
◇松江・安来の昭和―写真アルバム　長岡　いき出版　2014.7
279p　31cm〈島根県教科図書販売（発売）文献あり〉①978-
4-904614-49-5　Ⓝ217.3　[9250円]

島根県〔歴史―写真集―安来市〕
◇松江・安来の昭和―写真アルバム　長岡　いき出版　2014.7
279p　31cm〈島根県教科図書販売（発売）文献あり〉①978-
4-904614-49-5　Ⓝ217.3　[9250円]

島根県〔歴史―史料―大田市〕
◇石見銀山歴史文献調査報告書　10　元禄4年万覚書・元禄6年
石雲隠覚帳　島根県教育委員会（文化財課）編　松江　島根県
教育委員会　2014.3　135p　30cm　Ⓝ562.1

島根県〔歴史―史料―松江市〕
◇松江市史　史料編4　中世　2　松江市史編集委員会編　松江
松江市　2014.3　993p　22cm　①978-4-904911-25-9　Ⓝ217.
3

島根県〔歴史―松江市〕
◇松江市歴史叢書　7　松江市史研究　5号　松江　松江市教育
委員会　2014.3　109, 28p　30cm〈文献あり　内容：松江藩
財政に関する覚書（伊藤昭弘著）白潟町屋の商人と町人地の変
容（大矢幸雄, 渡辺理絵著）明治期における伝染病の大流行と
民間信仰（喜多村理子著）松江市所在の五輪塔・宝篋印塔一
覧表（稿）（松江石造物研究会著）松江城石垣の構造と年代
（乗岡実著）三ノ丸の特色とその推移について（和田嘉宥著）
松江平野の古環境　3（渡辺正巳, 瀬戸浩二著）松江市史編纂
日誌（史料編纂室著）尼子氏による出雲国成敗権の掌握（川
岡勉著）『土工記』にみる河川の維持管理と松江藩の藩政改
革（東谷智著）〉978-4-904911-24-2　Ⓝ217.3　[1500円]

島根大学医学部附属病院
◇島根大学医学部附属病院の最新治療がわかる本―地域医療と
先進医療が調和する大学病院をめざして　島根大学医学部附
属病院編著　バリューメディカル　2014.7　110p　30cm
〈南々社（発売）〉①978-4-86489-020-5　Ⓝ498.16　[1480円]

島根大学教育学部附属学校園
◇未来のくらしをともにつくる―幼小中一貫教育で育つ子ども
島根大学教育学部附属学校園著　松江　千鳥印刷　2014.5
189p　30cm　①978-4-9902789-3-9　Ⓝ375　[1600円]

島原藩
◇古記録抜書帳―島原藩南串山村馬場庄屋古文書　古文書研究
会編　雲仙　雲仙市教育委員会　2014.11　100p　21×30cm
〈複製を含む〉Ⓝ219.3

島村 速雄〔1858～1923〕
◇深謀の名将島村速雄―秋山真之を支えた陰の知将の生涯　生
出寿著　潮書房光人社　2014.2　358p　16cm〈光人社NF文
庫　おN-820〉〈文献あり　光人社　1995年刊の再刊〉①978-4-
7698-2820-4　Ⓝ289.1　[829円]

島本 小雪〔1940～〕
◇ロダンのミラクル―往年の自叙伝　島本小雪著　文芸社
2014.8　165p　19cm　①978-4-286-14766-6　Ⓝ289.1　[1300
円]

島本町〔大阪府〕（遺跡・遺物）
◇島本町文化財調査報告書　第25集　島本町（大阪府）島本町教
育委員会　2014.3　24p　図版　6p　30cm〈内容：広瀬・江川・
東大寺・高浜地区遺跡範囲確認調査概要報告〉Ⓝ210.0254

四万十町〔高知県〕（風俗・習慣）
◇農家民宿こばの四季―四万十町大正中津川のくらし　山崎
眞弓編著　高知　南の風社　2014.9　95p　24cm〈年表あり〉
①978-4-86202-072-7　Ⓝ382.184　[1360円]

四万十町〔高知県〕（仏像）
◇私のメモ帳―私家版　第9　前田和男著　高知　前田和男
2014.8　326, 2p　26cm　Ⓝ718.3

清水 アキラ〔1954～〕
◇卒婚―あたらしい愛のかたち　清水アキラ著　双葉社　2014.
8　175p　19cm　①978-4-575-30721-4　Ⓝ779.16　[1300円]

清水 卯三郎〔1838～1910〕
◇歴史に隠れた大商人清水卯三郎　今井博昭著　幻冬舎メディ
アコンサルティング　2014.12　222p　18cm〈幻冬舎ルネッ
サンス新書　い-3-2〉〈幻冬舎（発売）文献あり　年譜あり〉
①978-4-344-97123-3　Ⓝ289.1　[778円]

清水 健彦〔1980～〕
◇一期一縁　清水健彦著　横手　イズミヤ出版　2013.10　189p
19cm〈年譜あり〉①978-4-904374-21-4　Ⓝ289.1　[1800円]

清水 鉄平〔1990～〕
◇はちま起稿―月間1億2000万回読まれるまとめブロガーの素顔
とノウハウ　清水鉄平著　SBクリエイティブ　2014.3　207p
19cm　①978-4-7973-7628-9　Ⓝ547.483　[1500円]

清水 藤太郎〔1886～1976〕

◇まず薬局へおいでなさい—薬学の巨人清水藤太郎　天野宏，百瀬弥寿徳著　みみずく舎　2014.10　203p　20cm〈医学評論社（発売）文献あり　著作目録あり　年譜あり〉Ⓘ978-4-86399-268-9　Ⓝ289.1　[1900円]

清水 比庵〔1883～1975〕

◇比庵歌だより—清水比庵筆・秋田秋良宛絵手紙集　清水比庵[筆]，吉備路文学館編　岡山　吉備路文学館　2014.7　174p　30cm　Ⓝ911.162

清水 浩昭〔1943～ 〕

◇社会・人口・介護からみた世界と日本—清水浩昭先生古稀記念論文集　松本誠一，高橋重郷編　時潮社　2014.6　445p　22cm〈著作目録あり　年譜あり　内容：福祉コミュニティの諸類型と統合的視座に関する試論（堀崇樹著）地域における世代間交流事業の現状と課題（村山陽著）まちづくりキーパーソンの組織化と地域社会の活性化（田中豊治著）日中間の文化差異についての試論（牛黎濤著）「〈郷土のことわざ〉にみる地域の生活文化」の発掘と構築（穴田義孝著）ヒューマンライブラリーの可能性を探る（坪井健著）1800～1870年代の日本の生活水準（新田功著）近代自然法論とスコットランド啓蒙（泉田渡著）結婚と家族の地域性（工藤豪著）茶生産農家の世帯変動と高齢者による"新たな結びつき"の模索（佐藤宏子著）直系家族制と夫婦家族制の文脈からみた近居家族（中尾暢見著）戦後家族の行方とジェンダー（杉本貴代栄著）韓国における高齢者の居住形態の地域差（安勝熙著）イブン・ハルドゥーンにおける人口思想（石丸純一著）人口高齢化と高齢化問題への人口学的接近（高橋重郷著）国立社会保障・人口問題研究所における家族・世帯調査の展開（鈴木透著）認知症高齢者の安心・安全を支える地域社会環境についての一考察（菊池真弓著）介護人材不足と外国人労働者（高尾公矢著）中国における高齢者扶養（張燕妹著）タイ国における伝統的家族介護と高齢者福祉（酒井出著）法令にみる介護概念と社会保障の史的研究（上之園佳子著）〉Ⓘ978-4-7888-0695-5　Ⓝ361.7　[4500円]

シミズオクト

◇ハロー！バックステージ　2　株式会社シミズオクト創業80周年記念誌　狛江　バックステージカンパニー　2013.8　233p　30cm〈年譜あり〉Ⓘ978-4-905189-06-0　Ⓝ760.69　[2500円]

自民党 →自由民主党を見よ

志村 壽榮〔1924～2013〕

◇「ほてい屋」のトシチャンは、『薙刀の免状初段』志村壽榮語り，志村一男聞き書き　丸善株式会社出版サービスセンター　2013.12　115，18p　21cm　Ⓘ978-4-89630-282-0　Ⓝ289.1

シメオネ, D.〔1970～ 〕

◇シメオネ超効果—リーダーの言葉で今あるチームは強くなる　ディエゴ・シメオネ著，木村浩嗣訳　ソル・メディア　2014.9　245p　19cm　Ⓘ978-4-905349-22-8　Ⓝ783.47　[1600円]

下出 民義〔1861～1952〕

◇下出民義自傳—注解版：『東邦学園九十年誌』別冊　尾崎久彌[原編]，東邦学園九十年誌編集委員会編　名古屋　東邦学園　2013.10　65p　30cm　Ⓝ289.1

下伊那郡〔長野県〕

◇近現代日本の村と政策—長野県下伊那地方1910～60年代　坂口正彦著　日本経済評論社　2014.10　333p　22cm〈索引あり　内容：明治後期～大正期における政策の執行　昭和恐慌期における政策の執行　昭和戦時期における政策の執行　戦後農村における政策の執行　戦後山村における政策の執行　戦後における農協政策の執行　終章〉Ⓘ978-4-8188-2341-9　Ⓝ611.15　[6000円]

下岡 蓮杖〔1823～1914〕

◇下岡蓮杖—日本写真の開拓者　下岡蓮杖[撮影]，東京都写真美術館監修　国書刊行会　2014.3　293p　27cm〈文献あり　年譜あり　英語併記　会期・会場：2014年3月4日（火)-5月6日（火・休）東京都写真美術館　主催：東京都写真美術館ほか　2014年6月10日（火)-7月21日（月・祝）静岡県立美術館　主催：静岡県立美術館ほか　英訳：アリス・ゴーデンカーほか　内容：幕末明治の写真師下岡蓮杖（森重和雄著）下田・浦賀・横浜時代の下岡蓮杖（斎藤多喜夫著）下岡蓮杖のヌード写真（石黒敬章著）ジョン・ウィルソン〈1816-1868〉（セヴァスティヤン・ドブソン著）絵師・下岡蓮杖に関する一考察（南美幸著）日本写真の開拓者下岡蓮杖（三井圭司著）〉Ⓘ978-4-336-05782-2　Ⓝ740.21　[2800円]

下川町〔北海道〕（遺跡・遺物）

◇上名寄チャシ跡　下川町教育委員会編　下川町（北海道）下川町教育委員会　2014.2　44p　30cm〈下川町所在　名寄川河道掘削工事に伴う埋蔵文化財発掘調査報告書〉Ⓝ210.0254

下川町〔北海道〕（地域開発）

◇エネルギー自立と地域創造（づくり)—森林未来都市：北海道下川町のチャレンジ　下川町編著　下川町（北海道）下川町　2014.7　79p　21cm〈中西出版（発売）年表あり〉Ⓘ978-4-89115-298-7　Ⓝ601.114　[1000円]

下川町〔北海道〕（林業経営）

◇エネルギー自立と地域創造（づくり)—森林未来都市：北海道下川町のチャレンジ　下川町編著　下川町（北海道）下川町　2014.7　79p　21cm〈中西出版（発売）年表あり〉Ⓘ978-4-89115-298-7　Ⓝ601.114　[1000円]

下北半島

◇下北半島の埋没林と海底林　奈良正美，畑中盛著　[むつ]　下北自然史研究会　2013.12　101p　26cm　（下北半島の自然シリーズ　1）Ⓝ457.7

◇下北半島野生博物館　石毛良明著，小宮輝之監修　朝日新聞出版　2014.2　79p　23cm　Ⓘ978-4-02-251140-9　Ⓝ482.121　[1800円]

◇菅江真澄と下北半島　石黒克彦著　名古屋　ブイツーソリューション　2014.7　203p　19cm〈星雲社（発売）文献あり〉Ⓘ978-4-434-19279-1　Ⓝ212.1　[1800円]

下郷町〔福島県〕（宿駅）

◇大内宿　会津若松　歴史春秋出版　2014.9　111p　26cm〈文献あり　年表あり〉Ⓘ978-4-89757-834-7　Ⓝ291.26　[926円]

下郷町〔福島県〕（歴史—史料）

◇下郷町史資料集　第27集　下郷町（福島県）下郷町史編さん委員会　2014.1　306p　26cm〈内容：成岡松永則暢家文書〉Ⓝ212.6

下諏訪町〔長野県〕（ダム）

◇流域管理の環境社会学—下諏訪ダム計画と住民合意形成　保屋野初子著　岩波書店　2014.3　202p　22cm〈文献あり　索引あり〉Ⓘ978-4-00-025570-7　Ⓝ517.091　[6400円]

下田 靖司〔1933～ 〕

◇反骨の街道を行く　下田靖司著　盛岡　岩手復興書店　2014.7　206p　21cm　Ⓘ978-4-907100-24-7　Ⓝ289.1　[1000円]

下田 大気〔1976～ 〕

◇タクシー運転手になって人生大逆転！　下田大気著　KADOKAWA　2014.9　175p　18cm　（角川SSC新書　230）Ⓘ978-4-04-731645-4　Ⓝ685.5　[760円]

下田市（道路）

◇都市計画道路伊豆縦貫自動車道（下田市）環境影響評価書[静岡]　静岡県　2014.11　1冊　30cm　Ⓝ514.092154

下野三楽園

◇下野三楽園百年史　宇都宮　下野三楽園　2014.3　104p　22cm〈年表あり〉Ⓝ369.43

下野市（遺跡・遺物）

◇甲塚古墳—下野国分寺跡史跡整備関連発掘調査報告書　下野市教育委員会編　下野　下野市教育委員会　2014.3　273p　図版[95]枚　30cm　（下野市埋蔵文化財調査報告　第11集）〈文献あり　折り込1枚〉Ⓝ210.0254

◇下野国分尼寺跡—重要遺跡範囲確認調査　2　とちぎ未来づくり財団埋蔵文化財センター編　宇都宮　栃木県教育委員会　2014.3　294p　図版46p　30cm　（栃木県埋蔵文化財調査報告　第364集）〈文献あり　共同刊行：とちぎ未来づくり財団〉Ⓝ210.0254

下野市（埴輪）

◇しもつけの"埴輪群像"—そのすがたをさぐる：平成26年度栃木県立しもつけ風土記の丘資料館第28回秋季特別展図録　栃木県立しもつけ風土記の丘資料館編　栃木県立しもつけ風土記の丘資料館　2014.9　68p　30cm〈会期・会場：平成26年9月20日―11月24日　栃木県立しもつけ風土記の丘資料館〉Ⓝ213.2

下毛野〔氏〕

◇下毛野一族の興亡—下毛野古麻呂を中心として　福田三男著　宇都宮　文星芸術大学出版　2014.1　333p　20cm　Ⓘ978-4-907575-02-1　Ⓝ288.2　[1800円]

下妻市（遺跡・遺物）

◇国指定史跡大宝城跡発掘調査報告書　第42次調査　下妻　下妻市教育委員会　2014.3　Ⓝ210.0254

◇市内遺跡　4　下妻　下妻市教育委員会　2014.3　44p　30cm〈下妻市埋蔵文化財調査報告書　第9集〉〈茨城県下妻市所在　平成24年度試掘確認調査報告書〉Ⓝ210.0254

日本件名図書目録2014　Ⅰ　　　　　　　　　　　　　　　　　　　　　　　　　ジャニーズ事務所

下仁田町〔群馬県〕
◇下仁田ねぎの本　前橋　上毛新聞社事業局出版部　2014.11　111p　18cm　〈文献あり　タイトルは奥付・背による.表紙のタイトル：下仁田ねぎ〉　①978-4-86352-118-6　Ⓝ626.54　〔1000円〕

下仁田町〔群馬県〕〔遺跡・遺物〕
◇金剛萱に旧石器時代をさぐる―金剛萱遺跡と下仁田ローム層　金剛萱遺跡研究会「下仁田自然学校文庫8」編集委員会編著　下仁田町〔群馬県〕下仁田自然学校　2014.11　56p　26cm　（下仁田自然学校文庫 8）〈年表あり〉　Ⓝ213.3

下仁田町〔群馬県〕〔地質〕
◇金剛萱に旧石器時代をさぐる―金剛萱遺跡と下仁田ローム層　金剛萱遺跡研究会「下仁田自然学校文庫8」編集委員会編著　下仁田町〔群馬県〕下仁田自然学校　2014.11　56p　26cm　（下仁田自然学校文庫 8）〈年表あり〉　Ⓝ213.3

下関市
◇ご存知ですか　2　都美多ギコ, 野村忠司, 安冨静夫, 吉岡一生著　〔下関〕毎日メディアサービス山口サンデー新聞　2014.9　21p　18cm　①978-4-99079930-4　Ⓝ291.77　〔1000円〕

下関市〔遺跡・遺物〕
◇伊倉遺跡（亀の甲地区）下関　下関市教育委員会　2014.3　14p　図版 8枚　30cm　（下関市文化財調査報告書 36）〈山口県下関市大字伊倉字亀の甲地内伊倉遺跡（亀の甲地区）発掘調査報告書〉　Ⓝ210.0254
◇土井ヶ浜遺跡―第1次―第12次発掘調査報告書　土井ヶ浜遺跡・人類学ミュージアム編　下関　土井ヶ浜遺跡・人類学ミュージアム　2014.3　4冊　30cm　（下関市文化財調査報告書 35）〈文献あり　共同刊行：下関市教育委員会　内容：第1分冊 本文編　第2分冊 人骨編　第3分冊 特論・総括編　第4分冊 図版編〉　Ⓝ210.0254
◇土井ヶ浜遺跡の発見・発掘史―「邂逅」-この"不思議"なるもの　河野俊平著　防府　陶片居古美術研究所　2014.11　435p　21cm　〈付：「百万一心」・野村望東尼〉　Ⓝ217.7　〔4500円〕

下関市〔博物誌〕
◇下関の自然―開館・合併10周年記念冊子　下関　豊田ホタルの里ミュージアム　2014.10　56p　24cm　〈英語併記〉　Ⓝ402.9177

下関市〔領事館―保存・修復〕
◇重要文化財旧下関英国領事館本館ほか2棟保存修理工事報告書　文化財建造物保存技術協会編著　下関　下関市　2014.3　1冊　30cm　Ⓝ521.8

下村 博文〔1954～ 〕
◇9歳で突然父を亡くし新聞配達少年から文科大臣に―教育を変える挑戦　下村博文著　海竜社　2014.6　287p　19cm　①978-4-7593-1369-7　Ⓝ289.1　〔1500円〕

下柳 剛〔1968～ 〕
◇ボディ・ブレイン―どん底から這い上がるための法則　下柳剛著　水王舎　2014.7　183p　18cm　①978-4-86470-008-5　Ⓝ783.7　〔926円〕

ジャイアント馬場〔1938～1999〕
◇1964年のジャイアント馬場　柳澤健著　双葉社　2014.11　587p　19cm　〈文献あり〉　①978-4-575-30785-6　Ⓝ788.2　〔1900円〕

釈迦
◇いちばんやさしいブッダの教え―いま、悟りの原点を知りたい！：カラー版　田上太秀監修　西東社　2014.6　255p　21cm　〈年表あり　索引あり　「もう一度学びたいブッダの教え」（2006年刊）の改題、リニューアル〉　①978-4-7916-2287-0　Ⓝ182.8　〔740円〕
◇慈しみに満ちた人、ブッダ―生き方を原始仏教に学ぶ　吉村圭司著　幻冬舎ルネッサンス　2014.9　190p　20cm　〈文献あり〉　①978-4-7790-1093-4　Ⓝ182.8　〔1400円〕
◇お釈迦さんのたとえばなしとその生涯　長谷弥三男著　金沢　北國新聞社出版局　2014.1　239p　15cm　①978-4-8330-1968-2　Ⓝ182.8　〔500円〕
◇原始仏教聖典資料による釈尊伝の研究　19　個別研究篇　4　森章司著, 釈尊伝研究会編　中央学術研究所　2014.9　226p　30cm　（中央学術研究所紀要 モノグラフ篇 no. 19）〈内容：釈尊アンガ（Aṅga）国訪問年の推定（森章司著）ジーヴァカ（Jīvaka）の諸事績年代の推定（森章司著）詩人ヴァンギーサ（Vaṅgīsa）の生涯（森章司著）4人のプンナとそれぞれの事績年代の推定（森章司著）アングリマーラ（Aṅgulimāla）帰信年の推定（森章司著）ニガンタ・ナータプッタ（Nigaṇṭha Nātaputta）死亡年の推定（森章司著）東園鹿子母講堂

（Pubbā rāma Migā ramā tupā sā da）寄進年の推定（森章司著）釈迦族滅亡年の推定（森章司著）「涅槃経」の遊行ルート（森章司著）〉　Ⓝ182.8
◇ここにしかない原典最新版による本当の仏教　第1巻　お釈迦さまはなぜ出家し、いかに覚ったか　鈴木隆泰著　興山舎　2014.4　332p　19cm　①978-4-904139-94-3　Ⓝ180　〔2400円〕
◇釈迦とイエス真理は一つ　三田誠広著　集英社　2014.6　217p　18cm　（集英社新書 0744）①978-4-08-720744-6　Ⓝ182.8　〔740円〕
◇はじまりのブッダ―初期仏教入門　平野純著　河出書房新社　2014.8　219p　20cm　〈文献あり〉①978-4-309-23089-4　Ⓝ182.8　〔1900円〕
◇ブッダをたずねて―仏教二五〇〇年の歴史　立川武蔵著　集英社　2014.9　238p　18cm　（集英社新書 0754）①978-4-08-720754-5　Ⓝ182.8　〔760円〕

ジャガー, M.〔1943～ 〕
◇ミック・ジャガー＆キース・リチャーズ―パーフェクト・スタイル・オブ・ミック・＆キース　メディアパル編　メディアパル　2014.6　127p　23cm　（Mediapal Books）〈文献あり〉①978-4-89610-148-5　Ⓝ767.8　〔1750円〕

社会福祉医療事業団
◇社会福祉・医療事業団十年史　追録版　福祉医療機構編　福祉医療機構　2014.3　543p　30cm　〈年表あり〉　Ⓝ369.06
◇独立行政法人福祉医療機構十年史　福祉医療機構編　福祉医療機構　2014.3　560p　30cm　〈年表あり〉　Ⓝ369.06

ジャカルタ〔漁港〕
◇ジャカルタ漁港物語―ともに歩んだ40年　折下定夫著　佐伯印刷出版事業部　2014.3　191p　19cm　〈文献あり〉①978-4-905428-46-6　Ⓝ517.8　〔1500円〕

ジャカルタ〔廃棄物処理〕
◇東京ジャカルタ共同ワークショップ開催に係る業務報告書　平成25年度　〔東京〕エイチ・アイ・エス　2014.3　1冊　30cm　〈英語・インドネシア語併載〉　Ⓝ518.52

釈 沼空 →折口信夫を見よ

石神井公園
◇石神井・善福寺公園　佐藤保雄, 田中進著　改訂版　東京都公園協会　2014.3　144p　18cm　（東京公園文庫 30）〈年表あり〉　Ⓝ629.41361　〔980円〕

釈尊 →釈迦を見よ

ジャクソン, J.H.〔1835～1911〕
◇ジャクソンの神経心理学　山鳥重著　医学書院　2014.5　212p　21cm　（神経心理学コレクション）〈索引あり〉①978-4-260-01977-4　Ⓝ491.371　〔3400円〕

ジャクソン, M.〔1958～2009〕
◇MICHAEL JACKSON, INC―マイケル・ジャクソン帝国の栄光と転落、そして復活へ　ザック・オマリー・グリーンバーグ著, 高崎拓哉, 堂田和美, 富原まさ江訳　阪急コミュニケーションズ　2014.6　357,17p　20cm　①978-4-484-14108-4　Ⓝ767.8　〔1900円〕

寂本〔1631～1701〕
◇真念「四国遍路道志るべ」の変遷　新居正甫著　高槻　本上や　2014.9　68p　26cm　（書誌研究 その2）〈文献あり〉　Ⓝ186.918

積丹町〔北海道〕〔高齢者〕
◇お一人暮らし高齢者の生活資源―積丹町美国地区調査のデータから　札幌　北星学園大学社会福祉学部社会調査実習室　2013.2　1冊　30cm　（社会福祉調査実習 2012年度）〈文献あり　奥付のタイトル：ソーシャルキャピタルと住民の生活〉　Ⓝ367.7

ジャコブ, A.M.〔1879～1954〕
◇アナーキストの大泥棒―アレクサンドル・ジャコブの生涯　アラン・セルジャン著, 高橋治男訳　水声社　2014.6　296p　図版24p　20cm　〈著作目録あり　索引あり〉①978-4-8010-0045-2　Ⓝ289.3　〔3200円〕

ジャコメッリ, M.〔1925～2000〕
◇わが生涯のすべて　マリオ・ジャコメッリ著, シモーナ・グエッラ編, 和田忠彦, 石田聖子訳　白水社　2014.9　255,1p　20cm　①978-4-560-08383-3　Ⓝ740.237　〔3400円〕

ジャニーズ事務所
◇ジャニーズおっかけマップ　2014　ジャニーズ研究会／編　鹿砦社　2014.1　271p　19cm　①978-4-8463-0982-4　〔1400円〕
◇ジャニーズ50年史―モンスター芸能事務所の光と影　ジャニーズ研究会編著　西宮　鹿砦社　2014.12　283p　19cm　〈文献あり〉①978-4-8463-1030-1　Ⓝ767.8　〔1380円〕

ジャーニュ,B.〔1872～1934〕

◇台湾ジャニーズファン研究　陳怡禎著　青弓社　2014.2　199p　19cm　（青弓社ライブラリー　80）Ⓘ978-4-7872-3370-7　Ⓝ767.8　[1600円]

◇東大院生。僕、ジャニ男タです。　福博充著　アールズ出版　2014.1　183p　19cm　Ⓘ978-4-86204-258-3　Ⓝ767.8　[1200円]

◇ひみつのジャニヲタ　みきーる著　青春出版社　2014.12　235p　20cm　〈年譜あり　索引あり〉Ⓘ978-4-413-03933-8　Ⓝ767.8　[1300円]

ジャーニュ,B.〔1872～1934〕

◇ジャーニュとヴァンヴォ―第一次大戦時、西アフリカ植民地兵起用をめぐる二人のフランス人　小川了著　府中（東京都）東京外国語大学アジア・アフリカ言語文化研究所　2014.3　420p　22cm　〈年表あり　文献あり〉Ⓘ978-4-86337-160-6　Ⓝ289.3　[非売品]

シャネル,C.〔1883～1971〕

◇シャネル、革命の秘密　Lisa Chaney[著]、中野香織監訳　ディスカヴァー・トゥエンティワン　2014.3　519p　図版[12]枚　20cm　〈文献あり〉Ⓘ978-4-7993-1473-9　Ⓝ593.3　[2400円]

ジャパネットたかた

◇社長、辞めます！―ジャパネットたかた激闘365日の舞台裏　荻島央江著　[東京]　日経BP社　2014.5　195p　19cm　〈日経BPマーケティング（発売）〉Ⓘ978-4-8222-6394-2　Ⓝ673.36　[1500円]

シャープ,G.〔1928～ 〕

◇武器なき闘い「アラブの春」―非暴力のクラウゼヴィッツ、ジーン・シャープの政治思想　三石善吉著　京都　阿吽社　2014.4　356p　19cm　Ⓘ978-4-907224-12-5　Ⓝ316.4　[1800円]

ジャマイカ（ボランティア活動―写真集）

◇写真集・私のボランティア活動　小嶋司編著　弘報印刷　2014.6　194p　30cm　Ⓘ978-4-907510-16-9　Ⓝ369.14

斜里町立峰浜小学校（北海道）

◇楡の記憶―峰浜小学校閉校記念峰浜・日の出百年誌　斜里町（北海道）峰浜小学校百年の歩み・閉校記念事業協賛会　2014.3　359p　31cm　〈年表あり〉Ⓝ376.28　[非売品]

斜里町〔北海道〕（遺跡・遺物）

◇チャシコツ岬上遺跡発掘調査報告書　斜里町（北海道）斜里町教育委員会　2014.3　26p　図版15p　30cm　（斜里町文化財調査報告　37）Ⓝ210.0254

◇来運1遺跡発掘調査報告書　斜里町（北海道）斜里町教育委員会　2014.3　10p　図版2p　30cm　（斜里町文化財調査報告　38）Ⓝ210.0254

斜里町〔北海道〕（行政）

◇自然と歴史が結んだ絆―竹富町・弘前市と斜里町との交流の歴史　村上隆広編著　斜里町（北海道）斜里町立知床博物館　2014.3　81p　30cm　〈年表あり〉Ⓝ318.211

斜里町〔北海道〕（歴史）

◇楡の記憶―峰浜小学校閉校記念峰浜・日の出百年誌　斜里町（北海道）峰浜小学校百年の歩み・閉校記念事業協賛会　2014.3　359p　31cm　〈年表あり〉Ⓝ376.28　[非売品]

JAL →日本航空株式会社を見よ

JALインフォテック

◇私を変えたあの日の、あの言葉　2版　JALインフォテック総務部　2014.3　127p　19cm　Ⓘ978-4-906468-12-6　Ⓝ007.35　[800円]

ジャルパック

◇JALパック「いい旅、あたらしい旅。」の創造者たち　ジャルパック編　ダイヤモンド・ビジネス企画　2014.1　209p　21cm　〈ダイヤモンド社（発売）〉Ⓘ978-4-478-08347-5　Ⓝ689.6　[1500円]

◇ちょっといい話　ジャルパック人事総務部　2014.3　131p　19cm　Ⓘ978-4-906468-11-9　Ⓝ689.6　[900円]

ジャレット,K.〔1945～ 〕

◇キース・ジャレットを聴け！　中山康樹著　河出書房新社　2014.4　231p　20cm　Ⓘ978-4-309-27487-4　Ⓝ764.7　[1900円]

◇キース・ジャレットの頭のなか　中山康樹[著]　シンコーミュージック・エンタテイメント　2014.1　189p　21cm　Ⓘ978-4-401-63912-0　Ⓝ764.78　[1600円]

シャロー,P.〔1883～1950〕

◇建築家ピエール・シャローとガラスの家　ポンピドゥー・センター、パリ国立近代美術館, パナソニック汐留ミュージアム編

鹿島出版会　2014.8　191p　27cm　〈文献あり　年譜あり　英語抄訳付　会期・会場：2014年7月26日（土）-10月13日（月・祝）パナソニック汐留ミュージアム　主催：パナソニック汐留ミュージアム、東京新聞ほか〉Ⓘ978-4-306-04612-2　Ⓝ527.02353　[3200円]

ジャワ島

◇インドネシア・スンダ世界に暮らす　村井吉敬著　岩波書店　2014.12　321p　15cm　（岩波現代文庫）「スンダ生活誌」（日本放送出版協会　1978年刊）に「パシコムおじさんの見たスハルト開発独裁」を加え、改題、新編集〉Ⓘ978-4-00-603278-4　Ⓝ292.42　[1180円]

◇近世東南アジア世界の変容―グローバル経済とジャワ島地域社会　太田淳著　名古屋　名古屋大学出版会　2014.2　505p　22cm　〈文献あり　索引あり〉Ⓘ978-4-8158-0766-5　Ⓝ224.2　[5700円]

シャーン,B.〔1898～1969〕

◇ベン・シャーンを追いかけて　永田浩三著　大月書店　2014.10　303p　20cm　〈文献あり　年譜あり〉Ⓘ978-4-272-61230-7　Ⓝ723.53　[2800円]

ジャンティ,P.

◇私の中の漂泊の風景―フィリップ・ジャンティ全記憶：逃避の覚え書き仕事の覚え書き　フィリップ・ジャンティ著、プジョー友子訳　パルコエンタテインメント事業部　2014.10　300p　26cm　〈作品目録あり　年譜あり〉Ⓝ777.35　[3900円]

ジャンヌ・ダルク〔1412～1431〕

◇幻想のジャンヌ・ダルク―中世の想像力と社会　コレット・ボーヌ著、阿河雄二郎, 北原ルミ, 嶋中博章, 滝澤聡子, 頼順子訳　京都　昭和堂　2014.3　400,72p　22cm　〈文献あり　年表あり　索引あり〉Ⓘ978-4-8122-1350-6　Ⓝ289.3　[6000円]

上海（紀行・案内記）

◇世界史オタク上海・ハルビンを行く　水原杏樹著　文芸社　2014.3　214p　19cm　Ⓘ978-4-286-14465-8　Ⓝ292.221　[1300円]

上海（国際見本市）

◇輸出総合サポートプロジェクト事業のうち海外見本市への出展事業FHC China 2013（中国）実施報告書　平成25年度　[東京]　日本貿易振興機構　2013.12　64p　30cm　Ⓝ606.92221

上海（社会）

◇中年おじさんの中国滞在メモ　横山徳衛著　牧歌舎東京本部　2014.3　140p　21cm　〈星雲社（発売）〉Ⓘ978-4-434-19045-2　Ⓝ302.2221　[1000円]

上海（ジャーナリズム―歴史）

◇上海の日本人社会とメディア―1870-1945：共同研究　和田博文, 徐静波, 西村将洋, 宮内淳子, 和田桂子著　岩波書店　2014.10　474,12p　22cm　〈年表あり　索引あり〉Ⓘ978-4-00-061001-8　Ⓝ334.42221　[10000円]

上海（図書館―情報サービス）

◇上海地区モバイル図書館サービスに関する調査報告　川崎良孝, 劉暁丹, 徐宏宇著、櫻井待子訳　京都　京都図書館情報学研究会　2014.10　46p　30cm　（KSPシリーズ 19）Ⓝ010.22221　[非売品]

上海（文学上）

◇「日本近代文学における上海」研究文献目録――一八四〇年――九四五年　趙夢雲編著　不二出版　2014.2　257p　22cm　〈年表あり　布装〉Ⓘ978-4-8350-7619-5　Ⓝ910.26　[5800円]

上海（歴史）

◇上海の日本人社会とメディア―1870-1945：共同研究　和田博文, 徐静波, 西村将洋, 宮内淳子, 和田桂子著　岩波書店　2014.10　474,12p　22cm　〈年表あり　索引あり〉Ⓘ978-4-00-061001-8　Ⓝ334.42221　[10000円]

朱 熹〔1130～1200〕

◇王陽明と朱子　安岡正篤著　嵐山町（埼玉県）郷学研修所・安岡正篤記念館　2014.4　191p　19cm　〈明徳出版社（発売）内容：王陽明伝　朱子小伝〉Ⓘ978-4-89619-981-9　Ⓝ125.5　[2000円]

◇朱子家禮　細谷恵志著　明徳出版社　2014.10　500p　22cm　Ⓘ978-4-89619-969-7　Ⓝ125.4　[10000円]

◇『朱子語類』訳注　巻117～118　朱子[述], 垣内景子編, 訓門人研究会訳注　汲古書院　2014.6　333,4p　22cm　〈索引あり〉Ⓘ978-4-7629-1308-2　Ⓝ125.4　[5000円]

◇『朱子語類』訳注　巻84～86　朱子[述], 吾妻重二, 井澤耕一, 洲脇武志訳注　汲古書院　2014.12　351,8p　22cm　〈文献あり　索引あり〉Ⓘ978-4-7629-1309-9　Ⓝ125.4　[5000円]

日本件名図書目録2014　I

周〔中国〕（祭祀―歴史）
◇西周期における祭祀儀礼の研究　佐藤信弥著　京都　朋友書店　2014.3　242p　22cm〈文献あり〉Ⓘ978-4-89281-139-5　Ⓝ222.03　［6000円］

周〔中国〕（歴史）
◇近出殷周金文集釋　第3集　北京市・遼寧省・山東省・安徽省・江蘇省・浙江省・湖北省・湖南省・広州市　高澤浩一編　研文出版　2014.3　127p　30cm（二松学舎大学学術叢書）Ⓘ978-4-87636-373-5　Ⓝ222.03　［6800円］
◇西周王朝とその青銅器　角道亮介著　六一書房　2014.3　339p　27cm〈文献あり〉Ⓘ978-4-86445-037-9　Ⓝ222.03　［14800円］

秋瑾〔1877～1907〕
◇秋風秋雨人を愁殺す―秋瑾女士伝　武田泰淳著　筑摩書房　2014.9　263p　15cm（ちくま学芸文庫　タ43-1）〈年譜あり〉Ⓘ978-4-480-09638-8　Ⓝ289.2　［1000円］

習近平
◇習近平―なぜ暴走するのか　矢板明夫著　文藝春秋　2014.9　376p　16cm（文春文庫　や60-1）〈文献あり　年表あり　2012年刊の加筆〉Ⓘ978-4-16-790193-6　Ⓝ312.22　［670円］
◇チャイナ・セブン―〈紅い皇帝〉習近平　遠藤誉著　朝日新聞出版　2014.11　307p　19cm〈文献あり〉Ⓘ978-4-02-331340-8　Ⓝ312.22　［1600円］
◇中共政権の爛熟・腐敗―習近平「虎退治」の闇を切り裂く　矢吹晋,高橋博共著　町田　蒼蒼社　2014.11　266p　21cm〈内容：周永康・徐才厚スキャンダル（矢吹晋著）摘発を免れた「大虎」の群（矢吹晋著）　泣く子も黙る中央紀委・監察部（高橋博著）　共産党独裁の不可避の産物としての腐敗（矢吹晋著）〉Ⓘ978-4-88360-127-1　Ⓝ312.22　［2300円］
◇マスコミより確かな習近平の言い分―日中戦争はどうなったのか？　孔健著　三五館　2014.12　224p　19cm　Ⓘ978-4-88320-619-3　Ⓝ312.22　［1300円］

周桂生〔～1985〕
◇百年漂泊―a lotus：悲しい20世紀の記憶　益田（周）愛蓮著　創英社/三省堂書店　2014.11　401p　20cm　Ⓘ978-4-88142-886-3　Ⓝ289.2　［1500円］

自由が丘産能短期大学
◇自由が丘産能短期大学における司書養成教育の歩み　平田泰子編　自由が丘産能短期大学　2014.2　82p　26cm　Ⓝ010.77

週刊プレイボーイ編集部
◇若者のすべて―1980～86「週刊プレイボーイ」風雲録　小峯隆生著　講談社　2014.10　294p　19cm　Ⓘ978-4-06-219180-7　Ⓝ023.1　［1600円］

衆議院
◇各委員会所管事項の動向―第186回国会（常会）における課題等　［東京］　衆議院調査局　2014.1　347p　30cm　Ⓝ314.144
◇各委員会所管事項の動向―第187回国会（臨時会）における課題等　［東京］　衆議院調査局　2014.10　299p　30cm　Ⓝ314.144

十郷用水
◇十郷用水ものがたり―その伝説と歴史：みくに龍翔館第二十六回特別展　みくに龍翔館　坂井　みくに龍翔館　2014.11　64p　30cm〈年表あり　会期：平成26年11月1日―12月7日〉Ⓝ614.3144

住心院〔京都市〕
◇住心院文書　首藤善樹,坂口太郎,青谷美羽編　京都　思文閣出版　2014.3　207p　22cm　Ⓘ978-4-7842-1744-1　Ⓝ188.595　［6000円］

住宅金融支援機構
◇住宅金融支援機構基本法令集　平成26年度版　［東京］　住宅金融支援機構　［2014］　782p　21cm〔平成26年8月1日現在〕Ⓝ338.74

周南市（写真集）
◇写真でたどる岐山の今昔　周南　岐山地区コミュニティ推進協議会　2014.3　60p　21×30cm〈年表あり〉Ⓝ217.7　［1000円］
◇周南・下松・光の昭和―写真アルバム　名古屋　樹林舎　2014.7　262p　図版16p　31cm〈年表あり〉Ⓘ978-4-902731-66-8　Ⓝ217.7　［9250円］

周南市（鶴―保護）
◇鶴と暮らす山里の「野鶴監視員」の物語―本州に唯一残されたナベヅル越冬地・山口県八代盆地に生きる　弘中数實著,弘中数實遺稿・追悼集企画製作委員会編　ダイヤモンド・ビッグ社

2014.7　188p　19cm〈ダイヤモンド社（発売）年譜あり〉Ⓘ978-4-478-04626-5　Ⓝ488.5　［1200円］

周南市（歴史）
◇福川南ふるさと探訪―この地域の歴史と暮らしを訪ねて　［周南］　福川南地区町づくり協議会　2014.3　151p　26cm　Ⓝ217.7

周南市文化会館
◇周南市文化会館30周年記念誌―1982-2012　周南市文化振興財団企画・編集　周南　周南市文化振興財団　2013.3　99p　30cm〈年表あり〉Ⓝ760.69

周南文化協会
◇周南文化協会10年のあゆみ―文化燦燦　周南　周南文化協会　2014.2　73p　30cm〈年表あり〉Ⓝ706

秀峰会
◇東日本大震災で亡くなられた方々遭われた方々に捧ぐ――医療法人とその仲間たちの被災地支援の記録：防災用・ボランティア用資料　中村吉伸著,中村喜四郎後援会・喜友会,吉伸会,岩井自動車学校編　越谷　秀峰会　2014.3　231p　30cm　Ⓘ978-4-904006-98-6　Ⓝ498.02122

自由民主党
◇自民党政治の変容　中北浩爾著　NHK出版　2014.5　300p　19cm（NHKブックス　1217）〈年表あり　索引あり〉Ⓘ978-4-14-091217-1　Ⓝ312.1　［1400円］
◇自民党と戦後史　小林英夫著　KADOKAWA　2014.2　231p　19cm〈文献あり〉Ⓘ978-4-04-600206-8　Ⓝ312.1　［1500円］
◇戦後政治の軌跡―自民党システムの形成と変容　蒲島郁夫著　岩波書店　2014.10　446p　19cm（岩波人文書セレクション）〈2004年刊の再刊〉Ⓘ978-4-00-028782-1　Ⓝ312.1　［3200円］
◇誰も書かなかった自民党―総理の登竜門「青年局」の研究　常井健一著　新潮社　2014.3　236p　18cm（新潮新書561）〈文献あり〉Ⓘ978-4-10-610561-6　Ⓝ315.1　［740円］
◇復活！自民党の謎―なぜ「1強」政治が生まれたのか　塩田潮著　朝日新聞出版　2014.2　300p　18cm（朝日新書447）〈文献あり〉Ⓘ978-4-02-273547-8　Ⓝ312.1　［820円］

聚楽館
◇京都の町家と聚楽第―太閤様、御成の筋につき　丸山俊明著　京都　昭和堂　2014.5　561p　22cm〈内容：京都府の町家と百姓家に七つの形式　中世、町家にもなり百姓家にもなり　戦国時代の間取りが、町家にもなり百姓家にもなり　『洛中洛外図』の謎、桁なし町家は本当にあったのか　鰻の寝床が現れた本当のわけ　前に主屋、奥に土蔵の屋敷構成の成立　二階建ての町なみ、太閤様御成りの筋をいく　保津川水運の筏と、厨子二階の低い軒高　むしこはもともと、お城のデザイン　京都最古級の町家発見！ご法度の影響ありや　並瓦葺の普及と叺建の減少　町家とは何か、そして、洛中農村の百姓家が町家と記されたわけ　摂河型の町家と百姓家、違いはどこ？　京都の社家は、妻入町家のかたち　町家一軒の新築、入用少なからず　町家一軒借り切って江戸の殿様おもてなし　いざ御所へ、町家が工場の指物師　普請御願が免除されるという特権の意味　京都の町家と聚楽第〉Ⓘ978-4-8122-1355-1　Ⓝ521.86　［7200円］

修学院離宮
◇桂離宮・修学院離宮・仙洞御所―庭守の技と心　川瀬昇作著,仲隆裕監修　京都　学芸出版社　2014.12　159p　21cm　Ⓘ978-4-7615-2586-6　Ⓝ629.21　［2500円］

宿谷〔氏〕
◇宿谷氏の賦―毛呂山の名族宿谷氏の事績　山口満著,山口正義編　東松山　まつやま書房　2014.3　345p　22cm〈内容：町史外宿谷氏の賦　宿谷氏素描と宿谷地蔵尊及び江戸宿谷氏の事　大蔵館の合戦と宿谷氏の事　二俣川合戦と宿谷氏の事　江戸宿谷氏人々の事　森田宿谷氏の事　宿谷氏、幻の城の事　日ノ蓮の事　宿谷氏、葛貫居館跡の事　行幸山光則寺の事　宿谷氏、事蹟集成の事　宿谷氏、二・三の事蹟　南北朝期の宝篋印塔の事　山根神社と御神体の事　大谷木原合戦並に毛呂合戦の事　国土調査に思う事　竜谷山城の一考察　山根神社出土品の事　大谷木家文書の事　まほろしの伝承〉Ⓘ978-4-89623-086-4　Ⓝ288.2　［2000円］

シューズセレクション
◇晴れの日に、傘を売る。――waterfront支持率ナンバーワンの傘を生んだ「良品薄利」の経営　林秀信著　阪急コミュニケーションズ　2014.4　195p　19cm　Ⓘ978-4-484-14208-1　Ⓝ589.3　［1500円］

シュタイナー,R.〔1861～1925〕
◇アントロポゾフィー協会の進化について　パウル・マッカイ著,入間カイ訳　水声社　2014.8　167p　20cm〈内容：秘教

性と公共性 ミカエル共同体としてのアントロポゾフィー協会〉①978-4-8010-0054-4 Ⓝ169.34 ［2500円］
◇妙好人とシュタイナー 塚田幸三著 大法輪閣 2014.11 251p 19cm ①978-4-8046-1367-3 Ⓝ188.82 ［2500円］

主体美術協会
◇主体美術創立50周年記念誌 主体美術協会 2014.9 97p 26cm Ⓝ723.1

シュタイン, E.〔1891～1942〕
◇エディット・シュタインの道程―真理への献身 須沢かおり著 知泉書館 2014.5 305,45p 20cm 〈文献あり 年譜あり 索引あり 布装 内容：ユダヤ人の家庭から フッサールの弟子 信仰への歩み 教育者として生きる 女性として生きる ペルソナ論 トマスの思想との邂逅 ナチス迫害下での社会思想の展開 アビラのテレサとの霊的絆 十字架のヨハネ解釈 アウシュヴィッツでの死とキリストへの道行き〉①978-4-86285-188-8 Ⓝ198.22 ［3000円］

シュタイン, L.v.〔1815～1890〕
◇シュタインの自治理論―後期ローレンツ・フォン・シュタインの社会と国家 柴田隆行著 御茶の水書房 2014.9 300p 23cm 〈文献あり 索引あり〉①978-4-275-01079-7 Ⓝ323.01 ［8800円］

首都大学東京
◇公立大学法人首都大学東京規程集―平成26年7月1日現在 八王子 首都大学東京総務部総務課 2014.7 694p 30cm Ⓝ377.28
◇公立大学法人首都大学東京規則集―平成26年7月1日現在 上巻 八王子 首都大学東京総務部総務課 2014.7 500p 30cm Ⓝ377.28
◇公立大学法人首都大学東京規則集―平成26年7月1日現在 下巻 八王子 首都大学東京総務部総務課 2014.7 408p 30cm Ⓝ377.28

シュトラウス, R.〔1864～1949〕
◇リヒャルト・シュトラウス 岡田暁生著 音楽之友社 2014.5 258,38p 18cm 〈作曲家・人と作品〉〈文献あり 作品目録あり 年譜あり 索引あり〉①978-4-276-22195-6 Ⓝ762.34 ［2100円］
◇リヒャルト・シュトラウス―鳴り響く落日 田代櫂著 春秋社 2014.3 404,15p 20cm 〈文献あり 索引あり〉①978-4-393-93199-8 Ⓝ762.34 ［3800円］

シュナイダー, R.〔1903～1958〕
◇生きられた言葉―ラインホルト・シュナイダーの生涯と作品 下村喜八著 鳥影社 2014.7 348,9p 22cm 〈文献あり 内容：ラインホルト・シュナイダーと病気 没落の時代の詩人 『カール五世の前に立つラス・カサス』における虚構された二人の人物 ただ真理の声で私はありたい 歴史のなかの預言者的実存 シュナイダーの平和思想 大いなる断念 キリスト教は悲劇か 破壊された神の顔 シュナイダーとヴィーン、そしてオーストリア 『ヴィーンの冬』における瀕死の神 ディートリヒ・ボンヘッファーの『抵抗と信従』試論〉①978-4-86265-461-8 Ⓝ941.7 ［2500円］

ジュノー, M.〔1904～1961〕
◇ドクター・ジュノーの戦い―エチオピアの毒ガスからヒロシマの原爆まで マルセル・ジュノー著，丸山幹正訳 新装版 勁草書房 2014.5 293,3p 図版22p 20cm ①978-4-326-75052-8 Ⓝ369.15 ［3000円］

シュバイツァー, L.〔1942～ 〕
◇新たなる使命―ルイ・シュバイツァー自叙伝 ルイ・シュバイツァー，富永典子著 小学館クリエイティブ 2014.8 341p 19cm 〈小学館（発売）文献あり〉①978-4-7780-3510-5 Ⓝ289.3 ［1500円］

ジュピターテレコム
◇Ｊ：COM創業記―商社マン、ケーブルテレビを拓く 西村泰重著 ［東京］ KADOKAWA 2014.8 269p 20cm ①978-4-04-621325-9 Ⓝ289.1 ［1400円］

シュプランガー, E.〔1882～1963〕
◇シュプランガー断章―ドイツの代表的教育学者・哲学者シュプランガーの人物像 岩間浩著 岩間教育科学文化研究所 2014.11 111p 21cm 〈文献あり シュプランガー著『教育における意図せざる副次作用の法則』姉妹編〉Ⓝ371.234 ［1000円］

シューベルト, F.P.〔1797～1828〕
◇水車屋の美しい娘―日本語で歌う・シューベルト シューベルト［作］、村上敏明著 盛岡 村上敏明 2013.9 76p 21cm 〈杜陵高速印刷（印刷）〉Ⓝ767.08 ［1000円］

シューマン, C.〔1819～1896〕
◇クララ・シューマン モニカ・シュテークマン著，玉川裕子訳 春秋社 2014.9 219,26p 20cm 〈文献あり 作品目録あり 年譜あり 年表あり 索引あり〉①978-4-393-93585-9 Ⓝ762.34 ［2800円］

シュミット, C.〔1888～1985〕
◇田中浩集 第3巻 カール・シュミット 田中浩著 未來社 2014.5 298,7p 22cm 〈索引あり 布装 内容：序 シュミット シュミット問題 魔性の政治学 大統領の独裁とヴァイマル共和国の崩壊 「合法性」と「正当性」 「独裁」と「自由」 「神話」と「独裁」の政治理論 政治の本質 全体主義 ファシズム 〈現代独裁論〉考 「例外状態」と民主主義〉①978-4-624-90043-4 Ⓝ311.2 ［6500円］

シュミット, F.〔1554～1634〕
◇死刑執行人―残された日記と、その真相 ジョエル・F・ハリントン著，日暮雅通訳 柏書房 2014.8 376p 図版26p 20cm 〈文献あり〉①978-4-7601-4447-1 Ⓝ322.34 ［2200円］

シュライアマハー, F.〔1768～1834〕
◇ディルタイ全集 第9巻 シュライアーマッハーの生涯 上 ディルタイ［著］，西村晧，牧野英二編集代表 森田孝，麻生建，薗田坦，竹田純郎，齋藤智志編集／校閲 法政大学出版局 2014.7 1262,20p 22cm 〈文献あり 索引あり〉①978-4-588-12109-8 Ⓝ134.9 ［27000円］

シュリーマン, H.〔1822～1890〕
◇トロイアの真実―アナトリアの発掘現場からシュリーマンの実像を踏査する 大村幸弘著，大村次郷写真 山川出版社 2014.3 247p 19cm 〈文献あり〉①978-4-634-64069-6 Ⓝ227.4 ［2500円］

シュルツ, B.〔1892～1942〕
◇ブルーノ・シュルツの世界 加藤有子編 横浜 成文社 2013.11 225p 図版24p 22cm 〈年譜あり 内容：シュルツのガラス版画について（工藤幸雄著）多摩美の工藤先生、暗室のシュルツ（小泉俊己著）工藤幸雄翻訳ノート ガラス版画について（和南城愛理著）シュルツの美術作品について（加藤有子著）マゾヒズム絵画（西成彦著）シュルツと映画について（久山宏一著）ポリグロットのアンナ・チラーグ（加藤有子著）マネキン人形を手本として（赤塚若樹著）七月の夜（ブルーノ・シュルツ著，柴田元幸訳）魂の親和力が形づくる星座（沼野充義著）変身の記録（ブルーノ・シュルツ作、工藤幸雄訳、西岡兄妹構成・作画）〉①978-4-86520-001-0 Ⓝ989.8 ［3000円］

ジュルヌ, F.-P.〔1957～ 〕
◇偏屈のすすめ―自分を信じ切ることで唯一無二のものが生まれる。 フランソワーポール・ジュルヌ著 幻冬舎 2013.10 226p 18cm ①978-4-344-02474-8 Ⓝ535.2 ［1200円］

シュレーダー, G.〔1944～ 〕
◇ドイツ中興の祖ゲアハルト・シュレーダー 熊谷徹著 ［東京］ 日経BP社 2014.4 272p 20cm 〈日経BPマーケティング（発売）文献あり〉①978-4-8222-5008-9 Ⓝ312.34 ［1700円］

シュレーバー, D.P.〔1842～1911〕
◇言語と狂気―シュレーバーと世紀転換期ドイツ 熊谷哲哉著 水声社 2014.3 307p 22cm 〈文献あり 索引あり〉①978-4-8010-0037-7 Ⓝ493.76 ［4500円］

荀子
◇荀子―新訳：性悪説を基に現代人にこそ必要な「礼」と「義」を説く 守屋洋編訳 PHP研究所 2014.2 183p 18cm ①978-4-569-81728-6 Ⓝ124.17 ［950円］

潤徳学園
◇学校法人潤徳学園90年史―徳は身を潤す 潤徳学園 2014.1 95p 30cm 〈年表あり 奥付のタイトル：潤徳学園90年史〉Ⓝ376.48

徐鍇
◇経部引用書から見た『説文解字繋傳』注釈考 坂内千里著 吹田 大阪大学出版会 2014.2 364p 22cm 〈文献あり 内容：引『爾雅』考 引用数概況 許慎「敍」中の「禮周官」考 引『書』考 引『易』考 引『論語』考 引『詩』考 引『春秋』考 字書類の引用 経書の引用から見た小徐注釈の特徴〉①978-4-87259-458-4 Ⓝ821.2 ［6900円］

徐市〔秦代〕
◇戦争と平和―「徐福伝説」で見直す東アジアの歴史 須田育邦著 平成出版 2014.6 155p 19cm 〈星雲社（発売）〉①978-4-434-19250-0 Ⓝ210.3 ［1200円］

ジョイス, J. 〔1882〜1941〕

◇ジョイスの反美学—モダニズム批判としての『ユリシーズ』 中山徹著 彩流社 2014.2 331,13p 20cm〈文献あり 索引あり〉①978-4-7791-1985-9 Ⓝ933.7 ［3800円］

◇「ユリシーズ」大全 北村富治著 慧文社 2014.8 822,25p 27cm〈文献あり 索引あり 布装〉①978-4-86330-065-1 Ⓝ933.7 ［20000円］

蒋 介石 〔1887〜1975〕

◇ラスト・バタリオン—蒋介石と日本軍人たち 野嶋剛著 講談社 2014.4 366p 20cm〈文献あり 年譜あり 索引あり〉①978-4-06-217801-3 Ⓝ392.224 ［2500円］

上越市〔遺跡・遺物〕

◇海道遺跡 2 新潟県教育委員会,新潟県埋蔵文化財調査事業団編 新潟 新潟県教育委員会 2014.2 10p 図版 10p 30cm〈新潟県埋蔵文化財調査報告書 第250集〉〈共同刊行：新潟県埋蔵文化財調査事業団〉Ⓝ210.0254

◇三和中部第2地区ほ場整備事業地内発掘調査報告書 2 ［上越］ 上越市教育委員会 2014.3 33p 30cm〈新潟県上越市所在 内容：鴨井竹ノ内遺跡〉Ⓝ210.0254

◇三和南部地区ほ場整備事業地内発掘調査報告書 2 ［上越］ 上越市教育委員会 2014.3 9p 30cm〈新潟県上越市所在 内容：前谷内遺跡〉Ⓝ210.0254

◇市内遺跡発掘調査概要報告書 ［上越］ 上越市教育委員会 2014.3 64p 30cm〈新潟県上越市所在〉Ⓝ210.0254

◇下山屋敷遺跡 上越 上越市教育委員会 2014.3 1冊 30cm〈新潟県上越市所在 上中田北部土地区画整理事業関係発掘調査報告書〉Ⓝ210.0254

上越市〔原子力災害—防災〕

◇上越市地域防災計画 原子力災害対策編 上越市防災会議編 上越 上越市防災会議 2014.3 95p 30cm Ⓝ369.3

上越市〔自然災害—防災〕

◇上越市地域防災計画 自然災害対策編 上越市防災会議編 上越 上越市防災会議 2014.3 409p 30cm Ⓝ369.3

上越市〔震災予防〕

◇上越市地域防災計画 地震災害対策編 上越市防災会議編 上越 上越市防災会議 2014.3 370p 30cm Ⓝ369.3

◇上越市地域防災計画 津波災害対策編 上越市防災会議編 上越 上越市防災会議 2014.3 362p 30cm Ⓝ369.3

上越市〔水害予防〕

◇上越市水防計画 上越市編 上越 上越市 2014.3 133p 30cm Ⓝ369.33

上越市〔津波〕

◇上越市地域防災計画 津波災害対策編 上越市防災会議編 上越 上越市防災会議 2014.3 362p 30cm Ⓝ369.3

上越市〔防災計画〕

◇上越市地域防災計画 一般災害対策編 上越市防災会議編 上越 上越市防災会議 2014.3 130p 30cm Ⓝ369.3

◇上越市地域防災計画 資料編 上越市防災会議編 上越 上越市防災会議 2014.3 364p 30cm Ⓝ369.3

上越市〔歴史〕

◇高田開府400年 高田開府400年記念誌編集委員会編 上越 高田開府400年祭実行委員会 2014.3 137p 30cm〈年表あり〉Ⓝ214.1

上越タイムス社

◇地域ジャーナリズム—コミュニティとメディアを結びなおす 畑仲哲雄著 勁草書房 2014.12 376,37p 22cm〈文献あり 索引あり〉①978-4-326-60272-8 Ⓝ070.14 ［4800円］

勝央町〔岡山県〕〔遺跡・遺物〕

◇勝央町内遺跡試掘確認調査報告書 平成21年度—平成23年度 勝央町教育委員会編 勝央（岡山県） 勝央町教育委員会 2014.3 46p 図版 16p 30cm（勝央町文化財調査報告書 11）Ⓝ210.0254

上覚〔鎌倉時代〕

◇山田昭全著作集 第5巻 文覚・上覚・明恵 山田昭全著, 清水宥聖, 米山孝子, 大場朗, 森晴彦, 魚尾孝久, 鈴木治子, 由井恭子, 室賀和子, 林克則編集委員 おうふう 2014.2 329p 22cm〈布装 内容：文覚〈素描〉 文覚の生涯〈素描〉 文覚の狂気 文覚の弘法大師信仰 文覚と西行 文覚と俊成 二人の文覚 文覚略年譜〈増訂版〉 神護寺聖人上覚房行慈伝考 上覚・千覚と『玄玉集』の撰者 上覚・千覚と仁和寺和歌圏 明恵〈素描〉 明恵上人と夢 明恵の夢と佐藤氏蔵『夢之記切』について 建仁三年三月十一日の「夢ノ記断簡」を読む 明恵上人の和歌 明恵の和歌と仏教 明恵上人作『光明真言土沙勧信記』につい

て 明恵の臨終 隠されていた建仁三年の明恵の行状〉①978-4-273-03655-3 Ⓝ910.8 ［12000円］

松下村塾

◇松下村塾 古川薫［著］ 講談社 2014.10 199p 15cm（講談社学術文庫 2263）〈文献あり 年表あり〉①978-4-06-292263-0 Ⓝ372.105 ［760円］

◇吉田松陰と松下村塾の志士100話 山村竜也著 PHPエディターズ・グループ 2014.9 287p 19cm（PHP研究所（発売）〈文献あり〉①978-4-569-82073-6 Ⓝ210.61 ［1700円］

紹瑾 〔1268〜1325〕

◇慈悲の人瑩山禅師を歩く 百瀬明治, 杉田博明, 粟津征二郎著, 西山治朗写真 学研パブリッシング 2014.5 147,4p 19cm〈学研マーケティング（発売）文献あり 年譜あり〉①978-4-05-405880-4 Ⓝ188.82 ［1000円］

性瑩〔1628〜1706〕

◇黄檗禅と浄土教—萬福寺第四祖獨湛の思想と行動 田中実マルコス著 京都 佛教大学 2014.2 338,7p 22cm（佛教大学研究叢書 20）〈法藏館（制作・発売）文献あり 索引あり 内容：黄檗禅 獨湛の諸伝記 獨湛の生涯 伝記類 語録類 書画類 禅浄双修について 語録に見る浄土教 絵画の賛に見る浄土教 日本大和州當麻寺化人織造繭絲西方縁縁起 勧修作祝念佛圖説 獨湛の法然観 獨湛の善導観 獨湛と浄土宗の諸師 獨湛と諸宗の諸師〉①978-4-8318-7455-9 Ⓝ188.82 ［7000円］

尚絅学園

◇尚絅—学園創立一二五周年記念誌 熊本 尚絅学園 2014.3 141, 20p 26cm〈年表あり〉Ⓝ377.28

昭憲皇太后 〔1850〜1914〕

◇美しきみこころとおすがた—昭憲皇太后を偲び奉る 明治神宮国際神道文化研究所編 明治神宮 2014.4 227p 22cm〈昭憲皇太后百年祭〉Ⓝ288.44 ［非売品］

◇昭憲皇太后からたどる近代 小平美香著 ぺりかん社 2014.4 206p 20cm〈文献あり 年譜あり 索引あり〉①978-4-8315-1378-6 Ⓝ288.44 ［1800円］

◇昭憲皇太后実録 上巻 自嘉永二年至明治三十年 明治神宮監修 吉川弘文館 2014.4 778p 23cm〈布装〉①978-4-642-03829-4,978-4-642-03828-7（set）Ⓝ288.44

◇昭憲皇太后実録 下巻 自明治三十一年至大正三年 明治神宮監修 吉川弘文館 2014.4 756p 23cm〈布装〉①978-4-642-03830-0,978-4-642-03828-7（set）Ⓝ288.44

◇昭憲皇太后実録 別巻 年譜・解題・索引 明治神宮監修 吉川弘文館 2014.4 493,56p 23cm〈年譜あり 索引あり 布装〉①978-4-642-03831-7,978-4-642-03828-7（set）Ⓝ288.44

◇昭憲皇太后の御生涯—つねに人々に御心を寄せられ：昭憲皇太后百年祭記念展 明治神宮編 明治神宮 2014.4 73, 6p 18×26cm〈会期・会場：平成25年11月23日—平成26年6月30日 明治神宮正参道〉Ⓝ288.44

◇明治天皇の皇后昭憲皇太后のご生涯—御歌とみあとでたどる 打越孝明著, 竹崎恵子写真, 明治神宮監修 KADOKAWA 2014.3 189p 27cm〈文献あり 年譜あり〉①978-4-04-600251-8 ［1900円］

◇明治天皇百年祭・昭憲皇太后百年祭—記録集 明治神宮編 明治神宮 2014.12 94p 30cm Ⓝ288.41

◇明治日本のナイチンゲールたち—世界を救い続ける赤十字「昭憲皇太后基金」の100年 今泉宜子著 扶桑社 2014.4 294p 19cm〈文献あり〉①978-4-594-07023-6 Ⓝ369.15 ［1500円］

証券取引等監視委員会

◇証券取引等監視委員会の活動状況 ［東京］ 証券取引等監視委員会 2014.6 411p 30cm Ⓝ338.15

聖護院〔京都市〕

◇修験道聖護院史辞典 首藤善樹著 岩田書院 2014.8 258p 22cm①978-4-87294-877-6 Ⓝ188.595 ［5900円］

◇聖護院史辞典 首藤善樹編集・執筆 京都 聖護院史料研究所 2014.1 65p 21cm Ⓝ188.595

淞高会

◇惜別 篠﨑學著 名古屋 篠﨑學 2013.11 66p 26cm Ⓝ377.3

庄司 彰 〔1942〜 〕

◇助けられ助けて生きる人との絆 庄司彰著 文芸社 2014.1 95p 15cm（文芸社プレミア倶楽部）①978-4-286-14853-3 Ⓝ289.1 ［500円］

聖壽禅寺〔盛岡市〕

◇大光山聖壽萬年禅寺縁起—南部家菩提所：総録院臨済宗妙心寺派 盛岡 大光山聖壽寺 2014.4 79p 26cm〈共同刊行：編集委員会〉Ⓝ188.85

承章〔1592～1668〕

◇隔蓂記の世界―余録：食物、花卉・花木（含一部樹木）を中心に　明永恭典著　［名張］　寓居「遊心菴」　2014.8　258p　21cm　Ⓝ188.82　［非売品］

上信越高原
◇上信越高原国立公園須坂・高山地域協働型管理運営推進業務報告書　平成25年度　［長野］　環境省長野自然環境事務所　2014.3　1冊　30cm〈共同刊行：テクノ中部〉Ⓝ629.4152

笑生十八番〔1951～〕
◇落語は人を救う―笑生十八番伝　笑生十八番著　彩流社　2014.12　181p　19cm〈文献あり〉Ⓝ779.13　［1800円］

城泉寺〔熊本県湯前町〕
◇国指定重要文化財城泉寺シンポジウム記録集　2014　湯前町, 湯前町教育委員会編　湯前町〔熊本県〕湯前町　2014.3　92p　30cm〈年表あり　共同刊行：湯前町教育委員会　折り込1枚〉Ⓝ702.17

正倉院
◇日本古代の武具―『国家珍宝帳』と正倉院の器仗　近藤好和著　京都　思文閣出版　2014.9　462p　22cm　Ⓘ978-4-7842-1766-3　Ⓝ756.21　［8500円］

常総市〔伝記〕
◇常総の隠れた英雄鈴木頂行とその時代　海老原良夫編著　常総　平安堂出版　2013.8　210p　21cm　Ⓘ978-4-9907361-0-1　Ⓝ281.31　［2000円］

常総市〔歴史〕
◇常総の隠れた英雄鈴木頂行とその時代　海老原良夫編著　常総　平安堂出版　2013.8　210p　21cm　Ⓘ978-4-9907361-0-1　Ⓝ281.31　［2000円］

正田　竜
◇リストラ、離婚、精神病からの復帰…自省録　正田竜著　名古屋　ブイツーソリューション　2013.11　275p　19cm〈文献あり〉Ⓘ978-4-86476-122-2　Ⓝ289.1　［1500円］

上智学院
◇上智の100年　上智大学創立100周年記念誌企画・編纂委員会編　上智学院　2013.11　205p　31cm〈年表あり　英語併記〉Ⓝ377.28

上智大学イベロアメリカ研究所
◇21世紀のラテンアメリカ地域概念―上智大学イベロアメリカ研究所創立50周年記念誌　上智大学イベロアメリカ研究所編　上智大学イベロアメリカ研究所　2014.11　135p　26cm〈文献あり　年表あり〉Ⓘ978-4-904704-13-4　Ⓝ302.55

聖徳太子〔574～622〕
◇坂本太郎著作集　第9巻　聖徳太子と菅原道真　坂本太郎著　オンデマンド版　吉川弘文館　2013.10　453,16p　22cm〈索引あり　印刷・製本：デジタルパブリッシングサービス　内容：聖徳太子　聖徳太子の鴻業　聖徳太子とその一族　聖徳太子と憲法十七条　聖徳太子の史実と伝説　法隆寺怨霊寺記について．1　法隆寺怨霊寺記について．2　『暦録』と聖徳太子の伝記　聖徳太子伝暦について　菅原道真　菅原道真の生涯　学問の神、菅原道真　菅原道真と紀長谷雄　北野天神縁起の史実とフィクション　菅公と酒〉Ⓘ978-4-642-04280-2　Ⓝ210.3　［14000円］

◇聖徳太子―倭国の「大国」化をになった皇子　大平聡著　山川出版社　2014.4　85p　21cm　（日本史リブレット人 004）〈文献あり　年譜あり〉Ⓘ978-4-634-54804-6　Ⓝ288.44　［800円］

◇聖徳太子の真実　大山誠一編　平凡社　2014.2　455p　16cm　（平凡社ライブラリー 806）〈年表あり　2003年刊の再刊　内容：聖徳太子の解明に向けて（大山誠一著）近代歴史学と聖徳太子研究（吉田一彦著）　天皇号の成立と東アジア（増尾伸一郎著）　推古朝遺文の再検討（瀬間正之著）『元興寺伽藍縁起幷流記資財帳』の信憑性（吉田一彦著）『上宮記』の成立（大山誠一著）『上宮聖徳法王帝説』成立試論（大山誠一著）法起寺塔露盤銘の成立（大山誠一著）『日本書紀』の構想（大山誠一著）『日本書紀』と渡来人（加藤謙吉著）道慈の文章（吉田一彦著）「救世観音」の成立（藤井由紀子著）『聖徳太子伝暦』がつくりあげた太子像（渡辺信和著）「四天王寺縁起」の成立（榊原史子著）〈聖徳太子の墓〉誕生（小野一之著）顕真と慶政（藤井由紀子著）浄土真宗における聖徳太子信仰の展開（春古真哉著）〉Ⓘ978-4-582-76806-0　Ⓝ288.44　［1500円］

◇聖徳太子　倭国と東アジアの変革　磯部隆著　岡山　大学教育出版　2014.11　235p　22cm〈年譜あり〉Ⓘ978-4-86429-309-9　Ⓝ210.33　［2000円］

◇聖徳太子は天皇だった　渡辺康則著　大空出版　2014.11　467p　20cm〈文献あり〉Ⓘ978-4-903175-54-6　Ⓝ288.44　［2400円］

◇新史論/書き替えられた古代史　3　聖徳太子と物部氏の正体　関裕二著　小学館　2014.6　221p　18cm　（小学館新書 187）〈文献あり〉Ⓘ978-4-09-825187-2　Ⓝ210.3　［720円］

◇太子信仰の研究　林幹彌著　オンデマンド版　吉川弘文館　2013.10　493,21p　22cm　Ⓘ978-4-642-04224-6　Ⓝ288.44　［15000円］

◇日本とユダヤ聖徳太子の謎―失われたイスラエル10支族と古代東方キリスト教徒「秦氏」がもたらした古代神道　久保有政著　学研パブリッシング　2014.11　302p　20cm　（MU SUPER MYSTERY BOOKS）〈学研マーケティング（発売）文献あり〉Ⓘ978-4-05-406160-6　Ⓝ210.3　［1600円］

◇維摩経義疏の現代語譯と研究―聖徳太子佛典講説　上巻　国民文化研究会, 聖徳太子研究会編、磯貝保博、山内健生、澤部壽孫編　［東京］　国民文化研究会　2014.3　437p　26cm　Ⓝ183.6　［1500円］

◇維摩経義疏の現代語譯と研究―聖徳太子佛典講説　中巻　国民文化研究会, 聖徳太子研究会著、磯貝保博、山内健生、澤部壽孫編　［東京］　国民文化研究会　2014.6　331p　26cm　Ⓝ183.6　［1500円］

◇維摩経義疏の現代語譯と研究―聖徳太子佛典講説　下巻　国民文化研究会, 聖徳太子研究会著、磯貝保博、山内健生、澤部壽孫編　［東京］　国民文化研究会　2014.6　310p　26cm　Ⓝ183.6　［1500円］

称徳天皇〔718～770〕
◇孝謙・称徳天皇―出家しても政を行ふに豈障らず　勝浦令子著　京都　ミネルヴァ書房　2014.10　345,7p　20cm　（ミネルヴァ日本評伝選）〈文献あり　年譜あり　索引あり〉Ⓘ978-4-623-07181-4　Ⓝ288.41　［3500円］

小豆島
◇小豆島相撲風土記―写真紀行　堀之内照幸著　［土庄町〔香川県）］［堀之内照幸］　2014.2　72p　30cm〈年表あり〉Ⓝ788.1　［2000円］

◇小豆島にみる日本の未来のつくり方―瀬戸内国際芸術祭2013小豆島醤の郷＋坂手港プロジェクト「観光から関係へ」ドキュメント　椿昇,原田祐馬,多田智美編著　誠文堂新光社　2014.5　223p　21cm　Ⓘ978-4-416-11448-3　Ⓝ601.182　［2000円］

庄内町〔山形県〕〔昔話〕
◇おらほの昔語り千回　長南一美編著　庄内町〔山形県〕松風園　2013.5　327p　22cm　Ⓝ388.125　［1800円］

湘南学園〔大津市〕
◇共に生きる”まちづくり”を目指して―社会福祉法人湘南学園創立一一〇周年記念誌　湘南学園著　［大津］　湘南学園　2014.3　146p　19cm〈年譜あり〉Ⓝ369.43

湘南軽便鉄道
◇湘南を走った小さな汽車　秦野市・中井町・二宮町・大磯町広域行政推進協議会湘南軽便鉄道1世紀記念事業専門部会編　［秦野］　秦野市・中井町・二宮町・大磯町広域行政推進協議会　2013　49p　30cm〈文献あり　年表あり　湘南軽便鉄道1世紀記念事業　限定版特製冊子〉Ⓝ686.2137

城南信用金庫
◇原発ゼロで日本経済は再生する　吉原毅［著］　KADOKAWA　2014.4　238p　18cm　（角川oneテーマ21 D-21）Ⓘ978-4-04-653425-5　Ⓝ543.5　［800円］

湘南地方
◇湘南の考古学　鈴木一男著　六一書房　2014.11　192p　26cm〈文献あり〉Ⓘ978-4-86445-050-8　Ⓝ213.7　［3800円］

◇湘南の樹木　改訂版　平塚　平塚市博物館　2014.2　112p　19cm　（ガイドブック 24）Ⓝ653.2137

城端織物工業協同組合
◇起承転々浪漫織物城―国民的財産になった城端織物組合事務所　山本哲也著　南砺　城端織物工業協同組合　2014.3　85p　19cm　Ⓝ586.42142　［500円］

庄原市〔遺跡・遺物〕
◇只野原2号遺跡・只野原4号遺跡　広島県庄原市教育委員会編　庄原　広島県庄原市教育委員会　2014.3　75p　図版23p　30cm　（庄原市文化財調査報告書 27）〈庄原市高野緑地公園整備事業に伴う埋蔵文化財発掘調査報告書〉Ⓝ210.0254

◇中国横断自動車道尾道松江線建設に伴う埋蔵文化財発掘調査報告　30　広島県教育事業団事務局埋蔵文化財調査室編　［広島］　広島県教育事業団　2014.3　116p　図版40p　30cm　（公益財団法人広島県教育事業団発掘調査報告書 第58集）〈文献あり　内容：岡東第1-7号古墳　岡東第1号横穴墓　岡1号遺跡　岡2号遺跡　半戸1号遺跡〉Ⓝ210.0254

日本件名図書目録2014　I　　　　　　　　　　　　　　　　　　　　　　　　　　シラー，J.C.F.v.〔1759〜1805〕

庄原市（風俗・習慣）
◇奥備後の民俗誌　倉岡侃著　庄原　比和町郷土史研究会　2013.12　266p　26cm　Ⓝ382.176

庄原市（歴史）
◇三次・庄原の昭和―写真アルバム　名古屋　樹林舎　2014.12　263p　図版　16p　31cm〈広島県教科用図書販売（発売）年表あり〉Ⓘ978-4-902731-76-7　Ⓝ217.6　［9250円］

消費者庁
◇消費者事故調―その実像と将来像　鶴岡憲一，河村真紀子著　学文社　2014.10　235p　19cm〈文献あり〉Ⓘ978-4-7620-2489-4　Ⓝ365　［1850円］

笑福亭 晃瓶〔1960〜 〕
◇笑福亭晃瓶の京都ほのぼの暮らし　笑福亭晃瓶著　吹田　西日本出版社　2013.12　193p　19cm　Ⓘ978-4-901908-85-6　Ⓝ779.13　［1300円］

正法寺（奥州市）
◇安養寺史考　佐藤光隆著　一関　佐藤則元　2014.10　576，16p　22cm〈年表あり〉Ⓝ188.85

聖武天皇〔701〜756〕
◇聖武天皇と紫香楽宮　栄原永遠男著　敬文舎　2014.3　319p　20cm　（日本歴史私の最新講義 09）〈文献あり　年表あり　索引あり〉Ⓘ978-4-906822-09-6　Ⓝ210.35　［2400円］

上毛新聞社
◇絹の物語つむいで―シルクカントリー群馬キャンペーンの軌跡　上毛新聞社編　前橋　上毛新聞社　2014.10　159p　27cm〈年表あり〉Ⓝ586.42133
◇絹の物語つむいで―シルクカントリー群馬キャンペーンの軌跡　上毛新聞社編集　前橋　上毛新聞社　2014.10　159p　26cm〈文献あり　年譜あり〉Ⓘ978-4-86352-116-2　Ⓝ586.42133　［1200円］

霄友会
◇五十年の歩み　［出版地不明］　霄友会　2013.5　65p　26cm　〈奥付のタイトル：霄友会五十年のあゆみ〉Ⓝ728.06

城陽市（遺跡・遺物）
◇城陽市埋蔵文化財調査報告書　第67集　城陽　城陽市教育委員会　2014.3　29p　図版8p　30cm　Ⓝ210.0254
◇城陽市埋蔵文化財調査報告書　第68集　城陽　城陽市教育委員会　2014.3　127p　図版［15］枚　30cm〈内容：芝ヶ原古墳発掘調査・整備報告書〉Ⓝ210.0254

城陽市（写真集）
◇城陽・八幡・久御山の今昔―保存版　竹中友里代監修　松本郷土出版社　2013.12　222p　31cm〈文献あり〉Ⓘ978-4-86375-207-8　Ⓝ216.2　［9500円］

正力 松太郎〔1885〜1969〕
◇CIA日本人ファイル―米国国立公文書館機密解除資料　第9巻　正力松太郎　加藤哲郎編集・解説　現代史料出版　2014.12　444p　31cm〈東出版（発売）複製　布装〉Ⓘ978-4-87785-306-8,978-4-87785-303-7(set)　Ⓝ319.1053

昭和天皇〔1901〜1989〕
◇昭和天皇　第5部　日米交渉と開戦　福田和也著　文藝春秋　2014.2　373p　16cm（文春文庫 ふ12-12）Ⓘ978-4-16-790044-1　Ⓝ288.41　［670円］
◇昭和天皇　第7部　独立回復〈完結篇〉福田和也著　文藝春秋　2014.4　250p　20cm〈文献あり　索引あり〉Ⓘ978-4-16-390052-0　Ⓝ288.41　［1600円］
◇昭和天皇伝　伊藤之雄著　文藝春秋　2014.3　589p　16cm（文春文庫 い90-1）〈文献あり　索引あり〉Ⓘ978-4-16-790064-9　Ⓝ288.41　［1000円］
◇昭和天皇と近現代日本　後藤致人著　オンデマンド版　吉川弘文館　2013.10　288,7p　22cm〈索引あり　印刷・製本：デジタルパブリッシングサービス　内容：国民国家の再編と昭和天皇　明治における華族社会と士族社会　大正デモクラシーと華族社会の変容．1　大正デモクラシーと華族社会の変容．2　「宮中新体制」における皇族集団の位置　「宮中新体制」における内大臣木戸幸一の位置と役割　昭和戦前期における地域社会と天皇権威　敗戦・戦後と華族社会　昭和戦後期における地域社会と天皇権威　戦後政治における昭和天皇の位置　天皇の代替りと象徴天皇制　昭和天皇と近現代日本〉Ⓘ978-4-642-04259-8　Ⓝ210.7　［11500円］
◇昭和天皇遺されし御製　儀武晋一編纂，末安大孝監修　那覇　皇室崇敬会　2013.4　411p　22cm〈文献あり〉Ⓝ288.41　［非売品］

◇昭和天皇「よもの海」の謎　平山周吉著　新潮社　2014.4　303p　20cm（新潮選書）〈文献あり〉Ⓘ978-4-10-603745-0　Ⓝ210.75　［1400円］

Joel, Billy
◇ビリー・ジョエル―Life　ハンク・ボードウィッツ著，大美賀馨，松本佳代訳　TOブックス　2014.6　439p　22cm〈作品目録あり〉Ⓘ978-4-86472-252-0　Ⓝ767.8　［3800円］

食品安全委員会
◇食品安全委員会―10年の歩み　［東京］　食品安全委員会　2013.7　163p　30cm　Ⓝ498.54

食品公害を追放し安全な食べ物を求める会
◇ゆうきすと―求める会機関誌　第11号　40周年記念号　40周年記念誌編集委員会編　［神戸］　食品公害を追放し安全な食べ物を求める会　2014.11　171p　26cm〈年表あり〉Ⓝ498.54　［500円］

女子学院高等学校
◇女子学院中学校・高等学校―中学受験注目校の素顔　おおたとしまさ著　ダイヤモンド・ビッグ社　2014.10　174p　19cm　（学校研究シリーズ 005）〈ダイヤモンド社（発売）文献あり〉Ⓘ978-4-478-04644-9　Ⓝ376.31361　［1100円］

女子学院中学校
◇女子学院中学校・高等学校―中学受験注目校の素顔　おおたとしまさ著　ダイヤモンド・ビッグ社　2014.10　174p　19cm　（学校研究シリーズ 005）〈ダイヤモンド社（発売）文献あり〉Ⓘ978-4-478-04644-9　Ⓝ376.31361　［1100円］

書肆吾輩堂
◇猫本屋はじめました　大久保京著　洋泉社　2014.12　222p　19cm〈文献あり〉Ⓘ978-4-8003-0436-0　Ⓝ024.1　［1500円］

女性のためのアジア平和国民基金
◇慰安婦問題とアジア女性基金―デジタル記念館　村山富市，和田春樹編　青灯社　2014.8　186p　25cm〈作品目録あり〉Ⓘ978-4-86228-074-9　Ⓝ369.37　［1600円］

ショパン，F.〔1810〜1849〕
◇ショパンを嗜む　平野啓一郎著　音楽之友社　2013.12　166p　19cm〈文献あり〉Ⓘ978-4-276-21065-3　Ⓝ762.349　［1500円］
◇日本人とショパン―洋楽導入期のピアノ音楽　多田純一訳　アルテスパブリッシング　2014.3　427p　26cm〈文献あり〉Ⓘ978-4-903951-82-9　Ⓝ762.1　［3900円］

ジョブズ，S.〔1955〜2011〕
◇逆境を乗り越えるジョブズ魂の言葉　橋本哲児著　ぱる出版　2014.3　207p　19cm〈文献あり〉Ⓘ978-4-8272-0840-5　Ⓝ159.4　［1400円］
◇スティーブ・ジョブズ―青春の光と影　脇英世著　東京電機大学出版局　2014.10　481,12p　19cm〈文献あり　索引あり〉Ⓘ978-4-501-55280-0　Ⓝ289.3　［2500円］

ショーペンハウアー，A.〔1788〜1860〕
◇ショーペンハウアー　遠山義孝著　新装版　清水書院　2014.9　254p　19cm（Century Books）〈文献あり　年譜あり　索引あり〉Ⓘ978-4-389-42077-2　Ⓝ134.6　［1000円］
◇ショーペンハウアー兵役拒否の哲学―戦争・法・国家　伊藤貴雄著　京都　晃洋書房　2014.10　283,7p　22cm〈索引あり　内容：新たなショーペンハウアー像を描く意義　カント哲学との出会い　フィヒテ哲学との対決　根拠律の社会哲学　思想としての兵役拒否　永遠平和論の背面　エゴイズムの闘争　エゴイズムの調停　エゴイズムの克服　ショーペンハウアーの遺産〉Ⓘ978-4-7710-2551-6　Ⓝ134.6　［4100円］

ジョモ・ケニヤッタ農工大学
◇アフリカに大学をつくったサムライたち―ジョモ・ケニヤッタ農工大学物語　荒木光弥著　国際開発ジャーナル社　2014.1　279p　19cm〈丸善出版（発売）文献あり　年譜あり〉Ⓘ978-4-87539-085-5　Ⓝ377.2454　［1852円］

ジョーンズ，E.S.〔1884〜1973〕
◇美しい静かな革命　小宮山林也著　いのちのことば社（発売）　2014.7　116p　19cm　Ⓘ978-4-264-03133-8　Ⓝ198.37　［1000円］

ジョンソン，S.〔1709〜1784〕
◇ジョンソンと「国語」辞典の誕生―十八世紀巨人の名言・金言　早川勇著　横浜　春風社　2014.3　395p　20cm　（愛知大学文學會叢書 19）〈文献あり〉Ⓘ978-4-86110-399-5　Ⓝ833.1　［2500円］

シラー，J.C.F.v.〔1759〜1805〕
◇影像の詩学―シラー『ヴァレンシュタイン』と一義性の思考　青木敦子著　調布　月曜社　2014.4　250p　22cm（古典転

生 9）〈文献あり 索引あり〉Ⓘ978-4-86503-014-3 Ⓝ942.6 ［3500円］

◇ゲーテとシラー──ある友情の歴史 リューディガー・ザフランスキー著，川島淳夫訳 土浦 IPC出版センター・ビブロス 2014.6 336p 21cm Ⓘ978-4-901291-36-1 Ⓝ940.268 ［3000円］

白石 直治〔1857〜1919〕

◇ビジネス・インフラの明治──白石直治と土木の世界 前田裕子著 名古屋 名古屋大学出版会 2014.10 319,86p 22cm 〈文献あり 年譜あり 年表あり 索引あり〉Ⓘ978-4-8158-0788-7 Ⓝ510.921 ［5800円］

白岡市（遺跡・遺物）

◇前田遺跡 第2地点 ［白岡］ 白岡市教育委員会 2014.3 91p 図版［12］枚 30cm （白岡市埋蔵文化財調査報告書 第23集）Ⓝ210.0254

白神山地

◇北の世界遺産白神山地の歴史学的研究──森林・鉱山・人間：北方社会史の視座 歴史・文化・生活 別巻 長谷川成一著 大阪 清文堂出版 2014.1 362p 22cm 〈内容：国絵図等の資料に見る江戸時代の白神山地 弘前藩の史料に見える白神山地 近世後期の白神山地における森林資源の歴史的活用 近世前期津軽領鉱山の開発と白神山地 延宝・天和期の尾太銀銅山 天和〜正徳期（一六八一〜一七一五）における尾太銅鉛山の経営動向 一八世紀〜二〇世紀の尾太鉱山史 一八世紀前半の白神山地で働いた人々 「天気不正」風説と白神山地 足羽次郎三郎考 足羽次郎三郎と大坂の住友泉屋〉Ⓘ978-4-7924-0999-9 Ⓝ212.1 ［6500円］

◇白神山地マタギ伝──鈴木忠勝の生涯 根深誠著 七つ森書館 2014.9 274p 20cm Ⓘ978-4-8228-1410-6 Ⓝ384.35 ［2800円］

白川

◇ダムより河川改修を──とことん検証阿蘇・立野ダム：世界の阿蘇に立野ダムはいらない PART2 立野ダム問題ブックレット編集委員会，立野ダムによらない自然と生活を守る会編 ［東京］ 花伝社 2014.7 84p 21cm 〈共栄書房（発売） 文献あり 年表あり〉Ⓘ978-4-7634-0705-4 Ⓝ517.7 ［800円］

白川 昌生〔1948〜 〕

◇白川昌生ダダ，ダダ，ダ──地域に生きる想像☆の力 アーツ前橋企画・監修 水声社 2014.3 199p 30cm 〈著作目録あり 年譜あり 英語併記 会期・会場：2014年3月15日（土）〜2014年6月15日（日）アーツ前橋 主催：アーツ前橋〉Ⓘ978-4-8010-0035-3 Ⓝ702.16 ［2500円］

白河旭高等学校（福島県立）

◇からたち──福島県立白河旭高等学校創立百周年記念誌 白河 福島県立白河旭高等学校創立百周年記念事業実行委員会 2014.9 152p 24×24cm 〈年表あり〉Ⓝ376.48

白川村（岐阜県）（戦没者）

◇遺影──岐阜県大野郡白川村戦没者遺影集 白川村戦没者遺影集編纂委員会編 ［白川村（岐阜県）］ 岐阜県大野郡白川村白川村遺族会 2014.5 186p 27cm 〈年表あり 文献あり〉Ⓝ281.53

白川村（岐阜県）（ダム）

◇発電ダムが建設された時代──聞き書き御母衣ダムの記憶 浜本篤史編 名古屋 グローバル社会を歩く研究会 2014.5 161p 21cm （グローバル社会を歩く 8）〈新泉社（発売） 年表あり〉Ⓘ978-4-7877-1323-0 Ⓝ215.3 ［1500円］

白川村（岐阜県）（歴史）

◇発電ダムが建設された時代──聞き書き御母衣ダムの記憶 浜本篤史編 名古屋 グローバル社会を歩く研究会 2014.5 161p 21cm （グローバル社会を歩く 8）〈新泉社（発売） 年表あり〉Ⓘ978-4-7877-1323-0 Ⓝ215.3 ［1500円］

新羅（朝鮮）（美術──歴史）

◇古代韓国のギリシャ渦文と月支国──文化で結ばれた中央アジアと新羅 韓永大著 明石書店 2014.9 329p 22cm 〈年表あり〉Ⓘ978-4-7503-4074-6 Ⓝ702.21 ［6800円］

白鷺城 →姫路城を見よ

白洲 正子〔1910〜1998〕

◇白洲正子──日本文化と身体 野村幸一郎著 新典社 2014.2 206p 19cm （新典社選書 64）Ⓘ978-4-7879-6814-2 Ⓝ210 ［1500円］

白鷹町（山形県）（歴史）

◇白鷹町史 現代編 白鷹町史編さん委員会，白鷹町史編集委員会編さん 白鷹町（山形県）白鷹町 2014.10 946,100p 22cm 〈年表あり〉Ⓝ212.5

白土 三平〔1932〜 〕

◇カムイ伝講義 田中優子著 筑摩書房 2014.5 421p 15cm （ちくま文庫 た58-5）〈文献あり 索引あり 小学館 2008年刊の再刊〉Ⓘ978-4-480-43177-6 Ⓝ210.5 ［1000円］

白浜町（和歌山県）（遺跡・遺物）

◇安宅荘中世城郭群総合調査報告書 白浜町教育委員会，安宅荘中世城郭発掘調査委員会編 ［白浜町（和歌山県）］ 白浜町教育委員会 2014.3 117,10p 図版［74］枚 30cm （和歌山県西牟婁郡白浜町文化財調査報告書 第7集）〈年表あり 和歌山県白浜町所在 共同刊行：安宅荘中世城郭発掘調査委員会〉Ⓝ210.0254

◇白浜町内遺跡発掘調査概報 平成23年度 白浜町教育委員会編 白浜町（和歌山県）白浜町教育委員会 2013.3 18p 図版12枚 30cm （和歌山県西牟婁郡白浜町文化財調査報告書 第6集）〈和歌山県白浜町所在〉Ⓝ210.0254

白百合学園

◇仙台白百合学園歴史資料集 第2編 仙台高等女学校時代 仙台 仙台白百合学園 2014.2 793p 27cm 〈年表あり〉Ⓝ377.28

白百合女子大学

◇感性世界への誘い──白百合女子大学キャンパスの環境教育ポテンシャル 堀井清之，岩政伸治，宮澤賢治，松前祐司編著 近代文藝社 2014.3 164p 16×22cm Ⓘ978-4-7733-7913-6 Ⓝ519.07 ［1800円］

シリア（外国関係）

◇報道されない中東の真実──動乱のシリア・アラブ世界の地殻変動 国枝昌樹著 朝日新聞出版 2014.8 319p 19cm Ⓘ978-4-02-331292-0 Ⓝ312.275 ［1700円］

シリア（社会）

◇シリア安寧なる日々よ再び──ダマスカス滞在記 村松正孝著 大阪 風詠社 2014.3 207p 20cm 〈星雲社（発売） 文献あり〉Ⓘ978-4-434-19027-8 Ⓝ302.275 ［1400円］

シリア（政治）

◇報道されない中東の真実──動乱のシリア・アラブ世界の地殻変動 国枝昌樹著 朝日新聞出版 2014.8 319p 19cm Ⓘ978-4-02-331292-0 Ⓝ312.275 ［1700円］

シリア（文化財保護）

◇シリア復興と文化遺産──シンポジウム報告書 国立文化財機構東京文化財研究所文化遺産国際協力センター編 国立文化財機構東京文化財研究所文化遺産国際協力センター 2014.4 161p 30cm 〈内容：シリア内戦の現状と行方 シリア：大衆決起から内戦へ（ホサム・ダルウィッシュ述） シリアの歴史と文化遺産 シリアの歴史と日本人研究者による遺跡調査（西秋良宏述） アレッポのスーク（深見奈緒子述） オスマン帝国期アレッポのスーク（市場）の意味づけ（黒木英充述） シリア内戦による文化遺産の被災状況 シリアの考古遺産の現状と未来（ユーセフ・カンジョ述） シリアの文化遺産侵害とその保護の現状（山崎やよい述） 文化遺産の復興と国の復興 復興における文化遺産の役割と可能性（原本知実述） 文化遺産の復興と国の復興（山内和也述） 資料 シリアの文化遺産が被った損害に関する2014年報告（エマ・カンリフェ著） 魂の破壊（エマ・カンリフェ著） ユネスコ世界遺産委員会（2013年6月16日─27日、カンボジア、プノンペン）によるシリアの世界遺産の現状報告および「世界危機遺産」登録声明 シリア古物博物館総局レポート「シリア国内の考古遺産とその保護対策の状況に関する報告書」 シリア古物博物館総局声明「シリアの考古遺産の防衛・保護のための世界への呼びかけ」 パルミラ遺跡、およびシリア古物博物館総局の現状（西藤清秀著） シリア文化財保護協会（Association for the Protection of Syrian Archaeology： APSA）について（山崎やよい述） シリアにおける文化遺産の被災状況に関する、最新の報告（間舎裕生著）〉Ⓝ709.2275

シリュルニク, B.

◇心のレジリエンス──物語としての告白 ボリス・シリュルニク著，林昌宏訳 吉田書店 2014.12 126p 20cm Ⓘ978-4-905497-26-4 Ⓝ289.3 ［1500円］

◇憎むのでもなく、許すのでもなく──ユダヤ人一斉検挙の夜 ボリス・シリュルニク著，林昌宏訳 吉田書店 2014.3 341p 20cm Ⓘ978-4-905497-19-6 Ⓝ289.3 ［2300円］

シルクロード

◇シルクロードの現代日本人列伝──彼らはなぜ、文化財保護に懸けるのか？ 白鳥正夫著 三五館 2014.10 238p 図版16p 19cm 〈文献あり 年表あり〉Ⓘ978-4-88320-622-3 Ⓝ709.2 ［1500円］

◇平山郁夫私悠久のシルクロード──特別展 龍谷大学龍谷ミュージアム編 ［京都］ 龍谷大学龍谷ミュージアム 2013.4 183p 30cm 〈年譜あり 会期・会場：2013年4月20日─6月30

日 龍谷大学龍谷ミュージアム　共同刊行：日本経済新聞社ほか〉Ⓝ702.2

シルクロード〔紀行・案内記〕
◇ユーラシア大陸横断旅行記―さあ行こう、シルクロードへ　川内浩司著　文芸社　2014.3　270p　22cm　①978-4-286-14719-2　292.09　[1800円]

シルバーラブクマ〔1938～ 〕
◇泣きぼくろの記憶　シルバー・ラブクマ著　文芸社　2014.3　102p　19cm　①978-4-286-14753-6　Ⓝ289.1　[800円]

シレジウス〔1624～1677〕
◇キリスト者と念仏者―『シレジウス瞑想詩集』に寄せて　井伊義成著　文芸社　2014.2　222p　19cm　①978-4-286-14661-4　Ⓝ184　[1300円]

白井市〔遺跡・遺物〕
◇白井市復山谷遺跡（上層）・印西市泉北側第3遺跡（上層）・荒野前遺跡（上層）　千葉県教育振興財団編　印西　都市再生機構首都圏ニュータウン本部千葉ニュータウン事業本部　2013.8　155p　図版 46p　30cm　〈千葉県教育振興財団調査報告書 第716集〉　共同刊行：千葉県教育振興財団〉Ⓝ210.0254

白石市〔遺跡・遺物〕
◇市内遺跡発掘調査報告書　8　白石市教育委員会編　白石　白石市教育委員会　2013.9　36p　30cm　〈白石市文化財調査報告書 第46集〉Ⓝ210.0254

白石市〔災害復興〕
◇東日本大震災白石市の記録―2011 3.11　白石　白石市　2014.3　74p　30cm　Ⓝ369.31

白石市〔文化財―保存・修復〕
◇白石市の文化財レスキュー　白石市教育委員会編　白石　白石市歴史文化を活用した地域活性化実行委員会　2014.3　71p　30cm　〈白石市文化財調査報告書 第48集〉〈平成25年度文化庁文化遺産を活かした地域活性化事業〉Ⓝ709.123

白石町老人クラブ連合会
◇福寿・老人クラブ創立50周年記念誌　白石町老人クラブ連合会福寿支部編集責任　弘報印刷出版センター　2014p　30cm　〈年表あり　文献あり〉Ⓝ379.47

シロタ・ゴードン, B.〔1923～2012〕
◇ベアテ・シロタと日本国憲法―父と娘の物語　ナスリーン・アジミ, ミッシェル・ワッセルマン著　小泉直子訳　岩波書店　2014.1　71p　21cm　〈岩波ブックレット No.889〉①978-4-00-270889-8　Ⓝ289.3　[560円]

白鳥 省吾〔1890～1973〕
◇詩人・白鳥省吾―佐藤吉一評論集　佐藤吉一著　コールサック社　2014.7　655p　21cm　〈文献あり　著作目録あり　作品目録あり　索引あり〉①978-4-86435-154-6　Ⓝ911.52　[2000円]

塩飽諸島〔歴史〕
◇塩飽史―江戸時代の公儀船方　吉田幸男著　諫早　昭和堂（印刷）　2013.10　404p　21cm　〈文献あり〉①978-4-905026-33-4　Ⓝ218.2　[2500円]

紫波町〔岩手県〕〔遺跡・遺物〕
◇鎌倉街道跡―第1次・第2次発掘調査報告書：学術調査報告　紫波町教育委員会編　紫波町〔岩手県〕紫波町教育委員会　2014.3　39p　図版 10p　30cm　〈紫波町埋蔵文化財調査報告書 2013年度〉Ⓝ210.0254

晋〔中国〕〔中国詩―歴史―東晋〕
◇陶淵明とその時代　石川忠久著　増補版　研文出版　2014.5　573,12p　22cm　〈索引あり〉　内容：陶氏という南人貴族　陶淵明の帰田　隠士陶淵明　「和劉柴桑」と「酬劉柴桑」　「見南山」と「望南山」　「遊斜川」考　「雑詩其十二」について　六朝に於ける"變童詩"　東晋王朝の創始　謝氏の興隆　王羲之と蘭亭の遊　許詢について　孫綽と「遊天台山賦」について　謝混と「遊西池」詩　「尋隠者不遇」詩の生成について　両晋に於ける雅俗の観念　六朝詩に表われた女性美　文学に表われた海　王維輞川集校注　漢詩在日本　「東籬」考　謝霊運に見る陶淵明の影　名士としての陶淵明〉①978-4-87636-371-1　Ⓝ921.4　[9500円]

晋〔中国〕〔仏教―歴史―東晋〕
◇六朝期における仏教受容の研究　遠藤祐介著　白帝社　2014.12　539p　22cm　〈索引あり　布装　文献あり〉　内容：東晋代における士大夫の宗教的関心と仏教　東晋士大夫における儒仏一致論の社会的意義　廬山慧遠における問題意識と仏教思想　僧肇における宗教的関心と仏教思想　竺道生の問題意識と仏教思想　東晋代の礼敬論争　「弁宗論」論争における頓悟説と漸悟説の特徴　「白黒論」論争の思想的特徴　「達

性論」論争の展開とその思想的特徴　「夷夏論」論争における思想的特徴　結論　帛尸梨蜜多羅と『灌頂経』　仏教的世界観と経済活動〉①978-4-86398-172-0　Ⓝ182.22　[9074円]

晋〔中国〕〔歴史〕
◇後漢魏晋史論攷―好並隆司遺稿集　好並隆司著　[出版地不明]　好並晶　2014.2　334p　22cm　〈発行所：溪水社〉①978-4-86327-230-9　Ⓝ222.042　[6000円]

秦〔中国〕〔法制史〕
◇張家山漢簡『二年律令』の研究　東洋文庫中国古代地域史研究編　東洋文庫　2014.3　520, 61p　22cm　〈東洋文庫論叢 第77〉〈年表あり〉　内容：雲夢睡虎地・荊州張家山調査報告記（飯尾秀幸著）　中国古代土地所有問題に寄せて（飯尾秀幸著）　秦漢時代の戸籍について（池田雄一著）　「五任」と「無任」（石黒ひさ子著）　収の原理と淵源（石原遼平著）　秦漢出土法律文書にみる「田」・「宅」に関する諸問題（太田幸男著）　国家による労働力編成と在地社会（小嶋茂稔著）　漢代婚姻形態に関する一考察（佐々木満実著）　二年律令にみる民の生活形態について（椎名一雄著）　「家罪」および「公室告」「非公室告」に関する一考察（多田麻希子著）　秦・前漢初期における国家と亡人（福嶌大我著）　『秦律』・『漢律』（二年律令）に見える「三環」・「免老」について（藤田忠著）　列侯と関内侯（邉見統著）　呂氏政権における領域統治（山元貴尚著）〉①978-4-8097-0257-0　Ⓝ322.22　[8000円]
◇張家山二四七号漢墓竹簡『二年律令』・『奏讞書』釈文文字異同考証　板垣明, 山元貴尚著　[日野]　中国の歴史と地理研究会　2014.3　173, 73p　26cm　〈中国の歴史と地理 第2集〉〈附：一字索引〉Ⓝ322.22

秦〔中国〕〔陵墓―歴史〕
◇宇宙と地下からのメッセージ―秦始皇帝陵とその自然環境　鶴間和幸, 惠多谷雅弘監修, 学習院大学東洋文化研究所, 東海大学情報技術センター共編　D-CODE　2013.3　100p　27cm　〈学習院大学東洋文化研究叢書〉〈文献あり　年表あり〉①978-4-9906980-0-3　Ⓝ222.041　[2000円]

秦〔中国〕〔歴史〕
◇あらすじとイラストでわかる秦の始皇帝　平勢隆郎監修　宝島社　2014.1　223p　16cm　〈宝島SUGOI文庫 Dひ-2-1〉〈文献あり　年表あり　2013年刊の改訂〉①978-4-8002-2228-2　Ⓝ222.041　[620円]

清〔中国〕〔演劇―歴史〕
◇清代中国における演劇と社会　村上正和著　山川出版社　2014.11　177,61p　22cm　〈山川歴史モノグラフ 28〉〈文献あり　索引あり〉①978-4-634-67385-4　Ⓝ772.22　[5000円]

清〔中国〕〔音楽―歴史〕
◇琉球楽器楽曲調査業務報告書―清代福州の音楽状況―琉球への影響　[那覇]　沖縄美ら島財団　2014.3　84p　30cm　〈文献あり〉　内容：事業報告　「琉球楽器楽曲調査業務」事業概要及び報告（平成18-25年度記録）（久場まゆみ著）　首里城台湾調査（報告）（比嘉悦子著）　清代における福州と泉州及びその周辺地域の伝統音楽と琉球音楽の関係（王耀華, 王州著）　琉球の御座楽〈送観親〉〈一更里〉〈相思病〉〈為学当〉に関する考察（劉富琳著）　御座楽のルーツ（源流）に関する考察（比嘉悦子著）　御座楽楽曲における「加花」考（長嶺亮子著）　琉球王国の儀礼における中国系音楽（金城厚著）　座談会　琉球楽器・楽曲の研究、復元、人材育成について〉Ⓝ762.199

清〔中国〕〔外交官―歴史〕
◇出使日記の時代―清末の中国と外交　岡本隆司, 箱田恵子, 青山治世著　名古屋　名古屋大学出版会　2014.8　420,84p　22cm　〈文献あり　索引あり〉　内容：常駐公使と外交の肖像（岡本隆司著）　西洋と中国（岡本隆司著）　華夏と夷狄（岡本隆司著）　志剛『初使泰西記』（箱田恵子著）　薛福成『使西記略』（青山治世著）　出使日記の成長（青山治世著）　駐欧公使曾紀澤とロシア（岡本隆司著）　駐米公使張蔭桓と清末の対外関係（岡本隆司著）　薛福成の外交構想（箱田恵子著）　崔国因『出使美日秘魯日記』（青山治世著）　日本を記す（岡本隆司著）　調査から外交へ（箱田恵子著）　ミセラーネ、あるいは出使日記の運命（岡本隆司著）〉①978-4-8158-0778-8　Ⓝ319.22　[7400円]

清〔中国〕〔外国関係―アジア―歴史〕
◇近代中国の在外領事とアジア　青山治世著　名古屋　名古屋大学出版会　2014.9　426,40p　22cm　〈文献あり　索引あり〉　内容：領事制度と近代中国　在外領事像の模索　南洋華人調査の背景と西洋諸国との摩擦　南洋華人調査の実施　清朝政府の領事拡大論議　駐英公使薛福成の領事設置活動とその挫折　双務的領事裁判権をめぐる日清交渉　清朝の在朝鮮領事裁判規定の成立と変容　日本・朝鮮における清朝領事裁判の実態と変容　在ベトナム領事の設置をめぐる交渉　近代日中の"交錯"と"分岐"の軌跡　近代アジア国際関係史への新たな視座〉①978-4-8158-0784-9　Ⓝ319.2202　[6800円]

清〔中国〕（外国関係―中央アジア―歴史）

◇清と中央アジア草原―遊牧民の世界から帝国の辺境へ　小沼孝博著　東京大学出版会　2014.7　311p　22cm　〈文献あり　索引あり〉　内容：遊牧民社会の形成と支配体制　清のジューンガル征服と支配構想　オイラト支配の展開　オイラト支配の破綻　イリ軍営の形成　清朝皇帝を指す満洲語　清とカザフ遊牧勢力の接触　清の中央アジア政策の基層　清―カザフ関係の変容　19世紀前半における西北辺境の再編〉　①978-4-13-026149-4　Ⓝ222.06　[7500円]

清〔中国〕（外国関係―日本―歴史）

◇『吾妻鏡』の謎―清朝へ渡った明治の性科学　唐権[述]　京都　国際日本文化研究センター　2014.9　71p　21cm　（日文研フォーラム　第275回）〈文献あり　会期・会場：2014年2月12日　ハートピア京都〉　Ⓝ384.7

◇華夷秩序と琉球王国―陳捷先教授中琉歴史関係論文集　陳捷先著，赤嶺守，張維真監訳　宜野湾　榕樹書林　2014.3　257p　21cm　（訳：童宏民ほか）　①978-4-89805-175-7　Ⓝ222.058　[2800円]

清〔中国〕（外国関係―歴史）

◇出使日記の時代―清末の中国と外交　岡本隆司，箱田恵子，青山治世著　名古屋　名古屋大学出版会　2014.8　420,84p　22cm　〈文献あり　索引あり〉　内容：常駐公使と外交の肖像（岡本隆司著）　西洋と中国（岡本隆司著）　華夏と夷狄（岡本隆司著）　志剛『初使泰西記』（箱田恵子著）　陳廷彬『使美紀略』（青山治世著）　出使日記の成長（青山治世著）　駐欧公使會紀澤とロシア（岡本隆司著）　駐米公使張蔭桓と清末の対外関係（岡本隆司著）　薛福成の外交構想（箱田恵子著）　崔国因『出使美日祕崔日記』（青山治世著）　日本を記す（岡本隆司著）　調査から外交へ（岡本隆司著）　ミセラーネ、あるいは出使日記の運命（岡本隆司著）〉　①978-4-8158-0778-8　Ⓝ319.22　[7400円]

清〔中国〕（キリスト教―歴史）

◇中国近代開港場とキリスト教―洪仁玕がみた「洋」社会　倉田明子著　東京大学出版会　2014.8　363,19p　22cm　〈文献あり　索引あり〉　内容：開港場の誕生　プロテスタント布教の開始と展開　洪仁玕とキリスト教　開港場知識人の誕生　『資政新篇』とキリスト教　洪仁玕と太平天国　開港場知識人の台頭　開港場と近代〉　①978-4-13-026150-0　Ⓝ192.22　[7200円]

清〔中国〕（警察―歴史）

◇歩軍統領小史―「葦穀肅清」の物語　北山勝次著　北九州　北九州中国書店　2013.11　287p　21cm　①978-4-9903886-4-5　Ⓝ317.7　[4000円]

清〔中国〕（政治―歴史）

◇西太后―清末動乱期の政治家群像　深澤秀男著　山川出版社　2014.6　79p　21cm　（世界史リブレット人　76）〈文献あり　年譜あり〉　①978-4-634-35076-2　Ⓝ222.06　[800円]

清〔中国〕（政治―歴史―史料）

◇伊藤博文文書　第118巻　秘書類纂外交　5　伊藤博文[著]，伊藤博文文書研究会監修，檜山幸夫総編集　熊本史雄編集・解題　ゆまに書房　2014.11　384p　22cm　〈宮内庁書陵部所蔵の複製〉　①978-4-8433-2650-3,978-4-8433-2521-6（set）　Ⓝ312.1　[16000円]

清〔中国〕（性風俗―歴史）

◇『吾妻鏡』の謎―清朝へ渡った明治の性科学　唐権[述]　京都　国際日本文化研究センター　2014.9　71p　21cm　（日文研フォーラム　第275回）〈文献あり　会期・会場：2014年2月12日　ハートピア京都〉　Ⓝ384.7

清〔中国〕（知識階級―歴史）

◇中国近代開港場とキリスト教―洪仁玕がみた「洋」社会　倉田明子著　東京大学出版会　2014.8　363,19p　22cm　〈文献あり　索引あり〉　内容：開港場の誕生　プロテスタント布教の開始と展開　洪仁玕とキリスト教　開港場知識人の誕生　『資政新篇』とキリスト教　洪仁玕と太平天国　開港場知識人の台頭　開港場と近代〉　①978-4-13-026150-0　Ⓝ192.22　[7200円]

清〔中国〕（中国戯曲―歴史）

◇清朝宮廷演劇文化の研究　磯部彰編　勉誠出版　2014.2　656p　27cm　（内容：『楚漢春秋』について（大塚秀高著）『鼎峙春秋』について（小松謙著）　『鼎峙春秋』古本戯曲叢刊九集本と北平図書館本の関係について（小松謙著）　大阪府立中之島図書館本『昇平宝筏』の特色について（磯部彰著）　北京宮博物院本『昇平宝筏』の研究（磯部彰著）　旧北平図書館本『昇平宝筏』の研究（磯部彰著）　清廷の『西遊記』単折劇と『昇平宝筏』との関係（磯部彰著）　『勧善金科』について（小松謙著）　『鉄旗陣』と『昭代簫韶』（大塚秀高著）『如意宝册』について（小松謙著）　「節編一月令承応戯一」について（磯部祐子著）　東北大学所蔵乾隆内府劇「如是観」等四種と乾隆帝の戯曲観（磯部祐子著）　明清内府本看過録（高橋智著）　『中国地方戯曲集成』の編集出版について（陳仲奇著）　北京への途（中見立夫著）　朝鮮燕行使が見た清朝の演劇（金文京著）　大清グルンの支配秩序と宮廷演劇（杉山清彦著）〉　①978-4-585-29065-0　Ⓝ922.6　[18000円]

清〔中国〕（中国思想―歴史）

◇東アジアの覚醒―近代日中知識人の自他認識　徐興慶著　研文出版（山本書店出版部）　2014.8　319p　22cm　〈索引あり　内容：近代日中知識人の相互認識　箕作阮甫、塩谷宕陰、佐久間象山の思想変遷　王韜と中村正直、岡千仞の思想比較　伝統と近代の間　岡倉天心の「アジアは一つ」をどう読むべきか　小室信介の中国観　近代文化論から見た李春生の日本観　張徳彝の異文化論説　近代中国知識人の日本経験〉　①978-4-87636-381-0　Ⓝ121.6　[5000円]

清〔中国〕（ナショナリズム―歴史）

◇近代中国知識人のネーション像―章炳麟・梁啓超・孫文のナショナリズム　黄斌希　御茶の水書房　2014.1　272,4p　23cm　〈文献あり　索引あり〉　①978-4-275-01046-9　Ⓝ311.3　[7600円]

清〔中国〕（歴史）

◇明末清初　4集　順治帝と千里草　上　福本雅一著　京都　藝文書院（発売）　2013.11　301p　19cm　①978-4-907823-66-5　Ⓝ222.058　[2500円]

新石垣空港

◇新石垣空港工事誌　沖縄県土木建築部空港課，パシフィックコンサルタンツ株式会社（沖縄）編　[那覇]　沖縄県　2014.3　568p　31cm　〈付属資料：DVD-Video 1枚（12cm）：新石垣空港建設の記録〉　Ⓝ517.9

新エネルギー産業技術総合開発機構

◇財務諸表　平成25事業年度　[川崎]　新エネルギー・産業技術総合開発機構　[2014]　130p　30cm　Ⓝ501.6

シンガポール（海運）

◇東南アジア造船関連レポート　33　日本舶用工業会　2014.11　88p　30cm　〈共同刊行：日本中小型造船工業会ほか〉　Ⓝ550.9

シンガポール（紀行・案内記）

◇シンガポール　2014〜2015年版　「地球の歩き方」編集室/編改訂第25版　ダイヤモンド・ビッグ社，ダイヤモンド社〔発売〕　2014.1　396p　21×14cm　（地球の歩き方 D20）①978-4-478-04517-6　[1500円]

シンガポール（給与）

◇在アジア日系企業における現地スタッフの給料と待遇に関する調査　2014　シンガポール編　Tokyo　日経リサーチ　c2014　244p　30cm　〈英語併記　奥付のタイトル：在アジア日系企業における現地スタッフの給与と待遇に関する調査〉　Ⓝ336.45

シンガポール（経済）

◇リー・クアンユー未来への提言　リークアンユー[述]，ハン・フッククワン，ズライダー・イブラヒム，チュア・ムイフーン，リディア・リム，イグナチウス・ロウ，レイチェル・リン，ロビン・チャン著，小池洋次監訳　日本経済新聞出版社　2014.1　356p　20cm（内容：沼地に立つ八〇階建てのビル（小池洋次訳）　人民行動党は存続するか（関尚子訳）　最良の精鋭たち（関尚子訳）　奇跡的な経済成長を持続するために（山本真理訳）　異邦人からシンガポール人へ（奥村懿訳）　大国のはざまで（櫻井祐貴訳）　夫、父、祖父、そして友として（萬田恵子訳）〉　①978-4-532-16896-4　Ⓝ312.2399　[3000円]

◇リーダーシップとはなにか―リー・クアンユー自選語録　リークアンユー著，佐々木藤子訳　潮出版社　2014.7　245p　19cm　〈年譜あり〉　①978-4-267-01987-6　Ⓝ312.2399　[1650円]

シンガポール（国際投資―日本）

◇シンガポール進出企業の実務ガイド　少徳健一監修，SCS Global編，南里健太郎，中瀬和正著　中央経済社　2014.3　227p　21cm　①978-4-502-07780-7　Ⓝ338.922399　[3200円]

◇シンガポール・香港地域統括会社の設立と活用　久野康成公認会計士事務所，東京コンサルティングファーム著，久野康成監修　[東京]　TCG出版　2014.3　453p　21cm　（海外直接投資の実務シリーズ）（出版文化社（発売）索引あり）①978-4-88338-535-5　Ⓝ338.922399　[4500円]

◇日本企業のためのシンガポール進出戦略ガイドQ&A　久保光太郎，山内政人編著　中央経済社　2014.12　268p　21cm　〈索引あり〉　①978-4-502-11931-6　Ⓝ338.922399　[3200円]

シンガポール（社会）

◇シンガポール謎解き散歩　田村慶子，本田智津絵著　KADOKAWA　2014.11　325p　15cm　（中経の文庫　た-23-1）①978-4-04-600357-7　Ⓝ302.2399　[800円]

◇なぜ？　シンガポールは成功し続けることができるのか―土地も食料も技術も資源もない国がアジアで一番豊かな国になっ

た理由　峯山政宏著　彩図社　2014.3　223p　19cm〈文献あり〉①978-4-88392-979-5　Ⓝ302.2399　[1300円]

シンガポール（政治）

◇リー・クアンユー未来への提言　リークアンユー[述]，ハン・フッククワン，ズライダー・イブラヒム，チュア・ムイフーン，リディア・リム，イグナチウス・ロウ，レイチェル・リン，ロビン・チャン著，小池洋次監訳　日本経済新聞出版社　2014.1　356p　20cm〈年表あり　内容：沼地に立つ八〇階建てのビル（小池洋次訳）人民行動党は存続するか（関尚子訳）　最良の精鋭たち（関尚子訳）　奇跡的な経済成長を持続するために（山本真理訳）　異邦人からシンガポール人へ（奥村慧訳）　大国のはざまで（櫻井祐貴訳）　夫、父、祖父、そして友として（萬田恵子訳）〉①978-4-532-16896-4　Ⓝ312.2399　[3000円]

◇リーダーシップとはなにか―リー・クアンユー自選語録　リークアンユー著，佐々木藤子訳　潮出版社　2014.7　245p　19cm〈年譜あり〉①978-4-267-01987-6　Ⓝ312.2399　[1650円]

シンガポール（戦争遺跡）

◇シンガポール戦跡ガイド―「昭南島」を知っていますか？　小西誠著　社会批評社　2014.6　193p　19cm　①978-4-907127-08-4　Ⓝ210.75　[1600円]

シンガポール（造船業）

◇東南アジア造船関連レポート　33　日本船用工業会　2014.11　88p　30cm〈共同刊行：日本中小型造船工業会ほか〉Ⓝ550.9

シンガポール（租税制度）

◇シンガポールの会計・税務・法務Q&A　新日本有限責任監査法人編　第3版　税務経理協会　2014.9　335p　21cm（海外進出の実務シリーズ）〈文献あり　索引あり〉①978-4-419-06122-7　Ⓝ336.98　[2600円]

シンガポール（都市）

◇東京、バンコク、シンガポール―強度、リユース、クリエイティブな風土　Darko Radović[監修]，ダヴィシー・ブンタム[著]　Tokyo flick studio　c2013　135p　26cm（Measuring the non-measurable 2）〈英語併記〉①978-4-904894-05-7　Ⓝ361.78　[1143円]

シンガポール（日系企業）

◇在アジア日系企業における現地スタッフの給料と待遇に関する調査　2014 シンガポール編　Tokyo　日経リサーチ　c2014　244p　30cm〈英語併記　奥付のタイトル：在アジア日系企業における現地スタッフの給与と待遇に関する調査〉Ⓝ336.45

◇シンガポール進出企業の実務ガイド　少徳健一監修，SCS Global編，南里健太郎，中瀬和正著　中央経済社　2014.3　227p　21cm　①978-4-502-07780-7　Ⓝ338.922399　[3200円]

新疆（音楽）

◇シルクロード・ウイグル族の音楽―その歴史と現在　鷲尾惟子著　アルテスパブリッシング　2014.3　40p　30cm〈文献あり〉①978-4-903951-85-0　Ⓝ762.228　[1500円]

新疆（高齢者）

◇マスコミ理論とライフスタイル―新疆ウィグル自治区における調査研究　夏扎提古丽沙吾提著　学文社　2014.4　380p　22cm〈文献あり　索引あり　奥付のタイトル関連情報（誤植）：新疆ウイグル自治区における調査研究〉①978-4-7620-2437-5　Ⓝ367.7　[5000円]

新疆（テレビ放送）

◇マスコミ理論とライフスタイル―新疆ウィグル自治区における調査研究　夏扎提古丽沙吾提著　学文社　2014.4　380p　22cm〈文献あり　索引あり　奥付のタイトル関連情報（誤植）：新疆ウイグル自治区における調査研究〉①978-4-7620-2437-5　Ⓝ367.7　[5000円]

新疆（民族問題）

◇イスラム 中国への抵抗論理　宮田律著　イースト・プレス　2014.6　243p　18cm（イースト新書 031）〈文献あり〉①978-4-7816-5031-9　Ⓝ316.8228　[861円]

新疆（ムスリム―歴史）

◇中国新疆のムスリム史―教育、民族、言語　野田仁編　早稲田大学重点領域研究機構プロジェクト研究所早稲田大学アジア・ムスリム研究所　2014.3　50p　30cm（早稲田大学アジア・ムスリム研究所リサーチペーパー・シリーズ vol. 2）〈文献あり　早稲田大学重点領域研究地球の中のアジアの共生〉①978-4-9907402-1-4　Ⓝ372.228

新宮 涼庭〔1787～1854〕

◇新宮涼庭傳　山本四郎著　京都　ミネルヴァ書房　2014.8　314,10p　22cm（ミネルヴァ・アーカイブズ）〈年譜あり　索引あり　1968年刊の複製〉①978-4-623-07135-7　Ⓝ289.1　[10000円]

新宮港

◇災害等非常時にも効果的な港湾地域低炭素化推進事業委託業務―災害等非常時にも効果的な新宮港地域低炭素化推進事業　平成25年度　[新宮]　新宮港埠頭　2014.3　252, 33p　30cm〈平成25年度環境省委託業務〉Ⓝ517.85

神功皇后

◇神功皇后伝承を歩く―福岡県の神社ガイドブック　上　綾杉るな著　福岡　不知火書房　2014.2　141p　21cm　①978-4-88345-027-5　Ⓝ175.991　[1800円]

新宮市（民家―保存・修復）

◇重要文化財旧西村家住宅保存活用計画　新宮市教育委員会編　新宮　新宮市教育委員会　2014.3　80p　30cm〈平成24・25年度文化財建造物等を活用した地域活性化事業〉Ⓝ521.86

新宮市（歴史）

◇熊野・新宮の「大逆事件」前後―大石誠之助の言論とその周辺　辻本雄一著　論創社　2014.2　393p　20cm〈年譜あり　内容：「大逆事件」と紀州新宮　禄亭と寒村　大石誠之助の言論にみる「半島的視座」と現代　「毒取る」大石誠之助と被差別部落のひとびと　禄亭大石誠之助の視た日露戦中・戦後の熊野新宮の諸相　一九〇八、〇九年における、大石誠之助と沖野岩三郎との接点　高木顕明の紀州新宮時代　「大逆事件」と成石兄弟　堺利彦〈枯川〉、ふたたびの「熊野行」　西村伊作・「冬の時代」その「思想的」断片　熊野における「大逆事件」余聞〉①978-4-8460-1299-1　Ⓝ210.68　[3800円]

新宮町〔福岡県〕（遺跡・遺物）

◇瓜尾・梅ヶ内古墳群　2　新宮町（福岡県）　新宮町教育委員会　2014.3　34p　図版 10p　30cm（新宮町埋蔵文化財発掘調査報告書 第22集）〈福岡県糟屋郡新宮町所在遺跡の調査〉Ⓝ210.0254

◇立花口鹿堀横穴墓群　新宮町（福岡県）　新宮町教育委員会　2014.3　7p　図版 3p　30cm（新宮町埋蔵文化財発掘調査報告書 第23集）〈福岡県糟屋郡新宮町所在遺跡の調査〉Ⓝ210.0254

神鋼鋼線工業株式会社

◇神鋼鋼線工業60年　神鋼鋼線工業60年史編纂委員会編　尼崎　神鋼鋼線工業　2014.11　242p　31cm〈年表あり〉Ⓝ581.4

新興国

◇新興国ビジネスと人権リスク―国連原則と事例から考える企業の社会的責任〈CSR〉　海野みづえ著　現代人文社　2014.12　246p　21cm〈大学図書（発売）〉①978-4-87798-587-5　Ⓝ335.5　[2750円]

◇BRICs & 新興国市場の中長期予測　2014年版　未来予測研究所　2014.4　147p　26cm　①978-4-944021-82-6　Ⓝ332　[25000円]

新興国（経済）

◇これからの経営は「南」から学べ―新興国の爆発的成長が生んだ新常識　ラム・チャラン著，上原裕美子訳　日本経済新聞出版社　2014.4　269p　20cm　①978-4-532-31934-2　Ⓝ336.1　[1800円]

新興国（経済援助―発展途上国）

◇国際開発援助の変貌と新興国の台頭―被援助国から援助国への転換　エマ・モーズリー著，佐藤眞理子，加藤佳代訳　明石書店　2014.5　312p　22cm〈文献あり　索引あり〉①978-4-7503-4011-1　Ⓝ333.8　[4800円]

新興国（自動車産業）

◇グローバル競争下の自動車産業―新興国市場における攻防と日本メーカーの戦略　上山邦雄編著　日刊自動車新聞社　2014.3　336p　21cm〈内容：21世紀における自動車産業のグローバル競争と新興国市場の発展（上山邦雄著）　グローバル市場における競争状況とビッグ6の動向（赤羽淳著）　中国でのグローバルメーカー各社の新エネ車投入と背景分析（呉保寧著）　中国自動車企業の海外進出（苑志佳著）　インドをめぐる自動車メーカーの戦略動向（佐次清隆之著）　ロシア自動車市場を巡る攻防（富山栄子著）　ブラジルにおける自動車産業・市場の発展と多国籍自動車メーカー戦略（芹田浩司著）　ASEAN自動車市場の成長と日系優位の構造（小林哲也著）　VWグループの新興国戦略の展開と課題（風間信隆著）　現代・起亜自動車のグローバル生産・開発の分業と新興国戦略（呉在烜著）　次世代自動車を巡る攻防（水戸部啓一著）　激化する自動車産業の競争と日本メーカーの戦略（上山邦雄著）〉①978-4-86316-199-3　Ⓝ537.09　[1500円]

真言宗智山派

◇智山年表　近世篇　智山年表編纂室編　京都　真言宗智山派宗務庁　2014.3　842p　図版 32p　27cm〈真言宗智山派公称百周年、総本山智積院再興四百周年、並びに頼瑜僧正七百年及び玄宥僧正四百年御遠忌記念出版〉Ⓝ188.52

壬子会

◇壬子会百周年記念誌　壬子会百周年記念事業実行委員会編　福岡　壬子会　2013.9　605p　図版8p　27cm〈年表あり　折り込1枚〉Ⓝ377.28

宍道湖

◇中海宍道湖の科学―水理・水質・生態系　石飛裕, 神谷宏, 山室真澄著　松江　ハーベスト出版　2014.2　203p　19cm（山陰文化ライブラリー 5）Ⓘ978-4-86456-092-4　Ⓝ452.93173　[1200円]

神社本庁

◇神社本廳規程類集　平成25年版　神社本庁総務部編　神社新報社　2013.2　521p　22cm　Ⓝ170.6　[2800円]

新宿NSビル

◇新宿NSビルの30年　「新宿NSビルの30年」編集プロジェクトチーム企画・編集　新宿エヌ・エスビル　2014.9　79p　30cm〈年表あり〉Ⓝ526.9

新宿区勤労者仕事支援センター

◇公益財団法人新宿区勤労者・仕事支援センター経営計画―2014-2017　新宿区勤労者・仕事支援センター　新宿区勤労者・仕事支援センター　2014.3　56p　30cm〈表紙のタイトル：経営計画〉Ⓝ366.36

◇事業報告書及び決算書　平成25年度　新宿区勤労者・仕事支援センター編　新宿区勤労者・仕事支援センター　2014.5　61p　30cm　Ⓝ366.36

真珠湾（太平洋戦争〔1941～1945〕―会戦）

◇真珠湾攻撃の謎　オフィス五稜郭編集　双葉社　2014.12　127p　21cm　Ⓘ978-4-575-30799-3　Ⓝ210.75　[648円]

◇真珠湾われ奇襲せり―パールハーバーの真実　早瀬利之著　潮書房光人社　2014.12　567p　16cm（光人社NF文庫　はN-862）〈「サムライたちの真珠湾」（光人社 2007年刊）の改題〉Ⓘ978-4-7698-2862-4　Ⓝ210.75　[1000円]

新勝寺〔成田市〕

◇成田市指定有形文化財新勝寺薬師堂保存修理工事報告書　文化財建造物保存技術協会編　成田　新勝寺　2013.5　1冊　30cm　Ⓝ521.818

新庄市（気象）

◇新庄における気象と降積雪の観測―2012/13年冬期　防災科学技術研究所編　つくば　防災科学技術研究所　2014.2　47p　30cm（防災科学技術研究研究資料 第387号）〈文献あり〉Ⓝ451.66125

新庄市（歴史）

◇酒田・新庄・最上の昭和―写真アルバム　長岡　いき出版　2014.11　279p　31cm〈山形県教科書供給所（発売）〉Ⓘ978-4-904614-56-3　Ⓝ212.5　[9250円]

新城市（遺跡・遺物）

◇新城城跡発掘調査報告書　3　イビソク編　岡崎　中部電力岡崎支店　2014.2　19p　図版8枚　30cm〈愛知県新城市所在送電線鉄塔建替え工事に伴う発掘調査　共同刊行：新城市教育委員会〉Ⓝ210.0254

◇須弥10号墳　愛知県教育・スポーツ振興財団愛知県埋蔵文化財編〔弥富〕　愛知県教育・スポーツ振興財団愛知県埋蔵文化財センター　2014.5　50p　図版16p　30cm（愛知県埋蔵文化財センター調査報告 第184集）Ⓝ210.0254

新城市（生物）

◇新城市の自然誌　昆虫・動物編　新城　新城市立鳳来寺山自然科学博物館　2014.2　335p　26cm〈文献あり〉Ⓝ402.9155

新城市（戦争遺跡）

◇戦国ウォーク長篠・設楽原の戦い　小和田哲男監修, 小林芳春, 設楽原をまもる会編　名古屋　黎明書房　2014.8　254p　19cm〈文献あり〉Ⓘ978-4-654-07634-5　Ⓝ210.48　[2500円]

新城市（地方公務員）

◇自治体職員の感動意識―新城市役所実態調査報告　戸田敏行著, 感動行政研究会編　豊橋　愛知大学中部地方産業研究所　2014.3　92p　21cm　Ⓘ978-4-901786-33-1　Ⓝ318.3

人星亭 喜楽駄朗〔1948～〕

◇人星亭喜楽駄朗―動画book秋田パワフル人物図鑑　人星亭喜楽駄朗著　大仙　精巧堂出版　2014.4　51p　26cm　Ⓘ978-4-904082-22-5　Ⓝ289.1　[741円]

神石高原町〔広島県〕（遺跡・遺物）

◇広島大学大学院文学研究科帝釈峡遺跡群発掘調査室年報　28　広島大学大学院文学研究科釈峡遺跡群発掘調査室・考古学研究室編　〔東広島〕　広島大学大学院文学研究科帝釈峡遺跡

群発掘調査室　2014.3　168p　図版3枚　30cm（広島大学考古学研究室紀要 第6号）〈共同刊行：広島大学大学院文学研究科考古学研究室〉Ⓝ210.0254

新撰組

◇新選組を探る―幹部たちの隠された真実を追う　あさくらゆう著　潮書房光人社　2014.1　342p　20cm〈文献あり〉Ⓘ978-4-7698-1560-0　Ⓝ210.58　[2300円]

◇新選組史料大全　菊地明, 伊東成郎編　KADOKAWA　2014.9　1007p　22cm〈「新選組史料集」（新人物往来社 1993年刊）と「新選組史料集 続」（新人物往来社 2006年刊）の改題・合本・加筆・再編集　布装　内容：島田魁日記（島田魁著）　中島登覚書（中島登著）　立川主税戦争日記（立川主税著）　近藤芳助書翰（近藤芳助著）　谷口四郎兵衛日記（谷口四郎兵衛著）　戊辰戦争見聞略記（石井勇次郎著）　函館戦記（大野右仲著）　取調日記（山崎丞著）　金銀出入帳　秦林親日記（秦林親著）　戦友姿絵（中島登著）　杉村義衛遺稿「名前覚」（杉村義衛著）　七ケ所手負場所覚ス（永倉新八著）　新選組隊士名簿〔編〕　廻状留（石坂周造著）　文久三年御上洛御供旅記録（井上松五郎著）　旅硯九重日記（富沢忠右衛門著）　佐藤彦五郎日記（佐藤彦五郎著）　新選組金談一件（藤田和三郎著）　五兵衛新田・金子家文書　吉野家文書　小松原家文書　恩田家文書　平田宗高従軍日録（平田宗高著）　官軍記（富田重太郎著）　荒井治良右衛門慶応日記（荒井治良右衛門著）　戊辰七月賊将ト応接ノ始末（渋谷十郎著）　会津藩庁記録　東西紀聞　甲子雑録　連城紀聞　丁卯雑拾録　中山忠能日記　中山忠能履歴資料　朝彦親王日記　吉川経幹周旋記　嵯峨実愛日記　続再夢紀事　採褓録　官武通紀　藤岡屋日記　改訂肥後藩国事史料　新撰組始末記（西村兼文著）　今昔備忘記〔抄〕（佐藤玉陵著）　両雄士傳補遺（橋本清淵編輯）　柏尾の戦（結城礼一郎著）　柏尾坂戦争記（野田市右衛門著）　維新史の片鱗（有馬純雄著）　御祭草紙（内山鷹二著）　夢乃うき橋（望月忠幸著）　噬臍録（松本順著）　蘭疇（松本順著）　蘭疇自伝（松本順著）　近藤勇の事（鳥居華村著）　近藤勇の伝（丸毛利恒著）　近藤勇　土方歳三（依田学海著）〉Ⓘ978-4-04-600217-4　Ⓝ210.58　[25000円]

◇新選組真史　山村竜也著　産学社　2014.8　254p　19cm（historia）〈文献あり〉Ⓘ978-4-7825-3391-8　Ⓝ210.58　[1350円]

◇新選組誕生と清河八郎―新選組誕生一五〇年記念巡回特別展　日野　日野市　2014.1　122p　30cm〈日野市立新選組のふるさと歴史館叢書 第11輯〉〈日野市立新選組のふるさと歴史館（製作）　会期：平成25年7月13日―9月23日ほか〉Ⓝ210.58

◇新選組謎解き散歩　菊地明著　KADOKAWA　2014.10　351p　15cm（新人物文庫　き-2-7）〈文献あり〉Ⓘ978-4-04-600412-3　Ⓝ210.58　[850円]

神藏寺〔名古屋市〕

◇龍華山神藏寺史―神藏寺蔵版　川口高風監修, 柴田隆全著　名古屋　龍華山神藏寺　2014.11　205p　図版[10]枚　22cm〈年表あり　文献あり〉Ⓝ188.85

深大寺小学校〔調布市立〕

◇開校140周年記念誌―いのちゆたかに心清らに深小：平成25年度　140周年実行委員会記念誌部編　調布　調布市立深大寺小学校　2013.11　58p　30cm〈年表あり〉Ⓝ376.28

新地町〔福島県〕（遺跡・遺物）

◇赤柴前遺跡（3・4次調査）・赤柴遺跡・北狼沢A遺跡　福島県文化振興財団遺跡調査部編　福島　福島県教育委員会　2014.3　368p　30cm（福島県文化財調査報告書 第491集）〈共同刊行：福島県文化振興財団ほか〉Ⓝ210.0254

◇朴木原遺跡・新田遺跡　福島県文化振興財団遺跡調査部編　福島　福島県教育委員会　2014.3　258p　30cm（福島県文化財調査報告書 第493集）〈共同刊行：福島県文化振興財団ほか〉Ⓝ210.0254

◇南狼沢遺跡・南狼沢A遺跡（1次調査）・南狼沢B遺跡　福島県文化振興財団遺跡調査部編　福島県教育委員会　2014.3　156p　30cm（福島県文化財調査報告書 第492集）〈共同刊行：福島県文化振興財団ほか〉Ⓝ210.0254

新地町〔福島県〕（災害復興）

◇新地町：震災と復興―50年後の新地人へ：東日本大震災の記録　新地町企画振興課企画・編集　新地町〔福島県〕　新地町　2014.3　207p　30cm　Ⓝ369.31

真長寺〔岐阜市〕

◇真長寺古文書読解書―真長寺をめぐる地域の歴史　第3巻　三輪喜久彦翻刻・読み下し・口語訳　岐阜　三輪山真長寺文化財保存会　2014.11　12, 230p　30cm〈三輪山真長寺文化財保存会二十周年記念事業〉Ⓝ215.3

新藤 兼人〔1912～2012〕

◇スクリーンの向こうに新藤兼人の遺したもの　新藤兼人著, 新藤次郎編　NHK出版　2014.11　252p　20cm〈作品目録あり〉Ⓘ978-4-14-081659-2　Ⓝ778.21　[1800円]

親鸞〔1173～1262〕

新東宝
◇新東宝・大蔵怪奇とエロスの映画史―海女と天皇と活劇渦巻地帯！ 二階堂卓也著 洋泉社 2014.1 350p 21cm 〈文献あり 索引あり〉 ①978-4-8003-0219-9 Ⓝ778.21 ［3200円］

榛東村〔群馬県〕（遺跡・遺物）
◇金井古墳群 群馬県埋蔵文化財調査事業団編 渋川 群馬県埋蔵文化財調査事業団 2014.2 127p 図版［23］枚 30cm（公益財団法人群馬県埋蔵文化財調査事業団報告書 第581集）〈群馬県企業局の委託による 県一埋蔵文化財発掘調査委託事業に伴う埋蔵文化財発掘調査報告書〉 Ⓝ210.0254

慎獨寮
◇慎獨寮二十年史―昭18 武蔵学園記念室編 根津育英会武蔵学園 2014.3 267p 26cm 〈年表あり 共同刊行：武蔵大学ほか〉 Ⓝ377.9

新富町〔宮崎県〕（遺跡・遺物）
◇祇園原古墳群 17 ［新富町（宮崎県）］ 宮崎県新富町教育委員会 2014.3 16p 30cm（新富町文化財調査報告書 第68集）Ⓝ210.0254
◇町内遺跡 30 ［新富（宮崎県）］ 宮崎県新富町教育委員会 2014.3 14p 30cm（新富町文化財調査報告書 第66集）〈内容：富田village遺跡 弁指遺跡〉 Ⓝ210.0254
◇百足塚古墳（新田原58号墳）新田原62・63・209号墳 遺構編 ［新富町（宮崎県）］ 宮崎県新富町教育委員会 2014.1 123p 図版10p 30cm（新富町文化財調査報告書 第67集）Ⓝ210.0254

新内 勝知与〔1937～2013〕
◇新内に生きる―江戸時代庶民の芸：京派家元新内勝知与 名古屋 中日出版社 2014.4 167p 19cm 〈年譜あり〉 ①978-4-88519-393-4 Ⓝ768.56 ［1500円］

新日本プロレスリング株式会社
◇詳説新日イズム完全版―闘魂の遺伝子がここにある！：燃えろ！ 新日本プロレスBOOK 流智美著 集英社 2014.10 254p 21cm ①978-4-08-780741-7 Ⓝ788.2 ［1500円］

神野 政夫〔1925～ 〕
◇遙かなる人生路―マッサの旅 神野政夫著 文芸社 2014.12 211p 20cm ①978-4-286-15859-4 Ⓝ289.1 ［1200円］

シンバイオ製薬株式会社
◇人と社会を幸せにする仕事―新薬開発で「空白の治療領域」に挑むバイオベンチャーの経営 吉田文紀著 幻冬舎メディアコンサルティング 2014.2 192p 19cm 〈幻冬舎（発売）〉 ①978-4-344-95223-2 Ⓝ499.09 ［1200円］

新橋駅
◇鉄道考古学事始・新橋停車場 斉藤進著 新泉社 2014.10 93p 21cm（シリーズ「遺跡を学ぶ」 096）〈文献あり〉 ①978-4-7877-1346-0 Ⓝ686.53 ［1500円］

新ひだか町〔北海道〕（歴史）
◇静内町史―追補 新ひだか町静内町史編さん委員会編 新ひだか町（北海道）新ひだか町 2014.3 646p 図版［10］枚 22cm 〈年表あり〉 Ⓝ211.4
◇三石町史―追補：最終版 新ひだか町三石町史編さん委員会編 新ひだか町（北海道）新ひだか町 2014.3 633p 図版［10］枚 22cm 〈年表あり〉 Ⓝ211.4

新民会
◇中国占領地の社会調査 2-40 占領地の統治と支配 4（新民会）貴志俊彦, 井村哲郎, 加藤聖文, 富澤芳亜, 弁納才一監修, 近現代資料刊行会企画編集 近現代資料刊行会 2014.8 546p 22cm（戦前・戦中期アジア調査資料 7）〈複製 内容：新民会会務須知（中華民国新民会中央指導部1938年刊）新民会工作大綱（日文）（中華民国新民会中央指導部1939年刊）剿共政党運動報告書（中華民国新民会中央指導部1938年刊）新民会調査実施要綱（中華民国新民会中央指導部1938年刊）新民会労工指導要綱（中華民国新民会中央指導部1939年刊）〉 ①978-4-86364-270-6,978-4-86364-228-7(set) Ⓝ302.22

新村 利夫〔1932～ 〕
◇利夫の想い出ボレロ―昭和初期―平成26年：傘寿を超えて process 新村利夫著 ［出版地不明］ Mass Support 2014.12 69p 30cm 〈年譜あり 年表あり 折り込1枚〉 Ⓝ289.1
◇利夫の想い出ボレロ―昭和初期―平成26年：傘寿を超えて history 新村利夫著 ［出版地不明］ Mass Support 2014.12 40p 30cm Ⓝ289.1

神馬
◇神馬―京都・西陣の酒場日乗 上野敏彦著 新宿書房 2014.10 255p 20cm 〈文献あり 年譜あり〉 ①978-4-88008-450-3 Ⓝ673.98 ［2400円］

親鸞〔1173～1262〕
◇あなたがあなたのままで輝くためのほんの少しの心がけ―親鸞聖人『正信偈』に学ぶ、肯定する生き方 英月著 日経BP社 2014.10 235p 19cm 〈日経BPマーケティング（発売） 文献あり〉 ①978-4-8222-7883-0 Ⓝ188.73 ［1300円］
◇一念多念文意 内藤知康著 京都 本願寺出版社 2014.9 196p 22cm （聖典セミナー）①978-4-89416-504-5 Ⓝ188.71 ［2200円］
◇梅原猛の仏教の授業法然・親鸞・一遍 梅原猛著 PHP研究所 2014.9 247p 15cm （PHP文庫 う5-4）〈文献あり〉 ①978-4-569-76225-8 Ⓝ188.62 ［700円］
◇越後の親鸞―史跡と伝説の旅 大場厚順著 新装版 新潟 新潟日報事業社 2013.11 117p 21cm 〈年譜あり 文献あり〉 ①978-4-86132-537-3 Ⓝ188.72 ［1429円］
◇教行信証と涅槃経 北村文雄著 京都 永田文昌堂 2014.3 351p 22cm ①978-4-8162-4052-2 Ⓝ188.71 ［4500円］
◇教行信証の研究 中山彰信著 京都 永田文昌堂 2014.7 379p 22cm 〈文献あり 内容：教巻について 名号義 正信念仏偈 念仏観について 信心観について 二種廻向と宗教的生 還相回向と宗教的はたらき 真仏土巻と宗教的真理観 仏身仏土の宗教的存在観 親鸞の宗教的回心 親鸞に見られる仏教と道教の比較 親鸞の宗教と科学の関連性 宗教における衆生救済の研究 宗教的「祈り」についての研究 『教行信証』における戒律と倫理 宗教的利益観についての研究〉 ①978-4-8162-3572-6 Ⓝ188.71 ［8200円］
◇『教行信証』の構造―二〇一三年安居本講 延塚知道著, 真宗大谷派宗務所教育部編 京都 真宗大谷派宗務所出版部 2013.6 221p 22cm ①978-4-8341-0466-0 Ⓝ188.71 ［3500円］
◇「顕浄土真実行文類」講讃―御自釈：二〇一四年安居本講 廣瀬惺著, 真宗大谷派宗務所教育部編 京都 真宗大谷派宗務所出版部 2014.7 255p 22cm ①978-4-8341-0485-1 Ⓝ188.71 ［4000円］
◇顕浄土真実信文類講讃 林智康著 京都 永田文昌堂 2014.10 329p 22cm ①978-4-8162-2147-7 Ⓝ188.71 ［7000円］
◇顕浄土真実信文類講読 内藤知康著 京都 永田文昌堂 2014.7 358p 22cm ①978-4-8162-2144-6 Ⓝ188.71 ［8000円］
◇声を出して正信偈 藤田徹文著 京都 探究社 2013.6 192p 19cm ①978-4-88483-925-3 Ⓝ188.73 ［1800円］
◇三帖和讃ノート 正像末和讃篇 豊原大成編著 京都 自照社出版 2014.7 315p 21cm ①978-4-86566-001-2 Ⓝ188.73 ［2500円］
◇私訳歎異抄 五木寛之著 PHP研究所 2014.4 157p 15cm （PHP文庫 い89-1）〈東京書籍 2007年刊の再刊〉 ①978-4-569-76163-3 Ⓝ188.74 ［620円］
◇正信偈ハンドブック 豊原大成編著 京都 自照社出版 2014.7 123p 19cm ①978-4-86566-002-9 Ⓝ188.73 ［1000円］
◇浄土和讃―信を勧め疑いを誡める 林智康著 京都 探究社 2013.4 223p 20cm ①978-4-88483-919-2 Ⓝ188.73 ［2300円］
◇新講教行信証 行巻4 本多弘之講述 国立 樹心社 2014.2 328p 21cm 〈星雲社（発売）〉 ①978-4-434-18984-5 Ⓝ188.71 ［2600円］
◇新講教行信証 行巻5 本多弘之講述 国立 樹心社 2014.11 351p 21cm 〈星雲社（発売）〉 ①978-4-434-20014-4 Ⓝ188.71 ［2600円］
◇真実の行とは？ 本多弘之講述, 真宗興正派安居寮編 京都 真宗興正派宗務所教務部 2013.7 70p 19cm （安居講義録シリーズ）①978-4-907579-08-1 Ⓝ188.71 ［500円］
◇真宗聖典学 5 歎異抄 信楽峻麿著 京都 法藏館 2014.1 337p 19cm （真宗学シリーズ 10）①978-4-8318-3280-1 Ⓝ188.73 ［2800円］
◇真宗の美―親鸞と福井、ゆかりの名宝 真宗の美展実行委員会編 ［出版地不明］ 真宗の美展実行委員会 2014.9 232p 30cm 〈会期・会場：平成26年9月26日～10月26日 福井県立美術館 奥付の本タイトル：「真宗の美―親鸞と福井、ゆかりの名宝―」展〉 Ⓝ702.1
◇親鸞―浄土真宗 澤田ふじ子著 京都 淡交社 2014.6 203p 18cm （京都・宗祖の旅）〈年譜あり 1990年刊の再編集〉 ①978-4-473-03952-1 Ⓝ188.72 ［1200円］
◇親鸞思想に魅せられて―仏教の中の差別と可能性を問い直す 小森龍邦著 明石書店 2014.2 203p 20cm ①978-4-7503-3964-1 Ⓝ188.72 ［1800円］

◇親鸞浄土教の特異性—空海密教との対比を通して　武田一真著　京都　永田文昌堂　2013.12　404p　22cm　①978-4-8162-4051-5　Ⓝ188.71　[6000円]

◇親鸞聖人を学ぶ　伊藤健太郎, 仙波芳一著　1万年堂出版　2014.12　333p　20cm　〈文献あり　年譜あり　年表あり〉　①978-4-925253-85-7　Ⓝ188.72　[1500円]

◇親鸞聖人の家族と絆　今井雅晴著　京都　自照社出版　2014.6　78p　19cm　（親鸞を知り、親鸞を知る　7）①978-4-86566-000-5　Ⓝ188.72　[800円]

◇親鸞聖人は何を求められたのか　真城義麿著　京都　法藏館　2014.4　182p　19cm　①978-4-8318-8726-9　Ⓝ188.74　[1900円]

◇親鸞と戒律　岩垣専祥著　[福岡]　[岩垣専祥]　2014.3　120p　19cm　Ⓝ188.71

◇親鸞と浄土真宗　今井雅晴著　オンデマンド版　吉川弘文館　2013.10　265,8p　22cm　〈印刷・製本：デジタルパブリッシングサービス〉①978-4-642-04266-6　Ⓝ188.72　[9000円]

◇親鸞と東国門徒　今井雅晴著　オンデマンド版　吉川弘文館　2013.10　249,16p　22cm　〈印刷・製本：デジタルパブリッシングサービス　内容：序章　法然の信仰　親鸞の立場　二十四輩の成立　順信と鹿島　順信と無量寿命の成立　順性と初期の本願寺　『拾遺古徳伝絵』の成立とその背景　性信・証智と報恩寺の成立　平頼綱と『教行信証』の出版　蓮宗と本願寺　蓮如　証了と戦国時代　横曽根報恩寺から坂東報恩寺へ　親鸞と大山門徒　大山門徒の展開〉①978-4-642-04265-9　Ⓝ188.72　[9000円]

◇親鸞となむの大地—越後と佐渡の精神的風土　親鸞となむの大地実行委員会編　[長岡]　親鸞となむの大地展実行委員会　2014.4　25p　30cm　〈年表あり　会場：平成26年4月26日—6月8日　新潟県立歴史博物館〉Ⓝ188.72

◇親鸞における一乗と大乗—弘願の一乗と大乗の至極　幡谷明講述, 幡谷明先生古稀を祝う会編　第2版　[出版地不明]　幡谷明先生古稀を祝う会　2014.1　98p　26cm　〈内容：親鸞における一乗と大乗　唯識思想と浄土思想〉Ⓝ188.71　[1200円]

◇親鸞の伝承と史実—関東に伝わる聖人像　今井雅晴著　京都　法藏館　2014.2　196p　20cm　①978-4-8318-6063-7　Ⓝ188.72　[2000円]

◇親鸞の人間論—その教理史的研究　矢田了章著　京都　永田文昌堂　2014.3　505p　22cm　〈内容：仏教の基本的立場　仏教における教法表現　漢訳浄土経典における人間論　浄土教における人間論の展開　親鸞の求めたもの　親鸞における教法表現　親鸞における人間論の表現形態　親鸞における罪悪表現の検討　獲信における人間論　真実信心への宗教的深化　悪人正機説〉①978-4-8162-4047-8　Ⓝ188.71　[8500円]

◇親鸞の弥陀身土論—阿弥陀如来・浄土とは　渡邊了生講述, 真宗興正派安居寮編　京都　真宗興正派宗務所教務部　2013.7　132p　19cm　（安居講義録シリーズ）①978-4-907579-11-1　Ⓝ188.71　[700円]

◇親鸞「四つの謎」を解く　梅原猛著　新潮社　2014.10　310p　20cm　〈文献あり　年譜あり〉Ⓝ188.72　[2200円]

◇生命環流—浄土和讃を読む　下　大峯顯著　京都　本願寺出版社　2014.11　354p　20cm　〈索引あり〉①978-4-89416-097-2　Ⓝ188.72　[2400円]

◇善鸞義絶事件—親鸞聖人はわが子善鸞を勘当せず　大網義明著　大洗町（茨城県）　大本山願入寺　2013.10　146p　20cm　〈諏訪書房（発売）　文献あり〉①978-4-903948-57-7　Ⓝ188.72　[2800円]

◇入出二門偈頌講読　佐々木義英著　京都　永田文昌堂　2014.7　303p　22cm　①978-4-8162-2145-3　Ⓝ188.71　[7000円]

◇『入出二門偈頌文』　聞記—二〇一四年安居次講　一楽真著, 真宗大谷派宗務所教育部編　京都　真宗大谷派宗務所出版部　2014.7　164p　22cm　①978-4-8341-0486-8　Ⓝ188.71　[3500円]

◇はじめて読む親鸞聖人のご生涯　真宗大谷派教学研究所編　京都　真宗大谷派宗務所出版部　2013.11　63p　19cm　〈年譜あり〉①978-4-8341-0476-9　Ⓝ188.72　[250円]

◇仏教的伝統と人間の生—親鸞思想研究への視座　安冨信哉博士古稀記念論集刊行会編　京都　法藏館　2014.6　313,286p　22cm　〈著作目録あり　年譜あり　奥付の責任表示（誤植）：安冨信哉博士古稀記念論集刊行会　布装　内容：序文　安冨信哉先生の対話の真宗学（寺川俊昭著）　近代真宗学の方法論（安冨信哉著）　「みずから」とは、どういう営みか（竹内整一著）　倫理と宗教（藤田正勝著）　親鸞ルネサンスの構想（安冨歩著）　イスラームの善悪理解（東長靖著）　大乗経典の出現と浄土思想の誕生（下田正弘著）　梵文無量寿経と梵文阿弥陀経（藤田宏達著）　末法思想と澆季観（平雅行著）　法然と親鸞（藤本浄彦著）　「真実証」考（小川一乗著）　生ける言葉の仏身（本多弘之著）　親鸞の仏教史観としての浄土真宗（長谷正當著）　親鸞の「組織真宗学原論」序説（武田龍精著）　小林一茶の信心（大桑斉著）　信仰史の教如（安冨信哉著）　序文　境界なき視聴（マーク・L・ブラム著）　清沢満之と仏教の再活性化（アルフレッド・ブルーム著）　神と仏は何処へ（ウィリアム・S・ウォルドロン著）　浄土への接近（ポール・B・ワット著）　鈴木大拙と近代仏教の構築（ジェームズ・C・ドビンズ著）　阿弥陀仏とその浄土についてのハンス・マルティン・バールトと鈴木大拙の議論（マイケル・パイ著）　浄土真宗とキリスト教との対話（ドミンゴス・スザ著）　上座部と浄土真宗における我に対する態度（ジョン・ロス・カーター著）　親鸞とキルケゴールと比較主義の問題（ゲイレン・アムスタッツ著）　親鸞が哲学的に興味深い理由（トマス・P・カスーリス著）　親鸞の信心における覚智の側面（ケネス・K・タナカ著）　「真宗学」とは何か（デニス・ヒロタ著）〉①978-4-8318-7702-4　Ⓝ188.7　[13000円]

◇法然の思想親鸞の実践　佐々木正著　青土社　2014.5　268p　20cm　〈文献あり〉①978-4-7917-6781-6　Ⓝ188.62　[2400円]

◇宮城顗選集　第10巻　教行信証聞記　1　宮城顗［著］, 宮城顗選集刊行会編　京都　法藏館　2014.8　464p　22cm　〈布装〉①978-4-8318-3429-4　Ⓝ188.7　[7000円]

◇宮城顗選集　第11巻　教行信証聞記　2　宮城顗［著］, 宮城顗選集刊行会編　京都　法藏館　2014.8　374p　22cm　〈布装　内容：「証巻」聞記　「真仏土巻」聞記　既にして願有す　「化身土巻」聞記．1〉①978-4-8318-3430-0　Ⓝ188.7　[7000円]

◇宮城顗選集　第12巻　教行信証聞記　3　宮城顗［著］, 宮城顗選集刊行会編　京都　法藏館　2014.8　372p　22cm　〈布装　内容：「化身土巻」聞記．2〉①978-4-8318-3431-7　Ⓝ188.7　[7000円]

◇宮城顗選集　第13巻　教行信証聞記　4　宮城顗［著］, 宮城顗選集刊行会編　京都　法藏館　2014.8　381p　22cm　〈布装　内容：「化身土巻」聞記．3〉①978-4-8318-3432-4　Ⓝ188.7　[7000円]

進和建設工業株式会社

◇トップは志（ひと）をつくりなさい—経営者が会社の未来に残すべきもの　西田芳明著　現代書林　2014.3　189p　19cm　①978-4-7745-1449-9　Ⓝ520.921　[1300円]

【す】

スアレス, L.〔1987～ 〕

◇スアレス神濃　ルーカ・カイオーリ著, 真喜志順子, 宮崎真紀訳　亜紀書房　2014.12　293p　19cm　①978-4-7505-1421-5　Ⓝ783.47　[1800円]

隋〔中国〕〔墳墓—歴史〕

◇朝陽地区隋唐墓の整理と研究　国立文化財機構奈良文化財研究所編　奈良　国立文化財機構奈良文化財研究所　2013.3　521p　図版8p　26cm　（奈良文化財研究所学報　第91冊）〈文献あり　共同刊行：中国遼寧省文物考古研究所〉①978-4-905338-27-7　Ⓝ222.57

瑞雲院〔浜松市〕

◇瑞雲院山門保存修理工事報告書—浜松市指定有形文化財　浜松　瑞雲院　2014.9　129p　図版22枚　30cm　Ⓝ521.818

水城高等学校

◇水城高等学校五十年史　水城高等学校創立五十周年記念誌編集委員会編　水戸　水城高等学校創立五十周年記念誌編集委員会　2014.11　378p　27cm　〈年表あり〉Ⓝ376.8

スイス〔化学教育—歴史〕

◇スイスと日本の近代化学—スイス連邦工科大学と日本人化学者の軌跡　堤憲太郎著　仙台　東北大学出版会　2014.8　292p　21cm　〈年表あり　索引あり〉①978-4-86163-247-1　Ⓝ430.7　[3500円]

スイス〔紀行・案内記〕

◇スイス紀行一九九六—短歌と日記　北原弥生・文雄［作］［出版地不明］［北原文雄］　2014.4　63p　18cm　〈私家本〉Ⓝ293.4509　[非売品]

スイス〔教科書〕

◇ハンス・フィッシャー—世界でもっとも美しい教科書　真壁伍郎著, 飯野真帆子編　編集工房くま　2013.7　80p　21cm　〈年譜あり　付・フィッシャー講演録など〉Ⓝ372.345　[1000円]

日本件名図書目録2014　Ⅰ　　　　　　　　　　　　　　　　　　　　　　　　　　スウェーデン（労使関係）

スイス（銀行）

◇スイス銀行秘密と国際課税—国境でメルトダウンする人権保障　石黒一憲著　信山社　2014.5　710p　22cm　〈学術選書129〉〈索引あり〉　内容：序章　「IRS vs.UBS事件」の展開過程と「同事件に関する”スイスの国家的選択”」　「従来のスイスにおける租税条約上の情報交換」と「堅持されていた”双方可罰性の要件”」　「IRS vs.UBS事件」の展開過程でなされた「スイスの重大な政策変更」〈2009年3月13日〉OECDのタックス・ヘイブン対策と「租税条約上の情報交換」　①978-4-7972-6729-7　Ⓝ338.2345　[15000円]

スイス（経済）

◇スイス　2014/15年版　ARC国別情勢研究会編集　ARC国別情勢研究会　2014.9　156p　26cm　（ARCレポート　経済・貿易・産業報告書 2014/15）〈索引あり〉　①978-4-907366-20-9　Ⓝ332.345　[12000円]

◇スイスの凄い競争力　R.ジェイムズ・ブライディング著, 北川知子訳　[東京]　日経BP社　2014.11　695p　20cm　〈日経BPマーケティング（発売）　索引あり〉　①978-4-8222-5050-8　Ⓝ332.345　[3200円]

スイス（憲法）

◇スイス憲法—比較法的研究　ワルター・ハラー原著, 平松毅, 辻雄一郎, 寺澤比奈子訳　成文堂　2014.8　259p　22cm　〈索引あり〉　①978-4-7923-0564-2　Ⓝ323.345　[4800円]

スイス（産業）

◇スイスの凄い競争力　R.ジェイムズ・ブライディング著, 北川知子訳　[東京]　日経BP社　2014.11　695p　20cm　〈日経BPマーケティング（発売）　索引あり〉　①978-4-8222-5050-8　Ⓝ332.345　[3200円]

スイス（社会）

◇スイスを知るための60章　スイス文学研究会編　明石書店　2014.5　387p　19cm　（エリア・スタディーズ 128）〈文献あり〉　①978-4-7503-3978-8　Ⓝ302.345　[2000円]

スイス（森林保護）

◇スイス式〈森のひと〉の育て方—生態系を守るプロになる職業教育システム　浜田久美子著　亜紀書房　2014.3　254p　19cm　〈別タイトル：スイス式Foresterの育て方〉　①978-4-7505-1404-8　Ⓝ650.7　[1800円]

スイス（歴史）

◇スイスの歴史ガイド　グレゴワール・ナッペ著, 藤野成爾訳　横浜　春風社　2014.9　96p　26cm　〈年表あり　索引あり〉　①978-4-86110-413-8　Ⓝ234.5　[1800円]

スイス（歴史学—歴史—19世紀）

◇ブルクハルトの文化史学—市民教育から読み解く　森田猛著　京都　ミネルヴァ書房　2014.6　288,31p　22cm　（MINERVA西洋史ライブラリー 101）〈文献あり　著作目録あり　索引あり〉　内容：教育としての歴史　市民の教育者としてのブルクハルト　革命時代の人間　ランケの遺産と近代歴史学　ニーチェへの応答　普仏戦争期の文化史学　人間精神の危機　歴史研究から歴史教育へ　革命時代の「指導者」としてのルネサンス〉　①978-4-623-07091-6　Ⓝ201.2　[6500円]

スイス連邦工科大学

◇スイスと日本の近代化学—スイス連邦工科大学と日本人化学者の軌跡　堤嵩太郎著　仙台　東北大学出版会　2014.8　292p　21cm　〈年表あり　索引あり〉　①978-4-86163-247-1　Ⓝ430.7　[3500円]

瑞泉寺〔南砺市〕

◇井波別院瑞泉寺文化遺産を護る会—講演集　[出版地不明]　井波別院瑞泉寺文化遺産を護る会　2013.12　150p　30cm　〈年表あり〉　Ⓝ521.818

◇年表でみる井波瑞泉寺　千秋謙治編　富山　桂書房　2014.7　168p　26cm　〈文献あり〉　①978-4-905345-67-1　Ⓝ188.75　[1800円]

吹田市（遺跡・遺物）

◇北泉遺跡発掘調査報告書—北泉遺跡第1次発掘調査　吹田市教育委員会編　吹田　吹田市教育委員会　2014.3　34p　図版22p　30cm　Ⓝ210.0254

◇吹田操車場遺跡　9　大阪府文化財センター編　堺　大阪府文化財センター　2013.9　14p　図版6p　30cm　（公益財団法人大阪府文化財センター調査報告書　第240集）〈吹田市所在　吹田（信）基盤整備工事（墓地造成工事）に伴う吹田操車場遺跡発掘調査報告〉　Ⓝ210.0254

◇埋蔵文化財緊急発掘調査概報　平成25年度　吹田市教育委員会編　吹田　吹田市教育委員会　2014.3　48p　30cm　〈内容：高浜遺跡　豊嶋郡条里集落　垂水中遺跡C地点　垂水遺跡　垂

◇水南遺跡　蔵人遺跡　片山東屋敷廻遺跡　都呂須遺跡　七尾東遺跡〉　Ⓝ210.0254

スウェーデン（介護福祉）

◇スウェーデンにみる高齢者介護の供給と編成　斉藤弥生著　吹田　大阪大学出版会　2014.2　473p　22cm　〈文献あり　索引あり〉　①978-4-87259-460-7　Ⓝ369.26　[5200円]

スウェーデン（環境政策）

◇「緑の成長」の社会的ガバナンス—北欧と日本における地域・企業の挑戦　長岡延孝著　京都　ミネルヴァ書房　2014.2　404p　22cm　（MINERVA人文・社会科学叢書 195）〈文献あり　索引あり〉　①978-4-623-06983-5　Ⓝ519.1　[6000円]

スウェーデン（紀行・案内記）

◇ちょっとそこまでひとり旅だれかと旅　益田ミリ著　幻冬舎　2013.6　190p　19cm　①978-4-344-02416-8　Ⓝ291.09　[1200円]

スウェーデン（義務教育）

◇スウェーデンの義務教育における「共生」のカリキュラム—”Samlevnad”の理念と展開　戸野塚厚子著　明石書店　2014.7　314p　22cm　〈文献あり　索引あり〉　①978-4-7503-4042-5　Ⓝ372.3893　[5500円]

スウェーデン（給与）

◇スウェーデンの賃金決定システム—賃金交渉の実態と労使関係の特徴　西村純著　京都　ミネルヴァ書房　2014.8　265p　22cm　（MINERVA人文・社会科学叢書 200）〈文献あり　索引あり〉　①978-4-623-06745-9　Ⓝ366.4　[6500円]

スウェーデン（教育費）

◇教育を家族だけに任せない—大学進学保障を保育の無償化から　大岡頼光著　勁草書房　2014.3　266,19p　20cm　〈文献あり　索引あり〉　内容：人生の初めから家族だけに任せない文化を創る　教育費負担の現状　制度が文化を創る　高等教育費の公的負担の根拠　子どもの貧困解消　就学前教育で政治への信頼を創れるか　保育・就学前教育の無償化　家族主義を変える〉　①978-4-326-65386-7　Ⓝ373.4　[2800円]

スウェーデン（高齢者福祉）

◇スウェーデンにみる高齢者介護の供給と編成　斉藤弥生著　吹田　大阪大学出版会　2014.2　473p　22cm　〈文献あり　索引あり〉　①978-4-87259-460-7　Ⓝ369.26　[5200円]

スウェーデン（雑貨）

◇北欧レトロをめぐる21のストーリー　森百合子著　ジュウ・ドゥ・ポゥム　2014.11　111p　21cm　〈主婦の友社（発売）〉　①978-4-07-298755-1　Ⓝ589.023893　[1600円]

スウェーデン（持続可能な開発）

◇「緑の成長」の社会的ガバナンス—北欧と日本における地域・企業の挑戦　長岡延孝著　京都　ミネルヴァ書房　2014.2　404p　22cm　（MINERVA人文・社会科学叢書 195）〈文献あり　索引あり〉　①978-4-623-06983-5　Ⓝ519.1　[6000円]

スウェーデン（室内装飾—図集）

◇スウェーデンのディテール　アニカ・フエット, ウルフ・フエット・ニルソン著　京都　光村推古書院　2014.11　191p　23cm　①978-4-8381-0515-1　Ⓝ597.023893　[3000円]

スウェーデン（住宅政策）

◇スウェーデン「住み続ける」社会のデザイン　水村容子著　彰国社　2014.1　261p　19cm　①978-4-395-32004-2　Ⓝ365.31　[2300円]

スウェーデン（女性問題）

◇男女機会均等社会への挑戦—おんなたちのスウェーデン　岡沢憲芙著　新版　彩流社　2014.12　247p　19cm　（フィギュール彩 23）〈文献あり　初版のタイトル等：おんなたちのスウェーデン（日本放送出版協会 1994年刊）〉　①978-4-7791-7024-9　Ⓝ367.23893　[1900円]

スウェーデン（民芸）

◇北欧スウェーデン暮らしの中のかわいい民芸—ダーラナ地方/北極圏/南スウェーデン　中南部・中北部スウェーデン/ストックホルム近郊　明知直子, 明知惠織著　パイインターナショナル　2014.6　175p　21cm　①978-4-7562-4514-4　Ⓝ750.23893　[1800円]

スウェーデン（労使関係）

◇スウェーデンの賃金決定システム—賃金交渉の実態と労使関係の特徴　西村純著　京都　ミネルヴァ書房　2014.8　265p　22cm　（MINERVA人文・社会科学叢書 200）〈文献あり　索引あり〉　①978-4-623-06745-9　Ⓝ366.4　[6500円]

◇スウェーデンの労使関係—協約分析を中心に　労働政策研究・研修機構編　労働政策研究・研修機構　2014.5　130p　30cm　（労働政策研究報告書 no. 165）〈文献あり〉　Ⓝ366.5

スウェーデン（労働協約）

◇スウェーデンの労使関係―協約分析を中心に　労働政策研究・研修機構編　労働政策研究・研修機構　2014.5　130p　30cm〈労働政策研究報告書 no. 165〉〈文献あり〉Ⓝ366.5

スウォッチグループ

◇「機械式時計」という名のラグジュアリー戦略　ピエール＝イヴ・ドンゼ著、長沢伸也監修・訳　世界文化社　2014.11　287p　19cm〈文献あり〉①978-4-418-14601-7　Ⓝ535.2　[2000円]

末田 順子

◇ロータリー春秋―会長の時間、奉仕の心に花言葉を添えて　末田順子著　[出版地不明]　[末田順子]　2014.1　205p　19cm　Ⓝ065

須恵町（福岡県）（遺跡・遺物）

◇筑前高烏居城跡　2　須恵町（福岡県）　須恵町教育委員会　2014.3　9p　30cm（須恵町文化財調査報告書 第12集）〈福岡県糟屋郡須恵町大字須恵所在山城の調査〉Ⓝ210.0254

末松 貞子〔1909～1977〕

◇貞子の恋　香山マリエ著　鳥影社　2014.6　249p　図版12p　20cm　①978-4-86265-459-5　Ⓝ289.1　[1500円]

末吉 哲郎〔1932～〕

◇末吉哲郎著作選集―専門図書館とネットワーク　末吉哲郎編著　金沢　金沢文圃閣　2013　180p　26cm（文献探索人叢書 16）〈年譜あり　著作目録あり　傘寿記念〉Ⓝ289.1　[3000円]

スエロ, D.〔1961～〕

◇スエロは洞窟で暮らすことにした　マーク・サンディーン著、吉田奈緒子訳　紀伊國屋書店　2014.3　325p　19cm　①978-4-314-01113-6　Ⓝ289.3　[1800円]

周防大島町（山口県）（歴史）

◇宮本常一の風景をあるく周防大島東和　周防大島文化交流センター編、宮本常一写真，森本孝監修　周防大島町（山口県）みずのわ出版　2014.12　142p　21cm　①978-4-86426-028-2　Ⓝ217.7　[2500円]

須賀 敦子〔1929～1998〕

◇須賀敦子の世界展　神奈川文学振興会編集　[横浜]　県立神奈川近代文学館　2014.10　64p　26cm〈年譜あり　会期・会場：2014年10月4日―11月24日　県立神奈川近代文学館　共同刊行：神奈川文学振興会　折り込1枚〉Ⓝ910.268

◇須賀敦子の方へ　松山巖著　新潮社　2014.8　285p　20cm〈著作目録あり〉①978-4-10-370002-9　Ⓝ910.268　[1800円]

須賀 次郎〔1935～〕

◇ニッポン潜水グラフィティ　須賀次郎著　成山堂書店　2014.7　234p　19cm〈年表あり〉①978-4-425-94821-5　Ⓝ785.28　[1800円]

菅 虎雄〔1864～1943〕

◇夏目漱石外伝―菅虎雄先生生誕百五十周年記念文集　久留米菅虎雄先生顕彰会　2014.10　191p　22cm〈文献あり〉Ⓝ910.268　[1000円]

菅江 真澄〔1754～1829〕

◇菅江真澄、旅のまなざし―第二十九回国民文化祭・あきた2014開催記念特別展　秋田県立博物館編　秋田　秋田県立博物館　2014.9　125p　30cm〈年譜あり　会期：平成26年9月20日―11月9日〉Ⓝ289.1

◇菅江真澄と下北半島　石黒克彦著　名古屋　ブイツーソリューション　2014.7　203p　19cm〈星雲社（発売）文献あり〉①978-4-434-19279-1　Ⓝ212.1　[1800円]

◇菅江真澄の文芸生活　細川純子著　おうふう　2014.3　361p　22cm〈布装　内容：名古屋時代の学び　菅江真澄、八景和歌を詠む　松前城二の丸の和歌サロン　秋田藩の冷泉派歌人　真澄と狂歌　真澄と天神信仰　「菅江真澄」のペンネーム　柿本人麻呂の忌日　常陸坊、仙人となる　菅江真澄と万葉集　真澄、市を詠む　仙台の旅〉①978-4-273-03743-7　Ⓝ289.1　[12000円]

須賀川市（遺跡・遺物）

◇団子山古墳　1　[福島]　福島大学行政政策学類　2014.3　54p　図版8p　30cm（福島大学考古学研究報告書 第7集）〈福島県須賀川市団子山古墳測量調査・物理探査・発掘調査報告書　共同刊行：福島大学行政政策学類考古学研究室〉Ⓝ210.0254

須賀川市（歴史）

◇須賀川市60年のあゆみ―すかがわの軌跡をたどる：須賀川市制施行60周年記念誌：1954-2014　福島県須賀川市編　[須賀川]　[福島県須賀川市]　2014.3　51p　30cm〈年表あり〉Ⓝ212.6

菅沼 タエ子〔1925～〕

◇八十八歳の贈物　菅沼タエ子著　日本文学館　2014.4　167p　15cm　①978-4-7765-3827-1　Ⓝ289.1　[600円]

菅谷 規矩雄〔1936～1989〕

◇新井豊美評論集　1　「ゲニウスの地図」への旅　新井豊美著　思潮社　2014.11　243p　20cm〈著作目録あり　内容：「ゲニウスの地図」への旅　無言からの出発　「Zodiac Series」その痛恨の一年半　『青春―くらがり』に同行して　心的宇宙の探索者　疎外の構造〉①978-4-7837-1696-9　Ⓝ911.5　[2700円]

菅谷 貞穂〔1914～2011〕

◇日本女子水泳のパイオニア―菅谷貞穂の歩み　川西　編集工房is　2014.3　166p　21cm〈年譜あり〉①978-4-9904327-2-0　Ⓝ785.23

須川 展也〔1961～〕

◇サクソフォーンは歌う！　須川展也著　[東京]　時事通信出版局　2014.5　248,11p　20cm〈時事通信社（発売）作品目録あり　年譜あり〉①978-4-7887-1319-2　Ⓝ762.1　[2200円]

菅原〔氏〕

◇菅原道真と美作菅家―わが幻の祖先たち　堀江朋子著　図書新聞　2013.12　318p　20cm〈文献あり〉①978-4-88611-453-2　Ⓝ289.1　[2000円]

菅原 信男〔1938～〕

◇青春の信念は貫けたか―civil engineer 75年の軌跡　菅原信男著　水戸　茨城新聞社　2014.5　451p　30cm〈年譜あり〉①978-4-87273-287-0　Ⓝ289.1　[3000円]

菅原 道真〔845～903〕

◇怨霊とは何か―菅原道真・平将門・崇徳院　山田雄司著　中央公論新社　2014.8　206p　18cm（中公新書 2281）〈文献あり〉①978-4-12-102281-3　Ⓝ387.91　[760円]

◇菅家文章注釈　文章篇第1冊　巻七上　文草の会著　勉誠出版　2014.9　330,20p　22cm〈索引あり〉①978-4-585-29581-5　Ⓝ919.3　[5400円]

◇坂本太郎著作集　第9巻　聖徳太子と菅原道真　坂本太郎著　オンデマンド版　吉川弘文館　2013.10　453,16p　22cm〈索引あり　印刷・製本：デジタルパブリッシングサービス　内容：聖徳太子　聖徳太子の鴻業　聖徳太子とその一族　聖徳太子と憲法十七条　聖徳太子の史実と伝説　法隆寺怨霊寺説について．1　法隆寺怨霊寺説について．2　『暦録』と聖徳太子の伝記　聖徳太子伝暦について　菅原道真　菅原道真の生涯　学問の神、菅原道真　菅原道真と紀長谷雄　北野天神縁起の史実とフィクション　菅公と酒〉①978-4-642-04280-2　Ⓝ210.3　[14000円]

◇菅原道真論　滝川幸司著　塙書房　2014.10　714,26p　22cm〈索引あり　内容：詩臣としての菅原道真　菅原道真に於ける〈祖業〉菅原道真の「言志」　独り王戎が在る有り　応制詩の述懐　菅家後集　天智系としての宇多天皇　藤原基経と詩人たち　時平と菅真　安倍興行考　巨勢文雄考　島田良臣考　菅野惟肖考　島田忠臣の位置　道真の同僚　菅原清公伝考　菅原是善伝考　菅原道真の位置〉①978-4-8273-0121-2　Ⓝ919.3　[2800円]

◇菅原道真と美作菅家―わが幻の祖先たち　堀江朋子著　図書新聞　2013.12　318p　20cm〈文献あり〉①978-4-88611-453-2　Ⓝ289.1　[2000円]

◇天神への道菅原道真　松本徹著　試論社　2014.4　341p　20cm〈文献あり〉①978-4-903122-16-8　Ⓝ289.1　[2400円]

菅原孝標女〔1008～〕

◇更級日記の遠近法　伊藤守幸著　新典社　2014.2　351p　22cm（新典社研究叢書 255）①978-4-7879-4255-5　Ⓝ915.36　[9000円]

◇日本芸謡論序説―足柄の青のうたげ：私家版　鈴木信太郎著　[出版地不明]　[鈴木信太郎]　2013.9　245p　19cm〈文献あり　年表あり〉Ⓝ779.02137

杉 滝子〔1807～1890〕

◇吉田松陰の母　福本義亮著　周南　マツノ書店　2014.6　224,4p　21cm〈誠文堂新光社昭和16年刊 の復刻版〉Ⓝ289.1

杉 良太郎〔1944～〕

◇媚びない力　杉良太郎著　NHK出版　2014.9　220p　18cm（NHK出版新書 443）①978-4-14-088443-0　Ⓝ778.21　[740円]

杉岡 三千雄〔1933～〕

◇The memorable significant selected cards, letters and documents collectanea Ⅳ and the significant memorable essaies　杉岡三千雄[編著]　[出版地不明]　[杉岡三千雄]　2013.9　501p　21cm〈文献あり　本文は日本語、英語併載〉Ⓝ289.1

杉田 成道
◇願わくは、鳩のごとくに　杉田成道著　扶桑社　2014.8　363p　16cm　（扶桑社文庫　す3-1）　①978-4-594-07090-8　№289.1　［650円］

杉谷 和男
◇立岩を探る　杉谷和男著　文芸社　2014.3　407p　20cm　〈文献あり〉①978-4-286-14810-6　№289.1　［1700円］

杉戸町〔埼玉県〕〔遺跡・遺物〕
◇町内遺跡発掘調査　3　杉戸町〔埼玉県〕　杉戸町教育委員会　2014.3　58p　図版　1p　30cm　（杉戸町文化財調査報告　第20集）〈内容：東上遺跡．第1次調査　鷲巣前原遺跡．第6次調査　神明貝塚．第1次調査　中椿遺跡．第1次調査〉№210.0254

杉原 美津子〔1944～2014〕
◇炎を越えて―新宿西口バス放火事件後三十四年の軌跡　杉原美津子著　文藝春秋　2014.7　252p　20cm　〈年譜あり〉①978-4-16-390092-6　№289.1　［1400円］

スキマスイッチ
◇スキマスイッチの本―結成15周年記念　スキマスイッチ著　朝日新聞出版　2014.12　111p　26cm　〈作品目録あり　年譜あり〉①978-4-02-251231-4　№767.8　［1700円］

杉村 太蔵〔1979～〕
◇バカでも資産1億円―「儲け」をつかむ技術　杉村太蔵著　小学館　2014.10　222p　19cm　①978-4-09-396529-3　№289.1　［1200円］

杉本 キクエ〔1898～1983〕
◇瞽女キクイとハル―強く生きた盲女性たち　川野楠己著　宮崎　鉱脈社　2014.10　325p　19cm　（みやざき文庫　109）〈文献あり〉①978-4-86061-555-0　№384.38　［2000円］

杉本 てるこ〔1941～〕
◇わたしの人生　続　すてきな人たちとの出会い　杉本てるこ著　広島　ガリバープロダクツ　2013.10　19cm　（ガリバーBOOKS）①978-4-86107-056-3　№289.1　［1000円］

杉本 宏之〔1977～〕
◇30歳で400億円の負債を抱えた僕が、もう一度、起業を決意した理由　杉本宏之著　ダイヤモンド社　2014.7　256p　19cm　①978-4-478-02734-9　№673.99　［1500円］

スギモトグループ
◇喜働って、なに？―社員を活かす喜働環境とは　鶴蒔靖夫著　IN通信社　2014.4　241p　20cm　①978-4-87218-395-5　№510.921　［1800円］

杉森 建〔1966～〕
◇杉森建の仕事―『クインティ』から『ジェリーボーイ』『ポケットモンスター』25年間の作品集　杉森建[作]，ニンテンドードリーム編集部編集　アンビット　2014.5　359p　21cm　（Nintendo DREAMニンドリ）〈徳間書店（発売）〉①978-4-19-863806-1　№726.101　［1850円］

杉山 茂丸〔1864～1935〕
◇杉山茂丸傳―もぐらの記録　野田美鴻著　オンデマンド版　毛呂山町〔埼玉県〕　島津書房　2013.11　618p　図版16p　21cm　〈年譜あり　初版のタイトル：杉山茂丸伝　印刷・製本：デジタルパブリッシングサービス〉978-4-88218-157-6　№289.1　［8500円］

杉山 進〔1932～〕
◇遥かなスキー　杉山進著　実業之日本社　2014.12　239p　20cm　〈年譜あり〉①978-4-408-02607-7　№784.3　［2300円］

スクリャービン, A.N.〔1871～1915〕
◇スクリャービン―晩年に明かされた創作秘話　レオニード・サバネーエフ著，森松皓子訳　音楽之友社　2014.10　285,7p　20cm　〈索引あり〉①978-4-276-22650-0　№762.38　［3600円］

スコットランド（ウィスキー）
◇男のスコッチウィスキー講座―100蒸留所巡礼試飲旅　和智英樹，高橋矩彦共著　スタジオタッククリエイティブ　2014.12　335p　21cm　〈文献あり〉①978-4-88393-691-5　№588.57　［2600円］

◇スコッチ・オデッセイ―1971黄金の特級時代を想う　盛岡スコッチハウス編　新版　盛岡　盛岡出版コミュニティー　2014.10　223p　15cm　（もりおか文庫　も1-3）〈文献あり　索引あり〉①978-4-904870-30-3　№588.57　［1500円］

スコットランド（教育）
◇学校からの排除にかかわる実践的方策を探る―スコットランドにおける停退学処分に抗する支援の学校づくり　パーメラ・

マン他著，富田充保訳　創風社　2014.3　247p　21cm　〈文献あり〉①978-4-88352-213-2　№372.332　［2000円］

スコットランド（昔話）
◇小作人とアザラシ女―スコットランドのいいつたえ　ジュディ・ハミルトン著，先川暢郎，橋本修一訳　横浜　春風社　2014.5　305p　19cm　〈内容：アシスパトルと大海蛇　小作人とアザラシ女　アザラシ漁師の教訓　スール・スケリーのアザラシ　人魚の仕返し　蒼ざめた男たちの二つの物語　ラーゴ・ロウの黄金　小鳥のおしゃべり　コリーヴレッカンについての伝説　スムー洞窟　サナート湖の白鳥たち　森を守るモラー湖のモラーグ　リントンのオロチ　マイケル・スコットと大蛇　ベン・マクヒューイの灰色巨人　へぼ詩人トマス　ロバート・カーク尊師に何が起こったのか　トムナフリックのバイオリン弾き　ロブ・ロイ・マクレガーとグラント一族のマッカルピン　ロバート・ブルースと一匹の蜘蛛　クレーバーハウスへの警告　ブラハン・シーア　悲しみのデアドラ　デイアルミドとグレイニー　フィン、大益荒男の子供たちを救い、ブランを見出す　モルバーンの巨人　いじめられてばかりいた女巨人　フィンレイと巨人たち　牧師の妻　生ける屍　ラガンの魔女　漁師と魔女　猟師とうさぎ　ソーニー・ビーンの伝説　人喰い穴　剣の湖　マクリード族の妖精の旗印　一つ目女の戦争　グレン・ドッカートの聖フィラン　聖マンゴ　聖アンドリュー　アルドナドロキットのグレイスティ　グレイスティの呪い　ガーヴ湖のケルピー　ラーゼイのケルピーを殺したこと〉①978-4-86110-408-4　№388.332　［1500円］

スコリモフスキ, J.
◇イエジー・スコリモフスキ読本―「亡命」作家43年の軌跡　遠山純生編・著　boid　2014.8　155p　21cm　〈文献あり　作品目録あり　年譜あり　内容：イエジー・スコリモフスキとの対話　1（イエジー・スコリモフスキ述，ジャン＝アンドレ・フィエスキ，リュック・ムレ，クロード・オリエ聞き手）　イエジー・スコリモフスキとの対話　2（イエジー・スコリモフスキ述，ミシェル・ドゥライエ聞き手）　異郷と故郷のあいだ〉①978-4-9904938-2-2　№778.2349　［1500円］

須坂市〔遺跡・遺物〕
◇須坂市内発掘調査報告書　平成23年度　須坂市市民共創部生涯学習スポーツ課編　〔須坂〕須坂市教育委員会　2014.3　75p　30cm　№210.0254

須坂市（地誌）
◇須坂市誌　第2巻　地誌・民俗編　須坂市誌編さん室編　須坂　須坂市　2014.3　633p　27cm　〈文献あり〉№291.52

須坂市（風俗・習慣）
◇須坂市誌　第2巻　地誌・民俗編　須坂市誌編さん室編　須坂　須坂市　2014.3　633p　27cm　〈文献あり〉№291.52

須坂市〔歴史―史料―書目〕
◇須坂市域の史料目録　第6集　平成26年度　須坂市市民共創部生涯学習スポーツ課，須坂市誌編さん室編　〔須坂〕須坂市　2014.11　135p　30cm　№215.2

須崎 博通〔1943～〕
◇記憶の中の鳥取―歴史的時間と環境　須崎博通著　鳥取　福井印刷　2014.2　216p　20cm　①978-4-9907587-0-7　№289.1　［1300円］

すさみ町〔和歌山県〕〔遺跡・遺物〕
◇立野遺跡　和歌山県文化財センター編　和歌山　和歌山県文化財センター　2014.3　14p　図版　6枚　30cm　〈近畿自動車道松原那智勝浦線すさみ西インターチェンジ（仮称）事業に伴う発掘調査報告書〉№210.0254

スザンヌ〔1986～〕
◇ママザンヌ―スザンヌのハッピーマタニティ＆ママライフ　スザンヌ著　宝島社　2014.8　127p　21cm　①978-4-8002-2025-7　№779.9　［1250円］

逗子市（教育行政）
◇逗子市教育委員会点検・評価に関する報告書　平成25年度　平成24年度対象　逗子　逗子市教育委員会教育部教育総務課　〔2013〕178p　30cm　№373.2

逗子市（写真集）
◇鎌倉・逗子・葉山の昭和―写真アルバム　長岡　いき出版　2014.3　279p　31cm　〈神奈川県教科書販売（発売）　文献あり〉①978-4-904614-46-4　№213.7　［9514円］

逗子市（清掃事業）
◇生ごみ分別モデル事業調査結果報告書　〔逗子〕逗子市　2013.3　59,32p　30cm　〈共同刊行：中外テクノス〉№518.54

逗子市（特定健康診査）
◇逗子市特定健康診査等実施計画　逗子市福祉部国保健康課編　〔逗子〕神奈川県逗子市　2013.3　47p　30cm　№498.1

逗子市（生ごみ）

◇生ごみ分別モデル事業調査結果報告書　[逗子]　逗子市　2013.3　59, 32p　30cm　〈共同刊行：中外テクノス〉Ⓝ518.54

逗子市（歴史—史料）

◇「願書・訴書、御触書控、御用留」史料集—逗子市桜山石渡滋家文書　第1集　[出版地不明]　石渡滋家文書研究同人会　2014.10　276p　26cm　Ⓝ213.7

鈴鹿市（遺跡・遺物）

◇伊勢国府跡　16　鈴鹿市, 鈴鹿市考古博物館編　[鈴鹿]　鈴鹿市　2014.3　10p　30cm　〈共同刊行：鈴鹿市考古博物館〉Ⓝ210.0254

◇磐城山遺跡（第4・5次）発掘調査報告書　鈴鹿市, 鈴鹿市考古博物館編　[鈴鹿]　鈴鹿市　2014.3　109p　30cm　〈農地改良工事に伴う緊急発掘調査　共同刊行：鈴鹿市考古博物館〉Ⓝ210.0254

鈴鹿市（祭礼—写真集）

◇鈴鹿の祭りと年中行事—坂尾富司写真集　坂尾富司著　[鈴鹿]　坂尾富司　2014.2　119p　30cm　Ⓝ386.156　[2500円]

鈴鹿市（年中行事—写真集）

◇鈴鹿の祭りと年中行事—坂尾富司写真集　坂尾富司著　[鈴鹿]　坂尾富司　2014.2　119p　30cm　Ⓝ386.156　[2500円]

鈴鹿市（歴史）

◇玉垣郷土史　玉垣郷土史研究会編　鈴鹿　玉垣郷土史研究会　2014.3　1297p　22cm　〈年表あり〉Ⓝ215.6

鈴川 卓也〔1975～　〕

◇過去にあらがう　鈴川卓也, 前田智徳, 石井琢朗著　ベストセラーズ　2014.7　199p　19cm　Ⓘ978-4-584-13571-6　Ⓝ783.7　[1343円]

鈴木 明子〔1985～　〕

◇壁はきっと越えられる—夢をかなえる晩成力：Dreams come true　鈴木明子著　プレジデント社　2014.9　157p　19cm　Ⓘ978-4-8334-2099-0　Ⓝ784.65　[1300円]

◇ひとつひとつ。少しずつ。　鈴木明子著　KADOKAWA　2014.4　157p　19cm　Ⓘ978-4-04-600297-6　Ⓝ784.65　[1200円]

鈴木 あや〔1990～　〕

◇SUZU★　鈴木あや著　双葉社　2014.4　120p　21cm　Ⓘ978-4-575-30662-0　Ⓝ289.1　[1200円]

鈴木 おさむ〔1972～　〕

◇ブスの瞳に恋してる　3　鈴木おさむ著　マガジンハウス　2014.7　235p　15cm　（マガジンハウス文庫　す1-3）〈2010年刊の加筆〉Ⓘ978-4-8387-7089-2　Ⓝ779.14　[520円]

鈴木 克美〔1934～　〕

◇水族館日記—いつでも明日に夢があった　鈴木克美著　秦野　東海大学出版部　2014.12　273p　21cm　Ⓘ978-4-486-02053-0　Ⓝ480.76　[3200円]

鈴木 貫太郎〔1867～1948〕

◇日本の戦争を終わらせた人々—軍人たちの戦争と平和　中一夫著　改版　[羽村]　ほのぼの出版　2013.9　158p　21cm　（仮説社〈発売〉）文献あり　年表あり　折り込1枚）Ⓘ978-4-7735-0244-2　Ⓝ210.75　[1500円]

鈴木 邦男〔1943～　〕

◇反逆の作法　鈴木邦男著　河出書房新社　2014.2　222p　19cm　Ⓘ978-4-309-22607-1　Ⓝ289.1　[1500円]

鈴木 健志

◇レッツわがままライフ♪　鈴木健志著　藤枝　アイランド出版　2014.10　370p　19cm　〈星雲社〈発売〉〉Ⓘ978-4-434-19886-1　Ⓝ289.1　[1100円]

鈴木 健次郎〔1976～　〕

◇夢を叶える—パリのタイユール鈴木健次郎　長谷川喜美著　万来舎　2014.1　255p　20cm　〈文献あり　表紙のタイトル：MAKE YOUR DREAMS COME TRUE　写真：武田正彦〉Ⓘ978-4-901221-74-0　Ⓝ289.1　[1700円]

鈴木 宗音〔1930～　〕

◇凡夫を菩薩に転ずる僧伽—大乗山法音寺　仏教タイムス社編　仏教タイムス社　2014.2　132p　21cm　Ⓝ188.95　[800円]

鈴木 修学〔1902～1962〕

◇凡夫を菩薩に転ずる僧伽—大乗山法音寺　仏教タイムス社編　仏教タイムス社　2014.2　132p　21cm　Ⓝ188.95　[800円]

鈴木 俊隆〔1904～1971〕

◇禅は、今ここ。—1960年代アメリカに禅を広めた、鈴木俊隆の教えと逸話　デイビッド・チャドウィック編, 島影透訳　サ

ンガ　2014.3　177p　18cm　〈英語併記〉Ⓘ978-4-905425-68-7　Ⓝ188.82　[1300円]

鈴木 信太郎〔1895～1989 画家〕

◇緑の画家鈴木信太郎—喪失と祈り　安藤京子著　慶應義塾大学出版会　2014.10　140p　20cm　〈年譜あり〉Ⓘ978-4-7664-2188-0　Ⓝ723.1　[2700円]

鈴木 大地〔1967～　〕

◇鈴木大地メソッド—生き方の金メダル　鈴木大地著　毎日新聞社　2014.1　189p　19cm　〈年譜あり〉Ⓘ978-4-620-32248-3　Ⓝ785.2　[1300円]

◇僕がトップになれたのは、いつも人と違うことを考えていたから　鈴木大地著　マガジンハウス　2014.7　183p　19cm　Ⓘ978-4-8387-2672-1　Ⓝ785.2　[1300円]

鈴木 孝夫〔1926～　〕

◇言語生態学者鈴木孝夫　矢崎祥子著　冨山房インターナショナル　2014.11　262p　19cm　〈文献あり〉Ⓘ978-4-905194-83-5　Ⓝ289.1　[1800円]

鈴木 隆行〔1976～　〕

◇魂の男鈴木隆行—情熱に溢れたそのサッカー人生　鈴木隆行著　ベースボール・マガジン社　2014.1　63p　21cm　Ⓘ978-4-583-10654-0　Ⓝ783.47　[2000円]

鈴木 忠勝〔1907～1990〕

◇白神山地マタギ伝—鈴木忠勝の生涯　根深誠著　七つ森書館　2014.9　274p　20cm　Ⓘ978-4-8228-1410-6　Ⓝ384.35　[2800円]

鈴木 ちなみ〔1989～　〕

◇chinami no ME！　鈴木ちなみ著　宝島社　2014.8　111p　26cm　〈本文は日本語〉Ⓘ978-4-8002-2987-8　Ⓝ778.21　[1500円]

鈴木 輝隆

◇みつばち鈴木先生—ローカルデザインと人のつながり　原研哉編　羽鳥書店　2014.5　302p　21cm　Ⓘ978-4-904702-45-1　Ⓝ601.1　[3200円]

鈴木 敏夫〔1948～ 映画プロデューサー〕

◇仕事道楽—スタジオジブリの現場　鈴木敏夫著　新版　岩波書店　2014.5　270p　18cm　（岩波新書　新赤版 1486）〈年譜あり〉Ⓘ978-4-00-431486-8　Ⓝ778.77　[880円]

鈴木 敏文〔1932～　〕

◇挑戦我がロマン　鈴木敏文著　日本経済新聞出版社　2014.12　347p　15cm　（日経ビジネス人文庫　す7-1）〈年譜あり　2008年刊の加筆〉Ⓘ978-4-532-19750-6　Ⓝ289.1　[800円]

鈴木 則文〔1933～2014〕

◇新トラック野郎風雲録　鈴木則文著　筑摩書房　2014.1　317p　15cm　（ちくま文庫　す22-1）Ⓘ978-4-480-43132-5　Ⓝ778.21　[900円]

鈴木 富志郎〔1932～　〕

◇私が歩んだ蹊　2　京都・豊橋・そして茅ヶ崎　鈴木富志郎著　立川　けやき出版（制作）　2014.10　93p　21cm　Ⓘ978-4-87751-521-8　Ⓝ289.1

鈴木 正惠〔1947～　〕

◇夢は続くよ、どこまでも　鈴木正惠著　文芸社　2014.4　153p　19cm　Ⓘ978-4-286-14473-3　Ⓝ289.1　[1100円]

鈴木 政吉〔1859～1944〕

◇日本のヴァイオリン王—鈴木政吉の生涯と幻の名器　井上さつき著　中央公論新社　2014.5　358p　20cm　〈文献あり　年譜あり〉Ⓘ978-4-12-004612-4　Ⓝ289.1　[2700円]

スズキ株式会社

◇スズキグループの実態—日本事業とグローバル戦略　2013年版　名古屋　アイアールシー　2013.2　618p　30cm　（特別調査資料）〈年表あり〉Ⓝ537.09　[58000円]

鈴木書店

◇鈴木書店の成長と衰退　小泉孝一著　論創社　2014.9　179p　19cm　（出版人に聞く　15）Ⓘ978-4-8460-1360-8　Ⓝ024.1　[1600円]

薄田 泣菫〔1877～1945〕

◇倉敷市蔵薄田泣菫宛書簡集　作家篇　倉敷市編著　八木書店古書出版部　2014.3　234p　22cm　〈八木書店〈発売〉　布装〉Ⓘ978-4-8406-9678-4　Ⓝ911.52　[9800円]

珠洲市（風俗・習慣）

◇珠洲市蛸島町　金沢大学文化人類学研究室編　金沢　金沢大学文化人類学研究室　2014.3　147p　26cm　（金沢大学文化人類学研究室調査実習報告書　第29巻）〈文献あり　内容：地区の概要（西本陽一著）　地区組織（横山里和著）　地区の農業（佐伯真弥著）　婦人会（畑有梨沙著）　女性の暮らし（佐々木椎奈著）　高齢者に対する医療福祉（小川憲人著）　寺院（白江

佳央里亜著） 葬式の変遷（桑山知奈美著） 蛸島町の結婚儀礼（谷田彩香著） 提灯（西川芙由美著） 街なみ（政木祥子著） 鉢ヶ崎リゾート地区（山口亮介著） Ⓝ382.143

スズトクホールディングス株式会社
◇廉―スズトクホールディングス株式会社代表取締役社長伊藤清発言集 伊藤清［述］ ［東京］ ［スズトクホールディングス］ ［201-］ 105p 21cm Ⓝ564.067

鈴村 興太郎〔1944～〕
◇厚生と権利の狭間 鈴村興太郎著 京都 ミネルヴァ書房 2014.7 364,14p 20cm （シリーズ「自伝」my life my world）〈著作目録あり 年譜あり 索引あり〉 ①978-4-623-07107-4 Ⓝ289.1 ［3500円］

裾野市〔文化財〕
◇須山地区の文化財めぐり 裾野市文化財保護審議会編 一部修正 裾野 裾野市教育委員会 2014.3 54p 21cm Ⓝ709.154

菅田 将暉〔1993～〕
◇20＋1―菅田将暉アーティストブック 菅田将暉［著］ ワニブックス 2014.3 159p 26cm ①978-4-8470-4615-5 Ⓝ778.21 ［2800円］

スタジオジブリ
◇仕事道楽―スタジオジブリの現場 鈴木敏夫著 新版 岩波書店 2014.5 270p 18cm （岩波新書 新赤版 1486）〈年譜あり〉 ①978-4-00-431486-8 Ⓝ778.77 ［880円］

スターバックス社
◇スターバックス輝きを取り戻すためにこだわり続けた5つの原則 ジョゼフ・ミケーリ著，小川敏子訳 日本経済新聞出版社 2014.9 326p 19cm 〈文献あり〉 ①978-4-532-31947-2 Ⓝ673.98 ［1600円］
◇スターバックスの教え―感動経験でお客様の心をギュッとつかむ！ 目黒勝道著 朝日新聞出版 2014.7 218p 19cm ①978-4-02-331300-2 Ⓝ673 ［1300円］
◇スターバックスのライバルは、リッツ・カールトンである。―本当のホスピタリティの話をしよう 岩田松雄、高野登著 KADOKAWA 2014.2 221p 19cm ①978-4-04-110695-2 Ⓝ673 ［1400円］
◇スターバックスはなぜ、値下げもテレビCMもしないのに強いブランドでいられるのか？ ジョン・ムーア著，花塚恵訳 ディスカヴァー・トゥエンティワン 2014.4 296p 19cm ①978-4-7993-1480-7 Ⓝ673.98 ［1500円］

スターリン，I.V.〔1879～1953〕
◇悪の出世学―ヒトラー、スターリン、毛沢東 中川右介著 幻冬舎 2014.3 276p 18cm （幻冬舎新書 な-1-10）〈文献あり〉 ①978-4-344-98342-7 Ⓝ280.4 ［840円］
◇スターリン―「非道の独裁者」の実像 横手慎二著 中央公論新社 2014.7 318p 18cm （中公新書 2274）〈文献あり 年譜あり 索引あり〉 ①978-4-12-102274-5 Ⓝ289.3 ［900円］
◇スターリン秘史―巨悪の成立と展開 1 統一戦線・大テロル 不破哲三著 新日本出版社 2014.11 323p 20cm ①978-4-406-05835-3 Ⓝ312.38 ［2000円］
◇トルーマンとスターリンの韓半島ゲーム秘史 趙甲濟著，洪熒訳 ［東京］ 統一日報社 2014.4 191p 19cm ①978-4-907988-01-2 Ⓝ221.07 ［1389円］

スタンレー，P.〔1952～〕
◇ポール・スタンレー自伝―モンスター〜仮面の告白〜 ポール・スタンレー，ティム・モーア著，迫田はつみ訳，増田勇一監修 シンコーミュージック・エンタテイメント 2014.9 522p 22cm 〈作品目録あり 索引あり〉 ①978-4-401-64007-2 Ⓝ767.8 ［2800円］

寿都町〔北海道〕〔歴史〕
◇寿都五十話―ニシン・鉄道・鉱山そして人々の記憶 山本竜也著 書肆山住 2014.3 783p 21cm 〈文献あり 年表あり〉 ①978-4-9906956-3-7 Ⓝ211.7 ［2400円］

スティグレール，B.
◇差異と協成―B・スティグレールと新ヨーロッパ構想 中田光雄著 水声社 2014.4 357p 22cm ①978-4-8010-0013-1 Ⓝ118 ［5000円］

スティムソン，H.L.〔1867～1950〕
◇ヘンリー・スティムソンと「アメリカの世紀」 中沢志保著 国書刊行会 2014.2 363,7p 20cm 〈文献あり 年譜あり 索引あり〉 ①978-4-336-05779-2 Ⓝ319.53 ［2800円］

崇徳天皇〔1119～1164〕
◇怨霊とは何か―菅原道真・平将門・崇徳院 山田雄司著 中央公論新社 2014.8 206p 18cm （中公新書 2281）〈文献あり〉 ①978-4-12-102281-3 Ⓝ387.91 ［760円］

ストレイテナー
◇ロックステディ―4人の人生が連鎖するロックバンドの過去から今 ストレイテナー著 ぴあ 2014.11 207p 20cm 〈作品目録あり〉 ①978-4-8356-2808-0 Ⓝ767.8 ［1574円］

ストーン，B.
◇ツイッターで学んだいちばん大切なこと―共同創業者の「つぶやき」 ビズ・ストーン著，石垣賀子訳 早川書房 2014.9 326p 19cm ①978-4-15-209484-1 Ⓝ007.35 ［1600円］

角南 攻〔1944～2014〕
◇メタクソ編集王―「少年ジャンプ」と名づけた男 角南攻著 竹書房 2014.5 255p 19cm ①978-4-8124-9872-9 Ⓝ726.101 ［1300円］

洲之内 徹〔1913～1987〕
◇洲之内徹と現代画廊―昭和を生きた目と精神：図録 宮城県美術館、愛媛県美術館、町立久万美術館、新潟市美術館編集・執筆 ［仙台］ NHKプラネット東北 2013 273p 26cm 〈年譜あり 年表あり 文献あり 会期・会場：2013年11月2日―12月23日 宮城県美術館ほか 執筆：有川幾夫ほか〉 Ⓝ723.1

スノーデン，E.J.〔1983～〕
◇スノーデンファイル―地球上で最も追われている男の真実 ルーク・ハーディング著，三木俊哉訳 ［東京］ 日経BP社 2014.5 334p 図版8p 19cm 〈日経BPマーケティング（発売）〉 ①978-4-8222-5021-8 Ⓝ391.6 ［1800円］
◇暴露―スノーデンが私に託したファイル グレン・グリーンウォルド［著］，田口俊樹，濱野大道，武藤陽生訳 新潮社 2014.5 383p 20cm ①978-4-10-506691-8 Ⓝ391.6 ［1700円］

春原 始〔1922～〕
◇謝恩随想―卒寿を越えて 春原始著 高崎 あさを社 2014.3 96p 20cm ①978-4-87024-567-9 Ⓝ289.1 ［非売品］

スノーピーク
◇スノーピーク「好きなことだけ！」を仕事にする経営 山井太著，日経トップリーダー編集 ［東京］ 日経BP社 2014.6 220p 19cm 〈日経BPマーケティング（発売）〉 ①978-4-8222-7765-9 Ⓝ589.7 ［1500円］

スーパーホテル
◇5つ星のおもてなしを1泊5120円で実現するスーパーホテルの「仕組み経営」―9割の稼働率と7割以上のリピートを生み出す 金井壽宏、山本梁介著 かんき出版 2014.5 207p 19cm ①978-4-7612-6996-8 Ⓝ689.81 ［1500円］

スピノザ，B.〔1632～1677〕
◇スピノザから仏陀へ―修行としてのスピノチズム 塩田冬彦著 名古屋 ブイツーソリューション 2014.5 133p 18cm 〈星雲社（発売）〉 ①978-4-434-19162-6 Ⓝ135.2 ［1600円］
◇スピノザ『神学政治論』を読む 上野修著 筑摩書房 2014.6 309p 15cm （ちくま学芸文庫 ウ23-1）〈年譜あり 「スピノザ」（日本放送出版協会 2006年刊）の改題、大幅な増補 内容：『神学政治論』のエッセンス 信仰教義をめぐって 預言の確実性をめぐって 教えの平凡さをめぐって 契約説をめぐって 奇蹟と迷信をめぐって アルチュセールのイデオロギー論とスピノザ ネグリのマルチチュード論とスピノザ〉 ①978-4-480-09625-8 Ⓝ135.2 ［1200円］

スペイン〔遺跡・遺物〕
◇スペイン北部の旧石器動産美術―日本語/カラー版 概説・図録篇 セサル・ゴンサーレス・サインス、ロベルト・カチョ・トカ［著］，吉川敦子訳，関雄二監訳，深沢武雄編 テクネ 2014.6 424p 19cm 〈文献あり〉 ①978-4-907162-26-9 Ⓝ236.03

スペイン〔絵画―歴史―20世紀―画集〕
◇内と外―スペイン・アンフォルメル絵画の二つの『顔』：ソフィア王妃芸術センター所蔵 川瀬佑介，ベレン・ガラン編 ［東京］ ［国立西洋美術館］ c2013 94p 29cm 〈文献あり スペイン語併載 会期・会場：2013年10月3日―2014年1月5日 国立西洋美術館 主催：国立西洋美術館ほか〉 ①978-84-8026-479-2 Ⓝ723.36

スペイン〔観光開発〕
◇ポスト・スーヴェニア・シティ―地中海都市アリカンテの活力と新しい観光 Darko Radović［監修］，ホルヘ・アルマザン編 Tokyo flick studio c2014 127p 26cm （Measuring the Non-Measurable 05）〈本文は英語 内容：二つの物音の

スペイン（紀行・案内記）

通り道（ホセ・マリア・トレス・ナダル著）ツーリズムと都市アイデンティティ（ホルヘ・アルマザン著）ツーリズム、テリトリー、アイデンティティ（ホセ・オリベール著）コスタ・ブランカ（ロサリオ・ナバロン著）ベニドルム海浜遊歩道と平凡な都市性（ミゲル・メサ・デル・カスティジョ著）「コモンズ」型都市計画（エンリケ・ニエト著）街路（鈴木美央著）"健全"で持続可能な都市アイデンティティの構築に向けて（平子雪乃著）集団的都市の漂流（ホルヘ・アルマザンほか著）異文化間討論（ホルヘ・アルマザンほか著）ポスト・スーヴェニア・シティをめざして？（ホルヘ・アルマザン著）〉 Ⓘ978-4-904894-15-6 Ⓝ689.4 ［1111円］

スペイン（紀行・案内記）
◇カミーノ！―女ひとりスペイン巡礼、900キロ徒歩の旅 森知子［著］幻冬舎 2013.7 271p 16cm（幻冬舎文庫 も-17-1）〈文献あり〉Ⓘ978-4-344-42051-9 Ⓝ293.609 ［600円］
◇心の美学 4 スペイン・ポルトガルドライブ2万キロ 近藤博重著 船橋 博葉会近藤クリニック 2014.8 265p 30cm Ⓘ978-4-9907215-2-7 Ⓝ490.49 ［800円］
◇再訪―井上雄彦×pepita 3 井上雄彦著 ［東京］日経BP社 2014.6 2冊（別冊スケッチ集とも）21cm〈日経BPマーケティング（発売）別冊スケッチ集：1冊：Bosquejos〉Ⓘ978-4-8222-6088-0 Ⓝ293.609 ［全2800円］
◇スペイン世界遺産と歴史の旅―プロの添乗員と行く 武村陽子著 改訂版 彩図社 2014.10 222p 19cm Ⓘ978-4-8013-0030-9 Ⓝ293.609 ［1300円］
◇柳絮漂泊行記―スペインからローマまで支倉常長の旅をたどる 上條久枝著 求龍堂 2014.6 349p 20cm〈文献あり 年譜あり〉Ⓘ978-4-7630-1402-3 Ⓝ293.609 ［2000円］

スペイン（旧石器時代）
◇スペイン北部の旧石器動産美術―日本語/カラー版 概説・図録篇 セサル・ゴンサーレス・サインス, ロベルト・カチョ・トカ［著］, 吉川敦子訳, 関雄二監訳, 深沢武雄編 テクネ 2014.6 424p 19cm〈文献あり〉Ⓘ978-4-907162-26-9 Ⓝ236.03

スペイン（恐竜類―化石―図集）
◇スペイン奇跡の恐竜たち―2014年度特別展 ［勝山］福井県立恐竜博物館 2014.7 156p 30cm〈会期・会場：2014年7月11日―10月13日 福井県立恐竜博物館 共同刊行：読売新聞社〉Ⓝ457.87

スペイン（経済）
◇スペイン 2014/15年版 ARC国別情勢研究会編集 ARC国別情勢研究会 2014.7 146p 26cm（ARCレポート 経済・貿易・産業報告書 2014/15）〈年表あり 索引あり〉Ⓘ978-4-907366-17-9 Ⓝ332.36 ［12000円］

スペイン（雇用政策）
◇もうひとつの道はある―スペインで雇用と社会福祉を創出するための提案 ビセンス・ナバロ, ホアン・トーレス・ロペス, アルベルト・ガルソン・エスピノサ著, 吾郷健二, 海老原弘子, 廣田裕之訳, ATTAC Japan（首都圏）編 柘植書房新社 2013.9 277p 19cm Ⓘ978-4-8068-0652-3 Ⓝ366.236 ［2500円］

スペイン（サッカー）
◇スペインサッカーの神髄 小澤一郎著 増補改訂版 ガイドワークス 2013.12 190p 18cm（サッカー小僧新書EX 004）〈初版：白夜書房 2010年刊〉Ⓘ978-4-86535-023-4 Ⓝ783.47 ［900円］

スペイン（社会）
◇マドリードとカスティーリャを知るための60章 川成洋, 下山静香編著 明石書店 2014.6 378p 19cm（エリア・スタディーズ 131）〈文献あり〉Ⓘ978-4-7503-4024-1 Ⓝ302.36 ［2000円］

スペイン（写真集）
◇旅するフォトグラファーが選ぶスペインの町33 地球の歩き方編集室編・編集, 有賀正博写真・文 ダイヤモンド・ビッグ社 2014.10 127p 21cm（地球の歩き方フォトブック）〈ダイヤモンド社（発売）〉Ⓘ978-4-478-04636-4 Ⓝ293.609 ［1500円］

スペイン（巡礼〔キリスト教〕）
◇カミーノ！―女ひとりスペイン巡礼、900キロ徒歩の旅 森知子［著］幻冬舎 2013.7 271p 16cm（幻冬舎文庫 も-17-1）〈文献あり〉Ⓘ978-4-344-42051-9 Ⓝ293.609 ［600円］

スペイン（植民地―ラテンアメリカ―歴史）
◇南・北アメリカの比較史的研究―南・北アメリカ社会の相違の歴史的根源 宮野啓二著 御茶の水書房 2013.10 366p

23cm〈内容：南・北アメリカの比較経済史的考察 アングロ・アメリカ植民地とラテン・アメリカ植民地の比較史 新大陸奴隷制の比較史的研究 フロンティアの比較史的研究 アステカ社会におけるカルプリ共同体 ラテン・アメリカにおけるラティフンディオと原住民共同体 スペイン領アメリカにおける原住民の集住政策 新大陸におけるスペイン植民都市の歴史的特質〉Ⓘ978-4-275-01049-0 Ⓝ255 ［7600円］

スペイン（政治―歴史―20世紀）
◇「戦時」から「成長」へ―1950年代におけるフランコ体制の政治的変容 武藤祥著 立教大学出版会 2014.3 312p 22cm〈有斐閣（発売）文献あり 年表あり 索引あり〉Ⓘ978-4-901988-24-7 Ⓝ312.36 ［3800円］

スペイン（世界遺産）
◇世界遺産 2 スペイン編・ポルトガル編 小川晴久著 ［柏］［小川晴久］2014.8 51p 30cm Ⓝ709

スペイン（地誌）
◇写真記録100年前の世界 7 オーストリア＝ハンガリー帝国スペイン 内藤民治編著 大空社 2014.5 1冊 22cm〈索引あり 「世界實觀 第7巻」(日本風俗圖繪刊行會 大正5年刊)の複製 英語併記〉Ⓘ978-4-283-01176-2,978-4-283-00645-4 (set),978-4-283-00646-1 (set) Ⓝ290.8 ［12500円］

スペイン（洞穴遺跡）
◇スペイン北部の旧石器洞窟壁画―日本語/カラー版 概説篇 セサル・ゴンサーレス・サインス, ロベルト・カチョ・トカ［著］, 吉川敦子訳, 関雄二監訳, 深沢武雄編 テクネ 2014.6 409p 19cm〈文献あり〉Ⓘ978-4-907162-23-8 Ⓝ723.36
◇スペイン北部の旧石器洞窟壁画―図録集：日本語/カラー版 上 カンタブリア篇 セサル・ゴンサーレス・サインス, ロベルト・カチョ・トカ［著］, 吉川敦子訳, 関雄二監訳, 深沢武雄編 テクネ 2014.6 440p 19cm〈文献あり〉Ⓘ978-4-907162-24-5 Ⓝ723.36
◇スペイン北部の旧石器洞窟壁画―図録集：日本語/カラー版 下 アストゥリアス・バスク篇 セサル・ゴンサーレス・サインス, ロベルト・カチョ・トカ［著］, 吉川敦子訳, 関雄二監訳, 深沢武雄編 テクネ 2014.6 328p 19cm〈文献あり〉Ⓘ978-4-907162-25-2 Ⓝ723.36

スペイン（都市計画）
◇ポスト・スーヴェニア・シティ―地中海都市アリカンテの活力と新しい観光 Darko Radović［監修］, ホルヘ・アルマザン編 Tokyo flick studio c2014 127p 26cm（Measuring the Non-Measurable 05）本文は英語 内容：二つの物音の通り道（ホセ・マリア・トレス・ナダル著）ツーリズムと都市アイデンティティ（ホルヘ・アルマザン著）ツーリズム、テリトリー、アイデンティティ（ホセ・オリベール著）コスタ・ブランカ（ロサリオ・ナバロン著）ベニドルム海浜遊歩道と平凡な都市性（ミゲル・メサ・デル・カスティジョ著）「コモンズ」型都市計画（エンリケ・ニエト著）街路（鈴木美央著）"健全"で持続可能な都市アイデンティティの構築に向けて（平子雪乃著）集団的都市の漂流（ホルヘ・アルマザンほか著）異文化間討論（ホルヘ・アルマザンほか著）ポスト・スーヴェニア・シティをめざして？（ホルヘ・アルマザン著）〉Ⓘ978-4-904894-15-6 Ⓝ689.4 ［1111円］

スペイン（都市再開発―バルセロナ）
◇持続可能な都市再生のかたち―トリノ、バルセロナの事例から 矢作弘, 阿部大輔編 日本評論社 2014.7 189p 22cm（地域公共人材叢書 第3期第2巻）〈索引あり 企画：龍谷大学地域公共人材・政策開発リサーチセンター 内容：縮小都市トリノの再生をめぐる一考察（矢作弘著）トリノにおける都市再生と大都市制度規範（新川達郎著）市場や学校を核にトリノの移民街が再生する（阿部大輔著）トリノ市のガバナンス改革におけるサードセクターの戦略的価値（場信敬著）都市縮小時代の大都市における地区運営と持続可能性（三浦哲司著）自動車産業都市の進化と都市の社会空間形成に関する考察（レティツィア・インプレス著）バルセロナ・モデルの変容と転成（阿部大輔著）欧州雇用・社会の包摂戦略とローカル・ガバナンス（石田徹著）〉Ⓘ978-4-535-52002-8 Ⓝ518.8 ［3000円］

スペイン（美術―歴史―1945〜―図集）
◇驚くべきリアル―スペイン、ラテンアメリカの現代アート―MUSACコレクション 東京都現代美術館 c2014 103p 21cm〈英語併記 会期：2014年2月15日〜5月11日 編集：小高日香里〉Ⓝ702.36

スペイン（壁画）
◇スペイン北部の旧石器洞窟壁画―日本語/カラー版 概説篇 セサル・ゴンサーレス・サインス, ロベルト・カチョ・トカ［著］, 吉川敦子訳, 関雄二監訳, 深沢武雄編 テクネ 2014.6 409p 19cm〈文献あり〉Ⓘ978-4-907162-23-8 Ⓝ723.36

◇スペイン北部の旧石器洞窟壁画―図録集：日本語/カラー版 上 カンタブリア篇　セサル・ゴンサーレス・サインス,ロベルト・カチョ・トカ［著］，吉川敦子訳，関雄二監訳，深沢武雄編　テクネ　2014.6　440p　19cm〈文献あり〉①978-4-907162-24-5　Ⓝ723.36

◇スペイン北部の旧石器洞窟壁画―図録集：日本語/カラー版 下　アストゥリアス・バスク篇　セサル・ゴンサーレス・サインス,ロベルト・カチョ・トカ［著］，吉川敦子訳，関雄二監訳，深沢武雄編　テクネ　2014.6　328p　19cm〈文献あり〉①978-4-907162-25-2　Ⓝ723.36

スペイン（法制史―中世）

◇アルフォンソ十世賢王の七部法典―スペイン王立歴史アカデミー1807年版　第2部 下巻（第19章―第31章）逐文対訳試案、その道程と訳註　アルフォンソ十世賢王［編纂］，相澤正雄，青砥清一試訳　横浜　相澤正雄　2014.4　431p　26cm〈文献あり〉①978-4-9903027-8-8　Ⓝ322.36　［4000円］

◇アルフォンソ十世賢王の七部法典―スペイン王立歴史アカデミー1807年版　第3部 上巻（第1章―第10章）逐文対訳試案、その道程と訳註　アルフォンソ十世賢王［編纂］，相澤正雄，青砥清一試訳　横浜　相澤正雄　2014.11　349p　26cm〈文献あり〉①978-4-9903027-9-5　Ⓝ322.36　［4000円］

スペイン（養豚）

◇イベリコ豚を買いに　野地秩嘉著　小学館　2014.4　253p　20cm　①978-4-09-388365-8　Ⓝ645.5　［1500円］

スペイン（歴史）

◇スペイン謎解き散歩　西川和子著　KADOKAWA　2014.11　335p　15cm　（中経の文庫 に－11-1）①978-4-04-600361-4　Ⓝ236　［800円］

◇スペインの歴史―スペイン高校歴史教科書　J・アロステギ・サンチェス,M・ガルシア・セバスティアン,C・ガテル・アリモント,J・パラフォクス・ガミル,M・リスケス・コルベーリャ著，立石博高監訳，竹下和亮,内村俊太,久木正雄訳　明石書店　2014.6　386p　27cm　（世界の教科書シリーズ 41）①978-4-7503-4032-6　Ⓝ236　［5800円］

スーヴェストル,P.〔1874～1914〕

◇ファントマ―悪党的想像力　赤塚敬子著　風濤社　2013.9　347p　20cm〈作品目録あり 年譜あり〉①978-4-89219-370-5　Ⓝ778.235　［3200円］

SMAP

◇SMAP明日へのコトバ―それぞれのメッセージ　永尾愛幸著　太陽出版　2014.1　201p　19cm　①978-4-88469-799-0　Ⓝ767.8　［1200円］

角 淳一〔1945～ 〕

◇私は、角淳一です　角淳一著　朝日新聞出版　2014.3　191p　19cm〈年譜あり〉①978-4-02-331275-3　Ⓝ289.1　［1200円］

スミス,A.〔1723～1790〕

◇アダム・スミス―マクミラン経済学者列伝　ガヴィン・ケネディ著，小谷野俊夫訳　一灯舎　2014.2　351,18p　20cm〈文献あり 著作目録あり 索引あり〉①978-4-907600-05-1　Ⓝ331.42　［2500円］

◇アダム＝スミス　浜林正夫,鈴木亮共著　新装版　清水書院　2014.9　238p　19cm　（Century Books）〈文献あり 年譜あり 索引あり〉①978-4-389-42084-0　Ⓝ331.42　［1000円］

◇アダム・スミスとその時代　ニコラス・フィリップソン著，永井大輔訳　白水社　2014.7　379,39p　20cm〈文献あり 索引あり〉①978-4-560-08369-7　Ⓝ331.42　［2800円］

◇アダム・スミスとその周辺―思想・経済・社会　山口正春著　名古屋　三恵社　2014.12　267p　22cm　（日本大学法学部叢書 第36巻）〈文献あり〉①978-4-86487-236-2　Ⓝ331.42　［3000円］

◇アダム・スミス人間の本質―『道徳感情論』に学ぶよりよい生き方　小川仁志著　ダイヤモンド社　2014.11　174p　19cm〈文献あり 表紙のタイトル：Adam Smith,Human Nature〉①978-4-478-02767-7　Ⓝ154　［1400円］

◇アダム・スミスの誤算　佐伯啓思著　中央公論新社　2014.3　258p　16cm　（中公文庫 さ66-1）〈PHP新書 1999年刊の再刊〉①978-4-12-205919-1　Ⓝ331.42　［648円］

◇アダム・スミスぼくらはいかに働き、いかに生きるべきか　木暮太一著　日本経済新聞出版社　2014.9　295p　15cm　（日経ビジネス人文庫 こ10-2）〈文献あり 「いまこそアダム・スミスの話をしよう」（マトマ出版 2011年刊）の改題、加筆編集〉①978-4-532-19741-4　Ⓝ331.42　［800円］

◇カントとスミス―身体論の立場から　知念英行著　講談社ビジネスパートナーズ　2014.2　135p　20cm　①978-4-86424-016-1　Ⓝ134.2　［1600円］

隅田川

◇すみだ川気まま絵図　松本哉著　筑摩書房　2014.9　335p　15cm　（ちくま文庫 ま36-2）〈索引あり 三省堂 1985年刊の再刊〉①978-4-480-43197-4　Ⓝ291.361　［900円］

◇隅田川と本所・向島―開発と観光　東京都江戸東京博物館都市歴史研究室編　［東京］　東京都　2014.3　165p 図版［29］枚　30cm　（東京都江戸東京博物館調査報告書 第28集）〈共同刊行：東京都歴史文化財団東京都江戸東京博物館〉①978-4-924965-87-4　Ⓝ213.61

すみだ水族館

◇飼育員だけが知っているペンギンたちの秘密の生活―すみだ水族館公認ガイドブック　中田啓子著　文踊社（発売）　2014.1　61p　21cm〈文献あり〉①978-4-904076-38-5　Ⓝ488.66　［1000円］

住友（家）

◇住友の歴史　下巻　朝尾直弘監修，住友史料館編集　京都　思文閣出版　2014.8　289,21p　19cm〈文献あり 年譜あり 索引あり〉①978-4-7842-1762-5　Ⓝ335.58　［1700円］

住友財閥

◇住友の歴史　下巻　朝尾直弘監修，住友史料館編集　京都　思文閣出版　2014.8　289,21p　19cm〈文献あり 年譜あり 索引あり〉①978-4-7842-1762-5　Ⓝ335.58　［1700円］

住吉 昭信〔1934～ 〕

◇克己・決断　住吉昭信著　文芸社　2014.4　275p　15cm〈年譜あり 「克己」（鉱脈社 2011年刊）の改題、改訂〉①978-4-286-14724-6　Ⓝ289.1　［700円］

住吉大社〔大阪市〕

◇重要文化財住吉大社摂社大海神社西門保存修理工事報告書　文化財建造物保存技術協会編著　大阪　住吉大社　2014.9　1冊　30cm〈共同刊行：大阪府〉Ⓝ521.817

ズーム

◇ストンプ・ボックス感覚で使えるマルチ・エフェクターZOOM G BOOK―G5/G3/G3X GUITAR EFFECTS & AMP SIMULATOR　横浜　ミュージックネットワーク　2013.3　223p　21cm　①978-4-901910-03-3　Ⓝ763.99　［1800円］

洲本市（遺跡・遺物）

◇大坪遺跡・大明神遺跡　兵庫県まちづくり技術センター埋蔵文化財調査部編　神戸　兵庫県教育委員会　2014.3　169p 図版［21］枚　30cm　（兵庫県文化財調査報告 第466冊）〈洲本市所在 （二）都志川農業構造改善等関連河川事業に伴う埋蔵文化財発掘調査報告書〉Ⓝ210.0254

スーラ,G.〔1859～1891〕

◇ジョルジュ・スーラ―点描のモデルニテ　坂上桂子著　国立　ブリュッケ　2014.6　320p　22cm〈星雲社（発売） 文献あり 内容：序論　点描の創造　点描の生成　点描の完成　点描の楽園　エッフェル塔と点描の美学　白粉をつける女　サーカス　シニャック作《フェリクス・フェネオンの肖像》　結論〉①978-4-434-19349-1　Ⓝ723.35　［3800円］

スリランカ（外国関係―日本―歴史）

◇悠遊―スリランカを愛しアジアを知る著者畢生の真日本論　藤井俊彦著　改定　アールイー　2014.2　271p　19cm　①978-4-905502-01-2　Ⓝ375.32　［1000円］

スリランカ（紀行・案内記）

◇光輝く島　竹下りん子著　文芸社　2014.5　63p　15cm　①978-4-286-14995-0　Ⓝ292.5909　［500円］

スリランカ（技術援助〔日本〕）

◇スリランカ国気候変動に対応した防災能力強化プロジェクトプロジェクト業務完了報告書　［東京］　国際協力機構　2013.3　110p　30cm〈共同刊行：オリエンタルコンサルタンツ〉Ⓝ333.804

◇スリランカ国気候変動に対応した防災能力強化プロジェクトプロジェクト業務完了報告書―添付資料　［東京］　国際協力機構　2013.3　1冊　30cm〈共同刊行：オリエンタルコンサルタンツ〉Ⓝ333.804

◇スリランカ国健康増進・予防医療サービス向上プロジェクト事業完了報告書　［東京］　国際協力機構　2013.3　1冊　30cm〈共同刊行：グローバルリンクマネージメント〉Ⓝ333.804

スリランカ（経済）

◇スリランカ　2013/14年版　ARC国別情勢研究会編集　ARC国別情勢研究会　2013.12　160p　26cm　（ARCレポート 経済・貿易・産業報告書 2013/14）〈年表あり 索引あり〉①978-4-907366-02-5　Ⓝ332.259　［12000円］

◇世界の資産家はなぜスリランカに投資するのか　清水孝則著　幻冬舎メディアコンサルティング　2013.11　151p　21cm〈幻冬舎（発売）〉①978-4-344-97021-2　Ⓝ338.92259　［1200円］

スリランカ（経済援助〔日本〕）

スリランカ（経済援助〔日本〕）

◇スリランカ国別評価―第三者評価：報告書：平成25年度外務省ODA評価　［東京］　グローバルリンクマネージメント　2014.2　16, 149p　30cm　〈文献あり〉　Ⓝ333.8259

◇スリランカ国浚渫船建造計画準備調査報告書　［東京］　国際協力機構　2013.2　1冊　30cm　〈共同刊行：日本造船技術センター〉　Ⓝ333.804

◇スリランカ国防災プログラム情報収集・確認調査―ファイナル・レポート　[東京]　国際協力機構　2013.2　1冊　30cm　〈共同刊行：地球システム科学ほか〉　Ⓝ333.804

スリランカ（国際投資）

◇世界の資産家はなぜスリランカに投資するのか　清水孝則著　幻冬舎メディアコンサルティング　2013.11　151p　21cm　〈幻冬舎（発売）〉　①978-4-344-97021-2　Ⓝ338.92259　［1200円］

スリランカ（国際労働力移動）

◇国際労働移動の経済的便益と社会的費用―スリランカの出稼ぎ女性家事労働者の実態調査　鹿毛理恵著　日本評論社　2014.2　396p　22cm　〈文献あり　索引あり　奥付の責任表示の種類（誤植）：編者〉　①978-4-535-55787-1　Ⓝ366.89　［7300円］

スリランカ（女性労働者）

◇国際労働移動の経済的便益と社会的費用―スリランカの出稼ぎ女性家事労働者の実態調査　鹿毛理恵著　日本評論社　2014.2　396p　22cm　〈文献あり　索引あり　奥付の責任表示の種類（誤植）：編者〉　①978-4-535-55787-1　Ⓝ366.89　［7300円］

スリランカ（仏教―歴史）

◇ディーパヴァンサによるスリランカ仏教王国記　竹内雅夫著　名古屋　ブイツーソリューション　2014.3　144p　21cm　〈星雲社（発売）文献あり〉　①978-4-434-18884-8　Ⓝ225.9　［2100円］

スリランカ（歴史）

◇ディーパヴァンサによるスリランカ仏教王国記　竹内雅夫著　名古屋　ブイツーソリューション　2014.3　144p　21cm　〈星雲社（発売）文献あり〉　①978-4-434-18884-8　Ⓝ225.9　［2100円］

駿河湾港

◇駿河湾港整備基本計画―新しい時代にふさわしい日本の玄関―『スマート・ポート駿河湾』の実現に向けて　静岡　静岡県交通基盤整備部港湾局港湾企画課　2014.4　270p　30cm　Ⓝ683.91

スロベニア（紀行・案内記）

◇ちょっと、東欧へ　小栗愛美著　日本文学館　2014.6　105p　19cm　①978-4-7765-3840-0　Ⓝ293.93609　［600円］

諏訪　等

◇諏訪等バレエ人生50年記念誌　かとうさとる編　豊田　エトワールバレエシアター　2014.10　185p　30cm　〈年譜あり〉　Ⓝ769.91

諏訪湖

◇湖沼自然浄化活用事業（長野県諏訪湖）委託業務報告書　平成25年度　［長野］　長野県　2013.11　1冊　30cm　Ⓝ519.4

諏訪市（遺跡・遺物）

◇市内遺跡発掘調査報告書―長野県諏訪市内遺跡発掘調査報告書　平成25年度　諏訪市教育委員会編　諏訪　諏訪市教育委員会　2014.3　22p　30cm　（諏訪市埋蔵文化財調査報告　第74集）　Ⓝ210.0254

諏訪市（紀行・案内記）

◇藤原正彦、美子のぶらり歴史散歩　藤原正彦, 藤原美子著　文藝春秋　2014.9　223p　16cm　（文春文庫　ふ26-4）　①978-4-16-790192-9　Ⓝ291.36　［540円］

諏訪市博物館友の会

◇諏訪市博物館友の会20周年記念誌　［諏訪］　諏訪市博物館友の会　2013.3　1冊　30cm　〈年譜あり　ページ付けに乱れあり〉　Ⓝ069.6152　［非売品］

諏訪市立諏訪中学校

◇諏訪市立諏訪中学校創立通学区問題―中村文武元校長の記録　中村文武［著］、諏訪中学校第一期入学生・学年編集委員会編　［出版地不明］　［諏訪中学校第一期入学生・学年編集委員会］　[2013]　55p　26cm　〈年表あり〉　Ⓝ373.1

諏訪大社

◇諏訪の神―封印された縄文の血祭り　戸矢学著　河出書房新社　2014.12　210p　20cm　〈文献あり〉　①978-4-309-22615-6　Ⓝ175.952　［1800円］

駿府城

◇駿府城二ノ丸坤櫓―駿府城公園坤櫓建築工事報告書　静岡　静岡市都市局建築部公共建築課, 建築文化研究所, 清水・鈴与特定建設工事共同企業体編　［静岡］　静岡市公園整備課　2013.12　52p　図版8p　30cm　〈共同刊行：静岡市公共建築課〉　Ⓝ521.823

【 せ 】

世阿弥〔1363～1443〕

◇花と幽玄の覚書　石橋妙子著　本阿弥書店　2014.11　269p　20cm　〈文献あり〉　①978-4-7768-1147-3　Ⓝ773.2　［3000円］

◇ビジネス版「風姿花伝」の教え　森澤勇司著　マイナビ　2014.12　207p　18cm　（マイナビ新書）　①978-4-8399-5091-0　Ⓝ159.4　［850円］

西域　→シルクロードを見よ

西域（紀行・案内記）

◇遙かなる敦煌への道　L・ウォーナー著, 劉学新訳, 茂木雅博監訳　同成社　2014.5　232p　20cm　①978-4-88621-668-7　Ⓝ292.28　［2500円］

西欧　→ヨーロッパ〔西部〕を見よ

清華大学

◇北京大学と清華大学―歴史、現況、学生生活、優れた点と課題　林幸秀著　丸善プラネット　2014.10　134p　19cm　〈丸善出版（発売）文献あり　索引あり〉　①978-4-86345-223-7　Ⓝ377.28　［1200円］

生活協同組合コープやまぐち

◇半完成協奏曲♪さらなる・はんせいきへ♪―県民"共有の財産"を育てる：コープやまぐち50年の軌跡　小川全夫監修, 有吉政博編著　日本生活協同組合連合会　2013.10　214p　19cm　〈コープ出版（発売）〉　①978-4-87332-328-2　Ⓝ365.85　［1500円］

精華町〔京都府〕（衛生行政）

◇精華町健康増進計画―笑顔・ささえあい・健やか元気なまちずいか　第2期　平成25年度―平成34年度　精華町（京都府）　精華町健康福祉環境部健康推進課　2013.3　75p　30cm　Ⓝ498.1

精華町〔京都府〕（行政）

◇精華町第5次総合計画―人を育み未来をひらく学研都市精華町　精華町（京都府）　精華町総務部企画調整課　2013.3　85p　30cm　Ⓝ318.262

◇精華町第5次総合計画　資料編　精華町（京都府）　精華町総務部企画調整課　2013.3　342p　30cm　Ⓝ318.262

政教社

◇明治の青年とナショナリズム―政教社・日本新聞社の群像　中野目徹著　吉川弘文館　2014.6　327,8p　22cm　〈索引あり　内容：志賀重昂における「国粋主義」とその変容　「国粋」の発見と志賀重昂　日露戦争後における志賀重昂の国際情勢認識　志賀重昂の朝鮮観　井上円了における「哲学」と「日本主義」の模索　井上円了による哲学館の創立　内藤湖南のアジア論　「国粋主義」の語りと伝統文化　明治二十四、五年の南洋巡航　福澤諭吉論の射程　政教社退社一件始末　同時代史としての近代　遠祖の地・奥能登を訪ねる　鈴木虎雄の新聞「日本」入社　勉学・自立・鬱悶　鈴木虎雄と故郷　陸羯南研究の動向　ナショナリズムの語り方　成果と残された課題〉　①978-4-642-03833-1　Ⓝ311.3　［9500円］

清分寺〔山梨県身延町〕

◇清分寺宝物目録―自厚山清分寺　堀之内妙法寺　2014.2　106p　26cm　〈文献あり〉　Ⓝ702.17

成蹊大学法学部宇野ゼミナール

◇成蹊大学宇野ゼミナール50周年記念誌　宇野重昭＆宇野ゼミナール同窓会著　名古屋　三恵社　2014.8　155p　30cm　〈年表あり　著作目録あり　タイトルは奥付・表紙による〉　①978-4-86487-278-2　Ⓝ377.28　［741円］

誠行社

◇誠行社百年の歩み―古都における近代火葬と葬送文化の担い手として　福田充監修　［鎌倉］　誠行社　2014.3　345p　21cm　〈年表あり　文献あり〉　Ⓝ673.93　［1000円］

成城石井

◇成城石井はなぜ安くないのに選ばれるのか？　上阪徹著　あさ出版　2014.6　230p　19cm　①978-4-86063-699-9　Ⓝ673.868　［1400円］

成城高等学校

◇ハイデルの丘で―旧制成城高等学校・高等女学校ヒヤリング記録　成城を伝える会製作・編集　［東京］　成城地区成城会　2014.1　316p　26cm　〈年表あり〉　Ⓝ377.3

日本件名図書目録2014　I　　　　　　　　　　　　　　　　　　　　　　　　　　　　　　　　　　　西洋（美術家）

成城高等女学校
◇ハイデルの丘で―旧制成城高等学校・高等女学校ヒヤリング記録　成城を伝える会製作・編集　［東京］　成城地区成城会　2014.1　316p　26cm〈年表あり〉Ⓝ377.3

星城大学
◇元気創造　水野豊孝　半田　一粒書房　2014.4　223p　22cm　①978-4-86431-275-2　Ⓝ377.21　[2037円]

清少納言〔平安時代〕
◇『枕草子』の歴史学―春は曙の謎を解く　五味文彦著　朝日新聞出版　2014.4　277,3p　19cm　（朝日選書　916）〈文献あり　年表あり　索引あり〉①978-4-02-263016-2　Ⓝ914.3　[1500円]
◇枕草子論究―日記回想段の〈現実〉構成　津島知明著　翰林書房　2014.5　381p　22cm　①978-4-87737-371-9　Ⓝ914.3　[7200円]

済々黌関西地区同窓会
◇多士関西　済々黌関西地区同窓編　［大阪］　済々黌関西地区同窓　2014.5　41p　30cm（済々黌関西地区同窓会会報　復刊no 6）〈背のシリーズ巻次：復刊no 5〉Ⓝ376.48

西太后〔1835〜1908〕
◇西太后―清末動乱期の政治家群像　深澤秀男著　山川出版社　2014.6　79p　21cm（世界史リブレット人 76）〈文献あり　年譜あり〉①978-4-634-35076-2　Ⓝ222.06　[800円]

生長の家
◇宗教はなぜ都会を離れるか?―世界平和実現のために　谷口雅宣著　北杜市　生長の家　2014.11　367p　20cm〈日本教文社（発売）文献あり　年表あり〉①978-4-531-05912-6　Ⓝ169.1　[1389円]
◇新編生命の實相　第7巻　生命篇―生命円相の真理．下　谷口雅春著，生長の家社会事業団谷口雅春著作編纂委員会責任編集　光明思想社　2013.10　146,16p　20cm〈索引あり〉①978-4-904414-24-8　Ⓝ169.1　[1524円]
◇新編生命の實相　第8巻　聖霊篇―燃えさかる聖霊の火．上　谷口雅春著，生長の家社会事業団谷口雅春著作編纂委員会責任編集　光明思想社　2014.1　143,15p　20cm〈索引あり〉①978-4-904414-26-2　Ⓝ169.1　[1524円]
◇新編生命の實相　第9巻　聖霊篇―燃えさかる聖霊の火．中　谷口雅春著，生長の家社会事業団谷口雅春著作編纂委員会責任編集　光明思想社　2014.4　161,16p　20cm〈索引あり〉①978-4-904414-28-6　Ⓝ169.1　[1524円]
◇新編生命の實相　第10巻　聖霊篇―燃えさかる聖霊の火．下　谷口雅春著，生長の家社会事業団谷口雅春著作編纂委員会責任編集　光明思想社　2014.7　161,20p　20cm〈索引あり〉①978-4-904414-29-3　Ⓝ169.1　[1524円]

西南学院
◇継承されるキリスト教教育―西南学院創立百周年に寄せて　塩野和夫著　福岡　九州大学出版会　2014.3　336,8p　22cm〈索引あり　布装　内容：西南学院の教育者群像　西南学院の史料研究　西南学院百年史編纂事業の本質　日本キリスト教史研究の現在　村上寅次『波多野培根伝』稿本の文献研究　村上寅次『波多野培根伝』稿本の概説　キリスト教教育の継承　キリスト教教育を担う　「チャペル講和集」より　キリスト教学の現場から〉①978-4-7985-0121-5　Ⓝ377.21　[4400円]
◇西南学院史紀要　第9号　2014　西南学院百年史編纂委員会編　福岡　西南学院　2014.5　118p　21cm〈年譜あり　年表あり〉Ⓝ377.28
◇西南学院の創立者C.K.ドージャーの生涯　西南学院百年史編纂委員会企画・編集　改訂版　福岡　西南学院　2014.3　63p　21cm〈花乱社（発売）年譜あり〉①978-4-905327-32-5　Ⓝ198.62　[600円]

西武グループ
◇堤義明闇の帝国　七尾和晃著　草思社　2014.6　258p　16cm（草思社文庫　な2-3）〈文献あり　光文社 2005年刊の再刊〉①978-4-7942-2056-1　Ⓝ335.5　[800円]

西武鉄道株式会社
◇西武池袋線―街と駅の1世紀：西武池袋線各駅今昔散歩昭和の街角を紹介　矢嶋秀一著　彩流社　2014.4　79p　26cm（懐かしい沿線写真で訪ねる）①978-4-7791-1729-9　Ⓝ686.213　[1800円]
◇西武新宿線―街と駅の1世紀：西武新宿線各駅今昔散歩昭和の街角を紹介　矢嶋秀一著　彩流社　2014.5　79p　26cm（懐かしい沿線写真で訪ねる）①978-4-7791-2351-1　Ⓝ686.213　[1800円]

西武バス株式会社
◇西武バス　越谷　BJエディターズ　2014.2　72p　19cm（バスジャパンハンドブックシリーズS 83）〈星雲社（発売）〉①978-4-434-18845-9　Ⓝ685.5　[1000円]

西武ライオンズ
◇西武と巨人のドラフト10年戦争　坂井保之,永谷脩著　宝島社　2014.6　222p　16cm（宝島SUGOI文庫　Aさ-6-1）①978-4-8002-2718-8　Ⓝ783.7　[600円]
◇森・西武ライオンズ9年間の黄金伝説―「常勝レオ軍団」の軌跡　加古大二著　トランスワールドジャパン　2013.9　175p　19cm（TWJ BOOKS）〈文献あり〉①978-4-86256-127-5　Ⓝ783.7　[1200円]

聖母マリア
◇聖母マリア―第二のエバ　J・H・ニューマン著，日本ニューマン協会編・訳　習志野　教友社　2013.10　123p　19cm　①978-4-902211-93-1　Ⓝ192.85　[1200円]
◇マリア、生まれつつある教会　ヨゼフ・ラツィンガー　ベネディクト16世著，神塚マリア訳　文芸社　2014.5　126p　15cm　①978-4-286-15036-9　Ⓝ192.85　[600円]

生命尊重センター
◇お腹の赤ちゃんを応援して30年―生命尊重センターの歩み　生命尊重センター編　生命尊重センター　2014.7　351p　26cm〈年表あり〉Ⓝ369.41　[非売品]

西洋（外国関係―日本）
◇めぐりめぐる日本文化　高馬京子, ハラルド・フース, 深井晃子［述］京都　国際日本文化研究センター　2014.8　48p　21cm（日文研フォーラム 第276回）〈会期・会場：2014年3月11日　ハートピア京都〉Ⓝ361.5

西洋（科学者）
◇知っていますか?　西洋科学者ゆかりの地IN JAPAN PART2　近代日本の建設に貢献した西洋科学技術者　西條敏美著　恒星社厚生閣　2014.1　219p　19cm〈文献あり　年表あり　索引あり　内容：ミルン　ローレツ　ベルツ　スクリバ　コンドル　エアトン　ヘボン　ヘールツ　ブラントン　モレル　パーマー　シモンズ　ヴェルニー　モース　グリフィス　ワグネル　ボードウィン　ハラタマ　シム　コワニエ　デ・レイケ　シーボルト　ツュンベリー　ポンペ　ウィリス〉①978-4-7699-1469-3　Ⓝ402.8　[3000円]

西洋（児童文学―書目）
◇西洋翻訳児童文学作品一覧―昭和20年―昭和55年　岡長平編　岡山　岡長平　2014.3　380, 80p　21cm　Ⓝ909.031

西洋（社会思想―歴史―近代）
◇現代社会思想の海図（チャート）―レーニンからバトラーまで　仲正昌樹著　京都　法律文化社　2014.4　255,3p　21cm〈索引あり〉①978-4-589-03591-2　Ⓝ309.023　[2800円]

西洋（人種差別―歴史―近代）
◇「肌色」の憂鬱―近代日本の人種体験　眞嶋亜有著　中央公論新社　2014.7　390p　20cm（中公叢書）①978-4-12-004627-8　Ⓝ316.83　[2300円]

西洋（政治思想―歴史）
◇西洋政治思想資料集　杉田敦,川崎修編著　法政大学出版局　2014.9　323p　21cm　①978-4-588-62527-5　Ⓝ311.23　[3200円]

西洋（政治思想―歴史―19世紀）
◇岩波講座政治哲学　3　近代の変容　［小野紀明,川崎修編集代表］宇野重規責任編集　岩波書店　2014.5　245p　22cm〈編集委員：川出良枝ほか　内容：ベンサム（小畑俊太郎著）ジョン・スチュアート・ミル（小田川大典著）コンスタン（堤林剣著）トクヴィル（髙山裕二著）プルードンとアナーキズム（森政稔著）ナショナリズム（杉田孝夫著）ニーチェ（鏑木政彦著）プラグマティズム（宇野重規著）連帯の思想（田中拓道著）社会民主主義（山本卓著）〉①978-4-00-011353-3　Ⓝ311.1　[3200円]

西洋（哲学者）
◇図説世界を変えた50の哲学　ジェレミー・スタンルーム著, 田口未和訳　原書房　2014.4　128p　22cm（シリーズ知の図書館 1）〈索引あり〉①978-4-562-04993-6　Ⓝ130.2　[2000円]

西洋（伝記）
◇バンヴァードの阿房宮―世界を変えなかった十三人　ポール・コリンズ著, 山田和子訳　白水社　2014.8　425,21p　20cm〈文献あり　著作目録あり〉①978-4-560-08385-7　Ⓝ283　[3600円]

西洋（美術家）
◇コンテンポラリー・ファインアート―同時代としての美術　大森俊克著　美術出版社　2014.11　402,6p　20cm（BT BOOKS）〈索引あり〉①978-4-568-20267-0　Ⓝ702.8　[3200円]

西洋（歴史）

西洋（歴史）
◇図説・大西洋の歴史―世界史を動かした海の物語　マーティン・W・サンドラー著，日暮雅通訳　悠書館　2014.11　457，44p　図版36p　22cm　〈文献あり　索引あり〉①978-4-903487-94-6　Ⓝ230　［6000円］

◇「棲み分け」の世界史―欧米はなぜ覇権を握ったのか　下田淳著　NHK出版　2014.10　270p　19cm　（NHKブックス1222）〈文献あり〉①978-4-14-091222-5　Ⓝ230　［1300円］

◇歴史の歴史　樺山紘一著　千倉書房　2014.12　462p　19cm　〈内容：歴史の知とアイデンティティについて　宇宙認識の拡張について　ヨーロッパの自然観・身体観について　中世・ルネサンスの自他認識について　暦と暦法のゆらぎについて　時間の社会性について　奴隷について　身体変工をめぐる比較について　医術と病いの諸相について　倉庫と蓄蔵について　口承者の二類型について　科学と美術のはざまについて　中世社会と法について　王権について　教養体系の変容について　知の連環について　グローバリゼーションとローカリゼーションについて〉①978-4-8051-1034-8　Ⓝ230　［3000円］

西洋（歴史―20世紀）
◇個人の語りがひらく歴史―ナラティヴ/エゴ・ドキュメント/シティズンシップ　横原茂編著　ミネルヴァ書房　2014.10　274,8p　22cm　（MINERVA西洋史ライブラリー103）〈索引あり　内容：境界に立つ市民としての矜恃と限界（長田浩彰著）　グラーグ帰還者の自分史（松井康浩著）　ブレッド・アンド・ローズ（寺田由美著）　闘う地域の変革者としての農村教師（青木利夫著）　労働組合とシティズンシップ（久木尚志著）　カトリシズムとデモクラシーのはざまで（長井伸仁著）　「農民」と「市民」のあいだ（横原茂著）〉①978-4-623-07134-0　Ⓝ230.7　［6000円］

西洋（歴史―会議録）
◇日本西洋史学会大会―プログラム・報告要旨集　第63回　第63回日本西洋史学会大会準備委員会編　京都　第63回日本西洋史学会大会準備委員会　2013.5　71p　26cm　〈会期・会場：2013年5月11日～12日　京都大学〉Ⓝ230.04

◇日本西洋史学会大会報告集　第64回　2014　日本西洋史学会第64回大会運営委員会編　日本西洋史学会第64回大会運営委員会　2014.5　142p　30cm　〈会期・会場：2014年5月31日～6月1日　立教大学池袋キャンパス　奥付のタイトル：日本西洋史学会第64回大会報告集〉Ⓝ230.04

西予市（小学校―歴史）
◇宇和郷の小学校変遷史　宇和郷土文化保存会著　西予　宇和郷土文化保存会　2014.3　72p　30cm　〈年表あり〉Ⓝ376.2183

生理学研究所
◇生理学研究所の点検評価と将来計画　第21号　2013年度　自然科学研究機構生理学研究所点検評価委員会編　[岡崎]　自然科学研究機構生理学研究所　2014.3　203p　30cm　〈共同刊行：自然科学研究機構岡崎統合事務センター総務部総務課〉Ⓝ491.3

聖路加国際病院
◇Quality Indicator〈医療の質〉を測り改善する―聖路加国際病院の先端的試み　2014　福井次矢監修，聖路加国際病院QI委員会編集　インターメディカ　2014.10　263p　26cm　①978-4-89996-327-1　Ⓝ498.16　［3000円］

◇聖路加病院で働くということ　早瀬圭一著　岩波書店　2014.10　214p　20cm　〈文献あり〉①978-4-00-025997-2　Ⓝ498.16　［2100円］

セイロン →スリランカを見よ

世界基督教統一神霊協会
◇通いはじめる親子の心―子供の気持ちに「共感」する　多田聰夫著　光言社　2014.6　158p　19cm　①978-4-87656-180-3　Ⓝ169.21　［900円］

◇きょうからできる愛天愛人愛国の生活　阿部美樹著　光言社　2014.1　221p　19cm　①978-4-87656-179-7　Ⓝ169.21　［1100円］

◇祝福家庭のための侍義生活ハンドブック　世界基督教統一神霊協会家庭教育局編　[東京]　世界基督教統一神霊協会　2014.8　223p　19cm　〈光言社（発売）〉①978-4-87656-362-3　Ⓝ169.21　［1300円］

◇宣教師―世界に羽ばたく13人の日本人　大洋図書　2014.5　255p　20cm　①978-4-8130-2246-6　Ⓝ169.21　［1800円］

◇真の父母の絶対価値と氏族的メシヤの道―真の父母様の御言集　世界基督教統一神霊協会編　光言社　2014.2　207p　19cm　①978-4-87656-361-6　Ⓝ169.21　［1100円］

◇蘇る愛と生命―進化論を克服した文鮮明師の統一思想　日本統一思想研究院編著　光言社　2014.11　317p　19cm　〈文献あり〉①978-4-87656-836-9　Ⓝ169.21　［2000円］

世界銀行
◇IMFと世界銀行の最前線―日本人職員がみた国際金融と開発援助の現場　井出穣治，児玉十代子著　日本評論社　2014.5　216p　19cm　①978-4-535-55783-3　Ⓝ338.97　［1800円］

◇IMFと世界銀行の誕生―英米の通貨協力とブレトンウッズ会議　牧野裕著　日本経済評論社　2014.11　500p　22cm　〈文献あり　索引あり〉①978-4-8188-2353-2　Ⓝ338.97　［6400円］

◇調査と権力―世界銀行と「調査の失敗」　松本悟著　東京大学出版会　2014.11　324p　22cm　〈文献あり　索引あり〉①978-4-13-040268-2　Ⓝ333.8　［5800円］

世界人権問題研究センター
◇公益財団法人世界人権問題研究センター二十年史　世界人権問題研究センター編　京都　世界人権問題研究センター　2014.11　128p　30cm　〈年表あり　標題紙等のタイトル：二十年史〉Ⓝ316.1

世界平和パゴダ（北九州市）
◇ミャンマー仏教を語る―世界平和パゴダの可能性　井上ウィマラ，天野和公，八坂和子，一条真也著　現代書林　2014.5　106p　19cm　〈会期・会場：2013年9月21日　北九州市門司区旧大連航路上屋〉①978-4-7745-1468-0　Ⓝ182.238　［1000円］

世界貿易機関
◇WTOに関する議員会議・バリ会合概要　[東京]　参議院事務局　[2014]　124p　30cm　〈会期・開催地：2013年12月2日　インドネシア共和国、バリほか〉Ⓝ678.3

セガン, E.〔1812～1880〕
◇一九世紀フランスにおける教育のための戦い―セガン、パリ・コミューン　川口幸宏著　幻戯書房　2014.3　324,6p　20cm　〈文献あり　索引あり〉①978-4-86488-043-5　Ⓝ372.35　［3800円］

関 勝男〔1944～　〕
◇果てしなき道のり―Moli Energyの物語：未知の国カナダで最先端の電池作りに挑んだ一企業戦士の足跡　関勝男著　電気書院　2014.4　135p　22cm　①978-4-485-30237-8　Ⓝ289.1　［1400円］

関 孝和〔1643～1708〕
◇関孝和算聖の数学思潮　小寺裕著　京都　現代数学社　2013.10　175p　19cm　（双書・大数学者の数学 10）〈文献あり　索引あり　奥付のタイトル：算聖の数学思潮〉①978-4-7687-0430-1　Ⓝ419.1　［1800円］

関 信義〔1937～　〕
◇至高の靴職人―関信義―手業とその継承に人生を捧げた男がいた　竹川圭著　小学館　2014.12　190p　20cm　①978-4-09-388391-7　Ⓝ289.1　［1500円］

関 緑介〔1943～　〕
◇学生期―青春前期　関緑介著　厚木　市民かわら版社　2014.4　172p　19cm　Ⓝ289.1　［非売品］

関市（男女共同参画）
◇せき男女共同参画まちづくりプラン―後期プラン　第2次　関市企画部市民協働課　2014.3　80p　30cm　Ⓝ367.2153

積水アクアシステム株式会社
◇積水アクアシステム株式会社創立50年史　大阪　積水アクアシステム　2014.7　119p　31cm　〈年表あり〉Ⓝ528.067

関根 麻里
◇上機嫌のわけ　関根麻里著　ワニブックス　2014.6　183p　19cm　①978-4-8470-9243-5　Ⓝ779.9　［1250円］

関野 貞〔1867～1935〕
◇関野貞大陸調査と現在（いま）2　平勢隆郎，塩沢裕仁編　東京大学東洋文化研究所　2014.9　180p　26cm　〈内容：世界文化遺産的甄宝皇家石刻艺术的典范（李隋森著）　龙门石窟百年又变迁（焦建輝著）　常盤大定と関野貞『支那仏教史蹟』の出版をめぐって（渡辺健哉著）　国士舘大学における竹島卓一（川又正智，四藤近義，竹村利之著）　茨城県天心記念五浦美術館所蔵・早崎稉吉撮影ガラス乾板について（中田智則著）　早崎稉吉資料について（長井純市，飯塚彬市著）　北京・山本照像館（日向康三郎著）　写真資料の保存についての一つの提案（金子隆一著）　曲阜孔林の歴史文化財的な価値について（塩沢裕仁著）　補論二題　清朝獅子像の造形的特徴について（平勢隆郎著）　亀趺碑・亀趺塔研究からみた曲阜孔林の位置づけ（平勢隆郎著）〉Ⓝ222

セザンヌ, P.〔1839～1906〕
◇ドストエフスキイとセザンヌ―詩学の共生　山田幸平,近藤耕人著　京都　晃洋書房　2014.8　177p　20cm　〈内容：陰から抜け出ない人物(近藤耕人著)　プルーストのイメージと映画の要素(近藤耕人著)　セザンヌの球の頂点と地平の中心(近藤耕人著)　断簡(山田幸平著)　光る流れについて(山田幸平著)　鬼気と精霊(山田幸平著)　黒の表面もしくはその階層(山田幸平著)　序曲(山田幸平著)　詩学の共生(山田幸平著)〉①978-4-7710-2563-9　Ⓝ980.268　[2500円]

セーシェル〔昔話〕
◇セーシェルの民話　1　小田淳一編訳　府中(東京都)　東京外国語大学アジア・アフリカ言語文化研究所　2014.3　289p　20cm　〈セーシェル・クレオル語併記　共同刊行：セーシェル共和国観光・文化省〉①978-4-86337-152-1　Ⓝ388.493

世親〔4世紀頃〕
◇倶舎論註ウパーイカーの研究　訳註篇上　本庄良文著　大蔵出版　2014.6　490p　22cm　①978-4-8043-0589-9　Ⓝ183.92　[12000円]
◇倶舎論註ウパーイカーの研究　訳註篇下　本庄良文著　大蔵出版　2014.7　p500～990　22cm　〈文献あり　索引あり〉①978-4-8043-0590-5　Ⓝ183.92　[12000円]

セゾンファクトリー
◇セゾンファクトリー社員と熱狂する経営　齋藤峰彰著,日経トップリーダー編　[東京]　日経BP社　2014.12　220p　19cm　〈日経BPマーケティング(発売)〉①978-4-8222-7776-5　Ⓝ588.067　[1500円]

瀬田 貞二〔1916～1979〕
◇私の出会った瀬田貞二先生―児童文学連続講座：荒木田隆子さん講演録　荒木田隆子[述]，川口あそびと読書連絡協議会編　川口　川口あそびと読書連絡協議会　2014.3　148p　21cm　Ⓝ726.601
◇私の出会った瀬田貞二先生―児童文学連続講座：講師荒木田隆子さん：資料　[川口]　川口あそびと読書連絡協議会　[2014]　1冊　30cm　〈年譜あり〉Ⓝ726.601

世田谷美術館分館宮本三郎記念美術館
◇世田谷美術館分館宮本三郎記念美術館―展覧会・講座室活動報告書　平成25年度　世田谷美術館編　せたがや文化財団世田谷美術館　2014.3　37p　21cm　Ⓝ706.9

摂津 幸彦〔1947～1996〕
◇露地裏の散歩者―俳人播津幸彦　仁平勝著　佐久　邑書林　2014.5　190p　20cm　〈年譜あり　内容：『陸々集』を読むための現代俳句入門　ザ・ビギニング・アンド・ジ・エンド　「皇国前衛歌」のまぼろし　映画とジャズと「ガロ」の時代　つかのまの祝祭　カモメのはなし　「非俳句的な環境」の探検〉①978-4-89709-758-9　Ⓝ911.362　[2400円]

摂津市〔水害―歴史〕
◇昭和28年台風13号災害写真集　摂津市総務部総務課市史編さん担当編　摂津　摂津市　2013.10　66p　30cm　(新修摂津市史史料集　1)　Ⓝ369.33

瀬戸内 寂聴〔1922～　〕
◇瀬戸内寂聴×EXILE ATSUSHI　NHK『SWITCHインタビュー達人達』制作班,瀬戸内寂聴,EXILE ATSUSHI著　ぴあ　2014.4　128p　19cm　(SWITCHインタビュー達人達)　①978-4-8356-1874-6　Ⓝ910.268　[800円]
◇瀬戸内寂聴文学データブック　徳島県立文学書道館作成　徳島　徳島県文化振興財団徳島県立文学書道館　2014.3　205p　21cm　(徳島県立文学書道館ことのは文庫)　〈年譜あり　著作目録あり〉Ⓝ910.268

瀬戸市〔遺跡・遺物〕
◇穴田窯跡　1　遺構編　瀬戸市文化振興財団編　瀬戸　瀬戸市文化振興財団　2014.3　89p　30cm　(瀬戸市文化振興財団調査報告　第52集)　Ⓝ210.0254
◇若宮遺跡―若宮町3-84地点　瀬戸市文化振興財団編　瀬戸　瀬戸市文化振興財団　2014.3　36p　図版4p　30cm　(瀬戸市文化振興財団調査報告　第54集)　Ⓝ210.0254

瀬戸内海
◇広域総合水質調査資料解析業務報告書　平成24年度　平成22年度調査結果／平成23年度調査結果　[東京]　環境省水・大気環境局水環境閉鎖性海域対策室　2013.3　1冊　30cm　Ⓝ519.4
◇水域類型指定検討調査業務報告書　平成25年度　[大阪]　環境総合テクノス　2014.3　1冊　30cm　Ⓝ519.4
◇瀬戸内海を科学する　part 2　岡山理科大学『岡山学』研究会編　岡山　吉備人出版　2014.12　91p　21cm　(シリーズ『岡山学』　12)　〈内容：児島半島の植生(太田謙,波田善夫著)　動物考古学からみた瀬戸内海沿岸遺跡群のウミガメ類(富岡直人著)　古墳時代の海の祭場(福田正継,白石純,亀田修一著)　奈良・平安時代の海の祭場(安東康宏著)　水島のなりたちと亀島山地下工場(村田秀石著)〉①978-4-86069-417-3　Ⓝ291.74　[1400円]

瀬戸内海地方〔海運―歴史〕
◇近世の公用交通路をめぐる情報―瀬戸内海を中心に　鴨頭俊宏著　大阪　清文堂出版　2014.5　371p　22cm　〈文献あり　索引あり　布装　内容：本書の目的と構成　近世公用通行をめぐる情報の研究と本書の位置づけ　漂着異国人の長崎移送と瀬戸内海域のネットワーク　長崎上使の下向と瀬戸内海域のネットワーク　長崎上使の帰府と瀬戸内海域のネットワーク　藩の経済的負担をとおして見る瀬戸内海域のネットワーク　分析結果の考察　本書の結論と研究の展望〉①978-4-7924-0993-7　Ⓝ683.2174　[9800円]

瀬戸内海地方〔海洋汚染〕
◇瀬戸内海環境保全特別措置法制定40周年記念式典「瀬戸内海の再生―豊かで美しい里海をめざして―」報告書　[東京]　[環境省]　[2013]　12, 65p　30cm　〈会期・会場：平成25年9月7日　サンポートホール高松大ホール　背のタイトル：瀬戸内海環境保全特別措置法制定40周年記念式典報告書　主催：環境省ほか〉Ⓝ519.4

瀬戸内海地方〔紀行・案内記〕
◇島―瀬戸内海をあるく　第3集　2007-2008　斎藤潤者,全国離島振興協議会,日本離島センター監修　周防大島町(山口県)　みずのわ出版　2014.6　255p　22cm　〈索引あり〉①978-4-86426-009-1　Ⓝ291.74　[3000円]

瀬戸内海地方〔里海〕
◇瀬戸内海環境保全特別措置法制定40周年記念式典「瀬戸内海の再生―豊かで美しい里海をめざして―」報告書　[東京]　[環境省]　[2013]　12, 65p　30cm　〈年表あり　会期・会場：平成25年9月7日　サンポートホール高松大ホール　背のタイトル：瀬戸内海環境保全特別措置法制定40周年記念式典報告書　主催：環境省ほか〉Ⓝ519.4

瀬戸内海地方〔島〕
◇島―瀬戸内海をあるく　第3集　2007-2008　斎藤潤者,全国離島振興協議会,日本離島センター監修　周防大島町(山口県)　みずのわ出版　2014.6　255p　22cm　〈索引あり〉①978-4-86426-009-1　Ⓝ291.74　[3000円]

瀬戸内海地方〔水路誌〕
◇瀬戸内海水路誌　[平成25年3月]　追補　第1　海上保安庁海洋情報部編　海上保安庁　2014.2　12p　30cm　(書誌　第103号追)　〈共同刊行：日本水路協会〉Ⓝ557.782

瀬戸内海地方〔地誌〕
◇私の日本地図　4　瀬戸内海　1(広島湾付近)　宮本常一著,香月洋一郎編　未来社　2014.7　306,4p　19cm　(宮本常一著作集別巻)　〈索引あり　同友館1968年刊の再刊〉①978-4-624-92489-8　Ⓝ291.09　[2400円]

瀬戸内海地方〔通信―歴史〕
◇近世の公用交通路をめぐる情報―瀬戸内海を中心に　鴨頭俊宏著　大阪　清文堂出版　2014.5　371p　22cm　〈文献あり　索引あり　布装　内容：本書の目的と構成　近世公用通行をめぐる情報の研究と本書の位置づけ　漂着異国人の長崎移送と瀬戸内海域のネットワーク　長崎上使の下向と瀬戸内海域のネットワーク　長崎上使の帰府と瀬戸内海域のネットワーク　藩の経済的負担をとおして見る瀬戸内海域のネットワーク　分析結果の考察　本書の結論と研究の展望〉①978-4-7924-0993-7　Ⓝ683.2174　[9800円]

瀬戸内海地方〔歴史〕
◇瀬戸内海モダニズム周遊　橋爪紳也著　芸術新聞社　2014.5　399p　19cm　〈文献あり〉①978-4-87586-394-6　Ⓝ217.4　[2500円]

瀬長 亀次郎〔1907～2001〕
◇沖縄の心―瀬長亀次郎回想録　瀬長亀次郎著　新装版　新日本出版社　2014.4　269p　20cm　〈年譜あり　初版のタイトル：瀬長亀次郎回想録〉①978-4-406-05787-5　Ⓝ289.1　[1800円]

セネカ, L.A.〔4B.C.～A.D.65〕
◇セネカ　角田幸彦著　新装版　清水書院　2014.9　279p　19cm　(Century Books)　〈文献あり　年譜あり　索引あり〉①978-4-389-42186-1　Ⓝ131.5　[1000円]

セネガル〔技術援助〔日本〕〕
◇セネガル国北部地域地形図作成プロジェクトファイナルレポート―和文要約　[東京]　国際協力機構　2013.3　1冊　30cm　〈共同刊行：朝日航洋ほか〉Ⓝ333.804

セネット, M.〔1880～1960〕
◇〈喜劇映画〉を発明した男―帝王マック・セネット、自らを語る　マック・セネット著，キャメロン・シップ聞き手，石野たき子訳，新野敏也監訳　作品社　2014.3　412p 図版16p　22cm〈索引あり〉①978-4-86182-472-2 Ⓝ778.253　[4600円]

ゼネラル・エレクトリック社
◇GE世界基準の仕事術　安渕聖司著　新潮社　2014.3　253p 20cm　①978-4-10-335391-1　Ⓝ542.09　[1400円]
◇特許情報分析（パテントマップ）から見たGE「米国特許版」に関する技術開発実態分析調査報告書　インパテック株式会社編　パテントテック社　2013.4　131p 30cm〈タイトルは標題紙による〉①978-4-86483-213-7　Ⓝ549.09　[51450円]

ゼネラルモーターズ社
◇GMの経験―日本への教訓　石田光男，篠原健一編著　新版　中央経済社　2014.4　295p 21cm〈文献あり　索引あり〉①978-4-502-09700-3　Ⓝ537.09　[3800円]

妹尾〔氏〕
◇妹尾一族　妹尾新著　藤沢　妹尾新　2014.2　135p 21cm〈文献あり〉Ⓝ288.2

脊振山
◇脊振山信仰の源流―西日本地域を中心として　吉田扶希子著　福岡　中国書店　2014.3　320, 6p 27cm〈年表あり〉①978-4-903316-34-5　Ⓝ387.0219　[9500円]

セブン-イレブン・ジャパン
◇セブン-イレブンだけがなぜ勝ち続けるのか？　緒方知行，田口香世著　日本経済新聞出版社　2014.3　283p 15cm（日経ビジネス人文庫 お5-3）①978-4-532-19718-6　Ⓝ673.868　[750円]
◇セブン-イレブンの足跡―持続成長メカニズムを探る　田村正紀著　千倉書房　2014.5　353p 20cm〈文献あり〉①978-4-8051-1000-3　Ⓝ673.868　[2500円]
◇セブン-イレブン流98％のアルバイトが「商売人」に変わるノート　田矢信二著　トランスワールドジャパン　2014.7　187p 19cm（TWJ BOOKS）〈文献あり〉①978-4-86256-141-1　Ⓝ673.868　[1350円]
◇なぜ、セブンでバイトをすると3カ月で経営学を語れるのか？　入門編　勝見明著　新装版　プレジデント社　2014.11　87p 26cm　①978-4-8334-2100-3　Ⓝ673.868　[926円]
◇なぜ、セブンでバイトをすると3カ月で経営学を語れるのか？　実践ストーリー編　勝見明著　プレジデント社　2014.11　87p 26cm　①978-4-8334-2086-0　Ⓝ673.868　[926円]
◇まんがでわかるセブン-イレブンの16歳からの経営学　迫ミサキまんが，セブン-イレブン・ジャパン監修　宝島社　2014.10　174p 19cm　①978-4-8002-3029-4　Ⓝ673.868　[1000円]

世羅町〔広島県〕（遺跡・遺物）
◇杉谷遺跡　広島県教育事業団事務局埋蔵文化財調査室編　［広島］　広島県教育事業団　2014.3　26p 図版5p 30cm（公益財団法人広島県教育事業団発掘調査報告書 第66集）Ⓝ210.0254

世羅町〔広島県〕（エネルギー政策）
◇地域主導型再生可能エネルギー事業化検討委託業務（広島県世羅町）―成果報告書　平成25年度　［広島］　サステナブル地域づくりセンター・Hiroshima　2014.3　151p 30cm〈平成25年度環境省委託業務〉Ⓝ501.6

芹沢 光治良〔1897～1993〕
◇芹沢光治良と沼津　［沼津］　沼津市教育委員会　2014.3　62p 30cm（沼津文学祭記録集 第6回）〈沼津市制施行九十周年記念事業〉Ⓝ910.268

セルビア（技術援助〔日本〕）
◇セルビア共和国としての適切な緩和行動（NAMA）能力開発プロジェクトプロジェクト業務完了報告書　［東京］　国際協力機構　2013.2　1冊 30cm〈共同刊行：オリエンタルコンサルタンツ〉Ⓝ333.804

セレッソ大阪
◇世界に通用するセレッソ大阪の「育て勝つ」流儀　梶野智著　ワニブックス　2014.1　232p 19cm　①978-4-8470-9205-3　Ⓝ783.47　[1333円]
◇セレッソ・アイデンティティ―育成型クラブが歩んできた20年　横井素子著　幻冬舎　2013.12　310p 図版12p 19cm　①978-4-344-02481-6　Ⓝ783.47　[1400円]

千 玄室〔1923～ 〕
◇茶のこころを世界へ―平和への祈り　千玄室著　PHP研究所　2014.12　113p 20cm　①978-4-569-78434-2　Ⓝ791.2　[1200円]

平和のために、みんな一緒　千玄室著　京都　淡交社　2014.2　237p 20cm〈内容：歩み来りし道　日本人として生きる　次世代に伝えたい、平和の意味（千玄室，星野俊也述）日本人の心を取り戻そう〉①978-4-473-03893-7　Ⓝ791.2　[1800円]

千 宗旦〔1578～1658〕
◇元伯宗旦の研究　中村静子著　京都　思文閣出版　2014.7　410,10p 22cm〈索引あり〉①978-4-7842-1760-1　Ⓝ791.2　[7800円]

銭 稲孫〔1887～1962〕
◇「文化漢奸」と呼ばれた男―万葉集を訳した銭稲孫の生涯　鄒双双著　東方書店（発売）2014.4　280p 22cm〈文献あり　著作品目録あり　年譜あり　索引あり〉①978-4-497-21404-1　Ⓝ289.2　[3000円]

前漢〔中国〕（歴史―漢時代）
◇呂太后期の権力構造―前漢初期「諸呂の乱」を手がかりに　郭茵著　福岡　九州大学出版会　2014.3　232p 22cm〈文献あり　年譜あり　索引あり〉①978-4-7985-0123-9　Ⓝ222.042　[3600円]

善光寺〔長野市〕
◇善光寺道名所図会―歴史館版　長野県立歴史館編　千曲　長野県立歴史館　2014.3　65p 26cm（信濃の風土と歴史 20）〈文献あり〉Ⓝ291.52
◇長野市立博物館収蔵資料目録　歴史 14　善光寺信仰関係資料　長野市立博物館編　長野　長野市立博物館　2014.3　102p 21cm　Ⓝ215.2

全国間税会総連合会
◇全間連40年の歩み　全国間税会総連合会　2014.3　257p 31cm〈年表あり〉Ⓝ345.7

全国教職員互助団体協議会
◇全教互60年のあゆみ　全国教職員互助団体協議会，「全教互60年のあゆみ」編集委員会編　全国教職員互助団体協議会　2014.3　215, 59p 26cm〈年表あり〉Ⓝ374.37

全国市町村国際文化研修所
◇国際文化アカデミー二十年史　全国市町村研修財団全国市町村国際文化研修所編　［大津］　全国市町村研修財団全国市町村国際文化研修所　2014.3　181p 30cm〈年表あり〉Ⓝ318.3

全国市町村保健活動協議会
◇歴史を語り未来へつなぐ―特定非営利活動法人全国市町村保健活動協議会の設立から今日までのあゆみ　全国市町村保健活動協議会　2014.3　178p 30cm〈年表あり〉Ⓝ498.06

全国商業高等学校協会
◇会員名簿　平成26年度版　［東京］　全国商業高等学校長協会　2014.7　248p 30cm〈共同刊行：全国商業高等学校協会〉Ⓝ374.3

全国商業高等学校長協会
◇会員名簿　平成26年度版　［東京］　全国商業高等学校長協会　2014.7　248p 30cm〈共同刊行：全国商業高等学校協会〉Ⓝ374.3

全国人権教育研究協議会
◇全同教60年史―全国人権・同和教育研究大会でたどる：1953-2013　全国人権教育研究協議会事務局編　大阪　全国人権教育研究協議会　2013.11　148p 26cm〈年表あり　全同教結成60周年記念〉Ⓝ316.1　[1000円]

全国生協労働組合連合会
◇全国生協労働組合連合会労働者の暮らしと仕事についてのアンケート―報告書　［東京］　Immersion　2013.3　89p Ⓝ366.7

全国大学保健管理協会
◇創立50周年記念特集号―公益社団法人全国大学保健管理協会機関紙　京都　全国大学保健管理協会　2014.8　195p 30cm（Campus health特別号）〈年表あり〉Ⓝ377.1

全国玉葱商業団体連合会
◇全玉連五十年史　全国玉葱商業団体連合会編　南あわじ　全国玉葱商業団体連合会　2014.4　291p 27cm〈年表あり〉Ⓝ626.54

全国内航輸送海運組合
◇全国内航輸送海運組合50年史―船腹調整・暫定措置事業を中心に　全国内航輸送海運組合編　神戸　全国内航輸送海運組合　2014.12　210p 26cm〈年表あり〉Ⓝ683.06

全国防犯協会連合会
◇全防連50年　全国防犯協会連合会編　全国防犯協会連合会　2014.3　125p 31cm〈年表あり〉Ⓝ317.78

千住 真理子〔1962～ 〕
◇ヴァイオリニスト20の哲学　千住真理子著　ヤマハミュージックメディア　2014.12　185p 19cm　①978-4-636-90446-8　Ⓝ762.1　[1600円]

千手院〔奈良県平群町〕

◇信貴山の版木―千手院　奈良　元興寺文化財研究所　2014.3　61, 8p　30cm　〈(公財)大和文化財保存会援助事業による〉　Ⓝ188.55

専修大学

◇専修大学史資料集　第3巻　五大法律学校の時代　専修大学編, 高木侃監修　専修大学出版局　2013.10　556p　22cm〈年表あり〉　①978-4-88125-286-4　Ⓝ377.28　[4800円]

専修大学社会知性開発研究センター社会関係資本研究センター

◇社会関係資本研究センター年報―持続的発展に向けての社会関係資本の多様な構築：東アジアのコミュニティ、セキュリティ、市民文化の観点から　第5号　2013年度　川崎　専修大学社会知性開発研究センター/社会関係資本研究センター　2014.2　239p　26cm　〈文献あり　文部科学省私立大学戦略的研究基盤形成支援事業(平成21年度―平成25年度)〉　①978-4-904935-14-9　Ⓝ361.3

専修寺〔栃木県二宮町〕

◇史跡専修寺境内三谷草庵(仏堂・廊下)保存修理工事報告書　文化財建造物保存技術協会編著　真岡　専修寺　2014.3　33, 8, 7p　図版［36］枚　30cm〈年表あり〉　Ⓝ521.818

浅草寺〔東京都台東区〕

◇国指定名勝「伝法院庭園」内の歴史的建造物に関する調査研究報告書　光井渉編　金龍山浅草寺　2013.11　104p　30cm〈年表あり〉　Ⓝ521.818

◇浅草寺日記　第34巻　金龍山浅草寺　2014.7　747p　22cm〈布装　内容：慶応元年〉　①978-4-642-01623-0　Ⓝ188.45　[10000円]

千田 登文〔1847～1929〕

◇西郷隆盛の首を発見した男　大野敏明著　文藝春秋　2014.2　246p　18cm　(文春新書 958)〈文献あり　年譜あり〉　①978-4-16-660958-1　Ⓝ289.1　[820円]

仙台いのちの電話

◇震災に向きあった記録　［仙台］　仙台いのちの電話　2014.3　58p　30cm　Ⓝ369.14

仙台印刷工業団地協同組合

◇仙台印刷工業団地協同組合創立50周年記念誌　仙台印刷工業団地協同組合編　仙台　仙台印刷工業団地協同組合　2014.3　121p　31cm　Ⓝ749.06

仙台建設業協会

◇2011/3.11東日本大震災―仙台建設業協会激闘の記録　仙台　仙台建設業協会　2013.3　135p　30cm　Ⓝ510.6

仙台高等専門学校

◇仙台高等専門学校シーズ集　平成25年度　［名取］　仙台高等専門学校　2014.2　118p　30cm　Ⓝ507

仙台市

◇仙台あるある　凛次郎, 椎名さおり著, なかむらみつのり画　TOブックス　2014.6　159p　18cm　①978-4-86472-254-4　Ⓝ291.23　[980円]

◇松尾芭蕉と仙台　梅津保一著　［仙台］　大崎八幡宮仙台・江戸学実行委員会　2014.1　69p　21cm　(国宝大崎八幡宮仙台・江戸学叢書 44)〈文献あり　発行所：大崎八幡宮〉　Ⓝ915.5

仙台市〔遺跡・遺物〕

◇芦ノ口遺跡第7次調査・第8次調査　仙台　東北大学埋蔵文化財調査室　2014.3　88p　30cm　(東北大学埋蔵文化財調査室調査報告 3)　Ⓝ210.0254

◇荒井南遺跡　第1次調査　仙台　仙台市教育委員会　2014.3　76p　30cm　(仙台市文化財調査報告書 第425集)〈仙台市荒井南土地区画整理事業に伴う発掘調査報告書　共同刊行：仙台市荒井南土地区画整理組合〉　Ⓝ210.0254

◇大野田遺跡　第1次調査　仙台　仙台市教育委員会　2014.3　451p　図版［81］枚　30cm　(仙台市文化財調査報告書 第424集)　Ⓝ210.0254

◇川内C遺跡ほか―発掘調査報告書　仙台　仙台市教育委員会　2014.3　81p　30cm　(仙台市文化財調査報告書 第427集)〈内容：川内C遺跡．第1次　仙台城跡扇坂地区　沖野城跡．第15・16次　南小泉遺跡．第72次　荒井広瀬遺跡．第1次　荒井南遺跡．第2次　中田南遺跡．第5次　西台畑遺跡．第10次　裏町古墳．第3次〉　Ⓝ210.0254

◇国史跡陸奥国分寺跡―昭和46・50・53・54年度発掘調査報告書　仙台　仙台市教育委員会　2014.3　130p　30cm　(仙台市文化財調査報告書 第430集)〈宮城県仙台市所在〉　Ⓝ210.0254

◇郡山遺跡―平成25年度発掘調査概報　34　仙台　仙台市教育委員会　2014.3　38p　30cm　(仙台市文化財調査報告書 第429集)〈宮城県仙台市所在〉　Ⓝ210.0254

◇仙台平野の遺跡群　24　仙台　仙台市教育委員会　2014.3　38p　30cm　(仙台市文化財調査報告書 第428集)〈平成25年度個人住宅他国庫補助対象事業に伴う発掘調査報告書　内容：大野田官衙遺跡．第13-15次　六反田遺跡．第10次　元袋遺跡．第7・8次　大野田遺跡．第4次　王ノ壇遺跡．第6次〉　Ⓝ210.0254

◇富沢遺跡―第147次発掘調査報告書　仙台　仙台市教育委員会　2014.3　64p　30cm　(仙台市文化財調査報告書 第426集)　Ⓝ210.0254

◇長町駅東遺跡第10・11次調査　仙台　仙台市教育委員会　2014.3　368p　図版4p　30cm　(仙台市文化財調査報告書 第422集)〈共同刊行：都市再生機構　外箱入〉　Ⓝ210.0254

◇長町駅東遺跡第13次調査　仙台　仙台市教育委員会　2014.3　161p　30cm　(仙台市文化財調査報告書 第423集)〈仙台市あすと長町28街区・店舗付駐車場新築工事に伴う発掘調査報告書　共同刊行：三和商事〉　Ⓝ210.0254

◇長町駅東遺跡第5・6・7・9次調査　第1分冊　仙台　仙台市教育委員会　2014.3　290p　図版4p　30cm　(仙台市文化財調査報告書 第421集)〈共同刊行：都市再生機構〉　Ⓝ210.0254

◇長町駅東遺跡第5・6・7・9次調査　第2分冊　仙台　仙台市教育委員会　2014.3　290p　30cm　(仙台市文化財調査報告書 第421集)〈共同刊行：都市再生機構〉　Ⓝ210.0254

◇南小泉遺跡―第67次発掘調査報告書　仙台　仙台市教育委員会　2014.2　117p　30cm　(仙台市文化財調査報告書 第419集)〈共同刊行：イズミヤ〉　Ⓝ210.0254

◇南小泉遺跡―第68次発掘調査報告書　仙台　仙台市教育委員会　2014.3　66p　30cm　(仙台市文化財調査報告書 第420集)　Ⓝ210.0254

仙台市〔NPO〕

◇NPOの理論と実践―せんだいのフィールドより　第5号　西出優子, 神田航平, 内藤聡崇編, 東北大学経済学部非営利組織論ゼミナール著　［仙台］　東北大学大学院経済学研究科西出優子研究室　2013.3　195p　30cm　(東北大学経済学部非営利組織論ゼミナール報告書 2012年度)〈文献あり　内容：日本企業によるBOPビジネス展開の可能性とNGO・ODAとの連携(安井寛樹著)　日本におけるNPOへの新卒就職(堀内香那著)　Branding in the nonprofit organizations (Ayusheyeva Svetlana著)　新たな中間支援組織としての「大学」の可能性(齋藤真季著)　NPO運営におけるリーダーのコミュニケーション(佐藤裕介著)　NPO法人会計基準の普及とNPO法人における会計報告の今後(土井由佳理著)　地域社会の防災対策(三瓶拓馬著)　信用金庫の使命(吉田尊著)　障害者就労の問題点と非営利法人の役割(白崎史人著)　日本の農業とNPOの関わり(中西龍太著)〉　Ⓝ335.89

◇NPOの理論と実践　第6号　西出優子, 渡辺翔太編, 東北大学経済学部非営利組織論ゼミナール著　［仙台］　東北大学経済学部西出研究室　2014.3　164p　30cm　(東北大学経済学部非営利組織論ゼミナール報告書 2013年度)〈文献あり　内容：NPOの欠点と行政からのアウトソーシングの関係性(内藤聡崇著)　広報活動からみたNPO経営の課題と対応策(田所亮祐著)　日本企業によるCSV活動の展開とNPO・NGOとの協働の重要性(神田航平著)　企業・NPOでの働き方および情報提供と若者のNPO就業状況の展望についての考察(三浦雅孝著)　The need to promote social entrepreneurship (Noorsakinah Yahaya著)　東南アジアのNGOの現状とこれからの可能性(嘉納尭彦著)　原発との共存に向けた日本のエネルギー政策を考える(醍醐賢輔著)　東日本大震災に見る寄付とボランティアの関わり(佐藤翔釜著)　北海道における地域課題と、解決に必要な協働と連携(酒井裕貴著)　地方金融機関の今後のビジネス展開の可能性と地域活性化(伊藤圭祐著)〉　Ⓝ335.89

仙台市〔学生〕

◇NPO・ボランティア参加を通した学生の学びと成長　西出優子, 佐藤翔編, 東北大学経済学部非営利組織論ゼミナール著　［仙台］　東北大学大学院経済学研究科西出優子研究室　2013.3　45p　30cm　(東北大学大学院経済学研究科・経済学部非営利組織論ゼミナール報告書 2012年度)　Ⓝ377.9

仙台市〔企業〕

◇あの時を忘れない―震災の記憶―地域の絆づくり推進事業　民生委員・福祉団体・各種団体・事業所等編　東北大学災害科学国際研究所監修　仙台市七郷市民センター　2014.3　133p　30cm　Ⓝ369.31

仙台市〔紀行・案内記〕

◇仙台八街道界隈の今昔―続・仙台城下の町名由来と町割　古田義弘著　仙台　本の森　2014.10　225p　21cm　①978-4-904184-68-4　Ⓝ291.23　[1500円]

仙台市（協働〔行政〕）　　　　　　　　　　　　　　　　　　　日本件名図書目録2014　Ⅰ

仙台市（協働〔行政〕）
◇3.11からの支援のかたち―復興のまちづくり仙台2013　せんだい・みやぎNPOセンター編　仙台　仙台市市民活動サポートセンター　2014.4　51p　30cm　Ⓝ369.31

仙台市（郷土舞踊）
◇「秋保の田植踊」の歴史と現在―秋保の田植踊民俗文化財調査報告書　仙台　仙台市教育委員会　2014.3　312p　30cm（仙台市文化財調査報告書　第421集）Ⓝ386.8123

仙台市（災害復興）
◇3.11からの支援のかたち―復興のまちづくり仙台2013　せんだい・みやぎNPOセンター編　仙台　仙台市市民活動サポートセンター　2014.4　51p　30cm　Ⓝ369.31
◇断絶の都市センダイ―ブラック国家・日本の縮図　今野晴貴編著　朝日新聞出版　2014.5　232p　20cm　Ⓘ978-4-02-251179-9　Ⓝ369.31　［1500円］
◇2011/3.11東日本大震災―仙台建設業協会激闘の記録　仙台　仙台建設業協会　2013.3　135p　30cm　Ⓝ510.6
◇みなと仙台ゆめタウン―仙塩広域都市計画事業仙台港背後地土地区画整理事業：東日本大震災からの復旧・復興状況について：復興へ頑張ろう！　vol.2　［多賀城］　宮城県仙台港背後地土地区画整理事務所　2013.3　61p　30cm　Ⓝ518.8

仙台市（写真集）
◇せんだい百景いま昔―写真がつなぐ半世紀　河北新報出版センター編　河北新報出版センター　2014.12　227p　21cm〈年表あり　文献あり〉Ⓘ978-4-87341-330-3　Ⓝ212.3　［1600円］

仙台市（手工業）
◇城下町仙台の職人衆　鯨井千佐登著　［仙台］　大崎八幡宮仙台・江戸学実行委員会　2014.12　70p　21cm　（国宝大崎八幡宮仙台・江戸学叢書 35）〈発行所：大崎八幡宮〉Ⓝ509.2123

仙台市（職人）
◇城下町仙台の職人衆　鯨井千佐登著　［仙台］　大崎八幡宮仙台・江戸学実行委員会　2014.12　70p　21cm　（国宝大崎八幡宮仙台・江戸学叢書 35）〈発行所：大崎八幡宮〉Ⓝ509.2123

仙台市（人口―統計）
◇仙台市の人口　第3巻　仙台市市民局地域政策部広聴統計課編　［仙台］　仙台市　2014.2　505p　30cm〈内容：平成22年国勢調査職業等基本集計結果〉Ⓝ358.123

仙台市（成年後見制度）
◇市民後見人あり方検討報告書　仙台市成年後見サポート推進協議会市民後見人あり方検討部会［編］　仙台　仙台市社会福祉協議会地域生活支援課　2014.6　86p　30cm　Ⓝ324.65

仙台市（選挙―統計）
◇選挙結果調べ　平成24年度　仙台市選挙管理委員会編　仙台　仙台市選挙管理委員会　2013.3　91p　30cm〈第46回衆議院議員総選挙及び最高裁判所裁判官国民審査　平成24年12月16日執行，仙台市農業委員会委員一般選挙　平成24年7月15日執行〉Ⓝ314.8
◇選挙結果調べ　平成25年度　仙台市選挙管理委員会編　仙台　仙台市選挙管理委員会　2014.3　136p　図版［16］枚　30cm〈第23回参議院議員通常選挙　平成25年7月21日執行，仙台市長選挙　平成25年8月11日執行，宮城県知事選挙　平成25年10月27日執行〉Ⓝ314.8

仙台市（村落―歴史）
◇イグネのある村へ―仙台平野における近世村落の成立　菅野正道著　仙台　蕃山房　2014.9　86p　21cm　（よみがえるふるさとの歴史 3（仙台市若林区））〈本の森（発売）文献あり〉Ⓘ978-4-904184-64-6　Ⓝ212.3　［800円］

仙台市（地誌）
◇ふたつの郷―言の葉で紡ぐ六郷・七郷の「新・地域誌」　［仙台］　六郷・七郷コミネット　2014.3　89p　30cm　Ⓝ291.23　［1000円］

仙台市（地方選挙）
◇選挙結果調べ　平成24年度　仙台市選挙管理委員会編　仙台　仙台市選挙管理委員会　2013.3　91p　30cm〈第46回衆議院議員総選挙及び最高裁判所裁判官国民審査　平成24年12月16日執行，仙台市農業委員会委員一般選挙　平成24年7月15日執行〉Ⓝ314.8
◇選挙結果調べ　平成25年度　仙台市選挙管理委員会編　仙台　仙台市選挙管理委員会　2014.3　136p　図版［16］枚　30cm〈第23回参議院議員通常選挙　平成25年7月21日執行，仙台市長選挙　平成25年8月11日執行，宮城県知事選挙　平成25年10月27日執行〉Ⓝ314.8

仙台市（津波）
◇語り継ぐ震災の記憶　佐佐木邦子聞き書き，仙台市若林区中央市民センター編　仙台　仙台市若林区中央市民センター　2014.3　109p　30cm〈語り手：大友京子ほか〉Ⓝ369.31

仙台市（日本料理）
◇ふるさと食だより―宮城西部地区：地元のばあちゃんがつくった自慢料理集　地域の絆づくり推進事業ふるさと食だより編集委員会仙台市宮城西市民センター「おらほ自慢講座」メンバー編　仙台　仙台ひと・まち交流財団仙台市宮城西市民センター　2014.3　73p　30cm　Ⓝ596.21　［850円］

仙台市（年中行事）
◇仙台藩の武士と儀礼―年中行事を中心として　中川学著　［仙台］　大崎八幡宮仙台・江戸学実行委員会　2014.9　70p　21cm　（国宝大崎八幡宮仙台・江戸学叢書 30）〈文献あり　発行所：大崎八幡宮〉Ⓝ386.123

仙台市（東日本大震災〔2011〕―被害）
◇語り継ぐ震災の記憶　佐佐木邦子聞き書き，仙台市若林区中央市民センター編　仙台　仙台市若林区中央市民センター　2014.3　109p　30cm〈語り手：大友京子ほか〉Ⓝ369.31

仙台市（東日本大震災〔2011〕―被害―写真集）
◇オモイデピース―ここからはじまる、まちとひと。　「オモイデピース」製作プロジェクト企画・編集　仙台　「オモイデピース」製作プロジェクト　2014.12　81p　30cm　Ⓝ369.31

仙台市（風俗・習慣―目録）
◇仙台市歴史民俗資料館資料集　第12冊　収蔵資料目録 7　仙台市市民文化事業団仙台市歴史民俗資料館編　仙台　仙台市教育委員会　2014.3　164p　30cm　Ⓝ212.3

仙台市（文化財―保存・修復）
◇仙台市博物館の資料レスキュー活動―東日本大震災後の取り組み　仙台市博物館編　仙台　仙台市博物館　2014.3　95p　30cm　Ⓝ709.123

仙台市（民生委員）
◇あの時を忘れない―震災の記憶―地域の絆づくり推進事業民生委員・福祉委員・各種団体・事業所等編　東北大学災害科学国際研究所監修　仙台　仙台市七郷市民センター　2014.3　133p　30cm　Ⓝ369.31

仙台市（洋館）
◇デフォレスト館建造物調査報告書　野町俊一編　［仙台］　東北学院　2014.2　229p　30cm〈平成25年度文化遺産を活かした地域活性化事業〉Ⓝ523.123

仙台市（歴史）
◇戦争と庶民のくらし―企画展図録 4　仙台市市民文化事業団仙台市歴史民俗資料館編　仙台　仙台市教育委員会　2014.6　115p　30cm〈会期：平成26年6月28日―11月3日〉Ⓝ212.3
◇仙台市史　特別編 9　地域誌　仙台市史編さん委員会編　［仙台］　仙台市　2014.3　595p　27cm〈年表あり　文献あり　付属資料：8p：月報 vol.31〉Ⓝ212.3
◇追憶の仙台―写真帖：消える街、変わる暮らし　小野幹写真，日下信文　秋田　無明舎出版　2014.6　111p　15×21cm　Ⓘ978-4-89544-579-5　Ⓝ212.3　［1800円］

仙台市議会
◇仙台市議会の活動記録―東日本大震災　仙台市議会編　仙台　仙台市議会　2013.1　102p　30cm　Ⓝ318.423

仙台市博物館
◇仙台市博物館の資料レスキュー活動―東日本大震災後の取り組み　仙台市博物館編　仙台　仙台市博物館　2014.3　95p　30cm　Ⓝ709.123

仙台藩
◇仙台藩と華道　朴澤一堂著　［仙台］　大崎八幡宮仙台・江戸学実行委員会　2014.1　69p　21cm　（国宝大崎八幡宮仙台・江戸学叢書 43）〈発行所：大崎八幡宮〉Ⓝ793.2
◇仙台藩の食文化　佐藤敏悦著　［仙台］　大崎八幡宮仙台・江戸学実行委員会　2014.10　70p　21cm　（国宝大崎八幡宮仙台・江戸学叢書 64）〈年表あり　発行所：大崎八幡宮〉Ⓝ383.8123
◇仙台藩の武士と儀礼―年中行事を中心として　中川学著　［仙台］　大崎八幡宮仙台・江戸学実行委員会　2014.9　70p　21cm　（国宝大崎八幡宮仙台・江戸学叢書 30）〈文献あり　発行所：大崎八幡宮〉Ⓝ386.123
◇戊辰戦争と仙台藩　星亮一著　［仙台］　大崎八幡宮仙台・江戸学実行委員会　2014.8　69p　21cm　（国宝大崎八幡宮仙台・江戸学叢書 51）〈発行所：大崎八幡宮〉Ⓝ210.61

全駐留軍労働組合沖縄地区本部
◇全軍労・全駐労結成50周年記念誌　全軍労・全駐労結成50周年記念誌編集委員会編　宜野湾　全駐留軍労働組合沖縄地区本部　2014.10　150p　30cm〈年表あり〉Ⓝ366.628

日本件名図書目録2014　Ⅰ　　　　　　　　　　　　　　　　　　　　　　　　　　宋〔中国〕（社会—歴史）

善通寺市（遺跡・遺物）
◇旧練兵場遺跡　4　香川県埋蔵文化財センター編　［高松］　香川県教育委員会　2014.3　290p　図版［28］枚　30cm　（独立行政法人国立病院機構善通寺病院統合事業に伴う埋蔵文化財発掘調査報告　第4冊）〈共同刊行：国立病院機構善通寺病院〉Ⓝ210.0254

善導（613〜681）
◇浄土宗叢書　第2巻　観経疏之抄　玄義分　下　［證空著］　京都　西山禪林學會　2014.3　176p　27cm〈法然上人八百回大遠忌記念〉Ⓝ188.6
◇浄土宗叢書—法然上人八百回大遠忌記念　第2巻　「観経疏之抄」玄義分　下　西山禪林學會編　京都　西山禪林學會　2014.3　176p　27cm〈思文閣出版（発売）　翻刻　布装〉①978-4-7842-1755-7　Ⓝ188.6　［7000円］
◇浄土真宗の儀式の源流—『法事讃』を読む　竹中智秀著　京都　真宗大谷派宗務所出版部　2014.9　155p　21cm〈真宗大谷派金沢教務所　2001年刊の改訂〉①978-4-8341-0487-5　Ⓝ188.76　［1400円］
◇善導教学の研究　第2巻　柴田泰山著　山喜房佛書林　2014.5　547,7p　22cm〈索引あり　内容：迦才『浄土論』巻中所引の『無量寿経』について　三階教文献と善導　龍興『観経記』の概要　善導『観経疏』所説の「悪」について　善導『観経疏』所説の「戒」について　善導『観経疏』所説の懺悔とその構造について　善導『観経疏』における韋提希論　善導『観経疏』所説の三縁釈について　善導『観経疏』所説の名号論　善導『往生礼讃』所説の「広懺悔」について　善導『往生礼讃』所引の『宝性論』弥陀偈について　善導『般舟讃』所説の「心識」について〉①978-4-7963-0246-3　Ⓝ188.62　［20000円］
◇善導六時礼讃—浄土への願い　善導［著］，原口弘之，宇野光達訳注　春秋社　2014.4　236p　21cm〈文献あり〉①978-4-393-17427-2　Ⓝ188.63　［2500円］

全東京電力活動者会議埼玉支部
◇巨象に挑んだ男たち　［出版地不明］　全東京電力活動者会議埼玉支部　2014.2　377p　27cm〈年表あり〉Ⓝ366.628

仙洞御所
◇桂離宮・修学院離宮・仙洞御所—庭守の技と心　川瀬昇作著，仲隆裕監修　京都　学芸出版社　2014.12　159p　21cm①978-4-7615-2586-6　Ⓝ629.21　［2500円］

宣統帝〔清〕→溥儀を見よ

泉南市（遺跡・遺物）
◇泉南市遺跡群発掘調査報告書　30　大阪府泉南市教育委員会編　泉南　大阪府泉南市教育委員会　2013.3　36p　図版17p　30cm　（泉南市文化財調査報告書　第53集）Ⓝ210.0254

泉南市（地誌）
◇泉南の生産と暮し—泉南市・阪南市の歴史から：大阪観光大学観光学研究所報：『観光＆ツーリズム』抜粋集　山元六合夫［著］　阪南　山元六合夫　2014.9　1冊　30cm〈文献ありはり込み1枚　内容：泉南地方における新興地主の新田経営江戸期桑畑村の景観と流出者　古絵図が語る泉南　和泉山系の「地名」と温泉　故国への旅　天領下の代官　「千間」姓・考　鯨が育んだ島の農業　泉南の紋羽織〉Ⓝ291.63

全日本空輸株式会社
◇どんな問題も「チーム」で解決するANAの口ぐせ　ANAビジネスソリューション著　KADOKAWA　2014.6　223p　19cm①978-4-04-600602-8　Ⓝ687.3　［1400円］

全日本国立医療労働組合
◇全医労第68回定期全国大会議案集　全日本国立医療労働組合　2014.7　64p　30cm〈会期・会場：2014年7月17日—19日　鳥羽シーサイドホテル〉Ⓝ366.628

全日本自治団体労働組合全国一般評議会
◇危機に直面する労働運動—企業を超えて団結する労組の闘い　髙原壮夫，田島恵一編著　労働大学出版センター　2013.8　197p　21cm　Ⓝ366.629　［1400円］

全日本スキー連盟
◇教育本部オフィシャルブック—公益財団法人全日本スキー連盟　2015年度　全日本スキー連盟/編著　スキージャーナル　2014.11　3冊（セット）26cm　①978-4-7899-1226-6　［2685円］

全日本不動産協会宮城県本部
◇五十周年史—公益社団法人全日本不動産協会宮城県本部創立50周年・公益社団法人不動産保証協会宮城県本部創立40周年　宮城県本部50周年史編集委員会企画・編集　［仙台］　全日本不動産協会宮城県本部　2014.3　100p　30cm〈年表あり　共同刊行：不動産保証協会宮城県本部〉Ⓝ673.99

全日本プロレス
◇全日本プロレス超人伝説　門馬忠雄著　文藝春秋　2014.7　218p　18cm　（文春新書　981）〈文献あり〉①978-4-16-660981-9　Ⓝ788.2　［800円］

専念寺〔妙高市〕
◇専念寺史　［妙高］　勇猛山専念寺　［2014］　102p　30cm〈年表あり　親鸞聖人750回御遠忌法要記念　共同刊行：専念寺護持会〉Ⓝ188.75

千芭
◇もう一度心を開いてそのくりかえし　千芭著　文芸社　2014.1　117p　19cm　①978-4-286-14587-7　Ⓝ289.1　［1000円］

千波沼
◇天空を翔る鳥たち—千波湖畔に生きる：水戸の魅力再発見：特別展　後藤俊則監修　水戸　水戸市立博物館　2014　71p　26cm〈文献あり　編集：坂本京子ほか　折り込2枚〉Ⓝ488.2131

善福寺公園
◇石神井・善福寺公園　佐藤保雄，田中進著　改訂版　東京都公園協会　2014.3　144p　18cm　（東京公園文庫　30）〈年表あり〉Ⓝ629.41361　［980円］

仙北市（地誌）
◇中川村郷土誌　中川村郷土誌編集委員会編　［仙北］　中川地域運営体　2014.3　402p　27cm〈年表あり〉Ⓝ291.24

善養寺隆一〔1966〜 〕
◇甲子園のラガーさん—これ以上は望みません。ここにいられればいいんです　善養寺隆一著　オークラ出版　2014.4　193p　19cm　①978-4-7755-2229-5　Ⓝ783.7　［1500円］

全羅南道（小作）
◇全羅南道小作慣行調査書—昭和5年調査　全羅南道編　復刻版　龍溪書舎　2014.5　243,12p　21cm　（韓国併合史研究資料113）〈東京経済大学図書館蔵の複製〉①978-4-8447-0187-3　Ⓝ611.26　［9000円］

全羅南道（小作料）
◇全羅南道小作慣行調査書—昭和5年調査　全羅南道編　復刻版　龍溪書舎　2014.5　243,12p　21cm　（韓国併合史研究資料113）〈東京経済大学図書館蔵の複製〉①978-4-8447-0187-3　Ⓝ611.26　［9000円］

全羅南道（地誌）
◇韓南島嶼ノ富源／明治四十四年全羅南道道勢要覧／日清韓新三國志　度支部，全羅南道，春陽堂編　復刻版　龍溪書舎　2014.5　1冊　21cm　（韓国併合史研究資料101）〈東京経済大学図書館蔵の複製〉①978-4-8447-0175-0　Ⓝ292.18　［8000円］

善鸞〔 〜1286〕
◇善鸞義絶事件—親鸞聖人はわが子善鸞を勘当せず　大網義明著　大洗町（茨城県）　大本山願入寺　2013.10　146p　20cm〈諏訪書房（発売）　文献あり〉①978-4-903948-57-7　Ⓝ188.72　［2800円］

ゼンリン
◇ゼンリン住宅地図と最新ネット地図の秘密　内田宗治著　実業之日本社　2014.6　208p　19cm〈文献あり　年譜あり〉①978-4-408-11063-9　Ⓝ448.9　［1600円］

全労済埼玉県本部
◇全労済埼玉県本部埼玉労済50年史　全労済埼玉県本部創立50周年記念誌編纂委員会編　さいたま　全労済埼玉県本部埼玉労働者共済生活共同組合　2014.9　339p　30cm〈年表あり〉Ⓝ366.36

【 そ 】

宋〔中国〕（軍制—歴史）
◇宋代募兵制の研究—近世職業兵士の実相　齋藤忠和著　勉誠出版　2014.7　482,88p　22cm〈索引あり　内容：『武経総要』に見える宋代軍法の条文について　階級法　北宋の軍法について　北宋の剰員・帯甲剰員制　南宋の剰員制について　兵制からみた徽宗時代の地域社会　漏沢園が語る徽宗時代の下層兵士たち　兵士はどこへ行くのか　募兵制と近代的軍隊の指標〉①978-4-585-22081-7　Ⓝ222.053　［6000円］

宋〔中国〕（社会—歴史）
◇宋代民事法の世界　青木敦著　慶應義塾大学出版会　2014.8　390,6p　22cm〈文献あり　索引あり〉①978-4-7664-2160-6　Ⓝ322.22　［8000円］

宋〔中国〕（政治―歴史―北宋）

◇風流天子と「君主独裁制」―北宋徽宗朝政治史の研究 藤本猛著 京都 京都大学学術出版会 2014.3 510p 22cm（プリミエ・コレクション 50）〈索引あり 内容：序章 崇寧五年正月の政変 妖人・張懐素の獄 政和封禅計画の中止 徽宗朝の殿中省 北宋末の宣和殿 宋代の転対・輪対制度 武臣の清要 終章〉Ⓘ978-4-87698-474-9 Ⓝ312.22 ［7200円］

宋〔中国〕（美術―歴史―図集）

◇東山御物の美―足利将軍家の至宝：特別展 三井文庫三井記念美術館編 三井文庫三井記念美術館 2014.10 209p 30cm〈年表あり 文献あり 会期・会場：平成26年10月4日―11月24日 三井記念美術館〉Ⓝ702.22

宋〔中国〕（法制史）

◇宋代民事法の世界 青木敦著 慶應義塾大学出版会 2014.8 390,6p 22cm〈文献あり 索引あり〉Ⓘ978-4-7664-2160-6 Ⓝ322.22 ［8000円］

宗 瑾

◇隣居（リンジゥ）―私と「あの女」が見た中国 田口佐紀子著 潮出版社 2014.11 189p 19cm Ⓘ978-4-267-01994-4 Ⓝ222.077 ［1400円］

宋 慶齢〔1890～1981〕

◇華獅子―激動の中国を駆け抜けた宋慶齢 田中重光著 叢文社 2014.1 423p 19cm〈文献あり 奥付の副タイトル（誤植）：激動の中国を駆け抜けた宗慶齢〉Ⓘ978-4-7947-0720-8 Ⓝ289.2 ［2000円］

宗 左近〔1919～2006〕

◇宙（ソラ）のかけらたち―詩人宗左近展 北九州 北九州市立文学館 2014.10 87p 21cm〈著作目録あり 年譜あり 会期：平成26年10月25日―12月14日〉Ⓝ910.268

荘 綽〔宋〕

◇荘綽『鶏肋編』漫談 続篇 安野省三著 汲古書院 2014.5 197,7p 20cm （汲古選書 67）〈索引あり〉Ⓘ978-4-7629-5067-4 Ⓝ924.5 ［3500円］

宋 美齢〔1901～2003〕

◇国と世紀を変えた愛―張学良と宋美齢、六六年目の告白 富永孝子著 KADOKAWA 2014.6 322p 20cm〈文献あり〉Ⓘ978-4-04-110686-0 Ⓝ289.2 ［1700円］

創価学会

◇池田大作全集 117 対談 池田大作著 R・D・ホフライトネル,ドゥウェイミン著 聖教新聞社 2014.3 442p 23cm〈布装 内容：見つめあう西と東（R・D・ホフライトネル, 池田大作述）対話の文明（ドゥ・ウェイミン, 池田大作述）〉Ⓘ978-4-412-01529-6 Ⓝ188.98 ［3238円］

◇池田大作全集 140 対談 ヌール・ヤーマン, M.S.スワミナサン著 聖教新聞社 2014.7 453p 23cm〈布装 内容：今日の世界 明日の文明（ヌール・ヤーマン, 池田大作述）「緑の革命」と「心の革命」（M・S・スワミナサン, 池田大作述）〉Ⓘ978-4-412-01540-1 Ⓝ188.98 ［3238円］

◇池田大作全集 143 教育指針 池田大作著 聖教新聞社 2014.9 526p 23cm〈布装 内容：青春は苦難こそ喜び 教員と学生は「建学の精神」に集った同志 勝ちゆけ！深き使命の魂忘れず！ 社会は最高学府の模範 創大生断じて負けるな一生涯 皆、「ダイヤモンドの大人材」 学問は「平和のため」「人間のため」 誠実、忍耐、希望で進め！ 青春の努力こそ宝！ 暴力に勝利した文化の長征 「学び続ける人」に発見する喜びが！ 教育革命が一切の出発点 教育とは崇高な「生命の戦い」 学べ！勝て！青春は自分自身との戦い 「学生第一」が創大の魂 「平和の文化」こそ人類の原点 学べ学べ！ 君自身の土台を築け 永遠に「創立の精神」を忘れるな 「教師」が光れば「学生」も輝く 学は無限の向上師子の大道 正義の勝利へ勇気の炎を受け継ぐ！ 正義が勝利する世紀を 「民衆のため」が創大魂 青年の情熱で世界を変えよ 君よ勝利の旗を打て！ 全世界に平和を！ その基盤は教育！ 平和のために「民衆の同盟」を 世界の大指導者と育ちゆけ！ 「学問の王国」の扉を開け 学べ！智慧は幸福の泉 生き生きと生徒の中に 学生第一の慈愛の教育者に 人々に尽くしてこそ真の幸福と満足が 教育は価値創造の泉 教員の魅力が学校の魅力 平和と正義の指導者に 君に！平和のリーダーシップを 二十一世紀の大学 学生に慈愛を！ 人格の種を！ 全人類の運命を変えゆく哲人たれ！ 「なくてはならぬ人」と光れ！ 教育と文化で人間の精神を耕せ！ 人材を見つけ、育てよ！ 勇気と誠実こそ青春勝利の第一条件 「人材育成競争の時代」が到来 大情熱の教師たれ 悠々と勝利の人生を 教育で日中友好の「金の橋」を 若き友と魂のふれあいを 真実のために戦う勇者たれ〉Ⓘ978-4-412-01546-3 Ⓝ188.98 ［3238円］

◇池田大作と原島家―池田大作を会長にした原島宏治とその家族 原島昭著 人間の科学新社 2014.3 320p 20cm Ⓘ978-4-8226-0313-7 Ⓝ188.98 ［1800円］

◇永遠平和の天地―池田先生と沖縄：沖縄広布60周年記念写真集 沖縄広布60周年記念写真集編集委員会編集 聖教新聞社 2014.5 119p 30cm〈著作目録あり 年表あり〉Ⓘ978-4-412-01534-0 Ⓝ188.98 ［1389円］

◇学術部有志理論グループ報告集 第14回 第39回『SGIの日』池田大作記念提言の詳述化と具体化の提言 石塚義高編著 ［出版地不明］ ［SGI］ 学術部有志理論グループ 2014.11 199p 30cm〈共同刊行：学術部有志理論グループ法律専門グループほか〉Ⓝ188.98

◇幸の光彩―みちのくは未来 池田大作著 鳳書院 2014.3 182p 20cm〈内容：負けない「うつくしま」 一歩前進の「うつくしま」 世界の太陽「うつくしま」 岩手に息づく不屈の精神 秋田は「東北合衆国」の柱 すべては"青い森"から 断じて負けるないかなる苦難も「心の財」は壊せない 東北の人材城は厳然 東奥日報社（塩越隆雄著）岩手日報社（三浦宏著）河北新報社（一力雅彦著）福島民報社（高橋雅行著）山形新聞社（寒河江浩二著）秋田魁新報社（小笠原直樹著）東北の挑戦に期待 日本の元気山形から 山形は日本の理想郷 英雄ナポレオン 人間・宮沢賢治に想うこと 安喜多に光る日本一の「教育力」 福島の未来に輝く「うつくしま」5つのキーワード 青年の交流を 詩〉Ⓘ978-4-87122-180-1 Ⓝ188.984 ［1000円］

◇「自民党"公明派"」15年目の大罪―集団的自衛権行使への「抵抗勢力サギ」 古川利明著 第三書館 2014.8 176p 21cm Ⓘ978-4-8074-1450-5 Ⓝ315.1 ［926円］

◇勝利の経典「御書」に学ぶ 1 佐渡御書 池田大作著 聖教新聞社 2014.3 142p 19cm Ⓘ978-4-412-01530-2 Ⓝ188.984 ［619円］

◇勝利の経典「御書」に学ぶ 2 兄弟抄 池田大作著 聖教新聞社 2014.3 126p 19cm Ⓘ978-4-412-01531-9 Ⓝ188.984 ［619円］

◇勝利の経典「御書」に学ぶ 3 乙御前御消息 池田大作著 聖教新聞社 2014.4 126p 19cm Ⓘ978-4-412-01535-7 Ⓝ188.984 ［619円］

◇勝利の経典「御書」に学ぶ 4 崇峻天皇御書 池田大作著 聖教新聞社 2014.5 117p 19cm Ⓘ978-4-412-01538-8 Ⓝ188.984 ［619円］

◇勝利の経典「御書」に学ぶ 5 如説修行抄 池田大作著 聖教新聞社 2014.6 117p 19cm Ⓘ978-4-412-01539-5 Ⓝ188.984 ［619円］

◇勝利の経典「御書」に学ぶ 6 法華証明抄 四条金吾殿御返事〈世雄御書〉妙密上人御消息 池田大作著 聖教新聞社 2014.7 125p 19cm Ⓘ978-4-412-01542-5 Ⓝ188.984 ［619円］

◇勝利の経典「御書」に学ぶ 7 千日尼御前御返事〈真実報恩経事〉曾谷殿御返事〈輪陀王御書〉減劫御書 池田大作著 聖教新聞社 2014.8 126p 19cm Ⓘ978-4-412-01545-6 Ⓝ188.984 ［619円］

◇勝利の経典「御書」に学ぶ 8 上野殿御返事〈土餅供養御書〉兵衛志殿御書〈親父入信御書〉法華初心成仏抄 池田大作著 聖教新聞社 2014.9 117p 19cm Ⓘ978-4-412-01547-0 Ⓝ188.984 ［619円］

◇勝利の経典「御書」に学ぶ 9 中興入道消息 光日房御書 妙心尼御前御返事〈病之良薬御書〉池田大作著 聖教新聞社 2014.10 125p 19cm Ⓘ978-4-412-01548-7 Ⓝ188.984 ［619円］

◇勝利の経典「御書」に学ぶ 10 四恩抄 阿仏房御書〈宝塔御書〉寺泊御書 池田大作著 聖教新聞社 2014.11 126p 19cm Ⓘ978-4-412-01551-7 Ⓝ188.984 ［619円］

◇勝利の経典「御書」に学ぶ 11 日女御前御返事〈御本尊相貌抄〉上野殿御消息〈四條信三御書〉椎地四郎殿御書 池田大作著 聖教新聞社 2014.12 125p 19cm Ⓘ978-4-412-01555-5 Ⓝ188.984 ［619円］

◇青年抄 池田大作著 徳間書店 2014.1 169p 19cm〈内容：青年の特権 学ぶ喜び こころ美しき女性に 一流を目指せ 健やかな生活 「いじめ」の根源 幸福とは 感謝の心 人格を磨く 真の友情 自分らしく 成長の糧 勇気の一歩 仕事の姿勢 言葉の力 恋愛と結婚 自分に負けない 夢に向かって 一人を大切にする心 ストレス社会を朗らかに 女性の声が時代を動かす 芸術が未来を創る 核兵器の廃絶へ 貧困は人権問題 青年の力で国連の改革を 強情さま 庭ざくら 寒風の中を 汗と油 忘れ得ぬ鏡 森ケ崎海岸 人生の師 日本正学館 若い結婚 恩師近く 第三代会長 人材を育てる〉Ⓘ978-4-19-863745-3 Ⓝ188.984 ［1000円］

◇世界一の生命哲学を学ぶ―池田華陽会御書30編要文100選　創価学会女子部教学室編　聖教新聞社　2014.7　277p　19cm〈索引あり〉Ⓘ978-4-412-01543-2　Ⓝ188.98　[741円]

◇世界広布の港神奈川―池田名誉会長指導集編纂委員会編集　聖教新聞社　2014.11　335p　21cm〈年譜あり〉内容:長編詩　神奈川に翻れ正義の旗　勇気で叫べ！　執念で戦え！　平和へ！　魔性の生命との大闘争　正義のために断じて勝て　戦いを起こせ！　歴史を創れ！　断じて起これ！　学会精神を　師子となりて我は一人征く　進め！　波越え希望の海へ　師弟の魂燃える大闘争　法難の闇を破った「太陽の仏法」　「正義の夜明け」よ地球を包め！　強靭な心、美しき心を　万代の繁栄は「一人」の信心の力に　若き誓君よ永遠の勝者に　民衆の歌声に人間宗教の証　「旭日の港」から「自由の大海」へ船出　広宣の舞台で戦う人は皆美しい　学会こそ人類の「幸福のオアシス」　毎日が創造永遠に精神の炎を燃やせ！　創価の同志こそ最高の幸福者　団結こそ歴史変革の力　行動なくして「栄光の叙事詩」もなし　完勝へ！「勇気」「忍耐」「知恵」で進め　黄金の師弟はだれも壊せない　共戦の弟子よ立ち上がれ！〉Ⓘ978-4-412-01553-1　Ⓝ188.984　[926円]

◇先駆の師弟城―九州広布60周年記念写真集　聖教新聞社九州支社編集　聖教新聞社　2013.5　199p　30cm〈年表あり〉Ⓘ978-4-412-01511-1　Ⓝ188.98　[952円]

◇創価学会あるある　創価学会ルール研究所著　ビジネス社　2014.3　216p　19cm〈絵:瑞木K〉Ⓘ978-4-8284-1745-5　Ⓝ188.98　[1200円]

◇創価学会と公明党―ふたつの組織は本当に一体なのか　島田裕巳著　宝島社　2014.8　238p　18cm　Ⓘ978-4-8002-2722-5　Ⓝ315.1　[1200円]

◇創価学会と平和主義　佐藤優著　朝日新聞出版　2014.10　222p　18cm　（朝日新書　481）Ⓘ978-4-02-273582-9　Ⓝ188.98　[760円]

◇創価学会に疑問を感じませんか？　［富士宮］　日蓮正宗務院　2014.1　62p　19cm　（創価学会員への折伏教本　分冊版4）〈発行所：大日蓮出版〉Ⓘ978-4-905522-19-5　Ⓝ188.98　[190円]

◇対話の大道―随筆　池田大作著　聖教新聞社　2014.5　246p　19cm　Ⓘ978-4-412-01536-4　Ⓝ188.984　[1238円]

◇人間教育への新しき潮流―デューイと創価教育　池田大作, ジム・ガリソン, ラリー・ヒックマン著　第三文明社　2014.5　493p　20cm〈文献あり　索引あり〉Ⓘ978-4-476-05051-6　Ⓝ188.98　[1700円]

◇平和をつくる宗教―日蓮仏法と創価学会　松岡幹夫著　第三文明社　2014.3　302p　19cm〈文献あり　内容:日蓮仏法は好戦的にあらず　日蓮にみる反戦平和の思想と実践　牧口常三郎の戦争観とその実践的展開　戸田城聖の「見えない反戦」　池田大作の平和アプローチ　創価学会の平和主義とは何か〉Ⓘ978-4-476-06225-0　Ⓝ188.98　[1300円]

◇名字の言選集　1　聖教新聞社編　鳳書院　2014.9　251p　19cm　Ⓘ978-4-87122-181-8　Ⓝ188.984　[1000円]

草加市（小説家）

◇私と昭和の文士たち　染谷冽著　鶴書院　2014.4　160p　19cm〈星雲社（発売）:水上勉と豊田三郎　草加の後藤明生　草加の団地作家小山龍太郎　野口冨士男と豊田三郎　豊田文学の諸相について〉Ⓘ978-4-434-19145-9　Ⓝ910.26　[1100円]

草加市（人口―統計）

◇草加市町名別年齢別人口集計結果報告書　平成26年1月1日現在　草加市総務部庶務課編　草加　草加市　2014.3　119p　30cm　Ⓝ358.134

草加市（地域開発―歴史）

◇草加松原ルネサンス　横山正明著　草加　松風書房　2013.12　146p　20cm　Ⓝ601.134　[980円]

創価大学通信教育部

◇創大通教生フォーラム　第6号　八王子　創価大学通信教育部学会　2013.8　87p　26cm〈内容:講演　21世紀のナポレオン（高村忠成述）　学生論集　創立者池田大作先生の思想と哲学に学ぶ（金玉任著）　現代社会における「人権尊重思想」をめぐる一考察（高木修一著）　「レオナルドの眼」と二つの視点　後編（冨田邦昭著）　信仰の意味を考える（弘中英子著）〉

総合地球環境学研究所

◇外部評価報告書―大学共同利用機関法人人間文化研究機構総合地球環境学研究所　京都　人間文化研究機構総合地球環境学研究所　2014.4　20, 111p　30cm　Ⓝ519.076

匝瑳市（防災計画）

◇匝瑳市地域防災計画　平成25年度修正　匝瑳市総務課編　［匝瑳］　匝瑳市防災会議　2014.2　554p　30cm　Ⓝ369.3

荘子

◇荘子―全訳注　上　［荘子著］, 池田知久訳注　講談社　2014.5　1146p　15cm　（講談社学術文庫　2237）〈底本:「中国の古典　5・6　荘子」（学習研究社　1983・1986年刊）〉Ⓘ978-4-06-292237-1　Ⓝ124.25　[2000円]

◇荘子―全訳注　下　［荘子著］, 池田知久訳注　講談社　2014.6　1104p　15cm　（講談社学術文庫　2238）〈底本:中国の古典　5・6　荘子（学習研究社　1983・1986年刊）〉Ⓘ978-4-06-292238-8　Ⓝ124.25　[2200円]

◇入門老荘思想　湯浅邦弘著　筑摩書房　2014.7　261p　18cm　（ちくま新書　1079）〈文献あり〉Ⓘ978-4-480-06783-8　Ⓝ124.2　[840円]

◇老子の無言―人生に行き詰まったときは老荘思想　田口佳史著　光文社　2014.7　227p　16cm　（光文社知恵の森文庫　tた7-2）〈2011年刊の加筆修正〉Ⓘ978-4-334-78653-3　Ⓝ124.2　[640円]

総持寺（輪島市）

◇国登録有形文化財（建造物）大本山總持寺祖院震災復興事業第一期保存修理工事報告書　文化財工学研究所編　横浜　大本山總持寺祖院震災復興委員会　2014.3　199p　図版［77］枚　30cm〈奥付のタイトル：国登録有形文化財（建造物）大本山總持寺祖院第一期震災復興事業保存修理工事報告書〉Ⓝ521.818

総社市（湿原）

◇ヒイゴ池湿地環境調査報告書　2013　北の吉備路保全協会, ヒイゴ池湿地環境調査団監修　総社　岡山県総社市　2013.9　118p　30cm　Ⓝ462.175

総社市（写真集）

◇倉敷・総社今昔写真集　名古屋　樹林舎　2014.10　160p　38cm〈岡山県教科図書販売（発売）年表あり〉Ⓘ978-4-902731-71-2　Ⓝ217.5　[9250円]

総社市（生物）

◇ヒイゴ池湿地環境調査報告書　2013　北の吉備路保全協会, ヒイゴ池湿地環境調査団監修　総社　岡山県総社市　2013.9　118p　30cm　Ⓝ462.175

相馬〔氏〕

◇手賀沼をめぐる中世　2　相馬氏の歴史　千野原靖方著　柏　たけしま出版　2014.6　93p　21cm　（手賀沼ブックレット　No.4）〈文献あり　年譜あり〉Ⓘ978-4-925111-49-2　Ⓝ213.5　[1000円]

相馬市（災害復興）

◇東日本大震災からの真の農業復興への挑戦―東京農業大学と相馬市の連携　東京農業大学, 相馬市編　ぎょうせい　2014.3　386p　21cm〈内容:未曾有の大震災に遭遇した行政の苦悩と復興の歩み（立谷秀清著）　大学による災害復興支援の理念、プロジェクトの活動設計と成果の普及（門間敏幸著）　相馬地域の農林業の特徴と東日本大震災による農林業被害の実態（山田崇裕, ルハタイオパット　プウォンケオ, 門間敏幸著）　「東京農大方式」による津波被災農地復興への取り組み（後藤逸男, 稲垣開生著）　津波による営農被害の実態と被災地域の農業の新たな担い手・経営の創造（渋谷往男, 山田崇裕, ニャムフーパットデルゲルほか著）　土壌肥料チームによる放射能汚染水田での営農技術開発の取り組み（後藤逸男, 稲垣開生著）　樹木の放射性セシウムの動態の解明と森林除染戦略（林隆久著）　放射能汚染地域の営農システム復興のための農地1筆単位の放射性物質モニタリングシステムの開発と実証（ルハタイオパット　プウォンケオ, 河野洋一ほか著）　農産物風評被害の実態と克服方向（ルハタイオパット　プウォンケオ, 松本靜香, 星嶽誠ほか著）　福島第一原発事故による帰還困難区域に放置されたダチョウの放射性物質汚染状況　節足動物における放射性物質の蓄積状況　放射能汚染地域での飼料用米と稲ホールクロップサイレージの生産可能性　森林生態系における放射性物質の動態　放射性物質が蓄積した公園などの新たな除染手法　被災地における農山村再生〈ふるさと再生〉のモデル提案　震災により創出された干潟利用の模索〉Ⓘ978-4-324-09767-0　Ⓝ612.126　[3500円]

相馬市（写真集）

◇相馬・双葉の昭和―写真アルバム　長岡　いき出版　2014.2　279p　31cm〈福島県教科用図書販売所（発売）文献あり〉Ⓘ978-4-904014-45-7　Ⓝ212.6　[9514円]

相馬市（震災）

◇平成23年3月11日発生東日本大震災の記録　第4回中間報告　平成23年3月11日―平成26年3月31日　相馬市災害対策本部編　相馬　相馬市災害対策本部　2014.6　279, 101p　30cm〈奥付・背のタイトル：東日本大震災相馬市の記録〉Ⓝ369.31　[非売品]

相馬市（農業）

◇東日本大震災からの真の農業復興への挑戦―東京農業大学と相馬市の連携　東京農業大学,相馬市編　ぎょうせい　2014.3　386p　21cm〈内容：未曾有の大震災に遭遇した行政の苦悩と復興の歩み（立谷秀清著）　大学による災害復興支援の理念，プロジェクトの活動設計と成果の普及（門間敏幸著）　相馬地域の農林業の特徴と東日本大震災による農林業被害の実態（山田崇裕,ルハタイオパット　プウォンケオ,門間敏幸著）「東京農大方式」による津波被災農地復興への取り組み（後藤逸男,稲垣開生著）　津波による営農被害の実態と被災地域の農業の新たな担い手・経営の創造（渋谷往男,山田崇裕,ニャムフーバットゲルほか著）　土壌肥料チームによる放射能汚染水田での営農技術開発の取り組み（後藤逸男,稲垣開生著）　樹木の放射性セシウムの動態の解明と森林除染戦略（林隆久著）　放射能汚染地域の営農システム復興のための農地1筆単位の放射性物質モニタリングシステムの開発と実証（門間敏幸,ルハタイオパット　プウォンケオ,河野洋一ほか著）　農産物風評被害の実態と克服方向（ルハタイオパット　プウォンケオ,松本静香,星誠ほか著）　福島第一原発事故による帰還困難区域に放置されたダチョウの放射性物質汚染状況　節足動物における放射性物質の蓄積状況　放射能汚染地域での飼料用米と稲ホールクロップサイレージの生産可能性　森林生態系における放射性物質の動態　放射性物質が蓄積した公園などの新たな除染手法　被災地における農山村再生《ふるさと再生》のモデル提案　震災により創出された干潟利用の模索〉①978-4-324-09767-0　Ⓝ612.126　[3500円]

総務省

◇業務案内―総務省　2014　総務省大臣官房秘書課　[2014]　58p　30cm　Ⓝ317.215

◇総務省名鑑　2014年版　米盛康正編著　時評社　2013.10　178p　19cm〈索引あり〉①978-4-88339-195-0　Ⓝ317.215　[3333円]

ソウル（社会）

◇韓国（ソウル）視察団報告書―IT先進国の韓国に学ぶ　アジア・ビジネス研究会編著　[東京]　アジア・ビジネス研究会　2013.12　99p　30cm〈文献あり〉Ⓝ302.214　[非売品]

ソウル・フラワー・ユニオン

◇ソウル・フラワー・ユニオン―解き放つ唄の轍　石田昌隆著,加藤彰編集　河出書房新社　2014.1　318p　20cm　①978-4-309-27452-2　Ⓝ767.8　[2400円]

副島 種臣〔1828〜1905〕

◇副島種臣―1828-1905　森田朋子,齋藤洋子著　佐賀　佐賀県立佐賀城本丸歴史館　2014.2　110p　21cm〈佐賀偉人伝12〉〈文献あり　年譜あり〉①978-4-905172-11-6　Ⓝ289.1　[952円]

曽於市（地誌）

◇ふるさと恒吉絵地図物語　恒吉の歴史を語る会,恒吉日輪会編著　[曽於]　恒吉の歴史を語る会　2013.10　227p　27cm〈年表あり　共同刊行：恒吉日輪会,発行所：鉱脈社〉①978-4-86061-517-8　Ⓝ291.97　[2667円]

曽我〔氏〕

◇日仏友好の窓―4世代の物語：鳥取二三子さんのレジオン・ドヌール・オフィシエ受章を記念して　[出版地不明]　鳥取二三子氏レジオン・ドヌール勲章受章を祝う会　2013.12　45p　20cm〈年表あり〉Ⓝ288.2

曽我 蕭白〔1720〜1782〕

◇辻惟雄集　6　若冲と蕭白　辻惟雄著,青柳正規,河野元昭,小林忠,酒井忠康,佐藤康宏,山下裕二編集委員　岩波書店　2014.9　244,18p　23cm〈著作目録あり　布装　内容：伊藤若冲　伊藤若冲筆《象＆鯨図屏風》　奇想横溢　曾我蕭白筆《群仙図屏風》　興聖寺の蕭白一族の墓および過去帳の記載について　視覚の驚き，または，型と型やぶり　林十江の表現主義「真景」の系譜〉①978-4-00-028656-5　Ⓝ702.1　[3400円]

ソクラテス

◇ソクラテス　岩田靖夫著　増補　筑摩書房　2014.2　351,42p　15cm（ちくま学芸文庫　イ51-1）〈文献あり　索引あり　初版：勁草書房　1995年刊〉①978-4-480-09595-4　Ⓝ131.2　[1400円]

そごう

◇社史で見る日本経済史　第75巻　そごう―百貨店叢書　第1巻　村上静人編輯　ゆまに書房　2014.9　133,24p　22cm〈百貨店新聞社出版部　1942年刊の複製　解説：末田智樹　布装〉①978-4-8433-4597-9,978-4-8433-4595-5(set),978-4-8433-4604-4(set)　Ⓝ335.48　[10000円]

ソシュール, F.〔1857〜1913〕

◇ソシュールとサピアの言語思想―現代言語学を理解するために　三輪伸春著　開拓社　2014.6　207p　19cm（開拓社言語・文化選書 45）〈文献あり　索引あり　内容：ソシュール,サピアへの道　ソシュールの言語学入門「ラング〈langue〉」をめぐって　ソシュールの「ラング〈langue〉」の定義　言語活動における「ラング」の位置　サピアの『言語』〈第7章,第8章〉　サピアの『言語』〈第9章〉〉①978-4-7589-2545-7　Ⓝ801　[1900円]

◇「ソシュール」名講義を解く！―ヒトの言葉の真実を明かそう　森山茂善著　名古屋　ブイツーソリューション　2014.3　188p　19cm〈星雲社（発売）〉①978-4-434-18718-6　Ⓝ801　[2200円]

◇丸山圭三郎著作集　1　ソシュールの思想　丸山圭三郎著,加賀野井秀一,前田英樹編集　岩波書店　2014.3　395p　22cm〈文献あり　著作目録あり　底本：「ソシュールの思想」（1981年刊）　布装〉①978-4-00-028691-6　Ⓝ808　[4400円]

疎石〔1275〜1351〕

◇夢中問答入門―禅のこころを読む　西村惠信［著］　KADOKAWA　2014.8　334p　15cm（[角川ソフィア文庫][H112-1]）〈文献あり「夢窓国師の『夢中問答』をよむ　上・下」（NHK出版　2012年刊）の改題,合本〉①978-4-04-408909-2　Ⓝ188.84　[880円]

袖ケ浦市（遺跡・遺物）

◇寒沢遺跡（7）寒沢遺跡（8）　地域文化財研究所編　袖ケ浦　袖ケ浦市教育委員会　2014.2　78p　図版 12p　30cm〈袖ケ浦市埋蔵文化財発掘調査報告書　第23集〉〈東日本建設の委託による　千葉県袖ケ浦市所在　神納地区宅地造成に伴う埋蔵文化財調査〉Ⓝ210.0254

◇袖ケ浦市内遺跡発掘調査報告書　平成25年度　袖ケ浦　袖ケ浦市教育委員会　2014.3　18p　図版 6p　30cm〈千葉県所在　内容：宮ノ後遺跡第2次調査　向山野遺跡第7次調査　向山野遺跡第8次調査　寺野台遺跡第6次調査　百々目木C遺跡第2次調査　山野貝塚第6次調査〉Ⓝ210.0254

◇中六遺跡第18次発掘調査報告書　袖ケ浦　袖ケ浦市教育委員会　2014.2　29p　図版 6p　30cm（袖ケ浦市埋蔵文化財発掘調査報告書　第22集）〈スエヒロ建設の委託による　千葉県袖ケ浦市所在　蔵波地区宅地造成に伴う埋蔵文化財調査〉Ⓝ210.0254

◇豆作台遺跡　3　袖ケ浦　袖ケ浦市教育委員会　2014.3　297p　図版[21]枚　30cm（袖ケ浦市埋蔵文化財発掘調査報告書　第21集）〈千葉県袖ケ浦市所在　東京都千葉福祉園整備工事に伴う埋蔵文化財調査報告書　共同刊行：東京都福祉局　内容：第13地点　第14地点　第15地点　第16地点　第17地点　第18地点. 1-2〉Ⓝ210.0254

ソニー不動産株式会社

◇ソニーはなぜ不動産業を始めたのか？―不動産流通革命に挑む改革者たち　茂木俊輔著,日経BPビジョナリー経営研究所編　[東京]　日経BP社　2014.12　191p　19cm〈日経BPマーケティング（発売）〉①978-4-8222-7761-1　Ⓝ673.99　[1500円]

曽根 威彦〔1944〜〕

◇曽根威彦先生・田口守一先生古稀祝賀論文集　上巻　高橋則夫,川上拓一,寺崎嘉博,甲斐克則,松原芳博,小川佳樹編集委員　成文堂　2014.3　934p　22cm〈内容：「新時代の刑事法」管見（浅田和茂著）　自由主義法治国と刑法（吉田敏雄著）　刑法上のパターナリスティックな介入とその限界（若尾岳志著）　刑法における自己決定の自由（萩原滋著）　市民の司法参加と犯罪論体系（新倉修著）　状態犯罪としての所持罪理解と行為主義（仲道祐樹著）　客観的帰属の規範・判断構造（山中敬一著）　不作為犯における因果関係と「疑わしきは被告人の利益に」原則（酒井安行著）　不作為犯における作為義務の内容（蔡芸琦著）　過失不作為犯罪における「注意義務」（岡部雅人著）　外国人登録不申請罪の構造と公訴時効の起算点（萩野貴史著）「結果反〈無〉価値論」について（松宮孝明著）　第二次大戦後の違法性論の帰趨（前田雅英著）　法益主体の自己決定と正当化原理（北川敦子著）　犯罪論における「被害者の意思」の意義（武藤眞朗著）　治療行為と患者の承諾について、再論（岡上雅美著）　終末期医療における自己決定と事前指示について（新谷一朗著）　正当業務行為の正当化におけるリスク概念の意義（石井徹哉著）　緊急救助型と自己防衛型の偶然防衛について（内山良雄著）　緊急避難論における補充性の要件（鈴木優典著）　強制による行為（上野芳久著）「作為義務と作為義務の衝突」における正当化根拠と正当化概念（勝亦藤彦著）　刑事責任の本質としての非難（宮崎英生著）　行為能力及び責任能力の犯罪論体系的内実規定と関係構造（伊東研祐著）　犯罪論における「精神障害に基づく錯誤」の問題（高橋則夫著）　認識形成プロセスとしての故意（大庭沙織著）　結果無価値論から見た過失犯の結果回避可能性（杉本一敏著）　可能世界論による予見可能性の検討（白石賢著）　不完全な説明と予見可能性（日下和人著）　医療事故

と刑事過失論をめぐる一考察（井田良著）　複数人の過失処罰をめぐる問題点（北川佳世子著）　鉄道事故と企業幹部の管理・監督責任（大塚裕史著）　実行の着手と罪刑法定主義（二本柳誠著）　イギリスにおける未遂犯の処罰根拠（奥村正雄著）　台湾における2005年刑法改正をめぐる論争（陳子平著）　韓国不能犯に関する一考察（鄭軍男著）　障害未遂・中止未遂における点と線・試論（関哲夫著）　中止犯における内包既遂犯について（鈴木一永著）　共犯と正犯の区別について（日髙義博著）　共犯と正犯の区別について（松澤伸著）　正犯と共犯の区別に関する一試論（田川靖紘著）　共同正犯における未遂（伊藤嘉亮著）　共犯の成立範囲と帰属原理（佐久間修著）　国際刑法における正犯処罰の系譜と判例理論の継受（増田隆著）　曽根威彦教授の刑法理論（松原芳博著）〉978-4-7923-5106-9　Ⓝ326.04　［25000円］

◇曽根威彦先生・田口守一先生古稀祝賀論文集　下巻　高橋則夫、川上拓一、寺崎嘉博、甲斐克則、松原芳博、小川佳樹編集委員　成文堂　2014.3　982p　22cm　〈著作目録あり　年譜あり　内容：罰条による評価（只木誠著）　刑罰と峻厳な取扱い（松生建著）　量刑における前科の考慮（野村健太郎著）　名誉毀損罪と相当の理由ある表現活動（専田泰孝著）　「名誉毀損罪における真実性の誤信」の法的処理（三上正隆著）　英米における名誉毀損罪をめぐる近時の動向（佐伯仁志著）　窃盗罪における窃取行為について（内田幸隆著）　名誉毀損罪の現状（林幹人著）　詐欺罪における財産的損害（田山聡美著）　背任罪における図利加害目的（伊藤亮吉著）　不正融資の相手方における背任罪の共犯（小野上真也著）　放火罪の各類型における抽象的危険（小坂亮著）　人骨素材記念品の刑法的意義（原田保著）　不正アクセス罪における「不正アクセス行為」の意義（渡邊卓也著）　アメリカ郵便・通信詐欺罪における「無形の権利」の保護（川崎友巳著）　ドイツにおける企業犯罪と刑事コンプライアンス（甲斐克則著）　日中環境汚染罪の処罰範囲（石亜淙著）　思想検事の刑罰思想に関する一粗描（宿谷晃弘著）　日本の刑事司法の特質とその構造的問題点（田中利彦著）　刑事手続における協議・合意（加藤克佳著）　捜査・公判協力による刑の減免制度（川出敏裕著）　いわゆる「包括的差押え」をめぐる諸問題について（太田茂著）　修正4条の保護とその実現（洲見光男著）　GPSを用いた被疑者等の位置情報探索（大野正博著）　犯罪捜査における情報の取得・保存と行政法的統制（田村正博著）　裁判員裁判と法曹の意識改革（川上拓一著）　フランスの刑事司法と「市民参加」法（白取祐司著）　アメリカにおける陪審員候補者に対する専断的忌避（松田正照著）　中国刑事訴訟制度の改革と証拠法（張凌著）　「歴史的」証明について（原田和往著）　DNA鑑定とヒューマンエラー（佐藤博史著）　排除法則の抑止効（小木曽綾著）　冤罪防止の視点から見た補強法則と「被告人の犯人性」推認の基礎（渡辺直行著）　被告人の証人喚問・審問権と所在尋問の限界（渡辺修著）　「精神状態の供述」について（寺崎嘉博著）　共謀共同正犯者が存在するのに「単独犯」と認定することが許されるとした最高裁判例について（佐々木正輝著）　日本における死刑量刑手続について（四宮啓著）　刑事控訴審等における事実審査の在り方（髙﨑秀雄著）　利益再審における確定再審開始決定の拘束力（髙倉新喜著）　「案例指導制度」の現状とその問題点（周振傑著）　少年司法の社会的基盤（服部朗著）　少年法上の「非行」成立要件に関する一考察（小西暁和著）〉①978-4-7923-5107-6　Ⓝ326.04　［25000円］

曽根 中生〔1937～2014〕

◇曽根中生自伝―人は名のみの罪の深さよ　曽根中生著，文遊社編集部編　文遊社　2014.8　496p　22cm　〈作品目録あり〉①978-4-89257-108-4　Ⓝ778.21　［3900円］

曽野 綾子〔1931～ 〕

◇曽野綾子大批判―そこんとこキッチリ話そうよ！　佐高信，山崎行太郎著　K&Kプレス　2014.4　202p　19cm　①978-4-906674-57-2　Ⓝ311.4　［1200円］

ソビエト連邦 →ロシアを見よ

ソフトバンク株式会社

◇「大風呂敷経営」進化論―松下幸之助から孫正義へ　嶋聡著　PHP研究所　2014.4　191p　19cm　①978-4-569-81808-5　Ⓝ007.35　［1300円］

ソポクレス

◇清水正・ドストエフスキー論全集　7　『オイディプス王』と『罪と罰』　清水正著　我孫子　D文学研究会　2014.7　585p　22cm＋　〈星雲社（発売）付属資料：16p；月報　内容：『オイディプス王』を読む　映画『アポロンの地獄』と原作『オイディプス王』を読む　オイディプスの〈運命〉とロジオンの〈踏み越え〉　『オイディプス王』における真理　『オイディプス王』から『罪と罰』へ　なぜ『オイディプス王』論を書き続けたのか〉①978-4-434-19566-2　Ⓝ980.226　［7000円］

空知地方〔歴史―写真集〕

◇空知の昭和―写真アルバム　長岡　いき出版　2014.11　279p　31cm　〈北海道教科書供給所（発売）〉978-4-904614-57-0　Ⓝ211.5　［9250円］

ゾルゲ，R.〔1895～1944〕

◇ゾルゲ事件関係外国語文献翻訳集　no. 39　日露歴史研究センター事務局編　［川崎］　日露歴史研究センター事務局　2014.3　64p　30cm　〈内容：外国語文献翻訳編　ミハイル・アレクセーエフ著『あなたのラムゼイリヒアルト・ゾルゲと中国におけるソ連軍事諜報機関1930-1933年』より抜粋．11　ソ連国家保安委員会（KGB）中将セルゲイ・A・コンドラショフ氏の報告リヒアルト・ゾルゲとそのグループ　日本語研究論文編　アグネス・スメドレー（白井久也述）　伊藤律（元日本共産党政治局員）、名誉回復なる　ゾルゲ事件の類似的（アナロジカル）解釈が不可欠（佐藤優述）〉Ⓝ210.75　［700円］

◇ゾルゲ事件関係外国語文献翻訳集　no. 40　日露歴史研究センター事務局編　［川崎］　日露歴史研究センター事務局　2014.6　68p　30cm　〈内容：外国語文献翻訳編　ミハイル・アレクセーエフ著『あなたのラムゼイリヒアルト・ゾルゲと中国におけるソ連軍諜報機関1930-1933年』より抜粋．12　日本語研究論文編　川合貞吉「満州国際諜報団事件」の真相を追って（渡部宣哉著）　外国人ジャーナリストの見た日本資本主義社会の構造（来栖宗孝著）　『ゾルゲ追跡』をめぐる名誉毀損告訴について（河合秀和著）　歴史的評価の多様性―ゾルゲ事件（神田文人著）　ゾルゲ事件を国際情報戦の一環として見直す（富士太郎著）　ゾルゲ事件の新事実と残された「謎」（名越健郎著）〉Ⓝ210.75　［700円］

◇ゾルゲ事件関係外国語文献翻訳集　no. 41　日露歴史研究センター事務局編　［川崎］　日露歴史研究センター事務局　2014.9　60p　30cm　〈内容：外国語文献翻訳編　ミハイル・アレクセーエフ著『あなたのラムゼイリヒアルト・ゾルゲと中国におけるソ連軍事諜報機関1930-1933年』より抜粋　13　ハルハ河戦争から70年歴史文献の諸問題（エレーナ・L.カタソノワ著）　ジャパンタイムズの記事への前書き（チャルマーズ・ジョンソン著）　日本語研究論文編　尾崎秀実におけるインテリジェンス概念の革新（鈴木規夫著）　外国人ジャーナリストの見た日本資本主義社会の構造（来栖宗孝著）　陸軍中野学校：　スパイと異なる秘密諜報戦要員の養成機関教育を受けた学生総数は2254人にのぼる　与徳に可愛がられた姪、比嘉治子先生（上里佑子著）〉Ⓝ210.75　［700円］

ソロモン諸島〔太平洋戦争〔1941～1945〕―会戦〕

◇コレクション・モダン都市文化　98　南太平洋の戦線　和田博文監修　山下真史編　ゆまに書房　2014.6　864p　22cm　〈解題あり　年表あり　「南洋群島写真帖」（南洋群島文化協会、南洋協會南洋群島支部 1938年刊）の複製　「ソロモン海戦」（國民畫報社 1943年刊）の複製ほか　内容：南洋群島写真帖（南洋群島文化協会編）　ソロモン海戦（丹羽文雄著）　南太平洋の戦場（瀧田憲次著）〉978-4-8433-4136-0,978-4-8433-4117-9 (set),978-4-8433-4113-1 (set)　Ⓝ361.78　［18000円］

孫 過庭〔唐代〕

◇書譜字典　二玄社編集部編　二玄社　2014.8　165p　21cm　〈索引あり〉978-4-544-12014-1　Ⓝ728.4　［1200円］

宋 君哲〔1952～ 〕

◇長いは短い、短いは長い―なにわの事務長「発明奮闘記」　宋君哲著　ころから　2014.11　206p　19cm　①978-4-907239-45-0　Ⓝ507.1　［1500円］

孫 文〔1866～1925〕

◇素顔の孫文―国父になった大ほら吹き　横山宏章著　岩波書店　2014.4　294,6p　20cm　〈文献あり　索引あり〉①978-4-00-001082-5　Ⓝ125.9　［3800円］

◇孫文　横山英，中山義弘共著　新装版　清水書院　2014.9　197p　19cm　（Century Books）〈文献あり　年譜あり　索引あり〉①978-4-389-42027-7　Ⓝ125.9　［1000円］

◇孫文記念館蔵書目録　孫文記念館編　神戸　孫中山記念会　2014.3　298p　30cm　〈付・著者索引〉Ⓝ125.9

◇科学の人（マン・オブ・サイエンス）・孫文―思想史的考察　武上真理子著　勁草書房　2014.2　282p　22cm　（現代中国地域研究叢書　6）〈文献あり　索引あり　内容：孫文思想の見取り図　孫文の科学観　孫文と医学　『実業計画』の同時代的位相　孫文と工学　近代科学思想と孫文　孫文と南方熊楠〉978-4-326-34896-1　Ⓝ125.9　［4000円］

孫 正義〔1957～ 〕

◇あんぽん―孫正義伝　佐野眞一著　小学館　2014.9　508p　15cm　（小学館文庫　さ19-1）〈文献あり　2012年刊の加筆〉①978-4-09-406084-3　Ⓝ289.1　［750円］

◇「大風呂敷経営」進化論―松下幸之助から孫正義へ　嶋聡著　PHP研究所　2014.4　191p　19cm　①978-4-569-81808-5　Ⓝ007.35　［1300円］

◇孫の二乗の法則―孫正義の成功哲学　板垣英憲著　新版　PHP研究所　2014.6　285p　19cm〈文献あり〉①978-4-569-81965-5　Ⓝ159.4　［1300円］

◇孫正義「リスク」を「成功」に変える28のルール　三木雄信著　KADOKAWA　2014.3　255p　19cm　①978-4-04-600237-2　Ⓝ159.4　［1400円］

孫子

◇クイズで学ぶ孫子―最高の戦略教科書　実践編　守屋淳,田中靖浩著　日本経済新聞出版社　2014.11　214p　19cm　①978-4-532-31964-9　Ⓝ399.23　［1000円］

◇最高の戦略教科書孫子　守屋淳著　日本経済新聞出版社　2014.1　384p　19cm　①978-4-532-16925-1　Ⓝ399.23　［1800円］

◇仕事に生かす孫子　越智直正著　致知出版社　2014.1　212p　20cm　①978-4-8009-1028-8　Ⓝ159.4　［1600円］

◇実践版孫子の兵法―勝者を支える最高峰の戦略書　鈴木博毅著　プレジデント社　2014.10　268p　19cm〈文献あり〉①978-4-8334-2095-2　Ⓝ159　［1500円］

◇図解最高の戦略教科書孫子　守屋淳著　日本経済新聞出版社　2014.9　103p　21cm　①978-4-532-16938-1　Ⓝ399.23　［900円］

◇ゼロから学ぶ孫子―The Art of War by Sun Tzu　遠越段著　総合法令出版　2014.5　284p　19cm　①978-4-86280-403-7　Ⓝ159.4　［1100円］

◇曹操注解孫子の兵法　中島悟史著　新装版　朝日新聞出版　2014.8　462p　15cm　（朝日文庫　な23-2)〈文献あり〉①978-4-02-261807-8　Ⓝ399.23　［840円］

◇孫子―現代語訳　孫子［著］、杉之尾宜生編著　日本経済新聞出版社　2014.4　397p　19cm〈文献あり〉①978-4-532-16932-9　Ⓝ399.23　［1800円］

◇孫子戦争の技術―グリフィス版　サミュエル・B・グリフィス著、漆嶋稔訳　［東京］　日経BP社　2014.9　465p　20cm　(NIKKEI BP CLASSICS)〈日経BPマーケティング（発売）文献あり〉①978-4-8222-5041-6　Ⓝ399.23　［2500円］

◇「孫子」叢書　第7巻　孫子講義　湯浅邦弘監修　内藤耻叟,西村兼文著　大空社　2014.2　118,148p　22cm　（「孫子講義」（益友社　明治24年刊）の複製　「孫子・呉子講義」（学友館　明治27年刊）の複製　布装）①978-4-283-01278-3,978-4-283-01286-8(set)　Ⓝ399.23　［11500円］

◇「孫子」叢書　第8巻　ポケット孫子新釈　湯浅邦弘監修　中村徳助著　大空社　2014.2　199p　22cm〈菊地屋書房　明治42年刊の複製　布装〉①978-4-283-01279-0,978-4-283-01286-8(set)　Ⓝ399.23　［9000円］

◇「孫子」叢書　第9巻　訳註孫子　湯浅邦弘監修　塚本哲三,児島献吉郎訳註　大空社　2014.2　1冊　22cm（「七書・鬼谷子」（有朋堂書店　大正8年刊）の複製　「七書・鬼谷子・陸賈新語」（国民文庫刊行会　大正10年刊）の複製　布装）①978-4-283-01280-6,978-4-283-01286-8(set)　Ⓝ399.23　［9500円］

◇「孫子」叢書　第10巻　孫子新註　湯浅邦弘監修　大谷光瑞著　大空社　2014.2　142,8p　22cm〈民文社　大正15年刊の複製　布装〉①978-4-283-01281-3,978-4-283-01286-8(set)　Ⓝ399.23　［7000円］

◇「孫子」叢書　第11巻　孫子夜話　湯浅邦弘監修　谷孫六著　大空社　2014.2　302p　22cm〈春秋社　昭和6年刊の複製　布装〉①978-4-283-01282-0,978-4-283-01286-8(set)　Ⓝ399.23　［12500円］

◇「孫子」叢書　第12巻　孫子解説　湯浅邦弘監修　北村佳逸著　大空社　2014.2　290p　22cm〈立命館出版部　昭和19年刊の複製　布装〉①978-4-283-01283-7,978-4-283-01286-8(set)　Ⓝ399.23　［12500円］

◇「孫子」叢書　第13巻　兵略政略外交の玄機を発揮せる孫子の評釈　湯浅邦弘監修　坂井末雄著　大空社　2014.2　14,244p　22cm〈服部文華堂　昭和11年刊の複製　布装〉①978-4-283-01284-4,978-4-283-01286-8(set)　Ⓝ399.23　［11000円］

◇「孫子」叢書　第14巻　孫子　湯浅邦弘監修　桜井忠温著　大空社　2014.2　407p　22cm〈フタバ書院成光館　昭和17年刊の複製　布装〉①978-4-283-01285-1,978-4-283-01286-8(set)　Ⓝ399.23　［17000円］

◇孫子と兵法三十六計　洋泉社編集部編　洋泉社　2014.5　191p　19cm〈「入門孫子と兵法三十六計」（2013年刊）の改題、再編集〉①978-4-8003-0397-4　Ⓝ399.23　［1400円］

◇孫子に経営を読む　伊丹敬之著　日本経済新聞出版社　2014.7　237p　20cm〈文献あり〉①978-4-532-31942-7　Ⓝ336.1　［1600円］

◇孫子の至言―あらゆる困難に打ち勝つための「人生の戦略書」　田口佳史著　光文社　2014.8　205p　16cm　（光文社知恵の森文庫　tた7-3)〈2012年刊の加筆修正〉①978-4-334-78656-4　Ⓝ399.23　［640円］

◇超訳孫子の兵法―「最後に勝つ人」の絶対ルール　田口佳史著　三笠書房　2014.1　269p　15cm　（知的生きかた文庫　た66-1)〈文献あり〉①978-4-8379-8236-4　Ⓝ399.23　［571円］

◇超訳孫子の兵法　野中根太郎著　アイバス出版　2014.1　277p　20cm〈サンクチュアリ出版（発売）〉①978-4-86113-497-5　Ⓝ399.23　［1500円］

◇日本の存亡は「孫子」にあり―中国は「孫子の兵法」で日本を征服しようとしている。日本も「孫子」に学び、これに打ち勝たねばならない。　太田文雄著　致知出版社　2014.5　285p　20cm〈文献あり〉①978-4-8009-1038-7　Ⓝ399.23　［1800円］

◇まんがで身につく孫子の兵法　長尾一洋著,久米礼華まんが　あさ出版　2014.11　215p　19cm　(Business Comic Series)　①978-4-86063-732-3　Ⓝ336.1　［1200円］

【 た 】

タイ（3R〔廃棄物〕）

◇「タイ王国北部地域におけるセメント工場を核とした産業廃棄物再資源化による3Rシステムの構築」に係る業務報告書　［岸和田］　リマテック　2014.3　128p　31cm〈平成25年度我が国循環産業海外展開事業化促進事業〉Ⓝ518.52

タイ（遺跡・遺物）

◇夜明けのスコータイ遺跡　伊東照司著　雄山閣　2014.3　247p　図版72p　27cm〈文献あり　索引あり　布装〉①978-4-639-02307-4　Ⓝ162.237　［18000円］

タイ（外国人教育）

◇タイにおける外国人児童の教育と人権―グローバル教育支援ネットワークの課題　野津隆志著　姫路　ブックウェイ　2014.9　239p　20cm〈年表あり〉①978-4-907439-64-4　Ⓝ372.237　［2800円］

タイ（紀行・案内記）

◇旅はワン連れ―ビビリ犬・マドとタイを歩く　片野ゆか著　ポプラ社　2014.10　335p　19cm〈表紙のタイトル：DOG MADO'S TRAVEL〉①978-4-591-14134-2　Ⓝ292.3709　［1500円］

タイ（給与）

◇在アジア日系企業における現地スタッフの給与と待遇に関する調査　2014　タイ編　Tokyo　日経リサーチ　c2014　260p　30cm〈英語併記　奥付のタイトル：在アジア日系企業における現地スタッフの給与と待遇に関する調査〉Ⓝ336.45

タイ（経済―統計）

◇タイ経済・産業データハンドブック　'12年版　横浜　アジア産業研究所　2014.3　628p　26cm　①978-4-900898-76-9　Ⓝ60000円］

タイ（経済援助〔日本〕）

◇中小企業向け環境経営システムの国際展開支援等業務報告書　平成25年度　［東京］　［環境省］　2014.3　105p　30cm〈文献あり〉Ⓝ336

タイ（産業―統計）

◇タイ経済・産業データハンドブック　'12年版　横浜　アジア産業研究所　2014.3　628p　26cm　①978-4-900898-76-9　Ⓝ60000円］

タイ（自動車産業）

◇タイ・インドネシア自動車産業の実態　2013年版　名古屋　アイアールシー　2013.3　718p　30cm　（特別企画調査資料）Ⓝ537.09　［68000円］

タイ（社会）

◇タイを知るための72章　綾部真雄編著　第2版　明石書店　2014.7　438p　19cm　（エリア・スタディーズ　30)〈文献あり　初版のタイトル：タイを知るための60章〉①978-4-7503-4037-1　Ⓝ302.237　［2000円］

◇「地域学」の構築を目指して―わがタイ研究　田中忠治［著］　富山　桂書房　2014.6　352p　22cm〈著作目録あり　奥付の責任表示（誤植）：編集　田中　忠治〉①978-4-905345-70-1　Ⓝ302.237　［2800円］

タイ（人権―児童）

◇タイにおける外国人児童の教育と人権―グローバル教育支援ネットワークの課題　野津隆志著　姫路　ブックウェイ　2014.9　239p　20cm〈年表あり〉①978-4-907439-64-4　Ⓝ372.237　［2800円］

タイ（政治）

◇赤VS黄　第2部　政治に目覚めたタイ　ニック・ノスティック著，大野浩訳　めこん　2014.10　167p　21cm〈年表あり　索引あり〉①978-4-8396-0282-6　Ⓝ312.237　［2500円］

タイ（地域開発）

◇「開発」を生きる仏教僧―タイにおける開発言説と宗教実践の民族誌的研究　岡部真由美著　風響社　2014.2　370p　22cm〈文献あり〉①978-4-89489-192-0　Ⓝ182.237　［5000円］

タイ（地域福祉）

◇地域社会の再編成と住民による地域福祉活動の日・タイ比較研究　酒井出著　京都　久美　2014.2　228p　22cm　①978-4-86189-155-7　Ⓝ369.021　［2400円］

タイ（地誌）

◇写真記録100年前の世界　12　中国・タイ　内藤民治編著　大空社　2014.5　1冊　22cm〈索引あり　「世界實觀　第12巻」（日本風俗圖繪刊行會　大正5年刊）の複製　英語併記〉①978-4-283-01181-6,978-4-283-00645-4（set）,978-4-283-00646-1（set）　Ⓝ290.8　［12500円］

タイ（都市―バンコク）

◇東京，バンコク，シンガポール―強度，リユース，クリエイティブな風土　Darko Radović［監修］，ダヴィシー・プンタム［著］　Tokyo flick studio　c2013　135p　26cm（Measuring the non-measurable 2）〈英語併記〉①978-4-904894-05-7　Ⓝ361.78　［1143円］

タイ（都市交通―歴史―バンコク）

◇都市交通のポリティクス―バンコク1886～2012年　柿崎一郎著　京都　京都大学学術出版会　2014.2　530p　23cm〈索引あり〉①978-4-87698-377-3　Ⓝ681.8　［7000円］

タイ（難民〔ミャンマー〕）

◇難民の人類学―タイ・ビルマ国境のカレンニー難民の移動と定住　久保忠行著　清水弘文堂書房　2014.9　345,11p　22cm〈文献あり〉①978-4-87950-615-3　Ⓝ369.38　［3000円］

タイ（日系企業）

◇在アジア日系企業における現地スタッフの給料と待遇に関する調査　2014　タイ編　Tokyo　日経リサーチ　c2014　260p　30cm〈英語併記　奥付のタイトル：在アジア日系企業における現地スタッフの給与と待遇に関する調査〉Ⓝ336.45

タイ（農業）

◇タイから学ぶ日本農業の未来像　松永英輔著　学研マーケティング　2014.8　185p　22cm　①978-4-05-406091-3　Ⓝ612.237　［1400円］

タイ（農村生活）

◇秩序のミクロロジー―タイ農村における相互行為の民族誌　高城玲著　横浜　神奈川大学出版会　2014.2　354p　22cm〈丸善出版（発売）文献あり　索引あり〉①978-4-906279-05-0　Ⓝ611.98　［3600円］

タイ（廃棄物処理施設）

◇タイ王国における廃棄物発電の状況調査及び事業性評価に係る業務報告書　平成25年度　［東京］　エックス都市研究所　2014.3　67p　30cm〈平成25年度環境省請負業務〉Ⓝ518.52

タイ（廃棄物発電）

◇タイ王国における廃棄物発電の状況調査及び事業性評価に係る業務報告書　平成25年度　［東京］　エックス都市研究所　2014.3　67p　30cm〈平成25年度環境省請負業務〉Ⓝ518.52

タイ（売春）

◇ブラックアジア―売春地帯をさまよい歩いた日々　第1部　カンボジア・タイ編　鈴木傾城著　ラピュータ　2013.11　319p　19cm（LAPUTA BOOKS）①978-4-905055-13-6　Ⓝ368.4　［1500円］

タイ（仏教）

◇「開発」を生きる仏教僧―タイにおける開発言説と宗教実践の民族誌的研究　岡部真由美著　風響社　2014.2　370p　22cm〈文献あり〉①978-4-89489-192-0　Ⓝ182.237　［5000円］

タイ（仏教―歴史―中世）

◇夜明けのスコータイ遺跡　伊東照司著　雄山閣　2014.3　247p　図版72p　27cm〈文献あり　索引あり　布装〉①978-4-639-02307-4　Ⓝ162.237　［18000円］

タイ（平和運動―歴史―1945～）

◇アジア冷戦に挑んだ平和運動―タイ共産党の統一戦線活動と大衆参加　高橋勝幸著　早稲田大学出版部　2014.1　406p　22cm（早稲田大学学術叢書　29）〈文献あり　年表あり　索引あり〉①978-4-657-13706-7　Ⓝ319.8　［7900円］

タイ（歴史）

◇タイ謎解き散歩　柿崎一郎著　KADOKAWA　2014.11　325p　15cm（中経の文庫　か‐30‐1）①978-4-04-600360-7　Ⓝ223.7　［800円］

戴震〔1723～1777〕

◇戴震と中国近代哲学―漢学から哲学へ　石井剛著　知泉書館　2014.1　417,38p　22cm〈文献あり　索引あり〉①978-4-86285-169-7　Ⓝ125.6　［6800円］

第一印刷所

◇「ありがとう」をつないで70年―株式会社第一印刷所創立七十周年記念誌：感謝　第一印刷所創立七十周年記念誌編集委員会編　［新潟］　第一印刷所　2013.12　185p　30cm〈年表あり〉Ⓝ749.067

第一勧業銀行

◇第一勧業銀行30年の歩み　「第一勧業銀行30年の歩み」編纂委員会編纂　［東京］　「第一勧業銀行30年の歩み」編纂委員会　2014.7　263p　21cm〈年表あり〉Ⓝ338.61

第一生命保険相互会社

◇継承と挑戦―クライアントアーキテクトの軌跡と奇跡：「私たちの建築は金融商品にあらず」第一生命のインハウスアーキテクトとして40年協働者との活動記録　梅垣春樹著　建築画報社　2013.5　119p　26cm　①978-4-901772-74-7　Ⓝ526.33　［2800円］

大映株式会社

◇大映セクシー女優の世界　上妻祥浩著　河出書房新社　2014.12　282p　19cm〈作品目録あり〉①978-4-309-27536-9　Ⓝ778.21　［2000円］

大榮車輌株式会社

◇大榮車輌ものがたり―津田沼にあった鉄道車輌メーカー　上稲葉克彦著　ネコ・パブリッシング　2014.12　42p　26cm（RM LIBRARY 184）①978-4-7770-5374-2　Ⓝ536.09　［1250円］

大学キリスト者の会

◇「大学キリスト者の会」史―1962-2014　「大学キリスト者の会」史編集委員会編　大学キリスト者の会　2014.4　352p　21cm〈年表あり〉Ⓝ190.6

大覚寺〔京都市〕

◇古代ロマン漂う嵯峨野　坂口博翁著　［東京］　東京図書出版　2013.7　165p　19cm〈リフレ出版（発売）文献あり　年表あり〉①978-4-86223-661-6　Ⓝ288.41　［1500円］

大学評価学位授与機構

◇外部検証報告書　［小平］　大学評価・学位授与機構外部検証委員会　2013.3　124p　30cm　Ⓝ377.5

大韓民国（移民法）

◇韓国移民関連法令集　松本誠一,吉川美華編訳　東洋大学アジア文化研究所　2014.2　152p　30cm（東洋大学アジア文化研究所資料集）〈奥付のタイトル：韓国移民法令集〉①978-4-903878-12-6　Ⓝ334.421

大韓民国（外国関係）

◇哀しき半島国家韓国の結末　宮家邦彦著　PHP研究所　2014.10　297p　18cm（PHP新書 954）〈文献あり〉①978-4-569-82226-6　Ⓝ319.21　［800円］

◇韓国とかかわるな！―韓国とかかわると人も国も必ず不幸になる―Kの法則　某国のイージス著　アイバス出版　2014.6　261p　19cm〈サンクチュアリ出版（発売）〉①978-4-86113-500-2　Ⓝ319.21　［1300円］

◇激動の東北アジア韓国の進路―強国に囲まれた大韓民国はどこへ進むべきか　李春根著，洪炗訳　［東京］　統一日報社　2014.12　155p　19cm　①978-4-907988-04-3　Ⓝ319.21　［1390円］

◇中国・韓国を本気で見捨て始めた世界―各国で急拡大する嫌中・嫌韓の実態　宮崎正弘著　徳間書店　2014.9　262p　18cm　①978-4-19-863856-6　Ⓝ319.22　［1000円］

◇朝鮮半島のシナリオ・プランニング　日本国際問題研究所　2014.3　155p　30cm〈平成25年度外務省外交・安全保障調査研究事業（総合事業）〉Ⓝ319.21

◇日本と韓国は「米中代理戦争」を闘う　鈴置高史著　［東京］　日経BP社　2014.9　239p　19cm〈日経BPマーケティング（発売）年表あり〉①978-4-8222-7790-1　Ⓝ319.21　［1400円］

大韓民国（外国関係―アメリカ合衆国）

◇「反日」の秘密―朝鮮半島をめぐる巨大な謀略：安倍首相も朴大統領も知らない　鬼塚英昭著　成甲書房　2014.8　275p　19cm　①978-4-88086-317-7　Ⓝ319.21053　［1600円］

◇「踏み絵」迫る米国「逆切れ」する韓国　鈴置高史著　［東京］　日経BP社　2014.4　247p　19cm〈日経BPマーケティング（発売）〉①978-4-8222-7782-6　Ⓝ319.21053　［1400円］

大韓民国（外国関係―台湾―歴史―1945～）

◇米国に堂々と対した大韓民国の大統領たち　李春根著，洪熒訳　［東京］　統一日報社　2014.5　287p　19cm　①978-4-907988-02-9　Ⓝ319.21053　［1300円］

大韓民国（外国関係―台湾―歴史―1945～）
◇知られざる台湾の「反韓」―台湾と韓国が辿った数奇な戦後史　古谷経衡著　PHP研究所　2014.11　268p　19cm　〈文献あり〉　①978-4-569-82099-6　Ⓝ319.224021　［1500円］

大韓民国（外国関係―中国）
◇なぜ韓国は中国についていくのか―日本人が知らない中韓連携の深層　荒木和博著　草思社　2014.9　302p　20cm　〈文献あり〉　①978-4-7942-2049-3　Ⓝ319.21022　［2200円］

大韓民国（外国関係―日本）
◇悪韓論VS悪日論―日本と韓国はどちらが嘘をついているのか　井上和彦，金慶珠著　双葉社　2014.1　254p　18cm　（双葉新書 077）　①978-4-575-15427-6　Ⓝ319.1021　［819円］

◇新たな反日包囲網を撃破する日本　渡部昇一著　徳間書店　2014.3　236p　20cm　①978-4-19-863777-4　Ⓝ319.1053　［1600円］

◇言いがかり国家「韓国」を黙らせる本　宮越秀雄著　彩図社　2014.2　189p　19cm　〈文献あり〉　①978-4-88392-972-6　Ⓝ319.1021　［1200円］

◇貶める韓国脅す中国―新帝国時代試される日本　産経新聞「新帝国時代」取材班著　産経新聞出版　2014.3　252p　19cm　〈日本工業新聞社（発売）〉　①978-4-8191-1238-3　Ⓝ319.1022　［1300円］

◇韓国が次に騒ぎ出す「歴史問題」―慰安婦だけでは終わらない！　拳骨拓史著　PHP研究所　2014.11　221p　19cm　〈文献あり〉　①978-4-569-82098-9　Ⓝ319.1021　［1450円］

◇韓国・北朝鮮とどう向き合うか―拉致、核、慰安婦……どうなる？ 対北朝鮮・韓国外交　東アジア共同体研究所編，鳩山友紀夫，辺真一，高野孟，朴斗鎮著　［東京］　花伝社　2014.10　98p　21cm　〈友愛ブックレット〉　内容：日韓、日朝関係の深層底流を読む！（辺真一，高野孟述）　金正恩体制の驚くべき内実と日朝交渉の行方（朴斗鎮，鳩山友紀夫述）　安倍「拉致外交」の前途に潜む陥穽（朴斗鎮，鳩山友紀夫，高野孟述）　①978-4-7634-0716-0　Ⓝ319.1021　［1000円］

◇韓国人知日派の言い分　宇田川敬介著　飛鳥新社　2014.6　263p　18cm　①978-4-86410-330-5　Ⓝ319.1021　［1000円］

◇韓国人による恥韓論　シンシアリー著　扶桑社　2014.5　257p　18cm　（扶桑社新書 164）　①978-4-594-07039-7　Ⓝ319.1021　［760円］

◇韓国人の卑瘠日本人の微笑み　柳舜夏著，河鐘基，藤原修平訳　小学館　2014.12　318p　19cm　①978-4-09-389753-2　Ⓝ319.1021　［1400円］

◇韓国の品格―13歳の子どもに「日本人は死ねばいい」と言わせる祖国へ　チョンジヨン著　宝島社　2014.8　223p　18cm　①978-4-8002-2968-7　Ⓝ319.1021　［920円］

◇韓国「反日謀略」の罠　拳骨拓史著　扶桑社　2014.3　223p　19cm　〈文献あり〉　①978-4-594-07024-3　Ⓝ319.2201　［1300円］

◇韓国擁護論　二日市壮著　国書刊行会　2014.9　182p　19cm　〈文献あり　年表あり〉　①978-4-336-05821-8　Ⓝ319.1021　［1500円］

◇韓中衰栄と武士道　黒鉄ヒロシ著　［東京］　KADOKAWA　2014.9　254p　19cm　①978-4-04-653310-4　Ⓝ319.1053　［1500円］

◇嫌韓の論法　金慶珠著　ベストセラーズ　2014.10　173p　18cm　（ベスト新書 446）　①978-4-584-12446-8　Ⓝ319.1021　［800円］

◇言論外交―誰が東アジアの危機を解決するのか　工藤泰志編著　NCコミュニケーションズ　2014.4　256p　19cm　〈日中出版（発売）　年譜あり　内容：日中「不戦の誓い」はどのようにして合意されたか（工藤泰志述）　北京コンセンサス「不戦の誓い」〈全文〉「不戦の誓い」と「民間外交」（明石康，宮本雄二，工藤泰志述）　第九回東京―北京フォーラム」を振り返って（武藤敏郎述）　なぜいま「言論外交」なのか（明石康，宮本雄二，工藤泰志述）　「民間外交」の役割とは何か（田中明彦述）　新しい民間外交「言論外交」の可能性（川島真，神保謙，三上貴教ほか述）　尖閣諸島周辺海域で何が起こっているか（川口順子，小倉和夫，工藤泰志述）　日韓両国の対立をどう克服するか（川口順子，小倉和夫，工藤泰志述）　重要度を増す「民間外交」の役割（東郷和彦述）　「言論外交」は何を目指すか（明石康，宮本雄二，工藤泰志述）〉　①978-4-8175-9105-0　Ⓝ319.1022　［1600円］

◇ここがヘンだよ「反日」韓国―彼らがウソをつくほど日本が得をする法則　KAZUYA著　イースト・プレス　2014.8　243p　18cm　（知的発見！ BOOKS 022）　①978-4-7816-1233-1　Ⓝ319.1021　［926円］

◇この1冊で韓国問題丸わかり！―なぜこの国は平気でウソをつくのか　ワック　2014.6　256p　21cm　（歴史通増刊）　Ⓝ319.1021　［824円］

◇笑日韓論　水野俊平著　フォレスト出版　2014.7　216p　18cm　（Forest 2545 Shinsyo 103）　①978-4-89451-952-7　Ⓝ319.1021　［900円］

◇大嫌韓時代　桜井誠著　青林堂　2014.9　207p　19cm　（SEIRINDO BOOKS）　①978-4-7926-0502-5　Ⓝ319.1021　［1200円］

◇誅韓論―悪の反日国家はこうやって潰せ！　日本戦略ブレイン著　晋遊舎　2014.8　319p　18cm　（晋遊舎新書 S18）　①978-4-8018-0049-6　Ⓝ319.1021　［900円］

◇超人気ブロガーRandomYOKOの新・愛国論―祖国を悪く言う人は時代遅れでカッコ悪い！　YOKO著　町田 桜の花出版　2014.8　243p　19cm〈星雲社（発売）文献あり 英語抄訳付〉①978-4-434-19558-7　Ⓝ319.1021　［1360円］

◇テキサス親父の大正論―韓国・中国の屁理屈なんて普通のアメリカ人の俺でも崩せるぜ！　トニー・マラーノ著，藤木俊一訳・監修　徳間書店　2014.6　191p　18cm　①978-4-19-863813-9　Ⓝ319.1021　［1000円］

◇どの面下げての韓国人　豊田有恒［著］　祥伝社　2014.4　223p　18cm　（祥伝社新書 365）　①978-4-396-11365-0　Ⓝ302.21　［780円］

◇仲良く自滅する中国と韓国―暴走と崩壊が止まらない！　宮崎正弘，室谷克実著　徳間書店　2014.6　237p　19cm　①978-4-19-863816-0　Ⓝ319.1022　［1000円］

◇日韓”円満”断交はいかが？―女性キャスターが見た慰安婦問題の真実　大高未貴著　ワニブックス　2014.4　255p　18cm　（ワニブックス｜PLUS｜新書 116）　①978-4-8470-6548-4　Ⓝ319.1021　［830円］

◇日韓関係の争点　小倉紀蔵，小針進編　藤原書店　2014.11　341p　19cm　〈執筆：小倉和夫ほか　日韓関係の争点　慰安婦報道と集合的記憶について（小此木政夫著）メディアは「自らの言動が結果責任を問われる」という自覚があるか（小針進著）　日朝関係も視野に入れた考察を（金子秀敏著）　慰安婦報道問題をめぐって考えたこと（小倉和夫著）　慰安婦問題と「日韓モデル」の危機（小倉紀蔵著）　朝日新聞の悔いと、問題すり替えの罠（若宮啓文著）　日韓の新しい共生戦略を考える（小此木政夫著）　長い葛藤の物語（若宮啓文著）　過剰な贖罪意識が認識を誤らせた（黒田勝弘著）　日韓関係をとりまく環境変化と今後の課題（小倉和夫著）　中国の台頭と日韓関係（金子秀敏著）　二つのソウル発報道をめぐって（小針進著）われわれは「認識」以前の段階にいる（小倉紀蔵著）〈跋〉現在の東アジアをどうみるか（高銀著）〉①978-4-89434-997-1　Ⓝ319.1021　［2800円］

◇日韓歴史認識問題とは何か―歴史教科書・「慰安婦」・ポピュリズム　木村幹著　京都 ミネルヴァ書房　2014.10　272,6p　20cm　（叢書・知を究める 4）〈文献あり 年表あり 索引あり〉①978-4-623-07175-3　Ⓝ319.1021　［2800円］

◇「日中韓」外交戦争―日本が直面する「いますこにある危機」　読売新聞政治部著　新潮社　2014.9　301p　20cm　〈年表あり〉①978-4-10-339016-9　Ⓝ319.1022　［1400円］

◇ニッポンの懸案―韓・中との衝突にどう対処するか　櫻井よしこ著　小学館　2014.2　252p　18cm　（小学館新書 201）〈内容：”従北勢力”が跋扈する韓国は内戦状態（洪熒述）言論の自由を封じ、入国拒否の蛮行に走った韓国の精神構造（呉善花述）　尖閣、五島、沖縄、そして日本海にも中国の脅威が（山田吉彦述）　人民解放軍将官と自衛隊幹部の島の防人に聞く「日本の離島をどう守るか」（中山義隆述）　軍事独裁国家・中国との戦争を防ぐには日本の軍事的努力が必要だ（村井友秀述）　抑圧ではチベット人の民意は得られない（ダライ・ラマ法王14世述）　日本の領土、領海を守れない憲法をどう変えるべきか（百地章述）〉①978-4-09-825201-5　Ⓝ319.1021　［740円］

◇日本を取り戻す―アベノミクスと反日の中国・韓国　黄文雄著　光明思想社　2014.3　232p　19cm　①978-4-904414-27-9　Ⓝ319.1022　［1200円］

◇日本、韓国、そして北朝鮮―日本と朝鮮半島をめぐる国際政治　中内康夫，寺林裕介共著　草加 朝陽会　2014.2　112p　21cm　（Gleam books）①978-4-903059-41-9　Ⓝ319.1021　［1000円］

◇日本人なら知っておきたい反日韓国100のウソ　室谷克実，黄文雄，野村旗守ほか著　宝島社　2014.12　237p　18cm　〈2014年6月刊の増補・改訂〉①978-4-8002-3326-4　Ⓝ319.1021　［920円］

◇日本と韓国は和解できない—「贖罪」と「幻想」からの脱却 渡部昇一, 呉善花著 PHP研究所 2014.9 221p 19cm ①978-4-569-82062-0 Ⓝ319.1021 ［1400円］

◇犯論語 黄文雄著 幻冬舎ルネッサンス 2014.3 231p 18cm（幻冬舎ルネッサンス新書 こ-4-1）①978-4-7790-6096-0 Ⓝ319.1021 ［838円］

◇犯中韓論 黄文雄著 幻冬舎ルネッサンス 2014.8 279p 18cm（幻冬舎ルネッサンス新書 こ-4-2）①978-4-7790-6112-7 Ⓝ319.1022 ［900円］

◇「反日」の敗北 石平, 西村幸祐著 イースト・プレス 2014.6 207p 19cm ①978-4-7816-1174-7 Ⓝ319.1022 ［1200円］

◇「反日モンスター」はこうして作られた—狂暴化する韓国人の心の中の怪物〈ケムル〉 崔碩栄［著］ 講談社 2014.12 234p 18cm（講談社＋α新書 682-1C）①978-4-06-272882-9 Ⓝ319.2101 ［890円］

◇「秘話」で綴る私と朝鮮 佐藤勝巳著 晩聲社 2014.4 238p 19cm ①978-4-89188-361-4 Ⓝ316.81 ［1700円］

◇民族文化財を探し求めて—朝鮮の魂の回復 慧門著, 李一満訳 影書房 2014.8 161p 19cm ①978-4-87714-449-4 Ⓝ709.21 ［1800円］

◇もう、この国は捨て置け！—韓国の狂気と異質さ 呉善花, 石平著 ワック 2014.2 216p 18cm（WAC BUNKO B-193）①978-4-89831-693-1 Ⓝ319.1021 ［900円］

◇「妄想大国」韓国を嗤う 室谷克実, 三橋貴明著 PHP研究所 2014.4 188p 18cm ①978-4-569-81839-9 Ⓝ319.1021 ［1000円］

◇もう、無韓心でいい 古谷経衡著 ワック 2014.8 279p 18cm（WAC BUNKO B-199）①978-4-89831-699-3 Ⓝ319.1021 ［930円］

◇ワンピースに学ぶ反日問題—ルフィと仲間たちが教えてくれる歴史認識・差別・偏見の真実 長谷川豊著 ヴィレッジブックス 2014.5 157p 19cm ①978-4-86491-138-2 Ⓝ319.1021 ［1000円］

大韓民国（外国関係—日本—歴史）

◇こうして捏造された韓国「千年の恨み」 松木國俊著 ワック 2014.6 258p 18cm（WAC BUNKO B-198）①978-4-89831-698-6 Ⓝ319.1021 ［950円］

◇なぜ韓国人・中国人は「反日」を叫ぶのか 黄文雄著 宝島社 2014.3 216p 16cm（宝島SUGOI文庫 Aこ-5-1）〈「なぜ中国人・韓国人は「反日」を叫ぶのか」（2013年刊）の改題、改訂〉①978-4-8002-2385-2 Ⓝ319.1021 ［580円］

◇「反日」の秘密—朝鮮半島をめぐる巨大な謀略：安倍首相も朴大統領も知らない 鬼塚英昭著 成甲書房 2014.8 275p 19cm ①978-4-88086-317-7 Ⓝ319.21053 ［1600円］

◇侮日論—「韓国人」はなぜ日本を憎むのか 呉善花著 文藝春秋 2014.1 238p 18cm（文春新書 954）①978-4-16-660954-3 Ⓝ319.1021 ［750円］

◇「米中韓」と日本の歴史—今の日本がここから見える！ 金谷俊一郎著 朝日新聞出版 2014.10 223p 19cm〈文献あり〉①978-4-02-331306-4 Ⓝ319.1053 ［1400円］

大韓民国（外国関係—日本—歴史—昭和後期）

◇日韓基本条約が置き去りにしたもの—植民地責任と真の友好 吉岡吉典著 大月書店 2014.11 345p 20cm ①978-4-272-52103-6 Ⓝ319.1021 ［3200円］

◇冷戦期日韓安全保障関係の形成 崔慶原著 慶應義塾大学出版会 2014.5 284p 22cm〈文献あり 索引あり〉①978-4-7664-2139-2 Ⓝ319.1021 ［4300円］

大韓民国（外国関係—日本—歴史—明治以後）

◇北東アジアの歴史と記憶 金美景, B.シュウォルツ編著, 千葉眞監修, 稲正樹, 福岡和哉, 寺田麻佑訳 勁草書房 2014.5 315,9p 22cm〈索引あり 内容：北東アジアの記憶の問題（バリー・シュウォルツ, 金美景著, 福岡和哉訳）靖国神社という難問（マイク・M・モチヅキ著, 稲正樹訳）日本の平和主義（金美景著, 稲正樹訳）責任、悔恨、日本の記憶の中のナショナリズム（福岡和哉著, バリー・シュウォルツ著, 寺田麻佑, 稲正樹, 福岡和哉訳）政治的中心、進歩的な物語と文化的なトラウマ（徐曉宏, リン・スピルマン著, 稲正樹訳）代替的ジャンル、新メディア、中国文化大革命の対抗記憶（揚斌著, 寺田麻佑訳）中国国歌の変化する運命（ティム・F・リャオ, 張戈卉, 張莉彬著, 稲正樹訳）中国の第二次世界大戦被害者の対日賠償運動における記憶の運動と国家—社会関係（徐彬, ゲイリー・アラン・ファイン著, 稲正樹訳）悪化させられた政治（ドン・ベーカー著, 稲正樹訳）共和制韓国における朝鮮君主制、一九四五〜一九六五年（クリスティン・キム著, 寺田麻佑, 稲正樹訳）独島・竹島紛争における視差ビジョン（権憲益著, 稲正樹訳）主張と対話の間にとらわれて（徐載晶著, 稲正樹訳）〉①978-4-326-30226-0 Ⓝ319.1022 ［3200円］

大韓民国（外国関係—ベトナム共和国）

◇韓国の大量虐殺事件を告発する—ベトナム戦争「参戦韓国軍」の真実 北岡俊明, 海外環境協力センター著 展転社 2014.6 222p 19cm ①978-4-88656-405-4 Ⓝ223.107 ［1600円］

大韓民国（化学物質—安全管理）

◇日中韓化学物質審査規制制度等調和推進業務報告書 平成25年度 ［東京］ 海外環境協力センター 2014.3 87p 30cm〈英語併載 平成25年度環境省請負業務報告書〉Ⓝ574

大韓民国（家族）

◇韓国家族—グローバル化と「伝統文化」のせめぎあいの中で 平田由紀江, 小島優生編 亜紀書房 2014.6 277p 19cm〈内容：「社会的再生産」の危機と韓国家族の多層化（金賢美著, 羅一等訳）「未婚母」という選択（平田由紀江著）韓国の教育福祉政策の展開（尾﨑公子著）少年少女家長世帯で育つ子どもたち（小島優生著）延辺中韓離散家族（金花善著, 羅一等訳）国際移動から韓国の家族を問う（柳蓮淑著）グローバリゼーションと韓国中間層家族戦略のジレンマ（朴恵娜著, 羅一等訳）韓国の教育熱と家族のかたち（石川裕之著）〉①978-4-7505-1409-3 Ⓝ367.3 ［2000円］

大韓民国（企業）

◇俊敏・積極果敢なタイガー経営の秘密—グローバル韓国企業の強さ マルティン・ヘンマート［著］, 林廣茂, 長谷川治清監訳 白桃書房 2014.8 244p 19cm ①978-4-561-25640-3 Ⓝ335.221 ［1852円］

大韓民国（紀行・案内記）

◇週末ぶらっと黄海旅行記—とっくり楽しめる、タイムスリップ！ 平井敏晴著 三五館 2014.11 253p 19cm ①978-4-88320-621-6 Ⓝ292.109 ［1400円］

大韓民国（給与）

◇在アジア日系企業における現地スタッフの給料と待遇に関する調査 2014 韓国編 Tokyo 日経リサーチ c2014 234p 30cm〈英語併記 奥付のタイトル：在アジア日系企業における現地スタッフの給与と待遇に関する調査〉Ⓝ336.45

大韓民国（教育）

◇韓国人が書いた韓国で行われている「反日教育」の実態 崔碩栄著 彩図社 2014.12 268p 19cm〈文献あり〉①978-4-8013-0040-8 Ⓝ372.21 ［1300円］

◇世界教育戦争—優秀な子供をいかに生み出すか アマンダ・リプリー著, 北和丈訳 中央公論新社 2014.11 397p 20cm〈文献あり〉①978-4-12-004661-2 Ⓝ372.3892 ［2800円］

大韓民国（教員）

◇韓国教職員招へいプログラム実施報告書—国際連合大学2013-2014年国際教育交流事業 ユネスコ・アジア文化センター編 ユネスコ・アジア文化センター 2014.3 99p 30cm〈会期・開催地：2014年1月19日—27日 東京都ほか 共同刊行：国際連合大学〉374.3

大韓民国（教員研修）

◇韓国政府日本教職員招へいプログラム実施報告書—国際連合大学2012-2013年国際教育交流事業 国際連合大学, ユネスコ・アジア文化センター編 国際連合大学 2014.3 74p 30cm〈会期・開催地：2013年8月22日—29日 ソウル市ほか 共同刊行：ユネスコ・アジア文化センター〉374.3

大韓民国（行政情報化）

◇情報化社会の個人情報保護と影響評価—韓国におけるプライバシー影響評価から見るアセスメントのあり方 シンヨンジン著, 瀬戸洋一, 日本情報経済社会推進協会監訳 勁草書房 2014.5 266p 22cm〈文献あり 索引あり〉①978-4-326-40294-6 Ⓝ317.921 ［3400円］

大韓民国（橋梁—写真集）

◇橋を楽しむ—歴史で辿る日本の橋・中国古代橋梁・韓国伝統橋 平野暉雄著 日本写真企画 2014.3 143p 28cm〈文献あり 索引あり 監修：上田裕一〉①978-4-903485-89-8 Ⓝ515.02 ［2500円］

大韓民国（経済）

◇韓国経済がけっぷち—サムスンとともに自滅する韓国経済 勝又壽良著 アイバス出版 2014.7 269p 19cm（サンクチュアリ出版（発売））①978-4-86113-581-1 Ⓝ332.21 ［1300円］

◇韓国経済がわかる20講—援助経済・高度成長・経済危機・グローバル化の70年の歩み 裵海善著 明石書店 2014.6 180p 21cm〈年表あり 索引あり〉①978-4-7503-4031-9 Ⓝ332.21 ［2500円］

◇韓国経済システムの研究—高パフォーマンスの光と影 中島朋義編著 日本評論社 2014.3 250p 21cm（ERINA北東アジア研究叢書 3）〈索引あり 内容：韓国経済のマクロ分析（高安雄一著）韓国の財政政策（鞠重鎬著）李明博政権下の

大韓民国（経済関係―日本）

韓国労使関係（朴昌明著）　韓国の非正規職保護法の効果に関する考察（高安雄一著）　韓国の貿易構造（徐正根著）　韓中間の貿易構造の変化（全載旭著）　韓国のコメ政策の課題（倉持和雄著）　韓国のアンチ・ダンピング政策（宋俊憲著）　韓国のFTA政策（中島朋義著）　終章（中島朋義著）〉①978-4-535-55768-0　Ｎ332.21　[4700円]

◇韓国の産業と市場―産業概況及び市場動向データブック　2013　DACO IRI／編　伊豆 ビスタ ピー・エス　2014.3　1031p　26cm　①978-4-939153-97-6　[49000円]

◇入門テキスト現代韓国経済　李允福、西垣鳴与著　柘植書房新社　2014.3　211p　22cm　〈文献あり　索引あり〉①978-4-8068-0655-4　Ｎ332.21　[2500円]

大韓民国（経済関係―日本）

◇日本経済がなければ中国・韓国は成り立たない　真壁昭夫著　海竜社　2014.8　223p　19cm　①978-4-7593-1387-1　Ｎ333.6　[1300円]

大韓民国（経済政策）

◇韓国経済システムの研究―高パフォーマンスの光と影　中島朋義編著　日本評論社　2014.3　250p　21cm　（ERINA北東アジア研究叢書 3）〈索引あり　内容：韓国経済のマクロ分析（高安雄一著）　韓国の財政政策（鞠重鎬著）　李明博政権下の韓国労使関係（朴昌明著）　韓国の非正規職保護法の効果に関する考察（高安雄一著）　韓国の貿易構造（徐正根著）　韓中間の貿易構造の変化（全載旭著）　韓国のコメ政策の課題（倉持和雄著）　韓国のアンチ・ダンピング政策（宋俊憲著）　韓国のFTA政策（中島朋義著）　終章（中島朋義著）〉①978-4-535-55768-0　Ｎ332.21　[4700円]

大韓民国（芸能）

◇古家正亨の韓流塾　古家正亨著　ぴあ　2014.4　239p　19cm　〈内容：誰も知らない韓流MCの世界（田代親世述）　超本格！韓国語通訳・字幕翻訳家のお仕事（嵯峨山みな子、大塚毅彦述）　韓流バラエティ&情報番組の現場の真相（田村睦明、加藤宏明、佐久間史晃ほか述）　アジアから韓流へ、グローバル市場に飛び込め！（栗田秀一述）　韓国で芸能活動がしたい！（NICE73、塩田貞治述）　これからの韓流ビジネスはこうなる！（大柳英樹、丸山幸子、小田光太郎述）〉①978-4-8356-1886-9　Ｎ772.21　[1500円]

大韓民国（刑法―歴史）

◇刑法における歴史認識と過去清算　本田稔、朴智賢編著、李昌鎬、李在承、李昊重共著　京都 文理閣　2014.4　206p　21cm　①978-4-89259-733-6　Ｎ326.921　[2700円]

大韓民国（高等教育）

◇日韓大学国際化と留学生政策の展開―日本私立大学協会附置私学高等教育研究所研究プロジェクト報告書　日本私立大学協会附置私学高等教育研究所　2014.10　87p　26cm　（私学高等教育研究叢書 2（2014年10月））〈文献あり〉Ｎ377.21

大韓民国（高齢者―雇用）

◇高齢者雇用問題―日韓比較　労働政策研究・研修機構編　労働政策研究・研修機構　2014.9　97p　30cm　（JILPT海外労働情報 2014）〈文献あり　内容：韓国の高齢者雇用（オーサンボン著）　韓国の高齢者雇用及び関連する諸制度の推移と課題（浅尾裕著）　制度主義的観点から見た賃金ピーク制導入過程（ジョン・ドンクァン著）　改正高年齢者雇用安定法の施行に企業はどう対応したのか（荒川創太著）〉Ｎ366.28

大韓民国（国籍法）

◇韓国国籍法の逐条解説　奥田安弘、岡克彦、姜成賢著　明石書店　2014.6　222p　21cm　〈文献あり　索引あり〉①978-4-7503-4030-2　Ｎ329.91　[3200円]

大韓民国（国防）

◇韓国の自衛的核武装論　趙甲濟著、洪焌訳　[東京] 統一日報社　2014.4　213p　19cm　①978-4-907988-00-5　Ｎ392.21　[1389円]

大韓民国（国民性）

◇韓国人は、なぜノーベル賞を獲れないのか？―和の日本 恨の韓国　山本峯章著　ベストブック　2014.11　263p　19cm　（ベストセレクト）〈年表あり〉①978-4-8314-0193-9　Ｎ361.42　[1300円]

◇恨韓論―世界中から嫌われる韓国人の「小中華思想」の正体！　黄文雄著　宝島社　2014.9　218p　18cm　〈文献あり〉①978-4-8002-2913-7　Ｎ361.42　[1000円]

◇悲韓論　黄文雄著　徳間書店　2014.7　215p　19cm　①978-4-19-863833-7　Ｎ221　[1000円]

◇侮日論―「韓国人」はなぜ日本を憎むのか　呉善花著　文藝春秋　2014.1　238p　18cm　（文春新書 954）①978-4-16-660954-3　Ｎ319.1021　[750円]

大韓民国（個人情報保護）

◇情報化社会の個人情報保護と影響評価―韓国におけるプライバシー影響評価から見るアセスメントのあり方　シンヨンジン著、瀬戸洋一、日本情報経済社会推進協会監訳　勁草書房　2014.5　266p　22cm　〈文献あり　索引あり〉①978-4-326-40294-6　Ｎ317.921　[3400円]

大韓民国（国境―日本）

◇国境の島・対馬の観光を創る　岩下明裕、花松泰倫編著　名古屋 国境地域研究センター　2014.7　59p　26cm　（ブックレット・ボーダーズ No.1）〈北海道大学出版会（発売）　内容：国境のまちのいま（花松泰倫著）　韓国人観光客になってみる（木村貴壽）　対馬を通って釜山に行こう（島田龍著）　国境のまち・上対馬の素顔（花松泰倫著）　提言―ユーラシアのゲートウェイ（岩下明裕、花松泰倫著）〉①978-4-8329-6807-3　Ｎ689.4　[800円]

大韓民国（諺）

◇キム・サンギュ教授のことわざ経済学―韓国の「ことわざ」で学ぶ現代人の必須概念36　金商奎著、姜泰權日本語版監修、平川敬介訳　大阪 大阪教育図書　2014.5　169p　21cm　〈文献あり　索引あり〉①978-4-271-31026-6　Ｎ331　[2000円]

大韓民国（コンテンツビジネス）

◇韓国コンテンツ産業動向　2013年　デイコ産業研究所著　伊豆 ビスタピー・エス　2014.2　432p　26cm　（韓国の産業と市場別冊）①978-4-939153-96-9　Ｎ007.35　[38000円]

大韓民国（コンピューターゲーム―統計）

◇CESA一般生活者調査報告書―日本・韓国ゲームユーザー&非ユーザー調査　2014　コンピュータエンターテインメント協会　2014.5　248p　30cm　①978-4-902346-29-9　[6000円]

大韓民国（サブカルチャー――歴史）

◇戦後韓国と日本文化―「倭色」禁止から「韓流」まで　金成玟著　岩波書店　2014.10　239p　19cm　（岩波現代全書 045）〈文献あり〉①978-4-00-029145-3　Ｎ361.5　[2200円]

大韓民国（社会）

◇息をするように嘘をつく韓国　ご隠居著　宝島社　2014.10　223p　18cm　①978-4-8002-3183-3　Ｎ302.21　[760円]

◇韓国人による沈韓論　シンシアリー著　扶桑社　2014.9　267p　18cm　（扶桑社新書 168）①978-4-594-07088-5　Ｎ302.21　[760円]

◇韓国調査報告書　宜野湾　沖縄国際大学南島文化研究所　2014.3　30p　26cm　（地域研究シリーズ no. 40）〈内容：セマングム干拓事業と地域発展（呉錫畢著）　盗った物は返さなくてもよいか、返さなければならないか（徳永賢治著）〉Ｎ302.21

◇九州大学発韓国学の展望―東アジア共通課題解決にチャレンジする　松原孝俊編　福岡 花書院　2013.9　233p　21cm　〈文献あり　執筆：浅羽祐樹ほか　内容：「反日」化する韓国司法と日韓条約体制（浅羽祐樹著）　在韓米軍の削減と日韓安保経済協力（崔慶原著）　韓国民主化のなかの司法府（木村貴彦）　植民地期朝鮮半島と日本人（山田良介著）　植民地下における朝鮮人母親の「皇国臣民」化と「国語」教育（有松しづよ著）　韓国における「私教育」問題と「江南」地域の形成過程（田中光晴著）　朝鮮総督府済生院養育部の研究（田中友佳子著）　「東莱府使接倭使図」の再考（崔相振著）　「植民者」から「理解者」へ（申錬著）　朝鮮における山神の両義性に対する一考察（北島由紀子著）　日本語と韓国語における感覚形容詞の対照語彙論的分析（小島大輝著）　琉球の朝鮮語通詞と朝鮮の琉球語通詞（松原孝俊著）〉①978-4-905324-70-6　Ｎ302.21　[2000円]

◇愚韓新論―断末魔の経済と狂乱反日の結末　三橋貴明著　飛鳥新社　2014.2　246p　20cm　①978-4-86410-310-7　Ｎ302.21　[1429円]

◇現代韓国を知るための60章　石坂浩一、福島みのり編著　第2版　明石書店　2014.10　302p　19cm　（エリア・スタディーズ 6）〈文献あり　旧版のタイトル：現代韓国を知るための55章〉①978-4-7503-4082-1　Ｎ302.21　[2000円]

◇この1冊で韓国問題丸わかり！―なぜこの国は平気でウソをつくのか　ワック　2014.6　256p　21cm　（歴史通増刊）Ｎ319.1021　[824円]

◇ディス・イズ・コリア―韓国船沈没考　室谷克実著　産経新聞出版　2014.7　199p　18cm　（産経セレクト S-002）〈日本工業新聞社（発売）　年表あり〉①978-4-8191-1249-9　Ｎ302.21　[850円]

◇どの面下げての韓国人　豊田有恒［著］　祥伝社　2014.4　223p　18cm　（祥伝社新書 365）①978-4-396-11365-0　Ｎ302.21　[780円]

◇日本人が知っておくべき嘘つき韓国の正体　SAPIO編集部編　小学館　2014.3　155p　19cm　（ポスト・サピオムック）①978-4-09-103163-1　Ｎ302.21　[1200円]

◇日本人と韓国人のおどろきマナーブック　コリアラボ著　成美堂出版　2014.4　239p　16cm　（成美文庫 こ-10-1）〈文献あり　年表あり〉①978-4-415-40246-8 Ⓝ382.21［524円］

◇「反日韓国」の自壊が始まった　呉善花著　悟空出版　2014.11　239p　18cm　①978-4-908117-01-5 Ⓝ302.21［900円］

◇「反日モンスター」はこうして作られた―狂暴化する韓国人の心の中の怪物〈ケムル〉崔碩栄［著］講談社　2014.12　234p　18cm　（講談社＋α新書 682-1C）①978-4-06-272882-9 Ⓝ319.2101［890円］

◇非韓五原則―こっち見んな来んな居座んな　某国のイージス著　アイバス出版　2014.12　260p　19cm〈サンクチュアリ出版（発売）〉①978-4-86113-586-6 Ⓝ302.21［1300円］

◇醜いが、目をそらすな、隣国・韓国！　古田博司著　ワック　2014.3　203p　18cm　（WAC BUNKO B-194）①978-4-89831-694-8 Ⓝ302.21［900円］

◇もう、この国は捨て置け！―韓国の狂気と異質さ　呉善花, 石平著　ワック　2014.2　216p　18cm　（WAC BUNKO B-193）①978-4-89831-693-1 Ⓝ319.1021［900円］

◇笑えるほどたちが悪い韓国の話―また「竹田恒泰チャンネル」を本にしてみた！　竹田恒泰著　ビジネス社　2014.3　258p　18cm　①978-4-8284-1744-8 Ⓝ302.21［1000円］

大韓民国（社会的差別）

◇韓国の路地を旅する　上原善広著　ミリオン出版　2014.6　317p　19cm〈大洋図書（発売）文献あり　「コリアン部落」（2006年刊）の改題、加筆・訂正、書き下ろしを加え再構成〉①978-4-8130-2251-0 Ⓝ361.8［1500円］

大韓民国（社会保障）

◇韓国の社会保障―「低福祉・低負担」社会保障の分析　高安雄一著　学文社　2014.3　248p　22cm〈文献あり　索引あり〉①978-4-7620-2435-1 Ⓝ364.0221［3800円］

大韓民国（住宅建築）

◇韓国の木材市場と住宅建設の動向　2013年度　日本貿易振興機構農林水産・食品部農林水産・食品調査課　2014.2　92p　30cm　（農水産情報研究会会員資料）Ⓝ651.4

大韓民国（書）

◇ハングル書芸　鄭明子作・監修，福田裕美編集・デザイン　AI Entertainment　2013.10　132p　30cm　①978-4-907314-00-2 Ⓝ728.2［3500円］

大韓民国（消防）

◇韓国の消防事情　田中健著　新版　海外消防情報センター　2014.3　217p　30cm　（海外消防情報シリーズ 5）〈奥付の責任表示役割（誤植）：著者〉Ⓝ317.921

大韓民国（情報政策）

◇韓国のICT利活用に向けた政策と事例調査　マルチメディア振興センター編　マルチメディア振興センター　2014.10　4, 69p　30cm　Ⓝ007.3

大韓民国（女性問題―会議録）

◇女性力の向上・活用と「男性学」報告書―シンポジウム　青山学院大学社会連携機構国際交流共同研究センター　2014.2　116p　30cm〈文献あり　会期・会場：2014年1月11日 青山学院大学総研ビル12階大会議室　内容：男性にとってのジェンダー平等（伊藤公雄述）日本における性別役割分業（石井クンツ昌子述）性別役割分業意識は、変えられるか？（牧野カツコ述）日本のワーク・ライフ・バランス（林葉子述）アニメ・マンガにみる家族表象とジェンダー問題（須川亜紀子述）韓国と日本における家庭内での父親の役割（キム・チャンホ述）ジェンダーの役割と男女経済格差の日韓比較（鄭暎惠述）The male perspective of sexual violence（Lee, Mi-kyoung述）〉Ⓝ367.21［非売品］

大韓民国（女性労働）

◇女性雇用の現状と政策課題―第11回北東アジア労働フォーラム報告書　労働政策研究・研修機構編　労働政策研究・研修機構　2014.2　112p　30cm　（JILPT海外労働情報 14-2）〈文献あり〉Ⓝ366.38

大韓民国（水田農業）

◇韓国水田農業の競争・協調戦略　李裕敬著　日本経済評論社　2014.2　248p　22cm〈索引あり　内容：研究の背景と目的　韓国における水田農業の構造変化　稲作経営における水田農業のネットワークの構造　大規模稲作農家の存立条件　農業法人の現状と特徴　作業受託型農業法人における協調戦略　流通型農業法人における協調戦略　韓国における稲作経営の協調戦略と今後の課題〉①978-4-8188-2322-8 Ⓝ611.73［5600円］

大韓民国（政治）

◇現代韓国政治分析―「地域主義・政党システム」を探る　梅田皓士著　志學社　2014.10　241p　22cm〈文献あり　索引あり

内容：序章　大統領選挙の結果　地域主義の淵源　第16代大統領選挙　終章　金大中政権と太陽政策　第19代国会議員選挙と第18代大統領選挙の展望　第18代韓国大統領選挙と政治の行方　第18代大統領選挙と「安哲秀現象」　韓国の社会変化と政党システムの変化　地域主義への社会的亀裂と政治的エリートの合理性の視点からのアプローチ　地域主義の淵源　朴権恵論〉①978-4-904180-45-7 Ⓝ312.21［2800円］

◇先進国・韓国の憂鬱―少子高齢化、経済格差、グローバル化　大西裕著　中央公論新社　2014.4　264p　18cm　（中公新書 2262）〈文献あり　年表あり〉①978-4-12-102262-2 Ⓝ312.21［840円］

大韓民国（青年―雇用）

◇若年者雇用問題―日韓比較　労働政策研究・研修機構編　労働政策研究・研修機構　2013.9　81p　30cm　（JILPT海外労働情報 2013）〈文献あり　内容：少子高齢社会における若年者問題と政策課題（金崎幸子著）韓国の若年者雇用問題の核心課題と政策方向（ナム・ジェリャン著）高等教育から労働市場への移行の現状と課題（小杉礼子著）韓国の若年者雇用対策の推進状況と評価（パク・ソンジェ著）〉Ⓝ366.21

大韓民国（成年後見制度）

◇成年後見制度　新・アジア家族法三国会議編　日本加除出版　2014.7　168p　21cm〈内容：成年後見制度の導入と改正の経緯（小池信行著）日本の成年後見制度の概要と特色（赤沼康弘著）成年後見制度をめぐる今後の課題（新井誠著）成年後見制度の導入と改正経緯（申榮鎬著，田中佑季訳，犬伏由子日本語訳監修）法定後見制度（裵寅九著，田中佑季訳，犬伏由子日本語訳監修）韓国の成年後見制度の特徴と今後の課題（諸哲雄著）台湾の成年後見制度の導入と改正経緯（鄧學仁著）台湾の成年後見制度の概要と特色（黄詩淳著）成年後見制度に関連する制度と今後の課題（邱璿如著）〉①978-4-8178-4177-3 Ⓝ324.65［2700円］

大韓民国（賤民）

◇韓国の路地を旅する　上原善広著　ミリオン出版　2014.6　317p　19cm〈大洋図書（発売）文献あり　「コリアン部落」（2006年刊）の改題、加筆・訂正、書き下ろしを加え再構成〉①978-4-8130-2251-0 Ⓝ361.8［1500円］

大韓民国（相続税）

◇韓国相続税実務詳解―日韓相続税法の交差　永田金司著　法令出版　2014.3　627p　21cm〈文献あり〉①978-4-938419-63-9 Ⓝ345.53［3700円］

大韓民国（大気汚染）

◇「微小粒子状物質（PM2.5）に関する広域分布特性調査」報告書―2012年―2013年日韓海峡沿岸県市道環境技術交流事業［山口］日韓海峡沿岸環境技術交流協議会　2014.3　151p　30cm〈背のタイトル：微小粒子状物質（PM2.5）に関する広域分布特性調査　共同刊行：日韓海峡沿岸県市道環境技術交流会議〉Ⓝ519.3

大韓民国（大統領―歴史）

◇大統領を殺す国韓国　辺真一［著］KADOKAWA　2014.3　251p　18cm　（角川oneテーマ21 D-13）①978-4-04-110742-3 Ⓝ312.21［800円］

大韓民国（男性）

◇韓国男子とディープな恋をした過去を持つ女が語る最高で最悪な恋のQ&A　古坂エイミー著，コナリミサトイラスト　新書館　2014.4　128p　19cm　①978-4-403-22076-0 Ⓝ361.42［1000円］

大韓民国（テレビドラマ）

◇韓流時代劇と朝鮮史の真実―朝鮮半島をめぐる歴史歪曲の舞台裏　宮脇淳子著　扶桑社　2014.7　287p　18cm　（扶桑社新書 167）〈文献あり　年表あり　2013年刊の再刊〉①978-4-594-07071-7 Ⓝ221.01［760円］

大韓民国（電気事業―歴史）

◇韓国電力業の起源―「日本人たち」の電力業から「韓国人たち」の電力業へ　李光宰著　柘植書房新社　2013.9　318p　21cm　①978-4-8068-0650-9 Ⓝ540.9221［4000円］

大韓民国（都市計画―歴史）

◇韓国の都市計画制度の歴史的展開に関する研究　周藤利一著　大成出版社　2014.1　273p　21cm〈文献あり　著作目録あり　索引あり〉①978-4-8028-3117-8 Ⓝ318.921［3238円］

大韓民国（都市再開発）

◇再生する都市空間と市民参画―日中韓の比較研究から　田島夏与, 石坂浩一, 松本康, 五十嵐暁郎編著　クオン　2014.4　327p　19cm　（クオン人文・社会シリーズ）〈内容：グローバル・シティの東京と都市空間の市民参画（五十嵐暁郎著）グローバル都市に向かうソウル（金相準著，貝森時子訳）過去への前進（任雪飛著，前川志律，松本康訳）都市再生と創造都市（松本康著）文化芸術と都市再生、そして住民

大韓民国（日系企業）

参加（ユン・イルソン著, 清水由希子訳）　東京の再都市化と都市空間への住民参画の可能性（田島夏与著）　中国の都市化における住民参加の特質と社会管理の革新（李国慶著）　現代中国都市部の社会変容と住民の政治参加（武玉江著）　チョンゲチョン復元前後の生態河川事業ガバナンス比較分析（イ・ヒョンジン著, 石田美智代訳）　スウォン〈水原〉地域の住民運動と自然河川復元の意味（石坂浩一著）〉 ①978-4-904855-22-5 Ⓝ518.8　[2500円]

大韓民国（日系企業）

◇在アジア日系企業における現地スタッフの給料と待遇に関する調査　2014 韓国編　Tokyo　日経リサーチ　c2014　234p　30cm〈英語併記　奥付のタイトル：在アジア日系企業における現地スタッフの給与と待遇に関する調査〉Ⓝ336.45

大韓民国（農業）

◇FTA戦略下の韓国農業　品川優著　筑波書房　2014.4　226p　22cm〈内容：韓国の経済構造とFTA戦略　韓チリFTAと果樹農業への影響　韓米FTAの実像と地域農業への影響　韓EU FTAと国内養豚の対応　直接支払制度の展開　総括と課題〉①978-4-8119-0441-2 Ⓝ612.21　[2800円]

◇韓国における市場開放と農業構造改革―農地の経営規模拡大について　高安雄一著　日本評論社　2014.2　176p　22cm〈文献あり　索引あり〉①978-4-535-55774-1 Ⓝ612.21　[4800円]

◇TPPと食料安保―韓米FTAから考える　中村靖彦著　岩波書店　2014.1　156p　19cm　①978-4-00-024043-7 Ⓝ612.1　[1300円]

大韓民国（農業政策）

◇韓国における市場開放と農業構造改革―農地の経営規模拡大について　高安雄一著　日本評論社　2014.2　176p　22cm〈文献あり　索引あり〉①978-4-535-55774-1 Ⓝ612.21　[4800円]

大韓民国（売春）

◇韓国の米軍慰安婦はなぜ生まれたのか―「中立派」文化人類学者による告発と弁明　崔吉城著　ハート出版　2014.12　205p　19cm〈文献あり〉①978-4-89295-990-5 Ⓝ369.37　[1500円]

◇日本人が知らない韓国売春婦の真実　中村淳彦著　宝島社　2014.10　190p　19cm〈文献あり〉①978-4-8002-3027-0 Ⓝ368.4　[1200円]

大韓民国（博物館）

◇日中韓博物館事情―地域博物館と大学博物館　高倉洋彰, 安高啓明編　雄山閣　2014.12　215p　21cm〈内容：博物館の誕生　日本の博物館史（安高啓明著）　博物館創設の実践（高倉洋彰著）　日中韓の博物館運営（稲益あゆみ, 内島美奈子, 安高啓明著）　大学博物館論　大学博物館組織と類型（安高啓明著）　博物館展示と教育活動（安高啓明著）　連携と協働（安高啓明著）　実践的検証（安高啓明著）　博物館評価と社会認識（安高啓明著）　博物館史とその現状　中国の博物館史（安高啓明, 方圓, 謝婧著）　大学博物館の分類と特徴（安高啓明著）　大学博物館教育の実践例（安高啓明著）　大学博物館の沿革と最新事情　韓国の大学博物館史（安高啓明著）　大学博物館の取り組み（貞清世里著）　韓国大学博物館の考古学展示（中尾祐太著）「自校史」教育の展開（安高啓明著）〉①978-4-639-02341-8 Ⓝ069.7　[2800円]

大韓民国（バリアフリー〔建築〕―釜山）

◇アクセシブル・ツーリズムガイドブックin釜山―松本大学・東新大学校共同調査制作　松本大学・東新大学校アクセシブル・ツーリズムガイドブックin釜山共同作成調査班編, 尻無浜博幸監修, 松本大学バリアフリーアクション制作　松本　松本大学出版会　2014.3　48p　21cm　①978-4-902915-19-8 Ⓝ292.18　[500円]

大韓民国（バリアフリー〔交通〕―釜山）

◇アクセシブル・ツーリズムガイドブックin釜山―松本大学・東新大学校共同調査制作　松本大学・東新大学校アクセシブル・ツーリズムガイドブックin釜山共同作成調査班編, 尻無浜博幸監修, 松本大学バリアフリーアクション制作　松本　松本大学出版会　2014.3　48p　21cm　①978-4-902915-19-8 Ⓝ292.18　[500円]

大韓民国（美術）

◇予響曲―ひびきあう心　河走雄編著　横手　イズミヤ出版　2014.5　296p　21cm　①978-4-904374-23-8 Ⓝ702.21　[2000円]

大韓民国（風俗・習慣）

◇日本人と韓国人のおどろきマナーブック　コリアラボ著　成美堂出版　2014.9　239p　16cm　（成美文庫 こ-10-1）〈文献あり　年表あり〉①978-4-415-40246-8 Ⓝ382.21　[524円]

大韓民国（文化）

◇馬を食べる日本人犬を食べる韓国人　鄭銀淑著　双葉社　2014.2　239p　18cm　（双葉新書 082）〈2002年刊の加筆修正、再編集〉①978-4-575-15435-1 Ⓝ361.42　[830円]

◇九州大学発韓国学の展望―東アジア共通課題解決にチャレンジする　松原孝俊編　福岡　花書院　2013.9　233p　21cm〈文献あり　執筆：浅羽祐樹ほか　内容：「反日」化する韓国司法と日韓条約体制（浅羽祐樹著）　在韓米軍の削減と日韓安保経済協力（崔慶原著）　韓国民主化のなかの司法府（木村貴著）　植民地期朝鮮半島と日本人（山田良介著）　植民地下における朝鮮人母親の「皇国臣民」化と「国語」教育（有松しづよ著）　韓国における「私教育」問題と「江南」地域の形成過程（田中光晴著）　朝鮮総督府済生院養育部の研究（田中友佳子著）「東莱府使接倭使図」の再考（崔相振著）「植民者」から「理解者」へ（申鎬著）　朝鮮における山神の両義性に対する一考察（北島由紀子著）　日本語と韓国語における感覚形容詞の対照語彙論的分析（小島大輝著）　琉球の朝鮮語通詞と朝鮮の琉球語通詞（松原孝俊著）〉①978-4-905324-70-6 Ⓝ302.21　[2000円]

◇日本人は中韓との「絶交の覚悟」を持ちなさい―石平〈中国〉が黄文雄〈台湾〉、呉善花〈韓国〉に直撃　石平, 黄文雄, 呉善花著　李白社　2014.1　213p　19cm〈徳間書店（発売）〉①978-4-19-863736-1 Ⓝ302.22　[1000円]

◇醜いが、目をそらすな、隣国・韓国！　古田博司著　ワック　2014.3　203p　18cm　（WAC BUNKO B-194）①978-4-89831-694-8 Ⓝ302.21　[900円]

大韓民国（文化財）

◇民族文化財を探し求めて―朝鮮の魂の回復　慧門著, 李一満訳　影書房　2014.8　161p　19cm　①978-4-87714-449-4 Ⓝ709.21　[1800円]

大韓民国（文化政策―歴史）

◇戦後韓国と日本文化―「倭色」禁止から「韓流」まで　金成玟著　岩波書店　2014.10　239p　19cm　（岩波現代全書 045）〈文献あり〉①978-4-00-029145-3 Ⓝ361.5　[2200円]

大韓民国（法科大学院）

◇韓国型ロースクールの誕生―法曹養成にみる高等教育と政治体制　朴炫貞著　岡山　大学教育出版　2014.12　253p　22cm〈文献あり〉①978-4-86429-286-3 Ⓝ327.07　[3000円]

大韓民国（民間伝承）

◇東アジアの比較民俗論考―龍宮・家族・村落をめぐって　竹田旦著　第一書房　2014.1　312,11p　20cm　（Academic Series NEW ASIA 55）〈索引あり　内容：龍宮の比較民俗論　舟形木棺と海洋他界観　日韓家族の比較民俗学　男と女の差　名付けの哲学　長寿の祝い　清明と寒食の受容をめぐって　利根川下流域の「兄弟契約」　志摩地方のクガイ〈公会〉〉①978-4-8042-0785-8 Ⓝ382.1　[4000円]

大韓民国（民主化）

◇闘争の詩学―民主化運動の中の韓国文学　金明仁［著］, 渡辺直紀訳　藤原書店　2014.6　312p　20cm〈年表あり　内容：一九八七年、そしてその後　光州民衆抗争とは何だったのか　新しい時代の文学の抵抗のために　ふたたび批評を始めて　リアリズムと民族文学論を越えて　高銀論　黄晢暎論　金学鉄論〉①978-4-89434-974-2 Ⓝ929.1　[3200円]

大韓民国（野球）

◇韓国プロ野球観戦ガイド＆選手名鑑　2014　室井昌也／編著　論創社　2014.5　165p　19cm　①978-4-8460-1337-0　[1550円]

大韓民国（有機農業）

◇農夫から―自然からふく風、都市をかえる　イテグン, チョンホギュン, イインギョン著, 金明姫, 二葉眞弓訳　大津　素人社　2013.5　220p　20cm　①978-4-88170-420-2 Ⓝ615.71　[2000円]

大韓民国（リージョナリズム）

◇現代韓国政治分析―「地域主義・政党システム」を探る　梅田皓士著　志學社　2014.10　241p　22cm〈文献あり　索引あり　内容：序章　大統領選挙の結果　地域主義の淵源　第16代大統領選挙　終章　金大中政権と太陽政策　第19代国会議員選挙と第18代大統領選挙の展望　第18代韓国大統領選挙と政治の行方　第18代大統領選挙と「安哲秀現象」　韓国の社会変化と政党システムの変化　地域主義への社会的亀裂と政治的エリートの合理性の視点からのアプローチ　地域主義の淵源　朴槿惠論〉①978-4-904180-45-7 Ⓝ312.21　[2800円]

大韓民国（歴史）

◇教科書に書かれなかった戦争　PART61　犠牲の死を問う―日本・韓国・インドネシア　高橋哲哉, 李泳采, 村井吉敬, 内海愛子コーディネート　梨の木舎　2013.8　158p　21cm〈内容：光州事件とは何だったのか？（イ・ヨンチェ述）　犠牲の死を称えるのか（高橋哲哉述）　死の意味を付与されなければ残

された人々は生きていけない（イ・ヨンチェ述）　国家というのはフィクションです（村井吉敬述）　東京で語りあう（高橋哲哉, イ・ヨンチェ, 村井吉敬述）〉①978-4-8166-1308-1　Ⓝ210.75　〔1600円〕

大韓民国（労働運動）
◇この身が灰になるまで―韓国労働者の母・李小仙の生涯　呉道燁著, 村山俊夫訳　緑風出版　2014.3　268p　19cm　①978-4-8461-1404-6　Ⓝ366.6221　〔2000円〕

大韓民国（労働法）
◇日韓比較労働法　1　労働法の基本概念　西谷敏, 和田肇, 朴洪圭編著　旬報社　2014.1　258p　22cm〈内容：韓国における勤労基準法上の労働者概念（權炌著）　日本における個人請負労働者と「労働基準法上の労働者」をめぐる問題（脇田滋著）　韓国における集団的労使関係法上の労働者概念（崔弘曄著）　日本における労働組合法上の労働者概念（野田進著）　韓国における個別的労働関係法上の使用者概念（沈載珍著）　日本における個別的労働関係法上の使用者（山川和義著）　韓国における集団的労働関係法上の使用者（李炳雲著）　日本法における集団的労働法上の「使用者」（米津孝司著）　韓国における非正規雇用の政策（趙淋永著）　韓国における非正規雇用と均等待遇原則・試論（緒方桂子著）　韓国における同一価値労働同一賃金（金善洙著）　日本における同一価値労働同一賃金原則実施システムの提案（浅倉むつ子著）〉①978-4-8451-1342-2（set）　Ⓝ366.14
◇日韓比較労働法　2　雇用終了と労働基本権　西谷敏, 和田肇, 朴洪圭編著　旬報社　2014.1　251p　22cm〈内容：韓国の解雇法制の理解と課題（李達烋著）　日本における解雇法理の現状と課題（根本到著）　韓国における辞職強要の規制（金煕聲著）　日本における雇用終了と労働者の自己決定（西谷敏著）　韓国における団体交渉窓口の単一化と交渉代表労働組合等の公正代表義務の制度化（宋剛直著）　韓国の改正労働関係法における「交渉窓口単一化」をめぐる諸問題（趙翔均著）　韓国における交渉代表労働組合の公正代表義務（文武基著）　日本における団体交渉権の性格と交渉代表制（西谷敏著）　日本における「公正代表義務」論（根本到著）　韓国における公務員の労働基本権（李義成著）　韓国における公務員の勤務条件決定システムの争点（盧尚憲著）　日本における国家公務員労使関係システム（和田肇著）　日本における公務員の勤務条件決定システムの最近の動向（奥田香子著）〉①978-4-8451-1342-2（set）　Ⓝ366.14

大気社
◇大気社100年史―1913-2013　大気社社史編纂委員会編纂　大気社　2014.3　349p　28cm〈年表あり　文献あり〉Ⓝ528.067

大紀町〔三重県〕（遺跡・遺物）
◇野添大辻遺跡（第1次）発掘調査報告　三重県埋蔵文化財センター編　［明和町（三重）］　三重県埋蔵文化財センター　2014.3　110p　図版8p　30cm　（三重県埋蔵文化財調査報告353）〈度会郡大紀町野添所在〉Ⓝ210.0254

タイ共産党
◇アジア冷戦に挑んだ平和運動―タイ共産党の統一戦線活動と大衆参加　高橋勝幸著　早稲田大学出版部　2014.1　406p　22cm　（早稲田大学学術叢書　29）〈文献あり　年表あり　索引あり〉①978-4-657-13706-7　Ⓝ319.8　〔7900円〕

醍醐寺〔京都市〕
◇特別史跡及び特別名勝醍醐寺三宝院庭園国有保存修理事業報告書　2　植栽・築山・茶室（枕流亭）編　醍醐寺編　京都　醍醐寺　2014.3　190p　図版〔17〕枚　30cm　Ⓝ629.21
◇御法に守られし醍醐寺―リニューアル記念特別展　渋谷区立松濤美術館編　渋谷区立松濤美術館　2014　122p　30cm〈年表あり　会期・会場：2014年10月7日―11月24日　渋谷区立松濤美術館〉Ⓝ702.17

第三舞台
◇私家版第三舞台FINAL　サードステージ編　論創社　2014.8　99p　27cm〈年譜あり〉①978-4-8460-1349-3　Ⓝ775.1　〔3000円〕
◇第三舞台　サードステージ編　私家版　復刻版　論創社　2014.8　195p　26cm〈初版：白水社　1996年刊〉①978-4-8460-1348-6　Ⓝ775.1　〔2000円〕

大志会
◇大志会十三年の歴史―夢と志思いは叶う　源音吉著　福岡　梓書院　2014.2　145p　19cm　①978-4-87035-520-0　Ⓝ065　〔1200円〕

太子町〔兵庫県〕（遺跡・遺物）
◇埋蔵文化財調査年報　平成24年度　太子町（兵庫県）　太子町教育委員会　2014.3　27p　30cm　（太子町文化財資料　第80集）〈国庫補助事業対象分〉Ⓝ210.0254

太子町〔兵庫県〕（歴史）
◇太子町の歴史―太子町立歴史資料館常設展示案内　太子町立歴史資料館編　太子町（兵庫県）　太子町立歴史資料館　2014.3　79p　30cm〈年表あり　文献あり〉Ⓝ216.4

大樹寺〔岡崎市〕
◇大樹寺文書　上　岡崎市史料叢書編集委員会編　［岡崎］　岡崎市　2014.3　575p　22cm　（岡崎市史料叢書）Ⓝ188.65

大正製薬株式会社
◇大正製薬百年史　大正製薬株式会社百年史編纂委員会編纂　大正製薬　2014.3　774p　29cm〈年表あり〉Ⓝ499.067
◇大正製薬百年史　資料編　大正製薬株式会社百年史編纂委員会編纂　大正製薬　2014.3　188p　29cm〈年表あり〉Ⓝ499.067

大成建設株式会社
◇大成建設140年史　大成建設株式会社社編　大成建設　2013.12　563p　31cm〈年表あり　文献あり〉Ⓝ510.67

大西洋
◇図説・大西洋の歴史―世界史を動かした海の物語　マーティン・W・サンドラー著, 日暮雅通訳　悠書館　2014.11　457, 44p　図版36p　22cm〈文献あり　索引あり〉①978-4-903487-94-6　Ⓝ230　〔6000円〕

大西洋（紀行・案内記）
◇ザスピリットオブセントルイス―大西洋横断単独無着陸飛行の物語　上　チャールズ　A. リンドバーグ著, 岩見雅夫訳　刈谷　TI出版　2014.6　269p　21cm〈私家版〉①978-4-9907392-0-1　Ⓝ290.9　〔非売品〕
◇ザスピリットオブセントルイス―大西洋横断単独無着陸飛行の物語　下　チャールズ　A. リンドバーグ著, 岩見雅夫訳　刈谷　TI出版　2014.6　279p　21cm〈私家版〉①978-4-9907392-1-8　Ⓝ290.9　〔非売品〕

大雪山
◇大雪山昆虫誌　保田信紀著　札幌　北海道自然史研究会　2014.8　512p　図版11p　30cm〈文献あり〉①978-4-908092-01-5　Ⓝ486.02114　〔6000円〕

大雪消防組合
◇大雪消防組合40周年記念誌　美瑛町（北海道）　大雪消防組合　2013.12　65p　30cm〈年表あり〉Ⓝ317.7914

大仙市（遺跡・遺物）
◇市内遺跡確認調査報告書　大仙市教育委員会文化財保護課編　大仙　大仙市教育委員会　2014.3　41p　30cm　（大仙市文化財調査報告書　第19集）Ⓝ210.0254
◇船戸遺跡　秋田県埋蔵文化財センター編　秋田　秋田県教育委員会　2014.3　124p　図版34p　30cm　（秋田県文化財調査報告書　第490集）〈文献あり〉Ⓝ210.0254
◇払田柵跡　第143・145・147次調査　秋田県埋蔵文化財センター編　秋田　秋田県教育委員会　2014.9　146p　図版20p　30cm　（秋田県文化財調査報告書　第495集）Ⓝ210.0254

大山町〔鳥取県〕（遺跡・遺物）
◇赤坂小丸山遺跡　鳥取県埋蔵文化財センター編　［鳥取］　鳥取県埋蔵文化財センター　2014.3　336p　図版〔36〕枚　30cm　（鳥取県埋蔵文化財センター調査報告書 58）〈国土交通省倉吉河川国道事務所の委託による　鳥取県西伯郡大山町所在〉Ⓝ210.0254
◇下甲退休原第1遺跡　鳥取県埋蔵文化財センター編　［鳥取］　鳥取県埋蔵文化財センター　2014.3　118p　図版〔24〕枚　30cm　（鳥取県埋蔵文化財センター調査報告書 56）〈国土交通省倉吉河川国道事務所の委託による　鳥取県西伯郡大山町所在〉Ⓝ210.0254
◇町内遺跡発掘調査報告書　6　平成24年度実施分　大山町教育委員会編　大山町（鳥取県）　大山町教育委員会　2014.3　33p　図版6p　30cm　（大山町文化財調査報告書　第18集）〈鳥取県西伯郡大山町所在〉Ⓝ210.0254
◇殿河内ウルミ谷遺跡　鳥取県埋蔵文化財センター編　［鳥取］　鳥取県埋蔵文化財センター　2014.3　288p　図版〔49〕枚　30cm　（鳥取県埋蔵文化財センター調査報告書 57）〈国土交通省倉吉河川国道事務所の委託による　鳥取県西伯郡大山町所在〉Ⓝ210.0254
◇殿河内上ノ段大ブケ遺跡　鳥取県埋蔵文化財センター編　［鳥取］　鳥取県埋蔵文化財センター　2014.3　210p　図版〔53〕枚　30cm　（鳥取県埋蔵文化財センター調査報告書 55）〈国

ダイソン,F.J.〔1923～ 〕

土交通省省倉吉河川国道事務所の委託による　鳥取県西伯郡大山町所在〉　Ⓝ210.0254

◇西坪中中畝遺跡　鳥取県埋蔵文化財センター編　[鳥取]　鳥取県埋蔵文化財センター　2014.1　118p　図版　[37]　枚　30cm　（鳥取県埋蔵文化財センター調査報告書 54）〈国土交通省省倉吉河川国道事務所の委託による　鳥取県西伯郡大山町所在〉　Ⓝ210.0254

ダイソン,F.J.〔1923～ 〕

◇宇宙船とカヌー　ケネス・ブラウワー著，芹沢高志訳　山と溪谷社　2014.1　462p　15cm　（ヤマケイ文庫）〈ちくま文庫1988年刊の加筆〉　Ⓘ978-4-635-04764-7　Ⓝ289.3　[1000円]

ダイソン,G.〔1953～ 〕

◇宇宙船とカヌー　ケネス・ブラウワー著，芹沢高志訳　山と溪谷社　2014.1　462p　15cm　（ヤマケイ文庫）〈ちくま文庫1988年刊の加筆〉　Ⓘ978-4-635-04764-7　Ⓝ289.3　[1000円]

タイソン,M.〔1966～ 〕

◇真相―マイク・タイソン自伝　マイク・タイソン著，ジョー小泉監訳行訳　楓書店　2014.7　669p　図版32p　19cm　〈ダイヤモンド社（発売）〉　Ⓘ978-4-478-02902-2　Ⓝ788.3　[2700円]

泰澄〔683～768〕

◇泰澄和尚伝記―現代語訳　佐野光臣著　[勝山]　佐野光臣　2014.4　35p　30cm　〈年譜あり　文献あり〉　Ⓝ188.592

たいとう絵本の泉

◇ひとあしひとあし―たいとう絵本の泉10年のあゆみ：2003年―2012年　[東京]　たいとう絵本の泉　2014.3　47p　30cm　Ⓝ015.6

大東京竹橋野球団Sライターズ

◇野球博物　大東京竹橋野球団S・ライターズ編　東日印刷企画編集室（制作）　2014.2　415p　21cm　Ⓝ783.7　[非売品]

大東市（遺跡・遺物）

◇寺川遺跡　大東市教育委員会編　大東　大東市教育委員会　2014.2　28p　図版　8p　30cm（大東市埋蔵文化財調査報告第37集）〈野崎3丁目所在共同住宅建設に伴う発掘調査報告書〉　Ⓝ210.0254

◇野崎条里遺跡　1　大東市教育委員会編　大東　大東市教育委員会　2013.10　11p　図版　[4]　枚　30cm　（大東市埋蔵文化財調査報告 第36集）〈大阪東部農業協同組合本店建設（擁壁設置工事）に伴う発掘調査報告書〉　Ⓝ210.0254

◇北条西遺跡　大東市教育委員会編　大東　大東市教育委員会　2014.3　58p　図版　20p　30cm　（大東市埋蔵文化財調査報告第38集）〈北条2・6丁目所在共同住宅建設に伴う発掘調査報告書〉　Ⓝ210.0254

大東市（歴史―史料）

◇平野屋会所文書　1　大東　大東市教育委員会　2014.3　79p　（大東市史編纂史料集 3）　Ⓝ216.3

大徳寺〔登米市〕

◇大徳寺木造不動明王坐像修理報告書―宮城県登米市　不動明王像平成の大修復事業実行委員会編　登米　不動明王像平成の大修復事業実行委員会　2014.3　55p　30cm　〈年表あり〉　Ⓝ718.3

胎内市（遺跡・遺物）

◇黒川氏城館遺跡群　6　胎内　胎内市教育委員会　2014.3　58p　図版　23p　30cm　（胎内市埋蔵文化財調査報告書 第25集）〈新潟県胎内市所在　一般県道樽ヶ橋長政線地域自立活性化（地特交安）事業に伴う発掘調査報告書〉　Ⓝ210.0254

◇市内遺跡　6　胎内　胎内市教育委員会　2014.3　33p　図版　8p　30cm　（胎内市埋蔵文化財調査報告 第24集）〈新潟県胎内市所在　内容：鳥坂城跡．4-5次　下町・塚田次．18-19次　駒込遺跡．2次　西裏遺跡．2次　大出地内試掘〉　Ⓝ210.0254

◇解き明かされた城の山古墳　胎内　胎内市教育委員会　2014.12　51p　30cm　（城の山古墳シンポジウム資料集 第3回）〈会期・会場：平成26年12月7日 胎内市産業文化会館ホール　平成26年度「地域の特性を活かした史跡等総合活用支援推進事業」　内容：城の山古墳第7・8次調査の成果と出土棺解説（水澤幸一著）　城の山古墳の墳丘構造（青木敬著）　蒲原平野における遺跡の動向（滝沢規朗著）　城の山古墳出土刳抜式木棺の位置付け（石橋宏著）　城の山古墳と弥生・古墳時代の物流ネットワーク（西川修一著）　出土歯のDNA分析（石山巳喜夫，三上正人，奈良貴史著）〉　Ⓝ214.1

胎内市（遺跡・遺物―保存・修復）

◇史跡奥山荘城館遺跡坊城館跡整備工事報告書　胎内市教育委員会生涯学習課文化財係，都市計画設計研究所企画編集　胎内

胎内市教育委員会　2014.3　6,108p　図版　2p　30cm　Ⓝ709.141

台南（紀行・案内記）

◇わたしの台南―「ほんとうの台湾」に出会う旅　一青妙著　新潮社　2014.8　191p　20cm　Ⓘ978-4-10-336271-5　Ⓝ292.24　[1200円]

大日本飛行協会

◇帝国飛行協会と航空スポーツ―日本航空協会創立100周年記念展示　日本航空協会編　[東京]　日本航空協会　2014.3　63p　30cm　〈年表あり　会期・会場：2013年12月17日―2014年1月19日　国立科学博物館地球館2階ほか　執筆：長島宏行ほか〉　Ⓝ687.06

大日本雄弁会講談社

◇「講談社の絵本」の時代―昭和残照記　永峯清成著　彩流社　2014.12　207p　19cm　〈文献あり〉　Ⓘ978-4-7791-2070-1　Ⓝ019.53　[1900円]

太平洋

◇「インド太平洋時代」の日本外交―secondary powers/swing statesへの対応　[東京]　日本国際問題研究所　2014.3　129p　30cm　〈文献あり　平成25年度外務省外交・安全保障調査研究事業（総合事業）〉　Ⓝ329.269

太平洋（紀行・案内記）

◇チェリブラ3世航海記―太平洋横断　杉山四郎著　京都　柳原出版　2014.10　192p　22cm　Ⓘ978-4-8409-7052-5　Ⓝ299.1　[1400円]

太平洋諸島（観光事業）

◇太平洋島嶼国と日本の貿易・投資・観光　黒崎岳大著　太平洋協会・太平洋諸島研究所　2014.7　139p　21cm　（JIPAS研究シリーズ 4）〈文献あり〉　Ⓘ978-4-902962-21-5　Ⓝ678.2107　[2000円]

太平洋諸島（太平洋戦争〔1941～1945〕―会戦）

◇消されたマッカーサーの戦い―日本人に刷り込まれた〈太平洋戦争史〉　田中宏巳著　吉川弘文館　2014.8　231,6p　20cm　〈索引あり〉　Ⓘ978-4-642-08257-0　Ⓝ391.2074　[2800円]

太平洋諸島（地域社会）

◇島嶼地域の新たな展望―自然・文化・社会の融合体としての島々　藤田陽子，渡久地健，かりまたしげひさ編　福岡　九州大学出版会　2014.4　382p　22cm　（琉球大学国際沖縄研究所ライブラリ）〈索引あり　内容：「新しい」島嶼学（ゴッドフリー・バルダッチーノ著）　島嶼社会の可能性と生物・文化多様性（湯本貴和著）　ブーゲンヴィル島（パプアニューギニア）の言語文化多様性（大西正幸著）　島おこしと観光（フンク・カロリン著）　ハワイにおける再生可能エネルギーの政策展開（樽井礼著）　太平洋島嶼における海洋管理責任と地域の役割（ヴィナ・ラムービデシ著，池田知世訳）　太平洋島嶼における地域主体型の漁業管理とその意義（ジョエリ・ヴェイタヤキ著，岩木幸太訳）　パラオにおける自然共生型地域計画（飯田晶子著）　戦後沖縄における食事・栄養と食環境の変遷（等々力英美著）　沖縄におけるソーシャル・キャピタルと健康（白井こころ著）　離島における教育の情報化と広域連携の効果（三友仁志著）　島嶼地域における環境と社会インフラ（堤純一郎著）　消滅危機言語の教育可能性を考える（かりまたしげひさ著）　奄美・沖縄のサンゴ礁漁撈文化（渡久地健著）　沖縄から島嶼地域の海岸防災を考える（仲座栄三著）　離島の地理的特性が地方団体の経営効率性に与える影響（獺口浩一著）　沖縄および太平洋島嶼の水利用と水源管理（廣瀬孝著）　自然・文化・社会の融合体としての島嶼地域と「新しい島嶼学」の展望（藤田陽子著）〉　Ⓘ978-4-7985-0130-7　Ⓝ361.7　[3600円]

太平洋諸島（貿易―日本）

◇太平洋島嶼国と日本の貿易・投資・観光　黒崎岳大著　太平洋協会・太平洋諸島研究所　2014.7　139p　21cm　（JIPAS研究シリーズ 4）〈文献あり〉　Ⓘ978-4-902962-21-5　Ⓝ678.2107　[2000円]

太平洋地域（安全保障）

◇アジア太平洋地域の多国間協力の可能性　防衛省防衛研究所編　防衛省防衛研究所　c2014　160p　21cm　（安全保障国際シンポジウム 平成25年度）〈内容：ASEAN、豪、中の安全保障観　インドネシアの動的均衡とASEAN中心性（レオナルド・セバスチャン著）　アジアの安全保障および多国間主義の見通し（ニック・ビズリー著）　東アジアにおける中国の新たな安全保障課題（リ・ミンジャン著）　印、日、韓、露、米の安全保障観　インドの多国間協力に関する安全保障観（ジャガナット・パンダ著）　アジア太平洋の安全保障環境に関する日本の視点と多国間協力へのアプローチ（庄司智孝著）　北東アジアにおける多国間安全保障協力（キム・テヒョ著）　ロシアと台頭するアジア（ドミトリー・トレーニン著）　アジア太平洋における多国間協力の見通し（サトゥ・リメイエ著）〉　Ⓘ978-4-86482-021-9　Ⓝ319.2

日本件名図書目録2014　Ⅰ　　　　　　　　　　　　　　　　　　　　　　　　　　　　　　台湾（企業法）

太平洋地域（外国関係―ロシア―歴史―1991～）
◇アジア・太平洋のロシア―冷戦後国際秩序の模索と多国間主義　加藤美保子著　札幌　北海道大学出版会　2014.11　225p　22cm〈文献あり　索引あり　表紙のタイトル：Азиацко－Тихоокеанская Россия　布装〉Ⓣ978-4-8329-6809-7　Ⓝ319.3802　[6000円]

太平洋地域（環境政策）
◇アジア太平洋諸国低炭素社会構築支援方策調査検討業務報告書　平成25年度　[東京]　環境省　2014.3　49,96p　30cm〈委託先：新日本有限責任監査法人〉Ⓝ519.1

太平洋地域（技術援助〔日本〕）
◇地球温暖化アジア太平洋地域セミナー事業運営及び地球温暖化対策に係る国際交渉関連調査業務報告書　平成25年度　[東京]　海外環境協力センター　2014.3　160p　30cm〈平成25年度環境省請負〉Ⓝ519.22

太平洋地域（経済援助〔日本〕）
◇アジア太平洋諸国低炭素社会構築支援方策調査検討業務報告書　平成25年度　[東京]　環境省　2014.3　49,96p　30cm〈委託先：新日本有限責任監査法人〉Ⓝ519.1

太平洋地域（歴史―19世紀）
◇太平洋文明航海記―キャプテン・クックから米中の制海権をめぐる争いまで　塩田光喜著　明石書店　2014.4　193p　20cm〈文献あり〉Ⓣ978-4-7503-3992-4　Ⓝ270　[2200円]

太平洋地域（歴史―20世紀）
◇太平洋文明航海記―キャプテン・クックから米中の制海権をめぐる争いまで　塩田光喜著　明石書店　2014.4　193p　20cm〈文献あり〉Ⓣ978-4-7503-3992-4　Ⓝ270　[2200円]

大坊珈琲店
◇大坊珈琲店　大坊勝次著　誠文堂新光社　2014.7　255p　22cm〈私家本　2013年刊の改訂　布装〉Ⓣ978-4-416-71434-8　Ⓝ673.98　[3000円]

台北（紀行・案内記）
◇史上最強の台北カオスガイド101　丸屋九兵衛著　スペースシャワーネットワーク　2014.2　171p　21cm　（SPACE SHOWER BOOKs）Ⓣ978-4-907435-07-3　Ⓝ292.24　[1500円]

台北帝国大学
◇帝国日本と植民地大学　酒井哲哉,松田利彦編　ゆまに書房　2014.2　638p　22cm〈年表あり　文献あり〉Ⓣ978-4-8433-4456-9　Ⓝ377.22　[12000円]

大丸松坂屋百貨店
◇未完の流通革命―大丸松坂屋、再生の25年　奥田務著　[東京]　日経BP社　2014.11　287p　19cm〈日経BPマーケティング（発売）〉Ⓣ978-4-8222-7786-4　Ⓝ673.838　[1600円]

たいめいけん
◇臆病なワルで勝ち抜く！―日本橋たいめいけん三代目「100年続ける」商売の作り方　茂出木浩司[著]　講談社　2014.11　189p　18cm　（講談社＋α新書 678-1C）Ⓣ978-4-06-272877-5　Ⓝ673.973　[840円]

ダイヤ工業株式会社
◇強く、やさしく、面白く―ダイヤ工業〈変革と創造〉の半世紀　ダイヤ工業（株）50年史編集委員会編　岡山　吉備人出版　2014.9　169p　21cm　（岡山ビジネスライブラリ 3）〈年譜あり〉Ⓣ978-4-86069-400-5　Ⓝ589.22　[1600円]

ダイヤ精機株式会社
◇町工場の娘―主婦から社長になった2代目の10年戦争　諏訪貴子著　[東京]　日経BP社　2014.11　245p　19cm〈日経BPマーケティング（発売）〉Ⓣ978-4-8222-5056-0　Ⓝ532.021　[1600円]

太陽生命保険株式会社
◇太陽生命120年のあゆみ　太陽生命保険株式会社広報部編　太陽生命保険　2014.3　215p　26cm〈年表あり〉Ⓝ339.4

平 将門〔　～940〕
◇怨霊とは何か―菅原道真・平将門・崇徳院　山田雄司著　中央公論新社　2014.8　206p　18cm　（中公新書 2281）〈文献あり〉Ⓣ978-4-12-102281-3　Ⓝ387.91　[760円]

大連静浦小学校校友会
◇静浦―大連静浦小学校校友会終幕記念誌　[横浜]　大連静浦小学校校友会　2014.10　116p　26cm　Ⓝ376.28

台湾（医師―歴史―日本統治時代）
◇医師の社会史―植民地台湾の近代と民族　ローミンチェン著,塚原東吾訳　法政大学出版局　2014.4　316,62p　20cm　（サピエンティア 36）〈文献あり　索引あり〉Ⓣ978-4-588-60336-5　Ⓝ222.406　[4400円]

台湾（映画）
◇台湾映画　2013年　川瀬健一編集主幹　橿原　東洋思想研究所　2013.11　92p　21cm　Ⓝ778.2224　[1000円]
◇台湾映画　2014年　川瀬健一編　橿原　東洋思想研究所　2014.11　148p　21cm　Ⓝ778.2224　[1200円]

台湾（映画―歴史）
◇新編台湾映画―社会の変貌を告げる〈台湾ニューシネマからの〉30年　小山三郎、井上欣順、牧野格子、山下未奈、松倉梨恵、山下紘綱、坂嵜仁美編　京都　晃洋書房　2014.1　173p　21cm〈年表あり　内容：統計からみる台湾映画50年の軌跡（盧非易著、牧野格子訳）　1980年代・90年代台湾映画の新潮流（黄建業著、牧野格子訳）　台湾の映画産業発展の可能性（唐明珠著、松倉梨恵訳）　『海角七号』の成功と台湾映画の未来（郭力昕著、山下未奈訳）　映画振興政策（朱文清著、松倉梨恵訳）　台湾映画と顔案（一青妙著）〉Ⓣ978-4-7710-2498-4　Ⓝ778.2224　[2000円]

台湾（映画―歴史―日本統治時代―目録）
◇植民地台湾で上映された映画―1899（明治32）年―1934（昭和9）年　川瀬健一編　改訂版　橿原　東洋思想研究所　2014.11　14,594p　27cm　Ⓣ978-4-9905366-4-0　Ⓝ778.2224　[13000円]
◇植民地台湾で上映された映画―1935（昭和10）年―1945（昭和20）年　川瀬健一編　増補改訂版　橿原　東洋思想研究所　2014.11　624p　27cm　Ⓣ978-4-9905366-5-7　Ⓝ778.2224　[13000円]

台湾（外国関係―大韓民国―歴史―1945～）
◇知られざる台湾の「反韓」―台湾と韓国が辿った数奇な戦後史　古谷経衡著　PHP研究所　2014.11　268p　19cm〈文献あり〉Ⓣ978-4-569-82099-6　Ⓝ319.224021　[1500円]

台湾（外国関係―日本）
◇台湾烈烈―世界一の親日国家がヤバイ　宮崎正弘著　ビジネス社　2014.9　255p　18cm　Ⓣ978-4-8284-1768-4　Ⓝ312.224　[1100円]
◇龍馬の「船中八策」と台湾の政治改革―李登輝先生講演録　李登輝[述],冨澤賢公編　文芸社　2014.11　83p　20cm　Ⓣ978-4-286-15546-3　Ⓝ319.10224　[1500円]

台湾（外国関係―日本―歴史―明治以後）
◇親台論―日本と台湾をむすぶ心の絆：この世界一の「親日国」を日本はもっと大切にしませんか！　浅野和生著　ごま書房新社　2014.4　226p　19cm　Ⓣ978-4-341-08582-7　Ⓝ319.10224　[1400円]

台湾（外国関係―日本―歴史―明治以後―会議録）
◇日本の近現代と台湾―文化の継承と変遷：研究報告集：国際シンポジウム　大谷渡編　[吹田]　関西大学文学部大谷研究室　2014.3　44p　30cm〈文献あり　会期・会場：2014年3月15日　関西大学第1学舎A401教室　内容：基調講演　台湾人の戦後と日本の記憶（大谷渡著）　研究報告　鹿児島地方から植民地台湾への人の移動（卞鳳奎著）　総爺芸文中心（旧明治製糖総爺工場）を訪ねて（橋寺知子著）　近代日本出発の記憶（相良真理子著）〉Ⓝ319.10224

台湾（階層）
◇族群―現代台湾のエスニック・イマジネーション　王甫昌著,松葉隼,洪郁如訳　東方書店（発売）　2014.11　171p　22cm　（台湾学術文化研究叢書）〈文献あり　索引あり〉Ⓣ978-4-497-21417-1　Ⓝ361.8　[2500円]

台湾（学生運動）
◇革命のつくり方―台湾ひまわり運動―対抗運動の創造性　港千尋[著]　インスクリプト　2014.10　237p　18cm〈年表あり〉Ⓣ978-4-900997-48-6　Ⓝ309.02224　[2200円]

台湾（学生運動―歴史―1945～）
◇台湾68年世代、戒厳令下の青春―釣魚台運動から学園闘争、台湾民主化の原点へ　鄭鴻生著,丸川哲史訳　作品社　2014.1　311p　20cm　Ⓣ978-4-86182-468-5　Ⓝ377.96　[2400円]

台湾（果実）
◇台湾における日本産果実の流通状況及び輸入に関連する規制等に係る調査報告書　[東京]　中央果実協会　2014.3　79p　30cm　（海外果樹農業情報 no. 121）Ⓝ625.02224

台湾（企業）
◇台湾の企業戦略―経済発展の担い手と多国籍企業化への道　朝元照雄著　勁草書房　2014.7　248p　22cm〈索引あり　内容：台湾積体電路製造〈TSMC〉の企業戦略　聯発科技の企業戦略　鴻海の企業戦略　群創光電の企業戦略　華碩電脳の企業戦略〉Ⓣ978-4-326-50399-5　Ⓝ335.2224　[3400円]

台湾（企業法）
◇台湾ビジネス法務の基本がよ～くわかる本―台湾ビジネスの実際から司法制度まで完全図解　遠藤誠,紀鈞涵著　秀和シス

台湾（紀行・案内記）　　　　　　　　　　　　　　　　　日本件名図書目録2014　I

テム　2014.3　271p　21cm　（How-nual図解入門）〈索引あり〉Ⓘ978-4-7980-4060-8　Ⓝ338.92224　[1600円]

台湾（紀行・案内記）

◇近代台湾都市案内集成　第9巻　台湾の風景　栗原純，鍾淑敏監修・解説　田村剛著　ゆまに書房　2014.2　16,202p　22cm〈雄山閣　昭和3年刊の複製　編集協力：河原功　布装〉Ⓘ978-4-8433-4241-1,978-4-8433-4231-2（set）Ⓝ292.24　[10000円]

◇近代台湾都市案内集成　第11巻　台湾の旅　栗原純，鍾淑敏監修・解説　臺灣教育會，宮前嘉久蔵，宮川次郎著　ゆまに書房　2014.2　90,95,108p　22cm〈臺灣教育會　昭和2年刊の複製第2版　東亞旅行案内社　昭和9年刊の複製ほか　編集協力：河原功　布装〉Ⓘ978-4-8433-4243-5,978-4-8433-4231-2（set）Ⓝ292.24　[18000円]

◇じいさん独り気まま旅―台北と近郷―台南10泊11日の旅　反町貫一著　東洋出版　2014.10　203p　21cm　Ⓘ978-4-8096-7750-2　Ⓝ292.2409　[1000円]

◇自転車抱えて海外ひとり旅　岐部正明著　[大分]　九州交通新聞社　2014.3　168p　19cm　Ⓘ978-4-9907692-0-8　Ⓝ293.09　[1500円]

◇シリーズ明治・大正の旅行　第1期16　山東鉄道旅行案内　荒山正彦監修・解説　青島守備軍民政部鐵道部，台湾総督府鉄道部編　ゆまに書房　2014.11　682p　22cm〈訂正増補　別役伝胤　大正10年刊の複製　臺灣總督府鐵道部　大正12年刊の複製第1期のタイトル関連情報：旅行案内書集成　布装〉Ⓘ978-4-8433-4657-0,978-4-8433-4652-5（set）Ⓝ384.37　[26000円]

◇台湾オタク旅日記　3　[出版地不明]　シャーマニックテンプル　2013.8　52p　21cm　Ⓝ292.2409

◇台湾修学旅行―平成24年度第2学年海外修学旅行報告書　[高岡]　富山県立高岡商業高等学校　2013.3　71p　30cm〈期間：平成24年12月10日-14日〉Ⓝ292.2409

◇台湾環島南風のスケッチ　大洞敦史著　福岡　書肆侃侃房　2014.7　190p　21cm　（Kan kan trip 7）Ⓘ978-4-86385-146-7　Ⓝ292.2409　[1600円]

◇南洋旅行　台湾旅行　秋守常太郎著　大空社　2014.4　330,178p　22cm　（アジア学叢書　279）〈昭和13年刊の複製　昭和16年刊の複製　布装〉Ⓘ978-4-283-01128-1,978-4-283-01131-1（set）Ⓝ297.409　[20000円]

台湾（給与）

◇在アジア日系企業における現地スタッフの給料と待遇に関する調査　2014　台湾編　Tokyo　日経リサーチ　c2014　244p　30cm〈英語併記　奥付のタイトル：在アジア日系企業における現地スタッフの給与と待遇に関する調査〉Ⓝ336.45

台湾（教育）

◇台湾教育　第7巻～第10巻（第164号～第186号）　復刻版　不二出版　2014.12　4冊（セット）　26cm　Ⓘ978-4-8350-7582-2　[92000円]

台湾（教育―歴史―日本統治時代）

◇吉田巌の「台湾学事視察旅行」関係資料　吉田巌[著]，北村嘉恵編著　帯広　帯広市教育委員会　2014.1　117p　26cm　（帯広叢書　別冊）Ⓝ372.224

台湾（教育―歴史―日本統治時代―史料）

◇日本植民地教育政策史料集成　台湾篇第68巻　第8集　2（学校要覧類　下）阿部洋編　復刻版　龍溪書舍　2013.12　1冊　22cm　「台湾総督府国語学校一覧」（台湾総督府国語学校　明治39年刊）の複製　「台湾総督府国語学校一覧」（台湾総督府国語学校　大正6年刊）の複製ほか　限定80部　布装　内容：台湾総督府国語学校一覧明治三十九年三月　台湾総督府国語学校一覧自大正六年至大正七年〈国語学校〉生徒募集　台湾総督府国語学校第三附属学校規程　台湾総督府国語学校第四附属学校規定明治三十一年六月制定（明治三十一年三月四日改正）　町田則文先生伝〈部分〉Ⓘ978-4-8447-5512-8（set）Ⓝ372.224

◇日本植民地教育政策史料集成　台湾篇第69巻　第8集　2（学校要覧類　下）阿部洋編　復刻版　龍溪書舍　2013.12　262,48,164p　22cm　「台湾総督府台北師範学校一覧」（台湾総督府台北師範学校　大正9年刊）の複製　「台北師範学校創立三十周年記念誌　上」（台北師範学校創立三十周年記念祝賀会　大正15年刊）の複製　限定80部　布装　内容：台湾総督府台北師範学校一覧大正九年　台北師範学校創立三十周年記念誌．上〉Ⓘ978-4-8447-5512-8（set）Ⓝ372.224

◇日本植民地教育政策史料集成　台湾篇第70巻　第8集　2（学校要覧類　下）阿部洋編　復刻版　龍溪書舍　2013.12　457,38p　22cm　「台北師範学校創立三十周年記念誌　下」（台北師範学校創立三十周年記念祝賀会　大正15年刊）の複製　限定80部　布装　内容：台北師範学校創立三十周年記念誌．下〉Ⓘ978-4-8447-5512-8（set）Ⓝ372.224

◇日本植民地教育政策史料集成　台湾篇第71巻　第8集　2（学校要覧類　下）阿部洋編　復刻版　龍溪書舍　2013.12　266,44,156p　22cm　「台湾総督府台北第二師範学校一覧」（台湾総督府台北第二師範学校　昭和3年刊）の複製　「〈台北第二師範学校〉創立十周年」（台湾総督府台北第二師範学校　昭和12年刊）の複製ほか　限定80部　布装　内容：台湾総督府台北第二師範学校一覧昭和三年〈台北第二師範学校〉創立十周年昭和十二年十月　芳蘭．第十一号〈台北第二師範学校〉十周年記念号〉Ⓘ978-4-8447-5512-8（set）Ⓝ372.224

◇日本植民地教育政策史料集成　台湾篇第72巻　第8集　2（学校要覧類　下）阿部洋編　復刻版　龍溪書舍　2013.12　130,180,137p　22cm〈年譜あり　「〈台南師範学校〉創立拾周年記念誌」（台南師範学校　昭和3年刊）の複製　「台湾総督府台南師範学校要覧」（台湾総督府台南師範学校　昭和2年刊）の複製ほか　限定80部　布装　内容：〈台南師範学校〉創立拾周年記念誌　台湾総督府台南師範学校要覧昭和十三年十月一日調　台南師範学校附属公学校内規〈台湾総督府台中師範学校〉創立十周年記念誌　台湾総督府台中師範学校一覧昭和十三年十一月一日調　台湾総督府台中師範学校要覧昭和十七年十月　台湾総督府屏東師範学校一覧表昭和十五年度〉Ⓘ978-4-8447-5512-8（set）Ⓝ372.224

◇日本植民地教育政策史料集成　台湾篇第73巻　第8集　2（学校要覧類　下）阿部洋編　復刻版　龍溪書舍　2013.12　1冊　22cm〈「台湾総督府医学校一覧　明治三十八年九月」（台湾総督府医学校刊）の複製　「台湾総督府台北医学専門学校一覧」（台湾総督府台北医学専門学校刊　昭和2年刊）の複製ほか　限定80部　布装　内容：台湾総督府医学校一覧明治三十八年九月　台湾総督府台北医学専門学校一覧（昭和二年）　台湾総督府商業専門学校一覧大正八年九月調　台湾総督府商業専門学校一覧〈大正十一年三月十五日現在〉　台湾総督府台北高等商業学校沿革〈本校開設十周年記念〉台北高等商業学校一覧昭和十二年度〉Ⓘ978-4-8447-5512-8（set）Ⓝ372.224

◇日本植民地教育政策史料集成　台湾篇第74巻　第8集　2（学校要覧類　下）阿部洋編　復刻版　龍溪書舍　2013.12　126,173,173p　22cm〈「台湾総督府高等農林学校一覧」（台湾総督府高等農林学校　大正11年～12年刊）の複製　「台北帝国大学附属農林専門部一覧」（台北帝国大学附属農林専門部　昭和13年～14年刊）の複製ほか　限定80部　布装　内容：台湾総督府高等農林学校一覧〈自大正十一年至大正十二年〉台北帝国大学附属農林専門部一覧〈自昭和十三年至昭和十四年〉台湾総督府台南高等工業学校一覧昭和十五年度〉Ⓝ372.224

◇日本植民地教育政策史料集成　台湾篇第75巻　第8集　2（学校要覧類　下）阿部洋編　復刻版　龍溪書舍　2013.12　179,219p　22cm〈「台湾総督府台北高等学校一覧」（台湾総督府台北高等学校　昭和3～4年刊）の複製　「台湾総督府台北高等学校一覧　昭和十九年度」（台湾総督府台北高等学校刊）の複製　限定80部　布装　内容：台湾総督府台北高等学校一覧〈自昭和三年至昭和四年〉台湾総督府台北高等学校一覧昭和十九年度〉Ⓘ978-4-8447-5512-8（set）Ⓝ372.224

◇日本植民地教育政策史料集成　台湾篇第76巻　第8集　2（学校要覧類　下）阿部洋編　復刻版　龍溪書舍　2013.12　168,41,288p　22cm　「台北帝国大学一覧」（台北帝国大学　昭和3年刊）の複製　「台北帝国大学概況」（台北帝国大学　昭和11年刊）の複製ほか　限定80部　布装　内容：台北帝国大学一覧昭和三年　開学記念台北帝国大学概況　台北帝国大学一覧昭和十二年〉Ⓘ978-4-8447-5512-8（set）Ⓝ372.224

◇日本植民地教育政策史料集成　台湾篇第77巻　第8集　2（学校要覧類　下）阿部洋編　復刻版　龍溪書舍　2013.12　416,55p　図版17p　22cm〈「台北帝国大学一覧」（台北帝国大学　昭和19年刊）の複製　「台北帝国大学学生生徒生活調査」（台北帝国大学学生課　昭和14年刊）の複製　限定80部　布装　内容：台北帝国大学一覧昭和十八年　台北帝国大学学生生徒生活調査昭和十三年十一月調査〉Ⓘ978-4-8447-5512-8（set）Ⓝ372.224

台湾（軍事―歴史―1945～）

◇ラスト・バタリオン―蒋介石と日本軍人たち　野嶋剛著　講談社　2014.4　366p　20cm〈文献あり　年譜あり　索引あり〉Ⓘ978-4-06-217801-3　Ⓝ392.224　[2500円]

台湾（経済）

◇台湾　ARC国別情勢研究会/編　ARC国別情勢研究会　2014.11　166p　26cm　（ARCレポート　2014/15）Ⓘ978-4-907366-25-4　[12000円]

台湾（経済―統計）

◇台湾の経済data book　2014　交流協会　2014.12　118p　30cm（年表あり）Ⓝ332.224

台湾（警察―歴史）

◇鷲巣敦哉著作集　補遺　鷲巣敦哉[著]，吉原丈司編　緑蔭書房　2014.7　314,19p　20cm〈複製　内容：警察試験叢書．

統 雑誌所収著作補遺. 続 索引〉①978-4-89774-166-6
Ⓝ317.9224 [10000円]

台湾（原住民）

◇画像が語る台湾原住民の歴史と文化―鳥居龍蔵・浅井恵倫撮影写真の探求 清水純著 風響社 2014.3 398p 22cm〈文献あり〉①978-4-89489-202-6 Ⓝ382.224 [6000円]

◇タイワンイノシシを追う―民族学と考古学の出会い 野林厚志著 京都 臨川書店 2014.11 217p 19cm（フィールドワーク選書 7）〈文献あり〉①978-4-653-04237-2 Ⓝ382.224 [2000円]

◇台湾原住民族の音楽と文化 下村作次郎，孫大川，林清財，笠原政治編 浦安 草風館 2013.12 424p 22cm〈内容：台湾原住民族の楽舞（歌と踊り）と文化（孫大川著，下村作次郎訳）歌で書く（林清財著，山西弘朗訳） 台湾原住民族の伝承と歌謡（森口恒一著） 原住器楽と楽器（サウニヤウ・チュヴリュヴリュ著，藤田美奈子，下村作次郎訳）「原舞者」と台湾原住民族楽舞の復興と発展（林志興著，山本和行訳） 台湾原住民族の創作歌舞（鄧相揚著，魚住悦子訳） 台湾原住民族舞劇「風の中の緋桜」の音楽創作について（洪秀錦著，下村作次郎訳） 台湾原住民族音楽の演奏（陳芷凡著，魚住悦子訳）「原」から歌があった（陳芷凡著，魚住悦子訳）「稗官」パタイの歴史小説（魚住悦子訳） 原住民文化の奥深さ（松岡格著） 台湾原住民族の「土俵」をもつ相撲（渡邉昌史著） パゼッヘ族の移動と現況（早坂文吉著） 一枚の写真（笠原政治著）「原」から歌があった（高英傑著） 白色テロルと高一生（張炎憲著） 高一生と父，そしてあの沈黙させられた時代（周婉窈著，魚住悦子訳） 高一生の歌と手紙（高英傑著） 高一生〈矢多一生〉の音楽からよみとれるもの（馬場美英著） ウオグ・ヤタウユガナ〈高一生〉の作品のルーツを探って（劉麟玉著） 身教大師バリワクス（孫大川著，魚住悦子訳）〉①978-4-88323-191-1 Ⓝ382.224 [4800円]

◇高砂族の咒法及び其他―及川真学の台湾原住民研究 及川真学著，山田仁史編 常円寺 2014.3 198p 21cm〈年譜あり 著作目録あり〉Ⓝ382.224

◇ヘッドハンターズ―フォモウサ首狩り民のはざまにて ジャネット・ブレア・モンゴメリー・マクガバン著，中村勝訳 西東京 ハーベスト社 2014.1 288p 22cm〈索引あり 論攷：豊かな自給自足―母権と呪術の自然民属・論― 中村勝 布装 内容：離れてみた印象 直接の印象 先住民との個人的接触 フォモウサの原住人口 人種的血統 社会組織 宗教上の信念と習わし 結婚の慣習 病気と死にまつわる慣習 美術と工芸 文身〈刺墨〉およびその他の身体毀工の形態 運搬法 ありうる将来性について 先住民における文明とその利点 豊かな自給自足（中村勝著）〉①978-4-86339-051-5 Ⓝ382.224 [3200円]

台湾（原住民―歴史―日本統治時代）

◇帝国の思考―日本「帝国」と台湾原住民 松田京子著 有志舎 2014.3 271,3p 22cm（南山大学学術叢書）〈索引あり 内容：台湾原住民教化政策としての「内地」観光 植民地主義と歴史の表象 「帝国臣民」の外縁と「帝国」の学知 台湾原住民の法的位置からみた原住民政策の展開 「五箇年計画理蕃事業」という暴力 人間の「展示」と植民地表象 一九三〇年代の台湾原住民をめぐる統治実践と表象戦略 台湾国立公園と台湾原住民 「原始芸術」言説と台湾原住民〉①978-4-903426-83-9 Ⓝ317.81 [4800円]

台湾（国際投資〔日本〕）

◇台湾ビジネス法務の基本がよ～くわかる本―台湾ビジネスの実際から司法制度まで完全図解 遠藤誠，紀貫涵著 秀和システム 2014.3 271p 21cm（How-nual図解入門）〈索引あり〉①978-4-7980-4060-8 Ⓝ338.92224 [1600円]

◇わかる!!台湾ビジネスQ&A―専門家による台湾ビジネス解説書 PricewaterhouseCoopers Taiwan著，渡邉信孝[著]，奥田健士[編集責任] 改訂版 メディアパル 2014.6 509p 22cm〈索引あり〉①978-4-89610-822-4 Ⓝ338.92224 [4800円]

台湾（在留日本人）

◇台湾乳なる祖国―娘たちへの贈り物 鈴木れいこ著 彩流社 2014.1 178p 19cm〈文献あり〉①978-4-7791-1979-8 Ⓝ916 [1800円]

台湾（産業）

◇沖縄・台湾フォーラム [那覇] 南西地域産業活性化センター 2014.3 1冊 30cm〈平成25年度自主研究事業〉Ⓝ602.199

◇近代台湾都市案内集成 第7巻 台湾案内 栗原純，鍾淑敏監修・解説 入江英，藤崎精四郎著 ゆまに書房 2014.2 1冊 22cm（東陽堂支店 明治30年刊の複製 玉川大学図書館蔵の複製 編集協力：河原功 布装）①978-4-8433-4239-8,978-4-8433-4231-2（set）Ⓝ292.24 [15000円]

台湾（産業―歴史）

◇近代台湾における貿易と産業―連続と断絶 陳慈玉著 御茶の水書房 2014.2 305p 22cm〈文献あり 索引あり 内容：序論 日本統治期における台湾輸出産業の発展と変遷 台湾バナナ産業と対日貿易1912～1972年 近代台湾の塩業とソーダ業 「計画経済」体制下の台湾アルミニウム産業 戦時経済統制下の台湾炭鉱業1937～1945年 戦後の台湾における石炭業1945～1980年 日本植民地時代の基隆炭鉱株式会社〉①978-4-275-01059-9 Ⓝ602.224 [6800円]

台湾（史跡名勝）

◇近代台湾都市案内集成 第8巻 台湾名勝旧蹟誌 栗原純，鍾淑敏監修・解説 杉山靖憲編 ゆまに書房 2014.2 624p 22cm（臺灣總督府 大正5年刊の複製 編集協力：河原功 布装）①978-4-8433-4240-4,978-4-8433-4231-2（set）Ⓝ292.24 [29000円]

台湾（社会）

◇学生が見た台湾社会―都市生活・企業活動・農村社会 愛知大学現代中国学部台湾現地研究調査委員会編 名古屋 愛知大学 2014.3 216p 26cm（愛知大学現代中国学部台湾現地研究調査 第15回（2013））〈あるむ（発売）〉①978-4-86333-079-5 Ⓝ302.224 [2000円]

◇恋する台湾移住―94カ国旅した32歳女子が人生リセットしてみた 歩りえこ著 朝日新聞出版 2014.7 229p 19cm ①978-4-02-251199-7 Ⓝ302.224 [1300円]

◇小久保晴行著作集 第6巻 中国と台湾 小久保晴行著 イースト・プレス 2014.6 549p 22cm〈付属資料：4p：月報 内容：中国，二つの貌 生きている台湾〉①978-4-7816-1222-5 Ⓝ081.6 [4300円]

◇懐かしの台湾―三職記 岩間俊卓著 名古屋 ブイツーソリューション 2014.4 301p 19cm〈星雲社（発売）〉①978-4-434-19031-5 Ⓝ302.224 [1480円]

台湾（社会―歴史）

◇台湾社会の形成と変容―二元・二層構造から多元・多層構造へ 沼崎一郎著 仙台 東北大学出版会 2014.3 120p 19cm（人文社会科学ライブラリー 第3巻）〈文献あり〉①978-4-86163-242-6 Ⓝ302.224 [2000円]

台湾（社会―歴史―日本統治時代）

◇日本統治時代の台湾―写真とエピソードで綴る1895～1945 陳柔縉著，天野健太郎訳 PHP研究所 2014.6 285p 20cm ①978-4-569-81449-0 Ⓝ222.406 [2000円]

台湾（社会運動）

◇革命のつくり方―台湾ひまわり運動―対抗運動の創造性 港千尋[著] インスクリプト 2014.10 237p 18cm〈年表あり〉①978-4-900997-48-6 Ⓝ309.02224 [2200円]

台湾（住宅問題）

◇台湾の住宅地再生におけるコミュニティ形成に関する調査研究 アーバンハウジング 2014.4 149p 30cm〈年表あり〉Ⓝ365.3

台湾（植民政策〔日本〕）

◇明治日本の文明言説とその変容 許時嘉著 日本経済評論社 2014.11 362p 22cm〈文献あり 索引あり 内容：国家主義路線の文明観 反政府的文明言説の諸相 アジアを文明化する使命感 植民地の文明化作業とその矛盾 台湾人紳士の「文明」への対応 植民地台湾における〈文〉と〈文明〉の乖離 近代文体の形成における「伝統的」文体の変容〉①978-4-8188-2349-5 Ⓝ311.21 [6000円]

台湾（植民地行政〔日本〕）

◇内海忠司日記―1940-1945：総力戦体制下の台湾と植民地官僚 内海忠司[著]，近藤正己，北村嘉恵編 京都 京都大学学術出版会 2014.2 17,799p 23cm〈年譜あり 索引あり〉①978-4-87698-384-1 Ⓝ317.81 [12000円]

◇帝国の思考―日本「帝国」と台湾原住民 松田京子著 有志舎 2014.3 271,3p 22cm（南山大学学術叢書）〈索引あり 内容：戦争報道の日本 台湾原住民教化政策としての「内地」観光 植民地主義と歴史の表象 「帝国臣民」の外縁と「帝国」の学知 台湾原住民の法的位置からみた原住民政策の展開 「五箇年計画理蕃事業」という暴力 人間の「展示」と植民地表象 一九三〇年代の台湾原住民をめぐる統治実践と表象戦略 台湾国立公園と台湾原住民 「原始芸術」言説と台湾原住民〉①978-4-903426-83-9 Ⓝ317.81 [4800円]

台湾（女性問題）

◇現代台湾における子育てをめぐる言説の諸相とジェンダー 宮崎聖子[著] 北九州 アジア女性交流・研究フォーラム 2014.3 81p 30cm（KFAW調査研究報告書 vol. 2013-2）Ⓝ367.2224

台湾（信託法）

台湾（信託法）
◇台湾信託法の理論と展開　王志誠著，新井誠監訳　日本加除出版　2014.4　159p　22cm　〈索引あり　内容：台湾信託制度発展史　台湾における信託法理論の発展　台湾における信託実務の発展と問題　台湾における不動産開発信託の発展と特色　都市再開発信託の現況と法律問題　有価証券信託の種類，発展及び課税に関する論争〉①978-4-8178-4153-7　Ⓝ324.9224　［3000円］

台湾（政治）
◇現代台湾政治を読み解く　若林正丈編　研文出版　2014.4　250,2p　22cm　〈内容：台湾歴史から読み解く（若林正丈述）　台湾の選挙を地方から読み解く（小笠原欣幸述）　政党システム変動の研究から読み解く（岸川毅述）　政党組織研究から読み解く（松本充豊述）　日台関係史研究から読み解く（清水麗述）　戦後米台関係史研究から読み解く（前田直樹述）　中台関係の国際政治学から読み解く（松田康博述）〉①978-4-87636-375-9　Ⓝ312.224　［4000円］
◇台湾烈烈—世界一の親日国家がヤバイ　宮崎正弘著　ビジネス社　2014.9　255p　18cm　①978-4-8284-1768-4　Ⓝ312.224　［1100円］
◇中華民国の台湾化と中国—台湾は中国なのか？　浅野和生編著　展転社　2014.12　229p　19cm　（日台関係研究会叢書1）〈文献あり　内容：中華民国の台湾化と中国（浅野和生著）　李登輝による中華民国の台湾化（加地直紀著）　馬英九政権の対中政策（渡辺耕治著）　自民党「親台派」から見た「日台関係」（新井雄著）　六大都市選挙に見る「中華民国の台湾化」（松本一輝著）　松本彧彦著『台湾海峡の懸け橋に』（山形勝義著）　龍應台著・天野健太郎訳『台湾海峡一九四九』（山形勝義著）　林初梅編『「郷土」としての台湾』（山形勝義著）〉①978-4-88656-412-2　Ⓝ312.224　［1600円］

台湾（成年後見制度）
◇成年後見制度　新・アジア家族法三国会議編　日本加除出版　2014.7　168p　21cm　〈内容：成年後見制度の導入と改正の経緯（小池信行著）　日本の成年後見制度の概要と特色（赤沼康弘著）　成年後見制度をめぐる今後の課題（新井誠著）　成年後見制度の導入と改正経緯（申榮鎬著，田中佑季訳，犬伏由子日本語訳監修）　法定後見制度（裴寅九著，田中佑季訳，犬伏由子日本語訳監修）　韓国の成年後見制度の特徴と今後の課題（諸哲雄著）　台湾の成年後見制度の導入と改正経緯（鄧學仁著）　台湾の成年後見制度の概要と特色（黃詩淳著）　成年後見制度に関連する制度と今後の課題（邱璿如著）〉①978-4-8178-4177-3　Ⓝ324.65　［2700円］

台湾（多文化主義）
◇台湾のエスニシティとメディア—統合の受容と拒絶のポリティクス　林怡蕿著　立教大学出版会　2014.3　326p　22cm　〈有斐閣（発売）　年表あり　文献あり〉①978-4-901988-25-4　Ⓝ361.5　［3800円］

台湾（地誌）
◇近代台湾都市案内集成　第7巻　台湾案内　栗原純，鍾淑敏監修・解説　入江英，藤崎精四郎著　ゆまに書房　2014.2　1冊　22cm　〈東陽堂支店　明治30年刊の複製　玉川大学図書館蔵の複製　編集協力：河原功　布装〉①978-4-8433-4239-8,978-4-8433-4231-2（set）　Ⓝ292.24　［15000円］
◇近代台湾都市案内集成　第10巻　常夏之台湾　栗原純，鍾淑敏監修・解説　加藤駿著　ゆまに書房　2014.2　239p　22cm　〈常夏之臺灣社　昭和3年刊の複製　編集協力：河原功　布装〉①978-4-8433-4242-8,978-4-8433-4231-2（set）　Ⓝ292.24　［11000円］
◇近代台湾都市案内集成　第12巻　南部台湾誌　栗原純，鍾淑敏監修・解説　南部共榮會編纂　ゆまに書房　2014.2　572,4p　22cm　〈臺南州共榮會　昭和9年刊の複製　編集協力：河原功　布装〉①978-4-8433-4244-2,978-4-8433-4231-2（set）　Ⓝ292.24　［25000円］

台湾（知的財産権）
◇台湾における先使用権と公証制度 / 中国出願との差異を事例としての台湾出願のポイント　交流協会　2014.3　230p　30cm　〈特許庁委託〉Ⓝ507.2
◇台湾模倣対策マニュアル　交流協会　2014.3　301p　30cm　〈特許庁委託〉Ⓝ507.2

台湾（鉄道）
◇シリーズ明治・大正の旅行　第1期16　山東鉄道旅行案内　荒山正彦監修・解説　青島守備軍民政部鐵道部，台湾総督府鉄道部編　青島守備軍民政部鐵道部，台湾総督府鐵道部　大正10年刊の複製　臺灣總督府鐵道部　大正12年刊の複製　第1期のタイトル関連情報：旅行案内書集成　布装〉①978-4-8433-4657-0,978-4-8433-4652-5（set）　Ⓝ384.37　［26000円］

台湾（電気機械・器具工業—名簿）
◇台湾電機電子メーカー名簿　2014年版　所沢　台湾産業研究所　2014.3　716p　30cm　Ⓝ542.09　［19000円］

台湾（電子工業）
◇台湾エレクトロニクス産業のものづくり—台湾ハイテク産業の組織的特徴から考える日本の針路　長内厚，神吉直人編著　白桃書房　2014.5　284p　22cm　〈文献あり　索引あり　内容：今，なぜ台湾を議論するのか（長内厚，神吉直人著）　台湾エレクトロニクス産業発展の歴史（長内厚，陳韻如著）　半導体産業創出とモジュラー型産業構造の形成（長内厚著）　台湾ODM産業とプラットフォーム・ビジネス（立本博文著）　台南サイエンス・パークでの奇美電子の液晶パネル事業（長内厚，簡施儀著）　台湾の液晶産業参入と発展（許経明，新宅純二郎，蘇世庭著）　台湾PDP産業の失敗（新宅純二郎，蘇世庭著）　奇美グループの自社ブランド液晶テレビ開発（長内厚）　国防役割度とエンジニアの囲い込み（伊吹勇亮，長内厚，神吉直人著）　半導体産業における投資優遇税制（立本博文著）　ECFA体制下の日台ビジネス・アライアンス（伊藤信悟，長内厚，神吉直人ほか著）　東アジアエレクトロニクス産業の競争と協調にむけて（長内厚，神吉直人著）〉①978-4-561-26621-1　Ⓝ549.09　［4500円］

台湾（特許）
◇台湾における先使用権と公証制度 / 中国出願との差異を事例としての台湾出願のポイント　交流協会　2014.3　230p　30cm　〈特許庁委託〉Ⓝ507.2

台湾（日系企業）
◇在アジア日系企業における現地スタッフの給料と待遇に関する調査　2014　台湾編　Tokyo　日経リサーチ　c2014　244p　30cm　〈英語併記　奥付のタイトル：在アジア日系企業における現地スタッフの給与と待遇に関する調査〉Ⓝ336.45

台湾（日本語教育）
◇中国・台湾における日本語教育をめぐる研究と実践　木山三佳，多田恵，中川仁，吉田雅子編著　東方書店　2014.3　139p　26cm　①978-4-497-21406-5　Ⓝ810.7　［2200円］

台湾（美術—図集）
◇いま，台湾—台灣美術院の作家たち　渋谷区立松濤美術館編　[東京]　渋谷区立松濤美術館　2014　134p　30cm　〈中国語併記　会期・会場：2014年8月9日—9月21日　渋谷区立松濤美術館〉Ⓝ702.224
◇神品至宝—台北國立故宮博物院：特別展　東京国立博物館，九州国立博物館,NHK,NHKプロモーション，読売新聞社，産経新聞社，フジテレビジョン，朝日新聞社，毎日新聞社編　[東京]　NHK　2014.6　407,15p　30cm　〈会期・会場：2014年6月24日—9月15日　東京国立博物館ほか　共同刊行：NHKプロモーションほか〉Ⓝ702.224

台湾（物産）
◇近代台湾都市案内集成　第11巻　台湾の旅　栗原純，鍾淑敏監修・解説　臺灣教育會，宮前嘉久藏，宮川次郎著　ゆまに書房　2014.2　90,95,108p　22cm　〈臺灣教育會　昭和2年刊の複製　第2版　東亞旅行通信社　昭和9年刊の複製ほか　編集協力：河原功　布装〉①978-4-8433-4243-5,978-4-8433-4231-2（set）　Ⓝ292.24　［18000円］

台湾（文化）
◇台湾原住民族の音楽と文化　下村作次郎，孫大川，林清財，笠原政治編　浦安　草風館　2013.12　424p　22cm　〈内容：台湾原住民族の楽舞〈歌と踊り〉と文化（孫大川著，下村作次郎訳）　歌で書く（林清財著，山西弘朗訳）　台湾原住民族の伝承と歌謡（森口恒一著）　原住民器楽と楽器（サウニャウ・チュヴリュヴリュ著，藤田美奈子，下村作次郎訳）　「原舞者」と台湾原住民族楽舞の復興と発展（林志興著，山本和行訳）　台湾原住民族の創作歌舞（鄧相揚著，魚住悦子訳）　台湾原住民族舞劇「風の中の緋桜」の音楽創作について（洪秀錦著，下村作次郎訳）　台湾原住民族音楽の演奏（林宜妙著）　「原」から歌があった（陳芷凡著，魚住悦子訳）　「祥官」パタイの歴史小説（魚住悦子著）　原住民文化の奥深さ（松岡格著）　台湾原住民族の「土俵」をもつ相撲（渡邉昌史著）　パゼッヘ族の移動と現況（早坂文吉著）　一枚の写真（笠原政治著）　随筆ケユパナの思い出（高義傑著）　白色テロルと高一生（張炎憲著）　高一生と父，そしてあの沈黙させられた時代（周婉窈著，魚住悦子訳）　高一生の歌と手紙（高英傑著）　高一生「矢多一生」の音楽からよみとれるもの（馬場美英著）　ウオグ・ヤタウユガナ「高一生」の作品のルーツを探って（劉麟玉著）　身教大師バリワクス（孫大川著，魚住悦子訳）〉①978-4-88323-191-1　Ⓝ382.224　［4800円］
◇台湾ジャニーズファン研究　陳怡禎著　青弓社　2014.2　199p　19cm　（青弓社ライブラリー　80）①978-4-7872-3370-7　Ⓝ767.8　［1600円］

日本件名図書目録2014　Ⅰ　　　　　　　　　　　　　　　　　　　　　　　　　　　　　　　　高岡市立西広谷小学校

台湾（貿易―日本）
◇台湾における日本産果実の流通状況及び輸入に関連する規制等に係る調査報告書　［東京］　中央果実協会　2014.3　79p　30cm　（海外果樹農業情報　no. 121）Ⓝ625.02224

台湾（貿易―歴史）
◇近代台湾における貿易と産業―連続と断絶　陳慈玉著　御茶の水書房　2014.2　305p　22cm〈文献あり　索引あり　内容：序論　日本統治期における台湾輸出産業の発展と変遷　台湾バナナ産業と対日貿易1912～1972年　近代台湾の塩業とソーダ業　「計画経済」体制下の台湾アルミニウム産業　戦時経済統制下の台湾炭鉱業1937～1945年　戦後の台湾における石炭業1945～1980年　日本植民地時代の基隆炭鉱株式会社〉Ⓘ978-4-275-01059-9　Ⓝ602.224　［6800円］

台湾（民主化―歴史―1945～）
◇台湾68年世代、戒厳令下の青春―釣魚台運動から学園闘争、台湾民主化の原点へ　鄭鴻生著, 丸川哲史訳　作品社　2014.1　311p　20cm　Ⓘ978-4-86182-468-5　Ⓝ377.96　［2400円］

台湾（郵便切手）
◇故宮100選國立故宮博物院　福井和雄著　日本郵趣出版　2014.1　127p　21cm　（切手ビジュアルアート・シリーズ）〈郵趣サービス社（発売）文献あり　年表あり　索引あり〉Ⓘ978-4-88963-763-2　Ⓝ702.22　［2200円］

台湾（料理店）
◇台湾一周！安旨食堂の旅　光瀬憲子著　双葉社　2014.6　292p　図版16p　15cm　（双葉文庫　み‐10-02）Ⓘ978-4-575-71414-2　Ⓝ673.972　［630円］

台湾（歴史―日本統治時代）
◇医師の社会史―植民地台湾の近代と民族　ローミンチェン著, 塚原東吾訳　法政大学出版局　2014.4　316,62p　20cm　（サピエンティア 36）〈文献あり　索引あり〉Ⓘ978-4-588-60336-5　Ⓝ222.406　［4400円］
◇歴史のなかの日本と台湾―東アジアの国際政治と台湾史研究　中京大学社会科学研究所, 檜山幸夫編　名古屋　中京大学社会科学研究所　2014.3　287p　22cm　（社研叢書 35）〈内容：日台関係の現段階　転換期の台湾史研究（檜山幸夫著）新時代の日台関係と台湾の日本研究（川島真著）　台湾総督府官僚の統治と秩序　台湾総督府評議会の人的構成（駒込武著）　台湾の震災と台湾総督府官僚（東山京子著）　日本統治下台湾における医師社会の階層構造と学歴主義（鈴木哲造著）　台湾人アイデンティティと台湾人指導者階層　日本統治下における台湾人社会的リーダー階層の研究について（呉文星著）　清国人・日本人・中華民国人だった一人の台湾人の記録（中田敏夫著）　台湾に現れた三つの郷土教育（林初梅著）　東アジアにおける戦没者慰霊　台湾・日本・中国の「慰霊施設」の研究（蔡錦堂著）　「軍都」と「植民都市」の慰霊空間（本康宏史著）〉Ⓝ222.406
◇歴史のなかの日本と台湾―東アジアの国際政治と台湾史研究　中京大学社会科学研究所, 檜山幸夫編　福岡　中国書店　2014.3　287p　22cm　（内容：転換期の台湾史研究（檜山幸夫著）新時代の日台関係と台湾の日本研究（川島真著）　台湾総督府評議会の人的構成（駒込武著）　台湾の震災と台湾総督府官僚（東山京子著）　日本統治下台湾における医師社会の階層構造と学歴主義（鈴木哲造著）　日本統治下における台湾人社会的リーダー階層の研究について（呉文星著）　清国人・日本人・中華民国人だった一人の台湾人の記録（中田敏夫著）　台湾に現れた三つの郷土教育（林初梅著）　台湾・日本・中国の「慰霊施設」の研究（蔡錦堂著）　「軍都」と「植民都市」の慰霊空間（本康宏史著）〉Ⓘ978-4-903316-38-3　Ⓝ222.406　［3600円］

台湾（労働者災害補償）
◇ストレス性疾患と労災救済―日米台の比較法的考察　徐婉寧著　信山社　2014.1　434p　22cm　（学術選書 81）〈索引あり〉Ⓘ978-4-7972-5881-3　Ⓝ364.5　［8800円］

タウト, B.〔1880～1938〕
◇ブルーノ・タウトと建築・芸術・社会　田中辰明著　秦野　東海大学出版会　2014.2　242p　22cm〈文献あり〉Ⓘ978-4-486-02017-2　Ⓝ523.34　［4000円］

高家 博成〔1941～ 〕
◇虫博士の育ち方仕事の仕方―生き物と遊ぶ心を伝えたい：虫のあしはなぜ6本？　高家博成文, 中山れいこ編集・解説　本の泉社　2014.7　303p　21cm〈文献あり　索引あり〉Ⓘ978-4-7807-1173-8　Ⓝ486　［1800円］

高石市（遺跡・遺物）
◇大園遺跡他の発掘調査概要　高石　高石市教育委員会　2014.3　41p　図版5p　30cm　（高石市文化財調査概要 2013-1）Ⓝ210.0254

高岩 とみ〔1893～1984〕
◇ある昭和の家族―「火宅の人」の母と妹たち　笠耐著　岩波書店　2014.12　168p　20cm　（シリーズここで生きる）Ⓘ978-4-00-028728-9　Ⓝ289.1　［1900円］

高岡 早紀〔1972～ 〕
◇高岡早紀But Beautiful　高岡早紀著　宝島社　2014.2　112p　21cm　Ⓘ978-4-8002-2011-0　Ⓝ778.21　［1400円］

高岡アルミニウム懇話会
◇一般社団法人高岡アルミニウム懇話会創立50周年記念誌　高岡アルミニウム懇話会50周年記念事業実行委員会記念誌部会編　高岡　高岡アルミニウム懇話会　2014.2　208p　30cm〈年表あり〉Ⓝ565.52

高岡市（遺跡・遺物）
◇市内遺跡調査概報　23　高岡市教育委員会編　高岡　高岡市教育委員会　2014.3　47p　図版22p　30cm　（高岡市埋蔵文化財調査概報　第74冊）〈平成24年度越中国府関連遺跡の調査他〉Ⓝ210.0254
◇下老子笹川遺跡・江尻遺跡発掘調査報告　第1分冊　富山県文化振興財団埋蔵文化財調査事務所編　富山　富山県文化振興財団埋蔵文化財調査事務所　2014.3　414p　30cm　（富山県文化振興財団埋蔵文化財発掘調査報告　第59集）Ⓝ210.0254
◇下老子笹川遺跡・江尻遺跡発掘調査報告　第2分冊　富山県文化振興財団埋蔵文化財調査事務所編　富山　富山県文化振興財団埋蔵文化財調査事務所　2014.3　113p　30cm　（富山県文化振興財団埋蔵文化財発掘調査報告　第59集）Ⓝ210.0254
◇中木津遺跡・西木津遺跡調査報告　高岡市教育委員会編　高岡　高岡市教育委員会　2014.3　169p　30cm　（高岡市埋蔵文化財調査報告 第26冊）〈高岡市木津土地区画整理組合による区画整理事業に伴う調査〉Ⓝ210.0254

高岡市（祭礼）
◇上町のあゆみ―高岡市指定無形民俗文化財：伏木曳山祭　［高岡］　上町花山車保存会　2014.3　128p　26cm〈年表あり〉Ⓝ386.142

高岡市（山車）
◇上町のあゆみ―高岡市指定無形民俗文化財：伏木曳山祭　［高岡］　上町花山車保存会　2014.3　128p　26cm〈年表あり〉Ⓝ386.142

高岡市（地域社会）
◇人文地理学実習3（2012年度）報告書―高岡調査報告　富山大学人文学部人文地理学研究室編　富山　富山大学人文学部人文地理学研究室　2013.2　43p　30cm〈文献あり　背のタイトル：人文地理学実習3（2012）報告書〉Ⓝ361.7

高岡市（文化政策）
◇都馬麻―高岡芸術文化都市構想　03　富山大学芸術文化学部編　富山　富山大学出版会　2014.3　206p　21cm〈梧桐書院（発売）内容：高岡の「工芸」は、観光資源になり得るのか（大熊敏之著）　金屋町における文化コモンズの生成に向けて（古池嘉和著）　高岡と古代仏教美術（三宮千佳著）　戸出七夕まつり（木下和彦著）　地域の変化に現れた中田かかし祭の姿（土倉舞美著）　「万葉集全二十巻朗唱の会」に誘って（津幡敬子著）　地域ブランドの視点から「文化創造都市高岡」を考える（葛島毅著）　ものづくりの町の未来（東海裕慎著）　「高岡クラフト市場街」2013（林口砂里著）　クリエイ党の活動、その歴史とこれから（松原博著）　高岡まちっこプロジェクト（服部恵子著）　走る角には福来たる！（松田英昭著）　「進化する森アートファクトリー」の試み（渡邊雅志著）　市民運動における キーパーソン（大井俊輔著）　高岡近郊の軌道系交通をどうするか（善光孝著）　「たかおかストリート構想」への提案（武山良三著）〉Ⓘ978-4-340-53022-9　Ⓝ709.142　［2100円］

高岡市（歴史）
◇越中国府今をつなぐもの―萬葉風古　正和勝之助著　鎌倉　正和蓉子　2014.2　177p　22cm〈発行所：桂書房〉Ⓘ978-4-905345-60-2　Ⓝ214.2　［2000円］
◇語り伝え・古府の歴史―写真で綴るふる里八つの物語　古府の歴史を調べる会編　［高岡］　高岡市立古府公民館　2013.2　80p　30cm〈奥付のタイトル：語り伝え古府の歴史説明スライド集　共同刊行：古府の歴史を調べる会〉Ⓝ214.2
◇ふるさと三つの谷の物語―語り伝え・古府の歴史：「古府の歴史を調べる会」活動記録　高岡市立古府公民館, 古府の歴史を調べる会［編］　［高岡］　高岡市立古府公民館　2013.6　205p　30cm〈年表あり　共同刊行：古府の歴史を調べる会〉Ⓝ214.2

高岡市（歴史―史料）
◇高岡市史料集　第25集　高岡市立中央図書館古文書を学ぶ会編　高岡　高岡市立中央図書館　2014.3　61p　26cm　Ⓝ214.2

高岡市立西広谷小学校
◇夢のかけ橋―高岡市立西広谷小学校閉校記念誌　［高岡］　高岡市立西広谷小学校閉校記念誌編集委員会　2014.3　84p　30cm〈年表あり〉Ⓝ376.28

高岡市立平米公民館
◇ゆかり—開館20周年記念誌　高岡市立平米公民館編　［高岡］
高岡市立平米公民館　2014.9　176p　30cm　Ⓝ379.2

高木 貞治〔1875〜1960〕
◇高木貞治とその時代—西欧近代の数学と日本　高瀬正仁著
東京大学出版会　2014.8　406,39p　20cm　〈文献あり　年譜あ
り　索引あり〉　①978-4-13-061310-1　Ⓝ410.28　［3800円］

髙久 道子〔1933〜〕
◇せともの屋の女房　高久道子著　本の泉社　2014.5　252p
20cm　①978-4-7807-1165-3　Ⓝ289.1　［1500円］

高倉 健〔1931〜2014〕
◇映画俳優高倉健その素顔　遠藤努撮影　音羽出版　2014.12
1冊（ページ付なし）　30cm　〈作品目録あり〉　①978-4-901007-
60-3　Ⓝ778.21　［2400円］

高倉 洋彰〔1943〜〕
◇趣味は考古学仕事も考古学　高倉洋彰著　福岡　櫂歌書房
2014.3　379p　20cm　〈星雲社（発売）　著作目録あり　年譜あ
り　布装〉　①978-4-434-19026-1　Ⓝ289.1　［1500円］

高崎市（遺跡・遺物）
◇下滝高井前遺跡　本文編　群馬県埋蔵文化財調査事業団編
渋川　群馬県埋蔵文化財調査事業団　2014.1　766p　30cm
（公益財団法人群馬県埋蔵文化財調査事業団調査報告書　第579
集）〈群馬県高崎土木事務所の委託による　国道354号高崎玉
村バイパス（高崎工区）社会資本総合整備（活力創出基盤整備）
事業に伴う埋蔵文化財発掘調査報告書〉　Ⓝ210.0254
◇下滝高井前遺跡　写真図版編　群馬県埋蔵文化財調査事業団
編　渋川　群馬県埋蔵文化財調査事業団　2014.1　221p
30cm　（公益財団法人群馬県埋蔵文化財調査事業団調査報告
書　第579集）〈群馬県高崎土木事務所の委託による　国道354
号高崎玉村バイパス（高崎工区）社会資本総合整備（活力創出
基盤整備）事業に伴う埋蔵文化財発掘調査報告書〉　Ⓝ210.0254

高崎市（金石・金石文）
◇上野三碑と楫取素彦—幕末近代のアーカイブ：平成26年度多
胡碑記念館第38回企画展　多胡碑記念館編　高崎　多胡碑記
念館　2014.10　48p　30cm　〈年表あり　多胡碑研究史シリー
ズ第2弾　会期：平成26年10月7日—12月7日〉　Ⓝ210.02

高崎市（鉄道災害）
◇鉄道重大インシデント調査報告書　RI2013-1-3　［東京］　運
輸安全委員会　［2013］　34, 26, 28p　30cm　〈内容：三岐鉄
道株式会社三岐線東藤原駅構内における鉄道重大インシデン
ト車両脱線（「本線において車両が脱線したもの」に係る鉄道
重大インシデント）　天竜浜名湖鉄道株式会社天竜浜名湖線浜
松大学前駅—都田駅間における鉄道重大インシデント車両障
害（「車両の走行装置、ブレーキ装置、電気装置、連結装置、運
転保安設備等に列車の運転の安全に支障を及ぼす故障、損傷、
破壊等が生じた事態」に係る鉄道重大インシデント）　東日本
旅客鉄道株式会社高崎線高崎駅構内における鉄道重大インシ
デント工事違反（「列車の運転を停止して行うべき工事又は保
守の作業中に、列車が当該作業をしている区間を走行した事
態」に係る鉄道重大インシデント）〉　Ⓝ686.7

高崎市（防災計画）
◇高崎市地域防災計画　高崎市防災会議編　［高崎］　高崎市防
災会議　2014.3　307p　30cm　Ⓝ369.3

高崎市（歴史）
◇未来への道しるべ—高崎市倉賀野町合併50周年記念誌　合併
50周年記念誌編集委員会編　高崎　倉賀野地区地域づくり活
動協議会　2013.12　56p　30cm　〈年表あり〉　Ⓝ213.3

高砂市（遺跡・遺物）
◇石の宝殿・竜山石採石遺跡　高砂市教育委員会編　高砂　高
砂市教育委員会　2014.3　116p　図版4p　30cm　（高砂市文
化財調査報告書　17）　Ⓝ210.0254

高砂市（歴史）
◇高砂市史　第3巻　通史編　近現代　高砂市史編さん専門委員
会編　高砂　高砂市　2014.3　826, 27p　22cm　〈文献あり
折り込　1枚　付属資料：15p：付図解説　外箱入〉　Ⓝ216.4

高下 恭介〔1882〜〕
◇高下日記　第6集　昭和18年—昭和21年　［高下恭介著］．大
和市文化振興課市史・文化財担当編　大和　大和市　2014.3
210p　図版4p　26cm　（大和市史資料叢書　14）〈文献あり〉
Ⓝ289.1

高島 彩
◇irodori—なりたい自分に近づくチカラ　高島彩［著］　幻冬舎
2014.10　229p　16cm　（幻冬舎文庫　た-55-1）〈2012年刊

にエッセイを加えて再構成し、大幅に加筆、修正〉　①978-4-
344-42273-5　Ⓝ699.39　［650円］

高嶋 弘之〔1934〜〕
◇「ビートルズ！」をつくった男—レコード・ビジネスへ愛をこ
めて　高嶋弘之著　［東京］　DU BOOKS　2014.9　207p
19cm　〈ディスクユニオン（発売）〉　①978-4-907583-23-1
Ⓝ767.8　［1680円］

高島市（遺跡・遺物）
◇馬塚古墳発掘調査報告書　高島市教育委員会編　高島　高島
市教育委員会　2014.3　16p　図版4p　30cm　（高島市文化財
調査報告書　第23集）〈滋賀県高島市音羽所在〉　Ⓝ210.0254
◇高島市内遺跡調査報告書　平成25年度　高島市教育委員会事
務局文化財課編　高島　高島市教育委員会事務局文化財課
2014.3　11p　図版5p　30cm　（高島市文化財調査報告書　第
22集）〈滋賀県高島市所在〉　Ⓝ210.0254
◇日置前遺跡発掘調査報告書　高島市教育委員会編　高島　高島
市教育委員会　2014.3　8p　図版5p　30cm　（高島市文化財
調査報告書　第24集）〈滋賀県高島市今津町所在〉　Ⓝ210.0254
◇琵琶湖西北部の湖底・湖岸遺跡　第1分冊　本文編　滋賀県教
育委員会事務局文化財保護課，滋賀県文化財保護協会編　大津
滋賀県教育委員会事務局文化財保護課　2014.3　502p　30cm
（琵琶湖開発事業関連埋蔵文化財発掘調査報告書　11）〈共同
刊行：滋賀県文化財保護協会　内容：西浜遺跡　森浜遺跡　針
江浜遺跡　外ケ浜遺跡　四津川遺跡　大溝湖底遺跡〉　Ⓝ210.
0254
◇琵琶湖西北部の湖底・湖岸遺跡　第2分冊　写真図版編　滋賀
県教育委員会事務局文化財保護課，滋賀県文化財保護協会編
大津　滋賀県教育委員会事務局文化財保護課　2014.3　8,
298p　30cm　（琵琶湖開発事業関連埋蔵文化財発掘調査報告
書　11）〈共同刊行：滋賀県文化財保護協会　内容：西浜遺跡
森浜遺跡　針江浜遺跡　外ケ浜遺跡　四津川遺跡　大溝湖底
遺跡〉　Ⓝ210.0254

高島市（遺跡・遺物—保存・修復）
◇名勝朽木池の沢庭園保存管理計画書　高島市教育委員会事務
局文化財課編　高島　高島市教育委員会事務局文化財課
2014.3　75p　30cm　Ⓝ709.161

高島市（水害）
◇高島市豪雨災害の記録—台風18号襲来（平成25年9月15日16
日）　高島　高島市政策部総合防災局　2014.10　74p　30cm
Ⓝ369.33

高島市（歴史）
◇椋川—資料が語る山里の暮らし：区誌　続　澤田純三著　彦
根　サンライズ出版（印刷）　2014.9　71p　26cm　〈年表あり〉
Ⓝ216.1

高島炭鉱
◇高島炭鉱調査報告書　長崎　長崎市総務局企画財政部世界遺
産推進室　2014.3　1冊　30cm　〈文献あり　年表あり　共同
刊行：長崎市経済局文化観光部文化財課〉　Ⓝ567.092193

高島屋
◇一流のサービスは感動を生む—日本橋高島屋コンシェルジュ
が大切にする仕事の習慣　敷田正法著　幻冬舎ルネッサンス
2014.10　215p　19cm　〈表紙のタイトル：Life consists not
in holding good cards but in playing those you hold
well〉　①978-4-7790-1123-8　Ⓝ673.838　［1296円］
◇おかげにて135—高島屋インテリア事業135年の歩みとこれか
ら　高島屋スペースクリエイツ株式会社おかげにて135編纂室
編纂　高島屋スペースクリエイツ　2014.10　136p　30cm
〈年表あり〉　Ⓝ673.838
◇日本橋高島屋コンシェルジュの最高のおもてなし　敷田正法
著　光文社　2014.6　177p　19cm　①978-4-334-97790-0
Ⓝ673.838　［1200円］
◇日本橋高島屋名コンシェルジュに学ぶ人の心を動かす「気遣い
力」　敷田正法著　小学館　2014.9　191p　19cm　①978-4-
09-310827-0　Ⓝ673.838　［1200円］

髙島屋スペースクリエイツ株式会社
◇おかげにて135—高島屋インテリア事業135年の歩みとこれか
ら　高島屋スペースクリエイツ株式会社おかげにて135編纂室
編纂　高島屋スペースクリエイツ　2014.10　136p　30cm
〈年表あり〉　Ⓝ673.838

多賀城
◇多賀城跡木簡　3　総括編　多賀城　宮城県多賀城跡調査研究
所　2014.3　48p　30cm　（宮城県多賀城跡調査研究所資料
4）Ⓝ212.3

多賀城市（遺跡・遺物）
◇桜井館跡—ほか　多賀城市埋蔵文化財調査センター編　多賀城
多賀城市教育委員会　2014.3　109p　30cm　〈内容：桜井館跡．
第3次調査　西沢
遺跡．第25次調査　山王遺跡．第139次調査〉　Ⓝ210.0254

◇山王遺跡 6 仙台 宮城県教育委員会 2014.12 257p 30cm（宮城県文化財調査報告書 第235集）〈多賀前地区第4次発掘調査報告書 共同刊行：国土交通省東北地方整備局〉Ⓝ210.0254

◇多賀城市内の遺跡—平成23年度発掘調査報告書 1 多賀城市埋蔵文化財調査センター編 多賀城 多賀城市教育委員会 2014.3 33p 30cm（多賀城市文化財調査報告書 第116集）〈内容：市川橋遺跡. 第82次調査〉Ⓝ210.0254

◇多賀城市内の遺跡—平成25年度発掘調査報告書 2 多賀城市埋蔵文化財調査センター編 多賀城 多賀城市教育委員会 2014.3 137p 30cm（多賀城市文化財調査報告書 第114集）〈文献あり 内容：新田遺跡 山王遺跡 西沢遺跡 高崎遺跡〉Ⓝ210.0254

多賀城市（災害復興）

◇みなと仙塩ゆめタウン—仙塩広域都市計画事業仙台港背後地土地区画整理事業：東日本大震災からの復旧・復興状況について：復興へ頑張ろう！ vol. 2 ［多賀城］ 宮城県仙台港背後地土地区画整理事務所 2013.3 61p 30cm Ⓝ518.8

多賀神社（札幌市）

◇多賀神社六十五年のあゆみ—札幌護国神社境内社 多賀神社御鎮座六十五周年記念誌編集委員会編 ［札幌］ 多賀神社御鎮座六十五周年奉賛会 2014.9 76p 30cm〈年表あり〉Ⓝ175.915

高杉 晋作〔1839～1867〕

◇逆説の日本史 21 幕末年代史編 4（高杉晋作と維新回天の謎）井沢元彦著 小学館 2014.10 409p 20cm Ⓘ978-4-09-379868-6 Ⓝ210.04 ［1600円］

◇晋作語録 一坂太郎著 増補決定版 第三文明社 2014.12 286p 19cm〈文献あり 年譜あり 初版：山口新聞社 2000年刊〉Ⓘ978-4-476-03340-3 Ⓝ289.1 ［720円］

◇高杉晋作情熱と挑戦の生涯 一坂太郎［著］ KADOKAWA 2014.7 254p 15cm（［角川ソフィア文庫］［I120-1]）〈文献あり 年譜あり 「高杉晋作」（文藝春秋 2002年刊）の改題、加筆・修正〉Ⓘ978-4-04-409210-8 Ⓝ289.1 ［720円］

◇高杉晋作と長州 一坂太郎著 吉川弘文館 2014.7 159p 21cm（人をあるく）〈文献あり 年表あり〉Ⓘ978-4-642-06783-6 Ⓝ289.1 ［2000円］

◇吉田松陰と高杉晋作の志 一坂太郎著 ベストセラーズ 2014.10 240p 18cm（ベスト新書 452）〈「松陰と晋作の志」（2005年刊）の改題、加筆・修正、再編集〉Ⓘ978-4-584-12452-9 Ⓝ121.59 ［800円］

高須藩

◇美濃高須藩家臣史料 大野正茂編 名古屋 松風園文庫 2014.2 118p 26cm〈文献あり〉Ⓘ978-4-9907576-0-1 Ⓝ215.3 ［2000円］

鷹栖町〔北海道〕（歴史）

◇東鷹栖鷹栖分村記載録 松田光春編 旭川 松田光春 2014.9 135p 26cm〈年表あり〉Ⓝ211.4

高瀬 慶子〔1925～ 〕

◇「知的な育ち」を形成する保育実践—海卓子、畑谷光代、高瀬慶子に学ぶ 勅使千鶴、亀谷和史、東内瑠里子編著 金珉呈、木村和子、宍戸洋子、中村強士、韓仁愛、吉葉研司執筆 新読書社 2013.5 270p 21cm Ⓘ978-4-7880-1167-0 Ⓝ376.1 ［2200円］

高園寿親睦会

◇寿会の歩み—高園寿親睦会：創立五十周年記念誌 高園寿親睦会五十周年記念誌編集委員会編 ［調子府町（北海道）］ 高園寿親睦会 2014.10 89p 30cm〈年表あり〉Ⓝ379.47

高田 和夫〔1939～ 〕

◇カズの歩んだ道—ある放射線防護研究者の生涯：自分史 高田和夫著 文昇堂（印刷）2014.12 331p 20cm〈年譜あり 著作目録あり〉Ⓝ289.1

高田 好胤〔1924～1998〕

◇後生大事に—父高田好胤のおしえ 高田都耶子著 芸術新聞社 2014.6 181p 20cm Ⓘ978-4-87586-399-1 Ⓝ188.212 ［1600円］

高田 純次〔1947～ 〕

◇高田純次のチンケな自伝—適当男が真面目に語った"とんでも人生" 高田純次著 産経新聞出版 2014.3 213p 19cm〈日本工業新聞（発売）文献あり 著作目録あり 年譜あり〉Ⓘ978-4-8191-1237-6 Ⓝ772.1 ［1200円］

高田 時雄〔1949～ 〕

◇東方學研究論集—高田時雄教授退職記念：日英文分冊 東方學研究論集刊行會編 ［出版地不明］［東方學研究論集刊行會］ 2014.6 485p 27cm〈著作目録あり 文献あり 英語併載 内容：隋經『阿難見水光瑞經』の出現（赤尾榮慶著）敦煌の佛教儀禮と講唱文學（荒見泰史著）藏文注音西夏佛經Or 12380-1842（K.K.Ⅱ.0234.k）試釋（池田巧著）敦煌の十萬頌般若經用紙の再利用（岩尾一史著）北宋期の呉庸という人物について（上野隆三著）「蘭亭序」および「尚想黃綺」帖の西域における流傳（榮新江著）琉球稿本『官音簡要揀選六條』について（木津祐子著）岩波文庫『俗語解』にみる江戸後期漢籍受容の實態（玄幸子著）『說文解字繋傳』「通論篇」引用書考（坂内千里著）種德堂本『春秋經傳集解』について（高橋智著）『唐詩類選』雜考（永田知之著）ショオ語の所有者表現（中西裕樹著）高昌故城調査の統合による探檢隊調査遺構の同定（西村陽子，北本朝展著）青い服の少女（濱田麻矢著）コータン地區ドモコ發見トプルクトン1號佛寺と瞿摩帝寺傳説（エリカ・フォルテ著）日・中における正倉院藏「王勃詩序」の"發見"について（道坂昭廣著）江戸時代に出土した博多聖福寺の銀鐘について（宮紀子著）新出の『金藏論』敦煌寫本（本井牧子著）「假」字音義辨析（森賀一惠著）『婚禮圖解』卷之一所收「書儀」初探（山本孝子著）中世イラン語と中古漢語（吉田豐著）Notes on the medieval Buddhist stone sūtras from Qionglai,Sichuan（Huaiyu Chen著）An introduction to materiality and text organization in early and medieval Chinese manuscripts（Jean-Pierre Drège著）Ashige and Wang Daiyu encountering Buddhism in the Yimani Muzhimuluo and Xizhen Zhengda（Leopold Eisenlohr, Victor Mair著）New incarnations of old texts（Imre Galambos著）Assigning a title to Dunhuang document pelliot 2196 on the basis of the version among ancient Japanese manuscripts（Ochiai Toshinori著）Depictions of tributaries of the August Qing 皇淸職貢圖and Hyacinth Bichurin's first album（Irina Popova著）The most common healing liturgy at Dunhuang（Stephen F.Teiser著）Tablecloth and the Chinese Manichaean hymn Shou shidan ji收食單偈（Wang Ding著）On the old Uyghur translations of the Buddhā vatamsaka sūtra（Abdurishid Yakup著）Fragments of a Chinese（Peter Zieme著）〉Ⓝ222.004

高津川〔島根県〕

◇高津川水系上流域河川整備計画 ［松江］ 島根県 2014.1 28p 30cm Ⓝ517.091

◇高津川水系上流域河川整備計画—付属資料 ［松江］ 島根県 2014.1 116p 30cm Ⓝ517.091

◇高津川水系上流域河川整備計画 ［松江］ 島根県 2014.3 32p 30cm Ⓝ517.091

◇高津川水系上流域河川整備計画—付属資料 ［松江］ 島根県 2014.3 128p 30cm Ⓝ517.091

高槻市（遺跡・遺物）

◇嶋上遺跡群 38 高槻 高槻市教育委員会文化財課埋蔵文化財調査センター 2014.3 7p 図版7枚 30cm（高槻市文化財調査概要 41）Ⓝ210.0254

◇淀川中流域の弥生文化—高槻市立今城塚古代歴史館平成26年春季特別展 高槻市立今城塚古代歴史館編 高槻 高槻市立今城塚古代歴史館 2014.3 53p 30cm〈文献あり 会期：平成26年3月15日～5月18日〉Ⓝ216.3

高槻市（遺跡・遺物—論文集）

◇「いましろ賞」入賞論文集—高槻古代史懸賞論文 高槻市教育委員会文化財課, 今城塚古代歴史館編 ［高槻］ 高槻市教育委員会文化財課 2014.3 37, 13p 30cm〈共同刊行：今城塚古代歴史館 内容：「いましろ賞」最優秀賞 今城塚古墳の原形についての土木工学的検討（高津和大著）「いましろ賞」佳作 環状乳神獣鏡からみた安満宮山古墳出土1号鏡（村瀬陸著）「いましろ賞」審査員特別賞 地元が支える歴史遺産（新居宏壬著）「いましろ賞」佳作 継体大王の即位と武寧王との関係について（鮫島彰寿著）〉Ⓝ216.3

高槻市（行政）

◇高槻市役所の『闇』—与野党相乗りの弊害 1 北岡隆浩著, 高槻ご意見番編著 堺 銀河書籍 2014.8 221p 19cm Ⓘ978-4-907628-20-8 Ⓝ318.263 ［2000円］

高槻市（古墳）

◇中臣（藤原）鎌足と阿武山古墳—高槻市制施行70周年・中核市移行10周年記念歴史シンポジウム 高槻市教育委員会文化財課, 今城塚古代歴史館編 ［高槻］ 高槻市教育委員会文化財課 2013.12 76p 30cm〈年表あり 共同刊行：今城塚古代歴史館〉Ⓝ216.3

高槻市（地域社会）

◇高槻市と関西大学による高槻市民郵送調査 関西大学総合情報学部編 ［吹田］ 関西大学総合情報学部 2013.3 208, 8p 30cm（社会調査実習報告書 平成24年度）Ⓝ361.78

高槻市（町屋）

◇マチヤ・レポート—高槻町家図鑑　001　たかつき、マチヤのナゾ。　岩崎卓宏編著　大阪　清風堂書店　2014.10　193p　30cm　Ⓝ978-4-88313-825-8　Ⓝ521.86　[2800円]

高槻市（歴史）

◇近世摂津國嶋上郡服部村の研究—現高槻市清水地区　古藤幸雄著　半田　一粒書房　2014.4　393p　図版4p　26cm　〈年表あり〉　Ⓝ978-4-86431-276-9　Ⓝ216.3　[3000円]

◇大正期の富田村—大宅壮一生徒日誌を読む　好田文彦編著，大宅壮一原著　[出版地不明]　[好田文彦]　2013.12　144p　21cm　Ⓝ216.3

高取町（奈良県）（遺跡・遺物）

◇薩摩遺跡　1　奈良県立橿原考古学研究所編　橿原　奈良県立橿原考古学研究所　2014.3　215p　図版[38]　枚　31cm　（奈良県立橿原考古学研究所調査報告　第116冊）Ⓘ978-4-905398-23-3　Ⓝ210.0254

高梨 健吉〔1919～2010〕

◇高梨健吉追悼文集　高梨英史編　[出版地不明]　高梨英史　2013.11印刷　46p　26cm　〈年譜あり　著作目録あり〉　Ⓝ830.7

高鍋藩

◇旧記抜書・壱　1　自宝暦14年至明和9年　永井哲雄編集責任　高鍋町（宮崎県）　明倫堂文庫を学ぶ会　2013.9　180p　21cm　Ⓝ219.6

◇旧記抜書・壱　2　自安永2年至安永10年　永井哲雄編集責任　高鍋町（宮崎県）　明倫堂文庫を学ぶ会　2014.10　190p　21cm　Ⓝ219.6

高根沢町（栃木県）（遺跡・遺物）

◇薬師堂遺跡　とちぎ未来づくり財団埋蔵文化財センター編　宇都宮　栃木県教育委員会　2014.3　32p　図版13p　30cm　（栃木県埋蔵文化財調査報告　第367集）〈安全な道づくり事業費（補助）一般県道杉山石末線太田東工区に伴う埋蔵文化財発掘調査　共同刊行：とちぎ未来づくり財団〉Ⓝ210.0254

高野病院〔1980年〕

◇福島原発22キロ高野病院奮戦記—がんばってるね！じむちょー　井上能行著　東京新聞　2014.3　270p　19cm　Ⓘ978-4-8083-0987-9　Ⓝ498.02126　[1400円]

高萩市（行政）

◇高萩市長草間吉夫の1500日　草間吉夫著　水戸　茨城新聞社　2014.2　285p　19cm　（随想録　第2集）Ⓘ978-4-87273-283-2　Ⓝ318.231　[1000円]

高萩市（伝記）

◇高萩歴代領主—マンガで見る高萩四英傑　高萩市教育委員会編　高萩　高萩市市長室　2014.1　93，152p　19cm　〈年表あり　背のタイトル：高萩歴代領主＋マンガで見る高萩四英傑〉Ⓘ978-4-907157-09-8　Ⓝ213.1　[700円]

高橋〔家〕〔北上市〕

◇黒沢尻ヌルシヤの分蜂　吉川和子，吉川國男編著　さいたま　関東図書　2014.1　191p　22cm　〈年譜あり　文献あり〉Ⓘ978-4-904006-96-2　Ⓝ288.3　[1800円]

高橋 愛〔1986～　〕

◇I have AI—AI TAKAHASHI STYLEBOOK 2　高橋愛著　宝島社　2014.9　111p　21cm　〈本文は日本語〉Ⓘ978-4-8002-3137-6　Ⓝ767.8　[1500円]

高橋 志保〔1980～　〕

◇ビジネスに大切なことは男で学んだ　高橋志保著　日新報道　2014.5　255p　19cm　Ⓘ978-4-8174-0772-6　Ⓝ289.1　[1500円]

高橋 シュン〔1914～2013〕

◇高橋シュンその人生と看護　聖路加国際大学大学史編纂・資料室編　聖路加国際大学　2014.7　107p　21cm　（聖路加ブックレット 2）〈文献あり　年譜あり〉Ⓝ492.907

高橋 長明

◇昔話に始まり昔話で終わる　高橋長明著　[出版地不明]　劇団新児童　2014.10　227p　21cm　Ⓝ289.1

高橋 仁平〔1949～　〕

◇仁平くんの自分史　高橋仁平著　郡山　高橋仁平　2014.2　61p　19cm　Ⓝ289.1

タカハシ マイ〔1992～　〕

◇タカハシマイ　タカハシマイ著　学研パブリッシング　2014.6　112p　21cm　〈学研マーケティング（発売）〉Ⓘ978-4-05-406008-1　Ⓝ289.1　[1300円]

高橋 正雄〔1912～1995〕

◇おじいちゃんの少年時代と海軍生活　石井正己監修，高橋正雄著，下保谷の自然と文化を記録する会編　西東京　下保谷の自然と文化を記録する会　2013.10　58p　30cm　〈解説：高田賢　発行所：萩原企画〉Ⓝ289.1

髙橋 貢〔1971～　〕

◇本気の基本。—絶対王者の独白オートレーサー髙橋貢が17億円稼いだ理由　淡路哲雄著　名古屋　ブイツーソリューション　2014.4　196p　19cm　〈星雲社（発売）年譜あり〉Ⓘ978-4-434-18951-7　Ⓝ788.7　[1500円]

高橋 由一〔1828～1894〕

◇新出と既知の高橋由一「西周像」研究報告書　神奈川県立近代美術館編　葉山町（神奈川県）　神奈川県立近代美術館　2014.2　99p　29cm　〈年表あり〉Ⓝ723.1

高橋 慶彦〔1957～　〕

◇赤き哲学　高橋慶彦著　広島　サンフィールド　2014.2　223p　19cm　〈ベストセラーズ（発売）〉Ⓘ978-4-584-13548-8　Ⓝ783.7　[1333円]

高畠町（山形県）（遺跡・遺物）

◇押出遺跡第4・5次発掘調査報告書　上山　山形県埋蔵文化財センター　2014.3　196p　図版[62]　枚　30cm　（山形県埋蔵文化財センター調査報告書　第212集）Ⓝ210.0254

高畠町（山形県）（採石）

◇高畠石の里をあるく　山形　東北芸術工科大学文化財保存修復研究センター　2014.3　50p　26cm　Ⓝ569.02125

高浜 虚子〔1874～1959〕

◇倉橋羊村選集　第2巻　評伝　1　倉橋羊村著　本阿弥書店　2013.12　451p　22cm　〈布装　内容：人間虚子　水原秋櫻子　魅力ある文人たち〉Ⓘ978-4-7768-1051-3 (set)　Ⓝ911.368

高濱 秀

◇ユーラシアの考古学—高濱秀先生退職記念論文集　高濱秀先生退職記念論文集編集委員会編　六一書房　2014.2　301p　26cm　〈著作目録あり　内容：高句麗の蹄鉄（諫早直人著）　ハク文化について（大貫静夫著）　モンゴルを旅した2人の考古学者（相馬拓也著）　北方系帯飾板の出現と展開（宮本一夫著）　匈奴期の遺跡から出土した耳飾について（大谷育恵著）　燕山地域北方青銅器文化の帯留金具（小田木治太郎著）　北方青銅器の鋳型と技術系統（中村大介著）　中国北方草原地帯出土の銅鉄複合器（田中裕子著）　中国北方系青銅短剣の編年と地域間交流（八木聡著）　春秋戦国期古代戦車馬具の乗車位置（川又正智著）　ヤールホト（交河故城）溝西墓地発見の匈奴・サルマタイ様式装飾品（林俊雄著）　匈奴（柳生俊樹著）　牙剣く駱駝（畠山禎著）　前二千紀後半のユーラシア草原地帯東部における青銅刀子金属成分に関する予察（松本圭太著）　東ユーラシアにおける籠状鈴意匠の出現（魚水環著）　南ウラル、カザフスタン中・北部における前2千年紀初頭スポーク式二輪車輛について（荒友里子著）　北カフカース中部におけるアラン文化（居阪俸子著）　黒海北岸草原地帯における青銅製衝の始原について（雪嶋宏一著）　ベトナム北部の銭貨流通（三宅俊彦著）　北イラン新石器時代における半月形石器について（足立拓朗著）〉Ⓘ978-4-86445-045-4　Ⓝ220.04　[4000円]

高原 千代の〔1925～　〕

◇駅—福井の”おっ母ちゃん”と5人の子供たち　高原則夫，高原隆義著　[東京]　日刊現代　2014.8　189p　20cm　〈人間の科学新社（発売）奥付の発売者（誤植）：発行　人間の科学新社〉Ⓘ978-4-8226-0314-4　Ⓝ289.1　[1300円]

多可町（兵庫県）（遺跡・遺物）

◇奥中・三内遺跡極楽寺遺跡Ⅱ豊部・森内谷遺跡奥豊部古墳群那珂ふれあい館　[多可町（兵庫県）]　多可町教育委員会　2014.3　46p　図版37p　30cm　（多可町文化財報告 22）〈多可町中区奥中所在，多可町八千代区中野間所在，多可町加美区豊部所在，多可町加美区奥豊部所在〉Ⓝ210.0254

◇坂本・土井の畑遺跡　兵庫県まちづくり技術センター埋蔵文化財調査部編　神戸　兵庫県教育委員会　2014.3　166p　図版[41]　枚　30cm　（兵庫県文化財調査報告　第462冊）〈多可郡多可町所在　（国）427号（曽我井バイパス）地域自主戦略交付金事業に伴う埋蔵文化財発掘調査報告書〉Ⓝ210.0254

多可町（兵庫県）（年中行事）

◇多可町の年中行事　1　多可町（兵庫県）　多可町文化遺産活性化実行委員会　2014.3　141p　30cm　（多可町文化財報告 23）〈文化遺産を活かした地域活性化事業〉Ⓝ386.164

多賀町（滋賀県）（遺跡・遺物—保存・修復）

◇史跡敏満寺石仏谷墓跡保存管理計画書　多賀町教育委員会，多賀町立文化財センター編　[多賀町]（滋賀県）　多賀町教育委

員会 2014.3 104p 30cm 〈年表あり 共同刊行：多賀町立文化財センター〉 Ⓝ709.161

高松 次郎〔1936～1998〕
◇高松次郎を読む 真武真喜子, 神山亮子, 沢山遼, 野田吉郎, 森啓輔編 水声社 2014.12 286p 図版24p 22cm 〈文献あり 内容：〈不在〉への想像力（高島直之著） ハイレッド・センターにみる美術の〈現代〉（石子順造著） ハイ・グループあるいは幻影の時代のグループ（刀根康尚著） 幻の影を慕いて……1（中原佑介著） 高松次郎個展（宮川淳著） 高松次郎論（石子順造著） 「トリックス・アンド・ヴィジョン盗まれた眼」展について（尾野正晴著） 建築工事仮囲いに”異変”（倉俣史朗著） アートサーカス〈日常からの跳躍〉（川俣正著） 「高松次郎個展」の問題提起（石子順造著） 国際大賞（ジョセフ・ラヴ著） 一九七〇年代初頭の日本のゼログラフィー・アート（神山亮子著） この七つの文字（寺山修司著） 高松次郎（李禹煥著） 鍵のかかった窓に射した影（鷹見明彦著） 「もの派」とは何であったか（高島直之著） 知覚の統御（中原佑介著） 高松次郎における一九七〇年代（藁科英也著） 高松次郎〈拡大する断片〉（菅木志雄著） 七〇年代の「陰翳礼讃」高松次郎＝「光と影」（東野芳明著） 地続きでない風景（高梨豊著） 「写真の写真」を見ること（梅津元著） 面における秩序の感覚（たにあらた著） 平面上の空間（宇佐美圭司著） 「単体」から読む「平面上の空間」（真武真喜子著） 身体のエクリチュール（谷藤史彦著） 高松次郎の「形」をめぐって（神田直子著）〉 ①978-4-8010-0074-2 Ⓝ702.16 ［4000円］

高松 光代〔1909～2006〕
◇ピッパが行く—歌集『天機』をめぐって 松井玖美, 池田礼子, 畠山満喜子, 横山久恵〔編〕 富山 立葵の会 2014.10 326p 21cm 〈年譜あり〉 Ⓝ911.162 ［1800円］

高松市〔遺跡・遺物〕
◇太田下・須川遺跡 高松市教育委員会編 ［高松］ 高松市教育委員会 2014.3 42p 図版 9p 30cm （高松市埋蔵文化財調査報告 第151集）〈太田下町商業施設新築工事に伴う埋蔵文化財発掘調査報告書〉 Ⓝ210.0254
◇奥の坊遺跡群 12 高松市教育委員会編 ［高松］ 高松市教育委員会 2014.3 128p 図版16p 30cm （高松市埋蔵文化財調査報告 第153集）〈内容：奥の坊遺跡Ⅲ区. 遺物編〉 Ⓝ210.0254
◇上林本村遺跡 高松市教育委員会編 高松 高松市教育委員会 2014.3 22p 図版 3p 30cm （高松市埋蔵文化財調査報告 第156集）〈上林町保育所新築工事に伴う埋蔵文化財発掘調査報告書〉 Ⓝ210.0254
◇上東原遺跡・大下遺跡 香川県埋蔵文化財センター編 ［高松］ 香川県教育委員会 2014.3 234p 30cm 〈県道太田上町志度線道路改築工事に伴う埋蔵文化財発掘調査報告〉 Ⓝ210.0254
◇空港跡地遺跡—上香木地区 高松市教育委員会編 ［高松］ 四国細胞病理センター 2013.10 16p 図版 2p 30cm （高松市埋蔵文化財調査報告 第149集）〈四国細胞病理センター新築工事に伴う埋蔵文化財発掘調査報告書 共同刊行：高松市教育委員会〉 Ⓝ210.0254
◇佐料遺跡 高松 高松市教育委員会 2014.3 34p 図版 8p 30cm （高松市埋蔵文化財調査報告 第155集）〈産直「フルーツの里」新築工事に伴う埋蔵文化財発掘調査報告書 共同刊行：香川県農業協同組合〉 Ⓝ210.0254
◇高松市内遺跡発掘調査概報 高松市教育委員会編 高松 高松市教育委員会 2014.3 48p 30cm （高松市埋蔵文化財調査報告 第152集）〈平成25年度国庫補助事業〉 Ⓝ210.0254
◇童話「桃太郎」の発祥地は讃岐の鬼無—四國民報夕刊復刻 橋本仙太郎原著 高松 第13回桃太郎サミット高松大会実行委員会 2014.4 219, 8p 19cm ①388.182 ［500円］
◇西地遺跡 高松市教育委員会編 高松 高松市教育委員会 2014.3 38p 図版 5p 30cm （高松市埋蔵文化財調査報告 第150集）〈塩江地区小・中学校建設事業に伴う埋蔵文化財発掘調査報告書〉 Ⓝ210.0254
◇林宗高遺跡 第3次調査 高松市教育委員会編 ［高松］ 高松市教育委員会 2014.3 18p 図版 7p 30cm （高松市埋蔵文化財調査報告 第154集）〈高松市立林小学校校舎等建設事業に伴う埋蔵文化財発掘調査報告書〉 Ⓝ210.0254

高松市〔教育課程—小学校〕
◇学校・自然・地域が一体化した学校教育の実現へ—生活科・総合的な学習と言語活動の2活動を柱とする教育計画とその実践 高松 高松市立植田小学校 2014.3 50p 30cm Ⓝ375

高松市〔自然地理〕
◇天然記念物屋島調査報告書 高松市, 香川大学天然記念物屋島調査団編 高松 高松市 2014.3 348p 30cm 〈文献あり 共同刊行：香川大学天然記念物屋島調査団〉 Ⓝ450.9182

高松市〔歴史〕
◇讃岐国野原郷の歴史—高松城築城へ 佐藤篤著 高松 佐藤篤 2014.5 404p 21cm 〈年表あり 文献あり〉 Ⓝ218.2

高松城
◇史跡高松城跡 ［高松］ 高松市 2014.11 113p 30cm 〈年表あり〉 Ⓝ521.823

高松宮 宣仁〔1905～1987〕
◇高松宮と終戦工作—和平を希求した宣仁親王の太平洋戦争 工藤美知尋著 潮書房光人社 2014.8 223p 16cm （光人社NF文庫 〈N-843〉）〈文献あり〉 ①978-4-7698-2843-3 Ⓝ288.44 ［740円］

高松ロータリークラブ
◇創立75周年記念史—高松ロータリークラブ 高松 高松ロータリークラブ 2013.12 139p 29cm 〈年表あり 標題紙の書名：75周年史1937-2012〉 Ⓝ065

鷹見 泉石〔1785～1858〕
◇泉石と雪の殿様—鷹見泉石ガイドブック 市原敬子著, 鷹見本雄監修 岩波ブックセンター（制作） 2014.11 79p 21cm 〈年譜あり〉 ①978-4-904241-46-2 Ⓝ289.1 ［1000円］
◇蘭学家老鷹見泉石の来翰を読む 蘭学篇 片桐一男著 ［出版地不明］ 鷹見本雄 2013.5 217, 7p 31cm 〈岩波ブックセンター（制作）奥付の出版年月（誤植）：20013.5〉 ①978-4-904241-25-7 Ⓝ289.1 ［7000円］

高見株式会社
◇ありがとうの言葉が人を動かす—3万人の花嫁に感動を 高見重光著 椎出版社 2014.5 271p 19cm ①978-4-7779-3169-9 Ⓝ673.93 ［1500円］

高峰 秀子〔1924～2010〕
◇高峰秀子の言葉 斎藤明美著 新潮社 2014.1 252p 19cm ①978-4-10-322234-7 Ⓝ778.21 ［1400円］
◇つづりかた巴里 高峰秀子著 中央公論新社 2014.10 314p 16cm （中公文庫 た46-8）①978-4-12-206030-2 Ⓝ778.21 ［740円］
◇瓶の中 高峰秀子著 河出書房新社 2014.4 197p 25cm 〈文化出版局 1972年刊の複製〉 ①978-4-309-02268-0 Ⓝ778.21 ［2400円］

高村 光太郎〔1883～1956〕
◇大東亜戦争と高村光太郎—誰も書かなかった日本近代史 岡田年正著 ハート出版 2014.7 253p 19cm 〈文献あり〉 ①978-4-89295-983-7 Ⓝ911.52 ［2000円］

高本 榮
◇母がくれた手紙 高本榮著, 高本篤編 高本篤 2014.10 834p 19cm 〈中央公論事業出版（制作）〉 Ⓝ289.1

高森町〔長野県〕〔遺跡・遺物〕
◇町内遺跡発掘調査報告書 平成24年度 高森町〔長野県〕高森町教育委員会 2014.3 20p 30cm 〈平成24年度国宝重要文化財等保存整備費補助金〉 Ⓝ210.0254

高山 右近〔1552～1614〕
◇キリシタン大名高山右近の足跡を歩く—ゆかりの地写真集 嶋﨑騏児写真・文 大津 三学出版 2014.6 83p 19cm 〈文献あり 年譜あり〉 ①978-4-903520-88-9 Ⓝ289.1 ［1300円］
◇高山右近—キリシタン大名への新視点：高山右近四百年遠忌記念論文集 中西裕樹編 高槻 宮帯出版社 2014.3 312p 図版16p 22cm 〈文献あり 年譜あり 内容：高山右近への視点（中西裕樹著） 三好長慶・松永久秀と高山氏（天野忠幸著） 織田信長・豊臣秀吉と高山右近（中西裕樹著） 加賀前田家と高山右近（大西泰正著） 蒲生氏郷と黒田官兵衛（中西裕樹著） 小西立佐と小西行長（島津亮二著） 丹波内藤氏と内藤ジョアン（福島克彦著） 浮田休閑（大西泰正著） 高槻城とキリシタン墓地（高橋公一著） 船上城跡（稲原昭嘉著） 金沢城惣構の構造と高山右近（向井裕知著） 高山右近による高岡城縄張伝承の検討（仁木宏亮介著） 高山右近の茶の湯（神津朝夫著）〉 ①978-4-86366-926-0 Ⓝ289.1 ［3500円］
◇天を想う生涯—キリシタン大名黒田官兵衛と高山右近 守部喜雅著 いのちのことば社フォレストブックス 2014.3 167p 19cm （聖書を読んだサムライたち）〈文献あり〉 ①978-4-264-03138-3 Ⓝ198.221 ［1200円］
◇ユスト高山右近—いま、降りていく人へ 日本カトリック司教協議会列聖列福特別委員会監修, 古巣馨著 ドン・ボスコ社

高山 専蔵〔1854～1921〕

2014.1　199,6p　18cm〈文献あり　年譜あり　索引あり〉
①978-4-88626-568-5　Ⓝ289.1　［700円］

高山 専蔵〔1854～1921〕
◇彫刻師高山文五郎父子とその作品―高山文五郎展の記録　河北郷土史研究会編　河北町（山形県）　河北郷土史研究会　2014.3　61p　30cm〈文献あり　年表あり〉Ⓝ712.1

高山 長五郎〔1830～1886〕
◇高山長五郎の生涯―ふじおかから世界へ養蚕教育の父　ふくやまけいこ漫画, 藤岡市教育委員会編　藤岡　藤岡市教育委員会　2014.10　103p　21cm〈年表あり　市制施行60周年・世界遺産登録記念　共同刊行：藤岡市〉Ⓝ289.1

高山 樗牛〔1871～1902〕
◇高山樗牛研究資料集成　第1巻　『樗牛兄弟』・『人文』　花澤哲文編・解説　クレス出版　2014.9　1冊　22cm〈有朋館　大正4年刊の複製　樗牛会　大正5年～8年刊の複製　布装　内容：小学時代の樗牛（野田寛治著）　中学時代の樗牛（中桐確太郎著）　高等學校時代の樗牛（井上準之助著）　大學時代の樗牛（井上哲次郎著）　文學者としての樗牛（桑木嚴翼著）　樗牛と日蓮（姉崎正治著）　樗牛傳の補遺（上田萬年著）　樗牛の菅公論について（大隈重信著）　嗚呼寂しい哉樗牛逝きて（谷本富著）　樗牛に對する感想（佐々醒雪著）　樗牛の一生（大町桂月著）　樗牛兄弟（佐々木信綱著）　帝國文學と樗牛（岡田正美著）　樗牛の肖像に題す（登張竹風著）　樗牛の挑戰的態度（坪谷水哉著）　赤裸々の樗牛（長谷川天溪著）　樗牛に就ての思ひ出（巖谷小波著）　嗚呼樗牛（土井晩翠著）　樗牛の病床を訪ふ（茅原華山著）　死期を豫言せる樗牛（水野繁太郎著）　傳道者樗牛（笹川臨風著）　學界の勇者樗牛（若杉三郎著）　樗牛に對する刹那の印象（杉山重義著）　樗牛を憶ふ（坪内逍遥著）　瀧口入道を讀みて（杉頼子著）　亡気高山樗牛（太田資順著）　樗牛を弔ふ（田中智學著）　男らしき態度の樗牛（佐藤鐵太郎著）　樗牛を哭す（田中智學著）　日蓮上人を見出したる樗牛（山田三良著）　日蓮主義先驅者樗牛（柴田一能著）　樗牛の日蓮上人觀（山川智應著）　日蓮主義者樗牛（長瀬東州著）　樗牛の幸福（太田資順著）　樗牛の生ひ立ち　樗牛兄弟の系圖　餘白録　良太の一生（田中一貞著）　良太を懷ふ（田中一寧著）　良太より樗牛へ消息　鳥海山に遊ぶ記　秋夜讀書　古戰場を過くる記　野の人信策小傳（小山東助著）　野の人の追懷（ラファエル・フォン・ケーベル著）　野の人の思ひ出（小山東助著）　嗚呼野の人（姉崎正治著）　逝ける野の人（藤井瑞枝著）　第三帝國を叫びたるは野の人（内ケ崎作三郎著）　根氣の野の人（宮本和吉著）　野の人と希臘語研究（石原謙著）　野の人に對する思ひ出（三浦吉兵衛著）　不滅の野の人（島地大等著）　樗牛より弟姉の人へ消息　野の人より姉崎博士（洋行先）へ樗牛逝去の通信　野の人より姉崎博士（洋行先）へ樗牛埋骨の通信　野の人遺言　野の人の臨終前後（太田資順著）　『人文』樗牛会〉①978-4-87733-828-2,978-4-87733-837-4（set）　Ⓝ910.268　［10000円］

◇高山樗牛研究資料集成　第2巻　西宮藤朝・赤木桁平　花澤哲文編・解説　クレス出版　2014.9　1冊　22cm〈年譜あり　「哲人高山樗牛」（泰山房　大正6年刊）の複製　「人及び思想家としての高山樗牛」（新潮社　大正7年刊）の複製　布装　内容：哲人高山樗牛（西宮藤朝著）　人及び思想家としての高山樗牛（赤木桁平著）〉①978-4-87733-829-9,978-4-87733-837-4（set）Ⓝ910.268　［10000円］

◇高山樗牛研究資料集成　第3巻　三井甲之・高須芳次郎・浅野晃　花澤哲文編・解説　クレス出版　2014.9　1冊　22cm〈「樗牛全集から」（第一高等學校昭信會　昭和10年刊）の複製　「人と文學高山樗牛」（偕成社　昭和18年刊）の複製ほか　内容：樗牛全集から（三井甲之著）　人と文学高山樗牛（高須芳次郎著）　樗牛と天心（浅野晃著）〉①978-4-87733-830-5,978-4-87733-837-4（set）　Ⓝ910.268　［10000円］

◇高山樗牛研究資料集成　第4巻　工藤恒治・成田正毅・後藤丹治　花澤哲文編・解説　クレス出版　2014.9　1冊　22cm〈「文豪高山樗牛」（文豪高山樗牛刊行會　昭和16年刊）の複製　「高山樗牛瞑想の松」（瞑想の松保存會　昭和17年刊）の複製ほか　布装　内容：文豪高山樗牛（工藤恒治著）　高山樗牛瞑想の松（成田正毅著）　中世国文学研究（後藤丹治著）　樗牛の歴史小説（後藤丹治著）　瀧口入道再説（後藤丹治著）〉①978-4-87733-831-2,978-4-87733-837-4（set）　Ⓝ910.268　［10000円］

◇高山樗牛研究資料集成　第5巻　『樗牛全集』・『人間高山樗牛』集ほか　花澤哲文編・解説　クレス出版　2014.9　74,341,9p　22cm〈複製　布装　内容：『樗牛全集』序言（姉崎正治著）『増補縮刷樗牛全集』緒言（姉崎正治著）『改訂注釈樗牛全集』序言（姉崎正治,笹川種郎著）「文は人なり」「序言」（姉崎正治著）『文は人なり』「増訂改版序言」（姉崎正治著）『近代文学研究叢書』第六巻　高山樗牛と支配する階級の浪漫主義、田岡嶺雲（土方定一著）　高山樗牛論（土方定一著）

◇高山樗牛（剣持武彦著）　人間高山樗牛（小野寺凡素著）①978-4-87733-832-9,978-4-87733-837-4（set）　Ⓝ910.268　［9000円］

◇高山樗牛研究資料集成　第6巻　秋山正香・長谷川義記　花澤哲文編・解説　クレス出版　2014.9　232,266,7p　22cm〈年譜あり　「高山樗牛―その生涯と思想」（積文館　昭和32年刊）の複製　「樗牛―青春夢残」（暁書房　昭和57年刊）の複製　布装　内容：高山樗牛―その生涯と思想（秋山正香著）　樗牛―青春夢残（長谷川義記著）〉①978-4-87733-833-6,978-4-87733-837-4（set）　Ⓝ910.268　［11000円］

◇高山樗牛研究資料集成　第7巻　随想・研究・論文集　花澤哲文編・解説　クレス出版　2014.9　561,11p　22cm〈複製　布装　内容：故高山博士追悼会（奥謝野鐵幹著）　故高山文学博士（畔柳都太郎著）　文学者としての博士（桑木嚴翼著）　高山君に就て（大町桂月著）　田山花袋著）、高山樗牛君（佐々醒雪著）　高山博士の言行（沼波瓊音著）　故高山樗牛に対する吾が初恋（徳田秋江著）　高山樗牛氏（戸川秋骨著）　故高山林次郎君の天才に就て（田中喜一著）　亡懐高山樗牛（齋藤信策著）　高山樗牛小引（土井重義著）　高山樗牛と創作（中村武羅夫著）　理想主義の評論家高山樗牛（近松秋江著）　創作家としての樗牛（木守亀之助著）　随想明治文学（中村星湖著）　高山樗牛の「お伽噺」尊重論と歴史観（沖野岩三郎著）　勧懲の文学論（塩田良平著）　高山樗牛と女性文学（佐山済著）　樗牛を語る（篠田太郎著）　樗牛的浪漫主義の開展（田中保隆著）　高山樗牛思想の一断面（大島絢子著）　高山樗牛と龍華寺（小倉貫運著）　高山樗牛より田中智学先生に宛てた手紙　樗牛の印象（里見岸雄著）　樗牛と私（星野武男著）　高山樗牛先生顕彰会発会とその事業の経過について（山田政吉著）　高山樗牛氏を悼む（高須芳次郎著）　性格の人高山樗牛（姉崎正治著）　高山樗牛と言行の信仰とは何ぞや（姉崎正治著）　文学者としての高山君（桑木嚴翼著）　高山樗牛（長谷川天溪著）高山樗牛論（本間久雄著）　龍華寺の樗牛の墓（窪田空穂著）『高山樗牛と日蓮上人』「巻首に叙す」　『高山樗牛と日蓮上人』「序言」　高山樗牛の日蓮上人崇拝に就いて（山川智応著）性格の人高山樗牛（姉崎正治著）　信仰の人高山樗牛（姉崎正治著）　高山樗牛と網島梁川（安倍能成著）　文豪高山樗牛（大町桂月著）　樗牛前半期の詩評（日夏耿之介著）　帝国文学発刊の前後（笹川臨風著）　樗牛集の首に（笹川臨風著）　学生時代の高山樗牛（土井晩翠著）　井上準之助と高山樗牛（土井晩翠著）　高山樗牛（塩田良平著）　鐵幹、子規（塩田良平著）　高山樗牛（木村毅著）　少年時代の樗牛（林泉著）　一葉と樗牛（正宗白鳥著）　高山樗牛（保田與重郎著）　高山樗牛（矢野峰人著）〉①978-4-87733-834-3,978-4-87733-837-4（set）　Ⓝ910.268　［12000円］

◇高山樗牛研究資料集成　第8巻　『瀧口入道』・地縁集　花澤哲文編・解説　クレス出版　2014.9　383,8p　22cm〈複製　布装　内容：「瀧口入道」に就て（姉崎嘲風著）　瀧口横笛の話（玉園快應著）　脚本『瀧口入道』を読みて（水口薇陽著）　「瀧口入道」について（姉崎嘲風著）　「瀧口入道」について（高須芳次郎著）　「瀧口入道」解説（柳田泉著）　『日本文學選　瀧口入道』解説（湯地孝著）　『瀧口入道』解説（塩谷賛著）　『瀧口入道』解説（塩谷賛著）　瀧口入道（笹淵友一著）　高山樗牛『瀧口入道』（石丸久著）　「瀧口入道」と高山樗牛（片岡良一著）　「瀧口入道」覚書（廣島一雄著）　平塚と高山樗牛　明治の文豪　高山樗牛（尾形六郎兵衛著）　二つの明治の青春（笹原儀三郎著）〉①978-4-87733-835-0,978-4-87733-837-4（set）　Ⓝ910.268　［8000円］

◇高山樗牛研究資料集成　第9巻　研究・論文集　花澤哲文編・解説　クレス出版　2014.9　570,12p　22cm〈複製　布装　内容：高山樗牛（橋浦兵一著）　高山樗牛論（岡崎義惠著）　高山樗牛（千葉京子著）　樗牛の個人主義（重松泰雄著）　樗牛とニーチェ（重松泰雄著）　高山樗牛とロマンテイシズム（笹淵友一著）　高山樗牛の思想（室田泰一著）　逍遙・樗牛の歴史画論争をめぐつて（稲垣達郎著）　樗牛と鑑三の対決（戸頃重基著）　高山樗牛著述目録（立命館大学日本文学研究会近代部会編）　樗牛私見（中井泰淳著）　樗牛の文芸批評の特質（福田準之輔著）　高山樗牛　挫折した明治の青春（橋川文三著）　哲学と文学（小松根郎著）　美学者としての高山樗牛と高神信二著）　鴎外と樗牛の美学論争（和高伸二著）　高山樗牛と新体詩論（廣島一雄著）　高山樗牛における「抒情的叙事詩」の背景（廣島一雄著）　豹変について（廣島一雄著）　樗牛と啄木（廣島一雄著）　高山樗牛における観念派と印象派（廣島一雄著）　『春日芳香之夢』の構造（廣島一雄著）　樗牛と演劇（廣島一雄著）　高山樗牛（広島一雄著）　ひとつの挫折（廣島一雄著）　樗牛の思考態度（廣島一雄著）　高山樗牛らの「日本主義論」（岡野他家夫著）　高山樗牛・思想の遍歴（平田小六著）　高山樗牛の漢学観（三浦叶著）　高山樗牛についての一

考察（片岡懇著）　高山樗牛について（成瀬正勝著）　初期の高山樗牛（河合靖峯著）　高山樗牛（吉田精一著）　明治思想史上の「浪漫主義」（渡辺和靖著）　美学者としての高山樗牛（渡辺和靖著）　井上哲次郎と高山樗牛（前田愛著）　高山樗牛―矛盾、煩悶の一生を生きた主我の人―（長谷川尚著）　Ⓘ978-4-87733-836-7,978-4-87733-837-4（set）　Ⓝ910.268　［12000円］

高山 冨重〔1856～1915〕
◇彫刻師高山文五郎父子とその作品―高山文五郎展の記録　河北郷土史研究会編　河北町（山形県）　河北郷土史研究会　2014.3　61p　30cm〈文献あり　年表あり〉Ⓝ712.1

高山 文五郎〔　～1883〕
◇彫刻師高山文五郎父子とその作品―高山文五郎展の記録　河北郷土史研究会編　河北町（山形県）　河北郷土史研究会　2014.3　61p　30cm〈文献あり　年表あり〉Ⓝ712.1

高山市
◇飛騨・高山原人　今井文菜編　原人舎　2013.4（第2刷）221p　19cm　Ⓘ978-4-905306-06-1　Ⓝ291.53　［800円］

高山市（遺跡・遺物）
◇高山市内遺跡発掘調査報告書　高山市教育委員会編　高山　高山市教育委員会　2013.3　71p　30cm　（高山市埋蔵文化財調査報告書　第31号）Ⓝ210.0254

高山市（建築）
◇高山市史　建造物編　上　高山市教育委員会編　［高山］　高山市教育委員会　2014.3　12, 362p　30cm　（高山市史編纂資料　第3号の1）〈年表あり　内容：第1章　城下町高山の建造物群　第2章　建築規制　第3章　高山の町家建築〉215.3
◇高山市史　建造物編　下　高山市教育委員会編　［高山］　高山市教育委員会　2014.3　8, 270p　30cm　（高山市史編纂資料　第3号の2）〈内容：第4章　農家建築　第5章　社寺建築　第6章　近代建築　第7章　資料〉215.3

高山市（校歌）
◇校歌―ふるさとの原風景：戦後の高山市立小中学校　高山市文化協会編　［高山］　高山市文化協会　2013.5　99p　30cm　Ⓝ767.6

高山市（宿泊施設）
◇焼岳小屋・小屋開け小屋締め　焼岳叢書制作委員会編著　三月社　2014.6　57p　20cm　（焼岳叢書 1）Ⓘ978-4-9907755-0-6　Ⓝ291.53　［1250円］

高山市（多文化教育）
◇多文化社会日本における異文化間教育の実態と可能性―岐阜県高山市を例として　ポール O. フレデリクソン Jr.著　成城大学グローカル研究センター　2014.10　58p　30cm　（Seijo CGS working paper series no. 10）〈文献あり　英語併記〉Ⓘ978-4-906845-13-2　Ⓝ371.5

高山市（発電計画）
◇再生可能エネルギー事業のための緊急検討委託業務（岐阜県高山市奥飛騨温泉郷中尾高原）報告書　平成24年度　［東京］　東芝　2014.3　1冊　31cm〈平成24年度環境省委託業務〉Ⓝ501.6

高山市ハンドボール協会
◇栄光への道程―協会創立50周年記念誌　高山市ハンドボール協会50周年記念誌編集委員会編　［高山］　高山市ハンドボール協会　2014.6　211p　30cm　Ⓝ783.3

宝塚歌劇団
◇歌舞伎と宝塚歌劇―相反する、密なる百年　吉田弥生編著，阿部さとみ，酒井澄夫，田畑きよ子，中野正昭，細井尚子，村島彩加著　開成出版　2014.3　255p　21cm　Ⓘ978-4-87603-483-3　Ⓝ775.4　［2600円］
◇タカラジェンヌ別れの言葉―退団挨拶から振り返る宝塚人生　阿部彩子著　東京堂出版　2014.8　209p　19cm〈文献あり〉Ⓘ978-4-490-20874-0　Ⓝ775.4　［1500円］
◇宝塚歌劇華麗なる100年　朝日新聞出版編　朝日新聞出版　2014.3　207p　26cm　Ⓘ978-4-02-331289-0　Ⓝ775.4　［1600円］
◇宝塚歌劇100年展―夢、かがやきつづけて　兵庫県立美術館，日本経済新聞社編　［東京］　日本経済新聞社　2014.3　117p　30cm〈年表あり　会期・会場：2014年3月8日～4月6日　松坂屋美術館ほか　宝塚歌劇100年展記念〉Ⓝ775.4
◇タカラヅカスキャンダルの中の百周年　宝塚歌劇愛好会編著　西宮　鹿砦社　2014.9　223p　19cm　Ⓘ978-4-8463-1018-5　Ⓝ775.4　［1500円］
◇タカラヅカという夢―1914～2014：100th　津金澤聰廣，田畑きよ子，名取千里編著　青弓社　2014.5　258p　19cm〈内容：宝塚音楽歌劇学校校長・小林一三（津金澤聰廣著）宝塚舞踊学校校長・森隼三（貫田優子著）宝塚女子青年会について（松本佳子著）宝塚歌劇の作曲家竹内平吉について（田畑きよ子著）劇場公演のいとなみ（戸ノ下達也著）地方公演と宝塚（末松憲二著）地方都市宝塚と宝塚歌劇（倉橋滋樹著）タカラヅカなシャンソン（須以公美子著）宝塚歌劇と歌舞伎（荻田清著）宝塚歌劇と方言（名取千里著）明日香都インタビュー（明日香都，名取千里述）初風諄インタビュー（初風諄，田畑きよ子述）〉Ⓘ978-4-7872-7348-2　Ⓝ775.4　［2500円］
◇宝塚百年を越えて―植田紳爾に聞く　植田紳爾語り手，川崎賢子聞き手　国書刊行会　2014.3　390p　20cm〈年譜あり〉Ⓘ978-4-336-05786-0　Ⓝ775.4　［2500円］
◇タカラヅカ100年100問100答　中本千晶著　東京堂出版　2014.4　255p　19cm〈文献あり　年表あり〉Ⓘ978-4-490-20863-4　Ⓝ775.4　［1400円］
◇タカラヅカ流日本史　中本千晶著　東京堂出版　2014.11　243p　19cm〈文献あり〉Ⓘ978-4-490-20885-6　Ⓝ210.1　［1500円］
◇なぜ、下級生は廊下を直角に歩くのか？―タカラヅカ100年の「あるある」に学ぶ組織論　桐生のぼる著　明石　ペンコム　2014.4　214p　19cm（インプレスコミュニケーションズ（発売））Ⓘ978-4-8443-7626-2　Ⓝ775.4　［1400円］
◇虹の橋渡りつづけて―宝塚歌劇100年史　舞台編　阪急コミュニケーションズ　2014.4　383p　30cm　Ⓘ978-4-484-14600-3　Ⓝ775.4　［4630円］
◇虹の橋渡りつづけて―宝塚歌劇100年史　人物編　阪急コミュニケーションズ　2014.4　343p　30cm　Ⓘ978-4-484-14601-0　Ⓝ775.4　［4630円］
◇ファンも知らない!?タカラジェンヌのすべて　都あきこマンガ，ヴォイラ取材・執筆協力　三栄書房　2014.6　127p　21cm　Ⓘ978-4-7796-2172-7　Ⓝ775.4　［1400円］

宝塚市（歴史―写真集）
◇ふるさと宝塚―宝塚市制60周年記念写真集：保存版　松本郷土出版社　2014.5　231p　31cm　Ⓘ978-4-86375-213-9　Ⓝ216.4　［9250円］

太川 陽介〔1959～　〕
◇ルイルイ仕切り術　太川陽介著　小学館　2014.9　159p　19cm〈年譜あり〉Ⓘ978-4-09-310828-7　Ⓝ779.9　［1200円］

田川市（鉱山労働―歴史）
◇山本作兵衛と日本の近代　有馬学，マイケル・ピアソン，福本寛，田中直樹，菊畑茂久馬編著　福岡　弦書房　2014.8　165p　図版8枚　19cm〈内容：消滅した〈近代〉と記憶遺産（有馬学著）山本作兵衛（マイケル・ピアソン著）山本作兵衛炭坑記録画から見た筑豊炭田（福本寛著）山本作兵衛作品と筑豊地域社会（田中直樹著）山本作兵衛の絵を読み解く（菊畑茂久馬著）討議（マイケル・ピアソンほか述，有馬学議長）〈方法〉としての山本作兵衛（有馬学述）〉Ⓘ978-4-86329-104-1　Ⓝ567.096　［1800円］

滝川 儀作〔1874～1963〕
◇瀧川儀作伝―「マッチ王」辨三を継いで　横田健一著，濱田泰彰編　姫路　ブックウェイ　2014.12　410p　21cm〈「日本のマッチ工業と滝川儀作翁」の改題〉Ⓘ978-4-907439-85-9　Ⓝ289.1　［2000円］

滝川市教育委員会
◇木漏れ日の人生　外伝　教育委員会とのかかわり　了輪隆著　札幌　旭図書刊行センター　2014.1　87p　19cm〈年表あり〉Ⓘ978-4-86111-123-5　Ⓝ373.2　［1300円］

多伎藝神社〔出雲市〕
◇多伎藝神社所蔵資料調査報告　出雲市文化環境部文化財課編　出雲　出雲市教育委員会　2013.11　63p　30cm　（出雲市の文化財調査報告　26）Ⓝ175.973

滝口 修造〔1903～1979〕
◇詩人と美術瀧口修造のシュルレアリスム展　瀧口修造［作］　［小樽］　瀧口修造展実行委員会　2013.5　187p　30cm〈年譜あり　会期・会場：2013年5月18日―6月30日　市立小樽美術館ほか　財団法人地域創造：平成25年度公立美術館巡回展支援事業　背・表紙のタイトル：詩人と美術瀧口修造のシュルレアリスム　編集：玉川薫ほか〉Ⓝ702.07

滝沢 克己〔1909～1984〕
◇カール・バルト＝滝沢克己往復書簡―1934-1968　S・ヘネッケ，A・フェーネマンス編，寺園喜基訳，カール・バルト，滝沢克己著　新教出版社　2014.12　275p　20cm〈索引あり〉Ⓘ978-4-400-31075-4　Ⓝ191.9　［2700円］

滝沢 主税〔1930～　〕
◇乞丐の履歴書　瀧澤主税著　［長和町（長野県）］　長野県地名研究所　2014.1　154p　21cm　Ⓝ289.1　［非売品］

滝沢市（遺跡・遺物）

滝沢市（遺跡・遺物）

◇滝沢笹森遺跡発掘調査報告書　パスコ編　滝沢　滝沢市埋蔵文化財センター　2014.2　109p　30cm　〈滝沢市埋蔵文化財センター調査報告書 第1集〉〈松誠会の委託による　滝沢中央病院移転新築工事に伴う埋蔵文化財発掘調査報告書〉Ⓝ210.0254

滝沢村議会〔岩手県〕

◇水の系譜―滝沢村議会記念誌　続　滝沢村議会記念誌編さん委員会編　滝沢　滝沢市議会　2014.3　127p　32cm　〈年表あり〉Ⓝ318.422

滝山寺〔岡崎市〕

◇日吉山王社をとりまく歴史的環境調査報告書　岡崎市教育委員会社会教育課編　〔岡崎〕　岡崎市教育委員会　2013.3　122p　30cm　〔瀧山寺日吉山王社総合調査報告 2（古文書・民俗・美術工芸品）〉Ⓝ188.45

多気町〔三重県〕（遺跡・遺物）

◇東ノ谷遺跡発掘調査報告　三重県埋蔵文化財センター編　〔明和町（三重県）〕　三重県埋蔵文化財センター　2014.3　32p　30cm　（三重県埋蔵文化財調査報告 350）〈多気郡多気町笠木所在〉Ⓝ210.0254

多久（遺跡・遺物）

◇多久市内遺跡発掘調査報告書　5　平成16年度―17年度の調査　多久　多久市教育委員会　2014.3　16p　30cm　（多久市文化財調査報告書 第53集）Ⓝ210.0254

拓殖大学

◇拓殖大学百年史　資料編 7　百年史資料集編集委員会編　拓殖大学　2014.3　766p　22cm　Ⓝ377.28

◇中国で活躍する卒業生たち―日中のビジネスを支える一員として　拓殖大学　2014.3　199p　18cm　〈共同刊行：拓殖大学総合企画部広報室ほか〉Ⓝ366.0222

田口 守一〔1944～ 〕

◇曽根威彦先生・田口守一先生古稀祝賀論文集　上巻　高橋則夫, 川上拓一, 寺崎嘉博, 甲斐克則, 松原芳博, 小川佳樹編集委員　成文堂　2014.3　934p　22cm　〈内容：「新時代の刑事法」管見（浅田和茂著）　自由主義法治国と刑法（吉田敏雄著）　刑法上のパターナリスティックな介入とその限界（若尾岳志著）　刑法における自己決定の自由（萩原滋著）　市民の司法参加と犯罪論体系（新倉修著）　状態犯罪としての所持罪理解と行為主義（仲道祐樹著）　客観的帰属論の規範・判断構造（山中敬一著）　不作為犯における因果関係と「疑わしきは被告人の利益に」原則（酒井安行著）　不作為犯における作為義務の内容（蔡芸埼著）　過失不作為犯における「注意義務」について（岡部雅人著）　外国人登録不申請罪の構造と公訴時効の起算点（萩野貴史著）　「結果反（無）価値論」について（松宮孝明著）　第二次大戦後の社会と可罰的違法性論の帰趨（前田雅英著）　法益主体の自己決定と正当化原理（北川敦子著）　犯罪論における「被害者の意思」の意義（武藤眞朗著）　治療行為と患者の承諾について、再論（岡上雅美著）　終末期医療における自己決定と事前指示について（新谷一朗著）　正当業務行為の正当化における正当化リスク概念の意義（石井徹哉著）　緊急救助型と自己防衛型の偶然防衛について（内山良雄著）　緊急避難論における補充性の要件（鈴木優典著）　強制による行為（上野幸久著）　「作為義務と作為義務の衝突」における正当化根拠と正当化概念（勝亦藤彦著）　業務上過失責任の本質としての非難（宮崎英生著）　行為能力及び責任能力の犯罪論体系内実規定と関係構造（伊東研祐著）　犯罪論における「精神障害に基づく錯誤」の問題（高橋則夫著）　認識形成プロセスとしての故意（大庭沙織著）　結果無価値論から見た過失犯の結果回避可能性（杉本一敏著）　可能世界論による予見可能性の検討（白石賢著）　不完全な説明と予見可能性（日下和人著）　医療事故と刑事過失論をめぐる一考察（井田良著）　複数人の過失犯罪をめぐる問題点（北川佳世子著）　鉄道事故と企業幹部の管理・監督責任（大塚裕史著）　実行の着手と罪刑法定主義（二本柳誠著）　イギリスにおける未遂犯の処罰根拠（奥村正雄著）　台湾における2005年刑法改正をめぐる論争（陸子平著）　韓国不能犯に関する一考察（鄭軍男著）　障害未遂・中止未遂における点と線・試論（関哲夫著）　中止犯における内包既遂犯について（鈴木一永著）　間接正犯と共謀共同正犯の区別（日髙義博著）　共犯と正犯の区別について（松澤伸著）　正犯と共犯の区別に関する一試論（田川靖紘著）　共同正犯における未遂（伊藤嘉亮著）　共犯の成立範囲と帰属原理（佐久間修著）　国際刑法における正犯処罰の系譜と判例理論の継受（増田隆著）　曽根威彦教授の刑法理論（松原芳博著）〉①978-4-7923-5106-9　Ⓝ326.04　〔25000円〕

◇曽根威彦先生・田口守一先生古稀祝賀論文集　下巻　高橋則夫, 川上拓一, 寺崎嘉博, 甲斐克則, 松原芳博, 小川佳樹編集委員　成文堂　2014.3　982p　22cm　〈著作目録あり　年譜あり　内容：罰条による評価（只木誠著）　刑罰と峻厳な取扱い（松生建著）　量刑における前科の考慮（野村健太郎著）　名誉毀損罪と相当の理由ある表現活動（専田泰孝著）　「名誉毀損における真実性の誤信」の法的処理（三上正隆著）　英米における名誉毀損をめぐる近時の動向（佐伯仁志著）　窃盗罪における窃取行為について（内田幸隆著）　2項犯罪の現状（林幹人著）　詐欺罪における財産的損害（田山聡美著）　背任罪における図利加害目的（伊藤亮吉著）　不正融資の相手方における背任罪の共犯（小野上真也著）　放火罪の各類型における抽象的危険（小坂亮著）　人骨素材記念品の刑法的意義（原田保著）　不正アクセス罪における「不正アクセス行為」の意義（渡邊卓也著）　アメリカ郵便・通信詐欺罪における「無形の権利」の保護（川崎友巳著）　ドイツにおける企業犯罪と刑事コンプライアンス（甲斐克則著）　日中環境汚染罪の処罰範囲（石亜涼著）　思想検事の刑罰思想に関する一粗描（宿谷晃弘著）　日本の刑事司法の特質とその構造的問題点（田中利彦著）　刑事手続における協議・合意（加藤克佳著）　捜査・公判協力による刑の減免制度（川出敏裕著）　いわゆる「包括的差押え」をめぐる諸問題について（太田茂著）　修正4条の内容とその実現（洲見光男著）　GPSを用いた被疑者等の位置情報探索（大野正博著）　犯罪捜査における情報の取得・保管と行政法的統制（田村正博著）　裁判員裁判と法曹の意識改革（川上拓一著）　フランスの刑事司法と「市民参加」法（白取祐司著）　アメリカにおける陪審員候補者に対する専断的忌避（松田正照著）　中国刑事訴訟制度の改革と証拠法（張凌著）　「歴史的」証明について（原田和往著）　DNA鑑定とヒューマンエラー（佐藤博史著）　排除法則の抑止効（小木曽綾著）　冤罪防止の視点から見た補強法則と「被告人の犯人性」認識の基準（渡辺直行著）　被告人の証人喚問・審問権と所在尋問の限界（渡辺修著）　「精神状態の供述」について（寺崎嘉博著）　共謀共同正犯者が存在するのに「単独犯」と認定することが許されるとした最高裁判例について（佐々木正輝著）　日本における死刑量刑手続について（四宮啓著）　刑事控訴審における事実審査の在り方（髙﨑秀雄著）　利益再審における確定再審開始決定の拘束力（髙倉新喜著）　「案例指導制度」の現状とその問題点（周振傑著）　少年司法の社会的基盤（服部朗著）　少年法上の「非行」成立要件に関する一考察（小西暁和著）〉①978-4-7923-5107-6　Ⓝ326.04　〔25000円〕

宅間 宏〔1930～2010〕

◇レーザーの50年―基礎研究からイノベーションまで　清水富士夫, 植田憲一, 加藤義章, 宅間克, 米田仁紀編　講談社ビジネスパートナーズ　2013.12　240p　26cm　〈著作目録あり　年譜あり　内容：革新的新技術誕生の過程（宅間宏著）　Remembering Professor Hiroshi Takuma（Lindy Hall, Jan Hall著, 岸本哲夫訳）　メーザー、レーザーと量子エレクトロニクスの起源（霜田光一著）　レーザー核融合研究パイオニア物語（山中千代衛著）　核融合科学研究所創設に当たって（西川恭治著）　レーザーと分子（廣田榮治著）　半導体レーザーの誕生と揺籃期（伊藤良一著）　宅間先生との50年（清水富士夫著）　レーザー50年（加藤義章著）　東京大学教養学部基礎科の一期生（宮嶋邦彦著）　レーザー分光（白田耕藏著）　レーザー実用化へのイノベーションの推進（小島建治著）　電通大レーザー研におけるレーザー研究（植田憲一著）　関西研における高強度光科学の開拓（田島俊樹著）　X線自由電子レーザーが創る新しいレーザー科学（米田仁紀著）　文化としての学術（宅間克著）　松尾学術振興財団の研究支援活動（櫻井捷海著）　応用物理学会量子エレクトロニクス研究（狩野覚著）　宅間先生のこと！（宮嶋和男著）　宏の趣味は？（宅間慶子著）　宅間宏先生の研究業績紹介（植田憲一, 清水富士夫著）〉①978-4-86424-018-5　Ⓝ549.95　〔3000円〕

宅間 守〔1963～2004〕

◇〈特集1〉『宅間守精神鑑定書』を読む―〈特集2〉生きづらさを支援する本　佐藤幹夫編　言視舎　2014.12　220p　21cm　（飢餓陣営せれくしょん 2）〈内容：刑事責任能力と精神鑑定〈遺稿〉（岡江晃述）　精神鑑定と臨床過程〈岡江晃, 滝川一廣, 小林隆児ほか述, 佐藤幹夫司会〉　浜田寿美男氏と『宅間守精神鑑定書』を読む（浜田寿美男述, 佐藤幹夫聞き手）　岡江晃の遺した『宅間守精神鑑定書』（高岡健著）　『宅間守精神鑑定書』読後雑感（林幸司著）　岡江晃氏を悼む（岡江正純, 滝川一廣, 竹島正ほか著）　「人格障害」問題と新しい責任能力論（高岡健述, 佐藤幹夫聞き手）　「反社会性人格障害」は医療の対象か（滝川一廣著）　精神鑑定とは（林幸司著）　"自閉症論"を読む（内海新祐著）　"臨床と哲学"の本（山竹伸二著）　"こころの本質"を思索する本（栗田篤志著）　"様々な支援"の本（佐藤幹夫著）〉①978-4-86565-007-5　Ⓝ498.99　〔1800円〕

武 豊〔1969～ 〕

◇決断―誰も書かなかった武豊　島田明宏著　徳間書店　2014.4　253p　19cm　〈文献あり〉①978-4-19-863791-0　Ⓝ788.5　〔1300円〕

武井 武雄〔1894～1983〕
◇武井武雄―イルフの王様　イルフ童画館編著　河出書房新社　2014.5　159p　21cm　（らんぷの本）〈文献あり 著作目録あり 年譜あり〉①978-4-309-75008-8　Ⓝ726.601　［1800円］

竹内 智香〔1983～ 〕
◇私、勝ちにいきます―自分で動くから、人も動く　竹内智香著　小学館　2014.7　213p　19cm　①978-4-09-388374-0　Ⓝ784.39　［1300円］

竹内 洋岳
◇だからこそ、自分にフェアでなければならない。―プロ登山家・竹内洋岳のルール　小林紀晴著　幻冬舎　2014.9　185p　19cm〈年譜あり〉①978-4-344-02627-8　Ⓝ786.1　［1300円］

竹内 実〔1923～2013〕
◇変わる中国変わらぬ中国　竹内実著, 桜美林大学北東アジア総合研究所編　相模原　桜美林大学北東アジア総合研究所　2013.10　351p　19cm〈内容：竹内実〈中国論〉自選集3巻完成講話1　『中国論自選集及びケータイ』出版記念講話2　記念講話3　「中国像」とは　中国をどう読み解くか〈中国＝禹域〉について　「チュウゴウ」と干支占い　北京オリンピックを目前に　文化大革命とわたし　人・わたし　建国60周年の中国　財神・関羽をめぐって　上海万博と中国のゆくえ　『竹内実〈中国論〉自選集』自評　現代小説『ケータイ』　日中関係の新しい地平　ケータイ　超大国、中国の行方　超大国、中国〉①978-4-904794-39-5　Ⓝ302.22　［1500円］

竹内 桃子〔1991～ 〕
◇イマドキ、明日が満たされるなんてありえない。だから、リスカの痕ダケ整形したら死ねると思ってた。　竹内桃子著　ワニブックス　2014.11　144p　19cm〈背のタイトル：だから、リスカの痕ダケ整形したら死ねると思ってた。〉①978-4-8470-9283-1　Ⓝ779.9　［1100円］

武雄市（行政）
◇反省しない。―すぐやる、攻める、そして組む　樋渡啓祐著　KADOKAWA　2014.8　207p　19cm　①978-4-04-600587-8　Ⓝ318.292　［1500円］

武雄市図書館歴史資料館
◇沸騰！ 図書館―100万人が訪れた驚きのハコモノ　樋渡啓祐［著］　KADOKAWA　2014.5　221p　18cm　（角川oneテーマ21 D-23）①978-4-04-101816-3　Ⓝ016.2192　［800円］

竹笹堂
◇竹中木版竹笹堂紙と暮らす京の一年　竹中木版竹笹堂監修, 内藤恭子著, 中島光行写真　宝島社　2014.12　143p　19cm　①978-4-8002-3167-3　Ⓝ749.4　［1500円］

武里柔道クラブ
◇武里柔道クラブ40周年記念誌　武里柔道クラブ40周年記念実行委員会編　［春日部］　武里柔道クラブ　2013.5　50p　30cm〈年表あり　奥付のタイトル：40周年記念誌〉Ⓝ789.2

武志 伊八郎信由〔1751～1824〕
◇伊八、北斎からドビュッシーへ―日仏文化交流の麗しき円環　栗原浩太郎著　創英社/三省堂書店　2014.2　183p　20cm〈文献あり 年表あり〉①978-4-88142-841-2　Ⓝ762.35　［1400円］

たけし軍団
◇我が愛と青春のたけし軍団　たけし軍団編, ガダルカナル・タカ監修　双葉社　2014.3　365p　15cm　（双葉文庫 か－45-01）〈内容：上京とスナックと草野球（ガダルカナル・タカ著）　師匠と弟子（ガダルカナル・タカ著）　つまみ枝豆（つまみ枝豆述）　松尾伴内（松尾伴内述）　井手らっきょ（井手らっきょ述）　フライデー事件（ガダルカナル・タカ著）　ダンカン（ダンカン述）　ラッシャー板前（ラッシャー板前述）　グレート義太夫（グレート義太夫述）　バイク事故（ガダルカナル・タカ著）　柳憂怜（柳憂怜述）　なべやかん（なべやかん述）　これからのこと（ガダルカナル・タカ著）〉①978-4-575-71409-8　Ⓝ779.9　［667円］

武田〔氏〕
◇甲斐武田氏と国人の中世　秋山敬著　岩田書院　2014.3　344p　22cm〈年譜あり〉①978-4-87294-851-6　Ⓝ210.47　［7900円］
◇戦国期の城と地域―甲斐武田氏領国にみる城館　山下孝司著　岩田書院　2014.6　392p　22cm　（中世史研究叢書 26）〈内容：序章　城の成立と展開　能見城防塁の歴史的立地　戦国期における「城」と「館」の概念　小規模山城をめぐる史的一考察　戦国大名武田氏の地域防衛と民衆　甲駿国境地域の城郭　武田氏の信濃侵攻と城郭　岩殿城跡周辺の山城　奥三河の城と長篠の戦い　天正壬午の乱と諸城　中世城館の築造城館と竹木　城館建築における材木調達と職人〉①978-4-87294-872-1　Ⓝ215.1　［8900円］
◇信興の妻―自伝的能代武田家小史　no. 1　武田茂著　［熊谷］　Magnontech　2014.12　45p　30cm　①978-4-905519-03-4　Ⓝ288.2

武田 勝頼〔1546～1582〕
◇敗者の日本史　9　長篠合戦と武田勝頼　関幸彦, 山本博文企画編集委員　平山優著　吉川弘文館　2014.2　295,4p　20cm〈文献あり 年表あり〉①978-4-642-06455-2　Ⓝ210.1　［2600円］

武田 久美子〔1968～ 〕
◇KUMIKO BIBLE　武田久美子著　KADOKAWA　2014.11　157p　19cm〈本文は日本語〉①978-4-04-102408-9　Ⓝ767.8　［1600円］

武田 七郎〔1937～ 〕
◇縁と絆―「新たな門出」と「永遠の別れ」を見つめ続けて半世紀　武田七郎著　致知出版　2013.7　197p　20cm　（一灯叢書）①978-4-8009-1008-0　Ⓝ289.1　［1200円］

武田 真治〔1972～ 〕
◇優雅な肉体が最高の復讐である。　武田真治著　幻冬舎　2014.8　204p　19cm　①978-4-344-02617-9　Ⓝ778.21　［1300円］

武田 正〔1930～2013〕
◇私の昔話学への道　武田正著, 石井正己, 佐藤晃編　［小金井］　東京学芸大学　2014.12　96p　21cm〈文献あり　著作目録あり　「ガリ版二十年―私の民俗学への道」（1979年刊）の改題〉Ⓝ388.1

武田 秀夫〔1945～ 〕
◇武田秀夫先生退休記念論集　茨木　追手門学院大学アジア学会　2014.3　142, 84p　22cm〈文献あり　内容：特別寄稿　被尊称「近江聖人」的中江藤樹（伊原澤周著）　我が教育・研究生活とその時代（加賀谷寛著）　清末黄河治水策（大谷敏夫著）　木村常陸介（重茲）とその伝説（奥田尚著）　幕末・明治期における在横浜・神戸アルメニアン・コミュニティ（重松伸司著）　枕上のユートピア（高橋文治著）　（訳註）曹溶『明漕運志』（二）（田口宏二朗著）　ローカーヤタ派と原子論（辻本俊郎著）　論考　パナマライ祀堂刻文における定法の寿ぎについて（正信公章著）　国語教育における「方言」（櫛引祐希子著）　現代英国南アジア系文学にみる帰属意識の変容（小松久恵著）　研究ノート　研究余滴（永吉雅夫著）　呉禄貞輿『延吉邊務報告』（李慶國著）　教員のページ　「独立自彊（強）」の出典について（武田秀夫著）〉Ⓝ220.04

武田 専〔1923～2013〕
◇らくだ君の「直言流」―武田専の痛快人生　吉村克己著　出版芸術社　2014.9　319p　20cm〈文献あり 年譜あり〉①978-4-88293-472-1　Ⓝ289.1　［1800円］

竹田 和平〔1933～ 〕
◇日本一の大投資家から教わった人生でもっとも大切なこと　本田晃一著　フォレスト出版　2014.7　228p　19cm〈文献あり 著作目録あり〉①978-4-89451-628-1　Ⓝ159　［1400円］

武田科学振興財団
◇公益財団法人武田科学振興財団設立50年史　大阪　武田科学振興財団　2014.2　150p　31cm〈年表あり〉Ⓝ406

竹田市（ダム）
◇稲葉ダム工事誌　大分　大分県　2014.3　1冊　31cm　Ⓝ517.72

竹田市（地誌）
◇魅力溢れる歴史の"まち"「大分県竹田市」を知る！―「茨木市」と「竹田市」の『歴史文化姉妹都市提携』を記念して　東實文男著　［茨木］　フミ出版　2014.3　121p　26cm〈折り込 2枚〉Ⓝ291.95　［1500円］

竹田市（図書館）
◇わたしたちの図書館基本構想―竹田市新図書館建設基本構想　［竹田］　竹田市教育委員会　2014.5　1冊　30cm　Ⓝ016.2195

竹田市（農民一揆―歴史―史料）
◇文化八年豊後国岡藩百姓一揆―「原本党民流説巻一岡」解読演習本　［豊後大野］　清川町郷土史研究会　2014.5　229p　26cm〈複製及び翻刻　共同刊行：緒方町古文書を読む会〉Ⓝ219.5

竹鶴 政孝〔1894～1979〕
◇ウイスキーとダンディズム―祖父・竹鶴政孝の美意識と暮らし方　竹鶴孝太郎［著］　KADOKAWA　2014.10　234p　18cm　（角川oneテーマ21 D-43）〈文献あり 年譜あり〉①978-4-04-102372-3　Ⓝ289.1　［800円］
◇ウイスキーと私　竹鶴政孝著　NHK出版　2014.8　191p　20cm〈ニッカウヰスキー株式会社 1972年刊（非売品）の改訂復刻、新たに巻末寄稿を加えたもの　内容：酒税法と竹鶴さん

た

竹鶴 リタ〔1894〜1961〕

（星野直樹著）竹鶴さんと私（野田卯一著）　旅と作家とウイスキー（矢島裕紀彦著）　琥珀色の「時」を飲む（谷村新司著）"ジャパニーズ・ジェントルマン"かくありき（竹鶴孝太郎著）〕Ⓘ978-4-14-081655-4 Ⓝ588.57［1500円］

◇琥珀色の夢を見る─竹鶴政孝とリタ ニッカウヰスキー物語　松尾秀助著　朝日新聞出版　2014.9　252p　15cm〈朝日文庫 ま37-1〉〈年表あり　PHPエディターズ・グループ 2004年刊の加筆修正〉Ⓘ978-4-02-261808-5 Ⓝ588.5［600円］

◇竹鶴とリタの夢─余市とニッカウヰスキー創業物語　千石涼太郎著　双葉社　2014.9　223p　19cm〈文献あり〉Ⓘ978-4-575-30744-3 Ⓝ289.1［1300円］

◇竹鶴政孝とウイスキー　土屋守著　東京書籍　2014.9　243p　20cm〈文献あり　年表あり〉Ⓘ978-4-487-80907-3 Ⓝ588.57［1400円］

◇父・マッサンの遺言〔竹鶴威著〕，竹鶴孝太郎監修　KADOKAWA　2014.12　205p 図版16p　19cm〈文献あり〉Ⓘ978-4-04-731697-3 Ⓝ289.1［1150円］

◇ヒゲのウキスキー誕生す　川又一英著　新潮社　2014.7　336p　16cm〈新潮文庫 か-16-1〉〈文献あり　1985年刊の増補新装版〉Ⓘ978-4-10-142802-4 Ⓝ588.5［670円］

◇マッサン語録─ニッカ創業者・竹鶴政孝と妻リタの生きた道　菊地秀一著　宝島社　2014.10　127p　21cm〈文献あり　年譜あり〉Ⓘ978-4-8002-3194-9 Ⓝ289.1［1200円］

◇マッサンとリター ジャパニーズ・ウイスキーの誕生　オリーヴ・チェックランド著，和気洋子訳　NHK出版　2014.8　237p　20cm〈文献あり　年譜あり　「リタとウイスキー」（日本経済評論社 1998年刊）の改題，増補・改訂〉Ⓘ978-4-14-081656-1 Ⓝ289.1［2000円］

竹鶴 リタ〔1894〜1961〕

◇ウイスキーとダンディズム─祖父・竹鶴政孝の美意識と暮らし方　竹鶴孝太郎〔著〕　KADOKAWA　2014.10　234p　18cm〈角川oneテーマ21 D-43〉〈文献あり　年譜あり〉Ⓘ978-4-04-102372-3 Ⓝ289.1［800円］

◇マッサンとリター ジャパニーズ・ウイスキーの誕生　オリーヴ・チェックランド著，和気洋子訳　NHK出版　2014.8　237p　20cm〈文献あり　年譜あり　「リタとウイスキー」（日本経済評論社 1998年刊）の改題，増補・改訂〉Ⓘ978-4-14-081656-1 Ⓝ289.1［2000円］

◇リタの鐘が鳴る─竹鶴政孝を支えたスコットランド女性の生涯　早瀬利之著　朝日新聞出版　2014.9　247p　15cm〈朝日文庫 は40-1〉〈朝日ソノラマ 1995年刊の加筆訂正〉Ⓘ978-4-02-264746-7 Ⓝ289.1［600円］

竹富町〔沖縄県〕

◇イリオモテのターザン─恵勇爺と泡盛談　水田耕平著　第3版　石垣　南山舎　2014.4　198p　19×26cm Ⓘ978-4-901427-33-3 Ⓝ291.99［1350円］

武豊町〔愛知県〕〔遺跡・遺物〕

◇長尾城跡発掘調査報告書　武豊町教育委員会編　武豊町（愛知県）　武豊町教育委員会　2013.3　76p 図版 19p　30cm〈愛知県知多郡武豊町所在〉Ⓝ210.0254

武豊町〔愛知県〕〔文化行政〕

◇武豊町文化創造プラン　第2次　ゆめたろうプラザ編　武豊町（愛知県）ゆめたろうプラザ　2013.3　68p　30cm〈共同刊行：武豊町〉Ⓝ709.155

竹中 正久〔1933〜1985〕

◇山口組四代目の光と影─竹中正久組長の実像　木村勝美著　メディアックス　2014.9　285p　19cm〈文献あり〉Ⓘ978-4-86201-661-4 Ⓝ289.1［1500円］

竹中大工道具館

◇木の文化を守る匠の技と心─竹中大工道具館三十周年記念／竹中大工道具館─30年の歩み1984-2014　竹中大工道具館編　神戸　竹中大工道具館　2014.10　55, 55p　26cm〈年表あり〉Ⓝ583.8

竹橋 知秀〔1978〜 〕

◇あゆみ─竹橋知秀　竹橋信良編　弘報印刷出版センター　2014.12　93p　21cm Ⓝ289.1

竹原 春朝斎〔〜1800〕

◇名所図会でめぐる大阪　摂津　高橋隆博，黒田一充，長谷洋一監修，中尾和昇編，櫻木潤校訂　吹田　関西大学大阪都市遺産研究センター　2014.3　333p　26cm〈大阪都市遺産研究叢書 別集5〉〈文部科学省私立大学戦略的研究基盤形成支援事業（平成22年度─26年度）大阪都市遺産の史的検証と継承・発展・発信を目指す総合的研究拠点の形成　折り込 1枚〉Ⓝ291.63

竹久 夢二〔1884〜1934〕

◇笠井彦乃と夢二─「彦乃日記」を読みながら：湯涌の日々を胸に抱いて　坂原冨美代著，金沢文化振興財団金沢湯涌夢二館編　金沢　金沢文化振興財団金沢湯涌夢二館　2014.3　63p　21cm Ⓝ726.501［500円］

◇大正ロマンの恋と文─高相コレクションより：平成26年度特別展：竹久夢二生誕130年記念　竹久夢二〔作〕，三鷹市芸術文化振興財団文芸課編，谷口朋子監修　三鷹　三鷹市芸術文化振興財団文芸課　2014.8　64p　26cm〈年譜あり　会期：平成26年8月30日─10月19日　折り込 1枚〉Ⓝ726.501

◇竹久夢二─大正ロマンの画家、知られざる素顔：生誕130年永久保存版　竹久夢二美術館監修　河出書房新社　2014.1　231p　21cm〈年譜あり　内容：父夢二を語る（竹久虹之助著）父の思い出夢二と、わたしの「母たち」（竹久不二彦著）夢二　虹之助　不二彦（竹久みなみ著）夢二の想出（岸たまき著）夢二の芸術・その人（恩地孝四郎著）先輩竹久夢二（蕗谷虹児著）夢二さんの画室（蕗谷虹児著）本と夢二（武井武雄著）竹久夢二の思い出（岩田専太郎著）竹久夢二（吉屋信子著）竹久夢二（望月百合子著）渡航前竹久夢二とまわった音楽会のことなど（淡谷のり子著）二つの思い出（堀柳女著）みなと屋の夢二（廣田知子著）いま甦る夢二（秋山清述）ただ一人の画家竹久夢二（中原淳一著）夢二さんの絵のある部屋（内藤ルネ著）嫌いだが好き、好きだが嫌い（横尾忠則著）情緒の狩人（宇野亜喜良著）竹久夢二（近藤富枝著）夢二のロマンチシズム（美輪明宏著）わたしの好きな竹久夢二（緒川たまき著）美術史の中の夢二（森口多里著）近代日本美術家の文献紹介 11　竹久夢二（長田幹雄著）夢二・愛と詩の旅人（栗田勇著）世紀末の画家「竹久夢二」（高階秀爾著）日本画についての概念（竹久夢二著）夢二画の書き方草画に就て（竹久夢二著）子供雑誌の絵は如何に取扱わるべきか（竹久夢二著）人物画及びモデル（竹久夢二著）京都の東東京の女（竹久夢二著）女の浴衣姿（竹久夢二著）白菊からダリヤに（竹久夢二著）慎みを少し忘れた美しさ（竹久夢二著）〉Ⓘ978-4-309-27461-4 Ⓝ726.501［1600円］

◇夢二外遊記─竹久夢二遺録　竹久夢二著，長田幹雄編，竹久みなみ監修　復刊　教育評論社　2014.6　231p　26cm〈初版：日本愛書会 1945年刊〉Ⓘ978-4-905706-85-4 Ⓝ726.501［2200円］

◇夢二の色─竹久夢二を魅了した7つの色彩ブック　竹久夢二美術館監修，石川桂子，丸山伸彦執筆　美術出版社　2014.9　35p　18cm Ⓘ978-4-568-50599-3 Ⓝ726.501［1500円］

竹本 住大夫〔7代目 1924〜 〕

◇人間、やっぱり情でんなぁ　竹本住大夫著　文藝春秋　2014.10　255p　20cm Ⓘ978-4-16-390138-1 Ⓝ777.1［1700円］

竹山 修身〔1950〜 〕

◇訣別─橋下維新を破った男　竹山修身著　KADOKAWA　2014.3　244p　20cm Ⓘ978-4-04-110754-6 Ⓝ318.263［1500円］

太宰 治〔1909〜1948〕

◇作家太宰治の誕生─「天皇」「帝大」からの解放　斉藤利彦著　岩波書店　2014.2　230p　20cm〈文献あり〉Ⓘ978-4-00-023055-1 Ⓝ910.268［2600円］

◇生誕105年太宰治展─語りかける言葉　神奈川文学振興会編　横浜　県立神奈川近代文学館　2014.4　112p　22cm〈年譜あり　会期・会場：2014年4月5日─5月25日　県立神奈川近代文学館　背のタイトル：太宰治展　共同刊行：神奈川文学振興会　折り込 1枚〉Ⓝ910.268

◇対照・太宰治と聖書　鈴木範久，田中良彦編著　聖公会出版　2014.6　175p　22cm〈文献あり　年譜あり〉Ⓘ978-4-88274-264-7 Ⓝ910.268［3800円］

◇太宰治論　権藤三鉉著　文藝書房出版　2013.1　133p　19cm〈文藝書房（発売）文献あり〉Ⓘ978-4-89477-385-1 Ⓝ910.268［800円］

◇ふたりの修ちゃ─太宰治と寺山修司　鎌田紳爾著　未知谷　2014.2　190p　20cm〈内容：原初、メロスは津軽人であった「元語太宰治」論　言葉に罪は無きものを　太宰治逃避考　太宰治、その愚直な死　文士を巡る土地と場所　太宰治生誕百年・三鷹を歩く　津軽・人間回復の旅　『津軽』の「いま」を読み解く　偉大なる隣人・小野正文「玉川上水心中事件」考　寺山修司音楽論　寺山修司短詩論　寺山文学の原点を見る　早熟と老成のパラドックス　寺山修司と松村禎三　天井桟敷のヨセフ　虚構の故郷恋　寺山修司の生誕地隠し　寺山修司を虚構する試み　封印された寺山修司の〈初恋〉真実の中の寺山修司　「国際寺山修司学会」設立と青森県の寺山研究に思うこと　時代先行者へのオマージュ　エキセントリックにして爽やか　弘前から歩く　寺山修司の五月　寺山修司の犯罪　寺山修司の青森を歩く　寺山修司と弘前〉Ⓘ978-4-89642-435-5 Ⓝ910.268［2000円］

太宰府市〔遺跡・遺物〕
◇太宰府・国分地区遺跡群　3　太宰府市教育委員会編　太宰府市教育委員会　2014.3　41p 図版11p　30cm　(太宰府市の文化財　第120集)〈内容：松倉遺跡．第1次調査　川添遺跡．第2次調査　国分千足町遺跡．第6次調査〉Ⓝ210.0254

◇太宰府史跡発掘調査報告書　8　平成24・25年度　小郡　九州歴史資料館　2014.3　108p 図版[13]枚　30cm〈折り込 1枚〉Ⓝ210.0254

◇大宰府条坊跡　44　太宰府市教育委員会編　太宰府　太宰府市教育委員会　2014.3　180, 8p 図版26p　30cm　(太宰府市の文化財　第122集)〈内容：推定客館跡の調査概要報告書　第168・236-1・255・257・267・275・277・285次調査概要報告〉Ⓝ210.0254

◇大宰府政庁周辺官衙跡　5　不丁地区遺物編　2　小郡　九州歴史資料館　2014.3　292p 図版4p　30cm〈折り込 1枚〉Ⓝ210.0254

◇原遺跡　3　太宰府市教育委員会編　太宰府　太宰府市教育委員会　2014.3　122p 図版 10p　30cm　(太宰府市の文化財　第121集)〈第5・6・10・15・16・17・19・21次調査〉Ⓝ210.0254

◇宝満山総合報告書—福岡県太宰府市・筑紫野市所在の宝満山に関する文化財の総合報告　太宰府市教育委員会編　太宰府　太宰府市教育委員会　2013.3　203p 図版6p　30cm　(太宰府市の文化財　第118集)〈文献あり　年表あり〉Ⓝ709.191

太宰府市〔祭祀〕
◇太宰府の民俗　4　国分天満宮の宮座とワラ綯い(国分区)　太宰府市文化スポーツ振興財団編　太宰府　太宰府市文化スポーツ振興財団　2014.3　28p　30cm　(太宰府市文化ふれあい館調査報告書　第4集)〈平成25年度文化庁文化芸術振興費補助金(文化遺産を活かした地域活性化事業)　共同刊行：太宰府市文化ふれあい館　付属資料：DVD-Video 3枚(12cm)(ホルダー入)：太宰府の民俗調査画像資料集〉Ⓝ382.191

太宰府市〔男女共同参画〕
◇太宰府市男女共同参画プラン　第2次　平成25年度—34年度　太宰府市市民生活部人権政策課編　[太宰府]　太宰府市　2013.5　87p　30cm〈年表あり〉Ⓝ367.2191

太宰府市〔部落問題〕
◇太宰府市同和問題実態調査報告書　平成25年　太宰府市同和問題実態調査実施本部事務局編　[太宰府]　太宰府市　2013.3　322p　30cm〈年表あり〉Ⓝ361.86

太宰府市〔文化財〕
◇太宰府市文化遺産情報—文化遺産からはじまるまちづくり　2　太宰府　太宰府市教育委員会　2013.3　127p　30cm　(太宰府市の文化財　第119集)Ⓝ709.191

◇宝満山総合報告書—福岡県太宰府市・筑紫野市所在の宝満山に関する文化財の総合報告　太宰府市教育委員会編　太宰府　太宰府市教育委員会　2013.3　203p 図版6p　30cm　(太宰府市の文化財　第118集)〈文献あり　年表あり〉Ⓝ709.191

太宰府市〔宮座〕
◇太宰府の民俗　4　国分天満宮の宮座とワラ綯い(国分区)　太宰府市文化スポーツ振興財団編　太宰府　太宰府市文化スポーツ振興財団　2014.3　28p　30cm　(太宰府市文化ふれあい館調査報告書　第4集)〈平成25年度文化庁文化芸術振興費補助金(文化遺産を活かした地域活性化事業)　共同刊行：太宰府市文化ふれあい館　付属資料：DVD-Video 3枚(12cm)(ホルダー入)：太宰府の民俗調査画像資料集〉Ⓝ382.191

太宰府市〔歴史〕
◇大学的福岡・太宰府ガイド—こだわりの歩き方　西高辻信宏, 赤司善彦, 髙倉洋彰編　京都　昭和堂　2014.3　293,3p　21cm〈索引あり　内容：西都大宰府から古都大宰府へ(重松敏彦著)　国際都市大宰府の景観(赤司善彦著)　城塞都市大宰府(赤司善彦著)　鎮護国家の寺・観世音寺(髙倉洋彰著)　梅花の交わり(森弘子著)　天台仏教と大宰府(楠井隆志著)　観世音寺仏像(井形進著)　宝満山信仰と対外交流(酒井芳司著)　菅原道真と大宰府(松川博一著)　太宰府天満宮の歴史(味酒安則著)　変幻自在の天神さま(森實久美子著)　天満宮の文化財(有川宜博著)　観世音寺と観音信仰(石田琳彰著)　学問の神様(森弘子著)　大宰府の戦後の発展(森弘子著)　市民と共生する九州国立博物館(三輪嘉六, 赤司善彦著)　私と大宰府と九州国立博物館(王貞治著)　九州国立博物館十周年を迎えるにあたり(阿川佐和子著)〉①978-4-8122-1352-0　Ⓝ219.1　[2200円]

田崎 藤藏〔1870〜1922〕
◇花火師田崎藤藏　資料編　[出版地不明]　田崎藤藏敬慕会　2014.9　61p　30cm　Ⓝ289.1　[非売品]

タジキスタン〔経済援助〕〔日本〕
◇タジキスタン共和国ハトロン州及び共和国直轄地域道路維持管理機材整備計画準備調査報告書　[東京]　国際協力機構　2013.2　1冊　30cm〈共同刊行：片平エンジニアリング・インターナショナル〉Ⓝ333.804

◇タジキスタン国ハトロン州村落地域小水力発電整備計画準備調査報告書　[東京]　国際協力機構　2013.3　1冊　30cm〈共同刊行：ニュージェックほか〉Ⓝ333.804

田島 隆宏〔1955〜〕
◇夢をあきらめない—本当の失敗とは、やらないこと。　田島隆宏著　佼成出版社　2014.3　83p　19cm　①978-4-333-02646-3　Ⓝ740.21　[1600円]

多治見市〔環境行政〕
◇多治見市環境基本計画—環境と共生するまち多治見　第2次　多治見市環境文化部環境課編　改訂版　多治見　多治見市環境文化部環境課　2013.3　103p　30cm　Ⓝ519.1

◇多治見市環境基本計画—環境と共生するまち多治見　第2次　多治見市環境文化部環境課編　改訂版　多治見　多治見市環境文化部環境課　2013.3　104p　30cm　Ⓝ519.1

◇多治見市地球温暖化対策実行計画　区域施策編　多治見市環境文化部環境課編　[多治見]　多治見市　2013.3　30, 18p　30cm　Ⓝ519.1

多治見市〔人権—児童〕
◇多治見市子どもの権利に関する推進計画—後期計画(平成25年度—28年度)　第2次　多治見市環境文化部くらし人権課編　多治見　多治見市環境文化部くらし人権課　2013.3　54p　30cm　Ⓝ316.1

多治見市〔男女共同参画〕
◇第2次たじみ男女共同参画プラン後期計画　多治見市環境文化部くらし人権課編　多治見　多治見市環境文化部くらし人権課　2013.3　75p　30cm　Ⓝ367.2153

田尻町〔大阪府〕〔遺跡・遺物〕
◇田尻町内遺跡群発掘調査概要　14　田尻町教育委員会編　田尻町(大阪府)　田尻町教育委員会　2013.3　8p 図版2枚　30cm　(田尻町文化財調査報告　第21集)　Ⓝ210.0254

田代 国次郎〔1935〜2014〕
◇新潟県社会福祉史の基礎的研究—田代国次郎先生追悼論集　矢上克己編著　本の泉社　2014.11　327p　21cm〈著作目録あり　内容：新潟県社会事業史の一断面　その1　三浦精翁の社会事業周辺(田代国次郎著)　新潟県社会事業史の一断面　その2　県内隣館、セツルメント施設小史(田代国次郎著)　新潟県の妊産婦保護事業(橋本理子著)　新潟県における児童保護施設の量的分析(石坂公俊著)　新潟県における盲・ろうあ教育創生期の趨勢(大塚良一著)　新潟県における医療保護の展開(吉田博行著)　新潟県における厚生事業組織の形成(畠中耕著)　新潟県における「生業資金貸付」事業の展開(畠中耕著)　大正時代後期の新潟養老院に関する研究(荻野基行著)　新潟県における免囚保護事業の展開(矢上克己著)　新潟県における協和事業の展開(矢上克己著)〉①978-4-7807-1198-1　Ⓝ369.02141　[2300円]

多田 宏
◇気の錬磨—イタリア合気会50周年記念：多田宏師範写真集　多田宏監修, 山本カオリ企画・編集・撮影　[武蔵野]　合気道月窓寺道場月合会　2014.10　104p　28cm〈グリーンキャット(発売)　年譜あり　訳：斎藤兆史ほか〉①978-4-904559-10-9　Ⓝ789.25　[2300円]

多田 北烏〔1889〜1948〕
◇『尋常小学算術』と多田北烏—学びはじめの算数教科書のデザイン　上垣渉, 阿部紀子著　風間書房　2014.2　268p 図版30p　22cm　①978-4-7599-2020-8　Ⓝ375.9412　[7000円]

只見町〔福島県〕〔遺跡・遺物〕
◇只見町内遺跡試掘調査報告書　平成25年度　只見町教育委員会編　只見町(福島県)只見町教育委員会　2014.3　27p 図版8p　30cm　(只見町文化財調査報告書　第19集)〈内容：宮前遺跡　熊倉館跡〉Ⓝ210.0254

只見町〔福島県〕〔水害〕
◇只見町川と人の物語—平成23年7月の水害後に行った聞き書きを通して　鈴木克彦聞き書き　福島　ふくしま市町村支援機構　2014.3　110p　30cm　Ⓝ517.4

◇平成23年7月只見町豪雨災害の記録誌　只見(福島県)　福島県只見町　2014.3　197p　30cm　Ⓝ517.4

只見町〔福島県〕〔土砂災害〕
◇平成23年7月只見町豪雨災害の記録誌　只見町(福島県)　福島県只見町　2014.3　197p　30cm　Ⓝ517.4

只見町〔福島県〕（風俗・習慣）

◇只見町川と人の物語―平成23年7月の水害後に行った聞き書きを通して　鈴木克彦聞き書き　福島　ふくしま市町村支援機構　2014.3　110p　30cm　Ⓝ517.4

立井 貞子〔1923～2009〕

◇グミの記―わが母の記録　荒井京子著　長野　龍鳳書房　2013.6　352p　19cm　Ⓝ289.1　［1800円］

立川市〔歴史―史料〕

◇公私日記　第4巻　鈴木平九郎［著］，公私日記研究会編　改訂版　立川　立川市教育委員会　2014.3　329p　26cm　Ⓝ213.65

たちばな

◇天職発想で顧客づくりが見える―今日から、だれでも実践できる、衰退を成長に変えた、長野の呉服店たちばなの「天職発想」にもとづく会社づくり　松本秀幸著　名古屋　三恵社　2014.6　189p　19cm　〈編集協力：安藤竜二〉　①978-4-86487-254-6　Ⓝ673.78　［1389円］

立花 宗茂〔1569～1642〕

◇立花宗茂「義」という生き方　江宮隆之著　KADOKAWA　2014.6　235p　15cm　（新人物文庫　え-2-1）〈文献あり　年譜あり〉　①978-4-04-600425-3　Ⓝ289.1　［700円］

タッキーフーズ株式会社

◇人事天命―タッキーフーズ五十年の歩み　タッキーフーズ［編］　小牧　タッキーファーム　2014.4　135p　30cm　〈年表あり〉　Ⓝ646.1

脱原発福島ネットワーク

◇アサツユ―1991-2013：脱原発福島ネットワーク25年の歩み　脱原発福島ネットワーク編　七つ森書館　2014.2　911p　26cm　①978-4-8228-1493-9　Ⓝ543.5　［3800円］

立浪 和義

◇負けん気　立浪和義著　増補版　文芸社　2014.2　255p　15cm　（文芸社文庫　た2-1）　①978-4-286-14893-9　Ⓝ783.7　［620円］

辰野 金吾〔1854～1919〕

◇辰野金吾―1854-1919　清水重敦，河上眞理著　佐賀　佐賀県立佐賀城本丸歴史館　2014.3　110p　21cm　（佐賀偉人伝 8）〈年譜あり〉　①978-4-905172-07-9　Ⓝ523.1　［952円］

辰野高等学校〔長野県〕

◇長野県辰野高等学校百年史　『長野県辰野高等学校百年史』編集委員会編　辰野町（長野県）　辰野高等学校創立百周年記念事業実行委員会　2014.3　319p　図版 16p　27cm　〈年表あり〉　Ⓝ376.48

たつの市〔美術―図集〕

◇刻（とき）の記憶―龍野アートプロジェクト2013：arts and memories：実施報告書　たつの　龍野アートプロジェクト　2014.2　158p　30cm　〈編集：加須屋明子ほか〉　Ⓝ702.1964

たつの市〔歴史〕

◇播磨を生きた官兵衛―乱世の中の室津：特別展　室津海駅館，室津民俗館専門委員会編　［たつの］　たつの市教育委員会　2014.10　49p　30cm　（図録 20）〈文献あり　年表あり　会期：2014年10月22日～11月24日　共同刊行：たつの市立室津海駅館〉　Ⓝ216.4

辰野町〔長野県〕（遺跡・遺物）

◇富士浅間遺跡　辰野町教育委員会編　辰野町（長野県）辰野町教育委員会　2013.7　12p　30cm　〈携帯電話基地局設置に伴う緊急発掘調査〉　Ⓝ210.0254

◇堀の内遺跡発掘調査報告書―縄文時代の拠点的集落：1995　第2分冊　辰野町教育委員会編　辰野町（長野県）辰野町教育委員会　2014.3　266p　図版［45］枚　30cm　Ⓝ210.0254

辰巳 栄一〔1895～1988〕

◇CIA日本人ファイル―米国国立公文書館機密解除資料　第10巻　辰巳栄一・和知鷹二 和智恒蔵　加藤哲郎編集・解説　現代史料出版　2014.12　318p　31cm　〈東出版（発売）複製　布装〉　①978-4-87785-307-5,978-4-87785-303-7（set）　Ⓝ319.1053

辰巳 ヨシヒロ〔1935～〕

◇劇画暮らし　辰巳ヨシヒロ［著］　KADOKAWA　2014.10　424p　15cm　（角川文庫　た75-1）〈著作目録あり　本の雑誌社 2010年刊の加筆・修正〉　①978-4-04-102308-2　Ⓝ726.101　［840円］

伊達 政宗〔1567～1636〕

◇伊達政宗―秀吉・家康が一番恐れた男　星亮一著　さくら舎　2014.9　322p　19cm　①978-4-906732-87-6　Ⓝ289.1　［1600円］

◇伊達政宗謎解き散歩　佐藤憲一著　KADOKAWA　2014.3　255p　15cm　（新人物文庫　さ-6-1）〈文献あり〉　①978-4-04-600177-1　Ⓝ289.1　［850円］

◇伊達政宗の漢詩　島森哲男著　［仙台］　大崎八幡宮仙台・江戸学実行委員会　2014.12　70p　21cm　（国宝大崎八幡宮仙台・江戸学叢書 32）〈文献あり　発行所：大崎八幡宮〉　Ⓝ919.5

◇伊達政宗の夢―慶長遣欧使節と南蛮文化　仙台市博物館編　仙台　慶長遣欧使節出帆400年・ユネスコ世界記憶遺産登録記念特別展「伊達政宗の夢―慶長遣欧使節と南蛮文化」実行委員会　2013.10　223p　30cm　〈年表あり　会期：平成25年10月4日～11月17日　特別展慶長遣欧使節出帆400年・ユネスコ世界記憶遺産登録記念〉　Ⓝ210.52

◇謎とき東北の関ケ原―上杉景勝と伊達政宗　渡邊大門著　光文社　2014.8　247p　18cm　（光文社新書 708）〈文献あり　年表あり〉　①978-4-334-03812-0　Ⓝ210.48　［760円］

伊達 宗城〔1818～1892〕

◇伊達宗城隠居関係史料　宇和島伊達文化保存会監修，藤田正編集・校注　創泉堂出版　2014.10　68p　21cm　（宇和島伊達家叢書 第2集）　①978-4-902416-31-2　Ⓝ289.1　［1250円］

伊達 盛重〔1553～1615〕

◇政宗が殺（け）せなかった男―秋田の伊達さん　古内泰生著　現代書館　2014.10　267p　20cm　〈文献あり　年表あり〉　①978-4-7684-5744-3　Ⓝ289.1　［2200円］

立川 談志〔5代目 1936～2011〕

◇談志天才たる由縁　菅沼定憲著　彩流社　2014.10　134p　19cm　（フィギュール彩 19）〈文献あり〉　①978-4-7791-7019-5　Ⓝ779.13　［1700円］

立川 談春

◇談春古往今来　立川談春著　新潮社　2014.9　207p　20cm　〈内容：艶でやんちゃで端正で（浜美雪文）滲む血もあれ　春宵一席。立川談春書き下ろし申し候。　弟子は去り、また覚悟の春がくる　使ったお金は億単位　“ハナシ”の肝（宇治有美子文）　談春七夜へ（福田和也述）　ひねくれ者の自分を褒めてくれる人　芸の来し方行く末（さだまさし述）　下書きはチラシの裏に　受賞の言葉〈第二十四回講談社エッセイ賞〉一世一代の”ラブレター”　かたつむりのふんづまり　崖の上の赤めだか（茂田浩司文）　いかに負け、いかに勝つか　アレンジャーになりたい（木下真之取材・文）　凝らずんばその道を得ず　水紋　恋と落語　さようなら、立川談志　改めて、”父”について考える（ジョー横溝文）　あのさぁ……　煙たい男（ジョー横溝文）　中村屋に捧ぐ　揺らぐ男、立川談春（いなもあきこ文）〉　①978-4-10-335831-2　Ⓝ779.13　［1000円］

伊達市〔福島県〕（遺跡・遺物）

◇大塚古墳群・梁川城跡（28次）―内容確認調査概要報告書［伊達（福島県）］　伊達市教育委員会　2014.3　38p　30cm　（伊達市埋蔵文化財調査報告書 第22集）　Ⓝ210.0254

◇市内遺跡発掘調査報告書―試掘調査　平成25年度　［伊達（福島県）］　伊達市教育委員会　2014.3　31p　30cm　（伊達市埋蔵文化財発掘調査報告書 第21集）〈内容：金秀寺遺跡．4次　梁川城跡．26次　山城舘末遺跡．2次　梁川城跡．27次　高屋敷遺跡　根田館跡．2次　金秀寺遺跡．5次　院主遺跡．1次　早稲田遺跡　小作逢遺跡　深田遺跡　町谷川遺跡．4次　荒屋敷遺跡　梁川城跡．29次〉　Ⓝ210.0254

伊達市〔福島県〕（災害復興）

◇東日本大震災・原発事故伊達市3年の記録―Date City report since 2011.3.11　伊達（福島県）伊達市　2014.6　303p　30cm　〈年表あり〉　Ⓝ369.36

伊達市〔福島県〕（史跡名勝）

◇高子二十境を巡る―漢詩と絵から読み解く景観　小林敬一著　山形　大風出版局　2014.9　45p　26cm　①978-4-900866-53-9　Ⓝ919.5　［1800円］

伊達市〔福島県〕（地誌）

◇霊山―雑誌　第20号　雑誌霊山を発行する会編　伊達　雑誌霊山を発行する会　2014.6　101p　21cm　Ⓝ291.26

伊達市〔北海道〕（遺跡・遺物）

◇ポンマ遺跡発掘調査報告書―近世アイヌ文化期の集落の調査　伊達（北海道）伊達市噴火湾文化研究所　2014.3　42p　図版［8］枚　26cm　Ⓝ210.0254

伊達市〔北海道〕（貝塚）

◇北の自然を生きた縄文人・北黄金貝塚　青野友哉著　新泉社　2014.10　93p　21cm　（シリーズ「遺跡を学ぶ」097）〈文献あり〉　①978-4-7877-1337-7　Ⓝ211.7　［1500円］

伊達市〔北海道〕（歴史）

◇伊達市におけるアイヌ民族の現状と地域住民　小内透編著，北海道大学大学院教育学研究院教育社会学研究室編　札幌　北海道大学大学院教育学研究院教育社会学研究室　2014.3

冊　30cm　（『調査と社会理論』・研究報告書 31）〈文献あり〉　Ⓝ382.11

建畠 哲〔1947～ 〕
◇建畠哲—poetry/art：前橋文学館特別企画展・第21回萩原朔太郎賞受賞者展覧会　建畠哲［著］，萩原朔太郎記念水と緑と詩のまち前橋文学館編　前橋　萩原朔太郎記念水と緑と詩のまち前橋文学館　2014.8　67p　26cm〈年譜あり　会期：2014年8月30日—10月13日〉Ⓝ911.52

館林市〔遺跡・遺物〕
◇館林市内遺跡発掘調査報告書—平成25年度各種開発に伴う埋蔵文化財調査　館林市教育委員会文化振興課文化財係編　館林　館林市教育委員会文化振興課文化財係　2014.3　8p　30cm　（館林市埋蔵文化財発掘調査報告書 第50集）〈内容：大街道遺跡（平25地点）当郷遺跡（平25地点）〉Ⓝ210.0254

館林市〔河川〕
◇水と共に生きてきた歴史と暮らし—報告書：田中正造没後100年記念シンポジウム　館林　田中正造没後100年記念シンポジウム実行委員会　2013.12　48p　30cm〈年表あり　会期・会場：2013年10月20日　館林市三の丸芸術ホール〉Ⓝ517.2133

館林市〔写真集〕
◇太田・館林・邑楽の昭和—写真アルバム　長岡　いき出版　2014.2　279p　31cm（群馬県教科書特約供給所〈発売〉）文献あり〉Ⓘ978-4-904614-44-0　Ⓝ213.3　［9514円］
◇写真で見る館林　館林市史編さん委員会編　［館林］　館林市　2014.3　245p　30cm　（館林市史 別巻）〈年表あり　文献あり　市制施行60周年記念〉Ⓝ213.3

館林市〔人権教育〕
◇館林市人権教育・啓発に関する基本計画　市民部市民協働課編　［館林］　館林市　2014.3　64p　30cm　Ⓝ316.1

館林市体育協会
◇60周年記念誌団結—そして未来へ　［館林］　館林市体育協会多々良支部　2014.3　29p　30cm〈年表あり〉Ⓝ780.6

立山
◇近代の文人と立山—立山が与えた「ちから」とは：富山県「立山博物館」平成二十六年度特別企画展　富山県「立山博物館」編　立山町（富山県）　富山県「立山博物館」　2014.10　63p　30cm〈年表あり　会期：平成26年10月4日—11月16日〉Ⓝ291.42
◇立山禅定名所案内—観光地・立山のルーツをさぐる：富山県「立山博物館」平成二十六年度特別企画展　富山県「立山博物館」編　立山町（富山県）富山県「立山博物館」　2014.7　63p　30cm〈文献あり　会期：平成26年7月26日—8月31日〉Ⓝ291.42
◇立山と帝釈天—女性を救うほとけ：富山県「立山博物館」平成25年度特別企画展　富山県「立山博物館」編　立山町（富山県）富山県「立山博物館」　2013.10　63p　30cm〈年表あり　会期：平成25年10月5日—11月4日〉Ⓝ387.02142

館山市〔漁撈〕
◇安房の干鰯—いわしと暮らす、いわしでつながる：平成25年度特別展　館山市立博物館編　館山　館山市立博物館　2014.2　55p　30cm　（展示図録 no. 23）〈会期・会場：平成26年2月1日—3月16日　館山市立博物館本館〉Ⓝ384.36

館山市〔城跡—保存・修復〕
◇国史跡「里見氏城跡稲村城跡」保存管理計画書　館山市教育委員会編　館山　館山市教育委員会　2014.3　52p　30cm　Ⓝ709.135

立山町〔富山県〕〔山岳崇拝〕
◇立山と帝釈天—女性を救うほとけ：富山県「立山博物館」平成25年度特別企画展　富山県「立山博物館」編　立山町（富山県）富山県「立山博物館」　2013.10　63p　30cm〈年表あり　会期：平成25年10月5日—11月4日〉Ⓝ387.02142

立山町〔富山県〕〔消防〕
◇消防年報　平成24年　立山町（富山県）立山町消防本部　2013.1　50p　30cm〈年表あり〉Ⓝ317.7942

田所 静枝〔1924～2009〕
◇今を微笑む—松居桃樓の世界　中村惠翼纂　渓声社　2014.4　400p　20cm〈星雲社〈発売〉〉Ⓘ978-4-434-18986-9　Ⓝ912.6　［2200円］

多度津町〔香川県〕〔遺跡・遺物〕
◇南鴨遺跡—平成24年度多度津町内で実施した遺跡調査報告　多度津町教育委員会編　多度津町（香川県）多度津町教育委員会　2014.3　29p　30cm　（多度津町内遺跡発掘調査報告書 1）　Ⓝ210.0254

田中 角栄〔1918～1993〕
◇昭—田中角栄と生きた女　佐藤あつ子［著］　講談社　2014.9　293p　15cm　（講談社文庫 さ109-1)〈文献あり〉Ⓘ978-4-06-277883-1　Ⓝ289.1　［770円］
◇田中角栄権力の源泉　大下英治著　イースト・プレス　2014.12　444p　18cm　（イースト新書 041)　Ⓘ978-4-7816-5041-8　Ⓝ312.1　［907円］
◇未完の敗者田中角栄　佐高信著　光文社　2014.5　262p　20cm〈文献あり〉Ⓘ978-4-334-97780-1　Ⓝ312.1　［1600円］

田中 きみ〔1926～ 〕
◇カーテンは閉めないで—生きるために生きる　田中きみ著　山愛書院　2014.9　225p　19cm（星雲社〈発売〉）年譜あり〉Ⓘ978-4-434-19714-7　Ⓝ289.1　［1800円］

田中 恭一〔1931～ 〕
◇無から有を創造する楽しさ　田中恭一著　名古屋　中部経済新聞社　2014.4　214p　18cm　（中経マイウェイ新書 018)　Ⓘ978-4-88520-183-7　Ⓝ289.1　［800円］

田中 軍吉〔1905～1948〕
◇軍旗を奉じて—昭和維新、国家改造—青年将校の叫び：田中軍吉隊長の生涯　奈良部光孝編　［松戸］〔奈良部光孝〕　2013.10　173p　26cm〈年譜あり〉Ⓝ289.1

田中 功起
◇必然的にばらばらなものが生まれてくる　田中功起著　武蔵野　武蔵野美術大学出版局　2014.9　287p　22cm　Ⓘ978-4-86463-018-4　Ⓝ702.16　［3000円］

田中 正造〔1841～1913〕
◇田中正造とその周辺　赤上剛著　宇都宮　随想舎　2014.4　447p　22cm　Ⓘ978-4-88748-291-3　Ⓝ289.1　［2500円］
◇伝える正造魂—現代に甦る田中正造　読売新聞社宇都宮支局編　宇都宮　随想舎　2014.2　303p　21cm〈文献あり　年譜あり〉Ⓘ978-4-88748-288-3　Ⓝ591.21　［1800円］

田中 善平〔1932～ 〕
◇わが人生に悔いなし哉—十五歳から八十歳まで楕円球にかかわった回想録　田中善平［著］　亀岡　田中善平　2013.12　120p　30cm　Ⓝ783.48

田中 束〔1927～ 〕
◇高梁の一粒——年草が世界を救う　田中束著　神楽サロン　2013.11　348p　24cm〈文献あり〉Ⓘ978-4-905482-03-1　Ⓝ616.62　［1500円］

田中 敏溥
◇建築家の心象風景 2　田中敏溥　田中敏溥著　風土社　2014.11　175p　30cm〈作品目録あり〉Ⓘ978-4-86390-019-6　Ⓝ523.1　［4800円］

田中 友子〔1941～2013〕
◇孔雀蝶レンズいっぱい写されて—田中友子遺稿・追悼集　田中友子遺稿追悼集刊行会編　国分寺　之潮　2014.5　85p　21cm　（コレジオ・ブックレット 4)〈年譜あり　内容：死を覚悟しての二年半（田中和則著）母（田中咲樹著）母の想い出（重村寛子著）手紙（田中倫子著）手紙（田中智樹著）蔦紅葉　鮎の塩焼　一灯を/孔雀蝶/憧れの　熱弁　夢を　宇山友子さんの高校時代（白枝隆著）森の記憶（竹中清一郎著）記憶に残る出会いのシーンたち（武野尚行著）友子さんとの想い出（西巻美紀著）大学時代の思い出（原直子著）田中友子さんの文学的世界（芳賀普子著）〉Ⓘ978-4-902695-24-3　Ⓝ289.1　［800円］

田中 久重〔1799～1881〕
◇東芝の祖からくり儀右衛門—日本の発明王田中久重伝　林洋海著　現代書館　2014.10　278p　20cm〈文献あり〉Ⓘ978-4-7684-5748-1　Ⓝ289.1　［2000円］

田中 英光〔1913～1949〕
◇田中英光事典　越前谷宏、島田昭男、田中励儀、塚越和夫、橋詰静子、矢島道弘編　三弥井書店　2014.4　694p　22cm〈文献あり　著作目録あり　年譜あり〉Ⓘ978-4-8382-3261-1　Ⓝ910.268　［10000円］

田中 真澄〔1946～2011〕
◇田中眞澄追悼書誌—まるで映画のひとコマのように　別巻資料集　刀根博樹編著　別装増補改訂版　伊勢　TONE・FILM　2014.11　1冊（ページ付なし）30cm〈著作目録あり　年譜あり〉Ⓝ289.1

田中 将大
◇剛腕新伝説　黒田伸著　札幌　響文社　2013.12　279p　19cm〈文献あり〉Ⓘ978-4-87799-100-5　Ⓝ783.7　［1300円］
◇田中将大から学ぶ負けない「気持ち」の創り方　児玉光雄著　辰巳出版　2014.4　223p　19cm〈文献あり〉Ⓘ978-4-7778-1291-2　Ⓝ159　［1200円］
◇ベースボールサミット—野球界の論客首脳会議　第1回　田中将大、ヤンキース成功への道　『ベースボールサミット』編集

田中 美絵子〔1975～ 〕

部編著 カンゼン 2014.4 231p 21cm〈内容：黒田博樹田中とともに、投手王国復権へ（黒田博樹述,Full-Count編集部著） VOICE FROM FLORIDA（Full-Count編集部著） 内川聖一球界随一の巧打者が語る田中将大の凄み（内川聖一述,田尻耕太郎著） 浅村栄斗若きレオの主砲が語る田中将大の凄みとは（浅村栄斗述,中島大輔著） 野村克也恩師が明かすマー君育成術（野村克也述,田中周治著） 小宮山悟元メジャーリーガーから見た田中将大、活躍の可能性（小宮山悟述,田中周治著） タイツ先生の語る田中将大の投球フォームの力学的合理性（後藤勝者,吉澤雅之述） 戦力分析2014年ニューヨーク・ヤンキース（前田幸長監修,永住貴紀著） アメリカが報じるTANAKA（杉浦大介著） メジャーリーグ見放題！ ベースボールカフェの楽しみ方（田中瑠子著） 山村宏樹×山崎武司24勝0敗、田中の進化（山村宏樹,山崎武述,大利実著） データが語る田中のピッチング（京都純典著） まんが超人気プレイヤー列伝（中村る～しあ著） 並木裕太田中将大のメジャーにおける商業的価値を探る（並木裕太述,三谷悠著） 奥村幸治野球人・田中将大のルーツ（奥村幸治述,谷上史朗著） キュラソーを訪ねて～AJとバレンティンの原点（中島大輔著） 小関レポート 第1回 田中将大（小関順二著）〉①978-4-86255-237-2 Ⓝ783.7 ［1300円］

◇無敗の男―田中将大―「強さ」をつくった師の流儀 古内義明著 大和書房 2014.4 229,5p 19cm〈文献あり 年譜あり〉①978-4-479-79435-6 Ⓝ783.7 ［1300円］

田中 美絵子〔1975～ 〕

◇ロリータ少女、政治家になる。 田中美絵子著 ヨシモトブックス 2014.7 239p 19cm〈ワニブックス（発売）〉①978-4-8470-9236-7 Ⓝ289.1 ［1250円］

田中 森一〔1943～2014〕

◇遺言―闇社会の守護神と呼ばれた男、その懺悔と雪辱 田中森一著 双葉社 2014.9 326p 20cm〈文献あり〉①978-4-575-30726-9 Ⓝ289.1 ［1600円］

棚橋 小虎〔1889～1973〕

◇棚橋小虎日記（昭和十八年） 棚橋小虎［著］ 町田 法政大学大原社会問題研究所 2014.1 99p 30cm（法政大学大原社会問題研究所ワーキング・ペーパー（旧調査研究報告）no. 51）Ⓝ289.1

棚橋 弘至

◇棚橋弘至はなぜ新日本プロレスを変えることができたのか 棚橋弘至著 飛鳥新社 2014.5 261p 19cm〈年譜あり〉①978-4-86410-311-4 Ⓝ788.2 ［1389円］

田辺 聖子〔1928～ 〕

◇われにやさしき人多かりき―わたしの文学人生 田辺聖子著 集英社 2014.3 409p 16cm（集英社文庫 た3-53）①978-4-08-745172-6 Ⓝ910.268 ［700円］

田邊 剛〔1934～ 〕

◇辛抱する木に花が咲く 田邊剛著 ［新潟］［田邊剛］2014.11 254p 20cm Ⓝ289.1

田辺市立美術館

◇田辺市立美術館年報 第6号 平成25年度 田辺市立美術館,熊野古道なかへち美術館編 田辺 田辺市立美術館 2014.11 68p 28cm〈共同刊行：熊野古道なかへち美術館〉Ⓝ706.9

谷 彦範〔1944～ 〕

◇ぼくの宝もの―70年を歩んできて 谷彦範［著］［出版地不明］［谷彦範］2014.7 137p 21cm Ⓝ289.1

谷 昌恒〔1922～ 〕

◇谷昌恒とひとむれの子どもたち―北海道家庭学校の生活教育実践 藤井常文著 大津 三学出版 2014.2 255p 21cm〈文献あり〉①978-4-903520-81-0 Ⓝ327.85 ［2500円］

谷川 雁〔1923～1995〕

◇谷川雁―永久工作者の言霊 松本輝夫著 平凡社 2014.5 262p 18cm（平凡社新書 735）①978-4-582-85735-1 Ⓝ910.268 ［880円］

谷川 健一〔1921～2013〕

◇谷川健一―越境する民俗学の巨人：追悼総特集 河出書房新社 2014.2 207p 21cm（KAWADE道の手帖）〈著作目録あり 年譜あり〉①978-4-309-74052-2 Ⓝ289.1 ［1600円］

◇追悼神は細部に宿り給う―谷川健一先生 日本地名研究所編 川崎 日本地名研究所 2014.5 255p 22cm〈年譜あり 著作目録あり〉Ⓝ289.1

谷川 俊太郎〔1931～ 〕

◇詩を書くということ―日常と宇宙と 谷川俊太郎著 PHP研究所 2014.6 157p 20cm（[100年インタビュー]）①978-4-569-78405-2 Ⓝ911.52 ［1200円］

◇谷川俊太郎の『こころ』を読む 谷内修三著 思潮社 2014.6 213p 19cm ①978-4-7837-1694-5 Ⓝ911.56 ［1800円］

谷口 稜曄〔1929～ 〕

◇谷口稜曄聞き書き原爆を背負って 谷口稜曄［述］,久知邦著 福岡 西日本新聞社 2014.8 253p 19cm〈年譜あり〉①978-4-8167-0888-6 Ⓝ289.1 ［1500円］

谷口 善太郎〔1899～1974〕

◇谷善と呼ばれた人―労働運動家・文学者・政治家として 谷口善太郎を語る会編 新日本出版社 2014.1 202p 19cm〈年譜あり〉①978-4-406-05773-8 Ⓝ910.268 ［1800円］

谷口 蕪村〔1716～1783〕

◇俳諧つれづれの記―芭蕉・蕪村・一茶 大野順一著 論創社 2014.2 221p 20cm ①978-4-8460-1294-6 Ⓝ911.302 ［2200円］

◇美の侵犯―蕪村×西洋美術 北川健次著 求龍堂 2014.6 207p 20cm ①978-4-7630-1429-0 Ⓝ911.34 ［2400円］

◇蕪村 藤田真一著 大阪 創元社 2014.8 206p 18cm（日本人のこころの言葉）〈文献あり 年譜あり〉①978-4-422-80066-0 Ⓝ911.34 ［1200円］

◇山下一海著作集 第4巻 芭蕉と蕪村 山下一海著 おうふう 2014.7 718p 22cm〈索引あり 付属資料：8p:月報4 布装 内容：芭蕉と蕪村 芭蕉の「やがて」「やがて」「しばし」「しばらく」など 大切な柳一本 年暮れぬ、年暮れず 切字の響き 間 鳴く鶯、鳴かぬ鶯 時鳥 蛙 足袋と草鞋 草履 心象の梅 蕪村の出発 芭蕉と蕪村の「我」 芭蕉と蕪村の世界 芭蕉と蕪村の世界. 続 芭蕉論〉①978-4-273-03714-7 Ⓝ911.308 ［12000円］

谷口 藍田〔1822～1902〕

◇儒学者谷口藍田 浦川晟眷 新版 明徳出版社 2014.2 255p 21cm〈年譜あり〉①978-4-89619-983-3 Ⓝ121.57 ［2500円］

谷崎 潤一郎〔1886～1965〕

◇谷崎潤一郎テクスト連関を読む 安田孝著 翰林書房 2014.5 256p 20cm ①978-4-87737-367-2 Ⓝ910.268 ［2800円］

◇谷崎潤一郎展―文豪に出会う：企画展 山梨県立文学館編 甲府 山梨県立文学館 2014.9 56p 30cm〈年譜あり 会期・会場：2014年9月27日―11月24日 山梨県立文学館企画展示室〉Ⓝ910.268

谷村 久太郎〔1914～1998〕

◇ひごのたわごと 谷村久太郎著,谷村美智子編 文芸社 2014.3 251p 20cm ①978-4-286-13790-2 Ⓝ289.1 ［1500円］

谷本 富〔1867～1946〕

◇未完の教育学者―谷本富の伝記的研究 滝内大三著 京都 晃洋書房 2014.3 430,19p 22cm（龍谷叢書 33）〈索引あり〉①978-4-7710-2509-7 Ⓝ289.1 ［5800円］

谷山 浩子〔1956～ 〕

◇わくわく谷山浩子 復刊ドットコム 2013.9 122p 21cm〈作品目録あり 年譜あり シャビオ 1983年刊の再刊〉①978-4-8354-4968-5 Ⓝ767.8 ［2500円］

種子島

◇写真で見る種子島の風景 たましだ舎編集室編 西之表 たましだ舎 2014.8 61p 21cm ①978-4-9904915-2-9 Ⓝ291.97 ［900円］

◇種子島から「日本」を考える授業―初期社会科の理想を求めて 白尾裕志著 同時代社 2014.11 110p 26cm〈文献あり〉①978-4-88683-770-7 Ⓝ375.3 ［1800円］

種田 山頭火〔1882～1940〕

◇倉橋羊村選集 第3巻 評伝 2 倉橋羊村著 本阿弥書店 2013.12 412p 22cm〈年譜あり 布装 内容：道元 禅僧・山頭火 私説 現代俳人像〉①978-4-7768-1051-3(set) Ⓝ911.368

◇山頭火秀句鑑賞事典 北影雄幸著 勉誠出版 2014.6 386p 20cm〈文献あり 索引あり〉①978-4-585-21525-7 Ⓝ911.362 ［3200円］

◇山頭火百景―さて、どちらへ行かう風がふく 渡邉紘編 春陽堂書店 2014.12 286p 20cm〈文献あり 年譜あり〉①978-4-394-90318-5 Ⓝ911.362 ［1800円］

◇山頭火旅情鑑賞事典 北影雄幸著 勉誠出版 2014.6 397p 20cm〈文献あり 索引あり〉①978-4-585-21526-4 Ⓝ911.362 ［3200円］

種田 陽平〔1960～ 〕

◇種田陽平による三谷幸喜映画の世界観展OFFICIAL BOOK―清須会議までの映画美術の軌跡、そして… 種田陽平監修 ぴあ 2013.11 95p 30cm〈作品目録あり 会期・会場：2013年10月12日（土）～11月17日（日）上野の森美術館 主催：

日本件名図書目録2014　Ⅰ

玉名市〔遺跡・遺物〕

産経新聞社、フジテレビジョン、ぴあ、日本美術協会、上野の森美術館〕 ①978-4-8356-1862-3 Ⓝ778.4 〔1714円〕

種村 季弘〔1933～2004〕
◇種村季弘の眼 迷宮の美術家たち 柿沼裕朋編 平凡社 2014.8 191p 22cm〈作品目録あり 年譜あり 会期・会場：2014年9月6日～10月19日 板橋区立美術館 主催：板橋区立美術館ほか〉 ①978-4-582-20677-7 Ⓝ708.7 〔2000円〕

田野畑村〔岩手県〕〔方言―辞書〕
◇大芦のことばとその周辺―岩手県下閉伊郡田野畑村 牧原登著 〔宮古〕〔牧原登〕 2014.4 468p 30cm〈文献あり 奥付のタイトル：大芦ことばとその周辺〉 Ⓝ818.22

田原 栄一〔1936～ 〕
◇がん研究と私―引き継がれる夢 田原榮一著 医薬経済社 2014.3 149p 20cm ①978-4-902968-48-4 Ⓝ289.1 〔1500円〕

田原 総一朗〔1934～ 〕
◇80歳を過ぎても徹夜で議論できるワケ 田原総一朗〔著〕 KADOKAWA 2014.9 215p 18cm〈角川oneテーマ21 D-41〉 ①978-4-04-101865-1 Ⓝ289.1 〔800円〕

田原市〔歴史―史料〕
◇田原の文化 第40号 田原 田原市教育委員会文化財課 2014.3 64p 30cm〈内容：圖判写本の検証（藤井忠著） 渥美半島における荘園公領制の成立と展開 その2（加藤克己著） 坪沢10号窯の窯詰め状況の復元（増山禎之著） 『漂民聞書』ところどころ（山田哲夫著）〉 Ⓝ215.5

ダビデ〔イスラエル王〕
◇ただ神を待つ―ダビデのまねび 石丸新著 新教出版社 2014.3 266p 19cm ①978-4-400-52719-0 Ⓝ193.33 〔2200円〕

田布施町〔山口県〕〔遺跡・遺物〕
◇上石田A遺跡・上石田B遺跡・重長A遺跡発掘調査報告書 〔田布施町（山口県）〕 田布施町教育委員会 2014.8 69p 図版 18p 30cm（田布施町埋蔵文化財調査報告書 第5集）〈国営緊急農地再編整備事業に伴う西山・潤田団地埋蔵文化財発掘調査報告〉 Ⓝ210.0254
◇堀川遺跡平井遺跡三反地遺跡水奥遺跡西河内遺跡中屋B遺跡 山口県ひとづくり財団山口県埋蔵文化財センター, 田布施町教育委員会編 山口 山口県ひとづくり財団山口県埋蔵文化財センター 2014.3 130p 図版 60p 30cm（山口県埋蔵文化財センター調査報告 第85集 / 田布施町埋蔵文化財調査報告第4集）〈共同刊行：田布施町教育委員会〉 Ⓝ210.0254

WTO →世界貿易機関を見よ

多摩川
◇異説多摩川上流水源地の歴史 岩田基嗣著 改訂版 西多摩新聞社出版センター（製作） 2014.6 384p 21cm〈折り込1枚〉 Ⓝ213.6
◇多摩川及び福生地区の外来生物分布マップの作成 島田高廣著 とうきゅう環境財団 2014.11 45p 30cm（研究助成・一般研究 vol. 36 no. 216）〈共同研究者：野村亮ほか〉 Ⓝ462.1365
◇多摩川生息魚類における漁病細菌の分布調査 間野伸宏著 とうきゅう環境財団 2014.11 34p 30cm（研究助成・学術研究 vol. 43 no. 313）〈文献あり 共同研究者：竹内久登ほか〉 Ⓝ663.9
◇多摩川における絶滅危惧Ⅰ類アサクサノリの生育特性、繁殖特性および保全対策 鵜田智著 とうきゅう環境財団 2013.12 32p 30cm（研究助成・学術研究 vol. 42 no. 306）Ⓝ474.51
◇多摩川流域市民学会の開催 第4回 長谷川博之著 とうきゅう環境財団 2013.12 187p 30cm（研究助成・一般研究 vol. 35 no. 208）〈共同研究者：遠藤保男ほか〉 Ⓝ519.8136
◇多摩川流域における放射性物質による河川水と土壌などの汚染状況調査と放射線・水環境を学ぶ市民教室の構築 吉田政高著 とうきゅう環境財団 2014.11 40p 30cm（研究助成・学術研究 vol. 43 no. 309）〈共同研究者：石井正人ほか〉 Ⓝ519.4

玉川上水
◇玉川上水の分水の沿革と概要 小坂克信著 とうきゅう環境財団 2014.11 150p 30cm（研究助成・一般研究 vol. 36 no. 210）Ⓝ213.6
◇武蔵野台地の風土や課題などを読み解くための散策コースづくりの調査と、それにそった散策会（歴史散歩）の実施 福田恵一著 とうきゅう環境財団 2014.11 18p 30cm（研究助成・一般研究 vol. 36 no. 214）Ⓝ213.6

玉川大学体育会剣道部
◇玉川大学剣道部50年史―師の御旗の下に：1964-2014 〔町田〕 部乃会 2014.6 139p 26cm〈年表あり 共同刊行：玉川大学剣道部〉 Ⓝ789.3 〔非売品〕

玉川村〔福島県〕〔遺跡・遺物〕
◇原作田F遺跡発掘調査報告書 郡山市文化・学び振興公社文化財調査研究センター編 玉川村（福島県）玉川村教育委員会 2014.2 21p 30cm（玉川村文化財調査報告書 第10集）〈福島県石川郡玉川村の委託による〉 Ⓝ210.0254

玉城町〔三重県〕〔遺跡・遺物〕
◇平成24年度県営農業基盤整備事業地域（伊勢管内）埋蔵文化財発掘調査報告 三重県埋蔵文化財センター編 〔明和町（三重県）〕 三重県埋蔵文化財センター 2014.1 47p 30cm（三重県埋蔵文化財調査報告 343）〈内容：田丸道遺跡. 第3次 有田地区出土石器・土壌自然科学分析〉 Ⓝ210.0254

多摩市〔遺跡・遺物〕
◇上っ原遺跡（第2次）・大塚日向遺跡 山梨文化財研究所編 〔東京〕 帝京大学 2014.3 127p 図版〔27〕枚 30cm〈東京都多摩市・八王子市所在 （仮称）帝京大学八王子キャンパス新校舎棟新築工事に伴う埋蔵文化財発掘調査報告書 共同刊行：山梨文化財研究所〉 Ⓝ210.0254
◇竜ヶ峰遺跡 第4次 山梨文化財研究所編 〔東京〕 帝京大学 2014.3 152p 図版〔28〕枚 30cm（多摩市埋蔵文化財調査報告 第69集）〈東京都多摩市所在 帝京大学陸上競技場造成工事に伴う埋蔵文化財発掘調査報告書 共同刊行：山梨文化財研究所〉 Ⓝ210.0254

多摩市〔エネルギー政策〕
◇地域主導型再生可能エネルギー事業化検討委託業務（東京都多摩市） 平成25年度 〔多摩〕 多摩循環型エネルギー協会 2014.3 3, 4, 118p 30cm〈平成25年度環境省委託業務〉 Ⓝ501.6

多摩市〔歴史―史料〕
◇関戸旧記 多摩市教育委員会教育振興課編 多摩 多摩市教育委員会 2013.3 40p 30cm（多摩市文化財調査資料 3）〈年表あり〉 Ⓝ213.65 〔470円〕

多摩市〔歴史―史料―書目〕
◇武蔵国多摩郡和田村石坂家文書目録 人間文化研究機構国文学研究資料館調査収集事業部編 立川 人間文化研究機構国文学研究資料館調査収集事業部 2014.3 215p 26cm（史料目録 第98集）①978-4-87592-169-1 Ⓝ213.65

玉寿司
◇築地玉寿司90年―暖簾4代の物語 時事通信出版局編著 〔東京〕 時事通信出版局 2014.11 196p 20cm〈時事通信社（発売） 年譜あり 標題紙・背・表紙のタイトル（誤植）：築地玉壽司90年〉 ①978-4-7887-1383-3 Ⓝ673.971 〔1800円〕

田町ビル
◇50年史―田町とともに 田町ビル編 田町ビル 〔2014〕 139p 30cm〈年表あり〉 Ⓝ673.99

玉名高等学校〔熊本県立〕
◇玉名高校百十周年記念誌 玉名高校百十周年記念誌編纂委員会編著 〔玉名〕 熊本県立玉名高等学校 2014.2 168p 31cm〈年表あり〉 Ⓝ376.48 〔非売品〕

玉名市〔遺跡・遺物〕
◇伊倉城跡 玉名市教育委員会編 玉名 玉名市教育委員会 2013.3 43p 30cm（玉名市文化財調査報告 第27集）〈市道船津宮原線道路改良工事に伴う埋蔵文化財調査報告書〉 Ⓝ210.0254
◇川原遺跡・紺町遺跡 玉名市教育委員会編 玉名 玉名市教育委員会 2014.2 142p 30cm（玉名市文化財調査報告 第29集）〈玉名市新庁舎建設事業に伴う発掘調査報告書〉 Ⓝ210.0254
◇古閑野田遺跡 熊本県教育委員会編 〔熊本〕 熊本県教育委員会 2014.3 47p 30cm（熊本県文化財調査報告 第294集）〈一般県道大野下停車場西照寺線単県道路改良事業に伴う埋蔵文化財調査報告書〉 Ⓝ210.0254
◇城ヶ辻城跡・城ヶ辻古墳群2 熊本県教育委員会編 熊本 熊本県教育委員会 2014.3 68p 図版〔33〕枚 30cm（熊本県文化財調査報告 第300集）〈一般国道208号改築事業に伴う埋蔵文化財発掘調査報告〉 Ⓝ210.0254
◇玉名高校校庭遺跡 熊本 熊本県教育委員会 2014.3 14p 30cm（熊本県文化財調査報告 第306集）〈玉名高等学校渡り廊下改築工事に伴う埋蔵文化財調査報告〉 Ⓝ210.0254
◇玉名平野条里跡3両迫間日渡遺跡2玉名の平城跡 熊本県教育委員会編 熊本 熊本県教育委員会 2014.3 495p 図版 2枚 30cm（熊本県文化財調査報告 第299集）〈熊本県玉名市所在の埋蔵文化財 県道玉名山鹿線道路改良工事に伴う埋蔵文化財調査, 県道6号（玉名立花線）拡幅工事に伴う埋蔵文化財調査〉 Ⓝ210.0254

多摩南部地域病院

◇南大門遺跡―中世真言律宗系寺院浄光寺跡　蓮華院誕生寺監修，九州文化財研究所編　玉名　玉名市教育委員会　2013.11　166p 図版 4p 26cm〈玉名市文化財調査報告 第28集〉〈蓮華院誕生寺南大門再建に伴う発掘調査〉Ⓝ210.0254

◇山田松尾平遺跡　上巻　熊本県教育委員会編　熊本　熊本県教育委員会　2014.3 208, 52p 図版［42］枚 30cm〈熊本県文化財調査報告 第304集〉〈一般国道208号改築事業に伴う埋蔵文化財発掘調査報告〉Ⓝ210.0254

◇山田松尾平遺跡　下巻　熊本県教育委員会編　熊本　熊本県教育委員会　2014.3 1冊 30cm〈熊本県文化財調査報告 第304集〉〈一般国道208号改築事業に伴う埋蔵文化財発掘調査報告〉Ⓝ210.0254

多摩南部地域病院

◇多摩南部地域病院20周年記念誌　多摩　東京都保健医療公社多摩南部地域病院　2014.3 95p 30cm〈年表あり〉Ⓝ498.16

玉村町〔群馬県〕〔遺跡・遺物〕

◇松原遺跡・若王子遺跡・角淵丹土遺跡　群馬県佐波郡玉村町教育委員会編　玉村町〔群馬県〕　群馬県佐波郡玉村町教育委員会　2014.9 184p 図版 1p 30cm（玉村町埋蔵文化財発掘調査報告書 第94集）〈町道230号線拡幅工事、町立南小学校建設工事、町立南中学校増築工事に伴う埋蔵文化財発掘調査報告書〉Ⓝ210.0254

玉村町〔群馬県〕〔祭祀〕

◇五料の水神祭　玉村町〔群馬県〕群馬県佐波郡玉村町教育委員会　2014.3 114p 30cm〈文献あり　作成：さいたま民俗文化研究所〉Ⓝ386.133

玉村山の会

◇稜線―玉村山の会10周年記念誌　記念誌「稜線」編集委員会編　［玉村町〔群馬県〕］　玉村山の会　2014.4 103p 30cm〈年表あり〉Ⓝ786.1

田村　俊子〔1884～1945〕

◇21世紀日本文学ガイドブック　7　田村俊子　小平麻衣子,内藤千珠子著　ひつじ書房　2014.10 195p 22cm〈文献あり　年譜あり　索引あり〉Ⓘ978-4-89476-514-6　Ⓝ910.2［2000円］

田村　亮〔1972～　〕

◇子の背中を見てまだまだ親は育つ―田村亮のパパ日記：ススメ、我が子育て道を　田村亮著　祥伝社　2014.10 216p 19cm　Ⓘ978-4-396-45001-4　Ⓝ779.14［1280円］

タメット，D.〔1979～　〕

◇ぼくには数字が風景に見える　ダニエル・タメット［著］,古屋美登里訳　講談社　2014.6 325p 15cm（講談社文庫 た125-1）Ⓘ978-4-06-277860-2　Ⓝ289.3［730円］

為永　春水〔初代 1789～1843〕

◇春水人情本の研究―同時代性を中心に　崔泰和著　若草書房　2014.10 329, 4p 22cm（近世文学研究叢書 20）Ⓘ978-4-904271-13-1　Ⓝ913.54［10000円］

タモリ〔1945～　〕

◇タモリ学―タモリにとって「タモリ」とは何か？　戸部田誠著　イースト・プレス　2014.3 268p 18cm　Ⓘ978-4-7816-1149-5　Ⓝ779.9［1000円］

◇タモリ伝―森田一義も知らない「何者にもなりたくなかった男」タモリの実像　片田直久著　コアマガジン　2014.4 189p 18cm（コア新書 004）〈文献あり〉Ⓘ978-4-86436-604-5　Ⓝ779.9［787円］

◇僕たちのタモリ的人生論―人生に大切なことを教えてくれたタモリの言葉　『僕たちのタモリ的人生論』編集委員会編集　泰文堂　2014.3 191p 19cm（リンダブックス）〈文献あり〉Ⓘ978-4-8030-0559-2　Ⓝ779.9［950円］

田山　花袋〔1871～1930〕

◇花袋の友達100人　館林　館林市教育委員会文化振興課　2014.3 39p 21cm〈共同刊行：田山花袋記念文学館〉Ⓝ910.268

◇田山花袋作品研究　2　未完の物語　岸規子著　双文社出版　2014.12 257p 22cm　Ⓘ978-4-88164-629-8　Ⓝ910.268［4500円］

田山　輝明〔1944～　〕

◇民事法学の歴史と未来―田山輝明先生古稀記念論文集　五十嵐敬喜,近江幸治,棚澤能生編集委員　近江幸治編　成文堂　2014.3 708p 22cm〈著作目録あり　年譜あり　内容：ドイツにおける危険責任の成立（浦川道太郎著）　ドイツにおける担保制度の展開と優先弁済権の構造（近江幸治著）　白紙委任状の濫用と表見代理（多田利隆著）　人身傷害保険と素因減額（藤村和夫著）　原子力発電所事故と損害賠償責任（小賀野晶一著）　消費者保護と事業者間契約の規律（後藤巻則著）　劣後的担保権の実行に

係る担保権実行方法の制約について（青木則幸著）　BGBへの物権行為概念の受容（大場浩之著）　無効に関する一考察（足立祐一著）「定期建物賃貸借期間満了後の法律関係」再論（藤井俊二著）　土地利用における土地所有権の規制論（大西泰博著）　区分所有建物における管理費余剰金の法的性質（鎌野邦樹著）　集団所有土地の農家による請負契約上の財産関係（渠涛著）　入会権概念の拡張についての再検討（越知保見著）　いわゆる二項道路における通行妨害排除請求と公共的利益の実現（秋山靖浩著）　スイス民法典における共有と階層所有権（藤巻梓著）　スイスにおける生乳生産割当枠制度（棚澤能生著）　面会交流の協議規範・調停規範・審判規範・間接強制規範（梶村太市著）　性同一性障害とAID出生子の法的地位（棚村政行著）　民法第772条の「推定」と法律上の父子関係（片山英一郎著）　成年者保護と憲法（フォルカー・リップ著、青木仁美訳）　判断能力の不十分な人々をめぐる事務管理論の再構成（菅富美枝著）　平成25年法律第47号による精神保健福祉法改正と成年後見制度（廣瀬美佳著）　アメリカ合衆国の成年後見法における成年後見人の意思決定基準としての代行判断決定法理と最善の利益基準の関係（志村武著）　死後事務委任契約の可能性とその限界（黒田美亜紀著）　スイス成年後見法における法定代理権の変遷（青木仁美著）　成年後見事件担当裁判官の行為に基づく国家賠償責任（山城一真著）　比較法について（ゲルハルト・ケブラー著、藤巻梓訳）　田山輝明先生古稀記念論文集に寄せて（五十嵐敬喜著）〉Ⓘ978-4-7923-2659-3　Ⓝ324.04［18000円］

田山　利三郎〔1897～1952〕

◇頭は文明に体は野蛮に―海洋地質学者、父・田山利三郎の足跡　海老名卓三郎著、中陣隆夫監修　近代文藝社　2014.10 97p 21cm〈文献あり　著作目録あり〉Ⓘ978-4-7733-7955-6　Ⓝ289.1［1500円］

ダリ，S.〔1904～1989〕

◇僕はダリ　キャサリン・イングラム文，アンドリュー・レイ絵，岩城亜矢監訳，小俣鐘子訳　パイインターナショナル　2014.6 80p 23cm（芸術家たちの素顔 2）〈文献あり　表紙の責任表示（誤植）：小保鐘子〉Ⓘ978-4-7562-4504-5　Ⓝ723.36［1600円］

垂井町〔岐阜県〕〔遺跡・遺物〕

◇大石古窯跡発掘調査報告　垂井町〔岐阜県〕垂井町教育委員会　2013.3 17p 図版 5p 30cm〈岐阜県不破郡垂井町大石所在〉Ⓝ210.0254

垂井町〔岐阜県〕〔遺跡・遺物―保存・修復〕

◇史跡美濃国府跡保存管理計画　垂井町教育委員会編　垂井町〔岐阜県〕　垂井町教育委員会　2014.3 80p 図版 3枚 30cm〈年表あり　文献あり〉Ⓝ709.153

田原本町〔奈良県〕〔歴史〕

◇古事記と太安万侶　田原本町記紀・万葉事業実行委員会監修　吉川弘文館　2014.11 206p 19cm〈内容：古代の田原本（和田萃著）　多氏と多神社（和田萃著）　シンポジウム「やまとのまほろば田原本」（寺川眞知夫ほか述、和田萃コーディネーター）　古事記への持統天皇の関与と元明天皇の編纂の勅（寺川眞知夫著）「ヒイラギの八導矛」考（辰巳和弘著）　この御酒は我が御酒ならず（上野誠著）　鼎談　安万侶さんを語る（寺田典成、多忠記、和田萃述）　田原本町における「古事記編纂一三〇〇年紀」記念事業の意義と開催趣旨（鈴木幸兵著）　田原本町の文化財（石井正信著）〉Ⓘ978-4-642-08261-7　Ⓝ210.3［2300円］

壇　蜜〔1980～　〕

◇壇蜜日記　壇蜜著　文藝春秋　2014.10 201p 16cm（文春文庫 た92-1）Ⓘ978-4-16-790212-4　Ⓝ779.9［570円］

◇蜜の味　壇蜜著　小学館　2014.6 205p 15cm（小学館文庫 た28-1）Ⓘ978-4-09-406056-0　Ⓝ779.9［480円］

タンギー，Y.〔1900～1955〕

◇イヴ・タンギー―アーチの増殖　長尾天著　水声社　2014.12 333p 22cm〈文献あり〉Ⓘ978-4-8010-0075-9　Ⓝ723.35［5000円］

タンザニア〔学術探検〕

◇人類発祥の地を求めて―最後のアフリカ行　伊谷純一郎著、伊谷原一編　岩波書店　2014.7 191,16p 19cm（岩波現代全書 038）〈文献あり〉Ⓘ978-4-00-029138-5　Ⓝ469.2［1900円］

タンザニア〔技術援助〔日本〕〕

◇サブサハラ・アフリカにおけるアグリビジネス展開・促進実証モデル事業―第1年次報告書　国際農林業協働協会編　国際農林業協働協会　2014.3 16, 88p 30cm〈平成25年度農林水産省補助事業途上国の農業等協力に係る現地活動支援事業〉Ⓝ614.8

タンザニア〔経済援助〕

◇国際援助システムとアフリカ―ポスト冷戦期「貧困削減レジーム」を考える　古川光明著　日本評論社　2014.11 344p

タンザニア（農業）
◇スワヒリ農村ボンデイ社会におけるココヤシ文化　高村美也子編著　名古屋　名古屋大学大学院文学研究科比較人文学研究室　2014.3　170p　26cm　（アフロ・ユーラシア内陸乾燥地文明研究叢書 11）〈文献あり〉Ⓝ617

タンザニア（農業機械化）
◇サブサハラ・アフリカにおけるアグリビジネス展開・促進実証モデル事業―第1年次報告書　国際農林業協働協会編　国際農林業協働協会　2014.3　16, 88p　30cm〈平成25年度農林水産省補助事業途上国の農業等協力に係る現地活動支援事業〉Ⓝ614.8

タンザニア（民族）
◇ダワータンザニア、反乱と治療をもたらす謎の概念　岩崎明子著　横浜　春風社　2014.2　307p　20cm〈文献あり〉Ⓘ978-4-86110-389-6　Ⓝ382.456　［3333円］

団長（歌手）
◇団長魂―アーティスト・ブック　団長［著］　フールズメイト　2014.2　105p　26cm　Ⓘ978-4-938716-83-7　Ⓝ767.8　［2381円］

ダンテ・アリギエーリ〔1265〜1321〕
◇読みはじめたらとまらないダンテ『神曲』―世にも妖しくおそろしい愛と欲の物語　知的生活追跡班編　青春出版社　2014.6　221p　15cm　（青春文庫 ち−35）〈文献あり〉Ⓘ978-4-413-09598-3　Ⓝ971　［690円］

丹波市（陣屋―保存・修復）
◇国指定史跡柏原藩陣屋跡整備事業報告書　2　丹波市教育委員会編　丹波　丹波市教育委員会　2013.12　65p　図版11p　30cm〈年表あり〉Ⓝ521.8

丹波市（昔話）
◇丹波のおすぎ―峠のお地蔵さんからたどる江戸中期の秘話　小谷良道著　丹波　丹波新聞社（印刷）　2014.9　137p　21cm〈年表あり　文献あり〉Ⓝ388.164　［950円］

たんぽぽ介護センター
◇感動が幸せな職場をつくる―たんぽぽ介護の天使たち　筒井健一郎著　あさ出版　2014.11　219p　19cm　Ⓘ978-4-86063-737-8　Ⓝ369.263　［1400円］

団楽 斗星〔1925〜 〕
◇流れ星人生　団楽斗星著　文芸社　2014.3　115p　20cm　Ⓘ978-4-286-14767-3　Ⓝ289.1　［1100円］

【 ち 】

地域総合整備財団
◇ふるさと財団25年間のあゆみ　地域総合整備財団〈ふるさと財団〉編　地域総合整備財団〈ふるさと財団〉　2014.3　175p　30cm〈年表あり　財団法人地域総合整備財団設立25周年記念〉Ⓝ601.1

ちいろば園
◇ちいろば園と歩んだ25年―障がい者と「共に生きる」社会を目指して　高見敏雄著　ぷねうま舎　2014.9　209p　20cm　Ⓘ978-4-906791-35-4　Ⓝ369.28　［1800円］

チェ・ゲバラ　→ゲバラ, E.を見よ

チェコ（アニメーション―歴史）
◇東欧アニメをめぐる旅―ポーランド・チェコ・クロアチア　求龍堂　2014.12　146p　23cm〈文献あり　年表あり　会期・会場：2014年9月27日〜2015年1月12日　神奈川県立近代美術館葉山　主催：神奈川県立近代美術館〉Ⓘ978-4-7630-1446-7　Ⓝ778.77　［2500円］

チェコ（イラストレーション―画集）
◇チェコの挿絵とおとぎ話の世界　海野弘解説・監修　パイインターナショナル　2014.12　301p　26cm　Ⓘ978-4-7562-4577-9　Ⓝ726.5　［2800円］

チェコ（絵本）
◇チェコの挿絵とおとぎ話の世界　海野弘解説・監修　パイインターナショナル　2014.12　301p　26cm　Ⓘ978-4-7562-4577-9　Ⓝ726.5　［2800円］

チェコ（経済）
◇チェコ―経済・貿易・産業報告書　2014・2015年版　ARC国別情勢研究会編　ARC国別情勢研究会　2014.1　138p　26cm（ARCレポート）〈年表あり〉Ⓘ978-4-907366-04-9　Ⓝ332.348　［12000円］

チェコ（歴史―中世）
◇中世チェコ国家の誕生―君主・貴族・共同体　藤井真生著　京都　昭和堂　2014.2　357,59p　22cm　（静岡大学人文社会科学部研究叢書 43）〈文献あり　索引あり　内容：一二世紀以前のチェコ社会と貴族層の成立　中世チェコにおける有力家門の形成過程　教会領および地方統治に対する貴族の関与　王権の政策における都市の役割　一三世紀後半の政治状況にみる貴族共同体　中世チェコにおける王国共同体概念の比較史的検討〉Ⓘ978-4-8122-1404-6　Ⓝ234.8　［6600円］

チェコスロバキア（葬制）
◇身体巡礼―The European Burial Ritual　ドイツ・オーストリア・チェコ編　養老孟司著　新潮社　2014.5　175p　図版48p　20cm　Ⓘ978-4-10-416007-5　Ⓝ385.6　［1500円］

チェスター・ビーティー・ライブラリ
◇ダブリンで日本美術のお世話を―チェスター・ビーティー・ライブラリーと私の半世紀　潮田淑子著　平凡社　2014.8　236p　20cm　Ⓘ978-4-582-83663-9　Ⓝ018.09　［2400円］

チェーホフ, A.〔1860〜1904〕
◇チェーホフについて―人間、そして、巨匠　コルネイ・チュコーフスキー［著］, 斎藤徹訳　［東京］　東京図書出版　2014.11　352p　20cm〈リフレ出版（発売）〉Ⓘ978-4-86223-798-9　Ⓝ980.268　［2000円］
◇チェーホフのこと　ボリース・ザイツェフ著, 近藤昌夫訳　未知谷　2014.3　301p　20cm　（［チェーホフ・コレクション］）Ⓘ978-4-89642-434-8　Ⓝ980.268　［3000円］
◇わが心のチェーホフ　佐藤清郎著　以文社　2014.12　217p　20cm　Ⓘ978-4-7531-0322-5　Ⓝ980.268　［2400円］

崔 昌華〔1930〜1995〕
◇行動する預言者崔昌華―ある在日韓国人牧師の生涯　田中伸尚著　岩波書店　2014.8　357,7p　20cm〈文献あり　年譜あり〉Ⓘ978-4-00-022935-7　Ⓝ289.2　［3000円］

知恩院
◇知恩院史料集　日鑑篇 29　総本山知恩院史料編纂所監修・編集　京都　総本山知恩院史料編纂所　2014.1　477p　22cm　Ⓝ188.65

茅ヶ崎市（遺跡・遺物）
◇上ノ町遺跡　4　横浜　かながわ考古学財団　2014.3　66p　図版10p　30cm　（かながわ考古学財団調査報告 299）〈首都圏中央連絡自動車道（茅ヶ崎JCT）建設事業に伴う発掘調査〉Ⓝ210.0254
◇上ノ町遺跡　5　横浜　かながわ考古学財団　2014.3　52p　図版16p　30cm　（かながわ考古学財団調査報告 303）〈一般国道468号（さがみ縦貫道路）建設事業に伴う発掘調査〉Ⓝ210.0254

茅ヶ崎市（史跡名勝）
◇茅ヶ崎歴史快道　楊井一滋写真・文　秦野　夢工房　2014.3　13,296p　19cm〈文献あり〉Ⓘ978-4-86158-064-2　Ⓝ291.37　［2000円］

茅ヶ崎市（地名）
◇地名が語る赤羽根のむかし　茅ヶ崎市文化資料館編　茅ヶ崎　茅ヶ崎市教育委員会　2014.2　126p　30cm　（資料館叢書 12）〈文献あり〉Ⓝ291.37

茅ヶ崎市（鳥）
◇ちがさきの身近な野鳥　茅ヶ崎市文化資料館編　茅ヶ崎　茅ヶ崎市教育委員会　2013.10　72p　21cm　（文化資料館ブックレット 3）〈背のタイトル：茅ヶ崎の身近な野鳥〉Ⓝ488.2137

近角 常観〔1870〜1941〕
◇近代仏教と青年―近角常観とその時代　岩田文昭著　岩波書店　2014.8　307,5p　20cm〈年譜あり　索引あり〉Ⓘ978-4-00-025988-0　Ⓝ188.72　［3600円］

智顗〔538〜597〕
◇摩訶止観―國際佛教學大學院大學藏：金剛寺藏　卷第一　国際仏教学大学院大学日本古写経研究所文科省戦略プロジェクト実行委員会編　国際仏教学大学院大学日本古写経研究所文科省戦略プロジェクト実行委員会　2014.3　286p　30cm　（日本古寫經善本叢刊 第7輯）〈複製を含む〉Ⓝ188.41

筑紫 哲也〔1934〜2008〕
◇不敵のジャーナリスト筑紫哲也の流儀と思想　佐高信著　集英社　2014.7　205p　18cm　（集英社新書 0747）〈年譜あり〉Ⓘ978-4-08-720747-7　Ⓝ289.1　［720円］

築上町〔福岡県〕（遺跡・遺物）
◇築上城跡　築上町（福岡県）築上町教育委員会　2014.3　29p　30cm　（築上町文化財調査報告書 第10集）〈福岡県築上郡築上町大字築城に所在する中世城跡の発掘調査報告〉Ⓝ210.0254

筑前町〔福岡県〕（遺跡・遺物）　　　　　　　　　　　　　　日本件名図書目録2014　I

ち

◇東九州自動車道関係埋蔵文化財調査報告　15　小郡　九州歴史資料館　2014.3　168p　図版68p　30cm〈文献あり　福岡県豊前市・築上郡築上町所在遺跡の調査：石堂大石ヶ丸の氷室　福間菜切古墳群．第2次　中村西峰尾遺跡　中村山柿遺跡．第2次　松江黒部遺跡　川内下野添遺跡．第1・2次　大村上野地遺跡　荒幡山田原遺跡〉Ⓝ210.0254
◇東八田地区遺跡群　築上町〔福岡県〕　築上町教育委員会　2014.3　86p　図版［22］枚　30cm　（築上町文化財調査報告書　第9集）〈福岡県築上郡築上町大字東八田に所在する古墳時代後期及び中世遺跡の発掘調査報告　内容：東八田・曲り遺跡　東八田・上ノ門遺跡〉Ⓝ210.0254

筑前町〔福岡県〕（遺跡・遺物）
◇柿ヶ上遺跡・高田林遺跡　筑前町〔福岡県〕　筑前町教育委員会　2013.3　214p　図版78p　30cm　（筑前町文化財調査報告書　第16集）〈福岡県朝倉郡筑前町三並所在遺跡調査報告〉Ⓝ210.0254
◇宮ノ前遺跡A・柏木宮ノ元遺跡　筑前町〔福岡県〕　筑前町教育委員会　2014.3　2冊　30cm　（筑前町文化財調査報告書　第17集）〈福岡県朝倉郡筑前町曽根田・三牟田所在遺跡調査報告〉Ⓝ210.0254
◇若宮古墳群　筑前町〔福岡県〕　筑前町教育委員会　2014.3　18p　図版17p　30cm　（筑前町文化財調査報告書　第18集）〈福岡県朝倉郡筑前町栗田所在遺跡調査報告書〉Ⓝ210.0254

千国街道（紀行・案内記）
◇黎明の道祈りの道―信州「塩の道」を歩いて　小山矩子著　文芸社　2014.6　157p　19cm　①978-4-286-15044-4　Ⓝ291.52　［1300円］

筑豊炭田
◇山本作兵衛と日本の近代　有馬学，マイケル・ピアソン，福本寛，田中直樹，菊畑茂久馬編著　福岡　弦書房　2014.8　165p　図版8枚　19cm〈内容：消滅した〈近代〉と記憶遺産（有馬学著）　山本作兵衛（マイケル・ピアソン著）　山本作兵衛炭坑記録画から見た筑豊炭田（福本寛著）　山本作兵衛作品と筑豊地域社会（田中直樹著）　山本作兵衛の絵を読み解く（菊畑茂久馬著）　討議（マイケル・ピアソンほか述，有馬学議長）〈方法〉としての山本作兵衛（有馬学述）〉①978-4-86329-104-1　Ⓝ567.096　［1800円］

千曲川
◇上田の水害―千曲川　滝澤主税者　［長和町〔長野県〕〕　長野県地名研究所　2014.10　47p　21cm〈年表あり〉Ⓝ369.33　［380円］
◇千曲川への遺言―河川環境の回復と水害防止を願って　中沢勇著　長野　川辺書林　2013.7　127p　21cm〈文献あり〉①978-4-906529-75-9　Ⓝ517.2152　［1200円］
◇千曲川古墳散歩―古墳文化の伝播をたどる　相原精次，三橋浩著　彩流社　2014.9　94p　21cm　①978-4-7791-2041-1　Ⓝ215.2　［2000円］

千曲市（遺跡・遺物）
◇粟佐遺跡群琵琶島遺跡2・屋代遺跡群町浦遺跡4　千曲　千曲市教育委員会　2013.3　37p　30cm〈長野県千曲市所在　旧国道線拡築改良事業及び国道403号道路改良事業に伴う埋蔵文化財発掘調査報告書〉Ⓝ210.0254
◇更埴条里水田址七ツ石地点　3　千曲市文化財センター編　［千曲］　千曲市教育委員会　2014.3　12p　30cm〈長野県千曲市所在　（仮称）ファミリーマート千曲あんずの里店新築に伴う埋蔵文化財発掘調査報告書〉Ⓝ210.0254
◇屋代遺跡群城ノ内遺跡　9　千曲　千曲市教育委員会文化財センター　2013.3　88p　30cm〈長野県千曲市所在　都市計画道路一重山線改良工事に伴う埋蔵文化財発掘調査報告書〉Ⓝ210.0254

千曲市（史跡名勝）
◇名勝「姨捨（田毎の月）」保存管理計画　千曲市教育委員会文化財センター編　改訂版　［千曲］　千曲市　2013.7　98p　30cm　Ⓝ519.8152

千曲市（自然保護）
◇名勝「姨捨（田毎の月）」保存管理計画　千曲市教育委員会文化財センター編　改訂版　［千曲］　千曲市　2013.7　98p　30cm　Ⓝ519.8152

千島（歴史）
◇千島列島をめぐる日本とロシア　秋月俊幸著　札幌　北海道大学出版会　2014.5　311,44p　19cm〈文献あり　年表あり　索引あり〉①978-4-8329-3386-6　Ⓝ210.1838　［2800円］
◇千島はだれのものか―先住民・日本人・ロシア人　黒岩幸子［著］　東洋書店　2013.12　63p　21cm　（ユーラシア・ブッ

クレット　no.186）〈文献あり〉①978-4-86459-157-7　Ⓝ211.9　［800円］

智真〔1239〜1289〕
◇一遍　今井雅晴著　大阪　創元社　2014.10　206p　18cm　（日本人のこころの言葉）〈文献あり　年譜あり〉①978-4-422-80067-7　Ⓝ188.692　［1200円］
◇一遍の道―遊行上人の生涯　石井由彦著　松山　愛媛新聞サービスセンター　2014.4　334p　19cm〈文献あり　年譜あり〉①978-4-86087-111-6　Ⓝ188.692　［1600円］
◇一遍読み解き事典　長島尚道，高野修，砂川博，岡本ા雄，長澤昌幸編　柏書房　2014.5　364,8p　20cm〈文献あり　年譜あり　索引あり〉①978-4-7601-4406-8　Ⓝ188.692　［3200円］
◇梅原猛の仏教の授業法然・親鸞・一遍　梅原猛著　PHP研究所　2014.9　247p　15cm　（PHP文庫　う5-4）〈文献あり〉①978-4-569-76225-8　Ⓝ188.62　［700円］
◇仏教的伝統と教育――一遍仏教とその周縁とのダイアローグ　竹内明著　国書刊行会　2014.3　362p　22cm〈文献あり　内容：一遍仏教に至るまで　天台本覚思想と一遍仏教　一遍仏教における「往生」の問題　一遍仏教の歴史的位置　一遍の教育的人間観　一遍仏教に見る真実の自己の形成　他阿真教の教育思想　『他阿上人法語』に見る武士の学習とその支援　隠者兼好の教育思想　世阿の能楽稽古論　後近代の教育への一試論　ラティオの後に来るもの　約説と補論〉①978-4-336-05787-7　Ⓝ188.692　［3000円］

知多市（金融―歴史）
◇知多市の金融機関のはじめ―岡田組と寺本四箇村会所　本美吉朗監修，尾州古札研究会編　半田　尾州古札研究会事務局　2014.9　1冊（ページ付なし）27cm〈奥付のタイトル：尾札庵古希記念〉Ⓝ338.2155

知多市（紙幣―歴史）
◇知多市の金融機関のはじめ―岡田組と寺本四箇村会所　本美吉朗監修，尾州古札研究会編　半田　尾州古札研究会事務局　2014.9　1冊（ページ付なし）27cm〈奥付のタイトル：尾札庵古希記念〉Ⓝ338.2155

知多半島
◇知多半島郷土史往来　第4号　西まさるほか著　半田　はんだ郷土史研究会　2014.9　152p　21cm〈内容：吉原遊郭を支配した南知多衆（西まさる著）　尾州廻船が半田市に残した価値ある歴史遺産（本美吉朗著）　世界を目指した先人たち海運会社東海航業知多航業の航跡（森下高行著）　「送り一札」と閼字・平出・擡頭（竹内雄幸著）　船頭重吉の半田の居宅探し（竹内和子著）　十返舎一九の半田と内海の足跡（編集部著）　四條流包丁儀式（入口修三著）　半田市最初の銀行とお札（本美吉朗著）　『金城新報』でみる陸海軍聯合大演習の実態（河合克己著）　労働基準監督官の優良企業見聞録（小栗利治著）　鴉根山の新見南吉と『狐』（西まさる著）〉Ⓝ215.5　［1000円］
◇知多半島歴史読本　続　河合克己著　大阪　新葉館出版　2013.3　276p　19cm　①978-4-86044-479-2　Ⓝ215.5　［2000円］

秩父市（祭礼）
◇秩父神社例大祭「祭礼日記」「御祭礼記録」　秩父　中村町会　2014.11　99p　30cm〈埼玉県文化振興基金助成事業　複製を含む〉Ⓝ386.134

秩父市（風俗・習慣）
◇太田部の花輪踊りを訪ねて―秩父市吉田太田部の花輪踊りと女子大生―2007年―2012年度期間の記録　新井幸恵著　東松山　まつやま書房　2013.3　183p　21cm　①978-4-89623-082-6　Ⓝ213.4
◇太田部の花輪踊りを訪ねて―秩父山村と女子大生の交流　新井幸恵著　東松山　まつやま書房　2014.3　226p　21cm　①978-4-89623-084-0　Ⓝ213.4　［1200円］

秩父市（歴史）
◇太田部の花輪踊りを訪ねて―秩父市吉田太田部の花輪踊りと女子大生―2007年―2012年度期間の記録　新井幸恵著　東松山　まつやま書房　2013.3　183p　21cm　①978-4-89623-082-6　Ⓝ213.4
◇太田部の花輪踊りを訪ねて―秩父山村と女子大生の交流　新井幸恵著　東松山　まつやま書房　2014.3　226p　21cm　①978-4-89623-084-0　Ⓝ213.4　［1200円］

秩父地方
◇戦国の境目―秩父谷の城と武将　梅沢太久夫著　東松山　まつやま書房　2013.8　367p　21cm〈文献あり　年表あり　内容：争乱の北武蔵・境目の合戦　境目の城郭　熊倉城と塩沢城に関する覚書　北条氏邦の鉢形城入城をめぐって　境目の戦国武将〉①978-4-89623-083-3　Ⓝ213.4　［2500円］

地中海
◇地中海の時代　石津康二［著］　［出版地不明］　［石津康二］　［2014］　251p　30cm〈年表あり　文献あり〉Ⓝ683.23

地中海諸国（歴史）

◇地中海世界の旅人―移動と記述の中近世史　長谷部史彦編著　慶應義塾大学言語文化研究所　2014.3　313p　22cm〈慶應義塾大学出版会（制作・発売）　執筆：関哲行ほか　内容：中近世イベリア半島における宗教的マイノリティーの移動（関哲行著）　17世紀モリスコの旅行記（佐藤健太郎著）　イタリア司教の目に映った15世紀のチェコ（藤井真生著）　学知の旅、写本の旅（岩波敦子著）『ローマの都の驚異』考（神崎忠昭著）近世オスマン帝国の旅と旅人（藤木健二著）　イブン・バットゥータの旅行記におけるナイル・デルタ情報の虚実（長谷部史彦著）　14世紀～16世紀前半の聖地巡礼記に見る「聖墳墓の騎士」（櫻井康人著）　中世のメッカ巡礼と医療（太田啓子著）ナーセル・ホスロウとその『旅行記』（森本一夫著）　地中海を旅した二人の改宗者（守川知子著）　インド洋船旅の風（栗山保之著）〉①978-4-7664-2129-3　Ⓝ230　[3500円]

◇ローマ亡き後の地中海世界―海賊、そして海軍　1　塩野七生著　新潮社　2014.8　255p　図版32p　16cm　（新潮文庫　し-12-94）①978-4-10-118194-3　Ⓝ230　[590円]

◇ローマ亡き後の地中海世界―海賊、そして海軍　2　塩野七生著　新潮社　2014.8　224p　16cm　（新潮文庫　し-12-95）①978-4-10-118195-0　Ⓝ230　[490円]

地中海諸国（歴史―15世紀）

◇ローマ亡き後の地中海世界―海賊、そして海軍　3　塩野七生著　新潮社　2014.9　301p　16cm　（新潮文庫　し-12-96）①978-4-10-118196-7　Ⓝ230　[550円]

地中海諸国（歴史―16世紀）

◇海賊と商人の地中海―マルタ騎士団とギリシア商人の近世海洋史　モーリー・グリーン著，秋山晋吾訳　NTT出版　2014.4　349p　22cm〈文献あり　索引あり〉①978-4-7571-4295-4　Ⓝ230.5　[3600円]

◇ローマ亡き後の地中海世界―海賊、そして海軍　3　塩野七生著　新潮社　2014.9　301p　16cm　（新潮文庫　し-12-96）①978-4-10-118196-7　Ⓝ230　[550円]

◇ローマ亡き後の地中海世界―海賊、そして海軍　4　塩野七生著　新潮社　2014.9　314,17p　16cm　（新潮文庫　し-12-97）〈文献あり　年表あり〉①978-4-10-118197-4　Ⓝ230　[590円]

地中海諸国（歴史―17世紀）

◇海賊と商人の地中海―マルタ騎士団とギリシア商人の近世海洋史　モーリー・グリーン著，秋山晋吾訳　NTT出版　2014.4　349p　22cm〈文献あり　索引あり〉①978-4-7571-4295-4　Ⓝ230.5　[3600円]

千歳市（遺跡・遺物）

◇梅川4遺跡　第1分冊　北海道埋蔵文化財センター編　[江別]　北海道埋蔵文化財センター　2014.3　494p　図版4p　30cm　（(公財)北海道埋蔵文化財センター調査報告書　第306集）〈千歳市所在　道央圏連絡道路工事埋蔵文化財発掘調査報告書〉Ⓝ210.0254

◇梅川4遺跡　第2分冊　北海道埋蔵文化財センター編　[江別]　北海道埋蔵文化財センター　2014.3　282p　30cm　（(公財)北海道埋蔵文化財センター調査報告書　第306集）〈千歳市所在　道央圏連絡道路工事埋蔵文化財発掘調査報告書〉Ⓝ210.0254

◇梅川4遺跡　3　第3分冊　写真図版編　北海道埋蔵文化財センター編　[江別]　北海道埋蔵文化財センター　2014.3　156p　30cm　（(公財)北海道埋蔵文化財センター調査報告書　第306集）〈千歳市所在　道央圏連絡道路工事埋蔵文化財発掘調査報告書〉Ⓝ210.0254

◇オサツ8遺跡　千歳　千歳市教育委員会　2014.3　48p　図版24p　30cm　（千歳市文化財調査報告書 38）Ⓝ210.0254

◇祝梅川小野遺跡(3)・梅川1遺跡(3)　北海道埋蔵文化財センター編　江別　北海道埋蔵文化財センター　2014.3　184p　図版[23]枚　30cm　（(公財)北海道埋蔵文化財センター調査報告書　第307集）〈千歳市所在　道央圏連絡道路工事埋蔵文化財発掘調査報告書〉Ⓝ210.0254

知名町〔鹿児島県〕（洞穴遺跡）

◇沖永良部島鳳雛洞・大山水鏡洞の研究　新里貴之，鹿児島大学埋蔵文化財調査センター編　[鹿児島]　鹿児島大学　2014.3　8, 126p　30cm〈文献あり〉Ⓝ219.7

茅野市（観光開発）

◇財産区のガバナンス　古谷健司著　日本林業調査会　2013.10　260p　21cm〈文献あり〉①978-4-88965-234-5　Ⓝ318.252　[2500円]

茅野市（財産区）

◇財産区のガバナンス　古谷健司著　日本林業調査会　2013.10　260p　21cm〈文献あり〉①978-4-88965-234-5　Ⓝ318.252　[2500円]

千葉〔氏〕

◇安養寺史考　佐藤光隆著　一関　佐藤則元　2014.10　576, 16p　22cm〈年表あり〉Ⓝ188.85

千葉 繁

◇明治の「性典」を作った男―謎の医学者・千葉繁を追う　赤川学著　筑摩書房　2014.9　227p　19cm　（筑摩選書 0099）①978-4-480-01606-5　Ⓝ289.1　[1500円]

千葉 胤雄〔1898～1950〕

◇この道にたえなる灯（ともしび）を―鎮西学院第18代院長千葉胤雄の生涯　鎮西学院千葉胤雄伝刊行委員会編著　諫早　鎮西学院　2014.12　233p　20cm〈文献あり　年譜あり　布装〉①978-4-904561-81-2　Ⓝ289.1　[1500円]

ちば てつや〔1939～ 〕

◇ちばてつやが語る「ちばてつや」　ちばてつや著　集英社　2014.5　250p　18cm　（集英社新書 0739）〈著作目録あり〉①978-4-08-720739-2　Ⓝ726.101　[760円]

千葉県

◇これでいいのか千葉県―房総に生息する千葉原住民の正体とは？　鈴木ユータ，岡島慎二編　マイクロマガジン社　2014.2　139p　26cm〈文献あり　日本の特別地域特別編集〉①978-4-89637-448-3　Ⓝ291.35　[1300円]

◇千葉あるある　小島チューリップ著，村田らむ画　TOブックス　2014.7　159p　18cm　①978-4-86472-268-1　Ⓝ291.35　[952円]

◇千葉が最高　千葉ベスト選出委員会編　泰文堂　2014.11　153p　18cm　（リンダブックス）〈文献あり〉①978-4-8030-0615-5　Ⓝ291.35　[950円]

◇千葉県謎解き散歩　KADOKAWA　2014.2　239p　15cm　（新人物文庫　も-3-2）①978-4-04-600176-4　Ⓝ291.35　[800円]

◇千葉のおきて―チバを楽しむための54のおきて　千葉県地位向上委員会編　アース・スターエンターテイメント　2014.3　174p　18cm　（泰文堂（発売）文献あり）①978-4-8030-0549-3　Ⓝ291.35　[952円]

千葉県（遺跡・遺物―旭市）

◇砂子山遺跡・長津台2号遺跡（第4次）　旭　旭市教育委員会　2014.3　33p　図版7p　30cm　（千葉県旭市内遺跡発掘調査報告書 平成25年度）Ⓝ210.0254

◇後田遺跡（第3次）・西ノ崎遺跡　旭　旭市教育委員会　2014.3　11p　図版7p　30cm　（千葉県旭市内遺跡発掘調査報告書 平成25年度）Ⓝ210.0254

千葉県（遺跡・遺物―我孫子市）

◇下ヶ戸貝塚　1　我孫子　我孫子市教育委員会　2014.3　123p　30cm　（我孫子市埋蔵文化財報告　第48集）Ⓝ210.0254

◇市内遺跡発掘調査報告書　平成25年度　我孫子　我孫子市教育委員会　2014.3　29p　図版6p　30cm　（我孫子市埋蔵文化財報告　第49集）Ⓝ210.0254

千葉県（遺跡・遺物―市川市）

◇市川市北下遺跡　9-12　千葉県教育振興財団文化財センター編　千葉　東日本高速道路　2014.3　262p　図版[37]枚　30cm　（千葉県教育振興財団文化財調査報告　第730集）〈共同刊行：千葉県教育振興財団〉Ⓝ210.0254

◇〔市川市道免き谷津遺跡第1地点　3　千葉県教育振興財団文化財センター編　松戸　国土交通省関東地方整備局首都国道事務所　2014.3　302p　図版56p　30cm　（千葉県教育振興財団調査報告　第729集）〈共同刊行：千葉県教育振興財団〉Ⓝ210.0254

◇市川市内遺跡発掘調査報告　平成22年度　市川市教育委員会編　市川　市川市教育委員会　2014.3　114p　図版48p　30cm　Ⓝ210.0254

◇市川市埋蔵文化財発掘調査報告　平成25年度　市川市教育委員会編　市川　市川市教育委員会　2014.3　44p　図版24p　30cm　Ⓝ210.0254

◇下総国戸籍―市川市史編さん事業調査報告書　遺跡編　市川市史編さん歴史部会（古代）下総国戸籍研究グループ編　市川　市川市文化国際部文化振興課　2014.3　235p　30cm〈文献あり〉Ⓝ213.5

◇曽谷南遺跡―第52地点発掘調査報告書　原史文化研究所編　[市川]　市川市教育委員会　2014.3　52p　30cm〈千葉県市川市所在　共同刊行：松丸義彦〉Ⓝ210.0254

千葉県（遺跡・遺物―市原市）　　　　　　　　　　　　　　　　日本件名図書目録2014　Ⅰ

◇新坂B遺跡―第3地点発掘調査報告書　原史文化研究所編
　[市川]　市川市教育委員会　2013.9　29p　30cm〈千葉県市
　川市所在　共同刊行：石井好雄ほか〉Ⓝ210.0254
◇東山王東遺跡―第6地点発掘調査報告書　原史文化研究所編
　[市川]　市川市教育委員会　2013.7　32p　30cm〈千葉県市
　川市所在　共同刊行：佐々木敏夫〉Ⓝ210.0254
◇山ノ後遺跡―第25地点発掘調査報告書　原史文化研究所編
　[市川]　市川市教育委員会　2013.10　38p　30cm〈千葉県
　市川市所在　共同刊行：染谷昌子〉Ⓝ210.0254

千葉県（遺跡・遺物―市原市）
◇市原市柏野遺跡　千葉県教育振興財団文化財センター編　千
　葉　国土交通省関東地方整備局千葉国道事務所　2014.3
　323p　図版　41p　30cm〈千葉県教育振興財団調査報告　第
　721集〉〈共同刊行：千葉県教育振興財団〉Ⓝ210.0254
◇市原市小鳥向遺跡　4　小鳥向遺跡第6地点　白百合会、国際文
　化財株式会社編　[大多喜町（千葉県）]　白百合会　2013.6
　76p　図版　15p　30cm〈千葉県所在　共同刊行：国際文化財〉
　Ⓝ210.0254
◇市原市台遺跡A・D地点　第1分冊　本文編　市原市教育委員
　会(市原市埋蔵文化財調査センター)編　市原　市原市教育委
　員会　2014.3　648p　図版　2枚　30cm〈市原市埋蔵文化財調
　査センター調査報告書　第29集〉〈千葉県所在〉Ⓝ210.0254
◇市原市台遺跡A・D地点　第2分冊　写真図版編　市原市教育
　委員会(市原市埋蔵文化財調査センター)編　市原　市原市教
　育委員会　2014.3　160p　30cm〈市原市埋蔵文化財調査セ
　ンター調査報告書　第29集〉〈千葉県所在〉Ⓝ210.0254
◇市原市内遺跡発掘調査報告　平成25年度　市原市埋蔵文化財
　調査センター編　市原　千葉県市原市教育委員会　2014.3
　50p　図版　12p　30cm〈市原市埋蔵文化財調査センター調査
　報告書　第30集〉〈内容：能満分区遺跡群(貝殻塚地区)　大厩
　遺跡群(一心原句地区)　椎津向原遺跡．第2地点　市原城跡
　(門前地区・第2地点)　郡本遺跡群．第17-21次　稲荷台遺跡．
　L-2地点　稲荷台遺跡．L-3地点　稲荷台遺跡．N地点〉
　Ⓝ210.0254

千葉県（遺跡・遺物―印西市）
◇印西市泉北側第2遺跡　2　千葉県教育振興財団文化財セン
　ター編　都市再生機構首都圏ニュータウン本部　2013.11
　176p　図版　30p　30cm〈千葉県教育振興財団調査報告　第
　719集〉〈共同刊行：千葉県教育振興財団〉Ⓝ210.0254
◇印西市木橋第2遺跡　2　千葉県教育委員会編　千葉　千葉県
　教育委員会　2014.3　8p　図版　2p　30cm（千葉県教育委員
　会埋蔵文化財調査報告書　第1集）〈一般国道464号北千葉道路事
　業埋蔵文化財発掘調査報告書〉Ⓝ210.0254
◇印西市東海道遺跡　千葉県教育振興財団文化財センター編
　千葉　千葉県企業庁　2014.1　29p　図版　12p　30cm（千葉
　県教育振興財団調査報告　第723集）〈印西市道00-026号線道路
　改良に伴う埋蔵文化財調査報告書　共同刊行：千葉県教育振
　興財団〉Ⓝ210.0254
◇印西市内遺跡発掘調査報告書　平成17年度―平成24年度　印
　西　印西市教育委員会　2014.3　76p　図版　20p　30cm
　Ⓝ210.0254
◇白井市復山谷遺跡(上層)・印西市泉北側第3遺跡(上層)・荒野
　前遺跡(上層)　千葉県教育振興財団編　印西　都市再生機構首
　都圏ニュータウン本部千葉ニュータウン事業本部　2013.8
　155p　図版　46p　30cm（千葉県教育振興財団調査報告書　第
　716集）〈共同刊行：千葉県教育振興財団〉Ⓝ210.0254

千葉県（遺跡・遺物―大網白里市）
◇大網白里市小西城跡　千葉県教育振興財団文化財センター編
　千葉　国土交通省関東地方整備局千葉国道事務所　2014.2
　218p　図版　91p　30cm〈千葉県教育振興財団調査報告　第
　722集〉〈共同刊行：千葉県教育振興財団ほか〉Ⓝ210.0254

千葉県（遺跡・遺物―柏市）
◇追花遺跡・大井追花城跡(第1次)浅間山遺跡(第3次)浅間山遺
　跡(第5次)　柏市教育委員会編　柏市教育委員会　2013.3
　92p　図版　[17]枚　30cm（柏市埋蔵文化財調査報告書 73）
　〈千葉県柏市所在〉Ⓝ210.0254
◇柏市内遺跡発掘調査報告書　平成24年度　柏市教育委員会
　編　柏　柏市教育委員会　2014.3　44p　図版　16p　30cm〈内
　容：日本橋学園遺跡．第10次　船戸古墳群・大井遺跡．第15
　次　箕輪古墳群・箕輪城跡．第7次　南柏一丁目512-39地先野
　馬除土手　原畑遺跡．第27次　殿内遺跡．第7次　浅間山遺
　跡．第12次・第13次　寺下南遺跡．第3次　田中小遺跡．第
　13次〉Ⓝ210.0254
◇柏市富士見遺跡　縄文時代以降編　1　千葉県教育振興財団文
　化財センター編　都市再生機構首都圏ニュータウン本部

2014.3　242p　図版　89p　30cm（千葉県教育振興財団調査報
　告　第728集）〈共同刊行：千葉県教育振興財団〉Ⓝ210.0254
◇上根郷遺跡　第11次　地域文化財研究所編　[印西]　地域文
　化財研究所　2014.5　86p　30cm（柏市埋蔵文化財調査報告書 78集）〈千葉県柏市所在　宅地造成に伴う埋蔵
　文化財調査〉Ⓝ210.0254
◇原畑遺跡　第26次　勾玉工房Mogi編　富里　勾玉工房Mogi
　2013.8　83p　図版　41p　30cm（柏市埋蔵文化財調査報告書
　75）〈千葉県柏市所在　宅地造成に伴う埋蔵文化財調査報
　告書〉Ⓝ210.0254
◇箕輪古墳群・箕輪城跡　第8次　地域文化財研究所編　[印西]
　地域文化財研究所　2013.11　100p　図版　[19]枚　30cm
　（柏市埋蔵文化財調査報告書 76）〈千葉県柏市所在　手賀沼
　病院増築事業地内埋蔵文化財調査報告書〉Ⓝ210.0254
◇若白毛後原遺跡（第2次）宮後製鉄遺跡（第2次）後原塚　柏市
　教育委員会編　柏　柏市教育委員会　2013.12　11p　図版　4p
　30cm（柏市埋蔵文化財調査報告書 77）〈千葉県柏市所在
　柏市沼南中央土地区画整理事業地内埋蔵文化財調査報告書〉
　Ⓝ210.0254

千葉県（遺跡・遺物―香取市）
◇香取市内遺跡発掘調査概報　8　平成25年度　香取市教育委員
　会編　香取　香取市教育委員会　2014.3　8p　図版　8枚
　30cm　Ⓝ210.0254
◇千丈が谷遺跡　香取市教育委員会編　[香取]　香取市教育委
　員会　2014.2　26p　図版　30枚　30cm〈経営体育成基盤整備
　事業府馬地区に伴う埋蔵文化財発掘調査報告書　共同刊行：
　千葉県香取農業事務所〉Ⓝ210.0254

千葉県（遺跡・遺物―鎌ケ谷市）
◇鎌ケ谷市内遺跡発掘調査概報　平成25年度　鎌ケ谷市教育委
　員会編　[鎌ケ谷]　鎌ケ谷市教育委員会　2014.3　24p　図版
　16p　30cm（鎌ケ谷市埋蔵文化財調査報告書　第29集）〈内容：
　白子no.1遺跡．2-3次　根郷貝塚(5次)・万福寺境内遺跡
　中富遺跡．2次　南向遺跡　向山no.1遺跡．10-12次　丸山
　遺跡．3次　下総小金中野牧跡野馬土手(測量)　初富字東野所
　在野馬土手　東初富一丁目所在野馬土手　中台no.3遺跡〉
　Ⓝ210.0254

千葉県（遺跡・遺物―木更津市）
◇大山台遺跡　木更津　木更津市教育委員会　2014.1　73p　図
　版　57p　30cm（請西遺跡群発掘調査報告書 11）〈千葉県木
　更津市所在〉Ⓝ210.0254
◇木更津市文化財調査集報　17　木更津　木更津市教育委員会
　2013.3　29p　30cm〈内容：埋蔵文化財の調査報告　塚の腰
　古墳　酒盛塚古墳　本郷A遺跡　久ノ原遺跡　稲荷森古墳　金
　鈴塚古墳　塚原古墳群　庚申塚B遺跡　鹿島城古墳群　市場台
　遺跡　峯古墳群　本郷B遺跡　大山台9号墳の調査と出土遺物
　について(補遺)　塚の腰古墳出土資料について　鹿島塚A遺跡
　出土礫石経について〉Ⓝ709.135
◇山王台遺跡発掘調査報告書　木更津　木更津市教育委員会
　2014.2　11p　図版　3p　30cm（木更津市埋蔵文化財発掘調査
　報告書　第12集）〈千葉県木更津市所在〉Ⓝ210.0254
◇天神前遺跡発掘調査報告書　2　木更津　木更津市教育委員会
　2014.2　22p　図版　11p　30cm（木更津市埋蔵文化財発掘調
　査報告書　第11集）〈千葉県木更津市所在〉Ⓝ210.0254

千葉県（遺跡・遺物―君津市）
◇九十九坊廃寺跡Ⅳ・Ⅴ・Ⅵ・Ⅶ、三直中郷遺跡第4地点　君津　君
　津市教育委員会　2014.3　30p　図版　6p　30cm（君津市内遺
　跡発掘調査報告書　平成25年度）〈君津市所在〉Ⓝ210.0254
◇戸崎城山遺跡28地点　[君津]　君津市教育委員会　2013.3
　12p　図版　2p　30cm〈君津市所在　施設建設に伴う埋蔵文
　化財調査報告書　共同刊行：日東マネジメント〉Ⓝ210.0254

千葉県（遺跡・遺物―佐倉市）
◇曲輪ノ内遺跡　第11次　印旛郡市文化財センター編　成田
　公津ホーム　2014.3　11p　図版　2p　30cm（公益財団法人印
　旛郡市文化財センター発掘調査報告書　第334集）〈店舗建設に
　伴う埋蔵文化財調査委託　千葉県佐倉市所在〉Ⓝ210.0254
◇佐倉市史　考古編　佐倉市史編さん委員会,佐倉市編　[佐倉]
　佐倉市史編さん委員会　2014.3　2冊　31cm〈文献あり　年表
　あり　本編と資料編に分冊刊行　共同刊行：佐倉市〉Ⓝ213.5
◇佐倉市埋蔵文化財調査報告書　平成24年度　佐倉市教育
　委員会文化課編　佐倉　佐倉市教育委員会　2014.3　96p　図
　版　27p　30cm〈内容：田町遺跡．第5地点　鍋山西ノ切遺跡．
　第6次　石川神宮遺跡．第3次　海隣寺並木遺跡．第4-5次
　八木宇廣遺跡．第2次　下勝田台畑遺跡．第4次　下勝田台畑遺
　跡．第3次　間野台・古屋敷遺跡C地区．第8次　大佐倉大御
　堂遺跡．第3次　飯塚作遺跡．第2次　遠部台遺跡．第5次
　江原整谷遺跡．第7次　直弥上中方遺跡　城城跡．第2次　城
　城跡．第3・5次　城城跡．第4次　佐倉城跡　天辺内山1号
　墳〉Ⓝ210.0254

千葉県（遺跡・遺物―白井市）

◇白井市復山谷遺跡（上層）・印西市泉北側第3遺跡（上層）・荒野前遺跡（上層）　千葉県教育振興財団編　印西　都市再生機構首都圏ニュータウン本部千葉ニュータウン事業本部　2013.8　155p　図版　46p　30cm　〈千葉県教育振興財団調査報告書 第716集〉〈共同刊行：千葉県教育振興財団〉Ⓝ210.0254

千葉県（遺跡・遺物―袖ケ浦市）

◇寒沢遺跡（7）寒沢遺跡（8）　地域文化財研究所編　袖ケ浦　袖ケ浦市教育委員会　2014.2　78p　図版　12p　30cm　〈袖ケ浦市埋蔵文化財発掘調査報告書 第23集〉〈東日本建設の委託による　千葉県袖ケ浦市所在　神納地区宅地造成に伴う埋蔵文化財調査〉Ⓝ210.0254

◇袖ケ浦市内遺跡発掘調査報告書　平成25年度　袖ケ浦　袖ケ浦市教育委員会　2014.3　18p　図版　6p　30cm　〈千葉県所在　内容：宮ノ後遺跡第2次調査　向山野遺跡第7次調査　向山野遺跡第8次調査　寺野台遺跡第6次調査　百々目木C遺跡第2次調査　山野貝塚第6次調査〉Ⓝ210.0254

◇中六遺跡第18次発掘調査報告書　袖ケ浦　袖ケ浦市教育委員会　2014.2　29p　図版　6p　30cm　〈袖ケ浦市埋蔵文化財発掘調査報告書 第22集〉〈スエヒロ建設の委託による　千葉県袖ケ浦市所在　蔵波地区宅地造成に伴う埋蔵文化財調査〉Ⓝ210.0254

◇豆作台遺跡　3　袖ケ浦　袖ケ浦市教育委員会　2014.3　297p　図版［21］枚　30cm　〈袖ケ浦市埋蔵文化財発掘調査報告書 第21集〉〈千葉県袖ケ浦市所在　東京都千葉福祉園整備工事に伴う埋蔵文化財調査報告書　共同刊行：東京都福祉局　内容：第13地点　第14地点　第15地点　第16地点　第17地点　第18地点. 1-2〉Ⓝ210.0254

千葉県（遺跡・遺物―東金市）

◇東金市玉崎神社裏横穴群　2　千葉県教育委員会編　千葉　千葉県教育委員会　2014.3　36p　図版［12］枚　30cm　〈千葉県教育委員会埋蔵文化財調査報告 第3集〉〈東金市田間2地区土砂災害防止事業埋蔵文化財発掘調査報告書〉Ⓝ210.0254

千葉県（遺跡・遺物―富里市）

◇大作遺跡・中ノ蓙遺跡・郷辺田遺跡（第1次―第4次）、中ノ台遺跡（第1次―第3次）・滝台遺跡（第3次）　印旛郡市文化財センター編　富里　富里市　2014.3　173p　図版　84p　30cm　〈公益財団法人印旛郡市文化財センター発掘調査報告書 第331集〉〈千葉県富里市所在　富里市道01-008号線道路建設に伴う埋蔵文化財整理〉Ⓝ210.0254

◇尾上木見津遺跡（第2・3地点）、駒詰遺跡（第2-7・9地点）本文編　印旛郡市文化財センター編　千葉　千葉県県土整備部　2014.3　490p　図版　4p　30cm　〈公益財団法人印旛郡市文化財センター発掘調査報告書 第325集〉〈文献あり　社会資本整備総合交付金（住宅）委託（埋蔵文化財整理その2）　千葉県印旛郡酒々井町所在, 千葉県富里市所在〉Ⓝ210.0254

◇尾上木見津遺跡（第2・3地点）、駒詰遺跡（第2-7・9地点）写真図版編　印旛郡市文化財センター編　千葉　千葉県県土整備部　2014.3　158p　図版　4p　30cm　〈公益財団法人印旛郡市文化財センター発掘調査報告書 第325集〉〈社会資本整備総合交付金（住宅）委託（埋蔵文化財整理その2）　千葉県印旛郡酒々井町所在, 千葉県富里市所在〉Ⓝ210.0254

◇獅子穴ⅩⅡ遺跡　富里市教育委員会編　［富里］　富里市教育委員会　2014.3　5p　図版　2p　30cm　〈富里市文化財調査報告書 平成25年度 第7集〉Ⓝ210.0254

◇富里市内遺跡発掘調査報告書　平成24年度　富里市教育委員会編　［富里］　富里市教育委員会　2014.2　7p　図版　6p　30cm　〈内容：内野牧中木戸・北大溜袋野馬土手〉Ⓝ210.0254

千葉県（遺跡・遺物―流山市）

◇加実割遺跡　3次　地域文化財研究所編　［松戸］　ベガ・テクニカル・コンストラクション　2014.7　56p　図版［9］枚　30cm　〈流山市埋蔵文化財調査報告 vol. 52〉〈千葉県流山市所在　共同刊行：地域文化財研究所〉Ⓝ210.0254

◇流山市内遺跡発掘調査報告書　平成24年度　流山市教育委員会編　［流山］　流山市教育委員会　2014.3　31p　30cm　〈流山市埋蔵文化財調査報告 vol. 51〉〈内容：名都借城跡　加町畑遺跡J地点　野々下貝塚　上新宿野馬土手（1）・西初石一丁目遺跡　上新宿野馬土手. 2　こうのす台第Ⅳ遺跡D地点　上新宿野馬土手. 3〉Ⓝ210.0254

千葉県（遺跡・遺物―成田市）

◇大昔向台遺跡第2地点・名古屋小帝西遺跡第2地点　印旛郡市文化財センター編　［東京］　マミヤ・オプティカル・セキュリティシステム　2014.3　132p　図版　58p　30cm　〈公益財団法人印旛郡市文化財センター発掘調査報告書 第326集〉〈千葉県成田市所在　下総花葉カントリーゴルフ場造成に伴う埋蔵文化財調査〉Ⓝ210.0254

◇御館台Ⅰ遺跡　印旛郡市文化財センター編　［東京］　東邦電気工業　2014.5　6p　図版　2p　30cm　〈公益財団法人印旛郡市文化財センター発掘調査報告書 第337集〉〈千葉県成田市所在　携帯電話基地局建設に伴う埋蔵文化財調査（奈土）〉Ⓝ210.0254

◇北須賀遺跡群　その1－その4　印旛郡市文化財センター編　成田　千葉県成田土木事務所　2014.3　27p　図版　11p　30cm　〈公益財団法人印旛郡市文化財センター発掘調査報告書 第333集〉〈急傾斜地崩壊対策委託（北須賀和田埋蔵文化財調査）千葉県成田市所在〉Ⓝ210.0254

◇郷部南台遺跡　印旛郡市文化財センター編　［出版地不明］　大木甚一　2013.7　36p　図版　12p　30cm　〈公益財団法人印旛郡市文化財センター発掘調査報告書 第322集〉〈クローバーホーム建設予定地内埋蔵文化財調査委託　千葉県成田市所在〉Ⓝ210.0254

◇首都圏中央連絡自動車道埋蔵文化財調査報告書　25　千葉県教育振興財団文化財センター編　土浦　国土交通省関東地方整備局常総国道事務所　2014.3　195p　図版　86p　30cm　〈千葉県教育振興財団調査報告 第727集〉〈文献あり　共同刊行：千葉県教育振興財団　内容：成田市倉水高台遺跡　倉水内野南遺跡　青山小峰遺跡　稲荷山追分台遺跡　成井原山遺跡　成井原山向遺跡　成井猪ヶ崎遺跡〉Ⓝ210.0254

◇成田市内遺跡発掘調査報告書　平成24年度　成田市教育委員会編　［成田］　成田市教育委員会　2013.3　18p　図版　14p　30cm　〈内容：不動ヶ岡向山遺跡. 第3地点　中台遺跡　南田護台遺跡. 第9地点　桃ノ木台遺跡. 3-4　台方稷山井戸花遺跡　郷部南台遺跡　猿山与左衛門遺跡　松崎外小代内小代遺跡　名木毛成台遺跡　松崎烏内遺跡〉Ⓝ210.0254

◇成田市内遺跡発掘調査報告書　平成25年度　成田市教育委員会編　［成田］　成田市教育委員会　2014.3　12p　図版　9p　30cm　〈内容：大袋贋巻遺跡　高岡陣屋跡　名木毛成台遺跡. 2　仙土台1号塚　荒敷台Ⅱ遺跡　宗吾三丁目遺跡　宗吾・飯仲古墳群5号墳〉Ⓝ210.0254

◇松崎名代遺跡　印旛郡市文化財センター編　［成田］　成田市　2013.9　90p　図版　17p　30cm　〈公益財団法人印旛郡市文化財センター発掘調査報告書 第327集〉〈千葉県成田市所在　松崎名代線改良事業に伴う埋蔵文化財調査〉Ⓝ210.0254

◇米野一本松遺跡第2地点の調査　成田市教育委員会生涯学習部生涯学習課編　成田　成田市教育委員会生涯学習部生涯学習課　2013.3　9p　図版　5p　30cm　〈成田市の文化財 第44集〉〈高福寺「木造地蔵菩薩坐像」の成田市指定文化財（彫刻）の新指定について〉Ⓝ210.0254

千葉県（遺跡・遺物―野田市）

◇野田市内遺跡発掘調査報告　平成25年度　野田市教育委員会編　［野田］　野田市教育委員会　2014.3　18p　図版　6p　30cm　〈千葉県野田市所在　内容：溜井遺跡. 第2次　東大和田遺跡. 第4次　山崎宿里遺跡. 第11-14次　南大和田遺跡. 第19次　遠桁道跡　中根八幡前遺跡〉Ⓝ210.0254

千葉県（遺跡・遺物―船橋市）

◇東町遺跡　2　国際文化財株式会社編　船橋　船橋市教育委員会埋蔵文化財調査事務所　2014.3　64p　図版　23p　30cm　〈千葉県船橋市所在　湯浅三男〉Ⓝ210.0254

◇印内台遺跡群　60　船橋市教育委員会編　［東京］　清水ビル　2013.3　104p　図版　30p　30cm　〈千葉県船橋市所在　共同刊行：船橋市教育委員会〉Ⓝ210.0254

◇印内台遺跡群　62　テイケイトレード株式会社埋蔵文化財事業部編　船橋　船橋市教育委員会　2014.3　54p　図版　12p　30cm　〈千葉県船橋市所在　共同刊行：回向院〉Ⓝ210.0254

◇取掛西貝塚　5-1　船橋市教育委員会文化課埋蔵文化財調査事務所編　船橋　船橋市教育委員会　2013.3　96p　図版［12］枚　30cm　〈文献あり　千葉県船橋市所在〉Ⓝ210.0254

◇中井台遺跡　3　船橋市教育委員会文化課埋蔵文化財調査事務所編　船橋　船橋市教育委員会　2014.3　71p　図版　19p　30cm　〈千葉県船橋市所在　共同刊行：岩佐義廣〉Ⓝ210.0254

◇夏見大塚遺跡　26　パスコ編　船橋　船橋市教育委員会　2014.3　80p　図版　18p　30cm　〈千葉県船橋市所在　共同刊行：興和ハウジング〉Ⓝ210.0254

◇東中山遺跡群　53　埋蔵文化財発掘調査支援協同組合編　船橋　船橋市教育委員会　2013.3　70p　図版　18p　30cm　〈千葉県船橋市所在　共同刊行：杉浦康一〉Ⓝ210.0254

◇東中山遺跡群　55　四門編　船橋　船橋市教育委員会　2014.3　68p　図版　24p　30cm　〈千葉県船橋市所在　共同刊行：川野辺泰康〉Ⓝ210.0254

◇船橋市内遺跡発掘調査報告書　平成25年度　船橋市教育委員会文化課埋蔵文化財調査事務所編　船橋　船橋市教育委員会　2014.3　31p　図版　8p　30cm　〈文献あり　千葉県船橋市所在

千葉県（遺跡・遺物—保存・修復—富津市）　　　　　　　　　　　　　　　日本件名図書目録2014　I

内容：東中山台遺跡群．57-59　夏見台遺跡．58　台畑遺跡．
8　東駿河台遺跡．2　印内台遺跡群．64）Ⓝ210.0254

千葉県（遺跡・遺物—保存・修復—富津市）
◇鋸山、房州石の歴史的遺構修復事業報告書—事業内容：車力
道補修、石垣補修、案内板設置　［出版地不明］　鋸山歴史遺
産保存会　2014.4　67p　30cm〈2013年度公益財団法人東日
本鉄道文化財団地方文化事業支援　共同刊行：神奈川県建築
士会ほか〉Ⓝ709.135

千葉県（遺跡・遺物—松戸市）
◇下水遺跡—第8地点発掘調査報告書　松戸　松戸市遺跡調査会
2014.6　119p　図版49p　30cm〈折り込1枚〉Ⓝ210.0254
◇平次郎屋舗遺跡・木戸場遺跡・相模台遺跡発掘調査報告書—
附：試掘記録　松戸　松戸市教育委員会　2014.3　24p
30cm〈松戸市文化財調査報告　第56集〉〈千葉県松戸市所
在〉Ⓝ210.0254
◇牧之内遺跡—第1-6地点発掘調査報告書　松戸市秋山土地区画
整理組合, 地域文化財研究所編　松戸　松戸市秋山土地区画整
理組合　2013.8　32p　図版13p　30cm〈千葉県松戸市所在
共同刊行：地域文化財研究所〉Ⓝ210.0254
◇松戸市内遺跡発掘調査報告書　平成24年度　松戸　松戸市教
育委員会　2014.3　31p　30cm（松戸市文化財調査報告　第
55集）〈内容：外番場遺跡・小金城跡　鳥井戸遺跡　若芝遺跡
野馬除土手　五香六実元山I遺跡　彦八山遺跡〉Ⓝ210.0254

千葉県（遺跡・遺物—茂原市）
◇茂原市宿横穴群・真名城跡　千葉県教育振興財団文化財セン
ター編　千葉　国土交通省関東地方整備局千葉国道事務所
2014.2　100p　図版［17］枚　30cm〈千葉県教育振興財団
調査報告　第724集）〈共同刊行：東日本高速道路関東支社ほ
か〉Ⓝ210.0254

千葉県（遺跡・遺物—八街市）
◇墨木戸遺跡（第3次）・柳沢牧墨木戸境野馬土手　印旛郡市文化
財センター編　［八街］　千葉県印旛土木事務所　2014.3　6p
図版7p　30cm（公益財団法人印旛郡市文化財センター発掘
調査報告書　第332集）〈地域自主戦略交付金委託（文化財調
査）　千葉県酒々井町所在、千葉県八街市所在〉Ⓝ210.0254
◇八街牧柳沢牧大木境野馬土手　千葉県教育委員会編　千葉
千葉県教育委員会　2014.3　8p　図版4p　30cm（千葉県教
育委員会埋蔵文化財調査報告　第2集）〈主要地方道成東酒々井
線道路改良事業埋蔵文化財発掘調査報告書〉Ⓝ210.0254

千葉県（遺跡・遺物—八千代市）
◇公共事業関連遺跡発掘調査報告書　6　八千代市教育委員会教
育総務課編　八千代　八千代市教育委員会教育総務課　2014.
3　21p　30cm〈千葉県八千代市所在　内容：麦丸遺跡e地点
サゴテ遺跡a地点　北海道遺跡a地点　保品南遺跡a地点　鶴什
台遺跡b地点〉Ⓝ210.0254
◇市内遺跡発掘調査報告書　平成25年度　八千代市教育委員会
教育総務課編　八千代　八千代市教育委員会教育総務課
2014.3　47p　30cm〈千葉県八千代市所在　内容：仲西遺跡a
地点　勝田大作遺跡b地点　麦丸遺跡l地点　川崎山遺跡r地点
内野南遺跡f地点　内野南遺跡g地点　小板橋遺跡f地点　持田
遺跡d地点　新東原遺跡k地点　堰場台遺跡a地点　北長畑遺跡
e地点　五斗野白幡遺跡l地点　五斗野白幡遺跡l地点〉Ⓝ210.0254
◇堰場台遺跡a地点　八千代市教育委員会教育総務課編　［東京］
グランドラインコーポレーション　2014.3　31p　30cm〈千
葉県八千代市所在　宅地造成に伴う埋蔵文化財発掘調査報告
書〉Ⓝ210.0254
◇西八千代北部地区埋蔵文化財調査報告書　4　千葉県教育振興
財団文化財センター編　千葉　都市再生機構千葉地域支社
2014.3　265p　図版56p　30cm（千葉県教育振興財団調査報
告　第725集）〈奥付のタイトル：八千代市北部地区埋蔵文化財
調査報告　共同刊行：千葉県教育振興財団　内容：八千代市東
向遺跡　坪井向遺跡　川向遺跡　庚申山塚群　八王子台遺跡〉
Ⓝ210.0254

千葉県（遺跡・遺物—四街道市）
◇相ノ谷遺跡　印旛郡市文化財センター編　［千葉］　東京電力
千葉工事センター　2014.3　12p　図版2p　30cm（公益財団
法人印旛郡市文化財センター発掘調査報告書　第330集）〈千
葉県四街道市所在　房総線no. 43-no. 61電線張替工事に伴う埋
蔵文化財調査〉Ⓝ210.0254
◇飯塚台遺跡　第2地点　印旛郡市文化財センター編　［四街道］
プライム　2014.3　17p　図版5p　30cm（公益財団法人印旛
郡市文化財センター発掘調査報告書　第336集）〈千葉県四街道
市所在〉Ⓝ210.0254
◇馬場no. -1遺跡　第3次　印旛郡市文化財センター編　［四街
道］　四街道市　2014.3　14p　図版6p　30cm（公益財団法

人印旛郡市文化財センター発掘調査報告書　第335集）〈千葉県
四街道市所在　物井新田土地区画整理事業に伴う物井47号線
埋蔵文化財調査〉Ⓝ210.0254
◇東作遺跡　第5次　印旛郡市文化財センター編　四街道　四街
道市　2014.3　11p　図版2p　30cm（公益財団法人印旛郡市
文化財センター発掘調査報告書　第329集）〈山梨白井線埋蔵文
化財調査委託　千葉県四街道市所在〉Ⓝ210.0254
◇前原no. 2遺跡（E区・F区・G区・H区・I区・J区、本調査第3
地点・第4地点）、木戸場遺跡（本調査第2地点）印旛郡市文化
財センター編　［四街道］　四街道市鹿渡南部土地区画整理組
合　2014.3　136p　図版［29］枚　30cm（公益財団法人印
旛郡市文化財センター発掘調査報告書　第328集）〈千葉県四街
道市所在〉Ⓝ210.0254
◇四街道市御山遺跡　2　千葉県教育振興財団文化財センター編
都市再生機構首都圏ニュータウン本部　2014.3　204p　図版
［14］枚　30cm（千葉県教育振興財団調査報告　第726集）
〈共同刊行：千葉県教育振興財団〉Ⓝ210.0254
◇四街道市館ノ山遺跡　2　千葉県教育振興財団文化財センター
編　都市再生機構首都圏ニュータウン本部　2013.9　45p　図
版11p　30cm（千葉県教育振興財団調査報告　第718集）
〈共同刊行：千葉県教育振興財団〉Ⓝ210.0254
◇四街道市出口遺跡　旧石器時代編　千葉県教育振興財団文化
財センター編　都市再生機構首都圏ニュータウン本部　2013.
11　116p　図版17p　30cm（千葉県教育振興財団調査報告
第717集）〈共同刊行：千葉県教育振興財団〉Ⓝ210.0254
◇四街道市内遺跡発掘調査報告書　平成25年度　四街道市教育
委員会編　［四街道］　四街道市教育委員会　2014.3　21p
30cm〈内容：相ノ谷遺跡　郷遺跡　飯塚台遺跡　宿遺跡　馬
場台no. -1遺跡　作no. -2遺跡　作no. -1遺跡　椎ノ木
遺跡〉Ⓝ210.0254

千葉県（医療）
◇千葉県保健医療計画　千葉　千葉県健康福祉部健康福祉政策
課　2013.5　390p　30cm　Ⓝ498.1
◇千葉県保健医療計画　別冊1　二次保健医療圏ごとの整備方
策及び循環型地域医療連携システム　千葉　千葉県健康福祉
部健康福祉政策課　2013.5　416p　30cm　Ⓝ498.1
◇千葉県保健医療計画　別冊2　二次保健医療圏ごとの在宅医
療関係機関一覧　千葉　千葉県健康福祉部健康福祉政策課
2013.5　239p　30cm　Ⓝ498.1

千葉県（衛生行政）
◇千葉県保健医療計画　千葉　千葉県健康福祉部健康福祉政策
課　2013.5　390p　30cm　Ⓝ498.1
◇千葉県保健医療計画　別冊1　二次保健医療圏ごとの整備方
策及び循環型地域医療連携システム　千葉　千葉県健康福祉
部健康福祉政策課　2013.5　416p　30cm　Ⓝ498.1
◇千葉県保健医療計画　別冊2　二次保健医療圏ごとの在宅医
療関係機関一覧　千葉　千葉県健康福祉部健康福祉政策課
2013.5　239p　30cm　Ⓝ498.1

千葉県（駅）
◇京成の駅今昔・昭和の面影—100年の歴史を支えた全駅を紹介
石本祐吉著　JTBパブリッシング　2014.2　175p　21cm
（キャンブックス）〈文献あり〉Ⓘ978-4-533-09553-5　Ⓝ686.
53　［1800円］

千葉県（エネルギー政策—いすみ市）
◇地域主導型再生可能エネルギー事業化検討委託業務（千葉県い
すみ市）成果報告書　平成25年度　［いすみ］　いすみライフ
スタイル研究所　2014.3　16, 103p　30cm〈平成25年度環境
省委託業務〉Ⓝ501.6

千葉県（絵馬—横芝光町—図集）
◇横芝光町の絵馬—祈りの絵画：横芝光町民ギャラリー企画展目
録　横芝光町教育委員会編　［横芝光町（千葉県）］　横芝光町
教育委員会　2014.4　45p　30cm〈会期・会場：平成26年4月
12日—6月22日　町民ギャラリー〉Ⓝ387.7

千葉県（貝—図集）
◇海で貝拾ってみませんか—貝収集入門図鑑　毛木仁著　柏
たけしま出版　2013.12　79p　21cm〈文献あり　索引あり〉
Ⓘ978-4-925111-47-8　Ⓝ484.02135　［1200円］

千葉県（介護保険—旭市）
◇旭市高齢者福祉計画・第6期介護保険事業計画策定のためのア
ンケート調査報告書　旭　旭市　2014.3　162p　30cm
Ⓝ369.26

千葉県（開拓—歴史—史料）
◇史料翻刻下総開墾　7　明治5-6（1872-3）年　［八街］　八街郷
土史研究会　2014.9　155p　26cm（会誌「郷土八街」臨時
号）〈複製及び翻刻〉Ⓝ611.24135

日本件名図書目録2014 Ⅰ   千葉県（社会福祉―市川市）

◇史料翻刻下総開墾 8 明治7(1874)年 ［八街］ 八街郷土史
研究会 2014.10 156p 26cm（会誌「郷土八街」臨時号）
〈複製及び翻刻〉Ⓝ611.24135

◇史料翻刻下総開墾 9 明治7-10(1874-7)年 ［八街］ 八街
郷土史研究会 2014.11 155p 26cm（会誌「郷土八街」臨
時号）〈複製及び翻刻〉Ⓝ611.24135

千葉県（河川運送―歴史）
◇通運丸で結ばれた関宿・野田・流山―海運へのターニングポイ
ント：平成26年度地域連携巡回展示図録 千葉県立関宿城
博物館編 野田 千葉県立関宿城博物館 2014.10 62p
30cm〈会期・会場：平成25年10月7日～11月30日 千葉県立関
宿城博物館ほか〉Ⓝ684.02135

千葉県（環境行政―成田市）
◇成田市環境基本計画―中間見直し 成田市環境部環境計画課
編 成田 成田市環境部環境計画課 2014.3 96, 29p 30cm
Ⓝ519.1

◇成田市の環境 平成25年版 ［成田市］環境部編 成田 千
葉県成田市 2013.12 169p 30cm Ⓝ519.2135

千葉県（観光行政）
◇観光立県ちば推進基本計画―おもてなし半島・ちば 第2次
千葉県商工労働部観光企画課編 ［千葉］ 千葉県 2014.3
95p 30cm Ⓝ689.1

千葉県（観光事業）
◇まくはり愛・あ～る〈IR〉大作戦―海に浮かぶ富士山＆巨大浮
島夢の国際リゾート幕張新都心 黒田伸著 札幌 エイチエ
ス 2014.8 206p 19cm ①978-4-903707-50-1 Ⓝ689.2135
［1300円］

千葉県（感染症対策―成田市）
◇成田市新型インフルエンザ等対策行動計画 健康こども部健康
増進課編 ［成田］ 成田市 2014.10 55p 30cm Ⓝ498.6

千葉県（官庁建築―大多喜町）
◇大多喜町役場―庁舎の歴史と再生 夏目勝也監修 大多喜町
（千葉県） 大多喜町 2014.10 124p 30cm〈年表あり 文
献あり〉Ⓝ526.31

千葉県（希少植物）
◇千葉県の保護上重要な野生生物―千葉県レッドデータブック
追録 第3号 千葉県希少生物及び外来生物に係るリスト作成
検討会編 千葉 千葉県環境生活部自然保護課 2014.8 4p
30cm Ⓝ519.8135

千葉県（希少動物）
◇千葉県の保護上重要な野生生物―千葉県レッドデータブック
追録 第3号 千葉県希少生物及び外来生物に係るリスト作成
検討会編 千葉 千葉県環境生活部自然保護課 2014.8 4p
30cm Ⓝ519.8135

千葉県（教育行政―八街市）
◇八街市教育振興基本計画―平成26年度―平成35年度 八街市
教育委員会編 八街 八街市教育委員会 2014.9 56p
30cm Ⓝ373.2

千葉県（教員研修）
◇長期研修生研修報告書 平成25年度 2 企業等派遣 千葉
千葉県総合教育センター 2014.3 36p 30cm Ⓝ374.3

千葉県（行政）
◇千葉県総合計画―新輝け！ちば元気プラン 千葉県総合企画
部政策企画課編 千葉 千葉県総合企画部政策企画課 2014.
2 302p 30cm Ⓝ318.235

千葉県（行政―我孫子市）
◇我孫子市第三次総合計画―第7期実施計画：平成26年度―平成
28年度 我孫子市企画財政部企画課編 我孫子 我孫子市企
画財政部企画課 2014.6 150p 30cm〈奥付のタイトル：我
孫子市第7期実施計画〉Ⓝ318.235

千葉県（行政―市原市）
◇市原市民意識調査報告書 市原 市原市企画部広報広聴課
2013.7 279p 30cm Ⓝ318.235

◇幸among いちはら―改訂市原市総合計画第四次実施計画(2014年度
―2015年度)［市原市］ 企画部企画調整課編 市原 市原市
［2014］ 190p 30cm Ⓝ318.235

千葉県（行政―印西市）
◇印西市民満足度・重要度調査報告書 平成25年度 印西
印西市企画財政部企画政策課企画政策班 2013.12 239p
30cm Ⓝ318.235

◇印西市第2次実施計画―平成25年度―27年度：ひとまち自然笑
顔が輝くいんざい 印西 印西市 2013.5 87p 30cm
Ⓝ318.235

千葉県（行政―四街道市）
◇四街道市総合計画―みんみどり子育て選ばれる安心快適都市四
街道 四街道 四街道市 2014.8 194p 30cm Ⓝ318.235

千葉県（行政―歴史）
◇大正・昭和期の地方政治と社会―千葉県政の展開と社会運動の
諸相 池田宏樹著 彩流社 2014.5 317,9p 22cm〈年表あ
り 索引あり〉①978-4-7791-2007-7 Ⓝ318.235 ［4000円］

千葉県（行政改革―市原市）
◇市原市新行政改革大綱 第5次 改訂版 市原 市原市総務部
総務課行政改革推進室 2014.3 33p 30cm Ⓝ318.235

千葉県（漁撈―館山市）
◇安房の干鰯―いわしと暮らす、いわしでつながる：平成25年度
特別展 館山市立博物館編 館山 館山市立博物館 2014.2
55p 30cm（展示図録 no. 23）〈会期・会場：平成26年2月
1日～3月16日 館山市立博物館本館〉Ⓝ384.36

千葉県（軍事基地）
◇陸軍下志津・八街・東金飛行場の役割―陸軍の司偵隊とその活
動 服部雅徳編著 ［八街］ 八街郷土史研究会 2014.1
126p 26cm（会誌「郷土八街」臨時号）〈年表あり 文献あ
り 付・簡略八街飛行場・前後史〉Ⓝ396.8

千葉県（健康管理）
◇生活習慣に関するアンケート調査報告書 平成25年度 千葉
千葉県健康福祉部健康づくり支援課 2014.3 186p 30cm
Ⓝ498.02135

千葉県（交通安全）
◇千葉県交通安全実施計画 平成25年度 ［千葉］ 千葉県交通
安全対策会議 ［2013］ 61p 30cm Ⓝ681.3

◇千葉県交通安全実施計画 平成26年度 ［千葉］ 千葉県交通
安全対策会議 ［2014］ 59p 30cm Ⓝ681.3

千葉県（高齢者―市川市）
◇社会調査実習フィールドワーク実習調査成果報告書 2012年度
市川 千葉商科大学政策情報学部 2013.2 30p 30cm（政
策情報学部社会調査報告 2）〈編集：田中美子ほか〉Ⓝ361.91

千葉県（高齢者福祉―旭市）
◇旭市高齢者福祉計画・第6期介護保険事業計画策定のためのア
ンケート調査報告書 旭 旭市 2014.3 162p 30cm
Ⓝ369.26

千葉県（災害復興―旭市）
◇東日本大震災と千葉県旭市―地震・津波被災者支援活動の記録
平塚四郎編 旭 エクリプス 2014.3 190p 21cm〈年譜あ
り〉①978-4-9907239-0-3 Ⓝ369.31 ［2000円］

千葉県（採石―富津市）
◇鋸山、房州石の歴史的遺構修復事業報告書―事業内容： 車力
道補修、石垣補修、案内板設置 ［出版地不明］ 鋸山歴史遺
産保存会 2014.4 67p 30cm〈2013年度公益財団法人東日
本鉄道文化財団地方文化事業支援 共同刊行：神奈川県建築
士会ほか〉Ⓝ709.135

千葉県（祭礼―佐倉市）
◇佐倉の祭礼―平成25年麻賀多神社編 佐倉山車人形保存会編
佐倉 佐倉山車人形保存会 2014.3 151p 30cm〈年表あり
平成25年度文化遺産を活かした地域活性化事業〉Ⓝ386.135

千葉県（産業政策―市原市）
◇市原市産業振興ビジョン 経済部商工業振興課編 市原 市
原市 2014.5 57p 30cm Ⓝ601.135

千葉県（地盤沈下）
◇千葉県水準測量成果表 千葉 千葉県環境生活部 2014.12
50p 30cm〈付属資料：1枚：水準基標変動図 基準日：平成
26年1月1日〉Ⓝ511.25

◇千葉県の地盤沈下現況―千葉県水準測量結果概要 平成25年
千葉 千葉県環境生活部水質保全課地質環境対策班 2014.12
39p 30cm Ⓝ511.25

千葉県（社会運動―歴史）
◇大正・昭和期の地方政治と社会―千葉県政の展開と社会運動の
諸相 池田宏樹著 彩流社 2014.5 317,9p 22cm〈年表あ
り 索引あり〉①978-4-7791-2007-7 Ⓝ318.235 ［4000円］

千葉県（社会教育施設―柏市）
◇首都圏近郊都市の生活誌調査―東京国際大学人間社会学部平
成24年度「社会調査実習」報告書 3 コミュニティの人びと
の集う場所 髙田知和編 川越 東京国際大学人間社会学部
2013.3 60p 30cm Ⓝ361.7

千葉県（社会福祉―市川市）
◇地域を紡ぐ―市川市における住民と行政で築いた地域福祉づ
くりの記録 石崎多加代著 文芸社 2014.11 242p 15cm
①978-4-286-14798-7 Ⓝ369.02135 ［700円］

401

千葉県（写真集―市川市）

千葉県（写真集―市川市）
◇この街に生きる、暮らす―市川市史写真図録　市川市史写真図録編集委員会編　市川　市川市文化国際部文化振興課　2014.11　151p　30cm〈年表あり〉Ⓝ213.5　［1700円］

千葉県（写真集―柏市）
◇柏市の昭和―写真アルバム　長岡　いき出版　2014.9　279p　31cm〈千葉県教科書販売（発売）文献あり〉①978-4-904614-53-2　［9250円］

千葉県（住宅政策）
◇千葉県の住宅―千葉県の住宅事情と住宅施策　2014年　千葉県土整備部都市整備局住宅課編　千葉　千葉県土整備部都市整備局住宅課　2014.11　107p　30cm〈年表あり〉Ⓝ365.31

千葉県（醸造業―流山市―歴史）
◇流山みりん物語　川根正教著　流山　崙書房出版　2014.5　150p　18cm　（ふるさと文庫 209）〈文献あり〉①978-4-8455-0209-7　［1200円］

千葉県（消費者行政）
◇千葉県消費生活基本計画―平成26年度―平成30年度　千葉県環境生活部生活安全課編　千葉　千葉県環境生活部生活安全課　2014.4　81p　30cm　Ⓝ365.02135

千葉県（消費者保護―旭市）
◇旭市多重債務者生活再建マニュアル―市役所の総合力で旭市民が明るく暮らせるまちに　［旭］　旭市商工観光課　2013.12　55p　30cm〈地方消費者行政活性化基金事業〉Ⓝ365.02135

千葉県（植物）
◇植物の不思議な生き方　苅込頼秀著　［千葉］　千葉の自然に親しむ会　2014.1　163p　26cm〈発行所：和泉書房〉①978-4-903851-76-1　［1500円］

千葉県（植物―野田市）
◇野田市江川地区植生調査報告書―2008年―2013年　内海陽一、菊地洋子、北山茂、坂部久美子、篠原和子、鈴木真利子、田中玉枝、七海照雄、中川康代、西野三千代、萩原由利子、宮原久子、原登喜子、柳沢朝江編　［野田］　利根運河の生態系を守る会植物調査チーム　2014.2　51p　30cm　Ⓝ472.135

千葉県（書目）
◇千葉県EL新聞記事情報リスト　2013-1　エレクトロニック・ライブラリー編　エレクトロニック・ライブラリー　2014.2　774p　31cm〈制作：日外アソシエーツ〉Ⓝ025.8135
◇千葉県EL新聞記事情報リスト　2013-2　エレクトロニック・ライブラリー編　エレクトロニック・ライブラリー　2014.2　p775-1723　31cm〈制作：日外アソシエーツ〉Ⓝ025.8135
◇千葉県EL新聞記事情報リスト　2013-3　エレクトロニック・ライブラリー編　エレクトロニック・ライブラリー　2014.2　p1725-2696　31cm〈制作：日外アソシエーツ〉Ⓝ025.8135
◇千葉県EL新聞記事情報リスト　2013-4　エレクトロニック・ライブラリー編　エレクトロニック・ライブラリー　2014.2　p2697-3627　31cm〈制作：日外アソシエーツ〉Ⓝ025.8135
◇千葉県EL新聞記事情報リスト　2013-5　エレクトロニック・ライブラリー編　エレクトロニック・ライブラリー　2014.2　p3629-4595　31cm〈制作：日外アソシエーツ〉Ⓝ025.8135

千葉県（城跡―保存・修復―館山市）
◇国史跡「里見氏城跡稲村城跡」保存管理計画書　館山市教育委員会編　館山　館山市教育委員会　2014.3　52p　30cm　Ⓝ709.135

千葉県（震災予防）
◇千葉県地震防災地図　［千葉］　千葉県防災危機管理部　2013.3　95p　37cm　Ⓝ369.31

千葉県（神社―市川市）
◇市川のくらしと伝承　1　市川市史編さん民俗部会編　市川　市川市文化振興課　2014.2　171p　30cm　（市川市史編さん民俗部会成果報告書 2）Ⓝ382.135

千葉県（水害予防）
◇千葉県水防計画　平成25年度　本編　［千葉］　千葉県　［2013］　118p　30cm　Ⓝ369.33

千葉県（石油コンビナート）
◇千葉県石油コンビナート等防災計画　平成26年3月修正　千葉　千葉県石油コンビナート等防災本部　［2014］　185p　30cm　Ⓝ575.5
◇千葉県石油コンビナート等防災計画　平成26年3月修正　付属資料編　千葉　千葉県石油コンビナート等防災本部　［2014］　298p　30cm　Ⓝ575.5

千葉県（選挙―市原市―統計）
◇選挙結果調　［市原］　市原市選挙管理委員会　［2013］　93p　30cm〈衆議院議員総選挙最高裁判所裁判官国民審査　平成24年12月16日執行、千葉県知事選挙　平成25年3月17日執行、参議院議員通常選挙　平成25年7月21日執行〉Ⓝ314.8

千葉県（選挙―統計）
◇選挙結果調　［千葉］　千葉県選挙管理委員会　［2014］　141p　30cm〈千葉県知事選挙　平成25年3月17日執行〉Ⓝ314.8
◇選挙結果調　［千葉］　千葉県選挙管理委員会　［2014］　311p　30cm〈参議院議員通常選挙　平成25年7月21日執行〉Ⓝ314.8

千葉県（選挙―松戸市―統計）
◇選挙結果調　松戸市選挙管理委員会編　松戸　松戸市選挙管理委員会　［2014］　38p　30cm〈松戸市長選挙　平成26年6月15日執行〉Ⓝ314.8

千葉県（男女共同参画―旭市）
◇旭市男女共同参画計画　旭市市民生活課編　［旭］　旭市　2014.3　41p　30cm〈年表あり〉Ⓝ367.2152

千葉県（男女共同参画―印西市）
◇印西市男女共同参画プラン　第2次　平成26年度―平成30年度　印西市市民部市民活動推進課編　［印西］　印西市　2014.3　73p　30cm　Ⓝ367.2135

千葉県（男女共同参画―佐倉市）
◇佐倉市男女平等参画基本計画―第3期：だれもが輝くまち佐倉　千葉県佐倉市市民部自治人権推進課編　改訂版　佐倉　千葉県佐倉市　2014.3　76p　31cm〈年表あり〉Ⓝ367.2135

千葉県（淡水漁業）
◇元漁協組合長深山正巳による一つの手賀沼　相原正義著　柏　たけしま出版　2013.7　111p　21cm　（手賀沼ブックレット No.1）〈背のタイトル（誤植）：元漁業組合長深山正巳による一つの手賀沼〉①978-4-925111-46-1　Ⓝ664.2　［1000円］

千葉県（地域包括ケア―柏市）
◇地域包括ケアのすすめ―在宅医療推進のための多職種連携の試み　東京大学高齢社会総合研究機構編　東京大学出版会　2014.4　273p　21cm〈文献あり　索引あり〉①978-4-13-060410-9　Ⓝ369.26　［3500円］

千葉県（地下水）
◇千葉県水準測量成果表　千葉　千葉県環境生活部　2014.12　50p　30cm〈付属資料：1枚：水準基標変動図　基準日：平成26年1月1日〉Ⓝ511.25

千葉県（地誌）
◇千葉「地理・地名・地図」の謎―意外と知らない千葉県の歴史を読み解く！　高林直樹監修　実業之日本社　2014.7　191p　18cm　（じっぴコンパクト新書 194）〈文献あり〉①978-4-408-45509-9　Ⓝ291.35　［800円］
◇ボート屋の手賀沼歳時記　小池勇文・絵　柏　たけしま出版　2014.7　115p　21cm　（手賀沼ブックレット No.5）①978-4-925111-50-8　Ⓝ291.35　［1000円］

千葉県（地方選挙）
◇選挙結果調　［千葉］　千葉県選挙管理委員会　［2014］　141p　30cm〈千葉県知事選挙　平成25年3月17日執行〉Ⓝ314.8
◇選挙結果調　［市原］　市原市選挙管理委員会　［2013］　93p　30cm〈衆議院議員総選挙最高裁判所裁判官国民審査　平成24年12月16日執行、千葉県知事選挙　平成25年3月17日執行、参議院議員通常選挙　平成25年7月21日執行〉Ⓝ314.8

千葉県（地方選挙―松戸市）
◇選挙結果調　松戸市選挙管理委員会編　松戸　松戸市選挙管理委員会　［2014］　38p　30cm〈松戸市長選挙　平成26年6月15日執行〉Ⓝ314.8

千葉県（地名―流山市）
◇流山の地名を歩く　流山市教育委員会,流山市立博物館編　［流山］　流山市教育委員会　2014.3　60p　30cm　（流山市立博物館調査研究報告書 29）〈文献あり　共同刊行：流山市立博物館〉Ⓝ291.35

千葉県（地名―船橋市）
◇滝口さんと船橋の地名を歩く　船橋地名研究会,滝口昭二編著　流山　崙書房出版　2014.8　289p　26cm〈文献あり　索引あり〉①978-4-8455-1193-8　Ⓝ291.35　［3000円］

千葉県（鉄道）
◇東北ライン全線・全駅・全配線　第3巻　房総エリア　川島令三編著　講談社　2014.9　95p　26cm　（図説）日本の鉄道）〈文献あり〉①978-4-06-295170-8　Ⓝ686.21　［1300円］

千葉県（鉄道―歴史）
◇総武線120年の軌跡―東京・千葉を走る列車と駅のあゆみ　三好好三著　JTBパブリッシング　2014.3　175p　21cm　（キャンブックス）①978-4-533-09631-0　Ⓝ686.21361　［1800円］

千葉県（伝記―船橋市）
◇いま、思い出す船橋の戦前・戦後―聞き書き　小出広子聞き書き・まとめ，長谷川智昭編　［船橋］［Office Saya］2014.1 116p　22cm　〈和装〉Ⓝ281.35

千葉県（土地改良）
◇千葉県の農業農村整備　資料編　千葉県農林水産部耕地課，千葉県農林水産部農村環境整備課編　［千葉］千葉県農林水産部耕地課　2014.2　90p　30cm　〈共同刊行：千葉県農林水産部農村環境整備課〉Ⓝ611.15135
◇千葉県の農業農村整備　資料編　千葉県農林水産部耕地課，千葉県農林水産部農地・農村振興課編　［千葉］千葉県農林水産部耕地課　2014.6　89p　30cm　〈共同刊行：千葉県農林水産部農地・農村振興課〉Ⓝ611.15135

千葉県（土地価格）
◇千葉県実勢地価図　平成25年度版　国際地学協会編集部編　国際地学協会　2013.6　108, 107, 87p　30cm　（ユニオンマップ）〈平成25年3月実勢地価, 平成25年3月地価公示標準地価, 平成24年9月基準地価格　左右同一ページ付〉Ⓘ978-4-7718-5262-4　Ⓝ334.6　［40000円］
◇千葉県実勢地価図　平成26年度版　国際地学協会編集部編　国際地学協会　2014.7　108, 107, 79p　30cm　（ユニオンマップ）〈平成26年3月実勢地価, 平成26年3月地価公示標準地価, 平成25年9月基準地価格　左右同一ページ付〉Ⓘ978-4-7718-5266-2　Ⓝ334.6　［40000円］

千葉県（日本文学―野田市―歴史）
◇野田の文学・野田争議―プロレタリア文学の諸作ほか　須賀田省一著　野田　野田文学会　2014.4　201p　19cm　（野田文学双書）Ⓝ910.29　［800円］

千葉県（ニュータウン）
◇首都圏におけるニュータウンの現状と課題―昭和年代の公団開発地区を中心として　その2　総括編　アーバンハウジング　2014.4　303p　30cm　（都市再生事業資料）〈年表あり〉Ⓝ518.83

千葉県（農産物―統計）
◇千葉の園芸と農産　［千葉］千葉県農林水産部生産販売振興課　2013.4　170p　30cm　Ⓝ611.4
◇千葉の園芸と農産　［千葉］千葉県農林水産部生産振興課　2014.4　170p　30cm　Ⓝ611.4

千葉県（農村計画）
◇千葉県の農業農村整備　資料編　千葉県農林水産部耕地課，千葉県農林水産部農村環境整備課編　［千葉］千葉県農林水産部耕地課　2014.2　90p　30cm　〈共同刊行：千葉県農林水産部農村環境整備課〉Ⓝ611.15135
◇千葉県の農業農村整備　資料編　千葉県農林水産部耕地課，千葉県農林水産部農地・農村振興課編　［千葉］千葉県農林水産部耕地課　2014.6　89p　30cm　〈共同刊行：千葉県農林水産部農地・農村振興課〉Ⓝ611.15135

千葉県（排気ガス―排出抑制）
◇総量削減進行管理調査　［千葉］千葉県　2014.3　141, 14p　30cm　（環境省委託業務結果報告書　平成25年度）Ⓝ519.3

千葉県（バリアフリー―交通―市川市）
◇社会調査実習フィールドワーク実習調査成果報告書　2012年度　市川　千葉商科大学政策情報学部　2013.2　30p　30cm　（政策情報学部社会調査報告 2）〈編集：田中美子ほか〉Ⓝ361.91

千葉県（東日本大震災（2011）―被害）
◇東日本大震災の記録―平成25年8月1日現在　追補版　千葉　千葉県防災危機管理部　2013.8　10p　30cm　Ⓝ369.31

千葉県（美術上―船橋市）
◇ふなばし百景　2013　ふなばし百景コンクール実行委員会［編］，総合印刷新報社制作（船橋）シンボウコーポレーション　2014.1　86p　20×20cm　〈奥付のタイトル：ふなばし百景コンクール〉Ⓘ978-4-9907215-0-3　Ⓝ723.1　［2000円］

千葉県（風俗・習慣）
◇房総を学ぶ―房総地域文化研究プロジェクト記録集　7　東京成徳大学人文学部日本伝統文化学科房総地域文化研究プロジェクト編　八千代　東京成徳大学人文学部日本伝統文化学科房総地域文化研究プロジェクト　2014.3　200p　21cm　〈文献あり　内容：論じる　九十九里を訪れた文化人たち（鶴巻孝雄著）江戸時代における庶民の旅（野内佑佳著）伝える　上総国山辺郡山口村・雄蛇ヶ池関係の古文書（川﨑万衣佳著）房総地域の竜神信仰（学生部会著）〉Ⓝ213.5

千葉県（風俗・習慣―市川市）
◇市川のくらしと伝承　1　市川市史編さん民俗部会編　市川　市川市文化振興課　2014.2　171p　30cm　（市川市史編さん民俗部会成果報告書 2）Ⓝ382.135

千葉県（風俗・習慣―松戸市）
◇農村松戸の民俗―1960年代調査の記録　松戸市立博物館編　松戸　松戸市立博物館　2014.3　159p　30cm　（松戸市立博物館調査報告書 5）Ⓝ382.135

千葉県（仏像―印西市）
◇印西市の仏像　印西地域編　印西市教育委員会編　印西　印西市教育委員会　2014.3　136p　30cm　Ⓝ718.02135

千葉県（文学者）
◇房総を描いた作家たち　5　中谷順子著　暁印書館　2014.9　246p　19cm　Ⓘ978-4-87015-173-4　Ⓝ910.26　［1600円］

千葉県（墳墓―市川市）
◇地蔵山墓調査報告書　市川市史編さん民俗部会編　市川　市川市文化振興課　2014.1　56p　30cm　（市川市史編さん民俗部会成果報告書 1）Ⓝ213.5

千葉県（防災計画）
◇千葉県石油コンビナート等防災計画　平成26年3月修正　千葉　千葉県石油コンビナート等防災本部　［2014］185p　30cm　Ⓝ575.5
◇千葉県石油コンビナート等防災計画　平成26年3月修正　付属資料編　千葉　千葉県石油コンビナート等防災本部　［2014］298p　30cm　Ⓝ575.5

千葉県（防災計画―匝瑳市）
◇匝瑳市地域防災計画　平成25年度修正　匝瑳市総務課編　［匝瑳］匝瑳市防災会議　2014.2　554p　30cm　Ⓝ369.3

千葉県（防災計画―横芝光町）
◇横芝光町地域防災計画　環境防災課編　［横芝光町（千葉県）］横芝光町防災会議　2014.3　1冊　〈年表あり〉Ⓝ369.3
◇横芝光町地域防災計画　資料編　環境防災課編　［横芝光町（千葉県）］横芝光町防災会議　2014.3　136p　30cm　Ⓝ369.3

千葉県（墓地―市川市）
◇地蔵山墓地調査報告書　市川市史編さん民俗部会編　市川　市川市文化振興課　2014.1　56p　30cm　（市川市史編さん民俗部会成果報告書 1）Ⓝ213.5

千葉県（漫画―野田市―歴史）
◇野田で生まれた漫画たち　野田市郷土博物館編　野田　野田市郷土博物館　2014.7　58p　30cm　〈文献あり　会期：2014年7月19日〜9月23日〉Ⓝ726.101

千葉県（名簿）
◇千葉県人物・人材情報リスト　2015　第1巻　日外アソシエーツ株式会社編　日外アソシエーツ（制作）2014.11　704p　30cm　Ⓝ281.35
◇千葉県人物・人材情報リスト　2015　第2巻　日外アソシエーツ株式会社編　日外アソシエーツ（制作）2014.11　p705-1339, 55p　30cm　Ⓝ281.35

千葉県（歴史）
◇手賀沼をめぐる中世―城と水運　1　千野原靖方著　柏　たけしま出版　2013.7　76p　21cm　（手賀沼ブックレット No.2）Ⓘ978-4-925111-45-4　Ⓝ213.5　［900円］
◇手賀沼をめぐる中世　2　相馬氏の歴史　千野原靖方著　柏　たけしま出版　2014.6　93p　21cm　（手賀沼ブックレット No.4）〈文献あり　年譜あり〉Ⓘ978-4-925111-49-2　Ⓝ213.5　［1000円］
◇房総を学ぶ―房総地域文化研究プロジェクト記録集　7　東京成徳大学人文学部日本伝統文化学科房総地域文化研究プロジェクト編　八千代　東京成徳大学人文学部日本伝統文化学科房総地域文化研究プロジェクト　2014.3　200p　21cm　〈文献あり　内容：論じる　九十九里を訪れた文化人たち（鶴巻孝雄著）江戸時代における庶民の旅（野内佑佳著）伝える　上総国山辺郡山口村・雄蛇ヶ池関係の古文書（川﨑万衣佳著）房総地域の竜神信仰（学生部会著）〉Ⓝ213.5
◇もっと知りたい千葉県の歴史　小和田哲男監修　洋泉社　2014.12　189p　18cm　（歴史新書）〈文献あり　年表あり〉Ⓘ978-4-8003-0550-3　Ⓝ213.5　［800円］

千葉県（歴史―市川市）
◇行徳の歴史・文化の探訪―郷土読本　1　鈴木和明著　文芸社　2014.7　230p　19cm　〈文献あり　索引あり〉Ⓘ978-4-286-15171-7　Ⓝ213.5　［1300円］
◇行徳の歴史・文化の探訪―郷土読本　2　鈴木和明著　文芸社　2014.11　175p　19cm　〈文献あり　索引あり〉Ⓘ978-4-286-15588-3　Ⓝ213.5　［1300円］

千葉県（歴史―柏市）
◇かしわの歴史―柏市史研究　第2号　柏市史編さん委員会編　柏　柏市教育委員会生涯学習部文化課市史編さん担当　2014.3　235p　26cm　〈文献あり〉Ⓝ213.5

千葉県（歴史―鎌ケ谷市）

千葉県（歴史―鎌ケ谷市）

◇鎌ケ谷市史 上巻 鎌ケ谷市教育委員会編 改訂版 鎌ケ谷 鎌ケ谷市 2014.3 689p 22cm Ⓝ213.5

◇高度経済成長と鎌ケ谷―平成25年度鎌ケ谷市郷土資料館企画展 鎌ケ谷市郷土資料館編 鎌ケ谷 鎌ケ谷市郷土資料館 2013.12 40p 30cm 〈文献あり〉 Ⓝ213.5

千葉県（歴史―佐倉市）

◇佐倉市史 考古編 佐倉市史編さん委員会, 佐倉市編 ［佐倉］ 佐倉市史編さん委員会 2014.3 2冊 31cm 〈文献あり 年表あり 本編と資料編に分冊刊行 共同刊行：佐倉市〉Ⓝ213.5

千葉県（歴史―史料―市川市）

◇下総国戸籍―市川市史編さん事業調査報告書 遺跡編 市川市史編さん歴史部会（古代）下総国戸籍研究グループ編 市川 市川市文化国際部文化振興課 2014.3 235p 30cm 〈文献あり〉Ⓝ213.5

千葉県（歴史―史料―市原市）

◇市原市史 資料集 近世編 4 市原市教育委員会編 ［市原］ 2014.3 752p 27cm Ⓝ213.5

◇市原の古文書研究 第6集 市原の古文書研究会編 ［市原］ 市原の古文書研究会 2014.10 304p 26cm 〈複製および翻刻 折り込 1枚 内容：八幡・市川本店文書 市原市教育センター文書 菊間・岡田家文書 五所・今井家文書 飯香岡八幡宮文書 八幡・寺嶋家文書〉Ⓝ213.5

千葉県（歴史―史料―山武市）

◇松尾地区の近世 山武市教育委員会編 山武 山武市教育委員会 2014.3 256p 30cm （山武市郷土史料集 20）Ⓝ213.5

千葉県（歴史―史料―書目）

◇収蔵文書目録 第27集 東金市台方前嶋家文書目録 3 千葉県文書館編 千葉 千葉県文書館 2014.3 280p 26cm Ⓝ213.5

千葉県（歴史―史料―書目―香取市）

◇伊能茂左衛門家資料目録 佐倉 人間文化研究機構国立歴史民俗博物館 2014.3 537p 30cm （国立歴史民俗博物館資料目録 11）〈年譜あり〉Ⓝ213.5 ［非売品］

千葉県（歴史―史料―野田市）

◇野田市史 資料編 近世 1 野田市史編さん委員会編 野田 野田市 2014.9 952p 27cm Ⓝ213.5

千葉県（歴史―流山市）

◇流山の江戸時代を旅する 青木更吉著 流山 崙書房出版 2014.10 245p 19cm 〈文献あり〉①978-4-8455-1194-5 Ⓝ213.5 ［2000円］

千葉県（歴史―年表―銚子市）

◇銚子の年表―斜め読みする銚子市史：私家本 堀富造編著 ［出版地不明］ ［堀富造］ 2014.1 315p 26cm 〈折り込 1枚〉Ⓝ213.5

千葉県（路線価）

◇路線価図―東京国税局管内：財産評価基準書 平成25年分第2分冊 千葉市 市原市 習志野市 八千代市 東京国税局［編］ 全国官報販売協同組合 2013.7 876p 21×30cm 〈内容：千葉東署・千葉南署・千葉西署〉①978-4-86458-036-6 Ⓝ345.5 ［8286円］

◇路線価図―東京国税局管内：財産評価基準書 平成25年分第3分冊 銚子市 匝瑳市 旭市 市川市 浦安市 船橋市 館山市 鴨川市 南房総市 安房郡 木更津市 君津市 富津市 袖ケ浦市 松戸市 流山市 鎌ケ谷市 東京国税局［編］ 全国官報販売協同組合 2013.7 1339p 21×30cm 〈内容：銚子署・市川署・船橋署・館山署・木更津署・松戸署〉①978-4-86458-037-3 Ⓝ345.5 ［10000円］

◇路線価図―東京国税局管内：財産評価基準書 平成25年分第4分冊 香取市 香取郡 茂原市 勝浦市 いすみ市 長生郡 夷隅郡 成田市 佐倉市 四街道市 八街市 印西市 白井市 富里市 印旛郡 東金市 山武市 山武郡 柏市 野田市 我孫子市 東京国税局［編］ 全国官報販売協同組合 2013.7 1266p 21×30cm 〈内容：佐原署・茂原署・成田署・東金署・柏署〉①978-4-86458-038-0 Ⓝ345.5 ［9429円］

◇路線価図―東京国税局管内：財産評価基準書 平成26年分第2分冊 千葉市 市原市 習志野市 八千代市 東京国税局［編］ 全国官報販売協同組合 2014.7 866p 21×30cm 〈内容：千葉東署・千葉南署・千葉西署〉①978-4-86458-070-0 Ⓝ345.5 ［8333円］

◇路線価図―東京国税局管内：財産評価基準書 平成26年分第3分冊 銚子市 匝瑳市 旭市 市川市 浦安市 船橋市 館山市 鴨川市 安房郡 木更津市 君津市 富津市 袖ケ浦市 松戸市 流山市 鎌ケ谷市 東京国税局［編］ 全国官報販売協同組合

2014.7 1319p 21×30cm 〈内容：銚子署・市川署・船橋署・館山署・木更津署・松戸署〉①978-4-86458-071-7 Ⓝ345.5 ［10000円］

◇路線価図―東京国税局管内：財産評価基準書 平成26年分第4分冊 香取市 香取郡 茂原市 勝浦市 いすみ市 成田市 佐倉市 四街道市 八街市 印西市 白井市 富里市 印旛郡 東金市 山武市 山武郡 柏市 野田市 我孫子市 東京国税局［編］ 全国官報販売協同組合 2014.7 1254p 21×30cm 〈内容：佐原署・茂原署・成田署・東金署・柏署〉①978-4-86458-072-4 Ⓝ345.5 ［9444円］

千葉県高等学校長協会

◇千葉県高等学校長協会65年史 千葉県高等学校長協会65年史編集委員会編 ［千葉］ 千葉県高等学校長協会 2014.1 266p 30cm 〈年表あり 文献あり〉Ⓝ374.3

千葉県職員保健師会

◇千葉県職員保健師会活動のあゆみ―15周年記念誌 ［出版地不明］ ［千葉県職員保健師会］ 2013.3 68p 30cm 〈年表あり〉Ⓝ498.14

千葉県（遺物）

◇大膳野南貝塚発掘調査報告書 第1分冊 本文編 1 国際文化財株式会社・（株）玉川文化財研究所共同企業体編著 ［横浜］ 国際文化財株式会社・（株）玉川文化財研究所共同企業体 2014.6 312p 30cm 〈三菱地所の委託による 共通の付属資料が第3分冊にあり 千葉市所在 共同刊行：千葉市教育振興財団 内容：後期旧石器時代 縄文時代草創期―中期後葉 弥生時代後期以降〉Ⓝ210.0254

◇大膳野南貝塚発掘調査報告書 第2分冊 本文編 2 国際文化財株式会社・（株）玉川文化財研究所共同企業体編著 ［横浜］ 国際文化財株式会社・（株）玉川文化財研究所共同企業体 2014.6 p313-762 30cm 〈三菱地所の委託による 共通の付属資料が第1分冊にあり 千葉市所在 共同刊行：千葉市教育振興財団 内容：縄文時代中期末葉―後期中葉の遺構〉Ⓝ210.0254

◇大膳野南貝塚発掘調査報告書 第3分冊 本文編 3 国際文化財株式会社・（株）玉川文化財研究所共同企業体編著 ［横浜］ 国際文化財株式会社・（株）玉川文化財研究所共同企業体 2014.6 p763-1113 30cm 〈三菱地所の委託による 共通の付属資料が第1分冊にあり 千葉市所在 共同刊行：千葉市教育振興財団 内容：縄文時代中期末葉以降の包含層・遺構外遺物 科学分析 まとめ〉Ⓝ210.0254

◇大膳野南貝塚発掘調査報告書 第4分冊 写真図版編 国際文化財株式会社・（株）玉川文化財研究所共同企業体編著 ［横浜］ 国際文化財株式会社・（株）玉川文化財研究所共同企業体 2014.6 231p 30cm 〈三菱地所の委託による 共通の付属資料が第1分冊にあり 千葉市所在 共同刊行：千葉市教育振興財団〉Ⓝ210.0254

◇埋蔵文化財調査（市内遺跡）報告書 平成24年度 千葉 千葉市埋蔵文化財調査センター 2013.3 10p 図版 4p 30cm 〈共同刊行：千葉市教育委員会〉Ⓝ210.0254

千葉市（医療費）

◇千葉市国民健康保険事業の医療費分析―平成25年度千葉市・大学等共同研究事業報告書 ［千葉］ 千葉市 ［2014］ 104p 30cm 〈共同刊行：千葉大学〉Ⓝ498.13

千葉市（介護保険）

◇高齢者福祉と介護保険に関する調査報告書 千葉 千葉市保健福祉局高齢障害部高齢福祉課 2014.3 203p 30cm Ⓝ369.26

千葉市（科学教育）

◇世界を目指せ次世代科学者の卵たちⅡ！―サイエンススタジオChiba：平成25年度活動報告 ［千葉］ 千葉大学教育学部養護教育講座 2014.3 119p 30cm ①978-4-903328-17-1 Ⓝ407

千葉市（高齢者福祉）

◇高齢者福祉と介護保険に関する調査報告書 千葉 千葉市保健福祉局高齢障害部高齢福祉課 2014.3 203p 30cm Ⓝ369.26

千葉市（障害者福祉）

◇千葉市障害者計画・障害福祉計画策定に係る実態調査報告書―障害者生活実態・意向調査 千葉 千葉市保健福祉局高齢障害部障害企画課 2014.3 452p 30cm 〈調査委託機関：地域計画連合〉Ⓝ369.27

千葉市（食育）

◇千葉市食育推進計画 第2次 計画期間：平成26年度―30年度 千葉市保健福祉局健康部健康支援課編 千葉 千葉市保健福祉局健康部健康支援課 2014.6 88p 30cm Ⓝ498.5

千葉市（人口）

◇定住人口増加に向けた千葉市ブランド構築に関する研究―データからみえる持続可能な循環型シティライフの可能性：平成25年度千葉市・大学等共同研究事業報告書 ［千葉］ 東

日本件名図書目録2014　I　　　　　　　　　　　　　　　　　　　　　　　　　　　　中央アジア（外国関係―中国―歴史―清時代）

京情報大学　2014.3　2, 58p　30cm　〈共同刊行：千葉市〉
Ⓝ334.3135

千葉市（道路―復旧）
◇東日本大震災千葉市災害記録誌―液状化による被害と復旧へのみち　道路災害復旧編　千葉　千葉市　2013.3　1冊　30cm　〈共同刊行：千葉市建設局〉Ⓝ369.31

千葉市（道路公害）
◇千葉市自動車公害防止実施計画　平成26年度　千葉市環境局環境保全部環境規制課編　千葉　千葉市環境局環境保全部環境規制課　2014.8　41p　30cm　Ⓝ519.1

千葉市（廃棄物）
◇千葉市ごみ組成測定分析・ごみ質分析業務報告書　平成25年度　ごみ組成測定分析編　千葉　千葉市環境局資源循環部廃棄物対策課　2014.3　101, 164p　30cm　〈業務受託者：環境管理センター〉Ⓝ518.52

千葉市（PR）
◇定住人口増加に向けた千葉市ブランド構築に関する研究―データからみえる持続可能な循環型シティライフの可能性：平成25年度千葉市・大学等共同研究事業報告書　〔千葉〕東京情報大学　2014.3　2, 58p　30cm　〈共同刊行：千葉市〉Ⓝ334.3135

千葉市動物公園
◇千葉市動物公園リスタート構想　千葉　千葉市動物公園　2014.3　87p　30cm　〈年表あり〉Ⓝ480.76

千葉市立幸町第三小学校
◇すはま―創立40周年記念号　〔千葉〕千葉市立幸町第三小学校PTA広報委員会　2013.11　65p　30cm　〈年表あり〉共同刊行：千葉市立幸町第三小学校PTA 40周年実行委員会〉Ⓝ376.28

千原ジュニア
◇うたがいの神様　千原ジュニア〔著〕　幻冬舎　2013.11　171p　16cm　（幻冬舎よしもと文庫　Y-7-3)〈2011年刊の加筆・修正、書き下ろしを加えたもの〉Ⓘ978-4-344-42110-3　Ⓝ779.14　[457円]
◇はなはだ、便所は宇宙である　千原ジュニア著　扶桑社　2014.10　370p　19cm　Ⓘ978-4-594-07135-6　Ⓝ779.14　[1250円]

千葉ロッテマリーンズ
◇18連敗の真実―なぜ千葉ロッテマリーンズは負け続けたのか？　萩原晴一郎著　竹書房　2014.7　222p　19cm　Ⓘ978-4-8124-8950-5　Ⓝ783.7　[1300円]
◇千葉ロッテマリーンズあるある　鈴木長月著、山里將樹画　TOブックス　2014.7　159p　18cm　Ⓘ978-4-86472-251-3　Ⓝ783.7　[1000円]

チベット（映画）
◇Sernya―チベット文学と映画制作の現在　vol. 1　ペマ・ツェテン映画特集　Sernya編集部, チベット文学研究会編　府中（東京）東京外国語大学アジア・アフリカ言語文化研究所　2013.12　127p　21cm　〈年譜あり〉Ⓘ978-4-86337-148-4　Ⓝ929.32

チベット（紀行・案内記）
◇聖地巡礼―私の目から見るチベット　李建華文　京都　禅文化研究所　2013.8　291p　21cm　〈写真：李建華ほか〉Ⓘ978-4-88182-274-6　Ⓝ292.29　[1800円]
◇チベット　2014〜2015年版　「地球の歩き方」編集室/編　改訂第14版　ダイヤモンド・ビッグ社, ダイヤモンド社〔発売〕2014.6　281p　21×14cm　（地球の歩き方　D08）Ⓘ978-4-478-04588-6　[1900円]

チベット（社会）
◇チベットの現在―遥かなるラサ　諸星清佳編著　日中出版　2014.1　192p　19cm　内容：チベットはどうなっているのか（諸星清佳著）進め、ラサへ（諸星清佳著）蔵中交渉の実態（諸星清佳著）遥かなるシガツェ（西蔵ツワン著）追放された新聞記者（諸星清佳著）チベット蜂起五十周年におけるダライラマ法王の演説〈二〇〇九年三月十日〉（ダライラマ述, 諸星清佳訳）日本外国特派員協会〈FCCJ〉におけるダライラマ法王の記者会見〈二〇〇九年十月三十一日〉（ダライラマ述, 諸星清佳訳）中国―チベット間の対話（ケルサン＝ギャルツェン著, 中村高子訳）〉Ⓘ978-4-8175-1279-6　Ⓝ319.229　[1800円]

チベット（仏教美術―図集）
◇鶴見大学図書館所蔵逸見梅栄コレクション画像資料　3　森雅秀著　金沢　アジア図像集成研究会　2013.11　332p　30cm　（Asian iconographic resources monograph series no. 7)〈文献あり〉Ⓝ702.229　[非売品]

◇鶴見大学図書館所蔵逸見梅栄コレクション画像資料　4　森雅秀著　金沢　アジア図像集成研究会　2014.1　338p　30cm　（Asian iconographic resources monograph series no. 8)Ⓝ702.229　[非売品]
◇鶴見大学図書館所蔵逸見梅栄コレクション画像資料　5　森雅秀著　金沢　アジア図像集成研究会　2014.3　328p　30cm　（Asian iconographic resources monograph series no. 9)Ⓝ702.229　[非売品]

チミノ, M.〔1939〜 〕
◇マイケル・チミノ読本　遠山純生編・著　boid　2013.9　190p　21cm　〈文献あり　作品目録あり〉Ⓘ978-4-9904938-6-8　Ⓝ778.253　[1800円]

チャイコフスキー, P.I.〔1840〜1893〕
◇チャイコフスキー～三大バレエ―初演から現在に至る上演の変遷　渡辺真弓著　新国立劇場運営財団情報センター　2014.3　66p　26cm　〈丸善出版（発売）文献あり〉Ⓘ978-4-907223-06-9　Ⓝ769.9　[700円]
◇チャイコフスキーの音符たち―池辺晋一郎の「新チャイコフスキー考」　池辺晋一郎著　音楽之友社　2014.9　181p　22cm　Ⓘ978-4-276-20068-5　Ⓝ762.38　[2200円]

チャスラフスカ, V.
◇桜色の魂―チャスラフスカはなぜ日本人を50年も愛したのか　長田渚左著　集英社　2014.9　269p　20cm　〈文献あり〉Ⓘ978-4-08-780739-4　Ⓝ781.5　[1800円]

爺爺岳（登山）
◇冬のチャチャヌプリ　渡辺溯著　〔東京〕東京大学運動会スキー山岳部　2014.5　p19-93　23cm　〈共同刊行：東京大学山の会　「山岳」第31年第1号別刷（昭和11年）の再製本〉Ⓝ786.1

チャーチル, W.〔1874〜1965〕
◇わが半生　W・チャーチル[著]、中村祐司訳　中央公論新社　2014.10　452p　18cm　（中公クラシックス　W78）〈角川文庫　1965年刊の再編集〉Ⓘ978-4-12-160151-3　Ⓝ289.3　[2500円]

チャベス, H.〔1954〜2013〕
◇ウーゴ・チャベス―ベネズエラ革命の内幕　ローリー・キャロル[著], 伊高浩昭訳　岩波書店　2014.4　20, 286, 10p　20cm　〈年表あり　索引あり〉Ⓘ978-4-00-022228-0　Ⓝ312.613　[3500円]

チャリティーサンタ
◇サンタクロースが届けてくれた心温まる物語　清輔夏輝監修, チャリティーサンタ一同著　あさ出版　2014.11　223p　19cm　Ⓘ978-4-86063-711-8　Ⓝ369.4　[1300円]

中欧　→ヨーロッパ〔中央部〕を見よ

中央アジア（イスラム―歴史―19世紀）
◇激動の中のイスラーム―中央アジア近代史　小松久男著, NIHUプログラムイスラーム地域研究監修　山川出版社　2014.5　122p　21cm　（イスラームを知る　18）〈文献あり〉Ⓘ978-4-634-47478-9　Ⓝ167.2　[1200円]

中央アジア（イスラム―歴史―20世紀）
◇激動の中のイスラーム―中央アジア近代史　小松久男著, NIHUプログラムイスラーム地域研究監修　山川出版社　2014.5　122p　21cm　（イスラームを知る　18）〈文献あり〉Ⓘ978-4-634-47478-9　Ⓝ167.2　[1200円]

中央アジア（遺跡・遺物―保存・修復）
◇シルクロードの現代日本人列伝―彼らはなぜ、文化財保護に懸けるのか？　白鳥正夫著　三五館　2014.10　238p　図版16p　19cm　〈文献あり　年表あり〉Ⓘ978-4-88320-622-3　Ⓝ709.2　[1500円]

中央アジア（外国関係）
◇IIST・中央ユーラシア調査会―中央ユーラシアへの多角的アプローチ：報告集　vol. 13　平成25年度　貿易研修センター編　貿易研修センター　2014.3　49p　30cm　Ⓝ302.296
◇中央アジアの国際関係　ティムール・ダダバエフ著　東京大学出版会　2014.2　256, 17p　22cm　〈文献あり　索引あり〉Ⓘ978-4-13-036252-8　Ⓝ319.296　[5000円]

中央アジア（外国関係―中国―歴史―清時代）
◇清と中央アジア草原―遊牧民の世界から帝国の辺境へ　小沼孝博著　東京大学出版会　2014.7　311p　22cm　〈文献あり　索引あり　内容：遊牧国家ジューンガルの形成と支配体制　清のジューンガル征服と支配構想　オイラト支配の展開　オイラト支配の破綻　イリ軍営の形成　清朝皇帝を指す満洲語　清とカザフ遊牧勢力の接触　清の中央アジア政策の基層　清―カザフ関係の変容　19世紀前半における西北辺境の再編〉Ⓘ978-4-13-026149-4　Ⓝ222.06　[7500円]

中央アジア（紀行・案内記）

◇中国、中央アジア、ロシア極東への旅—民族共同体意識　姜健栄著　朱鳥社　2014.2　125p　26cm〈星雲社（発売）〉Ⓘ978-4-434-18851-0　Ⓝ292.25　［1905円］

中央アジア（経済）

◇IIST・中央ユーラシア調査会—中央ユーラシアへの多角的アプローチ：報告集　vol. 13　平成25年度　貿易研修センター編　貿易研修センター　2014.3　49p　30cm　Ⓝ302.296

中央アジア（言語）

◇内陸アジア言語の研究　29　豊中　中央ユーラシア学研究会　2014.8　199p　図版2p　21cm〈文献あり　責任編集：荒川正晴ほか　内容：庄垣正弘教授を偲んで（森安孝夫著）　新出トゥムシュク語契約文書について（荻原裕敏、慶昭蓉著）　The Chinese phonetic transcriptions of Old Turkish words in the Chinese sources from 6th-9th century（Yukiyo Kasai著）　巴楚縣托库孜萨来古城出土的回鶻文記账文书二件（迪拉娜ほか著）　大英図書館蔵IOL　Tib　J　1253文書訳注考（旗手瞳著）〉Ⓝ829.04

中央アジア（社会）

◇IIST・中央ユーラシア調査会—中央ユーラシアへの多角的アプローチ：報告集　vol. 13　平成25年度　貿易研修センター編　貿易研修センター　2014.3　49p　30cm　Ⓝ302.296

中央アジア（社会—歴史）

◇中央ユーラシアにおける牧畜文明の変遷と社会主義　楊海英編　［名古屋］　アフロ・ユーラシア内陸乾燥地文明研究会　2014.3　207p　26cm（アフロ・ユーラシア内陸乾燥地文明研究叢書 8）〈文献あり　共同刊行：名古屋大学大学院文学研究科比較人文学研究室　内容：カルムイク人はどのように定住したのか（井上岳彦著）　満州国の「赤い靴をはいた少女」（楊海英著）　内モンゴルの牧畜業における社会主義的改造に関する考察（仁欽著）　オボー祭祀とゴールデン・ポニー伝承（ダゴラ著）　ホルチン地域の住居「土ゲル」（曹栄梅著）　草原と都市を往還するノマド（風戸真理著）　チベット高原における社会主義と定住化（別所祐介著）　草原の民の末裔（今村薫著）〉Ⓝ362.226

中央アジア（農業水利—歴史）

◇中央アジア灌漑史序説—ラウザーン運河とヒヴァ・ハン国の興亡　塩谷哲史著　風響社　2014.2　302p　22cm〈文献あり〉Ⓘ978-4-89489-197-5　Ⓝ614.3296　［5000円］

中央アジア（美術—歴史—古代）

◇古代韓国のギリシャ渦文と月支国—文化で結ばれた中央アジアと新羅　韓永大著　明石書店　2014.9　329p　22cm〈年表あり〉Ⓘ978-4-7503-4074-6　Ⓝ702.21　［6800円］

中央アジア（文化財保護）

◇シルクロードの現代日本人列伝—彼らはなぜ、文化財保護に懸けるのか？　白鳥正夫著　三五館　2014.10　238p　図版16p　19cm〈文献あり　年表あり〉Ⓘ978-4-88320-622-3　Ⓝ709.2　［1500円］

中央アジア（法制史）

◇シャリーアとロシア帝国—近代中央ユーラシアの法と社会　堀川徹、大江泰一郎、磯貝健一編　京都　臨川書店　2014.3　276,33p　22cm〈索引あり　内容：シャリーアとロシア帝国（堀川徹著）　中央アジアにおけるロシア法とイスラーム法の交錯（大江泰一郎著）　ヒヴァ・ハン国と企業家（塩谷哲史著）　カザフ遊牧民の「慣習法」と裁判（野田仁著）　ヴォルガ・ウラル地域におけるムスリムの遺産分割（磯貝真澄著）　シャリーア法廷裁判文書の作成システム（磯貝健一著）　ロシア統治下トルキスタン地方の審級制度（矢島洋一著）　アフガニスタンの司法改革（近藤信彰著）　「近代法」の移植と土着法適用についての帝国の論理（桑原尚子著）　社会主義ソ連時代における民事裁判のあり方（伊藤知義著）　ウズベキスタンにおける「法」の役割（宮下修一著）〉Ⓘ978-4-653-04222-8　Ⓝ322.29　［4000円］

中央アメリカ（紀行・案内記）

◇天使と翔ける冒険旅行　18　中米7ヵ国　ドク・ヨーコ写真・文　ブックコム　2014.8　159p　19×19cm　Ⓘ978-4-907446-13-0　Ⓝ290.9　［3000円］

中央アメリカ（経済）

◇MBAたちの中米変革—国際学術協力による地域経済統合　笛田千容著　風響社　2014.10　58p　21cm（ブックレット《アジアを学ぼう》別巻 6）〈文献あり〉Ⓘ978-4-89489-776-2　Ⓝ333.7　［700円］

中央アメリカ（歴史）

◇メソアメリカを知るための58章　井上幸孝編著　明石書店　2014.5　359p　19cm（エリア・スタディーズ 130）〈文献あり〉Ⓘ978-4-7503-4009-8　Ⓝ257　［2000円］

中央市（遺跡・遺物）

◇鎌田川旧堤防　山梨県埋蔵文化財センター編　［甲府］　山梨県教育委員会　2014.3　19p　30cm（山梨県埋蔵文化財センター調査報告書 第298集）〈年表あり　鎌田川河川改修工事に伴う発掘調査報告書　共同刊行：山梨県県土整備部〉Ⓝ210.0254

中央大学

◇中央大学史資料集　第26集　『法学新報』所載中央大学関係記事 10　中央大学史料委員会専門委員会編　［八王子］　中央大学入学センター事務部大学史編纂課　2014.3　138p　26cm〈中央大学出版部（発売）〉Ⓝ377.28　［1000円］

中央大学基督教青年会白羊会

◇中央大学YMCA・白羊会百年史　中央大学YMCA白羊会百年史編集委員会　［東京］　中央大学基督教青年会（YMCA）白羊会　2014.12　303p　26cm〈年表あり　文献あり〉Ⓘ978-4-9908006-1-1　Ⓝ190.6　［非売品］

中央電気倶楽部

◇中央電気倶楽部百年史　中央電気倶楽部編　大阪　中央電気倶楽部　2014.2　265p　27cm〈年表あり〉Ⓝ540.6

中央電力株式会社

◇まとまる力—マンション一括受電でひらける未来　Team中央電力著　イースト・プレス　2014.4　223p　19cm　Ⓘ978-4-7816-1165-5　Ⓝ544.4　［1296円］

中央葡萄酒株式会社

◇中央葡萄酒90年の歩み—甲州を世界へ　中央葡萄酒90年史編集委員会編　甲州　中央葡萄酒　2014.8　100p　26cm〈年表あり〉Ⓝ588.55

中華人民共和国人民解放軍

◇人民解放軍と中国政治—文化大革命から鄧小平へ　林載桓著　名古屋　名古屋大学出版会　2014.11　247p　22cm〈文献あり　索引あり〉Ⓘ978-4-8158-0786-3　Ⓝ312.22　［5500円］

◇中国安全保障レポート　2013　防衛省防衛研究所編　防衛省防衛研究所　2014.1　5,39p　30cm　Ⓘ978-4-86482-009-7　Ⓝ392.22

中華蕎麦とみ田

◇どうして人は4時間も『とみ田』に並んでしまうのか—日本一の行列ラーメン店の非常識経営哲学　富田治著　講談社　2014.10　191p　19cm　Ⓘ978-4-06-218639-1　Ⓝ673.972　［1300円］

中京大学

◇中京大学六十年のあゆみ—開学60周年記念誌　『中京大学開学60周年記念誌』編集委員会編　名古屋　梅村学園　2014.5　152p　30cm〈年表あり〉Ⓝ377.28　［非売品］

中近東（環境問題）

◇世界の環境問題　第9巻　中東・アフリカ　川名英之著　緑風出版　2014.1　545p　20cm〈文献あり〉Ⓘ978-4-8461-1401-5　Ⓝ519.2　［3800円］

中近東（辞書）

◇アラブ・イスラム・中東用語辞典　松岡信宏著　成甲書房　2014.7　281p　20cm〈文献あり　索引あり〉Ⓘ978-4-88086-315-3　Ⓝ292.7　［2300円］

中近東（社会）

◇中東・アジアにおける市民社会組織　佐藤麻理絵編　［京都］　京都大学学際融合教育研究推進センター総合地域研究ユニット臨地教育支援センター　2014.3　110p　26cm（国際研究発信力強化プログラム・リサーチC&M報告書 2013年度）〈文献あり　英語併載　内容：中東における市民社会組織 1　現代中東における市民社会組織をめぐる一考察（佐藤麻理絵著）　People 2 people empowerment: muslim civil society in Turkey and its transnational role in Palestine（Iyas Salim著）　中東における市民社会組織 2　現代イスラーム国家における宗教共存（黒田彩加著）　権威主義、代表、政治参加（渡邉駿著）　人口のポリティクスとパレスチナ問題（山本健介著）　市民社会組織に関する比較研究　子育てにおける社会関係と中間集団の役割（渡辺智之著）　Can Islamic micro-financing improve the lives of the clients（Tawat Noipom著）　Exploring the role of Islamic microfinance institution in poverty alleviation through microenterprises development（Nur Indah Riwajanti著）　マレーシアにおけるイスラーム型リテール金融商品—ラフン（イスラーム型担保融資）の性質とその社会的意義（上原健太郎著）〉Ⓘ978-4-905518-07-5　Ⓝ335.8

◇中東社会のダイナミズム　中津孝司編著　創成社　2014.5　197p　21cm〈索引あり　内容：新興国の変調と中東世界（中津孝司著）　シリア内戦から読み解く中東新局面（中津孝司著）　頭角を現すトルコとイスラエル（佐藤千景著）　強まるイスラエルのプレゼンス（中津孝司著）　ホワイトハウスの中東戦略

が変容する（佐藤千景著）　中東経済社会とイスラム金融を見る視点（中津孝司著）　中東および周辺諸国の経済と金融（嶋崎善章著）　中東産油国における石油・天然ガス動向の新地平（河村朗著）　電力と水資源確保に奔走するペルシャ湾岸産油国（河村朗著）　石油大国イラクとリビアが原油市場を支配する日（中津孝司著）〉①978-4-7944-3152-3　Ⓝ302.27　[2200円]

◇日本人が知らなかった中東の謎　佐々木良昭著　海竜社　2014.2　235p　18cm　①978-4-7593-1346-8　Ⓝ302.27　[1200円]

中近東（政治）

◇中東政治入門―アラブの春とその背景　鹿島正裕著　増補新版　第三書館　2013.10　215p　19cm　〈文献あり　年表あり　索引あり〉①978-4-8074-1322-5　Ⓝ312.27　[1500円]

中近東（郵便切手）

◇ビジュアル世界切手国名事典　中東・アフリカ編　板橋祐己著　日本郵趣出版　2014.9　119p　21cm　〈郵趣サービス社（発売）文献あり　索引あり〉①978-4-88963-774-8　Ⓝ693.8　[1600円]

中国

◇変わる中国変わらぬ中国　竹内実著，桜美林大学北東アジア総合研究所編　相模原　桜美林大学北東アジア総合研究所　2013.10　351p　19cm　〈内容：竹内実《中国論》自選集3巻完成講話1　『中国論自選集及びケータイ』出版記念講話2　記念講話3　「中国像」とは　中国をどう読み解くか〈中国＝禹域〉について　「チュウゴク」と干支占い　北京オリンピックを目前に　文化大革命とわたし　人・わたし　建国60周年の中国　財神・関羽をめぐって　上海万博と中国のゆくえ　『竹内実《中国論》自選集』自評　現代小説『ケータイ』日中関係の新しい地平　ケータイ　超大国、中国の行方　超大国、中国〉①978-4-904794-39-5　Ⓝ302.22　[1500円]

◇中国年鑑―習近平政権の1年　2014　特集　見えてきた「中国の夢」　中国研究所，毎日新聞社〔発売〕　2014.5　503p　26cm　①978-4-620-90712-3　[18000円]

中国（圧力団体）

◇現代中国の市民社会・利益団体―比較の中の中国　辻中豊，李景鵬，小嶋華津子編　木鐸社　2014.6　444p　22cm　（現代世界の市民社会・利益団体研究叢書 5）〈文献あり　索引あり　内容：序章（辻中豊，小嶋華津子著）　方法（辻中豊，李景鵬，袁瑞軍著）　視角（木島譲次，小橋洋平，菊池啓一著）　制度（黄媚著）　比較の中の中国市民社会組織（辻中豊，小橋洋平，黄媚著）　党・政府関係（黄媚著）　ネットワーク（小嶋華津子，菊池啓一著）　民弁非企業単位（黄媚著）　基金会（小嶋華津子，小橋洋平著）　公共サービスの委託（汪錦軍著，許旭成，和喰克洋訳）　人民団体（黄媚，小嶋華津子著）　都市コミュニティ（小嶋華津子著）　農村コミュニティ（仝志輝著，許旭成，龍聖人訳）　国際社会と草の根NGO（趙秀梅著，大倉沙江訳）　メディアの批判報道（王冰著）　アドボカシーの国際比較（小橋洋平，辻中豊，木島譲次著）　BRICsの一員としての中国の市民社会（菊池啓一，辻中豊著）　結論（辻中豊著）〉①978-4-8332-2323-2　Ⓝ361.65　[4000円]

中国（安全保障）

◇巨龍・中国の新外交戦略―日本はどう向き合うべきか　ベイツ・ギル著，進藤榮一監訳，古澤嘉朗，畠山京子訳　柏書房　2014.7　332p　20cm　〈対中戦略を構築する（宮本雄二著）　大国外交に転じた習近平の中国（天児慧著）〉①978-4-7601-4407-5　Ⓝ319.22　[2800円]

中国（遺跡・遺物）

◇関野貞大陸調査と現在（いま）　2　平勢隆郎，塩沢裕仁編　東京大学東洋文化研究所　2014.9　180p　26cm　〈内容：世界文化遺産的瑰宝皇家石刻艺术的典范（李隋森著）　龙门石窟百年又变迁（焦建輝著）　常盤大定と関野貞『支那仏教史蹟』の出版をめぐって（渡辺健哉著）　国士舘大学司馬遷卓一（川又正智，四藤近義，竹村利之著）　茨城県天心記念五浦美術館所蔵・早崎稉吉撮影ガラス乾板について（中田智則著）　早崎稉吉写真について（長井純市，飯塚彬著）　北京・山本照像館（向山康三郎著）　写真資料の保存についての一つの提案（金子隆一著）　曲阜孔林の歴史文化財的な価値について（塩沢裕仁著）　補論二題　清朝獅子像の造形的特徴について（平勢隆郎著）　亀趺碑・亀趺塔研究からみた曲阜孔林の位置づけ（平勢隆郎著）〉Ⓝ222

◇地下からの贈り物―新出土資料が語るいにしえの中国　中国出土資料学会編　東方書店　2014.6　363p　19cm　（東方選書 46）〈文献あり〉①978-4-497-21411-9　Ⓝ222.03　[2000円]

◇中国、景教の故地を歩く―消えた十字架の謎を追う旅　桑野淳一著　彩流社　2014.3　194p　19cm　〈文献あり〉①978-4-7791-1992-7　Ⓝ292.209　[2000円]

◇中国江南六朝の考古学研究　藤井康隆著　六一書房　2014.12　210p　31cm　①978-4-86445-052-2　Ⓝ222.046　[7500円]

◇中国古代車馬の考古学的研究　趙海洲著，岡村秀典監訳，石谷慎，菊地大樹訳　科学出版社東京　2014.9　218p　27cm　〔国書刊行会（発売）文献あり〕①978-4-336-05804-1　Ⓝ222.03　[7400円]

◇木簡・竹簡の語る中国古代―書記の文化史　冨谷至著　増補新版　岩波書店　2014.11　274,7p　20cm　（世界歴史選書）〈文献あり〉①978-4-00-026859-2　Ⓝ222.04　[3000円]

中国（移民・植民〔ポルトガル〕―歴史―澳門）

◇ポルトガルがマカオに残した記憶と遺産―「マカエンセ」という人々　内藤理佳著　Sophia University Press上智大学出版　2014.10　235p　19cm　〈ぎょうせい（発売）文献あり　年表あり〉①978-4-324-09856-1　Ⓝ334.42238　[2000円]

中国（移民・植民―ヨーロッパ）

◇EUにおける中国系移民の教育エスノグラフィ　山本須美子著　東信堂　2014.2　364p　22cm　〈文献あり　索引あり　内容：研究課題と理論的枠組み　中国系移民の歴史的背景と新移民流入による変化　移民政策と移民教育政策　中国系第2世代への中国語教育　中国系第2世代と学校対応　中国系第2世代と文化的アイデンティティ形成　中国新移民の子どもと学校不適応　EUにおける中国系移民と学校適応・不適応〉①978-4-7989-1222-6　Ⓝ372.3　[4000円]

中国（イラストレーション―歴史―明時代）

◇中国古典文学挿画集成　9　小説集　3　瀧本弘之編　遊子館　2014.1　53,429p　27cm　〈複製　布装〉①978-4-86361-027-9　Ⓝ920.2　[49000円]

中国（医療制度）

◇中国における医療保障改革―皆保険実現後のリスクと提言　久保英也編著　京都　ミネルヴァ書房　2014.4　261p　22cm　〈文献あり　内容：中国医療改革の現状と問題点（李蓮花，張瑩著）　中日公的医療保険の長期展望と中国に残された改革時間（久保英也著）　中国の医療提供システムの変化と病院経営（張瑩著）　中国と日本における医療保険支払制度（劉暁梅，陳仰東，丁佳琦著）　勤務条件に対する日本の医師の選好（佐野洋史著）　大連市都市基本医療保険基金の接続可能な発展（叢春霞，満媛著）　大連市新型農村合作医療制度の実証分析（夏敬著）　中国の医療保障システムにおける民間医療保険（李蓮花著）　皆保険後の中国医療改革の課題（久保英也，李蓮花著）〉①978-4-623-07018-3　Ⓝ364.4　[3500円]

中国（医療保険）

◇中国における医療保障改革―皆保険実現後のリスクと提言　久保英也編著　京都　ミネルヴァ書房　2014.4　261p　22cm　〈索引あり　内容：中国医療改革の現状と問題点（李蓮花，張瑩著）　中日公的医療保険の長期展望と中国に残された改革時間（久保英也著）　中国の医療提供システムの変化と病院経営（張瑩著）　中国と日本における医療保険支払制度（劉暁梅，陳仰東，丁佳琦著）　勤務条件に対する日本の医師の選好（佐野洋史著）　大連市都市基本医療保険基金の接続可能な発展（叢春霞，満媛著）　大連市新型農村合作医療制度の実証分析（夏敬著）　中国の医療保障システムにおける民間医療保険（李蓮花著）　皆保険後の中国医療改革の課題（久保英也，李蓮花著）〉①978-4-623-07018-3　Ⓝ364.4　[3500円]

中国（運送）

◇中国の物流制度に関する調査研究　久保麻紀子，内田忠宏，渡邉裕樹，白井大輔〔著〕　国土交通省国土交通政策研究所　2014.3　69p　30cm　（国土交通政策研究 第112号）Ⓝ682.22

中国（運送法）

◇中国物流関係法規　日本国際貿易促進協会運輸部会　2013.1　282p　30cm　〈共同刊行：日本国際貿易促進協会船舶部会〉①978-4-930867-69-8　Ⓝ681.2　[2000円]

中国（映画―チベット）

◇Sernya―チベット文学と映画制作の現在　vol. 1　ペマ・ツェテン映画特集　Sernya編集部，チベット文学研究会編　府中（東京都）　東京外国語大学アジア・アフリカ言語文化研究所　2013.12　127p　21cm　〈年譜あり〉①978-4-86337-148-4　Ⓝ929.32

中国（映画―香港）

◇映画、希望のイマージュ―香港とフランスの挑戦　野崎歓著　福岡　弦書房　2014.2　65p　21cm　（FUKUOKA U ブックレット 5）〈内容：香港映画は二度死ぬ　よみがえるフランス映画〉①978-4-86329-097-6　Ⓝ778.22239　[700円]

中国（映画―歴史）

◇〈証言〉日中映画興亡史　植草信和，坂口英明，玉腰辰己編著　町田　蒼言社　2013.7　244p　21cm　〈文献あり　内容：日中のへだたりと映画交流（玉腰辰己著）　中国映画の歩み（佐藤忠男著）　二十一世紀の中国映画界（坂口英明著）　中国映画の中の日本人（門間貴志著）　初期の日中合作と中国政治の影

（佐藤純彌述）　東光徳間と中国映画祭（鈴木一述）　素顔の中国映画監督たち（水野衛子述）　活字とフィルムをとおして知った中国映画（植草信和述）　中国圏映画からアジア映画へ（暉峻創三述）　始皇帝暗殺から東アジア合作まで（井関惺述）　現代の中国映画を創る（牛山拓二述）〉①978-4-88360-117-2　Ⓝ778.222　［1900円］

中国（エネルギー政策）

◇中国における石炭需給動向と見通し及びその影響調査—平成25年度海外炭開発支援事業海外炭開発高度化等調査　石油天然ガス・金属鉱物資源機構　2014.3　13, 15, 259p　30cm　〈背のタイトル：中国〉Ⓝ567.09222

中国（演劇—雲南省）

◇シャンムーン—雲南省・徳宏タイ劇の世界　長谷千代子訳著，岳小保共訳　雄山閣　2014.3　184p　22cm　（叢書知られざるアジアの言語文化 8）〈文献あり　背の責任表示（誤植）：岳小保 共著〉①978-4-639-02305-0　Ⓝ772.2237　［6000円］

◇シャンムーン—雲南省・徳宏タイ劇の世界　長谷千代子訳著，岳小保共訳　府中（東京都）　東京外国語大学アジア・アフリカ言語文化研究所　2014.3　184p　21cm　（叢書知られざるアジアの言語文化 8）〈年表あり　文献あり〉①978-4-86337-159-0　Ⓝ772.2237

中国（演劇—歴史）

◇アジアの芸術史　文学上演篇1　中国の伝統文芸・演劇・音楽　赤松紀彦編　京都造形芸術大学東北芸術工科大学出版局藝術学舎　2014.1　197p　21cm　（芸術教養シリーズ 11）〈幻冬舎（発売）　年表あり　索引あり　内容：『詩経』と『楚辞』（赤松紀彦著）　礼楽（赤松紀彦著）　漢代の文学と音楽（赤松紀彦著）　魏晋南北朝（赤松紀彦著）　隋唐の文化（赤松紀彦著）　宋代の詩歌とさまざまな芸能（赤松紀彦著）　演劇の興隆—元代（赤松紀彦著）　小説、演劇の黄金時代—明代（赤松紀彦著）　伝統文化の集大成—清代（赤松紀彦著）　語り物と演劇の諸相（赤松紀彦著）　民間音楽のさまざま（赤松紀彦著）　日本に伝えられた中国音楽と演劇（赤松紀彦著）　チベット・内モンゴルの芸能（梶丸岳著）　中国西北部の芸能（梶丸岳著）　西南各民族の芸能（梶丸岳著）〉①978-4-344-95177-8　Ⓝ702.2　［2500円］

中国（演劇—歴史—20世紀）

◇中国の「新劇」と日本—「文明戲」の研究　飯塚容著　八王子　中央大学出版部　2014.8　245,10p　22cm　（中央大学学術図書 85）〈文献あり　索引あり　内容：「文明戲」脚本の諸相　日中両国における『トスカ』受容　佐藤紅緑の脚本と中国の「新劇」　村井弦斎『両美人』の変容　黒岩涙香『野の花』の変容　映画化された文明戲　『谷間の姫百合』『乳姉妹』の変容　文明戲『ナポレオン』の周辺　『文芸倶楽部』と中国の「新劇」　日本における「文明戲」研究〉①978-4-8057-5177-0　Ⓝ772.22　［2700円］

中国（演劇—歴史—近代）

◇日中演劇交流の諸相—中国近代演劇の成立　陳凌虹著　京都　思文閣出版　2014.8　397,14p　22cm〈文献あり　年表あり　索引あり　内容：日中近代演劇の展開　新演劇のネットワーク．1　政治・戦争と演劇の蜜月　新演劇のネットワーク．2　日中に咲くメロドラマの花　舞台芸術としての新派と文明戲　文明戲と日本の新劇運動〉①978-4-7842-1722-9　Ⓝ772.22　［8000円］

中国（演劇—歴史—清時代）

◇清代中国における演劇と社会　村上正和著　山川出版社　2014.11　177,61p　22cm　（山川歴史モノグラフ 28）〈文献あり　索引あり〉①978-4-634-67385-4　Ⓝ772.22　［5000円］

中国（オフショア開発〔日本〕）

◇中国オフショア開発—ソフトウェア品質保証と事業OEM　河合清博著　日科技連出版社　2014.1　152p　21cm〈文献あり　索引あり〉①978-4-8171-9501-2　Ⓝ007.35　［2400円］

◇日中オフショアビジネスの展開　丹沢安治編著　同友館　2014.1　310p　22cm〈文献あり　索引あり　執筆：陳建安ほか　内容：日中間ソフトウェア・オフショア開発における重層的取引構造の共進化（丹沢安治著）　国際分業に組み込まれている中国のソフトウェア産業（陳建安著）　ソフトウェア開発におけるデュアルショア・モデルの成立（丹沢安治著）　中国におけるソフトウェアパークの運営管理に関する一考察（張永良著）　ソフトウェア・オフショア開発における定量リスク分析の一手法（葛永盛著）　中国オフショア企業考察（西崎賢治著）　ソフトウェアのオフショア開発における問題点と実施形態の選択について（伊東俊彦著）　日系ITソフトベンダーのオフショア開発の経営戦略（近藤信一著）　大連におけるサービス・アウトソーシング産業の現状と課題（張英春著）　大連における日本企業のオフショア開発拠点の集積（安藤憲吾著）　オフショアリング，ニア・ショアリングにおける文化の競争（北島啓嗣著）　ソフトウェア開発におけるコミュニケーション問題と場のマネジメント（大野富彦著）〉①978-4-496-05038-1　Ⓝ007.35　［2800円］

中国（音楽—新疆）

◇シルクロード・ウイグル族の音楽—その歴史と現在　鷲尾惟子著　アルテスパブリッシング　2014.3　40p　30cm〈文献あり〉①978-4-903951-85-0　Ⓝ762.228　［1500円］

中国（音楽—歴史）

◇アジアの芸術史　文学上演篇1　中国の伝統文芸・演劇・音楽　赤松紀彦編　京都造形芸術大学東北芸術工科大学出版局藝術学舎　2014.1　197p　21cm　（芸術教養シリーズ 11）〈幻冬舎（発売）　年表あり　索引あり　内容：『詩経』と『楚辞』（赤松紀彦著）　礼楽（赤松紀彦著）　漢代の文学と音楽（赤松紀彦著）　魏晋南北朝（赤松紀彦著）　隋唐の文化（赤松紀彦著）　宋代の詩歌とさまざまな芸能（赤松紀彦著）　演劇の興隆—元代（赤松紀彦著）　小説、演劇の黄金時代—明代（赤松紀彦著）　伝統文化の集大成—清代（赤松紀彦著）　語り物と演劇の諸相（赤松紀彦著）　民間音楽のさまざま（赤松紀彦著）　日本に伝えられた中国音楽と演劇（赤松紀彦著）　チベット・内モンゴルの芸能（梶丸岳著）　中国西北部の芸能（梶丸岳著）　西南各民族の芸能（梶丸岳著）〉①978-4-344-95177-8　Ⓝ702.2　［2500円］

◇中国の音楽論と平均律—儒教における楽の思想　田中有紀著　風響社　2014.10　56p　21cm　（ブックレット《アジアを学ぼう》30）〈文献あり〉①978-4-89489-771-7　Ⓝ762.22　［700円］

中国（音楽—歴史—清時代）

◇琉球楽器楽曲調査業務報告書—清代福州の音楽状況—琉球への影響　［那覇］　沖縄美ら島財団　2014.3　84p　30cm〈文献あり　内容：事業報告　「琉球楽器楽曲調査業務」事業概要及び報告（平成18-25年度記録）（久場まゆみ著）　首里城台湾調査（報告）（比嘉悦子著）　研究論文　清代における福州と泉州及びその周辺地域の伝統音楽と琉球音楽の関係（王耀華，王州著）　琉球の御座楽〈送親親〉〈一更里〉〈相思病〉〈為学当〉に関する考察（劉富琳著）　御座楽のルーツ（源流）に関する一考察（比嘉悦子著）　御座楽楽曲における「加花」考（長嶺亮子著）　琉球王国の儀礼における中国系音楽（金城厚著）　座談会　琉球楽器・楽曲の研究、復元、人材育成について〉Ⓝ762.199

中国（温室効果ガス—排出抑制）

◇中国におけるコベネフィット型低炭素社会構築支援方策調査・検討委託業務業務報告書　平成25年度　［東京］　海外環境協力センター　2014.3　1冊　30cm〈平成25年度環境省委託〉Ⓝ519.3

中国（絵画）

◇中国絵画の源流　王凱著　秀作社出版　2014.6　197p　22cm〈文献あり〉①978-4-88265-542-8　Ⓝ722.2　［2800円］

中国（絵画—画集）

◇中國繪畫總合圖録　3編 第2巻　アメリカ・カナダ篇　2　東京大学東洋文化研究所東アジア部門美術研究分野編　東京大学東洋文化研究所　2014.6　367p　31cm　①978-4-903235-30-1　Ⓝ722.2　［非売品］

中国（絵画—歴史）

◇中国絵画入門　宇佐美文理著　岩波書店　2014.6　203,13p　図版16p　18cm　（岩波新書 新赤版 1490）〈文献あり　索引あり〉①978-4-00-431490-5　Ⓝ722.2　［840円］

◇中国絵画の精髄—国宝に秘められた二十五の物語　中国中央電視台編，岩谷貴久子，張京花訳　科学出版社東京　2014.5　287p　22cm〈文献あり　年表あり　索引あり〉①978-4-907051-10-5　Ⓝ722.2　［3800円］

中国（絵画—歴史—明時代）

◇描かれた倭寇—「倭寇図巻」と「抗倭図巻」　東京大学史料編纂所編　吉川弘文館　2014.10　111p　26cm　①978-4-642-08253-2　Ⓝ722.25　［2500円］

中国（海軍）

◇太平洋の赤い星—中国の台頭と海洋覇権への野望　トシ・ヨシハラ，ジェイムズ・R・ホームズ著，山形浩生訳　バジリコ　2014.2　306,35p　22cm　①978-4-86238-207-8　Ⓝ392.22　［2400円］

◇中国の海上権力—海軍・商船隊・造船〜その戦略と発展状況　浅野亮，山内敏秀編，浅野亮，山内敏秀，森本清二郎，松田琢磨，重入義治，下平拓哉著　創土社　2014.7　277p　21cm〈索引あり　内容：なぜ海洋が重要なのか（浅野亮著）　中国海軍発展の軌跡（山内敏秀著）　拡充する中国商船隊（森本清二郎，松田琢磨著）　中国造船工業界の伸張（重入義治著）　中国海軍の戦略（山内敏秀著）　主要水上戦闘艦艇の近代化（山内敏秀著）　中国初の空母就役の意義（下平拓哉著）　潜水艦部隊の建設（山内敏秀著）　中国の両用戦能力（下平拓哉著）〉①978-4-7893-0218-0　Ⓝ397.222　［2800円］

◇中国の海洋戦略―アジアの安全保障体制　宮田敦司著　批評社　2014.6　182p　19cm　（PP選書）Ⓘ978-4-8265-0602-1　Ⓝ392.22　[1800円]

中国（外交官―歴史―清時代）
◇出使日記の時代―清末の中国と外交　岡本隆司，箱田恵子，青山治世著　名古屋　名古屋大学出版会　2014.8　420,84p　22cm　〈文献あり　索引あり　内容：常駐公使と外交の肖像（岡本隆司著）　西洋と中国（岡本隆司著）　華夏と夷狄（岡本隆司著）　志剛『初使泰西記』（箱田恵子著）　陳蘭彬『使美紀略』（青山治世著）　出使日記の成長（青山治世著）　駐欧公使曾紀澤とロシア（岡本隆司著）　駐米公使張蔭桓と清末の対外関係（岡本隆司著）　薛福成の外交構想（岡本隆司著）　崔国因『出使美日秘崔日記』（青山治世著）　日本を記す（岡本隆司著）　調査から外交へ（箱田恵子著）　ミセラーネ、あるいは出使日記の運命（岡本隆司著）〉Ⓘ978-4-8158-0778-8　Ⓝ319.22　[7400円]

中国（外国会社）
◇図解中国ビジネス税法　[2014]第4版　太陽グラントソントン税理士法人中国デスク著　税務経理協会　2014.9　220p　26cm　〈索引あり〉Ⓘ978-4-419-06162-3　Ⓝ345.222　[3300円]
◇中国現地法人の財務会計業務チェックリスト　加納尚著　改訂版　税務経理協会　2014.6　225p　26cm　Ⓘ978-4-419-06121-0　Ⓝ336.9　[3300円]

中国（外国関係）
◇巨龍・中国の新外交戦略―日本はどう向き合うべきか　ベイツ・ギル著，進藤榮一監訳，古澤嘉朗，畠山京子訳　柏書房　2014.7　338p　20cm　〈内容：日本の対中戦略を構築する（宮本雄二著）　大国外交に転じた習近平の中国（天児慧著）〉Ⓘ978-4-7601-4407-5　Ⓝ319.22　[2800円]
◇主要国の対中認識・政策の分析　[東京]　日本国際問題研究所　2014.3　120p　30cm　〈平成25年度外務省外交・安全保障調査研究事業（調査研究事業）〉Ⓝ319.22
◇進撃の華人―中国「静かな世界侵略」の脅威　フアン・パブロ・カルデナル，エリベルト・アラウホ著，窪田恭子訳　講談社　2014.9　296p　19cm　Ⓘ978-4-06-219106-7　Ⓝ319.22　[1600円]
◇大国の責任とは―中国平和発展への道のり　金燦栄等著，日中翻訳学院監訳，本田朋子訳　日本僑報社　2014.7　304p　19cm　Ⓘ978-4-86185-168-1　Ⓝ319.22　[2500円]
◇中国安全保障レポート　2013　防衛省防衛研究所編　防衛省防衛研究所　2014.1　5,39p　30cm　Ⓘ978-4-86482-009-7　Ⓝ392.22
◇中国が世界をリードするとき―西洋世界の終焉と新たなグローバル秩序の始まり　上　マーティン・ジェイクス著，松下幸子訳　NTT出版　2014.3　395,65p　20cm　Ⓘ978-4-7571-4289-3　Ⓝ319.22　[3400円]
◇中国が世界をリードするとき―西洋世界の終焉と新たなグローバル秩序の始まり　下　マーティン・ジェイクス著，松下幸子訳　NTT出版　2014.3　344,136p　20cm　〈文献あり　索引あり〉Ⓘ978-4-7571-4290-9　Ⓝ319.22　[3400円]
◇中国・韓国を本気で見捨て始めた世界―各国で急拡大する嫌中・嫌韓の実態　宮崎正弘著　徳間書店　2014.9　262p　18cm　Ⓘ978-4-19-863856-6　Ⓝ319.22　[1000円]
◇中国占領地の社会調査　2-43　占領地の統治と支配　7（対外情報 1）貴志俊彦，井村哲郎，加藤聖文，富澤芳亜，弁納才一監修，近現代資料刊行会企画編集　近現代資料刊行会　2014.8　412p　22cm　（戦前・戦中期アジア研究資料 7）〈複製　内容：上海を中心とせる各国宣伝諜報網の実情（興亜院華中連絡部昭和15年刊）　上海租界ノ敵性調査（興亜院華中連絡部昭和15年刊）　支那官吏制度の概要及養成機関に関する調査（興亜院華中連絡部昭和16年刊）〉Ⓘ978-4-86364-273-7,978-4-86364-228-7(set)　Ⓝ302.22
◇中国占領地の社会調査　2-44　占領地の統治と支配　8（対外情報 2）貴志俊彦，井村哲郎，加藤聖文，富澤芳亜，弁納才一監修，近現代資料刊行会企画編集　近現代資料刊行会　2014.8　502p　22cm　（戦前・戦中期アジア研究資料 7）〈複製　内容：租界に関スル諸問題（興亜院華中連絡部昭和14年刊）　中支ニ於ケル列国ノ政治的権益（興亜院華中連絡部昭和15年刊）　支那政治状況ニ関スル報告（興亜院華中連絡部昭和15年刊）　支那ニ於ケル憲法問題概説（興亜院華中連絡部昭和16年刊）〉Ⓘ978-4-86364-274-4,978-4-86364-228-7(set)　Ⓝ302.22
◇中国占領地の社会調査　2-45　占領地の統治と支配　9（対外情報 3）貴志俊彦，井村哲郎，加藤聖文，富澤芳亜，弁納才一監修，近現代資料刊行会企画編集　近現代資料刊行会　2014.8　610p　22cm　（戦前・戦中期アジア研究資料 7）〈複製　内容：蘇聯の支那辺疆侵略（興亜院政務部昭和14年刊）　ソ聯の観たる新疆事情（興亜院政務部昭和15年刊）　秘支那司法制度概況（興亜院政務部昭和15年刊）　極秘蒋介石ノ北伐完了以後全支統一ノタメ採リタル対策ニ関スル研究（東亜研究所昭和18年刊）〉Ⓘ978-4-86364-275-1,978-4-86364-228-7(set)　Ⓝ302.22
◇中国停滞の核心　津上俊哉著　文藝春秋　2014.2　283p　18cm　（文春新書 957）Ⓘ978-4-16-660957-4　Ⓝ332.22　[830円]
◇中国の歴史認識はどう作られたのか　ワンジョン著，伊藤真訳　東洋経済新報社　2014.5　358,46p　20cm　〈文献あり　索引あり〉Ⓘ978-4-492-21216-5　Ⓝ319.22　[2600円]
◇中国、敗れたり―アメリカと日本がアジアの新しい秩序をつくる　日高義樹著　PHP研究所　2014.12　253p　20cm　Ⓘ978-4-569-82203-7　Ⓝ319.22　[1600円]
◇テキサス親父の大正論―韓国・中国の屁理屈なんて普通のアメリカ人の俺でも崩せるぜ！　トニー・マラーノ著，藤木俊一訳・監修　徳間書店　2014.5　191p　18cm　Ⓘ978-4-19-863813-9　Ⓝ319.1021　[1000円]
◇日本の危機！中国の危うさ!!―日本とインドの強い絆と可能性　ペマ・ギャルポ著　あ・うん　2013.6　185p　19cm　〈文献あり〉Ⓘ978-4-904891-25-4　Ⓝ319.1　[1100円]

中国（外国関係―アジア（東部））
◇南シナ海中国海洋覇権の野望　ロバート・D・カプラン著，奥山真司訳　講談社　2014.10　273p　19cm　Ⓘ978-4-06-219244-6　Ⓝ322023　[1800円]

中国（外国関係―アジア―歴史―漢時代）
◇地図で読む「魏志倭人伝」と「邪馬台国」　武光誠著　PHP研究所　2014.11　243p　15cm　（PHP文庫 た17-16）Ⓘ978-4-569-76261-6　Ⓝ210.273　[660円]

中国（外国関係―アジア―歴史―清時代）
◇近代中国の在外領事とアジア　青山治世著　名古屋　名古屋大学出版会　2014.9　426,40p　22cm　〈文献あり　索引あり　内容：領事制度と近代中国　在外領事像の模索　南洋華人調査の背景と西洋諸国との摩擦　南洋華人調査の実施　清朝政府の領事拡大論議　駐英公使薛福成の領事設置活動とその挫折　双務的領事裁判権をめぐる日清交渉　清朝の在朝鮮領事裁判規定の成立と変容　日本・朝鮮における清朝領事裁判の実態と変容　在ベトナム領事の設置をめぐる対仏交渉　近代日中の"交錯"と"分岐"の軌跡　近代アジア国際関係史への新たな視座〉Ⓘ978-4-8158-0784-9　Ⓝ319.2202　[6800円]

中国（外国関係―アジア―歴史―南北朝時代―南朝）
◇梁職貢図と東部ユーラシア世界　鈴木靖民，金子修一編　勉誠出版　2014.5　538p　22cm　〈内容：清張庚諸番職貢図巻（尹龍九解題・翻刻）東部ユーラシア世界と東アジア世界論（鈴木靖民著）　梁職貢図と西域諸国（王素著，菊地大，速水大訳）　梁への道（石見清裕著）「梁職貢図」の国名記載順（中村和樹著）　南朝梁の外交とその特質（金子ひろみ著）　と『梁書』諸夷伝の上表文（新川登亀男著）「梁職貢図」流伝と模本（尹龍九著，近藤剛訳）　台湾故宮博物院所蔵「南唐顧徳謙模梁元帝蕃客入朝図」について（深津行徳著）「梁職貢図」逸文の集成と解析（植田喜兵成智著）　木下杢太郎と芥川龍之介が見た北京の職貢図（片山章雄著）　中国における倭人情報（河内春人著）　孫呉・東晋と東南アジア諸国（菊地大著）　倭の五王の冊封と劉宋遣使（廣瀬憲雄著）「梁職貢図」と東南アジア国書（河上麻由子著）「梁職貢図」高句麗・百済・新羅の題記について（李成市著）　新出「梁職貢図」題記逸文の朝鮮関係記事二、三をめぐって（赤羽目匡由著）「魯国」か「虜国」か（堀内淳一著）　北朝の国書（金子修一著）〉Ⓘ978-4-585-22060-2　Ⓝ222.046　[8500円]

中国（外国関係―アメリカ合衆国）
◇アメリカが中国を選ぶ日―覇権国なきアジアの命運　ヒュー・ホワイト著，徳川家広訳　勁草書房　2014.11　271p　20cm　Ⓘ978-4-326-35166-4　Ⓝ319.53022　[2300円]
◇現代日本の政治と外交　5　日本・アメリカ・中国―錯綜するトライアングル　猪口孝監修　猪口孝，G.ジョン・アイケンベリー編　原書房　2014.4　301,6p　20cm　〈文献あり　索引あり　内容：日本・アメリカ・中国（猪口孝，ジョン・アイケンベリー著，猪口孝監訳）　東アジアとリベラルな国際秩序（ジョン・アイケンベリー著，猪口孝監訳）　冷戦後の日本の外交路線（猪口孝著）　平和的台頭、多極構造と中国の外交路線（潘忠岐，陳志敏著，猪口孝監訳）　民主党政権下の日本の対米外交政策とその国内的背景（佐藤洋一郎著）　姉妹間のライバル意識？国内政治と日米同盟（デーヴィッド・レヘニー著，猪口孝監訳）　中国の対日方針とその国内的背景（劉江永著，猪口孝監訳）　日本・中国・ロシアと、アメリカの「頂点」（ローウェル・ディットマー著，猪口孝監訳）　日本の対中方針（三船恵美著）〉Ⓘ978-4-562-04962-2　Ⓝ312.1　[4800円]

◇自壊する中国反撃する日本—日米中激突時代始まる！　古森義久, 石平著　ビジネス社　2014.8　243p　19cm　①978-4-8284-1763-9　Ⓝ319.22053　［1400円］

◇図説米中軍事対決—超大国の空軍力が沖縄・台湾・グァムで激突！中国A2/AD戦略と米エアシーバトル構想　河津幸英著　［東京］アリアドネ企画　2014.11　397p　21cm（ARIADNE MILITARY）〈三修社（発売）〉①978-4-384-04625-0　Ⓝ398.253　［2700円］

◇迫りくる「米中新冷戦」—日本と世界は大動乱の時代を迎える　古森義久著　PHP研究所　2014.9　236p　19cm　①978-4-569-82139-9　Ⓝ319.53022　［1600円］

◇中国の戦争力—台頭する新たな海洋覇権の実態　小川和久, 西恭之著　中央公論新社　2014.3　291p　20cm　①978-4-12-004600-1　Ⓝ392.22　［1600円］

◇2014年の「米中」を読む！—アメリカと中国を知らなければ世界は分からない！　古森義久, 矢板明夫著　海竜社　2014.1　274p　19cm　①978-4-7593-1350-5　Ⓝ319.22053　［1500円］

◇日米中アジア開戦　陳破空著, 山田智美訳　文藝春秋　2014.5　261p　18cm　（文春新書 976）①978-4-16-660976-5　Ⓝ319.1022　［800円］

◇米軍と人民解放軍—米国防総省の対中戦略　布施哲著　講談社　2014.8　312p　18cm　（講談社現代新書 2277）①978-4-06-288277-4　Ⓝ319.53022　［880円］

中国（外国関係—インド）
◇日本とインドいま結ばれる民主主義国家—中国「封じ込め」は可能か　櫻井よしこ, 国家基本問題研究所編　文藝春秋　2014.11　395p　16cm　（文春文庫 さ57-3）〈2012年刊の補筆, 加筆　内容：対中国「大戦略」構築のために（櫻井よしこ著）　歴史的絆から戦略的グローバル・パートナーシップへ（平林博著）　中国「封じ込め」は可能か（アルジュン・アスラニ著）　中国軍拡止まずインド洋・南シナ海浪高し（川村純彦著）　インドから見た「中国の脅威」とは（カンワル・シバル著）　武器輸出三原則緩和によって強化される日印戦略関係（島田洋一著）　中国に対しては「結束し抑え込む」しか道はない（C.ラジャ・モハン著）　核と原子力をめぐる日印関係（金子熊夫著）　印日が手を組めば中国に勝てる（ブラーマ・チェラニー著）　インドへの進出で中国に立ち遅れる日印関係（近藤正規著）　海で出会う二つの民主主義国家（安倍晋三述）　アントニー国防大臣との対話（アントニー, 安倍晋三, 櫻井よしこ述）　海洋安全保障で日本との協力を（シブシャンカル・メノン述）　国基研&インド世界問題評議会共催セミナー　日米安保改定50周年シンポジウム（櫻井よしこほか述）〉①978-4-16-790232-2　Ⓝ319.1025　［700円］

中国（外国関係—大韓民国）
◇なぜ韓国は中国についていくのか—日本人が知らない中韓連携の深層　荒木信子著　草思社　2014.4　302p　20cm〈文献あり〉①978-4-7942-2049-3　Ⓝ319.21022　［2200円］

中国（外国関係—中央アジア—歴史—清時代）
◇清と中央アジア草原—遊牧民の世界から帝国の辺境へ　小沼孝博著　東京大学出版会　2014.7　311p　22cm〈文献・索引あり　内容：遊牧国家ジューンガルの形成と支配体制　清のジューンガル征服と支配構想　オイラト支配の展開　オイラト支配の破綻　清朝皇帝を指す満洲語　清とカザフ遊牧勢力の接触　清の中央アジア政策の基層　清—カザフ関係の変容　19世紀前半における西北辺境の再編〉①978-4-13-026149-4　Ⓝ222.06　［7500円］

中国（外国関係—朝鮮—歴史）
◇図説よくわかる日本・中国・韓国の歴史と紛争　島崎晋著　PHPエディターズ・グループ　2014.3　223p　19cm〈PHP研究所（発売）文献あり〉①978-4-569-81820-7　Ⓝ319.1022　［1300円］

中国（外国関係—朝鮮—歴史—明時代）
◇明代遼東と朝鮮　荷見守義著　汲古書院　2014.5　437,14p　22cm　（汲古叢書 113）〈索引あり〉①978-4-7629-6012-3　Ⓝ222.058　［12000円］

中国（外国関係—朝鮮民主主義人民共和国）
◇習近平は必ず金正恩を殺す　近藤大介著　講談社　2014.8　285p　19cm　①978-4-06-219123-4　Ⓝ319.22021　［1500円］

中国（外国関係—東南アジア）
◇南シナ海中国海洋覇権の野望　ロバート・D・カプラン著, 奥山真司訳　講談社　2014.10　273p　19cm　①978-4-06-219244-6　Ⓝ319.22023　［1800円］

中国（外国関係—日本）
◇アメリカと中国はどう日本を「侵略」するのか—「第二次大戦」前夜にだんだん似てきている, 今　西尾幹二著　ベストセラーズ　2014.7　255p　18cm〈年表あり〉①978-4-584-13588-4　Ⓝ319.1053　［1000円］

◇新たな反日包囲網を撃破する日本　渡部昇一著　徳間書店　2014.3　236p　20cm　①978-4-19-863777-4　Ⓝ319.1053　［1600円］

◇言いがかり国家「中国」を黙らせる本　宮越秀雄著　彩図社　2014.10　186p　19cm〈文献あり〉①978-4-8013-0026-2　Ⓝ319.1022　［1200円］

◇いま沖縄で起きている大変なこと—中国による「沖縄のクリミア化」が始まる　惠隆之介著　PHP研究所　2014.9　221p　20cm　①978-4-569-82032-3　Ⓝ319.1022　［1300円］

◇「御宅」と呼ばれても—中国"90後"が語る日本のサブカルと中国人のマナー意識：中国若者たちの生の声　日本僑報社　2014.12　221p　21cm　（中国人の日本語作文コンクール受賞作品集 第10回）①978-4-86185-182-7　Ⓝ319.1022　［2000円］

◇貶める韓国脅す中国—新帝国時代試される日本　産経新聞「新帝国時代」取材班著　産経新聞出版　2014.3　252p　19cm〈日本工業新聞社（発売）〉①978-4-8191-1238-3　Ⓝ319.1022　［1300円］

◇韓中衰栄と武士道　黒鉄ヒロシ著　［東京］KADOKAWA　2014.9　254p　19cm　①978-4-04-653310-4　Ⓝ319.1053　［1500円］

◇教育・環境・文化から考える日本と中国　桜美林大学・北京大学学術交流論集編集委員会編　はる書房　2014.12　369p　22cm〈執筆：佐藤東洋士ほか　内容：大学発展史上の三つのモデルとこれからの大学（呉志攀著）　大学の質保証とグローバル化（佐藤東洋士著）　中国大陸における文系博士課程教育について（呉志攀著）　戦後日本の大学院の歩み（佐藤東洋士著）　桜美林大学大学院の教育実践と改革（小池一夫著）　日中関係40年と高等教育の交流（佐藤東洋士著）　言語の多国的拡張とアジア研究の今後の展望（呉志攀著）　日中大学間の学生流動とカリキュラムの整備（佐藤東洋士著）　素質教育と大学の社会的責任（呉志攀著）　中国都市生活ゴミの焼却処理技術の発展と展望について（劉陽生著）　首都東京における緑の創出（小磯明著）　企業の環境責任と中国の環境保全（包茂紅著）「環境保護法」部分改訂の方法について（汪勁著）　桜美林大学におけるエコキャンパス化の実践（伊藤章治著）　東日本大震災と日本政治（早野透著）　中国「詞」の唱和交流（佐藤穀著）　駐日清国公使館と『養浩堂詩集』（佐藤明治著）　扶桑芸道、華年を潤す（商金林著）　民国時代梅蘭芳訪日公演成功の外的要因について（袁英明著）　近現代日中文学関係と日本における中国近現代文学の受容（藤澤太郎著）　村上春樹と中国（藤井省三著）　中国古代生態文化についての一考察（程郁綴著）「個人」と「間人」、「倫人」と「縁人」（尚会鵬著）　近代以来中日相互認識の変化（李玉著）　日中関係と国民感情（高原明生著）　グローバル化時代の日中関係（五十嵐武士著）〉①978-4-89984-143-2　Ⓝ319.1022　［3200円］

◇激動のアジア・太平洋地域情勢と我が国の進路—第40回防衛セミナー講演集　隊友会　2014.3　402p　19cm　（防衛開眼第40集）〈内容：自衛隊・統合運用の現状と今後（岩崎茂述）　国防の経済学（三橋貴明述）　お伝えしたい「軍事の基礎」と「今日の問題」（冨澤暉述）　日本の海洋安全保障と国境離島（山田吉彦述）　東日本大震災・陸海空自衛隊統合部隊の災害救助活動（原口寛史述）　東アジアの安全保障環境の変化と日本の安全保障・防衛（西元徹也述）　中国の海洋進出と東シナ海情勢（香田洋二述）　わが国をとりまく安全保障情勢（金田秀昭述）〉Ⓝ392.1076　［1143円］

◇現代日本の政治と外交　5　日本・アメリカ・中国—錯綜するトライアングル　猪口孝監修　猪口孝, G・ジョン・アイケンベリー編　原書房　2014.4　301,6p　22cm〈文献あり　索引あり　内容：日本・アメリカ・中国（猪口孝, ジョン・アイケンベリー著, 猪口孝監訳）　東アジアとリベラルな国際秩序（ジョン・アイケンベリー著, 猪口孝監訳）　冷戦後の日本の外交路線（猪口孝述, 平和的台頭、多極構造と中国の外交路線（潘忠岐, 陳志敏著, 猪口孝監訳）　民主党政権下の日本の対米外交政策とその国内的背景（佐藤洋一郎著）　中国の対米方針と国内的背景（買鹿理著, 猪口孝監訳）　姉妹間のライバル意識？国内政治と日米同盟（デーヴィッド・レヘニー著, 猪口孝監訳）　中国の対日方針とその国内的背景（劉江永著, 猪口孝監訳）　日本・中国・ロシアと、アメリカの「頂点」（ローウェル・ディットマー著, 猪口孝監訳）　日本の対中方針（三船恵美著）〉①978-4-562-04962-2　Ⓝ312.1　［4800円］

◇言論外交—誰が東アジアの危機を解決するのか　工藤泰志編著　NCコミュニケーションズ　2014.4　256p　19cm〈日中出版（発売）年譜あり　内容：日中「不戦の誓い」はどのようにして合意されたか（工藤泰志著）　北京コンセンサス「不戦の誓い」（全文）「不戦の誓い」と「民間外交」（明石康, 宮本雄二, 工藤泰志述）　1980年東京—北京フォーラムを振り返って（武藤敏郎著）　なぜいま、「言論外交」なのか（明石康, 宮本雄二, 工藤泰志述）「民間外交」の役割とは何か（田中明

彦著） 新しい民間外交「言論外交」の可能性（川島真, 神保謙, 三上貴教ほか述） 尖閣諸島周辺海域で何が起こっているか（明石康, 宮本雄二, 工藤泰志述） 人民解放軍将官と自衛隊関係者との非公式会議〈抄録〉日韓両国の対立をどう克服するか（川口順子, 小倉和夫, 工藤泰志述） 重要度を増す「民間外交」の役割（東郷和彦著） 「言論外交」は何を目指すか（明石康, 宮本雄二, 工藤泰志述）〉 Ⓘ978-4-8175-9105-0 Ⓝ319.1022 ［1600円］

◇自壊する中国反撃する日本─日米中激突時代始まる！ 古森義久, 石平著 ビジネス社 2014.8 243p 19cm Ⓘ978-4-8284-1763-9 Ⓝ319.22053 ［1400円］

◇迫りくる沖縄危機 惠隆之介著 幻冬舎ルネッサンス 2014.8 186p 18cm （幻冬舎ルネッサンス新書 め-1-2） Ⓘ978-4-7790-6104-2 Ⓝ319.1022 ［778円］

◇知中論─理不尽な国の7つの論理 安田峰俊著 星海社 2014.9 227p 18cm （星海社新書 54）〈講談社（発売）文献あり〉 Ⓘ978-4-06-138558-0 Ⓝ302.22 ［840円］

◇中国を捨てよ 石平, 西村幸祐著 イースト・プレス 2014.4 190p 18cm （イースト新書 028）〈『日本よ！米中を捨てる覚悟はあるか』（徳間書店 2010年刊）の改題, 改訂し, 新規対談を加える〉 Ⓘ978-4-7816-5028-9 Ⓝ319.1022 ［861円］

◇中国が愛する国, ニッポン Record China監修 竹書房 2014.10 191p 19cm Ⓘ978-4-8019-0042-4 Ⓝ361.42 ［980円］

◇「中国人の9割が日本が嫌い」の真実 初田宗久著 トランスワールドジャパン 2014.3 231p 19cm （TWJ BOOKS）〈文献あり〉 Ⓘ978-4-86256-138-1 Ⓝ319.1022 ［1100円］

◇中国人の心を動かした「日本力」─日本人も知らない感動エピソード：中国人の日本語作文コンクール受賞作品集 日本僑報社 2014.1 224p 21cm （中国人の日本語作文コンクール受賞作品集 第9回） Ⓘ978-4-86185-163-6 Ⓝ319.1022 ［2000円］

◇中国人は「反日」なのか─中国在住日本人が見た市井の人びと 松本忠之著 コモンズ 2014.6 148p 19cm Ⓘ978-4-86187-116-0 Ⓝ319.1022 ［1200円］

◇中国にNOと言える日本 田母神俊雄著 徳間書店 2014.8 228p 19cm Ⓘ978-4-19-863843-6 Ⓝ319.1022 ［1200円］

◇中国の戦争力─台頭する新たな海洋覇権の実態 小川和久, 西恭之著 中央公論新社 2014.3 291p 20cm Ⓘ978-4-12-004600-1 Ⓝ392.22 ［1600円］

◇中国の大問題 丹羽宇一郎著 PHP研究所 2014.6 254p 18cm （PHP新書 931） Ⓘ978-4-569-81926-6 Ⓝ302.22 ［800円］

◇中国の「反日」で日本はよくなる 宮崎正弘著 徳間書店 2014.8 253p 15cm （徳間文庫 み18-2）〈2013年刊の加筆〉 Ⓘ978-4-19-893876-5 Ⓝ319.1022 ［630円］

◇中日対話か？対抗か？─日本の「軍国主義化」と中国の「対日外交」を斬る 李東雷著, 笹川陽平監修 日本僑報社 2014.9 147p 19cm Ⓘ978-4-86185-171-1 Ⓝ319.1022 ［1500円］

◇仲良く自滅する中国と韓国─暴走と崩壊が止まらない！ 宮崎正弘, 室谷克実著 徳間書店 2014.6 237p 19cm Ⓘ978-4-19-863816-0 Ⓝ319.1022 ［1000円］

◇憎しみに未来はない─中日関係新思考 馬立誠著, 及川淳子訳 岩波書店 2014.1 293p 20cm〈文献あり〉 Ⓘ978-4-00-025944-6 Ⓝ319.1022 ［2800円］

◇2014年の「米中」を読む！─アメリカと中国を知らなければ世界は分からない！ 古森義久, 矢板明夫著 海竜社 2014.1 274p 19cm Ⓘ978-4-7593-1350-5 Ⓝ319.22053 ［1500円］

◇日米中アジア開戦 陳破空著, 山田智美訳 文藝春秋 2014.5 261p 18cm （文春新書 976） Ⓘ978-4-16-660976-5 Ⓝ319.1022 ［860円］

◇「日中韓」外交戦争─日本が直面する「いまそこにある危機」 読売新聞政治部著 新潮社 2014.6 301p 20cm〈年表あり〉 Ⓘ978-4-10-339016-9 Ⓝ319.1022 ［1400円］

◇日中関係の針路とメディアの役割─公益財団法人新聞通信調査会主催シンポジウム 新聞通信調査会編 新聞通信調査会 2014.3 125p 21cm〈年表あり 内容：基調講演 日中関係の本道とメディアの正道（丹羽宇一郎述） 21世紀の中日関係の再構築を目指して（朱鎔述） パネルディスカッション 中日関係の針路とメディアの役割（史哲ほか述） シンポジウムへのコメント 「その大きな力」をどう使うのか（塚越敏彦述） 相互理解をめぐる交錯と拡散（上野征洋述）〉 Ⓘ978-4-907087-27-2 Ⓝ319.1022 ［1000円］

◇ニッポンの懸案─韓・中との衝突にどう対処するか 櫻井よしこ著 小学館 2014.2 252p 18cm （小学館新書 201）〈内容："従北勢力"が跋扈する韓国は内戦状態（洪熒述） 言論

の自由を封じ, 入国拒否の蛮行に走った韓国の精神構造（呉善花述） 尖閣, 五島, 沖縄, そして日本海にも中国の脅威が（山田吉彦述） 国境の島の防人に聞く「日本の離島をどう守るか」（中山義隆述） 軍事独裁国家・中国との戦争を防ぐには日本の軍事的努力が必要だ（村井友秀述） 抑圧ではチベット人の民意は得られない（ダライ・ラマ法王14世述） 日本の領土, 領海を守れない憲法をどう変えるべきか（百地章述）〉 Ⓘ978-4-09-825201-5 Ⓝ319.1021 ［740円］

◇日本を取り戻す─アベノミクスと反日の中国・韓国 黄文雄著 光明思想社 2014.3 232p 19cm Ⓘ978-4-904414-27-9 Ⓝ319.1022 ［1200円］

◇日本人が中国を嫌いになれないこれだけの理由 瀬口清之著［東京］日経BP社 2014.12 375p 19cm〈日経BPマーケティング（発売）〉 Ⓘ978-4-8222-7902-8 Ⓝ319.1022 ［1800円］

◇日本とインドいま結ばれる民主主義国家─中国「封じ込め」は可能か 櫻井よしこ, 国家基本問題研究所編 文藝春秋 2014.11 395p 19cm （文春文庫 さ57-3）〈2012年刊の補筆, 加筆 内容：対中国「大戦略」構築のために（櫻井よしこ著） 歴史的絆から戦略的グローバル・パートナーシップへ（平林博著） 中国「封じ込め」は可能か（アルジュン・アスラニ著） 中国軍拡止まずインド洋・南シナ海浪高し（川村純彦著） インドから見た「中国の脅威」とは（カンワル・シバル著） 武器輸出三原則緩和によって強化される日印戦略関係（島田洋一著） 中国に対しては「結束し抑え込む」しか道はない（C.ラジャ・モハン著） 核と原子力をめぐる日印関係（金子熊夫著） 印日が手を組めば中国に勝てる（ブラーマ・チェラニー著） インドへの進出で中国に立ち上げる（近藤正規著） 海で出会う二つの民主主義国家（安倍晋三述） アントニー国防大臣との対話（アントニー, 安倍晋三, 櫻井よしこ述） 海洋安全保障で日本との協力を（シブシャンカル・メノン述） 国基研＆インド世界問題評議会共催セミナー 日米安保改定50周年シンポジウム（櫻井よしこほか述）〉 Ⓘ978-4-16-790232-2 Ⓝ319.1025 ［700円］

◇日本に対する偏見が解けてゆく─中国の大学生〈日本語科〉が想う「日本」とは？ 日本人が作った「日本語教材」は：感想文コンテスト入賞作67編 大森和夫, 大森弘子編著 日本僑報社 2014.10 203p 19cm Ⓘ978-4-86185-176-6 Ⓝ319.1022 ［1800円］

◇犯中韓論 黄文雄著 幻冬舎ルネッサンス 2014.8 279p 18cm （幻冬舎ルネッサンス新書 こ-4-2） Ⓘ978-4-7790-6112-7 Ⓝ319.1022 ［815円］

◇「反日」の敗北 石平, 西村幸祐著 イースト・プレス 2014.6 207p 19cm Ⓘ978-4-7816-1174-7 Ⓝ319.1022 ［1200円］

◇勃興するアジアと日中関係 関西日中関係学会, 神戸社会人大学, 桜美林大学北東アジア総合研究所編 相模原 桜美林大学北東アジア総合研究所 2013.7 174p 21cm （北東アジア研究叢書）〈内容：勃興するアジアと日中関係（野尻武敏著） ツェリン・オーセルの文学の力（劉燕子著） 現代中国の言論空間（及川淳子著） 台湾海峡両岸関係の現状（本田善彦著） 人口老齢化の厳しい閉門（伊原吉之助著） 日中関係と孫文（安井三吉著） 中国発グローバル企業の実像（徐方啓著） 日本からの提言（大森經德著） 日中関係とアジア・ユーラシアの近未来（川西重忠著） 成熟期に入った中国経済と今後の課題（安室憲一著）〉 Ⓘ978-4-904794-35-7 Ⓝ319.1022 ［1000円］

◇靖国問題と中国包囲網 副島隆彦著 ビジネス社 2014.3 255p 20cm Ⓘ978-4-8284-1743-1 Ⓝ302.22 ［1600円］

◇領土喪失の悪夢─尖閣・沖縄を売り渡すのは誰か 小川聡, 大木聖馬著 新潮社 2014.7 189p 18cm （新潮新書 580）〈文献あり〉 Ⓘ978-4-10-610580-7 Ⓝ319.1022 ［700円］

◇ワンピースに学ぶ反日問題─ルフィと仲間たちが教えてくれる歴史認識・差別・偏見の真実 長谷川豊著 ヴィレッジブックス 2014.5 157p 19cm Ⓘ978-4-86491-138-2 Ⓝ319.1021 ［1000円］

中国（外国関係─日本─歴史）

◇一衣帯水─日中間の人物交流と異文化間コミュニケーション 天号 張麟声, 編 日中言語文化出版社 2014.6 119p 21cm〈中国語併記 内容：舞子海岸で孫中山先生に拝謁する（張麟声著, 山本眞理子訳） 空海の入唐留学（岸田知子著） 日本の「和」, 中国の「和」（矢羽野隆男著） 孔子と聖徳太子に「和諧」を学ぶ（徐俊著, 董涛訳）〉 Ⓘ978-4-905013-82-2 Ⓝ210.1822 ［1000円］

◇図説よくわかる日本・中国・韓国の歴史と紛争 島崎晋著 PHPエディターズ・グループ 2014.3 223p 19cm 〈PHP研究所（発売）文献あり〉 Ⓘ978-4-569-81820-7 Ⓝ319.1022 ［1300円］

◇中国化する日本─日中「文明の衝突」一千年史 與那覇潤著 増補版 文藝春秋 2014.4 395p 16cm （文春文庫 よ35-

中国（外国関係―日本―歴史―1868～1945）

1）〈文献あり　年表あり　索引あり〉①978-4-16-790084-7 Ⓝ210.1822　［700円］

◇中国と日本―相互認識の歴史と現実：国際学術シンポジウム　岡山　岡山大学グローバル・パートナーズ　2014.8　186p　30cm〈文献あり　共同刊行：吉備人出版　内容：戦後日本人の中国像の変遷（馬場公彦著）　長春育ちから見た中国映画（石子順著）　中国近代知日家の四白眉と四つの里程標（徐冰著）『切韻』の発展と日本の受容（林忠鵬著）　中国東北地方の朝鮮族初等学校での植民地教育（徐雄彬、張玉、王冉冉著）　明治末期（1903-1912）日本小学校の教科書に見る中国像（張卓識著）　日中における「つもりの相互誤解」（酒井順一郎著）　平安の日本人が中国から学んだもの（下定雅弘著）　近代日本の東洋史教科書とアジア認識（土屋洋著）　南原繁の「共同体論」への再認識（蘆麗、蔡欣著）　軍記物語的方法（池睿著）　岡山―武居高四郎と長春都市規划（傅華著）〉978-4-86069-415-9 Ⓝ210.1822　［非売品］

◇なぜ韓国人・中国人は「反日」を叫ぶのか　黄文雄著　宝島社　2014.3　216p　16cm　（宝島SUGOI文庫　Aこ-5-1）「「なぜ中国人・韓国人は「反日」を叫ぶのか」（2013年刊）の改題、改訂」978-4-8002-2385-2 Ⓝ319.1021　［580円］

◇日中科学技術交流の40年　科学技術振興機構中国総合研究交流センター編　［東京］　科学技術振興機構中国総合研究交流センター　2014印刷　237p　30cm〈年表あり　文献あり〉978-4-88890-386-8 Ⓝ402.2

◇「日中歴史共同研究」報告書　第1巻　古代・中近世史篇　北岡伸一、歩平編　勉誠出版　2014.10　611p　22cm〈内容：七世紀の東アジア国際秩序の創成（川本芳昭、王小甫著）　十五世紀から十六世紀の東アジア国際秩序と日本（村井章介、王新生著）　思想、宗教の伝播と変容（小島毅、宋成有著）　ヒトとモノの移動（桜井英治、井手誠之輔、王勇著）　日本人と中国人の相互認識（古瀬奈津子、小島康敬、王暁秋著）　日中の政治・社会構造の比較（菊池秀明、蔣立峰、王勇ほか著）〉978-4-585-22034-3 Ⓝ210.1822　［6000円］

◇日本を恐れ、妬み続ける中国　黄文雄著　ベストセラーズ　2014.8　255p　19cm　①978-4-584-13591-4 Ⓝ222.01　［1204円］

◇「米中韓」と日本の歴史―今の日本がここから見える！　金谷俊一郎著　朝日新聞出版　2014.10　223p　19cm〈文献あり〉①978-4-02-331306-4 Ⓝ319.1053　［1400円］

中国（外国関係―日本―歴史―1868～1945）

◇「日中歴史共同研究」報告書　第2巻　近現代史篇　北岡伸一、歩平編　勉誠出版　2014.10　467p　22cm〈内容：近代日中関係のはじまり（北岡伸一、徐勇、周ədgə倫ほか著）　対立と協力（川島真、徐勇、周əcgə倫ほか著）　日本の大陸拡張政策と中国国民革命運動（服部龍二、王建朗著）　満洲事変から盧溝橋事件まで（戸部良一、臧運祜著）　日中戦争（波多野澄雄、庄司潤一郎、栄維木著）　日中戦争と太平洋戦争（波多野澄雄、陶文釗著）〉①978-4-585-22035-0 Ⓝ210.1822　［4500円］

◇歴史のなかの日本政治　3　近代中国をめぐる国際政治　北岡伸一監修　川島真編、黄栄光、千葉功、川島真、高光佳絵、平田康治著　中央公論新社　2014.12　274p　20cm〈索引あり　内容：一九世紀後半の日中通商交渉史（黄栄光著）　一九〇〇年代日本の対中外交と列強協調（千葉功著）　二十一箇条要求と日中関係・再考（川島真著）　戦間期アジア・太平洋秩序と国際的民間団体（高光佳絵著）　満洲国の政治と経済（平田康治著）〉①978-4-12-004573-8 Ⓝ312.1　［3200円］

中国（外国関係―日本―歴史―1945～）

◇現代日本人の中国像―国交正常化から天安門事件・天皇訪中まで　馬場公彦著　新曜社　2014.5　400p　22cm〈年表あり　索引あり　内容：日本人の中国像の変遷　戦後日本人は文革の終わりをどう迎えたか　友好と離反のはざまできしむ日中関係　天安門事件にいたる道　天安門事件後の日本人の台湾像　日本人の対中国認識経路を通して見た中国像　戦後日本人のモンゴル像　歴史研究から同時代政治へ（若林正丈述）　変わりゆく中国に埋め込まれた歴史の地層を見据えて（西村成雄述）　地方・民間社会・南から見た中国の動態（濱下武志述）　改革の陣痛に立ちあって（船橋洋一述）　同時代中国を見つめる眼（毛里和子述）〉978-4-7885-1386-0 Ⓝ319.1022　［4200円］

◇日中関係史1972-2012　4　民間　園田茂人編　東京大学出版会　2014.3　260p　22cm　①978-4-13-023067-4 Ⓝ319.1022　［3000円］

◇日中労働組合交流史―60年の軌跡　山田陽一著　平原社　2014.8　265p　22cm〈文献あり　年表あり〉①978-4-938391-51-5 Ⓝ366.621　［3700円］

◇日本は大東亜戦争に勝っていた　川本山水著　［東京］　東京図書出版　2014.6　268p　18cm　（TTS新書）〈リフレ出版（発売）〉①978-4-86223-754-5 Ⓝ210.76　［900円］

中国（外国関係―日本―歴史―1949～）

◇中国社会の基層変化と日中関係の変容　愛知大学国際中国学研究センター編　日本評論社　2014.7　262p　21cm〈索引あり　内容：孫文の大アジア主義と日本（馬場毅著）　中国のエネルギー問題と経済（大澤正治、李春利著）　中国の水資源の現状と課題（大島一二著）　中国都市部の「社区自治」についての一考察（唐燕霞著）　チャン族被災民の漢族地区への移住とコミュニティの再建（松岡正子著）　中国における「包」と「発展のシェーマ」についての一考察（原田忠直著）　漢服運動とは何か（周星著）　東アジア世界の脱構築と海洋秩序（加々美光行著）　尖閣諸島領有権問題をめぐる日中関係の構造的変化に関する考察（川村範行著）　現代日中関係の基層としての「50年問題」（鈴木規夫著）　下降する1990年代以降の中日関係（臧志軍、徐青著）　新興市場の企業間競争に対する制度論的アプローチ（田中英式著）　日中食品モジュール貿易の形成と構造（高橋五郎著）〉①978-4-535-58667-3 Ⓝ302.22　［3000円］

◇中国ナショナリズムのなかの日本―「愛国主義」の変容と歴史認識問題　江藤名保子著　勁草書房　2014.3　232p　22cm　（現代中国地域研究叢書　7）〈文献あり　索引あり　内容：現代中国ナショナリズムと「日本」　日中歴史認識問題の「発見」　改革開放のジレンマ　大国化と民衆ナショナリズムの要請　「愛国主義」の新展開　現代中国の公定ナショナリズムと対日政策〉①978-4-326-34897-8 Ⓝ319.1022　［4000円］

中国（外国関係―日本―歴史―近代）

◇21世紀の日中関係―青年研究者の思索と対話　大阪大学中国文化フォーラム［豊中］　［大阪大学中国文化フォーラム］　2014.3　371p　21cm　（OUFCブックレット　第3巻）〈文献あり　中国語併載　内容：青年研究者の所見　「21世紀の日中関係」について　コメント　「21世紀の日中関係」についての先端的諸言説を解読する（西村成雄著）　テーマ総括及び中日関係に対する見解（江沛著）　「青年研究者の21世紀の日中関係の所見」に関する所感（陳進金著）　歴史針鋒相対（王慧婷著）　盧溝橋事件の拡大とメディアの報道について（鄒燦著）　現代中国政治史における「公民」（和田英男著）　政治・社会　中国海权困境及其原因対策的相关探討（石羽涵著）　文化・科学　汪曾祺小说中的描写与艺术体现（張煜著）　真实という選択（楊雪琳著）　中國水下文化遺産保護（陳元桉著）　中国的大气污染問題（潘钰林著）　波动的心理学（胡毓瑢著）　認識・イメージ　日本占領下華北における在留邦人の対中国認識（菊地俊介著）　中国側から見る日中経済協力（王坤著）　馮昭奎の日本論（周妍著）　《人民日報》涉日報道研究（2003-2012年）（马瑞洁著）〉Ⓝ302.22

◇「反日」中国の文明史　平野聡著　筑摩書房　2014.7　270p　18cm　（ちくま新書　1080）〈文献あり〉①978-4-480-06784-5 Ⓝ222.01　［840円］

中国（外国関係―日本―歴史―古代）

◇古代日本と中国文化―受容と選択　水口幹記著　塙書房　2014.10　417,18p　22cm〈内容：古代日本における中国文化受容研究の方法試論　藤原朝臣麻呂の祥瑞関与　類書『稽瑞』と祥瑞品目　類書『稽瑞』の成立年代について　僧円能作成の脉符について　日本呪符の系譜　日本古典文学にみる情報交流の方法　「風角」「風占」と風をめぐる中国の相異〈雲を見る〉こと　日本古代における時間をめぐる二つの文化圏　景戒の時間意識と叙述の選択　大津皇子詩と陳後主詩　奈良時代の言語政策　非唐人音博士の誕生　奈良時代の『日本書紀』読書　弘仁の日本書紀講書と文章経国思想　東アジアにおける書籍と文化の交流をめぐって〉①978-4-8273-1269-0 Ⓝ210.3　［12500円］

中国（外国関係―日本―歴史―昭和後期）

◇共同討議日中関係なにが問題か―1972年体制の再検証　高原明生、菱田雅晴、村田雄二郎、毛里和子著　岩波書店　2014.9　141,11p　19cm〈内容：私の体験した一九七〇年代の米日中関係（エズラ・ヴォーゲル述）　一九七二年日中交渉再考（毛里和子述）　近四〇年来の中国と日本（歩平述）　角福戦争と日中交正常化（井上正也述）　日本の対中関係正常化の政治過程（王新生述）　米中和解と日中関係（三船恵美述）　日本の対日外交と一九七〇年代（章百家述）　コメント（村田雄二郎、宋志勇述）　討議（高原明生ほか述）　克服すべき一九七二年体制（徐顕芬述）　台湾から見た釣魚台問題（林満紅述）　中米接近と中日国交正常化（牛大勇述）　日中国交正常化と「二つの中国」（平田幸子述）　コメント（下斗米伸夫、小嶋華津子述）　討議（久保亨ほか述）　総括討論（毛里和子ほか述）　結語（山田辰雄述）〉①978-4-00-025995-8 Ⓝ319.1022　［1700円］

◇日本人の文章認識―歴史的転換をめぐる「翻身」　福岡愛子著　新曜社　2014.1　456p　22cm〈文献あり　年表あり　索引あり〉①978-4-7885-1363-1 Ⓝ319.1022　［5200円］

日本件名図書目録2014　Ⅰ　　　　　　　　　　　　　　　　　　　　　　　　　　　　　　　　中国（科学技術）

中国（外国関係—日本—歴史—史料）
◇歴代寶案—校訂本　第10冊　沖縄県教育庁文化財課史料編集班編，金城正篤校訂　［那覇］　沖縄県教育委員会　2014.1　597p　27cm　〈内容：第2集　pp.123-145〉　Ⓝ219.9

中国（外国関係—日本—歴史—清時代）
◇『吾妻鏡』の謎—清朝へ渡った明治の性科学　唐権［述］　京都　国際日本文化研究センター　2014.9　71p　21cm　（日文研フォーラム　第275回）〈文献あり　会期・会場：2014年2月12日　ハートピア京都〉Ⓝ384.7
◇華夷秩序と琉球王国—陳捷先教授中琉歴史関係論文集　陳捷先，赤嶺守，張雄真監訳　宜野湾　榕樹書林　2014.3　257p　21cm〈訳：童宏民ほか〉①978-4-89805-175-7　Ⓝ222.058　［2800円］

中国（外国関係—日本—歴史—大正時代）
◇関東大震災と中国人—王希天事件を追跡する　田原洋著　岩波書店　2014.8　19,262p　15cm　（岩波現代文庫）〈文献あり　「関東大震災と王希天事件」(三一書房 1982年刊) の改題，改訂版〉①978-4-00-603272-2　Ⓝ210.69　［1180円］

中国（外国関係—日本—歴史—平安時代）
◇平安時代の対外関係と仏教　手島崇裕著　校倉書房　2014.9　368p　22cm　〈索引あり　内容：本書に関わる研究史の整理と検討課題の確認を中心に　入宋僧の性格変遷と平安中後期朝廷　平安中期の対外交渉と摂関家　東アジア再編期の日中関係における仏教の位置・役割について　日本—北宋の仏教交渉と摂関期仏教の展開　入宋僧寂照の飛鉢説話再考　成尋と後続入宋僧の聖地巡礼　入宋僧と三国世界観　総括と展望、さらなる課題〉①978-4-7517-4550-2　Ⓝ210.36　［10000円］

中国（外国関係—日本—歴史—明時代）
◇華夷秩序と琉球王国—陳捷先教授中琉歴史関係論文集　陳捷先，赤嶺守，張雄真監訳　宜野湾　榕樹書林　2014.3　257p　21cm〈訳：童宏民ほか〉①978-4-89805-175-7　Ⓝ222.058　［2800円］

中国（外国関係—日本—歴史—明治以後）
◇日本を翻弄した中国人中国に騙された日本人　渡辺望著　ビジネス社　2014.8　206p　18cm　①978-4-8284-1765-3　Ⓝ319.1022　［1000円］
◇北アジアの歴史と記憶　金美景,B.シュウォルツ編著，千葉眞監修，稲正樹，福岡和哉，寺田麻佑訳　勁草書房　2014.5　315,9p　22cm〈索引あり　内容：北東アジアの記憶の問題（バリー・シュウォルツ，金美景著，稲正樹，福岡和哉訳）靖国神社という難問（マイク・M・モチヅキ著，稲正樹訳）日本の平和主義（金美景著，稲正樹訳）　責任、悔恨、日本の記憶の中のナショナリズム（福岡和哉，バリー・シュウォルツ著，寺田麻佑，稲正樹，福岡和哉訳）　政治的物語とトラウマ（徐曉宏，リン・スピルマン著，稲正樹訳）　代替的ジャンル、新メディア、中国文化大革命の対抗記憶（揚國斌著，寺田麻佑，稲正樹訳）　中国国歌の変化する運命（ティム・F・リャオ，張戈方，張莉彬著，稲正樹訳）　日本の第二次世界大戦被害者の対日賠償運動における記憶の運動と国家—社会関係（徐彬，ゲイリー・アラン・ファイン著，稲正樹訳）　悪化させられた政治（ドン・ベーカー著，稲正樹訳）　共和制韓国における朝鮮君主制、一九四五—一九六五年（クリスティン・キム著，寺田麻佑，稲正樹訳）　独島・竹島紛争における視差ビジョン（権憲益著，稲正樹訳）　主張と対話の間にとらわれて（徐載晶著，稲正樹訳）〉①978-4-326-30226-0　Ⓝ319.1022　［3200円］

中国（外国関係—日本—歴史—明治時代）
◇日清・日露戦争をどう見るか—近代日本と朝鮮半島・中国　原朗著　NHK出版　2014.10　253p　18cm　（NHK出版新書444）〈文献あり〉①978-4-14-088444-7　Ⓝ210.65　［780円］
◇東アジアの覚醒—近代日中知識人の自他認識　徐興慶著　研文出版（山本書店出版部）2014.8　319p　22cm　〈索引あり　内容：近代日中知識人の相互認識　箕作阮甫、塩谷宕陰、佐久間象山の思想変遷　王韜と中村正直、岡千仞の思想比較　伝統と近代の間　岡倉天心の「アジアは一つ」をどう読むべきか　小室信介の中国観　近代文化論から見た李春生の日本観　張徳彝の異文化論説　近代中国知識人の日本経験〉①978-4-87636-381-0　Ⓝ121.6　［5000円］
◇明治期日本における民衆の中国観—教科書・雑誌・地方新聞・講談・演劇に注目して　金山泰志著　芙蓉書房出版　2014.2　301p　22cm〈文献あり　索引あり　内容：歴史学としての中国観研究　明治期の小学校教育に見る日本の中国観　日清戦争前後の児童雑誌に見る日本の中国観　日露戦争前後の児童雑誌に見る日本の中国観　明治期の児童雑誌に見る日本の対外観　明治期の講談に見る日本の中国観　明治期の演劇に見る日本の中国観　明治期の地方新聞に見る日本の中国観　明

治期の総合雑誌に見る日本の中国観　近代日本と中国観〉①978-4-8295-0613-4　Ⓝ319.1022　［3700円］

中国（外国関係—日本—歴史—明治時代—史料）
◇伊藤博文文書　第118巻　秘書類纂外交　5　伊藤博文［著］，伊藤博文文書研究会監修，檜山幸夫総編集　熊本史雄編集・解題　ゆまに書房　2014.11　384p　22cm〈宮内庁書陵部所蔵の複製〉①978-4-8433-2650-3,978-4-8433-2521-6(set)　Ⓝ312.1　［16000円］

中国（外国関係—日本—歴史—論文集）
◇琉球・中国交渉史に関するシンポジウム論文集　第10回　沖縄県教育庁文化財課史料編集班編集委員会　2014.2　233p　21cm〈中国語併記　内容：清朝宮中档案から見た中琉往来の関連制度（謝必震，謝忱著）華夷秩序と琉球の自己認識（上里賢一著）歴代宝案編集事業と档案史料（赤嶺守著）中琉歴史関係档案の編纂と考察（張小鋭，王鐵著）〉Ⓝ219.9

中国（外国関係—歴史）
◇東アジアのボーダーを考える—歴史・国境・認識　岩下哲典編著，大庭裕介，小川唯，高田誠，塚越俊志，中川仁，濱口裕介著　右文書院　2014.5　313p　19cm　〈内容：東アジア世界のボーダーを考える（岩下哲典著）日露「国境」の形成（濱口裕介著）伊豆諸島・小笠原諸島をめぐる国際情勢（塚越俊志著）江戸から明治の朝鮮観と歴史認識（大庭裕介著）清末民初中国における国民国家形成（小川唯著）資源から見た日中のボーダー（高田誠著）苦悶する台湾近現代史（中川仁著）〉①978-4-8421-0763-9　Ⓝ319.1　［1800円］

中国（外国関係—歴史—1949〜）
◇中国国境熱戦の跡を歩く　石井明著　岩波書店　2014.8　276p　19cm　（岩波現代全書 041）〈文献あり〉①978-4-00-029141-5　Ⓝ319.22　［2400円］

中国（外国関係—歴史—近代）
◇パンダが来た道—人と歩んだ150年　ヘンリー・ニコルズ著，遠藤秀紀監修，池村千秋訳　白水社　2014.2　304,22p　20cm　〈文献あり　索引あり〉①978-4-560-08343-7　Ⓝ489.57　［2400円］

中国（外国関係—歴史—春秋時代）
◇春秋戦国政治外交史—国際関係論の視座より　吉田亮太著　名古屋　三恵社　2014.2　132p　21cm　①978-4-86487-176-1　Ⓝ222.03　［1700円］

中国（外国関係—歴史—清時代）
◇出使日記の時代—清末の中国と外交　岡本隆司,箱田恵子,青山治世著　名古屋　名古屋大学出版会　2014.8　420,84p　22cm〈文献あり　索引あり　内容：常駐公使と外交の肖像（岡本隆司著）西洋と中国（岡本隆司著）華夷と春秋（岡本隆司著）志剛『初使泰西記』（箱田恵子著）陳蘭彬『使美記略』（青山治世著）出使日記の成立（青山治世著）駐欧公使會紀澤とロシア（岡本隆司著）駐米公使張蔭桓と清末の対外関係（岡本隆司著）薛福成の外交構想（箱田恵子著）崔国因『出使美日秘崔日記』（青山治世著）日本を記す（岡本隆司著）調査から外交へ（箱田恵子著）ミセラーネ、あるいは出使日記の運命（岡本隆司著）〉①978-4-8158-0778-8　Ⓝ319.22　［7400円］

中国（外国関係—歴史—戦国時代）
◇春秋戦国政治外交史—国際関係論の視座より　吉田亮太著　名古屋　三恵社　2014.2　132p　21cm　①978-4-86487-176-1　Ⓝ222.03　［1700円］

中国（解散〔法人〕）
◇中国現地法人の出口戦略と撤退実務　前川晃廣著　金融財政事情研究会　2014.1　176p　19cm　（KINZAIバリュー叢書）〈きんざい（発売）〉①978-4-322-12412-5　Ⓝ335.47　［1600円］

中国（海洋汚染）
◇黄砂と共に飛来する越境化学物質—水環境と健康に対する影響を考える—講演資料集　日本水環境学会　2014.8　70p　30cm　（市民セミナー講演資料集　第23回）Ⓝ519.4

中国（画家—歴史）
◇驚くべき人生とその絵—中国絵画史の陰で　矢野一成著　仙台　創栄出版　2014.3　202p　21cm　①978-4-7559-0482-0　Ⓝ722.2
◇中国絵画の源流　王凱著　秀作社出版　2014.6　197p　22cm　〈文献あり〉①978-4-88265-542-8　Ⓝ722.2　［2800円］

中国（科学技術）
◇中国科学技術概況　2014　科学技術振興機構中国総合研究交流センター編　［東京］　科学技術振興機構中国総合研究交流センター　2014印刷　145p　21cm　①978-4-88890-389-9　Ⓝ502.22
◇中国の科学技術の現状と動向　平成26年度改訂版　科学技術振興機構中国総合研究交流センター編　［東京］　科学技術振

413

興機構中国総合研究交流センター　2014印刷　324p　30cm〈文献あり〉①978-4-88890-338-2　Ⓝ502.22

中国（科学技術—歴史）

◇日中科学技術交流の40年　科学技術振興機構中国総合研究交流センター編　［東京］　科学技術振興機構中国総合研究交流センター　2014印刷　237p　30cm〈年表あり　文献あり〉①978-4-88890-386-8　Ⓝ402.2

中国（科学技術研究）

◇JST/CRDS・中国科学技術信息研究所共催研究会—日中若手トップレベル研究者を取り巻く研究環境—報告書—ワークショップ報告書　科学技術振興機構研究開発戦略センター海外動向ユニット　2014.8　62p　30cm〈会期：平成26年8月19日〉①978-4-88890-411-7　Ⓝ402.22

ち

中国（化学物質—安全管理）

◇日中韓化学物質審査規制制度等調和推進業務報告書　平成25年度　［東京］　海外環境協力センター　2014.3　87p　30cm〈英語併載　平成25年度環境省請負業務報告書〉Ⓝ574

◇日中化学物質規制と企業の対応　林まき子著　化学工業日報社　2013.3　233p　26cm　①978-4-87326-625-1　Ⓝ574　［5000円］

中国（学術—歴史）

◇学問のかたち—もう一つの中国思想史　小南一郎編　汲古書院　2014.8　340,3p　22cm〈内容：中国古代の学と校（小南一郎著）漢代経学の相貌（辛賢著）　六朝時代における家学とその周辺（吉川忠夫著）　梁代の仏教（船山徹著）　宋代における経学と政治（小島毅著）　中国近世の書院と宋明理学（鶴成久章著）　モンゴル王族と漢児の技術主義集団（宮紀子著）　人法兼任の微意（三浦秀一著）　清代学術と幕府（水上雅晴著）「仁義礼智」を捨てよう（平田昌司著）〉①978-4-7629-6526-5　Ⓝ002.0222　［8000円］

中国（学生）

◇葦の髄より中国を覗く—「反日感情」見ると聞くとは大違い　黒古一夫著　アーツアンドクラフツ　2014.11　247p　19cm　①978-4-908028-03-8　Ⓝ302.22　［1500円］

中国（河川）

◇中国の環境政策〈南水北調〉—水危機を克服できるのか　小林善文著　京都　昭和堂　2014.1　317,7p　20cm〈索引あり　内容：黄河の断流　黄河　河西回廊　新疆ウイグル自治区　中国西南地方　淮河流域　長江中下流域の湖沼　中国の用水権　中国の環境教育　南水北調政策の検証　鄱陽湖　自然との調和こそが環境保全の道〉①978-4-8122-1338-4　Ⓝ517.222　［3800円］

中国（カトリック教会—歴史）

◇天主教の原像—明末清初期中国天主教史研究　桐藤薫著　大阪　かんよう出版　2014.10　228p　22cm　①978-4-906902-30-9　Ⓝ198.2222　［4200円］

中国（為替管理）

◇中国・外貨管理マニュアルQ&A—この1冊でビジネス実務の疑問解消！　水野真澄著　改訂版　エヌ・エヌ・エー　2013.8　278p　21cm　①978-4-87641-612-7　Ⓝ338.953　［3800円］

中国（環境政策）

◇JCMのMRV手法のキャパシティ・ビルディングを通じた途上国の気候変動政策の実効性向上に関する調査—報告書　平成25年度　［東京］　トーマツ　2014.3　1冊　30cm〈英語併載〉Ⓝ519.1

◇中国のグリーン・ニューディール—「持続可能な発展」を超える「緑色発展」戦略とは　胡鞍鋼著，石垣優子，佐鳥玲子訳　日本僑報社　2014.2　299p　19cm　①978-4-86185-134-6　Ⓝ519.1　［2300円］

◇「日本モデル環境対策技術等の国際展開」等に基づく中国での窒素酸化物対策支援業務報告書　平成25年度　四日市　国際環境技術移転センター　2014.3　1冊　30cm〈環境省請負業務〉Ⓝ519.1

中国（環境問題）

◇中国汚染の真相—「水」と「空気」で崩れる中国　富坂聰著　KADOKAWA　2014.8　207p　18cm　①978-4-04-600886-2　Ⓝ519.222　［1000円］

◇人が死滅する中国汚染大陸—超複合汚染の恐怖　澁谷司著　経済界　2014.8　239p　18cm　（経済界新書 046）①978-4-7667-2056-3　Ⓝ519.222　［800円］

中国（企業）

◇中国株四半期速報　2014年新年号　亜州IR/編　亜州IR，星雲社　2014.1　730p　21cm　①978-4-434-18801-5　［2762円］

◇中国株四半期速報　2014年春号　亜州IR/編　亜州IR，星雲社〔発売〕　2014.4　732p　21cm　①978-4-434-19107-7　［2778円］

◇中国株四半期速報　2014年夏号　亜州IR/編　亜州IR，星雲社〔発売〕　2014.7　733p　21cm　①978-4-434-19494-8　［2778円］

◇中国株四半期速報　2014年秋号　亜州IR/編　亜州IR，星雲社〔発売〕　2014.10　732p　21cm　①978-4-434-19489-4　［2778円］

◇中国企業対外直接投資のフロンティア—「後発国型多国籍企業」の対アジア進出と展開　苑志佳著　創成社　2014.2　255p　22cm〈索引あり〉①978-4-7944-3148-6　Ⓝ335.5　［2800円］

◇中国企業の国際化戦略　続　大木博巳，清水顕司編著　ジェトロ　2014.8　276p　21cm　①978-4-8224-1137-4　Ⓝ338.92　［2800円］

◇中国人OLは見た！　猛毒中国ビジネス　張益羽著　講談社　2014.1　238p　19cm〈文献あり〉①978-4-06-218753-4　Ⓝ335.222　［1400円］

◇中国の資本主義をどうみるのか—国有・私有・外資企業の実証分析　徐涛著　日本経済評論社　2014.7　282p　21cm　（シリーズ社会・経済を学ぶ）〈文献あり　索引あり　内容：中国経済の「あの手この手」　国有企業制度と「放権譲利」型改革　国家資本の戦略的再編　私有企業の成長　外資の導入　国有，私有と外資企業の「陣地」　国有企業と民間企業の「進退」　結論と展望　企業の所有制分類と「民営化」概念　第2次経済センサス個票データベース　規模以上鉱工業企業個票データベース〉①978-4-8188-2335-8　Ⓝ335.222　［3000円］

中国（企業会計）

◇中国子会社の投資・会計・税務　KPMG，あずさ監査法人中国事業室編，高部一郎監修　第2版　中央経済社　2014.12　1151p　22cm〈文献あり　索引あり〉①978-4-502-11271-3　Ⓝ338.9222　［12000円］

中国（紀行・案内記）

◇黄河—中国文明の旅／ボルガ大紀行／ミシシッピ紀行　小松左京著　東金　城西国際大学出版会　2014.8　431p　22cm（小松左京全集　完全版 43）①978-4-903624-43-3　Ⓝ915.6　［4572円］

◇最新支那旅行案内　後藤朝太郎著　改訂増補版　大空社　2014.4　293p　22cm　（アジア学叢書 277）〈5版 黄河書院 昭和15年刊の複製　布装〉①978-4-283-01126-7,978-4-283-01131-1（set）Ⓝ292.209　［12500円］

◇三国志男　さくら剛［著］　幻冬舎　2014.7　389p　16cm（幻冬舎文庫 さ－29-6）〈サンクチュアリ・パブリッシング2008年刊の再刊〉①978-4-344-42220-9　Ⓝ292.209　［730円］

◇週末ぶらっと黄海旅行記—とっくり楽しめる、タイムスリップ！　平井敏晴著　三五館　2014.11　253p　19cm　①978-4-88320-621-6　Ⓝ292.109　［1400円］

◇シリーズ明治・大正の旅行　第1期17　朝鮮満洲支那案内　荒山正彦監修・解説　鐵道省編　ゆまに書房　2014.11　22,494,52p 図版25枚　22cm〈増訂再版 鐵道省 大正11年刊の複製　第1期のタイトル関連情報：旅行案内書集成　布装〉①978-4-8433-4658-7,978-4-8433-4652-5（set）Ⓝ384.37　［26000円］

◇中国、景教の故地を歩く—消えた十字架の謎を追う旅　桑野淳一著　彩流社　2014.3　194p　19cm〈文献あり〉①978-4-7791-1992-7　Ⓝ292.209　［2000円］

◇中国の"穴場"めぐり—ガイドブックに載っていない観光地　日本日中関係学会編　日本僑報社　2014.6　147p　21cm　①978-4-86185-167-4　Ⓝ292.209　［1500円］

◇南南東へ進め—西安からブリスベンまで　吉見典生著　半田　一粒書房　2014.11　184p　19cm　（地球迷走 ひと筆書き世界一周の旅 2）①978-4-86431-342-1　Ⓝ292.309　［1600円］

◇北京食堂の夕暮れ　沢野ひとし著　本の雑誌社　2014.3　237p　19cm　①978-4-86011-254-7　Ⓝ292.209　［1800円］

◇松村謙三顕彰会第37次友好訪中団報告書　［砺波］　［松村謙三顕彰会第37次友好訪中団］　［2014］　70p　30cm〈2014年10月11日（土）-10月17日（金）北京・西安・敦煌〉Ⓝ292.209

◇蒙古案内記—附大同石仏案内記／支那蒙古遊記　岩崎継生，グラハム・ペック著，高梨菊二郎訳　大空社　2014.4　72,43,443p　22cm　（アジア学叢書 278）〈再版 蒙疆新聞社 昭和14年刊の複製　青年書房 昭和15年刊の複製　布装〉①978-4-283-01127-4,978-4-283-01131-1（set）Ⓝ292.26　［23000円］

◇友好と幸運に謝謝　橘良雄著　［四日市］　［橘良雄］　2014.7　109p　21cm　Ⓝ292.209

中国（技術援助〔日本〕）

◇JCMのMRV手法のキャパシティ・ビルディングを通じた途上国の気候変動政策の実効性向上に関する調査—報告書　平成25年度　［東京］　トーマツ　2014.3　1冊　30cm〈英語併載〉Ⓝ519.1

日本件名図書目録2014　Ⅰ

中国（軍事）

◇中華人民共和国汚水処理場のグレードアップ改造と運営改善プロジェクト支援業務ファイナル・レポート　［東京］　国際協力機構　2013.3　1冊　30cm〈共同刊行：下水道事業支援センター〉Ⓝ333.804

◇中華人民共和国循環型経済推進プロジェクトサブプロジェクト3静脈産業類生態工業園区整備の推進サブプロジェクト事業完了報告書　［東京］　国際協力機構　2013.3　206p　30cm〈共同刊行：八千代エンジニアリングほか〉Ⓝ333.804

◇中国における重金属汚染対策を強化するための政策立案及び汚染対策技術移転協力事業業務報告書　平成25年度　［東京］　いであ　2014.3　257p　30cm〈平成25年度環境省請負業務〉Ⓝ519.5

◇中国北方における稲作と日本の稲作技術　李海訓著　東京大学社会科学研究所現代中国研究拠点　2014.3　184p　26cm（現代中国研究拠点研究シリーズ no. 14）〈文献あり〉Ⓝ616.2　［非売品］

◇「日本モデル環境対策技術等の国際展開」等に基づく中国での窒素酸化物対策支援業務報告書　平成25年度　四日市　国際環境技術移転センター　2014.3　1冊　30cm〈環境省請負業務〉Ⓝ519.1

中国（貴族—歴史—唐時代）
◇唐史論攷—氏族制と均田制　池田温著　汲古書院　2014.10　774p　22cm（汲古叢書 40）〈内容：唐代の郡望表　唐朝氏族志の一考察　敦煌氾氏家傳殘卷について　八世紀初における敦煌の氏族　8世紀中葉における敦煌のソグド人聚落　貴族制の没落　均田制　唐代均田制の一考察　初唐西州土地制度管見　初唐西州高昌縣授田簿考　神龍三年高昌縣崇仁鄉點籍樣について　唐前期西州給田制之特徵　唐朝開元後期土地政策の一考察　唐代敦煌均田制の一考察　敦煌における土地税役制をめぐって　開達二年十二月河西節度都押衙王文通牒　中国古代物價の一考察　盛唐物價資料をめぐって〉①978-4-7629-2539-9　Ⓝ222.048　［18000円］

中国（給与）
◇在アジア日系企業における現地スタッフの給料と待遇に関する調査　2014　中国編　Tokyo　日経リサーチ　c2014　266p　30cm〈中国語併記　奥付のタイトル：在アジア日系企業における現地スタッフの給与と待遇に関する調査〉Ⓝ336.45

中国（給与—香港）
◇在アジア日系企業における現地スタッフの給料と待遇に関する調査　2014　香港編　Tokyo　日経リサーチ　c2014　248p　30cm〈英語併記　奥付のタイトル：在アジア日系企業における現地スタッフの給与と待遇に関する調査〉Ⓝ336.45

中国（教育）
◇知られざる中国の教育改革—超格差社会の子ども・学校の実像　仲田陽一著　京都　かもがわ出版　2014.11　236p　21cm〈文献あり〉①978-4-7803-0740-5　Ⓝ372.22　［2500円］

◇中国エスニック・マイノリティの家族—変容と文化継承をめぐって　新保敦子編　国際書院　2014.6　284p　21cm（早稲田現代中国研究叢書 4）〈索引あり　奥付のシリーズ名（誤植）：早稲田大学現代中国研究叢書　内容：モンゴル人家庭における文化継承及び変容（サラントナラ著）　近代学校の普及と少数民族家族における文化の継承/断絶（新保敦子著）　中国における少数民族の言語学習に関する一考察（孫暁英著）　青海省における土族の言語文字の保護と継承（ボロル著，山口香苗訳，新保敦子校閲）　上海における朝鮮族の仕事・生活と民族文化継承（花井みわ著）　越境するマイノリティとアイデンティティ（李恩珠著）　西江苗寨・苗族女性教師のライフヒストリー（莎述，鄭新蓉インタビュアー，武暁偉編集，山口香苗訳，新保敦子校閲）　新疆に生きる（丁輝遠，鄭新蓉，魏曼琴，王倩ほかインタビュアー，王倩，武閃瑤編集，山口香苗訳，新保敦子校閲）〉①978-4-87791-259-8　Ⓝ382.22　［2800円］

中国（教育—歴史—民国時代）
◇国際連盟教育使節団中国教育の改進—ヨーロッパ四賢人の見た日中開戦前夜の中国教育　国際連盟教育使節団［著］，大塚豊訳　東広島　広島大学出版会　2014.3　188p　21cm（広島大学出版会オンデマンド 4）①978-4-903068-31-2　Ⓝ372.22　［2500円］

中国（教育援助—日本）
◇富樫頴先生追悼文集—『パーリャン小学校の思い出』別冊　厉仁玉，武田淳，河合民子，西潟範子，エルニーニョ深沢共著　那覇　蛙ブックス　2014.3　55p　21cm　①978-4-907464-02-8　Ⓝ372.2237　［500円］

◇パーリャン小学校の思い出—中国雲南省の辺境地に小学校を作る　エルニーニョ深沢著　第2版　那覇　蛙ブックス　2014.2　82p　21cm　①978-4-907464-04-2　Ⓝ372.2237　［500円］

中国（教育行政）
◇知られざる中国の教育改革—超格差社会の子ども・学校の実像　仲田陽一著　京都　かもがわ出版　2014.11　236p　21cm〈文献あり〉①978-4-7803-0740-5　Ⓝ372.22　［2500円］

中国（教員）
◇中国教職員招へいプログラム実施報告書—国際連合大学2012-2013年国際教育交流事業　国際連合大学，ユネスコ・アジア文化センター編　国際連合大学　2014.3　85p　30cm〈会期：2013年11月13日—24日ほか　共同刊行：ユネスコ・アジア文化センター〉Ⓝ374.3

◇中国教職員招へいプログラム実施報告書—国際連合大学2013-2014年国際教育交流事業　国際連合大学，ユネスコ・アジア文化センター編　国際連合大学　2014.3　78p　30cm〈会期・開催地：2013年10月20日—28日　東京都ほか　共同刊行：ユネスコ・アジア文化センター〉Ⓝ374.3

中国（教員研修）
◇中国政府日本教職員招へいプログラム実施報告—国際連合大学2012-2013年国際教育交流事業　国際連合大学，ユネスコ・アジア文化センター編　国際連合大学　2014.3　50p　30cm〈会期・開催地：2013年6月23日—29日　北京市ほか　奥付のタイトル：中国政府日本教職員招へいプログラム実施報告書　共同刊行：ユネスコ・アジア文化センター〉Ⓝ374.3

中国（教員養成—歴史—1949～）
◇現代中国の「大学における教員養成」への改革に関する研究　張揚著　学文社　2014.11　277p　22cm〈文献あり　索引あり〉①978-4-7620-2487-0　Ⓝ373.7　［4700円］

中国（行政区画）
◇中国行政区画—市—区—県名索引と行政区画図　矢守惠之輔編　野洲　さなえ書房　2014.5　338p　21cm　①978-4-9907714-1-6　Ⓝ318.922　［2300円］

中国（橋梁—写真集）
◇橋を楽しむ—歴史で辿る日本の橋・中国古代橋梁・韓国伝統橋　平野暉雄著　日本写真企画　2014.3　143p　28cm〈文献あり　索引あり　監修：上田裕一〉①978-4-903485-89-8　Ⓝ515.02

中国（キリスト教—歴史—清時代）
◇中国近代開港場とキリスト教—洪仁玕がみた「洋」社会　倉田明子著　東京大学出版会　2014.8　363,19p　22cm〈文献あり　索引あり　内容：開港場の誕生　プロテスタント布教の開始と展開　洪仁玕とキリスト教　開港場知識人の誕生　『資政新篇』とキリスト教　洪仁玕と太平天国　開港場知識人の台頭　開港場と近代〉①978-4-13-026150-0　Ⓝ192.22　［7200円］

中国（金石・金石文）
◇近出殷周金文考釈　第3集　北京市・遼寧省・山東省・安徽省・江蘇省・浙江省・湖北省・湖南省・広州市　髙澤浩一編　研文出版　2014.3　127p　30cm（二松学舎大学学術叢書）①978-4-87636-373-5　Ⓝ222.03　［6800円］

中国（金融政策）
◇人民元読本—今こそ知りたい！中国通貨国際化のゆくえ　陳雨露著，日中翻訳学院監訳，森宣之訳　日本僑報社　2014.7　204p　19cm〈文献あり〉①978-4-86185-147-6　Ⓝ338.222　［2200円］

中国（空軍）
◇図説米中軍事対決—超大国の空軍力が沖縄・台湾・グァムで激突！中国A2/AD戦略と米エアシーバトル構想　河津幸英著　［東京］　アリアドネ企画　2014.11　397p　21cm（ARIADNE MILITARY）〈三修社（発売）〉①978-4-384-04625-0　Ⓝ398.252　［2700円］

中国（グループホーム）
◇中国農村地域における高齢者福祉サービス—小規模多機能ケアの構築に向けて　郭芳著　明石書店　2014.11　254p　22cm〈文献あり　索引あり〉①978-4-7503-4104-0　Ⓝ369.26　［4500円］

中国（軍艦）
◇中国の海上権力—海軍・商船隊・造船～その戦略と発展状況　浅野亮，山内敏秀編，浅野亮，山内敏秀，森本清二郎，松田琢磨，重入義治，下平拓哉著　創土社　2014.7　277p　21cm〈索引あり　内容：なぜ海洋が重要なのか（浅野亮著）　中国海軍発展の軌跡（山内敏秀著）　拡充する中国商船隊（森本清二郎，松田琢磨著）　中国造船工業界の伸張（重入義治著）　中国海軍の戦略（山内敏秀著）　主要水上戦闘艦艇の近代化（山内敏秀著）　中国初の空母就役の意義（下平拓哉著）　潜水艦部隊の建設（山内敏秀著）　中国の両用戦能力（下平拓哉著）〉①978-4-7893-0218-0　Ⓝ397.222　［2800円］

中国（軍事）
◇軍事力が中国経済を殺す　相沢幸悦［著］　講談社　2014.7　190p　18cm（講談社＋α新書 565-2C）①978-4-06-272861-4　Ⓝ332.22　［840円］

中国（軍人―名簿）　　　　　　　　　　　　　　　　　　　日本件名図書目録2014　Ⅰ

◇中国の軍事戦略　小原凡司著　東洋経済新報社　2014.11　333p　19cm　Ⓘ978-4-492-21219-6　Ⓝ392.22　[1600円]

◇中国の戦争力―台頭する新たな海洋覇権の実態　小川和久, 西恭之著　中央公論新社　2014.3　291p　20cm　Ⓘ978-4-12-004600-1　Ⓝ392.22　[1600円]

中国（軍人―名簿）

◇中国組織別人名簿　2014　ラヂオプレス編集　ジェイピーエムコーポレーション　2013.12　552,82p　22cm　〈索引あり　英語抄訳付〉　Ⓘ978-4-905528-05-0　Ⓝ310.35　[16000円]

◇中国組織別人名簿　2015年版　第43版　ジェイピーエムコーポレーション　2014.12　560,83p　21cm　〈本文：日英両文〉　Ⓘ978-4-905528-07-4　[16000円]

中国（軍制―歴史―宋時代）

◇宋代募兵制の研究―近世職業兵士の実相　齋藤忠和著　勉誠出版　2014.7　482,88p　22cm　〈索引あり　内容：『武経総要』に見える宋代軍法の条文について　階級法　北宋の軍法について　北宋の剰員・帯甲剰員制　南宋の剰員制について　兵制からみた徽宗時代の地域社会　漏沢園が語る徽宗時代の下層兵士たち　兵士はどこへ行くのか　募兵制と近代的軍隊の指標〉　Ⓘ978-4-585-22081-7　Ⓝ222.053　[6000円]

中国（経営管理）

◇中国中小企業の起業・経営・人材管理―民営化企業の多様化に迫る　北番著　勁草書房　2014.11　264p　22cm　（現代中国地域研究叢書 9）　〈文献あり　索引あり〉　Ⓘ978-4-326-34899-2　Ⓝ336.0222　[4400円]

中国（経営者―香港）

◇李嘉誠―香港財閥の興亡　西原哲也著　エヌ・エヌ・エー　2013.11　304p　19cm　〈文献あり　「秘録華人財閥」(2008年刊)の改題改訂〉　Ⓘ978-4-86341-029-9　Ⓝ332.8　[1800円]

中国（軽工業）

◇中国消費財メーカーの成長戦略　李雪著　文眞堂　2014.3　254p　22cm　〈索引あり　内容：中国消費財メーカーの成長戦略分析　中国における一般消費財産業の発展　雅戈尓集団〈ヤンガー〉　杭州娃哈哈集団〈ワハハ〉　納愛斯集団〈ナイス〉3事例の比較分析　結論〉　Ⓘ978-4-8309-4819-0　Ⓝ502.22　[3200円]

中国（経済）

◇改革ボーナス―中共「十八大」後の体制転換　遅福林編著, 張虎訳　岡山　グローバル科学文化出版　c2013　311p　21cm　（シリーズ中国経済の行方）　Ⓘ978-4-86516-035-2　Ⓝ332.22　[2800円]

◇軍事力が中国経済を殺す　相沢幸悦[著]　講談社　2014.7　190p　18cm　（講談社+α新書 565-2C）　Ⓘ978-4-06-272861-4　Ⓝ332.22　[840円]

◇検証「中国経済発展モデル」の真実―その起源・成果・代償・展望　丁学良著, 丹藤佳紀監訳, 阿部亘訳　科学出版社東京　2013.8　393p　20cm　〈標題紙のタイトル（誤植）：検証「中国経済発展展モデル」の真実　内容：政治経済学の概念としての中国モデル　中国モデルの「前史」　中国モデルの形成とその内実　中国モデルの国際環境　中国モデルの実績評価　中国モデルの四つのコスト　既存の中国モデルの内憂外患　中国モデルの代替案　中国モデルのバージョンアップへの深層にある障害　中国モデルを転換する　新たな中国モデルの歴史的意義と国際的意義　中国政治改革への構想と提案〉　Ⓘ978-4-907051-04-4　Ⓝ332.22　[3800円]

◇消費主導―中国発展戦略の大転換　遅福林監修, 藤越訳　岡山　グローバル科学文化出版　c2013　333p　21cm　（シリーズ中国経済の行方）　Ⓘ978-4-86516-034-5　Ⓝ332.22　[2800円]

◇衰退する中国経済―不動産投資の要点　亀田壽夫著　[川崎]　山椒出版社　2014.4　82p　21cm　Ⓝ332.22　[1800円]

◇世界を動かす消費者たち―新たな経済大国・中国とインドの消費マインド　マイケル・J・シルバースタイン, アビーク・シンイ, キャロル・リャオ, デビッド・マイケル著, 市井茂樹, 津坂美樹監訳, 北川知子訳　ダイヤモンド社　2014.1　324p　19cm　Ⓘ978-4-478-02542-0　Ⓝ332.22　[1800円]

◇世界恐慌から国家破産か　パニック前　中国が先に崩壊するのか日本が先に潰れるのか　浅井隆著　第二海援隊　2014.3　204p　19cm　〈文献あり〉　Ⓘ978-4-86335-152-3　Ⓝ332.22　[1500円]

◇チャイナリスク・チャイナドリーム―日本人だから、中国で勝てる！　伊藤嘉基著　同友館　2014.1　318p　21cm　Ⓘ978-4-496-04992-7　Ⓝ338.9222　[2200円]

◇中国　2014/15年版　ARC国別情勢研究会編集　ARC国別情勢研究会　2014.2　173p　26cm　（ARCレポート　経済・貿易・産業報告書 2014/15）　〈索引あり〉　Ⓘ978-4-907366-06-3　Ⓝ332.22　[12000円]

◇中国改革の深化と日本企業の事業展開　真家陽一編著　ジェトロ　2014.6　261p　21cm　〈内容：三中全会「決定」のインパクト（真家陽一著）　改革路線を継続する習近平政権（宗金建志著）　中国経済：成長鈍化と構造変化（朱炎著）　中国経済の中長期の注目点（齋藤尚登著）　中国の環境問題の現状とビジネスの可能性（方越著）　第12次5カ年規画とPM2.5問題で加速する中国の大気汚染対策（堀井伸浩著）　中国における高齢者向けサービスの現状と今後の可能性（藤本勉著）　遼寧省（瀋陽市、大連市）における高齢者産業の現状（岡野繭二, 呉冬梅著）　転換期にある中国の流通産業（神谷渉著）　流通段階の商習慣が中小企業と消費市場に与える影響（森路未央著）　「モノのインターネット（物聯網）」の可能性と日系企業の参入機会（小宮昇平著）　事業戦略の再構築期を迎えている中国進出日系企業（日向裕弥著）　中国の事業環境に対する米国・EU企業の見方（河野円洋著）　減少が続く中国の対日輸入（清水顕司著）　中小企業における海外直接投資の効果（藤井辰紀著）　中国市場からの撤退（丹下英明著）　中国人の「発展空間」と日系企業の人事課題（中村天江著）　中国最大の製造業"フォックスコン"のEMS事業（中川威雄著）〉　Ⓘ978-4-8224-1136-7　Ⓝ332.22　[2500円]

◇中国が世界をリードするとき―西洋世界の終焉と新たなグローバル秩序の始まり　下　マーティン・ジェイクス著, 松下幸子訳　NTT出版　2014.3　344,136p　20cm　〈文献あり　索引あり〉　Ⓘ978-4-7571-4290-9　Ⓝ319.22　[3400円]

◇中国経済データハンドブック　2014年版　日中経済協会　2014.9　167p　30cm　Ⓘ978-4-88880-209-3　[4000円]

◇中国経済データブック―チャイナ・パワーの実像に迫る　武力著, 石橋春男監修, 上野振宇, 藤本健一訳　科学出版社東京　2013.7　235p　26cm　Ⓘ978-4-907051-03-7　Ⓝ332.22　[3500円]

◇中国情報ハンドブック　2013年版　21世紀中国総研編　町田　蒼蒼社　2013.7　548p　21cm　Ⓘ978-4-88360-118-9　Ⓝ312.22　[3000円]

◇中国情報ハンドブック　2014年版　21世紀中国総研編　町田　蒼蒼社　2014.7　549p　21cm　Ⓘ978-4-88360-124-0　Ⓝ312.22　[3600円]

◇中国占領地の社会調査　2-39　占領地の統治と支配　3（占領地経済）　貴志俊彦, 井村哲郎, 加藤聖文, 富澤芳亜, 弁納才一監修, 近現代資料刊行会企画編集　近現代資料刊行会　2014.8　350p　22cm　（戦前・戦中期アジア研究資料 7）　〈複製　内容：海関制度事変後ニ於ケル経緯．1（接収）ニ於ケル権極（興亜院華中連絡部昭和14年刊）　事変後ニ於ケル旧交通部電政機関接収経緯並ニ未接収部分ノ接収方策ニ関スル調査研究（興亜院華中連絡部昭和14年刊）　総税務司署ノ沿革ト組織（一九三九年六月）（興亜院華中連絡部昭和14年刊）　中支鉄路自営村ニ関スル調査研究（興亜院華中連絡部昭和10年刊）　占領地区ト敵遊撃地区トノ物資交流関係（興亜院華中連絡部昭和14年刊）　中支占領地域ニ於ケル物資搬出入取締制度概要（昭和17年刊）　港湾行政ニ関スル調査（河北交通昭和17年刊）〉　Ⓘ978-4-86364-204-1,978-4-86364-228-7(set)　Ⓝ302.22

◇中国地域経済データブック―中国経済のコア・東部沿岸地域の実態を追う　呉淅著, 藤江俊彦監修, 三木孝治郎訳　科学出版社東京　2014.2　183p　26cm　Ⓘ978-4-907051-08-2　Ⓝ332.22　[3500円]

◇中国停滞の核心　津上俊哉著　文藝春秋　2014.2　283p　18cm　（文春新書 957）　Ⓘ978-4-16-660957-4　Ⓝ332.22　[830円]

◇中国データ・ファイル　2014年版　ジェトロ編　ジェトロ　2014.10　294p　30cm　（海外調査シリーズ no. 391）　〈年表あり〉　Ⓘ978-4-8224-1142-8　Ⓝ332.22　[4500円]

◇中国都市情報報―106都市と企業戦略　21世紀中国総研編　町田　蒼蒼社　2014.4　437p　26cm　〈文献あり〉　Ⓘ978-4-88360-121-9　Ⓝ332.22　[5000円]

◇「中国の時代」は終わった　宮崎正弘著　海竜社　2014.5　220p　18cm　Ⓘ978-4-7593-1376-5　Ⓝ302.22　[1000円]

◇中国の政治経済体制の現在―「中国モデル」はあるか：第92回シンポジウム　21世紀政策研究所編　[東京]　21世紀政策研究所　2014.1　93p　18cm　（21世紀政策研究所新書 29）　Ⓝ332.22

◇中国の論点　富坂聰[著]　KADOKAWA　2014.1　281p　18cm　（角川oneテーマ21 D-6）　Ⓘ978-4-04-110630-3　Ⓝ312.22　[800円]

◇中国崩壊前夜―北朝鮮は韓国に統合される　長谷川慶太郎著　東洋経済新報社　2014.5　229p　20cm　Ⓘ978-4-492-44403-0　Ⓝ302.22　[1500円]

◇なぜ中国人にはもう1%も未来がないのか　石平著　徳間書店　2014.5　185p　19cm　①978-4-19-863800-9　Ⓝ302.22　［1000円］

◇2015年中国の真実―中国は習近平に潰される？　宮崎正弘,石平著　ワック　2014.9　234p　18cm　（WAC BUNKO B-204）①978-4-89831-704-4　Ⓝ302.22　［900円］

◇日中経済産業白書　2013/2014　速まる中国の構造変化と日中ビジネス再構築　日中経済協会　2014.6　256p　26cm　①978-4-88880-206-2　Ⓝ332.22　［4000円］

◇破綻する中国、繁栄する日本　長谷川慶太郎著　実業之日本社　2014.2　231p　20cm　①978-4-408-11050-9　Ⓝ302.22　［1500円］

◇ビジネスのための中国経済論　藪内正樹編著　ジェトロ　2014.2　296p　21cm　①978-4-8224-1133-6　Ⓝ332.22　［2800円］

◇一目でわかる中国の省・市・自治区経済　21世紀中国総研編　蒼蒼社　2014.9　157p　28cm　①978-4-88360-125-7　Ⓝ332.22　［3000円］

◇貧者を喰らう国―中国格差社会からの警告　阿古智子著　増補新版　新潮社　2014.9　255p　20cm　（新潮選書）〈文献あり〉①978-4-10-603757-3　Ⓝ302.22　［1300円］

◇暴走する中国経済―腐敗、格差、バブルという「時限爆弾」の正体：Chinese Supercommunism　柯隆著　ビジネス社　2014.11　223p　19cm　①978-4-8284-1778-3　Ⓝ332.22　［1500円］

◇民富優先―中国の二次転換と改革の行方　遅福林,方栓喜,匡賢明編著，張兆洋訳，駱鴻監修　岡山　グローバル科学文化出版　c2013　313p　21cm　（シリーズ中国経済の行方）①978-4-86516-033-8　Ⓝ332.22　［2800円］

◇靖国問題と中国包囲網　副島隆彦著　ビジネス社　2014.3　255p　20cm　①978-4-8284-1743-1　Ⓝ302.22　［1600円］

中国（経済―歴史）

◇中国経済の故郷を歩く　舩橋晴雄著　［東京］　日経BP社　2014.10　437p　20cm　〈日経BPマーケティング（発売）〉①978-4-8222-5049-2　Ⓝ332.22　［2200円］

中国（経済―歴史―1949〜）

◇アジア長期経済統計　3　中国　尾高煌之助,斎藤修,深尾京司監修　南亮進,牧野文夫編著　東洋経済新報社　2014.7　549p　27cm　〈索引あり〉①978-4-492-81603-5　Ⓝ332.2　［25000円］

◇学生の目で追跡した中国経済の10年　黒柳裕紀,河宣妃,松浦拓,駒形哲哉［述］　霞山会　［2013］　95p　21cm　（Think Asia―アジア理解講座　講演記録　第4回）Ⓝ332.22

中国（経済―歴史―民国時代）

◇アジア長期経済統計　3　中国　尾高煌之助,斎藤修,深尾京司監修　南亮進,牧野文夫編著　東洋経済新報社　2014.7　549p　27cm　〈索引あり〉①978-4-492-81603-5　Ⓝ332.2　［25000円］

中国（経済関係―アメリカ合衆国）

◇米中経済と世界変動　大森拓磨著　岩波書店　2014.8　256p　20cm　（シリーズ現代経済の展望）〈文献あり〉①978-4-00-028741-8　Ⓝ333.6　［2500円］

中国（経済関係―アメリカ合衆国―歴史―1949〜）

◇戦中戦後の中国とアメリカ・日本―「東アジア統合構想」の歴史的検証　西川博史著　札幌　HINAS（北海学園北東アジア研究交流センター）　2014.12　386p　22cm　〈東出版（発売）〉①978-4-905418-05-4　Ⓝ333.6　［3800円］

中国（経済関係―東南アジア）

◇南進する中国と東南アジア地域の「中国化」　末廣昭,伊藤亜聖,大泉啓一郎,助川成也,宮島良明,森田英嗣［著］　東京大学社会科学研究所現代中国研究拠点　2014.3　221p　図版16p　26cm　（現代中国研究拠点研究シリーズ　no. 13）〈年表あり　文献あり〉　内容：大メコン圏（GMS）走行記録（末廣昭著）　南進する中国と中国ASEAN博覧会（CAEXPO）（末廣昭著）　中国ASEAN経済関係の諸相（伊藤亜聖著）　中国・ASEAN貿易の担い手はどう変化したか？（大泉啓一郎著）　南進する中国と北進するASEANの貿易（宮島良明著）　高水準のRCEP実現に向け進むAFTAとACFTAの制度改革（助川成也著）〉Ⓝ333.6　［非売品］

中国（経済関係―日本）

◇日中関係は本当に最悪なのか―政治対立下の経済発信力　日中経済発信力プロジェクト編　日本僑報社　2014.10　304p　19cm〈内容：新たな日中関係を構築する時代に（加藤隆則著）　高速鉄道を支える鋳物（塩谷外司著）　小さな町工場から大ビ

ジョン実現（伊東千尋著）　既存概念打ち破る意義（江上志朗著）　日本独自の文化"ランドセル"を売り込め（安東幸樹,北宏志著）　脱日本ブランドが試されるPR（三澤志洋著）　歴史的記憶を超える（稲葉雅人著）　「聞こえの良い」現地化ではなく（岡野寿彦著）　日系企業撤退と拡大の二極化（古林恒雄述,加藤隆則聞き手）　日本の「もてなし」伝える観光PR誌（袁静著）　日中をつなぐ桜の架け橋（工藤園子著）　日本文化と経済のコラボレーション（冨田伸明著）　日中を繋ぐデザインという言語（山川智嗣著）　ものを選ぶことが不安な時代に（熨斗麻起子著）　商社マンから行政マンへ社会問題解決がチャンス（西岡貴弘著）　「八〇後海帰」と取り組む中国環境ビジネス（佐野史明著）　日本式サービスと中国式人情（張雪梅著）　質重視に変化した和食ブーム（西尾拡著）　アパレルから有機野菜、そしてさくら生産（工藤康則著）　カレーを中国人民食に（野村孝志著）　サービス革命の現場（山口直樹著）　中国で冷酒は飲まれるようになるのか（白石丈士著）　中国のハーバード大研修と日中人材交流（稲垣清著）　中産階級は「生活品質」重視スタイルへ（青木生著）　技術文化共有の研修プログラム（松岡豊人著）　具体的成果が求められる地域間交流（寺﨑秀俊著）　新たな改革の行方中国〈上海〉自由貿易試験区（安生隆行著）　データから見る日中ビジネスの現場（菊池洋著）〉①978-4-86185-172-8　Ⓝ333.6　［1900円］

◇日中経済産業白書　2013/2014　速まる中国の構造変化と日中ビジネス再構築　日中経済協会　2014.6　256p　26cm　①978-4-88880-206-2　Ⓝ332.22　［4000円］

◇日本経済がなければ中国・韓国は成り立たない　真壁昭夫著　海竜社　2014.8　223p　19cm　①978-4-7593-1387-1　Ⓝ333.6　［1300円］

中国（経済関係―日本―歴史―1949〜）

◇戦中戦後の中国とアメリカ・日本―「東アジア統合構想」の歴史的検証　西川博史著　札幌　HINAS（北海学園北東アジア研究交流センター）　2014.12　386p　22cm　〈東出版（発売）〉①978-4-905418-05-4　Ⓝ333.6　［3800円］

中国（経済政策―歴史―1949〜）

◇進化する中国の改革開放と日本　張兵著　時潮社　2014.4　209p　21cm　〈年表あり〉①978-4-7888-0693-1　Ⓝ332.22　［3000円］

◇中国経済はどう変わったか―改革開放以後の経済制度と政策を評価する　中兼和津次編　国際書院　2014.2　466p　21cm　（早稲田現代中国研究叢書　3）〈索引あり　内容：マクロ経済政策（田中修著）　地域開発政策（加藤弘之著）　価格制度（中兼和津次著）　財政制度（内藤二郎著）　土地政策（梶谷懐著）　貿易政策（大橋英夫著）　為替制度（曽根康雄著）　農業政策（菅沼圭輔著）　金融制度（王京濱著）　企業制度（渡邉真理子著）　人口・労働移動政策（厳善平著）　雇用・労働政策（木崎翠著）　賃金制度（馬欣欣著）〉①978-4-87791-255-0　Ⓝ332.22　［4800円］

中国（経済発展）

◇検証「中国経済発展モデル」の真実―その起源・成果・代償・展望　丁学良著，丹藤佳紀監訳，阿部亘訳　科学出版社東京　2013.8　393p　20cm（標題紙のタイトル（誤植）：検証「中国経済発展モデル」の真実　内容：政治経済学の概念としての中国モデル　中国モデルの「前史」　中国モデルの形成とその内実　中国モデルの国際環境　中国モデルの実績評価　中国モデルの四つのコスト　既存の中国モデルの内憂外患　中国モデルの代替案　中国モデルのバージョンアップへの深層にある問題　中国モデルを転換する　新たな中国モデルの歴史的意義と国際的意義　中国政治改革への構想と提案）①978-4-907051-04-4　Ⓝ332.22　［3800円］

◇中国の経済成長と土地・債務問題―政府間財政システムにおける「競争」と「調整」　徐一睿著　慶應義塾大学出版会　2014.7　205p　20cm　〈索引あり　内容：序　「緩い集権化」の実態から見る中央・地方関係　「先富」から「共富」への移行段階における地方統制と財政移転　地域間の経済・財政力格差　地方政府「都市経営」から見る土地と財政　「地方政府融資平台」〈LGFV〉と債務問題　フォーマルな信債に向けて調整と競争を共存する財政システムの構築に向けて〉①978-4-7664-2157-6　Ⓝ349.222　［2700円］

中国（経済法）

◇中国経済六法　2014年版　射手矢好雄編集代表　日本国際貿易促進協会　2014.1　2854p　22cm　①978-4-930867-70-4　Ⓝ333.09　［20000円］

◇中国ビジネス法体系―部門別・場面別　藤本豪著　日本評論社　2014.10　632p　21cm　〈索引あり〉①978-4-535-52071-4　Ⓝ333.09　［4900円］

中国（警察―歴史―清時代）

◇歩軍統領小史―「韆韃粛清」の物語　北山勝次著　北九州　北九州中国書店　2013.11　287p　21cm　①978-4-9903886-4-5　Ⓝ317.7　［4000円］

中国（刑事法—会議録）

◇21世紀日中刑事法の重要課題—日中刑事法シンポジウム報告書　山口厚,甲斐克則編　成文堂　2014.6　230p　21cm〈会期・会場：2013年9月29日—30日　西北政法大学　内容：正犯と共犯の区別（甲斐克則著）　中国特有の犯罪関与体系について（劉明祥著,劉建利訳,甲斐克則補正）　罪数論・競合論（只木誠著）　罪数論体系の再構築（王政助著,金光旭訳）　危険運転致死傷罪・自動車運転過失致死傷罪（橋爪隆著）　中国刑法における危険運転罪（梁根林著,于佳佳訳）　事後強盗罪に関する諸問題（張明楷著,金光旭訳）　討議の質疑応答（橋爪隆著）〉①978-4-7923-5115-1　Ⓝ326.04　[2500円]

中国（契約法）

◇中国のビジネス実務判例から学ぶ契約書の作成と運用Q&A100　韓晏元著　第一法規　2014.10　355p　21cm〈索引あり〉①978-4-474-03323-8　Ⓝ324.922　[4000円]

中国（建設業）

◇中国的建築処世術　東福大補,市川紘司編著　彰国社　2014.3　223p　19cm　①978-4-395-32008-0　Ⓝ520.9222　[2000円]

中国（建築）

◇中国当代建築—ねもはEXTRA：北京オリンピック、上海万博以後　市川紘司企画・編集　フリックスタジオ　2014.4　253p　25cm〈内容：中国でいかにして「負ける」か（隈研吾述）　Photo（夏至撮影）　中国当代建築（市川紘司著）　循環的建造のポエティクス（王澍,陸文宇述）　「山水都市」の創造（馬岩松著）　亜熱帯の建築をめざして（川島宏起著）　動きつづける中国で建築をつくる（佐伯聡子＋Kok-Meng Tan/KUU著）　建築とその評価土台を設計する（ネリ＆フー著）　蒐集される外国人建築家たち（市川紘司著）　現状は変えられる（迫慶一郎述）　王澍論（頼徳霖著）　四川大地震から5年後の被災地を歩く（五十嵐太郎著）　中国で「住民参加」は可能か（梁井宇述）　北京国際デザインウィーク2013の大柵欄（市川紘司著）　大柵欄の生活風景を撮る（孫思雅著）　中国建築はいかにして西洋に伝達されるか？（方振寧述）　「態度」をもつ建築（千葉成順著）　「いまさらの上海世博」を楽しむ（服部一晃著）　中国的建築写真の端緒（夏至著）　2010年代、日本人建築家は中国にどう関わるべきか？（助川剛ほか述）　北京（斧澤未知子著）　中国当代建築家列伝〉①978-4-904894-14-9　Ⓝ523.22　[2500円]

中国（建築—写真集）

◇近代建築のアジア—歴史遺産　2　中国　2　増田彰久写真,藤森照信文　柏書房　2014.1　262p　26cm　①978-4-7601-3960-6　Ⓝ523.2　[15000円]

中国（建築—歴史）

◇東方文化学院旧蔵建築写真目録　平勢隆郎,塩沢裕仁,関紀子,野久保雅嗣編　東京大学東洋文化研究所附属東洋学研究情報センター　2014.2　13, 349p　26cm　（東洋学研究情報センター叢刊　第17輯）①978-4-903235-28-8　Ⓝ522.2

中国（憲法—歴史）

◇日中における西欧立憲主義の継受と変容　高橋和之編　岩波書店　2014.10　193p　22cm〈内容：西欧立憲主義はどう理解されたか（高橋和之著）　明治憲法と「体用」論（高見勝利著）　日本憲法学における国体概念について（西村裕一著）　戦前憲法学における二重法律概念と法治行政（毛利透著）　清末民初期の中国における立憲主義の継受（松井直之著）　明治憲法の「欽定憲法大綱」に対する影響（韓大元著）　明治憲法の近代中国の憲法制定に与えた影響の展開（莫紀宏著）　国体概念の変遷（林來梵著）　「国民の司法参加」の憲法的基礎およびその制度設計（洪英著）　美濃部達吉と中国の公法学（王貴松著）〉①978-4-00-025994-1　Ⓝ323.13　[5500円]

中国（公害）

◇日本人を脅かす中国毒食品—汚染食材・食品の流入実態と対策マニュアル　椎名玲,別冊宝島取材班著　宝島社　2014.6　221p　18cm〈「忍びよる中国汚染食材・食品」（2013年刊）の改題、増補・改訂〉①978-4-8002-2797-3　Ⓝ498.54　[920円]

中国（公企業民営化）

◇中国中小企業の起業・経営・人材管理—民営化企業の多様化に迫る　北薔著　勁草書房　2014.11　264p　22cm　（現代中国地域研究叢書　9）〈文献あり　索引あり〉①978-4-326-34899-2　Ⓝ336.0222　[4400円]

中国（工業）

◇日本人の値段—中国に買われたエリート技術者たち　谷崎光著　小学館　2014.12　221p　19cm〈文献あり〉①978-4-09-388377-1　Ⓝ509.222　[1300円]

中国（工芸美術—図集）

◇微の美術—日本・中国の小ささと緻密さの造形：平成二十六年度特別展　和泉市久保惣記念美術館編　和泉　和泉市久保惣

記念美術館　2014.10　131p　30cm〈会期・会場：平成26年10月10日—11月30日　和泉市久保惣記念美術館〉Ⓝ750.21

中国（鉱山労働—江西省）

◇安源炭鉱実録—中国労働者階級の栄光と夢想　于建嶸著,横澤泰夫訳　福岡　集広舎　2014.3　544p　22cm〈［中国書店（発売）］　文献あり〉①978-4-904213-20-9　Ⓝ567.096　[4500円]

中国（高齢者—新疆）

◇マスコミ理論とライフスタイル—新疆ウイグル自治区における調査研究　夏扎提古丽沙吾提著　学文社　2014.4　380p　22cm〈文献あり　索引あり　奥付のタイトル関連情報（誤植）：新疆ウイグル自治区における調査研究〉①978-4-7620-2437-5　Ⓝ367.7　[5000円]

中国（高齢者福祉）

◇中国農村地域における高齢者福祉サービス—小規模多機能ケアの構築に向けて　郭芳著　明石書店　2014.11　254p　22cm〈文献あり　索引あり〉①978-4-7503-4104-0　Ⓝ369.26　[4500円]

中国（古瓦—目録）

◇前場幸治瓦コレクション資料目録—明治大学博物館所蔵　森本尚子,忽那敬三,山路直充編　明治大学博物館　2014.3　72p　30cm〈文献あり〉Ⓝ751.4

中国（国際投資）

◇中国企業の国際化戦略　続　大木博巳,清水顕司編著　ジェトロ　2014.8　276p　21cm　①978-4-8224-1137-4　Ⓝ338.92　[2800円]

◇中国子会社の投資・会計・税務　KPMG,あずさ監査法人中国事業室編,高部一郎監修　第2版　中央経済社　2014.12　1151p　22cm〈文献あり　索引あり〉①978-4-502-11271-3　Ⓝ338.9222　[12000円]

◇中国の対外投資と各国・地区の対応—報告書　平成25年度　国際貿易投資研究所編　国際貿易投資研究所　2014.2　89p　30cm〈文献あり　平成25年度（一財）貿易・産業協力振興財団助成事業〉Ⓝ338.92

中国（国際投資〈日本〉）

◇Q&Aによる中国子会社の不正リスク管理と現地化の為の人事制度及び内部監査の留意点—コンサルタントによるコンサルタント選定の為の注意点解説　齊藤和昇著　大阪　パレード　2014.7　301p　19cm　（Parade Books）〈星雲社（発売）〉①978-4-434-19535-8　Ⓝ338.9222

◇チャイナリスク・チャイナドリーム—日本人だから、中国で勝てる！　伊藤嘉基著　同友館　2014.1　318p　21cm　①978-4-496-04992-7　Ⓝ338.9222　[2200円]

◇中国改革の深化と日本企業の事業展開　真家陽一編著　ジェトロ　2014.6　261p　21cm〈内容：三中全会「決定」のインパクト（真家陽一著）　改革路線を継続する習近平政権（宗金建志著）　中国経済：成長減速と構造変化（朱炎著）　中国経済の中長期の注目点（齋藤尚登著）　中国の環境問題の現状とビジネスの可能性（方越著）　第12次5カ年規画とPM2.5問題で加速する中国の大気汚染対策（堀井伸浩著）　中国における高齢者向けサービスの現状と今後の可能性（藤本勉著）　遼寧省〈瀋陽市、大連市〉における高齢者産業の現状（岡野陽二、呉冬梅著）　転換期にある中国の流通産業（神谷渉著）　流通段階の商習慣が中小企業と消費市場に与える影響（森路未央著）　「モノのインターネット〈物聯網〉」の可能性と日系企業の参入機会（小宮昇平著）　事業戦略の再構築期を迎えている中国進出日系企業（田守英明著）　中国の事業環境における米・EU企業の見方（河野円洋著）　減少が続く中国の対日輸入（清水顕司著）　中小企業における海外直接投資の効果（藤井辰紀著）　中国市場からの撤退（丹下英明著）　中国人の「発展空間」と日系企業の人事課題（中村天江著）　中国最大の製造業"フォックスコン"のEMS事業（中川威雄著）〉①978-4-8224-1136-7　Ⓝ332.22　[2500円]

◇中国市場開拓に挑む中小企業　2013年度　［東京］　日本貿易振興機構海外調査部　2014.3　100p　30cm〈タイトル関連情報：中国バイヤーが求める日本製品とは　共同刊行：日本貿易振興機構生活文化・サービス産業部〉Ⓝ338.9222　[非売品]

◇中国13億人を相手に商売する方法—「カネ」ではなく「チエ」で勝負する　江口征男［著］　ディスカヴァー・トゥエンティワン　2014.4　287p　19cm　①978-4-7993-1478-4　Ⓝ338.9222　[1500円]

◇中国で会社をつくったら、ひどい目に遭いました　高杉裕二著　彩図社　2014.5　191p　15cm　①978-4-88392-974-0　Ⓝ338.9222　[590円]

◇中国に進出している中小物流事業者の実態に関する調査研究　久保麻紀子,熊坂祐一,高島賢,渡邉裕樹［著］　国土交通省国土交通政策研究所　2013.7　104, 45p　30cm　（国土交通政策研究　第108号）Ⓝ681.6

日本件名図書目録2014　Ⅰ　　　中国（在留日本人）

◇中国ビジネス法体系―部門別・場面別　藤本豪著　日本評論
社　2014.10　632p　21cm〈索引あり〉Ⓘ978-4-535-52071-4
Ⓝ333.09　[4900円]

◇中国法実務教本―進出から撤退まで　大江橋法律事務所中国
プラクティスグループ編　商事法務　2014.3　559p　21cm
〈索引あり〉Ⓘ978-4-7857-2148-0　Ⓝ338.9222　[4400円]

◇中部地域企業の中国展開と現地化調査報告書―自動車関連産
業を中心として　阿部聖, 樋口義治, 森久男編著　豊橋　愛知
大学中部地方産業研究所　2014.3　139p　26cm　(愛大中産
研研究報告　第67号)〈背のタイトル：中部地域企業の中国展
開と現地化〉Ⓘ978-4-901786-32-4　Ⓝ338.9222

◇邦銀のアジア展開―メガバンク・地域銀行と中国の金融規制
大阪　アジア太平洋研究所　2013.5　7, 41p　30cm　(アジ
ア太平洋研究所資料 13-9)〈年表あり〉Ⓘ978-4-87769-352-7
Ⓝ338.21

中国（国際投資〔日本〕―香港）
◇シンガポール・香港地域統括会社の設立と活用　久野康成公
認会計士事務所, 東京コンサルティングファーム著, 久野康成
監修　[東京]　TCG出版　2014.3　453p　21cm　(海外直接
投資の実務シリーズ)〈出版文化社（発売）索引あり〉Ⓘ978-
4-88338-535-5　Ⓝ338.922399　[4500円]

中国（国際投資〔日本〕―名簿）
◇中国物流進出企業リスト　2013年版　名古屋　東海日中貿易
センター　2013.5　83p　30cm　Ⓝ681.6　[1500円]

◇日系企業自動車関連中国進出企業リスト　2013年版　名古屋
東海日中貿易センター　2013.6　212p　30cm　Ⓝ537.09
[6500円]

中国（国際投資〔日本〕―歴史―明治時代）
◇三菱合資会社の東アジア海外支店―漢口・上海・香港　畠山秀
樹著　茨木　追手門学院大学出版会　2014.2　227p　22cm
〈丸善出版（発売）索引あり　内容：三菱合資会社東アジア海
外支店の開設過程　三菱合資会社漢口支店の事業展開　三菱
合資会社上海支店の事業展開　三菱合資会社香港支店の事業
展開〉Ⓘ978-4-907574-00-0　Ⓝ335.48　[2800円]

中国（国際投資―アジア）
◇中国企業対外直接投資のフロンティア―「後発国型多国籍企
業」の対アジア進出と展開　苑氏佳著　創成社　2014.2　255p
22cm〈索引あり〉Ⓘ978-4-7944-3148-6　Ⓝ335.5　[2800円]

中国（国際保健協力）
◇ぼくらの村からポリオが消えた―中国・山東省発「科学的現場
主義」の国際協力　岡田実著　佐伯印刷出版事業部　2014.2
191p　19cm〈文献あり〉Ⓘ978-4-905428-45-9　Ⓝ498.7
[1500円]

中国（国際見本市―上海）
◇輸出総合サポートプロジェクト事業のうち海外見本市への出展
事業FHC China 2013（中国）実施報告書　平成25年度　[東
京]　日本貿易振興機構　2013.12　64p　30cm　Ⓝ606.92221

中国（国際見本市―香港）
◇輸出総合サポートプロジェクト事業のうち海外見本市への出
展事業香港インターナショナル・ダイヤモンド・ジェム＆パー
ル・ショー2014（中国）実施報告書　平成25年度　[東京]　日
本貿易振興機構　2014.3　53p　30cm　Ⓝ606.92239

中国（国防）
◇太平洋の赤い星―中国の台頭と海洋覇権への野望　トシ・ヨ
シハラ, ジェイムズ・R・ホームズ著, 山形浩生訳　バジリコ
2014.2　306,35p　22cm　Ⓘ978-4-86238-207-8　Ⓝ392.22
[2400円]

◇中国安全保障レポート　2013　防衛省防衛研究所編　防衛省
防衛研究所　2014.1　5, 39p　30cm　Ⓘ978-4-86482-009-7
Ⓝ392.22

◇中国の海洋戦略―アジアの安全保障体制　宮田敦司著　批評
社　2014.6　182p　19cm　(PP選書)Ⓘ978-4-8265-0602-1
Ⓝ392.22　[1800円]

◇北京が太平洋の覇権を握れない理由　兵頭二十八著　草思社
2014.4　332p　16cm　(草思社文庫 ひ2-1)〈「北京は太平洋
の覇権を握れるか」(2012年刊)の改題、一部加筆・修正〉
Ⓘ978-4-7942-2044-8　Ⓝ392.22　[850円]

中国（国民性）
◇あの「中国の狂気」は、どこから来るのか　金文学著　ワック
2014.5　225p　18cm　(WAC BUNKO B-197)〈「すぐ謝る
日本人、絶対謝らない中国人」(南々社 2012年刊)の改題、改
訂した新版〉Ⓘ978-4-89831-697-9　Ⓝ361.42　[900円]

◇かわいそうな歴史の国の中国人　宮脇淳子著　徳間書店
2014.7　229p　19cm　Ⓘ978-4-19-863828-3　Ⓝ361.42
[1000円]

◇進化できない中国人―経済は発展しても国民性は「道徳砂漠」
金文学著　祥伝社　2014.3　248p　19cm　Ⓘ978-4-396-
61487-4　Ⓝ361.42　[1380円]

◇中国人の常識は世界の非常識　近藤大介著　ベストセラーズ
2014.1　255p　18cm　(ベスト新書 428)Ⓘ978-4-584-
12428-4　Ⓝ361.42　[819円]

◇中国人は雑巾と布巾の区別ができない　西谷格著　宝島社
2014.8　191p　18cm　(宝島社新書 454)Ⓘ978-4-8002-
2849-9　Ⓝ361.42　[800円]

◇なぜ中国は覇権主義なのか―それは中華思想があるからだ!
田代正廣著　堺　銀河書籍　[2014]　263p　18cm〈MMI
マーケティング（発売）年表あり　文献あり〉Ⓘ978-4-
907628-06-2　Ⓝ361.42　[750円]

◇品性下劣な中国人―彼らが世界中から嫌われる理由　陳破空
著　扶桑社　2014.11　211p　18cm　(扶桑社新書 174)
Ⓘ978-4-594-07151-6　Ⓝ361.42　[800円]

中国（国境）
◇中国国境熱戦の跡を歩く　石井明著　岩波書店　2014.8
276p　19cm　(岩波現代全書 041)〈文献あり〉Ⓘ978-4-00-
029141-5　Ⓝ319.22　[2400円]

中国（諺）
◇諺で考える日本人と中国人―日本の諺にならなかった中国の
諺　内田稔, 張鴻鵬著　名古屋　ブックショップマイタウン
2014.7　161p　21cm　Ⓘ978-4-938341-44-2　Ⓝ388.822
[1500円]

中国（コンピュータ犯罪）
◇チャイナハッカーズ―THE THREAT OF CHINESE
CYBERWARFARE　ウラジミール著　[東京]　扶桑社
2014.5　325p　19cm〈文献あり〉Ⓘ978-4-594-07050-2
Ⓝ368.66　[1500円]

中国（祭祀―歴史―周時代）
◇西周期における祭祀儀礼の研究　佐藤信弥著　京都　朋友書
店　2014.3　242p　22cm〈文献あり〉Ⓘ978-4-89281-139-5
Ⓝ222.03　[6000円]

中国（祭祀―歴史―史料―書目）
◇南山大学人類学博物館所蔵上智大学西北タイ歴史文化調査団
収集文献目録　横浜　神奈川大学大学院歴史民俗資料学研究
科　2014.3　174p　30cm　(神奈川大学歴民調査報告 第17
集)Ⓝ386.2226

中国（財閥―香港）
◇李嘉誠―香港財閥の興亡　西原哲也著　エヌ・エヌ・エー
2013.11　304p　19cm〈文献あり　「秘録華人財閥」(2008年
刊)の改題改訂〉Ⓘ978-4-86341-029-9　Ⓝ332.8　[1800円]

中国（裁判―歴史―古代）
◇漢代を遡る奏讞―中国古代の裁判記録　[日野]　中国の歴史
と地理研究会　2014.7　182p　26cm　(中国の歴史と地理 第
3集)Ⓝ322.22

中国（在留朝鮮人）
◇中国朝鮮族村落の社会学的研究―自治と権力の相克　林梅著
御茶の水書房　2014.11　210,4p　22cm〈文献あり　年表あり
索引あり〉Ⓘ978-4-275-01086-5　Ⓝ361.76　[6600円]

◇中国・朝鮮族と回族の過去と現在―民族としてのアイデンティ
ティの形成をめぐって　松本ますみ編著　創土社　2014.3
267p　22cm〈内容：変容する朝鮮族の民族教育（権瞬俊著）
華北在留朝鮮人と蘆台模範農村（小林元裕著）満洲国から戦
後直後の社会を生きた朝鮮族女性たちのライフヒストリー（花
井みわ著）雲南回族のイスラーム回帰現象とアラビア学校
（松本ますみ著）中華民国期におけるウイグル人の民族アイ
デンティティ（清水由里子著）回族・朝鮮族における民族文
化継承と学校教育（新保敦子著）アンケート調査―朝鮮族の
民族教育と生活実態（権瞬俊著）アンケート調査―回族の民
族教育と生活実態（松本ますみ著）〉Ⓘ978-4-7988-0216-9
Ⓝ316.822　[2800円]

◇満洲間島地域の朝鮮民族と日本語　金旺実著　福岡　花書院
2014.3　290p　21cm　(比較社会文化叢書 vol. 32)〈年表あ
り　文献あり〉Ⓘ978-4-905324-79-9　Ⓝ372.225　[2667円]

中国（在留日本人）
◇もう10年もすれば……―消えゆく戦争の記憶―漫画家たちの証
言　中国引揚げ漫画家の会著　国立　今人舎　2014.6　31p
31cm〈年表あり　「少年たちの記憶」(ミナトレナトス 2002
年刊)の改題、復刻、改編　内容：上海書店の店先で煙草をす
う父（高井研一郎著）中国人のお姉さんが焼いてくれたさつ
いももはおいしかった（古谷三敏著）でっかいリュックを背負っ
てかあちゃんにしっかりとつかまって（赤塚不二夫著）夕陽
めがけて（森田拳次著）赤い夕陽のなかをひたすら歩く（ち
ばてつや著）歩けなくなった人たちもいた（ちばてつや著）
ハルピンから新京へ（上田トシコ著）「あら! その瞬間よ」

中国（在留日本人―歴史）

巡回中の中国兵とバッタリ!!（上田トシコ著）　葫蘆島に着いた（北見けんいち著）　おふくろにリンゴを食べさせたい一心でかなりフライングした1番になった（北見けんいち著）　塘沽で「お宝」を燃やす（横山孝雄著）　葫蘆島から引揚船に乗船（上田トシコ著）　引揚船は大きくてたくましく見えた（ちばてつや著）　「飯上げ」は乾パンとすいとん（ちばてつや著）　揺れる引揚船の底で（山口太一著）　引揚船は玄界灘の荒波にもまれた（山口太一著）　LST乗組員からの手紙（横山孝雄著）　内地が見えたぞおー！（ちばてつや著）　はじめて見た日本は箱庭みたいにきれいだった（赤塚不二夫著）　はじめて見た日本は緑いっぱいの国だった（北見けんいち著）　兵隊靴をはいて働いた（上田トシコ著）　満州の豚の色は黒、内地では白いのでビックリ（山内ジョージ著）　母に抱かれて（林静一著）　少年たちの「引揚げ」（石子順著）　「引揚げ」-「外地」からの帰国　中国引揚げ漫画家の会〉①978-4-905530-33-6 ⑨916 ［1800円］

中国（在留日本人―歴史）

◇上海の日本人社会とメディア―1870-1945：共同研究　和田博文, 徐静波, 西村将洋, 宮内淳子, 和田桂子著　岩波書店　2014.10　474,12p　21cm〈年表あり　索引あり〉①978-4-00-061001-8 ⑨334.42221　［10000円］

中国（産学連携）

◇産学連携が拓くグローバル・イノベーションの扉―日中大学フェア&フォーラムin China 2014講演録　科学技術振興機構中国総合研究交流センター編　［東京］　科学技術振興機構中国総合研究交流センター　2014.6　173p　30cm〈会期・会場：平成26年3月15日・16日　中国北京全国農業展覧館（新館）ほか〉①978-4-88890-399-8 ⑨377.21

◇中国の大学における産学研連携の現状と動向　［東京］　科学技術振興機構中国総合研究交流センター　［2014］　126p　30cm ①978-4-88890-384-4 ⑨507

中国（産業）

◇中国産業論の帰納法的展開　渡辺幸男, 植田浩史, 駒形哲哉編著　同友館　2014.3　353p　22cm〈内容：中国の経済体制・産業発展における公有制企業、非公有制企業の位置づけ（駒形哲哉著）　2000年代以降における温州産業集積の進化プロセスとその方向性（林松国著）　珠江デルタにおける「産地」の形成と拡張（伊藤亜聖著）　階層化する市場への中国金型産業の供給構造（兼村智也著）　中国長江デルタ地域の自動車部品産業に関する研究（陳傑著）　国内市場の縮小と価値連鎖の再設計（遠山恭司著）　発展展望を持つ日台中小企業アライアンスの特徴（高橋美樹, 根橋玲子著）　移行期の中国における地方政府の政策競争（徐一睿著）　上海の産業発展と政府の役割（雷新軍著）　中国における非主流金融の拡大と中小企業（陳玉雄著）　温州信用危機の原因とその影響に関する分析（蔡建娜著, 駒形哲哉訳）　遼寧省丹東市における担保機構の役割と五興担保の成功事例研究（唐斌著）　産業論の論理的枠組みと中国産業発展・発展研究（渡辺幸男著）　日本機械工業の社会的分業と産業集積（丸川知雄著）〉①978-4-496-05049-7 ⑨602.22 ［3800円］

◇中国データ・ファイル　2014年版　ジェトロ編　ジェトロ　2014.10　294p　30cm〈海外調査シリーズ no. 391〉〈年表あり〉①978-4-8224-1142-8 ⑨332.22　［4500円］

中国（産業クラスター）

◇中国とベトナムのイノベーション・システム―産業クラスターによるイノベーション創出戦略　税所哲郎著　第2版　白桃書房　2014.5　313p　22cm〈索引あり〉北京・中関村科技園区における産業クラスター戦略　中国のデジタル・コンテンツ分野における産業クラスター戦略　中国・天津エコシティにおける新たな産業クラスター戦略　LL事業による日中の地域間連携と環境分野の産業クラスター戦略　ベトナムにおけるオフショアリング開発とソフトウェア・ビジネスの戦略　ベトナムにおける日本語教育と日系ビジネスの人材育成の戦略　ベトナムのハノイ・ホアラック・ハイテクパークにおける産業クラスター戦略　ベトナムのソフトウェア・ビジネスにおける産業クラスター戦略　新横浜のIT分野における産業クラスター戦略〉①978-4-561-25637-3 ⑨601.22　［3300円］

中国（産業廃棄物―江蘇省）

◇我が国循環産業海外展開事業化促進事業中国江蘇省向け工業固形廃棄物適正・無害化処理事業―報告書　平成25年度　［いわき］　クレハ環境　2014.3　1冊　30cm ⑨519.7

中国（ジェノサイド―歴史―内蒙古）

◇ジェノサイドと文化大革命―内モンゴルの民族問題　楊海英著　勉誠出版　2014.9　482p　22cm〈文献あり〉①978-4-585-22095-4 ⑨316.8226　［6000円］

中国（ジェノサイド―歴史―史料―内蒙古）

◇モンゴル人ジェノサイドに関する基礎資料　6　被害者報告書2　楊海英編　風響社　2014.1　676p　30cm〈静岡大学人文社会科学部研究叢書 42〉〈文献あり〉①978-4-89489-886-8 ⑨222.6　［14000円］

中国（自動車産業）

◇生産技術と取引関係の国際移転―中国における自動車用金型を例に　兼村智也著　柘植書房新社　2013.9　238p　21cm〈文献あり〉①978-4-8068-0651-6 ⑨537.09　［3200円］

◇中国自動車産業研究報告書　静岡県立大学グローバル地域センター中国自動車産業研究会［編］　静岡　静岡県立大学グローバル地域センター　2014.4　124p　30cm〈文献あり〉⑨537.09

中国（自動車産業―名簿）

◇日系企業自動車関連中国進出企業リスト　2013年版　名古屋　東海日中貿易センター　2013.6　212p　30cm ⑨537.09　［6500円］

中国（自動車販売）

◇中国自動車流通のダイナミックス―自動車「ディーラー・システム」の実証研究　方飛卡者　八千代出版　2014.8　150p　21cm〈文献あり　索引あり〉①978-4-8429-1635-4 ⑨537.09　［4000円］

中国（地主―歴史）

◇中華民国期江南地主制研究　夏井春喜著　汲古書院　2014.2　631p　22cm〈汲古叢書 111〉①978-4-7629-6010-9 ⑨611.2222　［16000円］

中国（司法制度）

◇法制度からみる現代中国の統治機構―その支配の実態と課題　熊達雲著　明石書店　2014.6　378p　19cm〈文献あり　索引あり〉①978-4-7503-4021-0 ⑨322.922　［2800円］

中国（資本主義）

◇中国の資本主義をどうみるのか―国有・私有・外資企業の実証分析　徐涛著　日本経済評論社　2014.7　282p　21cm〈シリーズ社会・経済を学ぶ〉〈文献あり　索引あり〉内容：中国経済の「あの手この手」　国有企業制度と「放権譲利」型改革　国家資本の戦略的再編　私有企業の成長　外資の導入　国有、私有と外資企業の「陣地」　国有企業と民間企業の「進退」　結論と展望　企業の所有制分類と「民営化」概念　第2次経済センサス個票データベース　規模以上鉱工業企業個票データベース〉①978-4-8188-2335-8 ⑨335.222　［3000円］

中国（社会）

◇NHK特派員は見た中国仰天！　ボツネタ&㊙ネタ　加藤青延著　日本僑報社　2014.10　209p　19cm ①978-4-86185-174-2 ⑨302.22　［1800円］

◇岡田英弘著作集　5　現代中国の見方　岡田英弘著　藤原書店　2014.10　583p　20cm〈年表あり　索引あり　布装　付属資料：8p；月報 5　内容：現代中国の誕生と日本　中国における少数民族　中国人の意識構造　直言コラム三題　中国人の行動原理　「林彪事件」とは何だったのか　なぜ中国は日本と国交を結びたがるのか　「孔子批判」のこの一年　毛・周体制の終焉　周恩来死後の中国　「四人組」失脚劇の真相　鄧小平はなぜ高度経済成長に賭けたか　鄧小平独裁と対台湾、対ベトナム　中国は日本化の道を突き進む　趙紫陽首相来日の意義　教科書問題の核心はどこにあるのか　中国共産党大会と教科書騒動　教科書問題が提供してくれた教訓　教科書問題その後　日米が振り回される中国の外交政策　シュルツ国務長官訪中の意味　ハイジャック事件を利用した中国の韓国接近　中国が日本に朝貢する時代　ヨーロッパから見た天安門事件　中国人の対日関係を再考する　中国人に頭を下げるな　アントニオーニの映画『中国』　恐妻家としての毛沢東　中国人と「ことば」　漢字が苦手な中国人　文字の国の悲哀　直言コラム三題　なぜ中国人はロシア人を嫌いか　「中国病」の研究　「病める中国」探訪記　中国人はアメリカ人が嫌い　歴史は繰り返すか　社会主義国家の特権階級　生きるのがやっとの中国人　中国人との交渉の仕方　中国人の人間関係　中国人にとって外国人とは何か　中国人の「建前」と「本音」　中国人は団結できるか　蒋介石はなぜ日本軍を帰国させたのか　シナの支配者のカリスマ　シナにおける正義、シナにおける思想　"チャイニーズ・ネス"のオーソドキシー　軍人としての周恩来　北京が送った「日中国交正常化」のシグナル　『人民日報』に見る言葉のトリック　韓国における教科書問題　中国に外交政策などない　中国のどこが危険なのか　中国人はなぜ日本を恐れるのか　人民解放軍はなぜ発言権の拡大に血道をあげるのか　経済的崩壊に向かう中国　日本はアジアの一員か　中国が分裂する可能性はあるか〉①978-4-89434-986-5 ⑨208　［4900円］

◇怖ろしすぎる中国に優しすぎる日本人　坂東忠信著　徳間書店　2014.8　204p　19cm ①978-4-19-863845-0 ⑨302.22　［1200円］

◇巨龍の目撃者―中国特派員2500日　加藤直人著　名古屋　中日新聞社　2014.7　274p　19cm〈文献あり〉①978-4-8062-0674-3　Ⓝ312.22　[1500円]

◇小久保晴行著作集　第6巻　中国と台湾　小久保晴行著　イースト・プレス　2014.8　549p　22cm〈付属資料：4p：月報　内容：中国、二つの貌　生きている台湾〉①978-4-7816-1222-5　Ⓝ081.6　[4300円]

◇こんにちはみなさん　渡邊節子文・挿絵　小平　節彩　2014.5　126p　19cm　①978-4-9907567-0-3　Ⓝ302.22　[700円]

◇GDP2位の中国が抱えるジレンマとは何か―習近平政権と調和社会の行方　王文亮著　京都　ミネルヴァ書房　2014.12　264,2p　19cm〈文献あり　索引あり〉①978-4-623-07183-8　Ⓝ302.22　[2500円]

◇社会人のための現代中国講義―東大塾　高原明生、丸川知雄、伊藤亜聖編　東京大学出版会　2014.11　291p　21cm〈内容：政治　国家体制と中国共産党(高原明生述)　民族　「中華民族」と少数民族問題(平野聡述)　ナショナリズム　中華民族の虚と実(村田雄二郎述)　外交　歴史と現在(川島真述)　安全保障と海洋進出　意図と能力の解明(松田康博述)　ミクロ経済　国家資本主義と大衆資本主義(丸川知雄述)　経済の行方　「二つの罠」を乗り越えられるか(関志雄述)　法　中国法の枠組みと役立ち方(高見澤磨述)　社会の変化　和諧社会実現の理想と現実(園田茂人述)　公民社会　民主化の行方(阿古智子述)〉①978-4-13-033071-8　Ⓝ302.22　[2800円]

◇熟年日本語教師の中国体あたり記　藤井泰一著　文芸社　2014.5　178p　19cm〈文献あり〉①978-4-286-14994-3　Ⓝ302.22　[600円]

◇世界征服を夢見る嫌われ者国家中国の狂気―習近平体制崩壊前夜　石平著　ビジネス社　2014.6　191p　19cm　①978-4-8284-1757-8　Ⓝ312.22　[1000円]

◇世界で嫌われる中国　福島香織、奥窪優木、飯塚竜二ほか著　宝島社　2014.3　222p　18cm〈2013年刊の増補・改訂　内容：中国人のニッポン買い漁り(奥窪優木著)　安倍包囲網で中国在外公館が情報工作(高田信人著)　中国人に奪いつくされるアフリカ大陸(佐久間賢三著)　「英国よ再統治して！」香港人の悲痛な本音(佐久間賢三著)　押し寄せる中国人観光客にタイは大迷惑(佐久間賢三著)　粗悪な事故が地球を滅ぼす日(奥窪優木著)　日本の夜の街が中国人観光客に大ブーイング(奥窪優木著)　重大汚染エリア「がん村」決死の潜入記(福島香織著)　中国「毒食品事件簿」(佐久間賢三著)　中国食料危機問題の恐ろしい結末(福島香織著)　富裕層の6割以上が移民希望という現実(村井忍著)　すべての中国製家電に感電死の恐怖が(奥窪優木著)　未婚男性が女性の2倍以上で結婚制度は？(奥窪優木著)　中国で続発する転落死亡事故の意外な理由(村井忍著)　"赤い貴族"の〈400兆円〉海外不正蓄財疑惑(奥窪優木著)　尖閣デモ1周年「反日嫌がらせ」止まず(奥窪優木著)　習近平の「暗黒独裁時代」が始まった(福島香織著)　中国版LINEは売春・詐欺・美人局の巣窟(安田峰俊著)　意味不明ヘンテコ訴訟・裁判集(飯塚竜二著)　恐るべき人民の地下鉄マナー(奥窪優木著)　世界に輸出される物乞いビジネス(飯塚竜二著)　フライト遅延世界ワースト1のアホすぎる理由(飯塚竜二著)　世界から非難轟々「犬肉祭り」潜入記(奥窪優木著)　横暴すぎる官営ヤクザ「城管」の実態(安田峰俊著)　壮絶すぎる中国の夫婦喧嘩(飯塚竜二著)　親子の4組に1組は血縁関係なし!?(奥窪優木著)　理不尽な法律・規則が急増中のナゼ？(飯塚竜二著)〉①978-4-8002-2465-1　Ⓝ302.22　[950円]

◇「全身病巣」国家・中国の死に方―蝕まれた虚像の大国が悲鳴を上げる　石平著　宝島社　2014.9　207p　16cm　(宝島SUGOI文庫　Dせ-2-3)〈2013年刊に加筆・修正を行い改定〉①978-4-8002-2714-0　Ⓝ302.22　[630円]

◇騒乱、混乱、波乱！ありえない中国　小林史憲著　集英社　2014.11　302p　18cm　(集英社新書 0762)①978-4-08-720762-0　Ⓝ302.22　[800円]

◇台頭する中国その強靭性と脆弱性　區龍宇著、白瑞雪、ブルーノ・ジュタン、ピエール・ルッセ寄稿、寺本勉、喜多幡佳秀、湯川順夫、早野一訳　柘植書房新社　2014.8　449,24p　22cm〈内容：中国の台頭とそこに内在する矛盾(區龍宇著、寺本勉訳)　中国の対外経済進出(區龍宇著、喜多幡佳秀訳)　中国の台頭は不可避なのか、それとも減退していくのか(ブルーノ・ジュタン著、湯川順夫訳)　毛沢東主義、その功績と限界(ピエール・ルッセ著、湯川順夫訳)　中国における労働者の抵抗闘争(區龍宇、白瑞雪著、早野一訳)　「主人」から賃奴隷へ(區龍宇著、早野一訳)　社会的アパルトヘイト下での使い捨て労働(區龍宇著、喜多幡佳秀訳)　中華全国総工会の役割(白瑞雪著、喜多幡佳秀訳)　新しい希望の兆候(區龍宇、白瑞雪著、喜多幡佳秀訳)　グローバル化と民族主義者の反応(區龍宇著、喜多幡佳秀訳)　中国の党・国家はいかに社会主義なのか？(區龍宇著、喜多幡佳秀訳)　薄熙来と「一都市社会主義」の終焉(區龍宇著、早野一訳)　劉暁波氏と中国の自由主義者(區龍宇著、喜多幡佳秀訳)　中台関係に関する両岸労働者階級の立場(區龍宇著、早野一訳)　自発的な連合か強制的な統一か(區龍宇著、早野一訳)　二重の抑圧、新疆短評(區龍宇著、早野一訳)　香港のオルタ・グローバリゼーション運動(區龍宇述、『ニューレフト・レビュー』誌聞き手、湯川順夫訳)〉①978-4-8068-0664-6　Ⓝ302.22　[4600円]

◇たった独りの外交録―中国・アメリカの狭間で、日本人として生きる　加藤嘉一著　晶文社　2014.10　318p　19cm　①978-4-7949-6857-9　Ⓝ302.22　[1500円]

◇知中論―理不尽な国の7つの論理　安田峰俊著　星海社　2014.9　227p　18cm　(星海社新書 54)〈講談社(発売)　文献あり〉①978-4-06-138558-0　Ⓝ302.22　[840円]

◇中国大嘘つき国家の犯罪　宮崎正弘著　文芸社　2014.8　263p　15cm　(文芸社文庫　み1-2)〈「オレ様国家・中国の常識」(新潮社 2011年刊)の改題、加筆・修正〉①978-4-286-15484-8　Ⓝ302.22　[600円]

◇中国が世界地図から消える日―狡猾な中国ネズミは沈み行く船から逃げ出し始めた　黄文雄著　光文社　2014.5　373p　20cm　①978-4-334-97781-8　Ⓝ302.22　[1500円]

◇中国自壊―賢すぎる支配者の悲劇　増田悦佐著　東洋経済新報社　2013.7　372p　20cm〈文献あり〉①978-4-492-44396-5　Ⓝ302.22　[1900円]

◇中国社会の基層変化と日中関係の変容　愛知大学国際中国学研究センター編　日本評論社　2014.7　262p　21cm〈索引あり　内容：孫文の大アジア主義と日本(馬場毅著)　中国のエネルギー問題と経済(大澤正治、李春利著)　中国の水資源の現状と課題(大島一二著)　中国都市部の「社区自治」についての一考察(唐燕霞著)　チャン族被災民の漢族地区への移住とコミュニティの再建(松岡正子著)　現代中国における「包」と「発展のシェーマ」についての一考察(原田忠直著)　漢服運動とは何か(周星著)　東アジア世界の脱構築と移住秩序(加々美光行著)　尖閣諸島領有権問題をめぐる日中関係の構造的変化に関する考察(川村範行著)　現代日中関係の基層としての「50年問題」(鈴木規夫著)　下降する1990年代以降の中日関係(臧志軍、徐青著)　新興市場の企業間競争に対する制度論的アプローチ(田中英式著)　日中食品モジュール貿易の形成と構造(高橋五郎著)〉①978-4-535-58667-3　Ⓝ302.22　[3000円]

◇中国13億人を相手に商売する方法―「カネ」ではなく「チエ」で勝負する　江口征男[著]　ディスカヴァー・トゥエンティワン　2014.4　287p　19cm　①978-4-7993-1478-4　Ⓝ338.9222　[1500円]

◇中国人の裏ルール　谷崎光著　KADOKAWA　2014.10　253p　15cm　(中経の文庫　た-22-1)〈新人物往来社 2012年刊の再刊〉①978-4-04-601069-8　Ⓝ302.22　[650円]

◇「中国人の9割が日本が嫌い」の真実　初田宗久著　トランスワールドジャパン　2014.3　231p　19cm　(TWJ BOOKS)〈文献あり〉①978-4-86256-138-1　Ⓝ319.1022　[1100円]

◇中国占領地の社会調査　2　別冊　解説　貴志俊彦、井村哲郎、加藤聖文、富澤芳亜、弁納才一監修，近現代資料刊行会企画編集　近現代資料刊行会　2014.8　147,34p　21cm　(戦前・戦中期アジア研究資料 7)①978-4-86364-276-8,978-4-86364-228-7(set)　Ⓝ302.22

◇中国の自業自得―歴史法則から逃れられない中華の悪夢　黄文雄著　徳間書店　2014.10　238p　19cm　①978-4-19-863871-9　Ⓝ302.22　[1200円]

◇中国の大問題　丹羽宇一郎著　PHP研究所　2014.6　254p　18cm　(PHP新書 931)①978-4-569-81926-6　Ⓝ302.22　[800円]

◇「中国の夢」は100年たっても実現しない―人がまともに生きられない14億人の絶望国家　山田順著　PHP研究所　2014.9　249p　19cm　①978-4-569-82115-3　Ⓝ302.22　[1500円]

◇中国崩壊前夜―北朝鮮は韓国に統合される　長谷川慶太郎著　東洋経済新報社　2014.5　229p　20cm　①978-4-492-44403-0　Ⓝ302.22　[1500円]

◇テレビに映る中国の97%は嘘である　小林史憲[著]　講談社　2014.2　270p　18cm　(講談社＋α新書 649-1C)①978-4-06-272842-3　Ⓝ302.22　[920円]

◇なぜ、中国人とドイツ人は馬が合うのか？　宮崎正弘、川口マーン惠美著　ワック　2014.4　235p　18cm　(WAC BUNKO B-196)①978-4-89831-696-2　Ⓝ302.34　[900円]

◇なぜ中国人にはもう1％も未来がないのか　石平著　徳間書店　2014.5　185p　19cm　①978-4-19-863800-9　Ⓝ302.22　[1000円]

中国（社会―歴史―近代）

◇日本に敗れ世界から排除される中国　黄文雄, 石平著　徳間書店　2014.12　197p　19cm　①978-4-19-863890-0　Ⓝ302.22　[1000円]

◇破綻する中国、繁栄する日本　長谷川慶太郎著　実業之日本社　2014.2　231p　20cm　①978-4-408-11050-9　Ⓝ302.22　[1500円]

◇東アジアリスク社会―発展・共識・危機　大阪大学中国文化フォーラム編　[豊中]　[大阪大学中国文化フォーラム]　2014.1　220p　21cm　（OUFCブックレット　第2巻）〈文献あり　中国語併記　内容：報告　中国の環境問題（思沁夫著）中国経済におけるリスクと不確実性をめぐって（梶谷懐著）社会システムにおける安全・安心・信頼（三好恵真子著）ディスカッサントの提言と回答　提言　リスク概念・リスク社会・東アジア的統治形態（中山竜一著）　総括セッションに関するコメント（江浦著）　グローバル化の文脈における東アジアリスク社会のローカルな知と実践（潘宗億著）　回答　三先生への回答（思沁夫著）　ハイエクの「自生的秩序」と中国経済（梶谷懐著）　食を巡る問題の複雑性とルーマンのリスク概念の適用（三好恵真子著）〉Ⓝ302.22

◇必読！今、中国が面白い―中国が解る60編　Vol.8（2014～2015年版）而立会訳, 三潴正道監訳　日本僑報社　2014.8　336p　21cm　①978-4-86185-169-8　Ⓝ302.22　[2600円]

◇Views on China中国の今、プロが観る―政策研究報告：「現代中国」プロジェクトWeb論考集　1　2013年5-9月　「現代中国」プロジェクト著　東京財団　2013.10　105p　21cm　Ⓝ302.22

◇Views on China中国の今、プロが観る―政策研究報告：「現代中国」プロジェクトWeb論考集　2　2013年10-2014年2月　「現代中国」プロジェクト著　東京財団　2014.2　91p　21cm　〈文献あり〉Ⓝ302.22

◇貧者を喰らう国―中国格差社会からの警告　阿古智子著　増補新版　新潮社　2014.9　255p　20cm　（新潮選書）〈文献あり〉①978-4-10-603757-3　Ⓝ302.22　[1300円]

◇北京の胡同（フートン）　ピーター・ヘスラー著, 栗原泉訳　白水社　2014.3　304p　19cm　①978-4-560-08346-8　Ⓝ302.22　[2200円]

◇マスコミと政治家が隠蔽する中国―保守政治家が警告するその崩壊と、親中派の売国　長尾敬著　眞人堂　2014.5　233p　19cm　〈出版共同流通（発売）〉①978-4-905156-89-5　Ⓝ302.22　[1500円]

◇靖国問題と中国包囲網　副島隆彦著　ビジネス社　2014.3　255p　20cm　①978-4-8284-1743-1　Ⓝ302.22　[1600円]

◇ヤバイ中国　渡邉哲也著　徳間書店　2014.7　237p　19cm　①978-4-19-863829-0　Ⓝ302.22　[1200円]

◇葦の髄より中国を覗く―「反日感情」見ると聞くとは大違い　黒古一夫著　アーツアンドクラフツ　2014.11　247p　19cm　①978-4-908028-03-8　Ⓝ302.22　[1500円]

中国（社会―歴史―近代）

◇現代中国に関する13の問い―中国地域研究講義　大阪大学中国文化フォーラム編　[豊中]　[大阪大学中国文化フォーラム]　2013.3　306p　21cm　（OUFCブックレット　第1巻）〈文献あり　内容：20世紀中国の射程　漢族と非漢族をめぐる史実と言説（片山剛著）博覧会における「文明」と「野蛮」の階梯（福田州平著）　法治主義発展史とそこにおける中国（高田篤著）日中関係の転機と歴史叙述（田中仁著）「華僑」「華人」と東アジアの近代（宮原曉著）　21世紀の中国と東アジア　中国ロックに見るワールドインパクト（青野繁治著）「民族」を使いこなす（木村自著）　中国の開発と環境（思沁夫著）　食の安全・安心・信頼（三好恵真子著）　東アジア地域秩序の変容（山田康博著）「経済大国」化する中国のインパクトと新たな成長へのジレンマ（許衛東著）　アメリカの戦後台湾政策（高橋慶吉著）　過渡期にある中国の核戦力と核戦略（竹内俊隆著）〉Ⓝ222.01

中国（社会―歴史―古代）

◇「詩経」国風の詩歌と地域社会　佐藤武敏著　研文出版（山本書店出版部）　2014.6　296p　22cm　〈文献あり〉①978-4-87636-378-0　Ⓝ921.32　[6000円]

中国（社会―歴史―宋時代）

◇宋代民事法の世界　青木敦著　慶應義塾大学出版会　2014.8　390,6p　22cm　〈文献あり　索引あり〉①978-4-7664-2160-6　Ⓝ322.22　[8000円]

中国（社会―歴史―民国時代）

◇戦時期中国の経済発展と社会変容　久保亨, 波多野澄雄, 西村成雄編　慶應義塾大学出版会　2014.6　474p　22cm　（日中戦争の国際共同研究　5）〈索引あり　内容：戦時期中国の経済

発展と社会変容（久保亨, 波多野澄雄, 西村成雄著）戦時中国の工業発展（久保亨著）　日中戦争と重慶銀行業（林幸司著）　抗戦期中国の保険業（林幸司著）戦時中国の貿易（木越義則著）戦時首都・重慶市の市内交通網（内田知行著）抗戦期四川の製糸金融と製糸業（趙国壮著, 吉田建一郎訳）　抗戦期重慶の工場間労働移動（耿密著, 菊池敏夫訳）　戦争初期日中両国と上海租界経済（今井就稔著）　日本の華北支配と開灤炭鉱（吉井文美著）　中国の総力戦と基層社会（笹川裕史著）蔣介石と総動員体制の構築（段瑞聡著）　戦時中国の憲法制定史（中村元哉著）　戦国策派と中国の民主主義（水羽信男著）戦時国民党政権の辺疆開発政策（島田美和著）　日中戦争と華北の日本居留民（小林元裕著）　抗日戦争の新たな歴史像の模索（ハンズ・ヴァン・デ・ヴェン著, 李仁哲訳）　日中戦争と興亜院の歴史的位置（加藤陽子著）　重慶爆撃死傷者数の調査と統計（潘洵著, 柳英武訳）〉①978-4-7664-2148-4　Ⓝ222.075　[6400円]

◇中国民衆にとっての日中戦争―飢え、社会改革、ナショナリズム　石島紀之著　研文出版　2014.7　265,4p　20cm　（研文選書　120）〈文献あり　索引あり〉①978-4-87636-380-3　Ⓝ222.075　[2700円]

中国（社会運動）

◇現代中国の維権運動と国家　呉茂松著　慶應義塾大学出版会　2014.12　318p　22cm　〈文献あり　索引あり　内容：中国における消費者運動の台頭とマス・メディア　都市部における所有権者たちの維権行為　タクシー業界における運転手たちの維権行為　労働者たちの維権行為　陳情制度をめぐる維権と安定維持の力学　維権運動の構造と言説　台頭する維権運動への国家の対応　結論と今後の課題〉①978-4-7664-2191-0　Ⓝ309.0222　[4600円]

中国（社会思想）

◇チャイナ・イデオロギー　齊藤哲郎著　彩流社　2014.2　298,18p　22cm　（大東文化大学国際比較政治研究所叢書　第8巻）〈文献あり　索引あり　内容：序章　米中の共通認識とチャイナ・イデオロギー　新自由主義イデオロギー論　市民社会論　中国ソフト・パワー論　海洋イデオロギーとしての「海権」論　海洋戦略と多国間・周辺外交の思想　香港・マカオの「一国二制度」論　台湾のソフト・パワー戦略　ネオ・マルクス主義と台湾　イスラーム主義の挑戦　チャイナ・イデオロギーとグローバル主義〉①978-4-7791-1957-6　Ⓝ309.0222　[3600円]

◇中国が世界に深く入りはじめたとき―思想からみた現代中国　賀照田著, 鈴木将久編訳　青土社　2014.1　288p　20cm　〈内容：困惑と不安のなかの模索（鈴木将久訳）　中国の現代史と思想と政治（鈴木将久訳）　中国が世界に深く入りはじめたとき（鈴木将久訳）　中国学術思想界を制約するいくつかの問題（鈴木将久訳）　貧弱な論争意図せざる結果（王津訳）　現代中国思想論争の歴史的意義と学術的意義（阿部幹雄, 鈴木将久訳）時代の要請と中国人文思想の再出発（鈴木将久訳）　中産階級の夢の浮沈と中国の未来（河村昌子訳）〉①978-4-7917-6757-1　Ⓝ309.0222　[2600円]

中国（社会思想―歴史―近代―伝記）

◇野望の中国近現代史―帝国は復活する　オーヴィル・シェル, ジョン・デルリー著, 古村治彦訳　ビジネス社　2014.6　479p　19cm　①978-4-8284-1756-1　Ⓝ312.22　[2500円]

中国（社会福祉）

◇中国の社会福祉改革は何を目指そうとしているのか―社会主義・資本主義の調和　沈潔著　京都　ミネルヴァ書房　2014.11　307p　22cm　（MINERVA社会福祉叢書　46）〈索引あり　奥付のシリーズ名（誤植）：MINERVA社会福祉学叢書〉①978-4-623-07103-6　Ⓝ369.0222　[6500円]

中国（社会保険）

◇中国の公的医療保険など保険制度にかかわる計量分析―滋賀大学リスク研究センター東アジア保険プロジェクト報告　久保英也編著　彦根　滋賀大学経済学部附属リスク研究センター　2014.3　218p　22cm　（サンライズ出版（発売）文献あり）①978-4-88325-536-8　Ⓝ364.3　[3000円]

中国（ジャーナリスト）

◇中国メディアの現場は何を伝えようとしているのか―女性キャスターの苦悩と挑戦　柴静著, 鈴木将久, 河村昌子, 杉村安幾子訳　平凡社　2014.4　309p　19cm　①978-4-582-48220-1　Ⓝ699.64　[1800円]

中国（ジャーナリズム）

◇習近平政権の言論統制　美根慶樹編著　町田　蒼蒼社　2014.5　381p　22cm　〈年表あり　文献あり〉①978-4-88360-123-3　Ⓝ070.13　[4000円]

◇中国における報道の自由―その展開と命運　孫旭培著, 高井潔司, 西茹, 及川淳子, 魯諍, 雷紫雯訳　相模原　桜美林大学北東アジア総合研究所　2013.7　406p　21cm　（北東アジア研究叢書）①978-4-904794-33-3　Ⓝ070.13　[3333円]

日本件名図書目録2014　Ⅰ　　　　　　　　　　　　　　　　　　　　　　　　　　　　　　　　　　　　中国（女性労働）

中国（ジャーナリズム―歴史―上海）
◇上海の日本人社会とメディア―1870-1945：共同研究　和田博文，徐静波，西村将洋，宮内淳子，和田桂子著　岩波書店　2014.10　474,12p　22cm　〈年表あり　索引あり〉　①978-4-00-061001-8　Ⓝ334.42221　[10000円]

中国（宗教）
◇中国占領地の社会調査　2-42　占領地の統治と支配　6（宗教・民族調査）　貴志俊彦，井村哲郎，加藤聖文，富澤芳亜，弁納才一監修，近現代資料刊行会企画編集　近現代資料刊行会　2014.8　596p　22cm　〈戦前・戦中期アジア研究資料 7〉〈複製　内容：南京及蘇州に於ける仏教の実情調査（興亜院華中連絡部調査機関部昭和15年刊）　南京及蘇州に於ける基督教の実情調査（興亜院華中連絡部昭和15年刊）　南京及蘇州に於ける儒教、道教の実情調査（興亜院華中連絡部昭和15年刊）　上海ニ於ケル猶太人ノ状況（興亜院華中連絡部昭和15年刊）　上海ニ於ケル白露西亜人ノ状況（興亜院華中連絡部昭和14年刊）　天津租界ニ於ケル第三国人ノ活動状況（興亜院華北連絡部昭和16年刊）〉①978-4-86364-272-0,978-4-86364-228-7(set)　Ⓝ302.22

中国（住宅―写真集―香港）
◇香港ルーフトップ　ルフィナ・ウー，ステファン・カナム著，GLOVA訳　パルコエンタテインメント事業部　2014.4　271p　25cm　①978-4-86506-067-6　Ⓝ527.0222　[2800円]

中国（儒学―歴史―1949〜）
◇「東アジアに哲学はない」のか―京都学派と新儒家　朝倉友海著　岩波書店　2014.6　244p　19cm　（岩波現代全書 037）〈文献あり〉①978-4-00-029137-8　Ⓝ121.6　[2100円]

中国（儒学―歴史―戦国時代）
◇郭店楚簡『五行』と伝世文献　西信康著　札幌　北海道大学出版会　2014.3　180,5p　22cm　（北海道大学大学院文学研究科研究叢書 26）〈文献あり　索引あり　内容：郭店楚簡『五行』研究史と課題　郭店楚簡『五行』第一段目の思想と構造　郭店楚簡『五行』第二段目の思想と構造　郭店楚簡『五行』第三段目の思想と構造　『孟子』万章下篇「金聲而玉振之」考　『孟子』に見える告子の仁内義外説　郭店楚簡『性自命出』の人性論とその周辺〉①978-4-8329-6799-1　Ⓝ124.1　[6000円]

中国（書―書跡集）
◇書のある部屋―影耳庵書画記　中西哲編著　大阪狭山　中西哲　2014.10　151p　30cm　〈文献あり〉Ⓝ728.8　[非売品]
◇大東文化大学所蔵貴重書跡図版目録　4　高島槐安寄贈書跡　2　大東文化大学大学院文学研究科書道学専攻書跡文化財学安達直哉ゼミ編　[東京]　大東文化大学大学院文学研究科書道学専攻　2014.3　132p　30cm　Ⓝ728.8

中国（小学校―雲南省）
◇富樫穎先生追悼文集―『パーリャン小学校の思い出』別冊　厉仁玉，武田淳，河合民子，西潟範子，エルニーニョ深沢共著　那覇　蛙ブックス　2014.3　55p　21cm　①978-4-907464-02-8　Ⓝ372.2237　[500円]
◇パーリャン小学校の思い出―中国雲南省の辺境地に小学校を作る　エルニーニョ深沢著　第2版　那覇　蛙ブックス　2014.2　82p　21cm　①978-4-907464-04-2　Ⓝ372.2237　[500円]

中国（少数民族）
◇中国エスニック・マイノリティの家族―変容と文化継承をめぐって　新保敦子編　国際書院　2014.6　284p　21cm　（早稲田現代中国研究叢書 4）〈索引あり　奥付のシリーズ名（誤植）：早稲田大学現代中国研究叢書　内容：モンゴル人家庭における文化継承及び変容（サラントナラ著）　近代学校の普及と少数民族家庭における文化の継承/断絶（新保敦子著）　中国における少数民族の言語学習に関する一考察（孫暁英著）　青海省における土族の言語文字の保護と継承（ボロル著，山口香苗訳，新保敦子校閲）　上海における朝鮮族の仕事・生活と民族文化継承（花井みわ著）　越境するマイノリティとアイデンティティ（李恩珠著）　西江苗寨・苗族女性教師のライフヒストリー（莎述，鄭新蓉インタビュアー，武暁偉編集，山口香苗訳，新保敦子校閲）　新疆に生きる（丁輝述，鄭新蓉，魏曼華，王倩ほかインタビュアー，王倩，武閃瑤編集，山口香苗訳，新保敦子校閲）〉①978-4-87791-259-8　Ⓝ382.22　[2800円]

中国（少数民族―雲南省）
◇森とともに生きる中国雲南の少数民族―その文化と権利　比嘉政夫監修，大﨑正治，杉浦孝昌，時雨彰著　明石書店　2014.3　340p　20cm　（世界人権問題叢書 87）〈索引あり〉①978-4-7503-3986-3　Ⓝ652.2237　[4000円]

中国（浄土教）
◇牧田諦亮著作集　第6巻　浄土教研究・徹定上人研究　牧田諦亮[著]，『牧田諦亮著作集』編集委員会編　京都　臨川書店　2014.9　349p　23cm　〈年譜あり　付属資料：4p：月報　内容：善導　善導大師と中国浄土教　人間像善導　中国浄土教史上における玄中寺の地位　大足石刻と観経変　紫栢真可とその浄土教　徹定上人の生涯　徹定上人の古経蒐集　古経堂詩文鈔について　エドキンスと徹定　行誡と徹定　徹定上人年譜稿〉①978-4-653-04206-8　Ⓝ182.22　[10000円]

中国（消費者）
◇世界を動かす消費者たち―新たな経済大国・中国とインドの消費マインド　マイケル・J・シルバースタイン，アビーク・シン，キャロル・リャオ，デビッド・マイケル著，市井茂樹，津坂美樹監訳，北川知子訳　ダイヤモンド社　2014.1　324p　19cm　①978-4-478-02542-0　Ⓝ332.22　[1800円]

中国（条約―日本―歴史―昭和後期）
◇民間漁業協定と日中関係　陳激著　汲古書院　2014.11　223p　22cm　①978-4-7629-6527-2　Ⓝ661.12　[6000円]

中国（食生活）
◇辣の道―トウガラシ2500キロの旅　加藤千洋著　平凡社　2014.1　198p　20cm　①978-4-582-83643-1　Ⓝ383.822　[1500円]

中国（食品安全）
◇中国食品工場のブラックホール　福島香織著　扶桑社　2014.9　271p　18cm　（扶桑社新書 171）①978-4-594-07118-9　Ⓝ498.54　[760円]
◇日中食品汚染　高橋五郎著　文藝春秋　2014.3　258p　18cm　（文春新書 962）①978-4-16-660962-8　Ⓝ498.54　[760円]

中国（食品衛生）
◇日本人を脅かす中国毒食品―汚染食材・食品の流入実態と対策マニュアル　椎名玲，別冊宝島取材班著　宝島社　2014.6　221p　18cm　〈『忍びよる中国汚染食材・食品』（2013年刊）の改題・増補・改訂〉①978-4-8002-2797-3　Ⓝ498.54　[920円]

中国（食品工業）
◇中国食品工場のブラックホール　福島香織著　扶桑社　2014.9　271p　18cm　（扶桑社新書 171）①978-4-594-07118-9　Ⓝ498.54　[760円]

中国（植民地行政〔日本〕）
◇中国占領地の社会調査　2-37　占領地の統治と支配　1（占領地行政 1）　貴志俊彦，井村哲郎，加藤聖文，富澤芳亜，弁納才一監修，近現代資料刊行会企画編集　近現代資料刊行会　2014.8　436p　22cm　（戦前・戦中期アジア研究資料 7）〈複製　内容：維新政府諸機関の行政機構（中国通信社調査部昭和13年刊）　維新政府江蘇州ニ於ケル行政組織（満鉄・上海事務所調査室昭和14年刊）〉①978-4-86364-202-7,978-4-86364-228-7(set)　Ⓝ302.22
◇中国占領地の社会調査　2-38　占領地の統治と支配　2（占領地行政 2）　貴志俊彦，井村哲郎，加藤聖文，富澤芳亜，弁納才一監修，近現代資料刊行会企画編集　近現代資料刊行会　2014.8　554p　22cm　（戦前・戦中期アジア研究資料 7）〈複製　内容：維新政府浙江省地方制度ノ総合的観察（南満州鉄道上海事務所調査室昭和15年刊）　維新政府浙江省地方行政組織ノ諸機能（南満州鉄道上海事務所調査室昭和15年刊）　安徽省ニ於ケル治安ニ関スル特殊施設（南満州鉄道上海事務所調査室昭和15年刊）〉①978-4-86364-203-4,978-4-86364-228-7(set)　Ⓝ302.22

中国（植民地行政〔日本〕―歴史）
◇1931年以前の遼東半島における中国人教育の研究―日本支配下の教育事業の真相を問う　李潤沢著　日本僑報社　2014.3　178p　22cm　〈内容：日本軍政による中国人教育の模索〈1902-1906年〉「準備期」における中国人教育をめぐる中日対立〈1907-1908年〉満鉄の創設と中国人教育事業への介入〈1909〜1914年〉満鉄による中国人教育の発展と特徴〈1915-1923年〉教育権回収運動期における中国人教育の転換〈1924-1926年〉「9.18事変」勃発前の中国人教育〈1926-1931年〉関東州における中国人教育の形成と発展〈1903-1921年〉中国人による教育施設の発展と日本側の対応〈1922-1931年〉日本による中国人教育はどのように考えられるべきか〉①978-4-86185-161-2　Ⓝ372.2257　[3800円]

中国（女性問題―歴史）
◇中国女性史入門―女たちの今と昔　関西中国女性史研究会編　増補改訂版　京都　人文書院　2014.2　227p　21cm　〈年表あり　索引あり〉978-4-409-51068-1　Ⓝ367.222　[2300円]

中国（女性労働）
◇女性雇用の現状と政策課題―第11回北東アジア労働フォーラム報告書　労働政策研究・研修機構著　労働政策研究・研修機構　2014.2　112p　30cm　（JILPT海外労働情報 14-2）〈文献あり〉Ⓝ366.38

中国（所得税）

◇図解中国ビジネス税法 ［2014］第4版 太陽グラントソント
ン税理士法人中国デスク著 税務経理協会 2014.9 220p
26cm〈索引あり〉①978-4-419-06162-3 Ⓝ345.222 ［3300
円］

中国（森林利用―雲南省）

◇森とともに生きる中国雲南の少数民族―その文化と権利 比
嘉政夫監修, 大崎正治, 杉浦孝昌, 時雨彰著 明石書店 2014.3
340p 20cm （世界人権問題叢書 87）〈索引あり〉①978-4-
7503-3986-3 Ⓝ652.2237 ［4000円］

中国（神話）

◇日中比較神話学 王小林著 汲古書院 2014.1 288,4p
20cm （汲古選書 66）〈文献あり 索引あり 内容：桃と祭礼
太公望と符命・冊命儀礼 桃源郷とアジール 漱石・魯迅・桃
源郷〉①978-4-7629-5066-7 Ⓝ164.1 ［3500円］

中国（水利―歴史―民国時代）

◇日中戦争期における汪精衛政権の政策展開と実態―水利政策
の展開を中心に 小笠原強著 専修大学出版局 2014.2
232p 22cm〈文献あり 索引あり 内容：汪精衛政権概史
汪精衛政権の政権構想 汪精衛政権の水利政策の概要 安徽
省淮河堤防修復工事 江蘇省呉江県龐山湖灌漑実験場「接収」
計画 三ケ年建設計画 蘇北新運河開闢計画 三ケ年建設
計画. 2 東太湖・尹山湖干拓事業〉978-4-88125-284-0
Ⓝ517.222 ［2800円］

中国（推理小説―歴史）

◇近代中国における探偵小説の誕生と変遷 池田智恵著 早稲
田大学出版部 2014.11 177p 30cm （早稲田大学モノグラ
フ 110）①978-4-657-14512-3 Ⓝ920.27 ［2900円］

中国（政治）

◇改革ボーナス―中共「十八大」後の体制転換 遅福林編著, 張
虎訳 岡山 グローバル科学文化出版 c2013 311p 21cm
（シリーズ中国経済の行方）①978-4-86516-035-2 Ⓝ332.22
［2800円］

◇巨龍の目撃者―中国特派員2500日 加藤直人著 名古屋 中
日新聞社 2014.7 274p 19cm〈文献あり〉①978-4-8062-
0674-3 Ⓝ312.22 ［1500円］

◇習近平―なぜ暴走するのか 矢板明夫著 文藝春秋 2014.9
376p 16cm （文春文庫 や60-1）〈文献あり 年表あり
2012年刊の加筆〉①978-4-16-790193-6 Ⓝ312.22 ［670円］

◇習近平の強権政治で中国はどこへ向かうのか―2012～2013年
濱本良一著 京都 ミネルヴァ書房 2014.12 459,25p
20cm （シリーズ・チャイナウォッチ 2）〈年表あり 索引あ
り〉①978-4-623-07174-6 Ⓝ312.22 ［4500円］

◇消費主導―中国発展戦略の大転換 遅福林監修, 藤越訳 岡山
グローバル科学文化出版 c2013 333p 21cm （シリーズ中
国経済の行方）①978-4-86516-034-5 Ⓝ332.22 ［2800円］

◇人民解放軍と中国政治―文化大革命から鄧小平へ 林載桓著
名古屋 名古屋大学出版会 2014.11 247p 22cm〈文献あ
り〉①978-4-8158-0786-3 Ⓝ312.22 ［5500円］

◇世界征服を夢見る嫌われ者国家中国の狂気―習近平体制崩壊
前夜 石平著 ビジネス社 2014.6 191p 19cm①978-4-
8284-1757-8 Ⓝ312.22 ［1000円］

◇台頭する中国その強靭性と脆弱性 區龍宇著, 白瑞雪, ブルー
ノ・ジュタン, ピエール・ルッセ寄稿, 寺本勉, 喜多幡佳秀, 湯
川順夫, 早野一訳 柘植書房新社 2014.8 449,24p 22cm
〈内容：中国の台頭とそこに内在する矛盾（區龍宇著, 寺本勉
訳） 中国の対外経済進出（區龍宇著, 喜多幡佳秀訳） 中国の
台頭は不可避なのか, それとも減退していくのか（ブルーノ・
ジュタン著, 湯川順夫訳） 毛沢東主義, その功績と限界（ピ
エール・ルッセ著, 湯川順夫訳） 中国における労働者の抵抗
闘争（區龍宇著, 白瑞雪著, 喜多幡佳秀訳）「主人」から賃奴隷へ（區
龍宇著, 早野一訳） 社会的アパルトヘイト下での使い捨て労
働（區龍宇著, 喜多幡佳秀訳） 中華全国総工会の役割（白瑞雪
著, 喜多幡佳秀訳） 新しい希望の兆候（區龍宇, 白瑞雪著, 喜
多幡佳秀訳） グローバル化と民族主義の反応（區龍宇著, 喜
多幡佳秀訳） 中国の党・国家はいかに社会主義なのか？（區
龍宇著, 喜多幡佳秀訳） 薄熙来と「一都市社会主義」の終焉
（區龍宇著, 早野一訳） 劉暁波氏と中国の自由主義者（區龍宇
著, 喜多幡佳秀訳） 中台関係における両岸労働者階級の立場
（區龍宇著, 早野一訳） 自発的な連合か強制的な統一か（區龍
宇著, 早野一訳） 二重の抑圧, 新疆短評（區龍宇著, 早野一
訳） 香港のオルタ・グローバリゼーション運動（區龍宇述,
『ニューレフト・レビュー』誌聞き手, 湯川順夫訳）〉①978-4-
8068-0664-6 Ⓝ302.22 ［4600円］

◇チャイナ・セブン―〈紅い皇帝〉習近平 遠藤誉著 朝日新聞
出版 2014.11 307p 19cm〈文献あり〉①978-4-02-
331340-8 Ⓝ312.22 ［1600円］

◇チャイナ・ナイン 遠藤誉著 完全版 朝日新聞出版 2014.
10 391p 15cm （朝日文庫 え13-1）〈年表あり〉①978-4-
02-261810-8 Ⓝ312.22 ［660円］

◇中共政権の爛熟・腐敗―習近平「虎退治」の闇を切り裂く 矢
吹晋, 高橋博共著 町田 蒼蒼社 2014.11 266p 21cm〈内
容：周永康・徐才厚スキャンダル（矢吹晋著） 摘発を免れた
「大虎」の群（矢吹晋著） 泣く子も黙る中央紀委・監察部（高
橋博著） 共産党独裁の不可避の産物としての腐敗（矢吹晋
著）〉①978-4-88360-127-1 Ⓝ312.22 ［2300円］

◇中国大嘘つき国家の犯罪 宮崎正弘著 文芸社 2014.8
263p 15cm （文芸社文庫 み1-2）（「『オレ様国家・中国の常
識』（新潮社 2011年刊）の改題、加筆・修正」）①978-4-286-
15484-8 Ⓝ302.22 ［660円］

◇中国情報ハンドブック 2013年版 21世紀中国総研編 町田
蒼蒼社 2013.7 548p 21cm①978-4-88360-118-9 Ⓝ312.
22 ［3000円］

◇中国情報ハンドブック 2014年版 21世紀中国総研編 町田
蒼蒼社 2014.7 549p 21cm①978-4-88360-124-0 Ⓝ312.
22 ［3600円］

◇中国人が選んだワースト中国人番付―やはり紅い中国は腐敗
で滅ぶ 遠藤誉著 小学館 2014.4 254p 18cm （小学館
新書 179）①978-4-09-825179-7 Ⓝ312.22 ［740円］

◇「中国の時代」は終わった 宮崎正弘著 海竜社 2014.5
220p 18cm①978-4-7593-1376-5 Ⓝ302.22 ［1000円］

◇中国の政治経済体制の現在―「中国モデル」はあるか：第92回
シンポジウム 21世紀政策研究所編 ［東京］ 21世紀政策研
究所 2014.1 93p 18cm （21世紀政策研究所新書 29）
Ⓝ332.22

◇中国の論点 富坂聰［著］ KADOKAWA 2014.1 281p
18cm （角川oneテーマ21 D-6）①978-4-04-110630-3
Ⓝ312.22 ［800円］

◇なぜ中国人にはもう1%も未来がないのか 石平著 徳間書店
2014.5 185p 19cm①978-4-19-863800-9 Ⓝ302.22
［1000円］

◇2015年中国の真実―中国は習近平に潰される？ 宮崎正弘,
石平著 ワック 2014.9 234p 18cm （WAC BUNKO B-
204）①978-4-89831-704-4 Ⓝ302.22 ［900円］

◇破綻する中国、繁栄する日本 長谷川慶太郎著 実業之日本
社 2014.2 231p 20cm①978-4-408-11050-9 Ⓝ302.22
［1500円］

◇暴走する中国経済―腐敗、格差、バブルという「時限爆弾」の
正体：Chinese Supercommunism 柯隆著 ビジネス社
2014.11 223p 19cm①978-4-8284-1778-3 Ⓝ332.22
［1500円］

◇マスコミより確かな習近平の言い分―日中戦争はどうなった
のか？ 孔健著 三五館 2014.12 224p 19cm①978-4-
88320-619-3 Ⓝ312.22 ［1300円］

◇民富優先―中国の二次転換と改革の行方 遅福林, 方栓喜, 匡
賢明編著 張兆洋訳, 駱鴻監修 岡山 グローバル科学文化出
版 c2013 321p 21cm （シリーズ中国経済の行方）978-
4-86516-033-8 Ⓝ332.22 ［2800円］

中国（政治―歴史―1949～）

◇現代中国を読み解く―鳥居民評論集 鳥居民著 草思社
2014.7 342p 19cm〈著作目録あり 年譜あり 内容：産経
新聞「正論」コラム二〇〇五～二〇一二 なぜ江沢民は反日
キャンペーンに熱中なのか つねに「敵」を必要とする国
老人大国・資源小国の中国は？ 尖閣上陸は江沢民の策略
江沢民の反日路線を批判した人民日報論文を読み解く（金美齢
述） 中国共産党が日帝を打ち破った、と言われたら 中国人
の歪んだ"愛国心"は、小心翼々の裏返しだ（徳川家広述） 反
日教育はやっと用済みになるのか 江沢民と胡耀邦 尖閣危
機でほくそ笑む国有石油会社と人民軍 周恩来の奇跡のドラ
マ 毛沢東は"外交"を犠牲にして "文革の女帝"が落ちるとき〉
①978-4-7942-2065-3 Ⓝ312.22 ［1800円］

◇中国の愚民主義―「賢人支配」の100年 横山宏章著 平凡社
2014.4 254p 18cm （平凡社新書 729）〈文献あり〉
①978-4-582-85729-0 Ⓝ312.22 ［820円］

◇20世紀中国政治史の視角と方法―東洋文庫政治史資料研究班
ワークショップの記録：Osaka University forum on China
田中仁編 ［豊中］ ［大阪大学中国文化フォーラム］ 2014.9
119p 21cm （OUFCブックレット 第5巻）Ⓝ222.001

中国（政治―歴史―漢時代―後漢）

◇後漢政治制度の研究 渡邉将智著 早稲田大学出版部 2014.3
451,12p 22cm〈文献あり 索引あり 内容：漢王朝の皇帝支
配体制と後漢時代 後漢における宦官の制度的基盤と尚書台
後漢における外戚の制度的基盤と

中国（政治―歴史―近代）

尚書台 「三公骸化説」の再検討 後漢における公府・将軍府と府主 政策形成と文書伝達 後漢洛陽城における皇帝・諸官の政治空間 政治空間よりみた後漢の外戚輔政 漢王朝の皇帝支配体制の特色とその展開 後漢における「内朝官」の解体と九卿の再編〉 ①978-4-657-14701-1 Ⓝ312.22 ［8400円］

中国（政治―歴史―近代）
◇中国政党制度全景 陳延武著, 桜美林大学孔子学院監訳, 杉江叔子訳 町田 桜美林学園出版部 2014.3 329p 21cm〈はる書房（発売）〉①978-4-905007-02-9 Ⓝ315.22 ［2500円］

中国（政治―歴史―清時代）
◇西太后―清末動乱期の政治家群像 深澤秀男著 山川出版社 2014.6 79p 21cm （世界史リブレット人 76）〈文献あり 年譜あり〉①978-4-634-35076-2 Ⓝ222.06 ［800円］

中国（政治―歴史―清時代―史料）
◇伊藤博文文書 第118巻 秘書類纂外交 5 伊藤博文［著］, 伊藤博文文書研究会監修, 檜山幸夫総編集 熊本史雄編集・解題 ゆまに書房 2014.11 384p 22cm〈宮内庁書陵部所蔵の複製〉①978-4-8433-2650-3,978-4-8433-2521-6(set) Ⓝ312.1 ［16000円］

中国（政治―歴史―宋時代―北宋）
◇風流天子と「君主独裁制」―北宋徽宗朝政治史の研究 藤本猛著 京都大学学術出版会 2014.2 510p 22cm （プリミエ・コレクション 50）〈索引あり 内容：序章 崇寧五年正月の政変 妖人・張懐素の獄 政和封禅計画の中止 徽宗朝の殿中省 北宋末の宣和殿 宋代の転対・輪対制度 武臣の清要 終章〉①978-4-87698-474-9 Ⓝ312.22 ［7200円］

中国（政治―歴史―民国時代）
◇中共革命根拠地ドキュメント――一九三〇年代、コミンテルン、毛沢東、赤色テロリズム、党内大粛清 小林一美著 御茶の水書房 2013.10 641,12p 23cm〈文献あり 索引あり〉①978-4-275-01033-9 Ⓝ312.22 ［13000円］
◇中国の愚民主義―「賢人支配」の100年 横山宏章著 平凡社 2014.4 254p 18cm （平凡社新書 729）〈文献あり〉①978-4-582-85729-0 Ⓝ312.22 ［820円］
◇20世紀中国政治史の視角と方法―東洋文庫政治史資料研究班ワークショップの記録：Osaka University forum on China 田中仁編 ［豊中］ ［大阪大学中国文化フォーラム］ 2014.9 119p 21cm （OUFCブックレット 第5巻）Ⓝ222.001

中国（政治家―名簿）
◇中国組織別人名簿 2014 ラヂオプレス編集 ジェイピーエムコーポレーション 2013.12 552,82p 22cm〈索引あり 英語抄訳付〉①978-4-905528-05-0 Ⓝ310.35 ［16000円］
◇中国組織別人名簿 2015年版 第43版 ジェイピーエムコーポレーション 2014.12 506,83p 21cm〈本文：日英両文〉①978-4-905528-07-4 ［16000円］

中国（政治家―歴史―近代）
◇赤い中国の黒い権力者たち 陳破空著, 山田智美訳 幻冬舎ルネッサンス 2014.6 262p 18cm （幻冬舎ルネッサンス新書 ち-1-1)〈文献あり〉①978-4-7790-6107-3 Ⓝ312.22 ［778円］
◇野望の中国近現代史―帝国は復活する オーヴィル・シェル, ジョン・デルリー著, 古村治彦訳 ビジネス社 2014.6 479p 19cm ①978-4-8284-1756-1 Ⓝ312.22 ［2500円］

中国（政治機構）
◇中国集団指導制―チャイナ・セブンを生んだ独自の人材発掘、育成システム 胡鞍鋼著, 丹藤佳紀訳 科学出版社東京 2014.4 337p 20cm ①978-4-907051-09-9 Ⓝ312.22 ［3800円］
◇法制度からみる現代中国の統治機構―その支配の実態と課題 熊達雲著 明石書店 2014.6 378p 19cm〈文献あり 索引あり〉①978-4-7503-4021-0 Ⓝ322.922 ［2800円］

中国（政党制度）
◇中国政党制度全景 陳延武著, 桜美林大学孔子学院監訳, 杉江叔子訳 町田 桜美林学園出版部 2014.3 329p 21cm〈はる書房（発売）〉①978-4-905007-02-9 Ⓝ315.22 ［2500円］

中国（青銅器）
◇西周王朝とその青銅器 角道亮介著 六一書房 2014.3 339p 27cm〈文献あり〉①978-4-86445-037-9 Ⓝ222.03 ［14800円］

中国（『性風俗』―歴史―清時代）
◇『吾妻鏡』の謎―清朝へ渡った明治の性科学 唐権［述］ 京都 国際日本文化研究センター 2014.9 71p 21cm （日文研フォーラム 第275回）〈文献あり 会期・会場：2014年2月12日 ハートピア京都〉Ⓝ384.7

中国（生物工学―特許）
◇バイオ化学分野の中国特許出願 何小萍著 発明推進協会 2014.4 281p 21cm ①978-4-8271-1235-1 Ⓝ579.9 ［3000円］

中国（石炭鉱業―江西省）
◇安源炭鉱実録―中国労働者階級の栄光と夢想 于建嶸著, 横澤泰夫訳 福岡 集広舎 2014.3 544p 22cm〈［中国書店（発売）］ 文献あり〉①978-4-904213-20-9 Ⓝ567.096 ［4500円］

中国（石炭産業）
◇中国における石炭需給動向と見通し及びその影響調査―平成25年度海外炭開発支援事業海外炭開発高度化等調査 石油天然ガス・金属鉱物資源機構 2014.3 13, 15, 259p 30cm〈背のタイトル：中国〉Ⓝ567.09222

中国（禅宗―伝記）
◇五山版中国禅籍叢刊 第2巻［上］ 燈史 2上 椎名宏雄編 京都 臨川書店 2014.10 655p 27cm〈「伝法正宗記」（天理大学附属天理図書館所蔵）の複製 「聯燈会要」（建仁寺両足院所蔵）の複製 内容：伝法正宗記（契嵩撰述） 聯燈会要（晦翁悟明編集）〉①978-4-653-04152-8(set),978-4-653-04150-4(set) Ⓝ188.8
◇五山版中国禅籍叢刊 第2巻［下］ 燈史 2下 椎名宏雄編 京都 臨川書店 2014.10 588p 27cm〈「五燈会元」（大東急記念文庫所蔵）の複製 内容：五燈会元〉①978-4-653-04152-8,978-4-653-04150-4(set) Ⓝ188.8

中国（造船業）
◇中国船舶工業の企業再編に関する調査報告書 日本船用工業会 2014.3 117p 30cm〈共同刊行：日本船舶技術研究協会〉Ⓝ550.9

中国（租税制度）
◇アジア進出企業の実務対応中国 税務実践編 マイツグループ著 税務経理協会 2014.11 195p 21cm〈文献あり 索引あり 背のタイトル：中国アジア進出企業の実務対応〉①978-4-419-06163-0 Ⓝ336.98 ［2500円］
◇中国の会計・税務・法務Q&A 新日本有限責任監査法人編 税務経理協会 2014.8 222p 21cm （海外進出の実務シリーズ）〈索引あり〉①978-4-419-06109-8 Ⓝ336.98 ［2800円］

中国（大学）
◇産学連携が拓くグローバル・イノベーションの扉―日中大学フェア＆フォーラムin China 2014講演録 科学技術振興機構中国総合研究交流センター編 ［東京］ 科学技術振興機構中国総合研究交流センター 2014.6 173p 30cm〈会期・会場：平成26年3月15日‐16日 中国北京全国農業展覧館（新館）ほか〉①978-4-88890-399-8 Ⓝ377.21
◇中国の大学国際化の発展と変革 科学技術振興機構中国総合研究交流センター編 ［東京］ 科学技術振興機構中国総合研究交流センター 2014印刷 206p 30cm〈文献あり〉①978-4-88890-385-1 Ⓝ377.222

中国（大気汚染）
◇PM2.5「越境汚染」―中国の汚染物質が日本を襲う 沈才彬著 KADOKAWA 2014.3 175p 18cm （角川SSC新書 213)〈文献あり〉①978-4-04-731635-5 Ⓝ519.3 ［760円］

中国（大衆運動）
◇変わる中国―「草の根」の現場を訪ねて 麻生晴一郎著 潮出版社 2014.1 198p 19cm ①978-4-267-01967-8 Ⓝ309.0222 ［1400円］

中国（玉―図集）
◇中国文化財図鑑 第2巻 玉器 中国国家文物鑑定委員会編纂 徳留大輔監修・訳 科学出版社東京 2014.7 249p 30cm〈ゆまに書房（発売） 文献あり〉①978-4-8433-4572-6,978-4-8433-4568-9(set) Ⓝ702.22 ［28000円］

中国（担保物権）
◇中国動産抵当制度 金文静著 信山社 2014.1 306p 22cm （学術選書 104)〈文献あり 索引あり〉①978-4-7972-6704-4 Ⓝ324.922 ［8800円］

中国（地域社会―歴史―1949～）
◇改革開放後の中国僑郷―在日老華僑・新華僑の出身地の変容 山下清海編著 明石書店 2014.12 278p 22cm〈索引あり 内容：僑郷研究の視点（山下清海著） グローバル化と人の移動（小木裕文著） 中国の労働力輸出（杜国慶著） 福清僑郷と福清移民ネットワーク（小木裕文著） 在日老華僑および新華僑の僑郷としての福清（山下清海、小木裕文、松村公明ほか著） 僑郷における農村景観と農業（張貴民著） 世界の中の温州人（山下清海著） 温州近郊青田県の僑郷（山下清海、小木裕文、張貴民ほか著） 中国残留帰国者の僑郷（山下清海、小木裕文、張貴民ほか著） 海外出稼ぎに伴う僑郷の留守児童問題（尹秀一著） 吉林省延辺朝鮮族自治州における僑郷の国境観光（松

中国（地誌）

村公明著） 中国僑郷と新華僑（山下清海著）〉①978-4-7503-4120-0 Ⓝ334.522 ［5000円］

中国（地誌）
◇写真記録100年前の世界 12 中国・タイ 内藤民治編著 大空社 2014.5 1冊 22cm〈索引あり 「世界實觀 第12巻」（日本風俗圖繪刊行會 大正5年刊）の複製 英語併記〉①978-4-283-01181-6,978-4-283-00645-4（set）,978-4-283-00646-1（set）Ⓝ290.8 ［12500円］

中国（知識階級―歴史―清時代）
◇中国近代開港場とキリスト教―洪仁玕がみた「洋」社会 倉田明子著 東京大学出版会 2014.8 363,19p 22cm〈文献あり 索引あり 内容：開港場の誕生 プロテスタント布教の開始と展開 洪仁玕とキリスト教 開港場知識人の誕生 『資政新篇』とキリスト教 洪仁玕と太平天国 開港場知識人の台頭 開港場と近代〉①978-4-13-026150-0 Ⓝ192.22 ［7200円］

中国（治水）
◇中国の環境政策〈南水北調〉―水危機を克服できるのか 小林善文著 京都 昭和堂 2014.1 317,7p 20cm〈索引あり 内容：黄河の断流 黄河 河西回廊 新疆ウイグル自治区 中国西南地方 淮河流域 長江中下流域の湖沼 中国の用水権 中国の環境教育 南水北調政策の検証 鄱陽湖 自然こそが環境保全の道〉①978-4-8122-1338-4 Ⓝ517.222 ［3800円］

中国（治水―歴史―民国時代）
◇日中戦争期における汪精衛政権の政策展開と実態―水利政策の展開を中心に 小笠原強著 専修大学出版局 2014.2 232p 22cm〈文献あり 索引あり 内容：汪精衛政権概史 汪精衛政権の政権構想 汪精衛政権の水利政策の概要 安徽省淮河堤防修復工事 江蘇省呉江県龐山湖灌漑実験場「接収」計画 三ケ年建設計画．1 蘇北新運河開闢計画 三ケ年建設計画．2 東太湖・尹山湖干拓事業〉①978-4-88125-284-0 Ⓝ517.222 ［2800円］

中国（地方財政）
◇中国の経済成長と土地・債務問題―政府間財政システムにおける「競争」と「調整」 徐一睿著 慶應義塾大学出版会 2014.7 205p 20cm〈索引あり 内容：序 「緩い集権化」の実態から見る中央・地方関係 「先富」から「共富」への移行段階における地方財政移転 地域間の経済・財政力格差 地方政府の「都市経営」から見る土地と財政 「地方政府融資平台」（LGFV）と債務問題 フォーマルな起債に向けて 調整と競争を共存する財政システムの構築に向けて〉①978-4-7664-2157-6 Ⓝ349.222 ［2700円］

中国（地名）
◇中国地名カタカナ表記の研究―教科書・地図帳・そして国語審議会 明木茂夫著 名古屋 中京大学文化科学研究所 2014.3 392,50p 25cm （中京大学文化科学叢書 15）〈折り込1枚〉Ⓝ292.20189
◇中国地名カタカナ表記の研究―教科書・地図帳・そして国語審議会 明木茂夫著 東方書店（発売） 2014.3 392,50p 22cm （中京大学文化科学叢書 15）①978-4-497-21402-7 Ⓝ292.0189 ［3000円］

中国（中小企業）
◇中国中小企業の起業・経営・人材管理―民営化企業の多様化に迫る 北蕾著 勁草書房 2014.11 264p 22cm （現代中国地域研究叢書 9）〈文献あり 索引あり〉①978-4-326-34899-2 Ⓝ336.0222 ［4400円］

中国（通貨政策）
◇習近平時代の中国人民元がわかる本 川村雄介監修・著，大和総研経済 近代セールス社 2013.9 167p 21cm ①978-4-7650-1205-8 Ⓝ337.3 ［1500円］
◇人民元読本―今こそ知りたい！中国通貨国際化のゆくえ 陳雨露著，日中翻訳学院監訳，森宣之訳 日本僑報社 2014.7 204p 19cm〈文献あり〉①978-4-86185-147-6 Ⓝ338.222 ［2200円］

中国（鉄鋼業）
◇中国の鉄鋼産業 2013 生産・輸出入・設備と売上高など主要300社の動向 コム・ブレイン出版部編集 コム・ブレイン出版部 2013.12 582p 26cm （通産資料出版会（発売）索引あり〉①978-4-901864-63-3 Ⓝ564.09 ［47000円］

中国（鉄道）
◇シリーズ明治・大正の旅行 第1期17 朝鮮満洲支那案内 荒山正彦監修・解説 鐵道省編 ゆまに書房 2014.11 22,494,52p 図版25枚 22cm〈増訂再版 鐵道省 大正11年刊の複製 第1期のタイトル関連情報：旅行案内書集成 布装〉①978-4-8433-4658-7,978-4-8433-4652-5（set）Ⓝ384.37 ［26000円］

中国（鉄道―山東省）
◇シリーズ明治・大正の旅行 第1期16 山東鉄道旅行案内 荒山正彦監修・解説 青島守備軍民政部鐵道部，台湾総督府鐵道部編 ゆまに書房 2014.11 682p 22cm （訂正増補 別役元胤 大正10年刊の複製 臺灣總督府鐵道部 大正12年刊の複製 第1期のタイトル関連情報：旅行案内書集成 布装〉①978-4-8433-4657-0,978-4-8433-4652-5（set）Ⓝ384.37 ［26000円］

中国（テレビ放送―新疆）
◇マスコミ理論とライフスタイル―新疆ウィグル自治区における調査研究 夏扎提古丽沙吾提著 学文社 2014.4 380p 22cm〈文献あり 索引あり 奥付のタイトル関連情報（誤植）：新疆ウィグル自治区における調査研究〉①978-4-7620-2437-5 Ⓝ367.7 ［5000円］

中国（伝記）
◇中国人物伝 1 乱世から大帝国へ―春秋戦国―秦・漢 井波律子著 岩波書店 2014.9 275,5p 21cm〈年表あり〉①978-4-00-026775-5 Ⓝ282.2 ［2800円］
◇中国人物伝 2 反逆と反骨の精神―三国時代―南北朝 井波律子著 岩波書店 2014.10 307,7p 21cm〈年表あり〉①978-4-00-026776-2 Ⓝ282.2 ［2800円］
◇中国人物伝 3 大王朝の興亡―隋・唐―宋・元 井波律子著 岩波書店 2014.11 299,6p 21cm〈年表あり〉①978-4-00-026777-9 Ⓝ282.2 ［2800円］
◇中国人物伝 4 変革と激動の時代―明・清・近現代 井波律子著 岩波書店 2014.12 318,26p 21cm〈年表あり 索引あり〉①978-4-00-026778-6 Ⓝ282.2 ［2800円］

中国（電気通信）
◇中印におけるICT利活用による社会的課題の解決に関する調査研究 マルチメディア振興センター編 マルチメディア振興センター 2014.10 4,99p 30cm Ⓝ694.222

中国（陶磁器―図集）
◇陶磁の名品、ここに集う―日本・中国・韓国：開館三五周年・新名称施行記念特別企画展 愛知県陶磁美術館編 ［瀬戸］愛知県陶磁美術館 2013.6 160p 30cm〈年表あり 会期：平成25年6月1日―7月28日〉Ⓝ751.1
◇徳川将軍家の器―江戸城跡の最新の発掘成果を美術品とともに：千代田区立日比谷図書文化館平成24年度文化財特別展 日比谷図書文化館 2013.1 160p 30cm〈年表あり 会期・会場：平成25年1月19日―3月3日 千代田区立日比谷図書文化館 奥付のタイトル：『徳川将軍家の器』展示図録〉Ⓝ751.1

中国（陶磁器―歴史）
◇中国陶瓷史の研究 亀井明徳著 六一書房 2014.2 564p 31cm〈文献あり〉①978-4-86445-036-2 Ⓝ751.2 ［29300円］
◇李秉昌博士記念韓国陶磁研究報告 7 高麗白磁の世界―最新の研究成果から 大阪市立東洋陶磁美術館編 大阪 大阪市立東洋陶磁美術館 2014.1 91p 30cm〈年表あり 内容：李秉昌博士記念公開講座 高麗前期白磁の製作と特徴（田勝昌述）高麗中期白瓷の研究（韓貞華述） 河北の白瓷窯址（黄信述）〉Ⓝ751.2
◇龍泉青磁の起源を追って 竹内和男著 創樹社美術出版 2014.6 110p 21×30cm ①978-4-7876-0085-1 Ⓝ751.2 ［3000円］

中国（陶磁器―歴史―図集）
◇並べてみると、好かれ悪しかれ、私の現れ 茂木計一郎［著］ 目の眼 2013.3 1冊（ページ付なし）28cm〈表紙のタイトル：Mogi Keiichiro collection〉①978-4-907211-00-4 Ⓝ751.2 ［4500円］

中国（都市化）
◇中国都市化の診断と処方―開発・成長のパラダイム転換 林良嗣，黒田由彦，高野雅夫，名古屋大学グローバルCOEプログラム「地球学から基礎・臨床環境学への展開」編 明石書店 2014.2 186p 22cm （名古屋大学環境学叢書 4）〈執筆：ハンス＝ペーター・デュールほか 内容：シンポジウムを貫く視点（林良嗣著）南京市の開発とその課題（翟国方著） 江南の異変（張玉林著）「都市―農村」遷移地域における社区での階層構造および管理のジレンマ（田毅鵬著） 東農部の経済社会発展と直面する環境問題およびその対策（単聯成著） 中国農村部におけるゴミ問題の診断と治療（李全鵬著） 上海市田子坊地区再開発に見るコントロールされた成長（徐春陽著） 中国農村の都市化（黒田由彦著） 岐路に立つ癒しの里・由布院温泉（王昊凡著） 市町村合併がもたらした「問題」（石橋康正著） 由布院温泉に見るコントロールされた成長と前向きな縮小という課題（中谷健太郎，桑野和義，高野雅夫述） 由布院が示唆するもの（林良嗣著） 日本社会への提言（林良嗣，黒田由彦，高野雅夫述）〉①978-4-7503-3984-9 Ⓝ361.78 ［3000円］

中国（都市計画）
◇中国占領地の社会調査 2-28 都市インフラ調査 1 貴志俊彦，井村哲郎，加藤聖文，富澤芳亜，弁納才一監修，近現代資料

刊行会企画編集　近現代資料刊行会　2014.1　632p　22cm　(戦前・戦中期アジア研究資料 7)〈南満州鉄道経済調査会昭和10年刊 の複製　内容：満州国道路建設及道路法制定方策〉①978-4-86364-193-8,978-4-86364-165-5(set)　Ⓝ302.22

◇中国占領地の社会調査　2-29　都市インフラ調査　2　貴志俊彦,井村哲郎,加藤聖文,富澤芳亜,弁納才一監修,近現代資料刊行会企画編集　近現代資料刊行会　2014.1　676p　22cm　(戦前・戦中期アジア研究資料 7)〈複製　内容：満州自動車交通事業方策(南満州経済調査会昭和11年刊)　満州交通調査報告(南満州経済調査会昭和10年刊)〉①978-4-86364-194-5,978-4-86364-165-5(set)　Ⓝ302.22

◇中国占領地の社会調査　2-30　都市インフラ調査　3　貴志俊彦,井村哲郎,加藤聖文,富澤芳亜,弁納才一監修,近現代資料刊行会企画編集　近現代資料刊行会　2014.1　527p　22cm　(戦前・戦中期アジア研究資料 7)〈複製　内容：満州通信事業方策(南満州鉄道経済調査会昭和11年刊)　満州電気事業及瓦斯事業方策(南満州鉄道経済調査会昭和10年刊)〉①978-4-86364-195-2,978-4-86364-165-5(set)　Ⓝ302.22

◇中国占領地の社会調査　2-31　都市インフラ調査　4　貴志俊彦,井村哲郎,加藤聖文,富澤芳亜,弁納才一監修,近現代資料刊行会企画編集　近現代資料刊行会　2014.1　580p　22cm　(戦前・戦中期アジア研究資料 7)〈複製　内容：満州運河及水利計画方策(南満州鉄道経済調査会昭和10年刊)　満州運河及水利計画方策．別冊(南満州鉄道経済調査会昭和10年刊)　壺蘆島築港方策(南満州鉄道経済調査会昭和11年刊)〉①978-4-86364-196-9,978-4-86364-165-5(set)　Ⓝ302.22

◇中国占領地の社会調査　2-32　都市インフラ調査　5　貴志俊彦,井村哲郎,加藤聖文,富澤芳亜,弁納才一監修,近現代資料刊行会企画編集　近現代資料刊行会　2014.1　585p　22cm　(戦前・戦中期アジア研究資料 7)〈複製　内容：支那開運港湾関係立案計画並調査資料(南満州鉄道調査部昭和12年刊)　北京電気事業統制方策並調査資料(南満州鉄道調査部昭和12年刊)〉①978-4-86364-197-6,978-4-86364-165-5(set)　Ⓝ302.22

◇中国占領地の社会調査　2-33　都市インフラ調査　6　貴志俊彦,井村哲郎,加藤聖文,富澤芳亜,弁納才一監修,近現代資料刊行会企画編集　近現代資料刊行会　2014.1　524p　22cm　(戦前・戦中期アジア研究資料 7)〈南満州鉄道調査部昭和12年刊 の複製　内容：天津電気事業統制方策並調査資料〉①978-4-86364-198-3,978-4-86364-165-5(set)　Ⓝ302.22

◇中国占領地の社会調査　2-34　都市インフラ調査　7　貴志俊彦,井村哲郎,加藤聖文,富澤芳亜,弁納才一監修,近現代資料刊行会企画編集　近現代資料刊行会　2014.1　668p　22cm　(戦前・戦中期アジア研究資料 7)〈複製　内容：支那電気事業調査資料(南鉄経済調査会昭和10年刊)　支那電気事業調査資料(除天津、北京、冀東地区)(南満州鉄道調査部昭和12年刊)〉①978-4-86364-199-0,978-4-86364-165-5(set)　Ⓝ302.22

◇中国占領地の社会調査　2-35　都市インフラ調査　8　貴志俊彦,井村哲郎,加藤聖文,富澤芳亜,弁納才一監修,近現代資料刊行会企画編集　近現代資料刊行会　2014.1　585p　22cm　(戦前・戦中期アジア研究資料 7)〈複製　内容：冀東電気事業統制方並調査資料(南満州鉄道調査部昭和12年刊)　北支水力発電計画並調査資料(南満州鉄道調査部昭和12年刊)〉①978-4-86364-200-3,978-4-86364-165-5(set)　Ⓝ302.22

◇中国占領地の社会調査　2-36　都市インフラ調査　9　貴志俊彦,井村哲郎,加藤聖文,富澤芳亜,弁納才一監修,近現代資料刊行会企画編集　近現代資料刊行会　2014.1　899p　22cm　(戦前・戦中期アジア研究資料 7)〈興亜院華中連絡部昭和14-17年 の複製　内容：上海電話会社ノ概況(興亜華中資料．第60号,中調聯交資料．第2号)ほか〉①978-4-86364-201-0,978-4-86364-165-5(set)　Ⓝ302.22

◇中国大陸棚巨大海上都市構想—日中友好プロジェクトの提案：面積1万km²、人口1億人の海上都市構想　未来予測研究所　2014.5　104p　30cm〈標題紙のタイトル(誤植)：中国大陸棚巨大海上市場構想〉①978-4-944021-83-3　Ⓝ518.8　［45000円］

中国(都市再開発)

◇再生する都市空間と市民参画—日中韓の比較研究から　田島夏与,石坂浩一,松本康,五十嵐暁郎編著　クオン　2014.4　327p　19cm　(クオン人文・社会シリーズ)〈内容：グローバル・シティ東京における都市空間の再編と市民参画(五十嵐暁郎著)　グローバル都市に向かうソウル(金相準著,貝森時子訳)　過去への前進(任雪飛著,前川志津,松本康訳)　都市再生と創造都市(松本康著)　文化芸術と都市再生、そして住民参加(ユン・イルソン著,清水由希子訳)　東京の再都市化と都市空間への住民参画の可能性(田島夏与著)　中国の都市化における住民参加の特質と社会管理の革新(李国慶著)　現代中国都市部の社会変容と住民の政治参加(武玉江著)　チョンゲチョン復元前後の生態河川事業ガバナンス比較分析(イ・ヒョンジョン著,石田美智代訳)　スウォン〈水原〉地域の住民運動と自然河川復元の意味(石坂浩一著)〉①978-4-904855-22-5　Ⓝ518.8　［2500円］

中国(図書—歴史)

◇編訳中国歴史文献学史述要　曽貽芬,崔文印著,山口謠司,石川薫,洲脇武志訳　游学社　2014.5　246p　21cm〈奥付の責任表示(誤植)：編著者 山口謠司 石川薫 洲脇武志〉①978-4-904827-26-0　Ⓝ020.22　［2500円］

中国(都城—歴史—古代)

◇日中宮城の比較研究　吉田歓著　オンデマンド版　吉川弘文館　2013.10　260,9p　22cm〈索引あり　印刷・製本：デジタルパブリッシングサービス　内容：序章　漢魏宮城中枢部の展開　魏晋南北朝時代の宮城中枢部　隋唐長安宮城中枢部の展開　天皇聴政と大極殿　旬儀の成立と展開　内裏の脇殿　曹司の空間構造　総括〉①978-4-642-04229-1　Ⓝ210.3　［9000円］

中国(土壌汚染)

◇中国における重金属汚染対策を強化するための政策立案及び汚染対策技術移転協力事業業務報告書　平成25年度　［東京］　いであ　2014.3　257p　30cm〈平成25年度環境省請負業務〉Ⓝ519.5

中国(図書館—情報サービス—上海)

◇上海地区モバイル図書館サービスに関する調査報告　川崎良孝,劉暁丹,徐宏宇著,櫻井待子訳　京都　京都図書館情報学研究会　2014.10　46p　30cm　(KSPシリーズ 19)　Ⓝ010.22221　［非売品］

中国(土地制度—歴史)

◇中華民国期江南地主制研究　夏井春喜著　汲古書院　2014.2　631p　22cm　(汲古叢書 111)①978-4-7629-6010-9　Ⓝ611.2222　［16000円］

中国(土地制度—歴史—唐時代)

◇唐史論攷—氏族制と均田制　池田温著　汲古書院　2014.10　774p　22cm　(汲古叢書 40)〈内容：唐代の郡望表　唐朝氏族志の一考察　敦煌氾氏家傳殘卷について　八世紀初における敦煌の氏族　8世紀中葉における敦煌のソグド人聚落　貴族制の沒落　均田制　唐代均田制の一考察　初唐西州土地制度管見　初唐西州高昌縣授田簿考　神龍三年高昌縣崇化郷點籍樣について　唐前期西州給田制之特徴　唐朝開元後期土地政策の一考察　唐代敦煌均田制の一考察　敦煌における土地税役制をめぐって　開運二年十二月河西節度都押衙王文通牒　中國古代物價の一考察　盛唐物價資料をめぐって〉①978-4-7629-2539-9　Ⓝ222.048　［18000円］

中国(特許)

◇中国特許法と実務—中国特許出願、審査、審判から特許民事訴訟まで：改正中国民事訴訟法対応　河野英仁著　経済産業調査会　2014.3　642p　21cm　(現代産業選書)〈索引あり〉①978-4-8065-2936-1　Ⓝ507.23　［6000円］

中国(特許訴訟)

◇中国特許法と実務—中国特許出願、審査、審判から特許民事訴訟まで：改正中国民事訴訟法対応　河野英仁著　経済産業調査会　2014.3　642p　21cm　(現代産業選書)〈索引あり〉①978-4-8065-2936-1　Ⓝ507.23　［6000円］

中国(ナショナリズム)

◇中国ナショナリズムのなかの日本—「愛国主義」の変容と歴史認識問題　江藤名保子著　勁草書房　2014.3　232p　22cm　(現代中国地域研究叢書 7)〈文献あり 索引あり　内容：現代中国ナショナリズムと「日本」　日中歴史認識問題の「発見」　改革開放のジレンマ　大国化と民衆ナショナリズムの要請　「愛国主義」の新展開　現代中国の公定ナショナリズムと対日政策〉①978-4-326-34897-8　Ⓝ319.1022　［4000円］

◇中国の歴史認識はどう作られたのか　ワンジョン著,伊藤真訳　東洋経済新報社　2014.5　358,46p　20cm〈文献あり 索引あり〉①978-4-492-21216-5　Ⓝ319.22　［2600円］

中国(ナショナリズム—歴史—清時代)

◇近代中国知識人のネーション像—章炳麟・梁啓超・孫文のナショナリズム　黄斌著　御茶の水書房　2014.1　272,4p　23cm〈文献あり 索引あり〉①978-4-275-01046-9　Ⓝ311.3　［7600円］

中国(ナショナリズム—歴史—民国時代)

◇近代中国知識人のネーション像—章炳麟・梁啓超・孫文のナショナリズム　黄斌著　御茶の水書房　2014.1　272,4p　23cm〈文献あり 索引あり〉①978-4-275-01046-9　Ⓝ311.3　［7600円］

中国(日系企業)

◇Q&A中国進出企業の労務ハンドブック　黒田法律事務所著　新版　清文社　2014.6　359p　21cm　①978-4-433-55934-2　Ⓝ336.4　［2500円］

ち

中国（日系企業―香港）

中国（日系企業）

◇在アジア日系企業における現地スタッフの給料と待遇に関する調査 2014 中国編 Tokyo 日経リサーチ c2014 266p 30cm〈中国語併記 奥付のタイトル：在アジア日系企業における現地スタッフの給与と待遇に関する調査〉Ⓝ336.45

◇中国現地法人の出口戦略と撤退実務 前川晃廣著 金融財政事情研究会 2014.1 176p 19cm（KINZAIバリュー叢書）〈きんざい（発売）〉①978-4-322-12412-5 Ⓝ335.47 ［1600円］

中国（日系企業―香港）

◇在アジア日系企業における現地スタッフの給料と待遇に関する調査 2014 香港編 Tokyo 日経リサーチ c2014 248p 30cm〈英語併記 奥付のタイトル：在アジア日系企業における現地スタッフの給与と待遇に関する調査〉Ⓝ336.45

中国（日中戦争〔1937～1945〕―会戦―雲南省）

◇「戦場体験」を受け継ぐということ―ビルマルートの拉孟全滅戦の生存者を尋ね歩いて 遠藤美幸著 高文研 2014.11 239p 20cm〈索引あり〉①978-4-87498-549-6 Ⓝ210.74 ［2200円］

中国（日本語教育）

◇熟年日本語教師の中国体あたり記 藤井泰一著 文芸社 2014.5 178p 15cm〈文献あり〉①978-4-286-14994-3 Ⓝ302.22 ［600円］

◇正則日本語講座選集 第1巻 日本語入門篇 吉岡英幸監修 冬至書房 2014.6 229p 22cm〈「正則日本語講座」〔新民印書館中華民国32年刊〕の改題〉①978-4-88582-845-4,978-4-88582-844-7（set）Ⓝ810.7

◇中国・台湾における日本語教育をめぐる研究と実践 木山三佳,多田恵,中川仁,吉田雅子編著 東方書店 2014.3 139p 26cm①978-4-497-21406-5 Ⓝ810.7 ［2200円］

中国（日本語教育―歴史―延辺）

◇満州間島地域の朝鮮民族と日本語 金珽実著 福岡 花書院 2014.3 290p 21cm（比較社会文化叢書 vol. 32）〈年表あり 文献あり〉①978-4-905324-79-9 Ⓝ372.225 ［2667円］

中国（農業協同組合）

◇農協論再考 谷口憲治編著 農林統計出版 2014.11 261p 22cm〈内容：産業組合史研究の動向と課題（谷口憲治著） 農業協同組合展開論の現状と課題（谷口憲治著） 農協経営史論の提起（谷口憲治著） 明治末大正前期における農村産業組合の展開（谷口憲治著） 1920年代における産業組合の展開とその基盤（谷口憲治著） 1930年代の産業組合展開基盤と特質（谷口憲治著） 戦後復興期における農協経営の特質（谷口憲治著） 日本における農業協同組合の現局面（谷口憲治著） 協同組合の存在意義と共同組合組織・機能の現状と課題（谷口憲治著） 中山間・高齢化地域農業・農村活性化対策とJAの役割（谷口憲治著） 中山間地域再生に向けた農協の役割（須山一,谷口憲治著） 農村信用合作社における協同組合的経営改革の展開（鄭蔚,谷口憲治著） 中国農村合作化政策の展開要因の政策構造論的考察（鄭蔚,谷口憲治著） 中国における農村小額金融組織の扶貧機能と展開条件（劉海涛,谷口憲治,鄭蔚ほか著）〉①978-4-89732-307-7 Ⓝ611.61 ［3600円］

中国（農産物市場）

◇中国のブタが世界を動かす―一食の「資源戦争」最前線 柴田明夫著 毎日新聞社 2014.1 207p 19cm〈文献あり〉①978-4-620-32244-5 Ⓝ611.38 ［1500円］

中国（農村）

◇中国農村地域における高齢者福祉サービス―小規模多機能ケアの構築に向けて 郭芳著 明石書店 2014.11 254p 22cm〈文献あり 索引あり〉①978-4-7503-4104-0 Ⓝ369.26 ［4500円］

◇中国農村における生活改善に関する研究―日本学術振興会二国間交流事業中国社会科学院との共同研究：研究成果報告書 戦後日本の生活改善を研究する人びと編 宮崎 戦後日本の生活改善を研究する人びと 2014.12 108p 30cm〈文献あり 研究期間：2012.4-2014.12〉Ⓝ611.9222

中国（農民）

◇中国農村における生活改善に関する研究―日本学術振興会二国間交流事業中国社会科学院との共同研究：研究成果報告書 戦後日本の生活改善を研究する人びと編 宮崎 戦後日本の生活改善を研究する人びと 2014.12 108p 30cm〈文献あり 研究期間：2012.4-2014.12〉Ⓝ611.9222

中国（廃棄物処理―江蘇省）

◇我が国循環産業海外展開事業化促進事業中国江蘇省向け工業固形廃棄物適正・無害化処理事業―報告書 平成25年度 ［いわき］ クレハ環境 2014.3 1冊 30cm Ⓝ519.7

中国（博物館）

◇日中韓博物館事情―地域博物館と大学博物館 高倉洋彰,安高啓明編 雄山閣 2014.12 215p 21cm〈内容：博物館の誕生 日本の博物館史（安高啓明著） 博物館創設の実践（高倉洋彰著） 日中韓の博物館運営（稲益あゆみ,内島美奈子,安高啓明著） 大学博物館論 大学博物館組織と類型（安高啓明著） 博物館展示と教育活動（安高啓明著） 連携と協働（安高啓明著） 実践的検証（安高啓明著） 博物館評価と社会認識（安高啓明著） 博物館史とその現状（安高啓明著） 日本の博物館史（安高啓明,方圓,謝婧著） 大学博物館の分類と特徴（安高啓明著） 大学博物館教育の実践例（安高啓明著） 大学博物館の沿革と最新事情 韓国の大学博物館史（安高啓明著） 大学博物館の取り組み（貞清世里著） 韓国大学博物館の考古学展示（中尾祐太著）「自校史」教育の展開（安高啓明著）〉①978-4-639-02341-8 Ⓝ069.7 ［2800円］

中国（博覧会―歴史）

◇中国と博覧会―中国2010年上海万国博覧会に至る道 柴田哲雄,やまだあつし編著 第2版 成文堂 2014.12 167p 22cm〈内容：清末期〈19世紀後半から1912年まで〉の中国と博覧会（山田美香著） 民国期の博覧会（柴田哲雄著） 中華人民共和国・社会主義路線期：毛沢東時代の展覧会（泉谷陽子著） 改革開放期の博覧会（柴田哲雄著） 台湾：展覧会の始まりと台湾博覧会（やまだあつし著） 大陸の博覧会（柴田哲雄著） 日本：愛知県の博覧会と中国（やまだあつし著） 日本：1970年代の中国展（泉谷陽子著）〉①978-4-7923-7101-2 Ⓝ606.922 ［2300円］

中国（美術）

◇故宮100選国立故宮博物院 福井和雄著 日本郵趣出版 2014.1 127p 21cm（切手ビジュアルアート・シリーズ）〈郵趣サービス社（発売） 文献あり 年表あり 索引あり〉①978-4-88963-763-2 Ⓝ702.22 ［2200円］

中国（美術―歴史）

◇アジアの芸術史 造形篇1 中国の美術と工芸 金子典正編 京都造形芸術大学東北芸術工科大学出版局藝術学舎 2013.10 225p 21cm（芸術教養シリーズ 3）〈幻冬舎（発売） 年表あり 索引あり 内容：中国美術の曙（金子典正著） 周王朝と地域性の展開（金子典正著） 神仙世界の美術（金子典正著） 芸術の成立（金子典正著） 仏教美術の開花（金子典正著） 仏教美術の成熟（金子典正著） 王朝美の精華（金子典正著） 仏教美術の爛熟（金子典正著） 山水画の確立（古田真一著） 院体画の成立と展開（古田真一著） 中国陶磁器の精髄（古田真一著） 伝統への回帰と文人画家の台頭（古田真一著） 浙派・呉派から多様化の時代へ（古田真一著） 陶磁の彩と工芸の極致（古田真一著） 中国の遺跡・建築・庭園（金子典正著）〉①978-4-344-95161-7 Ⓝ702.2 ［2500円］

◇故宮―流転の名品を知る美を見極める 板倉聖哲,石川九楊,今井敦,西村康彦監修・著,NHK「故宮」取材班編著 NHK出版 2014.9 126p 21cm（教養・文化シリーズ）〈文献あり〉①978-4-14-407202-4 Ⓝ702.22 ［1300円］

中国（美術―歴史―元時代―図集）

◇東山御物の美―足利将軍家の至宝：特別展 三井文庫三井記念美術館 三井文庫三井記念美術館 2014.10 209p 30cm〈年表あり 文献あり 会期・会場：平成26年10月4日―11月24日 三井記念美術館〉Ⓝ702.22

中国（美術―歴史―宋時代―図集）

◇東山御物の美―足利将軍家の至宝：特別展 三井文庫三井記念美術館 三井文庫三井記念美術館 2014.10 209p 30cm〈年表あり 文献あり 会期・会場：平成26年10月4日―11月24日 三井記念美術館〉Ⓝ702.22

中国（武術）

◇日中武術友好交流25年の歩み―中国武術健身協会/菅原総合武道研究所：1988-2013 ［町田］ 日本・中国武術健身協会 2014.6 162p 30cm〈年表あり 編集委員：菅原鉄孝ほか〉Ⓝ789

中国（仏教―雲南省）

◇国境と仏教実践―中国・ミャンマー境域における上座仏教徒社会の民族誌 小島敬裕著 京都 京都大学学術出版会 2014.2 330p 23cm（地域研究のフロンティア 3）〈文献あり 年表あり 索引あり〉①978-4-87698-385-8 Ⓝ182.2237 ［4600円］

中国（仏教―歴史）

◇續高僧傳一卷4卷6 國際佛教學大學院大學日本古寫經研究所文科省戰略プロジェクト實行委員會編 國際佛教學大學院大學日本古寫經研究所文科省戰略プロジェクト實行委員會 2014.3 314,3p 30cm（日本古寫經善本叢刊 第8輯）〈文献あり 複製を含む〉Ⓝ182.88

◇仏教がつなぐアジア―王権・信仰・美術 佐藤文子,原田正俊,堀裕編 勉誠出版 2014.6 328p 20cm〈内容：胡語から梵語へ（宮嶋純子著） 中国仏教美術における「火焔光背」の出現（西林孝浩著） 唐代の内道場と内供奉僧について（米田健志

著）　天皇の受灌頂と皇帝の受灌頂（駒井匠著）　皇帝の誕生日法会から室町将軍の誕生日祈禱へ（原田正俊著）　出家と得度のあいだのひとびと（佐藤文子著）　みごもりの夢（西口順子著）　掘り出される石の讖文（堀裕著）　日中往生伝の臨終にみる奇瑞と行業（田中夕子著）　五代宋初に至る仏画における呉道玄様式の展開（大原嘉豊著）　王古撰『新修浄土往生伝』小考（横内裕人著）　楊貴妃観音の源流（石野一晴著）　中国仏教史研究会の経緯（竺沙雅章著）〉①978-4-585-21021-4　Ⓝ182.1　［3600円］

◇牧田諦亮著作集　第7巻　宋代仏教から現代仏教　牧田諦亮［著］，『牧田諦亮著作集』編集委員会編　京都　臨川書店　2014.11　469p　23cm〈文献あり　年表あり　付属資料：4p：月報　内容：民衆の仏教　道宣伝小稿　清初の宗教統制　清朝に於ける仏寺道観及び宗教生活に関する法律　現代中国仏教の生活規範　新中国仏蹟の旅　中国訪問記　中国における宗教界の現状　中国仏教の現状　青島湛山寺と倓虚法師　「十願抗戦団」由来　上海の仏教　中支の宗教事情　寧波仏教界の動向　韓国仏教の現状〉①978-4-653-04207-5　Ⓝ182.22　［11000円］

中国（仏教─歴史─書目─解題）
◇中国仏教史籍概論　陳垣著，西脇常記，村田みお訳　知泉書館　2014.1　31, 330p　22cm〈著作目録あり〉①978-4-86285-173-4　Ⓝ182.22　［6500円］

中国（仏教─歴史─晋時代─東晋）
◇六朝期における仏教受容の研究　遠藤祐介著　白帝社　2014.12　539p　22cm〈文献あり　索引あり　布装　内容：東晋代における士大夫の宗教的関心と仏教　東晋士大夫における儒仏一致論の社会的意義　廬山慧遠における問題意識と仏教思想　僧肇における宗教的関心と仏教思想　竺道生の問題意識と仏教思想　羅什門下における経典受容　咸康争の思想史的意義　東晋代の礼敬論争　『弁宗論』論争における頓悟説と漸悟説の特徴　『白黒論』論争の展開とその思想的特徴　『達性論』論争の展開とその思想的特徴　『夷夏論』論争における思想的特徴　結論　帛尸梨蜜多羅と『潅頂経』　仏教的世界観と経済活動〉①978-4-86398-172-0　Ⓝ182.22　［9074円］

中国（仏教─歴史─南北朝時代─南朝）
◇六朝期における仏教受容の研究　遠藤祐介著　白帝社　2014.12　539p　22cm〈文献あり　索引あり　布装　内容：東晋代における士大夫の宗教的関心と仏教　東晋士大夫における儒仏一致論の社会的意義　廬山慧遠における問題意識と仏教思想　僧肇における宗教的関心と仏教思想　竺道生の問題意識と仏教思想　羅什門下における経典受容　咸康争の思想史的意義　東晋代の礼敬論争　『弁宗論』論争における頓悟説と漸悟説の特徴　『白黒論』論争の展開とその思想的特徴　『達性論』論争の展開とその思想的特徴　『夷夏論』論争における思想的特徴　結論　帛尸梨蜜多羅と『潅頂経』　仏教的世界観と経済活動〉①978-4-86398-172-0　Ⓝ182.22　［9074円］

中国（仏教美術─図集─チベット）
◇鶴見大学図書館所蔵逸見梅栄コレクション画像資料　3　森雅秀著　金沢　アジア図像集成研究会　2013.11　332p　30cm（Asian iconographic resources monograph series no. 7）〈文献あり〉Ⓝ702.229　［非売品］
◇鶴見大学図書館所蔵逸見梅栄コレクション画像資料　4　森雅秀著　金沢　アジア図像集成研究会　2014.1　338p　30cm（Asian iconographic resources monograph series no. 8）Ⓝ702.229　［非売品］
◇鶴見大学図書館所蔵逸見梅栄コレクション画像資料　5　森雅秀著　金沢　アジア図像集成研究会　2014.3　328p　30cm（Asian iconographic resources monograph series no. 9）Ⓝ702.229　［非売品］

中国（物権法）
◇中国物権変動法制の構造と理論─日本法との双方向的比較の視点から　鄭芙蓉著　日本評論社　2014.2　340p　22cm（広島修道大学学術選書 58）〈索引あり　内容：中国における不動産の所有と利用の制度　中国における不動産物権変動の公示の原則　中国における不動産物権変動の公信の原則〉①978-4-535-52008-0　Ⓝ324.922　［5000円］

中国（仏像─図集）
◇中国文化財図鑑　第1巻　仏像　中国国家文物鑑定委員会編纂　八木春生監修，熊坂聡美訳　科学出版社東京　2014.7　269p　30cm〈索に書房（発売）〉①978-4-8433-4571-9,978-4-8433-4568-9(set)　Ⓝ702.22　［28000円］

中国（物流業）
◇中国に進出している中小物流事業者の実態に関する調査研究　久保麻紀子，熊坂祐一，加藤賢，渡邉裕樹［著］　国土交通省国土交通政策研究所　2013.7　104, 45p　30cm（国土交通政策研究　第108号）Ⓝ681.6

◇中国物流産業論─高度化の軌跡とメカニズム　李瑞雪著　白桃書房　2014.1　204p　22cm〈内容：インフラ整備と基礎能力増強からみる中国物流産業の高度化　中国物流産業の構造的問題　トラック輸送サービス取引プラットフォーム市場の高度化　長江水運システムの高度化と上中流港湾整備戦略　鉄道コンテナ輸送システムにおける中核ノードの整備戦略　3PL企業の勃興とその技術学習のメカニズム　グローバル・サプライチェーン連結者に進化する港湾物流企業　生鮮農産品流通・物流システムの高度化　宅配企業の急成長〉①978-4-561-65208-3　Ⓝ681.6　［2800円］

中国（物流業─名簿）
◇中国物流進出企業リスト　2013年版　名古屋　東海日中貿易センター　2013.5　83p　30cm　Ⓝ681.6　［1500円］

中国（不動産登記）
◇中国物権変動法制の構造と理論─日本法との双方向的比較の視点から　鄭芙蓉著　日本評論社　2014.2　340p　22cm（広島修道大学学術選書 58）〈索引あり　内容：中国における不動産の所有と利用の制度　中国における不動産物権変動の公示の原則　中国における不動産物権変動の公信の原則〉①978-4-535-52008-0　Ⓝ324.922　［5000円］

中国（文化）
◇書に想い時代を読む　河田悌一［著］　東信堂　2014.1　321p　22cm〈索引あり　内容：「書」に想う　「中国」との縁　「人」との交わり　「書物」への誘い〉①978-4-7989-1212-7　Ⓝ122.04　［1800円］

◇中国の民族文化資源─南部地域の分析から　武内房司，塚田誠之編　風響社　2014.3　432p　22cm〈文献あり　内容：文化資源の存在形態とその多様性　毛沢東バッジの語りと活用（韓敏著）　タイ北部、ユーミエンにおける儀礼文献の資源としての利用と操作（吉野晃著）　ベトナムにおける黒タイの祖霊観と葬式の変化（樫永真佐夫著）　客家エスニシティーの動態と文化資源（瀬川昌久著）　観光資源としての文化資源　「貝葉文化」と観光開発（長谷川清著）　棚田、プーアル茶、土司（稲村務著）　四川のチャン族における民族文化の復興と資源化（松岡正子著）　広西のチワン族の文化資源（塚田誠之著）　文化資源をめぐる諸主体と文化資源との関係　観光資源化する上座仏教建築（長谷千代子著）　文化資源としての民間文芸（兼重努著）　西南中国のエコミュージアム（武内房司著）〉①978-4-89489-201-9　Ⓝ382.2　［5000円］

◇日本人は中韓との「絶交の覚悟」を持ちなさい─石平〈中国〉が黄文雄〈台湾〉、呉善花〈韓国〉に直撃　石平，黄文雄，呉善花著　李白社　2014.1　213p　19cm〈徳間書店（発売）〉①978-4-19-863736-1　Ⓝ302.22　［1000円］

◇ユーラシア地域大国の文化表象　望月哲男編著　京都　ミネルヴァ書房　2014.3　274p　22cm（シリーズ・ユーラシア地域大国論 6）〈索引あり　内容：ロシア・中国・インド（望月哲男著）　キリスト教音楽の受容と土着化（井上貴子著）　ステレオタイプの後に来るものとは（S・V・シュリーニヴァース著，小尾淳訳）　地域大国の世界遺産（高橋沙奈美，小林宏至，前島訓子著）　非対称な隣国（村田雄二郎著）　よい熊さんわるい熊さん（武田雅哉著）　幻想と鏡像（越野剛著）　周縁からの統合イデオロギー（杉本良男著）　マイトレーヤとレーニンのアジア（中村唯史著）　帝国の暴力と身体（望月哲男著）　ユーラシア諸国の自己表象（望月哲男著）〉①978-4-623-07031-2　Ⓝ302.38　［4500円］

中国（文化─歴史）
◇夢想と身体の人間博物誌─綺想と現実の東洋　張競著　青土社　2014.8　282p　22cm〈内容：恋の文学と遊里　恋する男は戦わない　旅行く楊貴妃　美人という迷宮　戯れとしての「色」　肉体の不可能に挑む愛欲　空想の地誌学と人体変形のパノラマ　身体を分解する欲望　静止する身体から活動する身体へ　死別儀式の身体表現　史実のなかの夢、詩画のような夢　不老不死の夢　夢を恐れ、夢を食らう　夢想としての演劇　空想の大河　文字と書物の旅をめぐる綺想　美味なるものは時間を航行する　詩想のなかの食物　再現される肖像たち〉①978-4-7917-6805-9　Ⓝ920.2　［2400円］

中国（文化─歴史─近代）
◇中国現代文化14講　中国モダニズム研究会著　西宮　関西学院大学出版会　2014.10　228p　21cm（ドラゴン解剖学 登竜門の巻）〈文献あり　年表あり　索引あり〉①978-4-86283-167-5　Ⓝ302.22　［1800円］

中国（文化─歴史─古代）
◇中華文明の考古学　飯島武次編　同成社　2014.3　486p　27cm〈内容：良渚囲壁集落と良渚遺跡群（中村慎一著）　先史マカオの玉器製作におけるロクロの考察（鄧聡著，劉宇毅訳）　大石論考（小柳美樹著）　海岱地区における生業に関する一考察（加藤里美著）　宮室建築と中原国家文明の形成（許宏著，内田宏美訳）　二里頭遺跡の出現（大貫静夫著）　二里頭文化の

中国（文学者―歴史―民国時代）

長流壺に関する一考察（長尾宗史著）　殷文化の東方開拓と発展（劉緯著、近藤はる香訳）　殷墟骨笄・象牙笄の広がり（鈴木舞著）　甲骨文字研究の成果蓄積とデジタル化技術（鈴木敦著）　青銅卣の法量規格（廣川守著）　馬牲の境界（菊地大樹著）　宝鶏石鼓山西周墓の発見と高領袋足鬲（西江清高著）　西周青銅器の生産、流通の分散化（近藤はる香著）　西周青銅戈毀兵行為に関する研究（田畑潤著）　西周時代の青銅明器（角道亮介著）　山東龍口帰城遺跡考（黄川田修著）　周式銅剣から見た巴蜀式青銅器の出現過程（宮本一夫著）　東周から漢時代にかけての黒陶着色技法（川村佳男著）　建国期における秦文化の一考察（高野晶人著）　江漢地域における秦墓の成立（小澤正人著）　咸陽厳家溝陵園における考古学的発見と探索（焦南峰著、安家瑶子訳）　中国鏡の出現（岸本泰緒子著）　名工孟氏伝（岡村秀典著）　漢代墓葬出土銭の研究（佐藤大樹著）　清代の銭貨流通（三宅俊彦著）　日韓の甕と有孔広口壺（酒井清治著）　銅斧と銅剣の鋳型（千葉基次著）　高句麗東山洞壁画古墳出土の青銅獅子形燭台（早乙女雅博著）　弥生時代研究と侵略戦争（寺前直人著）　日本列島における方形丸の起源をめぐって（設楽博己著）　西の船・東の船団（杉山浩平著）　日本の神仙思想と道教的信仰（利部修著）　三角縁神獣鏡前半期の分有ネットワークの変遷（折原洋一著）　筒形器台の分類と編年（間壁忠彦著）　日本における弓玉研究の意義（瀧音大著）　北方四島の考古学的研究（右代啓視著）　弥生後期十五台式期における集落の一様相（淺間陽者著）　入間川上流域の古墳時代（油布崇昭著）　移民の土師器生産（藤野一之著）　GRONINGER MUSEUMの中国・日本磁器（高島裕之著）　民俗資料の貿易陶磁の壺（鈴木裕子著）〉①978-4-88621-658-8　Ⓝ220　［12000円］

中国（文学者―歴史―民国時代）

◇日中間戦争と中国人文学者―郁達夫、柯霊、陸蠡らをめぐって　鈴木正夫著　［横浜］　横浜市立大学学術研究会　2014.7　523p　19cm　（横浜市立大学新叢書 05）〈春風社（発売）内容：郁達夫と佐藤春夫　郁達夫被害に関する日中間の見解の相違について　″孤高″上海の柯霊　抗日戦争期における柯霊の映画活動　淪陥期上海における柯霊の演劇活動と前期『万象』について　淪陥期上海における柯霊の『万象』の編集について　抗日戦勝利前後の柯霊　魯迅と日本人特務　『麦と兵隊』と『生きている兵隊』の中国における反響に関する覚え書　陸蠡　人と作品〉①978-4-86110-411-4　Ⓝ920.27　［3500円］

中国（墳墓―歴史―隋時代）

◇朝陽地区隋唐墓の整理と研究　国立文化財機構奈良文化財研究所編　奈良　国立文化財機構奈良文化財研究所　2013.3　521p　図版8p　26cm　（奈良文化財研究所学報 第91冊）〈文献あり　中国語併載　共同刊行：中国遼寧省文物考古研究所〉①978-4-905338-27-7　Ⓝ222.57

中国（墳墓―歴史―唐時代）

◇朝陽地区隋唐墓の整理と研究　国立文化財機構奈良文化財研究所編　奈良　国立文化財機構奈良文化財研究所　2013.3　521p　図版8p　26cm　（奈良文化財研究所学報 第91冊）〈文献あり　中国語併載　共同刊行：中国遼寧省文物考古研究所〉①978-4-905338-27-7　Ⓝ222.57

中国（壁画―保存・修復―敦煌）

◇敦煌芸術の科学的復原研究―壁画材料の劣化メカニズムの解明によるアプローチ　国立文化財機構東京文化財研究所　2014.3　213p　30cm〈文献あり　研究代表者：岡田健〉Ⓝ722.24

◇敦煌壁画の保護に関する日中共同研究　2013　［東京］　国立文化財機構東京文化財研究所　［2014］　103p　30cm〈共同刊行：敦煌研究院〉Ⓝ722.24

中国（貿易）

◇中国データ・ファイル　2014年版　ジェトロ編　ジェトロ　2014.10　294p　30cm　（海外調査シリーズ no. 391）〈年表あり〉①978-4-8224-1142-8　Ⓝ332.22　［4500円］

中国（貿易―東南アジア）

◇ASEAN・中国FTA（ACFTA）の分野別の平均関税削減率と関税節約額調査事業結果―報告書　平成25年度　国際貿易投資研究所編　国際貿易投資研究所　2014.2　14, 217p　30cm〈平成25年度（一財）貿易・産業協力振興財団助成事業〉Ⓝ678.222023

◇南進する中国と東南アジア―地域の「中国化」　末廣昭、伊藤亜聖、大泉啓一郎、助川成也、宮島良明、森田英嗣［著］　東京大学社会科学研究所現代中国研究拠点　2014.3　221p　図版16p　26cm　（現代中国研究拠点研究シリーズ no. 13）〈年表あり　文献あり　内容：大メコン圏（GMS）走行記録（末廣昭ほか著）　南進する中国と中国ASEAN博覧会（CAEXPO）（末廣昭著）　中国ASEAN経済関係の諸相（伊藤亜聖著）　中国・ASEAN貿易の担い手はどう変化したか？（大泉啓一郎著）

南進する中国と北進するASEANの貿易（宮島良明著）　高水準のRCEP実現に向け進むAFTAとACFTAの制度改革（助川成也著）〉Ⓝ333.6　［非売品］

中国（貿易―日本）

◇対中国輸出管理「軍事転用・拡散顧客情報分析ガイド」―中国の軍及び軍需産業の構造と軍事四証制度　安全保障貿易情報センター　2014.11　296p　30cm〈年表あり〉Ⓝ678.13

◇対中国輸出管理入門―中国顧客情報収集・分析の手引き　2014年版　安全保障貿易情報センター情報サービス・研修部調査課　2014.7　105p　21cm〈文献あり〉Ⓝ678.13

◇日中貿易必携―中国ビジネスの実用ガイドブック　2014　特集：中国〈上海〉自由貿易試験区の運用　日本国際貿易促進協会　2014.4　275p　19cm　①978-4-930867-71-1　Ⓝ678.21022　［3500円］

中国（貿易政策）

◇中国企業の国際化戦略　続　大木博巳、清水顕司編著　ジェトロ　2014.8　276p　21cm　①978-4-8224-1137-4　Ⓝ338.92　［2800円］

◇日米中新体制と環太平洋経済協力のゆくえ―環太平洋経済協力をめぐる日・米・中の役割研究会2012年度報告書　大阪　アジア太平洋研究所　2013.5　5, 72p　30cm　（アジア太平洋研究所資料 13-3）〈文献あり〉①978-4-87769-348-0　Ⓝ678.1

中国（法制史）

◇中国近世の規範と秩序　山本英史編著　東洋文庫　2014.2　329, 10p　22cm〈内容：地方における法の蓄積とその法典化（青木敦著）　南宋判語にみる在地有力者、豪民（大澤正昭著）　元朝における儒学的理念の浸透と教育（大島立子著）　明代江南は「宗族社会」なりしや（濱島敦俊著）　清初の坊刻則例集について（高遠拓児著）　清代前期制定例集の利用について（岸本美緒著）　光棍例の成立とその背景（山本英史著）　清代江西・福建における「溺女」習俗と法について（小川快之著）　中華民国民法に至る立法過程の初歩的検討（西英昭著）〉①978-4-8097-0277-8　Ⓝ322.22　［非売品］

◇中国近世の規範と秩序　山本英史編著　研文出版　2014.5　329, 10p　22cm〈内容：地方における法の蓄積とその法典化（青木敦著）　南宋判語にみる在地有力者、豪民（大澤正昭著）　元朝における儒学的理念の浸透と教育（大島立子著）　明代江南は「家族社会」なりしや（濱島敦俊著）　清初の坊刻則例集について（高遠拓児著）　清代前期制定例集の利用について（岸本美緒著）　光棍例の成立とその背景（山本英史著）　清代江西・福建における「溺女」習俗と法について（小川快之著）　中華民国民法に至る立法過程の初歩的検討（西英昭著）〉①978-4-87636-377-3　Ⓝ322.22　［5000円］

中国（法制史―漢時代）

◇漢代二十等爵制の研究　椿身智志著　早稲田大学出版部　2014.2　286, 10p　30cm　（早稲田大学モノグラフ 101）①978-4-657-14503-1　Ⓝ322.22　［3500円］

◇張家山漢簡『二年律令』の研究　東洋文庫中国古代地域史研究編　東洋文庫　2014.3　520, 61p　22cm　（東洋文庫論叢 第77）〈年表あり　内容：雲夢睡虎地・荊州張家山調査報告記（飯尾秀幸著）　中国古代土所有問題に寄せて（飯尾秀幸著）　秦漢時代の戸籍について（池田雄一著）　「五任」と「無任」（石黒ひさ子著）　収の原理と淵源（石原遼平著）　秦漢出土法律文書にみる「田」・「宅」に関する諸問題（太田幸男著）　国家による労働力編成と在地社会（小嶋茂稔著）　漢代婚姻形態に関する一考察（佐々木満実著）　二年律令にみる民の生活形態について（椎名一雄著）　「家罪」および「公室告」「非公室告」に関する一考察（多田麻希子著）　秦・前漢初期における国家と亡人（福島大我著）　『秦律』・『漢律』（二年律令）に見える「三環」・「免老」について（藤田忠著）　列侯と関内侯（遠見統著）　呂氏政権における領域統治（山元貴尚著）〉①978-4-8097-0257-0　Ⓝ322.22　［非売品］

◇張家山二四七号漢墓竹簡『二年律令』・『奏讞書』釈文文字異同考証　板垣明、山元貴尚編　［日野］　中国の歴史と地理研究会　2014.3　173, 73p　26cm　（中国の歴史と地理 第2集）〈附：一字索引〉Ⓝ322.22

中国（法制史―古代）

◇漢代を遡る奏讞―中国古代の裁判記録　［日野］　中国の歴史と地理研究会　2014.7　182p　26cm　（中国の歴史と地理 第3集）Ⓝ322.22

中国（法制史―秦時代）

◇張家山漢簡『二年律令』の研究　東洋文庫中国古代地域史研究編　東洋文庫　2014.3　520, 61p　22cm　（東洋文庫論叢 第77）〈年表あり　内容：雲夢睡虎地・荊州張家山調査報告記（飯尾秀幸著）　中国古代土所有問題に寄せて（飯尾秀幸著）　秦漢時代の戸籍について（池田雄一著）　「五任」と「無任」（石黒ひさ子著）　収の原理と淵源（石原遼平著）　秦漢出土法律文書にみる「田」・「宅」に関する諸問題（太田幸男著）　国家による労働力編成と在地社会（小嶋茂稔著）　漢代婚姻形態に

関する一考察（佐々木満実著）　二年律令にみる民の生活形態について（椎名一雄著）　「家罪」および「公室告」「非公室告」に関する一考察（多田麻希子著）　秦・前漢初期における国家と亡人（福島大我著）　『秦律』・『漢律』（二年律令）に見える「三環」・「免老」について（藤田忠著）　列侯と関内侯（邉見統著）　呂氏政権における領域統治（山元貴尚著）〉①978-4-8097-0257-0　Ⓝ322.22　［非売品］

◇張家山二四七号漢墓竹簡『二年律令』『奏讞書』釈文文字異同考証　板垣明，山元貴尚編　［日野］　中国の歴史と地理研究会　2014.3　173，73p　26cm　（中国の歴史と地理　第2集）〈附：一字索引〉Ⓝ322.22

中国（法制史―宋時代）

◇宋代民事法の世界　青木敦著　慶應義塾大学出版会　2014.8　390,6p　22cm〈文献あり　索引あり〉①978-4-7664-2160-6　Ⓝ322.22　［8000円］

中国（法制史―唐時代）

◇大唐六典の唐令研究―「開元七年令」説の検討　中村裕一著　汲古書院　2014.6　415p　22cm　（汲古叢書　117）①978-4-7629-6016-1　Ⓝ322.22　［11000円］

中国（法律）

◇法制度からみる現代中国の統治機構―その支配の実態と課題　熊達雲著　明石書店　2014.6　378p　19cm〈文献あり　索引あり〉①978-4-7503-4021-0　Ⓝ322.922　［2800円］

中国（ボランティア活動）

◇ハンセン病の「脱」神話化―自己実現型ボランティアの可能性と陥穽　西尾雄志著　皓星社　2014.12　251,18p　22cm〈文献あり　索引あり〉①978-4-7744-0494-3　Ⓝ498.6　［2800円］

中国（漫画）

◇連環画研究　第3号　［札幌］　［連環画研究会］　2014.3印刷　157p　26cm〈編集：武田雅哉ほか　内容：『漫画』初期に見るアマチュア創作活動と大衆啓蒙（依田菜津子著）　戦場のStar System（瀧下彩子著）　台湾同胞はわれらの骨肉の兄弟！（池田真衣著）　栄誉と秘密（田村容子著）　内なる小さきもの（加部勇一郎著）　連環画の中の雪男（中根研一著）〈小人書林迷走録〉第5回〈上杜下瀉〉―あるいは痰壷と馬桶のある風景（武田雅哉著）〉Ⓝ726.101　［非売品］

中国（水ビジネス）

◇中国水資源関連市場の現状と将来展望　2013　大阪マーケティング本部第三事業部調査・編集　富士経済　2013.2　248p　30cm　①978-4-8349-1591-4　Ⓝ517　［180000円］

中国（民間伝承）

◇東アジアの比較民俗論考―龍宮・家族・村落をめぐって　竹田旦著　第一書房　2014.1　312,11p　20cm　（Academic Series NEW ASIA 55）〈索引あり　内容：龍宮の比較民俗論　舟形木棺と海洋他界観　日韓家族の比較民俗学　男と女の差　名付けの哲学　長寿の祝い　清明と寒食の受容をめぐって　利根川下流域の「兄弟契約」　志摩地方のクガイ〈公会〉〉①978-4-8042-0785-8　Ⓝ382.1　［4000円］

中国（民主化）

◇変わる中国―「草の根」の現場を訪ねて　麻生晴一郎著　潮出版社　2014.1　198p　19cm　①978-4-267-01967-8　Ⓝ309.0222　［1400円］

中国（民族）

◇中国占領地の社会調査　2-42　占領地の統治と支配　6（宗教・民族調査）　貴志俊彦，井村哲郎，加藤聖文，富澤芳亜，弁納才一監修，近現代資料刊行会企画編集　近現代資料刊行会　2014.8　596p　22cm　（戦前・戦中期アジア研究資料　7）〈複製　内容：南京及蘇州ニ於ケル仏教ノ実情調査（興亜院華中連絡部調査機関昭和15年刊）　南京及蘇州ニ於ケル基督教ノ実情調査（興亜院華中連絡部昭和15年刊）　南京及蘇州ニ於ケル儒教、道教ノ実情調査（興亜院華中連絡部昭和15年刊）　上海ニ於ケル猶太人ノ状況（興亜院華中連絡部昭和15年刊）　上海ニ於ケル白露西亜人ノ状況（興亜院華中連絡部昭和14年刊）　天津租界ニ於ケル第三国人ノ活動状況（興亜院華中連絡部昭和16年刊）〉①978-4-86364-272-0,978-4-86364-228-7(set)　Ⓝ302.22

◇中国の民族文化資源―南部地域の分析から　武内房司，塚田誠之編　風響社　2014.3　432p　22cm〈文献あり　内容：文化資源の存在形態とその多様性　毛沢東バッジの語りと活用（韓敏著）　タイ北部、ユーミエンにおける儀礼文献の資源としての利用と操作（吉野晃著）　ベトナムにおける黒タイの祖霊観と葬式の変化（樫永真佐夫著）　客家エスニシティーの動態と文化資源（瀬川昌久著）　観光資源としての文化資源「貝葉文化」と観光開発（長谷川清著）　棚田、プーアル茶、土司（稲村務著）　四川のチャン族における民族文化の復興と資源化

◇（松岡正子著）　広西のチワン族の文化資源（塚田誠之著）　文化資源をめぐる諸主体と文化資源との関係　観光資源化する上座仏教建築（長谷千代子著）　文化資源としての民間文芸（兼重努著）　西南中国のエコミュージアム（武内房司著）〉①978-4-89489-201-9　Ⓝ382.2　［5000円］

中国（民族運動―歴史―民国時代）

◇第一次世界大戦期の中国民族運動―東アジア国際関係に位置づけて　笠原十九司著　汲古書院　2014.2　820p　22cm　（汲古叢書　115）〈索引あり　内容：第一次世界大戦期の中国民族運動の主体形成と日本・アメリカ　二十一カ条反対運動　日中軍事協定反対運動　山東主権回収運動　北京の五・四運動　上海の五・四運動　第一次世界大戦終結後の中国民族運動と北京政府　第一次世界大戦期の中国民族運動と日本・アメリカ　日本の友人への手紙　研究視点と研究史における位置づけ〉①978-4-7629-6014-7　Ⓝ222.07　［18000円］

中国（民族問題）

◇狂暴国家中国の正体　楊海英著　扶桑社　2014.9　246p　18cm　（扶桑社新書　170）〈著作目録あり　年表あり〉①978-4-594-07119-6　Ⓝ316.822　［760円］

◇中国・朝鮮族と近現代―民族としてのアイデンティティの形成をめぐって　松本ますみ編　創土社　2014.3　267p　22cm〈内容：変容する朝鮮族の民族教育（権寧俊著）　華北在留朝鮮人と蘆台模範農村（小林元裕著）　満洲国から戦後直後の社会を生きた朝鮮族女性たちのライフヒストリー（花井みわ著）　雲南回族のイスラーム回帰現象とアラビア学校（松本ますみ著）　中華民国期におけるウイグル人の民族アイデンティティ（清水由里子著）　回族・朝鮮族における民族文化継承と学校教育（新保敦子著）　アンケート調査―朝鮮族の民族教育と生活実態（権寧俊著）　アンケート調査―回族の民族教育と生活実態（松本ますみ著）〉①978-4-7988-0216-9　Ⓝ316.822　［3000円］

中国（民族問題―新疆）

◇イスラム　中国への抵抗論理　宮田律著　イースト・プレス　2014.6　243p　18cm　（イースト新書　031）〈文献あり〉①978-4-7816-5031-9　Ⓝ316.8228　［861円］

中国（民族問題―歴史―内蒙古）

◇ジェノサイドと文化大革命―内モンゴルの民族問題　楊海英著　勉誠出版　2014.9　482p　22cm〈文献あり〉①978-4-585-22095-4　Ⓝ316.8226　［6000円］

◇大戦間期中国・内モンゴル地域の少数民族問題―モンゴル族の自立運動　寺島英明著　［出版地不明］　寺島英明　2014.11　204p　19cm　Ⓝ316.8226　［非売品］

中国（ムスリム―歴史―新疆）

◇中国新疆のムスリム史―教育、民族、言語　野田仁編　早稲田大学重点領域研究機構研究所早稲田大学アジア・ムスリム研究所　2014.3　50p　30cm　（早稲田大学アジア・ムスリム研究所リサーチペーパー・シリーズ　vol. 2）〈文献あり　早稲田大学重点領域研究地球の中のアジアの共生〉①978-4-9907402-1-4　Ⓝ372.228

中国（木簡・竹簡）

◇木簡・竹簡の語る中国古代―書記の文化史　冨谷至著　増補新版　岩波書店　2014.11　274,7p　20cm　（世界歴史選書）〈文献あり〉①978-4-00-026859-2　Ⓝ222.04　［3000円］

中国（焼絵―歴史）

◇柳宗悦も賛美した謎の焼絵発掘―定本焼絵考　田部隆幸著　誠文堂新光社　2014.12　167p　26cm〈文献あり　索引あり〉①978-4-416-91347-5　Ⓝ721.02　［1800円］

中国（郵便切手）

◇JPS外国切手カタログ　新中国切手　2015　日本郵趣協会出版委員会/監修　第28版　日本郵趣協会，郵趣サービス社〔発売〕2014.12　369p　19cm　①978-4-88963-778-6　［2200円］

中国（立憲主義―歴史）

◇鑑の近代―「法の支配」をめぐる日本と中国　古賀勝次郎著　春秋社　2014.1　341,9p　20cm〈文献あり　年表あり　索引あり〉①978-4-393-34120-9　Ⓝ321.21　［3000円］

◇日中における西欧立憲主義の継受と変容　高橋和之編　岩波書店　2014.10　193p　22cm〈内容：西欧立憲主義はどう理解されたか（高橋和之著）　明治憲法と「体用」論（高見勝利著）　日本憲法学における国体概念の導入について（西村裕一著）　戦前憲法学における二重法律概念と法治行政（毛利透著）　清末民初期の中国における立憲主義の継受（松井直之著）　明治憲法の「欽定憲法大綱」に対する影響（韓大元著）　明治憲法の近代中国の憲法制定に与えた影響の限界について（莫紀宏著）　国体概念の変遷（林來梵著）　「国民の司法参加」の憲法上の基礎およびその制度設計（洪英著）　美濃部達吉と中国の公法学（王貴松著）〉①978-4-00-025994-1　Ⓝ323.13　［5500円］

中国（陵墓―歴史―秦時代）

中国（陵墓―歴史―秦時代）
◇宇宙と地下からのメッセージ―秦始皇帝陵とその自然環境　鶴間和幸, 恵多谷雅弘監修, 学習院大学東洋文化研究所, 東海大学情報技術センター共編　D-CODE　2013.3　100p　27cm（学習院大学東洋文化研究叢書）〈文献あり　年表あり〉Ⓘ978-4-9906980-0-3　Ⓝ222.041　[2000円]

中国（林業政策）
◇中国の森林をめぐる法政策研究　奥田進一編著　成文堂　2014.2　310p　22cm（アジア法叢書 33）〈内容：地球的な視座からみた中国の森林問題の重要性（小林紀之著）　自然資源をめぐる法政策（奥田進一著）　森林の権利関係の内実と諸問題（平野悠一郎著）　日本の森林組合（堀靖人著）　森林の所有と経営の分離（赤池慎吾著）　農地権利関係に対する物権法の影響（奥田進一著）　禁牧政策への適応行動と環境変化（関良基, 菊池真純著）　環境民事責任の現状と課題（文元春著）　森林の権利関係の性質（平野悠一郎著）　近年の集団林権制度改革の実態と影響（平野悠一郎著）　農地および林権の権利証書をめぐる法政策（長友昭著）　集団林権改革による変化と課題（劉璨, 劉浩, 賀勝年ほか著, 文元春訳）　林地経営主体の法的性質（久米一世著）　国有・集団林権制度改革の実態と影響（平野悠一郎, 松島昇, 山根正伸著）　華南の森林経営と林権改革（堀俊介著）　伝統的村落共同体による森林資源管理（菊池真純著）〉Ⓘ978-4-7923-3317-1　Ⓝ651.1　[5000円]

中国（林業政策―雲南省）
◇森とともに生きる中国雲南の少数民族―その文化と権利　比嘉政夫監修, 大崎正治, 杉浦孝昌, 時雨彩著　明石書店　2014.3　340p　20cm（世界人権問題叢書 87）〈索引あり〉Ⓘ978-4-7503-3986-3　Ⓝ652.2237　[4000円]

中国（林業労働）
◇日本・アジアの森林と林業労働　信州大学森林政策学研究会編, 小池正雄, 三木敦朗監修　長野　川辺書林　2013.9　335p　21cm〈内容：世界と日本における人間らしい林業労働（菊間満著）　日本における現場の林業労働者と能力育成（牧田邦宏著）　林業労働対策としての「緑の雇用」施策（奥山洋一郎著）　戦後拡大造林政策と二一世紀型森林管理（小池正雄著）　森林管理労働者の確保育成政策（小池正雄著）　ドイツ・日本における大型製材工場の課題と可能性（小池正雄著）　林業創世長野プロジェクトと二一世紀型森林管理（小池正雄著）　獣害激増の背景・実態と緊急対策（小池正雄著）　再定立が必要な焼畑の農法的意味（加藤光一著）　「やま」の兼業的・自給的利用（三木敦朗著）　インドネシア南スラウェシ州カカオ農民の生存戦略（西嶋謙治著）　アブラヤシ農園開発にゆらぐボルネオ焼畑民（寺内大左著）　バングラデシュ少数民族「カシ族」の森林利用（モハメド・ヌア著）　木質バイオマス燃料の不足と地域住民（モハマド・ダネシュ・ミア著）　自然保護区での協同管理を通じたコミュニティの発展（シャヘード・ホサイン・チョードリー著）　カンボジアにおける熱帯林からの歳入額の推計（キム・ソファナリット著）　地球温暖化防止のために何をもって"森林劣化"とするか（佐々木ノビア著）　イエローストーンと上高地にみる国立公園の保護と活用（トマス・E・ジョーンズ著）　中国神農架林区におけるエコツーリズム（胡蝶著）　時代の要請に対応する森林計画（鄭小賢著）　中国における森林認証の現状と問題点（馬黎瑶著）　中国における家具産業クラスターの発展（陸薇著）〉Ⓘ978-4-906529-76-6　Ⓝ651.7　[2000円]

中国（歴史）
◇かわいそうな歴史の国の中国人　宮脇淳子著　徳間書店　2014.7　229p　19cm　Ⓘ978-4-19-863828-3　Ⓝ361.42　[1000円]

◇逆説の世界史　1　古代エジプトと中華帝国の興廃　井沢元彦著　小学館　2014.1　333p　20cm〈年表あり〉Ⓘ978-4-09-388347-4　Ⓝ209　[1500円]

◇十八史略　曾先之著, 今西凱夫訳, 三上英司編　筑摩書房　2014.7　413p　15cm（ちくま学芸文庫 ソ5-1）〈『中国の古典 15・16』（学研 1983年, 1985年刊）の改題, 再編集〉Ⓘ978-4-480-09632-6　Ⓝ222.01　[1400円]

◇知れば知るほど恐ろしい中国史―華麗なる宮廷で行なわれた残虐の歴史：権謀術数渦巻く歴代中国王朝の全て　ダイアプレス　2013.9　159p　21cm（DIA Collection）〈文献あり　年表あり〉Ⓘ978-4-86214-763-9　Ⓝ222.01　[743円]

◇全訳資治通鑑―徳田本　第1冊　天下統一―前四〇三年―前二〇七年　[司馬光編さん], 徳田隆主訳註, 曾萌春, 徳田瑠已助訳　アーティスタ　2014.3　660p　21cm　Ⓘ978-4-907494-00-1　Ⓝ222.01　[4600円]

◇全訳資治通鑑―徳田本　第2冊　領土拡張―前二〇六年―前一一九年　[司馬光編さん], 徳田隆主訳註, 曾萌春, 徳田瑠已助訳　アーティスタ社　2014.4　709p　21cm　Ⓘ978-4-907494-01-8　Ⓝ222.01　[4600円]

◇中国崩壊カウントダウン―中国は崩壊の歴史を必ず繰り返す！　石平著　宝島社　2014.7　222p　18cm〈文献あり〉Ⓘ978-4-8002-2334-0　Ⓝ222.01　[1000円]

◇なぜ中国は覇権主義なのか―それは中華思想があるからだ！　田代正廣著　堺　銀河書籍　[2014]　263p　18cm〈MMIマーケティング（発売）　年表あり　文献あり〉Ⓘ978-4-907628-06-2　Ⓝ361.42　[750円]

◇日本を恐れ, 妬み続ける中国　黄文雄著　ベストセラーズ　2014.8　255p　19cm　Ⓘ978-4-584-13591-4　Ⓝ222.01　[1204円]

◇「反日」中国の文明史　平野聡著　筑摩書房　2014.7　270p　18cm（ちくま新書 1080）〈文献あり〉Ⓘ978-4-480-06784-5　Ⓝ222.01　[840円]

中国（歴史―1949～）
◇開発主義の時代へ―1972-2014　高原明生, 前田宏子著　岩波書店　2014.8　212,14p　18cm（岩波新書 新赤版 1253）〈文献あり　年表あり　索引あり〉Ⓘ978-4-00-431253-6　Ⓝ222.077　[780円]

◇中華人民共和国史十五講　王丹著, 加藤敬事訳　筑摩書房　2014.1　694,2p　15cm（ちくま学芸文庫 オ24-1）〈年表あり〉Ⓘ978-4-480-09596-1　Ⓝ222.077　[2000円]

◇マンガでわかる裏切りと粛正の中国近現代史　中国近現代研究会監修, 高橋功一郎作画　実業之日本社　2014.5　239p　18cm（じっぴコンパクト新書 192）〈文献あり　年表あり〉Ⓘ978-4-408-11072-1　Ⓝ222.077　[762円]

◇隣居（リンジゥ）―私と「あの女」が見た中国　田口佐紀子著　潮出版社　2014.11　189p　19cm　Ⓘ978-4-267-01994-4　Ⓝ222.077　[1400円]

中国（歴史―般古代）
◇近出殷周金文考釈　第3集　北京市・遼寧省・山東省・安徽省・江蘇省・浙江省・湖北省・湖南省・広州市　高澤浩一編　研文出版　2014.3　127p　30cm（二松学舎大学学術叢書）Ⓘ978-4-87636-373-5　Ⓝ222.03　[2800円]

◇甲骨文字と商代の信仰―神権・王権と文化　陳捷著　京都　京都大学学術出版会　2014.3　250p　22cm（プリミエ・コレクション 47）〈索引あり　内容：『尚書』洪範に見える商代の卜筮　卜の特徴 筮の記録 卜と筮の関係　「囚」字の解読について　固辞の性格とその変遷　商王権威の変化　移り変わってゆく験辞〉Ⓘ978-4-87698-295-0　Ⓝ222.03　[3600円]

中国（歴史―漢時代）
◇両漢交替期研究　仲山茂, 飯田祥子, 柴田昇著　江南　名古屋中国古代史研究会　2014.12　114p　21cm（名古屋中国古代史研究会報告集 3）〈内容：両漢交代期における県と侯国（仲山茂著）　人事よりみた更始政権の構成（飯田祥子著）　赤眉集団研究史（柴田昇著）　重沈啓樹先生の中国古代史研究（柴田昇著）〉Ⓘ978-4-9905047-2-4　Ⓝ222.042

中国（歴史―漢時代―後漢）
◇後漢魏晋史論攷―好並隆司遺稿集　好並隆司著　[出版地不明]　好並晶　2014.2　334p　22cm〈発行所：溪水社〉Ⓘ978-4-86327-230-9　Ⓝ222.042　[6000円]

中国（歴史―漢時代―前漢）
◇呂太后期の権力構造―前漢初期「諸呂の乱」を手がかりに　郭茵著　福岡　九州大学出版会　2014.3　232p　22cm〈文献あり　年譜あり　索引あり〉Ⓘ978-4-7985-0123-9　Ⓝ222.042　[3600円]

中国（歴史―近代）
◇中国への多角的アプローチ　3　斎藤道彦編著　八王子　中央大学出版部　2014.3　277p　22cm（中央大学政策文化総合研究所研究叢書 17）〈索引あり　内容：民国初期知識人界における「ポスト国民」論（原正人著）　日本占領下北京における周作人（子安加余子著）　宋美齢訪米外交成功の背後（土田哲夫著）　内戦下政治協商会議の中国共産党の民主主義建設（斎藤道彦著）　蒋介石日記に見る在台湾日本人軍事教官の諸相〈1950～53年〉（鹿錫俊著）　大陸コンプレックスを越えて（深町英夫著）　辛亥革命と現代中国（斎藤道彦著）　中国における地域間・地区間格差問題（谷口洋志著）〉Ⓘ978-4-8057-1416-4　Ⓝ222.01　[3400円]

◇中国の「近代」を問う―歴史・記憶・アイデンティティ　孫江著　汲古書院　2014.6　279,8p　22cm（汲古選書 70）〈索引あり　内容：太陽の記憶　連続と断絶　肌色の差異化　黄帝はバビロンより来たり　中国という尺度　記憶の耐えられない重さ〉Ⓘ978-4-7629-5070-4　Ⓝ222.01　[4500円]

中国（歴史―古代）
◇国宝史記―夏本紀 秦本紀　[司馬遷著]　勉誠出版（発売）　2014.9　109p　32×31cm（東洋文庫善本叢書 1）〈東洋文

庫所蔵の複製 解題：石塚晴通 小助川貞次〉①978-4-585-28201-3 Ⓝ222.03 ［25000円］

◇地下からの贈り物―新出土資料が語るいにしえの中国 中国出土資料学会編 東方書店 2014.6 363p 19cm （東方選書 46）〈文献あり〉①978-4-497-21411-9 Ⓝ222.03 ［2000円］

◇中国逍遥―『中論』・『人物志』訳註他 多田狷介著 汲古書院 2014.5 342p 20cm （汲古選書 68）〈内容：『中論』訳註 『人物志』訳註 中国古尸餖記 両晋交替期、乱世の人びと 西安考古訪問記 西安を訪れた日本人 〈書評〉劉文海著／李正宇点校『西行見聞記』 私の好きなことば 很糟漢語日記里的両、三天 私のすすめる本 切ない食談義 敗戦前後の一小学生 歴研と私 多田狷介訳『滄桑―中国共産党外伝―』刊行後の幾つかのこと〉①978-4-7629-5068-1 Ⓝ222.03 ［4000円］

◇文献と遺物の境界―中国出土簡牘史料の生態的研究 2 籾山明, 佐藤信編 府中（東京都）東京外国語大学アジア・アフリカ言語文化研究所 2014.12 339p 21cm （内容：図版篇 中央研究院歴史語言研究所蔵一九三〇・三一年出土居延漢簡（カラー図版頁分） 中央研究院歴史語言研究所蔵一九三〇・三一年出土居延漢簡（二〇一〇年度調査） 中央研究院歴史語言研究所蔵一九三〇・三一年出土居延漢簡（二〇一一年度調査） 簡牘形状分類表 論考篇 封検の形態発展（青木俊介著） 匣付木簡の製作技法と機能に関する一考察（山中章著） 漢代辺境の人形（清水みき著） 鳳凰山前漢墓簡牘にみる遣策作成過程と葬礼準備（鈴木直美著） 日本古代木簡の生態的研究をめぐって（佐藤信著） 日本における居延漢簡研究の回顧と展望（籾山明著）〉Ⓝ222.03

◇木簡・竹簡の語る中国古代―書記の文化史 冨谷至著 増補新版 岩波書店 2014.11 274,7p 20cm （世界歴史選書）〈文献あり〉①978-4-00-026859-2 Ⓝ222.04 ［3000円］

中国〔歴史―三国時代〕

◇オールカラーでわかりやすい！三国志 渡辺精一監修 西東社 2014.10 303p 21cm 〈年表あり 索引あり 「もう一度学びたい三国志」（2005年刊）の改題〉①978-4-7916-2305-1 Ⓝ222.043 ［830円］

◇大迫力！写真と絵でわかる三国志 入澤宣幸著 西東社 2014.9 175p 30cm （大判ビジュアル図解）〈文献あり 年表あり 索引あり 表紙のタイトル：Three Kingdoms' Dreams！〉①978-4-7916-2243-6 Ⓝ222.043 ［1400円］

◇もう一つの『三国志』異民族との戦い 坂口和澄著 KADOKAWA 2014.5 319p 15cm （新人物文庫 さ-5-2）〈文献あり 年表あり 「もう一つの『三國志』」（本の泉社 2007年刊）の改題、再編集〉①978-4-04-600307-2 Ⓝ222.043 ［850円］

中国〔歴史―三国時代―魏〕

◇後漢魏晋史論攷―好並隆司遺稿集 好並隆司著 ［出版地不明］好並晶 2014.2 334p 22cm （発行所：溪水社）①978-4-86327-230-9 Ⓝ222.042 ［6000円］

中国〔歴史―三国時代―伝記〕

◇三国志武将事典 小出文彦著 新紀元社 2014.12 471p 21cm 〈文献あり 索引あり〉①978-4-7753-1307-7 Ⓝ282.2 ［2700円］

中国〔歴史―周時代〕

◇近出殷周金文考釈 第3集 北京市・遼寧省・山東省・安徽省・江蘇省・浙江省・湖北省・湖南省・広州市 高澤浩一編 研文出版 2014.3 127p 30cm （二松学舎大学学術叢書）①978-4-87636-373-5 Ⓝ222.03 ［6800円］

◇西周王朝とその青銅器 角道亮介著 六一書房 2014.3 339p 27cm 〈文献あり〉①978-4-86445-037-9 Ⓝ222.03 ［14800円］

中国〔歴史―春秋時代―伝記〕

◇春秋戦国時代武将列伝―戦乱の時代を駆け抜けた42人の英雄たち 双葉社 2014.8 195p 19cm 〈文献あり 年表あり 索引あり〉①978-4-575-30725-2 Ⓝ282.2 ［550円］

中国〔歴史―晋時代〕

◇後漢魏晋史論攷―好並隆司遺稿集 好並隆司著 ［出版地不明］好並晶 2014.2 334p 22cm 〈発行所：溪水社〉①978-4-86327-230-9 Ⓝ222.042 ［6000円］

中国〔歴史―秦時代〕

◇あらすじとイラストでわかる秦の始皇帝 平勢隆郎監修 宝島社 2014.1 223p 16cm （宝島SUGOI文庫 Dひ-2-1）〈文献あり 年表あり 2013年刊の改訂〉①978-4-8002-2228-1 Ⓝ222.041 ［620円］

中国〔歴史―清時代〕

◇明末清初 4集 順治帝と千里草 上 福本雅一著 京都 藝文書院（発売）2013.11 301p 19cm ①978-4-907823-66-5 Ⓝ222.058 ［2500円］

中国〔歴史―唐時代〕

◇唐史論攷―氏族制と均田制 池田温著 汲古書院 2014.10 774p 22cm （汲古叢書 40）〈内容：唐代の郡望表 唐朝氏族志の一考察 敦煌氾氏家傳残巻について 八世紀初における敦煌の氏族 8世紀中葉における敦煌のソグド人聚落 貴族制の没落 均田制 唐代均田制の一考察 初唐西州土地制度管見 初唐西州高昌縣授田簿考 神龍三年高昌縣崇化郷點籍様について 唐前期西州給田制之特徴 唐朝開元後期土地政策の一考察 唐代敦煌均田制の一考察 敦煌における土地税役制をめぐって 開運二年十二月西節度都押衙王文通牒 中國古代物價の一考察 盛唐物價資料をめぐって〉①978-4-7629-2539-9 Ⓝ222.048 ［18000円］

中国〔歴史―南北朝時代〕

◇中国江南六朝の考古学研究 藤井康隆著 六一書房 2014.12 210p 31cm ①978-4-86445-052-2 Ⓝ222.046 ［7500円］

中国〔歴史―明時代〕

◇明末清初 4集 順治帝と千里草 上 福本雅一著 京都 藝文書院（発売）2013.11 301p 19cm ①978-4-907823-66-5 Ⓝ222.058 ［2500円］

中国〔歴史―遼〕

◇契丹国―遊牧の民キタイの王朝 島田正郎編著 新装版 東方書店 2014.12 245p 19cm （東方選書 47）〈文献あり 著作目録あり 年譜あり 年表あり 内容：キタイ〈契丹・遼〉国の興亡 キタイ〈契丹・遼〉国の制度と社会 悲劇の王、倍〉①978-4-497-21419-5 Ⓝ222.052 ［2000円］

中国〔歴史小説―歴史―明時代〕

◇中国古典文学挿画集成 9 小説集 3 瀧本弘之編 遊子館 2014.1 53,429p 27cm 〈複製 布装〉①978-4-86361-027-9 Ⓝ920.2 ［49000円］

中国〔労働組合―歴史―1949〜〕

◇日中労働組合交流史―60年の軌跡 山田陽一著 平原社 2014.8 265p 22cm 〈文献あり 年表あり〉①978-4-938391-51-5 Ⓝ366.621 ［3700円］

中国〔労働者〕

◇中国で活躍する卒業生たち―日中のビジネスを支える一員として 拓殖大学 2014.3 199p 18cm 〈共同刊行：拓殖大学総合企画部広報室ほか〉Ⓝ366.0222

中国〔西南部〕（紀行・案内記）

◇風雨橋と古鎮―貴州・雲南バス紀行 杉野圀明著 京都 文理閣 2014.3 329p 22cm ①978-4-89259-721-3 Ⓝ292.234 ［1800円］

中国〔西北部〕（民族）

◇モンゴルとイスラーム的中国 楊海英著 文藝春秋 2014.2 430p 16cm （文春学藝ライブラリー）〈年表あり 風響社 2007年刊の再刊 内容：モンゴルの視点から見たイスラーム研究 モンゴルにとっての「西北ムスリム大反乱」 モンゴル人ムスリムの今昔 寧夏、イスラームの大海原に残るモンゴルの歴史 青海、民族形成の道を行く 保安族のスーフィズム 東郷族社会のイスラーム モンゴル系ムスリムたちの脈動〉①978-4-16-813012-0 Ⓝ222.15 ［1570円］

中国〔西北部〕（歴史）

◇モンゴルとイスラーム的中国 楊海英著 文藝春秋 2014.2 430p 16cm （文春学藝ライブラリー）〈年表あり 風響社 2007年刊の再刊 内容：モンゴルの視点から見たイスラーム研究 モンゴルにとっての「西北ムスリム大反乱」 モンゴル人ムスリムの今昔 寧夏、イスラームの大海原に残るモンゴルの歴史 青海、民族形成の道を行く 保安族のスーフィズム 東郷族社会のイスラーム モンゴル系ムスリムたちの脈動〉①978-4-16-813012-0 Ⓝ222.15 ［1570円］

中国〔工業〕

◇中国占領地の社会調査 2-19 華中の商工業慣行調査 1 貴志俊彦, 井村哲郎, 加藤聖文, 富澤芳亜, 弁納才一監修, 近現代資料刊行会企画編集 近現代資料刊行会 2013.8 510p 22cm （戦前・戦中期アジア研究資料 7）〈複製 内容：無錫ニ於ケル堆棧業（林悳村執筆（満鉄・上海事務所調査室昭和16年刊）） 無錫ニ於ケル米市場概況及米行（高橋保一執筆（満鉄・上海事務所調査室昭和16年刊）） 中支慣行調査参考資料. 第1輯（満鉄上海事務所調査室第八係昭和16年刊）〉①978-4-86364-184-6,978-4-86364-164-8（set） Ⓝ302.22

◇中国占領地の社会調査 2-20 華中の商工業慣行調査 2 貴志俊彦, 井村哲郎, 加藤聖文, 富澤芳亜, 弁納才一監修, 近現代資料刊行会企画編集 近現代資料刊行会 2013.8 394p 22cm （戦前・戦中期アジア研究資料 7）〈複製 内容：無錫米市ノ慣行概況（笠原仲二執筆（満鉄・上海事務所調査室昭和16年刊）） 南通ノ布荘紗荘花行調査（松山貞夫, 高橋保一, 笠原仲二執筆（満鉄・上海事務所調査室昭和17年刊））〉①978-4-86364-185-3,978-4-86364-164-8（set） Ⓝ302.22

中国〔中部〕（湖沼）

◇中国占領地の社会調査　2-21　華中の商工業慣行調査　3　貴志俊彦，井村哲郎，加藤聖文，富澤芳亜，弁納才一監修，近現代資料刊行会企画編集　近現代資料刊行会　2013.8　564p　22cm　（戦前・戦中期アジア研究資料 7）〈複製　内容：中支慣行調査参考資料　第2輯（満鉄調査研究資料第51編）（上海事務所調査室編（南満洲鉄道調査部昭和17年刊））　蕪湖ニ於ケル堆棧業（林耕平執筆（満鉄・上海事務所調査室昭和17年刊））　杭州本山紙行業慣行概況（笠原仲二執筆（満鉄・上海事務所調査室昭和17年刊）））①978-4-86364-186-0,978-4-86364-164-8（set）Ⓝ302.22

◇中国占領地の社会調査　2-22　華中の商工業慣行調査　4　貴志俊彦，井村哲郎，加藤聖文，富澤芳亜，弁納才一監修，近現代資料刊行会企画編集　近現代資料刊行会　2013.8　579p　22cm　（戦前・戦中期アジア研究資料 7）〈複製　内容：中支慣行調査参考資料　第3輯（満鉄調査研究資料第69編）（上海事務所調査室編（南満洲鉄道調査部昭和17年刊））　杭州茶業慣行概況（笠原仲二執筆（満鉄・上海事務所調査室昭和17年刊）））①978-4-86364-187-7,978-4-86364-164-8（set）Ⓝ302.22

◇中国占領地の社会調査　2-23　華中の商工業慣行調査　5　貴志俊彦，井村哲郎，加藤聖文，富澤芳亜，弁納才一監修，近現代資料刊行会企画編集　近現代資料刊行会　2013.8　597p　22cm　（戦前・戦中期アジア研究資料 7）〈複製　内容：寧波ニ於ケル商業帳簿調査（一条雄司執筆（満鉄・上海事務所調査室昭和17年刊））　無錫ノ米業関係工人慣行（無錫米市慣行調査ノ補遺　其ノ一）（高橋保一執筆（満鉄・上海事務所調査室昭和17年刊））　無錫米行合股例（無錫米市慣行調査ノ補遺　其ノ二）（高橋保一執筆（満鉄・上海事務所調査室昭和17年刊））　寧波の銭荘（一条雄司執筆（満鉄・上海事務所調査室昭和18年刊））　蕪湖米市慣行概況（笠原仲二執筆（満鉄・上海事務所調査室昭和18年刊）））①978-4-86364-188-4,978-4-86364-164-8（set）Ⓝ302.22

◇中国占領地の社会調査　2-24　華中の商工業慣行調査　6　貴志俊彦，井村哲郎，加藤聖文，富澤芳亜，弁納才一監修，近現代資料刊行会企画編集　近現代資料刊行会　2013.8　642p　22cm　（戦前・戦中期アジア研究資料 7）〈複製　鎮江桐油業慣行概説（笠原仲二執筆（満鉄・上海事務所調査室昭和18年刊））　杭州ノ銀号（一条雄司執筆（満鉄・上海事務所調査室昭和18年刊））　寧波ノ過脈制度（翻訳）（徐寄安執筆，東條英夫訳，一条雄司校閲・解題執筆（満鉄・上海事務所調査室昭和18年刊））　杭州の同業公会（高橋保一執筆（満鉄・上海事務所調査室昭和18年刊））　常州布業調査（松山貞夫執筆（満鉄・上海事務所調査室昭和18年刊））　牙行原始（笠原仲二執筆（満鉄・上海事務所調査室昭和18年刊）））①978-4-86364-189-1,978-4-86364-164-8（set）Ⓝ302.22

◇中国占領地の社会調査　2-25　華中の商工業慣行調査　7　貴志俊彦，井村哲郎，加藤聖文，富澤芳亜，弁納才一監修，近現代資料刊行会企画編集　近現代資料刊行会　2013.8　455p　22cm　（戦前・戦中期アジア研究資料 7）〈複製　内容：無錫の製絲業（小野忍執筆（上海事務所調査室昭和16年刊））　蘇州の紗緞業（小野忍執筆（上海事務所調査室昭和17年刊））　無錫の銀号（一条雄司執筆（上海事務所調査室昭和17年刊））　無錫に於ける商業帳簿調査（一条雄司執筆（上海事務所調査室昭和17年刊））　硤石鎮米市慣行概況（笠原仲二執筆（上海事務所調査室昭和18年刊））　杭州の絹織物業（小野忍執筆（上海事務所調査室昭和18年刊））　嘉興米市慣行概況（笠原仲二執筆（上海事務所調査室昭和18年刊））　中支各地に於ける典當業（林耕平執筆（上海事務所調査室昭和18年刊））　杭州に於ける商業帳簿調査　其の1（一条雄司執筆（上海事務所調査室昭和18年刊）））①978-4-86364-190-7,978-4-86364-164-8（set）Ⓝ302.22

◇中国占領地の社会調査　2-26　華中の商工業慣行調査　8　貴志俊彦，井村哲郎，加藤聖文，富澤芳亜，弁納才一監修，近現代資料刊行会企画編集　近現代資料刊行会　2013.8　262p　22cm　（戦前・戦中期アジア研究資料 7）〈複製　内容：硤石の土絲取引（小野忍執筆（上海事務所調査室昭和18年刊））　中支の合股に関する諸問題（幼方直吉執筆（調査部昭和18年刊））　杭州米市慣行概況（笠原仲二執筆（上海事務所調査室昭和18年刊））　杭州に於ける運送業（林耕平執筆（上海事務所調査室昭和18年刊））　無錫に於ける商業帳簿調査（一条雄司執筆（上海事務所昭和19年刊）））①978-4-86364-191-4,978-4-86364-164-8（set）Ⓝ302.22

◇中国占領地の社会調査　2-27　華中の商工業慣行調査　9　貴志俊彦，井村哲郎，加藤聖文，富澤芳亜，弁納才一監修，近現代資料刊行会企画編集　近現代資料刊行会　2013.8　618p　22cm　（戦前・戦中期アジア研究資料 7）〈複製　内容：支那慣行調査（満鉄・上海事務所調査室昭和15年刊）　中支商工慣行資料．第2輯（満鉄・上海事務所調査室昭和15年刊）　中支慣行調査業務計画要綱．昭和15年度（昭和15年7月（昭和16

年3月修正））（満鉄・上海事務所調査室編）　上海商業慣行調査　1・中・下（芝池靖夫訳編（上海調査室昭和15年刊））　上海商業慣行調査　続　上・完（芝池靖夫訳編（上海調査室昭和15年刊））　事変前ニ於ケル漢口ノ山貨業（渡邊才爾訳（満鉄・漢口駐在員事務所昭和15年刊））　事変前ニ於ケル漢口ノ「猪行業」（木原林二，渡邊才爾訳（満鉄・上海事務所漢口支所昭和15年刊））　南京接収図書「産業」ノ部ヨリ特ニ資料トシテ貴重性ヲ認メタルモノノ摘記（天野元之助著（満鉄・上海事務所昭和14年刊））　支那ノ商売道（王秉元著，上海瀛華洋行訳（満鉄・上海事務所調査室昭和16年刊））　改訂増補支那度量衡表（上海事務所調査室編（南満洲鉄道調査部ほか昭和17年刊））①978-4-86364-192-1,978-4-86364-164-8（set）Ⓝ302.22

中国〔中部〕（湖沼）

◇魚米之郷—太湖・洞庭湖と琵琶湖の水辺の暮らし：琵琶湖博物館第22回企画展示　滋賀県立琵琶湖博物館編　〔草津〕　滋賀県立琵琶湖博物館　2014.7　112p　30cm　〈文献あり　中国語併記　会期：2014年7月19日—11月24日〉Ⓝ452.93222

中国〔中部〕（商業）

◇中国占領地の社会調査　2-19　華中の商工業慣行調査　1　貴志俊彦，井村哲郎，加藤聖文，富澤芳亜，弁納才一監修，近現代資料刊行会企画編集　近現代資料刊行会　2013.8　510p　22cm　（戦前・戦中期アジア研究資料 7）〈複製　内容：無錫ニ於ケル堆棧業（林德村執筆（満鉄・上海事務所調査室昭和16年刊））　無錫ニ於ケル米市場概況及米行（高橋保一執筆（満鉄・上海事務所調査室昭和16年刊））　中支慣行調査参考資料．第1輯（満鉄上海事務所第八編昭和16年刊））①978-4-86364-184-6,978-4-86364-164-8（set）Ⓝ302.22

◇中国占領地の社会調査　2-20　華中の商工業慣行調査　2　貴志俊彦，井村哲郎，加藤聖文，富澤芳亜，弁納才一監修，近現代資料刊行会企画編集　近現代資料刊行会　2013.8　394p　22cm　（戦前・戦中期アジア研究資料 7）〈複製　内容：無錫米市ノ慣行概況（笠原仲二執筆（満鉄・上海事務所調査室昭和16年刊））　南通ノ布荘紗荘花行調査（松山貞夫，高橋保一，笠原仲二執筆（上海事務所調査室昭和17年刊）））①978-4-86364-185-3,978-4-86364-164-8（set）Ⓝ302.22

◇中国占領地の社会調査　2-21　華中の商工業慣行調査　3　貴志俊彦，井村哲郎，加藤聖文，富澤芳亜，弁納才一監修，近現代資料刊行会企画編集　近現代資料刊行会　2013.8　564p　22cm　（戦前・戦中期アジア研究資料 7）〈複製　内容：中支慣行調査参考資料　第2輯（満鉄調査研究資料第51編）（上海事務所調査室編（南満洲鉄道調査部昭和17年刊））　蕪湖ニ於ケル堆棧業（林耕平執筆（満鉄・上海事務所調査室昭和17年刊））　杭州本山紙行業慣行概況（笠原仲二執筆（満鉄・上海事務所調査室昭和17年刊）））①978-4-86364-186-0,978-4-86364-164-8（set）Ⓝ302.22

◇中国占領地の社会調査　2-22　華中の商工業慣行調査　4　貴志俊彦，井村哲郎，加藤聖文，富澤芳亜，弁納才一監修，近現代資料刊行会企画編集　近現代資料刊行会　2013.8　579p　22cm　（戦前・戦中期アジア研究資料 7）〈複製　内容：中支慣行調査参考資料　第3輯（満鉄調査研究資料第69編）（上海事務所調査室編（南満洲鉄道調査部昭和17年刊））　杭州茶業慣行概況（笠原仲二執筆（満鉄・上海事務所調査室昭和17年刊）））①978-4-86364-187-7,978-4-86364-164-8（set）Ⓝ302.22

◇中国占領地の社会調査　2-23　華中の商工業慣行調査　5　貴志俊彦，井村哲郎，加藤聖文，富澤芳亜，弁納才一監修，近現代資料刊行会企画編集　近現代資料刊行会　2013.8　597p　22cm　（戦前・戦中期アジア研究資料 7）〈複製　内容：寧波ニ於ケル商業帳簿調査（一条雄司執筆（満鉄・上海事務所調査室昭和17年刊））　無錫ノ米業関係工人慣行（無錫米市慣行調査ノ補遺　其ノ一）（高橋保一執筆（満鉄・上海事務所調査室昭和17年刊））　無錫米行合股例（無錫米市慣行調査ノ補遺　其ノ二）（高橋保一執筆（満鉄・上海事務所調査室昭和17年刊））　寧波の銭荘（一条雄司執筆（満鉄・上海事務所調査室昭和18年刊））　蕪湖米市慣行概況（笠原仲二執筆（満鉄・上海事務所調査室昭和18年刊）））①978-4-86364-188-4,978-4-86364-164-8（set）Ⓝ302.22

◇中国占領地の社会調査　2-24　華中の商工業慣行調査　6　貴志俊彦，井村哲郎，加藤聖文，富澤芳亜，弁納才一監修，近現代資料刊行会企画編集　近現代資料刊行会　2013.8　642p　22cm　（戦前・戦中期アジア研究資料 7）〈複製　内容：鎮江桐油業慣行概説（笠原仲二執筆（満鉄・上海事務所調査室昭和18年刊））　杭州ノ銀号（一条雄司執筆（満鉄・上海事務所調査室昭和18年刊））　寧波ノ過脈制度（翻訳）（徐寄安執筆，東條英夫訳，一条雄司校閲・解題執筆（満鉄・上海事務所調査室昭和18年刊））　杭州の同業公会（高橋保一執筆（満鉄・上海事務所調査室昭和18年刊））　常州布業調査（松山貞夫執筆（満鉄・上海事務所調査室昭和18年刊））　牙行原始（笠原仲二執筆（満鉄・上海事務所調査室昭和18年刊）））①978-4-86364-189-1,978-4-86364-164-8（set）Ⓝ302.22

◇中国占領地の社会調査 2-25 華中の商工業慣行調査 7 貴志俊彦, 井村哲郎, 加藤聖文, 富澤芳亜, 弁納才一監修, 近現代資料刊行会企画編集 近現代資料刊行会 2013.8 455p 22cm（戦前・戦中期アジア研究資料 7）〈複製 内容：無錫の製絲業(小野忍執筆(上海事務所調査室昭和16年刊)) 蘇州の紗緞業(小野忍執筆(上海事務所調査室昭和17年刊)) 無錫の銀号(一条雄司執筆(上海事務所調査室昭和17年刊)) 無錫に於ける商業帳簿調査(一条雄司執筆(上海事務所調査室昭和17年刊)) 硤石鎮米市慣行概況(笠原仲二執筆(上海事務所調査室昭和18年刊)) 杭州の絹織物業(小野忍執筆(上海事務所調査室昭和18年刊)) 嘉興米市慣行概況(笠原仲二執筆(上海事務所調査室昭和18年刊)) 中支各地に於ける典當業(林耕平執筆(上海事務所調査室昭和18年刊)) 杭州に於ける商業帳簿調査 其の1(一条雄司執筆(上海事務所調査室昭和18年刊))〉 ①978-4-86364-190-7,978-4-86364-164-8(set) Ⓝ302.22
◇中国占領地の社会調査 2-26 華中の商工業慣行調査 8 貴志俊彦, 井村哲郎, 加藤聖文, 富澤芳亜, 弁納才一監修, 近現代資料刊行会企画編集 近現代資料刊行会 2013.8 262p 22cm（戦前・戦中期アジア研究資料 7）〈複製 内容：硤石の土絲取引(小野忍執筆(上海事務所調査室昭和18年刊)) 中支の合股に関する諸問題(幼方直吉執筆(調査部昭和18年刊)) 杭州米市慣行概況(笠原仲二執筆(上海事務所調査室昭和18年刊)) 杭州に於ける運送業(林耕平執筆(上海事務所調査室昭和18年刊)) 無錫に於ける商業帳簿調査(一条雄司執筆(上海事務所昭和19年刊))〉 ①978-4-86364-191-4,978-4-86364-164-8(set) Ⓝ302.22
◇中国占領地の社会調査 2-27 華中の商工業慣行調査 9 貴志俊彦, 井村哲郎, 加藤聖文, 富澤芳亜, 近現代資料刊行会企画編集 近現代資料刊行会 2013.8 618p 22cm（戦前・戦中期アジア研究資料 7）〈複製 内容：支那慣行調査資料(満鉄・上海事務所調査室昭和15年刊) 中支商工慣行資料. 第2輯(満鉄・上海事務所調査室昭和15年刊) 中支慣行調査業務計画要綱. 昭和15年度(昭和15年7月(昭和16年3月修正))(満鉄・上海事務所調査室刊) 上海商業慣行調査・上・中・下(芝池靖夫訳編(上海調査室刊)) 上海商業慣行調査 続・上・完(芝池靖夫訳編(上海調査室昭和15年刊)) 事変前ニ於ケル漢口ノ山貨業(渡邉才爾訳(満鉄・漢口駐在員事務所昭和15年刊)) 事変前ニ於ケル漢口ノ「猪行業」(木原林二, 渡邉才爾訳(満鉄・上海事務所漢口支所昭和15年刊)) 南京接収図書「産業」ノ部ヨリ特ニ資料トシテ貴重性ヲ認メタルモノ摘記(天野元之助著(満鉄・上海事務所昭和14年刊)) 支那ノ商売道(王棐元著, 上海瀛華洋行訳(満鉄・上海事務所調査室昭和16年刊)) 改訂増補支那度量衡表(上海事務所調査室編(南満洲鉄道調査部ほか昭和17年刊))〉 ①978-4-86364-192-1,978-4-86364-164-8(set) Ⓝ302.22

中国〔東北部〕（紀行・案内記）
◇中国、中央アジア、ロシア極東への旅─民族共同体意識 姜健栄著 朱鳥社 2014.2 125p 26cm（星雲社（発売）） ①978-4-434-18851-0 Ⓝ292.25 ［1905円］
◇中朝鉄路写真紀行─日本が国境に架けた7本の鉄道橋 小竹直人写真・文 マガジンハウス 2014.11 151p 21cm ①978-4-8387-2719-3 Ⓝ292.25 ［2000円］

中国〔東北部〕（村落）
◇中国朝鮮族村落の社会学的研究─自治と権力の相克 林梅著 御茶の水書房 2014.11 210,4p 22cm〈文献あり 年表あり 索引あり〉 ①978-4-275-01086-5 Ⓝ361.76 ［6600円］

中国〔東北部〕（鉄道橋）
◇中朝鉄路写真紀行─日本が国境に架けた7本の鉄道橋 小竹直人写真・文 マガジンハウス 2014.11 151p 21cm ①978-4-8387-2719-3 Ⓝ292.25 ［2000円］

中国〔東北部〕（歴史）
◇マンチュリア史研究─「満洲」六〇〇年の社会変容 塚瀬進著 吉川弘文館 2014.11 263,31p 22cm〈文献あり 索引あり 内容：「満洲」に関する諸見解 マンチュリア史研究の成果と問題点 元末・明朝前期の社会変容 明代中期・後期の社会変容 旗民制による清朝のマンチュリア統治 清末・中華民国期、鉄道敷設による社会変容 満洲国の政策と社会の反応 国共内戦期、中国共産党の財政経済政策と社会の反応 マンチュリアでの社会変容〉 ①978-4-642-03837-9 Ⓝ222.5 ［11000円］

中国〔南部〕（産業）
◇近代台湾都市案内集成 第7巻 台湾案内 栗原純, 鍾淑敏監修・解説 入江英, 藤崎精四郎著 ゆまに書房 2014.2 1冊 22cm〈東陽堂支店 明治30年刊の複製 玉川大学図書館蔵の複製 編集協力：河原功 布装〉 ①978-4-8433-4239-8,978-4-8433-4231-2(set) Ⓝ292.24 ［15000円］

中国〔南部〕（社会）
◇変容する華南と華人ネットワークの現在 谷垣真理子, 塩出浩和, 容應萸編 風響社 2014.2 498p 22cm〈文献あり 内容：華南地域論 返還後の香港(谷垣真理子著) 中国の海洋意識が大陸文化と遭遇するとき(荘国土著, 杉谷幸太訳) 香港とマカオ、珠江デルタにおける地域協力(陳広漢著, 崔学松訳) 華南研究(程美宝著, 土肥歩訳) 江西と東南アジア(飯島典子著) 北東アジアを舞台にしたネットワーク コンプの旅とコンブ革命(神長英輔著) 樺太華僑史試論(小川正樹著) 歴史認識のネットワーク化(坂田美奈子著) 北東アジアにおけるエスペラント運動と国際連帯活動(崔学松著) 中日韓安全保障戦略協力と北東アジア安全保障体制の構成(魏志江著) 変容する広東 広東(鄭宇碩著, 石塚洋介訳) 珠江デルタの地域一体化(毛艶華, 楊本建著, 伊藤博訳) 高等教育における香港と中国の一体化(日野みどり著) 三灶島の人々(和仁廉夫著) 分断される琉球華僑社会(八尾祥平著) 人がつなぐネットワーク 地域的キリスト者家族からグローバル家族への展開(容應萸著) 海南島における海外交通と回族の形成(廖大珂著, 小池求訳) 「マレーシア華人」とは誰か?(山本博之著) マカエンセという人々(内藤理佳著) 心の地図を描く(塩出浩和著)〉 ①978-4-89489-193-7 Ⓝ302.223 ［6000円］

中国〔北部〕（稲─栽培）
◇中国北方における稲作と日本の稲作技術 李海訓著 東京大学社会科学研究所現代中国研究拠点 2014.3 184p 26cm（現代中国研究拠点研究シリーズ no. 14）〈文献あり〉 Ⓝ616.2 ［非売品］

中国〔北部〕（農村─歴史）
◇華北の発見 本庄比佐子, 内山雅生, 久保亨編 東洋文庫 2013.12 355p 22cm（東洋文庫論叢 第76）〈内容：地域概念としての華北 華北地域概念の形成と日本「西北」概念の変遷(吉澤誠一郎著) ドイツ・中国関係史からみた華北(浅田進史著) 新聞記事から見る華北認識(富澤芳亜著) 朝鮮在住日本人の華北認識(松重充浩著) 戦時期華北在住日本人の華北認識(田中比呂志著) 旅先としての華北(瀧下彩子著) 華北農村と華北地域経済史 戦時期日本の中国農村研究と華北(内山雅生著) 民間信仰からみる江南農村と華北農村(佐藤仁史著) 農業生産からみた華北農村経済の特質(弁納才一著) 村の文書からみた現代華北農村(張思著, 河野正訳) 21世紀の「華北農村慣行調査」村(リンダ・グローブ著, 古泉達矢訳) 華北の交通システム近代化と都市の変動(江沛著, 泉谷陽子訳) 中国の近代華北地域史研究の現状と展望(張利民著, 吉田建一郎訳)〉 ①978-4-8097-0267-9 Ⓝ222.1 ［非売品］

中国〔北部〕（歴史）
◇華北の発見 本庄比佐子, 内山雅生, 久保亨編 東洋文庫 2013.12 355p 22cm（東洋文庫論叢 第76）〈内容：地域概念としての華北 華北地域概念の形成と日本「西北」概念の変遷(吉澤誠一郎著) ドイツ・中国関係史からみた華北(浅田進史著) 新聞記事から見る華北認識(富澤芳亜著) 朝鮮在住日本人の華北認識(松重充浩著) 戦時期華北在住日本人の華北認識(田中比呂志著) 旅先としての華北(瀧下彩子著) 華北農村と華北地域経済史 戦時期日本の中国農村研究と華北(内山雅生著) 民間信仰からみる江南農村と華北農村(佐藤仁史著) 農業生産からみた華北農村経済の特質(弁納才一著) 村の文書からみた現代華北農村(張思著, 河野正訳) 21世紀の「華北農村慣行調査」村(リンダ・グローブ著, 古泉達矢訳) 華北の交通システム近代化と都市の変動(江沛著, 泉谷陽子訳) 中国の近代華北地域史研究の現状と展望(張利民著, 吉田建一郎訳)〉 ①978-4-8097-0267-9 Ⓝ222.1 ［非売品］
◇華北の発見 本庄比佐子, 内山雅生, 久保亨編 汲古書院 2014.4 355p 22cm〈索引あり 2刷 内容：華北地域概念の形成と日本(久保亨著)「西北」概念の変遷(吉澤誠一郎著) ドイツ・中国関係史からみた華北(浅田進史著) 新聞記事から見る華北認識(富澤芳亜著) 朝鮮在住日本人の華北認識(松重充浩著) 戦時期華北在住日本人の華北認識(田中比呂志著) 旅先としての華北(瀧下彩子著) 戦時期日本の中国農村研究と華北(内山雅生著) 民間信仰からみる江南農村と華北農村(佐藤仁史著) 農業生産からみた華北農村経済の特質(弁納才一著) 村の文書からみた現代華北農村(張思著, 河野正訳) 21世紀の「華北農村慣行調査」村(リンダ・グローブ著, 古泉達矢訳) 華北の交通システム近代化と都市の変動(江沛著, 泉谷陽子訳) 中国の近代華北地域史研究の現状と展望(張利民著, 吉田建一郎訳)〉 ①978-4-7629-9558-3 Ⓝ222.1 ［6000円］

中国共産党
◇赤い中国の黒い権力者たち 陳破空著, 山田智美訳 幻冬舎ルネッサンス 2014.6 262p 18cm（幻冬舎ルネッサンス新書 ち-1-1）〈文献あり〉 ①978-4-7790-6107-3 Ⓝ312.22 ［778円］

◇現代中国を読み解く—鳥居民評論集　鳥居民著　草思社　2014.7　342p　19cm　〈著作目録あり　年譜あり　内容：産経新聞「正論」コラム二〇〇五〜二〇一二　なぜ江沢民は反日キャンペーンに夢中なのか　つねに「敵」を必要としてきた中国　老人大国・資源小国の中国は？　尖閣上陸は江沢民の策略　江沢民の反日路線を批判した人民日報論文を読み解く（金美齢述）　中国共産党が旧帝を打ち破った、と言われたら　中国人の歪んだ"愛国心"は、小心翼々の裏返しだ（徳川家広述）　反日教育はやっと用済みになるのか　江沢民と胡耀邦　尖閣危機でほくそ笑む国有石油会社と人民軍　周恩来の奇跡のドラマ　毛沢東は"外交"を犠牲にした　"文革の女帝"が落ちるとき〉①978-4-7942-2065-3　Ⓝ312.22　[1800円]

◇チャイナ・ナイン　遠藤誉著　完全版　朝日新聞出版　2014.10　391p　15cm　（朝日文庫　え13-1）〈年表あり〉①978-4-02-261810-8　Ⓝ312.22　[660円]

◇中共革命根拠地ドキュメント—一九三〇年代、コミンテルン、毛沢東、赤色テロリズム、党内大粛清　小林一美著　御茶の水書房　2013.10　641,12p　23cm　〈文献あり　索引あり〉①978-4-275-01033-9　Ⓝ312.22

◇中国集団指導制—チャイナ・セブンを生んだ独自の人材発掘、育成システム　胡鞍鋼著，丹藤佳紀訳　科学出版社東京　2014.4　337p　20cm　①978-4-907051-09-9　Ⓝ312.22　[3800円]

◇中国占領地の社会調査　2-41　占領地の統治と支配　5（中国共産党）貴志俊彦，井村哲郎，加藤聖文，富澤芳亜，弁納才一監修，近現代資料刊行会企画編集　近現代資料刊行会　2014.8　341p　22cm　（戦前・戦中期アジア研究資料　7）〈複製　内容：王道思想に纏はる若干の基本問題（興亜院政務部昭和15年刊）　最近の中国共産党（日本外交協会昭和17年刊）　支那民族社会構造ノ特異性ヨリ観タル中国共産党運動ノ実体トソノ効果ニ関スル研究（東亜研究所昭和19年刊）〉①978-4-86364-271-3,978-4-86364-228-7(set)　Ⓝ302.22

◇中国組織別人名簿　2014　ラヂオプレス編集　ジェイピーエムコーポレーション　2013.12　552,82p　22cm　〈索引あり　英語抄訳付〉①978-4-905528-05-0　Ⓝ310.35　[16000円]

中国新聞社

◇ヒロシマはどう記録されたか　上　昭和二十年八月六日　小河原正己著　朝日新聞出版　2014.7　301p　15cm　（朝日文庫　お71-1）〈日本放送出版協会　2003年刊の加筆・修正〉①978-4-02-261800-9　Ⓝ210.75　[600円]

◇ヒロシマはどう記録されたか　下　昭和二十年八月七日以後　小河原正己著　朝日新聞出版　2014.7　367p　15cm　（朝日文庫　お71-2）〈文献あり　日本放送出版協会　2003年刊の加筆・修正〉①978-4-02-261801-6　Ⓝ210.75　[680円]

中国地方（会社—名簿）

◇東商信用録—中国版　平成26年版　広島　東京商工リサーチ広島支店　2014.7　130, 1850p　31cm　①978-4-88754-931-9　Ⓝ335.035　[78000円]

中国地方（神楽）

◇中国・四国地方の神楽探訪　三村泰臣著　広島　南々社　2013.12　331p　21cm　〈文献あり　「広島の神楽探訪」（2004年刊）の改題、加筆修正〉①978-4-86489-014-4　Ⓝ386.817　[2400円]

中国地方（学校図書館—会議録）

◇第28回中国地区学校図書館研究大会浜田大会　［出版地不明］　［第28回中国地区学校図書館研究大会浜田大会］　［2013］　86p　30cm　〈会期：平成25年11月7日—8日〉Ⓝ017.0217

◇第28回中国地区学校図書館研究大会浜田大会研究集録　第28回中国地区学校図書館研究大会浜田大会実行委員会編　［出版地不明］　第28回中国地区学校図書館研究大会浜田大会実行委員会　2014.2　143p　30cm　〈会期：平成25年11月7日—8日　発行所：柏村印刷〉Ⓝ017.0217

中国地方（家庭用電気製品—リサイクル）

◇小型電子機器等リサイクルシステム構築実証事業（第一次）運営業務（中国四国地方）報告書　平成25年度　［岡山］　環境省中国四国地方環境事務所　2014.3　132p　30cm　〈請負者：中電技術コンサルタント臨海・都市部循環システムグループ〉Ⓝ545.88

◇小型電子機器等リサイクルシステム構築実証事業（平成24年度第二次）運営業務（中国四国地方）報告書　平成25年度　［岡山］　環境省中国四国地方環境事務所　2014.3　1冊　30cm　（環境省請負業務報告書　平成25年度）〈請負者：三菱UFJリサーチ＆コンサルティング環境・エネルギー部〉Ⓝ545.88

中国地方（環境教育）

◇持続可能な地域づくりを担う人材育成事業に係るESD環境教育プログラムの作成・展開業務（四国地域）業務完了報告書

平成25年度　［松山］　えひめグローバルネットワーク　2014.3　1冊　31cm　〈ルーズリーフ〉Ⓝ375

◇持続可能な地域づくりを担う人材育成事業に係るESD環境教育プログラムの作成・展開業務（中国地域）報告書　平成25年度　岡山　環境省中国四国地方環境事務所環境対策課　2014.3　139p　30cm　〈請負：ひろしまNPOセンター〉Ⓝ375

中国地方（観光開発）

◇観光イノベーションへの挑戦　中国電力株式会社エネルギア総合研究所監修，中国地方総合研究センター編　広島　中国地方総合研究センター　2014.12　6, 149p　30cm　（中国地域白書　2014）①978-4-925216-11-1　Ⓝ689.4　[1800円]

中国地方（企業—名簿）

◇主要企業要覧　中国版　2013年新年特集号　広島　帝国データバンク広島支店　2013.1　308p　30cm　（帝国ニュース　中国版）Ⓝ335.035　[10000円]

◇主要企業要覧　中国版　2014年新年特集号　広島　帝国データバンク広島支店　2014.1　312p　30cm　（帝国ニュース　中国版）Ⓝ335.035　[10000円]

中国地方（軍事基地—歴史）

◇地域のなかの軍隊　5　西の軍隊と軍港都市—中国・四国　坂根嘉弘編　吉川弘文館　2014.11　213,6p　20cm　〈内容：広島の都市形成と第五師団（布川弘著）　第一一師団と善通寺（山本裕着）　鳥取・松江の連隊誘致と陸軍記念日（能川泰治著）軍港都市〈呉〉から平和産業港湾都市〈呉〉へ（上杉和央著）陸海軍と中国・四国・瀬戸内の経済成長（坂根嘉弘著）　軍馬補充部大山支部と周辺農村・農民（大瀧真俊著）　高知県における戦没者慰霊（小幡尚著）〉①978-4-642-06477-4　Ⓝ392.1　[2800円]

中国地方（経済）

◇中国地域経済の概況　2014　中国電力エネルギア総合研究所/監修，中国地方総合研究センター/編　広島　中国地方総合研究センター　2014.9　77p　30cm　①978-4-925216-09-8　[1000円]

中国地方（建築—保存・修復）

◇中国地域のよみがえる建築遺産—新たな生命を吹き込まれたレトロ建築の魅力　広島　中国地方総合研究センター　2013.5　299p　19cm　（中国総研・地域再発見BOOKS 2）〈年表あり〉①978-4-925216-06-7　Ⓝ521.8　[1800円]

中国地方（国勢調査）

◇国勢調査報告　平成22年　第5巻　抽出詳細集計結果　その2（都道府県・市区町村編）9（中国）　総務省統計局編　総務省統計局　2014.2　1冊　27cm　〈英語併記〉Ⓝ358.1

◇国勢調査報告　平成22年　第6巻　その3　従業地・通学地による抽出詳細集計結果　5（全国, 中国・四国）　総務省統計局編　総務省統計局　2014.1　1冊　27cm　〈英語併記〉Ⓝ358.1

◇国勢調査報告　平成22年　第5巻　抽出詳細集計結果　その2（都道府県・市区町村編）9（中国）　総務省統計局編　日本統計協会　2014.3　1冊　27cm　〈英語併記〉①978-4-8223-3763-6　Ⓝ358.1　[7000円]

◇国勢調査報告　平成22年　第6巻　その3　従業地・通学地による抽出詳細集計結果　5（全国, 中国・四国）　総務省統計局, 統計センター編　統計センター　2014.3　1冊　27cm　〈英語併記〉①978-4-86464-174-6　Ⓝ358.1　[8900円]

中国地方（産業）

◇調査報告書　平成25年度　ちゅうごく産業創造センター編　広島　ちゅうごく産業創造センター　2014.3　1冊　30cm　〈内容：中国地域企業の医療機器分野への部品・部材供給拡大に向けた方策検討調査　中国地域における中小企業を中心とした「産学金官連携」推進のための方策検討調査　中国地域における生産拠点の海外シフトの影響に関する調査　中国地域における日本酒ブランド確立および消費拡大についての方策検討調査〉Ⓝ602.17

中国地方（持続可能な開発のための教育）

◇持続可能な地域づくりを担う人材育成事業に係るESD環境教育プログラムの作成・展開業務（四国地域）業務完了報告書　平成25年度　［松山］　えひめグローバルネットワーク　2014.3　1冊　31cm　〈ルーズリーフ〉Ⓝ375

◇持続可能な地域づくりを担う人材育成事業に係るESD環境教育プログラムの作成・展開業務（中国地域）報告書　平成25年度　岡山　環境省中国四国地方環境事務所環境対策課　2014.3　139p　30cm　〈請負：ひろしまNPOセンター〉Ⓝ375

中国地方（食農教育）

◇食育のすゝめ—君たちにできること：高校生・大学生等による食育活動事例集　岡山　中国四国農政局消費・安全部消費生活課　2014.2　56p　30cm　Ⓝ610.7

日本件名図書目録2014　Ⅰ　　　　　　　　　　　　　　　　　　　　　　　　　　中部地方（国勢調査）

中国地方（畜産業―歴史）
◇牛と農村の近代史―家畜預託慣行の研究　板垣貴志著　京都　思文閣出版　2013.12　252,4p　22cm　〈索引あり　内容：家畜小作概念の再検討　牛生産地域における家畜所有の歴史的展開　中国山地における蔓牛造成の社会経済的要因　中国山地における役牛の売買流通過程と牛馬商　鞍下牛慣行による役牛の循環と地域社会　中国山地の預け牛関係にみる信頼・保険・金融　家畜預託慣行の盛衰と近代日本農村　板垣家文書の史料群構造　聞き書きノート〉①978-4-7842-1725-0　Ⓝ642.17　［4800円］

中国地方（鉄道）
◇中国地方の鉄道探見―鉄路の歴史とその魅力　中国地方総合研究センター編　広島　中国地方総合研究センター　2014.9　306p　19cm　（中国総研・地域再発見books 4）〈文献あり〉①978-4-925216-08-1　Ⓝ686.217　［1700円］

中国地方（都市―歴史）
◇地域のなかの軍隊　5　西の軍隊と軍港都市―中国・四国　坂根嘉弘編　吉川弘文館　2014.11　213,6p　20cm〈内容：広島の都市形成と第五師団（布川弘著）　第一一師団と善通寺（山本裕著）　鳥取・松江の連隊誘致と陸軍記念日（能川泰治著）　軍港都市〈呉〉から平和産業港湾都市〈呉〉へ（上杉和央著）　陸海軍と中国・四国・瀬戸内の経済成長（坂根嘉弘著）　軍馬補充部大山支部と周辺農村・農民（大瀧真俊著）　高知県における戦没者慰霊（小幡尚著）〉①978-4-642-06477-4　Ⓝ392.1　［2800円］

中国地方（農業）
◇近畿中国四国地域農業―図説　2012年版　農研機構近畿中国四国農業研究センター編　福山　農研機構近畿中国四国農業研究センター　2013.11　126p　30cm　Ⓝ612.16

中国地方（バス事業）
◇中国地方の高速バス　2013-2014　加藤博和編　米子　加藤博和　2014.3　120p　30cm　（地域交通シリーズ no.(5)）Ⓝ685.5

中国地方（病院―名簿）
◇中国・四国病院情報―岡山・広島・鳥取・島根・山口　徳島・香川・愛媛・高知　2014年版　医事日報　2014.4　592p　26cm〈索引あり〉①978-4-900364-91-2　Ⓝ498.16　［20000円］

中国地方（歴史）
◇中国地域の藩と人―地域を支えた人びと　中国地方総合研究センター編　広島　中国地方総合研究センター　2014.11　271p　19cm　（中国総研・地域再発見books 5）〈文献あり〉①978-4-925216-10-4　Ⓝ217　［1600円］

中日実業株式会社
◇社史で見る日本経済史　第78巻　中日実業株式会社三十年史　ゆまに書房　2014.9　352,38,15p　22cm〈中日實業株式會社1943年刊の複製　解説：須永徳武　布装〉①978-4-8433-4600-6,978-4-8433-4595-5(set),978-4-8433-4604-4(set)　Ⓝ335.47　［19000円］

中日ドラゴンズ
◇落合監督の1209試合―名将たちのベースボール　加古大二著　トランスワールドジャパン　2014.1　231p　19cm　（TWJ BOOKS）①978-4-86256-136-7　Ⓝ783.7　［1300円］

◇サンドラのドラゴンズ論―30周年記念企画サンデードラゴンズ　若狭敬一著，CBCサンデードラゴンズ編　［名古屋］　中日新聞社　2014.3　189p　21cm〈年譜あり〉①978-4-8062-0666-8　Ⓝ783.7　［1300円］

◇中日ドラゴンズあるある　2　大山くまお著，河合じゅんじ画　TOブックス　2013.8　159p　18cm　①978-4-86472-179-0　Ⓝ783.7　［1000円］

◇中日ドラゴンズドラフト1位のその後　別冊宝島編集部編　宝島社　2014.3　251p　19cm　①978-4-8002-2092-9　Ⓝ783.7　［648円］

◇プロ野球にとって正義とは何か―落合博満と「プロの流儀」VS.「組織の論理」　手束仁著　イースト・プレス　2014.2　222p　15cm　（文庫ぎんが堂　て1-1）〈2012年刊の再編集〉①978-4-7816-7104-8　Ⓝ783.7　［648円］

中皮腫・アスベスト疾患・患者と家族の会
◇明日をつなぐ出会い―アスベスト被害声を上げた患者と家族10年の歩み　中皮腫・アスベスト疾患・患者と家族の会　2014.10　108p　30cm〈年表あり〉Ⓝ498.87

中皮腫・じん肺・アスベストセンター
◇石綿の現場からの挑戦―総合的なアスベスト対策をめざした日々：中皮腫・じん肺・アスベストセンター10年史　中皮腫・じん肺・アスベストセンター　2014.10　120p　30cm　Ⓝ519.3

中部産業遺産研究会
◇中部における産業遺産研究のあゆみ―中部産業遺産研究会創立20周年記念誌　中部産業遺産研究会創立20周年記念誌編集委員会編　［名古屋］　中部産業遺産研究会　2014.7　181p　30cm　Ⓝ606

中部地方（会社―名簿）
◇東商信用録―中部版　平成26年版　名古屋　東京商工リサーチ名古屋支社　2014.10　196, 2015p　31cm　①978-4-88754-967-8　Ⓝ335.035　［88000円］

中部地方（学校図書館―会議録）
◇第36回東海地区学校図書館研究大会（豊橋大会）大会集録　[豊橋]　[愛知県学校図書館研究会]　[2013]　67p　30cm〈会期：平成25年8月7日―8日　主催：愛知県学校図書館研究会ほか〉Ⓝ017.0215

中部地方（家庭用電気製品―リサイクル）
◇使用済小型電子機器等リサイクル普及促進業務（中部地方）業務報告書　平成25年度　［名古屋］　環境省中部地方環境事務所廃棄物・リサイクル対策課　2014.2　74p　30cm〈平成25年度環境省中部地方環境事務所請負事業　請負先：三菱UFJリサーチ＆コンサルティング〉Ⓝ545.88

中部地方（観光開発）
◇中部の観光ビジョン　2　［出版地不明］　中部広域観光推進協議会　2014.2　77p　30cm〈「2」のタイトル関連情報：広域中核観光圏を目指して〉Ⓝ689.4

中部地方（観光事業―歴史）
◇リゾート開発と鉄道財閥秘史　広岡友紀著　彩流社　2014.12　190p　19cm　（フィギュール彩 24）①978-4-7791-7023-2　Ⓝ689.215　［1900円］

中部地方（企業）
◇時流の先へ―中部財界ものがたり　中日新聞社経済部編　名古屋　中日新聞社　2014.1　353p　20cm〈索引あり〉①978-4-8062-0662-0　Ⓝ335.215　［1700円］

◇中部地域企業の中国展開と現地化調査報告書―自動車関連産業を中心として　阿部聖，樋口義治，森久男著　豊橋　愛知大学中部地方産業研究所　2014.3　139p　26cm　（愛大中産研研究報告　第67号）〈背のタイトル：中部地域企業の中国展開と現地化〉①978-4-901786-32-4　Ⓝ338.9222

中部地方（企業―名簿）
◇主要企業要覧　甲信越版　2013年新年特集号　帝国データバンク　2013.1　282p　30cm　（日刊帝国ニュース 甲信越版）Ⓝ335.035　［10000円］

◇主要企業要覧　中部版　2013年新年特集号　名古屋　帝国データバンク名古屋支店　2013.1　482p　30cm　（帝国ニュース 中部版）Ⓝ335.035　［10000円］

◇主要企業要覧　甲信越版　2014年新年特集号　帝国データバンク　2014.1　286p　30cm　（日刊帝国ニュース 甲信越版）Ⓝ335.035　［10000円］

◇主要企業要覧　中部版　2014年新年特集号　名古屋　帝国データバンク名古屋支店　2014.1　496p　30cm　（帝国ニュース 中部版）Ⓝ335.035　［10000円］

中部地方（軍事基地―歴史）
◇地域のなかの軍隊　3　列島中央の軍事拠点―中部　河西英通編　吉川弘文館　2014.12　220,7p　20cm〈文献あり　内容：東海軍都論（佃隆一郎著）　航空軍都浜松の成立と変遷（村瀬隆彦著）　軍都金沢と第九師団（本康宏史著）〈廃師軍都〉高田の戦時（河西英通著）　日本海と軍都敦賀（井筒康人著）　内陸の都市と軍隊（大串潤児著）〉①978-4-642-06475-0　Ⓝ392.1　［2800円］

中部地方（工業―統計）
◇中部地域鉱工業指数総覧　平成22年基準　［名古屋］　経済産業省中部経済産業局　2014.3　317p　30cm　Ⓝ505.9

中部地方（鉱業―統計）
◇中部地域鉱工業指数総覧　平成22年基準　［名古屋］　経済産業省中部経済産業局　2014.3　317p　30cm　Ⓝ505.9

中部地方（国勢調査）
◇国勢調査報告　平成22年　第5巻　抽出詳細集計結果　その2（都道府県・市区町村編）5（中部 1）総務省統計局編　総務省統計局　2014.2　1冊　27cm〈英語併記〉Ⓝ358.1

◇国勢調査報告　平成22年　第5巻　抽出詳細集計結果　その2（都道府県・市区町村編）6（中部 2）総務省統計局編　総務省統計局　2014.2　1冊　27cm〈英語併記〉Ⓝ358.1

◇国勢調査報告　平成22年　第6巻　その3　従業地・通学地による抽出詳細集計結果　3（全国，中部）総務省統計局編　総務省統計局　2014.1　1冊　27cm〈英語併記〉Ⓝ358.1

◇国勢調査報告　平成22年　第5巻　抽出詳細集計結果　その2（都道府県・市区町村編）5（中部 1）総務省統計局編　日本統計

ち

中部地方（産業―統計）

協会 2014.3 1冊 27cm〈英語併記〉Ⓘ978-4-8223-3759-9 Ⓝ358.1 ［6600円］

◇国勢調査報告 平成22年 第5巻 抽出詳細集計結果 その2（都道府県・市区町村編）6（中部 2）総務省統計局編 日本統計協会 2014.3 1冊 27cm〈英語併記〉Ⓘ978-4-8223-3760-5 Ⓝ358.1 ［7600円］

◇国勢調査報告 平成22年 第6巻 その3 従業地・通学地による抽出詳細集計結果 3（全国，中部）総務省統計局，統計センター編 統計センター 2014.3 1冊 27cm〈英語併記〉Ⓘ978-4-86464-172-2 Ⓝ358.1 ［9600円］

中部地方（産業―統計）

◇企業活動基本調査報告書―中部経済産業局管内分 平成24年 ［名古屋］ 中部経済産業局 2014.3 182p 30cm Ⓝ605.9

中部地方（産業―歴史）

◇時流の先へ―中部財界ものがたり 中日新聞社経済部編 名古屋 中日新聞社 2014.1 353p 20cm〈索引あり〉Ⓘ978-4-8062-0662-0 Ⓝ335.215 ［1700円］

中部地方（寺院建築）

◇社寺建築の構造―愛知・岐阜の神社本殿と寺院仏堂を訪ねて 花村清隆著 ［名古屋］ ［花村清隆］ 2014.11 149p 21cm〈文献あり〉Ⓝ521.81

中部地方（史跡名勝）

◇中部史跡散策 前川浩一著 文芸社 2014.7 185p 20cm Ⓘ978-4-286-15060-4 Ⓝ291.5 ［1300円］

中部地方（実業家）

◇時流の先へ―中部財界ものがたり 中日新聞社経済部編 名古屋 中日新聞社 2014.1 353p 20cm〈索引あり〉Ⓘ978-4-8062-0662-0 Ⓝ335.215 ［1700円］

中部地方（宿駅）

◇北国街道を歩こう―北国街道制定400年記念：北国街道観光案内 妙高 妙高市北国街道研究会 2014.3 104p 図版［28］枚 30cm Ⓝ291.5

中部地方（城）

◇中部史跡散策 前川浩一著 文芸社 2014.7 185p 20cm Ⓘ978-4-286-15060-4 Ⓝ291.5 ［1300円］

中部地方（神社建築）

◇社寺建築の構造―愛知・岐阜の神社本殿と寺院仏堂を訪ねて 花村清隆著 ［名古屋］ ［花村清隆］ 2014.11 149p 21cm〈文献あり〉Ⓝ521.81

中部地方（鉄道―歴史）

◇まるごと名古屋の電車激動の40年―愛知・三重・岐阜昭和後期～平成鉄道の記録 徳田耕一著 河出書房新社 2014.2 191p 21cm〈文献あり 年表あり〉Ⓘ978-4-309-22610-1 Ⓝ686.215 ［1850円］

中部地方（都市―歴史）

◇地域のなかの軍隊 3 列島中央の軍事拠点―中部 河西英通編 吉川弘文館 2014.12 220,7p 20cm〈文献あり 内容：東海軍都論（佃隆一郎著）航空軍都浜松の成立と変遷（村瀬隆彦著）軍都金沢と第九師団（本康宏史著）〈廃師軍都〉高田の戦時（河西英通著）日本海と軍都敦賀（井筒康人著）内陸の都市と軍隊（大串潤児著）〉Ⓘ978-4-642-06475-0 Ⓝ392.1 ［2800円］

中部地方（都市交通）

◇現況交通実態の把握―都市圏版 その1 ［名古屋］ 国土交通省中部地方整備局 2013.6 1冊 30cm（中京都市圏パーソントリップ調査報告書 第5回 2-1）〈共同刊行：愛知県ほか〉Ⓝ681.8

◇現況交通実態の把握―都市圏版 その2-1 ［名古屋］ 国土交通省中部地方整備局 2013.6 1冊 30cm（中京都市圏パーソントリップ調査報告書 第5回 2-2-1）〈共同刊行：愛知県ほか〉Ⓝ681.8

◇現況交通実態の把握―都市圏版 その2-2 ［名古屋］ 国土交通省中部地方整備局 2013.6 1冊 30cm（中京都市圏パーソントリップ調査報告書 第5回 2-2-2）〈共同刊行：愛知県ほか〉Ⓝ681.8

◇市区町村別指標 ［名古屋］ 国土交通省中部地方整備局 2013.6 1冊 30cm（中京都市圏パーソントリップ調査資料集 第5回）〈共同刊行：愛知県ほか〉Ⓝ681.8

◇データ整備 ［名古屋］ 国土交通省中部地方整備局 2013.6 3,131p 30cm（中京都市圏パーソントリップ調査報告書 第5回）〈共同刊行：愛知県ほか〉Ⓝ681.8

◇鉄道駅別指標 ［名古屋］ 国土交通省中部地方整備局 2013.6 1冊 30cm（中京都市圏パーソントリップ調査資料集 第5回）〈共同刊行：愛知県ほか〉Ⓝ681.8

中部地方（病院―名簿）

◇中部病院情報―静岡・愛知・岐阜・福井・石川 富山・新潟・長野・山梨 2014年版 医事日報 2014.6 724p 26cm〈索引あり〉Ⓘ978-4-900364-92-9 Ⓝ498.16 ［20000円］

中部電力株式会社浜岡原子力発電所

◇原発の底で働いて―浜岡原発と原発下請労働者の死 高杉晋吾著 緑風出版 2014.1 213p 20cm Ⓘ978-4-8461-1402-2 Ⓝ543.5 ［2000円］

◇浜岡原子力発電所の地盤の安全性を検証する―申請書を基本にして 越路南行著 本の泉社 2014.3 103p 26cm Ⓘ978-4-7807-1153-0 Ⓝ543.5 ［1500円］

◇浜岡・反原発の民衆史 竹内康人著 社会評論社 2014.6 370p 21cm〈文献あり 年譜あり〉Ⓘ978-4-7845-1493-9 Ⓝ543.5 ［2800円］

チュニジア（紀行・案内記）

◇旅の雫 no.18 古代の叫びチュニジア・イタリー 渡部修［著］ 今治 渡部修 2014.8 75p 21cm Ⓝ290.9

張 学良〔1898～2001〕

◇国と世紀を変えた愛―張学良と宋美齢，六六年目の告白 富永孝子著 KADOKAWA 2014.6 322p 20cm〈文献あり〉Ⓘ978-4-04-110686-0 Ⓝ289.2 ［1700円］

張 千恵子

◇波浪のはざまで生きる 張千恵子著 大阪 新風書房 2014.3 231p 21cm Ⓘ978-4-88269-797-8 Ⓝ289.1 ［2000円］

趙 南富〔1935～2011〕

◇失郷民―趙南富とその時代 中田哲三著 作品社 2014.5 399p 20cm〈文献あり〉Ⓘ978-4-86182-476-0 Ⓝ289.2 ［2000円］

長久寺〔中津市〕

◇長久寺史料 1 友松孝行，岡光隆史校訂 中津 田丸俊昭 2014.5 177p 30cm Ⓝ188.75

重源〔1121～1206〕

◇重源と東大寺―鎌倉時代の復興を支えた人びと：重源狭山池改修碑重要文化財指定記念特別展 大阪狭山市教育委員会編 ［大阪狭山］ 大阪狭山市 2014.11 95p 30cm〈文献あり 会期・会場：平成26年11月1日～30日 大阪府立狭山池博物館特別展示室 共同刊行：大阪狭山市立郷土資料館〉Ⓝ188.35

銚子市〔歴史―年表〕

◇銚子の年表―斜め読みする銚子市史：私家本 塙富造編著 ［出版地不明］ ［塙富造］ 2014.1 315p 26cm〈折り込1枚〉Ⓝ213.5

長州藩

◇高杉晋作と諫早生二―「正義派」対「俗論党」秘話 一坂太郎著 ［萩］ 萩ものがたり 2014.5 66p 21cm（萩ものがたり vol 42）Ⓝ217.7 ［574円］

◇長州会津若松戦記―長州兵会津にてかく戦へり 河内山雅朗著 武蔵野 河内山雅郎 2014.1 164p 図版［27］枚 21cm〈文献あり 乱丁あり〉Ⓝ210.61

◇幕末「長州」史跡散歩 一坂太郎著 洋泉社 2014.9 238p 18cm （歴史新書）〈文献あり 年表あり〉Ⓘ978-4-8003-0483-4 Ⓝ291.77 ［950円］

◇一目でわかる長州藩史 小寺雅夫著 広島 西日本文化出版 2013.4 48p 20cm Ⓝ217.7

朝鮮〔1948～ 大韓民国〕 →大韓民国を見よ

朝鮮〔1948～ ―民主主義人民共和国〕 →朝鮮民主主義人民共和国を見よ

朝鮮（遺跡・遺物）

◇古墳時代の日朝関係―新羅・百済・大加耶と倭の交渉史 高田貫太著 吉川弘文館 2014.3 363p 22cm〈文献あり 索引あり〉Ⓘ978-4-642-09335-4 Ⓝ210.32 ［5000円］

◇朝鮮半島の倭系遺物からみた日朝関係 井上主税著 学生社 2014.5 339p 22cm〈索引あり 内容：本研究の目的と課題 北部九州との交渉の開始 辰・弁韓と「奴国」の交渉 勒島遺跡衰退の歴史的背景 まとめ 狗邪国〈狗邪韓国〉から金官加耶の成立 金海および釜山地域古墳出土の倭系遺物 朝鮮半島南部出土の土師器系土器 倭系遺物からみた金官加耶勢力の動向 まとめ 加耶古墳の被葬者像 新羅古墳の被葬者像 まとめ 前三世紀から後五世紀までの倭系遺物からみた日朝関係〉Ⓘ978-4-311-30502-3 Ⓝ221.03 ［9000円］

朝鮮（移民・植民―日本―歴史―昭和時代）

◇「他者」たちの農業史―在日朝鮮人・疎開者・開拓農民・海外移民 安岡健一著 京都 京都大学学術出版会 2014.2 350p 22cm〈索引あり〉Ⓘ978-4-87698-386-5 Ⓝ611.91 ［4000円］

朝鮮（映画）
◇映画公社旧蔵戦時統制下映画資料集　第8巻　外地関係　2　東京国立近代美術館フィルムセンター監修　ゆまに書房　2014.5　728p　22cm〈映画配給社南方関係書類〉の複製「南方映画工作要綱〈案〉」の複製ほか　解題：佐崎順昭　布装〉①978-4-8433-4358-6,978-4-8433-4350-0(set),978-4-8433-4348-7(set)　Ⓝ778.21　[28000円]

朝鮮（王室―歴史―李朝時代）
◇ここまで知りたい！朝鮮王朝　康熙奉監修　収穫社　2013.6　213p　18cm　〈年表あり〉①978-4-906787-02-9　Ⓝ288.4921　[800円]

朝鮮（絵画―歴史―日本統治時代）
◇帝国支配と朝鮮表象―朝鮮写真絵葉書と帝展入選作にみる植民地イメージの伝播　朴美貞著　京都　人間文化研究機構国際日本文化研究センター　2014.3　230p　26cm　（日文研叢書　52）①978-4-901558-67-9　Ⓝ721.026

朝鮮（外国関係―中国―歴史）
◇図説よくわかる日本・中国・韓国の歴史と紛争　島崎晋著　PHPエディターズ・グループ　2014.3　223p　19cm〈PHP研究所（発売）　文献あり〉①978-4-569-81820-7　Ⓝ319.1022　[1300円]

朝鮮（外国関係―中国―歴史―明時代）
◇明代遼東と朝鮮　荷見守義著　汲古書院　2014.5　437,14p　22cm　（汲古叢書　113）〈索引あり〉978-4-7629-6012-3　Ⓝ222.058　[12000円]

朝鮮（外国関係―日本）
◇激動のアジア・太平洋地域情勢と我が国の進路―第40回防衛セミナー講演集　隊友会　2014.3　402p　19cm　（防衛開眼第40集）〈内容：自衛隊・統合運用の現状と今後（岩崎茂述）　国防の経済学（三橋貴明述）　お伝えしたい「軍事の基礎」と「今日の問題」（冨澤暉述）　日本の海洋安全保障と国境離島（山田吉彦述）　東日本大震災・陸海空自衛隊統合部隊の災害救助活動（原口義憲述）　東アジアの安全保障環境の変化と日本の安全保障・防衛（西元徹也述）　中国の海洋進出と東シナ海情勢（香田洋二述）　わが国をとりまく安全保障情勢（金田秀昭述）〉392.1076　[1143円]

朝鮮（外国関係―日本―歴史）
◇悲しい歴史の国の韓国人　宮脇淳子著　徳間書店　2014.12　213p　19cm　〈年表あり〉①978-4-19-863891-7　Ⓝ221.01　[1000円]
◇図説よくわかる日本・中国・韓国の歴史と紛争　島崎晋著　PHPエディターズ・グループ　2014.3　223p　19cm〈PHP研究所（発売）　文献あり〉①978-4-569-81820-7　Ⓝ319.1022　[1300円]
◇立ち直れない韓国　黄文雄著　扶桑社　2014.10　239p　19cm〈光文社　1998年刊の加筆・再構成〉①978-4-594-07145-5　Ⓝ221　[1200円]

朝鮮（外国関係―日本―歴史―1945～）
◇日本は大東亜戦争に勝っていた　川本山水著　［東京］　東京図書出版　2014.6　268p　18cm　（TTS新書）〈リフレ出版（発売）〉①978-4-86223-754-5　Ⓝ210.76　[900円]

朝鮮（外国関係―日本―歴史―江戸時代）
◇近世日朝流通史の研究―博多―対馬―釜山海域経済圏の構築　尾道博著　五絃舎　2013.3　206,5p　22cm　〈文献あり〉①978-4-86434-019-9　Ⓝ678.21021　[2800円]
◇徳川幕府はなぜ朝鮮王朝と蜜月を築けたのか　康熙奉著　実業之日本社　2014.1　205p　19cm　〈年表あり〉①978-4-408-11051-6　Ⓝ210.5　[1000円]

朝鮮（外国関係―日本―歴史―江戸初期）
◇交隣提醒　雨森芳洲［著］、田代和生校注　平凡社　2014.8　426p　18cm　（東洋文庫　852）〈文献あり　索引あり　布装〉①978-4-582-80852-0　Ⓝ210.52　[3200円]

朝鮮（外国関係―日本―歴史―近代）
◇真実の朝鮮史―1868-2014　宮脇淳子,倉山満著　ビジネス社　2014.7　255p　20cm　①978-4-8284-1762-2　Ⓝ319.1021　[1600円]
◇日露戦争と大韓帝国―日露開戦の「定説」をくつがえす　金文子著　高文研　2014.10　475p　20cm　①978-4-87498-554-0　Ⓝ319.1021　[4800円]

朝鮮（外国関係―日本―歴史―原始時代）
◇古代日本と朝鮮半島の交流史　西谷正著　同成社　2014.1　180p　19cm　（市民の考古学　13）〈文献あり〉①978-4-88621-647-2　Ⓝ210.2　[1800円]

朝鮮（外国関係―日本―歴史―高麗時代）
◇真実の朝鮮史―663-1868　宮脇淳子,倉山満著　ビジネス社　2014.8　253p　20cm　〈文献あり〉①978-4-8284-1767-7　Ⓝ319.1021　[1600円]

朝鮮（外国関係―日本―歴史―古代）
◇古代日本と朝鮮半島の交流史　西谷正著　同成社　2014.1　180p　19cm　（市民の考古学　13）〈文献あり〉①978-4-88621-647-2　Ⓝ210.2　[1800円]
◇古墳時代の日韓関係―新羅・百済・大加耶と倭の交渉史　高田貫太著　吉川弘文館　2014.3　363p　22cm　〈文献あり　索引あり〉①978-4-642-09335-4　Ⓝ210.32　[12000円]
◇新羅神と日本古代史　出羽弘明著　同成社　2014.10　190p　19cm　①978-4-88621-682-3　Ⓝ175.9　[1900円]
◇真実の朝鮮史―663-1868　宮脇淳子,倉山満著　ビジネス社　2014.8　253p　20cm　〈文献あり〉①978-4-8284-1767-7　Ⓝ319.1021　[1600円]
◇朝鮮半島の倭系遺物からみた日朝関係　井上主税著　学生社　2014.5　339p　22cm　〈文献あり〉（本研究の目的と課題　北部九州との交渉の開始　辰・弁韓と「奴国」の交渉　勒島遺跡衰退の歴史的背景　まとめ　狗邪国（狗邪韓国）から金官加耶の成立　金海および釜山地域古墳出土の倭系遺物　朝鮮半島南部出土の土師器系土器　倭系遺物からみた金官加耶勢力の動向　まとめ　加耶古墳の被葬者像　新羅古墳の被葬者像　まとめ　前三世紀から後五世紀までの倭系遺物からみた日朝関係〉①978-4-311-30502-3　Ⓝ221.03　[9000円]
◇肥国・菊池川流域と百済侯国―茂賀の浦・江田船山古墳・鞠智城　堤克彦編著　菊池　熊本郷土譚研究所　2014.3　188p　21cm〈トライ（発売）「菊池川流域の原始・古代の解明」の増計〉①978-4-903638-33-1　Ⓝ219.4　[2000円]
◇民際―知と文化　東アジア隣人ネットワーク企画、上田正昭監修,洪萬杓編　鼎書房　2013.9　335p　19cm　〈内容：日本列島における百済文化の絆　ふるさと群馬から東アジアの未来へ（大澤正明著）　百済と静岡との絆（川勝平太著）　日本列島における百済文化の絆（荒井正吾著）　東アジアの歴史から未来を見据えて　百済と飛鳥・天平の文化を考える（上田正昭著）　韓日語は如何に分かれたか（金容雲著）　橘を通してみる百済と日本（倭国）（吉武利文著）　文禄・慶長の役（李義則著）　地域に息づく百済文化　あづまのくに（東国）（叫제）（熊倉浩靖著）　古代の枚方と百済（狩野輝男著）　堺市と韓半島、大陸との交流（中村晶子著）　ドキュメント須臾之際の七百年（古閑三博著）　東アジア近代史から見た日本近代文学の位置　植民地下での日本語雑誌（神谷忠孝著）　川端康成と旧満州について（李聖傑著）　報告第十一回アジア児童文学大会（蕭伊芳著）　座談会東アジアの留学生たちと語る村上春樹（周善仏述）　「民際」とは　「草の根地域外交」の知恵から平和を紡ぐもの（洪萬杓著）　「百済・飛鳥文化を考える市民の集い」から見えるもの（笹沼紀子著）　封建領主制度以降の自治制度の歴史的考察　日本の道州制構想における政策的合意（洪萬杓,八幡和郎著）　日本における地方自治制度について（森脇宏著）〉①978-4-907282-05-9　Ⓝ210.3　[2800円]

朝鮮（外国関係―日本―歴史―明治以後）
◇「妄言」の原形―日本人の朝鮮観　高崎宗司著　定本　松本木犀社　2014.12　433p　20cm　〈著作目録あり　年表あり　索引あり〉①978-4-89618-062-6　Ⓝ319.1021　[3200円]

朝鮮（外国関係―日本―歴史―明治時代）
◇近代移行期の日韓関係―国交刷新をめぐる日韓双方の論理　石田徹著　広島　溪水社　2013.12　324p　22cm　〈文献あり〉①978-4-86327-234-7　Ⓝ319.1021　[4500円]
◇西郷「征韓論」の真相―歴史家の虚構をただす　川道麟太郎著　勉誠出版　2014.5　336p　22cm　①978-4-585-22089-3　Ⓝ210.621　[2200円]
◇日清・日露戦争をどう見るか―近代日本と朝鮮半島・中国　原朗著　NHK出版　2014.10　253p　18cm　（NHK出版新書　444）〈文献あり〉①978-4-14-088444-7　Ⓝ210.65　[780円]
◇福沢諭吉と朝鮮問題―「朝鮮改造論」の展開と蹉跌　月脚達彦著　東京大学出版会　2014.8　282,7p　20cm　〈文献あり　年表あり　索引あり〉①978-4-13-021078-2　Ⓝ319.1021　[3800円]

朝鮮（外国関係―日本―歴史―李朝時代）
◇真実の朝鮮史―663-1868　宮脇淳子,倉山満著　ビジネス社　2014.8　253p　20cm　〈文献あり〉①978-4-8284-1767-7　Ⓝ319.1021　[1600円]

朝鮮（科学技術―歴史―高麗時代）
◇朝鮮古代中世科学技術史研究―古朝鮮から高麗時代までの諸問題　任正爀編著　皓星社　2014.12　454p　22cm　〈文献あ

ち

朝鮮（科学技術─歴史─古代）

り　年表あり　内容：古朝鮮の石刻天文図（金東日著）古朝鮮の支石墓に描かれた北斗七星（金東日著）支石墓星座図を通じてみた古代気象天文観測の特徴（キム・チュンギル，キム・ジョンスン著）古朝鮮の哲学思想（鄭聖哲著）古代朝鮮の金属技術の研究（全相運著）古代朝鮮の製鉄技術（康忠熙著）朝鮮の原始時代および古代の金属片遺物分析（崔尚凌著）楽浪遺跡の金属遺物について（姜承男著）三国時代の科学技術（全相運著）高句麗古墳壁画の概観（朱栄憲著）高句麗の天文学的知識（兪尚哲著）平壤遷都前後期の古墳壁画に見られる北斗七星（金東日著）キトラ古墳壁画に与えた高句麗古墳壁画の影響（全浩天著）瞻星台をどのように見るべきか（李文燮著）高句麗の建築とその歴史的位置（韓仁浩著）高麗の科学技術と印刷技術の発展（任正爀著）10～12世紀高麗前期の科学（李容泰著）13～14世紀高麗後期の科学（李容泰著）『高麗宣明暦』に関する考察（韓永吉著）『授時暦』受容と『七政算』の完成（朴星来著）14世紀の高麗の天文計算で利用された補間法について（ソン・チャンホ著）八万大蔵経の製作と保存技術（康忠熙著）開城高麗宮の文化遺産的価値（金東旭著）高麗磁器の技術的分析（崔尚凌ほか著）〉①978-4-7744-0495-0　Ⓝ402.21　［6800円］

朝鮮（科学技術─歴史─古代）
◇朝鮮古代中世科学技術史研究─古朝鮮から高麗時代までの諸問題　任正爀編著　皓星社　2014.12　454p　22cm　〈文献あり　年表あり　内容：古朝鮮の石刻天文図（金東日著）古朝鮮の支石墓に描かれた北斗七星（金東日著）支石墓星座図を通じてみた古代気象天文観測の特徴（キム・チュンギル，キム・ジョンスン著）古朝鮮の哲学思想（鄭聖哲著）古代朝鮮の金属技術の研究（全相運著）古代朝鮮の製鉄技術（康忠熙著）朝鮮の原始時代および古代の金属片遺物分析（崔尚凌著）楽浪遺跡の金属遺物について（姜承男著）三国時代の科学技術（全相運著）高句麗古墳壁画の概観（朱栄憲著）高句麗の天文学的知識（兪尚哲著）平壤遷都前後期の古墳壁画に見られる北斗七星（金東日著）キトラ古墳壁画に与えた高句麗古墳壁画の影響（全浩天著）高句麗の建築とその歴史的位置（韓仁浩著）高麗の科学技術と印刷技術の発展（任正爀著）10～12世紀高麗前期の科学（李容泰著）13～14世紀高麗後期の科学（李容泰著）『高麗宣明暦』に関する考察（韓永吉著）『授時暦』受容と『七政算』の完成（朴星来著）14世紀の高麗の天文計算で利用された補間法について（ソン・チャンホ著）八万大蔵経の製作と保存技術（康忠熙著）開城高麗宮の文化遺産的価値（金東旭著）高麗磁器の技術的分析（崔尚凌ほか著）〉①978-4-7744-0495-0　Ⓝ402.21　［6800円］

朝鮮（紀行・案内記）
◇シリーズ明治・大正の旅行　第1期15　韓国鉄道線路案内　荒山正彦監修・解説　統監府鐵道管理局，朝鮮總督府鐵道局，南満洲鐵道株式會社京城管理局編　ゆまに書房　2014.11　878p　22cm　〈統監府鐵道管理局　明治41年刊の複製　朝鮮總督府鐵道局　明治44年刊の複製ほか　第1期のタイトル関連情報：旅行案内書集成　布装〉①978-4-8433-4656-3,978-4-8433-4652-5（set）Ⓝ384.37　［36000円］
◇シリーズ明治・大正の旅行　第1期17　朝鮮満洲支那案内　荒山正彦監修・解説　鐵道省編　ゆまに書房　2014.11　22,494,52p　図版25枚　22cm　〈増訂再版　鐵道省　大正11年刊の複製　第1期のタイトル関連情報：旅行案内集成　布装〉①978-4-8433-4658-7,978-4-8433-4652-5（set）Ⓝ384.37　［26000円］
◇明治癸卯朝鮮紀行─三浦五六遺稿　三浦五六［著］，三浦兼助編　復刻版　龍溪書舎　2014.5　120p　p200～236　21cm　（韓国併合史研究資料 107）〈東京経済大学図書館蔵の複製〉①978-4-8447-0181-1　Ⓝ292.109　［4000円］

朝鮮（儀式典例─歴史─李朝時代）
◇朝鮮王朝儀軌─儒教的国家儀礼の記録　韓永愚著，岩方久彦訳　明石書店　2014.4　878p　図版77p　22cm　〈文献あり　索引あり〉①978-4-7503-4000-5　Ⓝ221.05　［15000円］

朝鮮（教育─歴史─日本統治時代）
◇日帝時代の韓国教育史─日帝の対韓国植民地教育政策史　鄭在哲著，佐野通夫訳　皓星社　2014.4　534,34p　22cm　〈文献あり　索引あり〉①978-4-7744-0486-8　Ⓝ372.21　［8500円］

朝鮮（金石・金石文）
◇日本語誕生の時代─上野三碑からのアプローチ　熊倉浩靖著　雄山閣　2014.2　236p　21cm　〈文献あり〉978-4-639-02275-6　Ⓝ810.23　［2750円］

朝鮮（芸術）
◇アジアの芸術史　文学上演篇2　朝鮮半島、インド、東南アジアの詩と芸能　赤松紀彦編　京都造形芸術大学東北芸術工科大学出版局藝術学舎　2014.2　206p　21cm　（芸術教養シリーズ 12）〈幻冬舎（発売）年表あり　索引あり　内容：韓国上古時代（黄明月著）三国・統一新羅時代（黄明月著）高麗時代（黄明月著）李氏朝鮮時代（黄明月著）韓国の民俗劇（黄明月著）インドの文化と聖典（赤松明彦著）インドの文学（赤松明彦著）インドの演劇（赤松明彦著）インドの舞踊と芸能（赤松明彦著）インドの音楽（赤松明彦著）ベトナムの芸能（清水政明，伊澤亮介著）ミャンマーの芸能（井上さゆり著）カンボジアの芸能（岡田知子著）インドネシアとマレーシアの上演芸術（福岡まどか著）タイの芸能（馬場雄司著）〉①978-4-344-95178-5　Ⓝ702.2　［2500円］

朝鮮（検閲─歴史─近代）
◇検閲の帝国─文化の統制と再生産　紅野謙介，高榮蘭，鄭根埴，韓基亨，李惠鈴編　新曜社　2014.8　478p　22cm　〈年表あり　内容：植民地検閲と文化の統制（紅野謙介著）「法域」と「文域」─文学を検閲する、権力を監視する（韓基亨，高橋梓訳）植民地を描いた小説と日本における二つの検閲（十重田裕一著）検閲の変容と拡張、「親日文学」というプロセス（李鍾護著，金閏愛訳）占領・民族・検閲という遠近法（高榮蘭著）「風俗壊乱」へのまなざし（金子明雄著）植民地のセクシュアリティと検閲（李惠鈴著，和田圭弘訳）目に見えない懲罰のかたち（内藤千珠子著）植民地朝鮮における興行市場の病理学と検閲体制（李承姫著，金泰植訳）誰が演劇の敵なのか（小平麻衣子著）植民地朝鮮における民間新聞の写真検閲に関する研究（李昊柱著，金泰植訳）ペンと兵隊（五味渕典嗣著）ペテロの夜明け（鄭鍾賢著，金閏愛訳）移動と翻訳（榊原理智著）新たな禁忌の形成と階層化された検閲機構としての文壇（林京順著，和田圭弘訳）「原爆詩人」像の形成と検閲/編集（鳥羽耕史著）ある『政治学概論』の運命（藤井たけし著）〉①978-4-7885-1401-0　Ⓝ023.8　［5100円］

朝鮮（鉱業）
◇鉱業状況　1　京畿道/忠清南道/忠清北道/咸鏡南道/咸鏡北道　朝鮮鉱業会編　復刻版　龍溪書舎　2014.5　1冊　21cm　（韓国併合史研究資料 109）〈東京経済大学図書館蔵の複製〉①978-4-8447-0183-5　Ⓝ560.9221　［8000円］
◇鉱業状況　2　江原道/平安南道/平安北道　朝鮮鉱業会編　復刻版　龍溪書舎　2014.5　65,65,128p　21cm　（韓国併合史研究資料 110）〈東京経済大学図書館蔵の複製〉①978-4-8447-0184-2　Ⓝ560.9221　［8000円］
◇鉱業状況　3　黄海道/全羅南道/全羅北道/慶尚南道/慶尚北道　朝鮮鉱業会編　復刻版　龍溪書舎　2014.5　1冊　21cm　（韓国併合史研究資料 111）〈東京経済大学図書館蔵の複製〉①978-4-8447-0185-9　Ⓝ560.9221　［8000円］

朝鮮（公文書─歴史─高麗時代）
◇朝鮮中近世の公文書と国家─変革期の任命文書をめぐって　川西裕也著　福岡　九州大学出版会　2014.3　255,13p　22cm　（九州大学人文学叢書 5）〈文献あり　索引あり　布装　内容：『頤斎乱藁』辛丑日暦所載の高麗事元期から朝鮮初期の古文書　高麗事元期から朝鮮初期における任命文書体系の再検討　朝鮮初期における官教の体式の変遷　事元以後における高麗の元任命剳付の受容　朝鮮初期における文武官妻封爵の規定と封爵文書体式の変遷〉①978-4-7985-0122-2　Ⓝ221.04　［3800円］

朝鮮（公文書─歴史─李朝時代）
◇朝鮮中近世の公文書と国家─変革期の任命文書をめぐって　川西裕也著　福岡　九州大学出版会　2014.3　255,13p　22cm　（九州大学人文学叢書 5）〈文献あり　索引あり　布装　内容：『頤斎乱藁』辛丑日暦所載の高麗事元期から朝鮮初期の古文書　高麗事元期から朝鮮初期における任命文書体系の再検討　朝鮮初期における官教の体式の変遷　事元以後における高麗の元任命剳付の受容　朝鮮初期における文武官妻封爵の規定と封爵文書体式の変遷〉①978-4-7985-0122-2　Ⓝ221.04　［3800円］

朝鮮（古瓦─目録）
◇前場幸治瓦コレクション資料目録─明治大学博物館所蔵　森本尚子，忽那敬三，山路直充編　明治大学博物館　2014.3　72p　30cm　〈文献あり〉Ⓝ751.4

朝鮮（小作─全羅南道）
◇全羅南道小作慣行調査書─昭和5年調査　全羅南道編　復刻版　龍溪書舎　2014.5　243,12p　21cm　（韓国併合史研究資料 113）〈東京経済大学図書館蔵の複製〉①978-4-8447-0187-3　Ⓝ611.26　［9000円］

朝鮮（小作─平安北道）
◇平安北道小作慣行調査書─昭和6年7月調査　平安北道編　復刻版　龍溪書舎　2014.5　290p　21cm　（韓国併合史研究資料 114）〈東京経済大学図書館蔵の複製〉①978-4-8447-0188-0　Ⓝ611.26　［8000円］

朝鮮（小作料─全羅南道）
◇全羅南道小作慣行調査書─昭和5年調査　全羅南道編　復刻版　龍溪書舎　2014.5　243,12p　21cm　（韓国併合史研究資料 113）〈東京経済大学図書館蔵の複製〉①978-4-8447-0187-3　Ⓝ611.26　［9000円］

朝鮮（小作料―平安北道）
◇平安北道小作慣行調査書―昭和6年7月調査　平安北道編　復刻版　龍溪書舎　2014.5　290p　21cm　（韓国併合史研究資料 114）〈東京経済大学図書館蔵の複製〉①978-4-8447-0188-0　Ⓝ611.26　[8000円]

朝鮮（古銭）
◇朝鮮百業百種 / 朝鮮常平通寶錢譜　京城日報社, 西尾守行編著　復刻版　龍溪書舎　2014.5　196,59p　21cm　（韓国併合史研究資料 102）〈東京経済大学図書館蔵の複製〉①978-4-8447-0176-7　Ⓝ366.29　[9000円]

朝鮮（在留日本人）
◇三十八度線を越えて七十里　小澤博子著　文芸社　2014.8　109p　15cm　①978-4-286-15340-7　Ⓝ916　[600円]
◇松月ホテルの人々―17歳、少女の朝鮮引き揚げ物語　神崎貞代著　大阪　日本機関紙出版センター　2014.7　214p　19cm〈文献あり〉①978-4-88900-908-8　Ⓝ916　[1200円]
◇脱出！―元日本軍兵士の朝鮮半島彷徨　湯川十四士著　潮書房光人社　2014.3　248p　16cm　（光人社NF文庫 ゆN-824）〈光人社 2006年刊の再刊〉①978-4-7698-2824-2　Ⓝ916　[740円]
◇父を訪ね母を辿る旅　出浦由美子著　文芸社　2014.5　67p　20cm〈文献あり〉①978-4-286-15025-3　Ⓝ916　[1000円]
◇遠き日の旅の記憶―ソ連軍女性士官との出会い　大木幹雄著　文芸社　2014.4　119p　19cm〈文献あり〉①978-4-286-14908-0　Ⓝ916　[1000円]
◇忘却のための記録―1945-46恐怖の朝鮮半島　清水徹著　ハート出版　2014.1　291p　19cm〈精文館書店 1980年刊の再刊〉①978-4-89295-970-7　Ⓝ916　[1600円]

朝鮮（辞書）
◇韓国朝鮮を知る事典　伊藤亜人, 大村益夫, 高崎宗司, 武田幸男, 吉田光男, 梶村秀樹監修　新版　平凡社　2014.3　709p　22cm〈文献あり 年表あり 索引あり　初版のタイトル：朝鮮を知る事典〉①978-4-582-12647-1　Ⓝ221.0033　[7000円]

朝鮮（社会）
◇満鮮北支視察記 / 満鮮支視察記録　群馬県下尋常高等小学校長5名, 満鮮支那視察団編著　復刻版　龍溪書舎　2014.5　35, 257p　21cm　（韓国併合史研究資料 106）〈東京経済大学図書館蔵の複製〉①978-4-8447-0180-4　Ⓝ302.21　[9000円]

朝鮮（宗教）
◇朝鮮在来教派概観 / 朝鮮佛教大会紀要 / 国民協会運動史　統監府警務総監部, [佐々木淨鏡], 朝鮮佛教団, 国民協会本部編　復刻版　龍溪書舎　2014.5　1冊　21cm　（韓国併合史研究資料 103）〈東京経済大学図書館蔵の複製〉①978-4-8447-0177-4　Ⓝ162.21　[9000円]

朝鮮（職業）
◇朝鮮百業百種 / 朝鮮常平通寶錢譜　京城日報社, 西尾守行編著　復刻版　龍溪書舎　2014.5　196,59p　21cm　（韓国併合史研究資料 102）〈東京経済大学図書館蔵の複製〉①978-4-8447-0176-7　Ⓝ366.29　[9000円]

朝鮮（植民地行政〔日本〕）
◇朝鮮總督府官吏最後の証言　[西川清述], 桜の花出版編集部編　町田　桜の花出版　2014.8　231p　19cm　（シリーズ日本人の誇り 10）〈星雲社（発売）文献あり 年表あり〉①978-4-434-19445-0　Ⓝ317.921　[1400円]

朝鮮（食用植物）
◇朝鮮の救荒植物 / 火田整理ニ関スル参考書　植木秀幹, 朝鮮総督府山林部編著　復刻版　龍溪書舎　2014.5　146,151p　21cm　（韓国併合史研究資料 112）〈東京経済大学図書館蔵の複製　奥付の編著者（誤植）：朝鮮総監府山林部〉①978-4-8447-0186-6　Ⓝ471.9　[8000円]

朝鮮（女性―歴史―李朝時代―伝記）
◇悪女たちの朝鮮王朝―歴史を作るのは男より女！：野望を持った女たちの逆襲　康熙奉著　双葉社　2014.6　199p　18cm〈作品目録あり 年表あり〉①978-4-575-30682-8　Ⓝ282.1　[900円]

朝鮮（書目―解題）
◇韓国・朝鮮の知を読む　野間秀樹編　クオン　2014.2　591p　21cm〈索引あり〉①978-4-904855-18-8　Ⓝ221.0031　[3800円]

朝鮮（水路誌）
◇朝鮮半島沿岸水路誌―朝鮮半島南岸・東岸・西岸　海上保安庁海洋情報部編　海上保安庁　2014.3　216p　30cm　（書誌 第202号）〈共同刊行：日本水路協会　折り込 3枚〉Ⓝ557.782

朝鮮（青銅器―歴史）
◇日本・朝鮮半島の青銅武器研究　柳田康雄著　雄山閣　2014.3　391p　27cm〈文献あり　布装〉①978-4-639-02299-2　Ⓝ210.27　[20000円]

朝鮮（説話）
◇植民地期における日本語朝鮮説話集の研究―帝国日本の「学知」と朝鮮民俗学　金廣植著　勉誠出版　2014.2　456p　22cm〈文献あり 著作目録あり 索引あり　内容：植民地期における朝鮮説話集の性格　日本語朝鮮説話集と新羅の発見　植民地期における新羅説話の解釈　新羅伝説の発見者、大坂金太郎　植民地教科書と新羅神話・伝説　高橋亨と『朝鮮の物語集』における朝鮮人論　清水兵三の朝鮮民話・説話論　新義州高等普通学校作文集『大正十二年伝説集』　朝鮮総督府編『朝鮮童話集』と田中梅吉　植民地期における朝鮮学・民俗学・孫晋泰　朝鮮民俗学会の成立とその活動〉①978-4-585-23023-6　Ⓝ388.21　[12000円]

朝鮮（中国語教育―歴史―李朝時代）
◇朝鮮時代の中国語学習教材研究　梁伍鎮著, 金京淑訳　オークラ情報サービス　2014.4　454p　24cm〈文献あり　内容：訳官制度と中国語学習教材　訳官選抜用の出願書とその評価方法　初期の漢学書における言語　蒙文直訳体の漢語　『老朴集覧』と元代の漢語　吏文の性格と吏文輯覧　『吏学指南』の言語　『至正条格』の言語　『老乞大』の諸刊本とその言語　『朴通事』の諸刊本とその言語　『原本老乞大』の言語　『老乞大』・『朴通事』の文化史的な価値　直解類の漢学書の種類とその言語　『孝経直解』の刊本とその言語　中国語の辞典類　外国語の辞典類　多言語の辞典類〉①978-4-86307-004-2　Ⓝ820.7　[3500円]

朝鮮（鉄道）
◇シリーズ明治・大正の旅行　第1期15　韓国鉄道線路案内　荒山正彦監修・解説　統監府鐵道管理局, 朝鮮總督府鐵道局, 南滿洲鐵道株式會社京城管理局編　ゆまに書房　2014.11　878p　22cm〈統監府鐵道管理局 明治41年刊の複製　朝鮮總督府鐵道局 明治44年刊の複製ほか　第1期のタイトル関連情報：旅行案内書集成　布装〉①978-4-8433-4656-3,978-4-8433-4652-5（set）Ⓝ384.37　[36000円]
◇シリーズ明治・大正の旅行　第1期17　朝鮮滿洲支那案内　荒山正彦監修・解説　鐵道省編　ゆまに書房　2014.11　22,494, 52p 図版25枚　22cm〈増訂再版 鐵道省 大正11年刊の複製　第1期のタイトル関連情報：旅行案内書集成　布装〉①978-4-8433-4658-7,978-4-8433-4652-5（set）Ⓝ384.37　[26000円]

朝鮮（伝記）
◇朝鮮帰化族の発展 / 朝鮮青年成功録　善生永助, 朝鮮総督府学務局編著　復刻版　龍溪書舎　2014.5　108,217p　21cm（韓国併合史研究資料 105）〈東京経済大学図書館蔵の複製　奥付の編著者（誤植）：朝鮮総監府学務局〉①978-4-8447-0179-8　Ⓝ210.3　[9000円]

朝鮮（陶磁器）
◇わかりやすい高麗茶碗のはなし　谷晃著　京都　淡交社　2014.2　183p　21cm　①978-4-473-03935-4　Ⓝ751.2　[1800円]

朝鮮（陶磁器―図集）
◇陶磁の名品、ここに集う―日本・中国・韓国：開館三五周年・新名称施行記念特別企画展　愛知県陶磁美術館編　[瀬戸]　愛知県陶磁美術館　2013.6　160p　30cm〈年表あり　会期：平成25年6月1日―7月28日〉Ⓝ751.1

朝鮮（陶磁器―歴史）
◇李秉昌博士記念韓国陶磁研究報告　7　高麗白磁の世界―最新の研究成果から　大阪市博物館協会編　大阪　大阪市立東洋陶磁美術館　2014.1　91p　30cm〈年表あり　内容：李秉昌博士記念公開講座　高麗前期白磁の製作と特徴（田勝昌述）　高麗中期白瓷の研究（韓貞華述）　河北の白瓷窯址（黄信述）〉Ⓝ751.2

朝鮮（美術―歴史―高麗時代―図集）
◇早稲田のなかの韓国美術―한국미술　早稲田大学會津八一記念博物館編　早稲田大学會津八一記念博物館　2014.9　46p　30cm〈会期：2014年9月26日―11月3日〉Ⓝ702.21

朝鮮（美術―歴史―新羅）
◇古代韓国のギリシャ渦文と月支国―文化で結ばれた中央アジアと新羅　韓永大著　明石書店　2014.9　329p　22cm〈年表あり〉①978-4-7503-4074-6　Ⓝ702.21　[6800円]

朝鮮（美術―歴史―李朝時代―図集）
◇早稲田のなかの韓国美術―한국미술　早稲田大学會津八一記念博物館編　早稲田大学會津八一記念博物館　2014.9　46p　30cm〈会期：2014年9月26日―11月3日〉Ⓝ702.21

朝鮮（美術上）

◇帝国支配と朝鮮表象―朝鮮写真絵葉書と帝展入選作にみる植民地イメージの伝播　朴美貞著　京都　人間文化研究機構国際日本文化研究センター　2014.3　230p　26cm　（日文研叢書 52）　①978-4-901558-67-9　Ⓝ721.026

朝鮮（病院）

◇朝鮮道立醫院概況―昭和5年・7年　朝鮮総督府編　復刻版　龍溪書舎　2014.5　77,94p　21cm　（韓国併合史研究資料 108）〈東京経済大学図書館蔵の複製　奥付の編者（誤植）：朝鮮総監府〉①978-4-8447-0182-8　Ⓝ498.16　［8000円］

朝鮮（仏教―歴史―近代）

◇1900～1999韓国仏教100年―朝鮮・韓国仏教図録　金光植編，東アジア仏教運動史研究会訳　皓星社　2014.7　454p　31cm〈索引あり〉①978-4-7744-0490-5　Ⓝ182.21　［25000円］

朝鮮（兵役―歴史―日本統治時代）

◇検証日本統治下朝鮮の戦時動員―1937-1945　ブランドン・パーマー著，塩谷紘訳　草思社　2014.10　363p　20cm〈文献あり　索引あり〉①978-4-7942-2085-1　Ⓝ393.25　［2800円］

朝鮮（貿易―日本―歴史―江戸時代）

◇近世日朝流通史の研究―博多―対馬―釜山海域経済圏の構築　尾道博著　五絃舎　2013.3　206, 5p　22cm〈文献あり〉①978-4-86434-019-9　Ⓝ678.21021　［2800円］

朝鮮（木簡・竹簡）

◇韓国古代木簡の研究　橋本繁著　吉川弘文館　2014.11　276, 4p　22cm〈索引あり　内容：研究史と研究の方法　城山山城木簡のフィールド調査　城山山城木簡の製作技法　城山山城木簡と六世紀新羅の地方支配　研究動向　朝鮮半島出土『論語』木簡と新羅の儒教受容　東アジアにおける文字文化の伝播「視覚木簡」としての『論語』木簡　慶州・雁鴨池木簡と新羅の内廷　近年出土の木簡　古代東アジアにおける文字文化の広がり〉①978-4-642-08152-8　Ⓝ221.03　［9000円］

朝鮮（焼絵―歴史）

◇柳宗悦も賛美した謎の焼絵発掘―定本焼絵考　田部隆幸著　誠文堂新光社　2014.12　167p　26cm〈文献あり　索引あり〉①978-4-416-91347-5　Ⓝ721.02　［1800円］

朝鮮（郵便切手―歴史―1945～）

◇朝鮮戦争―ポスタルメディアから読み解く現代コリア史の原点　内藤陽介著　えにし書房　2014.8　198p　21cm〈文献あり〉①978-4-908073-02-1　Ⓝ221.07　［1800円］

朝鮮（林業政策）

◇朝鮮の救恤植物 / 火田整理ニ関スル参考書　植木秀幹，朝鮮総督府山林部編著　復刻版　龍溪書舎　2014.5　146,151p　21cm　（韓国併合史研究資料 112）〈東京経済大学図書館蔵の複製　奥付の編著者（誤植）：朝鮮総監府山林部〉①978-4-8447-0186-6　Ⓝ471.9　［8000円］

朝鮮（歴史）

◇悲しい歴史の国の韓国人　宮脇淳子著　徳間書店　2014.12　213p　19cm〈年表あり〉①978-4-19-863891-7　Ⓝ221.01　［1000円］

◇終韓論　黄文雄著　ベストセラーズ　2014.11　231p　19cm　①978-4-584-13602-7　Ⓝ221　［1150円］

◇立ち直れない韓国　黄文雄著　扶桑社　2014.10　239p　19cm〈光文社 1998年刊の加筆・再構成〉①978-4-594-07145-5　Ⓝ221　［1200円］

◇朝鮮半島歴史文化論―韓国史と「私」の歴史深層を哲学する　天城寿之助著　大阪　風詠社　2014.9　298p　19cm〈星雲社（発売）文献あり〉①978-4-434-19583-9　Ⓝ221.01　［1200円］

◇東洋倫理の敗北真実の朝鮮近現代史―西洋人の見た「究極の腐敗に喘ぐ民衆」の世界　浅井壮一郎著　朱鳥社　2014.8　336p　15cm〈星雲社（発売）文献あり〉①978-4-434-19573-0　Ⓝ221.01　［1190円］

◇韓流時代劇と朝鮮史の真実―朝鮮半島をめぐる歴史歪曲の舞台裏　宮脇淳子著　扶桑社　2014.7　287p　18cm　（扶桑社新書 167）〈文献あり　年表あり　2013年刊の再刊〉①978-4-594-07071-7　Ⓝ221.01　［760円］

◇悲韓論　黄文雄著　徳間書店　2014.7　215p　19cm　①978-4-19-863833-7　Ⓝ221　［1000円］

朝鮮（歴史―1945～）

◇そうだったのか! 朝鮮半島　池上彰著　ホーム社　2014.11　229p　26cm〈集英社（発売）文献あり　年表あり〉①978-4-8342-5196-8　Ⓝ221.07　［1800円］

朝鮮（歴史―古代）

◇韓国人は何処から来たか　長浜浩明著　展転社　2014.1　205p　19cm〈年表あり〉①978-4-88656-396-5　Ⓝ221.03　［1500円］

◇騎馬民族征服王朝は在った―仁徳天皇は朝鮮半島から来入した　松島吉春著　イマジン出版　2014.8　256p　21cm〈文献あり〉①978-4-87299-675-3　Ⓝ210.3　［2000円］

朝鮮（歴史―日本統治時代）

◇日記が語る近代―韓国・日本・ドイツの共同研究　鄭昞旭, 板垣竜太編　京都　同志社コリア研究センター　2014.3　398p　21cm　（同志社コリア研究叢書 1）〈内容：個人記録から歴史を描き出す　近代において日記を書くことの意味（西川祐子著）歴史的視点から見たヨーロッパの自己証言文（クラウディア・ウルブリヒ著）近世に生き，死ぬ『欽英』，分裂した自我の記録（金何羅著）自己を記す（イザベル・リヒター著）異民族を支配する　大韓帝国期光州における奥村兄妹の真宗布教・実業学校設立（山本浄邦著）朝鮮駐劄憲兵隊司令官立花小一郎と「武断政治」（李炯植著）韓国駐劄軍参謀長・大谷喜久蔵と韓国（松田利彦著）植民地状況を生き延びる　金星圭と金裕鎮，3・1運動前後における世代葛藤の一断面（權ボドゥレ著）植民地農村青年と在日朝鮮人社会（鄭昞旭著）故郷の夢（板垣竜太著）解放なき「解放」を迎える　朝鮮解放直後における名もなき労働者の日常（太田修著）朝鮮戦争期における民間人虐殺遺族の自叙伝分析（金武勇著）〉①978-4-907634-00-1　Ⓝ221.06

朝鮮（歴史―李朝時代）

◇韓国がタブーにする日韓併合の真実　崔基鎬著　ビジネス社　2014.1　245p　18cm〈「日韓併合の真実」（2003年刊）の改題〉①978-4-8284-1739-4　Ⓝ221.05　［1100円］

澄禅〔1613～1680〕

◇江戸初期の四国遍路―澄禅『四国辺路日記』の道再現　柴谷宗叔著　京都　法藏館　2014.4　345p　27cm〈文献あり〉①978-4-8318-5694-4　Ⓝ186.918　［8500円］

長善館〔1833年〕

◇私塾の近代―越後・長善館と民の近代教育の原風景　池田雅則著　東京大学出版会　2014.1　465,10p　22cm〈文献あり　索引あり　内容：問題の所在　明治期私塾の全国的動向　新潟県におけるノンフォーマルな教育機関の動向　地域指導者層の私塾長善館　初代館主文台のカリキュラムと塾生の学習歴　二代目館主惕軒のカリキュラムと明治初期の教育活動「つきあいの文化」育成のカリキュラムと指導　遊学促進のための支援とカリキュラム　上京遊学者の学習歴と経験したカリキュラム　独自な中等教育カリキュラムの模索　長善館の終焉と地域指導者層育成の継続　まとめと展望〉①978-4-13-056221-8　Ⓝ376.8　［9800円］

朝鮮総督府

◇朝鮮總督府官史最後の証言　［西川清述］, 桜の花出版編集部編　町田　桜の花出版　2014.8　231p　19cm　（シリーズ日本人の誇り 10）〈星雲社（発売）文献あり　年表あり〉①978-4-434-19445-0　Ⓝ317.921　［1400円］

朝鮮民主主義人民共和国（外国関係）

◇朝鮮半島のシナリオ・プランニング　［東京］　日本国際問題研究所　2014.3　155p　30cm〈平成25年度外務省外交・安全保障調査研究事業（総合事業）〉Ⓝ319.21

朝鮮民主主義人民共和国（外国関係―中国）

◇習近平は必ず金正恩を殺す　近藤大介著　講談社　2014.8　285p　19cm　①978-4-06-219123-4　Ⓝ319.22021　［1500円］

朝鮮民主主義人民共和国（外国関係―日本）

◇韓国・北朝鮮とどう向き合うか―拉致、核、慰安婦……どうなる？ 対北朝鮮・韓国外交　東アジア共同体研究所編，鳩山友紀夫, 辺真一, 高野孟, 朴斗鎮著　［東京］　（友愛ブックレット）〈（共栄書房（発売）内容：日韓、日朝関係の深層底流を読む!（辺真一、高野孟述）金恩体制の驚くべき内実と日朝交渉の行方（朴斗鎮、鳩山友紀夫述）安倍「拉致外交」の前途に潜む陥穽（朴斗鎮、鳩山友紀夫、高野孟述）〉①978-4-7634-0716-0　Ⓝ319.1021　［1000円］

◇北朝鮮と日本人―金正恩体制とどう向き合うか　アントニオ猪木, 辺真一［著］　KADOKAWA　2014.7　200p　18cm　（角川oneテーマ21 D-36）①978-4-04-101976-4　Ⓝ319.1021　［800円］

◇日朝正常化の密約　青木直人［著］　祥伝社　2014.11　218p　18cm　（祥伝社新書 388）①978-4-396-11388-9　Ⓝ319.1021　［780円］

◇日本、韓国、そして北朝鮮―日本と朝鮮半島をめぐる国際政治　中内康夫, 寺林裕介共著　草ải　朝陽会　2014.2　112p　21cm　（Gleam books）①978-4-903059-41-9　Ⓝ319.1021　［1000円］

◇「秘話」で綴る私と朝鮮　佐藤勝巳著　晩聲社　2014.4　238p　19cm　①978-4-89188-361-4　Ⓝ316.81　［1700円］

日本件名図書目録2014 Ⅰ　　　　　　　　　　　　　　　　　　　　　　　　　　　　調布市（行政—歴史—史料）

朝鮮民主主義人民共和国（紀行・案内記）
◇中朝鉄路写真紀行—日本が国境に架けた7本の鉄道橋　小竹直人写真・文　マガジンハウス　2014.11　151p　21cm　Ⓘ978-4-8387-2719-3　Ⓝ292.25　［2000円］

朝鮮民主主義人民共和国（共産主義）
◇金正恩著作集　金正恩［著］，チュチェ思想国際研究所編集　白峰社　2014.1　241p　22cm　〈内容：金正日総書記を永遠に高くいただき総書記の遺訓を貫徹しよう　金正日総書記の逝去に深い哀悼の意をあらわしたすべての人民軍将兵と人民に金正日同志をわが党の永遠なる総書記として高くいただきチュチェの革命偉業をりっぱになしとげよう　先軍の旗をさらに高くかかげ最後の勝利をめざして力強くたたかおう　金日成主席はわが党と人民の永遠なる領袖である　社会主義強盛国家建設の要求に即して国土管理事業に革命的転換をもたらすために　明日の強盛朝鮮をささえる柱となれ　金正日愛国主義を具現して富強な祖国の建設をおしすすめよう　革命家の遺児は万景台の血統、白頭の血統をしっかり継いでいく先軍革命の頼もしい根幹となるべきである　われわれの社会科学は全社会の金日成・金正日主義化偉業遂行に積極的に貢献しなければならない　人工衛星打ち上げの成功に寄与した科学者、技術者、労働者、幹部のために催された宴会での演説　新年の辞　朝鮮労働党第四回細胞書記大会でおこなった演説　全国軽工業大会でおこなった演説　朝鮮労働党中央委員会二〇一三年三月総会における報告　金正日総書記の先軍革命思想と業績をとわに輝かそう〉　Ⓘ978-4-938859-23-7　Ⓝ309.321　［1800円］

朝鮮民主主義人民共和国（軍人—名簿）
◇朝鮮民主主義人民共和国組織別人名簿　2013　ラヂオプレス編集　ジェイピーエムコーポレーション　2013.7　507p　26cm　〈索引あり　英語併記〉　Ⓘ978-4-905528-04-3　Ⓝ310.35　［10000円］
◇朝鮮民主主義人民共和国組織別人名簿　2014年版　ラヂオプレス／編　ジェイピーエムコーポレーション　2014.7　524p　26cm　Ⓘ978-4-905528-06-7　［10000円］

朝鮮民主主義人民共和国（社会）
◇テレビに映る北朝鮮の98%は嘘である—よど号ハイジャック犯と見た真実の裏側　椎野礼仁［著］　講談社　2014.9　206p　18cm　（講談社+α新書　669-1C）　Ⓘ978-4-06-272865-2　Ⓝ302.21　［840円］

朝鮮民主主義人民共和国（写真集）
◇知られざる北朝鮮　長谷川昭著　高知　リーブル出版　2014.6　1冊（ページ付なし）　21×30cm　Ⓘ978-4-86338-086-8　Ⓝ292.1　［2000円］

朝鮮民主主義人民共和国（情報機関）
◇北朝鮮秘密工作部隊の真実—謀略国家・北朝鮮対日工作の恐怖を暴く!!　礒野正勝著，上野勝監修　オークラ出版　2014.8　223p　19cm　〈文献あり〉　Ⓘ978-4-7755-2277-6　Ⓝ391.61　［1296円］

朝鮮民主主義人民共和国（食糧政策）
◇暴政による人間の退化—北韓社会の身体矮小に関する研究　金英姫著，洪榮訳　［東京］　統一日報社　2014.5　283p　19cm　Ⓘ978-4-907988-03-6　Ⓝ469.921　［1300円］

朝鮮民主主義人民共和国（人権）
◇北朝鮮の人権問題にどう向きあうか　小川晴久著　大月書店　2014.8　218p　19cm　Ⓘ978-4-272-21109-8　Ⓝ316.1　［1800円］

朝鮮民主主義人民共和国（政治）
◇金正恩政権の末路—金正恩政権はこのようにして滅ぶ　金成昱著，梁基述訳　［東京］　統一日報社　2014.12　149p　19cm　Ⓘ978-4-907988-06-7　Ⓝ312.21　［1390円］
◇金正恩の生存戦略—日本はいかに対応すべきか—セミナー　城内康伸［述］　公共政策調査会　2013.8　36p　21cm　（Special report no. 121）　Ⓝ312.21
◇著作でよむ金正恩政治のいま　名田隆司著　松山　さらむ・さらん社　2014.1　288p　19cm　Ⓝ312.21　［2000円］

朝鮮民主主義人民共和国（政治—歴史）
◇異形国家をつくった男—キム・イルソンの生涯と負の遺産　大島信三著　芙蓉書房出版　2014.9　374p　19cm　〈文献あり〉　Ⓘ978-4-8295-0627-1　Ⓝ312.21　［2300円］
◇北朝鮮首領制の形成と変容—金日成、金正日から金正恩へ　鐸木昌之著　明石書店　2014.1　359p　20cm　（「東アジアの国家と社会　3」（東京大学出版会 1992年刊）の改題、増補改訂）　Ⓘ978-4-7503-3956-6　Ⓝ312.21　［2800円］

朝鮮民主主義人民共和国（政治家—名簿）
◇朝鮮民主主義人民共和国組織別人名簿　2013　ラヂオプレス編集　ジェイピーエムコーポレーション　2013.7　507p　26cm　〈索引あり　英語併記〉　Ⓘ978-4-905528-04-3　Ⓝ310.35　［10000円］
◇朝鮮民主主義人民共和国組織別人名簿　2014年版　ラヂオプレス／編　ジェイピーエムコーポレーション　2014.7　524p　26cm　Ⓘ978-4-905528-06-7　［10000円］

朝鮮民主主義人民共和国（鉄道橋）
◇中朝鉄路写真紀行—日本が国境に架けた7本の鉄道橋　小竹直人写真・文　マガジンハウス　2014.11　151p　21cm　Ⓘ978-4-8387-2719-3　Ⓝ292.25　［2000円］

朝鮮民主主義人民共和国（法律）
◇北朝鮮の法秩序—その成立と変容　藤井新著，平岩俊司，鐸木昌之，坂井隆，礒崎敦仁編　小石川ユニット　2014.3　309p　21cm　（ゆにっとアカデミア）（世織書房（発売）　年譜あり　内容：北朝鮮の国際法（平岩俊司編）　朝鮮半島と国際連合（平岩俊司編）　北朝鮮における「遵法」の問題（礒崎敦仁編）　一九四八年の北朝鮮契約法（坂井隆編）　法制度および統治機構の形成（鐸木昌之編）　計画経済の基礎（坂井隆編）〉　Ⓘ978-4-902163-70-4　Ⓝ322.921　［3800円］

朝鮮民主主義人民共和国（民族）
◇暴政による人間の退化—北韓社会の身体矮小に関する研究　金英姫著，洪榮訳　［東京］　統一日報社　2014.5　283p　19cm　Ⓘ978-4-907988-03-6　Ⓝ469.921　［1300円］

朝鮮労働党
◇朝鮮民主主義人民共和国組織別人名簿　2013　ラヂオプレス編集　ジェイピーエムコーポレーション　2013.7　507p　26cm　〈索引あり　英語併記〉　Ⓘ978-4-905528-04-3　Ⓝ310.35　［10000円］

長宗我部〔氏〕〔土佐国〕
◇長宗我部氏と宇喜多氏—天下人に翻弄された戦国大名：特別展　高知県立歴史民俗資料館編　南国　高知県立歴史民俗資料館　2014.10　111p　30cm　（高知・岡山文化交流事業　3（平成26年度））　〈年表あり　会期・会場：平成26年10月11日〜12月7日　高知県立歴史民俗資料館〉　Ⓝ288.2

長宗我部　元親（1539〜1599）
◇長宗我部元親　平井上総編著　戎光祥出版　2014.10　364p　21cm　（シリーズ・織豊大名の研究　1）　〈内容：総論　長宗我部元親の四国侵攻と外交関係（平井上総著）　永禄末期における長宗我部氏の権力構造（平井高男著）　織豊期長宗我部氏の一側面（秋澤繁著）　湯築城跡出土の瓦について（中野良一著）　伊予国における長宗我部氏系築城技術の導入について（日和佐宣正著）　長宗我部元親夫人の出自について（朝倉慶景著）　豊臣期土佐における女性の知行（吉村佐織著）　戦国末期の国人本山茂辰とその家族たち（朝倉慶景著）　中世四国における西遷武士団のその後（市村高男著）　土佐における禅僧餘談（関田駒吉著）　仁如集堯と長宗我部国親（関田駒吉著）　土佐史界の開拓者谷秦山（関田駒吉著）　試論　長宗我部元親発給文書に関する若干の考察（野本亮著）　長宗我部元親の右筆とその周辺（野本亮著）〉　Ⓘ978-4-86403-125-7　Ⓝ218.4　［6500円］
◇長宗我部元親と四国　津野倫明著　吉川弘文館　2014.6　159p　21cm　（人をあるく）　〈文献あり　年譜あり〉　Ⓘ978-4-642-06782-9　Ⓝ289.1　［2000円］

蝶野　正洋（1963〜　）
◇闘魂三銃士30年—今だから明かす武藤敬司、蝶野正洋、橋本真也、それぞれの生きざま　武藤敬司、蝶野正洋、橋本かずみ著　ベースボール・マガジン社　2014.12　287p　19cm　Ⓘ978-4-583-10780-6　Ⓝ788.2　［1900円］

調布市（エネルギー政策）
◇地域主導型再生可能エネルギー事業化検討業務（東京都調布市）成果報告書　平成25年度　［調布］　エコロミ　2014.3　135p　30cm　〈平成25年度環境省委託業務〉　Ⓝ501.6

調布市（環境問題）
◇未来へつなぐ調布の環境—平成24年度環境年次報告書　［調布］　東京都調布市　2014.1　181p　30cm　Ⓝ519.21365

調布市（行政）
◇調布市まちづくりデータブック　2013　［調布］　調布市　2014.3　247p　30cm　Ⓝ318.2365
◇調布市民意識調査報告書　平成25年度版　［調布市］　行政経営部政策企画課編　［調布］　調布市　2014.3　262p　30cm　Ⓝ318.2365

調布市（行政—歴史—史料）
◇公用誌　1　調布市総務部総務課公文書管理係編　調布　調布市　2014.3　30, 283p　21cm　（調布市史研究資料　24）　〈折り込　1枚〉　Ⓝ318.2365

調布市 (行政改革)

調布市 (行政改革)
◇行革プラン—平成25年度の取組状況　2013　調布市行政経営部行財政改革課編　調布　調布市行政経営部行財政改革課　2014.8　64p　30cm　Ⓝ318.2365

調布市 (行政手続—条例)
◇調布市パブリック・コメント手続条例—条文とその解説　行政経営部政策企画課編　[調布]　調布市　2014.11　22p　30cm〈平成26年12月施行〉Ⓝ318.5365

調布市 (協働〔行政〕)
◇調布市市民参加プログラム平成25年度実践状況報告書　[調布市]　行政経営部政策企画課編　[調布]　調布市　2014.8　164p　30cm　Ⓝ318.2365

調布市 (景観計画)
◇調布市景観計画—人と自然が織りなすほっとする暮らしがみえるまち調布　都市整備部都市計画課編　[調布]　調布市　2014.2　102p　30cm　Ⓝ518.8
◇調布市景観計画—景観形成基準の解説　都市整備部都市計画課編　調布　調布市　2014.2　54p　30cm　Ⓝ518.8

調布市 (個人情報保護)
◇個人情報保護事務の手引　平成25年度版　調布市総務部総務課編　調布　調布市　2014.3　199p　30cm　Ⓝ318.5365

調布市 (子育て支援)
◇調布市子ども・子育て支援に関するニーズ調査報告書　調布　調布市子ども生活部子ども政策課　2014.3　192p　30cm　Ⓝ369.4

調布市 (災害廃棄物処理)
◇調布市災害廃棄物処理マニュアル　調布　調布市環境部ごみ対策課　2014.3　98p　30cm　Ⓝ518.52
◇調布市災害廃棄物処理マニュアル　資料編　調布　調布市環境部ごみ対策課　2014.3　351p　30cm　Ⓝ518.52

調布市 (自然保護)
◇調布市深大寺・佐須地域環境資源保全・活用基本計画　環境部環境政策課編　[調布]　調布市　2014.3　60p　30cm　Ⓝ519.1

調布市 (社会教育—名簿)
◇人材情報ガイドブック　平成26年　調布市生活文化スポーツ部生涯学習交流推進課生涯学習情報コーナー編　[調布]　調布市　2014.12　72p　30cm　Ⓝ379.035

調布市 (社会福祉)
◇調布市民福祉ニーズ調査報告書　調布　調布市福祉健康部福祉総務課　2014.3　375p　30cm　Ⓝ369.021365

調布市 (写真集)
◇田村彰英—変遷1995-2012：街が生まれる—仙川　田村彰英著　調布　東京アートミュージアム　2014.1　1冊(ページ付なし)　22×31cm〈ギャラリーステーション(発売)　年譜あり　英語併記〉978-4-86047-208-5　Ⓝ213.65　[2000円]

調布市 (小学生)
◇調布市教育人口等推計報告書　平成26年度　調布市教育委員会教育部学務課編　[調布]　調布市教育委員会　2014.9　38p　30cm　Ⓝ372.1365

調布市 (情報公開制度)
◇情報公開事務の手引　平成25年度版　調布市総務部総務課編　調布　調布市　2014.3　156p　30cm　Ⓝ318.5365

調布市 (条例)
◇調布市要綱集　平成26年度版　調布市総務部総務課編　調布　調布市　2014.9　1839p　21cm　Ⓝ318.2365
◇調布市例規集　平成26年度版 1　調布市総務部総務課編　調布　調布市　2014.9　1812p　21cm　Ⓝ318.2365
◇調布市例規集　平成26年度版 2　調布市総務部総務課編　調布　調布市　2014.9　p1813-3709　21cm　Ⓝ318.2365

調布市 (人権教育)
◇人権教育の推進と啓発—自分の大切さとともに他の人の大切さを認めることができる児童・生徒の育成：人権課題「子供」への取組　調布市人権教育推進委員会[著]　調布　調布市教育委員会指導室　2014.3　31p　30cm　(人権教育指導資料　平成25年度)　Ⓝ375

調布市 (選挙—統計)
◇選挙の記録—平成25年　調布　調布市選挙管理委員会　2013.11　162p　30cm〈東京都議会議員選挙　平成25年6月23日執行，参議院議員選挙　平成25年7月21日執行〉Ⓝ314.8

調布市 (男女共同参画)
◇調布市男女共同参画推進プラン(第4次)実施状況報告書　平成25年度[調布市]　生活文化スポーツ部男女共同参画推進課編　[調布]　調布市　2014.8　149p　30cm　Ⓝ367.21365

調布市 (地域開発)
◇調布市深大寺・佐須地域環境資源保全・活用基本計画　環境部環境政策課編　[調布]　調布市　2014.3　60p　30cm　Ⓝ519.1

調布市 (中学生)
◇調布市教育人口等推計報告書　平成26年度　調布市教育委員会教育部学務課編　[調布]　調布市教育委員会　2014.9　38p　30cm　Ⓝ372.1365

調布市 (特別支援教育)
◇調布市特別支援学級(知的固定)担任ハンドブック　調布市教育委員会,調布市立特別支援学級担任会編　調布　調布市教育委員会指導室　2014.4　66p　30cm　Ⓝ378

調布市 (都市計画)
◇調布市都市計画マスタープラン—住み続けたい緑につつまれるまち調布　調布市都市整備部都市計画課編　改定版　調布　調布市都市整備部都市計画課　2014.9　168p　30cm　Ⓝ518.8
◇調布市都市計画マスタープランを考える市民サロンのあゆみ　平成25年度　[調布]　調布市都市計画課都市計画係　2014.3　181p　30cm　Ⓝ518.8

調布市 (排出抑制〔廃棄物〕)
◇調布市廃棄物減量及び再利用促進審議会等運営支援委託業務報告書　平成25年度　調布　調布市環境部ごみ対策課　2014.3　213p　30cm　Ⓝ518.52

調布市 (リサイクル〔廃棄物〕)
◇調布市廃棄物減量及び再利用促進審議会等運営支援委託業務報告書　平成25年度　調布　調布市環境部ごみ対策課　2014.3　213p　30cm　Ⓝ518.52

調布市 (歴史)
◇証言調布の戦史—撃墜されたB29　岩崎清吾著　岩波出版センター(製作)　2013.4　182p　22cm〈文献あり〉Ⓝ210.75

調布市議会
◇調布市議会改革検討代表者会議報告書　会議の概要　調布　調布市議会　2014.1　322p　30cm〈奥付のタイトル：議会改革検討代表者会議報告書〉Ⓝ318.4365
◇調布市議会改革検討代表者会議報告書　検討結果　調布　調布市議会　2014.1　34p　30cm〈奥付のタイトル：議会改革検討代表者会議報告書〉Ⓝ318.4365
◇調布市議会改革検討代表者会議報告書　資料編　調布　調布市議会　2014.1　296p　30cm〈奥付のタイトル：議会改革検討代表者会議報告書〉Ⓝ318.4365
◇調布市議会第2回議会報告会実施報告書　調布市議会市民への議会報告実行委員会[著]　調布　調布市議会事務局　2014.10　58p　30cm　Ⓝ318.4365

調布市青少年交流館
◇調布市青少年交流館開館10周年記念誌　調布市教育委員会教育部社会教育課編　[調布]　調布市教育委員会　2013.12　76p　30cm　Ⓝ379.3

調布市西部公民館
◇調布市西部公民館開館30周年記念誌　調布市西部公民館編　調布　調布市西部公民館　2014.3　123p　30cm〈奥付・表紙のタイトル：出逢いつながり学びあう〉Ⓝ379.2

調布市立第六中学校
◇調布市立第六中学校開校40周年記念誌—百日紅　四十周年記念行事委員会編　調布　調布市立第六中学校　2014.11　42p　30cm〈年表あり〉Ⓝ376.38

調布市立図書館
◇数字で見る図書館活動—概要と統計　平成25年度版　調布　調布市立図書館　2014.8　105p　30cm　Ⓝ016.21365

朝陽 (遺跡・遺物)
◇朝陽地区隋唐墓の整理と研究　国立文化財機構奈良文化財研究所編　奈良　国立文化財機構奈良文化財研究所　2013.3　521p　図版8p　26cm　(奈良文化財研究所学報　第91冊)〈文献あり　中国語併載　共同刊行：中国遼寧省文物考古研究所〉978-4-905338-27-7　Ⓝ222.57

長楽寺 (群馬県尾島町)
◇長樂寺文書　小此木輝之校訂　オンデマンド版　八木書店古書出版部　2014.1　301p　21cm　(史料纂集)〈八木書店(発売)　初版：続群書類従完成会　1997年刊　印刷・製本：デジタルパブリッシングサービス〉978-4-8406-3438-0　Ⓝ188.45　[10000円]

長林寺 (足利市)
◇山川長林寺と開基岡見氏　山川長林寺資料調査会編　足利　福聚山長林寺　2014.5　434p　22cm〈文献あり　標題紙・背の出版者表示：山川長林寺〉Ⓝ288.2

◇山川長林寺の歩みと文化財　山川長林寺資料調査会編　足利　福聚山長林寺　2014.5　291p　30cm〈年表あり　文献あり〉Ⓝ188.85　[非売品]

チョーサー, G.〔1340?〜1400〕
◇『カンタベリー物語』の語り―主題と変奏　佐藤勉著　増補改訂版　彩流社　2014.5　442p　20cm〈文献あり〉Ⓘ978-4-7791-2010-7　Ⓝ931.4　[4000円]

千代鶴 貞秀〔初代 1906〜1999〕
◇鉋くず一枚が勝負―千代鶴三代　神吉岩雄編著　人間の科学新社　2013.10　182p　22cm〈年譜あり〉Ⓘ978-4-8226-0306-9　Ⓝ583.8　[2200円]

千代鶴 貞秀〔2代目 1944〜 〕
◇鉋くず一枚が勝負―千代鶴三代　神吉岩雄編著　人間の科学新社　2013.10　182p　22cm〈年譜あり〉Ⓘ978-4-8226-0306-9　Ⓝ583.8　[2200円]

全 仲潤〔1919〜2014〕
◇インスタントラーメンが海を渡った日―日韓・麺に賭けた男たちの挑戦　村山俊夫著　河出書房新社　2014.12　197p　20cm〈文献あり　年譜あり〉Ⓘ978-4-309-24685-7　Ⓝ588.97　[1600円]

チリ（環境アセスメント―法令）
◇チリ環境影響評価システムに関する規則令―2013年12月施行版　[東京]　石油天然ガス・金属鉱物資源機構　2014.1　167p　30cm〈スペイン語併記〉Ⓝ519.15

チリ（産業安全）
◇チリにおける高地の職場での労働衛生条件関連規則―高地の職場での環境衛生条件に関する規則（大統領令第594号）及び高地において慢性的、間欠的に低圧に曝される労働に関する技術ガイドブック　[東京]　石油天然ガス・金属鉱物資源機構　2014.8　64p　30cm〈スペイン語併載〉Ⓝ366.34

チリ（労働衛生）
◇チリにおける高地の職場での労働衛生条件関連規則―高地の職場での環境衛生条件に関する規則（大統領令第594号）及び高地において慢性的、間欠的に低圧に曝される労働に関する技術ガイドブック　[東京]　石油天然ガス・金属鉱物資源機構　2014.8　64p　30cm〈スペイン語併載〉Ⓝ366.34

チリンの会
◇チリンの会25年のあゆみ―平成元年度から平成25年度まで　[富士]　チリンの会　2014.11　129p　30cm〈年表あり〉Ⓝ015.6

陳 寿〔233〜297〕
◇魏志倭人伝―原文の響に浸り文脈の先に思いを馳せよう　石田肇著　文芸社　2014.7　263p　19cm〈文献あり〉Ⓘ978-4-286-15142-7　Ⓝ210.273　[1400円]
◇三国志男　さくら剛[著]　幻冬舎　2014.7　389p　16cm（幻冬舎文庫　さ-29-6）〈サンクチュアリ・パブリッシング2008年刊の再刊〉Ⓘ978-4-344-42220-9　Ⓝ292.209　[730円]
◇大迫力！写真と絵でわかる三国志　入澤宣幸著　西東社　2014.9　175p　30cm（大判ビジュアル図解）〈文献あり　年表あり　索引あり　表紙のタイトル：Three Kingdoms' Dreams！〉Ⓘ978-4-7916-2243-6　Ⓝ222.043　[1400円]

陳 亮〔1143〜1194〕
◇陸九淵と陳亮―朱熹論敵の思想研究　中嶋諒著　早稲田大学出版部　2014.10　149, 7p　30cm（早稲田大学モノグラフ109）〈文献あり〉Ⓘ978-4-657-14511-6　Ⓝ125.4　[2700円]

鎮西学院
◇この道にたえなる灯（ともしび）を―鎮西学院第18代院長千葉胤雄の生涯　鎮西学院千葉胤雄伝刊行委員会編著　諫早　鎮西学院　2014.12　233p　20cm〈文献あり　年譜あり　布装〉Ⓘ978-4-904561-81-2　Ⓝ289.1　[1500円]

【つ】

ツイッター社
◇ツイッター創業物語―金と権力、友情、そして裏切り　ニック・ビルトン著、伏見威蕃訳　日本経済新聞出版社　2014.4　391p　19cm　Ⓘ978-4-532-31933-5　Ⓝ007.35　[1800円]
◇ツイッターで学んだいちばん大切なこと―共同創業者の「つぶやき」　ビズ・ストーン著、石垣賀子訳　早川書房　2014.9　326p　19cm　Ⓘ978-4-15-209484-1　Ⓝ007.35　[1600円]

ツェラン, P.〔1920〜1970〕
◇ツェランの詩を読みほどく　相原勝[著]　みすず書房　2014.11　258p　20cm〈文献あり　年譜あり〉Ⓘ978-4-622-07867-8　Ⓝ941.7　[3600円]
◇パウル・ツェランと石原吉郎　冨岡悦子[著]　みすず書房　2014.1　269p　20cm〈文献あり　内容：二つの帰郷　かけがえのない死者　呪いと祈りもたずさえて　連帯の磁場　沈黙に生成された言葉　詩は誰に宛てられているか　光と風が問うもの　人間と神　何が不遜か　あらゆる安息のかわりに　死はそれほどにも出発である〉Ⓘ978-4-622-07812-8　Ⓝ941.7　[3600円]

塚本 邦雄〔1922〜2005〕
◇わが父塚本邦雄　塚本靑史著　白水社　2014.12　285p　20cm〈著作目録あり　年譜あり〉Ⓘ978-4-560-08406-9　Ⓝ911.162　[2600円]

塚本 正一郎〔1893〜1920〕
◇カザルマの月―追悼塚本正一郎伝：私家版　廣田瑞者　川崎　福印堂　2014.3　111枚　図版[27]枚　30cm〈文献あり〉Ⓝ289.1　[2000円]

塚本 高史〔1982〜 〕
◇トーキング・プラネッツ―俳優編　001　塚本高史―オン・ザ・ロード　高野育郎責任編集　塚本高史著　グループアム　2014.9　175p　26cm〈星雲社（発売）〉Ⓘ978-4-434-19740-6　Ⓝ778.21　[1500円]

塚本 学〔1927〜2013〕
◇塚本学著作目録　塚本良子編　佐倉　塚本良子　2014.4　73p　21cm〈年譜あり〉Ⓝ210.5

つがる市（遺跡・遺物）
◇明神沼遺跡・福島城跡5　青森県教育庁文化財保護課編　[青森]　青森県教育委員会　2014.3　62p　図版2p　30cm（青森県埋蔵文化財調査報告書　第548集）〈年表あり〉Ⓝ210.0254

津軽藩
◇北の世界遺産白神山地の歴史学的研究―森林・鉱山・人間：北方社会史の視座　歴史・文化・生活　別巻　長谷川成一著　大阪　清文堂出版　2014.1　362p　22cm〈内容：国絵図等の資料に見る江戸時代の白神山地　弘前藩の史資料に見える白神山地　近世後期の白神山地　白神山地における森林資源の歴史的活用　近世前期津軽領鉱山の開発と白神山地　延宝・天和期の尾太銀銅山　天和〜正徳期〈一六八一〜一七一五〉における尾太銅鉛山の経営動向　一八世紀〜二〇世紀の尾太鉱山史　一八世紀前半の白神山地で働いた人々　「天気不正」風説と白神山地　足羽次郎三郎考　足羽次郎三郎と大坂の住友泉屋〉Ⓘ978-4-7924-0999-9　Ⓝ212.1　[6500円]
◇民次郎一揆―義民の跡を訪ねて　阿保敏秋著　五所川原　青森文芸出版　2014.5　191p　21cm（青森県文芸協会双書6）〈文献あり〉Ⓝ212.1　[1500円]
◇弘前藩手廻組藩士楠美甚之助日記　楠美甚之助[著], 鈴木まどか, 笠井百合子, 鈴木元子編　大河書房　2014.5　446p　22cm〈文献あり　年譜あり〉Ⓘ978-4-902417-33-3　Ⓝ212.1　[7800円]

津軽半島
◇青森県史　民俗編　資料　津軽　青森県史編さん民俗部会編　青森　青森県　2014.3　715, 36p　31cm〈年表あり　文献あり〉Ⓝ212.1
◇津軽方言控/津軽の小正月　齋藤吉彦[著], 青森県史編さん民俗部会編　青森　青森県　2014.3　21p　30cm〈「青森県史　民俗編　資料　津軽　第Ⅱ部　民俗研究のあゆみ」の別冊〉Ⓝ818.21

津川 安正〔1924〜2012〕
◇津川安正先生遺稿追悼文集―農業拓殖の志に生きて　津川安正[著], 津川安正先生遺稿追悼文集編集委員会編　座間　津川逸子　2014.11　116p　27cm　Ⓝ289.1

月岡 芳年〔1839〜1892〕
◇月岡芳年―血と怪奇の異才絵師　河出書房新社　2014.5　127p　26cm（傑作浮世絵コレクション）〈文献あり　年譜あり〉Ⓘ978-4-309-62321-4　Ⓝ721.9　[2200円]

月形 潔〔1847〜1894〕
◇評伝月形潔―北海道を拓いた福岡藩士　桟比呂子著　福岡　海鳥社　2014.9　247p　19cm〈文献あり　年譜あり〉Ⓘ978-4-87415-911-8　Ⓝ289.1　[1600円]

月形町〔北海道〕（写真集）
◇月の形―月形町観光写真集　月形町（北海道）月形町　2014.3　70p　26×26cm　Ⓝ291.15

築地小劇場　　　　　　　　　　　　　　　　　　　　　　　　　　日本件名図書目録2014　Ⅰ

築地小劇場
◇劇場の近代化―帝国劇場・築地小劇場・東京宝塚劇場　永井聡子著　京都　思文閣出版　2014.3　215,7p　22cm〈文献あり〉内容：序章　帝国劇場・築地小劇場以前の歌舞伎劇場に見られる近代化　帝国劇場に見られる近代化　築地小劇場に見られる近代化　東京宝塚劇場に見られる近代化　帝国劇場・築地小劇場・東京宝塚劇場に見られる「劇場」の近代化　終章〉①978-4-7842-1737-3　Ⓝ771.02136　[3500円]

月島〔東京都中央区〕
◇月島再発見学―まちづくり視点で楽しむ歴史と未来　志村秀明著　アニカ　2013.10　231p　19cm〈文献あり　年表あり〉①978-4-901964-26-5　Ⓝ291.361　[1800円]

月星海運株式会社
◇航跡―月星海運発足50年史　大阪　月星海運　2014.9　127p　30cm〈年表あり〉Ⓝ683.067

月本 昭男〔1948～〕
◇月本昭男先生退職記念献呈論文集　第1巻　世界の宗教といかに向き合うか　市川裕編　聖公会出版　2014.3　325p　22cm〈内容：キリスト教史における無教会の意義（芦名定道著）”新宗教”研究の射程（井上順孝著）　ドイツ民族主義宗教運動という正教会（深澤英隆著）　無神論体制下の正教会（倉寺美著）　イスラーム研究と宗教学（小田淑子著）「神秘主義」の再定義の可能性（鶴岡賀雄著）　イスラーム神秘主義と流出論（鎌田繁著）　インド宗教思想への新たな視座（澤井義次著）　ラビ・ユダヤ教は「第二神殿崩壊」をどのように捉えたのか（勝又悦子著）　書記と嘆き（髙井啓介著）『儀礼』特牲饋食の祖先祭祀（池澤優著）　宗教学と公共哲学（島薗進著）　死者と時間について（末木文美士著）　生動するイメージ、刻印されるイメージ（細田あや子著）　人はいかにして神話学者となるか（松村一男著）　宗教哲学は何を語りうるか（氣多雅子著）　岐路に立つ国際宗教学会（藤原聖子著）〉①978-4-88274-259-3　Ⓝ161.04　[3000円]
◇月本昭男先生退職記念献呈論文集　第2巻　考古学からみた聖書の世界　長谷川修一編　聖公会出版　2014.3　290p　22cm〈内容：考古学から見た都市の形成と展開（桑原久男著）　エジプトとの関係から見た前期青銅器時代・中期青銅器時代のイスラエルの地（イツハク・パズ著）　南レヴァントにおける中期青銅器時代2B-C期、後期青銅器時代・都市の発達とエジプトとの関係の変化（間舎裕生著）　イスラエル出土のガラスをめぐって（巽善信著）　後期青銅器時代の年代理解（宮崎修二著）　イスラエル文化の発達鉄器時代1-2期（杉本智俊著）　古代イスラエルの隣国ハマト王国の考古学（津本英利著）　考古学からみた鉄器時代3期からアケメネス朝ペルシア時代のパレスチナ（長谷川修一著）　考古学から見たヘレニズム時代（牧野久実著）　新約時代におけるパレスチナのシナゴーグ（山野貴彦著）　パレスチナにおけるローマの支配とキリスト教会堂の成立（江添誠著）〉①978-4-88274-260-9　Ⓝ161.04　[3000円]
◇月本昭男先生退職記念献呈論文集　第3巻　楔形文字文化の世界　柴田大輔編　聖公会出版　2014.3　216p　22cm〈文献あり　著作目録あり　年譜あり　内容：アッカド文字と日本文字における訓の発生（池田潤著）　古代メソポタミア史は諸民族興亡の歴史か（柴田大輔著）　エマルにおける王権拡大と市民反乱（山田雅道著）　アッシュルバニパル王の書簡とバビロン（伊藤早苗著）　シュメルにおける書記〈術〉と穀物の女神ニサバ（辻田明子著）　古代メソポタミアにおける卜占と歴史（杉江拓磨著）　メソポタミアにおける「王の業績録」（山田重郎著）　アナトリアにおけるフリ語ギルガメシュ伝承（中村光男著）　古代オリエントの大太鼓（小板橋又久著）　月本昭男君（ウォルフガング・レーリッヒ著）〉①978-4-88274-261-6　Ⓝ161.04　[3000円]

津久井 督六〔1936～〕
◇介護の会社の創業者の思い―建設から介護へ　津久井督六著　横浜　神奈川新聞社　2014.1　199p　19cm〈年譜あり〉①978-4-87645-513-3　Ⓝ289.1　[1000円]

津久井町〔神奈川県〕〔歴史〕
◇歴史研究春林文化―津久井の歴史と風土：歴史こぼれ話を語る会講話記録集　第9号　城山地域史研究会歴史こぼれ話を語る会編　相模原　城山地域史研究会　2014.3　160p　21cm〈内容：七国峠越えの大山道（橋本勝邦著）　甲州道中吉野宿の記録（大野洋一著）　津久井の民俗研究家・鈴木重光（沼謙吉著）　子どもの心に残る地域の歴史（佐藤久美子著）　土平治騒動と近江商人（関口博巨著）　塩野適斎の『津久井県紀行詩集』と『新編相模国風土記稿』（飯田彦雄著）　戦争体験を語り継ぐ　兵隊はかなしきかなや（諸角弘著）　歴史に見る山村のすがた（白水智著）　信仰の山大山（福壽一雄著）　村のかたち（山口清著）〉Ⓝ213.7

つくば市〔遺跡・遺物〕
◇面野井古墳群　水戸　茨城県教育財団　2014.3　64p　図版12p　30cm（茨城県教育財団文化財調査報告　第391集）〈茨城県土浦土木事務所の委託による　都市計画道路新都市中央通り線バイパス建設事業地内埋蔵文化財調査報告書〉Ⓝ210.0254
◇島名熊の山遺跡　水戸　茨城県教育財団　2014.3　178p　図版38p　30cm（茨城県教育財団文化財調査報告　第389集）〈茨城県の委託による〉Ⓝ210.0254
◇島名熊の山遺跡　上巻　水戸　茨城県教育財団　2014.3　286p　30cm（茨城県教育財団文化財調査報告　第390集）〈茨城県の委託による〉Ⓝ210.0254
◇島名熊の山遺跡　中巻　水戸　茨城県教育財団　2014.3　p287-596　30cm（茨城県教育財団文化財調査報告　第390集）〈茨城県の委託による　共通の付属資料が上巻にあり〉Ⓝ210.0254
◇島名熊の山遺跡　下巻　水戸　茨城県教育財団　2014.3　108p　30cm（茨城県教育財団文化財調査報告　第390集）〈茨城県の委託による　共通の付属資料が上巻にあり〉Ⓝ210.0254
◇高須賀中台東遺跡　水戸　茨城県教育財団　2014.3　164p　図版34p　30cm（茨城県教育財団文化財調査報告　第382集）〈国土交通省常総国道事務所の委託による　一般国道468号首都圏中央連絡自動車道新設事業地内埋蔵文化財調査報告書〉Ⓝ210.0254

つくば市〔環境行政〕
◇つくば環境スタイルsmile Tsukuba―みんなの知恵とテクノロジーで笑顔になる街：つくば市環境モデル都市行動計画　つくば　つくば市　2014.4　52, 114, 10p　30cm　Ⓝ519.1

つくば市〔高齢者福祉〕
◇保健福祉関係者のための市内の保健福祉サービス民間関連サービスの概要―高齢者の地域包括ケアのためのミニ知識2014　〔つくば〕　つくば市地域包括支援センター　2014.8　75p　30cm　Ⓝ369.26

つくば市〔スポーツ振興基本計画〕
◇つくば市スポーツ推進計画―スポーツで”つながる”まちつくば　つくば　つくば市市民部スポーツ振興課　2014.3　111p　30cm　Ⓝ780.2131

つくば市〔地誌〕
◇筑波歴史散歩　宮本宣一著　日経事業出版センター　2014.4　333p　19cm〈宮本宣一遺稿刊行会　昭和43年刊の再刊〉①978-4-905157-10-6　Ⓝ291.31　[1600円]

つくば市〔民間社会福祉事業〕
◇保健福祉関係者のための市内の保健福祉サービス民間関連サービスの概要―高齢者の地域包括ケアのためのミニ知識2014　〔つくば〕　つくば市地域包括支援センター　2014.8　75p　30cm　Ⓝ369.26

筑波大学
◇筑波大学東日本大震災復興・再生支援ネットワーク―第2次報告書　つくば　筑波大学企画室　2013.10　36p　30cm　Ⓝ369.31

月読尊
◇ツクヨミ秘された神　戸矢学著　河出書房新社　2014.9　236p　15cm（河出文庫　と5-1）〈文献あり〉①978-4-309-41317-4　Ⓝ164.1　[720円]

津下 猛〔1949～〕
◇団塊じぃじの小さな足跡　津下猛著　弘報印刷出版センター　2014.12　230p　22cm　①978-4-907510-21-3　Ⓝ289.1　[1000円]

つげ 義春〔1937～〕
◇つげ義春―夢と旅の世界　つげ義春, 山下裕二, 戌井昭人, 東村アキコ著　新潮社　2014.9　158p　22cm（とんぼの本）〈著作目録あり　年譜あり〉①978-4-10-602254-8　Ⓝ726.101　[1800円]

津市〔遺跡・遺物〕
◇一般国道23号中勢道路（10工区）建設事業に伴うにんごう遺跡・にんごう古墳群発掘調査報告　三重県道路公社文化財センター編　〔明和町（三重県）〕　三重県埋蔵文化財センター　2014.3　145p　図版3枚　30cm（三重県埋蔵文化財調査報告115-33）Ⓝ210.0254
◇一般国道23号中勢道路（12工区）建設事業に伴う相川西方遺跡発掘調査報告　三重県埋蔵文化財センター編　〔明和町（三重県）〕　三重県埋蔵文化財センター　2014.11　255p　図版4枚　30cm（三重県埋蔵文化財調査報告115-32）Ⓝ210.0254
◇市内遺跡試掘・確認調査報告　平成24年度　津市教育委員会編　津　津市教育委員会　2013.8　7p　30cm（津市埋蔵文化財調査報告書35）Ⓝ210.0254

◇三行城跡（第3次）発掘調査報告　津市教育委員会編　津　津市教育委員会　2013.12　7p　図版 3p　30cm　〈津市埋蔵文化財調査報告書 36〉〈津市河芸町三行所在〉Ⓝ210.0254

津市（女性―伝記）
◇新・津市女人伝　駒田博之之著　［津］　伊藤印刷出版部　2013.6　111p　19cm　〈津市文化振興基金助成事業〉Ⓘ978-4-9903219-8-7　281.56　［500円］

津市（庭園―保存・修復）
◇名勝北畠氏館跡庭園保存管理計画　津市教育委員会編　［津］　津市教育委員会　2014.2　74p　30cm　Ⓝ629.21

辻 惟雄〔1932～〕
◇奇想の発見―ある美術史家の回想　辻惟雄著　新潮社　2014.6　254p　20cm　Ⓘ978-4-10-335811-4　289.1　［2200円］

辻 政信〔1902～〕
◇CIA日本人ファイル―米国国立公文書館機密解除資料　第11巻　辻政信 1　加藤哲郎編集・解説　現代史料出版　2014.12　302p　31cm　〈東出版（発売）　複製　布装〉Ⓘ978-4-87785-308-2,978-4-87785-303-7(set)　Ⓝ319.1053
◇CIA日本人ファイル―米国国立公文書館機密解除資料　第12巻　辻政信 2　加藤哲郎編集・解説　現代史料出版　2014.12　273p　31cm　〈東出版（発売）　複製　布装〉Ⓘ978-4-87785-309-9,978-4-87785-303-7(set)　Ⓝ319.1053

対馬
◇国境の島・対馬の観光を創る　岩下明裕,花松泰倫編著　名古屋　国境地域研究センター　2014.7　59p　26cm　（ブックレット・ボーダーズ No.1）〈北海道大学出版会（発売）　内容：国境のまちのいま（花松泰倫著）　韓国人観光客になってみる（木村貴著）　対馬を通って釜山に行こう（島田龍著）　国境のまち・上対馬の素顔（花松泰倫著）　提言―ユーラシアのゲートウェイ（岩下明裕,花松泰倫著）〉Ⓘ978-4-8329-6807-3　Ⓝ689.4　［800円］
◇BIOCITY―域学連携のエコアイランド構想　2014 No.58　創刊20周年特集1 対馬モデルへ　糸長浩司/監修　ブックエンド　2014.4　127p　21cm　Ⓘ978-4-907083-14-4　［2500円］

対馬市（観光開発）
◇国境の島・対馬の観光を創る　岩下明裕,花松泰倫編著　名古屋　国境地域研究センター　2014.7　59p　26cm　（ブックレット・ボーダーズ No.1）〈北海道大学出版会（発売）　内容：国境のまちのいま（花松泰倫著）　韓国人観光客になってみる（木村貴著）　対馬を通って釜山に行こう（島田龍著）　国境のまち・上対馬の素顔（花松泰倫著）　提言―ユーラシアのゲートウェイ（岩下明裕,花松泰倫著）〉Ⓘ978-4-8329-6807-3　Ⓝ689.4　［800円］

津島市（歴史―史料）
◇地方新聞集成―海部・津島　第1輯　園田俊介監修　津島　津島市立図書館　2013.3　606p　42cm　〈複製　内容：尾西タイムス（大正8年8月～大正10年4月）　尾陽新報（大正8年9月～大正9年5月）　尾州実業新聞（大正9年1月～大正9年5月）　大日本新聞（大正9年2月～大正10年1月）　津島新聞（大正9年4月～大正10年1月）　関西新聞（大正12年3月、昭和6年1月）　愛知時事新聞（昭和28年2月～昭和35年12月）　東海民衆新聞（昭和33年12月）　ふるさとアサヒ（昭和63年9月～平成5年3月）〉Ⓝ215.5
◇地方新聞集成―海部・津島　第2輯　園田俊介監修　津島　津島市立図書館　2014.3　532p　30×42cm　〈複製　内容：東海魁新聞（昭和12年5月～昭和14年8月）　自由評論（昭和22年9月～昭和28年1月）　尾張時報（昭和23年8月～昭和24年9月）　尾西通信（昭和27年1月）〉Ⓝ215.5

対馬藩
◇近世刑事史料集　2　対馬藩　藩法研究会編　谷口昭編集代表、守屋浩光編、鎌田浩翻刻・校訂　創文社　2014.2　28,597p　23cm　Ⓘ978-4-423-78202-6　322.15　［20000円］

津田 重憲〔1945～2012〕
◇刑事法学におけるトポス論の実践―津田重憲先生追悼論文集　三原憲三,増田豊,山田道郎編集委員　成文堂　2014.3　340p　22cm　〈著作目録あり　年譜あり　内容：わが国における「誤判」と「死刑廃止論」との関連についての一考察（三原憲三著）　禁制品窃盗における保護法益（港和夫著）　プロバイダによるブロッキングと他人のための緊急避難（緊急避難救助）（赤岩順二著）　修復的司法における〈責任〉の一断面（長谷川裕寿著）　幇助犯における因果関係の意味（小島秀夫著）　教唆犯理論の一断面（竹内健互著）　証人審問権と犯罪被害者保護（山田道郎著）　有罪判決における理由明示の要請と親告罪の告訴（黒澤睦著）　違法収集証拠排除法則とその根拠（守田智保子著）　アメリカ法における積極的抗弁と挙証責任分配について（八百

章嘉著）　死刑廃止への戦略（菊田幸一著）　保護処分の正当化根拠（上野正雄著）　電子監視制度の法的性質に関する一考察（安成訓著）〉Ⓘ978-4-7923-5105-2　Ⓝ326.04　［8000円］

津田 博明〔1944～2007〕
◇浪速のロッキーを〈捨てた〉男―稀代のプロモーター・津田博明の人生　浅沢英著　KADOKAWA　2014.4　323p　20cm　Ⓘ978-4-04-110759-1　Ⓝ788.3　［1700円］

津田 政隣〔1756～1814〕
◇政隣記　延享4－宝暦10年　記録九・拾　津田政隣［著],高木喜美子校訂・編集　富山　桂書房　2014.6　446p　21cm　Ⓘ978-4-905345-69-5　Ⓝ214.3　［3000円］

津田学園台自治会
◇津田学園台自治会五十年略史　津田学園台自治会編　小平　津田学園台自治会　2014.9　217p　26cm　Ⓝ318.8365

蔦谷 竜岬〔1868～1933〕
◇艶かな轍―日本画家：蔦谷龍岬没後80：井の頭文化圏につながる人びと　高木克英著　創英社/三省堂書店　2014.11　220p　図版12p　21cm　〈文献あり〉Ⓘ978-4-88142-879-5　Ⓝ721.9　［1500円］

ツタンカーメン
◇ツタンカーメン死後の奇妙な物語　ジョー・マーチャント著,木村博江訳　文藝春秋　2014.9　373,16p　20cm　〈文献あり〉Ⓘ978-4-16-390125-1　Ⓝ242.03　［1950円］

土浦 亀城〔1897～1996〕
◇土浦亀城と白い家　田中厚子著　鹿島出版会　2014.5　307p　22cm　〈文献あり　年譜あり〉Ⓘ978-4-306-04602-3　Ⓝ523.1

土浦市（遺跡・遺物）
◇坂田台山古墳群・下坂田中台遺跡・下坂田貝塚　毛野考古学研究所茨城支所編　土浦　土浦市教育委員会　2013.3　81p　図版 20p　30cm　〈茨城県土浦市所在　畑地帯総合整備事業（担い手支援型）坂田地区埋蔵文化財発掘調査報告書〉Ⓝ210.0254
◇下坂田中台遺跡　東京航業研究所編　［土浦］　土浦市　2014.3　74p　図版19p　30cm　〈茨城県土浦市所在　坂田地区畑地帯総合整備事業に伴う埋蔵文化財発掘調査報告書　共同刊行：土浦市教育委員会ほか〉Ⓝ210.0254
◇下坂田塙台遺跡・坂田塙台古墳群　勾玉工房Mogi編　土浦　土浦市教育委員会　2013.3　132p　図版48p　30cm　〈茨城県土浦市所在　県営畑地帯総合整備事業（担い手支援型）坂田地区埋蔵文化財発掘調査報告書　折り込 2枚〉Ⓝ210.0254
◇下高津小学校遺跡　毛野考古学研究所茨城支所編　土浦　土浦市教育委員会　2013.6　32p　図版 10p　30cm　〈茨城県土浦市所在　宅地造成に伴う埋蔵文化財発掘調査報告書　共同刊行：常陽エステート〉Ⓝ210.0254
◇東谷遺跡　第1次調査　土浦市遺跡調査会編　［土浦］　土浦市教育委員会　2013.3　16p　図版 6p　30cm　〈茨城県土浦市所在　住宅地造成に伴う埋蔵文化財発掘調査報告書〉Ⓝ210.0254
◇武者塚古墳とその時代―上高津貝塚ふるさと歴史の広場第13回特別展：重要文化財指定記念　上高津貝塚ふるさと歴史の広場編　［土浦］　上高津貝塚ふるさと歴史の広場　2014.10　76p　30cm　〈文献あり　会期・会場：2014年10月18日―11月30日　上高津貝塚ふるさと歴史の広場〉Ⓝ213.1

土浦市（家庭用電気製品―リサイクル）
◇小型電子機器等リサイクルシステム構築実証事業（平成24年度第二次）運営業務（関東地方）に関する報告書　平成25年度　［東京］　リーテム　[2014]　100p　30cm　〈表紙のタイトル（誤植）：小型電子機器等リサクルシステム構築実証事業（平成24年度第二次）運営業務（関東地方）に関する報告書〉Ⓝ545.88

土浦市（古墳）
◇武者塚古墳とその時代―上高津貝塚ふるさと歴史の広場第13回特別展：重要文化財指定記念　上高津貝塚ふるさと歴史の広場編　［土浦］　上高津貝塚ふるさと歴史の広場　2014.10　76p　30cm　〈文献あり　会期・会場：2014年10月18日―11月30日　上高津貝塚ふるさと歴史の広場〉Ⓝ213.1

土浦市（祭礼）
◇山ノ荘の民俗・日枝神社の流鏑馬祭　土浦　土浦市立博物館　2014.3　263p　30cm　（土浦市史民俗調査報告書 第1集）Ⓝ386.131

土浦市（殺人）
◇死刑のための殺人―土浦連続通り魔事件・死刑囚の記録　読売新聞水戸支局取材班著　新潮社　2014.3　253p　20cm　〈文献あり〉Ⓘ978-4-10-335431-4　Ⓝ368.61　［1300円］

土浦市（石仏）
◇土浦の石仏　新治地区編　土浦市教育委員会編　土浦　土浦市教育委員会　2014.3　228p　30cm　Ⓝ718.4

土浦市〔歴史─史料〕

◇家事志─色川三中・美年日記　第6巻　色川三中, 色川美年［著］, 土浦市立博物館市史編さん係編　[土浦]　土浦市立博物館　2014.3　31, 507p　21cm（土浦市史資料）Ⓝ213.1

◇家事志　第6巻 資料編　[土浦]　土浦市立博物館　[2014]　150p　21cm　Ⓝ213.1

土浦市〔歴史─史料─書目〕

◇土浦市史資料目録　第24集　土浦の古文書─郷土資料館旧蔵他諸家文書　土浦市古文書研究会編　[土浦]　土浦市立博物館　2014.3　121p　26cm　Ⓝ213.1

土田 英順

◇チェロ弾き英順音楽の人生（たび）　土田英順著　[出版地不明]　[土田英順]　2014.7　151p　19cm（道新マイブック）〈製作協力：北海道新聞社事業局出版センター〉①978-4-86368-040-1　Ⓝ762.1　[1389円]

土屋 文明〔1890～1990〕

◇韮菁集私論　田保愛明著　札幌　大海の小島　2014.9　340p　21cm〈文献あり〉①978-4-9907817-0-5　Ⓝ911.168　[2500円]

筒井 順慶〔1549～1584〕

◇筒井順慶─柳沢文庫平成二十五年度秋季特別展図録　郡山城史跡・柳沢文庫保存会編　[大和郡山]　柳沢文庫　2014.3　83p　30cm〈年表あり　会期：2013年9月21日～12月15日〉①978-4-946354-24-3　Ⓝ289.1　[1000円]

堤 清二〔1927～2013〕

◇堤清二と昭和の大物　松崎隆司著　光文社　2014.11　303p　19cm〈文献あり 年譜あり〉①978-4-334-97801-3　Ⓝ289.1　[1600円]

堤 義明〔1934～ 〕

◇堤義明闇の帝国　七尾和晃著　草思社　2014.6　258p　16cm（草思社文庫 な2-3）〈文献あり　光文社 2005年刊の再刊〉①978-4-7942-2056-1　Ⓝ335.5　[800円]

津南町〔長野県〕

◇津南学　Vol.3（2014）特集 めざせ！ 苗場山麓ジオパーク　津南町教育委員会／編　長野　ほおずき書籍, 星雲社[発売]　2014.10　331p　21cm　Ⓝ291.41　[1500円]

津南町〔新潟県〕（遺跡・遺物）

◇諏訪前遺跡　津南町教育委員会編　[津南町（新潟県）]　津南町教育委員会　2014.3　96p　図版24p　30cm（津南町文化財調査報告書 第64輯）〈県営中山間地域総合整備事業に伴う発掘調査報告書　執筆：藤田登ほか〉Ⓝ210.0254

◇諏訪前北遺跡群　津南町教育委員会編　[津南町（新潟県）]　津南町教育委員会　2014.3　157p　図版30p　30cm（津南町文化財調査報告書 第65輯）〈県営中山間地域総合整備事業に伴う発掘調査報告書〉Ⓝ210.0254

◇本ノ木遺跡─遺跡範囲確認調査概要報告　津南町教育委員会編　[津南町（新潟県）]　津南町教育委員会　2013.12　25p　30cm（津南町文化財調査報告書 第63輯）〈執筆：佐藤雅一ほか〉Ⓝ210.0254

津南町〔新潟県〕（文化活動）

◇美術は地域をひらく─大地の芸術祭10の思想：Echigo-Tsumari Art Triennale Concept Book　北川フラム著　現代企画室　2014.2　267p　21cm〈索引あり〉①978-4-7738-1318-0　Ⓝ702.1941　[2500円]

津南町〔新潟県〕（文化行政）

◇アートは地域を変えたか─越後妻有大地の芸術祭の13年2000-2012　澤村明編著　慶應義塾大学出版会　2014.6　184p　21cm〈文献あり　索引あり　内容：序章（澤村明著）大地の芸術祭が行なわれるまで（中東雅樹著）大地の芸術祭の概要（澤村明著）大地の芸術祭の経済効果（長谷川雪子著）大地の芸術祭とソーシャル・キャピタル（鷲見英司著）大地の芸術祭と人々（寺尾仁著）大地の芸術祭と類似例（澤村明著）アートは地域を変えたか（澤村明著）〉①978-4-7664-2149-1　Ⓝ709.141　[2400円]

津南町〔新潟県〕（歴史─史料）

◇丸山昇家の史料─新潟県津南町樽田　丸山昇著　[新潟]　[丸山昇]　2014.1　285p　30cm〈年表あり〉Ⓝ214.1

恒藤 恭〔1888～1967〕

◇恒藤恭「欧州留学日記」─1925年　恒藤恭［著］　大阪　大阪市立大学大学史資料室　2014.3　181p　26cm（恒藤記念室叢書 4）Ⓝ289.1

椿 れい〔1952～ 〕

◇恋はチから─58歳歌手デビュー私は, どのように, 夢を叶えたか　椿れい著　さいたま　知玄舎　2014.2　191p　19cm〈星雲社（発売）〉①978-4-434-18887-9　Ⓝ767.8　[1500円]

燕市〔ダム〕

◇解体新書大河津分水可動堰　土木学会大河津分水可動堰記録保存検討委員会編　土木学会　2014.9　157p　26cm（丸善（発売））年表あり　文献あり　年譜あり〉①978-4-8106-0843-4　Ⓝ517.72　[1000円]

燕市〔歴史〕

◇越後吉田ふるさと事典　亀井功監修, 燕市吉田郷土史研究会編　[燕]　燕市吉田郷土史研究会　2014.12　290p　21cm〈文献あり〉Ⓝ291.41　[1482円]

津藩

◇地域社会における「藩」の刻印─津・伊賀上野と藤堂藩　藤田達生監修, 三重大学歴史都市研究センター編　大阪　清文堂出版　2014.8　379p　22cm〈文献あり　内容：藤堂藩の誕生（深谷克己著）藤堂藩の藩政と伊賀（東谷智著）近世前期藤堂藩伊賀領の支配構造（藤田達生著）西島八兵衛の治水事業（山田雄司著）藤堂藩陪臣団の構造と変容（藤谷彰著）藤堂藩士岡野家文書の概要と一部翻刻（岡野友彦著）藤堂藩の武家屋敷配置と変遷（齋藤隼人著）津城, 廃城後の経緯に関する研究（吉村利男著）三重県所蔵『御城内御建物作事覚 四』について（松島悠著）御城内御建物作事覚　四（松島悠, 齋藤隼人, 藤田達生著）藤堂高虎像補説（山口泰弘著）藤堂藩領における藩主・重臣家墓地（竹田憲治著）伊勢湾・熊野灘沿岸部の伊豆石製品と近世太平洋海運（伊藤裕偉著）大河ドラマは町になにを遺したか（太田浩司著）終章（藤田達生著）〉①978-4-7924-1020-9　Ⓝ215.6　[9500円]

円谷 英二〔1901～1970〕

◇円谷英二と阿妻そして内田吐夢─知られざる巣鴨撮影所時代の物語　渡邉武男著　西田書店　2014.10　210p　19cm〈文献あり〉①978-4-88866-587-2　Ⓝ778.21　[1500円]

津別町〔北海道〕（遺跡・遺物）

◇津別町町内遺跡発掘調査等事業報告書　2　北海道津別町教育委員会編　津別町（北海道）北海道津別町教育委員会　2014.3　32p　30cm（津別町文化財調査報告 第3集）〈平成25年度国営農地再編整備事業津別地区に伴う試掘調査報告〉Ⓝ210.0254

壺屋華鳳会

◇壺屋華鳳会三十周年記念誌　壺屋華鳳会30周年記念誌実行委員会編　那覇　壺屋華鳳会30周年記念誌実行委員会　2014.3　107p　30cm〈年表あり〉Ⓝ386.199

妻木 頼黄〔1859～1916〕

◇妻木頼黄の都市と建築　日本建築学会編集　日本建築学会　2014.4　126p　21cm〈丸善出版（発売）会期・会場：2014年4月10日（木）-4月23日（水）建築会館1階ギャラリー　主催：日本建築学会建築博物館〉①978-4-8189-2981-4　Ⓝ523.1　[1200円]

嬬恋村〔群馬県〕（遺跡・遺物）

◇鎌原城址　嬬恋村教育委員会編　[嬬恋村（群馬県）]　嬬恋村教育委員会　2013.12　20p 図版[4] 枚　30cm（嬬恋村文化財調査報告書 第8集）〈東京電力株式会社による西窪線, 上信越送電線用鉄塔建替工事に伴う発掘調査〉Ⓝ210.0254

◇東平遺跡調査報告書─平成7年度第2次発掘調査報告　群馬県吾妻郡嬬恋村教育委員会, 嬬恋郷土資料館編　[嬬恋村（群馬県）]　群馬県吾妻郡嬬恋村教育委員会　2013.3　38p 図版[4] 枚　30cm（今井東平遺跡調査報告 第3輯）〈群馬県吾妻郡嬬恋村今井所在　共同刊行：嬬恋郷土資料館〉Ⓝ210.0254

◇東平遺跡調査報告書─平成8年度第3次発掘調査報告　群馬県吾妻郡嬬恋村教育委員会, 嬬恋郷土資料館編　[嬬恋村（群馬県）]　群馬県吾妻郡嬬恋村教育委員会　2014.3　28p 図版[3] 枚　30cm（今井東平遺跡調査報告 第4輯）〈群馬県吾妻郡嬬恋村今井所在　共同刊行：嬬恋郷土資料館〉Ⓝ210.0254

津村 節子〔1928～ 〕

◇道づれの旅の記憶─吉村昭・津村節子伝　川西政明著　岩波書店　2014.11　437p　20cm〈文献あり〉①978-4-00-024874-7　Ⓝ910.268　[3000円]

津山工業高等専門学校

◇津山工業高等専門学校50周年記念誌　津山工業高等専門学校50年史編集委員会編　津山　津山工業高等専門学校　2014.3　253p　30cm〈年表あり　タイトルは表紙による〉Ⓝ377.3

◇津山工業高等専門学校の現状と課題─自己点検・評価報告書　第5回　国立高等専門学校機構津山工業高等専門学校　2014.1　180p　30cm〈年表あり〉Ⓝ377.1

津山市〔遺跡・遺物〕

◇津山市内遺跡調査報告書　平成22-24年度　津山　津山市教育委員会文化課津山弥生の里文化財センター　2014.3　48p　30cm（津山市埋蔵文化財発掘調査報告 第83集）〈奥付の出版者（誤植）：津山市教育委員会文化課津山弥生の里文化財セン

ター　内容：指定文化財（古墳）測量調査　美作国府跡発掘調査　西吉田地区試掘調査〉Ⓝ210.0254

津山市〔景観計画〕
◇津山市歴史的風致維持向上計画　［津山］　岡山県津山市　2014.3　166p　31cm〈ルーズリーフ〉Ⓝ518.8

津山市〔社会福祉〕
◇津山市地域福祉計画　環境福祉部社会福祉事務所生活福祉課編　［津山］　津山市　2014.3　99p　30cm　Ⓝ369.11

津山市〔文化的景観〕
◇津山市歴史的風致維持向上計画　［津山］　岡山県津山市　2014.3　166p　31cm〈ルーズリーフ〉Ⓝ518.8

津山市〔歴史―史料〕
◇津山松平藩町奉行日記　22　津山郷土博物館編　津山　津山郷土博物館　2014.10　139p　26cm　（津山郷土博物館紀要第28号）〈内容：文化元年（一八〇四）〉Ⓝ217.5

津留 健二
◇教職の道に生きて―出会いに学ぶ：回想録　津留健二著　那覇　ボーダーインク　2014.11　263p　22cm　①978-4-89982-263-9　Ⓝ372.199　［2000円］

鶴岡市〔遺跡・遺物〕
◇鷺畑山古墳1号―第1次発掘調査報告書　鶴岡　鷺畑山古墳1号発掘調査会　2014.3　20p　30cm〈山形県鶴岡市所在〉Ⓝ210.0254
◇鷺畑山古墳1号―第2次発掘調査報告書　鶴岡　鷺畑山古墳1号発掘調査会　2014.11　14p　30cm〈山形県鶴岡市所在〉Ⓝ210.0254
◇市内遺跡分布調査報告書　13　〔鶴岡〕　鶴岡市教育委員会　2014.3　20p　30cm　（山形県鶴岡市埋蔵文化財調査報告書第30集）Ⓝ210.0254

鶴岡市〔産学連携〕
◇大学発バイオベンチャー成功の条件―「鶴岡の奇蹟」と地域Eco-system　大滝義博，西澤昭夫編著　創成社　2014.10　207p　21cm〈文献あり　索引あり　内容：USモデルと地域Eco-system（西澤昭夫著）　大学発バイオベンチャーによるライフサイエンス産業の創成（大滝義博著）　HMT社の創業・成長，そしてIPOへ（大滝義博，西澤昭夫著）　鶴岡におけるバイオクラスター形成の歩み（高坂信司，高橋健彦著）　「奇蹟」を越えるために（西澤昭夫著）　①978-4-7944-2443-3　Ⓝ579.9　［2300円］

鶴岡市〔地域開発〕
◇地方中小都市・農山村における自律と交流の地域づくりに学ぶ―山形県鶴岡市　都留文科大学社会学科地域経済論研究室編　［都留］　都留文科大学社会学科地域経済論研究室　2013.3　112p　30cm　（「フィールドワークⅤ」報告書 2012年度）Ⓝ601.125

鶴岡市〔地誌〕
◇朝日人　鶴岡　アイスリー　2014.6　80p　21cm　（ふるさとの心を伝える　第1号）〈企画：齋藤幸子〉①978-4-9907659-0-3　Ⓝ291.25　［1000円］

鶴岡市〔バイオベンチャー〕
◇大学発バイオベンチャー成功の条件―「鶴岡の奇蹟」と地域Eco-system　大滝義博，西澤昭夫編著　創成社　2014.10　207p　21cm〈文献あり　索引あり　内容：USモデルと地域Eco-system（西澤昭夫著）　大学発バイオベンチャーによるライフサイエンス産業の創成（大滝義博著）　HMT社の創業・成長，そしてIPOへ（大滝義博，西澤昭夫著）　鶴岡におけるバイオクラスター形成の歩み（高坂信司，高橋健彦著）　「奇蹟」を越えるために（西澤昭夫著）　①978-4-7944-2443-3　Ⓝ579.9　［2300円］

鶴岡市〔歴史―史料―書目〕
◇諸家文書目録　12　鶴岡市郷土資料館編　鶴岡　鶴岡市郷土資料館　2014.3　106p　26cm〈内容：松本十郎資料〉Ⓝ212.5

鶴岡市芸術文化協会
◇芸文のあゆみ―鶴岡市芸術文化協会創立50周年記念　［鶴岡］　鶴岡市芸術文化協会　2014.1　169p　30cm〈年表あり〉Ⓝ706

敦賀市〔自然保護〕
◇中池見湿地保存活動史　vol.1（1990-2003）工業団地構想からLNG基地計画中止まで　会報「緑と水の通信」に見る　ナチュラリスト敦賀緑と水の会［著］　［敦賀］　ウエットランド中池見　2014　1冊　30cm〈複製〉Ⓝ519.8144　［非売品］
◇中池見湿地保存活動史　vol.2（2003-2013）開発計画中止からラムサール条約登録まで　NPO会報Wetland Nakaikemiで

見る10年　［敦賀］　ウエットランド中池見　2014　1冊　30cm〈年表あり　複製〉Ⓝ519.8144　［非売品］
◇中池見湿地保存活動史　別巻　1990-2013（資料編）ナチュラリスト敦賀緑と水の会資料室編　［敦賀］　ウエットランド中池見　2014.9　1冊　30cm〈年表あり　共同刊行：ナチュラリスト敦賀緑と水の会ほか〉Ⓝ519.8144

敦賀市〔湿原〕
◇中池見湿地保存活動史　vol.1（1990-2003）工業団地構想からLNG基地計画中止まで　会報「緑と水の通信」に見る　ナチュラリスト敦賀緑と水の会［著］　［敦賀］　ウエットランド中池見　2014　1冊　30cm〈複製〉Ⓝ519.8144　［非売品］
◇中池見湿地保存活動史　vol.2（2003-2013）開発計画中止からラムサール条約登録まで　NPO会報Wetland Nakaikemiで見る10年　［敦賀］　ウエットランド中池見　2014　1冊　30cm〈年表あり　複製〉Ⓝ519.8144　［非売品］
◇中池見湿地保存活動史　別巻　1990-2013（資料編）ナチュラリスト敦賀緑と水の会資料室編　［敦賀］　ウエットランド中池見　2014.9　1冊　30cm〈年表あり　共同刊行：ナチュラリスト敦賀緑と水の会ほか〉Ⓝ519.8144

敦賀市〔松―保護〕
◇気比の松原保全対策調査業務報告書　［福井］　福井森林管理署　2014.3　1冊　30cm〈受注者：環境設計株式会社〉Ⓝ653.6

鶴ヶ島市〔遺跡・遺物〕
◇天神前遺跡第1・4次上山田遺跡第9・11次　鶴ヶ島　埼玉県鶴ヶ島市教育委員会　2014.3　64p　図版16p　30cm　（鶴ヶ島市埋蔵文化財調査報告　第73集）Ⓝ210.0254
◇元屋敷遺跡B―発掘調査報告書　鶴ヶ島　埼玉県鶴ヶ島市遺跡調査会　2014.12　28p　図版4p　30cm　（鶴ヶ島市埋蔵文化財調査報告　第74集）〈岸田建設の委託による〉Ⓝ210.0254

鶴ヶ島市〔社会福祉〕
◇「住民力」を支えるフューチャーセンター機能のあり方に関する調査・研究事業　鶴ヶ島　地域協働推進機構　2013.3　127p　30cm〈平成24年度セーフティネット支援対策等事業費補助金社会福祉推進事業〉Ⓝ369.02134

鶴来高等学校〔石川県立〕
◇石川県立鶴来高等学校創立70周年近十年史―2003-2013　近十年史編集委員会編　白山　石川県立鶴来高等学校　2013.10　169p　30cm〈年表あり〉Ⓝ376.4

ツルゲーネフ, I.S.〔1818～1883〕
◇密かな愛の贈り物『初恋』―秘められたストーリーが語る真実　角伸明著　横浜　群像社　2014.5　233p　19cm〈文献あり〉①978-4-903619-46-0　Ⓝ983　［2000円］

鶴田 朋也〔1940～ 〕
◇福岡県福岡市高畑新町八七番地一幼年期を過ごした町ヘタイムトラベル：昭和15年―昭和28年　鶴田朋也著　復刊ドットコム　2013.8　199p　21cm　①978-4-8354-4965-4　Ⓝ289.1　［1600円］

都留文科大学
◇学長ブログ―2011-2014：都留文科大学長加藤祐三　加藤祐三著　都留　都留文科大学　2014.3　179p　30cm　Ⓝ377.21

都留文科大学文学部英文学科
◇言語学、文学そしてその彼方へ―都留文科大学英文学科創設50周年記念研究論文集　都留文科大学英文学科創設50周年記念研究論文集編集委員会編　ひつじ書房　2014.3　22,425p　22cm〈(In)directness and (In)formality in Japanese E-mail Requests（Saeko Fukushima著）Merge and Three Dimensional Structures（Takashi Imai著）Subjective Small Clause Predicates in English and Japanese（Mikinari Matsuoka著）Temporal Interpretation in L2 English by Japanese and Chinese Speakers（Natsumi Okuwaki著）Remarks on the English Writing System and its Logographic Nature（Shinji Saito著）The Role of Reading Experience in Construing Japanese Gapless Relative Clauses（Koichi Sawasaki著）Textual Cohesion in the English as a Foreign Language〈EFL〉Classroom（Kaori Terakawa著）A Syntactic Approach to Language Variations of Aspectual Properties（Masashi Yamada著）Jokes and Semantic Blinking（Kazuya Yasuhara著）リメディアル教育における教員間のシナジー効果の検証（上原義正著）SVTテストによる英文多読測定の試み（竹村雅史著）英語教育におけるICT活用の効果（内藤徹著）英語形容詞のカタカナ語の語彙範疇化について（野中博雄著）学習指導要領の改訂と英語授業の構造改革（松土清著）シンハラ語における無意志他動詞構文の主語について（宮岸哲也著）A Japan Fantasy in Virginia Woolf's"Friendships Gallery"（Noriko Kubota著）A Quest for Identity and an Epiphany about Love

(Eiko Ohira著) An Analytical Study of The Appeal by John Grisham in Terms of Its Logic, Rationality,and Impact(Eiichi Akaho著) なぜ彼は引き金を引かなかったのか(高橋愛著) ワシントン・アーヴィングとウォルター・スコット(瀧口美佳著) 「キャンプ的感覚」で探究する多元文化主義的ユートピア(竹島達也著) ハーレム・ルネサンスにおけるプリミティヴィズムとネグロフィリア(中地幸著) サッコ=ヴァンゼッティ事件を語る(花田愛著) フォークナー世界と「過去」(依藤道夫著) Exploiting the Oncogenic MYC Pathway Activation in Targeting Triple-Negative Breast Cancer(Dai Horiuchi著) 福島第一原子力発電所から放出されたセシウム137土壌沈着密度分布図の作成(沢野伸浩著)〉①978-4-89476-682-2 Ⓝ830.4 [20000円]

鶴見大学
◇鶴見大学司書・司書補講習60周年記念誌 鶴見大学司書・司書補講習60周年記念事業実行委員会編 横浜 鶴見大学 2014.9 74p 図版4p 30cm〈年表あり 学校法人総持学園創立90周年記念〉Ⓝ010.77

津和野町〔島根県〕(伝記)
◇津和野をつづる一生粋の津和野人による津和野覚書 山岡浩二著 山口 モルフプランニング 2014.8 281p 21cm〈著作目録あり〉①978-4-9902392-8-2 Ⓝ281.73 [1200円]

【て】

デアフィールド校
◇ボイドン校長物語—アメリカン・プレップスクールの名物校長伝 ジョン・マクフィー著,藤掛皓一郎訳 京都 ナカニシヤ出版 2014.10 104p 19cm ①978-4-7795-0889-9 Ⓝ376.453 [1800円]

デイ, T.〔1748～1789〕
◇理想の花嫁と結婚する方法—児童文学作家トマス・デイの奇妙な実験 ウェンディ・ムーア著,鈴木涼子訳 原書房 2014.6 349,25p 20cm〈文献あり〉①978-4-562-05079-6 Ⓝ930.268 [3200円]

鄭 成功〔1624～1662〕
◇台湾の開祖国姓爺鄭成功 森本繁著 国書刊行会 2014.10 355p 20cm〈文献あり〉①978-4-336-05820-1 Ⓝ289.2 [2600円]

ディアギレフ, S.〔1872～1929〕
◇ディアギレフ・バレエ年代記1909-1929 セルゲイ・グリゴリエフ著,薄井憲二監訳,森瑠依子ほか訳 平凡社 2014.7 325p 22cm〈文献あり 作品目録あり 年譜あり〉①978-4-582-83665-3 Ⓝ769.938 [2800円]

DNP文化振興財団
◇Graphic art & design annual—ggg ddd CCGA 2013-2014 DNP文化振興財団 [2014] 108p 28cm〈日本語・英語併記〉Ⓝ706

DMG森精機株式会社
◇図解DMG森精機 日刊工業新聞社編 日刊工業新聞社 2014.10 159p 21cm (B&Tブックス)〈文献あり 索引あり〉「図解森精機」(2008年刊)の改題,改訂〉①978-4-526-07254-3 Ⓝ532.021 [1400円]

TM network
◇震・電気じかけの予言者たち—TM NETWORK STORY 20XX ELECTRIC PROPHET 木根尚登著 KADOKAWA 2014.8 215p 20cm〈年譜あり〉①978-4-04-729827-9 Ⓝ767.8 [1574円]

ティエラコム
◇地球サイズの人づくり—子どもたちの未来を見すえる教育運動 鶴蒔靖夫著 IN通信社 2014.11 245p 20cm ①978-4-87218-402-0 Ⓝ376.8 [1200円]

ディキンスン, E.E.〔1830～1886〕
◇白の修辞学(レトリック)—エミリィ・ディキンスンの詩学 松本明美著 宮完 関西学院大学出版会 2014.8 221p 22cm〈文献あり 索引あり 内容:「平和の芸術」のモチーフ 蜘蛛と詩人と言葉 ディキンスンの冬の詩 グロテスクな美 美の定義 ディキンスンの夏の詩 ディキンスンの詩における喪失感 ディキンスンの詩における視覚と聴覚 ディキンスンの詩における記憶と忘却 結論〉978-4-86283-168-2 Ⓝ931.6 [2800円]

ディケンズ, C.〔1812～1870〕
◇チャールズ・ディケンズ伝 クレア・トマリン著,高儀進訳 白水社 2014.2 457,92p 図版24p 20cm〈文献あり〉①978-4-560-08344-4 Ⓝ930.268 [4600円]
◇ディケンズの小説—社会・救済・浄化 吉田一穂著 英宝社 2014.6 356p 22cm〈文献あり 索引あり 内容:序論 Oliver Twist—二人の悪党たちとその末路— The Old Curiosity Shopにおけるクウィルプのサディスティックな側面 David Copperfield Little DorritとA Tale of Two Cities Our Mutual Friend The Pickwick Papersの福音主義的側面 Oliver Twist—天に召される子供のイメージ— オリヴァー・トウィストと救貧院 Nicholas Nicklebyにおけるヨークシャーの学校の真実 Martin Chuzzlewit Dombey and Son Bleak House Hard Times Little Dorrit Great Expectations—ピップのアイデンティティと回顧的語り— Great Expectations—「本当の紳士とは」というテーマと'self-help'のコンテクスト— Barnaby Rudgeにおける個人と群集 A Tale of Two Cities 終章 ディケンズによる奴隷制度批判と南北戦争前後のアメリカ〉①978-4-269-72129-6 Ⓝ930.268 [3800円]

帝国京都博物館
◇重要文化財旧帝国京都博物館建築資料調査報告書 国立文化財機構京都国立博物館編 [京都] 国立文化財機構京都国立博物館 2014.3 375p 30cm Ⓝ521.8

帝国劇場
◇劇場の近代化—帝国劇場・築地小劇場・東京宝塚劇場 永井聡子著 京都 思文閣出版 2014.3 215,7p 22cm〈文献あり 内容:序章 帝国劇場以前の歌舞伎劇場に見られる近代化 帝国劇場に見られる近代化 築地小劇場に見られる近代化 東京宝塚劇場に見られる近代化 帝国劇場・築地小劇場・東京宝塚劇場に見られる「劇場」の近代化 終章〉①978-4-7842-1737-3 Ⓝ771.02136 [3500円]

帝国ホテル
◇実業家たちのおもてなし—渋沢栄一と帝国ホテル:企画展「企業の原点を探る」シリーズ 渋沢栄一記念財団渋沢史料館 2014.3 87p 21×22cm〈年表あり 文献あり 会期・会場:2014年3月15日—5月25日 渋沢史料館企画展示室〉Ⓝ689.81361

Teishoku美松
◇遊と捨を生きる—池袋・Teishoku美松から思うこと 田村久雄著 川越 菊谷文庫 2014.3 161p 19cm ①978-4-907221-08-9 Ⓝ673.971 [1200円]

通信ビル
◇建築記録/通信ビル—郵政建築の精華 「建築記録/通信ビル」刊行委員会編 日本郵政不動産部門施設部 2014.10 97p 25×26cm〈年表あり〉Ⓝ526.69

ディズニー, W.〔1901～1966〕
◇ディズニー夢と魔法の90年展—ミッキーマウスからピクサーまで ザ・ウォルト・ディズニー・カンパニー,ディズニー・コーポレート・シティズンシップエンバイロンメント&コンサベーション,ピクサー・アニメーション・スタジオ,ピクサー・エキシビションズ,ピクサー・リビング・アーカイブ,ピクサー・ユニバーシティ,ウォルト・ディズニー・アーカイブス,ウォルト・ディズニー・アーカイブスフォト・ライブラリー,ウォルト・ディズニー・スタジオアニメーション・リサーチ・ライブラリー,ウォルト・ディズニー・イマジニアリングアート・ライブラリー,ウォルト・ディズニー・イマジニアリングスライド・ライブラリー,ウォルト・ディズニー・スタジオ・モーション・ピクチャーズ,ディズニー・パブリッシング・ワールドワイド(ジャパン),ザ・ウォルト・ディズニー・カンパニー(ジャパン)監修,白泉社出版部編 [東京] NHKプロモーション [2014] 80p 28cm〈会期・会場:2014年3月19日—4月7日 松屋銀座8階イベントスクエアほか〉Ⓝ778.09

ディズニーランド
◇ディズニーの「おもてなし」プラチナルール—お客様に300%の満足と感動を! J・ジェフ・コーバー著,服部千佳子訳 日本文芸社 2014.1 239p 19cm ①978-4-537-26055-7 Ⓝ689.5 [1500円]
◇ディズニー夢の王国をつくる—夢は実現する—世界のディズニーパークはいかに創られてきたか マーティ・スクラー著,矢羽野薫訳 河出書房新社 2014.8 389p 20cm ①978-4-309-24669-7 Ⓝ689.5 [2000円]
◇ディズニーランドの国際展開戦略 中島恵著 名古屋 三恵社 2014.6 181p 21cm〈年表あり 文献あり〉①978-4-86487-198-3 Ⓝ689.5 [1800円]

ティツィアーノ・ヴェチェッリオ〔1490～1576〕
◇ティツィアーノの女性たち ローナ・ゴッフェン著,塚本博,二階堂充訳 三元社 2014.10 465,101p 22cm〈文献あり 索引あり〉①978-4-88303-363-8 Ⓝ723.37 [8000円]

帝都高速度交通営団
◇車両を造るという仕事—元営団車両部長が語る地下鉄発達史 里田啓著 交通新聞社 2014.4 285p 18cm（交通新聞社新書 066）〈文献あり〉Ⓘ978-4-330-46014-7 Ⓝ546.5 ［800円］

デイヴィス, M.〔1926～1991〕
◇マイルス・デイヴィス「カインド・オブ・ブルー」創作術—モード・ジャズの原点を探る アシュリー・カーン著, 川嶋文丸訳 ［東京］ Du Books 2014.10 371p 21cm〈ディスクユニオン（発売）文献あり〉Ⓘ978-4-907583-22-4 Ⓝ764.78 ［3200円］
◇マイルス・デイヴィスとジミ・ヘンドリックス—風に消えたメアリー 中山康樹著 イースト・プレス 2014.7 287p 19cm Ⓘ978-4-7816-1166-2 Ⓝ764.78 ［2037円］

ディミトロフ, G.〔1882～1949〕
◇スターリン秘史—巨悪の成立と展開 1 統一戦線・大テロル 不破哲三著 新日本出版社 2014.11 323p 20cm Ⓘ978-4-406-05835-3 Ⓝ312.38 ［2000円］

ティムール〔1336～1405〕
◇ティムール—草原とオアシスの覇者 久保一之著 山川出版社 2014.12 88p 21cm（世界史リブレット人 36）〈文献あり 年譜あり〉Ⓘ978-4-634-35036-6 Ⓝ289.2 ［800円］
◇ティムール帝国 川口琢司著 講談社 2014.3 286p 19cm（講談社選書メチエ 570）〈索引あり〉Ⓘ978-4-06-258573-6 Ⓝ229.6 ［1750円］

ティムール朝
◇ティムール帝国 川口琢司著 講談社 2014.3 286p 19cm（講談社選書メチエ 570）〈索引あり〉Ⓘ978-4-06-258573-6 Ⓝ229.6 ［1750円］

ディラン, B.〔1941～ 〕
◇ボブ・ディラン解体新書 中山康樹著 廣済堂出版 2014.2 254p 18cm（廣済堂新書 038）〈作品目録あり〉Ⓘ978-4-331-51791-8 Ⓝ767.8 ［800円］
◇ボブ・ディランは何を歌ってきたのか 萩原健太著 Pヴァイン 2014.8 379p 19cm（ele-king books）〈日販アイ・ピー・エス（発売）文献あり〉Ⓘ978-4-907276-18-8 Ⓝ767.8 ［1800円］

ティリッヒ, P.〔1886～1965〕
◇精神の自己主張—ティリヒ＝クローナー往復書簡1942-1964 フリードリヒ・ヴィルヘルム・グラーフ, アルフ・クリストファーセン編, 茂牧人, 深井智朗, 宮崎直美訳 未来社 2014.11 189p 19cm（転換期を読む 24）Ⓘ978-4-624-93444-6 Ⓝ191 ［2200円］
◇ティリッヒ 大島末男著 新装版 清水書院 2014.9 229p 19cm（Century Books）〈文献あり 年譜あり 索引あり〉Ⓘ978-4-389-42135-9 Ⓝ191 ［1000円］
◇ティリッヒとフランクフルト学派—亡命・神学・政治 深井智朗監修, F.W.グラーフ, A.クリストファーセン, E.シュトルム, 竹淵香織編訳 法政大学出版局 2014.2 293,33p 20cm（叢書・ウニベルシタス 1005）〈索引あり 内容：パウル・ティリッヒとフランクフルト学派という主題をめぐって（深井智朗著）パウル・ティリッヒの思い出（ホルクハイマー, アドルノ, ハイマンほか述）マックス・ホルクハイマーとティリッヒ（エルトマン・シュトルム編）テオドール・ヴィーゼングルント・アドルノとパウル・ティリッヒ（エルトマン・シュトルム編）エーリヒ・フロムとパウル・ティリッヒ（竹淵香織編, 深井智朗編）ヘルベルト・マルクーゼとパウル・ティリッヒ（アルフ・クリストファーセン著, フリードリヒ・ヴィルヘルム・グラーフ編）〉Ⓘ978-4-588-01005-7 Ⓝ191 ［3500円］

ティルマンス, W.〔1968～ 〕
◇ヴォルフガング・ティルマンス ヴォルフガング・ティルマンス著 美術出版社 2014.2 127p 26cm（BT BOOKS）〈著作権あり 年譜あり 索引あり 本文は日本語〉Ⓘ978-4-568-12081-3 Ⓝ740.234 ［2800円］

手賀沼
◇手賀沼をめぐる中世—城と水運 1 千野原靖方著 柏 たけしま出版 2013.4 76p 21cm（手賀沼ブックレット No.2）Ⓘ978-4-925111-45-4 Ⓝ213.5 ［900円］
◇ボート屋の手賀沼歳時記 小池勇文・絵 柏 たけしま出版 2014.7 115p 21cm（手賀沼ブックレット No.5）Ⓘ978-4-925111-50-8 Ⓝ291.35 ［1000円］
◇元漁協組合長深山正巳による一つの手賀沼 相原正義著 柏 たけしま出版 2013.7 111p 21cm（手賀沼ブックレット No.1）〈背のタイトル（誤植）：元漁業組合長深山正巳による一つの手賀沼〉Ⓘ978-4-925111-46-1 Ⓝ664.2 ［1000円］

デカルト, R.〔1596～1650〕
◇意志と自由—一つの系譜学 大西克智著 知泉書館 2014.2 452, 13p 22cm Ⓘ978-4-86285-175-8 Ⓝ135.23 ［6800円］
◇デカルト 伊藤勝彦著 新装版 清水書院 2014.9 209p 19cm（Century Books）〈文献あり 年譜あり 索引あり〉Ⓘ978-4-389-42011-6 Ⓝ135.23 ［1000円］
◇デカルト全書簡集 第2巻 1637-1638 デカルト［著］, 武田裕紀, 小泉義之, 山田弘明, 東慎一郎, 政岡啓子, 久保田進一, クレール・フォヴェルグ訳 知泉書館 2014.2 395p 23cm Ⓘ978-4-86285-177-2 Ⓝ135.23 ［6000円］
◇デカルト哲学 小泉義之［著］ 講談社 2014.4 223p 15cm（講談社学術文庫 2231）〈文献あり 「デカルト＝哲学のすすめ」（1996年刊）の改題〉Ⓘ978-4-06-292231-9 Ⓝ135.23 ［820円］
◇デカルト哲学と身体教育 林洋輔著 道和書院 2014.3 279p 22cm〈文献あり 索引あり 布装〉Ⓘ978-4-8105-2128-3 Ⓝ135.23 ［4000円］
◇デカルトの誤謬論と自由 福居純著 知泉書館 2014.6 183, 5p 20cm〈索引あり〉Ⓘ978-4-86285-189-5 Ⓝ135.23 ［2800円］
◇デカルトの旅/デカルトの夢—『方法序説』を読む 田中仁彦著 岩波書店 2014.7 375,6p 15cm（岩波現代文庫）〈文献あり〉Ⓘ978-4-00-600314-2 Ⓝ135.23 ［1360円］
◇デカルト『方法序説』を読む 谷川多佳子著 岩波書店 2014.6 187p 15cm（岩波現代文庫）〈文献あり 2002年刊の改訂〉Ⓘ978-4-00-600313-5 Ⓝ135.23 ［900円］

出川 秀征〔1942～ 〕
◇夕日輝く 出川秀征著 改訂第2版 ［香芝］ ［出川秀征］ 2014.11 162p 30cm〈年譜あり〉Ⓝ289.1

テキサス州（産業クラスター—オースティン）
◇都市地域における産業転換—米英イノベーション先進地域のエコシステム：法政大学イノベーション・マネジメント研究センター国際シンポジウム：講演録 法政大学イノベーション・マネジメント研究センター編 法政大学イノベーション・マネジメント研究センター 2014.5 61p 30cm（Working paper series no. 155）〈会期・会場：2014年2月1日 法政大学市ケ谷キャンパスボアソナード・タワー26階スカイホール 内容：問題提起 米英3都市（田路則之述）講演 Technology development consultancies and the high-tech cluster in Cambridge（UK）（Jocelyn Probert述）米国オースティン（福嶋路述）米国シアトル（山縣宏之述）〉Ⓝ332.333 ［非売品］

適々斎塾
◇緒方洪庵と適塾の門弟たち—人を育て国を創る 阿部博人著 京都 昭和堂 2014.10 224p 19cm Ⓘ978-4-8122-1422-0 Ⓝ372.105 ［1850円］

出口 王仁三郎〔1871～1948〕
◇王仁三郎の言霊論理力—800万人を魅了し世界標準を目指したその秘密の超パワー 出口汪著 ヒカルランド 2014.6 205p 19cm Ⓘ978-4-86471-188-3 Ⓝ169.1 ［1380円］

テーゲ, J.〔1970～ 〕
◇祖父はアーモン・ゲート—ナチ強制収容所長の孫 ジェニファー・テーゲ, ニコラ・ゼルマイヤー著, 笠井宣明訳 原書房 2014.8 259p 20cm〈文献あり〉Ⓘ978-4-562-05084-0 Ⓝ234.074 ［2500円］

デジタルガレージ
◇ファーストペンギンの会社—デジタルガレージの20年とこれから デジタルガレージ創業20周年記念プロジェクトチーム編 ダイヤモンド・ビジネス企画 2014.10 245p 20cm〈ダイヤモンド社（発売）〉Ⓘ978-4-478-08358-1 Ⓝ007.35 ［1500円］

豊島横尾館
◇豊島横尾館ハンドブック 直島町（香川県）福武財団 2014.3 67p 19cm〈英語併記 写真：阿野太一ほか 編集：脇清美ほか 折り込1枚〉Ⓝ706.9 ［952円］

手塚 治虫〔1926～1989〕
◇手塚治虫×石ノ森章太郎マンガのちから—特別展 手塚治虫, 石ノ森章太郎［作］, NHKプロモーション, 手塚プロダクション, 石森プロ編 ［東京］ NHKプロモーション 2013.6 230p 29cm〈年表あり 会期・会場：2013年6月29日～9月8日 東京都現代美術館ほか 執筆：藤子不二雄（A）ほか〉Ⓝ726.101
◇手塚治虫×石ノ森章太郎マンガのちから—特別展 別冊 第4部「未来へ生き続ける"ちから"」現代作家によるオマージュ作品集 NHKプロモーション, 手塚プロダクション, 石森プロ編

〔東京〕 NHKプロモーション 2013.9 76p 26cm Ⓝ726.101

◇手塚治虫 壁を超える言葉 手塚治虫,松谷孝征著 かんき出版 2014.10 155p 20cm 〈年表あり〉 Ⓘ978-4-7612-7034-6 Ⓝ726.101 〔1400円〕

◇手塚治虫の芸術 ヘレン・マッカーシー著,小巻靖子,有枝春訳 ゆまに書房 2014.10 271p 32cm 〈文献あり 索引あり〉 Ⓘ978-4-8433-4579-5 Ⓝ726.101 〔8500円〕

帝塚山学院泉ヶ丘高等学校
◇あこがれは遠く高く―創立30周年記念誌:帝塚山学院泉ヶ丘中学校高等学校 帝塚山学院泉ヶ丘中学校高等学校創立30周年記念事業委員会編 堺 帝塚山学院泉ヶ丘中学校高等学校 2013.3 789p 31cm 〈年表あり〉 Ⓝ376.48

帝塚山学院泉ヶ丘中学校
◇あこがれは遠く高く―創立30周年記念誌:帝塚山学院泉ヶ丘中学校高等学校 帝塚山学院泉ヶ丘中学校高等学校創立30周年記念事業委員会編 堺 帝塚山学院泉ヶ丘中学校高等学校 2013.3 789p 31cm 〈年表あり〉 Ⓝ376.48

帝塚山大学
◇帝塚山大学五十年史 帝塚山大学五十年史編集委員会編 奈良 帝塚山学園 2014.10 199p 27cm 〈年表あり〉 Ⓝ377.28

テスコ
◇テスコの経営哲学を10の言葉で語る―企業の成長とともに学んだこと テリー・リーヒー著,矢羽野薫訳 ダイヤモンド・フリードマン社 2014.2 285p 19cm (DIAMOND流通選書) 〈ダイヤモンド社(発売)〉 Ⓘ978-4-478-09037-4 Ⓝ673.78 〔2000円〕

TED
◇TEDパワー―世界と自分を変えるアイデア パトリック・ニュウエル著 朝日新聞出版 2014.5 185p 19cm Ⓘ978-4-02-331302-6 Ⓝ379.5 〔1400円〕

鉄道建設運輸施設整備支援機構鉄道建設本部
◇写真で見る鉄道建設50年史 『写真で見る鉄道建設50年史』編集プロジェクトチーム編 横浜 鉄道建設・運輸施設整備支援機構 2014.10 191p 31cm 〈年表あり〉 Ⓝ516.06

鉄道信号株式会社
◇70年のあゆみ 鉄道信号 2014.10 67p 30cm 〈年表あり〉 Ⓝ546.8

鉄道友の会
◇鉄道友の会60年のあゆみ 鉄道友の会60年のあゆみ編纂委員会,Railfan編集部編 鉄道友の会 2014.11 127p 31cm 〈年表あり〉 Ⓝ686.06

デッドボール
◇なぜ「地雷専門店」は成功したのか?―業界未経験の経営者が超人気風俗店を作り上げるまで デッドボール総監督,ハラ・ショー著 東邦出版 2014.11 205p 19cm 〈文献あり〉 Ⓘ978-4-8094-1262-2 Ⓝ673.94 〔1200円〕

デトロイト〔ミシガン州〕(都市計画)
◇縮小都市の挑戦 矢作弘著 岩波書店 2014.11 266p 18cm 〈文献あり〉 岩波新書 新赤版 1514) Ⓘ978-4-00-431514-8 Ⓝ318.7 〔820円〕

テプフェール, R.〔1799～1846〕
◇テプフェール―マンガの発明 ティエリ・グルンステン,ブノワ・ペータース著,古永真一,原正人,森田直子訳 法政大学出版局 2014.4 263p 22cm 〈文献あり 年譜あり 索引あり 内容:顔と線(ブノワ・ペータース著,古永真一訳) ある芸術の誕生(ティエリ・グルンステン著,原正人訳) ある実施要綱に関する考察(テプフェール著,森田直子訳) 『ジャボ氏の物語』への注記(テプフェール著,森田直子訳) 『ジャボ氏の物語』海賊版に関する注記(テプフェール著,森田直子訳) 『転写石版試作集』への注記(テプフェール著,森田直子訳) カムとの往復書簡(テプフェール著,森田直子訳) 観相学試論(テプフェール著,森田直子訳) テプフェールのマンガ(ティエリ・グルンステン著,原正人訳)〉 Ⓘ978-4-588-42013-9 Ⓝ726.101 〔3200円〕

デヴォス, R.M.
◇Simply Rich―アムウェイ共同創業者の人生と教訓 リッチ・デヴォス著 日刊工業新聞社 2014.12 318p 図版16p 20cm (B&Tブックス) Ⓘ978-4-526-07329-8 Ⓝ289.3 〔2000円〕

出目〔氏〕
◇越前出目家の系図の謎解き―論文 保田紹雲著 〔大治町(愛知県)〕〔保田紹雲〕 2014.2 86p 21cm Ⓝ773.4

デューイ, J.〔1859～1952〕
◇人間教育への新しき潮流―デューイと創価教育 池田大作,ジム・ガリソン,ラリー・ヒックマン著 第三文明社 2014.5 493p 20cm 〈文献あり 索引あり〉 Ⓘ978-4-476-05051-6 Ⓝ188.98 〔1700円〕

DUKE H. MYURA〔1942～ 〕
◇ルネサンス・マン―世界を変幻自在に渡り歩いた男 DUKE H.MYURA著 文芸社 2014.9 205p 15cm Ⓘ978-4-286-11689-1 Ⓝ289.1 〔700円〕

テューダー, T.〔1914～2008〕
◇絵本作家ターシャ・テューダー 内藤里永子著 KADOKAWA 2014.11 158p 23cm 〈作品目録あり 年譜あり〉 Ⓘ978-4-04-067147-5 Ⓝ726.601 〔1900円〕

◇母ターシャの思い出―ニューハンプシャーで暮らした日々 セス・テューダー著,食野雅子訳 KADOKAWA 2014.12 155p 21cm Ⓘ978-4-04-067200-7 Ⓝ726.601 〔1600円〕

デュポン社
◇デュポンの有機EL材料 ネオテクノロジー 2014.1 1冊 31cm (特許分析レポート事業戦略と技術開発) 〈ルーズリーフ〉 Ⓝ549 〔350000円〕

デュラス, M.〔1914～1996〕
◇デュラスを読み直す 内村瑠美子著 青弓社 2014.10 145p 20cm Ⓘ978-4-7872-9224-7 Ⓝ950.278 〔2000円〕

◇マルグリット・デュラス―生誕100年愛と狂気の作家 河出書房新社編集部編 河出書房新社 2014.9 239p 21cm 〈著作目録あり 作品目録あり 年譜あり 内容:マルグリット・デュラスの受容(清水徹著) モラルと反モラルのはざまで(吉田喜重著) 『モデラート・カンタービレ』第七章(マルグリット・デュラス著) あぁ! エルネスト(マルグリット・デュラス著) ドーヴィルと死(マルグリット・デュラス著) ただ狂人たちだけが完璧に書く(マルグリット・デュラス述) ユートピアの断片(ディオニス・マスコロ著) エミリー・Lと彼女たち(福田尚代著) 何度も書かれる物語を何度も読む至福(中島京子著) デュラスとバルテュス(田中倫郎著) 『ヒロシマ・モナムール』という〈本〉(工藤庸子著) カプリは終わった(村上香住子著) デュラス、九四年(保坂和志著) 存在しない写真へのまなざし(港千尋述) 開かれたテクスト(北代美和子著) デュラス受容の現在(ジル・フィリップ述) 先史時代のまなざし(宇野邦一著) 破壊せよ、とデュラスは言う(姜信子著) 三角関係の脱臼(郷原佳以著) 意志と表象としての愛人(鈴木創士著) 彼女は海に身を投げなかった(小川美登里著) 眠れる森のマルグリット・デュラス(澤田直著) 八〇年夏(小沼純一著) 《死の病い》をめぐって 続(小林康夫著) ロッシュ・ノワール一〇五号室(関未玲著)〉 Ⓘ978-4-309-20659-2 Ⓝ950.278 〔2100円〕

◇私はなぜ書くのか マルグリット・デュラス著,レオポルディーナ・パッロッタ・デッラ・トッレ聞き手,北代美和子訳 河出書房新社 2014.11 222p 20cm 〈作品目録あり 年譜あり〉 Ⓘ978-4-309-20666-0 Ⓝ950.278 〔2200円〕

デュルケーム, É.〔1858～1917〕
◇新堀通也著作集 第3巻 デュルケーム研究と教育社会学 新堀通也著 学術出版会 2014.1 598p 22cm (学術著作集ライブラリー) 〈日本図書センター(発売)「デュルケーム研究」(文化評論出版 1966年刊)の複製「教育社会学の歴史と研究領域」(有信堂高文社 1982年刊)の複製 内容:デュルケーム研究 教育社会学の発達〉 Ⓘ978-4-284-10405-0,978-4-284-10402-9(セット) Ⓝ370.8

寺内 正毅〔1852～1919〕
◇寺内正毅宛明石元二郎書翰一付『落花流水』原稿(『大秘書』) 明石元二郎[著],尚友倶楽部史料調査室,広瀬順晧,日向玲理,長谷川貴志編集 芙蓉書房出版 2014.4 252p 21cm (尚友ブックレット 27) 〈年譜あり 国立国会図書館憲政資料室所蔵の翻刻〉 Ⓘ978-4-8295-0621-9 Ⓝ289.1 〔2700円〕

寺川 正人〔 ～1992〕
◇戦前海外へ渡った写真師たち 資料・2 アルゼンチン編 寺川正人等 寺川駟一郎[著] 国立 寺川駟一郎 2014.7 75p 30cm Ⓝ740.21 〔非売品〕

◇戦前海外へ渡った写真師たち 資料・2 アルゼンチン編(寺川正人) 寺川駟一郎[著] 〔出版地不明〕〔寺川駟一郎〕 2013.10 1冊 30cm 〈年表あり〉 Ⓝ740.21

寺田 寅彦〔1878～1935〕
◇寺田寅彦―わが師の追想 中谷宇吉郎[著] 講談社 2014.11 333p 15cm (講談社学術文庫 2265) 〈「寺田寅彦の追想」(甲文社 1947年刊)の改題、一部を割愛〉 Ⓘ978-4-06-292265-4 Ⓝ910.268 〔1000円〕

寺山 修司〔1936～1983〕
◇資料集 第8輯 寺山修司・草稿「狂人教育」 青森県近代文学館編 青森 青森県近代文学館 2014.3 76p 30cm 〈複製を含む〉 Ⓝ910.26

◇寺山修司という疑問符　郡千寿子,仁平政人編著　弘前　弘前大学出版会　2014.10　286p　20cm〈内容：レンズ越しの「宇宙人」(髙瀬雅弘著)　汝再び故郷に帰れず(ジョシュア・ソロモン著)　寺山修司の色彩世界(郡千寿子著)　贋作・田園に死す(山田史生著)　短歌における「私」の位相とその教材性(児玉忠著)　教材として読む寺山修司『青女論』(鈴木愛理著)　寺山修司と人力飛行機(石川善朗著)　機械仕掛の〈宮沢賢治〉(仁平政人著)　情熱(『青女論』第七章)(寺山修司著)　「情熱(『青女論』第七章)」教材の手引き〈解答例〉(鈴木愛理著)〉①978-4-907192-16-7　Ⓝ910.26　[1800円]

◇寺山修司百年後の世界　清水義和著　文化書房博文社　2014.4　255p　21cm〈索引あり〉①978-4-8301-1254-6　Ⓝ910.268　[2500円]

◇ふたりの修ちゃ―太宰治と寺山修司　鎌田紳爾著　未知谷　2014.2　190p　20cm〈内容：原初、メロスは津軽人であった「元語太宰治」論　言葉に罪は無きものを　太宰治逃避考　太宰治、その愚直な死　文士を巡る土地と場所　太宰治生誕百年・三鷹を歩く　津軽・人間回復の旅　『津軽』の「いま」を読み解く　偉大なる隣人・小野正文　「玉川上水心中事件」再考　寺山修司音楽論　寺山修司短詩論　寺山文学の原点を見る　早熟と老成のパラドックス　寺山修司と松村禎三　天井桟敷のヨセフ　虚構の故郷恋　寺山修司の生誕地隠し　寺山修司を虚構する試み　封印された寺山修司の〈初恋〉真実の中の寺山修司　「国際寺山修司学会」設立と青森県の寺山研究に思うこと　時代先行者へのオマージュ　エキセントリックにして爽やか　弘前から覗いた寺山修司論　寺山修司の五月　寺山修司の犯罪　寺山修司の青森を歩く　寺山修司と弘前〉①978-4-89642-435-5　Ⓝ910.268　[2000円]

◇編集少年寺山修司　久慈きみ代著　論創社　2014.8　423p　20cm〈文献あり 著作目録あり〉①978-4-8460-1346-2　Ⓝ910.268　[3800円]

テラ・ルネッサンス

◇僕が学んだゼロから始める世界の変え方　鬼丸昌也著　扶桑社　2014.5　283p　19cm　①978-4-594-07054-0　Ⓝ333.8　[1400円]

デリダ, J.〔1930～2004〕

◇ジャッキー・デリダの墓　鵜飼哲[著]　みすず書房　2014.4　300p　20cm〈内容：〈友〉なるデリダ　断片、あるいはデリダの「ように」　絵画に〈声〉が来るとき　祈りと無神論　リス＝オランジス、二〇〇四年八月八日　名のおかげで〈裸〉の師　盲者のオリエント　怪物のような「かのように」　デリダにおけるヘーゲル　レジスタンスを愛すること　葬送不可能なもの　来たるべき民主主義への挨拶　戦略、スタイル、情動　解体と政治　「死せる叡智」と「生ける狂気」　神の裁きからの演劇の〈誕生〉明かしえぬ共犯性〉①978-4-622-07829-6　Ⓝ135.5　[3700円]

◇デリダ　上利博規著　新装版　清水書院　2014.9　205p　19cm　(Century Books)〈文献あり 年譜あり 索引あり〉①978-4-389-42175-5　Ⓝ135.5　[1000円]

◇デリダ伝　ブノワ・ペータース著,原宏之,大森晋輔訳　白水社　2014.12　769,76p　22cm〈著作目録あり 索引あり〉①978-4-560-09800-4　Ⓝ135.5　[10000円]

◇デリダと文学　ニコラス・ロイル著,中井亜佐子,吉田裕訳　調布　月曜社　2014.6　228p　19cm　(叢書・エクリチュールの冒険)〈背のタイトル：Jacques Derrida and the Question of Literature　内容：詩、動物性、デリダ(吉田裕訳)　ジョウゼフ・コンラッドを読む(中井亜佐子訳)　ジャック・デリダと小説の未来(吉田裕訳)　海岸から読むこと(ニコラス・ロイル述,中井亜佐子訳)〉①978-4-86503-015-0　Ⓝ135.5　[2800円]

デル・ボスケ, V.〔1950～ 〕

◇評伝デル・ボスケ―スペイン代表、南アフリカW杯優勝の真実　ルーカ・カイオーリ著,タカ大丸訳　プレジデント社　2014.6　253p　19cm〈年譜あり〉①978-4-8334-2084-6　Ⓝ783.47　[1600円]

テレサ〔1515～1582〕

◇あなたのために私は生まれた―聖テレサの生涯とことば　東京カルメル会女子修道院,ホアン・カトレット編　ドン・ボスコ社　2014.12　84p　19cm　①978-4-88626-579-1　Ⓝ198.2236　[700円]

テレサ〔カルカッタの〕 →マザー・テレサを見よ

テレビ北海道

◇テレビ北海道25年史　テレビ北海道25年史編纂委員会編　札幌　テレビ北海道　2014.10　64p　30cm〈年表あり〉Ⓝ699.067

デロイト・ハスキンズ・アンド・セルズ会計士事務所

◇DH&S-Japan 60年史―1954-2013　[60年史編纂委員編]　[出版地不明]　[60年史編纂委員]　[2014]　232p　31cm　Ⓝ336.97

田 健治郎〔1855～1930〕

◇田健治郎日記　4　大正七年～大正九年　田健治郎[著]　尚友倶楽部,広瀬順晧編　芙蓉書房出版　2014.9　508p　22cm〈布装〉①978-4-8295-0630-1　Ⓝ289.1　[7200円]

天海〔1536～1643〕

◇南光坊天海発給文書集　南光坊天海[著],東叡山寛永寺監修,宇高良哲,中川仁喜編　吉川弘文館　2014.3　444p　31cm〈影印翻刻〉①978-4-642-01416-8　Ⓝ188.42　[18000円]

天華の救済

◇釈迦が説きたかったのは般若心経ではなく般若天行だった　木村正次郎著　東洋出版　2014.12　247p　19cm〈文献あり〉①978-4-8096-7768-7　Ⓝ169.1　[926円]

電気Groove

◇電気グルーヴのメロン牧場―花嫁は死神　5　電気グルーヴ著　ロッキング・オン　2014.10　358p　17cm　①978-4-86052-119-6　Ⓝ764.7　[1400円]

天智天皇〔626～671〕

◇天智・天武死の秘密―万葉集を読み解く　立美洋著　三一書房　2014.7　231p　19cm〈文献あり〉①978-4-380-14006-8　Ⓝ210.34　[1900円]

デンソー

◇会社を育て人を育てる品質経営―先進,信頼,総智・総力　日本品質管理学会監修,深谷紘一著　日本規格協会　2014.3　182p　19cm　(JSQC選書 23)〈索引あり〉①978-4-542-50479-0　Ⓝ537.6　[1700円]

デンソーグループ

◇デンソーグループの実態調査　2013年版　名古屋　アイアールシー　2013.9　561p　30cm　(特別企画調査資料)〈年表あり〉Ⓝ537.6　[98000円]

電通

◇漫画・電通鬼十則　柴田明彦,能田茂著　メディアファクトリー　2013.8　224p　18cm　(メディアファクトリー新書 082)①978-4-8401-5294-5　Ⓝ159.4　[840円]

天童市（遺跡・遺物）

◇蔵増宮田遺跡発掘調査報告書　上山　山形県埋蔵文化財センター　2014.3　184p 図版[37]枚　30cm　(山形県埋蔵文化財センター調査報告書 第209集)Ⓝ210.0254

◇天童古城―第Ⅱ次発掘調査概報　天童市教育委員会編　天童　天童市教育委員会　2014.3　9p　30cm　(天童市埋蔵文化財調査報告書 第34集)Ⓝ210.0254

天王寺〔東京都台東区〕

◇天王寺の版木　東京都台東区教育委員会生涯学習課文化財担当編　[東京]　東京都台東区教育委員会　2014.3　85p　30cm　(台東区文化財調査報告書 第49集)〈文献あり　年表あり〉Ⓝ188.45

天皇陛下〔1933～ 〕

◇天皇―「君主」の父、「民主」の子　保阪正康[著]　講談社　2014.2　398p　15cm　(講談社文庫 ほ10-15)〈文献あり「明仁天皇と裕仁天皇」(2009年刊)の改題、加筆・修正〉①978-4-06-277768-1　Ⓝ288.41　[830円]

◇天皇皇后両陛下の80年―信頼の絆をひろげて　宮内庁侍従職監修,宮内庁写真　毎日新聞社　2014.10　183p　26cm〈年譜あり〉①978-4-620-60670-5　Ⓝ288.41　[2500円]

◇天皇陛下昭和28年欧米14か国の旅―新たな感動と出会い：天皇陛下傘寿記念特別展　宮内庁三の丸尚蔵館編　[東京]　宮内庁　2014.10　139p　29cm〈年譜あり　会期：平成26年10月18日―12月23日〉Ⓝ288.41

◇天皇陛下の本心―25万字の「おことば」を読む　山本雅人著　新潮社　2014.11　239p　18cm　(新潮新書 595)〈年譜あり〉①978-4-10-610595-1　Ⓝ288.41　[760円]

でんぱ組inc

◇でんぱの神神presentsでんぱ組.incの妄想大百科　でんぱ組.inc,でんぱの神神著　廣済堂出版　2014.2　112p　21cm　①978-4-331-51797-0　Ⓝ767.8　[1600円]

でん八

◇新宿でん八物語―でん八50年史　「でん八」50周年記念集刊行会編集　羽村　大槌の風　2014.11　197p　19cm〈言視舎(発売)年譜あり〉①978-4-86565-005-1　Ⓝ673.98　[1500円]

テンプル騎士団

◇テンプル騎士団　篠田雄次郎[著]　講談社　2014.12　209p　15cm　(講談社学術文庫 2271)〈文献あり　「聖堂騎士団」(中央公論社 1976年刊)の改題〉①978-4-06-292271-5　Ⓝ230.45　[780円]

て

デンマーク（企業）

デンマーク（企業）
◇世界で最もクリエイティブな国デンマークに学ぶ発想力の鍛え方　クリスチャン・ステーディル，リーネ・タンゴー［著］，関根光宏，山田美明訳　クロスメディア・パブリッシング　2014.12　335p　19cm〈インプレス（発売）〉Ⓣ978-4-8443-7385-8　Ⓝ335.23895　［1980円］

デンマーク（教育）
◇グルントヴィ哲学・教育・学芸論集　3　ホイスコーレ　上　N.F.S.グルントヴィ著，小池直人訳　名古屋　風媒社　2014.2　339p　19cm〈索引あり　内容：デンマークの四葉のクローヴァー　ノルウェー語ホイスコーレ　生のための学校とソーアのアカデミー　北欧の学問的連携　異文断片集〉Ⓣ978-4-8331-4113-0　Ⓝ198.3　［2200円］
◇デンマーク王国視察研修報告書　平成25年度　国際女性教育振興会　2014.3　38p　30cm〈男女共同参画学習アドバイザー海外視察研修事業〉Ⓝ367.23895
◇デンマークの母語教育と教育制度・教育事情　三森ゆりか［著］　立教大学ビジネスクリエーター創出センター　2014.2　78p　30cm　Ⓝ372.3895

デンマーク（住宅政策）
◇デンマークのヒュッゲな生活空間―住まい・高齢者住宅・デザイン・都市計画　中島明子，小川正光，小川裕子，丸谷博男，福田成美，海道清信編著　萌文社　2014.10　279p　21cm〈索引あり〉Ⓣ978-4-89491-281-6　Ⓝ365.31　［2400円］

デンマーク（障害者福祉）
◇北欧デンマークの障がい福祉の今―日本の障がい福祉現場で働く若者たちが出会った現実　田中一旭編著，河本真代，岸川大樹，高田奨，中元美々，諸井一郎［執筆］　京都　かもがわ出版　2014.3　78p　21cm　Ⓣ978-4-7803-0688-0　Ⓝ369.27　［800円］

デンマーク（女性問題）
◇デンマーク王国視察研修報告書　平成25年度　国際女性教育振興会　2014.3　38p　30cm〈男女共同参画学習アドバイザー海外視察研修事業〉Ⓝ367.23895

デンマーク（男女共同参画）
◇男女共同参画スタディーツアー―2013：世界一幸せな国デンマークを訪ねて　［出版地不明］　［とちぎつばさの会］　［2013］　50p　30cm〈主催：とちぎつばさの会海外研修実行委員会〉Ⓝ367.23895

デンマーク（伝記）
◇デンマークという国を創った人びと―"信頼"の国はどのようにして生まれたのか　ケンジ・ステファン・スズキ著　合同出版　2014.7　163p　19cm〈文献あり〉Ⓝ238.95　［1500円］

デンマーク（都市計画）
◇風と大地と緑のデザイン―デンマーク・ランドスケープデザインを知る11の視点　望月昭［著］　フリックスタジオ　2013.3　167p　26cm　Ⓣ978-4-904894-09-5　Ⓝ518.8　［1429円］
◇デンマークのヒュッゲな生活空間―住まい・高齢者住宅・デザイン・都市計画　中島明子，小川正光，小川裕子，丸谷博男，福田成美，海道清信編著　萌文社　2014.10　279p　21cm〈索引あり〉Ⓣ978-4-89491-281-6　Ⓝ365.31　［2400円］

デンマーク（歴史）
◇デンマークという国を創った人びと―"信頼"の国はどのようにして生まれたのか　ケンジ・ステファン・スズキ著　合同出版　2014.7　163p　19cm〈文献あり〉Ⓣ978-4-7726-1206-7　Ⓝ238.95　［1500円］

天武天皇〔　～686〕
◇天智・天武死の秘密―万葉集を読み解く　立370洋著　三一書房　2014.7　231p　19cm〈文献あり〉Ⓣ978-4-380-14006-8　Ⓝ210.34　［1900円］
◇天武天皇と持統天皇―律令国家を確立した二人の君主　義江明子著　山川出版社　2014.6　94p　21cm　（日本史リブレット人　006）〈文献あり　年譜あり〉Ⓣ978-4-634-54806-0　Ⓝ288.41　［800円］
◇天武天皇の企て―壬申の乱で解く日本書紀　遠山美都男著　KADOKAWA　2014.2　257p　19cm　（角川選書　538）〈文献あり〉Ⓣ978-4-04-703538-6　Ⓝ210.34　［1800円］

天理市（遺跡・遺物）
◇ノムギ古墳　天理市教育委員会編　天理　天理市教育委員会　2014.1　94p　図版［25］枚　30cm　（天理市埋蔵文化財調査報告　第9集）Ⓝ210.0254
◇布留遺跡杣之内（北池・大東）地区発掘調査報告書　天理大学附属天理参考館考古美術室編　［天理］　埋蔵文化財天理教調

査団　2013.3　86p　図版　44p　26cm　（考古学調査研究中間報告　28）〈奈良県天理市所在〉Ⓝ210.0254

天理市（古墳）
◇杣之内古墳群の研究　杣之内古墳群研究会編　天理　杣之内古墳群研究会　2014.3　138p　図版8p　30cm〈文献あり〉Ⓝ216.5

天竜川
◇天竜川水系・大井川水系平成25年度の節水対策（夏・冬）　静岡県くらし・環境部環境局水利用課天竜川水利調整協議会事務局，静岡県くらし・環境部環境局水利用課大井川水利調整協議会事務局編　［静岡］　静岡県くらし・環境部環境局水利用課天竜川水利調整協議会事務局　2014.7　106p　30cm〈共同刊行：静岡県くらし・環境部環境局水利用課大井川水利調整協議会事務局〉Ⓝ517
◇天竜川水系平成23・24年度の節水対―平成23年度冬・平成24年度夏　静岡県くらし・環境部環境局水利用課天竜川水利調整協議会事務局，静岡県くらし・環境部環境局水利用課大井川水利調整協議会事務局編　［静岡］　静岡県くらし・環境部環境局水利用課天竜川水利調整協議会事務局　2013.3　68p　30cm〈参考：大井川水系の流況　共同刊行：静岡県くらし・環境部環境局水利用課大井川水利調整協議会事務局〉Ⓝ517

電力公害研究会
◇東京電力と木川田―2011年から3年　電力公害研究会編，清水輝雄文責　［相模原］　［清水輝雄］　2014.10　230p　30cm　Ⓝ543.06

【と】

杜甫〔712～770〕
◇杜甫　鈴木修次著　新装版　清水書院　2014.9　238p　19cm　（Century Books）〈年表あり　索引あり〉Ⓣ978-4-389-42057-4　Ⓝ921.43　［1000円］
◇杜甫詩注　第3冊　乱離の歌　吉川幸次郎著，興膳宏編　岩波書店　2014.12　287p　22cm〈筑摩書房　1979年刊の改訂　布装〉Ⓣ978-4-00-092763-5　Ⓝ921.43　［8400円］
◇杜甫詩注　第8冊　甘粛の歌　下　吉川幸次郎著，興膳宏編　岩波書店　2014.8　379p　22cm〈布装〉Ⓣ978-4-00-092768-0　Ⓝ921.43　［9800円］
◇杜甫の詩と生活―現代語訓読文で読む　古川末喜著　知泉書館　2014.12　302,8p　21cm　（佐賀大学文化教育学部研究叢書　9）〈年譜あり　索引あり〉Ⓣ978-4-86285-201-4　Ⓝ921.43　［2800円］
◇花燃えんと欲す―杜甫詩話　続　後藤秋正著　研文出版（山本書店出版部）　2014.9　240,13p　20cm　（研文選書　121）〈索引あり　内容：杜甫の詩と「児童」「花燃えんと欲す」の系譜　「秋風落」考　「無地」考　「削跡（迹）」考　「頭風」考　李白と杜甫の「独立」　李白と杜甫の「独坐」〉Ⓣ978-4-87636-384-1　Ⓝ921.43　［2700円］

土井邦雄〔1939～　〕
◇学長の回顧録―在米40年，シカゴ大学名誉教授の波瀾万丈研究人生　土井邦雄著　インナービジョン　2014.4　160p　19cm　Ⓣ978-4-902131-29-1　Ⓝ289.1　［700円］

土井雪広〔1983～　〕
◇敗北のない競技（レース）―僕の見たサイクルロードレース　土井雪広著　東京書籍　2014.4　187p　19cm　Ⓣ978-4-487-80827-4　Ⓝ788.6　［1500円］

戸石三雄〔1926～　〕
◇戸石三雄・美江夫妻長寿を祝う会写真集　［船橋］　［戸石三雄］　2013.2　26p　30cm　Ⓝ289.1

戸石美江
◇戸石三雄・美江夫妻長寿を祝う会写真集　［船橋］　［戸石三雄］　2013.2　26p　30cm　Ⓝ289.1

ドイツ〔1949～1990―民主共和国〕　→ドイツ民主共和国を見よ
ドイツ〔1949～1990―連邦共和国〕　→ドイツ連邦共和国を見よ

ドイツ（安全保障）
◇ドイツの外交・安全保障政策の教育―平和研究に基づく新たな批判的観点の探求　寺田佳孝著　風間書房　2014.11　239p　22cm〈文献あり　索引あり〉Ⓣ978-4-7599-2053-6　Ⓝ372.34　［7000円］

ドイツ（医学―書目）
◇住友文庫ドイツ医学学位論文目録　第2巻　朝治啓三編　［吹田］　関西大学大阪都市遺産研究センター　2014.3　497p　26cm　（関西大学大阪都市遺産研究センター研究叢書　別集4-2）〈文部科学省私立大学戦略的研究基盤形成支援事業（平成

22年度—26年度)大阪都市遺産の史的検証と継承・発展・発信を目指す総合的研究拠点の形成〉Ⓝ490.234

◇住友文庫ドイツ医学学位論文目録　第3巻　朝治啓三編　［吹田］関西大学大阪都市遺産研究センター　2014.7　479p　26cm　（関西大学大阪都市遺産研究センター研究叢書　別集4-3）〈文部科学省私立大学戦略的研究基盤形成支援事業（平成22年度—26年度)大阪都市遺産の史的検証と継承・発展・発信を目指す総合的研究拠点の形成〉Ⓝ490.234

ドイツ（医事法）

◇承諾、拒否権、共同決定―未成年の患者における承諾の有効性と権利の形成　ソーニャ・ロートエルメル著，只木誠監訳　八王子　中央大学出版部　2014.3　379p　21cm　（日本比較法研究所翻訳叢書 68）〈文献あり〉Ⓘ978-4-8057-0369-4　Ⓝ498.12　［4800円］

ドイツ（遺伝子診断―法令）

◇遺伝子検査と保険―ドイツの法制度とその解釈　清水耕一著　千倉書房　2014.6　248p　22cm　（神奈川大学法学研究所研究叢書 29）Ⓘ978-4-8051-1042-3　Ⓝ325.934　［3600円］

ドイツ（移民・植民）

◇「移民国家ドイツ」の難民庇護政策　昔農英明著　慶應義塾大学出版会　2014.10　249p　22cm　〈文献あり　索引あり〉Ⓘ978-4-7664-2166-8　Ⓝ369.38　［6000円］

ドイツ（エネルギー政策）

◇キロワットアワー・イズ・マネー――エネルギー価値の創造で人口減少を生き抜く　村上敦著　改訂版　浦安　いしずえ　2014.9　254p　18cm　（いしずえ新書 001）Ⓘ978-4-86131-041-6　Ⓝ501.6　［880円］

◇ドイツの市民エネルギー企業―100％再生可能へ！　村上敦, 池田憲昭, 滝川薫著　京都　学芸出版社　2014.6　202p　21cm〈内容：エネルギーヴェンデを地域と市民の手で（村上敦著）地域の未来を決める未来会議（池田憲昭著）　市民エネルギー会社ソーラーコンプレックス（滝川薫著）　市民エネルギー組合（池田憲昭著）　都市エネルギー公社（池田憲昭著）エネルギー自立地域ライン・フンスリュック郡（滝川薫著）市民によるエネルギーヴェンデの行方（池田憲昭著）〉Ⓘ978-4-7615-2573-6　Ⓝ501.6　［2200円］

◇メルケル首相への手紙―ドイツのエネルギー大転換を成功させよ！　マティアス・ヴィレンバッハー著，滝川薫, 村上敦訳　浦安　いしずえ　2013.12　309p　21cm　Ⓘ978-4-86131-038-6　Ⓝ501.6　［1800円］

ドイツ（演劇―歴史―1918～1933）

◇叢書・近代日本のデザイン　61　左翼劇場　森仁史監修　ピスカトール［著］，村山知義訳　ゆまに書房　2014.11　374p　22cm〈中央公論社　昭和6年刊の複製　解説：正木喜勝　布装〉Ⓘ978-4-8433-4664-8,978-4-8433-4659-4(set)　Ⓝ757.021　［18000円］

ドイツ（音楽―歴史―20世紀）

◇亡命ユダヤ人の映画音楽―20世紀ドイツ音楽からハリウッド、東ドイツへの軌跡　高岡智子著　京都　ナカニシヤ出版　2014.3　325p　20cm〈文献あり〉Ⓘ978-4-7795-0851-6　Ⓝ764.7　［3800円］

ドイツ（音楽教育―歴史―20世紀）

◇フリッツ・イェーデの音楽教育―「生」と音楽の結びつくところ　小山英恵著　京都　京都大学学術出版会　2014.3　246p　22cm　（プリミエ・コレクション 43）〈文献あり　年譜あり　索引あり　内容：序章　イェーデの音楽教育における目的論　イェーデの音楽観　イェーデによる音楽の基礎教育　イェーデによる音楽における「創造」のための教育　イェーデの青少年音楽学校構想　イェーデによる教師教育論　イェーデへの批判　終章〉Ⓘ978-4-87698-284-4　Ⓝ375.76　［3400円］

ドイツ（外国関係）

◇ドイツの外交・安全保障政策の教育―平和研究に基づく新たな批判的観点の探求　寺田佳孝著　風間書房　2014.11　239p　22cm〈文献あり　索引あり〉Ⓘ978-4-7599-2053-6　Ⓝ372.34　［7000円］

ドイツ（外国関係―日本）

◇なぜ、中国人とドイツ人は馬が合うのか？　宮崎正弘, 川口マーン惠美著　ワック　2014.4　235p　18cm　（WAC BUNKO B-196）Ⓘ978-4-89831-696-2　Ⓝ302.34　［900円］

◇日独関係を考える　手塚和彰［述］　公共政策調査会　2013.11　39p　21cm　（Special report no. 123）Ⓝ319.1034

ドイツ（外国関係―日本―歴史―1945～）

◇戦後日独関係史　工藤章, 田嶋信雄編　東京大学出版会　2014.7　525,19p　22cm〈索引あり　内容：課題と視角（工藤章, 田嶋信雄著）冷戦からデタントへ一九四九―一九七三年（田嶋信

雄著）協調と対立一九四五―一九七〇年（工藤章著）　日本社会党とドイツ社会民主党（安野正明著）　冷戦下の独日労働組合関係（クリスティアン・ハイデック著，平野達志訳）　気候変動問題をめぐる日独関係（マーク・ティルトン著，平野達志訳）冷戦下の通商と安全保障一九四九―一九六三年（カティヤ・シュミットポット著，平野達訳）　日本・EEC貿易協定締結交渉と西ドイツの立場一九七〇―一九七一年（工藤章著）　日本と東ドイツの経済関係（工藤章著）　日独の介護保険・介護政策と異文化接触（山田誠著）　日独科学交流（スヴェン・サーラ著，竹内昇訳）　戦後日本の知識人とドイツ（加藤哲郎，井関正久著）〉Ⓘ978-4-13-026260-6　Ⓝ319.1034　［8800円］

ドイツ（外国関係―日本―歴史―昭和前期）

◇東條英機の親友駐独大使大島浩―闇に葬られた外交情報戦のエキスパート　中川雅普著　セルバ出版　2014.10　239p　19cm　（創英社/三省堂書店（発売）文献あり）Ⓘ978-4-86367-171-3　Ⓝ319.1034　［1700円］

ドイツ（外国関係―フランス―歴史）

◇仏独関係千年紀―ヨーロッパ建設への道　宇京頼三著　法政大学出版局　2014.5　493,7p　22cm〈文献あり　索引あり〉Ⓘ978-4-588-35230-0　Ⓝ319.35034　［5000円］

ドイツ（外国関係―ヨーロッパ―歴史―1918～1933）

◇ヴァイマル共和国のヨーロッパ統合構想―中欧から拡大する道　北村厚著　京都　ミネルヴァ書房　2014.3　331,23p　22cm　（MINERVA西洋史ライブラリー 99）〈文献あり　索引あり　内容：ヴァイマル共和国と地域統合　ヨーロッパ統合思想の登場　ドイツの「ヨーロッパ協同体」理念　ヨーロッパ志向の外交政策　中欧志向の外交政策　ブリアンの「ヨーロッパ連邦」計画　独墺関税同盟計画に至る諸構想　中欧からヨーロッパへの展望　独墺関税同盟計画の挫折　ヨーロッパへの迂回する道〉Ⓘ978-4-623-07050-3　Ⓝ319.3403　［6000円］

ドイツ（外国人参政権）

◇外国人の選挙権ドイツの経験・日本の課題　長尾一紘著　八王子　中央大学出版部　2014.3　167p　22cm　（日本比較法研究所研究叢書 95）〈内容：外国人の選挙権を考える　地方選挙と外国人の選挙権　国政選挙と外国人の選挙権　外国人と被選挙権　外国人の参政権と民主制の原理　ドイツにおける外国人の参政権　憲法改正によって外国人に選挙権を与えることは可能か　ドイツの法理日本の学説　戦後憲法学における「国家」と「国民」〉Ⓘ978-4-8057-0594-0　Ⓝ314.8934　［2300円］

ドイツ（歌曲）

◇気候と音楽―日本やドイツの春と歌　加藤晴子, 加藤内藏進著　協同出版　2014.3　168p　26cm　Ⓘ978-4-319-00264-1　Ⓝ767.021　［2000円］

ドイツ（歌曲―歴史）

◇歌曲（リート）と絵画で学ぶドイツ文化史―中世・ルネサンスから現代まで　石多正男著　慶應義塾大学出版会　2014.8　301,20p　21cm〈文献あり　年表あり　索引あり〉Ⓘ978-4-7664-2147-7　Ⓝ702.34　［2700円］

ドイツ（環境問題―歴史）

◇ドイツ環境史―エコロジー時代への途上で　フランク・ユーケッター著，服部伸, 藤原辰也, 佐藤温子, 岡内一樹訳　京都　昭和堂　2014.10　243p　19cm〈文献あり　索引あり〉Ⓘ978-4-8122-1336-0　Ⓝ519.234　［2800円］

ドイツ（機械工業）

◇ドイツ中堅機械メーカーの競争力報告書　平成25年度　国際貿易投資研究所編　国際貿易投資研究所　2014.3　2, 74p　30cm　Ⓝ530.9234

ドイツ（企業会計）

◇会計制度改革の視座　五十嵐邦正著　千倉書房　2014.6　351p　22cm〈文献あり　索引あり〉Ⓘ978-4-8051-1037-9　Ⓝ336.9　［4100円］

◇ドイツ会計現代化論　佐藤博明, ヨルク ベテトゲ編著　森山書店　2014.4　185,5p　22cm〈索引あり　内容：ドイツ会計の国際化（ヨルク　ベテトゲ, アイディン ツェリック, マルクス マイ著，佐藤博明訳）商法会計法の現代化と正規の簿記の諸原則〈GoB〉論（佐藤博明著）　会計制度改革における規制緩和（稲見亨著）　会計法現代化法における基準性原則（佐藤誠二著）　ドイツにおける無形資産会計（ハンスーユルゲン キルシュ, ニルス ギムペルーヘニング著，佐藤誠二訳）　ドイツにおける公正価値会計（ヘニング チュルヒ, ドミニク ヴェッツェン著，稲見亨訳）　ドイツにおけるヘッジ会計（佐藤博明著）〉Ⓘ978-4-8394-2140-3　Ⓝ336.9　［3500円］

ドイツ（紀行・案内記）

◇外国の街角で日本を振り返る―私のドイツ紀行　渕上吉男著　大阪　風詠社　2014.11　171p　19cm〈星雲社（発売）文献あり〉Ⓘ978-4-434-19888-5　Ⓝ234　［1000円］

ドイツ（教育）

◇グリム童話の旅—グリム兄弟とめぐるドイツ　小林将輝著　川崎　小澤昔ばなし研究所　2014.8　103p　19cm　〈年譜あり〉　Ⓘ978-4-902875-63-8　Ⓝ293.4　［1500円］

◇ドイツ・東欧歴史の旅　黒羽亮一著　双牛舎　2014.3　281p　19cm　（波のまにまに八十年　4）　〈文献あり〉　Ⓝ293.409

ドイツ（教育）

◇平成25年度教育課題研修指導者海外派遣プログラム研修成果報告書—「言語力・コミュニケーション力の育成」ドイツ（B-2団）教員研修センター編著　［つくば］　教員研修センター　2014.3　74, 6p　30cm　〈派遣期間：平成25年10月27日—11月7日〉　Ⓝ372.34

ドイツ（行政）

◇公共・協同・連帯—ドイツの地域社会を持続させるための政策の動向　小磯明調査・執筆　小磯明　2014.6　83p　30cm　〈文献あり〉　Ⓝ323.9934

ドイツ（キリスト教と政治—歴史—16世紀）

◇十六世紀ドイツにおける宗教紛争と言論統制—神学者たちの言論活動と皇帝・諸侯・都市　蝶野立彦著　彩流社　2014.2　738, 19p　22cm　〈文献あり　索引あり〉　Ⓘ978-4-7791-1986-6　Ⓝ234.05　［8000円］

ドイツ（キリスト教と政治—歴史—1933〜1945）

◇バルメン宣言の政治学　宮田光雄著　新教出版社　2014.6　54p　19cm　〈文献あり〉　Ⓘ978-4-400-40733-1　Ⓝ198.3234　［500円］

◇ブルトマンとナチズム—「創造の秩序」と国家社会主義　ルドルフ・ブルトマン著, 深井智朗訳・解題　新教出版社　2014.7　134p　20cm　〈内容：ルター派ナショナル・コンサヴァティヴとしてのルドルフ・ブルトマンの政治的精神（深井智朗著）　現在の状況における神学の課題　アーリア人　創造者なる神への信仰〉　Ⓘ978-4-400-40734-8　Ⓝ198.3234　［1850円］

ドイツ（空軍—歴史—1933〜1945）

◇ドイツ空軍装備大図鑑　グスタボ・カノ・ムニョス, サンティアゴ・ギリェン・ゴンサレス著, 村上和久訳　原書房　2014.9　366p　31cm　〈文献あり　索引あり〉　Ⓘ978-4-562-05098-7　Ⓝ395.5　［9500円］

ドイツ（駆逐艦—歴史）

◇ドイツ駆逐艦入門—戦争の終焉まで活動した知られざる小艦艇　広田厚司著　潮書房光人社　2014.3　423p　16cm　（光人社NF文庫　ひN-822）　Ⓘ978-4-7698-2822-8　Ⓝ556.96　［880円］

ドイツ（軍艦—歴史）

◇ドイツ海軍ピクトリアルモデリングガイド—艦船模型で再現するドイツ海軍の主要水上艦　ネイビーヤード編集部編　大日本絵画　2014.9　80p　30cm　Ⓘ978-4-499-23134-3　Ⓝ507.9　［4000円］

ドイツ（軍事—歴史—近代）

◇広義の軍事史と近世ドイツ—集権的アリストクラシー・近代転換期　鈴木直志著　彩流社　2014.5　364p　22cm　〈文献あり　内容：西洋史学における近世・近代軍事史研究　ドイツにおける「新しい軍事史」研究　関口浩史の彼方に〉　近世常備軍論　カントン制度再考　戦争が戦争を養う　近代転換期ドイツの国家と社会　「教養ある将校」と「気高い兵士」　ベローナが解き放たれる時　プロイセン軍制改革　リュヒェルとシャルンホルスト　結論的考察〉　Ⓘ978-4-7791-1959-0　Ⓝ392.34　［4000円］

ドイツ（軍需品—歴史—1933〜1945）

◇ドイツ空軍装備大図鑑　グスタボ・カノ・ムニョス, サンティアゴ・ギリェン・ゴンサレス著, 村上和久訳　原書房　2014.9　366p　31cm　〈文献あり〉　Ⓘ978-4-562-05098-7　Ⓝ395.5　［9500円］

ドイツ（軍人—歴史—1933〜1945）

◇軍服を着た救済者たち—ドイツ国防軍とユダヤ人救出工作　ヴォルフラム・ヴェッテ編, 関口宏道訳　白水社　2014.6　225, 20p　20cm　〈内容：歴史研究の問題としての国防軍援助者と救済者（ヴォルフラム・ヴェッテ著）　ユダヤ人救済者と「仲間意識」（トーマス・キューネ著）　アントーン・シュミット軍曹（アルノ・ルスティガー著）　ヴィルム・ホーゼンフェルト大尉（ディルク・ハインリヒス著）　カール・フォン・ボトマー大佐（マンフレート・メッサーシュミット著）　ラインホルト・ロフィ少尉（ヘルミーネ・ヴルナー著）　エーリヒ・ハイム軍曹（ペーター・シュタインカンプ著）　ヴィリ・シュルツ大尉（ヨハネス・ヴィンター著）　大尉フリッツ・フィードラー博士（フローリアーン・ローデンブルク著）　カール・ラープス軍曹（ラインホルト・リュトゲマイアー＝ダフィン著）　中尉アルベルト・バッテル博士とマックス・リートケ少佐（ノル

ベルト・ハーゼ著）　ハインツ・ドロッセル中尉（ヴォルフラム・ヴェッテ著）　Ⓘ978-4-560-08370-3　Ⓝ392.8　［2400円］

ドイツ（軍政）

◇第二次世界大戦直後のアメリカ軍占領下のドイツにおけるフラターニゼイション　蛭田尚子著　船橋　石川書房　2014.11　105p　21cm　〈年表あり　文献あり〉　Ⓘ978-4-916150-43-1　Ⓝ367.234　［2500円］

ドイツ（経済）

◇ドイツ　2014/15年版　ARC国別情勢研究会編集　ARC国別情勢研究会　2014.3　150p　26cm　（ARCレポート　経済・貿易・産業報告書　2014/15）　〈索引あり〉　Ⓘ978-4-907366-09-4　Ⓝ332.34　［12000円］

ドイツ（芸術—歴史—1871〜1918）

◇陶酔とテクノロジーの美学—ドイツ文化の諸相1900-1933　鍛治哲郎, 竹峰義和編著　青弓社　2014.6　281p　21cm　〈内容：陶酔の美学、あるいは個の解消とテクノロジーのなかの陶酔（鍛治哲郎著）　機械の陶酔のなかで（ベルント・シュティーグラー著, 柳橋大輔訳）　おまえはカリガリにならなければならない！（竹峰義和著）　陶酔と制御（ガブリエーレ・シュトゥンプ著, 長谷川晴生訳）　海の誘惑身体の夢（鍛治哲郎著）　エルンスト・ブロッホ『この時代の遺産』における陶酔の弁証法（森田團著）　陶酔のなかで共に生きる（カイ・ファン・アイケルス著, 羽根礼華訳）　陶酔と無調（長木誠司著）　第一次世界大戦中のパウル・ベッカーの思想と「世界観音楽」の終焉（岡田暁生著）　アビ・ヴァールブルクにおける陶酔とメランコリーの認識法（田中純著）　技術と陶酔、演劇と祝祭（高橋宗五著）　方法としての陶酔、材料としての人間、芸術家としての総統（ヘルマン・ゴチェフスキ著）　インターフェースとしての陶酔体験（竹峰義和著）〉　Ⓘ978-4-7872-7349-9　Ⓝ702.34　［4000円］

ドイツ（芸術—歴史—1918〜1933）

◇陶酔とテクノロジーの美学—ドイツ文化の諸相1900-1933　鍛治哲郎, 竹峰義和編著　青弓社　2014.6　281p　21cm　〈内容：陶酔の美学、あるいは個の解消とテクノロジーのなかの陶酔（鍛治哲郎著）　機械の陶酔のなかで（ベルント・シュティーグラー著, 柳橋大輔訳）　おまえはカリガリにならなければならない！（竹峰義和著）　陶酔と制御（ガブリエーレ・シュトゥンプ著, 長谷川晴生訳）　海の誘惑身体の夢（鍛治哲郎著）　エルンスト・ブロッホ『この時代の遺産』における陶酔の弁証法（森田團著）　陶酔のなかで共に生きる（カイ・ファン・アイケルス著, 羽根礼華訳）　陶酔と無調（長木誠司著）　第一次世界大戦中のパウル・ベッカーの思想と「世界観音楽」の終焉（岡田暁生著）　アビ・ヴァールブルクにおける陶酔とメランコリーの認識法（田中純著）　技術と陶酔、演劇と祝祭（高橋宗五著）　方法としての陶酔、材料としての人間、芸術家としての総統（ヘルマン・ゴチェフスキ著）　インターフェースとしての陶酔体験（竹峰義和著）〉　Ⓘ978-4-7872-7349-9　Ⓝ702.34　［4000円］

ドイツ（芸術教育—歴史—20世紀）

◇亡命ドイツ人学長達の戦後芸術アカデミー改革—アメリカ・ドイツにおける戦後芸術大学改革の起源と遺産　鈴木幹雄編著　風間書房　2014.3　336p　22cm　〈内容：亡命者達による芸術大学改革についての研究視角（鈴木幹雄著）　モダニズム芸術家W・バウマイスターに見る芸術アカデミー改革コンセプトについて（鈴木幹雄著）　シュトゥットガルト・アカデミー教授W・バウマイスターは内的亡命に耐える中でモダンアーティストとして何を構想したか（鈴木幹雄著）　戦後ベルリン造形芸術大学改革と演説原稿にみる初代学長K・ホーファーの改革意識について（安部順子著）　一九二〇年代ホーファーの芸術観・芸術教育観にみる芸術アカデミー改革思想形成の端緒（安部順子著）　戦後ベルリン造形芸術大学第二代学長K・オットーと芸術大学改革コンセプト（長谷川哲哉著）　戦後カッセル芸術工科大学学長J・エルンストとその改革の倫理規範「良いフォルム」およびドキュメンタ3への挑戦（石川潤著）　亡命バウハウス教師L・モホリ＝ナギの芸術教育学上の苦闘とシカゴにおける芸術学校改革（普照潤子著）　改革芸術学校ブラック・マウンテン・カレッジ学長J・A・ライスの教育理念とバウハウス教師J・アルバースの芸術教育上の貢献（小橋諒著）　アメリカに渡ったドイツ人芸術教育者ハンス・ホフマンの芸術教育と芸術教育理論の改革的性格について（安木理恵著）　ある内的亡命芸術家・教授にみる造形芸術上の戦後将来構想とそのスタンス（鈴木幹雄著）　亡命芸術家研究の基本的視角（鈴木幹雄著）〉　Ⓘ978-4-7599-2029-1　Ⓝ707　［8500円］

ドイツ（原子力発電）

◇原発処分—先進国ドイツの現実：地底1000メートルの核ゴミ地獄　広瀬隆著　五月書房　2014.4　185p　19cm　Ⓘ978-4-7727-0508-0　Ⓝ539.69　［1300円］

ドイツ（憲法—歴史）

◇憲法改正の政治過程—ドイツ近現代憲法政治史から見えてくる憲法の諸相　安章浩著　学陽書房　2014.5　347p　21cm　Ⓘ978-4-313-31131-2　Ⓝ323.34　［2800円］

ドイツ（憲法裁判）

◇多元主義における憲法裁判—P.ヘーベルレの憲法裁判論　ペーター・ヘーベルレ著，畑尻剛，土屋武編訳　八王子　中央大学出版部　2014.8　415p　21cm　〔日本比較法研究所翻訳叢書 69〕〈文献あり　著作目録あり　索引あり　内容：憲法裁判の基本問題　政治的力としての憲法裁判　連邦憲法裁判所の判例に具体化された憲法としての憲法訴訟法　憲法訴訟法の独自性　独立の憲法裁判の手本としての連邦憲法裁判所　ドイツの憲法裁判システムにおける憲法異議　立憲国家の今日の発展段階における憲法裁判　開かれた社会における憲法裁判　試験台に立たされる連邦憲法裁判所裁判官の候補者？　憲法裁判をめぐって（栗城壽夫述）〉①978-4-8057-0370-0　Ⓝ327.01　[5200円]

ドイツ（口承文学）

◇グリム童話とドイツ伝承文学における父親像と母親像　野口芳子編　日本独文学会　2014.10　73p　21cm　〔日本独文学会研究叢書 102号〕〈内容：「ハーメルンの笛吹き男伝説」における父親像と母親像（溝井裕一著）「灰かぶり」と「千枚皮」における父親像と母親像（竹原威滋著）『少年の魔法の角笛』に基づく音楽作品における父親像と母親像（山本まり子著）ドイツの現代伝説における父親像と母親像（金城ハウプトマン朱美著）グリム童話全体における父親像と母親像（野口芳子著）〉①978-4-901909-02-0　Ⓝ943.6

ドイツ（口承文学—歴史—18世紀）

◇Ｒ・Ｚ・ベッカーの民衆啓蒙運動—近代的フォルク像の源流　田口武史著　諏訪　鳥影社・ロゴス企画　2014.3　288,15p　22cm　〈文献あり〉①978-4-86265-451-9　Ⓝ940.26　[2400円]

ドイツ（口承文学—歴史—19世紀）

◇Ｒ・Ｚ・ベッカーの民衆啓蒙運動—近代的フォルク像の源流　田口武史著　諏訪　鳥影社・ロゴス企画　2014.3　288,15p　22cm　〈文献あり〉①978-4-86265-451-9　Ⓝ940.26　[2400円]

ドイツ（公的扶助）

◇現代ドイツ公的扶助序論　田畑洋一著　学文社　2014.3　336p　22cm　〈文献あり〉①978-4-7620-2438-2　Ⓝ369.2　[6500円]

ドイツ（高等教育）

◇諸外国の高等教育分野における質保証システムの概要—ドイツ　小平　大学評価・学位授与機構　c2014　49p　30cm　Ⓝ377.234

ドイツ（公法）

◇日独公法学の挑戦—グローバル化社会の公法　松本和彦編　日本評論社　2014.3　320p　22cm　〈索引あり　内容：グローバル化する社会と公法の課題（松本和彦著）グローバル化の中の憲法（棟居快行著）国家と社会の間の機能変動（フィリップ・クーニッヒ著，高田倫子訳）国際警察法の可能性と限界（ハンスゲオルグ・マーセン著，杉原周治訳）グローバル化された法創設過程と議会（高田篤著）ドイツにおける議会によるコントロール（ハイケ・クリーガー著，宮村教平訳）議会の中の権力分立（村西良太著）ドイツ連邦議会の情報権（スヴェン・ヘルシャイト著，柴田堯史訳）行政訴訟における仮の権利保護（長谷川佳彦著）日本における脳死論争と臓器移植法（高井裕之著）取材源秘匿権と特定秘密（鈴木秀美著）私人による都市計画提案（野呂充著）日本の所得税における最低生活費非課税の正当化と法律化（谷口勢津夫著）ドイツ所得税法における最低生活費非課税（マルクス・ハインツェン著，奥谷健訳）国内税法のヨーロッパ法的決定因子（シュテファン・ヒンデラング，ハネス・ケーラー著，谷口勢津夫訳）環境法における情報取扱いと知識の創出（松本和彦著）EU法における環境情報へのアクセス（ジークリート・ボイゼン著，松本和彦訳）環境分野の司法アクセスとオーフス条約（大久保規子著）〉①978-4-535-51981-7　Ⓝ323.04　[5300円]

ドイツ（国際投資【日本】）

◇ドイツ進出企業の会計・税務・会社法・経営　池田良一著　改訂版　税務経理協会　2014.11　467p　21cm　〈索引あり〉①978-4-419-06167-8　Ⓝ338.9234　[6600円]

ドイツ（国際見本市—ニュルンベルク）

◇輸出総合サポートプロジェクト事業のうち海外見本市への出展事業Biofach 2014（ドイツ）実施報告書　平成25年度　[東京]　日本貿易振興機構　2014.3　55p　30cm　Ⓝ606.934

ドイツ（国防—歴史）

◇日本軍とドイツ軍—どうしたら勝てたのか、どうやっても負けたのか？　藤井非三四著　学研パブリッシング　2014.8　311p　19cm　〔学研マーケティング（発売）文献あり〕①978-4-05-406048-7　Ⓝ391.2074　[1500円]

ドイツ（債権法）

◇債権法改正に関する比較法的検討—日独法の視点から：独日法律家協会・バウム編　八王子　中央大学出版部　2014.6　439p　22cm　〔日本比較研究所研究叢書 96〕〈ドイツ語抄訳付　内容：債権法改正に関する概観（奥田昌道著）Grü nde,Ziele, Konzeption und Probleme der Schuldrechtsreform（Birgit GRUNDMANN著）債務不履行法改正論議の行方とその中間評価（山本豊著）Systematik und Neuordnung von Leistungsstö rungs-und Gewä hrleistungsrecht im deutschen Recht（Stephan LORENZ著）日本とドイツの債権譲渡法制の比較（池田真朗著）Zur Entwicklung des Rechts der Forderungsabtretung aus deutscher Sicht（Moritz BÄ LZ著）消費者法と債権法改正（松本恒雄著）Verbraucherschutz und Schuldrechtsmodernisierung（Karl RIESENHUBER著）日本の債権法改正論議における保証の問題の検討状況（山野目章夫著）Der Schutz des Bü rgen（Mathias HABERSACK著）継続的契約の終了（高田淳著）Das Kontinuitä tsinteresse bei der Kü ndigung von Dauerschuldverträ gen（Marc-Philippe WELLER著）「債権法改正に関する比較法的検討」の趣旨（笠井修述）債権法改正への歩みと現在の概観（奥田昌道述）ドイツにおける債務法現代化の状況（Jü rgen SCHMIDT-RÄ NTSCH述, 新井誠訳）債務不履行（山本豊述,Matthias K.SCHEER訳,山本豊監修）給付障害法と瑕疵担保責任法の体系化と再編成（Stephan LORENZ述, 森光訳）日本の債権譲渡法制と債権法改正中間試案の意見（池田真朗述,Marc DERNAUER訳）ドイツの観点からの債権譲渡法の展開（Moritz BÄ LZ述,遠藤研一郎訳）債権法改正と消費者保護（松本恒雄述, Matthias K.SCHEER訳）消費者保護と債務法の現代化（Karl RIESENHUBER述,古積健三郎訳）債権法改正論議における保証の問題の検討状況（山野目章夫述,Marc DERNAUER訳）保証人の保護（Mathias HABERSACK述,森勇訳）継続的契約の終了（高田淳述）継続的契約の解約告知における継続性の利益（Marc-Philippe WELLER述,高田淳訳）Der Schuldrechtsreform-Entwurf（Marc DERNAUER述）〉①978-4-8057-0595-7　Ⓝ324.4　[5500円]

ドイツ（在留ロシア人—歴史—20世紀）

◇ロシア人たちのベルリン—革命と大量亡命の時代　諌早勇一著　東洋書店　2014.2　257,47p　20cm　〈年表あり　索引あり〉①978-4-86459-130-0　Ⓝ334.538　[2500円]

ドイツ（左翼）

◇台頭するドイツ左翼—共同と自己変革の力で　星乃治彦著　京都　かもがわ出版　2014.1　270p　21cm　〈文献あり〉①978-4-7803-0675-0　Ⓝ311.9　[2600円]

ドイツ（山岳）

◇山と妖怪—ドイツ山岳伝説考　吉田孝夫著　八坂書房　2014.6　357,25p　22cm　〈文献あり　索引あり　内容：山霊と冥界　金のうんこ　山の裁判　山姥ホレさま　〈連続性〉と伝説研究　悪魔リューベツァール　山霊と薬草〉①978-4-89694-175-3　Ⓝ388.34　[4500円]

ドイツ（死刑—歴史—16世紀）

◇死刑執行人—残された日記と、その真相　ジョエル・Ｆ・ハリントン著，日暮雅通訳　柏書房　2014.8　376p　図版26p　20cm　〈文献あり〉①978-4-7601-4447-1　Ⓝ322.34　[2200円]

ドイツ（社会）

◇ドイツ流、日本流　川口マーン惠美著　草思社　2014.4　264p　16cm　〔草思社文庫 か3-1〕〈「サービスできないドイツ人、主張できない日本人」（2011年刊）の改題〉①978-4-7942-2045-5　Ⓝ302.34　[700円]

◇なぜ、中国人とドイツ人は馬が合うのか？　宮崎正弘, 川口マーン惠美著　ワック　2014.4　235p　18cm　〔WAC BUNKO B-196〕①978-4-89831-696-2　Ⓝ302.34　[900円]

ドイツ（社会—歴史—1871〜）

◇ボーイズ・ビー・アンビシャス　第3集　新渡戸稲造の留学談　新渡戸稲造著　藤沢　二宮尊徳の会　2014.2　168p　21cm　〈年譜あり〉①978-4-9906069-4-7　Ⓝ281.04　[700円]

ドイツ（社会調査—歴史—19世紀）

◇近代ドイツ国家形成と社会統計—19世紀ドイツ営業統計とエンゲル　長屋政勝著　京都　京都大学学術出版会　2014.11　463p　22cm　〈索引あり〉①978-4-87698-540-1　Ⓝ361.934　[6000円]

ドイツ（社会保障）

◇ドイツ中興の祖ゲアハルト・シュレーダー　熊谷徹著　[東京]　日経BP社　2014.4　272p　20cm　〔日経BPマーケティング（発売）文献あり〕①978-4-8222-5008-9　Ⓝ312.34　[1700円]

と

ドイツ(ジャーナリズム—歴史)
◇大衆宣伝の神話—マルクスからヒトラーへのメディア史　佐藤卓己著　増補　筑摩書房　2014.5　512,13p　15cm　(ちくま学芸文庫 サ31-1)〈索引あり　初版：弘文堂 1992年刊〉 Ⓘ978-4-480-09609-8　Ⓝ070.234　[1500円]

ドイツ(証券取引法)
◇適合性原則と私法理論の交錯　角田美穂子著　商事法務　2014.2　401p　22cm　Ⓘ978-4-7857-2155-8　Ⓝ338.16　[8200円]

ドイツ(消費者保護—法令)
◇適合性原則と私法理論の交錯　角田美穂子著　商事法務　2014.2　401p　22cm　Ⓘ978-4-7857-2155-8　Ⓝ338.16　[8200円]

ドイツ(商法)
◇ドイツ会計現代化論　佐藤博明, ヨルク ベェトゲ編著　森山書店　2014.4　185,5p　22cm〈索引あり　内容：ドイツ会計の国際化(ヨルク　ベェトゲ, アイディン　ツェリック, マルクス　マイ著, 佐藤博明訳)　商法会計法の現代化と正規の簿記の諸原則〈GoB〉論(佐藤博明著)　会計制度改革における規制緩和(稲見亨著)　会計法現代化法における基準性原則(佐藤誠二著)　ドイツにおける無形資産会計(ハンスーユルゲン　キルシュ, ニルス　ギムペルーヘニング著, 佐藤誠二訳)　ドイツにおける公正価値会計(ヘニング　チュルヒ, ドミニク　デッツェン著, 稲見亨訳)　ドイツにおけるヘッジ会計(佐藤博明著)〉 Ⓘ978-4-8394-2140-3　Ⓝ336.9　[3500円]
◇ドイツ商法現代化と税務会計　久保田秀樹著　森山書店　2014.9　237p　22cm〈索引あり〉 Ⓘ978-4-8394-2145-8　Ⓝ336.98　[3300円]

ドイツ(女性問題—歴史—20世紀)
◇第二次世界大戦直後のアメリカ軍占領下のドイツにおけるフラターニゼイション　蛭田尚子著　船橋　石川書房　2014.11　105p　21cm〈年表あり　文献あり〉 Ⓘ978-4-916150-43-1　Ⓝ367.234　[2500円]

ドイツ(新聞—歴史—17世紀)
◇新聞原典史料『アヴィーゾ』『レラツィオーン』—新聞発達史上の午前0時について　大友展也著　仙台　東北大学出版会　2014.2　200p　21cm　Ⓘ978-4-86163-235-8　Ⓝ070.234　[2200円]

ドイツ(スポーツ—歴史)
◇近代ドイツ・スポーツ史　4　近代体育の改革と変容・停滞　成田十次郎著　不昧堂出版　2013.9　718p　22cm〈布装〉 Ⓘ978-4-8293-0499-0　Ⓝ780.234　[9500円]

ドイツ(スポーツ政策)
◇ドイツに学ぶ地方自治体のスポーツ政策とクラブ　クリストフ・ブロイアー, 黒須充編著　創文企画　2014.2　207p　21cm〈文献あり〉 Ⓘ978-4-86413-047-9　Ⓝ780.234　[2000円]

ドイツ(政治)
◇現代ドイツ政治—統一後の20年　西田慎, 近藤正基編著　京都　ミネルヴァ書房　2014.11　336p　21cm〈年表あり 索引あり　内容：現代ドイツ政治とは何か(西田慎, 近藤正基著)　キリスト教民主・社会同盟(近藤正基著)　社会民主党(妹尾哲志著)　緑の党(西田慎著)　左翼党(小野一著)　自由民主党(安井宏樹著)　労使関係(大重光太郎著)　EUとドイツ(板橋拓己著)　外交政策(葛谷彩著)　福祉政策(近藤正基著)　家族政策(白川耕一著)　脱原子力政策(西田慎著)　移民政策(佐藤成基著)〉 Ⓘ978-4-623-07204-0　Ⓝ312.34　[3000円]
◇現代日本の政治と外交　4　日本とドイツ—戦後の政治的変化　猪口孝監修　猪口孝編　原書房　2014.3　141p　22cm〈内容：日本の政治・ドイツの政治(猪口孝著)　現代的思考方法への転換(ミヒャエル・ボーヒャード著, 猪口孝訳)　国政への挑戦者とその秘められた可能性(原田泰著)　「怒る市民」と「継続の市民」の手中にあるドイツの政治(カール＝ルドルフ・コルテ著, 猪口孝訳)　3・11災害に立ち向かうリスク下の日本の市民社会(長谷川公一著)　現行制度への挑戦としての社会変化(ゲアード・ラングート著, 猪口孝訳)　安倍晋三の政策路線(猪口孝著)〉 Ⓘ978-4-562-04961-5　Ⓝ312.1　[3200円]
◇強い国家の作り方—欧州に君臨する女帝メルケルの世界戦略　ラルフ・ボルマン著, 村瀬民子訳　ビジネス社　2014.10　255p　19cm〈年譜あり 年表あり〉 Ⓘ978-4-8284-1770-7　Ⓝ312.34　[1800円]
◇ドイツ中興の祖ゲアハルト・シュレーダー　熊谷徹著　[東京]　日経BP社　2014.4　272p　20cm〈日経BPマーケティング(発売)　文献あり〉 Ⓘ978-4-8222-5008-9　Ⓝ312.34　[1700円]

ドイツ(政治—歴史—20世紀)
◇アデナウアー—現代ドイツを創った政治家　板橋拓己著　中央公論新社　2014.5　240p　18cm　(中公新書 2266)〈文献あり 年譜あり〉 Ⓘ978-4-12-102266-0　Ⓝ312.34　[820円]

ドイツ(青少年教育)
◇友情と信頼の輪—第十回リンデン市訪問団報告書・蕨市青少年海外派遣事業報告書　2014　[蕨]　蕨・独リンデン市民交流協会　[2014]　56p　30cm〈年表あり　期間：2014年7月25日—8月9日〉 Ⓝ379.3

ドイツ(世界遺産)
◇ペーターのドイツ世界遺産全踏破　ペーター・エンダーライン著　平凡社　2014.7　235p　18cm　(平凡社新書 741) Ⓘ978-4-582-85741-2　Ⓝ709　[840円]

ドイツ(世界戦争〔1939～1945〕)
◇ドイツ国防軍情報部とカナリス提督—世界最大の情報組織を動かした反ヒトラー派の巨人　広田厚司著　潮書房光人社　2014.11　364p　16cm　(光人社NF文庫 ひN-855) Ⓘ978-4-7698-2855-6　Ⓝ391.2074　[850円]

ドイツ(戦車)
◇3号突撃砲F～G型　遠藤慧画　新紀元社　2014.11　95p　30cm　(ミリタリーディテールイラストレーション) Ⓘ978-4-7753-1309-1　Ⓝ559.4　[2300円]
◇パンター　遠藤慧画　新紀元社　2014.5　95p　30cm　(ミリタリーディテールイラストレーション) Ⓘ978-4-7753-1239-1　Ⓝ559.4　[2300円]

ドイツ(戦車—歴史—1933～1945)
◇エル・アラメインの決戦　齋木伸生著　潮書房光人社　2014.3　413p　16cm　(光人社NF文庫 さN-825)〈「タンクバトル 2」(光人社 2002年刊)の改題〉 Ⓘ978-4-7698-2825-9　Ⓝ396.7　[860円]
◇WW2ドイツ装甲部隊のエース車両—ミリタリーカラーリング＆マーキングコレクション　グルツェゴルツ・ヤコウスキ, マリウス・フィリピュク作画, プシェミスワフ・スクルスキ解説　新紀元社　2014.8　79p　30cm　Ⓘ978-4-7753-1274-2　Ⓝ559.4　[2300円]
◇ドイツ装甲車戦場写真集　広田厚司著　潮書房光人社　2014.3　160p　21cm　Ⓘ978-4-7698-1564-8　Ⓝ559.4　[2200円]

ドイツ(潜水艦—歴史—1871～1918)
◇Uボート、西へ！—1914年から1918年までのわが対英哨戒　エルンスト・ハスハーゲン著, 並木均訳　潮書房光人社　2014.12　215p　20cm　Ⓘ978-4-7698-1583-9　Ⓝ946　[2000円]

ドイツ(戦闘機—歴史—1933～1945)
◇フォッケウルフFw190戦闘機戦場写真集　広田厚司著　潮書房光人社　2014.9　161p　21cm　Ⓘ978-4-7698-1576-1　Ⓝ391.2074　[2200円]

ドイツ(総合型地域スポーツクラブ)
◇ドイツに学ぶ地方自治体のスポーツ政策とクラブ　クリストフ・ブロイアー, 黒須充編著　創文企画　2014.2　207p　21cm〈文献あり〉 Ⓘ978-4-86413-047-9　Ⓝ780.234　[2000円]

ドイツ(葬制)
◇身体巡礼—The European Burial Ritual　ドイツ・オーストリア・チェコ編　養老孟司著　新潮社　2014.5　175p 図版 48p　20cm　Ⓘ978-4-10-416007-5　Ⓝ385.6　[1500円]

ドイツ(大学—歴史—18世紀)
◇近代大学の揺籃—一八世紀ドイツ大学史研究　別府昭郎著　知泉書館　2014.4　294,5p　22cm　(明治大学人文科学研究所叢書)〈索引あり　内容：理論的前提　ハレ大学の創設　ゲッティンゲン大学の創設　ヴィーン大学における講座構成と団体権の喪失　ライプツィヒ大学における意思決定システム・講座構成・講義告知の方法　インゴルシュタット〈ミュンヘン〉大学における官房学の展開　ヴィッテンベルク大学における講座構成と教師の個人評価　ケーニヒスベルク大学における講座構成と国家との関係　ドイツにおける大学統廃合　一八世紀の大学教師　学生生活　近代大学とは何か〉 Ⓘ978-4-86285-184-0　Ⓝ377.234　[6000円]

ドイツ(チェルノブイリ原発事故〔1986〕—被害)
◇ドイツ・低線量被曝から28年—チェルノブイリはおわっていない　ふくもとまさお著　言叢社　2014.3　222,22p　19cm〈文献あり〉 Ⓘ978-4-86209-047-8　Ⓝ369.36　[1500円]

ドイツ(デザイン—歴史—ベルリン)
◇ベルリン・デザイン・ハンドブックはデザインの本ではない！　クリスティアン・ボーングレーバー編著, 明石政紀訳　神戸　BEARLIN　2013.1　159p　21cm〈新宿書房(発売)〉 Ⓘ978-4-88008-428-2　Ⓝ757.0234　[2380円]

日本件名図書目録2014　Ⅰ

ドイツ（民芸）

ドイツ（伝記）
◇ドイツ奇人街道　森貴史,細川裕史,溝井裕一著　吹田　関西大学出版部　2014.7　331p　19cm　〈文献あり〉①978-4-87354-586-8　Ⓝ283.4　[2000円]

ドイツ（伝説）
◇山と妖怪—ドイツ山岳伝説考　吉田孝夫著　八坂書房　2014.6　357,25p　22cm　〈文献あり　索引あり　内容：山霊と冥界　金のうんこ　山の裁判　山姥ホレさま　〈連続性〉と伝説研究　悪魔リューベツァール　山霊と薬草〉①978-4-89694-175-3　Ⓝ388.34　[4500円]

ドイツ（伝説—歴史—中世）
◇中世後期のドイツ民間信仰—伝説の歴史民俗学　ヴィルーエーリヒ・ボイカート著,中山けい子訳　三元社　2014.10　295,53p　19cm　〈文献あり　索引あり〉①978-4-88303-362-1　Ⓝ387.0234　[2800円]

ドイツ（統計行政—歴史—19世紀）
◇近代ドイツ国家形成と社会統計—19世紀ドイツ営業統計とエンゲル　長屋政勝著　京都　京都大学学術出版会　2014.11　463p　22cm　〈索引あり〉①978-4-87698-540-1　Ⓝ361.934　[6000円]

ドイツ（難民）
◇「移民国家ドイツ」の難民庇護政策　昔農英明著　慶應義塾大学出版会　2014.10　249p　22cm　〈文献あり　索引あり〉①978-4-7664-2166-8　Ⓝ369.38　[6000円]

ドイツ（日系企業）
◇ドイツ進出企業の会計・税務・会社法・経営　池田良一著　改訂版　税務経理協会　2014.11　467p　21cm　〈索引あり〉①978-4-419-06167-8　Ⓝ338.9234　[6600円]

ドイツ（陪審制度）
◇国民の司法参加と刑事法学　平良木登規男著　慶應義塾大学出版会　2014.2　486p　22cm　〈布装　内容：ドイツにおける参審制度の沿革　ドイツにおける参審制度の現在　日独の刑事司法　参審制度導入をめぐる問題点　裁判員制度の問題点　裁判員制度と刑事手続　当事者主義と予断排除　刑事裁判の充実・迅速化と新たな準備手続〈公判前整理手続〉　裁判員裁判における評決について　裁判員裁判の合憲性　交通事故における過失について　共謀共同正犯について　没収について　環境分野における刑事規制　組織犯罪対策における手続法的問題点　通信傍受法について　再審公判手続をめぐる諸問題〉①978-4-7664-2115-6　Ⓝ327.67　[9000円]

ドイツ（病院）
◇ドイツ病院のマネージメント　上武健造著　八千代出版　2014.6　470p　22cm　〈文献あり〉①978-4-8429-1631-6　Ⓝ498.163　[3200円]

ドイツ（風俗・習慣—歴史）
◇民俗学のかたち—ドイツ語圏の学史にさぐる　河野眞著　創土社　2014.3　605p　図版16p　22cm　〈文献あり　索引あり　内容：〈民俗学〉の形をドイツ語圏の学史に探る　生物供儀と遊戯の間　ヘルマン・バウジンガーの経験型文化研究/フォルクスクンデ　インゲボルク・ヴェーバー＝ケラーマンにおけるヨーロッパ・エスノロジーの構想　カール＝ジーギスムント・クラーマーの法民俗学の構想　〈不安〉が切りひらいた地平と障壁　スポーツと民俗学　ドイツ民俗学の視角から〉①978-4-7988-0217-6　Ⓝ380.1　[12000円]

ドイツ（不法行為—法令）
◇不法行為法における名誉概念の変遷　建部雅著　有斐閣　2014.2　232p　22cm　〈索引あり〉①978-4-641-13664-9　Ⓝ326.25　[4100円]

◇不法行為法における割合的責任の法理　石橋秀起著　京都　法律文化社　2014.5　317p　22cm　〈立命館大学法学叢書　第18号〉〈索引あり　内容：公平による割合的減責の妥当性　ドイツにおける割合的責任論の今日の展開　医療過誤における割合的責任　営造物・工作物責任における自然力競合による割合的責任　公害・環境訴訟における割合的責任　交通事故における素因減責　交通事故と医療過誤の競合　被害者の自殺　終　章〉①978-4-589-03599-8　Ⓝ324.55　[6600円]

ドイツ（プロテスタント教会—歴史—1933～1945）
◇バルメン宣言の政治学　宮田光雄著　新教出版社　2014.6　54p　19cm　〈文献あり〉①978-4-400-40733-1　Ⓝ198.3234　[500円]

ドイツ（文化）
◇ドイツ流、日本流　川口マーン惠美著　草思社　2014.4　264p　16cm　〈草思社文庫　か3-1〉〈「サービスできないドイツ人、主張できない日本人」（2011年刊）の改題〉①978-4-7942-2045-5　Ⓝ302.34　[700円]

ドイツ（兵器—歴史—1933～1945）
◇ナチスドイツの秘密兵器　白石光,大久保義信著　笠倉出版社　2014.9　191p　21cm　〈万物図鑑シリーズ〉〈文献あり〉①978-4-7730-8733-8　Ⓝ559.0234　[950円]

ドイツ（平和教育）
◇ドイツの外交・安全保障政策の教育—平和研究に基づく新たな批判的観点の探求　寺田佳孝著　風間書房　2014.11　239p　22cm　〈文献あり　索引あり〉①978-4-7599-2053-6　Ⓝ372.34　[7000円]

ドイツ（弁護士—法令）
◇ドイツ弁護士法と労働法の現在　森勇,米津孝司編　八王子　中央大学出版部　2014.2　256p　22cm　〈日本比較法研究所研究叢書　93〉〈内容：ドイツ弁護士職業法入門（マルティン・ヘンスラー述,森勇,春日川路子訳）　ドイツにおける弁護士マーケットの展開（マルティン・ヘンスラー述,森勇訳）　ドイツ労働法における労働契約の内容審査（マルティン・ヘンスラー述,米津孝司,松井良和訳）　ドイツの労働組合の新たな役割と企業再編成・大量解雇に際するスト可能性の拡大（マルティン・ヘンスラー述,米津孝司,山本志郎訳）　欧州諸国との比較におけるドイツ労働法の最近の展開（マルティン・ヘンスラー述,桑村裕美子訳）　ドイツおよびヨーロッパにおける弁護士職業法の展開（マルティン・ヘンスラー述,森勇,春日川路子訳）　日本の弁護士（木村美隆著）　フォーラム議事録（マルティン・ヘンスラーほか）　司法制度改革審議会意見書〈2001年6月12日〉の弁護士制度関連のまとめ（佐瀬正俊著）〉①978-4-8057-0592-6　Ⓝ327.934　[3300円]

ドイツ（貿易政策）
◇海外拠点のための安全保障貿易管理ガイダンス　ドイツ編2014　安全保障貿易情報センター　2014.10　241p　30cm　〈英語併載〉Ⓝ678.13

ドイツ（法制史—近代）
◇ドイツ市民法史　村上淳一著　新装版　東京大学出版会　2014.8　365,7p　19cm　〈UPコレクション〉〈索引あり〉①978-4-13-006521-4　Ⓝ322.34　[3600円]

ドイツ（法律）
◇ドイツ法秩序の欧州化—シュトラインツ教授論文集　ルドルフ・シュトラインツ著,新井誠訳　八王子　中央大学出版部　2014.2　350p　21cm　〈日本比較法研究所翻訳叢書　67〉〈著作目録あり　索引あり　内容：ドイツ連邦議論における欧州憲法　欧州の憲法体制　欧州憲法制定プロセス　リスボン条約　君の信心や如何に　リスボン条約判決およびハニーウェル事件判決後の欧州司法裁判所に対する連邦憲法裁判所による審査留保　欧州連合市民権　自由交易と商品の移動　指令に適合する解釈,指令の直接的効力,国家賠償請求権　ドイツと欧州の食品法は文化的同一性の表現になり得るか　民法秩序欧州化の基盤　「スポーツ国家」としてのドイツ〉①978-4-8057-0368-7　Ⓝ323.3　[4400円]

ドイツ（法律学—歴史）
◇ケルゼン研究　3　長尾龍一著　日の出町（東京都）　慈学社出版　2013.4　456p　20cm　〈慈学社叢書〉〈大学図書（発売）　索引あり　内容：新カント主義と現代　アリストテレスと現代　『ハンス・ケルゼン著作集』の完結に寄せて　ケルゼンと哲学　人間原理と哲学史　ケルゼンの「実定法学」　ケルゼンのWillensdogma批判　ケルゼンにおける法と道徳　ケルゼンと憲法裁判所　ハンス・ケルゼンと抵抗権　日本におけるケルゼン　ナチ期シュミット問題の一端　カール・シュミットと終末論　カール・シュミットの非常事態論と主権論　レオ・シュトラウスの「密教」　レオ・シュトラウス問題　戦前期独墺公法学におけるユダヤ人　ユダヤ人の自己憎悪　『儒教と道教』再読　ホッブズとアメリカ　ホッブズとイラク戦争　トマス・ホッブズ『リヴァイアサン』　ホッブズとシュミット　ホッブズと「敵対刑法」〉①978-4-903425-79-5　Ⓝ321.234　[4000円]

ドイツ（保険法）
◇遺伝子検査と保険—ドイツの法制度とその解釈　清水耕一著　千倉書房　2014.6　248p　22cm　〈神奈川大学法学研究所研究叢書　29〉①978-4-8051-1042-3　Ⓝ325.934　[3600円]

ドイツ（民間信仰—歴史—中世）
◇中世後期のドイツ民間信仰—伝説の歴史民俗学　ヴィルーエーリヒ・ボイカート著,中山けい子訳　三元社　2014.10　295,53p　19cm　〈文献あり　索引あり〉①978-4-88303-362-1　Ⓝ387.0234　[2800円]

ドイツ（民芸）
◇ドイツ語圏に見る民藝と民俗—民衆工藝の理論と歴史に関する国際比較　河野眞編　［豊橋］　愛知大学フォークライフ研究会　2014.3　76p　26cm　〈愛知大学民具陳列室「研究報告」　第2輯〉〈文献あり　平成21年度愛知大学研究助成（共同

459

ドイツ（ユダヤ人―歴史―1918～1933）

研究2009-2011年度：B35）報告書〉①978-4-9903028-1-8
Ⓝ750.234

ドイツ（ユダヤ人―歴史―**1918～1933**）
◇ワイマール時代のユダヤ文化ルネサンス　M.ブレンナー著，
上田和夫訳　教文館　2014.8　348,50p　22cm〈文献あり，索
引あり〉①978-4-7642-7347-4　Ⓝ316.88　［3900円］

ドイツ（妖怪）
◇山と妖怪―ドイツ山岳伝説考　吉田孝夫著　八坂書房　2014.
6　357,25p　22cm〈文献あり　内容：山霊と冥界
金のうんこ　山の裁判　山姥ホレさま〈連続性〉と伝説研究
悪魔リューベツァール　山霊と薬草〉①978-4-89694-175-3
Ⓝ388.34　［4500円］

ドイツ（養子）
◇親子福祉法の比較法的研究　1　養子法の研究　鈴木博人著
八王子　中央大学出版部　2014.7　367p　22cm　（日本比較
法研究所研究叢書 97）〈内容：養子制度の制度設計　養子制
度の国際比較　ドイツの養子法　福祉制度としての養子制度
成年養子制度の現代的意義　日本の養子縁組斡旋をめぐる課
題　児童相談所の斡旋で養子になった子どもの分析　児童相
談所が関与した養子縁組に関するアンケートの法的分析　他
児童養育制度としての里親制度の特色　里親の私法上の地位
ドイツにおける里親委託の法的構造〉①978-4-8057-0596-4
Ⓝ324.63　［4500円］

ドイツ（幼稚園―歴史）
◇遊びが子どもを育てる―フレーベルの〈幼稚園〉と〈教育遊具〉
マルギッタ・ロックシュタイン著，小笠原道雄監訳，木内陽
一，松village納央子訳　福村出版　2014.12　97p　22cm〈文献あ
り　年譜あり〉①978-4-571-11034-4　Ⓝ376.1234　［2500円］

ドイツ（歴史）
◇外国の街角で日本を振り返る―私のドイツ紀行　渕上吉男著
大阪　風詠社　2014.11　171p　19cm〈星雲社（発売）文献
あり〉①978-4-434-19888-5　Ⓝ234　［1000円］
◇ドイツ史研究入門　木村靖二，千葉敏之，西山暁義編　山川出
版社　2014.5　479p　19cm〈文献あり　年表あり　索引あり〉
①978-4-634-64038-2　Ⓝ234　［3000円］
◇ドイツ謎解き散歩　関田淳子著　KADOKAWA　2014.11
327p　15cm　（中経の文庫 せ-6-1）①978-4-04-601091-9
Ⓝ234　［800円］

ドイツ（歴史―1918～1933）
◇ヒトラーランド―ナチの台頭を目撃した人々　アンドリュー・
ナゴルスキ著，北村京子訳　作品社　2014.12　526p　20cm
〈文献あり〉①978-4-86182-510-1　Ⓝ234.072　［2800円］

ドイツ（歴史―1933～1945）
◇第三帝国の歴史―画像でたどるナチスの全貌　ヴォルフガン
グ・ベンツ著，斉藤寿雄訳　現代書館　2014.8　315p　22cm
〈文献あり　索引あり〉①978-4-7684-5720-7　Ⓝ234.074
［3300円］
◇ヒトラーと第三帝国―なぜ国民はこの男を選んでしまったの
か!?：オールカラー決定版　歴史群像編集部編　学研パブリッ
シング　2014.12　125p　21cm〈学研マーケティング（発売）
「ヒトラーと第三帝国の真実」(2013年刊)と「ヒトラーと第二
次大戦の真実」(2013年刊)のからの抜粋、加筆、再構成〉
①978-4-05-406193-4　Ⓝ234.074　［560円］
◇ヒトラーとナチスのすべて　毒島刀也，田中健介，仲田裕之著
電波実験社　2014.8　182p　21cm①978-4-86490-019-5
Ⓝ234.074　［1500円］
◇ヒトラーランド―ナチの台頭を目撃した人々　アンドリュー・
ナゴルスキ著，北村京子訳　作品社　2014.12　526p　20cm
〈文献あり〉①978-4-86182-510-1　Ⓝ234.072　［2800円］

ドイツ（歴史―1945～）
◇過去の克服―ヒトラー後のドイツ　石田勇治著　新装復刊
白水社　2014.5　344,5p　20cm〈文献あり〉①978-4-560-
08365-9　Ⓝ234.075　［3700円］
◇ドイツ、そしてベルリン　山本耕二［著］　草土文化　2014.8
95p　23cm　（写真で読む）①978-4-7945-1068-6　Ⓝ234.075
［1800円］

ドイツ（歴史―20世紀）
◇ヒトラー演説―熱狂の真実　高田博行著　中央公論新社
2014.6　286p　18cm　（中公新書 2272）〈文献あり　年表あ
り〉①978-4-12-102272-1　Ⓝ234.07　［880円］

ドイツ（歴史―近代）
◇中・近世ドイツ統治構造史論　神寶秀夫著　創文社　2013.3
231,47p　22cm〈索引あり　内容：教会権力と国家権力
ヨーロッパ旧体制下における領邦国家体制　絶対主義時代の

法形態と立法目的　近世ドイツ領邦絶対主義をめぐる諸問題
新たな近世国制史の構築に向けて　西川洋一著「十三世紀の
君主立法権概念に関するノート―教皇権を素材として―」(1)
～〈3・完〉服部良久著『ドイツ中世の領邦と貴族』　池谷文夫
著『ドイツ中世後期の政治と政治思想―大空位時代から『金印
勅書』の制定まで―』　佐久間弘展著『若者職人の社会と文化
―十四～十七世紀ドイツ―』　皆川卓著『等族制国家から国家
連合へ―近世ドイツ国家の設計図「シュヴァーベン同盟」-』
山本文彦著『近世ドイツ国制史研究―皇帝・帝国クライス・諸
侯―』　渋谷聡著『近世ドイツ帝国国制史研究―等族制集会と
帝国クライス―』　山崎彰著『ドイツ近世的権力と土地貴
族』〉①978-4-423-46069-6　Ⓝ234.04　［5800円］

ドイツ（歴史―中世）
◇中・近世ドイツ統治構造史論　神寶秀夫著　創文社　2013.3
231,47p　22cm〈索引あり　内容：教会権力と国家権力
ヨーロッパ旧体制下における領邦国家体制　絶対主義時代の
法形態と立法目的　近世ドイツ領邦絶対主義をめぐる諸問題
新たな近世国制史の構築に向けて　西川洋一著「十三世紀の
君主立法権概念に関するノート―教皇権を素材として―」(1)
～〈3・完〉服部良久著『ドイツ中世の領邦と貴族』　池谷文夫
著『ドイツ中世後期の政治と政治思想―大空位時代から『金印
勅書』の制定まで―』　佐久間弘展著『若者職人の社会と文化
―十四～十七世紀ドイツ―』　皆川卓著『等族制国家から国家
連合へ―近世ドイツ国家の設計図「シュヴァーベン同盟」-』
山本文彦著『近世ドイツ国制史研究―皇帝・帝国クライス・諸
侯―』　渋谷聡著『近世ドイツ帝国国制史研究―等族制集会と
帝国クライス―』　山崎彰著『ドイツ近世的権力と土地貴
族』〉①978-4-423-46069-6　Ⓝ234.04　［5800円］

ドイツ（労働者）
◇労働者の損害賠償責任　細谷越史著　成文堂　2014.1　220p
22cm　（香川大学法学会叢書 9）①978-4-7923-3318-8
Ⓝ324.55　［5000円］

ドイツ（労働法）
◇ドイツ弁護士法と労働法の現在　森勇，米津孝司編　八王子
中央大学出版部　2014.2　256p　22cm　（日本比較法研究所
研究叢書 93）〈内容：ドイツ弁護士職業法入門（マルティン・
ヘンスラー述，森勇，春日川路子訳）　ドイツにおける弁護士
マーケットの展開（マルティン・ヘンスラー述，森勇訳）　ド
イツ労働法における労働契約の内容審査（マルティン・ヘンス
ラー述，米津孝司，松井良和訳）　ドイツの労働組合の新たな役
割と企業再編成・大量解雇に際するスト可能性の拡大（マル
ティン・ヘンスラー述，米津孝司，山本志郎訳）　欧州諸国との
比較におけるドイツ労働法の最近の展開（マルティン・ヘンス
ラー述，桑村裕美子訳）　ドイツおよびヨーロッパにおける弁
護士職業法の展開（マルティン・ヘンスラー述，森勇，春日川路
子訳）　日本の弁護士（木村美隆著）　フォーラム議事録（マル
ティン・ヘンスラーほか述）　司法制度改革審議会意見書
〈2001年6月12日〉の弁護士制度関連のまとめ（佐瀬正俊著）〉
①978-4-8057-0592-6　Ⓝ327.934　［3300円］

ドイツ（ロック音楽―歴史―1945～―楽曲解説）
◇クラウトロック大全　小柳カヲル著　Pヴァイン　2014.7
262p　21cm　（ele-king books）〈日販アイ・ピー・エス（発
売）文献あり　索引あり〉①978-4-907276-17-1　Ⓝ764.7
［2800円］

ドイツ社会民主党
◇大衆宣伝の神話―マルクスからヒトラーへのメディア史　佐
藤卓己著　増補　筑摩書房　2014.5　512,13p　15cm　（ちく
ま学芸文庫 サ31-1）〈索引あり　初版：弘文堂 1992年刊〉
①978-4-480-09609-8　Ⓝ070.234　［1500円］
◇21世紀の社会民主主義―ドイツ社会民主党綱領の変遷　三村
均訳編　横浜　大倉山工房　2014.5　270p　27cm〈文献あり
年表あり〉①978-4-9904042-1-5　Ⓝ315.34

ドイツ民主共和国（紀行・案内記）
◇懐かしのウンター・デン・リンデン―回想の東ドイツ紀行　杉
野圀明著　八千代　窓映社　2014.10　296p　22cm①978-4-
916136-71-8　Ⓝ293.409　［1500円］

ドイツ連邦共和国（外国関係―ヨーロッパ〔東部〕―歴史）
◇西ドイツ外交とエーゴン・バール　アンドレアス・フォークト
マイヤー著，岡田浩平訳　三元社　2014.8　495,55p　22cm
〈文献あり　索引あり〉①978-4-88303-360-7　Ⓝ319.34039
［6000円］

ドイツ連邦共和国（外国関係―ロシア―歴史）
◇西ドイツ外交とエーゴン・バール　アンドレアス・フォークト
マイヤー著，岡田浩平訳　三元社　2014.8　495,55p　22cm
〈文献あり　索引あり〉①978-4-88303-360-7　Ⓝ319.34039
［6000円］

ドイル，C.〔1859～1930〕
◇シャーロック・ホームズ完全解読　北原尚彦監修　宝島社
2014.3　238p　16cm　（宝島SUGOI文庫 Bき-1-1）〈文献

あり 著作目録あり 年譜あり 2013年刊の改訂〉①978-4-
8002-2486-6 Ⓝ933.7 ［600円］
◇シャーロック・ホームズと見るヴィクトリア朝英国の食卓と生
活 関矢悦子著 原書房 2014.3 287p 21cm〈文献あり〉
①978-4-562-05055-0 Ⓝ383.833 ［2400円］
◇シャーロック・ホームズの思考術 マリア・コニコヴァ著, 日
暮雅通訳 早川書房 2014.1 398p 20cm〈文献あり 索引
あり〉①978-4-15-209432-2 Ⓝ141.5 ［2400円］
◇名探偵ホームズとドイル—ヴィクトリア時代の一つの人生、二
つの履歴書 河村幹夫著 海竜社 2014.8 374p 19cm〈年
譜あり〉①978-4-7593-1388-8 Ⓝ933.7 ［1800円］

唐〔中国〕（貴族—歴史）
◇唐史論攷—氏族制と均田制 池田温著 汲古書院 2014.10
774p 22cm 〈汲古叢書 40〉〈内容：唐代の郡望表 唐朝氏
族志の一考察 敦煌氾氏家傳殘卷について 八世紀初におけ
る敦煌の氏族 8世紀中葉における敦煌のソグド人聚落 貴族
制の沒落 唐代均田制の一考察 初唐西州土地制度
管見 初唐西州高昌縣授田簿考 神龍三年高昌縣崇化郷點籍
樣について 唐前期西州給田制之特徵 唐朝開元後期土地政
策の一考察 唐代敦煌均田制の一考察 敦煌における土地稅
役制をめぐって 開運二年十二月河西節度都押衙王文通牒
中國古代物價の一考察 盛唐物價資料をめぐって〉①978-4-
7629-2539-9 Ⓝ222.048 ［18000円］

唐〔中国〕（土地制度—歴史）
◇唐史論攷—氏族制と均田制 池田温著 汲古書院 2014.10
774p 22cm 〈汲古叢書 40〉〈内容：唐代の郡望表 唐朝氏
族志の一考察 敦煌氾氏家傳殘卷について 八世紀初におけ
る敦煌の氏族 8世紀中葉における敦煌のソグド人聚落 貴族
制の沒落 均田制 唐代均田制の一考察 初唐西州土地制度
管見 初唐西州高昌縣授田簿考 神龍三年高昌縣崇化郷點籍
樣について 唐前期西州給田制之特徵 唐朝開元後期土地政
策の一考察 唐代敦煌均田制の一考察 敦煌における土地稅
役制をめぐって 開運二年十二月河西節度都押衙王文通牒
中國古代物價の一考察 盛唐物價資料をめぐって〉①978-4-
7629-2539-9 Ⓝ222.048 ［18000円］

唐〔中国〕（墳墓—歴史）
◇朝陽地区隋唐墓の整理と研究 国立文化財機構奈良文化財研
究所編 奈良 国立文化財機構奈良文化財研究所 2013.3
521p 図版 8p 26cm 〈奈良文化財研究所学報 第91冊〉〈文
献あり 中国語併載 共同刊行：中国遼寧省文物考古研究所〉
①978-4-905338-27-7 Ⓝ222.57

唐〔中国〕（法制史）
◇大唐六典の唐令研究—「開元七年令」説の検討 中村裕一著
汲古書院 2014.6 415p 22cm 〈汲古叢書 117〉①978-4-
7629-6016-1 Ⓝ322.22 ［11000円］

唐〔中国〕（歴史）
◇唐史論攷—氏族制と均田制 池田温著 汲古書院 2014.10
774p 22cm 〈汲古叢書 40〉〈内容：唐代の郡望表 唐朝氏
族志の一考察 敦煌氾氏家傳殘卷について 八世紀初におけ
る敦煌の氏族 8世紀中葉における敦煌のソグド人聚落 貴族
制の沒落 均田制 唐代均田制の一考察 初唐西州土地制度
管見 初唐西州高昌縣授田簿考 神龍三年高昌縣崇化郷點籍
樣について 唐前期西州給田制之特徵 唐朝開元後期土地政
策の一考察 唐代敦煌均田制の一考察 敦煌における土地稅
役制をめぐって 開運二年十二月河西節度都押衙王文通牒
中國古代物價の一考察 盛唐物價資料をめぐって〉①978-4-
7629-2539-9 Ⓝ222.048 ［18000円］

塔 和子〔1929〜2013〕
◇いのちを紡ぐ—詩人・塔和子追悼集 ［箕面］ 塔和子の会
2014.6 136p 21cm〈年譜あり 著作目録あり〉Ⓝ911.52
［1000円］

陶 潜〔365〜427〕
◇陶淵明とその時代 石川忠久著 増補版 研文出版 2014.5
573,12p 22cm〈索引あり 内容：陶氏という南人貴族 陶
淵明の帰田 隠士陶淵明 「和劉柴桑」と「酬劉柴桑」「見
南山」と「望南山」 「遊斜川」考 「雑詩其十二」について
六朝に於ける"孌童詩" 東晋王朝の創始 謝氏の興隆 王羲
之と蘭亭の遊 許詢について 孫綽と「遊天台山賦」について
謝混と「遊西池」詩 「尋隠者不遇」詩の生成について 両晋
に於ける雅俗の観念 六朝詩に表われた女性美 文学に表わ
れた海 王維輞川集校注 漢詩在日本 「東籬」考 謝靈運に
見る陶淵明の影 名士としての陶淵明〉①978-4-87636-371-1
Ⓝ921.4 ［9500円］

統一教会 →世界基督教統一神霊協会を見よ

東映フライヤーズ
◇東映フライヤーズあゝ、駒沢の暴れん坊 越智正典著 ベース
ボール・マガジン社 2014.12 207p 20cm〈文献あり〉
①978-4-583-10712-7 Ⓝ783.7 ［1500円］

トウェイン, M.〔1835〜1910〕
◇評伝マーク・トウェイン 1 アメリカ建国と作家の誕生 飯
塚英一著 彩流社 2014.10 440p 20cm〈文献あり〉
①978-4-7791-2048-0 Ⓝ930.268 ［4500円］

トウォ, D.N.〔1954〜 〕
◇性を超えるダンサー ディディ・ニニ・トウォ 福岡まどか著,
古屋均写真 めこん 2014.5 157p 21cm〈文献あり 索引
あり〉①978-4-8396-0278-9 Ⓝ769.24 ［4000円］

東欧 →ヨーロッパ〔東部〕を見よ

東温市（遺跡・遺物）
◇向井古墳 第2次調査 東温市教育委員会東温市立歴史民俗資
料館, イビソク編 東温 東温市教育委員会東温市立歴史民俗
資料館 2014.3 25p 図版 6p 30cm （東温市埋蔵文化財調
査報告書 第2集）〈共同刊行：イビソク〉Ⓝ210.0254

東温市（中小企業）
◇輝きに満ちたまち東温市を支える中小企業—東温市中小企業
現状把握調査の分析 立教大学社会情報教育研究センター政
府統計部会 2014.8 126, 58p 30cm〈年表あり 発行所：
三恵社〉①978-4-86487-276-8 Ⓝ335.35

東海遠洋漁業株式會社
◇社史で見る日本経済史 第72巻 東海遠洋漁業株式会社三十
年史 ゆまに書房 2014.4 438,9p 図版6枚 22cm〈年譜あ
り 東海遠洋漁業株式會社 1937年刊の複製 解説：小岩信竹
布装〉①978-4-8433-4565-8,978-4-8433-4561-0(set) Ⓝ335.48
［25000円］

東海市（遺跡・遺物）
◇畑間・東畑遺跡発掘調査報告 平成24年度 島田組中部営業
所編 東海 愛知県東海市教育委員会 2014.3 178p 図版
［43］枚 30cm〈愛知県東海市所在〉Ⓝ210.0254
◇畑中・東畑・郷中遺跡発掘調査報告—平成11-19(1999-2007)
年度調査 本文編 国際文化財株式会社西日本支店編 東海
愛知県東海市教育委員会 2014.3 295p 図版 31p 30cm
〈愛知県東海市所在〉Ⓝ210.0254
◇畑間・東畑・郷中遺跡発掘調査報告—平成11-19(1999-2007)
年度調査 図版編 国際文化財株式会社西日本支店編 東海
愛知県東海市教育委員会 2014.3 72, 21, 183p 30cm〈共
通の付属資料が本文編にあり 愛知県東海市所在〉Ⓝ210.0254
◇松崎遺跡Ⅱ・上浜田遺跡 愛知県教育・スポーツ振興財団愛知
県埋蔵文化財センター編 ［弥富］ 愛知県教育・スポーツ振
興財団愛知県埋蔵文化財センター 2014.3 300p 図版 ［20］
枚 30cm （愛知県埋蔵文化財センター調査報告書 第182集）
Ⓝ210.0254

東海体育学会
◇東海体育学会60年の軌跡 東海体育学会編 杏林書院 2013.
10 218p 26cm〈年表あり〉Ⓝ780.6

東海大学芸術工学部
◇旭川キャンパスの軌跡—1993-2013：東海大学芸術工学部 旭
川校舎記念誌編集委員会編 旭川 東海大学芸術工学部
2014.2 60p 30cm〈年表あり〉Ⓝ377.28

東海地方（遺跡・遺物）
◇伊勢湾地域古代世界の形成 伊藤禎樹著 大阪 アットワーク
ス 2014.3 402p 21cm〈内容：原始古代の尾張 伊勢湾
と「海つ道」 濃尾地方の弥生文化の形成 濃尾地方における
弥生時代の石器の問題 朝日遺跡の漁撈具をめぐって 伊勢
湾地方の弥生時代の集落 伊勢湾周辺の弥生時代の墓制 尾
張の大型古墳 美濃窯塚古墳の陶質土器 尾張正木町遺跡出
土の初期須恵器 東海地方の五世紀のカマド 豊田市神明遺
跡の初期須恵器 尾張型須恵器の出現 濃尾の鉄・陶質土器〉
①978-4-939042-95-9 Ⓝ215 ［3200円］
◇東海地方における縄文時代早期前葉の諸問題—発表要旨集・研
究論文集 東海縄文研究会第10回準備担当編 ［出版地不明］
東海縄文研究会 2014.3 190p 30cm〈東海縄文研究会研
究会 第10回〉〈文献あり 会期・会場：平成26年3月8日 鈴鹿
市考古博物館講堂 内容：発表要旨—基調講演 煙道付炉穴
について（山田猛著） 大川式について（山田猛著） 発表要旨
—事例報告 近年の三重県の調査事例（桜井拓馬, 中村法道著）
発表要旨—研究報告 東海地方の押型文土器に伴う石器（三好
元樹著） 愛知県を中心とする草創期末から早期前葉にかけて
の土器編年（村上昇著） 樋沢式併行期の地域間関係（熊谷博

と

東海地方（経済）

志著） 東海地方における押型文土器期の年代測定値集成（遠部慎著） 研究論文―遺跡論 押型文土器遺跡数の変化（矢野健一著） 押型文土器期の遺跡動静からみた生業活動（松田真一著） 更新世・完新世移行期における石器群と居住痕跡，原産地開発行動の変遷（及川穣著） 研究論文―遺物論 大鼻式成立覚書（岡田憲一著） 大川式土器にみられる主要類型の展開とその理解（守屋亮著） 刈谷我野から犬島まで（松本安紀彦著） 高山寺式成立前後の土器の検討（青山航著） 静岡県東部における押型文土器の新知見（小崎晋著） 肉眼観察からみた東海縄文早期の土器胎土（河本純一著） 縄文時代草創期後半の有溝砥石について（小栗康寛著） 中部高地における押型文期の石器群についての覚書（田部剛士著） 研究論文―事例報告 長野県における縄文時代早期植物質食料データについて（中沢道彦著） Ⓝ215
◇弥生文化と海人 杉山浩平著 六一書房 2014.3 188p 27cm 〈文献あり〉①978-4-86445-040-9 Ⓝ210.27 ［5800円］

東海地方（経済）
◇東海エリアデータブック 2015 中日新聞社，三菱UFJリサーチ&コンサルティング/編 名古屋 中日新聞社 2014.12 199p 26cm ①978-4-8062-0673-6 ［2000円］

東海地方（災害予防）
◇東日本大震災と東海地域の防災―津波対策，災害支援，災害のグローバル化 名古屋大学文学部社会学研究室編 名古屋 名古屋大学文学部社会学研究室 2013.3 190p 30cm （名古屋大学文学部社会学研究室社会調査報告書 10（2011年度））〈奥付の出版年月：2012.3〉Ⓝ369.3

東海地方（地震）
◇いま地震予知を問う―迫る南海トラフ巨大地震 横山裕道著 京都 化学同人 2014.2 215,15p 19cm〈文献あり 年表あり〉①978-4-7598-1567-2 Ⓝ453.38 ［1800円］

東海地方（震災）
◇東海地震についての県民意識調査―報告書 平成25年度 静岡 静岡県危機管理部危機情報課 2014.3 187p 30cm （地震対策資料 no. 281-2014）Ⓝ369.31

東海地方（姓氏）
◇あなたの知らない東海地方の名字の秘密 森岡浩著 洋泉社 2014.5 190p 18cm （歴史新書）〈索引あり〉①978-4-8003-0386-8 Ⓝ288.1 ［800円］

東海地方（地質）
◇「槍・穂高」名峰誕生のミステリー―地質探偵ハラヤマ出動 原山智，山本明著 山と渓谷社 2014.3 349p 15cm （ヤマケイ文庫）〈文献あり 「超火山〈槍・穂高〉」2003年刊の改題〉①978-4-635-04772-2 Ⓝ455.15 ［1000円］

東海地方（歴史―論文集）
◇東海縄文論集 東海縄文研究会編 ［出版地不明］ 東海縄文研究会 2013.5 158p 30cm〈文献あり 大塚達朗代表還暦記念：土器で考える（大塚達朗著） 地域社会という用語に関する覚書（山本直人著） 東海地方における縄文時代晩期の生業変化（山崎健著） 縄文・弥生時代移行期の経済基盤と社会（岩瀬彰利著） 東海地域・関西地域出土の縄文時代後晩期釣針について（川添和暁著） レプリカ法による静岡県富士市山王遺跡出土土器の種実圧痕の調査と派生する問題（中沢道彦著） 縄文時代晩期における埋葬区・埋葬小群の社会関係（齋藤弘之著） 堂之上タイプ（飛騨の中期後葉）土偶覚書（伊藤正人著） 畑田貝塚Ⅰ群A類土器成立の再検討（高橋健太郎，纐纈茂著） 愛知県内田貝塚における稲荷山式土器（松本泰典著） 東海縄文研究会発足・活動の記録（岩瀬彰利著）〉①978-4-86293-081-1 Ⓝ215.04 ［2500円］

東海地方（老人福祉施設―名簿）
◇在宅介護&高齢者ホームのすべて―名古屋・愛知・岐阜・三重の最新情報：保存版 2014→2015 名古屋 東海通信社 2014.7 150p 29cm〈中日新聞社（発売）文献あり 「介護&高齢者ホームのすべて」の改題，巻次を継承〉①978-4-8062-0671-2 Ⓝ369.263 ［833円］

東海道
◇近世交通史料集 4 東海道宿村大概帳 児玉幸多校訂 オンデマンド版 吉川弘文館 2013.10 1025p 22cm〈印刷・製本：デジタルパブリッシングサービス〉①978-4-642-04303-8 Ⓝ682.1 ［23000円］
◇近世の東海道 本多隆成著 大阪 清文堂出版 2014.8 307p 20cm〈文献あり〉①978-4-7924-1018-6 Ⓝ215 ［2500円］
◇東海道五十三次写真紀行―ノスタルジック・ジャパン 清永安雄撮影 産業編集センター 2014.4 263p 21cm ①978-4-86311-092-2 Ⓝ291.5 ［1700円］

東海道（紀行・案内記）
◇東海道でしょう！ 杉江松恋，藤田香織［著］ 幻冬舎 2013.7 407p 16cm （幻冬舎文庫 す-12-1）〈文献あり〉①978-4-344-42047-2 Ⓝ291.5 ［724円］

東海道（史跡名勝）
◇東街便覧図略 巻4 猿猴庵［著］，名古屋市博物館編 名古屋 名古屋市博物館 2014.3 124p 30cm （名古屋市博物館資料叢書 3）Ⓝ291.5

東海道新幹線
◇新幹線開発物語 角本良平著 改版 中央公論新社 2014.9 233p 16cm （中公文庫 か83-1）〈年譜あり〉①978-4-12-206014-2 Ⓝ516.7 ［900円］
◇世界最速「車窓案内」―東海道新幹線開業50周年記念 今尾恵介著 新潮社 2014.8 127p 26cm〈文献あり〉①978-4-10-336331-6 Ⓝ291.09 ［2000円］
◇東海道新幹線―アサヒグラフ臨時増刊：開業50周年記念「完全」復刻 AERA編集部編著 朝日新聞出版 2014.10 74p 34cm〈「アサヒグラフ臨時増刊東海道新幹線1964 8,1」（朝日新聞社 1964年刊）の複製〉①978-4-02-331338-5 Ⓝ686.21 ［1300円］
◇東海道新幹線運転席へようこそ にわあつし著 新潮社 2014.1 217p 16cm （新潮文庫 に-28-1）①978-4-10-125471-5 Ⓝ686.21 ［520円］
◇東海道新幹線開業50周年公式写真集―1964-2014 ウェッジ編，須田寛，副島廣海，田中宏昌監修 ウェッジ 2014.7 153p 19×26cm （英語併記 訳：フィリップ・プレイザー）①978-4-86310-127-2 Ⓝ686.21 ［2000円］
◇東海道新幹線50年 須田寛著 交通新聞社 2014.3 247p 19cm （KOTSUライブラリ 005）〈文献あり 年譜あり〉①978-4-330-45214-2 Ⓝ686.21 ［1800円］
◇東海道新幹線50年の軌跡―50のエピソードで綴る半世紀の歩み 須田寛，福原俊一著 JTBパブリッシング 2014.10 190p 21cm （キャンブックス）〈年譜あり〉①978-4-533-09959-5 Ⓝ686.21 ［1900円］
◇東海道新幹線と首都高―50＋50：1964東京オリンピックに始まる50年の軌跡：その意図，成果，そして未来に向けた新たな飛躍 家田仁，安藤憲一，小曽俊一編，土木学会50＋50特別シンポジウム実行委員会著 土木学会 2014.11 249p 21cm〈丸善出版（発売）年譜あり〉①978-4-8106-0869-4 Ⓝ686.21 ［4000円］

東海村（茨城県）（原子力発電所）
◇それでも日本人は原発を選んだ―東海村と原子力ムラの半世紀 朝日新聞取材班著 朝日新聞出版 2014.2 308,4p 19cm〈年表あり 索引あり〉①978-4-02-251141-6 Ⓝ543.5 ［1600円］

東金市（遺跡・遺物）
◇東金市玉崎神社裏横穴群 2 千葉県教育委員会編 千葉 千葉県教育委員会 2014.3 36p 図版［12］枚 30cm （千葉県教育委員会埋蔵文化財調査報告 第3集）〈東金市田間2地区土砂災害防止事業埋蔵文化財発掘調査報告書〉Ⓝ210.0254

東京アマチュアマジシャンズクラブ
◇東京アマチュア・マジシャンズ・クラブ創立80周年記念誌 TAMC創立80周年記念事業実行委員会編 東京アマチュア・マジシャンズ・クラブ 2013.11 210p 30cm〈年表あり 奥付・背のタイトル：TAMC創立80周年記念誌〉Ⓝ779.3

東京医科歯科大学歯学部附属歯科技工士学校
◇東京医科歯科大学歯学部附属歯科技工士学校閉校記念誌 東京医科歯科大学歯学部附属歯科技工士学校同窓会技友会編 東京医科歯科大学歯学部附属歯科技工士学校同窓会技友会 2014.9 107p 26cm〈表紙のタイトル：閉校記念誌〉Ⓝ497.077

東京駅
◇東京駅「100年のナゾ」を歩く―図で愉しむ「迷宮」の魅力 田村圭介著 中央公論新社 2014.12 221p 18cm （中公新書ラクレ 514）〈文献あり〉①978-4-12-150514-9 Ⓝ686.53 ［840円］
◇100年のプロローグ―東京駅開業100周年記念：鉄道博物館第10回特別企画展図録 鉄道博物館学芸部，アート・ベンチャー・オフィスショウ編 ［さいたま］ 鉄道博物館 2014.11 87p 21×30cm （企画展図録 no. 10）〈年表あり 会期・会場：2014年11月22日―2015年2月16日 鉄道博物館スペシャルギャラリー〉Ⓝ686.53

東京海上日動火災保険株式会社
◇東京海上日動の抜本戦略―代理店成長モデルの実証 尾籠裕之著 績文堂出版 2013.11 185p 21cm〈文献あり〉①978-4-88116-194-4 Ⓝ339.5 ［2000円］

東京学芸大学
◇東京学芸大学男女共同参画白書 2014年版 女性研究者研究活動支援事業報告書 東京学芸大学男女共同参画推進本部編

［小金井］　東京学芸大学　2014.3　208p　30cm　〈文献あり〉　Ⓝ377.21

東京急行電鉄株式会社
◇地図と鉄道省文書で読む私鉄の歩み　関東1　東急・小田急　今尾恵介著　白水社　2014.10　223p　19cm　〈文献あり〉　①978-4-560-08386-4　Ⓝ686.21　[1600円]
◇東急沿線の不思議と謎　浜田弘明監修　実業之日本社　2014.11　191p　18cm　（じっぴコンパクト新書　221）〈文献あり　年表あり〉　①978-4-408-45534-1　Ⓝ686.213　[850円]
◇東急電鉄まるごと探見―歴史・路線・運転・ステンレスカー　宮田道一, 広岡友紀著　JTBパブリッシング　2014.3　191p　21cm　（キャンブックス）〈年譜あり〉①978-4-533-09630-3　Ⓝ686.213　[1900円]

東京キワニスクラブ
◇50年の歩み　東京キワニスクラブ　2014.11　185p　27cm　Ⓝ065

東京港
◇東京港港湾計画書―軽易な変更　東京都港湾局港湾整備部計画課編　東京都港湾局港湾整備部計画課　2014.4　5p　30cm　Ⓝ683.92136
◇東京港港湾計画書　東京都港湾局港湾整備部計画課編　改訂　東京都港湾局港湾整備部計画課　2014.11　46p　30cm　〈付属資料：1枚：東京港港湾計画図〉Ⓝ683.92136
◇東京港港湾計画書　東京都港湾局港湾整備部計画課編　改訂　東京都港湾局港湾整備部計画課　2014.11　46p　30cm　（交通政策審議会港湾分科会資料　第58回）〈付属資料：1枚：東京港港湾計画図〉Ⓝ683.92136
◇東京港港湾計画資料―軽易な変更　東京都港湾局港湾整備部計画課編　東京都港湾局港湾整備部計画課　2014.4　8p　30cm　Ⓝ683.92136
◇東京港港湾計画資料　その1　東京都港湾局港湾整備部計画課編　改訂　東京都港湾局港湾整備部計画課　2014.11　1冊　30cm　〈年表あり　付属資料：1枚：東京港港湾計画新旧法線対照図, 付属資料：1枚：東京都港湾審議会答申〉Ⓝ683.92136
◇東京港港湾計画資料　その2　東京都港湾局港湾整備部計画課編　改訂　東京都港湾局港湾整備部計画課　2014.11　236p　30cm　Ⓝ683.92136
◇東京港ハンドブック　2015　東京都港湾局港湾経営部振興課監修　東京都港湾振興協会　2014.10　143p　28cm　Ⓝ683.92136
◇港をめぐる二都物語―江戸東京と横浜　横浜都市発展記念館, 横浜開港資料館編　［横浜］　横浜市ふるさと歴史財団　2014.1　111p　23cm　〈文献あり　会期：平成26年1月25日―4月13日〉Ⓝ683.92137　[1000円]

東京国税局
◇東京国税局管内税務職員名簿　平成26年9月1日現在　旬刊「税務会計」編集部編　税務経営研究会　2014.9　387p　21cm　〈附・国税庁〉Ⓝ345.035　[非売品]

東京国立近代美術館
◇独立行政法人国立美術館東京国立近代美術館活動報告　平成24年度　国立美術館東京国立近代美術館　2014.2　257p　26cm　〈年表あり〉Ⓝ706.9　[非売品]

東京国立博物館
◇井浦新の美術探検―東京国立博物館の巻　東京国立博物館監修, 井浦新著　東京美術　2014.4　127p　21cm　①978-4-8087-0980-8　Ⓝ069.61361　[1800円]

東京ゴルフ倶楽部
◇東洋一を目指して―朝霞が育てた日本人のゴルフ：第29回企画展　朝霞市博物館編　朝霞　朝霞市博物館　2014.10　52p　30cm　〈会期：平成26年10月11日―11月24日〉Ⓝ783.8

東京シティガイドクラブ
◇設立10周年記念誌―TCGC10年の軌跡　東京シティガイドクラブ設立10周年記念誌編集委員会編　東京シティガイドクラブ設立10周年記念誌編集委員会　2014.5　164p　30cm　〈年表あり〉Ⓝ689.6

東京証券取引所
◇東京証券取引所会社情報適時開示ガイドブック　2014年6月版　東京証券取引所上場部編　東京証券取引所　2014.6　845p　26cm　〈背のタイトル：会社情報適時開示ガイドブック〉Ⓝ338.16　[3143円]
◇内部管理用ケーススタディハンドブック　日本取引所自主規制法人考査部審査・情報グループ著　第4版　日本取引所自主規制法人COMLEC　2014.4　275p　21cm　Ⓝ338.16　[400円]

東京商工会議所
◇東商ビル55年の記憶―東京商工会議所ビルディング記念写真集：1960-2015　東京商工会議所　2014.12　64p　30cm　Ⓝ330.66

東京商法会議所
◇商人の輿論をつくる！―渋沢栄一と東京商法会議所　渋沢栄一記念財団渋沢史料館　2014.10　77p　26cm　〈文献あり　年表あり　会期・会場：2014年10月4日―11月30日　渋沢史料館企画展示室〉Ⓝ330.66

東京消防庁消防学校
◇東京の消防教育100年のあゆみ　東京消防庁消防学校監修, 『東京の消防教育100年のあゆみ』編集委員会編　［東京］　東京消防庁消防学校　2014.10　292p　31cm　〈年表あり〉Ⓝ317.7922

と

東京女学館短期大学
◇東京女学館短期大学史　東京女学館史料編纂室編　東京女学館　2013.11　445p　図版 8p　21cm　〈年表あり　東京女学館創立125周年記念〉Ⓝ377.3

東京スカパラダイスオーケストラ
◇スカパラ入門―25 Years of TOKYO SKA　東京スカパラダイスオーケストラ著　リットーミュージック　2014.5　159p　26cm　①978-4-8456-2398-3　Ⓝ764.7　[2963円]

東京ステーションギャラリー
◇東京ステーションギャラリー活動報告2012-2014　東京ステーションギャラリー　2014　53p　21cm　〈表紙のタイトル：東京ステーションギャラリー2012-2014活動報告　編集：半澤紀恵〉Ⓝ706.9

東京大学
◇東京大学学問論―学道の劣化　佐々木力著　作品社　2014.3　358,10p　20cm　〈索引あり〉①978-4-86182-475-3　Ⓝ377.21　[2600円]
◇東京大学世界の知の拠点へ　濱田純一著　東京大学出版会　2014.9　321,60p　20cm　①978-4-13-003343-5　Ⓝ377.21　[2000円]
◇東大　2015　Next to U Tokyo　東京大学新聞社／企画・編　東京大学新聞社／東京大学新聞［発売］　2014.7　281p　21cm　①978-4-88611-371-9　[1500円]
◇東大教授　沖大幹著　新潮社　2014.3　206p　18cm　（新潮新書　560）〈文献あり〉①978-4-10-610560-9　Ⓝ377.13　[700円]
◇東大は主張する―東京大学新聞年鑑　2013-14　東京大学新聞社編　シーズ・プランニング　2014.9　199p　26cm　〈星雲社（発売）〉①978-4-434-19672-0　Ⓝ377.21　[1500円]
◇歴史が面白くなる東大のディープな日本史　3　相澤理著　KADOKAWA　2014.8　255p　18cm　〈2までの出版者：中経出版〉①978-4-04-600498-7　Ⓝ210.1　[1000円]

東京大学運動会スキー山岳部
◇記録短信・山行報告――一九七七年十二月――一九八一年三月　［東京］　東京大学運動会スキー山岳部　2014.5　1冊　26cm　〈共同刊行：東京大学山の会　電子複写　内容：記録短信1977.12-1978.10（東京大学スキー山岳部刊）　記録短信1979.4-1979.10（東京大学スキー山岳部刊）　記録短信1979.11-1980.5（東京大学スキー山岳部刊）　山行報告Jun. 1980-Mar. 1981（東京大学スキー山岳部昭和56年刊）〉Ⓝ786.1
◇スキー山岳部の歴史　東京大学運動会スキー山岳部［編］　東京大学山の会　2014.5　142p　21cm　〈年表あり〉Ⓝ786.1
◇TUSAC新聞／関西TIUSAC会報　［東京］　東京大学運動会スキー山岳部　2014.5　1冊　27cm　〈共同刊行：東京大学山の会　電子複写, 「関西TIUSAC会報」は原本資料　内容：TUSAC新聞. no. 1-6（東大スキー山岳部1957-1959年刊）　会報. no. 1（TUSACヒマラヤ準備会1962年刊）　TUSAC新聞. no. 2-5,7-10（東大運動会スキー山岳部1962年刊）　関西TIUSAC会報. no. 2-4,第6号（1961-1962年刊）〉Ⓝ786.1
◇部内雑誌　1945-52・1953・1956・1957　［東京］　東京大学運動会スキー山岳部　2014.5　1冊　22cm　〈共同刊行：東京大学山の会　原本を合冊製本したもの　内容：部内雑誌. 1945-52（電子複写）　部内雑誌. 1953（東京大学スキー山岳部昭和29年刊）　富士遭難追悼号部報（東京大学スキー山岳部1956年刊）　部内雑誌. 1957（東京大学スキー山岳部刊）〉Ⓝ786.1
◇部内雑誌　1958・1958-61・1962　［東京］　東京大学運動会スキー山岳部　2014.5　1冊　25cm　〈共同刊行：東京大学山の会　原本を合冊製本したもの　内容：部内雑誌. 1958（東京大学スキー山岳部昭和33年刊）　部内雑誌. 1958-1961（東京大

東京大学大学院

学運動会スキー山岳部昭和38年刊） 部内雑誌. 1962（東京大学スキー山岳部刊）〉Ⓝ786.1

東京大学大学院
◇実録！東大大学院総集編 かっぱ巻きRC編著 カットシステム 2014.9 249p 21cm Ⓘ978-4-87783-700-6 Ⓝ377.9 ［1400円］

東京大学大学院医学系研究科内科学専攻器官病態内科学講座循環器内科学教室
◇東京大学循環器内科の歩み 東京大学大学院医学系研究科循環器内科学教室編 ［東京］ 東京大学循環器内科学教室 2013.12 394p 27cm 〈文献あり 永井良三教授退任記念〉Ⓝ377.28 ［非売品］

東京大学大学院法学政治学研究科附属ビジネスロー比較法政研究センター
◇IBC—April 2013-March 2014 ［東京］ 東京大学大学院法学政治学研究科附属ビジネスロー・比較法政研究センター 2014.5 45p 26cm 〈日本語・英語併記〉Ⓝ320.76

東京大学第二工学部
◇東京大学第二工学部の光芒—現代高等教育への示唆 大山達雄、前田正史編 東京大学出版会 2014.3 367p 22cm 〈文献あり 索引あり〉Ⓘ978-4-13-066810-1 Ⓝ377.28 ［3800円］

東京大学柏葉会合唱団
◇柏葉史—生い立ちから第50回定期演奏会まで 柏葉史編集委員会編 ［出版地不明］ 東京大学柏葉会合唱団同窓会 2014.3 711p 30cm 〈年表あり 付・柏葉史第9号先行編集版〉Ⓝ767.4

東京大学非行研究会
◇非行研100回のあゆみ 東京大学非行研究会編、岡邊健、森一平責任編集 ［東京］ ［東京大学非行研究会］ 2014.2 218p 21cm （東京大学非行研究会報告 第1号）〈文献あり〉Ⓝ368.71

東京宝塚劇場
◇劇場の近代化—帝国劇場・築地小劇場・東京宝塚劇場 永井聡子著 京都 思文閣出版 2014.3 215,7p 22cm 〈文献あり 内容：序章 東京劇場以後の歌舞伎劇場に見られる近代化 帝国劇場に見られる近代化 築地小劇場に見られる近代化 東京宝塚劇場に見られる近代化 帝国劇場・築地小劇場・東京宝塚劇場に見られる「劇場」の近代化 終章〉Ⓘ978-4-7842-1737-3 Ⓝ771.02136 ［3500円］

東京地下鉄株式会社
◇東京メトロ建設と開業の歴史—パンフレットで読み解く：永久保存版 東京地下鉄株式会社編著 実業之日本社 2014.4 223p 26cm Ⓘ978-4-408-11060-8 Ⓝ516.171361 ［2800円］

東京地方労働組合評議会
◇東京地方労働組合評議会第13回定期大会議案 ［東京］ ［東京地方労働組合評議会］ ［2014］ 120p 30cm 〈会期・会場：2014年9月28日 すみだリバーサイドホール〉Ⓝ366.629
◇東京地方労働組合評議会第13回定期大会資料集 ［東京］ ［東京地方労働組合評議会］ ［2014］ 138p 30cm 〈会期・会場：2014年9月28日 すみだリバーサイドホール〉Ⓝ366.629

東京帝国大学スキー山岳部
◇部内雑誌 1936・1939・1941・1944 ［東京］ 東京大学運動会スキー山岳部 2014.5 1冊 26cm 〈共同刊行：東京大学山の会 電子複写 内容：部内雑誌. 1936.3（東京帝大スキー山岳部刊） 部内雑誌. 1939-2（東京帝大スキー山岳部昭和14年刊） 部内雑誌. 1941（東京帝大スキー山岳部昭和16年刊） 部内雑誌TIUSAC〉Ⓝ786.1
◇部内雑誌 1937 ［東京］ 東京大学運動会スキー山岳部 2014.5 1冊 26cm 〈東京帝大スキー山岳部昭和12年刊の電子複写 共同刊行：東京大学山の会〉Ⓝ786.1
◇報告 1931・1932 ［東京］ 東京大学運動会スキー山岳部 2014.5 94,81p 23cm 〈共同刊行：東京大学山の会 原本を合冊製本したもの 内容：報告. 1（1931）（東京帝國大學運動会スキー山岳部昭和6年刊） 報告. 1932（東京帝國大學運動會スキー山岳部昭和8年刊）〉Ⓝ786.1

東京ディズニーリゾート
◇あなたに幸せの魔法をかけるディズニーランドの言葉 小松田勝著 かんき出版 2014.5 190p 19cm Ⓘ978-4-7612-7001-8 Ⓝ689.5 ［1400円］
◇コミック版9割がバイトでも最高のスタッフに育つディズニーの教え方 福島文二郎原作、花園あずさ作画 KADOKAWA 2014.12 174p 19cm 〈表紙のタイトル：BUILD THE

ULTIMATE STAFF EVEN WITH 90% PART-TIMERS〉Ⓘ978-4-04-600583-0 Ⓝ689.5 ［1000円］
◇スタッフの能力を100%引き出す「ディズニー式」魔法の人材育成法—あなたのチームのスタッフは、いきいきと仕事をしていますか？：あらゆる会社・組織で役に立つ！スタッフの力を発揮させるためのディズニー式リーダー論 小松田勝著 コスミック出版 2014.3 254p 19cm Ⓘ978-4-7747-9094-7 Ⓝ336.47 ［1400円］
◇ディズニーを知ってディズニーを超える顧客満足入門 鎌田洋著 プレジデント社 2014.11 214p 19cm Ⓘ978-4-8334-2103-4 Ⓝ689.5 ［1600円］
◇ディズニーおもてなしの神様が教えてくれたこと 鎌田洋著 SBクリエイティブ 2014.3 204p 19cm 〈文献あり〉Ⓘ978-4-7973-7607-4 Ⓝ689.5 ［1100円］
◇ディズニー"おもてなし"の伝え方 草地真著 ぱる出版 2014.3 191p 19cm 〈文献あり〉Ⓘ978-4-8272-0849-8 Ⓝ689.5 ［1300円］
◇ディズニーの最強マニュアル—どんな人も「自ら動く人材」に変えてしまう 大住力著 かんき出版 2014.8 253p 19cm Ⓘ978-4-7612-7020-9 Ⓝ336.47 ［1400円］
◇ディズニーランド成功のDNA ホリテーマサロンテーマパーク研究会著 PHP研究所 2014.5 217p 19cm 〈文献あり〉Ⓘ978-4-569-81843-6 Ⓝ689.5 ［1400円］
◇ディズニーランドで語り継がれる魔法の言葉33—ウォルトの「想い」はこうしてパークに生き続ける 石坂秀己著 こう書房 2014.2 223p 19cm 〈文献あり 表紙のタイトル：33 magic words handed down for generations in Disneyland〉Ⓘ978-4-7696-1118-9 Ⓝ689.5 ［1300円］
◇東京ディズニーリゾートクロニクル30年史 ディズニーファン編集部編 講談社 2013.5 p11-177 26cm （My Tokyo Disney Resort 96）〈年譜あり 索引あり〉Ⓘ978-4-06-350096-7 Ⓝ689.5 ［2300円］
◇東京ディズニーリゾート公式ブログの本—東京ディズニーリゾートの魅力がたっぷりつまった夢と魔法のブログの世界へようこそ ディズニーファン編集部編 講談社 2014.5 162p 21cm Ⓘ978-4-06-339771-0 Ⓝ689.5 ［1400円］

東京鐵骨橋梁
◇東京鐵骨橋梁百年史 取手 東京鐵骨橋梁 2014.10 255p 31cm 〈年表あり 文献あり〉Ⓝ510.67

東京電灯従業員組合
◇戦前期東京電灯従業員組合の軌跡—1925年—1940年 河西宏祐［著］ ［東京］ ［河西宏祐］ 2014.5 79p 26cm （労働社会学資料シリーズ 3）〈著作目録あり〉Ⓝ366.628

東京都
◇多摩あるある ジャンヤー宇野著、ピョコタン画 TOブックス 2014.11 159p 18cm Ⓘ978-4-86472-318-3 Ⓝ291.365 ［1000円］
◇山手線原人 桂一朗編 原人舎 2013.6 204p 19cm Ⓘ978-4-905306-07-8 Ⓝ291.361 ［800円］

東京都（石神―大島町）
◇島々の聖地 伊豆大島編 樋口秀司監修、石井匠編、樋口秀司、石井匠、内川隆志著 國學院大學研究開発推進機構学術資料センター 2014.2 247p 21cm Ⓝ387.021369

東京都（遺跡・遺物）
◇徳川将軍家の器—江戸城跡の最新の発掘成果を美術品とともに：千代田区立日比谷図書文化館平成24年度文化財特別展 日比谷図書文化館 2013.1 160p 30cm 〈年表あり 会期・会場：平成25年1月19日—3月3日 千代田区立日比谷図書文化館 奥付のタイトル：『徳川将軍家の器』展示図録〉Ⓝ751.1

東京都（遺跡・遺物—あきる野市）
◇草花遺跡・草花古墳群 東京都スポーツ文化事業団東京都埋蔵文化財センター編 多摩 東京都スポーツ文化事業団東京都埋蔵文化財センター 2014.2 6,150p 30cm （東京都埋蔵文化財センター調査報告 第288集）〈あきる野市所在 秋多3・4・6号線整備事業に伴う埋蔵文化財発掘調査〉Ⓝ210.0254

東京都（遺跡・遺物—青梅市）
◇K-31遺跡—第1次発掘調査報告書 武蔵文化財研究所編 ［東京］ 一建設 2014.8 15p 図版3p 30cm 〈東京都青梅市所在 共同刊行：増田孝夫〉Ⓝ210.0254

東京都（遺跡・遺物—会議録）
◇江戸遺跡研究の視点と展開—江戸遺跡研究会第27回大会：発表要旨 江戸遺跡研究会編 ［東京］ 江戸遺跡研究会 2014.2 203p 26cm 〈文献あり 年表あり 会期・会場：2014年2月1日—2日 江戸東京博物館〉Ⓝ213.61

東京都（遺跡・遺物—国立市）
◇梅林遺跡第14地点発掘調査報告書 国立市教育委員会編 国立 国立市教育委員会 2014.9 103p 30cm （国立市文化

財調査報告　第56集）〈東京都国立市所在　内容：下谷保10号墳　梅林1号横穴墓〉Ⓝ210.0254

◇緑川東遺跡—第27地点　ダイサン編　国立　国立あおやぎ会　2014.3　180p　図版［21］枚　30cm〈東京都国立市所在　介護老人保健施設国立あおやぎ苑増築工事に伴う埋蔵文化財発掘調査報告書　折り込1枚〉Ⓝ210.0254

東京都（遺跡・遺物—国分寺市）

◇武蔵国分寺のはなし—見学ガイド　国分寺市教育委員会ふるさと文化財課編　改訂2版，増補版　［国分寺］　国分寺市教育委員会　2014.5　147p　21cm〈年表あり〉Ⓝ185.91365

東京都（遺跡・遺物—狛江市）

◇以上遺跡—第6次発掘調査報告書　島田組編　新日鉄興和不動産　2013.5　67p　図版［8］枚　30cm〈東京都狛江市所在〉Ⓝ210.0254

東京都（遺跡・遺物—多摩市）

◇上っ原遺跡（第2次）・大塚日向遺跡　山梨文化財研究所編　［東京］　帝京大学　2014.3　127p　図版［27］枚　30cm〈東京都多摩市・八王子市所在　帝京大学八王子キャンパス新校舎棟新築工事に伴う埋蔵文化財発掘調査報告書　共同刊行：山梨文化財研究所〉Ⓝ210.0254

◇竜ヶ峰遺跡　第4次　山梨文化財研究所編　［東京］　帝京大学　2014.3　152p　図版［28］枚　30cm（多摩市埋蔵文化財調査報告　第69集）〈東京都多摩市所在　帝京大学陸上競技場造成工事に伴う埋蔵文化財発掘調査報告書　共同刊行：山梨文化財研究所〉Ⓝ210.0254

東京都（遺跡・遺物—西東京市）

◇下野谷遺跡—西集落縄文時代中期の環状集落　西東京市教育委員会編　［西東京］　西東京市教育委員会　2014.9　129p　図版32p　30cm〈東京都西東京市所在〉Ⓝ210.0254

東京都（遺跡・遺物—八王子市）

◇上っ原遺跡（第2次）・大塚日向遺跡　山梨文化財研究所編　［東京］　帝京大学　2014.3　127p　図版［27］枚　30cm〈東京都多摩市・八王子市所在　（仮称）帝京大学八王子キャンパス新校舎棟新築工事に伴う埋蔵文化財発掘調査報告書　共同刊行：山梨文化財研究所〉Ⓝ210.0254

◇国史跡八王子城跡　18　八王子市教育委員会生涯学習スポーツ部文化財課編　［八王子］　八王子市教育委員会　2014.3　48p　図版6p　30cm〈平成25年度御主殿跡発掘調査概要報告書〉Ⓝ210.0254

◇塚場遺跡—八王子市no.110遺跡　東京都スポーツ文化事業団東京都埋蔵文化財センター編　多摩　東京都スポーツ文化事業団東京都埋蔵文化財センター　2014.3　14, 253p　30cm（東京都埋蔵文化財センター調査報告　第287集）〈八王子市所在　八王子3・4・28街路整備事業に伴う埋蔵文化財発掘調査〉Ⓝ210.0254

◇日南田遺跡　第3次　武蔵文化財研究所編　［八王子］　トヨタ東京整備学園　2014.1　50p　図版11p　30cm〈東京都八王子市所在　トヨタ東京自動車大学校多目的広場建設計画に伴う埋蔵文化財発掘調査報告書　共同刊行：専門学校トヨタ東京自動車大学校〉Ⓝ210.0254

◇南谷遺跡　武蔵文化財研究所編　［八王子］　創価大学　2014.3　60p　図版17p　30cm〈東京都八王子市所在　創価大学校内駐車場建設（予定）工事に伴う埋蔵文化財発掘調査報告書〉Ⓝ210.0254

東京都（遺跡・遺物—東久留米市）

◇向山遺跡　3-2　東久留米市埋蔵文化財調査団編　［東久留米］　東久留米市教育委員会　2013.3　42p　30cm（東久留米市埋蔵文化財調査報告　第39集）Ⓝ210.0254

◇六仙遺跡　6　東久留米市埋蔵文化財調査団編　［東久留米］　東久留米市教育委員会　2014.3　40p　30cm（東久留米市埋蔵文化財調査報告　第40集）〈東京都東久留米市六仙遺跡第Ⅵ次調査区域発掘調査報告書〉Ⓝ210.0254

東京都（遺跡・遺物—保存・修復—国分寺市）

◇東山道武蔵路跡保存整備事業報告書　国分寺市教育委員会ふるさと文化財課編　国分寺　国分寺市教育委員会ふるさと文化財課　2013.3　81p　図版6p　30cm　Ⓝ709.1365

東京都（遺跡・遺物—保存・修復—町田市）

◇国指定史跡高ヶ坂石器時代遺跡保存管理計画　町田　町田市教育委員会　2014.3　103p　30cm　Ⓝ709.1365

東京都（遺跡・遺物—町田市）

◇下常盤遺跡発掘調査報告書　共和開発株式会社編　［相模原］　リバティホーム　2014.3　12p　図版6p　30cm〈東京都町田市所在　共同刊行：共和開発〉Ⓝ210.0254

東京都（遺跡・遺物—三鷹市）

◇北野遺跡　東京都スポーツ文化事業団東京都埋蔵文化財センター編　多摩　東京都スポーツ文化事業団東京都埋蔵文化財センター　2014.9　6, 60p　30cm（東京都埋蔵文化財センター調査報告　第293集）〈三鷹市所在　東京外かく環状道路仮橋敷設に伴う埋蔵文化財発掘調査〉Ⓝ210.0254

◇滝坂遺跡—東京都三鷹市中原滝坂遺跡発掘調査報告書　3　［東京］　アルケーリサーチ　2014.12　71p　図版11p　30cm（三鷹市埋蔵文化財調査報告　第37集）〈共同刊行：川口章洋ほか〉Ⓝ210.0254

◇羽根沢台遺跡・羽根沢台横穴墓群　3　三鷹市遺跡調査会編　［三鷹］　三鷹市教育委員会　2014.3　210p　図版40p　30cm（三鷹市埋蔵文化財調査報告　第34集）〈東京都三鷹市大沢羽根沢台遺跡・羽根沢台横穴墓群発掘調査報告書　共同刊行：三鷹市遺跡調査会〉Ⓝ210.0254

東京都（医療）

◇東京都保健医療計画　東京都福祉保健局医療政策部医療政策課編　平成25年3月改定　東京都生活文化局広報広聴部都民の声課　2013.3　414p　30cm　Ⓘ978-4-86569-041-5　Ⓝ498.1　［1000円］

◇島しょ保健医療圏地域保健医療推進プラン　平成25年度—平成29年度　島しょ地域保健医療協議会編　［東京］　島しょ地域保健医療協議会　2014.3　86p　30cm　Ⓝ498.1

東京都（医療施設—名簿）

◇ドクターマップシリーズ　東京都北部編　2013　名古屋　三星出版　2013.8　183p　30cm〈奥付のタイトル：ドクターマップ〉Ⓘ978-4-921180-68-3　Ⓝ498.16　［9400円］

◇ドクターマップシリーズ　東京都南部編　2014　名古屋　三星出版　2014.4　207p　30cm〈奥付のタイトル：ドクターマップ〉Ⓘ978-4-921180-69-0　Ⓝ498.16　［9500円］

◇リハビリテーション医療実施医療機関名簿　東京都福祉保健局医療政策部療政策課編　東京都生活文化スポーツ局広報公聴部都民の声課　2013.3　462p　30cm　Ⓘ978-4-86569-039-2　Ⓝ498.16　［700円］

東京都（印刷業）

◇レタープレス・活版印刷のデザイン、新しい流れ—アメリカ、ロンドン、東京発のニューコンセプト　碓井美樹編著　パイインターナショナル　2014.10　191p　21cm　Ⓘ978-4-7562-4571-7　Ⓝ749.09　［1900円］

東京都（埋立処分場）

◇事後調査報告書—新海面処分場建設事業　工事の施行中　その5　東京都港湾局港湾整備部計画課編　東京都港湾局港湾整備部計画課　2014.3　1冊　30cm　Ⓝ518.52

東京都（衛生）

◇東京都民の健康・栄養状況—平成24年国民健康・栄養調査東京都・特別区・八王子市・町田市実施分集計結果　東京都福祉保健局保健政策部健康推進課編　東京都福祉保健局保健政策部健康推進課　2014.3　96p　30cm　Ⓝ498.5

東京都（衛生—統計）

◇北多摩南部保健医療圏保健福祉データ集　平成25年版　東京都多摩府中保健所編　府中（東京）　東京都多摩府中保健所　2014.3　122p　21×30cm　Ⓝ498.059

東京都（衛生行政）

◇東京都健康推進プラン21　第2次　東京都福祉保健局保健政策部健康推進課編　東京都生活文化局広報広聴部都民の声課　2013.3　174p　30cm　Ⓘ978-4-86569-040-8　Ⓝ498.1　［700円］

◇東京都保健医療計画　東京都福祉保健局医療政策部医療政策課編　平成25年3月改定　東京都生活文化局広報広聴部都民の声課　2013.3　414p　30cm　Ⓘ978-4-86569-041-5　Ⓝ498.1　［1000円］

◇島しょ保健医療圏地域保健医療推進プラン　平成25年度—平成29年度　島しょ地域保健医療協議会編　［東京］　島しょ地域保健医療協議会　2014.3　86p　30cm　Ⓝ498.1

東京都（駅）

◇京成の駅今昔・昭和の面影—100年の歴史を支えた全駅を紹介　石本祐吉著　JTBパブリッシング　2014.2　175p　21cm（キャンブックス）〈文献あり〉Ⓘ978-4-533-09553-5　Ⓝ686.53　［1800円］

◇JR中央線あるある　増山かおり著，福島モンタ画　TOブックス　2014.1　159p　18cm　Ⓘ978-4-86472-218-6　Ⓝ686.2136　［1100円］

東京都（NPO）

◇特定非営利活動法人ガイドブック　本編　東京都生活文化局都民生活部管理法人課編　東京都生活文化局広報広聴部都民の声課　2014.3　234p　30cm　Ⓘ978-4-86569-015-6　Ⓝ335.89　［340円］

東京都（エネルギー政策—多摩市）

◇地域主導型再生可能エネルギー事業化検討委託業務（東京都多摩市）平成25年度　［多摩］　多摩循環型エネルギー協会　2014.3　3, 4, 118p　30cm〈平成25年度環境省委託業務〉　Ⓝ501.6

東京都（エネルギー政策—調布市）

◇地域主導型再生可能エネルギー事業化検討業務（東京都調布市）成果報告書　平成25年度　［調布］　エコロミ　2014.3　135p　30cm〈平成25年度環境省委託業務〉　Ⓝ501.6

東京都（織物工業—八王子市—歴史）

◇聞き書き織物の技と生業　八王子市史編集専門部会民俗部会編　八王子　八王子市史編さん室　2014.3　275, 22p　21cm　（八王子市史叢書　2）　Ⓝ586.721365

東京都（音楽祭）

◇東京・春・音楽祭—東京のオペラの森2014：10th anniversary：公式プログラム　東京・春・音楽祭実行委員会編　［東京］　東京・春・音楽祭実行委員会　2014.3　240p　21cm〈会期：2014年3月14日—4月13日　折り込 1枚〉　Ⓝ762.1361　［非売品］

◇Red Bull Music Academy Tokyo 2014　スイッチ・パブリッシング　2014.12　143p　26cm〈本文は日本語　SWITCH特別編集号〉　Ⓘ978-4-88418-439-1　Ⓝ762.1361　［800円］

東京都（介護保険—狛江市）

◇シルバーガイドブック　狛江市福祉保健部高齢障がい課編　狛江　狛江市福祉保健部高齢障がい課　2014.7　80p　30cm　Ⓝ369.26

東京都（外来種—福生市）

◇多摩川及び福生地区の外来生物分布マップの作成　島田高廣著　とうきゅう環境財団　2014.11　45p　30cm　（研究助成・一般研究 vol. 36 no. 216）〈共同研究者：野村亮ほか〉　Ⓝ462.1365

東京都（学童保育）

◇都内の学童保育の状況—就学前から学齢期までの連続した支援に向けて：保育の内容・保育所との連携など　東京都社会福祉協議会　2014.2　205p　30cm　Ⓘ978-4-86353-178-9　Ⓝ369.42　［1000円］

東京都（神楽）

◇楽しくて、わかりやすい江戸里神楽公演　第7回　江戸里神楽公演学生実行委員会編　［出版地不明］　江戸里神楽公演学生実行委員会　2013.8　151p　30cm〈会期・会場：2013年8月23日　彩の国さいたま芸術劇場小ホール・映像ホール　平成25年度コープみらい助成事業, 芸術文化振興基金助成事業　奥付のタイトル：楽しくて、わかりやすい江戸里神楽公演解説プログラム〉　Ⓝ386.8136

◇楽しくて、わかりやすい江戸里神楽公演　第8回　第八回江戸里神楽公演学生実行委員会監修　［出版地不明］　第八回江戸里神楽公演学生実行委員会（制作）　2014.9　128p　30cm〈会期・会場：2014年9月26日　彩の国さいたま芸術劇場小ホールタイトルは背による〉　Ⓝ386.8136

東京都（火山）

◇火山伊豆大島スケッチ　田澤堅太郎著　改訂・増補版　国分寺　之潮　2014.12　111p　26cm〈文献あり 年表あり　初版：私家版 1977年刊〉　Ⓘ978-4-902695-25-0　Ⓝ453.821369　［2315円］

東京都（河川汚濁）

◇多摩川流域における放射性物質による河川水と土壌などの汚染状況調査と放射線・水環境を学ぶ市民教室の構築　吉田政高著　とうきゅう環境財団　2014.11　40p　30cm　（研究助成・学術研究 vol. 43 no. 309）〈共同研究者：石井正人ほか〉　Ⓝ519.4

東京都（学校—名簿）

◇東京都学校名簿　平成26年度版　東京都教育委員会監修　原書房　2014.6　323p　13×19cm〈東京教科書供給（発売）〉　Ⓘ978-4-562-05078-9　Ⓝ370.35　［2500円］

東京都（学校建築）

◇図面で見る復興小学校—現存する戦前につくられた東京市の鉄筋コンクリート造小学校　復興小学校研究会編　復興小学校研究会　2014.3　297p　30cm　Ⓝ526.37

東京都（環境行政—あきる野市）

◇あきる野市地球温暖化対策地域推進計画—みんなで進める地球温暖化対策　あきる野市環境経済部環境政策課編　あきる野　あきる野市　2014.6　128p　30cm　Ⓝ519.1

東京都（環境行政—狛江市）

◇狛江市環境保全実施計画—平成26年度—平成28年度　狛江市環境部環境政策課環境係編　［狛江］　狛江市　2014.7　109p　30cm　Ⓝ519.1　［170円］

東京都（環境行政—町田市）

◇環境調査事業概要　2012年度　町田市環境資源部環境保全課編　［町田］　町田市　2013.12　67p　30cm　Ⓝ519.1

東京都（環境問題—調布市）

◇未来へつなぐ調布の環境—平成24年度環境年次報告書　［調布］　東京都調布市　2014.1　181p　30cm　Ⓝ519.21365

東京都（環境問題—町田市）

◇環境調査事業概要　2012年度　町田市環境資源部環境保全課編　［町田］　町田市　2013.12　67p　30cm　Ⓝ519.1

東京都（観光開発）

◇東京都観光まちづくり取組事例集　平成25年度　東京都産業労働局観光部振興課編　東京都産業労働局観光部振興課　2014.1　65p　30cm　Ⓝ689.4

東京都（感染症対策—町田市）

◇町田市新型インフルエンザ等対策行動計画　［町田市］いきいき健康部保健企画課,［町田市］市民部防災安全課編　［町田］　町田市　2014.3　66p　30cm〈折り込 1枚〉　Ⓝ498.6

東京都（官庁会計—条例）

◇都と特別区及び特別区相互間の財政調整に関する条例施行規則新旧対照表　東京都総務局行政部区政課編　東京都総務局行政部区政課　2014.10　82p　30cm　Ⓝ349.3

東京都（関東大震災〈1923〉—被害）

◇関東大震災—1923年、東京は被災地だった　武村雅之, 北原糸子監修, SPフォーラム編　第2版　東京防災救急協会　2014.12　190p　30cm〈文献あり〉　Ⓝ369.31

東京都（機械工業）

◇深海8000mに挑んだ町工場—無人探査機「江戸っ子1号」プロジェクト　山岡淳一郎著　かんき出版　2014.9　207p　19cm〈文献あり 年表あり〉　Ⓘ978-4-7612-7028-5　Ⓝ558.3　［1400円］

東京都（企業）

◇東京の注目20社—地道な歩みで会得した「成長の芽」が首都で開花　上條昌史著　ダイヤモンド社　2014.2　226p　19cm　Ⓘ978-4-478-02622-9　Ⓝ335.2136　［1500円］

◇東京未来づくり企業—都新会の14社　河出書房新社編集部編　河出書房新社　2014.4　291p　19cm　Ⓘ978-4-309-92003-0　Ⓝ335.2136　［1500円］

東京都（紀行・案内記）

◇大江戸今昔マップ—東京を、江戸の古地図で歩く　かみゆ歴史編集部著　新版　KADOKAWA　2014.7　143p　図版60枚　26cm〈年表あり 索引あり　初版：新人物往来社 2011年刊〉　Ⓘ978-4-04-600289-1　Ⓝ291.361　［2000円］

◇大江戸坂道探訪—東京の坂にひそむ歴史の謎と不思議に迫る　山野勝著　朝日新聞出版　2014.6　261,10p　15cm　（朝日文庫 や35-1）〈文献あり 索引あり　「江戸の坂」（朝日新聞社 2006年刊）の改題、加筆・修正〉　Ⓘ978-4-02-261796-5　Ⓝ291.361　［680円］

◇「鬼平」と江戸の町—作品の舞台を訪ねる：今昔地図付き　壬生篤著　廣済堂出版　2014.5　143p　21cm〈イラスト：善養寺ススム〉　Ⓘ978-4-331-51828-1　Ⓝ913.6　［1500円］

◇ガイドブックには載っていない東京裏観光スポット　のなかあき子著　彩図社　2014.8　223p　19cm　Ⓘ978-4-8013-0013-2　Ⓝ291.36　［1200円］

◇鏑木清方江戸東京めぐり　宮﨑徹監修・文　求龍堂　2014.8　110p　22cm〈文献あり 年譜あり〉　Ⓘ978-4-7630-1437-5　Ⓝ721.9　［2200円］

◇今夜も孤独じゃないグルメ　さくらいよしえ著　交通新聞社　2014.12　159p　21cm　（散歩の達人POCKET）　Ⓘ978-4-330-52114-5　Ⓝ291.361　［1200円］

◇三師匠落語訪ねて江戸散歩—隅田川馬石 古今亭文菊 三遊亭金朝　飯田達哉著　舵社　2014.7　175p　21cm　Ⓘ978-4-8072-1135-7　Ⓝ291.361　［1800円］

◇すみだ川気ままま絵図　松本哉著　筑摩書房　2014.9　335p　15cm　（ちくま文庫 ま36-2）〈索引あり　三省堂 1985年刊の再刊〉　Ⓘ978-4-480-43197-4　Ⓝ291.361　［900円］

◇大東京ぐるぐる自転車　伊藤礼著　筑摩書房　2014.10　343p　15cm　（ちくま文庫 い84-1）〈東海教育研究所 2011年刊に書き下ろし「堀切菖蒲園」を加えて再刊〉　Ⓘ978-4-480-43209-4　Ⓝ291.36　［880円］

日本件名図書目録2014　I　　　東京都（行政―名簿）

◇大東京23区散歩　泉麻人著　講談社　2014.3　318p　22cm
〈絵：村松昭〉①978-4-06-218775-6　Ⓝ291.361　[2400円]
◇ちょっぴりおバカでかなーりほのぼの東京21区81路線！　コ
ミュニティバス旅行記―全区循環（総合版）湯浅祥司本文・写
真　そよ風文芸食堂　2014.11　182p　21cm　Ⓝ291.361
[1500円]
◇ちょっぴりおバカでかなーりほのぼの東京21区81路線！　コ
ミュニティバス旅行記―南西方面行き：杉並・中野・北・文
京・千代田・豊島、新宿、中央・江東・太田・世田谷・渋谷・
港　湯浅祥司本文・写真　そよ風文芸食堂　2014.11　94p
21cm　Ⓝ291.361　[800円]
◇ちょっぴりおバカでかなーりほのぼの東京21区81路線！　コ
ミュニティバス旅行記―北東方面行き：葛飾・江戸川・墨田・
台東、荒川・足立・板橋・練馬　湯浅祥司本文・写真　そよ風
文芸食堂　2014.11　92p　21cm　Ⓝ291.361　[800円]
◇通訳ガイドがナビする東京歩き　松岡明子著，ジョン・タラン
ト訳　増補改訂版　IBCパブリッシング　2014.5　213p
19cm　（対訳ニッポン双書）①978-4-7946-0277-0　Ⓝ291.361
[1500円]
◇東京の「怪道」をゆく―「異界」発掘散歩：遊郭の変遷、隅田
川の周辺ゾーン　七不思議や妖霊伝説の数々……　川副秀樹著
言視舎　2014.12　223p　21cm　（言視BOOKS）①978-4-
86565-006-8　Ⓝ291.361　[1800円]
◇東京のディープなアジア人街　河畑悠著　彩図社　2014.10
239p　19cm　①978-4-8013-0029-3　Ⓝ291.361　[1300円]
◇東京文学散歩　二松學舍大学文学部国文学科編　新典社
2014.2　143p　21cm　Ⓝ910.2　[1200
円]
◇日々の散歩で見つかる山もりのしあわせ　大平一枝著　交通
新聞社　2014.12　159p　21cm　（散歩の達人POCKET）
〈文献あり〉①978-4-330-52014-8　Ⓝ291.36　[1200円]
◇藤原正彦、美子のぶらり歴史散歩　藤原正彦、藤原美子著　文
藝春秋　2014.9　223p　16cm　（文春文庫　ふ26-4）①978-4-
16-790192-9　Ⓝ291.36　[540円]
◇米国人一家、おいしい東京を食べ尽くす　マシュー・アムス
ター＝バートン著，関根光宏訳　エクスナレッジ　2014.5
349p　19cm〈文献あり〉①978-4-7678-1806-1　Ⓝ291.361
[1700円]

東京都（希少植物）
◇レッドデータブック東京―東京都の保護上重要な野生生物種
（島しょ部）解説版　2014　東京都環境局自然環境部編　東京
都環境局自然環境部　2014.3　634p　30cm　Ⓝ462.136

東京都（希少植物―保護―府中市）
◇多摩川流域の都市における保全上重要な植物群落の評価　吉
川正人著　とうきゅう環境財団　2014.12　76p　30cm　（研
究助成・学術研究　vol. 43　no. 314）Ⓝ472.1365

東京都（希少動物）
◇レッドデータブック東京―東京都の保護上重要な野生生物種
（島しょ部）解説版　2014　東京都環境局自然環境部編　東京
都環境局自然環境部　2014.3　634p　30cm　Ⓝ462.136

東京都（救急医療―名簿）
◇救急医療機関名簿　平成26年4月1日現在　東京都福祉保健局
医療政策部救急災害医療課編　東京都福祉保健局医療政策部
救急災害医療課　2014.6　49p　30cm　Ⓝ498.16

東京都（給与―統計）
◇学卒者の初任賃金―平成26年3月新規学校卒業者の求人初任給
調査結果　平成26年度　東京労働局職業安定部職業安定課編
東京労働局職業安定部職業安定課　2014.3　42p　30cm
Ⓝ366.4

東京都（教育行政）
◇学校に自由と人権を！　パート2　「日の丸・君が代」不当処
分撤回を求める被処分者の会編　［東京］「日の丸・君が代」
不当処分撤回を求める被処分者の会　2014.9　208p　26cm
〈内容：東京「君が代」裁判・二次訴訟の記録　「授業してた
のに処分!?裁判」の記録〉Ⓝ373.2　[1000円]

東京都（教育行政―狛江市）
◇狛江市教育振興基本計画　第2期　狛江市教育委員会教育部学
校教育課編　［狛江］狛江市教育委員会　2014.11　25p
30cm　Ⓝ373.2　[30円]

東京都（教育行政―福生市）
◇福生市教育推進プラン―推進事業計画　平成26年度―28年度
福生市教育委員会事務局庶務課編　福生　福生市教育委員会
事務局庶務課　2014.3　46p　30cm　Ⓝ373.2

東京都（教育行政―町田市）
◇町田市教育プラン　町田市教育委員会教育総務課編　町田
町田市教育委員会　2014.3　91p　30cm　Ⓝ373.2

東京都（行政）
◇国の予算編成に対する東京都の提案要求―最重点事項　平成
27年度　東京都政策企画局調整部渉外課　2014.11　160p
30cm　Ⓝ318.236
◇選挙を盛り上げろ！　影書房編集部編　影書房　2014.9
186p　19cm〈執筆：岩上安身ほか　内容：IWJは都知事選で
何を伝えたか（岩上安身述）　猪瀬前都知事～都知事選候補者の
「脱原発/エネルギー」政策を検証する（竹村英明著）　声を上
げ続けることで、世界は変わる（バブリーナ述）　差別デモを
規制する条例を（石野雅之、西村直矢述）　認可保育園をふやし
て待機児ゼロに！（斉藤真里子述）　市民の意見を聞いて、施
策に反映してほしい！（水口和恵述）　未来の有権者が政治と
つながるために（林大介著）　マニフェスト選挙でまちの将来
と民主主義を考える（中村健述）①978-4-87714-451-7
Ⓝ318.236　[1600円]
◇東京を変える、日本が変わる　舛添要一著　実業之日本社
2014.3　207p　19cm　①978-4-408-11065-3　Ⓝ318.236
[1200円]
◇東京都長期ビジョン―「世界一の都市・東京」の実現を目指し
て　東京都政策企画局計画部計画課編　東京都政策企画局計
画部計画課　2014.12　460p　30cm　Ⓝ318.236
◇「東京都長期ビジョン（仮称）」中間報告　東京都政策企画局
計画部計画課編　東京都政策企画局計画部計画課　2014.9
122p　30cm　Ⓝ318.236
◇東京都における窓口事務の標準処理期間　東京都総務局行政
改革推進部編　東京都　2014.9　149p　30cm　（東京都公報
別冊）〈内容：窓口事務に係る標準処理期間に関する要綱　東
京都交通局窓口事務に係る標準処理期間に関する要綱　東
都水道局窓口事務に係る標準処理期間に関する要綱　東京
下水道局窓口事務に係る標準処理期間に関する要綱　東京都
教育委員会の窓口事務に係る標準処理期間に関する要綱　東
京都人事委員会の許認可等事務の標準処理期間に関する要綱〉
Ⓝ318.536

東京都（行政―昭島市）
◇昭島市市民意識調査報告書　昭島　昭島市企画部秘書広報課
2014.2　184p　30cm　Ⓝ318.2365

東京都（行政―狛江市）
◇狛江市後期基本計画の指標等に係る市民アンケート調査報告
書　平成26年度　企画財政部政策室編　［狛江］狛江市
2014.8　129p　30cm　Ⓝ318.2365　[170円]
◇狛江市実行プラン―平成26年度ローリング版　企画財政部政
策室・財政課編　［狛江］狛江市　2014.6　55p　30cm
Ⓝ318.2365　[70円]

東京都（行政―調布市）
◇調布市まちづくりデータブック　2013　［調布］調布市
2014.3　247p　30cm　Ⓝ318.2365
◇調布市市民意識調査報告書　平成25年度版　［調布市］行政経営
部政策企画課編　［調布］調布市　2014.3　262p　30cm
Ⓝ318.2365

東京都（行政―東村山市）
◇子ども議会会議録　［東村山］東村山市議会　［2014］92p
30cm〈会期：平成26年7月29日　東村山市市制施行50周年記
念〉Ⓝ318.2365

東京都（行政―福生市）
◇実施計画　平成26年度―平成28年度　福生　福生市企画財政
部企画調整課　2014.3　186p　30cm　Ⓝ318.2365

東京都（行政―町田市）
◇部長の「仕事目標」―各部の目標と目標実現に向けた取り組み
2014年度　［町田市］政策経営部経営改革室編　町田　町田
市　2014.7　200p　30cm　Ⓝ318.5365
◇町田市市民意識調査報告書　2013年度　町田　町田市政策経
営部企画政策課編　［町田］町田市　2014.3　214p　30cm　Ⓝ318.2365
◇町田市新5ヵ年計画2013年度取り組み状況　［町田市］政策経
営部経営改革室編　町田　町田市　2014.7　69p　30cm
Ⓝ318.2365

東京都（行政―武蔵野市）
◇武蔵野市地域生活環境指標―データから見た武蔵野市　平成
26年版　武蔵野市地域生活環境指標編集委員会編　武蔵野
武蔵野市　2014.8　195p　30cm　Ⓝ318.2365

東京都（行政―名簿）
◇東京都区市町村組織人事一覧　平成27年版　都政新報社出版
部編　都政新報社　2014.10　1101p　26cm〈索引あり〉
①978-4-88614-223-8　Ⓝ318.236　[28000円]

東京都（行政―世論）

東京都（行政―世論）
◇都民生活に関する世論調査　平成26年8月調査　東京都生活文化局広報広聴部都民の声課編　東京都生活文化局広報広聴部都民の声課　2014.11　7, 156p　30cm　〈世論調査結果報告書〉〈年表あり〉Ⓝ318.236

東京都（行政―歴史）
◇近世江戸の都市法とその構造　坂本忠久著　創文社　2014.2　358,9p　22cm　〈索引あり〉①978-4-423-74107-8　Ⓝ318.2361　[7000円]

東京都（行政―歴史―史料―調布市）
◇公用誌　1　調布市総務部総務課公文書管理係編　調布　調布市　2014.3　30, 283p　21cm　〈調布市史研究資料 24〉〈折込 1枚〉Ⓝ318.2365

東京都（行政改革―狛江市）
◇狛江市第5次行財政改革推進計画―平成26年度―平成28年度　[狛江市]企画財政部政策室編　[狛江]　狛江市　2014.6　67p　30cm　Ⓝ318.2365　[90円]

東京都（行政改革―調布市）
◇行革プラン―平成25年度の取組状況　2013　調布市行政経営部行財政改革課編　調布　調布市行政経営部行財政改革課　2014.8　64p　30cm　Ⓝ318.2365

東京都（行政手続―条例―調布市）
◇調布市パブリック・コメント手続条例―条文とその解説　行政経営部政策企画課編　[調布]　調布市　2014.11　22p　30cm　〈平成26年12月施行〉Ⓝ318.5365

東京都（協働〔行政〕―調布市）
◇調布市市民参加プログラム平成25年度実践状況報告書　[調布市]行政経営部政策企画課編　[調布]　調布市　2014.8　164p　30cm　Ⓝ318.2365

東京都（郷土芸能―清瀬市）
◇清瀬の民俗行事と民俗芸能　さいたま民俗文化研究所作成　清瀬　清瀬市郷土博物館　2014.3　194p　30cm　〈清瀬市歴史・文化双書 1〉〈文献あり〉Ⓝ386.1365

東京都（漁業―歴史）
◇江戸前の素顔―遊んだ・食べた・釣りをした　藤井克彦著　文藝春秋　2014.6　263p　16cm　〈文春文庫 ふ39-1〉〈文献あり〉初版：つり人社 2004年刊〉①978-4-16-790130-1　Ⓝ383.81361　[530円]

東京都（軍事基地）
◇東京の米軍基地　2014　東京都知事本局基地対策部編　東京都知事本局基地対策部　2014.7　301p　30cm　〈年表あり〉Ⓝ395.3

東京都（軍事基地―瑞穂町）
◇瑞穂町と横田基地　[瑞穂町]企画部秘書広報課渉外係編　[瑞穂町]　東京都西多摩郡瑞穂町　2014.3　65p　30cm　〈年表あり〉Ⓝ395.39

東京都（景観計画）
◇新国立競技場、何が問題か―オリンピックの17日間と神宮の杜の100年　槇文彦, 大野秀敏編著　平凡社　2014.3　198p　19cm　〈内容：プロローグ（元倉眞琴著）新国立競技場案を神宮外苑の歴史的文脈の中で考える（槇文彦著）問題の根本はプログラムにある（槇文彦著）明治神宮と外苑はいかにつくられたか（陣内秀信著）環境倫理学から街づくりへ（宮台真司著）歴史との対話から都市を計画する（大野秀敏著）いい街づくりには何が必要か　今後の展開とメディアの役目　"市民の目"が景観をつくる（吉良森子著）新国立競技場は、神宮外苑とオリンピックの歴史を踏まえるべき（越澤明著）今、私たちの見識と想像力が試されている（松隈洋著）東京のランドスケープ・ダイバーシティをめざせ（進士五十八著）市民の立場から国立競技場を考える（森まゆみ著）ロンドンオリンピック施設計画・設計の事例に触れて（長島孝一著）これからの100年のために（大野秀敏著）〉①978-4-582-82471-1　Ⓝ518.8　[1400円]

東京都（景観計画―調布市）
◇調布市景観計画―人と自然が織りなすほっとする暮らしがみえるまち調布　都市整備部都市計画課編　[調布]　調布市　2014.2　102p　30cm　Ⓝ518.8

◇調布市景観計画―景観形成基準の解説　都市整備部都市計画課編　[調布]　調布市　2014.2　54p　30cm　Ⓝ518.8

東京都（景観保全）
◇異議あり！　新国立競技場―2020年オリンピックを市民の手に　森まゆみ編, 山本想太郎, 松隈洋, 藤本昌也, 日置雅晴, 森山高至[執筆]　岩波書店　2014.4　62p　21cm　〈岩波ブックレット No.895〉〈内容：国立競技場を市民の手に取り戻すた

めに（森まゆみ著）専門性ではなく総合性の問題として（山本想太郎著）歴史の中の神宮外苑（松隈洋著）今、建築家が議論すべき肝心な問題は何か（藤本昌也著）法的係争の可能性（日置雅晴著）国立競技場は改修可能だ！（森山高至著）〉①978-4-00-270895-9　Ⓝ518.9　[520円]

東京都（景観保全―日野市）
◇みずくらしまち―水都日野：水辺のある風景日野50選　日野　日野市　2014.2　64p　19cm　Ⓝ629.1

東京都（芸術家―歴史）
◇慥かな轍―日本画家：蔦谷龍岬没後80：井の頭文化圏につながる人びと　高木克英著　創英社／三省堂書店　2014.11　220p　図版12p　21cm　〈文献あり〉①978-4-88142-879-5　Ⓝ721.9　[1500円]

東京都（芸術教育）
◇パフォーマンスキッズ・トーキョーフォーラム―報告・記録　vol. 3　社会性とは何か？　コミュニケーションと身体感覚―アーティストによる子供ワークショップの実践を通じて　芸術家と子どもたち　2014.3　44p　30cm　〈会期・会場：平成25年12月21日　アーツ千代田3331東京文化発信プロジェクトROOM 302　東京文化発信プロジェクト　共同刊行：東京都ほか　内容：基調講演　包む身体包まれる身体（渡辺公三述）実践報告　自閉・発達障害傾向の子供たちと教育現場（小池雄逸述）実践報告　ワークショップ論（港大尋述）研究報告　現実と仮想の狭間における認知・身体性・アート（脇坂崇平述）パネルディスカッション　社会性をめぐって（渡辺公三ほか述）〉Ⓝ707

東京都（下水道―省エネルギー）
◇スマートプラン―下水道事業におけるエネルギー基本計画　2014　平成26年6月　東京都下水道局計画調整部編　東京都下水道局計画調整部　2014.7　53p　30cm　Ⓝ518.2

東京都（研究開発）
◇連携イノベーション促進プログラム課題マップ　平成26年度　東京都産業労働局商工部創業支援課編　東京都産業労働局商工部創業支援課　2014.8　83p　30cm　Ⓝ336.17

東京都（建設事業―歴史）
◇江戸の開府と土木技術　江戸遺跡研究会編　吉川弘文館　2014.12　271p　22cm　〈内容：江戸の地形環境（久保純子著）「静勝軒寄題詩序」再考（岡野友彦著）「江戸」成立前夜の山の手地域（渋江芳浩著）徳川家康の江戸入部と葛西（谷口榮著）丸の内を中心とした近世初頭の遺跡について（金子智著）小石川本郷周辺の自然地形と近世土木事業の実態（池田悦夫著）江戸を支える土（毎田佳奈子著）江戸、下町の造成（仲光克顕著）江戸城をめぐる土木技術（後藤宏樹著）近世における石積み技術（北垣聰一郎著）近世をきりひらいた土木技術（森田克行著）〉①978-4-642-03466-1　Ⓝ291.361　[6500円]

東京都（建築）
◇構造デザインマップ東京　構造デザインマップ編集委員会編　総合資格　2014.6　259p　26cm　〈索引あり〉①978-4-86417-121-2　Ⓝ524　[1900円]

◇東京の近代建築―ここだけは見ておきたい　1　皇居周辺・23区西部・多摩　小林一郎著　吉川弘文館　2014.7　150p　21cm　〈文献あり 年表あり〉①978-4-642-08251-8　Ⓝ523.136　[1800円]

◇東京の近代建築―ここだけは見ておきたい　2　23区東部と下町　小林一郎著　吉川弘文館　2014.9　150p　21cm　〈文献あり 年表あり〉①978-4-642-08252-5　Ⓝ523.136　[1800円]

東京都（公園）
◇東京都都市計画公園緑地等調書―23区（東京都市計画）2014年4月1日現在　東京都都市整備局都市づくり政策部緑地景観課編　東京都都市整備局都市づくり政策部緑地景観課　2014.11　145p　30cm　Ⓝ518.85

◇東京都都市計画公園緑地等調書―多摩・島しょ　2014年4月1日現在　東京都都市整備局都市づくり政策部緑地景観課編　東京都都市整備局都市づくり政策部緑地景観課　2014.11　121p　30cm　Ⓝ518.85

東京都（公園―町田市）
◇町田市第二次野津田公園整備基本計画　町田市都市づくり部公園緑地課編　[町田]　町田市　2014.5　66p　30cm　Ⓝ518.85

東京都（公園―歴史）
◇東京の緑をつくった偉人たち　小野良平監修　東京都公園協会　2014.3　120p　21cm　〈年譜あり〉Ⓝ518.85　[806円]

東京都（郊外―町田市）
◇「郊外」という場所―人びとの場所との結びつき方をめぐって　専修大学人間科学部藤原法子研究室編　[川崎]　専修大学人間科学部社会学科　2013.3　122p　30cm　〈社会調査士実習報告書 2012年度〉〈専修大学人間科学部社会学科2012年度「社会調査士実習」報告書〉Ⓝ361.785

468

東京都（公害防止条例）

◇都民の健康と安全を確保する環境に関する条例関係ハンドブック　東京都環境局環境改善部計画課編　改訂版　［東京］東京都環境局環境改善部計画課　2014.3　277p　30cm　（環境資料　第25080号）　Ⓝ519.12

東京都（光化学スモッグ）

◇平成26年の光化学スモッグの発生状況　東京都環境局環境改善部大気保全課編　東京都環境局環境改善部大気保全課　2014.12　58p　30cm　（環境資料　第26035号）　Ⓝ519.3

東京都（工業）

◇東京・城南のモノづくり企業「飛翔する」―光る技術をもつ製造業の現場レポート　日刊工業新聞社南東京支局取材班編　日刊工業新聞社　2014.1　203p　21cm　①978-4-526-07193-5　Ⓝ509.21361　［1800円］

東京都（工業―名簿）

◇明治大正期商工信用録　第5巻（大正4年　1）東京府　クロスカルチャー出版　2014.6　1冊　27cm　〈東京興信所大正4年5月　第32版　の複製　付属資料：1枚：商工信用録符号索引〉①978-4-905388-76-0,978-4-905388-75-3（set）Ⓝ335.035

東京都（公共施設―福生市）

◇福生市災害時対応施設整備基本計画　［福生］　福生市　2014.6　33, 21枚　30cm　Ⓝ518.87

東京都（口腔衛生）

◇東京の歯科保健―東京都歯科保健医療関係資料集　東京都福祉保健局医療政策部医療政策課編　東京都福祉保健局医療政策部医療政策課　2014.10　78p　30cm　Ⓝ497.9

東京都（庚申塔）

◇東京都23区の庚申塔　4　台東区・中央区・千代田区・豊島区・中野区・練馬区・文京区・港区・目黒区　鈴木俊夫, 犬飼康祐［著］　［出版地不明］　鈴木俊夫　2014.1　p883-1172　26cm　Ⓝ387.6

東京都（洪水）

◇首都水没　土屋信行著　文藝春秋　2014.8　249p　18cm　（文春新書　980）〈文献あり〉①978-4-16-660980-2　Ⓝ369.33　［760円］

東京都（交通安全）

◇区市町村における交通安全対策事業の現況　東京都青少年・治安対策本部総合対策部交通安全課編　東京都青少年・治安対策本部総合対策部交通安全課　2014.11　111p　30cm　Ⓝ681.3

東京都（交通調査―統計）

◇交通量統計表　平成25年11月調査　［東京］　警視庁交通部交通規制課　2014.3　1冊　30cm　Ⓝ685.059

東京都（公文書）

◇東京都文書事務の手引　東京都総務局総務部文書課編　東京都総務局総務部文書課　2014.3　484, 134, 47p　21cm　Ⓝ318.536

◇東京都文書事務の手引　東京都総務局総務部文書課編　東京都生活文化局広報広聴部都民の声課　2014.3　484, 134, 47p　21cm　①978-4-86569-018-7　Ⓝ318.536　［610円］

東京都（高齢者福祉）

◇東京都内の災害時における地域高齢者への支援に関する研究報告書　東京都健康長寿医療センター研究所編　東京都健康長寿医療センター研究所　2014.3　30cm　Ⓝ369.263

◇東京都内の通所系事業所・有料老人ホームにおける災害時の地域高齢者への支援に関する研究報告書―災害時支援類型を活用した防災対策について　東京都健康長寿医療センター研究所編　東京都健康長寿医療センター研究所　2014.10　50p　30cm　Ⓝ369.263

東京都（高齢者福祉―狛江市）

◇シルバーガイドブック　狛江市福祉保健部高齢障がい課編　狛江　狛江市福祉保健部高齢障がい課　2014.7　80p　30cm　Ⓝ369.26

東京都（国民保護計画―狛江市）

◇狛江市国民保護計画　狛江市総務部安心安全課編　平成26年修正　［狛江］　狛江市　2014.4　118p　30cm　Ⓝ393.2　［160円］

東京都（個人情報保護―調布市）

◇個人情報保護事務の手引　平成25年度版　調布市総務部総務課編　調布　調布市　2014.3　199p　30cm　Ⓝ318.5365

東京都（子育て支援）

◇子ども・子育て世帯への「利用者支援」に関する区市町村アンケート報告書―子ども・子育て支援新制度へ向けて　平成25年度　［東京］　東京都社会福祉協議会　［2013］　174p　30cm　①978-4-86353-174-1　Ⓝ369.4　［1000円］

東京都（子育て支援―稲城市）

◇稲城市子ども・子育て支援事業に関するニーズ調査報告書　稲城　稲城市福祉部子育て支援課　2014.5　244p　30cm　Ⓝ369.4

東京都（子育て支援―狛江市）

◇狛江市子ども・子育て支援に関するニーズ調査報告書　狛江市児童青少年部子育て支援課編　［狛江］　狛江市　2014.3　143p　30cm　Ⓝ369.4　［870円］

◇みんなで子育て・こまえプラン（後期）―次世代育成支援行動計画：進捗状況と評価　平成24年度　狛江市児童青少年部子育て支援課編　［狛江］　狛江市　2014.1　116p　30cm　Ⓝ369.4　［150円］

東京都（子育て支援―調布市）

◇調布市子ども・子育て支援に関するニーズ調査報告書　調布　調布市子ども生活部子ども政策課　2014.3　192p　30cm　Ⓝ369.4

東京都（子育て支援―福生市）

◇子ども・子育て支援に関するアンケート調査調査結果報告書　［福生］　福生市　2014.3　1冊　30cm　〈紐綴　内容：子ども・子育て支援に関するアンケート調査調査結果報告書　アンケート調査自由意見別冊〉Ⓝ369.4

東京都（古地図）

◇江戸寺社大名庭園　こちずライブラリ　2014.10　89p　19cm　（シリーズ古地図物語）〈メディアパル（発売）　外箱入〉①978-4-89610-835-4　Ⓝ185.91361　［1300円］

◇東京今昔散歩―彩色絵はがき・古地図から眺める　原島広至著　ワイド版　KADOKAWA　2014.4　231p　21cm　〈文献あり　年表あり　初版：中経の文庫　2008年刊〉①978-4-04-600247-1　Ⓝ291.361　［1500円］

東京都（古墳―狛江市）

◇猪方小川塚古墳と狛江古墳群―多摩川流域における古墳時代の狛江　狛江市教育委員会編　狛江　狛江市教育委員会　2014.3　71p　21cm　（こまえ文化財ブックレット　2）〈年表あり　文献あり〉Ⓝ213.65　［900円］

東京都（コミュニティバス）

◇ちょっぴりおバカでかなーりほのぼの東京21区81路線！　コミュニティバス旅行記―全区循環（総合）版　湯浅祥司本文・写真　そよ風文芸食堂　2014.11　182p　21cm　Ⓝ291.361　［1500円］

◇ちょっぴりおバカでかなーりほのぼの東京21区81路線！　コミュニティバス旅行記―南西方面行き：杉並・中野・北・文京・千代田・豊島, 新宿・中央・江東・太田・世田谷・渋谷・港　湯浅祥司本文・写真　そよ風文芸食堂　2014.11　94p　21cm　Ⓝ291.361　［800円］

◇ちょっぴりおバカでかなーりほのぼの東京21区81路線！　コミュニティバス旅行記―北東方面行き：葛飾・江戸川・墨田・台東, 荒川・足立・板橋・練馬　湯浅祥司本文・写真　そよ風文芸食堂　2014.11　92p　21cm　Ⓝ291.361　［800円］

東京都（雇用）

◇採用と人権―明るい職場をめざして　2014　東京都産業労働局雇用就業部労働環境課編　東京都産業労働局雇用就業部労働環境課　2014.3　119p　30cm　〈共同刊行：東京労働局ほか〉Ⓝ336.42

東京都（昆虫―武蔵野市）

◇「いきもの広場」モニタリングと維持管理委託―報告書　平成25年度　武蔵野　東京動物園協会井の頭自然文化園　2014.3　76p　30cm　〈委託先：エスペックミック〉Ⓝ519.81365

東京都（災害廃棄物処理―調布市）

◇調布市災害廃棄物処理マニュアル　調布　調布市環境部ごみ対策課　2014.3　98p　30cm　Ⓝ518.52

◇調布市災害廃棄物処理マニュアル　資料編　調布　調布市環境部ごみ対策課　2014.3　351p　30cm　Ⓝ518.52

東京都（災害復興）

◇関東大震災―1923年、東京は被災地だった　武村雅之, 北原糸子監修, SPフォーラム編　第2版　東京防災救急協会　2014.12　111p　30cm　〈文献あり〉Ⓝ369.31

東京都（災害復興―大島町）

◇大島の応急復旧に向けた取組について―平成25（2013）年12月　東京都総務局総合防災部防災対策課編　東京都総務局総合防災部防災対策課　2014.2　136p　30cm　Ⓝ369.3

東京都（災害予防―会議録）

◇首都防災フォーラム資料集　［出版地不明］　首都防災フォーラム実行委員会　［2013］　82p　30cm　〈会期・会場：2013年9月8日　東京都慰霊堂　共同刊行：東京都慰霊協会ほか〉Ⓝ369.3

東京都（災害予防―福生市）

東京都（災害予防―福生市）
◇福生市災害時対応施設整備基本計画　［福生］　福生市　2014.
6　33, 21枚　30cm　Ⓝ518.87

東京都（祭祀―清瀬市）
◇清瀬の民俗行事と民俗芸能　さいたま民俗文化研究所作成
清瀬　清瀬市郷土博物館　2014.3　194p　30cm　（清瀬市歴
史・文化双書 1）〈文献あり〉Ⓝ386.1365

東京都（財政）
◇国の予算編成に対する東京都の提案要求―最重点事項　平成
27年度　東京都政策企画局調整部渉外課　2014.11　160p
30cm　Ⓝ318.236
◇都区財政調整について　東京都総務局行政部区政課編　東京
都総務局行政部区政課　2014.10　130p　30cm　Ⓝ349.21361
◇都と特別区及び特別区相互間の財政調整に関する条例施行規
則新旧対照表　東京都総務局行政部区政課編　東京都総務局
行政部区政課　2014.10　82p　30cm　Ⓝ349.3

東京都（財政―便覧）
◇体系都財政用語事典　東京都財務局長監修, 都財政問題研究
会編　第9版　都政新報社　2014.11　646p　19cm　〈索引あ
り〉Ⓘ978-4-88614-224-5　Ⓝ349.2136　［4500円］

東京都（祭礼）
◇多摩川を溯った江戸・東京の民俗「地口行灯と祭り」　岡崎学
著　とうきゅう環境財団　2014.11　191p　30cm　（研究助
成・一般研究 vol. 36 no. 211）Ⓝ386.1365

東京都（酒場）
◇今夜も孤独じゃないグルメ　さくらいよしえ著　交通新聞社
2014.12　159p　21cm　（散歩の達人POCKET）Ⓘ978-4-
330-52114-5　Ⓝ291.361　［1200円］

東京都（坂道）
◇東京の「坂」と文学―文士が描いた「坂」探訪　原征男著, 瀧
山幸伸編著　彩流社　2014.3　245p　21cm　Ⓘ978-4-7791-
1973-6　Ⓝ291.361　［2500円］

東京都（サービス産業）
◇東京の中小企業の現状　平成25年度 サービス産業編　東京都
産業労働局商工部調整課計画係　2014.3　152, 10p　30cm
〈調査委託先：アール・ビー・アイ〉Ⓝ335.35

東京都（産学連携）
◇深海8000mに挑んだ町工場―無人探査機「江戸っ子1号」プロ
ジェクト　山岡淳一郎著　かんき出版　2014.9　207p　19cm
〈文献あり 年表あり〉Ⓘ978-4-7612-7028-5　Ⓝ558.3　［1400
円］

東京都（産業）
◇経済センサス活動調査報告―産業横断的集計東京都概況
平成24年　東京都総務局統計部産業統計課経済構造統計係編
東京都総務局統計部産業統計課経済構造統計係　2014.10
590p　30cm　Ⓝ602.136

東京都（産業―日野市）
◇日野流―日野市市制施行50周年記念誌　日野　日野市　2013.
11　96p　26cm　Ⓝ213.65

東京都（産業―歴史）
◇先端産業を創りつづける知恵と技―オリバーケット・シティ江
戸から引き継ぐ東京　杉山雅洋, 苦瀬博仁, 国久荘太郎, 毛利雄
一編著　成文堂　2014.10　144p　21cm〈執筆：倉澤資成ほ
か〉Ⓘ978-4-7923-5062-8　Ⓝ602.136　［2100円］

東京都（産業―歴史―史料）
◇東京市史稿―産業篇　第55　東京都編纂　東京都　2014.3
863p　21cm　Ⓝ213.6

東京都（産業―歴史―八王子市）
◇八王子の産業ことはじめ―平成二十五年度特別展　八王子市
郷土資料館編　［八王子］　八王子市教育委員会　2014.2　75p
30cm　Ⓝ602.1365

東京都（産業政策―町田市）
◇産業振興通信簿　2013　経済観光部産業観光課編　町田　町
田　2014.12　71p　30cm　（町田市産業振興計画進捗状況
報告書 2013年度）Ⓝ601.1365
◇町田市・産業振興計画　［町田市］　経済観光部産業観光課編
町田　町田市　2014.3　62p　30cm　Ⓝ601.1365

東京都（産業廃棄物）
◇東京都産業廃棄物経年変化実態調査報告書　平成23年度実績
東京都環境局廃棄物対策部資源循環推進課編　東京都環境局
廃棄物対策部資源循環推進課　2014.2　182p　30cm　（環境
資料 第25036号）Ⓝ519.7

◇東京都産業廃棄物経年変化実態調査報告書　平成24年度実績
東京都環境局資源循環推進部計画課編　東京都環境局資源循
環推進部計画課　2014.12　182p　30cm　（環境資料 第26033
号）Ⓝ519.7

東京都（サンショウウオ）
◇多摩川流域の里山にトウキョウサンショウウオの産卵地を復
活させるための調査・研究　飛彈紀子著　とうきゅう環境財
団　2014.11　61p　30cm　（研究助成・一般研究 vol. 36 no.
212）Ⓝ487.84
◇トウキョウサンショウウオ：この10年間の変遷―東京都多摩
地区における2008年度生息状況調査報告書　草野保, 川上洋
一, 御手洗望編著　あきる野　トウキョウサンショウウオ研究
会　2014.2　74p　30cm　Ⓝ487.84

東京都（寺院）
◇江戸寺社大名庭園　こちずライブラリ　2014.10　89p　19cm
（シリーズ古地図物語）〈メディアパル（発売） 外箱入〉
Ⓘ978-4-89610-835-4　Ⓝ185.91361　［1300円］

東京都（市街地―町田市）
◇町田市中心市街地整備構想―協働による中心市街地の魅力づ
くり　［町田市］　都市づくり部地区街づくり課編　町田　町田
市　2014.3　68p　30cm　Ⓝ518.8

東京都（獅子舞―町田市）
◇金井の獅子舞―町田市指定無形民俗文化財　金井の獅子舞改
訂版編集委員会編　改訂版　町田　金井の獅子舞保存会
2014.4　84p　30cm　〈年表あり〉Ⓝ386.81365

東京都（獅子舞―武蔵村山市）
◇横中馬獅子舞―当地伝承260周年記念誌：東京都郷土芸能協会
技芸認定：武蔵村山市指定無形民俗文化財　横中馬獅子舞保
存会編　［武蔵村山］　横中馬獅子舞保存会　2014.4　42p
30cm　〈年表あり〉Ⓝ386.81365

東京都（地すべり）
◇多摩川上流域の山地斜面における深層崩壊に関する地形・地質
学的研究　苅谷愛彦著　とうきゅう環境財団　2014.11　26p
30cm　（研究助成・学術研究 vol. 43 no. 310）〈文献あり
共同研究者：佐藤剛ほか〉Ⓝ455.89

東京都（史跡名勝）
◇地図と写真から見える！ 江戸・東京歴史を愉しむ！　南谷果
林著　西東社　2014.9　223p　19cm　〈文献あり 索引あり〉
Ⓘ978-4-7916-2088-3　Ⓝ213.61　［1200円］

東京都（自然公園―条例）
◇自然公園・緑地保全等関係条例規集　平成25年11月現在　東京都
環境局自然環境部緑環境課編　東京都環境局自然環境部緑環境
課　2013.11　308p　21cm　（環境資料 第25021号）Ⓝ519.81

東京都（自然保護）
◇森林の分断化に伴う生物種の絶滅リスク評価および優先保護
区域の抽出―多摩丘陵における複数の種群・スケールの生物
多様性を対象とした複合研究　小池伸介著　とうきゅう環境
財団　2014.11　83p　30cm　（研究助成・学術研究 vol. 43
no. 312）Ⓝ519.81365
◇多摩川流域市民学会の開催　第4回　長谷川博之著　とうきゅ
う環境財団　2013.12　187p　30cm　（研究助成・一般研究
vol. 35 no. 208）〈共同研究者：遠藤保男ほか〉Ⓝ519.8136

東京都（自然保護―調布市）
◇調布市深大寺・佐須地域環境資源保全・活用基本計画　環境部
環境政策課編　［調布］　調布市　2014.3　60p　30cm
Ⓝ519.1

東京都（自然保護―日野市）
◇みずくらしまち―水都日野：水辺のある風景日野50選　日野
日野市　2014.2　64p　19cm　Ⓝ629.1

東京都（自然保護―武蔵野市）
◇「いきもの広場」モニタリングと維持管理委託―報告書　平成
25年度　武蔵野　東京動物園協会井の頭自然文化園　2014.3
76p　30cm　〈委託先：エスペックミック〉Ⓝ519.81365

東京都（児童虐待）
◇児童虐待死亡ゼロを目指した支援のあり方について―平成25
年度東京都児童福祉審議会児童虐待死亡事例等検証部会報告
書　東京都児童福祉審議会児童虐待死亡事例等検証部会［著］,
東京都福祉保健局少子社会対策部計画課編　東京都福祉保健
局少子社会対策部計画課　2014.7　29p　30cm　Ⓝ369.4
◇暴力・虐待を経験した子どもと女性たち―暴力・虐待を未然に
防ぐアプローチに関する調査報告書　暴力・虐待を生まない
社会づくり検討委員会編集　［東京］　東京都社会福祉協議会
（総務部企画担当）　2014.4　120p　30cm　Ⓘ978-4-86353-
186-4　Ⓝ369.41　［800円］

東京都（児童養護施設）
◇社会的養護の未来をめざして―東京都の児童養護施設等退所
者の実態調査からの検討と提言　高橋利一, 岩崎浩三, 池上和

日本件名図書目録2014　Ⅰ　　　　　　　　　　　　　　　　　　　　　　　　　　　　　　東京都（食育―町田市）

子　筒井書房　2013.12　100p　26cm　①978-4-86479-033-8　Ⓝ369.43　［1200円］

東京都（社会教育）
◇社会教育における人権教育プログラム―平成25年度人権教育推進のための調査研究事業報告書　東京都教育庁地域教育支援部生涯学習課　東京都教育庁地域教育支援部生涯学習課　2014.3　93p　30cm　Ⓝ379.02136
◇東京都社会教育行政基本資料集　37　「地域教育」の振興のために　東京都教育庁地域教育支援部生涯学習課編　東京都教育庁地域教育支援部生涯学習課　2014.3　174p　30cm　Ⓝ379.1

東京都（社会教育―調布市―名簿）
◇人材情報ガイドブック　平成26年　調布市生活文化スポーツ部生涯学習交流推進課生涯学習情報コーナー編　［調布］　調布市　2014.12　72p　30cm　Ⓝ379.035

東京都（社会教育計画―町田市）
◇町田市生涯学習推進計画　町田市生涯学習センター編　町田　町田市生涯学習センター　2014.3　91p　30cm　Ⓝ379.1

東京都（社会的養護）
◇社会的養護の未来をめざして―東京都の児童養護施設等退所者の実態調査からの検討と提言　高橋利一，岩崎浩三，池上和子編　筒井書房　2013.12　100p　26cm　①978-4-86479-033-8　Ⓝ369.43　［1200円］

東京都（社会福祉）
◇地域のキーパーソンとつながる・協働する―地域福祉コーディネーターと協働する住民に関する研究委員会報告書　東京都社会福祉協議会（地域福祉部地域福祉担当）　2013.12　73p　30cm　①978-4-86353-172-7　Ⓝ369.02136　［1200円］
◇地域福祉推進に関する提言　2014　東京都社会福祉協議会地域福祉推進委員会　2014.6　94p　30cm　Ⓝ369.11　［200円］

東京都（社会福祉―調布市）
◇調布市民福祉ニーズ調査報告書　調布　調布市福祉健康部福祉総務課　2014.3　375p　30cm　Ⓝ369.021365

東京都（社会福祉施設）
◇福ナビへgo！―第三者評価を活用しよう：とうきょう福祉ナビゲーション　東京都福祉保健財団（東京都福祉サービス評価推進機構）編著　環境新聞社シルバー新報編集部　2014.3　95p　26cm　〈年表あり〉①978-4-86018-280-9　Ⓝ369.13　［1500円］

東京都（写真集）
◇変りゆく街　鈴木利雄写真，鈴木艶子短歌　［川口］［鈴木利雄］　2014.10　116p　21cm　Ⓝ213.61
◇空から見る戦後の東京―60年のおもかげ　竹内正浩著　実業之日本社　2014.8　279p　30cm　〈年表あり〉①978-4-408-11027-1　Ⓝ291.361　［5000円］
◇東京×小説×写真　Beretta著　雷鳥社　2014.6　239p　19cm　①978-4-8441-3662-0　Ⓝ910.26　［1500円］

東京都（写真集―調布市）
◇田村彰英―変遷1995-2012：街が生まれる―仙川　田村彰英著　調布　東京アートミュージアム　2014.1　1冊（ページ付なし）22×31cm　〈ギャラリーステーション（発売）　年譜あり　英語併記〉①978-4-86047-208-5　Ⓝ213.65　［2000円］

東京都（ジャズ喫茶）
◇昭和・東京・ジャズ喫茶―昭和JAZZ文化考現学　シュート・アロー著　［東京］　DU BOOKS　2014.2　299p　19cm　〈ディスクユニオン（発売）〉①978-4-925064-94-1　Ⓝ673.98　［1500円］

東京都（住宅建築）
◇私たちの「東京の家」　尾形一郎，尾形優者・写真　羽鳥書店　2014.9　159p　25cm　〈英語併記　翻訳：カレン・サンドネスほか〉①978-4-904702-47-5　Ⓝ527.02136　［5400円］

東京都（住宅政策―府中市）
◇府中市住宅マスタープラン―みんなで創る笑顔あふれる住みよいまち　第3次　府中市生活環境部住宅勤労課編　府中（東京都）　府中市生活環境部住宅勤労課　2014.3　118p　30cm　Ⓝ365.31

東京都（住宅政策―福生市）
◇福生市住宅マスタープラン―愛着を持って永く住み継がれるまち福生　福生　福生市都市建設部まちづくり計画課　2014.3　86p　30cm　Ⓝ365.31

東京都（住宅問題）
◇住空間の経済史―戦前期東京の都市形成と借家・借間市場　小野浩著　日本経済評論社　2014.3　184p　21cm　（熊本学園大学産業経営研究所研究叢書 50）Ⓝ365.3　［非売品］

東京都（住空間の経済史―戦前期東京の都市形成と借家・借間市場）
小野浩著　日本経済評論社　2014.3　184p　22cm〈索引あり　内容：課題と方法　震災以前の建物ストックと住宅需給　大戦景気期の量的住宅難　1920年恐慌後の経済的住宅難　関東大震災後の絶対的住宅難　慢性不況下の経済的住宅難　戦間期のRC造アパートの実践と木造アパート市場の形成　総括〉①978-4-8188-2326-6　Ⓝ365.3　［5400円］

東京都（住民運動―小金井市）
◇来るべき民主主義―小平市都道328号線と近代政治哲学の諸問題　國分功一郎著　幻冬舎　2013.9　254p　18cm　（幻冬舎新書　こ-18-1）①978-4-344-98316-8　Ⓝ318.8365　［780円］

東京都（自由民権運動）
◇神奈川県会と武相の民権家　町田市立自由民権資料館編　［町田］　町田市教育委員会　2014.3　96p　21cm　（民権ブックス 27号）〈年譜あり　会期・会場：2013年7月27日―9月16日　自由民権史料館企画展示室　内容：記念講演　神奈川県会と県令野村靖（大湖賢一述）　神奈川県会事始め（松崎稔述）〉Ⓝ318.437

東京都（宿駅―八王子市―歴史―史料）
◇八王子名勝志　1　八王子市郷土資料館編　［八王子］　八王子市教育委員会　2014.1　121p　30cm　（郷土資料館資料シリーズ　第53号）Ⓝ213.65

東京都（障害者福祉）
◇障害者の生活実態　東京都福祉保健局総務部総務課編　東京都生活文化局広報広聴都民の声課　2014.10　445p　30cm　（東京都福祉保健基礎調査報告書 平成25年度）①978-4-86569-026-2　Ⓝ369.27　［780円］
◇東京都内の地域自立支援協議会の動向　平成25年度版　東京都心身障害者福祉センター地域支援課編　東京都心身障害者福祉センター地域支援課　2014.1　170p　30cm　Ⓝ369.27

東京都（小学生―調布市）
◇調布市教育人口等推計報告書　平成26年度　調布市教育委員会教育部学務課編　［調布］　調布市教育委員会　2014.9　38p　30cm　Ⓝ372.1365

東京都（商業―名簿）
◇明治大正期商工信用録　第5巻（大正4年 1）東京府　クロスカルチャー出版　2014.6　1冊　27cm　〈東京興信所大正4年5月 第32版の複製　付属資料：1枚：商工信用録符牒索引〉①978-4-905388-76-0,978-4-905388-75-3（set）Ⓝ335.035

東京都（商店街―狛江市）
◇狛江市商店街振興プラン―平成26年度―平成30年度　狛江市市民生活部地域活性課編　［狛江］　狛江市　2014.4　102p　30cm　Ⓝ672.1365　［170円］

東京都（情報公開制度―調布市）
◇情報公開事務の手引　平成25年度版　調布市総務部総務課編　調布　調布市　2014.3　156p　30cm　Ⓝ318.5365

東京都（条例）
◇都政六法　平成26年版　学陽書房編集部編　学陽書房　2013.12　1512,304,7p　20cm　①978-4-313-00989-9　Ⓝ318.236　［6500円］
◇都政六法　平成27年版　学陽書房編集部編　学陽書房　2014.12　1517,325,7p　20cm　〈索引あり〉①978-4-313-00990-5　Ⓝ318.236　［6500円］

東京都（条例―調布市）
◇調布市要綱集　平成26年度版　調布市総務部総務課編　調布　調布市　2014.1　1839p　21cm　Ⓝ318.2365
◇調布市例規集　平成26年度版 1　調布市総務部総務課編　調布　調布市　2014.9　1812p　21cm　Ⓝ318.2365
◇調布市例規集　平成26年度版 2　調布市総務部総務課編　調布　調布市　2014.9　p1813-3709　21cm　Ⓝ318.2365

東京都（条例―羽村市）
◇羽村市要綱集　平成26年度版　羽村市企画総務部総務課編　羽村　羽村市　2014.8　1200,15p　21cm　Ⓝ318.2365
◇羽村市例規集　平成26年度版 1　［羽村市企画総務部総務課編］　［羽村］　［羽村市］　［2014］　1140,19p　21cm　Ⓝ318.2365
◇羽村市例規集　平成26年度版 2　羽村市企画総務部総務課編　羽村　羽村市　2014.8　p1141-2482,19p　21cm　Ⓝ318.2365

東京都（条例―福生市）
◇福生市例規集　平成25年度版　福生市総務部総務課編　福生　福生市　2013.7　2冊　21cm　Ⓝ318.2365

東京都（食育―町田市）
◇町田市食育推進計画　町田市いきいき健康部保健企画課編　町田　町田市　2013.12　75p　30cm　Ⓝ498.5

471

東京都（食生活）

◇食生活と食育に関する世論調査　平成26年7月調査　東京都生活文化局広報広聴部都民の声課編　東京都生活文化局広報広聴部都民の声課　2014.10　6, 192p　30cm　〈世論調査結果報告書〉Ⓝ596

◇東京都民の健康・栄養状況─平成24年国民健康・栄養調査東京都・特別区・八王子市・町田市実施分集計結果　東京都福祉保健局保健政策部健康推進課編　東京都福祉保健局保健政策部健康推進課　2014.3　96p　30cm　Ⓝ498.5

東京都（食生活─歴史）

◇江戸前の素顔─遊んだ・食べた・釣りをした　藤井克彦著　文藝春秋　2014.6　263p　16cm　〈文春文庫 ふ39-1〉〈文献あり〉初版：つり人社 2004年刊〉①978-4-16-790130-1　Ⓝ383.81361　[530円]

東京都（食品安全）

◇東京都食品安全推進計画の改定について─東京都食品安全審議会答申　東京都福祉保健局健康安全部食品監視課編　東京都福祉保健局健康安全部食品監視課　2014.12　72p　30cm　Ⓝ498.54

東京都（食品衛生）

◇弁当等に関する食品販売の規制の在り方について─東京都食品安全審議会答申　東京都食品安全審議会[著]，東京都福祉保健局健康安全部食品監視課編　東京都福祉保健局健康安全部食品監視課　2014.3　75p　30cm　Ⓝ498.54

東京都（植物─武蔵野市）

◇「いきもの広場」モニタリングと維持管理委託─報告書　平成25年度　武蔵野　東京動物園協会井の頭自然文化園　2014.3　76p　30cm　〈委託先：エスペックミック〉Ⓝ519.81365

東京都（女性─武蔵野市─伝記）

◇羽ばたけ撫子たち─卒業生110名の軌跡：創立75周年記念誌　創立75周年記念誌刊行委員会編　武蔵野　吉祥女子中学高等学校　2014.2　267p　27cm　Ⓝ281.365

東京都（女性教育─国立市）

◇学習としての託児─くにたち公民館保育室活動　くにたち公民館保育室問題連絡会編　未来社　2014.4　266,34p　22cm　〈年譜あり〉①978-4-624-50134-1　Ⓝ379.2　[3500円]

東京都（女性労働）

◇ポジティブ・アクション実践プログラム─職場における女性の能力発揮促進マニュアル　東京都産業労働局雇用就業部編　第10版　東京都産業労働局雇用就業部　2014.2　75p　21cm　Ⓝ366.38

東京都（女性労働者）

◇女性農業者の意向調査結果報告書─平成25年度都市農業実態調査　東京都農業会議調査・分析・編集　東京都産業労働局農林水産部　2014.3　72p　30cm　〈平成25年度都市農業総合対策事業地域別都市農業総合対策活動〉Ⓝ611.7

東京都（書目）

◇東京都（北多摩Ⅰ）EL新聞記事情報リスト　2013　エレクトロニック・ライブラリー編　エレクトロニック・ライブラリー　2014.2　1冊　31cm　〈制作：日外アソシエーツ　内容：武蔵野市　三鷹市　小金井市　小平市　東村山市　国分寺市　清瀬市　東久留米市　西東京市〉Ⓝ025.81365

◇東京都（北多摩Ⅱ）EL新聞記事情報リスト　2013　エレクトロニック・ライブラリー編　エレクトロニック・ライブラリー　2014.2　1冊　31cm　〈制作：日外アソシエーツ　内容：立川市　青梅市　昭島市　福生市　東大和市　武蔵村山市　羽村市　あきる野市〉Ⓝ025.81365

◇東京都全域EL新聞記事情報リスト　2013-1　エレクトロニック・ライブラリー編　エレクトロニック・ライブラリー　2014.2　906p　31cm　〈制作：日外アソシエーツ〉Ⓝ025.8136

◇東京都全域EL新聞記事情報リスト　2013-2　エレクトロニック・ライブラリー編　エレクトロニック・ライブラリー　2014.2　p907-1892　31cm　〈制作：日外アソシエーツ〉Ⓝ025.8136

◇東京都全域EL新聞記事情報リスト　2013-3　エレクトロニック・ライブラリー編　エレクトロニック・ライブラリー　2014.2　p1893-2928　31cm　〈制作：日外アソシエーツ〉Ⓝ025.8136

◇東京都全域EL新聞記事情報リスト　2013-4　エレクトロニック・ライブラリー編　エレクトロニック・ライブラリー　2014.2　p2929-4143　31cm　〈制作：日外アソシエーツ〉Ⓝ025.8136

◇東京都全域EL新聞記事情報リスト　2013-5　エレクトロニック・ライブラリー編　エレクトロニック・ライブラリー　2014.2　p4145-5598　31cm　〈制作：日外アソシエーツ〉Ⓝ025.8136

◇東京都全域EL新聞記事情報リスト　2013-6　エレクトロニック・ライブラリー編　エレクトロニック・ライブラリー　2014.2　p5599-6957　31cm　〈制作：日外アソシエーツ〉Ⓝ025.8136

◇東京都全域EL新聞記事情報リスト　2013-7　エレクトロニック・ライブラリー編　エレクトロニック・ライブラリー　2014.2　p6959-8078　31cm　〈制作：日外アソシエーツ〉Ⓝ025.8136

◇東京都全域EL新聞記事情報リスト　2013-8　エレクトロニック・ライブラリー編　エレクトロニック・ライブラリー　2014.2　p8079-9111　31cm　〈制作：日外アソシエーツ〉Ⓝ025.8136

◇東京都全域EL新聞記事情報リスト　2013-9　エレクトロニック・ライブラリー編　エレクトロニック・ライブラリー　2014.2　p9113-10269　31cm　〈制作：日外アソシエーツ〉Ⓝ025.8136

◇東京都全域EL新聞記事情報リスト　2013-10　エレクトロニック・ライブラリー編　エレクトロニック・ライブラリー　2014.2　p10271-11618　31cm　〈制作：日外アソシエーツ〉Ⓝ025.8136

◇東京都全域EL新聞記事情報リスト　2013-11　エレクトロニック・ライブラリー編　エレクトロニック・ライブラリー　2014.2　p11619-12184　31cm　〈制作：日外アソシエーツ〉Ⓝ025.8136

◇東京都全域EL新聞記事情報リスト　2013-12　エレクトロニック・ライブラリー編　エレクトロニック・ライブラリー　2014.2　p12185-13407　31cm　〈制作：日外アソシエーツ〉Ⓝ025.8136

◇東京都全域EL新聞記事情報リスト　2013-13　エレクトロニック・ライブラリー編　エレクトロニック・ライブラリー　2014.2　p13409-14651　31cm　〈制作：日外アソシエーツ〉Ⓝ025.8136

◇東京都全域EL新聞記事情報リスト　2013-14　エレクトロニック・ライブラリー編　エレクトロニック・ライブラリー　2014.2　p14653-15753　31cm　〈制作：日外アソシエーツ〉Ⓝ025.8136

◇東京都全域EL新聞記事情報リスト　2013-15　エレクトロニック・ライブラリー編　エレクトロニック・ライブラリー　2014.2　p15755-16710　31cm　〈制作：日外アソシエーツ〉Ⓝ025.8136

◇東京都全域EL新聞記事情報リスト　2013-16　エレクトロニック・ライブラリー編　エレクトロニック・ライブラリー　2014.2　p16711-17691　31cm　〈制作：日外アソシエーツ〉Ⓝ025.8136

◇東京都全域EL新聞記事情報リスト　2013-17　エレクトロニック・ライブラリー編　エレクトロニック・ライブラリー　2014.2　p17693-18799　31cm　〈制作：日外アソシエーツ〉Ⓝ025.8136

◇東京都（南多摩Ⅰ）EL新聞記事情報リスト　2013　エレクトロニック・ライブラリー編　エレクトロニック・ライブラリー　2014.2　281, 116, 100p　31cm　〈制作：日外アソシエーツ　内容：八王子市　日野市　多摩市〉Ⓝ025.81365

◇東京都（南多摩Ⅱ）EL新聞記事情報リスト　2013　エレクトロニック・ライブラリー編　エレクトロニック・ライブラリー　2014.2　1冊　31cm　〈制作：日外アソシエーツ　内容：府中市　調布市　町田市　国立市　狛江市　稲城市〉Ⓝ025.81365

東京都（人権教育）

◇社会教育における人権教育プログラム─平成25年度人権教育推進のための調査研究事業報告書　東京都教育庁地域教育支援部生涯学習課　東京都教育庁地域教育支援部生涯学習課　2014.3　93p　30cm　Ⓝ379.02136

◇人権教育プログラム─学校教育編　東京都教育庁指導部指導企画課編　東京都教育庁指導部指導企画課　2014.3　155p　30cm　〈年表あり〉Ⓝ375

◇人権尊重の社会─同和問題をはじめとする人権問題理解のために：青少年指導者用　東京都青少年・治安対策本部総合対策部青少年課編　東京都青少年・治安対策本部総合対策部青少年課　2014.3　33p　30cm　Ⓝ371.56

東京都（人権教育─調布市）

◇人権教育の推進と啓発─自分の大切さとともに他の人の大切さを認めることができる児童・生徒の育成：人権課題「子供」への取組　調布市人権教育推進委員会[著]　調布　調布市教

日本件名図書目録2014　Ⅰ　　　　　　　　　　　　　　　　　　　　　　　　　　　　　　東京都（生活問題―世論）

育委員会指導室　2014.3　31p　30cm　（人権教育指導資料
平成25年度）　Ⓝ375

東京都（人口）
◇東京都男女年齢（5歳階級）別人口の予測―平成27（2015）年、
32（2020）年、37（2025）年、42（2030）、47（2035）年　東京都
総務局統計部人口統計課編　東京都生活文化局広報広聴部都
民の声課　2013.3　146p　30cm　（推計人口資料　第65号）
①978-4-86569-066-8　Ⓝ358.136　[550円]

東京都（人口―八王子市）
◇人口構造の変化を見据えた八王子のまちづくり―地域特性を
活かした「選ばれ続ける都市」を目指して：最終報告書　八王
子市都市政策研究所編　八王子　八王子市都市戦略部都市戦
略課　2014.3　204p　30cm　Ⓝ334.31365

東京都（震災予防）
◇地震に関する地域危険度測定調査報告書　第7回　東京都都市
整備局市街地整備部防災都市づくり課編　東京都生活文化局
広報広聴部都民の声課　2013.9　300p　30cm　①978-4-
86569-010-1　Ⓝ369.31　[770円]
◇首都直下地震想定される被害と防災・減災への取り組み　［東
京］　［土木学会］　2014.12　86p　30cm　（地震災害マネジ
メントセミナー　第14回）〈主催：土木学会〉　Ⓝ369.31
◇首都直下地震等対処要綱　東京都総務局総合防災部防災対策
課編　東京都総務局総合防災部防災対策課　2014.5　80p
30cm　Ⓝ369.31
◇震災対策における都民等の意識調査　平成25年度　［東京］
警視庁警備心理学研究会　2014.3　203p　30cm〈奥付のタイ
トル：首都直下地震に対する都民等の意識調査〉Ⓝ369.31
[非売品]
◇東京都震災対策事業計画―平成23年度～27年度　東京都総務
局総合防災部防災管理課編　東京都生活文化局広報広聴部都
民の声課　2013.9　411p　30cm　①978-4-86569-050-7
Ⓝ369.31　[1540円]
◇東京都地域防災計画　震災編　平成26年修正　第4部　素案　東
京都総務局総合防災部防災管理課編　東京都総務局総合防災
部防災管理課　2014.5　196p　30cm　〈共同刊行：東京都防災
会議〉Ⓝ369.3
◇東京都地域防災計画　震災編　平成26年修正　本冊　東京都防
災会議編　東京都防災会議　2014.7　788p　30cm　Ⓝ369.3
◇東京都地域防災計画　震災編　平成26年修正　別冊資料　東京都
防災会議編　東京都防災会議　2014.7　788p　30cm　Ⓝ369.3
◇東京都地域防災計画　震災編　平成26年修正　本冊　東京都防
災会議編　東京都生活文化局広報広聴部都民の声課　2014.7
788p　30cm　①978-4-86569-042-2　Ⓝ369.3　[1290円]
◇東京都地域防災計画　震災編　平成26年修正　別冊資料　東京都
防災会議編　東京都生活文化局広報広聴部都民の声課　2014.
7　788p　30cm　①978-4-86569-043-9　Ⓝ369.3　[1310円]
◇東京都内の災害時における地域高齢者への支援に関する研究
報告書　東京都健康長寿医療センター研究所編　東京都健康
長寿医療センター研究所　2014.3　142p　30cm　Ⓝ369.263
◇東京都内の通所系事業所・有料老人ホームにおける災害時の地
域高齢者への支援に関する研究報告書―災害時支援類型を活
用した防災対策について　東京都健康長寿医療センター研究
所編　東京都健康長寿医療センター研究所　2014.10　50p
30cm　Ⓝ369.263
◇東京の防災プラン―世界一安全・安心な都市を目指して　東
京都総務局総合防災部防災管理課編　東京都総務局総合防災
部防災管理課　2014.12　54p　30cm　Ⓝ369.31

東京都（震災予防―狛江市）
◇狛江市地域防災計画―対照表　平成26年修正　震災編　［狛江
市編］　［狛江］　［狛江市防災会議］　[2014]　19枚　30cm
Ⓝ369.3
◇狛江市地域防災計画　平成26年修正　震災編　狛江市総務部安
心安全課編　［狛江］　狛江市防災会議　2014.3　239p　30cm
Ⓝ369.3　[360円]

東京都（神社）
◇江戸寺社大名庭園　こちずライブラリ　2014.10　89p　19cm
（シリーズ古地図物語）〈メディアパル（発売）〉外箱入
①978-4-89610-835-4　Ⓝ185.91361　[1300円]

東京都（身体障害者福祉）
◇東京都福祉のまちづくり条例施設整備マニュアル　東京都福祉
保健局生活福祉部地域福祉推進課　第4版　東京都福祉保健
局生活福祉部地域福祉推進課　2014.9　597p　30cm　Ⓝ526
◇東京都福祉のまちづくり条例施設整備マニュアル　東京都福
祉保健局生活福祉部地域福祉推進課編　第4版　東京都生活文

化局広報広聴部都民の声課　2014.9　597p　30cm〈奥付の責
任表示：東京都福祉保健局生活福祉部地域福祉推進課〉
①978-4-86569-025-5　Ⓝ526　[980円]

東京都（身体障害者福祉―歴史）
◇資料・美濃部都知事と聴力障害者の対話集会　ろう問題文献
資料刊行会編　杉並けやき出版　2014.10　113p　19cm〈星
雲社（発売）〉①978-4-434-19839-7　Ⓝ369.276　[500円]

東京都（森林）
◇森づくり推進プラン―東京における持続的な森林整備と林業
振興　東京都産業労働局農林水産部森林課編　東京都産業労
働局農林水産部森林課　2014.3　74p　30cm　Ⓝ651.1

東京都（森林保護―あきる野市）
◇森林レンジャーあきる野活動報告書　平成22-24年度　［あき
る野］　あきる野市環境経済部環境政策課環境の森推進係
[2013]　184p　30cm　Ⓝ654.021365

東京都（水害）
◇東京都市圏における水害統計データの整備　防災科学技術研
究所編　つくば　防災科学技術研究所　2014.2　6p　30cm
（防災科学技術研究所研究資料　第385号）〈文献あり〉Ⓝ517.4

東京都（水害予防）
◇首都水没　土屋信行著　文藝春秋　2014.8　249p　18cm
（文春新書　980）〈文献あり〉①978-4-16-660980-2　Ⓝ369.33
[760円]
◇東京下町低地の高潮対策に関する歴史的考察　法政大学エコ
地域デザイン研究所編　［東京］　法政大学エコ地域デザイン
研究所　2014.3　121p　30cm〈文献あり〉Ⓝ369.33

東京都（水産行政）
◇水産業振興プラン―東京における持続可能な水産業の実現
東京都産業労働局農林水産部水産課編　東京都産業労働局農
林水産部水産課　2014.3　73p　30cm　Ⓝ661.1

東京都（水利―歴史）
◇玉川上水の分水の沿革と概要　小坂克信著　とうきゅう環境
財団　2014.11　150p　30cm　（研究助成・一般研究　vol. 36
no. 210）Ⓝ213.6
◇武蔵野台地の風土や課題などを読み解くための散策コースづ
くりの調査・研究と、それにそった散策会（歴史散歩）の実施
福田恵一著　とうきゅう環境財団　2014.11　18p　30cm
（研究助成・一般研究　vol. 36　no. 214）Ⓝ213.6

東京都（スポーツ振興基本計画―町田市）
◇町田市スポーツ推進計画　［町田市］文化スポーツ振興部ス
ポーツ振興課編　［町田］　町田市　2014.3　49p　30cm
Ⓝ780.21365

東京都（生活）
◇東京における暮らしと生活意識に関する調査―大妻女子大学
人間関係学部人間関係学科社会学専攻2012年度「社会調査及
び演習」報告書　1　久保田滋編　多摩　大妻女子大学人間関
係学部人間関係学科社会学専攻　2013.2　55, 11p　30cm
〈文献あり〉Ⓝ365.02136
◇東京における暮らしと生活意識に関する調査―大妻女子大学
人間関係学部人間関係学科社会学専攻2012年度「社会調査及
び演習」報告書　2　石田光規編　多摩　大妻女子大学人間関
係学部人間関係学科社会学専攻　2013.2　83p　30cm〈文献
あり〉Ⓝ365.02136

東京都（生活―西東京市）
◇暮らしについての西東京市民調査―成蹊大学社会調査演習
2012年度報告書　第4回　成蹊大学社会調査士課程監修，小林
盾，渡邊大輔編　武蔵野　成蹊大学社会調査士課程　2013.2
85p　26cm　Ⓝ361.7

東京都（生活環境―武蔵野市）
◇武蔵野市地域生活環境指標―データから見た武蔵野市　平成
26年版　武蔵野市地域生活環境指標編集委員会編　武蔵野
武蔵野市　2014.8　195p　30cm　Ⓝ318.2365

東京都（生活困窮者）
◇生活困窮者・生活保護受給者の自立支援のための地域における
包括的な支援体制の研究報告書　［東京］　自立支援センター
ふるさとの会　2013.3　169p　30cm〈平成24年度厚生労働省
セーフティネット支援対策等事業費補助金社会福祉推進事業〉
Ⓝ369.2

東京都（生活保護）
◇生活保護法施行事務指導検査実施計画　平成26年度　［東京］
東京都福祉保健局生活福祉部保護課　2014.5　57p　30cm
Ⓝ369.2

東京都（生活問題―世論）
◇都民生活に関する世論調査　平成26年8月調査　東京都生活文
化局広報広聴部都民の声課編　東京都生活文化局広報広聴部

と

473

東京都（青少年教育―町田市）

都民の声課　2014.11　7, 156p　30cm　（世論調査結果報告書）〈年表あり〉Ⓝ318.236

東京都（青少年教育―町田市）
◇町田市青少年施設ひなた村事業実績報告書　2013年度　町田　町田市子ども生活部ひなた村　2014.8　31p　30cm〈奥付のタイトル：町田市青少年施設ひなた村〉Ⓝ379.3

東京都（製品開発）
◇連携イノベーション促進プログラム課題マップ　平成26年度　東京都産業労働局商工部創業支援編　東京都産業労働局商工部創業支援課　2014.8　83p　30cm　Ⓝ336.17

東京都（性風俗）
◇アンダーグラウンドイベント東京　フクサコアヤコ, Photo'sGate著　芸術新聞社　2013.11　157p　20cm　Ⓘ978-4-87586-376-2　[2200円]

東京都（生物多様性）
◇森林の分断化に伴う生物種の絶滅リスク評価および優先保護区域の抽出―多摩丘陵における複数の種群・スケールの生物多様性を対象とした複合研究　小池伸介著　とうきゅう環境財団　2014.11　83p　30cm　（研究助成・学術研究 vol. 43 no. 312）Ⓝ519.81365

東京都（生物多様性―あきる野市）
◇森林レンジャーあきる野活動報告書　平成22-24年度　［あきる野］　あきる野市環境経済部環境政策課環境の森推進係　[2013]　184p　30cm　Ⓝ654.021365

東京都（世帯―統計）
◇東京都世帯数の予測　平成27年、32年、37年、42年、47年―各年10月1日現在　東京都総務局統計部人口統計課編　東京都総務局統計部人口統計課　2014.3　263p　30cm　（推計人口資料　第66号）Ⓝ358.136

◇東京都世帯数の予測　平成27年、32年、37年、42年、47年―各年10月1日現在　東京都総務局統計部人口統計課編　東京都生活文化局広報広聴部都民の声課　2014.3　263p　30cm　（推計人口資料　第66号）Ⓘ978-4-86569-057-6　Ⓝ358.136　[910円]

東京都（選挙）
◇選挙を盛り上げろ！　影書房編集部編　影書房　2014.9　186p　19cm〈執筆：岩上安身ほか　内容：IWJは都知事選で何を伝えたか（岩上安身述）　猪瀬前都知事～都知事選候補者の「脱原発/エネルギー」政策を検証する（竹村英明著）　声を上げ続けることで、世界は変わる（バブリーナ述）　差別デモを規制する条例を（石野雅之, 西村直矢述）　認可保育園をふやして待機児ゼロに！（斉藤真里子述）　市民の意見を聞いて、施策に反映してほしい（水口和志述）　未来の有権者が政治とつながるために（林大介著）　マニフェスト選挙でまちの将来と民主主義を考える（中村健述）〉Ⓘ978-4-87714-451-7　Ⓝ318.236　[1600円]

◇2014年都知事選挙の教訓　村岡到編，村岡到, 河合弘之, 高見圭司, 三上治, 西川伸一著［東京］　ロゴス　2014.6　124p　19cm　（ブックレットロゴス No.9）〈内容：脱原発候補の当選を！（村岡到著）　二〇一四年東京都知事選挙の教訓（村岡到著）　都知事選挙での分岐の重要性（村岡到著）　宇都宮健児氏への批判の重要性（村岡到著）　澤藤統一郎氏排除問題の重要性（村岡到著）　都知事選挙が明らかにしたこと（村岡到著）　都知事選挙に関わって（河合弘之述, 村岡到聞き手）　脱原発の闘いは大きな潮流であることを示した（高見圭司著）　経産省前テント日誌（三上治著）　得票分析から分かること（西川伸一著）　都知事選にさいして、都政と日本の重大な岐路　革新統一の破壊者（村岡到著）〉Ⓘ978-4-904350-31-7　Ⓝ318.436　[1100円]

東京都（選挙―青梅市―統計）
◇選挙の記録　青梅市選挙管理委員会編　青梅　青梅市選挙管理委員会　2014.3　1冊　30cm〈東京都議会議員選挙　平成25年6月23日執行, 参議院議員選挙　平成25年7月21日執行, 東京都知事選挙　平成26年2月9日執行〉Ⓝ314.8

東京都（選挙―狛江市―統計）
◇選挙の記録　狛江市選挙管理委員会編　狛江　狛江市選挙管理委員会　2014.3　1冊　30cm〈東京都議会議員選挙　平成25年6月23日執行, 参議院議員選挙　平成25年7月21日執行, 東京都知事選挙　平成26年2月9日執行〉Ⓝ314.8　[230円]

東京都（選挙―調布市―統計）
◇選挙の記録―平成25年　調布　調布市選挙管理委員会　2013.11　162p　30cm〈東京都議会議員選挙　平成25年6月23日執行, 参議院議員選挙　平成25年7月21日執行〉Ⓝ314.8

東京都（選挙―統計）
◇東京都議会議員選挙の記録―平成25年6月23日執行　東京都選挙管理委員会編　東京都選挙管理委員会　2014.8　292p　30cm　Ⓝ314.8　[非売品]

◇年代別投票行動調査結果　東京都選挙管理委員会編　東京都選挙管理委員会　2014.3　131p　30cm〈東京都議会議員選挙　平成25年6月23日執行, 参議院議員選挙　平成25年7月21日執行〉Ⓝ314.8

◇年代別投票行動調査結果　東京都選挙管理委員会編　東京都選挙管理委員会　2014.6　74p　30cm〈東京都知事選挙　平成26年2月9日執行〉Ⓝ314.8

東京都（選挙―日野市―統計）
◇参議院議員選挙の記録―平成25年7月21日執行　日野市選挙管理委員会編　日野　日野市選挙管理委員会　2013.12　65p　30cm　Ⓝ314.8

◇選挙の記録　日野市選挙管理委員会編　日野　日野市選挙管理委員会　2013.11　49, 43p　30cm〈日野市長選挙・日野市議会議員補欠選挙　平成25年4月14日執行, 東京都議会議員選挙　平成25年6月23日執行〉Ⓝ314.8

◇選挙の記録　日野市選挙管理委員会編　日野　日野市選挙管理委員会　2013.3　85p　30cm〈衆議院（小選挙区選出）（比例代表選出）議員選挙・最高裁判所裁判官国民審査・東京都知事選挙　平成24年12月16日執行〉Ⓝ314.8

◇東京都知事選挙の記録―平成26年2月9日執行　日野市選挙管理委員会編　日野　日野市選挙管理委員会　2014.3　58p　30cm　Ⓝ314.8

◇日野市議会議員選挙の記録―平成26年2月16日執行　日野市選挙管理委員会編　日野　日野市選挙管理委員会　2014.3　55p　30cm　Ⓝ314.8

東京都（選挙―府中市―統計）
◇参議院議員選挙の記録―平成25年7月21日執行　府中市選挙管理委員会事務局編　［府中（東京都）］　府中市選挙管理委員会　2013.10　110p　30cm　Ⓝ314.8

◇東京都議会議員選挙（府中市選挙区）の記録―平成25年6月23日執行　府中市選挙管理委員会事務局編　［府中（東京都）］　府中市選挙管理委員会　2013.10　77p　30cm　Ⓝ314.8

東京都（選挙―町田市―統計）
◇選挙の記録　町田市選挙管理委員会事務局編　町田　町田市選挙管理委員会事務局　［2014］　66, 37p　30cm〈衆議院議員選挙・最高裁判所裁判官国民審査東京都知事選挙　平成24年12月16日執行〉Ⓝ314.8

◇選挙の記録　町田市選挙管理委員会事務局編　町田　町田市選挙管理委員会事務局　2014.9　1冊　30cm〈東京都議会議員選挙　平成25年6月23日執行, 参議院議員選挙　平成25年7月21日執行, 東京都知事選挙　平成26年2月9日執行, 町田市議会議員選挙・町田市長選挙　平成26年2月23日執行〉Ⓝ314.8

東京都（選挙―武蔵野市―統計）
◇選挙の記録―平成25年執行　武蔵野市選挙管理委員会編　［武蔵野］　武蔵野市選挙管理委員会　2014.9　194p　30cm〈東京都議会議員選挙　6月23日執行, 参議院議員選挙　7月21日執行, 武蔵野市長選挙・武蔵野市議会議員補欠選挙　10月6日執行〉Ⓝ314.8

◇選挙の結果　平成25年度　武蔵野市選挙管理委員会編　［武蔵野］　武蔵野市選挙管理委員会　2014.9　95p　30cm　Ⓝ314.8

東京都（選挙―世論）
◇選挙に関する世論調査　平成25年6月23日執行東京都議会議員選挙平成25年7月21日執行参議院議員選挙　東京都選挙管理委員会編　東京都選挙管理委員会　2014.3　382p　30cm　Ⓝ314.8

◇選挙に関する世論調査　平成26年2月9日執行東京都知事選挙　東京都選挙管理委員会編　東京都選挙管理委員会　2014.6　207p　30cm　Ⓝ314.8

東京都（総合型地域スポーツクラブ）
◇地域スポーツクラブに関する働き盛り・子育て世代の意識・活動実態調査研究報告書　平成25年度　東京都広域スポーツセンター［著］, 東京都スポーツ文化事業団編　東京都スポーツ文化事業団　2014.3　104p　30cm　Ⓝ780.6

東京都（租税）
◇東京都税制調査会答申　平成26年度　東京都税制調査会編　東京都主税局税制部税制調査課　2014.11　60, 16p　30cm〈タイトル関連情報：少子・高齢化、人口減少社会に対応する税制のあり方〉Ⓝ349.53

日本件名図書目録2014　Ⅰ　　　　　　　　　　　　　　　　　　　　　　　　　　　　東京都（地方選挙）

東京都（租税―条例）
◇東京都都税条例・規則集　平成26年10月　東京都主税局税制部税制課編　東京都主税局税制部税制課　2014.10　339p　30cm　Ⓝ349.53

東京都（体育施設―名簿）
◇東京都における公立スポーツ施設　平成25年度版　東京都オリンピック・パラリンピック準備局スポーツ推進部調整課編　東京都オリンピック・パラリンピック準備局スポーツ推進部調整課　2014.3　195p　30cm〈平成25年10月1日現在〉Ⓝ780.67

東京都（宅地造成）
◇都市計画法・宅地造成等規制法開発許可関係実務マニュアル　東京都都市整備局市街地整備部民間開発課編　東京都生活文化局広報広聴部都民の声課　2013.6　1冊　30cm〈平成24年4月15日適用〉①978-4-86569-009-5　Ⓝ518.8　[770円]

東京都（男女共同参画―狛江市）
◇狛江市男女共同参画推進計画推進状況報告書　平成25年度　狛江市企画財政部政策室編　[狛江]　狛江市　2014.10　68p　30cm〈表紙のタイトル：狛江市男女共同参画推進計画―ともに生きるこまえ21プラン―平成25年度推進状況報告書　共同刊行：狛江市男女共同参画推進庁内推進本部ほか〉Ⓝ367.21365　[90円]
◇狛江市男女共同参画に関する市民意識調査報告書　狛江市企画財政部政策室編　[狛江]　狛江市　2014.9　72p　30cm　Ⓝ367.21365　[100円]

東京都（男女共同参画―調布市）
◇調布市男女共同参画推進プラン（第4次）実施状況報告書　平成25年度　[調布市]　生活文化スポーツ部男女共同参画推進課編　[調布]　調布市　2014.8　149p　30cm　Ⓝ367.21365

東京都（男女共同参画―町田市）
◇まちだ男女平等フェスティバル報告書　第14回　まちだ男女平等フェスティバル実行委員会編　[町田]　町田市　2014.5　88p　30cm〈会期・会場：2014年2月1日―2日　町田市民フォーラム　第14回のタイトル関連情報：生きよう！　一人ひとりがその人らしく〉Ⓝ367.21365

東京都（地域開発）
◇新たな多摩のビジョン行動戦略　東京都総務局行政部振興企画課編　東京都総務局行政部振興企画課　2014.3　172p　30cm　Ⓝ318.6365
◇エイト・ブルービジョン―おじゃりやれ住みよけ島でーじけ島：平成25年度―平成34年度　東京都八丈支庁編　八丈町（東京都）　東京都八丈支庁　2014.3　92p　30cm　Ⓝ601.1369

東京都（地域開発―小笠原村）
◇小笠原諸島振興開発計画　平成26年度―平成30年度　東京都総務局行政部振興企画課編　東京都総務局行政部振興企画課　2014.12　106p　30cm　Ⓝ318.6369

東京都（地域開発―調布市）
◇調布大寺・佐須地域環境資源保全・活用基本計画　環境部環境政策課編　[調布]　調布市　2014.3　60p　30cm　Ⓝ519.1

東京都（地域開発―八王子市）
◇里山エコトピア―理想郷づくりの絵物語！　炭焼三太郎編著　日本地域研究所　2014.5　166p　21cm　（コミュニティ・ブックス）〈英語抄訳付〉①978-4-89022-146-2　Ⓝ601.1365　[1700円]

東京都（地域開発―日野市）
◇Hino vision 50―水都日野を目指して　長野浩子, 石渡雄士著　法政大学エコ地域デザイン研究所　2014.1　46p　30cm〈平成23-27年度科学研究費補助金基盤研究（S）「水都に関する歴史と環境の視点からの比較研究」〉Ⓝ601.1365

東京都（地域社会―西東京市）
◇暮らしについての西東京市民調査―成蹊大学社会調査演習2012年度報告書　第4回　成蹊大学社会調査士課程監修, 小林盾, 渡邊大輔編　武蔵野　成蹊大学社会調査士課程　2013.2　85p　26cm　Ⓝ361.7

東京都（地域情報化―西東京市）
◇西東京市地域情報化基本計画―こころポリシティ西東京　第3期　西東京市企画部情報推進課編　[西東京]　西東京市　2014.3　34, 21p　30cm　Ⓝ318.2365

東京都（地域包括ケア）
◇東京都地域ケア会議推進部会のまとめ―地域包括ケアシステムの構築に向けて　東京都福祉保健局高齢社会対策部在宅支援課編　東京都福祉保健局高齢社会対策部在宅支援課　2014.3　110p　30cm　Ⓝ369.26

◇2025年以降を見据えた施策の方向性―東京における地域包括ケアシステムの構築に向けて：東京都社会福祉審議会意見具申　東京都社会福祉審議会[著]　東京都福祉保健局総務部企画計理課編　東京都福祉保健局総務部企画計理課　2014.2　79p　30cm　Ⓝ369.26

東京都（地誌）
◇江戸の幽明―東京境界めぐり　荒俣宏著　朝日新聞出版　2014.11　507p　図版16p　18cm　（朝日新書 488）①978-4-02-273588-1　Ⓝ291.361　[1200円]
◇古地図で謎解き江戸東京「まち」の歴史　跡部蛮著　双葉社　2014.5　234p　18cm　（双葉新書 089）①978-4-575-15442-9　Ⓝ291.361　[840円]
◇大軍都・東京を歩く　黒田涼著　朝日新聞出版　2014.12　207p　18cm　（朝日新書 492）①978-4-02-273592-8　Ⓝ291.361　[1000円]
◇東急沿線の不思議と謎　浜田弘明監修　実業之日本社　2014.11　191p　18cm　（じっぴコンパクト新書 221）〈文献あり　年表あり〉①978-4-408-45534-1　Ⓝ686.213　[850円]

東京都（地誌―西東京市）
◇保谷の検地帳　州崎治郎著, 長瀬瑞己編　[出版地不明]　[州崎治郎]　[2014]　60p　30cm　Ⓝ291.365　[1080円]

東京都（地誌―八王子市）
◇八王子名勝志　1　八王子市郷土資料館編　[八王子]　八王子市教育委員会　2014.1　121p　30cm　（郷土資料館資料シリーズ　第53号）Ⓝ213.65
◇わがまち片倉町一丁目―古城片倉城と湯殿川の里：いにしえの片倉村時田：創立二五周年記念誌　八王子　八王子市片倉町一丁目町会　2014.3　20, 186, 40p　30cm〈年表あり〉Ⓝ291.365

東京都（地図）
◇東京―2枚の地図を重ねて過去に思いを馳せる　昭和の大学町編　地理情報開発地図編集・製作, 光村推古書院編集部編　京都　光村推古書院　2014.2　127p　26cm　（重ね地図シリーズ）〈文献あり〉①978-4-8381-0500-7　Ⓝ291.361　[2000円]

東京都（地方公務員）
◇職員の採用と育成手法に関する調査報告書―平成25年度調査報告書　府中（東京都）　東京市町村自治調査会　2014.3　115p　30cm〈委託：日本能率協会総合研究所〉Ⓝ318.3

東京都（地方財政―統計）
◇市町村財政力分析指標　平成15年度から平成24年度まで　東京市町村自治調査会編　府中（東京都）　東京市町村自治調査会　2014.4　316p　21×30cm　Ⓝ349.21365

東京都（地方税―統計）
◇市町村税政参考資料　平成15年度から平成24年度まで　東京市町村自治調査会編　府中（東京都）　東京市町村自治調査会　2014.4　220p　21×30cm　Ⓝ349.55

東京都（地方選挙）
◇結果記録　練馬区選挙管理委員会編　練馬区選挙管理委員会　2013.12　141p　30cm〈東京都議会議員選挙　平成25年6月23日執行, 参議院議員選挙・参議院（比例代表選出）議員選挙　平成25年7月21日執行〉Ⓝ314.8
◇結果記録　練馬区選挙管理委員会編　練馬区選挙管理委員会　2014.3　76p　30cm〈東京都知事選挙　平成26年2月9日執行〉Ⓝ314.8
◇選挙の記録　中央区選挙管理委員会編　中央区選挙管理委員会　2014.4　57p　30cm〈東京都知事選挙　平成26年2月9日執行〉Ⓝ314.8
◇選挙の記録　2013　港区選挙管理委員会事務局編　港区選挙管理委員会事務局　2014.3　135p　30cm〈東京都議会議員選挙　平成25年6月23日執行, 参議院議員選挙　平成25年7月21日執行, 東京都知事選挙　平成26年2月9日執行〉Ⓝ314.8
◇選挙の記録　新宿区選挙管理委員会　2013.11　83p　30cm〈東京都議会議員選挙　平成25年6月23日執行, 参議院議員選挙　平成25年7月21日執行〉Ⓝ314.8　[非売品]
◇選挙の記録　新宿区選挙管理委員会　2014.3　44p　30cm〈東京都知事選挙　平成26年2月9日執行〉Ⓝ314.8　[非売品]
◇選挙の記録　台東区選挙管理委員会編　台東区選挙管理委員会　2013.11　130p　30cm〈東京都議会議員選挙　平成25年6月23日執行, 参議院議員選挙　平成25年7月21日執行〉Ⓝ314.8
◇選挙の記録　台東区選挙管理委員会編　[東京]　台東区選挙管理委員会　2014.3　65p　30cm〈東京都知事選挙　平成26年2月9日執行〉Ⓝ314.8
◇選挙の記録　平成25年　墨田区選挙管理委員会編　墨田区選挙管理委員会　2014.1　122p　30cm〈東京都議会議員選挙　平成25年6月23日執行, 参議院議員選挙　平成25年7月21日執行〉Ⓝ314.8

東京都（地方選挙—日野市）

◇選挙の記録　平成26年　墨田区選挙管理委員会編　墨田区選挙管理委員会　2014.3　60p　30cm〈東京都知事選挙　平成26年2月9日執行〉Ⓝ314.8

◇選挙の記録　江東区選挙管理委員会編　江東区選挙管理委員会　2014.3　157p　30cm〈東京都議会議員選挙　平成25年6月23日執行，参議院議員選挙　平成25年7月21日執行，東京都知事選挙　平成26年2月9日執行〉Ⓝ314.8

◇選挙の記録　目黒区選挙管理委員会編　目黒区選挙管理委員会　2014.3　50p　30cm〈東京都知事選挙　平成26年2月9日執行〉Ⓝ314.8

◇選挙の記録　大田区選挙管理委員会編　大田区選挙管理委員会　2014.3　152p　30cm〈東京都議会議員選挙　平成25年6月23日執行，第23回参議院議員選挙　平成25年7月21日執行，東京都知事選挙　平成26年2月9日執行〉Ⓝ314.8

◇選挙の記録—平成25年6月・7月　中野区選挙管理委員会　2013.12　147p　30cm〈東京都議会議員選挙　6月23日執行，参議院議員選挙　7月21日執行〉Ⓝ314.8

◇選挙の記録—平成26年2月　中野区選挙管理委員会　2014.3　54p　30cm〈東京都知事選挙　2月9日執行〉Ⓝ314.8

◇選挙の記録　杉並区選挙管理委員会編　杉並区選挙管理委員会　2014.2　130p　30cm〈東京都議会議員選挙　平成25年6月23日執行，参議院議員選挙　平成25年7月21日執行〉Ⓝ314.8

◇選挙の記録　杉並区選挙管理委員会編　杉並区選挙管理委員会　2014.3　67p　30cm〈東京都知事選挙　平成26年2月9日執行〉Ⓝ314.8

◇選挙の記録　豊島区選挙管理委員会編　豊島区選挙管理委員会　[2014]　38p　30cm〈東京都知事選挙　平成26年2月9日執行〉Ⓝ314.8

◇選挙の記録　東京都北区選挙管理委員会事務局編　[東京]　東京都北区選挙管理委員会事務局　2014.3　45p　30cm〈東京都知事選挙　平成26年2月9日執行〉Ⓝ314.8

◇選挙の記録　荒川区選挙管理委員会編　荒川区選挙管理委員会　2013.12　165p　30cm〈荒川区長選挙　平成24年11月11日執行，東京都知事選挙衆議院議員選挙最高裁判所裁判官国民審査　平成24年12月16日執行〉Ⓝ314.8

◇選挙の記録　板橋区選挙管理委員会編　板橋区選挙管理委員会　2014.6　181p　30cm〈東京都議会議員選挙　平成25年6月23日執行，参議院議員選挙　平成25年7月21日執行，東京都知事選挙　平成26年2月9日執行〉Ⓝ314.8

◇選挙の記録　板橋区選挙管理委員会編　板橋区選挙管理委員会　2013.12　129p　30cm〈東京都議会議員選挙　平成25年6月23日執行，参議院議員選挙　平成25年7月21日執行〉Ⓝ314.8

◇選挙の記録　板橋区選挙管理委員会編　板橋区選挙管理委員会　2014.3　74p　30cm〈東京都知事選挙　平成26年2月9日執行〉Ⓝ314.8

◇選挙の記録　足立区選挙管理委員会編　足立区選挙管理委員会　2014.3　75p　30cm〈東京都知事選挙　平成26年2月9日執行〉Ⓝ314.8

◇選挙の記録　葛飾区選挙管理委員会編　葛飾区選挙管理委員会　2014.3　114p　30cm〈東京都議会議員選挙　平成25年6月23日執行，第23回参議院議員選挙　平成25年7月21日執行〉Ⓝ314.8

◇選挙の記録　葛飾区選挙管理委員会編　葛飾区選挙管理委員会　2014.3　45p　30cm〈東京都知事選挙　平成26年2月9日執行〉Ⓝ314.8

◇選挙の記録　平成25年　[東京]　江戸川区選挙管理委員会　[2013]　100p　30cm〈東京都議会議員選挙　平成25年6月23日執行，参議院議員選挙　平成25年7月21日執行〉Ⓝ314.8

◇選挙の記録　平成26年　[東京]　江戸川区選挙管理委員会　[2014]　66p　30cm〈東京都知事選挙　平成26年2月9日執行，江戸川区農業委員会委員選挙　平成26年7月6日執行，《参考》衆議院小選挙区の区割り改定に伴う投票区の変更〉Ⓝ314.8

◇選挙の記録—平成25年執行　武蔵野市選挙管理委員会編　[武蔵野]　武蔵野市選挙管理委員会　2014.9　194p　30cm〈東京都議会議員選挙　6月23日執行，参議院選挙　7月21日執行，武蔵野市長選挙・武蔵野市議会議員補欠選挙　10月6日執行〉Ⓝ314.8

◇選挙の記録　青梅市選挙管理委員会編　青梅　青梅市選挙管理委員会　2014.3　1冊　30cm〈東京都議会議員選挙　平成25年6月23日執行，参議院議員選挙　平成25年7月21日執行，東京都知事選挙　平成26年2月9日執行〉Ⓝ314.8

◇選挙の記録—平成25年　調布　調布市選挙管理委員会　2013.11　162p　30cm〈東京都議会議員選挙　平成25年6月23日執行，参議院議員選挙　平成25年7月21日執行〉Ⓝ314.8

◇選挙の記録　町田市選挙管理委員会事務局編　町田　町田市選挙管理委員会事務局　[2014]　66, 37p　30cm〈衆議院議員選挙最高裁判所裁判官国民審査東京都知事選挙　平成24年12月16日執行〉Ⓝ314.8

◇選挙の記録　町田市選挙管理委員会事務局編　町田　町田市選挙管理委員会事務局　2014.9　1冊　30cm〈東京都議会議員選挙　平成25年6月23日執行，参議院議員選挙　平成25年7月21日執行，東京都知事選挙　平成26年2月9日執行，町田市議会議員選挙・町田市長選挙　平成26年2月23日執行〉Ⓝ314.8

◇選挙の記録　日野市選挙管理委員会編　日野　日野市選挙管理委員会　2013.11　49, 43p　30cm〈日野市長選挙・日野市議会議員補欠選挙　平成25年4月14日執行，東京都議会議員選挙　平成25年6月23日執行〉Ⓝ314.8

◇選挙の記録　日野市選挙管理委員会編　日野市選挙管理委員会　2013.3　85p　30cm〈衆議院（小選挙区選出）（比例代表選出）議員選挙・最高裁判所裁判官国民審査・東京都知事選挙　平成24年12月16日執行〉Ⓝ314.8

◇選挙の記録　狛江市選挙管理委員会編　狛江　狛江市選挙管理委員会　2014.3　1冊　30cm〈東京都議会議員選挙　平成25年6月23日執行，参議院議員選挙　平成25年7月21日執行，東京都知事選挙　平成26年2月9日執行〉Ⓝ314.8　[230円]

◇選挙の結果　平成25年度　武蔵野市選挙管理委員会編　[武蔵野]　武蔵野市選挙管理委員会　2014.9　95p　30cm〈Ⓝ314.8

◇東京都議会議員選挙の記録—平成25年6月23日執行　東京都選挙管理委員会編　東京都選挙管理委員会　2014.8　292p　30cm〈Ⓝ314.8　[非売品]

◇東京都議会議員選挙（府中市選挙区）の記録—平成25年6月23日執行　府中市選挙管理委員会事務局編　[府中（東京都）]　府中市選挙管理委員会　2013.10　77p　30cm〈Ⓝ314.8

◇東京都知事選挙の記録—平成26年2月9日執行　日野市選挙管理委員会編　日野　日野市選挙管理委員会　2014.3　58p　30cm〈Ⓝ314.8

◇2014年都知事選挙の教訓　村岡到編，村岡到，河合弘之，高見圭司，三上治，西川伸一[著]　ロゴス　2014.6　124p　19cm（ブックレットロゴス No.9）〈内容：脱原発候補の当選を！（村岡到著）　二〇一四年都知事選挙の教訓（村岡到著）　都知事選挙での分岐の重要性（村岡到著）　宇都宮健児氏への批判の重要性（村岡到著）　澤藤統一郎氏排除問題の重要性（村岡到著）　都知事選挙が明らかにしたこと（村岡到著）　都知事選挙に関わって（河合弘之述，村岡到聞き手）　脱原発の闘いは大きな潮流であることを示した（三上圭司著）　経産省前テント日誌（三上治著）　得票分析から分かること（西川伸一著）　都知事選にさいして，都政と日本の重大な岐路　革新統一の破壊者（村岡到著）〉①978-4-904350-31-7　Ⓝ318.436　[1100円]

◇年代別投票行動調査結果　東京都選挙管理委員会編　東京都選挙管理委員会　2014.3　131p　30cm〈東京都議会議員選挙　平成25年6月23日執行，参議院議員選挙　平成25年7月21日執行〉Ⓝ314.8

◇年代別投票行動調査結果　東京都選挙管理委員会編　東京都選挙管理委員会　2014.6　74p　30cm〈東京都知事選挙　平成26年2月9日執行〉Ⓝ314.8

東京都（地方選挙—日野市）

◇選挙の記録　日野市選挙管理委員会編　日野　日野市選挙管理委員会　2013.11　49, 43p　30cm〈日野市長選挙・日野市議会議員補欠選挙　平成25年4月14日執行，東京都議会議員選挙　平成25年6月23日執行〉Ⓝ314.8

◇日野市議会議員選挙の記録—平成26年2月16日執行　日野市選挙管理委員会編　日野　日野市選挙管理委員会　2014.3　55p　30cm　Ⓝ314.8

東京都（地方選挙—町田市）

◇公費負担経費請求の手引—平成26年2月23日執行町田市議会議員選挙・町田市長選挙　町田市選挙管理委員会編　町田　町田市選挙管理委員会　2014.1　168p　30cm　Ⓝ318.4365

◇選挙の記録　町田市選挙管理委員会事務局編　町田　町田市選挙管理委員会事務局　2014.9　1冊　30cm〈東京都議会議員選挙　平成25年6月23日執行，参議院議員選挙　平成25年7月21日執行，東京都知事選挙　平成26年2月9日執行，町田市議会議員選挙・町田市長選挙　平成26年2月23日執行〉Ⓝ314.8

◇立候補届出等手続の手引—平成26年2月23日執行町田市議会議員選挙・町田市長選挙　町田市選挙管理委員会編　町田　町田市選挙管理委員会　2014.1　180p　30cm　Ⓝ318.4365

東京都（地方選挙—武蔵野市）

◇選挙の記録—平成25年執行　武蔵野市選挙管理委員会編　[武蔵野]　武蔵野市選挙管理委員会　2014.9　194p　30cm〈東京都議会議員選挙　6月23日執行，参議院選挙　7月21日執行，武蔵野市長選挙・武蔵野市議会議員補欠選挙　10月6日執行〉Ⓝ314.8

日本件名図書目録2014　Ⅰ　　　　　　　　　　　　　　　　　　　　　　　　　　　　　　東京都（都市―歴史）

◇選挙の結果　平成25年度　武蔵野市選挙管理委員会編　［武蔵野］　武蔵野市選挙管理委員会　2014.9　95p　30cm　Ⓝ314.8

東京都（地方選挙―世論）
◇選挙に関する世論調査　平成25年6月23日執行東京都議会議員選挙平成25年7月21日執行参議院議員選挙　東京都選挙管理委員会編　東京都選挙管理委員会　2014.3　382p　30cm　Ⓝ314.8
◇選挙に関する世論調査　平成26年2月9日執行東京都知事選挙　東京都選挙管理委員会編　東京都選挙管理委員会　2014.6　207p　30cm　Ⓝ314.8

東京都（地方鉄道―昭島市―歴史―史料）
◇青梅鉄道昭島関係史料集　昭島市教育委員会生涯学習部社会教育課文化財担当編　昭島　昭島市教育委員会生涯学習部社会教育課文化財担当　2014.10　208p　30cm　（昭島近代史調査報告書 2）〈年表あり　青梅鉄道開業120年・市制施行60周年記念　解読・入力・解説：三村章〉Ⓝ686.2136　［700円］

東京都（地名）
◇江戸・東京間違いだらけの地名の由来　楠原佑介［著］　祥伝社　2014.11　283p　18cm　（祥伝社新書 391）Ⓘ978-4-396-11391-9　Ⓝ291.361　［840円］
◇東京・江戸地名の由来を歩く　谷川彰英［著］　ベストセラーズ　2014.10　316p　15cm　（ワニ文庫 P-255）〈2003年刊の加筆・修正〉Ⓘ978-4-584-39355-0　Ⓝ291.361
◇東京の地名―地形と語源をたずねて　筒井功著　河出書房新社　2014.1　207p　20cm　Ⓘ978-4-309-22605-7　Ⓝ291.36　［1800円］

東京都（プロジェクト X 区―中学生）
◇プロジェクトX区―中学生たち：大都市部公立中学生とその保護者に関する社会調査報告書　［東京］　東京大学教育学部総合教育科学科比較教育社会学コース　2013.5　254p　30cm　Ⓝ371.47

東京都（中学生―調布市）
◇調布市教育人口等推計報告書　平成26年度　調布市教育委員会教育部学務課編　［調布］　調布市教育委員会　2014.9　38p　30cm　Ⓝ372.1365

東京都（中高一貫教育）
◇都立中高一貫校10校の真実―白鴎/両国/小石川/桜修館/武蔵/立川国際/富士/大泉/南多摩/三鷹/区立九段　河合敦著　幻冬舎　2013.11　219p　18cm　（幻冬舎新書 か-11-4）Ⓘ978-4-344-98325-0　Ⓝ376.3136　［800円］

東京都（中小企業）
◇東京の中小企業の現状　平成25年度　サービス産業編　東京都産業労働局商工部調査課計画係　2014.3　152, 10p　30cm〈調査委託先：アール・ピー・アイ〉Ⓝ335.35
◇連携イノベーション促進プログラム課題マップ　平成26年度　東京都産業労働局商工部創業支援課編　東京都産業労働局商工部創業支援課　2014.8　83p　30cm　Ⓝ336.17

東京都（庭園）
◇江戸寺社大名庭園　こちずライブラリ　2014.10　89p　19cm　（シリーズ古地図物語）〈メディアパル（発売）外箱入〉Ⓘ978-4-89610-835-4　Ⓝ185.91361　［1300円］
◇江戸大名庭園の魅力―東京都文化財庭園ガイドの誕生　都立文化財庭園研究会編著　東京農業大学出版会　2014.9　215p　30cm　Ⓘ978-4-88694-441-2　Ⓝ629.21　［非売品］

東京都（鉄道）
◇JR中央線あるある　増山かおり著, 福島モンタ画　TOブックス　2014.1　159p　18cm　Ⓘ978-4-86472-218-6　Ⓝ686.2136　［1100円］
◇図説街場の鉄道遺産　東京23区編　松本典久文, 岡倉禎志写真　セブン&アイ出版　2014.3　71p　26cm〈文献あり〉Ⓘ978-4-86008-633-6　Ⓝ686.21　［1000円］
◇図説街場の鉄道遺産　東京近郊・神奈川編　阪和明文, 松本典久構成, 岡倉禎志写真　セブン&アイ出版　2014.3　71p　26cm〈文献あり〉Ⓘ978-4-86008-634-3　Ⓝ686.21　［1000円］

東京都（鉄道―歴史）
◇青梅線開通120周年―開館40周年特別展　青梅鉄道資料調査会執筆, 青梅市郷土博物館編　青梅　青梅市郷土博物館　2014.10　110p　30cm〈文献あり　年表あり　会期：平成26年10月4日―12月21日〉Ⓝ686.21365
◇総武線120年の軌跡―東京・千葉を走る列車と駅のあゆみ　三好好三著　JTBパブリッシング　2014.3　175p　21cm　（キャンブックス）Ⓘ978-4-533-09631-0　Ⓝ686.21361　［1800円］

◇鉄道が創りあげた世界都市・東京　矢島隆, 家田仁ほか編著　計量計画研究所　2014.3　328p　21cm〈全国官報販売協同組合（発売）年譜あり〉Ⓘ978-4-9900731-6-9　Ⓝ686.2136　［2500円］

東京都（鉄道工事―歴史）
◇東京メトロ建設と開業の歴史―パンフレットで読み解く：永久保存版　東京地下鉄株式会社編著　実業之日本社　2014.4　223p　26cm　Ⓘ978-4-408-11060-8　Ⓝ516.171361　［2800円］

東京都（伝記）
◇名誉都民小伝　平成25年度　東京都生活文化局文化振興部文化事業課編　東京都生活文化局文化振興部文化事業課　2014.3　139p　21cm〈年譜あり　文献あり　背のタイトル：東京都名誉都民小伝〉Ⓝ281.36

東京都（伝記―小金井市）
◇まちの力ひとの力―変える試みる小金井の人たち　佐藤和雄著　武蔵野　クレイン　2014.7　301p　21cm　Ⓘ978-4-906681-40-2　Ⓝ281.365　［1500円］

東京都（統計―福生市）
◇市勢統計　2013　［福生市］　総務部総務課総務係編　［福生］　福生市　2014.3　211p　30cm〈年表あり〉Ⓝ351.365

東京都（投票―世論）
◇選挙に関する世論調査　平成25年6月23日執行東京都議会議員選挙平成25年7月21日執行参議院議員選挙　東京都選挙管理委員会編　東京都選挙管理委員会　2014.3　382p　30cm　Ⓝ314.8
◇選挙に関する世論調査　平成26年2月9日執行東京都知事選挙　東京都選挙管理委員会編　東京都選挙管理委員会　2014.6　207p　30cm　Ⓝ314.8

東京都（道路―福生市）
◇環境影響評価調査計画書―福生都市計画道路3・4・3の1号新五日市街道線（福生市大字熊川）建設事業　東京都都市整備局都市基盤部街路計画課編　東京都都市整備局都市基盤部街路計画課　2014.12　106p　30cm〈文献あり〉Ⓝ514.0921365

東京都（道路交通―統計）
◇交通量統計表　平成25年11月調査　［東京］　警視庁交通部交通規制課　2014.3　1冊　30cm　Ⓝ685.059

東京都（読書指導―東久留米市）
◇東久留米市子ども読書活動推進計画―人と出会い、本と出会い、豊かな子ども時代を　第2次　［東久留米］　東久留米市子ども読書活動推進計画検討委員会事務局　2014.4　18p　30cm　Ⓝ019.2

東京都（読書指導―町田市）
◇第二次町田市子ども読書活動推進計画2013年度取組状況報告書　町田市教育委員会生涯学習部図書館編　町田　町田市教育委員会　2014.5　46p　30cm　Ⓝ019.2

東京都（特別支援教育―調布市）
◇調布市特別支援学級（知的固定）担任ハンドブック　調布市教育委員会, 調布市立特別支援学級担任会編　調布　調布市教育委員会指導室　2014.4　66p　30cm　Ⓝ378

東京都（都市）
◇M'n'M workbook 2　東京漂流―都市の強度を探して　Darko Radović［監修］, ダルコ・ラドヴィッチ編　Tokyo flick studio　c2013　109p　26cm　（Measuring the non-measurable 4）〈日本語・英語併載〉Ⓘ978-4-904894-08-8　Ⓝ361.78　［1143円］
◇東京断想　マニュエル・タルディッツ著, 石井朱美訳　鹿島出版会　2014.4　302p　20cm　Ⓘ978-4-306-04603-0　Ⓝ361.78　［2700円］
◇東京、バンコク、シンガポール―強度、リユース、クリエイティブな風土　Darko Radović［監修］, ダヴィシー・ブンタム［著］　Tokyo flick studio　c2013　135p　26cm　（Measuring the non-measurable 2）〈英語併記〉Ⓘ978-4-904894-05-7　Ⓝ361.78　［1143円］
◇2030年の東京　パート3　森記念財団都市整備研究所編　森記念財団都市整備研究所　2014.12　4, 93p　30cm　〈内容：成熟した世界都市の街づくり―東京の資産を有効利用し、生活多様性社会を構築する〉Ⓘ978-4-905249-13-9　Ⓝ361.78　［1500円］

東京都（都市―歴史）
◇近代日本の都市化と経済の歴史　山口由等著　東京経済情報出版　2014.3　237p　22cm　（愛媛大学経済学会叢書 8）〈文献あり　索引あり　内容：都市化と日本経済　両大戦間期の都市経済史　建築市場からみた「大東京」の形成　都市化と中小商業者問題　「大東京」の商工行政　小売市場・マーケットの展開　戦時経済と配給統制　1950年代の商業復興と高度成長　1960年代の高度成長の展開と流通投資　終章〉Ⓘ978-4-88709-187-0　Ⓝ361.78　［3200円］

東京都（都市計画）

東京都（都市計画）

◇たたかう東京―東京計画2030＋　伊藤滋著　鹿島出版会　2014.3　143p　26cm　①978-4-306-07305-0　Ⓝ518.8　［3500円］

◇東京都福祉のまちづくり推進計画―平成26年度―平成30年度：ユニバーサルデザインの先進都市東京をめざして　東京都福祉保健局生活福祉部地域福祉推進課福祉のまちづくり係編　東京都福祉保健局生活福祉部地域福祉推進課福祉のまちづくり係　2014.3　116p　30cm　Ⓝ518.8

◇東京2020計画地図―世界が注目する7つのエリア　東京都市計画研究会編　かんき出版　2014.2　141p　21cm　①978-4-7612-6974-6　Ⓝ518.8　［1400円］

◇都市計画法・宅地造成等規制法開発許可関係実務マニュアル　東京都都市整備局市街地整備部都民間開発課編　東京都生活文化局広報広聴部都民の声課　2013.6　1冊　30cm　〈平成24年4月15日適用〉　①978-4-86569-009-5　Ⓝ518.8　［770円］

◇2030年の東京　パート3　森記念財団都市整備研究所編　森記念財団都市整備研究所　2014.12　4,93p　30cm　（東京中心部における都市構造の研究 8）〈内容：成熟した世界都市の街づくり―東京の資産を有効利用し、生活多様性社会を構築する〉①978-4-905249-13-9　Ⓝ361.78　［1500円］

東京都（都市計画―狛江市）

◇狛江市都市計画マスタープラン進捗管理―平成25年度報告書　狛江市都市建設部まちづくり推進課編　［狛江］　狛江市　2014.7　84p　30cm　〈表紙のタイトル：都市計画マスタープラン進捗管理〉　Ⓝ518.8　［120円］

東京都（都市計画―調布市）

◇調布市都市計画マスタープラン―住み続けたい緑につつまれるまち調布　調布市都市整備部都市計画課　改定版　調布　調布市都市整備部都市計画課　2014.9　168p　30cm　Ⓝ518.8

◇調布市都市計画マスタープランを考える市民サロンのあゆみ　平成25年度　［調布］　調布市都市計画課都市計画係　2014.3　181p　30cm　Ⓝ518.8

東京都（都市計画―福生市）

◇福生市都市計画マスタープラン―にぎわいとうるおいがあり、誰もが住み続けたくなる歩いて暮らせるまち　改定　福生　福生市都市建設部まちづくり計画課　2014.3　91p　30cm　Ⓝ518.8

東京都（都市計画―町田市）

◇町田市土地利用に関する基本方針及び制度活用の方策―目指すべき都市像の実現に向けて　町田市都市づくり部都市政策課編　町田　町田市　2014.1　80p　30cm　Ⓝ518.8

東京都（都市計画―歴史）

◇江戸・東京の都市史―近代移行期の都市・建築・社会　松山恵著　東京大学出版会　2014.3　369,5p　22cm　（明治大学人文科学研究所叢書）〈索引あり　内容：「郭内」と「郭外」再考・銀座煉瓦街計画　「皇大神宮遥拝殿」試論　明治初年の場末町々移住計画をめぐって　旧幕臣屋敷の転用実態　日本各地の「神社遷移所」の簇生について　広場のゆくえ　明治二〇－三〇年代における新開町の展開　東京市区改正事業の実像　東京市区改正条例の運用実態と住慣習　江戸から東京へ〉①978-4-13-026608-6　Ⓝ518.8　［7400円］

◇新東京風景論―箱化する都市、衰退する街　三浦展著　NHK出版　2014.9　214p　19cm　（NHKブックス 1221）〈文献あり〉①978-4-14-091221-8　Ⓝ518.8　［1150円］

◇鉄道が創りあげた世界都市・東京　矢島隆、家田仁ほか編著　計量計画研究所　2014.3　328p　21cm　〈全国官報販売協同組合（発売）　年譜あり〉①978-4-9900731-6-9　Ⓝ686.2136　［2500円］

東京都（都市再開発）

◇東京都における市街地再開発事業の概況―計画決定済み又は事業中地区　東京都都市整備局市街地整備部企画課編　東京都都市整備局市街地整備部企画課　2014.3　258p　30cm　Ⓝ518.8

東京都（都市再開発―町田市）

◇町田市中心市街地整備構想―協働による中心市街地の魅力づくり　［町田市］都市づくり部地区街づくり課編　町田　町田市　2014.3　68p　30cm　Ⓝ518.8

東京都（都市農業）

◇女性農業者の意向調査結果報告書―平成25年度都市農業実態調査　東京都農業会議調査・分析・編集　東京都産業労働局農林水産部　2014.3　72p　30cm　〈平成25年度都市農業総合対策事業都市農業総合対策活動〉Ⓝ611.7

東京都（都市農業―町田市）

◇町田市農業振興計画―新たな町田市型都市農業への挑戦：消費者・市民といっしょに農業、農地を守っていこう　一部改正版

町田　町田市経済観光部農業振興課　2014.9　103, 26p　30cm　〈2007年4月制定2010年6月一部改正2014年9月一部改正〉Ⓝ611.1

東京都（土砂災害―大島町）

◇大島の応急復旧に向けた取組について―平成25（2013）年12月　東京都総務局総合防災部防災対策課編　東京都総務局総合防災部防災対策課　2014.2　136p　30cm　Ⓝ369.3

◇災害時要援護者支援活動事例集　東京都社会福祉協議会　2014.4　123p　21cm　（災害時要援護者支援ブックレット 3）①978-4-86353-189-5　Ⓝ369.3　［800円］

◇平成25年10月台風26号による伊豆大島豪雨災害調査報告書　［東京］　土木学会　2014.9　90p　30cm　〈文献あり　共同刊行：地盤工学会ほか〉Ⓝ455.89

東京都（土壌汚染）

◇多摩川流域における放射性物質による河川水と土壌などの汚染状況調査と放射線・水環境を学ぶ市民教室の構築　吉田政高著　とうきゅう環境財団　2014.11　40p　30cm　（研究助成・学術研究 vol. 43 no. 309）〈共同研究者：石井正人ほか〉Ⓝ519.4

◇中小事業者のための土壌汚染対策ガイドライン―土壌汚染対策を円滑に進めるために　改訂版　東京都環境局環境改善部化学物質対策課　2014.12　60p　30cm　Ⓝ519.5

東京都（図書館協力）

◇都立図書館協力ハンドブック　平成26年度版　東京都立中央図書館管理部企画経営課編　東京都立中央図書館管理部企画経営課　2014.4　78p　30cm　〈ルーズリーフ〉Ⓝ011.3

東京都（土地価格）

◇東京都実勢地価図　平成25年度版　国際地学協会編集部編　国際地学協会　2013.6　172, 171, 151p　30cm　（ユニオンマップ）〈平成25年3月実勢地価, 平成25年3月地価公示標準地価, 平成24年9月基準地価格　左右同一ページ付〉①978-4-7718-5259-4　Ⓝ334.6　［45000円］

◇東京都実勢地価図　平成26年度版　国際地学協会編集部編　国際地学協会　2014.7　172, 171, 135p　30cm　（ユニオンマップ）〈平成26年3月実勢地価, 平成26年3月地価公示標準地価, 平成25年9月基準地価格　左右同一ページ付〉①978-4-7718-5263-1　Ⓝ334.6　［45000円］

東京都（土地利用―統計）

◇東京の土地利用―平成24年度土地利用現況調査結果の概要　平成24年　多摩・島しょ地域　東京都都市整備局都市づくり政策部土地利用計画課編　東京都都市整備局都市づくり政策部土地利用計画課　2014.3　56p　30cm　Ⓝ334.6

東京都（土地利用―町田市）

◇町田市土地利用に関する基本方針及び制度活用の方策―目指すべき都市像の実現に向けて　町田市都市づくり部都市政策課編　町田　町田市　2014.1　80p　30cm　Ⓝ518.8

東京都（ドメスティックバイオレンス）

◇暴力・虐待を経験した子どもと女性たち―暴力・虐待を未然に防ぐアプローチに関する調査報告書　暴力・虐待を生まない社会づくり検討委員会編集　［東京］　東京都社会福祉協議会（総務部企画担当）　2014.4　120p　30cm　①978-4-86353-186-4　Ⓝ369.41　［800円］

東京都（どや街）

◇東京ドヤ街盛衰記―日本の象徴・山谷で生きる　風樹茂著　中央公論新社　2013.12　254p　18cm　（中公新書ラクレ 479）〈文献あり〉①978-4-12-150479-1　Ⓝ368.2　［800円］

東京都（鳥―小笠原）

◇野鳥の記録東京―小笠原航路の32年―父島・母島・母島航路・硫黄島三島を含む　宇山大樹著　武蔵野　宇山大樹　2014.3　170p　30cm　Ⓝ488.21369

東京都（鳥―神津島村）

◇伊豆諸島神津島野鳥図鑑　神津島村（東京都）東京都神津島村　2014.3　142p　21cm　〈編集：神津島野鳥調査隊〉Ⓝ488.21369

東京都（ニュータウン）

◇首都圏におけるニュータウンの現状と課題―昭和年代の公団開発地区を中心として　その2　総括編　アーバンハウジング　2014.4　303p　30cm　（都市再生事業資料）〈年表あり〉Ⓝ518.83

東京都（年中行事）

◇江戸の人になってみる　岸本葉子著　晶文社　2014.7　261p　19cm　①978-4-7949-6852-4　Ⓝ386.1361　［1500円］

東京都（年中行事―歴史）

◇〈絵解き〉江戸の暮らしと二十四節気　土屋ゆふ著　静山社　2014.3　287p　15cm　（［静山社文庫］［つ2-1］）〈文献あり〉①978-4-86389-275-0　Ⓝ386.1361　［680円］

日本件名図書目録2014　Ⅰ　　　　　　　　　　　　　　　　　　　　　　　　　　　東京都(風俗・習慣)

東京都(農業—統計)
◇東京都の地域・区市町村別農業データブック　平成25年度　東京都農業会議　2014.3　117p　30cm　Ⓝ610.59

東京都(農業行政—日野市)
◇日野市農業振興計画・アクションプラン　第3次　日野市まちづくり部産業振興課編　日野　日野市まちづくり部産業振興課　[2014]　1冊　30cm〈第3次のタイトル関連情報：みんなでつくろう次世代につなぐ日野の農業〉611.1

東京都(農業行政—町田市)
◇町田市農業振興計画—新たな町田市型都市農業への挑戦：消費者・市民といっしょに農業、農地を守っていこう　一部改正版　町田　町田市経済観光部農業振興課　2014.9　103, 26p　30cm〈2007年4月制定2010年6月一部改正2014年9月一部改正〉611.1

東京都(農業経営)
◇女性農業者の意向調査結果報告書—平成25年度都市農業実態調査　東京都農業会議調査・分析・編集　東京都産業労働局農林水産部　2014.3　72p　30cm〈平成25年度都市農業総合対策事業地域別都市農業総合対策活動〉611.7

東京都(排気ガス—排出抑制)
◇総量削減進行管理調査報告書　平成25年度　[東京]　東京都　2014.3　140p　30cm　(環境省委託業務報告書　平成25年度)　Ⓝ519.3
◇東京都自動車排出窒素酸化物及び自動車排出粒子状物質総量削減計画　平成25年7月　東京都環境局環境改善部自動車環境課編　東京都環境局環境改善部自動車環境課　2014.7　37p　30cm　Ⓝ519.3

東京都(廃棄物処理)
◇東京都産業廃棄物経年変化実態調査報告書　平成23年度実績　東京都環境局資源循環推進部資源循環推進課編　東京都環境局廃棄物対策部資源循環推進　2014.2　182p　30cm　(環境資料　第25036号)　Ⓝ519.7
◇東京都産業廃棄物経年変化実態調査報告書　平成24年度実績　東京都環境局資源循環推進部計画課編　東京都環境局資源循環推進部計画課　2014.12　182p　30cm　(環境資料　第26033号)　Ⓝ519.7

東京都(廃棄物処理施設—日野市)
◇環境影響評価調査計画書—日野市、国分寺市、小金井市新可燃ごみ処理施設整備事業　日野市編　日野　日野市　2014.8　208p　30cm〈文献あり〉518.52

東京都(排出抑制[廃棄物]—調布市)
◇調布市廃棄物減量及び再利用促進審議会等運営支援委託業務報告書　平成25年度　調布　調布市環境部ごみ対策課　2014.3　213p　30cm　Ⓝ518.52

東京都(博物誌—あきる野市)
◇あきる野市自然環境調査報告書—平成21年度〜23年度　あきる野市環境委員会自然環境調査部会調査・編集　あきる野　あきる野市　2013.3　146p　30cm〈文献あり〉Ⓝ402.91365

東京都(博物誌—奥多摩町)
◇奥多摩じいじの郷ごよみ　新島敏行著, cocon制作室編集・絵　青梅　cocon制作室　2014.11　65, 59p　19cm　①978-4-9908075-0-4　Ⓝ291.365　[1020円]

東京都(発電計画—青ヶ島村)
◇地熱開発加速化支援・基盤整備事業(青ヶ島村)報告書　平成25年度　[八丈町(東京都)]　八丈島産業育成会　2014.5　167p　30cm〈平成25年度環境省委託事業〉Ⓝ543.7

東京都(バリアフリー[建築])
◇東京都福祉のまちづくり条例施設整備マニュアル　東京都福祉保健局生活福祉部地域福祉推進課編　第4版　東京都福祉保健局生活福祉部地域福祉推進　2014.9　597p　30cm　Ⓝ526
◇東京都福祉のまちづくり条例施設整備マニュアル　東京都福祉保健局生活福祉部地域福祉推進課編　第4版　東京都生活文化局広報広聴部都民の声課　2014.9　597p　30cm〈奥付の責任表示：東京都福祉保健局生活福祉部地域福祉推進〉①978-4-86569-025-5　Ⓝ526　[980円]
◇東京都福祉のまちづくり推進計画—平成26年度〜平成30年度：ユニバーサルデザインの先進都市東京をめざして　東京都福祉保健局生活福祉部地域福祉推進課福祉のまちづくり係編　東京都福祉保健局生活福祉部地域福祉推進課福祉のまちづくり係　2014.3　116p　30cm　Ⓝ518.8

東京都(バリアフリー[交通])
◇東京都福祉のまちづくり推進計画—平成26年度〜平成30年度：ユニバーサルデザインの先進都市東京をめざして　東京都福祉保健局生活福祉部地域福祉推進課福祉のまちづくり係編

◇東京都福祉保健局生活福祉部地域福祉推進課福祉のまちづくり係　2014.3　116p　30cm　Ⓝ518.8

東京都(被災者支援)
◇東京都内の災害時における地域高齢者への支援に関する研究報告書　東京都健康長寿医療センター研究所編　東京都健康長寿医療センター研究所　2014.3　142p　30cm　Ⓝ369.263
◇東京都内の通所系事業所・有料老人ホームにおける災害時の地域高齢者への支援に関する研究報告書—災害時支援類型を活用した防災対策について　東京都健康長寿医療センター研究所編　東京都健康長寿医療センター研究所　2014.10　50p　30cm　Ⓝ369.263

東京都(美術館)
◇東京の名画散歩—絵の見方・美術館の巡り方　岩佐倫太郎著　舵社　2013.10　215p　21cm〈文献あり〉①978-4-8072-1134-0　Ⓝ720.79　[1500円]

東京都(美術館—町田市)
◇(仮称)町田市立国際工芸美術館整備基本計画　町田　町田市文化スポーツ振興部文化振興課　2014.6　54p　30cm　Ⓝ709.1365

東京都(日雇労働者)
◇今日から日雇い労働者になった—日給6000円の仕事の現場　増田明利著　彩図社　2014.10　222p　15cm〈2010年刊の再編集〉①978-4-8013-0025-5　Ⓝ366.8　[619円]

東京都(病院—名簿)
◇救急医療機関名簿　平成26年4月1日現在　東京都福祉保健局医療政策部救急災害医療課編　東京都福祉保健局医療政策部救急災害医療課　2014.6　49p　30cm　Ⓝ498.16
◇精神科・精神神経科(旧神経科)・心療内科医療機関名簿　東京都立中部総合精神保健福祉センター広報援助課計画調査係編　東京都立中部総合精神保健福祉センター広報援助課計画調査係　2014.3　188p　30cm　Ⓝ498.16
◇精神科・精神神経科(旧神経科)・心療内科医療機関名簿　東京都立中部総合精神保健福祉センター広報援助課計画調査係編　東京都生活文化局広報広聴部都民の声課　2014.3　188p　30cm　①978-4-86569-033-0　Ⓝ498.16　[390円]
◇ドクターマップシリーズ　東京都北部編　2013　名古屋　三星出版　2013.8　183p　30cm〈奥付のタイトル：ドクターマップ〉①978-4-921180-68-3　Ⓝ498.16　[9400円]
◇ドクターマップシリーズ　東京都南部編　2014　名古屋　三星出版　2014.4　207p　30cm〈奥付のタイトル：ドクターマップ〉①978-4-921180-69-0　Ⓝ498.16　[9500円]

東京都(風水害—大島町)
◇平成25年10月台風26号による伊豆大島豪雨災害調査報告書　[東京]　土木学会　2014.3　90p　30cm〈文献あり　共同刊行：地盤工学会ほか〉Ⓝ455.89

東京都(風水害—狛江市)
◇狛江市地域防災計画—対照表　平成26年修正　風水害編　[狛江市編]　[狛江]　[狛江市防災会議]　[2014]　7枚　30cm　Ⓝ369.3
◇狛江市地域防災計画　平成26年修正　風水害編　狛江市総務部安心安全課編　[狛江]　狛江市防災会議　2014.3　91p　30cm　Ⓝ369.3　[160円]

東京都(風水害—防災)
◇東京都地域防災計画　風水害編　平成26年修正　本冊　素案　東京都総務局総合防災部防災管理課編　東京都総務局総合防災部防災管理課　2014.5　386p　30cm〈共同刊行：東京都防災会議〉Ⓝ369.3
◇東京都地域防災計画　風水害編　平成26年修正　本冊　東京都防災会議編　東京都防災会議　2014.7　392p　30cm　Ⓝ369.3
◇東京都地域防災計画　風水害編　平成26年修正　別冊資料　東京都防災会議編　東京都防災会議　2014.7　551p　30cm　Ⓝ369.3
◇東京都地域防災計画　風水害編　平成26年修正　本冊　東京都防災会議編　東京都生活文化局広報広聴部都民の声課　2014.7　392p　30cm　①978-4-86569-044-6　Ⓝ369.3　[780円]
◇東京都地域防災計画　風水害編　平成26年修正　別冊資料　東京都生活文化局広報広聴部都民の声課　2014.7　551p　30cm　①978-4-86569-045-3　Ⓝ369.3　[1130円]
◇東京の防災プラン—世界一安全・安心な都市を目指して　東京都総務局総合防災部防災管理課編　東京都総務局総合防災部防災管理課　2014.12　30p　30cm　Ⓝ369.31

東京都(風俗・習慣)
◇江戸東京実見画録　長谷川渓石画, 進士慶幹, 花咲一男注解　岩波書店　2014.7　298p　15cm　(岩波文庫　33-577-1)〈底本：有光書房　1968年刊〉①978-4-00-335771-2　Ⓝ382.1361　[780円]

479

東京都（風俗・習慣―歴史）

東京都（風俗・習慣―歴史）
◇浅草大黒家よもやま話―江戸・東京の気くばり心くばり　丸山眞司著　ブランドニュー　2014.1　93p　21cm　Ⓝ382.1361〔1000円〕
◇新江戸東京たてもの園物語　江戸東京たてもの園, スタジオジブリ企画・編集　東京都江戸東京博物館　2014.7　447p　20cm　〈年表あり〉　Ⓝ382.136
◇なつかしや神田―江戸っ子着物絵師の昭和　松柏岩崎敬一著　鶴書院　2014.4　135p　19cm　〈星雲社（発売）〉　①978-4-434-18932-6　Ⓝ382.1361〔1000円〕
◇日本史探究：東京とその縁辺―地域と人々の生活　神立春樹著　教育文献刊行会　2014.11　88p　21cm　〈年譜あり　二松学舎大学柏キャンパス生涯学習講座資料〉　Ⓝ382.136
◇百万都市江戸の経済　北原進〔著〕　KADOKAWA　2014.9　210p　15cm　〔角川ソフィア文庫〕〔I117-2〕〈文献あり　「八百八町いきなやりくり」（教育出版 2000年刊）の改題, 加筆・修正〉　①978-4-04-406308-5　Ⓝ213.61〔720円〕
◇百万都市江戸の生活　北原進〔著〕　KADOKAWA　2014.1　287p　15cm　〔角川ソフィア文庫〕〔I117-1〕〈文献あり　角川書店 1991年刊の再刊〉　①978-4-04-406307-8　Ⓝ382.1361〔840円〕

東京都（不動産投資）
◇東京は世界1バブル化する！―不動産　浅井隆＋DKTリアルエステート著　第二海援隊　2014.8　220p　19cm　〈文献あり〉　①978-4-86335-155-4　Ⓝ673.99〔1600円〕

東京都（不当労働行為―裁決）
◇不当労働行為事件命令集　平成25年　東京都労働委員会事務局総務課編　〔東京〕　東京都労働委員会事務局　2014.3　998p　21cm　Ⓝ366.14

東京都（文化活動）
◇東京アートポイント計画が、アートプロジェクトを運営する「事務局」と話すときのことば。の本　森司監修, 坂本有理, 佐藤李青, 熊谷薫編　東京文化発信プロジェクト室　2014.3　95p　22cm　〈年表あり〉　Ⓝ702.1936
◇東京の条件―戯曲　岸井大輔執筆, 齋藤恵太, 羽鳥嘉郎, 井尻貴子, 大川原脩平, 東京アートポイント計画編　東京文化発信プロジェクト室　2013　1冊　19cm　Ⓝ702.1936

東京都（文化活動―三宅村）
◇100人先生―2012-2014　開発好明, 上地里佳, 吉田武司, 大内伸輔, 長尾聡子編　東京文化発信プロジェクト室　2014.3　1冊　21cm　（ページ付なし）　Ⓝ702.19365

東京都（文学上）
◇東京×小説×写真　Beretta著　雷鳥社　2014.6　239p　19cm　①978-4-8441-3662-0　Ⓝ910.26〔1500円〕

東京都（文化財―目録）
◇東京都文化財総合目録―都指定・国指定・区市町村　平成26年度　東京都教育庁地域教育支援部管理課編　東京都教育庁地域教育支援部管理課　2014.12　1264p　22cm　Ⓝ703.8

東京都（ペット―保護）
◇東京都動物愛護管理推進計画―ハルスプラン：人と動物との調和のとれた共生社会の実現を目指して　東京都福祉保健局健康安全部環境保護衛生課　2014.4　133p　30cm　〈年表あり〉　Ⓝ645.6

東京都（防災計画―狛江市）
◇狛江市地域防災計画―対照表　平成26年修正　風水害編　〔狛江市編〕　〔狛江〕〔狛江市防災会議〕〔2014〕　7枚　30cm　Ⓝ369.3
◇狛江市地域防災計画　平成26年修正　風水害編　狛江市総務部安心安全課編　〔狛江〕　狛江市防災会議　2014.3　91p　30cm　Ⓝ369.3〔160円〕
◇狛江市地域防災計画　平成26年修正　資料編　狛江市総務部安心安全課編　〔狛江〕　狛江市防災会議　2014.3　30, 143, 17p　30cm　Ⓝ369.3〔300円〕

東京都（防災計画―日野市）
◇日野市地域防災計画　平成25年度修正　本冊　日野市防災会議編　〔日野〕　日野市防災会議　2014.3　773p　30cm　Ⓝ369.3
◇日野市地域防災計画　平成25年度修正　別冊資料編　日野市防災会議編　〔日野〕　日野市防災会議　2014.3　204p　30cm　Ⓝ369.3

東京都（防災計画―福生市）
◇福生市地域防災計画　平成25年度修正　〔福生〕　福生市防災会議　2013.12　370p　30cm　Ⓝ369.3

東京都（放置自転車）
◇駅前放置自転車の現況と対策　平成25年度調査　東京都青少年・治安対策本部総合対策部交通安全課編　東京都青少年・治安対策本部総合対策部交通安全課　2014.4　162p　30cm　Ⓝ685.8

東京都（暴力団排除条例）
◇暴力団排除条例と実務対応―東京都暴力団排除条例と業界別実践指針　犬塚浩, 加藤公司, 尾崎毅編著　青林書院　2014.1　339p　21cm　〈索引あり〉　①978-4-417-01616-8　Ⓝ326.81〔3400円〕

東京都（母子福祉）
◇暴力・虐待を経験した子どもと女性たち―暴力・虐待を未然に防ぐアプローチに関する調査報告書　暴力・虐待を生まない社会づくり検討委員会編集　〔東京〕　東京都社会福祉協議会（総務部企画担当）　2014.4　120p　30cm　①978-4-86353-186-4　Ⓝ369.41〔800円〕
◇母子生活支援施設の現状と課題―平成24年度東京の母子生活支援施設実態調査　東京都社会福祉協議会母子福祉部会　2013.3　138p　30cm　①978-4-86353-168-0　Ⓝ369.41〔1143円〕

東京都（ポスター―三宅村―図集）
◇三宅島ポスタープロジェクト―三宅村×三宅島大学プロジェクト実行委員会×東京アートポイント計画　加藤文俊, 森司企画・監修, 慶應義塾大学加藤文俊研究室編　東京文化発信プロジェクト室　2014.3　21枚　42cm　〈東京文化発信プロジェクト　未装丁〉　Ⓝ727.6

東京都（墓碑）
◇著名人の墓所―東京・神奈川とその近県　森光俊著　松戸ストーク　2014.6　780p　21cm　〈星雲社（発売）　文献あり　索引あり〉　①978-4-434-19344-6　Ⓝ281.36〔2300円〕

東京都（ホームレス）
◇ホームレスの自立支援等に関する東京都実施計画　第3次　東京都福祉保健局生活福祉部編　東京都福祉保健局生活福祉部　2014.6　74p　30cm　〈奥付の編者・出版者（誤植）：東京都福祉局生活福祉部〉　Ⓝ369.5

東京都（町田市）
◇これでいいのか東京都町田市―徹底解明!!風紀を乱す町田の暴走民　諸友大, 佐藤正彦編　マイクロマガジン社　2014.3　139p　24cm　〈文献あり　日本の特別地域特別編集〉　①978-4-89637-453-7　Ⓝ291.365〔1300円〕

東京都（民間社会福祉事業）
◇東京都内区市町村社会福祉協議会データブック　2013　東京都社会福祉協議会　2014.5　236p　30cm　Ⓝ369.14〔1600円〕

東京都（民間信仰―狛江市）
◇俗信と言いならわし―暮らしが育む心と言葉のはたらき　狛江　狛江市教育委員会　2014.3　88p　30cm　（狛江市文化財調査報告書　第29集）　Ⓝ387.91365〔470円〕

東京都（名簿）
◇東京都（北区・荒川区・足立区・葛飾区・江戸川区）人物・人材情報リスト　2015　日外アソシエーツ株式会社編　日外アソシエーツ（制作）　2014.11　1冊　30cm　〈表紙のタイトル：東京都人物・人材情報リスト〉　Ⓝ281.361
◇東京都（立川市・武蔵野市・三鷹市・小金井市・小平市・国分寺市・国立市・西東京市）人物・人材情報リスト　2015　日外アソシエーツ株式会社編　日外アソシエーツ（制作）　2014.11　1冊　30cm　〈表紙のタイトル：東京都人物・人材情報リスト〉　Ⓝ281.365
◇東京都（府中市・調布市・町田市・日野市・多摩市）人物・人材情報リスト　2015　日外アソシエーツ株式会社編　日外アソシエーツ（制作）　2014.11　1冊　30cm　〈表紙のタイトル：東京都人物・人材情報リスト〉　Ⓝ281.365

東京都（名簿―八王子市）
◇東京都八王子市人物・人材情報リスト　2015　日外アソシエーツ株式会社編　日外アソシエーツ（制作）　2014.11　266, 11p　30cm　〈表紙のタイトル：東京都人物・人材情報リスト〉　Ⓝ281.365

東京都（野外教育―小笠原村）
◇杉並区中学生小笠原自然体験交流―平成25年度派遣生徒報告書　杉並区立済美教育センター編　杉並区立済美教育センター　2014.1　71p　30cm　Ⓝ379.3

東京都（山崩）
◇多摩川上流域の山地斜面における深層崩壊に関する地形・地質学的研究　苅谷愛彦著　とうきゅう環境財団　2014.11　26p　30cm　（研究助成・学術研究　vol. 43 no. 310）　〈文献あり　共同研究者：佐藤剛ほか〉　Ⓝ455.89

東京都（浴場）
◇ふらっと朝湯酒　久住昌之著　カンゼン　2014.2　199p　19cm　①978-4-86255-226-6　Ⓝ673.96〔1300円〕

日本件名図書目録2014　I　　　　　　　　　　　　　　　　　　　　　　　　　　東京都（歴史—八王子市）

東京都（リサイクル〔廃棄物〕—調布市）
◇調布市廃棄物減量及び再利用促進審議会等運営支援委託業務報告書　平成25年度　調布　調布市環境部ごみ対策課　2014.3　213p　30cm　Ⓝ518.52

東京都（料理店）
◇江戸東京幕末維新グルメ—老舗店に伝わる幕末維新の味と物語　三澤敏博著　竹書房　2014.9　175p　21cm　①978-4-8124-8996-3　Ⓝ673.97　［1200円］
◇今夜も孤独じゃないグルメ　さくらいよしえ著　交通新聞社　2014.12　159p　21cm　（散歩の達人POCKET）①978-4-330-52114-5　Ⓝ291.361　［1200円］
◇熟成肉—人気レストランのドライエイジングと料理　柴田書店編　柴田書店　2014.2　167p　26cm　〈索引あり〉①978-4-388-06182-2　Ⓝ596.33　［2800円］
◇食べて飲んで遊んで！　山手線ガード下は大人女子のワンダーランド　ヒラマツオ著　［東京］JTBパブリッシング　2014.4　125p　21cm　〈索引あり〉①978-4-533-09700-3　Ⓝ673.97　［1000円］
◇東京最高のレストラン　2015　ぴあ　2014.12　318p　19cm　①978-4-8356-2815-8　［1800円］
◇突撃！はしご呑み　2　ラズウェル細木著　実業之日本社　2014.1　207p　19cm　（マンサンコミックス）①978-4-408-17480-8　Ⓝ673.97　［600円］
◇ふらっと朝湯酒　久住昌之著　カンゼン　2014.2　199p　19cm　①978-4-86255-226-6　Ⓝ673.96　［1300円］

東京都（緑地計画—福生市）
◇福生市緑の基本計画—緑と水のまちづくりにむけて　福生市都市建設部まちづくり計画課　2014.3　102p　30cm　Ⓝ518.85

東京都（緑地計画—歴史）
◇東京の緑をつくった偉人たち　小野良平監修　東京都公園協会　2014.3　120p　21cm　〈年譜あり〉Ⓝ518.85　［806円］

東京都（林業政策）
◇森づくり推進プラン—東京における持続的な森林整備と林業振興　東京都産業労働局農林水産部森林課編　東京都産業労働局農林水産部森林課　2014.3　74p　30cm　Ⓝ651.1

東京都（歴史）
◇異説多摩川上流水源地の歴史　岩田基嗣著　改訂版　西多摩新聞社出版センター（製作）2014.6　384p　21cm　〈折り込１枚〉Ⓝ213.6
◇地図と写真から見える！江戸・東京歴史を愉しむ！　南谷果林著　西東社　2014.9　223p　19cm　〈文献あり　索引あり〉①978-4-7916-2088-3　Ⓝ213.61　［1200円］
◇東京—2枚の地図を重ねて過去に思いを馳せる　昭和の大学町編　地理情報開発地図編集・製作、光村推古書院編集部編　京都　光村推古書院　2014.2　127p　26cm　（重ね地図シリーズ）〈文献あり〉①978-4-8381-0500-7　Ⓝ291.361　［2000円］
◇東京をくらす—鉄砲洲「福井家文書」と震災復興　塩崎文雄監修　八月書館　2013.3　371p　22cm　〈内容：江戸の地霊・東京の地縁（塩崎文雄著）　本湊町建て直し（鈴木努著）　生きられたレジャー革命（長尾洋子著）　郊外を拓き、郊外に住まう（荒垣恒明著）　川島忠之助の暮らし（塩崎文雄著）「福井家文書」解題（鈴木努著）〉①978-4-938140-82-3（set）Ⓝ213.61
◇東京府のマボロシ—失われた文化、味わい、価値観の再発見　ほろよいブックス編集部編　社会評論社　2014.12　367p　21cm　（ほろよいブックス）〈編集：宮崎隆義ほか　内容：モラエスの夢（宮崎隆義著）　品川・高輪、酒をめぐる事件簿（吉﨑雅規著）　慶応三年のパリ万博（石倉一雄著）　江戸から東京へ下水をたどる（栗田彰著）　銀座煉瓦街と覗きからくり（坂井美香著）　水を澄ましめた新宿（宮沢聡年著）　房総丘陵の用水路「二五穴」（島立理子著）　東北の「別天地」・飯坂温泉（蒲倉綾子著）　郵便受に咲く花のやうに（淺井カヨ著）　幻の東京オリンピック盃（大槻倫子著）「工芸ニュース」再読（白井紳太郎著）　乳房観の変化と粉ミルク（伊賀みどり著）「会社員」内田誠のスキート（広瀬徹也著）　本の配達人・品川力さん（板垣誠一郎著）　織田作之助と品川力の親交（岩佐善哉著）　猛火に包まれた帝都、その終焉。（室田元美著）〉①978-4-7845-1724-4　Ⓝ213.6　［2400円］
◇封印された東京の謎　小川裕夫著　彩図社　2014.4　222p　19cm　〈文献あり〉①978-4-88392-989-4　Ⓝ213.61　［1200円］
◇本当はすごい！東京の歴史—高天原、大和は関東にあった！　田中英道著　ビジネス社　2014.6　237p　19cm　〈文献あり〉①978-4-8284-1753-0　Ⓝ213.61　［1400円］

東京都（歴史—国分寺市）
◇ふるさと国分寺—国分寺市50年のあゆみ：保存版　星野信夫監修　松本　郷土出版社　2014.12　230p　31cm　〈国分寺市制施行50周年記念写真集〉①978-4-86375-226-9　Ⓝ213.65　［9250円］

東京都（歴史—索引—小平市）
◇小平市史　付編　索引　小平市企画政策部編　小平　小平市　2014.3　229p　21cm　Ⓝ213.65　［550円］

東京都（歴史—史料）
◇東京市史稿—産業篇　第55　東京都編纂　東京都　2014.3　863p　23cm　Ⓝ213.6

東京都（歴史—史料—小金井市）
◇小金井市史　資料編　近代　小金井市史編さん委員会編　小金井　小金井市　2014.3　824p　図版8p　22cm　Ⓝ213.65
◇小金井市史編纂資料　第53集　下小金井村大久保家文書　近世編　小金井市史編さん委員会編　［小金井］小金井市教育委員会　2014.3　369p　30cm　Ⓝ213.65

東京都（歴史—史料—書目）
◇東京をくらす　別巻　「福井家文書」目録　塩崎文雄監修　八月書館　2013.3　207p　22cm　①978-4-938140-82-3（set）Ⓝ213.61

東京都（歴史—史料—書目—小平市）
◇諸家文書追加目録　2　小平市中央図書館編　小平　小平市中央図書館　2014.3　391p　26cm　（古文書目録　第15集）Ⓝ213.65　［1900円］

東京都（歴史—史料—書目—多摩市）
◇武蔵国多摩郡和田村石坂家文書目録　人間文化研究機構国文学研究資料館調査収集事業部編　立川　人間文化研究機構国文学研究資料館調査収集事業部　2014.3　215p　26cm　（史料目録　第98集）①978-4-87592-169-1　Ⓝ213.65

東京都（歴史—史料—立川市）
◇公私日記　第4巻　鈴木平九郎［著］，公私日記研究会編　改訂版　立川　立川市教育委員会　2014.3　329p　26cm　Ⓝ213.65

東京都（歴史—史料—多摩市）
◇関戸旧記　多摩市教育委員会教育振興課編　多摩　多摩市教育委員会教育振興課　2013.3　40p　30cm　（多摩市文化財調査資料　3）〈年表あり〉Ⓝ213.65　［470円］

東京都（歴史—史料—八王子市）
◇検地帳集成　八王子市市史編集専門部会近世部会編　八王子　八王子市市史編さん室　2014.3　343p　21cm　（八王子市史叢書　3）Ⓝ213.65
◇八日市宿新野家文書集成—八王子の近世史料　八王子　古文書を探る会　2014.12　301p　21cm　〈揺籃社（発売）文献あり〉①978-4-89708-347-6　Ⓝ213.65　［1000円］

東京都（歴史—史料—東大和市）
◇里正日誌　第8巻　［東大和］東大和市教育委員会　2014.3　421p　22cm　〈内容：万延元年—文久3年〉Ⓝ213.65

東京都（歴史—史料—武蔵野市）
◇うつりゆく吉祥寺—鈴木育男写真集　鈴木育男著　三鷹　ぶんしん出版　2014.10　215p　27cm　〈年譜あり　年表あり〉①978-4-89390-111-8　Ⓝ213.65　［2500円］

東京都（歴史—調布市）
◇証言調布の戦史—撃墜されたB29　岩崎清吾著　岩波出版センター（製作）2013.4　182p　22cm　〈文献あり〉Ⓝ210.75

東京都（歴史—年表—小平市）
◇小平市史　付編　年表　小平市企画政策部編　小平　小平市　2014.3　6，251p　21cm　〈文献あり〉Ⓝ213.65　［650円］

東京都（歴史—八王子市）
◇新八王子市史　自然編　八王子市市史編集委員会編　八王子　八王子市　2014.3　646p　31cm　Ⓝ213.65
◇新八王子市史　資料編　2　中世　八王子市市史編集委員会編　八王子　八王子市　2014.3　1075p　22cm　〈文献あり〉Ⓝ213.65
◇新八王子市史　資料編　6　近現代　2　八王子市市史編集委員会編　八王子　八王子市　2014.3　975p　22cm　Ⓝ213.65
◇土地っ子が綴る散田の歴史　小浦泰晴著　増補改訂版　八王子　揺籃社　2014.11　171p　21cm　〈年表あり〉①978-4-89708-348-3　Ⓝ213.65　［1500円］
◇幕末の八王子—西洋との接触：平成二十六年度特別展　八王子市郷土資料館編　［八王子］八王子市教育委員会　2014.10　87p　30cm　〈年表あり　文献あり　会期：10月1日～11月24日〉Ⓝ213.65

東京都（歴史—日野市）

東京都（歴史—日野市）

◇日野市の半世紀—移りゆくまちの過去と今そして未来：市制施行50周年記念特別展　日野市郷土資料館編　日野　日野市郷土資料館　2014.3　50p　30cm　Ⓝ213.65

◇日野、住んでみてよかった—日野市のあゆみ50年を調査する会報告書　日野のあゆみ50年を調査する会編　［日野］　日野のあゆみ50年を調査する会　2014.3　92p　図版7p　30cm〈文献あり　年表あり〉Ⓝ213.65

◇日野流—日野市市制施行50周年記念誌　日野　日野市　2013.11　96p　26cm　Ⓝ213.65

東京都（歴史地図）

◇大江戸今昔マップ—東京を、江戸の古地図で歩く　かみゆ歴史編集部著　新版　KADOKAWA　2014.3　143p　図版60枚　26cm〈年表あり　索引あり〉初版：新人物往来社 2011年刊〉①978-4-04-600289-1　291.361　［2000円］

東京都（歴史地理）

◇江戸の開府と土木技術　江戸遺跡研究会編　吉川弘文館　2014.12　271p　22cm〈内容：江戸の地形環境（久保純子著）「静勝軒寄題詩序」再考（岡野友彦著）「江戸」成立前夜の山の手地域（渋江芳浩著）徳川家康の江戸入部と葛西（谷口榮著）丸の内を中心とした近世初頭の遺跡について（金子智著）小石川本郷周辺の自然地形と近世土木事業の実態（池田悦夫著）江戸を支える土（毎田佳奈子著）江戸、下町の造成（仲光克顕著）江戸城をめぐる土木技術（後藤宏樹著）近世における石積み技術（北垣聰一郎著）近世をきりひらいた土木技術（森田克行著）〉①978-4-642-03466-1　291.361　［6500円］

◇東京今昔散歩—彩色絵はがき・古地図から眺める　原島広至著　ワイド版　KADOKAWA　2014.4　231p　21cm〈文献あり　年表あり〉初版：中経の文庫 2008年刊〉①978-4-04-600247-1　291.361　［1500円］

東京都（老人福祉施設）

◇東京都内の災害時における地域高齢者への支援に関する研究報告書　東京都健康長寿医療センター研究所編　東京都健康長寿医療センター研究所　2014.3　142p　30cm　Ⓝ369.263

◇東京都内の通所系事業所・有料老人ホームにおける災害時の地域高齢者への支援に関する研究報告書—災害時支援類型を活用した防災対策について　東京都健康長寿医療センター研究所編　東京都健康長寿医療センター研究所　2014.10　50p　30cm　Ⓝ369.263

東京都（労働運動—清瀬市）

◇革命バカ一代駐車場日記—たかが駐車場、されど駐車場　塩見孝也著　鹿砦社　2014.11　282p　19cm　①978-4-8463-1025-7　Ⓝ366.621365　［1500円］

東京都（労働市場—統計）

◇都民の就業構造—就業構造基本調査報告　平成24年　東京都総務局統計部社会統計課編　東京都総務局統計部社会統計課　2014.3　183p　30cm　Ⓝ366.2136

東京都（路線価）

◇路線価図—東京国税局管内：財産評価基準書　平成25年分第5分冊　千代田区　中央区　港区　大島町　新宿区　文京区　台東区　墨田区　江東区　東京国税局［編］　全国官報販売協同組合　2013.7　643p　21×30cm〈内容：麹町署・神田署・日本橋署・京橋署・芝署・麻布署・四谷署・新宿署・小石川署・本郷署・東京上野署・浅草署・本所署・向島署・江東西署・江東東署〉①978-4-86458-039-7　345.5　［6667円］

◇路線価図—東京国税局管内：財産評価基準書　平成25年分第6分冊　品川区　目黒区　大田区　世田谷区　渋谷区　中野区　杉並区　東京国税局［編］　全国官報販売協同組合　2013.7　911p　21×30cm〈内容：品川署・荏原署・目黒署・大森署・雪谷署・蒲田署・世田谷署・北沢署・玉川署・渋谷署・中野署・杉並署・荻窪署〉①978-4-86458-040-3　Ⓝ345.5　［8476円］

◇路線価図—東京国税局管内：財産評価基準書　平成25年分第7分冊　豊島区　北区　荒川区　板橋区　練馬区　足立区　葛飾区　江戸川区　東京国税局［編］　全国官報販売協同組合　2013.7　993p　21×30cm〈内容：豊島署・王子署・荒川署・板橋署・練馬東署・練馬西署・足立署・西新井署・葛飾署・江戸川北署・江戸川南署〉①978-4-86458-041-0　Ⓝ345.5　［8952円］

◇路線価図—東京国税局管内：財産評価基準書　平成25年分第9分冊　府中市　調布市　狛江市　町田市　日野市　多摩市　稲城市　東村山市　小平市　西東京市　清瀬市　東久留米市　東京国税局［編］　全国官報販売協同組合　2013.7　874p　21×30cm〈内容：武蔵府中署・町田署・日野署・東村山署〉①978-4-86458-043-4　345.5　［7429円］

◇路線価図—東京国税局管内：財産評価基準書　平成26年分第5分冊　千代田区　中央区　港区　新宿区　文京区　台東区　墨田区

◇路線価—東京国税局［編］　全国官報販売協同組合　2014.7　637p　21×30cm〈内容：麹町署・神田署・日本橋署・京橋署・芝署・麻布署・四谷署・新宿署・小石川署・本郷署・東京上野署・浅草署・本所署・向島署・江東西署・江東東署〉①978-4-86458-073-1　Ⓝ345.5　［6667円］

◇路線価—東京国税局管内：財産評価基準書　平成26年分第6分冊　品川区　目黒区　大田区　世田谷区　渋谷区　中野区　杉並区　東京国税局［編］　全国官報販売協同組合　2014.7　911p　21×30cm〈内容：品川署・荏原署・目黒署・大森署・雪谷署・蒲田署・世田谷署・北沢署・玉川署・渋谷署・中野署・杉並署・荻窪署〉①978-4-86458-074-8　345.5　［8565円］

◇路線価—東京国税局管内：財産評価基準書　平成26年分第7分冊　豊島区　北区　荒川区　板橋区　練馬区　足立区　葛飾区　江戸川区　東京国税局［編］　全国官報販売協同組合　2014.7　993p　21×30cm〈内容：豊島署・王子署・荒川署・板橋署・練馬東署・練馬西署・足立署・西新井署・葛飾署・江戸川北署・江戸川南署〉①978-4-86458-075-5　Ⓝ345.5　［9028円］

◇路線価—東京国税局管内：財産評価基準書　平成26年分第8分冊　八王子市　立川市　昭島市　国分寺市　国立市　東大和市　武蔵村山市　武蔵野市　三鷹市　小金井市　青梅市　羽村市　福生市　西多摩郡　あきる野市　東京国税局［編］　全国官報販売協同組合　2014.7　791p　21×30cm〈内容：八王子署・立川署・武蔵野署・青梅署〉①978-4-86458-076-2　345.5　［6667円］

◇路線価—東京国税局管内：財産評価基準書　平成26年分第9分冊　府中市　調布市　狛江市　町田市　日野市　多摩市　稲城市　東村山市　小平市　西東京市　清瀬市　東久留米市　東京国税局［編］　全国官報販売協同組合　2014.7　874p　21×30cm〈内容：武蔵府中署・町田署・日野署・東村山署〉①978-4-86458-077-9　345.5　［7500円］

東京都足立区

◇足立区の法則　足立区の法則研究委員会編　泰文堂　2014.9　174p　18cm　（リンダブックス）〈文献あり〉①978-4-8030-0592-9　291.361　［950円］

東京都足立区（一般廃棄物）

◇足立区一般廃棄物処理基本計画　第3次　平成26年度—平成35年度　足立区環境部ごみ減量推進課清掃計画係　2014.3　62p　30cm　Ⓝ518.52

東京都足立区（運送—歴史）

◇あだち物流のひみつ—モノを運ぶ歴史と文化：特別展　足立区立郷土博物館編　足立区立郷土博物館　2014.10　62p　30cm〈会期：平成26年10月21日—平成27年1月12日〉Ⓝ682.1361

東京都足立区（行政—世論）

◇足立区政に関する世論調査　第42回　足立区政策経営部広報室区政情報課編　［東京］　足立区　2014.3　236p　30cm〈2013年9月実施　第42回のタイトル関連情報：定住性/大震災などの災害への備え/区の情報発信のあり方/健康/ビューティフル・ウィンドウズ運動/環境・地域活動/「孤立ゼロプロジェクト」など/ユニバーサルデザイン/区の取り組み〉Ⓝ318.2361

東京都足立区（行政—世論—統計）

◇足立区政に関する世論調査—集計表　第42回　［東京］　足立区　2014.3　116p　30cm〈2013年9月実施　第42回のタイトル関連情報：定住性/大震災などの災害への備え/区の情報発信のあり方/健康/ビューティフル・ウィンドウズ運動/環境・地域活動/「孤立ゼロプロジェクト」など/ユニバーサルデザイン/区の取り組み〉Ⓝ318.2361

東京都足立区（子育て支援）

◇足立区子ども・子育て支援に関するニーズ調査報告書　足立区教育委員会子ども家庭部子ども家庭課編　足立区教育委員会子ども家庭部子ども家庭課　2014.3　209, 26, 16p　30cm　Ⓝ369.4

東京都足立区（条例）

◇足立区例規集　平成26年5月　第1巻　足立区総務部法務課編　足立区　2014.8　39, 1327p　21cm　Ⓝ318.2361

◇足立区例規集　平成26年5月　第2巻　足立区総務部法務課編　足立区　2014.8　49p, p1329-3502　21cm　Ⓝ318.2361

東京都足立区（書目）

◇東京都（北区・荒川区・足立区）EL新聞記事情報リスト　2013　エレクトロニック・ライブラリー編　エレクトロニック・ライブラリー　2014.2　327, 195, 346p　31cm〈奥付のタイトル：東京都EL新聞記事情報リスト　制作：日外アソシエーツ〉Ⓝ025.81361

東京都足立区（人口—統計）

◇足立区の人口と世帯　平成22年国勢調査　足立区総務部総務課統計係編　［東京］　足立区　2014.3　298p　30cm　Ⓝ358.1361

◇国勢調査結果報告—人口等基本集計結果、産業等基本集計結果、職業等基本集計結果　平成22年　足立区総務部総務課統

計係編　［東京］　足立区　2014.3　289p　30cm　〈平成22年
10月1日〉　Ⓝ358.1361

東京都足立区（青少年教育）
◇命の大切さ—過去をふり返り、未来を創造する：青少年委員制
度60周年記念誌　足立区青少年委員会記念誌編集委員会編
［東京］　足立区青少年委員会　2014.2　58p　30cm　〈共同刊
行：足立区教育委員会〉　Ⓝ379.3

東京都足立区（世帯一統計）
◇足立区の人口と世帯　平成22年国勢調査　足立区総務部総務
課統計係編　［東京］　足立区　2014.3　298p　30cm　Ⓝ358.
1361

東京都足立区（選挙一統計）
◇選挙の記録　足立区選挙管理委員会編　足立区選挙管理委員
会　2014.3　75p　30cm　〈東京都知事選挙　平成26年2月9日執
行〉　Ⓝ314.8

東京都足立区（土地利用）
◇足立の土地利用—土地利用現況調査結果の概要　足立区都市
建設部住宅・都市計画課編　［東京］　足立区　2014.3　80,
24p　30cm　〈年表あり〉　Ⓝ334.6

東京都足立区（鳥）
◇野鳥モニターによる足立区野鳥調査報告書　平成25年度　足
立区環境部環境政策課環境事業係編　［東京］　足立区　2014.
8　74p　30cm　Ⓝ488.21361

東京都足立区（廃棄物処理）
◇足立区一般廃棄物処理基本計画　第3次　平成26年度—平成35
年度　足立区環境部ごみ減量推進課清掃計画係　2014.3　62p
30cm　Ⓝ518.52

東京都足立区（防災計画）
◇足立区地域防災計画　平成25年度修正　［東京］　足立区防災
会議　［2014］　1冊　31cm　〈ルーズリーフ〉　Ⓝ369.3

東京都荒川区（環境行政）
◇荒川区の環境　平成24年度版　荒川区環境清掃部環境課編
荒川区環境清掃部環境課　2014.2　89p　30cm　Ⓝ519.1
◇荒川区役所環境配慮率先行動プラン　荒川区環境清掃部環境
課編　改訂版　荒川区環境清掃部環境課　2014.3　43p
30cm　Ⓝ519.1

東京都荒川区（感染症対策）
◇荒川区新型インフルエンザ等対策行動計画　荒川区健康部保
健予防課編　荒川区健康部保健予防課　2014.10　57p　30cm
Ⓝ498.6

東京都荒川区（教育行政）
◇荒川区学校教育ビジョン推進プラン—平成26年度から平成28
年度：第三期推進プラン　［東京］　荒川区教育委員会指導室
2014.3　46p　30cm　Ⓝ373.2

東京都荒川区（教育政策）
◇学校パワーアップ事業成果報告書　平成24年度　荒川区教育
委員会事務局指導室　2013.3　108p　30cm　Ⓝ373.1

東京都荒川区（行政）
◇荒川区実施計画　平成26年度—平成28年度　荒川区総務企画
部総務企画課編　荒川区総務企画部総務企画課　2014.3　86p
30cm　〈タイトル関連情報：「幸福実感都市あらかわ」を目指し
て〉　Ⓝ318.2361
◇荒川区民総幸福度（GAH）に関する区民アンケート調査—集計
結果　荒川区総務企画部総務企画課　2014.3　67p　30cm
Ⓝ318.2361

東京都荒川区（郷土教育）
◇荒川区道徳教育郷土資料集　平成25年度　荒川区教育委員会
荒川区道徳資料作成委員会編　［東京］　荒川区教育委員会荒
川区道徳資料作成委員会　2014.3　100p　30cm　Ⓝ375.35

東京都荒川区（下水処分）
◇重要文化財（建造物）旧三河島汚水処分場喞筒場施設保存修理
工事報告書　文化財建造物保存技術協会編　東京都下水道局
2014.3　266p　図版　30cm　〈年表あり〉　Ⓝ521.8

東京都荒川区（建築・保存・修復）
◇重要文化財（建造物）旧三河島汚水処分場喞筒場施設保存修理
工事報告書　文化財建造物保存技術協会編　東京都下水道局
2014.3　266p　図版　［59］枚　30cm　〈年表あり〉　Ⓝ521.8

東京都荒川区（工業）
◇荒川区製造業実態調査・経営支援事業実施報告書　荒川区産
業経済部経営支援課編　荒川区産業経済部経営支援課　2014.
2　94p　30cm　Ⓝ509.21361

東京都荒川区（子育て支援）
◇荒川区子ども・子育て支援事業計画策定に係るニーズ調査報告
書　荒川区子育て支援部子育て支援課　2014.3　229p　30cm
Ⓝ369.4

東京都荒川区（史跡名勝）
◇番付から見るあらかわ—平成25年度第2回荒川ふるさと文化館
企画展　荒川区教育委員会, 荒川区立荒川ふるさと文化館編
［東京］　荒川区教育委員会　2014.2　79p　30cm　〈文献あり
会期・会場：平成26年2月8日—3月23日　荒川区立荒川ふるさ
と文化館1階企画展示室　表紙のタイトル：番付から見るあら
かわ展　共同刊行：荒川区立荒川ふるさと文化館〉　Ⓝ291.361

東京都荒川区（集合住宅）
◇荒川区マンション生活の事例研究　田中藤司, 小山由編　成城
大学文芸学部社会調査士資格課程運営委員会　2013.3　48p
30cm　（質的社会調査実習報告書 6（2012年度））　Ⓝ365.35

東京都荒川区（手工業）
◇荒川マイスター制度20周年記念誌—職人ここに集結　荒川区
産業経済部経営支援課　2014.1　84p　30cm　Ⓝ509.21361

東京都荒川区（障害者福祉）
◇障がい者の福祉　平成26年度　荒川区福祉部障害者福祉課
2014.4　127p　30cm　Ⓝ369.27

東京都荒川区（条例）
◇荒川区例規集　平成26年度版　第1巻　荒川区総務企画部総務
企画課編　荒川区　2014.10　20, 1538p　21cm　Ⓝ318.2361
◇荒川区例規集　平成26年度版　第2巻　荒川区総務企画部総務
企画課編　荒川区　2014.10　20p, p1539-3268　21cm
Ⓝ318.2361

東京都荒川区（職人）
◇荒川マイスター制度20周年記念誌—職人ここに集結　荒川区
産業経済部経営支援課　2014.1　84p　30cm　Ⓝ509.21361

東京都荒川区（書目）
◇東京都（北区・荒川区・足立区）EL新聞記事情報リスト　2013
エレクトロニック・ライブラリー編　エレクトロニック・ライ
ブラリー　2014.2　327, 195, 346p　31cm　〈奥付のタイト
ル：東京都EL新聞記事情報リスト　制作：日外アソシエーツ〉
Ⓝ025.81361

東京都荒川区（選挙一統計）
◇選挙の記録　荒川区選挙管理委員会編　荒川区選挙管理委員
会　2013.12　165p　30cm　〈荒川区長選挙　平成24年11月11日
執行, 東京都知事選挙衆議院議員選挙最高裁判所裁判官国民審
査　平成24年12月16日執行〉　Ⓝ314.8
◇選挙の記録　荒川区選挙管理委員会編　荒川区選挙管理委員
会　2014.6　181p　30cm　〈東京都議会議員選挙　平成25年6月
23日執行, 参議院議員選挙　平成25年7月21日執行, 東京都知事
選挙　平成26年2月9日執行〉　Ⓝ314.8

東京都荒川区（地方選挙）
◇選挙の記録　荒川区選挙管理委員会編　荒川区選挙管理委員
会　2013.12　165p　30cm　〈荒川区長選挙　平成24年11月11日
執行, 東京都知事選挙衆議院議員選挙最高裁判所裁判官国民審
査　平成24年12月16日執行〉　Ⓝ314.8

東京都荒川区（伝統的工芸品産業）
◇荒川マイスター制度20周年記念誌—職人ここに集結　荒川区
産業経済部経営支援課　2014.1　84p　30cm　Ⓝ509.21361

東京都荒川区（都市計画）
◇熊野前駅周辺地区バリアフリー基本構想　荒川区防災都市づ
くり部交通対策課編　荒川区防災都市づくり部交通対策課
2014.3　113p　30cm　Ⓝ518.8

東京都荒川区（バリアフリー〔建築〕）
◇熊野前駅周辺地区バリアフリー基本構想　荒川区防災都市づ
くり部交通対策課編　荒川区防災都市づくり部交通対策課
2014.3　113p　30cm　Ⓝ518.8

東京都荒川区（バリアフリー〔交通〕）
◇熊野前駅周辺地区バリアフリー基本構想　荒川区防災都市づ
くり部交通対策課編　荒川区防災都市づくり部交通対策課
2014.3　113p　30cm　Ⓝ518.8

東京都荒川区（風俗・習慣）
◇番付から見るあらかわ—平成25年度第2回荒川ふるさと文化館
企画展　荒川区教育委員会, 荒川区立荒川ふるさと文化館編
［東京］　荒川区教育委員会　2014.2　79p　30cm　〈文献あり
会期・会場：平成26年2月8日—3月23日　荒川区立荒川ふるさ
と文化館1階企画展示室　表紙のタイトル：番付から見るあら
かわ展　共同刊行：荒川区立荒川ふるさと文化館〉　Ⓝ291.361

東京都荒川区（文化政策）
◇荒川区芸術文化振興プラン—改定版：平成26年度—平成30年
度　荒川区地域文化スポーツ部文化交流推進課　2014.6　79p
30cm　Ⓝ709.1361

東京都荒川区（歴史—史料）

東京都荒川区（歴史—史料）
◇武蔵国豊島郡三河島村松本家文書—翻刻　4　荒川古文書いずみの会編　［東京］　［荒川古文書いずみの会］　2014.3　81p　30cm〈文献あり　年表あり〉Ⓝ213.61　［非売品］

東京都板橋区（介護福祉）
◇板橋区第6期介護保険事業計画策定に係る介護保険ニーズ調査調査結果報告書　板橋区健康生きがい部介護保険課　2014.3　1冊　30cm〈タイトルは標題紙による〉Ⓝ369.26

東京都板橋区（学校建築）
◇新しい学校づくり、はじめました。—教科センター方式を導入した、東京都板橋区立赤塚第二中学校の学校改築ドキュメント　板橋区新しい学校づくり研究会著　フリックスタジオ　2014.6　144p　19×26cm　①978-4-904894-20-0　Ⓝ374.7　［1800円］

東京都板橋区（学校施設・設備）
◇いたばし魅力ある学校づくりプラン—未来を創造する新しい学校づくり　［板橋区教育委員会事務局］新しい学校づくり担当課編　板橋区教育委員会事務局　2014.2　50p　30cm　Ⓝ374.7

東京都板橋区（環境問題—条例）
◇板橋区環境関連条例等資料集　2013年度版　板橋区資源環境部環境戦略担当課環都市推進担当係編　板橋区資源環境部環境戦略担当課　2014.3　58p　30cm　Ⓝ519.12

東京都板橋区（教育行政）
◇いたばし学び支援プラン—板橋区教育振興推進計画　第3期　板橋区教育委員会編　［東京］　板橋区教育委員会　2014.3　119p　30cm　Ⓝ373.2

東京都板橋区（行政）
◇板橋区行政評価結果　平成26年度　板橋区政策経営部経営改革推進課編　［東京］　板橋区　2014.9　68p　30cm〈付：板橋区行政評価委員会報告書〉Ⓝ318.2361
◇板橋区行政評価結果　平成26年度　資料編　施策・事務事業評価表　［東京］　板橋区　2014.9　369p　31cm　Ⓝ318.2361
◇板橋区民意識意向調査報告書　平成25年度　［東京］　板橋区　2014.3　260p　30cm　Ⓝ318.2361
◇いたばし未来創造プラン「no.1プラン2015」編評価結果　平成26年度　板橋区政策経営部経営改革推進課編　［東京］　板橋区　2014.9　36p　30cm　Ⓝ318.2361

東京都板橋区（景観計画）
◇板橋区景観計画　板橋区都市整備部都市計画課編　加賀一・二丁目地区景観形成重点地区指定に伴う板橋区景観計画変更箇所追加版　［東京］　板橋区　2014.3　1冊　30cm　Ⓝ518.8
◇板橋区景観計画　板橋区都市整備部都市計画課編　常磐台一丁目・二丁目地区景観形成重点地区指定に伴う板橋区景観計画変更箇所追加版　［東京］　板橋区　2014.9　1冊　30cm〈平成26年8月1日〉Ⓝ518.8

東京都板橋区（公立学校）
◇いたばし魅力ある学校づくりプラン—未来を創造する新しい学校づくり　［板橋区教育委員会事務局］新しい学校づくり担当課編　板橋区教育委員会事務局　2014.2　50p　30cm　Ⓝ374.7

東京都板橋区（高齢者）
◇板橋区第6期介護保険事業計画策定に係る介護保険ニーズ調査調査結果報告書　板橋区健康生きがい部介護保険課　2014.3　1冊　30cm〈タイトルは標題紙による〉Ⓝ369.26

東京都板橋区（高齢者福祉）
◇板橋区第6期介護保険事業計画策定に係る介護保険ニーズ調査調査結果報告書　板橋区健康生きがい部介護保険課　2014.3　1冊　30cm〈タイトルは標題紙による〉Ⓝ369.26

東京都板橋区（財政）
◇板橋区財政のあらまし—財政資料　東京都板橋区政策経営部財政課編　第15版　［東京］　東京都板橋区政策経営部財政課　2014.10　122p　30cm　Ⓝ349.21361

東京都板橋区（児童福祉）
◇発達障がい児支援ガイドブック—関係者用　板橋区保健所健康推進課　2014.3　86p　30cm　Ⓝ369.4

東京都板橋区（条例）
◇板橋区例規集　平成26年度版1　板橋区編　板橋区　2014.7　54, 1327p　21cm　Ⓝ318.2361
◇板橋区例規集　平成26年度版2　板橋区編　板橋区　2014.7　1541p　21cm　Ⓝ318.2361
◇板橋区例規集　平成26年度版3　板橋区編　板橋区　2014.7　1154p　21cm　Ⓝ318.2361

東京都板橋区（植物—保護）
◇残そう！崖線の自然　いたばし自然観察会, 区の花ニリンソウを保存する会編　いたばし自然観察会　2014.6　181p　21cm〈文献あり　共同刊行：区の花ニリンソウを保存する会〉Ⓝ472.1361

東京都板橋区（書目）
◇東京都（板橋区・練馬区）EL新聞記事情報リスト　2013　エレクトロニック・ライブラリー編　エレクトロニック・ライブラリー　2014.2　293, 370p　31cm〈奥付のタイトル：東京都EL新聞記事情報リスト　制作：日外アソシエーツ〉Ⓝ025.81361

東京都板橋区（選挙—統計）
◇選挙の記録　板橋区選挙管理委員会編　板橋区選挙管理委員会　2013.12　129p　30cm〈東京都議会議員選挙　平成25年6月23日執行, 参議院議員選挙　平成25年7月21日執行〉Ⓝ314.8
◇選挙の記録　板橋区選挙管理委員会編　板橋区選挙管理委員会　2014.3　74p　30cm〈東京都知事選挙　平成26年2月9日執行〉Ⓝ314.8

東京都板橋区（男女共同参画）
◇男女平等参画社会実現のための第四次板橋区行動計画—いたばしアクティブプラン：平成25年度実施状況報告書　板橋区政策経営部男女社会参画課　2014.7　59p　30cm　Ⓝ367.21361

東京都板橋区（廃棄物処理）
◇再利用対象物保管場所及び廃棄物保管場所等の設置に関する手引き　［東京］　板橋区資源環境部清掃リサイクル課　2014.4　38p　30cm　Ⓝ518.52

東京都板橋区（文化財）
◇いたばしの文化財　第7集　板橋区教育委員会生涯学習課文化財係編　［東京］　板橋区教育委員会　2014.9　48p　30cm　Ⓝ709.1361

東京都板橋区（防災計画）
◇板橋区都市復興マニュアル　板橋区都市整備部市街地整備課編　板橋区都市整備部市街地整備課　2014.3　67p　31cm〈ルーズリーフ〉Ⓝ369.3
◇板橋区都市復興マニュアル　資料編　板橋区都市整備部市街地整備課編　板橋区都市整備部市街地整備課　2014.3　115p　31cm〈ルーズリーフ〉Ⓝ369.3

東京都板橋区（名簿）
◇東京都（豊島区・板橋区・練馬区）人物・人材情報リスト2015　日外アソシエーツ株式会社編　日外アソシエーツ(制作)　2014.11　1冊　30cm〈表紙のタイトル：東京都人物・人材情報リスト〉Ⓝ281.361

東京都板橋区（歴史）
◇板橋区と馬—特別展　板橋区立郷土資料館　2014.1　119p　30cm〈文献あり　年表あり　会期：平成26年1月25日—3月23日　編集：齊藤千秋〉Ⓝ213.61

東京都板橋区立赤塚第二中学校
◇新しい学校づくり、はじめました。—教科センター方式を導入した、東京都板橋区立赤塚第二中学校の学校改築ドキュメント　板橋区新しい学校づくり研究会著　フリックスタジオ　2014.6　144p　19×26cm　①978-4-904894-20-0　Ⓝ374.7　［1800円］

東京都印刷工業組合
◇組合員名簿　2014年度　東京都印刷工業組合　2014.10　257p　26cm〈平成26年10月2日現在〉Ⓝ749.06

東京都江戸川区（ガラス工芸）
◇江戸風鈴—篠原儀治さんの口語り　篠原儀治［述］, 野村敬子著　藤沢　瑞木書房　2014.6　245p　20cm〈慶友社（発売）〉①978-4-87449-187-4　Ⓝ751.5　［2000円］

東京都江戸川区（書目）
◇東京都（葛飾区・江戸川区）EL新聞記事情報リスト　2013　エレクトロニック・ライブラリー編　エレクトロニック・ライブラリー　2014.2　255, 314p　31cm〈奥付のタイトル：東京都EL新聞記事情報リスト　制作：日外アソシエーツ〉Ⓝ025.81361

東京都江戸川区（選挙—統計）
◇選挙の記録　平成25年　［東京］　江戸川区選挙管理委員会　［2013］　100p　30cm〈東京都議会議員選挙　平成25年6月23日執行, 参議院議員選挙　平成25年7月21日執行〉Ⓝ314.8
◇選挙の記録　平成26年　［東京］　江戸川区選挙管理委員会　［2014］　66p　30cm〈東京都知事選挙　平成26年2月9日執行, 江戸川区農業委員会委員選挙　平成26年7月6日執行,《参考》衆議院小選挙区の区割り改定に伴う投票区の変更〉Ⓝ314.8

東京都江戸川区（地方選挙）
◇選挙の記録　平成26年　［東京］　江戸川区選挙管理委員会　［2014］　66p　30cm〈東京都知事選挙　平成26年2月9日執行, 江戸川区農業委員会委員選挙　平成26年7月6日執行,《参考》衆議院小選挙区の区割り改定に伴う投票区の変更〉Ⓝ314.8

日本件名図書目録2014　I　　　　　　　　　　　　　　　　　　　　　　　　　　　　　　　東京都北区（貝塚）

東京都江戸川区（伝統的工芸品産業）
◇江戸風鈴―篠原儀治さんの口語り　篠原儀治[述]，野村敬子著　藤沢　瑞木書房　2014.6　245p　20cm〈慶友社（発売）〉①978-4-87449-187-4　Ⓝ751.5　[2000円]

東京都江戸川区（歴史）
◇ガマちゃんの松島物語―語り継ごうふるさと：東京府南葛飾郡西小松川字堂〔道〕ヶ島の、大昔から現在の松島、将来にわたるお話　伊東春海著　東洋出版　2014.12　161p　19cm〈文献あり〉①978-4-8096-7766-3　Ⓝ213.61　[1000円]

東京都大田区
◇大田区の法則　大田区の法則研究委員会編　泰文堂　2014.12　174p　18cm（リンダブックス）〈文献あり〉①978-4-8030-0631-5　Ⓝ291.361　[950円]
◇馬込文学地図　近藤富枝著　改版　中央公論新社　2014.6　275p　16cm（中公文庫　こ21-7）〈文献あり　年表あり〉①978-4-12-205971-9　Ⓝ910.263　[1000円]

東京都大田区（機械工業）
◇下町ボブスレー―世界へ、終わりなき挑戦　伴田薫著　NHK出版　2014.1　270p　19cm　①978-4-14-081625-7　Ⓝ536.85　[1500円]

東京都大田区（教育行政）
◇おおた教育振興プラン―意欲を育み未来を拓く：平成26年度―平成30年度　2014　大田区教育委員会　2014.6　72p　30cm　Ⓝ373.2

東京都大田区（行政）
◇大田区区政サポーター活動報告書　平成25年度　大田区区長政策室区民の声課　2014.3　171p　30cm　Ⓝ318.2361
◇おおた未来プラン10年―大田区10か年基本計画　後期　大田区計画財政部編　大田区計画財政部　2014.3　264p　30cm　Ⓝ318.2361

東京都大田区（社会福祉）
◇大田区地域福祉計画―平成26年度―平成30年度：ともに支えあい地域力ではぐくむ安心して暮らせるまち　大田区福祉部福祉管理課　2014.3　128p　30cm　Ⓝ369.11
◇大田区福祉オンブズマン制度平成25年度運営状況報告書―平成25（2013）年4月1日―平成26（2014）年3月31日　[東京]　大田区福祉オンブズマン　2014.6　58p　30cm　Ⓝ369.11

東京都大田区（書目）
◇東京都（品川区・大田区）EL新聞記事情報リスト　2013　エレクトロニック・ライブラリー編　エレクトロニック・ライブラリー　2014.2　425, 501p　31cm〈奥付のタイトル：東京都EL新聞記事情報リスト　制作：日外アソシエーツ〉Ⓝ025.81361

東京都大田区（選挙―統計）
◇選挙の記録　大田区選挙管理委員会編　大田区選挙管理委員会　2014.3　152p　30cm〈東京都議会議員選挙　平成25年6月23日執行、第23回参議院議員選挙　平成25年7月21日執行，東京都知事選挙　平成26年2月9日執行〉Ⓝ314.8

東京都大田区（中小企業）
◇東京・城南のモノづくり企業「飛翔する」―光る技術をもつ製造業の現場レポート　日刊工業新聞社南東京支局取材班編　日刊工業新聞社　2014.1　203p　21cm　①978-4-526-07193-5　Ⓝ509.21361　[1800円]

東京都大田区（文学者）
◇馬込文士村―あの頃、馬込は笑いに充ちていた：特別展　大田区立郷土博物館　2014.9　124p　30cm〈文献あり　会期：平成26年9月6日―10月19日〉Ⓝ910.29

東京都大田区（名簿）
◇東京都（品川，大田区）人物・人材情報リスト　2015　日外アソシエーツ株式会社編　日外アソシエーツ（制作）2014.11　1冊　30cm〈表紙のタイトル：東京都人物・人材情報リスト〉Ⓝ281.361

東京都大田区（歴史）
◇今残したいこの町の歴史田園調布東久地区　安藤一男著　田園調布東久自治会　2014.3　56p　30cm〈年表あり〉Ⓝ213.61

東京都葛飾区（遺跡・遺物）
◇葛西城址・青戸御殿　葛飾区郷土と天文の博物館　2014.3　64p　30cm（葛飾区郷土と天文の博物館考古学調査報告書21集）Ⓝ210.0254

東京都葛飾区（教育行政）
◇かつしか教育プラン2014―葛飾区教育振興基本計画：平成26年度（2014）－平成30年度（2018）　葛飾区教育委員会事務局教育計画推進担当課　2014.2　71p　30cm　Ⓝ373.2

東京都葛飾区（コンピュータ教育）
◇教室にICTがやってきた―本田小学校のフューチャースクール導入から定着まで　葛飾区教育委員会監修，葛飾区立本田小学校編　NTT出版　2014.7　141p　26cm　①978-4-7571-4326-5　Ⓝ375.199　[2400円]

東京都葛飾区（書目）
◇東京都（葛飾区・江戸川区）EL新聞記事情報リスト　2013　エレクトロニック・ライブラリー編　エレクトロニック・ライブラリー　2014.2　255, 314p　31cm〈奥付のタイトル：東京都EL新聞記事情報リスト　制作：日外アソシエーツ〉Ⓝ025.81361

東京都葛飾区（選挙―統計）
◇選挙の記録　葛飾区選挙管理委員会編　葛飾区選挙管理委員会　2014.3　114p　30cm〈東京都議会議員選挙　平成25年6月23日執行，第23回参議院議員選挙　平成25年7月21日執行〉Ⓝ314.8
◇選挙の記録　葛飾区選挙管理委員会編　葛飾区選挙管理委員会　2014.3　57p　30cm〈葛飾区議会議員選挙・葛飾区長選挙　平成25年11月10日執行〉Ⓝ314.8
◇選挙の記録　葛飾区選挙管理委員会編　葛飾区選挙管理委員会　2014.3　45p　30cm〈東京都知事選挙　平成26年2月9日執行〉Ⓝ314.8
◇選挙の記録　葛飾区選挙管理委員会編　葛飾区選挙管理委員会　2014.7　11p　30cm〈葛飾区農業委員会委員選挙　平成26年7月6日執行〉Ⓝ314.8

東京都葛飾区（地方選挙）
◇選挙の記録　葛飾区選挙管理委員会編　葛飾区選挙管理委員会　2014.3　57p　30cm〈葛飾区議会議員選挙・葛飾区長選挙　平成25年11月10日執行〉Ⓝ314.8
◇選挙の記録　葛飾区選挙管理委員会編　葛飾区選挙管理委員会　2014.7　11p　30cm〈葛飾区農業委員会委員選挙　平成26年7月6日執行〉Ⓝ314.8

東京都葛飾区（防災計画）
◇葛飾区地域防災計画　平成25年改正　[東京]　葛飾区防災会議　[2013]　309, 166p　31cm〈ルーズリーフ〉Ⓝ369.3

東京都葛飾区（歴史）
◇可豆思賀―葛飾探検団調査報告書　5　葛飾探検団　葛飾区郷土と天文の博物館　2014.3　160p　30cm〈文献あり　年譜あり〉Ⓝ213.61
◇かつしか街歩きアーカイブス―葛飾探検団　part 2　葛飾区郷土と天文の博物館編　葛飾区郷土と天文の博物館　2014.7　88p　30cm〈会期・会場：平成26年7月27日―9月15日　葛飾区郷土と天文の博物館　part 2のタイトル関連情報：葛飾区郷土と天文の博物館平成26年度特別展〉Ⓝ213.61
◇占領下の東京下町―『葛飾新聞』にみる「戦後」の出発　木村千惠子著　日本経済評論社　2014.10　300p　20cm（同時代史叢書）①978-4-8188-2355-6　Ⓝ213.61　[2800円]

東京都管工事工業協同組合練馬東支部練水会
◇水とともに半世紀―練水会創立50周年記念　東京都管工事工業協同組合練馬東支部練水会　2014.2　97p　30cm〈年表あり〉Ⓝ528.18　[非売品]

東京都北区（遺跡・遺物）
◇桐ヶ丘遺跡　東京都スポーツ文化事業団東京都埋蔵文化財センター編　多摩　東京都スポーツ文化事業団東京都埋蔵文化財センター　2014.10　6, 345p　30cm（東京都埋蔵文化財センター調査報告　第296集）〈文献あり　北区所在　都営桐ヶ丘二丁目団地（GN02街区）に係る調査〉Ⓝ210.0254
◇中里峡上遺跡発掘調査報告書―中里三丁目18番地点　共和開発株式会社編　[東京]　三井不動産　2014.5　73p　図版16p　30cm〈東京都北区所在　共同刊行：共和開発〉Ⓝ210.0254

東京都北区（貝塚）
◇ハマ貝塚と縄文社会―国史跡中里貝塚の実像を探る　阿部芳郎編　雄山閣　2014.8　269p　21cm（先史文化研究の新視点　明治大学日本先史文化研究所　4）〈文献あり：ムラとハマの貝塚論（阿部芳郎著）　中里貝塚の発見（安武由利子著）　北区の貝塚（牛山英昭著）　浜辺の巨大貝塚を掘る（中島広顕著）　中里遺跡の発掘〈新幹線部分〉（古泉弘著）　中里貝塚の古植生と植物資源利用からみた古環境（佐々木由香著）　中里貝塚の保存の経緯（中島広顕著）　昌林寺地点（坂上直嗣著）　東京都北区教育委員会調査（坂上直嗣著）　西ケ原貝塚第3地点（須賀博子著）　堀之内式期集落の様相（西澤明著）　低地における貝塚形成の多様性からみた中里貝塚（植月学著）　武蔵野台地の地域社会（奈良忠寿著）　中里貝塚の形成過程と石器組成からみた武蔵野台地の生業構造（渡邊笑子著）　中里貝塚の形成をめぐる生業活動と地域性（阿部芳郎著）　中里貝塚から縄文社会を考える（辻本崇夫, 樋泉岳二, 植月学ほか述, 阿部芳郎司会）〉①978-4-639-02324-1　Ⓝ213.61　[3000円]

485

と

東京都北区（書目）

東京都北区（書目）
◇東京都（北区・荒川区・足立区）EL新聞記事情報リスト　2013　エレクトロニック・ライブラリー編　エレクトロニック・ライブラリー　2014.2　327, 195, 346p　31cm〈奥付のタイトル：東京都EL新聞記事情報リスト　制作：日外アソシエーツ〉Ⓝ025.81361

東京都北区（選挙―統計）
◇選挙の記録　東京都北区選挙管理委員会事務局編　［東京］東京都北区選挙管理委員会事務局　2014.3　45p　30cm〈東京都知事選挙　平成26年2月9日執行〉Ⓝ314.8

東京都北区（美術上）
◇浮世絵にみる北区の近代―名所物語　北区飛鳥山博物館編　東京都北区教育委員会　2014.10　120p　30cm〈会期・会場：平成26年10月28日―12月14日　北区飛鳥山博物館特別展示室・ホワイエ〉Ⓝ721.8

東京都北区（緑地計画）
◇北区緑の実態調査報告書　平成25年度　東京都北区生活環境部環境課編　東京都北区生活環境部環境課　2014.3　134, 46p　30cm　Ⓝ518.85

東京都北区（歴史）
◇北区こぼれ話　北区立中央図書館編　北区立中央図書館　2013.12　109p　26cm　Ⓝ213.61

東京都建築士事務所協会
◇会員名簿　2013・2014　東京都建築士事務所協会　2014.3　247p　30cm〈表紙のタイトル：一般社団法人東京都建築士事務所協会会員名簿〉Ⓝ520.6

東京都交通局
◇都営地下鉄・都電・都バスのひみつ　PHP研究所編　PHP研究所　2014.3　223p　19cm〈文献あり　索引あり〉①978-4-569-81741-5　[1524円]

東京都江東区（行政）
◇江東区長期計画の展開―みんなでつくる伝統、未来水彩都市・江東　2014　江東区政策経営部企画課編　江東区政策経営部企画課　2014.3　239p　30cm　Ⓝ318.2361

東京都江東区（高齢者）
◇江東区高齢者の生活実態等調査報告書　江東区福祉部福祉課　2014.3　319p　30cm　Ⓝ367.7

東京都江東区（子育て支援）
◇江東区こども・子育て支援事業計画の策定に伴う意向調査結果報告書　江東区こども未来部こども政策課　2014.3　206p　30cm　Ⓝ369.4
◇「みずべ」にはじまった子育てひろば―拡大する地域の保育ニーズと江東区「子ども家庭支援センター」　新澤誠治著　東村山　トロル出版部　2014.4　151p　19×19cm〈筒井書房（発売）〉①978-4-86479-039-0　Ⓝ369.4　[1800円]

東京都江東区（障害者福祉）
◇地域生活に関する調査報告書―江東区障害者実態調査　平成25年度　江東区福祉部障害者支援課編　江東区福祉部障害者支援課　2014.3　190p　30cm　Ⓝ369.27

東京都江東区（条例）
◇江東区例規集　平成26年度版　1　江東区総務部総務課編　江東区　2014.6　1549p　21cm　Ⓝ318.2361
◇江東区例規集　平成26年度版　2　江東区総務部総務課編　江東区　2014.6　p1553-2911　21cm　Ⓝ318.2361

東京都江東区（女性―歴史）
◇21世紀の女たちへの伝言―江東に生きた女性たち　6　江東の女性史研究会編　江東の女性史研究会　2014.10　148p　26cm　（江東の女性史研究会会誌　第6号）〈年表あり〉Ⓝ367.21361　[500円]

東京都江東区（書目）
◇東京都江東区EL新聞記事情報リスト　2013　エレクトロニック・ライブラリー編　エレクトロニック・ライブラリー　2014.2　757p　31cm〈制作：日外アソシエーツ〉Ⓝ025.81361

東京都江東区（選挙―統計）
◇選挙の記録　江東区選挙管理委員会編　江東区選挙管理委員会　2014.3　157p　30cm〈東京都議会議員選挙　平成25年6月23日執行、参議院議員選挙　平成25年7月21日執行、東京都知事選挙　平成26年2月9日執行〉Ⓝ314.8

東京都江東区（文化財保護）
◇江東区の文化財保護―30年のあゆみ　30年のあゆみ作成委員会編　［出版地不明］　30年のあゆみ作成委員会　2014.3　141p　30cm〈年表あり〉Ⓝ709.1361

東京都江東区（防災計画）
◇江東区地域防災計画　平成25年度修正　計画編　江東区防災会議編　［東京］　江東区防災会議　2014.3　430p　30cm　Ⓝ369.3
◇江東区地域防災計画　平成25年度修正　資料編　江東区防災会議編　［東京］　江東区防災会議　2014.3　326p　30cm　Ⓝ369.3

東京都江東区（名簿）
◇東京都（墨田区, 江東区）人物・人材情報リスト　2015　日外アソシエーツ株式会社編　日外アソシエーツ（制作）　2014.11　1冊　30cm〈表紙のタイトル：東京都人物・人材情報リスト〉Ⓝ281.361

東京都個人タクシー協同組合
◇東個協五十年史―1963-2013　東京都個人タクシー協同組合東個協五十年史編纂特別委員会編纂　東京都個人タクシー協同組合　2013.12　223p　31cm〈年表あり〉Ⓝ685.5　[非売品]

東京都品川区（遺跡・遺物）
◇播磨国三日月藩森家上屋敷跡遺跡　目黒駅前地区市街地再開発組合, 武蔵文化財研究所編　［東京］　目黒駅前地区市街地再開発組合　2014.12　182p　図版5p　30cm〈東京都品川区所在　目黒駅前地区第一種市街地再開発事業に伴う埋蔵文化財発掘調査報告書　共同刊行：武蔵文化財研究所〉Ⓝ210.0254

東京都品川区（交通安全）
◇品川区の交通事故と対策　平成26年度　品川区防災まちづくり事業部土木管理課交通安全係編　品川区防災まちづくり事業部土木管理課交通安全係　[2014]　96p　30cm　Ⓝ681.3

東京都品川区（子育て支援）
◇保育園でいま何が起こっているのか―品川版〈保育改革〉・待機児対策の現実　品川の保育を考える会, 佐貫浩編著　［東京］　花伝社　2014.2　99p　21cm〈共栄書房（発売）〉①978-4-7634-0693-4　Ⓝ369.42　[1000円]

東京都品川区（社会教育施設）
◇首都圏近郊都市の生活誌調査―東京国際大学人間社会学部平成24年度「社会調査実習」報告書　3　コミュニティの人びとの集う場所　高田知和編　川越　東京国際大学人間社会学部　2013.3　60p　30cm　Ⓝ361.7

東京都品川区（社会福祉）
◇品川区の福祉　2014年度版　品川区健康福祉事業部高齢者福祉課　2014.8　276, 7p　30cm　Ⓝ369.11

東京都品川区（書目）
◇東京都（品川区・大田区）EL新聞記事情報リスト　2013　エレクトロニック・ライブラリー編　エレクトロニック・ライブラリー　2014.2　425, 501p　31cm〈奥付のタイトル：東京都EL新聞記事情報リスト　制作：日外アソシエーツ〉Ⓝ025.81361

東京都品川区（男女共同参画）
◇男女共同参画のための第4次品川区行動計画の推進に向けて―第14期品川区行動計画推進会議報告書　第14期品川区行動計画推進会議［編］　品川区総務部人権啓発課　2014.3　44p　30cm　Ⓝ367.21361

東京都品川区（中小企業）
◇東京・城南のモノづくり企業「飛翔する」―光る技術をもつ製造業の現場レポート　日刊工業新聞社南東京支局取材班編　日刊工業新聞社　2014.1　203p　21cm　①978-4-526-07193-5　Ⓝ509.21361　[1800円]

東京都品川区（文化財）
◇品川区文化財調査報告書　平成25年度　品川区教育委員会庶務課編　品川区教育委員会　2014.3　53p　26cm　Ⓝ709.1361

東京都品川区（保育所）
◇保育園でいま何が起こっているのか―品川版〈保育改革〉・待機児対策の現実　品川の保育を考える会, 佐貫浩編著　［東京］　花伝社　2014.2　99p　21cm〈共栄書房（発売）〉①978-4-7634-0693-4　Ⓝ369.42　[1000円]

東京都品川区（名簿）
◇東京都（品川区, 大田区）人物・人材情報リスト　2015　日外アソシエーツ株式会社編　日外アソシエーツ（制作）　2014.11　1冊　30cm〈表紙のタイトル：東京都人物・人材情報リスト〉Ⓝ281.361

東京都品川区（歴史）
◇品川区史―歴史と未来をつなぐまちしながわ　2014　品川区編　品川区　2014.8　405p　31cm〈年表あり　文献あり〉①978-4-9907906-0-8　Ⓝ213.61　[4500円]

東京都品川区（歴史―史料）
◇町方書上　6　芝・伊皿子・二本榎・三田・白金・六軒茶屋・永峰・目黒・高輪・品川　江戸東京博物館友の会翻刻　江戸東京博物館友の会　2014.10　18, 405, 45p　30cm　Ⓝ213.61

日本件名図書目録2014　Ⅰ　　　　　　　　　　　　　　　　　　　　　　　　　　　　東京都新宿区（介護保険）

東京都品川区（労働運動―歴史）
◇私が歩んだ労働組合運動　私が歩んだ労働組合運動編集委員会　2014.10　72p　21cm　（品川・目黒の活動家の聞き取り報告　第2集）　Ⓝ366.621361

東京都渋谷区（遺跡・遺物）
◇豊沢貝塚　第14地点　大成エンジニアリング（株）埋蔵文化財調査部門編　［東京］　東急不動産　2014.10　76p　図版15p　30cm〈東京都渋谷区所在〉Ⓝ210.0254

東京都渋谷区（建築）
◇表参道を歩いてわかる現代建築　米山明，内野正純，押尾章治，後藤武著　大和書房　2014.6　120p　21cm〈文献あり〉Ⓘ978-4-479-39254-5　Ⓝ523.1361　［2000円］

東京都渋谷区（昆虫）
◇常盤松御用邸の動植物相　ミュージアムパーク茨城県自然博物館編　坂東　ミュージアムパーク茨城県自然博物館　2013.12　69p　30cm　Ⓘ978-4-902959-44-4　Ⓝ462.1361

東京都渋谷区（酒場）
◇バーのマスターはなぜネクタイをしているのか？―僕が渋谷でワインバーを続けられた理由　林伸次著　［東京］　Du Books　2013.11　222p　19cm〈ディスクユニオン（発売）〉Ⓘ978-4-925064-89-7　Ⓝ673.98　［1600円］

東京都渋谷区（殺人）
◇再審無罪―東電OL事件DNAが暴いた闇　読売新聞社会部著　中央公論新社　2014.6　268p　16cm　（中公文庫　よ37-3）〈年表あり　「東電OL事件」（2012年刊）の改題，加筆・修正〉Ⓘ978-4-12-205965-8　Ⓝ326.23　［700円］

東京都渋谷区（樹木）
◇代々木公園樹木定点観察記録　2012年1月―12月　都市公園樹木の行動記録　［東京］　代々木公園ボランティア　［2014］　1冊（ページ付なし）30cm　Ⓝ477.021361

東京都渋谷区（樹木―写真集）
◇代々木公園樹木定点観察記録―別冊・観察写真集　2012年　樹木別篇1/2　佐藤義則，森村猛夫撮影・製作　［東京］　代々木公園ボランティア　［2014］　1冊（ページ付なし）30cm　Ⓝ477.021361
◇代々木公園樹木定点観察記録―別冊・観察写真集　2012年　樹木別篇2/2　佐藤義則，森村猛夫撮影・製作　［東京］　代々木公園ボランティア　［2014］　1冊（ページ付なし）30cm　Ⓝ477.021361

東京都渋谷区（商店街）
◇「しぶちか」を語る―戦後・渋谷の復興と渋谷地下商店街　上山和雄編　國學院大學研究開発推進センター　2014.11　126p　21cm　（渋谷聞きがたり　2）〈年表あり　共同刊行：國學院大學渋谷学研究会〉Ⓝ673.7

東京都渋谷区（植物）
◇常盤松御用邸の動植物相　ミュージアムパーク茨城県自然博物館編　坂東　ミュージアムパーク茨城県自然博物館　2013.12　69p　30cm　Ⓘ978-4-902959-44-4　Ⓝ462.1361

東京都渋谷区（書目）
◇東京都渋谷区EL新聞記事情報リスト　2013　エレクトロニック・ライブラリー編　エレクトロニック・ライブラリー　2014.2　702p　31cm〈制作：日外アソシエーツ〉Ⓝ025.81361

東京都渋谷区（地域社会）
◇東京・渋谷の地域社会と生活―青山学院大学総合文化政策学部社会調査実習（矢野クラス）「地域社会に学ぶ生活環境とその変化」2013年度調査実習報告書　4　東京都渋谷区・氷川地区の事例　矢野晋吾編　青山学院大学総合文化政策学部　2014.3　137p　30cm　Ⓝ361.78

東京都渋谷区（鳥）
◇常盤松御用邸の動植物相　ミュージアムパーク茨城県自然博物館編　坂東　ミュージアムパーク茨城県自然博物館　2013.12　69p　30cm　Ⓘ978-4-902959-44-4　Ⓝ462.1361

東京都渋谷区（名簿）
◇東京都渋谷区人物・人材情報リスト　2015　第1巻　日外アソシエーツ株式会社編　日外アソシエーツ（制作）2014.11　744p　30cm〈表紙のタイトル：東京都人物・人材情報リスト〉Ⓝ281.361
◇東京都渋谷区人物・人材情報リスト　2015　第2巻　日外アソシエーツ株式会社編　日外アソシエーツ（制作）2014.11　p745-1472, 26p　30cm〈表紙のタイトル：東京都人物・人材情報リスト〉Ⓝ281.361

東京都渋谷区（歴史）
◇結節点としての渋谷―江戸から東京へ　國學院大學研究開発推進センター渋谷学研究会編　國學院大學研究開発推進セン

ター　2014.2　134p　21cm　（渋谷学ブックレット　4）〈内容：歴史からみた渋谷（根岸茂夫述）　幕末維新期における青物市場（岩橋清美述）　幕末維新期、藩邸をめぐる人の移動（吉岡孝述）　近世後期における江戸「神祇職」の集団移転（松本久史述）〉Ⓝ213.61

東京都渋谷区（歴史―写真集）
◇目で見る渋谷区の100年―写真が語る激動のふるさと一世紀　松本　郷土出版社　2014.3　222p　31cm　Ⓘ978-4-86375-209-2　Ⓝ213.61　［9500円］

東京都渋谷区（歴史―史料）
◇町方書上　5　赤坂・青山・権田原・千駄ヶ谷・渋谷・麻布・桜田・飯倉・西久保　江戸東京博物館友の会翻刻　江戸東京博物館友の会　2014.2　17, 376, 43p　30cm　Ⓝ213.61

東京都新宿区
◇大久保コリアンタウンの人たち　朴正義著　国書刊行会　2014.10　220p　19cm〈文献あり〉Ⓘ978-4-336-05844-7　Ⓝ334.41　［1500円］

東京都新宿区（遺跡・遺物）
◇市谷加賀町二丁目遺跡　6　縄文時代遺構編　加藤建設株式会社文化財調査部編　加藤建設文化財調査部　2014.7　56p　図版5枚　30cm〈三菱地所レジデンスの委託による　東京都新宿区所在　（仮称）新宿区市谷加賀町2丁目計画に伴う埋蔵文化財発掘調査報告書〉Ⓝ210.0254
◇市谷加賀町二丁目遺跡　6　埋葬遺構編　新宿区地域文化部文化振興課文化資源係編　新宿区地域文化部文化振興課文化資源係　2014.3　84p　図版4枚　30cm〈文献あり　東京都新宿区所在　（仮称）新宿区市谷加賀町2丁目計画に伴う埋蔵文化財発掘調査報告書〉Ⓝ210.0254
◇市谷甲良町遺跡　5　大成エンジニアリング株式会社編　［東京］　三菱地所レジデンス　2014.12　129p　図版4p　30cm〈東京都新宿区所在　新宿区市谷甲良町計画に伴う埋蔵文化財発掘調査報告書〉Ⓝ210.0254
◇市谷砂土原町三丁目遺跡　5　滋賀銀行，新宿区編　［大津］　滋賀銀行　2014.8　28p　30cm〈東京都新宿区所在　滋賀銀行砂土原志寮寮建替工事に伴う埋蔵文化財発掘調査報告書　共同刊行：新宿区〉Ⓝ210.0254
◇市谷左内町遺跡　2　大日本印刷株式会社，武蔵文化財研究所編　［東京］　大日本印刷　2014.3　39p　図版2p　30cm〈東京都新宿区所在　大日本印刷株式会社市谷工場整備事業に伴う埋蔵文化財発掘調査報告書　共同刊行：武蔵文化財研究所〉Ⓝ210.0254
◇市谷本村町遺跡　東京都スポーツ文化事業団東京都埋蔵文化財センター編　多摩　東京都スポーツ文化事業団東京都埋蔵文化財センター　2014.9　14, 184p　30cm　（東京都埋蔵文化財センター調査報告　第294集）〈年表あり　新宿区所在　防研市ヶ谷（24）埋蔵文化財発掘調査〉Ⓝ210.0254
◇市谷薬王寺町遺跡Ⅴ・市谷柳町遺跡Ⅱ　第1分冊　東京都スポーツ文化事業団東京都埋蔵文化財センター編　多摩　東京都スポーツ文化事業団東京都埋蔵文化財センター　2014.7　8, 375p　30cm　（東京都埋蔵文化財センター調査報告　第292集）〈新宿区所在　環状第3号線（薬王寺）整備事業に伴う埋蔵文化財発掘調査〉Ⓝ210.0254
◇市谷薬王寺町遺跡Ⅴ・市谷柳町遺跡Ⅱ　第2分冊　東京都スポーツ文化事業団東京都埋蔵文化財センター編　多摩　東京都スポーツ文化事業団東京都埋蔵文化財センター　2014.7　368p　30cm　（東京都埋蔵文化財センター調査報告　第292集）〈新宿区所在　環状第3号線（薬王寺）整備事業に伴う埋蔵文化財発掘調査〉Ⓝ210.0254
◇新小川町遺跡　2　東京都スポーツ文化事業団東京都埋蔵文化財センター編　多摩　東京都スポーツ文化事業団東京都埋蔵文化財センター　2014.3　8, 292p　30cm　（東京都埋蔵文化財センター調査報告　第289集）〈東京都新宿区所在　放射第25号線（新小川町地区）整備事業に伴う調査〉Ⓝ210.0254
◇龍谷寺跡　CEL編　［東京］　二葉保育園　2014.3　33p　図版2枚　30cm〈東京都新宿区所在　二葉南元保育園新築工事に伴う埋蔵文化財発掘調査報告書　共同刊行：CEL〉Ⓝ210.0254
◇若葉三丁目遺跡　2　加藤建設株式会社編　［東京］　エヌ・ティ・ティ都市開発　2013.10　52p　30cm〈東京都新宿区所在　（仮称）四谷須賀町プロジェクト新築工事に伴う埋蔵文化財発掘調査報告書　共同刊行：加藤建設〉Ⓝ210.0254
◇若松町遺跡　3　共和開発株式会社編　［東京］　東京都赤十字血液センター　2014.12　230p　図版6p　30cm〈東京都新宿区所在　東京都赤十字血液センター建設工事に伴う埋蔵文化財発掘調査報告書　共同刊行：共和開発〉Ⓝ210.0254

東京都新宿区（介護保険）
◇新宿区高齢者の保健と福祉に関する調査報告書　新宿区福祉部高齢者福祉課　2014.3　327p　30cm　Ⓝ369.26

と

東京都新宿区（感染症対策）

◇新宿区新型インフルエンザ等対策行動計画　新宿区区長室危機管理課, 新宿区健康部（新宿区保健所）保健予防課編　新宿区区長室危機管理課　2014.3　118p　30cm〈共同刊行：新宿区健康部保健予防課〉Ⓝ498.6

東京都新宿区（行政）

◇新宿区区民意識調査　平成25年度　新宿区区長室広聴担当課　2014.2　343p　30cm　Ⓝ318.2361

◇内部評価と外部評価結果を踏まえた区の取組について—計画事業・経常事業評価　平成25年度　新宿区総合政策部行政管理課編　新宿区総合政策部行政管理課　2014.2　206p　30cm〈背のタイトル：内部評価と外部評価結果を踏まえた区の取組みについて〉Ⓝ318.2361

東京都新宿区（高齢者福祉）

◇新宿区高齢者の保健と福祉に関する調査報告書　新宿区福祉部高齢者福祉課　2014.3　327p　30cm　Ⓝ369.26

東京都新宿区（社会病理）

◇歌舞伎町アウトロー伝説　溝口敦, 夏原武, 鈴木智彦, 小野登志郎ほか著　宝島社　2014.2　221p　16cm　（宝島SUGOI文庫　Aみ-5-3）〈年表あり　「新宿歌舞伎町黒歴史大全」（2013年刊）の改題, 改訂　内容：激動の歌舞伎町ヤクザ興亡史（溝口敦著）　歌舞伎町「ヤクザマンション」日々是好日（鈴木智彦著）　新宿の帝王加納貢の真実（鈴木智彦著）　二率会が消えた日（神庭著）　それでも「ミカジメ」はなくならない（神庭著）　「歌舞伎町の案内人」李小牧, 禁断の回想（神庭著）　風俗の聖地、回想録（神庭著）　歌舞伎町「水商売」怒濤の興亡録（神庭著）　影野臣直我が"カネ稼ぎ"の道（神庭著）　「新宿ゴールデン街」は不死鳥の如く（鈴木光司著）　欲望の巨大コンツェルン「森下グループ」野望の歴史（窪田順生著）　44人が死亡した「明星56ビル火災事件」12年目の真実（神庭著）　歌舞伎町「浄化作戦」とは何だったのか（李策著）　新宿歌舞伎町で邂逅した関東連合と怒羅権（小野登志郎著）　歌舞伎町地下銀行とマネーロンダリングの変遷（神庭著）　歌舞伎町の闇に蠢いた外国人マフィアの相関図（神庭著）　韓国クラブ、その隆盛と黄昏（夏原武著）　コリアンストリートが「右翼通り」と呼ばれた時代（神庭著）〉①978-4-8002-2283-1　Ⓝ368.021361　［650円］

◇激撮！歌舞伎町24時—タブー写真399連発　週刊大衆編集部編集, 権徹, 清平はじめ, 神山文写真　双葉社　2014.5　199p　19cm〈週刊大衆特別編集〉①978-4-575-30674-3　Ⓝ368.021361　［600円］

東京都新宿区（住宅建築）

◇知っておきたいけんちくのルール—建築の手びき　2013　新宿区都市計画部建築指導課編　新宿区都市計画部建築指導課　2013.3　143p　30cm　Ⓝ520.91

◇知っておきたいけんちくのルール—建築の手びき　2014　新宿区都市計画部建築指導課編　新宿区都市計画部建築指導課　2014.3　145p　30cm　Ⓝ520.91

東京都新宿区（住宅団地）

◇1970年代の再生（建替え）後、約40年を経た都内の団地の原点ともいえる戸山ハイツの現状と今後の展望に関する調査研究　アーバンハウジング　2014.4　1冊　30cm　Ⓝ365.35

東京都新宿区（障害者福祉）

◇新宿区障害者生活実態調査報告書　新宿区福祉部障害者福祉課編　新宿区福祉部障害者福祉課　2014.3　380p　30cm　Ⓝ369.27

東京都新宿区（条例）

◇新宿区例規集　平成26年度版　第1巻　新宿区総務部総務課編　新宿区　2014.7　1946p　21cm　Ⓝ318.2361

◇新宿区例規集　平成26年度版　第2巻　新宿区総務部総務課編　新宿区　2014.7　p1947-4266　21cm　Ⓝ318.2361

東京都新宿区（女性—歴史—年表）

◇新宿女性史年表—1945年—2000年　新宿女性史研究会編　［東京］　新宿女性史研究会　2014.10　143p　26cm〈文献あり〉Ⓝ367.21361　［1000円］

東京都新宿区（書目）

◇東京都新宿区EL新聞記事情報リスト　2013　エレクトロニック・ライブラリー編　エレクトロニック・ライブラリー　2014.2　767p　31cm〈制作：日外アソシエーツ〉Ⓝ025.81361

東京都新宿区（選挙—統計）

◇選挙の記録　新宿区選挙管理委員会　2013.11　83p　30cm〈東京都議会議員選挙　平成25年6月23日執行, 参議院議員選挙　平成25年7月21日執行〉Ⓝ314.8　［非売品］

◇選挙の記録　新宿区選挙管理委員会　2014.3　44p　30cm〈東京都知事選挙　平成26年2月9日執行〉Ⓝ314.8　［非売品］

東京都新宿区（耐震建築）

◇新宿区耐震改修促進計画（平成25年度改定）—平成20（2008）年度—平成32（2020）年度　新宿区都市計画部地域整備課編　新宿区都市計画部地域整備課　2014.3　51p　30cm　Ⓝ524.91

東京都新宿区（都市）

◇大久保風景—写真で見るまちの風景と記憶："まち研"ブログ＆活動記録　まち居住研究会著　まち居住研究会　2014.11　63p　30cm　Ⓝ361.78　［1000円］

東京都新宿区（防災計画）

◇新宿区地域防災計画　平成26年度修正（第27次修正）本冊　新宿区防災会議事務局　2014.12　489p　30cm　Ⓝ369.3

◇新宿区地域防災計画　平成26年度修正（第27次修正）別冊資料編　新宿区防災会議事務局　2014.12　330p　30cm　Ⓝ369.3

東京都新宿区（名簿）

◇東京都新宿区人物・人材情報リスト　2015　第1巻　日外アソシエーツ株式会社編　日外アソシエーツ（制作）　2014.11　610p　30cm〈表紙のタイトル：東京都人物・人材情報リスト〉Ⓝ281.361

◇東京都新宿区人物・人材情報リスト　2015　第2巻　日外アソシエーツ株式会社編　日外アソシエーツ（制作）　2014.11　p611-1150, 30p　30cm〈表紙のタイトル：東京都人物・人材情報リスト〉Ⓝ281.361

東京都新宿区（歴史—史料）

◇町方書上　4　牛込・市谷・四谷・鮫河橋・麹町・大久保・柏木・角筈　江戸東京博物館友の会翻刻　江戸東京博物館友の会　2014.2　18, 344, 39p　30cm　Ⓝ213.61

東京都杉並区（遺跡・遺物）

◇埋蔵文化財保護の手引き　杉並区教育委員会事務局生涯学習推進課文化財係編　平成25年度増補改訂版　杉並区教育委員会事務局生涯学習推進課文化財係　2013.10　35p　30cm　Ⓝ709.1361

東京都杉並区（介護保険）

◇杉並区高齢者実態調査報告書—地域包括ケアモデル実態調査・日常生活圏域ニーズ調査・介護保険に関する調査　杉並区保健福祉部高齢者施策課　2014.3　350p　30cm　Ⓝ369.26

東京都杉並区（環境政策）

◇杉並区環境基本計画　平成25年度—平成33年度　杉並区環境部環境課編　杉並区環境部環境課　2014.2　94p　30cm〈年表あり〉Ⓝ519.1　［500円］

東京都杉並区（教育行政）

◇教育に関する事務の管理及び執行の状況の点検及び評価（平成25年度分）報告書　平成26年度　杉並区教育委員会事務局庶務課編　杉並区教育委員会事務局庶務課　2014.11　39p　30cm　Ⓝ373.2

◇教育に関する事務の管理及び執行の状況の点検及び評価（平成24年度分）報告書　平成25年度　杉並区教育委員会事務局庶務課編　杉並区教育委員会事務局庶務課　2013.11　60p　30cm　Ⓝ373.2

東京都杉並区（公共施設）

◇「区立施設再編整備計画及び使用料等の見直しに関する区民意見交換会」実施報告書　杉並区政策経営部企画課施設再編・整備担当, 杉並区政策経営部財政課編　［東京］　杉並区政策経営部企画課施設再編・整備担当　2014.3　74p　30cm〈会期：2013年12月15日　共同刊行：杉並区政策経営部財政課〉Ⓝ318.2361

◇杉並区立施設再編整備計画　第1期／実施プラン　第1次（平成26-30年度）平成26-33年度　杉並区政策経営部企画課施設再編・整備担当編　杉並区政策経営部企画課施設再編・整備担当　2014.3　64p　30cm　Ⓝ318.2361

東京都杉並区（高齢者）

◇杉並区高齢者実態調査報告書—地域包括ケアモデル実態調査・日常生活圏域ニーズ調査・介護保険に関する調査　杉並区保健福祉部高齢者施策課　2014.3　350p　30cm　Ⓝ369.26

東京都杉並区（高齢者福祉）

◇杉並区高齢者実態調査報告書—地域包括ケアモデル実態調査・日常生活圏域ニーズ調査・介護保険に関する調査　杉並区保健福祉部高齢者施策課　2014.3　350p　30cm　Ⓝ369.26

東京都杉並区（財政）

◇杉並区財務書類　平成25年度　杉並区会計管理室会計課編　杉並区会計管理室会計課　2014.9　69p　30cm　Ⓝ349.21361

東京都杉並区（事業継続管理）

◇杉並区業務継続計画　震災編　杉並区総務部危機管理室防災課編　追補版　杉並区総務部危機管理室防災課　2014.5　25p　30cm　Ⓝ318.2361

日本件名図書目録2014　I　　　　　　　　　　　　　　　　　　　　　　　　　　　　　　　　　　　　　東京都墨田区（遺跡・遺物）

東京都杉並区（自転車駐車場）
◇杉並区自転車利用総合計画　杉並区都市整備部交通対策課編　杉並区都市整備部交通対策課　2014.3　89p　30cm　Ⓝ685.8

東京都杉並区（社会教育）
◇「すぎなみ大人塾」記録集　平成25年度版　杉並区教育委員会事務局生涯学習推進課編　［東京］　杉並区教育委員会事務局生涯学習推進課　2014.6　157p　30cm　〈背・表紙のタイトル：すぎなみ大人塾2013記録集〉　Ⓝ379.4

東京都杉並区（住宅政策）
◇杉並区住宅マスタープラン　平成26年─33年度　杉並区都市整備部住宅課編　杉並区都市整備部住宅課　2014.3　89p　30cm　〈タイトル関連情報：誰もが安心して住み続けられる良好な住環境の実現〉　Ⓝ365.31

東京都杉並区（障害者福祉─統計）
◇地域生活に関する調査報告書　杉並区保健福祉部障害者施策課調査　杉並区保健福祉部障害者施策課　2014.3　1冊　30cm　〈委託機関：アストジェイ　奥付のタイトル：杉並区地域生活に関する調査報告書〉　Ⓝ369.27

東京都杉並区（小学生）
◇杉並区特定の課題に対する調査、意識・実態調査報告書　平成25年度　杉並区立済美教育センター編　杉並区立済美教育センター　2013.11　140p　30cm　〈共同刊行：杉並区教育委員会ほか〉　Ⓝ375.17

東京都杉並区（条例）
◇杉並区要綱集　平成26年度版　1　杉並区総務部総務課編　杉並区　2014.9　73, 894p　21cm　Ⓝ318.2361
◇杉並区要綱集　平成26年度版　2　杉並区総務部総務課編　杉並区　2014.9　73p, p895-2234　21cm　Ⓝ318.2361
◇杉並区要綱集　平成26年度版　3　杉並区総務部総務課編　杉並区　2014.9　73p, p2235-3497　21cm　Ⓝ318.2361
◇杉並区例規集　平成26年度版　1　杉並区総務部総務課編　杉並区　2014.9　41, 1501p　21cm　Ⓝ318.2361
◇杉並区例規集　平成26年度版　2　杉並区総務部総務課編　杉並区　2014.9　41p, p1503-2522　21cm　Ⓝ318.2361
◇杉並区例規集　平成26年度版　3　杉並区総務部総務課編　杉並区　2014.9　41p, p2523-3975　21cm　Ⓝ318.2361

東京都杉並区（書目）
◇東京都（中野区・杉並区）EL新聞記事情報リスト　2013　エレクトロニック・ライブラリー編　エレクトロニック・ライブラリー　2014.2　264, 420p　31cm　〈奥付のタイトル：東京都EL新聞記事情報リスト　制作：日外アソシエーツ〉　Ⓝ025.81361

東京都杉並区（震災予防）
◇杉並区地域防災計画　平成25年修正　震災編　杉並区防災会議編　［東京］　杉並区防災会議　2014.3　476p　30cm　Ⓝ369.3

東京都杉並区（スポーツ振興基本計画）
◇健康スポーツライフ杉並プラン─始める続ける広がるスポーツを通した絆のあるまち：杉並区スポーツ推進計画・平成25-29年度　杉並区教育委員会事務局スポーツ振興課編　杉並区教育委員会事務局スポーツ振興課　2013.9　50p　30cm　Ⓝ780.21361　［200円］

東京都杉並区（青少年）
◇杉並区青少年実態調査報告書　平成25年度　杉並区保健福祉部児童青少年課編　杉並区保健福祉部児童青少年課　2014.1　1冊　30cm　Ⓝ367.61361

東京都杉並区（青少年教育）
◇青少年委員制度発足60周年記念誌─未来につなげよう輝く青少年─みんなの力で　杉並区青少年委員協議会編　［東京］　杉並区教育委員会事務局学校支援課　2014.1　42p　30cm　〈年表あり　共同刊行：杉並区青少年委員協議会〉　Ⓝ379.3
◇未来につなげよう輝く青少年─みんなの力で　杉並区青少年委員協議会広報部編　杉並区教育委員会事務局学校支援課家庭・地域教育担当　2014.3　31p　30cm　（青少年委員実践記録　平成25年度）　Ⓝ379.3

東京都杉並区（選挙─統計）
◇選挙の記録　杉並区選挙管理委員会編　杉並区選挙管理委員会　2014.2　130p　30cm　〈東京都議会議員選挙　平成25年6月23日執行，参議院議員選挙　平成25年7月21日執行〉　Ⓝ314.8
◇選挙の記録　杉並区選挙管理委員会編　杉並区選挙管理委員会　2014.3　67p　30cm　〈東京都知事選挙　平成26年2月9日執行〉　Ⓝ314.8
◇選挙の記録　杉並区選挙管理委員会編　杉並区選挙管理委員会　2014.10　81p　30cm　〈杉並区長選挙・杉並区議会議員補

欠選挙　平成26年6月29日執行，杉並区農業委員会委員選挙　平成26年7月6日執行〉　Ⓝ314.8

東京都杉並区（地域社会）
◇「すぎなみ大人塾」記録集　平成25年度版　杉並区教育委員会事務局生涯学習推進課編　［東京］　杉並区教育委員会事務局生涯学習推進課　2014.6　157p　30cm　〈背・表紙のタイトル：すぎなみ大人塾2013記録集〉　Ⓝ379.4

東京都杉並区（地方自治）
◇都市議員と公共政策─とみもと卓区議、前田くにひろ区議の活動　田丸大著　志學社　2014.4　76p　21cm　Ⓘ978-4-904180-38-9　Ⓝ318.2361　［1000円］

東京都杉並区（地方選挙）
◇選挙の記録　杉並区選挙管理委員会編　杉並区選挙管理委員会　2014.10　81p　30cm　〈杉並区長選挙・杉並区議会議員補欠選挙　平成26年6月29日執行，杉並区農業委員会委員選挙　平成26年7月6日執行〉　Ⓝ314.8

東京都杉並区（中学生）
◇杉並区特定の課題に対する調査、意識・実態調査報告書　平成25年度　杉並区立済美教育センター編　杉並区立済美教育センター　2013.11　140p　30cm　〈共同刊行：杉並区教育委員会ほか〉　Ⓝ375.17

東京都杉並区（都市計画）
◇杉並区まちづくり基本方針─杉並区都市計画マスタープラン　杉並区都市整備部都市計画課編　杉並区都市整備部都市計画課　2013.10　117p　30cm　Ⓝ518.8

東京都杉並区（土地利用）
◇すぎなみのまちの動き─土地利用現況調査結果の分析　杉並区都市整備部都市計画課編　杉並区都市整備部都市計画課　2014.3　79p　30cm　Ⓝ334.6

東京都杉並区（風水害）
◇杉並区地域防災計画　平成25年修正　風水害編　杉並区防災会議編　［東京］　杉並区防災会議　2014.3　216p　30cm　Ⓝ369.3

東京都杉並区（文化財保護）
◇埋蔵文化財保護の手引き　杉並区教育委員会事務局生涯学習推進課文化財係編　平成25年度増補改訂版　杉並区教育委員会事務局生涯学習推進課文化財係　2013.10　35p　30cm　Ⓝ709.1361

東京都杉並区（保育所）
◇保育園サービス第三者評価事業報告書　平成25年度　杉並区保健福祉部保育課　2014.3　205p　30cm　〈奥付のタイトル：保育園サービス第三者評価事業評価結果報告書〉　Ⓝ369.42

東京都杉並区（防災計画）
◇杉並区地域防災計画　平成25年修正　風水害編　杉並区防災会議編　［東京］　杉並区防災会議　2014.3　216p　30cm　Ⓝ369.3
◇杉並区地域防災計画　平成25年修正　別冊・資料　杉並区防災会議編　［東京］　杉並区防災会議　2014.3　289p　図版2枚　30cm　Ⓝ369.3

東京都杉並区（放置自転車）
◇杉並区自転車利用総合計画　杉並区都市整備部交通対策課編　杉並区都市整備部交通対策課　2014.3　89p　30cm　Ⓝ685.8

東京都杉並区（名簿）
◇東京都（中野区・杉並区）人物・人材情報リスト　2015　日外アソシエーツ株式会社編　日外アソシエーツ（制作）　2014.11　1冊　30cm　〈表紙のタイトル：東京都人物・人材情報リスト〉　Ⓝ281.361

東京都杉並区（幼・保・小の連携）
◇ぐんぐん伸びるすぎなみの子─かかわるつながるふかまる育ちと学び：杉並区幼保小接続期カリキュラム・連携プログラム　杉並区立済美教育センター編　杉並区立済美教育センター　2014.3　105p　30cm　〈文献あり　共同刊行：杉並区教育委員会〉　Ⓝ376.121361

東京都墨田区（遺跡・遺物）
◇錦糸四丁目遺跡　大成エンジニアリング株式会社, 墨田区教育委員会編　［東京］　伊藤忠都市開発　2014.10　84p　30cm　〈東京都墨田区所在　（仮称）錦糸四丁目計画に伴う埋蔵文化財発掘調査報告書〉　Ⓝ210.0254
◇本所一丁目27遺跡　墨田区教育委員会編　［東京］　ジョイントコーポレーション　2014.6　95p　30cm　〈東京都墨田区所在　建築工事に伴う埋蔵文化財発掘調査報告書　共同刊行：墨田区教育委員会〉　Ⓝ210.0254
◇本所一丁目遺跡　墨田区教育委員会事務局生涯学習課文化財担当編　［東京］　墨田区民活動推進課　2014.3　182p　30cm　〈東京都墨田区所在　本所地域プラザ建設計画に伴う埋蔵文化財発掘調査報告書　共同刊行：墨田区教育委員会〉　Ⓝ210.0254

東京都墨田区（医療）
◇墨田区がん対策基本方針　墨田福祉保健部保健衛生担当保健計画課　2014.3　109p　30cm　Ⓝ498.1

東京都墨田区（衛生行政）
◇墨田区がん対策基本方針　墨田福祉保健部保健衛生担当保健計画課　2014.3　109p　30cm　Ⓝ498.1

東京都墨田区（家庭用電気製品―リサイクル）
◇小型電子機器等リサイクルシステム構築実証事業（平成24年度第二次）運営業務（関東地方）に関する報告書　平成25年度　［東京］　リーテム　［2014］　100p　30cm　〈表紙のタイトル（誤植）：小型電子機器等リサクルシステム構築実証事業（平成24年度第二次）運営業務（関東地方）に関する報告書〉Ⓝ545.88

東京都墨田区（省エネルギー）
◇省エネルギー・再生可能エネルギーに関する区民及び事業者意識調査報告書　墨田区区民活動推進部環境担当環境保全課編　墨田区区民活動推進部環境担当環境保全課　2014.11　131p　30cm　〈奥付のタイトル：省エネルギー・再生可能エネルギーに関する区民及び事業所意識調査報告書〉Ⓝ501.6

東京都墨田区（条例）
◇墨田区例規集　平成26年度版　1　墨田区総務部法務課編　墨田区　2014.10　41, 1947p　21cm　Ⓝ318.2361
◇墨田区例規集　平成26年度版　2　墨田区総務部法務課編　墨田区　2014.10　39p, p1951-3683　21cm　Ⓝ318.2361

東京都墨田区（書目）
◇東京都（台東区・墨田区）EL新聞記事情報リスト　2013　エレクトロニック・ライブラリー編　エレクトロニック・ライブラリー　2014.2　366, 410p　31cm　〈奥付のタイトル：東京都EL新聞記事情報リスト　制作：日外アソシエーツ〉Ⓝ025.81361

東京都墨田区（選挙―統計）
◇選挙の記録　平成25年　墨田区選挙管理委員会編　墨田区選挙管理委員会　2014.1　122p　30cm　〈東京都議会議員選挙　平成25年6月23日執行, 参議院議員選挙　平成25年7月21日執行〉Ⓝ314.8
◇選挙の記録　平成26年　墨田区選挙管理委員会編　墨田区選挙管理委員会　2014.3　60p　30cm　〈東京都知事選挙　平成26年2月9日執行〉Ⓝ314.8

東京都墨田区（名簿）
◇東京都（墨田区, 江東区）人物・人材情報リスト　2015　日外アソシエーツ株式会社編　日外アソシエーツ（制作）　2014.11　1冊　30cm　〈表紙のタイトル：東京都人物・人材情報リスト〉Ⓝ281.361

東京都墨田区（歴史）
◇隅田川と本所・向島―開発と観光　東京都江戸東京博物館都市歴史研究室編　［東京］　東京都　2014.3　165p　図版〔29〕枚　30cm　〈東京都江戸東京博物館調査報告書　第28集〉〈共同刊行：東京都歴史文化財団東京都江戸東京博物館〉①978-4-924965-87-4　Ⓝ213.61
◇地図で読む東京大空襲―両国生まれの実体験をもとに　菊地正浩著　草思社　2014.2　142p　21cm　〈文献あり〉①978-4-7942-2037-0　Ⓝ916　[2200円]

東京都墨田区（歴史―史料）
◇町方書上　8　本所起立記・本所・北本所・南本所・中之郷・小梅・柳島・亀戸・両国橋・大川橋　江戸東京博物館友の会翻刻　江戸東京博物館友の会　2014.10　17, 317, 35p　30cm　Ⓝ213.61

東京都世田谷区
◇下北沢ものがたり　シンコーミュージック・エンタテイメント　2014.2　236p　19cm　〈文献あり〉①978-4-401-63940-3　Ⓝ291.361　[1400円]

東京都世田谷区（遺跡・遺物）
◇稲荷丸北遺跡　4　稲荷丸北遺跡第4次調査会編　世田谷教育委員会　2014.3　46p　図版　10p　30cm　〈東京都世田谷区上野毛3丁目9番地の発掘調査記録〉Ⓝ210.0254
◇砧中学校遺跡　3　砧中学校遺跡第10次調査会編　世田谷区教育委員会　2014.4　79p　図版25p　30cm　〈東京都世田谷区成城一丁目15番の発掘調査記録　折り込　2枚〉Ⓝ210.0254
◇桜木遺跡　8　桜木遺跡第8次調査会編　世田谷区教育委員会　2014.3　117p　図版43p　30cm　〈東京都世田谷区桜一丁目27番の発掘調査記録　折り込　2枚〉Ⓝ210.0254
◇下野毛遺跡　5　下野毛遺跡第15次調査会編　世田谷区教育委員会　2014.3　58p　図版34p　30cm　〈東京都世田谷区野毛一丁目12番の発掘調査記録〉Ⓝ210.0254

◇瀬田遺跡　8　瀬田遺跡第35次調査会編　世田谷区教育委員会　2013.7　31p　図版　6p　30cm　〈東京都世田谷区瀬田一丁目28番の発掘調査記録〉Ⓝ210.0254
◇堂ヶ谷戸遺跡　9　堂ヶ谷戸遺跡第56次調査会編　世田谷区教育委員会　2014.3　18p　図版　5p　30cm　〈東京都世田谷区岡本三丁目2・7番間道路の発掘調査記録〉Ⓝ210.0254

東京都世田谷区（行政）
◇88万人のコミュニティデザイン―希望の地図の描き方　保坂展人著　ほんの木　2014.9　265p　19cm　①978-4-7752-0088-9　Ⓝ318.2361　[1500円]

東京都世田谷区（市場―歴史）
◇ボロ市のあゆみ―東京都指定無形民俗文化財　せたがやボロ市保存会　2014.1　47p　29cm　〈年表あり〉Ⓝ672.1361

東京都世田谷区（書目）
◇東京都（目黒区・世田谷区）EL新聞記事情報リスト　2013　エレクトロニック・ライブラリー編　エレクトロニック・ライブラリー　2014.2　284, 666p　31cm　〈奥付のタイトル：東京都EL新聞記事情報リスト　制作：日外アソシエーツ〉Ⓝ025.81361

東京都世田谷区（宅地開発―歴史）
◇上北沢住宅地の歴史とまちづくり―プランニング・ヘリテージとしての旧北澤分譲地　越澤明, 栢木まどか編著　住宅生産振興財団　2013.3　175p　30cm　〈文献あり〉Ⓝ518.83

東京都世田谷区（都市計画）
◇施設整備マニュアル―世田谷区ユニバーサルデザイン推進条例　平成26年度　世田谷区都市整備部都市デザイン課編　世田谷区都市整備部都市デザイン課　2014.4　621p　30cm　Ⓝ518.8　[500円]
◇都市の質を探して―自由が丘、九品仏川緑道百景　Darko Radović[監修], ダルコ・ラドヴィッチ, ダヴィシー・プンタム[著]　Tokyo flick studio　c2014　115p　26cm　（Measuring the Non-Measurable 08）〈本文は英語　日本語抄訳付　内容：アーバニティを探して（ダルコ・ラドヴィッチ著）都市の質を探して（ダルコ・ラドヴィッチ著）日本の建物のあいだのアクティビティ（デヴィッド・シム著）人間的側面（ヤン・ゲール著）パブリックな生活の学び方（ヤン・ゲール著）都市の質を探求する　都市の質をつくりだす　日常生活における詩学（ヴク・ラドヴィッチ著）〉①978-4-904894-19-4　Ⓝ518.8　[1111円]

東京都世田谷区（農業教育）
◇多摩川流域（世田谷区玉川地域）における「食とアート」を通じた子どもの都市農業学習の支援活動　田中翔著　とうきゅう環境財団　2014.11　12p　30cm　（研究助成・一般研究　vol. 36 no. 215）〈共同研究者：早稲田大学都市コミュニティデザインゼミナール〉Ⓝ375.6

東京都世田谷区（バリアフリー〔交通〕）
◇施設整備マニュアル―世田谷区ユニバーサルデザイン推進条例　平成26年度　世田谷区都市整備部都市デザイン課編　世田谷区都市整備部都市デザイン課　2014.4　621p　30cm　Ⓝ518.8　[500円]

東京都世田谷区（民家―保存・修復）
◇岡崎市旧本多忠次邸移築復原工事報告書　岡崎市教育委員会, 伝統技法研究会編　岡崎　岡崎市教育委員会　2013.3　421p　30cm　〈共同刊行：岡崎市〉Ⓝ521.86
◇旧清水邸書院移築保存の記録　建文編著　世田谷区教育委員会　2014.2　43p　図版〔11〕枚　30cm　〈年表あり〉Ⓝ521.86

東京都世田谷区（名簿）
◇東京都世田谷区人物・人材情報リスト　2015　日外アソシエーツ株式会社編　日外アソシエーツ（制作）　2014.11　665, 15p　30cm　〈表紙のタイトル：東京都人物・人材情報リスト〉Ⓝ281.361

東京都世田谷区（歴史）
◇世田谷の歴史と文化―世田谷区立郷土資料館展示ガイドブック　世田谷区立郷土資料館編　世田谷区立郷土資料館　2014.3　137p　26cm　〈年表あり　平成16年度版の増補改訂〉Ⓝ213.61

東京都世田谷区（歴史―史料）
◇旧太子堂村森家文書御用留　1　世田谷区立郷土資料館編　［東京］　世田谷区教育委員会　2014.3　467p　21cm　（世田谷叢書　第8集）Ⓝ213.61

東京都台東区（遺跡・遺物）
◇上野忍岡遺跡群―東京国立博物館正門地点　加藤建設株式会社文化財調査部編　［東京］　国立文化財機構東京国立博物館　2014.3　46p　図版 2枚　30cm　（台東区埋蔵文化財発掘調査報告書 69）〈東京都台東区上野公園　東京国立博物館正門周辺再開発工事に伴う埋蔵文化財発掘調査報告書〉Ⓝ210.0254
◇上野忍岡遺跡群日本藝術院収蔵庫地点―日本藝術院収蔵庫新営用地発掘調査報告書　［東京］　日本藝術院　2014.2　58p

日本件名図書目録2014　Ⅰ　　　　　　　　　　　　　　　　　　　　　　　　　　東京都中央区（遺跡・遺物）

図版4p　30cm　（台東区埋蔵文化財発掘調査報告書 68）
〈東京都台東区所在　共同刊行：共和開発〉Ⓝ210.0254
◇上野忍岡遺跡群谷中霊園渋澤家墓所地点　台東区教育委員会
編　東京都東北部公園緑地事務所　2014.8　33p 図版
2p　30cm　（台東区埋蔵文化財発掘調査報告書 72）〈東京都
台東区所在　谷中霊園樹木移植工事に伴う埋蔵文化財発掘調
査報告書　共同刊行：台東区教育委員会〉Ⓝ210.0254
◇合羽橋通り遺跡─電線共同溝整備工事松が谷三丁目地点　台
東区教育委員会，イビソク千葉営業所編　台東区教育委員会
2014.3　30p 図版2p　30cm　（台東区埋蔵文化財発掘調査報
告書 70）〈東京都台東区所在　電線共同溝工事に伴う埋蔵文
化財発掘調査報告書〉Ⓝ210.0254
◇浅草寺遺跡─浅草二丁目7番地老人ホーム建設地点　テイケイ
トレード株式会社埋蔵文化財事業部編　テイケイトレード埋
蔵文化財事業部　2014.8　67p　30cm　（台東区埋蔵文化財発
掘調査報告書 71）〈東京都台東区所在　老人ホーム建設に伴
う緊急発掘調査報告書〉Ⓝ210.0254
◇浅草寺遺跡─東京楽天地浅草再開発に伴う埋蔵文化財発掘調
査報告書　台東区教育委員会編　［東京］　台東区教育委員会
2013.9　233p　30cm　（台東区埋蔵文化財発掘調査報告書
67）〈東京都台東区所在　東京楽天地浅草再開発に伴う埋蔵文
化財発掘調査報告書　共同刊行：東京楽天地ほか〉Ⓝ210.0254

東京都台東区（介護福祉）
◇介護サービス評価実施報告書─利用者評価事業者自己評価
台東区福祉部介護保険課編　［東京］　台東区　2014.3　268p
30cm　Ⓝ369.26

東京都台東区（科学教育）
◇「探求の部屋」活動報告─台東区の特色を生かして　台東区教
育委員会生涯学習課「探求の部屋」運営委員会編　［東京］　台
東区教育委員会生涯学習課「探求の部屋」運営委員会　2014.3
52p　30cm　〈背のタイトル：探求の部屋活動報告書〉Ⓝ379.3

東京都台東区（行政）
◇区長ふれあい懇談会結果報告書　平成25年度　台東区総務部
区長・広報室編　［東京］　台東区総務部区長・広報室　2014.
3　85p　30cm　Ⓝ318.8361
◇台東区長期総合計画策定のための基礎調査報告書　台東区企
画財政部企画課編　台東区企画財政部企画課　2014.3　126p
30cm　Ⓝ318.2361

東京都台東区（協働（行政））
◇台東区協働指針─伝統と創造の協働を目指して　台東区区民
部区民課編　［東京］　台東区　2014.3　28p　30cm　Ⓝ318.
2361

東京都台東区（高齢者）
◇台東区高齢者実態調査報告書　台東区福祉部高齢福祉課
2014.3　368p　Ⓝ369.26

東京都台東区（高齢者福祉）
◇介護サービス評価実施報告書─利用者評価事業者自己評価
台東区福祉部介護保険課編　［東京］　台東区　2014.3　268p
30cm　Ⓝ369.26
◇台東区高齢者実態調査報告書　台東区福祉部高齢福祉課
2014.3　368p　Ⓝ369.26

東京都台東区（子育て支援）
◇台東区次世代育成支援に関するニーズ調査報告書　台東区区
民部子育て支援課編　台東区区民部子育て支援課　2014.3
518p　30cm　Ⓝ369.4

東京都台東区（自治会）
◇区長ふれあい懇談会結果報告書　平成25年度　台東区総務部
区長・広報室編　［東京］　台東区総務部区長・広報室　2014.
3　85p　30cm　Ⓝ318.8361

東京都台東区（社会教育計画）
◇台東区生涯学習推進プランについて─答申　東京都台東区社
会教育委員会会議［著］　東京都台東区教育委員会生涯学習課
2014.3　57p　30cm　Ⓝ379.1

東京都台東区（住宅政策）
◇台東区住宅マスタープラン基礎調査報告書　台東区都市づく
り部住宅課編　台東区都市づくり部住宅課　2014.3　165p
30cm　Ⓝ365.3

東京都台東区（住宅問題）
◇台東区住宅マスタープラン基礎調査報告書　台東区都市づく
り部住宅課編　台東区都市づくり部住宅課　2014.3　165p
30cm　Ⓝ365.3

東京都台東区（障害者福祉）
◇台東区障害者実態調査報告書　台東区福祉部障害福祉課
2013.12　92p　30cm　Ⓝ369.27

東京都台東区（商店街）
◇「社会調査実習」成果報告書　2012年度　”下町”という歴史
的環境とまちづくり─変容する谷中とその周辺地域の再生と
葛藤から　日本大学文理学部社会学科「社会調査士コース」
（山北輝裕担当）編　［東京］　日本大学文理学部社会学科「社
会調査士コース」　2013.2　231p　30cm　〈文献あり　発行
所：日本大学文理学部社会学科〉Ⓝ361.91

東京都台東区（書目）
◇東京都（台東区・墨田区）EL新聞記事情報リスト　2013　エレ
クトロニック・ライブラリー編　エレクトロニック・ライブラ
リー　2014.2　366, 410p　31cm　〈奥付のタイトル：東京都
EL新聞記事情報リスト　制作：日外アソシエーツ〉Ⓝ025.
81361

東京都台東区（青少年教育）
◇「探求の部屋」活動報告─台東区の特色を生かして　台東区教
育委員会生涯学習課「探求の部屋」運営委員会編　［東京］　台
東区教育委員会生涯学習課「探求の部屋」運営委員会　2014.3
52p　30cm　〈背のタイトル：探求の部屋活動報告書〉Ⓝ379.3

東京都台東区（選挙─統計）
◇選挙の記録　台東区選挙管理委員会編　台東区選挙管理委員
会　2013.11　130p　30cm　〈東京都議会議員選挙　平成25年6
月23日執行，参議院議員選挙　平成25年7月21日執行〉Ⓝ314.8
◇選挙の記録　台東区選挙管理委員会編　［東京］　台東区選挙
管理委員会　2014.3　65p　30cm　〈東京都知事選挙　平成26年
2月9日執行〉Ⓝ314.8

東京都台東区（男女共同参画）
◇台東区男女平等推進行動計画の改定にあたっての基本的な考
え方について─答申　「はばたきプラン21」推進会議［著］，
台東区総務部人権・男女共同参画課編　台東区総務部人権・男
女共同参画課　2014.3　27, 25p　30cm　Ⓝ367.21361

東京都台東区（地域包括ケア）
◇人は必ず老いる。その時誰がケアするのか　本田徹著　［東
京］　KADOKAWA　2014.9　213p　19cm　Ⓘ978-4-04-
653309-8　Ⓝ369.26　〔1500円〕

東京都台東区（地名─歴史─史料）
◇武蔵国下谷地名考・豊島郡浅草地名考　台東区教育委員会生
涯学習課編　［東京］　台東区教育委員会　2014.3　74p
21cm　（台東区文化財調査報告書 第50集）Ⓝ291.365

東京都台東区（庭園─保存・修復）
◇名勝旧朝倉文夫氏庭園保存修理工事報告書　文化財建造物保
存技術協会編著　台東区　2013.9　1冊　30cm　Ⓝ629.21

東京都台東区（都市計画）
◇台東区都市づくりのための基礎資料　台東区都市づくり部，東
京カートグラフィック（株）編　［東京］　台東区都市づくり部
2014.3　189p　30cm　〈年表あり〉Ⓝ518.8
◇台東区バリアフリー特定事業計画　台東区都市づくり部地区
整備課，八千代エンジニヤリング（株）編　［東京］　台東区
2014.3　48p　30cm　Ⓝ518.8

東京都台東区（どや街）
◇人は必ず老いる。その時誰がケアするのか　本田徹著　［東
京］　KADOKAWA　2014.9　213p　19cm　Ⓘ978-4-04-
653309-8　Ⓝ369.26　〔1500円〕

東京都台東区（文化活動）
◇ぐるぐるヤ→ミ→プロジェクト─2010-2013　富塚絵美，森司，
坂本有理監修　東京都歴史文化財団東京文化発信プロジェク
ト室　2014.3　111p　21cm　〈折り込2枚　付属資料：60p；
ぐるヤミ観察日記（中島裕美著）〉Ⓝ702.19361

東京都台東区（ボランティア活動）
◇国立西洋美術館ボランティア活動報告　2008年度─2011年度
国立西洋美術館（制作）　2013.3　64p　21cm　〈編集：藁谷祐
子〉Ⓝ706.9

東京都台東区（名簿）
◇東京都台東区人物・人材情報リスト　2015　日外アソシエー
ツ株式会社編　日外アソシエーツ（制作）　2014.11　531, 13p
30cm　〈表紙のタイトル：東京都人物・人材情報リスト〉
Ⓝ281.361

東京都台東区（歴史─史料）
◇町方書上　3　根津・谷中・湯島・本郷・駒込・巣鴨・小石川・
小日向・青柳・音羽・桜木・高田・雑司ヶ谷　江戸東京博物館
友の会翻刻　江戸東京博物館友の会　2014.2　17, 357, 37p
30cm　Ⓝ213.61

東京都中央区（遺跡・遺物）
◇築地五丁目遺跡　東京都スポーツ文化事業団東京都埋蔵文化
財センター編　多摩　東京都スポーツ文化事業団東京都埋蔵
文化財センター　2014.6　9, 340p　30cm　（東京都埋蔵文化

491

東京都中央区（記念碑）　　　　　　　　　　　　　　　　　　　　　　　　日本件名図書目録2014　Ⅰ

財センター調査報告　第291集〉〈中央区所在　東京国税局（仮称）整備等事業に伴う埋蔵文化財発掘調査〉 Ⓝ210.0254
◇築地五丁目遺跡　東京都スポーツ文化事業団東京都埋蔵文化財センター編　多摩　東京都スポーツ文化事業団東京都埋蔵文化財センター　2014.12　4, 34p　30cm〈東京都埋蔵文化財センター調査報告　第299集〉〈中央区所在〉 Ⓝ210.0254
◇日本橋人形町三丁目遺跡　1　中央区教育委員会編　セイビ　2013.12　250p　30cm〈東京都中央区所在　中央区日本橋人形町三丁目3番3号社屋建設に伴う緊急発掘調査報告書　共同刊行：中央区教育委員会〉 Ⓝ210.0254
◇日本橋人形町三丁目遺跡　2　中央区教育委員会編　ブルーミング中西　2014.3　190p　30cm〈東京都中央区所在　中央区日本橋人形町三丁目2番8・9号社屋建設に伴う緊急発掘調査報告書　共同刊行：中央区教育委員会〉 Ⓝ210.0254

東京都中央区（記念碑）
◇史跡と建築で巡る銀座の歩き方　花房孝典著　ダイヤモンド・ビッグ社　2014.4　190p　19cm　（地球の歩き方BOOKS）〈ダイヤモンド社（発売）　文献あり〉 Ⓘ978-4-478-04533-6 Ⓝ291.361　[1300円]

東京都中央区（行政）
◇中央区行政評価　平成25年度　中央区企画部企画財政課編　中央区企画部企画財政課　2013.12　172p　30cm Ⓝ318.2361

東京都中央区（建築）
◇史跡と建築で巡る銀座の歩き方　花房孝典著　ダイヤモンド・ビッグ社　2014.4　190p　19cm　（地球の歩き方BOOKS）〈ダイヤモンド社（発売）　文献あり〉 Ⓘ978-4-478-04533-6 Ⓝ291.361　[1300円]

東京都中央区（建築―保存・修復）
◇生まれ変わる歴史的建造物―都市再生の中で価値ある建造物を継承する手法　野村和宣著　日刊工業新聞社　2014.7　11, 284p　21cm〈文献あり〉 Ⓘ978-4-526-07282-6 Ⓝ523.1361　[2800円]

東京都中央区（商店）
◇銀座が先生　岩田理栄子著　芸術新聞社　2014.3　176p　21cm Ⓘ978-4-87586-398-4 Ⓝ673　[1800円]

東京都中央区（条例）
◇中央区例規集　平成26年度版　中央区総務部総務課編　[東京]　中央区　2014.6　2831p　21cm Ⓝ318.2361

東京都中央区（書目）
◇東京都中央区EL新聞記事情報リスト　2013　エレクトロニック・ライブラリー編　エレクトロニック・ライブラリー　2014.2　1081p　31cm〈制作：日外アソシエーツ〉 Ⓝ025.81361

東京都中央区（清掃事業）
◇廃棄物保管場所等の設置要領　中央区環境土木部中央清掃事務所編　中央区環境土木部中央清掃事務所　2014.3　45p　30cm Ⓝ518.52

東京都中央区（選挙―統計）
◇選挙の記録　中央区選挙管理委員会編　中央区選挙管理委員会　2014.4　57p　30cm〈東京都知事選挙　平成26年2月9日執行〉 Ⓝ314.8

東京都中央区（地誌）
◇月島再発見学―まちづくり視点で楽しむ歴史と未来　志村秀明著　アニカ　2013.10　231p　19cm〈文献あり　年表あり〉 Ⓘ978-4-901964-26-5 Ⓝ291.361　[1800円]

東京都中央区（特定健康調査）
◇特定健康診査・がん検診に関する意識調査報告書　中央区福祉保健部管理課　2013.10　178p　30cm Ⓝ498.81

東京都中央区（都市再開発）
◇生まれ変わる歴史的建造物―都市再生の中で価値ある建造物を継承する手法　野村和宣著　日刊工業新聞社　2014.7　11, 284p　21cm〈文献あり〉 Ⓘ978-4-526-07282-6 Ⓝ523.1361　[2800円]

東京都中央区（廃棄物処理）
◇廃棄物保管場所等の設置要領　中央区環境土木部中央清掃事務所編　中央区環境土木部中央清掃事務所　2014.3　45p　30cm Ⓝ518.52

東京都中央区（名簿）
◇東京都中央区人物・人材情報リスト　2015　日外アソシエーツ株式会社編　日外アソシエーツ（制作）　2014.11　678, 18p　30cm〈表紙のタイトル：東京都人物・人材情報リスト〉 Ⓝ281.361

東京都千代田区（遺跡・遺物）
◇大手町一丁目遺跡　加藤建設株式会社文化財調査部編　[東京]　日本政策投資銀行　2014.9　193p　30cm〈年表あり

東京都千代田区所在　日本政策投資銀行（旧）本社ビル地下部分解体除去等工事に伴う埋蔵文化財発掘調査報告書　共同刊行：三菱地所ほか〉 Ⓝ210.0254
◇尾張藩麹町邸跡　4　加藤建設株式会社文化財調査部編　[東京]　上智学院　2014.11　133p　30cm〈東京都千代田区所在　上智大学四谷キャンパス新棟建設に伴う埋蔵文化財発掘調査報告書　共同刊行：加藤建設〉 Ⓝ210.0254
◇九段坂上貝塚遺跡　[東京]　和洋学園和洋九段女子中学校高等学校　2014.2　43p　30cm〈東京都千代田区所在　和洋学園九段校M棟増築工事に伴う埋蔵文化財発掘調査報告書　共同刊行：戸田建設ほか〉 Ⓝ210.0254

東京都千代田区（環境行政）
◇千代田区環境モデル都市第2期行動計画　千代田区環境安全部環境・温暖化対策課編　千代田区環境安全部環境・温暖化対策課　2014.3　52p　30cm Ⓝ519.1

東京都千代田区（紀行・案内記）
◇神田万世橋まち図鑑―東京ルーツ！神田のまち巡り40　神田万世橋まち図鑑制作委員会企画・監修　フリックスタジオ　2014.10　236p　21cm Ⓘ978-4-904894-22-4 Ⓝ291.361　[1800円]

東京都千代田区（建築―保存・修復）
◇生まれ変わる歴史的建造物―都市再生の中で価値ある建造物を継承する手法　野村和宣著　日刊工業新聞社　2014.7　11, 284p　21cm〈文献あり〉 Ⓘ978-4-526-07282-6 Ⓝ523.1361　[2800円]

東京都千代田区（古書店）
◇古本屋ツアー・イン・神保町　小山力也著　本の雑誌社　2014.11　333p　19cm Ⓘ978-4-86011-262-2 Ⓝ024.8　[2000円]

東京都千代田区（植物）
◇皇居東御苑の草木帖　木下栄三著・画　技術評論社　2014.4　209p　21cm〈文献あり　索引あり〉 Ⓘ978-4-7741-6384-0 Ⓝ472.1361　[1880円]

東京都千代田区（書目）
◇東京都千代田区EL新聞記事情報リスト　2013-1　エレクトロニック・ライブラリー編　エレクトロニック・ライブラリー　2014.2　617p　31cm〈制作：日外アソシエーツ〉 Ⓝ025.81361
◇東京都千代田区EL新聞記事情報リスト　2013-2　エレクトロニック・ライブラリー編　エレクトロニック・ライブラリー　2014.2　p619-1687　31cm〈制作：日外アソシエーツ〉 Ⓝ025.81361

東京都千代田区（都市再開発）
◇生まれ変わる歴史的建造物―都市再生の中で価値ある建造物を継承する手法　野村和宣著　日刊工業新聞社　2014.7　11, 284p　21cm〈文献あり〉 Ⓘ978-4-526-07282-6 Ⓝ523.1361　[2800円]

東京都千代田区（土地区画整理）
◇秋葉原駅付近土地区画整理事業誌―IT産業拠点のまちづくり　秋葉原　東京都第二区画整理事務所編　東京都第二区画整理事務所　2014.3　147p　30cm〈文献あり〉 Ⓝ518.86

東京都千代田区（二酸化炭素―排出抑制）
◇千代田区環境モデル都市第2期行動計画　千代田区環境安全部環境・温暖化対策課編　千代田区環境安全部環境・温暖化対策課　2014.3　52p　30cm Ⓝ519.1

東京都千代田区（名簿）
◇東京都千代田区人物・人材情報リスト　2015　第1巻　日外アソシエーツ株式会社編　日外アソシエーツ（制作）　2014.11　840p　30cm〈表紙のタイトル：東京都人物・人材情報リスト〉 Ⓝ281.361
◇東京都千代田区人物・人材情報リスト　2015　第2巻　日外アソシエーツ株式会社編　日外アソシエーツ（制作）　2014.11　p841-1604, 48p　30cm〈表紙のタイトル：東京都人物・人材情報リスト〉 Ⓝ281.361

東京都千代田区（歴史）
◇千代田”新発見”―新収蔵・新発見資料展：平成25年度文化財企画展　千代田区立日比谷図書文化館文化財事務室編　[東京]　千代田区教育委員会　2014.1　63p　30cm〈会期：平成26年1月27日―3月3日〉 Ⓝ213.61

東京都千代田区（歴史―史料）
◇町方書上　4　牛込・市谷・四谷・鮫河橋・麹町・大久保・柏木・角筈　江戸東京博物館友の会翻刻　江戸東京博物館友の会　2014.2　18, 344, 39p　30cm Ⓝ213.61

東京都庭園美術館
◇アール・デコ建築意匠―朝香宮邸の美と技法　東京都庭園美術館編　鹿島出版会　2014.12　151p　27cm〈文献あり　表

紙のタイトル：Un chef d'œuvre Art dé co〉①978-4-306-04616-0　Ⓝ529.021361　［3000円］
◇庭園美術館へようこそ―旧朝香宮邸をめぐる6つの物語　朝吹真理子,福田里香,小林エリカ,ほしよりこ,mamoru,阿部海太郎著　河出書房新社　2014.11　119p　20cm〈年譜あり　内容：かわらないもの（朝吹真理子著）　母と娘の、たてものとたべもの（福田里香著）　はじまり（小林エリカ著）　デジュネのまえに（ほしよりこ作）　そして、すべては残響する（mamoru著）　ピアノのための小組曲《三つの装飾》（阿部海太郎作曲）〉①978-4-309-25557-6　Ⓝ706.9　［1800円］

東京都豊島区（遺跡・遺物）
◇巣鴨町　17　豊島区教育委員会編　［東京］　豊島区教育委員会　2014.3　61p　図版15p　30cm　（豊島区埋蔵文化財調査報告 42）〈東京都豊島区・巣鴨遺跡（パルコートいせや地区）の発掘調査〉Ⓝ210.0254
◇巣鴨町　18　としま遺跡調査会編　［東京］　豊島区教育委員会　2014.3　150p　30cm　（豊島区埋蔵文化財調査報告 43）〈豊島区地域別調査報告・巣鴨遺跡における発掘調査〉Ⓝ210.0254
◇巣鴨町　19　としま遺跡調査会編　［東京］　豊島区教育委員会　2014.3　81p　図版16p　30cm　（豊島区埋蔵文化財調査報告 44）〈東京都豊島区・巣鴨遺跡（巣鴨第一保育園分園舎地区）の発掘調査〉Ⓝ210.0254
◇巣鴨町　20　としま遺跡調査会編　［東京］　としま遺跡調査会　2014.10　108p　図版 2p　30cm　（としま遺跡調査会調査報告 15）〈東京都豊島区・巣鴨遺跡（Jizo地区／メゾン・ド・カメリア地区）の発掘調査〉Ⓝ210.0254
◇染井　30　としま遺跡調査会編　［東京］　としま遺跡調査会　2013.12　219p　図版 33p　30cm　（としま遺跡調査会調査報告 14）〈東京都豊島区・染井遺跡（クラシックガーデン地区）の発掘調査〉Ⓝ210.0254
◇豊島区埋蔵文化財調査概報集　9　としま遺跡調査会編　［東京］　豊島区教育委員会　2014.3　59p　30cm　（豊島区埋蔵文化財調査報告 45）〈2012年度国庫補助事業〉Ⓝ210.0254

東京都豊島区（衛生行政）
◇豊島区歯と口腔の健康づくり推進計画―平成26-30年度　豊島区保健福祉部地域保健課編　豊島区保健福祉部地域保健課　2014.3　56p　30cm　Ⓝ497.9

東京都豊島区（演劇）
◇F/T13ドキュメント　フェスティバル トーキョー実行委員会事務局編集　［東京］　フェスティバル/トーキョー　2014.4　215p　21cm〈英語抄訳付　会期・会場：平成25年11月9日（土）-12月8日（日）東京芸術劇場　あうるすぽっと（豊島区立舞台芸術センター）ほか　主催：フェスティバル/トーキョー実行委員会　東京都ほか　タイトルは奥付による．標題紙等のタイトル：FESTIVAL/TOKYO 13：DOCUMENTS　訳：アンドリューズ・ウィリアム〉①978-4-9905183-5-6　Ⓝ772.1361　［1400円］
◇F/T12ドキュメント　フェスティバル/トーキョー実行委員会事務局編　［東京］　フェスティバル/トーキョー　2013.4　192p　21cm〈付属資料：11p：光のない．（プロローグ？）〉①978-4-9905183-4-9　Ⓝ772.1361　［1429円］

東京都豊島区（介護福祉）
◇豊島区介護保険アンケート調査報告書　豊島区保健福祉部介護保険課　2014.3　258p　30cm　Ⓝ369.26

東京都豊島区（環境行政）
◇豊島区環境基本計画―2014-2018　豊島区清掃環境部環境政策課　2014.3　109p　30cm　Ⓝ519.1

東京都豊島区（感染症対策）
◇豊島区新型インフルエンザ等対策行動計画　豊島区総務部危機管理担当課,［豊島区］保健福祉部地域保健課,［豊島区］池袋保健所健康推進課編　豊島区　2014.6　104p　30cm　Ⓝ498.6

東京都豊島区（行政）
◇豊島区行政経営白書　平成26年度版　豊島区政策経営部行政経営課　2014.9　76p　30cm　Ⓝ318.2361　［300円］
◇豊島区未来戦略推進プラン2014―基本計画・実施計画　将来像編　豊島区政策経営部企画課編　豊島区政策経営部企画課　2014.3　109p　30cm〈奥付のタイトル：未来戦略推進プラン2014〉Ⓝ318.2361
◇豊島区未来戦略推進プラン2014―基本計画・実施計画　計画事業編　豊島区政策経営部企画課編　豊島区政策経営部企画課　2014.3　250p　30cm〈奥付のタイトル：未来戦略推進プラン2014〉Ⓝ318.2361

東京都豊島区（口腔衛生）
◇豊島区歯と口腔の健康づくり推進計画―平成26-30年度　豊島区保健福祉部地域保健課編　豊島区保健福祉部地域保健課　2014.3　56p　30cm　Ⓝ497.9

東京都豊島区（高齢者）
◇豊島区介護保険アンケート調査報告書　豊島区保健福祉部介護保険課　2014.3　258p　30cm　Ⓝ369.26

東京都豊島区（高齢者福祉）
◇豊島区介護保険アンケート調査報告書　豊島区保健福祉部介護保険課　2014.3　258p　30cm　Ⓝ369.26

東京都豊島区（産業政策）
◇豊島区産業振興指針　豊島区文化商工部生活産業課編　［東京］　豊島区　2014.4　47p　30cm　Ⓝ601.1361

東京都豊島区（社会福祉）
◇豊島区地域保健福祉計画改定のための区民意識・意向調査報告書　豊島区保健福祉部福祉総務課編　［東京］　豊島区　2014.3　178p　30cm　Ⓝ369.021361

東京都豊島区（住宅政策）
◇豊島区住宅白書―豊島区の住まいの"今"をみつめる　2013　豊島区都市整備部住宅課編　［東京］　豊島区　2013.12　96p　30cm　Ⓝ365.31
◇豊島区住宅マスタープラン（後期5年）―人と環境にやさしく安全に暮らし続けられる都心居住の実現を目指して　豊島区都市整備部住宅課編　豊島区都市整備部住宅課　2014.3　116p　30cm　Ⓝ365.31

東京都豊島区（住宅問題）
◇豊島区住宅白書―豊島区の住まいの"今"をみつめる　2013　豊島区都市整備部住宅課編　［東京］　豊島区　2013.12　96p　30cm　Ⓝ365.31

東京都豊島区（障害者福祉）
◇豊島区障害者等実態・意向調査報告書　豊島区保健福祉部障害者福祉課　2014.3　227p　30cm〈調査委託機関：エスピー研〉Ⓝ369.27

東京都豊島区（商店街）
◇ぶらり、ゆったり、今こそ癒しの街・巣鴨―とげぬき地蔵通り商店街の新たな挑戦　木崎茂雄著　展望社　2014.10　198p　19cm〈文献あり　年表あり〉①978-4-88546-286-3　Ⓝ672.1361　［1250円］

東京都豊島区（書目）
◇東京都（文京区・豊島区）EL新聞記事情報リスト　2013　エレクトロニック・ライブラリー編　エレクトロニック・ライブラリー　2014.2　506, 340p　31cm〈奥付のタイトル：東京都EL新聞記事情報リスト　制作：日外アソシエーツ〉Ⓝ025.81361

東京都豊島区（選挙―統計）
◇選挙の記録　豊島区選挙管理委員会編　豊島区選挙管理委員会　［2014］　38p　30cm〈東京都知事選挙　平成26年2月9日執行〉Ⓝ314.8

東京都豊島区（読書調査）
◇読書活動に関する実態調査報告書　豊島区文化商工部図書館課　2014.12　222p　30cm　Ⓝ019.3

東京都豊島区（都市計画）
◇池袋駅地区バリアフリー基本構想　エリア拡大編　豊島区保健福祉部福祉総務課,豊島区都市整備部都市計画課編　［東京］　豊島区保健福祉部福祉総務課　2014.4　38, 7p　30cm〈共同刊行：豊島区都市整備部都市計画課〉Ⓝ518.8

東京都豊島区（バリアフリー〔交通〕）
◇池袋駅地区バリアフリー基本構想　エリア拡大編　豊島区保健福祉部福祉総務課,豊島区都市整備部都市計画課編　［東京］　豊島区保健福祉部福祉総務課　2014.4　38, 7p　30cm〈共同刊行：豊島区都市整備部都市計画課〉Ⓝ518.8

東京都豊島区（舞踊）
◇F/T13ドキュメント　フェスティバル トーキョー実行委員会事務局編集　［東京］　フェスティバル/トーキョー　2014.4　215p　21cm〈英語抄訳付　会期・会場：平成25年11月9日（土）-12月8日（日）東京芸術劇場　あうるすぽっと（豊島区立舞台芸術センター）ほか　主催：フェスティバル/トーキョー実行委員会　東京都ほか　タイトルは奥付による．標題紙等のタイトル：FESTIVAL/TOKYO 13：DOCUMENTS　訳：アンドリューズ・ウィリアム〉①978-4-9905183-5-6　Ⓝ772.1361　［1400円］
◇F/T12ドキュメント　フェスティバル/トーキョー実行委員会事務局編　［東京］　フェスティバル/トーキョー　2013.4

と

東京都豊島区（名簿）

192p　21cm〈付属資料 ：11p：光のない。(プロローグ？)〉
①978-4-9905183-4-9　Ⓝ772.1361　[1429円]

東京都豊島区（名簿）
◇東京都（豊島区・板橋区・練馬区）人物・人材情報リスト
2015　日外アソシエーツ株式会社編　日外アソシエーツ（制
作）2014.11　1冊　30cm〈表紙のタイトル：東京都人物・人
材情報リスト〉Ⓝ281.361

東京都豊島区（歴史―写真集）
◇目で見る豊島区の100年―写真が語る激動のふるさと一世紀
松本　郷土出版社　2014.8　222p　31cm　①978-4-86375-
217-7　Ⓝ213.61　[9250円]

東京都豊島区（歴史―史料）
◇町方書上　3　根津・谷中・湯島・本郷・駒込・巣鴨・小石川・
小日向・青柳・音羽・桜木・高田・雑司ヶ谷　江戸東京博物館
友の会翻刻　江戸東京博物館友の会　2014.2　17, 357, 37p
30cm　Ⓝ213.61

東京都中野区（感染症対策）
◇中野区新型インフルエンザ等対策行動計画　中野区健康福祉
部　2014.6　53p　30cm　Ⓝ498.6

東京都中野区（行政）
◇中野区区民意識・実態調査《報告書》　2014　中野区政策室企
画分野政策情報担当　2014.12　289p　30cm〈委託先：タイ
ム・エージェント〉Ⓝ365.021361
◇中野区区民意識・実態調査報告書　2013　中野区政策室企画
分野政策情報担当　2014.3　196p　30cm〈委託先：インテー
ジリサーチ〉Ⓝ365.021361

東京都中野区（自転車駐車場）
◇中野区自転車利用総合計画　中野区都市基盤部防災・都市安
全分野自転車対策担当編　改正版　中野区都市基盤部防災・
都市安全分野自転車対策担当　2014.7　86p　30cm　Ⓝ685.8

東京都中野区（条例）
◇中野区条例規則集　平成26年度版　第1巻　中野区経営室編
中野区　2014.8　37, 1746p　21cm　Ⓝ318.2361
◇中野区条例規則集　平成26年度版　第2巻　中野区経営室編
中野区　2014.8　37p, p1749-3475　21cm　Ⓝ318.2361

東京都中野区（書目）
◇東京都（中野区・杉並区）EL新聞記事情報リスト　2013　エレ
クトロニック・ライブラリー編　エレクトロニック・ライブラ
リー　2014.2　264, 420p　31cm〈奥付のタイトル：東京都
EL新聞記事情報リスト　制作：日外アソシエーツ〉Ⓝ025.
81361

東京都中野区（生活問題）
◇中野区区民意識・実態調査《報告書》　2014　中野区政策室企
画分野政策情報担当　2014.12　289p　30cm〈委託先：タイ
ム・エージェント〉Ⓝ365.021361
◇中野区区民意識・実態調査報告書　2013　中野区政策室企画
分野政策情報担当　2014.3　196p　30cm〈委託先：インテー
ジリサーチ〉Ⓝ365.021361

東京都中野区（選挙―統計）
◇選挙の記録―平成25年6月・7月　中野区選挙管理委員会
2013.12　147p　30cm〈東京都議会議員選挙　6月23日執行,
参議院議員選挙　7月21日執行〉Ⓝ314.8
◇選挙の記録―平成26年2月　中野区選挙管理委員会　2014.3
54p　30cm〈東京都知事選挙　2月9日執行〉Ⓝ314.8

東京都中野区（放置自転車）
◇中野区自転車利用総合計画　中野区都市基盤部防災・都市安
全分野自転車対策担当編　改正版　中野区都市基盤部防災・
都市安全分野自転車対策担当　2014.7　86p　30cm　Ⓝ685.8

東京都中野区（名簿）
◇東京都（中野区・杉並区）人物・人材情報リスト　2015　日外
アソシエーツ株式会社編　日外アソシエーツ（制作）2014.11
1冊　30cm〈表紙のタイトル：東京都人物・人材情報リスト〉
Ⓝ281.361

東京都練馬区（遺跡・遺物）
◇埋蔵文化財調査報告　28　平成24年度　練馬区区民生活事業
本部地域文化部文化・生涯学習課伝統文化係編　練馬区区民
生活事業本部地域文化部文化・生涯学習課伝統文化係　2014.3
46p　図版10p　30cm　Ⓝ210.0254

東京都練馬区（環境行政）
◇ストップ！ 地球温暖化ねりま大作戦―平成25年度エコライフ
チェック事業報告書　2013　［東京］　練馬区民環境行動連絡
会　2014.3　39p　30cm〈共同刊行：練馬区環境まちづくり
事業本部環境部環境課〉Ⓝ519.1

東京都練馬区（高校生）
◇練馬区子ども・子育て支援事業計画等の策定に係るニーズ調査
報告書―中学生・高校生　練馬区教育委員会事務局こども家
庭部子育て支援課　2014.3　58p　30cm　Ⓝ369.4

東京都練馬区（子育て支援）
◇練馬区子ども・子育て支援事業計画等の策定に係るニーズ調査
報告書　練馬区教育委員会事務局こども家庭部子育て支援課
2014.1　478p　30cm　Ⓝ369.4

東京都練馬区（児童福祉）
◇練馬区子ども・子育て支援事業計画等の策定に係るニーズ調査
報告書―中学生・高校生　練馬区教育委員会事務局こども家
庭部子育て支援課　2014.3　58p　30cm　Ⓝ369.4

東京都練馬区（条例）
◇練馬区例規集　平成26年　第1巻　練馬区総務部文書法務課編
練馬区　2014.7　2399p　21cm　Ⓝ318.2361
◇練馬区例規集　平成26年　第2巻　練馬区総務部文書法務課編
練馬区　2014.7　p2403-4192　21cm　Ⓝ318.2361

東京都練馬区（書目）
◇東京都（板橋区・練馬区）EL新聞記事情報リスト　2013　エレ
クトロニック・ライブラリー編　エレクトロニック・ライブラ
リー　2014.2　293, 370p　31cm〈奥付のタイトル：東京都
EL新聞記事情報リスト　制作：日外アソシエーツ〉Ⓝ025.
81361

東京都練馬区（選挙―統計）
◇結果記録　練馬区選挙管理委員会編　練馬区選挙管理委員会
2013.12　141p　30cm〈東京都議会議員選挙　平成25年6月23
日執行, 参議院（東京都選出）議員選挙・参議院（比例代表選
出）議員選挙　平成25年7月21日執行〉Ⓝ314.8
◇結果記録　練馬区選挙管理委員会編　練馬区選挙管理委員会
2014.3　76p　30cm〈東京都知事選挙　平成26年2月9日執行〉
Ⓝ314.8
◇結果記録　練馬区選挙管理委員会編　練馬区選挙管理委員会
2014.9　82p　30cm〈練馬区長選挙・練馬区議会議員補欠選
挙　平成26年4月20日執行, 練馬区農業委員会委員選挙　平成26
年7月6日執行〉Ⓝ314.8

東京都練馬区（地方選挙）
◇結果記録　練馬区選挙管理委員会編　練馬区選挙管理委員会
2014.9　82p　30cm〈練馬区長選挙・練馬区議会議員補欠選
挙　平成26年4月20日執行, 練馬区農業委員会委員選挙　平成26
年7月6日執行〉Ⓝ314.8

東京都練馬区（中学生）
◇練馬区子ども・子育て支援事業計画等の策定に係るニーズ調査
報告書―中学生・高校生　練馬区教育委員会事務局こども家
庭部子育て支援課　2014.3　58p　30cm　Ⓝ369.4

東京都練馬区（伝記）
◇桜並木のsomebody―素晴らしき隣人達人たち　1　岡村宏平,
伊藤哲彦著　［東京］　チーム隣人達人　2014.3　1冊〈ページ
付なし〉37cm〈発行所：イタレリ〉①978-4-9905658-1-7
Ⓝ281.361　[2000円]

東京都練馬区（美術品）
◇練馬アトリエ村と周辺の人びとのその後　中井嘉文編　中井
嘉文　2014.8　135p　30cm〈年譜あり 文献あり〉Ⓝ702.16

東京都練馬区（名簿）
◇東京都（豊島区・板橋区・練馬区）人物・人材情報リスト
2015　日外アソシエーツ株式会社編　日外アソシエーツ（制
作）2014.11　1冊　30cm〈表紙のタイトル：東京都人物・人
材情報リスト〉Ⓝ281.361

東京都文京区（遺跡・遺物）
◇小日向一・二丁目南遺跡　文京区教育委員会編　［東京］　文
京区教育委員会　2014.3　145p　図版4p　30cm〈東京都文京
区所在　文京区立福祉センター（仮称）建設に伴う埋蔵文化財
緊急発掘調査報告書〉Ⓝ210.0254
◇駒込神明町貝塚　第3地点　文京区教育委員会編　［東京］　文
京区教育委員会　2014.12　57p　図版2p　30cm〈東京都文京
区所在　駒込備蓄倉庫等建設に伴う埋蔵文化財発掘調査報告
書：文京区〉Ⓝ210.0254
◇千石一丁目南遺跡　第2地点　文京区教育委員会編　［東京］
文京区教育委員会　2014.2　35p　図版2枚　30cm〈東京都文
京区所在　（仮称）千石地域活動拠点施設建設に伴う埋蔵文化
財発掘調査報告書〉Ⓝ210.0254
◇戸崎町遺跡第3地点　文京区教育委員会編　［東京］　文京区教
育委員会　2014.3　49p　30cm〈東京都文京区所在　東洋大
学白山第2キャンパス工事に伴う埋蔵文化財発掘調査報告書
共同刊行：東洋大学〉Ⓝ210.0254
◇本郷六丁目遺跡　テイケイトレード株式会社埋蔵文化財事業
部編　［熊本］　肥後銀行　2014.5　21p　図版3枚　30cm

〈東京都文京区所在　肥後銀行本郷六丁目社宅新築工事に伴う埋蔵文化財発掘調査報告書〉　Ⓝ210.0254

東京都文京区（教育行政）
◇文京区教育振興基本計画—平成26年度—平成30年度　［文京区教育委員会］教育推進部庶務課教育改革担当編　［東京］　文京区教育委員会　2014.3　77p　30cm　Ⓝ373.2　［1060円］

東京都文京区（行政）
◇文京区基本構想実施計画　平成26年度—平成28年度　［文京区］企画政策部企画課編　［東京］　文京区　2014.3　209p　30cm　Ⓝ318.2361　［1470円］

東京都文京区（障害者福祉）
◇文京区障害者（児）実態・意向調査報告書　文京区福祉部障害福祉課, 文京区保健衛生部予防対策課編　［東京］　文京区福祉部障害福祉課　2014.3　376p　30cm　〈共同刊行：文京区保健衛生部予防対策課〉Ⓝ369.27　［940円］

東京都文京区（書目）
◇東京都（文京区・豊島区）EL新聞記事情報リスト　2013　エレクトロニック・ライブラリー編　エレクトロニック・ライブラリー　2014.2　506, 340p　31cm　〈奥付のタイトル：東京都EL新聞記事情報リスト　制作：日外アソシエーツ〉Ⓝ025.81361

東京都文京区（地方自治）
◇都市議員と公共政策—とみもと卓ら議、前田くにひろ区議の活動　田丸大著　志學社　2014.4　76p　21cm　①978-4-904180-38-9　Ⓝ318.2361　［1000円］

東京都文京区（民家）
◇漱石先生の書斎は七畳間だった！—明治村「猫の家」の虚像と実像　鈴木義夫著　岡崎　鈴木義夫　2014.12　83p　26cm　〈年表あり〉Ⓝ521.86

東京都文京区（名簿）
◇東京都文京区人物・人材情報リスト　2015　日外アソシエーツ株式会社編　日外アソシエーツ（制作）2014.11　736, 28p　30cm　〈表紙のタイトル：東京都人物・人材情報リスト〉Ⓝ281.361

東京都文京区（歴史—写真集）
◇目で見る文京区の100年—写真が語る激動のふるさと一世紀　松本　郷土出版社　2014.6　222p　31cm　〈文献あり〉①978-4-86375-211-5　Ⓝ213.61　［9236円］

東京都文京区（歴史—史料）
◇町方書上　3　根津・谷中・湯島・本郷・駒込・巣鴨・小石川・小日向・青柳・音羽・林・高田・雑司ヶ谷　江戸東京博物館友の会翻刻　江戸東京博物館友の会　2014.2　17, 357, 37p　30cm　Ⓝ213.61

東京都保護司会連合会
◇東京における保護司活動—平成15年から平成25年まで　東京都保護司会連合会創立60周年記念誌編集委員会編　東京都保護司会連合会　2014.3　271p　31cm　〈年表あり　東京都保護司会連合会創立60周年記念〉Ⓝ326.56

東京都港区（遺跡・遺物）
◇麻布龍土町町屋敷跡遺跡発掘調査報告書　パスコ編　［東京］　ペンブローク・六本木7・リアルエステート・リミテッド　2014.3　226p　30cm　〈港区内近世都市江戸関連遺跡発掘調査報告 55〉〈同刊行：パスコ〉Ⓝ210.0254
◇愛宕下遺跡—港区no. 149遺跡　3　第1分冊　本文編・史料編　多摩　東京都スポーツ文化事業団東京都埋蔵文化財センター　2014.3　36, 419, 33p　30cm　（東京都埋蔵文化財センター調査報告 第286集）〈港区所在　環状第二号線新橋・虎ノ門地区第二種市街地再開発事業に伴う埋蔵文化財発掘調査　折り込1枚〉Ⓝ210.0254
◇愛宕下遺跡—港区no. 149遺跡　3　第2分冊　遺構図版編芝口地区1・2　多摩　東京都スポーツ文化事業団東京都埋蔵文化財センター　2014.3　250p　30cm　（東京都埋蔵文化財センター調査報告 第286集）〈港区所在　環状第二号線新橋・虎ノ門地区第二種市街地再開発事業に伴う埋蔵文化財発掘調査〉Ⓝ210.0254
◇愛宕下遺跡—港区no. 149遺跡　3　第3分冊　遺構図版編芝口地区3・4　多摩　東京都スポーツ文化事業団東京都埋蔵文化財センター　2014.3　397p　30cm　（東京都埋蔵文化財センター調査報告 第286集）〈港区所在　環状第二号線新橋・虎ノ門地区第二種市街地再開発事業に伴う埋蔵文化財発掘調査〉Ⓝ210.0254
◇愛宕下遺跡—港区no. 149遺跡　3　第4分冊　遺構図版編愛宕下地区1・2　東京都スポーツ文化事業団東京都埋蔵文化財センター編　多摩　東京都スポーツ文化事業団東京都埋蔵文化財センター　2014.3　419p　30cm　（東京都埋蔵文化財センター調査報告 第286集）〈港区所在　環状第二号線新橋・虎ノ門地区第二種市街地再開発事業に伴う埋蔵文化財発掘調査〉Ⓝ210.0254
◇愛宕下遺跡—港区no. 149遺跡　3　第5分冊　遺構図版編愛宕下地区4・5・6・7・8　東京都スポーツ文化事業団東京都埋蔵文化財センター編　多摩　東京都スポーツ文化事業団東京都埋蔵文化財センター　2014.3　342p　30cm　（東京都埋蔵文化財センター調査報告 第286集）〈港区所在　環状第二号線新橋・虎ノ門地区第二種市街地再開発事業に伴う埋蔵文化財発掘調査〉Ⓝ210.0254
◇愛宕下遺跡—港区no. 149遺跡　3　第6分冊　遺構図版編西久保地区1・2・3　東京都スポーツ文化事業団東京都埋蔵文化財センター編　多摩　東京都スポーツ文化事業団東京都埋蔵文化財センター　2014.3　345p　30cm　（東京都埋蔵文化財センター調査報告 第286集）〈港区所在　環状第二号線新橋・虎ノ門地区第二種市街地再開発事業に伴う埋蔵文化財発掘調査〉Ⓝ210.0254

◇愛宕下遺跡—港区no. 149遺跡　3　第7分冊　遺構図版編西久保地区5・6　東京都スポーツ文化事業団東京都埋蔵文化財センター編　多摩　東京都スポーツ文化事業団東京都埋蔵文化財センター　2014.3　436p　30cm　（東京都埋蔵文化財センター調査報告 第286集）〈港区所在　環状第二号線新橋・虎ノ門地区第二種市街地再開発事業に伴う埋蔵文化財発掘調査〉Ⓝ210.0254
◇愛宕下遺跡—港区no. 149遺跡　3　第8分冊　遺物図版編芝口地区・愛宕下地区1　東京都スポーツ文化事業団東京都埋蔵文化財センター編　多摩　東京都スポーツ文化事業団東京都埋蔵文化財センター　2014.3　395p　30cm　（東京都埋蔵文化財センター調査報告 第286集）〈港区所在　環状第二号線新橋・虎ノ門地区第二種市街地再開発事業に伴う埋蔵文化財発掘調査〉Ⓝ210.0254
◇愛宕下遺跡—港区no. 149遺跡　3　第9分冊　遺物図版編愛宕下地区2・西久保地区　東京都スポーツ文化事業団東京都埋蔵文化財センター編　多摩　東京都スポーツ文化事業団東京都埋蔵文化財センター　2014.3　501p　30cm　（東京都埋蔵文化財センター調査報告 第286集）〈港区所在　環状第二号線新橋・虎ノ門地区第二種市街地再開発事業に伴う埋蔵文化財発掘調査〉Ⓝ210.0254
◇愛宕下遺跡—港区no. 149遺跡　3　第10分冊　自然科学分析編　東京都スポーツ文化事業団東京都埋蔵文化財センター編　多摩　東京都スポーツ文化事業団東京都埋蔵文化財センター　2014.3　206p　30cm　（東京都埋蔵文化財センター調査報告 第286集）〈港区所在　環状第二号線新橋・虎ノ門地区第二種市街地再開発事業に伴う埋蔵文化財発掘調査〉Ⓝ210.0254
◇石見津和野藩亀井家屋敷跡遺跡発掘調査報告書　3　港区教育委員会編　［東京］　港区教育委員会　2014.3　173p　30cm　（港区内近世都市江戸関連遺跡発掘調査報告 57）Ⓝ210.0254
◇品川台場（第五）遺跡　東京都スポーツ文化事業団東京都埋蔵文化財センター編　多摩　東京都スポーツ文化事業団東京都埋蔵文化財センター　2014.3　11, 214p　30cm　（東京都埋蔵文化財センター調査報告 第290集）〈港区所在　品川ふ頭再編整備事業に伴う埋蔵文化財発掘調査〉Ⓝ210.0254
◇豊後日出藩木下家屋敷跡遺跡発掘調査報告書　港区教育委員会, 共和開発株式会社編　［東京］　日本土地建物　2013.3　163p　図版 2p　30cm　（港区内近世都市江戸関連遺跡発掘調査報告 54）Ⓝ210.0254
◇豊後森藩久留島家・丹波亀山藩松平家屋敷跡遺跡発掘調査報告書　港区教育委員会（事務局図書・文化財課文化財係）編　［東京］　港区教育委員会　2014.3　505p　30cm　（港区内近世都市江戸関連遺跡発掘調査報告 56）Ⓝ210.0254
◇港区埋蔵文化調査年報　11　平成24年度の調査他　港区教育委員会事務局図書・文化財課文化財係編　［東京］　港区教育委員会　2014.1　111p　30cm　Ⓝ210.0254

東京都港区（行政）
◇港区政策形成支援データ集　港区政策創造研究所編　3rd edition　港区政策創造研究所　2014.12　56p　30cm　Ⓝ318.2361
◇港区政策形成支援マニュアル—アンケート調査の活用と政策形成　港区政策創造研究所編　港区政策創造研究所　2014.8　95p　30cm　Ⓝ318.2361

東京都港区（建築）
◇表参道を歩いてわかる現代建築　米田明, 内野正樹, 後藤武著　大和書房　2014.6　120p　21cm　〈文献あり〉①978-4-479-39254-5　Ⓝ523.1361　［2000円］

東京都港区（高齢者福祉）

◇港区保健福祉基礎調査報告書　1　高齢者基礎調査　港区保健福祉支援部保健福祉課　2014.3　592p　30cm　Ⓝ369.021361

東京都港区（殺人）

◇反証―六本木クラブ襲撃事件「逮捕からの700日」　石元太一著　双葉社　2014.7　279p　19cm　Ⓘ978-4-575-30717-7　Ⓝ916　［1300円］

東京都港区（自然保護）

◇港区生物多様性地域戦略―生物多様性みなとプラン　港区環境リサイクル支援部環境課編　港区環境リサイクル支援部環境課　2014.3　134, 41p　30cm　Ⓝ519.81361

東京都港区（児童福祉）

◇港区における子どもと子育て家庭の生活と意識に関する調査報告書　港区政策創造研究所　2014.2　267p　30cm　Ⓝ369.4

◇港区における子どもと子育て家庭の生活と意識に関する調査報告書　資料編　港区政策創造研究所　2014.2　151p　30cm　Ⓝ369.4

◇港区保健福祉基礎調査報告書　3　子ども家庭・一般区民基礎調査　港区保健福祉支援部保健福祉課　2014.3　644p　30cm　Ⓝ369.021361

東京都港区（障害者福祉）

◇港区保健福祉基礎調査報告書　2　障害者基礎調査　港区保健福祉支援部保健福祉課　2014.3　414p　30cm　Ⓝ369.021361

東京都港区（条例）

◇港区要綱集　平成26年度版　1　港区総務部総務課編　港区　2014.9　31, 1093p　21cm　Ⓝ318.2361

◇港区要綱集　平成26年度版　2　港区総務部総務課編　港区　2014.9　31p, p1097-3040　21cm　Ⓝ318.2361

◇港区例規集　平成26年度版　港区総務部総務課編　港区　2014.9　12, 2584p　21cm　Ⓝ318.2361

◇港区例規集―様式編　平成26年度版　港区総務部総務課編　港区　2014.9　2761p　21cm　Ⓝ318.2361

東京都港区（書目）

◇東京都港区EL新聞記事情報リスト　2013-1　エレクトロニック・ライブラリー編　エレクトロニック・ライブラリー　2014.2　567p　31cm　〈制作：日外アソシエーツ〉　Ⓝ025.81361

◇東京都港区EL新聞記事情報リスト　2013-2　エレクトロニック・ライブラリー編　エレクトロニック・ライブラリー　2014.2　p569-1534　31cm　〈制作：日外アソシエーツ〉　Ⓝ025.81361

東京都港区（生物多様性）

◇港区生物多様性地域戦略―生物多様性みなとプラン　港区環境リサイクル支援部環境課編　港区環境リサイクル支援部環境課　2014.3　134, 41p　30cm　Ⓝ519.81361

東京都港区（選挙―統計）

◇選挙の記録　2013　港区選挙管理委員会事務局編　港区選挙管理委員会事務局　2014.3　135p　30cm　〈東京都議会議員選挙　平成25年6月23日執行、参議院議員選挙　平成25年7月21日執行、東京都知事選挙　平成26年2月9日執行〉　Ⓝ314.8

東京都港区（耐震建築）

◇港区耐震改修促進計画　改定　港区街づくり支援部建築課　2014.4　56p　30cm　〈年表あり〉　Ⓝ524.91

東京都港区（単親家庭）

◇港区保健福祉基礎調査報告書　3　子ども家庭・一般区民基礎調査　港区保健福祉支援部保健福祉課　2014.3　644p　30cm　Ⓝ369.021361

東京都港区（文化財保護）

◇古代からの文化遺産を次の世代へ―埋蔵文化財保護の手引き　平成25年度改訂　港区教育委員会事務局図書・文化財課文化財係　［2013］　38p　30cm　Ⓝ709.1361

東京都港区（名簿）

◇東京都港区人物・人材情報リスト　2015　第1巻　日外アソシエーツ株式会社編　日外アソシエーツ（制作）　2014.11　508p　30cm　〈表紙のタイトル：東京都人物・人材情報リスト〉　Ⓝ281.361

◇東京都港区人物・人材情報リスト　2015　第2巻　日外アソシエーツ株式会社編　日外アソシエーツ（制作）　2014.11　p509-1186　30cm　〈表紙のタイトル：東京都人物・人材情報リスト〉　Ⓝ281.361

◇東京都港区人物・人材情報リスト　2015　第3巻　日外アソシエーツ株式会社編　日外アソシエーツ（制作）　2014.11　p1187-1903, 38p　30cm　〈表紙のタイトル：東京都人物・人材情報リスト〉　Ⓝ281.361

東京都港区（歴史―史料）

◇町方書上　5　赤坂・青山・権田原・千駄ヶ谷・渋谷・麻布・桜田・飯倉・西久保　江戸東京博物館友の会翻刻　江戸東京博物館友の会　2014.2　17, 376, 43p　30cm　Ⓝ213.61

◇町方書上　6　芝・伊皿子・二本榎・三田・白金・六軒茶屋・永峰・目黒・高輪・品川　江戸東京博物館友の会翻刻　江戸東京博物館友の会　2014.10　18, 405, 45p　30cm　Ⓝ213.61

東京都目黒区（遺跡・遺物）

◇南遺跡―第5次発掘調査報告書　目黒区教育委員会編　目黒区教育委員会　2014.3　38p　図版　12p　30cm　（目黒区埋蔵文化財発掘調査報告書　第25集）〈東京都目黒区所在〉　Ⓝ210.0254

東京都目黒区（衛生行政）

◇健康づくり調査報告書　目黒区健康推進部健康推進課編　［東京］　目黒区　2014.12　254p　30cm　〈調査委託先：奥論科学協会〉　Ⓝ498.1

◇目黒区の健康福祉　平成26年度版　目黒区健康福祉部・子育て支援部編　目黒区　2014.8　160p　30cm　〈目黒区健康福祉部・子育て支援部事業概要〉　Ⓝ369.11

東京都目黒区（介護福祉）

◇介護保険事業計画改定の基礎資料のための調査高齢者の生活に関する調査報告書　目黒区健康福祉部介護保険課・地域ケア推進課・高齢福祉課編　［東京］　目黒区　2014.3　400p　30cm　〈調査委託先：サーベイリサーチセンター〉　Ⓝ369.26

東京都目黒区（介護福祉―統計）

◇介護保険事業計画改定の基礎資料のための調査高齢者の生活に関する調査報告書　資料編　目黒区健康福祉部介護保険課・地域ケア推進課・高齢福祉課編　［東京］　目黒区　2014.3　351p　30cm　〈調査委託先：サーベイリサーチセンター〉　Ⓝ369.26

東京都目黒区（環境行政）

◇目黒区地球温暖化対策地域推進計画　第2次計画　目黒区環境清掃部環境保全課編　［東京］　目黒区　2014.3　79p　30cm　〈第2次計画のタイトル関連情報：みんなでつくるみどりと省エネのまちめぐろ〉　Ⓝ519.1

東京都目黒区（行政）

◇区政に対する意識調査　目黒区企画経営部政策企画課編　［東京］　目黒区　2014.3　259p　30cm　〈調査委託先：都市ネット〉　Ⓝ318.2361

東京都目黒区（健康管理）

◇健康づくり調査報告書　目黒区健康推進部健康推進課編　［東京］　目黒区　2014.12　254p　30cm　〈調査委託先：奥論科学協会〉　Ⓝ498.1

東京都目黒区（公共施設）

◇目黒区有施設見直し方針―「これからの40年」を見据えた持続可能な施設サービスに向けて　目黒区企画経営部施設改革課編　［東京］　目黒区　2014.3　87p　30cm　Ⓝ318.2361

東京都目黒区（高齢者福祉）

◇介護保険事業計画改定の基礎資料のための調査高齢者の生活に関する調査報告書　目黒区健康福祉部介護保険課・地域ケア推進課・高齢福祉課編　［東京］　目黒区　2014.3　400p　30cm　〈調査委託先：サーベイリサーチセンター〉　Ⓝ369.26

東京都目黒区（高齢者福祉―統計）

◇介護保険事業計画改定の基礎資料のための調査高齢者の生活に関する調査報告書　資料編　目黒区健康福祉部介護保険課・地域ケア推進課・高齢福祉課編　［東京］　目黒区　2014.3　351p　30cm　〈調査委託先：サーベイリサーチセンター〉　Ⓝ369.26

東京都目黒区（子育て支援）

◇目黒区子ども総合計画改定に係る基礎調査報告書　目黒区子育て支援部子育て支援課編　［東京］　目黒区　2014.3　293p　30cm　〈委託機関：サーベイリサーチセンター〉　Ⓝ369.4

東京都目黒区（産業―統計）

◇目黒区事業所の実態　目黒区産業経済部産業経済・消費生活課編　［東京］　目黒区　2014.3　124p　30cm　Ⓝ605.9

東京都目黒区（自然保護）

◇地域生物多様性保全計画（目黒区生物多様性地域戦略）策定事業委託業務―委託業務完了報告書　平成25年度　東京都目黒区　2014.3　1冊　31cm　〈背・表紙のタイトル：地域生物多様性保全計画策定事業委託業務　ルーズリーフ〉　Ⓝ519.81361

◇野鳥のすめるまちづくり計画―ささえあう生命の輪：目黒区生物多様性地域戦略　目黒区都市整備部みどりと公園課編　［東京］　目黒区　2014.3　102p　30cm　Ⓝ519.81361

東京都目黒区（社会福祉）
◇目黒区の健康福祉　平成26年度版　目黒区健康福祉部・子育て支援部編　[東京]　目黒区　2014.8　160p　30cm〈目黒区健康福祉部・子育て支援部事業概要〉Ⓝ369.11

東京都目黒区（条例）
◇目黒区例規集　平成26年　目黒区総務部総務課編　[東京]　目黒区　2014.8　2冊　21cm　Ⓝ318.2361

東京都目黒区（書目）
◇東京都（目黒区・世田谷区）EL新聞記事情報リスト　2013　エレクトロニック・ライブラリー編　エレクトロニック・ライブラリー　2014.2　284, 666p　31cm〈奥付のタイトル：東京都EL新聞記事情報リスト　制作：日外アソシエーツ〉Ⓝ025.81361

東京都目黒区（人権）
◇目黒区人権に関する意識調査報告書　目黒区総務部人権政策課　2014.3　153p　30cm　Ⓝ316.1

東京都目黒区（生物）
◇めぐろのいきもの80選—ささえあう生命の輪　目黒区都市整備部みどりと公園課編　[東京]　目黒区　2014.3　175p　21cm　Ⓝ462.1361　[400円]

東京都目黒区（生物多様性）
◇地域生物多様性保全計画（目黒区生物多様性地域戦略）策定事業委託業務—委託業務完了報告書　平成25年度　[東京]　東京都目黒区　2014.3　1冊　31cm〈背・表紙のタイトル：地域生物多様性保全計画策定事業委託業務　ルーズリーフ〉Ⓝ519.81361

◇野鳥のすめるまちづくり計画—ささえあう生命の輪：目黒区生物多様性地域戦略　目黒区都市整備部みどりと公園課編　[東京]　目黒区　2014.3　102p　30cm　Ⓝ519.81361

東京都目黒区（選挙—統計）
◇選挙の記録　目黒区選挙管理委員会編　目黒区選挙管理委員会　2014.3　50p　30cm〈東京都知事選挙　平成26年2月9日執行〉Ⓝ314.8

東京都目黒区（都市計画）
◇都市の質を探して—自由が丘、九品仏川緑道百景　Darko Radović[監修], ダルコ・ラドヴィッチ, ダヴィシー・ブンタム[著]　Tokyo flick studio c2014　115p　26cm　（Measuring the Non-Measurable 08）〈本文は英語　日本語抄訳付　内容：アーバニティを探して（ダルコ・ラドヴィッチ著）　都市の質を探して（ダルコ・ラドヴィッチ著）　日本の建物のあいだのアクティビティ（デヴィッド・シム著）　人間的側面（ヤン・ゲール著）　パブリックな生活の学び方（ヤン・ゲール著）　都市の質を探ずる　都市の質をつくりだす　日常生活における詩学（ヴク・ラドヴィッチ著）〉①978-4-904894-19-4　Ⓝ518.8　[1111円]

東京都目黒区（平和教育）
◇小・中学生の広島派遣体験レポート集　平成25年度　目黒区総務部総務課編　[東京]　目黒区　2014.2　56p　30cm　Ⓝ375

東京都目黒区（名簿）
◇東京都目黒区人物・人材情報リスト　2015　日外アソシエーツ株式会社編　日外アソシエーツ（制作）　2014.11　528, 16p　30cm〈表紙のタイトル：東京都人物・人材情報リスト〉Ⓝ281.361

東京都目黒区（歴史—史料）
◇町方書上　6　芝・伊皿子・二本榎・三田・白金・六軒茶屋・永峰・目黒・高輪・品川　江戸東京博物館友の会翻刻　江戸東京博物館友の会　2014.10　18, 405, 45p　30cm　Ⓝ213.61

東京都目黒区（労働運動—歴史）
◇私が歩んだ労働組合運動　私が歩んだ労働組合運動編集委員会　2014.10　72p　21cm〈品川・目黒の活動家の聞き取り報告　第2集〉Ⓝ366.621361

東京都立荒川工業高等学校
◇記念誌—東京都立荒川工業高等学校全日制50周年・定時制65周年　東京都立荒川工業高等学校「全日制50周年・定時制65周年周年行事実行委員会」編　東京都立荒川工業高等学校　2013.11　70p　30cm〈年表あり　表紙のタイトル：創立全日制50周年定時制65周年記念誌〉Ⓝ376.48

東京都立大森高等学校同窓会
◇同窓会の歴史—耀　[東京]　東京都立大森高等学校同窓会　2014.4　147p　37cm〈奥付のタイトル：東京都立大森高等学校同窓会　の　歴史「耀」〉Ⓝ376.48

東京都立小山台高等学校野球部
◇小山台高校野球部の記録—エブリデイマイラスト　藤井利香著　日刊スポーツ出版社　2014.11　237p　19cm　①978-4-8172-0327-4　Ⓝ783.7　[1500円]

東京都立産業技術研究センター
◇都産技研の挑戦—世界に勝つものづくり支援の強化　東京都立産業技術研究センター編　丸善プラネット　2014.3　218p　22cm〈丸善出版（発売）　索引あり〉①978-4-86345-204-6　Ⓝ507.6　[2000円]

東京二十三区清掃一部事務組合
◇東京二十三区清掃一部事務組合例規集　平成26年度版　東京二十三区清掃一部事務組合総務部総務課編　東京二十三区清掃一部事務組合　2014.6　860p　21cm　Ⓝ518.54

東京のつむじ風〔1945～ 〕
◇自伝我が人生に悔いあり—東北の仏になりたや　東京のつむじ風著　文芸社　2014.8　181p　19cm　①978-4-286-15006-2　Ⓝ289.1　[800円]

東京富士美術館
◇東京富士美術館30年史　[八王子]　東京富士美術館　2014.11　200p　30cm〈年譜あり　英語併記〉Ⓝ706.9

東京防災設備保守協会
◇保守協会50年のあゆみ—1964-2014　東京防災設備保守協会編　東京防災設備保守協会　2014.7　65p　31cm〈年表あり〉Ⓝ528.6

東京モノレール株式会社
◇東京モノレール50年史—1964-2014　東京モノレール株式会社社史編纂委員会　東京モノレール　2014.9　266p　28cm〈年表あり〉Ⓝ686.91361

東京ヤクルトスワローズ
◇東京ヤクルトスワローズあるある　東雲八雲著　TOブックス　2014.5　159p　18cm〈イラスト：なかむらみつのり〉①978-4-86472-262-9　Ⓝ783.7　[1100円]

東京よみうりカントリークラブ
◇東京よみうりカントリークラブ50年史—1964-2014　東京よみうりカントリークラブ編, エチケット・フェローシップ委員会監修　稲城　東京よみうりカントリークラブ　2014.10　68p　30cm〈年表あり〉Ⓝ783.8

東京労音合唱団
◇いぶき—創立50周年記念誌　創立50周年記念行事実行委員会編　[東京]　東京労音合唱団　2013.12　258p　30cm〈年表あり〉Ⓝ767.4

東京湾
◇広域総合水質調査資料解析業務報告書　平成24年度　平成22年度調査結果／平成23年度調査結果　[東京]　環境省水・大気環境局水環境課閉鎖性海域対策室　2013.3　1冊　30cm　Ⓝ519.4

◇東京港波浪観測40年報　東京都港湾局港湾整備部技術管理課編　東京都港湾局港湾整備部技術管理課　2014.3　1冊　31cm　Ⓝ452.513

◇東京湾岸の地震防災対策—臨海コンビナートは大丈夫か　濱田政則, 樋口俊一, 中村孝明, 佐藤孝治, 飯塚信夫著　早稲田大学出版部　2014.9　152p　21cm（早稲田大学ブックレット）〈内容：コンビナートの地震・津波リスク（濱田政則著）　東京湾の現状（濱田政則著）　東京湾臨海コンビナートの危険性（濱田政則著）　コンビナートの強靱化と耐震補強（樋口俊一著）　土木構造物の耐震補強（樋口俊一著）　プラント設備の耐震補強（樋口俊一著）　津波対策（樋口俊一著）　コンビナート施設の地震リスク診断と最適投資（中村孝明著）　コンビナート災害が社会・経済活動に及ぼす影響（佐藤孝治著）　大規模災害の経済的被害の推計（飯塚信夫著）〉①978-4-657-14302-0　Ⓝ575.5　[1200円]

◇東京湾巨大津波の被害と対策　未来予測研究所　2014.8　94p　30cm　①978-4-944021-86-4　Ⓝ369.31　[35000円]

◇東京湾における津波来襲時での避難水域規模推計に関する研究　安部智久, 野口孝俊, 内藤裕之, 谷本剛, 高橋宏直[著]　[横須賀]　国土技術政策総合研究所　2014.3　4, 53p　30cm（国土技術政策総合研究所資料　第782号）Ⓝ557.8

◇放射性物質測定調査委託費（東京湾環境放射能調査）事業報告書　平成25年度　[千葉]　日本分析センター　2014.3　84p　30cm〈25東京湾委報告003〉Ⓝ519.4

峠 三吉〔1917～1953〕
◇原民喜と峠三吉—わたしのフィールドワーク　松本滋恵著　[出版地不明]　[松本滋恵]　2014.9　162p　21cm〈文献あり〉Ⓝ910.268　[非売品]

桃月庵 白酒〔1968～ 〕
◇白酒ひとり壺中の天—火焔太鼓に夢見酒　桃月庵白酒著　白夜書房　2013.9　258p　18cm（落語ファン倶楽部新書 009）〈作品目録あり〉①978-4-86494-004-7　Ⓝ779.13　[952円]

道元〔1200～1253〕

道元〔1200～1253〕

◇倉橋羊村選集 第3巻 評伝 2 倉橋羊村著 本阿弥書店 2013.12 412p 22cm 〈年譜あり 布装 内容：道元 禅僧・山頭火 私説 現代俳人像〉 ①978-4-7768-1051-3（set） ⑧911.368

◇正法眼藏提唱—現成公案・有時・諸惡莫作・梅花 立花知彦著 唯学書房 2014.2 213p 20cm 〈アジール・プロダクション（発売）〉 ①978-4-902225-83-9 ⑧188.81 ［2000円］

◇正法眼藏入門 賴住光子［著］ KADOKAWA 2014.12 231p 15cm （［角川ソフィア文庫］［H114-1］）〈文献あり 著作目録あり 「道元」（日本放送出版協会 2005年刊）の改題、大幅に加筆〉 ①978-4-04-408911-5 ⑧188.82 ［800円］

◇図解早わかり！ 道元と曹洞宗 中野東禅監修 三笠書房 2014.5 221p 15cm （知的生きかた文庫 な32-4）〈文献あり〉 ①978-4-8379-8262-3 ⑧188.82 ［590円］

◇道元 山折哲雄著 新装版 清水書院 2014.9 219p 19cm （Century Books）〈文献あり 年表あり 索引あり〉 ①978-4-389-42042-0 ⑧188.82 ［1000円］

◇道元—曹洞宗 百瀬明治著 京都 淡交社 2014.12 198p 18cm （京都・宗祖の旅）〈年譜あり 1990年刊の再編集〉 ①978-4-473-03982-8 ⑧188.82 ［1200円］

◇道元—仏道を生きる ひろさちや著 春秋社 2014.6 205p 20cm 〈文献あり 年譜あり〉 ①978-4-393-13579-2 ⑧188.82 ［1800円］

◇道元—道は無窮なり 船岡誠著 京都 ミネルヴァ書房 2014.6 242,7p 20cm （ミネルヴァ日本評伝選）〈文献あり 年譜あり 索引あり〉 ①978-4-623-07104-3 ⑧188.82 ［3000円］

◇道元「永平広録 真賛・自賛・偈頌」 大谷哲夫全訳注 講談社 2014.6 343p 15cm （講談社学術文庫 2241）①978-4-06-292241-8 ⑧188.82

◇道元を逆輸入する—「現成公案」を英語から理解する試み ネルケ無方著 サンガ 2013.8 349p 20cm 〈文献あり 著作目録あり〉 ①978-4-905425-47-2 ⑧188.81 ［2400円］

◇道元禪師傳記史料集成 吉田道興編著 名古屋 あるむ 2014.1 864p 27cm 〈索引あり 布装〉 ①978-4-86333-072-6 ⑧188.82 ［20000円］

東光院〔豊中市〕

◇萩の寺とみほとけたち—行基菩薩ゆかりの精舎 坤 東光院 萩の寺編 豊中 東光院萩の寺 2013.9 108p 26cm ⑧702.17

東港金属株式会社

◇創業110周年記念誌 東港金属株式会社経営企画室編 東港金属 2014.7 91p 31cm 〈年表あり〉 ⑧566.067 ［非売品］

統合進歩党

◇大韓民國の敵統合進歩党—統合進歩党はなぜ解散されねばならないか 金泌材編著, 洪翠訳 ［東京］ 統一日報社 2014.12 217p 19cm ①978-4-907988-05-0 ⑧315.21 ［1390円］

同志社女子高等学校

◇私の学校図書館半生記—司書として、司書教諭として 家城清美［述］, 『私の学校図書館半生記—司書として、司書教諭として—』編集委員会編 中村百合子 2013.8 171p 21cm 〈年表あり 著作目録あり〉 ⑧017.02162 ［2000円］

同志社女子中学校

◇私の学校図書館半生記—司書として、司書教諭として 家城清美［述］, 『私の学校図書館半生記—司書として、司書教諭として—』編集委員会編 中村百合子 2013.8 171p 21cm 〈年表あり 著作目録あり〉 ⑧017.02162 ［2000円］

同志社大学

◇同志社から始まる未来—学生が編集！ 実像がわかる大学案内 同志社スポーツアトム編集局編 ミヤオビパブリッシング 2014.9 207p 21cm 〈宮帯出版社（発売）〉 ①978-4-86366-980-2 ⑧377.21 ［1260円］

同志社大学政策学部

◇政策学部でどう学ぶか 井口貢,多田実第5巻編集責任 京都 学芸出版社 2014.3 93p 21cm （政策学ブックレット 5）①978-4-7615-0905-7 ⑧301 ［800円］

同志社ワーキングコーラス

◇We are working chorus—同志社ワーキングコーラス50年のあゆみ ［出版地不明］ 同志社ワーキングコーラスOB会 2014.4 127p 24cm 〈年表あり〉 ⑧379.3 ［非売品］

堂島地下街株式会社

◇堂島地下街株式会社50年史 50年史編集委員会編 大阪 堂島地下街 2014.6 181p 31cm ⑧673.99

東洲斎 写楽〔江戸中期〕

◇写楽の深層 秋田巌著 NHK出版 2014.2 209p 19cm （NHKブックス 1213）①978-4-14-091213-3 ⑧721.8 ［1100円］

◇六人いた！ 写楽—歌麿と蔦屋がプロデュースした浮世絵軍団 橋本直樹著 宝島社 2014.1 171p 図版16p 18cm （宝島社新書 433）〈文献あり〉 ①978-4-8002-2201-5 ⑧721.8 ［800円］

東条 英機〔1884～1948〕

◇人間東條英機真新解釈 真砂千広編著 増補改訂版 ［出版地不明］ ［真砂千広］ 2014.5 238p 15cm ①978-4-907628-12-3 ⑧289.1 ［1200円］

東照宮〔日光市〕

◇国宝・重要文化財東照宮本殿、石の間及び拝殿、正面唐門・東西透塀・神輿舎・表門附廂子塀修理工事報告書 日光社寺文化財保存会編 ［日光］ 日光東照宮 2013.3 1冊 30cm ⑧521.818

道成寺〔和歌山県日高川町〕

◇道成寺の仏たちと「縁起絵巻」—古寺巡礼 伊東史朗編 ［日高川町（和歌山県）］ 道成寺 2014.9 95p 30cm 〈東京美術（発売）文献あり 年表あり〉 ①978-4-8087-1010-1 ⑧718.3 ［2000円］

唐招提寺〔奈良市〕

◇奈良のこころ—奈良・西ノ京から 鏡清澄著 名古屋 ブイツーソリューション 2014.8 243p 19cm （星雲社（発売）〈文献あり〉 ①978-4-434-19486-3 ⑧188.15 ［1200円］

東晋〔中国〕（中国詩—歴史—晋時代）

◇陶淵明とその時代 石川忠久著 増補版 研文出版 2014.5 573,12p 22cm 〈索引あり 内容：陶氏という南人貴族 陶淵明の帰田 隠士陶淵明 「和劉柴桑」と「酬劉柴桑」 「見南山」と「望南山」 「遊斜川」考 「雑詩其十二」について 六朝に於ける"變童詩" 東晋王朝の創始 謝氏の興隆 王羲之と蘭亭の遊 許詢について 孫綽と「遊天台山賦」について 謝混と「遊西池」詩 「尋陽者不遇」詩の生成について 両晋に於ける雅俗の観念 六朝詩に表われた女性美 文学に表われた海 王維輞川集校注 漢詩在日本 「東籬」考 謝霊運に見る陶淵明の影 名士としての陶淵明〉 ①978-4-87636-371-1 ⑧921.4 ［9500円］

東晋〔中国〕（仏教—歴史—晋時代）

◇六朝期における仏教受容の研究 遠藤祐介著 白帝社 2014.12 539p 22cm 〈文献あり 索引あり 布装 内容：東晋代における士大夫の宗教的関心と仏教 東晋士大夫における儒仏一致論の社会的意義 廬山慧遠における問題意識と仏教思想 僧肇における宗教的関心と仏教思想 竺道生の問題意識と仏教思想 羅什門下における経典受容 咸康論争の思想史的意義 東晋代の礼敬論争 六朝期における頓悟思想と漸悟説の特徴 「白黒論」論争の展開とその思想的特徴 「達性論」論争の展開とその思想的特徴 「夷夏論」論争における思想的特徴 結論 帛戸梨蜜多羅と「灌頂経」 仏教的世界観と経済活動〉 ①978-4-86398-172-0 ⑧182.22 ［9074円］

ドゥーセ, D.〔1961～ 〕

◇ドミニクドゥーセ、リスタート！ ドミニク・ドゥーセ著 津 伊勢新聞社 2014.11 237p 19cm ①978-4-903816-29-6 ⑧289.3 ［1500円］

東漸寺〔取手市〕

◇取手市指定有形文化財東漸寺観音堂・山門保存修理工事報告書 東京芸術大学大学院文化財保存学専攻保存修復建造物研究室編 ［取手］ 東漸寺 2014.9 81p 図版［28］枚 30cm 〈共同刊行：東漸寺観音堂・山門修復委員会〉 ⑧521.818

◇取手市指定有形文化財東漸寺観音堂・山門保存修理工事報告書 別冊 東漸寺周辺歴史調査報告書 資料編 日本建築研究所編 取手 東漸寺 2014.9 106p 30cm 〈年表あり 奥付のタイトル：取手市指定有形文化財東漸寺観音堂・山門周辺歴史調査報告書 共同刊行：東漸寺観音堂・山門修復委員会〉 ⑧521.818

東大寺〔奈良市〕

◇大佛勸進ものがたり 平岡定海著 吉川弘文館 2014.8 189p 19cm （読みなおす日本史）〈大蔵出版 1977年刊の再刊〉 ①978-4-642-06579-5 ⑧188.35 ［2200円］

◇重源と東大寺—鎌倉時代の復興を支えた人びと：重源狭山池改修碑重要文化財指定記念特別展 大阪狭山市教育委員会編 ［大阪狭山］ 大阪狭山市 2014.11 95p 30cm 〈文献あり 会期・会場：2014年11月1日～30日 大阪府立狭山池博物館特別展示室 共同刊行：大阪狭山市立郷土資料館〉 ⑧188.35

◇天平の華—東大寺と国分寺：2013年度明治大学博物館特別展 2版 明治大学博物館 2013.12 47p 30cm 〈年表あり 会期・会場：2013年10月19日～12月12日 明治大学博物館特別展示室 編集：忽那敬三〉 ⑧188.35

日本件名図書目録2014　I　　　　　　　　　　　　　　　　　　　　　　　　　　　　　　東南アジア（経済）

◇東大寺―あべのハルカス美術館開館記念特別展　あべのハル
カス美術館，朝日新聞社，NHKプラネット近畿編　[大阪]　あ
べのハルカス美術館　2014.3　151p　30cm　〈年表あり　文献
あり　会期・会場：平成26年3月22日～5月18日　あべのハルカス
美術館　共同刊行：朝日新聞社ほか〉　Ⓝ702.17

◇東大寺と土塔―行基を支えた民衆　堺文化観光局文化部文
化財課編　[堺]　堺市　2013.3　100p　図版3p　21cm　（堺
市文化財講演会記録　第5集）〈年表あり　会期・会場：平成23年
12月4日　大阪府立大学Uホール白鷺　内容：講演　東大寺の考
古学（廣岡孝信述）　行基と民衆（吉田靖雄述）　対談　東大寺
建立における行基の役割（狭川宗玄，森郁夫述）〉Ⓝ216.3

塔短歌会
◇塔事典　塔短歌会編，永田和宏，花山多佳子，栗木京子監修
京都　塔短歌会　2014.7　297, 20p　22cm　（塔21世紀叢書
第300篇）〈年表あり　塔短歌会六〇周年記念〉Ⓝ911.106
[3000円]

藤堂 高虎 [1556～1630]
◇藤堂高虎家臣辞典　佐伯朗編　増補　[東京]　[佐伯朗]
2013.6　214p　30cm　〈附・分限帳等〉Ⓝ210.52　[4500円]

藤堂 平助 [1844～1867]
◇藤堂平助とは何者か―落胤と呼ばれた男　緋鳳著　中央公論
事業出版（制作・発売）　2014.4　286p　19cm　〈文献あり　年譜
あり〉Ⓘ978-4-89514-418-6　Ⓝ289.1　[1400円]

東陶機器株式会社
◇市場を創る逆算思考―日本の「トイレ文化」を世界に広げる
木瀬照雄著　東洋経済新報社　2014.4　227p　20cm　Ⓘ978-
4-492-50257-0　Ⓝ528.1　[1600円]

道頓堀
◇再現！　道頓堀の芝居小屋―道頓堀開削399年　吹田　関西大
学大阪都市遺産研究センター　2014.4　63p　21×30cm　〈会
期・会場：平成26年4月19日～5月25日　大阪くらしの今昔館
共同刊行：大阪くらしの今昔館〉Ⓝ772.163

東南アジア（遺跡・遺物―保存・修復）
◇東南アジア諸国等文化遺産保存修復協力―平成25年度成果報
告書　国立文化財機構・東京文化財研究所文化遺産国際協力
センター　2014.3　109p　30cm　〈英語併載〉Ⓝ709.23

東南アジア（映画）
◇映画公社旧蔵戦時統制下映画資料集　第7巻　外地関係　1
東京国立近代美術館フィルムセンター監修　ゆまに書房
2014.5　451p　22cm　[「比律賓の映画事情」（南洋映画協會企
画調査課　昭和17年刊）の複製　「東印度の映畫事情」（映畫
配給社南方局調査部　昭和17年刊）の複製ほか　解題：佐崎順
昭　布装]　Ⓘ978-4-8433-4357-9,978-4-8433-4350-0 (set),978-
4-8433-4348-7 (set)　Ⓝ778.21　[18000円]

◇映画公社旧蔵戦時統制下映画資料集　第8巻　外地関係　2
東京国立近代美術館フィルムセンター監修　ゆまに書房
2014.5　728p　22cm　〈「映画配給社南方関係書類」の複製
「南方映画工作要綱〈案〉」の複製ほか　解題：佐崎順昭　布
装〉Ⓘ978-4-8433-4358-6,978-4-8433-4350-0 (set),978-4-
8433-4348-7 (set)　Ⓝ778.21　[28000円]

東南アジア（エネルギー資源）
◇東南アジアのエネルギー―発展するアジアの課題　武石礼司
著　文眞堂　2014.7　169p　22cm　〈文献あり　索引あり〉
Ⓘ978-4-8309-4825-1　Ⓝ501.6　[2000円]

東南アジア（海外派遣者）
◇タイ・シンガポール・インドネシア・ベトナム駐在員の選任・
赴任から帰任まで完全ガイド　藤井恵著　改訂新版　清文社
2014.9　325p　21cm　〈文献あり〉Ⓘ978-4-433-55974-8
Ⓝ336.4　[2600円]

◇東南アジア進出企業のための海外赴任海外出張の労務と税務
早わかりガイド　佐藤広一，檜田和毅著　アニモ出版　2014.5
224p　21cm　〈文献あり　索引あり〉Ⓘ978-4-89795-165-2
Ⓝ336.4　[2500円]

東南アジア（外国関係―中国）
◇南シナ海中国海洋覇権の野望　ロバート・D・カプラン著，奥
山真司訳　講談社　2014.10　273p　19cm　Ⓘ978-4-06-
219244-6　Ⓝ319.22023　[1800円]

東南アジア（外国関係―日本）
◇日本と東南アジア―さらなる友好関係の構築へ向けて　井上
治編　鳳書房　2014.12　191p　22cm　（拓殖大学研究叢書）
〈布装　内容：忘れ去られた南方への旅人たち（ホートン，ウィ
リアム・ブラッドリー著）　元留学生による大学設立（井上治
著）　日本・東南アジア関係と東南アジアの対日感情（大谷博
愛著）　ASEANにおける日本の対外言語政策と留学生政策

（玉置充子著）　マレーシアの経済発展と日本企業（吉野文雄
著）　日中経済におけるASEANプレゼンスの拡大（崔晨著）
東南アジア進出の日本製造業による中国活用（朱炎著）　南シ
ナ海問題を巡るベトナムの安全保障政策（小高泰著）〉Ⓘ978-
4-902455-35-9　Ⓝ319.1023　[3000円]

◇Expanding ASEAN and the future of Japan―a variety of
angles for analysis　[西宮]　School of International
Studies, Kwansei Gakuin University　[2013]　1冊　30cm
〈日本語・英語併記〉Ⓘ978-4-9907476-1-9　Ⓝ319.1023

東南アジア（外国関係―日本―歴史―昭和前期）
◇大川塾に於ける大川周明訓話集　山本哲朗著　八王子　揺籃
社　2014.7　251p　22cm　Ⓘ978-4-89708-343-8　Ⓝ319.1023
[2000円]

◇〈外地〉日本語文学への射程　池内輝雄，木村一信，竹松良明，
土屋忍編　双文社出版　2014.3　278p　22cm　〈内容：植民地
の多言語状況と小説の一言語使用（西成彦著）　一九三〇年代日
本文学における「野蛮」への共鳴をめぐって（垂水千恵著）
漂流民の台湾（土屋忍著）　植民地下の日本語雑誌（神谷忠孝
著）　朝鮮における日本語文学の形成と文芸欄の帝国主義（鄭
炳浩著）　兪鎮午「新京」における空間の政治学（柳水晶҈著）
「満洲」文学の一側面（池内輝雄著）　小泉譲の〈上海〉（竹松良
明著）　日本統治下上海の文学的グレーゾーン（木田隆文著）
黒島傳治「武装せる市街」論（三上聡太著）　森三千代の〈ジャ
ワの旅〉（木村一信著）　記憶を反芻する（掛野剛史著）　中島
敦の〈南洋行〉（橋本正志著）〉Ⓘ978-4-88164-625-0　Ⓝ910.26
[6400円]

東南アジア（海洋開発）
◇東南アジアにおけるオフショア産業の動向　日本船用工業会
2014.3　228p　30cm　〈共同刊行：日本船舶技術研究協会〉
Ⓝ558.4

東南アジア（紀行・案内記）
◇ウはウミウシのウーシュノーケル偏愛旅行記　宮田珠己[著]
特別増補版　幻冬舎　2014.7　288p　16cm　（幻冬舎文庫
み-10-7）〈初版：小学館　2000年刊〉Ⓘ978-4-344-42223-0
Ⓝ292.309　[600円]

◇恋する旅女、世界をゆく―29歳、会社を辞めて旅に出た　小林
希[著]　幻冬舎　2014.3　454p　16cm　（幻冬舎文庫　こ-
36-1）Ⓘ978-4-344-42219-3　Ⓝ292.309　[770円]

◇旅はタイにはじまり、タイに終わる―東南アジアぐるっと5ケ
国　下川裕治[著]　幻冬舎　2014.7　267p　16cm　（幻冬舎
文庫　よ-18-5）Ⓘ978-4-344-42224-7　Ⓝ292.309　[600円]

◇南南東へ進め―西安からブリスベンまで　吉見典生著　半田
一粒書房　2014.11　184p　19cm　（地球迷走　ひと筆書き世
界行）Ⓘ978-4-86431-342-1　Ⓝ292.309　[1600円]

東南アジア（技術援助〔日本〕）
◇ASEAN 10カ国アセアン工学系高等教育ネットワークプロ
ジェクトフェーズ3詳細計画策定調査報告書　[東京]　国際協
力機構人間開発部　2013.2　9, 75p　30cm　Ⓝ333.804

東南アジア（教育援助―発展途上国）
◇南南教育協力の現状と可能性―ASEAN新興ドナーを中心に
村田翼夫,佐藤眞理子編著　協同出版　2013.11　272p　21cm
〈文献あり　索引あり　内容：南南協力とは何か（佐藤眞理子
著）　援助政策・体制（佐藤眞理子著）　東南アジア教育大臣機
構地域センターによる国際教育力（佐藤眞理子著）　フィリ
ピン大学理数科開発研究所による第三国研修（畑中敏伸著）
援助政策・体制（鈴木康郎著）　タイのラオスに対する教育
力（沢田誠二，村田翼夫著）　タイの地域総合大学によるカンボ
ジアへの教育支援（野津隆志著）　マレーシア（手嶋將博著）
シンガポール（池田充裕著）　インドネシア（佐藤眞理子著）
南北協力から南南協力へ（佐藤眞理子著）〉Ⓘ978-4-319-
00257-3　Ⓝ372　[2500円]

東南アジア（経済）
◇ASEANは日本経済をどう変えるのか　西濵徹著　NHK出版
2014.5　200p　18cm　（NHK出版新書　434）〈文献あり〉
Ⓘ978-4-14-088434-8　Ⓝ332.23　[740円]

◇図解ASEANの実力を読み解く―ASEANを理解するのに役立
つ46のテーマ：本当に知りたいアナタのための「ASEAN市場」
(秘)カタログ　みずほ総合研究所著　東洋経済新報社　2014.
1　204p　21cm　Ⓘ978-4-492-44402-3　Ⓝ332.23　[1600円]

◇図解でわかるざっくりASEAN―一体化を強める東南アジア諸
国の"今"を知る　牛山隆一,可部繁三郎編著　秀和システム
2014.10　175p　21cm　〈索引あり〉Ⓘ978-4-7980-4184-1
Ⓝ332.23　[1400円]

◇東南アジアのグローバル化とリージョナル化　3　石川幸一研
究代表　武蔵野　亜細亜大学アジア研究所　2014.3　401p
21cm　（アジア研究所・アジア研究シリーズ　no. 84）〈文献
あり　平成23・24年度研究プロジェクト「東南アジアのグ
ローバル化とリージョナル化3」　内容：東アジア新興工業国
の成長要因と課題（小黒啓一著）　マレーシア土地法に対するイ

ギリス法の適用可能性（木原浩之著）　タイのビール産業の動向（南原真著）　シンガポール経済の産業構造と外需の緊密な構図（玉村千治者著）　金融インフラ整備としてのミャンマー外国為替制度改革（赤羽裕著）　1860年代から第一次世界大戦までの英領期ビルマの貿易構造の推移（水野明日香著）　「単一の市場と生産基地」を目指すASEANと日本の関与（助川成也著）　東アジアFTAとASEAN（石川幸一著）　GMSにおける輸送インフラ：現地視察報告（藤村учен著）　日本、中国による対ASEAN直接投資動向（春日尚雄著）　アジアの大国としてのインドの諸様相（藤森浩樹著）　Banana production and cooperatives in the Philippines（野沢勝美著）〉 ①978-4-7722-5274-4 Ⓝ332.23

◇東南アジアの経済発展と世界金融危機　橋本雄一著　古今書院　2014.3　198p　21cm〈索引あり〉①978-4-7722-5274-4 Ⓝ332.23　［2800円］

東南アジア（経済関係）

◇IISTアジア研究会『変貌するアジア（主要国の新しい動き）-2015年アセアン統合及び主要国指導者交代を見据えて一』報告書　平成25年度　貿易研修センター編　貿易研修センター　2014.3　49p　30cm　Ⓝ333.6

東南アジア（経済関係—中国）

◇南進する中国と東南アジア一地域の「中国化」　末廣昭、伊藤亜聖、大泉啓一郎、助川成也、宮島良明、森田英嗣［著］　東京大学社会科学研究所現代中国研究拠点　2014.3　221p　図版 16p　26cm　（現代中国研究拠点研究シリーズ no. 13）〈年表あり　文献あり　内容：大メコン圏（GMS）走行記録（末廣昭著）　南進する中国と中国ASEAN博覧会（CAEXPO）（末廣昭著）　中国ASEAN経済関係の諸相（伊藤亜聖著）　中国・ASEAN貿易の担い手はどう変化したか？（大泉啓一郎著）　南進する中国と北進するASEANの貿易（宮島良明著）　高水準のRCEP実現に向け進むAFTAとACFTAの制度改革（助川成也著）〉 Ⓝ333.6　［非売品］

東南アジア（経済関係—日本）

◇ASEAN大（メガ）市場統合と日本—TPP時代を日本企業が生き抜くには　深沢淳一、助川成也著　文眞堂　2014.9　274p　21cm〈年表あり　内容：東アジア統合の黎明期（深沢淳一著）　東アジア大統合時代,ASEANで挑む日本企業（助川成也著）　東アジア大統合の展望（深沢淳一,助川成也著）〉 ①978-4-8309-4838-1 Ⓝ332.2　［2800円］

◇ASEANは日本経済をどう変えるのか　西濱徹著　NHK出版　2014.5　200p　18cm　（NHK出版新書 434）〈文献あり〉 ①978-4-14-088434-8 Ⓝ332.23　［740円］

東南アジア（芸術）

◇アジアの芸術史　文学上演篇2　朝鮮半島、インド、東南アジアの詩と芸能　赤松紀彦編著　京都造形芸術大学東北芸術工科大学出版局藝術学舎　2014.2　206p　21cm　（芸術教養シリーズ 12）〈幻冬舎（発売）年表あり　索引あり　内容：韓国上古時代（黄明月著）　三国・統一新羅時代（黄明月著）　高麗時代（黄明月著）　李氏朝鮮時代（黄明月著）　韓国の民俗劇（黄明月著）　インドの文化と聖典（赤松明彦著）　インドの文学（赤松明彦著）　インドの演劇（赤松明彦著）　インドの舞踊と芸能（赤松明彦著）　インドの音楽（赤松明彦著）　ベトナムの芸能（清水政明、伊澤亮介著）　ミャンマーの芸能（井上さゆり著）　カンボジアの芸能（岡田知子著）　インドネシアとマレーシアの上演芸術（福岡まどか著）　タイの芸能（馬場雄司著）〉 ①978-4-344-95178-5 Ⓝ702.2　［2500円］

東南アジア（芸能—歴史）

◇山と街の芸能史—日本と東南アジアの神事・芸能・演劇　研究編　増田和彦著　岩田書院（発売）2013.10　776p　22cm ①978-4-87294-091-6,978-4-87294-090-9（set）Ⓝ386.81

◇山と街の芸能史—日本と東南アジアの神事・芸能・演劇　写真資料編　増田和彦著　岩田書院（発売）2013.10　128p　22cm ①978-4-87294-092-3,978-4-87294-090-9（set）Ⓝ386.81

東南アジア（航空運送）

◇アジアにおける格安航空会社（LCC）の路線展開・参入に関する基礎的分析　井上岳、山田幸宏、石黒毅治、坂田峻祐、小野正博［著］〔横須賀〕国土技術政策総合研究所　2013.9　4,36p　30cm　（国土技術政策総合研究所資料 第757号）〈文献あり〉Ⓝ687.22

東南アジア（国際投資）

◇メコン地域開発とASEAN共同体—域内格差の是正を目指して　西口清勝、西澤信善編著　京都 晃洋書房　2014.6　397p　23cm〈文献あり　索引あり　内容：ASEAN域内経済協力の新展開とメコン地域開発（西口清勝著）　3つの経済回廊沿道の都市と国境地域の評価（石田正美著）　カンボジアの社会経済開発における政府開発援助の役割（Chou Heng著、田中善紀訳）

市場経済化以降のカンボジア経済成長とその資本源泉（Ngov Penghuy著）　内陸国の制約を越えて（小山昌久著）　ASEAN・Divideの克服（Phouphet Kyophilavong著、内山怜和訳）　新生ミャンマーとメコン経済圏（工藤年博著）　ミャンマーへの中国人移住（範宏偉著、西澤信善訳）　GMS開発計画による経済協力とヴェトナム（Nguyen Hong Son著、細川大輔訳）　メコン川流域開発とヴェトナムにおける環境保全（仲上健一、濱崎宏則著）　GMS開発のためのタイ環境保全政策（Dararatt Anantanasuwong著、中野謙訳）　GMS3カ国〈タイ，ラオス，カンボジア〉における知的財産制度の現状と課題（渡邊周央著）　カンボジア経済の発展における中国の役割（守政毅著）　GMS開発における中国雲南省の参与、問題点と展望（畢世鴻著）　メコン地域開発と日本のアプローチ（西澤信善著）　GMS協力への中国の参加（夢少庸著、井手啓二訳）　ASEANとGMS（Shee Poon Kim著、松野周治訳）　東アジアにおける2つの国際河川開発（松野周治著）〉 ①978-4-7710-2526-4 Ⓝ601.23　［4800円］

東南アジア（国際投資［日本］）

◇ASEANシフトが進む日系企業—統合一体化するメコン地域　春日尚雄著　文眞堂　2014.8　197p　22cm〈文献あり 索引あり〉①978-4-8309-4772-8 Ⓝ602.23　［2400円］

◇アセアンと南米に進出した日系企業の経営と技術の移転　出水力編著　〔大東〕大阪産業大学産業研究所　2014.3　139p　21cm　（産研叢書 37）〈文献あり　内容：ホンダの海外展開のシステム化（出水力著）　タイにおける日系企業について（渡邊輝幸著）　タイにおける日本企業の立地要因についての一考察（佐藤彰彦著）　視角で辿るマレーシアの日系企業（出水力著）　アセアン諸国の経済発展と日本企業の海外進出（石坂秀幸著）　ブラジルにおけるホンダの2輪車事業の展開（出水力著）〉Ⓝ338.9223

◇ASEAN・南西アジアのビジネス環境　若松勇、小島英太郎編著　ジェトロ　2014.7　250p　21cm ①978-4-8224-1138-1 Ⓝ338.9223　［2500円］

◇世界は僕らの挑戦を待っている　横井順幸著　［東京］KADOKAWA　2014.9　238p　19cm　（角川フォレスタ）①978-4-04-653960-1 Ⓝ335　［1300円］

◇メコン流域諸国の税務—タイ・ベトナム・カンボジア・ラオス・ミャンマー　KPMG、あずさ監査法人編、藤井康秀監修　第2版　中央経済社　2014.10　536p　22cm ①978-4-502-11371-0 Ⓝ345.12　［6200円］

東南アジア（祭祀—歴史）

◇山と街の芸能史—日本と東南アジアの神事・芸能・演劇　研究編　増田和彦著　岩田書院（発売）2013.10　776p　22cm ①978-4-87294-091-6,978-4-87294-090-9（set）Ⓝ386.81

◇山と街の芸能史—日本と東南アジアの神事・芸能・演劇　写真資料編　増田和彦著　岩田書院（発売）2013.10　128p　22cm ①978-4-87294-092-3,978-4-87294-090-9（set）Ⓝ386.81

東南アジア（在留華僑）

◇華僑　井出季和太著　大空社　2014.9　372p　22cm　（アジア学叢書 284）〈4刷 六興出版部 昭和19年刊の複製　布装〉①978-4-283-01134-2,978-4-283-01139-7（set）Ⓝ334.522　［15000円］

◇華僑の研究　企画院編　大空社　2014.9　407p　22cm　（アジア学叢書 282）〈松山房 昭和14年刊の複製　布装〉①978-4-283-01132-8,978-4-283-01139-7（set）Ⓝ334.522　［16000円］

◇東亜共栄圏と南洋華僑　芳賀雄著　大空社　2014.9　366p　22cm　（アジア学叢書 286）〈刀江書院 昭和16年刊の複製　布装〉①978-4-283-01136-6,978-4-283-01139-7（set）Ⓝ334.522　［16000円］

◇南洋の華僑　後藤朝太郎著　大空社　2014.9　393p　22cm　（アジア学叢書 287）〈高山書院 昭和17年刊の複製　布装〉①978-4-283-01137-3,978-4-283-01139-7（set）Ⓝ334.522　［15500円］

◇南洋の華僑　南洋協会編　増訂版　大空社　2014.9　362p　22cm　（アジア学叢書 288）〈増訂3版 目黒書店 昭和17年刊の複製　布装〉①978-4-283-01138-0,978-4-283-01139-7（set）Ⓝ334.522　［14500円］

東南アジア（在留華僑—歴史）

◇華僑史　成田節男著　増補　大空社　2014.9　475p　22cm　（アジア学叢書 285）〈螢雪書院 昭和17年刊の複製　布装〉①978-4-283-01135-9,978-4-283-01139-7（set）Ⓝ334.522　［18000円］

東南アジア（在留日本人）

◇帰還せず—残留日本兵六〇年目の証言　青沼陽一郎著　小学館　2014.8　509p　15cm　（小学館文庫 あ14-2）〈新潮社2006年刊の加筆〉①978-4-09-406074-4 Ⓝ916　［750円］

東南アジア（産業）

◇ASEANシフトが進む日系企業―統合一体化するメコン地域　春日尚雄著　文眞堂　2014.8　197p　22cm〈文献あり　索引あり〉①978-4-8309-4772-8　Ⓝ602.23　[2400円]

東南アジア（寺院）

◇アジア古寺巡礼　野地秩嘉著　静山社　2014.11　198p　19cm　①978-4-86389-295-8　Ⓝ185.923　[1400円]

東南アジア（自然保護）

◇東南アジアにおける湿地管理促進業務報告書　平成25年度　バードライフ・インターナショナル・アジア・ディビジョン　2014.3　83p　30cm〈英語併載　環境省請負業務〉Ⓝ519.823

◇東南アジアにおける湿地管理促進事業報告書　平成24年度　［東京］　バードライフ・インターナショナル・アジア・ディビジョン　2013.3　1冊　30cm〈英語併載　環境省請負業務〉Ⓝ519.823

東南アジア（湿原）

◇東南アジアにおける湿地管理促進業務報告書　平成25年度　バードライフ・インターナショナル・アジア・ディビジョン　2014.3　83p　30cm〈英語併載　環境省請負業務〉Ⓝ519.823

◇東南アジアにおける湿地管理促進事業報告書　平成24年度　［東京］　バードライフ・インターナショナル・アジア・ディビジョン　2013.3　1冊　30cm〈英語併載　環境省請負業務〉Ⓝ519.823

東南アジア（社会）

◇東南アジアを知るための50章　今井昭夫編集代表，東京外国語大学東南アジア課程編　明石書店　2014.4　450p　19cm（エリア・スタディーズ　129）〈文献あり〉①978-4-7503-3979-5　Ⓝ302.23　[2000円]

◇東アジア新世紀―リゾーム型システムの生成　河森正人著　吹田　大阪大学出版会　2013.3　232p　19cm（阪大リーブル41）〈文献あり〉①978-4-87259-323-5　Ⓝ302.2　[1900円]

東南アジア（宗教）

◇往還する親密性と公共性―東南アジアの宗教・社会組織にみるアイデンティティと生存　黄蘊編　京都　京都大学学術出版会　2014.1　266p　22cm（変容する親密圏/公共圏 5）〈索引あり　内容：往還する親密性と公共性（黄蘊,日下渉著）　過平安橋（伏木香織著）　家庭内祭祀から公共領域へ（櫻田涼子著）　移民社会における「親密圏」の機能と変容（松嶋宣宏著）　民衆が創出する都市の親密性と公共性（長坂康代著）　スピリチュアリティの親密圏から公共性へ（黄蘊著）　親密性・公共性の変容と伝統的な力（福浦一男著）　貧者にとっての親密圏と公共圏（日下渉著）　重畳する親密性と公共性（黄蘊著）〉①978-4-87698-376-6　Ⓝ361.6　[3000円]

東南アジア（少数民族）

◇国境と少数民族　落合雪野編著　めこん　2014.7　237p　21cm〈索引あり　内容：ミャンマー国境域（松田正彦著）　ベトナム国境域（柳澤雅之著）　ラオス国境域（横山智著）　国境の人びと（ボナンノ・ジャンルカ著）　豊かな農村のつくりかた（松田正彦著）　漢人・地方政府と結びついた農業生産（柳澤雅之著）　国家の力、国境の力（柳澤雅之著）　商品経済の浸透と農業（柳澤雅之著）　ラオスと中国の国境域（横山智著）着る（白川千尋著）　土着の蚊帳、国境を越える蚊帳（白川千尋著）　傣の染織と蚊帳（落合雪野著）〉①978-4-8396-0280-2　Ⓝ382.23　[2800円]

東南アジア（食生活）

◇納豆の起源　横山智著　NHK出版　2014.11　317p　19cm（NHKブックス　1223）①978-4-14-091223-2　Ⓝ619.6　[1500円]

東南アジア（食品工業）

◇アセアン諸国における食品市場実態調査　2013　東京マーケティング本部第一統括部第一部調査・編集　富士経済　2013.34，307p　30cm　①978-4-8349-1595-2　Ⓝ588.09　[140000円]

東南アジア（植物）

◇ものとくらしの植物誌―東南アジア大陸部から　落合雪野,白川千尋編　京都　臨川書店　2014.5　334,7p　22cm〈索引あり　内容：プラント・マテリアルへの視点（落合雪野著）　自然環境と植物（田中山幸者）　森林とその改変（神崎護者）　土地とその改変（柳澤雅之者）　種子からパーツへ（落合雪野著）　樹皮で美容する（土佐桂子著）　紫煙がつなぐ平原と高原（松田正彦著）　嗜好品から供物へ（佐々木綾子著）　手作りから商業生産へ（横山智著）　憩うモノから愛でるモノへ（白川千尋著）　国境を越えて村から村へ（高井康弘著）　農具と食器のはざまで（馬場雄司著）　竹林と結ばれる工房（飯島明子著）　ケシの残像と生きるリスの人びと（綾部真雄著）　黒タイ歌謡

の中の植物とくらし（樫永真佐夫著）　山地居住カレンをめぐる生命のつながり（速水洋子著）〉①978-4-653-04221-1　Ⓝ382.23　[4300円]

東南アジア（森林保護）

◇生態系サービスからみた森林劣化抑止プログラム（REDD）の改良提案とその実証研究　平成22年度―平成24年度　広島大学，国立環境研究所，鹿児島大学，日本福祉大学，共栄大学，東京大学，上智大学，東京都市大学［著］　環境省総合環境政策局総務課環境研究技術室　2013.5　164p　30cm（環境省環境研究総合推進費終了研究等成果報告書）〈共同刊行：環境省環境保健部環境安全課環境リスク評価室ほか〉Ⓝ519.823

東南アジア（生物多様性）

◇生態系サービスからみた森林劣化抑止プログラム（REDD）の改良提案とその実証研究　平成22年度―平成24年度　広島大学，国立環境研究所，鹿児島大学，日本福祉大学，共栄大学，東京大学，上智大学，東京都市大学［著］　［東京］　環境省総合環境政策局総務課環境研究技術室　2013.5　164p　30cm（環境省環境研究総合推進費終了研究等成果報告書）〈共同刊行：環境省環境保健部環境安全課環境リスク評価室ほか〉Ⓝ519.823

東南アジア（石炭産業）

◇東南アジア諸国における石炭賦存状況と輸出ポテンシャル調査―平成25年度海外炭開発支援事業海外炭開発高度化等調査　石油天然ガス・金属鉱物資源機構　2014.3　20, 256p　30cm〈背のタイトル：東南アジア諸国〉Ⓝ567.09223

東南アジア（石油産業）

◇産油国石油ダウンストリーム動向調査報告書―新興国を含むアジア諸国のダウンストリームの現状と技術協力ニーズ　国際石油交流センター　2014.3　170p　30cm〈背のタイトル：産油国石油DS動向調査報告書〉Ⓝ568.09

東南アジア（租税法）

◇メコン流域諸国の税務―タイ・ベトナム・カンボジア・ラオス・ミャンマー　KPMG，あずさ監査法人編，藤井康秀監修　第2版　中央経済社　2014.10　536p　22cm　①978-4-502-11371-0　Ⓝ345.12　[6200円]

東南アジア（太平洋戦争〈1941〜1945〉）

◇帰還せず―残留日本兵六〇年目の証言　青沼陽一郎著　小学館　2014.8　509p　15cm（小学館文庫　あ14-2）〈新潮社2006年刊の加筆〉①978-4-09-406074-4　Ⓝ916　[720円]

◇南太平洋戦記―ガダルカナルからペリリューへ　ロバート・レッキー著，平岡緑訳　中央公論新社　2014.8　388p　20cm　①978-4-12-004639-1　Ⓝ936　[3200円]

東南アジア（地域開発）

◇メコン地域開発とASEAN共同体―域内格差の是正を目指して　西口清勝,西澤信善編著　京都　晃洋書房　2014.6　397p　23cm〈文献あり　索引あり　内容：ASEAN域内経済協力の新展開とメコン地域開発（西口清勝著）　3つの経済回廊沿道の都市と国境地域の評価（石田正美著）　カンボジアの社会経済開発における政府開発援助の役割（Chou Heng著,田中善紀訳）市場経済化以降のカンボジア経済成長とその資本源泉（Ngov Penghuy著）　内陸国の制約を越えて（小山昌久著）ASEAN・Divideの克服（Phouphet Kyophilavong著,内山怜和訳）　新生ミャンマーとメコン経済圏（工藤年博著）　ミャンマーへの中国人移住（範宏偉著,西澤信善訳）　GMS開発計画による経済協力とヴェトナム（Nguyen Hong Son著,細川大輔訳）　メコン川流域開発とヴェトナムの経済発展（仲上健一,濱崎宏則著）　GMS開発のためのタイ環境保全政策（Dararatt Anantanasuwong著,中野謙訳）　GMS3カ国（タイ，ラオス，カンボジア）における知的財産制度の現状と課題（渡邊周央著）　カンボジア経済の発展における中国の役割（守政毅著）　GMS開発における中国雲南省の参与、問題点と展望（畢世鴻著）　メコン地域開発と日本のアプローチ（西澤信善著）　GMS協力への中国の参加（寥少廉著,井手啓二訳）ASEANとGMS（Shee Poon Kim著,松野周治訳）　東アジアにおける2つの国際河川開発（松野周治著）〉①978-4-7710-2526-4　Ⓝ601.23　[4800円]

東南アジア（地誌）

◇世界地誌シリーズ　7　東南アジア・オセアニア　菊地俊夫,小田宏信編　朝倉書店　2014.6　168p　26cm〈文献あり　索引あり〉①978-4-254-16927-0　Ⓝ290.8　[3400円]

東南アジア（知的財産権）

◇TRIPS協定への東南アジア開発途上諸国の対応に関する研究　森哲也著　唯学書房　2014.12　230p　22cm〈アジール・プロダクション（発売）文献あり　索引あり〉①978-4-902225-92-1　Ⓝ507.2　[3200円]

東南アジア（二酸化炭素―排出抑制）

◇生態系サービスからみた森林劣化抑止プログラム（REDD）の改良提案とその実証研究　平成22年度―平成24年度　広島大学，国立環境研究所，鹿児島大学，日本福祉大学，共栄大学，東京大学，上智大学，東京都市大学［著］　［東京］　環境省総合環境

東南アジア（日系企業）

政策局総務課環境研究技術室 2013.5 164p 30cm （環境省環境研究総合推進費終了研究等成果報告書）〈共同刊行：環境省環境保健部環境安全課環境リスク評価室ほか〉Ⓝ519.823

東南アジア（日系企業）

◇アジアで働くいまはその時だ 野地秩嘉著 ［東京］ 日経BP社 2014.11 247p 19cm〈日経BPマーケティング（発売）〉①978-4-8222-7797-0 Ⓝ335.47 ［1500円］

◇ASEANシフトが進む日系企業―統合一体化するメコン地域 春日尚雄著 文眞堂 2014.8 197p 22cm〈文献あり 索引あり〉①978-4-8309-4772-8 Ⓝ602.23 ［2400円］

◇アセアンと南米に進出した日系企業の経営と技術の移転 出水力編著 ［大阪］ 大阪産業大学産業研究所 2014.3 139p 21cm（産研叢書 37）〈文献あり 内容：ホンダの海外展開のシステム化（出水力著） タイにおける日系企業について（渡邊輝幸著） タイにおける日本企業の立地要因についての一考察（佐藤彰彦著） 視角で辿るマレーシアの日系企業（出水力著） アセアン諸国の経済発展と日本企業の海外進出（石坂秀幸著） ブラジルにおけるホンダの2輪車事業の展開（出水力著）〉Ⓝ338.9223

東南アジア（美術―図集）

◇Welcome to the jungle―熱々！ 東南アジアの現代美術 横浜美術館，熊本市現代美術館企画・監修 横浜 モ・クシュラ 2013.4 189p 25cm〈年表あり 英語併記 会期・会場：2013年4月13日―6月16日 横浜美術館ほか 編集：大谷薫子〉①978-4-907300-00-5 Ⓝ702.23 ［1900円］

東南アジア（仏教）

◇宗教実践を可視化する―大陸部東南アジア上座仏教徒の寺院と移動 林行夫，柴山守，Julien Bourdon-Miyamoto，長谷川清，小島敬裕，小林知，高橋美和，笹川秀夫，土佐桂子，須羽新二著 京都 京都大学地域研究統合情報センター 2014.3 143p 30cm （CIAS discussion paper no. 42）〈英語併載〉Ⓝ182.2

東南アジア（文化）

◇中国の民族文化資源―南部地域の分析から 武内房司，塚田誠之編 風響社 2014.3 432p 22cm〈文献あり 内容：文化資源の存在形態とその多様性 毛沢東バッジの語りと活用（韓敏著） タイ北部、ユーミエンにおける儀礼文献の資源としての利用と操作（吉野晃著） ベトナムにおける黒タイの祖霊観と葬式の変化（樫永真佐夫著） 客家エスニシティーの動態と文化資源（瀬川昌久著） 観光資源としての文化資源 「貝葉文化」と観光開発（長谷川清著） 棚田、プーアル茶、土司（稲村務著） 四川のチャン族における民族文化の復興と資源化（松岡正子著） 広西のチワン族の文化資源（塚田誠之著） 文化資源をめぐる諸主体と文化資源との関係 観光資源化する上座仏教建築（長谷千代子著） 文化資源としての民間文芸（兼重努著） 西南中国のエコミュージアム（武内房司著）〉①978-4-89489-201-9 Ⓝ382.2 ［5000円］

東南アジア（文化財保護）

◇東南アジア諸国等文化遺産保存修復協力―平成25年度成果報告書 国立文化財機構・東京文化財研究所文化遺産国際協力センター 2014.3 109p 30cm〈英語併載〉Ⓝ709.23

東南アジア（貿易）

◇［図説］〈資源大国〉東南アジア―世界経済を支える「光と陰」の歴史 加納啓良著 洋泉社 2014.11 206p 18cm（歴史新書y 050）①978-4-8003-0537-4 Ⓝ678.223 ［950円］

東南アジア（貿易―中国）

◇ASEAN・中国FTA（ACFTA）の分野別の平均関税削減率と関税節約額調査事業結果―報告書 平成25年度 国際貿易投資研究所編 国際貿易投資研究所 2014.2 14, 217p 30cm〈平成25年度（一財）貿易・産業協力振興財団助成事業〉Ⓝ678.222023

◇南進する中国と東南アジア―地域の「中国化」 末廣昭，伊藤亜聖，大泉啓一郎，助川成也，宮島良明，森田英嗣［著］ 東京大学社会科学研究所現代中国研究拠点 2014.3 221p 図版 16p 26cm （現代中国研究拠点研究シリーズ no. 13）〈年表あり 文献あり 内容：大メコン圏（GMS）走行記録（末廣昭ほか著） 南進する中国と中国ASEAN博覧会（CAEXPO）（末廣昭著） 中国ASEAN経済関係の諸相（伊藤亜聖著） 中国・ASEAN貿易の担い手はどう変化したか？（大泉啓一郎著） 南進する中国と北進するASEANの貿易（宮島良明著） 高水準のRCEP実現に向け進むAFTAとACFTAの制度改革（助川成也著）〉Ⓝ333.6 ［非売品］

東南アジア（民族）

◇中国の民族文化資源―南部地域の分析から 武内房司，塚田誠之編 風響社 2014.3 432p 22cm〈文献あり 内容：文化

資源の存在形態とその多様性 毛沢東バッジの語りと活用（韓敏著） タイ北部、ユーミエンにおける儀礼文献の資源としての利用と操作（吉野晃著） ベトナムにおける黒タイの祖霊観と葬式の変化（樫永真佐夫著） 客家エスニシティーの動態と文化資源（瀬川昌久著） 観光資源としての文化資源 「貝葉文化」と観光開発（長谷川清著） 棚田、プーアル茶、土司（稲村務著） 四川のチャン族における民族文化の復興と資源化（松岡正子著） 広西のチワン族の文化資源（塚田誠之著） 文化資源をめぐる諸主体と文化資源との関係 観光資源化する上座仏教建築（長谷千代子著） 文化資源としての民間文芸（兼重努著） 西南中国のエコミュージアム（武内房司著）〉①978-4-89489-201-9 Ⓝ382.2 ［5000円］

東南アジア大陸部山地民の歴史と文化 クリスチャン・ダニエルス編 言叢社 2014.4 322,27p 22cm （東京外国語大学アジア・アフリカ言語文化研究所歴史・民俗叢書 9）〈索引あり 内容：序論（クリスチャン・ダニエルス著） 山地民から見た国家と権力（片岡樹著） ラワータイ関係をめぐるナラティブとメタ・ナラティブ（飯島明子著） 雲南西南部タイ人政権における山地民の役割（クリスチャン・ダニエルス著） 「周縁」からみた仏教史（村上忠良著） 山地民にとっての文字（山田敦士著） タイにおけるユーミエンの家族構成の社会史（吉野晃著） タイ文化圏における低人口増加率の検討（富田晋介，ネイサン・バデノック著） 山地民としてのタイTay（園江満著）〉①978-4-86209-050-8 Ⓝ382.23 ［3600円］

◇東南アジア大陸部山地民の歴史と文化 クリスチャン・ダニエルス編 府中（東京都） 東京外国語大学アジア・アフリカ言語文化研究所 2014.3 322, 27p 22cm （東京外国語大学アジア・アフリカ言語文化研究所歴史・民俗叢書 9）〈文献あり 内容：序論（クリスチャン・ダニエルス著） 変わる山地民の歴史像 山地民から見た国家と権力（片岡樹著） ラワータイ関係をめぐるナラティブとメタ・ナラティブ（飯島明子著） 雲南西南部タイ人政権における山地民の役割（クリスチャン・ダニエルス著） 「周縁」からみた仏教史（村上忠良著） 山地民にとっての文字（山田敦士著） 家族の歴史 タイにおけるユーミエンの家族構成の社会史（吉野晃著） タイ文化圏における低人口増加率の検討（富田晋介，ネイサン・バデノック著） 農耕の技術 山地民としてのタイTay（園江満著）〉①978-4-86337-157-6 Ⓝ382.23

◇ものとくらしの植物誌―東南アジア大陸部から 落合雪野，白川千尋編 京都 臨川書店 2014.5 334,7p 22cm〈索引あり 内容：プラント・マテリアルへの視点（落合雪野著） 自然環境と植物（田中伸幸著） 森林とその改変（神崎護著） 土地とその改変（柳澤雅之著） 種子からパーツへ（落合雪野著） 樹皮で美容する（土佐桂子著） 紫煙がつなぐ平原と高原（松田正彦著） 嗜好品から供物へ（佐々木綾子著） 手作りから商業生産へ（横山智著） 憩うモノから愛でるモノへ（白川千尋著） 国境を越えて村から村へ（高井康弘著） 農具と楽器のはざまで（馬場雄司著） 竹林と結ばれる工房（飯島明子著） ケシの残像と生きるリスの人びと（綾部真雄著） 黒タイ歌謡（樫永真佐夫著） 山地居住カレンをめぐる生命のつながり（速水洋子著）〉①978-4-653-04221-1 Ⓝ382.23 ［4300円］

東南アジア（林業経営）

◇住民参加等による持続可能な森林経営及び生物多様性保全モデル等調査委託業務報告書 平成25年度 地球・人間環境フォーラム 2014.3 8, 66, 25p 30cm〈標題紙・表紙のタイトル（誤植）：住民参加等による持続可能な森林経営及び生物多様性保全モデル等調査委業務報告書 平成25年度環境省委託事業 背のタイトル：住民参加等による持続可能な森林経営及び生物多様性保全モデル等調査報告書〉Ⓝ651.7

東南アジア（林業労働）

◇日本・アジアの森林と林業労働 信州大学森林政策学研究会編，小池正雄，三木敦朗監修 長野 川辺書林 2013.9 335p 21cm〈目次 日本と日本における人間らしい林業労働（菊間満著） 日本における現場の林業労働者と能力育成（牧田邦宏著） 林業労働対策としての「緑の雇用」施策（奥山洋一郎著） 戦後拡大造林政策と二一世紀型森林管理（小池正雄著） 森林管理労働者の確保育成政策（小池正雄著） ドイツ・日本における大型製材工場の課題と可能性（小池正雄著） 林業創世長野プロジェクトと二一世紀型森林管理（小池正雄著） 獣害激増の背景・実態と緊急対策（小池正雄著） 再定立が必要な焼畑の農法的意味（加藤光一著） 「やま」の兼業的・自給的利用（三木敦朗著） 長野県茅野市にみる財産区制度の特殊性（古谷健司著） インドネシア南スラウェシ州カカオ農民の生存戦略（西嶋謙治著） アブラヤシ農園開発にゆらぐボルネオ焼畑民（寺内大左著） バングラデシュ少数民族「カシ族」の森林利用（モハメド・ヌア著） 木質バイオマス燃料の不足と地域住民（モハマド・ダネシュ・ミア著） 自然保護区での協同管理を通じたコミュニティの発展（シャヘード・ホサイン・チョードリー著） カンボジアにおける熱帯林からの歳入額の推計（キム・ソファナリット著） 地球温暖化防止のために何をもって"森林劣化"とするか（佐々木ノビア著） イエロース

トーンと上高地にみる国立公園の保護と活用（トマス・E・ジョーンズ著）　中国神農架林区におけるエコツーリズム（胡蝶著）　時代の要請に対応する中国の森林計画（鄭小賢著）　中国における森林認証の現状と問題点（馬夢瑶著）　中国における家具産業クラスターの発展（陸薇著）〉①978-4-906529-76-6　Ⓝ651.7　［2000円］

東南アジア諸国連合

◇ASEAN・中国FTA（ACFTA）の分野別の平均関税削減率と関税節約額調査事業結果—報告書　平成25年度　国際貿易投資研究所編　国際貿易投資研究所　2014.2　14, 217p　30cm〈平成25年度（一財）貿易・産業協力振興財団助成事業〉Ⓝ678.222023

◇ASEAN大（メガ）市場統合と日本—TPP時代を日本企業が生き抜くには　深沢淳一, 助川成也著　文眞堂　2014.10　274p　21cm〈年表あり　内容：東アジア統合の黎明期（深沢淳一著）　東アジア大統合時代, ASEANで挑む日本企業（助川成也著）　東アジア大統合の展望（深沢淳一, 助川成也著）〉①978-4-8309-4838-1　Ⓝ332.2　［2200円］

◇ASEANは日本経済をどう変えるのか　西濱徹著　NHK出版　2014.5　200p　18cm　（NHK出版新書 434）〈文献あり〉①978-4-14-088434-8　Ⓝ332.23　［740円］

◇合意形成モデルとしてのASEAN—国際政治における議長国制度　鈴木早苗著　東京大学出版会　2014.2　212p　22cm〈文献あり　索引あり〉①978-4-13-036253-5　Ⓝ319.23　［4500円］

◇図解ASEANの実力を読み解く—ASEANを理解するのに役立つ46のテーマ：本当に知りたいアナタのための「ASEAN市場」（秘）カタログ　みずほ総合研究所著　東洋経済新報社　2014.1　29p　21cm　①978-4-492-44402-3　Ⓝ332.23　［1600円］

◇図解でわかるざっくりASEAN—一体化を強める東南アジア諸国の"今"を知る　牛山隆一, 可部繁三郎編著　秀和システム　2014.10　175p　21cm〈索引あり〉①978-4-7980-4184-1　Ⓝ332.23　［1400円］

◇東南アジアのグローバル化とリージョナル化　3　石川幸一研究代表　武蔵野　亜細亜大学アジア研究所　2014.3　401p　21cm　（アジア研究所・アジア研究シリーズ no. 84）〈文献あり　平成23・24年度研究プロジェクト「東南アジアのグローバル化とリージョナル化3」　内容：東アジア新興工業国の成長要因と課題（小黒啓一著）　マレーシア土地法に対するイギリス法の適用可能性（木原浩之著）　タイのビール産業の動向2（南原真著）　シンガポール経済の産業構造と外需の緊密な構図（玉村千治著）　金融インフラ整備としてのミャンマー外国為替制度改革（赤羽裕著）　1860年代から第一次世界大戦までの英領期ビルマの貿易構造の推移（水野明日香著）　「単一の市場と生産基地」を目指すASEANと日本の関与（助川成也著）　東アジアFTAとASEAN（石川幸一著）　GMSにおける輸送インフラ：現地視察報告（藤村学著）　日本, 中国による対ASEAN直接投資動向（春日尚雄著）　アジアの大国としてのインドの諸位相（藤森浩樹著）　Banana production and cooperatives in the Philippines（野沢勝美著）〉Ⓝ332.23

◇「米中対峙」時代のASEAN—共同体への深化と対外関与の拡大　黒柳米司編著　明石書店　2014.2　279p　21cm〈索引あり　内容：米中対峙下のASEAN共同体（黒柳米司著）「台頭する中国」とASEAN諸国（浅野亮著）　インド太平洋の地域秩序と地域制度, スイング・ステーツ（菊池努著）　新興ドナーとしての中国の台頭と東南アジアへの影響（稲田十一著）　ASEAN諸国における権威主義体制の漸進的変化（金子芳樹著）　ASEANにおける共同体構築と平和構築（山田満著）　米中対峙下の南シナ海紛争（佐藤考一著）　中国と対峙するベトナム（小笠原高雪著）　RCEPとTPP（吉野文雄著）　ASEANの現状と展望（黒柳米司著）〉①978-4-7503-3953-5　Ⓝ319.23　［2800円］

◇メコン地域開発とASEAN共同体—域内格差の是正を目指して　西口清勝, 西澤信善編著　京都　晃洋書房　2014.6　397p　23cm〈文献あり　索引あり　内容：ASEAN域内経済協力の新展開とメコン地域開発（西口清勝著）　3つの経済回廊沿道の都市と国境地域の評価（石田正美著）　カンボジアの社会経済開発における政府開発援助の役割（Chou Heng著, 田中善紀訳）　市場経済化以降のカンボジア経済成長とその資本源泉（Ngov Penghuy著）　内陸国の制約を越えて（小山昌久著）　ASEAN・Divideの克服（Phouphet Kyophilavong著, 内山怜和訳）　新生ミャンマーとメコン経済圏（工藤年博著）　ミャンマーへの中国人移住（範宏偉著, 西澤信善訳）　GMS開発計画による経済協力の推進（細川大輔訳）　メコン川流域開発とヴェトナムにおける環境保全（仲上健一, 濱崎宏則著）　GMS開発のためのタイ環境保全政

策（Dararatt Anantanasuwong著, 中野謙訳）　GMS3カ国〈タイ, ラオス, カンボジア〉における知的財産制度の現状と課題（渡邊умолчカ央著）　カンボジア経済の発展における中国の役割（守政毅著）　GMS開発における中国雲南省の参与, 問題点と展望（畢世鴻著）　メコン地域開発と日本のアプローチ（西澤信善著）　GMS協力への中国の参加（廖少廉著, 井手啓二訳）　ASEANとGMS（Shee Poon Kim著, 松野周治訳）　東アジアにおける2つの国際河川開発（松野周治著）〉①978-4-7710-2526-4　Ⓝ601.23　［4800円］

◇Expanding ASEAN and the future of Japan—a variety of angles for analysis　［西宮］　School of International Studies, Kwansei Gakuin University　［2013］　1冊　30cm〈日本語・英語併記〉①978-4-9907476-1-9　Ⓝ319.1023

東武鉄道株式会社

◇東武伊勢崎線・日光線—街と駅の1世紀：東武伊勢崎線と日光線各駅今昔散歩昭和の街角を紹介：東武スカイツリーライン　山下ルミコ著　彩流社　2014.6　86p　26cm　（懐かしい沿線写真で訪ねる）〈年譜あり〉①978-4-7791-2352-8　Ⓝ686.213　［1850円］

東武電設工業株式会社

◇30年のあゆみ—1984-2014　東武電設工業　2014.10　61p　30cm〈年表あり〉Ⓝ544.067

東邦学園

◇東邦学園九十年誌　東邦学園九十年誌編集委員会編　名古屋　東邦学園　2014.5　222p　30cm〈年表あり〉Ⓝ377.28

東宝株式会社

◇永遠の東宝映画俳優　中村深海著　秋田　くまがい書房　2014.8　158p　19cm〈内容：久保明インタビュー（久保明述）　司葉子インタビュー（司葉子述）　小泉博インタビュー（小泉博述）　中田康子インタビュー（中田康子述）　土屋嘉男インタビュー（土屋嘉男述）　水野久美インタビュー（水野久美述）　大前亘インタビュー（大前亘述）　加藤茂雄インタビュー（加藤茂雄述）　若林映子インタビュー（若林映子述）　園まりインタビュー（園まり述）　由美かおるインタビュー（由美かおる述）　佐々木勝彦インタビュー（佐々木勝彦述）　梅田智子インタビュー（梅田智子述）　青木英美インタビュー（青木英美述）　東宝映画スタッフ／キャストプロフィール〉①978-4-9907035-1-6　Ⓝ778.21　［2500円］

東峰村〔福岡県〕〔遺跡・遺物〕

◇火口谷古窯跡　東峰村〔福岡県〕東峰村教育委員会　2014.3　66p 図版 [12] 枚　30cm　（東峰村文化財調査報告書 第4集）〈年表あり　福岡県朝倉郡東峰村大字小石原所在中野焼窯跡の調査〉Ⓝ210.0254

東北学院

◇After 3.11—東日本大震災と東北学院　東北学院東日本大震災アーカイブプロジェクト委員会編　仙台　東北学院　2014.3　617p 図版 32p　20cm〈荒蝦夷（発売）〉①978-4-904863-36-7　Ⓝ377.21　［2858円］

東北学院大学

◇東北学院大学教職員の東日本大震災後の生活と意識に関する調査　神林博史, 仙田幸子編　仙台　東北学院大学教養学部社会学研究室　2013.3　200p　30cm　（「社会調査実習」調査報告書 2012年度）　Ⓝ377.13

東北学院榴ケ岡高等学校

◇今を生きよ—東北学院榴ケ岡高等学校と久能隆博君　［仙台］　東北学院榴ケ岡高等学校同窓会　2014.3　121p　27cm〈年表あり〉Ⓝ376.4123

東北工業大学

◇東北工業大学—震災から復興へ—3.11東日本大震災　仙台　東北工業大学　2013.3　61p　30cm　Ⓝ377.21

東北新幹線

◇東北新幹線に関する騒音振動実態調査（栃木県）委託業務報告書　平成25年度　［宇都宮］　栃木県　2014.3　58p　30cm〈平成25年度環境省委託業務〉Ⓝ519.6

◇東北新幹線に関する騒音・振動実態調査（宮城県）委託業務報告書　平成25年度　［仙台］　宮城県　2014.3　68p　31cm〈平成25年度環境省委託業務〉Ⓝ519.6

東北大学

◇3.11から記録と記憶をつないで, 次代へ, 世界へ—東北大学東日本大震災記録集　東北大学災害対策推進室編　仙台　東北大学　2013.10　219p　30cm　Ⓝ377.21

◇東北大学と天文学—最初の半世紀　竹内峯著　仙台　柳町自然研究所　2014.12　67p　21cm〈文献あり〉Ⓝ440.7

◇被災大学は何をしてきたか—福島大, 岩手大, 東北大の光と影　中井浩一著　中央公論新社　2014.3　542p　18cm　（中公新書ラクレ 487）〈文献あり〉①978-4-12-150487-6　Ⓝ369.3　［1300円］

東北大学学生相談所

◇東日本大震災後2年目の東北大学学生相談所の活動　[仙台]　東北大学学生相談所　2013.12　53p　30cm〈平成24年度総長裁量経費「震災後の学生のメンタルケアの充実」事業成果報告書〉Ⓝ377.9

東北大学病院看護部

◇看護のあゆみ　第2刊　東北大学看護部編集委員会編　仙台　東北大学病院看護部　2014.3　200p　31cm〈年表あり〉Ⓝ498.16

東北地方（遺跡・遺物）

◇古代蝦夷の考古学　工藤雅樹著　オンデマンド版　吉川弘文館　2013.10　408,20p　22cm〈索引あり　印刷・製本：デジタルパブリッシングサービス　内容：蝦夷論の課題と展望　東北考古学の諸問題　戦後における東北古代文化研究の歩み　北日本石器時代文化の実態とその特質　東北地方の古墳文化　東北北部における政治的社会の形成　東北北部における古代集落の展開　平安初期における陸奥国国府系古瓦の様相　陸奥国分寺出土の宝相華文鐙瓦の製作年代について〉①978-4-642-04213-0　Ⓝ212　[14000円]

東北地方（会社―名簿）

◇東商信用録―東北版　平成26年版　仙台　東京商工リサーチ東北支社　2014.10　102,1440p　31cm　①978-4-88754-965-4　Ⓝ335.035　[75000円]

東北地方（海浜生物）

◇東北地方太平洋沿岸地域生態系監視調査調査報告書　平成25年度　富士吉田　環境省自然環境局生物多様性センター　2014.3　1冊　30cm〈請負者：自然環境研究センター〉Ⓝ468.8

東北地方（仮設住宅）

◇東日本大震災仮設住宅サポート拠点を中心とする地域包括ケアの検討　[東京]　災害福祉広域支援ネットワーク・サンダーバード　2014.3　1冊　30cm〈平成25年度老人保健事業推進費等補助金老人保健健康増進等事業〉Ⓝ369.26

東北地方（学校建築）

◇「学校の復興とまちづくりに関する調査研究」報告書―東日本大震災の津波被害からの学校施設の復興プロセスの記録と検証　国立教育政策研究所文教施設研究センター「学校の復興とまちづくりに関する調査研究」研究会［著］　国立教育政策研究所文教施設研究センター　2014.3　84p　30cm　Ⓝ374.7

東北地方（学校図書館―会議録）

◇第36回東北地区学校図書館研究大会青森大会―豊かな心をはぐくみ学びをひろげる学校図書館：平成25年度　[八戸]　[東北地区学校図書館連絡協議会]　[2013]　92p　30cm〈会期：平成25年11月7日―8日　主催：東北地区学校図書館連絡協議会ほか〉Ⓝ017.0212

◇第36回東北地区学校図書館研究大会青森大会研究集録―豊かな心をはぐくみ学びをひろげる学校図書館：平成25年度　[八戸]　[東北地区学校図書館連絡協議会]　[2013]　88p　30cm〈会期：平成25年11月7日―8日　主催：東北地区学校図書館連絡協議会ほか〉Ⓝ017.0212

東北地方（活断層―会議録）

◇日本活断層学会2014年度秋季学術大会シンポジウム「東北の活断層と地震災害」講演予稿集　[名古屋]　日本活断層学会　2014.10　67p　30cm〈文献あり　会期・会場：2014年10月17日―18日東北大学片平さくらホール　背のタイトル：日本活断層学会2014年度秋季学術大会講演予稿集〉Ⓝ453.4

東北地方（機械工業）

◇東北機械部品産業のアジア展開への指針策定調査事業結果報告書　平成25年度　国際貿易投資研究所編　国際貿易投資研究所　2014.3　13,199p　30cm　Ⓝ530.9212

東北地方（企業―名簿）

◇主要企業要覧　東北版　2013年新年特集号　仙台　帝国データバンク仙台支店　2013.1　325p　30cm　(帝国ニュース　東北版)　Ⓝ335.035　[10000円]

◇主要企業要覧　東北版　2014年新年特集号　仙台　帝国データバンク仙台支店　2014.1　333p　30cm　(帝国ニュース　東北版)　Ⓝ335.035　[10000円]

東北地方（紀行・案内記）

◇ほろよい復興支援独り旅―みちのく居酒屋めぐり　望月五郎著　[出版地不明]　望月五郎　2013.12　105p　21cm〈静岡新聞社(制作・発売)〉①978-4-7838-9866-5　Ⓝ291.2　[500円]

東北地方（気象）

◇東北地域のヤマセと冬季モンスーンの先進的ダウンスケール研究―平成24年度研究成果報告書　岩崎俊樹研究代表　[出版地不明]　[岩崎俊樹]　[2013]　76p　30cm〈文献あり　気候変動適応推進プログラム　表紙のタイトル：東北地方のヤマセとモンスーンの先進的ダウンスケール研究〉Ⓝ451.4

東北地方（郷土芸能）

◇講座東北の歴史　第5巻　信仰と芸能　入間田宣夫監修　入間田宣夫，菊地和博編　大阪　清文堂出版　2014.2　397p　22cm〈内容：はじめに（入間田宣夫，菊地和博著）　東北における寺院の成立と展開（佐川正敏著）　南奥羽の観音像と風景（長岡龍作著）　南奥羽の板碑と霊場（佐藤弘夫著）　仏教唱導と〈口承〉文化（山田巌子著）　オシラサマ信仰の地域的展開（滝澤克彦著）〈死者の結婚〉を描いた絵馬（小田島建己著）　南奥羽のキリシタン（村井早苗著）　南奥羽からみた南奥羽（菊地和博著）　城下町仙台の祭礼と芸能（水野沙織著）「狂歌」に結実する地域の文化（高橋章則著）　南奥羽の博奕と芸能（小林文雄著）　奥羽の剣術（布施賢治著）　イベントと民俗芸能（大石泰夫著）〉①978-4-7924-0960-9　Ⓝ212　[5600円]

東北地方（漁業）

◇漁業・水産業における東日本大震災被害と復興に関する調査研究―平成25年度事業報告　東京水産振興会編　東京水産振興会　2014.7　194p　30cm　Ⓝ662.12

◇漁村から見た東日本大震災―地震・津波の記録　漁港漁場漁村総合研究所　2014.3　150p　21cm　Ⓝ662.12

東北地方（経済）

◇自治体の風評被害対応―東日本大震災の事例　日本都市センター企画・編集　[東京]　日本都市センター　2014.3　16,204p　21cm　①978-4-904619-86-5　Ⓝ369.31　[500円]

◇平成35年地域経済の展望と地銀の針路―東北を起点に考察　フィデア総合研究所編著　きんざい　2014.2　211p　21cm　①978-4-322-12402-6　Ⓝ332.12　[1700円]

東北地方（芸術行政）

◇文化芸術による復興推進コンソーシアム平成25年度事業実施報告書　[東京]　文化芸術による復興推進コンソーシアム　2014.3　139p　30cm〈文化庁委託事業　共同刊行：全国公立文化施設協会〉Ⓝ709.12

東北地方（原子力発電所）

◇東日本大震災合同調査報告　土木編5　原子力施設の被害とその影響　東日本大震災合同調査報告書編集委員会編　土木学会　2014.8　81p　26cm〈丸善出版(発売)　文献あり〉①978-4-8106-0865-6　Ⓝ453.21　[6000円]

東北地方（建設事業）

◇『命の道』を切り開く―東日本大震災：3・11最前線の初動13人の証言　角田光男著　建設コンサルタンツ協会　2014.1　149p　21cm　①978-4-9904961-9-7　Ⓝ510.94

◇東日本大震災災害誌―公共土木施設の被害と復旧　[東京]　全国防災協会　2013.12　1冊　31cm　Ⓝ510.9212

東北地方（建築彫刻―図集）

◇寺社の装飾彫刻　北海道・東北・北陸編　北海道・青森・岩手・秋田・宮城・山形・福島・新潟・富山・石川・福井　若林純撮影・構成　日貿出版社　2014.1　207p　26cm〈文献あり〉①978-4-8170-5091-5　Ⓝ713.021　[3800円]

東北地方（県民性）

◇北海道・東北「方言」から見える県民性の謎　篠崎晃一著　実業之日本社　2014.5　207p　18cm　(じっぴコンパクト新書190)〈文献あり〉①978-4-408-45502-0　Ⓝ818.1　[762円]

東北地方（工業）

◇グローバルプレッシャー下の日本の産業集積　伊東維年，山本健兒，柳井雅也編著　日本経済評論社　2014.3　288p　22cm〈索引あり　内容：産業の国際競争と集積（山本健兒著）　東日本大震災後の東北電機産業の実態（柳井雅也著）　東北の自動車産業集積の現状と課題（折橋伸哉著）　東北の清酒産業の変貌と今後の方向性（佐藤淳著）　日本の半導体産業の凋落下でのシリコンアイランド九州の半導体産業・関連産業（伊東維年著）　太陽電池産業クラスターによる地域経済活性化（田中利彦著）　本格焼酎産業の産業集積と今後の課題（中野元著）　グローバルプレッシャー下の日本の産業集積（伊東維年著）〉①978-4-8188-2318-1　Ⓝ509.212　[3500円]

東北地方（考古学）

◇古代蝦夷の考古学　工藤雅樹著　オンデマンド版　吉川弘文館　2013.10　408,20p　22cm〈索引あり　印刷・製本：デジタルパブリッシングサービス　内容：蝦夷論の課題と展望　東北考古学の諸問題　戦後における東北古代文化研究の歩み　北日本石器時代文化の実態とその特質　東北地方の古墳文化　東北北部における政治的社会の形成　東北北部における古代集落の展開　平安初期における陸奥国国府系古瓦の様相　陸奥国分寺出土の宝相華文鐙瓦の製作年代について〉①978-4-642-04213-0　Ⓝ212　[14000円]

東北地方（交通―歴史）

◇関山越えを歩く―古代官道から山形自動車道に続く山形・宮城間の幹線道路の一断面　阿部公一著　仙台　ネクスコ・エン

日本件名図書目録2014　I　　　　　　　　　　　　　　　　　　　　　　　　　　　　　　　東北地方（災害復興）

ジニアリング東北　2014.11　118p　30cm〈文献あり　年表あり〉Ⓝ682.12

東北地方（小売市場）
◇東北朝市紀行　池田進一著　こぶし書房　2014.11　179p　20cm　〈〈私の大学〉テキスト版 5〉①978-4-87559-296-9　Ⓝ673.7　[1800円]

東北地方（小売商）
◇東北朝市紀行　池田進一著　こぶし書房　2014.11　179p　20cm　〈〈私の大学〉テキスト版 5〉①978-4-87559-296-9　Ⓝ673.7　[1800円]

東北地方（高齢者）
◇「課題先進地域」としての被災地における閉じこもり高齢者等とアクティブシニア層のマッチングの仕組みのあり方に関する調査研究調査実施報告書　ぱんぷきん株式会社編　石巻　ぱんぷきん　2014.3　1冊　30cm〈平成25年度厚生労働省「老人保健健康増進等事業」〉Ⓝ369.26

東北地方（高齢者福祉）
◇「課題先進地域」としての被災地における閉じこもり高齢者等とアクティブシニア層のマッチングの仕組みのあり方に関する調査研究調査実施報告書　ぱんぷきん株式会社編　石巻　ぱんぷきん　2014.3　1冊　30cm〈平成25年度厚生労働省「老人保健健康増進等事業」〉Ⓝ369.26
◇東日本大震災後の要援護者の行動実態と支援実態に関する調査・研究事業　［仙台］　栴檀学園東北福祉大学　2013.3　254p　30cm〈平成24年度セーフティネット支援対策等事業費補助金社会福祉推進事業〉Ⓝ369.26

東北地方（国勢調査）
◇国勢調査報告　平成22年　第5巻　抽出詳細集計結果　その2（都道府県・市区町村編）1（北海道・東北 1）　総務省統計局　総務省統計局　2014.2　179p　30cm　〈英語併記〉Ⓝ358.1
◇国勢調査報告　平成22年　第5巻　抽出詳細集計結果　その2（都道府県・市区町村編）2（東北 2）　総務省統計局編　総務省統計局　2014.2　1冊　27cm〈英語併記〉Ⓝ358.1
◇国勢調査報告　平成22年　第6巻　その3　従業地・通学地による抽出詳細集計結果 1（全国、北海道・東北）総務省統計局編　総務省統計局　2014.1　1冊　27cm〈英語併記〉Ⓝ358.1
◇国勢調査報告　平成22年　第5巻　抽出詳細集計結果　その2（都道府県・市区町村編）1（北海道・東北 1）　総務省統計局編　日本統計協会　2014.3　1冊　27cm〈英語併記〉①978-4-8223-3755-1　Ⓝ358.1　[6600円]
◇国勢調査報告　平成22年　第5巻　抽出詳細集計結果　その2（都道府県・市区町村編）2（東北 2）　総務省統計局編　日本統計協会　2014.3　1冊　27cm〈英語併記〉①978-4-8223-3756-8　Ⓝ358.1　[6600円]
◇国勢調査報告　平成22年　第6巻　その3　従業地・通学地による抽出詳細集計結果 1（全国、北海道・東北）総務省統計局，統計センター編　統計センター　2014.3　1冊　27cm〈英語併記〉①978-4-86464-170-8　Ⓝ358.1　[7400円]

東北地方（雇用）
◇2011年東日本大震災下の中小企業再生と雇用問題―広い社会的支援と阪神淡路大震災との比較の視点から　全国勤労者福祉・共済振興協会　2014.1　179p　30cm　（公募研究シリーズ 34）〈文献あり　研究代表者：田口典明　内容：被災状況と復興支援（田口典明著）　復興初期における自動車部品関連企業の外部環境（松下幸生著）　自動車部品関連企業の事業継続に至る実態と展望（松下幸生著）　被災地域におけるキャリアデザインおよびライフデザインの形成（佐藤飛鳥著）　被災地域の水産加工業の再生と課題（田口典明著）　中小企業の再生と雇用問題における東日本大震災と阪神淡路大震災との比較分析（守屋貴司著）　東日本大震災の復興と今後の課題（守屋貴司著）〉Ⓝ335.35

東北地方（災害医療）
◇救命―東日本大震災、医師たちの奮闘　海堂尊監修　新潮社　2014.3　360p　16cm　（新潮文庫 か-57-51）〈平成23年刊に加筆　内容：その時、「お前は医者じゃないのか！」という声が聞こえました（菅野武述、増田晶文インタビュー・構成）　心のケアの専門家だから傷つかないわけではないんです（桑山紀彦述、吉井妙子インタビュー・構成）　この避難所「ビックパレットふくしま」で命を失った方は一人も出ませんでした。それが一番の誇りです（井坂晶述、新潮社取材班インタビュー・構成）　心の問題で自殺する人を一人でも減らしたい（旭俊臣述、新潮社取材班インタビュー・構成）　震災を機に医療の力を見直してほしい（植田俊郎述、増田晶文インタビュー・構成）　日本のような先進国で身元不明者がいるなんて絶対に許せません（江澤庸博述、吉井妙子インタビュー・構成）　災害時の医

療統括の重要性を痛感しました（川越一男述、歌代幸子インタビュー・構成）　医療がないと人は離れていく。医療が立ち上がれば安心する（石木幹人述、歌代幸子インタビュー・構成）　患者さんと話していると、自分まで癒されます（黒田仁述、歌代幸子インタビュー・構成）　いのちを救い、死を悼む（海堂尊述）〉①978-4-10-133661-9　Ⓝ498.0212
◇JMAT以降の被災地への継続的な医療支援のあり方に関する研究―JMAT II活動の実態把握と課題の検証　［東京］　日医総研　2013.12　68p　30cm　（日本医師会総合政策研究機構ワーキングペーパー no. 307）Ⓝ498.0212
◇東日本大震災の透析患者への影響と震災の備えに関する調査―岩手、宮城、福島に居住する患者調査から　透析医療研究会著　統計研究会　2013.12　55p　30cm①978-4-88762-097-1　Ⓝ498.0212

東北地方（災害救助）
◇災害初動期指揮心得―東日本大震災の実体験に基づく　仙台　国土交通省東北地方整備局　2013.3　235p　21cm　Ⓝ369.3　[非売品]
◇証言自衛隊員たちの東日本大震災　大場一石編著　並木書房　2014.2　362p　19cm　①978-4-89063-314-2　Ⓝ392.1076　[1600円]
◇武人の本懐―FROM THE SEA：東日本大震災における海上自衛隊の活動記録　髙嶋博視著　講談社　2014.2　253p　20cm　①978-4-06-218837-1　Ⓝ397.21　[1700円]
◇漫画版自衛隊の"泣ける話"　防衛省陸上幕僚監部広報室監修、中村祥子作画　ユーメイド　2014.3　145p　21cm　①978-4-904422-24-3　Ⓝ396.21　[1000円]
◇勇気と寡黙そして祈り―東北地方・太平洋沖地震における陸上自衛隊の被災地支援―自衛隊岩手地方協力本部支援早稲田大学危機管理研究会・報告書：「平成24年度・文部科学省科学研究費補助金」研究の報告書　田中伯知著　［東京］　早稲田大学危機管理研究会　2013.11　104p　30cm〈著作目録あり〉Ⓝ396.21

東北地方（災害廃棄物処理）
◇環境省平成25年度「東日本大震災におけるアスベスト調査委員会」運営等業務報告書　［東京］　オーエムシー　2014.3　123p　30cm　Ⓝ519.3
◇環境省平成24年度東日本大震災におけるアスベスト調査委員会運営等業務報告書　［東京］　オーエムシー　2013.3　56p　31cm　〈ルーズリーフ〉Ⓝ519.3
◇災害廃棄物の処分と有効利用―東日本大震災の記録と教訓　土木学会コンクリート委員会震災がれきの処分と有効利用に関する調査研究小委員会編集　土木学会　2014.5　232p　30cm　（コンクリートライブラリー 142）〈丸善出版（発売）〉①978-4-8106-0842-7　Ⓝ518.52　[3000円]
◇東日本大震災害廃棄物処理にどう臨むか　3　環境新聞編集部編　環境新聞社　2014.7　149p　21cm　（環境新聞ブックレットシリーズ 12）①978-4-86018-282-3　Ⓝ518.52　[800円]

東北地方（災害復興）
◇アーキエイド活動年次報告―東日本大震災における建築家による復興支援ネットワーク　2012　アーキエイド事務局編　仙台　アーキエイド　2013.3　30p　30cm〈英語併記〉Ⓝ520
◇アーキエイド活動年次報告―東日本大震災における建築家による復興支援ネットワーク　2013　アーキエイド事務局編　仙台　アーキエイド　2014.3　71p　30cm〈英語併記〉Ⓝ520
◇「新しい東北」の創造に向けて―中間とりまとめ　［東京］　復興推進委員会　2013.6　42p　30cm　Ⓝ369.31
◇「新しい東北」の創造に向けて―提言　［東京］　復興推進委員会　2014.4　68p　30cm　Ⓝ369.31
◇『命の道』を切り открыв開く―東日本大震災：3・11最前線の初動13人の証言　角田光男著　建設コンサルタンツ協会　2014.1　149p　21cm　①978-4-9904961-9-7　Ⓝ510.94
◇希望の教育―持続可能な地域を実現する創造的復興教育　文部科学省創造的復興教育研究会著　東洋館出版社　2014.3　262p　19cm　①978-4-491-02998-6　Ⓝ375.1　[1900円]
◇漁村から見た東日本大震災―地震・津波の記録　漁港漁場漁村総合研究所　2014.3　150p　21cm　Ⓝ662.12
◇514の絆―東日本大震災からの復興に向けた商工会議所900日の歩み　日本商工会議所　2014.3　83p　30cm　Ⓝ330.66
◇里海復興支援等業務報告書　平成25年度　［東京］　三洋テクノマリン　2014.3　1冊　31cm〈平成25年度環境省請負事業　ルーズリーフ〉Ⓝ468.8
◇3・11複合災害と日本の課題　佐藤元英、滝田賢治編著　八王子　中央大学出版部　2014.11　307p　22cm　〈内容：東日本大震災復興財政の特徴と問題点・課題（片桐正俊著）　被災地岩手の現状と課題（齋藤俊明著）　東日本大震災が雇用と生産額に及

東北地方（災害復興—歴史）　　　　　　　　　　　　　　　　　　日本件名図書目録2014　I

ぼした影響（長谷川聰哲著）　大震災被災者に対する法律援助システム（武山眞行著）　日本心象（深町英夫著）　日本のエネルギー政策と電力改革（岡田啓著）　東京電力福島第一原発事故と日本のエネルギー問題（奥山修平著）　大震災対応の初動と海外受援（佐藤元著）　災害と国際法（西海真樹著）　3・11複合災害と国際緊急援助（滝田賢治著）　復興の政策デザイン（細野助博著）〉①978-4-8057-6185-4　Ⓝ369.31　［3800円］

◇自治体の風評被害対応—東日本大震災の事例　日本都市センター企画・編集　［東京］　日本都市センター　2014.3　16, 204p　21cm　①978-4-904619-86-5　Ⓝ369.31　［500円］

◇震災メメントモリ—第二の津波に抗して　金菱清著　新曜社　2014.6　240p　図版14p　20cm〈文献あり〉内容：彷徨える魂のゆくえをめぐって　「生きなおす」ための祭礼　内なるショック・ドクトリン　千年災禍のコントロール　「海との交渉権」を断ち切る防潮堤　震災メメントモリ　灯りの見えない未来（赤井志帆著）〉①978-4-7885-1389-1　Ⓝ369.31　［2400円］

◇スリー・イヤーズ—復興の現場から、希望と愛を込めて　東北復興新聞編、本間я著、本間美和著　A-Works　2014.2　169p　21cm　①978-4-902256-55-0　Ⓝ369.31　［1600円］

◇大震災からの復興と地域再生のモデル分析—有効な財政措置と新産業集積の形成　徳永澄憲、沖山充編著　文眞堂　2014.9　331p　21cm〈文献あり　索引あり〉内容：大震災からの復興・地域再生の経済分析（徳永澄憲著）　日本をおそった大震災による経済損失の波及効果分析（沖山充著）　3地域間社会会計表を用いた大震災の経済損失と復興財政措置の波及効果分析（沖山充著）　2地域間応用一般均衡モデルによる自動車産業の負の供給ショック分析（徳永澄憲、沖山充著）　2地域間応用一般均衡モデルによる復興・地域再生に関する分析（沖山充、徳永澄憲著）　動学的2地域間応用一般均衡モデルによる新自動車産業クラスター形成の経済効果分析（徳永澄憲、沖山充著）　動学的応用一般均衡モデルによる持続可能な漁業・水産加工クラスター形成の経済効果分析（阿久根優子著）　多地域間産業連関表を用いた大震災による人口減少の経済影響分析（石川良文著）　NEGモデルを用いた巨大地震による労働移動の経済分析（猪原龍介著）　結論と政策的含意（徳永澄憲、沖山充著）〉①978-4-8309-4833-6　Ⓝ332.12　［4000円］

◇地域発イノベーション　3　震災からの復興・東北の底力　地域発イノベーション事例調査研究プロジェクト編著　仙台　河北新報出版センター　2014.2　219p　21cm〈年表あり〉①978-4-87341-318-1　Ⓝ601.1　［2000円］

◇筑波大学東日本大震災復興・再生支援ネットワーク—第2次報告書　つくば　筑波大学企画室　2013.10　36p　30cm　Ⓝ369.31

◇東北発10人の新リーダー—復興にかける志　田久保善彦編　仙台　河北新報出版センター　2014.3　323p　19cm（河北選書）①978-4-87341-320-4　Ⓝ369.31　［1000円］

◇2011年東日本大震災下の中小企業再生と雇用問題—広い社会的支援と阪神淡路大震災との比較の視点から　全国勤労者福祉・共済振興協会　2014.1　179p　30cm（公募研究シリーズ　34）〈文献あり〉研究代表者：田口典男　内容：被災状況と復興支援（田口典男著）　復興初期における自動車部品関連企業の外部環境（松下幸生著）　自動車部品関連企業の事業継続に至る実態と展望（松下幸生著）　被災地域におけるキャリアデザインおよびライフデザインの形成（佐藤飛鳥著）　被災地域の水産加工業の再生と課題（田口典男著）　中小企業の再生と雇用問題における東日本大震災と阪神淡路大震災との比較分析（守屋貴司著）　東日本大震災の復興と今後の課題（守屋貴司著）〉Ⓝ335.35

◇東日本大震災命みつめて—あの日から今、そして未来へ　公明新聞東日本大震災取材班編　鳳書院　2014.11　159p　22cm　①978-4-87122-182-5　Ⓝ369.31　［1200円］

◇東日本大震災からの復興状況の把握手法に関する調査業務報告書　［東京］　三菱総合研究所　［2013］　5, 31, 23p　30cm　Ⓝ369.31

◇東日本大震災復興支援事業3年の歩み—被災地の皆さまとともに　横浜　都市再生機構　2014.6　85p　30cm〈年表あり〉Ⓝ518.8

◇東日本大震災と地域産業復興　4　2013.9.11～2014.9.11—「所得、雇用、暮らし」を支える　関満博著　新評論　2014.12　362p　22cm　①978-4-7948-0987-2　Ⓝ602.12　［3800円］

◇東日本大震災と地方自治—復旧・復興における人々の意識と行政の課題　河村和徳著　ぎょうせい　2014.4　228p　21cm　①978-4-324-09814-1　Ⓝ369.31　［2300円］

◇東日本大震災被災地域における無形文化遺産とその復興　無形文化遺産情報ネットワーク編　国立文化財機構東京文化財

研究所無形文化遺産部　2014.3　152p　30cm（311復興支援無形文化遺産情報ネットワーク報告書　2013）〈文献あり〉Ⓝ709.12

◇東日本大震災復興研究　3　震災復興政策の検証と新産業創出への提言—広域的かつ多様な課題を見据えながら「新たな地域モデル」を目指す　東北大学大学院経済学研究科地域産業復興調査研究プロジェクト編　仙台　河北新報出版センター　2014.3　352p　21cm〈文献あり〉①978-4-87341-319-8　Ⓝ369.31　［2000円］

◇東日本大震災復興支援活動報告書—社会福祉学部　滝沢村（岩手県）岩手県立大学社会福祉学部　2013.6　102p　30cm　異装のタイトル：岩手県立大学社会福祉学部災害復興支援活動報告書　Ⓝ369.31

◇被災大学は何をしてきたか—福島大、岩手大、東北大の光と影　中井浩一著　中央公論新社　2014.3　542p　18cm（中公新書ラクレ　487）〈文献あり〉①978-4-12-150487-6　Ⓝ369.3　［1300円］

東北地方（災害復興—歴史）

◇慶長奥州地震津波と復興—四〇〇年前にも大地震と大津波があった　蝦名裕一著　仙台　蕃山房　2014.4　69p　21cm（よみがえるふるさとの歴史　2（岩手県・宮城県・福島県））〈本の森（発売）文献あり〉①978-4-904184-63-9　Ⓝ369.31　［800円］

東北地方（祭礼）

◇講座東北の歴史　第5巻　信仰と芸能　入間田宣夫監修　入間田宣夫、菊地和博編　大阪　清文堂出版　2014.2　397p　22cm〈はじめに（入間田宣夫、菊地和博著）東北における寺院の成立と展開（佐川正敏著）　南奥羽の観音像と風景（長岡龍作著）　南奥羽の板碑と霊場（佐藤弘夫著）　仏教唱導と〈口承〉文化（山田巌子著）　オシラサマ信仰の地域的展開（滝澤克彦著）　〈死者の結婚〉を描いた絵馬（小田島建己著）　南奥羽のキリシタン（村井早苗著）　民俗芸能からみた南奥羽（菊地和博著）　城下町仙台の祭礼と芸能（水野沙織著）　「狂歌」に結実する地域の文化（高橋章則著）　南奥羽の博奕と芸能（小林文雄著）　奥羽の剣術（布施賢治著）　イベントと民俗芸能（大石泰夫著）〉①978-4-7924-0960-9　Ⓝ212　［5600円］

東北地方（酒場）

◇ほろよい復興支援独り旅—みちのく居酒屋めぐり　望月五郎著　［出版地不明］　望月五郎　2013.12　105p　21cm〈静岡新聞社（制作・発売）〉①978-4-7838-9866-5　Ⓝ291.2　［500円］

東北地方（山岳—写真集）

◇物江章写真展—悠久の稜線：飯豊連峰美しき全貌　物江章［撮影］, 喜多方市美術館編　喜多方　喜多方市美術館　2014　76p　30cm〈会期：2014年4月19日—5月18日〉Ⓝ291.2

東北地方（産業クラスター）

◇グローバルプレッシャー下の日本の産業集積　伊東維年, 山本健児, 柳井雅也編著　日本経済評論社　2014.3　288p　22cm〈索引あり〉内容：産業の国際競争と集積（山本健児著）　東日本大震災被災後の東北電機産業の実態（柳井雅也著）　東北の自動車産業集積の現状と課題（折橋伸哉著）　信州の清酒産業の変貌と今後の方向性（佐藤淳著）　日本の半導体産業の凋落下でのシリコンアイランド九州の半導体産業・関連産業（伊東維年著）　太陽電池産業クラスターによる地域経済活性化（田中利彦著）　本格焼酎産業の産業集積と今後の課題（中野元著）　グローバルプレッシャー下の日本の産業集積（伊東維年著）〉①978-4-8188-2318-1　Ⓝ509.212　［3500円］

東北地方（寺院）

◇ご先祖さまも被災した—震災に向きあうお寺と神社　小滝ちひろ著　岩波書店　2014.1　154p　19cm　①978-4-00-022929-6　Ⓝ185.912　［1900円］

東北地方（地震—歴史）

◇慶長奥州地震津波と復興—四〇〇年前にも大地震と大津波があった　蝦名裕一著　仙台　蕃山房　2014.4　69p　21cm（よみがえるふるさとの歴史　2（岩手県・宮城県・福島県））〈本の森（発売）文献あり〉①978-4-904184-63-9　Ⓝ369.31　［800円］

東北地方（湿原）

◇東北地方太平洋沿岸地域植生・湿地変化状況等調査調査報告書　平成25年度　富士吉田　環境省自然環境局生物多様性センター　2014.3　1冊　30cm〈請負者：アジア航測株式会社〉Ⓝ472.12

東北地方（児童福祉）

◇東日本大震災後の支援の多様性—電話相談ができること　東北大学大学院教育学研究科教育ネットワークセンター震災子ども支援室"S－チル"［著］　仙台　東北大学大学院教育学研究科震災子ども支援室"S－チル"シンポジウム報告集　第5回（平成26年2月）　2014.5　49p　30cm（震災子ども支援室"S－チル"シンポジウム報告書　第5回（平成26年2月））Ⓝ369.4

日本件名図書目録2014　I　　　　　　　　　　　　　　　　　　　　　　　　　　　　　　　　　　　　東北地方（中小企業）

東北地方（地場産業）
◇東日本大震災と地域産業復興　4　2013.9.11〜2014.9.11—「所得、雇用、暮らし」を支える　関満博著　新評論　2014.12　362p　22cm　①978-4-7948-0987-2　Ⓝ602.12　［3800円］

東北地方（障害者福祉）
◇鎮魂から復興へ—障害のある人たちの東日本大震災　きょうされん広報・出版・情報委員会編　きょうされん　2014.3　61p　21cm　（KSブックレット No.20）〈萌文社（発売）〉内容：はたらくことが希望になる（西條一恵著）　ゼロからのスタート（栗田誠著）　再建はまだまだ先かも…（熊井睦子著）　なにもかも失ったからこそ見えてくるもの（松原千晶著）　たくさんの不安やストレスを抱えながら（村松恵美子著）　心が休まる場所を（西みよ子著）　原発事故と行政の対応（西浦武義著）　南相馬ファクトリーと仕事おこし（佐藤定広著）　将来に希望をもって（渋谷久美子著）　わたしたちはひとりじゃない（和田庄司著）〉①978-4-89491-266-3　Ⓝ369.27　［667円］
◇東日本大震災後の要援護者の行動実態と支援実態に関する調査・研究事業　［仙台］　梅檀学園東北福祉大学　2013.3　254p　30cm〈平成24年度セーフティネット支援対策等事業費補助金社会福祉推進事業〉Ⓝ369.26

東北地方（植物）
◇東北地方太平洋沿岸地域植生・湿地変化状況等調査調査報告書　平成25年度　富士吉田　環境省自然環境局生物多様性センター　2014.3　1冊　30cm〈請負者：アジア航測株式会社〉Ⓝ472.12

東北地方（書籍商）
◇復興の書店　稲泉連著　小学館　2014.11　262p　15cm　（小学館文庫　い10-1）〈2012年刊の加筆〉①978-4-09-406101-7　Ⓝ024.12　［580円］

東北地方（信仰）
◇講座東北の歴史　第5巻　信仰と芸能　入間田宣夫監修　入間田宣夫，菊地和博編　大阪　清文堂出版　2014.2　397p　22cm〈内容：はじめに（入間田宣夫，菊地和博著）　東北における寺院の成立と展開（佐川正敏著）　南奥羽の観音像と風景（長岡龍作著）　南奥羽の板碑と霊場（佐藤弘夫著）　仏教唱導と〈口承〉文化（山田巌子著）　オシラサマ信仰の地域的展開（滝澤克彦著）〈死者の結婚〉を描いた絵馬（小田島建己著）　南奥羽のキリシタン（村井早苗著）　民俗芸能からみた南奥羽（菊地和博著）　城下町仙台の祭礼と芸能（水野沙織著）「狂歌」に結実する地域の文化（高橋章則著）　南奥羽の博奕と芸能（小林文雄著）　奥羽の剣術（布施賢治著）　イベントと民俗芸能（大石泰夫著）〉①978-4-7924-0960-9　Ⓝ212　［5600円］

東北地方（森林）
◇東北国有林の保護林　秋田　東北森林管理局　2013.3　371p　30cm　Ⓝ652.12

東北地方（森林保護）
◇東北国有林の保護林　秋田　東北森林管理局　2013.3　371p　30cm　Ⓝ652.12

東北地方（水産業）
◇漁業・水産業における東日本大震災被害と復興に関する調査研究—平成25年度事業報告　東京水産振興会編　東京水産振興会　2014.7　194p　30cm　Ⓝ662.12

東北地方（水質汚濁）
◇水環境放射性物質モニタリング調査業務報告書　平成25年度　仙台　東北緑化環境保全　2014.3　327p　31cm〈ルーズリーフ〉Ⓝ519.4

東北地方（水道）
◇東日本大震災水道施設被害状況調査最終報告書—厚生労働省健康局水道課とりまとめ　水道産業新聞社　2014.3　1冊　30cm　①978-4-915276-95-8　Ⓝ518.1　［4500円］

東北地方（青年）
◇アノヒカラ・ジェネレーション—東日本大震災と東北の若者　笠原伊織著　京都造形芸術大学東北芸術工科大学出版局藝術学舎　2014.7　213p　19cm〈幻冬舎（発売）〉①978-4-344-95243-0　Ⓝ369.31　［1200円］

東北地方（石器）
◇ひらけ！旧石器人の道具箱—東北の旧石器：平成25年度特別企画展　仙台市富沢遺跡保存館編　仙台　仙台市教育委員会　2013.7　61p　30cm〈文献あり　会期・会場：平成25年7月12日〜9月16日　仙台市富沢遺跡保存館企画展示室・研修室〉Ⓝ212

東北地方（村落—歴史）
◇講座東北の歴史　第2巻　都市と村　入間田宣夫監修　平川新，千葉正樹編　大阪　清文堂出版　2014.10　275p　22cm〈内容：はじめに（平川新，千葉正樹著）　考古学から見た多賀国府

（千葉孝弥著）　奥羽の港町（綿貫友子著）　戦前期東北における百貨店の展開過程（加藤諭著）　戦後地域民主化と文化運動（大串潤児著）　東北の墨書土器と地域社会（三上喜孝著）　中世のマチとムラ（飯村均著）　村から見た伊達騒動（平川新著）　北上川下流域における村の暮らしと百姓相続（平野哲也著）　南奥羽の村絵図世界（相馬美貴子著）　二宮尊徳と中村藩の報徳仕法（大藤修著）〉①978-4-7924-0957-9　Ⓝ212　［4600円］

東北地方（地域開発）
◇地域発イノベーション　3　震災からの復興・東北の底力　地域発イノベーション事例調査研究プロジェクト編著　仙台　河北新報出版センター　2014.2　219p　21cm〈年表あり〉①978-4-87341-318-1　Ⓝ601.1　［2000円］

東北地方（地域経済）
◇大震災からの復興と地域再生のモデル分析—有効な財政措置と新産業集積の形成　徳永澄憲，沖山充編著　文眞堂　2014.9　331p　21cm〈文献あり　索引あり　内容：大震災からの復興・地域再生の経済分析（徳永澄憲著）　2地域間社会会計表を用いた大震災による経済損失の波及効果分析（沖山充著）　3地域間社会会計表を用いた大震災の経済損失と復興財政措置の波及効果分析（沖山充著）　2地域間応用一般均衡モデルによる自動車産業の負の供給ショック分析（徳永澄憲，沖山充著）　2地域間応用一般均衡モデルによる復興・地域再生に関する分析（沖山充，徳永澄憲著）　動学的2地域間応用一般均衡モデルによる新自動車産業クラスター形成の経済効果分析（徳永澄憲，沖山充著）　動学的応用一般均衡モデルによる持続可能な漁業・水産加工クラスター形成の経済効果分析（阿久根優子著）　多地域間産業連関表を用いた大震災による人口減少の経済影響分析（石川良文著）　NEGモデルを用いた巨大地震による労働移動の経済分析（猪原龍介著）　結論と政策的含意（徳永澄憲，沖山充著）〉①978-4-8309-4833-6　Ⓝ332.12　［4000円］

東北地方（地域社会—歴史）
◇東方正教の地域的展開と移行期の人間像—北東北における時代変容意識　山下須美礼著　大阪　清文堂出版　2014.9　287p　22cm〈文献あり　索引あり　布装　内容：地方知行給人としての素地　士族ハリステアニンの故郷における信仰　受洗者名簿にみる教会の成立　金銭出納簿にみる教会設備の充足過程　士族集団維持を目的とした教会持続の試み　伝教区「顕栄会」の意義　商業活動の展開　士族ハリステアニンによる東京以西への伝教　神道教導職の布教活動と正教会　敗北藩士族としてのハリステアニン〉①978-4-7924-1016-2　Ⓝ198.192　［7800円］

東北地方（地域包括ケア）
◇東日本大震災仮設住宅サポート拠点を中心とする地域包括ケアの検討　［東京］　災害福祉広域支援ネットワーク・サンダーバード　2014.3　1冊　30cm〈平成25年度老人保健事業推進費等補助金老人保健健康増進等事業〉Ⓝ369.26

東北地方（畜産業）
◇東北地域マッチングフォーラム—講演要旨集　平成26年度　飼料用米給与が畜産物生産に与えるメリット　農研機構東北農業研究センター編　盛岡　農研機構東北農業研究センター　2014.11　74p　30cm〈会期・会場：平成26年11月26日　ホテルメトロポリタン盛岡本館4階岩手の間〉Ⓝ612.12

東北地方（地誌）
◇環境動態を視点とした地域社会と集落形成に関する総合的研究—平成25年度研究成果報告書　東北芸術工科大学東北文化研究センター編　山形　東北芸術工科大学東北文化研究センター　2014.3　89p　30cm〈文部科学省私立大学戦略的研究基盤形成支援事業〉Ⓝ291.2

東北地方（地方自治）
◇東日本大震災と地方自治—復旧・復興における人々の意識と行政の課題　河村和徳著　ぎょうせい　2014.4　228p　21cm　①978-4-324-09814-1　Ⓝ369.31　［2300円］

東北地方（地名）
◇地名から知る先人の暮らしと歴史—東北地方に残るアイヌ語地名　［大崎］　東北アイヌ語地名研究会　2014.10　111p　21cm　（東北アイヌ語地名研究会叢書　1）Ⓝ291.2　［1200円］

東北地方（中小企業）
◇地域発イノベーション　3　震災からの復興・東北の底力　地域発イノベーション事例調査研究プロジェクト編著　仙台　河北新報出版センター　2014.2　219p　21cm〈年表あり〉①978-4-87341-318-1　Ⓝ601.1　［2000円］
◇2011年東日本大震災下の中小企業再生と雇用問題—広い社会的支援と阪神淡路大震災との比較の視点から　全国勤労者福祉・共済振興協会　2014.1　179p　30cm　（公募研究シリーズ　34）〈文献あり　研究代表者：田口典明　内容：被災状況と復興支援（田口典男著）　復興初期における中小自動車部品関連企業の外部環境（松下幸生著）　自動車部品関連企業の事業継続に至る実態と展望（松下幸生著）　被災地域におけるキャリアデザインおよびライフデザインの形成（佐藤飛鳥著）　被災地

東北地方（津波）

域の水産加工業の再生と課題（田口典男著）　中小企業の再生と雇用問題における東日本大震災と阪神淡路大震災との比較分析（守屋貴司著）　東日本大震災の復興と今後の課題（守屋貴司著）〉Ⓝ335.35

東北地方（津波）
◇東日本大震災合同調査報告　土木編 5　原子力施設の被害とその影響　東日本大震災合同調査報告書編集委員会編　土木学会　2014.8　81p　26cm（丸善出版（発売）文献あり）Ⓘ978-4-8106-0865-6　Ⓝ453.21　［6000円］
◇未来に伝える「津波」の記憶―千年先の命を守るために：2011.3.11東日本大震災写真集　時田まさよし著　［岡谷］アイカラー　2014.2　120p　21×23cm〉Ⓘ978-4-905092-20-9　Ⓝ369.31　［2500円］

東北地方（津波―歴史）
◇慶長奥州地震津波と復興―四〇〇年前にも大地震と大津波があった　蝦名裕一著　仙台　蕃山房　2014.4　69p　21cm〈よみがえるふるさとの歴史 2（岩手県・宮城県・福島県）〉〈本の森（発売）文献あり〉Ⓘ978-4-904184-63-9　Ⓝ369.31　［800円］
◇三陸つなみいまむかし―元NHK記者半世紀の取材メモから　山田健著、竹内日出男補筆　大船渡　イー・ピックス　2014.6　242p　19cm〈文献あり〉Ⓘ978-4-901602-55-6　Ⓝ369.31　［1200円］

東北地方（鉄道）
◇被災鉄道―復興への道　芦原伸著　講談社　2014.7　302p　20cm〈文献あり　年表あり〉Ⓘ978-4-06-219029-9　Ⓝ686.212　［2300円］

東北地方（電気事業―復旧）
◇電力と震災―東北「復興」電力物語　町田徹著　［東京］日経BP社　2014.2　303p　20cm〈日経BPマーケティング（発売）文献あり〉Ⓘ978-4-8222-4999-1　Ⓝ540.9212　［1400円］

東北地方（道路）
◇命をつなげ―東日本大震災、大動脈復旧への戦い　稲泉連著　新潮社　2014.12　303p　16cm　（新潮文庫　い―119-1）〈「命をつなぐ道」（2012年刊）の改題〉Ⓘ978-4-10-126281-9　Ⓝ514.09212　［550円］

東北地方（都市―歴史）
◇講座東北の歴史　第2巻　都市と村　入間田宣夫監修　平川新、千葉正樹編　大阪　清文堂出版　2014.10　275p　22cm〈内容：はじめに（平川新、千葉正樹著）考古学から見た多賀国府（千葉孝弥著）　奥羽の港町（綿貫友子著）　戦前期東北における百貨店の展開過程（加藤論著）　戦後地域民主化と文化運動（大串潤児著）　東北の墨書土器と地域社会（三上喜孝著）　中世のマチとムラ（飯村均著）　村から見た伊達騒動（平川新著）北上川下流域における村の暮らしと百姓相続（平野哲也著）南奥羽の村絵図世界（相馬美貴子著）　二宮尊徳と中村藩の報徳仕法（大藤修著）〉Ⓘ978-4-7924-0957-9　Ⓝ212　［4600円］

東北地方（日本文学―歴史）
◇戦後史のなかの生活記録運動―東北農村の青年・女性たち　北河賢三著　岩波書店　2014.10　267p　20cm〈内容：生活記録運動の概観　岩手の社会・文化運動と『岩手の保健』　須藤克三と戦後山形の教育文化運動　地域勤労青年の生活と意識　農村女性の生活と生活記録　農村女性の生活記録活動〉Ⓘ978-4-00-026000-8　Ⓝ910.264　［2700円］

東北地方（東日本大震災〔2011〕―被害）
◇ご先祖さまも被災した―震災に向きあうお寺と神社　小滝ちひろ著　岩波書店　2014.1　154p　19cm　Ⓘ978-4-00-022929-6　Ⓝ185.912　［1900円］
◇電力と震災―東北「復興」電力物語　町田徹著　［東京］日経BP社　2014.2　303p　20cm〈日経BPマーケティング（発売）文献あり〉Ⓘ978-4-8222-4999-1　Ⓝ540.9212　［1400円］

東北地方（東日本大震災〔2011〕―被害―写真集）
◇未来に伝える「津波」の記憶―千年先の命を守るために：2011.3.11東日本大震災写真集　時田まさよし著　［岡谷］アイカラー　2014.2　120p　21×23cm　Ⓘ978-4-905092-20-9　Ⓝ369.31　［2500円］

東北地方（干潟）
◇里海復興支援等業務報告書　平成25年度　［東京］三洋テクノマリン　2014.3　1冊　31cm〈平成25年度環境省請負事業ルーズリーフ〉Ⓝ468.8
◇東北地方太平洋沿岸地域生態系監視調査調査報告書　平成25年度　富士吉田　環境省自然環境局生物多様性センター　2014.3　1冊　30cm〈請負者：自然環境研究センター〉Ⓝ468.8

東北地方（被災者支援）
◇〈あの日〉以後を生きる―走りつつ、悩みつつ、祈りつつ　朝岡勝著　いのちのことば社　2014.3　93p　21cm　（3.11ブックレット）Ⓘ978-4-264-03196-3　Ⓝ198.37　［900円］
◇筑波大学東日本大震災復興・再生支援ネットワーク―第2次報告書　つくば　筑波大学企画室　2013.10　36p　30cm　Ⓝ369.31
◇東日本大震災と東海地域の防災―津波対策、災害支援、災害のグローバル化　名古屋大学文学部社会学研究室編　名古屋　名古屋大学文学部社会学研究室　2013.3　190p　30cm　（名古屋大学文学部社会学研究室社会調査報告書 10（2011年度））〈奥付の出版年月：2012.3〉Ⓝ369.3
◇東日本大震災復興支援活動報告書―社会福祉学部　滝沢村（岩手県）岩手県立大学社会福祉学部　2013.6　102p　30cm〈奥付のタイトル：岩手県立大学社会福祉学部災害復興支援活動報告書〉Ⓝ369.31
◇被災自治体における住民の意思反映―東日本大震災の現地調査・多角的考察を通じて　日本都市センター編　［東京］日本都市センター　2014.3　10, 246p　21cm　Ⓘ978-4-904619-84-1　Ⓝ369.31　［500円］
◇被災地支援と教会のミニストリー―東北ヘルプの働き　東京基督教大学国際宣教センター編、秋山善久、川上直哉著　いのちのことば社　2014.3　119p　21cm　（FCCブックレット）〈内容：被災者支援と教会（秋山善久著）教会のミニストリーとしての弔いとスピリチュアル・ケア（川上直哉著）〉Ⓘ978-4-264-03194-9　Ⓝ198.37　［1000円］
◇被災地と心のケア―「仕える教会」を目指して　東京基督教大学国際宣教センター編、藤掛明、朝岡勝著　いのちのことば社　2014.6　79p　21cm　（FCCブックレット）〈内容：東日本大地震と心のケア（藤掛明著）「仕える教会」への改革（朝岡勝著）〉Ⓘ978-4-264-03241-0　Ⓝ198.37　［800円］
◇見上げる空―「被災地」から見える教会の姿　米内宏明著　いのちのことば社　2014.11　78p　21cm　（3.11ブックレット）Ⓘ978-4-264-03269-4　Ⓝ198.37　［900円］

東北地方（避難所）
◇要援護者に配慮した東日本大震災時の避難所運営の実態に関する調査報告書　復建調査設計株式会社総合計画部社会基盤計画課編　復建調査設計総合計画部社会基盤計画課　2014.3　73, 16, 49p　30cm〈平成25年度セーフティネット支援対策等事業費補助金社会福祉推進事業〉Ⓝ369.31

東北地方（風俗・習慣）
◇東北学／もうひとつの東北　赤坂憲雄［著］　講談社　2014.11　284p　15cm　（講談社学術文庫 2268）〈『東北学へ 3』（作品社　1998年刊）の改題〉Ⓘ978-4-06-292268-5　Ⓝ382.12　［960円］
◇復刻東北民俗研究―民俗資料　仙台　東北大学大学院文学研究科東北文化研究室　2014.3　167p　26cm　（東北文化資料叢書　第7集）Ⓝ382.12

東北地方（プロテスタント教会―社会事業）
◇被災地支援と教会のミニストリー―東北ヘルプの働き　東京基督教大学国際宣教センター編、秋山善久、川上直哉著　いのちのことば社　2014.3　119p　21cm　（FCCブックレット）〈内容：被災者支援と教会（秋山善久著）教会のミニストリーとしての弔いとスピリチュアル・ケア（川上直哉著）〉Ⓘ978-4-264-03194-9　Ⓝ198.37　［1000円］
◇被災地と心のケア―「仕える教会」を目指して　東京基督教大学国際宣教センター編、藤掛明、朝岡勝著　いのちのことば社　2014.6　79p　21cm　（FCCブックレット）〈内容：東日本大地震と心のケア（藤掛明著）「仕える教会」への改革（朝岡勝著）〉Ⓘ978-4-264-03241-0　Ⓝ198.37　［800円］
◇見上げる空―「被災地」から見える教会の姿　米内宏明著　いのちのことば社　2014.11　78p　21cm　（3.11ブックレット）Ⓘ978-4-264-03269-4　Ⓝ198.37　［900円］

東北地方（方言）
◇アイヌ語・日本語の形成過程の解明に向けての研究―地域言語学、言語類型論、通時言語学を基盤にした学際的アプローチ　板橋義三著　相模原　現代図書　2014.3　296p　21cm　（星雲社（発売）文献あり〉Ⓘ978-4-434-19009-4　Ⓝ829.2　［2800円］
◇南部からだ詞　小田正博編著　文芸社　2014.9　98p　15cm〈文献あり〉Ⓘ978-4-286-15467-1　Ⓝ818.2　［500円］
◇北海道・東北「方言」から見える県民性の謎　篠崎晃一著　実業之日本社　2014.5　207p　18cm　（じっぴコンパクト新書 190）〈文献あり〉Ⓘ978-4-408-45502-0　Ⓝ818.1　［762円］

東北地方（母子保健）
◇「避難家族に対するリフレッシュママ教室」事業―報告書　母子保健推進会議　［2014］　95p　30cm〈独立行政法人福祉医療機構社会福祉振興助成事業〉Ⓝ498.7

日本件名図書目録2014　Ⅰ　　　　　　　　　　　　　　　　　　　　　　　　　　　　　　　東横百貨店

東北地方（ボランティア活動）
◇「課題先進地域」としての被災地における閉じこもり高齢者等とアクティブシニア層のマッチングの仕組みのあり方に関する調査研究調査実施報告書　ばんぷきん株式会社編　石巻　ばんぷきん　2014.3　1冊　30cm　〈平成25年度厚生労働省「老人保健健康増進等事業」〉Ⓝ369.26

東北地方（無形文化財）
◇東日本大震災被災地域における無形文化遺産とその復興　無形文化遺産情報ネットワーク編　国立文化財機構東京文化財研究所無形文化遺産部　2014.3　152p　30cm　（311復興支援　無形文化遺産情報ネットワーク報告書 2013）〈文献あり〉Ⓝ709.12

東北地方（歴史）
◇蝦夷と東北古代史　工藤雅樹著　オンデマンド版　吉川弘文館　2013.10　458,22p　22cm　〈索引あり　印刷・製本：デジタルパブリッシングサービス　内容：東北古代史像の形成　東北古代史の再検討　初期の柵とコホリ　石城・石背両国の分置と広域陸奥国の復活　多賀城の創建をめぐって　藤原仲麻呂政権と東北　伊治公呰麻呂の乱　坂上田村麻呂の登場と胆沢鎮守府　平安時代の城柵　蝦夷アイヌ説と非アイヌ説　考古学から見た古代蝦夷　古代蝦夷の社会　民族論における蝦夷とアイヌ　日本列島における諸民族の形成　古代国家と蝦夷〉①978-4-642-04214-7　Ⓝ212　［14500円］
◇蝦夷と「なこその関」　菅原伸一著　秋田　無明舎出版　2014.4　266p　19cm　〈文献あり〉①978-4-89544-580-1　Ⓝ212　［1800円］
◇江戸三〇〇藩物語藩史　北海道・東北篇　山本博文監修　洋泉社　2014.11　222p　18cm　（歴史新書）〈文献あり〉①978-4-8003-0514-5　Ⓝ210.5　［900円］
◇近世国家と東北大名　長谷川成一著　オンデマンド版　吉川弘文館　2013.10　302,8p　22cm　〈索引あり　印刷・製本：デジタルパブリッシングサービス　内容：鷹と東北大名　奥羽日の本仕置と豊臣政権による鷹の独占過程　奥羽日の本仕置の中の北奥と蝦夷島　北日本における太閤蔵入地論　近世初期東北大名の領知高　北の元和偃武　最上改易と元和偃武　東北大名と蝦夷地・北方世界　十三湊に関する基礎研究　近世十三湊の成立と展開　津軽十三湊をめぐる伝承の研究　近世国家の形成と東北大名〉①978-4-642-04220-8　Ⓝ210.5　［12000円］
◇古代東北と柵戸　高橋崇著　オンデマンド版　吉川弘文館　2013.10　212p　22cm　〈印刷・製本：デジタルパブリッシングサービス〉①978-4-642-04217-8　Ⓝ210.3　［8000円］
◇古代東北の支配構造　鈴木拓也著　オンデマンド版　吉川弘文館　2013.10　319,8p　22cm　〈索引あり　印刷・製本：デジタルパブリッシングサービス　内容：古代陸奥国の軍制　古代出羽国の軍制　九世紀陸奥国の軍制と支配構造　払田柵と雄勝城に関する試論　陸奥・出羽の公出挙制　陸奥・出羽の調庸と蝦夷の饗給　陸奥・出羽の浮浪逃亡政策　古代東北の城柵と移民政策〉①978-4-642-04218-5　Ⓝ210.3　［12000円］
◇高橋富雄東北学論集—地方からの日本学　第12集　武士道の歴史　第3巻　高橋富雄著　会津若松　歴史春秋出版　2014.1　329p　22cm　〈第3部　武士道　「武士道の歴史 第3巻」（人物往来社 昭和61年刊）の増補　内容：いろは仕立　信州尚武論　茶道と武士道　大和魂の遺書　水戸天下士道　徳川慶喜公伝士論　会津武士道　江戸開城士道　兵道御一新　痴遊三傑　近代瘠我慢の説　武士道とキリスト教　開拓者精神　明治十三年三月三十日　新渡戸武士道　おんな武士道伝記　武士道終焉〉①978-4-89757-815-6　Ⓝ212.008　［2857円］
◇東北考古学・古代史学史　工藤雅樹著　オンデマンド版　吉川弘文館　2013.10　468,16p　22cm　〈索引あり　印刷・製本：デジタルパブリッシングサービス　内容：坪井正五郎とその周辺　医科系人類学の成立とその特質　考古学における民族論の二つの方法　ミネルヴァ論争とその前後　東北・北海道古代史研究の課題　津田左右吉の東北古代史像　東北のアイヌ語地名とマタギ言葉のアイヌ語に関するノート　十九世紀後半における欧米人の日本古代史研究　明治前半期における紀年論の史学史的意義　明治期における民間史家の古代史研究　「日鮮同祖論」の史学史的意義〉①978-4-642-04215-4　Ⓝ210.01　［14500円］
◇北奥地域史の新地平　長谷川成一編　岩田書院　2014.3　343p　22cm　〈年譜あり　内容：藩政の展開と北奥地域　十七世紀後半の東北北辺情報を伝える古地図について（市毛幹幸著）　近世北奥の藩領域（本田伸著）　弘前藩における城郭修補申請の基礎的考察（小石川透著）　近世南部領における造船技術力と廻船建造（石山晃子著）　北奥地域の転換と民衆　寛保

津波の被害と北方諸藩の災害対応（白石睦弥著）　文化・文政期の大葛金山と殖産興業（土谷紘子著）　平田門人と主体性の問題について（藤原義天恩著）　平田塾と地方国学の展開（中川和明著）　維新期における地方招魂事業の計画とその展開（蔦谷大輔著）　明治三年・四年青森県南部地域の行政実態について（坂本壽夫著）〉①978-4-87294-860-8　Ⓝ212　［7900円］
◇律令国家東北史の研究　高橋崇著　オンデマンド版　吉川弘文館　2013.10　482,14p　22cm　〈印刷・製本：デジタルパブリッシングサービス〉①978-4-642-04216-1　Ⓝ322.134　［14500円］

東北地方（歴史—史料）
◇奥州藤原史料　東北大學東北文化研究會編　オンデマンド版　吉川弘文館　2013.10　215,27p　22cm　〈索引あり　印刷・製本：デジタルパブリッシングサービス〉①978-4-642-04212-3　Ⓝ212　［9000円］
◇近世留守家文書　第25集　水沢古文書研究会編　［奥州］　奥州市立水沢図書館　2014.3　230p　26cm　Ⓝ212

東北電力株式会社
◇電力と震災—東北「復興」電力物語　町田徹著　［東京］　日経BP社　2014.2　303p　20cm　〈日経BPマーケティング（発売）文献あり〉①978-4-8222-4999-1　Ⓝ540.9212　［1400円］

東北薬科大学
◇研究業績　第5号　2009年4月—2013年3月　［仙台］　東北薬科大学　2013　232p　30cm　〈自己点検・評価報告書「別冊」背の巻次：第四号〉Ⓝ377.28
◇自己点検評価書—平成25年度大学機関別認証評価：日本高等教育評価機構　［仙台］　東北薬科大学　2013.6　104p　30cm　Ⓝ377.1

東北楽天ゴールデンイーグルス
◇東北楽天ゴールデンイーグルスあるある　凛次郎著，山田真衣佳画　TOブックス　2014.1　159p　18cm　①978-4-86472-217-9　Ⓝ783.7　［1000円］
◇楽天イーグルスの次の一手　週刊ベースボール編　ベースボール・マガジン社　2014.12　221p　19cm　〈文献あり〉①978-4-583-10749-3　Ⓝ783.7　［1400円］
◇楽天はなぜ強くなれたのか—巨人の「天才野球」をしのいだ力　野村克也著　PHP研究所　2014.1　254p　18cm　（PHP新書904）①978-4-569-81686-9　Ⓝ783.7　［760円］

当真　洋一〔1935～ 〕
◇さらばダバオよ一大東亜戦争僕は負けなかった　當眞洋一著　那覇　新星出版　2013.1　255p　19cm　①978-4-905192-35-0　Ⓝ289.1　［1500円］

道明　美保子
◇道明美保子研究業績集　道明美保子著　［彦根］　［道明美保子］　2013.3　286p　27cm　〈文献あり〉Ⓝ577.1

同盟90 緑の党
◇緑の党—運動・思想・政党の歴史　小野一著　講談社　2014.9　270p　19cm　（講談社選書メチエ 583）〈索引あり〉①978-4-06-258586-6　Ⓝ315.34　［1700円］

同盟通信社〔1936年〕
◇国策通信社『同盟』の興亡—通信記者と戦争　鳥居英晴著　［東京］　花伝社　2014.7　789,25p　22cm　〈共栄書房（発売）文献あり　年表あり　索引あり〉①978-4-7634-0708-5　Ⓝ070.19　［5000円］

東洋（天文学—歴史）
◇東洋天文学史　中村士著　丸善出版　2014.10　219p　18cm　（サイエンス・パレット 020）〈文献あり　索引あり〉①978-4-621-08862-3　Ⓝ440.22　［1000円］

東洋大学通信教育部
◇東洋通信　2014特別号　東洋大学通信教育部　2014.12　158p　26cm　（通信教育部設置50周年記念号，文部科学省認可通信教育・東洋大学補助教材）Ⓝ002

東洋大学陸上競技部
◇その1秒をけずりだせ—駅伝・東洋大スピリッツ　酒井俊幸著　ベースボール・マガジン社　2014.12　205p　19cm　〈年譜あり〉①978-4-583-10758-5　Ⓝ782.3　［1400円］

東予港
◇東予港港湾計画書——部変更　［松山］　愛媛県　2014.3　10p　30cm　（交通政策審議会港湾分科会資料　第55回）〈付属資料：1枚：東予港港湾計画図〉Ⓝ683.92183

東横百貨店
◇社史で見る日本経済史　第69巻　東横百貨店—開店満五周年記念出版　ゆまに書房　2014.4　267,21p　22cm　（百貨店日日新聞社 1939年刊の複製　解説：末田智樹　布装）①978-4-8433-4562-7,978-4-8433-4561-0（set）Ⓝ335.48　［15000円］

と

509

東林館高等学校

◇東林館の夢——愛と癒しの知恵　秋山秀治著　岡山　吉備人出版　2014.9　406p　19cm　①978-4-86069-401-2　Ⓝ376.4176　[1700円]

ドゥルーズ, G.〔1925〜1995〕

◇アンチ・モラリア——〈器官なき身体〉の哲学　江川隆男著　河出書房新社　2014.6　364p　20cm　〈著作目録あり〉　①978-4-309-24662-8　Ⓝ135.5　[3500円]

◇経験と出来事——メルロ＝ポンティとドゥルーズにおける身体の哲学　小林徹著　水声社　2014.10　405p　22cm　〈文献あり〉　①978-4-8010-0069-8　Ⓝ135.5　[6000円]

◇ドゥルーズと狂気　小泉義之著　河出書房新社　2014.7　378p　19cm　（河出ブックス　073）　①978-4-309-62473-0　Ⓝ135.5　[1900円]

◇ドゥルーズと精神分析　モニク・ダヴィド＝メナール著, 財津理訳　河出書房新社　2014.9　314p　20cm　①978-4-309-24672-7　Ⓝ135.5　[4300円]

トゥルン・ウント・タクシス〔家〕

◇トゥルン・ウント・タクシスその郵便と企業の歴史　ヴォルフガング・ベーリンガー著, 高木葉子訳　三元社　2014.4　460, 124p　22cm　〈文献あり　索引あり〉　①978-4-88303-356-0　Ⓝ693.23　[6200円]

トーエネック

◇トーエネック70年史　70周年記念誌編纂委員会編　名古屋　トーエネック　2014.10　261p　31cm　〈年表あり〉　Ⓝ528.4

十日町市（温泉）

◇CO_2排出削減対策強化誘導型技術開発・実証事業（温泉発電における温泉熱利用効率の向上とノンフロン系媒体の安全性検証等によるCO_2排出削減対策強化のための技術開発）成果報告書　平成25年度　[東京]　地熱技術開発　2014.3　29, 124p　30cm　〈文献あり　平成25年度環境省委託業務〉　Ⓝ543.7

十日町市（地すべり—歴史）

◇大地と共に生きる一松之山大地すべり防災50周年記録誌　[十日町]　松之山大地すべり防災50周年事業実行委員会　2014.3　64p　30cm　〈年表あり〉　Ⓝ455.89

十日町市（地域社会）

◇地域におけるアートプロジェクトのインパクトリサーチ「莇平の事例研究」活動記録と検証報告　地域文化に関する情報とプロジェクト作成・編集　東京都歴史文化財団東京文化発信プロジェクト室　[2014]　106p　30cm　〈年表あり〉　Ⓝ702.1941

十日町市（文化活動）

◇地域におけるアートプロジェクトのインパクトリサーチ「莇平の事例研究」活動記録と検証報告　地域文化に関する情報とプロジェクト作成・編集　東京都歴史文化財団東京文化発信プロジェクト室　[2014]　106p　30cm　〈年表あり〉　Ⓝ702.1941

◇美術は地域をひらく一大地の芸術祭10の思想：Echigo-Tsumari Art Triennale Concept Book　北川フラム著　現代企画室　2014.2　267p　21cm　〈索引あり〉　①978-4-7738-1318-0　Ⓝ702.1941　[2500円]

十日町市（文化行政）

◇アートは地域を変えたか——越後妻有大地の芸術祭の13年2000-2012　澤村明編著　慶應義塾大学出版会　2014.6　184p　21cm　〈文献あり　索引あり　内容：序章（澤村明著）　大地の芸術祭が行なわれるまで（中東雅樹著）　大地の芸術祭の概要（澤村明著）　大地の芸術祭の経済効果（長谷川雪子著）　大地の芸術祭とソーシャル・キャピタル（鷲見英司著）　大地の芸術祭と人々（寺尾仁著）　大地の芸術祭と類似例（澤村明著）　アートは地域を変えたか（澤村明著）〉　①978-4-7664-2149-1　Ⓝ709.141　[2400円]

遠野市（遺跡・遺物）

◇新田Ⅱ遺跡発掘調査報告書　岩手県文化振興事業団埋蔵文化財センター編　盛岡　国土交通省東北地方整備局岩手河川国道事務所　2014.2　409p　30cm　（岩手県文化振興事業団埋蔵文化財調査報告書　第622集）〈東北横断自動車道釜石秋田線（遠野—東和間）関連遺跡発掘調査　共同刊行：岩手県文化振興事業団〉　Ⓝ210.0254

遠野市（伝説）

◇村落伝承論——『遠野物語』から　三浦佑之著　増補新版　青土社　2014.7　340p　20cm　〈索引あり　初版：五柳書院　1987年刊　内容：伝承としての村落　村建て神話　鎮座由来譚　神隠しと境界　伝承の方位　慈母　証人　証拠　血筋　狂気　柳田国男の目覚め　『遠野物語』の構想と夫鳥の話　楽を奏でる土地　瓜子姫の死　『遠野物語』にみる動物観〉　①978-4-7917-6798-4　Ⓝ388.122　[2600円]

遠野市（民間伝承）

◇口語訳遠野物語　柳田国男著, 佐藤誠輔訳, 小田富英注　河出書房新社　2014.7　245p　15cm　（河出文庫　や27-1）〈文献あり〉　①978-4-309-41305-1　Ⓝ382.122　[640円]

◇佐々木喜善の足跡をたどる　遠野物語研究所編著　遠野　遠野物語研究所　2014.3　119p　21cm　（遠野物語教室（散歩）記録　2013年度）　Ⓝ382.122　[非売品]

遠野市（昔話）

◇新しい日本の語り　6　大平悦子の遠野ものがたり　日本民話の会編　大平悦子述, 米屋陽一責任編集　悠書館　2014.2　189p　20cm　〈内容：黒髪の女　さらわれた娘　登戸の婆さま　オクナイサマ　ザシキワラシ　通夜のできごと　オット鳥　馬追鳥　郭公と時鳥　河童の足跡　姥子淵の河童　河童の顔　マヨイガ　妻のたましい　四十八坂の狐　とうふとこんにゃく　五徳と犬の足　ねずみのすもう　和尚さまと髪の毛　豆っこひとつ　化け猫の話　履物の化け物　和尚さまと門前の嫁さま　物知らず親子とどろぼう　オシラサマ　馬鹿　おっつけ言葉　蛇と茅とわらび　とちの実、その1　とちの実、その2　眉の役目　ねばすけ　あわて者　馬と猫と犬と鶏　十六だんごは本尊さま　マハとホウズキ　宝授面　あやめになった婆さま　笹焼蕪四郎〉　①978-4-903487-73-1　Ⓝ388.1　[1800円]

遠野まごころネット

◇新・遠野物語——遠野まごころネット被災地支援への挑戦：2011-2013　遠野まごころネット編　仙台　荒蝦夷　2013.3　320p　19cm　（東北の声叢書　25）〈年表あり〉　①978-4-904863-28-2　Ⓝ369.31　[1600円]

遠野物語研究所

◇遠野物語研究所の活動記録　[遠野]　遠野物語研究所　2014.3　112p　21cm　〈編集担当：高柳俊郎〉　Ⓝ382.122　[非売品]

融 道玄〔1872〜1918〕

◇祖父融道玄の生涯　融道男著　勁草書房制作部コミュニケーション事業部（制作）　2013.12　9, 234p　21cm　Ⓝ188.52

栂 善夫

◇民事手続における法と実践——栂善夫先生・遠藤賢治先生古稀祝賀　伊藤眞, 上野泰男, 加藤哲夫編集委員　成文堂　2014.3　1203p　22cm　〈著作目録あり　年譜あり　内容：宗教団体の内部紛争に関する近時の裁判例検討（安西明子著）「司法へのユビキタス・アクセス」の一潮流（川嶋四郎著）　ADR合意の効力（山本和彦著）　裁判の迅速化に係る検証」の歩み（小林宏司著）　地方裁判所における民事訴訟の繁閑とその審理への影響（前田智彦著）　当事者の視点から見た和解の評価（菅原郁夫著）　弁護士費用は誰が負担するか（平野哲郎著）　請負契約における瑕疵修補に代わる損害賠償債権と報酬債権に関する実体法と訴訟法（杉本和士著）　民事訴訟における必要的請求併合のルールについて考える一考察（小松良正著）　弁論活性化研究（西口元著）　争点整理手続の構造と実務（加藤新太郎著）　フリッツ・バウアーの手続法フォーマリズム論について（安達栄司著）　訴訟審理の実体面における裁判所の役割について（髙田昌宏著）　これからの民事訴訟と手続保障論の新たな展開、釈明権及び法的観点指摘権能規制の必要性（瀬木比呂志著）　弁論主義の膨張と当事者主義・要件事実論・釈明義務の関係の再検討（越知保見著）　医師責任訴訟における法律上の推定規定の意義（春日偉知郎著）　因果関係立証の困難性と訴訟法的救済についての一試論（川中啓由著）　証明責任の分配と実質的考慮（吉田元子著）　民事訴訟法第248条再考（伊藤眞著）　違法収集証拠の論点覚書（二宮照興著）　文書提出命令申立てにおける対象文書の存否の立証責任（和久田道雄著）　文書提出命令の発令手続と裁判（中島弘雅著）　全面的価格賠償による分割を命じる判決の主文について（秦公正著）　既判力標準時後の相殺権の行使に関する最近のドイツの判例について（坂原正夫著）　口頭弁論終結後の承継人についての素描（永井博史著）「訴訟共同の必要」に関する判例理論の現在（勅使川原和彦著）　共同訴訟の補助参加について（本間靖規著）　高裁の訴訟運営に関する雑感3題（高橋宏志著）　請求の客観的予備的併合と控訴審の審判対象（坂本恵三著）　民事訴訟法319条（旧401条）の沿革について（上野泰男著）　上告理由としての理由不備、食違い（福田剛久著）　民事執行手続における裁判所書記官の役割（三藤邦彦著）　株主代表訴訟における勝訴株主の執行担当（小田司著）　執行文の役割（西川佳代著）　請求異議事由の再構成に関する覚書（松村和德著）　被差押債権の処分と被差押債権の基礎となる法律関係の処分（石渡哲著）　賃料債権の差押えの効力発生後になされた賃貸建物の賃借人への譲渡（柳沢雄二著）　被差押債権の発生原因となる法律関係の処分（吉田純平著）　根抵当不動産競売における債務者及び所有者の意思能力（熊谷聡著）　仮処分命令の取消しと推定強制金の不当利得（金炳学著）　破産手続と過払金返還請求（我妻学著）　民事再生手続における包括的禁止命令（山本研著）　民事再生手続における手形上の商事留置権の取扱いについて（三上威彦著）　債権者等申立ての更生手続における保全管理命令の発令基準（山田尚武著）　非訟事件における直接審理主

義について（金子修著）　父子関係事件の一側面（豊田博昭著）〉①978-4-7923-2655-5　Ⓝ327.2　［25000円］

富樫 穎〔1941〜 〕
◇富樫穎先生追悼文集—『バーリャン小学校の思い出』別冊　厉仁玉, 武田淳, 河合民子, 西潟範子, エルニーニョ深沢共著　那覇　蛙ブックス　2014.3　55p　21cm　①978-4-907464-02-8　Ⓝ372.2237　［500円］

十勝地方
◇十勝の自然と友だちになる！ ために　西村弘行, 山岸喬, 佐藤孝夫, 原田陽, 秋山彰造, 宜寿次盛生監修　［帯広］　帯広信用金庫・経営企画部　2014.4　190p　21cm　（帯広しんきん郷土文庫）Ⓝ657.86

土岐市〔遺跡・遺物〕
◇土岐市市内遺跡発掘調査報告書　平成24年度　岐阜県土岐市教育委員会, 土岐市文化振興事業団編　土岐　岐阜県土岐市教育委員会　2014.3　30p　図版10p　30cm〈共同刊行：土岐市文化振興事業団〉Ⓝ210.0254
◇元屋敷陶器窯跡出土遺物整理報告書　土岐市教育委員会, 土岐市文化振興事業団編　土岐　土岐市教育委員会　2014.3　47p　図版3p　30cm〈共同刊行：土岐市文化振興事業団〉Ⓝ215.3

ときど〔1985〜 〕
◇東大卒プロゲーマー—論理は結局、情熱にかなわない　ときど著　PHP研究所　2014.7　222p　18cm　（PHP新書 938）①978-4-569-81962-4　Ⓝ798.5　［760円］

常磐会学園大学
◇教育研究活動の現状と課題—自己点検・評価報告書　平成25年度　常磐会学園常磐会学園大学編　大阪　常磐会学園常磐会学園大学　2014.4　70p　30cm　Ⓝ377.1
◇常磐会学園大学の15年の歩みデータ集—平成11年度（開設年度）−平成25年度　大阪　常磐会学園常磐会学園大学　2014.3　84p　21×30cm〈年表あり〉Ⓝ377.28

ドーキンス, R.〔1941〜 〕
◇ドーキンス自伝　1　好奇心の赴くままに—私が科学者になるまで　リチャード・ドーキンス著, 垂水雄二訳　早川書房　2014.5　431p　20cm　①978-4-15-209457-5　Ⓝ289.3　［2800円］

徳川〔家〕
◇驚きの真実をあばく徳川将軍十五代ミステリー—徳川260年は暗闘と陰謀の黒歴史　日本ミステリー調査会編・著　竹書房　2014.7　231p　19cm〈文献あり〉①978-4-8124-8823-2　Ⓝ288.3　［556円］
◇「開校・彰考館」プロジェクト水戸徳川家関連史料調査・活用事業報告書　平成25年度　徳川ミュージアム編　［水戸］　地域と共働した美術館・歴史博物館創造活動支援事業「開校・彰考館」プロジェクト水戸徳川家関連史料調査・活用事業実行委員会　2014.3　117p　30cm〈平成25年度地域と共働した美術館・歴史博物館創造活動支援事業〉Ⓝ213.1
◇旧考余録　其ノ1　［竹尾覚斎著］, 岡崎市立中央図書館古文書翻刻ボランティア会編　［岡崎］　岡崎市立中央図書館　2014.7　415p　30cm〈複製及び翻刻　共同刊行：岡崎市立中央図書館古文書翻刻ボランティア会〉Ⓝ288.2
◇旧考余録　其ノ2　［竹尾覚斎著］, 岡崎市立中央図書館古文書翻刻ボランティア会編　［岡崎］　岡崎市立中央図書館　2014.7　382p　30cm〈複製及び翻刻　共同刊行：岡崎市立中央図書館古文書翻刻ボランティア会〉Ⓝ288.2
◇戦国・織豊期大名徳川氏の領国支配　柴裕之著　岩田書院　2014.11　411,17p　22cm　（戦国史研究叢書 12）〈索引あり〉内容：今川・松平両氏の戦争と室町幕府将軍　室町幕府将軍足利義輝と徳川家康　徳川信玄の遠江・三河侵攻と徳川家康　長篠合戦再考　武田氏の遠江侵攻と宇津山城　織田権力の関東仕置と徳川家康　徳川氏の領国支配と徳政令　豊臣政権の関東仕置と徳川関東領国　徳川氏の駿河河東二郡支配と松井忠次　三河国衆奥平氏の動向と懸様　徳川氏の甲斐国中領支配とその特質　徳川氏の甲斐郡内領支配と鳥居元忠　徳川国下の穴山武田氏　徳川氏の信濃国伊那郡統治と菅沼定利　石川康輝〈数正〉出奔の政治背景　戦国・織豊期大名徳川氏の領国構造と支配　①978-4-87294-884-4　Ⓝ210.47　［9400円］
◇徳川家康寺社関係寄進状の研究—船橋大神宮文書の誘起する近世　朝野雅文著　船橋　北総史学研究所　2014.3　386, 4p　22cm　①978-4-9907595-0-6　Ⓝ210.5　［5000円］
◇なぜ家康の家臣団は最強組織になったのか—徳川幕府に学ぶ絶対勝てる組織論　小野雅彦著　竹書房　2014.9　207p　18cm　（竹書房新書 033）〈文献あり〉①978-4-8019-0018-9　Ⓝ288.3　［840円］

◇一橋徳川家文書覚了院様御実録　2　茨城県立歴史館史料学芸部編　水戸　茨城県立歴史館　2014.3　334p　22cm　（茨城県立歴史館史料叢書 17）〈外箱入〉Ⓝ210.5

徳川 家康〔1542〜1616〕
◇家康、真骨頂—「狸おやじ」のすすめ　小林一哉著　平凡社　2014.5　246p　20cm　①978-4-582-46816-8　Ⓝ289.1　［1600円］
◇家康は関ケ原で死んでいた—二代目家康が駿府で見た夢と野望　島右近著　竹書房　2014.10　215p　18cm　（竹書房新書 035）〈文献あり〉①978-4-8019-0019-6　Ⓝ289.1　［840円］
◇駿河土産　［大道寺友山著］, 岡崎市立中央図書館古文書翻刻ボランティア会編　［岡崎］　岡崎市立中央図書館　2014.10　123p　30cm〈複製及び翻刻　共同刊行：岡崎市立中央図書館古文書翻刻ボランティア会〉Ⓝ289.1
◇天下人の夢—信長・秀吉・家康　津本陽, 二木謙一著　実業之日本社　2014.3　298p　20cm〈文献あり　年譜あり〉①978-4-408-11056-1　Ⓝ281.04　［2000円］

徳川 綱吉〔1646〜1709〕
◇儒学殺人事件—堀田正俊と徳川綱吉　小川和也著　講談社　2014.4　382p　20cm〈文献あり　索引あり〉①978-4-06-218933-0　Ⓝ210.52　［2800円］

徳川 斉昭〔1800〜1860〕
◇水戸学の復興—幽谷・東湖そして烈公　宮田正彦著　錦正社　2014.7　253p　19cm　（水戸史学選書）〈内容：水戸学の復興　幽谷の政治論　送原子簡序　東湖先生の面目　小梅水哉舎記　君臣水魚　弘道館記の精神　弘道館記の成立と烈公の苦心　烈公の魅力　烈公と『北長志』父と子　史余閑談〉①978-4-7646-0118-5　Ⓝ121.58　［2800円］

徳川 宗春〔1696〜1764〕
◇徳川宗春—〈江戸〉を超えた先見力　北川宥智著　名古屋　風媒社　2013.12　224p　20cm〈文献あり〉①978-4-8331-0563-7　Ⓝ289.1　［1500円］

徳川 慶勝〔1824〜1883〕
◇尾張徳川家の幕末維新—徳川林政史研究所所蔵写真：写真集　徳川義崇監修, 徳川林政史研究所編　吉川弘文館　2014.3　307p　31cm〈文献あり　年譜あり〉①978-4-642-03827-0　Ⓝ210.61　［9000円］

徳川 慶喜〔1837〜1913〕
◇あの世からの徳川慶喜の反論—鳥羽伏見の戦いの真相を語る　佐藤泰史著　東洋出版　2014.3　295p　21cm〈年譜あり〉①978-4-8096-7729-8　Ⓝ210.61　［1500円］
◇徳川慶喜　家近良樹著　吉川弘文館　2014.1　313p　19cm　（人物叢書　新装版　通巻277）〈文献あり　年譜あり〉①978-4-642-05270-2　Ⓝ289.1　［2300円］

徳川 吉宗〔1684〜1751〕
◇徳川吉宗と江戸城　岡崎寛徳著　吉川弘文館　2014.5　159p　21cm　（人をあるく）〈文献あり　年譜あり〉①978-4-642-06781-2　Ⓝ289.1　［2000円］

徳島医療福祉専門学校
◇歩み—二十周年記念誌：より高みをめざして　勝浦町（徳島県）勝浦学園徳島医療福祉専門学校　2013.12　149p　26cm〈年表あり　標題紙のタイトル：あゆみ　編集委員：宮武建ほか〉Ⓝ492.5

徳島県〔遺跡・遺物〕
◇徳島・遺跡探訪—吉野川流域の古墳　村井道明編著　徳島　村井道明　2014.3　193p　30cm〈著作目録あり〉Ⓝ218.1

徳島県〔遺跡・遺物—徳島市〕
◇南蔵本遺跡　徳島県埋蔵文化財センター編　［徳島］　徳島県教育委員会　2014.3　2冊　30cm　（徳島県埋蔵文化財センター調査報告書　第84集）〈県立中央病院改築事業関連埋蔵文化財発掘調査報告書　共同刊行：徳島県埋蔵文化財センター　「第1分冊」「第2分冊」に分冊刊行〉Ⓝ210.0254

徳島県〔遺跡・遺物—美馬市〕
◇郡里廃寺跡第9次発掘調査概要報告　美馬市教育委員会編　美馬　美馬市教育委員会　2014.3　17p　30cm　（美馬市文化財調査報告　第6集）Ⓝ210.0254

徳島県〔エネルギー政策〕
◇地域主導型再生可能エネルギー事業化検討委託業務（徳島県）成果報告書　平成25年度　［徳島］　徳島地域エネルギー　2014.3　81p　30cm〈平成25年度環境省委託業務〉Ⓝ501.6

徳島県〔絵画〔日本〕—画集〕
◇阿波の画人作品集—御用絵師・町絵師・日本画家　村井道明編著　徳島　村井道明　2014.2　189p　30cm〈文献あり　著作目録あり〉Ⓝ721.02

徳島県〔海岸〕
◇自然環境保全基礎調査沿岸域変化状況等調査業務報告書　平成24年度　富士吉田　環境省自然環境局生物多様性センター

徳島県（学校）

2013.3 1冊 30cm〈環境省請負業務, 請負者：アジア航測〉
Ⓝ454.7

徳島県（学校）
◇徳島の学校を理解するためのハンドブック―徳島学校的簡介手冊 徳島県教育委員会学校政策課編 ［徳島］徳島県教育委員会 2013.3 56p 30cm〈中国語併記〉Ⓝ372.181

徳島県（環境行政）
◇徳島県環境基本計画 第2次 徳島 徳島県県民環境部環境首都課 2013.12 104p 30cm〈第2次のタイトル関連情報：とくしまの環境のためのnext one次の一手次の一歩〉Ⓝ519.1

徳島県（行政）
◇いけるよ！ 徳島・行動計画―オンリーワン徳島行動計画 平成26年度版 上 徳島県政策創造部総合政策課編 徳島 徳島県政策創造部総合政策課 ［2014］151p 30cm Ⓝ318.281
◇いけるよ！ 徳島・行動計画―オンリーワン徳島行動計画 平成26年度版 下 徳島県政策創造部総合政策課編 徳島 徳島県政策創造部総合政策課 ［2014］201p 30cm Ⓝ318.281

徳島県（行政組織）
◇行政機関等ガイドブック―徳島県版 平成26年4月1日現在 徳島 総務省徳島行政評価事務所 ［2014］92p 30cm Ⓝ317.2

徳島県（協同組合―名簿）
◇徳島県中小企業団体名簿 平成25年度 ［徳島］徳島県中小企業団体中央会 ［2013］103p 30cm〈平成25年7月1日現在〉Ⓝ335.35

徳島県（工業―統計―徳島市）
◇統計徳島―徳島市の工業（平成24年工業統計調査結果）no. 146 2014 徳島市総務部情報推進課編 ［徳島］徳島市統計調査推進協議会 2014.3 48p 30cm Ⓝ505.9

徳島県（工業―名簿）
◇特定商工業者名簿 2014年度 徳島 徳島商工会議所 2014.12 469p 21cm Ⓝ335.035 ［非売品］

徳島県（交通―歴史）
◇阿波遍路道―遍路道を活かした地域の連携：第12回全国歴史の道会議徳島県大会報告書 第12回全国歴史の道会議徳島県大会実行委員会事務局編 ［徳島］第12回全国歴史の道会議徳島県大会実行委員会事務局 2014.3 50p 30cm〈会期：平成25年10月19日―20日 内容：基調講演 歴史の道の可能性（佐藤正知述）記念講演 四国遍路の歴史（長谷川賢二述）報告 地域に生きる遍路文化（町田哲著）ほか〉Ⓝ682.181

徳島県（古墳）
◇徳島・遺跡探訪―吉野川流域の古墳 村井道明編著 徳島 村井道明 2014.3 193p 30cm〈著作目録あり〉Ⓝ218.1

徳島県（山岳）
◇阿波の峠と民俗 続 橘禎男著 橘茂樹 2014.11（2刷）180p 26cm〈文献あり〉Ⓝ291.81
◇峠みち 阿波の峠を歩く会編 徳島 阿波の峠を歩く会 2014.5 249p 26cm〈阿波の峠を歩く会結成20周年記念 内容：峠みち. 第1号（平成8年1月20日）－第19号（平成26年1月25日）〉Ⓝ291.81 ［非売品］

徳島県（史跡名勝）
◇阿波の峠と民俗 続 橘禎男著 橘茂樹 2014.11（2刷）180p 26cm〈文献あり〉Ⓝ291.81

徳島県（住民運動―三好市）
◇小歩危ダム阻止闘争と吉野川の濁り問題 編集委員会編 三好 ［小歩危ダム阻止闘争と吉野川の濁り問題］編集委員会 2014.3 454p 31cm〈年表あり 文献あり〉Ⓝ517.72

徳島県（巡礼〔仏教〕）
◇空海の足音四国へんろ展 徳島県 徳島県立博物館編 ［徳島］四国へんろ展徳島実行委員会 2014.10 237p 30cm〈年表あり 文献あり 会期・会場：平成26年10月25日―11月30日 徳島県立博物館 四国霊場開創一二〇〇年記念四県連携事業〉Ⓝ702.17

徳島県（商業）
◇徳島県貿易・国際事業実態調査報告書 平成25年度 日本貿易振興機構徳島貿易情報センター編 徳島 徳島県商工労働部観光国際局国際戦略政策課グローバル戦略室 2014.1 73p 30cm Ⓝ678.21

徳島県（商業―名簿）
◇特定商工業者名簿 2014年度 徳島 徳島商工会議所 2014.12 469p 21cm Ⓝ335.035 ［非売品］

徳島県（書目）
◇徳島県EL新聞記事情報リスト 2013-1 エレクトロニック・ライブラリー編 エレクトロニック・ライブラリー 2014.2 640p 31cm〈制作：日外アソシエーツ〉Ⓝ025.8181
◇徳島県EL新聞記事情報リスト 2013-2 エレクトロニック・ライブラリー編 エレクトロニック・ライブラリー 2014.2 p641-1680 31cm〈制作：日外アソシエーツ〉Ⓝ025.8181

徳島県（人口―統計）
◇徳島県人口移動調査結果報告書 平成25年 徳島県政策創造部統計戦略課編 徳島 徳島県政策創造部統計戦略課 2014.3 117p 30cm Ⓝ358.181

徳島県（人口―統計―徳島市）
◇統計徳島―徳島市平成22年（2010年）国勢調査結果報告 no. 144 2013 徳島市総務部情報推進課編 徳島 徳島市統計調査推進協議会 2013.11 237p 30cm Ⓝ358.181
◇統計徳島―徳島市の人口動態（平成25年1月―12月）no. 145 2014 徳島市総務部情報推進課編 ［徳島］徳島市統計調査推進協議会 2014.3 34p 30cm Ⓝ358.181
◇統計徳島―徳島市の町丁別人口 2014年新春増刊号 徳島市総務部情報推進課編 ［徳島］徳島市統計調査推進協議会 2014.1 36p 30cm Ⓝ358.181
◇統計徳島―徳島市の町丁別人口 2014年春季増刊号 徳島市総務部情報推進課編 ［徳島］徳島市統計調査推進協議会 2014.4 36p 30cm Ⓝ358.181
◇統計徳島―徳島市の町丁別人口 2014年夏季増刊号 徳島市総務部情報推進課編 ［徳島］徳島市統計調査推進協議会 2014.7 36p 30cm Ⓝ358.181
◇統計徳島―徳島市の町丁別人口 2014年秋季増刊号 徳島市総務部情報推進課編 ［徳島］徳島市統計調査推進協議会 2014.10 36p 30cm Ⓝ358.181

徳島県（人口移動―統計）
◇徳島県人口移動調査結果報告書 平成25年 徳島県政策創造部統計戦略課編 徳島 徳島県政策創造部統計戦略課 2014.3 117p 30cm Ⓝ358.181

徳島県（神社）
◇阿波の古社めぐり―徳島県の延喜式内社を訪ねる 大西雅子著 文芸社 2014.8 195p 21cm〈文献あり〉①978-4-286-15238-7 Ⓝ175.981 ［1400円］

徳島県（世帯―徳島市―統計）
◇統計徳島―徳島市平成22年（2010年）国勢調査結果報告 no. 144 2013 徳島市総務部情報推進課編 徳島 徳島市統計調査推進協議会 2013.11 237p 30cm Ⓝ358.181
◇統計徳島―徳島市の町丁別人口 2014年新春増刊号 徳島市総務部情報推進課編 ［徳島］徳島市統計調査推進協議会 2014.1 36p 30cm Ⓝ358.181
◇統計徳島―徳島市の町丁別人口 2014年春季増刊号 徳島市総務部情報推進課編 ［徳島］徳島市統計調査推進協議会 2014.4 36p 30cm Ⓝ358.181
◇統計徳島―徳島市の町丁別人口 2014年夏季増刊号 徳島市総務部情報推進課編 ［徳島］徳島市統計調査推進協議会 2014.7 36p 30cm Ⓝ358.181
◇統計徳島―徳島市の町丁別人口 2014年秋季増刊号 徳島市総務部情報推進課編 ［徳島］徳島市統計調査推進協議会 2014.10 36p 30cm Ⓝ358.181

徳島県（選挙―統計）
◇徳島県選挙年鑑 平成24年・平成25年版 no. 1 ［徳島］徳島県選挙管理委員会 ［2014］412p 30cm〈衆議院議員総選挙 平成24年12月16日執行, 最高裁判所裁判官国民審査 平成24年12月16日執行, 徳島海区漁業調整委員会委員一般選挙 平成24年8月2日執行〉Ⓝ314.8
◇徳島県選挙年鑑 平成24年・平成25年版 no. 2 ［徳島］徳島県選挙管理委員会 ［2014］439p 30cm〈参議院議員通常選挙 平成25年7月21日執行, 吉野川北岸土地改良区総代総選挙 平成25年4月23日執行, 市町村選挙〉Ⓝ314.8

徳島県（ダム―三好市）
◇小歩危ダム阻止闘争と吉野川の濁り問題 編集委員会編 三好 ［小歩危ダム阻止闘争と吉野川の濁り問題］編集委員会 2014.3 454p 31cm〈年表あり 文献あり〉Ⓝ517.72

徳島県（男女共同参画―藍住町）
◇藍住町男女共同参画プラン―男女が共に個性と能力を発揮できる社会の実現をめざして 第2次 ［藍住町（徳島県）］徳島県藍住町 2014.3 62p 30cm Ⓝ367.2181

徳島県（地域開発―神山町）
◇神山プロジェクト―未来の働き方を実験する 篠原匡著 ［東京］日経BP社 2014.3 223p 19cm〈日経BPマーケティング（発売）〉①978-4-8222-7443-6 Ⓝ601.181 ［1500円］

徳島県（地方選挙）
◇徳島県選挙年鑑　平成24年・平成25年版 no. 1　［徳島］　徳島県選挙管理委員会　［2014］　412p　30cm〈衆議院議員総選挙　平成24年12月16日執行，最高裁判所裁判官国民審査　平成24年12月16日執行，徳島海区漁業調整委員会委員一般選挙　平成24年8月2日執行〉Ⓝ314.8

◇徳島県選挙年鑑　平成24年・平成25年版 no. 2　［徳島］　徳島県選挙管理委員会　［2014］　439p　30cm〈参議院議員通常選挙　平成25年7月21日執行，吉野川北岸土地改良区総代総選挙　平成25年4月23日執行，市町村選挙〉Ⓝ314.8

徳島県（庭園）
◇阿波の庭園探訪　須藤茂樹著　［徳島］　徳島県教育印刷　2013.3　53p　21cm　Ⓝ629.21

徳島県（統計―徳島市）
◇統計徳島―徳島市統計年報　no. 147　平成25年版　徳島市総務部情報推進課編　［徳島］　徳島市統計調査推進協議会　2014.3　156p　30cm〈年表あり〉Ⓝ351.81

徳島県（農村生活―上勝町）
◇山で生きるということ　かみかつ里山倶楽部編　上勝町〔徳島県〕　かみかつ里山倶楽部　2014.3　164p　21cm　（かみかつ山の聞き書き 2013）Ⓝ611.98

徳島県（仏教美術―図集）
◇空海の足音四国へんろ展　徳島編　徳島県立博物館編　［徳島］　四国へんろ展徳島実行委員会　2014.10　237p　30cm〈年表あり　文献あり　会期・会場：平成26年10月25日―11月30日　徳島県立博物館　四国霊場開創一二〇〇年記念四県連携事業〉Ⓝ702.17

徳島県（仏像）
◇四国霊場仏像を訪ねて　上　香川　徳島編　櫻井恵武著　ミヤオビパブリッシング　2014.7　215p　21cm〈宮帯出版社（発売）〉①978-4-86366-922-2　Ⓝ718.0218　［2000円］

徳島県（文化活動―歴史）
◇グローカルな「ふるさと文化」の魅力発信―新聞と小説で綴る五十年　林啓介著　鳴門　おもてなし文化研究会　2014.6　207p　26cm　Ⓝ702.1981　［1600円］

徳島県（貿易商―名簿）
◇徳島県国際取引企業名簿　2013　日本貿易振興機構徳島貿易情報センター編　徳島　徳島県商工労働部観光国際局国際戦略課グローバル戦略室　［2013］　26, 97p　30cm〈英語併記〉Ⓝ678.035

徳島県（方言）
◇徳島県南部ふるさとことば―言語談話資料を中心に　岸江信介, 清水勇貴, 峪口有香子, 塩川奈々美, 先谷香保, 高木美和, 徳島大学大学院ソシオ・アーツ・アンド・サイエンス研究部日本語学研究室編　徳島　徳島大学日本語学研究室　2014.3　293p　30cm〈徳島大学パイロット事業支援プログラム（社会貢献型）「地域の持続的発展に資する機動型臨地教育/研究拠点の形成」研究成果報告書　平成25年度〉〈文献あり〉①978-4-924918-29-0　Ⓝ818.31

◇徳島県吉野川流域言語地図―平成25年度総合科学部創生研究プロジェクト吉野川流域における「声の言語地図」作成に関する研究　岸江信介, 玉真之介, 掛井秀一, 清水勇吉, 峪口有香子, 澤周作, 塩川奈々美, 森岡裕介, 天満啓貴, 徳島大学大学院ソシオ・アーツ・アンド・サイエンス研究部日本語学研究室編　徳島　徳島大学日本語学研究室　2014.3　302p　30cm〈文献あり　豊饒な吉野川を持続可能とする共生環境教育（現代GP継続事業）〉①978-4-924918-28-3　Ⓝ818.31

徳島県（民間伝承―徳島市）
◇星河内の「言い伝え」―徳島市上八万町　前編　武市信子編纂　徳島　武市信子　2014.7　57枚　21×30cm　Ⓝ382.181

徳島県（名簿）
◇徳島県人物・人材情報リスト　2015　日外アソシエーツ株式会社編　日外アソシエーツ（制作）　2014.11　401, 19p　30cm　Ⓝ281.81

徳島県（UJIターン―神山町）
◇神山プロジェクト―未来の働き方を実験する　篠原匡著　［東京］　日経BP社　2014.3　223p　19cm〈日経BPマーケティング（発売）〉①978-4-8222-7443-6　Ⓝ601.181　［1500円］

徳島県（歴史）
◇阿波の茶人と棲霞亭伊勢眠翁　村井道明編著　徳島　村井道明　2014.11　513p　27cm〈文献あり　著作目録あり　複製を含む〉Ⓝ218.1

◇南北朝の動乱と阿波山岳武士　國見慶英編著　［美馬］　國見慶英　2014.11　233p　21cm〈教育出版センター（印刷）　年表あり　文献あり　著作目録あり〉Ⓝ218.1

徳島県（歴史―阿波市）
◇粟嶋史　大塚唯士［著］　［阿波］　大塚唯士　2014.12　268p　27cm〈文献あり〉Ⓝ218.1

徳島県（歴史―史料―小松島市）
◇御鷹方御用并諸願一巻控帳―和田津新田栗本家文書　［徳島］　徳島の古文書を読む会六班　2014.3　257p　26cm　（史料集 12）〈複製及び翻刻〉Ⓝ218.1　［非売品］

徳島県（歴史―吉野川市）
◇粟嶋史　大塚唯士［著］　［阿波］　大塚唯士　2014.12　268p　27cm〈文献あり〉Ⓝ218.1

徳島県立阿波高等学校
◇徳島県立阿波高等学校創立90周年記念誌―阿波高　阿波　徳島県立阿波高等学校　2013.9　119p　26cm〈年表あり　標題紙・背のタイトル：創立90周年記念誌〉Ⓝ376.48　［非売品］

徳島県立中央病院
◇徳島県立中央病院創立60周年記念誌　徳島県立中央病院編集委員会編　徳島　徳島県立中央病院　2013.1　136p　30cm〈年表あり〉Ⓝ498.16

徳島市（遺跡・遺物）
◇南蔵本遺跡　徳島県埋蔵文化財センター編　［徳島］　徳島県教育委員会　2014.3　2冊　30cm　（徳島県埋蔵文化財センター調査報告書　第84集）〈県立中央病院改築事業関連埋蔵文化財発掘調査報告書　共同刊行：徳島県埋蔵文化財センター　「第1分冊」「第2分冊」に分冊刊行〉Ⓝ210.0254

徳島市（工業―統計）
◇統計徳島―徳島市の工業（平成24年工業統計調査結果）　no. 146　2014　徳島市総務部情報推進課編　［徳島］　徳島市統計調査推進協議会　2014.3　48p　30cm　Ⓝ505.9

徳島市（人口―統計）
◇統計徳島―徳島市平成22年（2010年）国勢調査結果報告　no. 144　2013　徳島市総務部情報推進課編　徳島　徳島市統計調査推進協議会　2013.11　237p　30cm　Ⓝ358.181

◇統計徳島―徳島市の人口動態（平成25年1月―12月）　no. 145　2014　徳島市総務部情報推進課編　［徳島］　徳島市統計調査推進協議会　2014.3　34p　30cm　Ⓝ358.181

◇統計徳島―徳島市の町丁別人口　2014年新春増刊号　徳島市総務部情報推進課編　［徳島］　徳島市統計調査推進協議会　2014.1　36p　30cm　Ⓝ358.181

◇統計徳島―徳島市の町丁別人口　2014年春季増刊号　徳島市総務部情報推進課編　［徳島］　徳島市統計調査推進協議会　2014.4　36p　30cm　Ⓝ358.181

◇統計徳島―徳島市の町丁別人口　2014年夏季増刊号　徳島市総務部情報推進課編　［徳島］　徳島市統計調査推進協議会　2014.7　36p　30cm　Ⓝ358.181

◇統計徳島―徳島市の町丁別人口　2014年秋季増刊号　徳島市総務部情報推進課編　［徳島］　徳島市統計調査推進協議会　2014.10　36p　30cm　Ⓝ358.181

徳島市（世帯―統計）
◇統計徳島―徳島市平成22年（2010年）国勢調査結果報告　no. 144　2013　徳島市総務部情報推進課編　徳島　徳島市統計調査推進協議会　2013.11　237p　30cm　Ⓝ358.181

◇統計徳島―徳島市の町丁別人口　2014年新春増刊号　徳島市総務部情報推進課編　［徳島］　徳島市統計調査推進協議会　2014.1　36p　30cm　Ⓝ358.181

◇統計徳島―徳島市の町丁別人口　2014年春季増刊号　徳島市総務部情報推進課編　［徳島］　徳島市統計調査推進協議会　2014.4　36p　30cm　Ⓝ358.181

◇統計徳島―徳島市の町丁別人口　2014年夏季増刊号　徳島市総務部情報推進課編　［徳島］　徳島市統計調査推進協議会　2014.7　36p　30cm　Ⓝ358.181

◇統計徳島―徳島市の町丁別人口　2014年秋季増刊号　徳島市総務部情報推進課編　［徳島］　徳島市統計調査推進協議会　2014.10　36p　30cm　Ⓝ358.181

徳島市（統計）
◇統計徳島―徳島市統計年報　no. 147　平成25年版　徳島市総務部情報推進課編　［徳島］　徳島市統計調査推進協議会　2014.3　156p　30cm〈年表あり〉Ⓝ351.81

徳島市（民間伝承）
◇星河内の「言い伝え」―徳島市上八万町　前編　武市信子編纂　徳島　武市信子　2014.7　57枚　21×30cm　Ⓝ382.181

徳島城
◇徳島城―徳島城跡を歩く　酒井勇治［著］　徳島　酒井勇治　2014.3　159p　21cm〈年表あり〉①978-4-9907677-0-9　Ⓝ521.823　［1000円］

徳島藩

徳島藩
◇近世大名家の政治秩序　三宅正浩著　校倉書房　2014.2
346p　22cm　〈歴史科学叢書〉〈索引あり〉内容:近世大名
家研究の課題と本書の構成　近世蜂須賀家の「家中」形成と証
人制　近世初期大名家隠居政治考　「秋長」書状の年代比定を
めぐって　近世前期蜂須賀家と親類大名井伊直孝　近世蜂須
賀家における家老政治の成立と展開　藩政改革の政治構造
「御家」の継承　蜂須賀家文書「草案」の構成と伝来　幕藩政
治秩序の成立　近世大名家の政治秩序と家老政治〉①978-4-
7517-4510-6　Ⓝ210.5　[10000円]

徳島ヴォルティス
◇徳島ヴォルティス栄光への軌跡―徳島県民の歓喜と苦難、25
年の記録。あの日あの時111人の証言!　『徳島ヴォルティ
ス栄光への軌跡』出版委員会監修　徳島　アニバ出版　2014.4
263p　21cm　〈あわわ(発売)年表あり〉①978-4-907107-03-1
Ⓝ783.47　[1500円]

とくし丸
◇買い物難民を救え!―移動スーパーとくし丸の挑戦　村上稔
著　緑風出版　2014.7　192p　19cm　①978-4-8461-1411-4
Ⓝ673.868　[1800円]

徳洲会〔1975年〕
◇徳洲会の黒い影―弁護士を付けずに闘った全記録そしてその
勝訴の意味とは…　真鍋雅之著　如月出版　2014.3　250p
19cm　①978-4-901850-43-8　Ⓝ498.12　[1500円]

徳生 健太郎〔1968～ 〕
◇僕がグーグルで成長できた理由(わけ)―挑戦し続ける現場で
学んだ大切なルール　上阪徹著　日本経済新聞出版社　2014.
2　254p　19cm　①978-4-532-31929-8　Ⓝ289.1　[1400円]

徳蔵寺〔東村山市〕
◇徳蔵寺の歴史及び関連する歴史　朝木(英龍)宗珖著　東村山
徳蔵寺　2014.8　295p　27cm　〈年表あり〉Ⓝ188.85　[非売
品]

徳富 蘇峰〔1863～1957〕
◇戦中と戦後の責任―徳富蘇峰と加藤完治の場合　藤沢俊昭著
七つ森書館　2014.8　181p　19cm　〈文献あり〉①978-4-
8228-1411-3　Ⓝ289.1　[1500円]

特別区協議会
◇公益財団法人特別区協議会規程集　平成26年度版　[東京]
[特別区協議会]　[2014]　261p　21cm　Ⓝ318.2361

特別区人事厚生事務組合
◇特別区人事・厚生事務組合例規集　平成26年度版　特別区人
事・厚生事務組合総務部総務課編　特別区人事・厚生事務組合
2014.9　1744p　21cm　Ⓝ318.3

徳山下松港
◇徳山下松港港湾計画書　改訂　[山口]　山口県　2014.3　35p
30cm　(交通政策審議会港湾分科会資料　第55回)〈付属資
料:1枚:徳山下松港港湾計画図〉Ⓝ683.92177
◇徳山下松港港湾計画資料　その1　改訂　[山口]　山口県
2014.3　210p　30cm　〈年表あり〉Ⓝ683.92177
◇徳山下松港港湾計画資料　その2　改訂　[山口]　山口県
2014.3　250p　30cm　Ⓝ683.92177

土光 敏夫〔1896～1988〕
◇清貧と復興―土光敏夫100の言葉　出町譲著　文藝春秋
2014.2　270p　16cm　(文春文庫　と10-1)〈文献あり〉
①978-4-16-790043-4　Ⓝ289.1　[560円]

床次 竹二郎〔1866～1935〕
◇首相になれなかった男たち―井上馨・床次竹二郎・河野一郎
村瀬信一著　吉川弘文館　2014.9　394p　20cm　〈文献あり〉
①978-4-642-03836-2　Ⓝ312.8　[3200円]

常呂川
◇常呂川―洪水と治水の歴史　佐々木覺著，常呂町郷土研究同
好会編　北見　常呂町郷土研究同好会　2014.3　53p　17cm
(ところ文庫　30)Ⓝ517.4

所沢インターナショナルファミリー
◇TIF25年のあゆみ―since 1988　所沢インターナショナルファ
ミリー記念誌実行委員会編　[所沢]　所沢インターナショナ
ルファミリー　2013.12　79p　30cm　〈奥付のタイトル:
TIF〉Ⓝ063

所沢市〔遺跡・遺物〕
◇北久米遺跡　第1-4次調査　[所沢]　埼玉県所沢市教育委員会
2014.3　262p　図版54p　30cm　(所沢市埋蔵文化財調査報告
書　第61集)〈共同刊行:所沢市立埋蔵文化財調査センター〉
Ⓝ210.0254

◇市内遺跡調査報告　20　[所沢]　埼玉県所沢市教育委員会
2014.3　44p　図版29p　30cm　(所沢市埋蔵文化財調査報告
書　第60集)〈附篇平成25年度市内遺跡確認調査(国庫・県費
補助対象分)　共同刊行:所沢市立埋蔵文化財調査センター
内容:下安松遺跡。第6次調査〉Ⓝ210.0254
◇谷戸遺跡　第3次調査　[所沢]　埼玉県所沢市教育委員会
2014.3　48p　図版[13]枚　30cm　(所沢市埋蔵文化財調査
報告書　第62集)〈共同刊行:所沢市立埋蔵文化財調査セン
ター〉Ⓝ210.0254

所沢市〔財政〕
◇市民から見た所沢市の財政　ところざわの財政を学ぶ会編
[所沢]　ところざわの財政を学ぶ会　2014.10　94p　30cm
〈年表あり〉Ⓝ349.2134　[1000円]

土佐藩
◇土佐藩重臣日記　上　渋谷雅之[著]　徳島　渋谷雅之　2014.
1　344p　22cm　(近世土佐の群像 8)〈文献あり〉Ⓝ218.4
[非売品]
◇宮地團四郎日記―土佐藩士が見た戊辰戦争　宮地團四郎[原
著]，小美濃清明編著　右文書院　2014.4　287p　20cm　〈文
献あり〉①978-4-8421-0759-2　Ⓝ210.61　[2700円]

Toshi〔1965～ 〕
◇洗脳―地獄の12年からの生還　Toshi著　講談社　2014.7
269p　20cm　①978-4-06-218657-5　Ⓝ767.8　[1600円]

豊島岡女子学園高等学校
◇豊島岡女子学園中学校・高等学校―中学受験注目校の素顔
おおたとしまさ著　ダイヤモンド・ビッグ社　2014.10　180p
19cm　(学校研究シリーズ 006)〈ダイヤモンド社(発売)文
献あり〉①978-4-478-04645-6　Ⓝ376.31361　[1100円]

豊島岡女子学園中学校
◇豊島岡女子学園中学校・高等学校―中学受験注目校の素顔
おおたとしまさ著　ダイヤモンド・ビッグ社　2014.10　180p
19cm　(学校研究シリーズ 006)〈ダイヤモンド社(発売)文
献あり〉①978-4-478-04645-6　Ⓝ376.31361　[1100円]

ドージャー，C.K.〔1879～1933〕
◇西南学院の創立者C.K.ドージャーの生涯　西南学院百年史編
纂委員会企画・編集　改訂版　福岡　西南学院　2014.3　63p
21cm　〈花乱社(発売)年譜あり〉①978-4-905327-32-5
Ⓝ198.62　[1600円]

図書館とともだち鎌倉
◇ととも―図書館とともだち・鎌倉:十五周年記念誌　鎌倉　図
書館とともだち・鎌倉　2014.11　124p　30cm　〈年表あり〉
Ⓝ016.2137

トスカーナ州〔イタリア〕〔絵画―画集〕
◇トスカーナと近代絵画―フィレンツェピッティ宮近代美術館コ
レクション　2013-2014　金原由紀子責任編集　[東京]　アー
トプランニングレイ　2013　221p　26cm　〈年表あり　イタリ
ア語併記　会期・会場:2013年9月7日～11月10日　損保ジャパ
ン東郷青児美術館ほか　編集:中島啓子ほか〉Ⓝ723.37

鳥栖市〔被災者支援〕
◇鳥栖のつむぎ―もうひとつの震災ユートピア　関礼子，廣本由
香編　新泉社　2014.12　269p　20cm　①978-4-7877-1415-2
Ⓝ369.36　[1800円]

ドストエフスキー，F.〔1821～1881〕
◇カラマーゾフを殺したのは誰か?―世界の名作でリーガルマ
インドを学ぶ　津田岳宏[著]　ディスカヴァー・トゥエン
ティワン　2014.6　324p　18cm　(ディスカヴァー携書 122)
①978-4-7993-1504-0　Ⓝ983　[1100円]
◇黒澤明と小林秀雄―「罪と罰」をめぐる静かなる決闘　高橋誠
一郎著　横浜　成文社　2014.7　302p　20cm　〈文献あり　年
譜あり　内容:「シベリヤから還つた」ムィシキン　映画《白
痴》の魅力と現代性　映画《生きものの記録》と長編小説『死
の家の記録』　映画《赤ひげ》から《デルス・ウザーラ》へ　映
画《夢》と長編小説『罪と罰』〉①978-4-86520-005-8　Ⓝ980.
268　[2500円]
◇清水正・ドストエフスキー論全集　7　『オイディプス王』と
『罪と罰』　清水正著　我孫子　D文学研究会　2014.7　585p
22cm＋　〈星雲社(発売)付属資料:16p:月報　内容:『オイ
ディプス王』を読む　映画『アポロンの地獄』と原作『オイ
ディプス王』を読む　オイディプスの《運命》とロジオンの
《踏み越え》『オイディプス王』における真理　『オイディプ
ス王』から『罪と罰』へ　なぜ『オイディプス王』論を書き続
けたのか〉①978-4-434-19566-2　Ⓝ980.226　[7000円]
◇そうか、君はカラマーゾフを読んだのか。―仕事も人生も成功
するドストエフスキー66のメッセージ　亀山郁夫著　小学館
2014.12　159p　19cm　①978-4-09-346086-6　Ⓝ983　[1000
円]

◇ドストエフスキー　勝田吉太郎著　第三文明社　2014.4　357p　20cm〈著作目録あり　年譜あり　潮出版社1968年刊の加筆・訂正〉①978-4-476-03326-7　Ⓝ980.268　［3500円］

◇ドストエフスキイ　ヴィリジル・タナズ著、神田順子、ベリャコワ・エレーナ訳　祥伝社　2014.7　410p　18cm〈祥伝社新書374〉〈年譜あり〉①978-4-396-11374-2　Ⓝ980.268　［1000円］

◇ドストエフスキイ　井桁貞義著　新装版　清水書院　2014.9　247p　19cm　（Century Books）〈文献あり　年譜あり　索引あり〉①978-4-389-42082-6　Ⓝ980.268　［1000円］

◇ドストエフスキイとセザンヌ─詩学の共生　山田幸平、近藤耕人著　京都　晃洋書房　2014.8　177p　20cm〈内容：陰から抜け出ない人物（近藤耕人著）　プルーストのイメージと映画の要素（近藤耕人著）　セザンヌの球の頂点と地平の中心（近藤耕人著）　断簡（山田幸平著）　光る流れについて（山田幸平著）　鬼気と精霊（山田幸平著）　黒の表面もしくはその階層（山田幸平著）　序曲（山田幸平著）　詩学の共生（山田幸平著）〉978-4-7710-2563-9　Ⓝ980.268　［2500円］

『白痴』を読む─ドストエフスキーとニヒリズム　清水孝純著　福岡　九州大学出版会　2013.9　241p　20cm〈内容：主人公のニヒリズム　ニヒリズム超克への抗い　背景としてのニヒリズムと外来思想　虚の空間に生きる道化群像　ドラマを推し進めるもの　我々の庭を耕そう　黒澤明の映画『白痴』の戦略〉978-4-7985-0108-6　Ⓝ983　［3200円］

ひらけ！ドスワールド─人生の常備薬ドストエフスキーのススメ　太田直子著　ACクリエイト/AC Books　2013.11　182p　19cm　①978-4-904249-39-0　Ⓝ980.268　［1300円］

戸田〔氏〕

◇戦国時代の東三河─牧野氏と戸田氏　山田邦明著　名古屋　あるむ　2014.3　106p　21cm　（愛知大学綜合郷土研究所ブックレット23）〈文献あり〉①978-4-86333-082-5　Ⓝ215.5　［1000円］

戸田 奈津子〔1936〜 〕

KEEP ON DREAMING戸田奈津子　戸田奈津子, 金子裕子著　双葉社　2014.10　223p　19cm〈作品目録あり〉①978-4-575-30764-1　Ⓝ289.1　［1400円］

戸田 冨美子〔1930〜 〕

◇涙渓で歩いたあの道この道　戸田冨美子著　文芸社　2014.5　133p　19cm　①978-4-286-14708-6　Ⓝ289.1　［1100円］

戸田市（遺跡・遺物）

◇前谷遺跡─埋蔵文化財発掘調査報告書　2　埼玉県戸田市教育委員会編　戸田　埼玉県戸田市教育委員会　2014.3　39p　図版7p　30cm　（戸田市文化財調査報告19）Ⓝ210.0254

◇南原遺跡─埋蔵文化財発掘調査報告書　11　埼玉県戸田市教育委員会編　戸田　埼玉県戸田市教育委員会　2013.12　79p　図版13p　30cm　（戸田市文化財調査報告18）Ⓝ210.0254

栃木県

◇栃木あるある　阿久津たかを著, 伊武八郎画　TOブックス　2014.10　159p　18cm　①978-4-86472-302-2　Ⓝ291.32　［980円］

◇栃木のおきて─トチギを楽しむための51のおきて　栃木県地位向上委員会編　アース・スターエンターテイメント　2014.2　174p　18cm〈泰文堂（発売）　文献あり〉①978-4-8030-0540-0　Ⓝ291.32　［952円］

栃木県（遺跡・遺物）

◇那須国造碑─時代と人とをむすぶもの：平成二十六年度大田原市なす風土記の丘湯津上資料館第二回企画展　大田原市なす風土記の丘湯津上資料館編　大田原　大田原市なす風土記の丘湯津上資料館　2014.4　93p　30cm〈年表あり　文献あり　会期・会場：平成26年4月5日─6月15日　大田原市なす風土記の丘湯津上資料館〉213.2

◇那須人のあしあと─遺跡と人の物語：平成二十六年度栃木県立なす風土記の丘資料館第22回特別展図録　栃木県立なす風土記の丘資料館編　〔宇都宮〕　栃木県教育委員会　2014.9　229p　30cm〈文献あり　共同刊行：大田原市教育委員会　会期・会場：平成26年9月20日─11月24日　栃木県立なす風土記の丘資料館ほか〉213.2

栃木県（遺跡・遺物─宇都宮市）

◇権現山遺跡南部（SG2・SG5・SG9・SG10・SG15区）・磯岡遺跡（SG9区）第1分冊　とちぎ未来づくり財団埋蔵文化財センター編　宇都宮　栃木県教育委員会　2013.3　442p　30cm（栃木県埋蔵文化財調査報告　第360集）〈都市再生機構による東谷・中島土地区画整理事業に伴う埋蔵文化財発掘調査　共同刊行：とちぎ未来づくり財団〉Ⓝ210.0254

◇権現山遺跡南部（SG2・SG5・SG9・SG10・SG15区）・磯岡遺跡（SG9区）第2分冊　とちぎ未来づくり財団埋蔵文化財センター編　宇都宮　栃木県教育委員会　2013.3　p443-738　図版216p　30cm　（栃木県埋蔵文化財調査報告　第360集）〈都市再生機構による東谷・中島土地区画整理事業に伴う埋蔵文化財発掘調査　共同刊行：とちぎ未来づくり財団〉Ⓝ210.0254

◇砂田遺跡（7-9・11・14・15・17・20-22・25・26・28-42区）写真編　とちぎ未来づくり財団埋蔵文化財センター編　宇都宮　栃木県教育委員会　2013.3　237p　30cm　（栃木県埋蔵文化財調査報告　第361集）〈都市再生機構による東谷・中島土地画整理事業に伴う埋蔵文化財発掘調査　共同刊行：とちぎ未来づくり財団〉Ⓝ210.0254

◇砂田遺跡（7-9・11・14・15・17・20-22・25・26・28-42区）本文編　とちぎ未来づくり財団埋蔵文化財センター編　宇都宮　栃木県教育委員会　2013.3　773p　図版2p　30cm　（栃木県埋蔵文化財調査報告　第361集）〈文献あり　都市再生機構による東谷・中島土地画整理事業に伴う埋蔵文化財発掘調査　共同刊行：とちぎ未来づくり財団〉Ⓝ210.0254

◇西刑部西原遺跡　古墳・奈良・平安時代編　とちぎ未来づくり財団埋蔵文化財センター編　宇都宮　栃木県教育委員会　2013.3　491p　図版117p　30cm　（栃木県埋蔵文化財調査報告　第362集）〈都市再生機構による東谷・中島土地区画整理事業に伴う埋蔵文化財発掘調査　共同刊行：とちぎ未来づくり財団〉Ⓝ210.0254

◇西向遺跡　とちぎ未来づくり財団埋蔵文化財センター編　宇都宮　栃木県教育委員会　2014.2　14p　図版6p　30cm　（栃木県埋蔵文化財調査報告　第370集）〈畑地帯総合土地改良事業清原南部地区に伴う発掘調査　共同刊行：とちぎ未来づくり財団〉Ⓝ210.0254

栃木県（遺跡・遺物─小山市）

◇祇園城跡　4　小山　栃木県小山市教育委員会　2014.3　34p　図版4p　30cm　（小山市文化財調査報告書　第92集）〈小山御殿広場地区整備に伴う発掘調査〉Ⓝ210.0254

◇市内遺跡　1　小山　栃木県小山市教育委員会　2013.3　20p　30cm　（小山市文化財調査報告書　第90集）Ⓝ210.0254

栃木県（遺跡・遺物─さくら市）

◇小鍋内Ⅰ遺跡・小鍋内Ⅱ遺跡　とちぎ未来づくり財団埋蔵文化財センター編　宇都宮　栃木県教育委員会　2013.3　307p　図版〔27〕枚　30cm　（栃木県埋蔵文化財調査報告　第358集）〈経営体育成基盤整備事業江川南部Ⅰ地区に伴う埋蔵文化財発掘調査　共同刊行：とちぎ未来づくり財団〉Ⓝ210.0254

◇山の神Ⅱ遺跡・欠ノ上Ⅰ遺跡・欠ノ上Ⅱ遺跡　とちぎ未来づくり財団埋蔵文化財センター編　宇都宮　栃木県教育委員会　2013.3　510p　図版40p　30cm　（栃木県埋蔵文化財調査報告　第359集）〈文献あり　経営体育成基盤整備事業江川南部Ⅱ地区に伴う埋蔵文化財発掘調査　共同刊行：とちぎ未来づくり財団〉Ⓝ210.0254

栃木県（遺跡・遺物─佐野市）

◇下門辰巳遺跡　佐野市教育委員会生涯学習課文化財保護係編　佐野　佐野市教育委員会生涯学習課文化財保護係　2013.9　26p　図版4p　30cm　（佐野市文化財調査報告書　第36集）〈宅地造成工事に伴う埋蔵文化財発掘調査〉Ⓝ210.0254

◇興聖寺城跡・寺之後遺跡　とちぎ未来づくり財団埋蔵文化財センター編　宇都宮　栃木県教育委員会　2013.3　116p　図版30p　30cm　（栃木県埋蔵文化財調査報告　第357集）〈安全な道づくり事業費（交付金）主要地方道佐野田沼線新吉水工区に伴う埋蔵文化財発掘調査報告書　共同刊行：とちぎ未来づくり財団〉Ⓝ210.0254

栃木県（遺跡・遺物─下野市）

◇甲塚古墳─下野国分寺跡史跡整備関連発掘調査報告書　下野市教育委員会編　下野　下野市教育委員会　2014.3　273p　図版〔95〕枚　30cm　（下野市埋蔵文化財調査報告　第11集）〈文献あり　折り込1枚〉Ⓝ210.0254

◇下野国分尼寺跡─重要遺跡範囲確認調査　2　とちぎ未来づくり財団埋蔵文化財センター編　宇都宮　栃木県教育委員会　2014.3　294p　図版46p　30cm　（栃木県埋蔵文化財調査報告　第364集）〈文献あり　共同刊行：とちぎ未来づくり財団〉Ⓝ210.0254

栃木県（遺跡・遺物─那須烏山市）

◇烏山城跡確認調査概報　栃木県那須烏山市教育委員会生涯学習課文化担当編　那須烏山　栃木県那須烏山市教育委員会　2014.2　112p　図版4枚　30cm　（那須烏山市埋蔵文化財調査報告　第4集）Ⓝ210.0254

栃木県（遺跡・遺物─真岡市）

◇くるま橋遺跡　とちぎ未来づくり財団埋蔵文化財センター編　宇都宮　栃木県教育委員会　2014.3　109p　図版26p　30cm　（栃木県埋蔵文化財調査報告　第368集）〈農地整備事業（畑地帯担い手育成型）石島地区における埋蔵文化財発掘調査　共同刊行：とちぎ未来づくり財団〉Ⓝ210.0254

栃木県（NPO）　　　　　　　　　　　　　　　　　　　　　　　　　　　日本件名図書目録2014　I

栃木県（NPO）
◇栃木県新たな公の担い手支援事業事例集　とちぎ協働デザイ
ンリーグ企画・調査・執筆　宇都宮　栃木県県民生活部県民文
化課県民協働推進室　2013.7　88p　30cm　Ⓝ318.232

栃木県（屋外広告—条例）
◇屋外広告物関係例規集　［宇都宮］　栃木県県土整備部都市計
画課　2014.4　99p　30cm　Ⓝ674.8

栃木県（外国人教育）
◇地域のグローバル化にどのように向き合うか—外国人児童生徒
教育問題を中心に　田巻松雄著　宇都宮　下野新聞社　2014.
3　207p　22cm　（宇都宮大学国際学叢書）〈発行者：宇都宮
大学国際学部〉①978-4-88286-549-0　Ⓝ372.132　［2000円］

栃木県（化石—図集）
◇とちぎの化石図鑑　とちぎの化石図鑑編集委員会編　宇都宮
随想舎　2014.7　223p　21cm　〈文献あり　索引あり〉①978-
4-88748-294-4　Ⓝ457.2132　［1800円］

栃木県（河川運送—歴史）
◇江戸とつながる川の道—近世下野の水運：平成二十六年度秋季
企画展　栃木県立博物館編　宇都宮　栃木県立博物館　2014.
10　80p　30cm　〈会期・会場：平成26年10月11日—11月24日
栃木県立博物館〉①978-4-88758-080-0　Ⓝ684.02132

栃木県（環境教育）
◇明日をつくる子どもたちの環境学習—環境学習プログラム
中学生・高校生編　平成25年度改訂版　栃木県環境森林部地球
温暖化対策課,栃木県教育委員会事務局学校教育課,栃木県総
合教育センター編　宇都宮　栃木県環境森林部地球温暖化対
策課　[2013]　291p　30cm　〈共同刊行：栃木県教育委員会
事務局学校教育課ほか〉Ⓝ375

栃木県（企業—名簿）
◇栃木県産業団地立地企業一覧　平成24年版　栃木県産業労働
観光部産業政策課監修　宇都宮　栃木県工業団地管理連絡会
議会　2013.2　414, 8p　30cm　〈折り込 2枚〉Ⓝ335.035
［5000円］

栃木県（基準地価格）
◇栃木県地価調査基準地位置図　平成26年　栃木県総合政策部
地域振興課編　［宇都宮］　栃木県総合政策部地域振興課
2014.9　57枚　30cm　〈附・平成26年地価公示標準地位置図〉
Ⓝ334.6

栃木県（給与—地方公務員）
◇給与の手引　平成25年度　［宇都宮］　栃木県人事委員会事務
局　[2013]　94p　30cm　Ⓝ318.34
◇給与の手引　平成26年度　［宇都宮］　栃木県人事委員会事務
局　[2014]　94p　30cm　Ⓝ318.34

栃木県（行政）
◇とちぎの国際化の概要　2014　栃木県産業労働観光部国際課
編　宇都宮　栃木県産業労働観光部国際課　2014.7　117p
30cm　〈年表あり〉Ⓝ318.232

栃木県（協働〔行政〕）
◇栃木県新たな公の担い手支援事業事例集　とちぎ協働デザイ
ンリーグ企画・調査・執筆　宇都宮　栃木県県民生活部県民文
化課県民協働推進室　2013.7　88p　30cm　Ⓝ318.232

栃木県（金石・金石文）
◇那須国造碑—時代と人とをむすぶもの：平成二十六年度大田原
市なす風土記の丘湯津上資料館第二回企画展　大田原市なす
風土記の丘湯津上資料館編　大田原　大田原市なす風土記の
丘湯津上資料館　2014.4　93p　30cm　〈年表あり　文献あり
会期・会場：平成26年4月5日—6月15日　大田原市なす風土記
の丘湯津上資料館〉Ⓝ213.2

栃木県（建設事業）
◇栃木県建設事業概要書　平成26年度版　宇都宮　日本工業経
済新聞社　2014.4　286p　26cm　Ⓝ510.91　［15000円］

栃木県（工業地帯—名簿）
◇栃木県産業団地立地企業一覧　平成24年版　栃木県産業労働
観光部産業政策課監修　宇都宮　栃木県工業団地管理連絡協
議会　2013.2　414, 8p　30cm　〈折り込 2枚〉Ⓝ335.035
［5000円］

栃木県（鉱物）
◇こんなにあるよ！とちぎの鉱物—鉱山と鉱石のものがたり：
第109回企画展　栃木県立博物館編　宇都宮　栃木県立博物館
2014.7　80p　30cm　〈会期：平成26年7月19日—9月15日〉
①978-4-88758-077-0　Ⓝ459.2132

栃木県（国民保護計画）
◇栃木県国民保護計画　［宇都宮］　栃木県　2014.11　104p
30cm　Ⓝ393.2

栃木県（古墳）
◇北関東の横穴式石室　市橋一郎著　同成社　2014.10　226p
27cm　〈文献あり　内容：栃木県における横穴式石室の研究史
とその問題点　横穴式石室を構成する要素の名称について
栃木県における横穴式石室の様相　栃木県における横穴式石
室の変遷　栃木県における古墳時代後期の特性〉①978-4-
88621-670-0　Ⓝ213.2　［9000円］

栃木県（災害復興）
◇土砂災害復旧事業の記録—2011.3.11東日本大震災　栃木県矢
板土木事務所,栃木県大田原土木事務所,栃木県烏山土木事務
所,栃木県県土整備部砂防水資源課編　矢板　栃木県矢板土木
事務所　2014.3　188p　30cm　〈共同刊行：栃木県大田原土木
事務所ほか〉Ⓝ510.94

栃木県（祭礼—小山市）
◇間々田のジャガマイタ—選択無形民俗文化財　小山市立博物
館編　小山　小山市立博物館　2014.3　73p　30cm　〈共同刊
行：小山市教育委員会〉Ⓝ386.132

栃木県（産業）
◇経済センサス—活動調査結果（確報）—栃木県の結果の概要
平成24年　改訂　［宇都宮］　栃木県県民生活部統計課　2014.
2　83p　30cm　〈平成24年2月1日現在〉Ⓝ602.132

栃木県（史跡名勝）
◇これだけは見ておきたい栃木の宝物50選スケッチの旅　小板
橋武著　宇都宮　随想舎　2014.4　135p　19cm　〈文献あり〉
①978-4-88748-292-0　Ⓝ291.32　［926円］

栃木県（社会教育）
◇「教育力のある地域」づくりのための社会教育事業の有用性に
関する実証的研究—地域の教育力と社会教育活動の活性化を
目指して　［東京］　教育力のある地域づくり研究会　2013.3
290p　30cm　Ⓝ379.02132

栃木県（写真集—足利市）
◇足利・佐野の昭和—写真アルバム　長岡　いき出版　2014.6
279p　31cm　〈栃木県教科書供給所（発売）〉①978-4-904614-
47-1　Ⓝ213.2　［9250円］

栃木県（写真集—佐野市）
◇足利・佐野の昭和—写真アルバム　長岡　いき出版　2014.6
279p　31cm　〈栃木県教科書供給所（発売）〉①978-4-904614-
47-1　Ⓝ213.2　［9250円］

栃木県（商業）
◇栃木県国際経済交流調査報告書　平成25年度　宇都宮　栃木
県産業労働観光部国際課経済・交流担当　2014.5　29p　30cm
Ⓝ672.132

栃木県（書目）
◇栃木県EL新聞記事情報リスト　2013-1　エレクトロニック・
ライブラリー編　エレクトロニック・ライブラリー　2014.2
788p　31cm　〈制作：日外アソシエーツ〉Ⓝ025.8132
◇栃木県EL新聞記事情報リスト　2013-2　エレクトロニック・
ライブラリー編　エレクトロニック・ライブラリー　2014.2
p789-1481　31cm　〈制作：日外アソシエーツ〉Ⓝ025.8132
◇栃木県EL新聞記事情報リスト　2013-3　エレクトロニック・
ライブラリー編　エレクトロニック・ライブラリー　2014.2
p1483-2138　31cm　〈制作：日外アソシエーツ〉Ⓝ025.8132

栃木県（人権教育—佐野市）
◇第Ⅱ期佐野市人権教育・啓発推進行動計画　佐野　佐野市市民
生活部人権・男女共同参画課　2014.3　61p　30cm　Ⓝ316.1

栃木県（人口—統計—小山市）
◇国勢調査市域集計報告書　平成22年　栃木県小山市総務部行
政経営課編　小山　栃木県小山市総務部行政経営課　2014.2
103p　30cm　Ⓝ358.132

栃木県（振動〔鉄道〕）
◇東北新幹線に関する騒音振動実態調査（栃木県）委託業務報告
書　平成25年度　［宇都宮］　栃木県　2014.3　58p　30cm
〈平成25年度環境省委託業務〉Ⓝ519.6

栃木県（森林）
◇酸性雨モニタリング（土壌・植生）調査　平成25年度　［宇都
宮］　栃木県　2014.3　36p　31cm　〈平成25年度環境省委託業
務結果報告書〉Ⓝ519.5

栃木県（水質汚濁）
◇酸性雨モニタリング（陸水）調査　平成25年度　［宇都宮］　栃
木県　2014.3　98p　30cm　〈平成25年度環境省委託業務結果
報告書〉Ⓝ519.4

栃木県（スポーツ）
◇栃木県の生涯スポーツ　平成26年度　［宇都宮］　栃木県教育
委員会　[2014]　56p　30cm　Ⓝ780.2132

栃木県（製紙―那須烏山市―歴史）
◇「程村紙」調査報告書―記録作成等の措置を講ずべき無形文化財　烏山和紙「程村紙」調査委員会調査・編集　［那須烏山］　那須烏山市伝統文化実行委員会　2014.2　73p　30cm　〈年表あり　共同刊行：那須烏山市教育委員会〉　Ⓝ585.6

栃木県（生物）
◇田んぼまわりの生きもの―栃木県版　メダカ里親の会編　改訂新版　宇都宮　下野新聞社　2013.11　140p　21cm　(FIELD GUIDE BOOK)〈文献あり　索引あり〉　①978-4-88286-529-2　Ⓝ462.132　［1600円］
◇栃木いきもの図鑑　前田信二，前田将誌著　メイツ出版　2014.3　255p　19cm　〈文献あり　索引あり〉　①978-4-7804-1447-9　Ⓝ462.132　［1800円］

栃木県（生物―日光市）
◇日光の自然図鑑　前田信二著　メイツ出版　2014.6　175p　21cm　(ネイチャーガイド)〈文献あり　索引あり〉　①978-4-7804-1445-5　Ⓝ462.132　［1800円］

栃木県（選挙―統計）
◇選挙の記録　［宇都宮］　栃木県選挙管理委員会　2013.12　178p　30cm　〈参議院議員通常選挙　平成25年7月21日執行〉　Ⓝ314.8

栃木県（騒音［鉄道］）
◇東北新幹線に関する騒音振動実態調査(栃木県)委託業務報告書　平成25年度　［宇都宮］　栃木県　2014.3　58p　30cm　〈平成25年度環境省委託業務〉　Ⓝ519.6

栃木県（男女共同参画―佐野市）
◇佐野市男女共同参画プラン―男女共同参画社会の実現をめざして　第2期　佐野市市民生活部人権・男女共同参画課編　［佐野］　佐野市　2014.3　107p　30cm　〈年表あり〉　Ⓝ367.2132

栃木県（畜産業）
◇資源循環型畜産確立対策資料―環境保全による安定した畜産経営を!!　［2014］　第1分冊　行政編　［宇都宮］　栃木県農政部畜産振興課　2014.3　55p　30cm　Ⓝ641.1

栃木県（地誌）
◇思わず人に話したくなる栃木学　県民学研究会編　洋泉社　2014.3　190p　18cm　(歴史新書)〈文献あり〉　①978-4-8003-0351-6　Ⓝ291.32　［920円］
◇栃木「地理・地名・地図」の謎―意外と知らない栃木県の歴史を読み解く！　篠崎茂雄監修　実業之日本社　2014.11　191p　18cm　(じっぴコンパクト新書 218)〈文献あり〉　①978-4-408-45532-7　Ⓝ291.32　［800円］

栃木県（地誌―那須塩原市）
◇寺子郷土誌―蛇沢村・石田坂村・赤沼村・寺子村・原村(荒屋・望月・熊久保)　郷土史を語る会編　那須塩原　郷土史を語る会　2014.9　161p　30cm　(ふるさとの村々 4)〈年表あり〉　Ⓝ291.32

栃木県（地名―辞書―大田原市）
◇那須の大字・町名辞典　北那須郷土史研究会編　宇都宮　下野新聞社　2014.3　274p　27cm　〈文献あり〉　①978-4-88286-548-3　Ⓝ291.32　［1800円］

栃木県（地名―辞書―那須塩原市）
◇那須の大字・町名辞典　北那須郷土史研究会編　宇都宮　下野新聞社　2014.3　274p　27cm　〈文献あり〉　①978-4-88286-548-3　Ⓝ291.32　［1800円］

栃木県（鉄道）
◇東北ライン全線・全駅・全配線　第1巻　両毛エリア　川島令三編著　講談社　2014.7　95p　26cm　(〈図説〉日本の鉄道)〈文献あり〉　①978-4-06-295168-5　Ⓝ686.21　［1300円］
◇東北ライン全線・全駅・全配線　第4巻　日光・宇都宮エリア　川島令三編著　講談社　2014.10　95p　26cm　(〈図説〉日本の鉄道)〈文献あり〉　①978-4-06-295171-5　Ⓝ686.21　［1300円］

栃木県（伝説―足利市）
◇北の物語集　第3集　中島太郎文・画　足利　岩花文庫　2013.5　54p　21cm　Ⓝ388.132　［500円］

栃木県（土砂災害）
◇土砂災害復旧事業の記録―2011.3.11東日本大震災　栃木県矢板土木事務所，栃木県大田原土木事務所，栃木県烏山土木事務所，栃木県土整備部砂防水資源課編　矢板　栃木県矢板土木事務所　2014.3　188p　30cm　〈共同刊行：栃木県大田原土木事務所ほか〉　Ⓝ510.94

栃木県（土壌汚染）
◇酸性雨モニタリング(土壌・植生)調査　平成25年度　［宇都宮］　栃木県　2014.3　36p　31cm　〈平成25年度環境省委託業務結果報告書〉　Ⓝ519.5

栃木県（日本文学）
◇平成栃木の文学　平成栃木の文学編集委員会編　［宇都宮］　栃木県文芸家協会　2014.5　488p　20cm　〈年表あり〉　Ⓝ910.29　［2000円］

栃木県（入学試験―高等学校）
◇栃木県立高等学校入学者選抜実施細則　平成26年度　［宇都宮］　栃木県教育委員会　［2014］　74p　30cm　Ⓝ376.8

栃木県（農業）
◇安足地方の農業・農村―風は南南西：風をつかまえ時代にのれ　安足地方の農業・農村　栃木県安足農業振興事務所編　［佐野］　栃木県安足農業振興事務所　2014.6　96p　30cm　Ⓝ612.132
◇河内地方の農業・農村　［宇都宮］　栃木県河内農業振興事務所　2014.7　46p　30cm　Ⓝ612.132
◇塩谷南那須地方の農業・農村　栃木県塩谷南那須農業振興事務所編　矢板　栃木県塩谷南那須農業振興事務所　2014.4　58p　30cm　Ⓝ612.132

栃木県（農業行政）
◇塩谷南那須地方の農業・農村　栃木県塩谷南那須農業振興事務所編　矢板　栃木県塩谷南那須農業振興事務所　2014.4　58p　30cm　Ⓝ612.132

栃木県（農業水利―小山市―歴史）
◇小山市水利誌　水谷正一著　小山　小山市　2014.10　190p　図版 12p　19cm　〈文献あり　年表あり〉　①978-4-9908037-0-4　Ⓝ614.3132　［非売品］

栃木県（農村）
◇安足地方の農業・農村―風は南南西：風をつかまえ時代にのれ　安足地方の農業・農村　栃木県安足農業振興事務所編　［佐野］　栃木県安足農業振興事務所　2014.6　96p　30cm　Ⓝ612.132
◇河内地方の農業・農村　［宇都宮］　栃木県河内農業振興事務所　2014.7　46p　30cm　Ⓝ612.132
◇塩谷南那須地方の農業・農村　栃木県塩谷南那須農業振興事務所編　矢板　栃木県塩谷南那須農業振興事務所　2014.4　58p　30cm　Ⓝ612.132

栃木県（埴輪―下野市）
◇しもつけの"埴輪群像"―そのすがたをさぐる：平成26年度栃木県立しもつけ風土記の丘資料館第28回秋季特別展図録　栃木県立しもつけ風土記の丘資料館編　［宇都宮］　栃木県教育委員会　2014.9　68p　30cm　〈会期・会場：平成26年9月20日―11月24日　栃木県立しもつけ風土記の丘資料館〉　Ⓝ213.2

栃木県（東日本大震災〔2011〕―被害―那須町）
◇東日本大震災那須町の記録―平成23年3月11日発生　那須町編　那須町(栃木県)　那須町　2013.3　121p　30cm　Ⓝ369.31

栃木県（被災者支援―那須町）
◇東日本大震災那須町の記録―平成23年3月11日発生　那須町編　那須町(栃木県)　那須町　2013.3　121p　30cm　Ⓝ369.31

栃木県（美術―宇都宮市―図集）
◇宇都宮美術の現在展―日本画洋画版画彫刻・立体工芸書写真：宇都宮市在住・在勤などゆかりの作家125名による美術の状況　第4回　宇都宮美術館，下野新聞社編　［宇都宮］　宇都宮美術館　2014　142p　30cm　〈会期・会場：平成26年3月22日―4月13日　宇都宮美術館　共同刊行：下野新聞社〉　Ⓝ702.1932

栃木県（風害）
◇2012年5月6日に北関東で発生した一連の竜巻による突風被害の記録　日本建築学会編　日本建築学会　2014.4　101p　30cm　〈丸善出版(発売)〉　①978-4-8189-2036-1　Ⓝ524.92　［3500円］

栃木県（仏教美術―小山市）
◇小山の仏教美術―仏像・仏画展　小山市立車屋美術館編　小山　小山市立車屋美術館　2014.4　67p　30cm　〈文献あり　会期・会場：平成26年4月26日―6月1日　小山市立車屋美術館　小山市制六〇周年・車屋美術館開館五周年記念〉　Ⓝ702.17

栃木県（文化財）
◇県内文化財の三次元計測　宇都宮　栃木県立博物館　2014.3　76p　30cm　(栃木県立博物館調査研究報告書)　①978-4-88758-079-4　Ⓝ709.132

栃木県（文化財―小山市）
◇指定文化財でふりかえる小山の歴史―小山市制60周年記念第64回企画展　小山市立博物館編　小山　小山市立博物館　2014.11　69p　30cm　〈年表あり　会期：平成26年11月1日―平成27年1月12日〉　Ⓝ709.132

栃木県（文化財保護―佐野市）
◇佐野市の文化財保護　佐野市教育委員会事務局生涯学習部生涯学習課文化財保護係編　佐野　佐野市教育委員会事務局生

栃木県（保育）

涯学習部生涯学習課文化財保護係 2014.3 35p 30cm （佐野市文化財調査報告書 第37集）Ⓝ709.132

栃木県（保育）
◇保育者は語る—聞き書き：栃木の保育文化を拓く試み 中村悦子著 宇都宮 随想舎 2014.7 399p 22cm〈文献あり 年表あり〉①978-4-88748-293-7 Ⓝ376.12132 ［3000円］

栃木県（防災計画）
◇栃木県地域防災計画 栃木県防災会議編 ［宇都宮］ 栃木県防災会議 2014.10 684p 30cm（ルーズリーフ）Ⓝ369.3

栃木県（民家—保存・修復—宇都宮市）
◇重要文化財岡本家住宅主屋保存修理工事報告書 文化財建造物保存技術協会編著 宇都宮 岡本郁男 2014.12 1冊 30cm Ⓝ521.86

栃木県（昔話—佐野市）
◇佐野の民話—佐野ふるさとの民話集 「佐野の民話」作成委員会作成, 「佐野の民話」編集委員会編 ［佐野］ 佐野ロータリークラブ 2014.1 158p 26cm Ⓝ388.132 ［1000円］

栃木県（名簿）
◇栃木県人物・人材情報リスト 2015 日外アソシエーツ株式会社編 日外アソシエーツ（制作） 2014.11 656, 29p 30cm Ⓝ281.32

栃木県（幼児教育）
◇保育者は語る—聞き書き：栃木の保育文化を拓く試み 中村悦子著 宇都宮 随想舎 2014.7 399p 22cm〈文献あり 年表あり〉①978-4-88748-293-7 Ⓝ376.12132 ［3000円］

栃木県（林野行政）
◇森林法に基づく林地開発許可申請の手引き 平成26年4月 ［宇都宮］ 栃木県県環境森林部 2014.4 71p 30cm Ⓝ651.12

栃木県（歴史）
◇広報誌「とちぎ」で見る栃木県の半世紀—栃木県広報協会記念誌 栃木県広報協会編 宇都宮 栃木県広報協会 2014.3 131p 30cm〈年表あり〉Ⓝ213.2

栃木県（歴史—史料）
◇学校教材史料集—授業に使うとちぎの史料 第10号 栃木県立文書館編 宇都宮 栃木県立文書館 2014.3 73p 30cm〈文献あり〉Ⓝ375.32

栃木県社会福祉士会
◇社団法人栃木県社会福祉士会20年史 栃木県社会福祉士会20年史編纂委員会編 ［宇都宮］ 栃木県社会福祉士会 2014.1 120p 30cm〈年表あり タイトルは背による〉Ⓝ369.17

栃木県立宇都宮東高等学校
◇創立50周年記念誌 ［宇都宮］ 栃木県立宇都宮東高等学校 2013.3 224p 31cm〈年表あり 共同刊行：栃木県立宇都宮東高等学校附属中学校〉Ⓝ376.48

栃木県立学悠館高等学校
◇生徒10年のあゆみ—創立10周年記念誌：栃木県立学悠館高等学校 栃木 栃木県立学悠館高等学校創立10周年記念事業実行委員会 2014.11 56p 30cm〈年表あり〉Ⓝ376.48

栃木県林業センター
◇栃木県林業センター50年のあゆみ 栃木県林業センター編 宇都宮 栃木県林業センター 2014.3 120p 30cm〈年表あり 背・表紙のタイトル：50年のあゆみ〉Ⓝ650.76

とちぎボランティアNPOセンター
◇とちぎボランティアNPOセンター設立10周年記念誌—ぽ・ぽ・ら とちぎ協働デザインリーグ企画・編集 ［宇都宮］ 栃木県 2014.3 83p 30cm〈年表あり 共同刊行：とちぎボランティアNPOセンター〉Ⓝ335.89

どついたるねん
◇MY BEST FRIENDS—どついたるねん写真集 いくしゅん, 池野詩織, 梅佳代, 川島小鳥, 金子山, 佐伯慎亮, 西光祐輔著 ［東京］ スペースシャワーブックス 2013.11 1冊（ページ付なし） 26cm〈スペースシャワーネットワーク（発売）〉①978-4-907435-04-2 Ⓝ767.8 ［1500円］

十津川高等学校〔奈良県立〕
◇十津川高等学校・文武館百五十年史 ［出版地不明］ 創立百五十周年記念事業実行委員会 2014.10 373p 22cm〈年表あり〉Ⓝ376.48

十津川村〔奈良県〕（水害）
◇ドキュメント豪雨災害—そのとき人は何を見るか 稲泉連著 岩波書店 2014.6 206p 18cm（岩波新書 新赤版 1487）①978-4-00-431487-5 Ⓝ369.33 ［780円］

十津川村〔奈良県〕（地域社会）
◇山村の地域活性化戦略—奈良県吉野郡十津川村を事例に 佐藤友光子, 関泰子編 善通寺 四国学院大学社会学部カルチュラル・マネジメント学科社会学メジャー 2013.3 85p 30cm（「フィールド・プラクティカムⅢ・Ⅳ」報告書 2012年度）Ⓝ361.7

獨協医科大学看護学部
◇海外研修報告書—獨協医科大学看護学部 第1回 獨協医科大学看護学部海外研修委員会編 ［壬生町（栃木県）］ 獨協医科大学看護学部海外研修委員会 2014.12 66p 30cm〈英語併記 発行元：獨協医科大学看護学部〉Ⓝ492.907

鳥取県（遺跡・遺物）
◇米子平野の考古学資料 3 越敷山・法勝寺川・日野川上流域の発掘史 米子市埋蔵文化財センター編 ［米子］ 米子市教育文化財事業団 2013.2 83p 30cm（米子市埋蔵文化財センター調査研究報告 第3集）〈年表あり〉Ⓝ217.2
◇米子平野の考古学資料 6 米子平野の考古学の現在 米子市埋蔵文化財センター編 ［米子］ 米子市文化財団 2014.3 122p 30cm（米子市埋蔵文化財センター調査研究報告 第6集）〈年表あり〉Ⓝ217.2

鳥取県（遺跡・遺物—書目）
◇米子平野の考古学資料 4 米子平野の考古学関係新聞記事 米子市埋蔵文化財センター編 ［米子］ 米子市文化財団 2013.7 83p 30cm（米子市埋蔵文化財センター調査研究報告 第4集）〈年表あり〉Ⓝ217.2
◇米子平野の考古学資料 5 米子平野の主な考古学関係文献 米子市埋蔵文化財センター編 ［米子］ 米子市文化財団 2014.3 90p 30cm（米子市埋蔵文化財センター調査研究報告 第5集）Ⓝ217.2

鳥取県（遺跡・遺物—鳥取市）
◇青谷上寺地遺跡 13 鳥取県埋蔵文化財センター編 ［鳥取］ 鳥取県埋蔵文化財センター 2014.3 388p 図版 [67] 枚 30cm（鳥取県埋蔵文化財センター調査報告 59）〈年表あり 鳥取県鳥取市青谷町所在 第13次・第14次発掘調査報告書〉Ⓝ210.0254
◇青谷上寺地遺跡発掘調査研究年報 2013 鳥取県埋蔵文化財センター編 ［鳥取］ 鳥取県埋蔵文化財センター 2014.3 29p 図版 2p 30cm Ⓝ217.2
◇史跡鳥取城跡附太閤ヶ平発掘調査報告書 2 第22・30次発掘調査 鳥取市教育委員会編 ［鳥取］ 鳥取市教育委員会 2014.3 108p 図版 21p 30cm Ⓝ210.0254
◇高住牛輪谷遺跡 1 鳥取県教育文化財団編 鳥取 鳥取県教育委員会 2014.3 210p 図版 62p 30cm（一般国道9号（鳥取西道路）の改築に伴う埋蔵文化財発掘調査報告書 13）〈鳥取県鳥取市所在〉Ⓝ210.0254
◇常松大谷遺跡（丘陵部） 鳥取市文化財団編 ［鳥取］ 鳥取市文化財団 2014.3 12p 図版 6p 30cm（一般国道9号（鳥取西道路）の改築事業に伴う埋蔵文化財発掘調査報告書）Ⓝ210.0254
◇鳥取市内遺跡発掘調査概要報告書 平成25年度 鳥取市教育委員会編 鳥取 鳥取市教育委員会 2014.3 78p 図版 34p 30cm〈内容：大井所在遺跡 山手所在遺跡 東町所在遺跡 天神山遺跡 桂見所在遺跡 岩吉遺跡 内海中所在遺跡 下坂本清合遺跡 乙女正所在遺跡 乙亥正大角遺跡 山手古墳群 福井所在遺跡 東桂見遺跡 橋本古墳 曳田所在遺跡 青谷横木遺跡 里仁古墳群 鍋山城跡 大桷所在遺跡〉Ⓝ210.0254
◇松原田中遺跡 1 鳥取県教育文化財団編 鳥取 鳥取県教育委員会 2013.10 262p 図版 86p 30cm（一般国道9号（鳥取西道路）の改築に伴う埋蔵文化財発掘調査報告書 10）〈鳥取県鳥取市所在〉Ⓝ210.0254
◇本高弓ノ木遺跡（4区） 鳥取県教育文化財団編 鳥取 鳥取県教育委員会 2014.3 78p 図版 20p 30cm（一般国道9号（鳥取西道路）の改築に伴う埋蔵文化財発掘調査報告書 12）〈鳥取県鳥取市所在〉Ⓝ210.0254
◇本高弓ノ木遺跡（5区） 2 遺物（木器） 鳥取県教育文化財団編 鳥取 鳥取県教育委員会 2014.3 178p 図版 39p 30cm（一般国道9号（鳥取西道路）の改築に伴う埋蔵文化財発掘調査報告書 11）〈鳥取県鳥取市所在〉Ⓝ210.0254
◇善田傍示ヶ崎遺跡 鳥取市文化財団編 ［鳥取］ 鳥取市文化財団 2014.3 68p 図版 14p 30cm〈勝部川河川改修事業に係る埋蔵文化財発掘調査報告書〉Ⓝ210.0254

鳥取県（遺跡・遺物—米子市）
◇米子市内遺跡発掘調査報告書 米子 米子市教育委員会 2014.3 13p 図版 6p 30cm Ⓝ210.0254

鳥取県（観光開発）
◇島根・鳥取 福岡 九州大学文学部地理学研究室 2013.3 162p 図版 6p 30cm（地域調査報告 15）〈文献あり〉Ⓝ689.4

日本件名図書目録2014　Ⅰ　　　　　　　　　　　　　　　　　　　　　　　　　　　　鳥取市（遺跡・遺物）

鳥取県（企業―名簿）
◇魅せます、鳥取企業の得意技―キラリと光る鳥取のものづくり：企業ガイドブック　鳥取県産業振興機構［編］　鳥取　鳥取県産業振興機構　2013.11　143p　30cm　Ⓝ335.035

鳥取県（紀行・案内記）
◇もののふ―山陰鳥取知られざる歴史の物語　藤原芳秀著，増田貴彦シナリオ　リイド社　2014.10　191p　21cm　①978-4-8458-4409-8　Ⓝ281.72　［880円］

鳥取県（教育―歴史）
◇鳥取県への学童集団疎開　石田敏紀著，鳥取県立公文書館県史編さん室編　［鳥取］　鳥取県　2014.10　131p　21cm　（鳥取県史ブックレット 15）〈年表あり　文献あり〉Ⓝ372.172　［500円］

鳥取県（行政）
◇国家間対立に直面する地方自治体の国際政策―山陰地方における地方間国際交流を事例として　永井義人著　国際書院　2014.5　198p　22cm〈文献あり　索引あり〉①978-4-87791-256-7　Ⓝ318.271　［4800円］

鳥取県（行政組織）
◇行政機関ガイドブック　平成25年度　鳥取県版　鳥取　総務省鳥取行政評価事務所　2013.6　59p　30cm　Ⓝ317.2

鳥取県（郷土芸能）
◇鳥取県文化財調査報告書　第21集　「馬場八幡人形芝居道具」調査報告書―鳥取県指定有形民俗文化財　鳥取県教育委員会事務局文化財課編　［鳥取］　鳥取県教育委員会　2014.3　117p　30cm　Ⓝ709.172　［1300円］

鳥取県（原子力災害―防災）
◇島取県広域住民避難計画―島根原子力発電所事故対応　［鳥取］　鳥取県　2014.3　1冊　30cm　Ⓝ369.36
◇鳥取県地域防災計画　原子力災害対策編　［鳥取］　鳥取県防災会議　2014.3　111p　30cm　Ⓝ369.3

鳥取県（公衆衛生―会議録）
◇鳥取県公衆衛生学会プログラム及び発表集　第56回　［鳥取］　鳥取県　[2013]　117p　30cm〈文献あり　会期・会場：平成25年7月11日　倉吉交流プラザ　共同刊行：鳥取県公衆衛生協会〉Ⓝ498.02172

鳥取県（獅子舞）
◇大麒麟獅子展―企画展図録　鳥取県立博物館編　鳥取　鳥取県立博物館　2014.6　61p　30cm〈文献あり　会期：平成26年6月7日―7月6日〉Ⓝ386.8172　［900円］

鳥取県（写真集）
◇倉吉・東伯の昭和―写真アルバム　名古屋　樹林舎　2014.3　264p　図版 16p　31cm〈年表あり〉①978-4-902731-64-4　Ⓝ217.2　［9514円］

鳥取県（女性―歴史）
◇武家の女性・村の女性　谷口啓子著，鳥取県立公文書館県史編さん室編　［鳥取］　鳥取県　2014.3　109p　21cm　（鳥取県史ブックレット 14）〈文献あり〉Ⓝ367.2172　［500円］

鳥取県（書目）
◇鳥取県EL新聞記事情報リスト　2013-1　エレクトロニック・ライブラリー編　エレクトロニック・ライブラリー　2014.2　708p　31cm〈制作：日外アソシエーツ〉Ⓝ025.8172
◇鳥取県EL新聞記事情報リスト　2013-2　エレクトロニック・ライブラリー編　エレクトロニック・ライブラリー　2014.2　p709-1394　31cm〈制作：日外アソシエーツ〉Ⓝ025.8172
◇鳥取県EL新聞記事情報リスト　2013-3　エレクトロニック・ライブラリー編　エレクトロニック・ライブラリー　2014.2　p1395-1889　31cm〈制作：日外アソシエーツ〉Ⓝ025.8172

鳥取県（森林）
◇酸性雨モニタリング（土壌・植生）調査　平成25年度　［鳥取］　鳥取県　2014.3　68p　31cm〈平成25年度環境省委託業務結果報告書　ルーズリーフ〉Ⓝ519.5

鳥取県（選挙―統計）
◇選挙の記録　［鳥取］　鳥取県選挙管理委員会　[2014]　162p　30cm〈第23回参議院議員通常選挙　平成25年7月21日執行，付・市町村選挙（平成25年2月―平成26年3月）〉Ⓝ314.8

鳥取県（選挙運動）
◇石破茂非公認後援会　どんどろけの会著　メタモル出版　2014.8　175p　19cm　①978-4-89595-865-3　Ⓝ314.85　［1380円］

鳥取県（地域開発）
◇中山間地域における地域の宝・地域力事例集　平成25年度改訂版　鳥取県地域振興部とっとり暮らし支援課編　鳥取　鳥取県地域振興部とっとり暮らし支援課　2014.8　315p　30cm　Ⓝ601.172

鳥取県（地方選挙）
◇選挙の記録　［鳥取］　鳥取県選挙管理委員会　[2014]　162p　30cm〈第23回参議院議員通常選挙　平成25年7月21日執行，付・市町村選挙（平成25年2月―平成26年3月）〉Ⓝ314.8

鳥取県（伝記）
◇もののふ―山陰鳥取知られざる歴史の物語　藤原芳秀著，増田貴彦シナリオ　リイド社　2014.10　191p　21cm　①978-4-8458-4409-8　Ⓝ281.72　［880円］

鳥取県（統計）
◇100の指標からみた鳥取県　平成25年版　鳥取県地域振興部統計課編　鳥取　鳥取県地域振興部統計課　2014.2　181p　21cm　Ⓝ351.72

鳥取県（陶磁器―岩美町）
◇眞名焼の世界―絵画からやきものへ　難波勲［著］　岩美町（鳥取県）　難波勲　2014.3　127p　22cm〈綜合印刷出版（印刷）　年譜あり〉①978-4-9906678-5-6　Ⓝ751.1　［1100円］

鳥取県（読書指導）
◇鳥取県子どもの読書活動推進ビジョン―たくましくゆたかにいきるために　第3次計画　鳥取　鳥取県教育委員会事務局家庭・地域教育課　2014.3　46p　30cm　Ⓝ019.2

鳥取県（特別支援教育―歴史）
◇鳥取県特別支援教育のあゆみ―エポックの原動力を検証する　藤原章著　鳥取　鳥取出版企画室　2014.1　313, 45p　27cm〈年表あり　文献あり〉①978-4-907468-02-6　Ⓝ378.02172　［2800円］

鳥取県（土壌汚染）
◇酸性雨モニタリング（土壌・植生）調査　平成25年度　［鳥取］　鳥取県　2014.3　68p　31cm〈平成25年度環境省委託業務結果報告書　ルーズリーフ〉Ⓝ519.5

鳥取県（鳥）
◇鳥取県鳥類目録　［米子］　日本野鳥の会鳥取県支部　2014.5　59p　30cm　Ⓝ488.2172

鳥取県（人形劇）
◇鳥取県文化財調査報告書　第21集　「馬場八幡人形芝居道具」調査報告書―鳥取県指定有形民俗文化財　鳥取県教育委員会事務局文化財課編　［鳥取］　鳥取県教育委員会　2014.3　117p　30cm　Ⓝ709.172　［1300円］

鳥取県（博覧会）
◇水と緑のオアシスとっとり2013公式記録―第30回全国都市緑化とっとりフェア　［鳥取］　第30回全国都市緑化とっとりフェア実行委員会　[2014]　104p　30cm　Ⓝ606.9172

鳥取県（防災計画）
◇鳥取県地域防災計画　平成25年度修正　鳥取県防災会議編修　［鳥取］　鳥取県防災会議　2014.6　478p　30cm〈年表あり〉Ⓝ369.3

鳥取県（民家―八頭町―写真集）
◇矢部家住宅　［出版地不明］　矢部敏之　2014.7　1冊（ページ付なし）　27cm　Ⓝ521.86

鳥取県（名簿）
◇鳥取県人物・人材情報リスト　2015　日外アソシエーツ株式会社編　日外アソシエーツ（制作）　2014.11　319, 16p　30cm　Ⓝ281.72

鳥取県（歴史）
◇因幡民談記の世界―江戸時代の学者が見た因幡　鳥取市歴史博物館編集・執筆　鳥取　鳥取市文化財団鳥取市歴史博物館　2014.10　89p　30cm〈会期：平成26年10月11日―11月24日〉①978-4-904099-32-2　Ⓝ217.2　［1150円］

鳥取県（歴史―鳥取市）
◇新修鳥取市史　第4巻　明治　政治篇・経済篇1・2　鳥取市編　鳥取　鳥取市　2014.3　1冊　22cm　Ⓝ217.2

鳥取県立厚生病院
◇五十周年記念誌　［倉吉］　鳥取県立厚生病院　[2014]　97p　30cm〈年表あり〉Ⓝ498.16

鳥取県立図書館
◇真理がわれらを自由にする―本と図書館に寄せる想い　高多彬臣著　［米子］　今井出版（発売）　2013.2　186p　20cm　①978-4-906794-16-4　Ⓝ016.2172　［1200円］
◇鳥取県立図書館の目指す図書館像―県民に役立ち、地域に貢献する図書館を目指して　改定版　鳥取　鳥取県立図書館　2013.3　16p　30cm　Ⓝ016.2172

鳥取市（遺跡・遺物）
◇青谷上寺地遺跡　13　鳥取県埋蔵文化財センター編　［鳥取］　鳥取県埋蔵文化財センター　2014.3　388p　図版［67］枚　30cm　（鳥取県埋蔵文化財センター調査報告 59）〈文献あり

519

鳥取市（歴史）

鳥取県鳥取市青谷町所在　第13次・第14次発掘調査報告書〉Ⓝ210.0254

◇青谷上寺地遺跡発掘調査研究年報　2013　鳥取県埋蔵文化財センター編　［鳥取］　鳥取県埋蔵文化財センター　2014.3　29p　図版　2p　30cm　Ⓝ217.2

◇史跡鳥取城跡附太閤ヶ平発掘調査報告書　2　第22・30次発掘調査　鳥取市教育委員会編　［鳥取］　鳥取市教育委員会　2014.3　108p　図版　21p　30cm　Ⓝ210.0254

◇高住牛輪谷遺跡　1　鳥取県教育文化財団編　鳥取　鳥取県教育委員会　2014.3　210p　図版　62p　30cm　〈一般国道9号（鳥取西道路）の改築に伴う埋蔵文化財発掘調査報告書 13）〈鳥取県鳥取市所在〉Ⓝ210.0254

◇常松大谷遺跡（丘陵部）　鳥取市文化財団編　［鳥取］　鳥取市文化財団　2014.3　12p　図版　6p　30cm　〈一般国道9号（鳥取西道路）の改築事業に伴う埋蔵文化財発掘調査報告書〉Ⓝ210.0254

◇鳥取市内遺跡発掘調査概要報告書　平成25年度　鳥取市教育委員会編　鳥取　鳥取市教育委員会　2014.3　78p　図版　34p　30cm　〈内容：大井所在遺跡　山手所在遺跡　東町所在遺跡　天神山遺跡　桂見所在遺跡　岩吉遺跡　内海中所在遺跡　下坂本清合遺跡　会下・郡家遺跡　乙亥正大角遺跡　山手古墳群　福井所在遺跡　東栓見遺跡　橋本古墳　曳田所在遺跡　青谷横木遺跡　里仁古墳群　鍋山城跡　大桷所在遺跡〉Ⓝ210.0254

◇松原田中遺跡　1　鳥取県教育文化財団編　鳥取　鳥取県教育委員会　2013.10　262p　図版　86p　30cm　〈一般国道9号（鳥取西道路）の改築に伴う埋蔵文化財発掘調査報告書 10）〈鳥取県鳥取市所在〉Ⓝ210.0254

◇本高弓ノ木遺跡（4区）　鳥取県教育文化財団編　鳥取　鳥取県教育委員会　2014.3　78p　図版　20p　30cm　〈一般国道9号（鳥取西道路）の改築に伴う埋蔵文化財発掘調査報告書 12）〈鳥取県鳥取市所在〉Ⓝ210.0254

◇本高弓ノ木遺跡（5区）　2　遺物（木器）編　鳥取県教育文化財団編　鳥取　鳥取県教育委員会　2014.3　178p　図版　39p　30cm　〈一般国道9号（鳥取西道路）の改築に伴う埋蔵文化財発掘調査報告書 11）〈鳥取県鳥取市所在〉Ⓝ210.0254

◇善田傍示ヶ崎遺跡　鳥取市文化財団編　［鳥取］　鳥取市文化財団　2014.3　68p　図版　14p　30cm　〈勝部川河川改修事業に係る埋蔵文化財発掘調査報告書〉Ⓝ210.0254

鳥取市（歴史）

◇新修鳥取市史　第4巻　明治　政治編・経済篇 1・2　鳥取市編　鳥取　鳥取市　2014.3　1冊　22cm　Ⓝ217.2

鳥取藩

◇「安達清風日記」に読む幕末の鳥取藩　小谷醇著　大阪　パレード　2014.10　450p　20cm　(Parade books)　①978-4-86522-028-5　Ⓝ210.58

トップリバー

◇農業維新―「アパート型農場」で変わる企業の農業参入と地域活性　嶋崎秀樹著　竹書房　2014.5　191p　18cm　(竹書房新書 027)　〈2013年刊の加筆修正、再編集〉①978-4-8124-9987-0　[850円]

ドトール・日レスホールディングス

◇21世紀のブランドを創る「星乃珈琲店」誕生物語―超積極策によるドトール日レスグループの復活劇　大林麿史著　ダイヤモンド社　2014.9　253p　19cm　〈年譜あり〉①978-4-478-02967-1　Ⓝ673.98　[1500円]

渡名喜村（沖縄県）（景観保全）

◇渡名喜島―地割制と歴史的集落景観の保全　中俣均著　古今書院　2014.3　164p　19cm　(叢書・沖縄を知る)〈文献あり〉①978-4-7722-5275-1　Ⓝ611.22199　[2800円]

渡名喜村（沖縄県）（土地制度―歴史）

◇渡名喜島―地割制と歴史的集落景観の保全　中俣均著　古今書院　2014.3　164p　19cm　(叢書・沖縄を知る)〈文献あり〉①978-4-7722-5275-1　Ⓝ611.22199　[2800円]

砺波郷土資料館（砺波市立）

◇砺波郷土資料館併設砺波散村地域研究所30年のあゆみ　砺波市立砺波郷土資料館編　［砺波］　砺波市立砺波郷土資料館　2014.3　99p　30cm　〈年表あり〉Ⓝ214.2

砺波市（遺跡・遺物）

◇大丹保遺跡発掘調査報告　砺波市教育委員会,上智編　［砺波］　砺波市教育委員会　2014.3　46p　図版　10p　30cm　〈小牧線鉄塔建替(no. 5-9)工事に伴う埋蔵文化財調査報告書　共同刊行：北陸電力〉Ⓝ210.0254

◇御館山館跡発掘調査報告―砺波平野における災害痕跡を伴う中世城館の調査　砺波市教育委員会,上智編　［砺波］　砺波市教育委員会　2014.1　86p　図版　14p　30cm　Ⓝ210.0254

砺波市（衛生行政）

◇平成26年度事業計画・平成25年度事業報告　［砺波］　砺波市福祉市民部健康センター　［2014]　97p　30cm　〈背のタイトル：保健事業計画　共同刊行：砺波市福祉市民部地域包括支援センターほか〉Ⓝ498.1

砺波市（環境行政）

◇砺波市環境基本計画―となみエコライフプラン：庄川と散居に広がる快適なまち：平成26年度―平成35年度　砺波市福祉市民部生活環境課編　砺波　砺波市　2014.3　97p　30cm　Ⓝ519.1

砺波市（感染症対策）

◇砺波市新型インフルエンザ等対策行動計画　［砺波市］　［砺波市］　2014.12　93p　30cm　Ⓝ498.6

砺波市（景観計画）

◇砺波市景観まちづくり計画―庄川と散居に広がる魅力あふれるまち　建設水道部都市整備課景観まちづくり班編　砺波　砺波市　2014.4　97p　30cm　Ⓝ518.8

◇砺波市景観まちづくり計画景観形成ガイドライン　建設水道部都市整備課景観まちづくり班編　砺波　砺波市　2014.6　98p　30cm　Ⓝ518.8

砺波市（樹木）

◇散居のみどり―砺波市の保存樹　砺波市保存樹等保全委員会編　［砺波］　砺波市　2014.3　108p　26cm　〈平成9年刊 の改訂版　共同刊行：砺波市花と緑の財団　折り込 1枚〉Ⓝ653.2142

砺波市（城跡―保存・修復）

◇史跡増山城跡整備基本計画　砺波市教育委員会編　［砺波］　砺波市教育委員会　2014.3　71p　30cm　Ⓝ709.142

砺波市（租税―統計）

◇税務概要　平成26年度版　砺波市企画総務部税務課編　砺波　砺波市　2014.10　49p　30cm　Ⓝ349.55

砺波市（文化財）

◇砺波市の文化財　砺波市文化財保護審議会,砺波市教育委員会編　［砺波］　砺波市文化財保護審議会　2014.2　146p　23cm　〈共同刊行：砺波市教育委員会〉Ⓝ709.142

砺波市老人クラブ連合会

◇砺波市老連10年のあゆみ―絆　［砺波］　砺波市老人クラブ連合会　2014.10　82p　30cm　〈年表あり〉Ⓝ379.47

トナミホールディングス株式会社

◇トナミホールディングス70周年記念社史―さらなる飛躍に向けて―明日に繋ぐ　トナミホールディングス株式会社企画・編集　高岡　トナミホールディングス　2013.11　135p　30cm　〈年表あり　背のタイトル：70周年記念社史〉Ⓝ685.6

利根川

◇利根川水系の鮭と環境学習　佐々木牧雄著　柏　たけしま出版　2013.12　79p　21cm　(手賀沼ブックレット No.3)　①978-4-925111-48-5　Ⓝ375　[900円]

◇水と闘う地域と人々―利根川・中条堤と明治43年大水害　松浦茂樹,松尾宏著　さいたま　武蔵文化研究会　2014.2　240p　21cm　〈さきたま出版会（発売）文献あり　内容：序章(松浦茂樹著)　中条堤の概要(松浦茂樹著)　近世の中条堤(松浦茂樹著)　明治時代の争論と利根川治水(松浦茂樹著)　明治四十三年大洪水と大争論(松浦茂樹著)　利根川明治改修と中条堤(松浦茂樹著)　明治四十三年大水害(松尾宏著)　中条堤の修復とその後の変貌(松尾宏著)　中条堤の今後の期待(松浦茂樹,松尾宏著)〉①978-4-87891-406-5　Ⓝ517.57　[2000円]

どの子も伸びる研究会

◇明日を拓く一四〇周年記念誌　どの子も伸びる研究会編　京都　部落問題研究所出版部　2014.4　393p　22cm　①978-4-8298-4520-2　Ⓝ375　[3000円]

ドバイ（国際投資）（日本）

◇ドバイビジネス解体新書―日本とドバイをつなぐ！世界とつなぐ！　中川信介著　カナリア書房　2014.7　188p　19cm　①978-4-7782-0273-6　Ⓝ338.922784　[1300円]

◇トルコ・ドバイ・アブダビの投資・M&A・会社法・会計税務・労務　久野康成公認会計士事務所,東京コンサルティングファーム著,久野康成監修　［東京］　TCG出版　2014.11　467p　21cm　(海外直接投資の実務シリーズ)〈出版文化社（発売）索引あり〉①978-4-88338-534-8　Ⓝ338.92274　[4500円]

ドバイ（社会）

◇住んでみた、わかった！イスラーム世界―目からウロコのドバイ暮らし6年間　松原直美著　SBクリエイティブ　2014.2　287p　18cm　(SB新書 249)〈文献あり〉①978-4-7973-7690-6　Ⓝ302.2784　[760円]

日本件名図書目録2014　Ⅰ　　　　　　　　　　　　　　　　　　　　　　　　　　　　　　富岡製糸所

鳥羽市〔紀行・案内記〕

◇鳥羽の島遺産100選―残したい。これまでも、これからも。：神島・答志島・菅島・坂手島　鳥羽　鳥羽市観光課　2014.3　148p　21cm　〈伊勢文化舎（発売）〉　①978-4-900759-50-3　Ⓝ382.156　〔926円〕

鳥羽市〔風俗・習慣〕

◇鳥羽の島遺産100選―残したい。これまでも、これからも。：神島・答志島・菅島・坂手島　鳥羽　鳥羽市観光課　2014.3　148p　21cm　〈伊勢文化舎（発売）〉　①978-4-900759-50-3　Ⓝ382.156　〔926円〕

飛島〔山形県〕

◇1986飛島の磯と海―はずれのあたりにある学問　宮本常一, 森本孝, 本間又右衛門, 岸本誠司［著］, 岸本誠司, 松本友哉, 小川ひかり編　酒田　とびしま漁村文化研究会　2013.11（2刷）69p　26cm　（飛島学叢書）　①978-4-9907491-0-1　Ⓝ384.36　〔700円〕

ドビュッシー, C.〔1862～1918〕

◇伊八、北斎からドビュッシーへ―日仏文化交流の麗しき円環　栗原浩太郎著　創英社/三省堂書店　2014.2　183p　20cm　〈文献あり　年表あり〉　①978-4-88142-841-2　Ⓝ762.35　〔1400円〕

◇ドビュッシーピアノ全作品演奏ハンドブック　中井正子著　アルテスパブリッシング　2014.10　285p　21cm　①978-4-86559-114-9　Ⓝ763.2　〔2500円〕

土木学会

◇土木學會の100年　土木学会「土木学会の100年」編集特別委員会編集　土木学会　2014.11　272p　31cm　〈丸善出版（発売）〉　①978-4-8106-0798-7　Ⓝ510.6　〔10000円〕

土木研究所

◇土木研究所外部評価委員会報告書　平成26年度　土木研究所外部評価委員会［著］　［つくば］　土木研究所　2014.11　268p　30cm　（土木研究所資料　第4290号）　Ⓝ510.21

土木研究所水災害リスクマネジメント国際センター

◇Meeting material of the 1st ICHARM Governing Board [Tsukuba]　International Centre for Water Hazard and Risk Management under the auspices of UNESCO　2014.4　97, 70p　30cm　(Technical note of PWRI no. 4285)　〈日本語・英語併記　共同刊行：Public Works Research Institute〉　Ⓝ517.57

苫小牧港

◇港湾整備と地域経済の発展―苫小牧港と北海道の未来　石井吉春編著　札幌　北海道新聞社　2014.8　334p　21cm　〈内容：苫小牧港の現状（佐治殺害）　苫小牧港開発の歴史（大岡秀哉著）　経済変動と苫小牧港開発（高橋功著）　人口減少時代の苫小牧港の新たな役割（石井吉春著）　港湾・空港コンプレックスの形成（切通堅太郎著）　国際物流機能高度化の戦略と行動（川合紀章著）　地域産業としての次世代自動車産業（松田久一, 合田英子著）　飼料産業の動向と今後（佐野修久著）　「もしもの街」づくりに向けて（大橋裕二著）　苫小牧の雇用動向（亀森和博著）　道産食料の輸出戦略と苫小牧港（金子弘道著）　水の移輸出（石井吉春著）　持続可能なエネルギー産業の展開方向（金澤良弘著）〉　①978-4-89453-746-0　Ⓝ683.92117　〔2222円〕

苫小牧工業高等専門学校

◇学び舎は故郷に似たり―苫小牧工業高等専門学校五十周年記念誌　苫小牧工業高等専門学校創立五十周年記念誌編纂専門部会編　苫小牧　国立高等専門学校機構苫小牧工業高等専門学校　2014.10　142p　31cm　〈年表あり〉　Ⓝ377.3

苫小牧市〔遺跡・遺物〕

◇市内遺跡発掘調査等事業報告書　苫小牧市教育委員会, 苫小牧市埋蔵文化財調査センター編　［苫小牧］　苫小牧市教育委員会　2014.3　109p　30cm　〈北海道苫小牧市所在　共同刊行：苫小牧市埋蔵文化財調査センター〉　Ⓝ210.0254

トーマス, T.〔1835～1905〕

◇すべての人々に交響楽を―アメリカのオーケストラの父セオドア・トーマス自伝　セオドア・トーマス著, 津村光洋訳　［出版地不明］　津村光洋　2013.10　163p　18cm　〈今井出版（発売）　年譜あり〉　①978-4-906794-34-8　Ⓝ762.53　〔900円〕

トマス・アクィナス〔1225?～1274〕

◇キリスト教哲学入門―聖トマス・アクィナスをめぐって　エティエンヌ・ジルソン著, 山内志朗監訳, 松本鉄平訳　慶應義塾大学出版会　2014.7　232p　20cm　〈文献あり　著作目録あり〉　①978-4-7664-2152-1　Ⓝ132.2　〔3000円〕

◇トマス・アクィナス肯定の哲学　山本芳久著　慶應義塾大学出版会　2014.9　257, 10p　20cm　〈文献あり　索引あり　内容：肯定的な感情の優位　困難に対する直面と克服　肯定的な生への促しとしての倫理学　肯定の形式としてのスコラ的方法　神に感情は存在するか　キリストの受難　結論〉　①978-4-7664-2171-2　Ⓝ132.2　〔2800円〕

◇トマス・アクィナスの信仰論　保井亮人著　知泉書館　2014.7　225, 14p　22cm　〈文献あり　索引あり〉　①978-4-86285-191-8　Ⓝ132.2　〔4500円〕

◇トマス・アクィナスの政治思想　柴田平三郎著　岩波書店　2014.2　425, 18p　22cm　〈文献あり　索引あり　内容：書物に殉じた〈鈍牛〉　歴史舞台の上のトマス　神学大全　神の善性としてのこの世と人間　インテルメッツォ〈社会的および政治的動物〉としての人間　混合政体論　暴君放伐論　正戦論〈神の統治〉と〈人間の統治〉〉　①978-4-00-025947-7　Ⓝ132.2　〔10000円〕

◇ハイデガーとトマス・アクィナス　ヨハネス・ロッツ著, 村上喜良訳　勁草書房　2014.1　290, 22p　22cm　〈索引あり　内容：マルティン・ハイデガーによれば「人間はいかにあるのか」　ハイデガーとトマス・アクィナスにおける存在　根拠への問い　人間―時間―存在〉　①978-4-326-10228-0　Ⓝ134.96　〔4500円〕

富岡 惣一郎〔1922～1994〕

◇富岡惣一郎白の軌跡―八海山が激しく私を呼んだ　［南魚沼］　「トミオカホワイト―吟醸のひととき―」実行委員会　2014.11　29p　19cm　〈年譜あり　共同刊行：南魚沼市文化スポーツ振興公社ほか〉　Ⓝ723.1

富岡市〔遺跡・遺物〕

◇小野広畑遺跡　2　山下工業株式会社編　［富岡］　富岡市　2014.1　30p　図版13p　30cm　〈群馬県富岡市所在　市道藤木相野田線整備事業に伴う埋蔵文化財発掘調査報告書　共同刊行：山下工業ほか〉　Ⓝ210.0254

◇上高田社宮子原遺跡　1　縄文・弥生時代編　富岡市教育委員会編　富岡　富岡市教育委員会　2014.3　87p　図版［39］枚　30cm　（富岡市埋蔵文化財発掘調査報告書　第38集）　〈県営農地整備事業松義中部地区に伴う埋蔵文化財発掘調査報告書〉　Ⓝ210.0254

◇上高田筑前上遺跡Ⅱ・上高田稲葉上遺跡　富岡市教育委員会編　富岡　富岡市教育委員会　2014.2　110p　図版［28］枚　30cm　（富岡市埋蔵文化財発掘調査報告書　第37集）　〈県営農地整備事業松義東部地区に伴う埋蔵文化財発掘調査報告書〉　Ⓝ210.0254

◇史跡旧富岡製糸場内容確認調査報告書　2　遺構編　富岡市教育委員会編　富岡　富岡市教育委員会　2014.3　89p　30cm　（富岡市埋蔵文化財発掘調査報告書　第40集）　〈内容：社宅周辺　候門所跡〉　Ⓝ210.0254

◇富岡坪之内遺跡　シン技術コンサル編　［富岡］　広并建設　2014.4　18p　図版6p　30cm　〈群馬県富岡市所在　分譲住宅地造成に伴う埋蔵文化財発掘調査報告書　共同刊行：シン技術コンサルほか〉　Ⓝ210.0254

◇七日市六反田遺跡―発掘調査報告書　3　毛野考古学研究所編　［富岡］　富岡市教育委員会　2013.5　14p　図版6p　30cm　〈群馬県富岡市所在　民間保育園建設に伴う埋蔵文化財発掘調査報告書　共同刊行：一峰会ほか〉　Ⓝ210.0254

◇七日市六反田遺跡―発掘調査報告書　4　毛野考古学研究所編　［富岡］　富岡市　2014.3　26p　図版6p　30cm　〈群馬県富岡市所在　市道6430号線整備事業に伴う埋蔵文化財発掘調査報告書　共同刊行：毛野考古学研究所ほか〉　Ⓝ210.0254

富岡市〔女性労働者―歴史〕

◇異郷に散った若い命―旧官営富岡製糸所工女の墓　高瀬豊二著, 「異郷に散った若い命―官営富岡製糸所工女の墓―」再版委員会編　復刻版　富岡　オリオン舎　2014.6　180p　19cm　〈原本：1972年刊〉　①978-4-9907413-2-7　Ⓝ366.38　〔926円〕

富岡製糸所

◇異郷に散った若い命―旧官営富岡製糸所工女の墓　高瀬豊二著, 「異郷に散った若い命―官営富岡製糸所工女の墓―」再版委員会編　復刻版　富岡　オリオン舎　2014.6　180p　19cm　〈原本：1972年刊〉　①978-4-9907413-2-7　Ⓝ366.38　〔926円〕

◇官営富岡製糸場工女取締青木てる物語―養蚕と蚕糸　新田文子著　小川町〔埼玉県〕　新田文子　2014.4　107p　19cm　〈年表あり　文献あり〉　Ⓝ586.42133　〔700円〕

◇生糸改良にかけた生涯―官営富岡製糸所長速水堅曹：自伝と日記の現代語訳　速水堅曹［原著］, 富岡製糸場世界遺産伝道師協会歴史ワーキンググループ現代語訳　飯田橋パピルス　2014.8　377p　21cm　〈パピルス（発売）　年譜あり〉　①978-4-9902531-5-8　Ⓝ586.42133　〔1800円〕

◇絹の国を創った人々―日本近代化の原点・富岡製糸場　志村和次郎著　前橋　上毛新聞社事業局出版部　2014.7　198p　19cm　〈文献あり　年表あり　索引あり〉　①978-4-86352-107-0　Ⓝ639.028　〔1400円〕

富加町〔岐阜県〕（遺跡・遺物）　　　　　　　　　　　　　　　日本件名図書目録2014　Ⅰ

◇絹の国拓く―世界遺産「富岡製糸場と絹産業遺産群」　前橋　上毛新聞社事業局出版部　2014.6　150p　22cm　〈年表あり〉　Ⓘ978-4-86352-109-4　Ⓝ632.1　［1500円］

◇絹の物語つむいで―シルクカントリー群馬キャンペーンの軌跡　上毛新聞社編　前橋　上毛新聞社　2014.10　159p　27cm　〈年表あり〉　Ⓝ586.42133

◇絹の物語つむいで―シルクカントリー群馬キャンペーンの軌跡　上毛新聞社編集集　前橋　上毛新聞社　2014.10　159p　26cm　〈文献あり　年譜あり〉　Ⓘ978-4-86352-116-2　Ⓝ586.42133　［1200円］

◇旧富岡製糸場南法面遺構調査報告書　富岡市教育委員会編　富岡　富岡市教育委員会　2014.3　37p　図版［8］枚　30cm　（富岡市埋蔵文化財発掘調査報告書　第39集）〈年表あり〉　Ⓝ586.42133

◇世界遺産富岡製糸場　遊子谷玲著　勁草書房　2014.7　198p　19cm　〈文献あり　年譜あり〉　Ⓘ978-4-326-24844-5　Ⓝ586.42133　［1800円］

◇世界遺産〈富岡製糸場と絹産業遺産群〉建築ガイド―まるごとわかる　富岡製糸場世界遺産伝道師協会編　前橋　上毛新聞社〈事業局出版部〉　2014.8　112p　21cm　〈文献あり　年表あり〉　Ⓘ978-4-86352-110-0　Ⓝ586.42133　［1200円］

◇世界文化遺産富岡製糸場　東京書籍編集部編　東京書籍　2014.11　127p　21cm　〈文献あり〉　Ⓘ978-4-487-80908-0　Ⓝ586.42133　［1400円］

◇世界文化遺産富岡製糸場と明治のニッポン　熊谷充晃著　WAVE出版　2014.6　205p　19cm　〈文献あり〉　Ⓘ978-4-87290-694-3　Ⓝ639.02133　［1200円］

◇富岡製糸場と絹産業遺産群　今井幹夫編著　ベストセラーズ　2014.3　159p　図版32枚　18cm　（ベスト新書　436）〈文献あり〉　Ⓘ978-4-584-12436-9　Ⓝ586.42133　［933円］

◇TOMIOKA世界遺産会議BOOKLET　1　近藤誠一，森谷健［述］　前橋　上毛新聞社事業局出版部　2014.3　74p　21cm　〈内容：世界文化遺産―登録の地域にとっての意義（近藤誠一述）　世界遺産登録と市民―富岡製糸場をめぐる人々の声（森谷健述）〉　Ⓘ978-4-86352-101-8　Ⓝ586.42133　［600円］

◇富岡日記　和田英著　筑摩書房　2014.6　191p　15cm　（ちくま文庫　わ10-1）〈底本：中公文庫　1978年刊　内容：富岡日記　富岡後記〉　Ⓘ978-4-480-43184-4　Ⓝ639　［680円］

富加町〔岐阜県〕（遺跡・遺物）

◇夕田茶臼山古墳範囲確認調査報告書　平成21-24年度　富加町〔岐阜県〕　岐阜県富加町教育委員会　2014.3　82p　図版8p　30cm　（富加町文化財報告書　第27号）Ⓝ210.0254

富加町〔岐阜県〕（統計）

◇富加町統計書　平成24年度版　総務課企画グループ編　［富加町〔岐阜県〕］　富加町　2014.3　130p　30cm　Ⓝ351.53

富里市（遺跡・遺物）

◇大作遺跡・中ノ蓁遺跡・郷辺田遺跡（第1次―第4次），中ノ台遺跡（第1次―第3次）・滝台遺跡（第3次）印旛郡市文化財センター編　千葉　富里市　2014.3　173p　図版84p　30cm　（公益財団法人印旛郡市文化財センター発掘調査報告書　第331集）〈千葉県富里市所在　富里市道01-008号線道路建設に伴う埋蔵文化財整理〉Ⓝ210.0254

◇尾上木見津遺跡（第2・3地点），駒詰遺跡（第2-7・9地点）本文編　印旛郡市文化財センター編　千葉　千葉県県土整備部　2014.3　490p　図版4p　30cm　（公益財団法人印旛郡市文化財センター発掘調査報告書　第325集）〈文献あり　社会資本整備総合交付金（住宅）委託（埋蔵文化財整理その2）　千葉県印旛郡酒々井町所在，千葉県富里市所在〉Ⓝ210.0254

◇尾上木見津遺跡（第2・3地点），駒詰遺跡（第2-7・9地点）写真図版編　印旛郡市文化財センター編　千葉　千葉県県土整備部　2014.3　158p　30cm　（公益財団法人印旛郡市文化財センター発掘調査報告書　第325集）〈社会資本整備総合交付金（住宅）委託（埋蔵文化財整理その2）　千葉県印旛郡酒々井町所在，千葉県富里市所在〉Ⓝ210.0254

◇獅子穴XII遺跡　富里市教育委員会編　［富里］　富里市教育委員会　2014.3　5p　図版2p　30cm　（富里市文化財調査報告書　平成25年度　第7集）Ⓝ210.0254

◇富里市内遺跡発掘調査報告書　平成24年度　富里市教育委員会編　［富里］　富里市教育委員会　2014.2　7p　図版6p　30cm　〈内容：内野牧中木戸・北大溜袋野馬土手〉Ⓝ210.0254

富沢　赤黄男〔1902～1962〕

◇富澤赤黄男―没後五十年記念誌　八幡浜俳句協会編　［八幡浜］　［八幡浜俳句協会］　2013.1　104p　21cm　〈年譜あり〉　Ⓝ911.362

富澤　清行〔1946～　〕

◇オレの人生、恵知運寶（けちんほう）―自然の恵みを活かす。これこそが次代の経営　富澤清行著　千葉　千葉日報社　2014.11　162p　19cm　Ⓘ978-4-904435-53-3　Ⓝ289.1　［1500円］

富田　忠雄〔1932～　〕

◇富良野ラベンダー物語　岡崎英生著　遊人工房　2013.7　303p　19cm　Ⓘ978-4-903434-60-5　Ⓝ617.6　［1905円］

富田　好久〔1926～　〕

◇富田好久先生米寿記念誌　池田郷土史学会富田好久先生米寿記念誌編集委員会編　池田　池田郷土史学会富田好久先生米寿記念誌編集委員会　2014.1　186p　27cm　〈年譜あり　著作目録あり　文献あり〉Ⓝ216.3

冨永〔氏〕

◇三河の冨永氏の研究―若者よ、書を捨て、旅に出よう　冨永公文著　青山ライフ出版　2013.9　84p　21cm　Ⓘ978-4-86450-091-3　Ⓝ289.1　［1500円］

冨永　愛〔　〕

◇Ai愛なんて大っ嫌い　冨永愛［著］　ディスカヴァー・トゥエンティワン　2014.10　228p　19cm　〈年譜あり〉　Ⓘ978-4-7993-1575-0　Ⓝ289.1　［1400円］

冨永　公文〔1956～　〕

◇三河の冨永氏の研究―若者よ、書を捨て、旅に出よう　冨永公文著　青山ライフ出版　2013.9　84p　21cm　Ⓘ978-4-86450-091-3　Ⓝ289.1　［1500円］

とみもと　卓

◇都市議員と公共政策―とみもと卓区議、前田くにひろ区議の活動　田丸大著　志學社　2014.4　76p　21cm　Ⓘ978-4-904180-38-9　Ⓝ318.2361　［1000円］

戸村　茂樹

◇日々の断想　戸村茂樹著，石井編集事務所書肆亥工房編　岡山　書肆亥工房　2014.12　110p　19cm　Ⓘ978-4-915076-44-2　Ⓝ735.021　［1800円］

登米市（遺跡・遺物）

◇沼崎山遺跡　登米　登米市教育委員会　2014.3　18p　30cm　（登米市文化財調査報告書　第3集）Ⓝ210.0254

登米市（自然保護）

◇地域生物多様性保全計画（登米市生物多様性地域戦略）策定事業委託業務報告書　平成25年度　登米　宮城県登米市環境課　2014.3　49p　30cm　Ⓝ462.123

登米市（生物多様性）

◇地域生物多様性保全計画（登米市生物多様性地域戦略）策定事業委託業務報告書　平成25年度　登米　宮城県登米市環境課　2014.3　49p　30cm　Ⓝ462.123

ともさか　りえ〔1979～　〕

◇中身　ともさかりえ著　幻冬舎　2013.10　193p　19cm　Ⓘ978-4-344-02476-2　Ⓝ778.21　［1300円］

土門拳記念館

◇土門拳記念館開館30周年記念誌　土門拳記念館編　酒田　土門拳記念館　2013.9　107p　30cm　〈年表あり　年譜あり〉Ⓝ740.69

戸谷　成雄〔1947～　〕

◇戸谷成雄彫刻と言葉―1974-2013　戸谷成雄［作］，土方浦歌，森陽子編　長泉町〔静岡県〕　ヴァンジ彫刻庭園美術館　2014.3　365p　20cm　〈Nohara（発売）　年譜あり〉　Ⓘ978-4-904257-20-3　Ⓝ712.1　［2500円］

富山県

◇富山ふしぎ探訪　富山新聞金沢本社出版局編集　富山　富山新聞社　2014.11　175p　19cm　〈北國新聞社出版局（発売）　文献あり〉　Ⓘ978-4-8330-2003-9　Ⓝ291.42　［1200円］

富山県（雨乞）

◇雨を乞う―豊作への願い：特別展　氷見市立博物館編　氷見　氷見市立博物館　2014.2　51p　30cm　〈文献あり　会期：平成26年2月28日―3月23日〉Ⓝ384.31

富山県（遺跡・遺物―射水市）

◇射水市内遺跡発掘調査報告　6　射水市教育委員会編　射水　射水市教育委員会　2014.2　24p　図版［7］枚　30cm　〈内容：平成24年度水戸田地区ほ場整備に伴う試掘調査他〉Ⓝ210.0254

富山県（遺跡・遺物―魚津市）

◇江口遺跡発掘調査報告　富山県文化振興財団埋蔵文化財調査事務所編　富山　富山県文化振興財団埋蔵文化財調査事務所　2014.3　88p　図版18p　30cm　（富山県文化振興財団埋蔵文化財発掘調査報告　第61集）Ⓝ210.0254

◇市内遺跡発掘調査報告　魚津市教育委員会編　魚津　魚津市教育委員会　2014.3　28p　図版21p　30cm　（富山県魚津市所

日本件名図書目録2014　Ⅰ　　　　　　　　　　　　　　　　　　　　富山県（家庭用電気製品—リサイクル）

在　国道8号入善黒部バイパス建設に伴う埋蔵文化財発掘調査報告　内容：平伝寺東遺跡　浜経田遺跡　仏田遺跡　江口遺跡〉Ⓝ210.0254

◇富山県魚津市埋蔵文化財分布調査報告　1　松倉・上中島　魚津市教育委員会編　魚津　魚津市教育委員会　2014.3　29p　30cm　Ⓝ210.0254

◇仏田遺跡発掘調査報告　魚津市教育委員会編　魚津　魚津市教育委員会　2014.3　164p　図版［29］枚　30cm〈富山県魚津市所在　国道8号入善黒部バイパス建設に伴う埋蔵文化財発掘調査報告　折り込1枚〉Ⓝ210.0254

富山県（遺跡・遺物—高岡市）

◇市内遺跡調査概報　23　高岡市教育委員会編　高岡　高岡市教育委員会　2014.3　47p　図版22p　30cm　（高岡市埋蔵文化財調査概報　第74冊）〈平成24年度越中国府関連遺跡の調査他〉Ⓝ210.0254

◇下老子笹川遺跡・江尻遺跡発掘調査報告　第1冊　富山県文化振興財団埋蔵文化財調査事務所編　富山　富山県文化振興財団埋蔵文化財調査事務所　2014.3　414p　30cm　（富山県文化振興財団埋蔵文化財発掘調査報告　第59集）Ⓝ210.0254

◇下老子笹川遺跡・江尻遺跡発掘調査報告　第2冊　富山県文化振興財団埋蔵文化財調査事務所編　富山　富山県文化振興財団埋蔵文化財調査事務所　2014.3　113p　30cm　（富山県文化振興財団埋蔵文化財発掘調査報告　第59集）Ⓝ210.0254

◇中木津遺跡・西木津遺跡調査報告　高岡市教育委員会編　高岡　高岡市教育委員会　2014.3　169p　30cm　（高岡市埋蔵文化財調査報告　第26冊）〈高岡市木津土地区画整理組合による区画整理事業に伴う調査〉Ⓝ210.0254

富山県（遺跡・遺物—砺波市）

◇大円保遺跡発掘調査報告　砺波市教育委員会,上智編　［砺波］　砺波市教育委員会　2014.3　46p　図版10p　30cm〈小牧線鉄塔建替（no. 5-9）工事に伴う埋蔵文化財調査報告書　共同刊行：北陸電力〉Ⓝ210.0254

◇御館山館跡発掘調査報告—砺波平野における災害痕跡を伴う中世城館の調査　砺波市教育委員会,上智編　［砺波］　砺波市教育委員会　2014.1　86p　図版14p　30cm　Ⓝ210.0254

富山県（遺跡・遺物—富山市）

◇小竹貝塚　富山市教育委員会埋蔵文化財センター編　［富山］　富山市教育委員会　2014.3　37p　図版4p　30cm　（富山市埋蔵文化財調査報告　62）Ⓝ210.0254

◇小竹貝塚発掘報告　富山県文化振興財団埋蔵文化財調査事務所編　富山　富山県文化振興財団埋蔵文化財調査事務所　2014.3　3冊　30cm　（富山県文化振興財団埋蔵文化財発掘調査報告　第60集）〈箱入　内容：第1分冊　本文編　第2分冊　自然科学分析編　第3分冊　人骨分析編〉Ⓝ210.0254

◇北代村巻Ⅴ遺跡友坂遺跡吉作遺跡　富山市教育委員会埋蔵文化財センター編　［富山］　富山市教育委員会　2014.3　63p　30cm　（富山市埋蔵文化財調査報告　61）Ⓝ210.0254

◇杉谷4号墳—第1次発掘調査報告　富山大学人文学部考古学研究室編　富山　富山大学人文学部考古学研究室　2014.3　43p　図版7p　30cm　Ⓝ210.0254

◇富山市朝菜町鳥ノ木遺跡発掘調査報告書　毛野考古学研究所富山支所編　富山　富山市教育委員会埋蔵文化財センター　2014.3　38p　図版8p　30cm　（富山市埋蔵文化財調査報告　65）〈朝菜町公園整備工事に伴う埋蔵文化財発掘調査〉Ⓝ210.0254

◇富山市小竹貝塚発掘調査報告書　エイ・テック編　富山　富山市教育委員会埋蔵文化財センター　2013.12　44p　図版14p　30cm　（富山市埋蔵文化財調査報告　59）〈北陸新幹線道水路付替工事に伴う埋蔵文化財発掘調査〉Ⓝ210.0254

◇富山市黒瀬大屋遺跡発掘調査報告書　富山市教育委員会埋蔵文化財センター編　［富山］　富山市教育委員会　2014.3　17p　30cm　（富山市埋蔵文化財調査報告　63）Ⓝ210.0254

◇富山市新庄城跡発掘調査概報　富山市教育委員会埋蔵文化財センター編　［富山］　富山市教育委員会　2014.3　15p　図版32p　30cm　（富山市埋蔵文化財調査報告　67）〈年表あり　新庄小学校体育館改築工事に伴う埋蔵文化財発掘調査概報〉Ⓝ210.0254

◇富山市内遺跡発掘調査概要　10　富山市教育委員会埋蔵文化財センター編　［富山］　富山市教育委員会　2014.2　181p　図版8p　30cm　（富山市埋蔵文化財調査報告　60）〈内容：南部Ⅰ遺跡　願海寺城跡　今市遺跡　西二俣遺跡　花ノ木C遺跡　砂川カタダ遺跡　東老田Ⅰ遺跡〉Ⓝ210.0254

◇富山市内遺跡発掘調査概要　13　富山市教育委員会埋蔵文化財センター編　富山　富山市教育委員会埋蔵文化財センター

◇富山城下町遺跡主要部発掘調査報告書　エイ・テック編　富山　富山市教育委員会埋蔵文化財センター　2014.3　154p　図版15p　30cm　（富山市埋蔵文化財調査報告　66）〈西町南地区市街地再開発事業に伴う埋蔵文化財発掘調査　共同刊行：西町南地区市街地再開発組合〉Ⓝ210.0254

◇富山城下町遺跡主要部発掘調査報告書　アーキジオ編　富山　富山市教育委員会　2014.8　130p　図版［12］枚　30cm　（富山市埋蔵文化財調査報告　70）〈一番町共同ビル（仮称）新築工事に伴う埋蔵文化財発掘調査報告〉Ⓝ210.0254

◇富山城下町遺跡主要部発掘調査報告書　イビソク北陸支店編　富山　富山市教育委員会埋蔵文化財センター　2014.12　29p　30cm　（富山市埋蔵文化財調査報告　73）〈レーベン富山総曲輪レジデンス建設に伴う埋蔵文化財発掘調査〉Ⓝ210.0254

◇富山市四方荒屋遺跡発掘調査報告書　上智富山支店編　富山　富山市教育委員会埋蔵文化財センター　2014.3　87p　30cm　（富山市埋蔵文化財調査報告　64）〈富山北消防署和合出張所新築工事に伴う埋蔵文化財発掘調査報告書〉Ⓝ210.0254

富山県（遺跡・遺物—南砺市）

◇南砺市埋蔵文化財分布調査報告　9　2013年度　南砺市教育委員会編　［南砺］　南砺市教育委員会　2014.3　41p　30cm　（南砺市埋蔵文化財調査報告書 35）〈富山県所在　内容：平・上平地域〉Ⓝ210.0254

◇南砺市埋蔵文化財分布調査報告　9　2013年度　南砺市教育委員会,富山大学人文学部考古学研究室編　［南砺］　南砺市教育委員会　2014.3　41p　30cm　（南砺市埋蔵文化財調査報告書 35）〈富山県所在　共同刊行：富山大学人文学部考古学研究室　内容：平・上平地域〉Ⓝ210.0254

富山県（遺跡・遺物—氷見市）

◇稲積天坂遺跡・稲積天坂北遺跡・稲積オオヤチ南遺跡・宇波西遺跡発掘調査報告　富山県文化振興財団埋蔵文化財調査事務所編　富山　富山県文化振興財団埋蔵文化財調査事務所　2014.3　302p　図版117p　30cm　（富山県文化振興財団埋蔵文化財発掘調査報告　第64集）Ⓝ210.0254

◇宇波ヨシノヤ中世墓群　氷見市教育委員会編　氷見　氷見市教育委員会　2014.3　21p　図版9p　30cm　（氷見市埋蔵文化財調査報告　第64冊）〈能越自動車道七尾氷見道路整備事業に伴う発掘調査報告〉Ⓝ210.0254

◇大野中遺跡・七分一堂口遺跡・加納谷内遺跡発掘調査報告　富山県文化振興財団埋蔵文化財調査事務所編　富山　富山県文化振興財団埋蔵文化財調査事務所　2014.3　369p　30cm　（富山県文化振興財団埋蔵文化財発掘調査報告　第62集）Ⓝ210.0254

◇加納南古墳群・稲積オオヤチ古墳群発掘調査報告　富山県文化振興財団埋蔵文化財調査事務所編　富山　富山県文化振興財団埋蔵文化財調査事務所　2014.3　227p　図版82p　30cm　（富山県文化振興財団埋蔵文化財発掘調査報告　第63集）Ⓝ210.0254

◇鞍川D遺跡　2　エイ・テック編　［氷見］　氷見市教育委員会　2014.6　15p　図版4p　30cm　（氷見市埋蔵文化財調査報告　第65冊）〈民間ドラッグストア建設に伴う発掘調査報告〉Ⓝ210.0254

◇氷見市内遺跡発掘調査概報　4　氷見市教育委員会編　氷見　氷見市教育委員会　2014.3　19p　図版12p　30cm　（氷見市埋蔵文化財調査報告　第63冊）〈内容：加納金宮遺跡　宇波ヨシノヤ中世墓群〉Ⓝ210.0254

富山県（医療）

◇富山県医療計画—平成25年3月改訂版　富山県厚生部医務課編　富山　富山県厚生部医務課　2013.3　451p　30cm　Ⓝ498.1

富山県（医療費）

◇第二期富山県医療費適正化計画　［富山］　富山県　2013.3　63p　30cm　Ⓝ498.13

富山県（衛生行政）

◇富山県医療計画—平成25年3月改訂版　富山県厚生部医務課編　富山　富山県厚生部医務課　2013.3　451p　30cm　Ⓝ498.1

富山県（衛生行政—砺波市）

◇平成26年度事業計画・平成25年度事業報告　［砺波］　砺波市福祉市民部健康センター　［2014］　97p　30cm〈背のタイトル：保健事業計画　共同刊行：砺波市福祉市民部地域包括支援センターほか〉Ⓝ498.1

富山県（屋外広告—条例）

◇富山県屋外広告物条例の手引　［富山］　富山県土木部建築住宅課　2014.7　244p　30cm〈ルーズリーフ〉Ⓝ674.8

富山県（家庭用電気製品—リサイクル）

◇小型電子機器等リサイクルシステム構築実証事業運営業務（中部地方その2）報告書　平成25年度　［名古屋］　環境省中部地

と

富山県（環境行政―砺波市）

方環境事務所　2014.3　124p　30cm〈請負先：三菱UFJリサーチ＆コンサルティング〉Ⓝ545.88

富山県（環境行政―砺波市）
◇砺波市環境基本計画―となみエコライフプラン：庄川と散居に広がる快適なまち：平成26年度―平成35年度　砺波市福祉市民部生活環境課編　砺波　砺波市　2014.3　97p　30cm　Ⓝ519.1

富山県（環境問題）
◇環境研究のあゆみ　2　平成13-23年度　射水　富山県環境科学センター　2013.12　49p　30cm　Ⓝ519

富山県（観光開発―歴史）
◇歴史と観光―富山近代史の視座　富山近代史研究会編　山川出版社　2014.7　215,13p　19cm〈文献あり　年表あり　索引〉Ⓘ978-4-634-59078-6　Ⓝ689.4　[2000円]

富山県（感染症対策）
◇富山県感染症流行予測調査事業報告書　平成24年度　射水　富山県衛生研究所　2014.2　50p　30cm〈文献あり〉Ⓝ498.6

富山県（感染症対策―砺波市）
◇砺波市新型インフルエンザ等対策行動計画　[砺波]　[砺波市]　2014.12　100p　30cm　Ⓝ498.6

富山県（教育―歴史）
◇富山県における学童集団疎開―戦争、子ども、地域と地域の観点から　須山盛彰著　富山　須山盛彰　2014.10　255p　27cm〈年表あり　文献あり〉Ⓝ372.142

富山県（教育行政）
◇教育委員会の事務の点検及び評価結果報告書　平成26年度　平成25年度分　[富山]　富山県教育委員会　2014.11　71p　30cm　Ⓝ373.2
◇富山県教育委員会重点施策―富山県教育振興基本計画平成26年度実施計画　平成26年度　[富山]　富山県教育委員会　2014.4　61p　30cm　Ⓝ373.2

富山県（教員養成）
◇「子どもとのふれあい体験」実施報告書　平成25年度　富山　富山大学人間発達科学部附属人間発達科学研究実践総合センター　2014.3　116p　30cm　Ⓝ373.7

富山県（行政）
◇富山県危機管理基本指針　平成25年4月改訂　[富山]　富山県危機管理連絡会議　[2013]　32p　30cm　Ⓝ318.242
◇富山県の重点事業　平成27年度　[富山]　富山県　[2014]　79p　30cm　Ⓝ318.242

富山県（行政―南砺市）
◇南砺市紹興市友好都市30年のあゆみ　南砺市編　[南砺]　南砺市　2014.3　55p　30cm〈年表あり〉Ⓝ318.242

富山県（漁撈）
◇富山湾の漁撈用具　和船建造技術を後世に伝える会編　[氷見]　和船建造技術を後世に伝える会　2014.3　43p　30cm（和船建造技術を後世に伝える会調査報告書　4）Ⓝ384.36

富山県（景観計画―砺波市）
◇砺波市景観まちづくり計画―庄川と散居に広がる魅力あふれるまち　建設水道部都市整備課景観まちづくり班編　砺波　砺波市　2014.4　97p　30cm　Ⓝ518.8
◇砺波市景観まちづくり計画景観形成ガイドライン　建設水道部都市整備課景観まちづくり班編　砺波　砺波市　2014.6　98p　30cm　Ⓝ518.8

富山県（県民性）
◇石川県人と富山県人のえっホント!?　矢野新一著　金沢　北國新聞社　2014.2　204p　19cm〈文献あり〉Ⓘ978-4-8330-1958-3　Ⓝ361.42　[1300円]

富山県（公有財産）
◇包括外部監査結果報告書　平成25年度　[富山]　[富山県]　2014.3　183p　30cm〈富山県包括外部監査人：石尾雅樹　内容：公有財産（土地・建物）の適正管理と有効活用について〉Ⓝ349.2142

富山県（災害廃棄物処理）
◇平成がれき騒動―震災がれき広域処理（新川地区）と向き合って　[魚津]　にいかわ未来　2014.5　92p　30cm〈年表あり〉Ⓝ518.52

富山県（財産評価）
◇評価倍率表―財産評価基準書　平成26年分富山県版　名古屋　新日本法規出版　c2014　312p　30cm〈索引あり〉Ⓘ978-4-7882-7883-7　Ⓝ345.5　[8300円]

富山県（財政）
◇包括外部監査結果報告書　平成25年度　[富山]　[富山県]　2014.3　183p　30cm〈富山県包括外部監査人：石尾雅樹　内容：公有財産（土地・建物）の適正管理と有効活用について〉Ⓝ349.2142

富山県（祭礼―射水市）
◇築山行事・曳山行事調査報告書―富山県射水市放生津八幡宮　射水市教育委員会編　射水　射水市教育委員会　2013.6　72p　図版12p　30cm〈文献あり　年表あり〉Ⓝ386.142

富山県（祭礼―高岡市）
◇上町のあゆみ―高岡市指定無形民俗文化財：伏木曳山祭　[高岡]　上町花山車保存会　2014.3　128p　26cm〈年表あり〉Ⓝ386.142

富山県（祭礼―氷見市）
◇人と地域が織りなす文化―富山県氷見市の調査記録　野澤豊一、藤本武編　富山　富山大学人文学部文化人類学研究室　2014.3　167p　30cm　（地域社会の文化人類学的調査　23）〈文献あり〉Ⓝ382.142

富山県（山岳崇拝―立山町）
◇立山と帝釈天―女性を救うほとけ：富山県「立山博物館」平成25年度特別企画展　富山県「立山博物館」編　立山町（富山県）　富山県「立山博物館」　2013.10　63p　30cm〈年表あり　会期：平成25年10月5日～11月4日〉Ⓝ387.02142

富山県（史跡名勝）
◇立山禅定名所案内―観光地・立山のルーツをさぐる：富山県「立山博物館」平成二十六年度特別企画展　富山県「立山博物館」編　立山町（富山県）　富山県「立山博物館」　2014.7　63p　30cm〈文献あり　会期：平成26年7月26日～8月31日〉Ⓝ291.42

富山県（自然保護―魚津市）
◇地域生物多様性保全計画（魚津市生物多様性地域戦略）策定事業委託業務報告書　平成25年度　[魚津]　魚津市　2014.3　199p　30cm〈環境省委託業務〉Ⓝ462.142

富山県（樹木―砺波市）
◇散居のみどり―砺波市の保存樹　砺波市保存樹等保全委員会編　[砺波]　砺波市　2014.3　108p　26cm〈平成9年刊の改訂版　共同刊行：砺波市花と緑の財団　折り込1枚〉Ⓝ653.2142

富山県（消費者）
◇消費生活に係る県民意識調査報告書　富山　富山県生活環境文化部県民生活課　2014.3　161p　30cm　Ⓝ365

富山県（消費者保護）
◇消費生活センターのしごと　平成26年度　[富山]　富山県消費生活センター　[2014]　42p　30cm　Ⓝ365.89

富山県（消防―立山町）
◇消防年報　平成24年　立山町（富山県）　立山町消防本部　2013.1　50p　30cm〈年表あり〉Ⓝ317.7942

富山県（食育）
◇食に関する指導実践事例集　平成24年度　[富山]　富山県教育委員会　2013.2　114p　30cm　Ⓝ498.5
◇食に関する指導実践事例集　平成25年度　[富山]　富山県教育委員会　2014.2　130p　30cm　Ⓝ498.5

富山県（食物）
◇石川・富山ふるさと食紀行―愛蔵版　金沢　北國新聞社　2013.8　673p　31cm〈文献あり　北國新聞創刊120周年記念、富山新聞創刊90周年記念　共同刊行：富山新聞社〉Ⓘ978-4-8330-1944-6　Ⓝ596　[20000円]

富山県（女性議員―黒部市）
◇黒部市女性議会の記録　第7回　くろべ女性団体連絡協議会第7回黒部市女性議会事務局、黒部市教育委員会生涯学習スポーツ課編　[黒部]　くろべ女性団体連絡協議会第7回黒部市女性議会事務局　2014.3　62p　30cm〈共同刊行：黒部市教育委員会生涯学習スポーツ課〉Ⓝ318.442

富山県（書目）
◇富山県EL新聞記事情報リスト　2013-1　エレクトロニック・ライブラリー編　エレクトロニック・ライブラリー　2014.2　698p　31cm〈制作：日外アソシエーツ〉Ⓝ025.8142
◇富山県EL新聞記事情報リスト　2013-2　エレクトロニック・ライブラリー編　エレクトロニック・ライブラリー　2014.2　p699-1375　31cm〈制作：日外アソシエーツ〉Ⓝ025.8142
◇富山県EL新聞記事情報リスト　2013-3　エレクトロニック・ライブラリー編　エレクトロニック・ライブラリー　2014.2　p1377-2476　31cm〈制作：日外アソシエーツ〉Ⓝ025.8142

日本件名図書目録2014　I　　　　　　　　　　　　　　　　　　　　　　　　　　　　　　　　　富山県（文化政策—高岡市）

◇富山県EL新聞記事情報リスト　2013-4　エレクトロニック・ライブラリー編　エレクトロニック・ライブラリー　2014.2　p2477-3572　31cm〈制作：日外アソシエーツ〉Ⓝ025.8142

富山県（城跡—保存・修復—砺波市）
◇史跡増山城跡整備基本計画　砺波市教育委員会編　［砺波］　砺波市教育委員会　2014.3　71p　30cm　Ⓝ709.142

富山県（人権教育）
◇人権教育推進のために　富山県教育委員会生涯学習・文化財室編　［富山］　富山県教育委員会　2013.3　108p　30cm　Ⓝ379

富山県（森林）
◇酸性雨モニタリング（土壌・植生）調査　平成25年度　［富山］　富山県　2014.3　23p　30cm〈平成25年度環境省委託業務結果報告書〉Ⓝ519.5

富山県（スポーツ）
◇富山県の体育・スポーツ—資料　富山県教育委員会スポーツ・保健課編　富山　富山県教育委員会スポーツ・保健課　2013.3　120p　30cm　Ⓝ780.2142

富山県（青少年教育）
◇「子どもとのふれあい体験」実施報告書　平成25年度　富山　富山大学人間発達科学部附属人間発達科学研究実践総合センター　2014.3　116p　30cm　Ⓝ373.7

富山県（生物多様性—魚津市）
◇地域生物多様性保全計画（魚津市生物多様性地域戦略）策定事業委託業務報告書　平成25年度　［魚津］　魚津市　2014.3　199p　30cm〈環境省委託業務〉Ⓝ462.142

富山県（石造美術—富山市）
◇富山市内石造物等調査報告書　3　富山市教育委員会埋蔵文化財センター編　［富山］　富山市教育委員会　2014.3　145p　30cm（富山市埋蔵文化財調査報告　69）Ⓝ714.02142

富山県（選挙—統計）
◇富山県議会議員補欠選挙（富山市第1選挙区）結果調—平成24年12月16日執行　［富山］　富山県選挙管理委員会　［2013］　42p　30cm　Ⓝ314.8
◇富山県知事選挙結果調—平成24年10月28日執行　［富山］　富山県選挙管理委員会　［2013］　78p　30cm　Ⓝ314.8

富山県（租税—砺波市—統計）
◇税務概要　平成26年度版　砺波市企画総務部税務課編　砺波　砺波市　2014.10　49p　30cm　Ⓝ349.55

富山県（体育）
◇富山県の体育・スポーツ—資料　富山県教育委員会スポーツ・保健課編　富山　富山県教育委員会スポーツ・保健課　2013.3　120p　30cm　Ⓝ780.2142

富山県（山車—射水市）
◇築山行事・曳山行事調査報告書—富山県射水市放生津八幡宮　射水市教育委員会編　射水　射水市教育委員会　2013.6　72p　図版12p　30cm〈文献あり　年表あり〉Ⓝ386.142

富山県（山車—高岡市）
◇上町のあゆみ—高岡市指定無形民俗文化財：伏木曳山祭　［高岡］　上町花山車保存会　2014.3　128p　26cm〈年表あり〉Ⓝ386.142

富山県（男女共同参画）
◇地域における男女共同参画推進book　how to編　富山　富山県男女参画・ボランティア課　2013.3　66p　30cm　Ⓝ367.2142

富山県（地域社会—高岡市）
◇人文地理学実習3（2012年度）報告書—高岡調査報告　富山大学人文学部人文地理学研究室編　富山　富山大学人文学部人文地理学研究室　2013.2　43p　30cm〈文献あり　背のタイトル：人文地理学実習3（2012）報告書〉Ⓝ361.7

富山県（地域情報化）
◇富山県情報化ビジョン　富山　富山県　2013.3　68p　30cm　Ⓝ318.242

富山県（地誌—滑川市）
◇ふるさと上島—郷土史　上島郷土史編纂委員会編　滑川　上島町内会　2014.12　116p　30cm〈年表あり〉Ⓝ291.42

富山県（地質）
◇液状化しやすさマップ—新潟県・富山県・石川県　［新潟］　国土交通省北陸地方整備局　［2013］　29, 19, 25p　30cm〈共同刊行：地盤工学会北陸支部〉Ⓝ455.14

富山県（地図—目録）
◇富山県郷土地図総合目録—2013年3月末現在　富山県図書館協会編　富山　富山県図書館協会　2014.9　64p　30cm　Ⓝ291.42

富山県（地方選挙）
◇富山県議会議員補欠選挙（富山市第1選挙区）結果調—平成24年12月16日執行　［富山］　富山県選挙管理委員会　［2013］　42p　30cm　Ⓝ314.8
◇富山県知事選挙結果調—平成24年10月28日執行　［富山］　富山県選挙管理委員会　［2013］　78p　30cm　Ⓝ314.8

富山県（中小企業）
◇富山県魅力ある中小企業ガイド　富山　富山県商工労働部労働雇用課　［2013］　57p　30cm　Ⓝ335.35

富山県（彫刻〔日本〕—滑川市—図集）
◇長谷川喜十郎とその弟子たち展　滑川市立博物館編　滑川　滑川市立博物館　2014.1　50p　30cm〈年譜あり　会期・会場：平成26年1月18日—3月9日　滑川市立図書館3階催事室　市制60周年記念〉Ⓝ712.142

富山県（土壌汚染）
◇酸性雨モニタリング（土壌・植生）調査　平成25年度　［富山］　富山県　2014.3　23p　30cm〈平成25年度環境省委託業務結果報告書〉Ⓝ519.5

富山県（土地改良）
◇富山県土地改良事業の概要　［富山］　富山県農林水産部　2013.7　344p　30cm　Ⓝ614.2142
◇富山県土地改良事業の概要　［富山］　富山県農林水産部　2014.8　349p　30cm　Ⓝ614.2142

富山県（土地改良—富山市—歴史）
◇水村情至—婦負郡藤ケ池土地改良区60周年記念誌　婦負郡藤ケ池土地改良区史編纂委員会編　［富山］　婦負郡藤ケ池土地改良区　2013.12　4, 173p　31cm〈年表あり　折り込1枚〉Ⓝ614.2142

富山県（土地改良—南砺市—歴史）
◇豊かな農村を拓く—大型圃場整備導入50周年記念誌　大型圃場整備導入50周年記念事業実行委員会編　［南砺］　福野町土地改良区　2014.3　55p　30cm〈年表あり〉Ⓝ614.2142

富山県（農業行政）
◇富山県土地改良事業の概要　［富山］　富山県農林水産部　2013.7　344p　30cm　Ⓝ614.2142
◇富山県土地改良事業の概要　［富山］　富山県農林水産部　2014.8　349p　30cm　Ⓝ614.2142

富山県（農業金融）
◇農業制度資金の手引　平成25年度　富山　富山県農林水産部農業経営課金融助成係　［2013］　238p　30cm　Ⓝ611.5

富山県（博物誌）
◇水と風がつくる自然—高山から深海まで：富山市科学博物館展示案内　富山市科学博物館編　富山　富山市科学博物館　2014.3　56p　26cm　Ⓝ402.9142

富山県（美術）
◇美のこころ美のかたち　久泉迪雄　富山　桂書房　2014.12　464p　19cm（久泉迪雄の本　3）〈年譜あり〉①978-4-905345-76-3　［3500円］

富山県（風俗・習慣—南砺市）
◇五箇山利賀谷奥大勘場民俗誌—藤井吉信翁・みち子媼の語りから　藤井吉信・みち子［述］，森俊著　富山　桂書房　2014.12　91, 4p　23cm①978-4-905345-77-0　Ⓝ382.142　［1800円］

富山県（風俗・習慣—氷見市）
◇人と地域が織りなす文化—富山県氷見市の調査記録　野澤豊一，藤本武編　富山　富山大学人文学部文化人類学研究室　2014.3　167p　30cm（地域社会の文化人類学的調査　23）〈文献あり〉Ⓝ382.142

富山県（風俗・習慣—歴史—南砺市）
◇旧江向家住宅　川崎市立日本民家園編　川崎　川崎市立日本民家園　2014.1　71p　30cm（日本民家園収蔵品目録　19）〈文献あり　付・富山県南砺市上平細島江向家民俗調査報告〉Ⓝ382.142

富山県（文化活動）
◇県民芸術文化祭2013—記録集　富山　富山県民芸術文化祭実行委員会事務局　［2014］　40p　30cm〈会期・会場：9月21日　砺波市文化会館大ホールほか〉Ⓝ702.1942

富山県（文化財—砺波市）
◇砺波市の文化財　砺波市文化財保護審議会，砺波市教育委員会編　［砺波］　砺波市文化財保護審議会　2014.2　146p　23cm〈共同刊行：砺波市教育委員会〉Ⓝ709.142

富山県（文化政策—高岡市）
◇都萬麻—高岡芸術文化都市構想　03　富山大学芸術文化学部編　富山　富山大学出版会　2014.3　206p　21cm〈桐書房（発売）内容：高岡の「工芸」は、観光資源になり得るのか

富山県（民具—南砺市）　　　　　　　　　　　　　　日本件名図書目録2014　I

（大熊敏之著）　金屋町における文化コモンズの生成に向けて（古池嘉和著）　高岡と古代仏教美術（三宮千佳著）　戸出七夕まつり（木下和彦著）　地域の変化に現れた中田かかし祭の姿（土倉舞美著）　「万葉集全二十巻朗唱の会」に誘って（津幡敬子著）　地域ブランドの視点から「文化創造都市高岡」を考える（蓑島毅著）　ものづくりの町の未来（東海裕慎著）　「高岡クラフト市場版」2013（林口砂里著）　クリエイ党の活動、その歴史とこれから（松原博著）　高岡まちっこプロジェクト（服部恵子著）　走る角には福来たる！（松田英昭著）「進化する森アートファクトリー」の試み（渡邊雅志著）　市民運動におけるキーパーソン（大井俊樹著）　高岡近郊の軌道系交通をどうするか（善光孝著）　「たかおかストリート構想」への提案（武山良三著）〉①978-4-340-53022-9　Ⓝ709.142　［2100円］

富山県（民具—南砺市）
◇旧江向家住宅　川崎市立日本民家園編　川崎　川崎市立日本民家園　2014.1　71p　30cm　（日本民家園収蔵品目録 19）〈文献あり　付・富山県南砺市上平細島江向家民俗調査報告〉Ⓝ382.142

富山県（昔話）
◇いろりを囲むおはなし—語り伝えよう富山の民話　第1集　富山市民俗民芸村編　復刻版　［富山］　富山市民俗民芸村　2014.3　114p　21cm〈初版の出版者：とやま語りの会〉Ⓝ388.142

富山県（名簿）
◇富山県人物・人材情報リスト　2015　日外アソシエーツ株式会社編　日外アソシエーツ（制作）　2014.11　674, 31p　30cm　Ⓝ281.42

富山県（木材工業）
◇木材需給と木材工業の動向　平成22年版　［富山］　富山県森林政策課　2013.7　21, 61p　30cm　Ⓝ651.4
◇木材需給と木材工業の動向　平成23年版　［富山］　富山県森林政策課　2014.5　21, 63p　30cm　Ⓝ651.4

富山県（予算・決算—南砺市）
◇もっと知りたい南砺の仕事—お伝えしますことしのお金の使い方：平成26年度予算のあらまし　南砺市総務部財政課編　［南砺］　富山県南砺市　［2014］　149p　30cm　Ⓝ349.4142

富山県（留学生）
◇富山県海外技術研修員・協力交流研修員・多文化共生推進研修員・県費留学生研修報告書　平成24年度　富山　富山県観光・地域振興局国際・日本海政策課　2013.3　57p　30cm〈背のタイトル：研修報告書　共同刊行：とやま国際センター〉Ⓝ333.8
◇富山県海外技術研修員・多文化共生推進研修員・県費留学生研修報告書　平成25年度　富山　富山県観光・地域振興局国際・日本海政策課　2014.3　60p　30cm〈背のタイトル：研修報告書　共同刊行：とやま国際センター〉Ⓝ333.8

富山県（歴史）
◇石川富山昭和あのとき—愛蔵版　ストーリー編　金沢　北國新聞社　2014.8　476p　31cm〈年表あり　共同刊行：富山新聞社〉①978-4-8330-1994-1 (set)　Ⓝ214.3
◇隠蔽された女米騒動の真相—警察資料・現地検証から見る　立花雄一著　日本経済評論社　2014.7　197p　22cm〈文献あり　年表あり〉①978-4-8188-2329-7　Ⓝ214.2　［3800円］
◇民が起つ—米騒動研究の先覚と泊の米騒動　金澤敏子, 阿部不二子, 魚津章夫, 向井嘉之, 入江奈々子著　細川嘉六ふるさと研究会編　金沢　能登印刷出版部　2013.8　191p　21cm〈内容：知られざる泊米騒動の実相に迫る（金澤敏子著）　泊米騒動の地域と時代（魚津章夫, 金澤敏子, 入江奈々子著）　米騒動研究の先覚・細川嘉六（阿部不二子, 向井嘉之著）　米騒動とは何だったのか（向井嘉之著）〉①978-4-89010-620-2　Ⓝ214.2　［1600円］
◇歴史と観米—富山近代史の視座　富山近代史研究会編　山川出版社　2014.7　215,13p　19cm〈文献あり　年表あり　索引あり〉①978-4-634-59078-6　Ⓝ689.4　［2000円］

富山県（歴史—写真集）
◇石川富山昭和あのとき—愛蔵版　アルバム編　金沢　北國新聞社　2014.8　182p　31cm〈共同刊行：富山新聞社〉①978-4-8330-1994-1 (set)　Ⓝ214.3

富山県（歴史—写真集—滑川市）
◇なめりかわ昭和今昔写真館—市制60周年記念　滑川市立博物館編　滑川　滑川市立博物館　2014.3　95p　30cm〈年表あり　会期：平成26年3月21日—5月6日〉Ⓝ214.2

富山県（歴史—写真集—氷見市）
◇写真にみる氷見の昔と今—うつりゆく人・もの・風景：特別展2　氷見市立博物館編　氷見　氷見市立博物館　2014.10

100p　30cm〈文献あり　会期：平成26年10月17日—11月9日〉Ⓝ214.2

富山県（歴史—史料—小矢部市）
◇むかしの小矢部を読む　第3集（平成25年度）　岩武用水小舟下等ニ付詮議書付願等　おやべ古文書を学び守る会編　［小矢部］　おやべ型1%まちづくり事業古文書を学び守る会　2014.3　71p　30cm　Ⓝ214.2

富山県（歴史—史料—書目）
◇富山県公文書館文書目録　歴史文書 29　富山県公文書館編　富山　富山県公文書館　2014.11　240p　26cm　Ⓝ214.2

富山県（歴史—史料—高岡市）
◇高岡市史料集　第25集　高岡市立中央図書館古文書を学ぶ会編　高岡　高岡市立中央図書館　2014.3　61p　26cm　Ⓝ214.2

富山県（歴史—高岡市）
◇越中国府今をつなぐもの—萬葉園古　正和勝之助著　鎌倉　正和蓉子　2014.2　177p　22cm〈発行所：桂書房〉①978-4-905345-60-2　Ⓝ214.2　［1500円］
◇語り伝え・古府の歴史—写真で綴るふる里八つの物語　古府の歴史を調べる会編　［高岡］　高岡市立古府公民館　2013.2　80p　30cm〈奥付のタイトル：語り伝え古府の歴史説明スライド集　共同刊行：古府の歴史を調べる会〉Ⓝ214.2
◇ふるさと三つの谷の物語—語り伝え・古府の歴史：「古府の歴史を調べる会」活動記録　高岡市立古府公民館, 古府の歴史を調べる会［編］　［高岡］　高岡市立古府公民館　2013.6　205p　30cm〈年表あり　共同刊行：古府の歴史を調べる会〉Ⓝ214.2

富山県（歴史—南砺市）
◇荒木村史　荒木村史編纂委員会編　南砺　南砺市荒木自治会　2013.1　171p　30cm〈年表あり〉Ⓝ214.2
◇金戸村史　［出版地不明］　金戸村づくり実行委員会　2013.12　282p　27cm〈年表あり〉Ⓝ214.2

富山県（路線価）
◇路線価図—富山県版(1)　名古屋　新日本法規出版　c2013　750p　30cm　（財産評価基準書 平成25年分）〈内容：富山署〉①978-4-7882-7732-8　Ⓝ345.5　［12000円］
◇路線価図—富山県版(2)　名古屋　新日本法規出版　c2013　822p　30cm　（財産評価基準書 平成25年分）〈内容：高岡署 魚津署　砺波署〉①978-4-7882-7733-5　Ⓝ345.5　［13100円］
◇路線価図—財産評価基準書　平成26年分富山県版1　富山署　名古屋　新日本法規出版　c2014　750p　30cm〈索引あり〉①978-4-7882-7877-6　Ⓝ345.5　［14400円］
◇路線価図—財産評価基準書　平成26年分富山県版2　高岡署 魚津署 砺波署　名古屋　新日本法規出版　c2014　790p　30cm〈索引あり〉①978-4-7882-7878-3　Ⓝ345.5　［15800円］

富山県医師会
◇富山県医師会史料ノート　第2集　「明治中・後期, 大正期・昭和期」医事資料　正橋剛二編・註　富山　正橋剛二　2014.5　199p　30cm　Ⓝ490.6

富山県城同好会
◇富山県「城」同好会会報—25周年記念号　［出版地不明］　［富山県「城」同好会］　2014.4　224p　30cm　Ⓝ521.823

富山県青年学級振興協議会
◇富山県青年学級振興協議会の歩み　［富山］　富山県青年学級振興協議会　2014.3　51p　30cm〈表紙のタイトル：富山県青年学級振興協議会のあゆみ〉Ⓝ379.35

富山県立大学
◇富山県立大学研究者総覧　射水　富山県立大学　2013.5　87p　30cm〈年表あり　表紙のタイトル：研究者総覧〉Ⓝ377.28
◇富山県立大学研究者総覧　射水　富山県立大学　2014.5　91p　30cm〈表紙のタイトル：研究者総覧〉Ⓝ377.28

富山国際学園
◇富山国際学園50年史—50th anniversary　富山国際学園創立50周年記念事業実施委員会記念誌部会編　富山　富山国際学園　2014.3　359p　27cm〈年表あり〉Ⓝ377.28

富山市（遺跡・遺物）
◇小竹貝塚　富山市教育委員会埋蔵文化財センター編　［富山］　富山市教育委員会　2014.3　37p 図版4p　30cm　（富山市埋蔵文化財調査報告 62）Ⓝ210.0254
◇小竹貝塚発掘調査報告　富山県文化振興財団埋蔵文化財調査事務所編　富山　富山県文化振興財団埋蔵文化財調査事務所　2014.3　3冊　30cm　（富山県文化振興財団埋蔵文化財発掘調査報告 第60集）〈箱入　内容：第1分冊 本文編　第2分冊 自然科学分析編　第3分冊 人骨分析編〉Ⓝ210.0254
◇北代村巻Ⅴ遺跡友坂遺跡吉作遺跡　富山市教育委員会埋蔵文化財センター編　［富山］　富山市教育委員会　2014.3　63p　30cm　（富山市埋蔵文化財調査報告 61）Ⓝ210.0254

◇杉谷4号墳―第1次発掘調査報告書　富山大学人文学部考古学研究室編　富山　富山大学人文学部考古学研究室　2014.3　43p 図版 7p　30cm〈Ⓝ210.0254

◇富山市朝菜町鳥ノ木遺跡発掘調査報告書　毛野考古学研究所富山支所編　富山　富山市教育委員会埋蔵文化財センター　2014.3　38p 図版 8p　30cm（富山市埋蔵文化財調査報告 65）〈朝菜町公園整備工事に伴う埋蔵文化財発掘調査〉Ⓝ210.0254

◇富山市小竹貝塚発掘調査報告書　エイ・テック編　富山　富山市教育委員会埋蔵文化財センター　2013.12　44p 図版 14p　30cm（富山市埋蔵文化財調査報告 59）〈北陸新幹線水路付替工事に伴う埋蔵文化財発掘調査〉Ⓝ210.0254

◇富山市黒瀬大屋遺跡発掘調査報告書　富山市教育委員会埋蔵文化財センター編　[富山]　富山市教育委員会　2014.3　17p　30cm（富山市埋蔵文化財調査報告 63）Ⓝ210.0254

◇富山市新庄城跡発掘調査概報　富山市教育委員会埋蔵文化財センター編　[富山]　富山市教育委員会　2014.3　15p 図版 32p　30cm（富山市埋蔵文化財調査報告 67）〈年表あり　新庄小学校体育館改築工事に伴う埋蔵文化財発掘調査概報〉Ⓝ210.0254

◇富山市内遺跡発掘調査概要　10　富山市教育委員会埋蔵文化財センター編　[富山]　富山市教育委員会　2014.2　181p 図版 8p　30cm（富山市埋蔵文化財調査報告 60）〈内容：南部I遺跡　願海寺城跡　今市遺跡　西二俣遺跡　花ノ木C遺跡　砂川カタダ遺跡　東老田I遺跡〉Ⓝ210.0254

◇富山市内遺跡発掘調査概要　13　富山市教育委員会埋蔵文化財センター編　富山　富山市教育委員会埋蔵文化財センター　2014.3　61p　30cm（富山市埋蔵文化財調査報告 68）Ⓝ210.0254

◇富山城下町遺跡主要部発掘調査報告書　エイ・テック編　富山　富山市教育委員会埋蔵文化財センター　2014.3　154p 図版 15p　30cm（富山市埋蔵文化財調査報告 66）〈西町南地区市街地再開発事業に伴う埋蔵文化財発掘調査　共同刊行：西町南地区市街地再開発組合〉Ⓝ210.0254

◇富山城下町遺跡主要部発掘調査報告書　アーキジオ編　富山　富山市教育委員会　2014.8　130p 図版 [12]枚　30cm（富山市埋蔵文化財調査報告 70）〈一番町共同ビル(仮称)新築工事に伴う埋蔵文化財発掘調査〉Ⓝ210.0254

◇富山城下町遺跡主要部発掘調査報告書　イビソク北陸支店編　富山　富山市教育委員会埋蔵文化財センター　2014.12　29p　30cm（富山市埋蔵文化財調査報告 73）〈レーベン富山総曲輪レジデンス建設に伴う埋蔵文化財発掘調査〉Ⓝ210.0254

◇富山市四方荒屋遺跡発掘調査報告書　上智富山支店編　富山　富山市教育委員会埋蔵文化財センター　2014.3　87p　30cm（富山市埋蔵文化財調査報告 64）〈富山北消防署和合出張所新築工事に伴う埋蔵文化財発掘調査報告書〉Ⓝ210.0254

富山市（石造美術）

◇富山市内石造物等調査報告書　3　富山市教育委員会埋蔵文化財センター編　[富山]　富山市教育委員会　2014.3　145p　30cm（富山市埋蔵文化財調査報告 69）Ⓝ714.02142

富山市（土地改良―歴史）

◇水村情至―婦負郡藤ケ池土地改良区60周年記念誌　婦負郡藤ケ池土地改良区史編纂委員会編　[富山]　婦負郡藤ケ池土地改良区　2013.12　4, 173p　31cm〈年表あり　折り込 1枚〉Ⓝ614.2142

富山シティフィルハーモニー管弦楽団

◇富山シティフィルハーモニー管弦楽団30周年記念誌　[富山]　[富山シティフィルハーモニー管弦楽団]　2014.9　70p　30cm Ⓝ764.3

富山城

◇富山城の縄張と城下町の構造　古川知明著　富山　桂書房　2014.3　393p　22cm〈年表あり〉①978-4-905345-65-7　Ⓝ521.823　[5000円]

富山第一高等学校男子サッカー部

◇栄光への軌跡―富山第一高等学校男子サッカー部のあゆみ：第92回全国高校サッカー選手権大会優勝記念グラフ　[富山]　富山第一高等学校　2014.2　48p　30cm〈年表あり〉Ⓝ783.47

富山大学

◇国立大学法人富山大学東日本大震災対応報告書　富山大学東日本大震災対策本部報告書編集室編　富山　富山大学　2014.　377.21

豊岡市（コウノトリ―保護）

◇コウノトリと共生する地域づくりフォーラム等報告書―ふるさとひょうご記念貨幣発行記念　豊岡　兵庫県立コウノトリの郷公園　2013.3　64p　30cm〈会期・会場：平成24年10月19日―20日　さんとう緑風ホールほか〉Ⓝ488.58

◇豊岡市コウノトリ野生復帰学術研究奨励論文集(学生)　平成24年度　[豊岡]　豊岡市　[2013]　1冊　31cm〈文献あり〉Ⓝ488.58

豊岡市議会

◇議会のあゆみ　第3期　[豊岡]　豊岡市議会　2013.10　89p　30cm Ⓝ318.464

豊川市（地誌）

◇豊川の歴史散歩　豊川市教育委員会編　新版　[豊川]　豊川市　2013.10　311p　21cm〈年表あり　文献あり〉Ⓝ291.55

豊澤團隅〔1878～1940〕

◇豊澤團隅と小杉家―越中富山浄瑠璃と盲目の義太夫：我が小杉家のルーツを訪ねて：盲目の義太夫師匠―祖父小杉幸之助・芸名豊澤團隅―の足跡を追って　小杉善一郎著　[東京]　[小杉善一郎]　2014.10　53p　30cm〈年譜あり〉Ⓝ768.5　[1800円]

豊田 英二〔1913～2013〕

◇自動車を愛した豊田英二―ものづくりのまち豊田市への歩み：平成26年度豊田市郷土資料館特別展　豊田市郷土資料館編　[豊田]　豊田市教育委員会　2014.9　145p　30cm〈年表あり　会期・会場：平成26年9月27日―11月30日　豊田市郷土資料館〉Ⓝ289.1

豊田 恵美子〔1948～2008〕

◇お父さん、一緒に死のう―永遠の恋人永遠の宝物　豊田実正著　東洋出版　2014.11　543p　19cm ①978-4-8096-7758-8　Ⓝ289.1　[1500円]

豊田市（遺跡・遺物）

◇足助地区工事立会埋蔵文化財調査報告書　豊田市教育委員会, 二友組編　[豊田]　豊田市教育委員会　2014.3　102p 図版 20p　30cm（豊田市埋蔵文化財発掘調査報告書 第58集）Ⓝ210.0254

◇五反田遺跡　豊田市教育委員会, イビソク名古屋支店編　[豊田]　豊田市教育委員会　2014.3　43p 図版 [9]枚　30cm（豊田市埋蔵文化財発掘調査報告書 第59集）〈愛知県豊田市所在〉Ⓝ210.0254

◇衣城(金谷城)跡・薮下遺跡　豊田市教育委員会, イビソク名古屋支店編　[豊田]　豊田市教育委員会　2014.3　83p 図版 [16]枚　30cm（豊田市埋蔵文化財発掘調査報告書 第60集）〈愛知県豊田市所在〉Ⓝ210.0254

◇挙母城(七州城)跡・衣城(金谷城)跡、稲荷塚古墳・内山畑遺跡　豊田市郷土資料館編　[豊田]　豊田市教育委員会　2014.3　98p 図版 [10]枚　30cm（豊田市埋蔵文化財発掘調査報告書 第56集）〈愛知県豊田市所在〉Ⓝ210.0254

◇市内遺跡発掘調査事業概要報告書　平成24年度　豊田市教育委員会編　豊田　豊田市教育委員会　2014.3　40p　30cm Ⓝ210.0254

◇寺部遺跡　4　12A・12B・12C区　豊田市教育委員会, 二友組編　[豊田]　豊田市教育委員会　2014.3　174p 図版 [41]枚　30cm（豊田市埋蔵文化財発掘調査報告書 第61集）Ⓝ210.0254

◇豊田市西部の山茶碗窯跡―金地1-3号窯跡、向山窯跡ほか17窯跡　豊田市郷土資料館編　[豊田]　豊田市教育委員会　2014.3　109p 図版 [24]枚　30cm（豊田市埋蔵文化財発掘調査報告書 第57集）Ⓝ210.0254

豊田市（一般廃棄物）

◇包括外部監査の結果報告書　平成25年度　[豊田]　豊田市包括外部監査人　[2014]　146p　30cm〈タイトル関連情報：一般廃棄物処理に係る事務の執行等について〉Ⓝ349.2155

豊田市（議員）

◇議員定数等の整理に係る委託調査結果報告書　[豊田]　豊田市議会　2014.3　63p　30cm Ⓝ318.455

豊田市（企業城下町）

◇豊田とトヨタ―産業グローバル化先進地域の現在　丹辺宣彦, 岡村徹也, 山口博史編著　東信堂　2014.10　430p　22cm〈索引あり　内容：変貌する豊田と研究の視点(丹辺宣彦著)　産業グローバル化先進地域の経済活動と階層構成(丹辺宣彦著)　トヨタ自動車の地域戦略と組織再編(岡村徹也著)　豊田市のコミュニティ施策の展開(谷口功, 丹辺宣彦著)　産業グローバル化先進都市豊田の地域コミュニティ形成(丹辺宣彦著)　自動車産業就業者の地域生活(丹辺宣彦, 鄭南著)　女性たちの社会活動参加(丹辺宣彦, 新城優子著)　周辺階層の形成メカニズムと社会的紐帯(丹辺宣彦著)　産業都市における市民団体の活動空間とネットワーク(山口博史, 丹辺宣彦, 中根多惠著)

豊田市（教育）

豊田市における市民活動の展開とその支援政策（菅原純子, 木田勇輔著）　女性たちが担う市民活動の展開（中根多惠著）　トヨタ自動車のボランティア活動（岡村徹也著）　自動車産業退職者の定年帰農（中村麻理著）　多文化共生にかかわる市民活動（米勢治子, 土井佳彦, 山口博史著）　多文化共生をめぐる市民活動のネットワーク（大谷かがり著）　グローバル企業の人材獲得と育成（岡村徹也著）　岐路に立つ豊田とトヨタ（丹辺宣彦, 岡村徹也, 山口博史著）〉①978-4-7989-1234-9　Ⓝ361.78　[4600円]

豊田市（教育）
◇豊田の教育白書　2013　[豊田]　豊田市教職員組合　2013.9　36p　30cm〈タイトル関連情報：子どもたちに笑顔ひろがる未来を〉Ⓝ372.155
◇豊田の教育白書　2014　[豊田]　豊田市教職員組合　2014.9　36p　30cm〈2014のタイトル関連情報：子どもたちに夢と希望あふれる未来を〉Ⓝ372.155

豊田市（教育行政）
◇豊田市の教育　平成26年度　豊田市教育委員会編　豊田　豊田市教育委員会　[2014]　108p　30cm〈年表あり〉Ⓝ373.2

豊田市（工業立地）
◇豊田・岡崎地区研究開発施設用地造成事業環境影響評価に係る事後調査報告書　平成24年次版　愛知県企業庁企業立地部研究施設用地開発課編　名古屋　愛知県企業庁企業立地部研究施設用地開発課　2013.6　82p　30cm　Ⓝ509.29
◇豊田・岡崎地区研究開発施設用地造成事業環境影響評価に係る事後調査報告書　平成25年次版　愛知県企業庁企業立地部研究施設用地開発課編　名古屋　愛知県企業庁企業立地部研究施設用地開発課　2014.6　84p　30cm　Ⓝ509.29

豊田市（高齢者）
◇豊田市高齢者等実態調査結果報告書　[豊田市]　市民福祉部介護保険課編　[豊田]　豊田市　2014.3　379p　30cm　Ⓝ369.26

豊田市（高齢者福祉）
◇豊田市高齢者等実態調査結果報告書　[豊田市]　市民福祉部介護保険課編　[豊田]　豊田市　2014.3　379p　30cm　Ⓝ369.26

豊田市（財政）
◇包括外部監査の結果報告書　平成25年度　[豊田]　豊田市包括外部監査人　[2014]　146p　30cm〈タイトル関連情報：一般廃棄物処理に係る事務の執行等について〉Ⓝ349.2155

豊田市（植物）
◇あすけの植物図集　第3集　一つの花篇　Ⅰ　岡田慶範[著]　[出版地不明]　[岡田慶範]　2014.3　251p　30cm　Ⓝ472.155

豊田市（人口─統計）
◇豊田市の人口　平成24年版　[豊田市]　総務部庶務課編　豊田　愛知県豊田市　2014.3　257p　30cm　Ⓝ358.155　[800円]

豊田市（男女共同参画）
◇豊田市男女共同参画社会に関する意識調査報告書─閲覧用　平成25年度　豊田　豊田市社会部共働推進室生涯学習課とよた男女共同参画センター　2014.3　120p　30cm　Ⓝ367.2155

豊田市（地域開発）
◇地域予算提案事業わくわく事業─事例集　平成25年度　豊田　豊田市社会部共働推進室地域支援課　[2013]　59p　30cm　Ⓝ601.155

豊田市（統計）
◇豊田市統計書　平成24年版　愛知県豊田市総務部庶務課編　豊田　愛知県豊田市総務部庶務課　2014.3　418p　30cm　Ⓝ351.55　[1100円]

豊田市（廃棄物処理）
◇包括外部監査の結果報告書　平成25年度　[豊田]　豊田市包括外部監査人　[2014]　146p　30cm〈タイトル関連情報：一般廃棄物処理に係る事務の執行等について〉Ⓝ349.2155

豊田市（風俗・習慣）
◇足助の聞き書き　第4集　[豊田]　あすけ聞き書き隊　2014.3　116p　26cm〈折り込 1枚　内容：足助の飲料水を護って（柴田剛一述, 広田慶子聞き手）　炭焼きはやめれんだ（安藤昭二述, 小林誠聞き手）　鈴木正三物語（柴田豊述, 櫻井彩愛聞き手）　お客さんの笑顔がなにより（深見レイ述, 寺下希楽子聞き手）　一代で何でもやってきたよ（小野君子述, 南郷愛子聞き手）　ありがたいことです（杉浦教昭述, 井上美知代聞き手）　離儀した甲斐がある（鈴木よし枝述, 水野咲姫聞き手）　暮らしを受け継ぎ, 守る（小澤浩述, 澤目純一聞き手）　スケートが面白くてはじめた香嵐渓スケートセンター（近藤敏男述, 高木伸泰聞き手）

今までのお礼に, 鑁を大事にしとる。（藤井繁述, 河合友理聞き手）〉Ⓝ382.155
◇新修豊田市史　15　別編　民俗 1　山地のくらし　新修豊田市史編さん専門委員会編　豊田　愛知県豊田市　2013.3　852, 22p　図版[16]　枚　23cm〈文献あり〉Ⓝ215.5

豊田市（武家住宅─保存・修復）
◇豊田市指定有形文化財遊佐家長屋門保存修理工事報告書　魚津建築設計事務所編　豊田　豊田市教育委員会　2013.10　97p　30cm　Ⓝ521.853

豊田市（文化財）
◇新修豊田市史　21　別編　美術・工芸　新修豊田市史編さん委員会編　豊田　愛知県豊田市　2014.3　490p　31cm　Ⓝ215.5

豊田市（民家）
◇豊田市指定文化財旧紙屋鈴木家住宅旦過寮修理工事報告書　豊田市教育委員会文化財課足助分室編　[豊田]　豊田市教育委員会　2013.11　180p　30cm　Ⓝ521.86

豊田市（民家─保存・修復）
◇愛知県指定有形文化財旧山内家住宅保存修理工事報告書　豊田　豊田市教育委員会　2014.3　105p　30cm　Ⓝ521.86

豊田市（歴史）
◇挙母地方の歴史を尋ねて─郷土研究半世紀を今かえりみて　日尾野心清[述], 内藤学文公顕彰会編　豊田　内藤学文公顕彰会　2014.3　101p　21cm〈総会記念講演記録 第19回〉〈会期：平成25年6月2日〉Ⓝ215.5
◇拓く─三軒屋区誌　三軒屋区誌編集委員会編　豊田　三軒屋自治区　2014.3　114p　30cm〈年表あり〉Ⓝ215.5

豊田市（歴史─史料）
◇新修豊田市史　7　資料編　近世 1　藤岡・小原・旭・稲武　新修豊田市史編さん専門委員会編　豊田　愛知県豊田市　2014.3　874p　23cm〈文献あり〉Ⓝ215.5

豊田市議会
◇議員定数等の整理に係る委託調査結果報告書　[豊田]　豊田市議会　2014.3　63p　30cm　Ⓝ318.455

トヨタ自動車株式会社
◇逆流する日本資本主義とトヨタ　猿田正機編著, 杉山直, 浅野和也, 宋艶苓, 櫻井善行著　名古屋　中京大学企業研究所　2014.3　226p　22cm（中京大学企業研究叢書 第24号）〈文献あり　内容：トヨタの働き方の変化（浅野和也著）　赤字業績下におけるトヨタの労使関係（杉山直著）　グローバル時代におけるトヨタの関連下請企業の雇用管理（宋艶苓著）　日本的経営と企業の社会的責任（櫻井善行著）　トヨタシステムと労働運動（猿田正機著）〉Ⓝ537.09　[非売品]
◇逆流する日本資本主義とトヨタ　猿田正機編著, 杉山直, 浅野和也, 宋艶苓, 櫻井善行著　税務経理協会　2014.3　226p　22cm〈内容：トヨタの働き方の変化（浅野和也著）　赤字業績下におけるトヨタの労使関係（杉山直著）　グローバル時代におけるトヨタの関連下請企業の雇用管理（宋艶苓著）　日本的経営と企業の社会的責任（櫻井善行著）　トヨタシステムと労働運動（猿田正機著）〉①978-4-419-06073-2　Ⓝ537.09　[3600円]
◇ドキュメントトヨタの製品開発─トヨタ主査制度の戦略, 開発, 制覇の記録　安達瑛二著　白桃書房　2014.9　270p　20cm　①978-4-561-52089-4　Ⓝ537.09　[1852円]
◇トヨタクラウン─伝統と革新　小田部家正, 小堀勉共著　三樹書房　2014.4　189p　図版36p　27cm〈年表あり　2009年刊の増補〉①978-4-89522-623-3　Ⓝ537.92　[3200円]
◇トヨタ式リーダー育成法─ストーリーで学ぶ問題解決人材のつくりかた：TOYOTA WAY　三澤一文著　日本経済新聞出版社　2014.8　238p　19cm　①978-4-532-31944-1　Ⓝ336.47　[1400円]
◇豊田とトヨタ─産業グローバル化先進地域の現在　丹辺宣彦, 岡村徹也, 山口博史編著　東信堂　2014.10　430p　22cm〈索引あり　内容：変貌する豊田と研究の視点（丹辺宣彦著）　産業グローバル化先進地域の経済活動と階層構成（丹辺宣彦著）　トヨタ自動車の地域戦略と組織再編（岡村徹也著）　豊田市のコミュニティ施策の展開（谷口功, 丹辺宣彦著）　産業グローバル化先進都市豊田の地域コミュニティ形成（丹辺宣彦著）　自動車産業就業者の地域生活（丹辺宣彦, 鄭南著）　女性たちの社会活動参加（丹辺宣彦, 新城優子著）　周辺階層の形成メカニズムと社会的紐帯（丹辺宣彦著）　産業都市における市民団体の活動空間とネットワーク（山口博史, 丹辺宣彦, 中根多惠著）　豊田市における市民活動の展開とその支援政策（菅原純子, 木田勇輔著）　女性たちが担う市民活動の展開（中根多惠著）　トヨタ自動車のボランティア活動（岡村徹也著）　自動車産業退職者の定年帰農（中村麻理著）　多文化共生にかかわる市民活動（米勢治子, 土井佳彦, 山口博史著）　多文化共生をめぐる市民活動のネットワーク（大谷かがり著）　グローバル企業の人材獲得と育成（岡村徹也著）　岐路に立つ豊田とトヨタ（丹

日本件名図書目録2014　Ⅰ　　　　　　　　　　　　　　　　　　　　　　　　　　　ドライデン,J.〔1631～1700〕

辺宣彦, 岡村徹也, 山口博史著）〉①978-4-7989-1234-9　Ⓝ361.
78　［4600円］

◇トヨタの危機　舘内端著　宝島社　2014.12　269p　19cm
〈文献あり〉①978-4-8002-3059-1　Ⓝ537.09　［1280円］

◇トヨタの反省力　唐土新市郎著　泰文堂　2014.11　252p
19cm　（リンダブックス）〈文献あり〉①978-4-8030-0613-1
Ⓝ537.09　［1300円］

◇トヨタのリーダー現場を動かしたその言葉　若松義人著
PHP研究所　2014.11　238p　18cm　（PHPビジネス新書
323）〈文献あり〉①978-4-569-82094-1　Ⓝ336.3　［890円］

◇マンガでわかる日本人なら知っておきたいトヨタ自動車の歴
史　実業之日本社編, 高橋山一郎作画　実業之日本社　2014.7
203p　18cm　（じっぴコンパクト新書 196）〈文献あり 年譜
あり〉①978-4-408-11082-0　Ⓝ537.09　［800円］

トヨタ自動車工業株式会社

◇トヨタの経営精神―豊田佐吉から昭和の歴代経営者までの,「挑
戦の軌跡」に学ぶ　木本正次著　PHP研究所　2014.8　332p
15cm　（PHP文庫 き26-2）〈文献あり〉①978-4-569-76219-7
Ⓝ537.09　［630円］

豊臣〔家〕

◇豊臣秀吉の系図学―近江、鉄、渡来人をめぐって　宝賀寿男,
桃山堂著　桃山堂　2014.7　229p　20cm　〈文献あり〉①978-
4-905342-01-4　Ⓝ288.3　［2400円］

豊臣 秀吉〔1536～1598〕

◇逆説の日本史―ビジュアル版 5　真説秀吉英雄伝　井沢元彦
著　小学館　2014.4　127p　26cm　①978-4-09-379861-7
Ⓝ210.04　［1000円］

◇天下統一―信長と秀吉が成し遂げた「革命」　藤田達生著　中
央公論新社　2014.4　294p　18cm　（中公新書 2265）〈文献
あり 年表あり〉①978-4-12-102265-3　Ⓝ210.46　［860円］

◇天下人の夢―信長・秀吉・家康　津本陽, 二木謙一著　実業之
日本社　2014.3　298p　20cm　〈文献あり 年譜あり〉①978-
4-408-11056-1　Ⓝ281.04　［2000円］

◇豊臣女系図―哲学教授櫻井成廣の秀吉論考集　櫻井成廣, 蒲池
明弘著　桃山堂　2014.3　209p　20cm　〈著作目録あり〉
①978-4-905342-00-7　Ⓝ210.48　［2000円］

◇豊臣政権の正体　山本博文, 堀新, 曽根勇二編　柏書房　2014.
6　331p　20cm　〈内容：豊臣秀吉と黒田官兵衛（山本博文著）
秀吉のいくさと上杉・武田のいくさ（鴨川達夫著）　天下と殿
下（堀新著）　古文書の伝わり方（田淵実樹著）　『忠勤渡海日
記』と幸若舞（鈴木彰著）　秀吉と大名・直臣の主従関係につ
いて（曽根勇二著）　豊臣秀次朱印状の謎（金子拓著）　日用停
止令と豊臣政権（光成準治著）　前田玄以の呼称と血判起請文
（矢部健太郎著）　豊臣秀吉の「日本国王」冊封の意義（米谷均
著）　豊臣五大老の実像（堀越祐一著）〉①978-4-7601-4411-2
Ⓝ210.48　［2800円］

◇豊臣秀吉と大坂城　跡部信著　吉川弘文館　2014.8　159p
21cm　（人をあるく）〈文献あり〉①978-4-642-06784-3
Ⓝ289.1　［2000円］

◇秀吉に備えよ!!―羽柴秀吉の中国攻め　続　長浜市長浜城歴史
博物館企画・編集　長浜　長浜市長浜城歴史博物館　2014.7
143p　22cm　〈年表あり 文献あり　会期・会場：平成26年7
月19日～9月8日 長浜市長浜城歴史博物館〉Ⓝ210.48

豊臣 秀頼〔1593～1615〕

◇豊臣秀頼　福田千鶴著　吉川弘文館　2014.10　214p　19cm
（歴史文化ライブラリー 387）〈文献あり〉①978-4-642-
05787-5　Ⓝ289.1　［1700円］

豊富温泉

◇ルポアトピー患者がつどう温泉―豊富温泉という福音　門脇
啓二著　三五館　2014.10　229p　19cm　①978-4-88320-623-
0　Ⓝ494.8　［1400円］

豊中市（遺跡・遺物）

◇豊中市埋蔵文化財発掘調査概要　平成24・25年度　豊中　豊
中市教育委員会　2014.3　80p　図版 37p　30cm　（豊中市文
化財報告 第66集）Ⓝ210.0254

◇蛍池北遺跡　大阪府文化財センター編　堺　大阪府文化財セ
ンター　2013.11　63p　図版 20p　30cm　（公益財団法人大阪
府文化財センター調査報告書 第242集）〈豊中市所在　宗教
法人神慈秀明会教会（豊中支部）建築工事に伴う埋蔵文化財発
掘調査報告書〉Ⓝ210.0254

◇本町遺跡　大阪府文化財センター編　堺　大阪府文化財セン
ター　2014.2　85p　図版 14p　30cm　（公益財団法人大阪府
文化財センター調査報告書 第244集）〈豊中市所在　豊中市
本町1丁目マンション建設工事に伴う埋蔵文化財発掘調査報告
書〉Ⓝ210.0254

豊中市（協働〔行政〕）

◇豊中市との連携による生活困窮者の就労支援の制度化に関す
る調査研究報告書　三菱UFJリサーチ＆コンサルティング
2014.3　109, 15p　30cm　〈平成25年度セーフティネット支援
対策等事業費補助金社会福祉推進事業〉Ⓝ366.28

豊中市（就労支援〔生活困窮者〕）

◇豊中市との連携による生活困窮者の就労支援の制度化に関す
る調査研究報告書　三菱UFJリサーチ＆コンサルティング
2014.3　109, 15p　30cm　〈平成25年度セーフティネット支援
対策等事業費補助金社会福祉推進事業〉Ⓝ366.28

豊中市（人口移動）

◇少子高齢社会における人口の変化と市政への影響に関する調
査研究　2　人口移動要因と将来における行政課題の把握　と
よなか都市創造研究所編　豊中　とよなか都市創造研究所
2014.3　244p　30cm　（とよなか都市創造研究所研究報告書）
Ⓝ334.2　［500円］

豊中市（水道）

◇水道・下水道に関するアンケート調査報告書　豊中　豊中市
上下水道局経営企画課　2014.3　179p　30cm　Ⓝ518.1

豊中市（地域ブランド）

◇豊中市の活力・魅力づくりに関する調査研究　3　とよなか都
市創造研究所編　豊中　とよなか都市創造研究所　2014.3
62p　30cm　（とよなか都市創造研究所研究報告書）〈文献あ
り　研究員：熊本伸介〉Ⓝ601.163　［500円］

豊中市（道路計画）

◇道路整備に伴う居住者特性の変化の調査　2　庄内駅西部地区
における都市更新状況をふまえて　とよなか都市創造研究所
編　豊中　とよなか都市創造研究所　2014.3　40p　30cm
（とよなか都市創造研究所研究報告書）Ⓝ685.1　［500円］

豊中市豊島西公民分館

◇創立40周年記念誌　［豊中］　豊中市豊島西公民分館　2014.2
53p　30cm　〈年表あり〉Ⓝ379.2

豊橋市（遺跡・遺物）

◇キジ山古墳群・晴雲寺址　愛知県教育・スポーツ振興事業団愛知
県埋蔵文化財センター編　［弥富］　愛知県教育・スポーツ振
興財団愛知県埋蔵文化財センター　2014.3　128p　30cm
（愛知県埋蔵文化財センター調査報告書 第188集）Ⓝ210.0254

◇市内遺跡発掘調査　平成22年度　豊橋　豊橋市教育委員会教
育部美術博物館　2013.3　221p　30cm　（豊橋市埋蔵文化財
調査報告書 第127集）〈文献あり　奥付の出版年月（誤
植）2012.3　内容：乗小路B2号墳発掘調査　普門寺旧境内. 第9次
発掘調査　普門寺旧境内. 第4次発掘調査〉Ⓝ210.0254

◇東屋敷遺跡　愛知県教育・スポーツ振興事業団愛知県埋蔵文化
財センター編　［弥富］　愛知県教育・スポーツ振興財団愛知
県埋蔵文化財センター　2014.3　70p　図版 [13]　枚　30cm
（愛知県埋蔵文化財センター調査報告書 第185集）Ⓝ210.0254

◇眼鏡下池北遺跡（Ⅵ）・西側北遺跡（Ⅲ）・西側遺跡（Ⅷ）・東側遺
跡（Ⅱ）・洗島遺跡（Ⅳ）・中郷遺跡（Ⅲ）　豊橋　豊橋市教育委員
会教育部美術博物館　2014.3　203p　図版 104p　30cm　（豊
橋市埋蔵文化財調査報告書 第125集）〈文献あり〉　牛川西部
土地区画整理事業に伴う埋蔵文化財調査報告書〉Ⓝ210.0254

豊橋市（祭祀）

◇春を呼ぶ、鬼と天狗とタンキリ飴豊橋鬼祭。　［豊橋］　豊橋
市広報広聴課　2014.2　53p　26cm　（知るほど豊橋 ふるさ
と再発見ガイドブック その10）Ⓝ386.155　［300円］

豊橋市（産業）

◇豊橋市の経済―平成24年経済センサス活動調査結果報告書
豊橋市総務部行政課統計調査グループ編　豊橋　豊橋市
2014.7　144p　30cm　Ⓝ602.155

豊橋市（妖怪）

◇豊橋妖怪百物語　ばったり堂著　豊橋　豊川堂（発売）　2014.2
191p　21cm　〈文献あり〉①978-4-938403-12-6　Ⓝ387.9155
［1500円］

豊橋市図書館

◇豊橋市図書館100年のあゆみ―豊橋市図書館100周年記念誌
豊橋市図書館100周年記念誌編集委員会編　［豊橋］　豊橋市図
書館　2014.1　135p　30cm　〈年表あり 文献あり〉Ⓝ016.
2155　［1000円］

ドライデン,J.〔1631～1700〕

◇ギリシア・ローマ文学と十八世紀英文学―ドライデンとポープ
による翻訳詩の研究　高谷修著　京都　世界思想社　2014.8
349p　22cm　〈文献あり 索引あり　内容：序章 18世紀にお
ける古典の翻訳　ドライデンのウェルギリウス翻訳　ニース
とエウリュアルスの死　ドライデンのホラーティウス翻訳
ドライデンの「ボーシスとフィリーモン」　ヘクトールとアン
ドロマケーの別れ　プリアモスとアキレウスの対立と和解

ドラッカー，P.〔1909〜2005〕

恋するポリフィーマス　直訳と諷刺　結論〉 Ⓘ978-4-7907-1632-7　Ⓝ931.5　［6300円］

ドラッカー，P.〔1909〜2005〕

◇いま改めて読む、ドラッカー『現代の経営』　坂本和一著　東信堂　2014.4　238p　19cm〈文献あり〉Ⓘ978-4-7989-1229-5　Ⓝ335.1　［2400円］

◇仕事の悩みを自信に変えるドラッカーの言葉　尾崎健一著　［東京］　日経BP社　2014.11　207p　19cm〈日経BPマーケティング（発売）文献あり〉Ⓘ978-4-8222-3045-6　Ⓝ336.48　［1600円］

◇ドラッカー——人・思想・実践　ドラッカー学会監修，三浦一郎，井坂康志編著　文眞堂　2014.10　254p　21cm〈索引あり　内容：文化と文明の懸け橋としてのマネジメント（上田惇生著）　脱「昨日の世界」の哲学（井坂康志著）　ポストモダンの哲学（上田惇生著）　二人の社会分析家（三浦一郎著）　イノベーションの発明（坂本和一著）　事業活動の両輪（三浦一郎著）　戦略論の地平（藤島秀記著）　非営利組織における展開（島田恒著）　知識、技術、文明（井坂康志著）　社会生態学（阪井和男著）　コンサルタントとしてのドラッカー（伊藤雅俊著）　社会生態学者ドラッカーに学ぶ（小林陽太郎著）　『現代の経営』と私の経営（茂木友三郎著）　革新こそが新たな伝統を生む（小仲正久著）　学びと実践（酒巻久著）　リベラル・アーツとしてのマネジメント（野中郁次郎著）　コンサルタントの条件（ピーター・F・ドラッカー述，ジョン・F・ギボンズ聞き手，井坂康志訳）〉Ⓘ978-4-8309-4837-4　Ⓝ335.1　［2800円］

◇ドラッカーと論語　安冨歩著　東洋経済新報社　2014.7　252p　20cm　Ⓘ978-4-492-04538-1　Ⓝ336　［1600円］

◇ドラッカー入門——未来を見通す力を手にするために　上田惇生，井坂康志著　新版　ダイヤモンド社　2014.8　305p　20cm〈著作目録あり　年譜あり　索引あり〉Ⓘ978-4-478-02857-5　Ⓝ289.3　［1800円］

◇まんがでわかるドラッカーのリーダーシップ論　nevまんが，藤屋伸二監修　宝島社　2014.4　171p　19cm〈文献あり〉Ⓘ978-4-8002-2376-0　Ⓝ336.3　［1000円］

ドラモンド，B.〔1953〜　〕

◇45——ザKLF伝　ビル・ドラモンド著，萩原麻里訳　Pヴァイン　2013.9　349p　21cm　(ele-king books)〈日販アイ・ピー・エス（発売）年譜あり〉Ⓘ978-4-907276-04-1　Ⓝ767.8　［3500円］

鳥居　清長〔1752〜1815〕

◇清長の造形　1　構造　和賀井宏夫著　創英社/三省堂書店　2014.8　150p　26cm〈文献あり　外箱入〉Ⓘ978-4-88142-869-6　Ⓝ721.8　［4500円］

鳥居　ユキ〔1943〜　〕

◇YUKI TORII STYLE BOOK　鳥居ユキ著　朝日新聞出版　2014.2　1冊（ページ付なし）26cm〈本文は日本語〉Ⓘ978-4-02-251151-5　Ⓝ593.3　［1800円］

取手市（遺跡・遺物）

◇神明遺跡　水戸　茨城県教育財団　2014.3　42p　図版6p　30cm　(茨城県教育財団文化財調査報告　第386集)〈茨城県竜ケ崎工事事務所の委託による　一般県道守谷藤代線道路整備事業地内埋蔵文化財調査報告書〉Ⓝ210.0254

◇取手宿跡　1　水戸　茨城県教育財団　2014.3　42p　図版6p　30cm　(茨城県教育財団文化財調査報告　第385集)〈茨城県竜ケ崎工事事務所の委託による　都市計画道路上新町環状線（東工区）街路整備事業地内埋蔵文化財調査報告書〉Ⓝ210.0254

取手市（歴史—史料）

◇常陸国筑波郡弥左衛門新田「御用留」—茨城県取手市新川飯島満男家文書　3　近江礼子編　取手　近江礼子　2014.4　109p　Ⓝ213.1

トリノ〔イタリア〕（都市計画）

◇縮小都市の挑戦　矢作弘著　岩波書店　2014.11　266p　18cm　(岩波新書　新赤版　1514)　Ⓘ978-4-00-431514-8　Ⓝ318.7　［820円］

トリノ〔イタリア〕（都市再開発）

◇持続可能な都市再生のかたち——トリノ，バルセロナの事例から　矢作弘，阿部大輔編　日本評論社　2014.7　189p　22cm　(地域公共人材叢書　第3期第2巻)〈索引あり　企画：龍谷大学地域公共人材・政策開発リサーチセンター　内容：縮小都市トリノの再生をめぐる一考察（矢作弘著）　トリノにおける都市再生と大都市制度戦略（新川達郎著）　市場や学校を核にトリノの移民街が再生する（阿部大輔著）　トリノ市のガバナンス改革におけるサードセクターの戦略的価値（的場信敬著）　都市縮小時代の大都市における地区運営と持続可能性（三浦哲司著）　自動車産業部門の進化と都市の社会空間形成に関する考察（レ

ティツィア・インプレス著）　バルセロナ・モデルの変容と転成（阿部大輔著）　欧州雇用・社会的包摂戦略とローカル・ガバナンス（石田徹著）〉Ⓘ978-4-535-52002-8　Ⓝ518.8　［3000円］

鳥浜　トメ〔1902〜1992〕

◇それからの特攻の母　伏見俊行著　大蔵財務協会　2013.8　331p　20cm〈文献あり　年表あり〉Ⓘ978-4-7547-4356-7　Ⓝ289.1　［1905円］

◇なぜ若者たちは笑顔で飛び立っていったのか　鳥濱初代著　致知出版社　2014.8　186p　20cm〈文献あり〉Ⓘ978-4-8009-1044-8　Ⓝ289.1　［1400円］

鳥山　英雄〔1924〜　〕

◇学究生活七十年——北大で学び東京女子大学で講じたこと　鳥山英雄著　南窓社　2014.10　254p　図版7枚　22cm〈著作目録あり　内容：父の思い出　厳冬の星空の記憶と植物生理学への歩み　北大において学んだこと　わが研究歴、半世紀の歩み　アメリカ生活のひとこま　アメリカ生活一年有余　ソ連印象記　第三回地震の前兆に関する国際会議に出席して　イタリア生活断章　イタリア人の生活と信仰　私の恩師の師、宮部金吾博士について　細胞遺伝学者植物生理学者坂村徹先生　北海道大学と東京女子大学の縁　学会、創設の頃の思い出　木村健二郎先生の思い出　自然科学者とキリスト教信仰　私のささやかな思い出　本学に遺された一つの聖句　知的な寛容さの中で科学と信仰を想う　大地に座して聖書に親しむ　新しい時代に生きる　信仰者の前進　卒業生の皆さんへ　神の御名があがめられるために　東京女子大学のVERA祭によせるメッセージ　退職に際して想う　感謝すべきこと　熊野両先生を想う　聖霊の宮　福音、宣教の場　宇宙における人間の位置　「生命」概念についての省察　科学的にみた死と生立志の思想とクラーク博士　幼・小・青年の人格形成のために科学とキリスト教信仰とのかかわり方について　樹木の電位測定と地震予測の関係　一九九五年九月中国・太原紀行　クレタ島におけるHAZARDS'98に出席して　中国紀行一九九九年　カナダ紀行に関する断章〉Ⓘ978-4-8165-0421-1　Ⓝ289.1　［3200円］

トールキン，J.R.R.〔1892〜1973〕

◇トールキンの「ホビット」を探して　コリー・オルセン著，川上純子訳　KADOKAWA　2014.1　349p　19cm　Ⓘ978-4-04-653293-0　Ⓝ933.7　［2300円］

トルコ（遺跡・遺物）

◇トロイアの真実——アナトリアの発掘現場からシュリーマンの実像を踏査する　大村幸弘著，大村次郷写真　山川出版社　2014.3　247p　19cm　Ⓘ978-4-634-64069-6　Ⓝ227.4　［2500円］

トルコ（王室—歴史）

◇イスラーム世界における王朝起源論の生成と変容——古典期オスマン帝国の系譜伝承をめぐって　小笠原弘幸著　刀水書房　2014.2　261p　22cm〈文献あり　索引あり　布装　内容：序論　カユとギョク　ヤペテとエサウ　始祖たちの融合　セルジューク朝との系譜意識　モンゴル像の変遷　結論　一五世紀における王統譜の構造と形成過程〉Ⓘ978-4-88708-417-9　Ⓝ227.4　［6000円］

トルコ（議会）

◇イラン・エジプト・トルコ議会内規——全訳　八尾師誠，池田美佐子，粕谷元編　東洋文庫　2014.3　411p　22cm　Ⓘ978-4-8097-0266-2　Ⓝ314.272　［非売品］

トルコ（紀行・案内記）

◇天使と翔ける冒険旅行　19　ギリシャとトルコ　ドク・ヨーコ写真・文　ブックコム　2014.10　159p　19×19cm　Ⓘ978-4-907446-19-2　Ⓝ290.9　［3000円］

◇私の旅物語——海外ツアーを楽しむ　エジプト・トルコ・イタリア編　片山敏明著　文芸社　2014.3　100p　15cm　Ⓘ978-4-286-14726-0　Ⓝ290.9　［600円］

トルコ（経済）

◇トルコ　2013/14年版　ARC国別情勢研究会編集　ARC国別情勢研究会　2013.12　136p　26cm　(ARCレポート　経済・貿易・産業報告書　2013/14)〈索引あり〉Ⓘ978-4-907366-03-2　Ⓝ332.274　［12000円］

トルコ（国際投資〈日本〉）

◇トルコ・ドバイ・アブダビの投資・M&A・会社法・会計税務・労務　久野康成公認会計士事務所，東京コンサルティングファーム著，久野康成監修　［東京］　TCG出版　2014.11　467p　21cm　(海外直接投資の実務シリーズ)〈出版文化社（発売）索引あり〉Ⓘ978-4-88338-534-8　Ⓝ338.92274　［4500円］

◇トルコの投資環境　国際協力銀行産業ファイナンス部門中堅・中小企業担当　2014.10　189，5p　30cm　Ⓝ338.92274

日本件名図書目録2014　I　　　　　　　　　　　　　　　　　　　　　　　　　　　　　　　　ナウル（歴史）

トルコ（在留アルメニア人）
◇中東民族問題の起源―オスマン帝国とアルメニア人　佐原徹哉著　白水社　2014.7　275,22p　20cm　〈文献あり〉　①978-4-560-08376-5　［3200円］

トルコ（ジェノサイド）
◇中東民族問題の起源―オスマン帝国とアルメニア人　佐原徹哉著　白水社　2014.7　275,22p　20cm　〈文献あり〉　①978-4-560-08376-5　［3200円］

トルコ（民族問題―歴史）
◇中東民族問題の起源―オスマン帝国とアルメニア人　佐原徹哉著　白水社　2014.7　275,22p　20cm　〈文献あり〉　①978-4-560-08376-5　［3200円］

トルコ（歴史学―歴史）
◇イスラーム世界における王朝起源論の生成と変容―古典期オスマン帝国の系譜伝承をめぐって　小笠原弘幸著　刀水書房　2014.2　261p　22cm　〈文献あり　索引あり　布装　内容：序論　カユとギョク　ヤペテとエサウ　始祖たちの融合　セルジューク朝との系譜意識　モンゴル像の変遷　結論　一五世紀における王統譜の構造と形成過程〉①978-4-88708-417-9　Ⓝ227.4　［6000円］

トルストイ, L.〔1828～1910〕
◇「トルストイを読む」コンクール入賞作品集　第4回　［東京］　昭和女子大学・学園連携委員会　2014.5　65p　21cm　Ⓝ980.268

トルーマン, H.S.〔1884～1972〕
◇トルーマンとスターリンの韓半島ゲーム秘史　趙甲濟著, 洪熒訳　［東京］　統一日報社　2014.4　191p　19cm　①978-4-907988-01-2　Ⓝ221.07　［1389円］

トルンベルドール, J.〔1880～1920〕
◇国のために死ぬことはよいことだ―日本で目覚めたユダヤ魂：イスラエル建国の英雄ヨセフ・トルンペルドール　エリ・エリヤフ・コーヘン著, 青木偉作訳　日新報道　2014.2　253p　19cm　①978-4-8174-0771-9　Ⓝ289.3　［1600円］

トレンドマイクロ社
◇世界で闘う仲間のつくり方―社員が1つのチームになれるスイッチは何か　ジェニー・チャン著, 中川友訳　ダイヤモンド社　2014　349p　19cm　①978-4-478-02924-4　Ⓝ007.35　［1800円］

トロ, G.d.
◇ギレルモ・デル・トロ創作ノート―驚異の部屋　ギレルモ・デル・トロ著, マーク・スコット・ジグリー共著, 阿部清美訳　［東京］　Du Books　c2014　288p　28cm　〈ディスクユニオン（発売）〉①978-4-907583-00-2　Ⓝ778.256　［4500円］

ド・ロ, M.M.〔1840～1914〕
◇外海の聖者ド・ロ神父　谷真介著　女子パウロ会　2014.6　195p　15cm　（パウロ文庫）〈文献あり〉　①978-4-7896-0739-1　Ⓝ198.22　［900円］

登呂遺跡
◇弥生集落像の原点を見直す・登呂遺跡　岡村渉著　新泉社　2014.12　93p　21cm　（シリーズ「遺跡を学ぶ」099）〈文献あり〉①978-4-7877-1339-1,978-4-7877-1530-2(set)　Ⓝ215.4　［1500円］

ドワンゴ
◇ニコニコ哲学―川上量生の胸のうち　川上量生著, 加藤貞顕聴き手　［東京］　日経BP社　2014.11　287p　19cm　〈日経BPマーケティング（発売）〉①978-4-8222-5051-5　Ⓝ007.35　［1500円］

トンガ（紀行・案内記）
◇トンガ道中記―トンガで活動する若者を訪ねて　小山博子著　岡山　女人随筆社　2014.9　199p　19cm　〈吉備人出版（発売）　内容：トンガ道中記（小山博子著）　トンガで生きた二年間（土屋勇気著）〉①978-4-86069-407-4　Ⓝ297.509　［1500円］

ドン・キホーテ
◇ドン・キホーテについて　ドン・キホーテ　2014.5　131p　21cm　①978-4-906468-10-2　Ⓝ673.868　［1000円］

トンキン（農民）
◇トンキン・デルタの農民―人文地理学的研究　ピエール・グルー著, 村野勉訳　丸善プラネット　2014.1　589p　27cm　〈丸善出版（発売）〉①978-4-86345-189-6　Ⓝ611.92231　［16000円］

敦煌（壁画・保存・修復）
◇敦煌芸術の科学的復原研究―壁画材料の劣化メカニズムの解明によるアプローチ　国立文化財機構東京文化財研究所　2014.3　213p　30cm　〈文献あり　研究代表者：岡田健〉Ⓝ722.24

◇敦煌壁画の保護に関する日中共同研究　2013　［東京］　国立文化財機構東京文化財研究所　［2014］　103p　30cm　〈共同刊行：敦煌研究院〉Ⓝ722.24

富田林市（遺跡・遺物）
◇富田林市内遺跡群発掘調査報告書　平成24年度　富田林市教育委員会編　富田林　富田林市教育委員会　2013.3　30p　図版　11枚　30cm　（富田林市文化財調査報告　52）Ⓝ210.0254
◇富田林市内遺跡群発掘調査報告書　平成25年度　富田林市教育委員会編　富田林　富田林市教育委員会　2014.3　15p　図版　11枚　30cm　（富田林市文化財調査報告　53）Ⓝ210.0254

曇鸞〔476～542〕
◇願生浄土の仏道―世親・曇鸞そして親鸞　尾畑文正著　福村出版　2014.10　285p　22cm　〈文献あり〉①978-4-571-30037-0　Ⓝ188.6　［3700円］

【な】

内外通信社
◇社史で見る日本経済史　第76巻　新聞広告四十年史―博報堂四十年記念　内外通信社著　ゆまに書房　2014.9　380,9p　22cm　〈内外通信社　1935年刊の複製　解説：浜田幸絵　布装〉①978-4-8433-4598-6,978-4-8433-4595-5(set),978-4-8433-4604-4(set)　Ⓝ335.48　［18000円］

内閣府
◇内閣関係法規集　平成25年　内閣官房内閣総務官室編　［東京］　内閣官房内閣総務官室　［2014］　1804, 58p　21cm　〈平成26年1月15日現在〉Ⓝ317.21
◇内閣府本府関係訓令・通達集　平成25・26年　内閣府大臣官房総務課編　内閣府大臣官房総務課　2014.3　796p　21cm　Ⓝ317.216
◇内閣府本府関係法規集　平成26年　内閣府大臣官房総務課編　［東京］　内閣府大臣官房総務課　［2014］　2530, 16p　21cm　Ⓝ317.216

内閣法制局
◇「法の番人」内閣法制局の矜持―解釈改憲が許されない理由　阪田雅裕著, 川口創聞き手　大月書店　2014.2　206p　19cm　①978-4-272-21108-1　Ⓝ323.142　［1600円］

内航大型船輸送海運組合
◇50年史　内航大型船輸送海運組合創立50年史編集委員会委員編　内航大型船輸送海運組合創立50年史編集委員会委員　2014.12　301p　図版　8p　27cm　Ⓝ683.06　［非売品］

ナイチンゲール, F.〔1820～1910〕
◇ナイチンゲール伝―図説看護覚え書とともに　茨木保著　医学書院　2014.2　197p　21cm　〈文献あり　著作目録あり　年譜あり　索引あり〉①978-4-260-01840-1　Ⓝ289.3　［1800円］
◇ナイチンゲールの『看護覚え書』―イラスト・図解でよくわかる！　金井一薫編著　西東社　2014.9　159p　21cm　〈文献あり　索引あり　背・表紙のタイトル：NOTES ON NURSING〉①978-4-7916-2079-1　Ⓝ492.9　［1500円］

内藤〔家〕
◇藩領と江戸藩邸―内藤家文書の描く磐城平、延岡、江戸：明治大学博物館2014年度特別展　明治大学博物館　2014.10　77p　30cm　〈年表あり　会期・会場：2014年10月11日―12月1日　明治大学博物館特別展示室　編集：日比佳代子〉Ⓝ288.3

内藤 誠〔1936～ 〕
◇監督ばか　内藤誠著　彩流社　2014.6　182p　19cm　（フィギュール彩 16）①978-4-7791-7016-4　Ⓝ778.21　［1800円］

内藤 美代子〔1917～2012〕
◇いのちへの誓い―軍国教師だった私が遺したいこと　内藤美代子著, 内藤真己子編　光陽出版社　2014.6　206p　19cm　①978-4-87602-566-6　Ⓝ289.1　［1500円］

内藤証券株式会社
◇内藤証券株式会社創業80年史―不易流行―「100年企業」となるために　大阪　内藤証券　2014.3　149p　27cm　〈年表あり〉Ⓝ338.17

ナウエン, H.J.M.〔1932～1996〕
◇ヘンリ・ナウエンに学ぶ―共苦と希望　平山正実, 堀肇編著　上尾　聖学院大学出版会　2014.3　143p　21cm　〈内容：現代に問いかけるナウエン（大塚野百合著）　ナウエンの人間理解とアプローチ（小渕春夫著）　境界線を生きる人ナウエン（黒鳥偉作, 平山正実著）　ナウエンの孤独が問いかけるもの（堀肇著）〉①978-4-907113-08-7　Ⓝ198.22　［1800円］

ナウル（歴史）
◇アホウドリの糞でできた国―ナウル共和国物語　古田靖文, 寄藤文平絵　アスペクト　2014.5　162p　15cm　（アスペク

ト文庫 D14-1)〈年表あり 2005年刊の大幅加筆 絵：寄藤文平〉①978-4-7572-2332-5 Ⓝ274.6 ［630円］

苗木藩
◇飯地の歴史 8 苗木城の攻防と烏峰城の由来・尾張領久田見村と苗木領九ヶ村の山論 柘植成實著 ［恵那］［柘植成實］2013.11 196p 22cm Ⓝ215.3
◇苗木の伝承 中津川市苗木遠山史料館編 中津川 中津川市苗木遠山史料館 2014.3 27p 30cm Ⓝ215.3

直江 兼続〔1560～1619〕
◇直江兼続と関ケ原 福島県文化振興財団編 戎光祥出版 2014.8 162p 19cm〈文献あり 福島県文化振興事業団2011年刊の改訂新版〉①978-4-86403-123-3 Ⓝ210.48 ［1600円］

直木 三十五〔1891～1934〕
◇知られざる文豪直木三十五─病魔・借金・女性に苦しんだ「畸人」 山﨑國紀著 京都 ミネルヴァ書房 2014.7 394,8p 20cm〈文献あり 年譜あり 索引あり〉①978-4-623-07063-3 Ⓝ910.268 ［3500円］

直木 倫太郎〔1876～1943〕
◇技術者の自立・技術の独立を求めて─直木倫太郎と宮本武之輔の歩みを中心に 土木学会土木図書館委員会直木倫太郎・宮本武之輔研究小委員会編 土木学会 2014.11 34, 301p 23cm〈丸善出版（発売）年表あり 年譜あり〉①978-4-8106-0811-3 Ⓝ510.921 ［3600円］

那珂 梧楼〔1827～1879〕
◇『学軌』を読む 江幡通高述, 高野豊四郎著 ［滝沢村（岩手県）］［高野豊四郎］2013.5 193p 21cm Ⓝ121.52

永井 荷風〔1879～1959〕
◇荷風散人─芸術としての孤独 若菜薫著 鳥影社 2014.12 436p 20cm〈文献あり〉①978-4-86265-489-2 Ⓝ910.268 ［2400円］
◇永井荷風 断腸亭東京だより─生誕135年没後55年 河出書房新社 2014.9 191p 21cm （文芸の本棚）〈著作目録あり 年譜あり 内容：最初の妻、ヨネのこと（川本三郎著）偏奇館の高み（須賀敦子著）荷風先生覚え書（正岡容著）濹東挿画余談（木村荘八著）荷風百句（永井荷風著）勲章（永井荷風著）牡丹の客（永井荷風著）吾妻橋（永井荷風述）深川の唄（永井荷風著）夏すがた（永井荷風著）女中のはなし（永井荷風著）荷風思い出草（永井荷風述）畦道（永井荷風著）カッフェー一夕話（永井荷風著）東京風俗ばなし（永井荷風著）逢着する荷風（塩見鮮一郎著）小さな暮らし、流れることば（持田叙子著）『濹東綺譚』を読み解く（末延芳晴著）〈永井荷風著〉戯曲『平維盛』（和辻哲郎著）浅草公園の興行物を見て（永井荷風著）浅草むかしばなし（永井荷風著）井戸の水（永井荷風著）東京年中行事（永井荷風著）四畳半襖の下張（永井荷風著）偏奇館焼失（永井荷風著）男はみんな良妻賢母だ。（永井荷風述）〉①978-4-309-02327-4 Ⓝ910.268 ［1700円］

中井 久夫〔1934～ 〕
◇木村敏と中井久夫 佐藤幹夫編 言視舎 2014.9 209p 21cm （飢餓陣営せれくしょん 1）〈内容：『臨床哲学の知』を読む（西研, 滝川一廣, 小林隆児ほか述, 佐藤幹夫司会）関係発達臨床からみた「あいだ」論（小林隆児著）中井久夫随想（熊木徹夫著）私が出会った中井久夫先生（伊藤研一著）翻訳と臨床の出会うところ（内海新祐著）統合失調症という生き方（栗田篤志著）中井久夫の「言葉」（佐藤幹夫著）人の生を支える"条件"とはどのようなものか（西研述）社会的弱者と刑事司法（後藤弘子述, 佐藤幹夫聞き手）福祉の代替施設化する刑務所、刑事政策の課題（山本譲司述）生活世界/共にある自由（浜田寿美男述, 佐藤幹夫聞き手）発達障害と「問題行動」（滝川一廣述）罪を犯した障害者との面接で見えてきたもの（小林隆児述）「ふるさとの会」の取り組みと対人援助論（石川恒述）新しい支援論をつくろう（石川恒述）〉①978-4-905369-98-1 Ⓝ493.7 ［1800円］

永井 秀彦〔1962～ 〕
◇経済に負けないロックバンド人生─反省時間は終わりにしよう 永井秀彦著 名古屋 クリタ舎 2013.11 118p 19cm ①978-4-903041-26-1 Ⓝ767.8 ［1400円］

中居 正広〔1972～ 〕
◇私服だらけの中居正広増刊号～輝いて～ Part4 扶桑社 2014.4 1冊（ページ付なし）19cm ①978-4-594-07034-2 Ⓝ778.21 ［250円］

中井 祐樹〔1970～ 〕
◇希望の格闘技 中井祐樹著 イースト・プレス 2014.8 220p 19cm ①978-4-7816-1223-2 Ⓝ789.2 ［1400円］

長井市（遺跡・遺物）
◇市内遺跡発掘調査報告書 21 長井 長井市教育委員会 2013.3 32p 30cm （山形県長井市埋蔵文化財調査報告書第33集）〈内容：南台遺跡の調査 長者屋敷遺跡の調査 他〉Ⓝ210.0254

長井市（地域開発）
◇地方都市の持続可能な発展を目指して 北川忠明, 山田浩久編 山形 山形大学出版会 2013.1 164p 21cm〈索引あり内容：地域政策としての総合計画（山田浩久執筆）経済学的な視点で考える（是川晴彦執筆）ローカリズムとコミュニティ・ガバナンス（北川忠明執筆）長井市の地域構成（山田浩久執筆）中心市街地活性化の実践（下平裕之執筆）町づくりの実践（村松真執筆）〉①978-4-903966-14-4 Ⓝ601.125 ［1429円］

長井市（文化財）
◇長井の文化財 「長井の文化財」編集委員会編 長井 長井市 2014.4 69p 30cm〈長井市制施行六十周年記念刊行 共同刊行：長井市教育委員会〉Ⓝ709.125

長泉町（静岡県）（遺跡・遺物）
◇東野遺跡─第二東名no. 143地点 2（旧石器時代─縄文時代草創期編）第1分冊 静岡県埋蔵文化財センター編 静岡 静岡県埋蔵文化財センター 2014.3 311p 30cm （静岡県埋蔵文化財センター調査報告 第45集）〈中日本高速道路東京支社の委託による〉Ⓝ210.0254
◇東野遺跡─第二東名no. 143地点 2（旧石器時代─縄文時代草創期編）第2分冊 静岡県埋蔵文化財センター編 静岡 静岡県埋蔵文化財センター 2014.3 350p 図版37p 30cm （静岡県埋蔵文化財センター調査報告 第45集）〈中日本高速道路東京支社の委託による〉Ⓝ210.0254

中海
◇有明海及び中海の里海としての利用慣行─常民文化奨励研究調査報告書 樫村賢二編 横浜 神奈川大学日本常民文化研究所 2014.3 125p 30cm （神奈川大学日本常民文化研究所調査報告 第21集）〈文献あり 内容：里海としての有明海有明海の漁撈活動におけるウミ利用と環境変化（磯本宏紀著）干潟域での漁撈活動にみる漁民の民俗知と環境認識（藤永豪著）採集・農耕用具からみた有明海沿岸の暮らし（樫村賢二著）戦後の農業経営にみる農家と干潟の関係（土田拓著）前進する陸海の境界・天満宮に寄り集まる神々（本田佳奈著）里海としての中海 中海の漁撈活動におけるウミの利用と環境変化（磯本宏紀著）汽水・浅水域での漁撈活動にみる漁民の民俗知と環境認識（藤永豪著）モバ採集用具からみた中海沿岸の暮らし（樫村賢二著）戦後の農業経営にみる農家と中海の関係（土田拓著）彦名町後藤川地区の「舟入」を基点とする（本田佳奈著）〉Ⓝ661.9
◇中海宍道湖の科学─水理・水質・生態系 石飛裕, 神谷宏, 山室真澄著 松江 ハーベスト出版 2014.2 203p 19cm （山陰文化ライブラリー 5）①978-4-86456-092-4 Ⓝ452.93173 ［1200円］

中岡 昌太〔1933～ 〕
◇中岡昌太朱夏作品句評集 中岡昌太［著］ 横浜 中岡昌太 2014.11 63p 19cm （朱夏叢書 第9篇）〈ミューズ・コーポレーション（制作印刷）〉Ⓝ911.362

長岡 三重子〔1914～ 〕
◇私は、100歳世界最高の現役スイマー 長岡三重子著 光文社 2014.9 171p 19cm ①978-4-334-97792-4 Ⓝ289.1 ［1300円］

長岡 安平〔1842～1925〕
◇みどりの図書館東京グリーンアーカイブス「長岡安平史料群」目録 みどりの図書館東京グリーンアーカイブス編 東京都公園協会緑と水の市民カレッジ事務局 2014.7 66p 30cm〈「東京都緑の図書室「祖庭長岡安平翁遺品」目録」（東京都緑の図書室平成3年刊）の改訂〉Ⓝ289.1

長岡技術科学大学
◇研究業績一覧 2011-2012 長岡技術科学大学総務部研究推進課編 ［長岡］ 長岡技術科学大学 2014.3 93p 30cm Ⓝ377.28

長岡京市（遺跡・遺物）
◇京都府遺跡調査報告集 第158冊 向日 京都府埋蔵文化財調査研究センター 2014.3 90p 図版［26］枚 30cm〈内容：鳥取富岡宮津自動車道（野田川大宮道路）関係遺跡 石田城跡由里古墳群 石田谷古墳 石田谷遺跡. 第2・3次 長岡京跡右京第1067次（7ANKSM-18地区）・開田遺跡・開田古墳群〉Ⓝ210.0254
◇長岡京市文化財調査報告書 第66冊 長岡京市埋蔵文化財センター編 長岡京 長岡京市教育委員会 2014.3 26p 図版［10］枚 30cm Ⓝ210.0254

日本件名図書目録2014　Ⅰ　　　　　　　　　　　　　　　　　　　　　中川　靜也〔1931～ 〕

◇長岡京市埋蔵文化財発掘調査資料選　3　長岡京市埋蔵文化財センター編　長岡京　長岡京市埋蔵文化財センター　2013.12　82p　30cm　Ⓝ210.0254
◇長岡京市埋蔵文化財発掘調査資料選　4　長岡京市埋蔵文化財センター編　長岡京　長岡京市埋蔵文化財センター　2014.7　114p　30cm　Ⓝ210.0254

長岡京市 (衛生行政)
◇長岡京市健康増進計画—命をつなぐ人をつなぐ心をつなぐ長岡京　長岡京市健康福祉部健康推進課編　〔長岡京〕　京都府長岡京市　2014.3　75p　30cm　〈年表あり〉　Ⓝ498.1

長岡京市 (公益法人)
◇長岡京市外郭団体検討評価委員会報告書　平成25年度　〔長岡京〕　長岡京市外郭団体検討評価委員会　2014.2　64p　30cm　Ⓝ335.8

長岡工業高等専門学校
◇外部評価報告書—長岡工業高等専門学校　長岡工業高等専門学校編　〔長岡〕　長岡工業高等専門学校　2013.12　77p　30cm　Ⓝ377.1

長岡市 (遺跡・遺物)
◇浦反甫西遺跡　〔長岡〕　新潟県長岡市教育委員会　2013.11　24p　図版23p　30cm　(長岡市埋蔵文化財調査報告書)〈二級河川郷本川河川改修事業に伴う埋蔵文化財発掘調査報告書〉Ⓝ210.0254
◇金八遺跡　〔長岡〕　長岡市教育委員会　2013.12　10p　図版15p　30cm　(長岡市埋蔵文化財調査報告書)〈県営経営体育成基盤整備事業 (潟2期地区) に伴う埋蔵文化財調査報告書〉Ⓝ210.0254
◇山下A遺跡　〔長岡〕　新潟県長岡市教育委員会　2014.2　12p　図版14p　30cm　(長岡市埋蔵文化財調査報告書)〈市道山通96号線ほか改良事業に伴う埋蔵文化財発掘調査報告書〉Ⓝ210.0254
◇大武遺跡　2　古代—縄文時代編　新潟県教育委員会, 新潟県埋蔵文化財調査事業団編　新潟　新潟県教育委員会　2014.3　177p　図版260p　30cm　(新潟県埋蔵文化財調査報告書　第249集)〈共同刊行：新潟県埋蔵文化財調査事業団〉Ⓝ210.0254
◇長岡市内遺跡発掘調査報告書　平成25年度　〔長岡〕　新潟県長岡市教育委員会　2014.1　15p　30cm　Ⓝ210.0254

長岡市 (衛生行政)
◇第2次長岡市歯科保健計画—期間/2013年—2022年　〔長岡〕　長岡市　2013.4　57p　30cm　Ⓝ497.9
◇ながおかヘルシープラン21—期間2013年—2022年　第2次　長岡市福祉保健部健康課編　〔長岡市〕　長岡市　2013.3　79p　30cm　Ⓝ498.1

長岡市 (開拓—歴史)
◇蔦都坊の伝説と集落の語り部　遠藤貞男著　長岡　遠藤貞男　2014.3　145p　27cm　〈年表あり〉Ⓝ611.24141

長岡市 (神楽)
◇ふるさとの伝統芸能成願寺町神楽—文献にみる伝統文化の足跡　水澤忠男, 武樋清徳編　〔長岡〕　成願寺町神楽保存会　2014.6　85p　30cm　〈年表あり〉　成願寺町神楽継承百二十五周年記念, 平成二十五年度「長岡市市民活動推進事業補助金」事業・平成二十六年度「長岡市地域コミュニティ事業補助金」事業〉Ⓝ386.8141

長岡市 (感染症対策)
◇長岡市新型インフルエンザ等対策行動計画　長岡　長岡市危機管理防災本部　2014.3　74p　30cm　Ⓝ498.6

長岡市 (気象)
◇長岡における積雪観測資料　35　2012/2013　冬期　防災科学技術研究所編　つくば　防災科学技術研究所　2013.11　30p　30cm　(防災科学技術研究所研究資料　第381号)Ⓝ451.66141

長岡市 (行政)
◇長岡地域定住自立圏共生ビジョン—平成22年度—平成26年度：平成26年3月変更版　長岡市地域振興戦略部編　長岡　長岡市　2014.3　87p　30cm　Ⓝ318.241

長岡市 (協働〔行政〕)
◇きょうどう—長岡発協働のまちづくり事例集　〔長岡〕　長岡市市民協働条例検討委員会　〔201-〕　59p　26cm　〈共同刊行：市民協働ネットワーク長岡ほか〉Ⓝ318.241

長岡市 (空襲)
◇語りつぐ長岡空襲—長岡戦災資料館十周年記念誌　長岡市編　長岡　長岡市　2013.10　191p　27cm　〈年表あり〉Ⓝ210.75　〔1500円〕

長岡市 (口腔衛生)
◇第2次長岡市歯科保健計画—期間/2013年—2022年　〔長岡〕　長岡市　2013.4　57p　30cm　Ⓝ497.9

長岡市 (産業—統計)
◇長岡の事業所長岡の工業—平成24年経済センサス—活動調査結果報告　長岡市総務部庶務課編　長岡　長岡市総務部庶務課　2014.3　94p　30cm　Ⓝ605.9

長岡市 (市街地)
◇長岡市中心市街地活性化基本計画—第2期計画　長岡市中心市街地整備室編　長岡　長岡市　2014.4　128p　30cm　Ⓝ518.8

長岡市 (食育)
◇長岡市食育推進計画—越後長岡の宝物・豊かな食文化を次の世代に手わたそう　第2次　長岡市福祉保健部健康課編　〔長岡〕　長岡市　2014.3　77p　30cm　Ⓝ498.5

長岡市 (震災予防)
◇長岡市地域防災計画　平成25年度　津波災害対策編　長岡市防災会議, 長岡市危機管理防災本部編　〔長岡〕　長岡市防災会議　〔2014〕　76p　30cm　〈共同刊行：長岡市危機管理防災本部〉Ⓝ369.3
◇長岡市地域防災計画　平成25年度修正　震災対策編　長岡市防災会議, 長岡市危機管理防災本部編　〔長岡〕　長岡市防災会議　2014.2　416p　30cm　〈共同刊行：長岡市危機管理防災本部〉Ⓝ369.3

長岡市 (雪害)
◇長岡市地域防災計画　平成25年度修正　風水害・雪害対策編　長岡市防災会議, 長岡市危機管理防災本部編　〔長岡〕　長岡市防災会議　2014.2　464p　30cm　〈共同刊行：長岡市危機管理防災本部〉Ⓝ369.3

長岡市 (津波)
◇長岡市地域防災計画　平成25年度　津波災害対策編　長岡市防災会議, 長岡市危機管理防災本部編　〔長岡〕　長岡市防災会議　〔2014〕　76p　30cm　〈共同刊行：長岡市危機管理防災本部〉Ⓝ369.3

長岡市 (都市計画)
◇長岡市中心市街地活性化基本計画—第2期計画　長岡市中心市街地整備室編　長岡　長岡市　2014.4　128p　30cm　Ⓝ518.8

長岡市 (風水害)
◇長岡市地域防災計画　平成25年度修正　風水害・雪害対策編　長岡市防災会議, 長岡市危機管理防災本部編　〔長岡〕　長岡市防災会議　2014.2　464p　30cm　〈共同刊行：長岡市危機管理防災本部〉Ⓝ369.3

長岡市 (文化財)
◇長岡の文化財　長岡市教育委員会編　長岡　長岡市教育委員会　2014.3　190p　30cm　Ⓝ709.141

長岡市 (防災計画)
◇長岡市地域防災計画　平成25年度修正　風水害・雪害対策編　長岡市防災会議, 長岡市危機管理防災本部編　〔長岡〕　長岡市防災会議　2014.2　464p　30cm　〈共同刊行：長岡市危機管理防災本部〉Ⓝ369.3

長岡戦災資料館
◇語りつぐ長岡空襲—長岡戦災資料館十周年記念誌　長岡市編　長岡　長岡市　2013.10　191p　27cm　〈年表あり〉Ⓝ210.75　〔1500円〕

長岡天満宮〔長岡京市〕
◇長岡天満宮資料調査報告書　古文書編　長岡京市教育委員会編　長岡京　長岡京市教育委員会　2014.3　175p　30cm　(長岡京市文化財調査報告書　第65冊)〈年表あり〉Ⓝ175.962

中上　健次〔1946～1992〕
◇中上健次論　第1巻　死者の声から、声なき死者へ　河中郁男著　鳥影社　2014.8　713p　20cm　〈内容：浅田彰を再導入する　戦後という枠組み　カントあるいはハムレット/オレステス　不在なるものをめぐって　「否定性」について　「兄の自殺」「父の姿」について　性的なものをめぐって　死者の支配する場所から　高台と「路地」〉①978-4-86265-467-0　Ⓝ910.268　〔3200円〕
◇喪の領域—中上健次・作品研究　浅野麗著　翰林書房　2014.4　220p　22cm　①978-4-87737-365-8　Ⓝ910.268　〔2800円〕

中川　翔子
◇ねこのあしあと　中川翔子著　マガジンハウス　2014.3　245p　19cm　①978-4-8387-2658-5　Ⓝ779.9　〔1370円〕

中川　靜也〔1931～ 〕
◇寄りそい支えあって—わたくしの教育に想う　中川静也著　〔熊本〕　熊日出版　2014.2　142p　22cm　〈熊日情報文化センター (制作)〉①978-4-87755-481-1　Ⓝ372.194　〔1200円〕

那珂川町〔栃木県〕（遺跡・遺物）

◇神田城南遺跡　とちぎ未来づくり財団埋蔵文化財センター編　宇都宮　栃木県教育委員会　2014.3　73p 図版 31p　30cm　（栃木県埋蔵文化財調査報告書 第366集）〈文献あり　安全な道づくり事業費（補助）一般県道小川大金停車場線北片平工区に伴う埋蔵文化財発掘調査　共同刊行：とちぎ未来づくり財団〉Ⓝ210.0254

那珂川町〔福岡県〕（遺跡・遺物）

◇五ヶ山　2　小郡　九州歴史資料館　2014.3　84p 図版［27］枚　30cm　（福岡県文化財調査報告書 第248集）〈内容：東小河内遺跡〉Ⓝ210.0254

那珂川町〔福岡県〕（歴史）

◇ふるさと文化誌　第2号　那珂川の里物語　ふるさと文化誌編纂委員会編　福岡　福岡県文化団体連合会　2014.3　61p　26cm　Ⓝ219.1

中城村〔沖縄県〕（遺跡・遺物—保存・修復）

◇古道ハンタ道—歴史の道環境整備事業報告書　中城村〔沖縄県〕　中城村教育委員会　2014.3　237p　30cm　（中城の文化財 第16集）〈文献あり〉Ⓝ709.199

長久保 赤水〔1717〜1801〕

◇續長久保赤水書簡集—現代語訳　長久保赤水［著］, 高萩郷土史研究会編　高萩　長久保赤水顕彰会　2014.11　149p　26cm〈年譜あり　原本：「長久保赤水書簡集. 續」（横山功 編著 2012.7刊）〉①978-4-9907959-0-0　Ⓝ289.1　［1000円］

中込 とし朗

◇米寿の呟き—自分史　中込敏郎［著］　那須町〔栃木県〕　砂山印刷所（印刷）　2014.1　350p　21cm　Ⓝ289.1

長崎県

◇これでいいのか長崎県—対立・侵略に揺れ動く長崎県　岡島慎二, 土屋幸仁編　マイクロマガジン社　2014.11　139p　26cm〈文献あり　日本の特別地域特別編集〉①978-4-89637-483-4　Ⓝ291.93　［1300円］

◇長崎の法則　長崎の法則研究委員会編　泰文堂　2014.10　174p　18cm　（リンダブックス）〈文献あり〉①978-4-8030-0605-6　Ⓝ291.93　［950円］

長崎県（遺跡・遺物）

◇長崎県埋蔵文化財調査年報　21　平成24年度調査分　長崎　長崎県教育委員会　2014.2　34p　30cm　（長崎県埋蔵文化財センター調査報告書 第10集）Ⓝ210.0254

長崎県（遺跡・遺物—壱岐市）

◇天手長男神社遺跡（T-8区）・市史跡カラカミ遺跡2次（カラカミⅢ区カラカミⅣ区）壱岐　長崎県壱岐市教育委員会　2014.3　204p 図版 8p　30cm　（壱岐市文化財調査報告書 第23集）〈年表あり　市内遺跡発掘調査事業に伴う発掘調査〉Ⓝ210.0254

◇壱岐国分寺跡　壱岐　長崎県壱岐市教育委員会　2014.1　46p 図版 2枚　30cm　（壱岐市文化財調査報告書 第22集）〈緊急雇用対策事業に伴う発掘調査〉Ⓝ210.0254

◇原の辻遺跡　長崎　長崎県教育委員会　2014.3　96p　30cm　（長崎県埋蔵文化財センター調査報告書 第12集）〈原の辻遺跡調査研究事業調査報告書〉Ⓝ210.0254

長崎県（遺跡・遺物—雲仙市）

◇小路遺跡　雲仙　雲仙市教育委員会　2014　96p 図版［16］枚　30cm　（雲仙市文化財調査報告書 第13集）〈神代小路地区街なみ環境整備事業に伴う発掘調査報告〉Ⓝ210.0254

◇佃遺跡　2　雲仙　雲仙市教育委員会　2013　40p　30cm　（雲仙市文化財調査報告書 第12集）〈神代地区県営圃場整備事業に伴う発掘調査報告〉Ⓝ210.0254

長崎県（遺跡・遺物—大村市）

◇大村市市内遺跡発掘調査概報　6　大村　大村市教育委員会　2014.3　82p　30cm　（大村市文化財調査報告書 第37集）Ⓝ210.0254

長崎県（遺跡・遺物—佐世保市）

◇市内遺跡発掘調査報告書　佐世保市教育委員会編　佐世保　佐世保市教育委員会　2014.3　43p　30cm　（佐世保市文化財調査報告書 第11集）Ⓝ210.0254

◇竹辺遺跡　佐世保市教育委員会編　佐世保　佐世保市教育委員会　2014.3　24p　30cm　（佐世保市文化財調査報告書 第12集）Ⓝ210.0254

長崎県（遺跡・遺物—長崎市）

◇桜町遺跡　長崎　長崎市教育委員会　2014.3　39p　30cm〈長崎市桜町8番25における民間集合住宅建設に伴う埋蔵文化財発掘調査報告書〉Ⓝ210.0254

◇出島和蘭商館跡　長崎　長崎県教育委員会　2014.3　29p 図版 2p　30cm　（長崎県埋蔵文化財センター調査報告書 第11集）〈一般国道499号線電線共同溝整備工事に伴う埋蔵文化財発掘調査〉Ⓝ210.0254

長崎県（遺跡・遺物—保存・修復—松浦市）

◇国指定史跡鷹島神崎遺跡保存管理計画書　長崎県松浦市教育委員会編　松浦　長崎県松浦市教育委員会　2014.3　117, 67p　30cm〈文献あり〉Ⓝ709.193

長崎県（医療）

◇へき地病院再生支援・教育機構の歩み—【地域医療人育成プロジェクト】大学発"病院再生"による地域医療人育成プログラム：平成25年4月1日—平成26年3月31日現在まで　平成25年度版　［長崎］　長崎大学病院　［2014］　219p　30cm　Ⓝ490.7

長崎県（英語教育—中学校）

◇長崎県学力調査（中学校英語）—結果報告書　平成26年度　長崎県教育委員会［編］　大村　長崎県教育センター　2014.8　29p　30cm　Ⓝ375.893

長崎県（御船祭—壱岐市）

◇民俗資料選集　45　壱岐の船競漕行事（長崎県）文化庁文化財部編　国土地理協会　2014.4　128p 図版 16p　22cm　①978-4-87552-941-5　Ⓝ382.1　［4667円］

長崎県（音楽祭）

◇ながさき音楽祭2012記録集　長崎　ながさき音楽祭事務局　2013.3　42p　30cm〈背のタイトル：ながさき音楽祭記録集〉Ⓝ762.193

◇ながさき音楽祭2013記録集　長崎　ながさき音楽祭事務局　2014.3　42p　30cm〈会期：2013年8月31日—12月22日　背のタイトル：ながさき音楽祭記録集〉Ⓝ762.193

長崎県（カトリック教会—生月町—歴史）

◇マンションからオラショまで　その2　長崎県生月島の隠れキリシタンによる「歌オラショ」とその行く末　竹井成美著　堺大阪公立大学共同出版会　2014.3　40p　21cm　（OMUPブックレット no. 45）①978-4-907209-16-2　Ⓝ198.221　［500円］

長崎県（カトリック教会—歴史）

◇大村「郡崩れ」関係者類族帳の研究　片岡千鶴子著　長崎　長崎純心大学博物館　2014.3　178p　21cm　（長崎純心大学長崎学研究所 第12輯）Ⓝ198.22193

◇教会領長崎—イエズス会と日本　安野眞幸著　講談社　2014.6　218p　19cm　（講談社選書メチエ 576）〈索引あり　内容：日本史のなかの教会領長崎　ザビエルの目論見　ザビエル構想の実現と長崎の武装化　ザビエル・ヴァリニャーノ路線vs.ロヨラ・コエリョ路線〉①978-4-06-258579-8　Ⓝ198.22193　［1550円］

長崎県（環境教育）

◇長崎県環境教育等行動計画—共生の心を育み、すべての人が学び・行動するために　長崎　長崎県環境部未来環境推進課　2014.3　75p　30cm　Ⓝ519.1

長崎県（観光開発—対馬市）

◇国境の島・対馬の観光を創る　岩下明裕, 花松泰倫編著　名古屋　国境地域研究センター　2014.7　59p　26cm　（ブックレット・ボーダーズ No.1）〈北海道大学出版会（発売）内容：国境のまちのいま（花松泰倫著）　韓国人観光客になってみる（木村貴著）　対馬を通って釜山に行こう（島田龍著）　国境のまち・上対馬の素顔（花松泰倫著）　提言—ユーラシアのゲートウェイ（岩下明裕, 花松泰倫著）〉①978-4-8329-6807-3　Ⓝ689.4　［800円］

長崎県（企業）

◇長崎の注目20社—歴史の地で培われる強靭な経営力　藤村美穂著　ダイヤモンド社　2014.8　226p　19cm　①978-4-478-02751-6　Ⓝ335.2193　［1500円］

長崎県（教育行政—長与町）

◇長与町教育振興基本計画—心を育む教育と文化の創造　平成26年度版　長与町〔長崎県〕　長与町教育委員会　2014.6　55p　30cm　Ⓝ373.2

長崎県（教会建築）

◇昭和末期の長崎天主堂巡礼　板倉元幸写真・文　ART BOX インターナショナル　2014.6　199p　21×21cm〈文献あり　年表あり〉①978-4-87298-894-9　Ⓝ523.193　［2500円］

長崎県（郷土教育—大村市）

◇記録集郷土史クラブの足あと—平成25年度郷土を誇りに思う子ども育成事業　5　大村市教育委員会編　大村　大村市教育委員会　2014.3　42p　30cm　Ⓝ375.3

長崎県（近代化遺産—長崎市）

◇産業遺産の記憶と表象―「軍艦島」をめぐるポリティクス　木村至聖著　京都　京都大学学術出版会　2014.12　272p　22cm〈文献あり　索引あり　内容：文化遺産とは何か　廃墟から文化遺産へ　労働文化の文化遺産化とその問題　日本の産炭地の経験をめぐって　炭鉱遺構・遺物の展示と表象　文化遺産保存の場における記憶のダイナミクス　「軍艦島」への多様なまなざし　「地元」の創出　地域社会における軍艦島の活用　リスケーリングされる炭鉱の表象　産業遺産は社会に何をもたらすのか〉Ⓘ978-4-87698-546-3　Ⓝ709.193　［3500円］

長崎県（原子力災害）

◇長崎県地域防災計画　平成25年6月6日修正　原子力災害対策編　長崎県防災会議編　［長崎］　長崎県防災会議　2013.6　173p　30cm　Ⓝ369.3

長崎県（祭礼—長崎市）

◇諏訪神事「長崎くんち」取材記録―見えないものを伝える　土肥原弘久著　［出版地不明］　土肥原弘久　2014.6　500p　21cm〈文献あり〉Ⓘ978-4-905026-36-5　Ⓝ386.193　［2000円］

◇諏訪神事「長崎くんち」取材記録―見えないものを伝える　平成26年版　土肥原弘久著　［出版地不明］　土肥原弘久　2014.12　102p　21cm　Ⓘ978-4-905026-42-6　Ⓝ386.193　［1000円］

◇長崎の祭りとまちづくり―「長崎くんち」と「ランタンフェスティバル」の比較研究　章潔著　長崎　長崎文献社　2014.3　237p　21cm〈文献あり〉Ⓘ978-4-88851-210-7　Ⓝ386.193　［1800円］

長崎県（殺人—佐世保市）

◇謝るなら、いつでもおいで　川名壮志著　集英社　2014.3　324p　20cm〈文献あり〉Ⓘ978-4-08-781550-4　Ⓝ368.7　［1500円］

長崎県（刺繍—図集）

◇長崎刺繍の煌めき―諏訪神事「くんち」奉納の伝統工芸総覧　長崎文献社編集部編集　長崎　長崎文献社　2014.9　123p　19×27cm　Ⓘ978-4-88851-224-4　Ⓝ753.7　［4500円］

長崎県（自然保護）

◇海をよみがえらせる―諫早湾の再生から考える　佐藤正典著　岩波書店　2014.1　71p　21cm　（岩波ブックレット No.890）〈文献あり〉Ⓘ978-4-00-270890-4　Ⓝ519.8193　［560円］

◇地域生物多様性保全活動支援事業(長崎県生物多様性保全戦略見直し事業）委託業務報告書　平成25年度　［長崎］　長崎県　2014.3　60, 78p　30cm〈付・資料編〉Ⓝ519.8193

長崎県（写真集）

◇諫早・大村・東彼杵の昭和―写真アルバム　名古屋　樹林舎　2014.11　263p　図版　16p　31cm〈長崎県教科書(発売）年表あり〉Ⓘ978-4-902731-74-3　Ⓝ219.3　［9250円］

長崎県（写真集—長崎市）

◇大いなる端島　端島閉山40周年記念事業実行委員会編　福岡　忘羊社　2014.7　1冊(ページ付なし)　20×21cm〈文献あり　英語抄訳付〉Ⓘ978-4-907902-02-5　Ⓝ291.93　［2500円］

◇軍艦島30号棟夢幻泡影―1972＋2014　高橋昌嗣著　大和書房　2014.7　143p　26cm〈年譜あり　英語抄訳付〉Ⓘ978-4-479-39260-6　Ⓝ291.93　［2500円］

長崎県（少年犯罪—佐世保市）

◇謝るなら、いつでもおいで　川名壮志著　集英社　2014.3　324p　20cm〈文献あり〉Ⓘ978-4-08-781550-4　Ⓝ368.7　［1500円］

長崎県（女性—歴史）

◇長崎の女たち　第1集　長崎女性史研究会編　第4版　長崎　長崎女性史研究会　2014.4　320p　19cm〈文献あり　年表あり　発行所：長崎文献社〉Ⓘ978-4-88851-217-6　Ⓝ367.2193　［1700円］

長崎県（書目）

◇長崎県EL新聞記事情報リスト　2013-1　エレクトロニック・ライブラリー編　エレクトロニック・ライブラリー　2014.2　919p　31cm〈制作：日外アソシエーツ〉Ⓝ025.8193

◇長崎県EL新聞記事情報リスト　2013-2　エレクトロニック・ライブラリー編　エレクトロニック・ライブラリー　2014.2　p921-1717　31cm〈制作：日外アソシエーツ〉Ⓝ025.8193

◇長崎県EL新聞記事情報リスト　2013-3　エレクトロニック・ライブラリー編　エレクトロニック・ライブラリー　2014.2　p1719-2461　31cm〈制作：日外アソシエーツ〉Ⓝ025.8193

長崎県（人権教育）

◇長崎県人権教育・啓発基本計画(改訂版)推進状況報告書　平成25年度　平成24年度実績　長崎　長崎県県民生活部人権・同和対策課　2014.2　50p　30cm　Ⓝ316.1

長崎県（震災予防）

◇長崎県地域防災計画　平成25年6月修正　震災対策編　長崎県防災会議編　［長崎］　長崎県防災会議　2013.6　244p　30cm　Ⓝ369.3

長崎県（生物多様性）

◇地域生物多様性保全活動支援事業(長崎県生物多様性保全戦略見直し事業）委託業務報告書　平成25年度　［長崎］　長崎県　2014.3　60, 78p　30cm〈付・資料編〉Ⓝ519.8193

長崎県（石炭鉱業—長崎市—歴史）

◇産業遺産の記憶と表象―「軍艦島」をめぐるポリティクス　木村至聖著　京都　京都大学学術出版会　2014.12　272p　22cm〈文献あり　索引あり　内容：文化遺産とは何か　廃墟から文化遺産へ　労働文化の文化遺産化とその問題　日本の産炭地の経験をめぐって　炭鉱遺構・遺物の展示と表象　文化遺産保存の場における記憶のダイナミクス　「軍艦島」への多様なまなざし　「地元」の創出　地域社会における軍艦島の活用　リスケーリングされる炭鉱の表象　産業遺産は社会に何をもたらすのか〉Ⓘ978-4-87698-546-3　Ⓝ709.193　［3500円］

長崎県（選挙—統計）

◇第23回参議院議員通常選挙の記録―平成25年7月21日執行　［長崎］　長崎県選挙管理委員会　［2013］　152p　30cm　Ⓝ314.8

◇長崎県知事選挙の記録―長崎県議会議員補欠選挙：平成26年2月2日執行　［長崎］　長崎県選挙管理委員会　［2014］　138p　30cm　Ⓝ314.8

長崎県（ダム—川棚町）

◇小さなダムの大きな闘い―石木川にダムはいらない！　石木ダム建設絶対反対同盟, 石木ダム問題ブックレット編集委員会編　［東京］　花伝社　2014.3　94p　21cm〈共栄書房(発売)　文献あり　年表あり　内容：ダム建設予定地はどんなところ(こうばるほずみ著）　どんな方が生活されているの(こうばるほずみ著）　石木ダム事業認定を斬る(遠藤保男著）　住民座談会　行政と闘い続けた半世紀　石木ダム建設反対運動の到達点と展望(山下千秋著）　虚構の民意(松本美智惠著）　建設予定地に住む一三世帯の居住地を奪う石木ダム事業計画と憲法(坂井優著)〉Ⓘ978-4-7634-0697-2　Ⓝ517.7　［900円］

長崎県（地域開発—長崎市）

◇長崎の祭りとまちづくり―「長崎くんち」と「ランタンフェスティバル」の比較研究　章潔著　長崎　長崎文献社　2014.3　237p　21cm〈文献あり〉Ⓘ978-4-88851-210-7　Ⓝ386.193　［1800円］

長崎県（地誌）

◇長崎「地理・地名・地図」の謎―意外と知らない長崎県の歴史を読み解く！　村崎春樹監修　実業之日本社　2014.9　191p　18cm　（じっぴコンパクト新書 208）〈文献あり〉Ⓘ978-4-408-11091-2　Ⓝ291.93　［800円］

◇日本の西の端から　井上順一著　佐々町(長崎県）　井上順一　2014.7　191p　23cm〈芸文堂(発売)〉Ⓘ978-4-902863-56-7　Ⓝ291.93　［1852円］

長崎県（地方選挙）

◇長崎県知事選挙の記録―長崎県議会議員補欠選挙：平成26年2月2日執行　［長崎］　長崎県選挙管理委員会　［2014］　138p　30cm　Ⓝ314.8

長崎県（統計）

◇長崎100の指標―較べてみれば　長崎県県民生活部統計課編　2014年改訂版　長崎　長崎県県民生活部統計課　2014.12　126p　19cm〈背のタイトル：一〇〇の指標〉Ⓝ351.93

長崎県（道路—統計）

◇道路現況表　平成25年度　［長崎］　長崎県道路建設課　［2013］　100p　30cm〈平成25年4月1日現在〉Ⓝ514.059

◇道路現況表　平成26年度　［長崎］　長崎県道路建設課　［2014］　100p　30cm〈平成26年4月1日現在〉Ⓝ514.059

長崎県（読書指導）

◇長崎県子ども読書活動推進計画　第3次　［長崎］　長崎県教育委員会　2014.3　40, 12p　30cm　Ⓝ019.2

長崎県（土地改良）

◇長崎県の農業農村整備　2014　［長崎］　長崎県農林部農村整備課　［2014］　62p　30cm　Ⓝ611.15193

長崎県（土地利用）

長崎県（土地利用）
◇国土利用計画・長崎県計画の管理運営状況—県土利用に関する各種施策の現状と課題　[長崎]　長崎県企画振興部土地対策室　2014.3　98p　30cm　Ⓝ334.6

長崎県（農業普及事業）
◇普及指導活動のあゆみ—魅力ある島原半島農業の飛躍的発展を目指して　平成25年度　[島原]　長崎県島原振興局農林水産部農業企画課　[2014]　86p　30cm〈共同刊行：長崎県島原振興局農林水産部島原地域普及課ほか〉Ⓝ611.15193

長崎県（農村計画）
◇長崎県の農業農村整備　2014　[長崎]　長崎県農林部農村整備課　[2014]　62p　30cm　Ⓝ611.15193

長崎県（風俗・習慣—壱岐市）
◇民族誌実習調査報告書　2012年度　長崎県壱岐市石田町久喜触　京都　立命館大学産業社会学部社会調査士課程第15期生SAクラス　2013.1　132p　30cm〈文献あり　奥付のタイトル：民族実習調査報告書〉382.1

長崎県（方言）
◇長崎方言からみた語音調の構造　松浦年男著　ひつじ書房　2014.2　231p　22cm（ひつじ研究叢書　言語編第120巻）〈索引あり　内容：序論　語音調の音響音声学的記述と音声表示　外来語の音調現象　複合語の音調現象と境界アクセント　音調現象と語彙の指定　和語の音調現象　語音調の音韻過程〉①978-4-89476-681-5　Ⓝ818.93　[6800円]

長崎県（防災計画）
◇長崎県地域防災計画　平成25年6月修正　基本計画編　長崎県防災会議編　[長崎]　長崎県防災会議　2013.6　414p　30cm　Ⓝ369.3
◇長崎県地域防災計画　平成25年6月修正　震災対策編　長崎県防災会議編　[長崎]　長崎県防災会議　2013.6　244p　30cm　Ⓝ369.3
◇長崎県地域防災計画　平成25年6月修正　資料編　長崎県防災会議編　[長崎]　長崎県防災会議　2013.6　259p　30cm　Ⓝ369.3
◇長崎県地域防災計画　平成25年6月6日修正　原子力災害対策編　長崎県防災会議編　[長崎]　長崎県防災会議　2013.6　173p　30cm　Ⓝ369.3

長崎県（民家—保存・修復—雲仙市）
◇重要文化財旧鍋島家住宅長屋門ほか4棟保存修理工事報告書　文化財建造物保存技術協会編著　雲仙　雲仙市　2014.3　1冊　30cm〈年表あり〉Ⓝ521.86

長崎県（名簿）
◇長崎県人物・人材情報リスト　2015　日外アソシエーツ株式会社編　日外アソシエーツ（制作）　2014.11　670, 28p　30cm　Ⓝ281.93

長崎県（洋上風力発電—五島市）
◇浮体式洋上風力発電実証事業委託業務成果報告書　平成25年度　[東京]　戸田建設　2014.6　1冊　30cm〈文献あり　平成25年度環境省委託事業　共同刊行：日立製作所ほか〉Ⓝ543.6

長崎県（歴史—大村市）
◇新編大村市史　第2巻　中世編　大村市史編さん委員会編　大村　大村市　2014.3　850p　22cm〈文献あり〉219.3

長崎県（歴史—史料）
◇近世長崎法制史料集　1　天正8年—享保元年　清水紘一, 木﨑弘美, 柳田光弘, 氏家毅編　岩田書院　2014.5　701p　22cm（岩田書院史料叢刊 8）〈文献あり〉①978-4-87294-864-6　Ⓝ322.15　[21000円]
◇古記録抜書帳—島原藩南串山村馬場庄屋古文書　古文書研究会編　雲仙　雲仙市教育委員会　2014.11　100p　21×30cm〈複製を含む〉219.3

長崎県（歴史—長崎市）
◇軍艦島—廃墟からのメッセージ　坂本道徳著, 高木弘太郎写真　亜紀書房　2014.8　197p　19cm　①978-4-7505-1412-3　219.3　[1600円]
◇古写真に見る幕末明治の長崎　姫野順一著　明石書店　2014.6　206p　21cm〈文献あり　索引あり〉①978-4-7503-4022-7　219.3　[2000円]
◇新長崎市史　第3巻　近代編　長崎市史編さん委員会編　長崎　長崎市　2014.3　945p　27cm〈文献あり〉219.3
◇肥前国深堀の歴史　平幸治著　新装版　長崎　長崎新聞社　2014.1　656p　21cm〈文献あり〉①978-4-904561-76-8　219.3　[2800円]

長崎県（歴史—南島原市）
◇口之津の先覚者とその風土　太玄興正著　諫早　昭和堂（印刷）　2014.4　455p　27cm〈年表あり〉219.3　[非売品]

長崎県議会
◇通年議会の〈導入〉と〈廃止〉—長崎県議会による全国初の取り組み　松島完著　公人の友社　2014.8　65p　21cm（地方自治ジャーナルブックレット No.65）①978-4-87555-651-0　Ⓝ318.493　[900円]

長崎県日中親善協議会
◇長崎県日中親善協議会設立40周年記念誌　長崎　長崎県日中親善協議会　2014.3　81p　30cm〈年表あり　背のタイトル：設立40周年記念誌〉Ⓝ063

長崎港
◇長崎港港湾計画書　改訂　[長崎]　長崎県　2014.7　19p　30cm（交通政策審議会第56回港湾分科会資料）Ⓝ683.92193
◇長崎港港湾計画資料　その1　改訂　[長崎]　長崎県　2014.7　197p　30cm〈付属資料：1枚：長崎都市計画総括図〉Ⓝ683.92193
◇長崎港港湾計画資料　その2　改訂　[長崎]　長崎県　2014.7　189p　30cm　Ⓝ683.92193

長崎市（遺跡・遺物）
◇桜町遺跡　長崎　長崎市教育委員会　2014.3　39p　30cm〈長崎市桜町8番25における民間集合住宅建設に伴う埋蔵文化財発掘調査報告書〉210.0254
◇出島和蘭商館跡　長崎　長崎市教育委員会　2014.3　29p　図版2p　30cm（長崎県埋蔵文化財センター調査報告書 第11集）〈一般国道499号線電線共同溝整備工事に伴う埋蔵文化財発掘調査〉210.0254

長崎市（近代化遺産）
◇産業遺産の記憶と表象—「軍艦島」をめぐるポリティクス　木村至聖著　京都　京都大学学術出版会　2014.12　272p　22cm〈文献あり　索引あり　内容：文化遺産とは何か　廃墟から文化遺産へ　労働文化の文化遺産化とその問題　日本の産炭地の経験をめぐって　炭鉱遺構・遺物の展示と表象　文化遺産保存の場における記憶のダイナミクス　「軍艦島」への多様なまなざし　「地元」の創出　地域社会における軍艦島の活用　リスケーリングされる炭鉱の表象　産業遺産は社会に何をもたらすのか〉①978-4-87698-546-3　Ⓝ709.193　[3500円]

長崎市（原子爆弾投下〔1945〕）
◇なぜアメリカは日本に二発の原爆を落としたのか　日高義樹著　PHP研究所　2014.8　284p　15cm（PHP文庫　ひ36-1）〈2012年刊の加筆・修正〉①978-4-569-76108-4　Ⓝ210.75　[680円]

長崎市（原子爆弾投下〔1945〕—被害）
◇海を超えたヒロシマ・ナガサキ　竹田信平, 和氣直子著　[出版地不明]　竹田信平　2014.7　104p　22×31cm〈英語併記　タイトルは奥付による　出版協力：ゆるり書房〉①978-4-905026-37-2　Ⓝ369.37
◇NHK「ラジオ深夜便」被爆を語り継ぐ　西橋正泰編　新日本出版社　2014.7　237p　19cm〈内容：被爆を根に生きる（林京子述）　核廃絶訴え五〇年（山口仙二述）　被爆直後のヒロシマを撮ったカメラマン（松重美人, 松重スミエ述）　私は鳩（丸屋博述）　風化を許さぬ者として（山田拓民述）　いまも、耳に残る声（松本都美子述）　核兵器の廃絶こそ、未来への希望（谷口稜曄述）　人間筏（山口彊述）〉①978-4-406-05802-5　Ⓝ369.37　[1600円]
◇原子野のトラウマ—被爆者調査再検証こころの傷をみつめて　太田保之, 三根真理子, 吉峯悦子著　長崎　長崎新聞社　2014.6　207p　21cm〈文献あり〉①978-4-904561-78-2　Ⓝ369.37　[1600円]
◇つたえてくださいあしたへ…—聞き書きによる被爆体験証言集20　エフコープ生活協同組合編　篠栗町（福岡県）　エフコープ生活協同組合組合員活動部　2014.9　96p　26cm　Ⓝ916
◇長崎（浦上）原爆体験の記録—被ばく直後に運行された臨時救援列車　横手一彦編著　長崎　横手一彦　2013.6　64p　21×30cm〈文献あり〉Ⓝ916
◇二重被爆—ヒロシマナガサキ2つのキノコ雲の下を生き抜いて：語り部山口彊からあなたへ　稲塚秀孝著　合同出版　2014.1　166p　22cm〈文献あり　年譜あり〉①978-4-7726-1086-5　Ⓝ369.37　[1500円]

長崎市（祭礼）
◇諏訪神事「長崎くんち」取材記録—見えないものを伝える　土肥原弘久著　[出版地不明]　土肥原弘久　2014.6　500p　21cm〈文献あり〉①978-4-905026-36-5　Ⓝ386.193　[2000円]

日本件名図書目録2014　I　　　　　　　　　　　　　　　　　　　　　　中島特殊鋼株式会社

◇諏訪神事「長崎くんち」取材記録—見えないものを伝える　平成26年版　土肥原弘久著　[出版地不明]　土肥原弘久　2014.12　102p　21cm　Ⓘ978-4-905026-42-6　Ⓝ386.193　[1000円]

◇長崎の祭りとまちづくり—「長崎くんち」と「ランタンフェスティバル」の比較研究　章潔著　長崎　長崎文献社　2014.3　237p　21cm〈文献あり〉Ⓘ978-4-88851-210-7　Ⓝ386.193　[1800円]

長崎市（写真集）
◇大いなる端島　端島閉山40周年記念事業実行委員会編　福岡　忘羊社　2014.7　1冊（ページ付なし）20×21cm〈年譜あり　英語抄訳付〉Ⓘ978-4-907902-02-5　Ⓝ291.93　[2500円]
◇軍艦島30号棟夢幻泡影—1972＋2014　高橋昌嗣著　大和書房　2014.7　143p　26cm〈年譜あり　英語抄訳付〉Ⓘ978-4-479-39260-6　Ⓝ291.93　[2500円]

長崎市（石炭鉱業—歴史）
◇産業遺産の記憶と表象—「軍艦島」をめぐるポリティクス　木村至聖著　京都　京都大学学術出版会　2014.12　272p　22cm〈文献あり　索引あり　内容：文化遺産とは何か　廃墟から文化遺産へ　労働文化の文化遺産化とその問題　日本の産炭鉱地の経験をめぐって　炭鉱遺構・遺物の展示と表象　文化遺産保存の場における記憶のダイナミクス　「軍艦島」への多様なまなざし　「地元」の創出　地域社会における軍艦島の活用　リスケーリングされる炭鉱の表象　産業遺産は社会に何をもたらすのか〉Ⓘ978-4-87698-546-3　Ⓝ709.193　[3500円]

長崎市（地域開発）
◇長崎の祭りとまちづくり—「長崎くんち」と「ランタンフェスティバル」の比較研究　章潔著　長崎　長崎文献社　2014.3　237p　21cm〈文献あり〉Ⓘ978-4-88851-210-7　Ⓝ386.193　[1800円]

長崎市（歴史）
◇軍艦島—廃墟からのメッセージ　坂本道徳著，高木弘太郎写真　亜紀書房　2014.8　197p　19cm　Ⓘ978-4-7505-1412-3　Ⓝ219.3　[1600円]
◇古写真に見る幕末明治の長崎　姫野順一著　明石書店　2014.6　206p　21cm〈文献あり　索引あり〉Ⓘ978-4-7503-4022-7　Ⓝ219.3　[2000円]
◇新長崎市史　第3巻　近代編　長崎市史編さん委員会編　長崎　長崎市　2014.3　945p　27cm〈文献あり〉Ⓝ219.3
◇肥前国深堀の歴史　平幸治著　新装版　長崎　長崎新聞社　2014.1　656p　21cm〈文献あり〉Ⓘ978-4-904561-76-8　Ⓝ219.3　[2800円]

長崎純心聖母会
◇長崎純心聖母会の八十年—1934-2014　創立80周年記念誌委員会編　長崎　長崎純心聖母会　2014.6　8, 195p　30cm〈年譜あり　年表あり〉Ⓝ198.25

中里　介山〔1885〜1944〕
◇幻視の国家—透谷・啄木・介山、それぞれの〈居場所探し〉小寺正敏著　奈良　萌書房　2014.5　268,6p　22cm〈索引あり〉Ⓘ978-4-86065-084-1　Ⓝ910.26　[4000円]

仲里　清〔1954〜〕
◇エース育成論—九州の大学野球を変えた男　仲里清著　ベースボール・マガジン社　2014.8　191p　19cm　Ⓘ978-4-583-10747-9　Ⓝ783.7　[1400円]

長沢〔氏〕
◇長澤家の歴史—岩手県紫波町大巻地区：初代没後三百年記念　長澤聖浩著　紫波町（岩手県）　長澤家　2014.8　299p　21cm〈年表あり〉Ⓝ288.2

長沢　鼎〔1852〜1934〕
◇評伝長沢鼎—カリフォルニア・ワインに生きた薩摩の士　渡辺正清著　鹿児島　南日本新聞開発センター（制作）2013.11　363p　19cm　Ⓘ978-4-86074-208-9　Ⓝ289.1　[1500円]

長澤　恒子〔1925〜2011〕
◇吾妻はや—長澤恒子追悼文集　八王子　長澤行雄　2014.9　67p　21cm　Ⓝ289.1

中澤　佑二〔1978〜〕
◇下手くそ　中澤佑二著　ダイヤモンド社　2014.4　165p　19cm　Ⓘ978-4-478-02681-6　Ⓝ783.47　[1300円]

長沢　蘆雪〔1753〜1799〕
◇もっと知りたい長沢蘆雪—生涯と作品　金子信久著　東京美術　2014.12　79p　26cm（アート・ビギナーズ・コレクション）〈文献あり　索引あり〉Ⓘ978-4-8087-1021-7　Ⓝ721.6　[2000円]

那珂市（工業政策）
◇那珂市商工業振興計画書　那珂　那珂市産業部商工観光課　2014.3　112p　30cm　Ⓝ671

那珂市（商業政策）
◇那珂市商工業振興計画書　那珂　那珂市産業部商工観光課　2014.3　112p　30cm　Ⓝ671

那珂市（石塔）
◇那珂市の石仏石塔　瓜連地域編　那珂市史編さん委員会編　那珂　那珂市教育委員会　2014.3　190p　30cm　Ⓝ718.4

那珂市（石仏）
◇那珂市の石仏石塔　瓜連地域編　那珂市史編さん委員会編　那珂　那珂市教育委員会　2014.3　190p　30cm　Ⓝ718.4

中島　安里紗〔1989〜〕
◇中島安里紗のこれが私の戦い方。—ピュアハート！ピュアレスリング!!ピュアウーマン!!!　中島安里紗著　ザメディアジョン・リング　2014.3　178p　19cm〈ザメディアジョン（発売）〉Ⓘ978-4-86250-295-7　Ⓝ788.2　[1000円]

中島　健蔵〔1903〜1979〕
◇中島健蔵・行動する文学　蘆野徳子著　中央公論事業出版（制作・発売）2014.4　151p　20cm　Ⓘ978-4-89514-419-3　Ⓝ910.268　[1200円]

中島　貞夫〔1934〜〕
◇遊撃の美学—映画監督中島貞夫　上　中島貞夫著，河野眞吾編　ワイズ出版　2014.10　511p　15cm（ワイズ出版映画文庫 7）〈2004年刊の改稿、再編集、2分冊〉Ⓘ978-4-89830-283-5　Ⓝ778.21　[1400円]

長島　茂雄〔1936〜〕
◇国民栄誉賞長嶋茂雄読本　アートブック編著　スパロウ　2013.6　217p　19cm〈コアラブックス（発売）文献あり　年表あり〉Ⓘ978-4-86097-415-2　Ⓝ783.7　[1300円]
◇蜃気楼—「長嶋茂雄」という聖域　織田淳太郎著　宝島社　2014.8　223p　19cm　Ⓘ978-4-8002-2914-4　Ⓝ783.7　[1300円]
◇長嶋茂雄最後の日。—1974.10.14　鷲田康著　文藝春秋　2014.10　223p　20cm〈文献あり〉Ⓘ978-4-16-390152-7　Ⓝ783.7　[1450円]

中島　繁治〔1937〜〕
◇編集長の年輪—三十数年有余、国会・首相官邸を駆け抜けた中島繁治編集長の年輪　中島繁治[編]　西東京　ジャス　2014　364p　21cm　Ⓝ312.1　[3000円]

中島　静子〔1936〜〕
◇日々是笑顔　中島静子著　文芸社　2014.12　117p　20cm〈2011年刊の加筆・修正〉Ⓘ978-4-286-15754-2　Ⓝ289.1　[1000円]

中島　建〔1936〜〕
◇「耕土耕心」を夢みた人生記　中島建著　[鳥取]　[中島建]　2014.2　240p　31cm〈年譜あり〉Ⓝ289.1

中島　春雄
◇怪獣人生—元祖ゴジラ俳優・中島春雄　中島春雄著　洋泉社　2014.8　303p　18cm（新書y 283）〈作品目録あり　年譜あり　2010年刊の加筆修正〉Ⓘ978-4-8003-0461-2　Ⓝ778.21　[925円]
◇中島春雄怪獣写真集　中島春雄著　洋泉社　2014.10　367p　21cm〈作品目録あり　年譜あり〉Ⓘ978-4-8003-0521-3　Ⓝ778.21　[3500円]

中嶋　秀次〔1921〜2013〕
◇慟哭の海峡　門田隆将著　KADOKAWA　2014.10　332p　20cm〈文献あり〉Ⓘ978-4-04-102153-8　Ⓝ726.101　[1600円]

中嶋　康行
◇残照はまだ—ある特攻兵のつぶやき　中嶋康行著　文芸社　2014.4　107p　15cm　Ⓘ978-4-286-14870-0　Ⓝ289.1　[600円]

中島　らも〔1952〜2004〕
◇ザ・中島らも—らもとの三十五光年　鈴木創士著　河出書房新社　2014.3　283p　15cm（河出文庫 す14-1）〈「中島らも烈伝」（2005年刊）の改題、増補改訂　内容：中島らも烈伝　世界が終わる　白か黒か　だるま落とし　砂漠のスカラベ（鈴木創士，丹生谷貴志述）〉Ⓘ978-4-309-41283-2　Ⓝ910.268　[800円]

中島特殊鋼株式会社
◇鋼に心—中島特殊鋼株式会社　中島利一[著]　大府　中島特殊鋼　2013.11　94p　26cm　Ⓝ564.8

な

中島村〔福島県〕(遺跡・遺物)
◇四穂田古墳―出土遺物調査報告書　福島県中島村教育委員会編　中島村(福島県)　福島県中島村教育委員会　2014.3　51p　30cm　(中島村文化財調査報告書 第7集)　Ⓝ212.6

中島村〔福島県〕(古墳)
◇四穂田古墳―出土遺物調査報告書　福島県中島村教育委員会編　中島村(福島県)　福島県中島村教育委員会　2014.3　51p　30cm　(中島村文化財調査報告書 第7集)　Ⓝ212.6

中城 ふみ子〔1922～1954〕
◇中城ふみ子全短歌作品推敲の軌跡　中城ふみ子著，佐々木啓子編　再版　札幌　旭図書刊行センター　2013.12　150p　30cm〈年譜あり　文献あり〉①978-4-86111-122-8　Ⓝ911.162　[2000円]

な

永杉 喜輔〔1909～2008〕
◇永杉喜輔の歩んだ道―生きること出会うこと　松浦富士夫著　高崎　あさを社　2014.3　166p　19cm　①978-4-87024-571-6　Ⓝ289.1　[2000円]

永瀬 清子〔1906～1995〕
◇永瀬清子の詩の世界―資料集　第2集　赤磐市教育委員会熊山分室編　赤磐　赤磐市教育委員会熊山分室　2014.2　43p　30cm　Ⓝ911.52

永瀬 正敏〔1966～ 〕
◇永瀬正敏　永瀬正敏著，キネマ旬報社編　キネマ旬報社　2014.2　397p　21cm　(アクターズ・ファイル)〈作品目録あり〉①978-4-87376-427-6　Ⓝ778.21　[2000円]

中山道
◇近世交通史料集　5　中山道宿村大概帳　児玉幸多校訂　オンデマンド版　吉川弘文館　2013.10　809p　22cm〈印刷・製本：デジタルパブリッシングサービス〉①978-4-642-04304-5　Ⓝ682.1　[20000円]
◇中山道交通史料集―御触書の部　1　御規矩便覧 洗馬宿 道中御触書 小田井宿　波田野富信編　オンデマンド版　吉川弘文館　2013.10　354p　22cm〈印刷・製本：デジタルパブリッシングサービス〉①978-4-642-04320-5　Ⓝ682.15　[13000円]
◇中山道交通史料集―御触書の部　2　御触書留帳 塩尻宿　波田野富信編　オンデマンド版　吉川弘文館　2013.10　345p　22cm〈印刷・製本：デジタルパブリッシングサービス〉①978-4-642-04321-2　Ⓝ682.15　[12000円]
◇中山道交通史料集―御触書の部　3　御触書留帳 塩尻宿　波田野富信編　オンデマンド版　吉川弘文館　2013.10　367p　22cm〈印刷・製本：デジタルパブリッシングサービス〉①978-4-642-04322-9　Ⓝ682.15　[12500円]
◇中山道保存管理計画書　中津川市編　中津川　中津川市　2013.3　86p　30cm〈文献あり〉Ⓝ682.153

中山道(紀行・案内記)
◇中山道六十九次旅日記　加藤仲男著　文芸社　2014.7　99p　15cm〈文献あり〉①978-4-286-15073-4　Ⓝ291.5　[500円]

中曽根 康弘〔1918～ 〕
◇首相秘書官が語る中曽根外交の舞台裏―米・中・韓との相互信頼はいかに構築されたか　長谷川和年著，瀬川高央，服部龍二，若月秀和，加藤博章編　朝日新聞出版　2014.2　399,14p　20cm〈年表あり 索引あり〉①978-4-02-251149-2　Ⓝ319.1　[2600円]
◇100歳へ！―中曽根康弘「長寿」の秘訣　田中茂著　光文社　2014.5　193p　19cm　①978-4-334-97789-4　Ⓝ289.1　[1200円]

中田 クルミ〔1991～ 〕
◇NOWHERE　中田クルミ著　宝島社　2014.3　127p　21cm〈年譜あり　本文は日本語〉①978-4-8002-2488-0　Ⓝ289.1　[1300円]

仲代 達矢〔1932～ 〕
◇未完。　仲代達矢[著]　KADOKAWA　2014.4　311p　19cm〈年譜あり〉①978-4-04-731890-8　Ⓝ772.1　[1900円]

中田エンヂニアリング株式会社
◇中田エンヂニアリング100年史―躍進　中田エンヂニアリング100年史編纂委員会編　神戸　中田エンヂニアリング　2014.8　211p　27cm〈年表あり〉Ⓝ578.28

長塚 節〔1879～1915〕
◇節の歳時記―農村歌人長塚節の自然観　山形洋一著　未知谷　2014.7　251p　20cm〈文献あり〉①978-4-89642-450-8　Ⓝ911.162　[2800円]

中津川市(遺跡・遺物)
◇上県2号窯跡第8次発掘調査概要報告書　日進　愛知学院大学文学部歴史学科　2014.3　60p 図版 8p　30cm　(愛知学院大学考古学発掘調査報告 18)〈岐阜県中津川市所在〉Ⓝ210.0254

中津川市(遺跡・遺物―保存・修復)
◇中山道保存管理計画書　中津川市編　中津川　中津川市　2013.3　86p　30cm〈文献あり〉Ⓝ682.153

中津川市(学校衛生―歴史)
◇明治期地域学校衛生史研究―中津川興風学校の学校衛生活動　高橋裕子著　学術出版会　2014.11　322p　22cm　(学術叢書)〈日本図書センター(発売)　文献あり 年表あり 索引あり　内容：中津川興風学校の学校構想　明治初期における小学校の病気欠席の問題　明治一二年のコレラ流行に対する中津川興風学校の「閉校」措置　中津川興風学校と岐阜県私立衛生会の接点　明治政府の学校医制度　中津川興風学校の学校医の活動とその意義　中津川興風学校の学校衛生活動年表〉①978-4-284-10417-3　Ⓝ374.9　[4800円]

中津川市(教育―歴史―史料)
◇興風学校日誌―資料　第6集　大正11年―15年　中津川市教育文化資料委員会編　[中津川]　中津川市教育研修所　2014.3　455p　26cm　Ⓝ372.153
◇興風学校日誌―資料　第7集　昭和2年―7年　中津川市教育文化資料委員会編　[中津川]　中津川市教育研修所　2014.4　410p　26cm　Ⓝ372.153
◇興風学校日誌―資料　第8集　昭和8年―16年　中津川市教育文化資料委員会編　[中津川]　中津川市教育研修所　2014.4　440p　26cm　Ⓝ372.153
◇興風学校日誌―資料　第9集　昭和18年―25年 / 川上分教場 1　中津川市教育文化資料委員会編　[中津川]　中津川市教育研修所　2014.4　485p　26cm　Ⓝ372.153
◇興風学校日誌―資料　第10集　川上分教場　2　中津川市教育文化資料委員会編　[中津川]　中津川市教育研修所　2014.4　455p　26cm　Ⓝ372.153

中津川市(交通―歴史)
◇中山道保存管理計画書　中津川市編　中津川　中津川市　2013.3　86p　30cm〈文献あり〉Ⓝ682.153

中津川市(交通政策)
◇中津川市リニアのまちづくりビジョン　中津川　中津川市　2013.8　131p　30cm　Ⓝ681.1

中津川市(植物)
◇落合の植物―中津川市落合公民館植物観察講座　スミレ会編集委員会編　中津川　落合公民館植物観察講座スミレ会　2013.3　62p　30cm　Ⓝ472.153

中津川市(青少年教育)
◇「中学生タイ研修」事業報告書　中津川市国際交流事業検討委員会事務局編　[中津川]　中津川市国際交流事業検討委員会　2013.11　53p　30cm〈期間：2013年8月16日―8月21日　平成25年度中津川市市民国際交流事業　共同刊行：中津川市〉Ⓝ379.3
◇「中学生マレーシア研修」事業報告書　中津川市国際交流事業検討委員会事務局編　[中津川]　中津川市国際交流事業検討委員会　2014.11　56p　30cm〈平成26年度中津川市市民国際交流事業　共同刊行：中津川市〉Ⓝ379.3

中津川市(歴史―史料)
◇苗木の伝承　中津川市苗木遠山史料館編　中津川　中津川市苗木遠山史料館　2014.3　27p　30cm　Ⓝ215.3

中津市(医学―歴史―史料)
◇中津市歴史民俗資料館分館医家史料館叢書　13　人物と交流 3　ミヒェル・ヴォルフガング，吉田洋一，大島明秀共編　[中津]　中津市教育委員会　2014.3　90p　26cm〈文献あり　共同刊行：中津市歴史民俗資料館　内容：田代基徳と高木兼寛(平尾真智子著)　中津の医家田渕家蔵「醫療歌配劑秘本」写本について(大島明秀著)　村上家の人物交流(吉田洋一著)〉Ⓝ490.21

中津市(遺跡・遺物)
◇佐知遺跡高原地点　[中津]　中津市教育委員会　2014.3　110p　30cm　(中津市文化財調査報告 第67集)〈文献あり　市道佐知臼木線拡幅・新設工事に伴う埋蔵文化財発掘調査報告書〉Ⓝ210.0254
◇市内遺跡発掘調査概報　7　[中津]　中津市教育委員会　2014.3　25p　30cm　(中津市文化財調査報告 第70集)〈内容：長者屋敷官衙遺跡　中近世城館確認調査　中津城跡25次調査　市内試掘確認調査〉Ⓝ210.0254
◇高畑遺跡　2　大分県教育庁埋蔵文化財センター編　大分　大分県教育庁埋蔵文化財センター　2014.3　147p　30cm　(大分県教育庁埋蔵文化財センター調査報告書 第76集)〈大分県立中津南高等学校教室棟改築工事に伴う埋蔵文化財発掘調査報告書〉Ⓝ210.0254

◇中津城下町遺跡　11次調査　〔中津〕　中津市教育委員会　2014.3　38p　30cm　（中津市文化財調査報告　第68集）〈市道山ノ神森ノ丁線建設に伴う埋蔵文化財発掘調査報告書〉Ⓝ210.0254

◇中津城下町遺跡　18次調査　〔中津〕　中津市教育委員会　2014.3　26p　30cm　（中津市文化財調査報告　第69集）〈若草保育園改築に伴う発掘調査報告書〉Ⓝ210.0254

◇中津城下町遺跡・寺町　〔中津〕　中津市教育委員会　2013.12　26p　30cm　（中津市文化財調査報告　第65集）〈寺町クリニック福祉施設建設に伴う発掘調査〉Ⓝ210.0254

◇西粉大迫遺跡・春畑遺跡・カシミ遺跡・今成館跡・木内遺跡・丸尾城跡　大分　大分県教育庁埋蔵文化財センター　2014.3　138p　30cm　（大分県教育庁埋蔵文化財センター調査報告書　第71集）Ⓝ210.0254

中津市（海浜生物）

◇中津干潟レポート　2013　中津　水辺に遊ぶ会　2014.1　127p　Ⓘ978-4-9907549-0-7　Ⓝ454.7

中津市（干潟）

◇中津干潟レポート　2013　中津　水辺に遊ぶ会　2014.1　127p　Ⓘ978-4-9907549-0-7　Ⓝ454.7

中辻 直行〔1950～2013〕

◇いま、福祉の原点を問う―養老院の子の歩んだ道　中辻直行著　筒井書房　2013.11（第2刷）203p　21cm　Ⓘ978-4-86479-028-4　Ⓝ369.26　［1500円］

中津藩

◇中津藩―黒田・細川・小笠原・奥平の各家が治めた豊前の景勝地。蘭学への傾倒が続く、時代に先駆けた知者を育む。　三谷紘平著　現代書館　2014.5　206p　21cm　（シリーズ藩物語）〈文献あり〉Ⓘ978-4-7684-7134-0　Ⓝ219.5　［1600円］

長門市（写真集）

◇ふるさと萩・長門・美祢―生活感あふれる写真でつづる決定版写真集！：保存版　森本文規監修　松本　郷土出版社　2014.9　230p　31cm　Ⓘ978-4-86375-219-1　Ⓝ217.7　［9250円］

中臣〔氏〕

◇中臣氏―卜占を担った古代占部の後裔　宝賀寿男著　田原本町（奈良県）　青垣出版　2014.5　177p　21cm　（古代氏族の研究　5）〈星雲社（発売）〉Ⓘ978-4-434-19116-9　Ⓝ288.2　［1200円］

長友 佑都

◇日本男児　長友佑都［著］　ポプラ社　2014.5　251p　16cm　（ポプラ文庫　な10-1）Ⓘ978-4-591-13998-1　Ⓝ783.47　［600円］

中西 珠子〔1919～2008〕

◇母中西珠子の思い出と中西家の人々　中西徹［著］　千葉　中西徹　2014.7　138p　26cm　〈年譜あり〉Ⓝ289.1　［1000円］

中西 亨〔1925～〕

◇中西亨88年のあゆみ―平成25年9月29日まで　中西亨［著］　〔京都〕　〔中西亨〕　2014.8　133p　27cm　〈年譜あり　著作目録あり〉「中西亨70年のあゆみ」（1996年刊）の増訂　Ⓝ289.1

中西 俊夫〔1956～〕

◇プラスチックスの上昇と下降、そしてメロンの理力（メジャー・フォース）・中西俊夫自伝　中西俊夫著　K&Bパブリッシャーズ　2013.7　397p　21cm　〈年譜あり　作品目録あり〉Ⓘ978-4-902800-39-5　Ⓝ767.8　［3000円］

中西 麻耶

◇ラスト・ワン　金子達仁著　日本実業出版社　2014.12　251p　19cm　Ⓘ978-4-534-05238-4　Ⓝ782.3　［1500円］

長沼町〔北海道〕（遺跡・遺物）

◇幌内A遺跡　北海道埋蔵文化財センター編　〔江別〕　北海道埋蔵文化財センター　2014.3　76p　図版［12］枚　30cm　（（公財）北海道埋蔵文化財センター調査報告書　第309集）〈長沼町所在　国営かんがい排水事業道央用水三期地区道央注水工埋蔵文化財発掘調査報告書〉Ⓝ210.0254

◇幌内D遺跡　北海道埋蔵文化財センター編　〔江別〕　北海道埋蔵文化財センター　2014.3　326p　図版［46］枚　30cm　（（公財）北海道埋蔵文化財センター調査報告書　第308集）〈長沼町所在　道央圏連絡道路泉郷道路工事埋蔵文化財発掘調査報告書〉Ⓝ210.0254

中野 和馬〔1966～2009〕

◇中野和馬青春の彷徨―夭折の陶芸家中野和馬という男：2013駿府博物館企画展　鈴木善彦著・講演・補筆　〔出版地不明〕　中野喜朗　2014.3　63p　26cm　〈年譜あり　会期：2013年3月30日―5月26日〉Ⓝ751.1

中野 邦一〔1884～1965〕

◇中野邦一の挑戦―民族の誇りを追及し日本再建に立ち向かった男　中野邦編著　大阪　パレード　2014.4　131p　19cm　（Parade books）Ⓝ289.1

中野 重治〔1902～1979〕

◇中野重治近景　定道明著　思潮社　2014.8　255p　20cm　〈文献あり　内容：車輦筒還る　竹行李の中　光明寺まで　転向論再論　「五勺の酒」のためのヒント　リフレイン雑感　愚直とくそ真面目　ないない文について〉Ⓘ978-4-7837-1695-2　Ⓝ910.268　［2600円］

中野 二郎〔1902～2000〕

◇耳で知る中野二郎の童謡曲全集　上巻　船津好明著　小平　エフネット出版　2014.3　Ⓝ762.1

◇耳で知る中野二郎の童謡曲全集　下巻　船津好明著　小平　エフネット出版　2014.3　336p　31cm　Ⓝ762.1

長野 士郎〔1917～2006〕

◇長野士郎岡山県政回顧　長野士郎著，長野士郎「岡山県政回顧」刊行会編　岡山　山陽新聞社　2014.8　420p　20cm　〈年譜あり〉Ⓘ978-4-88197-742-2　Ⓝ318.275　［2315円］

中野 鈴子〔1906～1958〕

◇詩人中野鈴子を追う―稲木信夫評論集　稲木信夫著，佐相憲一編集　コールサック社　2014.3　287p　20cm　〈年譜あり　内容：NHKラジオ第一関西発ラジオ深夜便「こころの時代」から　1　鈴子、芥山、そして…（西橋正泰聞き手）　NHKラジオ第一関西発ラジオ深夜便「こころの時代」から　2　愛と抵抗の詩人中野鈴子（西橋正泰聞き手）　中野鈴子といのちの詩（稲木信夫述）　中野鈴子の詩（稲木信夫述）　中野鈴子の生涯と詩（稲木信夫述）　すずこ記　中野鈴子の詩にふれた最近の文章の紹介　「花」と鈴子の関係について　一本田・鈴子の廃家　鈴子の手紙　『中野鈴子の詩による創作曲集』後記　鈴子追想　中野鈴子「村葬」　中野鈴子と反戦詩　若林道枝さんへの手紙　寒流をのぼって　鈴子は生涯「民衆の詩人」　近代日本女性詩の系譜から　羽生康二氏著『昭和詩史の試み』から詩人中野鈴子を追って　中野鈴子と詩誌『蠟人形』の頃（大島博光述）　すぐれた詩人が追求するものは……（松田解子述）〉Ⓘ978-4-86435-146-1　Ⓝ911.52　［2000円］

中野 昭慶

◇特技監督中野昭慶　中野昭慶，染谷勝樹著　ワイズ出版　2014.7　523p　15cm　（ワイズ出版映画文庫　6）〈文献あり　作品目録あり　2007年刊の加筆・再編集、改稿〉Ⓘ978-4-89830-280-4　Ⓝ778.4　［1400円］

中野 北溟〔1923～〕

◇海のアリアⅡ中野北溟　柴橋伴夫著　札幌　共同文化社　2014.6　377p　22cm　〈年譜あり　文献あり〉Ⓘ978-4-87739-254-3　Ⓝ728.216　［3000円］

長野 義言〔1815～1862〕

◇安政の大獄―井伊直弼と長野主膳　松岡英夫著　中央公論新社　2014.12　233p　16cm　（中公文庫　ま37-2）〈文献あり　年譜あり〉Ⓘ978-4-12-206058-6　Ⓝ210.58　［1000円］

中院雅忠女〔1258～〕

◇とはずがたり　三角洋一著　岩波書店　2014.2　208p　19cm　（セミナーブックス・セレクション）〈1992年刊の再刊　内容：後深草院と雪の曙　後宮生活　出家後の旅〉Ⓘ978-4-00-028702-9　Ⓝ915.49　［2200円］

長野県

◇長野あるある　峰尾こずえ監修，長野あるある研究会著，水元あきつぐ，小山高志郎画　TOブックス　2014.11　159p　18cm　Ⓘ978-4-86472-319-0　Ⓝ291.52　［980円］

◇長野のおきて―ナガノを楽しむための51のおきて　長野県地位向上委員会編　アース・スターエンターテイメント　2014.5　174p　18cm　〈泰文堂（発売）　文献あり〉Ⓘ978-4-8030-0578-3　Ⓝ291.52　［952円］

長野県（遺跡・遺物）

◇松ノ木遺跡　4　佐久市教育委員会編　佐久　佐久市教育委員会　2014.3　25p　30cm　（佐久市埋蔵文化財調査報告書　第209集）〈長野県佐久市岩村田松ノ木遺跡第4次調査　共同刊行：佐久市〉Ⓝ210.0254

長野県（遺跡・遺物―安曇野市）

◇明科遺跡群栄町遺跡　第4次　安曇野　安曇野市教育委員会　2014.3　59p　30cm　（安曇野市の埋蔵文化財　第7集）Ⓝ210.0254

◇穂高古墳群―2013年度発掘調査報告書　國學院大學文学部考古学研究室　2014.7　68,7p　図版16p　30cm　（國學院大學文学部考古学実習報告　第50集）〈長野県安曇野市所在　編集：吉田恵二ほか〉Ⓝ210.0254

長野県（遺跡・遺物―飯田市）

長野県（遺跡・遺物―飯田市）

◇飯田古墳群　論考編　飯田市教育委員会編　飯田　飯田市教育委員会　2013.3　101p　30cm　Ⓝ210.0254

◇恒川遺跡群　総括編　飯田市飯田市教育委員会編　飯田　長野県飯田市教育委員会　2013.9　103p　図版12p　30cm　Ⓝ210.0254

長野県（遺跡・遺物―上田市）

◇市内遺跡―平成24年度市内遺跡発掘調査報告書　上田　上田市教育委員会　2013.3　20p　30cm　（上田市文化財調査報告書　第116集）〈共同刊行：上田市〉Ⓝ210.0254

長野県（遺跡・遺物―岡谷市）

◇岡谷市内遺跡発掘調査報告書―概報　［岡谷］　長野県岡谷市教育委員会　2014.3　5p　30cm　（広畑遺跡ほか岡谷市内発掘調査報告書　平成25年度）Ⓝ210.0254

長野県（遺跡・遺物―佐久市）

◇上大豆塚遺跡―西近津遺跡群・常田居屋敷遺跡群　佐久市教育委員会編　佐久　佐久市教育委員会　2014.3　17p　図版7p　30cm　（佐久市埋蔵文化財調査報告書　第217集）〈長野県佐久市長土呂上大豆塚遺跡発掘調査報告書〉Ⓝ210.0254

◇市内遺跡発掘調査報告書　2012　長野県佐久市教育委員会編　佐久　長野県佐久市教育委員会　2014.3　72p　30cm　（佐久市埋蔵文化財調査報告書　第221集）〈折り込1枚〉Ⓝ210.0254

◇周防畑遺跡群　長野　長野県文化振興事業団長野県埋蔵文化財センター　2014.3　288p　図版57p　30cm　（長野県埋蔵文化財センター発掘調査報告書105）〈佐久市所在　共同刊行：国土交通省関東地方整備局〉Ⓝ210.0254

◇龍岡城跡　1・2・3・4　佐久市教育委員会編　佐久　佐久市教育委員会　2014.3　144p　図版7p　30cm　（佐久市埋蔵文化財調査報告書　第216集）〈長野県佐久市田口西洋式城郭の石垣修理等に伴う発掘調査〉Ⓝ210.0254

◇下端遺跡―筒畑遺跡群　1　佐久市教育委員会編　佐久　佐久市教育委員会　2014.3　20p　30cm　（佐久市埋蔵文化財調査報告書　第220集）〈長野県佐久市新子田下端遺跡第1次調査〉Ⓝ210.0254

◇道常遺跡―周防畑遺跡群　2　佐久市教育委員会編　佐久　佐久市教育委員会　2013.8　11p　30cm　（佐久市埋蔵文化財調査報告書　第213集）〈長野県佐久市長土呂道常遺跡Ⅱ発掘調査報告書〉Ⓝ210.0254

◇中道遺跡―中道遺跡群　1　佐久市教育委員会編　佐久　佐久市教育委員会　2014.3　16p　図版10p　30cm　（佐久市埋蔵文化財調査報告書　第222集）〈長野県佐久市前山中道遺跡第1次調査〉Ⓝ210.0254

◇西近津遺跡―西近津遺跡群　3・4・5　長野県佐久市教育委員会編　佐久　長野県佐久市教育委員会　2014.3　208p　図版91p　30cm　（佐久市埋蔵文化財調査報告書　第208集）〈長野県佐久市長土呂西近津遺跡第3・4・5次調査　共同刊行：佐久市〉Ⓝ210.0254

◇東一本柳遺跡―岩村田遺跡群　2　長野県佐久市教育委員会編　佐久　長野県佐久市教育委員会　2014.3　121p　30cm　（佐久市埋蔵文化財調査報告書　第218集）〈長野県佐久市岩村田東一本柳遺跡第2次調査〉Ⓝ210.0254

◇丸山遺跡　佐久市教育委員会編　佐久　佐久市教育委員会　2014.3　17p　30cm　（佐久市埋蔵文化財調査報告書　第224集）〈長野県佐久市下小田切丸山遺跡発掘調査報告書〉Ⓝ210.0254

◇三千束遺跡群市道遺跡Ⅴ・平馬塚遺跡群平馬塚遺跡Ⅱ・北裏遺跡群北裏遺跡Ⅱ・宮浦遺跡群宮浦遺跡Ⅰ・北畑遺跡群北畑遺跡Ⅲ　佐久市教育委員会編　佐久　佐久市教育委員会　2014.3　138p　図版［39］枚　30cm　（佐久市埋蔵文化財調査報告書　第219集）〈共同刊行：佐久建設事務所〉Ⓝ210.0254

◇南下北原遺跡―周防畑遺跡群　3　佐久市教育委員会編　佐久　佐久市教育委員会　2013.7　30cm　（佐久市埋蔵文化財調査報告書　第215集）〈長野県佐久市長土呂南下北原遺跡Ⅲ発掘調査報告書〉Ⓝ210.0254

◇宮の上遺跡―宮の上遺跡群　5　佐久市教育委員会編　佐久　佐久市教育委員会　2013.9　12p　図版4p　30cm　（佐久市埋蔵文化財調査報告書　第214集）〈長野県佐久市横和宮の上遺跡発掘調査報告書〉Ⓝ210.0254

◇森平遺跡寄塚遺跡群今井西原遺跡今井宮の前遺跡　長野　長野県埋蔵文化財センター　2014.3　268p　図版50p　30cm　（長野県埋蔵文化財センター発掘調査報告書107）〈佐久市所在　共同刊行：国土交通省関東地方整備局〉Ⓝ210.0254

長野県（遺跡・遺物―須坂市）

◇須坂市内発掘調査報告書　平成23年度　須坂市市民共創部生涯学習スポーツ課編　［須坂］　須坂市教育委員会　2014.3　75p　30cm　Ⓝ210.0254

長野県（遺跡・遺物―諏訪市）

◇市内遺跡発掘調査報告書―長野県諏訪市内遺跡発掘調査報告書　平成25年度　諏訪市教育委員会編　諏訪　諏訪市教育委員会　2014.3　22p　30cm　（諏訪市埋蔵文化財調査報告第74集）Ⓝ210.0254

長野県（遺跡・遺物―千曲市）

◇粟佐遺跡群琵琶島遺跡2・屋代遺跡群町浦遺跡4　千曲　千曲市教育委員会　2014.3　37p　30cm　〈長野県千曲市所在　旧国道線道路改良事業及び国道403号道路改良事業に伴う埋蔵文化財発掘調査報告書〉Ⓝ210.0254

◇更埴条里水田址七ツ石地点　3　千曲市文化財センター編　［千曲］　千曲市文化財センター　2014.3　12p　30cm〈長野県千曲市所在　（仮称）ファミリーマート千曲あんずの里店新築に伴う埋蔵文化財発掘調査報告書〉Ⓝ210.0254

◇屋代遺跡群城ノ内遺跡　9　千曲　千曲市教育委員会文化財センター　2013.3　88p　30cm　〈長野県千曲市所在　都市計画道路一重山線改良工事に伴う埋蔵文化財発掘調査報告書〉Ⓝ210.0254

長野県（遺跡・遺物―中野市）

◇笠倉遺跡・笠倉遺跡（森の家）跡―千曲川笠倉築堤事業関連発掘調査報告書　中野　中野市教育委員会　2014.1　119p　30cm〈中野市所在　共同刊行：国土交通省北陸地方整備局千曲川河川事務所〉Ⓝ210.0254

長野県（遺跡・遺物―松本市）

◇県町遺跡―第15次発掘調査報告書　松本　松本市教育委員会　2014.3　25p　30cm　（松本市文化財調査報告　no. 213）〈長野県松本市所在〉Ⓝ210.0254

◇出川南遺跡―第21次発掘調査報告書　松本　松本市教育委員会　2014.3　36p　図版15p　30cm　（松本市文化財調査報告　no. 212）〈長野県松本市所在〉Ⓝ210.0254

◇殿村遺跡―第4次発掘調査報告書　松本　松本市教育委員会　2014.3　40p　図版16p　30cm　（松本市文化財調査報告　no. 215）〈長野県松本市所在〉Ⓝ210.0254

◇殿村遺跡とその時代　3　平成24年度発掘報告会・講演会の記録　松本　松本市教育委員会　2014.3　37p　30cm　Ⓝ215.2

長野県（遺跡地図―中野市）

◇長野県中野市遺跡詳細分布図　中野市教育委員会編　改訂版［中野］　中野市教育委員会　2014.3　35p　30cm　〈文献あり〉Ⓝ215.2

長野県（移民・植民―満州）

◇下伊那から満州を考える―聞き書きと調査研究　1　満州移民を考える会編著　［飯田］　満州移民を考える会　2014.7　173p　26cm　Ⓝ334.5152　［800円］

長野県（医療―名簿）

◇長野県医療名鑑　2014年度版　医療タイムス社編　長野　医療タイムス社　2014.8　766p　30cm　〈介護施設リスト付〉①978-4-900933-47-7　Ⓝ498.035　［15000円］

長野県（衛生）

◇長野県の長寿力　阿部守一著　ワニブックス　2014.4　189p　18cm　（ワニブックス｜PLUS｜新書115）①978-4-8470-6547-7　Ⓝ498.02152　［830円］

長野県（衛生―名簿）

◇長野県医療名鑑　2014年度版　医療タイムス社編　長野　医療タイムス社　2014.8　766p　26cm　〈介護施設リスト付〉①978-4-900933-47-7　Ⓝ498.035　［15000円］

長野県（エネルギー政策）

◇地域主導型再生可能エネルギー事業化検討業務成果報告書　平成25年度　［長野］　自然エネルギー信州ネット　2014.3　87, 12p　30cm　〈平成25年度環境省委託業務〉Ⓝ501.6

長野県（貝）

◇長野県産陸生・淡水生貝類―飯島國昭コレクション　飯田市美術博物館編　飯田　飯田市美術博物館　2014.3　147p　30cm　（飯田市美術博物館自然資料目録　第2集）Ⓝ484.038

長野県（介護保険施設―名簿）

◇長野県医療名鑑　2014年度版　医療タイムス社編　長野　医療タイムス社　2014.8　766p　26cm　〈介護施設リスト付〉①978-4-900933-47-7　Ⓝ498.035　［15000円］

長野県（河川行政）

◇流域管理の環境社会学―下諏訪ダム計画と住民合意形成　保屋野初子著　岩波書店　2014.3　202p　22cm　〈文献あり　索引あり〉①978-4-00-025570-7　Ⓝ517.091　［6400円］

長野県（家族―上田市―歴史）

◇旧上田藩上塩尻村同族・分家誌　高橋基泰編　［松山］　愛媛大学法文学部総合政策学科　2014.3　211p　21cm　（愛媛大学経済学研究叢書18）Ⓝ384.4　［非売品］

日本件名図書目録2014　Ⅰ　　　　　　　　　　　　　　　　　　　　　　　　　　　　　　　長野県（地震）

長野県（環境問題）
◇環境と暮らし報告書—2014年5月15日—6月9日調査　長野県環境保全協会, 長野県世論調査協会［編］　長野　長野県世論調査協会　2014.6　63p　30cm　Ⓝ519.8152

長野県（観光開発—茅野市）
◇財産区のガバナンス　古谷健司著　日本林業調査会　2013.10　260p　21cm　〈文献あり〉　①978-4-88965-234-5　Ⓝ318.252　［2500円］

長野県（紀行・案内記）
◇長野〈東北信〉は観光で輝く　岩切正介著　原書房　2014.6　311p　21cm　①978-4-562-04951-6　Ⓝ291.52　［1600円］

長野県（紀行・案内記—諏訪市）
◇藤原正彦, 美子のぶらり歴史散歩　藤原正彦, 藤原美子著　文藝春秋　2014.9　223p　16cm　（文春文庫　ふ26-4）①978-4-16-790192-9　Ⓝ291.36　［540円］

長野県（希少植物）
◇長野県版レッドリスト—長野県の絶滅のおそれのある野生動植物　2014　植物編　長野県環境部自然保護課, 長野県環境保全研究所自然環境部編　長野　長野県環境部自然保護課　2014.3　225p　図版8p　30cm　〈文献あり　共同刊行：長野県環境保全研究所自然環境部〉Ⓝ462.152

長野県（教育）
◇学校を変えれば社会が変わる—信州からの教育再生　戸田忠雄編著　東京書籍　2014.5　293p　21cm　〈内容：学校を変えれば社会が変わる（戸田忠雄著）　学習者本位〈Student First〉の理念と汎用的能力の育成（合田哲雄著）　官民協働による学習者本位の教育改革（竹内延彦著）　外から見える信州教育の再生（大久保和孝著）　「教育県」のいままでとこれから（清水唯一朗著）　学習者本位の教育改革へ（伊藤学司述, 戸田忠雄インタビュアー）〉①978-4-487-80859-5　Ⓝ372.152　［3000円］
◇信州教育に未来はあるか　山口利幸［著］　長野　しなのき書房　2014.12　249p　18cm　（しなのき新書）①978-4-903002-45-3　Ⓝ372.152　［900円］

長野県（教育—歴史—松本市）
◇学都松本の礎—近世・近代, 学びの場：崇教館設立220周年・開智学校開校140周年記念特別展　松本　松本市立博物館　2014.2　49p　30cm　〈年表あり　会期：平成26年2月1日—3月16日〉Ⓝ372.152

長野県（行政—駒ヶ根市）
◇駒ヶ根市第4次総合計画—基本構想・前期基本計画：ともに創ろう！笑顔あふれるまち駒ヶ根：平成26年（2014）→平成35年（2023）　駒ヶ根市総務部企画振興課企画編集　［駒ヶ根］　駒ヶ根市　2014.4　179p　30cm　〈折り込1枚〉Ⓝ318.252

長野県（協働（行政））
◇流域管理の環境社会学—下諏訪ダム計画と住民合意形成　保屋野初子著　岩波書店　2014.3　202p　22cm　〈文献あり　索引あり〉①978-4-00-025570-7　Ⓝ517.091　［6400円］

長野県（橋梁—保存・修復）
◇土木遺産保存活用事業報告書　長野　土木・環境しなの技術支援センター　2014.3　18, 186p　30cm　〈文献あり　第18回「北陸地域の活性化」に関する研究助成事業, 平成25年度公益助成事業（関東地域づくり協会）　付属資料：14p：防災遺産牛伏川の砂防〉Ⓝ521.8

長野県（軍事基地—軽井沢町—歴史）
◇軽井沢を青年が守った—浅間山米軍演習地反対闘争1953　荒井輝允著　京都　ウインかもがわ　2014.6　163p　19cm　〈かもがわ出版（発売）　年表あり　奥付のタイトル（誤植）：青年が軽井沢を守った〉①978-4-903882-63-5　Ⓝ395.39　［1200円］

長野県（景観計画—小布施町）
◇まちに大学が, まちを大学に　川向正人, 小布施まちづくり研究所編著　［小布施町（長野県）］　小布施まちづくり研究所　2014.6　159p　26cm　〈彰国社（発売）　英語併記　訳：ハート・ララビー〉①978-4-395-51109-9　Ⓝ518.8　［1667円］

長野県（経済）
◇長野県の経済と産業—創立30周年記念誌　長野経済研究所編　長野　長野経済研究所　2014.6　105p　30cm　〈年表あり〉Ⓝ602.152　［1080円］

長野県（県歌）
◇県歌信濃の国　市川健夫, 小林英一著　長野　信濃毎日新聞社　2014.5　229p　19cm　（信毎選書　9）〈銀河書房　1984年刊の加筆・修正〉①978-4-7840-7230-9　Ⓝ291.52　［1200円］

長野県（公営住宅）
◇公営住宅一覧表　平成25年度　［長野］　長野県　［2013］　82, 99, 20p　31cm　〈平成25年4月1日現在　ルーズリーフ〉Ⓝ365.35

◇公営住宅一覧表　平成26年度　［長野］　長野県　［2014］　83, 102, 20p　31cm　〈平成26年4月1日現在　ルーズリーフ〉Ⓝ365.35

長野県（甲虫類—安曇野市）
◇北アルプス常念岳において腐肉トラップで捕獲された甲虫類の垂直分布と季節的消長—1960年の調査結果　上村清, 林靖彦［著］　つくば　日本甲虫学会　2014.2　50p　26cm　（地域甲虫自然史　第7号）Ⓝ486.6

長野県（甲虫類—松本市）
◇北アルプス常念岳において腐肉トラップで捕獲された甲虫類の垂直分布と季節的消長—1960年の調査結果　上村清, 林靖彦［著］　つくば　日本甲虫学会　2014.2　50p　26cm　（地域甲虫自然史　第7号）Ⓝ486.6

長野県（交通政策）
◇長野県リニア活用基本構想—リニア中央新幹線が創る信州の未来　長野　長野県企画部リニア推進振興室　2014.3　57p　30cm　Ⓝ681.1

長野県（高齢者福祉—木島平村）
◇農村環境を活かした介護のあり方調査研究事業報告書—農村環境を活かした「いきいきライフ」の実現　［木島平村（長野県）］　長野県木島平村　2014.4　101p　30cm　〈平成25年度老人保健事業推進費等補助金老人保健健康増進等事業〉Ⓝ369.26

長野県（古地図—飯田市）
◇描かれた上飯田—明治初期の地引絵図をよむ　飯田市歴史研究所編　［飯田］　飯田市教育委員会　2014.3　74p　26cm　〈『飯田・上飯田の歴史』別冊〉Ⓝ291.52

長野県（古地図—長野市）
◇松代藩の国絵図・城下絵図・町絵図—真田宝物館特別企画展　長野市教育委員会文化財課松代文化施設等管理事務所編　長野　長野市教育委員会文化財課松代文化施設等管理事務所　2014.6　69p　30cm　〈会期：平成26年6月11日—9月8日〉Ⓝ215.2

長野県（鏝絵—原村）
◇原村の土蔵を彩る鏝絵　原村（長野県）　原村教育委員会　2014.3　161p　30cm　（郷土の文化財　第4集）Ⓝ529.02152

長野県（古墳）
◇千曲川古墳散歩—古墳文化の伝播をたどる　相原精次, 三橋浩著　彩流社　2014.9　94p　21cm　①978-4-7791-2041-1　Ⓝ215.2　［2000円］

長野県（財産区—茅野市）
◇財産区のガバナンス　古谷健司著　日本林業調査会　2013.10　260p　21cm　〈文献あり〉①978-4-88965-234-5　Ⓝ318.252　［2500円］

長野県（財政）
◇包括外部監査報告書　平成24年度　業務委託を中心とする公共調達について　［長野］　長野県包括外部監査人　2013.3　259p　30cm　〈長野県包括外部監査人：鵜川正樹〉Ⓝ349.2152

長野県（佐久市）
◇松ノ木遺跡　3　佐久市教育委員会編　佐久　佐久市教育委員会　2014.3　26p　図版13p　30cm　（佐久市埋蔵文化財調査報告書　第223集）〈長野県佐久市岩村田松ノ木遺跡第Ⅲ次調査〉Ⓝ210.0254
◇松ノ木遺跡　4　佐久市教育委員会編　佐久　佐久市教育委員会　2014.3　25p　30cm　（佐久市埋蔵文化財調査報告書　第209集）〈長野県佐久市岩村田松ノ木遺跡第4次調査　共同刊行：佐久市〉Ⓝ210.0254

長野県（砂防設備—保存・修復）
◇土木遺産保存活用事業報告書　長野　土木・環境しなの技術支援センター　2014.3　18, 186p　30cm　〈文献あり　第18回「北陸地域の活性化」に関する研究助成事業, 平成25年度公益助成事業（関東地域づくり協会）　付属資料：14p：防災遺産牛伏川の砂防〉Ⓝ521.8

長野県（産業）
◇長野県の経済と産業—創立30周年記念誌　長野経済研究所編　長野　長野経済研究所　2014.6　105p　30cm　〈年表あり〉Ⓝ602.152　［1080円］

長野県（市街地—長野市—歴史）
◇長野市域を多元的に見直す　第10巻　小林英一著　［出版地不明］　［小林英一］　2014.1　208p　26cm　〈内容：第7章「長野市街地」（承前）．3（大門町・東町）〉Ⓝ291.52　［1200円］
◇長野市域を多元的に見直す　第11巻　小林英一著　［出版地不明］　［小林英一］　2014.3　255p　26cm　〈内容：第7章「長野市街地」（承前）．4（西町・桜枝町）〉Ⓝ291.52　［1200円］

長野県（地震）
◇平成23年（2011年）長野県北部の地震による道路橋等の被害調査報告　［つくば］　国土技術政策総合研究所　2013.12　54p

541

長野県（地震―栄村）

30cm　（国土技術政策総合研究所資料　第770号 / 土木研究所資料　第4274号）〈共同刊行：土木研究所〉Ⓝ515.7

長野県（地震―栄村）
◇絆―栄村震災記録集：長野県北部地震　栄村総務課編　第2版　栄村（長野県）　長野県栄村　2013.10　95p　30cm　Ⓝ369.31
◇震災体験記―長野県北部地震　栄村,栄村教育委員会編　栄村（長野県）　長野県栄村教育委員会　2014.9　115p　30cm〈栄村震災復興特別基金事業〉Ⓝ916

長野県（史跡名勝）
◇善光寺道名所図会―歴史館版　長野県立歴史館編　千曲　長野県立歴史館　2014.3　65p　26cm　（信濃の風土と歴史 20）〈文献あり〉Ⓝ291.52

長野県（史跡名勝―千曲市）
◇名勝「姨捨（田毎の月）」保存管理計画　千曲市教育委員会文化財センター編　改訂版　［千曲］　千曲市　2013.7　98p　30cm　Ⓝ519.8152

長野県（自然保護―千曲市）
◇名勝「姨捨（田毎の月）」保存管理計画　千曲市教育委員会文化財センター編　改訂版　［千曲］　千曲市　2013.7　98p　30cm　Ⓝ519.8152

長野県（社会福祉）
◇福祉に関する県民意識調査報告書―2013年10月10日―11月13日調査　長野　長野県社会福祉協議会　2014.3　88p　30cm〈共同刊行：長野県世論調査協会〉Ⓝ369.02152

長野県（社会福祉―歴史）
◇ホームヘルプ事業草創期を支えた人びと―思想・実践・哲学・生涯　中嶌洋著　京都　久美　2014.2　154p　21cm〈年譜あり　内容：小河滋次郎　土田杏村　三木清　原崎秀司　関澤欣三　横内浄音　金子呑風　竹内吉正　斎藤りさの　民間女性Kさん〉①978-4-86189-222-6　Ⓝ369.02152　［1800円］

長野県（写真集）
◇ふるさと信州風景100選―伝えたい・残したいふるさとの感動　長野県建設部都市・まちづくり課編　長野　長野県建設部都市・まちづくり課　［201-]　232p　15×21cm　Ⓝ291.52
◇悠久を旅する信州の街道　長野　信濃毎日新聞社　2014.10　163p　26cm　①978-4-7840-7247-7　Ⓝ291.52　［2200円］

長野県（宿駅―軽井沢町―歴史）
◇近世宿駅制度の研究―中山道追分宿を中心として　児玉幸多著　増訂版 オンデマンド版　吉川弘文館　2013.10　620,11p　22cm〈印刷・製本：デジタルパブリッシングサービス〉①978-4-642-04249-9　Ⓝ682.1　［17000円］

長野県（城下町―上田市）
◇さんざめく城下町―問屋日記から　下　尾崎行也著　長野　八十二文化財団　2014.3　123p　21cm　（江戸庶民の生活史講座『江戸を生きる』 9）Ⓝ215.2　［800円］

長野県（女性―上田市―歴史）
◇『時報』にみる上田小県の女たち　上田小県近現代史研究会編　上田　上田小県近現代史研究会　2014.11　136p　21cm　（上田小県近現代史研究会ブックレット no. 22）〈年表あり〉Ⓝ367.2152

長野県（書目）
◇長野県EL新聞記事情報リスト　2013-1　エレクトロニック・ライブラリー編　エレクトロニック・ライブラリー　2014.2　1183p　31cm〈制作：日外アソシエーツ〉Ⓝ025.8152
◇長野県EL新聞記事情報リスト　2013-2　エレクトロニック・ライブラリー編　エレクトロニック・ライブラリー　2014.2　p1185-2144　31cm〈制作：日外アソシエーツ〉Ⓝ025.8152
◇長野県EL新聞記事情報リスト　2013-3　エレクトロニック・ライブラリー編　エレクトロニック・ライブラリー　2014.2　p2145-3073　31cm〈制作：日外アソシエーツ〉Ⓝ025.8152

長野県（城）
◇真田幸隆のルーツと山城紀行―信濃から上野国へ　竹本茂雄著　［神戸］　［竹本茂雄］　2014.6　1冊　30cm　Ⓝ215.2

長野県（城跡）
◇縄張図・断面図・鳥瞰図で見る信濃の山城と館　8　水内・高井・補遺編　宮坂武男著　戎光祥出版　2014.1　503p 図版36p　26cm　①978-4-86403-098-4　Ⓝ215.2　［8000円］

長野県（陣屋）
◇信越の大名陣屋町　米田藤博著　生駒　関西地理学研究会　2014.4　116p　26cm〈奥付のタイトル（誤植）：東海の大名陣屋町〉Ⓝ215.2

長野県（森林計画）
◇伊那谷地域森林計画書―伊那谷森林計画区　第13期　［長野］　長野県　［2013］　230p　30cm〈計画期間：自平成25年4月1日至平成35年3月31日〉Ⓝ651.1
◇伊那谷地域森林計画変更計画書―伊那谷森林計画区　第13期　平成26年4月1日変更　［長野］　長野県　［2014］　29p　30cm〈計画期間：自平成25年4月1日至平成35年3月31日〉Ⓝ651.1
◇木曽谷地域森林計画変更計画書―木曽谷森林計画区　第12期　平成26年4月1日変更　［長野］　長野県　［2013］　3p　30cm〈計画期間：自平成24年4月1日至平成34年3月31日〉Ⓝ651.1
◇木曽谷地域森林計画変更計画書―木曽谷森林計画区　第12期　平成26年4月1日変更　［長野］　長野県　［2014］　14p　30cm〈計画期間：自平成24年4月1日至平成34年3月31日〉Ⓝ651.1
◇千曲川下流地域森林計画変更計画書―千曲川下流森林計画区　第12期　平成25年4月1日変更　［長野］　長野県　［2013］　4p　30cm〈計画期間：自平成22年4月1日至平成32年3月31日〉Ⓝ651.1
◇千曲川下流地域森林計画変更計画書―千曲川下流森林計画区　第12期　平成26年4月1日変更　［長野］　長野県　［2014］　13p　30cm〈計画期間：自平成22年4月1日至平成32年3月31日〉Ⓝ651.1
◇千曲川上流地域森林計画書―千曲川上流森林計画区　第13期　［長野］　長野県　［2014］　177p　30cm〈計画期間：自平成26年4月1日至平成36年3月31日〉Ⓝ651.1
◇千曲川上流地域森林計画変更計画書―千曲川上流森林計画区　第12期　平成25年4月1日変更　［長野］　長野県　［2013］　4p　30cm〈計画期間：自平成21年4月1日至平成31年3月31日〉Ⓝ651.1
◇中部山岳地域森林計画変更計画書―中部山岳森林計画区　第12期　平成25年4月1日変更　［長野］　長野県　［2013］　4p　30cm〈計画期間：自平成23年4月1日至平成33年3月31日〉Ⓝ651.1
◇中部山岳地域森林計画変更計画書―中部山岳森林計画区　第12期　平成26年4月1日変更　［長野］　長野県　［2014］　24p　30cm〈計画期間：自平成23年4月1日至平成33年3月31日〉Ⓝ651.1

長野県（水害予防―上田市―歴史）
◇上田の水害―千曲川　滝澤主税著　［長和町（長野県）］　長野県地名研究所　2014.10　47p　21cm〈年表あり〉Ⓝ369.33　［380円］

長野県（水質汚濁）
◇酸性雨モニタリング（陸水）―平成25年度環境省委託業務結果報告書　［長野］　長野県　2014.3　122p　31cm〈文献あり　タイトルは標題紙による　ルーズリーフ〉Ⓝ519.4

長野県（青年運動―歴史）
◇軽井沢を青年が守った―浅間山米軍演習地反対闘争1953　荒井輝允著　京都　ウインかもがわ　2014.6　163p　19cm〈かもがわ出版（発売）　年表あり　奥付のタイトル（誤植）：青年が軽井沢を守った〉①978-4-903882-63-5　Ⓝ395.39　［1200円］

長野県（石仏―青木村―目録）
◇川西・青木の石造文化財　小諸　風間野石仏の会　2014.7　528p　30cm　（小縣石造文化財集成 第7章）〈背のタイトル：川西・青木〉Ⓝ718.4

長野県（石仏―上田市―目録）
◇川西・青木の石造文化財　小諸　風間野石仏の会　2014.7　528p　30cm　（小縣石造文化財集成 第7章）〈背のタイトル：川西・青木〉Ⓝ718.4

長野県（選挙―統計）
◇選挙の記録　平成25年　［長野］　長野県選挙管理委員会　［2014］　176p　30cm〈参議院議員通常選挙　平成25年7月21日執行,市町村長・市町村議会議員選挙　自.平成25年1月1日　至.平成25年12月31日〉Ⓝ314.8

長野県（多文化主義―松本市）
◇〈多文化共生〉8つの質問―子どもたちが豊かに生きる2050年の日本　佐藤友則著　学文社　2014.3　172p　21cm〈文献あり　索引あり〉①978-4-7620-2430-6　Ⓝ334.41　［2000円］

長野県（ダム―下諏訪町）
◇流域管理の環境社会学―下諏訪ダム計画と住民合意形成　屋野初子著　岩波書店　2014.3　202p　22cm〈文献あり　索引あり〉①978-4-00-025570-7　Ⓝ517.091　［6400円］

長野県（地域開発）
◇人口減少時代の地域づくり　4　「元気な地域」を比較する　東京大学大学院人文社会系研究科　2013.3　109p　30cm

日本件名図書目録2014　Ⅰ　　　　　　　　　　　　　　　　　　　　　　　　　　　　長野県（バス事業）

（社会調査実習報告書 2012年度）〈文献あり　共同刊行：東京大学文学部社会学研究室〉Ⓝ601.152
◇中山間地域の再生・持続モデル構築のための実証的研究—2010-2012年度文部科学省概算要求・特別経費（プロジェクト分）：成果報告書　［松本］　信州大学　2013.3　1冊　30cm　Ⓝ611.92152
◇21世紀の長野県を展望する—松本大学創立10周年・松本大学松商短期大学部創立60周年記念公開講座　松本大学・松本大学松商短期大学部周年事業実行委員会編　松本　松本大学出版会　2013.12　279p　21cm〈内容：家食パラダイス（廣田直子著）　シニアの資産運用（藤波大三郎著）　効果的な健康運動実践法（根本賢一著）　長野県産業の未来（太田勉著）　これからの観光まちづくりを活かす五つの戦略（山根宏文著）　大学生の基礎学力の現状と小・中・高における教育のあり方（小野博著）　転換期の日本経済とキャリア教育（糸井重夫著）　好奇心を育む大学教育（住吉廣行著）〉①978-4-902915-18-1　Ⓝ601.152　［1600円］

長野県（地域開発—大町市）
◇地方小都市における地域再生への課題と取り組み　村山研一，辻竜平編　［松本］　信州大学人文学部社会学研究室　2013.3　109p　26cm　（大町市調査実習報告書 2012年度）Ⓝ601.152

長野県（地域開発—駒ヶ根市）
◇信州・駒ヶ根ソースかつ丼物語—ご当地グルメに託したまちおこし　山口真一著　長野　ほおずき書籍　2014.2　149p　19cm〈星雲社（発売）〉①978-4-434-18891-6　Ⓝ601.152　［1500円］

長野県（地域社会—小谷村）
◇小規模な自治体運営及びそこに展開する地域社会の取り組みと住民主体の地域づくり—長野県北安曇郡小谷村に学ぶ　［都留］　都留文科大学社会学科環境・コミュニティ創造専攻フィールドワークⅥ（地域社会論）　2013.3　231p　30cm　（フィールドワークⅥ（地域社会論）2012年度）〈2012年9月19日水曜日—9月22日土曜日　奥付の出版者（誤植）：都留文科大学社会学科環境・コミュニティ創造専攻フィールドワークⅤ（地域社会論）〉Ⓝ361.7

長野県（力石）
◇長野の力石　高島愼助著　第2版　岩田書院　2014.6　133p　22cm〈文献あり〉①978-4-87294-015-2　Ⓝ215.2　［2500円］

長野県（地誌）
◇県歌信濃の国　市川健夫，小林英一著　長野　信濃毎日新聞社　2014.5　229p　19cm　（信毎選書 9）〈銀河書房 1984年刊の加筆・修正〉①978-4-7840-7230-9　Ⓝ291.52　［1200円］
◇長野「地理・地名・地図」の謎—意外と知らない"信州"の歴史を読み解く！　原智子編　実業之日本社　2014.11　191p　18cm　（じっぴコンパクト新書 219）〈文献あり〉①978-4-408-45535-8　Ⓝ291.52　［800円］

長野県（地誌—須坂市）
◇須坂市誌　第2巻　地誌・民俗編　須坂市誌編さん室編　須坂　須坂市　2014.3　633p　27cm〈文献あり〉Ⓝ291.52

長野県（地誌—長野市）
◇西横田区誌　［長野］　西横田区　2014.1　80p　30cm　Ⓝ291.52

長野県（治水）
◇千曲川への遺言—河川環境の回復と水害防止を願って　中沢勇著　長野　川辺書林　2013.7　127p　21cm〈文献あり〉①978-4-906529-75-9　Ⓝ517.2152　［1200円］

長野県（治水—松本市—歴史）
◇牛伏川河川改修工事沿革史　牛伏川河川改修工事沿革史編纂委員会編　［松本］　牛伏川をきれいにする会　2014.3　86p　図版20p　31cm〈年表あり　長野県元気づくり支援金事業〉Ⓝ517.2152

長野県（地方選挙）
◇選挙の記録　平成25年　［長野］　長野県選挙管理委員会　［2014］　176p　30cm〈参議院議員通常選挙 平成25年7月21日執行，市町村長・市町村議会議員選挙 自. 平成25年1月1日至. 平成25年12月31日〉Ⓝ314.8

長野県（地名）
◇再発見信州の地名　上條宏之，堀内泰，山崎佐喜治，武田武ほか著　長野　柏企画　2014.11　182p　19cm〈索引あり　内容：上田周辺における地名の変遷（堀内泰著）　北アルプス山麓の地名と地域はどう変わったか（山崎佐喜治著）　西山周辺の地名と地域の変遷（武田武著）　木曽の地名に及ぼした二十一世紀の地域激変（上條宏之著）　中信・北信四町の地名選択（郷道哲章著）　千曲市成立までに見る各地の地名選択（鎌原

賢司著）　善光寺街道沿いに見る地名の変遷（宮下健司著）　上水内郡の北国街道沿いの地名変遷（柏企画編集部著）　上伊那の城下町以降の市町村合併と地名の動向（伊藤一夫著）　上諏訪・下諏訪の区別の由来（宮坂徹著）　佐久平中央部に見る地名の変遷（佐藤純一郎著）　上高井に見る昭和の地名変遷（神林信雄著）〉①978-4-907788-25-4　Ⓝ291.52　［1300円］
◇信州地名の由来を歩く　谷川彰英著　ベストセラーズ　2013.7　254p　18cm　（ベスト新書 412）〈文献あり〉①978-4-584-12412-3　Ⓝ291.52　［800円］

長野県（蝶）
◇光と影私の点描画—チョウの生態を主とした作品集　浜栄一著　オフィスエム　2014.6　205p　20cm　①978-4-904570-84-5　Ⓝ486.8　［1800円］

長野県（津南町）
◇津南学　Vol.3（2014）　特集 めざせ！苗場山麓ジオパーク　津南町教育委員会／編　長野　ほおずき書籍，星雲社〔発売〕　2014.10　331p　21cm　①978-4-434-19762-8　［1500円］

長野県（庭園—長野市）
◇史跡松代城跡附新御殿跡整備事業報告書　総論・調査編　長野市編　長野　長野市　2013.3　6, 277p　30cm〈年表あり　背のタイトル：新御殿跡整備事業報告書〉Ⓝ521.853

長野県（鉄道—歴史）
◇信州の鉄道物語　上　消え去った鉄道　小林宇一郎，小西純一監修，信濃毎日新聞社編　長野　信濃毎日新聞社　2014.6　311p　19cm　（信毎選書 10）〈文献あり　年表あり　1987年刊の再編集，復刻〉①978-4-7840-7236-1　Ⓝ686.2152　［1400円］
◇信州の鉄道物語　下　走り続ける鉄道　小林宇一郎，小西純一監修，信濃毎日新聞社編　長野　信濃毎日新聞社　2014.6　313p　19cm　（信毎選書 11）〈文献あり　1987年刊の再編集，復刻〉①978-4-7840-7237-8　Ⓝ686.2152　［1400円］

長野県（伝記—佐久市）
◇佐久の先人　佐久市佐久の先人検討委員会編　［佐久］　佐久市　2014.1　292p　19cm〈文献あり　共同刊行：佐久市教育委員会〉Ⓝ281.52

長野県（伝説—長野市）
◇鬼無里への誘い—蘇る鬼女紅葉　宮澤和穂著　長野　ほおずき書籍　2014.3　144p　21cm〈星雲社（発売）〉①978-4-434-18999-9　Ⓝ388.152　［1200円］

長野県（道路橋）
◇平成23年（2011年）長野県北部の地震による道路橋等の被害調査報告　［つくば］　国土技術政策総合研究所　2013.12　54p　30cm　（国土技術政策総合研究所資料 第770号 / 土木研究所資料 第4274号）〈共同刊行：土木研究所〉Ⓝ515.7

長野県（中野市）
◇東吉田のあゆみ　第4集　東吉田区50周年記念誌編集委員会編　［中野］　長野県中野市東吉田区　2014.12　368p　22cm〈年表あり　東吉田区設立五十周年記念〉Ⓝ318.252

長野県（農村）
◇中山間地域の再生・持続モデル構築のための実証的研究—2010-2012年度文部科学省概算要求・特別経費（プロジェクト分）：成果報告書　［松本］　信州大学　2013.3　1冊　30cm　Ⓝ611.92152

長野県（農村—歴史）
◇近現代日本の村と政策—長野県下伊那地方1910〜60年代　坂口正彦著　日本経済評論社　2014.10　333p　22cm〈索引あり　内容：明治後期〜大正期における政策の執行　昭和恐慌期における政策の執行　昭和戦時期における政策の執行　戦後農村における政策の執行　戦後山村における政策の執行　戦後における農協政策の執行　終章〉①978-4-8188-2341-9　Ⓝ611.15　［6000円］

長野県（農村計画—歴史）
◇近現代日本の村と政策—長野県下伊那地方1910〜60年代　坂口正彦著　日本経済評論社　2014.10　333p　22cm〈索引あり　内容：明治後期〜大正期における政策の執行　昭和恐慌期における政策の執行　昭和戦時期における政策の執行　戦後農村における政策の執行　戦後山村における政策の執行　戦後における農協政策の執行　終章〉①978-4-8188-2341-9　Ⓝ611.15　［6000円］

長野県（博物館—長野市）
◇新真田宝物館基本構想提言　KRC，長野市教育委員会文化財課編　［長野］　KRC　2014.3　55, 40p　30cm〈共同刊行：長野市教育委員会文化財課ほか〉Ⓝ215.2

長野県（バス事業）
◇長野県のバス時刻表ライブラリー——1962年までのバス時刻表26点を収録　くろこのへや編　くろこのへや　2014.4　110p　30cm　Ⓝ685.5　［非売品］

長野県（美術上）

長野県（美術上）
◇信州風景画万華鏡　岸田惠理著　玲風書房　2014.11　313p　21cm〈文献あり　索引あり　内容：信州風景画万華鏡　風景版画の変遷　信州風景にみるフォーヴィスティックと日本的なもの　浅間山と芸術家たちのトポフィリア　日本人と花々、信州の花が生んだ絵画の語るもの　見えたままのように描くことについて　信州の風景画、その歴史と背景　双燈社とその仲間たち　山の版画家畦地梅太郎〉⑪978-4-947666-65-9　Ⓝ721.02　［1800円］

長野県（風俗・習慣―飯田市）
◇飯田・上飯田の民俗　飯田市美術博物館, 柳田國男記念伊那民俗学研究所編　［飯田］　飯田市美術博物館　2013.3　381p　30cm（飯田市地域史研究事業民俗報告書 6）〈文献あり　年表あり　共同刊行：柳田國男記念伊那民俗学研究所〉Ⓝ382.152

長野県（風俗・習慣―須坂市）
◇須坂市誌　第2巻　地誌・民俗編　須坂市誌編さん室編　須坂　須坂市　2014.3　633p　27cm〈文献あり〉Ⓝ291.52

長野県（武家住宅―長野市）
◇史跡松代城跡附新御殿跡整備事業報告書　総論・調査編　長野市編　長野　長野市　2013.3　6, 277p　30cm〈年表あり　背のタイトル：新御殿跡整備事業報告書〉Ⓝ521.853

長野県（仏像―松本市―図集）
◇秘する佛像―本郷文化財写真集　本郷地区景観整備委員会編　松本　本郷地区景観整備委員会　2014.3　159p　29cm　Ⓝ718.02152

長野県（噴火災害）
◇ドキュメント御嶽山大噴火　山と渓谷社編　山と渓谷社　2014.12　237p　18cm（ヤマケイ新書 YS009）⑪978-4-635-51024-0　Ⓝ369.31　［800円］

長野県（噴火災害―写真集）
◇御嶽山噴火―2014.9.27：緊急報道写真集　信濃毎日新聞社編　長野　信濃毎日新聞社　2014.10　64p　30cm　⑪978-4-7840-7249-1　Ⓝ369.31　［700円］

長野県（文化財保護―長野市）
◇松代町文化財保存活用推進計画　長野市教育委員会文化財課, KRC編　［長野］　長野市教育委員会文化財課　2013.2　1冊　30cm〈共同刊行：KRC〉Ⓝ709.152

長野県（保養地―軽井沢町―歴史）
◇高原のリゾート軽井沢のロマン　巻口勇次著　筑波書房　2014.4　349p　19cm〈文献あり〉⑪978-4-8119-0438-2　Ⓝ215.2　［1800円］

長野県（町屋―保存・修復―塩尻市）
◇平出―伝統的建造物群保存対策調査報告　国立文化財機構奈良文化財研究所編　塩尻　塩尻市教育委員会　2014.3　116p　図版［14］枚　30cm　Ⓝ521.86

長野県（民家―保存・修復―塩尻市）
◇重要文化財小野家住宅主屋ほか二棟保存修理工事報告書　文化財建造物保存技術協会編著　塩尻　小野良文　2013.11　1冊　30cm〈年表あり〉Ⓝ521.86

長野県（名簿）
◇長野県人物・人材情報リスト　2015　第1巻　日外アソシエーツ株式会社編　日外アソシエーツ（制作）　2014.11　727p　30cm　Ⓝ281.52
◇長野県人物・人材情報リスト　2015　第2巻　日外アソシエーツ株式会社編　日外アソシエーツ（制作）　2014.11　p729-1397, 58p　30cm　Ⓝ281.52

長野県（歴史）
◇あなたの知らない長野県の歴史　山本博文監修　洋泉社　2014.1　189p　18cm（歴史新書）〈文献あり　年表あり〉⑪978-4-8003-0302-8　Ⓝ215.2　［780円］
◇県歌信濃の国　市川健夫, 小林英一著　長野　信濃毎日新聞社　2014.5　229p　19cm（信毎選書 9）〈銀河書房 1984年刊の加筆・修正〉⑪978-4-7840-7230-9　Ⓝ291.52　［1200円］
◇信濃武士の決断―信長・秀吉・家康の時代：平成26年度秋季企画展　長野県立歴史館編　千曲　長野県立歴史館　2014.9　79p　30cm〈年表あり　文献あり　会期・会場：平成26年9月27日―11月9日　長野県立歴史館企画展示室〉Ⓝ215.2

長野県（歴史―飯田市）
◇上山区史　上山区史編纂委員会編　［飯田］　飯田市鼎上山区上山区史刊行委員会　2014.1　515p　26cm〈年表あり　文献あり〉Ⓝ215.2

長野県（歴史―伊那市）
◇「勘太郎」とは誰なのか？―伊那谷の幕末維新と天狗党　伊藤春奈著　長野　信濃毎日新聞社　2014.2　279p　19cm（信

毎選書 8）〈文献あり〉⑪978-4-7840-7226-2　Ⓝ215.2　［1300円］

長野県（歴史―写真集―大町市）
◇ふるさと大町―大町市制施行60周年・合併10年記念決定版写真集!!：保存版　荒井和比古監修　松本　郷土出版社　2014.11　231p　31cm　⑪978-4-86375-222-1　Ⓝ215.2　［9250円］

長野県（歴史―写真集―松本市）
◇写真で見るこころの松本―懐かしのふるさと150年　小松芳郎監修　松本　郷土出版社　2014.12　231p　31cm〈明治維新150年記念決定版写真集〉⑪978-4-86375-225-2　Ⓝ215.2　［9250円］

長野県（歴史―史料―佐久市）
◇佐久市五郎兵衛記念館古文書調査報告書　第7集　佐久市五郎兵衛記念館編　［佐久］　佐久市教育委員会　2014.3　50p　26cm　Ⓝ215.2

長野県（歴史―史料―書目）
◇信濃国埴科郡松代伊勢町八田家文書目録　その7　人間文化研究機構国文学研究資料館調査収集事業部編　立川　人間文化研究機構国文学研究資料館調査収集事業部　2014.3　239p　26cm（史料目録 第99集）〈年表あり〉⑪978-4-87592-170-7　Ⓝ215.2
◇長野県立歴史館収蔵文書目録　13　長野県立歴史館編　千曲　長野県立歴史館　2014.3　112p　30cm〈内容：飯島勝休資料（0-15）　更級郡鹿谷村文書（7-4）　埴科郡生萱村島田家文書（7-24）　松代藩士関山家文書（7-30）　水内郡新町村文書（9-5）〉Ⓝ215.2

長野県（歴史―史料―書目―佐久市）
◇望月町誌文書目録　［1］　近世文書 1　佐久市教育委員会社会教育部文化財課編　佐久　長野県佐久市教育委員会　2014.3　353p　30cm　Ⓝ215.2
◇望月町誌文書目録　［2］　近世文書 2　佐久市教育委員会社会教育部文化財課編　佐久　長野県佐久市教育委員会　2014.3　129p　30cm　Ⓝ215.2
◇望月町誌文書目録　［3］　近世文書 3　佐久市教育委員会社会教育部文化財課編　佐久　長野県佐久市教育委員会　2014.3　266p　30cm　Ⓝ215.2
◇望月町誌文書目録　［4］　近世文書 4　佐久市教育委員会社会教育部文化財課編　佐久　長野県佐久市教育委員会　2014.3　368p　30cm　Ⓝ215.2
◇望月町誌文書目録　5　近現代文書・役場文書　佐久市教育委員会社会教育部文化財課編　佐久　長野県佐久市教育委員会　2014.3　214p　30cm　Ⓝ215.2

長野県（歴史―史料―書目―須坂市）
◇須坂市域の史料目録　第6集　平成26年度　須坂市市民共創部生涯学習スポーツ課, 須坂市誌編さん室編　［須坂］　須坂市　2014.11　135p　30cm　Ⓝ215.2

長野県（歴史―史料―書目―長野市）
◇長野市立博物館収蔵資料目録　歴史 15　購入資料 3 / 源本家文書　その2　長野市立博物館編　長野　長野市立博物館　2014.3　44p　30cm　Ⓝ215.2

長野県（歴史―長野市）
◇新真田宝物館基本構想提言　KRC, 長野市教育委員会文化財課編　［長野］　KRC　2014.3　55, 40p　30cm〈共同刊行：長野市教育委員会文化財課ほか〉Ⓝ215.2
◇長野市域を多元的に見直す　第10巻　小林英一著　［出版地不明］　［小林英一］　2014.1　208p　26cm〈内容：第7章「長野市街地」（承前）．3（大門町・東町）〉Ⓝ291.52　［1200円］
◇長野市域を多元的に見直す　第11巻　小林英一著　［出版地不明］　［小林英一］　2014.3　255p　26cm〈内容：第7章「長野市街地」（承前）．4（西町・桜枝町）〉Ⓝ291.52　［1200円］

長野県（歴史―松本市）
◇奈川村いまむかし―民衆の証言記録　須田清雄著　［出版地不明］　［須田清雄］　2013.11　226p　20cm〈文献あり〉Ⓝ215.2　［1800円］

長野県議会
◇長野県議会沿革史　第28編　上巻　［長野］　長野県議会事務局　2013.3　947p　26cm〈収録期間：平成19年4月―平成21年3月〉Ⓝ318.452　［非売品］
◇長野県議会沿革史　第28編　下巻　［長野］　長野県議会事務局　2014.3　974p　26cm〈収録期間：平成21年4月―平成23年3月〉Ⓝ318.452　［非売品］

長野県立こども病院
◇小さな手と手―二十歳になった長野県立こども病院　信濃毎日新聞社編著　アーツアンドクラフツ　2014.1　189p　19cm　⑪978-4-901592-95-6　Ⓝ493.9　［1400円］

日本件名図書目録2014　Ⅰ

長浜市（遺跡・遺物）

中野市
◇東吉田のあゆみ　第4集　東吉田区50周年記念誌編集委員会編　［中野］　長野県中野市東吉田区　2014.12　368p　22cm〈年譜あり　東吉田区設立五十周年記念〉Ⓝ318.252

中野市（遺跡・遺物）
◇笠倉遺跡・笠倉館（森の家）跡─千曲川笠倉築堤事業関連発掘調査報告書　中野　中野市教育委員会　2014.1　119p　30cm〈中野市所在　共同刊行：国土交通省北陸地方整備局千曲川河川事務所〉Ⓝ210.0254

中野市（遺跡地図）
◇長野県中野市遺跡詳細分布図　中野市教育委員会編　改訂版　［中野］　中野市教育委員会　2014.3　35p　30cm〈文献あり〉Ⓝ215.2

長野市（行政）
◇駒ヶ根市第4次総合計画─基本構想・前期基本計画：ともに創ろう！笑顔あふれるまち駒ヶ根：平成26年（2014）→平成35年（2023）駒ヶ根市総務部企画振興課企画編集　［駒ヶ根］駒ヶ根市　2014.4　179p　30cm〈折り込 1枚〉Ⓝ318.252

長野市（古地図）
◇松代藩の国絵図・城下絵図・町絵図─真田宝物館特別企画展長野市教育委員会文化財課松代文化施設等管理事務所編　長野　長野市教育委員会文化財課松代文化施設等管理事務所　2014.6　69p　30cm〈会期：平成26年6月11日─9月8日〉Ⓝ215.2

長野市（市街地─歴史）
◇長野市域を多元的に見直す　第10巻　小林英一著　［出版地不明］　［小林英一］　2014.1　208p　26cm〈内容：第7章「長野市街地」（承前）．3（大門町・東町）〉Ⓝ291.52　[1200円]
◇長野市域を多元的に見直す　第11巻　小林英一著　［出版地不明］　［小林英一］　2014.3　255p　26cm〈内容：第7章「長野市街地」（承前）．4（西町・桜枝町）〉Ⓝ291.52　[1200円]

長野市（地誌）
◇西横田区誌　［長野］　西横田区　2014.1　80p　30cm Ⓝ291.52

長野市（庭園）
◇史跡松代城跡附新御殿跡整備事業報告書　総論・調査編　長野市編　長野　長野市　2013.3　6, 277p　30cm〈年表あり　背のタイトル：新御殿跡整備事業報告書〉Ⓝ521.853

長野市（伝説）
◇鬼無里への誘い─蘇る鬼女紅葉　宮澤和穂著　長野　ほおずき書籍　2014.1　144p　21cm〈星雲社（発売）〉①978-4-434-18999-9　Ⓝ388.152　[1200円]

長野市（博物館）
◇新真田宝物館基本構想提言　KRC, 長野市教育委員会文化財課編　［長野］　KRC　2014.3　55, 40p　30cm〈共同刊行：長野市教育委員会文化財課ほか〉Ⓝ215.2

長野市（武家住宅）
◇史跡松代城跡附新御殿跡整備事業報告書　総論・調査編　長野市編　長野　長野市　2013.3　6, 277p　30cm〈年表あり　背のタイトル：新御殿跡整備事業報告書〉Ⓝ521.853

長野市（文化財保護）
◇松代町文化財保存活用推進計画　長野市教育委員会文化財課, KRC編　［長野］　長野市教育委員会文化財課　2013.2　1冊　30cm〈共同刊行：KRC〉Ⓝ709.152

長野市（歴史）
◇新真田宝物館基本構想提言　KRC, 長野市教育委員会文化財課編　［長野］　KRC　2014.3　55, 40p　30cm〈共同刊行：長野市教育委員会文化財課ほか〉Ⓝ215.2
◇長野市域を多元的に見直す　第10巻　小林英一著　［出版地不明］　［小林英一］　2014.1　208p　26cm〈内容：第7章「長野市街地」（承前）．3（大門町・東町）〉Ⓝ291.52　[1200円]
◇長野市域を多元的に見直す　第11巻　小林英一著　［出版地不明］　［小林英一］　2014.3　255p　26cm〈内容：第7章「長野市街地」（承前）．4（西町・桜枝町）〉Ⓝ291.52　[1200円]

長野市（歴史─史料─書目）
◇長野市立博物館収蔵資料目録　歴史 15　購入資料 3／野本家文書　その2　長野市立博物館編　長野　長野市立博物館　2014.3　44p　30cm Ⓝ215.2

長野市災害ボランティア委員会
▷3.11わたしたちは何を思い，どう動いたか─東日本大震災災害ボランティア活動報告書　［出版地不明］　長野市災害ボランティア委員会　2014.10　96p　30cm Ⓝ369.31

中之条町（群馬県）（遺跡・遺物）
◇四万遺跡　群馬県埋蔵文化財調査事業団編　渋川　群馬県埋蔵文化財調査事業団　2014.8　43p　図版 10p　30cm（公益

財団法人群馬県埋蔵文化財調査事業団調査報告書　第589集）〈群馬県中之条土木事務所の委託による　単独7軸道路整備推進事業（国）353号駒岩拡幅事業に伴う埋蔵文化財発掘調査報告書〉Ⓝ210.0254

中之条町（群馬県）（地誌）
◇小池敬の覚書─学び舎の地故郷栃窪：この地に感謝し生きた証しとして　小池敬原案・語り，田村正勝編集・追録　［出版地不明］　［田村正勝］　2014.4　53p　30cm〈年譜あり　折り込 1枚〉Ⓝ291.33

中之条町（群馬県）（地名）
◇小池敬の覚書─学び舎の地故郷栃窪：この地に感謝し生きた証しとして　小池敬原案・語り，田村正勝編集・追録　［出版地不明］　［田村正勝］　2014.4　53p　30cm〈年譜あり　折り込 1枚〉Ⓝ291.33

中之条町（群馬県）（花）
◇野反湖花と散策ガイド　中村一雄撮影・著　長野　ほおずき書籍　2014.5　103p　19cm〈星雲社（発売）　索引あり〉①978-4-434-19072-8　Ⓝ472.133　[1000円]

中能登町（石川県）（遺跡・遺物）
◇水白モンショ遺跡・小竹ボウダ南遺跡・小竹スナダ遺跡　金沢　石川県教育委員会　2014.3　46p　図版［9］枚　30cm〈中能登町所在　県営は場整備事業滝尾南部地区に係る埋蔵文化財発掘調査報告書　共同刊行：石川県埋蔵文化財センター〉Ⓝ210.0254

長野原町（群馬県）（遺跡・遺物）
◇長野原一本松遺跡　7　群馬県埋蔵文化財調査事業団編　渋川　群馬県埋蔵文化財調査事業団　2014.1　213p　図版 78p　30cm（公益財団法人群馬県埋蔵文化財調査事業団調査報告書　第578集）〈国土交通省の委託による〉Ⓝ210.0254
◇長野原城跡林中原Ⅰ遺跡　群馬県埋蔵文化財調査事業団編　渋川　群馬県埋蔵文化財調査事業団　2014.3　348p　図版［54］枚　30cm（公益財団法人群馬県埋蔵文化財調査事業団調査報告書　第586集）〈国土交通省の委託による〉Ⓝ210.0254
◇横壁中村遺跡　14　群馬県埋蔵文化財調査事業団編　渋川　群馬県埋蔵文化財調査事業団　2014.3　418p　図版［43］枚　30cm（公益財団法人群馬県埋蔵文化財調査事業団調査報告書　第587集）〈国土交通省の委託による〉Ⓝ210.0254

中野渡　進
◇球団と喧嘩してクビになった野球選手─破天荒野球選手自伝　中野渡進著　双葉社　2014.3　263p　15cm（双葉文庫 な-36-01）〈「ハマの裏番もつ鍋屋になる」（ミリオン出版 2011年刊）の改題，大幅加筆修正〉①978-4-575-71410-4　Ⓝ783.7　[600円]

中畑　清〔1954～ 〕
◇諦めるな！　中畑清［著］　KADOKAWA　2014.3　222p　18cm　（角川oneテーマ21 D-17）①978-4-04-110743-0　Ⓝ783.7　[800円]

長浜　晴子〔1946～ 〕
◇看護は私の生き方そのもの　長濱晴子著　医学書院　2014.3　233p　19cm　①978-4-260-01963-7　Ⓝ289.1　[1800円]

長濱　文子〔1929～ 〕
◇なぎなたに夢を馳せて　長濱文子著　日本武道館　2014.4　326p　図版12p　20cm〈ベースボール・マガジン社（発売）文献あり〉①978-4-583-10671-7　Ⓝ289.1　[2400円]

中浜　万次郎〔1828～1898〕
◇ジョン万次郎─日米両国の友好の原点　中濱京著　冨山房インターナショナル　2014.10　89p　21cm〈英語併記〉①978-4-905194-80-4　Ⓝ289.1　[1300円]

長浜市（遺跡・遺物）
◇鴨田遺跡─第28次調査報告書　滋賀県長浜市教育委員会教育総務課文化財保護センター編　長浜　滋賀県長浜市教育委員会教育総務課文化財保護センター　2014.3　22p　図版 7p　30cm（長浜市埋蔵文化財調査資料 第144集）〈市立長浜病院診療支援棟建設工事に伴う調査〉Ⓝ210.0254
◇高月南遺跡第53次調査報告書　滋賀県長浜市教育委員会文化財保護センター編　長浜　滋賀県長浜市教育委員会文化財保護センター　2014.3　19p　図版 9p　30cm（長浜市埋蔵文化財調査資料 第143集）〈住宅建売分譲地造成工事に伴う埋蔵文化財発掘調査〉Ⓝ210.0254
◇物部遺跡─第26次調査報告書　滋賀県長浜市教育委員会教育総務課文化財保護センター編　長浜　滋賀県長浜市教育委員会教育総務課文化財保護センター　2014.3　22p　図版 14p　30cm（長浜市埋蔵文化財調査資料 第145集）〈ガソリンスタンド・店舗建築工事に伴う埋蔵文化財発掘調査〉Ⓝ210.0254

長浜市（景観計画）

◇菅浦の湖岸集落景観保存活用計画報告書　長浜市文化財保護センター編　[長浜]　滋賀県長浜市教育委員会　2014.3　177, 50p　30cm　Ⓝ518.8

長浜市（植物―図集）

◇小谷城跡の植物・野鳥―日本五大山城戦国の名城小谷城：小谷城址保勝会設立90周年記念誌　長浜　小谷城址保勝会　2014.4　142p　21cm　〈年表あり〉　Ⓝ462.161

長浜市（城跡―保存・修復）

◇史跡小谷城保存管理計画書　長浜市文化財保護センター編　長浜　長浜市文化財保護センター　2014.3　125p　30cm　〈年表あり　共同刊行：滋賀県長浜市教育員会〉Ⓝ709.161

長浜市（神社）

◇湯次神社と地域村社の歴史　三田村法勝者　彦根　サンライズ出版（印刷）2014.9　87p　21cm　Ⓝ175.961

長浜市（鳥―図集）

◇小谷城跡の植物・野鳥―日本五大山城戦国の名城小谷城：小谷城址保勝会設立90周年記念誌　長浜　小谷城址保勝会　2014.4　142p　21cm　〈年表あり〉　Ⓝ462.161

長浜市（仏像）

◇びわ湖・長浜のホトケたち―「観音の里の祈りとくらし展―びわ湖・長浜のホトケたち―」図録　長浜市長浜歴史博物館編　長浜　長浜市　2014.3　134p　21cm　〈会期・会場：平成26年3月21日―4月13日　東京藝術大学大学美術館　企画：長浜市ほか〉Ⓝ718.02161

◇びわ湖・長浜のホトケたち―「観音の里の祈りとくらし展―びわ湖・長浜のホトケたち―」図録　長浜市長浜歴史博物館編集　長浜　長浜市　2014.3　134p　21cm　〈サンライズ出版（発売）文献あり　会期・会場：2014年3月21日―4月13日　東京藝術大学大学美術館　主催：東京藝術大学・長浜市〉①978-4-88325-533-7　Ⓝ718.02161　[1500円]

長浜市（歴史）

◇菅浦文書が語る民衆の歴史―日本中世の村落社会　長浜市長浜城歴史博物館編　長浜　長浜市長浜城歴史博物館　2014.11　146p　19×26cm　〈サンライズ出版（発売）文献あり　年表あり　会期・会場：2014年11月1日―11月30日　長浜市長浜城歴史博物館　主催：長浜市長浜城歴史博物館・長浜市西浅井町菅浦自治会〉①978-4-88325-551-1　Ⓝ216.1　[1500円]

中原 市五郎〔1867～1941〕

◇考証中原市五郎史伝　日本歯科大学校友会創立者伝記編纂委員会編　日本歯科大学校友会　2014.6　218, 96p　29cm　〈年譜あり　文献あり〉Ⓝ289.1

中原 中也〔1907～1937〕

◇中也を読む―詩と鑑賞　中村稔著　新版　青土社　2014.3　290p　20cm　〈年譜あり　初版のタイトル等：「中也のうた」（社会思想社 1970年刊）〉①978-4-7917-6766-3　Ⓝ911.52　[2200円]

◇中原中也の鎌倉　福島泰樹著　鎌倉　冬花社　2014.6　245p　20cm　〈文献あり〉①978-4-925236-96-6　Ⓝ911.52　[1800円]

長渕 剛〔1956～〕

◇長渕語・録―ぼちぼちしてらんねえ　長渕剛[著]　ディスカヴァー・トゥエンティワン　2014.6　300p　20cm　〈文献あり　年譜あり〉①978-4-7993-1496-8　Ⓝ767.8　[1500円]

永渕 洋三〔1942～〕

◇「あぶさん」になった男―酒豪の強打者・永渕洋三伝　澤宮優著　KADOKAWA　2014.6　237p　19cm　〈文献あり〉①978-4-04-101483-7　Ⓝ783.7　[1500円]

長嶺 ヤス子〔1936～〕

◇YASKOと長嶺ヤス子―舞台デビュー70周年記念写真集　YASKO70周年プロジェクト編　ころから　2014.9　87p　26cm　〈年譜あり　索引あり〉①978-4-907239-08-4　Ⓝ769.1　[2000円]

中村 アン〔1987～〕

◇ANNE BALANCE―Anne Nakamura　中村アン著　エムオン・エンタテインメント　2014.9　127p　24cm　〈年譜あり　本文は日本語〉①978-4-7897-3629-9　Ⓝ289.1　[1400円]

中村 薫

◇華厳思想と浄土教―中村薫博士退任記念論集　中村薫編著　京都　文理閣　2014.3　351p　22cm　〈著作目録あり　年譜あり　内容：華厳の唯識（中村薫著）　親鸞と『華厳経』入法界品（夷藤探著）　李通玄に学ぶ（稲岡智賢著）　『華厳経』における普光法堂人の意味について（織田顕祐著）　此方と彼方（周夏著）　モンゴルにおける浄土思想（嘉木揚凱朝著）　曇鸞における思想と信仰の交渉（黒田浩明著）　道綽の『安楽集』における末法教説の役割（マイケル・コンウェイ著）　善導「三縁釈」の背景（市野智行著）　源信撰『一乗要決』における五性各別説批判の考察（藤村潔著）　法然が「宗」と為した浄土教（飯田真宏著）　親鸞浄土教における覚醒の歴程（伊東恵深著）　曽我量深の思索展開に関する一考察（松山大著）〉①978-4-89259-734-3　Ⓝ183.4　[3200円]

中村 和行〔1951～〕

◇中村和行教授退官記念業績集　山口大学医学部生化学第一講座同門会向月会中村和行教授退官記念事業準備委員会, 山口大学大学院医学系研究科プロテオーム・蛋白機能制御学分野（生化学第一講座）編　宇部　山口大学医学部生化学第一講座同門会向月会中村和行教授退官記念事業準備委員会　2014.10　98p　31cm　〈年譜あり　共同刊行：山口大学大学院医学系研究科プロテオーム・蛋白機能制御学分野〉Ⓝ464.2

中村 鴈治郎〔4代目 1959～〕

◇四代目鴈治郎への軌跡　楓大介写真, 亀岡典子執筆　マリアパブリケーションズ　2014.12　157p　29cm　〈実業之日本社（発売）〉①978-4-408-63001-4　Ⓝ774.28　[4300円]

中村 錦之助〔1932～1997〕

◇初代中村錦之助伝　上巻　生い立ちから『笛吹童子』まで　藤井秀男著　エコール・セザム　2013.11　317p　20cm　〈文献あり〉①978-4-902431-14-8　Ⓝ778.21　[2400円]

中村 憲剛

◇考える習慣　中村憲剛著　ベースボール・マガジン社　2014.3　247p　21cm　①978-4-583-10655-7　Ⓝ783.47　[1400円]

中村 修二〔1954～〕

◇中村修二劇場　日経BP社特別編集班編　[東京]　日経BP社　2014.11　295p　19cm　〈日経BPマーケティング（発売）〉①978-4-8222-7646-1　Ⓝ289.1　[1600円]

◇中村修二の反乱　畠山惣司[著]　KADOKAWA　2014.11　239p　15cm　〈角川文庫 は51-1〉〈角川書店 2001年刊の加筆〉①978-4-04-102587-1　Ⓝ289.1　[480円]

中村 俊也〔1942～2013〕

◇終日自彊息まず―中村俊也先生追悼文集　中村俊也先生追悼文集刊行会編　[京都]　中村俊也先生追悼文集刊行会　2014.3　177p　22cm　〈年譜あり　著作目録あり〉Ⓝ289.1　[非売品]

中村 祥子〔バレリーナ〕

◇SHOKO―美しく、強く。バレリーナを生きる　中村祥子著　平凡社　2014.7　127p　22cm　〈SWAN Dance Collection 1〉①978-4-582-83664-6　Ⓝ769.91　[1900円]

中村 真一郎〔1918～1997〕

◇戦後文学の旗手中村真一郎―『死の影の下に』五部作をめぐって　鈴木貞美著　水声社　2014.5　185p　20cm　〈水声文庫〉〈年表あり　内容：戦後文学の旗手、中村真一郎　死の影の下に　シオンの娘等　愛神と死神と　魂の夜の中を　長い旅の終り〉①978-4-8010-0040-7　Ⓝ910.268　[2500円]

中邑 真輔

◇中邑真輔自伝キング・オブ・ストロングスタイル―1980-2004　中邑真輔著　イースト・プレス　2014.6　253p　図版16p　19cm　〈新日本プロレスブックス〉〈年譜あり〉①978-4-7816-1194-5　Ⓝ788.2　[1667円]

◇中邑真輔自伝キング・オブ・ストロングスタイル―2005-2014　中邑真輔著　イースト・プレス　2014.11　264p　図版16p　19cm　〈新日本プロレスブックス〉〈年譜あり　表紙のタイトル：SHINSUKE NAKAMURA KING OF STRONG STYLE〉①978-4-7816-1266-9　Ⓝ788.2　[1667円]

中村 天風〔1876～1968〕

◇中村天風人間学―われわれは地球という生命体の中の一つである　神渡良平著　PHP研究所　2014.9　317p　20cm　〈文献あり〉①978-4-569-82031-6　Ⓝ159　[1650円]

中村 トシ子〔1932～〕

◇歓喜歓喜の私の生涯　中村トシ子著　文芸社　2014.6　140p　19cm　①978-4-286-15112-0　Ⓝ289.1　[1000円]

中村 元〔1912～1999〕

◇仏教学者中村元―求道のことばと思想　植木雅俊著　[東京]　KADOKAWA　2014.7　238p　19cm　〈角川選書 543〉〈文献あり　著作目録あり　年譜あり〉①978-4-04-703543-0　Ⓝ289.1　[1800円]

中村 八大〔1931～1992〕

◇上を向いて歩こう展―奇跡の歌から希望の歌へ　世田谷文学館編　世田谷文学館　2013.4　64p　22×22cm　〈年表あり　会期・会場：2013年4月20日―6月30日　世田谷文学館〉Ⓝ767.8

中村 ひとし

◇ブラジルの環境都市を創った日本人―中村ひとし物語　服部圭吾著　未来社　2014.3　257p　19cm　〈文献あり〉①978-4-624-40065-1　Ⓝ518.8　[2800円]

中村 不折〔1866～1943〕
◇僕の歩いた道―自伝―中村不折　中村不折著，台東区立書道博物館編　［東京］　台東区芸術文化財団　2014.3　79p　21cm〈年譜あり〉Ⓝ723.1

なかむら 陽子〔1941～ 〕
◇つり姫たちよ―自分史エッセイ　なかむら陽子著　東銀座出版社　2014.7　241p　20cm　①978-4-89469-166-7　Ⓝ289.1　［1389円］

中村藩
◇相馬移民と二宮尊徳　太田浩史著　第2版　［南砺］　［太田浩史］　2013.4　76p　19cm　Ⓝ212.6

中森 明菜〔1965～ 〕
◇松田聖子と中森明菜――九八〇年代の革命　中川右介著　増補版　朝日新聞出版　2014.12　367p　15cm　（朝日文庫　な36-3）〈文献あり　初版：幻冬舎 2007年刊〉①978-4-02-261814-6　Ⓝ767.8　［900円］

中山 千夏〔1948～ 〕
◇芸能人の帽子―アナログTV時代のタレントと芸能記事　中山千夏著　講談社　2014.11　541p　20cm　①978-4-06-219222-4　Ⓝ778.21　［2500円］

中山 雅史〔1967～ 〕
◇魂の在処　中山雅史，時見宗和著　幻冬舎　2014.7　175p　20cm　①978-4-344-02610-0　Ⓝ783.47　［1300円］

中山 律子〔1942～ 〕
◇中山律子の「この道」パーフェクトじゃない人生　中山律子著　東京新聞　2014.12　183p　20cm〈年譜あり〉①978-4-8083-0997-8　Ⓝ783.9　［1500円］

長与町（長崎県）（教育行政）
◇長与町教育振興基本計画―心を育む教育と文化の創造　平成26年度版　長与町（長崎県）長与町教育委員会　2014.6　55p　30cm　Ⓝ373.2

流 亀太郎〔1923～ 〕
◇旅のともしび　流亀太郎著　ふだん記全国グループ出版委員会　2014.10　223p　19cm　（ふだん記新書 324）〈発行所：ふだん記全国グループ〉Ⓝ289.1

流山市（遺跡・遺物）
◇加東割遺跡　3次　地域文化財研究所編　［松戸］　ベガ・テクニカル・コンストラクション　2014.7　56p 図版 ［9］枚　30cm　（流山市埋蔵文化財調査報告 vol. 52）〈千葉県流山市所在　共同刊行：地域文化財研究所〉Ⓝ210.0254
◇流山市市内遺跡発掘調査報告書　平成24年度　流山市教育委員会編　［流山］　流山市教育委員会　2014.3　31p　30cm　（流山市埋蔵文化財調査報告 vol. 51）〈内容：名都借城跡　加町畑遺跡J地点　野々下貝塚　上新宿野馬土手（1）・西初石一丁目遺跡　上新宿野馬土手．2　こうのす台第Ⅳ遺跡D地点　上新宿野馬土手．3〉Ⓝ210.0254

流山市（醸造業―歴史）
◇流山みりん物語　川根正教著　流山　崙書房出版　2014.5　150p　18cm　（ふるさと文庫 209）〈文献あり〉①978-4-8455-0209-7　Ⓝ588.58　［1200円］

流山市（地名）
◇流山の地名を歩く　流山市教育委員会，流山市立博物館編　［流山］　流山市教育委員会　2014.3　60p　30cm　（流山市立博物館調査研究報告書 29）〈文献あり　共同刊行：流山市立博物館〉Ⓝ291.35

流山市（歴史）
◇流山の江戸時代を旅する　青木更吉著　流山　崙書房出版　2014.10　245p　19cm〈文献あり〉①978-4-8455-1194-5　Ⓝ213.5　［2000円］

長和町〔長野県〕（遺跡・遺物）
◇広原遺跡群発掘調査概報　2　明治大学黒耀石研究センター編　長和町（長野県）明治大学黒耀石研究センター　2014.3　21p　30cm〈2013年度広原遺跡群における考古・古環境調査〉Ⓝ210.0254

奈義町〔岡山県〕（昔話）
◇なぎの民話　立石憲利，なぎ昔話語りの会共著　奈義町（岡山県）岡山県奈義町教育委員会　2014.10　507p　21cm　Ⓝ388.175

名古屋駅
◇名古屋駅周辺まちづくり構想（案）―めざすはスーパーターミナル・ナゴヤ！　［名古屋］　名古屋市　2014.6　62p　30cm　Ⓝ518.8

名古屋学院大学
◇名古屋学院大学五十年史　名古屋学院大学五十年史編集委員会編　名古屋　名古屋学院大学　2014.10　310, 255p 図版 ［16］枚　22cm〈年表あり〉Ⓝ377.28　［非売品］

名古屋学院大学法学部
◇名古屋学院大学法学部開設記念論文集　名古屋　名古屋学院大学法学部　2014.9　449p　21cm〈内容：民事裁判手続の過去・現在・将来（遠藤賢治著）古典的リース取引の変容と、悪質リース商法（加藤雅信著）　サヴィニーの法律関係の本拠説とその継受の特徴（木棚照一著）　成年後見制度と預金管理（中村昌美著）　揺らぐ欧州の企業買収法制（三浦哲男著）　非公開会社の株式相続と会社法一〇六条の法意（山下眞弘著）　違憲判決の効力（山本悦夫著）　東アジア広域協力の根拠と展開（鈴木隆著）　農地法改正に関する一考察（國井義郎著）　条約の発展的解釈における「当事国意思」概念の位置（皆川誠著）　履行請求権排除法理と事情変更法理の競合について（大原寛史著）　義務犯論について（萩野貴史著）〉Ⓝ321.04

名古屋グランパスエイト
◇フットボールサミット　第26回　名古屋グランパス新時代への挑戦状　『フットボールサミット』議会編著　カンゼン　2014.12　229p　21cm〈年譜あり　内容：名古屋グランパス一筋で来た道（今井雄一朗著，中村直志述）内に秘める闘争心の源流（海江田哲朗著，田口泰士述）　ビッグクラブの資質（今井雄一朗著，西野朗述）　名古屋グランパスは変わるのか。（藤江直人著，久米一正述）　愛されるクラブに（鈴木康浩著，中林尚夫述）　同世代ストライカーが思い描く理想郷（原田大輔著，永井謙佑，川又堅碁述）　16年間の移ろい（今井雄一朗著，楢崎正剛述）　宇都宮徹壱のマスコット探訪記　グランパスくん編（宇都宮徹壱著，佐藤剛史，神戸友裕述）　22歳までの育成ビジョン（今井雄一朗著，松永利弘述）　精錬された強化の変遷（鈴木康浩著，小椋伸二述）　フィジコの矜持（鈴木康浩著，ルイス・カルロス・ブローロ述）　ホペイロが愛したスパイク（鈴木康浩著）　渡邉のおばちゃん（海江田哲朗著）　タレント集団の生きる道（北條聡著）　師が語るプレイヤーのルーツ（元川悦子著，本田裕一郎述）　日本サッカーの「土」をつくる第8回　しゃべる広報マン（海江田哲朗著，杉山勝良述）〉①978-4-86255-273-0　Ⓝ783.47　［1300円］

名古屋港
◇災害等非常時にも効果的な港湾地域低炭素化推進事業―名古屋港鍋田ふ頭における災害対応型ターミナル低炭素化実証事業　平成25年度　［名古屋］　名古屋ユナイテッドコンテナターミナル　2014.3　199p　30cm〈平成25年度環境省委託〉Ⓝ517.85
◇名古屋港港湾計画書――部変更　［名古屋］　名古屋港管理組合　2014.11　10p　30cm　（交通政策審議会港湾分科会資料第58回）Ⓝ683.92155

名古屋市
◇名古屋あるある　川合登志和，大山くまお著，福島モンタ画　TOブックス　2014.3　159p　18cm　①978-4-86472-237-7　Ⓝ291.55　［1000円］

名古屋市（遺跡・遺物）
◇NN105号窯　名古屋市見晴台考古資料館編　［名古屋］　名古屋市教育委員会　2014.3　47p　30cm　（名古屋市文化財調査報告 89）Ⓝ210.0254
◇桜本町遺跡（第4次）・味鋺B遺跡（第2次）・東二葉町遺跡（第4次）名古屋市見晴台考古資料館編　［名古屋］　名古屋市教育委員会　2014.3　40p　30cm　（名古屋市文化財調査報告 88）Ⓝ210.0254
◇志段味古墳群　2　名古屋市見晴台考古資料館編　［名古屋］　名古屋市教育委員会　2014.1　185p 図版 12p　30cm　（名古屋市文化財調査報告 87）Ⓝ210.0254

名古屋市（イベント）
◇大学生とイベントに関する調査　名古屋市立大学人文社会学部現代社会学科2年2012年度社会調査実習阪井班［編］　名古屋　名古屋市立大学人文社会学部現代社会学科　2013.3　81p　30cm　（名古屋市立大学人文社会学部現代社会学科社会調査実習報告書 2012年度 第2分冊）〈奥付のタイトル：2012年度社会調査実習報告書〉Ⓝ674.53

名古屋市（衛生行政）
◇名古屋市立病院改革推進プラン―平成26年度―平成28年度　名古屋市病院局管理部経営企画室編　名古屋　名古屋市病院局管理部経営企画室　2014.3　65p　30cm　Ⓝ498.163

名古屋市（演劇）
◇豊かな人間性育む演劇へ―松原英治・若尾正也記念演劇賞8年の記録　続　松原英治・若尾正也記念演劇賞世話人会編　［名

な

名古屋市 (外来種)

古屋〕松原英治・若尾正也記念演劇賞世話人会　2014.6　58,
56p　30cm　Ⓝ772.155

名古屋市 (外来種)
◇都市部における生物多様性の保全と外来生物対策事業報告書
—平成25年度環境省生物多様性保全推進支援事業　名古屋
なごや生物多様性保全活動協議会　2014.3　232p　30cm
Ⓝ462.155

名古屋市 (学生)
◇大学生とイベントに関する調査　名古屋市立大学人文社会学
部現代社会学科2年2012年度社会調査実習阪井班〔編〕　名古
屋　名古屋市立大学人文社会学部現代社会学科　2013.3　81p
30cm　（名古屋市立大学人文社会学部現代社会学科社会調査
実習報告書　第2分冊）〈奥付のタイトル：2012年度
社会調査実習報告書〉Ⓝ674.53

名古屋市 (学校施設・設備)
◇名古屋市公共施設白書　資料編　施設カルテ【学校】　名古屋
名古屋市教育委員会事務局総務部学校整備課　2014.3　413p
30cm　Ⓝ318.255

名古屋市 (家庭用電気製品—リサイクル)
◇小型電子機器等リサイクルシステム構築実証事業運営業務 (中
部地方その4) 報告書　平成25年度〔名古屋〕　環境省中部地
方環境事務所　2014.3　103p　30cm〈請負先：三菱UFJリ
サーチ＆コンサルティング〉Ⓝ545.88

名古屋市 (環境行政)
◇名古屋市における自動車環境対策の推進について (報告) 〔名
古屋市〕地域環境対策部大気環境対策課編　〔名古屋〕　名古
屋市環境局　2013.11　110p　30cm〈共同刊行：名古屋市自
動車公害対策推進協議会〉Ⓝ519.1

名古屋市 (感染症対策)
◇名古屋市新型インフルエンザ等対策行動計画—案　〔名古屋〕
〔名古屋市〕　2014.1　80p　30cm　Ⓝ498.6
◇名古屋市新型インフルエンザ等対策行動計画　〔名古屋〕
〔名古屋市〕　2014.3　80p　30cm　Ⓝ498.6

名古屋市 (紀行・案内記)
◇那古野まち歩き新発見　名古屋　名古屋まちづくり公社名古
屋都市センター　2014.3　2, 131, 4p　30cm　（研究報告書）
〈研究員：水野孝一ほか〉Ⓝ291.55

名古屋市 (教育—歴史)
◇教育の拡充と変容—大正後期―戦時期　名古屋教育史編集委
員会編　〔名古屋〕　名古屋市教育委員会　2014.3　579, 18p
21cm　（名古屋教育史 2）〈文献あり〉Ⓘ978-4-9905445-2-2
Ⓝ372.155　〔1714円〕

名古屋市 (行政)
◇河村市政の裏表　月刊東海財界編　名古屋　東海財界出版
2014.5　159p　19cm〈三恵社 (発売)〉Ⓘ978-4-86487-233-1
Ⓝ318.255　〔1200円〕
◇行政評価の実施結果—平成23-25年度行政評価実施事業の点検
結果　名古屋　名古屋市総務局行政改革推進部行政改革推進
室　2014.9　376p　30cm　Ⓝ318.255
◇区政協力委員ハンドブック　名古屋市市民経済局地域振興部
地域振興課編　名古屋　名古屋市市民経済局　2014.4　156p
18cm　Ⓝ318.255
◇職員ハンドブック　2014　名古屋市総務局職員部人事課編
〔名古屋〕　名古屋市総務局職員部人事課　2014.3　448p
21cm　Ⓝ318.255
◇名古屋市次期総合計画中間案に対する市民意見の内容および
市の考え方　名古屋市総務局企画部企画課編　名古
屋市総務局企画部企画課　2014.6　68p　30cm　Ⓝ318.255
◇名古屋市総合計画2018 (案) 名古屋市総務局企画部企画課編
名古屋　名古屋市総務局企画部企画課　2014.6　296p　30cm
Ⓝ318.255

名古屋市 (景観計画)
◇名古屋市歴史的風致維持向上計画　名古屋　名古屋市住宅都
市局都市計画部歴史まちづくり推進室　2014.3　290, 9p
30cm　Ⓝ518.8

名古屋市 (公営住宅)
◇名古屋市公共施設白書　資料編　施設カルテ【市営住宅等】
名古屋　名古屋市住宅都市局住宅部住宅整備課　2014.3
204p　30cm〈平成25年3月31日現在〉Ⓝ318.255

名古屋市 (公園)
◇名古屋市公園配置図　名古屋市緑政土木局編　〔名古屋〕　名
古屋市　2013　1冊 (ページ付なし) 30cm　Ⓝ518.85

名古屋市 (公共施設)
◇名古屋市公共施設白書　名古屋　名古屋市財政局財政部ア
セットマネジメント推進室　2014.3　185p　30cm　Ⓝ318.255
◇名古屋市公共施設白書　資料編　施設カルテ【一般施設】　名
古屋　名古屋市財政局財政部アセットマネジメント推進室
2014.3　346p　30cm　Ⓝ318.255

名古屋市 (高校生)
◇名古屋市における高卒就職支援　名古屋市立大学人文社会学
部現代社会学科社会調査実習藤田班〔編〕　名古屋
名古屋市立大学人文社会学部現代社会学科　2013.3　77p
30cm　（名古屋市立大学人文社会学部現代社会学科社会調査
実習報告書　2012年度 第5分冊）〈年表あり　奥付のタイト
ル：2012年度社会調査実習報告書〉Ⓝ366.2155

名古屋市 (公立学校)
◇名古屋市公共施設白書　資料編　施設カルテ【学校】　名古屋
名古屋市教育委員会事務局総務部学校整備課　2014.3　413p
30cm　Ⓝ318.255

名古屋市 (子育て支援)
◇なごや子ども・子育てわくわくプラン—子どもに関する総合計
画（名古屋市次世代育成行動計画・後期計画）：　平成25年度の
実施状況　〔名古屋〕　名古屋市　2014.9　48p　30cm
Ⓝ369.4

名古屋市 (古地図)
◇古地図で楽しむなごや今昔　溝口常俊編著　名古屋　風媒社
2014.4　186p　21cm　（爽BOOKS）〈文献あり〉Ⓘ978-4-
8331-0159-2　Ⓝ215.5　〔1700円〕

名古屋市 (古墳—保存・修復)
◇「歴史の里」基本計画　本編　名古屋　名古屋市教育委員会生
涯学習部文化財保護室　2014.3　57p　30cm　Ⓝ709.155
◇「歴史の里」基本計画 (案) 本編　名古屋　名古屋市教育委員
会生涯学習部文化財保護室　2014.1　57p　30cm　Ⓝ709.155

名古屋市 (災害予防)
◇ナゴヤ減災まちづくりビジョン—巨大災害と復興に備える
名古屋都市センター減災まちづくり研究会作成　名古屋　名
古屋まちづくり公社名古屋都市センター　2014.3　62p
30cm　Ⓝ518.87

名古屋市 (産業—統計)
◇名古屋の事業所・企業—平成24年経済センサス活動調査結
果　名古屋市総務局企画部統計課編　名古屋　名古屋市総務
局企画部統計課　2014.2　339p　30cm　Ⓝ605.9

名古屋市 (史跡名勝)
◇北区歴史と文化探索トリップ　沢井鈴一, 伊藤正博著　新版
名古屋　名古屋北ライオンズクラブ　2014.4　264p　21cm
〈あるむ (発売) 文献あり　名古屋北ライオンズクラブCN50
周年記念出版〉Ⓘ978-4-86333-078-8　Ⓝ291.55　〔1800円〕

名古屋市 (自転車駐車場)
◇自転車等駐車対策の概要　平成25年度版　〔名古屋〕　名古屋
市　2013.8　56p　30cm　Ⓝ685.8
◇自転車等駐車対策の概要　平成26年度版　〔名古屋〕　名古屋
市　2014.8　57p　30cm　Ⓝ685.8

名古屋市 (社会福祉)
◇権利としての福祉と公務労働—名古屋から日本の福祉を考える
塚本道夫著　〔名古屋〕　みずほ出版　2014.3　242p　21cm
〈文献あり〉Ⓘ978-4-901750-71-4　Ⓝ369.11　〔1800円〕

名古屋市 (写真集)
◇新・百景だがや　中日新聞社写真部社会部航空部編　名古屋
中日新聞社　2014.4　110p　27cm　Ⓘ978-4-8062-0667-5
Ⓝ291.55　〔1200円〕
◇守山区制50周年記念事業のあゆみ—心　名古屋市守山区編
〔名古屋〕　守山区制50周年記念基金運営委員会　2013.10
50p　30cm　Ⓝ291.55

名古屋市 (障害者福祉)
◇障害者エンパワメントと本人中心支援のあり方研究事業報告書
〔東京〕　DPI日本会議　2013.3　70p　30cm〈2012年度公益
財団法人キリン福祉財団障がい者福祉支援事業〉Ⓝ369.27
◇名古屋市障害者基本計画　第3次　名古屋　名古屋市健康福祉
局障害福祉部障害企画課　2014.3　110p　30cm　Ⓝ369.27
◇名古屋市障害者基本計画 (第3次) (案) 〔名古屋〕　名古屋市
2013.12　110p　30cm　Ⓝ369.27

名古屋市 (商店街)
◇名古屋なつかしの商店街—昭和イラストマップ　名古屋タイ
ムズ・アーカイブス委員会編　名古屋　風媒社　2014.8

148p 21cm （爽BOOKS） ①978-4-8331-0160-8 Ⓝ672.155
〔1500円〕

名古屋市（食生活）
◇なごや飲食夜話 2幕目 安田文吉著 名古屋 中日新聞社 2014.8 221p 19cm ①978-4-8062-0672-9 Ⓝ383.8155 〔1300円〕

名古屋市（人権）
◇新なごや人権施策推進プラン—改訂案 ［名古屋］ 名古屋市 ［201-］ 55p 30cm 〈年表あり〉 Ⓝ316.1
◇新なごや人権施策推進プラン 名古屋市市民経済局人権施策推進室編 改訂版 ［名古屋］ 名古屋市 2014.3 53p 30cm 〈年表あり〉 Ⓝ316.1

名古屋市（人口—統計）
◇千種区の世帯数と人口—人口動向調査 平成25年 ［名古屋市］ 千種区総務課編 ［名古屋］ 名古屋市千種区 2014.2 20p 30cm Ⓝ358.155
◇名古屋市国勢調査データブック 平成22年国勢調査 2 職業別集計、抽出詳細集計、従業地・通学地集計結果 名古屋市総務局企画部統計課編 ［名古屋］ 名古屋市 2014.3 189p 30cm Ⓝ358.155 〔730円〕

名古屋市（震災予防）
◇名古屋市震災対策実施計画—安心して暮らせる減災都市名古屋：案 名古屋市消防局防災・危機管理部震災対策推進室編 名古屋 名古屋市消防局防災・危機管理部震災対策推進室 2014.8 80p 30cm Ⓝ369.31

名古屋市（水道—歴史）
◇名古屋市水道百年史 名古屋市上下水道局編 名古屋 名古屋市上下水道局 2014.9 1003p 27cm 〈年表あり〉 Ⓝ518.1

名古屋市（生活保護—統計）
◇名古屋市の生活保護 平成24年度版 名古屋市健康福祉局生活福祉部保護課編 名古屋 名古屋市 2013.11 73p 30cm Ⓝ369.2

名古屋市（青少年）
◇子ども・子育て家庭意識・生活実態調査報告書—保護者調査 平成25年度 ［名古屋］ 名古屋市子ども青少年局 2014.3 342p 30cm 〈委託：日本能率協会総合研究所中部事務所〉 Ⓝ599
◇子ども・子育て家庭意識・生活実態調査報告書—子ども調査 平成25年度 ［名古屋］ 名古屋市子ども青少年局 2014.3 132p 30cm 〈委託：日本能率協会総合研究所中部事務所〉 Ⓝ599
◇若者の意識・生活実態調査報告書 平成25年度 ［名古屋］ 名古屋市子ども青少年局 2014.3 184p 30cm 〈委託：名豊〉 Ⓝ367.68

名古屋市（生物）
◇なごや平和公園の自然 2013 10周年記念号 伊藤義人著 ［名古屋］ なごや平和公園自然観察会 2014.4 141p 26cm 〈一粒社出版部（印刷）〉 ①978-4-86431-264-6 Ⓝ462.155 〔1852円〕

名古屋市（世帯—統計）
◇千種区の世帯数と人口—人口動向調査 平成25年 ［名古屋市］ 千種区総務課編 ［名古屋］ 名古屋市千種区 2014.2 20p 30cm Ⓝ358.155

名古屋市（選挙）
◇名古屋市長選挙における名古屋市民の意識調査—調査結果の概要 名古屋市選挙管理委員会編 名古屋 名古屋市選挙管理委員会 2013.10 41p 30cm 〈平成25年4月21日執行〉 Ⓝ318.455

名古屋市（選挙—統計）
◇選挙記録 平成25年 no. 1 名古屋 名古屋市選挙管理委員会 2014.3 198p 21cm 〈名古屋市長選挙・名古屋市議会議員南区選挙区補欠選挙・名古屋市議会議員守山区選挙区補欠選挙 4月21日執行 付・選挙人名簿登録者数等に関する調, 選挙事務略年報〉 Ⓝ314.8
◇選挙記録 平成25年 no. 2 名古屋 名古屋市選挙管理委員会 2014.3 136p 21cm 〈参議院議員通常選挙 7月21日執行〉 Ⓝ314.8

名古屋市（租税—条例）
◇名古屋市市税関係例規集 平成26年 ［名古屋］ 名古屋市財政局税務部税制課 ［2014］ 411p 21cm Ⓝ349.55

名古屋市（耐震建築）
◇名古屋市建築物耐震改修促進計画—平成26年8月一部改定 名古屋 名古屋市住宅都市局耐震化支援室 ［2014］ 1冊 30cm Ⓝ524.91

名古屋市（男女共同参画）
◇名古屋市男女平等参画基本計画2015推進状況報告書—平成24年度事業実績 名古屋 名古屋市総務局総合調整部男女平等参画推進室 2014.2 126p 30cm 〈年表あり〉 Ⓝ367.2155

名古屋市（単親家庭）
◇ひとり親世帯等実態調査結果報告書 平成25年度 名古屋 名古屋市 2014.3 335, 26p 30cm 〈奥付のタイトル：ひとり親世帯等実態調査報告書〉 Ⓝ369.41

名古屋市（地域開発）
◇若いアイデアが駅西を刺激する なごや縁カレッジ事務局著 名古屋 名古屋まちづくり公社名古屋都市センター 2013.3 49p 21cm Ⓝ601.55

名古屋市（地誌）
◇堀川—歴史と文化の探索 伊藤正博, 沢井鈴一著, 堀川文化探索隊編集 名古屋 あるむ 2014.6 399p 21cm 〈文献あり 年表あり〉 ①978-4-86333-083-2 Ⓝ291.55 〔2000円〕

名古屋市（地方自治）
◇うかい春美本会議発言集—精選：子どもたちの豊かな未来のために うかい春美［述］, 名古屋市議会議員うかい春美「本会議発言集」編集委員会編 名古屋 名古屋市議会議員うかい春美「本会議発言集」編集委員会 2014.3 340p 21cm Ⓝ318.255 〔非売品〕

名古屋市（地方選挙）
◇選挙記録 平成25年 no. 1 名古屋 名古屋市選挙管理委員会 2014.3 198p 21cm 〈名古屋市長選挙・名古屋市議会議員南区選挙区補欠選挙・名古屋市議会議員守山区選挙区補欠選挙 4月21日執行 付・選挙人名簿登録者数等に関する調, 選挙事務略年報〉 Ⓝ314.8
◇名古屋市長選挙における名古屋市民の意識調査—調査結果の概要 名古屋市選挙管理委員会編 名古屋 名古屋市選挙管理委員会 2013.10 41p 30cm 〈平成25年4月21日執行〉 Ⓝ318.455

名古屋市（道路公害）
◇名古屋市における自動車環境対策の推進について（報告） ［名古屋市］ 地域環境対策部大気環境対策課編 ［名古屋］ 名古屋市環境局 2013.11 110p 30cm 〈共同刊行：名古屋市自動車公害対策推進協議会〉 Ⓝ519.1

名古屋市（都市計画）
◇研究報告書 名古屋 名古屋まちづくり公社名古屋都市センター 2014.3 129p 30cm 〈文献あり〉 Ⓝ518.8
◇名古屋駅周辺まちづくり構想（案）—めざすはスーパーターミナル・ナゴヤ！ ［名古屋］ 名古屋市 2014.6 62p 30cm Ⓝ518.8
◇ナゴヤ減災まちづくりビジョン—巨大災害と復興に備える 名古屋都市センター減災まちづくり研究会作成 名古屋 名古屋まちづくり公社名古屋都市センター 2014.3 62p 30cm Ⓝ518.87
◇なごや交通まちづくりプラン—みちまちづくりの推進のために：案 名古屋市住宅都市局都市計画部交通企画課編 名古屋 名古屋市住宅都市局都市計画部交通企画課 2014.6 115p 30cm Ⓝ681.8
◇なごや交通まちづくりプラン—みちまちづくりの推進のために 名古屋市住宅都市局都市計画部交通企画課編 名古屋 名古屋市住宅都市局都市計画部交通企画課 2014.9 116p 30cm Ⓝ681.8
◇名古屋都心のオープンスペース・デザイン ［名古屋］ 名古屋市センターオープンスペース・デザイン研究会 2013.3 47p 20×21cm Ⓝ518.8

名古屋市（都市交通）
◇現況交通実態の把握—名古屋市版 その1 ［名古屋］ 名古屋市 2013.6 1冊 30cm（中京都市圏パーソントリップ調査報告書 第5回） Ⓝ681.8
◇現況交通実態の把握—名古屋市版 その2 ［名古屋］ 名古屋市 2013.6 161p 30cm（中京都市圏パーソントリップ調査報告書 第5回） Ⓝ681.8
◇地区交通指標—名古屋市版 ［名古屋］ 名古屋市 2013.6 1冊 30cm（中京都市圏パーソントリップ調査資料集 第5回） Ⓝ681.8
◇なごや交通まちづくりプラン—みちまちづくりの推進のために：案 名古屋市住宅都市局都市計画部交通企画課編 名古屋 名古屋市住宅都市局都市計画部交通企画課 2014.6 115p 30cm Ⓝ681.8
◇なごや交通まちづくりプラン—みちまちづくりの推進のために 名古屋市住宅都市局都市計画部交通企画課編 名古屋 名古屋市住宅都市局都市計画部交通企画課 2014.9 116p 30cm Ⓝ681.8

名古屋市（ドメスティックバイオレンス）　　　　　　　　　　　日本件名図書目録2014　Ⅰ

名古屋市（ドメスティックバイオレンス）
◇名古屋のDV支援を考える―相談から自律まで　名古屋　名古屋市立大学人文社会学部現代社会学科　2013.3　78p　30cm〈名古屋市立大学人文社会学部現代社会学科社会調査実習報告書 2012年度 第4分冊〉〈奥付のタイトル：2012年度社会調査実習報告書〉Ⓝ367.3

名古屋市（二酸化炭素―排出抑制）
◇災害等非常時にも効果的な港湾地域低炭素化推進事業―名古屋港鍋田ふ頭における災害対応型ターミナル低炭素化実証事業 平成25年度　[名古屋]　名古屋ユナイテッドコンテナターミナル　2014.3　199p　30cm〈平成25年度環境省委託〉Ⓝ517.85

名古屋市（ひきこもり）
◇名古屋ひきこもり支援ガイドマップ　2014年度　名古屋市ひきこもり地域支援センター編　[名古屋]　名古屋市ひきこもり地域支援センター　2014.9　46p　21cm　Ⓝ369.4

名古屋市（病院）
◇名古屋市立病院改革推進プラン―平成26年度―平成28年度　名古屋市病院局管理部経営企画室編　名古屋　名古屋市病院局管理部経営企画室　2014.3　65p　30cm　Ⓝ498.163

名古屋市（放置自転車）
◇自転車等駐車対策の概要　平成25年度版　[名古屋]　名古屋市　2013.8　56p　30cm　Ⓝ685.8
◇自転車等駐車対策の概要　平成26年度版　[名古屋]　名古屋市　2014.8　57p　30cm　Ⓝ685.8

名古屋市（ホームレス）
◇名古屋市ホームレスの自立の支援等に関する実施計画　第3期　名古屋市ホームレス援護施策推進本部事務局（名古屋市健康福祉局生活福祉部保護課）編　名古屋　名古屋市ホームレス援護施策推進本部事務局　2014.8　84, 37p　30cm　Ⓝ369.5
◇名古屋市ホームレスの自立の支援等に関する実施計画（案）第3期　名古屋市ホームレス援護施策推進本部事務局（名古屋市健康福祉局生活福祉部保護課）編　名古屋　名古屋市ホームレス援護施策推進本部事務局　[2014]　84p　30cm〈奥付のタイトル：名古屋市ホームレスの自立の支援等に関する実施計画〉Ⓝ369.5

名古屋市（マイクログリッド）
◇災害等非常時にも効果的な港湾地域低炭素化推進事業―名古屋港鍋田ふ頭における災害対応型ターミナル低炭素化実証事業 平成25年度　[名古屋]　名古屋ユナイテッドコンテナターミナル　2014.3　199p　30cm〈平成25年度環境省委託〉Ⓝ517.85

名古屋市（緑地計画）
◇名古屋市公園配置図　名古屋市緑政土木局編　[名古屋]　名古屋市　2013　1冊（ページ付なし）30cm　Ⓝ518.85

名古屋市（歴史）
◇古地図で楽しむなごや今昔　溝口常俊編著　名古屋　風媒社　2014.4　186p　21cm　（爽BOOKS）〈文献あり〉①978-4-8331-0159-2　Ⓝ215.5　[1700円]
◇名古屋なんでか情報―足元の歴史てんこ盛りマガジン　9　平成25年版（第104号―第114号）舟橋武志編　名古屋　ブックショップマイタウン　2014.2　324, 10p　30cm〈年表あり「9」のタイトル関連情報：今日も郷土史、明日も郷土史〉①978-4-938341-93-0　Ⓝ215.5　[3810円]

名古屋市（歴史―史料）
◇新修名古屋市史　資料編 近代 3　新修名古屋市史資料編編集委員会編　[名古屋]　名古屋市　2014.3　952p　27cm　①978-4-903305-10-3　Ⓝ215.5　[4167円]

名古屋市（労働市場）
◇名古屋における高卒就職支援　名古屋市立大学人文社会学部現代社会学科2012年度社会調査実習藤田班[編]　名古屋　名古屋市立大学人文社会学部現代社会学科　2013.3　77p　30cm　（名古屋市立大学人文社会学部現代社会学科社会調査実習報告書 2012年度 第5分冊）〈年表あり　奥付のタイトル：2012年度社会調査実習報告書〉Ⓝ366.2155

名古屋市（路線価）
◇路線価図―愛知県版（1）名古屋　新日本法規出版　c2013　1冊　30cm　（財産評価基準書 平成25年分）〈内容：千種署 名古屋東署 名古屋北署〉①978-4-7882-7710-6　Ⓝ345.5　[9200円]
◇路線価図―愛知県版（5）名古屋　新日本法規出版　c2013　1冊　30cm　（財産評価基準書 平成25年分）〈内容：中川署〉①978-4-7882-7714-4　Ⓝ345.5　[7200円]

◇路線価図―財産評価基準書　平成26年分愛知県版1　千種署 名古屋東署 名古屋北署　名古屋　新日本法規出版　c2014　1冊　30cm〈索引あり〉①978-4-7882-7855-4　Ⓝ345.5　[10200円]
◇路線価図―財産評価基準書　平成26年分愛知県版5　中川署　名古屋　新日本法規出版　c2014　1冊　30cm〈索引あり〉①978-4-7882-7859-2　Ⓝ345.5　[8000円]

名古屋市会
◇市会関係例規集　平成26年　名古屋市会事務局調査編　[名古屋]　名古屋市会事務局調査課　2014.6　419p　21cm〈発行所：名古屋市会事務局〉Ⓝ318.455

名古屋市千種区
◇千種区の世帯数と人口―人口動向調査　平成25年　[名古屋市]　千種区総務課編　[名古屋]　名古屋市千種区　2014.2　20p　28cm　Ⓝ358.155

名古屋市守山区
◇守山区制50周年記念事業のあゆみ―心　名古屋市守山区編　[名古屋]　守山区制50周年記念基金運営委員会　2013.10　50p　31cm　Ⓝ291.55

名古屋市役所本庁舎
◇国登録有形文化財名古屋市役所本庁舎現況調査報告書　改訂　名古屋　名古屋市　2014.8　260p　30cm　Ⓝ523.155

名古屋市立大学
◇公立大学法人名古屋市立大学研究者プロフィール　2013　名古屋市立大学リエゾン・センター編　名古屋　名古屋市立大学リエゾン・センター　2013.8　174p　30cm〈奥付のタイトル：名古屋市立大学研究者プロフィール〉Ⓝ377.28
◇公立大学法人名古屋市立大学平成24年度業務実績に関する評価結果　名古屋　名古屋市公立大学法人評価委員会　2013.9　29p　30cm　Ⓝ377.1
◇名古屋市立大学男女共同参画報告書　平成24年度　[名古屋]　名古屋市立大学男女共同参画室・女性研究者支援室　2013.4　81p　30cm　Ⓝ377.21

名古屋大学
◇名古屋大学プロフィール　2014　名古屋大学総務部広報渉外課企画編集　[名古屋]　名古屋大学　2014.6　33p　29cm〈年表あり〉Ⓝ377.28
◇名古屋大学プロフィール　2014　資料編　名古屋大学総務部広報渉外課企画編集　[名古屋]　名古屋大学　2014.7　56p　29cm　Ⓝ377.28

名古屋大学教育学部附属高等学校
◇協同と探究で「学び」が変わる―個別的・ドリル的の学習だけでは育たない力　名古屋大学教育学部附属中・高等学校編著　学事出版　2013.11　173p　21cm　①978-4-7619-2017-3　Ⓝ376.3155　[2100円]

名古屋大学教育学部附属中学校
◇協同と探究で「学び」が変わる―個別的・ドリル的の学習だけでは育たない力　名古屋大学教育学部附属中・高等学校編著　学事出版　2013.11　173p　21cm　①978-4-7619-2017-3　Ⓝ376.3155　[2100円]

名古屋大学農学国際教育協力研究センター
◇名古屋大学農学国際教育協力研究センター外部評価・自己評価報告書―2008年度―2012年度　名古屋大学農学国際教育協力研究センター編　名古屋　名古屋大学農学国際教育協力研究センター　2014.9　40, 198p　30cm〈タイトルは奥付による〉Ⓝ610.77

名古屋鉄道株式会社
◇近20年のあゆみ―名鉄120年　名鉄120年史編纂委員会事務局　名古屋　名古屋鉄道　2014.12　198p　30cm〈年表あり 文献あり〉Ⓝ686.067

名古屋電気学園
◇名古屋電気学園百年史　名古屋電気学園百年史編集委員会編　豊田　名古屋電気学園　2014.1　567p　27cm〈年表あり〉Ⓝ377.28

NASA →アメリカ合衆国航空宇宙局を見よ

那須烏山市（遺跡・遺物）
◇烏山城跡確認調査概報　栃木県那須烏山市教育委員会生涯学習課文化担当編　那須烏山　栃木県那須烏山市教育委員会　2014.2　112p　図版 4枚　30cm　（那須烏山市埋蔵文化財調査報告 第4集）Ⓝ210.0254

那須烏山市（製紙―歴史）
◇「程村紙」調査報告書―記録作成等の措置を講ずべき無形文化財　烏山和紙「程村紙」調査委員会調査・編集　[那須烏山]

那須烏山市伝統文化実行委員会　2014.2　73p　30cm〈年表あり　共同刊行：那須烏山市教育委員会〉Ⓝ585.6

那須塩原市（地誌）
◇寺子郷土誌—蛇沢村・石田坂村・赤沼村・寺子村・原村（荒屋・望田・熊久保）郷土史を語る会編　那須塩原　郷土史を語る会　2014.9　161p　30cm　（ふるさとの村々　4）〈年表あり〉Ⓝ291.32

那須塩原市（地名—辞書）
◇那須の大字・町名辞典　北那須郷土史研究会編　宇都宮　下野新聞社　2014.3　274p　27cm〈文献あり〉Ⓘ978-4-88286-548-3　Ⓝ291.32　［1800円］

那須野ケ原
◇那須をとらえる—ブックレット　3　那須文化研究会編　宇都宮　随想舎　2014.9　125p　21cm〈文献あり　内容：那須のキノコ（富永考昭著）　那珂川水系の魚たち（渡辺裕介著）　那須地域における東山道（金子智美著）　近世における那珂川水運（大高純一著）　那珂川の漁労（柏村祐司著）〉Ⓘ978-4-88748-297-5　Ⓝ291.32　［1200円］

那須町（栃木県）（地名—辞書）
◇那須の大字・町名辞典　北那須郷土史研究会編　宇都宮　下野新聞社　2014.3　274p　27cm〈文献あり〉Ⓘ978-4-88286-548-3　Ⓝ291.32　［1800円］

那須町（栃木県）（東日本大震災〔2011〕—被害）
◇東日本大震災那須町の記録—平成23年3月11日発生　那須町編　那須町（栃木県）　那須町　2013.3　121p　30cm　Ⓝ369.31

那須町（栃木県）（被災者支援）
◇東日本大震災那須町の記録—平成23年3月11日発生　那須町編　那須町（栃木県）　那須町　2013.3　121p　30cm　Ⓝ369.31

名田　惣二郎〔1933〜　〕
◇而今　名田惣二郎著　福岡　海鳥社　2014.8　191p　20cm　Ⓘ978-4-87415-916-3　Ⓝ289.1　［1600円］

灘高等学校
◇教えて！　校長先生「開成×灘式」思春期男子を伸ばすコツ　柳沢幸雄,和田孫博著　中央公論新社　2014.5　229p　18cm　（中公新書ラクレ　494）Ⓘ978-4-12-150494-4　Ⓝ376.3　［800円］

ナターシャ
◇ナタリーってこうなってたのか　大山卓也著　双葉社　2014.8　183p　19cm　（YOUR BOOKS 02）Ⓘ978-4-575-30700-9　Ⓝ007.35　［1000円］

灘中学校
◇教えて！　校長先生「開成×灘式」思春期男子を伸ばすコツ　柳沢幸雄,和田孫博著　中央公論新社　2014.5　229p　18cm　（中公新書ラクレ　494）Ⓘ978-4-12-150494-4　Ⓝ376.3　［800円］

ナダル, G.〔1507〜1580〕
◇ヘロニモ・ナダル神父の生涯—聖イグナチオ・デ・ロヨラの「心」　ホアン・カトレット著,高橋敦子訳　習志野　教友社　2013.5　173p　19cm〈文献あり〉Ⓘ978-4-902211-87-0　Ⓝ198.22　［1200円］

那智勝浦町（和歌山県）（祭祀）
◇那智田楽へのいざない—和歌山県立紀伊風土記の丘ユネスコ無形文化遺産登録記念秋期特別展　和歌山県立紀伊風土記の丘編　和歌山　和歌山県立紀伊風土記の丘　2013.9　69p　30cm〈会期：平成25年9月28日〜12月1日〉Ⓝ773.21

那智勝浦町（和歌山県）（水害）
◇ドキュメント豪雨災害—そのとき人は何を見るか　稲泉連著　岩波書店　2014.6　206p　18cm　（岩波新書　新赤版 1487）Ⓘ978-4-00-431487-5　Ⓝ369.33　［780円］

那智勝浦町（和歌山県）（田楽）
◇那智田楽へのいざない—和歌山県立紀伊風土記の丘ユネスコ無形文化遺産登録記念秋期特別展　和歌山県立紀伊風土記の丘編　和歌山　和歌山県立紀伊風土記の丘　2013.9　69p　30cm〈会期：平成25年9月28日〜12月1日〉Ⓝ773.21

夏目　漱石〔1867〜1916〕
◇心の力　姜尚中著　集英社　2014.1　206p　18cm　（集英社新書 0722）〈文献あり〉Ⓘ978-4-08-720722-4　Ⓝ159　［720円］
◇小林秀雄と夏目漱石—その経験主義と内発的生　廣木寧著　総和社　2013.9　276p　19cm〈内容：内発的に生きるということ　夏目漱石の『心』について　「先生の遺書」としての『心』　漱石の友情　不動明王　歴史について（小林秀雄,江藤淳述）　われに来たれ　ソクラテスと吉田松陰　学問と人生

小林秀雄「美を求める心」　霧島合宿の小林秀雄　小林秀雄阿蘇合宿の小林秀雄　『本居宣長』異聞　小林秀雄氏の経験主義〉Ⓘ978-4-86286-073-6　Ⓝ910.268　［1500円］
◇仙台で夏目漱石を読む—仙台文学館文学講義記録　小森陽一［著］,仙台文学館編　仙台　荒蝦夷　2013.10　297p　19cm　（東北の声叢書 27）Ⓘ978-4-904863-34-3　Ⓝ910.268　［1500円］
◇漱石を読む—この道を行く人なしに　立岡和子著　長野　龍鳳書房　2013.10　287p　19cm　（立岡和子著作集 1）〈文献あり〉Ⓘ978-4-947697-46-2　Ⓝ910.268　［1400円］
◇漱石「こころ」の言葉　夏目漱石著,矢島裕紀彦編著　文藝春秋　2014.6　254p　18cm　（文春新書 977）Ⓘ978-4-16-660977-2　Ⓝ910.268　［730円］
◇漱石一九一〇年代　玉井敬之著　翰林書房　2014.1　318p　22cm　Ⓘ978-4-87737-357-3　Ⓝ910.268　［4800円］
◇漱石先生の書斎は七畳間だった！—明治村「猫の家」の虚像と実像　鈴木高夫著　岡崎　鈴木高夫　2014.12　83p　26cm〈年表あり〉Ⓝ521.86
◇漱石の初恋　荻原雄一著　未知谷　2014.12　252p　20cm〈文献あり　年表あり　内容：漱石、葬儀に『鯛』を贈る　夏目漱石、その作品の構図　漱石、絶密の恋〉Ⓘ978-4-89642-462-1　Ⓝ910.268　［2500円］
◇漱石の表現—その技巧が読者に幻惑を生む　岸元次子著　大阪　和泉書院　2014.8　345p　22cm　（近代文学研究叢刊 53）〈文献あり〉Ⓘ978-4-7576-0715-6　Ⓝ910.268　［5500円］
◇漱石の黙示録—キリスト教と近代を超えて　森和朗著　鳥影社　2014.9　255p　19cm　Ⓘ978-4-86265-471-7　Ⓝ910.268　［1800円］
◇特講漱石の美術世界　古田亮著　岩波書店　2014.6　241,7p　19cm　（岩波現代全書 036）〈文献あり　年譜あり〉Ⓘ978-4-00-029136-1　Ⓝ910.268　［2300円］
◇夏目漱石外伝—菅虎雄先生生誕百五十周年記念文集　久留米　菅虎雄先生顕彰会　2014.10　191p　22cm〈文献あり〉Ⓝ910.268　［1000円］
◇夏目漱石　こころ　姜尚中著　NHK出版　2014.5　157p　19cm　（NHK「100分de名著」ブックス）〈年譜あり　タイトルは奥付・背による.標題紙のタイトル：こころ　夏目漱石　2013年刊の一部加筆・修正,増補〉Ⓘ978-4-14-081595-3　Ⓝ913.6　［1000円］
◇夏目漱石『こころ』をどう読むか　石原千秋責任編集　河出書房新社　2014.5　227p　21cm　（文芸の本棚）〈内容：『こころ』はどう読まれてきたか（石原千秋著）　夏目漱石『こころ』を読む（奥泉光,いとうせいこう述）　こころ夏目漱石（水村美苗,小森陽一述）　夏目漱石と明治の精神（丸谷才一,山崎正和述）　少数派として生きること（東浩紀著）　喉に引っかかった魚の小骨のような疑問（大澤真幸著）　見過ごされてきた門番（荻上チキ著）　『こゝろ』の読者をどうつくりだすか（高田里惠子著）　『こころ』に眠るわたしたち（文月悠光著）　漱石の多様性（柄谷行人述）　こころ（吉本隆明述）　『こころ』を、読もうとしているあなたに（北村薫著）　こころ（夏目房之介著）　百年前の少年（荒川洋治著）　淋しい人間（山崎正和著）　師弟のきずな（作田啓一著）　眼差としての他者（石原千秋著）　『こころ』を生成する心臓（小森陽一著）　静は果たして知っていたのか（押野武志著）　『未亡人』という呪符（赤間亜生著）　最初の夫の死ぬ物語（平野芳信著）　『こころ』をこれからどう読むか（石原千秋著）〉Ⓘ978-4-309-02289-5　Ⓝ913.6　［1700円］
◇夏目漱石『三四郎』をどう読むか　石原千秋責任編集　河出書房新社　2014.10　223p　21cm　（文芸の本棚）〈内容：『三四郎』はどう読まれてきたか（石原千秋著）　夏目漱石『三四郎』を読む（奥泉光,いとうせいこう述）　三四郎、百年の孤独（姜尚中,栗坪良樹述）　差別と文学（小森陽一,富岡多惠子,西成彦述）　三四郎は名古屋で同衾すべきだった（東浩紀述）　近代ごっこ。青年は次に誰を見下す？（荻上チキ著）　パリで読む『三四郎』（紅野謙介著）　勘違いの系譜（斎藤美奈子著）　贈与と貸借、あるいは、暢気な世界の切なさと美しさについて（若林幹夫著）　十五歳の春（三田誠広著）　汽車は上京の予行演習だった（岡崎武志著）　野々宮君の実験装置（小山慶太著）　三四郎（吉本隆明述）　漱石の二十世紀（関川夏央著）　夏目漱石『三四郎』（前田愛著）　『三四郎』論の前提（千種キムラ・スティーブン著）　鏡の中の『三四郎』（石原千秋著）　青春小説の性／政治的無意識（標森清著）　三四郎（飯田祐子著）　漱石の女たち（小森陽一著）　『三四郎』青年（生方智子著）　『三四郎』をこれからどう読むか（石原千秋著）〉Ⓘ978-4-309-02332-8　Ⓝ913.6　［1750円］
◇夏目漱石周辺人物事典　原武哲,石田忠彦,海老井英次編　笠間書院　2014.7　581,21p　24cm〈年譜あり　索引あり〉Ⓘ978-4-305-70722-2　Ⓝ910.268　［5500円］

名取 洋之助〔1910〜1962〕

◇夏目漱石前期三部作論　岡本直茂著　人間幸福学研究会　2014.3　179p　19cm　（人間幸福学叢書）　①978-4-905437-14-7　Ⓝ913.6　［非売品］

◇夏目漱石の手紙に学ぶ伝える工夫　中川越著　マガジンハウス　2014.3　237p　19cm　〈文献あり〉　①978-4-8387-2651-6　Ⓝ910.268　［1400円］

◇ヘクトル――夏目漱石と暮らした最後の犬　横山俊之著　岡山　自費出版の森　2014.7　196p　22cm　〈文献あり〉　①978-4-907429-00-3　Ⓝ910.268

◇『坊っちゃん』事典　今西幹一企画，佐藤裕子，増田裕美子，増満圭子，山口直孝編　勉誠出版　2014.10　288,19p　22cm　〈索引あり〉　①978-4-585-20024-6　Ⓝ913.6　［4500円］

◇三島由紀夫と夏目漱石のナルキッソスたち　中広全延著　游学社　2013.7　175p　19cm　（精神科医から診た"自己愛"PART2）　〈文献あり〉　①978-4-904827-22-2　Ⓝ910.268　［1400円］

◇ロンドンの焼芋――手紙：漱石と子規　関宏夫著，暮しの手帖社編　［いずみ］　関宏夫　2013.7　335p　19cm　Ⓝ910.268　［2000円］

◇私の「漱石」ノート――その人と作品に魅せられて　澤田省三著　［東京］　花伝社　2014.11　276p　19cm　〈共栄書房（発売）文献あり〉　①978-4-7634-0720-7　Ⓝ910.268　［1700円］

名取 洋之助〔1910〜1962〕

◇名取洋之助――報道写真とグラフィック・デザインの開拓者　白山眞理著　平凡社　2014.1　159p　22cm　（コロナ・ブックス 190）　〈タイトルは奥付・背・表紙による.標題紙のタイトル：名取洋之助の世界〉　①978-4-582-63489-1　Ⓝ740.21　［1600円］

名取市〔東日本大震災（2011）―被害―写真集〕

◇名取市東日本大震災一年間の写真記録　名取市総務部震災記録室編　名取　名取市　2013.3　111p　30cm　Ⓝ369.31　［非売品］

◇閖上地区の全記録――2011.3.11東日本大震災　斎藤正善，斎藤司撮影　名取　斎藤正善　2013.4（5刷）79p　30cm　〈斎藤コロタイプ印刷（印刷）〉　Ⓝ369.31　［1500円］

名取市〔方言〕

◇生活を伝える被災地方言会話集―宮城県気仙沼市・名取市の100場面会話　東北大学方言研究センター編　仙台　東北大学大学院文学研究科国語学研究室　2014.3　384p　26cm　Ⓝ818.23

◇被災地方言の保存・継承のための方言会話の記録と公開　東北大学方言研究センター編　仙台　東北大学大学院文学研究科国語学研究室　2014.3　384p　30cm　（文化庁委託事業報告書）　Ⓝ818.23

七尾市〔遺跡・遺物〕

◇国分遺跡・国分B遺跡　金沢　石川県教育委員会　2014.3　110p　図版22p　30cm　〈七尾市所在　一般国道249号（藤橋バイパス）国道改築工事に係る埋蔵文化財発掘調査報告書　共同刊行：石川県埋蔵文化財センター〉　Ⓝ210.0254

◇史跡万行遺跡範囲確認調査報告書―平成18・20・22・24年度の範囲確認調査報告　七尾市教育委員会文化課編　［七尾］　七尾市教育委員会文化課　2014.3　31p　図版2p　30cm　（七尾市埋蔵文化財調査報告書 第37輯）　Ⓝ210.0254

◇七尾城跡（P11・旧市道区）　七尾市教育委員会文化課編　七尾　七尾市教育委員会　2014.3　37p　図版3p　30cm　（七尾市埋蔵文化財調査報告書 第36輯）　〈年表あり　一般国道470号能越自動車道（七尾氷見道路）の城山高架橋P11橋脚建設に伴う埋蔵文化財発掘調査報告書〉　Ⓝ210.0254

七尾市〔祭礼〕

◇石川県七尾市の曳山行事―国指定重要無形民俗文化財「青柏祭の曳山行事」を中心として　でか山祭り継承事業実行委員会編　七尾　でか山祭り継承事業実行委員会　［2014］　108,12p　30cm　〈平成二十五年度文化庁文化芸術振興費補助金(文化遺産を活かした地域活性化事業）　折り込 2枚〉　Ⓝ386.143

七尾市〔歴史〕

◇図説「七尾の歴史」　「図説七尾の歴史」編集委員会編　七尾　七尾市　2014.10　178p　30cm　〈七尾市合併10周年記念出版〉　Ⓝ214.3

七ツ寺共同スタジオ

◇空間の祝杯　2　連動する表現活動の軌跡―七ツ寺共同スタジオ40周年記念出版　二村利之，篠田竜太編集　名古屋　七ツ寺共同スタジオ　2014.8　176p　30cm　〈あるむ（発売）〉　①978-4-86333-088-7　Ⓝ770.6　［2500円］

難波宮

◇大阪遺産難波宮―遺跡を読み解くキーワード：特別展　大阪歴史博物館編　大阪　大阪歴史博物館　2014.6　104p　30cm　〈年表あり　会期：平成26年6月21日―8月18日　難波宮発掘調査60周年記念〉　Ⓝ210.3

◇難波宮と都城制　中尾芳治，栄原永遠男編　吉川弘文館　2014.8　341,13p　22cm　〈文献あり　年表あり　内容：山根徳太郎の難波宮研究（直木孝次郎著）　古代難波京の地形環境と難波津（松尾信裕著）　難波宮下層遺跡をめぐる諸問題（南秀雄著）　前期・後期難波宮跡の発掘成果（高橋工著）　難波地域の土器編年からみた難波宮の造営年代（佐藤隆著）　難波宮の建築（植木久著）　後期難波宮の屋瓦と大阪府下出土の同笵瓦（八木久栄，宮本佐知子著）　難波宮跡北西部出土木簡再考（栄原永遠男著）　難波京の復原と難波大道（積山洋著）　古代難波地域の渡来人（田中清美著）　難波宮から藤原宮へ（中尾芳治著）　難波宮・京と複都制（小笠原好彦著）　長岡京遷都と後期難波宮の移建（國下多美樹著）　古代都市難波の「神まつり」環境（榎村寛之著）　難波と仏教（古市晃著）　中国宮城の変遷と難波宮（村元健一著）　古代東アジアにおける八角形建物とその平面形態（李陽浩著）〉　①978-4-642-04615-2　Ⓝ210.3　［9000円］

◇東アジアに開かれた古代王宮・難波宮　積山洋著　新泉社　2014.8　92p　21cm　（シリーズ「遺跡を学ぶ」 095）　〈文献あり〉　①978-4-7877-1335-3　Ⓝ210.3　［1500円］

ナパ〔カリフォルニア州〕〔ワイン〕

◇ナパ奇跡のぶどう畑―第二の人生で世界最高のワイナリーを造りあげた〈シェーファー〉の軌跡　ダグ・シェーファー，アンディ・デムスキィ著，野澤玲子訳　阪急コミュニケーションズ　2014.9　384,9p　19cm　①978-4-484-14117-6　Ⓝ588.55　［2000円］

那覇市〔遺跡・遺物〕

◇円覚寺跡　2　沖縄県立埋蔵文化財センター編　［西原町（沖縄県）］　沖縄県立埋蔵文化財センター　2014.3　181p　図版4p　30cm　（沖縄県立埋蔵文化財センター調査報告書 第70集）　〈右掖門地区・南側石牆地区の遺構確認調査報告書〉　Ⓝ210.0254

◇首里城跡　沖縄県立埋蔵文化財センター編　西原町（沖縄県）　沖縄県立埋蔵文化財センター　2014.3　384p　30cm　（沖縄県立埋蔵文化財センター調査報告書 第69集）　Ⓝ210.0254

◇首里城跡―淑順門東地区発掘調査報告書　沖縄県立埋蔵文化財センター編　西原町（沖縄県）　沖縄県立埋蔵文化財センター　2014.3　151p　30cm　（沖縄県立埋蔵文化財センター調査報告書 第72集）　Ⓝ210.0254

◇首里城跡―京の内跡発掘調査報告書　5　平成6年度調査の遺物編　2　沖縄県立埋蔵文化財センター調査班編　［西原町（沖縄県）］　沖縄県立埋蔵文化財センター　2014.3　193p　図版6p　30cm　（沖縄県立埋蔵文化財センター調査報告書 第73集）　Ⓝ210.0254

那覇市〔芸者―歴史〕

◇辻と侏儸の物語―琉球の花街　浅香怜子著　宜野湾　榕樹書林　2014.2　120p　21cm　（がじゅまるブックス 6）　〈文献あり〉　①978-4-89805-171-9　Ⓝ384.9　［900円］

那覇市〔地誌〕

◇真嘉比字誌　真嘉比字誌編集委員会編　那覇　真嘉比自治会　2014.3　331p　図版24p　27cm　〈文献あり　年表あり〉　Ⓝ291.99

那覇市〔遊廓―歴史〕

◇辻と侏儸の物語―琉球の花街　浅香怜子著　宜野湾　榕樹書林　2014.2　120p　21cm　（がじゅまるブックス 6）　〈文献あり〉　①978-4-89805-171-9　Ⓝ384.9　［900円］

名張市〔遺跡・遺物〕

◇上長瀬遺跡発掘調査報告　三重県埋蔵文化財センター編　［明和町（三重県）］　三重県埋蔵文化財センター　2014.2　41p　30cm　（三重県埋蔵文化財調査報告 346）　Ⓝ210.0254

名張市〔統計〕

◇名張市統計書　総務部・情報政策室編　名張　三重県名張市　2014.3　174p　30cm　Ⓝ351.56

ナビ

◇包むマネジメント―社員が夢中になって働き出す　近藤寛和著　ぶんか社　2014.6　255p　19cm　〈文献あり〉　①978-4-8211-4371-9　Ⓝ689.813　［1500円］

ナフィーシー, A.

◇語れなかった物語―ある家族のイラン現代史　アーザル・ナフィーシー著，矢倉尚子訳　白水社　2014.9　384p　20cm　〈年表あり〉　①978-4-560-08374-1　Ⓝ289.2　［3200円］

日本件名図書目録2014　Ⅰ　　　　　　　　　　　　　　　　　　　　　　　　　　　　奈良県（遺跡・遺物―橿原市）

ナプロアース
◇浪江町発廃車リサイクル工場奇跡の経営―震災のどん底からV字回復したパワフル社長の奮闘記　池本篤著　ATパブリケーション　2014.10　207p　19cm　①978-4-906784-32-5　Ⓝ537.09　〔1500円〕

なべ おさみ〔1939～ 〕
◇やくざと芸能と―私の愛した日本人　なべおさみ著　イースト・プレス　2014.5　268p　20cm　①978-4-7816-1160-0　Ⓝ779.14　〔1700円〕

鍋島〔氏〕
◇戦国期の肥前と筑後―龍造寺・鍋島と立花・蒲池　田中耕作著　佐賀　佐賀新聞社　2014.2　105p　21cm　①978-4-88298-194-7　Ⓝ288.2　〔1000円〕

鍋島 直正〔1814～1871〕
◇鍋島直正公一生誕200年記念展　鍋島報效会編　佐賀　鍋島報效会　2014.9　120p　30cm　〈年表あり　会期・会場：平成26年1月14日―26日　徴古館ほか〉　Ⓝ289.1

生江 孝之〔1867～1957〕
◇生江孝之著作集　第6巻　生江孝之君古稀記念―解説/略年譜　生江孝之著　学術出版会　2014.9　713,25p　図版13枚　22cm　（学術著作集ライブラリー）〔日本図書センター（発売）　著作目録あり　生江孝之君古稀記念會　昭和13年刊の複製　内容：慈善局設置の必要〈明治三十九年六月〉恤救規則の改正に關する考察〈昭和二年五月〉傷害救護機關急設の必要〈昭和二年十二月〉民衆娛樂問題〈昭和四年九月〉社會事業の政策化への新展望〈昭和三年十一月〉社會事業の統制に關する一考察〈昭和六年一月〉私設社會事業の社會的使命〈昭和六年三月〉社會事業に於ける「人」と「組織」〈昭和八年一月〉社會事業に於ける育兒事業の地位〈昭和九年十月〉保育所の社會的及教育的意義〈昭和三年十一月〉保健所の使命と小兒保健所に對する希望〈昭和十一年六月〉収容保護に於ける小家族分立主義に就いて〈昭和九年七月〉義務教育年限延長に伴ふ二三の重要問題〈昭和十二年三月〉日本農村の特異性を檢討して滿洲移民問題に及ぶ〈昭和八年五月〉麻藥中毒者救護問題〈昭和九年十二月〉我が國に於ける感化院の起原及び感化の語原に就いて〈昭和二年七月〉避姙公許の和蘭〈大正九年三月〉産兒制限問題私見〈昭和十二年十二月〉チャルマア博士の道想〈大正十三年七月〉ラウントリイ氏と其の事業〈大正十三年十一月〉文藝復興以後に於ける慈善事業の變革に關する一考察〈昭和三年二月〉中世紀の基督教と慈善事業〈昭和三年六月〉〉①978-4-284-10426-5,978-4-284-10420-3（set）Ⓝ369.08

なまら癖X
◇Greenland―海と山10年の軌跡　なまら癖―Xグリーンランド遠征隊著　札幌　エイチエス　2013.11　151p　26cm　〈年譜あり　年表あり〉①978-4-903707-44-0　Ⓝ784.3　〔2000円〕

浪江 虔〔1910～1999〕
◇浪江虔・八重子往復書簡　浪江虔,浪江八重子著,『浪江虔・八重子往復書簡』刊行委員会編　ポット出版　2014.8　349p　20cm　①978-4-7808-0209-2　Ⓝ289.1　〔2400円〕

浪江 八重子〔1910～1993〕
◇浪江虔・八重子往復書簡　浪江虔,浪江八重子著,『浪江虔・八重子往復書簡』刊行委員会編　ポット出版　2014.8　349p　20cm　①978-4-7808-0209-2　Ⓝ289.1　〔2400円〕

浪江町〔福島県〕（東日本大震災〔2011〕―被害）
◇3.11ある被災地の記録―浪江町津島地区のこれまで、あのとき、そしてこれから　今野秀則著　福島　福島県社会福祉協議会　2014.3　147p　30cm　Ⓝ369.31　〔1000円〕

浪江町〔福島県〕（東日本大震災〔2011〕―被害―写真集）
◇寿辞―大工・植田家と浪江町の歩み　ウエダ建設社史編纂室編　南相馬　ウエダ建設南相馬事務所　2014.7　111p　31cm　〈新宿書房（発売）　文献あり　年譜あり　撮影：長谷川健郎〉①978-4-88008-448-0　Ⓝ369.31　〔2800円〕

浪江町〔福島県〕（福島第一原発事故〔2011〕―被害）
◇3.11ある被災地の記録―浪江町津島地区のこれまで、あのとき、そしてこれから　今野秀則著　福島　福島県社会福祉協議会　2014.3　147p　30cm　Ⓝ369.31　〔1000円〕

並木 秀之〔1953～ 〕
◇死ぬな―生きていれば何とかなる　並木秀之著　新潮社　2014.9　190p　18cm　（新潮新書　587）①978-4-10-610587-6　Ⓝ289.1　〔700円〕

並木 栗水〔1829～1914〕
◇並木栗水あて書簡―多古町米本図書館所蔵：調査報告　加藤時男,中山文明編集責任　多古町（千葉県）米本図書館　2014.6　206p　図版〔12〕枚　30cm　Ⓝ121.6

ナミビア（経済援助〔日本〕）
◇ナミビア国産業政策アドバイザー専門家派遣（産業政策）業務完了報告書　〔東京〕　国際協力機構　2013.3　48p　30cm　Ⓝ333.804

滑川市（地誌）
◇ふるさと上島―郷土史　上島郷土史編纂委員会編　滑川　上島町内会　2014.12　159p　30cm　〈年表あり〉Ⓝ291.42

滑川市（彫刻〔日本〕―図録集）
◇長谷川喜十郎とその弟子たち展　滑川市立博物館編　滑川　滑川市立博物館　2014.1　50p　30cm　〈年譜あり　会期・会場：平成26年1月18日―3月9日　滑川市立図書館3階催事室　市制60周年記念〉Ⓝ712.142

滑川市（歴史―写真集）
◇なめりかわ昭和今昔写真館―市制60周年記念　滑川市立博物館編　滑川　滑川市立博物館　2014.3　95p　30cm　〈年表あり　会期：平成26年3月21日―5月6日〉Ⓝ214.2

滑川市老人クラブ連合会
◇滑川市老人クラブ連合会創立50年史―近20年を中心として　滑川市老人クラブ連合会創立50年史編集委員会編　〔滑川〕　滑川市老人クラブ連合会　2013.9　99p　30cm　〈年表あり　背のタイトル：創立50年史〉Ⓝ379.47

名寄市（キノコ―図集）
◇名寄地方のきのこ　名寄市北国博物館編　名寄　名寄市北国博物館　2014.3　50p　21cm　（北国ブックレット）Ⓝ474.85

奈良 裕也〔1980～ 〕
◇YUYA NARA FASHION STYLE BOOK　奈良裕也著　宝島社　2014.2　111p　23cm　〈本文は日本語〉①978-4-8002-1491-1　Ⓝ289.1　〔1300円〕

奈良学園
◇学校法人奈良学園創立50周年記念誌―繋ぐ：教育はロマン、夢語るもの　奈良　奈良学園　2014.11　140p　30cm　〈年表あり〉Ⓝ377.28

奈良県（遺跡・遺物）
◇神と仏の落書き　3　カバラと宇宙　山本英樹著　習志野　大巧社　2013.8　205p　20cm　①978-4-924899-87-2　Ⓝ202.5　〔1500円〕

◇那賀郡の軒瓦に見られる東アジアとの交流―シンポジウム報告書　帝塚山大学考古学研究所編　〔奈良〕　帝塚山大学考古学研究所　2014.3　45p　30cm　〈紀の川市教育委員会・帝塚山大学附属博物館共催展「日・中・韓の古代瓦」関連シンポジウム　会期・会場：平成24年9月16日　紀の川市歴史民俗資料館　共同刊行：帝塚山大学附属博物館　内容：荒見廃寺の発掘調査（立廟和人述）　神祇と軒瓦が共存する国・紀伊（甲斐弓子述）　紀伊と軒瓦にみられる新羅の要素（清水昭博述）〉Ⓝ216.6

◇はぎとりきりとりかたどり―大地にきざまれた記憶：平成二十六年度飛鳥資料館秋期特別展：奈良文化財研究所埋蔵文化財センター設立40周年記念　明日香村（奈良県）国立文化財機構奈良文化財研究所飛鳥資料館　2014.10　76p　30cm　（飛鳥資料館図録　第61冊）〈文献あり　会期・会場：平成26年10月10日―11月30日　奈良文化財研究所飛鳥資料館〉

◇箸墓以降―邪馬台国連合から初期ヤマト政権へ：大阪府立近つ飛鳥博物館平成26年度秋季特別展　大阪府立近つ飛鳥博物館編　河南町（大阪府）大阪府立近つ飛鳥博物館　2014.10　159p　30cm　（大阪府立近つ飛鳥博物館図録　64）〈文献あり　会期：平成26年10月4日―12月7日〉Ⓝ210.32

◇ヤマト王権と葛城氏―考古学からみた古代氏族の盛衰：大阪府立近つ飛鳥博物館平成26年度春季特別展：開館20周年記念特別展　大阪府立近つ飛鳥博物館編　河南町（大阪府）大阪府立近つ飛鳥博物館　2014.4　167p　30cm　（大阪府立近つ飛鳥博物館図録　63）〈文献あり　会期：平成26年4月26日―6月29日〉Ⓝ216.5

奈良県（遺跡・遺物―橿原市）
◇飛鳥・藤原と古代王権　西本昌弘著　同成社　2014.4　224p　22cm　（同成社古代史選書　11）〈内容：斉明天皇陵の造営・修造と牽牛子塚古墳　建王の今城谷墓と酒船石遺跡　川原寺の古代史と伽藍・仏像　高市大寺〈大官大寺〉の所在地と藤原京朱雀大路　岸俊男氏の日本古代宮都論　大藤原京説批判　藤原京と新益京の語義再考〉①978-4-88621-655-7　Ⓝ210.33　〔5000円〕

◇忌部山遺跡・千塚山遺跡　奈良県立橿原考古学研究所編　橿原　奈良県立橿原考古学研究所　2014.3　34p　図版30p　30cm　（奈良県文化財調査報告書　第164集）〈近畿農政局大和紀伊平野農業水利事務所・吉野川分水農業用水路改修工事に伴う発掘調査報告書〉①978-4-905398-25-7　Ⓝ210.0254

◇観音寺本馬遺跡　2　観音寺2区　奈良県立橿原考古学研究所編　橿原　奈良県立橿原考古学研究所　2014.3　154p　図版78p　31cm　（奈良県立橿原考古学研究所調査報告　第114冊）①978-4-905398-21-9　Ⓝ210.0254

奈良県（遺跡・遺物―御所市）

◇藤原京左京二条二坊―平成24年度発掘調査報告書　元興寺文化財研究所編　[奈良]　元興寺文化財研究所　2014.3　30p　図版18p　当会　Ⓝ210.0254

奈良県（遺跡・遺物―御所市）

◇名柄遺跡―第7次発掘調査報告　御所市教育委員会編　御所　御所市教育委員会　2013.3　18p　図版5p　26cm　（御所市文化財調査報告書　第44集）〈奈良県御所市所在〉　Ⓝ210.0254

◇南郷遺跡（向版地区）　御所市教育委員会編　御所　御所市教育委員会　2014.3　8p　26cm　（御所市文化財調査報告書　第45集）〈奈良県御所市所在〉　Ⓝ210.0254

奈良県（遺跡・遺物―桜井市）

◇国庫補助による発掘調査報告書　平成24年度　桜井　桜井市教育委員会文化財課　2014.3　32p　図版11p　30cm　（桜井市埋蔵文化財発掘調査報告書　第41集）〈桜井市所在　内容：吉備遺跡. 第16次調査　脇本遺跡. 第19次調査　纒向遺跡. 第175次調査　小川塚西古墳・小川塚東古墳・サシコマ古墳測量調査〉　Ⓝ210.0254

◇桜井市内遺跡発掘調査報告書　2012年度　桜井　桜井市文化財協会　2014.3　51p　図版30p　30cm　〈内容：戒重遺跡第1次調査　横内遺跡第8次調査　纒向遺跡第174次調査　城島遺跡第45次調査　談山神社・妙楽寺跡第2次調査　城島遺跡第46次調査〉　Ⓝ210.0254

◇松之本遺跡　第4次調査　奈良県立橿原考古学研究所編　橿原　奈良県立橿原考古学研究所　2014.3　38p　図版12p　30cm　（奈良県文化財調査報告書　第163集）Ⓘ978-4-905398-20-2　Ⓝ210.0254

◇脇本遺跡　2　橿原　奈良県立橿原考古学研究所　2014.3　187p　図版116p　31cm　（奈良県立橿原考古学研究所調査報告　第115冊）Ⓘ978-4-905398-22-6　Ⓝ210.0254

奈良県（遺跡・遺物―天理市）

◇ノムギ古墳　天理市教育委員会編　天理　天理市教育委員会　2014.1　94p　図版[25]枚　30cm　（天理市埋蔵文化財調査報告　第9集）Ⓝ210.0254

◇布留遺跡柚之内（北池・大東）地区発掘調査報告書　天理大学附属天理参考館考古美術室編　[天理]　埋蔵文化財天理教調査団　2013.3　86p　図版44p　26cm　（考古学調査研究中間報告　28）〈奈良県天理市所在〉　Ⓝ210.0254

奈良県（遺跡・遺物―奈良市）

◇西大寺旧境内発掘調査報告書―西大寺旧境内第25次調査　1　本篇　奈良市埋蔵文化財調査センター編　奈良　奈良市教育委員会　2013.3　161p　図版[15]枚　30cm　（奈良市埋蔵文化財調査研究報告　第3冊）〈年表あり〉Ⓝ210.0254

◇西大寺旧境内発掘調査報告書―西大寺旧境内第25次調査　1　文字資料篇　奈良市埋蔵文化財調査センター編　奈良　奈良市教育委員会　2013.3　1冊　30cm　（奈良市埋蔵文化財調査研究報告　第3冊）Ⓝ210.0254

◇奈良山発掘調査報告　2　奈良　国立文化財機構奈良文化財研究所　2014.10　87p　図版[6]枚　30cm　（奈良文化財研究所学報　第93冊）〈内容：歌姫西須恵器窯の調査〉Ⓘ978-4-905338-41-3　Ⓝ210.0254

◇薬師寺―旧境内保存整備計画にともなう発掘調査報　2　国立文化財機構奈良文化財研究所編　奈良　法相宗大本山薬師寺　2014.3　92p　30cm　Ⓝ210.0254

奈良県（医療）

◇奈良県がん対策推進計画　第2期　奈良　奈良県医療政策部保健予防課　2013.3　71, 19p　30cm　Ⓝ498.1

奈良県（衛生行政）

◇奈良県がん対策推進計画　第2期　奈良　奈良県医療政策部保健予防課　2013.3　71, 19p　30cm　Ⓝ498.1

奈良県（介護福祉―生駒市）

◇介護保険事業計画策定のためのアンケート調査報告書　第6期　生駒　生駒市　2014.9　135p　30cm　Ⓝ369.26

奈良県（介護保険）

◇高齢者の生活・介護等に関する県民調査調査結果報告書　奈良県健康福祉部長寿社会課編　奈良　奈良県健康福祉部長寿社会課　2014.3　610p　30cm　Ⓝ369.26

奈良県（紀行・案内記）

◇花の寺―わたしの大和路　後藤惠子著　生駒　後藤惠子　2014.3　140p　19cm　Ⓝ291.65　[2500円]

奈良県（紀行・案内記―奈良市）

◇明日香の万葉を歩く―万葉故地・歌碑と寺社・史跡めぐり　上　二川曉美著　奈良　奈良新聞社　2014.2　398p　19cm　〈文献あり　年表あり〉Ⓘ978-4-88856-124-2　Ⓝ911.125　[2500円]

◇明日香の万葉を歩く―万葉故地・歌碑と寺社・史跡めぐり　下　二川曉美著　奈良　奈良新聞社　2014.2　410p　19cm　〈文献あり　年表あり〉Ⓘ978-4-88856-125-9　Ⓝ911.125　[2500円]

◇奈良のこころ―奈良・西ノ京から　鏡清澄著　名古屋　ブイツーソリューション　2014.8　243p　19cm　〈星雲社（発売）文献あり〉Ⓘ978-4-434-19486-3　Ⓝ188.15　[1200円]

奈良県（教育）

◇研究紀要・研究集録―要旨集　第21号　平成25年度　田原本町（奈良）奈良県立教育研究所　2014.5　53p　30cm　Ⓝ372.165

奈良県（行政）

◇主な政策集　奈良　奈良県総務部知事公室政策推進課　2013.2　126p　30cm　Ⓝ318.265

奈良県（郷土芸能）

◇奈良県の民俗芸能―奈良県民俗芸能緊急調査報告書　奈良県教育委員会編　奈良　奈良県教育委員会　2014.3　2冊　30cm　〈文献あり〉Ⓝ386.8165

奈良県（近代化遺産）

◇奈良県の近代化遺産―奈良県近代化遺産総合調査報告書　奈良県教育委員会編　奈良　奈良県教育委員会　2014.3　182p　図版8p　30cm　〈文献あり〉Ⓝ523.165

奈良県（交通―歴史―生駒市）

◇生駒の古道―生駒市古道調査　生駒民俗会古道調査委員会編著　生駒　生駒民俗会　2014.3　177p　21cm　〈年表あり〉Ⓝ682.165

奈良県（高齢者）

◇高齢者の生活・介護等に関する県民調査調査結果報告書　奈良県健康福祉部長寿社会課編　奈良　奈良県健康福祉部長寿社会課　2014.3　610p　30cm　Ⓝ369.26

奈良県（高齢者福祉）

◇高齢者の生活・介護等に関する県民調査調査結果報告書　奈良県健康福祉部長寿社会課編　奈良　奈良県健康福祉部長寿社会課　2014.3　610p　30cm　Ⓝ369.26

奈良県（高齢者福祉―生駒市）

◇介護保険事業計画策定のためのアンケート調査報告書　第6期　生駒　生駒市　2014.9　135p　30cm　Ⓝ369.26

奈良県（古瓦）

◇古代瓦研究―古代瓦研究会シンポジウム記録　6　国立文化財機構奈良文化財研究所編　奈良　国立文化財機構奈良文化財研究所　2014.2　418p　30cm　〈文献あり　会期・会場：2012年2月11日―12日　奈良文化財研究所平城宮跡資料館講堂ほか　内容：大官大寺式・鴻臚館式軒瓦の展開　大官大寺の出土軒瓦（清野孝之述）　大安寺の大官大寺式軒瓦（宮﨑正裕述）　興福寺出土の興福寺式軒瓦（今井晃樹述）　梅谷瓦窯と荒池瓦窯の興福寺式軒瓦（奥村茂輝述）　平城宮内出土の興福寺式軒瓦（石田由紀子述）　平城京内出土の興福寺式軒瓦（原田憲二郎述）　名勝奈良公園・荒池瓦窯跡の発掘調査成果と出土瓦にかかる諸問題（渡辺和仁述）　畿内周辺の興福寺式軒瓦（小谷徳彦述）　九州各地の鴻臚館式軒瓦（山口亨述）　重圏文系軒瓦の展開　平城京の重圏文系軒瓦（原田憲二郎述）　平城宮の重圏文系軒瓦（渡辺丈彦述）　難波宮の重圏文系軒瓦（佐藤隆述）　畿内（摂河泉）の重圏紋系軒瓦（上田睦述）　東海地方の重圏文系軒瓦（新田剛述）　中国地方の重圏文系軒瓦（妹尾周三述）　岡山県の重圏文系軒瓦（松尾佳子述）　四国地方の重圏文一重圏文系軒瓦（渡邊誠述）　関東地方の重圏文系軒瓦（宮本敬一, 牧野光隆述）　東北地方の重圏文軒丸瓦（廣谷和也述）〉Ⓝ216.5

◇那賀郡の軒瓦に見られる東アジアとの交流―シンポジウム報告書　帝塚山大学考古学研究所編　奈良　国立文化財機構奈良文化財研究所　2014.3　45p　30cm　〈紀の川市教育委員会・帝塚山大学附属博物館共催展「日・中・韓の古代瓦」関連シンポジウム　会期・会場：平成24年9月16日　紀の川市歴史民俗資料館　共同刊行：帝塚山大学附属博物館　内容：荒見廃寺の発掘調査（立岡和人述）　神祇と仏教が共存する国・紀伊（甲斐弓子述）　紀伊と軒瓦にみられる新羅の要素（清水昭博述）〉Ⓝ216.6

奈良県（古墳）

◇ヤマト王権と葛城氏―考古学からみた古代氏族の盛衰：大阪府立近つ飛鳥博物館平成26年度春季特別展：開館20周年記念特別展　大阪府立近つ飛鳥博物館編　河南町（大阪府）大阪府立近つ飛鳥博物館　2014.4　167p　30cm　（大阪府立近つ飛鳥博物館図録　63）〈文献あり　会期：平成26年4月26日―6月29日〉Ⓝ216.5

奈良県（古墳―桜井市）

◇纒向と箸墓―平成25年度弥生フェスティバル連続講演会：講演資料集　大阪府立弥生文化博物館編　和泉　大阪府立弥生文化博物館　2014.3　74p　30cm　〈年表あり　会期：2014年3月25日―31日〉Ⓝ216.5

日本件名図書目録2014 I 　　　　　　　　　　　　　　　　　　　　　　　奈良県（仏教美術―奈良市）

奈良県（古墳―天理市）
◇柚之内古墳群の研究　柚之内古墳群研究会編　天理　柚之内古墳群研究会　2014.3　138p　図版8p　30cm〈文献あり〉Ⓝ216.5

奈良県（災害―歴史）
◇歴史から学ぶ奈良の災害史　牛山素行監修　［奈良］　奈良県総務部知事公室防災統括室　2014.3　200p　図版 8p　30cm〈災害教訓・伝承の次世代への継承事業〉Ⓝ216.5

奈良県（財産評価）
◇評価倍率表―奈良県・和歌山県　大阪　納税協会連合会　2014.7　414p　30cm（財産評価基準書 平成26年分 4/49）〈清文社（発売）〉Ⓝ345.5　[6700円]

奈良県（寺院）
◇雅楽の奈良を歩く　笠置侃一監修　包　2014.8　211p　21cm〈文献あり　共同刊行：実業印刷〉①978-4-906869-01-5　Ⓝ768.2　[2500円]
◇花の寺―わたしの大和路　後藤惠子著　生駒　後藤惠子　2014.3　140p　19cm　Ⓝ291.65　[2500円]
◇大和路の謎を解く―古代史巡礼の旅　関裕二著　ポプラ社　2014.3　267p　18cm（ポプラ新書 027）〈文献あり〉①978-4-591-13970-7　Ⓝ210.3　[780円]

奈良県（史跡名勝）
◇古代天皇への旅―雄略から推古まで　和田萃著　吉川弘文館　2014.1　290p　21cm　①978-4-642-08099-6　Ⓝ288.41　[2800円]
◇奈良県景観資産　四神八景編　［奈良］　[奈良県くらし創造部景観・環境局風致景観課景観保全審査係]　[201-]　66p　30cm　Ⓝ291.65

奈良県（社会科―小学校）
◇戦後小学校社会科における学習評価に関する史的研究―奈良の社会科を事例として　坂井誠亮著　DTP出版　2014.2　225p　27cm〈文献あり　年表あり〉①978-4-86211-377-1　Ⓝ375.3　[3400円]

奈良県（住宅産業）
◇奈良で家を建てるなら　柴部崇著　エル書房　2014.12　213p　18cm〈星雲社（発売）〉①978-4-434-20148-6　Ⓝ520.92165　[500円]

奈良県（書目）
◇奈良県EL新聞記事情報リスト　2013-1　エレクトロニック・ライブラリー編　エレクトロニック・ライブラリー　2014.2　849p　31cm〈制作：日外アソシエーツ〉Ⓝ025.8165
◇奈良県EL新聞記事情報リスト　2013-2　エレクトロニック・ライブラリー編　エレクトロニック・ライブラリー　2014.2　p851-1532　31cm〈制作：日外アソシエーツ〉Ⓝ025.8165
◇奈良県EL新聞記事情報リスト　2013-3　エレクトロニック・ライブラリー編　エレクトロニック・ライブラリー　2014.2　p1533-2203　31cm〈制作：日外アソシエーツ〉Ⓝ025.8165

奈良県（震災予防）
◇奈良県地域防災計画　地震編　［奈良］　奈良県防災会議　2014.3　385p　31cm〈年表あり〉Ⓝ369.3

奈良県（神社）
◇雅楽の奈良を歩く　笠置侃一監修　包　2014.8　211p　21cm〈文献あり　共同刊行：実業印刷〉①978-4-906869-01-5　Ⓝ768.2　[2500円]

奈良県（神道美術―奈良市）
◇奈良市都祁地域美術工芸品調査報告書―都祁甲岡町・都祁吐山町　［奈良］　奈良市教育委員会　2013.3　46p　30cm（奈良市文化財調査報告 平成24年度）Ⓝ702.17

奈良県（森林）
◇酸性雨モニタリング（土壌・植生）調査　平成25年度　［奈良］　奈良県　2014.1　1冊　30cm〈平成25年度環境省委託業務結果報告書〉Ⓝ519.5

奈良県（水害）
◇紀伊半島大水害―災害体験者の声　奈良　奈良県総務部知事公室防災統括室　2014.3　93p　30cm　Ⓝ369.33
◇奈良県地域防災計画　水害・土砂災害等編　［奈良］　奈良県防災会議　2014.3　369p　31cm〈年表あり〉Ⓝ369.3

奈良県（水害―五條市）
◇五條市大水害の記録―平成23年台風12号紀伊半島大水害　五條市危機管理課企画・編集　五條　五條市　2014.3　143p　30cm　Ⓝ369.33

奈良県（水害―十津川村）
◇ドキュメント豪雨災害―そのとき人は何を見るか　稲泉連著　岩波書店　2014.6　206p　18cm（岩波新書 新赤版 1487）①978-4-00-431487-5　Ⓝ369.33　[780円]

奈良県（選挙―統計）
◇参議院議員通常選挙の記録―平成25年7月21日執行　［奈良］　奈良県選挙管理委員会　［2014]　90p　30cm　Ⓝ314.8
◇衆議院議員総選挙・最高裁判所裁判官国民審査の記録―平成24年12月16日執行　［奈良］　奈良県選挙管理委員会　［2014］　98p　30cm　Ⓝ314.8

奈良県（前方後円墳）
◇ヤマト政権の一大勢力・佐紀古墳群　今尾文昭著　新泉社　2014.6　93p　21cm（シリーズ「遺跡を学ぶ」093）〈文献あり〉①978-4-7877-1333-9　Ⓝ216.5　[1500円]

奈良県（男女共同参画）
◇奈良県の男女共同参画―「なら男女Genkiプラン」の推進状況及び市町村における推進状況　平成25年度　［奈良］　奈良県健康福祉部こども・女性局女性支援課　［2013］　82p　30cm〈年表あり〉Ⓝ367.2165

奈良県（地域社会―十津川村）
◇山村の地域活性化戦略―奈良県吉野郡十津川村を事例に　佐藤茂光子，関泰子著　四国学院大学社会学部カルチュラル・マネジメント学科社会学メジャー　2013.3　85p　30cm（「フィールド・プラクティカムⅢ・Ⅳ」報告書 2012年度）Ⓝ361.7

奈良県（地誌）
◇奈良「地理・地名・地図」の謎―意外と知らない”まほろば”の歴史を読み解く！　奈良まほろばソムリエの会監修　実業之日本社　2014.3　207p　18cm（じっぴコンパクト新書 178）〈文献あり〉①978-4-408-45486-3　Ⓝ291.65　[762円]

奈良県（地層）
◇はぎとりきりとりかたどり―大地にきざまれた記憶：平成二十六年度飛鳥資料館秋期特別展：奈良文化財研究所埋蔵文化財センター設立40周年記念　明日香村（奈良県）　国立文化財機構奈良文化財研究所飛鳥資料館　2014.10　76p　30cm（飛鳥資料館図録 第61冊）〈文献あり　会期・会場：平成26年10月10日―11月30日　奈良文化財研究所飛鳥資料館〉Ⓝ216.5

奈良県（茶業―歴史）
◇日本茶の「回帰」―大和高原に華開いた千二百年の”茶縁”　飯田辰彦著　宮崎　鉱脈社　2014.6　298p　20cm　①978-4-86061-542-0　Ⓝ617.4　[2200円]

奈良県（都市交通）
◇近畿圏パーソントリップ調査報告書　第5回　基礎集計及び分析―奈良県の人の動き　［奈良］　奈良県　2013.3　158p　30cm（京阪神都市圏総合都市交通体系調査 調査報告書 平成24年度）Ⓝ681.8
◇近畿圏パーソントリップ調査報告書　第5回　奈良県の着目テーマに関する分析　［奈良］　奈良県　2013.3　166p　30cm（京阪神都市圏総合都市交通体系調査 調査報告書 平成24年度）Ⓝ681.8

奈良県（土砂災害）
◇奈良県地域防災計画　水害・土砂災害等編　［奈良］　奈良県防災会議　2014.3　369p　31cm〈年表あり〉Ⓝ369.3

奈良県（土壌汚染）
◇酸性雨モニタリング（土壌・植生）調査　平成25年度　［奈良］　奈良県　2014.1　1冊　30cm〈平成25年度環境省委託業務結果報告書〉Ⓝ519.5

奈良県（年鑑）
◇奈良県年鑑　2015　奈良　奈良新聞社　2014.10　894p　26cm　①978-4-88856-130-3　[10000円]

奈良県（年中行事―御所市）
◇茅原のトンド総合報告書　御所市文化遺産活性化委員会編　［御所］　御所市文化遺産活性化委員会　2014.3　59p　30cm（御所市文化財調査報告書 第46集）〈平成25年度文化庁文化芸術振興費補助金(文化遺産を活かした地域活性化事業)〉Ⓝ386.165

奈良県（仏教）
◇中世大和の仏教民俗信仰　赤田光男著　奈良　帝塚山大学出版会　2014.3　496p　22cm　①978-4-925247-22-1　Ⓝ387.02165　[8500円]

奈良県（仏教美術―奈良市）
◇奈良市都祁地域美術工芸品調査報告書―都祁甲岡町・都祁吐山町　［奈良］　奈良市教育委員会　2013.3　46p　30cm（奈良市文化財調査報告 平成24年度）Ⓝ702.17

な

555

奈良県（仏像―奈良市）

奈良県（仏像―奈良市）
◇大佛勧進ものがたり　平岡定海著　吉川弘文館　2014.8
189p　19cm　（読みなおす日本史）〈大蔵出版 1977年刊の再
刊〉①978-4-642-06579-5　Ⓝ188.35　［2200円］

奈良県（墳墓）
◇古代墓誌の三次元計測と太安萬侶墓出土資料の分析　橿原
奈良県立橿原考古学研究所附属博物館　2014.3　36p　図版
10p　30cm　（橿原考古学研究所附属博物館考古資料集 第3
冊）Ⓝ216.5

奈良県（防災計画）
◇奈良県地域防災計画　水害・土砂災害等編　［奈良］　奈良県
防災会議　2014.3　369p　31cm〈年表あり〉Ⓝ369.3

奈良県（墓誌）
◇古代墓誌の三次元計測と太安萬侶墓出土資料の分析　橿原
奈良県立橿原考古学研究所附属博物館　2014.3　36p　図版
10p　30cm　（橿原考古学研究所附属博物館考古資料集 第3
冊）Ⓝ216.5

奈良県（民間信仰）
◇中世大和の仏教民俗信仰　赤田光男著　奈良　帝塚山大学出
版会　2014.3　496p　22cm　①978-4-925247-22-1　Ⓝ387.
02165　［8500円］

奈良県（昔話）
◇九二歳の語り手・松本智恵子の昔話―松本イエ五十回忌記念・
松本俊吉七回忌記念　松本智恵子［述］，黄地百合子編　［出
版地不明］　黄地百合子　2013.3　74p　26cm　Ⓝ388.165
［非売品］

奈良県（名簿）
◇奈良県人物・人材情報リスト　2015　日外アソシエーツ株式
会社編　日外アソシエーツ（制作）2014.11　539, 24p　30cm
Ⓝ281.65

奈良県（野外教育）
◇自然のなかで―平成25年度企画事業報告書　曽爾村（奈良県）
国立青少年教育振興機構国立曽爾青少年自然の家　［2014］
72p　30cm　Ⓝ379.3

奈良県（歴史）
◇あなたの知らない奈良県の歴史　山本博文監修　洋泉社
2014.9　189p　18cm　（歴史新書）〈文献あり　年表あり〉
①978-4-8003-0486-5　Ⓝ216.5　［930円］
◇古代史謎解き紀行　1　封印されたヤマト編　関裕二著　新潮
社　2014.6　301p　16cm　（新潮文庫 せ-13-6）〈文献あり
ポプラ社 2006年刊の再刊〉①978-4-10-136476-6　Ⓝ210.3
［550円］
◇奈良の昔話　第5巻　大和路の沿線風景―奈良町の懐かしい情
景　増尾正子著　大阪　ブレーンセンター　2013.6　164p
21cm　①978-4-8339-0615-9　Ⓝ216.5　［952円］

奈良県（歴史―史料―大和郡山市）
◇和州郡山藩幕末代官記録―塚田夫治太文書　塚田夫治太［筆］，
郡山古文書クラブ編　大和郡山　郡山古文書クラブ　2014.3
14, 260, 85p　30cm〈年表あり〉Ⓝ216.5　［非売品］

奈良県（路線価）
◇路線価図―奈良県（1）　大阪　納税協会連合会　2014.7　1冊
30cm　（財産評価基準書 平成26年分 43/49）〈清文社（発売）
内容：奈良　1（奈良市/大和郡山市）〉Ⓝ345.5　［9900円］
◇路線価図―奈良県（2）　大阪　納税協会連合会　2014.7　1冊
30cm　（財産評価基準書 平成26年分 44/49）〈清文社（発売）
内容：奈良　2（天理市/生駒市生駒郡平群町・三郷町・斑鳩
町・安堵町）〉Ⓝ345.5　［7200円］
◇路線価図―奈良県（3）　大阪　納税協会連合会　2014.7　1冊
30cm　（財産評価基準書 平成26年分 45/49）〈清文社（発売）
内容：葛城（大和高田市/橿原市/五條市/御所市/香芝市/葛城
市/北葛城郡上牧町・王寺町・広陵町・河合町）〉Ⓝ345.5
［9400円］
◇路線価図―奈良県（4）　大阪　納税協会連合会　2014.7　1冊
30cm　（財産評価基準書 平成26年分 46/49）〈清文社（発売）
内容：桜井（桜井市/宇陀市磯城郡川西町・三宅町・田原本町）/
吉野（吉野郡大淀町）〉Ⓝ345.5　［5500円］

奈良県水泳連盟
◇奈良県水泳連盟史　第1巻　黎明―平成20年　奈良県水泳連盟
編　［天理］　奈良県水泳連盟　2014.4　791p　31cm　Ⓝ785.
2　［非売品］

奈良県立奈良病院附属看護専門学校
◇創立50周年記念誌―学校のあゆみ：1964-2013　奈良県立奈良
病院附属看護専門学校編　奈良　奈良県立奈良病院附属看護
専門学校　2014.3　103p　27cm〈年表あり〉Ⓝ492.907

奈良産業大学
◇奈良産業大学30周年記念誌　三郷町（奈良県）　奈良産業大学
2014.3　114p　30cm〈年表あり〉Ⓝ377.28

奈良市（遺跡・遺物）
◇西大寺旧境内発掘調査報告書―西大寺旧境内第25次調査　1
本篇　奈良市埋蔵文化財調査センター編　奈良　奈良市教育
委員会　2013.3　161p　図版［15］枚　30cm　（奈良市埋蔵
文化財調査研究報告 第3冊）Ⓝ210.0254
◇西大寺旧境内発掘調査報告書―西大寺旧境内第25次調査　1
文字資料篇　奈良市埋蔵文化財調査センター編　奈良　奈良
市教育委員会　2013.3　1冊　30cm　（奈良市埋蔵文化財調査
研究報告 第3冊）Ⓝ210.0254
◇奈良山発掘調査報告　2　奈良　国立文化財機構奈良文化財研
究所　2014.10　87p　図版［6］枚　30cm　（奈良文化財研究
所学報 第93冊）〈内容：歌姫西須恵器窯の調査〉①978-4-
905338-41-3　Ⓝ210.0254
◇薬師寺―旧境内保存整備計画にともなう発掘調査概報　2　国
立文化財機構奈良文化財研究所　奈良　法相宗大本山薬師
寺　2014.3　26p　30cm　Ⓝ210.0254

奈良市（紀行・案内記）
◇明日香の万葉を歩く―万葉故地・歌碑と寺社・史跡めぐり　上
二川暁美著　奈良　奈良新聞社　2014.2　398p　19cm〈文献
あり　年表あり〉①978-4-88856-124-2　Ⓝ911.125　［2500円］
◇明日香の万葉を歩く―万葉故地・歌碑と寺社・史跡めぐり　下
二川暁美著　奈良　奈良新聞社　2014.2　410p　19cm〈文
献あり　年表あり〉①978-4-88856-125-9　Ⓝ911.125　［2500円］
◇奈良のこころ―奈良・西ノ京から　鏡清澄著　名古屋　ブイ
ツーソリューション　2014.8　243p　19cm　〈星雲社（発売）
文献あり〉①978-4-434-19486-3　Ⓝ188.15　［1200円］

奈良市（神道美術）
◇奈良市都祁地域美術工芸品調査報告書―都祁甲岡町・都祁吐山
町　［奈良］　奈良市教育委員会　2013.3　46p　30cm　（奈
良市文化財調査報告 平成24年度）Ⓝ702.17

奈良市（仏教美術）
◇奈良市都祁地域美術工芸品調査報告書―都祁甲岡町・都祁吐山
町　［奈良］　奈良市教育委員会　2013.3　46p　30cm　（奈
良市文化財調査報告 平成24年度）Ⓝ702.17

奈良市（仏像）
◇大佛勧進ものがたり　平岡定海著　吉川弘文館　2014.8
189p　19cm　（読みなおす日本史）〈大蔵出版 1977年刊の再
刊〉①978-4-642-06579-5　Ⓝ188.35　［2200円］

奈良女子大学
◇女性研究者共助支援事業本部活動報告書―奈良女子大学にお
ける男女共同参画推進を目指して　平成25年度　［奈良］　奈
良女子大学男女共同参画推進機構女性研究者共助支援事業本
部　2014.3　141p　30cm　〈編集責任者：春本晃江〉Ⓝ377.21

奈良橋 陽子〔1947～ 〕
◇ハリウッドと日本をつなぐ　奈良橋陽子著　文藝春秋　2014.
9　246p　20cm　①978-4-16-390132-9　Ⓝ778.3　［1350円］

楢葉ベースボールクラブ
◇白球は震災を超えて―3・11を野球の絆で乗り越えた福島県
「楢葉ベースボールクラブ」の奇跡　市田実著　双葉社　2014.
3　317p　19cm　〈文献あり〉①978-4-575-30637-8　Ⓝ783.7
［1500円］

成田 公一〔1939～ 〕
◇反応いろいろ―詩集「女たちへ」感想文集　成田公一編　米子
成田公一　2014.12　37p　26cm　Ⓝ911.52

成田国際空港
◇成田空港―その役割と現状　2014　成田　成田国際空港広報
部　2014.11　253p　30cm〈年表あり〉Ⓝ687.9135
◇松尾道彦対話集―成田空港問題解決の途を開く活動：陸海空交
通の羅針盤的な活動　松尾道彦［述］，藤森啓治編著　名古屋
ブイツーソリューション　2013.12　188p　18cm　①978-4-
86476-169-7　Ⓝ687.9135　［800円］

成田市（遺跡・遺物）
◇大菅向台遺跡第2地点・名古屋小帝西遺跡第2地点　印旛郡市
文化財センター編　［東京］　マミヤ・オプティカル・セキュ
リティシステム　2014.3　132p　図版58p　30cm　（公益財団
法人印旛郡市文化財センター発掘調査報告書 第326集）〈千葉
県成田市所在　下総花葉カントリーゴルフ場造成に伴う埋蔵
文化財調査〉Ⓝ210.0254
◇御館台 I 遺跡　印旛郡市文化財センター編　［東京］　東邦電
気工業　2014.5　6p　図版2p　30cm　（公益財団法人印旛郡
市文化財センター発掘調査報告書 第337集）〈千葉県成田市所
在　携帯電話基地局建設に伴う埋蔵文化財調査（奈土）〉
Ⓝ210.0254

日本件名図書目録2014　Ⅰ　　　　　　　　　　　　　　　　　　　　　　　　　　　　　　　　　　　南丹市（歴史）

◇北須賀遺跡群　その1－その4　印旛郡市文化財センター編
成田　千葉県成田土木事務所　2014.3　27p　図版11p　30cm
〈公益財団法人印旛郡市文化財センター発掘調査報告書　第333
集〉〈急傾斜地崩壊対策委託（北須賀和田埋蔵文化財調査）千
葉県成田市所在〉Ⓝ210.0254

◇郷部南台遺跡　印旛郡市文化財センター編　［出版地不明］
大木甚一　2013.7　36p　図版12p　30cm　（公益財団法人印
旛郡市文化財センター発掘調査報告書　第322集）〈クローバー
ホーム建設予定地内埋蔵文化財調査委託　千葉県成田市所在〉
Ⓝ210.0254

◇首都圏中央連絡自動車道埋蔵文化財調査報告書　25　千葉県教
育振興財団文化財センター編　国土交通省関東地方整
備局常総国道事務所　2014.3　195p　図版86p　30cm　（千葉
県教育振興財団調査報告　第727集）〈文献あり　共同刊行：千
葉県教育振興財団　内容：成田市倉水高台遺跡　倉水内野北遺
跡　倉水内野南遺跡　青山小峰遺跡　稲荷山追分台遺跡　成
井原山遺跡　成井原山向遺跡　成井猪穴遺跡〉Ⓝ210.0254

◇成田市内遺跡発掘調査報告書　平成24年度　成田市教育委員
会編　［成田］　成田市教育委員会　2013.3　18p　図版14p
30cm〈内容：不動ヶ岡向山遺跡．第3地点　中台遺跡　南内
護台遺跡．第9地点　桃ノ木台遺跡．3-4　台方稜山井戸花遺
跡　郷部南台遺跡　猿山与左衛門遺跡　松崎外小代内小代遺
跡　名木毛成台遺跡　松崎島内遺跡〉Ⓝ210.0254

◇成田市内遺跡発掘調査報告書　平成25年度　成田市教育委員
会編　［成田］　成田市教育委員会　2014.3　12p　図版9p
30cm〈内容：大袋腰巻遺跡　高岡陣屋跡　名木毛成台遺跡．
2　仙台台1号塚　荒敷台Ⅱ遺跡　宗吾三丁目遺跡　宗吾・飯
仲古墳群5号墳〉Ⓝ210.0254

◇松崎名代遺跡　印旛郡市文化財センター編　［成田］　成田市
2013.9　90p　図版17p　30cm　（公益財団法人印旛郡市文化
財センター発掘調査報告書　第327集）〈千葉県成田市所在
松崎名代線改良事業に伴う埋蔵文化財調査〉Ⓝ210.0254

◇米野一本松遺跡等2地点の調査　成田市教育委員会生涯学習部
生涯学習課編　成田　成田市教育委員会生涯学習部生涯学習
課　2013.3　9p　図版5p　30cm　（成田市の文化財　第44集）
〈高福寺「木造地蔵菩薩坐像」の成田市指定文化財（彫刻）の新
指定について〉Ⓝ210.0254

成田市〔環境行政〕

◇成田市環境基本計画―中間見直し　成田市環境部環境計画課
編　成田　成田市環境部環境計画課　2014.3　96, 29p　30cm
Ⓝ519.1

◇成田の環境　平成25年版　［成田市］　環境部編　成田　千
葉県成田市　2013.12　169p　30cm　Ⓝ519.2135

成田市〔感染症対策〕

◇成田市新型インフルエンザ等対策行動計画　健康こども部健康
増進課編　［成田］　成田市　2014.10　55p　30cm　Ⓝ498.6

成瀬〔氏〕

◇犬山城と成瀬家―正成から正肥まで：犬山城白帝文庫設立10
周年記念特別展　犬山城白帝文庫歴史文化館編　［犬山］　犬
山城白帝文庫　2014.11　71p　30cm〈年表あり　会期：平成
26年11月6日―12月15日〉Ⓝ702.15

成瀬 仁蔵〔1858～1919〕

◇日本女子大学成瀬記念室収蔵資料目録―旧成瀬記念室資料　1
日本女子大学成瀬記念館編　日本女子大学成瀬記念館　2014.
10　242p　28cm　Ⓝ289.1

成瀬 巳喜男〔1905～1969〕

◇成瀬巳喜男映画の面影　川本三郎著　新潮社　2014.12　220p
20cm　（新潮選書）Ⓘ978-4-10-603760-3　Ⓝ778.21　［1200
円］

鳴門教育大学

◇鳴門教育大学教員養成改革の軌跡―教員養成の更なる高みを
目指して　鳴門教育大学企画戦略室編　協同出版　2013.8
182p　21cm　Ⓘ978-4-319-00258-0　Ⓝ373.7　［1600円］

南海電気鉄道株式会社

◇南海電鉄昭和の記憶―大阪と和歌山・高野山を結ぶ現存最古の
私鉄　藤原浩著　彩流社　2014.12　79p　30cm　Ⓘ978-4-
7791-2357-3　Ⓝ686.216　［1800円］

◇南海電鉄のひみつ　PHP研究所編　PHP研究所　2014.6
223p　19cm〈文献あり　索引あり〉Ⓘ978-4-569-81863-4
Ⓝ686.216　［1524円］

南海ホークス球団

◇南海ホークスナンバ栄光と哀しみの故郷　広瀬叔功著　ベー
スボール・マガジン社　2014.6　207p　20cm〈文献あり　年
譜あり〉Ⓘ978-4-583-10709-7　Ⓝ783.7　［1500円］

南関町〔熊本県〕〔遺跡・遺物〕

◇坂下城跡（トビノヲの城）　南関町（熊本県）　南関町教育委員
会　2014.6　82p　30cm　（南関町文化財調査報告書　第14集）
〈レクリエーション施設建設に伴う埋蔵文化財調査報告書〉
Ⓝ210.0254

南極海

◇南極海に生きる動物プランクトン―地球環境の変動を探る
福地光男, 谷村篤, 高橋邦夫共著　成山堂書店　2014.3　197,
4p　20cm　（極地研ライブラリー）〈索引あり　内容：海洋
生態系と動物プランクトン（福地光男著）海洋の環境（福地光
男著）海水に生きる動物プランクトンの不思議（谷村篤著）
季節海氷域の動物プランクトンの生態戦略（谷村篤著）海洋
の酸性化とクリオネの仲間（高橋邦夫著）動物プランクトン
から探る地球環境変動（高橋邦夫著）南極海における動物プ
ランクトン研究の将来（福地光男著）〉Ⓘ978-4-425-57081-2
Ⓝ468.6　［2400円］

南極地方

◇第50次、第51次日本南極地域観測隊員を被験者とする
JAXA―国立極地研究所共同研究成果報告書　宇宙航空研究開
発機構宇宙医学生物学研究室, 情報・システム研究機構国立極
地研究所［著］　調布　宇宙航空研究開発機構　2013.10
133p　30cm　（宇宙航空研究開発機構特別資料　JAXA-SP-
13-6）〈文献あり〉Ⓝ498.44

南極地方〔学術探検〕

◇南極観測船「宗谷」航海記―航海・機関・輸送の実録　南極OB
会編集委員会編　成山堂書店　2014.12　275p　21cm〈文献
あり　年譜あり〉Ⓘ978-4-425-94831-4　Ⓝ402.979　［2500円］

南極地方〔探検―歴史〕

◇エンデュアランス―史上最強のリーダーシャクルトンとその
仲間はいかにして生還したか　アルフレッド・ランシング著,
山本光伸訳　パンローリング　2014.9　407p　19cm　（フェ
ニックスシリーズ　21）〈「エンデュアランス号漂流」（新潮社
1998年刊）の改題、新装改訂版〉Ⓘ978-4-7759-4126-3　Ⓝ297.
9091　［1000円］

南国市〔遺跡・遺物〕

◇関遺跡　南国　高知県文化財団埋蔵文化財センター　2014.3
137p　図版43p　30cm　（高知県埋蔵文化財センター発掘調査
報告書　第138集）〈高知県教育委員会の委託による〉Ⓝ210.
0254

◇西野々遺跡　南国　高知県南国市教育委員会　2014.3　50p
図版31p　30cm　（南国市埋蔵文化財発掘調査報告書　第26
集）Ⓝ210.0254

南国殖産株式会社

◇ひたむき一路―上野喜一郎追悼集　江口正純編　鹿児島　南
国殖産　2013.12　134p　22cm〈年譜あり〉Ⓝ335.48　［非売
品］

南山学園

◇南山学園のレーモンド建築　下　南山大学史料室編　名古屋
南山学園　2014.3　95p　30cm　（南山学園史料集　9）〈年譜
あり〉Ⓝ526.37

ナンシー関〔1962～2002〕

◇評伝ナンシー関―心に一人のナンシーを　横田増生著　朝日
新聞出版　2014.6　372p　15cm　（朝日文庫　よ18-2）〈文献
あり　著作目録あり　年譜あり　2012年刊の加筆〉Ⓘ978-4-02-
261798-9　Ⓝ736.021　［740円］

南城市〔祭祀〕

◇歴史のなかの久高島―家・門中と祭祀世界　赤嶺政信著　慶
友社　2014.2　454p　22cm　（考古民俗叢書）〈文献あり　索
引あり　内容：本研究の課題と方法　歴史のなかの久高島
久高島の家と地割制　久高島の祖霊観念・祖先祭祀と家の態
様　久高島の門中の実態とその特徴　久高島の祭祀組織の特
徴　久高島の村落の祭祀世界と門中　イザイホウと国家制度
八月行事と国家制度　ナーリキ〈名付け〉と国家制度　門中化
現象に見る久高島の社会史　本研究のまとめと展望〉Ⓘ978-
4-87449-143-0　Ⓝ386.199　［9500円］

南丹市〔遺跡・遺物〕

◇西ノ下遺跡　第1次　南丹　南丹市教育委員会　2013.3　8p
30cm　（南丹市文化財調査報告　第17集）Ⓝ210.0254

南丹市〔文化財〕

◇南丹市文化財調査報告書　6　平成23年度　南丹　南丹市教育
委員会　2013.3　9p　30cm　（南丹市文化財調査報告　第18
集）Ⓝ709.162

南丹市〔歴史〕

◇図説丹波八木の歴史　第2巻　古代・中世編　八木町史編集委
員会編　南丹　京都府南丹市　2013.3　177, 10p　30cm〈文
献あり　年表あり〉Ⓝ216.2

な

557

南丹市（歴史―史料―書目）　　　　　　　　　　　　　　　　　　　　　　　　　　　　日本件名図書目録2014　Ⅰ

◇図説丹波八木の歴史　第3巻　近世編　八木町史編集委員会編　南丹　京都府南丹市　2013.3　175, 11p　30cm〈文献あり〉Ⓝ216.2

南丹市〔歴史―史料―書目〕
◇南丹市立文化博物館蔵美園町区有文書目録　南丹市立文化博物館編　南丹　南丹市立文化博物館　2013.3　109p　30cm（南丹市立文化博物館調査報告書　第3集）Ⓝ216.2

南朝〔中国〕（外国関係―アジア―歴史―南北朝時代）
◇梁職貢図と東部ユーラシア世界　鈴木靖民, 金子修一編　勉誠出版　2014.5　538p　22cm〈内容：清張庚諸番職貢図巻（尹龍九解題・翻刻）東部ユーラシア世界史と東アジア世界史（鈴木靖民著）　梁職貢図と西域諸国（王素著, 菊地大, 速水大訳）梁への道（石見清裕著）「梁職貢図」の国名記載順序（中村和樹著）　南朝梁の外交とその特質（金子ひろみ著）「梁職貢図」と『梁書』諸夷伝の上表文（新川登亀男著）「梁職貢図」流伝と模本（尹龍九著,近藤剛訳）　台湾故宮博物院所蔵「南唐顧徳謙模梁元帝番客入朝図」について（深津行徳著）「梁職貢図」逸文の集成と略解（澤本光弘, 植田喜代成智著）　木下杢太郎と芥川龍之介が見た北京の職貢図（片山章雄著）　中国における倭人情報（河内春人著）　孫呉・東晋と東南アジア諸国（菊地大著）　倭の五王の冊封と劉宋遣使（廣瀬憲雄著）「梁職貢図」と東南アジア諸国（河上麻由子著）「梁職貢図」高句麗・百済・新羅の題記について（李成市著）　新出「梁職貢図」題記逸文の朝鮮関係記事二, 三をめぐって（赤羽目匡由著）「魯国」か「虜国」か（堀内淳一著）　北朝の国書（金子修一著）〉Ⓘ978-4-585-22060-2　Ⓝ222.046　［8500円］

南朝〔中国〕（仏教―歴史―南北朝時代）
◇六朝期における仏教受容の研究　遠藤祐介著　白帝社　2014.12　539p　22cm〈文献あり　索引あり　布装　内容：東晋代における士大夫の宗教的関心と仏教　東晋士大夫における儒仏一致論の社会的意義　廬山慧遠における問題意識と仏教思想　僧肇における宗教的関心と仏教思想　竺道生の問題意識と仏教思想　羅什門下における経典受容　咸康論争の思想史的意義　東晋代の礼敬論争『弁宗論』論争における頓悟説と漸悟説の特徴『白黒論』論争の展開とその思想的特徴『達性論』論争の展開とその思想的特徴『夷夏論』論争における思想的特徴　結論　帛尸梨蜜多羅と『潅頂経』　仏教的世界観と経済活動〉Ⓘ978-4-86398-172-0　Ⓝ182.22　［9074円］

南砺市（遺跡・遺物）
◇南砺市埋蔵文化財分布調査報告　9　2013年度　南砺市教育委員会編　［南砺］　南砺市教育委員会　2014.3　41p　30cm（南砺市埋蔵文化財調査報告書　35）〈富山県所在　内容：平・上平地域〉Ⓝ210.0254
◇南砺市埋蔵文化財分布調査報告　9　2013年度　南砺市教育委員会, 富山大学人文学部考古学研究室編　［南砺］　南砺市教育委員会　2014.3　41p　30cm（南砺市埋蔵文化財調査報告書　35）〈富山県所在　共同刊行：富山大学人文学部考古学研究室　内容：平・上平地域〉Ⓝ210.0254

南砺市（行政）
◇南砺市紹興市友好都市30年のあゆみ　南砺市編　［南砺］　南砺市　2014.3　55p　30cm〈年表あり〉Ⓝ318.242

南砺市（土地改良―歴史）
◇豊かな農村を拓く―大型圃場整備導入50周年記念誌　大型圃場整備導入50周年記念事業実行委員会編　［南砺］　福野町土地改良区　2014.3　55p　30cm〈年表あり〉Ⓝ614.2142

南砺市（風俗・習慣）
◇五箇山利賀谷奥大勘場民俗誌―藤井吉信翁・みち子媼の語りから　藤井吉信・みち子［述］, 森俊著　富山　桂書房　2014.12　91, 4p　23cm　Ⓘ978-4-905345-77-0　Ⓝ382.142　［1800円］

南砺市（風俗・習慣―歴史）
◇旧江向家住宅　川崎市立日本民家園編　川崎　川崎市立日本民家園　2014.1　71p　30cm（日本民家園収蔵品目録　19）〈文献あり　付・富山県南砺市上平細島江向家民俗調査報告〉Ⓝ382.142

南砺市（民具）
◇旧江向家住宅　川崎市立日本民家園編　川崎　川崎市立日本民家園　2014.1　71p　30cm（日本民家園収蔵品目録　19）〈文献あり　付・富山県南砺市上平細島江向家民俗調査報告〉Ⓝ382.142

南砺市（予算・決算）
◇もっと知りたい南砺の仕事―お伝えしますことしのお金の使い方：平成26年度予算のあらまし　南砺市総務部財政課編　［南砺］　富山県南砺市　［2014］　149p　30cm　Ⓝ349.4142

南砺市（歴史）
◇荒木村史　荒木村史編纂委員会編　南砺　南砺市荒木自治会　2013.1　171p　30cm〈年表あり〉Ⓝ214.2

◇金戸村史　［出版地不明］　金戸村づくり実行委員会　2013.12　282p　27cm〈年表あり〉Ⓝ214.2

南砺市菊花協会
◇大輪の花―創立10年のあゆみ　「創立10年のあゆみ大輪の花」編集委員会編　南砺　南砺市菊花協会　2014.4　121p　30cm〈共同刊行：南砺菊まつり実行委員会〉Ⓝ627.55

難波 勲〔1949～ 〕
◇眞名焼の世界―絵画からやきものへ　難波勲［著］　岩美町（鳥取県）　難波勲　2014.3　127p　22cm〈総合印刷出版（印刷）　年譜あり〉Ⓘ978-4-9906678-5-6　Ⓝ751.1　［1100円］

南原 繁〔1889～1974〕
◇南原繁と国際政治―永久平和を求めて　南原繁研究会編　EDITEX　2014.7　173p　22cm（To beシリーズ）〈文献あり　内容：南原繁と国際政治　南原繁と国際政治（三谷太一郎述）　南原繁とカント（愛甲雄一述）　南原繁とフィヒテ（栩木憲一郎述）　南原繁と丸山眞男（大園誠述）　南原繁と国際政治秩序（鈴木規夫述）　パネル・ディスカッションの成果を踏まえて（髙木糶述）　類稀な学者南原繁（樋野興夫述）　南原繁をめぐって　国際保健医療協力の平和論的意義（石川信克著）　南原繁の政治的最高善としての永久平和の思想（山口周三著）　南原・吉田論争と坂本・宮沢論争（大井赤亥著）　元東大総長の人生を追う（ロナルド・ドーア著）〉Ⓘ978-4-903320-32-8　Ⓝ319　［2000円］

南部〔家〕（盛岡市）
◇八戸と9人の藩主―八戸藩開藩350年記念特別展：展示図録　八戸市博物館編　八戸　八戸市博物館　2014.6　74p　21cm〈文献あり　会期：平成26年7月5日―8月24日〉Ⓝ212.1

南部 直政〔1661～1699〕
◇ふるさとは岩手・八戸藩の礎となった母と子―二代藩主南部直政と生母霊城院：岩手県立博物館第65回企画展　岩手県立博物館, 岩手県文化振興事業団編　［盛岡］　岩手県立博物館　2014.6　101p　30cm〈年譜あり　会期・会場：2014年6月28日―8月17日　岩手県立博物館　八戸立藩三百五十年記念〉Ⓝ289.1

南部杜氏協会
◇南部杜氏のあゆみ―南部杜氏協会創立百周年記念誌　花巻　南部杜氏協会　2014.6　183p　27cm〈年表あり〉Ⓝ588.52

南部町〔青森県〕（遺跡・遺物）
◇国史跡聖寿寺館跡発掘調査報告書　平成25年度　南部町（青森県）南部町教育委員会編　南部町　南部町教育委員会　2014.3　60p　30cm（南部町埋蔵文化財調査報告書　第8集）Ⓝ210.0254
◇南部学研究会　第2回　中世南部氏と北日本の中世城館　南部町教育委員会社会教育課史跡対策室編　［南部町（青森県）］青森県南部町　2014.3　60p　30cm〈会期・会場：平成26年10月5日　南部町立町民ホール「楽楽ホール」　共同刊行：南部町教育委員会〉Ⓝ291.21

南部町〔青森県〕（城跡―保存・修復）
◇史跡聖寿寺館跡整備基本計画書　平成25年度　南部町教育委員会社会教育課史跡対策室編　［南部町（青森県）］青森県南部町　2014.3　83p　30cm〈年表あり　共同刊行：南部町教育委員会〉Ⓝ709.121

南部町〔鳥取県〕（遺跡・遺物）
◇境北井垳遺跡　米子市文化財団編　米子　米子市文化財団　2013.12　119p　図版［28］枚　30cm（一般財団法人米子市文化財団埋蔵文化財発掘調査報告書　2）〈鳥取県西伯郡南部町所在〉Ⓝ210.0254
◇清水川御崎前遺跡・福成大坪上遺跡　米子市文化財団編　米子　米子市文化財団　2014.3　113p　図版［24］枚　30cm（一般財団法人米子市文化財団埋蔵文化財発掘調査報告書　4）〈文献あり　鳥取県西伯郡南部町所在〉Ⓝ210.0254
◇清水川六反田遺跡　米子市文化財団編　米子　米子市文化財団　2013.12　137p　図版［29］枚　30cm（一般財団法人米子市文化財団埋蔵文化財発掘調査報告書　1）〈文献あり　鳥取県西伯郡南部町所在〉Ⓝ210.0254

南陽市（遺跡・遺物）
◇南陽市遺跡分布調査報告書　1　南陽　山形県南陽市教育委員会　2014.3　60p　30cm（南陽市埋蔵文化財報告書　第8集）Ⓝ210.0254

南陽市（歴史―史料）
◇南陽市史編集資料　第43号　南陽市教育委員会編　南陽　南陽市教育委員会　2014.3　151p　21cm〈内容：菅野佐次兵衛家文書. 2　赤湯小学校日誌. 3〉Ⓝ212.5

日本件名図書目録2014　Ⅰ　　　　　　　　　　　　　　　　　　　　　　　　　　　　　　新潟県〔遺跡・遺物—長岡市〕

【 に 】

新垣 隆〔1970～〕
◇ペテン師と天才—佐村河内事件の全貌　神山典士著　文藝春秋　2014.12　321p　20cm　Ⓘ978-4-16-390184-8　Ⓝ762.1　[1500円]

新潟県
◇新潟のおきて—ニイガタを楽しむための50のおきて　新潟県地位向上委員会編　アース・スターエンテイメント　2014.11　174p　18cm　〈泰文堂（発売）文献あり〉Ⓘ978-4-8030-0624-7　Ⓝ291.41　[952円]
◇新潟の法則　新潟の法則研究委員会編　泰文堂　2014.11　174p　18cm　（リンダブックス）〈文献あり〉Ⓘ978-4-8030-0617-9　Ⓝ291.41　[950円]

新潟県（遺跡・遺物）
◇魚沼地方の先史文化—農と縄文の体験実習館"なじょもん"開館10周年記念企画展示会　新潟県・津南町教育委員会,信濃川火焔街道連携協議会編　[新潟]　新潟県・津南町教育委員会　2014.9　240p　30cm　（津南学叢書 第23輯）〈共同刊行：信濃川火焔街道連携協議会〉Ⓝ214.1
◇越後国域確定1300年記念事業記録集　平成25年度　新潟県教育委員会編　新潟　新潟県教育委員会　2014.3　154p　30cm　〈平成25年度文化庁地域の特性を活かした史跡等総合活用支援推進事業〉Ⓝ214.1
◇県内遺跡試掘・確認調査　平成25年度　新潟県教育委員会編　新潟　新潟県教育委員会　2014.3　37p　30cm　（新潟県埋蔵文化財調査報告書 第255集）Ⓝ210.0254
◇日本海に沈んだ陶磁器—新潟県内海揚がり品の実態調査　新潟県海揚がり陶磁器研究会編　新潟　新潟県海揚がり陶磁器研究会　2014.9　68p　図版 [20] 枚　30cm　〈折り込 1枚〉Ⓝ751.1

新潟県（遺跡・遺物—糸魚川市）
◇清崎隠穏遺跡発掘調査報告書　3　糸魚川市教育委員会編　糸魚川　糸魚川市教育委員会　2014.3　1冊　30cm　（糸魚川市埋蔵文化財調査報告）〈民間宅地分譲造成事業に伴う調査報告〉Ⓝ210.0254
◇須沢角地遺跡　新潟県教育委員会,新潟県埋蔵文化財調査事業団編　新潟　新潟県教育委員会　2014.12　36p　図版20p　30cm　（新潟県埋蔵文化財調査報告書 第256集）〈共同刊行：新潟県埋蔵文化財調査事業団〉Ⓝ210.0254
◇前波遺跡発掘調査報告書　糸魚川市教育委員会編　糸魚川　糸魚川市教育委員会　2014.3　1冊　30cm　（糸魚川市埋蔵文化財調査報告）〈河川改修に伴う調査報告〉Ⓝ210.0254
◇古屋敷A遺跡発掘調査報告書　2　糸魚川市教育委員会編　糸魚川　糸魚川市教育委員会　2013.3　1冊　30cm　（糸魚川市埋蔵文化財調査報告）Ⓝ210.0254

新潟県（遺跡・遺物—魚沼市）
◇布場上ノ原遺跡　魚沼　魚沼市教育委員会生涯学習課　2014.3　160p　図版 [78] 枚　30cm　（魚沼市埋蔵文化財調査報告書 第10集）〈農業生産法人等育成緊急整備事業（長松地区）に伴う埋蔵文化財発掘調査報告書〉Ⓝ210.0254

新潟県（遺跡・遺物—会議場—佐渡市）
◇世界遺産国際シンポジウム「佐渡金銀山遺跡の世界遺産登録を目指して」シンポジウム記録　2013　新潟県教育庁文化行政課世界遺産登録推進室編　[東京]　文化庁　2014.3　58p　30cm　〈会期・会場：平成25年11月10日 朱鷺メッセマリンホール：世界遺産国際シンポジウム記録2013 佐渡金銀山遺跡の世界遺産登録を目指して　共同刊行：新潟県教育委員会ほか〉Ⓝ214.1

新潟県（遺跡・遺物—柏崎市）
◇剣野沢遺跡　新潟県教育委員会,新潟県埋蔵文化財調査事業団編　新潟　新潟県教育委員会　2014.3　90p　図版87p　30cm　（新潟県埋蔵文化財調査報告書 第246集）〈共同刊行：新潟県埋蔵文化財調査事業団〉Ⓝ210.0254

新潟県（遺跡・遺物—加茂市）
◇加茂市内遺跡確認調査報告書　平成25年度　加茂市教育委員会編　加茂　加茂市教育委員会　2014.9　18p　図版7p　30cm　（加茂市文化財調査報告 25）〈内容：丸潟遺跡　中沢遺跡〉Ⓝ210.0254

新潟県（遺跡・遺物—佐渡市）
◇佐渡金銀山—佐渡金山遺跡（上寺町地区）分布調査報告書　佐渡市世界遺産推進課編　佐渡　佐渡市世界遺産推進課　2014.

2　126p　図版 [13] 枚　30cm　（佐渡金銀山遺跡調査報告書 17）〈共同刊行：佐渡市教育委員会〉Ⓝ214.1
◇佐渡金銀山—佐渡金山遺跡（相川金銀山跡）分布調査報告書　佐渡市世界遺産推進課編　佐渡　佐渡市世界遺産推進課　2014.3　387p　図版34p　30cm　（佐渡金銀山遺跡調査報告書 18）〈年表あり　共同刊行：佐渡市教育委員会　折り込 1枚〉Ⓝ214.1
◇佐渡金山を世界遺産に—甦る鉱山都市の記憶　五十嵐敬喜,岩槻邦男,西村幸夫,松浦晃一郎編著　ブックエンド　2014.10　142p　21cm　Ⓘ978-4-907083-17-5　Ⓝ214.1　[1800円]

新潟県（遺跡・遺物—三条市）
◇五百川遺跡　三条市市民部生涯学習課編　[三条]　三条市教育委員会　2013.3　100p　図版105p　30cm　〈新潟県三条市所在　県営農地環境整備事業北五百川地区に伴う埋蔵文化財発掘調査報告書〉Ⓝ210.0254
◇高野遺跡　三条市市民部生涯学習課編　[三条]　三条市教育委員会　2013.3　30p　図版24p　30cm　〈新潟県三条市所在　県営農地環境整備事業北五百川地区に伴う埋蔵文化財発掘調査報告書〉Ⓝ210.0254

新潟県（遺跡・遺物—新発田市）
◇小船渡遺跡　新潟県教育委員会,新潟県埋蔵文化財調査事業団編　新潟　新潟県教育委員会　2014.3　114p　図版102p　30cm　（新潟県埋蔵文化財調査報告書 第247集）〈一般国道7号新発田拡幅事業関係発掘調査報告書　共同刊行：新潟県埋蔵文化財調査事業団〉Ⓝ210.0254
◇新発田城跡発掘調査報告書　9　新発田　新発田市教育委員会　2013.3　74p　図版29p　30cm　（新発田市埋蔵文化財調査報告 第49）〈折り込 2枚　内容：第21地点〉Ⓝ210.0254
◇下山田道下遺跡発掘調査報告書　新発田　新発田市教育委員会　2013.3　36p　図版7p　30cm　（新発田市埋蔵文化財調査報告 第48）Ⓝ210.0254
◇中野遺跡・庄道田遺跡発掘調査報告書　新発田　新発田市教育委員会　2014.3　144p　図版58p　30cm　（新発田市埋蔵文化財調査報告 第51）Ⓝ210.0254
◇丸山A遺跡発掘調査報告書　新発田　新発田市教育委員会　2014.3　212p　図版47p　30cm　（新発田市埋蔵文化財調査報告 第50）〈県営ほ場整備事業（蔵光地区）に伴う埋蔵文化財発掘調査報告書　折り込 1枚〉Ⓝ210.0254

新潟県（遺跡・遺物—上越市）
◇海道遺跡　2　新潟県教育委員会,新潟県埋蔵文化財調査事業団編　新潟　新潟県教育委員会　2014.2　10p　図版10p　30cm　（新潟県埋蔵文化財調査報告書 第250集）〈共同刊行：新潟県埋蔵文化財調査事業団〉Ⓝ210.0254
◇三和中部第2地区ほ場整備事業地内発掘調査報告書　2　[上越]　上越市教育委員会　2014.3　33p　30cm　〈新潟県上越市所在　内容：鴨井竹ノ内遺跡〉Ⓝ210.0254
◇三和南部地区ほ場整備事業地内発掘調査報告書　2　[上越]　上越市教育委員会　2014.3　9p　30cm　〈新潟県上越市所在　内容：前谷内遺跡〉Ⓝ210.0254
◇市内遺跡発掘調査概要報告書　[上越]　上越市教育委員会　2014.3　64p　30cm　〈新潟県上越市所在〉Ⓝ210.0254
◇下山屋敷遺跡　上越　上越市教育委員会　2014.3　1冊　30cm　〈新潟県上越市所在　上中田北部土地区画整理事業関係発掘調査報告書〉Ⓝ210.0254

新潟県（遺跡・遺物—胎内市）
◇黒川氏城館遺跡群　6　胎内　胎内市教育委員会　2014.3　58p　図版23p　30cm　（胎内市埋蔵文化財調査報告書 第25集）〈新潟県胎内市所在　一般県道樽ヶ橋長政線地域自立活性化（地特交安）事業に伴う発掘調査報告書〉Ⓝ210.0254
◇市内遺跡　6　胎内　胎内市教育委員会　2014.3　33p　図版8p　30cm　（胎内市埋蔵文化財調査報告書 第24集）〈新潟県胎内市所在　内容：鳥坂城跡．4-5次　下町・坊城遺跡．18-19次　駒込遺跡．2次　西裏遺跡．2次　大出地内試掘〉Ⓝ210.0254
◇解き明かされた城の山古墳　胎内　胎内市教育委員会　2014.12　51p　30cm　（城の山古墳シンポジウム資料集 第3回）〈会期・会場：平成26年12月7日 胎内市産業文化会館ホール　平成26年度「地域の特性を活かした史跡等総合活用支援推進事業」　内容：城の山古墳第7・8次調査の成果と出土製解説（水澤幸一著）　城の山古墳の墳丘構造（青木敬著）　蒲原平野における遺跡の動向（鷹沢規則著）　城の山古墳出土刺抜式木棺の位置付け（石橋宏著）　城の山古墳と弥生・古墳時代の物流ネットワーク（西川修一著）　出土歯のDNA分析（石山已喜夫,三上正人,奈良貴史著）〉Ⓝ214.1

新潟県（遺跡・遺物—長岡市）
◇浦反甫西遺跡　[長岡]　新潟県長岡市教育委員会　2013.11　24p　図版23p　30cm　（長岡市埋蔵文化財調査報告書）〈二

新潟県(遺跡・遺物—保存・修復—胎内市)　　　　　　　　　　　　　　　　　　　日本件名図書目録2014　Ⅰ

級河川郷本川河川改修事業に伴う埋蔵文化財発掘調査報告書〉
Ⓝ210.0254

◇金八遺跡　［長岡］　長岡市教育委員会　2013.12　10p　図版
15p　30cm　（長岡市埋蔵文化財調査報告書）〈県営経営体育
成基盤整備事業(潟2期地区)に伴う埋蔵文化財調査報告書〉
Ⓝ210.0254

◇山下A遺跡　［長岡］　新潟県長岡市教育委員会　2014.2　12p
図版14p　30cm　（長岡市埋蔵文化財調査報告書）〈市道山
通96号線ほか改良事業に伴う埋蔵文化財発掘調査報告書〉
Ⓝ210.0254

◇大武遺跡　2　古代—縄文時代編　新潟県教育委員会,新潟県
埋蔵文化財調査事業団編　新潟　新潟県教育委員会　2014.3
177p　図版　260p　30cm　（新潟県埋蔵文化財調査報告書 第
249集）〈共同刊行：新潟県埋蔵文化財調査事業団〉Ⓝ210.
0254

◇長岡市内遺跡発掘調査報告書　平成25年度　［長岡］　新潟県
長岡市教育委員会　2014.1　15p　30cm　Ⓝ210.0254

新潟県(遺跡・遺物—保存・修復—胎内市)

◇史跡奥山荘城館遺跡坊城館跡保存整備工事報告書　胎内市教育委
員会生涯学習課文化財係,都市計画設計研究所企画編集　胎内
胎内市教育委員会　2014.3　6, 108p　図版2p　30cm　Ⓝ709.
141

新潟県(遺跡・遺物—目録)

◇神林昭一コレクション　長岡　新潟県立歴史博物館　2014.3
159p　30cm　（新潟県立歴史博物館収蔵資料目録）Ⓝ214.1

新潟県(医療)

◇新潟県がん対策推進計画　第2次　新潟　新潟県福祉保健部健
康対策課　2014.3　59, 5p　30cm　Ⓝ498.1

◇新潟県地域保健医療計画　第5次　一部改定　新潟　新潟県福
祉保健部福祉保健課　2013.3　214p　30cm　〈策定：平成23年
3月〉Ⓝ498.1

新潟県(衛生行政)

◇健康にいがた21—県民の一人ひとりが健康づくりに取り組み、
「すこやかで、生きがいに満ちた生活を送ることができる社会」
の実現を目指す　第2次　新潟　新潟県福祉保健部健康対策課
2014.3　89p　30cm　Ⓝ498.1

◇新潟県がん対策推進計画　第2次　新潟　新潟県福祉保健部健
康対策課　2014.3　59, 5p　30cm　Ⓝ498.1

◇新潟県地域保健医療計画　第5次　一部改定　新潟　新潟県福
祉保健部福祉保健課　2013.3　214p　30cm　〈策定：平成23年
3月〉Ⓝ498.1

新潟県(衛生行政—長岡市)

◇第2次長岡市歯科保健計画—期間/2013年—2022年　［長岡］
長岡市　2013.4　57p　30cm　Ⓝ497.9

◇ながおかヘルシープラン21—期間2013年—2022年　第2次　長
岡市福祉保健部健康課編　［長岡］　長岡市　2013.3　79p
30cm　Ⓝ498.1

新潟県(駅)

◇新潟県鉄道全駅　鉄道友の会新潟支部監修　新潟　新潟日報
事業社　2013.5　263p　21cm　①978-4-86132-533-5　Ⓝ686.
53　［1800円］

新潟県(エネルギー政策—糸魚川市)

◇糸魚川市新エネルギービジョン　糸魚川市市民部環境生活課
編　糸魚川　糸魚川市市民部環境生活課　2014.12　58, 47p
30cm　Ⓝ501.6

新潟県(温泉—十日町市)

◇CO$_2$排出削減対策強化誘導型技術開発・実証事業(温泉発電に
おける温泉熱利用効率の向上とノンフロン系媒体の安全性検
証等によるCO$_2$排出削減対策強化のための技術開発)成果報告
書　平成25年度　［東京］　地熱技術開発　2014.3　29, 124p
30cm　〈文献あり　平成25年度環境省委託業務〉Ⓝ543.7

新潟県(絵画〔日本〕—画集)

◇もう一度見たい尾竹三兄弟と金子孝信の作品展—第10回記念
展：展示図録　尾竹[越堂]、尾竹[竹坡]、尾竹[國観]、金子孝
信[画]、西蒲区文化施設を運営する市民の会,新潟市潟東ゆう
学館編　新潟　西蒲区文化施設を運営する市民の会　2014.9
55p　28cm　〈年譜あり　会期・会場：平成26年9月26日—11月
3日　新潟市潟東歴史民俗資料館・樋口記念美術館　共同刊行：
新潟市潟東ゆう学館〉Ⓝ721.9

新潟県(絵画—画集)

◇記憶に残る新潟の画家—新潟・西蒲ゆかりの画家：展示図録
西蒲区文化施設を運営する市民の会,新潟市潟東ゆう学館編
新潟　西蒲区文化施設を運営する市民の会　2013.9　52p
28cm　〈会期・会場：平成25年9月27日—11月4日　新潟市潟東

歴史民俗資料館・樋口記念美術館　共同刊行：新潟市潟東ゆう
学館〉Ⓝ721.026

新潟県(会社—名簿)

◇新潟県会社要覧　平成27年版　新潟　新潟経済社会リサーチ
センター　2014.12　52, 745p　26cm　①978-4-9903433-8-5
Ⓝ335.035　［7223円］

新潟県(開拓—長岡市—歴史)

◇蔦都坊の伝説と集落の語り部　遠藤貞男著　長岡　遠藤貞男
2014.3　145p　27cm　〈年表あり〉Ⓝ611.24141

新潟県(神楽—長岡市)

◇ふるさとの伝統芸能成願寺町神楽—文献にみる伝統文化の足
跡　水澤忠男,武樋清徳編　［長岡］　成願寺町神楽保存会
2014.6　85p　30cm　〈年表あり　成願寺町神楽継承百二十五
周年記念,平成二十五年度「長岡市市民活動推進事業補助金」
事業・平成二十六年度「長岡市地域コミュニティ事業補助金」
事業〉Ⓝ386.8141

新潟県(河川行政)

◇信濃川水系信濃川下流(山地部)圏域河川整備計画　［新潟］
新潟県　［2013］　78p　30cm　〈平成18年7月(平成19年11月
一部変更)(平成25年4月一部変更)〉Ⓝ517.091

◇信濃川水系信濃川下流(平野部)圏域河川整備計画　［新潟］
新潟県　［2014］　69p　30cm　〈平成16年8月(平成26年12月
一部変更)〉Ⓝ517.091

新潟県(環境教育)

◇阿賀野川流域から世界へ—記録集　［新潟］　新潟県立大学地
域連携センター　2013.3　75p　30cm　（新潟県立大学公開講
座 第4号(平成24年度)）〈開催日：平成24年10月7日ほか　平成
24年度新潟水俣病関連情報発信事業環境省補助事業〉Ⓝ519.07

新潟県(看護師)

◇福島県看護職員需給計画　［福島］　福島県保健福祉部　2013.
3　49p　30cm　Ⓝ498.14

新潟県(感染症対策—長岡市)

◇長岡市新型インフルエンザ等対策行動計画　長岡　長岡市危
機管理防災本部　2014.3　74p　30cm　Ⓝ498.6

新潟県(気象—長岡市)

◇長岡における積雪観測資料　35　2012/2013　冬期　防災科学
技術研究所編　つくば　防災科学技術研究所　2013.11　30p
30cm　（防災科学技術研究所研究資料 第381号）Ⓝ451.66141

新潟県(教育行政)

◇新潟県教育振興基本計画—ふるさとへの愛着と誇りを胸に、粘
り強く挑戦し未来を切り拓く、たくましいひとづくり　新潟
県教育庁総務課編　新潟　新潟県教育庁総務課　2014.4　98p
30cm　〈平成26年4月策定　共同刊行：新潟県〉Ⓝ373.2

新潟県(行政)

◇新潟県「夢おこし」政策プラン政策分析表　その1　総論・産
業夢おこしプラン　［新潟］　新潟県夢おこし政策プラン評価
委員会　2013.3　244p　30cm　Ⓝ318.241

◇新潟県「夢おこし」政策プラン政策分析表　その2　くらし夢
おこしプラン　［新潟］　新潟県夢おこし政策プラン評価委員
会　2013.3　207p　30cm　Ⓝ318.241

新潟県(行政—長岡市)

◇長岡地域定住自立圏共生ビジョン—平成22年度—平成26年度：
平成26年3月変更版　長岡市地域振興戦略部編　長岡　長岡市
2014.3　87p　30cm　Ⓝ318.241

新潟県(協働〔行政〕—長岡市)

◇きょうどう—長岡発協働のまちづくり事例集　［長岡］　長岡
市市民協働条例検討委員会　［201-］　59p　26cm　〈共同刊
行：市民協働ネットワーク長岡ほか〉Ⓝ318.241

新潟県(金—鉱山—佐渡市—歴史)

◇受託研究「近代の佐渡金銀山の歴史的価値に関する研究」—二
〇一三年度調査報告書　小風秀雅編　小風秀雅　2014.3　89p
30cm　〈年表あり〉Ⓝ562.1

新潟県(銀—鉱山—佐渡市—歴史)

◇受託研究「近代の佐渡金銀山の歴史的価値に関する研究」—二
〇一三年度調査報告書　小風秀雅編　小風秀雅　2014.3　89p
30cm　〈年表あり〉Ⓝ562.1

新潟県(近代化遺産—柏崎市—写真集)

◇柏崎赤れんが棟物語—記録写真集　［柏崎］　赤れんが棟を愛
する会　2014.3　47p　21×30cm　Ⓝ521.8　［1000円］

新潟県(空襲—長岡市)

◇語りつぐ長岡空襲—長岡戦災資料館十周年記念誌　長岡市編
長岡　長岡市　2013.10　191p　27cm　〈年表あり〉Ⓝ210.75
［1500円］

新潟県(原子力災害—防災)

◇新潟県地域防災計画　平成26年3月修正　原子力災害対策編
新潟　新潟県防災会議　［2014］　90p　30cm　Ⓝ369.3

新潟県（原子力災害―防災―上越市）
◇上越市地域防災計画　原子力災害対策編　上越市防災会議編　上越　上越市防災会議　2014.3　95p　30cm　Ⓝ369.3

新潟県（工業―名簿）
◇三条商工名鑑―会員・特定商工業者　2013年度版　三条　三条商工会議所　2014.3　146p　30cm　Ⓝ335.035

新潟県（口腔衛生）
◇新潟県歯科保健医療計画―ヘルシースマイル21　第4次　新潟　新潟県福祉保健部健康対策課　2014.3　78p　30cm　Ⓝ497.9

新潟県（口腔衛生―長岡市）
◇第2次長岡市歯科保健計画―期間/2013年―2022年　［長岡］　長岡市　2013.4　57p　30cm　Ⓝ497.9

新潟県（鉱山―佐渡市）
◇佐渡金銀山―佐渡金山遺跡（上寺町地区）分布調査報告書　佐渡市世界遺産推進課編　佐渡　佐渡市世界遺産推進課　2014.2　126p　図版　[13]　枚　30cm　（佐渡金銀山遺跡調査報告書17）〈共同刊行：佐渡市教育委員会〉Ⓝ214.1
◇佐渡金銀山―佐渡金山遺跡（相川金銀山跡）分布調査報告書　佐渡市世界遺産推進課編　佐渡　佐渡市世界遺産推進課　2014.3　387p　図版　34p　30cm　（佐渡金銀山遺跡調査報告書18）〈年表あり　共同刊行：佐渡市教育委員会　折り込　1枚〉Ⓝ214.1
◇佐渡金山を世界遺産に―甦る鉱山都市の記憶　五十嵐敬喜, 岩槻邦男, 西村幸夫, 松浦晃一郎編著　ブックエンド　2014.10　142p　21cm　①978-4-907083-17-5　Ⓝ214.1　［1800円］

新潟県（鉱山―佐渡市―会議録）
◇世界遺産国際シンポジウム「佐渡金銀山遺跡の世界遺産登録を目指して」シンポジウム記録　2013　新潟県教育庁文化行政課世界遺産登録推進室編　［東京］　文化庁　2014.3　58p　30cm〈会期・会場：平成25年11月10日　朱鷺メッセマリンホール　背のタイトル：世界遺産国際シンポジウム記録2013　佐渡金銀山遺跡の世界遺産登録を目指して　共同刊行：新潟教育委員会ほか〉Ⓝ214.1

新潟県（工場建築―柏崎市―写真集）
◇柏崎赤れんが棟物語―記録写真集　［柏崎］　赤れんが棟を愛する会　2014.3　47p　21×30cm　Ⓝ521.8　［1000円］

新潟県（高齢者―小千谷市）
◇新潟県小千谷市認知症実態調査結果報告書（第四報）　小千谷　新潟県小千谷市　2014.2　129p　30cm〈共同刊行：新潟県精神保健福祉協会こころのケアセンター〉Ⓝ369.261

新潟県（古地図―柏崎市）
◇近代柏崎の地図　柏崎　柏崎ふるさと人物館　2014.3　42p　30cm　（柏崎ふるさと人物館調査報告書　第3集）〈会期：平成25年6月22日―7月28日　柏崎ふるさと人物館第33回企画展〉Ⓝ291.41

新潟県（昆虫―魚沼市）
◇魚沼市自然環境保全調査報告書―自然を活かしたまちづくりのための市民参加型調査　平成25年度　魚沼市環境課環境対策室編, 石沢進, 倉重祐二, 富永弘監修　魚沼　魚沼市　2014.3　104p　30cm〈文献あり　魚沼市自然環境保全事業〉Ⓝ472.141

新潟県（災害復興）
◇震災復興が語る農山村再生―地域づくりの本質　稲垣文彦ほか著　コモンズ　2014.10　269p　19cm〈文献あり〉①978-4-86187-119-1　Ⓝ611.15141　［2200円］

新潟県（災害復興―小千谷市）
◇震災を乗り越え新しいまち・小千谷への挑戦―小千谷市復興計画の長期検証（総括）：新潟県中越大震災から10年　小千谷市企画政策課編　小千谷　小千谷市　2014.10　109p　30cm〈年表あり　共同刊行：小千谷市復興推進委員会〉Ⓝ518.8

新潟県（産業―統計―長岡市）
◇長岡の事業所長岡の工業―平成24年経済センサス―活動調査結果報告　長岡市総務部庶務課編　長岡　長岡市総務部庶務課　2014.3　94p　30cm　Ⓝ605.9

新潟県（寺院）
◇越後の親鸞―史跡と伝説の旅　大場厚順著　新装版　新潟　新潟日報事業社　2013.11　117p　21cm〈年譜あり　文献あり〉①978-4-86132-537-3　Ⓝ188.72　［1429円］

新潟県（ジオパーク）
◇ジオパーク―大学から地域へ、そして世界へ　松岡篤, 栗原敏之編　新潟　新潟日報事業社　2013.3　70p　21cm　（ブックレット新潟大学　61）〈文献あり〉①978-4-86132-528-1　Ⓝ455.141　［1000円］

新潟県（市街地）
◇中心市街地に関する県民意識・消費動向調査報告書　新潟県産業労働観光部商業振興課編　［新潟］　新潟県産業労働観光部商業振興課　2014.3　119p　30cm　Ⓝ675.2

新潟県（市街地―長岡市）
◇長岡市中心市街地活性化基本計画―第2期計画　長岡市中心市街地整備室編　長岡　長岡市　2014.4　128p　30cm　Ⓝ518.8

新潟県（歯科医療）
◇新潟県歯科保健医療計画―ヘルシースマイル21　第4次　新潟　新潟県福祉保健部健康対策課　2014.3　78p　30cm　Ⓝ497.9

新潟県（地すべり―十日町市―歴史）
◇大地と共に生きる―松之山大地すべり防災50周年記録誌　［十日町］　松之山大地すべり防災50周年事業実行委員会　2014.3　64p　30cm〈年表あり〉Ⓝ455.89

新潟県（自然災害―防災―上越市）
◇上越市地域防災計画　自然災害対策編　上越市防災会議編　上越　上越市防災会議　2014.3　409p　30cm　Ⓝ369.3

新潟県（自然保護）
◇佐渡周辺自然環境保全計画　［新潟］　新潟市　2014.3　81, 13p　30cm〈平成12年5月30日策定, 平成18年3月30日改定, 平成26年3月31日改定〉Ⓝ519.8194

新潟県（社会福祉―歴史―論文集）
◇新潟県社会福祉史の基礎的研究―田代国次郎先生追悼論集　矢上克己編著　本の泉社　2014.11　327p　21cm〈著作目録あり　内容：新潟県社会事業史の一断面　その1　三浦精翁の社会事業周辺（田代国次郎）　新潟県社会事業史の一断面　その2　県内隣保館、セツルメント施設小史（田代国次郎）　新潟県の妊産婦保護事業（橋本理子著）　新潟県における児童保護施設の量的分析（石坂公俊著）　新潟における盲・ろうあ教育創生期の趨勢（大塚良一著）　新潟県における医療保護の展開（吉田博行著）　新潟県における厚生事業組織の形成（畠中婦著）　新潟県における「生業資金貸付」事業の展開（畠中耕著）　大正時代後期の新潟養老院に関する研究（荻野基行著）　新潟県における免囚者保護事業の展開（矢上克己著）　新潟県における協和事業の展開（矢上克己著）〉①978-4-7807-1198-1　Ⓝ369.02141　［2300円］

新潟県（住宅政策）
◇新潟県住生活マスタープラン　新潟　新潟県土木部都市局都市政策課　2013.3　31p　30cm　Ⓝ365.31

新潟県（商業―名簿）
◇三条商工名鑑―会員・特定商工業者　2013年度版　三条　三条商工会議所　2014.3　146p　30cm　Ⓝ335.035

新潟県（消費者行動）
◇中心市街地に関する県民意識・消費動向調査報告書　新潟県産業労働観光部商業振興課編　［新潟］　新潟県産業労働観光部商業振興課　2014.3　119p　30cm　Ⓝ675.2

新潟県（縄文土器）
◇沖ノ原式期の文化様相―縄文時代中期末葉の越後を探る：予稿集　小林達雄監修, 佐藤雅一, 佐藤信之, 今井哲哉編　［津南］　新潟県・津南町教育委員会　2014.10　208p　30cm　（津南学叢書　第24輯）〈文献あり　執筆：阿部昭典ほか　共同刊行：信濃川火焔街道連携協議会〉Ⓝ214.1

新潟県（食育）
◇新潟県食育推進計画―にいがたの食で育む、元気・長生き・豊かな心　第2次　新潟　新潟県福祉保健部健康対策課　2014.3　58p　30cm　Ⓝ498.5

新潟県（食育―長岡市）
◇長岡市食育推進計画―越後長岡の宝物・豊かな食文化を次の世代に手わたそう　第2次　長岡市福祉保健部健康課編　［長岡］　長岡市　2014.3　77p　30cm　Ⓝ498.5

新潟県（職業教育）
◇調査研究報告書―文部科学省委託事業「多様な学習成果の評価手法に関する調査研究」　平成25年度　加茂　新潟県立加茂農林高等学校　2014.3　153p　30cm　Ⓝ375.6

新潟県（職人―三条市）
◇伝承―伊勢神宮に宿る三条の名工の技と心　新潟日報事業社編　三条　三条シティセールス事業実行委員会　2014.3　79p　25×26cm〈新潟日報事業社（発売）　取材・執筆：橋本啓子ほか〉①978-4-86132-562-5　Ⓝ566.2　［2000円］

新潟県（植物―魚沼市）
◇魚沼市小出西山の植物―フォッサマグナ東縁の特異な植物分布　富永弘著　［魚沼］　富永弘　2014.3　83p　26cm〈文献あり〉Ⓝ472.141　［2000円］
◇魚沼市自然環境保全調査報告書―自然を活かしたまちづくりのための市民参加型調査　平成25年度　魚沼市環境課環境対策室編, 石沢進, 倉重祐二, 富永弘監修　魚沼　魚沼市　2014.

新潟県（女性）

３　104p　30cm〈文献あり　魚沼市自然環境保全事業〉
Ⓝ472.141

新潟県（女性）
◇海鳴る空映える風わたる街で―聞き書き―戦争を生きた新潟
の女性たち　新潟女性史クラブ編著　[加茂]　新潟女性史ク
ラブ　2014.7　245p　30cm〈年表あり〉Ⓝ916　[2000円]

新潟県（書籍商）
◇HAB―Human And Bookstore：新潟　エイチアンドエスカ
ンパニー　2014.2　167p　19cm〈内容：本屋鼎談（佐藤雄一，
内沼晋太郎，石橋毅史述）　本屋鼎談延長戦（内沼晋太郎述）
まちをのこすのに本ができること（小林弘樹述）　本屋を続け
ていくために（諸橋武司述）　まちをつくるのに本ができるこ
と（新潟市文化政策課編）　本屋という選択（西田卓司，伊藤か
おり述）〉Ⓘ978-4-9907596-0-5　Ⓝ024.141　[1200円]

新潟県（書目）
◇新潟県EL新聞記事情報リスト　2013-1　エレクトロニック・
ライブラリー編　エレクトロニック・ライブラリー　2014.2
633p　31cm〈制作：日外アソシエーツ〉Ⓝ025.8141
◇新潟県EL新聞記事情報リスト　2013-2　エレクトロニック・
ライブラリー編　エレクトロニック・ライブラリー　2014.2
p635-1383　31cm〈制作：日外アソシエーツ〉Ⓝ025.8141
◇新潟県EL新聞記事情報リスト　2013-3　エレクトロニック・
ライブラリー編　エレクトロニック・ライブラリー　2014.2
p1385-2264　31cm〈制作：日外アソシエーツ〉Ⓝ025.8141
◇新潟県EL新聞記事情報リスト　2013-4　エレクトロニック・
ライブラリー編　エレクトロニック・ライブラリー　2014.2
p2265-3107　31cm〈制作：日外アソシエーツ〉Ⓝ025.8141
◇新潟県EL新聞記事情報リスト　2013-5　エレクトロニック・
ライブラリー編　エレクトロニック・ライブラリー　2014.2
p3109-3827　31cm〈制作：日外アソシエーツ〉Ⓝ025.8141

新潟県（震災予防―上越市）
◇上越市地域防災計画　地震災害対策編　上越市防災会議編
上越　上越市防災会議　2014.3　370p　30cm　Ⓝ369.3
◇上越市地域防災計画　津波災害対策編　上越市防災会議編
上越　上越市防災会議　2014.3　362p　30cm　Ⓝ369.3

新潟県（震災予防―長岡市）
◇長岡市地域防災計画　平成25年度　津波災害対策編　長岡市防
災会議，長岡市危機管理防災本部編　[長岡]　長岡市防災会議
[2014]　76p　30cm〈共同刊行：長岡市危機管理防災本部〉
Ⓝ369.3
◇長岡市地域防災計画　平成25年度修正　震災対策編　長岡市防
災会議，長岡市危機管理防災本部編　[長岡]　長岡市防災会議
2014.2　416p　30cm〈共同刊行：長岡市危機管理防災本部〉
Ⓝ369.3

新潟県（陣屋）
◇信越の大名陣屋町　米田藤博著　生駒　関西地理学研究会
2014.4　116p　26cm〈奥付のタイトル（誤植）：東海の大名陣
屋町〉Ⓝ215.2

新潟県（森林）
◇酸性雨モニタリング（土壌・植生）調査結果報告書　平成24年
度　[新潟]　新潟県　2013.3　65p　30cm〈平成24年度環境
省委託業務結果報告書　背のタイトル：酸性雨モニタリング
（土壌・植生）調査結果報告書〉Ⓝ519.5
◇酸性雨モニタリング（土壌・植生）調査結果報告書　平成25年
度　[新潟]　新潟県　2014.3　28p　30cm〈平成25年度環境
省委託業務結果報告書〉Ⓝ519.5

新潟県（森林計画）
◇これからの森林（もり）づくり―地域森林計画書　新潟　新潟
県農林水産部治山課　[2014]　162p　30cm　Ⓝ651.1

新潟県（水害予防―上越市）
◇上越市水防計画　上越市編　上越　上越市　2014.3　133p
30cm　Ⓝ369.33

新潟県（水産業）
◇新潟県の農林水産業　平成25年度　[新潟]　新潟県農林水産
部　2014.5　116p　30cm〈共同刊行：新潟県農地部〉Ⓝ612.
141
◇新潟県の農林水産業　平成25年度　資料編　水産業　[新潟]
新潟県　2014.5　54p　30cm　Ⓝ612.141

新潟県（水質汚濁）
◇酸性雨モニタリング（陸水）調査結果報告書　平成24年度
[新潟]　新潟県　2013.3　98p　30cm〈平成24年度環境省委
託業務結果報告書　背のタイトル：酸性雨モニタリング（陸
水）調査報告書〉Ⓝ519.4

◇酸性雨モニタリング（陸水）調査結果報告書　平成25年度
[新潟]　新潟県　2014.3　53p　30cm〈平成25年度環境省委
託業務結果報告書〉Ⓝ519.4

新潟県（製紙―越前市）
◇紙をすく、手のあとをたどる―越前和紙製作用具：平成25年度
特別展　越前市武生公会堂記念館編　越前　越前市武生公会
堂記念館　2014.2　55p　30cm〈会期・会場：平成26年2月21
日―3月23日　越前市武生公会堂記念館〉Ⓝ585.6

新潟県（雪害―長岡市）
◇長岡市地域防災計画　平成25年度修正　風水害・雪害対策編
長岡市防災会議，長岡市危機管理防災本部編　[長岡]　長岡市
防災会議　2014.2　464p　30cm〈共同刊行：長岡市危機管理
防災本部〉Ⓝ369.3

新潟県（選挙―統計）
◇選挙の記録　[新潟]　新潟県選挙管理委員会　[2014]　276p
30cm〈参議院議員通常選挙　平成25年7月21日執行〉Ⓝ314.8

新潟県（ダム―燕市）
◇解体新書大河津分水可動堰　土木学会大河津分水可動堰記録
保存検討委員会編　土木学会　2014.9　157p　26cm〈丸善
（発売）年表あり　文献あり　年譜あり〉Ⓘ978-4-8106-0843-
4　Ⓝ517.72　[1000円]

新潟県（地域開発）
◇新潟県「夢おこし」政策プラン政策分析表　その1　総論・産
業夢おこしプラン　[新潟]　新潟県夢おこし政策プラン評価
委員会　2013.3　244p　30cm　Ⓝ318.241
◇新潟県「夢おこし」政策プラン政策分析表　その2　くらし夢
おこしプラン　[新潟]　新潟県夢おこし政策プラン評価委員
会　2013.3　207p　30cm　Ⓝ318.241

新潟県（地域社会―十日町市）
◇地域におけるアートプロジェクトのインパクトリサーチ「莇平
の事例研究」活動記録と検証報告　地域文化に関する情報とプ
ロジェクト作成・編集　東京都歴史文化財団東京文化発信プロ
ジェクト室　[2014]　106p　30cm〈年表あり〉Ⓝ702.1941

新潟県（地域ブランド）
◇地域ブランド・イノベーション―新潟から人と文化と空間のあ
り方を考える　長尾雅信，小浦方格著　新潟　新潟日報事業社
2013.12　70p　21cm　（ブックレット新潟大学　64）〈文献あ
り〉Ⓘ978-4-86132-553-3　Ⓝ601.141　[1000円]

新潟県（地誌）
◇新潟もの知り地理ブック　2　鈴木郁夫，中田勝，田中和徳著
新潟　新潟日報事業社　2013.2　282p　19cm〈文献あり〉
Ⓘ978-4-86132-513-7　Ⓝ291.41　[1400円]

新潟県（地質）
◇液状化しやすさマップ―新潟県・富山県・石川県　[新潟]
国土交通省北陸地方整備局　[2013]　29, 19, 25p　30cm
〈共同刊行：地盤工学会北陸支部〉Ⓝ455.14

新潟県（地質―糸魚川市）
◇よくわかる糸魚川の大地のなりたち　フォッサマグナミュー
ジアム著　[糸魚川]　糸魚川市教育委員会　2014.3　174p
30cm　Ⓝ455.141

新潟県（津波―上越市）
◇上越市地域防災計画　津波災害対策編　上越市防災会議編
上越　上越市防災会議　2014.3　362p　30cm　Ⓝ369.3

新潟県（津波―長岡市）
◇長岡市地域防災計画　平成25年度　津波災害対策編　長岡市防
災会議，長岡市危機管理防災本部編　[長岡]　長岡市防災会議
[2014]　76p　30cm〈共同刊行：長岡市危機管理防災本部〉
Ⓝ369.3

新潟県（庭園）
◇越後/新潟の庭園―地方の消えゆく庭園を守る　土沼隆雄著
東京農業大学出版会　2014.6　206p　21cm　Ⓘ978-4-88694-
436-8　Ⓝ629.21　[2000円]

新潟県（鉄道）
◇羽越線の全駅乗歩記　澤井泰著　文芸社　2014.8　323p
19cm　（出会い・発見の旅　第3部）〈文献あり〉Ⓘ978-4-286-
15299-8　Ⓝ686. 2141　[1600円]

新潟県（鉄道―歴史）
◇只見線敷設の歴史　一城楓汰著　彩風社　2014.2　201p
20cm〈文献あり　年表あり〉Ⓘ978-4-904193-12-9　Ⓝ686.
2126　[2400円]

新潟県（陶磁器）
◇日本海に沈んだ陶磁器―新潟県内海揚がり品の実態調査　新
潟県海揚がり陶磁器研究会編　新潟　新潟県海揚がり陶磁器
研究会　2014.9　68p　図版 [20] 枚　30cm〈折り込 1枚〉
Ⓝ751.1

新潟県(都市計画—長岡市)

◇長岡市中心市街地活性化基本計画—第2期計画　長岡市中心市街地整備室編　長岡　長岡市　2014.4　128p　30cm　Ⓝ518.8

新潟県(土壌汚染)

◇酸性雨モニタリング(土壌・植生)調査結果報告書　平成24年度　[新潟]　新潟県　2013.3　65p　30cm〈平成24年度環境省委託業務結果報告書　背のタイトル：酸性雨モニタリング(土壌・植生)調査報告書〉Ⓝ519.5

◇酸性雨モニタリング(土壌・植生)調査結果報告書　平成25年度　[新潟]　新潟県　2014.3　28p　30cm〈平成25年度環境省委託業務結果報告書〉Ⓝ519.5

新潟県(鳥—魚沼市)

◇魚沼市自然環境保全調査報告書—自然を活かしたまちづくりのための市民参加型調査　平成25年度　魚沼市環境課環境対策室編，石沢進，倉重祐二，富永弘監修　魚沼　魚沼市　2014.3　104p　30cm〈文献あり　魚沼市自然環境保全事業〉Ⓝ472.141

新潟県(農業)

◇新潟県の農林水産業　平成25年度　[新潟]　新潟県農林水産部　2014.5　116p　30cm〈共同刊行：新潟県農地部〉Ⓝ612.141

◇新潟県の農林水産業　平成25年度 資料編 農業　[新潟]　新潟県　2014.5　124p　30cm　Ⓝ612.141

新潟県(農村計画)

◇震災復興が語る農山村再生—地域づくりの本質　稲垣文彦ほか著　コモンズ　2014.10　269p　19cm〈文献あり〉①978-4-86187-119-1　Ⓝ611.15141　[2200円]

新潟県(版画—佐渡市—画集)

◇佐渡版画村作品集　第4集　佐渡　佐渡版画村　2014.11　89p　30cm〈年表あり　創立30周年記念〉Ⓝ730.87　[2000円]

新潟県(被災者支援—三条市)

◇東日本大震災広域避難者受入れの記録—三条市は避難者をどのように受入れたか　三条市総務部行政課防災対策室編　[三条]　新潟県三条市　2013.3　116p　30cm　Ⓝ369.3

新潟県(美術—図集)

◇新潟日報社所蔵品によるふるさとの作家たち展　新潟市新津美術館編　[新潟]　新潟市新津美術館　2014.8　63p　30cm〈会期・会場：平成26年8月30日—10月17日　新潟市新津美術館　共同刊行：新潟日報社〉Ⓝ702.1941

新潟県(避難所—三条市)

◇東日本大震災広域避難者受入れの記録—三条市は避難者をどのように受入れたか　三条市総務部行政課防災対策室編　[三条]　新潟県三条市　2013.3　116p　30cm　Ⓝ369.3

新潟県(風水害—長岡市)

◇長岡市地域防災計画　平成25年度修正　風水害・雪害対策編　長岡市防災会議，長岡市危機管理防災本部編　[長岡]　長岡市防災会議　2014.2　464p　30cm〈共同刊行：長岡市危機管理防災本部〉Ⓝ369.3

新潟県(風俗・習慣)

◇新潟の鮭と鉱物資源の民俗余話　伊藤治子著　新潟　新潟県民俗学会　2013.10　66p　21cm　(高志路ブックレット no.4)〈新潟雪書房(制作)〉①978-4-930968-40-1　Ⓝ382.141　[762円]

新潟県(文化活動—津南町)

◇美術は地域をひらく—大地の芸術祭10の思想：Echigo-Tsumari Art Triennale Concept Book　北川フラム著　現代企画室　2014.2　267p　21cm〈索引あり〉①978-4-7738-1318-0　Ⓝ702.1941　[2500円]

新潟県(文化活動—十日町市)

◇地域におけるアートプロジェクトのインパクトリサーチ「莇平の事例研究」活動記録と検証報告　地域文化に関する情報とプロジェクト作成・編集　東京都歴史文化財団東京文化発信プロジェクト室　[2014]　106p　30cm〈年表あり〉Ⓝ702.1941

◇美術は地域をひらく—大地の芸術祭10の思想：Echigo-Tsumari Art Triennale Concept Book　北川フラム著　現代企画室　2014.2　267p　21cm〈索引あり〉①978-4-7738-1318-0　Ⓝ702.1941　[2500円]

新潟県(文化行政—津南町)

◇アートは地域を変えたか—越後妻有大地の芸術祭の13年2000-2012　澤村明編著　慶應義塾大学出版会　2014.6　184p　21cm〈文献あり 索引あり　内容：序章(澤村明著)　大地の芸術祭が行なわれるまで(中東雅樹著)　大地の芸術祭の概要(澤村明著)　大地の芸術祭の経済効果(長谷川雪子著)　大地の芸術祭とソーシャル・キャピタル(鷲見英司著)　大地の芸術祭と人々(寺尾仁著)　大地の芸術祭と類似例(澤村明著)　アートは地域を変えたか(澤村明著)〉①978-4-7664-2149-1　Ⓝ709.141　[2400円]

新潟県(文化行政—十日町市)

◇アートは地域を変えたか—越後妻有大地の芸術祭の13年2000-2012　澤村明編著　慶應義塾大学出版会　2014.6　184p　21cm〈文献あり 索引あり　内容：序章(澤村明著)　大地の芸術祭が行なわれるまで(中東雅樹著)　大地の芸術祭の概要(澤村明著)　大地の芸術祭の経済効果(長谷川雪子著)　大地の芸術祭とソーシャル・キャピタル(鷲見英司著)　大地の芸術祭と人々(寺尾仁著)　大地の芸術祭と類似例(澤村明著)　アートは地域を変えたか(澤村明著)〉①978-4-7664-2149-1　Ⓝ709.141　[2400円]

新潟県(文化財—長岡市)

◇長岡の文化財　長岡市教育委員会編　長岡　長岡市教育委員会　2014.3　190p　30cm　Ⓝ709.141

新潟県(方言)

◇新潟県グッズ方言集　命名編　外山正恭編著　新潟　新潟県民俗学会　2014.6　69p　21cm　(高志路ブックレット no.9)〈新潟雪書房(制作)　年表あり〉①978-4-930968-56-2　Ⓝ818.41　[800円]

新潟県(防災計画—上越市)

◇上越市地域防災計画　一般災害対策編　上越市防災会議編　上越　上越市防災会議　2014.3　130p　30cm　Ⓝ369.3

◇上越市地域防災計画　資料編　上越市防災会議編　上越　上越市防災会議　2014.3　364p　30cm　Ⓝ369.3

新潟県(防災計画—長岡市)

◇長岡市地域防災計画　平成25年度修正　風水害・雪害対策編　長岡市防災会議，長岡市危機管理防災本部編　[長岡]　長岡市防災会議　2014.2　464p　30cm〈共同刊行：長岡市危機管理防災本部〉Ⓝ369.3

新潟県(保健師)

◇福島県看護職員需給計画　[福島]　福島県保健福祉部　2013.3　49p　30cm　Ⓝ498.14

新潟県(町屋—保存・修復—佐渡市—歴史)

◇千石船の里・宿根木—町並み保存のあゆみ：ふりかえり・明日につなぐ：重要伝統的建造物群保存地区選定20周年記念誌　宿根木を愛する会編　[佐渡]　宿根木を愛する会　2014.3　103p　30cm〈年表あり　平成25年度佐渡おこしチャレンジ事業〉Ⓝ521.86

新潟県(民謡)

◇新潟〈うた〉の文化誌—人は何故うたうか越後に響くうたの原風景　伊野義博著　新潟　新潟日報事業社　2013.1　70p　21cm　(ブックレット新潟大学 60)①978-4-86132-521-2　Ⓝ388.9141　[1000円]

新潟県(昔話—魚沼市)

◇雪国の女語り—佐藤ミヨキの昔話世界　花部英雄編著　三弥井書店　2014.2　351p　22cm〈内容：ウサギどんとフキどん(佐藤ミヨキ述)　勝々山(佐藤ミヨキ述)　地蔵浄土(佐藤ミヨキ述)　蓬と菖蒲　1(佐藤ミヨキ述)　田螺の親子(佐藤ミヨキ述)　蝸牛の伊勢参り(佐藤ミヨキ述)　神の申し子(佐藤ミヨキ述)　産神問答(佐藤ミヨキ述)　古屋の漏り(佐藤ミヨキ述)　魚を助けた人(佐藤ミヨキ述)　けちんぼ長者(佐藤ミヨキ述)　三人仲間(佐藤ミヨキ述)　紫陽花の話(佐藤ミヨキ述)　機地蔵(佐藤ミヨキ述)　大師ぼっこの跡隠し(佐藤ミヨキ述)　瓜こ姫(佐藤ミヨキ述)　絵姿女房(佐藤ミヨキ述)　八化け頭巾(佐藤ミヨキ述)　鼠経(佐藤ミヨキ述)　サバ売り(佐藤ミヨキ述)　時鳥と兄弟(佐藤ミヨキ述)　大歳の客(佐藤ミヨキ述)　猿の生肝(佐藤ミヨキ述)　恐ながり屋の爺さ(佐藤ミヨキ述)　炭焼長者〈初婚型〉(佐藤ミヨキ述)　蛙報恩〈姥皮型〉1(佐藤ミヨキ述)　蛇聟入〈苧環型〉1(佐藤ミヨキ述)　蛇女房(佐藤ミヨキ述)　天人女房(佐藤ミヨキ述)　蛇聟入〈苧環型〉2(佐藤ミヨキ述)　猿聟入(佐藤ミヨキ述)　味噌買橋(佐藤ミヨキ述)　鼻高扇(佐藤ミヨキ述)　エンちゃんドンちゃん(佐藤ミヨキ述)　浦島太郎(佐藤ミヨキ述)　絵猫と鼠(佐藤ミヨキ述)　塩吹臼(佐藤ミヨキ述)　猿地蔵(佐藤ミヨキ述)　金の鉈(佐藤ミヨキ述)　樫の木の話(佐藤ミヨキ述)　極楽を見た婆さ(佐藤ミヨキ述)　姥捨山　1(佐藤ミヨキ述)　お杉とお玉(佐藤ミヨキ述)　弥三郎婆さ(佐藤ミヨキ述)　お杉とお玉〈お銀小銀〉1(佐藤ミヨキ述)　化物退治(佐藤ミヨキ述)　おタバの話(佐藤ミヨキ述)　蛸と猿(佐藤ミヨキ述)　昔は語らん(佐藤ミヨキ述)　果てなし話〈胡桃の木〉(佐藤ミヨキ述)　化物寺(佐藤ミヨキ述)　尻尾の釣り(佐藤ミヨキ述)　猿蟹合戦(佐藤ミヨキ述)　舌切雀(佐藤ミヨキ述)　狐の婚礼(佐藤ミヨキ述)　山伏狐(佐藤ミヨキ述)　蟬屋長者(佐藤ミヨキ述)　蛙報恩〈姥皮型〉2(佐藤ミヨキ述)　危ない危ない(佐藤ミヨキ述)　隠れ里(佐藤ミヨキ述)　二反の白(佐藤ミヨキ述)　小僧田楽(佐藤ミヨキ述)　一休の虎退

に

新潟県（名簿）

治（佐藤ミヨキ述）　三枚のお礼（佐藤ミヨキ述）　姥捨山〈福運型〉（佐藤ミヨキ述）　姥捨山　2（佐藤ミヨキ述）　お銀小銀　2（佐藤ミヨキ述）　鼠浄土（佐藤ミヨキ述）　狐の宝生の玉（佐藤ミヨキ述）　蛇智入〈英雄型〉（佐藤ミヨキ述）　蛙女房〈蛙の法事〉（佐藤ミヨキ述）　蓬と菖蒲　2（佐藤ミヨキ述）　夕立さまの話（佐藤ミヨキ述）　ウサギどんとフキどん（佐藤フミイ述）　鼠経（佐藤フミイ述）　五月人形（佐藤フミイ述）　昔は語らん（佐藤フミイ述）　極楽を見た婆（佐藤フミイ述）　ウグイスの一文銭（佐藤フミイ述）　アジサイと桑いちご（佐藤フミイ述）　おタバの話（佐藤フミイ述）　サバ売り（佐藤フミイ述）　蛙の嫁（佐藤フミイ述）　嘘つき名人　1（佐藤フミイ述）　嘘つき名人　2（佐藤フミイ述）　お杉とお玉（佐藤フミイ述）　鼠浄土（佐藤フミイ述）　坊さまとぼた餅（佐藤敏治述）　山伏狐（佐藤敏治述）　うさぎどんとひきどん（浅井八郎述）　狐とかわうそどん（浅井八郎述）　狐とかわうそ（浅井八郎述）〉Ⓘ978-4-8382-3258-1　Ⓝ388.141　[7500円]

新潟県（名簿）
◇新潟県人物・人材情報リスト　2015　第1巻　日外アソシエーツ株式会社編　日外アソシエーツ（制作）　2014.11　554p　30cm　Ⓝ281.41
◇新潟県人物・人材情報リスト　2015　第2巻　日外アソシエーツ株式会社編　日外アソシエーツ（制作）　2014.11　p555-1030, 46p　30cm　Ⓝ281.41

新潟県（林業）
◇新潟県の農林水産業　平成25年度　［新潟］　新潟県農林水産部　2014.5　116p　30cm　〈共同刊行：新潟県農地部〉Ⓝ612.141
◇新潟県の農林水産業　平成25年度　資料編　森林・林業　［新潟県　2014.5　49p　30cm　〈年表あり〉Ⓝ612.141

新潟県（歴史―佐渡市）
◇佐渡瓜生屋敷　［佐渡］　瓜生屋歴史文化研究会　2014.3　428p　22cm　〈年表あり　文献あり〉Ⓝ214.1

新潟県（歴史―上越市）
◇高田開府400年　高田開府400年記念誌編集委員会編　上越　高田開府400年祭実行委員会　2014.3　137p　30cm　〈年表あり〉Ⓝ214.1

新潟県（歴史―燕市）
◇越後吉田ふるさと事典　亀井功監修, 燕市吉田郷土史研究会編　［燕］　燕市吉田郷土史研究会　2014.12　290p　21cm　〈文献あり〉Ⓝ291.41　[1482円]

新潟県（労働争議）
◇（株）東日本福祉経営サービス不当就労拒否事件勝利報告集　新潟　新潟県労連ユニオン　［2014］　171p　30cm　〈年表あり　タイトルは表題紙による〉Ⓝ366.66

新潟県（和紙―越前市）
◇紙をすく, 手のあとをたどる―越前和紙製作用具：平成25年度特別展　越前市武生公会堂記念館編　越前　越前市武生公会堂記念館　2014.2　55p　30cm　〈会期・会場：平成26年2月21日―3月23日　越前市武生公会堂記念館〉Ⓝ585.6

新潟県印刷工業組合
◇新潟県印刷工業組合創立60周年記念誌―印刷道―感動の心をつなぐ新技術　新潟県印刷工業組合編　新潟　新潟県印刷工業組合　2014.12　192p　30cm　〈年表あり〉Ⓝ749.06

新潟県教職員厚生財団
◇新潟県教職員厚生財団百年史　新潟県教職員厚生財団百年史編纂委員会編　新潟　新潟県教職員厚生財団　2013.5　660p　31cm　〈年表あり〉Ⓝ374.37

新潟県立柏崎工業高等学校
◇防災教育活動記録報告―オンリーワンスクールを目指して　平成24年度　［柏崎］　新潟県立柏崎工業高等学校　2013.3　1冊　30cm　Ⓝ374.92
◇防災教育活動記録報告書―オンリーワンスクールを目指して　平成25年度　［柏崎］　新潟県立柏崎工業高等学校　2014.3　1冊　30cm　Ⓝ374.92

新潟県立柏崎総合高等学校
◇明日を拓く―新潟県立柏崎総合高等学校創立10周年記念誌　柏崎　新潟県立柏崎総合高等学校　2013.2　63p　30cm　Ⓝ376.48

新潟県立加茂高等学校
◇蒼生（ひとくさ）―新潟県立加茂高等学校創立90周年記念誌　［加茂］　新潟県立加茂高等学校創立90周年記念事業実行委員会　2013.10　199p　30cm　〈年表あり　編集責任者：廣野富士夫〉Ⓝ376.48

新潟県立長岡向陵高等学校
◇長岡向陵高校創立30周年記念誌　長岡　新潟県立長岡向陵高等学校同窓会　2013.3　60p　30cm　〈タイトルは背による〉Ⓝ376.48

新潟県立新潟北高等学校
◇北高史―創立30周年記念誌　創立三十周年記念誌編集委員編　新潟　新潟県立新潟北高等学校　2013.1　159p　30cm　Ⓝ376.48

新潟県立新潟江南高等学校
◇創立50年のあゆみ―新潟県立新潟江南高等学校創立50周年記念誌　創立50周年記念誌編集委員会編　［新潟］　創立50周年記念事業実行委員会　2013.10　92p　30cm　〈年表あり〉Ⓝ376.48　［非売品］

新潟県立新潟向陽高等学校
◇創立四十年の歩み―新潟県立新潟向陽高等学校創立40周年記念誌　［新潟］　新潟県立新潟向陽高等学校創立40周年記念事業実行委員会　2013.11　80p　26cm　〈年表あり〉Ⓝ376.48

新潟県立新潟商業高等学校
◇葦原130周年史　新潟県立新潟商業高等学校内創立130周年記念事業実行委員会編　新潟　新潟県立新潟商業高等学校内創立130周年記念事業実行委員会　2013.10　114p　30cm　〈年表あり〉Ⓝ376.48

新潟港
◇大新潟湊展―新潟市歴史博物館開館10周年記念特別展：図録　新潟市歴史博物館編　新潟　新潟市歴史博物館　2014.3　103p　30cm　〈文献あり　会期：2014年3月21日―5月18日〉Ⓝ683.92141

新潟市（遺跡・遺物）
◇沖ノ羽遺跡　5（第18・19次調査）本文編　新潟市文化財センター編　新潟　新潟市教育委員会　2014.2　335p　30cm　〈県営ほ場整備事業（担い手育成型）満日地区に伴う沖ノ羽遺跡第11・12次発掘調査報告書〉Ⓝ210.0254
◇沖ノ羽遺跡　5（第18・19次調査）写真図版編　新潟市文化財センター編　新潟　新潟市教育委員会　2014.2　232p　30cm　〈県営ほ場整備事業（担い手育成型）満日地区に伴う沖ノ羽遺跡第11・12次発掘調査報告書〉Ⓝ210.0254
◇沖ノ羽遺跡　5（第18・19次調査）図面図版編　新潟市文化財センター編　新潟　新潟市教育委員会　2014.2　1冊　30cm　〈県営ほ場整備事業（担い手育成型）満日地区に伴う沖ノ羽遺跡第11・12次発掘調査報告書〉Ⓝ210.0254
◇史跡古津八幡山遺跡発掘調査報告書　第15・16・17・18・19次調査　新潟市文化財センター編　新潟市教育委員会　2014.3　123p　図版　[50]　枚　30cm　Ⓝ210.0254
◇新潟大学考古学研究室調査研究報告　14　筑井八日市遺跡測量・発掘調査報告―群馬県前橋市／牡丹山諏訪神社古墳測量調査報告―新潟県新潟市　新潟大学考古学研究室編　［新潟］　新潟大学人文学部　2014.3　81p　図版8p　26cm　Ⓝ210.025
◇日水遺跡　2　第6次調査　新潟市文化財センター編　新潟　新潟市教育委員会　2013.6　91p　図版　[43]　枚　30cm　〈市道亀田300号線道路改良工事に伴う日水遺跡第2次発掘調査報告書〉Ⓝ210.0254
◇細池寺道上遺跡　2　第25次調査　新潟市文化財センター編　新潟　新潟市教育委員会　2014.1　1冊　30cm　〈県営ほ場整備事業（担い手育成型）両新地区に伴う第11次発掘調査報告書〉Ⓝ210.0254
◇細池寺道上遺跡　3　第26次調査　新潟市文化財センター編　新潟　新潟市教育委員会　2014.7　1冊　30cm　〈県営ほ場整備事業（担い手育成型）両新地区に伴う第12次発掘調査報告書〉Ⓝ210.0254
◇峰岡城山遺跡　第2次調査　新潟市文化財センター編　新潟　新潟市教育委員会　2013.6　86p　図版　[43]　枚　30cm　〈城山屋内体育施設造成工事に伴う峰岡城山遺跡第2次発掘調査報告書〉Ⓝ210.0254

新潟市（環境行政）
◇新潟市地球温暖化対策実行計画―地域推進版：環境モデル都市アクションプラン　［新潟］　新潟市　2014.4　99, 17, 11p　30cm　Ⓝ519.1

新潟市（行政）
◇研究活動報告書　2013　新潟市都市政策研究所編　新潟　新潟市都市政策研究所　2014.3　175p　30cm　Ⓘ978-4-903944-14-2　Ⓝ318.241

新潟市（子育て支援）
◇お母さんを支えつづけたい―原発避難と新潟の地域社会　高橋若菜, 田口卓臣著　本の泉社　2014.11　72p　21cm　（マイブックレット　No.28）Ⓘ978-4-7807-1195-0　Ⓝ369.36　[600円]
◇福島乳幼児・妊産婦支援プロジェクト（FSP）報告書―2011年4月―2013年2月　宇都宮大学国際学部附属多文化公共圏セン

西 周〔1829～1897〕

ター福島乳幼児・妊産婦支援プロジェクト編　宇都宮　宇都宮
大学国際学部附属多文化公共圏センター福島乳幼児・妊産婦支
援プロジェクト　2013.3　202p　26cm〈文献あり〉Ⓝ369.4

◇福島乳幼児・妊産婦支援プロジェクト(FSP)報告書―2013年4
月―2014年2月　宇都宮大学国際学部附属多文化公共圏セン
ター福島乳幼児・妊産婦支援プロジェクト編　宇都宮　宇都
宮大学国際学部附属多文化公共圏センター福島乳幼児・妊産
婦支援プロジェクト　2014.3　231p　26cm　Ⓝ369.4

新潟市〔古墳〕

◇蒲原平野の王墓古津八幡山古墳を考える―1600年の時を越え
て：シンポジウム：記録集　新潟市文化財センター編　新潟
新潟市文化財センター　2014.2　70p　30cm〈会期・会場：
平成25年8月18日　NEXT216階新潟市民プラザホール　内容：
古津八幡山古墳の調査成果(相澤泰臣述)　古墳出現前夜の新潟
とその周辺地域(石川日出志述)　東北からみた古津八幡山古
墳(菊池芳朗述)　群馬県の大型円墳の動向と古津八幡山古墳
(若狭徹述)　豪族居館の様相と越佐の集落・古墳の状況(橋本
博文述)　古津八幡山古墳の築造方法とその背景(青木敬述)〉
Ⓝ214.1

新潟市〔選挙―統計〕

◇選挙の記録　平成25年度　〔新潟〕　新潟市選挙管理委員会
〔2014〕　105p　30cm〈第23回参議院議員通常選挙　平成25年
7月21日執行〉314.8

新潟市〔地域開発〕

◇研究活動報告書　2013　新潟市都市政策研究所編　新潟　新
潟市都市政策研究所　2014.3　175p　30cm　①978-4-903944-
14-2　318.241

新潟市〔被災者支援〕

◇福島乳幼児・妊産婦支援プロジェクト(FSP)報告書―2011年4
月―2013年2月　宇都宮大学国際学部附属多文化公共圏セン
ター福島乳幼児・妊産婦支援プロジェクト編　宇都宮　宇都宮
大学国際学部附属多文化公共圏センター福島乳幼児・妊産婦支
援プロジェクト　2013.3　202p　26cm〈文献あり〉Ⓝ369.4

◇福島乳幼児・妊産婦支援プロジェクト(FSP)報告書―2013年4
月―2014年2月　宇都宮大学国際学部附属多文化公共圏セン
ター福島乳幼児・妊産婦支援プロジェクト編　宇都宮　宇都
宮大学国際学部附属多文化公共圏センター福島乳幼児・妊産
婦支援プロジェクト　2014.3　231p　26cm　Ⓝ369.4

新潟市〔歴史〕

◇新潟市の昭和―写真アルバム　長岡　いき出版　2014.8
279p　31cm〈北越書館(発売)〉①978-4-904614-51-8
Ⓝ214.1　[9250円]

新潟市新津美術館

◇新潟市新津美術館年報　2008-2013　新潟　新潟市新津美術館
2014.7　142p　30cm　Ⓝ706.9

新潟大学教育学部附属特別支援学校

◇意欲を育む授業―特別支援教育：授業づくりの五つの視点
長澤正樹監修，新潟大学教育学部附属特別支援学校編著　ジ
アース教育新社　2013.10　96p　26cm　①978-4-86371-239-3
378.6　[1700円]

新潟大学大学院医歯学総合研究科口腔生命科学専攻

◇口腔保健医療に対応した国際イニシアティブ人材育成プログ
ラム―事業報告書　2011-2013　新潟　新潟大学大学院医歯学
総合研究科口腔生命科学専攻国際口腔保健医療教育研究セン
ター　2014.3　179p　30cm〈文献あり　英語併載　文部科学
省特別経費(プロジェクト分)－高度な専門職業人の養成や専
門教育機能の充実"〉Ⓝ497.07

新潟テレビ21

◇新潟テレビ21 30年史―笑顔でつながる。心がとべる。　新潟
テレビ21 30周年記念社史編纂委員会編　新潟　新潟テレビ21
2014.3　119p　30cm〈年表あり〉Ⓝ699.067

新冠町〔北海道〕〔地名―便覧〕

◇データベースアイヌ語地名　6　日高　2(新冠町)　榊原正文編
集　札幌　北海道出版企画センター　2014.7　322p　21cm
〈文献あり　索引あり〉①978-4-8328-1407-3　291.1　[2500
円]

新冠町観光協会

◇新冠町観光協会創立50年のあゆみ―記念誌　新冠町(北海道)
新冠町観光協会　2014.9　62p　30cm〈年表あり〉Ⓝ689.06

新座市〔遺跡・遺物〕

◇新座市内遺跡―新座市内遺跡確認調査報告書　17　新座　新
座市教育委員会　2014.3　25p　30cm（新座市埋蔵文化財報
告　第30集）210.0254

◇根通遺跡第1地点発掘調査報告書　東京航業研究所編　〔新座〕
埼玉県新座市教育委員会　2013.6　51p　図版18p　30cm
（新座市埋蔵文化財調査報告　第29集）〈埼玉県新座市所在〉
Ⓝ210.0254

新座市〔青少年教育〕

◇新座市青少年海外派遣報告集　第13回　平成25年　第13回新
座市青少年海外派遣団員，新座市経済観光部コミュニティ推進
課編　新座　新座市　2014.2　59p　30cm〈表紙のタイトル：
新座市青少年海外派遣〉379.3

新座市〔歴史―年表〕

◇郷土の歩み一閲覧用　新座市総務部総務課編　新座　新座市
総務部総務課　2013.12　61p　30cm　Ⓝ213.4

新島 襄〔1843～1890〕

◇志を継ぐ　本井康博著　京都　思文閣出版　2014.11　332,
17p　20cm（新島襄を語る10）〈索引あり〉①978-4-7842-
1782-3　Ⓝ198.321　[2900円]

◇襄のライフは私のライフ　本井康博著　京都　思文閣出版
2014.5　314,15p　20cm（新島襄を語る　別巻4）〈索引あ
り〉①978-4-7842-1757-1　289.1　[1900円]

新島 八重子〔1845～1932〕

◇襄のライフは私のライフ　本井康博著　京都　思文閣出版
2014.5　314,15p　20cm（新島襄を語る　別巻4）〈索引あ
り〉①978-4-7842-1757-1　289.1　[1900円]

◇新島八重関連書簡集　同志社大学同志社社史資料センター企
画編集　〔京都〕〔同志社大学同志社社史資料センター〕
2014.3　159,85p　21cm（同志社社史資料センター叢書）
①978-4-9904860-5-1　289.1　[1500円]

◇八重らんしょ―平成25年大河ドラマ「八重の桜」をもっと楽し
むために：完全保存版　〔福島〕　福島県観光交流局観光交流
課　[2013]　87p　26cm〈年譜あり〉289.1

新浪 博士〔1962～ 〕

◇数こそ質なり―「人の10倍の手術数」の心臓外科医が実践する
プロの極意　新浪博士著　KADOKAWA　2014.3　207p
19cm　①978-4-04-110738-6　Ⓝ494.643　[1400円]

新野〔家〕〔八王子市〕

◇八日市宿新野家文書集成―八王子の近世史料　八王子　古文
書を探る会　2014.12　301p　21cm〈揺籃社(発売)　文献あ
り〉①978-4-89708-347-6　Ⓝ213.65　[1000円]

新美 南吉〔1913～1943〕

◇新美南吉生誕100年―おもいでのアルバム：初めての南吉再び
出逢う南吉：2013半田　〔半田〕　新美南吉生誕100年記念事
業実行委員会　2014.3　49p　30cm〈共同刊行：半田市ほか〉
379.02155

新見市〔荘園〕

◇戦乱の中の情報伝達―使者がつなぐ中世京都と在地　酒井紀
美著　吉川弘文館　2014.2　232p　19cm（歴史文化ライブ
ラリー　372）〈文献あり〉①978-4-642-05772-1　217.5
[1800円]

◇中世荘園の環境・構造と地域社会―備中国新見荘をひらく
海老澤衷，高橋敏子編著　勉誠出版　2014.6　367p　22cm〈内
容：応永～寛正年間の水干害と荘園制(伊藤俊一著)　新見荘に
おける代銭納の普及過程(川戸貴史著)　新見荘代官祐清の年
貢収取及びその評価を巡る再検討(久下沼譲著)　新見荘の漆
(飯分徹著)　最勝光院領備中国新見荘領家職相論の再検討
(大島創著)　新見荘と寺領惣安堵(土山祐之著)　新見荘をめ
ぐる大覚寺覚勝院と細川氏・安富氏(川崎玉幸著)　中世後期
における御影供執事役について(貫井裕恵著)　備中国国衙領
の支配構造と新見荘(大澤泉著)　百姓等中状・三職等注進状
の収集と分析(辰田芳雄著)　下地中分後の室町期荘園(似鳥
雄一著)　中世の在地社会と徳政(酒井紀美著)〉①978-4-585-
22090-9　Ⓝ217.5　[8000円]

二階堂学園

◇二階堂学園90年―学園は今：学校法人二階堂学園創立90年誌
1922-2012　二階堂学園創立90周年記念事業記念誌編纂実行委
員会編　第2版　二階堂学園　2014.4　129p　30cm〈年表あ
り〉Ⓝ377.28

仁賀保町農業協同組合

◇もう一つの農協―協同組合らしさ仁賀保町農協の実験から
佐藤喜作著　〔横手〕　イズミヤ出版　2014.6　203p　19cm
〈文献あり〉①978-4-904374-25-2　611.6124　[2000円]

ニコラウス・クザーヌス, C.〔1401～1464〕

◇ニコラウス・クザーヌスとその時代　K・フラッシュ著，矢内
義顕訳　知泉書館　2014.8　159,3p　20cm〈文献あり　年譜
あり　索引あり　布装〉①978-4-86285-193-2　132.4
[2500円]

西 周〔1829～1897〕

◇近代日本哲学の祖・西周―生涯と思想　松島弘著　〔東京〕
文藝春秋企画出版部　2014.11　335p　20cm〈文藝春秋(発

西会津町〔福島県〕（遺跡・遺物）

売）文献あり　年表あり〉ⓘ978-4-16-008817-7　Ⓝ121.6
［2200円］

西会津町〔福島県〕（遺跡・遺物）
◇橋屋遺跡　西会津町教育委員会編　西会津町（福島県）西会津
町教育委員会　2013.3　238p　30cm　（西会津町埋蔵文化財
調査報告書　第8集）　Ⓝ210.0254

西伊豆町〔静岡県〕（衛生）
◇西伊豆町住民の生活習慣病に係る保健行動調査―発症予防・重
症化予防対策の検討：報告書　西伊豆町健康増進課編　下田
静岡県賀茂健康福祉センター健康増進課　2014.3　63p
30cm　Ⓝ498.02154

西インド諸島（歴史）
◇コロンブスからカストロまで―カリブ海域史,1492-1969　1
E.ウィリアムズ［著］,川北稔訳　岩波書店　2014.1　443p
15cm　（岩波現代文庫）ⓘ978-4-00-600307-4　Ⓝ259　［1480
円］
◇コロンブスからカストロまで―カリブ海域史,1492-1969　2
E.ウィリアムズ［著］,川北稔訳　岩波書店　2014.2　394,36p
15cm　（岩波現代文庫）〈文献あり　索引あり〉ⓘ978-4-00-
600308-1　Ⓝ259　［1480円］

西内 ひろ〔1989～〕
◇準グランプリ―BECAUSE OF THE 2nd.NEXT
JOURNEY　西内ひろ著　宝島社　2014.7　167p　21cm
ⓘ978-4-8002-2979-3　Ⓝ289.1　［1500円］

ニジェール（社会）
◇西アフリカ・サヘル地域の人びとの暮らしと生業―ニジェール
共和国の村落の事例から　田中樹監修,佐々木夕子,小村陽平
著　京都　総合地球環境学研究所「砂漠化をめぐる風と人と
土」プロジェクト　2014.3　116p　30cm　（砂漠化をめぐる
風と人と土フィールドノート 1）〈文献あり〉ⓘ978-4-
902325-98-0　Ⓝ382.4412

ニジェール（土地制度）
◇ガーロコイレ―ニジェール西部農村社会をめぐるモラルと叛
乱の民族誌　佐久間寛著　平凡社　2013.12　443p　22cm
〈文献あり　索引あり〉ⓘ978-4-582-47622-4　Ⓝ611.924412
［5600円］

ニジェール（農村）
◇ガーロコイレ―ニジェール西部農村社会をめぐるモラルと叛
乱の民族誌　佐久間寛著　平凡社　2013.12　443p　22cm
〈文献あり　索引あり〉ⓘ978-4-582-47622-4　Ⓝ611.924412
［5600円］

ニジェール（風俗・習慣）
◇西アフリカ・サヘル地域の人びとの暮らしと生業―ニジェール
共和国の村落の事例から　田中樹監修,佐々木夕子,小村陽平
著　京都　総合地球環境学研究所「砂漠化をめぐる風と人と
土」プロジェクト　2014.3　116p　30cm　（砂漠化をめぐる
風と人と土フィールドノート 1）〈文献あり〉ⓘ978-4-
902325-98-0　Ⓝ382.4412

西岡 琳奈〔1995～〕
◇それでも生きて、生き抜く　西岡琳奈著　ブックコム　2014.9
79p　19cm　ⓘ978-4-907446-21-5　Ⓝ289.1　［800円］

西尾さん
◇居酒屋「西尾さん」のぬくもり酒―なぜ、古びた小さなお店に
予約が殺到するのか　西尾尚著　光文社　2014.2　173p
19cm　ⓘ978-4-334-97769-6　Ⓝ673.98　［1600円］

西尾市（歴史―史料）
◇分限帳集成―刈谷土井家家臣録　刈谷古文書研究会,刈谷頌和
会編［刈谷］刈谷古文書研究会　2014.6　398p　22cm
（刈谷叢書　第6輯）（共同刊行：刈谷頌和会）Ⓝ215.5

西尾信用金庫
◇西尾信用金庫100年史―にししん100　にししん創立100周年委
員会記念誌部会編　西尾　西尾信用金庫　2014.6　197p
31cm　〈年表あり〉　Ⓝ338.73

西川 紀光〔1940～〕
◇毎日あほうだんす―寿町の日雇い哲学者西川紀光の世界　西
川紀光［述］,トム・ギル著　京都　キョートット出版　2013.
3　159p　21cm　ⓘ978-4-9902637-4-4　Ⓝ289.1　［1400円］

西川 忠敬〔1944～〕
◇須磨寺・月見山時代　西川忠敬著［神戸］友月書房　2014.
7　168p　図版8p　19cm　〈交友プランニングセンター（制
作）〉ⓘ978-4-87787-478-0　Ⓝ289.1

西川町〔山形県〕（行政）
◇西川町総合計画―"キラリ☆月山"健康元気にしかわ！　第6次
［西川町］（山形県）山形県西川町　2014.3　113p　30cm
〈付属資料：20p；第6次西川町総合計画データ集〉Ⓝ318.225

錦織 圭
◇錦織圭―マイケル・チャンに学んだ勝者の思考　児玉光雄著
楓書店　2014.7　187p　19cm　〈サンクチュアリ・パブリッ
シング（発売）文献あり〉ⓘ978-4-86113-824-9　Ⓝ783.5
［1300円］

西田 幾多郎〔1870～1945〕
◇語る西田哲学―西田幾多郎談話・対談・講演集　西田幾多郎著
書肆心水　2014.10　319p　22cm　〈内容：鎌倉雑談　パブリッ
雑談 2　人格について　時と人格　Coincidentia
oppositorumと愛　宗教の立場　伝統主義に就いて　ベルグソ
ン、シェストフ、その他　東洋と西洋の文化の相異　西田幾多
郎博士との一問一答（三木清述）ヒューマニズムの現代的意義
（三木清述）人生及び人生学（三木清述）　純粋経験相互の
関係及び連絡に付いて　私の判断的一般者というもの　生と
実在と論理　私の哲学の立場と方法　実在の根柢としての人
格概念　行為の世界　現実の世界の論理的構造. 1　現実の世
界の論理的構造. 2　歴史的身体〉978-4-906917-33-4
Ⓝ121.63　［5900円］
◇西田幾多郎―無私の思想と日本人　佐伯啓思著　新潮社
2014.10　255p　18cm　（新潮新書 589）ⓘ978-4-10-610589-
0　Ⓝ121.63　［780円］

西田 忠次郎〔1930～1999〕
◇西田忠次郎の短歌　梁瀬龍夫著　［新庄］［梁瀬龍夫］
2014.5　109p　24cm　〈年譜あり　タイトル（誤植）：西田忠治
郎の短歌〉Ⓝ911.162　［2000円］

西出 大三〔1913～1995〕
◇西出大三ものがたり―截金人間国宝　敷田志郎,敷田千枝子共
著　金沢　北國新聞社　2013.7　205p　19cm　〈年譜あり　文
献あり〉ⓘ978-4-8330-1943-9　Ⓝ756.3　［2800円］

西鉄ライオンズ
◇伝説の西鉄ライオンズ　益田啓一郎著　福岡　海鳥社　2014.
5　204p　19cm　〈文献あり〉ⓘ978-4-87415-908-8　Ⓝ783.7
［1600円］
◇西鉄ライオンズ獅子たちの「闘争」　中西太著　ベースボー
ル・マガジン社　2014.5　191p　20cm　〈文献あり　年譜あり〉
ⓘ978-4-583-10684-7　Ⓝ783.7　［1500円］

西ドイツ →ドイツ連邦共和国を見よ

西東京市（遺跡・遺物）
◇下野谷遺跡―西集落縄文時代中期の環状集落　西東京市教育
委員会編　［西東京］西東京市教育委員会　2014.9　129p
図版32p　30cm　〈東京都西東京市所在〉Ⓝ210.0254

西東京市（生活）
◇暮らしについての西東京市民調査―成蹊大学社会調査演習
2012年度報告書　第4回　成蹊大学社会調査士課程監修,小林
盾,渡邉大輔編　武蔵野　成蹊大学社会調査士課程　2013.2
85p　26cm　Ⓝ361.7

西東京市（地域社会）
◇暮らしについての西東京市民調査―成蹊大学社会調査演習
2012年度報告書　第4回　成蹊大学社会調査士課程監修,小林
盾,渡邉大輔編　武蔵野　成蹊大学社会調査士課程　2013.2
85p　26cm　Ⓝ361.7

西東京市（地域情報化）
◇西東京市地域情報化基本計画―こころポリシティ西東京　第3
期　西東京市企画部情報推進課編　［西東京］西東京市
2014.3　34, 21p　30cm　Ⓝ318.2365

西東京市（地誌）
◇保谷の検地帳　州崎治郎著,長瀬瑞己編　［出版地不明］
［州崎治郎］［2014］60p　30cm　Ⓝ291.365　［1080円］

西東京バス株式会社
◇京王バス　西東京バス　越谷　BJエディターズ　2014.12　68p
19cm　（バスジャパンハンドブックシリーズS 86）〈星雲社
（発売）〉ⓘ978-4-434-19866-3　Ⓝ685.5　［1000円］

西日本鉄道株式会社
◇西鉄電車―特急電車から高速バス・路線バスまで　吉富実著
JTBパブリッシング　2014.12　207p　21cm　（キャンブック
ス）〈文献あり　年表あり〉ⓘ978-4-533-10077-2　Ⓝ686.2191
［1900円］
◇西鉄電車・バスのひみつ　PHP研究所編　PHP研究所　2014.
7　223p　19cm　〈文献あり　索引あり〉ⓘ978-4-569-81934-1
Ⓝ686.2191　［1524円］

西野 カナ〔1989～〕
◇LOVE STORY　西野カナ著　講談社　2014.3　126p　24cm
〈作品目録あり　本文は日本語〉ⓘ978-4-06-218936-1　Ⓝ767.
8　［1352円］

西之表市〔歴史〕
◇馬毛島異聞　平山武章著，平山匡利編　福岡　石風社　2013.9　99p　22cm　〈年表あり〉　①978-4-88344-236-2　Ⓝ219.7　[2000円]

西ノ島町〔島根県〕〔行政〕
◇人の集う島へ―keep 3000！：第5次西ノ島町総合振興計画　西ノ島町〔島根県〕　島根県西ノ島町　2013.3　96p　30cm　Ⓝ318.273

西宮市〔遺跡・遺物〕
◇八十塚古墳群苦楽園支群第5・6・7号墳発掘調査報告書　西宮市教育委員会編　〔西宮〕　西宮市教育委員会　2014.3　62p　30cm　（西宮市文化財資料　第60号）〈兵庫県西宮市苦楽園五番町72-1所在〉　Ⓝ210.0254

西宮市〔歴史〕
◇名塩抄史　亥野彊著　〔出版地不明〕　〔亥野彊〕　2014.7　68p　21cm　Ⓝ216.4

西村 泰重〔1935～〕
◇J：COM創業記―商社マン、ケーブルテレビを拓く　西村泰重著　〔東京〕　KADOKAWA　2014.8　269p　20cm　①978-4-04-621325-9　Ⓝ289.1　[1400円]

西目屋村〔青森県〕〔遺跡・遺物〕
◇芦沢（2）遺跡　青森県埋蔵文化財調査センター編　青森　青森県教育委員会　2014.3　120p　30cm　（青森県埋蔵文化財調査報告書　第540集）〈津軽ダム建設事業に伴う遺跡発掘調査報告〉　Ⓝ210.0254

◇大川添（3）遺跡　青森県埋蔵文化財調査センター編　〔青森〕　青森県教育委員会　2014.3　321p　30cm　（青森県埋蔵文化財調査報告書　第544集）〈文献あり　津軽ダム建設事業に伴う遺跡発掘調査報告〉　Ⓝ210.0254

◇大川添（4）遺跡　青森県埋蔵文化財調査センター編　〔青森〕　青森県教育委員会　2014.3　220p　図版　4p　30cm　（青森県埋蔵文化財調査報告書　第542集）〈津軽ダム建設事業に伴う遺跡発掘調査報告〉　Ⓝ210.0254

◇鬼川辺（1）遺跡・鬼川辺（2）遺跡・鬼川辺（3）遺跡　青森県蔵文化財調査センター編　〔青森〕　青森県教育委員会　2014.3　164p　図版　6p　30cm　（青森県埋蔵文化財調査報告書　第541集）〈津軽ダム建設事業に伴う遺跡発掘調査報告〉　Ⓝ210.0254

◇川原平（4）遺跡　3　青森県埋蔵文化財調査センター編　〔青森〕　青森県教育委員会　2014.3　102p　30cm　（青森県埋蔵文化財調査報告書　第539集）〈津軽ダム建設事業に伴う遺跡発掘調査報告〉　Ⓝ210.0254

◇砂子瀬遺跡　4　青森県埋蔵文化財調査センター編　〔青森〕　青森県教育委員会　2014.3　305p　30cm　（青森県埋蔵文化財調査報告書　第543集）〈津軽ダム建設事業に伴う遺跡発掘調査報告〉　Ⓝ210.0254

西米良村〔宮崎県〕〔農村生活〕
◇西米良極上田舎暮らし　鉱脈社編集企画部企画編集　宮崎　鉱脈社　2014.3　88p　30cm　Ⓝ611.98　[857円]

西山 徹〔1974～ 〕
◇MY LIFE IS THIS LIFE―「WTAPS」西山徹をひもとく40のキーワード　西山徹著　マガジンハウス　2014.9　127p　20cm　①978-4-8387-2707-0　Ⓝ289.1　[2000円]

21_21 Design Sight
◇21_21 Design Sight―booklet 2007-2013　〔東京〕　21_21 Design Sight　2014.3　69p　30cm　〈本文は日本語　編集・執筆：青野尚子〉　Ⓝ706.9　[非売品]

二松学舎大学国際政治経済学部
◇体験的国際政治経済―都心で学ぼう　2　二松学舎大学国際政治経済学部編　戎光祥出版　2014.11　151p　21cm　〈内容：「ヨーロッパの火薬庫」と呼ばれたバルカン半島（菅原淳子著）　国際競争力で優位に立つシンガポール（飯田幸裕著）　ドイツの政治とジョークを少々（押野洋著）　クリミア紛争に見るソ連邦の影（染谷武彦著）　話し合いと妥協による紛争解決（長谷川日出世著）　海辺の小さな町のアイスクリーム店（佐藤一樹著）　ニューヘブン、ボゴタに栄光と発展あれ（手島茂樹著）　スペイン・メキシコなどへの留学体験記（咲川可央子著）　アメリカ・ピッツバーグへの旅（岩崎愛一著）　世界をつなぐインターネット（須藤暢和著）　経済学の考え方（岩田幸訓著）　比較政治学の紹介（古賀光生著）　多様な価値観を認めるアメリカという国（河原田有一著）　民主主義にとっての情報公開の重要性（手賀裕輔著）　オランダ通詞たちの外国語学習法（西川「ヴァンエーステル」雅子著）　日本から世界に輸出される宝石"錦鯉"（土屋茂者著）　新幹線システムの輸出（須藤和敬著）　世界の空を変える？　先端技術のボーイング787（須藤和

敬著）「東」に学べるか？（佐藤晋著）　ドイツのブンデスリーガでプレーする日本人（押野洋著）　オーストラリア語学研修（金子智香著）　自らの力で未来を切り開く学部生（押野洋、佐藤晋著）　夢を形に（近藤沙織著）　パプアニューギニアとの出合い（間島隆文著）　語学力は「手段」のひとつでしかない（銭峰著）　日本の外で感じたこと（上原岳著）　世界中の人々と関わるうえで不可欠なこと（権平拓馬著）　国連勤務を目指し積み重ねたキャリア（中谷香著）　あなたの選択には、世界を変える力がある（オソルブレブ・バトスレン著）〉　①978-4-86403-133-2　Ⓝ377.21　[1400円]

西淀川経営改善研究会
◇大阪・西淀川中小企業の挑戦―NKK30年史　大阪　西淀川経営改善研究会30年史編集委員会　2014.9　112p　21cm　〈年表あり〉　Ⓝ509.06　[1000円]

西和賀町〔岩手県〕〔健康管理―歴史〕
◇すこやかに生まれ育ち老いるをめざして―沢内村健康管理課誕生から50年記念誌　輝けいのちネットワーク編集委員会編　〔西和賀町〕〔岩手県〕　輝けいのちネットワーク　2013.11　236p　30cm　〈年表あり〉　Ⓝ498.02122

日亜化学工業株式会社
◇青色LED開発の軌跡―なぜノーベル賞を受賞したのか　小山稔著　白日社　2014.11　273p　19cm　〈文献あり　「青の奇跡」（2003年刊）の改題、改訂、新装〉　①978-4-89173-138-0　Ⓝ549.81　[1500円]

ニーチェ，F.W.〔1844～1900〕
◇哲学者としてのニーチェ　アーサー　C.ダント著，眞田収一郎訳・解説　風濤社　2014.6　459p　20cm　〈索引あり〉　①978-4-89219-380-4　Ⓝ134.94　[4800円]

◇ニーチェ　工藤綏夫著　新装版　清水書院　2014.9　237p　19cm　（Century Books）〈文献あり　年譜あり　索引あり〉　①978-4-389-42022-2　Ⓝ134.94　[2000円]

◇ニーチェ　溝口隆一著　岡山　ふくろう出版　2014.3　173p　19cm　〈年譜あり〉　①978-4-86186-583-1　Ⓝ134.94　[2000円]

◇ニーチェ仮象の文献学　村井則夫著　知泉書館　2014.4　326，10p　20cm　〈索引あり　布装　内容：ニーチェのスタイル　文献学・修辞学・歴史学　仮象の論理　「喜ばしき知恵」と肯定の思想　力への意志・モナド論・解釈学　仮象としての世界　仮象の文献学と永却回帰〉　①978-4-86285-172-7　Ⓝ134.94　[3200円]

◇ニーチェ事典　大石紀一郎，大貫敦子，木前利秋，高橋順一，三島憲一編集委員　縮刷版　弘文堂　2014.6　728p　20cm　〈索引あり〉　①978-4-335-15058-6　Ⓝ134.94　[3500円]

◇ニーチェの心理学的業績　ルートヴィッヒ・クラーゲス著，柴田収一，平澤伸一，吉増克實訳　うぶすな書院　2014.6　385，12p　22cm　〈索引あり〉　①978-4-900470-30-9　Ⓝ134.94　[3200円]

◇始めから考える―ハイデッガーとニーチェ　菊地恵善著　福岡　九州大学出版会　2014.1　375p　22cm　（九州大学人文学叢書　6）〈内容：根拠への問い　技術と芸術　存在とは何か、その問いの発端　不気味なもの　存在の比喩的解釈　動物は「私」と言うことができない　死と時間性　存在について考える　ハイデッガーのニーチェ講義録〈全集第四巻〉を読む　ニーチェの意志の形而上学　仮定か事実か　荘子とニーチェ　すべての価値の価値転換という試みについて　結論〉　①978-4-7985-0116-1　Ⓝ134.96　[4800円]

◇マッハとニーチェ―世紀転換期思想史　木田元〔著〕　講談社　2014.11　349p　15cm　（講談社学術文庫　2266）〈文献あり　年表あり　新書館　2002年刊の再刊〉　①978-4-06-292266-1　Ⓝ134.7　[1130円]

日謙〔1746～1829〕
◇「聴松庵詩鈔」道光上人と出雲―一瓶一鉢淡生涯　廣田和吉編著　相模原　廣田和吉　2013.9　252p　21cm　〈文献あり〉　Ⓝ188.92　[非売品]

日源〔 ～1315〕
◇日源上人とゆかりの寺院　寺尾英智編　〔出版地不明〕　日源上人第七百遠忌御報恩奉行会　2014.9　159p　30cm　〈日源上人第七百遠忌記念〉　Ⓝ188.92

日南市〔醸造業―歴史〕
◇大堂津醸造のまちをひも解く　日南市産業活性化協議会編　〔日南〕　日南市産業活性化協議会　2014.3　54p　30cm　Ⓝ588.5

日南市〔都市計画〕
◇日南市都市計画マスタープラン―笑顔はじけるまち日南　〔日南〕　宮崎県日南市　2014.3　116p　30cm　Ⓝ518.8

◇日南市都市計画マスタープラン　資料編　〔日南〕　宮崎県日南市　2014.3　212p　30cm　Ⓝ518.8

日南町〔鳥取県〕（遺跡・遺物）

日南町〔鳥取県〕（遺跡・遺物）
◇大菅中倉遺跡発掘調査報告書　鳥取県日野郡日南町教育委員会編　［日南町(鳥取県)］　鳥取県日野郡日南町教育委員会　2013.12　10p 図版 2p　30cm　（日南町教育委員会文化財報告書 22）〈鳥取県日野郡日南町所在〉Ⓝ210.0254
◇日南町内遺跡発掘調査報告書　7　鳥取県日野郡日南町教育委員会編　［日南町(鳥取県)］　鳥取県日野郡日南町教育委員会　2013.3　73p　30cm　（日南町教育委員会文化財報告書 20）〈鳥取県日野郡日南町所在　大笹奥新田たたら緊急調査に伴う試掘調査報告書、国道183号宮内工区交付金改良工事に伴う試掘調査報告書、矢戸なつち谷川通常砂防事業に伴う試掘調査報告書、町道大菅阿毘縁線道路改良工事に伴う試掘調査報告書、下石見栩谷小規模砂防堰堤工事に伴う試掘調査報告書〉Ⓝ210.0254
◇日南町内遺跡発掘調査報告書　8　鳥取県日野郡日南町教育委員会編　［日南町(鳥取県)］　鳥取県日野郡日南町教育委員会　2013.12　28p　30cm　（日南町教育委員会文化財報告書 23）〈鳥取県日野郡日南町所在　内容：段遺跡　生山田ノ原所在遺跡〉Ⓝ210.0254
◇宮内蛇巻遺跡発掘調査報告書　鳥取県日野郡日南町教育委員会編　［日南町(鳥取県)］　鳥取県日野郡日南町教育委員会　2013.6　46p 図版 16p　30cm　（日南町教育委員会文化財報告書 21）〈鳥取県日野郡日南町所在　国道183号河上工区交付金改良工事に伴う埋蔵文化財発掘調査報告書〉Ⓝ210.0254

日蓮〔1222～1282〕
◇日蓮と鎌倉　市川浩史著　吉川弘文館　2014.2　151p　21cm　（人をあるく）〈文献あり　年譜あり〉①978-4-642-06778-2　Ⓝ188.92　[2000円]

ニッカウヰスキー株式会社
◇琥珀色の夢を見る―竹鶴政孝とリタ　ニッカウヰスキー物語　松尾秀助著　朝日新聞出版　2014.9　252p　15cm　（朝日文庫 ま37-1）〈年表あり　PHPエディターズ・グループ 2004年刊の加筆修正〉①978-4-02-261808-5　Ⓝ588.5　[600円]
◇ヒゲのウヰスキー誕生す　川又一英著　新潮社　2014.7　336p　16cm　（新潮文庫 か-16-1）〈文献あり　1985年刊の増補新装版〉①978-4-10-142802-4　Ⓝ588.5　[670円]
◇マッサンとリタージャパニーズ・ウイスキーの誕生　オリーヴ・チェックランド著，和気洋子訳　NHK出版　2014.8　237p　20cm　〈文献あり　年譜あり　「リタとウイスキー」(日本経済評論社 1998年刊)の改題、増補・改訂〉①978-4-14-081656-1　Ⓝ289.1　[2000円]

日華化学株式会社
◇変化の人―努力すれば、苦難を乗り越える出会いが訪れる　江守幹男著　ダイヤモンド社　2014.9　202p　19cm　①978-4-478-02656-4　Ⓝ576.5　[1500円]

日活株式会社
◇日活100年史　日活　2014.3　239p　31cm　〈年表あり〉Ⓝ778.09

日韓文化交流基金
◇日韓文化交流基金30年史　日韓文化交流基金　2014.6　379p　26cm　〈年表あり〉Ⓝ063　[非売品]

日光街道
◇近世交通史料集　6　日光・奥州・甲州道中宿村大概帳　児玉幸多校訂　オンデマンド版　吉川弘文館　2013.10　1069p　22cm　（印刷・製本：デジタルパブリッシングサービス）①978-4-642-04305-2　Ⓝ682.1　[24000円]

日光市（生物）
◇日光の自然図鑑　前田信二著　メイツ出版　2014.6　175p　21cm　（ネイチャーガイド）〈文献あり　索引あり〉①978-4-7804-1445-5　Ⓝ462.132　[1800円]

日産グループ
◇日産自動車グループの実態　2014年版　名古屋　アイアールシー　2013.12　668p　30cm　（特別調査資料）〈年表あり〉Ⓝ537.09　[58000円]

日産工機株式会社
◇日産工機50年のあゆみ　寒川町(神奈川県)　日産工機　2014.10　191p　31cm　〈年表あり〉Ⓝ537.1

日産自動車株式会社
◇日産自動車グループの実態　2014年版　名古屋　アイアールシー　2013.12　668p　30cm　（特別調査資料）〈年表あり〉Ⓝ537.09　[58000円]
◇日産自動車における品質ばらつき抑制手法QVCプロセス―企業における品質工学の戦略的活用　大島恵、奈良敢也著　日科技連出版社　2014.1　211p　21cm　〈文献あり　索引あり〉①978-4-8171-9495-4　Ⓝ537.09　[4000円]

◇日産モノづくりの知識創造経営―知識創造を促進する行為とリーダーシップ　松平好人著　京都　晃洋書房　2014.7　230, 16p　22cm　〈文献あり　索引あり〉①978-4-7710-2554-7　Ⓝ336.17　[3000円]

日彰館高等学校〔広島県立〕
◇日彰館創立百二十周年記念誌―これからも伝え継ぐために　広島県立日彰館高等学校創立120周年記念事業実行委員会編　三次　広島県立日彰館高等学校創立120周年記念事業実行委員会　2014.11　115p　30cm　〈年表あり　奥付のタイトル：広島県立日彰館高等学校創立120周年記念誌〉Ⓝ376.48

日進市（遺跡・遺物）
◇折戸(O)-110号窯跡発掘調査報告書　瀬戸市文化振興財団編　日進　日進市教育委員会　2014.3　66p　30cm　Ⓝ210.0254

日進市（農業教育）
◇社会調査実習報告書　2012年度 第1巻　農育プロジェクト編　豊田　中京大学現代社会学部斉藤尚文研究室　2013.3　70p　Ⓝ361.91

日清食品ホールディングス株式会社
◇勝つまでやめない！勝利の方程式　安藤宏基著　中央公論新社　2014.3　189p　20cm　①978-4-12-004593-6　Ⓝ588.9　[1500円]

日生劇場
◇日生劇場の五十年　ニッセイ文化振興財団編　ニッセイ文化振興財団　2014.2　2冊　27cm　〈内容：[本編]　日生劇場の五十年　[別冊]　日生劇場の五十年―全記録〉Ⓝ770.6

新田 嘉一
◇「平田牧場」新田嘉一物語―夢を追い続け80年公に活きた志　新田嘉一著　酒田　平田牧場　2014.4　149p　27cm　①978-4-9906984-1-6　Ⓝ289.1　[1200円]

日中経済貿易センター
◇日中経済貿易センター60年のあゆみ―1954-2014　日中経済貿易センター創立60周年記念行事実行委員会編　大阪　日中経済貿易センター　2014.11　42p　30cm　〈年表あり　創立60周年記念〉Ⓝ678.06

日澄寺〔鴨川市〕
◇工藤吉隆公と日澄寺　鴨川　宗門史跡明星山日澄寺　2013.11　83p　26cm　〈小松原法難七五〇年工藤吉隆公第七五〇遠忌記念出版〉Ⓝ188.92

日東精工株式会社
◇日東精工株式会社近25年の歩み―1988→2013　綾部　日東精工　2014.2　107p　30cm　〈年表あり〉Ⓝ530.67

日東富士製粉株式会社
◇日東富士製粉100年史　［東京］　Nitto Fuji Flour Milling　［2014］　469p　29cm　〈年表あり〉Ⓝ619.3

ニップコーポレーション
◇ニップの歩み―since 1869　ニップコーポレーション　2014.11　187p　31cm　〈年表あり〉Ⓝ529.067

ニッポン・アクティブライフ・クラブ天の川クラブ
◇ナルク「天の川クラブ」設立20周年記念誌　枚方　NALC枚方拠点「天の川クラブ」　2014.6　62p　30cm　〈年表あり　共同刊行：ニッポン・アクティブライフ・クラブ　折り込 1枚〉Ⓝ369.14

新渡戸 稲造〔1862～1933〕
◇新渡戸稲造ストーリー―札幌農学校からの行路　北海道大学大学文書館編　［札幌］　北海道大学新渡戸カレッジ　2014.3　62p　21cm　〈年譜あり　文献あり〉Ⓝ289.1
◇ボーイズ・ビー・アンビシャス　第3集　新渡戸稲造の留学談　新渡戸稲造著　藤沢　二宮尊徳の会　2014.2　168p　21cm　〈年譜あり〉①978-4-9906609-4-7　Ⓝ289.1　[700円]
◇マイグランパ新渡戸稲造―ただ一人の生き証人の孫が語る　加藤武子、寺田正義著　朝日出版社　2014.10　188p 図版10p　19cm　〈文献あり〉①978-4-255-00801-1　Ⓝ289.1　[1200円]

二戸市（遺跡・遺物）
◇不動館跡発掘調査報告書　岩手県文化振興事業団埋蔵文化財センター編　二戸　岩手県北広域振興局土木部二戸土木センター　2014.3　279p　30cm　（岩手県文化振興事業団埋蔵文化財調査報告書 第624集）〈主要地方道二戸五日市線緊急地方道路整備事業関連遺跡発掘調査　共同刊行：岩手県文化振興事業団〉Ⓝ210.0254

二戸市（地誌）
◇郷土教育資料復刻集―紀元二千六百年記念　2　浄法寺編　2　二戸市市史編さん室編　二戸　二戸市教育委員会　2014.3　1冊（ページ付なし）26cm　「浄法寺村郷土教育資料1」(昭和15年刊)の復刻版〉Ⓝ291.22

二宮 尊徳〔1787～1856〕

◇現代に生きる二宮翁夜話―子孫がやさしく紐解く40の人生訓　中桐万里子著　致知出版社　2014.7　174p　20cm　①978-4-8009-1043-1　Ⓝ157.2　[1400円]

◇相馬移民と二宮尊徳　太田浩史著　第2版　[南砺]　[太田浩史]　2013.4　76p　19cm　Ⓝ212.6

◇尊徳を発掘する―埋められたゼロからの社会構築論　宇津木三郎著　秦野　夢工房　2014.10　170p　19cm　①978-4-86158-065-9　Ⓝ157.2　[1200円]

◇二十一世紀社会の経済改革と報徳思想―国際二宮尊徳思想学会第五回(京都)学術大会　国際二宮尊徳思想学会編　小田原　報徳福運社報徳博物館　2014.10　535p　21cm　(二宮尊徳思想論叢 5)〈文献あり〉Ⓝ157.2

◇二宮金次郎　二宮康裕著　大阪　創元社　2013.12　206p　18cm　(日本人のこころの言葉)〈文献あり 年譜あり〉①978-4-422-80064-6　Ⓝ157.2　[1200円]

◇報徳記を読む　第1集　[富田高慶著]，地福進一編　藤沢　二宮尊徳の会　2014.3印刷　199p　21cm〈年譜あり　『報徳記』第一巻(『報徳要典』準拠ルビ原文(朗読・輪読用)、現代語訳、資料集)〉157.2　[800円]

◇報徳記を読む　第2集　地福進一編　藤沢　二宮尊徳の会　2014.11印刷　315p　21cm〈年譜あり　『報徳記』巻の二、『報徳論』(『報徳要典』準拠全ルビ)、報徳本教・青木村治跡　第2集のタイトル関連情報：報徳は精神変革である〉Ⓝ157.2　[1500円]

◇報徳仕法と近世社会　早田旅人著　東京堂出版　2014.7　456p　22cm〈索引あり　内容：近世報徳仕法研究の視座　近世史研究のなかの二宮尊徳・報徳仕法　二宮尊徳の出現　初期報徳仕法の展開　報徳仕法の構造　報徳仕法の事業展開と民衆　下石橋村の報徳仕法　藩政改革と民衆　桜町村の報徳仕法　近世報徳「結社式仕法」の展開と構造　報徳仕法と幕府勘定所　二宮尊徳の幕領仕法　報徳仕法と近世社会〉①978-4-490-20872-6　Ⓝ210.55　[7500円]

ニーバー，R.〔1892～1971〕

◇ニーバーとリベラリズム―ラインホールド・ニーバーの神学的視点の探求　髙橋義文著　上尾　聖学院大学出版会　2014.3　431,6p　22cm　(聖学院大学研究叢書 8)〈索引あり　内容：ニーバーと社会福音運動　ニーバーとマルクス主義　ニーバーと「民主的行動を目指すアメリカ人」(ADA)　ニーバーとアイロニー　ニーバーとピューリタニズム　ニーバーの教会論　ユルゲン・モルトマンのニーバー批判をめぐって　スタンリー・ハワーワスのニーバー批判をめぐって　ソーシャルワークをめぐるニーバーの視点　ニーバーの著作の翻訳について〉①978-4-907113-06-3　Ⓝ191　[8000円]

日本

◇「この国のかたち」を考える　長谷部恭男編，葛西康徳，加藤陽子，苅部直，宍戸常寿，吉見俊哉[執筆]　岩波書店　2014.11　217p　19cm〈内容：日本の思想と憲法(苅部直著)　戦争の記憶と国家の位置づけ(加藤陽子著)　憲法は変えることができるか(葛西康徳著)　広告化する戦争と自己像の再定義(吉見俊哉著)　憲法の運用と「この国のかたち」(宍戸常寿著)　戦後の平和思想と憲法(苅部直著)　憲法学から見た国家(長谷部恭男著)〉①978-4-00-022937-1　Ⓝ302.1　[1900円]

日本(3R〔廃棄物〕)

◇資源循環ハンドブック―法制度と3Rの動向　2014　経済産業省産業技術環境局リサイクル推進課　[2014]　98p　30cm　Ⓝ518.523

◇3R先進事例発表会講演予稿集　平成26年度　産業環境管理協会資源・リサイクル促進センター編　産業環境管理協会資源・リサイクル促進センター　2014.10　159p　30cm〈会期・会場：平成26年10月17日　機械振興会館地下2階ホール〉Ⓝ518.523

日本(3R〔廃棄物〕―PR)

◇我が国循環産業海外展開事業化促進のための情報発信及び研修企画・運営等業務報告書　平成25年度　[川崎]　日本環境衛生センター　2014.3　204p　30cm　Ⓝ518.523

日本(3R〔廃棄物〕―法令)

◇資源循環ハンドブック―法制度と3Rの動向　2014　経済産業省産業技術環境局リサイクル推進課　[2014]　98p　30cm　Ⓝ518.523

日本(愛国心)

◇「愛国」の技法―神国日本の愛のかたち　早川タダノリ著　青弓社　2014.1　145p　21cm　①978-4-7872-2055-4　Ⓝ210.74　[2000円]

◇戦争の放棄　その12　愛国心　千田實著　一関　エムジェエム　2014.8　64p　19cm　(田舎弁護士の大衆法律学)　①978-4-903929-34-7　Ⓝ323.142　[476円]

日本(ICカード―特許)

◇「スイカ」の原理を創った男―特許をめぐる松下昭の闘いの軌跡　馬場錬成著　日本評論社　2014.1　271p　20cm　①978-4-535-51985-5　Ⓝ548.232　[2300円]

日本(空き家)

◇空き家問題―1000万戸の衝撃　牧野知弘[著]　祥伝社　2014.7　236p　18cm　(祥伝社新書 371)　①978-4-396-11371-1　Ⓝ365.3　[800円]

◇自治体の空き家対策に関する調査研究報告書―空き家を地域で活かしていくために　府中(東京都)　東京市町村自治調査会　2014.3　138p　30cm　〈委託：浜銀総合研究所〉Ⓝ365.3

◇都市の空閑地・空き家を考える　浅見泰司編著　プログレス　2014.9　263p　21cm〈内容：空閑地の都市問題(浅見泰司著)　空閑地・空き家と生物多様性(浅田正彦，寺田徹著)　空閑地と密集市街地(山口幹幸著)　空閑地の農的活用事例と住宅地の「安全・安心」への貢献の可能性(雨宮護著)　都市のレジリエンスを高める空閑地の活用事例(阪井暖子著)　空閑地と都市財政(瀬下博之著)　戸建住宅地における空閑地のデザイン(吉田友彦著)　空閑地を活かした都市の未来像(横張真著)　空き家の都市問題(浅見泰司著)　空き家の現状と課題(石坂公一，冨永麻倫著)　空き家ゾンビを如何に退治したら良いのか？(清水千弘著)　空き家と住宅政策(平山洋介著)　マンションにおける空き家予防と活用, 計画の解消のために(齊藤広子著)　住宅政策と空き家問題(周藤利一著)　空き家問題と地域・都市政策(山口幹幸著)　老朽マンションにおける空き住戸問題(大木祐悟著)　わが国の空き家問題(＝地域の空洞化)を克服するために(野呂瀬秀樹著)〉①978-4-905366-35-1　Ⓝ518.8　[2700円]

日本(アクチュエータ―ナノテクノロジー―特許)

◇微細ナノのアクチュエータ技術―IPC/FIガイド付き　ネオテクノロジー　2014.5　146p　30cm　(技術と特許をつなぐパテントガイドブック)〈折り込1枚〉Ⓝ548.3　[80000円]

日本(アートマネジメント)

◇組織から考える継続する仕組み―"アート"と"社会"が長く付き合うためのインフラづくり：Tokyo art research lab　東京都歴史文化財団東京文化発信プロジェクト室　2014.3　63p　21cm〈東京文化発信プロジェクト，東京アートポイント計画　執筆：帆足亜紀ほか、編集：大谷薫子〉Ⓝ709.1

◇地域文化経済論―ミュージアム化される地域　寺岡寛著　名古屋　中京大学企業研究所　2014.9　270p　22cm　(中京大学企業研究叢書 第25号)〈文献あり〉Ⓝ709.1　[非売品]

◇地域文化経済論―ミュージアム化される地域　寺岡寛著　同文舘出版　2014.9　270p　22cm〈文献あり 索引あり〉①978-4-495-38421-0　Ⓝ709.1　[3400円]

◇文化政策の展開―アーツ・マネジメントと創造都市　野田邦弘著　京都　学芸出版社　2014.4　221p　21cm〈文献あり 索引あり〉①978-4-7615-2570-5　Ⓝ709.1　[2400円]

日本(アニメーション)

◇アニメ産業レポート―一般社団法人日本動画協会データベースワーキング報告書　2013　日本動画協会データベースワーキンググループ編　日本動画協会データベースワーキンググループ　2013.8　71p　30cm　Ⓝ778.77

◇有頂天家族公式読本　森見登美彦，「有頂天家族」親衛隊著　幻冬舎　2013.6　161p　19cm〈文献あり〉①978-4-344-02415-1　Ⓝ778.77　[1500円]

◇美しすぎるロシア人コスプレイヤー―モスクワアニメ文化事情　西田裕希[著]　東洋書店　2013.12　63p　21cm　(ユーラシア・ブックレット no.190)　①978-4-86459-161-4　Ⓝ361.5　[800円]

◇ガルパンの秘密―美少女戦車アニメのファンはなぜ大洗に集うのか　ガルパン取材班著　廣済堂出版　2014.7　191p　18cm　(廣済堂新書 042)〈内容：序論『ガールズ＆パンツァー』成立の背景(藤津亮太述)　半歩先をいく『裏切り』を意識して(湯川淳述)　自衛隊と大洗町、そのパイプ役として(杉山潔述)　10年間の積み重ねで"背水の陣"(丸山俊平述)　「戦車道」－それぞれの道を切り開いて(吉田玲子述)　一人ひとりのキャラクターに思いを込めて(杉本功述)　誰も見たことのない映像を目指して(柳野啓一郎著)　OVAに絵コンテで参加した本当の理由(カトキハジメ述)　仕事を超えた『ガルパン』との深い関わり(関根陽一述)　『ガルパン』シンデレラ声優の苦悩と決意(渕上舞述)　作品作りの中心。決断をする人物(水島努述)　ルポ『ガルパン』が紡いだ地元とファンの不思議な関係(石井誠述)　大洗に『ガルパン』を広めた地元の立役者(常盤良彦述)　観光客を取り戻したいと願う商店街の中心人物(大里明述)　世論と大洗町の変貌を見つづけた人物(島根隆幸述)　インターネットテレビで茨城に『ガルパン』を配信(樫村裕章述)　大洗町とファンの心を音楽

日本（アニメーション―歴史―1945～）

で満たす（有國浄光述） 自衛隊と『ガルパン』は、どう大洗イベントを盛り上げたのか？（河端純一、中村健太、江夏岳人述） アマゾンのカスタマーレビューがいやに熱い（柏倉秀行、三宅雅也述） TSUTAYAはアニメ作品をあまねく届けるために（町田有也述）〉Ⓝ978-4-331-51842-7 ［800円］

◇金の空想科学読本―読者が選んだ傑作25編 柳田理科雄著 KADOKAWA 2014.3 287p 15cm （空想科学文庫 42）〈メディアファクトリー 2011年刊の加筆・修正〉Ⓘ978-4-04-066371-5 Ⓝ778.8 ［600円］

◇銀の空想科学読本―作者自選のスゴイ26編 柳田理科雄著 KADOKAWA 2014.3 287p 15cm （空想科学文庫 43）〈メディアファクトリー 2012年刊の加筆・修正〉Ⓘ978-4-04-066372-2 Ⓝ778.8 ［600円］

◇空想科学読本 14〈名キャラ対決！ どっちがすごい!?〉編 柳田理科雄著 KADOKAWA 2013.10 239p 19cm 〈13までの出版者：メディアファクトリー〉Ⓘ978-4-04-066060-8 Ⓝ778.8 ［1200円］

◇空想科学読本 15〈愛は地球を滅ぼす〉編 柳田理科雄著 KADOKAWA 2014.3 223p 19cm Ⓘ978-4-04-066370-8 Ⓝ778.8 ［1200円］

◇Geidai animation―東京藝術大学大学院映像研究科アニメーション専攻第五期生修了制作展カタログ 5 go 横浜 東京藝術大学大学院映像研究科アニメーション専攻（製作）［2014］ 72p 15×21cm 〈会期・会場：2014年3月7日―9日 東京藝術大学横浜校地馬車道校舎ほか〉Ⓝ778.7

◇建築家が見たマンガの世界 よつばと！・ジョジョの奇妙な冒険・エヴァンゲリヲン新劇場版・ペルソナ4の経済編 櫻田一家著 グロリアアーステクノロジー 2014.9 199p 19cm 〈星雲社（発売）〉Ⓘ978-4-434-19660-7 Ⓝ726.101 ［1200円］

◇恋するアニメヒロインイッキ読み99 LIBEROSTYLE編集 双葉社 2014.2 191p 19cm （フタバシャの大百科）Ⓘ978-4-575-30632-3 Ⓝ778.77 ［571円］

◇仕事道楽―スタジオジブリの現場 鈴木敏夫著 新版 岩波書店 2014.5 270p 18cm （岩波新書 新赤版 1486）〈年譜あり〉Ⓘ978-4-00-431486-8 Ⓝ778.77 ［880円］

◇ジブリアニメから学ぶ宮崎駿の平和論 秋元大輔著 小学館 2014.10 219p 18cm （小学館新書 223）〈文献あり〉Ⓘ978-4-09-825223-7 Ⓝ319.8 ［720円］

◇ジブリの立体建造物展 スタジオジブリ編 小金井 スタジオジブリ 2014.7 192p 28cm 〈会期・会場：2014年7月10―12月14日 江戸東京たてもの園〉Ⓝ778.77

◇中川ブロードウェイ 中川翔子［著］ エムオン・エンタテインメント 2014.9 223p 21cm Ⓘ978-4-7897-3625-1 Ⓝ778.77 ［1600円］

◇日本のアニメは何がすごいのか―世界が惹かれた理由 津堅信之［著］ 祥伝社 2014.3 268p 18cm （祥伝社新書 359）Ⓘ978-4-396-11359-9 Ⓝ778.77 ［820円］

◇80年代アニメ最終回イッキ読み！―決定版 LIBEROSTYLE編集 双葉社 2014.6 191p 19cm （フタバシャの大百科）Ⓘ978-4-575-30689-7 Ⓝ778.77 ［571円］

◇バットマンは飛べるが着地できない―アニメ・特撮のヒーローを科学する 木野仁著 彩図社 2014.5 223p 19cm 〈文献あり〉Ⓘ978-4-88392-992-4 Ⓝ420 ［1200円］

◇母と子への贈物―ジブリ宮崎駿作品にこめられた思い 光元和憲著 京都 かもがわ出版 2013.12 231p 19cm Ⓘ978-4-7803-0670-5 Ⓝ778.77 ［1600円］

◇ファンタジーのイデオロギー―現代日本アニメ研究 西田谷洋著 ひつじ書房 2014.5 275p 20cm （未発選書 第20巻）〈索引あり 内容：はじめに 本心と不和 パフォーマンスとしての誘惑/血統 家族愛とテロリズムの美的イデオロギー 恋愛機械 残存するオイコノミア メタドラマの言及構造 亡霊の政治とコミュニケーション 認知環境とアフォーダンス 融合する翻案 免疫と対話〉Ⓘ978-4-89476-701-0 Ⓝ778.77 ［3000円］

◇漫画・アニメ黒いネタ帳―予言・陰謀・狂気……囁かれる恐怖の都市伝説 都市伝説研究会著 竹書房 2014.7 192p 19cm 〈文献あり〉Ⓘ978-4-8124-8804-1 Ⓝ726.101 ［500円］

日本（アニメーション―歴史―1945～）

◇仮面ライダーから牙狼へ―渡邊亮徳・日本のキャラクタービジネスを築き上げた男 大下英治著 竹書房 2014.7 352p 15cm （竹書房文庫 お2-2）〈「日本ヒーローは世界を制す」（角川書店 1995年刊）の改題、修正、加筆し再構成〉Ⓘ978-4-8124-8997-0 Ⓝ778.8 ［700円］

◇視聴率15%を保証します！―あのヒット番組を生んだ「発想法」と「仕事術」 高橋浩著 小学館 2014.10 253p 18cm （小学館新書 217）Ⓘ978-4-09-825217-6 Ⓝ699.67 ［740円］

日本（アニメーション―歴史―昭和後期）

◇懐かしの80年代アニメ大百科 双葉社 2014.4 189p 19cm （フタバシャの大百科）〈年表あり 索引あり〉Ⓘ978-4-575-30664-4 Ⓝ778.77 ［600円］

日本（アニメーション―歴史―平成時代）

◇アニメのかたろぐ―1990-1999 佐野亨編 河出書房新社 2014.5 351p 21cm Ⓘ978-4-309-27493-5 Ⓝ778.77 ［2200円］

日本（アニメーター）

◇若手アニメーター育成プロジェクト報告書 ［東京］ 日本アニメーター・演出協会 2014.3 1冊 30cm 〈文化庁委託事業平成25年度若手アニメーター等人材育成事業〉Ⓝ778.77

日本（アパレル製造業―歴史）

◇ミシンと衣服の経済史―地球規模経済と家内生産 岩本真一著 京都 思文閣出版 2014.7 320p 22cm 〈文献あり 索引あり 内容：繊維機械としてのミシン ミシン多様化の意味 ミシンの東アジアへの普及 近代女性の共時性と衣服商品化の波 日本のミシン輸入動向と普及経路 衣服産業の類型 衣服産業の地域分布 中規模工場の経営動向 製帽業の構造と展開 ミシンと衣服の経済史〉Ⓘ978-4-7842-1719-9 Ⓝ589.2 ［6000円］

日本（アマノリ―養殖）

◇アマノリ養殖品種の特性 藤吉栄次、玉城泉也、小林正裕、有瀧真人編 長崎 水産総合研究センター西海区水産研究所 2014.3 145p 30cm 〈文献あり〉Ⓘ978-4-9980694-2-3 Ⓝ666.8 ［非売品］

日本（暗号―特許）

◇特許情報分析（パテントマップ）から見た暗号化技術に関する技術開発実態分析調査報告書 インパテック株式会社編 パテントテック社 2013.4 248p 30cm 〈タイトルは標題紙による〉Ⓘ978-4-86483-207-6 Ⓝ007.35 ［57750円］

日本（安全管理）

◇安全管理者実務必携―能力向上教育〈定期又は随時〉用テキスト 中央労働災害防止協会編 第4版 中央労働災害防止協会 2014.3 185p 26cm Ⓘ978-4-8059-1552-3 Ⓝ509.8 ［2000円］

◇基準値のからくり―安全はこうして数字になった 村上道夫、永井孝志、小野恭子、岸本充生著 講談社 2014.6 286p 18cm （ブルーバックス B-1868）〈文献あり 索引あり〉Ⓘ978-4-06-257868-4 Ⓝ498.54 ［1000円］

◇日本の安全文化―安心できる安全を目指して 北野大、向殿政男、菊池雅史、和田丈晴、田部井豊、森治嗣、神田玲子、山本俊哉著 研成社 2013.9 250p 19cm （安全学入門 Part3）〈文献あり 内容：安全文化とは（向殿政男著） 日本人の「安全・危険」と「安心・不安」の意識（菊池雅史著） 食の安全確保対策（和田丈晴著） 遺伝子組換え食品の安全性（田部井豊著） 原子力とエネルギー（森治嗣著） 放射線安全の考え方（神田玲子著） 震災と安全・安心（山本俊哉著）〉Ⓘ978-4-87639-526-2 Ⓝ519.9 ［1600円］

◇法工学入門―安全・安心な社会のために法律と技術をつなぐ 日本機械学会編 丸善出版 2014.10 193p 21cm 〈索引あり〉Ⓘ978-4-621-08881-4 Ⓝ509.12 ［3400円］

日本（安全保障）

◇安倍政権と安保法制 田村重信編著 内外出版 2014.7 270p 19cm Ⓘ978-4-905285-35-9 Ⓝ392.1076 ［1400円］

◇基本から問い直す日本の防衛―五〇年以上前に作られた「国防の基本方針」では日本は守れない 日本安全保障戦略研究センター編 内外出版 2014.1 217p 19cm 〈文献あり 執筆：倉田英世ほか〉Ⓘ978-4-905285-32-8 Ⓝ392.1076 ［1400円］

◇国際関係と国際法―日本の安全保障と歴史問題の闇 澤喜司郎著 成山堂書店 2014.3 266p 21cm 〈索引あり〉Ⓘ978-4-425-98212-7 Ⓝ392.1076 ［2800円］

◇国家安全保障基本法批判 青井未帆著 岩波書店 2014.3 63p 21cm （岩波ブックレット No.892）Ⓘ978-4-00-270892-8 Ⓝ393 ［520円］

◇賛成・反対を言う前の集団的自衛権入門 香田洋二著 幻冬舎 2014.11 217p 18cm （幻冬舎新書 こ-22-1）Ⓘ978-4-344-98366-3 Ⓝ392.1076 ［780円］

◇自分で考える集団的自衛権―若者と国家 柳澤協二著 青灯社 2014.10 221p 19cm Ⓘ978-4-86228-076-3 Ⓝ393 ［1400円］

◇集団的自衛権と安全保障 豊下楢彦、古関彰一著 岩波書店 2014.7 237p 18cm （岩波新書 新赤版 1491）Ⓘ978-4-00-431491-2 Ⓝ393 ［820円］

日本件名図書目録2014　I　　　　　　　　　　　　　　　　　　　　　　　　　　　　　　　　　日本（医学教育―歴史―江戸時代）

◇集団的自衛権容認の深層―平和憲法をなきものにする狙いは
何か　纐纈厚著　日本評論社　2014.11　244p　20cm　〈文献
あり〉　①978-4-535-58675-8　Ⓝ393　[1800円]

◇シリーズ日本の安全保障　1　安全保障とは何か　遠藤誠治，
遠藤乾編集代表　遠藤誠治，遠藤乾責任編集　岩波書店　2014.
10　306p　20cm　〈内容：なぜいま日本の安全保障なのか（遠
藤誠治，遠藤乾著）　安全保障論の転回（遠藤乾著）　安全保障
の政治的基盤（石田淳著）　日本の国家安全保障（中西寛著）
変容する政策決定過程（久江雅彦著）　問題としての中国（川
島真著）　沖縄/日本の安全保障（古関彰一著）　不可視化され
る国連（山田哲也著）　9・11の衝撃（中村研一著）　批判的安
全保障論から見た3・11（土佐弘之著）　共通の安全保障は可能
か（遠藤誠治著）〉　①978-4-00-028751-7　Ⓝ393　[2900円]

◇シリーズ日本の安全保障　3　立憲的ダイナミズム　遠藤誠治，
遠藤乾編集代表　水島朝穂責任編集　岩波書店　2014.12
304,2p　20cm　〈内容：安全保障の立憲的ダイナミズム（水島
朝穂著）　九条の政府解釈のゆくえ（水島朝穂著）　主権・自衛
権・安全保障（高作正博著）　九条論を開く（山元一著）　軍隊
と憲法（石川健治著）　文民統制論のアクチュアリティ（青井
未帆著）　安全保障と九条（蟻川恒正著）　インテリジェンスと
監視（岡本篤尚著）　立憲・平和主義の構想（愛敬浩二著）　リ
スクの憲法論（藤井康博，高橋雅人著）　安全保障の市民的視点
（君島東彦著）〉　①978-4-00-028753-1　Ⓝ393　[2900円]

◇戦争の放棄　その10　平成20年6月24日付「安全保障の法的基
盤の再構築に関する懇談会」報告書に対する反論　千田實著
一関　エムジェエム　2014.6　139p　19cm　〈田舎弁護士の
大衆法律学〉　①978-4-903929-32-3　Ⓝ323.142　[476円]

◇2020年日本から米軍はいなくなる　飯柴智亮[著]，小峯隆生
聞き手　講談社　2014.8　172p　18cm　（講談社+α新書
668-1C）　①978-4-06-272864-5　Ⓝ319.1053　[800円]

◇日本をめぐる安全保障これから10年のパワー・シフト―その
戦略環境を探る　渡邉昭夫，秋山昌廣編著　亜紀書房　2014.8
286p　21cm　〈内容：パワー・シフトのなかの日本の安全保障
（山本吉宣著）　2010年代世界と日本の位置（中西寛著）　米国
新戦略と日米同盟（坂元一哉著）　「グレーゾーン」のなかの日
中関係（浅野亮著）　プーチン政権の安定性と対外関係（袴田
茂樹著）　朝鮮半島（小此木政夫著）　パワー・シフトと東南
アジア（菊池努著）　海洋の安全保障と日本（秋山昌廣著）　宇
宙空間の安全保障利用（橋本靖明著）　非伝統的安全保障とし
てのサイバーセキュリティの課題（土屋大洋著）　歴史の流れ
のなかで考えよ（渡邉昭夫著）〉　①978-4-7505-1414-7　Ⓝ319.
1　[2500円]

◇日本人が知らない安全保障学　潮匡人著　中央公論新社
2014.4　223p　18cm　（中公新書ラクレ　490）　①978-4-12-
150490-6　Ⓝ393　[760円]

◇日本人が知らない集団的自衛権　小川和久著　文藝春秋
2014.12　222p　18cm　（文春新書　1005）　①978-4-16-
661005-1　Ⓝ393　[750円]

◇日本人は人を殺しむのか―戦場からの集団的自衛権入門
伊勢崎賢治著　朝日新聞出版　2014.10　254p　18cm　（朝日
新書　485）　①978-4-02-273585-0　Ⓝ392.1076　[780円]

◇日本の安全保障はここが間違っている！　田岡俊次著　朝日
新聞出版　2014.12　223p　19cm　①978-4-02-331356-9
Ⓝ393　[1500円]

◇日本版NSCとは何か　春原剛著　新潮社　2014.1　207p
18cm　（新潮新書　552）　①978-4-10-610552-4　Ⓝ393　[700
円]

◇武器輸出三原則はどうして見直されたのか　森本敏編著　海
竜社　2014.3　391p　20cm　①978-4-7593-1353-6　Ⓝ678.15
[2800円]

◇「普通」の国日本　添谷芳秀，田所昌幸，デイヴィッド・A・
ウェルチ編著　千倉書房　2014.3　340p　20cm　〈索引あり
内容：「普通」の国とは何か（添谷芳秀，田所昌幸，デイヴィッ
ド・A・ウェルチ著，添谷芳秀，田所昌幸訳）　「普通」を抱きし
めて（デイヴィッド・A・ウェルチ著，合六強訳）　日本人の対
外意識における連続と不連続（田所昌幸著）　「普通のミドルパ
ワー」へ（添谷芳秀著）　保守政治家たちの多様な「普通の国」
論（パク・チョルヒー著，白鳥潤一郎訳）　「普通の国」日本をめ
ぐる中国の言説（ワン・ジエンウェイ著，手賀裕輔訳）　「普通」
であることの限界？（ジョン・スウェンソン=ライト著，林晟
一訳）　冷戦後の日本と東南アジアの関係（ラム・ペン・アー
著，昇亜美子訳）〉　①978-4-8051-1032-4　Ⓝ319.1　[2800円]

◇亡国の安全政策―安倍政権と「積極的平和主義」の罠　柳澤協
二著　岩波書店　2014.11　132p　19cm　①978-4-00-024786-3
Ⓝ393　[1400円]

◇我が国の安全保障のための宇宙利用に関する提言書　宇宙利
用を推進する会　2014.2　48p　26cm　Ⓝ393

日本（安全保障―歴史―1945〜）
◇地球平和の政治学―日本の平和主義と安全保障　秋元大輔著
第三文明社　2014.9　254p　18cm　（レグルス文庫　273）
①978-4-476-01273-6　Ⓝ319.1　[900円]

日本（医学―賞）
◇ベルツ賞50周年　ベルツ賞50周年記念誌制作委員会企画・編
集　日本ベーリンガーインゲルハイムベルツ賞事務局　2014.
4　61p　30cm　〈年譜あり〉　Ⓝ490.4　[非売品]

日本（医学―歴史）
◇冷えと肩こり―身体感覚の考古学　白杉悦雄著　講談社
2014.8　203p　19cm　（講談社選書メチエ　581）　〈索引あり〉
①978-4-06-258584-2　Ⓝ490.21　[1550円]

日本（医学―歴史―江戸時代）
◇道修町文化講演会―記録　第21回　道修町資料保存会編　大
阪　道修町資料保存会　2014.8　203p　21cm　〈会期・会場：
平成25年11月22日　社団法人大阪薬業クラブ2階　内容：江戸
時代の医学（澤田平述）〉　Ⓝ499.095

日本（医学教育）
◇新しい医学教育の流れ―第49回医学教育セミナーとワーク
ショップの記録：第5回日本ヘルスコミュニケーション学会の
記録　2013　夏　岐阜大学医学教育開発研究センター編　名古
屋　三恵社　2014.5　131p　30cm　〈会期・会場：平成25年8
月9日―10日　岐阜大学〉　Ⓝ490.7

◇新しい医学教育の流れ―第49回医学教育セミナーとワーク
ショップの記録：第5回日本ヘルスコミュニケーション学会の
記録　2013　夏　岐阜大学医学教育開発研究センター編　名古
屋　三恵社　2014.5　131p　30cm　〈会期：平成25年8月9日―
10日〉　①978-4-86487-247-8　Ⓝ490.7　[1200円]

◇新しい医学教育の流れ―第50回記念医学教育セミナーとワー
クショップの記録　2013　秋　岐阜大学医学教育開発研究セン
ター編　名古屋　三恵社　2014.1　210p　30cm　Ⓝ490.7

◇新しい医学教育の流れ―第50回記念医学教育セミナーとワーク
ショップの記録　2013　秋　岐阜大学医学教育開発研究センター
ター編　名古屋　三恵社　2014.1　210p　30cm　①978-4-
86487-180-8　Ⓝ490.7　[1143円]

◇医学教育カリキュラムの現状　平成25年度　全国医学部長病
院長会議　2014.4　36p　30cm　Ⓝ490.7

◇医学教育白書　2014年版（'11〜'14）　日本医学教育学会監修，
日本医学教育学会広報・情報基盤開発委員会編集　篠原出版
新社　2014.7　332p　26cm　〈索引あり〉　①978-4-88412-510-
3　Ⓝ490.7　[5000円]

◇医療提供体制見直しに対応する医療系教育実施のためのマネ
ジメントの在り方に関する調査研究―報告書　[東京]　東京
大学　2014.3　332p　30cm　〈平成25年度先導的大学改革推進
委託事業　共同刊行：日本看護系大学協議会ほか〉　Ⓝ490.7

◇厚生労働省が医師不足を作っている　竹村敏雄著　文芸社
2014.4　82p　19cm　①978-4-286-15174-8　Ⓝ498.021　[900
円]

◇高齢社会を踏まえた医療提供体制見直しに対応する医療系教
育の在り方に関する調査研究―平成24年度先導的大学改革推
進委託事業：報告書　[東京]　東京大学　2013.3　695p
30cm　〈共同刊行：東京医科歯科大学〉　Ⓝ490.7

◇日本医科大学模擬患者養成と活動10年の歩み　日本医科大学
教育推進室　2014.3　113p　30cm　〈年表あり　共同刊行：日
本医科大学SPの会〉　Ⓝ490.7

◇人間関係教育と行動科学テキストブック　東京女子医科大学
人間関係教育委員会編　名古屋　三恵社　2014.4　270p
30cm　〈文献あり〉　①978-4-86487-203-4　Ⓝ490.7　[2600円]

日本（医学教育―名簿）
◇医育機関名簿　2014-'15　羊土社　2014.12　767p　30cm
〈索引あり〉　①978-4-89706-899-2　Ⓝ490.77　[26000円]

日本（医学教育―歴史）
◇東大醫學―蘭方医学からドイツ近代医学へ　東京大学総合研
究博物館編，「東大醫學―蘭方医学からドイツ近代医学へ」展
実行委員会監修　[東京]　東京大学総合研究博物館　2014.3
108p　30cm　〈東京大学出版会（発売）　英語併記　会期・会
場：2014年3月19日―2014年5月11日　インターメディアテク
主催：東京大学総合研究博物館〉　①978-4-13-063403-8
Ⓝ490.7　[3600円]

日本（医学教育―歴史―江戸時代）
◇江戸時代の医師修業―学問・学統・遊学　海原亮著　吉川弘文
館　2014.11　254p　19cm　（歴史文化ライブラリー　389）
〈文献あり〉　①978-4-642-05789-9　Ⓝ490.7　[1800円]

に

日本（医学教育―歴史―江戸末期）

日本（医学教育―歴史―江戸末期）
◇青木周弼の西洋医学校構想　森川潤著　雄松堂書店　2013.12
261,20p　22cm　（広島修道大学学術選書　61）〈索引あり〉
①978-4-8419-0660-8　Ⓝ490.7　[4500円]

日本（医学教育―歴史―明治以後）
◇近代日本の女性専門職教育―生涯教育学から見た東京女子医
科大学創立者・吉岡彌生　渡邊洋子著　明石書店　2014.11
312p　22cm　〈文献あり　著作目録あり　年譜あり　索引あり〉
①978-4-7503-4097-5　Ⓝ379.46　[5200円]

日本（医学者）
◇医学者は公害事件で何をしてきたのか　津田敏秀著　岩波書店
2014.5　344p　15cm　（岩波現代文庫）〈文献あり　2004年
刊の改訂版〉①978-4-00-600311-1　Ⓝ498.48　[1300円]

日本（異業種交流）
◇ビジネスマッチング70成功事例集　銀行研修社編　第2版　銀
行研修社　2014.2　269p　21cm〈初版のタイトル：ビジネス
マッチング60成功事例集〉①978-4-7657-4423-2　Ⓝ335.35
[2200円]

日本（イギリス国教会―伝道―歴史―昭和前期）
◇二つの日本―真珠湾までの10年間　オードリー・サンスベ
リー・トークス著，松平信久，北橋鎮雄訳　聖公会出版　2013.
6　426p　19cm〈文献あり　年表あり　索引あり〉①978-4-
88274-243-2　Ⓝ198.47　[3500円]

日本（生贄）
◇神と肉―日本の動物供犠　原田信男著　平凡社　2014.4
252p　18cm　（平凡社新書　730）〈文献あり〉①978-4-582-
85730-6　Ⓝ384.31　[860円]

日本（囲碁―歴史―昭和時代）
◇昭和囲碁風雲録　上　中山典之著　岩波書店　2014.11　336p
15cm　（岩波現代文庫）①978-4-00-602248-8　Ⓝ725.021
[1100円]

◇昭和囲碁風雲録　下　中山典之著　岩波書店　2014.11　335p
15cm　（岩波現代文庫）①978-4-00-602249-5　Ⓝ725.021
[1100円]

日本（遺産相続―判例）
◇裁判例に見る特別受益・寄与分の実務　第一東京弁護士会司
法研究委員会編　ぎょうせい　2014.2　309p　21cm　①978-
4-324-09757-1　Ⓝ324.7　[3000円]

日本（医師）
◇明日の医療を支える頼れるドクター―信頼の主治医　[2014]
ぎょうけい新聞社編著　大阪　ぎょうけい新聞社　2014.8
219p　21cm　（名医シリーズ）〈浪速社（発売）奥付のタイト
ル：信頼の主治医―明日の医療を支える頼れるドクター〉
①978-4-88854-479-5　Ⓝ498.14　[1200円]

◇医学部定員増員後の医師数の見通し―成長戦略と医療関係職
種への業務移転も踏まえて　[東京]　日医総研　2014.4　50p
30cm　（日本医師会総合政策研究機構ワーキングペーパー
no. 313）〈文献あり〉Ⓝ498.14

◇医師崩壊―日本の医療を救う　杉田雄二著　幻冬舎メディア
コンサルティング　2014.3　176p　18cm　（経営者新書　104）
〈幻冬舎（発売）〉①978-4-344-97032-8　Ⓝ498.14　[740円]

◇医者は病院の外に出よ―医療知識は社会と結びつけてこそ活
きる　武蔵国弘著　幻冬舎メディアコンサルティング　2014.
3　208p　19cm〈幻冬舎（発売）文献あり〉①978-4-344-
97035-9　Ⓝ498.14　[1200円]

◇医療ドラマが100倍面白くなる医者の世界　別冊宝島編集部編
宝島社　2014.10　220p　16cm　（宝島SUGOI文庫　Bへ-1-
26）〈「知られざる医者の世界」（2014年4月刊）の改題，書き下
ろし原稿を加え改訂〉①978-4-8002-3296-0　Ⓝ498.021
[640円]

◇介護老人保健施設の管理医師の有効活用による医療と介護の
連携の促進に関する調査研究事業　全国老人保健施設協会
2014.3　131p　30cm〈平成25年度老人保健事業推進費等補助
金老人保健健康増進等事業〉Ⓝ369.263

◇かかりつけ医の選び方　神野哲夫著　ルネッサンス・アイ
2014.11　149p　19cm　（白順社（発売））①978-4-8344-0155-4
Ⓝ498.14　[1200円]

◇現代の赤ひげ医療最前線の名医12人―2014最新版　現代書林
特別取材班編著　現代書林　2014.2　206p　21cm　①978-4-
7745-1451-2　Ⓝ498.14　[1400円]

◇東洋医学を極めた！漢方の名医9人　現代書林特別取材班編
著　現代書林　2014.3　175p　21cm　①978-4-7745-1458-1
Ⓝ498.14　[1500円]

◇都道府県医師会等のドクターバンク事業の現状と課題―医師
確保に向けた職業紹介事業の在り方の検討　[東京]　日医総
研　2014.3　76p　30cm　（日本医師会総合政策研究機構ワー
キングペーパー　no. 311）Ⓝ498.14

日本（医師―名簿）
◇患者相談協力専門医等名簿　平成26年度　日本アレルギー協
会　2014.10　228,　30cm　Ⓝ498.14

日本（医師―歴史―江戸時代）
◇江戸時代の医師修業―学問・学統・遊学　海原亮著　吉川弘文
館　2014.11　254p　19cm　（歴史文化ライブラリー　389）
〈文献あり〉①978-4-642-05789-9　Ⓝ490.7　[1800円]

日本（石垣―保存・修復）
◇全国城跡等石垣整備調査研究会記録集　第11回　第11回全国
城跡等石垣整備調査研究会実行委員会事務局編　萩　第11回
全国城跡等石垣整備調査研究会実行委員会事務局　2014.3
180p　30cm　〈会期・会場：平成26年1月23日―25日　萩市民館
大ホールほか〉Ⓝ521.823

◇全国城跡等石垣整備調査研究会資料集　第11回　全国城跡等
石垣整備調査研究会実行委員会事務局編　萩　全国城跡等石
垣整備調査研究会実行委員会事務局　2014.1　205p　30cm
〈会期・会場：平成26年1月23日―25日　萩市民館大ホールほ
か〉Ⓝ521.823

日本（医事紛争）
◇医事紛争事例から学ぶ産科救急の臨床　古橋信晃著　仙台
丸善仙台出版サービスセンター　2014.5　141p　30cm
①978-4-86080-132-8　Ⓝ495.5　[14815円]

◇顧問弁護士の医療リスクマネジメント　平沼直人著　労災保
険情報センター　2014.3　123p　21cm〈年表あり　索引あり〉
①978-4-903286-55-6　Ⓝ498.163　[1429円]

◇最新裁判実務大系　2　医療訴訟　福田剛久,高橋譲,中村也寸
志編集　青林書院　2014.8　765p　22cm　〈索引あり〉①978-
4-417-01628-1　Ⓝ327.08　[7600円]

◇徳洲会の黒い影―弁護士を付けずに闘った全記録そしてその
勝訴の意味とは…　真鍋雅之著　如月出版　2014.3　250p
19cm　①978-4-901850-43-8　Ⓝ498.12　[1500円]

◇プリセプターナースのリスクマネジメント・BOOK―医療事
故シミュレーションでスキルアップ！　日山亨,倉本富美編
著　新興医学出版社　2014.11　78p　26cm　〈文献あり　索引
あり〉①978-4-88002-751-7　Ⓝ498.14　[2200円]

◇明快解説医師のための法律と訴訟　寺野彰著　メジカル
ビュー社　2014.4　253p　21cm　〈文献あり　索引あり〉
①978-4-7583-0046-9　Ⓝ498.12　[3800円]

◇薬害イレッサ訴訟―闘いの記録と教訓：がん患者の命の重さを
問う　薬害イレッサ訴訟原告弁護団編　日本評論社　2014.8
237p　21cm　〈年譜あり　年表あり〉①978-4-535-52063-9
Ⓝ498.12　[3000円]

◇ルポ医療犯罪　出河雅彦著　朝日新聞出版　2014.9　331p
18cm　（朝日新書　479）①978-4-02-273579-9　Ⓝ498.12
[860円]

日本（医事法）
◇医療秘書講座　4　医療秘書概論・実務　医療情報処理学　医療
関係法規概論　日本医師会監修　中村健壽著者代表　メヂカ
ルフレンド社　2014.3　304p　26cm　〈索引あり〉①978-4-
8392-2170-6　Ⓝ498.14　[4600円]

◇医療六法　平成26年版　中央法規出版　2014.3　1冊　21cm
〈索引あり〉①978-4-8058-3978-2　Ⓝ498.12　[6200円]

◇医療六法　平成27年版　中央法規出版　2014.12　1冊　21cm
〈索引あり〉①978-4-8058-5079-4　Ⓝ498.12　[6400円]

◇看護学入門　5　保健医療福祉のしくみ・看護と法律　小野寺
伸夫著者代表　第6版　メヂカルフレンド社　2014.11　317p
26cm〈索引あり〉①978-4-8392-2243-7,978-4-8392-2245-1
(set)　Ⓝ492.9　[2400円]

◇看護法令要覧　平成26年版　勝又浜子,門脇豊子,清水嘉与子,
森山弘子編集　日本看護協会出版会　2014.3　997,34p　21cm
〈索引あり〉①978-4-8180-1800-6　Ⓝ498.12　[4200円]

◇患者給食関係法令通知集　日本メディカル給食協会編集　18
訂版　ぎょうせい　2014.5　559p　21cm　①978-4-324-
09840-0　Ⓝ498.583　[3300円]

◇最新医事関連法の完全知識―これだけは知っておきたい医療
事務86法　2014年版　安藤秀雄,望月稔之,並木洋共著　医学
通信社　2014.5　409p　26cm　〈年表あり　索引あり〉①978-
4-87058-547-8　Ⓝ498.12　[3200円]

◇実務医事法　加藤良夫編著　第2版　民事法研究会　2014.5
788p　21cm　〈索引あり　初版のタイトル：実務医事法講義〉
①978-4-89628-943-5　Ⓝ498.12　[6600円]

◇実務衛生行政六法　平成27年版　衛生法規研究会編集　名古
屋　新日本法規出版　2014.12　3067p　22cm　①978-4-7882-
7938-4　Ⓝ498.12　[6700円]

日本件名図書目録2014 Ⅰ　　　　　　　　　　　　　　　　　　　　　　　　　　　　日本（遺跡・遺物）

◇「知らなかったではすまされない」病院の法律知識ハンドブック　山口宏著　ぱる出版　2014.11　239p　21cm　（NEW MEDICAL MANAGEMENT）Ⓘ978-4-8272-0886-3　Ⓝ498.12　[3500円]

◇新看護学　5　専門基礎　5（保健医療福祉のしくみ　看護と法律）田中良明著者代表　第14版　医学書院　2014.2　260p　26cm　〈索引あり〉Ⓘ978-4-260-01829-6　Ⓝ492.9　[2000円]

◇新体系看護学全書　[9]　健康支援と社会保障制度　4（関係法規）山本光昭編集　第11版　メヂカルフレンド社　2014.11　261p　26cm　〈索引あり〉Ⓘ978-4-8392-3292-4,978-4-8392-2245-1(set)　Ⓝ492.9　[2100円]

◇トラブルに巻き込まれないための医事法の知識　福永篤志著，稲葉一人法律監修　医学書院　2014.10　327p　19cm　Ⓘ978-4-260-02011-4　Ⓝ498.12　[2200円]

日本（いじめ）

◇いじめサインの見抜き方　加納寛子著　金剛出版　2014.7　193p　21cm　〈索引あり〉Ⓘ978-4-7724-1373-2　Ⓝ371.42　[2400円]

◇いじめと探偵　阿部泰尚著　幻冬舎　2013.7　220p　18cm　（幻冬舎新書　あ-9-1）Ⓘ978-4-344-98309-0　Ⓝ371.42　[780円]

◇いじめによる子どもの自死をなくしたい　早稲田大学教師教育研究所監修，近藤庄一，安達昇編著　学文社　2014.6　162p　19cm　〈内容：人間存在への興味と関心（名古谷隆彦著）「いじめ」による子どもの自死を防ぐために（喜多明人著）　いじめ予防はどのようにあるべきか（平尾潔著）　いじめと向き合う教育実践（安達昇著）「いじめ」のない学校を作るにはどうすればよいか（藤井義久著）　難題と向き合うもうひとつの学級づくり（菊地栄治著）　自死する子どもがいない学校と教育を実現してほしい（近藤庄一著）〉Ⓘ978-4-7620-2465-8　Ⓝ371.42　[1800円]

◇いじめの構造―語彙の図式で読み解く　野林正路著　大阪　和泉書院　2014.7　245p　21cm　（生活語彙の開く世界　1）〈文献あり　索引あり〉Ⓘ978-4-7576-0713-2　Ⓝ814　[3500円]

◇いじめられるということ―いじめと僕とたのしい授業　小原茂巳編著　仮説社　2014.7　75p　21cm　（やまねこブックレット　教育　1）Ⓘ978-4-7735-0254-1　Ⓝ375.2　[800円]

◇遺書―わたしが15歳でいじめ自殺をした理由　小森美登里著　WAVE出版　2014.8　63p　21cm　Ⓘ978-4-87290-711-7　Ⓝ371.42　[600円]

◇「子どもの自殺」の社会学―「いじめ自殺」はどう語られてきたのか　伊藤茂樹著　青土社　2014.9　210p　20cm　〈文献あり〉Ⓘ978-4-7917-6801-1　Ⓝ367.61　[2000円]

日本（意匠法―判例）

◇早わかり意匠判例集　侵害編　創英IPラボ編著，佐藤英二著　日本評論社　2014.12　205p　21cm　Ⓘ978-4-535-52087-5　Ⓝ507.25　[2800円]

日本（イスラム―歴史）

◇イスラームと日本―史資料と分析　早稲田大学重点領域機構プロジェクト研究所早稲田大学アジア・ムスリム研究所　2013.11　117p　30cm　（早稲田大学アジア・ムスリム研究所リサーチペーパー・シリーズ　vol. 1）〈早稲田大学重点領域研究地球の中のアジアの共生〉Ⓘ978-4-9907402-0-7　Ⓝ167.2

日本（遺跡・遺物）

◇石の虚報―発見と捏造、考古学に憑かれた男たち　上原善広著　新潮社　2014.8　287p　20cm　〈文献あり〉Ⓘ978-4-10-336251-7　Ⓝ210.025　[1500円]

◇遺跡・遺物の語りを探る　小林達雄，赤坂憲雄編　町田　玉川大学出版部　2014.3　235p　21cm　（フィールド科学の入口）〈内容：「人間学」としての考古学の再編（小林達雄、赤坂憲雄述）　縄文ランドスケープ（大工原豊著）　釣手土器を追う（中村耕作著）　遺跡を探して守り、研究する（佐藤雅一著）　吉野ヶ里遺跡を探る（七田忠昭著）　黒曜石の流通にみる共生の知恵（大竹幸恵著）　環状列石〈ストーン・サークル〉を求めて（葛西勵著）　火山爆発と人びとの祈り（新東晃一著）〉Ⓘ978-4-472-18203-7　Ⓝ210.025　[2400円]

◇イヌの考古学　内山幸子著　同成社　2014.1　267p　22cm　（ものが語る歴史 30）Ⓘ978-4-88621-645-8　Ⓝ210.025　[4200円]

◇奥野正男著作集　5　旧石器捏造―神々の汚れた手：卑弥呼―邪馬台国英雄伝　奥野正男著　福岡　梓書院　2013.7　525p　21cm　〈著作目録あり　年譜あり　年表あり　内容：神々の汚れた手　卑弥呼『邪馬台国英雄伝』〉Ⓘ978-4-87035-496-8　Ⓝ210.2　[3800円]

◇音の考古学―楽器の源流を探る　荒山千恵著　札幌　北海道大学出版会　2014.2　255p　22cm　〈文献あり　索引あり〉Ⓘ978-4-8329-6789-2　Ⓝ768.1　[6000円]

◇行基と知識集団の考古学　近藤康司著　大阪　清文堂出版　2014.2　278p　22cm　〈文献あり　年譜あり　索引あり　布装　内容：行基研究のあゆみ　行基の生涯　行基建立四十九院の考古学的検討　行基の開発と土木技術　大野寺・土塔概説　土塔建立から廃絶までの系譜　土塔の構造復元　軒瓦の編年からみた大野寺・土塔の盛衰　土塔の造瓦集団　土塔の人名瓦　大野寺瓦窯の検討　土塔の系譜　土塔建立の意義　山崎院の考古学的検討　行基の考古学からみた奈良時代の知識〉Ⓘ978-4-7924-1001-8　Ⓝ182.1　[6800円]

◇蛍光X線分析装置による黒曜石製遺物の原産地推定　基礎データ集　3　林義勝　監修，杉原重夫編　［東京］　明治大学文学部　2014.3　170p　30cm　（明治大学文化財研究施設における黒曜石研究　第1冊）Ⓝ210.2

◇考古調査ハンドブック　11　古代官衙　江口桂編集　ニューサイエンス社　2014.8　348p　21cm　Ⓘ978-4-8216-0523-1　Ⓝ202.5　[3500円]

◇古代食料獲得の考古学　種石悠著　同成社　2014.9　325p　22cm　（ものが語る歴史 31）〈内容：生業研究のあゆみ　生業研究の成果　生業の考古学研究の課題　古代大型魚漁の文化・社会的意義　律令期東北地方北部の釣漁技術の独自性　内水面漁撈体系の模式化　内水面漁撈の実態と古代社会　古代内水面漁撈の多様性　中央高地の古代網漁と内陸漁撈の独自性　狩猟採集の考古学　狩猟具の民族考古学　古墳時代の弓矢猟　古代堅果類利用の研究史　堅果類利用習俗の諸事例　堅果類利用技術の傾向　古代食料獲得史　古代食料獲得と環境、他生業との相互作用　古代食料獲得と社会の動向　古代食料獲得の意義の多様化と重層化　古代食料獲得研究の課題〉Ⓘ978-4-88621-671-7　Ⓝ210.025　[6500円]

◇古墳時代の考古学　10　古墳と現代社会　一瀬和夫，福永伸哉，北條芳隆編　同成社　2014.3　227p　26cm　〈内容：古墳時代の過去・現在・未来（福永伸哉著）　古墳時代研究とアイデンティティ（溝口孝司著）　陵墓問題の過去と未来（今尾文昭著）　古墳時代と市民社会（岡村勝行著）　学校教育の中の古墳時代（吉村健著）　ジャーナリズムの中の古墳時代（山成孝治著）　記念物指定制度と古墳時代資料（大久保徹也著）　古墳時代遺跡の整備活用の歴史（清野孝之著）　昼飯大塚古墳の整備事業と街づくり（中井正幸著）　今城塚古墳と新池遺跡（宮崎康雄著）　装飾古墳の保存と活用（藏冨士寛著）　パブリックアーケオロジー（松田陽著）　持続可能な開発と文化遺産（星野有希枝著）　保渡田古墳群とかみつけの里博物館（若狭徹著）　一須賀古墳群と近つ飛鳥博物館（市本芳三著）　西都原古墳群と考古情報発信（北郷泰道著）　古墳時代資料の展示とその活用（一瀬和夫著）　古墳時代展示の国際化へ向けて（ウェルナー・シュタインハウス著）〉Ⓘ978-4-88621-656-4　Ⓝ210.32　[6000円]

◇古墳時代の考古学　9　21世紀の古墳時代像　一瀬和夫，福永伸哉，北條芳隆編　同成社　2014.6　212p　26cm　〈内容：21世紀の古墳時代像（福永伸哉著）　古墳時代と国家形成（福永伸哉著）　集落と古墳時代社会（菊地芳朗著）　前方後円墳体制論の再検討（杉井健著）　政権交替論の現状と展望（下垣仁志著）　国家形成と軍事（松木武彦著）　古墳の消滅とその背景（菱田哲郎著）　文献学から見た古墳時代（今津勝紀著）　韓国から見た古墳時代像（朴天秀著）　中国から見た古墳時代像（黄暁芬著）　エジプトから見た古墳時代像（高宮いづみ著）　西ヨーロッパから見た古墳時代像（ロラン＝ネスプルス著）　北アメリカから見た古墳時代考古学（佐々木憲一著）　古代アンデス文明におけるモニュメントと社会（関雄二著）〉Ⓘ978-4-88621-654-0　Ⓝ210.32　[6000円]

◇古墳時代の日朝関係―新羅・百済・大加耶と倭の交渉史　高田貫太著　吉川弘文館　2014.3　363p　22cm　〈文献あり　索引あり〉Ⓘ978-4-642-09335-4　Ⓝ210.32　[12000円]

◇酒詰仲男調査・目録　第11集　昭和26年、目録（1）・昭和26年、目録（2）・昭和26年、目録（3）　酒詰仲男［著］，酒詰治男編　東京大学総合研究博物館　2013　7,150p　26cm　（東京大学総合研究博物館標本資料報告　第100号）Ⓝ210.025

◇酒詰仲男調査・目録　第12集　昭和27年、目録・昭和28年、目録　酒詰仲男［著］，酒詰治男編　東京大学総合研究博物館　2014　169p　26cm　（東京大学総合研究博物館標本資料報告　第103号）Ⓝ210.025

◇須恵器誕生―新しい土器は古墳時代をどう変えたか：平成26年度秋期特別展　和歌山県立紀伊風土記の丘編　和歌山　和歌山県立紀伊風土記の丘　2014.10　70p　30cm　〈会期：平成26年10月4日―12月7日〉Ⓝ210.32

に

573

日本（遺跡・遺物―辞書）

◇大交流時代―鹿乗川流域遺跡群と古墳出現前夜の土器交流：特別展　安城市歴史博物館編　安城　安城市歴史博物館　2014.2　120p　30cm　〈会期：平成26年2月15日―3月30日〉Ⓝ210.27

◇中世城館の考古学　萩原三雄, 中井均編　高志書院　2014.5　485p　31cm　〈文献あり　内容：遺構論・遺物論　城郭を囲うもの（佐々木健策著）　曲輪配置（岡寺良著）　堀・堀内障壁「障子堀」（宇留野主税著）　畝状空堀群（高屋茂男著）　切岸（中井均著）　虎口（中井均著）　石積み・石垣（乗岡実著）　櫓（加藤理文著）　堀立柱建物（山上雅弘著）　礎石建物（早川圭著）　橋（松井一明著）　山城の城内道（松井一明著）　平地の方形館（水澤幸一著）　11-12世紀の柵と城館（鎌倉・南北朝時代の館と城（向井裕知著）　南北朝・室町期の城館（廣瀬季一郎著）　甲斐武田氏の本拠（佐々木満著）　近世初期・奥羽における蒲生氏の城（平田禎文著）　地域の定点資料西日本編　遠江・駿河室町―戦国初期の城館（溝口彰啓著）　大内城跡（伊野近富著）　南九州の城館（上田耕著）　長曾我部氏の城郭（松田直則著）　伯耆・因幡の城館（中森祥著）　吉川氏城館跡（小都隆著）　伊勢国司北畠氏の城・館と「都市」（竹田憲治著）　近江の上平寺から小谷城へ（高橋順之著）　小牧山城・岐阜城・安土城（内堀信雄著）　文献史料から読む15世紀の城館　河内嶽山合戦の構造（小谷利明著）　15世紀の城館（齋原慎一著）　中世城館跡の保存と整備・活用（萩原三雄著）〉①978-4-86215-134-6　Ⓝ210.4　［15000円］

◇長舎と官衙の建物配置　報告編　国立文化財機構奈良文化財研究所編　クバプロ　2014.12　255p　30cm　〈古代官衙・集落研究会報告書 第17回〉〈文献あり　内容：報告　長舎と官衙研究の現状と課題（大橋泰夫著）　近畿地方における長舎の出現と展開（鈴木一議著）　九州における長舎の出現と展開（長直信著）　関東、東北における長舎と官衙（小宮俊久著）　長舎の構造的検討（大林潤著）　文献史料からみた長舎と官衙（古市晃著）　饗宴施設の構造と長舎（小田裕樹著）〉①978-4-87805-138-8　Ⓝ210.025　［2600円］

◇長舎と官衙の建物配置　資料編　国立文化財機構奈良文化財研究所編　クバプロ　2014.12　455p　30cm　〈古代官衙・集落研究会報告書 第17回〉〈文献あり〉①978-4-87805-139-5　Ⓝ210.025　［4300円］

◇土筆　第11号　土筆舎編　市原　土筆舎　2014.10　p918-1071　30cm　〈文献あり　執筆：小川貴司ほか〉Ⓝ210.025　［1600円］

◇奈良時代の鏡―正倉院宝物鏡　片山昭悟著　宍粟　片山昭悟　2014.10　94p　30cm　（研究資料 16）〈著作目録あり〉Ⓝ210.35

◇日本古代史紀行―アキツシマの夢：英傑たちの系譜　恵美嘉樹著　ウェッジ　2014.9　232p　18cm　〈内容：女王卑弥呼の真実　邪馬台国はヤマトか　神功皇后　雄略天皇と親衛隊長　名湯を訪れた聖徳太子　大船団、北上す　熱き女帝、斉明天皇　奈良時代を建てた男　皇后の見えない糸　仲麻呂は逆賊か「道鏡事件」の舞台裏　政治家・大伴家持の暗躍　若き日の空海　平安の悪女に花束を　海賊は国王を夢見たのか　後白河上皇と平清盛〉①978-4-86310-129-6　Ⓝ210.3　［1200円］

◇発掘された日本列島―新発見考古速報　2014　文化庁編　朝日新聞出版　2014.6　79p　26cm　〈年表あり〉①978-4-02-251180-5　Ⓝ210.025　［1667円］

◇文化財に含まれる膠の自然科学的分析による古代文化史および技術史の解明―平成24年度・平成25年度研究成果最終報告書　[奈良]　[奈良女子大学]　異分野融合プロジェクト　2014.1　87p　30cm　〈文献あり　異分野融合による方法的革新を目指した人文・社会科学研究推進事業　編集：宮路淳子　内容：古代日本における膠利用（宮路淳子著）　埋蔵文化財と膠（植田直見著）　仏像の造形に使われている膠の技法（矢野健一郎著）　日本絵画技法書における膠の変遷（多田牧央著）　MALDI質量分析法による膠の原料動物種の同定（河原一樹ほか著）　正倉院模造宝物に使用されている膠の原料動物の特定にむけて（六車美保, 深草俊輔著）　膠に生育する真菌に関する研究（宮水晶, 宮路淳子, 鈴木孝仁著）　螺鈿漆器の塗膜と下地（李宣周著）〉Ⓝ210.025

◇掘り起こされた音の形―まつりと音具の世界：第32回特別展　山梨県立考古博物館編　甲府　山梨県立考古博物館　2014.10　71p　30cm　〈会期：平成26年10月8日―11月24日　やまなし県民文化祭協賛事業〉Ⓝ768.1

◇埋蔵文化財調査要覧　平成26年度　日本文化財保護協会/監修　ニューサイエンス社　2014.7　325p　30cm　①978-4-8216-0604-7　［2500円］

◇歴史を塗り替えた日本列島発掘史　大塚初重著　KADOKAWA　2014.12　219p　20cm　〈文献あり〉①978-4-04-600919-7　Ⓝ210.025　［1900円］

日本（遺跡・遺物―辞書）

◇遺跡・古墳よみかた辞典　日外アソシエーツ株式会社編集　日外アソシエーツ　2014.6　557p　21cm　〈紀伊國屋書店（発売）文献あり〉①978-4-8169-2479-8　Ⓝ210.025　［13500円］

日本（遺跡・遺物―目目）

◇瀧澤浩文庫目録　民史研究資料館編　戸田　民史研究資料館　2014.10　93p　30cm　（民史研究資料館文庫目録 第2冊）〈年譜あり　著作目録あり〉Ⓝ210.025

日本（遺跡・遺物―保存・修復）

◇遺構露出展示に関する調査研究報告書　国立文化財機構奈良文化財研究所文化遺産部遺跡整備研究室編　奈良　国立文化財機構奈良文化財研究所文化遺産部遺跡整備研究室　2013.3　65p　30cm　①978-4-905338-26-0　Ⓝ709.1

◇計画の意義と方法―計画は何のために策定し、どのように実施するのか？：平成25年度遺跡整備・景観合同研究集会報告書　国立文化財機構奈良文化財研究所文化遺産部遺跡整備研究室, 国立文化財機構奈良文化財研究所文化遺産部景観研究室編　[奈良]　国立文化財機構奈良文化財研究所文化遺産部遺跡整備研究室　2014.12　191p　30cm　〈文献あり　共同刊行：国立文化財機構奈良文化財研究所文化遺産部景観研究室〉①978-4-905338-45-1　Ⓝ709.1

◇日本とフランスの遺跡保護―考古学と法・行政・市民運動　稲田孝司著　岩波書店　2014.5　368p　22cm　〈索引あり　内容：遺跡の現代史　遺跡保護の運動と法・行政の発展　遺跡保護行政の定着へ向けて　遺跡保護の諸相　考古学史断章　発掘調査体制改革への激動　遺跡保護制度の確立と発掘調査市場化の波及　遺跡〉①978-4-00-025974-3　Ⓝ709.1　［8600円］

日本（遺跡・遺物―保存・修復―歴史―明治以後）

◇遺跡保護行政とその担い手　須田英一著　同成社　2014.10　462p　22cm　〈文献あり　年表あり　索引あり　内容：日本の文化財行政の展開と遺跡保護　内務省・文部省の史蹟指定調査・研究の担い手たち　神奈川県における地方行政機構の整備と文化財行政　神奈川県史蹟名勝天然記念物調査会と遺跡保護の担い手　終戦から文化財保護法制定までの文化財行政と遺跡保護　文化財保護法制定後から1970年代前半の文化財行政と遺跡保護　神奈川県における文化財行政機構の整備と文化財行政の展開　三浦市域における地域文化財保護と地域遺跡保護者の関わり　藤沢市域における遺跡保護の動向と担い手たち　遺跡保護政策研究の課題と展望〉①978-4-88621-676-2　Ⓝ709.1　［12000円］

日本（遺跡・遺物―論文集）

◇日本考古学協会2014年度伊達大会―研究発表資料集　日本考古学協会2014年度伊達大会実行委員会編　[伊達]　日本考古学協会2014年度伊達大会実行委員会　2014.10　976p　30cm　〈文献あり　内容：貝塚研究の新視点　北海道貝塚地名表（永谷幸人ほか著）　噴火湾沿岸の縄文貝塚と集落立地（角田隆志著）　津軽海峡周辺の縄文貝塚と集落立地（吉田力著）　貝塚と埋葬人骨の同時性の検討（菅野修広著）　縄文海進・海退期における環境変化と生業活動の変遷（三谷綾乃, 青野友哉著）　資料集成：続縄文期の住居址（松田宏介著）　近世アイヌ文化期の貝塚と機能の復元（三谷智広著）　二枚貝貝殻の微細成長縞解析に基づく高時間精度環境復元（宮地鼓ほか著）　古環境復元における貝塚研究の有用性（添田雄二, 渡邊剛著）　北海道における縄文時代年代研究と貝塚の年代測定（臼杵勲, 國木田大著）　北海道の骨角貝製品（西本豊弘, 新美倫子, 大谷茂之著）　墓とモニュメント　北海道における縄文墓制の沿革　1（環状列石以前）（藤原秀樹著）　環濠　1（千歳市丸子山遺跡）（高橋理著）　環濠　2（苫小牧市静川遺跡）（赤石慎三著）　鷲ノ木遺跡の環状列石に見る土地利用と墓域変遷（高橋毅著）　盛土遺構　円筒土器文化の盛土遺構（福井淳一著）　円筒土器文化以降における集落と盛土遺構の変遷（福田裕二著）　縄文時代後期前葉の函館湾西岸地域の盛土遺構と配石遺構（富永勝也著）　盛土遺構と周堤墓（阿部明義著）　キウス周堤墓群の出現と遺跡形成過程（坂口隆著）　北海道における縄文墓制の沿革　2（周堤墓以降）（土肥研晶著）　文化制度としての縄文モニュメント（小杉康著）　北海道の盛遺構（福田裕二ほか著）〉Ⓝ210.025

日本（逸失利益）

◇損害賠償における休業損害と逸失利益算定の手引き　2014年版　斎藤博明, 斎藤明仁共著　保険毎日新聞社　2014.7　282p　26cm　①978-4-89293-194-9　Ⓝ339.5　［4500円］

日本（一般廃棄物）

◇一般廃棄物処理に伴うダイオキシン類排出状況等調査報告書　平成24年度　平成23年度調査結果　[東京]　環境省　2013.3　110p　29cm　Ⓝ518.52

日本件名図書目録2014　I　　　　　　　　　　　　　　　　　　　　　　日本（移民・植民―アメリカ合衆国―歴史―1868～1945）

◇一般廃棄物処理に伴うダイオキシン類排出状況等調査報告書 平成25年度 平成24年度調査結果　［東京］　環境省　2014.3　110p　30cm　Ⓝ518.52

◇環境対策条例の立法と運用―ごみ屋敷対策等の実効性を確保する：コミュニティ再生のための行政・議会の役割　宇賀克也編集（執筆），辻山幸宣，島田裕司，山本吉毅，清永雅彦執筆　地域科学研究会　2013.8　224p　30cm　〈〈地域科学〉まちづくり資料シリーズ 28〉〈内容：自治体における「ごみ屋敷」への対応策とその手法（辻山幸宣著）　足立区「生活環境の保全に関する条例」（島田裕司著）　荒川区「良好な生活環境の確保に関する条例」の制定経緯と運用，課題（山本吉毅著）　杉並区「生活安全及び環境美化に関する条例」の内容とごみ屋敷への対応（清永雅彦著）　環境対策条例の実効性と運用課題（宇賀克也著）〉Ⓘ978-4-925069-38-0　Ⓝ519.1　[6660円]

日本（移転価格税制）
◇移転価格の税務調査対応マニュアル　GMT移転価格税理士事務所編，田島宏一著　中央経済社　2014.9　185p　21cm　Ⓘ978-4-502-11181-5　Ⓝ336.986　[2400円]

◇移転価格文書の作成のしかた　高木慎一著　中央経済社　2014.1　195p　21cm　〈文献あり〉Ⓘ978-4-502-07840-8　Ⓝ345.65　[2500円]

日本（犬―保護）
◇もう一度，ハッピーになった車いす犬たちの物語　忠裕之監修　光文社　2014.3　184p　19cm　Ⓘ978-4-334-97774-0　Ⓝ645.6　[1600円]

日本（稲―栽培）
◇最新農業技術作物　vol.6　特集飼料用米の多収技術　農山漁村文化協会編　農山漁村文化協会　2014.2　271p　26cm　Ⓘ978-4-540-13070-0　Ⓝ615　[5714円]

◇柳田民俗学存疑―稲作一元論批判　谷川健一著　冨山房インターナショナル　2014.8　201p　20cm　〈内容：日―つの神の由来　播種から刈上げまでが一年　初穂儀礼と新嘗祭　古い新嘗　民間の新嘗と宮廷の新嘗　冬至は大陸暦法の基点　大嘗祭の構造　種籾への執着　さまざまな食習　粟の信仰儀礼　稲作北上説　柳田説の再検討　『稲の日本史』を再読する　祖霊観の対立　柳田国男の山人研究　狼の児童語　山の神〈＝狼〉迎え　山の神と杵子　山に埋もれたる人生ある事　『奥美濃よもやま話』　新四郎屋敷　東北大飢饉をめぐって〉Ⓘ978-4-905194-78-1　Ⓝ384.31　[2300円]

日本（衣服―歴史）
◇襤褸―堀切辰一コレクション時代布目録　続編 第1巻 北九州市立自然史・歴史博物館編　北九州　北九州市立自然史・歴史博物館　2014.1　167p　30cm　〈奥付の出版者：北九州市自然史・歴史博物館〉Ⓝ383.1

日本（イベント産業）
◇清水卓治の有徳清水―イベント業界の全てがわかる本　清水卓治著　バックステージカンパニー　2013.1　167p　21cm　Ⓘ978-4-905189-04-6　Ⓝ673.93　[1500円]

日本（イベント産業―安全管理）
◇イベントを安心して楽しんでいただくために―企画・実施管理から警備に至る実戦的手法　橋爪紳也，四方修，北後明彦監修，貝正利著　講談社エディトリアル　2014.6　205p　21cm　Ⓘ978-4-907514-07-5　Ⓝ673.93　[2000円]

日本（移民・植民）
◇移民亡国論―日本人のための日本国が消える！　三橋貴明著　徳間書店　2014.6　247p　19cm　〈文献あり〉Ⓘ978-4-19-863815-3　Ⓝ334.41　[1200円]

◇「帰郷」の物語／「移動」の語り―戦後日本におけるポストコロニアルの想像力　伊豫谷登士翁，平田由美編　平凡社　2014.1　333p　20cm　〈欧文タイトル：Narrating Mobilities,Narrating "Home"－comings　内容：移動のなかに住まう（伊豫谷登士翁著）　「他者」の場所（平田由美著）　おきざりにされた植民地・帝国後体験（朴裕河著）　「八木秋子日記」に幻の引揚げ小説をさがして（西川祐子著）　パラレル・ワールドとしての復員小説（坪井秀人著）　絶たれた帰鮮の望み（美馬達哉著）　ジェンダー・空間的実践・惑星思考（ブレット・ド・バリー著，イアン・ガーリントン，水田博子訳）　越境する記憶（テッサ・モーリス＝スズキ著，平田由美訳）　移動経験の創りだす場（伊豫谷登士翁著）〉Ⓘ978-4-582-45236-5　Ⓝ369.37　[3600円]

◇国際自由人―人生の主役に立ち戻るための新しい生き方：MONEY ＆ FREE　藤村正憲著　IBCパブリッシング　2014.4　238p　19cm　Ⓘ978-4-7946-0267-1　Ⓝ334.51　[1400円]

◇中国人国家ニッポンの誕生―移民栄えて国滅ぶ　西尾幹二責任編集，関岡英之，河添恵子，坂東忠信，三橋貴明，河合雅司著

ビジネス社　2014.11　205p　19cm　〈文献あり　奥付の責任表示（誤植）：板東忠信　内容：日本人と移民を徹底的に差別する覚悟はあるのか（西尾幹二述）技能実習生の約八割が中国人という実態（関岡英之述）　世界に侵食する中国の「移民ビジネス」（河添恵子述）　「移民」以前に今ある中国人犯罪を直視せよ（坂東忠信述）　「人手不足」は経済成長の好機，中国人に頼ると安全保障の危機（三橋貴明述）　気づけば総人口の「三人に一人が中国人」（河合雅司述）　移民が絶対にいらないこれだけの理由（関岡英之ほか述）　世界の反移民とナショナリズムの潮流（三橋貴明述）　隠蔽された中国人移民の急増と大量受け入れ計画（関岡英之著）　中国系移民が世界中で引き起こしているトンデモ事態（河添恵子著）　外国人「技能実習」制度で急増する中国人犯罪（坂東忠信述）　移民「毎年二〇万人」受け入れ構想の怪しさ（河合雅司著）　自民党「移民一〇〇〇万人」イデオロギー（西尾幹二著）〉Ⓘ978-4-8284-1780-6　Ⓝ334.41　[1200円]

◇なぜ今，移民問題か　中川正春，宮島喬，石原進，鈴木江理子，藤巻秀樹，旗手明，井口泰，趙衛国，大石奈々，横田雅弘，安里和晃，李惠珍，二文字屋修，岡本雅享，郭潔蓉，山下清海，柏崎千佳子，佐藤由利子，チャオ埴原三鈴，毛受敏浩，榎井縁，松岡真理恵，高橋恵介，樋口直人，塩原良和，善元幸夫，坪谷美欧子，イシカワエウニセアケミ，関本保孝，近藤敦，佐藤信行，明石純一，水上洋一郎，嘉本伊都子，李善姫，エレン・ルバイ，石川えり，金朋央，森千香子，猪股祐介，二宮正人，藤井幸之助著　藤原書店　2014.7　374p　23cm　〈別冊環 20〉〈年表あり　内容：なぜ今，移民問題か（中川正春，宮島喬，石原進ほか述，藤巻秀樹コーディネーター）　移民政策の現在と未来（宮島喬著）　生と創る豊かな日本（藤巻秀樹著）　人口政策としての外国人政策（鈴木江理子著）　二〇五〇年の「人口危機」を考える（石原進著）　外国人労働者政策の大転換か（旗手明著）　地域経済統合下の外国人政策（井口泰著）　中国ニューカマーの現在（趙衛国著）　高度人材はなぜ来ないか（大石奈々著）　留学政策の現在と未来（横田雅弘著）　超高齢社会の到来と移民の受け入れ（安里和晃著）　制度化されつつある韓国の移民政策と，「選別／排除」の論理（李惠珍著）　多様なルーツをもち日本で暮らす人々の「声」（鈴木江理子著）　多元社会日本（岡本雅享著）　移民は本当に日本の治安を悪化させるのか（郭潔蓉著）　池袋の新華僑と世界の中国人ニューカマー（山下清海著）　自治体による多文化共生推進の課題（柏崎千佳子著）　留学生受け入れと地域の活性化（佐藤由利子著）　オーストラリアの多文化政策と移民（チャオ埴原三鈴著）　日本型多文化共生を超えて（樋口直人著）　外国につながる子どもの教育（塩原良和著）　多文化共生教育と自尊感情（善元幸夫著）　留学，就労，定住・再移動へのまなざしの変容（坪谷美欧子著）　大学進学を果たす日系移民二世たち（イシカワ エウニセ アケミ著）　外国人の権利と市民権（近藤敦著）　「移民」と「在日」の権利（佐藤信行著）　日本の入管法制の歴史的展開と現在（明石純一著）　新しい在留管理制度とは何か（水上洋一郎著）　国際結婚の誕生，その後（嘉本伊都子著）　仲介型国際結婚と変容する家族関係（李善姫著）　入国管理，人権，市民社会の役割（エレン・ルバイ著）　難民認定「六人」の衝撃（石川えり著）　外国人排斥の現状（金朋央著）　中国残留日本人の歴史と現在（猪股祐介著）　日系ブラジル移民の歴史と現在（二宮正人著）　在日朝鮮人への差別と共生への取り組み（藤井幸之助著）〉Ⓘ978-4-89434-978-0　Ⓝ334.41　[3300円]

◇日本型移民国家への道　坂中英徳著　新版　東信堂　2014.10　247p　21cm　Ⓘ978-4-7989-1258-5　Ⓝ334.31　[2400円]

日本（移民・植民〔朝鮮〕―歴史―昭和時代）
◇「他者」たちの農業史―在日朝鮮人・開拓者・開拓農民・海外移民　安岡健一著　京都　京都大学学術出版会　2014.2　350p　22cm　〈索引あり〉Ⓘ978-4-87698-386-5　Ⓝ611.91　[4000円]

日本（移民・植民―アメリカ合衆国―歴史）
◇初期在北米日本人の記録 北米編 第151冊 北米メキシコ移民の栞　奥泉栄三郎監修・新序文　藤岡紫朗著　文生書院　2014.3　353p　21cm　〈Digital reprint series〉〈電子復刻版〉Ⓘ978-4-89253-511-6　Ⓝ334.45　[12000円]

日本（移民・植民―アメリカ合衆国―歴史―1868～1945）
◇ジャパニーズ・アメリカ―移民文学・出版文化・収容所　日比嘉高著　新曜社　2014.2　388p　22cm　〈文献あり　著作目録あり　年表あり　索引あり　内容：海を越える文学　移民の想像力　船の文学　日本語新聞と文学　移民と日本書店　ある日本書店のミクロストリア　一世，その初期文学の世界　漱石の「猫」の見たアメリカ　永井荷風『あめりか物語』は「日本文学」か？　転落の恐怖と慰安　絡みあう「並木」　洋上の渡米花嫁　移植樹のダンス　望郷のハワイ　〈文〉をたよりに〉Ⓘ978-4-7885-1369-3　Ⓝ910.26　[4200円]

◇日系アメリカ移民二つの帝国のはざまで―忘れられた記憶 1868-1945　東栄一郎著，飯野正子監訳，長谷川寿美，小澤智子，飯野朋美，北脇実千代訳　明石書店　2014.6　496p　20cm

日本（移民・植民―アルゼンチン―歴史）　　　　　　　　　　日本件名図書目録2014　I

〈文献あり　索引あり〉①978-4-7503-4028-9　Ⓝ334.453
［4800円］

日本（移民・植民―アルゼンチン―歴史）
◇戦前海外へ渡った写真師たち　資料・3　アルゼンチン編　別表　寺川騏一郎［著］　［国立］　［寺川騏一郎］　2013.1　62p　30cm〈年表あり〉Ⓝ740.21　［非売品］

日本（移民・植民―オーストラリア）
◇日本人女性の国際結婚と海外移住―多文化社会オーストラリアの変容する日系コミュニティ　濱野健著　明石書店　2014.6　284p　22cm〈文献あり〉①978-4-7503-4027-2　Ⓝ334.471　［4600円］

日本（移民・植民―カナダ―歴史）
◇日本人移民はこうして「カナダ人」になった―『日刊民衆』を武器とした日本人ネットワーク　田村紀雄著　芙蓉書房出版　2014.10　293p　19cm〈文献あり〉978-4-8295-0628-8　Ⓝ334.451　［2300円］

日本（移民・植民―樺太―歴史）
◇亜寒帯植民地樺太の移民社会形成―周縁的ナショナル・アイデンティティと植民地イデオロギー　中山大将著　京都　京都大学学術出版会　2014.3　291p　22cm（プリミエ・コレクション 46）〈索引あり　内容：亜寒帯植民地樺太　樺太農業への眼差し　樺太の農業拓殖と村落形成の実像　視覚化する拓殖イデオロギー　形成される周縁的ナショナル・アイデンティティ　東亜北方開発博覧会の亜寒帯主義と北進主義　樺太米食撤廃論　亜寒帯植民地樺太における周縁的ナショナル・アイデンティティの軌跡〉①978-4-87698-482-4　Ⓝ334.51　［3600円］

日本（移民・植民―キューバ）
◇眉屋私記　上野英信［著］　福岡　海鳥社　2014.11　544p　20cm〈潮出版社 1984年刊の再刊〉①978-4-87415-924-8　Ⓝ334.51　［4500円］

日本（移民・植民―コロンビア―歴史）
◇黄金郷（エル・ドラド）を求めて―日本人コロンビア移住史　イネス・サンミゲル著，加藤薫編・訳，野田典子訳　横浜　神奈川大学出版会　2014.2　195p　21cm〈丸善出版（発売）文献あり　索引あり〉①978-4-906279-06-7　Ⓝ334.4614　［2000円］

日本（移民・植民―ハワイ州―歴史）
◇移民、宗教、故国―近現代ハワイにおける日系宗教の経験　高橋典史著　西東京　ハーベスト社　2014.2　291p　22cm〈文献あり　索引あり　内容：研究の前提　分析視角　近代ハワイの日系移民社会と日系宗教の多元性　日系仏教のハワイ布教の展開　ハワイ日系移民社会における神社神道　20世紀初頭のハワイ日系仏教の〈二重のナショナリズム〉日系移民キリスト者と日本ナショナリズム　ハワイ日系仏教徒のメンタリティの変遷　近代日系宗教の海外布教の展開と戦後ハワイ日系宗教における信仰継承問題　現代日系宗教のハワイ布教の課題と宗教者の現地育成　結論〉978-4-86339-053-9　Ⓝ162.76　［3800円］

日本（移民・植民―ブラジル―歴史）
◇一粒の米もし死なずば―ブラジル日本移民レジストロ地方入植百周年　深沢正雪著，ニッケイ新聞社編　秋田　無明舎出版　2014.11　219p　21cm〈文献あり〉①978-4-89544-589-4　Ⓝ334.51　［1900円］

日本（移民・植民―満州）
◇日中両国から見た「満洲開拓」―体験・記憶・証言　寺林伸明，劉含発，白木沢旭児編　御茶の水書房　2014.2　26,588p　22cm〈索引あり　内容：日本人「開拓団」の入植による中国人の被害（劉含発著）　満洲拓植公社の事業展開（白木沢旭児著）　満洲開拓における北海道農業の役割（白木沢旭児著）「満洲国」成立以降における土地商租権問題（秋山淳子著）　北海道で語られてきた「満洲」体験（湯山英子著）　戦後における生活の再構築（湯山英子著）　史料紹介北海道釧路地方の馬産家神八三郎の満洲・朝鮮視察日記（三浦泰之著）　中日共同研究における日本開拓移民問題に関する思考について（朱宇，筵志剛著，胡慧君訳）　日本北海道から中国東北へのかつての移民と二つの開拓団の情況に関する日本の学者との共同調査研究報告書（辛培林著，胡慧君訳）　日本の移民政策がもたらした災難（高暁燕著，胡慧君訳）　ハルビン市日本残留孤児実父母の生活実態調査研究（杜顕君著，胡慧君訳）　日本の中国東北に対する移民の調査と研究（孫維武著，胡慧君訳）　傀儡満洲国「新京」特別市周辺の日本開拓団（李茂杰著，胡慧君訳）　占領時期の中国東北における農業経済の植民地化（鄭敏著，胡慧君訳）　満鉄と日本の中国東北への移民（孫邨著，胡慧君訳）　鏡泊学園、鏡泊湖義勇隊、八紘開拓団の概要について（寺林伸明著）「満洲開拓団」の日中関係者に見る"五族協和"の実態

（寺林伸明著）　阿城・八紘開拓団の日本人引揚者（湯山英子著）　瓦房屯の朝鮮族関係者について（朴仁哲著）　阿城・八紘開拓団の日本人残留帰国者（胡慧君著）　鏡泊学園、鏡泊湖義勇隊の日本人関係者〈鏡友会員〉アンケート調査（寺林伸明著）　鏡泊学園、鏡泊湖義勇勇隊の日本人移民（寺林伸明、村上孝一著）　黒竜江省寧安市鏡泊郷の中国人在住者（寺林伸明、劉含発、白木沢旭児ほか著）　朔北の開拓史（大平壮義編著）　黒竜江省哈爾浜市阿城区亜溝鎮、交界鎮の中国人在住者（寺林伸明、劉含発、竹野学ほか著，劉含発訳）〉①978-4-275-01061-2　Ⓝ334.4225　［9400円］
◇麻山の夕日に心あらば―軍は敗走して逃げて行く、満州開拓の先駆者、麻山谷で集団自決す、第四次哈達河開拓団追憶の史／朔北の開拓史―続・麻山の夕日に心あらば：哈達河外史　大平壮義、哈達河会著　［出版地不明］　塚原常次　2014.8　582p　21cm〈複製　内容：麻山の夕日に心あらば（大平壮義編著（哈達河会昭和45年刊））　朔北の開拓史（大平壮義編著（哈達河会昭和52年刊）））①978-4-9903515-3-3　Ⓝ334.51　［1800円］

日本（移民・植民―満州―歴史―史料）
◇北満農民救済記録　各開拓団の幹部、塚原常次著　［さいたま］　塚原常次　2014.9　389p　26cm〈複製〉①978-4-9903515-4-0　Ⓝ334.4225　［1700円］

日本（移民・植民―メキシコ）
◇眉屋私記　上野英信［著］　福岡　海鳥社　2014.11　544p　20cm〈潮出版社 1984年刊の再刊〉978-4-87415-924-8　Ⓝ334.51　［4500円］

日本（移民・植民―メキシコ―歴史）
◇初期在北米日本人の記録　北米編　第151冊　北米メキシコ移民の栞　奥泉栄三郎監修・新序文　藤岡県朗著　文生書院　2014.3　353p　23cm　（Digital reprint series）〈電子復刻版〉①978-4-89253-511-6　Ⓝ334.45　［12000円］

日本（移民・植民―歴史）
◇浦添市移民史　証言・資料編　浦添市移民史編集委員会編　［浦添］　浦添市教育委員会　2014.3　550p　30cm　Ⓝ334.51

日本（移民・植民―昭和時代）
◇「他者」たちの農業史―在日朝鮮人・疎開者・開拓農民・海外移民　安岡健一著　京都　京都大学学術出版会　2014.2　350p　22cm〈索引あり〉①978-4-87698-386-5　Ⓝ611.91　［4000円］

日本（医薬品）
◇使うなら、どっち!?―不安生活用品見極めガイド　渡辺雄二著　サンクチュアリ出版　2014.10　253p　19cm　（sanctuary books）〈文献あり〉①978-4-8014-0008-5　Ⓝ592.3　［1100円］
◇日本における医薬品のリスクマネジメント―医薬品医療機器等法および改正GVP・GPSP省令の施行に対応して：日英対訳　医薬品医療機器レギュラトリーサイエンス財団企画・編集　第2版　じほう　2014.10　197p　26cm〈文献あり〉①978-4-8407-4633-5　Ⓝ499.1　［12000円］
◇日本の新薬―新薬承認審査報告書集　第60巻　平成25年2月承認分／平成25年3月承認分 1　日本医薬情報センター編　日本医薬情報センター　2014.10　909p　26cm　①978-4-86515-045-2　Ⓝ499.1　［22000円］
◇日本の新薬―新薬承認審査報告書集　第61巻　平成25年3月承認分 2／平成25年4月承認分／平成25年5月承認分／平成25年6月承認分 1　日本医薬情報センター編　日本医薬情報センター　2014.10　907p　26cm　①978-4-86515-046-9　Ⓝ499.1　［22000円］
◇日本の新薬―新薬承認審査報告書集　第62巻　平成25年6月承認分 2　日本医薬情報センター編　日本医薬情報センター　2014.10　890p　26cm　①978-4-86515-047-6　Ⓝ499.1　［22000円］
◇日本の新薬―新薬承認審査報告書集　第63巻　平成25年6月承認分 3／平成25年8月承認分／平成25年9月承認分 1　日本医薬情報センター編　日本医薬情報センター　2014.10　935p　26cm　①978-4-86515-048-3　Ⓝ499.1　［22000円］
◇日本の新薬―新薬承認審査報告書集　第64巻　平成25年9月承認分 2／平成25年11月承認分／平成25年12月承認分　日本医薬情報センター編　日本医薬情報センター　2014.10　919p　26cm　①978-4-86515-049-0　Ⓝ499.1　［22000円］

日本（医薬品―特許）
◇実録医薬品特許の侵害係争―企業の特許担当者の記録　前田純博著　半田　一粒書房　2014.10　89p　19cm　①978-4-86431-319-3　Ⓝ499.09　［非売品］

日本（医薬品―便覧）
◇日本医薬品集　2014年版医療薬　日本医薬品集フォーラム監修，じほう編集　じほう　2013.8　97,3554,367p　26cm〈索引あり〉①978-4-8407-4477-5　Ⓝ499.1　［23000円］

日本件名図書目録2014　Ⅰ　　　　　　　　　　　　　　　　　　　　　　　　　　　　　　　　　　　　　　　日本（医療）

◇日本医薬品集　2015年版医療薬　日本医薬品集フォーラム監修，じほう編集　［セット版］　じほう　2014.8　91,3572，260p　26cm　〈索引あり　付属資料：51p：日本医薬品集DB2014年7月版操作マニュアル〉　Ⓘ978-4-8407-4612-0　Ⓝ499.1　[23000円]

日本（医薬品工業）
◇医薬品マーケティング戦略　2013 no. 1　東京マーケティング本部第二統括部第三部調査・編集　富士経済　2013.5　316p　30cm　Ⓘ978-4-8349-1607-2　Ⓝ499.09　[140000円]
◇医薬品マーケティング戦略　2013 no. 2　東京マーケティング本部第二統括部第三部調査・編集　富士経済　2013.6　371p　30cm　Ⓘ978-4-8349-1608-9　Ⓝ499.09　[140000円]
◇新・医療産業をつくり出すリーダーたちの挑戦―医療立国・日本を加速する!!　かんき出版　2014.10　325p　21cm　（東京大学医学・工学・薬学専門連続講座 10）〈内容：世界をリードする日本発・医療産業イノベーション（木村廣道著）「健康・医療戦略」の概要と今後の展開（和泉洋人著）　TOTOに見るUD・健康・医療への取り組み（猿渡辰彦著）　21世紀の健康づくりを推進する先行的ヘルスケア（金澤一郎著）　医療・製薬産業におけるイノベーションについての一考察（加藤益弘著）　旭化成グループの経営・ヘルスケアビジネス（藤原健嗣著）　日本の医療発祥の地・鳥取県が取り組む医療産業イノベーション（平井伸治著）　医療ICTの高度化がもたらす社会イノベーション（須藤修著）　予防医療中心の循環器の病を減らす新しい街づくり（嘉麻敷奈緒美著）　再生医療で子ども達の病と闘う（梅澤明弘著）　iPS細胞の網膜疾患への応用と産業化（高橋政代著）　帝人グループのヘルスケアにおけるイノベーション（大八木成男著）　わが国のがん対策とがん医療の現況と今後の課題（門田守人著）　社会課題解決型ビジネスによる日本市場の活性化（尾﨑元規著）　世界に先駆けた医薬品などの迅速な実用化に向けて（成田昌稔著）　文部科学省における科学技術イノベーションの推進に向けて（土屋定之著）　税と社会保障をめぐる動きと将来展望（宮沢洋一著）　厚生労働省の医療機器政策とその現況（関野秀人著）　低侵襲外科手術を可能にしたロボット支援手術（ゲイリー・グットハート著）〉Ⓘ978-4-7612-7039-1　Ⓝ498.021　[2300円]
◇生物由来有用成分・素材市場徹底調査　2013年版　大阪マーケティング本部第一事業部調査・編集　富士経済　2013.9　248p　30cm　Ⓘ978-4-8349-1669-0　Ⓝ499.09　[100000円]
◇製薬企業クライシス―2025年への挑戦：生き残りをかけた成長戦略　宮田俊男著　エルゼビア・ジャパン　2014.10　197p　22cm　Ⓘ978-4-86034-418-4　Ⓝ499.09　[2700円]
◇よくわかる医薬品業界　長尾剛司著　最新2版　日本実業出版社　2014.6　254p　19cm　（最新業界の常識）〈索引あり〉Ⓘ978-4-534-05192-9　Ⓝ499.09　[1400円]
◇臨床検査市場　2013 no. 4　企業戦略編　東京マーケティング本部第二統括部第三部調査・編集　富士経済　2013.2　244p　30cm　Ⓘ978-4-8349-1578-5　Ⓝ492.1　[200000円]
◇臨床検査市場　2013 no. 1　イムノアッセイ市場　東京マーケティング本部第二統括部第三部調査・編集　富士経済　2013.10　355p　30cm　Ⓘ978-4-8349-1663-8　Ⓝ492.1　[200000円]

日本（医薬品工業―名簿）
◇医薬品企業総覧　2015　医薬情報研究所制作・編集　じほう　2014.12　865p　26cm　Ⓘ978-4-8407-4658-8　Ⓝ499.09　[25000円]

日本（医用工学―特許）
◇バイオ医療に取り組む全企業―特許データからビジネスチャンスを探る　2014　ネオテクノロジー　2014.2　31, 80p　30cm　Ⓝ492.8　[48000円]

日本（イラストレーション―画集）
◇イラストレーターズショウ　15(2014)　活躍する日本のイラストレーター年鑑　シュガー企画・制作　シュガー　2013.12　303p　28cm　〈造形社（発売）　タイトルは背による．標題紙等のタイトル：ILLUST-RATORS' SHOW〉Ⓘ978-4-88172-514-6　Ⓝ726.5　[3000円]
◇イラストレーターズショウ　2015　活躍する日本のイラストレーター年鑑　シュガー企画・制作　シュガー　2014.12　279p　28cm　〈造形社（発売）　年譜あり　索引あり　タイトルは背による．標題紙等のタイトル：ILLUST-RATORS' SHOW〉Ⓘ978-4-88172-517-7　Ⓝ726.5　[3000円]
◇絵師100人展　新潟篇　石坂太一編　新潟　新潟市マンガ・アニメ情報館　2013　231p　28cm　〈英語併記　会期・会場：2013年11月5日―12月2日　新潟市マンガ・アニメ情報館　執筆：服部道知ほか〉Ⓝ726.5

◇絵師100人展　新潟篇 2　石坂太一編　新潟　新潟市マンガ・アニメ情報館　2013　231p　28cm　〈英語併記　会期・会場：2013年12月4日―31日　新潟市マンガ・アニメ情報館　執筆：内藤正人ほか〉Ⓝ726.5
◇絵師100人展　新潟篇 3　石坂太一編　新潟　新潟市マンガ・アニメ情報館　2013　230p　28cm　〈英語併記　会期・会場：2013年10月1日―31日　新潟市マンガ・アニメ情報館　執筆：内藤正人ほか〉Ⓝ726.5
◇MJイラストレーションズブック―とっておきのイラストレーター100人!!　2014　〈MJ座談会〉ゲスト：和田誠〈巻末特集〉TRAVELER：旅行者　峰岸達監修　MJブックス　2014.12　216p　26cm　〈パイインターナショナル（発売）　索引あり「イラストレーションズBook」（パイインターナショナル刊）の改題，巻次を継承〉Ⓘ978-4-7562-4603-5　Ⓝ726.5　[1852円]
◇ゲーム＆アニメキャラクターデザインブック2015―MORE HEROES & HEROINES JAPANESE VIDEO GAME + ANIMATION ILLUSTRATION　パイインターナショナル　2014.12　206p　26cm　〈索引あり　英語併記　訳：Justin Bowman〉Ⓘ978-4-7562-4585-4　Ⓝ726.5　[2800円]
◇pixiv年鑑―OFFICIAL BOOK　2014　KADOKAWA　2014.11　223p　30cm　〈背のタイトル：pixiv ANNUAL　2013までの出版者：エンターブレイン〉Ⓘ978-4-04-729938-2　Ⓝ726.5　[2800円]
◇PuSSyCaT！KiLL！KiLL！KiLL！　空山基，ロッキン・ジェリービーン，寺田克也著　エディシオン・トレヴィル　2014.6　1冊（ページ付なし）　37cm　（PaN-exOTica）〈河出書房新社（発売）〉Ⓘ978-4-309-92022-1　Ⓝ726.5　[3600円]

日本（イラストレーション―歴史―1868～1945）
◇名作挿画全集　別巻　附録「さしゑ」解説・目次・索引　上笙一郎複刻版編集　［複刻］　大空社　2014.10　1冊　22cm　〈平凡社　昭和10～11年刊の複製〉Ⓘ978-4-283-01309-4(set)　Ⓝ726.5

日本（イラストレーション―歴史―1868～1945―画集）
◇名作挿画全集　1　上笙一郎複刻版編集　大空社　2014.10　378p　22cm　〈平凡社　昭和10年刊の複製〉Ⓘ978-4-283-01309-4(set)　Ⓝ726.5
◇名作挿画全集　2　上笙一郎複刻版編集　大空社　2014.10　346p　22cm　〈平凡社　昭和10年刊の複製〉Ⓘ978-4-283-01309-4(set)　Ⓝ726.5
◇名作挿画全集　3　上笙一郎複刻版編集　大空社　2014.10　346p　22cm　〈平凡社　昭和10年刊の複製〉Ⓘ978-4-283-01309-4(set)　Ⓝ726.5
◇名作挿画全集　4　上笙一郎複刻版編集　大空社　2014.10　312p　22cm　〈平凡社　昭和11年刊の複製〉Ⓘ978-4-283-01309-4(set)　Ⓝ726.5
◇名作挿画全集　5　上笙一郎複刻版編集　大空社　2014.10　296p　22cm　〈平凡社　昭和11年刊の複製〉Ⓘ978-4-283-01309-4(set)　Ⓝ726.5
◇名作挿画全集　6　上笙一郎複刻版編集　大空社　2014.10　288p　22cm　〈平凡社　昭和11年刊の複製〉Ⓘ978-4-283-01309-4(set)　Ⓝ726.5

日本（医療）
◇あなたの仕事は「誰を」幸せにするか?―社会を良くする唯一の方法は「ビジネス」である　北原茂実著　ダイヤモンド社　2014.8　227p　19cm　Ⓘ978-4-478-02770-7　Ⓝ498.021　[1400円]
◇新たな財政支援制度「基金」の活用に向けて―地域医療再生基金の振り返り　［東京］　日医総研　2014.4　47, 68p　30cm　（日本医師会総合政策研究機構ワーキングペーパー no. 317）Ⓝ498.021
◇医師の一分　里見清一著　新潮社　2014.12　205p　18cm　（新潮新書 597）Ⓘ978-4-10-610597-5　Ⓝ498.021　[720円]
◇医師の心を開く「対話力」―医療業界営業マン入門　佐藤望著　幻冬舎メディアコンサルティング　2013.7　174p　18cm　（経営者新書 054）〈幻冬舎（発売）〉Ⓘ978-4-344-99928-2　Ⓝ498.021　[740円]
◇医者が患者に知られたくない治療の真実　川嶋朗著　きこ書房　2014.1　199p　18cm　Ⓘ978-4-87771-313-3　Ⓝ490　[1100円]
◇医者の嘘―医者は自分の都合でウソをつく　石井光著　幻冬舎　2014.10　182p　18cm　Ⓘ978-4-344-02656-8　Ⓝ490　[1100円]
◇医者は病院の外に出よ―医療知識は社会と結びつけてこそ活きる　武蔵国弘著　幻冬舎メディアコンサルティング　2014.3　208p　19cm　〈幻冬舎（発売）　文献あり〉Ⓘ978-4-344-97035-9　Ⓝ498.14　[1200円]

577

日本（医療―統計）

◇医療界キーパーソンに聞く　part 1　長野祐也編　ぎょうせい　2014.11　383p　21cm　①978-4-324-80075-1　Ⓝ498.021　[2500円]

◇医療・介護問題を読み解く　池上直己著　日本経済新聞出版社　2014.6　242p　18cm　(日経文庫 1311)〈「ベーシック医療問題」第4版(2010年刊)の改題、大幅改訂〉①978-4-532-11311-7　Ⓝ498.021　[1000円]

◇医療詐欺―「先端医療」と「新薬」は、まず疑うのが正しい　上昌広[著]　講談社　2014.7　203p　18cm　(講談社＋α新書 661-1B)①978-4-06-272857-7　Ⓝ498.021　[840円]

◇医療政策論　野口一重, 李折[著], 日本福祉大学通信教育部編　第6版　美浜町(愛知県)　日本福祉大学　2014.4　338p　26cm〈年表あり〉文部科学省認可通信教育　Ⓝ498.021

◇医療ドラマが100倍面白くなる医者の世界　別冊宝島編集部編　宝島社　2014.10　220p　16cm　(宝島SUGOI文庫 Bへ-1-26)〈「知られざる医者の世界」(2014年4月刊)の改題、書き下ろし原稿を加え改訂〉①978-4-8002-3296-0　Ⓝ498.021　[640円]

◇医療ニーズを有する高齢者の実態に関する横断的な調査研究事業報告書　全日本病院協会　2014.3　74p　30cm〈平成25年度老人保健事業推進費等補助金(老人保健健康増進等事業分)〉Ⓝ369.263

◇医療の選択　桐野高明著　岩波書店　2014.7　228,2p　18cm　(岩波新書 新赤版 1492)〈文献あり〉①978-4-00-431492-9　Ⓝ498.021　[780円]

◇岡山花回廊病院―こころ豊かな医療をめざして　清水信義著　岡山　ふくろう出版　2014.3　186p　19cm　①978-4-86186-588-6　Ⓝ498.021　[1300円]

◇患者革命―目を覚ましなさい！　西原克成著　ロングセラーズ　2014.2　313p　20cm　①978-4-8454-2293-7　Ⓝ492　[1800円]

◇奇跡が起きる「仁」の医療―笑顔で最期を迎える生き方　岡田仁志著　幻冬舎ルネッサンス　2014.8　190p　18cm　(幻冬舎ルネッサンス新書 お-3-1)①978-4-7790-6106-6　Ⓝ498.021　[778円]

◇救国のヘルスケア4＋4策―4つの基本戦略と4つの実行戦略　日本経済調査協議会　2014.4　40p　30cm　(調査報告 2014-1)Ⓝ498.021　[非売品]

◇「健康第一」は間違っている　名郷直樹著　筑摩書房　2014.8　286p　19cm　(筑摩選書 0097)①978-4-480-01605-8　Ⓝ490　[1600円]

◇厚生労働省が医師不足を作っている　竹村敏雄著　文芸社　2014.4　82p　19cm　①978-4-286-15174-8　Ⓝ498.021　[900円]

◇国策と犠牲―原爆・原発そして現代医療のゆくえ　山口研一郎編著　社会評論社　2014.11　370p　19cm〈内容：いま深くいのちをみつめる(高史明述)「低線量」放射線内部被曝と健康障害(松井英介述)　若狭湾における反原発の闘い(中嶌哲演述)　医療政策としての脳死・尊厳死(小松美彦述)　人体部品資源化・商品化のいま(天笠啓祐述)　子どもと臓器移植・原発事故・遺伝子診断(亀口公一著)　科学技術における「国策」と「犠牲」の連鎖の構図(山口研一郎著)　長崎の医師・永井隆、秋月辰一郎のことなど(山口研一郎著)〉①978-4-7845-1531-8　Ⓝ498.021　[2600円]

◇国内基盤技術調査報告書　平成25年度　ヒューマンサイエンス振興財団　2014.3　149p　30cm〈厚生労働科学研究費補助金創薬基盤推進研究事業　タイトル関連情報：神経疾患に関する医療ニーズ調査〉Ⓝ498.021

◇シームレスケアで良き人生を目指そう―プライマリ・ケアと「新老人の会」の哲学で　大原昌樹, 板東浩著, メディカルリサーチ情報サービス　2013.5　100p　26cm　①978-4-903906-11-9　Ⓝ498.021　[1200円]

◇新・医療産業をつくり出すリーダーたちの挑戦―医療立国・日本を加速する！　かんき出版　2014.10　325p　21cm　(東京大学医学・工学・薬学専門連続講座 10)〈内容：世界をリードする日本発・医療産業イノベーション(木村廣道述)「健康・医療戦略」の概要と今後の展開(和泉洋人述)　TOTOに見るUD・健康・医療への取り組み(猿渡辰彦著)　21世紀の健康づくりを推進する先行的ヘルスケア(金澤一郎著)　医療・製薬産業におけるイノベーションについての一考察(加藤益弘著)　旭化成が考えるグループ経営・ヘルスケアビジネス(藤原健嗣著)　日本の医療発祥の地・鳥取県が取り組む医療産業イノベーション(平井伸治著)　医療ICTの高度化がもたらす社会イノベーション(須藤修著)　予防医療中心の循環器の病を減らす新しい街づくり(渡嘉敷奈緒美著)　再生医療で

◇子ども達の病と闘う(梅澤明弘著)　iPS細胞の網膜疾患への応用と産業化(高橋政代著)　帝人グループのヘルスケアにおけるイノベーション(大八木成男著)　わが国のがん対策とがん医療の現況と今後の課題(門田守人著)　社会課題解決型ビジネスによる日本市場の活性化(尾嶋元規著)　世界に先駆けた医薬品などの迅速な実用化に向けて(成田昌稔著)　文部科学省における科学技術イノベーションの推進に向けて(土屋定之著)　税と社会保障をめぐる動きと将来展望(宮沢洋一著)　厚生労働省の医療機器政策とその現況(関野秀人著)　低侵襲外科手術を可能にしたロボット支援手術(ゲイリー・グットハート著)〉①978-4-7612-7039-1　Ⓝ498.021　[2300円]

◇新・社会福祉士養成講座　17　保健医療サービス　社会福祉士養成講座編集委員会編集　第4版　中央法規出版　2014.2　246p　26cm〈索引あり〉①978-4-8058-3935-5　Ⓝ369　[2200円]

◇地域医療を支える自治体病院―医療・介護一体改革の中で　伊藤周平, 邉見公雄, 武村義人, 自治労連医療部会編　自治体研究社　2014.12　147p　21cm〈内容：医療・介護一体改革の本質と問題点(伊藤周平著)　病院とかかりつけ医連携の問題(武村義人著)　入院医療から在宅復帰の現実名古屋市の例から(小野江真美著)　介護保険、地域の実態と自治体の責任(宮本茂著)　全国自治体病院協議会会長・邉見公雄先生に聞く(邉見公雄述, 池尾正, 若藤木鈴聞き手)　自治体病院が地域で果たしている役割(池尾正著)　住吉市民病院廃止反対から大阪都構想(府市病院の統合)はストップ！(田岡康秀著)　京都府丹後医療圏での「医療・介護調査活動」の取り組み(増田勝著)　自治労連愛知県本部の自治体病院訪問活動(永井和彦著)　東京都立病院をめぐる現状と私たちの運動(矢吹義則著)　千葉県での地域医療を守る取り組み(長平弘著)　社会保障改革の新段階と対抗運動の展望(伊藤周平著)〉①978-4-88037-627-1　Ⓝ498.021　[1400円]

◇縮む社会の先に幸福な社会を拓く―ヘルスリサーチの巻き込み力：記録集　ファイザーヘルスリサーチ振興財団　2014.10　193p　26cm　(ヘルスリサーチワークショップ 出会いと学び 第10回(2014年))〈標題紙のタイトル(誤植)：縮む時代の先に幸福な社会を拓く　会期・会場：2014年1月25日―26日　アポロラーニングセンター(ファイザー(株)研修施設)〉①978-4-939010-18-7　Ⓝ498.021　[非売品]

◇超高齢社会の医療のかたち、国のかたち　大島伸一著　グリーン・プレス　2014.6　189p　19cm　①978-4-907804-31-2　Ⓝ498.021　[1400円]

◇つくられる病―過剰医療社会と「正常病」　井上芳保著　筑摩書房　2014.9　270p　18cm　(ちくま新書 1089)〈文献あり〉①978-4-480-06796-8　Ⓝ498.021　[860円]

◇日本の医療知られざる変革者たち　海堂尊著　PHP研究所　2014.3　230p　18cm　(PHP新書 911)〈文献あり　内容：認知症を知り、症状を知れば、人生危うからず(新井平伊述)　信念と独創の臨床研究(大藤正雄述)　医師は専門医になる前に、救急医になるべき(小濱啓次述)　死後にも最先端の診断技術を(飯野守男述)　"幻のがん"を求めて情熱と継続(工藤進英述)　離島における地域包括医療の構築をめざして(升田鉄三述)　重症度が高いほど高度な医療機関へ(石川誠彦述)　Aiの発展に貢献する診療放射線技師(阿部一之述)「遵守」からの脱却が組織を変える(郷原信郎述)　Aiは、死因究明制度の土台になる(海堂尊述, 東えりか聞き手)　医療小説の大きな可能性を信じる(東えりか述)〉①978-4-569-81721-7　Ⓝ498.021　[820円]

◇「町医者」だからできること―患者さんに寄り添う医療　田村豊著　改訂版　学研マーケティング　2014.9　169p　20cm〈初版：悠飛社 2002年刊〉①978-4-05-405860-6　Ⓝ498.021　[1400円]

◇マンガ誰でもわかる医療政策のしくみ　vol.1　鳥海和輝編著, 岡本圭一郎漫画, 田淵アントニオ漫画原作　SCICUS　2014.1　293p　15×19cm〈文献あり〉①978-4-903835-72-3　Ⓝ498.021　[1400円]

◇マンガ誰でもわかる医療政策のしくみ　vol.2　2014年度診療報酬改定徹底解説　鳥海和輝編著, 岡本圭一郎漫画, 田淵アントニオ漫画原作　SCICUS　2014.3　214p　15×19cm〈文献あり〉①978-4-903835-73-0　Ⓝ498.021　[1800円]

◇無駄で危険な医療＋治療45―近藤誠「まだ医者を信じているあなたへ」　双葉社　2014.10　127p　21cm　(「病院に殺されるな！」シリーズ Vol.1)①978-4-575-30766-5　Ⓝ490　[1200円]

日本（医療―統計）

◇医療・医療経営統計データ集　2015年版　廣瀬輝夫監修　三冬社　2014.8　342p　30cm　①978-4-904022-98-6　Ⓝ498.059　[14800円]

日本（医療―歴史―1945～）

◇歴史の中で日本が果たした役割―20世紀までのリウマチ治療・研究　七川歓次監修, 越智隆弘編著　大阪　メディカルレ

日本件名図書目録2014　Ⅰ

日本（医療制度）

ビュー社　2014.5　71p　28cm　①978-4-7792-1298-7
Ⓝ493.6　[2000円]

日本（医療器械—特許）

◇医療とヘルスケアのセンサネットワークシステム—IPC/FIガイド付き　ネオテクノロジー　2013.8　2, 105p　30cm　(技術と特許をつなぐパテントガイドブック)〈折り込 1枚〉
Ⓝ535.4　[80000円]

◇センサネットワークで攻める医療やヘルスケア—IPC/FIガイド付き　ネオテクノロジー　2013.6　2, 96p　30cm　(技術と特許をつなぐパテントガイドブック)〈折り込 1枚〉Ⓝ535.4　[80000円]

日本（医療器械—法令）

◇医薬品、医療機器関係実務便覧　薬事法規研究会編　名古屋　新日本法規出版　2014.10－　冊(加除式)27cm〈「薬事実務便覧」の改題・改訂〉Ⓝ498.12

日本（医療事故）

◇事故事例から学ぶ訪問看護の安全対策—そこが知りたい！全国訪問看護事業協会編　第2版　日本看護協会出版会2013.6　216p　26cm〈索引あり〉①978-4-8180-1746-7Ⓝ492.993　[2400円]

◇真実の扉—医療ミスと戦った日々　井由美子著　文芸社2014.12　161p　20cm　①978-4-286-15738-2　Ⓝ916　[1200円]

◇プリセプターナースのリスクマネジメント・BOOK—医療事故シミュレーションでスキルアップ！　日山亭, 倉本富美編著　新興医学出版社　2014.11　78p　26cm〈文献あり　索引あり〉①978-4-88002-751-7　Ⓝ498.14　[2200円]

◇もう一度、泳ぎたかった—無念の死を遂げた息子への鎮魂歌菅野雅敏著　あけび書房　2014.5　139p　19cm　①978-4-87154-121-3　Ⓝ916　[1400円]

◇ルポ医療犯罪　出河雅彦著　朝日新聞出版　2014.9　331p18cm　(朝日新書 479)①978-4-02-273579-9　Ⓝ498.12[860円]

日本（医療事故—法令）

◇医事刑法概論　1　序論・医療過誤　山中敬一著　成文堂2014.8　864p　22cm〈文献あり　索引あり　内容:序論　患者の同意　医師の説明義務　医療過誤と過失犯の成立要件医療過誤の諸類型と刑事過失　医療過誤と刑事組織過失〉①978-4-7923-5121-2　Ⓝ326.8　[14000円]

日本（医療施設）

◇DPC診断群分類包括評価導入医療機関における血液製剤使用実態調査研究報告書　血液製剤使用実態分析研究班[編][出版地不明][血液製剤使用実態分析研究班]　2014.1024, 317p　30cm〈公益財団法人血液製剤調査機構委託研究〉Ⓝ492.26

◇保健医療機関における難病患者の就労支援の実態についての調査研究　高齢・障害・求職者雇用支援機構障害者職業総合センター編　千葉　高齢・障害・求職者雇用支援機構障害者職業総合センター　2014.4　203p　30cm　(資料シリーズ no.79)Ⓝ366.28

◇保健・医療・福祉施設建築情報シート集　2014　日本医療福祉建築協会　2014.9　657p　30cm　Ⓝ526.49

日本（医療社会事業）

◇医療福祉総合ガイドブック　2014年度版　日本医療ソーシャルワーク研究会編　医学書院　2014.4　304p　30cm〈編集代表:村上須賀子ほか〉①978-4-260-01955-2　Ⓝ369.9　[3300円]

◇患者さんにそのまま見せる！　診療科別医療福祉相談の本—在宅療養マニュアルを追加！　[2014]第6版　向山憲明医学監修, 黒木信之編集・執筆　名古屋　日総研出版　2014.8285p　26cm〈文献あり　タイトルは奥付による.標題紙等のタイトル:診療科別医療福祉相談の本〉①978-4-7760-1732-5Ⓝ369.9　[2800円]

◇公害認定患者社会医療調査　平成25年度　[東京]　数理計画2014.3　291p　30cm　(環境省委託業務結果報告書 平成25年度)Ⓝ498.48

◇相談・支援のための福祉・医療制度活用ハンドブック　平成26年補訂版　日本医療社会福祉協会編集　名古屋　新日本法規出版　2014.7　350p　21cm　①978-4-7882-7903-2　Ⓝ369.9[3800円]

◇壮年期生活保護受給者の健康支援　富田早苗著　クオリティケア　2014.9　59p　26cm　①978-4-904363-43-0　Ⓝ369.2[2000円]

日本（医療従事者）

◇看護・医療大学・短大・専門・各種学校ガイド　2015年度用晶文社学校案内編集部/編　晶文社　2014.2　727p　21cm①978-4-7949-9815-6　[2000円]

日本（医療制度）

◇安倍政権の医療・介護戦略を問う—その危険な狙い、そして真の改革への対案　芝田英昭編著, 曽我千春, 鶴田禎人, 寺尾正之, 長友薫輝, 濱畑芳和著　あけび書房　2014.6　149p　21cm〈内容:安倍政権が目指す医療・介護戦略(芝田英昭著)TPPの思惑と医療のゆくえ(芝田英昭著)　医療・介護政策改革の方向性への視座(芝田英昭著)　医療提供体制再編とプライマリ・ケア(寺尾正之著)　国保の実態と医療保障(長友薫輝著)介護保険制度改革と地域包括ケアのゆくえ(鶴田禎人著)　介護労働をめぐる課題(曽我千春著)　人権としての医療・介護と利用者負担(濱畑芳和著)〉①978-4-87154-128-2　Ⓝ498.13[1600円]

◇安倍政権の医療・社会保障改革　二木立著　勁草書房　2014.4222p　22cm〈索引あり　内容:第二次安倍内閣の医療・社会保障政策　2012年総選挙後の医療・社会保障政策を読む　安倍内閣の「骨太方針2013」と「日本再興戦略」の医療・社会保障改革方針を読む　2013年参院選の自民大勝で医療政策はどう変わるか　社会保障制度改革国民会議報告を複眼的に評価し、「プログラム法案」を批判する　財政審「建議」の診療報酬引き下げ論の検証　TPPは私たちの医療をどう変えるか？安倍首相のTPP交渉参加表明と医療への影響を読む　TPP参加が日本医療に与える影響　私が「保険外併用療養拡大」と「法定患者負担拡大」を危惧する理由　地域包括ケアシステムと医療・医療機関の関係を正確に理解する　今後の死亡急増で「死亡場所」はどう変わるか？　21世紀初頭の都道府県・大都市の「自宅死亡割合」の推移　「麻生発言」で再考　医療保険の維持期リハビリテーションは2年後に廃止されるか？「日本再生戦略」は「新成長戦略」とどう違うのか？　民自公「社会保障制度改革推進法案」をどう読むか？　「自助・共助・公助」という表現の出自と意味の変遷　『平成24年版厚生労働白書』を複眼的に読む　病院勤務医の開業志向は本当に生じたのか？　「薬剤費比率」は今後も上昇し続けるか？　医薬品の経済評価で留意すべき点は何か？　医療の電子化で年3兆円の医療費が削減可能？　日本の医療費水準はOECD平均になったのか？　私はなぜ「医療は永遠の安定成長産業」と考えているのか？　地方の中堅私大経営から見ると医療経営はうらやましい！〉①978-4-326-70082-0　Ⓝ498.13　[2400円]

◇いのちの格差を是正する—人権としての医療・介護保障めざす提言　全日本民主医療機関連合会著　新日本出版社　2014.3195p　21cm　①978-4-406-05784-4　Ⓝ498.13　[1300円]

◇医療・医薬品等の医学的・経済的評価に関する調査研究—フランスにおける取組を中心として—報告書—医療保険総合政策調査・研究基金事業　健康保険組合連合会　2014.6　122, 5p30cm〈文献あり〉Ⓝ498.13

◇医療介護福祉コンパクト用語集　改訂第4版　現代けんこう出版　2014.11　191p　15cm〈索引あり〉①978-4-905264-10-1Ⓝ498.13　[800円]

◇医療・介護問題を読み解く　池上直己著　日本経済新聞出版社　2014.6　242p　18cm　(日経文庫 1311)〈「ベーシック医療問題」第4版(2010年刊)の改題、大幅改訂〉①978-4-532-11311-7　Ⓝ498.021　[1000円]

◇医療詐欺—「先端医療」と「新薬」は、まず疑うのが正しい上昌広[著]　講談社　2014.7　203p　18cm　(講談社＋α新書 661-1B)①978-4-06-272857-7　Ⓝ498.021　[840円]

◇医療政策論　野口一重, 李折[著], 日本福祉大学通信教育部編第6版　美浜町(愛知県)　日本福祉大学　2014.4　338p　26cm〈年表あり　文部科学省認可通信教育〉Ⓝ498.021

◇看護管理学習テキスト　第7巻　看護制度・政策論　井部俊子, 中西睦子監修　中西睦子編集　第2版　日本看護協会出版会2014.4　213p　26cm〈索引あり　2014年度刷〉①978-4-8180-1837-2　Ⓝ498.13　[2800円]

◇Q&A・図解でわかる医療費早わかりBOOK　2014・15年版第3版　医学通信社　2014.5　85p　30cm　①978-4-87058-539-3　[1200円]

◇高齢社会と医療の未来を考える—平成25年度医療政策シンポジウム　日本医師会　2014.7　91p　26cm〈会期・会場:平成26年3月13日　日本医師会館大講堂　内容:講演　「混合診療」の全面解禁は国民に利益をもたらすか？(関岡英之述)　日本の医療とその財源確保策(土居丈朗述)　社会保障改革の動向とこれからの医療(中村秀一述)　パネルディスカッション高齢社会と医療の未来を考える(関岡英之ほか述)〉Ⓝ498.13

◇国民に安心を、医療に信頼を—参議院議員足立信也国政活動10周年記念誌　足立信也著　大分　足立信也と安心な日本を創る会　2014.7　114p　28cm　Ⓝ498.13

579

日本（医療費）

日本件名図書目録2014 Ⅰ

◇図表で見る医療保障　平成26年度版　健康保険組合連合会企画部社会保障研究グループ編　ぎょうせい　2014.10　257p　21cm〈年表あり〉①978-4-324-09892-9　Ⓝ364.4　[2700円]

◇団塊世代を中心とした超高齢社会における医療提供体制のあり方─2025・40年の大都市圏等の医師数を中心とした定量的需給試算からみた提言と課題　[東京]　日総研　2014.8　1冊　30cm　（日本医師会総合政策研究機構ワーキングペーパー no. 322）Ⓝ498.13

◇2025年へのロードマップ─医療計画と医療連携の最前線　武藤正樹著　2014年4月補訂版　医学通信社　2014.6　234p　22cm　①978-4-87058-574-4　Ⓝ498.13　[2600円]

◇2025年における民間保険の役割り　村上賢二著　きんざい　2014.9　182p　21cm　①978-4-322-12440-8　Ⓝ339.47　[2000円]

◇マンガ誰でもわかる医療政策のしくみ　vol.1　鳥海和輝編著，岡本圭一郎漫画，田淵アントニオ漫画原作　SCICUS　2014.1　293p　15×19cm〈文献あり〉①978-4-903835-72-3　Ⓝ498.021　[1400円]

◇マンガ誰でもわかる医療政策のしくみ　vol.2　2014年度診療報酬改定徹底解説　鳥海和輝編著，岡本圭一郎漫画，田淵アントニオ漫画原作　SCICUS　2014.3　214p　15×19cm〈文献あり〉①978-4-903835-73-0　Ⓝ498.021　[1800円]

日本（医療費）

◇医療費のしくみ─イラスト図解：診療報酬と患者負担がわかる　2014-2015年度版　木村憲洋，川越満著　日本実業出版社　2014.4　157p　21cm〈文献あり〉①978-4-534-05177-6　Ⓝ498.13　[1500円]

◇Q&A・図解でわかる医療費早わかりBOOK　2014・15年版　第3版　医学通信社　2014.5　85p　30cm　①978-4-87058-539-3　[1200円]

◇高齢者における歯・口腔の健康と全身の健康の関連に関する医療費分析調査─公益財団法人8020推進財団指定研究事業報告書　宮﨑秀夫，葭原明弘，岩崎正則，佐藤美寿々[著]　[東京]　8020推進財団　2014.3　45p　30cm〈文献あり〉Ⓝ497.9

日本（医療保険）

◇医師・医療機関のための保険診療ルールBOOK─療養担当規則の完全読解と保険診療80カ条　2014-15年版　ヘルスケア21研究会編著　医学通信社　2014.7　148p　30cm　①978-4-87058-565-2　Ⓝ364.4　[1800円]

◇医師のための保険診療入門　2014　社会保険診療研究会編集　じほう　2014.4　138p　21cm〈索引あり〉①978-4-8407-4557-4　Ⓝ364.4　[2300円]

◇FP知識シリーズ─プランニング必須の知識を学ぶ　医療・介護編　半田美波著　第9版　セールス手帖社保険FPS研究所　2014.5　108p　30cm　①978-4-86254-172-7　Ⓝ338　[1500円]

◇外来・在宅医療のための保険診療Q&A　保険診療問題研究会編　じほう　2014.10　138p　21cm〈索引あり〉①978-4-8407-4650-2　Ⓝ364.4　[2300円]

◇国の借金と公的医療・介護保険財政　[東京]　日総研　2014.10　67p　30cm　（日本医師会総合政策研究機構ワーキングペーパー no. 326）〈文献あり〉Ⓝ364.4

◇図表で見る医療保障　平成26年度版　健康保険組合連合会企画部社会保障研究グループ編　ぎょうせい　2014.10　257p　21cm〈年表あり〉①978-4-324-09892-9　Ⓝ364.4　[2700円]

◇全国保険者番号簿─健康保険組合〈特定健康保険組合〉共済組合 自衛官 全国健康保険協会〈船員保険〉〈日雇特例〉国民健康保険 後期高齢者医療 年金事務所一覧表　2013年6月版　医事様式編纂　サンライズ　2013.6　1冊　26cm　①978-4-901509-45-9　Ⓝ364.4　[9048円]

◇全国保険者番号簿─健康保険組合〈特定健康保険組合〉共済組合 自衛官 全国健康保険協会〈船員保険〉〈日雇特例〉国民健康保険 後期高齢者医療 年金事務所一覧表　2014年6月版　医事様式編纂　サンライズ　2014.6　1冊　26cm　①978-4-901509-48-0　Ⓝ364.4　[9048円]

◇訪問看護業務の手引─介護保険・医療保険　平成26年4月版　社会保険研究所　2014.7　666p　26cm　①978-4-7894-1515-6　Ⓝ369.261　[3200円]

◇保険審査Q&A─医療機関が知らなかった50の常識　2014-15年版　橋本巖述　医学通信社　2014.7　132p　26cm〈文献あり〉①978-4-87058-567-6　Ⓝ364.4　[1800円]

◇よくみえる！医療・介護のはなし　山田静江著　第4版　セールス手帖社保険FPS研究所　2014.8　71p　26cm　①978-4-86254-176-5　Ⓝ364.4　[1200円]

日本（医療保険─統計）

◇医療保険に関する基礎資料─平成23年度の医療費等の状況　[東京]　厚生労働省保険局調査課　2013.12　96p　30cm　Ⓝ364.4

日本（医療連携）

◇主治医vsケアマネ─困ったケース・場面の解決策40：ケアマネを悩ませる主治医と連携がうまくいく　宮本尚著　名古屋　日総研出版　2013.6　206p　21cm〈文献あり　奥付・背のタイトル：連携がうまくいく主治医vsケアマネ〉①978-4-7760-1678-6　Ⓝ369.16　[2190円]

◇食べることの意味を問い直す─物語としての摂食・嚥下　新田國夫，戸原玄，矢澤正人編著　京都　クリエイツかもがわ　2014.3　208p　21cm　（在宅・地域で生きる支える）〈文献あり〉①978-4-86342-128-8　Ⓝ491.343　[2200円]

◇地域包括ケアを支える医科歯科連携実践マニュアル　日本リハビリテーション病院・施設協会口腔リハビリテーション推進委員会編　三輪書店　2014.11　135p　26cm　①978-4-89590-494-0　Ⓝ497.9　[2500円]

◇チームで推進口腔ケア対策─在宅歯科医療の地域実践　日本歯科医師会監修，向井美惠，角町正勝，佐藤保，恒石美登里編著　八王子　生活福祉研究機構　2014.5　196p　21cm　①978-4-903366-02-9　Ⓝ497.9　[2000円]

◇2025年へのロードマップ─医療計画と医療連携の最前線　武藤正樹著　2014年4月補訂版　医学通信社　2014.6　234p　22cm　①978-4-87058-574-4　Ⓝ498.13　[2600円]

◇リハビリテーションと地域連携・地域包括ケア　日本リハビリテーション医学会監修，日本リハビリテーション医学会診療ガイドライン委員会リハビリテーション連携パス策定委員会編集　診断と治療社　2013.6　247p　30cm〈索引あり〉①978-4-7878-2002-8　Ⓝ369.26　[3800円]

◇連携する小児医療─ネットワークケアを展開する　川上一恵専門編集　中山書店　2014.9　231p　26cm　（総合小児医療カンパニア）〈索引あり〉①978-4-521-73684-6　Ⓝ498.021　[7800円]

日本（印刷回路─特許）

◇配線回路基板─IPC/FIガイド付き　俯瞰編　ネオテクノロジー　2014.2　3, 118p　30cm　（技術と特許をつなぐパテントガイドブック）〈折り込1枚〉Ⓝ547.36　[80000円]

日本（印刷業）

◇異端の発想逆転のパラダイムシフト─受ける仕事を、作り出す仕事へ　西井幾雄著，印刷産業の未来研究会編　大阪　大阪府印刷工業組合　2014.7　78p　30cm　Ⓝ749.09　[1500円]

◇印刷会社とデジタル印刷─成功への道　ドキュメントサービスフォーラム編　印刷学会出版部　2014.7　80p　21cm　①978-4-87085-214-3　Ⓝ749.09　[1600円]

◇印刷業界大研究　印刷業界研究会編　新版　産学社　2014.4　213p　21cm　①978-4-7825-3389-5　Ⓝ749.09　[1400円]

◇印刷道─ソリューション・プロバイダーへの深化　全日本印刷工業組合連合会編　全日本印刷工業組合連合会　2013.11　147p　30cm　（印刷産業成長戦略ビジョン2013）Ⓝ749.09

◇全日本印刷文化典京都大会報告書─併載販促アイデアグランプリ2014　2014　[京都]　2014全日本印刷文化典京都大会実行委員会　2014.12　127p　30cm〈共同刊行：京都府印刷工業組合〉Ⓝ749.09

日本（印刷業─名簿）

◇全国組合員名簿─優秀印刷会社一覧　平成26年版　全日本印刷工業組合連合会編　日本印刷新聞社　2014.7　255p　30cm　①978-4-88884-209-9　Ⓝ749.09　[7600円]

日本（インターネット─法令）

◇インターネットの法律実務　東京弁護士会弁護士研修センター運営委員会編　ぎょうせい　2014.12　341p　21cm　（弁護士専門研修講座）〈内容：インターネット上の問題の概観と解決法（久保健一郎，福島政幸述）電子商取引・インターネットサービスに関するトラブル事例と解決法（髙木篤夫述）インターネットを利用した犯罪行為とサイバー犯罪取締法（小早川真行，髙岩直樹，吉田光広述）子どもとインターネットを巡るトラブル事例と法律問題（佐藤瑞穂，島田敦子述）インターネット利用と情報セキュリティ対策（藤田晶子述）インターネットと知的財産権（深井俊至述）〉①978-4-324-09863-9　Ⓝ007.3　[3800円]

◇インターネットの法律問題─理論と実務　岡村久道編著　名古屋　新日本法規出版　2013.9　516p　21cm〈索引あり　執筆：石井夏生利ほか〉①978-4-7882-7775-5　Ⓝ007.3　[5400円]

◇Q&Aインターネットの法的論点と実務対応　東京弁護士会インターネット法律研究部編　第2版　ぎょうせい　2014.10　465p　21cm〈索引あり〉①978-4-324-09768-7　Ⓝ007.3　[4500円]

日本件名図書目録2014　Ｉ　　　　　　　　　　　　　　　　　　　　　　　　　　　　　　日本（運送法）

◇知らないではすまされないインターネット利用の心得ケーススタディ　鳥飼重和監修，香西駿一郎，神田芳明，深澤諭史執筆　きんざい　2014.6　160p　21cm　①978-4-322-12571-9　Ⓝ007.3　[1500円]

◇その「つぶやき」は犯罪です—知らないとマズいネットの法律知識　鳥飼重和監修，神田芳明，香西駿一郎，前田恵美，深澤諭史著　新潮社　2014.5　206p　18cm　（新潮新書 572）①978-4-10-610572-2　Ⓝ007.3　[700円]

◇ネットトラブルの法律相談Q&A　横浜弁護士会インターネット法律研究会編　法学書院　2014.8　239p　21cm　〈索引あり〉①978-4-587-21935-2　Ⓝ007.3　[1800円]

日本（インターネット選挙運動）

◇IT時代の政治活動と秘書の役割　米元千代子著　デジプロ　2014.5　121p　19cm　（星雲社（発売）　文献あり）①978-4-434-19287-6　Ⓝ314.85　[1250円]

◇完全解説インターネット選挙—改正法の解説から実践的な活用方法まで　三浦博史著，清水大資監修　国政情報センター　2013.6　181p　21cm　①978-4-87760-240-6　Ⓝ314.85　[2000円]

◇〈Q&A〉インターネット選挙—公職選挙法の一部改正　ネット選挙研究会編　国政情報センター　2013.5　258p　21cm　①978-4-87760-214-7　Ⓝ314.85　[2800円]

◇Q&A解説インターネット選挙—公職選挙法改正のポイント　第一法規編　第一法規　2013.7　115,23p　21cm　〈索引あり〉①978-4-474-02963-7　Ⓝ314.8　[1300円]

日本（インテリア産業—名簿）

◇家具インテリアビジネスガイド　2014　新聞制作センター家具新聞　2013.12　58p　26cm　①978-4-87624-066-1　Ⓝ583.7　[1200円]

日本（ウィスキー）

◇ウイスキーと私　竹鶴政孝著　NHK出版　2014.8　191p　20cm　〈ニッカウヰスキー株式会社 1972年刊（非売品）の改訂復刻，新たに巻末寄稿を加えたもの　内容：酒税法と竹鶴さん（星野直樹著）　竹鶴さんと私（野田卯一著）　旅と作家とウイスキー（矢島裕紀彦著）　琥珀色の「時」を飲む（竹鶴孝太郎著）　"ジャパニーズ・ジェントルマン"かくありき（竹鶴孝太郎著）〉①978-4-14-081655-4　Ⓝ588.57　[1500円]

日本（請負工事—法令）

◇工事契約実務要覧—国土交通〈建設〉編　平成26年度版　名古屋　新日本法規出版　2014.6　2650p　19cm　〈索引あり〉①978-4-7882-7887-5　Ⓝ510.95　[5800円]

日本（宇宙開発）

◇恐るべき旅路—火星探査機「のぞみ」のたどった12年　松浦晋也著　復刻版　朝日新聞出版　2014.1　438p　19cm　〈復刊ドットコム（発売）文献あり　底本：新版 朝日新聞社 2007年刊〉①978-4-8354-5026-1　Ⓝ538.9　[1800円]

◇JAXA×Wasedaプロフェッショナルズ・ワークショップ2013—ビッグデータを活用した斬新な企画を提案し，宇宙開発に役立てよう！：成果報告書　尾関美喜編　調布　宇宙航空研究開発機構　2014.3　449p　30cm　（宇宙航空研究開発機構特別資料 JAXA-SP-13-19）〈執筆：小松崎紀子ほか〉Ⓝ538.9

◇小惑星探査機「はやぶさ2」の大挑戦—太陽系と生命の起源を探る壮大なミッション　山根一眞著　講談社　2014.11　290p　18cm　（ブルーバックス B-1887）①978-4-06-257887-5　Ⓝ538.9　[980円]

◇小惑星探査機「はやぶさ2」の挑戦　松浦晋也筆　［東京］日経BP社　2014.12　399p　19cm　〈日経BPマーケティング（発売）内容：水と炭素化合物の採取に挑むはやぶさ2　初代はやぶさとはやぶさ2　はやぶさからはやぶさ2へ（川口淳一郎述）　電気推進システムで未来を切り拓く（國中均述）　いちばん苦しい時期のプロジェクトを支えて（吉川真述）　惑星科学と宇宙探査（渡邊誠一郎述）　はやぶさ2を実施するJSPECという組織（樋口清司述）　はやぶさ2を確実に開発する体制を作る（山浦雄一述）　レーザー高度計，こんどこそ完璧動作を（水野貴秀述）　C型小惑星に水分子を求めるNIRS3（安部正真述）　小惑星をうがつ新装備インパクター（佐伯孝尚述）　DCAM3を実現した若い力（澤田弘崇述）〉①978-4-8222-7639-3　Ⓝ538.9　[1800円]

◇小惑星探査機はやぶさの大冒険　山根一眞［著］　講談社　2014.10　305p　図版16p　16cm　（講談社＋α文庫 G250-1）〈マガジンハウス 2010年刊の改筆，再編集〉①978-4-06-281570-3　Ⓝ538.94　[920円]

◇世界をリードする宇宙開発利用　続橋聡，赤堀一成編　［東京］日本経済団体連合会宇宙開発利用推進委員会　2014.3　180p　19cm　Ⓝ538.9

◇世界はなぜ月をめざすのか—月面に立つための知識と戦略　佐伯和人著　講談社　2014.8　246p　18cm　（ブルーバックス B-1878）〈索引あり　編集協力：宇宙航空研究開発機構〉①978-4-06-257878-3　Ⓝ538.9　[920円]

◇はやぶさ式思考法—創造的仕事のための24章　川口淳一郎著　新潮社　2014.2　231p　16cm　（新潮文庫 か-70-1）〈飛鳥新社 2011年刊の再刊〉①978-4-10-127251-1　Ⓝ538.94　[490円]

◇はやぶさ2の真実—どうなる日本の宇宙探査　松浦晋也著　講談社　2014.11　297p　18cm　（講談社現代新書 2291）①978-4-06-288291-0　Ⓝ538.9　[860円]

◇「はやぶさ」-2つのミッションを追って—"HAYABUSA"ミッション9年間のドキュメント　上坂浩光著　誠文堂新光社　2014.12　319p　21cm　①978-4-416-71466-9　Ⓝ778.7　[1400円]

◇惑星探査入門—はやぶさ2にいたる道，そしてその先へ　寺薗淳也著　朝日新聞出版　2014.12　352p　19cm　（朝日選書 928）〈文献あり〉①978-4-02-263028-5　Ⓝ538.9　[1600円]

日本（ウミガメ）

◇モニタリングサイト1000ウミガメ調査報告書　平成25年度　富士吉田　環境省自然環境局生物多様性センター　2014.3　51p　30cm　〈平成25年度重要生態系監視地域モニタリング推進事業（ウミガメ調査），業務実施者：日本ウミガメ協議会〉Ⓝ487.95

日本（右翼）

◇右傾社会ニッポン　中野雅至［著］　ディスカヴァー・トゥエンティワン　2014.10　279p　18cm　（ディスカヴァー携書 132）〈文献あり〉①978-4-7993-1581-1　Ⓝ302.1　[1000円]

◇「右翼」と「左翼」の謎がよくわかる本　鈴木邦男監修　PHP研究所　2014.8　229p　19cm　〈文献あり〉①978-4-569-81937-2　Ⓝ309.021　[667円]

◇右翼と左翼はどうちがう？　雨宮処凛著　河出書房新社　2014.3　237p　15cm　（河出文庫 あ24-1）〈文献あり　2007年刊の一部加筆・修正し，新たに終章を加えたもの〉①978-4-309-41279-5　Ⓝ309.021　[680円]

◇奥さまは愛国　北原みのり，朴順梨著　河出書房新社　2014.2　237p　19cm　〈内容：「従軍慰安婦はウソ！」と叫ぶ奥さま達（朴順梨著）　愛国女性の闘い方（北原みのり著）　真の日本人であるために（朴順梨著）　被害者意識を許さない（北原みのり著）　朝鮮学校と民族の誇り（朴順梨著）　日教組を攻撃する愛国女性（朴順梨著）　天皇の玄孫と日本女子（北原みのり著）　日本の母と皇居（北原みのり著）　ウヨク女子と「戦争論」（北原みのり著）　マイノリティの私と愛国（朴順梨著）〉①978-4-309-24649-9　Ⓝ311.3　[1400円]

◇ネトウヨ化する日本—暴走する共感とネット時代の「新中間大衆」　村上裕一著　KADOKAWA　2014.2　350p　19cm　（角川EPUB選書 007）〈文献あり〉①978-4-04-080007-3　Ⓝ361.65　[1600円]

◇やくざ・右翼取材事始め　猪野健治著　平凡社　2014.1　261p　20cm　①978-4-582-83581-6　Ⓝ368.51　[1800円]

日本（右翼—歴史—1868～1945—名簿）

◇戦前戦中右翼・民族派組織総覧　永田哲朗著　国書刊行会　2014.1　1739,28p　23cm　〈文献あり　索引あり　布装〉①978-4-336-05633-7　Ⓝ311.3　[58000円]

日本（運送—名簿）

◇運輸関係団体名簿　平成26年　運輸振興協会/編　運輸振興協会　2014.12　171,13p　30cm　[1435円]

日本（運送業）

◇最新運輸業界の動向とカラクリがよ～くわかる本—業界人，就職，転職に役立つ情報満載　中村恵二著　秀和システム　2014.8　195p　21cm　（図解入門業界研究）〈索引あり〉①978-4-7980-4162-9　Ⓝ681.4　[1300円]

◇省エネ法—輸送事業者の手引き　平成25年度改正　国土交通省総合政策局環境政策課監修，交通エコロジー・モビリティ財団編著　交通エコロジー・モビリティ財団　2014.12　269p　26cm　〈大成出版社（発売）〉①978-4-8028-3165-9　Ⓝ501.6　[1500円]

日本（運送業—安全管理）

◇運輸企業の組織的安全マネジメント手法に関する調査研究　長谷知治，熊坂祐一，渡邉裕樹［著］　国土交通省国土交通政策研究所　2013.7　83,35p　30cm　（国土交通政策研究 第109号）Ⓝ681.3

日本（運送法）

◇高度物流社会と法　澤喜司郎著　海文堂出版　2014.11　261p　21cm　〈索引あり〉①978-4-303-16405-8　Ⓝ675.4　[2600円]

日本（運送法―歴史―1945～）

日本（運送法―歴史―1945～）

◇貨物自動車政策の変遷　野尻俊明著　龍ケ崎　流通経済大学出版会　2014.3　356,4p　22cm〈文献あり　索引あり　内容：貨物自動車運送事業の黎明と事業規制の端緒　道路運送法の制定前史　旧道路運送法の制定と改正　道路運送法による規制政策　貨物自動車運送事業の発展と規制政策への批判　規制緩和論の展開と政策導入の経緯　物流二法案の審議と成立　規制改革と貨物自動車運送事業法の改正　ポスト規制緩和への対応と規制緩和見直し論の台頭　米国における規制緩和政策の展開〉Ⓘ978-4-947553-60-7 Ⓝ685.1　[4630円]

日本（運動選手）

◇「トップアスリート育成のための追跡調査」報告書　第1報　日本オリンピック委員会情報・医・科学専門部会科学サポート部門　2014.3　129p　30cm・Ⓝ780.7

日本（映画）

◇映画公社旧蔵戦時統制下映画資料集　第1巻　映画公社関係資料　東京国立近代美術館フィルムセンター監修　ゆまに書房　2014.1　469p　22cm〈「週刊報告　最終號」（映畫公社製作局　昭和20年刊）の複製　「日本劇映畫作品目録」（映畫公社・製作局　昭和20年刊）の複製ほか　解題：佐崎順昭　布装〉Ⓘ978-4-8433-4351-7,978-4-8433-4349-4(set) Ⓝ778.21　[17000円]

◇映画公社旧蔵戦時統制下映画資料集　第2巻　映画配給社資料　東京国立近代美術館フィルムセンター監修　ゆまに書房　2014.1　658p　22cm〈「大日本映画配給社業務規程〈案〉」（1941年刊）の複製　「社団法人大日本映画配給社〈仮称〉配給業務規程要綱案」（1941年刊）の複製ほか　解題：佐崎順昭　布装〉Ⓘ978-4-8433-4352-4,978-4-8433-4349-4(set) Ⓝ778.21　[24000円]

◇映画公社旧蔵戦時統制下映画資料集　第3巻　大日本活動写真協会調査月報　1　東京国立近代美術館フィルムセンター監修　ゆまに書房　2014.1　649p　22cm〈「調査月報　第3巻第1号～第3巻第特7号」（大日本活動寫眞協會　1937年刊）の複製　解題：佐崎順昭　布装〉Ⓘ978-4-8433-4353-1,978-4-8433-4349-4(set) Ⓝ778.21　[26000円]

◇映画公社旧蔵戦時統制下映画資料集　第4巻　大日本活動写真協会調査月報　2　東京国立近代美術館フィルムセンター監修　ゆまに書房　2014.1　497p　22cm〈「調査月報　第3巻第8号～第3巻第12号」（大日本活動寫眞協會　1937年刊）の複製　解題：佐崎順昭　布装〉Ⓘ978-4-8433-4354-8,978-4-8433-4349-4(set) Ⓝ778.21　[20000円]

◇映画公社旧蔵戦時統制下映画資料集　第5巻　大日本映画協会資料　1（脚本講習会）　東京国立近代美術館フィルムセンター監修　ゆまに書房　2014.5　882p　22cm〈「大日本映画協会映画脚本講習会　挨拶城戸四郎」（1944年刊）の複製　「大日本映画協会映画脚本講習会　挨拶井上清一」（1944年刊）の複製ほか　解題：佐崎順昭　布装〉Ⓘ978-4-8433-4355-5,978-4-8433-4350-0(set),978-4-8433-4348-7(set) Ⓝ778.21　[30000円]

◇映画公社旧蔵戦時統制下映画資料集　第6巻　大日本映画協会資料　2（映画法）　東京国立近代美術館フィルムセンター監修　ゆまに書房　2014.5　540p　22cm〈「絵とき「映画法」」（1939年刊）の複製　「本邦映畫事業概要」（大日本映畫協会　昭和14年刊）の複製ほか　解題：佐崎順昭　布装〉Ⓘ978-4-8433-4356-2,978-4-8433-4350-0(set),978-4-8433-4348-7(set) Ⓝ778.21　[27000円]

◇映画公社旧蔵戦時統制下映画資料集　第7巻　外地関係　1　東京国立近代美術館フィルムセンター監修　ゆまに書房　2014.5　451p　22cm〈「比律賓の映画事情」（南洋映画協會企画部調査課　昭和17年刊）の複製　「東印度の映畫事情」（映畫配給社南方局調査部　昭和17年刊）の複製ほか　解題：佐崎順昭　布装〉Ⓘ978-4-8433-4357-9,978-4-8433-4350-0(set),978-4-8433-4348-7(set) Ⓝ778.21　[18000円]

◇映画公社旧蔵戦時統制下映画資料集　第8巻　外地関係　2　東京国立近代美術館フィルムセンター監修　ゆまに書房　2014.5　728p　22cm〈「映画配給社南方関係書類」の複製　「南方映画工作要綱〈案〉」の複製ほか　解題：佐崎順昭　布装〉Ⓘ978-4-8433-4358-6,978-4-8433-4350-0(set),978-4-8433-4348-7(set) Ⓝ778.21　[28000円]

◇映画公社旧蔵戦時統制下映画資料集　第9巻　映画製作関係〈劇映画・文化映画〉　東京国立近代美術館フィルムセンター監修　[復刻]　ゆまに書房　2014.5　681p　22cm〈「大日本映畫作株式会社〈仮称〉定款〈案〉」（1941年刊）の複製　「大日本映画製作株式会社第十九回企画審議会議事録」（1943年刊）の複製ほか　解題：佐崎順昭　布装〉Ⓘ978-4-8433-4359-3,978-4-8433-4350-0(set),978-4-8433-4348-7(set) Ⓝ778.21　[25000円]

◇映画に見る日米相互イメージの変容―他者表象とナショナル・アイデンティティの視点から　池田淑子著　吹田　大阪大学出版会　2014.3　343p　21cm〈索引あり　内容：他者表象の記号論　猿と「戦う機械」〈1941-1945〉芸者と軍人〈1946-1969〉不可解な東洋人からアンビヴァレントな日本人へ〈1970-1989〉「日本人」像の変容〈1941－現在〉鬼と桃太郎と家来〈1941-1945〉救世主と焦土とゴジラ〈1946-1955〉「日本の黒い霧」と優しい紳士〈1955-1965〉等身大のアメリカ人へ〈1965-1984〉「アメリカ人」像の変容〈1941－現在〉〉Ⓘ978-4-87259-466-9 Ⓝ778.253　[2800円]

◇映画の奈落―北陸代理戦争事件　伊藤彰彦著　国書刊行会　2014.5　315,8p　20cm〈索引あり〉Ⓘ978-4-336-05810-2 Ⓝ778.21　[2400円]

◇映画はどこにある―インディペンデント映画の新しい波　寺岡裕治編，森宗厚子編集　フィルムアート社　2014.2　447p　19cm〈年表あり　内容：逃れられないものならば、向かうしかない。結局「インディペンデント」って「如何に闘えるか」でしょう？（富田克也述）映画＝武器のゲリラ戦～誰にも求められていないなら、自分たちでやるより他にない（相澤虎之助述）「映画の現場の常識」を相対化して、「今ある以外の映画」の可能性へ（深田晃司述）「田植え歌」のような、その土地でしか生まれえない映画を目指して（山崎樹一郎述）「私たちの映画」に向かって（桑原広考著）質実ともに「インディペンデント」であり続けながら、「インディペンデント＝小規模」という思い込みからも脱却する（大澤一生述）自分の範囲内では面白くない。手の届かないものを吸収するときに面白くなる（真利子哲也述）究極的には、カメラとその前に誰かがいれば映画になる（濱口竜介述）物語になる一歩手前の感情の流れのような何かが画面に写っていたときに、「これでいいんだ」と言葉だけではみえない世界へ（山戸結希述）直感を信じて実践あるのみ（直井卓俊著）現実的かつ義理人情なやり方（加瀬修一著）制作、上映、宣伝をひっくるめた「映画の現場」を（岩井秀世著）IT時代のインディペンデント映画を再考する（橋本侑生著）インディペンデント、自由さの獲得に向けて（岡本英之著）その人が育ってきた歴史とか、人生の片鱗が見えれば、何かが突き刺さってくる（松林要樹述）時代の中で自分たちは何を選び取って生きていかなければならないのか？（木村文洋述）シネマ・ドリフター～今はグローバルの時代だからどこにいても構わない（リム・カーワイ述）世の中には階段があって登らなきゃいけないと思われているけど、本当は横からヒュッと行けるんじゃないか？（柴田剛述）インディペンデント映画の制作現場から（高木風太、岩永洋、黄永昌ほか著）状況に抗う、挑戦状として―『サウダーヂ』から見えてくるインディペンデント映画考（北條誠人、吉川正文述、髙野貴子聞き手）作品ができあがった後の「出来事」を、最後までつくっていく場所（千浦僚述）観せるための意識とは―各地の独立系ミニシアターから（森宗厚子著）ゆうばり国際ファンタスティック映画祭（塩田時敏著）仙台短篇映画祭（菅原睦子著）ニッポン・コネクション〈ドイツ〉（森宗厚子著）〉Ⓘ978-4-8459-1306-0 Ⓝ778.21　[2600円]

◇〈老いがい〉の時代―日本映画に読む　天野正子著　岩波書店　2014.3　214,4p　18cm〈岩波新書　新赤版 1475〉〈文献あり　作品目録あり〉Ⓘ978-4-00-431475-2 Ⓝ778.21　[780円]

◇銀幕の三浦家―1974-2011：ある映画俳優一家37年間の軌跡　星光著　大阪　パレード　2014.8　346p　19cm〈Parade books〉〈文献あり〉Ⓘ978-4-86522-025-4 Ⓝ778.21　[1800円]

◇黒澤明と小林秀雄―「罪と罰」をめぐる静かなる決闘　高橋誠一郎著　横浜　成文社　2014.7　302p　20cm〈文献あり　年譜あり　内容：「シベリヤから還った」ムィシキン　映画《白痴》の魅力と現代性　映画《生きものの記録》と長編小説《死の家の記録》　映画《赤ひげ》から《デルス・ウザーラ》へ　映画《夢》と長編小説《罪と罰》〉Ⓘ978-4-86520-005-8 Ⓝ980.268　[2500円]

◇昭和ノスタルジアとは何か―記憶とラディカル・デモクラシーのメディア学　日高勝之著　京都　世界思想社　2014.5　534p　20cm〈文献あり　索引あり〉Ⓘ978-4-7907-1626-6 Ⓝ361.453　[3700円]

◇東宝特撮全怪獣図鑑　小学館　2014.7　207p　29cm〈索引あり〉Ⓘ978-4-09-682090-2 Ⓝ778.21　[4000円]

◇皆殺し映画通信　柳下毅一郎著　カンゼン　2014.3　411p　19cm〈索引あり〉Ⓘ978-4-86255-225-9 Ⓝ778.21　[1680円]

日本（映画―歴史）

◇演劇博物館所蔵映画フィルムの調査、目録整備と保存活用―早稲田大学演劇映像学連携研究拠点テーマ研究：成果報告　平成21年度―25年度　入江良郎監修、上田学編、早稲田大学演劇映像学連携研究拠点テーマ研究「演劇博物館所蔵映画フィルムの調査、目録整備と保存活用」著　[東京]　早稲田大学演劇映像学連携研究拠点テーマ研究「演劇博物館所蔵映画フィル

ムの調査、目録整備と保存活用」 2014.2 111p 30cm ①978-4-948758-10-0 Ⓝ778.21

◇〈証言〉日中映画興亡史 植草信和、坂口英明、玉腰辰己編著 町田 蒼着社 2013.7 244p 21cm 〈文献あり 内容：日中のへだたりと映画交流（玉腰辰己著） 中国映画の歩み（佐藤忠男著） 二十一世紀の中国映画界（坂口英明著） 中国映画の中の日本人（門間貴志著） 初期の日中合作と中国政治の影（佐藤純彌述） 東光徳間と中国映画祭（鈴木一述） 素顔の中国映画監督たち（水野衛述） 活字とフィルムをとおして知った中国映画（植草信和述） 中国圏映画からアジア映画へ（暉峻創三述） 始皇帝暗殺から東アジア合作まで（井関惺述） 現代の中国映画を創る（牛山拓二述）〉 ①978-4-88360-117-2 ⓃN778.222 ［1900円］

◇日本の映画史—10のテーマ 平野共余子著 くろしお出版 2014.9 172p 21cm （日本語学習者のための日本研究シリーズ 2） ①978-4-87424-632-0 ⓃN778.21 ［1400円］

日本（映画—歴史—1945～）

◇怪獣学—怪獣の歴史と生態 レッカ社編著 カンゼン 2014.3 269p 19cm 〈文献あり〉 ①978-4-86255-224-2 ⓃN778.21 ［1700円］

◇ゴジラの時代 八本正幸著 青弓社 2014.9 236p 19cm 〈文献あり〉 ①978-4-7872-7361-1 ⓃN778.21 ［1600円］

◇スクリプターはストリッパーではありません 白鳥あかね著 国書刊行会 2014.4 313,10p 22cm 〈作品目録あり 索引あり〉 ①978-4-336-05682-5 ⓍN778.21 ［2800円］

◇伝説の映画美術監督たち×種田陽平 種田陽平著 スペースシャワーネットワーク 2014.10 255p 27cm （SPACE SHOWER BOOKS） 〈文献あり 作品目録あり タイトルは奥付による。標題紙・背のタイトル：The LEGEND of Production Designers × YOHEI TANEDA 内容：木村威夫（木村威夫述、轟夕起夫構成） 横尾嘉良（横尾嘉良述、金原由佳構成） 間野重雄（間野重雄述、轟夕起夫構成） 水谷浩（間野重雄、岡田定、水谷佐紀述、轟夕起夫構成） 西岡善信（西岡善信述、轟夕起夫構成） 朝倉摂（朝倉摂述、金原由佳構成） 池谷仙克（池谷仙克述、金原由佳構成） 竹中和雄（竹中和雄述、轟夕起夫構成） 井川徳道（井川徳道述、轟夕起夫構成） 森田郷平（森田郷平述、轟夕起夫構成） 村木与四郎（村木与四郎述、金原由佳構成） ワダエミ（ワダエミ述、金原由佳構成） ダンテ・フェレッティ（ダンテ・フェレッティ述、金原由佳構成） アニメーション美術を語る（高畑勲述、金原由佳構成） 映画美術過去と未来をつなぐ夢（種田陽平、金原由佳述）〉 ①978-4-907435-28-8 ⓃN778.21 ［4700円］

◇ピンク映画史—欲望のむきだし 二階堂卓也著 彩流社 2014.8 395p 19cm （えろこれ） 〈文献あり〉 ①978-4-7791-2029-9 ⓃN778.21 ［3000円］

◇観ずに死ねるか！ 傑作青春シネマ 邦画編 1970's→2010's—総勢80人が語る極私的作品論 鉄人社 2014.5 252p 21cm ①978-4-86537-003-4 ⓃN778.2 ［1852円］

日本（映画—歴史—昭和後期）

◇角川映画—1976-1986：日本を変えた10年 中川右介著 KADOKAWA 2014.3 285p 19cm 〈文献あり 作品目録あり 年譜あり〉 ①978-4-04-731905-9 ⓃN778.21 ［1500円］

◇ゴジラと東京—怪獣映画でたどる昭和の都市風景 野村宏平著 一迅社 2014.9 207p 21cm 〈文献あり 索引あり〉 ①978-4-7580-1397-0 ⓃN778.21 ［1700円］

◇新東宝・大蔵怪奇とエロスの映画史—海女と天皇と活劇渦巻地帯！ 二階堂卓也著 洋泉社 2014.1 350p 21cm 〈文献あり 索引あり〉 ①978-4-8003-0219-9 ⓃN778.21 ［3200円］

◇清張映画にかけた男たち—『張込み』から『砂の器』へ 西村雄一郎著 新潮社 2014.11 328p 20cm 〈文献あり 作品目録あり〉 ①978-4-10-303935-8 ⓃN778.21 ［2000円］

◇大映セクシー女優の世界 上妻祥浩著 河出書房新社 2014.12 282p 19cm 〈作品目録あり〉 ①978-4-309-27536-9 ⓃN778.21 ［2000円］

◇日本映画隠れた名作—昭和30年代前後 川本三郎、筒井清忠著 中央公論新社 2014.7 301p 20cm （中公選書 018）〈索引あり〉 ①978-4-12-110018-4 ⓃN778.21 ［1800円］

◇敗者の身ぶり—ポスト占領期の日本映画 中村秀之著 岩波書店 2014.10 336,5p 20cm 〈索引あり 内容：みんなしずかなもの 歴史の関をうつす 絆とそのうつろい 富士山とレーニン帽を越えて ものいわぬ女たち 涙の宥和 女が身をそむけるとき 我らを滅ぼせ 夜のしるし〉 ①978-4-00-024477-0 ⓃN778.21 ［3200円］

日本（映画—歴史—明治以後）

◇日本映画史110年 四方田犬彦著 集英社 2014.8 264,22p 18cm （集英社新書 0752）〈文献あり 索引あり〉 ①978-4-08-720752-1 ⓃN778.21 ［780円］

日本（映画館—統計）

◇特定サービス産業実態調査報告書 平成25年 映画館編 ［東京］ 経済産業省大臣官房調査統計グループ 2014.12 114p 30cm ⓃN673.9

日本（映画監督）

◇映画監督への道—40人が語る監督になるための発想と技法 泊貴洋著 誠文堂新光社 2014.3 302p 19cm ①978-4-416-61494-5 ⓃN778.21 ［1900円］

日本（映画産業）

◇映画業界最前線物語—君はこれでも映画をめざすのか 大高宏雄著 愛育社 2013.10 219p 21cm 〈索引あり〉 ①978-4-7500-0429-7 ⓃN778.09 ［1800円］

◇映画公社旧蔵戦時統制下映画資料集 第6巻 大日本映画協会資料 2（映画法）東京国立近代美術館フィルムセンター監修 ゆまに書房 2014.5 540p 22cm 〈「絵とき「映画法」」（1939年刊）の複製 「本邦映畫事業概要」（大日本映畫協會 昭和14年刊）の複製ほか 解題：佐崎順昭 布装〉 ①978-4-8433-4356-2,978-4-8433-4350-0（set）,978-4-8433-4348-7（set） ⓃN778.21 ［27000円］

日本（映画産業—統計）

◇特定サービス産業実態調査報告書 平成25年 映像情報制作・配給業、音声情報制作作業、映像・音声・文字情報制作に附帯するサービス業編 ［東京］ 経済産業省大臣官房調査統計グループ 2014.12 172p 30cm ⓃN673.9

日本（映画産業—歴史—1945～1952）

◇敗戦とハリウッド—占領下日本の文化再建：SCREENING ENLIGHTENMENT 北村洋著 名古屋 名古屋大学出版会 2014.8 220,83p 22cm 〈文献あり 索引あり〉 ①978-4-8158-0775-7 ⓃN778.09 ［4800円］

日本（映画産業—歴史—昭和後期）

◇80年代映画館物語 斉藤守彦著 洋泉社 2014.12 319p 21cm 〈文献あり〉 ①978-4-8003-0529-9 ⓃN778.09 ［2500円］

日本（映画俳優—写真集）

◇日本映画美男俳優 戦前篇 石割平著,円尾敏郎編 ワイズ出版 2014.1 279p 21cm 〈索引あり〉 ①978-4-89830-272-9 ⓃN778.21 ［2800円］

日本（映画俳優—歴史—昭和後期）

◇永遠の東宝映画俳優 中村深海著 秋田 くまがい書房 2014.8 158p 19cm 〈内容：久保明インタビュー（久保明述） 司葉子インタビュー（司葉子述） 小泉博インタビュー（小泉博述） 中田康子インタビュー（中田康子述） 土屋嘉男インタビュー（土屋嘉男述） 水野久美インタビュー（水野久美述） 大前亘インタビュー（大前亘述） 加藤茂雄インタビュー（加藤茂雄述） 若林映子インタビュー（若林映子述） 園まりインタビュー（園まり述） 由美かおるインタビュー（由美かおる述） 佐々木勝彦インタビュー（佐々木勝彦述） 梅田智子インタビュー（梅田智子述） 青木英美インタビュー（青木英美述） 東宝映画スタッフ/キャストプロフィール〉 ①978-4-9907035-1-6 ⓃN778.21 ［2500円］

日本（映画教育—小学校）

◇英語ショック—小学校英語が日本を変える 森貞孝著 幻冬舎 2014.12 212p 18cm ①978-4-344-02694-0 ⓃN375.893 ［1000円］

日本（衛生—法令）

◇系統看護学講座 専門基礎分野［11］ 健康支援と社会保障制度 4（看護関係法令） 森山幹夫著 第46版 医学書院 2014.2 357p 26cm 〈索引あり〉 ①978-4-260-01909-5 ⓃN492.9 ［2400円］

◇新体系看護学全書 ［9］ 健康支援と社会保障制度 4（関係法規） 山本光昭編集 第11版 メヂカルフレンド社 2014.11 261p 26cm 〈索引あり〉 ①978-4-8392-3292-4,978-4-8392-2245-1（set） ⓃN492.9 ［2100円］

日本（衛生行政）

◇看護管理学習テキスト 第7巻 看護制度・政策論 井部俊子,中西睦子監修 中西睦子編集 第2版 日本看護協会出版会 2014.4 213p 26cm 〈索引あり 2014年度刷〉 ①978-4-8180-1837-2 ⓃN498.14 ［2300円］

◇「健康」語りと日本社会—リスクと責任のポリティクス 高尾将幸著 新評論 2014.11 297p 19cm 〈文献あり〉 ①978-4-7948-0983-4 ⓃN498.021 ［3200円］

日本（映像作家—名簿）　　　　　　　　　　　　　　日本件名図書目録2014　Ⅰ

◇健康都市連合日本支部大会　第9回　［北名古屋］［健康都市連合日本支部］［2013］100p　30cm〈会期・会場：平成25年7月30日—31日　北名古屋市文化勤労会館ほか　主催：健康都市連合日本支部〉Ⓝ498.1

◇これからの保健医療福祉行政論—地域づくりを推進する保健師活動　星旦二，麻原きよみ編集　第2版　日本看護協会出版会　2014.11　275p　26cm（地域看護学習Guide）〈索引あり〉Ⓘ978-4-8180-1862-4　Ⓝ498.1　［3300円］

日本（映像作家—名簿）

◇映像作家100人　2014　ビー・エヌ・エヌ新社　2014.4　255p　26cm〈英語併記〉Ⓘ978-4-86100-917-4　Ⓝ778.21　［3800円］

日本（栄養—法令）

◇栄養関係法規集　栄養関係法規集編集委員会編　第7版　建帛社　2013.9　352p　21cm　Ⓘ978-4-7679-6173-6　Ⓝ498.55　［2500円］

日本（絵入り本—歴史）

◇絵が物語る日本—ニューヨークスペンサー・コレクションを訪ねて　人間文化研究機構国文学研究資料館編　三弥井書店　2014.3　360p　21cm〈内容：在外絵入り本研究の意義と展望（小林健二著）北米における前近代の日本美術研究とコレクション案内（ハルオ・シラネ著，折戸美里訳）ジョン・C・ウェーバー・コレクションの日本美術（ジュリア・ミーチ著，井戸美里訳）物語絵の方法（小林健二著）弘法大師絵巻の中世（黒田智著）「日吉山王利生記絵巻」復元の前提（藤原重雄著）居初つなの小型奈良絵本・絵巻（石川透著）土佐光信と水墨画（谷川ゆき著）挿絵を割り付ける原則と移し替え（江戸英雄著）金平地獄破り譚の形成と新生（宮腰直人著）スペンサー本の道範撰『五智五蔵等秘密抄』（落合俊典著）経説絵巻の一展開（恋田知子著）「日蓮聖人註画讃」の転写系統とスペンサー本の位置（高岸輝著）鍬形蕙斎画『黒本尊縁起絵巻』の考察（鈴木淳著）変容する三十六歌仙絵（寺島恒世著）ハーバード大学美術館所蔵「扇の草子」（安原眞琴著）『岩屋の草子』初期奈良絵本の風流性（徳田和夫著）近世における軍記物語絵巻の一様相（和田琢磨著）形見としての子供（ロベルタ・ストリッポリ著，早出るみ子訳）描かれた異境（齋藤真麻理著）遊女絵文化圏（浅野秀剛著）異文化交流と図巻（小峯和明著）〉Ⓘ978-4-8382-3260-4　Ⓝ721.2　［3000円］

日本（駅）

◇いま行っておきたい秘境駅　牛山隆信著　自由国民社　2014.12　143p　21cm　Ⓘ978-4-426-11841-9　Ⓝ686.53　［1400円］

◇鉄道駅スタンプのデザイン—47都道府県、史跡名勝セレクション　関田祐市監修　京都　青幻舎　2014.6　255p　15cm〈背・表紙のタイトル：日本鉄道駅スタンプのデザイン〉Ⓘ978-4-86152-443-1　Ⓝ686.53　［1200円］

日本（エコシティ）

◇エコタウン高度化（既存静脈施設集積地域の高効率活用）検討調査業務報告書　平成25年度　［東京］みずほ情報総研　2014.3　8，383p　34cm（平成25年度環境省請負業務）Ⓝ519

◇コンパクトシティ実現のための都市計画制度—平成26年改正都市再生法・都市計画法の解説　都市計画法制研究会編集　ぎょうせい　2014.11　68，290p　21cm〈索引あり〉Ⓘ978-4-324-09965-8　Ⓝ518.8　［3500円］

日本（SF映画—歴史—昭和前期）

◇戦前日本SF映画創世記—ゴジラは何でできているか　高槻真樹著　河出書房新社　2014.3　261p　20cm〈文献あり　作品目録あり〉Ⓘ978-4-309-27477-5　Ⓝ778.21　［2500円］

日本（NPO）

◇インフラ・まちづくりとシビルNPO—補完から主役の一人へ　土木学会教育企画・人材育成委員会シビルNPO推進小委員会編　土木学会　2014.11　275p　21cm（丸善出版（発売）文献あり）Ⓘ978-4-8106-0816-8　Ⓝ518.8　［2000円］

◇NPOで起業する！—稼げるNPOの経営術　跡田直澄著　実業之日本社　2014.6　229p　19cm〈文献あり〉Ⓘ978-4-408-33510-0　Ⓝ335.89　［1400円］

◇NPOと行政の《協働》活動における"成果要因"—成果へのプロセスをいかにマネジメントするか　矢代隆嗣著　公人の友社　2013.12　214p　22cm〈文献あり〉Ⓘ978-4-87555-631-2　Ⓝ318　［3500円］

◇「NPO法人」に関するQ&A　熊本県NPO・ボランティア協働センター［編］［熊本］熊本県［2013］30，10p　30cm　Ⓝ335.89

◇間伐・間伐材利用事例集—森林NPO・ボランティア団体による　2013　リンギョウこれから面白そう—企業、ボランティ

ア団体、市民に広がる森づくり　国土緑化推進機構　2014.2　103p　30cm〈緑の募金事業・特定公募事業「国民参加による間伐及び間伐材の利用促進事業」〉Ⓝ650.4

◇行政—市民間協働の効用—実証的接近　小田切康彦著　京都法律文化社　2014.4　216p　22cm〈文献あり　索引あり〉Ⓘ978-4-589-03552-3　Ⓝ318　［4600円］

◇「協働」は国を越えて—「第10回日本パートナーシップ大賞」受賞事例集　岸田眞代編著　名古屋　パートナーシップ・サポートセンター　2014.9　121p　21cm〈サンライズ出版（発売）〉Ⓘ978-4-88325-549-8　Ⓝ335.89　［1400円］

◇特定非営利活動法人及び市民の社会貢献に関する実態調査報告書　平成25年度　［東京］内閣府　2014.3　25，245p　30cm　Ⓝ335.89

◇ボランティア・市民活動助成ガイドブック　2013-2014　［東京］東京ボランティア市民活動センター　2013.6　175p　30cm〈共同刊行：東京都社会福祉協議会民間助成団体部会〉Ⓘ978-4-903256-60-3　Ⓝ369.14　［762円］

◇ボランティア・市民活動助成ガイドブック　2014-2015　［東京］東京ボランティア市民活動センター　2014.6　187p　30cm〈共同刊行：東京都社会福祉協議会民間助成団体部会〉Ⓘ978-4-903256-68-9　Ⓝ369.14　［762円］

日本（NPO—会計）

◇税理士/公認会計士必携NPO法人実務ハンドブック—すぐに役立つ会計・税務の事例詳解　NPO会計税務専門家ネットワーク編著　清文社　2014.3　371p　21cm〈索引あり〉Ⓘ978-4-433-53203-1　Ⓝ336.9　［2600円］

日本（NPO—歴史—年表）

◇日本ボランティア・NPO・市民活動年表　大阪ボランティア協会ボランタリズム研究所監修，岡本榮一，石田易司，牧口明編著　明石書店　2014.2　747p　26cm〈文献あり　索引あり〉Ⓘ978-4-7503-3966-5　Ⓝ369.14　［9200円］

日本（エネルギー教育）

◇省エネルギーを話し合う実践プラン46—エネルギーを使う・創る・選ぶ　中村洋，安達昇編著，科学技術振興機構社会技術研究開発センター「地域に根ざした脱温暖化・環境共生社会」研究開発領域編　公人の友社　2013.12　143p　21cm（生存科学シリーズ　9）Ⓘ978-4-87555-633-6　Ⓝ375　［1500円］

日本（エネルギー産業）

◇再生可能エネルギー産業における中小企業の動向と展望　中小企業研究センター　2014.12　185p　30cm（調査研究報告no. 128）〈文献あり〉Ⓝ501.6

◇地域熱供給（地域冷暖房）実例集—まちづくりと熱の有効利用　日本熱供給事業協会　［2014］66p　30cm　Ⓝ501.6

日本（エネルギー資源）

◇エネルギー新時代におけるベストミックスのあり方—一橋大学からの提言　橘川武郎，安藤晴彦編著　第一法規　2014.3　291p　21cm（一橋大学・公共政策提言シリーズ　No.2）〈索引あり　内容：シェール革命とエネルギー安全保障戦略（田中伸男著）エネルギー新時代のベストミックス（橘川武郎著）エネルギー自給の二つの方法（島本実著）エネルギー安全保障における新しい地政学的要因（秋山信将著）ベストミックス達成に向けての財政の役割（渡辺智之著）高レベル放射性廃棄物最終処分問題の現状と改革の課題（高橋滋著）原子力発電事業における リスク管理と取締役の責任（仮屋広郷著）今後のエネルギー政策と石油の位置付け（中沢謙二著）石炭及び石炭火力発電所（冨江竜哉著）新たなエネルギーベストミックスと天然ガスの高度利用（笹山晋一著）原発停止のもたらした影響とシェールガスの実像（大石博文著）エネルギーシステム改革とスマートコミュニティ構想（柏木孝夫著）エネルギーネットワークの新しい考え方（山内弘隆著）技術開発と国際展開に関する日本のエネルギー戦略（岡崎健著）新エネルギーの技術開発政策と組織デザイン（安藤晴彦著）〉Ⓘ978-4-474-02988-0　Ⓝ501.6　［2200円］

◇人類とエネルギー—我が国の再生可能エネルギーとエネルギー資源の持続性　山内睦文著　名古屋　風媒社　2014.8　313p　26cm〈索引あり〉Ⓘ978-4-8331-4117-8　Ⓝ501.6　［3200円］

日本（エネルギー政策）

◇エネルギー改革が日本を救う—主役交代、技術・政策・地域が主導する再生可能エネルギー革命　国際大学グローバル・コミュニケーション・センター（GLOCOM）FTMフォーラム編，中島洋著　［東京］日経BP社　2014.6　254p　19cm〈日経BPマーケティング（発売）〉Ⓘ978-4-8222-7756-7　Ⓝ501.6　［2000円］

◇エネルギー基本計画　［東京］［資源エネルギー庁］2014.4　77p　30cm　Ⓝ501.6

◇エネルギー基本計画　2014　経済産業省資源エネルギー庁編　経済産業調査会　2014.8　181p　21cm〈索引あり〉Ⓘ978-4-8065-2946-0　Ⓝ501.6　［1000円］

日本件名図書目録2014　Ｉ　　　　　　　　　　　　　　　　　　　　　　　　　　日本（絵本—歴史—昭和前期）

◇エネルギー新時代におけるベストミックスのあり方——一橋大学からの提言　橘川武郎，安藤晴彦編著　第一法規　2014.3　291p　21cm　（一橋大学・公共政策提言シリーズ No.2）〈索引あり〉　内容：シェール革命とエネルギー安全保障戦略（田中伸男著）　エネルギー新時代のベストミックス（橘川武郎著）　エネルギー自給の二つの方法（島本実著）　エネルギー安全保障における新しい地政学的要因（秋山信将著）　ベストミックス達成に向けての財政の役割（渡辺智之著）　高レベル放射性廃棄物最終処分問題の現状と改革の課題（高橋滋著）　原子力発電事業におけるリスク管理と取締役の責任（仮屋広郷著）　今後のエネルギー改革と石油の位置付け（中沢謙二著）　石炭及び石炭火力発電所（冨江竜哉著）　新たなエネルギーベストミックスと天然ガスの高度利用（笹山晋一著）　原発停止のもたらした影響とシェールガスの実像（大石博文著）　エネルギーシステム改革とスマートコミュニティ構想（柏木孝夫著）　エネルギーネットワークの新しい考え方（山内弘隆著）　技術開発と国際展開に関する日本のエネルギー戦略（岡崎健著）　新エネルギーの技術開発政策と組織デザイン（安藤晴彦著）〉　Ⓘ978-4-474-02988-0　Ⓝ501.6　［2200円］

◇温暖化とエネルギー　茅陽一，山地憲治，秋元圭吾著　エネルギーフォーラム　2014.1　262p　18cm　（エネルギーフォーラム新書 024）〈文献あり〉　Ⓘ978-4-88555-428-5　Ⓝ451.85　［900円］

◇岐路に立つ日本のエネルギー戦略　金子祥三，前田正史編［東京］　東京大学生産技術研究所エネルギー工学連携研究センター　2014.7　126p　24cm〈DNPアートコミュニケーションズ（発売）　会期・会場：第5回東大エネルギー・環境シンポジウム　平成25年10月30日（水）東京大学伊藤国際学術研究センター　主催：東京大学エネルギー・環境研究アライアンス　東京大学エネルギー工学連携研究センター（CEE）ほか 共催：東京大学先端電力エネルギー・環境技術教育研究センター（APET）東京大学エネルギー・資源フロンティアセンター（FRCER）ほか　内容：日本のエネルギー戦略のあるべき姿（山地憲治著）　地球温暖化問題とエネルギー戦略（湯原哲夫著）　戦略的思考に基づく技術革新（金子祥三著）　電気事業における火力発電の役割（岩谷右啓著）　電気事業における発電技術の重要性と展望（相澤善吾著）　米国シェール開発の現状について（村井俊治著）　非在来型石油・ガス開発（渡辺考著）〉　Ⓘ978-4-88752-035-6　Ⓝ501.6　［1350円］

◇原子力教育読本—21世紀の原子力・エネルギー問題とSTS教育　岡井康二［著］　和泉　和泉出版印刷　2014.4　144p　30cm〈文献あり〉　Ⓘ978-4-906840-04-5　Ⓝ501.6　［1000円］

◇再生可能エネルギーをめぐる諸相—科学技術に関する調査プロジェクト調査報告書　国立国会図書館調査及び立法考査局　2014.3　214p　30cm　（調査資料 2013-4）〈内容：総論 再生可能エネルギーの政策史（小林信一著）　再生可能エネルギー政策の背景（綾部広則著）　諸相 地球温暖化対策における再生可能エネルギー（岩澤聡著）　イングランド東部の海洋空間計画と英国の海洋再生可能エネルギー開発（森田倫子著）　デンマーク・ロラン島における再生可能エネルギーの取組み（近藤かおり著）　木質バイオマスをめぐる動向と課題（諸橋邦彦著）　農山漁村の振興と再生可能エネルギー（茅野千江子著）　国内島嶼における再生可能エネルギー開発の動向（前畑明美著）〉　Ⓘ978-4-87582-757-3　Ⓝ501.6

◇再生可能エネルギー地域推進体制構築支援事業委託業務資料集　平成25年度　［東京］　三菱UFJリサーチ＆コンサルティング　2014.3　1冊　30cm〈平成25年度環境省委託業務〉　Ⓝ501.6

◇再生可能エネルギー地域推進体制構築支援事業委託業務成果報告書　平成25年度　［東京］　三菱UFJリサーチ＆コンサルティング　2014.3　188p　30cm〈平成25年度環境省委託業務〉　Ⓝ501.6

◇新エネルギー基本計画と原子力再稼働への課題　富士社会教育センター・エネルギー問題研究会編　富士社会教育センター　2014.6　60p　21cm　（エネルギー問題研究会レポート 第26回）Ⓝ501.6

◇スマートコミュニティ　vol.4　自治体インフラのスマートネットワーク構想　柏木孝夫監修　時評社　2014.10　199p　21cm　（JIHYO BOOKS）Ⓘ978-4-88339-206-3　Ⓝ501.6　［1500円］

◇地域からはじまる低炭素・エネルギー政策の実践　田中充編著　ぎょうせい　2014.2　296p　21cm〈内容：「低炭素自治体」の構造と地域温暖化対策の枠組み（田中充著）　基礎自治体における二酸化炭素排出実態と対策の動向（田中充著）　主要自治体における低炭素施策の動向（木村浩巳著）　低炭素施策の促進・阻害要因と施策促進モデル（増原直樹著）　温暖化・エネルギー対策に関する条例の動向と課題（安達宏之著）　低炭素配慮行動の普及施策における課題と改善方法（白井信雄著）〉

◇自治体低炭素施策の政策波及過程（馬場健治著）　自治体の低炭素施策の国際連携の枠組みと課題（小河誠著）　環境国際協力を通じた地方自治体の低炭素化・環境保全に対する市民の意識（加藤尊秋，中村秀規著）　「エネルギー自治」のあり方とその事例分析（竹内恒夫著）　自治体エネルギー行政の政策体系と対策チェックリスト（田中充著）　欧州における「市長誓約」の取組（杉山範子著）　スマートシティの発展への期待（白井信雄著）〉　Ⓘ978-4-324-08781-7　Ⓝ519.1　［3500円］

◇徹底討論日本のエネルギー・環境戦略——上智大学創立100周年記念事業　柳下正治編著　Sophia University Press上智大学出版　2014.3　362p　21cm〈ぎょうせい（制作・発売）　年表あり　内容：革新的エネルギー・環境戦略の政策決定過程（宮城崇志著）　「革新的エネルギー・環境戦略」策定に向けた国民的議論（柳瀬昇，柳下正治著）　エネルギー・環境戦略の課題（山地憲治述）　3・11後のエネルギー政策の論点（高橋洋述）　討議（高橋洋ほか述）　3・11福島事故以降の原子力政策（鈴木達治郎述）　放射性廃棄物と核燃料サイクル（藤村陽述）　討議（藤村陽ほか述）　エネルギーシステムインテグレーション（荻本和彦述）　日本低炭素社会を展望する（西岡秀三述）　討議（西岡秀三ほか述）　「革新的エネルギー・環境戦略」を検証する（荻本和彦ほか述）〉　Ⓘ978-4-324-09737-3　Ⓝ501.6　［2800円］

◇日本の安全保障とエネルギー　富士社会教育センター・エネルギー問題研究会編　富士社会教育センター　2014.3　319p　21cm　（エネルギー問題研究会レポート 第25回）Ⓝ319.1

日本（エネルギー政策—会議録）

◇PM2.5 & energy security—PMES 2014：abstract book for the International Conference of PM2.5 & Energy Security 2014　2014　Masayuki Itoh,Hajime Fujimoto,Kuniko Urashima［編］　Kyo-Tanabe　Organizing Committee of PMES 2014　c2014　155p　30cm　日本語・英語併載　会期・会場：2014年3月5日 - 7日 Kanbaikan, Doshisha University, Kyoto, Japan〉Ⓘ978-4-89467-258-1　Ⓝ519.3

日本（エネルギー政策—歴史）

◇国家とエネルギーと戦争　渡部昇一［著］　祥伝社　2014.3　168p　18cm　（祥伝社新書 361）Ⓘ978-4-396-11361-2　Ⓝ501.6　［760円］

日本（エネルギー政策—歴史—1945〜）

◇計画の創発—サンシャイン計画と太陽光発電　島本実著　有斐閣　2014.11　387,11p　22cm〈文献あり　索引あり〉　Ⓘ978-4-641-16440-6　Ⓝ501.6　［5000円］

◇日本はロシアのエネルギーをどう使うか　本村眞澄［著］　東洋書店　2013.12　63p　21cm　（ユーラシア・ブックレット no.187）〈文献あり〉Ⓘ978-4-86459-158-4　Ⓝ568.09　［800円］

◇矢田俊文著作集　第1巻　石炭産業論　矢田俊文著　原書房　2014.7　625p　22cm〈内容：分析視角　石炭生産配置の歴史的展開　合理化・崩壊期における石炭生産配置の展開　エネルギー転換と石炭資源の放棄　石炭資本による資源の取捨選択　石狩炭田におけるスクラップ・アンド・ビルド　常磐炭田におけるスクラップの展開　常磐炭田における離職者の動向　戦後日本のエネルギー情勢　石炭政策の展開と石炭産業の撤退　石炭見直しと最終放棄　世界の石炭産業　産業転換のコストをだれが払うのか　石炭企業の転換を追う　産炭地域政策の効果を問う　産炭地・夕張の地域経済　旧産炭地域は「今」　布施鉄治編著『地域産業変動と階級・階層—炭都・夕張/労働者の生産・労働—生活史・誌』吉村朋夫『日本炭鉱史私注』　総合研究開発機構編『旧炭鉱住宅の実態と産炭地域の生活環境整備に関する調査研究』〉Ⓘ978-4-562-09198-0　Ⓝ081.6　［6000円］

日本（エネルギーマネジメントシステム）

◇エネルギーマネジメントシステム市場実態総調査　2013　大阪マーケティング本部第二事業部調査・編集　富士経済　2013.7　267p　30cm　Ⓘ978-4-8349-1617-1　Ⓝ543.1　［97000円］

◇事業化フェーズに突入したHEMS/BEMS/MEMS最新技術動向—スマートマンション市場の展開と新プラットフォーム/ビジネスモデル：インプレスsmart gridフォーラム　2014　奥瀬俊哉，インプレスSmartGridニューズレター編集部著　インプレスビジネスメディア　2014.2　224p　30cm　（インプレスビジネスメディア「スマートグリッドシリーズ」 vol. 19）〈インプレスコミュニケーションズ（発売）〉Ⓝ528.43　［95000円］

◇HEMS活用によるCO$_2$削減ポイント構築推進事業委託業務成果報告書　平成25年度　［東京］　凸版印刷　2014.3　1冊　30cm〈共同刊行：三菱総合研究所〉Ⓝ543.1

日本（絵本—歴史—昭和前期）

◇「講談社の絵本」の時代—昭和残照記　永峯清成著　彩流社　2014.12　207p　19cm〈文献あり〉Ⓘ978-4-7791-2070-1　Ⓝ019.53　［1900円］

に

585

日本（エリート）

◇旧制高校真のエリートのつくり方　喜多由浩著　産経新聞出版　2013.7　233p　19cm〈日本工業新聞社（発売）〉①978-4-8191-1214-7　Ⓝ377.3　［1400円］

日本（LED照明―特許）

◇LED照明に取り組む全企業―特許データからビジネスチャンスを探る　2014　ネオテクノロジー　2014.1　47, 273p　30cm　Ⓝ545.2　［48000円］

日本（エレベーター―法令）

◇昇降機技術基準の解説―建築基準法及び同法関連法令　2014年版　日本建築設備・昇降機センター, 日本エレベーター協会編　［東京］［日本建築設備・昇降機センター］　2014.3　1冊　30cm　Ⓝ528.5

日本（演劇）

◇cocoon on stage　今日マチ子, 藤田貴大著　青土社　2014.7　253p　21cm〈本文は日本語　内容：cocoon（藤田貴大著）　長いろいろ（今日マチ子作, 藤田貴大著）　岬へつづく道（今日マチ子作, 藤田貴大著）　cocoon（藤田貴大著）　SATOKO（藤田貴大著）　SATOKO.『cocoon』番外編（今日マチ子作, 藤田貴大著）　cocoonを作るということ（藤田貴大, 今日マチ子, 原田郁子述）　おわらない、手をのばしつづける、遠くに、となりに（藤田貴大, 今日マチ子, 原田郁子述）〉①978-4-7917-6803-5　Ⓝ775.1　［2400円］

◇世界とわたりあうために　平田オリザ著　徳間書店　2014.3　239p　19cm　①978-4-19-863775-0　Ⓝ772.1　［1300円］

◇旅猫リポート副読本―スカイロケット第1回公演『旅猫リポート』プログラム　［東京］　SkyRocket　［2013］　93p　21cm　①978-4-87738-420-3　Ⓝ775.1　［1429円］

◇わたしの上海バンスキング　明緒写真・文　愛育社　2013.12　271p　26cm〈索引あり〉①978-4-7500-0434-1　Ⓝ775.1　［2800円］

日本（演劇―歴史―明治以後）

◇演劇のことば　平田オリザ著　岩波書店　2014.6　189p　15cm　（岩波現代文庫）①978-4-00-602241-9　Ⓝ772.1　［800円］

◇商業演劇の光芒　神山彰編　森話社　2014.12　369p　22cm　（近代日本演劇の記憶と文化 2）〈内容：「商業演劇」の光芒（神山彰著）　帝劇の時代（星野高著）　新派＝近代心性のアルケオロジー（みなもとごろう著）　「新国劇」という複合体（神山彰著）　東宝国民劇の時代（中野正昭著）　「中間演劇」への道筋（横田洋著）　松竹新喜劇とはどんな演劇だったのか（日比野啓著）　東宝歌舞伎と芸術座（水落潔著）　戦後の東宝系喜劇（小林のり一述, 神山彰, 日比野啓聴き手）　歌手芝居の命運（神山彰著）　「近代化遺産」としての「大劇場」（神山彰著）〉①978-4-86405-072-2　Ⓝ772.1　［4600円］

◇忘れられた演劇　神山彰編　森話社　2014.5　345p　22cm　（近代日本演劇の記憶と文化 1）〈内容：近代演劇の「記憶遺産」（神山彰著）　猛優の時代（佐藤かつら著）　女役者と小芝居の行く末（土田牧子著）　琵琶劇とその周辺（澤井万七美著）　宗教演劇の時代（神山彰著）　天勝というスペクタクル（川添裕著）　踊る遊妓たち（芝田江梨著）　連鎖劇とその変容（横田洋著）　節劇・剣劇・女剣劇（神山彰著）　上方歌舞伎の追憶（山田庄一著）　演劇は忘れられる運命にある（藤井康生著）〉①978-4-86405-062-3　Ⓝ772.1　［4500円］

日本（演劇―歴史―明治時代）

◇日中演劇交流の諸相―中国近代演劇の成立　陳凌虹著　京都思文閣出版　2014.8　397, 14p　22cm〈文献あり　年表あり　索引あり　内容：日中近代演劇の展開　新演劇のネットワーク．1　政治・戦争と演劇の蜜月　新演劇のネットワーク．2　日中に咲くメロドラマの花　舞台芸術としての新派と文明戯　文明戯と日本の新劇運動〉①978-4-7842-1722-9　Ⓝ772.22　［8000円］

日本（演劇教育―歴史―明治以後）

◇近代日本の幼児教育における劇活動の意義と変遷　南元子著　名古屋　あるむ　2014.9　191p　21cm　①978-4-86333-089-4　Ⓝ376.157　［1800円］

日本（狼―保護）

◇オオカミが日本を救う！―生態系での役割と復活の必要性　丸山直樹著　白水社　2014.2　293p　20cm　①978-4-560-08342-0　Ⓝ489.56　［2300円］

日本（オフショア開発―中国）

◇中国オフショア開発―ソフトウェア品質保証と事業OEM　河合清博著　日科技連出版社　2014.1　152p　21cm〈文献あり　索引あり〉①978-4-8171-9501-2　Ⓝ007.35　［2400円］

◇日中オフショアビジネスの展開　丹沢安治編著　同友館　2014.1　310p　22cm〈文献あり　索引あり　執筆：陳建安ほか　内容：日中間ソフトウェア・オフショア開発における重層的取引構造の共進化（丹沢安治著）　国際分業に組み込まれている中国のソフトウェア産業（陳建安著）　ソフトウェア開発におけるデュアルモデル・モデルの成立（丹沢安治著）　中国におけるソフトウェアパークの運営管理に関する一考察（張永良著）　ソフトウェア・オフショア開発における定量リスク分析の一手法（葛永盛著）　中国オフショア企業考察（西崎賀治著）　ソフトウェアのオフショア開発における問題点と実施形態の選択について（伊東俊彦著）　日系ITソフトベンダーのオフショア開発の経営戦略（近藤信一著）　大連におけるサービス・アウトソーシング産業の現状と課題（張英春著）　大連における日本企業のオフショア開発拠点の集積（安藤憲吾著）　オフショアリング, ニア・ショアリングにおける文化の競争（北島啓嗣著）　ソフトウェア開発におけるコミュニケーション問題と場のマネジメント（大野富彦著）〉①978-4-496-05038-1　Ⓝ007.35　［2800円］

日本（親子関係）

◇老いた親とは離れなさい　坂岡洋子著　朝日新聞出版　2014.10　266p　19cm　①978-4-02-251224-6　Ⓝ367.3　［1300円］

◇親の家を片づけるお助け便利帳―迷った時・困った時のヒントがひと目でわかるビジュアル版　主婦の友社編　主婦の友社　2014.10　79p　26cm　（ゆうゆうBOOKS）①978-4-07-297224-3　Ⓝ365.3　［1000円］

◇親の家を片づける実践ハンドブック　主婦の友社編　主婦の友社　2014.2　206p　19cm　（ゆうゆうBOOKS）①978-4-07-293597-2　Ⓝ365.3　［1300円］

◇親の家を片づける土地建物相続問題　主婦の友社編　主婦の友社　2014.4　191p　19cm　（ゆうゆうBOOKS）①978-4-07-294266-6　Ⓝ365.3　［1300円］

◇子は親を救うために「心の病」になる　高橋和巳著　筑摩書房　2014.4　277p　15cm　（ちくま文庫　た36-2）①978-4-480-43158-5　Ⓝ493.937　［780円］

◇実家の片付け、介護、相続…親とモメない話し方　保坂隆著　青春出版社　2014.12　188p　18cm　（青春新書INTELLIGENCE PI-439）①978-4-413-04439-4　Ⓝ367.3　［870円］

◇夫婦げんかと子どものこころ―健康な家族とはなにか　川島亜紀子著　新曜社　2014.12　127, 9p　19cm　①978-4-7885-1417-1　Ⓝ367.3　［1500円］

◇「学び合い」で盛り上がる母息子消費―調査報告書2014年10月　日本経済新聞社産業地域研究所編　日本経済新聞社産業地域研究所　2014.10　195p　20cm〈日本経済新聞出版社（発売）〉①978-4-532-63604-3　Ⓝ675.2　［8000円］

日本（卸売）

◇医薬品卸のM&A戦略の検証―2007年度―2012年度の決算分析から　［東京］　日医総研　2014.3　87p　30cm　（日本医師会総合政策研究機構ワーキングペーパー　no. 310）Ⓝ673.5

◇加工食品・菓子卸売業年鑑　2013年版　流通企画編　名古屋　流通企画　2013.5　224p　30cm　Ⓝ673.5　［80000円］

◇商社・卸売業　山口俊一著　中央経済社　2014.9　183p　21cm　（業種別人事制度 3）①978-4-502-11071-9　Ⓝ335.4　［2200円］

◇中小卸売業の生き残り戦略「3S＋P」―繊維・衣服等卸売業と機械器具卸売業の事例研究　日本政策金融公庫総合研究所　2014.10　80p　30cm　（日本公庫総研レポート　no. 2014-5）Ⓝ673.5

日本（卸売―統計）

◇経済センサス―活動調査報告　平成24年　第7巻　卸売業・小売業に関する集計　その1（産業編（総括表））総務省統計局, 経済産業省大臣官房調査統計グループ編　総務省統計局　2014.3　85, 601p　30cm〈共同刊行：経済産業省大臣官房調査統計グループ〉Ⓝ605.9

◇経済センサス―活動調査報告　平成24年　第7巻　卸売業・小売業に関する集計　その2（産業編（都道府県表））総務省統計局, 経済産業省大臣官房調査統計グループ編　総務省統計局　2014.3　35, 567p　30cm〈共同刊行：経済産業省大臣官房調査統計グループ〉Ⓝ605.9

◇経済センサス―活動調査報告　平成24年　第7巻　卸売業・小売業に関する集計　その3（産業編（市区町村表））総務省統計局, 経済産業省大臣官房調査統計グループ編　総務省統計局　2014.3　29, 613p　30cm〈共同刊行：経済産業省大臣官房調査統計グループ〉Ⓝ605.9

◇経済センサス―活動調査報告　平成24年　第7巻　卸売業・小売業に関する集計　その4（業態別統計編（小売業））総務省統計局, 経済産業省大臣官房調査統計グループ編　総務省統計局　2014.3　68, 671p　30cm〈共同刊行：経済産業省大臣官房調査統計グループ〉Ⓝ605.9

日本件名図書目録2014　Ⅰ　　　　　　　　　　　　　　　　　　　　　　　　　　　　　　　　　日本（絵画―画集）

日本（卸売―名簿）
◇かばん・袋物卸企業名鑑　2015　ボイス情報株式会社企画開発部マーケティング課調査・編集　［東京］　ボイス情報　2014.7　205p　26cm　Ⓝ673.5　［35000円］
◇北から南全国水産卸売guide　2014年版　下関　みなと山口合同新聞社　2013.12発売　388p　26cm　Ⓘ978-4-9906066-5-7　Ⓝ673.5　［12000円］

日本（卸売市場―統計）
◇卸売市場データ集　平成25年度　［東京］　農林水産省　2014.6　49p　30cm　Ⓝ675.5

日本（音楽）
◇世界の弦楽四重奏団とそのレコード　第6巻　日本編　幸松肇著　所沢　クァルテット・ハウス・ジャパン　2013.5　292p　19cm　Ⓘ978-4-990641-36-8　Ⓝ764.24　［2000円］

日本（音楽―賞―便覧）
◇音楽・芸能賞事典　2007-2013　日外アソシエーツ株式会社編集　日外アソシエーツ　2014.10　672p　22cm　〈紀伊國屋書店（発売）　索引あり〉　Ⓘ978-4-8169-2502-3　Ⓝ760.3　［18500円］

日本（音楽―歴史―昭和時代）
◇音楽の戦争責任と現代―音楽家と国民へのメッセージ　佐々木光著，畠中英輔編　京都　ロシア音楽出版会　2014.12　168p　21cm　Ⓝ762.1　［2000円］

日本（音楽―歴史―明治以後）
◇和洋折衷音楽史　奥中康人著　春秋社　2014.5　236p　20cm　Ⓘ978-4-393-93583-5　Ⓝ762.1　［2200円］

日本（音楽―歴史―明治以後―年表）
◇日本音楽史事典―トピックス1868-2014　日外アソシエーツ編集部編　日外アソシエーツ　2014.12　597p　21cm　〈紀伊國屋書店（発売）　文献あり　索引あり〉　Ⓘ978-4-8169-2508-5　Ⓝ762.1　［13880円］

日本（音楽―歴史―明治時代）
◇日本人とショパン―洋楽導入期のピアノ音楽　多田純一訳　アルテスパブリッシング　2014.3　427p　26cm　〈文献あり〉　Ⓘ978-4-903951-82-9　Ⓝ762.1　［3900円］

日本（音楽産業―統計）
◇特定サービス産業実態調査報告書　平成25年　映像情報制作・配給業、映像情報制作業、映像・音声・文字情報制作に附帯するサービス業編　［東京］　経済産業省大臣官房調査統計グループ　2014.12　172p　30cm　Ⓝ673.9

日本（音楽産業―歴史―昭和後期）
◇「ビートルズ！」をつくった男―レコード・ビジネスへ愛をこめて　髙嶋弘之著　［東京］　DU BOOKS　2014.9　207p　19cm　〈ディスクユニオン（発売）〉　Ⓘ978-4-907583-23-1　Ⓝ767.8　［1680円］

日本（温泉）
◇温泉エネルギーの活用に関するシンポジウム開催委託業務報告書―環境省業務報告書　平成24年度　［東京］　ACE　2013.3　82p　30cm　Ⓝ543.7
◇温泉学入門―有馬からのアプローチ　古川顕著　西宮　関西学院大学出版会　2014.6　198p　20cm　〈文献あり〉　Ⓘ978-4-86283-162-0　Ⓝ453.9　［1900円］
◇温泉掘さく工事標準歩掛資料　平成25年度版　全国さく井協会　2014.3　107p　30cm　Ⓝ513.13
◇温泉資源の保護対策に関する調査委託業務　平成24年度　［東京］　中央温泉研究所　2013.3　178p　30cm　（環境省委託業務報告書）　Ⓝ453.9
◇「温泉資源の保護に関するガイドライン更新（案）」作成委託業務　平成25年度　［東京］　中央温泉研究所　2014.3　1冊　30cm　（環境省委託業務報告書）　Ⓝ453.9
◇暫定排水基準設定項目に係る water 規制検討調査業務報告書―環境省請負業務結果報告書　平成25年度　［東京］　日水コン　2014.3　231p　30cm　Ⓝ519.4
◇日本一周3016湯　髙橋一喜著　幻冬舎　2014.3　503p　18cm　（幻冬舎新書　た-16-1）　Ⓘ978-4-344-98341-0　Ⓝ291.09　［1400円］
◇秘湯、珍湯、怪湯を行く！　郡司勇［著］　KADOKAWA　2014.3　156p　図版24p　15cm　（角川文庫　く33-1）　〈角川書店　2005年刊の加筆・修正〉　Ⓘ978-4-04-101274-1　Ⓝ291.09　［520円］
◇湯探歩―お気楽極楽ヌルくてユル～い温泉紀行　山崎一夫文，西原理恵子絵　日本文芸社　2014.12　175p　21cm　Ⓘ978-4-537-26096-0　Ⓝ291.09　［1000円］

日本（温泉―歴史―江戸時代）
◇江戸の温泉三昧　鈴木一夫著　中央公論新社　2014.9　289p　16cm　（中公文庫　す22-3）　〈岩田書院　2010年刊を大幅に改稿〉　Ⓘ978-4-12-206011-1　Ⓝ383.6　［920円］

日本（蛾）
◇イモムシハンドブック　3　安田守著，高橋真弓，中島秀雄，四方圭一郎監修　文一総合出版　2014.4　108p　19cm　〈文献あり　索引あり〉　Ⓘ978-4-8299-8119-1　Ⓝ486.8　［1400円］

日本（貝）
◇レッドデータブック―日本の絶滅のおそれのある野生生物　2014-6　貝類　環境省自然環境局野生生物課希少種保全推進室編　ぎょうせい　2014.9　455p　30cm　〈索引あり〉　Ⓘ978-4-324-09900-1　Ⓝ462.1　［5100円］

日本（海運）
◇伊藤博文文書　第112巻　秘書類纂交通　2　伊藤博文［著］，伊藤博文文書研究会監修，檜山幸夫総編集　川島淳編集・解題　ゆまに書房　2014.7　581p　22cm　〈宮内庁書陵部所蔵の複製〉　Ⓘ978-4-8433-2644-2,978-4-8433-2532-2（set）　Ⓝ312.1　［16000円］
◇海事レポート　2014　国土交通省海事局/編著・資料提供，日本海事センター/協力，日本海事広報協会/編　日本海事広報協会，成山堂書店［発売］　2014.9　270p　21cm　Ⓘ978-4-425-91135-6　［2000円］

日本（海運―法令）
◇海運六法　平成26年版　国土交通省海事局監修，海事法令研究会編著　成山堂書店　2014.3　1325,15p　22cm　（海事法令シリーズ　1）　〈索引あり〉　Ⓘ978-4-425-21292-7　Ⓝ683.1　［15800円］

日本（海運―名簿）
◇海事関連業者要覧　2015　日本海運集会所　2014.10　1027p　21cm　［16500円］
◇船の便覧　2014年版　内航ジャーナル　2013.12　2冊　21cm　〈「法人編」と「船舶編」に分冊刊行〉　Ⓝ683.035　［全36000円］

日本（海運―歴史―江戸時代）
◇大坂通いで活躍した飛脚船・富海飛船の歴史　［防府］　富海史談会　［2014］　63枚　21×30cm　〈年表あり〉　Ⓝ683.21

日本（海運業―歴史）
◇波浪の百余年を航海した嶋谷海運業史　嶋谷徹編著　［神戸］　［嶋谷徹］　2014.12　442p　22cm　〈文献あり　年表あり〉　Ⓝ683.21

日本（絵画―画集）
◇画集―田辺美術協会創立60周年記念誌　［田辺］　［田辺美術協会］　2014.1　1冊　24×26cm　〈年表あり　タイトルは標題紙・奥付による〉　Ⓝ723.1
◇クインテット―五つ星の作家たち　損保ジャパン東郷青児美術館企画・編集　［東京］　損保ジャパン東郷青児美術館　2014　96p　30cm　〈英語併記　会期・会場：2014年1月11日―2月16日　損保ジャパン東郷青児美術館〉　Ⓝ723.1
◇幻想耽美―Japanese Erotica in Contemporary Art：Paintings,Illustrations,Dolls and more　パイインターナショナル　2014.3　319p　26cm　〈英語併記　訳：マクレリー・ルシー　ラバン〉　Ⓘ978-4-7562-4495-6　Ⓝ723.1　［3800円］
◇現代日本の絵画　vol. 6　ART BOXインターナショナル出版編集部企画・編集　ART BOXインターナショナル　2014.1　193p　31cm　（Art box in Japan）　Ⓘ978-4-87298-890-1　Ⓝ721.026　［15000円］
◇現代日本の絵画　vol.7　ART BOXインターナショナル出版編集部企画・編集　ART BOXインターナショナル　2014.11　189p　31cm　（Art box in Japan）　Ⓘ978-4-87298-897-0　Ⓝ721.026　［15000円］
◇心の美「富士山」を描く名画展―近代の日本画・洋画・版画にみる　藝琳　［出版地不明］　藝琳　2013.12　172p　22cm　〈年表あり　会期・会場：平成25年12月27日―26年1月13日　日本橋三越本店新館七階ギャラリー〉　Ⓝ721.026
◇五十周年記念都展画集　東京都民美術展運営会編　東京都民美術展運営会　2014.11　99p　30cm　〈会期・会場：平成26年11月18日―24日　東京都美術館〉　Ⓝ721.026
◇女流画家の歩み―韮崎大村美術館収蔵作品展　女子美術大学美術館編著　相模原　女子美術大学美術館　2013.6　63p　26cm　〈年表あり　会期・会場：2013年6月19日―7月28日　女子美アートミュージアム　韮崎大村美術館学校法人女子美術大学相互協力協定5周年記念〉　Ⓝ721.026
◇信州大学×長野県信濃美術館コラボ展　［長野］　長野県信濃美術館　2014.7　95p　26cm　〈会期・会場：平成26年7月12日―8月24日　平成26年度文化庁地域発・文化芸術創造発信イニシアチブ　編集：伊藤羊子ほか〉　Ⓝ723.1

日本（絵画―歴史―1868～1945―画集）　　　　　　　　　　　　　　　　　　　　日本件名図書目録2014　I

◇ShinPA!!!!!!!!展　［小布施町（長野県）］　［おぶせミュージアム・中島千波館］　2014　76p　21×30cm〈会期・会場：2014年2月15日―5月13日　おぶせミュージアム・中島千波館ほか　背のタイトル：ShinPA!!!!!!!!　主催：おぶせミュージアム・中島千波館ほか〉　Ⓝ721.026

◇ShinPA!!!!!!!!展　［小布施町（長野県）］　［おぶせミュージアム・中島千波館］　2013　64p　21×30cm〈会期・会場：2013年2月16日―5月12日　おぶせミュージアム・中島千波館ほか　背のタイトル：ShinPA!!!!!!!!　主催：おぶせミュージアム・中島千波館ほか〉　Ⓝ721.026

◇旅―アーティストが表現する旅　2　ART BOXインターナショナル出版編集部企画・編集　ART BOXインターナショナル　2014.9　183p　31cm　（Art box in Japan）①978-4-87298-895-6　Ⓝ721.026　［12000円］

◇FACE展―損保ジャパン美術賞展　2014　損保ジャパン東郷青児美術館企画・編集　［東京］　損保ジャパン美術財団　c2014　55p　28cm〈会期・会場：2014年2月22日―3月30日　損保ジャパン東郷青児美術館〉　Ⓝ723.1

◇富士と桜と春の花―特別展富士山世界文化遺産登録記念　山下裕二監修, 山種美術館学芸部編　［東京］　山種美術館　2014.3　110p　21cm〈会期・会場：2014年3月11日―5月11日　山種美術館　執筆：三戸信恵ほか〉　Ⓝ721.02

◇見ること・描くこと―油画技法材料研究室とその周縁の作家たち：佐藤一郎退任記念展関連特別企画　秋本貴透企画・監修, 髙橋涼太編　［東京］　東京藝術大学美術学部油画技法材料研究室企画実行委員会　2014.1　131p　30cm〈年表あり　会期・会場：2014年1月6日―19日　東京藝術大学大学美術館地下2階ほか〉　Ⓝ721.026

◇ル・サロンと日本人芸術家たち　エリック・イスレ編集監修, 古門イスレ由美訳　大阪　麗人社　2014.3　183p　30cm〈メディアパル（発売）　年譜あり　索引あり　フランス語併記〉①978-4-89610-827-9　Ⓝ721.026　［3518円］

日本（絵画―歴史―1868～1945―画集）
◇描かれたチャイナドレス―藤島武二から梅原龍三郎まで　石橋財団ブリヂストン美術館編　［東京］　石橋財団ブリヂストン美術館　2014　119p　26cm〈文献あり　会期・会場：2014年4月26日―7月21日　石橋財団ブリヂストン美術館　編集：貝塚健ほか〉　Ⓝ723.1

◇日本の水彩画―記録・記憶／構想・夢想　下関市立美術館編　［下関］　下関市立美術館　2013.2　143p　26cm〈年表あり　会期・会場：2013年2月7日―3月17日　下関市立美術館　芸術文化振興基金助成事業〉　Ⓝ723.1

日本（絵画―歴史―昭和時代―画集）
◇洲之内徹と現代画廊―昭和を生きた目と精神：図録　宮城県美術館, 愛媛県美術館, 町立久万美術館, 新潟市美術館編集・執筆　［仙台］　NHKプラネット東北　2013　273p　26cm〈年譜あり　年表あり　文献あり　会期・会場：2013年11月2日―12月23日　宮城県美術館ほか　執筆：有川幾夫ほか〉　Ⓝ723.1

◇戦争／美術1940-1950―モダニズムの連鎖と変容　神奈川県立近代美術館編　［葉山町（神奈川県）］　神奈川県立近代美術館　2013　150p　26cm〈年表あり　文献あり　会期・会場：2013年7月6日―10月14日　神奈川県立近代美術館葉山　葉山館開館10周年〉　Ⓝ723.1

◇美術の北大展―いま、明らかになる大学所蔵絵画　北海道大学大学院文学研究科芸術学講座, 北海道大学総合博物館編　［札幌］　北海道大学大学院文学研究科芸術学講座　2014.10　80p　26cm〈年表あり　文献あり　会期・会場：2014年10月4日―11月30日　北海道大学総合博物館3階企画展示室　共同刊行：北海道大学総合博物館〉　Ⓝ723.1

◇洋画家たちの青春―白馬会から光風会へ―光風会100回展記念　東京ステーションギャラリー, 中日新聞社編　［名古屋］　中日新聞社　2014.3　209p　27cm〈年表あり　文献あり　会期・会場：2014年3月21日―5月6日　東京ステーションギャラリーほか〉　Ⓝ723.1

日本（絵画―歴史―昭和前期―画集）
◇昭和モダン―絵画と文学：1926-1936　兵庫県立美術館編　［神戸］　兵庫県立美術館　2013.11　191p　26cm〈会期・会場：2013年11月2日―12月29日　兵庫県立美術館〉　Ⓝ723.1

日本（絵画―歴史―大正時代―画集）
◇美術の北大展―いま、明らかになる大学所蔵絵画　北海道大学大学院文学研究科芸術学講座, 北海道大学総合博物館編　［札幌］　北海道大学大学院文学研究科芸術学講座　2014.10　80p　26cm〈年表あり　文献あり　会期・会場：2014年10月4日―11月30日　北海道大学総合博物館3階企画展示室　共同刊行：北海道大学総合博物館〉　Ⓝ723.1

◇洋画家たちの青春―白馬会から光風会へ―光風会100回展記念　東京ステーションギャラリー, 中日新聞社編　［名古屋］　中日新聞社　2014.3　209p　27cm〈年表あり　文献あり　会期・会場：2014年3月21日―5月6日　東京ステーションギャラリーほか〉　Ⓝ723.1

日本（絵画―歴史―平成時代―画集）
◇絵画、それを愛と呼ぶことにしよう―αMプロジェクト2012　保坂健二朗監修, 武蔵野美術大学,αMプロジェクト編　小平　武蔵野美術大学　2014.4　216p　23cm〈会期・会場：2012年4月14日―2013年3月23日　ギャラリーαM　執筆：保坂健二朗, 翻訳：クリストファー・スティブンス〉　Ⓝ723.1

◇日展の洋画―改組新：第二科　第1回　2014　日展編　日展　2014.11　152p　30cm〈表紙のタイトル：洋画　編集代表：土屋禮一〉①978-4-904474-51-8　Ⓝ723.1　［3200円］

◇ふなばし百景　2013　ふなばし百景コンクール実行委員会［編］, 総合印刷新報社編集［船橋］　シンボウコーポレーション　2014.1　86p　20×20cm〈奥付のタイトル：ふなばし百景コンクール〉①978-4-9907215-0-3　Ⓝ723.1　［2000円］

日本（絵画―歴史―明治以後）
◇蒐集道楽―わが絵蒐めの道　窪島誠一郎著　アーツアンドクラフツ　2014.4　252p　20cm　①978-4-901592-97-0　Ⓝ723.1　［2200円］

◇帝国支配と朝鮮表象―朝鮮写真絵葉書と帝展入選作にみる植民地イメージの伝播　朴美貞著　京都　人間文化研究機構国際日本文化研究センター　2014.3　230p　26cm　（日文研叢書 52）①978-4-901558-67-9　Ⓝ721.026

日本（絵画―歴史―明治以後―画集）
◇四季をめぐる―女子美術大学美術館収蔵作品展　女子美術大学美術館編著　相模原　女子美術大学美術館　2013.11　77p　21×24cm〈会期・会場：2013年11月9日―12月15日　女子美アートミュージアム〉　Ⓝ721.026

◇住友グループ秘蔵名画展―花―特別展　泉屋博古分館, 泉屋博古館編　泉屋博古館分館　2013　77p　30cm〈会期・会場：平成25年3月2日―5月12日　泉屋博古館分館ほか　共同刊行：泉屋博古館〉　Ⓝ721.026

◇生誕150年・没後100年記念「岡倉天心展」―大観、春草、近代日本画の名品を一堂に：福井県立美術館開館25年度企画展　福井　福井県立美術館　2013.10　270p　30cm〈年譜あり　会期・会場：平成25年11月1日―12月1日　福井県立美術館　表紙のタイトル：岡倉天心　編集：佐々木美帆ほか〉　Ⓝ721.026

◇聖なるものへ―ささやかな祝祭：図録　［水戸］　茨城県近代美術館　c2013　63p　23cm〈会期・会場：2013年11月2日―2014年1月13日　茨城県近代美術館　編集：永松左知ほか〉　Ⓝ721.026

◇西洋への憧れ個のめざめ―日本近代洋画の東西：国立美術館巡回展　富安玲子, 山本由梨編　川越　川越市立美術館　2014.1　87p　30cm〈会期・会場：2014年1月5日―2月11日　川越市立美術館ほか　共同刊行：佐倉市立美術館ほか〉　Ⓝ723.1

◇滞欧作品―星野画廊蔵名品目録　星野桂三写真撮影, 星野桂三, 星野万美子編集制作　京都　星野画廊　2014.6　101p　26cm　（画家たちが遺した美の遺産 その2）〈年譜あり　文献あり　付録：縁の外国人作家による作品〉　Ⓝ723.1

◇ちょっとパリまで、ずーっとパリで―渡欧日本人画家たちの逸品：「特別展」住友グループの企業文化力Ⅱ　野地耕一郎編　京都　泉屋博古館　c2014　83p　26cm〈会期・会場：2014年3月15日―5月11日　泉屋博古館分館ほか〉　Ⓝ723.1

◇鉄道×絵画―鉄道博物館第6回コレクション展図録　鉄道博物館学芸部, アート・ベンチャー・オフィスショウ編　［さいたま］　鉄道博物館　2014.3　74p　30cm　（コレクション展図録 no. 6）〈会期・会場：2014年3月15日―6月2日　鉄道博物館スペシャルギャラリー〉　Ⓝ721.026

◇中野美術館作品選　中野美術館編　［奈良］　中野美術館　c2014　145p　30cm　Ⓝ721.026

◇日本近代洋画への道―山岡コレクションと高橋由一の名品を中心に　栃木県立美術館, 香川県立ミュージアム編　［宇都宮］　栃木県立美術館　2014　135p　29cm〈会期・会場：2014年1月11日―3月23日　栃木県立美術館ほか　共同刊行：香川県立ミュージアム〉　Ⓝ723.1

◇ヴェネチア展―日本人が見た水の迷宮―一宮市三岸節子記念美術館特別展　一宮　一宮市三岸節子記念美術館　2013　80p　30cm〈会期：2013年10月5日―11月24日　企画編集：伊藤和彦〉　Ⓝ723.1

◇明治を歩く―湘南と武蔵野：府中市美術館コレクションを中心に　茅ヶ崎市美術館編　茅ヶ崎　茅ヶ崎市文化・スポーツ振興財団茅ヶ崎市美術館　2014　95p　30cm〈会期・会場：2014年9月7日―11月3日　茅ヶ崎市美術館〉　Ⓝ721.026

日本件名図書目録2014　Ⅰ

日本（絵画―歴史―明治時代）

◇明治絵画と理想主義―横山大観と黒田清輝をめぐって　植田彩芳子著　吉川弘文館　2014.11　229,2p　22cm　〈シリーズ近代美術のゆくえ〉〈内容：理想主義をめぐる理論と実践　横山大観筆《屈原》と「エクスプレッション」「心持ち」をめぐって　黒田清輝筆《昔語り》の構造　黒田清輝筆《智・感・情》と美学〉Ⓘ978-4-642-03838-6　Ⓝ721.026　[4200円]

日本（絵画―歴史―明治時代―画集）

◇浅井忠と京都の弟子たち―国立美術館巡回展　佐倉市立美術館編　佐倉　佐倉市立美術館　2014.2　55p　30cm　〈会期・会場：2014年2月15日―3月23日　佐倉市立美術館　共同刊行：国立美術館京都国立近代美術館〉Ⓝ723.1

◇美術の北大展―いま、明らかになる大学所蔵絵画　北海道大学大学院文学研究科芸術学講座、北海道大学総合博物館編　[札幌]　北海道大学大学院文学研究科芸術学講座　2014.10　80p　26cm　〈年表あり　会期・会場：2014年10月4日―11月30日　北海道大学総合博物館3階企画展示室　共同刊行：北海道大学総合博物館〉Ⓝ723.1

◇洋画家たちの青春―白馬会から光風会へ―光風会100回展記念　東京ステーションギャラリー、中日新聞社編　[名古屋]　中日新聞社　2014.3　209p　27cm　〈年表あり　会期・会場：2014年3月21日―5月6日　東京ステーションギャラリーほか〉Ⓝ723.1

日本（海岸）

◇海浜等清掃活動実施状況調査報告書　平成25年度　[東京]　海と渚環境美化・油濁対策機構　2014.3　31p　30cm　〈環境・生態系維持・保全活動等調査事業, 海の羽根基金事業〉Ⓝ518.54

◇海浜等の美化活動事例調査報告書　平成25年度　[東京]　海と渚環境美化・油濁対策機構　2014.3　95p　30cm　〈環境・生態系維持・保全活動等調査事業, 海の羽根基金事業〉Ⓝ518.54

日本（海岸林）

◇山地保全調査（海岸防災林現況調査）事業報告書　平成25年度　[東京]　林野庁計画課　2014.3　1冊　30cm　〈文献あり〉Ⓝ653.9

日本（外客）

◇外国人観光客が「笑顔で来店する」しくみ―巨大5兆円のインバウンド市場攻略に向けた基礎と実践の必携ハンドブック：ジャパンショッピングツーリズム協会公式ハンドブック　新津研一著　商業界　2014.7　216p　19cm　Ⓘ978-4-7855-0473-1　Ⓝ689.21　[1500円]

◇外国人だけが知っている美しい日本―スイス人の私が愛する人と街と自然　ステファン・シャウエッカー著　大和書房　2014.7　221p　19cm　Ⓘ978-4-479-39262-0　Ⓝ291.09　[1300円]

◇日本人だけが知らない「ニッポン」の観光地　水津陽子著　[東京]　日経BP社　2014.9　213p　19cm　〈日経BPマーケティング（発売）　文献あり〉Ⓘ978-4-8222-7791-8　Ⓝ689.21　[1400円]

◇ハラールマーケット最前線―急増する訪日イスラム教徒の受け入れ態勢と、ハラール認証制度の今を追う　佐々木良昭著　実業之日本社　2014.8　191p　19cm　Ⓘ978-4-408-33512-4　Ⓝ689.21　[1500円]

◇訪日外国人旅行者向け「観光品質基準」に関する調査研究―報告書　2013　ホテル編の策定、宿泊施設編の実証研究およびアクティビティ編の改訂について　名古屋　中部圏社会経済研究所　2014.4　1冊　30cm　Ⓝ689.21

◇訪日観光の教科書　髙井典子, 赤堀浩一郎著　創成社　2014.2　21,197p　21cm　〈文献あり　索引あり〉Ⓘ978-4-7944-2427-3　Ⓝ689.21　[2100円]

日本（階級―歴史―1868～1945）

◇〈階級〉の日本近代史―政治的平等と社会的不平等　坂野潤治著　講談社　2014.11　195p　19cm　（講談社選書メチエ586）〈文献あり　索引あり〉Ⓘ978-4-06-258589-7　Ⓝ312.1　[1500円]

日本（海軍）

◇翼の蔭に―海軍特別年少兵の手記　國忠二郎著　[出版地不明]　國忠浩文　2014　525p　20cm　Ⓝ916

◇帝国海軍最後の水兵さん　小池山三郎著　文芸社　2014.7　71p　19cm　Ⓘ978-4-286-15239-4　Ⓝ916　[1000円]

日本（海軍―伝記）

◇最前線指揮官の太平洋戦争―海と空の八人の武人の生涯　岩崎剛二著　新装版　潮書房光人社　2014.10　256p　16cm　（光人社NF文庫　いN-854）Ⓘ978-4-7698-2854-9　Ⓝ392.8　[750円]

日本（海軍―歴史）

◇写真で見る海軍糧食史　藤田昌雄著　新装改訂版　潮書房光人社　2014.2　253p　21cm　〈初版：光人社 2007年刊〉Ⓘ978-4-7698-1563-1　Ⓝ397.21　[2300円]

◇〈証言録〉海軍反省会　6　戸髙一成編　PHP研究所　2014.5　469p　22cm　Ⓘ978-4-569-81841-2　Ⓝ397.21　[4000円]

◇帝国海軍の歴史と戦績―デジタル着彩写真で徹底再現：永久保存版　ダイアプレス　2014.9　111p　26cm　（DIA Collection）Ⓘ978-4-86214-919-0　Ⓝ397.21　[907円]

◇日本海軍軍装図鑑―幕末・明治から太平洋戦争まで　柳生悦子著　増補版　並木書房　2014.7　334p　27cm　〈文献あり　索引あり〉Ⓘ978-4-89063-319-7　Ⓝ395.5　[12000円]

◇日本海軍史の研究　海軍史研究会編　吉川弘文館　2014.12　346p　22cm　〈内容：日本海軍の対中同盟構想（横山久幸著）　日本海軍の北樺太油田利権獲得工作（駄場裕司著）　「海軍軍縮条約体制」からの脱却過程（太田久元著）　第一次上海事変の勃発の構造（影山好一郎著）　近代日本の海上保安と日本海軍（坂口太助著）　ロンドン会議後の航空軍備と山本五十六（相澤淳著）　日本海軍と蘭印石油（荒川憲一著）　豪州進攻構想と米豪遮断について（田中宏巳著）　日本の「近代」という時代の基礎を築いた長崎海軍伝習の人々（新津makomacchi著）　海軍の歴史編纂と『西南征討志』（鈴木隆春著）　富岡定俊の豪州進攻構想と米豪遮断について（田中宏巳著）　日本の「近代」という時代の基礎を築いた長崎海軍伝習の人々（新津makomacchi著）　海軍の歴史編纂と『西南征討志』（鈴木隆春著）　富岡定俊の海軍兵学校教育の精兵主義について（熊谷光久著）　中華民国国民政府の海軍教育と日本人教官（馮青著）〉Ⓘ978-4-642-03840-9　Ⓝ397.21　[9000円]

◇舞廠造機部の昭和史　岡本孝太郎著　文芸社　2014.5　479p　15cm　〈年表あり　鶴桜会 1989年刊の再刊〉Ⓘ978-4-286-14246-3　Ⓝ397.21　[900円]

◇連合艦隊の栄光―太平洋海戦史　伊藤正徳著　新装版　潮書房光人社　2014.12　301p　16cm　（光人社NF文庫　いN-864）〈初版：光人社 1996年刊〉Ⓘ978-4-7698-2864-8　Ⓝ391.2074　[800円]

日本（海軍―歴史―1868～1945）

◇艦隊決戦の幻影主力部隊　1　戦艦・重巡洋艦・軽巡洋艦　1　渡辺博史著, 永井久隆編　[名古屋]　渡辺博史　2014.4　399p　21cm　〈著作目録あり　自家本〉Ⓝ397.21

◇艦隊決戦の幻影主力部隊　2　軽巡洋艦・練習巡洋艦・特設巡洋艦・敷設艦・特設敷設艦・特設水雷母艦・特設合設網艦　渡辺博史著, 永井久隆編　[名古屋]　渡辺博史　2014.9　447p　21cm　〈自家本〉Ⓝ397.21

◇艦隊決戦の幻影主力部隊　3　補給艦船・その他　渡辺博史著, 永井久隆編　[名古屋]　渡辺博史　2014.11　393p　21cm　〈自家本〉Ⓝ397.21

◇大日本帝国海軍ガイド　艦船史研究会著　新紀元社　2014.5　231p　19cm　Ⓘ978-4-7753-1228-5　Ⓝ397.21

◇追憶の海軍―海軍は何故敗けると解っている戦争を始めたのか　伊藤高顕著　創英社／三省堂書店　2014.8　503p　19cm　〈文献あり〉Ⓘ978-4-88142-864-1　Ⓝ397.21　[2000円]

◇遥かなり帝国海軍の提督達肖像写真集―提督以外の104人も並ぶ　夏川英二[著]　横浜　夏川英二　2013.3　1冊（ページ付なし）27×27cm　Ⓝ392.8　[50000円]

日本（海軍―歴史―昭和前期）

◇海軍将校たちの太平洋戦争　手嶋泰伸著　吉川弘文館　2014.8　191p　19cm　（歴史文化ライブラリー 383）〈文献あり〉Ⓘ978-4-642-05783-7　Ⓝ397.21　[1700円]

◇艦内新聞集成　第4巻　日向新聞―第1号～216号〈昭和13年1月～10月〉復刻版　不二出版　2014.4　364p　27cm　〈昭和13年刊の複製　布装〉Ⓘ978-4-8350-7571-6,978-4-8350-7570-9（set）Ⓝ397.21

◇艦内新聞集成　第5巻　むつ新聞―第1号～219号〈昭和13年1月～10月〉復刻版　不二出版　2014.4　487p　27cm　〈陸奥新聞社　昭和13年刊の複製　布装〉Ⓘ978-4-8350-7572-3,978-4-8350-7570-9(set)　Ⓝ397.21

◇総点検・日本海軍と昭和史　半藤一利, 保阪正康著　毎日新聞社　2014.2　398p　20cm　Ⓘ978-4-620-32245-2　Ⓝ397.21　[2300円]

◇太平洋戦争日本の海軍機―11機種・56機の航跡　渡辺洋二著　潮書房光人社　2014.4　390p　16cm　（光人社NF文庫　わN-826）〈『日本の軍用機 海軍編』（朝日ソノラマ 1997年刊）の改題、加筆、訂正〉Ⓘ978-4-7698-2826-6　Ⓝ538.7　[870円]

◇帝国海軍の航跡―父祖たちの証言　久野潤著　青林堂　2014.12　231p　20cm　〈文献あり〉Ⓘ978-4-7926-0510-0　Ⓝ397.21　[1600円]

◇南海の海鷲たち―南西方面の日本海軍航空隊　阿部徹雄撮影, 佐藤暢彦, 吉野泰貴解説　大日本絵画　2014.11　128p　26cm　〈英語抄訳付〉Ⓝ397.8　[4000円]

◇日本海軍400時間の証言―軍令部・参謀たちが語った敗戦　NHKスペシャル取材班著　新潮社　2014.8　508p　16cm

日本（会計学）

（新潮文庫 え-20-3）〈2011年刊の改訂 内容：超一級資料との出会い（右田千代著） 開戦 海軍あって国家なし（横井秀信著） 特攻 やましき沈黙（右田千代著） 特攻 それぞれの戦後（吉田好克著） 戦犯裁判 第二の戦争（内山拓著）〉 ①978-4-10-128373-9 Ⓝ397.21 ［750円］

◇日本人と愛国心―昭和史が語るもの 半藤一利, 戸髙一成著 PHP研究所 2014.1 235p 15cm （PHP文庫 は9-18）〈「愛国者の条件」（ダイヤモンド社 2006年刊）の改題, 加筆・修正 内容：愛国心を教えることは可能なのか 愛国を論じる前に（半藤一利著）「美しい国」づくりに必要なこと（戸髙一成著） 日本海軍の人づくりに学ぶ（半藤一利著） 国家の命運を握る先見性（戸髙一成著） 国家と軍が誤る時（半藤一利著） なぜ昭和の海軍は破綻したのか（戸髙一成著） 再軍備を語る前に知っておくべきこと（半藤一利著） 日本は歴史から何を学ぶか（戸髙一成著）〉 ①978-4-569-76125-1 Ⓝ210.7 ［619円］

日本（会計学）

◇会計学・簿記入門―韓国語財務諸表・中国語財務諸表付 新田忠誓, 佐々木隆志, 石原裕也, 溝上達也, 神納樹史, 西山一弘, 西舘司, 吉田智也, 中村亮介, 松下真也, 金子善行, 西嶋優子著 第12版 白桃書房 2014.4 331p 21cm〈索引あり〉 ①978-4-561-35205-1 Ⓝ336.9 ［2800円］

日本（会計監査）

◇会計監査六法 平成26年版 日本公認会計士協会, 企業会計基準委員会共編 日本公認会計士協会出版局 2014.3 3146p 27cm〈索引あり〉 ①978-4-904901-42-7 Ⓝ336.97 ［6000円］

◇会計監査六法 平成26年 日本公認会計士協会, 企業会計基準委員会共編 Lite版 日本公認会計士協会出版局 2014.9 1389p 21cm ①978-4-904901-46-5 Ⓝ336.97 ［4000円］

◇会計不正と監査人の監査責任―ケース・スタディ検証 守屋俊晴著 創成社 2014.6 424p 22cm〈索引あり〉 ①978-4-7944-1482-3 Ⓝ336.97 ［3800円］

◇学校法人会計監査六法 平成26年版 日本公認会計士協会編 日本公認会計士協会出版局 2014.3 1200p 27cm ①978-4-904901-44-1 Ⓝ374.5 ［4800円］

◇監査実務ハンドブック 平成27年版 日本公認会計士協会編 日本公認会計士協会出版局 2014.10 1885p 27cm ①978-4-904901-47-2 Ⓝ336.97 ［6000円］

◇決算効率化を実現する会計監査対応の実務 石島隆監修, アルテ監査法人編著 中央経済社 2014.4 200p 21cm〈索引あり〉 ①978-4-502-09590-0 Ⓝ336.97 ［2500円］

◇公会計監査機関意見交換会議―議事録 第26回 国民生活の安全性に貢献する検査・監査・評価 会計検査院事務総長官房能力開発官付公会計監査連携室〔2014〕 68p 30cm〈会期・会場：平成26年8月22日 日比谷公会堂 内容：基調講演 危機管理に求められるもの（市川宏雄述）〉Ⓝ343.8

◇公会計・公監査の基礎と実務―地方公共団体の公会計改革を目指して：我が国政府・地方公共団体における公会計・公監査の理論とケースを中心に 鈴木豊監修・著 法令出版 2014.1 551p 21cm ①978-4-938419-61-5 Ⓝ343.9 ［4200円］

◇公認会計士に聞く監査役のしごと―会計知識から不正対応まで 新日本有限責任監査法人編著 清文社 2014.8 239p 21cm ①978-4-433-54913-8 Ⓝ336.97 ［2400円］

◇コーポレートガバナンスと監査と裁判所 安達巧著 岡山ふくろう出版 2014.5 107p 21cm〈内容：コーポレートガバナンスと会計監査人監査 金融商品取引法監査の趣旨及び目的と監査人の責任 投資者保護の観点からみた監査基準と「司法の権威」〉①978-4-86186-605-0 Ⓝ336.97 ［2300円］

◇資本主義社会における裁判官の役割―日本経済の発展を支える社会的妥当判決「資本市場と法」研究会著 岡山 ふくろう出版 2014.7 40p 21cm ①978-4-86186-610-4 Ⓝ336.97 ［1500円］

◇生協監事のガイドブック―監査の基本と実務のポイント 麻野浅一著 改訂版 日本生活協同組合連合会出版部 2013.9 166p 21cm〈コープ出版（発売）〉①978-4-87332-326-8 Ⓝ365.85 ［1500円］

◇非営利法人会計監査六法 平成26年版 日本公認会計士協会編 日本公認会計士協会出版局 2014.3 1490p 27cm ①978-4-904901-45-8 Ⓝ336.97 ［5300円］

日本（会計監査―歴史）

◇会計士監査の法的意義と責任 栁田美恵子著 財経詳報社 2014.4 238p 22cm〈文献あり〉①978-4-88177-402-1 Ⓝ336.97 ［3500円］

日本（外形標準課税）

◇外形標準課税の申告実務ガイド 多田雄司著 第4版 税務研究会出版局 2014.11 345p 26cm〈平成26年10月1日施行法令に対応！〉①978-4-7931-2123-4 Ⓝ336.988 ［2600円］

日本（会計法）

◇財政会計六法 平成26年版 大蔵財務協会 2014.2 2957p 22cm ①978-4-7547-2080-3 Ⓝ343.2 ［6286円］

◇財政法・会計法 〔東京〕 財務省財務総合政策研究所研修部〔2013〕 115p 30cm （研修部教材 平成25年度 5）Ⓝ343.2

日本（解雇）

◇解雇事例をめぐる弁護士業務ガイド 村林俊行, 中田成徳, 木下貴博, 寺島英輔編著 三協法規出版 2013.8 403p 21cm ①978-4-88260-246-0 Ⓝ336.14 ［4200円］

◇社員を適正に辞めさせる法―トラブルを防ぎ、会社を守るための 労務リスクソリューションズ著 新訂版 アニモ出版 2014.6 245p 19cm ①978-4-89795-166-9 Ⓝ336.42 ［1500円］

◇従業員の採用と退職に関する実態調査 労働政策研究・研修機構編 労働政策研究・研修機構 2014.3 180p 30cm （JILPT国内労働情報 14）Ⓝ366.21

◇整理解雇（民間労働者）と分限免職（公務員労働者）―とことんすべての労働者のために 大阪労働者弁護団編集委員会編 大阪 大阪労働者弁護団 2014.5 103p 26cm ①978-4-86377-034-8 Ⓝ366.14 ［1700円］

日本（介護―安全管理）

◇介護の事故・トラブルを防ぐ70のポイント―今どきの介護現場のためのリスクマネジメント 田中元著 自由国民社 2014.3 223p 21cm ①978-4-426-11765-8 Ⓝ369.26 ［1700円］

◇現場の成功事例から学ぶ安全な介護を実現する事故・トラブル防止術 山田滋著 日本医療企画 2014.6 113p 21cm （介護福祉経営士実行力テキストシリーズ 6）①978-4-86439-264-8 Ⓝ369.26 ［1800円］

日本（解雇―判例）

◇多様な正社員に関する解雇判例の分析 労働政策研究・研修機構編 労働政策研究・研修機構 2014.10 195p 30cm （JILPT資料シリーズ no. 145）Ⓝ366.18

日本（外国会社）

◇グローバル製品開発戦略―日本コカ・コーラ社の成功と日本ペプシコ社の撤退 多田和美著 有斐閣 2014.4 264p 22cm〈文献あり 索引あり〉①978-4-641-16425-3 Ⓝ675.3 ［3800円］

◇国際源泉の税務―非居住者及び外国法人をめぐる源泉所得税 平成26年版 冨永賢一著 大蔵財務協会 2014.3 734p 22cm ①978-4-7547-2092-6 Ⓝ336.983 ［3619円］

◇若者よ、外資系はいいぞ―四十代年収四千万になる人生設計術 祖父江基史著 〔東京〕 日本ビジネスプレス 2014.11 93p 18cm （JB Press新書）〈主婦の友社（発売）〉①978-4-07-330105-9 Ⓝ335.47 ［700円］

日本（外国為替―法令）

◇外国為替・貿易小六法 平成26年版 外国為替研究協会編 外国為替研究協会（発売） 2014.3 1565p 22cm ①978-4-905637-31-8 Ⓝ338.95 ［5250円］

日本（外国関係）

◇侵される日本―われわれの領土・領海を守るために何をすべきか 山田吉彦著 PHP研究所 2014.3 254p 20cm ①978-4-569-81731-6 Ⓝ319.1 ［1500円］

◇外交をひらく―核軍縮・密約問題の現場で 岡田克也著 岩波書店 2014.11 274,3p 20cm〈年譜あり 年表あり〉①978-4-00-061004-9 Ⓝ319.1 ［1900円］

◇外交青書 2014（平成26年版） 外務省/編 日経印刷, 全国官報販売協同組合〔発売〕 2014.8 295p 26cm ①978-4-905427-90-2 ［1944円］

◇クールジャパンの嘘―アニメで中韓の「反日」は変わらない 古谷経衡著 総和社 2014.2 277p 19cm ①978-4-86286-077-4 Ⓝ361.5 ［1500円］

◇グローバル化と日本の政治・経済―TPP交渉と日米同盟のゆくえ 河野康子監修, 阿部顕三, 笠原英彦編著 芦書房 2014.4 141p 22cm〈内容：グローバル化と安全保障（宮岡勲著） グローバル化と日本、そしてアジア（山本信人著） グローバル化と通商政策（池田剛士, 郡司大志著） グローバル化と日本経済（佐藤公俊著） グローバル化と日本政治（久保田哲, 門松秀樹著）〉①978-4-7556-1265-7 Ⓝ319.1 ［2500円］

◇賢者の戦略―生き残るためのインテリジェンス 手嶋龍一, 佐藤優著 新潮社 2014.12 268p 18cm （新潮新書 600）①978-4-10-610600-2 Ⓝ319 ［800円］

◇国際儀礼の基礎知識―プロトコール 寺西千代子著 全国官報販売協同組合 2014.7 188p 21cm〈索引あり〉①978-4-86458-068-7 Ⓝ319.1 ［1800円］

◇国土と安全は経済（カネ）で買える―膨張中国包囲論　上念司著　扶桑社　2014.5　210p　18cm　（扶桑社新書 163）〈文献あり〉Ⓘ978-4-594-07009-0　Ⓝ319.1　［760円］

◇国境の人びと―再考・島国日本の肖像　山田吉彦著　新潮社　2014.8　287p　20cm　（新潮選書）Ⓘ978-4-10-603754-2　Ⓝ329.23　［1300円］

◇この国を呪縛する歴史問題　菅沼光弘著　徳間書店　2014.5　231p　20cm　Ⓘ978-4-19-863799-6　Ⓝ319.1　［1600円］

◇3.11後の日本と国際社会―第24回獨協インターナショナル・フォーラム―パイリンガル　雨宮昭一，岡垣知子編　丸善プラネット　2014.2　252p　22cm　〈丸善出版（発売）英語併記　内容：防災型復興のパラダイム（猪口邦子述，岡垣知子司会）パネルディスカッション　1（帰泳濤ほか述，岡垣知子司会・討論）　東日本大震災とその復興（五百旗頭真述，岡垣知子司会）パネルディスカッション　2（雨宮昭一ほか述，ロバート・デュジャリック討論，岡垣知子司会）〉Ⓘ978-4-86345-191-9　Ⓝ369.31　［3000円］

◇政府開発援助国別データブック　2013　外務省国際協力局／編　昭和情報プロセス，全国官報販売協同組合［発売］　2014.3　1003p　30cm　Ⓘ978-4-907343-03-3　［3800円］

◇地図と年表で見る日本の領土問題―ビジュアル版　浦野起央著　三和書籍　2014.8　110p　26cm　Ⓘ978-4-86251-159-1　Ⓝ319.1　［1400円］

◇諜報機関―日本の諜報活動最前線を記す　井上太郎著　青林堂　2014.12　213p　19cm　Ⓘ978-4-7926-0507-0　Ⓝ319.1　［1200円］

◇テキサス親父の「怒れ！罠にかかった日本人」　トニー・マラーノ著，西村幸祐監修　青林堂　2014.4　249p　19cm　（SEIRINDO BOOKS）Ⓘ978-4-7926-0492-9　Ⓝ319.1　［1200円］

◇闘魂外交―なぜ、他の政治家が避ける国々に飛び込むのか？　アントニオ猪木著　プレジデント社　2014.9　191p　19cm　Ⓘ978-4-8334-2091-4　Ⓝ319.1　［1400円］

◇日本をめぐる安全保障これから10年のパワー・シフト―その戦略環境を探る　渡邉昭夫，秋山昌廣編著　亜紀書房　2014.8　286p　21cm　〈内容：パワー・シフトのなかの日本の安全保障（山本吉宣著）2010年代世界と日本の位置（中西寛著）米国新戦略と日米同盟（坂元一哉著）「グレーゾーン」のなかの日中関係（浅野亮著）プーチン政権の安定性と対外関係（袴田茂樹著）朝鮮半島（小此木政夫著）パワー・シフトと東南アジア（菊池努著）海洋の安全保障と日本（秋山昌廣著）宇宙空間の安全保障利用（橋本靖明著）非伝統的安全保障としてのサイバーセキュリティの課題（土屋大洋著）歴史の流れのなかで考えよ（渡邉昭夫著）〉Ⓘ978-4-7505-1414-7　Ⓝ319.1　［2500円］

◇日本外交の課題と展望　谷内正太郎［述］，富山県民生涯学習カレッジ編　富山　富山県民生涯学習カレッジ　2014.1　68p　19cm　（県民カレッジ叢書 106）Ⓝ319.1

◇日本の安全保障とエネルギー　富士社会教育センター・エネルギー問題研究会編　富士社会教育センター　2014.3　53p　21cm　（エネルギー問題研究会レポート 第25回）Ⓝ319.1

◇日本の危機！　中国の危うさ!!―日本とインドの強い絆と可能性　ペマ・ギャルポ著　あ・うん　2013.6　185p　19cm　〈文献あり〉Ⓘ978-4-904891-25-4　Ⓝ319.1　［1100円］

◇日本の勝機―米中韓の変化に果敢に向き合え　櫻井よしこ，国家基本問題研究所著　産経新聞出版　2014.11　287p　19cm　〈日本工業新聞社（発売）内容：反日メディア、アメリカの揺らぎ、日本の前進を阻むもの（櫻井よしこ，田久保忠衛述）揺れ動く歴史認識問題の変質に注視せよ（櫻井よしこ著）日韓関係のためにも自衛隊＝国軍の整備を急げ（西岡力述）アジア海洋同盟で中国を抑止せよ（湯浅博述）アメリカの変節がもたらす衝撃に備えよ（田久保忠衛述）米中関係の理解なくして日本の「独立自存」はない（冨山泰述）「レーガン保守」が示唆する憲法改正の覚悟（平川祐弘述）愛すべき日本、学ぶべき明治（平川祐弘著）断ち切られた親子の絆を見つめよう（髙橋史朗著）異次元の規制改革を目指せ（大岩雄次郎著）憲法とアベノミクスについて（遠藤浩一著）時機到来！いまこそ改憲のときだ（田久保忠衛著）〉Ⓘ978-4-8191-1254-3　Ⓝ319.1　［1400円］

◇日本の「戦略的パートナーシップ」外交―全体像の俯瞰　白石昌也著　早稲田大学アジア太平洋研究センター　2014.3　585p　26cm　（WIAPSリサーチ・シリーズ no. 2）Ⓝ319.1

◇日本の敵―グローバリズムの正体　渡部昇一，馬渕睦夫著　飛鳥新社　2014.3　269p　19cm　Ⓘ978-4-86410-309-1　Ⓝ319.1　［1429円］

◇日本はなぜ外交で負けるのか―日米中露韓の国境と海境　山本七平著　さくら舎　2014.7　285p　19cm　Ⓘ978-4-906732-82-1　Ⓝ319.1　［1600円］

◇バカな外交論―「的外れな主張」にダマされるな！　高橋洋一著　あさ出版　2014.10　262p　19cm　Ⓘ978-4-86063-705-7　Ⓝ319.1　［1300円］

◇「普通」の国日本　添谷芳秀，田所昌幸，デイヴィッド・A・ウェルチ編著　千倉書房　2014.3　340p　20cm　〈索引あり　内容：「普通の国」とは何か（添谷芳秀，田所昌幸，デイヴィッド・A・ウェルチ著，添谷芳秀，田所昌幸訳）「普通」を抱きしめて（デイヴィッド・A・ウェルチ著，合六強訳）日本人の対外意識における連続と不連続（田所昌幸著）「普通のミドルパワー」（添谷芳秀著）保守政治家たちの多様な「普通の国」論（パク・チョルヒ著，白鳥潤一郎訳）「普通の国」日本をめぐる中国の言説（ワン・ジエンウェイ著，手賀裕輔訳）「普通」であることの限界？（ジョン・スウェンソン＝ライト著，林晟一訳）冷戦後の日本と東南アジアの関係（ラム・ペン・アー著，昇亜美子訳）〉Ⓘ978-4-8051-1032-4　Ⓝ319.1　［2800円］

◇領土という病―国境ナショナリズムへの処方箋　岩下明裕編著　札幌　北海道大学出版会　2014.7　236p　19cm　〈内容：政治地理学から見た領土論の罠（山﨑孝史述）竹島問題で海域が見えないことの罠（福原裕二述）日本の国境地域の現実（本間浩昭述）思想から見た罠（土佐弘之述）領土を論ずるスリルと怖さ（若宮啓文述）領土問題と向き合う（若宮啓文，本田良一，本間浩昭述，岩下明裕司会）歴史を時代に即して理解する（和田春樹述，岩下明裕聞き手）「領土ナショナリズム」と闘う（岡田充述，岩下明裕聞き手）「売国奴」からのメッセージ（天児慧述，岩下明裕聞き手）〉Ⓘ978-4-8329-6792-2　Ⓝ329.23　［2400円］

◇ワルの外交―日本人が知らない外交の常識　河東哲夫著　草思社　2014.11　223p　19cm　Ⓘ978-4-7942-2089-9　Ⓝ319.1　［1600円］

日本（外国関係―アジア）

◇アジア親日の履歴書―アジアが日本を尊敬する本当のワケを調べてみた　丸山ゴンザレス著　辰巳出版　2014.6　255p　19cm　〈文献あり〉Ⓘ978-4-7778-1296-7　Ⓝ319.102　［1300円］

◇大破局の「反日」アジア、大繁栄の「親日」アジア―そして日本経済が世界を制する　長谷川慶太郎著　PHP研究所　2014.9　222p　20cm　Ⓘ978-4-569-82033-0　Ⓝ319.102　［1400円］

日本（外国関係―アジア〔東部〕）

◇転変する東アジアのなかの日本―私たちはいかなる道を選ぶのか　荒井利明著　日中出版　2014.7　300p　19cm　（検証・東アジア新時代 5）〈文献あり　年表あり〉Ⓘ978-4-8175-1265-9　Ⓝ319.102　［2200円］

◇那賀郡の軒瓦に見られる東アジアとの交流―シンポジウム報告書　帝塚山大学考古学研究所編　［奈良］　帝塚山大学考古学研究所　2014.3　45p　30cm　〈紀の川市教育委員会・帝塚山大学附属博物館共催展「日・中・韓の古代瓦」関連シンポジウム　会期・会場：平成24年9月16日　紀の川市歴史民俗資料館　共同刊行：帝塚山大学附属博物館　内容：荒廃寺の発掘調査（立岡和人述）神紙と仏教が共存する国・紀伊（甲斐弓子述）紀伊と軒瓦にみられる新羅的要素（清水昭博述）〉Ⓝ216.6

◇東アジアの危機―「日本と新聞の大学」講義録　姜尚中モデレーター，藤原帰一，保阪正康，金子勝，吉岡桂子著　集英社　2014.7　252p　18cm　（集英社新書 0745）〈内容：東北アジアと日本の将来を考える（姜尚中述）アジアの軍縮・軍備管理と日本（藤原帰一述）世界における歴史認識と日本（保阪正康述）世界経済と日本（金子勝述）中国環境脅威論？（吉岡桂子述）メディア激変は民主主義の味方か敵か（一色清述）〉Ⓘ978-4-08-720755-3　Ⓝ319.102　［760円］

◇不透明さ増す国際情勢と新政権の課題　遊川和郎，秋田浩之，平井久志，奥田聡，宮家邦彦著　武蔵野　亜細亜大学アジア研究所　2014.3　219p　19cm　（アジア研究所叢書 28）〈亜細亜大学購買部ブックセンター（発売）内容：習近平体制の課題と日中関係（遊川和郎著）オバマ政権のアジア外交と日本の針路（秋田浩之著）継承と相克の権力形成（平井久志著）韓国新政権の課題（奥田聡著）安部外交の課題と展望（宮家邦彦著）〉Ⓘ978-4-900521-28-5　Ⓝ319.102　［1200円］

日本（外国関係―アジア〔東部〕―歴史―1945～）

◇転換期の日本へ―「パックス・アメリカーナ」か「パックス・アジア」か　ジョン・W・ダワー，ガバン・マコーマック著，明田川融，吉永ふさ子訳　NHK出版　2014.1　311p　18cm　（NHK出版新書 423）〈内容：サンフランシスコ体制（ジョン・W・ダワー著，明田川融訳）属国（ガバン・マコーマック著，吉永ふさ子訳）東アジアの現在を歴史から考える（ジョン・W・ダワー，ガバン・マコーマック述，明田川融訳）〉Ⓘ978-4-14-088423-2　Ⓝ319.1053　［860円］

◇日本劣化論　笠井潔, 白井聡著　筑摩書房　2014.7　270p　18cm　（ちくま新書 1078）①978-4-480-06787-6　Ⓝ302.1　［840円］

日本（外国関係―アジア〔東部〕―歴史―古代）

◇海を渡ってきた古代倭王―その正体と興亡　小林惠子著　祥伝社　2014.12　261p　19cm　①978-4-396-61513-0　Ⓝ210.3　［1600円］

◇古代日本外交史―東部ユーラシアの視点から読み直す　廣瀬憲雄著　講談社　2014.2　254p　19cm　（講談社選書メチエ 569）〈文献あり 年表あり 索引あり〉①978-4-06-258572-9　Ⓝ210.3　［1650円］

日本（外国関係―アジア〔東部〕―歴史―昭和前期）

◇〈外地〉日本語文学への射程　池内輝雄, 木村一信, 竹松良明, 土屋忍編　双文社出版　2014.3　278p　22cm〈内容：植民地の多言語状況と小説の一言語使用（西成彦著）　一九三〇年代日本文学における「野蛮」への共鳴をめぐって（垂水千恵著）　漂流民の台湾（土屋忍著）　植民地下の日本語雑誌（神谷忠孝著）　朝鮮における日本語文学の形成と文芸欄の帝国主義（鄭炳浩著）　兪鎭午「新京」における空間の政治学（柳水晶著）　「満洲」文学の一側面（池内輝雄著）　小泉譲の〈上海〉（竹松良明著）　日本統治下上海の文学的グレーゾーン（木田隆文著）　黒島傳治「武装せる市街」論（三上聡太著）　森三千代の〈ジャワの旅〉（木村一信著）　記憶を反芻する（掛野剛史著）　中島敦の〈南洋行〉（橋本正志著）〉①978-4-88164-625-0　Ⓝ910.26　［6400円］

日本（外国関係―アジア〔東部〕―歴史―明治以後）

◇アジア主義思想と現代　長谷川雄一編著　慶應義塾大学出版会　2014.7　330p　22cm〈索引あり　内容：華夷秩序とアジア主義（茂木敏夫著）　アジア認識の形成と「アジア主義」（スヴェン・サーラ著）　鹿子木員信とアジア主義（クリストファー・W・A・スピルマン著）　満川亀太郎における初期アジア主義の空間（長谷川雄一著）　近衛文麿に見るアジア主義の変化（庄司潤一郎著）　重光葵の外交思想（波多野澄雄著）　マレーシアにおけるアジア主義（金子芳樹著）　東アジア共同体論の形成と展開（生田目学文著）〉①978-4-7664-2130-9　Ⓝ319.102　［3400円］

日本（外国関係―アジア―歴史―1868～1945）

◇アジア解放戦争の真実　森嶋雄仁著　元就出版社　2014.10　158p　20cm　（団塊の世代から観た大東亜戦争 2）〈文献あり〉①978-4-86106-231-5　Ⓝ210.75　［1600円］

◇アジア主義―その先の近代へ　中島岳志著　潮出版社　2014.7　455p　19cm〈文献あり〉①978-4-267-01971-5　Ⓝ210.6　［1900円］

日本（外国関係―アジア―歴史―1945～）

◇戦後責任―アジアのまなざしに応えて　内海愛子, 大沼保昭, 田中宏, 加藤陽子著　岩波書店　2014.6　247,5p　20cm〈文献あり〉①978-4-00-025854-8　Ⓝ319.102　［2600円］

◇戦後70年保守のアジア観　若宮啓文著　朝日新聞出版　2014.12　444,11p　19cm　（朝日選書 927）〈文献あり 年表あり 索引あり　「戦後保守のアジア観」（朝日新聞社 1995年刊）と「和解とナショナリズム」（朝日新聞社 2006年刊）の改題, 全面的に改訂〉①978-4-02-263027-8　Ⓝ319.102　［1800円］

◇歴史のなかの日本政治　5　戦後アジアの形成と日本　北岡伸一監修　宮城大蔵編, 井上寿一, 宮城大蔵, 西野純也, アンドレア・プレセロ, 後藤健太, 佐々木卓也, 末廣昭著　中央公論新社　2014.2　302p　20cm〈索引あり　内容：戦後日本社会にとって「アジア」とは何だったのか（井上寿一著）　自民党内派閥とアジア外交（宮城大蔵著）　韓国の経済開発をめぐる戦後日韓ネットワーク（西野純也著）　ヴェトナム戦争後の東南アジア秩序と日本（アンドレア・プレセロ著）　戦後アジアの国際生産・流通ネットワークの形成と展開（後藤健太著）　アメリカ外交と東アジア・太平洋秩序の形成（佐々木卓也著）　日本のアジア認識・政策の変容（末廣昭著）〉①978-4-12-004574-5　Ⓝ312.1　［3000円］

日本（外国関係―アメリカ合衆国）

◇アメリカと中国はどう日本を「侵略」するのか―「第二次大戦」前夜にだんだん似てきている、今　西尾幹二著　ベストセラーズ　2014.7　255p　18cm〈年表あり〉①978-4-584-13588-4　Ⓝ319.1053　［1000円］

◇新たな反日包囲網を撃破する日本　渡部昇一著　徳間書店　2014.3　236p　20cm　①978-4-19-863777-4　Ⓝ319.1053　［1600円］

◇現代日本の政治と外交　5　日本・アメリカ・中国―錯綜するトライアングル　猪口孝監修　猪口孝,G・ジョン・アイケンベリー編　原書房　2014.4　301,6p　22cm〈文献あり　索引あり　内容：日本・アメリカ・中国（猪口孝, ジョン・アイケンベリー著, 猪口孝監訳）　東アジアとリベラルな国際秩序（ジョン・アイケンベリー著, 猪口孝監訳）　冷戦後の日本の外交路線（猪口孝著）　平和的台頭、多極構造と中国の外交路線（潘忠岐, 陳志敏著, 猪口孝監訳）　民主党政権下の日本の対米外交政策とその国内的背景（佐藤洋一郎著）　中国の対米方針と国内的背景（賈慶国著, 猪口孝監訳）　姉妹間のライバル意識？　国内政治と日米同盟（デーヴィッド・レヘニー著, 猪口孝監訳）　中国の対日方針とその国内的背景（劉江永著, 猪口孝監訳）　日本・中国・ロシアと、アメリカの「頂点」（ローウェル・ディットマー著, 猪口孝監訳）　日本の対中方針（三船恵美著）〉①978-4-562-04962-2　Ⓝ312.1　［4800円］

◇2020年日本から米軍はいなくなる　飯柴智亮［著］, 小峯隆生聞き手　講談社　2014.8　172p　18cm　（講談社＋α新書 668-1C）①978-4-06-272864-5　Ⓝ319.1053　［800円］

◇日米科学技術摩擦をめぐって―ジャパン・アズ・ナンバーワンだった頃　國谷実編著　科学技術国際交流センター　2014.1　171p　19cm〈実業公報社（発売）〉①978-4-88038-047-6　Ⓝ409.1　［1000円］

◇日本は「戦後」を脱却できるか―真の自主独立のために　関岡英之, 田母神俊雄著　祥伝社　2014.3　281p　19cm　①978-4-396-61488-1　Ⓝ319.1053　［1600円］

◇反逆者の群れ　長谷部あきら著　東洋出版　2014.10　77p　19cm　①978-4-8096-7753-3　Ⓝ319.1053　［600円］

◇「反日中韓」を操るのは、じつは同盟国・アメリカだった！　馬渕睦夫著　ワック　2014.10　230p　18cm　（WAC BUNKO B-207）①978-4-89831-707-5　Ⓝ319.1053　［900円］

◇よし、戦争について話をしよう。戦争の本質について話をしようじゃないか！―オリバー・ストーンが語る日米史の真実：2013年来日講演録広島 長崎 沖縄 東京　オリバー・ストーン, ピーター・カズニック, 乗松聡子著　金曜日　2014.8　189p　21cm〈内容：「ヒロシマ」と「ナガサキ」が二度と起こらないように（オリバー・ストーン述）　勝者も敗者も歴史でウソをつく（オリバー・ストーンほか述, 田中利幸司会）　悲しみを超えて（オリバー・ストーン, ピーター・カズニック述）　加害者でもある日本（ピーター・カズニックほか述）　「歴史」を学ぶことの意味とは（オリバー・ストーン述）　語られない米国の暗部（乗松聡子, 成澤宗男聞き手, オリバー・ストーン, ピーター・カズニック述）　世界を変える時間はある（ピーター・カズニックほか述）　「闘う人fighter」との出会い（稲嶺進, オリバー・ストーン, ピーター・カズニック述）　全ての国で抵抗運動を（オリバー・ストーン述, 乗松聡子聞き手）　米国に幻想を抱いてはいけない（オリバー・ストーン, 大田昌秀, 乗松聡子述, 玻名城泰山司会）　ロシアから見たウクライナ問題（オリバー・ストーン, ピーター・カズニック著）〉①978-4-906605-96-5　Ⓝ319.1053　［1000円］

日本（外国関係―アメリカ合衆国―歴史）

◇属国日本論を超えて―Beyond The Planet of The Apes　副島隆彦著　新版　PHP研究所　2014.2　271p　20cm〈初版：五月書房 2002年刊〉①978-4-569-81680-7　Ⓝ319.1053　［1600円］

◇日米関係史研究の最前線―関西学院大学総合政策学部リサーチプロジェクト講座　柴山太編　［三田］　関西学院大学総合政策学部　2014.3　348p　21cm〈関西学院大学出版会（発売）内容：グローバルな観点からみた戦間期の日米関係（フレドリック・R・ディキンソン述）　アジア主義の再検討（クリストファー・W・A・スピルマン述）　日本政治史の中の陸軍（森靖夫述）　日中戦争勃発後の政戦略（服部聡述）　日本の国内冷戦（柴山太述）　日米同盟研究（楠綾子述）　戦後日中関係史の再検討（井上正也述）　「伝統」と軍事現代化の狭間（毛利亜樹述）　公共政策とメディア（小池洋次述）〉①978-4-86283-157-6　Ⓝ319.1053　［3000円］

◇日本はアメリカとどう関わってきたか？―日本人が知っておくべき黒船以降の日米外交史　朝倉秀雄著　彩図社　2014.11　219p　19cm〈文献あり〉①978-4-8013-0034-7　Ⓝ319.1053　［1200円］

◇「米中韓」と日本の歴史―今の日本がここから見える！　金谷俊一郎著　朝日新聞出版　2014.10　223p　19cm〈文献あり〉①978-4-02-331306-4　Ⓝ319.1053　［1400円］

日本（外国関係―アメリカ合衆国―歴史―1868～1945）

◇英米世界秩序と東アジアにおける日本―中国をめぐる協調と相克一九〇六～一九三六　宮田昌明著　錦正社　2014.9　797, 87p　22cm〈文献あり 索引あり〉①978-4-7646-0339-4　Ⓝ312.1　［9800円］

日本（外国関係―アメリカ合衆国―歴史―1933～1945）

◇GHQ焚書図書開封　9　アメリカからの「宣戦布告」　西尾幹二著　徳間書店　2014.3　334p　20cm〈文献あり〉①978-4-19-863774-3　Ⓝ210.7　［1800円］

日本件名図書目録2014 Ⅰ

日本（外国関係―インド）

日本（外国関係―アメリカ合衆国―歴史―1945～）
◇従属の墓誌 糸井秀夫著 杉並けやき出版 2014.5 159p 19cm （星雲社（発売）文献あり）①978-4-434-19281-4 Ⓝ319.1053 ［1200円］
◇誰も語らなかった”日米核密約”の正体―安倍晋三・岸信介をつなぐ日本外交の底流 河内孝［著］ KADOKAWA 2014.7 222p 18cm （角川oneテーマ21 D-34）①978-4-04-101490-5 Ⓝ319.1053 ［800円］
◆転換期の日本へ―「パックス・アメリカーナ」か「パックス・アジア」か ジョン・W・ダワー, ガバン・マコーマック著, 明田川融, 吉永ふさ子訳 NHK出版 2014.1 311p 18cm （NHK出版新書 423）〈内容：サンフランシスコ体制（ジョン・W・ダワー, 明田川融訳）属国（ガバン・マコーマック著, 吉永ふさ子訳）東アジアの現在を歴史から考える（ジョン・W・ダワー, ガバン・マコーマック述, 明田川融訳）〉①978-4-14-088423-2 Ⓝ319.1053 ［860円］
◇日米（核）同盟―原爆、核の傘、フクシマ 太田昌克著 岩波書店 2014.8 244p 18cm （岩波新書 新赤版 1498）〈内容：フクシマとアメリカ 「3・11」、もう一つの教訓 盟約の闇 呪縛の根底 「プルトニウム大国」ニッポン もう一つの神話〉①978-4-00-431498-1 Ⓝ319.1053 ［800円］
◇日本劣化論 笠井潔, 白井聡著 筑摩書房 2014.7 270p 18cm （ちくま新書 1078）①978-4-480-06787-6 Ⓝ302.1 ［840円］
◇日本はなぜ、「基地」と「原発」を止められないのか 矢部宏治著 集英社インターナショナル 2014.10 285p 19cm （集英社（発売））①978-4-7976-7289-3 Ⓝ319.1053 ［1200円］
◇敗戦・沖縄・天皇―尖閣衝突の遠景 矢吹晋著 ［東京］ 花伝社 2014.8 315,9p 20cm 〈共栄書房（発売）〉①978-4-7634-0709-2 Ⓝ319.1053 ［2000円］

日本（外国関係―アメリカ合衆国―歴史―1945～1952）
◇アメリカの日本占領―戦後日本の出発点とマッカーサー 松岡祥治郎著 創英社/三省堂書店 2014.5 530p 19cm 〈文献あり 年表あり〉①978-4-88142-853-5 Ⓝ319.1053 ［2500円］

日本（外国関係―アメリカ合衆国―歴史―20世紀―史料）
◇CIA日本人ファイル―米国国立公文書館機密解除資料 第1巻 秋山博・有末精三・麻生達男 土肥原賢二・遠藤三郎 福見秀雄・五島慶太 加藤哲郎編集・解説 現代史料出版 2014.7 415p 31cm （東出版（発売）複製）①978-4-87785-297-9,978-4-87785-296-2 (set) Ⓝ319.1053
◇CIA日本人ファイル―米国国立公文書館機密解除資料 第2巻 服部卓四郎・東久邇稔彦 昭和天皇裕仁・今村均 石井四郎・河辺虎四郎 加藤哲郎編集・解説 現代史料出版 2014.7 419p 31cm （東出版（発売）複製 布装）①978-4-87785-298-6,978-4-87785-296-2 (set) Ⓝ319.1053
◇CIA日本人ファイル―米国国立公文書館機密解除資料 第3巻 賀屋興宣・岸信介 小宮義孝・久原房之助 前田稔・野村吉三郎 加藤哲郎編集・解説 現代史料出版 2014.7 417p 31cm 〈東出版（発売）複製 布装〉①978-4-87785-299-3,978-4-87785-296-2 (set) Ⓝ319.1053
◇CIA日本人ファイル―米国国立公文書館機密解除資料 第4巻 児玉誉士夫 加藤哲郎編集・解説 現代史料出版 2014.7 334p 31cm 〈東出版（発売）複製 布装〉①978-4-87785-300-6,978-4-87785-296-2 (set) Ⓝ319.1053
◇CIA日本人ファイル―米国国立公文書館機密解除資料 第5巻 緒方竹虎 1 加藤哲郎編集・解説 現代史料出版 2014.7 424p 31cm 〈東出版（発売）複製 布装〉①978-4-87785-301-3,978-4-87785-296-2 (set) Ⓝ319.1053
◇CIA日本人ファイル―米国国立公文書館機密解除資料 第6巻 緒方竹虎 2 加藤哲郎編集・解説 現代史料出版 2014.7 392p 31cm 〈東出版（発売）複製 布装〉①978-4-87785-302-0,978-4-87785-296-2 (set) Ⓝ319.1053
◇CIA日本人ファイル―米国国立公文書館機密解除資料 第7巻 大川周明・笹川良一 重光葵・下村定 加藤哲郎編集・解説 現代史料出版 2014.12 318p 31cm 〈東出版（発売）複製 布装〉①978-4-87785-304-4,978-4-87785-303-7 (set) Ⓝ319.1053
◇CIA日本人ファイル―米国国立公文書館機密解除資料 第8巻 小野寺信 加藤哲郎編集・解説 現代史料出版 2014.12 338p 31cm 〈東出版（発売）複製 布装〉①978-4-87785-305-1,978-4-87785-303-7 (set) Ⓝ319.1053
◇CIA日本人ファイル―米国国立公文書館機密解除資料 第9巻 正力松太郎 加藤哲郎編集・解説 現代史料出版 2014.12

444p 31cm 〈東出版（発売）複製 布装〉①978-4-87785-306-8,978-4-87785-303-7 (set) Ⓝ319.1053
◇CIA日本人ファイル―米国国立公文書館機密解除資料 第10巻 辰巳栄一・和知鷹二 和智恒蔵 加藤哲郎編集・解説 現代史料出版 2014.12 318p 31cm 〈東出版（発売）複製 布装〉①978-4-87785-307-5,978-4-87785-303-7 (set) Ⓝ319.1053
◇CIA日本人ファイル―米国国立公文書館機密解除資料 第11巻 辻政信 1 加藤哲郎編集・解説 現代史料出版 2014.12 302p 31cm 〈東出版（発売）複製 布装〉①978-4-87785-308-2,978-4-87785-303-7 (set) Ⓝ319.1053
◇CIA日本人ファイル―米国国立公文書館機密解除資料 第12巻 辻政信 2 加藤哲郎編集・解説 現代史料出版 2014.12 273p 31cm 〈東出版（発売）複製 布装〉①978-4-87785-309-9,978-4-87785-303-7 (set) Ⓝ319.1053

日本（外国関係―アメリカ合衆国―歴史―江戸末期）
◇浦賀大変！かわら版にみる黒船来航 田中葉子, 斎藤純編 横須賀 浦賀歴史研究所 2014.11 47p 26cm （浦研ブックレット 2）〈年表あり〉 ［900円］
◇咸臨丸の絆―軍艦奉行木村摂津守と福沢諭吉 宗像善樹著 海文堂出版 2014.8 253p 20cm 〈文献あり〉①978-4-303-63431-5 Ⓝ210.5953 ［1600円］
◇ペリー提督日本遠征記 上 M・C・ペリー［著］, F・L・ホークス編纂, 宮崎壽子監訳 KADOKAWA 2014.8 643p 15cm （［角川ソフィア文庫］ ［1300-1］）〈『ペリー艦隊日本遠征記 上』（万来舎 2009年刊）の改題〉①978-4-04-409212-2 Ⓝ291.09 ［1360円］
◇ペリー提督日本遠征記 下 M・C・ペリー［著］, F・L・ホークス編纂, 宮崎壽子監訳 KADOKAWA 2014.8 570p 15cm （［角川ソフィア文庫］ ［1300-2］）〈『ペリー艦隊日本遠征記 下』（万来舎 2009年刊）の改題〉①978-4-04-409213-9 Ⓝ291.09 ［1360円］

日本（外国関係―アメリカ合衆国―歴史―近代）
◇アメリカ人の本音 マックス・フォン・シュラー著 町田桜の花出版 2014.11 239p 19cm 〈星雲社（発売）文献あり 英語併記〉①978-4-434-19835-9 Ⓝ319.1053 ［1400円］

日本（外国関係―アメリカ合衆国―歴史―昭和後期）
◇オーラル・ヒストリー冷戦期の防衛力整備と同盟政策 3 防衛省防衛研究所戦史研究センター編 防衛省防衛研究所 2014.3 394p 30cm 〈内容：石津節正元航空自衛隊幹部候補生学校長 吉川圭祐元大湊地方総監 村松榮一元西部方面総監〉①978-4-86482-018-9 Ⓝ393

日本（外国関係―アメリカ合衆国―歴史―明治以後）
◇日本表象の地政学―海洋・原爆・冷戦・ポップカルチャー 遠藤不比人編著 彩流社 2014.3 235,11p 20cm （成蹊大学アジア太平洋研究センター叢書）〈索引あり 内容：明治に環太平洋でロビンソンする（吉原ゆかり著） ロマンス・マドロス・コンラッド（脇田裕正著） 福原麟太郎・広島・原子爆弾（齋藤一著） 『解つてたまるか！』を本当の意味で解る為に（日比野啓著） カワバタと「雪国」の発見（越智博美著） 症候としての〈象徴〉天皇とアメリカ（遠藤不比人著） アメリカを夢みたコメディアン（中野正昭著） 仏作って、魂を探す。（源中由記著）〉①978-4-7791-1989-7 Ⓝ210.6 ［3000円］

日本（外国関係―アルジェリア―歴史）
◇日本・アルジェリア友好の歩み―外交関係樹立50周年記念誌 私市正年, スマイル・デベシュ, 在アルジェリア日本国大使館編著 千倉書房 2014.8 286p 20cm 〈年表あり〉①978-4-8051-1041-6 Ⓝ310.433 ［2800円］

日本（外国関係―イギリス―歴史―1868～1945）
◇英米世界秩序と東アジアにおける日本―中国をめぐる協調と相克一九〇六―一九三六 宮田昌明著 錦正社 2014.9 797,87p 22cm 〈文献あり 索引あり〉①978-4-7646-0339-4 Ⓝ312.1 ［9800円］

日本（外国関係―イギリス―歴史―1945～）
◇ブラッドブラザース 高尾慶子著 展望社 2014.12 223p 19cm ①978-4-88546-291-7 Ⓝ319.1033 ［1400円］

日本（外国関係―イギリス―歴史―江戸末期）
◇勝海舟と幕末外交―イギリス・ロシアの脅威に抗して 上垣外憲一著 中央公論新社 2014.12 268p 18cm （中公新書 2297）〈文献あり〉①978-4-12-102297-4 Ⓝ210.5938 ［880円］

日本（外国関係―インド）
◇日印関係の回顧と展望―日印協会創立110周年を記念して ［東京］ Embassy of India, Tokyo 2013.9 46p 30cm 〈年表あり 英語併記 共同刊行：The Japan-India Association〉 Ⓝ319.1025
◇日本とインドいま結ばれる民主主義国家―中国「封じ込め」は可能か 櫻井よしこ, 国家基本問題研究所編 文藝春秋 2014.11 395p 16cm （文春文庫 さ57-3）〈2012年刊の補

593

筆、加筆 内容：対中国「大戦略」構築のために（櫻井よしこ著） 歴史的絆から戦略的グローバル・パートナーシップへ（平林博著） 中国「封じ込め」は可能か（アルジュン・アスラニ著） 中国軍拡止まずインド洋・南シナ海浪高し（川村純彦著） インドから見た「中国の脅威」とは（カンワル・シバル著） 武器輸出三原則緩和によって強化される日印戦略関係（島田洋一著） 中国に対しては「結束し抑え込む」しか道にない（C.ラジャ・モハン著） 核と原子力をめぐる日印関係（金子熊夫著） 印日が手を組めば中国に勝てる（ブラーマ・チェラニー著） インドへの進出で中国に立ち遅れる日本（近藤正規著） 海で出会う二つの民主主義国家（安倍晋三述） アントニー国防大臣との対話（アントニー、安倍晋三、櫻井よしこ述） 海洋安全保障で日本との協力を（シブシャンカル・メノン述） 国基研＆インド世界問題評議会共催セミナー 日米安保改定50周年シンポジウム（櫻井よしこほか述）〉 ①978-4-16-790232-2 Ⓝ319.1025 ［700円］

日本（外国関係―オーストラリア―歴史）

◇オーストラリア先住民と日本―先住民学・交流・表象 山内由理子編 御茶の水書房 2014.8 299,23p 21cm 〈索引あり〉 内容：国家と先住民（鎌田真弓著） オーストラリア・ネイションへの包摂（鎌田真弓著） 日本人アボリジニ研究者の可能性（小坂恵敬著） 日本におけるオーストラリア先住民表象史（飯嶋秀治著） 日本人とオーストラリア先住民の交流史（山内由理子著） 戦争とオーストラリア先住民（鎌田真弓著） 日本人とトレス海峡諸島人（マーティン・中田著、栗田梨津子訳） ウラン採掘地から福島へのオーストラリア先住民の眼差し（松岡智広著） 公開講座「ポスト三・一一期の日豪市民社会―対話と協働の可能性を探る」について（塩原良和著） 都市に暮らすオーストラリア先住民（山内由理子著） オーストラリア先住民と教育（栗田梨津子著） 先住民と博物館（若園雄志郎著） アボリジニの困難と現代アボリジニアートの希望（窪田幸子著） オーストラリア先住民と映画（佐和田敬司著）〉 ①978-4-275-01081-0 ③382.71 ［3000円］

日本（外国関係―オランダ―歴史―江戸時代）

◇日蘭文化交渉史の研究 板沢武雄著 オンデマンド版 吉川弘文館 2013.10 737,21p 22cm 〈日本史学研究叢書〉 〈索引あり 印刷・製本：デジタルパブリッシングサービス〉 内容：蘭学の発達 日蘭文化交渉における人的要素 阿蘭陀通詞の研究 阿蘭陀風説書の研究 辞書および文法書の編纂と蘭学の発達 江戸時代における地動説の展開とその反動 厚生新編訳述考 蘭学と儒学との交渉および幕府の対蘭学政策 国学と洋学 シーボルトの第一回渡来の使命と彼の日本研究 特に日蘭貿易の検討について 蘭学史上における人文科学の立場 和蘭国立文書館に存する日蘭商文史料特に商館日誌に就て 和蘭に存する維新史料、特に文久二年日本使節の和蘭訪問について ジャカルタの文書館 江戸幕府の禁書の内容およびいわゆる洋書の禁について 江戸時代における洋書の輸入と現存状態 日蘭貿易の理解に役立つ種本の紹介 出島版のAlmanakについて 蘭学塾の入門帳その他 和蘭人の墓について 鎖国時代における外国婦人の入国禁止について 鎖国および「鎖国論」について 佐賀の蘭学者金武良哲先生に就いて 蘭船ブレスケンス号の南部入港 オランダ語から英語へ〉 ①978-4-642-04252-9 Ⓝ210.18359 ［19000円］

日本（外国関係―オランダ―歴史―江戸初期）

◇リーフデ号の人びと―忘れ去られた船員たち 森良和著 学文社 2014.5 205p 19cm 〈索引あり〉 ①978-4-7620-2458-0 Ⓝ210.52 ［2000円］

日本（外国関係―カンボジア）

◇カンボジア・スタディツアーの教育的効果と可能性に関する実証的研究―平成25年（2013年）度駒澤大学特別研究助成（個人研究） 2013年度 概要・資料編 坪井健研究代表 駒澤大学文学部社会学科坪井健研究室 2014.2 189p 30cm Ⓝ319.10235

日本（外国関係―スリランカ―歴史）

◇悠遊―スリランカを愛しアジアを知る著者畢生の真日本論 藤井俊彦著 改正 アールイー 2014.2 271p 19cm ①978-4-905502-01-2 Ⓝ375.32 ［1000円］

日本（外国関係―西洋）

◇めぐりめぐる日本文化 高馬京子、ハラルド・フース、深井晃子［述］ 京都 国際日本文化研究センター 2014.8 48p 21cm 〈日文研フォーラム第276回〉 〈会期・会場：2014年3月11日 ハートピア京都〉 Ⓝ361.5

日本（外国関係―大韓民国）

◇悪韓論VS悪日論―日本と韓国はどちらが嘘をついているのか 井上和彦、金慶珠著 双葉社 2014.1 254p 18cm 〈双葉新書 077〉 ①978-4-575-15427-6 Ⓝ319.1021 ［819円］

◇新たな反日包囲網を撃破する日本 渡部昇一著 徳間書店 2014.3 236p 20cm ①978-4-19-863777-4 Ⓝ319.1053 ［1600円］

◇言いがかり国家「韓国」を黙らせる本 宮越秀雄著 彩図社 2014.2 189p 19cm 〈文献あり〉 ①978-4-88392-972-6 Ⓝ319.1021 ［1200円］

◇貶める韓国脅す中国―新帝国時代試される日本 産経新聞「新帝国時代」取材班著 産経新聞出版 2014.3 252p 19cm 〈日本工業新聞社（発売）〉 ①978-4-8191-1238-3 Ⓝ319.1022 ［1300円］

◇韓国が次に騒ぎ出す「歴史問題」―慰安婦だけでは終わらない！ 拳骨拓史著 PHP研究所 2014.11 221p 19cm 〈文献あり〉 ①978-4-569-82098-9 Ⓝ319.1021 ［1450円］

◇韓国・北朝鮮とどう向き合うか―拉致、核、慰安婦……どうなる？ 対北朝鮮・韓国外交 東アジア共同体研究所編 鳩山友紀夫、辺真一、高野孟、朴斗鎮著 ［東京］ 花伝社 2014.10 98p 21cm 〈友愛ブックレット〉 〈共栄書房（発売）〉 内容：日韓、日朝関係の深層底流を読む！（辺真一、高野孟述） 金正恩体制の驚くべき内実と日朝交渉の行方（朴斗鎮、鳩山友紀夫述） 安倍「拉致外交」の前途に潜む陥穽（朴斗鎮、鳩山友紀夫、高野孟述）〉 ①978-4-7634-0716-0 Ⓝ319.1021 ［1000円］

◇韓国人知日派の言い分 宇田川敬介著 飛鳥新社 2014.6 263p 19cm ①978-4-86410-330-5 Ⓝ319.1021 ［1000円］

◇韓国人による恥韓論 シンシアリー著 扶桑社 2014.5 257p 18cm 〈扶桑社新書 164〉 ①978-4-594-07039-7 Ⓝ319.1021 ［760円］

◇韓国人の癇癪日本人の微笑み 柳舜夏著、河鐘基、藤原修平訳 小学館 2014.12 318p 19cm ①978-4-09-389753-2 Ⓝ319.1021 ［1400円］

◇韓国人の品格―13歳の子どもに「日本人は死ねばいい」と言わせる祖国へ チョンジョン著 宝島社 2014.8 223p 18cm ①978-4-8002-2968-7 Ⓝ319.1021 ［920円］

◇韓国「反日謀略」の罠 拳骨拓史著 扶桑社 2014.3 223p 19cm 〈文献あり〉 ①978-4-594-07024-3 Ⓝ319.2201 ［1300円］

◇韓国擁護論 二日市壮著 国書刊行会 2014.9 182p 19cm 〈文献あり 年表あり〉 ①978-4-336-05821-8 Ⓝ319.1021 ［1500円］

◇韓中衰栄と武士道 黒鉄ヒロシ著 ［東京］ KADOKAWA 2014.9 254p 19cm ①978-4-04-653310-4 Ⓝ319.1053 ［1500円］

◇嫌韓の論法 金慶珠著 ベストセラーズ 2014.10 173p 18cm 〈ベスト新書 446〉 ①978-4-584-12446-8 Ⓝ319.1021 ［800円］

◇言論外交―誰が東アジアの危機を解決するのか 工藤泰志編著 NCコミュニケーションズ 2014.4 256p 19cm 〈日中出版（発売） 年譜あり〉 内容：日中「不戦の誓い」はどのようにして合意されたか（工藤泰志述） 北京コンセンサスー「不戦の誓い」〈全文〉「不戦の誓い」と「民間外交」（明石康、宮本雄二、工藤泰志述） 第九回東京―北京フォーラム」を振り返って（武藤敏郎述） なぜいま、「言論外交」なのか（明石康、宮本雄二、工藤泰志述）「民間外交」の役割とは何か（田中明彦著） 新しい民間外交「言論外交」の可能性（川島真、神保謙、三上貴彦ほか述） 尖閣諸島周辺海域で何が起こっているか（明石康、宮本雄二、工藤泰志述） 人民解放軍将官と自衛隊関係者との非公式会議〈抄録〉日韓両国の対立をどう克服するか（川口順子、小倉和夫、工藤泰志述） 重要性を増す「民間外交」の役割（東郷和彦述）「言論外交」は何を目指すか（明石康、宮本雄二、工藤泰志述）〉 ①978-4-8175-9105-0 Ⓝ319.1022 ［1600円］

◇ここがヘンだよ「反日」韓国―彼らがウソをつくほど日本が得をする法則 KAZUYA著 イースト・プレス 2014.8 243p 18cm 〈知的発見！ BOOKS 022〉 ①978-4-7816-1233-1 Ⓝ319.1021 ［900円］

◇この1冊で韓国問題丸わかり！―なぜこの国は平気でウソをつくのか ワック 2014.6 256p 21cm 〈歴史通増刊〉 Ⓝ319.1021 ［824円］

◇笑日韓論 水野俊平著 フォレスト出版 2014.7 216p 18cm 〈Forest 2545 Shinsyo 103〉 ①978-4-89451-952-7 Ⓝ319.1021 ［900円］

◇大嫌韓時代 桜井誠著 青林堂 2014.9 207p 19cm 〈SEIRINDO BOOKS〉 ①978-4-7926-0502-5 Ⓝ319.1021 ［1200円］

◇誅韓論―悪の反日国家はこうやって潰せ！ 日本戦略ブレイン著 晋遊舎 2014.8 319p 18cm 〈晋遊舎新書 S18〉 ①978-4-8018-0049-6 Ⓝ319.1021 ［900円］

◇超人気ブロガーRandomYOKOの新・愛国論―祖国を悪く言う人は時代遅れでカッコ悪い！ YOKO著 町田 桜の花出

版 2014.8 243p 19cm〈星雲社（発売）文献あり 英語抄訳付〉①978-4-434-19558-7 Ⓝ319.1021 ［1360円］

◇テキサス親父の大正論—韓国・中国の屁理屈なんて普通のアメリカ人の俺でも崩せるぜ！ トニー・マラーノ著，藤木俊一訳・監修 徳間書店 2014.6 191p 18cm ①978-4-19-863813-9 Ⓝ319.1021 ［1000円］

◇どの面下げての韓国人 豊田有恒［著］ 祥伝社 2014.4 223p 18cm （祥伝社新書 365）①978-4-396-11365-0 Ⓝ302.21 ［780円］

◇仲良く自滅する中国と韓国—暴走と崩壊が止まらない！ 宮崎正弘，室谷克実著 徳間書店 2014.6 237p 19cm ①978-4-19-863816-0 Ⓝ319.1022 ［1000円］

◇日韓"円満"断交はいかが？—女性キャスターが見た慰安婦問題の真実 大高未貴著 ワニブックス 2014.4 255p 18cm （ワニブックス｜PLUS｜新書 116）①978-4-8470-6548-4 Ⓝ319.1021 ［830円］

◇日韓関係の争点 小倉紀蔵，小針進編 藤原書店 2014.11 341p 19cm〈執筆：日韓関係の争点 慰安婦報道と集合的記憶について（小此木政夫著）メディアは「自らの言動が結果責任を問われる」という自覚があるか（小針進著）日韓関係も視野に入れた考察を（金子秀敏著）慰安婦報道問題をめぐって考えたこと（小倉和夫著）慰安婦問題と「日韓モデル」の危機（小倉紀蔵著）朝日新聞の悔いと、問題すり替えの罠（若宮啓文著）日韓の新しい共生戦略を考える（小此木政夫著）長い葛藤の物語（若宮啓文著）過剰な贖罪意識が認識を誤らせた（黒田勝弘著）日韓関係をとりまく環境変化と今後の課題（小倉和夫著）中国の台頭と日韓関係（金子秀敏著）二つのソウル発報道をめぐって（小針進著）われわれは「認識」以前の段階にいる（小倉紀蔵著）〈跋〉現在の東アジアをどうみるか（高銀著）〉①978-4-89434-997-1 Ⓝ319.1021 ［2800円］

◇日韓歴史認識問題とは何か—歴史教科書・「慰安婦」・ポピュリズム 木村幹著 京都 ミネルヴァ書房 2014.10 272,6p 20cm （叢書・知を究める 4）〈文献あり 年表あり 索引あり〉①978-4-623-07175-3 Ⓝ319.1021 ［2800円］

◇「日中韓」外交戦争—日本が直面する「いまそこにある危機」 読売新聞政治部著 新潮社 2014.6 301p 20cm〈年表あり〉①978-4-10-339016-9 Ⓝ319.1021 ［1400円］

◇ニッポンの懸案—韓・中との衝突にどう対処するか 櫻井よしこ著 小学館 2014.2 252p 18cm （小学館新書 201）〈内容："従北勢力"が跋扈する韓国は内戦状態（洪熒述）言論の自由を封じ、中国拒否の蛮行に走った韓国の精神構造（呉善花述）尖閣、五島、沖縄、そして日本海にも中国の脅威が（山田吉彦述）国境の島の防人に聞く「日本の離島をどう守るか」（中山義隆述）軍事独裁国家・中国との戦争を防ぐには日本の軍事的努力が必要だ（村井友秀述）抑圧ではチベット人の民意は得られない（ダライ・ラマ法王14世述）日本の領土、領海を守れない憲法をどう変えるべきか（百地章述）〉①978-4-09-825201-5 Ⓝ319.1021 ［740円］

◇日本を取り戻す—アベノミクスと反日の中国・韓国 黄文雄著 光明思想社 2014.3 232p 19cm ①978-4-904414-27-9 Ⓝ319.1022 ［1200円］

◇日本、韓国、そして北朝鮮—日本と朝鮮半島をめぐる国際政治 中内康夫,寺林裕介共著 草加 朝陽会 2014.2 112p 21cm （Gleam books）①978-4-903059-41-9 Ⓝ319.1021 ［1000円］

◇日本人なら知っておきたい反日韓国100のウソ 室谷克実、黄文雄、野村旗守ほか著 宝島社 2014.12 237p 18cm〈2014年6月刊の増補・改訂〉①978-4-8002-3326-4 Ⓝ319.1021 ［920円］

◇日本と韓国は和解できない—「贖罪」と「幻想」からの脱却 渡部昇一，呉善花著 PHP研究所 2014.9 221p 19cm ①978-4-569-82062-0 Ⓝ319.1021 ［1400円］

◇犯韓論 黄文雄著 幻冬舎ルネッサンス 2014.3 231p 18cm （幻冬舎ルネッサンス新書 こ-4-1）①978-4-7790-6096-0 Ⓝ319.1021 ［838円］

◇犯中韓論 黄文雄著 幻冬舎ルネッサンス 2014.8 279p 18cm （幻冬舎ルネッサンス新書 こ-4-2）①978-4-7790-6112-7 Ⓝ319.1022 ［815円］

◇「反日」の敗北 石平，西村幸祐著 イースト・プレス 2014.6 207p 19cm ①978-4-7816-1174-7 Ⓝ319.1022 ［1200円］

◇「反日モンスター」はこうして作られた—狂暴化する韓国人の心の中の怪物〈ケムル〉崔碩栄［著］ 講談社 2014.12 234p 18cm （講談社＋α新書 682-1C）①978-4-06-272882-9 Ⓝ319.2101 ［890円］

◇「秘話」で綴る私と朝鮮 佐藤勝巳著 晩聲社 2014.4 238p 19cm ①978-4-89188-361-4 Ⓝ316.81 ［1700円］

◇民族文化財を探し求めて—朝鮮の魂の回復 慧門著、李一満訳 影書房 2014.8 161p 19cm ①978-4-87714-449-4 Ⓝ709.21 ［1800円］

◇もう、この国は捨て置け！—韓国の狂気と異質さ 呉善花，石平著 ワック 2014.2 216p 18cm （WAC BUNKO B-193）①978-4-89831-693-1 Ⓝ319.1021 ［900円］

◇「妄想大国」韓国を嗤う 室谷克実，三橋貴明著 PHP研究所 2014.4 188p 18cm ①978-4-569-81839-9 Ⓝ319.1021 ［1000円］

◇もう、無韓心でいい 古谷経衡著 ワック 2014.8 279p 18cm （WAC BUNKO B-199）①978-4-89831-699-3 Ⓝ319.1021 ［930円］

◇ワンピースに学ぶ反日問題—ルフィと仲間たちが教えてくれる歴史認識・差別・偏見の真実 長谷川豊著 ヴィレッジブックス 2014.5 157p 18cm ①978-4-86491-138-2 Ⓝ319.1021 ［1000円］

日本（外国関係—大韓民国—歴史）

◇こうして捏造された韓国「千年の恨み」 松木國俊著 ワック 2014.6 258p 18cm （WAC BUNKO B-198）①978-4-89831-698-6 Ⓝ319.1021 ［950円］

◇なぜ韓国人・中国人は「反日」を叫ぶのか 黄文雄著 宝島社 2014.3 216p 16cm （宝島SUGOI文庫 Aこ-5-1）〈「なぜ中国人・韓国人は「反日」を叫ぶのか」（2013年刊）の改題、改訂〉①978-4-8002-2385-2 Ⓝ319.1021 ［580円］

◇「反日」の秘密—朝鮮半島をめぐる巨大な謀略：安倍首相も朴大統領も知らない 鬼塚英昭著 成甲書房 2014.8 275p 19cm ①978-4-88086-317-7 Ⓝ319.21053 ［1600円］

◇侮日論—「韓国人」はなぜ日本を憎むのか 呉善花著 文藝春秋 2014.1 238p 18cm （文春新書 954）①978-4-16-660954-3 Ⓝ319.1021 ［750円］

◇「米中韓」と日本の歴史—今の日本がここから見える！ 金谷俊一郎著 朝日新聞出版 2014.10 223p 19cm〈文献あり〉①978-4-02-331306-4 Ⓝ319.1053 ［1400円］

日本（外国関係—大韓民国—歴史—昭和後期）

◇日韓基本条約が置き去りにしたもの—植民地責任と真の友好 吉岡吉典著 大月書店 2014.11 345p 20cm ①978-4-272-52103-6 Ⓝ319.1021 ［2800円］

◇冷戦期日韓安全保障関係の形成 崔慶原著 慶應義塾大学出版会 2014.5 284p 22cm〈文献あり 索引あり〉①978-4-7664-2139-2 Ⓝ319.1021 ［4300円］

日本（外国関係—大韓民国—歴史—明治以後）

◇北東アジアの歴史と記憶 金美景,B.シュウォルツ編著，千葉眞監修，稲正樹,福岡和哉,寺田麻佑訳 勁草書房 2014.5 315,9p 22cm〈索引あり 内容：北東アジアの記憶の問題（バリー・シュウォルツ，金美景著，稲正樹，福岡和哉訳）靖国神社という難問（マイク・M・モチヅキ著，稲正樹訳）日本の平和主義（金美景著，稲正樹訳）責任、悔恨、日本の記憶の中のナショナリズム（福岡和哉，バリー・シュウォルツ著，寺田麻佑、稲正樹，福岡和哉訳）政治的中心、進歩的な物語と文化的なトラウマ（徐曉宏、リン・スピルマン著，稲正樹訳）代替的ジャンル、新メディア、中国文化大革命の抑圧的記憶（稲垣斌著，寺田麻佑、稲正樹訳）中国国歌の変化する運命（ティム・F・リャオ、張戈卉、張莉彬著，稲正樹訳）中国の第二次世界大戦被害者の対日賠償運動における記憶の運動と国家—社会関係（徐彬、ゲイリー・アラン・ファイン著，稲正樹訳）悪化させられた政治（ドン・ベーカー著，稲正樹訳）共和制韓国における朝鮮君主制、一九四五～一九六五年（クリスティン・キム著，寺田麻佑、稲正樹訳）独島・竹島紛争における視差ビジョン（権慧益著，稲正樹訳）主張と対話の間にとらわれて（徐載晶著，稲正樹訳）〉①978-4-326-30226-0 Ⓝ319.1022 ［3200円］

日本（外国関係—台湾）

◇台湾烈烈—世界一の親日国家がヤバイ 宮崎正弘著 ビジネス社 2014.9 255p 18cm ①978-4-8284-1768-4 Ⓝ312.224 ［1100円］

◇龍馬の「船中八策」と台湾の政治改革—李登輝先生講演録 李登輝［述］，冨澤賢公編 文芸社 2014.11 83p 22cm ①978-4-286-15546-3 Ⓝ319.10224 ［1500円］

日本（外国関係—台湾—歴史—明治以後）

◇親台論—日本と台湾をむすぶ心の絆：この世界一の「親日国」を日本はもっと大切にしませんか！ 浅野和生著 ごま書房新社 2014.4 226p 19cm ①978-4-341-08582-7 Ⓝ319.10224 ［1400円］

日本（外国関係—台湾—歴史—明治以後—会議録）

◇日本の近現代と台湾—文化の継承と変遷：研究報告集：国際シンポジウム 大谷渡編 ［吹田］ 関西大学文学部大谷研究室 2014.3 44p 30cm〈文献あり 会期・会場：2014年3月15日

関西大学第1学舎A401教室　内容：基調講演　台湾人の戦後と日本の記憶（大谷渡述）　研究報告　鹿児島地方から植民地台湾への人の移動（卞鳳奎著）　総爺芸文中心（旧明治製糖総爺工場）を訪ねて（橋寺知子著）　近代日本出発の記憶（相良真理子著）〉319.10224

日本（外国関係—中国）

◇アメリカと中国はどう日本を「侵略」するのか—「第二次大戦」前夜にだんだん似てきている、今　西尾幹二著　ベストセラーズ　2014.7　255p　18cm　〈年表あり〉Ⓘ978-4-584-13588-4　Ⓝ319.1053　[1000円]

◇新たな反日包囲網を撃破する日本　渡部昇一著　徳間書店　2014.3　236p　20cm　Ⓘ978-4-19-863777-4　Ⓝ319.1053　[1600円]

◇言いがかり国家「中国」を黙らせる本　宮越秀雄著　彩図社　2014.10　186p　19cm　〈文献あり〉Ⓘ978-4-8013-0026-2　Ⓝ319.1022　[1200円]

◇いま沖縄で起きている大変なこと—中国による「沖縄のクリミア化」が始まる　惠隆之介著　PHP研究所　2014.9　221p　20cm　Ⓘ978-4-569-82032-3　Ⓝ312.199　[1500円]

◇「御宅」と呼ばれても—中国"90後"が語る日本のサブカルと中国人のマナー意識：中国若者たちの生の声　日本僑報社　2014.12　221p　21cm　〈中国人の日本語作文コンクール受賞作品集　第10回〉Ⓘ978-4-86185-182-7　Ⓝ319.1022　[2000円]

◇貶める韓国脅す中国—新帝国時代試される日本　産経新聞「新帝国時代」取材班著　産経新聞出版　2014.3　252p　19cm　〈日本工業新聞社（発売）〉Ⓘ978-4-8191-1238-3　Ⓝ319.1022　[1300円]

◇韓中衰栄と武士道　黒鉄ヒロシ著　［東京］　KADOKAWA　2014.9　254p　19cm　Ⓘ978-4-04-653310-4　Ⓝ319.1053　[1500円]

◇教育・環境・文化から考える日本と中国　桜美林大学・北京大学学術交流論集編集委員会編　はる書房　2014.12　369p　22cm　〈執筆：佐藤東洋士ほか　内容：大学発展史上の三つのモデルとこれからの大学（呉志攀著）　大学の質保証とグローバル化（佐藤東洋士著）　中国大陸における文系博士課程教育について（呉志攀著）　戦後日本の大学院の歩み（佐藤東洋士著）　桜美林大学大学院の教育実践と改革（小池一夫著）　日中関係40年と高等教育の交流（佐藤東洋士著）　言語の多国的拡張とアジア研究の今後の展望（呉志攀著）　日中大学間の学生流動とカリキュラムの整備（佐藤東洋士著）　素質教育と大学の社会的責任（呉志攀著）　中国都市生活ゴミの焼却処理技術の発展と展望について（劉陽生著）　首都東京における緑の創出（小礒明著）　企業の環境責任と中国の環境保全（包茂紅著）「環境保護法」部分改訂の方法について（汪勁著）　桜美林大学におけるエコキャンパス化の実践（伊藤章治著）　東日本大震災と日本政治（早野透著）　中日「詞」の唱和交流（程郁綴著）　駐日清国公使館と『養浩堂詩集』（佐藤保著）　扶桑芸道、華年を潤す（商金林著）　民国時代梅蘭芳訪日公演成功の外的要因について（袁英明著）　近現代日中文学関係と日本における中国近現代文学の受容（藤澤太郎著）　村上春樹と中国（藤井省三著）　中国古代生態文化についての一考察（程郁綴著）「個人」と「間人」、「倫人」と「縁人」（尚会鵬著）　近代以来中日相互認識の変化（李玉著）　日中関係と国民感情（高原明生著）　グローバル化時代の日中関係（五十嵐武士著）〉Ⓘ978-4-89984-143-2　Ⓝ319.1022　[3200円]

◇激動のアジア・太平洋地域情勢と我が国の進路—第40回防衛セミナー講演集　隊友会　2014.3　402p　19cm　〈防衛開眼第40集〉〈内容：自衛隊・統合運用の現状と今後（岩崎茂述）　国防の経済学（三橋貴明述）　お伝えしたい「軍事の基礎」と「今日の問題」（冨澤暉述）　日本の海洋安全保障と国境離島（山田吉彦述）　東日本大震災・陸海空自衛隊統合部隊の災害救助活動（原口義嗣述）　東アジアの安全保障環境の変化と日本の安全保障・防衛（西元徹也述）　中国の海洋進出と東シナ海情勢（香田洋二述）　わが国をとりまく安全保障情勢（金田秀昭述）〉392.1076　[1143円]

◇現代日本の政治と外交　5　日本・アメリカ・中国—錯綜するトライアングル　猪口孝監修　猪口孝,G・ジョン・アイケンベリー編　原書房　2014.4　301,6p　22cm　〈文献あり　索引あり　内容：日本・アメリカ・中国（猪口孝，ジョン・アイケンベリー著，猪口孝監訳）　東アジアとリベラルな国際秩序（ジョン・アイケンベリー著，猪口孝監訳）　冷戦後の日本の外交路線（猪口孝著）　平和的台頭、多極構造と中国の外交路線（潘忠岐，陳志敏著，猪口孝監訳）　民主党政権下の日本外交政策とその国内的背景（佐藤洋一郎著）　中国の対米方針と国内的背景（賈慶国著，猪口孝監訳）　姉妹間のライバル意

識？　国内政治と日米同盟（デーヴィッド・レヘニー著，猪口孝監訳）　中国の対日方針とその国内的背景（劉江永著，猪口孝監訳）　日本・中国・ロシアと、アメリカの「頂点」（ローウェル・ディットマー著，猪口孝監訳）　日本の対中方針（三船恵美著）〉Ⓘ978-4-562-04962-2　Ⓝ312.1　[4800円]

◇言論外交—誰が東アジアの危機を解決するのか　工藤泰志編著　NCコミュニケーションズ　2014.4　256p　19cm　〈日中出版（発売）　年譜あり　内容：日中「不戦の誓い」はどのようにして合意されたか（工藤泰志著）　北京コンセンサス「不戦の誓い」〈全文〉「不戦の誓い」と「民間外交」（明石康，宮本雄二，工藤泰志述）　第九回東京—北京フォーラム」を振り返って（武藤敏郎著）　なぜいま、「言論外交」なのか（明石康，宮本雄二，工藤泰志述）「民間外交」の役割とは何か（田中明彦著）　新しい民間外交「言論外交」の可能性（川島真，神保謙，三上貴教ほか述）　尖閣諸島周辺海域で何が起こっているか（明石康，宮本雄二，工藤泰志述）　人民解放軍将官と自衛隊関係者との非公式会議〈抄録〉日韓両国の対立をどう克服するか（川口順子，小倉和夫，工藤泰志述）　重要度を増す「民間外交」の役割（東郷和彦著）「言論外交」は何を目指すか（明石康，宮本雄二，工藤泰志述）〉978-4-8175-9105-0　Ⓝ319.1022　[1600円]

◇自壊する中国反撃する日本—日米中激突時代始まる！　古森義久,石平著　ビジネス社　2014.8　243p　19cm　Ⓘ978-4-8284-1763-9　Ⓝ319.22053　[1400円]

◇迫りくる沖縄危機　惠隆之介著　幻冬舎ルネッサンス　2014.8　186p　18cm　（幻冬舎ルネッサンス新書　め-1-2）Ⓘ978-4-7790-6104-2　Ⓝ319.1022　[778円]

◇知中論—理不尽な国の7つの論理　安田峰俊著　星海社　2014.9　227p　18cm　（星海社新書　54）〈講談社（発売）　文献あり〉Ⓘ978-4-06-138558-0　Ⓝ302.22　[840円]

◇中国を捨てよ　石平,西村幸祐著　イースト・プレス　2014.4　190p　18cm　（イースト新書　028）〈『日本よ！米中を捨てる覚悟はあるか』（徳間書店　2010年刊）の改題、改訂し、新規対談を加える〉Ⓘ978-4-7816-5028-9　Ⓝ319.1022　[861円]

◇中国が愛する国、ニッポン　Record China監修　竹書房　2014.10　191p　19cm　Ⓘ978-4-8019-0042-4　Ⓝ361.42　[980円]

◇「中国人の9割が日本が嫌い」の真実　初田宗久著　トランスワールドジャパン　2014.3　231p　19cm　（TWJ BOOKS）〈文献あり〉Ⓘ978-4-86256-138-1　Ⓝ319.1022　[1100円]

◇中国人の心を動かした「日本力」—日本人も知らない感動エピソード：中国若者たちの生の声　日本僑報社　2014.1　224p　21cm　（中国人の日本語作文コンクール受賞作品集　第9回）Ⓘ978-4-86185-163-6　Ⓝ319.1022　[2000円]

◇中国人は「反日」なのか—中国在住日本人が見た市井の人びと　松本忠之著　コモンズ　2014.6　148p　19cm　Ⓘ978-4-86187-116-0　Ⓝ319.1022　[1200円]

◇中国にNOと言える日本　田母神俊雄著　徳間書店　2014.8　228p　19cm　Ⓘ978-4-19-863843-6　Ⓝ319.1022　[1200円]

◇中国の戦争力—台頭する新たな海洋覇権の実態　小川和久,西恭之著　中央公論新社　2014.3　291p　20cm　Ⓘ978-4-12-004600-1　Ⓝ392.22　[1600円]

◇中国の大問題　丹羽宇一郎著　PHP研究所　2014.6　254p　18cm　（PHP新書　931）Ⓘ978-4-569-81926-6　Ⓝ302.22　[800円]

◇中国の「反日」で日本はよくなる　宮崎正弘著　徳間書店　2014.8　253p　15cm　（徳間文庫　み18-2）〈2013年刊の加筆〉Ⓘ978-4-19-893876-5　Ⓝ319.1022　[630円]

◇中日対話か？対抗か？—日本の「軍国主義化」と中国の「対日外交」を斬る　李東雷著，笹川陽平監修　日本僑報社　2014.9　147p　19cm　Ⓘ978-4-86185-171-1　Ⓝ319.1022　[1600円]

◇仲良く自滅する中国と韓国—暴走と崩壊が止まらない！　宮崎正弘,室谷克実著　徳間書店　2014.6　237p　19cm　Ⓘ978-4-19-863816-0　Ⓝ319.1022　[1000円]

◇憎しみに未来はない—中日関係新思考　馬立誠著，及川淳子訳　岩波書店　2014.1　293p　20cm　〈文献あり〉Ⓘ978-4-00-025944-6　Ⓝ319.1022　[2800円]

◇2014年の「米中」を読む！—アメリカと中国を知らなければ世界は分からない！　古森義久,矢板明夫著　海竜社　2014.1　274p　19cm　Ⓘ978-4-7593-1350-5　Ⓝ319.22053　[1500円]

◇日米中アジア開戦　陳破空著，山田智美訳　文藝春秋　2014.5　261p　18cm　（文春新書　976）Ⓘ978-4-16-660976-5　Ⓝ319.1022　[800円]

◇「日中韓」外交戦争—日本が直面する「いまそこにある危機」読売新聞政治部著　新潮社　2014.6　301p　20cm　〈年表あり〉Ⓘ978-4-10-339016-9　Ⓝ319.1022　[1400円]

◇日中関係の針路とメディアの役割—公益財団法人新聞通信調査会主催シンポジウム　新聞通信調査会編　新聞通信調査会　2014.3　125p　21cm　〈年表あり　内容：基調講演　日中関係

の本道とメディアの正道（丹羽宇一郎述）21世紀の中日関係の再構築を目指して（朱鎔述）　パネルディスカッション　日中関係の針路とメディアの役割（史哲ほか述）　シンポジウムへのコメント　「その大きな力」をどう使うのか（塚越敏彦述）相互理解をめぐる交錯と拡散（上野征洋述）〉①978-4-907087-27-2　Ｎ319.1022　[1000円]

◇ニッポンの懸案—韓・中との衝突にどう対処するか　櫻井よしこ著　2014.2　252p　18cm　（小学館新書 201）〈内容：”従北勢力”が跋扈する韓国は内戦状態（洪熒述）言論の自由を封じ、入国拒否の蛮行に走った韓国の精神構造（呉善花述）　尖閣、五島、沖縄、そして日本海にも中国の脅威が（山田吉彦述）　国境の島の防人に聞く「日本の離島をどう守るか」（中山義隆述）　軍事独裁国家・中国との戦争を防ぐには日本の軍事的努力が必要だ（村井友秀述）　抑圧ではチベット人の民意は得られない（ダライ・ラマ法王14世述）　日本の領土、領海を守れない憲法をどう変えるべきか（百地章述）〉①978-4-09-825201-5　Ｎ319.1021　[740円]

◇日本を取り戻す—アベノミクスと反日の中国・韓国　黄文雄著　光明思想社　2014.3　232p　19cm　①978-4-904414-27-9　Ｎ319.1022　[1200円]

◇日本人が中国を嫌いになれないこれだけの理由　瀬口清之著　[東京]　日経BP社　2014.12　375p　19cm〈日経BPマーケティング（発売）〉①978-4-8222-7902-8　Ｎ319.1022　[1800円]

◇日本とインドいま結ばれる民主主義国家—中国「封じ込め」は可能か　櫻井よしこ、国家基本問題研究所編　文藝春秋　2014.11　395p　16cm　（文春文庫 さ57-3）〈2012年刊の補筆、加筆　内容：対中国「大戦略」構築のために（櫻井よしこ著）歴史的絆から戦略的・グローバル・パートナーシップへ（平林博著）　中国「封じ込め」は可能か（アルジュン・アスラニ著）　中国軍拡止まずインド洋・南シナ海浪高し（川村純彦著）インドから見た「中国の脅威」（カンワル・シバル著）　武器輸出三原則緩和によって強化される日印戦略関係（島田洋一著）　中国に対しては「結束し抑え込む」しか道にない（C.ラジャ・モハン著）　核と原子力をめぐる日印関係（金子熊夫著）　印は手を組めば中国に勝てる（プラーマ・チェラニー著）　インドへの進出で中国に立ち遅れる日本（近藤正規著）海で出会う二つの民主主義国家（安倍晋三述）　アントニー国防大臣との対話（アントニー、安倍晋三、櫻井よしこ述）　海洋安全保障で日本との協力を（シブシャンカル・メノン述）　国基研&インド世界問題評議会共催セミナー　日米安保改定50周年シンポジウム（櫻井よしこほか述）〉①978-4-16-790232-2　Ｎ319.1025　[310円]

◇日本に対する偏見が解けてゆく—中国の大学生〈日本語科〉が想う「日本」とは？　日本人が作った「日本語教材〈日本〉」：感想文コンテスト入賞作67編　大森和夫, 大森弘子編著　日本僑報社　2014.10　203p　19cm　①978-4-86185-176-6　Ｎ319.1022　[1000円]

◇犯中韓論　黄文雄著　幻冬舎ルネッサンス　2014.8　279p　18cm　（幻冬舎ルネッサンス新書 こ-4-2）①978-4-7790-6112-7　Ｎ319.1022　[815円]

◇「反日」の敗北　石平, 西村幸祐著　イースト・プレス　2014.6　207p　19cm　①978-4-7816-1174-7　Ｎ319.1022　[1200円]

◇勃興するアジアと日中関係　関西日中関係学会, 神戸社会人大学, 桜美林大学北東アジア総合研究所編　相模原　桜美林大学北東アジア総合研究所　2013.7　174p　21cm　（北東アジア研究叢書）〈内容：勃興するアジアと日中関係（野尻武敏者）ツェリン・オーセルの文学の力（劉燕子著）　現代中国の言論空間（及川淳子著）　台湾海峡両岸関係の現状（本田善彦著）人口老齢化の厳しい環境（伊原吉之助著）　日中関係と孫文（安井三吉著）　中国発グローバル企業の実像（徐方啓著）　日本からの提言（大森經徳著）　日中関係とアジア・ユーラシアの近未来（川西重忠著）　成熟期に入った中国経済と今後の課題（安室憲一著）〉①978-4-904794-35-7　Ｎ319.1022　[1600円]

◇靖国問題と中国包囲網　副島隆彦著　ビジネス社　2014.3　255p　20cm　①978-4-8284-1743-1　Ｎ302.22　[1600円]

◇領土喪失の悪夢—尖閣・沖縄を売り渡すのは誰か　小川聡, 大木聖馬著　新潮社　2014.7　189p　18cm　（新潮新書 580）〈文献あり〉①978-4-10-610580-7　Ｎ319.1022　[740円]

◇ワンピースに学ぶ反日問題—ルフィと仲間たちが教えてくれる歴史認識・差別・偏見の真実　長谷川豊著　ヴィレッジブックス　2014.5　157p　19cm　①978-4-86491-138-2　Ｎ319.1021　[1000円]

日本（外国関係—中国—歴史）
◇一衣帯水—日中間の人物交流と異文化間コミュニケーション　天号　張麟声, 大形徹編　大阪　日中言語文化出版社　2014.6

119p　21cm〈中国語併記　内容：舞子海岸で孫中山先生に拝謁する（張麟声著, 山本眞理子訳）　空海の入唐留学（岸田知子著）　日本の「和」、中国の「和」（矢野隆男著）　孔子と聖徳太子に「和諧」を学ぶ（徐倹著, 董涛訳）〉①978-4-905013-82-2　Ｎ210.1822　[1000円]

◇図説よくわかる日本・中国・韓国の歴史と紛争　島崎晋著　PHPエディターズ・グループ　2014.3　223p　19cm〈PHP研究所（発売）　文献あり〉①978-4-569-81820-7　Ｎ319.1022　[1300円]

◇中国化する日本—日中「文明の衝突」一千年史　與那覇潤著　増補版　文藝春秋　2014.4　395p　16cm　（文春文庫 よ35-1）〈文献あり　年表あり　索引あり〉①978-4-16-790084-7　Ｎ210.1822　[700円]

◇中国と日本—相互認識の歴史と現実：国際学術シンポジウム　岡山　岡山大学グローバル・パートナーズ　2014.8　186p　30cm〈文献あり　共同刊行：吉備人出版　内容：戦後日本人の中国像の変遷（馬場公彦著）　長春育ちから見た中国映画（石子順著）　中国近代知日家の四白眉と四つの里程標（徐冰著）『切韻』の発展と融合（林忠鵬著）　中国東北地方の朝鮮族初等学校での植民地教育（徐雄彬, 張玉, 王冉冉著）　明治末期（1903-1912）日本小学校の教科書に見る中国像（張卓識著）日中に於ける「つもり相互誤解」（酒井順一郎著）　平安の日本人が中国から学んだもの（下定雅弘著）　近代日本の東洋史教科書とアジア認識（土屋洋著）　南原繁の「共同体論」への再認識（蘆麗, 蔡欣著）　軍記物語的方法（池睿著）　岡山—武居高四郎与長春都市規划（傅华著）〉①978-4-86069-415-9　Ｎ210.1822　[非売品]

◇なぜ韓国人・中国人は「反日」を叫ぶのか　黄文雄著　宝島社　2014.3　216p　16cm　（宝島SUGOI文庫 Aこ-5-1）〈「なぜ中国人・韓国人は「反日」を叫ぶのか」（2013年刊）の改題、改訂〉①978-4-8002-2385-2　Ｎ319.1021　[580円]

◇日中科学技術交流の40年　科学技術振興機構中国総合研究交流センター編　[東京]　科学技術振興機構中国総合研究交流センター　2014印刷　237p　30cm〈年表あり　文献あり〉①978-4-88890-386-8　Ｎ402.2

◇「日中歴史共同研究」報告書　第1巻　古代・中近世史篇　北岡伸一, 歩平編　勉誠出版　2014.10　611p　22cm〈内容：七世紀の東アジア国際秩序の創成（川本芳昭, 王小甫著）十五世紀から十六世紀の東アジア国際秩序と日中関係（村井章介, 王新生著）　思想、宗教の伝播と変容（小島毅, 宋成有著）　ヒトとモノの移動（桜井英治, 井手誠之輔, 王勇著）　日本人と中国人の相互認識（古瀬奈津子, 小島康敬, 王暁秋著）　日中の政治・社会構造の比較（菊池秀明, 蒋立峰, 王勇ほか著）〉①978-4-585-22034-3　Ｎ210.1822　[6000円]

◇日本を恐れ、妬み続ける中国　黄文雄　ベストセラーズ　2014.8　255p　19cm　①978-4-584-13591-4　Ｎ222.01　[1204円]

◇「米中韓」と日本の歴史—今の日本がここから見える！　金谷俊一郎著　朝日新聞出版　2014.10　223p　19cm〈文献あり〉①978-4-02-331306-4　Ｎ319.1053　[1400円]

日本（外国関係—中国—歴史—1868～1945）
◇「日中歴史共同研究」報告書　第2巻　近現代史篇　北岡伸一, 歩平編　勉誠出版　2014.10　467p　22cm〈内容：近代日中関係のはじまり（北岡伸一, 徐勇, 周頌倫ほか著）　対立と協力（川島真, 徐勇, 周頌倫ほか著）　日本の大陸拡張政策と中国国民革命運動（服部龍二, 王建朗著）　満洲事変から廬溝橋事件まで（戸部良一, 臧運祜著）　日中戦争（波多野澄雄, 庄司潤一郎, 栄維木著）　日中戦争と太平洋戦争（波多野澄雄, 陶文釗著）〉①978-4-585-22035-0　Ｎ210.1822　[4500円]

◇歴史のなかの日本政治　3　近代中国をめぐる国際政治　北岡伸一監修　川島真編, 黄栄光, 千葉功, 川島真, 高光佳絵, 平田康治著　中央公論新社　2014.12　274p　20cm〈索引あり内容：一九世紀後半の日中通商交渉史（黄栄光著）　一九〇〇年代日本の対中外交と列強協調（千葉功著）　二十一箇条要求と日中関係・再考（川島真著）　戦間期アジア・太平洋秩序と国際的民間団体（高光佳絵著）　満洲国の政治と経済（平田康治著）〉①978-4-12-004573-8　Ｎ312.1　[3200円]

日本（外国関係—中国—歴史—1945～）
◇現代日本人の中国像—日中国交正常化から天安門事件・天皇訪中まで　馬場公彦著　新曜社　2014.5　400p　22cm〈年表あり　索引あり　内容：日本人の中国像の変遷　戦後日本人は文革の終わりをどう受けとめたか　友好と離反のはざまできしむ日中関係　天安門事件にいたる道　天安門事件以後　戦後日本人の台湾像　日本人の対中国認識経路を通して見た中国像戦後日本人のモンゴル像　歴史研究から同時代政治へ（若林正丈述）　変わりゆく中国に埋め込まれた歴史の地層を見据えて（西村成雄述）　地方・民間社会・南から見た中国の動態（濱下武志述）　改革の陣痛に立ちあって（船橋洋一述）　同時代中

日本（外国関係—中国—歴史—1949〜）

国を見つめる眼（毛里和子述）〉①978-4-7885-1386-0 Ⓝ319.
1022　［4200円］

◇日中関係史1972-2012　4　民間　園田茂人編　東京大学出版
会　2014.3　260p　22cm　①978-4-13-023067-4　Ⓝ319.1022
［3000円］

◇日中労働組合交流史—60年の軌跡　山田陽一著　平原社
2014.8　265p　22cm　〈文献あり　年表あり〉①978-4-938391-
51-5　Ⓝ366.621　［3800円］

◇日本は大東亜戦争に勝っていた　川本山水著　［東京］　東京
図書出版　2014.6　268p　18cm　（TTS新書）〈リフレ出版
（発売）〉①978-4-86223-754-5　Ⓝ210.76　［900円］

日本（外国関係—中国—歴史—1949〜）

◇中国社会の基層変化と日中関係の変容　愛知大学国際中国学
研究センター編　日本評論社　2014.7　262p　21cm　〈索引あ
り　内容：孫文の大アジア主義と日中関係（馬場毅著）　中国のエネ
ルギー問題と経済（大澤正治, 李春利著）　中国の水資源の現状
と課題（大島一二著）　中国都市部の「社区自治」についての
一考察（唐燕霞著）　チャン族被災民の漢族地域への移住とコ
ミュニティの再建（松岡正子著）　現代中国における「包」と
「発展のシェーマ」についての一考察（原田忠直著）　漢服運動
とは何か（周星著）　東アジア世界の脱構築と海詳秩序（加々
美光行著）　尖閣諸島領有権問題をめぐる日中関係の構造的変
化に関する考察（川村範行著）　現代日中関係の基層としての
「50年問題」（鈴木規夫著）　下降する1990年代以降の中日関係
（臧志軍, 徐青著）　新興市場の企業間競争に対する制度論的ア
プローチ（田中英式著）　日中食品モジュール貿易の形成と構
造（高橋五郎著）〉①978-4-535-58667-3　Ⓝ302.22　［3000円］

◇中国ナショナリズムのなかの日本—「愛国主義」の変容と歴史
認識問題　江藤名保子著　勁草書房　2014.3　232p　22cm
（現代中国地域研究叢書 7）〈文献あり　索引あり　内容：現
代中国ナショナリズムと「日本」　日中歴史認識問題の「発
見」　改革開放のジレンマ　大国化と民衆ナショナリズムの
要請　「愛国主義」の新展開　現代中国の公定ナショナリズム
と対日政策〉①978-4-326-34897-8　Ⓝ319.1022　［4000円］

日本（外国関係—中国—歴史—近代）

◇21世紀の日中関係—青年研究者の思索と対話　大阪大学中国
文化フォーラム編　［豊中］　［大阪大学中国文化フォーラム］
2014.3　371p　21cm　（OUFCブックレット 第3巻）〈文献
あり　中国語併載　内容：青年研究者の所見　「21世紀の日
中関係」について　コメント　「21世紀の日中関係」について
先端的諸言説を解読する（西村成雄著）　青年研究者の論文
テーマ総括及び中日関係に対する見解（江沛著）　「青年研究者
の21世紀の日中関係の所見」に関する所感（陳進金著）　歴史
針砭相對（王慧婷著）　盧溝橋事件の拡大とメディアの報道に
ついて（鄒燦著）　現代中国政治史における「公民」（和田英男
著）　政治・社会　中国海権困境及其原因対策的相关探討（石
羽著）　文化・科学　汪曾祺小説中的描写与艺术体现（张煜
著）　真実という選択（楊霊琳著）　中国水下文化遺産保護（陳
元椋著）　中国的大气污染问题（潘钰林著）　波动的心理学（田
毓瑶著）　認識・イメージ　日本占領下華北における在留邦人
の対中国認識（菊地俊介著）　中国側から見る日中経済協力
（王坤著）　馮昭奎の日本論（周妍著）《人民日报》涉日报道
研究（2003-2012年）（馬瑞洁著）〉Ⓝ302.22

◇「反日」中国の文明史　平野聡著　筑摩書房　2014.7　270p
18cm　（ちくま新書 1080）〈文献あり〉①978-4-480-06784-5
Ⓝ222.01　［840円］

日本（外国関係—中国—歴史—古代）

◇古代日本と中国文化—受容と選択　水口幹記著　塙書房
2014.10　417,18p　22cm　〈索引あり　内容：日本古代におけ
る中国文化受容研究の方法試論　藤原朝臣麻呂の祥瑞関与
類集『稽瑞』と祥瑞品目　類集『稽瑞』の成立年代について
僧円徳の旅符について　日本呪訂の系譜　日本古典文学
にみる情報交流の方法　「風角」「風占」と風をめぐる日中の相
異〈雲を見る〉こと　日本古代における時間をめぐる二つの文
化圏　景戒の時間意識と叙述の選択　大津皇子詩と隠後主詩
奈良時代の言語政策　非唐人音博士の誕生　奈良時代の『日
本書紀』読書　弘仁の日本書紀講書と文章経国思想　東アジ
アにおける書籍と文化の交流をめぐって〉①978-4-8273-1269-
0　Ⓝ210.3　［12500円］

日本（外国関係—中国—歴史—昭和後期）

◇共同討議日中関係なにが問題か—1972年体制の再検証　高原
明生, 菱田雅晴, 村田雄二郎, 毛里和子編　岩波書店　2014.9
141,11p　19cm　〈内容：私の体験した一九七〇年代の米日中
関係（エズラ・ヴォーゲル述）　一九七二年中日中交渉再考（毛里
和子述）　近四〇年来の中国と日本（歩平述）　角福戦争と日
中国交正常化（井上正也述）　日本の対中関係正常化の政治過

日本件名図書目録2014　Ⅰ

程（王新生述）　米中和解と日中関係（三船恵美述）　中国の対
日外交と一九七〇年代（章百家述）　コメント（村田雄二郎, 宋
志勇述）　討議（高原明生ほか述）　克服すべき一九七二年体
制（徐顕芬述）　台湾から見た釣魚台問題（林満紅述）　米米接
近と中日国交正常化（牛大勇述）　日中国交正常化と「二つの
中国」（平川幸示述）　コメント（下斗米伸夫, 小嶋華津子述）
討議（久保亨ほか述）　総括討論（毛里和子ほか述）　結語（山
田辰雄述）〉①978-4-00-025995-8　Ⓝ319.1022　［1700円］

◇日本人の文革認識—歴史的転換をめぐる「翻身」　福岡愛子著
新曜社　2014.1　456p　22cm　〈文献あり　年表あり　索引あ
り〉①978-4-7885-1363-1　Ⓝ319.1022　［5200円］

日本（外国関係—中国—歴史—史料）

◇歴代寶案—校訂本　第10冊　沖縄県教育庁文化財課史料編集
班編, 金城正篤校訂　［那覇］　沖縄県教育委員会　2014.1
597p　27cm　〈第2集　巻123-145〉Ⓝ219.9

日本（外国関係—中国—歴史—清時代）

◇『吾妻鏡』の謎—清朝へ渡った明治の性科学　唐権［述］　京
都　国際日本文化研究センター　2014.9　71p　21cm　（日文
研フォーラム 第275回）〈文献あり　会期・会場：2014年2月
12日　ハートピア京都〉Ⓝ384.7

◇華夷秩序と琉球王国—陳捷先教授中琉歴史関係論文集　陳捷
先著, 赤嶺守, 張維真監訳　宜野湾　榕樹書林　2014.3　257p
21cm　〈訳：童宏民ほか〉①978-4-89805-175-7　Ⓝ222.058
［2800円］

日本（外国関係—中国—歴史—大正時代）

◇関東大震災と中国人—王希天事件を追跡する　田原洋著　岩
波書店　2014.8　19,262p　15cm　（岩波現代文庫）〈文献
あり　「関東大震災と王希天事件」（三一書房 1982年刊）の改題,
改訂版〉①978-4-00-603272-2　Ⓝ210.69　［1180円］

日本（外国関係—中国—歴史—平安時代）

◇平安時代の対外関係と仏教　手島崇裕著　校倉書房　2014.9
368p　22cm　（歴史科学叢書）〈索引あり　内容：本書に関
わる研究史の整理と検討課題の確認を中心に　入宋僧の性格
変遷と平安中後期朝廷　平安中期の対外交渉と摂関家　東ア
ジア再編期の日中関係における仏教の位置・役割について
日本—北宋の仏教交渉と摂関期仏教の展開　入宋僧寂照の飛
鉢説話再考　成尋と後続入宋僧の聖地巡礼　入宋僧と三国世
界観　総括と展望, さらなる課題〉①978-4-7517-4550-2
Ⓝ210.36　［10000円］

日本（外国関係—中国—歴史—明時代）

◇華夷秩序と琉球王国—陳捷先教授中琉歴史関係論文集　陳捷
先著, 赤嶺守, 張維真監訳　宜野湾　榕樹書林　2014.3　257p
21cm　〈訳：童宏民ほか〉①978-4-89805-175-7　Ⓝ222.058
［2800円］

日本（外国関係—中国—歴史—明治以後）

◇日本を翻弄した中国人に騙された日本人　渡辺望著　ビ
ジネス社　2014.8　206p　18cm　①978-4-8284-1765-3
Ⓝ319.1022　［1000円］

◇北東アジアの歴史と記憶　金美景, B.シュウォルツ編著, 千葉
眞監修, 稲正樹, 稲岡和哉訳　勁草書房　2014.5
315,9p　22cm　〈索引あり　内容：北東アジアの記憶の問題
（バリー・シュウォルツ, 金美景著, 稲正樹, 稲岡和哉訳）　靖国
神社という難問（マイケル・P・モチヅキ著, 稲正樹訳）　日本
の平和主義（金美景著, 稲正樹訳）　責任, 悔恨, 日本の記憶の中
のナショナリズム（福岡和哉, バリー・シュウォルツ著, 寺田麻
佑, 稲正樹, 稲岡和哉訳）　政治的中心, 進歩的な物語と文化的
なトラウマ（徐曉宏, リン・スピルマン著, 稲正樹訳）　代替的
ジャンル, 新メディア, 中国文化大革命の対抗記憶（楊國斌著,
寺田麻佑, 稲正樹訳）　中国政党の変化する運命（ティム・F・
リャオ, 張戈斧, 張莉彬著, 稲正樹訳）　日中の第二次世界大戦
被害者の対日賠償運動における記憶の運動と国家—社会関係
（徐彬, ゲイリー・アラン・ファイン著, 稲正樹訳）　悪化させ
られた政治（ドン・ベーカー著, 稲正樹訳）　共和制韓国におけ
る朝鮮君主制، 一九四五〜一九六五年（クリスティン・キム著,
寺田麻佑, 稲正樹訳）　独島・竹島紛争における視差ビジョン
（権憲益著, 稲正樹訳）　主張と主張の間にとらわれて（徐載晶
著, 稲正樹訳）〉①978-4-326-30226-0　Ⓝ319.1022　［3200円］

日本（外国関係—中国—歴史—明治時代）

◇日清・日露戦争をどう見るか—近代日本と朝鮮半島・中国　原
朗著　NHK出版　2014.10　253p　18cm　（NHK出版新書
444）〈文献あり〉①978-4-14-088444-7　Ⓝ210.65　［780円］

◇東アジアの覚醒—近代日中知識人の自他認識　徐興慶編　研
文出版（山本書店出版部）　2014.8　319p　22cm　〈索引あり
内容：近代日中知識人の相互認識　箕作阮甫, 塩谷宕陰, 佐久
間象山の思想変遷　王韜と中村正直, 岡千仭の思想比較　伝
統と近代の間　岡倉天心の「アジアは一つ」をどう読むべきか
小室信介の中国観　近代文化論から見た李春生の日本観　張
徳彝の異文化論試　近代中国知識人の日本経験〉①978-4-
87636-381-0　Ⓝ121.6　［5000円］

◇明治期日本における民衆の中国観—教科書・雑誌・地方新聞・講談・演劇に注目して 金山泰志著 芙蓉書房出版 2014.2 301p 22cm 〈文献あり 索引あり 内容：歴史学としての中国観研究 明治期の小学校教育に見る日本の中国観 日清戦争前後の児童雑誌に見る日本の中国観 日露戦争前後の児童雑誌に見る日本の中国観 明治期の児童雑誌に見る日本の対外観 明治期の講談に見る日本の中国観 明治期の演劇に見る日本の中国観 明治期の地方新聞に見る日本の中国観 明治期の総合雑誌に見る日本の中国観 近代日本と中国観〉 ①978-4-8295-0613-4 Ⓝ319.1022 ［3700円］

日本（外国関係—中国—歴史—明治時代—史料）
◇伊藤博文文書 第118巻 秘書類纂外交 5 伊藤博文［著］, 伊藤博文文書研究会監修, 檜山幸夫総編集 熊本史雄編集・解題 ゆまに書房 2014.11 384p 22cm 〈宮内庁書陵部所蔵の複製〉 ①978-4-8433-2650-3,978-4-8433-2521-6(set) Ⓝ312.1 ［16000円］

日本（外国関係—中国—歴史—論文集）
◇琉球・中国交渉史に関するシンポジウム論文集 第10回 沖縄県教育庁文化財課史料編集班編 ［那覇］ 沖縄県教育委員会 2014.2 239p 21cm 〈中国語併記 内容：清朝宮中档案から見た中琉往来の関係制度（謝必震,謝忱著）華夷秩序と琉球の自己認識（上里賢一著）歴史宝案編集事業と档案史料（赤嶺守著）中琉歴史関係档案の編纂と考察（張小鋭,王徵著）〉 Ⓝ219.9

日本（外国関係—朝鮮）
◇激動のアジア・太平洋地域情勢と我が国の進路—第40回防衛セミナー講演集 隊友会 2014.5 402p 19cm （防衛開眼第40集）〈内容：自衛隊・統合運用の現状と今後（岩﨑茂述）国防の経済学（三鷹貴明述） お伝えしたい「軍事の基礎」と「今日の問題」（冨澤暉述）日本の海洋安全保障と国境離島（山田吉彦述）東日本大震災・陸海空自衛隊統合部隊の災害救助活動（原口義寛述）東アジアの安全保障環境の変化と日本の安全保障・防衛（西元徹也述）中国の海洋進出と東シナ海情勢（香田洋二述）わが国をとりまく安全保障情勢（金田秀昭述）〉 Ⓝ392.1076 ［1143円］

日本（外国関係—朝鮮—歴史）
◇悲しい歴史の国の韓国人 宮脇淳子著 徳間書店 2014.12 213p 19cm 〈年表あり〉 ①978-4-19-863891-7 Ⓝ221.01 ［1000円］
◇図説よくわかる日本・中国・韓国の歴史と紛争 島崎晋著 PHPエディターズ・グループ 2014.3 223p 19cm 〈PHP研究所（発売）文献あり〉 ①978-4-569-81820-7 Ⓝ319.1022 ［1300円］
◇立ち直れない韓国 黄文雄著 扶桑社 2014.10 239p 19cm 〈光文社 1998年刊の加筆・再構成〉 ①978-4-594-07145-5 Ⓝ221 ［1200円］

日本（外国関係—朝鮮—歴史—1945～）
◇日本は大東亜戦争に勝っていた 川本山水著 ［東京］ 東京図書出版 2014.6 268p 18cm （TTS新書）〈リフレ出版（発売）〉 ①978-4-86223-754-5 Ⓝ210.76 ［900円］

日本（外国関係—朝鮮—歴史—江戸時代）
◇近世日朝流通史の研究—博多−対馬−釜山海域経済圏の構築 尾道博著 五絃舎 2013.3 206, 5p 22cm 〈文献あり〉 ①978-4-86434-019-9 Ⓝ678.21021 ［2800円］
◇徳川幕府はなぜ朝鮮王朝と蜜月を築けたのか 康熙奉著 実業之日本社 2014.1 205p 19cm 〈年表あり〉 ①978-4-408-11051-6 Ⓝ210.5 ［1000円］

日本（外国関係—朝鮮—歴史—江戸初期）
◇交隣提醒 雨森芳洲［著］, 田代和生校注 平凡社 2014.8 426p 18cm （東洋文庫 852）〈文献あり 索引あり 布装〉 ①978-4-582-80852-0 Ⓝ210.52 ［3200円］

日本（外国関係—朝鮮—歴史—近代）
◇真実の朝鮮史—1868-2014 宮脇淳子,倉山満著 ビジネス社 2014.7 255p 20cm ①978-4-8284-1762-2 Ⓝ319.1021 ［1600円］
◇日露戦争と大韓帝国—日露開戦の「定説」をくつがえす 金文子著 高文研 2014.10 475p 20cm ①978-4-87498-554-0 Ⓝ319.1021 ［4800円］

日本（外国関係—朝鮮—歴史—原始時代）
◇古代日本と朝鮮半島の交流史 西谷正著 同成社 2014.1 180p 19cm （市民の考古学 13）〈文献あり〉 ①978-4-88621-647-2 Ⓝ210.2 ［1800円］

日本（外国関係—朝鮮—歴史—高麗時代）
◇真実の朝鮮史—663-1868 宮脇淳子,倉山満著 ビジネス社 2014.8 253p 20cm 〈文献あり〉 ①978-4-8284-1767-7 Ⓝ319.1021 ［1600円］

日本（外国関係—朝鮮—歴史—古代）
◇古代日本と朝鮮半島の交流史 西谷正著 同成社 2014.1 180p 19cm （市民の考古学 13）〈文献あり〉 ①978-4-88621-647-2 Ⓝ210.32 ［1800円］
◇古墳時代の日朝関係—新羅・百済・大加耶と倭の交渉史 高田貫太著 吉川弘文館 2014.3 363p 22cm 〈文献あり 索引あり〉 ①978-4-642-09335-4 Ⓝ210.32 ［12000円］
◇新羅神と日本古代史 出羽弘明著 同成社 2014.10 190p 19cm ①978-4-88621-682-3 Ⓝ175.9 ［1800円］
◇真実の朝鮮史—663-1868 宮脇淳子,倉山満著 ビジネス社 2014.8 253p 20cm 〈文献あり〉 ①978-4-8284-1767-7 Ⓝ319.1021 ［1600円］
◇朝鮮半島の倭系遺物からみた日朝関係 井上主税著 学生社 2014.5 339p 22cm 〈索引あり 内容：本研究の目的と課題 北部九州との交渉の開始 辰・弁韓と「奴国」の交渉 勒島遺跡衰退の歴史的背景 まとめ 狗邪国〈狗邪韓国〉から金官加耶の成立 金海および釜山地域古墳出土の倭系遺物 朝鮮半島南部出土の土師器系土器 倭系遺物からみた金官加耶勢力の動向 まとめ 加耶古墳の被葬者像 新羅古墳の被葬者像 まとめ 前三世紀から後五世紀までの倭系遺物からみた日朝関係〉 ①978-4-311-30502-3 Ⓝ221.03 ［9000円］
◇肥国・菊池川流域と百済侯国—茂賀の浦・江田船山古墳・鞠智城 堤克彦編著 菊池 熊本郷土史譚研究所 2014.3 188p 21cm 〈トライ（発売）「菊池川流域の原始・古代の解明 」の増訂〉 ①978-4-903638-33-1 Ⓝ219.4 ［2000円］
◇民際—知と文化 東アジア隣人ネットワーク企画, 上田正昭監修, 洪萬杓編 鼎書房 2013.9 335p 19cm 〈内容：日本列島における百済文化の絆 ふるさと群馬から東アジアの未来へ（大澤正明著）百済と静岡との絆（川勝平太著）日本列島における百済文化の絆（荒井正吾著）東アジアの歴史から未来を見据えて 百済と飛鳥・天平の文化を考える（上田正昭著）韓日語は如何に分かれたか（金容雲著）橘を通している百済と日本（倭国）（吉武利文著）文禄・慶長の役（李義則著）地域に息づく百済文化 あづまのくに（東国）と百済（백제）（熊倉浩靖著）古代の枚方と百済（狩野輝男著）堺市と韓半島、大陸との交流（中村晶子著）ドキュメント須臾之際の千三百年（古閑三博著）東アジア近代史から見た日本近代文学の位置 植民地下の日本語雑誌（神谷忠孝著）川端康成と旧満州について（李聖隆著）報告第十一回アジア児童文学大会（蕭伊芬著）座談会東アジアの留学生たちと語る村上春樹（原善ほか述）「民際」とは 「草の根地域外交」の知恵から平和を紡ぐもの（洪萬杓著）「百済・飛鳥文化を考える市民の集い」から見えるもの（茛沼紀子著）封建領主制度以降の自治制度の歴史的考察 日本の道州制構想における政策的合意（洪萬杓,八幡和郎著）日本における地方自治制度について（森脇宏著）〉 ①978-4-907282-05-9 Ⓝ210.3 ［2800円］

日本（外国関係—朝鮮—歴史—明治以後）
◇「妄言」の原形—日本人の朝鮮観 高崎宗司著 定本 松本木犀社 2014.12 433p 20cm 〈著作目録あり 年表あり 索引あり〉 ①978-4-89618-062-6 Ⓝ319.1021 ［3200円］

日本（外国関係—朝鮮—歴史—明治時代）
◇近代移行期の日朝関係—国交刷新をめぐる日朝双方の論理 石田徹著 広島 渓水社 2013.12 324p 22cm 〈文献あり〉 ①978-4-86327-234-7 Ⓝ319.1021 ［4500円］
◇西郷「征韓論」の真相—歴史家の虚構をただす 川道麟太郎著 勉誠出版 2014.5 336p 20cm ①978-4-585-22089-3 Ⓝ210.621 ［2200円］
◇日清・日露戦争をどう見るか—近代日本と朝鮮半島・中国 原朗著 NHK出版 2014.10 253p 18cm （NHK出版新書 444）〈文献あり〉 ①978-4-14-088444-7 Ⓝ210.65 ［780円］
◇福沢諭吉と朝鮮問題—「朝鮮改造論」の展開と蹉跌 月脚達彦著 東京大学出版会 2014.8 282,7p 20cm 〈文献あり 年表あり 索引あり〉 ①978-4-13-021078-2 Ⓝ319.1021 ［3800円］

日本（外国関係—朝鮮—歴史—李朝時代）
◇真実の朝鮮史—663-1868 宮脇淳子,倉山満著 ビジネス社 2014.8 253p 20cm 〈文献あり〉 ①978-4-8284-1767-7 Ⓝ319.1021 ［1600円］

日本（外国関係—朝鮮民主主義人民共和国）
◇韓国・北朝鮮とどう向き合うか—拉致、核、慰安婦……どうなる？ 対北朝鮮・韓国外交 東アジア共同体研究所編, 鳩山友紀夫,辺真一,高野孟,朴斗鎮著 ［東京］ 花伝社 2014.10 98p 21cm （友愛ブックレット）〈共栄書房（発売）内容：日韓、日朝関係の深層底流を読む！（辺真一,高野孟述）金正恩体制の驚くべき内実と日朝交渉の行方（朴斗鎮,鳩山友紀夫述）安倍「拉致外交」の前途に潜む陥穽（朴斗鎮,鳩山友紀夫,高野孟述）〉 ①978-4-7634-0716-0 Ⓝ319.1021 ［1000円］

日本（外国関係―ドイツ）

◇北朝鮮と日本人―金正恩体制とどう向き合うか　アントニオ猪木，辺真一［著］　KADOKAWA　2014.7　200p　18cm（角川oneテーマ21 D-36）①978-4-04-101976-4 Ⓝ319.1021［800円］

◇日朝正常化の密約　青木直人［著］　祥伝社　2014.11　218p　18cm（祥伝社新書 388）①978-4-396-11388-9 Ⓝ319.1021［780円］

◇日本、韓国、そして北朝鮮―日本と朝鮮半島をめぐる国際政治　中内康夫，寺林裕介共著　草加　朝陽会　2014.2　112p　21cm（Gleam books）①978-4-903059-41-9 Ⓝ319.1021［1000円］

◇「秘話」で綴る私と朝鮮　佐藤勝巳著　晩聲社　2014.4　238p　19cm　①978-4-89188-361-4 Ⓝ316.81　［1700円］

日本（外国関係―ドイツ）

◇なぜ、中国人とドイツ人は馬が合うのか？　宮崎正弘，川口マーン惠美著　ワック　2014.4　235p　18cm（WAC BUNKO B-196）①978-4-89831-696-2 Ⓝ302.34［900円］

◇日独関係を考える　手塚和彰［著］　公共政策調査会　2013.11　39p　21cm（Special report no. 123）Ⓝ319.1034

日本（外国関係―ドイツ―歴史―1945～）

◇戦後日独関係史　工藤章，田嶋信雄編　東京大学出版会　2014.7　525,19p　22cm〈索引あり　内容：課題と視角（工藤章，田嶋信雄著）　協調と対立一九五一―一九七〇年（田嶋信雄著）　冷戦からデタントへ―九五九―一九七三年（田嶋信雄著）　日本社会党とドイツ社会民主労働組合関係（クリスティアン・ハイデック著，平野達志訳）　気候変動問題をめぐる日独関係（マーク・ティルトン著，平野達志訳）　冷戦下の通商と安全保障一九四九―一九六三年（カティヤ・シュミットポット著，平野達志訳）　日本・EEC貿易協定締結交渉と西ドイツの立場一九七〇―一九七一年（工藤章著）　日本と東ドイツの経済関係（工藤章著）　日独の介護保険・介護政策と異文化接触（山田誠著）　日独科学交流（スヴェン・サーラ著，竹内早紀訳）　戦後日本の知識人とドイツ（加藤哲郎，井関正久著）〉①978-4-13-026260-6 Ⓝ319.1034［8800円］

日本（外国関係―ドイツ―歴史―昭和前期）

◇東條英機の親友駐独大使大島浩―闇に葬られた外交情報戦のエキスパート　中川雅普著　セルバ出版　2014.10　239p　19cm〈創英社/三省堂書店（発売）文献あり〉①978-4-86367-171-3 Ⓝ319.1034［1700円］

日本（外国関係―東南アジア）

◇日本と東南アジア―さらなる友好関係の構築へ向けて　井上治編　鳳書房　2014.12　191p　22cm（拓殖大学研究叢書）〈布装：忘れ去られた南方への旅人たち（ホートン，ウィリアム・ブラッドリー著）　元留学生による大学設立（井上治著）　日本・東南アジア関係と東南アジアの対日感情（大谷博愛著）　ASEANにおける日本の対外言語政策と留学生政策（玉置充子著）　マレーシアの経済発展と日本企業（吉野文雄著）　日中経済におけるASEANプレゼンスの拡大（崔晨著）　東南アジア進出の日本製造業による中国活用（朱炎著）　南シナ海問題を巡るベトナムの安全保障政策（小高泰著）〉①978-4-902455-35-9 Ⓝ319.1023［3000円］

◇Expanding ASEAN and the future of Japan―a variety of angles for analysis　［西宮］　School of International Studies, Kwansei Gakuin University　[2013]　1冊　30cm〈日本語・英語併記〉①978-4-9907476-1-9 Ⓝ319.1023

日本（外国関係―東南アジア―歴史―昭和前期）

◇大川塾に於ける大川周明訓話集　山本哲朗著　八王子　揺籃社　2014.7　251p　22cm①978-4-89708-343-8 Ⓝ319.1023［2000円］

◇〈外地〉日本語文学への射程　池内輝雄，木村一信，竹松良明，土屋忍編　双文社出版　2014.3　278p　22cm〈内容：植民地の多言語状況と小説の一言語使用（西成彦著）　一九三〇年代日本文学における「野蛮」への共鳴をめぐって（垂水千恵著）　漂流民の台湾（土屋忍著）　植民地下の日本語雑誌（神谷忠孝著）　朝鮮における日本語文学の形成と文芸欄の帝国主義（鄭炳浩著）　俞鎭午「新京」における空間の政治学（柳水晶著）　「満洲」文学の一側面（池内輝雄著）　小泉譲の〈上海〉（竹松良明著）　日本統治下上海の文学的グレーゾーン（木田隆文著）　黒島傳治「武装せる市街」論（三上聡太著）　森三千代の〈ジャワの旅〉（木村一信著）　記憶を反芻する（掛野剛史著）　中島敦の〈南洋行〉（橋本正志著）〉①978-4-88164-625-0 Ⓝ910.26［6400円］

日本（外国関係―フランス―歴史―江戸末期）

◇幕末、フランス艦隊の琉球来航―その時琉球・薩摩・幕府はどう動いたか　生田澄江著　近代文藝社　2014.2　141p　20cm①978-4-7733-7906-8 Ⓝ210.5935［1300円］

日本（外国関係―フランス―歴史―昭和前期）

REVUE FRANCO-NIPPONNE　vol.2　REVUE FRANCO-NIPPONNE Ｎ°7～Ｎ°9，Ｎ°11～Ｎ°12/『巴里旬報』松崎碩子，和田桂子監修　ゆまに書房　2014.12　493p　22cm〈1928～1930年刊の複製　布装〉①978-4-8433-4610-5,978-4-8433-4608-2(set)　Ⓝ319.1035　[35000円]

◇Revue franco-Nipponne　vol.1　Revue franco-Nipponne Ｎ°1～Ｎ°6　松崎碩子，和田桂子監修　ゆまに書房　2014.12　538p　22cm〈1926年-1930年刊の複製　本文は日本語 英語併載〉①978-4-8433-4609-9,978-4-8433-4608-2(set)　Ⓝ319.1035　[35000円]

日本（外国関係―フランス―歴史―大正時代）

◇繭と鋼―神奈川とフランスの交流史　神奈川県立歴史博物館，明治大学図書館編　明治大学　2014.4　159p　30cm〈年表あり　文献あり〉①978-4-9902148-3-8 Ⓝ210.5935

◇百合と巨筒―見出された図像と書簡集：1860-1900　クリスチャン・ポラック著，在日フランス商工会議所企画・編集，石井朱美，大澤啓訳　在日フランス商工会議所　c2013　248p　31cm〈フランス語併記〉Ⓝ210.5935

日本（外国関係―フランス―歴史―明治時代）

◇幕末・明治期の日仏交流　中国地方・四国地方篇 2　山口・広島・愛媛　田中隆二著　広島　溪水社　2014.5　274p　22cm〈年譜あり〉①978-4-86327-262-0 Ⓝ210.5935［5000円］

◇繭と鋼―神奈川とフランスの交流史　神奈川県立歴史博物館，明治大学図書館編　明治大学　2014.4　159p　30cm〈年表あり　文献あり〉①978-4-9902148-3-8 Ⓝ210.5935

◇百合と巨筒―見出された図像と書簡集：1860-1900　クリスチャン・ポラック著，在日フランス商工会議所企画・編集，石井朱美，大澤啓訳　在日フランス商工会議所　c2013　248p　31cm〈フランス語併記〉Ⓝ210.5935

日本（外国関係―ベトナム）

◇ベトナム舞台芸術関係者中期招へい事業（VPAM）報告書　国際交流基金　2014.9　150p　30cm Ⓝ770

日本（外国関係―ベトナム―歴史）

◇ベトナム物語―大ベトナム展公式カタログ　九州国立博物館編　［福岡］　TVQ九州放送　2013.4　275p　31cm〈年表あり　日越外交関係樹立40周年記念，福岡県・ハノイ市友好提携5周年記念，九州ベトナム友好協会設立5周年記念　会期・会場：2013年4月16日―6月9日　九州国立博物館　共同刊行：西日本新聞社〉Ⓝ223.1

日本（外国関係―ポルトガル―歴史―16世紀）

◇戦国の少年外交団秘話―ポルトガルで発見された1584年の天正遣欧使節の記録　ティアゴ・サルゲイロ著，田中紀子，三宅創子ポルトガル語共訳，萩原恵美編訳　［南島原］　南島原市　2014.3　155p　19cm〈長崎文献社（発売）文献あり〉①978-4-88851-211-4 Ⓝ236.9［800円］

日本（外国関係―ポルトガル―歴史―17世紀―史料）

◇モンスーン文書と日本―十七世紀ポルトガル公文書集　高瀬弘一郎訳註　オンデマンド版　八木書店古書出版部　2013.12　569,60p　21cm〈八木書店（発売）索引あり　初版：八木書店2006年刊　印刷・製本：デジタルパブリッシングサービス〉①978-4-8406-3454-0 Ⓝ236.9［16000円］

日本（外国関係―ユーラシア―歴史―1868～1945）

◇戦前期・戦中期における日本の「ユーラシア政策」―トゥーラン主義・「回教政策」・反ソ反共運動の視点から　シナン・レヴェント著　早稲田大学出版部　2014.11　238p　30cm（早稲田大学モノグラフ 107）〈文献あり〉①978-4-657-14509-3 Ⓝ319.102［3200円］

日本（外国関係―ヨーロッパ）

◇日本人になりたいヨーロッパ人―ヨーロッパ27カ国から見た日本人　片野優，須貝典子著　宝島社　2014.10　253p　19cm〈文献あり〉①978-4-8002-2943-4 Ⓝ319.103［1200円］

日本（外国関係―ヨーロッパ―歴史―安土桃山時代）

◇キリシタン時代の貿易と外交　高瀬弘一郎著　オンデマンド版　八木書店古書出版部　2013.12　449,40p　21cm〈八木書店（発売）索引あり　初版：八木書店2002年刊　印刷・製本：デジタルパブリッシングサービス　内容：マカオ＝長崎間

貿易の総取引高・生糸取引量・生糸価格　マカオ＝長崎間における委託貿易　一七世紀初頭におけるわが国のスペイン貿易　教会史料を通して見た糸割符制度とパンカダ・パンカド取引　鎖国以前の糸割符をめぐる諸問題　中田易直氏への反論　再び中田易直氏への反論　山脇悌二郎氏への反論　中村質氏への反論　キリシタン時代の日葡外交におけるイエズス会宣教師　インド副王ドゥアルテ・デ・メネゼスが豊臣秀吉に送った親書　古文献に拠る日本ポルトガル交流史）Ⓘ978-4-8406-3453-3　Ⓝ210.48　[15000円]

日本（外国関係―ヨーロッパ―歴史―江戸初期）

◇キリシタン時代の貿易と外交　高瀬弘一郎著　オンデマンド版　八木書店古書出版部　2013.12　449,40p　21cm　〈八木書店（発売）索引あり　初版：八木書店 2002年刊　印刷・製本：デジタルパブリッシングサービス　内容：マカオ＝長崎間貿易の総取引高・生糸取引量・生糸価格　マカオ＝長崎間における委託貿易　一七世紀初頭におけるわが国のスペイン貿易　教会史料を通して見た糸割符制度とパンカダ・パンカド取引　鎖国以前の糸割符をめぐる諸問題　中田易直氏への反論　再び中田易直氏への反論　山脇悌二郎氏への反論　中村質氏への反論　キリシタン時代の日葡外交におけるイエズス会宣教師　インド副王ドゥアルテ・デ・メネゼスが豊臣秀吉に送った親書　古文献に拠る日本ポルトガル交流史）Ⓘ978-4-8406-3453-3　Ⓝ210.48　[15000円]

日本（外国関係―世論）

◇外交に関する世論調査　平成26年10月調査　[東京]　内閣府大臣官房政府広報室　[2014]　219p　30cm　（世論調査報告書）〈付帯：知的財産に関する世論調査〉Ⓝ319.1

日本（外国関係―歴史）

◇小笠原諸島をめぐる世界史　松尾龍之介著　福岡　弦書房　2014.5　232p　19cm　〈文献あり　年表あり〉Ⓘ978-4-86329-100-3　Ⓝ213.69　[2000円]

◇境界史の構想　村井章介著　敬文舎　2014.10　319p　20cm　（日本歴史私の最新講義 12）〈文献あり　索引あり〉Ⓘ978-4-906822-12-6　Ⓝ210.18　[2400円]

◇東アジアのボーダーを考える―歴史・国境・認識　岩下哲典編著，大庭裕介，小川唯，高田誠，塚越俊志，中川仁，濱口裕介著　右文書院　2014.5　313p　19cm　〈内容：東アジア世界のボーダーを考える（岩下哲典著）　日露「国境」の形成（濱口裕介著）　伊豆諸島・小笠原諸島をめぐる国際情勢（塚越俊志著）　江戸から明治の朝鮮製と歴史認識（大庭裕介著）　清末民初中国における国民国家形成（小川唯著）　資源から見た日中のボーダー（高田誠著）　苦悶する台湾近現代史（中川仁著）〉Ⓘ978-4-8421-0763-9　Ⓝ319.1　[1800円]

◇領土問題は「世界史」で解ける　八幡和郎著　宝島社　2014.11　223p　19cm　〈文献あり〉Ⓘ978-4-8002-3325-7　Ⓝ319.1　[1200円]

日本（外国関係―歴史―1868～1945）

◇イズムから見た日本の戦争―モンロー主義・共産主義・アジア主義　平開洋一著　錦正社　2014.6　490p　22cm　〈索引あり〉Ⓘ978-4-7646-0338-7　Ⓝ319.1　[4800円]

◇近現代史の旅真実を求めて―中国・韓国市場で経験したビジネスマンの魂の叫び　辻本貴一著　メトロポリタンプレス　2014.7　227p　19cm　〈文献あり〉Ⓘ978-4-907870-02-7　Ⓝ319.1　[1500円]

◇近現代日本の興隆と大東亜戦争―戦争を無くすことができるのか　吹田尚一著　文眞堂　2014.6　393p　22cm　〈布装〉Ⓘ978-4-8309-4818-3　Ⓝ319.1　[4800円]

◇すっきり！わかる歴史認識の争点Q&A　歴史教育者協議会編　大月書店　2014.5　158p　21cm　Ⓘ978-4-272-52101-2　Ⓝ210.6　[1500円]

日本（外国関係―歴史―1945～）

◇激論！ナショナリズムと外交―ハト派はどこへ行ったか　薬師寺克行著　講談社　2014.7　270p　19cm　〈内容：欧州に見る寛容と和解の歴史（細谷雄一述）　かつてハト派は徒党を組んでいた（河野洋平述）　民主党との対立の果て（谷垣禎一述）　一国平和主義の幻想（岡本行夫述）　軍事力を超えたルール形成力を（玄葉光一郎述）　グローバル化とナショナリズム（川口順子述）　心情的タカ派と現実的タカ派（石破茂述）　憲法解釈と集団的自衛権（山口那津男述）　「敗戦」とタカ派の論理（平沼赳夫述）〉Ⓘ978-4-06-219098-5　Ⓝ319.1　[1500円]

◇戦後日本外交史　五百旗頭真編　第3版補訂版　有斐閣　2014.4　380p　19cm　（有斐閣アルマ）〈文献あり　年表あり　索引あり〉Ⓘ978-4-641-22018-8　Ⓝ319.1　[2000円]

◇地球平和の政治学―日本の平和主義と安全保障　秋元大輔著　第三文明社　2014.9　254p　18cm　（レグルス文庫 273）Ⓘ978-4-476-01273-6　Ⓝ319.1　[900円]

◇歴代首相のおもてなし―晩餐会のメニューに秘められた外交戦略　西川恵著　宝島社　2014.5　287p　18cm　（宝島社新書 448）Ⓘ978-4-8002-2458-3　Ⓝ319.1　[750円]

日本（外国関係―歴史―江戸末期）

◇夷匪入港録　1　オンデマンド版　東京大学出版会　2014.7　479p　22cm　（日本史籍協会叢書 16）〈覆刻再刊　昭和58年刊　印刷・製本：デジタルパブリッシングサービス〉Ⓘ978-4-13-009316-3　Ⓝ210.59　[10000円]

◇夷匪入港録　2　オンデマンド版　東京大学出版会　2014.7　521p　22cm　（日本史籍協会叢書 17）〈覆刻再刊　昭和58年刊　印刷・製本：デジタルパブリッシングサービス〉Ⓘ978-4-13-009317-0　Ⓝ210.59　[11000円]

◇開国と条約締結　麓慎一著　吉川弘文館　2014.5　278,6p　20cm　（日本歴史叢書新装版）〈文献あり　年表あり　索引あり〉Ⓘ978-4-642-06669-3　Ⓝ210.59　[3000円]

◇明治維新の国際舞台　鵜飼政志著　有志舎　2014.10　304p　20cm　〈文献あり〉Ⓘ978-4-903426-89-1　Ⓝ319.1　[2600円]

日本（外国関係―歴史―江戸末期―史料）

◇異国船渡来一件記　2 上　狭山古文書勉強会編　[狭山]　狭山古文書勉強会　2013.10　120p　26cm　（狭山古文書叢書第30集）〈複製及び翻刻〉Ⓝ210.59

◇異国船渡来一件記　2 下　狭山古文書勉強会編　[狭山]　狭山古文書勉強会　2014.10　136p　26cm　（狭山古文書叢書第31集）〈埼玉県文化振興基金助成事業　複製及び翻刻〉Ⓝ210.59

日本（外国関係―歴史―古代）

◇古代対外関係史の研究　鈴木靖民著　オンデマンド版　吉川弘文館　2013.10　649,16p　22cm　〈索引あり　印刷・製本：デジタルパブリッシングサービス　内容：日本律令制の成立・展開と対外関係　日本律令国家と新羅・渤海　奈良初期の対新羅関係　養老期の対新羅関係　天平初期の対新羅関係　奈良時代における対外意識　対新羅関係と遣唐使　遣唐使の停止に関する基礎的研究　金順貞・金邕論　正倉院佐波理加盤付属文書の解読　正倉院佐波理加盤付属文書の基礎的研究　正倉院の新羅文物　渤海の首領に関する基礎的研究　掃守氏と相楽神社　『懐風藻』石上乙麻呂伝の一考察　阿倍仲麻呂の在唐歌について　ペルシア人李密翳をめぐる臆説　『賦役令』外蕃還条覚え書　前近代対外関係史の研究動向〉Ⓘ978-4-642-04228-4　Ⓝ210.3　[17500円]

日本（外国関係―歴史―古代―史料）

◇訳註日本古代の外交文書　鈴木靖民，金子修一，石見清裕，浜田久美子編　八木書店古書出版部　2014.2　399,12p　22cm　〈八木書店（発売）文献あり　索引あり〉Ⓘ978-4-8406-2601-9　Ⓝ210.3　[10000円]

日本（外国関係―歴史―昭和後期）

◇大平正芳―理念と外交　服部龍二著　岩波書店　2014.4　255p　19cm　（岩波現代全書 029）〈文献あり〉Ⓘ978-4-00-029129-3　Ⓝ312.1　[2300円]

◇重光葵と戦後政治　武田知己著　オンデマンド版　吉川弘文館　2013.10　319p　22cm　〈文献あり　年譜あり　索引あり　印刷・製本：デジタルパブリッシングサービス〉Ⓘ978-4-642-04260-4　Ⓝ319.1　[12500円]

◇首相秘書官が語る中曽根外交の舞台裏―米・中・韓との相互信頼はいかに構築されたか　長谷川和年著，瀬川高央，服部龍二，若月秀和，加藤博章編　朝日新聞出版　2014.2　399,14p　20cm　〈年表あり　索引あり〉Ⓘ978-4-02-251149-2　Ⓝ319.1　[2600円]

◇天皇陛下昭和28年欧米14か国の旅―新たな感動と出会い：天皇陛下傘寿記念特別展　宮内庁三の丸尚蔵館編　[東京]　宮内庁　2014.10　139p　29cm　〈年譜あり　会期：平成26年10月18日―12月23日〉Ⓝ288.41

日本（外国関係―歴史―昭和時代）

◇地政学の罠に嵌った日本近現代史―国難を救う海洋国家論と"核の論理"　昭和・平成編　森田徳彦著　泉文堂　2014.2　431p　21cm　〈文献あり〉Ⓘ978-4-7930-0142-0　Ⓝ319.1　[3600円]

◇私が最も尊敬する外交官―ナチス・ドイツの崩壊を目撃した吉野文六　佐藤優著　講談社　2014.8　398p　20cm　Ⓘ978-4-06-214899-3　Ⓝ319.1　[2300円]

日本（外国関係―歴史―昭和前期）

◇近代日本外交と「死活的利益」―第二次幣原外交と太平洋戦争への序曲　種稲秀司著　芙蓉書房出版　2014.3　345p　22cm　〈索引あり　内容：序章　日本外交にとっての「死活的利益〈vital interest〉」　第二次幣原外交初期の日中交渉　対満行政機関統一問題と一九二九年中ソ紛争　一九二九年中ソ紛争の「衝撃」　満洲事変における幣原外交の再検討　一九三一年一二月国際連盟理事会決議の成立過程　満洲事変におけるハルビン進攻　終章〉Ⓘ978-4-8295-0612-7　Ⓝ319.1　[4600円]

日本（外国関係―歴史―昭和前期―史料）　　　　　　　　　　　　　　　日本件名図書目録2014　Ⅰ

日本（外国関係―歴史―昭和前期―史料）
◇日本外交文書　昭和期 3 第1巻　昭和12-16年外交政策・外交関係　外務省編　［東京］　白峰社　2014.5　694p　22cm〈六一書房（発売）〉①978-4-86445-047-8　Ⓝ319.1　[7000円]
◇日本外交文書　昭和期 3 第2巻　昭和12-16年欧州政情・通商問題　外務省編　［東京］　白峰社　2014.5　p697-1360　22cm〈六一書房（発売）〉①978-4-86445-048-5　Ⓝ319.1　[7000円]
◇日本外交文書　昭和期 3 第3巻　昭和12-16年移民問題・雑件　外務省編　［東京］　白峰社　2014.10　p1363-1870, 151p　22cm〈六一書房（発売）〉①978-4-86445-055-3　Ⓝ319.1　[7000円]
◇日本外交文書　昭和期 3 第3巻　昭和12-16年移民問題・雑件　外務省編纂　［東京］　外務省　2014.10　p1363-1870, 151p　22cm　Ⓝ319.1

日本（外国関係―歴史―史料）
◇日本關係海外史料　イエズス会日本書翰集譯文編之3　自弘治元年十一月至永禄二年十一月　東京大學史料編纂所編纂　［東京］　東京大學史料編纂所　2014.3　369,20p　22cm〈東京大学出版会（発売）文献あり　索引あり〉①978-4-13-092775-8　Ⓝ210.088　[13100円]

日本（外国関係―歴史―平成時代）
◇地政学の罠に嵌った日本近現代史―国難を救う海洋国家論と"核の論理"　昭和・平成編　森田徳彦著　泉文堂　2014.2　431p　21cm〈文献あり〉①978-4-7930-0142-0　Ⓝ319.1　[3600円]

日本（外国関係―歴史―明治以後）
◇静岡と世界―静岡県国際化事始め　桜井祥行著　静岡　羽衣出版　2014.3　375p　22cm〈文献あり〉①978-4-907118-09-9　Ⓝ215.4　[2300円]
◇条約で読む日本の近現代史　藤岡信勝編著　祥伝社　2014.8　315p　18cm（祥伝社新書 377）〈文献あり〉①978-4-396-11377-3　Ⓝ319.1　[860円]
◇日本外交講義　井上寿一著　新版　岩波書店　2014.3　274p　21cm（岩波テキストブックス）〈文献あり　索引あり〉①978-4-00-028911-5　Ⓝ319.1　[2700円]
◇日本軍は本当に「残虐」だったのか―反日プロパガンダとしての日本軍の蛮行　丸谷元人著　ハート出版　2014.12　285p　19cm　①978-4-89295-991-2　Ⓝ319.1　[1800円]
◇日本の内と外　伊藤隆著　中央公論新社　2014.1　525p　16cm（中公文庫 S25-7）〈伊藤隆, 猪木武徳, 北岡伸一, 御厨貴編集委員　文献あり　年表あり　索引あり　「日本の近代 16」(2001年刊)の改題〉①978-4-12-205899-6　Ⓝ319.1　[1524円]
◇反日プロパガンダの近現代史―なぜ日本人は騙されるのか　倉山満著　アスペクト　2014.2　285p　18cm　①978-4-7572-2269-4　Ⓝ319.1　[900円]
◇誇れる国、日本―謀略に！ 歪曲された近現代 7　アパ日本再興財団　2014.12　116p　30cm〈「7」のタイトル関連情報：第七回「真の近現代史観」懸賞論文受賞作品集〉〈内容：慰安婦問題とその根底にある報道の異常性(杉田水脈著)　日本の最大の敵は日本人の自虐史観だ(青柳武彦著)　特攻・回天(日置沙耶香著)　極東軍事裁判の検証と栄えある日本の歴史(大野徳兵衛著)　戦後日本をミスリードした進歩的文化人(斉藤剛著)　「英語信仰」を脱却し、「世界を平和にする日本語」の安全保障を確立せよ(津田幸男著)　大東亜戦争は"マニフェストデスティニー"(豊田昌靖著)　我が国は迫りくる国難に対し如何にして立ち向かうべきか(中村敏幸著)　来るべきアメリカとの歴史論戦(山下英次著)〉Ⓝ210.6　[1000円]
◇歴史のなかの日本政治 2　国際環境の変容と政軍関係　北岡伸一監修　北岡伸一編, 大澤博明, 畑野勇, 朴廷鎬, 中澤俊輔, 大前信也, 鈴木多聞著　中央公論新社　2013.12　318p　20cm〈索引あり　内容：均衡論と軍備(大澤博明著)　戦前期多国籍軍と日本海軍(畑野勇著)　満州事変における朝鮮軍の独断越境過程の再検討(朴廷鎬著)　一九三〇年代の警察と政軍関係(中澤俊輔著)　戦費調達の政治過程(大前信也著)　昭和天皇と日本の「終戦」(鈴木多聞著)〉①978-4-12-004572-1　Ⓝ312.1　[3000円]

日本（外国関係―歴史―明治時代）
◇近代日本の産業財産権と条約改正―外交と内政　鵄岡聡史［著］　知的財産研究所　2014.6　12, 10, 32p　30cm（産業財産権研究推進事業（平成24-26年度）報告書　平成24年度）〈特許庁委託〉Ⓝ507.2

◇明治維新の国際舞台　鵜飼政志著　有志舎　2014.10　304p　20cm〈文献あり〉①978-4-903426-89-1　Ⓝ319.1　[2600円]

日本（外国関係―歴史―明治時代―史料）
◇伊藤博文文書　第114巻　秘書類纂外交 1　伊藤博文［著］, 伊藤博文文書研究会監修, 檜山幸夫総編集　熊本史雄編集・解題　ゆまに書房　2014.11　360p　22cm〈宮内庁書陵部所蔵の複製〉①978-4-8433-2646-6,978-4-8433-2521-6(set)　Ⓝ312.1　[16000円]
◇伊藤博文文書　第115巻　秘書類纂外交 2　伊藤博文［著］, 伊藤博文文書研究会監修, 檜山幸夫総編集　熊本史雄編集・解題　ゆまに書房　2014.11　526p　22cm〈宮内庁書陵部所蔵の複製〉①978-4-8433-2647-3,978-4-8433-2521-6(set)　Ⓝ312.1　[16000円]
◇伊藤博文文書　第116巻　秘書類纂外交 3　伊藤博文［著］, 伊藤博文文書研究会監修, 檜山幸夫総編集　熊本史雄編集・解題　ゆまに書房　2014.11　386p　22cm〈宮内庁書陵部所蔵の複製〉①978-4-8433-2648-0,978-4-8433-2521-6(set)　Ⓝ312.1　[16000円]
◇伊藤博文文書　第117巻　秘書類纂外交 4　伊藤博文［著］, 伊藤博文文書研究会監修, 檜山幸夫総編集　熊本史雄編集・解題　ゆまに書房　2014.11　604p　22cm〈宮内庁書陵部所蔵の複製〉①978-4-8433-2649-7,978-4-8433-2521-6(set)　Ⓝ312.1　[16000円]
◇伊藤博文文書　第119巻　秘書類纂外交 6　伊藤博文［著］, 伊藤博文文書研究会監修, 檜山幸夫総編集　熊本史雄編集・解題　ゆまに書房　2014.11　214p　22cm〈宮内庁書陵部所蔵の複製〉①978-4-8433-2651-0,978-4-8433-2521-6(set)　Ⓝ312.1　[16000円]
◇伊藤博文文書　第120巻　秘書類纂外交 7　伊藤博文［著］, 伊藤博文文書研究会監修, 檜山幸夫総編集　熊本史雄編集・解題　ゆまに書房　2014.11　380p　22cm〈宮内庁書陵部所蔵の複製〉①978-4-8433-2652-7,978-4-8433-2521-6(set)　Ⓝ312.1　[16000円]

日本（外国関係―ロシア）
◇東京とモスクワ―改善のチャンスは近いのか　桜美林大学北東アジア総合研究所日口関係研究会編　相模原　桜美林大学北東アジア総合研究所　2013.7　245p　19cm（北東アジア研究叢書）〈内容：日口研究会(木村汎著)　マッチョぶるプーチン(木村汎著)　ロシア極東開発の行方(吉岡明子著)　「三・一一」と脱中東依存論(ジンベルグ・ヤコブ著)　ロシア・ビジネスと日本企業(川西重忠著)　四島交流は、どうして始まったのか(荒川研著)　中口関係は複雑怪奇(布施裕之著)　ロシアで高まる対中安保脅威感(名越健郎著)　プーチン大統領の「ヒキワケ」論を解剖する(袴田茂樹著)　日本の対口政策(木村汎著)　北方領土返還への要諦(吹浦忠正著)〉①978-4-904794-34-0　Ⓝ319.1038　[1600円]
◇ロシア極東・シベリア地域開発と日本の経済安全保障　［東京］　日本国際問題研究所　2014.3　110p　30cm〈平成25年度外務省外交・安全保障調査研究事業（総合事業）〉Ⓝ601.292

日本（外国関係―ロシア―歴史）
◇千島列島をめぐる日本とロシア　秋月俊幸著　札幌　北海道大学出版会　2014.5　311,44p　19cm〈文献あり　年表あり　索引あり〉①978-4-8329-3386-6　Ⓝ210.1838　[2800円]
◇ロシアの空の下　中村喜和著　風行社　2014.3　298,6p　20cm〈索引あり　内容：『ロマノフカ村の日々』が世に出るまで　国境にこだわらなかった旧教徒　ルーマニアのリポヴァン　大黒屋光太夫の足跡をたずねて　『環海異聞』の中の人情　橘耕齋正伝　万里小路正秀　見覚えのため　万里小路正秀のロシア語書簡（翻訳）榎本武揚のペテルブルグ通信　シベリアの月　『シベリア日記』現代語訳余滴　秋田県の「ウラー」　エトロフ島合戦余話　ゴロヴニンのもたらした仏露辞典　淡路島に花開く日露交流　ニコライ大主教の手紙　異国に漂う祖国のにおい　浦潮空港の一夜〉①978-4-86258-080-1　Ⓝ238　[2700円]

日本（外国関係―ロシア―歴史―1868〜1945）
◇日露交流都市物語　沢田和彦著　横浜　成文社　2014.2　422p　22cm〈索引あり　内容：魯西亜学事始　日本で出たロシア語出版物　日本正教会と白系ロシア人　ニコライ・マトヴェーエフの函館懐古　外事警察の記録に見るニコライ・ネフスキー　窪田茂遂『長崎日記』について　黒野義文小伝　ゴーリキー作・二葉亭四迷訳『乞食』について　横浜のロシア人　越後人とロシア　新潟港に関するロシア軍艦の調査報告書　対岸貿易と北洋漁業の先駆者、伏見半七と関矢儀八郎　新聞記事に見る敦賀の対岸交流　大阪外国語学校露語部　大阪外語露語部初代教授・松永信成のこと　ニコライ・マトヴェーエフの観た昭和初期の神戸　「鍵をかけた玉手箱」の国、日本　志賀親朋略伝　島尾敏雄と長崎のロシア人　ゴ

日本件名図書目録2014　I　　　　　　　　　　　　　　　　　　　　　　　　　　　　　　　　　　　　　　日本（外国留学）

ンチャローフと二人の日本人　ハルビンのロシア語雑誌〉
①978-4-86520-003-4　Ⓝ210.5　[4200円]

日本（外国関係―ロシア―歴史―江戸中期）
◇十八・十九世紀日魯交流人物史話　杉本つとむ著　東洋書店
2013.11　350,10p　22cm　〈文献あり　年表あり　索引あり　内
容：光太夫とキリロ・ラックスマン　津太夫らとP・N・レザ
ノフ　馬場佐十郎とM・V・尤老界　市川斎宮、文吉父子と
E・V・布恬廷　橘耕斎とA・I・呉志傑勿知　ソヴィエトの日
本語教育・研究　モスクワ大学に招聘されて　日・ロ相互理解
の重み〉978-4-86459-138-6　Ⓝ210.5　[3500円]

日本（外国関係―ロシア―歴史―江戸末期）
◇勝海舟と幕末外交―イギリス・ロシアの脅威に抗して　上垣
外憲一著　中央公論新社　2014.12　268p　18cm　（中公新書
2297）〈文献あり〉①978-4-12-102297-4　Ⓝ210.5938　[880
円]
◇十八・十九世紀日魯交流人物史話　杉本つとむ著　東洋書店
2013.11　350,10p　22cm　〈文献あり　年表あり　索引あり　内
容：光太夫とキリロ・ラックスマン　津太夫らとP・N・レザ
ノフ　馬場佐十郎とM・V・尤老界　市川斎宮、文吉父子と
E・V・布恬廷　橘耕斎とA・I・呉志傑勿知　ソヴィエトの日
本語教育・研究　モスクワ大学に招聘されて　日・ロ相互理解
の重み〉978-4-86459-138-6　Ⓝ210.5　[3500円]

日本（外国関係―ロシア―歴史―昭和後期）
◇シベリア抑留者たちの戦後―冷戦下の世論と運動1945-56年
富田武著　人文書院　2013.12　272p　20cm　〈年表あ
り　索引あり　内容：シベリア抑留概観　抑留報道と帰還者運
動　共産党と帰還者運動　シベリア抑留者群像〉①978-4-409-
52059-8　Ⓝ210.75　[3000円]

日本（外国関係―ロシア―歴史―明治以後―伝記）
◇ドラマチック・ロシアin JAPAN　3　日露異色の群像30―文
化・相互理解に尽くした人々　長縄英雄責任編集　東洋書店
2014.4　503p　22cm　〈内容：大主教ニコライ〈カサトキン〉の
生涯と事跡（長縄光男著）　初代ロシア駐在公使榎本武揚のロシア
（中村喜和著）　幕末・明治のロシア語通訳者・志賀親朋誕
生の背景（桧山真一著）　哲学、西洋音楽の普及に尽くした
ケーベル博士（小松佑子著）　ロシアでイコン〈聖像〉制作を学
んだ女性画家（鐸木道剛著）　後藤新平の外交思想（木村汎著）
日露戦争前後の二葉亭四迷とロシア（安井亮平著）　『浦潮日
報』創刊までの和泉良之助（桧山真一著）　ウラジオストク東
洋学院教授・在東京ソ連邦大使館書記（藤本和貴夫著）　ロシ
ア最初の日本学者ヴァスケーヴィチ（ポダルコ・ピョー
トル著）　異色のロシア文学者、昇曙夢（源貴志著）　東洋学
院を卒業した函館領事レベデフ（倉田有佳著）　早稲田大学露
文科の創設者（大木昭男著）　エリセーエフと「世界的な日本
研究」の地平（沼野充義著）　日本にロシアのアートを伝えた
ブブノワ姉妹（小野有五著）　ジャーナリスト、ナウカ社主（村
野克明著）　日本のロシア文学を牽引した米川正夫（加藤百合
著）　ネフスキーと友人の日本語学者たち（加藤九祚著）　日
中の作曲界に影響を与えたチェレプニン（石田一志著）　大泉
黒石見聞（中本信幸著）　バレエの伝播とパヴロバの功績（川
島京子著）　ロシア文学者鳴海完造の生涯をめぐって（中村喜
和著）　女優スラーヴィナ一家三代記（沢田和彦著）　評伝
「昭和の怪物」と呼ばれた松岡重義先生（白井久也著）　岡田嘉
子という生き方（日向寺康雄著）　プロキノ、三菱21号館、ソ
研、「今日のソ連邦」（北村れい子, 宇奈根史憲著）　シベリアに日
ソの絆（米田満著）　地方の発展をロシアに求めた男（小笠原
潤著）　グザーノフの生涯と歴史分野での日露交流（イーゴ
リ・ロマネンコ著, 荒井雅子訳）〉①978-4-86459-171-3
Ⓝ319.1038　[5000円]

日本（外国関係―ロシア―歴史―明治時代）
◇十八・十九世紀日魯交流人物史話　杉本つとむ著　東洋書店
2013.11　350,10p　22cm　〈文献あり　年表あり　索引あり　内
容：光太夫とキリロ・ラックスマン　津太夫らとP・N・レザ
ノフ　馬場佐十郎とM・V・尤老界　市川斎宮、文吉父子と
E・V・布恬廷　橘耕斎とA・I・呉志傑勿知　ソヴィエトの日
本語教育・研究　モスクワ大学に招聘されて　日・ロ相互理解
の重み〉978-4-86459-138-6　Ⓝ210.5　[3500円]

日本（外国人教育）
◇「移民時代」の日本のこれから―現代社会と多文化共生　大重
史朗著　八王子　揺籃社　2014.6　192p　19cm　〈文献あり〉
①978-4-89708-340-7　Ⓝ371.5　[1800円]
◇外国人の子どもの教育―就学の現状と教育を受ける権利　宮
島喬著　東京大学出版会　2014.9　268,11p　20cm　〈文献あ
り　内容：外国人の子どもへの教育の保障とは　外国人の子
どもの就学とその挫折　「就学を希望する者のみ」でよいか
教育を受ける権利と学校選択・教育選択　高校進学と進路保

障のために　外国人の子どもにみる三重の剥奪状態　移動・
家族生活・学校と「子どもの権利」　日本的「多文化共生」を
超えて〉①978-4-13-053021-7　Ⓝ372.107　[2800円]
◇多文化教育の充実に向けて―イギリスの経験、これからの日本
佐久間孝正著　勁草書房　2014.5　315,14p　20cm　〈索引あ
り　内容：イギリスの人の移動と多文化教育の展開　イギリ
スのアジア系イスラーム女子中等学校の生徒と成人の生活実
態　グローバル時代における政治と宗教　日本における外国
人と市民性教育の課題　多文化からなる自国の文化　外国人
住民に対する教育支援　日の丸・君が代問題をめぐって　世
界人権宣言に対するピアジェの貢献　日本語指導の「特別の
教育課程への位置づけ」をめぐって　日本語指導はなぜ省令
改正で済まされたのか？　文部科学省の外国人児童生徒受け
入れ施策の変化〉①978-4-326-29905-8　Ⓝ371.5　[3200円]

日本（外国人参政権）
◇外国人の選挙権ドイツの経験・日本の課題　長尾一紘著　八
王子　中央大学出版部　2014.3　167p　22cm　（日本比較法
研究所研究叢書 95）〈内容：外国人の選挙権を考える　地方
選挙と外国人の参政権　国政選挙と外国人の参政権　外国人
と被選挙権　外国人の参政権と民主制の原理　ドイツにおけ
る外国人の参政権　憲法改正によって外国人に選挙権を与え
ることは可能か　ドイツの法理日本の学説　戦後憲法学にお
ける「国家」と「国民」〉①978-4-8057-0594-0　Ⓝ314.8934
[2300円]

日本（外国人労働者）
◇海外勤務者をめぐる税務―海外勤務者・来日外国人の両面から
解説　平成26年版　三好毅著　大蔵財務協会　2014.7　549p
22cm　①978-4-7547-2098-8　Ⓝ336.98　[3333円]
◇外国人による介護福祉業務の定着に向けた効果的研修プログ
ラムの開発に関する調査研究事業（特にEPA事業参加者の研修
過程評価を基礎として）報告書　横浜　国際学園　2014.3
163p　30cm　〈平成25年度セーフティネット支援対策等事業費
補助金社会福祉推進事業　背のタイトル：外国人による介護
福祉業務の定着に向けた効果的研修プログラムの開発に関す
る調査研究事業〉Ⓝ369.17
◇外国人労働者受入れに伴う社会的コストに関する調査研究報
告書　［東京］　日本総合研究所　2013.3　130p　30cm　〈平
成24年度厚生労働省委託調査〉Ⓝ366.89
◇高度外国人材の日本企業就職促進プロジェクト事業報告書
平成24年度　［東京］　オリジネーター　2013.3　200p　30cm
〈委託：厚生労働省職業安定局派遣・有期労働対策本部外国人
雇用対策課〉Ⓝ366.89
◇標準的な学習プログラム及び研修の手引き―EPA介護福祉士候
補者受入れ　国際厚生事業団　2013.3　67p　30cm　Ⓝ369.17
◇標準的な学習プログラム及び研修の手引き―EPA介護福祉士
候補者受入れ　改訂版　国際厚生事業団　2014.3　73p
30cm　Ⓝ369.17

日本（外国人労働者―雇用）
◇外国人・留学生を雇い使う前に読む本　永井弘行著　セルバ
出版　2013.9　199p　19cm　〈創英社/三省堂書店（発売）〉
①978-4-86367-129-4　Ⓝ336.42　[1600円]
◇企業のための外国人雇用実務ガイド―在留資格取得のポイン
トと労務管理　佐藤正巳著　法研　2014.6　199p　21cm
①978-4-86513-004-1　Ⓝ336.42　[2000円]
◇図解トラブルを防ぐ！　外国人雇用の実務―現場で役立つ！
中西優一郎著　同文舘出版　2014.6　188p　21cm　（DO
BOOKS）〈文献あり〉①978-4-495-52651-1　Ⓝ336.42
[1700円]

日本（外国留学）
◇大阪府海外短期建築・芸術研修生招聘事業―The Ando
program　平成25年度　大阪　大阪府国際交流財団　2014.3
63p　30cm　〈英語併記　安藤忠雄―カールスバーグ賞受賞記
念事業〉Ⓝ520.7
◇外国人教員研修留学生最終プログラム報告書　第33期　2012
年10月―2014年3月　つくば　筑波大学教育研究科　2014.3
435p　26cm　〈文献あり　英語併載　内容：第33期外国人教員
研修留学生ファイナルレポート　A review on learning
progression in science (Goh,Ying Ying著) Comparing
the teaching style of Hungarian and Japanese
physical education (Kralik,Andrea著) Research on
inquiry teaching method for science teachers from
the view of constructivism (Kyaw Nyi Nyi Latt著)
A comparative study on lower secondary
mathematics textbooks between Japan and Peru
(Perez Taxi,Juliana著) Analysis of EFL writing
skills of Cambodia's rural high school students
(Gnet,Samol著)　学校行事を通した生徒の能力に関する研究
(趙玉涛著) Education organized by the local
government (Tangthongtongkul,Chaiyasit著) Survey of

日本（外国留学―歴史―昭和前期―史料）

high school mathematics teacher in Thailand about statistical literacy focusing on variability comparison with ISODA and Gonzá lez (2012) (Chitmun,Somchai 著) Moral education (Asa Voaie,Cristina Mihaela著) A study on "actual condition of local educational administration" in Japan(Dos Reis,Jose Cardoso著) 指導教員、日本語担当教員、チューター・個別指導者からのメッセージ Goh Ying Yingさんとの思い出 (片平克弘著) ほか 第33期外国人教員研修留学生プログラム活動及び文集プログラムにおける活動 Goh,Ying Ying (Singapore) Kralik,Andrea (Hungary) Kyaw Nyi Nyi Latt (Myanmar) Perez Taxi,Juliana (Peru) Gnet,Samol (Cambodia) 趙玉涛 (中国) Tangthongtongkul,Chaiyasit (Thailand) Chitmun,Somchai (Thailand) Asavoaie, Cristina Mihaela (Romania) Dos Reis,Jose Cardoso (Timor-Leste)〉Ⓝ377.6

日本（外国留学―歴史―昭和前期―史料）

◇日華学会関連高橋君平文書資料 2 高橋君平［著］, 劉建輝編 京都 人間文化研究機構国際日本文化研究センター 2014.3 319p 26cm ①978-4-901558-72-3 Ⓝ377.6 ［非売品］

日本（介護者支援）

◇家族介護者の負担を軽減するための支援方策に関する調査研究事業報告書 ［東京］ シルバーサービス振興会 2014.3 145p 30cm〈平成25年度老人保健事業推進費等補助金老人保健健康増進等事業 背のタイトル：家庭介護者の負担を軽減するための支援方策に関する調査研究事業〉Ⓝ369.26

◇家族介護者の負担を軽減に関する調査研究事業報告書 ［東京］ シルバーサービス振興会 2014.3 145p 30cm〈平成25年度老人保健事業推進費等補助金老人保健健康増進等事業〉Ⓝ369.26

日本（介護福祉）

◇新しい福祉機器と介護サービス革命―導入の視点と活用のポイント テクノエイド協会編, 大橋謙策監修 日本医療企画 2014.7 207p 21cm （介護福祉経営士実行力テキストシリーズ 9）〈文献あり〉①978-4-86439-267-9 Ⓝ369.16 ［1800円］

◇一流の介護職員が育つ奇跡の人材育成法―プロ意識を高め、思いやりの心を磨く！ 日本プロフェッショナル・キャリア・カウンセラー協会編著 日本医療企画 2014.7 152p 21cm （介護福祉経営士実行力テキストシリーズ 11）①978-4-86439-269-3 Ⓝ369.26 ［1800円］

◇大田仁史の『ハビリス』を考える―リハビリ備忘録 4 大田仁史著 三輪書店 2014.11 303p 19cm ①978-4-89590-493-3 Ⓝ369.26 ［2000円］

◇介護現場のヒヤリ・ハットとクレーム対応―やまちゃん先生が解説 山田浩平著 エス・エム・エス 2014.3 144p 26cm〈インプレスコミュニケーションズ（発売） 索引あり〉①978-4-84143-7622-4 Ⓝ369.26 ［1280円］

◇介護サービス情報の公表制度にかかる調査のあり方に関する調査研究事業報告書 名古屋 福祉評価推進事業団 2014.3 147p 30cm〈平成25年度老人保健健康増進等事業〉Ⓝ369.26

◇介護サービスの質の向上とホスピタリティに関する調査事業報告書 日本総合研究所 2014.3 69p 30cm〈平成25年度老人保健事業推進費等補助金老人保健健康増進等事業〉Ⓝ369.263

◇介護事業経営者と管理職のための実地指導・監査対策マニュアル＆書式集 綜合ユニコム 2013.7 186枚 21×30cm ①978-4-88150-579-3 Ⓝ369.26 ［35000円］

◇介護事業所経営者のための改正介護保険早わかり―速報〈2015年度施行〉 田中元著 自由国民社 2014.8 127p 21cm ①978-4-426-11825-9 Ⓝ369.26 ［1800円］

◇介護職員の賃金・雇用管理の実態調査と改善方策に関する調査研究事業―報告書 介護労働安定センター 2014.3 97p 30cm〈平成25年度老人保健事業推進費等補助金老人保健健康増進等事業 奥付のタイトル：介護職員の賃金・雇用管理の実態調査と改善方策に関する調査研究」報告書〉Ⓝ369.26

◇介護トラブル対処法介護弁護士外岡流3つの掟―不毛な裁判や紛争を回避する極意 外岡潤著 大阪 メディカ出版 2014.1 127p 26cm （もっと介護力！シリーズ）①978-4-8404-4580-1 Ⓝ369.26 ［1800円］

◇介護の事業継続計画―どうする、どうなる大規模災害：地域包括ケア 京極高宣監修, 服部万里子, 須藤康夫編著 PILAR PRESS 2014.3 190p 21cm〈索引あり〉①978-4-86194-082-8 Ⓝ369.26 ［1800円］

◇介護福祉士養成テキスト 4 社会保障制度・介護福祉の制度と実践―制度の基礎的理解と事例研究 横倉聡, 馬場茂樹編著

◇第2版 建帛社 2013.4 205p 26cm〈索引あり〉①978-4-7679-3373-3 Ⓝ369.17 ［2200円］

◇介護保険以外の公的制度上手な活用術―利用者・家族がしあわせ！ 若林美佳著 名古屋 日総研出版 2013.6 254p 21cm ①978-4-7760-1651-9 Ⓝ369.26 ［3048円］

◇介護保険、介護サービスの経済的分析に関する調査研究事業報告書 明治安田生活福祉研究所 2014.3 106p 30cm〈文献あり 平成25年度老人保健事業推進費等補助金（老人保健健康増進等事業）〉Ⓝ369.26

◇介護保険介護政策評価支援システム自治体研修会 地域ケア政策ネットワーク 2014.3 103p 30cm〈平成25年度老人保健事業推進費等補助金（老人保健健康増進等事業分）〉Ⓝ369.26

◇介護保険事業における経営の効率化に関する調査研究事業【報告書】 三菱UFJリサーチ＆コンサルティング 2014.3 121p 30cm〈平成25年度老人保健事業推進費等補助金老人保健健康増進等事業〉Ⓝ369.26

◇介護保険事業における事務負担の軽減に関する調査研究事業報告書 三菱UFJリサーチ＆コンサルティング 2014.3 53p 30cm〈平成25年度老人保健事業推進費等補助金老人保健健康増進等事業〉Ⓝ369.26

◇介護労働者の安全衛生・健康管理 後藤博俊著 新装改訂版 介護労働安定センター 2014.4 131p 26cm （介護労働者雇用管理シリーズ 5）〈文献あり〉①978-4-907035-11-2 Ⓝ369.26 ［1800円］

◇介護労働の現状 平成26年版 介護労働安定センター 2014.11 2冊 30cm （介護労働ガイダンスシリーズ）〈内容：1 介護事務所における労働の現状 2 介護労働者の働く意識と実態〉Ⓝ369.26

◇企業価値を高める”攻め”のメンタルヘルス対策―職員の健康をマネジメント！ 大塚博巳著 日本医療企画 2014.8 115p 21cm （介護福祉経営士実行力テキストシリーズ 13）①978-4-86439-075-0 Ⓝ369.26 ［1800円］

◇教師をめざす人の介護等体験ハンドブック 現代教師養成研究会編 4訂版 大修館書店 2014.12 98p 26cm〈文献あり 索引あり〉①978-4-469-26767-9 Ⓝ373.7 ［1200円］

◇経営ビジョンを戦略的に実現する「介護会計」のすべて C-MAS介護事業経営研究会編著 日本医療企画 2014.5 171p 21cm （介護福祉経営士実行力テキストシリーズ 4）〈文献あり〉①978-4-86439-262-4 Ⓝ369.26 ［1800円］

◇志が伝わる介護事業所づくり―ES向上型人事制度で人を育てる 前田豊, 畑中義雄著 日本医療企画 2014.1 146p 21cm （介護福祉経営士実行力テキストシリーズ 1）①978-4-86439-222-8 Ⓝ369.26 ［1800円］

◇施設退所後の要介護高齢者が在宅生活を継続するための要因に関する調査研究事業 全国老人保健施設協会 2014.3 46, 5, 68p 30cm〈平成25年度老人保健事業推進費等補助金老人保健健康増進等事業〉Ⓝ369.26

◇次代をリードする人材を獲得するための採用戦術―ここで差がつく！ 介護経営研究会編著 日本医療企画 2014.8 161p 21cm （介護福祉経営士実行力テキストシリーズ 12）〈文献あり〉①978-4-86439-270-9 Ⓝ369.26 ［1800円］

◇図解実践介護ビジネスがよくわかる本―介護業界、起業、新規参入法、資金調達法までを網羅 中原登世子著 誠文堂新光社 2014.12 255p 21cm〈文献あり〉①978-4-416-71419-5 Ⓝ369.26 ［1600円］

◇全国介護相談活動事例報告会 平成25年度 地域ケア政策ネットワーク介護相談・地域づくり連絡会 2013.11 146p 30cm Ⓝ369.26

◇全国介護保険担当課長会議資料 26.7.28 厚生労働省老健局［編］ ［東京］ 東京都社会福祉協議会 ［2014］ 392p 30cm〈複製 会期：平成26年7月28日〉①978-4-86353-196-3 Ⓝ364.4 ［1500円］

◇その人らしさをいかす医療介護福祉―医療機関で医療と福祉をつなぐ介護福祉士 星野政明, 小池将文監修, 内田富美江, 土田耕司編 京都 あいり出版 2014.3 163p 21cm〈索引あり〉①978-4-901903-93-6 Ⓝ369.16 ［1700円］

◇導入から開発、ソリューションまでICTが創造する業務イノベーション 岡本茂雄著 日本医療企画 2014.6 139p 21cm （介護福祉経営士実行力テキストシリーズ 8）①978-4-86439-266-2 Ⓝ369.26 ［1800円］

◇PT・OT・STのための完全起業マニュアル gene出版事業部編集 名古屋 gene 2013.6 209p 26cm ①978-4-905241-90-4 Ⓝ369.14 ［8000円］

◇ブランディングによる人の集め方・活かし方―成功する「差別化・情報」戦略 辻川泰史著 日本医療企画 2014.7 123p 21cm （介護福祉経営士実行力テキストシリーズ 10）①978-4-86439-268-6 Ⓝ369.26 ［1800円］

日本件名図書目録2014　Ⅰ　　　　　　　　　　　　　　　　　　　　　　　　　　　　　　　　日本（介護保険）

◇プロ介護職のサービス　小林由憲著　幻冬舎メディアコンサルティング　2013.9　207p　19cm〈幻冬舎（発売）〉①978-4-344-99982-4　Ⓝ369.26　[1200円]

◇「北陸地域における健康・医療・介護・福祉関連産業の実態と将来展望」に関する調査及び研究報告書　北陸産業活性化センター編　金沢　北陸産業活性化センター　2014.3　145p　30cm　Ⓝ369.26

◇保険者による介護給付費の分析とその結果の活用に関する調査研究事業報告書　地域ケア政策ネットワーク　2014.3　99p　30cm〈平成25年度老人保健事業推進費等補助金（老人保健健康増進等事業分）〉Ⓝ369.26

◇未来につなぐ療育・介護労働─生活支援と発達保障の視点から　北垣智教，鴻上圭太，藤本文朗編著　京都　クリエイツかもがわ　2014.9　259p　21cm〈内容：びわこ学園というところ（飯田京子著）　重症心身障害児者の療育実践（飯田京子著）超重症・虚弱児者の療育実践（田村henryひろし和宏著）　重症心身障害児者のいない地域における支援（西島悟司著）　西宮すなご医療福祉センターのあゆみと療育実践（鴻上圭太著）　みずきさんのより良い生活のために（森裏みな子著）　ドリームハウスでの取り組み（田中研次，森裏みな子著）　"その人らしい"暮らし（服部裕美著）　神経難病と向き合いながら自分を取り戻していった三郎さん（浦野喜代美著）　訪問介護とユリの花（藤本文朗，小西由紀著）　「発達保障」と「介護」それぞれの考えかた/概念からみた共通性（北垣智基著）　事例から見出される発達保障・生活支援の視点と方法（鴻上圭太著）　療育労働のあゆみ（鴻上圭太，藤本文朗著）　介護労働のあゆみ（渋谷光美著）療育（医療）分野の課題（杉本健郎著）　介護分野の課題（北垣智基著）　社会福祉労働の人材養成・研修の課題（藤井伸生著）介護・療育労働者の腰痛問題（垰田和史著）　療育・介護の現場で働く人びとに期待するもの（河野勝行著）　介護と療育の福祉文化（池上惇著）〉①978-4-86342-145-5　Ⓝ369.27　[2200円]

◇よくわかる実地指導への対応マニュアル　小濱道博著　日本医療企画　2014.1　213p　21cm　（介護福祉経営士実行力テキストシリーズ 2）〈文献あり〉①978-4-86439-223-5　Ⓝ673.95　[1800円]

◇よりぬきリハビリ忍法帖　太田仁史著　水戸　茨城新聞社　2014.10　211p　19cm　〈いばらきBOOKS 13〉①978-4-87273-293-1　Ⓝ369.26　[800円]

日本（介護福祉─統計）

◇介護・看護サービス統計データ集　2015　廣瀬輝夫監修　三冬社　2014.10　342p　30cm　①978-4-904022-99-3　Ⓝ369.26　[14800円]

日本（介護福祉─法令）

◇知ってあんしん法律のはなし　松田英一郎，内田千恵子監修　日本医療企画　2014.5　117p　13cm　（介護のしごとが楽しくなるこころシリーズ 9）〈文献あり　企画・制作：ヘルスケア総合政策研究所〉①978-4-86439-253-2　Ⓝ369.26　[800円]

◇通知でわかる介護サービス事業の実務　介護保険行政実務研究会編　名古屋　新日本法規出版　2013.9─　冊（加除式）27cm　Ⓝ369.26

日本（介護保険）

◇安倍政権の医療・介護戦略を問う─その危険な狙い、そして真の改革への対案　芝田英昭編著，曽我千春，鶴田禎人，寺尾正之，長友薫輝，濱畑芳和著　あけび書房　2014.6　149p　21cm〈内容：安倍政権が目指す医療・介護戦略（芝田英昭著）　TPPの思惑と医療のゆくえ（芝田英昭著）　医療・介護政策改革の方向性への視座（芝田英昭著）　医療提供体制再編とプライマリ・ケア（寺尾正之著）　国保の実態と医療保障（長友薫輝著）介護保険制度改革と地域包括ケアシステム（鶴田禎人著）　介護労働をめぐる課題（曽我千春著）　人権としての医療・介護と利用者負担（濱畑芳和著）〉①978-4-87154-128-2　Ⓝ498.13　[1600円]

◇いのちの格差を是正する─人権としての医療・介護保障めざす提言　全日本民主医療機関連合会著　新日本出版社　2014.3　195p　21cm　①978-4-406-05784-4　Ⓝ498.13　[1300円]

◇医療介護福祉コンパクト用語集　改訂第4版　現代けんこう出版　2014.11　191p　15cm〈索引あり〉①978-4-905264-10-1　Ⓝ498.13　[800円]

◇医療・介護問題を読み解く　池上直己著　日本経済新聞出版社　2014.6　242p　18cm　（日経文庫 1311）〈「ベーシック医療問題」第4版（2010年刊）の改題、大幅改訂〉①978-4-532-11311-7　Ⓝ369.26

◇FP知識シリーズ─プランニング必須の知識を学ぶ　医療・介護編　半田美波著　第9版　セールス手帖社保険FPS研究所

2014.5　108p　30cm　①978-4-86254-172-7　Ⓝ338　[1500円]

◇介護サービスへのアクセスの問題─介護保険制度における利用者調査・分析　李恩心著　明石書店　2014.9　181p　22cm〈文献あり〉①978-4-7503-4079-1　Ⓝ364.4　[4000円]

◇介護サービス情報の公表制度にかかる調査のあり方に関する調査研究事業報告書　名古屋　福祉評価推進事業団　2014.3　147p　30cm〈平成25年度老人保健健康増進等事業〉Ⓝ369.26

◇介護事業所経営者のための改正介護保険早わかり─速報（2015年度施行）　田中元著　自由国民社　2014.8　127p　21cm　①978-4-426-11825-9　Ⓝ369.26　[1200円]

◇介護職員等実務者研修〈450時間研修〉テキスト　第1巻　人間と社会　黒澤貞夫，石橋真二，是枝祥子，上原千寿子，白井孝子編集　第2版　中央法規出版　2014.1　224p　26cm〈索引あり〉①978-4-8058-3953-9　Ⓝ369.17　[2000円]

◇介護保険介護サービスの経済的分析に関する調査研究事業報告書　明治安田生活福祉研究所　2014.3　106p　30cm〈文献あり　平成25年度老人保健事業推進費等補助金（老人保健健康増進等事業）〉Ⓝ369.26

◇介護保険介護政策評価支援システム自治体研修会　地域ケア政策ネットワーク　2014.3　103p　30cm〈平成25年度老人保健事業推進費等補助金（老人保健健康増進等事業分）〉Ⓝ369.26

◇介護保険再点検─制度実施10年の評価と2050年のグランドデザイン　川村匡由編著　京都　ミネルヴァ書房　2014.1　284p　21cm〈文献あり　索引あり〉①978-4-623-06232-4　Ⓝ364.4　[3500円]

◇介護保険におけるリハビリテーションの充実状況等に関する調査研究事業【病院・診療所、通所リハビリテーション事業所調査】報告書　三菱総合研究所人間・生活研究本部　2014.3　158p　30cm〈平成25年度厚生労働省老人保健事業推進費等補助金（老人保健健康増進等事業）〉Ⓝ364.4

◇介護保険におけるリハビリテーションの充実状況等に関する調査研究事業【訪問介護ステーション・訪問リハビリテーション事業所調査】報告書　三菱総合研究所人間・生活研究本部　2014.3　90p　30cm〈平成25年度厚生労働省老人保健事業推進費等補助金（老人保健健康増進等事業）〉Ⓝ369.261

◇介護保険は詐欺である　介護保険料に怒る一揆の会編，日下部雅喜著　三一書房　2014.12　151p　19cm　①978-4-380-14009-9　Ⓝ364.4　[1300円]

◇改正介護保険制度のポイント─平成27年4月からの介護保険はこう変わる　中央法規出版編集部編集　中央法規出版　2014.8　333p　26cm　①978-4-8058-5060-2　Ⓝ364.4　[1500円]

◇国の借金と公的医療・介護保険財政　［東京］　日医総研　2014.10　67p　30cm　（日本医師会総合政策研究機構ワーキングペーパー no. 326）〈文献あり〉Ⓝ364.4

◇高齢者への支援と介護保険制度　大和田猛編　岐阜　みらい　2014.2　255p　26cm　〈索引あり　新社会福祉士養成課程対応　内容：少子高齢社会の現状と動向（大和田猛、齋藤修著）　高齢者の心身の特性と支援（西尾孝司著）　高齢者福祉制度の発展過程（尹文九著）　高齢者の生活とニーズ（戸来睦雄著）　高齢者支援をめぐる法制度（原田欣宏著）　介護保険制度の仕組み（土屋昭雄著）　介護保険サービスの体系（包敏著）　介護保険制度における組織・団体と役割（菊池真弓著）　高齢者を支援する専門職の役割と連携（工藤英明著）　介護の概念と介護予防（加賀谷真紀著）　認知症ケア（大和田猛著）　エンドオブライフケア（佐々木隆志著）　高齢者虐待と虐待防止に向けた取り組み（大和田猛著）　高齢者の支援をめぐる今後の方向と課題（大和田猛著）〉①978-4-86015-288-8　Ⓝ369.26　[2600円]

◇高齢者介護サービス論─過去・現在・未来に向けて　鬼﨑信好著　中央法規出版　2014.4　223p　21cm〈文献あり　索引あり〉①978-4-8058-5028-2　Ⓝ369.26　[2500円]

◇これならわかるスッキリ図解介護保険　2015年速報版　高野龍昭著　［東京］　翔泳社　2014.9　143p　21cm　①978-4-7981-3759-9　Ⓝ364.4　[1300円]

◇最新介護保険の基本と仕組みがよ～くわかる本─介護制度のしくみと利用の手引き　高室成幸監修，ケアマネジメント研究フォーラム著　第5版　秀和システム　2014.7　239p　21cm（How-nual図解入門）〈索引あり〉①978-4-7980-4142-1　Ⓝ364.4　[1400円]

◇資産等を勘案した補足給付の仕組みのあり方に関する調査研究報告書　野村総合研究所　2014.3　78p　30cm〈平成25年度老人保健事業推進費等補助金（老人保健健康増進等事業分）〉Ⓝ364.4

◇住宅改修事業者の市区町村における状況把握、管理状況に関する調査研究事業調査結果報告書　［東京］　シルバーサービス振興会　2014.3　169p　30cm〈平成25年度老人保健事業推進費等補助金老人保健健康増進等事業〉Ⓝ520.921

605

日本（介護保険—統計）

日本（海事—法令）

◇〈図解〉介護保険の改正早わかりガイド　2015年度　井戸美枝著　日本実業出版社　2014.11　173p　21cm　〈2015年4月より順次施行！〉①978-4-534-05231-5　Ⓝ364.4　［1400円］

◇海技試験六法　平成26年版　国土交通省海事局海技課監修　成山堂書店　2014.3　1705p　19cm　〈索引あり〉①978-4-425-21411-2　Ⓝ550.92　［4800円］

◇図解でわかる介護保険の改正ポイント—2015年度実施　山田芳子著　アニモ出版　2014.11　206p　21cm　①978-4-89795-171-3　Ⓝ364.4　［1500円］

◇海事六法　2014年版　国土交通省海事局監修　文海堂出版　2014.3　1968p　22cm　〈索引あり〉①978-4-303-37144-9　Ⓝ550.92　［4800円］

◇すぐに役立つ図解とQ&Aでわかる法改正対応！介護保険・障害者総合支援法のしくみと疑問解決マニュアル129　若林美佳監修　三修社　2014.12　247p　21cm　〈索引あり〉①978-4-384-04626-7　Ⓝ364.4　［1800円］

◇現行海事法令集　2014年版上　国土交通省大臣官房監修，［海事法令集編集委員会編集］［東京］　海文堂　［2014］　1889p　22cm　〈索引あり　布装〉①978-4-303-37094-7（set）Ⓝ550.92

◇全国介護保険担当課長会議資料　26.7.28　厚生労働省老健局［編］［東京］東京都社会福祉協議会　［2014］　392p　30cm　〈複製　会期：平成26年7月28日〉①978-4-86353-196-3　Ⓝ364.4　［1500円］

◇現行海事法令集　2014年版下　国土交通省大臣官房監修，海事法令集編集委員会編集　海文堂出版　2014.2　p1893〜3927　22cm　〈索引あり　布装〉①978-4-303-37094-7（set）Ⓝ550.92

◇全国介護保険担当〈局〉長会議資料　25.11.21　厚生労働省老健局［編］［東京］東京都社会福祉協議会　［2013］　235p　30cm　①978-4-86353-173-4　Ⓝ364.4　［1500円］

◇実用海事六法　平成26年版上巻　国土交通省大臣官房総務課監修，海事法規研究会編　成山堂書店　2014.4　24p,1926p　19cm　〈索引あり〉①978-4-425-21392-4（set）Ⓝ550.92

◇地域包括ケア実現に向けた第6期介護保険事業（支援）計画策定のための自治体支援に関する調査研究事業報告書　三菱総合研究所人間・生活研究本部　2014.3　5, 142p　30cm　〈平成25年度厚生労働省老人保健事業推進費等補助金（老人保健健康増進等事業分）〉Ⓝ369.26

◇実用海事六法　平成26年版下巻　国土交通省大臣官房総務課監修，海事法規研究会編　成山堂書店　2014.4　17p p2001〜3791　19cm　〈索引あり〉①978-4-425-21392-4（set）Ⓝ550.92

◇2015「改正」介護保険—要支援外し新総合事業に立ち向かう　日下部雅喜著，大阪社会保障推進協議会編　大阪　日本機関紙出版センター　2014.10　137p　21cm　〈介護保険ブックレット　4〉〈奥付のタイトル（誤植）：要介護外し新総合事業に立ち向かう〉①978-4-88900-913-2　Ⓝ364.4　［1200円］

日本（会社）

◇一番わかる会社設立と運営のしかた—オールカラー　中野裕哲著　西東社　2014.7　239p　21cm　〈索引あり〉①978-4-7916-2187-3　Ⓝ335.4　［1500円］

◇会社のことよくわからないまま社会人になった人へ—ひとめでわかる図解入り　池上彰著　第2版　海竜社　2014.2　191p　21cm　①978-4-7593-1355-0　Ⓝ335.4　［1500円］

◇訪問看護業務の手引—介護保険・医療保険　平成26年4月版　社会保険研究所　2014.7　666p　26cm　①978-4-7894-1515-6　Ⓝ369.261　［3200円］

◇ダンゼン得するいちばんわかりやすい会社のつくり方がよくわかる本　原尚美著　改訂　ソーテック社　2014.12　279p　21cm　〈初版のタイトル：ダンゼン得する個人事業者のための会社のつくり方がよくわかる本〉①978-4-8007-2007-8　Ⓝ335.4　［1480円］

◇保険者による介護給付費の分析とその結果の活用に関する調査研究事業報告書　地域ケア政策ネットワーク　2014.3　99p　30cm　〈平成25年度老人保健事業推進費等補助金（老人保健健康増進等事業分）〉Ⓝ369.26

◇Laws & regulations on setting up business in Japan—設立登記、査証、税制、人事・労務、商標・意匠　日本貿易振興機構対日投資部編　日本貿易振興機構対日投資部誘致プロモーション課　2013.10　71p　30cm　〈共同刊行：Invest Japan〉Ⓝ335.2

◇まるわかり！2014年度介護保険制度改正のすべて—もう介護報酬のアップは期待できない！：ビジネスチャンスを拡げる個性化経営へ　小濱道博著　日本医療企画　2014.11　200p　21cm　〈文献あり〉①978-4-86439-315-7　Ⓝ364.4　［2500円］

日本（会社—名簿）

◇就職四季報　2015年版　東洋経済新報社/編　東洋経済新報社　2014.2　1039p　19cm　①978-4-492-97259-5　［1857円］

◇民間介護保険に関する問題点—公的介護保険との関係性ならびに現物給付型商品解釈の議論に関する考察　［東京］日医総研　2014.2　40p　30cm　（日本医師会総合政策研究機構ワーキングペーパー　no. 309）〈文献あり〉Ⓝ364.4

◇帝国データバンク会社年鑑　2015　東日本1　金融機関・東京都・北海道　帝国データバンク　2014.10　17, 2571p　31cm　〈付属資料：2p：追加訂正版〉Ⓝ335.035

◇もっと変わる！介護保険　小竹雅子著　岩波書店　2014.8　63p　21cm　（岩波ブックレット　No.907）①978-4-00-270907-9　Ⓝ364.4　［520円］

◇帝国データバンク会社年鑑　2015　東日本2　東北・関東・甲信越　帝国データバンク　2014.10　p2573-4901　31cm　Ⓝ335.035

◇よくみえる！医療・介護のはなし　山田静江著　第4版　セールス手帖社保険FPS研究所　2014.8　71p　26cm　①978-4-86254-176-5　Ⓝ364.4　［1200円］

◇帝国データバンク会社年鑑　2015　西日本1　金融機関・大阪府・北陸・東海　帝国データバンク　2014.10　19, 2214p　31cm　Ⓝ335.035

日本（介護保険—統計）

◇介護給付費実態調査報告　平成24年度　平成24年5月審査分—平成25年4月審査分　厚生労働省大臣官房統計情報部編　厚生労働省大臣官房統計情報部　2014.1　372p　30cm　Ⓝ364.4

◇帝国データバンク会社年鑑　2015　西日本2　近畿・中国・四国・九州　帝国データバンク　2014.10　p2215-4556　31cm　Ⓝ335.035

◇介護給付費実態調査報告　平成24年度　平成24年5月審査分—平成25年4月審査分　厚生労働省大臣官房統計情報部編　厚生労働統計協会　2014.1　372p　30cm　①978-4-87511-590-8　Ⓝ364.4　［5500円］

◇帝国データバンク会社年鑑　2015　索引　全国索引・業種別索引・広告索引　帝国データバンク　2014.10　349, 336, 14p　30cm　Ⓝ335.035

日本（会社税務—法令）

日本（介護保険—法令）

◇介護保険六法　平成25年版　介護保険実務研究会編集　名古屋　新日本法規出版　2013.7　2927p　22cm　〈索引あり〉①978-4-7882-7769-4　Ⓝ364.4　［4800円］

◇会計全書　平成26年度会社税務法規編　金子宏，斎藤静樹監修　［東京］　中央経済社　2014.7　2678p　23cm　〈索引あり　平成26年6月1日現在〉①978-4-502-86002-7（set）Ⓝ336.9

◇介護保険六法　平成26年版　中央法規出版　2014.7　1冊　21cm　〈索引あり〉①978-4-8058-5045-9　Ⓝ364.4　［5400円］

日本（会社法—判例）

◇新・判例ハンドブック　会社法　鳥山恭一，高田晴仁編著　日本評論社　2014.4　233p　19cm　〈索引あり〉①978-4-535-00824-3　Ⓝ320.981　［1400円］

日本（解散（法人））

◇失敗しない廃業・事業承継のしかた事典—早めの準備と決断が決めて！BNC編著　西東社　2014.3　191p　24cm　①978-4-7916-2043-2　Ⓝ335.46　［1500円］

日本（海上衝突予防法）

◇海上衝突予防法の解説　海上保安庁監修，海上交通法令研究会編　改訂8版　海文堂出版　2014.4　211,25p　21cm　①978-4-303-37515-7　Ⓝ557.83　［3300円］

◇商業登記全書　第8巻　解散・倒産・非訟　神﨑満治郎編集代表　内藤卓編　中央経済社　2014.7　358p　22cm　〈索引あり〉①978-4-502-07920-7　Ⓝ325.24　［4800円］

◇図解海上衝突予防法　海上保安庁交通部安全課監修　9訂版　成山堂書店　2014.6　102,15p　21cm　①978-4-425-29028-4　Ⓝ557.83　［2800円］

日本（海事）

◇海事立国フォーラムin東京　第15回（2014）未来を拓く海事行政と今後の日本経済　日本海事センター　［2014］　59p　30cm　〈会期・会場：平成26年2月7日　海運ビル国際ホール〉Ⓝ683.1

◇図説海上衝突予防法　福井淡原著　第20版（淺木健司改訂）海文堂出版　2014.9　236p　21cm　〈文献あり〉①978-4-303-37765-6　Ⓝ557.83　［3200円］

日本（海上保安—法令）

◇海上保安六法　平成26年版　海上保安庁監修，海事法令研究会編著　成山堂書店　2014.3　1253,15p　22cm　（海事法令シリーズ　4）〈索引あり〉①978-4-425-21352-8　Ⓝ557.8　［15400円］

日本件名図書目録2014　Ⅰ

日本（海商法）

◇基本講義現代海商法　箱井崇史著　成文堂　2014.2　240p　21cm　〈文献あり　索引あり〉　①978-4-7923-2652-4　Ⓝ325.5　[2500円]

日本（外食産業）

◇外食産業データ集　2014年改訂版　食の安全・安心財団/編　食の安全・安心財団　2014.12　186p　30cm　①978-4-906357-27-7　[2000円]

◇外食産業マーケティング便覧　2013 no. 1　東京マーケティング本部第一統括部第一部調査・編集　富士経済　2013.6　256p　30cm　①978-4-8349-1625-6　Ⓝ673.97　[90000円]

◇外食産業マーケティング便覧　2013 no. 2　東京マーケティング本部第一統括部第一部調査・編集　富士経済　2013.7　263p　30cm　①978-4-8349-1626-3　Ⓝ673.97　[90000円]

◇外食産業マーケティング便覧　2013 no. 3　東京マーケティング本部第一統括部第一部調査・編集　富士経済　2013.8　338p　30cm　①978-4-8349-1627-0　Ⓝ673.97　[80000円]

◇外食産業マーケティング便覧　2013 no. 4　東京マーケティング本部第一統括部第一部調査・編集　富士経済　2013.9　449p　30cm　①978-4-8349-1628-7　Ⓝ673.97　[70000円]

◇「外食の裏側」を見抜くプロの全スキル、教えます。　河岸宏和著　東洋経済新報社　2014.5　263p　18cm　①978-4-492-22339-0　Ⓝ673.97　[900円]

◇地域振興におけるフードビジネス研究の貢献―人材育成と大学教育の視点から：名古屋文理大学特色ある研究4最終報告書：平成23年度―平成25年度　関川靖, 山田ゆかり, 吉田洋［著］　稲沢　名古屋文理大学　2014.3　35p　26cm　Ⓝ588.09

◇日本の外食チェーン50　2014年版　フードビジネス総合研究所編　［横浜］　フードビジネス総合研究所　2014.6　183p　30cm　①978-4-9904916-9-7　Ⓝ673.97　[18000円]

◇輸出総合サポートプロジェクト事業のうち海外見本市への出展事業FHC China 2013（中国）実施報告書　平成25年度　［東京］　日本貿易振興機構　2013.12　64p　30cm　Ⓝ606.92221

日本（海水魚―図集）

◇海水魚　吉野雄輔, 安延尚文著　改訂版　山と溪谷社　2014.2　281p　15cm　（新ヤマケイポケットガイド 8）〈文献あり　索引あり〉　①978-4-635-06282-4　Ⓝ487.521　[1200円]

◇日本の海水魚と海岸動物図鑑1719種　小林安雅著　誠文堂新光社　2014.6　343p　21cm　〈文献あり　索引あり〉　①978-4-416-61432-7　Ⓝ481.72　[2800円]

◇日本の海水魚466　峯水亮, 松沢陽士著　第2版　文一総合出版　2014.7　319p　15cm　（ポケット図鑑）〈文献あり　索引あり〉　①978-4-8299-8305-8　Ⓝ487.521　[1200円]

日本（階層）

◇居酒屋ほろ酔い考現学　橋本健二著　祥伝社　2014.12　288p　16cm　（祥伝社黄金文庫　Gは13-1）〈文献あり　毎日新聞社2008年刊の加筆修正〉　①978-4-396-31653-2　Ⓝ673.98　[640円]

◇格差の社会学入門―学歴と階層から考える　平沢和司著　札幌　北海道大学出版会　2014.3　181p　21cm　〈文献あり〉　①978-4-8329-6766-0　Ⓝ361.8　[2500円]

◇ソーシャル・キャピタルと格差社会―幸福の計量社会学　辻竜平, 佐藤嘉倫編　東京大学出版会　2014.6　225p　22cm　〈内容：信頼と連帯に支えられた社会を構築する（今田高俊著）　ソーシャル・キャピタルと市民社会（三隅一人著）　自治体間競争と社会関係資本論（福島康仁著）　地方自治体の政策の成否と社会関係資本（辻竜平著）　結婚とソーシャル・キャピタル（小林盾著）　出生機会格差とソーシャル・キャピタル（金井雅之著）　子育てストレスと社会的サポート（渡邉大輔著）　社会関係資本からみた社会的孤立の構造（金澤悠介著）　地域の社会関係資本はだれの健康に影響するのか？（渡邉大輔著）　健康サービス利用にたいする地域組織参加の効果（大崎裕子, 辻竜平著）　主観的幸福感とソーシャル・キャピタル（古里由香里, 佐藤嘉倫著）　貧しくても幸福を感じることができるか（浜田宏著）〉　①978-4-13-050182-8　Ⓝ361.3　[3800円]

◇何が進学格差を作るのか―社会階層研究の立場から　鹿又伸夫著　慶應義塾大学三田哲学会　2014.8　106p　18cm　（慶應義塾大学三田哲学会叢書）（慶應義塾大学出版会（制作・発売）文献あり）①978-4-7664-2167-5　Ⓝ371.3　[700円]

日本（開拓―歴史―昭和時代）

◇「他者」たちの農業史―在日朝鮮人・疎開者・開拓農民・海外移民　安岡健一著　京都　京都大学学術出版会　2014.2　350p　22cm　〈索引あり〉　①978-4-87698-386-5　Ⓝ611.91　[4000円]

日本（海洋汚染）

日本（怪談）

◇怪の壺―あやしい古典文学　山ン本眞樹編　復刻版　学研マーケティング　2014.2　254p　19cm　〈学研パブリッシング2010年刊に一部加筆　内容：箐堂の怪・柿の葉の幼女　赤人　間 孫の手　死霊が吸い舐め　疫神、船に乗る　河童に喰われる　死人暴れる　影の病　食べちゃいたいほど好き　墓石の怪　臆病者の賭け　白髪畑の怪　日が来る　雲から垂れる死骸の両足　牛の玉が駆け歩く　骨抜き　有馬の女　死人島　池に棲む化け物　人魂、居すわる　病床の魔　手首　奥州蛇塚　無毛の大鳥　赤染衛門の妹　沢蟹が飛ぶ　秀吉奇態　蛇飯　屍の蝶　月の糞、星の糞　袋星　夏火星　陰毛が長い　乳が好き　薬草　雷玉　肉人　思わぬ再会　古壺の奇事　農民作之丞の屍　七本足の悪いやつ　東海の幻影　烏柱　海蜘蛛　海気に感じて　伊勢の浦の小僧　大漁　巨女漂着　箱船漂着　小さい人が漕いだ船　うつろ舟の蛮女　其ノ1　うつろ舟の蛮女．其ノ2　おうん　山中の美女　山のお嬢さま　山北の笑い男　空飛ぶ蛇　風の狸　猿になる　異類の子　山でうさぎが輪になって　うさぎ波上をはしる　家具貸し出　三室池　川赤子　メトチ　おろち・ほら貝　きつねの火玉　豆腐の怪　毛の降る街角　空中人行　利根川の半漁人　牛ごときもの　浦島太郎の弟　ダブル又三郎　燃える女　窓の火　中万字屋の幽霊　遊女の手に棲む霊　番町首縊り榎　田中伊兵衛の妻　秘密の花園　なんだかわからないもの　かみなり僧侶　風に散る屍　めしぜに婆　箱根一日寺　小天狗墜落　もとは蛸だった　女なった僧　愛と怒りの弁財天　念仏の聖、魔往生す　勝鬼坊　松葉を食って仙人になろう　月食瘡　尻の瘤・肩の瘤　ほか〉①978-4-05-405925-2　Ⓝ388.1　[1400円]

◇ぼくらは怪談巡礼団　加門七海, 東雅夫著　KADOKAWA　2014.6　301p　19cm　（［幽］BOOKS）①978-4-04-066760-7　Ⓝ388.1　[1400円]

日本（怪談―歴史―大正時代）

◇大正期怪異妖怪記事資料集成　上　湯本豪一編　国書刊行会　2014.6　15,1297p　31cm　〈複製〉①978-4-336-05812-6　Ⓝ147.6　[45000円]

◇大正期怪異妖怪記事資料集成　下　湯本豪一編　国書刊行会　2014.6　1168,66p　31cm　〈複製〉①978-4-336-05813-3　Ⓝ147.6　[45000円]

日本（海底資源）

◇ジパングの海―資源大国ニッポンへの道　横瀬久芳［著］　講談社　2014.5　222p　18cm　（講談社＋α新書 656-1C）①978-4-06-272848-5　Ⓝ558.4　[880円]

日本（海難審判―裁決）

◇海難審判庁海難審判所裁決例集　第54巻　海難審判・船舶事故調査協会編　海難審判・船舶事故調査協会　2014.11　271p　22cm　Ⓝ557.85　[4000円]

日本（海浜生物）

◇モニタリングサイト1000磯・干潟・アマモ場・藻場調査報告書　平成25年度　富士技術　環境省自然環境局生物多様性センター　2014.9　244, 71p　30cm　〈平成25年度重要生態系監視地域モニタリング推進事業（沿岸域調査）, 請負者：自然環境研究センター, 共同事業実施者：日本国際湿地保全連合〉　Ⓝ468.8

日本（海浜生物―図集）

◇写真でわかる磯の生き物図鑑　今原幸光編著　フィールド版　大阪　トンボ出版　2013.7　279p　21cm　〈文献あり　索引あり　執筆：有山啓之ほか〉①978-4-88716-182-5　Ⓝ468.8　[2000円]

日本（海浜動物―図集）

◇日本の海水魚と海岸動物図鑑1719種　小林安雅著　誠文堂新光社　2014.6　343p　21cm　〈文献あり　索引あり〉①978-4-416-61432-7　Ⓝ481.72　[2800円]

日本（外務行政―法令）

◇外務省関係法令集　平成25年版　第一法規株式会社編　［東京］　外務省大臣官房総務課　2014.3　2668p　21cm　〈平成26年1月1日現在〉　Ⓝ317.22

日本（海洋汚染）

◇海・川・湖の放射能汚染　湯浅一郎著　緑風出版　2014.7　232p　22cm　①978-4-8461-1410-7　Ⓝ519.4　[2800円]

◇貝殻利用技術による港湾水域の環境改善に関する評価報告書　里海づくり研究会議編　［岡山］　里海づくり研究会議　2013.3　112p　30cm　Ⓝ519.4

◇漁民の森づくり活動等調査報告書　平成25年度　［東京］　海と渚環境美化・油濁対策機構　2014.3　45p　30cm　〈環境・生態系維持・保全活動等調査事業, 海の羽根募金事業〉　Ⓝ652.1

◇原子力施設等防災対策等委託費（海洋環境における放射能調査及び総合評価）事業委託業務成果報告書　平成25年度　［東京］　海洋生物環境研究所　2014.3　312p　30cm　Ⓝ519.4

日本（海洋開発）

◇広域総合水質調査資料解析業務報告書　平成24年度　平成22
年度調査結果／平成23年度調査結果　［東京］　環境省水・大
気環境局水環境課閉鎖性海域対策室　2013.3　1冊　30cm
Ⓝ519.4

◇水質総量削減に係る発生負荷量等算定調査業務報告書—発生
負荷量等算定調査（東京湾、伊勢湾、大阪湾、大阪湾を除く瀬
戸内海）平成25年度　［東京］　環境省水・大気環境局　2014.
3　1冊　30cm　Ⓝ519.4

◇東日本大震災にかかわる日本海洋学会の諸活動に関する報告
書　［東京］　日本海洋学会震災対応ワーキンググループ
2013.8　165p　30cm〈年表あり　背・表紙裏の出版者（誤植）：
日本海洋学会震災対応ワーキングループ〉Ⓝ519.4

◇閉鎖性海域水質管理手法調査検討業務報告書　平成25年度
［神戸］　瀬戸内海環境保全協会　2014.3　458p　30cm（環
境省請負業務結果報告書　平成25年度）Ⓝ519.4

◇閉鎖性海域水環境状況総合解析業務報告書　平成25年度　［東
京］　環境省水・大気環境局　2014.3　249p　30cm　Ⓝ519.4

◇閉鎖性海域水環境状況総合解析業務報告書　平成25年度　［東
京］　いであ　2014.3　332, 75p　30cm〈平成25年度環境省
請負事業〉Ⓝ519.4

日本（海洋開発）

◇日本の海洋資源—なぜ、世界が目をつけるのか　佐々木剛
［著］　祥伝社　2014.9　248p　18cm（祥伝社新書　382）
〈文献あり〉Ⓘ978-4-396-11382-7　Ⓝ558　［800円］

日本（海洋動物ー図集）

◇幼魚ハンドブック　小林安雅著　文一総合出版　2014.5
120p　19cm〈文献あり　索引あり〉Ⓘ978-4-8299-8124-5
Ⓝ482.1　［1400円］

日本（外来種）

◇外来魚のレシピ—捕って、さばいて、食ってみた　平坂寛著
地人書館　2014.9　8,201p　19cm〈索引あり〉Ⓘ978-4-8052-
0879-3　［2000円］

◇どうする？　どうなる！外来生物—とりもどそう私たちの原風
景：展示解説書：2014年度特別展　小田原　神奈川県立生命
の星・地球博物館　2014.7　127p　30cm〈文献あり　会期：
2014年7月19日—11月3日　編集：加藤ゆきほか〉Ⓝ462.1

日本（街路樹）

◇緑の防災ネットワークと都市美化のための街路樹のあり方に
関する調査・研究　都市防災美化協会企画・編集　都市防災美
化協会　2014.6　102p　30cm〈文献あり〉Ⓝ518.85

◇わが国の街路樹　7　［国土技術政策総合研究所］　緑化生態研
究室［著］　［つくば］　国土技術政策総合研究所　2014.2
218p　30cm（国土技術政策総合研究所資料　第780号）
Ⓝ629.79

日本（画家ー名簿）

◇水墨画年鑑　2014年版　水墨画年鑑社／編　秀作社出版
2014.4　265p　30×23cm　Ⓘ978-4-88265-545-9　［4800円］

日本（化学ー特許）

◇化学・バイオ特許の出願戦略　細田芳徳著　改訂6版　経済産
業調査会　2014.6　640p　21cm　（現代産業選書）〈索引あ
り〉Ⓘ978-4-8065-2945-3　Ⓝ507.72　［5500円］

日本（科学ー歴史ー1868〜1945）

◇科学と社会—戦前期日本における国家・学問・戦争の諸相　岡
本拓司著　サイエンス社　2014.9　245p　22cm〈文献あり
索引あり〉Ⓘ978-4-7819-1345-2　Ⓝ402.106　［2400円］

日本（科学技術）

◇科学技術白書—「世界で最もイノベーションに適した国」へ
平成26年版　可能性を最大限に引き出す人材システムの構築
文部科学省／編　日経印刷、全国官報販売協同組合［発売］
2014.6　362p　30cm　Ⓘ978-4-905427-78-0　［1852円］

◇課題解決型シナリオプランニングに向けた科学技術予測調査—
生活習慣病（2型糖尿病）を対象として　文部科学省科学技術・
学術政策研究所科学技術動向研究センター　2014.5　175p
30cm　（NISTEP note 政策のための科学　no. 10）Ⓝ493.123

◇健康長寿社会の実現に向けた疾病の予知予防・診断・治療技術
の俯瞰—生活習慣病（2型糖尿病）を対象として　重茂浩美, 小
笠原敦［著］　文部科学省科学技術・学術政策研究所科学技術
動向研究センター　2014.5　136p　30cm　（調査資料　227）
Ⓝ493.123

◇実用化ドキュメント—NEDO project success stories　2014
川崎　新エネルギー・産業技術総合開発機構評価部　2014.7
82p　30cm　Ⓝ502.1

日本（科学技術ー歴史）

◇日中科学技術交流の40年　科学技術振興機構中国総合研究交
流センター編　［東京］　科学技術振興機構中国総合研究交

センター　2014印刷　237p　30cm〈年表あり　文献あり〉
Ⓘ978-4-88890-386-8　Ⓝ402.2

日本（科学技術ー歴史ー1945〜）

◇中山茂著作集　第3巻　日本の科学技術と社会の歴史　3
（1970-2011年）中山茂著, 吉岡斉編著, 塚原修一, 川野祐二編
編集工房球　2014.9　360p　22cm　Ⓘ978-4-907951-53-5
Ⓝ402　［12000円］

日本（科学技術ー歴史ー江戸時代）

◇江戸の理系力　洋泉社編集部編　洋泉社　2014.4　190p
19cm　（江戸学入門）〈文献あり　2012年刊の再構成〉
Ⓘ978-4-8003-0373-8　Ⓝ402.105　［1300円］

日本（科学技術行政）

◇文部科学関係の税制　平成26年度　［東京］　文部科学省大臣
官房政策課　［2014］　61, 970p　21cm　Ⓝ345.1

◇論文捏造はなぜ起きたのか？　杉晴夫著　光文社　2014.9
253p　18cm　（光文社新書　714）〈文献あり〉Ⓘ978-4-334-
03817-5　Ⓝ460.21　［760円］

日本（科学技術行政ー法令）

◇文部科学法令要覧　平成26年版　文部科学法令研究会監修
ぎょうせい　2014.1　1冊　21cm〈索引あり〉Ⓘ978-4-324-
09769-4　Ⓝ373.22　［5400円］

日本（科学技術研究）

◇科学技術指標　2014　文部科学省科学技術・学術政策研究所
科学技術・学術基盤調査研究室　2014.8　195p　30cm　（調
査資料　229）Ⓝ407

◇研究論文に着目した日本とドイツの大学システムの定量的比
較分析—組織レベルおよび研究者レベルからのアプローチ
阪彩香, 桑原輝隆, イリス・ヴィーツォレック［著］　文部科学
省科学技術・学術政策研究所科学技術・学術基盤調査研究室
2014.12　11, 241p　30cm　（調査資料　233）Ⓝ507

◇JST/CRDS・中国科学技術信息研究所共催研究会—日中若手
トップレベル研究者を取り巻く研究環境—報告書—ワーク
ショップ報告書　科学技術振興機構研究開発戦略センター海
外動向ユニット　2014.8　62p　30cm〈会期：平成26年8月19
日〉Ⓘ978-4-88890-411-7　Ⓝ402.22

◇仙台高等専門学校シーズ集　平成25年度　［名取］　仙台高等
専門学校　2014.2　118p　30cm　Ⓝ507

◇大学の工学領域の研究者による論文分析—工学部の状況や論
文分析の限界も併せて　掛下知行, 塩谷景一, 安田弘行, 白土優,
大畑充, 増井敏行［述］　文部科学省科学技術・学術政策研究所
SciSIP室［編］　［東京］　文部科学省科学技術・学術政策研究
所SciSIP室　2014.8　70p　30cm　（科学技術・学術政策研究
所講演録　300）〈会期：2014年1月27日〉Ⓝ502.1

◇知の挑戦　2014年版—新しい価値の創造：時代を拓く知のリー
ダーからのメッセージ：技術を生かすグローバルリーダー育
成の教科書　豊橋技術科学大学編　日経BPコンサルティング
2014.4　287p　18cm〈日経BPマーケティング（発売）　内容：
創造性の源は知的好奇心（榊佳之, 益川敏英述）　誰もが能力を
発揮できる社会を目指して（浅川智恵子述）　応用脳科学の新
展開（小泉英明述）　グローバル競争化での日本のものづくり
と人材育成（箕浦輝幸述）　国産旅客機MRJを世界の空へ（戸
田信雄述）　クレイナノコンポジットの創成と開発（川角
昌弥述）　金属材料の新たな展開（増本健述）〉Ⓘ978-4-86443-
060-9　Ⓝ507　［1500円］

◇未来への6つの約束—日本大学N. 研究物語　日本大学N. 研究
プロジェクト編　リバネス出版　2014.3　137p　19cm
Ⓘ978-4-907375-23-2　Ⓝ507　［1200円］

◇ユニーク&エキサイティングサイエンス　3　福田善監修、田
中繁編集　近代科学社　2014.11　143p　19cm　（総合コミュ
ニケーション科学シリーズ）Ⓘ978-4-7649-0472-9　Ⓝ407
［1600円］

◇我が国の産業技術に関する研究開発活動の動向—主要指標と
調査データ　第14版　［東京］　経済産業省産業技術環境局技
術調査室　2014.5　15, 133p　30cm　Ⓝ502.1

日本（科学技術政策）

◇社会的期待に応える研究開発戦略の立案—未来創発型アプ
ローチの試行：平成25年度報告書　科学技術振興機構研究開
発戦略センター　2014.6　4, 23, 65p　30cm　Ⓘ978-4-88890-
398-1　Ⓝ409.1

◇戦略プロポーザル—2004-2013：戦略プロポーザルカタログ
科学技術振興機構研究開発戦略センター　2013.7　110p
30cm〈CRDS-FY2013-CA〉Ⓝ409.1

◇戦略プロポーザル—2004-2014：戦略プロポーザルカタログ
科学技術振興機構研究開発戦略センター　2014.7　140p
30cm〈CRDS-FY2014-CA〉Ⓘ978-4-88890-408-7　Ⓝ409.1

日本件名図書目録2014　Ⅰ　　　　　　　　　　　　　　　　　　　　　　　　　　　　　　　日本（科学者）

◇日米科学技術摩擦をめぐって―ジャパン・アズ・ナンバーワン
だった頃　國谷実編著　科学技術国際交流センター　2014.1
171p　19cm〈実業公報社（発売）〉Ⓘ978-4-88038-047-6
Ⓝ409.1　［1000円］

日本（科学技術政策―歴史―1945～）
◇計画の創発―サンシャイン計画と太陽光発電　島本実著　有
斐閣　2014.11　387,11p　22cm〈文献あり　索引あり〉
Ⓘ978-4-641-16440-6　Ⓝ501.6　［5000円］

日本（科学教育）
◇高大連携　2012年度　福山　広島大学附属福山中・高等学校
2013.10　82p　30cm〈奥付のタイトル：広島大学附属福山
中・高等学校高大連携授業　共同刊行：広島大学〉Ⓝ375.4
◇スーパーサイエンスハイスクール課題研究集録―総合科学ⅡB
グループ研究　平成24年度　大館　秋田県立大館鳳鳴高等学
校　2013.3　28p　30cm　Ⓝ375.4
◇スーパーサイエンスハイスクール（SSH）事業生徒課題研究ポ
スター・レポート集　平成24年度　南アルプス　山梨県立巨
摩高等学校　2013.3　104p　30cm〈背のタイトル：SSH生徒
課題研究ポスター・レポート集〉Ⓝ375.4
◇スーパーサイエンスハイスクール（SSH）生徒課題研究ポス
ター・レポート集　平成25年度　［南アルプス］　山梨県立巨
摩高等学校　［2014］　53p　30cm　Ⓝ375.4
◇平成23年度指定スーパーサイエンスハイスクール研究開発実
施報告書　第2年次　大津　滋賀県立膳所高等学校　2013.3
107p　30cm　Ⓝ375.4
◇平成23年度指定スーパーサイエンスハイスクール研究開発実
施報告書　第3年次　大津　滋賀県立膳所高等学校　2014.3
87p　30cm　Ⓝ375.4
◇平成22年度指定スーパーサイエンスハイスクール研究開発実
施報告書　第3年次　大月　山梨県立大月短期大学付属高等学校　2013.3
60p　30cm　Ⓝ375.4
◇平成22年度指定スーパーサイエンスハイスクール研究開発実
施報告書　第3年次　京都　京都府立桃山高等学校　2013.3
50p　30cm　Ⓝ375.4
◇平成22年度指定スーパーサイエンスハイスクール研究開発実
施報告書　第4年次　京都　京都府立桃山高等学校　2014.3
51p　30cm　Ⓝ375.4
◇平成22年度指定スーパーサイエンスハイスクール研究開発実
施報告書　第3年次　［鹿児島］　鹿児島県立錦江湾高等学校
2013.3　60, 30p　30cm　Ⓝ375.4
◇平成22年度指定スーパーサイエンスハイスクール研究開発実
施報告書　第4年次　［鹿児島］　鹿児島県立錦江湾高等学校
2014.3　60, 29p　30cm　Ⓝ375.4
◇平成20年度指定スーパーサイエンスハイスクール研究開発実
施報告書―Homei-ICS-plan 2008　第5年次　大館　秋田県立
大館鳳鳴高等学校　2013.3　100p　30cm　Ⓝ375.4
◇平成24（2012）年度指定スーパーサイエンスハイスクール研究
開発実施報告書―文部科学省研究開発学校　第2年次　スー
パーサイエンスハイスクール校内推進委員会　筑波大学附
属駒場高等学校　2014.3　6, 67p　30cm〈研究開発課題：豊
かな教養と探究心あふれるグローバル・サイエンティストを育
成する中高大院連携プログラムの研究開発　背のタイトル：
平成24年度指定スーパーサイエンスハイスクール研究開発実
施報告書〉Ⓝ375.4
◇平成24年度指定スーパーサイエンスハイスクール活動記録集
第1年次　［大崎］　宮城県立古川黎明中学校・高等学校　2013.3
71p　30cm　Ⓝ375.4
◇平成24年度指定スーパーサイエンスハイスクール活動記録集
第2年次　大崎　古川黎明中学校・高等学校　2014.3　128p
30cm　Ⓝ375.4
◇平成24年度指定スーパーサイエンスハイスクール研究開発実
施報告書　第1年次　［大崎］　宮城県立古川黎明中学校・高等学
校　2013.3　57p　30cm　Ⓝ375.4
◇平成24年度指定スーパーサイエンスハイスクール研究開発実
施報告書　第2年次　大崎　古川黎明中学校・高等学校　2014.
3　80p　30cm　Ⓝ375.4
◇平成24年度指定スーパーサイエンスハイスクール研究開発実
施報告書　第1年次　［福島］　福島県立福島高等学校　2013.3
86p　30cm　Ⓝ375.4
◇平成24年度指定スーパーサイエンスハイスクール研究開発実
施報告書　第2年次　［福島］　福島県立福島高等学校　2014.3
110p　30cm　Ⓝ375.4

◇平成24年度指定スーパーサイエンスハイスクール研究開発実
施報告書　第1年次　［熊谷］　埼玉県立熊谷女子高等学校
2013.3　58p　30cm　Ⓝ375.4
◇平成24年度指定スーパーサイエンスハイスクール研究開発実
施報告書　第2年次　［熊谷］　埼玉県立熊谷女子高等学校
2014.3　77p　30cm　Ⓝ375.4
◇平成24年度指定スーパーサイエンスハイスクール研究開発実
施報告書　第1年次　南アルプス　山梨県立巨摩高等学校
2013.3　56p　30cm　Ⓝ375.4
◇平成24年度指定スーパーサイエンスハイスクール研究開発実
施報告書　第2年次　南アルプス　山梨県立巨摩高等学校
2014.3　74p　30cm　Ⓝ375.4
◇平成24年度指定スーパーサイエンスハイスクール―文部科学
省研究開発学校研究開発実施報告書　第1年次／平成24年度指
定コアスーパーサイエンスハイスクール―文部科学省研究開
発学校研究開発実施報告書／第1年次　益田　島根県立益田
高等学校　2013.3　79p　30cm〈背のタイトル：平成二十四
年度指定スーパーサイエンスハイスクール研究開発実施報告
書〉Ⓝ375.4
◇平成24年度指定スーパーサイエンスハイスクール―文部科学
省研究開発学校研究開発実施報告書　第2年次／平成24年度指
定コアスーパーサイエンスハイスクール―文部科学省研究開
発学校研究開発実施報告書／第2年次　益田　島根県立益田
高等学校　2014.3　99p　30cm〈背のタイトル：平成二十四
年度指定スーパーサイエンスハイスクール研究開発実施報告
書〉Ⓝ375.4
◇文部科学省研究開発学校スーパーサイエンスハイスクール研
究開発実施報告書―平成22年度指定　第4年次　［京都教育大学
附属高等学校］　研究部編　京都　京都教育大学附属高等学校
2014.3　56p　30cm〈背のタイトル：平成二十二年度指定スー
パーサイエンスハイスクール研究開発実施報告書〉Ⓝ375.4

日本（科学教育―歴史―明治以後）
◇科学開講！―京大コレクションにみる教育事始　LIXIL出版
2014.12　76p　21×21cm　（LIXIL BOOKLET）〈文献あ
り〉Ⓘ978-4-86480-509-4　Ⓝ407　［1800円］

日本（化学工業）
◇「ケミカルビジネスエキスパート」養成講座―新「化学産業」
入門　田島慶三著　改訂版　化学工業日報社　2014.10　410p
21cm〈索引あり〉Ⓘ978-4-87326-647-3　Ⓝ570.9　［2500円］
◇ケミカルビジネス情報MAP―すぐわかる化学業界　2014　化
学工業日報社　2013.11　218p　26cm　Ⓘ978-4-87326-634-3
Ⓝ570.9　［2500円］
◇ケミカルビジネス情報MAP―すぐわかる化学業界　2015　化
学工業日報社　2014.11　218p　26cm　Ⓘ978-4-87326-648-0
Ⓝ570.9　［2500円］

日本（化学工業―統計）
◇経済産業省生産動態統計年報　化学工業統計編　平成25年　経
済産業省大臣官房調査統計グループ／編　経済産業調査会
2014.8　214p　30cm　Ⓘ978-4-8065-1852-5　［5619円］

日本（化学工業―名簿）
◇化学工業会社録　2015年版　化学工業日報社　2014.9　1281p
26cm　Ⓘ978-4-87326-645-9　［33000円］

日本（科学者）
◇「女性研究者研究活動支援事業」事業報告書（平成23年度―平
成25年度）―文部科学省科学技術人材育成費補助事業　［鹿児
島］　鹿児島大学男女共同参画推進センター　2014.3　103p
30cm　Ⓝ407
◇挑戦する科学者―フロントランナー　日経サイエンス編集部
編　［東京］　日経サイエンス社　2014.6　327p　19cm〈日
本経済新聞出版社（発売）　内容：超弦理論で世界の成り立ちを
探る（大栗博司述）　ヒッグス粒子を追い求めて（浅井祥仁述）
素粒子研究を礎に宇宙の"うぶ声"を探る（羽澄昌史述）　「はや
ぶさ」カプセル帰還р鎮く大気圏再突入技術（山田哲哉述）　ス
ピントロニクスを誰にでもわかる形に（湯浅新治述）　量子の
世界をテラヘルツ光で見る（河野行雄述）　誰も気づかなかっ
た電子のふるまいを予言する（村上修一述）　三〇〇億年に一
秒の差を測る究極の時計世界標準へ（香取秀俊述）　「お酒で超
電導」から室温超伝導へ（高野義彦述）　呼吸する有機材料を
自在に設計する（北川進述）　有機化学に「鉄の時代」貴金属
凌ぐ触媒を目指す（中村正治述）　右手と左手の違いを制御し
新しいプラスチックを作る（野崎京子述）　深海の巨大イカを
捕らえた（窪寺恒己述）　不老不死のクラゲを育てる（久保田
信述）　粘菌に知性の芽生えを探る（中垣俊之述）　謎に包ま
れたモグラその生き様を探る（川田伸一郎述）　樹木の命をク
ローン技術でつなぐ（中村健太郎述）　睡眠の本質に遺伝学と

日本（科学者―人名辞典）　　　　　　　　　　　　　　　　　　　　　日本件名図書目録2014　Ｉ

神経科学で迫る（柳沢正史述）　文意が同じかどうかがわかるコンピューターを作る（宮尾祐介述）　ヒューマノイドで探る人間の運動機能の巧みさ（細田耕述）　アジアの化石に人類の進化を探る（海部陽介述）　iPS細胞を使って網膜を再生する（高橋政代述）　がん治療を開く“横綱”遺伝子を探す（間野博行述）　個人の遺伝情報を予防・診断につなげる（林崎良英述）　がんを見ながらがんをたたく（山谷泰賀述）　「脳波で話す」装置難病患者のもとへ（長谷川良平述）　骨を中心に病気を見直す新しい概念の提唱へ（高柳広述）　慢性腎臓病を治る病気に（柳田素子述）　エイズの治療薬を最速で出し続ける（満屋裕明述）　インフルエンザからの解放を目指す（長谷川秀樹述）　宇宙線で火山を透視する（田中宏幸述）　レアアースの泥で日本の未来を拓く（加藤泰浩述）　宇宙からアジアの農地を見つめる（本郷千春述）　ノイズが開くおもちゃ箱を探る（大平徹述）　熱力学の地平を広げる（佐々真一述）　不連続なものの形の本質を探る（小谷元子述）　微分方程式の解は爆発しても消えない（溝口紀子述）〉　Ⓘ978-4-532-52068-7　Ⓝ402.8　［1600円］

◇『伝統と改革が創る次世代女性研究者養成拠点』事業実施報告書　奈良女子大学男女共同参画推進機構女性研究者養成システム改革推進本部編　［奈良］　奈良女子大学男女共同参画推進機構女性研究者養成システム改革推進本部　2014.3　80p　30cm〈文献あり　平成25年度文部科学省科学技術人材育成費補助金女性研究者養成システム改革加速事業〉　Ⓝ407

◇ユニーク＆エキサイティングサイエンス　3　福田喬監修，田中繁編集　近代科学社　2014.11　143p　19cm　（総合コミュニケーション科学シリーズ）　Ⓘ978-4-7649-0472-9　Ⓝ407　［1600円］

◇理系のための研究者の歩き方　長谷川健編著　麦人社　2014.4　349p　21cm　Ⓘ978-4-907867-00-3　Ⓝ407　［2400円］

日本（科学者―人名辞典）
◇事典日本の科学者―科学技術を築いた5000人　板倉聖宣監修　日外アソシエーツ　2014.6　971p　21cm〈紀伊國屋書店（発売）　文献あり　索引あり〉　Ⓘ978-4-8169-2485-9　Ⓝ402.1　［17000円］

日本（化学者―歴史―1868～1945）
◇スイスと日本の近代化学―スイス連邦工科大学と日本人化学者の軌跡　堤憲太郎著　仙台　東北大学出版会　2014.8　292p　21cm〈年表あり　索引あり〉　Ⓘ978-4-86163-247-1　Ⓝ430.7　［3500円］

日本（科学者―歴史―江戸時代）
◇江戸の理系力　洋泉社編集部編　洋泉社　2014.4　190p　19cm　（江戸学入門）〈文献あり　2012年刊の再構成〉　Ⓘ978-4-8003-0373-8　Ⓝ402.105　［1300円］

日本（化学繊維工業）
◇特許情報分析（パテントマップ）から見た炭素繊維に関する技術開発実態分析調査報告書　インパテック株式会社編　パテントテック社　2013.1　224p　30cm〈タイトルは標題紙による〉　Ⓘ978-4-86483-168-0　Ⓝ586.6　［55650円］

日本（科学捜査）
◇警視庁科学捜査最前線　今井良著　新潮社　2014.6　207p　18cm　（新潮新書　575）〈文献あり〉　Ⓘ978-4-10-610575-3　Ⓝ317.75　［720円］

◇再審と科学鑑定―鑑定で「不可知論」は克服できる　矢澤曻治編　日本評論社　2014.2　219p　21cm〈内容：科学鑑定と再審（矢澤曻治著）　東電OL殺人事件（鈴木郁子述）　名張毒ブドウ酒事件（野嶋真人述）　恵庭OL殺人事件（伊東秀子述）　飯塚事件（岩田務述）　袴田事件（小川秀世述）　緊急アピール〈袴田事件〉（袴田ひで子述）　高知白バイ事件（生田暉雄著）　東住吉事件（塩野隆史著）〉　Ⓘ978-4-535-52011-0　Ⓝ327.65　［2400円］

◇法律家のための科学捜査ガイド―その現状と限界　平岡義博著　京都　法律文化社　2014.10　159p　21cm〈索引あり〉　Ⓘ978-4-589-03622-3　Ⓝ317.75　［2800円］

日本（化学物質―安全管理）
◇化学物質管理に係る説明会開催等事業実施結果報告書　平成24年度　［東京］　中央労働災害防止協会　2013.3　168p　31cm〈付属資料：化学物質の危険有害性情報伝達等に関する説明会テキストほか　ルーズリーフ〉　Ⓝ574

◇日中韓化学物質審査規制制度等調和推進業務報告書　平成25年度　［東京］　海外環境協力センター　2014.3　87p　30cm〈英語併載　平成25年度環境省請負業務報告書〉　Ⓝ574

◇日中化学物質規制と企業の対応　林まき子著　化学工業日報社　2013.3　233p　26cm　Ⓘ978-4-87326-625-1　Ⓝ574　［5000円］

日本（化学物質―安全管理―法令）
◇実務者のための化学物質等法規制便覧　2013年版　化学物質等法規制便覧編集委員会編　化学工業日報社　2013.5　748p　30cm〈索引あり〉　Ⓘ978-4-87326-627-5　Ⓝ574　［20000円］

◇実務者のための化学物質等法規制便覧　2014年版　化学物質等法規制便覧編集委員会編　化学工業日報社　2014.5　754p　30cm〈索引あり〉　Ⓘ978-4-87326-642-8　Ⓝ574　［20000円］

日本（歌曲）
◇気候と音楽―日本やドイツの春と歌　加藤晴子，加藤内藏進著　協同出版　2014.3　168p　26cm　Ⓘ978-4-319-00264-1　Ⓝ767.021　［2000円］

日本（家具工業―名簿）
◇家具インテリアビジネスガイド　2014　新聞制作センター家具新聞　2013.12　58p　26cm　Ⓘ978-4-87624-066-1　Ⓝ583.7　［1200円］

日本（家具工業―歴史―1945～）
◇戦後日本の木製家具　新井竜治［著］　家具新聞社　2014.11　518p　図版16p　31cm〈内容：概論：戦後日本の木製家具史序説　昭和戦前期・戦後前期の百貨店新作家具展示会の動向　グッドデザイン賞受賞家具とデザイナー　天童木工の家具シリーズ・デザイナー・スタイルの変遷　天童木工のロングライフ家具　コスガの家具シリーズ・デザイナー・デザイナーの変遷　ホームユース家具の家具スタイルの展開　木製家具の材料の変遷と意匠・機能との関係　木製家具の工場・生産工程の変遷　セミオーダー家具の変遷とプレハブ住宅普及との関係　家具レイアウト・サイズの変遷と住居の間取りとの関係　木製家具の物流・商流の変遷　新作家具展示会の変遷　家具販売促進活動の変遷　家具小売業店頭展示の変遷と木製家具メーカーの販売促進手法の変遷　結論〉　Ⓘ978-4-87624-067-8　Ⓝ583.7　［12000円］

日本（学者）
◇女性研究者共助支援事業本部活動報告書―奈良女子大学における男女共同参画推進を目指して　平成25年度　［奈良］　奈良女子大学男女共同参画推進機構女性研究者共助支援事業本部　2014.3　141p　30cm〈編集責任者：春本晶江〉　Ⓝ377.21

◇新京都学派―知のフロンティアに挑んだ学者たち　柴山哲也著　平凡社　2014.1　238p　18cm　（平凡社新書　715）〈索引あり〉　Ⓘ978-4-582-85715-3　Ⓝ002　［800円］

◇東京学芸大学男女共同参画白書　2014年版　女性研究者研究活動支援事業報告書　東京学芸大学男女共同参画推進本部編　［小金井］　東京学芸大学　2014.3　208p　30cm〈文献あり〉　Ⓝ377.21

◇名古屋市立大学男女共同参画報告書　平成24年度　［名古屋］　名古屋市立大学男女共同参画室・女性研究者支援室　2013.4　81p　30cm　Ⓝ377.21

日本（学習塾）
◇子どもの”自学”する力を育むKUMON―The KUMON HEART　多賀幹子著　PHP研究所　2014.5　207p　19cm　Ⓘ978-4-569-81877-1　Ⓝ376.8　［1250円］

◇進学塾という選択　おおたとしまさ著　日本経済新聞出版社　2014.1　217p　18cm　（日経プレミアシリーズ　232）〈文献あり〉　Ⓘ978-4-532-26232-7　Ⓝ376.8　［850円］

日本（学習塾―統計）
◇特定サービス産業実態調査報告書　平成25年　学習塾編　［東京］　経済産業省大臣官房調査統計グループ　2014.12　161p　30cm　Ⓝ673.9

日本（学習塾―名簿）
◇私塾・私学・企業教育ネット要覧　第14集　平成26年度　佐藤勇治編　調布　全日本学習塾連絡会議　2014.6　260p　26cm　Ⓝ376.8

日本（学習塾―歴史―明治時代）
◇私塾の近代―越後・長善館と民の近代教育の原風景　池田雅則著　東京大学出版会　2014.1　465,10p　22cm〈文献あり　索引あり　内容：問題の所在　明治期私塾の全国的動向　新潟県におけるノンフォーマルな教育機関の動向　地域指導者層の私塾長善館　初代館主文台のカリキュラムと塾生の学習歴　二代目館主惕軒のカリキュラムと明治初期の教育活動　「つきあいの文化」育成のカリキュラムと指導　遊学促進のための支援とカリキュラム　上京遊学者の学習歴と経験したカリキュラム　独自な中等教育カリキュラムの模索　長善館の終焉と地域指導者層育成の継続　まとめと展望〉　Ⓘ978-4-13-056221-8　Ⓝ376.8　［9800円］

日本（学術）
◇研究助成成果概要集　2012年度　大川情報通信基金　［2014］　20p　26cm〈研究期間：2013年3月―2014年3月〉　Ⓝ377.7

日本件名図書目録2014　Ⅰ　　　　　　　　　　　　　　　　　　　　　　　　　　　　　　　　　日本（学生）

◇我が国の研究費制度に関する基礎的・俯瞰的な検討に向けて—論点整理と中間報告：中間報告書　科学技術振興機構研究開発戦略センター政策ユニット　2014.11　53p　30cm〈CRDS-FY2014-RR-03〉Ⓝ377.7

日本（学術—情報サービス）
◇教育研究の革新的な機能強化とイノベーション創出のための学術情報基盤整備について—クラウド時代の学術情報ネットワークの在り方：審議まとめ　［東京］　科学技術・学術審議会学術分科会学術情報委員会　2014.7　64p　30cm　Ⓝ007.5

日本（学術—歴史）
◇伝統を読みなおす　5　人と文化をつなぐもの—コミュニティ・旅・学びの歴史　野村朋弘編　京都造形芸術大学東北芸術工科大学出版局藝術学舎　2014.12　180p　21cm　（芸術教養シリーズ 26）〈幻冬舎（発売）〉内容：一揆（野村朋弘著）　講（神かほり著）　祭祀集団（後藤麻衣子著）　子ども集団（服部比呂美著）　若者集団（服部比呂美著）　町内会（神かほり著）　古代の旅（河野保497博著）　紀行文にみる中世の旅（比企貴之著）　近世の旅と社会（比企貴之著）　近現代のツーリズム（角田朋彦著）　日本への文学・典籍の伝来（渡辺滋著）「遺唐使」以後の文化交流（渡辺滋著）　公家社会の学び、有識故実の形成（野村朋弘著）　近世日本社会と「学問」の多様性（清水光明著）「学問」の変容と「身分階層」の解体（清水光明著）〉978-4-344-95260-7　Ⓝ702.2　［2200円］

日本（学術—歴史—明治以後）
◇近代学問の起源と編成　井田太郎, 藤巻和宏編　勉誠出版　2014.11　444p　22cm〈内容：近代国学と人文諸学の形成（藤田大誠著）　明治期における学問編成と図書館（長尾宗典著）　近代学術と漢字翻訳語（千葉謙悟著）　近代日本のフランス語教育の起源と編成（西岡亜紀著）　神話学の「発生」をめぐって（平藤喜久子著）　近代日本における政治学の二つの起源と編成（飯田健著）　経験知から科学知へ（熊澤恵里子著）　近代科学の起源（森田邦久著）　宗教史研究の近代性（杉木恒彦著）　アンリ・ピレンヌと近代史学史の十字路（青谷秀紀著）〈実証〉という方法（井田太郎著）　フランス近代詩と学問（倉方健作著）　日本発沖縄経由アジア行の視点（高江洲昌哉著）　近代経済学とマルクス経済学（齋藤隆志著）　日本の美術史学の展開過程とその特徴（太田智己著）「文化情報資源」をいかに活用していくか（岡野裕行著）　学問領域と研究費（藤巻和宏著）〉978-4-585-22099-2　Ⓝ002　［6000円］

日本（学生）
◇与える者が友をつくる—ひろし塾2013　島田博司編著　神戸交友プランニングセンター友月書房　2014.3　79p　30cm　①978-4-87787-608-1　Ⓝ377.9
◇縁結びの技法　島田博司編著　神戸　甲南女子大学教育研究センター　2014.3　159p　30cm　（甲南女子大学教育研究ネットワーク叢書 23）〈発行所：交友プランニングセンター友月書房〉①978-4-87787-607-4　Ⓝ377.9
◇大阪商業大学の学生生活に関するアンケート調査報告書　佐々木尚之, 濱田国佑編　東大阪　大阪商業大学社会調査研究所　2013.3　86p　30cm　Ⓝ377.9
◇大阪人間科学大学社会調査実習報告書　no. 6　2012　大阪人間科学大学人間科学部編　摂津　大阪人間科学大学人間科学部　2013.3　126, 57, 42p　30cm〈背のタイトル：社会調査実習報告書〉Ⓝ361.91
◇学生たちの日々—1976-2010：関西学院大学カレッジ・コミュニティ調査から　関西学院大学教務機構高等教育推進センター編　西宮　関西学院大学出版会　2014.3　205p　21cm〈文献あり〉①978-4-86283-176-7　Ⓝ377.9　［1900円］
◇学生による学生のためのダメレポート脱出法　慶應義塾大学教養研究センター監修, 慶應義塾大学日吉キャンパス学習相談員著　慶應義塾大学出版会　2014.10　180p　21cm　（アカデミック・スキルズ）①978-4-7664-2177-4　Ⓝ377.9　［1200円］
◇学生の描いた絵本の世界　前島康男著　創風社　2014.12　282p　21cm　①978-4-88352-219-4　Ⓝ019.53　［1800円］
◇学生文化・生徒文化の社会学　武内清著　［西東京］　ハーベスト社　2014.3　254p　21cm　（敬愛大学学術叢書）①978-4-86339-055-3　Ⓝ371.3　［2400円］
◇活躍する組織人の探究—大学から企業へのトランジション　中原淳, 溝上慎一編　東京大学出版会　2014.3　192p　22cm〈索引あり〉①978-4-13-040263-7　Ⓝ377.9　［3600円］
◇居住と生活に関する意識調査　2　茂木豊編　田川　福岡県立大学人間社会学部公共社会学科　2013.3　1冊　30cm　（社会調査実習報告書　2012年度）Ⓝ377.9
◇高校生・受験生のための中堅大学活用術　宇田川拓雄編著　岡山　大学教育出版　2014.10　193p　21cm　①978-4-86429-276-4　Ⓝ377.21　［1800円］

◇高等教育における市民的責任感の育成　加野芳正, 葛城浩一編　東広島　広島大学高等教育研究開発センター　2014.3　95p　26cm　（高等教育研究叢書 125）〈文献あり〉①978-4-902808-84-1　Ⓝ377.21
◇子どもをひとり暮らしさせる！　親の本—大学生を支える物と部屋と心の準備　主婦の友社編, 上大岡トメ絵　主婦の友社　2014.1　191p　19cm　（主婦の友子育てBOOKS）〈文献あり〉①978-4-07-293255-1　Ⓝ377.9　［1300円］
◇災害ボランティア経験が持つ大学生への教育効果　小林功英編　東広島　広島大学高等教育研究開発センター　2014.3　93p　26cm　（高等教育研究叢書 126）〈文献あり〉①978-4-902808-85-8　Ⓝ369.31
◇「さんしゃ調査2012」実施報告書—立命館大学産業社会学部生の意識と行動に関する量的調査　［京都］　立命館大学産業社会学部社会調査士課程第15期SDクラス　2013.3　197p　30cm　Ⓝ377.9
◇「社会調査実習」研究報告書　2012年度　大学生の友人関係・自己・ライフスタイル　ノートルダム清心女子大学文学部現代社会学科2012年度「社会調査実習」履修生編著　岡山　ノートルダム清心女子大学文学部現代社会学科　2013.4　117, 12p　30cm　Ⓝ361.91
◇「社会調査実習」成果報告書　2012年度　文理学部生のメディア利用とライフスタイル調査　日本大学文理学部社会学科社会調査士コース「社会調査実習」（担当教員中瀬剛丸）編　［東京］　日本大学文理学部社会学科社会調査士コース「社会調査実習」　2013.2　144p　30cm〈発行所：日本大学文理学部社会学科〉Ⓝ361.91
◇社会調査実習報告書　2012年度　関西大学社会学部社会調査実習準備室編　吹田　関西大学社会学部社会調査実習準備室　2013.3　5, 173p　26cm　Ⓝ361.91
◇社会調査実習報告書　平成24年度　［東京］　昭和女子大学人間社会学部　2013.3　105p　30cm　Ⓝ361.91
◇社会調査実習報告書—社会調査実習Ⅰb, Ⅱb　平成24年度　［東京］　昭和女子大学人間社会学部　2013.3　144, 12p　30cm　Ⓝ361.91
◇社会調査実習論文集　2012年度　［東京］　明治大学情報コミュニケーション学部　2013.3　279p　30cm〈文献あり〉Ⓝ361.91
◇社会的就労支援事業のあり方に関する調査・研究事業　高槻　北摂杉の子会　2013.3　68枚　30cm〈平成24年度セーフティネット支援対策等事業（社会福祉推進事業分）ルーズリーフ〉Ⓝ366.28
◇就活難民にならないための大学生活30のルール　常見陽平著　最新版　主婦の友社　2014.4　191p　19cm　①978-4-07-291196-9　Ⓝ377.9　［1000円］
◇政経の歩き方—新入生へ贈る　2014　［東京］　明治大学政治経済学部『政経の歩き方』編集局　2014.3　169p　21cm〈折り込み 1枚〉Ⓝ377.9
◇青年の生活・価値観に関する調査—大学生を中心として　第2次　古垣光一編著　千葉　千葉県立保健医療大学健康科学部栄養学科古垣光一研究室　2014.3　220p　30cm〈執筆：雨宮有子ほか〉Ⓝ377.9
◇ゼミ入門—大学生の知的生活第一歩　野村一夫著　文化書房博文社　2014.12　160p　21cm〈文献あり　索引あり〉①978-4-8301-1261-4　Ⓝ377.9　［1400円］
◇大学選びより100倍大切なこと　筒井美紀著　ジャパンマシニスト社　2014.3　191p　18cm　①978-4-88049-199-8　Ⓝ377.9　［1200円］
◇大学新入生ハンドブック—大学生活これだけは知っておきたい！　世界思想社編集部編　京都　世界思想社　2014.11　62p　21cm　①978-4-7907-1641-6　Ⓝ377.9　［520円］
◇大学生が狙われる50の危険　三菱総合研究所, 全国大学生活協同組合連合会, 全国大学生協共済生活協同組合連合会著　最新対応版　青春出版社　2014.2　220p　18cm　（青春新書PLAY BOOKS P-1008）〈初版のタイトル：大学生がダマされる50の危険〉①978-4-413-21008-9　Ⓝ377.9　［926円］
◇大学生になるってどういうこと？—学習・生活・キャリア形成　植上一希, 寺崎里水, 藤野真希著　大月書店　2014.4　185p　21cm　（大学生の学びをつくる）①978-4-272-41231-0　Ⓝ377.9　［1700円］
◇大学生の学習テクニック　森靖雄著　第3版　大月書店　2014.12　262p　21cm　（大学生の学びをつくる）〈文献あり　索引あり〉①978-4-272-41234-1　Ⓝ377.9　［1800円］
◇大学生の環境意識と環境行動　萱原隆文, 辻野達也, 中木原真紀, 松本望友紀, 木村拓也［著］　［出版地不明］　［木村拓也］　2013.1　76p　30cm〈科目担当責任者：木村拓也〉Ⓝ519.07

611

日本（学生—歴史—平成時代）

◇大学生の結婚観・将来像に関する調査研究　中村晋介編　田川　福岡県立大学人間社会学部公共社会学科　2013.3　88枚　30cm　（社会調査実習報告書 2012年度）〈文献あり〉Ⓝ367.4

◇大学生文化研究　2012年　［東京］　大正大学人間学部人間科学科テーマ研究A　2013.3　87, 14p　30cm　Ⓝ377.9

◇大二病—「評価」から逃げる若者たち　難波功士著　双葉社　2014.7　270p　18cm　（双葉新書 094）①978-4-575-15445-0　Ⓝ377.9　［830円］

◇調査研究演習「報告書」—Aクラス：社会学部生の生活意識と行動調査　京都　佛教大学社会学部　2013.3　322p　30cm　（佛教大学社会学部社会調査実習 2012年度）Ⓝ377.9

◇調査研究演習「報告書」—Bクラス：社会学部生の生活意識と行動調査　京都　佛教大学社会学部　2013.3　177p　30cm　（佛教大学社会学部社会調査実習 2012年度）Ⓝ377.9

◇調査研究演習「報告書」—Cクラス：社会学部生の生活意識と行動調査　京都　佛教大学社会学部　2013.3　222p　30cm　（佛教大学社会学部社会調査実習 2012年度）Ⓝ377.9

◇Ⅱ部社会調査および実習(1)調査報告書　2012年度　東洋大学社会学部社会調査室編　東洋大学社会学部社会調査室　2013.3　1冊　30cm〈奥付のタイトル：「社会調査および実習」Ⅱ-(1)調査報告書　担当教員：永房典之〉Ⓝ361.91

◇Ⅱ部社会調査および実習(4)調査報告書　2012年度　東洋大学社会学部社会調査室編　東洋大学社会学部社会調査室　2013.2　147p　30cm〈奥付のタイトル：「Ⅱ部社会調査及び実習」(4)調査報告書　担当教員：西澤晃彦〉Ⓝ361.91

◇日本聴覚障害学生高等教育支援シンポジウム　第9回　［つくば］　第9回日本聴覚障害学生高等教育支援シンポジウム実行委員会　2013.12　132p　30cm〈会期・会場：2013年12月8日　群馬大学荒牧キャンパス〉Ⓝ377.9

◇日本聴覚障害学生高等教育支援シンポジウム　第10回　［つくば］　第10回日本聴覚障害学生高等教育支援シンポジウム実行委員会　2014.11　116p　30cm〈会期・会場：2014年11月9日　つくば国際会議場〉Ⓝ377.9

◇日本聴覚障害学生高等教育支援シンポジウム報告書　第9回つくば　日本聴覚障害学生高等教育支援ネットワーク事務局　[2013]　76p　30cm〈会期・会場：2013年12月8日　群馬大学荒牧キャンパス〉Ⓝ377.9

◇東日本大震災における学生ボランティア活動の実践事例研究—いわてGinga-Netの福祉的支援活動を通して：報告書　東日本大震災における学生ボランティア活動の実践事例研究調査委員会編　札幌　Facilitator Fellows　2013.3　149p　30cm〈平成24年度セーフティネット支援対策等事業費補助金社会福祉推進事業　共同刊行：いわてGinga-Net〉Ⓝ369.31

◇フレッシュマンセミナーテキスト一大学新入生のための学び方ワークブック　初年次教育テキスト編集委員会編　第2版　東京電機大学出版局　2014.4　132,40p　26cm〈文献あり　索引あり〉①978-4-501-62850-5　Ⓝ377.9　［2000円］

◇北大元気プロジェクト2013実施報告書　札幌　北海道大学学務部学生支援課学生支援企画担当　[2014]　48p　30cm　Ⓝ377.9

◇宮台教授の就活原論　宮台真司著　筑摩書房　2014.9　314p　15cm　（ちくま文庫 み18-7）〈太田出版 2011年刊の再刊〉①978-4-480-43208-7　Ⓝ377.9　［780円］

◇桃山学院大学社会学部2012年度社会調査演習報告書—大学生の恋愛と友人関係に関する社会学的研究　桃山学院大学社会学部社会学科編　和泉　桃山学院大学社会学部社会学科　2013.3　174p　30cm〈背のタイトル：2012年度社会調査演習報告書　担当教員：岩田考〉Ⓝ361.4

◇ようこそ建築学科へ！—建築的・学生生活のススメ　五十嵐太郎監修、松田達, 南泰裕, 倉方俊輔, 北川啓介編著　京都　学芸出版社　2014.4　212p　19cm　①978-4-7615-1336-8　Ⓝ377.9　［1800円］

◇流通経済大生に対する東日本大震災に関する実態および意識調査報告書　流通経済大学社会学部八田社会調査実習編　龍ケ崎　流通経済大学社会学部八田研究室　2013.2　97p　30cm　Ⓝ369.31

◇量的社会調査実習報告書　2012年度　大学生の日常生活に関する調査　鈴木靖子, 石川ちなつ編　成城大学文芸学部社会調査士資格課程運営委員会　2013.3　49p　30cm　Ⓝ361.91

◇60歳からの出発—大学生そしてJICAシニアボランティア　宇野博編著　岸和田　宇野博　2014.7　104p　26cm〈内容：大学生生活(2008.4-2012.3)　JICA日系社会シニアボランティア(2012.4-2014.7)〉Ⓝ367.7

◇私たちの進路形成意識と価値観—母親の影響力を手がかりとして　［川崎］　日本女子大学人間社会学部教育学科　2013.3　91p　30cm　（わたしたちの内面シリーズ 9）Ⓝ377.9

日本（学生—歴史—平成時代）
◇不透明社会の中の若者たち—大学生調査25年から見る過去・現在・未来　片桐新自著　吹田　関西大学出版部　2014.7　266p　21cm〈文献あり　年表あり〉①978-4-87354-585-1　Ⓝ377.9　［2000円］

日本（学生運動—歴史—1945～）
◇言っておきたいことがある—大学闘争45周年記念フォーラム報告集　前田浩志責任編集, 大学闘争45周年記念フォーラム報告集作成小委員会編　［東京］　大学闘争45周年記念フォーラム報告集作成小委員会　2014.7　66p　26cm〈文献あり　執筆：太郎良譲二ほか〉Ⓝ377.96　［700円］

日本（学生運動—歴史—昭和後期）
◇外濠の青春—法大「マル研」と安保闘争の仲間たち　三階泰子, 寺脇洋子編　桐朋社　2014.11　285p　19cm　①978-4-87647-846-0　Ⓝ377.96　［1600円］

◇忘れざる日々（とき）　国立　日大闘争を記録する会　2013.9　203p　21cm　（日大闘争の記録 vol. 4）〈年譜あり〉①978-4-9907319-1-5　Ⓝ377.96　［1000円］

◇忘れざる日々（とき）　国立　日大闘争を記録する会　2014.9　175p　21cm　（日大闘争の記録 vol. 5）①978-4-9907319-2-2　Ⓝ377.96　［1000円］

日本（学生運動—歴史—昭和前期）
◇十五年戦争期の京大学生運動—戦争とファシズムに抵抗した青春　岩井忠熊著　京都　文理閣　2014.11　163p　20cm　①978-4-89259-746-6　Ⓝ377.96　［2000円］

日本（確定拠出年金）
◇確定拠出年金最良の運用術—自分でやさしく殖やせる　岡本和久著　日本実業出版社　2014.6　234p　19cm　①978-4-534-05188-2　Ⓝ366.46　［1500円］

◇確定拠出年金ベストアンサー100　みずほ銀行年金営業部編　きんざい　2014.10　312p　21cm〈索引あり〉①978-4-322-12611-2　Ⓝ366.46　［1600円］

日本（確定拠出年金—法令）
◇確定給付企業年金確定拠出年金法令通達集　平成26年版　法研　2014.6　1154p　21cm　Ⓝ366.46　［7000円］

◇確定拠出年金関連法令条文集　2014年度版　日本確定拠出年金コンサルティング株式会社監修, きんざいファイナンシャル・プランナーズ・センター編　きんざい　2014.9　182p　26cm　（FPセレクション）①978-4-322-12484-2　Ⓝ366.46　［1800円］

日本（学童保育）
◇保育サービス企業の経営実態総覧—保育所(園)・学童保育所・幼児教室　2014　綜合ユニコム　2014.7　114p　30cm　①978-4-88150-603-5　Ⓝ369.42　［60000円］

◇よくわかる子ども・子育て新制度　2　学童保育〈放課後児童健全育成事業〉　保育行財政研究会編　京都　かもがわ出版　2014.7　64p　21cm　（かもがわブックレット 197）①978-4-7803-0708-5　Ⓝ369.4　［600円］

日本（火災）
◇火災報告取扱要領のてびき　調査実務研究会編著　東京法令出版　2014.10　195p　26cm　①978-4-8090-2386-6　Ⓝ317.79　［1700円］

日本（火災予防）
◇火災予防違反処理の基礎　関東一著　新訂第2版　近代消防社　2014.9　419p　21cm〈索引あり　改正違反処理基準対応・違反処理関係裁判例登載版〉①978-4-421-00859-3　Ⓝ317.79　［2480円］

◇高齢者が生活する空間における火災安全対策のあり方に関する調査研究事業　［東京］　日本火災学会　2014.3　178, 148p　30cm〈平成25年度老人保健健康増進等事業（老人保健事業推進費等補助金）第2-29高齢者向け住まいにおける防災対策のあり方に関する調査研究事業〉Ⓝ369.263

◇査察マスター—チェックポイント付き　消防道研究会編著　6訂版　東京法令出版　2014.12　405p　26cm　①978-4-8090-2385-9　Ⓝ317.79　［2900円］

◇消防計画の作成　東京消防庁監修　第14版　東京防災救急協会　2014.4　430p　30cm　Ⓝ317.79　［1400円］

◇有床診療所・病院火災対策報告書　［東京］　有床診療所・病院火災対策検討部会　2014.7　85p　30cm　Ⓝ498.163

日本（火災予防—法令）
◇防火管理六法　消防法規研究会編　平成25年新版　東京法令出版　2013.3　1冊　21cm〈平成25年2月1日現在〉Ⓝ317.79　［1800円］

日本件名図書目録2014　Ⅰ　　　　　　　　　　　　　　　　　　　　　　　　　　　　　　　　　　　　　　　日本（歌手）

日本（菓子―便覧）

◇地域食材大百科　第14巻　菓子類, あん, ジャム・マーマレード　農山漁村文化協会編　農山漁村文化協会　2014.3　386p　27cm〈索引あり〉①978-4-540-11216-4 Ⓝ498.52　［11000円］

日本（貸金業）

◇路地裏拝金エレジー―『闇金ウシジマくん』モデルが語る　トキタセイジ著　蒼竜社　2014.10　207p　19cm　①978-4-88386-433-1 Ⓝ338.77　［1100円］

◇ワルの生き方　夏原武著　宝島社　2014.9　191p　19cm　①978-4-8002-3017-1 Ⓝ368.51　［1100円］

日本（貸金業―法令）

◇過払金返還請求訴訟―実務裁判例　輿石武裕著　日本加除出版　2014.6　187p　26cm〈索引あり〉①978-4-8178-4164-3 Ⓝ338.77　［2500円］

◇Q&A過払金返還請求の手引―サラ金からの簡易・迅速な回収をめざして　名古屋消費者信用問題研究会編　第5版　民事法研究会　2014.10　399p　21cm　①978-4-89628-973-2 Ⓝ338.77　［4300円］

日本（家事審判）

◇家事事件の法務・税務・登記　池田秀敏編著, 篠連, 舘彰男, 原口昌之著　名古屋　新日本法規出版　2014.8　430p　21cm〈文献あり　索引あり〉①978-4-7882-7906-3 Ⓝ327.4　［4700円］

◇「子どもの引渡し」の法律と実務　石田文三監修, 大江千佳, 大田口宏, 小島幸保, 渋谷元宏, 檜山洋子著　3訂版　清文社　2014.2　372p　21cm〈文献あり　索引あり〉①978-4-433-55273-2 Ⓝ327.4　［2600円］

◇相続登記の全実務―相続・遺贈と家事審判・調停　田口真一郎, 黒川龍著　新版　清文社　2014.8　377p　21cm〈索引あり〉①978-4-433-55324-1 Ⓝ324.7　［3000円］

日本（家事審判―書式）

◇家事事件手続書式体系　1　梶村太市, 石田賢一, 石井久美子編　青林書院　2014.8　649p　21cm〈索引あり〉①978-4-417-01629-8 Ⓝ327.4　［6000円］

◇家事事件手続書式体系　2　梶村太市, 石田賢一, 石井久美子編　青林書院　2014.8　752p　21cm〈索引あり〉①978-4-417-01630-4 Ⓝ327.4　［7000円］

◇家事事件手続モデル書式・文例集　家事事件手続研究会編　名古屋　新日本法規出版　2013.5-　冊（加除式）27cm　Ⓝ327.4

◇家事事件の全容と申立書等記載例集―別表第一・第二対応　坂野征四郎, 冨永忠祐編著　三協法規出版　2014.4　488p　21cm（東弁協叢書）①978-4-88260-264-4 Ⓝ327.4　［5100円］

◇書式家事事件の実務―審判・調停から保全・執行までの書式と理論　二田伸一郎, 小磯治著　全訂10版　民事法研究会　2014.10　563p　21cm（裁判事務手続講座　第3巻）〈索引あり〉①978-4-89628-972-5 Ⓝ327.4　［5200円］

日本（家事調停）

◇家事事件の法務・税務・登記　池田秀敏編著, 篠連, 舘彰男, 原口昌之著　名古屋　新日本法規出版　2014.8　430p　21cm〈文献あり　索引あり〉①978-4-7882-7906-3 Ⓝ327.4　［4700円］

◇家事調停の実務　紙子達子, 野本俊輔, 羽成守編　青林書院　2014.10　591p　21cm〈索引あり〉①978-4-417-01633-5 Ⓝ327.4　［5000円］

◇家事紛争解決プログラムの概要―家事調停の理論と技法　和田仁孝, 大塚正之編著　司法協会　2014.10　206p　26cm〈文献あり〉①978-4-906929-35-1 Ⓝ327.5　［1800円］

◇有利に解決！離婚調停―こじれた話合いもスッキリとうまくいく！　有吉春代監修, 飯野たから著　自由国民社　2014.1　239p　19cm〈新しい家事事件手続法に対応〉①978-4-426-11751-1 Ⓝ324.62　［1400円］

日本（家事調停―書式）

◇家事事件手続書式体系　1　梶村太市, 石田賢一, 石井久美子編　青林書院　2014.8　649p　21cm〈索引あり〉①978-4-417-01629-8 Ⓝ327.4　［6000円］

◇家事事件手続書式体系　2　梶村太市, 石田賢一, 石井久美子編　青林書院　2014.8　752p　21cm〈索引あり〉①978-4-417-01630-4 Ⓝ327.4　［7000円］

◇家事事件手続モデル書式・文例集　家事事件手続研究会編　名古屋　新日本法規出版　2013.5-　冊（加除式）27cm　Ⓝ327.4

◇書式家事事件の実務―審判・調停から保全・執行までの書式と理論　二田伸一郎, 小磯治著　全訂10版　民事法研究会　2014.10　563p　21cm（裁判事務手続講座　第3巻）〈索引あり〉①978-4-89628-972-5 Ⓝ327.4　［5200円］

日本（果実）

◇くらしのくだもの12か月―銀座千疋屋監修　銀座千疋屋監修　朝日新聞出版　2014.6　151p　21cm〈文献あり〉①978-4-02-251185-0 Ⓝ626.021　［1500円］

◇群馬直美の木の葉と木の実の美術館　群馬直美絵・文　世界文化社　2014.10　159p　23cm〈「木の葉の美術館」（1998年刊）と「木の実の宝石箱」（2002年刊）の改題, 合本〉①978-4-418-14235-4 Ⓝ653.21　［2200円］

◇拾って探そう落ち葉とドングリ松ぼっくり　平野隆久写真, 片桐啓子文　山と溪谷社　2014.2　175p　26cm〈索引あり「拾って楽しむ紅葉と落ち葉」（2001年刊）と「探して楽しむドングリと松ぼっくり」（2001年刊）の合本〉①978-4-635-06327-2 Ⓝ653.21　［2200円］

◇野菜・果物の消費行動に関する調査結果　2014年調査　JC総研編　JC総研　2014.11　40p　30cm Ⓝ626.021

日本（カジノ）

◇カジノミクス―2020年、日本が変わる！日本を変える！　佐々木一彰, 岡部智著　小学館　2014.10　203p　18cm（小学館新書　224）〈文献あり〉①978-4-09-825224-4 Ⓝ673.94　［720円］

◇カジノは日本を救うのか？　苫米地英人著　サイゾー　2014.11　199p　19cm　①978-4-904209-56-1 Ⓝ673.94　［1300円］

◇徹底批判!!カジノ賭博合法化―国民を食い物にする「カジノビジネス」の正体　全国カジノ賭博場設置反対連絡協議会編, 吉田哲也, 鳥畑与一, 吉田精次, 寺田麗子著　合同出版　2014.8　86p　21cm〈内容：カジノ推進法案の問題点（吉田哲也著）カジノはほんとうに経済的効果をもたらすのか？（鳥畑与一著）ギャンブル依存症という重篤な病（吉田精次著）韓国・マカオ、カジノの街から見えること（寺田麗子著）〉①978-4-7726-1215-9 Ⓝ673.94　［1200円］

◇日本版統合型リゾート（IR）に関する意識調査レポート―調査結果報告書　日経BP社　2014.10　322p　31cm〈ルーズリーフ〉①978-4-8222-0668-0 Ⓝ673.94

日本（貸家―書式）

◇居住用建物賃貸借契約の書式と実務　立川・及川法律事務所編　学陽書房　2014.10　322p　21cm　①978-4-313-31389-7 Ⓝ324.81　［3800円］

◇証書の作成と文例　借地借家関係法　日本公証人連合会編著　新版　改訂版　立花書房　2014.9　265p　21cm　①978-4-8037-2616-9 Ⓝ327.15　［2200円］

日本（貸家―判例）

◇建物賃貸借―建物賃貸借に関する法律と判例　渡辺晋著　大成出版社　2014.10　899p　22cm〈文献あり　索引あり〉①978-4-8028-3172-7 Ⓝ324.81　［9000円］

◇建物利用と判例―判例から読み取る調査上の留意点　黒沢泰著　プログレス　2013.12　508p　21cm〈索引あり〉①978-4-905366-27-0 Ⓝ324.81　［4400円］

日本（貸家―法令）

◇賃貸住居の法律Q&A―困ったとき　小林芳郎, 田中紘三, 村田裕勝監修, 東京弁護士会易水会編著　5訂版　住宅新報社　2014.4　343p　21cm　①978-4-7892-3650-8 Ⓝ324.81　［2300円］

◇賃貸住宅管理の法的課題　2　迷惑行為・自殺・サブリース　太田秀也著　大成出版社　2014.3　281p　21cm　①978-4-8028-3157-4 Ⓝ324.81　［3600円］

日本（歌手）

◇IDOL AND READ―読むアイドルマガジン　シンコーミュージック・エンタテイメント　2014.4　224p　21cm〈内容：ブー・ルイ（ブー・ルイ述）古川未鈴（古川未鈴述）増井みお（増井みお述）天野なつ（天野なつ述）岡本真依（岡本真依述）仙石みなみ（仙石みなみ述）朝倉みずほ（朝倉みずほ述）門田茉優（門田茉優述）ももび（ももび述）桜のどか（桜のどか述）〉①978-4-401-77125-7 Ⓝ767.8　［1200円］

◇IDOL AND READ―読むアイドルマガジン　002　シンコーミュージック・エンタテイメント　2014.12　224p　21cm〈内容：夢眠ねむ（夢眠ねむ述）根岸愛（根岸愛述）ヒラノノゾミ（ヒラノノゾミ述）古川小夏（古川小夏述）宇佐美萌（宇佐美萌述）あの（あの述）菊原結里亜（菊原結里亜述）Nao☆（Nao☆述）コショージメグミ（コショージメグミ述）大森靖子（大森靖子述）〉①978-4-401-77130-1 Ⓝ767.8　［1200円］

◇アイドル国富論―聖子・明菜の時代からAKB・ももクロ時代までを解く　境真良著　東洋経済新報社　2014.10　255p　19cm〈文献あり〉①978-4-492-39607-0 Ⓝ767.8　［1500円］

日本（果樹栽培）

◇「アイドル」の読み方―混乱する「語り」を問う　香月孝史著　青弓社　2014.3　211p　19cm　（青弓社ライブラリー 81）Ⓘ978-4-7872-3372-1　Ⓝ767.8　[1600円]

◇活字アイドル論―アイドルとは物語の「発見」と「連鎖」である　小島和宏著　白夜書房　2013.12　223p　18cm　Ⓘ978-4-86494-014-6　Ⓝ767.8　[952円]

◇14歳　3　佐々木美夏著　エムオン・エンタテインメント　2014.9　191p　19cm　〈内容：宮藤官九郎（宮藤官九郎述）リンダdada（リンダdada述）宇多丸（宇多丸述）りょーめー（りょーめー述）田中和将（田中将述）TAKUMA（TAKUMA述）山口一郎（山口一郎述）大森靖子（大森靖子述）木下理樹（木下理樹述）イノウエアツシ（イノウエアツシ述）後藤まりこ（後藤まりこ述）甲本ヒロト（甲本ヒロト述）〉Ⓘ978-4-7897-3628-2　Ⓝ767.8　[1600円]

◇ゼロからでも始められるアイドル運営―楽曲制作からライブ物販まで素人でもできる！　大坪ケムタ，田家大知著　コアマガジン　2014.6　190p　18cm　（コア新書 005）Ⓘ978-4-86436-659-5　Ⓝ767.8　[787円]

◇「誰にも書けない」アイドル論　クリス松村著　小学館　2014.8　253p　18cm　（小学館新書 213）〈文献あり〉Ⓘ978-4-09-825213-8　Ⓝ767.8　[740円]

◇WHAT's SMA？―ソニー・ミュージックアーティスツ40周年記念スペシャル・ブック　エムオン・エンタテインメント　2014.4　96p　30cm　〈作品目録あり　年譜あり　セブン限定〉Ⓘ978-4-7897-3622-0　Ⓝ767.8　[1300円]

◇まーちゃんくどぅーのハロプロ先輩探訪団　佐藤優樹，工藤遥取材　竹書房　2014.10　295p　図版16p　19cm　〈内容：真野恵里菜先輩（真野恵里菜述）菅谷梨沙子先輩（菅谷梨沙子述）嗣永桃子先輩（嗣永桃子述）岡井千聖先輩（岡井千聖述）夏焼雅先輩（夏焼雅述）和田彩花先輩（和田彩花述）熊井友理奈先輩（熊井友理奈述）福田花音先輩（福田花音述）矢島舞美先輩（矢島舞美述）徳永千奈美先輩（徳永千奈美述）須藤茉麻先輩（須藤茉麻述）萩原舞先輩（萩原舞述）中島早貴先輩（中島早貴述）清水佐紀先輩（清水佐紀述）鈴木愛理先輩（鈴木愛理述）YOSHIKO先生（YOSHIKO述）新垣里沙先輩（新垣里沙述）道重さゆみ先輩（道重さゆみ述）〉Ⓘ978-4-8019-0026-4　Ⓝ767.8　[1300円]

日本（果樹栽培）

◇果樹生産出荷統計　平成24年産　農林水産省大臣官房統計部/編　農林統計協会　2014.2　62p　30cm　Ⓘ978-4-541-03964-4　[1400円]

◇最新農業技術果樹　vol.7　ブドウ'シャインマスカット'と熱帯特産果樹　農山漁村文化協会編　農山漁村文化協会　2014.7　319p　26cm　Ⓘ978-4-540-14159-1　Ⓝ625　[6000円]

日本（ガス事業）

◇最新電力・ガス業界の動向とカラクリがよ〜くわかる本―業界人、就職、転職に役立つ情報満載　本橋恵一著　第3版　秀和システム　2014.11　247p　21cm　（図解入門業界研究）〈文献あり　索引あり〉Ⓘ978-4-7980-4207-7　Ⓝ540.921　[1500円]

◇電力・ガス・エネルギーサービス市場戦略総調査　2014　電力・ガス自由化市場編　東京マーケティング本部第二統括部第四部調査・編集　富士経済　2013.10　343p　30cm　Ⓘ978-4-8349-1658-4　Ⓝ540.921　[97000円]

◇電力・ガス・エネルギーサービス市場戦略総調査　2014　エネルギーソリューション編　東京マーケティング本部第二統括部第四部調査・編集　富士経済　2013.12　272p　30cm　Ⓘ978-4-8349-1659-1　Ⓝ540.921　[97000円]

◇私たちの都市ガス―一人でも学べるガスの基礎知識　6次改訂　日本ガス協会　2014.3　215p　30cm　Ⓝ575.34　[900円]

日本（ガス事業―法令）

◇ガス事業関係法令テキスト　平成26年版　日本ガス協会　2014.5　61, 166p　30cm　〈付・ガス事業関係法令〉Ⓝ575.34　[1500円]

日本（ガスタービン―特許）

◇特許情報分析（パテントマップ）から見たガスタービンに関する技術開発実態分析調査報告書　インパテック株式会社編　パテントテック社　2013.2　249p　30cm　〈タイトルは標題紙による〉Ⓘ978-4-86483-183-3　Ⓝ533.46　[58800円]

日本（家政教育―歴史―昭和後期）

◇高度経済成長期における家事労働者形成過程の再検討―家政学的知と実践の社会学的研究に向けて　増田仁著　風間書房　2014.3　175p　22cm　〈文献あり〉Ⓘ978-4-7599-2040-6　Ⓝ590.21　[5500円]

日本（河川）

◇河川文化―河川文化を語る会講演集　その41　日本河川協会　2014.3　244p　19cm　〈内容：平成16年の豪雨災害後に講じた対策と平成23年豪雨における成果（久住時男述）日本の防災の課題と展望（関克己述）入口遊び de 出口は文化（須知裕曠述）描かれた淀川（大澤研一述）〉Ⓝ517.21　[1200円]

◇奇跡の川―天の川プロジェクト　原野芳弘，今西富幸，天の川プロジェクト編　大阪　澪標　2014.7　127p　19cm　Ⓘ978-4-86078-278-8　Ⓝ517　[1500円]

◇水質管理指標に係る水質調査業務―報告書　平成26年度　［東京］　材料科学技術振興財団　2014.11　207, 11p　31cm　〈ルーズリーフ〉Ⓝ519.4

◇水質管理指標に係る類型指定調査（水質調査）業務報告書　平成25年度　［東京］　いであ　2014.3　1冊　30cm　Ⓝ519.4

◇水辺と人の環境学　上　川の誕生　小倉紀雄，竹村公太郎，谷田一三，松田芳夫編　朝倉書店　2014.1　143p　26cm　〈索引あり〉Ⓘ978-4-254-18041-1,978-4-254-18538-6（set）Ⓝ517.21　[3500円]

◇水辺と人の環境学　中　人々の生活と水辺　小倉紀雄，竹村公太郎，谷田一三，松田芳夫編　朝倉書店　2014.1　142p　26cm　〈索引あり〉Ⓘ978-4-254-18042-8,978-4-254-18538-6（set）Ⓝ517.21　[3500円]

◇水辺と人の環境学　下　川から海へ　小倉紀雄，竹村公太郎，谷田一三，松田芳夫編　朝倉書店　2014.1　158p　26cm　〈索引あり〉Ⓘ978-4-254-18043-5,978-4-254-18538-6（set）Ⓝ517.21　[3500円]

◇もっと知りたい川のはなし　末次忠司著　鹿島出版会　2014.6　157p　19cm　Ⓘ978-4-306-09435-2　Ⓝ517.21　[1800円]

日本（河川―法令）

◇河川六法　平成26年版　河川法研究会編集　大成出版社　2014.2　2734p　19cm　〈索引あり〉Ⓘ978-4-8028-3135-2　Ⓝ517.091　[7200円]

日本（河川汚濁）

◇海・川・湖の放射能汚染　湯浅一郎著　緑風出版　2014.7　232p　22cm　Ⓘ978-4-8461-1410-7　Ⓝ519.4　[2800円]

◇水生・底生生物を用いた総毒性試験と毒性同定による生活関連物質評価・管理手法の開発　平成22年度―平成24年度　徳島大学，京都大学，千葉工業大学［著］　［東京］　環境省総合環境政策局総務課環境研究技術室　2013.5　77p　30cm　（環境省環境研究総合推進費終了研究等成果報告書）〈共同刊行：環境省環境保健部環境安全課環境リスク評価室ほか〉Ⓝ519.4

日本（家族）

◇介護ライフスタイルの社会学　春日井典子著　新版　京都　世界思想社　2014.10　264p　19cm　（SEKAISHISO SEMINAR）〈文献あり〉Ⓘ978-4-7907-1638-9　Ⓝ369.261　[2100円]

◇家族内ドロボー―相続でバレる大問題　長谷川裕雅著　光文社　2014.11　218p　18cm　（光文社新書 727）Ⓘ978-4-334-03830-4　Ⓝ326　[740円]

◇「家族」難民―生涯未婚率25%社会の衝撃　山田昌弘著　朝日新聞出版　2014.1　214p　20cm　〈文献あり〉Ⓘ978-4-02-331261-6　Ⓝ367.4　[1600円]

◇家族はなぜうまくいかないのか―論理的思考で考える　中島隆信［著］　祥伝社　2014.12　267p　18cm　（祥伝社新書 396）〈文献あり〉Ⓘ978-4-396-11396-4　Ⓝ367.3　[820円]

◇少子化時代の「良妻賢母」―変容する現代日本の女性と家族　スーザン・D・ハロウェイ著，高橋登，清水民子，瓜生淑子訳　新曜社　2014.7　340,36p　19cm　〈索引あり〉Ⓘ978-4-7885-1394-5　Ⓝ367.21　[3700円]

◇女性と家族　昭和女子大学女性文化研究所編　御茶の水書房　2014.2　278p　22cm　（昭和女子大学女性文化研究叢書 第9集）〈内容：日本の家族政策（坂東眞理子著）ジェンダー統計視点からみる日本の家族農業経営の現状と国連「二〇一四国際家族農業年」（粕谷美un子著）女性と食育（石井幸江著）生活の社会化の進展と家族・個人の生活福祉経営能力（伊藤純著）崩壊する子育て家庭（髙橋久雄著）心理アセスメントと女性と家族：こころの援助を通じて（岩瀧大樹，山崎洋史著）住まいから見える女性と家族（竹田喜美子著）藤原摂関家の家族意識（久下裕利著）嫁がない〈娘〉の生涯と歌（高橋美織著）初期少女小説に描かれた〈家族〉（福田委千代著）瓜生イワの社会福祉事業をめぐる一試論（遠藤由紀子著）〉Ⓘ978-4-275-01063-6　Ⓝ367.21　[4600円]

◇全国家族調査パネルスタディ（NFRJ-08panel）報告書　日本家族社会学会全国家族調査委員会　2014.3　281p　30cm　〈文献あり〉Ⓝ361.63

◇団塊JJの3世代消費―調査報告書2014年6月　日本経済新聞社産業地域研究所編集　日本経済新聞社産業地域研究所　2014.6　203p　30cm　〈日本経済新聞出版社（発売）〉Ⓘ978-4-532-63601-2　Ⓝ675.2　[8000円]

◇平成家族考─家族を見続けるFPICからの提言　家庭問題情報センター編著　司法協会　2014.6　290p　21cm　Ⓘ978-4-906929-31-3　Ⓝ367.3　[1500円]

◇リスク社会のライフデザイン─変わりゆく家族をみすえて　宮本みち子,岩上真珠編著　放送大学教育振興会　2014.3　280p　21cm　（放送大学教材）〔Ⓟ［NHK出版（発売）］　索引あり〕　Ⓘ978-4-595-31477-3　Ⓝ367.3　[2500円]

日本（家族─歴史─平成時代）

◇データで読む平成期の家族問題─四半世紀で昭和とどう変わったか　湯沢雍彦著　朝日新聞出版　2014.10　252p　19cm　（朝日選書 926）〈年表あり〉978-4-02-263026-1　Ⓝ367.3　[1400円]

日本（家族─歴史─明治時代）

◇福澤諭吉とフリーラヴ　西澤直子著　慶應義塾大学出版会　2014.11　260,8p　20cm　〈文献あり　索引あり〉978-4-7664-2116-3　Ⓝ121.6　[2800円]

日本（家族計画）

◇周産期医師・不妊患者・小児科医師・児童福祉アンケート調査　日比野由利編著　金沢　日比野由利　2014.3　193p　30cm　（生殖テクノロジーとヘルスケアを考える研究会 報告書 4）〈文献あり〉Ⓝ498.2

日本（家族制度）

◇家父長制とジェンダー　水田宗子編　城西大学出版会　2014.2　339p　19cm　（水田宗子対談・鼎談・シンポジウム集 1）Ⓘ978-4-907630-01-0　Ⓝ367.21　[2500円]

日本（家族制度─歴史）

◇「家」を読む　米村千代著　弘文堂　2014.11　220p　19cm　〈文献あり〉978-4-335-55166-6　Ⓝ361.63　[1800円]

日本（家族制度─歴史─古代）

◇婚姻と教育　高橋秀樹編　竹林舎　2014.9　453p　22cm　（生活と文化の歴史学 4）〈内容：婚姻の諸相　深窓の貴女の成立（栗原弘著）　女性の再婚（高橋由記著）　入内・入宮儀礼に関する一考察（山田彩起子著）　鎌倉時代の婚姻形態（辻垣晃一著）　室町・戦国時代の婚姻（後藤みち子著）　親子・親族の諸相　孝養からみた古代の親子関係（岩田真由子著）　摂関家の外藩（栗山圭子著）　『平家物語』の親子（平藤幸著）　家督と惣領（田中大喜著）　中世後期の寺庵と村社会（坂本亮太著）　「家」研究の現在（高橋秀樹著）　教育の諸相　律令国家の教育と帰化人（渡来人）（丸山裕美子著）　王朝社会における貴族と舞（豊永聡美著）　儒者の家における家説の伝授（仁木夏実著）　権門寺院の教育（横内裕人著）　戦国大名の教育・教養（真鍋淳哉著）　足利学校の論語講義と連歌師（川本慎自著）〉Ⓘ978-4-902084-24-5　Ⓝ361.63　[12000円]

日本（家族制度─歴史─中世）

◇婚姻と教育　高橋秀樹編　竹林舎　2014.9　453p　22cm　（生活と文化の歴史学 4）〈内容：婚姻の諸相　深窓の貴女の成立（栗原弘著）　女性の再婚（高橋由記著）　入内・入宮儀礼に関する一考察（山田彩起子著）　鎌倉時代の婚姻形態（辻垣晃一著）　室町・戦国時代の婚姻（後藤みち子著）　親子・親族の諸相　孝養からみた古代の親子関係（岩田真由子著）　摂関家の外藩（栗山圭子著）　『平家物語』の親子（平藤幸著）　家督と惣領（田中大喜著）　中世後期の寺庵と村社会（坂本亮太著）　「家」研究の現在（高橋秀樹著）　教育の諸相　律令国家の教育と帰化人（渡来人）（丸山裕美子著）　王朝社会における貴族と舞（豊永聡美著）　儒者の家における家説の伝授（仁木夏実著）　権門寺院の教育（横内裕人著）　戦国大名の教育・教養（真鍋淳哉著）　足利学校の論語講義と連歌師（川本慎自著）〉Ⓘ978-4-902084-24-5　Ⓝ361.63　[12000円]

◇日本中世の家と親族　高橋秀樹著　オンデマンド版　吉川弘文館　2013.10　313,8p　22cm　〈索引あり　印刷・製本：デジタルパブリッシングサービス〉Ⓘ978-4-642-04239-0　Ⓝ361.63　[12000円]

日本（家族法）

◇家族と法─比較家族法への招待　大村敦志著　左右社　2014.12　205p　19cm　（放送大学叢書 026）〈文献あり〉Ⓘ978-4-86528-116-3　Ⓝ324.6　[1800円]

◇知って得する！家族と法律─相続・遺言・戸籍・結婚・離婚　長橋晴男著,浅野則明監修　京都　クリエイツかもがわ　2014.10　206p　21cm　Ⓘ978-4-86342-146-2　Ⓝ324.6　[1500円]

◇プラクティカル家族法─判例・理論・実務　平田厚著　日本加除出版　2014.11　272p　21cm　〈索引あり〉Ⓘ978-4-8178-4200-8　Ⓝ324.6　[2500円]

◇プリメール民法　5　家族法　千藤洋三,床谷文雄,田中通裕,辻朗著　第3版　京都　法律文化社　2014.4　254p　21cm　（αブックス）〈文献あり　索引あり〉978-4-589-03595-0　Ⓝ324　[2500円]

◇よくわかる家族法　本澤巳代子,大杉麻美,高橋大輔,付月著　京都　ミネルヴァ書房　2014.10　226p　26cm　（やわらかアカデミズム・〈わかる〉シリーズ）〈索引あり〉Ⓘ978-4-623-07068-8　Ⓝ324.6　[2500円]

日本（過疎問題）

◇外部サポートによる過疎地域再生の可能性　過疎地域再生プロジェクト研究会編　豊橋　愛知大学中部地方産業研究所　2014.3　119p　30cm　〈代表：岩崎正弥〉978-4-901786-34-8　Ⓝ318.6

◇家族・集落・女性の底力─T型集落点検とライフヒストリーでみえる：限界集落論を超えて　徳野貞雄,柏尾珠紀著　農山漁村文化協会　2014.4　348p　20cm　（シリーズ地域の再生 11）〈内容：限界集落論から集落変容論へ（徳野貞雄著）「超限界集落」における集落の維持・存続（徳野貞雄著）　現代農山村分析のパラダイム転換（徳野貞雄著）　南西諸島の高出生率にみる生活の充足のあり方（徳野貞雄著）　農村女性への接近（柏尾珠紀著）　農の世界の女性たち（柏尾珠紀著）　そこにある生産手段を生かす（柏尾珠紀著）　地域資源を生かす知恵と技術とネットワーク（柏尾珠紀著）　女性が創る暮らしのデザイン（柏尾珠紀著）〉Ⓘ978-4-540-09224-4　Ⓝ361.76　[2600円]

◇過疎地域等における地域包括ケアシステムの構築に関する調査研究事業報告書　全国国民健康保険診療施設協議会　2014.3　11,101p　30cm　〈平成25年度老人保健事業推進費等補助金老人保健健康増進等事業〉Ⓝ369.26

◇過疎地域における地域包括ケアシステムの構築に関する調査研究事業報告書　『札幌』　北海道総合研究調査会　2014.3　250p　30cm　〈平成25年度老人保健事業推進費等補助金老人保健健康増進等事業〉Ⓝ369.26

◇「多様な主体の協働による過疎集落での生活支援のあり方に関する調査研究事業」報告書　仙台　全国コミュニティライフサポートセンター　2014.3　176p　30cm　〈厚生労働省平成25年度セーフティーネット支援対策事業（社会福祉推進事業）〉Ⓝ369.021

◇日本経済と過疎地域の再生　中藤康俊著　岡山　大学教育出版　2014.10　146p　21cm　Ⓘ978-4-86429-312-9　Ⓝ318.6　[1800円]

日本（楽器）

◇13人の奏者が明かす「和」の管楽器・打楽器の世界─連載インタビュー記事縮刷版　竹内明彦インタビュー・監修　杉原書店　2014.3　195p　26cm　Ⓘ978-4-891-90993-2　Ⓝ768.1　[2300円]

◇はじめての和楽器メンテナンスブック　菊岡中むら,宮本卯之助商店,目白監修　ヤマハミュージックメディア　2014.7　119p　21cm　〈索引あり〉Ⓘ978-4-636-90451-2　Ⓝ768.1　[2300円]

日本（楽器─図集）

◇掘り起こされた音の形─まつりと音具の世界：第32回特別展　山梨県立考古博物館編　甲府　山梨県立考古博物館　2014.10　71p　30cm　〈会期：平成26年10月8日─11月24日　やまなし県民文化祭協賛事業〉Ⓝ768.1

日本（楽器─歴史─1868～1945）

◇発明に見る日本の生活文化史　余暇シリーズ　第2巻　楽器　ネオテクノロジー　2014.9　176p　31cm　Ⓘ978-4-86573-028-9　Ⓝ507.1　[30000円]

日本（学校）

◇池上彰の「日本の教育」がよくわかる本　池上彰著　PHP研究所　2014.5　349p　15cm　（PHP文庫 い88-1）〔子どもの教育の「大疑問」（講談社＋α文庫 2002年刊）の改題、大幅に加筆・修正〕Ⓘ978-4-569-76174-9　Ⓝ372.107　[620円]

◇共生への学び─先生を応援する教育の最新事情　星槎大学教員免許状更新講習センター編　ダイヤモンド社　2014.3　270p　21cm　〈内容：プロフェッショナルとしての教師について（細田満和子著）　必要とされる教員（平出彦仁著）「他者」を理解するということ　文化人類学の視点から（渋谷節子著）　ヒトへの道のり、そして「人」—共生教育の出番（古藤泰弘著）　客観的・具体的材料〔各種報道・世論調査・統計等〕の適切な利用（天野一哉著）　子ども観、教育観等についての省察（新井郁男著）　教育的愛情、倫理観、遵法精神その他教員に対する社会的要請の強い事柄（水内宏著）　ミラーニューロンぼくの平和論（小中陽太郎著）　子どもの発達に関与する、脳科学、心理学等の最新知見に基づく教育（伊藤一美著）　特別支援教育に関する新たな課題〔LD,ADHD等〕（西永堅著）　多様化に応じた学級づくりと学級担任の役割（白鳥絢也著）　生活習慣の改善を踏まえた生徒指導（伊東敬雄著）　社会的・経済的環境の変化に応じたキャリア教育（三田地真実著）　カウンセリング・マインドの必要性（阿部利彦著）　私

日本（学校―歴史―書目）

の共生社会構築の実践（坪内俊憲著）　総則の趣旨の理解（白鳥絢也著）　意欲を喚起する学習指導（佐島群巳著）　法令改正、国の審議会の状況等（白鳥絢也著）　「現代の教育」と「文化の継承」（加藤登紀子著）　学校組織の一員としてのマネジメント・マインドの形成（伊東健著）　保護者・地域社会との連携（三田地真実著）　対人関係、日常的コミュニケーションの重要性（天野一哉著）　学校内外の安全確保（福島紘著）　情報セキュリティなど近年の状況を踏まえた内容（伊東健著）　活私開公、グローカル、WA（山脇直司著）〉 ①978-4-478-02718-9 Ⓝ372.107 ［2000円］

◇人口減少社会における学校制度の設計と教育形態の開発のための総合的研究最終報告書　国立教育政策研究所　2014.3　289p　30cm　（プロジェクト研究報告書　平成25年度）〈文献あり　研究代表者：徳永保〉 Ⓝ373.1

日本（学校―歴史―書目）

◇皇學館大学所蔵学校史誌目録　皇學館館史編纂室編　増訂版　伊勢　皇學館館史編纂室　2014.2　678p　26cm　Ⓝ372.1

日本（学校安全）

◇学校が守る命　2　堀内一男監修・編、東京教育研究所編著　東京教育研究所　2013.4　179p　18cm　（東研研究報告　no. 244）〈「2」のタイトル関連情報：いつ起きるか分からない「災害」に打ち克つ〉 Ⓝ374

◇原発事故とこの国の教育　武田邦彦著　相模原　ななみ書房　2013.11　269p　19cm　①978-4-903355-34-4　Ⓝ374　［1200円］

日本（学校衛生）

◇学校保健ハンドブック　教員養成系大学保健協議会編　第6次改訂　ぎょうせい　2014.9　315p　26cm　〈索引あり〉 ①978-4-324-09800-4　Ⓝ374.9　［3100円］

◇体と心保健総合大百科　2014年小学校編　小学保健ニュース・心の健康ニュース縮刷活用版　少年写真新聞社編集　少年写真新聞社　2014.4　227p　30cm　〈索引あり〉 ①978-4-87981-490-6　Ⓝ374.9　［3771円］

◇公衆衛生看護学テキスト　4　公衆衛生看護活動　2（学校保健・産業保健）荒木田美香子責任編集、岡本玲子、佐伯和子、麻原きよみ編集　医歯薬出版　2014.4　257p　26cm　〈索引あり〉 ①978-4-263-23116-6　Ⓝ492.99　［3800円］

◇新版　養護教諭執務のてびき　植田誠治、河田史宝監修、石川県養護教育研究会編　第9版　京都　東山書房　2014.6　336p　30cm　〈文献あり〉 ①978-4-8278-1528-3　Ⓝ374.9　［3000円］

◇体育活動における熱中症予防―調査研究報告書：学校災害事故防止に関する調査研究　日本スポーツ振興センター学校災害防止調査研究委員会［編］　日本スポーツ振興センター学校安全部　2014.3　84p　30cm　〈付属資料：8p：熱中症を予防しよう〉 Ⓝ374.9

日本（学校経営―法令）

◇新しい学校法務の実践と理論―教育現場と弁護士の効果的な連携のために　山口卓男編著　日本加除出版　2014.11　231p　21cm　〈索引あり〉 ①978-4-8178-4194-0　Ⓝ374　［2500円］

日本（学校事故―判例）

◇学校事故の法律と事故への対応　俵正市著、私学経営研究会編　第3版　［大阪］　法友社　2014.10　291p　21cm　〈俵屋（発売）著作目録あり　付・学校事故関係最高裁判例集〉 ①978-4-938414-60-3　Ⓝ374.9　［2500円］

日本（学校事故―法令）

◇学校事故の法律と事故への対応　俵正市著、私学経営研究会編　第3版　［大阪］　法友社　2014.10　291p　21cm　〈俵屋（発売）著作目録あり　付・学校事故関係最高裁判例集〉 ①978-4-938414-60-3　Ⓝ374.9　［2500円］

日本（学校司書）

◇学校司書って、こんな仕事―学びと出会いをひろげる学校図書館　学校図書館問題研究会編　京都　かもがわ出版　2014.7　135p　21cm　①978-4-7803-0699-6　Ⓝ017　［1400円］

◇学校図書館に司書がいたら―中学生の豊かな学びを支えるために　村上恭子著　少年写真新聞社　2014.7　175p　19cm　（シリーズ学校図書館）①978-4-87981-495-1　Ⓝ017.3　［1750円］

日本（学校施設・設備―復旧）

◇文教施設災害実務ハンドブック　文教施設災害復旧法令研究会編著　第2次改訂版　第一法規　2013.8　667p　21cm　〈文献あり〉 ①978-4-474-02880-7　Ⓝ374.7　［3500円］

日本（学校施設・設備―法令）

◇公立学校施設関係法令集　平成25年　公立学校施設法令研究会編集　第一法規　2013.9　1冊　19cm　①978-4-474-02949-1　Ⓝ374.7　［4100円］

◇公立学校施設関係法令集　平成26年　公立学校施設法令研究会編集　第一法規　2014.10　1冊　19cm　①978-4-474-03314-6　Ⓝ374.7　［4100円］

日本（学校職員）

◇国立大学法人と労働法　小嶌典明著　ジアース教育新社　2014.2　340p　19cm　①978-4-86371-252-2　Ⓝ377.13　［2200円］

◇大学職員のための人材育成のヒント―失敗事例から学ぶケースワーク28の視点　澤谷敏行、五藤勝志、河口浩著　西宮　関西学院大学出版会　2014.6　104p　19cm　①978-4-86283-163-7　Ⓝ377.13　［900円］

◇東北学院大学教職員の東日本大震災後の生活と意識に関する調査　神林博史、仙田幸子編　仙台　東北学院大学教養学部社会学研究室　2013.3　200p　30cm　「社会調査実習」調査報告書　2012年度〉 Ⓝ377.13

◇有期雇用教職員の労務管理―労働契約・更新・雇止め・無期転換　井川一裕著、私学経営研究会編　［大阪］　法友社　2014.11　176p　21cm　〈俵屋（発売）〉 ①978-4-938414-61-0　Ⓝ336.4　［1100円］

◇労働契約法改正のポイントと私学の対応―大学教員特例規定を含む改訂版　小國隆輔著、私学経営研究会編　第2版　［大阪］　法友社　2014.3　134p　21cm　〈俵屋（発売）〉 ①978-4-938414-57-3　Ⓝ366.51　［1000円］

日本（学校図書館）

◇学校図書館に司書がいたら―中学生の豊かな学びを支えるために　村上恭子著　少年写真新聞社　2014.7　175p　19cm　（シリーズ学校図書館）①978-4-87981-495-1　Ⓝ017.3　［1750円］

◇学校図書館の今とこれから―学びと育ちの支援を軸に：日本図書館協会学校図書館部会第43回夏季研究集会埼玉大会報告集　相模原　日本図書館協会学校図書館部会　2014.12　63p　30cm　〈会期・会場：2014年8月8日―9日　さいたま市民会館大宮〉 Ⓝ017.04

◇学校図書館の対話力―子ども・本・自由　渡邊重夫著　青弓社　2014.6　241p　19cm　①978-4-7872-0052-5　Ⓝ017　［2000円］

◇授業で活用する学校図書館―中学校・探究的な学習を目ざす実践事例　稲井達也編著　全国学校図書館協議会　2014.8　161p　21cm　（新しい教育をつくる司書教諭のしごと　第2期―3）〈索引あり〉 ①978-4-7933-2156-6　Ⓝ017.3　［1600円］

◇はじめよう学校図書館　9　読書イベントアイデア集　中・高校生編　高見京子著　全国学校図書館協議会　2014.2　54p　21cm　①978-4-7933-2289-1　Ⓝ017　［800円］

◇学びを拓く授業モデル　五十嵐絹子、藤田利江編著　国土社　2014.2　205p　21cm（学校図書館から教育を変える　3）〈内容：子どもたちに学ぶ力、共に生きる力を（林良子著）読書指導を考える（小谷田照代著）　授業づくりを支える司書教諭の役割（正岡喜美著）　自らの考えを深め、確かで豊かに表現できる児童の育成をめざして（稲村千賀、相澤めぐみ著）「図書館の指導と活用の計画」から始まる！（佐藤敬子著）　学校図書館活用教育を学校経営の中核にすえて（柳田典子著）　チームワーク・フットワーク・ネットワークで創造する公立学校で全国初の「読書科」の試み（清澤好美著）　子どもと学校を変えた読書活動（田中泰著）　授業改革を支える図書館づくりと校内体制（五十嵐絹子著）　学校図書館の活用を支える（藤田利江著）〉 ①978-4-337-45048-6　Ⓝ017　［1900円］

◇みんなで使おう！　学校図書館―「先生のための授業に役立つ学校図書館活用データベース」報告集　vol. 5　東京学芸大学学校図書館運営専門委員会編　小金井　東京学芸大学附属学校運営部　2014.3　112p　30cm　〈平成25年度文部科学省事業　確かな学力の育成に係る実践的調査研究「学校図書館担当職員の効果的な活用方策と求められる資質・能力に関する調査研究」〉 Ⓝ017

◇理想の学校図書館を求めて―その半世紀をふりかえる　紺野順子　日野　Jissen Librarianshipの会　2014.3　51p　21cm　（JLSブックレット　no. 1）〈年表あり〉 Ⓝ017.021　［非売品］

日本（学校評価）

◇はじめての学校評価　山路進編著　日本私学教育研究所　2014.3　48p　21cm　（初任者研修ブックレット　no. 36）Ⓝ374

日本（活断層）

◇地球深部探査船「ちきゅう」による南海トラフ地震発生帯掘削計画の進め方に関する提言　［東京］　科学技術・学術審議会海洋開発分科会　2014.8　65p　30cm　Ⓝ452.15

日本（合併（企業）

◇組織再編の会計と税務の相違点と別表四・五〈一〉の申告調整　佐藤信祐、鯉淵直子著　清文社　2014.3　365p　21cm　①978-4-433-51463-1　Ⓝ336.98　［2800円］

◇非上場会社の合併実務ハンドブック　斎藤雅俊/著，税務研究会税研情報センター/編・制作　第2版　税務研究会税研情報センター　2014.9　72p　26cm　［700円］

日本（家庭用電気製品—省エネルギー）

◇本気で5アンペア—電気の自産自消へ　斎藤健一郎著　コモンズ　2014.3　174p　19cm　①978-4-86187-112-2　Ⓝ365　［1400円］

日本（家庭用電気製品—リサイクル）

◇使用済小型電子機器等再資源化促進に向けた検討業務報告書　平成25年度　［東京］　三菱総合研究所環境・エネルギー研究本部　2014.3　1冊　30cm〈平成25年度環境省請負事業〉　Ⓝ545.88

日本（家庭用品—歴史—1868～1945）

◇発明に見る日本の生活文化史　生活道具シリーズ　第1巻　アイロン　ネオテクノロジー　2014.2　156p　31cm　①978-4-907191-47-4　Ⓝ507.1　［30000円］

◇発明に見る日本の生活文化史　生活道具シリーズ　第3巻　あんか　ネオテクノロジー　2014.2　159p　31cm　①978-4-907191-49-8　Ⓝ507.1　［30000円］

日本（カトリック教会）

◇カトリック学校宣言—カトリック学校がカトリック学校であり続けるための学校マネジメント：福音共同体をめざすカトリック学校の実現のために　佐井総夫著　大船渡　イー・ピックス出版　2013.3　270p　21cm　①978-4-901602-53-2　Ⓝ371.6　［1500円］

◇日本カトリック司教協議会イヤーブック　2015　カトリック中央協議会出版部編　カトリック中央協議会　2014.12　270p　21cm　①978-4-87750-557-8　Ⓝ198.221　［1300円］

日本（カトリック教会—伝道—歴史—安土桃山時代）

◇キリシタン時代の文化と諸相　高瀬弘一郎著　オンデマンド版　八木書店古書出版部　2013.12　647p　21cm〈八木書店（発売）初版：八木書店 2001年刊　印刷・製本：デジタルパブリッシングサービス　内容：キリシタンと統一権力　イエズス会日本管区　キリシタン時代マカオにおける日本イエズス会の教育機関　マカオのセミナリオ　マカオ・コレジオの創設をめぐる諸見解　マカオ・コレジオの教育内容と院長の職掌　マカオ・コレジオをめぐる機構上の諸問題　巡察師ヴァリニャーノの死およびマカオ・コレジオの院長，プロクラドール　マカオ・コレジオの全容とその居住・滞在者　マカオ・コレジオの経済基盤をめぐる諸問題．1　その収支　マカオ・コレジオの経済基盤をめぐる諸問題．2　マカオ・コレジオと日本　マカオ・コレジオの改組と日本人生徒　マカオ・コレジオの蔵書　大航海時代とローマ教皇の権限　キリシタン布教における"適応"　一六・一七世紀極東におけるイエズス会士の経済活動とキリスト教経済思想〉①978-4-8406-3452-6　Ⓝ198.27　［15000円］

日本（カトリック教会—伝道—歴史—江戸初期）

◇キリシタン時代の文化と諸相　高瀬弘一郎著　オンデマンド版　八木書店古書出版部　2013.12　647p　21cm〈八木書店（発売）初版：八木書店 2001年刊　印刷・製本：デジタルパブリッシングサービス　内容：キリシタンと統一権力　イエズス会日本管区　キリシタン時代マカオにおける日本イエズス会の教育機関　マカオのセミナリオ　マカオ・コレジオの創設をめぐる諸見解　マカオ・コレジオの教育内容と院長の職掌　マカオ・コレジオをめぐる機構上の諸問題　巡察師ヴァリニャーノの死およびマカオ・コレジオの院長，プロクラドール　マカオ・コレジオの全容とその居住・滞在者　マカオ・コレジオの経済基盤をめぐる諸問題．1　その収支　マカオ・コレジオの経済基盤をめぐる諸問題．2　マカオ・コレジオと日本　マカオ・コレジオの改組と日本人生徒　マカオ・コレジオの蔵書　大航海時代とローマ教皇の権限　キリシタン布教における"適応"　一六・一七世紀極東におけるイエズス会士の経済活動とキリスト教経済思想〉①978-4-8406-3452-6　Ⓝ198.27　［15000円］

日本（カトリック教会—名簿）

◇カトリック教会情報ハンドブック　2015　カトリック中央協議会出版部編　カトリック中央協議会　2014.11　391p　19cm〈年表あり〉①978-4-87750-556-1　Ⓝ198.25　［480円］

日本（カトリック教会—歴史—安土桃山時代）

◇京キリシタンの伝承を歩く　山嵜泰正著　京都　ふたば書房　2014.5　287p　21cm〈文献あり 年表あり〉①978-4-89320-184-3　Ⓝ198.221　［1700円］

◇キリシタン雑記帖　横山高治著　大阪　かんよう出版　2014.6　86p　19cm〈年表あり〉①978-4-906902-25-5　Ⓝ198.221　［1500円］

◇天を想う生涯—キリシタン大名黒田官兵衛と高山右近　守部喜雅著　いのちのことば社フォレストブックス　2014.3　167p　19cm　（聖書を読んだサムライたち）〈文献あり〉①978-4-264-03138-3　Ⓝ198.221　［1200円］

日本（カトリック教会—歴史—江戸時代）

◇キリシタン雑記帖　横山高治著　大阪　かんよう出版　2014.6　86p　19cm〈年表あり〉①978-4-906902-25-5　Ⓝ198.221　［1500円］

◇殉教の聖地（さと）—長州・萩、石州・津和野へ流された—長崎・潜伏キリシタンの記録　喜多村武作　岩国　喜多村武　［2014］　152p 図版［40］枚　26cm〈文献あり〉Ⓝ198.221　［非売品］

日本（カトリック教会—歴史—江戸初期）

◇徳川初期キリシタン史研究　五野井隆史著　補訂版 オンデマンド版　吉川弘文館　2013.10　470,30p　22cm〈索引あり　印刷・製本：デジタルパブリッシングサービス　内容：慶長年間イエズス会上長の家康訪問旅行　徳川幕府初期の禁教政策　禁制下の宣教者の動向と長崎　日本イエズス会の東南アジア布教と日本人司祭　禁制下の日本人宣教者についての消息　禁制下のイエズス会と日本人宣教者　キリシタン時代の看坊について〉①978-4-642-04251-2　Ⓝ198.221　［15000円］

日本（カトリック教会—歴史—明治時代）

◇殉教の聖地（さと）—長州・萩、石州・津和野へ流された—長崎・潜伏キリシタンの記録　喜多村武作　岩国　喜多村武　［2014］　152p 図版［40］枚　26cm〈文献あり〉Ⓝ198.221　［非売品］

日本（株式会社）

◇株式会社のつくり方がすぐわかる本　'14～'15年版　藤田義晴，小澤薫共著　成美堂出版　2014.7　239p　24cm〈索引あり　最新の届出書式に完全対応!!〉①978-4-415-31866-0　Ⓝ325.241　［1300円］

◇株式会社のつくり方と運営—よくわかる　'14～'15年版　小谷羊太，板倉はるみ，岡本和弘共著　成美堂出版　2014.7　239p　22cm〈索引あり　最新の届出書式に完全対応!!〉①978-4-415-31865-3　Ⓝ325.241　［1300円］

◇「起業」「法人化」を考えた時に読む本—税理士・社会保険労務士・中小企業診断士3つの観点からみる　梅本正樹著　彩図社　2014.5　239p　19cm〈文献あり〉①978-4-88392-988-7　Ⓝ335　［1600円］

◇税務からみた会社議事録作成のポイントと文例　エスネットワークス，星野合同事務所共編　名古屋　新日本法規出版　2014.10　374p　21cm　①978-4-7882-7922-3　Ⓝ325.24　［4300円］

◇税理士が見つけた！ 本当は怖い会社設立～はじめての決算失敗事例55　本郷孔洋監修，辻・本郷税理士法人会社設立センター編著　東峰書房　2014.6　211p　21cm　（失敗から学ぶ〈実務講座シリーズ〉08）〈文献あり〉①978-4-88592-163-6　Ⓝ325.241　［1400円］

◇フリーランスと個人事業者が株式会社を作るときにゼッタイ読んでおく本　大場智子，潮田祥子著，野澤澄也監修　ソシム　2014.4　254p　21cm　①978-4-88337-889-0　Ⓝ325.241　［1480円］

◇らくらく株式会社設立＆経営のすべてがわかる本—事業に専念できる効率的な実務が満載：資本金1円、3日間1人でできる！　山端康幸，石渡芳徳，菊地則夫，村岡清樹，石井力編，東京シティ税理士事務所著　新版　あさ出版　2014.3　296p　19cm〈最新制度に対応！〉①978-4-86063-664-7　Ⓝ325.241　［1600円］

日本（株式会社—法令）

◇会社法コンメンタール　2　設立　2（§§32-103）岩原紳作，江頭憲治郎，落合誠一，神田秀樹，森本滋，山下友信編集委員　山下友信編　商事法務　2014.3　409p　22cm〈索引あり〉①978-4-7857-2167-1　Ⓝ325.2　［5300円］

◇会社法コンメンタール　9　機関　3（§§396-430）岩原紳作，江頭憲治郎，落合誠一，神田秀樹，森本滋，山下友信編集委員　岩原紳作編　商事法務　2014.8　438p　22cm〈索引あり〉①978-4-7857-2210-4　Ⓝ325.2　［5500円］

◇株式会社法　江頭憲治郎著　第5版　有斐閣　2014.7　994，28p　22cm〈索引あり〉①978-4-641-13679-3　Ⓝ325.24　［5600円］

◇最新株式会社法　近藤光男著　第7版　中央経済社　2014.7　536p　22cm〈索引あり〉①978-4-502-10621-7　Ⓝ325.24　［4200円］

日本（貨幣）

◇日本貨幣カタログ　2015年版　日本貨幣商協同組合/編　48版　日本貨幣商協同組合，紀伊国屋書店〔発売〕　2014.12　304p　21cm〈付属資料：ポスター1〉①978-4-930810-19-9　［1500円］

に

日本（貨幣制度―歴史―江戸時代）

日本（貨幣制度―歴史―江戸時代）
◇近世匁銭の研究　藤本隆士著　吉川弘文館　2014.7　370,6p　22cm〈索引あり〉内容：福岡藩杤蠟仕組と藩国家への傾斜「金銀札銭記録」に見える銭貨　天領日田商人資本家の経営　近世福岡藩の農民行動　近世農民商人の一形態　近世貨幣流通の実態と計算例　近世福岡藩における銭貨流通　近世南西地域における銀銭勘定　秋月藩の匁銭と札　九六銭と匁銭　再び匁銭について　徳川期における小額貨幣　匁銭の源泉と流通〉①978-4-642-03463-0　Ⓝ337.21　［13000円］

日本（カーボンナノチューブ―特許）
◇特許情報分析（パテントマップ）から見たカーボンナノチューブ応用技術に関する技術開発実態分析調査報告書　インパテック株式会社編　パテントテック社　2013.3　231p　30cm〈タイトルは標題紙による〉①978-4-86483-192-5　Ⓝ572.4　［56700円］

日本（紙―リサイクル）
◇地方自治体紙リサイクル施策調査報告書　平成25年度　古紙再生促進センター編　［東京］　古紙再生促進センター　2014.2　46p　30cm　Ⓝ518.523

◇リサイクル対応型機密文書処理ガイドライン　古紙再生促進センター機密文書処理プロジェクトチーム［著］　古紙再生促進センター　2014.2　39p　30cm　Ⓝ518.523

日本（紙パルプ工業）
◇紙パルプ産業と環境　2015　テックタイムス企画　紙業タイムス社　2014.8　214p　26cm〈タイトル関連情報：エネルギー、バイオマス、古紙、植林―持続可能性へのチャレンジ〉①978-4-904844-15-1　Ⓝ585　［2000円］

◇知っておきたい紙パの実際―今さら人に聞けない基礎知識から最新の業界動向まで　2014　紙業タイムス社　2014.6　211p　21cm　①978-4-904844-14-4　Ⓝ585　［2000円］

◇タイムスインタビューズ―有識者に聞く　2014　紙業タイムス社　2014.4　291p　26cm〈奥付のタイトル：インタビューズ〉①978-4-904844-13-7　Ⓝ585.021　［10000円］

日本（紙パルプ工業―統計）
◇経済産業省生産動態統計年報　紙・印刷・プラスチック製品・ゴム製品統計編　平成25年　経済産業省大臣官房調査統計グループ［編］　経済産業統計協会　2014.7　158p　30cm　①978-4-86499-009-7　［7900円］

日本（紙パルプ工業―名簿）
◇紙パルプ会社名鑑　平成26年版　紙業新聞社編　紙業新聞社　2014.9　988p　19cm　Ⓝ585.035　［20000円］

日本（カモシカ―保護）
◇越後・日光・三国山系カモシカ保護地域特別調査報告書―平成24・25年度　栃木県教育委員会,群馬県教育委員会,新潟県教育委員会,長野県教育委員会編　［宇都宮］　栃木県教育委員会ほか　2014.3　112p　30cm〈文献あり　共同刊行：群馬県教育委員会ほか〉Ⓝ489.85

◇北アルプスカモシカ保護地域特別調査報告書―平成24・25年度　［新潟］　新潟県教育委員会　2014.3　131p　30cm〈文献あり　共同刊行：富山県教育委員会ほか〉Ⓝ489.85

◇南奥羽山系カモシカ保護地域特別調査報告書　平成24・25年度　［盛岡］　岩手県教育委員会　2014.3　100p　30cm〈文献あり　共同刊行：宮城県教育委員会ほか〉Ⓝ489.85

日本（歌謡―歴史―古代）
◇上代歌謡枕詞考究　上　須磨健一郎著　弘報印刷自費出版センター　2014.6　344,4p　21cm　Ⓝ911.63　［3000円］

日本（からくり人形）
◇江戸からくり　巻1　茶運び人形復元　原克文著　名古屋　ブイツーソリューション　2014.9　155p　30cm〈星雲社（発売）　文献あり〉①978-4-434-19588-4　Ⓝ502.1　［3000円］

日本（ガラス工芸―図集）
◇岩田藤七・久利・糸子スケッチブックとガラス作品　岩田藤七・久利・糸子［作］，町田市立博物館編　町田　町田市立博物館　2014　87p　30cm　（町田市立博物館図録　第134集）〈年譜あり　会期・会場：2014年3月1日―5月6日　町田市立博物館〉Ⓝ751.5

日本（ガラス工芸―歴史―安土桃山時代―図集）
◇戦国時代の金とガラス―きらめく一乗谷の文化と技術：第21回企画展　福井県立一乗谷朝倉氏遺跡資料館編　福井　福井県立一乗谷朝倉氏遺跡資料館　2014.9　111p　30cm〈会期・会場：平成26年9月20日―11月9日　福井県立一乗谷朝倉氏遺跡資料館〉Ⓝ756.21

日本（過労死―判例）
◇過労死時代に求められる信頼構築型の企業経営と健康な働き方―裁判例から導かれる過労死予防策　佐久間大輔著　労働

開発研究会　2014.9　149p　21cm　①978-4-903613-12-3　Ⓝ364.5　［1400円］

日本（環境運動）
◇3.11あの時―東日本大震災2011年3月11日（金）14時46分からの物語：環境活動34の証言　Stage 2012　そしてこれから　仙台　東北環境パートナーシップオフィス　2013.5　104p　30cm　Ⓝ369.31

◇3.11あの時―東日本大震災2011年3月11日（金）14時46分からの物語：環境活動28の証言　stage 2013　仙台　東北環境パートナーシップオフィス　2014.3　104p　30cm　Ⓝ369.31

日本（環境基準）
◇基準値のからくり―安全はこうして数字になった　村上道夫,永井孝志,小野恭子,岸本充生著　講談社　2014.6　286p　18cm　（ブルーバックス B-1868）〈文献あり　索引あり〉①978-4-06-257868-4　Ⓝ498.54　［920円］

日本（環境教育）
◇学校での環境教育における「参加型学習」の研究　小玉敏也著　風間書房　2014.3　178p　22cm　①978-4-7599-2028-4　Ⓝ375　［5500円］

◇環境の学習と観測にもとづいたグローブプログラムの理論と実践―学校における観測活動から地球と地域の環境を考える　山下脩二,樋口利彦,吉冨友恭編　古今書院　2014.3　176p　27cm〈年譜あり　索引あり〉①978-4-7722-3159-6　Ⓝ375　［5600円］

◇感性世界への誘い―白百合女子大学キャンパスの環境教育ポテンシャル　堀井清之,岩政伸治,宮澤賢治,松前祐司編著　近代文藝社　2014.3　164p　16×22cm　①978-4-7733-7913-6　Ⓝ519.07　［1800円］

◇企業が伝える生物多様性の恵み―環境教育の実践と可能性　石原博,岩渕真奈美,湊秋作著　経団連出版　2014.10　269p　21cm　①978-4-8185-1405-8　Ⓝ519.07　［2500円］

◇持続可能な社会づくりと環境教育―ESDにもとづく環境教育の理論と実践事例　全国小中学校環境教育研究会編著　日本教育新聞社　2014.11　121p　30cm　①978-4-89055-312-9　Ⓝ375　［1800円］

◇社会調査実習報告書　2012年度　第2巻　環境プロセス・ファシリテーター編　豊田　中京大学現代社会学部斉藤尚文研究室　2013.3　99p　30cm　Ⓝ361.91

◇授業案原発事故のはなし　日本環境教育学会「原発事故のはなし」授業案作成ワーキング・グループ編　国土社　2014.3　93p　26cm〈英語抄訳付〉①978-4-337-75014-2　Ⓝ375　［1800円］

◇大学生の環境意識と環境行動　萱原隆文,辻野達也,中木原真紀,松本望友紀,木村拓也［著］　［出版地不明］　［木村拓也］　2013.1　76p　30cm〈科目担当責任者：木村拓也〉Ⓝ519.07

◇野生動物保全教育実践の展望―知床ヒグマ学習,イリオモテヤマネコ保護活動,東京ヤゴ救出作戦　大森享編著　創風社　2014.5　274p　21cm〈内容：野生動物保全教育実践の展望（大森享著）　知床ヒグマ学習（金澤裕司著）　イリオモテヤマネコの生態と保護活動（岡村麻生著）　イリオモテヤマネコ保護活動の現状と課題（戸川久美著）　東京・墨田区「ヤゴ救出作戦」の現状と課題（尾﨑優者）　長野県における野生動物をめぐる環境教育（渡辺隆一著）　自然体験学習における野生動物の捕獲・採集規制への向き合い方（坂元雅行著）　発達心理学からみた自然体験,野生動物との共存（小渕隆司者）〉①978-4-88352-205-7　Ⓝ375　［2000円］

◇ユネスコスクール地域交流会in広島発表事例集―学校＆みんなのESDプロジェクト：ひろがりつながるESD実践事例　ユネスコ・アジア文化センター　2014.3　99p　21cm〈会期：2013年12月7日　文部科学省委託事業平成25年度日本/ユネスコパートナーシップ事業〉①978-4-946438-93-6　Ⓝ375

日本（環境行政）
◇環境対策条例の立法と運用―ごみ屋敷対策等の実効性を確保する：コミュニティ力再生のための行政・議会の役割　宇賀克也編集（執筆），辻山幸宣,島田裕司,山本吉毅,清永雅孝執筆　地域科学研究会　2013.8　224p　30cm　（〈地域科学〉まちづくり資料シリーズ 28）〈内容：自治体における「ごみ屋敷」への対応策とその手法（辻山幸宣著）　足立区「生活環境の保全に関する条例」（島田裕司著）　荒川区「良好な生活環境の確保に関する条例」の制定経緯と運用、課題（山本吉毅者）　杉並区「生活安全及び環境美化に関する条例」の内容とごみ屋敷への対応（清永雅彦著）　環境対策条例の実効性と運用課題（宇賀克也者）〉①978-4-925069-38-0　Ⓝ519.1　［6660円］

◇「京都議定書」後の環境外交　鄭方婷著　津　三重大学出版会　2013.5　276,10p　22cm〈文献あり　年表あり　索引あり〉①978-4-903866-15-4　Ⓝ519.1　［2200円］

日本件名図書目録2014 Ⅰ　　　　　　　　　　　　　　　　　　　　　　　　　　　　　　　　　　日本（環境法）

◇全国環境自治体駅伝―環境学園特別授業：自分の街が授業になる！　7　環境学園専門学校編　環境新聞社　2014.7　166p　19cm〈内容：『水の国くまもと』の実現を目指して（坂本公一述）　ごみゼロおおいた作戦の展開（宮﨑淳一述）　エネルギーの地産地消の実現を目指して（志村賢子述）　青森・岩手県境産業廃棄物不法投棄事案について（神重則述）　震災がれきの処理の現状と今後の見通しについて（佐々木源述）〉978-4-86018-283-0　Ⓝ519.1　［1500円］

◇第四次環境基本計画の進捗状況・今後の課題について　［東京］　中央環境審議会　2013.12　134p　30cm　Ⓝ519.1

◇第四次環境基本計画の進捗状況・今後の課題について　［東京］　中央環境審議会　2014.2　214p　30cm　Ⓝ519.1

◇地域からはじめる低炭素・エネルギー政策の実践　田中充編著　ぎょうせい　2014.2　296p　21cm〈内容：「低炭素自治体」の構造と地域温暖化対策の枠組み（田中充著）　基礎自治体における二酸化炭素排出実態と対策の動向（田中充著）　主要自治体における低炭素施策の動向（木村浩巳著）　低炭素施策の促進・阻害要因と施策促進モデル（増原直樹著）　温暖化・エネルギー対策に関する条例の動向と課題（安達宏之著）　低炭素配慮行動の普及施策における課題と改善方法（白井信雄著）　自治体低炭素施策の政策波及過程（馬場健司著）　自治体の低炭素施策の国際連携の枠組みと課題（小河誠治著）　環境国際協力を通じた地方自治体の低炭素化・環境保全に対する市民の意識（加藤尊秋、中村秀規著）　「エネルギー自治」のあり方とその事例分析（竹内恒夫著）　自治体エネルギー行政の政策体系と対策チェックリスト（田中充著）　欧州における「市長誓約」の取組（杉山範子著）　スマートシティの発展への期待（白井信雄著）〉978-4-324-08781-7　Ⓝ519.1　［3500円］

◇地球温暖化分野の各種モニタリング実施計画策定等に関する調査委託業務―報告書　平成25年度　［つくば］　国立環境研究所地球環境研究センター　2014.3　66, 126p　30cm〈平成25年度環境省委託業務〉Ⓝ519.1

◇地方公共団体における地球温暖化対策実行計画等の実施に伴う環境・経済・社会への影響分析―平成25年度環境経済政策研究：報告書　［神戸］　神戸大学　2014.3　86p　30cm〈背のタイトル：地方公共団体における地球温暖化対策実行計画等の策定に伴う環境・経済・社会への影響分析　共同刊行：筑波大学ほか〉Ⓝ519.1

◇低炭素技術普及促進事業報告書　平成25年度　［仙台］　廣済堂　2014.3　264p　30cm〈平成25年度環境省委託事業〉Ⓝ519.1

◇平成25年度環境の状況・平成26年度環境の保全に関する施策・平成25年度循環型社会の形成の状況・平成26年度循環型社会の形成に関する施策・平成25年度生物の多様性の状況・平成26年度生物の多様性の保全及び持続可能な利用に関する施策　［東京］　［環境省］　［2014］　446p　30cm〈第186回国会（常会）提出〉Ⓝ519.1

◇平成25年度環境の状況・平成26年度環境の保全に関する施策・平成25年度循環型社会の形成の状況・平成26年度循環型社会の形成に関する施策・平成25年度生物の多様性の状況・平成26年度生物の多様性の保全及び持続可能な利用に関する施策―説明資料　［東京］　［環境省］　［2014］　112p　30cm〈第186回国会（常会）提出〉Ⓝ519.1

◇水循環健全化対策の基礎研究―計画・評価・協働　中央学院大学社会システム研究所編集、佐藤寛、林健一著　成文堂　2014.12　213p　21cm〈文献あり　内容：基礎的自治体の環境基本計画における「環境指標」の設定状況と課題　群馬県環境基本計画における環境指標の活用状況と課題　環境指標と行政評価指標を統合した事業評価指標体系の構築　「水循環計画」の特性とその評価指標のあり方　ロジック・モデルを用いた地下水保全再生施策の評価指標のあり方　政策評価情報の循環過程の確立に向けた課題　ステークホルダーとの協働による湿地保全再生システムの構築　社会貢献活動・環境推進条例の内容分析　「新しい公共支援事業」を活用したNPO・市民協働による水環境再生〉978-4-7923-8074-8　Ⓝ519.4　［3800円］

日本（環境行政―PR）

◇エコライフ・フェア―結果報告書　2013　［東京］　JTBコミュニケーションズ　2013.8　75p　30cm〈会期・会場：6月1日―2日　代々木公園〉Ⓝ519.1

日本（環境共生住宅）

◇エコハウスへの誘い―極寒地から蒸暑地までの試みと検証　日本建築家協会環境行動ラボエコハウス・フォローアップ・ワーキンググループ編著　鹿島出版会　2014.2　202p　26cm〈索引あり〉978-4-306-04596-5　Ⓝ527　［3800円］

◇住宅エネルギー・関連機器エリア別普及予測調査　東京マーケティング本部第二統括部第四部調査・編集　富士経済　2013.8　230p　30cm　〈需要家別マーケット調査シリーズ　2013〉①978-4-8349-1620-1　Ⓝ520.92　［97000円］

◇そらどまの家―現代日本民家の標準をつくる本　丸谷博男編著　萌文社　2013.10　144p　21cm〈文献あり〉①978-4-89491-262-5　Ⓝ527.021　［1800円］

◇「低炭素住宅」の木住協仕様の解説　日本木造住宅産業協会技術開発委員会編　日本木造住宅産業協会技術開発委員会　2014.3　107p　30cm　Ⓝ527

◇低燃費住宅　2　やがてこの子を守る家―未来の子供たちのために…今あなたが建てるべき家です。　早田宏徳著　浦安　いしずえ　2014.4　191p　21cm　（good mileage house library Lib-02）〈文献あり　1は「日本の住まいの新基準低燃費住宅」が該当〉①978-4-86131-040-9　Ⓝ527　［1429円］

日本（環境政策）

◇環境基本法制定20周年―環境法の過去・現在・未来：その課題と戦略　商事法務　2014.3　305p　21cm　（環境法政策学会誌　第17号）〈内容：総括（淡路剛久著）　環境法の理念・目的と環境権（大塚直著）　環境基本法と参加原則（大久保規子著）　環境基本法における手法に関する定めについて（島村健著）　環境行政組織（北村喜宣著）　コメント（浅野直人著）　コメント（髙村ゆかり著）　環境基本法制定20周年（石野耕也、礒野弥生司会、淡路剛久ほか述）　汚染・リスク分野（下村英嗣著）　環境影響評価（柳憲一郎著）　地球温暖化対策（黒川哲志著）　循環の構築・再構築（勢一智子著）　生物多様性基本法と「環境法のパラダイム転換」の行方（及川敬貴著）　「制度化された予防原則」の「見直し」における順応的管理の導入について（辻信一著）　環境訴訟における対立利益の民事訴訟による処理（岩橋健定著）　欧州農業環境政策のイギリスにおける展開に関する一考察（久米一世著）　慣習法に基づく住民主体の資源管理（宮澤尚里著）　ブラジル廃棄物対策法における部門協定の実例と課題（Tiago Trentinella著）　米国二酸化硫黄排出量取引制度における排出枠の法的性質（長谷代子著）　環境法政策学会第17回学術大会（渡邉知行著）　第17回学術大会における各分科会の活動（高橋滋、編集員会著）　成蹊大学開催に寄せて（亀嶋庸一著）〉①978-4-7857-2165-7　Ⓝ519.12　［3500円］

◇環境研究・技術開発推進事業追跡評価等委託業務追跡評価結果報告書　平成25年度　［東京］　国際環境研究協会　2014.3　135p　30cm〈平成25年度環境省委託業務〉Ⓝ519

◇環境研究・技術開発の推進戦略フォローアップ等調査業務報告書　平成25年度　［東京］　三菱化学テクノリサーチ　2014.3　1冊　30cm　Ⓝ519

◇COP20、21に向けた戦略を考える―第106回シンポジウム　21世紀政策研究所編　［東京］　21世紀政策研究所　2014.12　97p　18cm　（21世紀政策研究所新書　43）Ⓝ519.1

◇自然模倣技術・システムによる環境技術開発推進検討成果報告書―平成25年度自然模倣技術・システムによる環境技術開発推進検討業務　環境省総合環境政策局総務課環境研究技術室　2014.3　82p　30cm〈実施：富士通総研〉Ⓝ519.1

◇総括フォローアップ結果―環境研究・環境技術開発の推進戦略　平成26年度　［東京］　環境省総合環境政策局総務課環境研究技術室　2014.11　46, 135, 59p　30cm　Ⓝ519.1

◇短中長期目標達成に向けた地球温暖化対策の進捗状況評価業務調査報告書　平成24年度　［東京］　みずほ情報総研　2013.3　4, 519p　30cm〈平成24年度環境省請負調査〉Ⓝ519.1

◇日本の自然環境政策―自然共生社会をつくる　武内和彦、渡辺綱男編　東京大学出版会　2014.2　246p　21cm〈索引あり　内容：自然とともに生きる（武内和彦、奥田直久著）　自然景観を保護する（渡辺綱男著）　自然遺産を継承する（渡辺綱男著）　自然環境を評価する（中島治美著）　生態系サービスを享受する（守分紀子著）　生物多様性を保全する（奥田直久著）　里山ランドスケープを育む（武内和彦、中尾文子著）　野生生物を守る（山本麻衣著）　自然環境を再生する（中澤圭一著）　自然とともに歩む（武内和彦、渡辺綱男著）〉①978-4-13-060310-2　Ⓝ519.81　［2700円］

◇「緑の成長」の社会的ガバナンス―北欧と日本における地域・企業の挑戦　長岡延孝著　京都　ミネルヴァ書房　2014.2　404p　22cm　（MINERVA人文・社会科学叢書　195）〈文献あり　索引あり〉①978-4-623-06983-5　Ⓝ519.1　［6000円］

日本（環境法）

◇ISO環境法クイックガイド　2014　ISO環境法研究会編　第一法規　2014.3　399p　21cm〈索引あり〉①978-4-474-02993-4　Ⓝ519.12　［3800円］

◇板橋区環境関連条例等資料集　2013年度版　板橋区資源環境部環境戦略担当課環境都市推進担当係編　板橋区資源環境部環境戦略担当課　2014.3　58p　30cm　Ⓝ519.12

に

日本（環境問題）

日本件名図書目録2014　I

◇環境法令改正パーフェクトガイド　2014　レクシスネクシス・ジャパン編集部編集　［東京］　レクシスネクシス・ジャパン　2014.11　889p　21cm　〈索引あり　ISO14001審査・監査対応〉①978-4-908069-07-9　Ⓝ519.12　［7000円］

◇環境六法　平成26年版1　中央法規出版　2014.3　1冊　21cm　〈索引あり〉①978-4-8058-3979-9（set）Ⓝ519.12

◇環境六法　平成26年版2　中央法規出版　2014.3　1冊　21cm　〈索引あり〉①978-4-8058-3979-9（set）Ⓝ519.12

◇現場で使える環境法　見日善弘著　改訂第4版　産業環境管理協会　2014.7　707p　21cm　〈丸善出版（発売）文献あり　索引あり　環境ISO対応〉①978-4-86240-116-8　Ⓝ519.12　［3200円］

◇新・よくわかるISO環境法—ISO14001と環境関連法規　鈴木敏央著　改訂第9版　ダイヤモンド社　2014.4　509p　21cm　〈文献あり　索引あり〉①978-4-478-02749-3　Ⓝ519.12　［2300円］

◇中小企業のための環境関連法規制　太田芳雄著　技報堂出版　2014.11　233p　21cm　〈文献あり　索引あり〉①978-4-7655-3467-3　Ⓝ519.12　［2700円］

◇分野別・目的別で使えるISO環境法　2014年度版　事業者のためのISO環境法令研究会著　［東京］　翔泳社　2014.3　398p　21cm　〈索引あり〉①978-4-7981-3376-8　Ⓝ519.12　［2300円］

◇ベーシック環境六法　淡路剛久、磯崎博司、大塚直、北村喜宣編集　6訂　第一法規　2014.4　1015p　21cm　〈索引あり〉①978-4-474-03292-7　Ⓝ519.12　［3700円］

日本（環境問題）

◇環境教育論—現代社会と生活環境　今井清一、今井良一著　鳥影社　2014.5　317p　22cm　〈索引あり〉①978-4-86265-460-1　Ⓝ519　［2200円］

◇環境測定分析統一精度管理調査結果　平成25年度　本編　［東京］　環境省水・大気環境局総務課環境管理技術室　2014.6　160p　30cm　Ⓝ519.15

◇環境測定分析統一精度管理調査結果　平成25年度　資料編　［東京］　環境省水・大気環境局総務課環境管理技術室　2014.6　504p　30cm　Ⓝ519.15

◇住宅産業の自主的環境行動計画　第5版　［東京］　住宅生産団体連合会　2014.6　25p　30cm　Ⓝ520.9

◇世界の環境問題　第10巻　日本　川名英之著　緑風出版　2014.10　683p　20cm　〈文献あり〉①978-4-8461-1413-8　Ⓝ519.2　［4200円］

◇都市を滅ぼせ—目から鱗の未来文明論　中島正著　双葉社　2014.6　238p　19cm　〈舞字社　1994年刊に加筆修正のうえ、新たな書き下ろしを加える〉①978-4-575-30680-4　Ⓝ519.21　［1500円］

日本（環境問題—伝記）

◇公害・環境研究のパイオニアたち—公害研究委員会の50年　宮本憲一、淡路剛久編　岩波書店　2014.9　233p　19cm　〈年譜あり〉①978-4-00-022934-0　Ⓝ519.21　［2700円］

日本（環境問題—世論）

◇環境問題に関する世論調査　平成26年7月調査　［東京］　内閣府大臣官房政府広報室　［2014］　185p　30cm　〈世論調査報告書〉〈附帯：水循環に関する世論調査〉Ⓝ519.21

日本（玩具）

◇まだある。—今でも買える"懐かしの昭和"カタログ　玩具編　初見健一著　改訂版　大空出版　2014.8　206p　15cm　〈大空ポケット文庫〉〈索引あり〉①978-4-903175-52-2　Ⓝ675.1　［730円］

日本（玩具—図集）

◇トランスフォーマーマスターピースオフィシャルガイド—MORE THAN MEETS THE EYE！　ヴィレッジブックス　2014.7　95p　30cm　①978-4-86491-157-3　Ⓝ759.021　［2800円］

◇ドールハウス　2　島野聡子編　京都　亥辰舎　2014.8　63p　30cm　〈亥辰舎BOOK〉〈索引あり〉①978-4-904850-39-8　Ⓝ759.021　［1800円］

日本（玩具—歴史—1868～1945）

◇北原コレクション　Vol.01　お宝—Japanese Toys1890～1945　北原照久著　評言社　2014.1　181p　17cm　①978-4-8282-0569-4　Ⓝ759　［1200円］

◇発明に見る日本の生活文化史　余暇シリーズ　第1巻　おもちゃ　ネオテクノロジー　2014.9　182p　31cm　①978-4-86573-026-5　Ⓝ507.1　［30000円］

日本（玩具—歴史—昭和後期）

◇素晴らしきインチキ・ガチャガチャの世界—コスモスよ永遠に　池田浩明著　双葉社　2014.7　159p　21cm　〈集：ワッキー貝山〉①978-4-575-30712-2　Ⓝ589.77　［1800円］

日本（玩具—歴史—昭和時代—図集）

◇駄菓子屋のおもちゃ　多田敏捷著　京都　紫紅社　2014.12　255p　15cm　（紫紅社文庫）〈文献あり　英語抄訳付　京都書院　1997年刊の改訂・新装本〉①978-4-87940-614-9　Ⓝ759.021　［1200円］

日本（玩具—歴史—明治以後—図集）

◇ブリキのおもちゃ　多田敏捷著　京都　紫紅社　2014.12　255p　15cm　（紫紅社文庫）〈文献あり　英語抄訳付　京都書院　1997年刊の改訂・新装本〉①978-4-87940-613-2　Ⓝ759.021　［1200円］

日本（玩具工業）

◇鉄—オモチャの世界　関根弘文　京都　三人社　2014.12　97p　18cm　（ルポルタージュシリーズ）〈現在の会編　原本：柏林書房1955年刊〉①978-4-906943-86-9,978-4-906943-80-7（set）Ⓝ589.77

日本（観光開発）

◇インバウンド戦略—人口急減には観光立国で立ち向かえ！　中村好明著　［東京］　時事通信出版局　2014.10　247p　19cm　〈時事通信社（発売）索引あり〉①978-4-7887-1335-2　Ⓝ689.4　［1600円］

◇おもてなしの力—心で創る観光のまちづくり　福留強著　［東京］　悠雲舎　2014.3　210p　21cm　〈金融ブックス（発売）文献あり　「もてなしの習慣」（2011年刊）の改題、増補改訂〉①978-4-904192-49-8　Ⓝ689.4　［1400円］

◇観光実践講座講義録　平成25年度　オンパクに学ぶ、観光まちづくりの理論と実践—"地域活性化"の秘訣、"課題解決"のヒント！　日本交通公社　2014.6　138p　30cm　〈平成24年度までの出版者：日本交通公社観光文化事業部　内容：元気で楽しいまちに観光客はやってくる（小林英俊述）「オンパク」とは何か？（野上泰生述）　地域でオンパクをどう位置づけ、活用するか（鶴田浩一郎述）　オンパクを創ろう！（野上泰生、北澤勝己、森山奈美ほか述、吉澤清良進行）　アンケート調査結果報告（後藤健太郎述）　オンパク実施地域の現状分析（福永香織述）　信州諏訪温泉泊覧会「ズーラ」（北澤勝己述）　能登ိ美オンパクうまみん（森山奈美述）　総括ディスカッション（北澤勝己ほか述、吉澤清良進行）　地域主体の観光に取り組むための、考え方と進め方（ブラッド・トゥル述）〉①978-4-902927-57-3　Ⓝ689.4　［3000円］

◇くらしのなかの文化・芸術・観光—カフェでくつろぎ、まちつむぎ　井口貢著　京都　法律文化社　2014.2　183p　21cm　①978-4-589-03568-4　Ⓝ689.4　［2600円］

◇これからの観光政策と自治体—「稼げる地域資源」と「観光財源の集め方」　松井一郎著　イマジン出版　2014.11　99p　21cm　（Copa Books）①978-4-87299-681-4　Ⓝ689.1　［1000円］

日本（観光開発—歴史—明治以後）

◇観光デザインとコミュニティデザイン—地域融合型観光ビジネスモデルの創造者〈観光デザイナー〉　小川功著　日本経済評論社　2014.4　298p　22cm　〈索引あり　内容：観光デザインとコミュニティデザイン　仙台・松島の広域観光デザイン　門前町初瀬の観光デザイン　松之山温泉を一手に掌握した投資家の観光デザイン　城崎のコミュニティデザインを侵蝕した土地会社　嵯峨・嵐山のコミュニティデザインとコミュニティリーダー　芦屋のコミュニティデザインと首長主導の観光デザイン　観光デザインと地域コミュニティ　観光デザイナー論〉①978-4-8188-2332-7　Ⓝ689.4　［5200円］

日本（観光教育）

◇観光ホスピタリティ教育におけるPBLの可能性　下島康史著　［町田］　くんぷる　2014.4　221p　21cm　〈文献あり〉①978-4-87551-224-0　Ⓝ689.07　［2200円］

日本（観光行政）

◇外国人旅行者の受入環境の整備に関する行政評価・監視結果報告書　［東京］　総務省行政評価局　2014.7　138p　30cm　Ⓝ689.1

◇持続可能な開発と日豪関係　朝水宗彦著　新版　［町田］　くんぷる　2014.2　238p　21cm　〈文献あり〉①978-4-87551-199-1　Ⓝ689.1　［2300円］

日本（観光事業）

◇外国人観光客が「笑顔で来店する」しくみ—巨大5兆円のインバウンド市場攻略に向けた基礎と実践の必携ハンドブック：ジャパンショッピングツーリズム協会公式ハンドブック　新津研一著　商業界　2014.7　216p　19cm　①978-4-7855-0473-1　Ⓝ689.21　［1500円］

◇観光ビジネス未来白書—統計に見る実態・分析から見える未来戦略　2014年版　加藤弘治編著　同友館　2014.3　194p

26cm 〈文献あり 索引あり〉①978-4-496-05050-3 Ⓝ689.21 ［2500円］

◇コンテンツツーリズム入門　増淵敏之,溝尾良隆,安田亘宏,中村忠司,橋本英重,岩崎達也,吉口克利,浅田ますみ著　古今書院　2014.11　206p　21cm〈索引あり　内容：アニメの舞台を訪ねる旅(増淵敏之著)　映画の舞台を訪ねる旅(安田亘宏著)　テレビドラマの舞台を訪ねる旅(中村忠司著)　小説の舞台を訪ねる旅(浅田ますみ著)　ご当地ソングの舞台を訪ねる旅(溝尾良隆著)　ご当地アイドルを訪ねる旅(橋本英重著)　アイドルのステージを追いかける旅(岩崎達也著)　市場調査から読み解くコンテンツツーリズム(吉口克利著)〉①978-4-7722-3163-3 Ⓝ689.21 ［2300円］

◇JNTO訪日旅行誘致ハンドブック　2014　欧米豪6市場編　日本政府観光局事業連携推進部編著　［東京］　日本政府観光局　[2014]　294p　30cm　Ⓝ689.21

◇JNTO訪日旅行誘致ハンドブック　2014　欧米豪6市場編　日本政府観光局(JNTO)事業連携推進部/編著　国際観光サービスセンター　2014.6　294p　30cm　①978-4-903269-40-5 ［10000円］

◇CSV観光ビジネス―地域とともに価値をつくる　藤野公孝,高橋一夫編著　京都　学芸出版社　2014.10　259p　21cm〈内容：観光が生み出す価値とCSV〈共通価値の創造〉(高橋一夫,小里貴宏著)　スイス・サースフェー村の環境保全・共存型観光(柏木千春著)　会津「麗の食スタイル」による震災復興(大久保あかね著)　東日本大震災での「ボランティアツーリズム」(中西理香子著)　熊野古道に外国人個人旅行者を呼び込む着地型旅行会社(多田稔子著)　持続的な市民主体のまち歩き観光「長崎さるく」(股張一男著)　なぜ「富士宮やきそば」は集客力が続くのか?(渡邉英彦著)　掛川市体育協会による地域スポーツを通じた地域振興(高橋一夫著)　瀬戸内国際芸術祭・大地の芸術祭による活性化(高橋一夫著)　成熟社会とシンクロした東京マラソン(遠藤雅彦著)　地域金融機関が構想するせとうち観光プラットフォーム(井坂晋,石岡基彦著)　観光の力を支えるJR東日本(見並陽一著)　来訪促進を支える国際空港(岩村敬著)　共通価値の創出と観光政策(藤野公孝,田中祥司著)〉①978-4-7615-2578-1 Ⓝ689.21 ［2800円］

◇翔び立て! ニッポンの航空・観光　堀和秀,神澤隆編著,西川嘉伸,成澤義親,北村靖道著　右文書院　2014.5　325p　21cm〈奥付の本タイトル(誤植):翔び立て! ニッポンの観光・航空〉①978-4-8421-0764-6 Ⓝ689.21 ［1850円］

◇日本人だけが知らない「ニッポン」の観光地　水津陽子著　［東京］　日経BP社　2014.9　213p　19cm〈日経BPマーケティング(発売)　文献あり〉①978-4-8222-7791-8 Ⓝ689.21 ［1400円］

◇ハラールマーケット最前線―急増する訪日イスラム教徒の受け入れ態勢と、ハラール認証制度の今を追う　佐々木良昭著　実業之日本社　2014.8　191p　19cm　①978-4-408-33512-4 Ⓝ689.21 ［1500円］

◇訪日外国人旅行者向け「観光品質基準」に関する調査研究―報告書　2013　ホテル業種の策定、宿泊施設編の実証研究およびアクティビティ編の改訂について　名古屋　中部圏社会経済研究所　2014.4　1冊　30cm　Ⓝ689.21

◇訪日観光の教科書　髙井典子,赤堀浩一郎著　創成社　2014.2　21,197p　21cm〈文献あり　索引あり〉①978-4-7944-2427-3 Ⓝ689.21 ［2100円］

日本（観光事業―統計）

◇観光の実態と志向　平成25年度版　第32回国民の観光に関する動向調査　日本観光振興協会/編　日本観光振興協会　2014.3　238p　30cm　①978-4-88894-175-4 ［5715円］

◇JNTO日本の国際観光統計　2013年版　日本政府観光局(JNTO)/編著　国際観光サービスセンター　2014.9　103p　30cm　①978-4-903269-41-2 ［3426円］

日本（観光事業―歴史―1945～）

◇秘宝館という文化装置　妙木忍著　青弓社　2014.3　208p　21cm〈内容：「秘宝館」とは何か　秘宝館の誕生　秘宝館の発達　秘宝館の変容と新たな魅力の誕生　遺産としての秘宝館〉978-4-7872-3373-8 Ⓝ384.7 ［2000円］

日本（観光政策）

◇これからの観光政策と自治体―「稼げる地域資源」と「観光財源の集め方」　松井一郎著　イマジン出版　2014.11　99p　21cm（Copa Books）①978-4-87299-681-4 Ⓝ689.1 ［1000円］

◇平成25年度観光の状況・平成26年度観光施策　［東京］　[内閣]　[2014]　170p　30cm〈第186回国会(常会)提出〉Ⓝ689.1

日本（看護教育）

◇継続教育と看護の実践知―看護医療系職の「高度専門職化」への道：KIERA〈学会〉活動20年の足跡を辿る　高梨俊毅監修,クローズ幸子編集,池上澄子,佐藤光子,竹股喜代子,渡辺八重子[執筆]　増補版　看護の科学社　2014.3　235p　21cm　①978-4-87804-079-5 Ⓝ492.907 ［2500円］

日本（看護師）

◇帰ってきた笑うナース　岸香里著　いそっぷ社　2014.5　244p　19cm　①978-4-900963-62-7 Ⓝ498.14 ［1300円］

◇看護師たちの現象学―協働実践の現場から　西村ユミ著　青土社　2014.6　284p　20cm〈文献あり〉①978-4-7917-6791-5 Ⓝ498.14 ［2200円］

◇「看護職のタバコ実態調査」報告書―2013年　日本看護協会健康政策部編　日本看護協会　2014.6　88p　30cm　Ⓝ498.14

◇「看護職の夜勤・交代制勤務ガイドライン」の普及等に関する実態調査―報告書　2013年　日本看護協会　2014.7　78p　30cm　Ⓝ498.14

◇看護10ストーリーズ―輝くいのちの宝石箱　全日本民医連編,矢吹紀人著　本の泉社　2014.3　174p　19cm　①978-4-7807-1151-6 Ⓝ498.14 ［1000円］

◇保健師助産師看護師法が看護師不足を作っている　竹村敏雄著　文芸社　2014.9　123p　19cm　①978-4-286-15408-4 Ⓝ498.14 ［900円］

日本（看護師―雇用）

◇潜在看護職員の就業に関する報告書―ナースセンター登録データに基づく分析　平成24年度版　日本看護協会中央ナースセンター[編]　日本看護協会　2014.1　229, 3, 2p　30cm　Ⓝ498.14

日本（看護師―法令）

◇看護六法　平成26年版　看護行政研究会編　名古屋　新日本法規出版　2014.3　1601, 14p　19cm　①978-4-7882-7827-1 Ⓝ498.12 ［3800円］

日本（冠婚葬祭）

◇暮らしに役立つ冠婚葬祭・年中行事―三六五日を豊かに。：絵で知る、その作法と由来。　土屋書店編集部編集　滋賀出版/土屋書店　2014.3　191p　21cm〈文献あり　索引あり〉①978-4-8069-1348-1 Ⓝ385 ［1680円］

◇白絵―祈りと寿ぎのかたち：特別展　神奈川県立歴史博物館編　横浜　神奈川県立歴史博物館　2014.10　30cm〈会期・会場：平成26年10月11日―11月16日　神奈川県立歴史博物館〉Ⓝ702.1

◇日本のしきたり―伝統行事の知恵と心：美しいイラストでつづる暮らしのヒント　飯倉晴武編著,藤島つとむ絵　宝島社　2014.11　125p　19cm〈文献あり　索引あり〉①978-4-8002-2692-1 Ⓝ386.1 ［1400円］

日本（冠婚葬祭―歴史）

◇冠婚葬祭の歴史―人生儀礼はどう営まれてきたか　互助会保証株式会社,全日本冠婚葬祭互助協会編　水曜社　2014.11　127p　26cm　①978-4-88065-350-1 Ⓝ385.021 ［1000円］

日本（監査基準）

◇監査基準論　長吉眞一著　第3版　中央経済社　2014.4　448p　22cm〈索引あり〉①978-4-502-09880-2 Ⓝ336.97 ［5600円］

◇コーポレートガバナンスと監査と裁判所　安達巧著　岡山　ふくろう出版　2014.5　107p　22cm〈内容：コーポレートガバナンスと会計監査人監査　金融商品取引法監査の趣旨及び目的と監査人の責任　投資者保護の観点からみた監査基準と「司法の権威」〉①978-4-86186-605-0 Ⓝ336.97 ［2300円］

日本（観察）

◇唐沢流自然観察の愉しみ方―自然を見る目が一変する　唐沢孝一著　地人書館　2014.9　198p　19cm〈索引あり〉①978-4-8052-0578-6 Ⓝ460.7 ［1800円］

◇自然ウォッチングのコツ―アウトドアを楽しむ　山口喜盛著　メイツ出版　2014.6　183p　21cm（コツがわかる本）〈文献あり〉①978-4-8049-1446-2 Ⓝ460.7 ［1500円］

日本（官庁―歴史―江戸時代―名簿）

◇江戸幕府諸役人御用番名鑑　深井雅海/監修, 大滝敦士, 嵩田紋子/編　柊風舎　2014.11　309p　26cm　①978-4-86498-022-7 ［18000円］

日本（関税）

◇特殊関税コンメンタール　新訂　日本関税協会　2014.1　1883p　22cm　①978-4-88895-370-2 Ⓝ678.3 ［20000円］

◇内国消費税　平成26年度　［東京］　財務省税関研修所　[2014]　173p　21cm　Ⓝ678.3

日本（関税法）

◇関税関係基本通達集　平成26年度版上巻　日本関税協会　2014.8　1076p　22cm　①978-4-88895-379-5(set) Ⓝ678.3

日本（関税率表）

◇関税関係基本通達集　平成26年度版下巻　日本関税協会　2014.8　p1083-2041　22cm　Ⓘ978-4-88895-379-5（set）Ⓝ678.3

◇関税関係個別通達集　平成26年度版　日本関税協会　2014.8　941p　22cm　Ⓝ678.3　[6200円]

◇関税法　平成26年度　上　[東京]　財務省税関研修所　[2014]　418p　21cm　Ⓝ678.3

◇関税法　平成26年度　下　[東京]　財務省税関研修所　[2014]　151p　21cm　Ⓝ678.3

◇関税六法　平成26年度版　日本関税協会　2014.8　2363p　22cm　〈索引あり〉　Ⓘ978-4-88895-378-8　Ⓝ678.3　[9000円]

日本（関税率表）

◇実行関税率表　2014　日本関税協会　2014.4　282p　30cm　〈本文：日英両文〉　Ⓘ978-4-88895-372-6　[24000円]

◇実行関税率表　2014　2015年輸入統計品目表改正対応　日本関税協会　2014.12　19p　30cm　Ⓘ978-4-88895-382-5　[260円]

日本（感染症対策）

◇医療機関における新型インフルエンザ等対策―ミニマム・エッセンシャルズ　岡部信彦監修，田辺正樹，大曲貴未編集　南山堂　2014.8　243p　26cm　〈索引あり〉　Ⓘ978-4-525-23191-0　Ⓝ493.87　[3800円]

◇鳥インフルエンザ，口蹄疫等の効率的なリスク低減技術の開発　農林水産省農林水産技術会議事務局編　農林水産省農林水産技術会議事務局　2014.3　114p　30cm　（研究成果 第519集）Ⓝ646

日本（官庁会計）

◇環境配慮契約法基本方針等の改定検討等業務報告書　平成25年度　[東京]　インテージリサーチ　2014.3　1冊　30cm　Ⓝ343.94

◇環境配慮契約法基本方針等の改定検討等業務報告書　平成25年度　別冊　専門委員会資料　[東京]　インテージリサーチ　2014.3　1冊　30cm　Ⓝ343.94

◇公会計改革と自治体財政健全化法を読み解く―財務4表・公営企業会計改革・法適用拡大・健全化法・三セク改革・インフラ更新　小西砂千夫著　日本加除出版　2014.5　284,3p　19cm　〈索引あり〉　Ⓘ978-4-8178-4163-6　Ⓝ349.3　[2800円]

◇公会計が自治体を変える！―バランスシートで健康チェック！　淺田隆治監修，宮澤正泰著　第一法規　2014.5　220p　19cm　Ⓘ978-4-474-02969-9　Ⓝ349.3　[1800円]

◇公会計・公監査の基礎と実務―地方公共団体の公会計改革を目指して：我が国政府・地方公共団体における公会計・公監査の理論とケースを中心に　鈴木豊監修・著　法令出版　2014.1　551p　21cm　Ⓘ978-4-938419-61-5　Ⓝ343.9　[4200円]

◇国会議員が解説する公会計マネジメント入門　若林健太著　ぎょうせい（発売）　2013.9　195p　19cm　〈文献あり〉　Ⓘ978-4-324-80065-2　Ⓝ343.9　[1200円]

◇今後の新地方公会計の推進に関する研究会報告書　今後の新地方公会計の推進に関する研究会[著]　[東京]　総務省　2014.4　66p　30cm　Ⓝ349.3

◇新地方公会計財務書類作成統一基準―ポイント解説　鈴木豊編著　ぎょうせい　2014.9　199p　26cm　Ⓘ978-4-324-09877-6　Ⓝ349.3　[2600円]

日本（官庁会計―法令）

◇官公庁契約精義　平成26年増補改訂版　高柳岸夫，有川博共著　全国官民販売協同組合　2014.2　1620p　22cm　〈文献あり 索引あり〉　Ⓘ978-4-86458-057-1　Ⓝ343.94　[12000円]

◇国土交通省会計実務要覧　平成26年度版　ぎょうせい編集　ぎょうせい　2014.10　1460p　21cm　Ⓘ978-4-324-09876-9　Ⓝ343.9　[4300円]

日本（官庁建築）

◇近代遺跡調査報告書―政治（官公庁等）　文化庁文化財部記念物課[著]　[東京]　文化庁文化財部記念物課　2014.3　198p　30cm　〈文献あり〉　Ⓝ521.8

日本（官庁出版物）

◇白書の白書　2014年版　木本書店・編集部/編　木本書店　2014.5　703p　21cm　Ⓘ978-4-904808-12-2　[3800円]

日本（官僚）

◇官愚の国―日本を不幸にする「霞が関」の正体　髙橋洋一著　祥伝社　2014.6　219p　16cm　（祥伝社黄金文庫 Gた22-1）〈2011年刊の加筆・修正〉　Ⓘ978-4-396-31640-2　Ⓝ317.3　[590円]

◇クランがゆがめる行政日本病の根源　稲葉清毅著　勉誠出版　2014.8　261p　19cm　Ⓘ978-4-585-23029-8　Ⓝ317　[1800円]

◇「成長戦略」の罠―「失われた20年」は、さらに続く　高橋洋一著　祥伝社　2014.9　216p　20cm　Ⓘ978-4-396-61500-0　Ⓝ332.107　[1500円]

日本（官僚―歴史―昭和前期）

◇戦前日本の政党内閣と官僚制　若月剛史著　東京大学出版会　2014.2　258,4p　22cm　〈索引あり〉　Ⓘ978-4-13-026236-1　Ⓝ312.1　[5600円]

日本（官僚―歴史―大正時代）

◇戦前日本の政党内閣と官僚制　若月剛史著　東京大学出版会　2014.2　258,4p　22cm　〈索引あり〉　Ⓘ978-4-13-026236-1　Ⓝ312.1　[5600円]

日本（官僚制―歴史―1945～1952）

◇占領下の議会と官僚　天川晃著　現代史料出版　2014.8　326p　22cm　（東出版（発売）　索引あり　内容：敗戦後の帝国議会　占領下の国会　「民主化」過程と官僚の対応　占領政策と官僚の対応　内閣法制局の対応　民政局と内務省　民政局と官僚制改革　占領と官僚制）Ⓘ978-4-87785-295-5　Ⓝ314.12　[3400円]

日本（官僚制―歴史―古代）

◇律令官人制の研究　野村忠夫著　増訂版　オンデマンド版　吉川弘文館　2013.10　593,9p　22cm　（日本史学研究叢書）〈索引あり　印刷・製本：デジタルパブリッシングサービス　内容：天武・持統朝の官人法　天武朝の外位をめぐる問題　村国連氏と身毛君氏　令制考叙法の基本的問題　大宝・養老令制の考叙法　慶雲三年格制の考叙法　延喜式考叙法の基本構造　蔭子孫・位子・白丁　官人出身者の構造　内・外位制と内・外階制　律令勲位制の基本問題　官人官階層の基本構成　官人的把勢の問題　戦後の律令官人制研究　女性の考叙について　特殊性　平城宮跡出土の木簡をめぐって　律令官人制の構造と考叙法〉Ⓘ978-4-642-04226-0　Ⓝ322.134　[16500円]

日本（議員）

◇市議会議員に転職しました。―ビジネスマンが地方政治を変える　伊藤大貴，遠藤ちひろ著　小学館　2014.6　254p　19cm　Ⓘ978-4-09-388358-0　Ⓝ318.4　[1500円]

◇トンデモ地方議員の問題　相川俊英[著]　ディスカヴァー・トゥエンティワン　2014.12　279p　18cm　（ディスカヴァー携書 134）Ⓘ978-4-7993-1611-5　Ⓝ318.4　[1000円]

日本（機械―安全管理）

◇安衛法違反による送検事例と災害動向　機械・設備編　労働調査会　2014.8　40p　26cm　（「労働安全衛生広報」別冊）Ⓝ509.8

日本（機械工業）

◇機械産業を巡るグローバル競争の変容と競争力の展望―「アベノミクス」後に向けて　機械振興協会経済研究所　2014.3　79p　30cm　（JSPMI-ERI H25-4）〈文献あり〉　Ⓝ530.921

◇日本の機械産業　2013　機械振興協会経済研究所編　機械振興協会経済研究所　2013.11　197p　30cm　〈タイトル関連情報：電機産業を中心に競争力低下が懸念される日本のモノづくり〉Ⓝ530.921

◇汎用機器100品目マーケットデータ　2013暦年販売実績版　日本マーケティングクリエイション　2014.5　207枚　21×30cm　Ⓝ530.93　[120000円]

日本（機械工業―統計）

◇経済産業省生産動態統計年報　機械統計編　平成25年　経済産業省大臣官房調査統計グループ/編　経済産業調査会　2014.8　474p　30cm　Ⓘ978-4-8065-1851-8　[11000円]

◇特定サービス産業実態調査報告書　平成25年　機械修理業、電気機械器具修理業編　[東京]　経済産業省大臣官房調査統計グループ　2014.12　239p　30cm　Ⓝ673.9

日本（機械工業―法令）

◇知ってなアカン！　機械技術者そんな設計じゃ、罰せられますよ！―わかりやすくやくにたつ　古川功，岩井孝志，佐野義幸，岡田雅信，宮西健次著　日刊工業新聞社　2014.7　221p　21cm　〈文献あり〉　Ⓘ978-4-526-07275-8　Ⓝ530.91　[2200円]

日本（機械工業―名簿）

◇会社ガイド　2014-2015年版　大阪　日本物流新聞社　2014.8　269p　30cm　Ⓝ530.9　[1200円]

日本（企業）

◇俺たちは現場に立つ―日本を支える企業力の源泉　江上剛著　宝島社　2014.3　251p　16cm　（宝島SUGOI文庫 Aえ-3-1）Ⓘ978-4-8002-2501-6　Ⓝ335.21　[600円]

◇会社を元気にしたければF・E・D社員を大切にしなさい　坂本光司，坂本光司研究室著　PHP研究所　2014.7　285p　19cm　〈別タイトル：会社を元気にしたければ女性 高齢者 障

日本件名図書目録2014　Ⅰ　　日本（企業）

がい者社員を大切にしなさい〉①978-4-569-81915-0 Ⓝ335.21 ［1400円］

◇会社が正論すぎて、働きたくなくなる―心折れた会社と一緒に潰れるな　細井智彦［著］　講談社　2014.6　191p　18cm（講談社＋α新書 653-1C）①978-4-06-272830-0 Ⓝ366.021 ［840円］

◇環境にやさしい企業行動調査結果―平成24年度における取組に関する調査結果：詳細版　［東京］　環境省　2014.3　236p 30cm Ⓝ336

◇企業行動に関するアンケート調査報告書　平成25年度　［東京］　内閣府経済社会総合研究所　2014.3　47, 42p　30cm Ⓝ335.21

◇企業戦略白書―海外展開の新切り口に覚醒する日本企業 2013/2014年版　覚醒の時代　藤田英夫／編著　日本ビジネス開発　2014.2　271p　30cm　（JBD企業・ビジネス白書シリーズ）①978-4-901586-74-0 ［38000円］

◇雇用ポートフォリオ編成のメカニズム―定性的分析による実証研究　労働政策研究・研修機構著　労働政策研究・研修機構 2014.5　169p　30cm（労働政策研究報告書 no. 166）〈文献あり〉Ⓝ336.4

◇10年後躍進する会社潰れる会社　鈴木貴博著　KADOKAWA 2014.1　239p　19cm　①978-4-04-110665-5　Ⓝ602.1　［1400円］

◇女性活躍推進―12社のキーパーソンが語るインタビュー集：人事担当者必携　植田寿乃監修，産労総合研究所編　産労総合研究所出版部経営書院　2014.3　175p　24cm〈内容：カルビー（松本晃, 後藤綾子, 中野衣恵述）オール・デサント労働組合（菅原昌也, 篠原梨沙, 渡邊薫述）富国生命保険相互会社（米山映映, 昌宅由美子, 女性管理職勉強会「JEWEL・STAR」のメンバー述）全日本空輸（伊東信一郎, 槇田あずま, 柿沼郁子述）新日鉄住金エンジニアリング〈旧・新日鉄エンジニアリング〉（高橋誠, 増田梓, 飛塚美紀述）カシオ計算機（持永信之, 飯野彩子, 寺島恵美子ほか述）東日本旅客鉄道（冨田哲郎, 松浦一美, 柴田晴美述）QUICK（鎌田真一, 伊藤朋子, 末本栄美子述）ミニストップ（飯久保明, 木下朋子, 中井智律子述）常口アトム（佐藤裕美, 大岡奈津子, 松崎茜述）キヤノン（大野和人, 福井啓貴, 鈴木麻子述）パナソニックエイジフリーショップス（斎藤隆輔, 小松多恵子述）未来を拓く女性活躍推進（植田乃広述）①978-4-86326-169-3 Ⓝ336.4 ［1600円］

◇「人」財経営のすすめ―いま日本の企業に求められる「ヒトづくり」　佐竹隆幸著　神戸　神戸新聞総合出版センター 2014.3　266p　19cm　①978-4-343-00789-6　Ⓝ335.21 ［1600円］

◇震災と企業の社会性・CSR―東日本大震災における企業活動とCSR　矢口義教著　創成社　2014.3　223p　21cm〈索引あり〉①978-4-7944-2433-4 Ⓝ335.15 ［2400円］

◇成果を出す個人はどう考えどう動くのか　柴田昌治著　［東京］　日経BP社　2014.6　223p　19cm〈日経BPマーケティング（発売）〉①978-4-8222-3044-9 Ⓝ336 ［1600円］

◇セブン-イレブンより愛されるコンビニの秘密―「V字回復ヒット」22の方程式　日経トレンディ編　［東京］　日経BP社 2014.6　199p　19cm　（NIKKEI TRENDY BOOKS）〈日経BPマーケティング（発売）〉①978-4-8222-2078-5 Ⓝ335.21 ［1300円］

◇創業三〇〇年の長寿企業はなぜ栄え続けるのか　グロービス経営大学院，田久保善彦監修　東洋経済新報社　2014.10 227p　19cm〈内容：三〇〇年長寿企業（原雄介述）顧客価値を提供し続ける（宮地琢磨者）身の丈経営を実践する（若松寛智者）価値観を守る（丸山祥子者）日本型サステイナブル企業の経営を下支えする三つの要素（原雄介者）〉①978-4-492-53351-2 Ⓝ335.21 ［1600円］

◇どこにでもいる普通の女子大生が新卒入社した会社で地獄を見てたった8日で辞めた話　小林リズム著　泰文堂　2014.5 175p　19cm（リンダブックス）①978-4-8030-0563-9 Ⓝ366.021 ［1200円］

◇なぜ、女性が活躍する組織は強いのか？―先進19社に学ぶ女性の力を引き出す「仕組み」と「習慣」　麓幸子，日経BPヒット総合研究所編　［東京］　日経BP社　2014.6　295p　19cm〈日経BPマーケティング（発売）〉①978-4-8222-7389-7 Ⓝ336.4 ［1850円］

◇成毛眞の本当は教えたくない意外な成長企業100　成毛眞著 朝日新聞出版　2014.9　195p　19cm〈文献あり〉①978-4-02-331270-8 Ⓝ335.21 ［1300円］

◇ナンバーワン企業の成功のしくみ　コマツ，エイチ・アイ・エス，スギホールディングス株式会社，千趣会，セコム株式会社監修　幻冬舎　2013.8　159p　21cm　①978-4-344-90274-9 Ⓝ335.21 ［1300円］

◇ナンバーワン企業の儲けるしくみ　ヤマト運輸株式会社, 大和ハウス工業株式会社, アイリスオーヤマ株式会社, ハイデイ日高, カカクコム監修　幻冬舎　2013.8　159p　21cm　①978-4-344-90275-6 Ⓝ335.21 ［1300円］

◇2020年の日本革新者の時代―掘り起こせ「日本の底力」　谷川史郎著　東洋経済新報社　2014.1　206p　20cm　①978-4-492-39595-0 Ⓝ335.21 ［1600円］

◇「日経企業イメージ調査」について　2013年調査　日本経済新聞社, 日経広告研究所［編］　［東京］　日本経済新聞社 2014.2　115p　30cm〈共同刊行：日経広告研究所〉①978-4-904890-21-9 Ⓝ335.21 ［10000円］

◇日本企業のCSR経営　谷本寛治著　千倉書房　2014.8　204p 22cm〈内容：企業社会の構造変化とCSR　CSRの源流と現在のCSR　CSRと海外投資家　CSRと働く両親　CSRとマネジメントプロセス　CSRと責任ある競争力　CSRと公共政策　ソーシャル・イノベーションの創出プロセス〉①978-4-8051-1044-7 Ⓝ335.15 ［2800円］

◇日本企業の進化論―グローバルで闘い抜くための”5つの進化” ベイカレント・コンサルティング著　［東京］　翔泳社　2014. 3　444,4p　20cm　①978-4-7981-3745-2 Ⓝ335.21 ［2500円］

◇日本企業はモノづくり至上主義で生き残れるか―「スーパー現場」が顧客情報をキャッシュに変える　フランシス・マキナニー著，倉田幸信訳　ダイヤモンド社　2014.6　292p　19cm ①978-4-478-02657-1 Ⓝ335.21 ［1800円］

◇日本再生への経営改革―日本人特有の「考え方と文化」で生き残れるか　西嶋修著　New York Art　2014.8　611p　22cm〈丸善出版（発売）索引あり〉①978-4-902437-61-4 Ⓝ335.21 ［4500円］

◇日本人の覚悟―成熟経済を超える　嶌信彦著　実業之日本社（発売）　2014.1　279p　19cm〈文献あり〉①978-4-408-33305-2 Ⓝ335.21 ［1300円］

◇働きやすい・働きがいのある職場づくり事例集　「働きやすい・働きがいのある職場づくり」プロジェクト企画委員会［著］ ［東京］　厚生労働省　［2014］　302p　30cm Ⓝ336.4

◇ビッグチャンス―追い風の今、日本企業がやるべきこと　冨山和彦著　PHP研究所　2014.8　297p　20cm〈文献あり　表紙のタイトル：BIG CHANCE〉①978-4-569-82035-4 Ⓝ335.21 ［1500円］

◇人に喜ばれる仕事をしよう―感動、感激、感謝される会社のつくり方　坂本光司編著　WAVE出版　2014.6　239p　19cm ①978-4-87290-677-6 Ⓝ335.21 ［1400円］

◇日の丸びじねす白書　2014年版　覚醒の時代―次代を担う「日の丸びじねす」の目録　藤田英夫編著　日本ビジネス開発　2014.7　182p　30cm（JBD企業・ビジネス白書シリーズ）〈年表あり〉①978-4-901586-81-8 Ⓝ335.21 ［38000円］

◇百年企業100選―未来に残したい老舗企業　『百年企業100選』制作委員会編著，後藤俊夫監修　［東京］　東方通信社　2014. 2　219p　20cm〈ティ・エー・シー企画（発売）〉①978-4-924508-15-6 Ⓝ335.21 ［1500円］

◇ファーストコールカンパニー宣言―100年先も一番に選ばれる会社　若松孝彦, 長尾吉邦著，タナベ戦略コンサルタントチーム編　ダイヤモンド社　2014.6　208p　20cm　①978-4-478-02468-3 Ⓝ335.21 ［1600円］

◇「フォロワー」のための競争戦略―リーダーやニッチャーでなくても勝ち残る　手塚貞治著　日本実業出版社　2014.7 245p　19cm　①978-4-534-05199-8 Ⓝ336.1 ［1600円］

◇不拡大永続主義のすすめ　明治大学リバティアカデミー編 明治大学リバティアカデミー　2014.3　56p　21cm（リバティアカデミーブックレット no. 25）①978-4-904943-12-0 Ⓝ335.21 ［740円］

◇へぇな会社―変わっているけど成果を生み出す「働き方」「儲け方」のルール39　朝日新聞「へぇな会社」取材班, よしたに著　朝日新聞出版　2014.6　175p　19cm　①978-4-02-331305-7 Ⓝ335.21 ［1300円］

◇本当のホワイト企業の見つけ方―指標とランキングでわかる！　岸本吉浩著, 山本昌弘監修　東洋経済新報社　2014.7 214p　19cm〈文献あり〉①978-4-492-22343-7 Ⓝ335.21 ［1600円］

◇マイナンバー制度と企業の実務対応―いつまでに何をしなければならないか!?　榎並利博著　日本法令　2014.6　349p 21cm〈文献あり〉①978-4-539-72367-8 Ⓝ317.6 ［2400円］

◇マーケティング倫理が企業を救う！　水尾順一著　生産性出版　2014.9　220p　20cm〈文献あり〉①978-4-8201-2033-9 Ⓝ675 ［2200円］

日本（企業―統計）　　　　　　　　　　　　　　　　　　　　　　　　　　　　　日本件名図書目録2014　Ⅰ

◇Superbrands—an insight into Japan's most powerful emerging brands 2013-2014 [Tokyo] Superbrands East Asia [2014] 71p 35cm〈本文は日本語〉①978-4-9907463-1-5 Ⓝ335.21 [6500円]

日本（企業―統計）
◇経済センサス―活動調査報告　平成24年　第3巻　企業等及び従業者数に関する集計　総務省統計局、経済産業省大臣官房調査統計グループ編　総務省統計局　2014.3　972p　30cm〈共同刊行：経済産業省大臣官房調査統計グループ〉Ⓝ605.9
◇経済センサス―活動調査報告　平成24年　第4巻　企業等の売上（収入）金額及び費用に関する集計　総務省統計局、経済産業省大臣官房調査統計グループ編　総務省統計局　2014.3　799p　30cm〈共同刊行：経済産業省大臣官房調査統計グループ〉Ⓝ605.9
◇経済センサス―活動調査報告　平成24年第3巻　企業等数及び従業者数に関する集計　総務省統計局、経済産業省大臣官房調査統計グループ、日本統計協会、経済産業調査会、経済産業統計協会編集　日本統計協会　2014.3　972p　30cm〈英語抄訳付〉①978-4-8223-3743-8　Ⓝ605.9 [9200円]
◇経済センサス―活動調査報告　平成24年第4巻　企業等の売上〈収入〉金額及び費用に関する集計　総務省統計局、経済産業省大臣官房調査統計グループ、日本統計協会、経済産業調査会、経済産業統計協会編集　日本統計協会　2014.3　799p　30cm〈英語抄訳付〉①978-4-8223-3744-5　Ⓝ605.9 [7800円]
◇全国企業あれこれランキング　2015　帝国データバンク　2014.10　696p　30cm　(TDB data book)　Ⓝ335.035 [9500円]

日本（企業―名簿）
◇全国企業あれこれランキング　2015　帝国データバンク　2014.10　696p　30cm　(TDB data book)　Ⓝ335.035 [9500円]

日本（企業―歴史）
◇1からの経営史　宮本又郎、岡部桂史、平野恭平編著　津　碩学舎　2014.3　319p　21cm〈中央経済社（発売）文献あり　索引あり〉①978-4-502-08900-8　Ⓝ335.21 [2400円]
◇日本100大企業の系譜―図ですぐわかる！　2　菊地浩之著　KADOKAWA　2014.6　267p　18cm　(メディアファクトリー新書 102)〈索引あり〉①978-4-04-066796-6　Ⓝ335.21 [900円]

日本（企業―歴史―1868〜1945）
◇戦前日本の企業統治―法制度と会計制度のインパクト　青地正史著　日本経済評論社　2014.9　331p　22cm〈文献あり　索引あり　内容：課題と視角　会社設立前の株式譲渡　三重紡績の成長戦略　1920年代の持ち株会社による企業統治　「重役による私財提供」の論理　株主有限責任の定着過程　戦前日本の時価会計とコーポレート・ガバナンス　戦時期日本企業のゴーイング・コンサーン化　戦時期における持株会社による企業統治の変容　軍需会社法下の株主総会　「未払込株金」と戦前日本企業〉①978-4-8188-2343-3　Ⓝ335.4 [6000円]

日本（企業―歴史―1945〜）
◇日本の産業と企業―発展のダイナミズムをとらえる　橘川武郎、平野創、板垣暁編　有斐閣　2014.12　360p　19cm　(有斐閣アルマ)〈索引あり〉①978-4-641-22035-5　Ⓝ602.1 [2300円]
◇レジリエント・マネジメント　平田透編　京都　ナカニシヤ出版　2014.5　219p　19cm　①978-4-7795-0856-1　Ⓝ335.21 [2500円]

日本（企業会計）
◇会計制度改革の視座　五十嵐邦正著　千倉書房　2014.6　351p　22cm〈文献あり　索引あり〉①978-4-8051-1037-9　Ⓝ336.9 [4100円]
◇会計税務便覧　平成26年度版　日本公認会計士協会東京会編　清文社　2014.9　26,1299p　19cm〈索引あり〉①978-4-433-53534-6　Ⓝ336.9 [5000円]
◇出世したけりゃ会計・財務は一緒に学べ！　西山茂著　光文社　2014.2　254p　18cm　(光文社新書 679)①978-4-334-03782-6　Ⓝ336.9 [760円]
◇組織再編会計のしくみ　第2版　中央経済社　2014.7　173p　21cm　(図解でざっくり会計シリーズ 7)①978-4-502-10921-8　Ⓝ336.9 [1900円]
◇中小企業会計―「会計用語」で読み解く　吉田勝著　[東京]　東方通信社　2013.10　183p　21cm〈ティ・エー・シー企画（発売）〉①978-4-924508-14-9　Ⓝ336.9 [1500円]

◇夜11時からのビジネス会計トレーニング　玉木昭宏著　中央経済社　2014.6　203p　21cm　①978-4-502-09640-2　Ⓝ336.8 [2400円]

日本（企業会計―法令）
◇会計全書　平成26年度会計法規編　金子宏、斎藤静樹監修　[東京]　中央経済社　2014.7　2226p　23cm〈索引あり　平成26年6月1日現在〉①978-4-502-86002-7 (set)　Ⓝ336.9
◇会計法規集　中央経済社編　新版 第7版　中央経済社　2014.9　1396p　22cm　①978-4-502-11551-6　Ⓝ336.9 [2100円]
◇企業会計小六法　2014年版　中央経済社編　中央経済社　2014.3　7,3141p　22cm〈索引あり〉①978-4-502-09680-8　Ⓝ336.9 [5800円]

日本（企業会計原則）
◇M&A・再編会計　デロイトトーマツファイナンシャルアドバイザリー株式会社編　清文社　2014.3　243p　21cm　(トーマツ会計セレクション 11)〈索引あり〉①978-4-433-57703-2　Ⓝ336.92 [2400円]
◇Q&A M&A会計の実務ガイド　あずさ監査法人編　第4版　中央経済社　2014.8　325p　21cm〈文献あり　索引あり〉①978-4-502-10931-7　Ⓝ336.92 [3200円]
◇早わかり税制改正＆新会計基準の決算実務―税効果会計と消費税率引上げへの対応　平成26年〜27年決算対応　足立好幸著　中央経済社　2014.2　190p　21cm　①978-4-502-10181-6　Ⓝ345.1 [1800円]
◇包括利益とリサイクリング　田子晃著　創成社　2014.2　197p　22cm〈文献あり　索引あり〉①978-4-7944-1474-8　Ⓝ336.93 [2200円]

日本（企業再生―書式）
◇書式民事再生の実務―申立てから手続終了までの書式と理論　四宮章夫、藤原総一郎、信國篤慶編著　全訂4版　民事法研究会　2014.1　676p　21cm　(裁判事務手続講座 第15巻)〈索引あり〉①978-4-89628-889-6　Ⓝ327.37 [6500円]

日本（企業集中）
◇企業結合ガイドライン　田辺治、深町正徳編著　商事法務　2014.2　321p　21cm〈索引あり〉①978-4-7857-2152-7　Ⓝ335.57 [3400円]

日本（企業提携）
◇企業提携の変容と市場創造―有機EL分野における有機的提携　小関珠音著　白桃書房　2014.3　114p　22cm〈文献あり〉①978-4-561-26635-8　Ⓝ545 [2750円]
◇地域産業集積の特性を活かしたイノベーション達成の条件―中間組織の機能に注目した4つの地域類型のケース・スタディ　中小企業基盤整備機構経営支援情報センター　2014.3　6,104p　30cm　(中小機構調査研究報告書 第6巻 第3号)〈文献あり〉Ⓝ335.3
◇地銀連携―その多様性の魅力　伊東眞幸著　金融財政事情研究会　2014.5　165p　20cm　(きんざい（発売）索引あり)①978-4-322-12443-9　Ⓝ338.61 [1600円]
◇中小企業への大企業等保有特許移転に関する調査研究報告書　[京都]　京都リサーチパーク　2014.2　2,189p　30cm　(特許庁産業財産権制度問題調査研究報告書 平成25年度)〈奥付のタイトル：中小企業への大企業等保有特許移転に関する調査研究に関する調査研究報告書〉Ⓝ507.23
◇ビジネスマッチング70成功事例集　銀行研修社編　第2版　銀行研修社　2014.2　269p　21cm〈初版のタイトル：ビジネスマッチング60成功事例集〉①978-4-7657-4423-2　Ⓝ335.35 [2200円]

日本（企業倒産―判例）
◇実務に効く事業再生判例精選　小林信明、山本和彦編　有斐閣　2014.11　277p　26cm〈索引あり　『ジュリスト』増刊〉①978-4-641-21506-1　Ⓝ327.3 [2667円]

日本（企業買収）
◇医薬品卸のM&A戦略の検証―2007年度―2012年度の決算分析から　[東京]　日医総研　2014.3　87p　30cm　(日本医師会総合政策研究機構ワーキングペーパー no. 310)　Ⓝ673.5
◇M&A・再編会計　デロイトトーマツファイナンシャルアドバイザリー株式会社編　清文社　2014.3　243p　21cm　(トーマツ会計セレクション 11)〈索引あり〉①978-4-433-57703-2　Ⓝ336.92 [2400円]
◇M&A実務ハンドブック―会計・税務・企業評価と買収契約の進め方　鈴木義行編著, 安井淳一郎, 越智多佳子, 岡田昌也著　第7版　中央経済社　2014.9　526p　22cm〈索引あり〉①978-4-502-12021-3　Ⓝ335.46 [5600円]
◇M&Aレポート―MARR　2013　レコフデータ　2013.2　132p　30cm　①978-4-502-……　Ⓝ335.46 [3150円]
◇M&Aレポート―MARR　2014　レコフデータ　2014.2　113p　30cm　Ⓝ335.46 [3000円]

624

◇オーナー社長のための会社の売り方 GTAC編著 幻冬舎メディアコンサルティング 2013.7 158p 21cm 〈幻冬舎（発売）〉978-4-344-99964-0 Ⓝ335.46 ［1300円］

◇会社を息子に継がせるな 畠嘉伸著 幻冬舎メディアコンサルティング 2013.9 207p 19cm Ⓘ978-4-344-97010-6 Ⓝ335.46 ［1200円］

◇中小企業の生涯とM&A 竹下吉大著 ［東京］ 東京図書出版 2014.7 198p 19cm 〈リフレ出版（発売）〉Ⓘ978-4-86223-779-8 Ⓝ335.46 ［1300円］

◇中小企業のための会社売却「M&A」の手続・評価・税務と申告実務 岸田康雄著 清文社 2014.5 302p 21cm Ⓘ978-4-433-54464-5 Ⓝ335.46 ［2600円］

日本（企業買収―判例）

◇実務に効くM&A・組織再編判例精選 神田秀樹，武井一浩編 有斐閣 2013.5 255p 26cm 〈索引あり 『ジュリスト』増刊〉Ⓘ978-4-641-21501-6 Ⓝ325.247 ［2667円］

日本（企業法）

◇企業法務のFirst Aid Kit―問題発生時の初動対応 田辺総合法律事務所編著 ［東京］ レクシスネクシス・ジャパン 2014.11 377p 21cm 〈索引あり〉Ⓘ978-4-908069-03-1 Ⓝ335.33 ［3400円］

◇経営力アップのための企業法務入門 浜辺陽一郎著 東洋経済新報社 2014.9 268p 21cm Ⓘ978-4-492-53350-5 Ⓝ335.33 ［2800円］

◇現代企業法務 1 国内企業法務編 井原宏，河村寛治，阿部博友編著 岡山 大学教育出版 2014.4 474p 21cm 〈索引あり〉Ⓘ978-4-86429-257-3 Ⓝ335.33 ［4200円］

◇シニアをめぐるビジネスの実際と法律問題―超高齢社会における住まい・介護・契約・高齢者雇用を中心に 真和総合法律事務所編 民事法研究会 2014.10 323p 21cm Ⓘ978-4-89628-969-5 Ⓝ335.33 ［2700円］

◇勝利する企業法務―法務"戦術"はゴールから逆算せよ！：実践的弁護士活用法 湊総合法律事務所著 レクシスネクシス・ジャパン 2014.6 429p 21cm Ⓘ978-4-902625-82-0 Ⓝ335.33 ［3400円］

◇新社会人へ贈るビジネス法務 山本忠弘監修 京都 嵯峨野書院 2014.8 249p 21cm 〈執筆：黒川通男ほか〉978-4-7823-0542-3 Ⓝ335.33 ［2300円］

◇入門図解必ず知っておきたい！中小企業のためのビジネス法務実践マニュアル―事業者必携 戸塚美砂監修 三修社 2014.9 263p 21cm 〈索引あり 奥付のタイトル：入門図解中小企業のためのビジネス法務実践マニュアル〉978-4-384-04615-1 Ⓝ335.33 ［1900円］

◇ビジネス常識としての法律 堀龍児，淵邊善彦著 日本経済新聞出版社 2014.7 310p 18cm （日経文庫 1312）〈文献あり 「会社法務入門」第4版（2011年刊）の改題、大幅に改訂〉Ⓘ978-4-532-11312-4 Ⓝ335.33 ［1000円］

◇ビジネスシーンごとにつかむ企業経営の法律知識 島村謙著 清文社 2014.12 228p 21cm Ⓘ978-4-433-54824-7 Ⓝ335.33 ［2200円］

◇ビジネス法入門 中村信男，和田宗久著 中央経済社 2014.10 262p 21cm 〈文献あり 索引あり〉Ⓘ978-4-502-21951-1 Ⓝ335.33 ［2600円］

◇「ビジネス法務」集中講義―実務対応をステークホルダーごとに学ぶ 大久保綾子，平本正則編著 中央経済社 2014.8 220p 21cm 〈年表あり 索引あり〉Ⓘ978-4-502-11111-2 Ⓝ335.33 ［2700円］

◇やさしい企業法 山本忠弘，柳事司，淺木愼一編著 改訂版 京都 嵯峨野書院 2014.4 283p 21cm 〈索引あり 執筆：八神聖ほか〉Ⓘ978-4-7823-0540-9 Ⓝ335 ［2600円］

日本（企業法―判例）

◇企業法務ガイド 判例活用編 顧問先へのアドバイスに使える300事案 今川嘉文著 日本加除出版 2014.5 313p 26cm 〈文献あり〉Ⓘ978-4-8178-4139-1 Ⓝ335.33 ［3600円］

日本（危険物取締―法令）

◇危険物六法 平成26年新版 危険物法令研究会編 東京法令出版 2014.5 1029,91p 21cm 〈索引あり 平成26年3月1日現在〉Ⓘ978-4-8090-2379-8 Ⓝ317.734 ［2500円］

◇図解危険物施設基準の早わかり 3 東京消防庁監修，危険物行政研究会編著 7訂 東京法令出版 2014.4 315p 26cm 〈内容現在平成26年2月1日現在〉Ⓘ978-4-8090-2380-4 Ⓝ317.734 ［2200円］

◇逐条解説危険物政令 危険物法令研究会編著 東京法令出版 2014.3 754p 22cm 〈年表あり 索引あり 布装〉Ⓘ978-4-8090-2377-4 Ⓝ317.734 ［5000円］

日本（気候）

◇古記録における天気ならびに植物季節的記述を用いた気候復元手法の確立 ［堺］ ［青野靖之］ 2014.1 266p 30cm 〈文献あり 研究代表者：青野靖之〉Ⓝ451.91

日本（紀行・案内記）

◇一岳寸草心―山影に逢はむ：八十断章 欅疊振子著 一宮 人の森 2014.5 419p 20cm 〈文献あり〉978-4-9907170-0-1 Ⓝ291.09 ［2000円］

◇一度は行ってみたい花の絶景 日本絶景倶楽部編著 洋泉社 2014.9 159p 21cm 〈『日本列島花の絶景』（2013年刊）の改題、改訂〉978-4-8003-0480-3 Ⓝ291.09 ［1700円］

◇一度は訪れたい小京都―歴史と文化が香る美しき和の国。 竹書房 2014.4 128p 21cm Ⓘ978-4-8124-9930-6 Ⓝ291.09 ［552円］

◇一度は見たい！日本一百景 日本一研究会編著 洋泉社 2014.12 159p 21cm Ⓘ978-4-8003-0544-2 Ⓝ291.09 ［1700円］

◇一釜庵隠居旅―道中記 一釜庵［著］，戸田憲一編 ［出版地不明］ ［戸田憲一］ 2014.10 118p 24cm 〈標題紙のタイトル：一釜庵 複製及び翻刻〉Ⓝ291.09

◇美しき日本―旅の風光：英文対訳付 日本交通公社監修 JTBパブリッシング 2014.6 287p 30cm 〈索引あり〉Ⓘ978-4-533-09798-0 Ⓝ291.09 ［3000円］

◇ウハウミウのウーシュノーケル偏愛旅行記 宮田珠己［著］ 特別増補版 幻冬舎 2014.7 288p 16cm （幻冬舎文庫 み－10-7)〈初版：小学館 2000年刊〉978-4-344-42223-0 Ⓝ292.309 ［600円］

◇小津久足紀行集 1 小津久足［著］，髙倉一紀，菱岡憲司，河村有也香編 伊勢 皇學館大学神道研究所 2013.3 11, 155p 21cm （神道資料叢刊 14) Ⓝ291.09

◇『鬼平犯科帳』ゆかりの地を訪ねて―小さな旅 第1部 松本英亜著 小学館スクウェア 2014.4 275p 19cm 〈文献あり〉Ⓘ978-4-7979-8803-1 Ⓝ913.6 ［1800円］

◇オールドハイカー山旅の記―セレクション10⁺ 西田六助著 文芸社 2014.10 270p 19cm Ⓘ978-4-286-15424-4 Ⓝ291.09 ［1500円］

◇外国人が選んだ日本百景 ステファン・シャウエッカー［著］ 講談社 2014.3 237p 18cm （講談社＋α新書 635-1D) Ⓘ978-4-06-272824-9 Ⓝ291.09 ［890円］

◇外国人だけが知っている美しい日本―スイス人の私が愛する人と街と自然 ステファン・シャウエッカー著 大和書房 2014.7 221p 19cm 978-4-479-39262-0 Ⓝ291.09 ［1300円］

◇風をあつめて、ふたたび。 中部博文，武田大祐写真 平原社 2014.10 253p 22cm 978-4-938391-53-9 Ⓝ291.09 ［1500円］

◇風と煙を伴にして―1960年代汽車の旅 北田稔彦著 改訂第2版 岡山 丸善書店岡山シンフォニービル店出版サービスセンター 2014.8 151p 21cm Ⓘ978-4-89620-223-6 Ⓝ291.09 ［1300円］

◇究極日本の聖地 鎌田東二編著 KADOKAWA 2014.4 319p 19cm 〈文献あり〉978-4-04-600271-6 Ⓝ162.1 ［1800円］

◇原付バイク．スケッチの旅 part 12 中部・関東・東北八重の桜と芭蕉の山寺検証の旅2013年6月15日―6月30日15日間(2,976km) 石井義啓著 ［神戸］ 友月書房 2013.12 40p 26cm 〈交友プランニングセンター（制作）標題紙のタイトル：原付バイク．日本全国スケッチの旅〉Ⓘ978-4-87787-605-0 Ⓝ291.09

◇原付バイク．スケッチの旅―日本全国4万キロ紀行 part 13 山陰・九州・四国⇔「神戸」⇔北陸・青森・三陸・東海道2014年6月7日―(5日の休み)-7月7日26日間(5,517km) 石井義啓著 ［神戸］ 友月書房 2014.11 61p 26cm 〈交友プランニングセンター（制作）標題紙のタイトル：原付バイク．日本全国スケッチの旅〉978-4-87787-636-4 Ⓝ291.09

◇甲申日記 松浦武四郎著，松浦孫太解読，佐藤貞夫編 松阪 松浦武四郎記念館 2014.3 173p 21cm 〈複製及び翻刻〉Ⓝ291.09

◇古戦場巡礼の旅―戦国の合戦地を歩く：私の歴史紀行 小林英毅著 半田 一粒書房 2014.1 154p 19cm Ⓘ978-4-86431-250-9 Ⓝ291.09 ［1600円］

◇古代史謎めぐりの旅―神話から建国へ 関裕二［著］ 講談社 2014.7 205p 16cm （講談社＋α文庫 G211-8)〈『古代史謎めぐりの旅 出雲・九州・東北・奈良編』（ブックマン社 2009年刊）の加筆修正〉978-4-06-281561-1 Ⓝ210.3 ［920円］

◇古代史謎めぐりの旅―ヤマトから平安へ 関裕二［著］ 講談社 2014.8 221p 16cm （講談社＋α文庫 G211-9)〈「古

日本（紀行・案内記）　　　　　　　　　　　　　　　　　　　　　　　　　　　日本件名図書目録2014　I

代史謎めぐりの旅 奈良・瀬戸内・東国・京阪編』（ブックマン社 2009年刊）の加筆修正〉 ①978-4-06-281565-9 Ⓝ210.3 ［920円］

◇『西海の記』と中村西国　中村弘平編著　アテネ社（制作）2014.4 78p 21cm Ⓝ291.09 ［非売品］

◇作品の風景を歩く　村上林造著　菁柿堂 2014.2 234p 19cm （seishido brochure）〈星雲社（発売）内容：近代の夢に生きる 明治期農村の地主 武士の意地と情念 歴史の激流の中で 昭和転換期の農民 ヒロシマの「自然」 天に抗って生きる 芸術における自然〉①978-4-434-18934-0 Ⓝ910.26 ［1600円］

◇酒と温泉を楽しむ！「B級」山歩き　山田稔者　光文社 2014.11 230p 16cm （光文社知恵の森文庫 tや9-1）〈文献あり〉①978-4-334-78662-5 Ⓝ291.09 ［780円］

◇知っていますか？ 西洋科学者ゆかりの地IN JAPAN PART2 近代日本の建設に貢献した西洋科学技術者　西條敏美著　恒星社厚生閣 2014.1 219p 19cm〈文献あり 年表あり 索引あり 内容：ミルン ローレツ ベルツ スクリバ コンドル エアトン ヘボン ヘールツ ブラントン モレル パーマー シモンズ ヴェルニー モース グリフィス ワグネル ボードウィン ハラタマ シム コワニエ デ・レイケ シーボルト ツュンベリー ポンペ ウィリス〉①978-4-7699-1469-3 Ⓝ402.8 ［3000円］

◇死ぬまでに行きたい！ 世界の絶景 日本編　詩歩著　三才ブックス 2014.7 155p 21cm ①978-4-86199-705-1 Ⓝ290.9 ［1296円］

◇シリーズ明治・大正の旅行 第1期5 大日本道中記大全—駅逓明鑑旅行必携　荒山正彦監修・解説 岡大次郎, 樋口正三郎編輯, 木戸鉛之助著, 山陽鐵道会社運輸課編輯　ゆまに書房 2014.5 550p 22cm〈求古堂 明治16年刊の複製 忠雅堂 明治22年刊の複製ほか 第1期のタイトル関連情報：旅行案内書集成 布装〉①978-4-8433-4555-9,978-4-8433-4554-2（set）Ⓝ384.37 ［23000円］

◇シリーズ明治・大正の旅行 第1期6 全国鉄道賃金名所旧跡案内　荒山正彦監修・解説 林莊太郎編輯　ゆまに書房 2014.5 494p 22cm〈金川書店 明治27年刊の複製 第1期のタイトル関連情報：旅行案内書集成 布装〉①978-4-8433-4556-6,978-4-8433-4554-2（set）Ⓝ384.37 ［24000円］

◇シリーズ明治・大正の旅行 第1期7 全国鉄道名所案内 上編　荒山正彦監修・解説 野崎左文著　ゆまに書房 2014.5 778p 22cm〈巖々堂 明治28年刊の複製 巖々堂 明治28年刊の複製 第1期のタイトル関連情報：旅行案内書集成 布装〉①978-4-8433-4557-3,978-4-8433-4554-2（set）Ⓝ384.37 ［19000円］

◇シリーズ明治・大正の旅行 第1期8 鉄道作業局線路案内—東海道線北陸線及中央西線　荒山正彦監修・解説 鐵道作業局運輸部編輯　ゆまに書房 2014.5 600,16p,24p 図版6枚 22cm〈鐵道作業局運輸部 明治38年刊の複製 第1期のタイトル関連情報：旅行案内書集成 布装〉①978-4-8433-4558-0, 978-4-8433-4554-2（set）Ⓝ384.37 ［28000円］

◇シリーズ明治・大正の旅行 第1期9 鉄道旅行案内—鉄道院・大正7年　荒山正彦監修・解説 鐵道院編輯　ゆまに書房 2014.5 484p 図版6枚 22cm〈鐵道院 大正7年刊の複製 第1期のタイトル関連情報：旅行案内書集成 布装〉①978-4-8433-4559-7,978-4-8433-4554-2（set）Ⓝ384.37 ［24000円］

◇シリーズ明治・大正の旅行 第1期10 鉄道旅行案内 本文編（鉄道省・大正13年）　荒山正彦監修・解説 鐵道省編　ゆまに書房 2014.5 375p 16×22cm〈鐵道省 大正13年刊の複製 第1期のタイトル関連情報：旅行案内書集成 布装〉①978-4-8433-4560-3,978-4-8433-4554-2（set）Ⓝ384.37 ［16000円］

◇シリーズ明治・大正の旅行 第1期11 鉄道旅行案内 鳥瞰図（鉄道省・大正13年）　荒山正彦監修・解説 鐵道省編　ゆまに書房 2014.5 267p 16×22cm〈鐵道省 大正13年刊の複製 第1期のタイトル関連情報：旅行案内書集成 布装〉①978-4-8433-4578-8,978-4-8433-4554-2（set）Ⓝ384.37 ［22000円］

◇新編ヤボネシア私行　関根賢司著　おうふう 2014.10 275p 19cm ①978-4-273-03760-4 Ⓝ291.09 ［3000円］

◇鈴木みきの山の足あと ステップアップ編　鈴木みき著　山と渓谷社 2014.8 127p 21cm ①978-4-635-33064-0 Ⓝ291.09 ［1200円］

◇ずっこけ中年ハイカー、檜ヶ岳を目指す—TRAMPIN'編集部チャレンジ！ DX トランピン編集部［著］　地球丸 2014.5 160p 21cm ①978-4-86067-430-4 Ⓝ291.09 ［1500円］

◇すべての山を登れ。　井賀孝著　京都 淡交社 2014.4 255p 19cm ①978-4-473-03924-8 Ⓝ291.09 ［1700円］

◇世界最速「車窓案内」—東海道新幹線開業50周年記念　今尾恵介著　新潮社 2014.8 127p 26cm〈文献あり〉①978-4-10-336331-6 Ⓝ291.09 ［2000円］

◇迩々録—灯台紀行　菊地秀文著　第3版 ［出版地不明］ 菊地秀文 2014.10 519, 45, 8p 22cm Ⓝ291.09

◇絶対に行きたい！ 日本の島　斎藤潤著　大和書房 2014.9 254p 15cm （ビジュアルだいわ文庫）〈文献あり〉①978-4-479-30501-9 Ⓝ291.09 ［740円］

◇宣教師ウェストンの観た日本　ウォルター・ウェストン著, 山本秀峰訳　露蘭堂 2014.4 231p 22cm〈ナウカ出版営業部（発売）文献あり 年譜あり〉①978-4-904059-54-8 Ⓝ291 ［3200円］

◇泉光院江戸旅日記—山伏が見た江戸期庶民のくらし　石川英輔著　筑摩書房 2014.6 429p 15cm （ちくま学芸文庫 イ53-1）①978-4-480-09626-5 Ⓝ291.09 ［1400円］

◇ちいさな城下町　安西水丸著　文藝春秋 2014.6 229p 20cm ①978-4-16-390086-5 Ⓝ291.09 ［1400円］

◇地図を破って行ってやれ！—自転車で、食って笑って、涙する旅　石田ゆうすけ著　幻冬舎 2013.7 271p 19cm〈文献あり〉①978-4-344-02434-2 Ⓝ291.09 ［1200円］

◇中年男の乗り鉄四日間の旅　赤城新次郎著　文芸社 2014.3 110p 15cm ①978-4-286-14758-1 Ⓝ291.09 ［600円］

◇ちょっとそこまでひとり旅 だれかと旅　益田ミリ著　幻冬舎 2013.6 190p 19cm ①978-4-344-02416-8 Ⓝ291.09 ［1200円］

◇定本日本の秘境　岡田喜秋著　山と渓谷社 2014.2 380p 15cm （ヤマケイ文庫）〈『日本の秘境』（スキージャーナル 1976年刊）の改題・再編集〉①978-4-635-04766-1 Ⓝ291.09 ［950円］

◇鉄道ツアー旅—日本列島「団体鉄」満喫20コース　中村建治著　名古屋 ブイツーソリューション 2014.7 242p 19cm ①978-4-86476-202-1 Ⓝ291.09 ［900円］

◇鉄道フリーきっぷ達人の旅ワザ　所澤秀樹著　光文社 2014.7 268p 18cm （光文社新書 705）①978-4-334-03809-0 Ⓝ291.09 ［860円］

◇鉄道旅行術　種村直樹著　新版 自由国民社 2014.4 191p 19cm〈初版：日本交通公社出版事業局 1977年刊〉①978-4-426-11754-2 Ⓝ686.21 ［1200円］

◇テツはこんな旅をしている—鉄道旅行再発見　野田隆著　平凡社 2014.3 222p 18cm （平凡社新書 722）①978-4-582-85722-1 Ⓝ291.09 ［760円］

◇Dwipa 2014　花澤周志文・写真・絵　豊中 花澤周志 c2014 111p 19cm〈本文は日本語〉Ⓝ291.09

◇東京から歩いて長崎に着いたよ　大家浩一, 大家美緒子著［東京］ 東京図書出版 2014.10 116p 22cm （リフレ出版（発売）〉①978-4-86223-792-7 Ⓝ291.09 ［1000円］

◇登山とは人生である—山から学んだ人生　我部泰弘著　坂出 泰心庵 2014.1 291p 21cm Ⓝ291.09 ［非売品］

◇ど・スピリチュアル日本旅　たかのてるこ著　幻冬舎 2014.8 353p 図版8枚 19cm ①978-4-344-02618-6 Ⓝ291.09 ［1400円］

◇ニッポン西遊記 古事記編　鶴田真由著　幻冬舎 2013.9 214p 20cm〈文献あり〉①978-4-344-02448-9 Ⓝ291.09 ［1300円］

◇ニッポン周遊記—町の見つけ方・歩き方・つくり方　池内紀著　青土社 2014.7 325p 20cm ①978-4-7917-6777-9 Ⓝ291.09 ［2400円］

◇日本さすらい記 上　越崎泉著　青山ライフ出版 2014.8 392p 19cm ①978-4-86450-139-2 Ⓝ291.09

◇日本さすらい記 下　越崎泉著　青山ライフ出版 2014.8 431p 19cm ①978-4-86450-140-8 Ⓝ291.09

◇日本探検　梅棹忠夫［著］　講談社 2014.9 441p 15cm （講談社学術文庫 2254）〈内容：福山誠之館 大本教 北海道独立論 高崎山 名神高速道路 出雲大社 空からの日本探検 『日本探検』始末記〉①978-4-06-292254-8 Ⓝ291.09 ［1330円］

◇日本の神話・伝説を歩く　吉元昭治著　勉誠出版 2014.6 490p 23cm〈索引あり〉①978-4-585-22087-9 Ⓝ164.1 ［4800円］

◇芭蕉を歩く　皆川武彦著　名古屋 一の丸出版（制作）2014.8 191p 19cm〈年譜あり 文献あり〉①978-4-87072-044-2 Ⓝ911.32 ［1500円］

◇バスに乗ってどこまでも—安くても楽しい旅のすすめ　かとうちあき著　双葉社 2014.9 239p 19cm ①978-4-575-30736-8 Ⓝ291.09 ［1200円］

◇秘湯、珍湯、怪湯を行く！　郡司勇［著］　KADOKAWA 2014.3 156p 図版24p 15cm （角川文庫 く33-1）〈角川書

店　2005年刊の加筆・修正〉①978-4-04-101274-1　Ⓝ291.09　[520円]

◇百年前の山を旅する　服部文祥著　新潮社　2014.1　236p　16cm　〈新潮文庫　は-58-1〉〈文献あり　東京新聞出版部2010年刊の再刊〉①978-4-10-125321-3　Ⓝ291.09　[630円]

◇扶桑遊記　王韜著，丸山雅美訳　宇都宮　随想舎　2014.2　231p　21cm　①978-4-88748-282-1　Ⓝ291.09　[1800円]

◇古きを訪ねて　稲垣克巳著　名古屋　風媒社　2014.6　249p　20cm　①978-4-8331-5278-5　Ⓝ291.09　[1500円]

◇平成奥の細道ウオーク記─マイドキュメント：80男の難行苦行の11年間の行楽　池田敏之著　嵐山町（埼玉県）池田敏之　2014.10　204p　21cm　〈制作協力：ぱるす出版〉①978-4-8276-0238-8　Ⓝ291.09　[1500円]

◇ペリー提督日本遠征記　上　M・C・ペリー[著]，F・L・ホークス編纂，宮崎壽子監訳　KADOKAWA　2014.8　643p　15cm　[［角川ソフィア文庫］[I300-1]]〈「ペリー艦隊日本遠征記　上」（万来舎　2009年刊）の改題〉①978-4-04-409212-2　Ⓝ291.09　[1360円]

◇ペリー提督日本遠征記　下　M・C・ペリー[著]，F・L・ホークス編纂，宮崎壽子監訳　KADOKAWA　2014.8　570p　15cm　[［角川ソフィア文庫］[I300-2]]〈「ペリー艦隊日本遠征記　下」（万来舎　2009年刊）の改題〉①978-4-04-409213-9　Ⓝ291.09　[1360円]

◇へるん先生の汽車旅行─小泉八雲，旅に暮らす　芦原伸著　集英社インターナショナル　2014.2　276p　20cm　〈集英社（発売）文献あり〉①978-4-7976-7267-1　Ⓝ930.268　[1700円]

◇ぼくらは怪談巡礼団　加門七海，東雅夫著　KADOKAWA　2014.6　301p　19cm　[〔幽BOOKS〕]①978-4-04-066760-7　Ⓝ388.1　[1400円]

◇ぼくは乗り鉄、おでかけ日和。─日本全国列車旅、達人のとっておき33選　杉山淳一著　幻冬舎　2013.12　297p　19cm　①978-4-344-02498-4　Ⓝ686.21　[1400円]

◇まるで海外のような日本の絶景　絶景トラベル研究会著　宝島社　2014.7　159p　21cm　①978-4-8002-2717-1　Ⓝ291.09　[1300円]

◇まんが日本昔ばなし今むかし　川内彩友美著　展望社　2014.10　254p　19cm　①978-4-88546-289-4　Ⓝ388.1　[1400円]

◇三河記　岡崎市立中央図書館古文書翻刻ボランティア会編　[岡崎]　岡崎市立中央図書館　2014.3　163p　30cm　〈複製及び翻刻〉Ⓝ291.09

◇道の先まで行ってやれ！─自転車で、飲んで笑って、涙する旅　石田ゆうすけ[著]　幻冬舎　2013.7　334p　16cm　（幻冬舎文庫　い-30-4）〈2009年刊の加筆・訂正〉①978-4-344-42045-8　Ⓝ291.09　[600円]

◇民話と伝承の絶景36─日本人なら一生に一度は見ておきたい　石橋睦美著　山と溪谷社　2014.10　151p　21cm　①978-4-635-31034-5　Ⓝ291.09　[1700円]

△ムカたびジャパーン！　カベルナリア吉田著　彩流社　2014.10　254p　19cm　①978-4-7791-2038-1　Ⓝ291.09　[1800円]

◇八十路の旅あそび　葛谷貞衛著　詩歌文学刊行会　2014.3　268p　20cm　①978-4-9903093-4-3　Ⓝ291.09　[1500円]

◇山とそば　ほしよりこ著　新潮社　2014.8　183p　16cm　（新潮文庫　ほ-23-1）①978-4-10-126091-4　Ⓝ291.09　[460円]

◇山に遊ぶ山を想う　正津勉著　茗溪堂　2014.9　281p　19cm　①978-4-943905-31-8　Ⓝ291.09　[1800円]

◇山ふたり　鈴鹿・大峰・四国・山陰編　三輪敏広，三輪和恵著　横浜　春風社　2014.2　229p　21cm　①978-4-86110-382-7　Ⓝ291.09　[2000円]

◇山もよう人もよう　荒井正人著　八王子　白山書房　2014.6　267p　20cm　①978-4-89475-175-0　Ⓝ291.09　[1600円]

◇湯探歩─お気軽極楽ヌルくてユル〜い温泉紀行　山崎一夫文，西原理恵子絵　日本文芸社　2014.12　175p　21cm　①978-4-537-26096-0　Ⓝ291.09　[1000円]

◇リヒトホーフェン日本滞在記─ドイツ人地理学者の観た幕末明治　フェルディナンド・フォン・リヒトホーフェン著，上村直己訳　福岡　九州大学出版会　2013.12　236,10p　22cm　〈索引あり　内容：使節団旅行日記一八六〇/六一　第二回日本滞在日記一八七〇/七一〉①978-4-7985-0107-9　Ⓝ291.09　[3400円]

◇列島南北・食と俳句　田村ひろし著　[横浜]　道標俳句会　2014.3　251p　21cm　Ⓝ291.09　[2300円]

◇路面電車すごろく散歩　鈴木さちこ著　木楽舎　2014.9　191p　21cm　[〔翼の王国books〕]①978-4-86324-076-6　Ⓝ291.09　[1400円]

◇わたしの水彩スケッチ日本紀行─もっと素晴らしい日本を発見　山本泰著　高知　リーブル出版　2014.1　209p　15×21cm　①978-4-86338-079-0　Ⓝ291.09　[1500円]

日本（紀行・案内記─歴史─江戸時代）

◇江戸時代の旅と旅日記　1　伊勢・大坂・京都・江戸・鎌倉・日光・草津　長岡市立中央図書館文書資料室編　長岡　長岡市立中央図書館文書資料室　2014.3　114p　26cm　（長岡市史双書　no. 53）〈共同刊行：長岡市〉Ⓝ291.09　[1500円]

日本（紀行文学─歴史─明治時代）

◇みちのく人の道中記を読みとく─近代初期の作品を通して　吉岡一男編著　仙台　南北社　2014.4　232p　20cm　①978-4-903159-13-3　Ⓝ915.6　[1800円]

日本（気候変化）

◇気候変動適応策に関する研究（中間報告）国土交通省国土技術政策総合研究所気候変動適応研究本部[著]　[つくば]　国土技術政策総合研究所　2013.8　5, 265, 43p　30cm　（国土技術政策総合研究所資料　第749号）〈文献あり〉Ⓝ517.5

日本（気候変化─歴史）

◇気候変動と縄紋文化の変化　安斎正人著　同成社　2014.8　254p　27cm　〈著作目録あり　索引あり〉①978-4-88621-674-8　Ⓝ210.25　[7000円]

日本（儀式典例─歴史─古代）

◇日本古代王権と儀式　古瀬奈津子著　オンデマンド版　吉川弘文館　2013.10　444,15p　22cm　〈索引あり　印刷・製本：デジタルパブリッシングサービス　内容：律令官制成立史についての一考察　中国の「内廷」と「外廷」　儀式における唐礼の継受　唐礼継受に関する研究　令外官と皇帝・天皇権力宮の構造と政務運営法　初期の平安宮　平安時代の「儀式」と天皇　「国忌」の行事について　格式・儀式書の編纂　告朔についての一試論　天皇と貴族　昇殿制の成立　行事蔵人について　「殿上所充」小考　平安時代の儀式と政務〉①978-4-642-04227-7　Ⓝ210.3　[14000円]

日本（技術）

◇日本のものづくり力シリーズ総集編　日本鉄鋼協会編　日本鉄鋼協会　2013.8　68p　30cm　[〔ふぇらむvol. 16（2011），no. 10-vol. 18（2013），no. 3掲載〕]Ⓝ509.21　[4000円]

日本（技術─歴史─明治以後）

◇国立科学博物館技術の系統化調査報告　第21集　国立科学博物館産業技術史資料情報センター編　国立科学博物館　2014.3　322p　30cm　〈文献あり　年表あり　表紙のタイトル：技術の系統化調査報告　内容：アナログディスクレコード技術の系統化報告と現存資料の状況（穴澤健明著）　銀塩カラー印画紙の技術系統化調査（松本純孝著）　LD（レーザディスクシステム）の開発、実用化に関する系統化調査（松村純孝著）　パーソナルコンピュータ技術の系統化調査（山田昭彦著）〉Ⓝ502.1

日本（技術援助）

◇各省庁が所管する政府開発援助（技術協力）の実施状況について（外務省が所管する技術協力を除く。）─会計検査院法第30条の2の規定に基づく報告書　[東京]　会計検査院　2014.10　81p　30cm　Ⓝ343.8

◇経済・技術協力便覧　2014年版　情報企画研究所経済協力通信部/編　情報企画研究所　2014.1　387p　26cm　①978-4-915908-56-9　[9600円]

◇富山県海外技術研修員・協力交流研修員・多文化共生推進研修員・県費留学生研修報告書　平成24年度　富山　富山県観光・地域振興局国際・日本海政策課　2013.3　57p　30cm　〈背のタイトル：研修報告書　共同刊行：とやま国際センター〉Ⓝ333.8

◇富山県海外技術研修員・多文化共生推進研修員・県費留学生研修報告書　平成25年度　富山　富山県観光・地域振興局国際・日本海政策課　2014.3　60p　30cm　〈背のタイトル：研修報告書　共同刊行：とやま国際センター〉Ⓝ333.8

◇「廃棄物処理・3R推進分野における多国間協力への支援・調査・分析業務」に関する報告書　平成25年度　葉山町（神奈川県）　地球環境戦略研究機関　2014.3　493p　30cm　〈文献あり　英語併載　平成25年度環境省請負業務〉Ⓝ518.52

日本（技術援助─アジア）

◇アジア太平洋3R推進フォーラム第5回会合運営支援・専門家招聘等業務報告書　[東京]　イベントアンドコンベンションハウス　2014.3　329p　30cm　〈英語併載〉Ⓝ518.52

◇地球温暖化アジア太平洋地域セミナー事業運営及び地球温暖化対策に係る国際交渉関連調査業務業務報告書　平成25年度

日本（技術援助─イラン）

[東京] 海外環境協力センター 2014.3 160p 30cm〈平成25年度環境省請負〉Ⓝ519.22
◇「日本モデル環境対策技術等の国際展開」に基づく環境技術普及のための調査及び情報発信・国際展開支援業務報告書 平成25年度 [東京] エックス都市研究所 2014.3 1冊 30cm〈環境省請負業務〉Ⓝ519.1

日本（技術援助─イラン）
◇イラン乾燥地貧困改善農業農村支援プロジェクト（開発計画調査型技術協力）ファイナルレポート [東京] 国際協力機構 2013.3 1冊 30cm〈共同刊行：NTCインターナショナルほか〉Ⓝ333.804

日本（技術援助─インド）
─南国港町おばちゃん信金─「支援」って何？"おまけ組"共生コミュニティの創り方 原康子著 新評論 2014.9 204p 19cm ①978-4-7948-0978-0 Ⓝ333.825 ［1800円］

日本（技術援助─インドネシア）
◇東京ジャカルタ共同ワークショップ開催に係る業務報告書 平成25年度 [東京] エイチ・アイ・エス 2014.3 1冊 30cm〈英語・インドネシア語併載〉Ⓝ518.52
◇「日本モデル環境対策技術等の国際展開」に基づくインドネシアでの調査業務報告書 平成25年度 神鋼リサーチ 2014.3 44, 88, 107p 30cm〈環境省請負事業〉Ⓝ519.1

日本（技術援助─ウガンダ）
◇サブサハラ・アフリカにおけるアグリビジネス展開・促進実証モデル事業─第1年次報告書 国際農林業協働協会編 国際農林業協働協会 2014.3 16, 88p 30cm〈平成25年度農林水産省補助事業途上国の農業等協力に係る現地活動支援事業〉Ⓝ614.8

日本（技術援助─オマーン）
◇オマーン国電力省エネルギーマスタープラン策定プロジェクト─ファイナルレポート [東京] 国際協力機構 2013.2 8, 440p 30cm Ⓝ333.804

日本（技術援助─カンボジア）
◇カンボジア国カンボジア開発評議会投資関連サービス向上プロジェクトプロジェクト事業完了報告書 [東京] 国際協力機構 2013.3 1冊 30cm〈共同刊行：コーエイ総合研究所〉Ⓝ333.804
◇カンボジア国橋梁改善調査プロジェクト（開発計画調査型技術協力）最終報告書─和文要約 [東京] 国際協力機構 2013.3 1冊 30cm〈共同刊行：長大ほか〉Ⓝ333.804
◇官民連携技術協力促進検討調査自然再生エネルギー（小水力）現地調査報告書─カンボジア王国 [東京] 海外農業開発コンサルタンツ協会 2014.3 12, 82, 18p 30cm〈平成25年度海外技術協力促進検討事業〉Ⓝ543.3

日本（技術援助─ギニア）
◇ギニア国中部・高地ギニア持続的農村開発計画調査─ファイナルレポート 主報告書 [東京] 国際協力機構 2013.1 1冊 30cm〈共同刊行：NTCインターナショナル〉Ⓝ333.804
◇ギニア国中部・高地ギニア持続的農村開発計画調査─ファイナルレポート 別冊 [東京] 国際協力機構 2013.1 1冊 30cm〈共同刊行：NTCインターナショナル〉Ⓝ333.804

日本（技術援助─ザンビア）
◇アフリカ等農業・農民組織活性化支援事業（アフリカ）に係る報告書 平成24年度 農業マーケティング研究所 2013.3 180p 30cm〈平成24年度農林水産省補助事業途上国の農業等協力に係る現地活動支援事業〉Ⓝ611.7
◇ザンビアHIV/エイズ 2006-2010 野崎威功真, 宮野真輔執筆 国立国際医療研究センター国際医療協力局 2014.3 67p 30cm〈テクニカル・レポート vol. 6〉〈文献あり 英語併記 表紙のタイトル：ザンビアのHIV/エイズ〉Ⓝ333.804

日本（技術援助─スリランカ）
◇スリランカ国気候変動に対応した防災能力強化プロジェクトプロジェクト業務完了報告書 [東京] 国際協力機構 2013.3 1冊 30cm〈共同刊行：オリエンタルコンサルタンツ〉Ⓝ333.804
◇スリランカ国気候変動に対応した防災能力強化プロジェクトプロジェクト業務完了報告書─添付資料 [東京] 国際協力機構 2013.3 1冊 30cm〈共同刊行：オリエンタルコンサルタンツ〉Ⓝ333.804
◇スリランカ国健康増進・予防医療サービス向上プロジェクト事業完了報告書 [東京] 国際協力機構 2013.3 1冊 30cm〈共同刊行：グローバルリンクマネージメント〉Ⓝ333.804

日本（技術援助─セネガル）
◇セネガル国北部地域地形図作成プロジェクトファイナルレポート─和文要約 [東京] 国際協力機構 2013.3 1冊 30cm〈共同刊行：朝日航洋ほか〉Ⓝ333.804

日本（技術援助─セルビア）
◇セルビア国としての適切な緩和行動（NAMA）能力開発プロジェクトプロジェクト業務完了報告書 [東京] 国際協力機構 2013.2 1冊 30cm〈共同刊行：オリエンタルコンサルタンツ〉Ⓝ333.804

日本（技術援助─太平洋地域）
◇地球温暖化アジア太平洋地域セミナー事業運営及び地球温暖化対策に係る国際交渉関連調査業務業務報告書 平成25年度 [東京] 海外環境協力センター 2014.3 160p 30cm〈平成25年度環境省請負〉Ⓝ519.22

日本（技術援助─タンザニア）
◇サブサハラ・アフリカにおけるアグリビジネス展開・促進実証モデル事業─第1年次報告書 国際農林業協働協会編 国際農林業協働協会 2014.3 16, 88p 30cm〈平成25年度農林水産省補助事業途上国の農業等協力に係る現地活動支援事業〉Ⓝ614.8

日本（技術援助─中国）
◇JCMのMRV手法のキャパシティ・ビルディングを通じた途上国の気候変動政策の実効性向上に関する調査─報告書 平成25年度 [東京] トーマツ 2014.3 1冊 30cm〈英語併載〉Ⓝ519.1
◇中華人民共和国汚水処理場のグレードアップ改造と運営改善プロジェクト支援業務ファイナル・レポート [東京] 国際協力機構 2013.3 1冊 30cm〈共同刊行：下水道事業支援センター〉Ⓝ333.804
◇中華人民共和国循環型経済推進プロジェクトサブプロジェクト3静脈産業類生態工業園整備の推進サブプロジェクト事業了報告書 [東京] 国際協力機構 2013.3 206p 30cm〈共同刊行：八千代エンジニヤリングほか〉Ⓝ333.804
◇中国における重金属汚染対策を強化するための政策立案及び汚染対策技術移転協力事業業務報告書 平成25年度 [東京] いであ 2014.3 257p 30cm〈平成25年度環境省請負業務〉Ⓝ519.5
◇中国北方における稲作と日本の稲作技術 李海調著 東京大学社会科学研究所現代中国研究拠点 2014.3 184p 26cm（現代中国研究拠点研究シリーズ no. 14）〈文献あり〉Ⓝ616.2 ［非売品］
◇「日本モデル環境対策技術等の国際展開」等に基づく中国での窒素酸化物対策支援業務報告書 平成25年度 四日市 国際環境技術移転センター 2014.3 1冊 30cm〈環境省請負業務〉Ⓝ519.1

日本（技術援助─東南アジア）
◇ASEAN 10カ国アセアン工学系高等教育ネットワークプロジェクトフェーズ3詳細計画策定調査報告書 [東京] 国際協力機構人間開発部 2013.2 9, 75p 30cm Ⓝ333.804

日本（技術援助─発展途上国）
◇途上国におけるNAMA策定及びMRV実施等に係る人材育成等事業委託業務業務報告書 平成25年度 本編 [東京] 海外環境協力センター 2014.3 273p 30cm〈平成25年度環境省委託〉Ⓝ519.1
◇途上国におけるNAMA策定及びMRV実施等に係る人材育成等事業委託業務業務報告書 平成25年度 資料編 [東京] 海外環境協力センター 2014.3 677p 30cm〈英語併載 平成25年度環境省委託〉Ⓝ519.1
◇元JICA専門家中小企業診断士298日間の海外支援奮闘記 吉村守著 同友館 2014.12 191p 19cm ①978-4-496-05072-5 Ⓝ333.8 ［1600円］

日本（技術援助─パプアニューギニア）
◇パプアニューギニア国気候変動対策のための森林資源モニタリングに関する政策向上プロジェクト業務完了報告書 [東京] 国際協力機構 2013.3 1冊 30cm〈共同刊行：国際航業〉Ⓝ333.804

日本（技術援助─フィリピン）
◇官民連携技術協力促進検討調査灌漑システム総合マネジメント現地調査報告書─フィリピン共和国 [東京] 海外農業開発コンサルタンツ協会 2014.3 10, 77p 30cm〈平成25年度海外技術協力促進検討事業〉Ⓝ614.3248
◇フィリピン共和国（科学技術）統合的沿岸生態系保全・適応管理プロジェクト中間レビュー調査報告書 [東京] 国際協力機構地球環境部 2013.1 7, 154p 30cm Ⓝ333.804
◇フィリピン国マニラ首都圏及び周辺地域における水資源開発計画に係る基礎情報収集調査（水収支解析等）─ファイナル・レポート 国際協力機構[編] [東京] 日本工営 2013.3 1冊 30cm〈共同刊行：東京大学〉Ⓝ333.804

日本件名図書目録2014　Ⅰ　　　　　　　　　　　　　　　　　　　　　　　　　　　　　　　　日本（気象―情報サービス）

◇フィリピン国マニラ首都圏及び周辺地域における水資源開発計画に係る基礎情報収集調査（水収支解析等）―ファイナル・レポート：要約　国際協力機構［編］［東京］　日本工営　2013.3　107p　30cm〈共同刊行：東京大学〉Ⓝ333.804

◇フィリピン国マニラ首都圏及び周辺地域における水資源開発計画に係る基礎情報収集調査（水収支解析等）―ファイナル・レポート（パッシグーマリキナ川降雨解析）　国際協力機構［編］［東京］　日本工営　2013.3　1冊　30cm〈共同刊行：東京大学〉Ⓝ333.804

日本（技術援助―ブルキナファソ）
◇ブルキナファソ国コモエ県における住民参加型持続的森林管理計画プロジェクト終了時評価報告書　［東京］　国際協力機構地球環境部　2013.1　6, 7, 122p　30cm　Ⓝ333.804

日本（技術援助―ベトナム）
◇港湾分野における技術基準類の国際展開方策に関する検討―港湾設計基準のベトナム国家基準への反映に向けた取り組みを事例として　宮田正史, 中野敏彦, 原田卓三, 山本康太, 浅井茂樹［著］［横須賀］　国土技術政策総合研究所　2013.12　4, 181p　30cm　（国土技術政策総合研究所資料　第769号）〈英語併載〉Ⓝ517.8

◇港湾分野における技術基準類の国際展開方策に関する検討―港湾設計基準のベトナム国家基準への反映に向けた取り組みを事例として　その2　宮田正史, 中野敏彦, 宮島正悟, 原田卓三, 辰巳大介, 有田恵次［著］［横須賀］　国土技術政策総合研究所　2014.7　4, 68p　30cm　（国土技術政策総合研究所資料　第800号）Ⓝ517.8

◇水道分野海外水ビジネス官民連携型案件発掘形成事業（ベトナム・ホーチミン市）報告書　平成25年度　［東京］　神鋼環境ソリューション　2014.3　1冊　30cm　Ⓝ518.1

◇ベトナム国ホーチミン市都市鉄道運営組織設立支援プロジェクト業務完了報告書　［東京］　国際協力機構　2013.3　267p　30cm〈共同刊行：日本コンサルタンツ〉Ⓝ333.804

◇ベトナム国路面性状基礎情報収集・確認調査調査報告書　［東京］　国際協力機構　2013.3　1冊　30cm〈共同刊行：パスコ〉Ⓝ333.804

日本（技術援助―ペルー）
◇ペルー国北部地域給水・衛生事業組織強化プロジェクトプロジェクト事業完了報告書　［東京］　国際協力機構　2013.3　1冊　30cm〈共同刊行：ユニコインターナショナルほか〉Ⓝ333.804

日本（技術援助―ホンジュラス）
◇ホンジュラス国農業セクター情報収集・確認調査―ファイナルレポート　国際協力機構　2013.2　1冊　30cm〈共同刊行：バリュープランニング・インターナショナルほか〉Ⓝ333.804

日本（技術援助―マレーシア連邦）
◇マレーシア国ハイエンド計測器校正及びその関連事業に関するF/S調査（中小企業連携促進）報告書　［東京］　国際協力機構　2013.2　79p　30cm〈共同刊行：MTAジャパンほか〉Ⓝ333.804

◇マレーシア国廃電気・電子機器リサイクルプロジェクトプロジェクト事業完了報告書　［東京］　国際協力機構　2013.3　58p　30cm〈共同刊行：サステイナブルシステムデザイン研究所ほか〉Ⓝ333.804

日本（技術援助―南アフリカ共和国）
◇南アフリカ共和国鉄道セクター情報収集・確認調査最終報告書　［東京］　国際協力機構　2013.3　1冊　30cm〈共同刊行：日本コンサルタンツほか〉Ⓝ333.804

日本（技術援助―ミャンマー）
◇経済発展等に対応した鉄道の改善、整備等に係る支援に関する調査報告書　平成25年度　運輸政策研究機構　2014.3　644p　30cm　（運政機構資料　250110）Ⓝ686.2238

◇森林減少防止のための途上国取組支援事業報告書　平成25年度　川崎　アジア航測　2014.3　1冊　30cm〈奥付のタイトル：森林減少防止のための途上国取組支援事業平成25年度報告書〉Ⓝ654.02238

◇水道分野海外水ビジネス官民連携型案件発掘形成事業（ミャンマー）報告書　平成25年度　［東京］　神鋼環境ソリューション　2014.3　31p　30cm　Ⓝ518.1

◇ミャンマー国国有企業に係る情報収集・確認調査報告書　［東京］　国際協力機構　2013.2　167p　30cm〈共同刊行：日本経済研究所ほか〉Ⓝ333.804

◇ミャンマー国石炭火力発電分野情報収集・確認調査―ファイナルレポート　［東京］　国際協力機構　2013.1　210p　30cm〈共同刊行：石炭エネルギーセンター〉Ⓝ333.804

日本（技術援助―モンゴル）
◇モンゴル国ウランバートル市大気汚染対策能力強化プロジェクトプロジェクト事業完了報告書　［東京］　国際協力機構　2013.3　320p　30cm〈共同刊行：数理計画〉Ⓝ333.804

◇モンゴル国ウランバートル市大気汚染対策能力強化プロジェクトプロジェクト事業完了報告書―別添資料　1　［東京］　国際協力機構　2013.3　644p　30cm〈共同刊行：数理計画〉Ⓝ333.804

◇モンゴル国ウランバートル市大気汚染対策能力強化プロジェクトプロジェクト事業完了報告書―別添資料　2　［東京］　国際協力機構　2013.3　506p　30cm〈共同刊行：数理計画〉Ⓝ333.804

◇モンゴル国ウランバートル市大気汚染対策能力強化プロジェクトプロジェクト事業完了報告書―別添資料　3　［東京］　国際協力機構　2013.3　486p　30cm〈共同刊行：数理計画〉Ⓝ333.804

◇モンゴル国ウランバートル市大気汚染対策能力強化プロジェクトプロジェクト事業完了報告書技術ガイドライン　［東京］　国際協力機構　2013.3　284p　30cm〈共同刊行：数理計画〉Ⓝ333.804

◇モンゴルにおける養蜂振興と環境保全事業報告書―平成25年度アフリカ等農業・農民組織活性化支援事業（アジア）［東京］　国際農林業協働協会　2014.3　61p　30cm　（農林水産省補助事業、途上国の農業等協力に係る現地活動支援事業）Ⓝ646.9

日本（技術援助―ロシア）
◇廃棄物処理分野における日露協力のための国内検討会に係る業務報告書　平成25年度　［東京］　日本産業廃棄物処理振興センター　2014.3　55p　30cm　Ⓝ518.52

日本（技術経営―法令）
◇技術マネジメントの法システム　児玉晴男編著　放送大学教育振興会　2014.3　249p　21cm　（放送大学教材）〈［NHK出版（発売）］　索引あり〉①978-4-595-31508-4　Ⓝ336.17　［2600円］

日本（技術者）
◇高度経済成長を支えた昭和30年代の工業高校卒業生　加藤忠一編著　名古屋　ブイツーソリューション　2014.5　645p　22cm〈文献あり〉①978-4-86476-200-7　Ⓝ502.8　［2000円］

日本（技術提携―歴史―1945～）
◇日本におけるイノベーション・システムとしての共同研究開発はいかに生まれたか―組織間連携の歴史分析　平本厚編著　京都　ミネルヴァ書房　2014.12　346p　22cm〈文献あり　索引あり　内容：共同研究開発政策の構想と展開（平本厚著）　共同研究開発の歴史的推移（平本厚著）　真空管技術と共同研究開発の生成（平本厚著）　半導体技術の発展を支えた共同研究（青木洋著）　音響兵器から魚群探知機へ（沢井実著）　シェルモールド鋳造法における共同研究開発体制の形成と発展（平本厚著）　unofficialなセクターによるイノベーションへの貢献（高橋雄造著）　共同研究開発の国際比較（平本厚著）　近代日本の科学と工学（岡本拓司著）　日本における共同研究開発の発展とイノベーション・システム（平本厚著）〉①978-4-623-07152-4　Ⓝ336.17　［6500円］

日本（技術法）
◇法工学入門―安全・安心な社会のために法律と技術をつなぐ　日本機械学会編　丸善出版　2014.10　193p　21cm〈索引あり〉①978-4-621-08881-4　Ⓝ509.12　［3400円］

日本（気象）
◇アマタツさん、ネコが顔を洗うと雨が降るって本当ですか?―知っとくとくする天気のことわざ　天達武史, ハレックス制作チーム著　徳間書店　2014.10　133p　19cm　①978-4-19-863824-5　Ⓝ451.3　［1200円］

◇気象DATAの意外な事実　稲葉隆生著　文芸社　2014.4　118p　19cm　①978-4-286-14100-8　Ⓝ451.91　［1200円］

◇気象予報士天達流四季の暮らしと二十四節気の楽しみ方　天達武史著　産経新聞出版　2014.3　159p　21cm〈日本工業新聞社（発売）〉①978-4-8191-1239-0　Ⓝ449.81　［1300円］

◇こんなに凄かった!　伝説の「あの日」の天気―ドキドキする気象の話　金子大輔著　自由国民社　2014.7　215p　19cm〈文献あり〉①978-4-426-11785-6　Ⓝ451.91　［1500円］

日本（気象―情報サービス）
◇熱中症予防情報サイトに係る情報発信のあり方に関する検討調査及び提供業務報告書―サイト構築・運用業務　平成25年度　［東京］　気象情報通信　2013.11　1冊　31cm〈背のタイトル：熱中症予防情報サイト　ルーズリーフ〉Ⓝ493.19

◇熱中症予防情報サイトに係る情報発信のあり方に関する検討調査及び提供業務報告書―調査業務　平成25年度　［東京］　気象情報通信　2013.11　109p　31cm〈背のタイトル：熱中症予防情報サイト　ルーズリーフ〉Ⓝ493.19

629

日本（気象―歴史―古代）

日本（気象―歴史―古代）
◇古記録による11世紀の天候記録　水越允治編　東京堂出版　2014.6　458p　31cm　〈文献あり〉Ⓘ978-4-490-20864-1　Ⓝ451.91　[35000円]

日本（気象災害）
◇気象災害を科学する　三隅良平著　ベレ出版　2014.5　271p　19cm　（BERET SCIENCE）〈文献あり　年表あり〉Ⓘ978-4-86064-394-2　Ⓝ451.981　[1600円]

日本（議事録―書式）
◇税務からみた会社議事録作成のポイントと文例　エスネットワークス, 星野合同事務所共編　名古屋　新日本法規出版　2014.10　374p　21cm　Ⓘ978-4-7882-7922-3　Ⓝ325.24　[4300円]

日本（貴族―歴史―平安時代）
◇平安貴族社会の研究　橋本義彦著　オンデマンド版　吉川弘文館　2013.10　510,29p　22cm　〈印刷・製本：デジタルパブリッシングサービス　内容：院政政権の一考察　保元の乱前史小考　院評定制について　摂関政治論　院政論　中宮の意義と沿革　後院について　院宮分国と知行国　太政官厨家について　大炊寮領について　藤氏長者と渡領　勧修寺流藤原氏の形成とその性格　官務家小槻氏の成立とその性格　部類記について　外記日記と殿上日記　中右記と台記　本朝世紀解題　類聚符宣抄解題　小槻匡遠記の紹介　九條殿記の逸文　法帝と法皇帝　乳父管見　鳥羽天皇の生母の名　生日と歿日改元雑考〉Ⓘ978-4-642-04230-7　Ⓝ210.36　[15500円]
◇平安貴族と邸第　朧谷寿著　オンデマンド版　吉川弘文館　2013.10　338,14p　22cm　〈年表あり　索引あり　印刷・製本：デジタルパブリッシングサービス　内容：藤原道長の土御門殿　藤原頼通の高陽院　藤原頼通の高倉殿　源頼光の邸宅　村上源氏の邸第　後白河上皇の院御所、法住寺殿　建春門院の最勝光院　今熊野・新日吉社の創建と展開　平安中・後期の平安京の沿革　平安京左京八条三坊周辺の様相　加茂祭の桟敷　平安時代の鴨川〉Ⓘ978-4-642-04231-4　Ⓝ210.36　[12500円]

日本（喫茶店）
◇カフェと日本人　高井尚之著　講談社　2014.10　218p　18cm　（講談社現代新書 2287）〈文献あり〉Ⓘ978-4-06-288287-3　Ⓝ673.98　[760円]
◇COFFEE STAND―開業と経営、スタイルとノウハウ　旭屋出版「カフェ＆レストラン」編集部編　旭屋出版　2014.12　215p　25cm　Ⓘ978-4-7511-1118-5　Ⓝ673.98　[2500円]
◇コミュニティカフェと地域社会―支え合う関係を構築するソーシャルワーク実践　倉持香苗著　明石書店　2014.11　285p　22cm　Ⓘ978-4-7503-4105-7　Ⓝ369.7　[4000円]
◇30代でちいさなカフェはじめました　岩上喜実著　KADOKAWA　2014.3　111p　21cm　Ⓘ978-4-04-066366-1　Ⓝ673.98　[1200円]
◇自分の手で店をつくる―「ヤフオク！」と「廃材」で格安開業！　馬場仁著　同文舘出版　2014.10　239p　19cm　（DO BOOKS）Ⓘ978-4-495-52871-3　Ⓝ673.98　[1500円]
◇夢をカタチにする力―覚悟を決めれば夢も理想も手に入る　広畑典子著　カナリア書房　2014.10　241p　19cm　Ⓘ978-4-7782-0282-8　Ⓝ673.98　[1300円]
◇理想のカフェはじめました―Uターン＆Iターンで里山・古民家・海近く！　旭屋出版「カフェ＆レストラン」編集部編　旭屋出版　2014.9　159p　25cm　Ⓘ978-4-7511-1102-4　Ⓝ673.98　[1800円]

日本（記念碑）
◇知っていますか？西洋科学者ゆかりの地IN JAPAN PART2　近代日本の建設に貢献した西洋科学技術者　西條敏美著　恒星社厚生閣　2014.1　219p　19cm　〈文献あり　年表あり　索引あり　内容：ミルン　ローレツ　ベルツ　スクリバ　コンドル　エアトン　ヘボン　ヘールツ　ブラントン　モレル　パーマー　シモンズ　ヴェルニー　モース　グリフィス　ワグネル　ボードウィン　ハラタマ　シム　コワニエ　デ・レイケ　シーボルト　ツュンベリー　ボンペ　ウィリス〉Ⓘ978-4-7699-1469-3　Ⓝ402.8　[3000円]

日本（記念日）
◇365 memory―暦情報付き　うりうヨウコ著　日本文学館　2014.3　117p　19cm　Ⓘ978-4-7765-3820-2　Ⓝ386.1　[900円]

日本（機密費―歴史―昭和前期―史料）
◇近代機密費史料集成　1[第1巻]　外交機密費編　第1巻（満洲事件費関係雑纂受払簿昭和六年度・昭和七年度〈一〉）小山俊樹監修・編集・解説　ゆまに書房　2014.10　491p　22cm

〈外務省外交史料館所蔵の複製　布装〉Ⓘ978-4-8433-4613-6 (set),978-4-8433-4612-9 (set)　Ⓝ343.7
◇近代機密費史料集成　1[第2巻]　外交機密費編　第2巻（満洲事件費関係雑纂受払簿昭和七年度〈二〉）小山俊樹監修・編集・解説　ゆまに書房　2014.10　318p　22cm　〈外務省外交史料館所蔵の複製　布装〉Ⓘ978-4-8433-4613-6 (set),978-4-8433-4612-9 (set)　Ⓝ343.7
◇近代機密費史料集成　1[第3巻]　外交機密費編　第3巻（満洲事件費関係雑纂受払簿昭和八年度〈一〉）小山俊樹監修・編集・解説　ゆまに書房　2014.10　390p　22cm　〈外務省外交史料館所蔵の複製　布装〉Ⓘ978-4-8433-4613-6 (set),978-4-8433-4612-9 (set)　Ⓝ343.7
◇近代機密費史料集成　1[第4巻]　外交機密費編　第4巻（満洲事件費関係雑纂受払簿昭和八年度〈二〉）小山俊樹監修・編集・解説　ゆまに書房　2014.10　218p　22cm　〈外務省外交史料館所蔵の複製　布装〉Ⓘ978-4-8433-4613-6 (set),978-4-8433-4612-9 (set)　Ⓝ343.7
◇近代機密費史料集成　1[第5巻]　外交機密費編　第5巻（満洲事件費関係雑纂受払簿昭和九年度）小山俊樹監修・編集・解説　ゆまに書房　2014.10　458p　22cm　〈外務省外交史料館所蔵の複製　布装〉Ⓘ978-4-8433-4613-6 (set),978-4-8433-4612-9 (set)　Ⓝ343.7

日本（キャスク〔核燃料〕―安全管理）
◇使用済燃料中間貯蔵施設における金属製乾式キャスクについて（HDP-69B型）［東京］　日立GEニュークリア・エナジー　2014.1　55p　30cm　（HLR 110 訂2）〈文献あり〉Ⓝ539.9
◇使用済燃料中間貯蔵施設における金属製乾式キャスクについて（MSF-52B型）［東京］　三菱重工業　2014.7　70枚　30cm　（MHI-NES 1065 改0）〈文献あり〉Ⓝ539.48

日本（キャッチフレーズ）
◇SKAT―SENDENKAIGI AWARD TEXT　13　グランプリは、君が書く。　第51回宣伝会議賞実行委員会編集　宣伝会議　2014.4　471p　21cm　〈本文は日本語〉Ⓘ978-4-88335-312-5　Ⓝ674.21　[1800円]
◇「そうだ京都、行こう。」の20年　ウェッジ編　ウェッジ　2014.9　175p　25cm　〈索引あり〉Ⓘ978-4-86310-131-9　Ⓝ674.21　[1800円]
◇テーマで学ぶ広告コピー事典　グラフィック社編集部編　グラフィック社　2014.12　327p　21cm　〈索引あり〉Ⓘ978-4-7661-2696-9　Ⓝ674.21　[1800円]
◇物語のある広告コピー　シリーズ広告編　パイインターナショナル　2014.7　213p　21cm　〈索引あり〉Ⓘ978-4-7562-4524-3　Ⓝ674.21　[1500円]

日本（キャラクター―図集）
◇キャラクターでもっと伝わるデザイン―キャラクターを使うことで成功したデザイン特集　パイインターナショナル　2014.10　219p　25cm　〈索引あり〉Ⓘ978-4-7562-4522-9　Ⓝ674.3　[5800円]

日本（キャラクター―歴史―1945～）
◇必殺技の戦後史―昭和～平成ヒーロー列伝　細谷正充著　双葉社　2014.11　238p　18cm　（双葉新書 101）Ⓘ978-4-575-15453-5　Ⓝ361.5　[850円]

日本（キャラクター―歴史―昭和後期）
◇80'sガールズ大百科―WE［ラヴ］ファンシー＆キャラクター　実業之日本社　2014.4　111p　30cm　（ブルーガイド・グラフィック）Ⓘ978-4-408-03176-7　Ⓝ384.5　[980円]

日本（休暇―判例）
◇論点体系判例労働法　2　賃金・労働時間・休暇　菅野和夫, 安西愈, 野川忍編集　第一法規　2014.11　371p　22cm　〈索引あり〉Ⓘ978-4-474-10317-7　Ⓝ366.18　[4300円]

日本（救急医療）
◇救急で死ぬ人、命拾いする人―日本初の個人救急病院院長が診断！　上原淳著　マガジンハウス　2014.9　213p　19cm　Ⓘ978-4-8387-2708-7　Ⓝ498.021　[1300円]
◇原子力発電所災害時の避難指示等の情報伝達と安定ヨウ素剤の服用に関する研究―原発事故の『情報災害』への対応と実効性のある「安定ヨウ素剤」の配布　［東京］　日医総研　2014.9　1冊　30cm　（日本医師会総合政策研究機構ワーキングペーパー　no. 324）Ⓝ369.31

日本（救急業務―法令）
◇救急活動をめぐる喫緊の法律問題　橋本雄太郎著　東京法令出版　2014.3　268p　21cm　〈内容：病院前救護体制をめぐる喫緊の法的課題　付けは誰が払うのか？　手続的正義論　入口と出口の大切さ　通信指令との連携の必要性・留意点　消

日本件名図書目録2014　I　　　　　　　　　　　　　　　　　　　　　　　　　日本（給与―地方公務員）

防法の一部改正　病院前救護における救急救命処置拒否時の
対応についての管見　救急隊員資格取得後の生涯教育につい
て　「救急現場学」の具体的内容　救急隊員の組織する自主的
研修会の必要性と法的意義　応急処置とグッドサマリタン法
救急活動記録票のIT化に伴う法的留意事項　「本人訴訟」の
時代　医師の具体的指示が得られない特定行為　薬剤投与を
めぐる法律問題　救急における妨害行為　医師の同乗しない
転院搬送時の留意点　救急隊員が判断を誤り搬送しなかった
ことについて消防組合に損害賠償を命じた奈良地裁判決　救
急搬送をめぐる裁判例　搬送の遅れとその対応をめぐる法律
問題　現場滞在時間の短縮化実現のための方策　かかりつけ
医ではない直近医療機関への搬送　高齢者介護施設からの入
所者救急搬送　高齢者施設職員等により応急手当がなされて
いない事案　医療機関の搬送受入拒否と医師の応召義務　救
急隊員による傷病者情報収集のための所持品検索　傷病者及
びその家族に提供できる医療情報　救急隊員及びバイスタン
ダーの血液暴露事例　集団災害〈多数傷病者〉発生時の応急処
置をめぐる問題　病院前救急診療をめぐる法律問題　救急医
の守秘義務と捜査機関への通報義務に関する一考察　医療ネ
グレクトを認知した救急医療関係者に求められる対応　消防
防災ヘリ、ドクターヘリをめぐる法律問題　特別インタ
ビュー　①978-4-8090-2376-7　Ⓝ317.79　[1800円]

日本（旧石器時代）

◇奥野正男著作集　5　旧石器捏造―神々の汚れた手：卑弥呼―
邪馬台国英雄伝　奥野正男著　福岡　梓書院　2013.7　525p
21cm〈著作目録あり　年譜あり　年表あり　内容：神々の汚れ
た手　卑弥呼『邪馬台国英雄伝』〉978-4-87035-496-8
Ⓝ210.2　[3800円]

◇考古学崩壊―前期旧石器捏造事件の深層　竹岡俊樹著　勉誠
出版　2014.9　293p　22cm〈文献あり　年表あり〉①978-4-
585-22091-6　[3200円]

◇日本列島人類史の起源―「旧石器の狩人」たちの挑戦と葛藤
松藤和人著　雄山閣　2014.5　223p　21cm　①978-4-639-
02313-5　Ⓝ210.23　[2800円]

日本（旧石器時代―研究・指導）

◇旧石器時代文化研究法　竹岡俊樹著　勉誠出版　2013.12
430p　22cm〈文献あり　索引あり〉①978-4-585-22068-8
Ⓝ210.23　[7000円]

日本（給与）

◇企業の諸手当等の人事処遇制度に関する調査　労働政策研究・
研修機構編　労働政策研究・研修機構　2014.8　128p　30cm
〈JILPT調査シリーズ no. 127〉Ⓝ336.45

◇規模別・地区別・年齢別等でみた職種別賃金の実態―主要143
職種のデータ集　2014年版　労務行政研究所編　労務行政
2014.2　361p　26cm　〈賃金資料シリーズ 4〉①978-4-8452-
4261-0　Ⓝ366.4　[4667円]

◇基本と実務がよくわかる小さな会社の給与計算と社会保険
14-15年版　青木茂人, 加藤友則著　ナツメ社　2014.8　291p
21cm〈索引あり〉①978-4-8163-5676-6　Ⓝ336.45　[1300
円]

◇給与計算をするならこの1冊　河野順一著　第11版　自由国民
社　2014.1　271p　21cm　（はじめの一歩）①978-4-426-
11707-8　Ⓝ336.45　[1700円]

◇給与計算実践ガイドブック―基礎からの完全マスター　平成
26年版　KPMG BRM株式会社, KPMG社会保険労務士法人
編著　清文社　2014.4　17,357p　26cm〈索引あり〉①978-4-
433-51024-4　Ⓝ336.45　[2800円]

◇給与計算と社会保険事務―図解で早わかり　森本幸人監修
三修社　2014.6　255p　21cm　①978-4-384-04604-5　Ⓝ336.
45　[1800円]

◇給与計算マニュアル―初心者にもよくわかる　26年版　日本
法令編　日本法令　2014.4　32,184p　26cm　①978-4-539-
74586-1　Ⓝ336.45　[1900円]

◇これからの賃金　遠藤公嗣著　旬報社　2014.11　180p
19cm〈文献あり〉①978-4-8451-1380-4　Ⓝ366.4　[1600円]

◇最新賃金データブック―賃金が見えてくる統計資料を網羅：実
務必携　2014年版　上　労働調査会　2013.12　47p　26cm
（「先見労務管理」別冊）Ⓝ336.45

◇最新賃金データブック―賃金が見えてくる統計資料を網羅：実
務必携　2014年版　下　労働調査会　2013.12　47p　26cm
（「先見労務管理」別冊）Ⓝ336.45

◇最新賃金データブック―賃金が見えてくる統計資料を網羅：実
務必携　2015年版　上　労働調査会　2014.12　47p　26cm
（「先見労務管理」別冊）Ⓝ336.45

◇最新賃金データブック―賃金が見えてくる統計資料を網羅：実
務必携　2015年版　下　労働調査会　2014.12　47p　26cm
（「先見労務管理」別冊）Ⓝ336.45

◇図解・給与計算入門の入門　平成26年版　土屋彰/著　税務研
究会出版局　2014.5　221p　21cm　①978-4-7931-2086-2
[1800円]

◇小さな会社の給与計算と社会保険の事務がわかる本　'14～'15
年版　池本修監修, 鹿田淳子, 吉岡奈美, 三原秀章著　成美堂
出版　2014.8　271p　22cm〈索引あり〉①978-4-415-31894-
3　Ⓝ336.45　[1300円]

◇賃金規程・退職金規程作成のポイント　改訂版　三菱UFJリ
サーチ&コンサルティング　2014.2　138p　26cm　①978-4-
905278-14-6　Ⓝ336.45　[1000円]

◇賃金・賞与制度の教科書―これからの賃金政策を創造するため
の羅針盤　高原暢恭著　労務行政　2014.8　319p　21cm
（労務時報選書）〈索引あり〉①978-4-8452-4321-1　Ⓝ336.45
[2685円]

◇賃金制度を変えるならこの1冊　高橋幸子, 岡田良則著　第6版
自由国民社　2014.9　246p　21cm　（はじめの一歩）〈索引
あり〉①978-4-426-11826-6　Ⓝ336.45　[1700円]

◇賃金のあり方に関する論点整理―正社員と非正規雇用労働者
を含めたトータルとしての賃金のあり方をめざして：雇用・賃
金の中長期的なあり方に関する研究委員会中間報告　連合総
合生活開発研究所編　連合総合生活開発研究所　2014.9　63p
26cm　（連合総研ブックレット no. 11）Ⓝ366.4

◇まるわかり給与計算の手続きと基本―これならできる！　計算
業務"ここ"がツボ　平成26年度版　竹内早苗著　労務行政
2014.3　269p　21cm　（まるわかりシリーズ）①978-4-8452-
4272-6　Ⓝ336.45　[1800円]

◇みてわかる給与計算マニュアル　2014～2015年版　吉田正敏
著　産労総合研究所出版部経営書院　2014.7　257p　19cm
〈索引あり〉①978-4-86326-176-1　Ⓝ336.45　[1300円]

◇やさしくわかる給与計算と社会保険事務のしごと　平成26年
度版　北村庄吾著　日本実業出版社　2014.5　240p　21cm
①978-4-534-05181-3　Ⓝ336.45　[1400円]

日本（給与―医療従事者―統計）

◇病院賃金実態資料―2013年職種別・職位別賃金水準　2014年
版　医療経営情報研究所編　産労総合研究所出版部経営書院
2014.1　414p　26cm　①978-4-86326-162-4　Ⓝ498.163
[9200円]

日本（給与―看護師）

◇2012年病院勤務の看護職の賃金に関する調査報告書　日本看
護協会　2014.1　184p　30cm　Ⓝ366.4

日本（給与―公務員―法令）

◇給与小六法　平成27年版　給与法令研究会監修, 日本人事行
政研究所編集　学陽書房　2014.9　1949p　19cm〈索引あり〉
①978-4-313-00390-3　Ⓝ317.34　[6000円]

日本（給与―国家公務員）

◇国家公務員の給与　平成25年版　その仕組みと取扱い　給与
研究会監修, 日本人事行政研究所編　日本人事行政研究所
2013.6　451p　26cm〈PM出版（発売）〉①978-4-903541-31-
0　Ⓝ317.34　[3700円]

◇国家公務員の給与　平成25年版別冊　主要俸給表の基準と沿
革　給与研究会監修, 日本人事行政研究所編　日本人事行政
研究所　2013.6　490p　26cm〈PM出版（発売）〉①978-4-
903541-32-7　Ⓝ317.34　[3800円]

◇国家公務員の給与　平成26年版　その仕組みと取扱い　給与
研究会監修, 日本人事行政研究所編　日本人事行政研究所
2014.6　451p　26cm〈PM出版（発売）〉①978-4-903541-36-
5　Ⓝ317.34　[3700円]

◇国家公務員の給与　平成26年版別冊　主要俸給表の基準と沿
革　給与研究会監修, 日本人事行政研究所編　日本人事行政
研究所　2014.6　493p　26cm〈PM出版（発売）〉①978-4-
903541-37-2　Ⓝ317.34　[3800円]

◇この一冊平成25年「人事院勧告」―職種別民間給与実態調査付
労働調査会　2013.9　55p　26cm　（「先見労務管理」別冊）
Ⓝ317.34

◇この一冊平成26年「人事院勧告」―職種別民間給与実態調査付
労働調査会　2014.9　55p　26cm　（「先見労務管理」別冊）
Ⓝ317.34

日本（給与―地方公務員）

◇地方公務員の給与水準等に関する調査研究会報告書　［東京］
自治総合センター　2014.3　64p　30cm　Ⓝ318.34

◇地方財政計画及び地方公務員の特殊勤務手当等の状況につい
て―会計検査院法第30条の2の規定に基づく報告書　［東京］
会計検査院　2014.4　102p　30cm　Ⓝ343.8

631

日本（給与―電気事業―歴史―史料）

日本（給与―電気事業―歴史―史料）

◇書簡集―電産型賃金の形成・運用　河西宏祐[著]　[東京]　[河西宏祐]　2014.6　1冊　26cm　（労働社会学・資料シリーズ　7）〈著作目録あり〉Ⓝ366.4

日本（給与―統計）

◇賃金構造基本統計調査報告　平成25年　第1巻　調査の説明・調査結果の概況・全国（産業大分類）厚生労働省大臣官房統計情報部雇用・賃金福祉統計課賃金福祉統計室編　厚生労働省大臣官房統計情報部　2014.6　107,529p　30cm　Ⓝ366.4

◇賃金構造基本統計調査報告　平成25年　第2巻　全国（産業中分類）厚生労働省大臣官房統計情報部雇用・賃金福祉統計課賃金福祉統計室編　厚生労働省大臣官房統計情報部　2014.6　33,467p　30cm　Ⓝ366.4

◇賃金構造基本統計調査報告　平成25年　第3巻　全国（役職・職種・新規学卒者・標準労働者・短時間労働者・企業規模5-9人）厚生労働省大臣官房統計情報部雇用・賃金福祉統計課賃金福祉統計室編　厚生労働省大臣官房統計情報部　2014.6　65,447p　30cm　Ⓝ366.4

◇賃金構造基本統計調査報告　平成25年　第4巻　都道府県別　厚生労働省大臣官房統計情報部雇用・賃金福祉統計課賃金福祉統計室編　厚生労働省大臣官房統計情報部　2014.6　55,429p　30cm　Ⓝ366.4

◇賃金構造基本統計調査報告　平成25年　第5巻　全国（雇用形態）厚生労働省大臣官房統計情報部雇用・賃金福祉統計課賃金福祉統計室編　厚生労働省大臣官房統計情報部　2014.6　307p　30cm　Ⓝ366.4

日本（給与―判例）

◇論点体系判例労働法　2　賃金・労働時間・休暇　菅野和夫,安西愈,野川忍編集　第一法規　2014.11　371p　22cm　〈索引あり〉Ⓘ978-4-474-10317-7　Ⓝ366.18　[4300円]

日本（教育）

◇あなたの子どもが「自立」した大人になるために　平川理恵著　世界文化社　2014.9　207p　19cm　〈文献あり〉Ⓘ978-4-418-14501-0　Ⓝ370　[1300円]

◇池上彰の「日本の教育」がよくわかる本　池上彰著　PHP研究所　2014.5　349p　15cm　（PHP文庫　い88-1）〈「子どもの教育の「大疑問」（講談社＋α文庫　2002年刊）の改題,大幅に加筆・修正）Ⓘ978-4-569-76174-9　Ⓝ372.107　[620円]

◇ガンコ親父の教育論―折れない子どもの育て方　森田勇造著　三和書籍　2014.9　254p　19cm　Ⓘ978-4-86251-167-6　Ⓝ370　[1800円]

◇教育アンケート調査年鑑　2014上　「教育アンケート調査年鑑」編集委員会編　創育社　2014.7　1215p　31cm　〈索引あり〉Ⓘ978-4-916004-72-7　Ⓝ372.107　[21000円]

◇教育アンケート調査年鑑　2014年版　下　「教育アンケート調査年鑑」編集委員会編　創育社　2014.10　1215p　31cm　Ⓘ978-4-916004-73-4　Ⓝ372.107　[21000円]

◇教育への思い　平野禎一著　弘報印刷出版センター　2014.10　95p　20cm　Ⓝ370.4

◇教育改革のゆくえ―家庭は子どもの教育の原点　続　中田雅敏著　新典社　2014.3　255p　19cm　Ⓘ978-4-7879-7920-9　Ⓝ372.107　[1800円]

◇教育実践と教育改革―教員免許状更新講習：2013年度報告書　[福井]　福井大学教育地域科学部　2014.3　219p　26cm　〈21世紀の知識基盤社会に生きる力を培う学校をどう実現するか新しい時代の教師のための協働研究　共同刊行：福井大学大学院教育学研究科〉

◇教育と学習　広島　尚志会　2014.9　81p　30cm　（二十一世紀の教育の創造　no. 19）Ⓝ370.4

◇教育と福祉の課題　伊藤良高編著　京都　晃洋書房　2014.8　235p　21cm　〈索引あり　内容：現代における子ども・子育て支援施策と保育施設経営の課題（伊藤良高著）保護者の多様な要求に向き合う保育士の苦悩と姿勢（小野田正利著）保育者育成と研修の現状と課題（塩野谷斉著）高等教育場面における学習支援システムの展望（谷川裕稔著）「子どもの貧困」認識の現状と課題（中嶋哲彦著）家庭との連携と保育者の専門性（北野幸子著）コミュニティ論からの道徳教育の考察（冨江英俊著）障害児保育・教育と福祉を包括した支援（中村明美著）フランスの保育者資格制度と養成（大津尚志著）大学教育における発達障害学生の学びとは（下坂剛著）「教育の自由」の諸相（橋本一雄著）児童養護施設におけるライフストーリーワークの可能性（桐原誠著）中国の幼児教育におけるドラマ教育（胡倩卓著）地域子育て支援拠点事業の変遷と今後の課題（香崎智郁代著）主任児童委員活動の現状と発展

性への提言（田添ゆかり著）障害者支援施設における利用者本位の現状と課題（永野典詞著）適応障害の人に対する福祉的支援（西田千鶴著）DV被害者への支援の多様性について（宮﨑由紀子著）「舞台提供型双方向支援」の可能性（山田裕一著）ケアマネジメント実践におけるスーパービジョンの意義と課題（若宮邦彦著）〉Ⓘ978-4-7710-2561-5　Ⓝ369.4　[2600円]

◇教育の原点　篠原尚文著　悠光堂　2014.10　137p　21cm　Ⓘ978-4-906873-30-2　Ⓝ370　[1200円]

◇教育の最新事情―現代教育の諸相　茨城大学教育学部学校教育教室編　協同出版　2013.7　203p　22cm　〈内容：教職についての省察（小川哲哉,佐藤環著）子どもの変化についての理解（村野井均,三輪壽二,渡部玲二郎,丸山広人著）教育政策の動向についての理解（生越達,杉本憲子著）学校の内外における連携協力についての理解（望月厚志,加藤崇英著）学校教育の変容と教師の力量形成（小川哲哉著）初等・中等学校における教科外活動の現状と課題（佐藤環著）メディアと子ども（村野井均著）教育相談における診断と検査（三輪壽二著）教師の児童・生徒理解に関する心理検査の効用（渡部玲二郎著）児童・生徒の変化についての理解と対応（丸山広人著）現代教育とキャリア教育（生越達著）思考力・判断力・表現力等の育成と学習指導・評価のあり方（杉本憲子著）「学校と地域社会との連携・融合」の課題と基礎理論（望月厚志著）学校経営・教育行政における評価制度システムの進展とその課題（加藤崇英著）〉Ⓘ978-4-319-00255-8　Ⓝ372.107　[1300円]

◇教育の不易と流行―教育は人なり　第7集　宮城教弘塾事務局編　仙台　日本教育公務員弘済会宮城支部　2014.3　96p　27cm　（宮城教弘塾　第7回）〈会期・会場：平成25年8月20日ホテルメトロポリタン仙台　宮城教弘塾創立60周年記念　内容：みのりある教育に向けて（市川伸一述）驚異の数,円周率πの世界（桜井進述）〉Ⓝ370.4

◇教師を支える研修読本―就学前教育から教員養成まで　山本睦,前田晶子,古屋恵太編　京都　ナカニシヤ出版　2014.9　200p　21cm　〈索引あり　内容：子どもの発達と民主主義（田丸敏高著）発達障害児支援の現状と未来（細川美由紀著）創造性研究からみたキャリア教育の問題点（山本睦著）認定こども園政策と保育者のキャリア支援（山本睦著）保育者の専門性と環境構成（竹石聖子著）「新たな学び」を教室の学びに（前田晶子著）学校の未来を啓く"地域連携"（小黒有子著）近代教育思想批判後の「新しい教育学」の原理（古屋恵太著）省察的実践の矛盾を超えて（古屋恵太著）学校におけるリスク教育の可能性（前田晶子著）〉Ⓘ978-4-7795-0879-0　Ⓝ370.4　[2700円]

◇共生への学び―先生を応援する教育の最新事情　星槎大学教員免許状更新講習センター編著　ダイヤモンド社　2014.3　270p　21cm　〈内容：プロフェッショナルとしての教師について（細田満和子著）必要とされる教員（平出彦仁著）「他者」を理解するということ文化人類学の視点から（渋谷節子著）ヒトへの道のり,そして「人」へ（森川和正著）共生教育の出番（古藤泰彦著）客観的・具体的材料〈各種報道・世論調査・統計等〉の適切な利用（天野一哉著）子ども観,教育観等についての省察（新井郁男著）教育的愛情,倫理観,遵法精神その他教員に対する社会的要請の強い事柄（水内宏著）ミラーニューロンぼくの平和論（小中陽太郎著）子どもの発達に関する,脳科学,心理学等の最新知見に基づく内容（伊藤一美著）特別支援教育に関する新たな認識（西永堅著）多様化に応じた学級づくりと学級担任の役割（白鳥絢也著）生活習慣の変化を踏まえた生徒指導（伊東健著）社会的・経済的環境の変化に応じたキャリア教育（三田地真実著）カウンセリング・マインドの必要性（阿部利彦著）私の共生社会構築の実践（坪内俊憲著）総則の趣旨の理解（白鳥絢也著）意欲を喚起する学習指導（佐島群已著）法令改正,国の審議会の状況等（白鳥絢也著）「現代の教育」と「文化の継承」（加藤登紀子著）学校組織の一員としてのマネジメント・マインドの形成（伊東健著）保護者・地域社会との連携（三田地真実著）対人関係,日常的コミュニケーションの重要性（天野一哉著）学校内外の安全確保（福島紘志著）情報セキュリティなど近年の状況を踏まえた内容（伊東健著）活私開公,グローカル,WA（山脇直司著）〉Ⓘ978-4-478-02718-9　Ⓝ372.107　[2000円]

◇原発事故とこの国の教育　武田邦彦著　相模原　ななみ書房　2013.11　269p　19cm　Ⓘ978-4-903355-34-4　Ⓝ374　[1200円]

◇時事小言　鈴木勲著　悠光堂　2014.3　215p　21cm　Ⓘ978-4-906873-26-5　Ⓝ370.4　[1800円]

◇実学教育改革論―「頭一つ抜ける」人材を育てる　橘木俊詔著　日本経済新聞出版社　2014.9　227p　20cm　〈文献あり〉Ⓘ978-4-532-35604-0　Ⓝ370　[2500円]

◇新堀通也著作集　第4巻　教育病理と教育風土　新堀通也著　学術出版会　2014.1　374p　22cm　（学術著作集ライブラ

リー）〈日本図書センター（発売）「教育病理への挑戦」（教育開発研究所 1996年刊）の複製　「教育病理の分析と処方箋」（教育開発研究所 1977年刊）内容：教育病理への挑戦　教育病理学の構想　学歴—実力主義を阻むもの　学閥—この日本的なるもの　「見て見ぬふり」の研究—現代教育の深層分析　「殺し文句」の研究—日本の教育風土〉 ①978-4-284-10406-7,978-4-284-10402-9(set) Ⓝ370.8

◇新堀通也著作集　第7巻　アピール日本国民に告ぐ—主要著作目録／略年譜　新堀通也著　学術出版会　2014.1　496p　22cm（学術著作集ライブラリー）〈日本図書センター（発売）著作目録ほか　年譜あり　「私語研究序説」（玉川大学出版部 1992年刊）の複製　「老兵の遺言状」（東信堂 1997年刊）の複製ほか　内容：私語研究序説　老兵の遺言状　サバイバルのための教育　志の教育—「危機に立つ国家」と教育　親学、親業、そして祖父母業　寄贈図書目録〉 ①978-4-284-10409-8,978-4-284-10402-9(set) Ⓝ370.8

◇戦後教育からの脱却—教育現場から見えた戦後日本の真実　山桐博著　MOKU出版　2014.7　404p　20cm（MOKU選書）①978-4-900682-96-2 Ⓝ370 ［2000円］

◇つながる教育、つなげる未来—教育改革×ソーシャルの力：第2回学校広報ソーシャルメディア活用勉強会教育カンファレンス　学校広報ソーシャルメディア活用勉強会［上尾］　学校広報ソーシャルメディア活用勉強会　2014.8　99p　21cm〈発行所：GKB48パブリッシング〉①978-4-908089-01-5 Ⓝ370.4

◇データで読む教育—調査・統計解説集：内外教育　2012-2013　「内外教育」編集部編　時事通信社　2013.5　166p　26cm（時事通信オンデマンドブックレット no. 68）Ⓝ372.107 ［1000円］

◇データで読む教育—調査・統計解説集：内外教育　2013-2014　「内外教育」編集部編　時事通信社　2014.5　185p　26cm（時事通信オンデマンドブックレット no. 69）Ⓝ372.107 ［1026円］

◇中村修二の反骨教育論—21世紀を生き抜く子に育てる　中村修二著　小学館　2014.12　287p　18cm（小学館新書 230）〈「日本の子どもを幸福にする23の提言」（2003年刊）の改題、加筆訂正〉①978-4-09-825230-5 Ⓝ370 ［760円］

◇日本教育の根本的変革　村井実著　川島書店　2013.11　186p　20cm〈索引あり〉①978-4-7610-0896-3 Ⓝ370.4 ［2000円］

◇日本の教育を考える—現状と展望　望月重信、播本秀忠、岡明秀忠編著　第2版　学文社　2014.3　236p　22cm〈索引あり〉①978-4-7620-2448-1 Ⓝ372.107 ［2400円］

◇日本の民主教育—みんなで21世紀の未来をひらく教育のつどい教育研究全国集会2014報告集　2014　みんなで21世紀の未来をひらく教育のつどい教育研究全国集会二〇一四実行委員会編　大月書店　2014.12　357p　21cm〈会期・会場：2014年8月16日〜18日　香川〉①978-4-272-40639-5 Ⓝ372.107 ［2800円］

◇反「ゆとり教育」奮戦記　芳沢光雄著　講談社　2014.9　221p　19cm〈索引あり〉①978-4-06-219181-4 Ⓝ370 ［1300円］

◇「ゆとり」批判はどうつくられたのか—世代論を解きほぐす　佐藤博志、岡本智周著　太郎次郎社エディタス　2014.10　189p　19cm　①978-4-8118-0778-2 Ⓝ370 ［1700円］

日本（教育—会議録）
◇日本教育学会第73回大会発表要旨集録　福岡　日本教育学会第73回大会実行委員会　2014.8　368p　30cm〈文献あり　会期・会場：2014年8月22日—24日　九州大学箱崎キャンパス　背のタイトル：第73回大会発表要旨集録〉Ⓝ370.4

日本（教育—統計）
◇文部科学統計要覧　平成26年版　文部科学省／著　竜ケ崎　エムア　2014.7　219p　18cm　①978-4-906942-07-7 ［650円］

日本（教育—年鑑）
◇教育年鑑　第4期第1巻　日本教育年鑑 1960年版　日本教育新聞社編　日本図書センター　2014.2　776p　27cm〈年表あり　日本教育新聞社 1959年刊の複製　布装〉①978-4-284-30675-1,978-4-284-30674-4(set) Ⓝ370.59

◇教育年鑑　第4期第2巻　日本教育年鑑 1961年版　日本教育新聞社編　日本図書センター　2014.2　791p　27cm〈年表あり　索引あり　日本教育新聞社 1960年刊の複製　布装〉①978-4-284-30676-8,978-4-284-30674-4(set) Ⓝ370.59

◇教育年鑑　第4期第3巻　日本教育年鑑 1962年版　日本教育新聞社編　日本図書センター　2014.2　695p　27cm〈年表あり　索引あり　日本教育新聞社 1961年刊の複製　布装〉①978-4-284-30677-5,978-4-284-30674-4(set) Ⓝ370.59

◇教育年鑑　第4期第4巻　日本教育年鑑 1963年版　日本教育新聞社編　日本図書センター　2014.2　711p　27cm〈年表あり　索引あり　日本教育新聞社 1962年刊の複製　布装〉①978-4-284-30678-2,978-4-284-30674-4(set) Ⓝ370.59

◇教育年鑑　第4期第5巻　日本教育年鑑 1964年版　日本教育新聞社編［復刻］　日本図書センター　2014.5　735p　27cm〈年表あり　索引あり　日本教育新聞社 1963年刊の複製　布装〉①978-4-284-30680-5,978-4-284-30679-9(set) Ⓝ370.59

◇教育年鑑　第4期第6巻　日本教育年鑑 1965年版　日本教育新聞社編［復刻］　日本図書センター　2014.5　741p　27cm〈年表あり　索引あり　日本教育新聞社 1964年刊の複製　布装〉①978-4-284-30681-2,978-4-284-30679-9(set) Ⓝ370.59

◇教育年鑑　第4期第7巻　日本教育年鑑 1966年版　日本教育新聞社編［復刻］　日本図書センター　2014.5　670p　27cm〈年表あり　索引あり　日本教育新聞社 1965年刊の複製　布装〉①978-4-284-30682-9,978-4-284-30679-9(set) Ⓝ370.59

◇教育年鑑　第4期第8巻　日本教育年鑑 1967年版　日本教育新聞社編［復刻］　日本図書センター　2014.5　635p　27cm〈年表あり　索引あり　日本教育新聞社 1966年刊の複製　布装〉①978-4-284-30683-6,978-4-284-30679-9(set) Ⓝ370.59

◇教育年鑑　第4期第9巻　日本教育年鑑 1968年版　日本教育新聞社編［復刻］　日本図書センター　2014.5　636,100p　27cm〈年表あり　索引あり　日本教育新聞社 1967年刊の複製　布装〉①978-4-284-30684-3,978-4-284-30679-9(set) Ⓝ370.59

日本（教育—歴史）
◇日本教育史—教育の「今」を歴史から考える　山本正身著　慶應義塾大学出版会　2014.4　496p　21cm〈文献あり　索引あり〉①978-4-7664-2131-6 Ⓝ372.1 ［3000円］

◇春山作樹著作集　第2巻　王朝教育史資料　芸術教育論　教育史論／歴史的社会評論／教育時論　春山作樹著　学術出版会　2014.12　1冊　22cm（学術著作集ライブラリー）〈日本図書センター（発売）長崎書店　昭和5年刊の複製　教育研究會　昭和6年刊の複製ほか〉①978-4-284-10436-4,978-4-284-10434-0(set) Ⓝ370.8

◇論集現代日本の教育史　7　身体・メディアと教育　辻本雅史監修　辻本雅史編著　日本図書センター　2014.5　538p　22cm〈文献あり　内容：教育システムのなかの身体（辻本雅史著）　伝統的な学びと近代教育（北村三子著）　教育方法としての教師の身体（齋藤孝著）　近世社会と識字（八鍬友広著）　文字から見た学習文化の比較（辻田晴雄著）　本居宣長と教養形成と京都（榎本恵理著）　西欧の教育文化における音声言語と書記言語の葛藤（宮澤康人著）　マスローグの教説（辻本雅史著）　貝原益軒と出版メディア（辻本雅史著）　『経典余師』考（鈴木俊幸著）　『徒然草』は江戸文学か？（横田冬彦著）　「独学」史試論（菅原亮芳著）　学校放送から「テレビ的教養」へ（佐藤卓己著）　教具から見る学校文化（石附実著）　教室の道具立て（矢野裕俊著）　校舎と教室の歴史（佐藤秀夫著）　東京女子〈高等〉師範学校附属幼稚園における建築と教育の変遷（永井理恵子著）　遊びと学びのメディア史（青山貴子著）　学校における制服の成立史（佐藤秀夫著）〉①978-4-284-30645-4 Ⓝ372.107 ［5800円］

日本（教育—歴史—1868〜1945）
◇御真影と学校—「奉護」の変容　小野雅章著　東京大学出版会　2014.12　411,9p　22cm〈索引あり〉①978-4-13-056222-5 Ⓝ372.106 ［6800円］

日本（教育—歴史—1945〜）
◇講座教育実践と教育学の再生　別巻　戦後日本の教育と教育学　教育科学研究会編　田中孝彦,佐貫浩,久富善之,佐藤広美編集委員著　京都　かもがわ出版　2014.10　319p　21cm〈内容：戦後教育学と戦争体験の思想化（佐藤広美著）　生活綴方教育と勝田守一との出会い（田中孝彦著）　教育の社会性と実践性との関連を追究して（久冨善之著）　教科研は戦後の教育の平等をいかに追求してきたのか（松田洋介著）　若者はいつ、どこで、「職業」を学ぶのか（児美川孝一郎著）　「国民の教育権論」を継承する（田中昌弥著）　自己と世界を再構成する「ストーリーの学力」（田中昌弥著）　「家庭科女子のみ必修」は、なぜ問題にならなかったのか（片岡洋子著）　教育実践を理論化・一般化するいとなみ（藤田和也著）　生活綴方教育の再生（仲嶺政光著）　子どもの原爆被害者の悲痛な声と向き合う（松浦勉著）　恵那の教育を牽引し続けた24歳の実践記録（森田道雄著）　「生きがい」の生活綴方（前田晶子著）　労働現場から生まれた連帯の学級（佐藤博著）　いのちへの責任・連帯の教育実践（一盛真著）　子どもへの信頼が拓く教育の地平（西本勝美著）　「地域に根ざす教育」の先駆的実践と苦闘の記録（木戸口正宏著）　微積分を学び自立に挑戦する（鈴木敏則著）　競争の教育時代に誕生、非行とたたかう実践（上間陽子著）　学力格差への習熟論的接近（福島裕敏著）　子どもの自由をひろげる生活綴方教師・丹羽徳子（渡邉由之著）　フェミニズム教育実践の先達へ（望月一枝著）　思春期の新たな自分づくりと教師（馬場久志著）　愛と苦悩の学級臨床教育実践（山本宏樹著）　これからも生きていくのだから（伊藤和実著）

日本（教育―歴史―江戸時代）

子どもの生命と戦後教育学（大田堯述，田中孝彦聴き手）〉
①978-4-7803-0619-4 Ⓝ371 ［2800円］

日本（教育―歴史―江戸時代）

◇「近世日本の教育遺産」実施報告書―教育遺産世界遺産登録推進国際シンポジウム 2013 教育遺産世界遺産登録推進国際シンポジウム実行委員会編 ［足利］ 教育遺産世界遺産登録推進国際シンポジウム実行委員会 2014.3 79p 30cm〈英語併載 会期・会場：2013年10月6日 足利市民プラザ文化ホール〉Ⓝ372.105

◇ならぬことはならぬ―江戸時代後期の教育を中心として 愛知東邦大学地域創造研究所編 唯学書房 2014.3 130p 21cm（地域創造研究叢書 No.21）アジール・プロダクション（発売）内容：会津藩の教育（荒川紘著） 水戸学の教育と学びの今日的意味（山極完治著） 江戸時代後期の保健医療はどのように行われていたか（澤田節子著） 日本人幼稚園保姆第一号豊田芙雄の教育に学ぶ（古市久子著） 江戸時代末期からの西洋文化流入と日本語における受容（西崎有多子著）〉①978-4-902225-85-3 Ⓝ372.105 ［2000円］

日本（教育―歴史―古代）

◇婚姻と教育 高橋秀樹編 竹林舎 2014.9 453p 22cm（生活と文化の歴史学 4）〈内容：婚姻の諸相 深窓の貴女の成立（栗原弘著） 女性の再婚（高橋由記著） 入内・入宮儀礼に関する一考察（山田彩起子著） 鎌倉時代の婚姻形態（辻垣晃一著） 室町・戦国時代の婚姻（後藤みち子著） 親子・親族の諸相 孝養からみた古代の親子関係（岩田真由子著） 摂関家の外孫（栗山圭子著） 『平家物語』の親子（平藤幸著） 家督と惣領（田中大喜著） 中世後期の寺庵と村社会（坂本亮太著）「家」研究の現在（高橋秀樹著） 教育の諸相 律令国家の教育と帰化人（渡来人）（丸山裕美子著） 王朝社会における貴族と舞（豊永聡美著） 儒者の家における家説の伝授（仁木夏実著） 権門寺院の教育（横内裕人著） 戦国大名の教育・教養（真鍋淳哉著） 足利学校の論語講義と連歌師（川本慎自著）〉①978-4-902084-24-5 Ⓝ361.63 ［12000円］

日本（教育―歴史―昭和前期）

◇靖国の子―教科書・子どもの本に見る靖国神社 山中恒著 大月書店 2014.12 159p 21cm ①978-4-272-52105-0 Ⓝ372.106 ［1600円］

◇論集現代日本の教育史 6 戦争と教育 辻本雅史監修 北村嘉恵，白取道博編著 日本図書センター 2014.5 587p 22cm〈文献あり 内容：戦後教育像の再構成（羽田貴史著） 書評 寺崎昌男・戦時下教育研究会編『総力戦体制と教育―皇国民「錬成」の理念と実践―』（久木幸男著） 戦時期庶民の心情と論理（広田照幸著） 戦場動員（冨山一郎著） 解題『対訳小学国語読本巻一～巻六地域教育史資料4』（佐藤秀夫著） 十五年戦争期の静岡県における徴兵適齢者の諸相（黒羽清隆著） 戦争と女性（高橋三郎著） 太平洋戦争期の青少年不良化問題（赤澤史朗著） 傷痍軍人小学校教員養成所の設立（逸見勝亮著） 異民族に対する軍事動員と皇民化政策（近藤正己著） 志願兵制度の展開とその意義（宮田節子著） 動員と統制（倉沢愛子著）「満蒙開拓青少年義勇軍」の変容〈一九三八～九四年〉（白取道博著） 壮丁の思想/悪魔とその子孫（高崎隆治著） あとがき『ボクラ少国民と戦争応援歌』〈改訂版〉（山中恒著） 疎開学童として（鈴木英夫著）〉①978-4-284-30644-7 Ⓝ372.107 ［5800円］

日本（教育―歴史―中世）

◇婚姻と教育 高橋秀樹編 竹林舎 2014.9 453p 22cm（生活と文化の歴史学 4）〈内容：婚姻の諸相 深窓の貴女の成立（栗原弘著） 女性の再婚（高橋由記著） 入内・入宮儀礼に関する一考察（山田彩起子著） 室町・戦国時代の婚姻形態（辻垣晃一著） 室町・戦国時代の婚姻（後藤みち子著） 親子・親族の諸相 孝養からみた古代の親子関係（岩田真由子著） 摂関家の外孫（栗山圭子著） 『平家物語』の親子（平藤幸著） 家督と惣領（田中大喜著） 中世後期の寺庵と村社会（坂本亮太著）「家」研究の現在（高橋秀樹著） 教育の諸相 律令国家の教育と帰化人（渡来人）（丸山裕美子著） 王朝社会における貴族と舞（豊永聡美著） 儒者の家における家説の伝授（仁木夏実著） 権門寺院の教育（横内裕人著） 戦国大名の教育・教養（真鍋淳哉著） 足利学校の論語講義と連歌師（川本慎自著）〉①978-4-902084-24-5 Ⓝ361.63 ［12000円］

◇日本中世の学問と教育 菅原正子著 同成社 2014.8 237p 22cm〈文献あり 内容：中世日本人のリテラシー 興福寺多門院と庶民の子供たち 毛利氏家臣玉木吉保の学習 天皇の学問と侍読 足利学校の学問と教育 公家社会の教養と書籍 三条西公条と学問 女官・女房たちの学問・読書 後花園天皇の学習と絵巻物受容 公家の日記にみえるお伽草子 学習書としてのお伽草子〉①978-4-88621-673-1 Ⓝ372.104 ［6000円］

日本（教育―歴史―明治以後）

◇綴ると解くの弁証法―教育目的論を考える 中内敏夫著 増補改訂版 広島 渓水社 2013.6 198p 21cm ①978-4-86327-218-7 Ⓝ372.106 ［2800円］

◇日本の教育文化史を学ぶ―時代・生活・学校 山田恵吾編著 京都 ミネルヴァ書房 2014.3 308p 21cm〈年表あり 索引あり 内容：教育史を学ぶということ（山田恵吾著） 伝統社会における子ども〈子ども観〉と教育（麻生千明著） 近世江戸時代における学びの場〈学校〉〈～1870年〉（麻生千明著） 近代化の中の教育〈1870～1900年〉（宮坂朋幸著） 国際化の中の教育〈1900～1920年〉（佐藤公著） 大衆化の中の教育〈1920～1930年〉（山田恵吾著） 総力戦体制の中の教育〈1930～1945年〉（貝塚茂樹著）「復興」と「模索」の中の教育〈1945～1960年〉（貝塚茂樹著）「豊かさ」の中の教育〈1960～1975年〉（山田恵吾著）「自由化・多様化」の中の教育〈1975～2000年〉（藤田祐介著）「グローバル社会」の中の教育〈2000年～〉（佐藤公著）〉①978-4-623-06740-4 Ⓝ372.106 ［2800円］

◇論集現代日本の教育史 5 公共性・ナショナリズムと教育 辻本雅史監修 森川輝紀,釜田三夫編著 日本図書センター 2014.1 638p 22cm〈文献あり 内容：自由民権運動と教育（黒崎勲著） 小学校の設立と学資金の民衆的基盤（花井信著） 市内学区の統一論争と財政的地位（三上和夫著） 一八八六年の学区改正期にみる分校問題と教員（坂本紀子著） 論議する教区・学区住民（増井三夫著） 寛政異学の禁における正学派朱子学の意義（辻本雅史著） 郷学論（入江宏著） 明治二〇年代初頭における中学校設立をめぐる「公共」観の展開（荒井明夫著） 明治期の教科書自由採択論と国定論（梶山雅史著） 日本社会における学校の受容と接続問題（木村元著） 明治一〇年代における僧侶の学校教員兼務（谷川穣著） 訓令一二号の思想と現実 1（久木幸男著） 宗教的情操の涵養に関する文部次官通牒をめぐって（高橋陽一著） 戦後改革のめざすもの（鈴木美南子著） 現代史と教育の「世俗化」問題（對馬達雄著） 教育におけるナショナルなもの（久保義三著） 近代日本における"ナショナリズムと教育"の展望（中内敏夫著） 天皇制公教育の形成史序説（佐藤秀夫著） いわゆる国旗「日の丸」と国民教育（籠谷次郎著） ワイマル期の「ネイション」とギムナジウム（望田幸男著）〉①978-4-284-30643-0 Ⓝ372.107 ［5800円］

日本（教育―歴史―明治以後―写真集）

◇写真で見る教育百年史 ［国勢研究所教育百年史編纂会編集］ 日本図書センター 2014.6 158p 22×31cm〈年表あり 「教育百年史」（日本教育振興会 昭和42年刊）の複製〉①978-4-284-30726-0 Ⓝ372.106 ［24000円］

日本（教育―歴史―明治時代）

◇明治前期中学校形成史 府県別編3 東日本 神辺靖光編著 松戸 梓出版社 2014.9 436p 22cm〈布装 内容：明治初年の東日本と「学校」「中学校」（神辺靖光著） 千葉県の中学校（吉野剛弘著） 茨城県の中学校（吉野剛弘著） 栃木県における「中学校」をめぐる動向（池田雅則著） 福島県の中学校形成史（大間敏行著） 山形県における尋常中学校の成立（荒井明夫著） 秋田県における「中学」の設立と変遷（森田智幸著） 宮城県の中学校形成史（冨士原雅弘著） 岩手県の中学校形成史（冨士原雅弘著） 青森県の中学校形成史（宇内一文，柄越祥子著）〉①978-4-87262-642-1 Ⓝ376.41 ［4900円］

◇名望家と〈開化〉の時代―地域秩序の再編と学校教育 塩原佳典著 京都 京都大学学術出版会 2014.3 366p 22cm（プリミエ・コレクション 42）〈索引あり 内容：序章 近世後期の地域秩序と媒介する役割 地域秩序の動揺と「開化」のきざし 「開化」の担い手の生成過程 相互連関する「開化」の諸事業 地方博覧会に見る「開化」の特質 明治一〇年代における近代学校の模索 民権思想の媒介者たち 名望家たちが目指した地域秩序とその行方〉①978-4-87698-481-7 Ⓝ210.6 ［4200円］

日本（教育―歴史―明治時代―史料）

◇日本近代教育史料大系 第21巻 公文記録 1（公文類聚 1） 日本近代教育史料研究会編 編集復刻 龍溪書舎 2014.6 369p 31cm ①978-4-8447-0208-5（set） Ⓝ372.105

◇日本近代教育史料大系 第22巻 公文記録 1（公文類聚 2） 日本近代教育史料研究会編 編集復刻 龍溪書舎 2014.6 457p 31cm ①978-4-8447-0208-5（set） Ⓝ372.105

◇日本近代教育史料大系 第23巻 公文記録 1（公文類聚 3） 日本近代教育史料研究会編 編集復刻 龍溪書舎 2014.6 370p 31cm ①978-4-8447-0208-5（set） Ⓝ372.105

◇日本近代教育史料大系 第24巻 公文記録 1（公文類聚 4） 日本近代教育史料研究会編 編集復刻 龍溪書舎 2014.6 410p 31cm ①978-4-8447-0209-2（set） Ⓝ372.105

日本件名図書目録2014　I　　　　　　　　　　　　　　　　　　　　　　　　　　　　　　　　　　日本（教育課程―大学）

◇日本近代教育史料大系　第25巻　公文記録　1（公文類聚 5）
日本近代教育史料研究会編　編集復刻　龍渓書舎　2014.6
453p　31cm　①978-4-8447-0209-2（set）　Ⓝ372.105
◇日本近代教育史料大系　第26巻　公文記録　1（公文類聚 6）
日本近代教育史料研究会編　編集復刻　龍渓書舎　2014.6
280p　31cm　①978-4-8447-0209-2（set）　Ⓝ372.105

日本（教育援助―アフガニスタン）
◇アフガニスタンぼくと山の学校　長倉洋海著　京都　かもが
わ出版　2014.10　193p　19cm　①978-4-7803-0728-3
Ⓝ372.271　［2000円］

日本（教育援助―カンボジア）
◇Nikoにこカンボジア―エナジーをあなたに　二胡著　文芸社
2014.2　162p　19cm　①978-4-286-14496-2　Ⓝ302.235
［1100円］

日本（教育援助―ケニア）
◇アフリカに大学をつくったサムライたち―ジョモ・ケニヤッタ
農工大学物語　荒木光弥著　国際開発ジャーナル社　2014.1
279p　19cm　〈丸善出版（発売）　文献あり　年譜あり〉　①978-
4-87539-085-5　Ⓝ377.2454　［1852円］

日本（教育援助―中国）
◇富樫穎先生追悼文集―『パーリャン小学校の思い出』別冊　厉
仁玉、武田淳、河合民子、西潟範子、エルニーニョ深沢共著　那
覇　蛙ブックス　2014.3　55p　21cm　①978-4-907464-02-8
Ⓝ372.2237　［500円］
◇パーリャン小学校の思い出―中国雲南省の辺境地に小学校を作
る　エルニーニョ深沢著　第2版　那覇　蛙ブックス　2014.2
82p　21cm　①978-4-907464-04-2　Ⓝ372.2237　［500円］

日本（教育家―歴史―1868～1945）
◇宗教的人格と教育者　松本晧一著　武蔵野　秋山書店　2014.
4　358p　22cm　〈内容：晁水・山本良吉の宗教観　北條時敬
における人間と禅　北條時敬　禅者の生死観　「教育者」型人
格における禅体験の受容と変容　「教育者」型人格における宗
教体験と聖・俗の行動傾向　「教育者」型人格における宗教信
念と実践の問題　無適・橋田邦彦における「行」について　橋
田邦彦と『正法眼蔵』　橋田邦彦『仏教の話』と廣瀬文豪『仏
教哲学論』　「教育者」型人格における修養と宗教信念　宝山
良雄　三好愛吉　廓堂・寸心・晁水　大拙居士と清拙居士　宝
山良雄について　大拙・晁水・栽松〉①978-4-87023-641-7
Ⓝ161.4　［3200円］

日本（教育家―歴史―江戸時代―肖像）
◇近世教育者の肖像―ミュージアム・コレクション展2013　玉
川大学教育博物館編　町田　玉川大学教育博物館　2013.11
64p　30cm　〈会期・会場：2013年11月4日―12月13日　玉川大
学教育博物館〉Ⓝ372.8

日本（教育学―伝記）
◇日本教育学の系譜―吉田熊次・篠原助市・長田新・森昭　小笠
原道雄、田中毎実、森田尚人、矢野智司著　勁草書房　2013.8
408,18p　22cm　〈年表あり　索引あり　内容：戦後教育学の来
歴を語り継ぐために（森田尚人著）　若き日の吉田熊次（森田尚
人著）　京都学派としての篠原助市（矢野智司著）　長田新の
教育学（小笠原道雄著）　森昭を読む（田中毎実著）〉①978-4-
326-25098-1　Ⓝ371.21　［4600円］

日本（教育学―歴史―明治時代）
◇『破戒』のモデル大江礒吉の「教育学」に学ぶ　水野永一著
長野　ほおずき書籍　2014.2　323p　21cm　〈星雲社（発売）
文献あり〉①978-4-434-18838-1　Ⓝ371.21　［1800円］

日本（教育格差）
◇「学力格差」の実態―調査報告　志水宏吉、伊佐夏実、知念渉、
芝野淳一著　岩波書店　2014.6　71p　21cm　（岩波ブック
レット No.900）〈文献あり〉①978-4-00-270900-0　Ⓝ372.
107　［560円］
◇教育格差の社会学　耳塚寛明編　有斐閣　2014.1　248p
19cm　（有斐閣アルマ）〈文献あり　索引あり　内容：学力格
差の社会学　カリキュラムと学力　教育機会の均等　学校か
ら職業への移行　社会化と逸脱　ジェンダーと教育　国際教
育開発の社会学　教育格差と福祉〉①978-4-641-22013-3
Ⓝ371.3　［1900円］
◇子どもの貧困―貧困の連鎖と学習支援　宮武正明著　岐阜
みらい　2014.4　302p　19cm　①978-4-86015-312-0　Ⓝ369.
4　［2000円］
◇「つながり格差」が学力格差を生む　志水宏吉著　亜紀書房
2014.4　241p　19cm　①978-4-7505-1405-5　Ⓝ371.3　［1600
円］
◇何が進学格差を作るのか―社会階層研究の立場から　鹿又伸
夫著　慶應義塾大学三田哲学会　2014.8　106p　18cm　（慶

應義塾大学三田哲学会叢書）〈慶應義塾大学出版会（制作・発
売）文献あり〉①978-4-7664-2167-5　Ⓝ371.3　［700円］

日本（教育課程―高等学校）
◇現代中等教育課程入門　吉冨芳正編　日野　明星大学出版部
2014.1　285p　21cm　〈文献あり〉①978-4-89549-192-1
Ⓝ375　［1600円］

日本（教育課程―小学校）
◇カリキュラムマネジメント―学力向上へのアクションプラン
田村知子著　日本標準　2014.11　54p　21cm　（日本標準
ブックレット No.13）①978-4-8208-0580-9　Ⓝ375　［600円］
◇教育現場に革新をもたらす自治体発カリキュラム改革　大桃
敏行、押田貴久編著　学事出版　2014.3　158p　21cm　〈内容：
公教育システムの改革と自治体発のカリキュラム改革（大桃敏
行著）　自治体発のカリキュラム改革を進める国の施策の展開
（押田貴久著）　カリキュラム改革への教育委員会の取り組み
（村上純一著）　カリキュラム改革への学校の取り組み（梅澤
希恵著）　カリキュラム改革への教師の取り組み（武井哲郎
著）　カリキュラム改革の条件と方策（仲田康一著）　東京都
世田谷区におけるカリキュラム改革への取り組み（讃井康智
著）　石川県金沢市におけるカリキュラム改革への取り組み
（押田貴久著）　富山県高岡市におけるカリキュラム改革への
取り組み（梅澤希恵著）　長野県諏訪市におけるカリキュラム
改革への取り組み（武井哲郎著）　熊本県産山村におけるカリ
キュラム改革への取り組み（仲田康一著）　熊本県宇土市にお
けるカリキュラム改革への取り組み（町支大祐著）　神奈川県
南足柄市におけるカリキュラム改革への取り組み（木場裕紀
著）　青森県三戸町におけるカリキュラム改革への取り組み
（村上純一著）〉978-4-7619-2047-0　Ⓝ375　［1900円］
◇現代初等教育課程入門　青木秀雄編　日野　明星大学出版部
2014.1　291p　21cm　〈文献あり〉①978-4-89549-191-4
Ⓝ375　［1600円］
◇小・中学校の教育課程実施状況の実態と今後の課題　教育調
査研究所　2014.6　108p　26cm　（研究紀要 第94号）〈文献
あり〉①978-4-903-14409-2　Ⓝ375　［1019円］

日本（教育課程―大学）
◇追手門学院の自校教育　寺﨑昌男、梅村修監修　茨木　追手門
学院大学出版会　2014.2　208p　19cm　〈丸善出版（発売）　年
譜あり　内容：大学50周年記念事業「自校教育のいま」講演録
（寺﨑昌男述）　学び論A「自校教育講座」の記録（梅村修述）
自校教育の教材作成について（山本直子述）〉①978-4-907574-
04-8　Ⓝ377.15　［1200円］
◇教職課程認定申請の手引き―解説書　平成26年度版　文教協
会編　文教協会　2014.3　245p　26cm　①978-4-
◇教職課程認定申請の手引き―教職員の免許状授与の所要資格
を得させるための大学の課程認定申請の手引き　平成26年度
改訂版　文部科学省［著］　文教協会　2014.3　262p　26cm
〈教職課程認定申請の手引き―解説書別冊〉Ⓝ377.15
◇グローバル教育財移動理論―大学教育の質保証と国際化　鈴
木典比古、村上均著　文眞堂　2014.12　164p　20cm　〈文献あ
り　索引あり〉①978-4-8309-4844-2　Ⓝ377.15　［1950円］
◇ゼミ入門―大学生の知的生活第一歩　野村一夫著　文化書房
博文社　2014.12　160p　21cm　〈文献あり　索引あり〉①978-
4-8301-1261-4　Ⓝ377.9　［1400円］
◇「創造性」を育てる教育とマネジメント―大学教育を革新する
アカデミック・コーチングへ　佐藤大輔編著　同文舘出版
2014.1　227p　21cm　〈索引あり　内容：現代における創造性
への期待（佐藤大輔著）　学びと創造性（佐藤大輔著）　理解と
創造性（佐藤大輔著）　対話と創造性（小島康次著）　知識の獲
得と創造的思考の喚起（佐藤淳著）　グループワークの創造性
と対人的影響（五十嵐祐著）　創造性のマネジメント（佐藤大
輔著）　シミュレーション・ゲーム教材を用いた組織心理学演
習の実践（増地あゆみ著）　新聞を使った「問い」と「仮説」
プログラム（佐藤大輔著）　学生を主体的・能動的にするアカ
デミック・コーチングの可能性と課題（菅原秀幸著）〉①978-
4-495-38291-9　Ⓝ377.15　［2800円］
◇大学教育改革の実態の把握及び分析に関する調査研究―平成
25年度文部科学省先導的大学改革推進委託事業：事業成果報
告書　東広島　広島大学高等教育研究開発センター　2014.12
428p　30cm　〈文献あり　研究代表：島一則〉Ⓝ377.15
◇大学生の主体的な学習を育てるカリキュラムに関する調査報告
書　ケーススタディ編　多摩　ベネッセコーポレーションベ
ネッセ教育総合研究所　2014.3　94p　26cm　〈日本高等教育
開発協会・ベネッセ教育総合研究所共同研究〉Ⓝ377.15
◇大学における特色ある教育事例の把握等に関する調査研究調
査報告書　［東京］　リベルタス・コンサルティング　2014.3
383p　30cm　〈平成25年度文部科学省委託調査　平成25年度
「先導的大学改革推進委託事業」〉Ⓝ377.15

日本（教育課程―大学院）

◇大学の教員免許業務Q&A　小野勝士, 村瀬隆彦, 上西浩司, 中井俊樹編　町田　玉川大学出版部　2014.10　204p　21cm　（高等教育シリーズ 166）〈文献あり〉①978-4-472-40495-5 Ⓝ377.15　[2000円]

日本（教育課程―大学院）

◇「今後の教職大学院におけるカリキュラムイメージに関する調査研究」成果報告書　今後の教職大学院におけるカリキュラムイメージ検討有識者会議, 今後の教職大学院における共通5領域の充実方策検討ワーキンググループ, 今後の教職大学院における学校経営コースカリキュラム検討ワーキンググループ, 今後の教職大学院における学習指導コースカリキュラム検討ワーキンググループ, 今後の教職大学院における生徒指導コースカリキュラム検討ワーキンググループ, 兵庫教育大学学内検討チーム・協力スタッフ・事業事務局 [著], 兵庫教育大学総務部企画課編　加東　兵庫教育大学総務部企画課　2014.3　137p　30cm〈平成25年度文部科学省先導的大学改革推進委託事業〉Ⓝ373.7

日本（教育課程―中学校）

◇教育現場に革新をもたらす自治体発カリキュラム改革　大桃敏行, 押田貴久編著　学事出版　2014.3　158p　21cm　内容：公教育システムの改革と自治体発のカリキュラム改革（大桃敏行著）　自治体発のカリキュラム改革を進める国の施策の展開（押田貴久著）　カリキュラム改革への教育委員会の取り組み（村上純一著）　カリキュラム改革への学校の取り組み（梅澤希恵著）　カリキュラム改革への教師の取り組み（武井哲郎著）　カリキュラム改革の条件と方策（仲田康一著）　東京都世田谷区におけるカリキュラム改革への取り組み（讃井康智著）　石川県金沢市におけるカリキュラム改革への取り組み（押田貴久著）　富山県高岡市におけるカリキュラム改革への取り組み（梅澤希恵著）　長野県諏訪市におけるカリキュラム改革への取り組み（武井哲郎著）　熊本県産山村におけるカリキュラム改革への取り組み（仲田康一著）　熊本県宇土市におけるカリキュラム改革への取り組み（町支大祐著）　神奈川県南足柄市におけるカリキュラム改革への取り組み（木場裕紀著）　青森県三戸町におけるカリキュラム改革への取り組み（村上純一著）〉①978-4-7619-2047-0 Ⓝ375　[1900円]

◇現代中等教育課程入門　吉冨芳正編　日野　明星大学出版部　2014.1　285p　21cm〈文献あり〉①978-4-89549-192-1 Ⓝ375　[1600円]

◇小・中学校の教育課程実施状況の実態と今後の課題　教育調査研究所　2014.6　108p　26cm　（研究紀要 第94号）〈文献あり〉①978-4-903-14409-2 Ⓝ375　[1019円]

日本（教育課程―幼稚園）

◇現代初等教育課程入門　青木秀雄編　日野　明星大学出版部　2014.1　291p　21cm〈文献あり〉①978-4-89549-191-4 Ⓝ375　[1600円]

日本（教育行政）

◇新しい教育行政学　河野和清編著　京都　ミネルヴァ書房　2014.4　241p　21cm〈索引あり〉①978-4-623-07037-4 Ⓝ373.2　[2500円]

◇学校マネジメント研修テキスト　6　教育改革をめぐる重要課題　木岡一明編　学事出版　2013.7　127p　21cm　①978-4-7619-1984-9 Ⓝ374　[1600円]

◇教育行政―分かち合う共同体をめざして　磯田文雄著　京都　ミネルヴァ書房　2014.12　347p　22cm〈索引あり〉①978-4-623-07154-8 Ⓝ373.2　[3500円]

◇教育行政学―子ども・若者の未来を拓く　横井敏郎編著　八千代出版　2014.9　279p　21cm〈年表あり 索引あり　執筆：坪井由実ほか〉①978-4-8429-1633-0 Ⓝ373.2　[2900円]

◇教育の組織と経営―教育制度改革と行政の役割　加藤崇英, 臼井智美, 鞍馬裕美編著　学事出版　2014.6　189p　21cm　①978-4-7619-1962-7 Ⓝ373.1　[1900円]

◇教師教育講座　第5巻　教育行財政・学校経営　古賀一博編著　協同出版　2014.4　216p　21cm　①978-4-319-10674-5 Ⓝ370.8　[2200円]

◇公教育経営概説　堀内孜編　学術図書出版社　2014.4　292p　21cm〈年表あり 索引あり　内容：公教育の意義と公教育経営の概念（堀内孜著）　公教育の成立と公教育経営構造（堀内孜著）　日本の公教育の展開と公教育経営（堀内孜著）　公教育制度の原理と構造（堀内孜著）　公教育の意思決定システム（木岡一明著）　国民の教育意思と教育権構造（大林正史著）　教育法制の構造（大林正史著）　教育行政の全体構造と中央教育行政組織（福島正行著）　教育行政の地方分権と教育委員会制度（福島正行著）　教職員制度と人事行政（浅田昇平著）　教育内容行政と指導行政（藤村裕子著）　生涯学習行政と社会教育行政（榊原禎宏著）　教育財政と学校予算（田中真秀著）　学

校の組織特性と組織経営（浅田昇平著）　学校教育目標と教育課程経営（藤村裕子著）　学校の内部組織と意思決定（木岡一明著）　教職員の構成・配置と学級編制（水本徳明著）　施設・設備管理と危機管理（田中真秀著）　保護者・地域社会との連携と学校参加（水本徳明著）　学校評価・教職員評価と学校改善（榊原禎宏著）〉①978-4-7806-0393-4 Ⓝ373.2　[2700円]

◇この国はどこへ行くのか!?―教育・政治・神学の視点から　岡田明, 比企敦子, 渡辺祐子, 朝岡勝著　いのちのことば社　2014.2　79p　21cm　（21世紀ブックレット 51）①978-4-264-03190-1 Ⓝ190.4　[750円]

◇社会教育行政読本―「協働」時代の道しるべ　社会教育行政研究会編　第一法規　2013.6　176p　21cm〈文献あり〉①978-4-474-02884-5 Ⓝ379.1　[2600円]

◇生涯学習・社会教育行政必携　平成26年版　生涯学習・社会教育行政研究会編集　第一法規　2013.6　1冊　21cm　①978-4-474-02901-9 Ⓝ379.1　[4500円]

◇信仰の良心のための闘い―日の丸・君が代の強制に抗して　岡田明, 袴田康裕, 奥野泰孝, 松浦悟郎, 山崎龍一, 山口陽一著, 君が代強制反対キリスト者の集い編　いのちのことば社　2013.5　142p　21cm　（21世紀ブックレット 48）〈内容：日の丸・君が代「強制」問題の過去・現在・未来（岡田明著）　キリスト者として日の丸・君が代を考える（袴田康裕著）　キリスト者には葛藤がある。思考する。祈る。神に問う。信じるから忍耐し、行動する。（奥野泰孝著）　君が代強制の意味するところ（松浦悟郎著）「高きところ」で、主に従うところ（山崎龍一著）　人を生かす国と教育のために（山口陽一著）〉①978-4-264-03109-3 Ⓝ373.2　[1000円]

◇文部科学関係の税制　平成26年度　[東京]　文部科学省大臣官房政策課　[2014]　61, 970p　21cm　Ⓝ345.1

日本（教育計画―歴史―昭和後期）

◇戦後日本における地域教育計画論の研究―矢口新の構想と実践　越川求著　川越　すずさわ書店　2014.2　301p　22cm〈年表あり 索引あり　内容：戦後地域教育計画論を主軸　戦後教育改革期における地域教育計画論　1950年代の地域教育計画の実践　地域教育計画としての富山県総合教育計画の歴史的展開　継承と再構築〉①978-4-7954-0287-4 Ⓝ373.1　[4800円]

日本（教育財政）

◇学校財政―公立学校を中心とする公私費負担の境界と21世紀の革新　中村文夫著　学事出版　2013.8　287p　21cm〈文献あり 索引あり〉①978-4-7619-1989-4 Ⓝ373.4　[2800円]

◇高等教育の費用は誰が負担するか―現状の問題点を考える―第58回公開研究会（2013.11.27）から　日本私立大学協会附置私学高等教育研究所　2014.8　107p　30cm　（私学高等教育研究所シリーズ no. 55）〈奥付のタイトル：高等教育の費用を誰が負担するか　内容：大衆のための大学政策を考える（矢野眞和述）　限界に達した家計の高等教育費負担（田中敬文述）　高等教育への公財政支出（丸山文裕述）　コメント　高等教育の費用を誰が負担するか（浦田広朗著）〉Ⓝ373.4

◇大学運営と税財政法上の課題　全国会計職員協会　2014.3　152p　22cm　（財政法叢書 30）〈内容：私立大学運営と税財政法務（石村耕治著）　大学運営と市場原理（石井拓児著）　大学の財政と外部資金（石川多加子著）　国立大学運営と財政支援（佐藤誠二著）　大学運営と税財政法上の課題（小沢隆一, 上代庸平同会, 碓井光明, 石村耕治, 青木宗明著）における財政制度の改革およびその課題（江利紅著）『保障行政の法理論』板垣勝彦（弘文堂、2013年11月、A5判、全592頁）（上代庸平著）　日本財政法学会理事長を退任して（碓井光明著）　理事長就任に当たって（甲斐素直著）〉①978-4-915391-55-2 Ⓝ377.1　[3090円]

◇なぜ日本の公教育費は少ないのか―教育の公的役割を問いなおす　中澤渉著　勁草書房　2014.6　369,25p　20cm〈文献あり 索引あり〉①978-4-326-65388-1 Ⓝ373.4　[3800円]

日本（教育政策）

◇安倍「教育改革」はなぜ問題か　藤田英典著　岩波書店　2014.11　184p　19cm〈文献あり　内容：日本の教育と社会はどこへ行くのか　安倍政権が進める「教育改革」のねらい　政治主導の「教育改革」の何が問題なのか　グローバル化時代の学校教育と学校づくりの課題〉①978-4-00-022083-5 Ⓝ373.1　[1600円]

◇現代日本の教育改革―淑徳大学教育学部公開講座　新井保幸編著　高陵社書店　2014.7　177p　19cm〈内容：教育改革の時代（新井保幸著）　社会力育てが社会と教育を救う（門脇厚司著）　社会の変化と幼児教育の課題（河津英彦著）"いい学校"とはどういう学校か（小島弘道著）　教師教育改革の動向をどう捉えるか（岩田康之著）　私立大学における小学校教員の養成（新井保幸著）〉①978-4-7711-1007-6 Ⓝ373.1　[1200円]

◇人口減少社会における学校制度の設計と教育形態の開発のための総合的研究最終報告書　国立教育政策研究所　2014.3

日本件名図書目録2014　Ⅰ　　　　　　　　　　　　　　　　　　　　　　　　　　　　　　　　　　　　日本（教育法）

289p　30cm　（プロジェクト研究報告書 平成25年度）〈文献あり　研究代表者：徳永保〉Ⓝ373.1
◇世界で生きるチカラ―国際バカロレアが子どもたちを強くする　坪谷ニュウエル郁子著　ダイヤモンド社　2014.4　253p　19cm〈文献あり〉①978-4-478-02650-2　Ⓝ373.1　[1600円]
◇地方自治体の政策ビジョン実現のための公立大学の積極的活用に関する調査研究報告書―文部科学省平成25年度先導的大学改革推進委託事業　公立大学協会公立大学政策・評価研究センター　2014.3　377p　30cm　Ⓝ377.21

日本（教育政策―歴史―1945～）
◇高等教育の政策過程―アクター・イシュー・プロセス　橋本鉱市著　町田　玉川大学出版部　2014.7　266p　22cm　（高等教育シリーズ 165）〈文献あり　内容：高等教育研究の制度化と変容　高等教育研究における政策分析　高等教育政策の過程分析　戦後日本における高等教育関連議員の構造分析　戦後日本の高等教育関連議員と政策課題　高等教育政策と私立大学の拡大行動　1980年代における抑制・削減政策　高等教育懇談会による「昭和50年代前期計画」の審議過程　専門職養成の「質」保証システム〉①978-4-472-40496-2　Ⓝ377.21　[4200円]
◇日本が二度と立ち上がれないようにアメリカが占領期に行ったこと―こうして日本人は国を愛せなくなった　髙橋史朗著　致知出版社　2014.1　302p　20cm〈文献あり〉①978-4-8009-1029-5　Ⓝ361.42　[1800円]

日本（教育制度）
◇教育の経営・制度　浜田博文編著　一藝社　2014.4　210p　21cm　（新・教職課程シリーズ）①978-4-86359-067-0　Ⓝ373.1　[2200円]
◇教育の組織と経営―教育制度改革と行政の役割　加藤崇英, 臼井智美, 鞍馬裕美編著　学事出版　2014.6　189p　21cm　①978-4-7619-1962-7　Ⓝ373.1　[1900円]
◇教育の法と制度　浪本勝年編　学文社　2014.4　195p　21cm　（教師教育テキストシリーズ 7）〈年表あり　索引あり〉①978-4-7620-1656-2　Ⓝ373.22　[2000円]
◇教師教育講座　第4巻　教育の制度と社会　山崎博敏編著　協同出版　2014.4　220p　21cm　①978-4-319-10673-8　Ⓝ370.8　[2200円]
◇今後の学制等の在り方について―第五次提言　[東京]　教育再生実行会議　2014.7　62p　30cm　Ⓝ373.1
◇新・教育制度論―教育制度を考える15の論点　髙妻紳二郎編著　京都　ミネルヴァ書房　2014.4　227p　21cm〈索引あり〉①978-4-623-06979-8　Ⓝ373.1　[2200円]
◇新教職教育講座　第2巻　学校教育と経営　窪田眞二, 清水一彦編　協同出版　2013.12　263p　21cm　①978-4-319-10661-5　Ⓝ373.7　[2200円]
◇テキスト教育制度・教育法規　霜島秋則著　改訂版　ジアース教育新社　2014.8　277p　21cm〈文献あり〉①978-4-86371-276-8　Ⓝ373.1　[2200円]
◇未来を創る教育制度論―未来の教師ファースト・ステップ　川口洋誉, 中山弘之編著　改訂版　北樹出版　2014.4　223p　21cm〈索引あり〉①978-4-7793-0412-5　Ⓝ373.1　[2100円]

日本（教育制度―歴史―史料）
◇日本近代教育史料大系　第21巻　公文記録 1（公文類聚 1）　日本近代教育史料研究会編　編集復刻　龍溪書舎　2014.6　369p　31cm　①978-4-8447-0208-5 (set)　Ⓝ372.105
◇日本近代教育史料大系　第22巻　公文記録 1（公文類聚 2）　日本近代教育史料研究会編　編集復刻　龍溪書舎　2014.6　457p　31cm　①978-4-8447-0208-5 (set)　Ⓝ372.105
◇日本近代教育史料大系　第23巻　公文記録 1（公文類聚 3）　日本近代教育史料研究会編　編集復刻　龍溪書舎　2014.6　370p　31cm　①978-4-8447-0208-5 (set)　Ⓝ372.105
◇日本近代教育史料大系　第24巻　公文記録 1（公文類聚 4）　日本近代教育史料研究会編　編集復刻　龍溪書舎　2014.6　410p　31cm　①978-4-8447-0209-2 (set)　Ⓝ372.105
◇日本近代教育史料大系　第25巻　公文記録 1（公文類聚 5）　日本近代教育史料研究会編　編集復刻　龍溪書舎　2014.6　453p　31cm　①978-4-8447-0209-2 (set)　Ⓝ372.105
◇日本近代教育史料大系　第26巻　公文記録 1（公文類聚 6）　日本近代教育史料研究会編　編集復刻　龍溪書舎　2014.6　280p　31cm　①978-4-8447-0209-2 (set)　Ⓝ372.105

日本（教育制度―歴史―明治以後）
◇近代日本の教育制度の変遷　亀山學, 魚森茂共著　改訂新版　枚方　昌美出版　2014.3　225p　21cm〈年表あり〉①978-4-921050-29-0　Ⓝ372.106　[1900円]

日本（教育費）
◇教育を家族だけに任せない―大学進学保障を保育の無償化から　大岡頼光著　勁草書房　2014.3　266,19p　20cm〈文献あり　索引あり　内容：人生の初めから家族だけに任せない文化を創る　教育費負担の現状　制度が文化を創る　高等教育費の公的負担の根拠　子どもの貧困解消　就学前教育で政治への信頼を創れるか　保育・就学前教育の無償化　家族主義を変える〉①978-4-326-65386-7　Ⓝ373.4　[2800円]
◇高等教育機関への進学時の家計負担に関する調査研究報告書　[東京]　東京大学　2014.3　207p　30cm〈文献あり　平成25年度先導的大学改革推進委託事業〉Ⓝ373.4
◇"私立"を目指す家庭の教育資金の育てかた―親と子の夢をかなえる！　竹下さくら, 柳澤美由紀著　近代セールス社　2014.3　239p　19cm　①978-4-7650-1224-9　Ⓝ373.4　[1500円]
◇「無償教育の漸進的導入」と大学界改革　細川孝編著　京都　晃洋書房　2014.3　190,4p　22cm　（龍谷大学社会科学研究所叢書 第101号）〈索引あり　内容：日本における学費負担減免の現状と課題（日永龍彦著）　韓国における登録金半額化と大学の在り方（渡部昭男著）　カンボジアにおける高等教育の量的拡大と授業料高騰の問題（望月太郎著）　ニュージーランドにおける大学経営への学生参画（米津直希著）　日本の高等教育と大学設置法人（細川孝著）　日本における青年期の学習費保障と生活費保障制度の横断的検討（石井拓児著）　地方県における高等教育等に係る施策と経営（渡部容子著）　「無償教育の漸進的導入」と大学財政の構造転換（重本直利著）〉①978-4-7710-2524-0　Ⓝ377.1　[2500円]

日本（教育法）
◇解説教育六法　2014　解説教育六法編修委員会編　三省堂　2014.3　1234p　19cm〈年表あり　索引あり〉①978-4-385-15943-0　Ⓝ373.22　[2600円]
◇学校現場における教育法規実践学　上巻　学校トラブル 生徒指導・保護者対応編　坂田仰著　教育開発研究所　2014.6　157p　19cm　①978-4-87380-445-3　Ⓝ373.22　[1800円]
◇学校現場における教育法規実践学　下巻　学校トラブル 教職員・地域対応編　坂田仰著　教育開発研究所　2014.6　169p　19cm　①978-4-87380-446-0　Ⓝ373.22　[1800円]
◇教育関係者必携―青森県　平成26年版　青森県教育庁編　ぎょうせい　2014.8　1240,5,1225p　19cm　①978-4-324-09870-7　Ⓝ373.22　[6400円]
◇教育小六法　平成26年版　市川須美子, 浦野東洋一, 小野田正利, 窪田眞二, 中嶋哲彦, 成嶋隆編集委員　学陽書房　2014.1　1352p　20cm〈年表あり　索引あり〉①978-4-313-01190-8　Ⓝ373.22　[2700円]
◇教育の法と制度　浪本勝年編　学文社　2014.4　195p　21cm　（教師教育テキストシリーズ 7）〈年表あり　索引あり〉①978-4-7620-1657-8　Ⓝ373.22　[2000円]
◇教育法規の基礎理解―この一冊で教育法規の学び方がわかる　徳永保編著　協同出版　2014.4　326p　21cm　①978-4-319-00266-5　Ⓝ373.22　[2000円]
◇教育法規便覧　平成26年版　窪田眞二, 小川友次著　学陽書房　2014.1　724p　19cm〈索引あり〉①978-4-313-64389-5　Ⓝ373.22　[3800円]
◇教育法の現代的争点　日本教育法学会編　京都　法律文化社　2014.7　395p　21cm〈内容：学校制度法定主義の現代的意義と現代的意義（世取山洋介著）　教育目的・目標法定の意義と限界（成嶋隆著）　教育の地方自治と自治立法（青木宏治著）　「不当な支配」の禁止（市川須美子著）　憲法価値と公教育（植野妙実子著）　公教育の一部拒否の自由（中村英著）　子どもの学習権の権利性（横田守弘著）　親の教育権と子どもの権利保障（西原博史著）　教師の教育権と市民的自由（今野健一著）　教師の良心の自由（市川須美子著）　公教育の無償性（廣澤明著）　子どもの権利救済とオンブズマン制度（堀井雅道著）　戦後教育改革の法制史的意義（古野博明著）　教育振興基本計画（谷口聡著）　学校教育法改正史（大橋基博著）　教育条件整備基準立法の未成立（三輪定宣著）　子ども・子育て支援関連三法と幼保一元化（小泉広子著）　職業教育の学校体系における位置（井本佳宏著）　学校統合と学校選択（山本由著）　私学法制と私学助成（木幡洋子著）　学校設置主体の多様化（川口洋誉著）　不登校と学習権保障（望月彰著）　在日外国人の学習権保障（内野正幸著）　少数民族の学習権保障（松倉聡史著）　大規模災害と学習権保障（谷雅泰著）　教育委員会・校長と職員会議（村元宏行著）　学校評価システムの現状と問題点（窪田眞二著）　学校運営への生徒・保護者参加（藤枝律子著）　学校と警察（山岸秀著）　学校危機管理と子どもの人権（大島佳代子著）　学校と保護者の危機的関係（小野田正利著）　学校教育とインターネット（神陽子著）　スクール・セクハラと子どもの人権（大津尚志著）　学習指導要領と教育課程編成権（植田健男著）　日本における教科書統制 1　教科書検定（浪本勝年著）　日本における教科書統制 2　教科書採

日本（教員）

択・教科書使用義務（浪本勝年著）　学力テストの法的問題
（小野方資著）　道徳教育と宗教教育（山口和孝著）　法教育
（永野恒雄著）　教員免許更新制と教員養成制度改革（高橋哲
著）　教員の種別化（佐藤修司著）　義務教育諸学校における
教職員の非正規化について（橋口幽美著）　教員の勤務条件
（松原信継著）　人事考課と教師の専門性（篠原岳司著）　不適
格教員と分限処分（土屋基規著）　ILO・ユネスコ教員の地位に
関する勧告の現代的意義（勝野正章著）　中央教育行政と地方
教育行政の関係（中嶋哲彦著）　教育委員会制度の実態と問題
点（坪井由実著）　義務教育国庫負担制度と教職員定数（山﨑
洋介著）　世取野美術（世取山洋介著）　高校授業
料無償化法・子ども手当法の評価（石井拓児著）　子どもの貧
困と就学奨励援助法（中嶋哲彦著）　学校保健の現状と課題
（森浩寿著）　子どもケアの法的仕組み（小島喜孝著）　特別支
援教育と条件整備（渡部昭男著）　障害者の権利条約と特別支
援教育（八木英二著）　国立大学の法人化と大学の自治・学問
の自由（光本滋著）　学術法制と科学技術法制（片山等著）　社
会教育法と生涯学習振興法（姉崎洋一著）　社会教育行政の一
般行政化（中山弘之著）　社会教育施設の民営化（辻浩著）　学
校事故における過失責任主義の問題点（伊藤進著）　施設・設
備事故における国家賠償法1条と2条の関係（青野博之著）　い
じめ裁判の論点（織田博子著）　体罰裁判と体罰概念（安藤博
著）　校則裁判の論点（市川須美子著）　学校教育措置と教師
の教育専門的裁量（斎藤一久著）　学校教育措置と子ども・生
徒の市民的自由（中川律著）　障害児〈者〉の教育選択権（中川
明著）　親の教育情報請求権の存否（早川和宏著）　学力テス
トの学校別成績の公開問題（中嶋哲彦著）　最高裁学テ判決の
今日的意義（竹内俊子著）　教師の不起立と子どもの思想・良
心の自由（丹羽徹著）　自治体行政による「不当な支配」（安達
和志著）　授業内容処分と学習指導要領（加藤文也著）　教師
の研修権裁判（菅原真著）　新任教員の試用期間前後の分限処分
（山岸利次著）　教育公務員処分の厳罰化（村山裕著）　教員超
過勤務手当請求事件（小林正直著）　学校/統廃合/裁判（吉岡
直子著）〉　①978-4-589-03560-8　Ⓝ373.22　［3800円］

◇教師教育講座　別巻　法規集　林孝編著　協同出版　2014.4
356p　21cm　①978-4-319-10681-3　Ⓝ370.8　［2200円］

◇現代子どもの教育と福祉の法規事典　中島正明編　岡山　大
学教育出版　2014.10　572p　30cm　〈文献あり〉①978-4-
86429-280-1　Ⓝ373.22　［3600円］

◇憲法と教育法の研究―主権者教育権の提唱　永井憲一著　勁
草書房　2014.2　310p　22cm　〈内容：憲法の議会制論から人
権研究へ　教科書裁判などの護憲運動へ　憲法理論研究会の
創設の目的　教育要求権の論理　教育権に関する裁判と判決
主権者教育権の理論　教育の自治と社会教育の自由　大学にお
ける学生の学習権　子どもの人権を考える　日本教育法学会
の発展　日本公法学会の回顧　スポーツ文化の潮流　研究と
教育のフィナーレ　学生指導の回顧　実践と実践の記録　当
面する憲法学の課題　単著の「はしがき」集　現実の政治・社
会問題への対応〉①978-4-326-40290-8　Ⓝ373.01　［7000円］

◇事例で学ぶ"学校の法律問題"―判断に迷ったときに手にとる
本　坂田仰,黒川雅子共著　補訂版　教育開発研究所　2014.6
197p　21cm　①978-4-87380-447-7　Ⓝ373.22　［2500円］

◇新教育法規解体新書PORTABLE―校務に役立つ知識とトラブ
ル対処法　佐藤晴雄監修,学校運営実務研究会編集　東洋館
出版社　2014.6　627p　19cm　〈索引あり　奥付のタイトル：
新・教育法規解体新書ポータブル〉①978-4-491-03029-6
Ⓝ373.22　［2500円］

◇図解・表解教育法規―"確かにわかる"法規・制度の総合テキス
ト　坂田仰,河内祥行,黒川雅子,山田知代共著　新訂第2版
教育開発研究所　2014.8　269p　26cm　①978-4-87380-448-4
Ⓝ373.22　［2600円］

◇大学・学校・教育法律実務ガイド―現場の諸問題を法律と判例
で解決する　青山学院教育法研究会編著　第一法規　2014.11
629p　21cm　〈索引あり〉①978-4-474-03343-6　Ⓝ373.22
［4800円］

◇テキスト教育制度・教育法規　霜鳥秋則著　改訂版　ジアー
ス教育新社　2014.8　277p　21cm　〈文献あり〉①978-4-
86371-276-8　Ⓝ373.1　［2200円］

◇ハンディ教育六法　2014年版　浪本勝年,伊藤良高,山口拓史,
廣田健,白川優治,石本祐二,海老沢隼悟編　北樹出版　2014.4
456p　19cm　〈年表あり　索引あり〉①978-4-7793-0405-7
Ⓝ373.22　［2000円］

◇必携教職六法　2015年度版　若井彌一監修，河野和清,髙見茂,
結城忠編集委員　協同出版　2014.2　1004p　21cm　〈索引あ
り〉①978-4-319-64115-4　Ⓝ373.22　［2200円］

◇ポケット教育小六法　2014年版　教育フロンティア研究会編
京都　晃洋書房　2014.4　325p　18cm　〈年表あり〉①978-4-
7710-2538-7　Ⓝ373.22　［1300円］

◇文部科学法令要覧　平成26年版　文部科学法令研究会監修
ぎょうせい　2014.1　1冊　21cm　〈索引あり〉①978-4-324-
09769-4　Ⓝ373.22　［5400円］

日本（教員）

◇新しい教師論　高橋陽一編，高橋陽一,山田恵吾,桑田直子,谷
雅泰,佐藤清親著　武蔵野　武蔵野美術大学出版局　2014.4
251,4p　21cm　〈索引あり　内容：現代の教員養成のあり方と
武蔵野美術大学（高橋陽一著）　日本における教員養成の歩み
（山田恵吾著）　欧米の教員養成（桑田直子著）　教員の服務
（谷雅泰著）　教員の資格と任用（谷泰泰著）　教員免許制度と
その動向（高橋陽一著）　多様な教職員とその制度（高橋陽一
著）　校務分掌と職務の実際（佐藤清親著）　学校についての法
令（高橋陽一著）〉①978-4-86463-015-3　Ⓝ374.3　［1900円］

◇学生と教師のための現代教職論とアカデミックフリーダム
白井嘉一編著　学文社　2014.1　198p　21cm　〈内容：現代に
おける教職のとらえ方を考える（白井嘉一著）　現代教職論の課
題と〈開放制目的教員養成論〉の意義（山﨑真之,白井嘉一著）
現代教職論のベースとしての〈教師のライフコース〉（白井嘉
一著）　民間教育運動における教師の〈学び〉と〈活動〉（戸倉
信一著）　〈教師のしごと〉をどうとらえるか（北田佳子著）　大
学における目的養成と教職系学生の自己形成（白井嘉一
著）　地域における学校づくりと教師の〈学び〉と〈活動〉（北
田佳子著）　地域における学校づくりと校長・教師の役割（坂
本徳雄著）〉①978-4-7620-2402-3　Ⓝ374.3　［2300円］

◇韓国政府日本教職員招へいプログラム実施報告書―国際連合
大学2012-2013年国際教育交流事業　国際連合大学,ユネスコ・
アジア文化センター編　国際連合大学　2014.3　74p　30cm
〈会期・開催地：2013年8月22日―29日　ソウル市ほか　共同刊
行：ユネスコ・アジア文化センター〉Ⓝ374.3

◇教育実践と教職論―教職理論の課題　榊達雄,早川教示,片山
信吾編著　岡山　大学教育出版　2014.11　184p　21cm　〈内
容：子どもの発達と教育実践（酒井博世著）　教育実践と教育理
念（村瀬桃子著）　子ども・父母・住民とともに教育実践の創
造（柴田康正著）　障害児教育実践（早川教示著）　教育実践と
体罰問題（高木正一著）　教師の教育権（片山信吾著）　教師の
専門職性と労働者性（榊達雄著）　教職員組合運動（高木正一
著）　青年教師論（大橋基博著）　教師の超過勤務問題（榊達雄
著）　教員条件整備と事務職員（式広二著）　教育行政・
経営と教師（大橋基博著）　教員養成制度の原則と課題（片山
信吾,酒井博世著）　教員評価制度の問題（早川教示著）　学校
施設・設備と教職員（笠井尚著）〉①978-4-86429-288-7
Ⓝ374.3　［1800円］

◇教員採用等の改善に係る取組事例　平成26年度　［東京］　文
部科学省初等中等教育局教職員課　2014.1　431p　30cm
Ⓝ373.78

◇「教員のメンタルヘルスに関する調査研究事業」報告書　［東
京］　三菱総合研究所　2013.3　8,107p　30cm　Ⓝ374.37

◇教師を志すあなたに贈る人生の先輩からのメッセージ―著名
人インタビュー集　鈴木耐子著　［東京］　NSK出版　2013.
11　80p　21cm　Ⓝ374.35　［750円］

◇教師を100倍楽しむ方法―若手教師がつくった、教師を楽しみ
たい人のための本　「教師を100倍楽しむ方法」編集委員会編
日本標準　2014.4　111p　26cm　〈別冊子どもを「育てる」
教師のチカラ NO.1〉①978-4-8208-0573-1　Ⓝ374.3　［1600
円］

◇教師が語る―若手教師17人の教職への接近と現在の教職生活
にみる教師育ち　2　愛知教育大学教員養成キャリアプロジェ
クト制作　名古屋　鳴海出版　2014.3　157p　21cm　〈978-
4-907952-03-7　Ⓝ374.35

◇教師として生きるということ―子どもを育てる教師・教師を育
てる学校　江間史明,吉村敏之編著　ぎょうせい　2014.8
231p　21cm　（シリーズ新しい学びの潮流 5）①978-4-324-
09834-9　Ⓝ374.35

◇教師の成長に関する調査報告書　愛知教育大学教員養成キャ
リアプロジェクト制作　名古屋　鳴海出版　2014.3　118p
30cm　①978-4-907952-04-4　Ⓝ374.35

◇教職を拓く―名桜大学教職入門書　［名護］　名桜大学　2014.
3　140p　21cm　〈発行所：編集工房東洋企画〉①978-4-
905412-27-4　Ⓝ374.35　［1200円］

◇教職入門―専門性の探究・実践力の練成　青木秀雄編　日野
明星大学出版部　2014.1　265p　21cm　〈文献あり〉①978-4-
89549-190-7　Ⓝ374.35　［1600円］

◇教職の探究―学び続ける教師をめざして　岩城孝次,和田孝編
著　学校図書　2014.1　235p　21cm　〈索引あり〉①978-4-
7625-0165-4　Ⓝ374.35　［2300円］

◇教師力を鍛えるケースメソッド123―学校現場で生じる事例と
その対応　奈良教育大学次世代教員養成センター課題探究教

育部門教師力サポートオフィス監修，赤井悟，柴本枝美著　京都　ミネルヴァ書房　2014.3　270p　21cm〈索引あり〉①978-4-623-07045-9　Ⓝ374.35　[2500円]

◇現代日本の教師を考える　岩本俊郎，浪本勝年編著　改訂版　北樹出版　2014.10　131p　21cm〈年表あり　索引あり　執筆：岩本俊郎ほか〉①978-4-7793-0434-7　Ⓝ374.3　[1300円]

◇現場から問う職業としての教師　金龍哲，下山田伸一郎編著　岡山　大学教育出版　2014.4　200p　21cm〈内容：教師になる道（下山田伸一郎著）「子どもが好き」で十分か（南久直著）教師の服務（白倉哲著）子どもが主役の授業をつくる（鈴木美喜著）「生徒指導」という仕事（杉坂郁子著）共に学び共に育つ（浜崎美保著）学ぶ集団をつくる（戸田崇著）体罰は払拭できるか（下山田伸一郎著）学校・家庭・地域の協働性の構築（伊藤昭彦著）子どもの知を創る（阪本秀典著）社会から信頼される学校づくり（小泉力也著）子どもは地域で育つ（田原開起著）教師像の変遷からみた教職観（金龍哲著）仲間とともに成長する（鈴木正一著）教師の歳時記（葉倉朋子著）教師の喜びと悩み（西ケ谷克彦著）数字で見る教師の素顔（藤井基子著）①978-4-86429-269-6　Ⓝ374.3　[2000円]

◇これからの学校教育と教師—「失敗」から学ぶ教師論入門　佐々木司，三山緑編著　京都　ミネルヴァ書房　2014.4　190p　21cm〈索引あり〉①978-4-623-07035-0　Ⓝ374.3　[2200円]

◇自己成長を目指す教職実践演習テキスト　原田恵理子，森山賢一編著　北樹出版　2014.4　109p　26cm〈索引あり〉①978-4-7793-0406-4　Ⓝ374.3　[1300円]

◇生涯担任から教え子へのラブレター—子どもを幸せにすると幸せになります　矢花国男著　札幌　中西出版　2014.9　244p　19cm　①978-4-89115-300-7　Ⓝ374.35　[1200円]

◇新教職概論　赤星晋作編著　改訂版　学文社　2014.4　217p　22cm〈索引あり〉①978-4-7620-2424-5　Ⓝ374.3　[2300円]

◇新・教職入門　山﨑準二，矢野博之編著　学文社　2014.3　195p　21cm〈索引あり〉①978-4-7620-2418-4　Ⓝ374.35　[2000円]

◇新教師論—学校の現代的課題に挑む教師力とは何か　小柳和喜雄，久田敏彦，湯浅恭正編著　京都　ミネルヴァ書房　2014.2　219p　21cm〈索引あり〉①978-4-623-06730-5　Ⓝ374.3　[2400円]

◇中国政府日本教職員招へいプログラム実施報告—国際連合大学2012-2013年国際教育交流事業　国際連合大学，ユネスコ・アジア文化センター編　国際連合大学　2014.3　50p　30cm〈会期・開催地：2013年6月23日—29日　北京市ほか　奥付のタイトル：中国政府日本教職員招へいプログラム実施報告書　共同刊行：ユネスコ・アジア文化センター〉Ⓝ374.3

◇「はずれ先生」にあたったとき読む本—保育園・幼稚園・小学校・塾…：ちょっとした親の対応で，みるみる変わる！　立石美津子著　青春出版社　2014.5　220p　20cm　①978-4-413-03915-4　Ⓝ374.6　[1300円]

◇「プロ教師」の流儀—キレイゴトぬきの教育入門　諏訪哲二著　中央公論新社　2014.8　206p　18cm　（中公新書ラクレ 503）①978-4-12-150503-3　Ⓝ374.3　[780円]

◇ゆるやかな絆と信頼で結ばれた職場づくりのために　高松　香川県教育センター　2014.2　38p　30cm　（教職員のためのサポートブック 3）〈文献あり〉Ⓝ374.3

日本（教員—高等学校）

◇THE新採用教員　中学・高校教師編　堀裕嗣編，「THE教師力」編集委員会著　明治図書出版　2014.3　71p　19cm（シリーズ「THE教師力」）①978-4-18-197619-4　Ⓝ374.3　[960円]

日本（教員—小学校）

◇学校のお仕事・毎日すること365日大全　3　モノの言い方・伝え方—チクチク語・スマイル語使い分け辞典　越智敏洋編著　明治図書出版　2014.6　159p　22cm　①978-4-18-136812-8　Ⓝ374.12　[1800円]

◇子どもとともに—教育をもとめて　田原萬美著　弘報印刷出版センター　2014.3　238p　19cm　Ⓝ374.35

◇THE新採用教員　小学校教師編　山田洋一編，「THE教師力」編集委員会著　明治図書出版　2014.3　71p　19cm（シリーズ「THE教師力」）①978-4-18-197515-9　Ⓝ374.3　[960円]

日本（教員—大学）

◇教養しのろ教授の大学入門　紀川しのろ著　京都　ナカニシヤ出版　2014.4　211p　20cm　①978-4-7795-0817-2　Ⓝ377.21　[2000円]

◇サラリーマンのための大学教授の資格—実践応用編：すぐれた社会人教授になるための方法と戦略　松野弘著　VNC　2014.8　241p　20cm〈星雲社（発売）〉①978-4-434-19404-7　Ⓝ377.13　[1800円]

◇女性研究者とワークライフバランス—キャリアを積むこと，家族を持つこと　仲真紀子，久保（川合）南海子編　新曜社　2014.9　127p　21cm〈内容：ある女性研究者のワークとライフ（久保南海子著）遠距離結婚生活の中での育児と研究生活（内田由紀子著）主夫に支えられて（和田由美子著）男性〈夫〉が育休を取った場合の経済的デメリット（郷式徹著）病児保育といろいろな働き方（久保南海子著）今になって思う研究者のワークとライフ（仲真紀子著）①978-4-7885-1406-5　Ⓝ377.13　[1600円]

◇東大教授　沖大幹著　新潮社　2014.3　206p　18cm　（新潮新書 560）〈文献あり〉①978-4-10-610560-9　Ⓝ377.13　[700円]

◇東北大学大学教員準備プログラム/新任教員プログラム—報告書　2013年度　東北大学高等教育開発推進センター大学教育支援センター編　仙台　東北大学高等教育開発推進センター大学教育支援センター　2014.3　255p　30cm〈教育関係共同利用拠点「国際連携を活用した大学教育力開発の支援拠点」〉Ⓝ377.13

◇山形ワークライフバランス・イノベーション—平成25年度報告書・シンポジウム報告書：これからの社会をつくる女性のリーダーを育てるために　山形　山形大学男女共同参画推進室　2014.3　62p　30cm　Ⓝ377.13

日本（教員—大学—名簿）

◇全国土木系教員名簿—大学・高専　2014年版　土木学会出版委員会編　土木学会　2014.8　209p　30cm〈丸善出版（発売）英語併記〉①978-4-8106-0840-3　Ⓝ377.13　[2000円]

◇大学〈建築関係学科〉名簿　2014年版　日本建築学会編集　日本建築学会　2014.9　163p　30cm〈丸善出版（発売）〉①978-4-8189-2982-1　Ⓝ377.13　[3600円]

日本（教員—中学校）

◇THE新採用教員　中学・高校教師編　堀裕嗣編，「THE教師力」編集委員会著　明治図書出版　2014.3　71p　19cm（シリーズ「THE教師力」）①978-4-18-197619-4　Ⓝ374.3　[960円]

日本（教員研修）

◇音楽科における教師の力量形成　高見仁志著　京都　ミネルヴァ書房　2014.4　222p　22cm〈文献あり　索引あり〉①978-4-623-07011-4　Ⓝ375.762　[5000円]

◇学校，教育委員会及び教職大学院の三者の協働による学校のリーダー養成のための実習カリキュラム開発の研究事業—報告：文部科学省教員の資質能力向上に係る先導的取組2013　平成25年度　黒﨑東洋郎監修，岡山大学大学院教育学研究科教職実践専攻編　岡山　岡山大学大学院教育学研究科教職実践専攻　2014.3　112p　30cm〈共同刊行：昭和印刷〉Ⓝ374.35

◇韓国教職員招へいプログラム実施報告書—国際連合大学2013-2014年国際教育交流事業　ユネスコ・アジア文化センター編　ユネスコ・アジア文化センター　2014.3　99p　30cm〈会期・開催地：2014年1月19日—27日　東京都ほか　共同刊行：国際連合大学〉Ⓝ374.3

◇教員の民間企業研修レポート—明日の日本を支える子どもたちのために　2013　経済広報センター国内広報部　2014.1　103p　30cm　Ⓝ374.3

◇小学校初任教師の成長・発達を支える新しい育成論　後藤郁子著　学術出版会　2014.10　240p　22cm　（学術叢書）〈日本図書センター（発売）文献あり　奥付のタイトル（誤植）：小学校初任教師の成長を支える新しい育成論〉①978-4-284-10416-6　Ⓝ374.3

◇小学校初任者研修プログラム教師力を育てるトレーニング講座30　山田洋一著　明治図書出版　2014.6　181p　22cm　①978-4-18-146012-9　Ⓝ374.35　[2000円]

◇初任者研修実務必携スタートブック—小学校版　2014　初任者研修実務研究会編　第一法規　2014.4　142p　26cm　Ⓝ374.3

◇初任者研修実務必携スタートブック—中・高等学校版　2014　初任者研修実務研究会編　第一法規　2014.4　143p　26cm　Ⓝ374.3

◇中国教職員招へいプログラム実施報告書—国際連合大学2012-2013年国際教育交流事業　国際連合大学，ユネスコ・アジア文化センター編　国際連合大学　2014.3　85p　30cm〈会期：2013年11月13日—24日ほか　共同刊行：ユネスコ・アジア文化センター〉Ⓝ374.3

◇中国教職員招へいプログラム実施報告書—国際連合大学2013-2014年国際教育交流事業　国際連合大学，ユネスコ・アジア文化センター編　国際連合大学　2014.3　78p　30cm〈会期・開催地：2013年10月20日—28日　東京都ほか　共同刊行：ユネスコ・アジア文化センター〉Ⓝ374.3

日本（教員養成）

◇平成25年度教育課題研修指導者海外派遣プログラム研修成果報告書—ダイジェスト版 教員研修センター編著 ［つくば］教員研修センター 2014.3 32, 7p 30cm Ⓝ374.3

日本（教員養成）
◇明日の教師とともに学ぶ 春日井敏之監修, 森川紘一編集代表 大阪 せせらぎ出版 2014.10 180p 21cm〈内容：大学生が自己を綴り、それを読み合うことの意義（土佐いく子著） 学生とともに「学ぶこと・生きることの意味」を考える（松村忠臣著） めざせ！"子どもにとって魅力的な先生"（森川紘一著） 大学生は伸びるつながる考える（久志裕子著） 学生が求めているものは何か（金子光夫著） 大学の授業づくりと教育的課題（小部修著） 学生とともに「最高の学び場」をつくりたい（木村久男著）〉Ⓘ978-4-88416-231-3 Ⓝ373.7 ［1667円］

◇学生と教師のための現代教職論とアカデミックフリーダム 臼井嘉一編著 学文社 2014.1 198p 21cm〈内容：現代における教職のとらえ方を考える（臼井嘉一著） 現代教職論の課題と〈開放制目的教員養成論〉（山崎真之, 臼井嘉一著） 現代教職論のベースとしての〈教師のライフコース〉（臼井嘉一著） 民間教育運動における教師の〈学び〉と〈活動〉（戸倉信一著） 〈教師のしごと〉をどうとらえるか（北田佳子著） 大学における目的教育と教職系学生の自己形成（臼井嘉一著） 地域における学校づくりと教師の〈学び〉と〈活動〉（北田佳子著） 地域における学校づくりと校長・教師の役割（坂本徳雄著）〉Ⓘ978-4-7620-2402-3 Ⓝ374.3 ［2300円］

◇教員養成を哲学する—教育哲学に何ができるか 林泰成, 山名淳, 下司晶, 古屋恵太編著 東信堂 2014.9 332p 22cm〈索引あり 内容：イメージ先行の教員養成改革の前に（下司晶, 山名淳, 古屋恵太ほか著） 学校現場で教育哲学はどのように生きるのか（林泰成著） 小学校教員にとっての教育哲学（中橋和昭著） 中学校教員にとっての教育哲学（力間博隆著） 高校教員にとっての教育哲学（犬飼俊明著） 教育大学院の教育研究における「哲学」の可能性（成田喜一郎著） 教員は教育哲学に何を求めるのか（林泰成著） 未来を担う教員を育成するために（下司晶著） 学問システムと教育システムの間で揺らぐ教育哲学（山名淳著） 国立大学教育学部における教育学各分野の量的変遷（木村拓也著） 学生は教育哲学に何を求めるのか（下司晶, 木村拓也, 奥泉敦司著） 教育哲学は学生の教育観をいかに成長させるのか（下司晶, 奥泉敦司著） 今こそ伝統的な〈理論／実践〉論議の有用性を問い直すとき（古屋恵太, 山名淳著） 教育哲学は教員養成とどのように向き合ってきたか（岡部美香, 小林万里子, 日暮トモ子ほか著） 教育哲学者は自らの研究の「役立ち」をどのように考えてきたのか（古屋恵太著） 教育史研究者はなぜ教員養成を語らないのか（船寄俊雄著） 戦略型教育哲学と教員養成（松浦良充著） ドイツにおける教員養成と一般教育科学（クラウス＝ペーター・ホルン著, 藤岡綾子, 山名淳訳） フランスにおける教育哲学と教員養成（上原秀一著） これからの教員養成のために（林泰成, 山名淳, 下司晶ほか著）〉Ⓘ978-4-7989-1247-9 Ⓝ371.1 ［4200円］

◇教師をめざす人の介護等体験ハンドブック 現代教師養成研究会編 4訂版 大修館書店 2014.12 98p 26cm〈文献あり 索引あり〉Ⓘ978-4-469-26767-9 Ⓝ373.7 ［1200円］

◇教職課程認定申請の手引き—解説書 平成26年度版 文教協会編 文教協会 2014.3 245p 26cm Ⓝ377.15

◇教職課程認定申請の手引き—教職員の免許状授与の所要資格を得させるための大学の課程認定申請の手引き 平成26年度改訂版 文部科学省［著］ 文教協会 2014.3 262p 26cm〈教職課程認定申請の手引き—解説書別冊〉Ⓝ377.15

◇国立大学教員養成系大学・学部において優れた取組をしている大学教員に関する調査報告書 国立教育政策研究所 2014.1 102p 30cm（プロジェクト研究（教員養成等の改善に関する調査研究）報告書 平成25年度）〈研究代表者：大杉昭英〉Ⓝ373.7

◇これまでの学びと教師への歩み—教職実践演習 小学校幼稚園編 梅澤実編著 わかば社 2014.3 157p 26cm〈年表あり 執筆：姫野完治ほか〉Ⓘ978-4-907270-06-3 Ⓝ373.7 ［1600円］

◇社会・学校改革の過渡期における教員養成を考える—これからの学校教育と教員養成カリキュラム：東京学芸大学教員養成カリキュラム開発研究センター第14回シンポジウム記録集 ［小金井］ 東京学芸大学教員養成カリキュラム開発研究センター 2014.3 65p 30cm〈会期・会場：2013年12月7日 東京学芸大学芸術・スポーツ科学系研究棟2号館2階第一会議室〉Ⓝ373.7

◇大学の教員免許業務Q&A 小野勝士, 村瀬隆彦, 上西浩司, 中井俊樹編 町田 玉川大学出版部 2014.10 204p 21cm

（高等教育シリーズ 166）〈文献あり〉Ⓘ978-4-472-40495-5 Ⓝ377.15 ［2000円］

◇フィリア—特別支援学校における介護等体験ガイドブック：豊かでかけがえのない体験を得るために 全国特別支援学校長会編著 インクルーシブ教育システム版 ジアース教育新社 2014.3 230p 21cm〈文献あり〉Ⓘ978-4-86371-256-0 Ⓝ373.7 ［1200円］

◇ルールとマナー—フィリア2 介護等体験 全国特別支援学校長会編著 ジアース教育新社 2014.3 141p 20cm Ⓘ978-4-86371-257-7 Ⓝ373.7 ［1200円］

日本（教員養成—歴史—明治以後）
◇論集現代日本の教育史 2 教員養成・教師論 辻本雅史監修 船寄俊雄編著 日本図書センター 2014.1 601p 22cm〈文献あり 内容：総括と提言（海後宗臣著） 教員養成教育の教育課程について（横須賀薫著） 戦後教員養成論の再検討 上・下（向山浩子, 五十嵐顕著） 教員養成制度について（三好信浩著） 教師の教師たちの学校（高橋金三郎著） 「大学における教員養成」の歴史的研究（船寄俊雄著） 高等師範学校の存廃論争が今日の教員養成に示唆するもの（船寄俊雄著） 「大学における教員養成」を考える（横須賀薫著） 日常生活と専門的学問をつなぐものとしての教育（石井潔著） 教育学部論（岡本洋三著） わが国附属学校園の歴史的性格（船寄俊雄著） 「文検」合格者の学習体験とライフコース（「文検」研究会著） 戦前期日本の無試験検定による中等教員養成の研究（三羽徳子著） 中等教員養成史上における臨時教員養成所の位置と役割（杉森知也著） 京都府教育会の教員養成事業（梶山雅史著） 師範学校の教育とその改革を見直す（山田昇著） 日本教育学説史の試み（寺﨑昌男著） 近代的教師像〈人間像〉の形成（上沼八郎著） 総論（上沼八郎著） 日本における教師像の展開と今日における教師教育の課題（寺﨑昌男著） 歴史がもとめ歴史に参加した教師たち（寺﨑昌男著） 激動の昭和史に生きた教師たち（前田一男著） 戦後史の中の教師文化（久冨善之著）〉Ⓘ978-4-284-30640-9 Ⓝ372.107 ［5800円］

日本（教科書）
◇感動ゼロの歴史教科書を活性化する—お世話になった名著100選 現代編 奥井元生著 文芸社 2014.8 437p 20cm Ⓘ978-4-286-14335-4 Ⓝ375.932 ［1600円］

◇常識から疑え！ 山川日本史 近現代史編下 「研究者もどき」がつくる「教科書もどき」 倉山満著 ヒカルランド 2014.3 166p 19cm （Knock-the-Knowing 006）Ⓘ978-4-86471-184-5 Ⓝ375.9324 ［1000円］

◇シンポジウム「もっと知ろう、デイジー教科書を！」—報告書 平成24年度 日本障害者リハビリテーション協会情報センター 2013.3 79p 30cm〈会期・会場：2013年2月3日 戸山サンライズ大研修室 平成24年度独立行政法人福祉医療機構社会福祉振興助成事業 奥付のタイトル：「デイジーによる学習と社会参加支援事業」報告書〉Ⓝ378

◇デイジー活用事例集 日本障害者リハビリテーション協会情報センター 2013.3 49p 26cm（平成24年度独立行政法人福祉医療機構社会福祉振興助成事業「デイジーによる学習と社会参加支援事業」）Ⓝ378

◇日本史教科書の中のファンタジー—美しい国の歴史は学校でつくられる 岡田明著 いのちのことば社 2014.7 126p 21cm Ⓘ978-4-264-03244-1 Ⓝ375.324 ［1000円］

日本（教科書—歴史—昭和前期）
◇『尋常小学算術』と多田北烏—学びはじめの算数教科書のデザイン 上垣渉, 阿部紀子著 風間書房 2014.2 268p 図版30p 22cm Ⓘ978-4-7599-2020-8 Ⓝ375.9412 ［7000円］

◇靖国の子—教科書・子どもの本に見る靖国神社 山中恒著 大月書店 2014.12 159p 21cm Ⓘ978-4-272-52105-0 Ⓝ372.106 ［1600円］

日本（教科書—歴史—明治時代）
◇日本語の近代—はずされた漢語 今野真二著 筑摩書房 2014.3 254p 18cm （ちくま新書 1062）Ⓘ978-4-480-06767-8 Ⓝ814 ［800円］

◇明治漢文教科書集成 第3巻 第2期中等漢文教科書編 1 加藤国安編・解説 編集復刻版 不二出版 2014.6 572p 31cm〈金港堂本店ほか 明治24年～明治29年刊の複製 布装 内容：新撰漢文読本（中根淑編） 標註漢文教科書（深井鑑一郎編） 中等教育漢文軌範（石川鴻斎編） 中学漢文読本（秋山四郎編）〉Ⓘ978-4-8350-7616-4,978-4-8350-7615-7（set） Ⓝ375.98

◇明治漢文教科書集成 第4巻 第2期中等漢文教科書編 2 加藤国安編・解説 編集復刻版 不二出版 2014.6 463p 31cm〈文學社ほか 明治30年～明治31年刊の複製 布装 内容：中等教科漢文読本（宮本正貫編） 撰定中学漢文（深井鑑一郎編）〉Ⓘ978-4-8350-7617-1,978-4-8350-7615-7（set） Ⓝ375.98

◇明治漢文教科書集成 第5巻 第2期中等漢文教科書編 3 加藤国安編・解説 編集復刻版 不二出版 2014.6 478p

日本件名図書目録2014 Ⅰ　　　　　　　　　　　　　　　　　　　　　　　　　　　　　　　　　　　日本（行政監査）

31cm〈金港堂書籍　明治34年刊の複製　明治書院　明治34年刊の複製　布装　内容：第一訂正中学漢文読本（秋山四郎編）中等漢文読本（国語漢文研究会編）〉①978-4-8350-7618-8,978-4-8350-7615-7(set)　Ⓝ375.98

◇明治初等国語教科書と子ども読み物に関する研究—リテラシー形成メディアの教育文化史　府川源一郎著　ひつじ書房　2014.2　1207p　27cm〈文献あり　年表あり　索引あり　内容：出発点としての翻訳啓蒙書　翻訳啓蒙書と英語教科書.　その1　翻訳啓蒙書と英語教科書.　その2　翻訳啓蒙書と修身読み物　子ども向け翻訳啓蒙書の意義　『小学読本』に先行・併行した国語関係教科書　『小学読本』の時代　各地域における「小学読本」の享受の様相　各地域における小学初等読本の作製　金港堂の国語教科書戦略　文部省作製国語教科書の展開　特色ある明治検定前期民間読本と子ども読み物の展開　明治検定前期地域作製検定読本の諸相　明治検定中期国語読本の諸相と子ども読み物の展開　地域作製国語読本のゆくえ　明治検定後期国語読本の諸相　坪内読本の構想とその継承　「統合主義国語教科書」の試みとその挫折　修身教育と修身教科書　「修身読み物」の諸相　「修身教材集」の展開と子ども読み物　研究の総括と残された課題〉①978-4-89476-662-4　Ⓝ375.982　[19000円]

日本（行刑—歴史—明治以後）
◇行刑の近代化—刑事施設と受刑者処遇の変遷　小澤政治著　日本評論社　2014.4　513p　22cm〈索引あり〉①978-4-535-52012-7　Ⓝ326.5　[8000円]

日本（共済組合—法令）
◇共済小六法　平成26年版　共済組合連盟編　学陽書房　2013.12　2161p　22cm〈索引あり〉①978-4-313-00589-1　Ⓝ317.35　[6100円]
◇共済小六法　平成27年版　共済組合連盟編　学陽書房　2014.12　2199p　22cm〈索引あり〉①978-4-313-00590-7　Ⓝ317.35　[6300円]
◇私立学校教職員共済制度関係法令集　平成26年版　日本私立学校振興・共済事業団共済事業本部編　日本私立学校振興・共済事業団共済事業本部　2014.6　1冊　21cm　Ⓝ373.78　[非売品]

日本（共産主義）
◇個に死して類に生きる—宇谷安雄遺稿集：2013-2006　宇谷安雄著，「炎」編集委員会編　春日　「炎」編集委員会　2014.3　468p　21cm　①978-4-902573-96-1　Ⓝ309.31　[2500円]

日本（教職大学院）
◇学校管理職育成の現状と今後の大学院活用の可能性に関する調査報告書　国立教育政策研究所　2014.3　186p　30cm（プロジェクト研究（教員養成等の改善に関する調査研究）報告書　平成25年度）〈文献あり　研究代表者：大杉昭英　折り込1枚〉Ⓝ374.3
◇「今後の教職大学院におけるカリキュラムイメージに関する調査研究」成果報告書　今後の教職大学院におけるカリキュラムイメージ検討有識者会議，今後の教職大学院における共通5領域の教職専門性検討ワーキンググループ，今後の教職大学院における学校経営コースカリキュラム検討ワーキンググループ，今後の教職大学院における学習指導コースカリキュラム検討ワーキンググループ，今後の教職大学院における生徒指導コースカリキュラム検討ワーキンググループ，兵庫教育大学学内検討チーム・協力スタッフ・事業事務局［著］，兵庫教育大学総務部企画課　加東　兵庫教育大学総務部企画課　2014.3　137p　30cm（平成25年度文部科学省先導的大学改革推進委託事業）Ⓝ373.7
◇全国教職大学院学生意識に関する調査研究報告書　教職大学院学生全国調査プロジェクト編　［東京］　教職大学院学生全国調査プロジェクト　2014.1　188p　30cm〈研究代表：吉田文　内容：どのような学生が教職大学院に通っているのか（河野志穂著）　教職大学院への入学目的と現在所属する大学院の選択理由（松本暢平著）　大学院入学前における教員採用試験経験と修了後の希望進路から見た学部卒年の入学目的（岩崎康洋著）　大学院入学前にすでに身についていた能力（松本暢平著）　入学前に身につけることを期待した能力（河野志穂著）　大学院入学後に身についた能力と身につかなかった能力（小野まどか著）　教職大学院環境・授業に対する学生満足度（御手洗明佳著）　教職大学院の学生生活について（邵姜魏著）　学生の経済的側面について（小島博明著）　教職像、教育や子ども、そして仕事に関する認識（佐藤裕紀著）〉Ⓝ377.9

日本（行政）
◇岩波講座現代法の動態　2　法の実現手法　長谷部恭男，佐伯仁志，荒木尚志，道垣内弘人，大村敦志，亀本洋編集委員　岩波書店　2014.11　359p　22cm〈内容：法の実現手法（佐伯仁志

著）歴史的観察（新田一郎著）　法の実現手法（森田果著）　不法行為法における法の実現（窪田充見著）　行政法における法の実現（中川丈久著）　企業法における法の実現手法（弥永真生著）　労働法における法の実現手法（山川隆一著）　児童福祉法と法の実現手法（岩佐嘉彦著）　環境法における法の実現手法（大塚直著）　国際法における法の実現手法（森肇志著）　法の実現と司法手続（山本和彦著）　法の実現と行政手続・刑事手続（笹倉宏紀著）〉①978-4-00-011362-5　Ⓝ321.08　[3600円]

◇化学物質審査規制制度に関わる地域リスク評価支援業務報告書　平成25年度　［東京］　環境情報科学センター　2014.3　94p　30cm（環境省請負業務結果報告書　平成25年度）Ⓝ574

◇行政の民間化の可能性と限界に関する研究　大西広之著　名古屋　三恵社　2014.3　82p　30cm〈文献あり〉①978-4-86487-208-9　Ⓝ317

◇クランがゆがめる行政日本病の根源　稲葉清毅著　勉誠出版　2014.8　261p　19cm　①978-4-585-23029-8　Ⓝ317　[1800円]

◇公務員のためのクレーム対応マニュアル—事例でわかる　実践編　関根健夫著　ぎょうせい　2014.2　229p　21cm　①978-4-324-09775-5　Ⓝ317.6　[2250円]

◇政治・行政・政策をどう改革すべきか—40の直言　東田親司著　芦書房　2014.5　236p　20cm　①978-4-7556-1267-1　Ⓝ317　[2800円]

◇日本人を縛りつける役人の掟—「岩盤規制」を打ち破れ！　原英史著　小学館　2014.7　205p　19cm　①978-4-09-389749-5　Ⓝ317　[1300円]

◇変動期の公共政策—変容する行政への理論的接近とその実際　安章浩，新谷浩史著　学陽書房　2014.5　274p　21cm　①978-4-313-32039-0　Ⓝ301　[2700円]

日本（行政改革）
◇改革派首長はなにを改革したのか　田村秀著　亜紀書房　2014.6　230p　19cm〈文献あり〉①978-4-7505-1410-9　Ⓝ318.2　[1800円]

◇自治体行政システムの転換と法—地域主権改革から再度の地方分権改革へ　三橋良士明，村上博，榊原秀訓編　日本評論社　2014.4　242p　21cm（自治問題研究叢書）〈内容：自治体の規模権限の拡大と地方公務員による行政サービス提供の縮小（榊原秀訓著）　義務付け・枠付けの見直しと法定自治事務条例の展開（本多滝夫著）　高齢者福祉法制の大転換と公的介護保障の課題（豊島明子著）　保育所設備運営基準の条例化と保育所設置主体の多様化（榊原秀訓著）　教育行政領域における「分権改革」の現状と課題（竹内俊子著）　教科書採択行政改革と分権・自治（渡名喜庸安著）　農地行政における規制緩和と地方分権（村上博著）　環境行政領域法における主体と役割の変容（山田健吾著）〉①978-4-535-58665-9　Ⓝ318.2　[2500円]

◇組織体経営の理論と技能　数家鉄治著　文眞堂　2013.9　250p　22cm〈索引あり　内容：日本的システムの改革に向けて　行政組織と組織理論　行政組織と地方自治体　行政組織と行政職員　行政改革と行政組織　行政組織とコンフリクト・マネジメント　組織間交渉の理論と技能　職場のジェンダーバイアスとジェンダー・コンフリクト　男女協働参画経営の実現に向けて　ジェンダーと女性労働〉①978-4-8309-4803-9　Ⓝ318　[3000円]

◇地方自治体における行政運営の変容と今後の地方自治制度改革に関する研究会報告書　［東京］　地方自治体における行政運営の変容と今後の地方自治制度改革に関する研究会　2014.3　108p　30cm〈年表あり〉Ⓝ318.2

◇日本の公共経営—新しい行政　外山公美，平石正美，中村祐司，西村弥，五味太始，古坂正人，石見豊著　北樹出版　2014.4　230p　21cm〈内容：日本の公共経営論の展開（五味太始著）　行政改革とNPMの論理と展開（平石正美，古坂正人著）　民間委託の歴史・現状・課題（中村祐司著）　第三セクターから学ぶべき点（石見豊著）　日本のPFI、PPPの特徴と課題（平石正美，古坂正人著）　市場化テスト（五味太始著）　指定管理者制度の背景・現状・課題（中村祐司著）　独立行政法人制度の現状と課題（外山公美著）　道路関係四公団の民営化とその課題（西村弥著）　日本郵政公社の民営化とその課題（西村弥著）　日本における政策評価の動向と特質（外山公美著）　公務員制度改革と非正規公務員問題（石見豊著）〉①978-4-7793-0423-1　Ⓝ317.209　[2500円]

日本（行政監査）
◇自治体経営監査マニュアル—行政成果の準拠性・効率性・有効性の向上を目指して　鈴木豊編著　ぎょうせい　2014.4　317p　21cm　①978-4-324-09824-0　Ⓝ318.5　[3500円]

◇自治体評価の戦略—有効に機能させるための16の原則　田中啓著　東洋経済新報社　2014.5　389p　22cm〈文献あり　索引あり〉①978-4-492-21215-8　Ⓝ318.5　[4000円]

に

641

日本（行政救済）

◇法廷で裁かれる日本の戦争責任—日本とアジア・和解と恒久平和のために　瑞慶山茂責任編集　高文研　2014.3　621p　22cm〈内容：アジア太平洋戦争韓国人犠牲者補償請求訴訟—軍関係者を中心に（林和男著）　アジア太平洋戦争韓国人犠牲者補償請求訴訟—「慰安婦」問題を中心に（高木健一著）　韓国人従軍「慰安婦」訴訟を振り返って（藍谷邦雄著）　関釜朝鮮人「従軍慰安婦」・女子挺身隊公式謝罪訴訟（山本晴太著）　フィリピン日本軍「性奴隷」裁判（佐藤芳嗣著）　オランダ及びイギリス等連合国の捕虜・民間拘留者〈「慰安婦」を含む〉損害賠償訴訟（藍谷邦雄著）　台湾人元「従軍慰安婦」訴訟（中川瑞代著）　中国人元「慰安婦」訴訟と山西省性暴力被害者訴訟（大森典子著）　中国人「慰安婦」第二次訴訟最高裁判決と今後の闘い（川上詩朗著）　中国人「慰安婦」訴訟・海南島事件（坂口禎彦著）　中国人強制連行・強制労働—「従軍慰安婦」（小林保夫著）　中国人強制連行・強制労働訴訟（森田太三著）　劉連仁の強制労働裁判（高橋融著）　中国人強制連行・強制労働北海道訴訟（田中貴文著）　中国人強制連行・強制労働山形訴訟（外塚功著）　秋田・鹿島花岡中国人強制労働訴訟（瑞慶山茂著）　中国人強制連行・強制労働群馬訴訟（金井厚二著）　中国人強制連行・強制労働—長野訴訟をめぐって（冨森啓児著）　中国人強制連行・強制労働新潟訴訟（金子修著）　中国人強制連行・強制労働—東京第二次訴訟12企業と日本国を被告に（須見健矢著）　京都・大江山中国人強制連行・強制労働（小林保夫著）　中国人強制連行・西松建設裁判（足立修一著）　西松建設中国人強制連行・強制労働（足立修一著）　中国人強制連行・強制労働福岡訴訟（稲村晴夫著）　中国人強制連行・強制労働福岡二陣訴訟（稲村晴夫著）　中国人強制連行・強制労働三菱鉱業・横峰鉱山事件（成見幸子著）　韓国人・朝鮮人強制連行日本鋼管訴訟（梓澤和幸著）　名古屋三菱・朝鮮女子勤労挺身隊訴訟—失われた人生の回復をひたすら求めて（岩月浩二著）　名古屋三菱・朝鮮女子勤労挺身隊訴訟—「政治決着」の壁と置き去りにされた被害者たち（岩月浩二著）　朝鮮女子勤労挺身隊・不二越第二次訴訟（島田広著）　三菱重工広島元徴用工在韓被爆者補償請求訴訟（在間秀和著）　南京虐殺事件と七三一部隊（尾山宏著）　日本軍による住民三千名虐殺・平頂山事件（泉澤章著）　中国人毒ガス遺棄訴訟（藤澤整著）　七三一部隊・細菌戦訴訟（土屋公献著）　南京事件をめぐる3つの勝訴判決（渡辺春己著）　中国・重慶大爆撃と日本の戦争責任（一瀬敬一郎著）　チチハル遺棄毒ガス訴訟（穂積匡史著）　韓国・朝鮮人BC級戦犯者訴訟（今村嗣夫著）　韓国・朝鮮人BC級戦犯公式陳謝・特別犠牲国家補償請求訴訟（川上英一著）　浮島丸事件公式陳謝請求訴訟〈京都地裁〉（中田政義著）　原爆投下裁判（池田眞規著）　中国「残留孤児」訴訟（米倉洋子著）　原爆症認定集団訴訟（中川重徳著）　東京大空襲訴訟で何が争われたか（原田敬三著）　大阪空襲訴訟の経過と論点（高木吉朗著）　シベリア抑留国家賠償請求訴訟（村井豊明著）　旧日本軍隊長が提起した沖縄戦「集団自決」名誉毀損・出版差止請求訴訟（瑞慶山茂著）　沖縄戦被害・謝罪及び国家賠償訴訟（瑞慶山茂著）　「南洋戦」被害・謝罪及び国家賠償訴訟（瑞慶山茂著）〉Ⓘ978-4-87498-539-7　Ⓝ369.37　[6000円]

日本（行政救済―法令）

◇判例から考える行政救済法　岡田正則，榊原秀訓，本多滝夫編　日本評論社　2014.9　277p　21cm〈索引あり〉Ⓘ978-4-535-52041-7　Ⓝ323.96　[2500円]

日本（強制執行法）

◇民事執行法　山本和彦，小林昭彦，浜秀樹，白石哲編　日本評論社　2014.4　483p　26cm〈別冊法学セミナー no.227〉〈平成23年までの法改正に対応　執筆：池田弥生ほか〉Ⓘ978-4-535-40260-7　Ⓝ327.3　[4500円]

◇民事執行法・民事保全法　小田司編　弘文堂　2014.3　312p　21cm〈Next教科書シリーズ〉〈文献あり　索引あり〉Ⓘ978-4-335-00207-6　Ⓝ327.3　[2500円]

◇民事執行法・民事保全法　鈴木宏著　改訂版　［東京］邦光堂　[20－－]　242p　21cm〈文献あり〉Ⓝ327.3　[2900円]

◇民事執行・保全法　上原敏夫，長谷部由起子，山本和彦著　第4版　有斐閣　2014.3　359p　19cm（有斐閣アルマ）〈索引あり〉Ⓘ978-4-641-22017-1　Ⓝ327.3　[1900円]

日本（行政情報化）

◇自治体クラウドを活用した市町村の広域連携に関する調査報告書　府中（東京都）　東京市町村自治調査会　2014.3　137p　30cm〈調査委託：三菱総合研究所〉Ⓝ318.5

◇地方政府の効率性と電子政府　西本秀樹編著　日本経済評論社　2014.3　245p　22cm（龍谷大学社会科学研究所叢書 第99巻）〈執筆：西垣泰幸ほか　内容：地方分権と地方公共政策の合理性（西垣泰幸著）　第2世代の地方分権理論とヤードス

ティック競争（東裕三，西垣泰幸著）　政府間競争と政策の効率性（東裕三著）　地方公共政策の評価（朝日幸代著）　負の公共財としてのNIMBY問題（仲林真子，朝日幸代著）　e-Japan計画と我が国の電子政府展開（矢杉直也，劉長鈺，西本秀樹著）　電子政府評価とその実例（Wong Seng Meng，西本秀樹著）　電子政府と公共政策の有効性（西垣泰幸，東裕三著）　政府の情報発信と電子政府（矢杉直也，劉長鈺，西本秀樹著）〉Ⓘ978-4-8188-2323-5　Ⓝ318　[4200円]

◇電子自治体実践ガイドブック—IT変革期の課題と対応策　茶谷達雄，島田達巳，井堀幹夫編著　日本加除出版　2014.7　256p　21cm〈索引あり〉Ⓘ978-4-8178-4172-8　Ⓝ318.5　[2300円]

◇番号制度導入時代の電子自治体加速—その実践と展望：電子自治体実務者のためのガイド　大山永昭，木村恵太郎編著，井堀幹夫，夏目哲也，御代川知加大共同執筆　自治日報社　2014.9　212p　21cm　Ⓘ978-4-915211-80-5　Ⓝ318.5　[2300円]

日本（行政争訟）

◇行政処分差止め・取消訴訟の実務と書式　前田泰志，南淵聡編著　民事法研究会　2014.11　249p　21cm〈索引あり〉Ⓘ978-4-89628-975-6　Ⓝ323.96　[2800円]

◇行政訴訟の回顧と展望—中東の箭備忘録　濱秀和著　信山社　2014.1　240p　20cm〈内容：量刑棒感　当たりはずれ　弁護士の職務　住民訴訟四号請求の改悪　行政手続の規制についての回顧　審理に関する特別　制度を支える法書，とくに裁判官・弁護士の質の向上へ　改正行政事件訴訟とその運用等　行政事件訴訟の過去と現在〉Ⓘ978-4-7972-8611-3　Ⓝ323.96　[2800円]

◇ケーススタディ行政訴訟の実務　伊東健次著　ぎょうせい　2014.7　304p　21cm〈索引あり〉Ⓘ978-4-324-09848-6　[3000円]

◇現代行政法講座　4　自治体争訟・情報公開争訟　現代行政法講座編集委員会編　日本評論社　2014.3　390p　22cm〈索引あり　内容：まえがき（山下竜一著）　国・自治体間等争訟（村上裕章著）　条例をめぐる争訟（岩本浩史著）　住民監査請求・住民訴訟における対象と違法性（小澤久仁男著）　住民訴訟4号請求の諸問題（大田直史著）　第3セクターに関する争訟（田中孝男著）　入札に関する争訟（湯川二朗著）　まえがき（榊原秀訓著）　情報公開の諸問題（石森久広著）　情報公開争訟の諸問題（米田雅宏著）　個人情報保護の制度と訴訟（豊島明子著）　行政運営情報と公務員情報（友岡史仁著）　行政による調査・指導・規制と法人情報の情報公開（野田崇著）　警察・検察・防衛・外交関係の情報公開（野口貴公美著）　公共事業と情報公開（小島延夫著）〉Ⓘ978-4-535-06707-3　Ⓝ323.9　[4700円]

◇実例解説行政関係事件訴訟　[2]　日本弁護士連合会行政訴訟センター編　青林書院　2014.4　555p　21cm（最新重要行政関係事件実務研究 3）〈索引あり〉Ⓘ978-4-417-01619-9　Ⓝ323.96　[5600円]

日本（行政争訟―判例）

◇自治体訴訟事件事例ハンドブック　特別区人事・厚生事務組合法務部編　第一法規　2013.10　350p　19cm　Ⓘ978-4-474-02916-3　Ⓝ323.96　[1600円]

日本（行政組織）

◇組織体経営の理論と技能　数家鉄治著　文眞堂　2013.9　250p　22cm〈索引あり　内容：日本的システムの改革に向けて　行政組織と組織理論　行政組織と地方自治体　行政組織と行政職員　行政改革と行政組織　行政改革とコンフリクト・マネジメント　組織間交渉の理論と技能　職場のジェンダーバイアスとジェンダー・コンフリクト　男女協働参画経営の実現に向けて　ジェンダーと女性労働〉Ⓘ978-4-8309-4803-9　Ⓝ318　[3000円]

日本（行政手続）

◇被災者支援に関する各種制度の概要—平成25年11月1日現在　内閣府政策統括官（防災担当）編　内閣府政策統括官（防災担当）　2013.11　50p　30cm　Ⓝ369.3

日本（行政手続法）

◇行政手続三法の解説—行政手続法、行政手続オンライン化法、番号法　宇賀克也著　学陽書房　2014.1　329p　21cm〈文献あり　索引あり　「行政手続法の解説」第6次改訂版（2013年刊）の改題改訂〉Ⓘ978-4-313-31244-9　Ⓝ323.95　[3400円]

◇こう変わる！国税不服申立て　中津信一監修，青木丈著　ぎょうせい　2014.8　237p　21cm〈索引あり〉Ⓘ978-4-324-09865-3　Ⓝ345.19　[2300円]

◇日本立法資料全集　115　行政手続法制定資料　13〈〈平成17年改正〉参考資料編 1）　塩野宏，宇賀克也編著　信山社出版　2014.1　613p　23cm（大学図書（発売））Ⓘ978-4-7972-3007-9　Ⓝ322.16　[64000円]

日本（行政法）

◇演習行政法　原田大樹著　東京大学出版会　2014.3　542p　21cm〈索引あり〉Ⓘ978-4-13-032385-7　Ⓝ323.9　[3400円]

日本件名図書目録2014　Ⅰ
日本（漁業）

◇基礎演習行政法　土田伸也著　日本評論社　2014.4　275p　21cm〈索引あり〉①978-4-535-51916-9　Ⓝ323.9　[2200円]

◇行政法演習　相川忠夫著　敬文堂　2013.7　278p　21cm　①978-4-7670-0200-2　Ⓝ323.9　[3500円]

◇行政法総論を学ぶ　曽和俊文著　有斐閣　2014.3　488p　22cm（法学教室LIBRARY）〈索引あり〉①978-4-641-13157-6　Ⓝ323.9　[3500円]

◇行政法の基本―重要判例からのアプローチ　北村和生, 佐伯彰洋, 佐藤英世, 高橋明男著　第5版　京都　法律文化社　2014.4　352p　21cm〈索引あり〉①978-4-589-03585-1　Ⓝ323.9　[2600円]

◇行政法の争点　髙木光, 宇賀克也編　有斐閣　2014.9　288p　26cm（新・法律学の争点シリーズ 8）《『ジュリスト』増刊》①978-4-641-11324-4　Ⓝ323.9　[2900円]

◇行政法Visual Materials　高橋滋編著　有斐閣　2014.12　194p　26cm〈執筆: 野口貴公美ほか〉①978-4-641-13171-2　Ⓝ323.9　[2600円]

◇国家作用の本質と体系　1　総則・物権編　仲野武志著　有斐閣　2014.3　469p　22cm〈索引あり〉①978-4-641-13153-8　Ⓝ323.9　[7600円]

◇消防行政相談事例集　木下健治監修, 全国消防長会編著　2訂版　全国消防協会　2013.3　187p　21cm（東京法令出版（発売））①978-4-8090-2357-6　Ⓝ323.9　[1600円]

◇法実務からみた行政法―エッセイで解説する国法・自治体法　吉田利宏, 塩浜克也著　日本評論社　2014.8　211p　19cm①978-4-535-52045-5　Ⓝ323.9　[1800円]

日本（行政法―判例）
◇行政関係判例解説　平成24年　行政判例研究会編　ぎょうせい　2014.3　230p　22cm　①978-4-324-09788-5　Ⓝ323.9　[7100円]

◇ケースブック行政法　稲葉馨, 下井康史, 中原茂樹, 野呂充編　第5版　弘文堂　2014.3　610p　21cm（弘文堂ケースブックシリーズ）〈索引あり〉①978-4-335-30513-9　Ⓝ323.9　[3400円]

◇判例から学ぶ憲法・行政法　川﨑政司, 小山剛編　第4版　法学書院　2014.6　368p　21cm〈索引あり〉①978-4-587-52453-1　Ⓝ323.14　[2800円]

◇判例ナビゲーション行政法　髙橋滋, 石井昇編　日本評論社　2014.2　211p　21cm〈索引あり〉①978-4-535-51994-7　Ⓝ323.9　[1800円]

日本（矯正保護）
◇非行・犯罪心理臨床におけるグループの活用―治療教育の実践　藤岡淳子著　誠信書房　2014.4　268p　22cm〈文献あり　索引あり〉①978-4-414-40083-0　Ⓝ326.53　[3500円]

日本（協働（行政））
◇NPOと行政の《協働》活動における"成果要因"―成果へのプロセスをいかにマネジメントするか　矢代隆嗣著　公人の友社　2013.12　214p　22cm〈文献あり〉①978-4-87555-631-2　Ⓝ318　[3500円]

◇行政―市民間協働の効用―実証的接近　小田切康彦著　京都　法律文化社　2014.4　216p　22cm〈文献あり　索引あり〉①978-4-589-03552-3　Ⓝ318　[4600円]

◇公共サービス改革の本質―比較の視点から　武藤博己編著, 南島和久, 堀内匠, 三野靖, 萩原宣司, 伊藤久雄, 牛山久仁彦[著]　敬文堂　2014.1　334p　22cm（自治総研叢書 33）①978-4-7670-0206-4　Ⓝ318　[4500円]

◇公民連携・既存ストック有効活用による地域活性化に関する調査研究事業報告書　[東京]　総務省地域力創造グループ地域振興室　2014.3　50p　30cm　Ⓝ601.1

◇自然再生と社会的合意形成　髙田知紀著　東信堂　2014.2　248p　22cm〈文献あり　索引あり〉①978-4-7989-1213-4　Ⓝ519.8　[3200円]

◇自治の旅―民主主義の学校から　松下啓一著　奈良　萌書房　2014.3　132p　19cm　①978-4-86065-083-4　Ⓝ318　[1400円]

◇市民自治―みんなの意思で行政を動かし自らの手で地域をつくる　福嶋浩彦[著]　ディスカヴァー・トゥエンティワン　2014.2　278p　18cm（ディスカヴァー携書 116）①978-4-7993-1453-1　Ⓝ318　[1000円]

◇水道事業における官民連携に関する手引き　[東京]　厚生労働省健康局水道課　2014.3　1冊　30cm　Ⓝ518.1

◇生活困窮者自立支援・生活保護に関する都市自治体の役割と地域社会との連携　日本都市センター編　[東京]　日本都市セ

ンター　2014.3　15, 280p　21cm〈文献あり〉①978-4-904619-82-7　Ⓝ318.2　[1000円]

◇地域活性化を担う環境保全活動の協働取組推進業務（子ども環境教育を推進するための協働取組）実施報告書　平成25年度　日本環境協会　2014.2　108, 69p　30cm　Ⓝ519.07

◇北海道の地域住民と博物館をつなぐミュージアム・エージェント（世話人）育成事業実施報告書　北海道博物館友の会設立実行委員会編　札幌　北海道博物館友の会設立実行委員会　2014.3　129p　30cm〈平成25年度文化庁地域と共働した美術館・歴史博物館創造活動支援事業　背のタイトル: 北海道の地域住民と博物館をつなぐミュージアム・エージェント育成事業実施報告書〉Ⓝ069.1

日本（協同組合）
◇勤労者の生活意識と協同組合に関する調査報告書―アトム化された個人がゆるやかにつながり, 助け合う社会へ: 勤労者福祉研究　2013年版　全国勤労者福祉・共済振興協会　2014.4　143p　30cm（調査分析シリーズ 3）Ⓝ365.5

◇中小企業組合理事百科　清水透著　全国共同出版　2014.10　340p　21cm〈文献あり〉①978-4-793-41406-0　Ⓝ335.35　[2200円]

日本（教頭・副校長）
◇風をみる―高等学校教頭・副校長教育課題実践論文集　全国高等学校教頭・副校長会編著　学事出版　2014.3　206p　21cm〈内容: 転換期の教頭・副校長の職務（錦織政晴著）中高一貫教育校のカリキュラム開発（阿部修三著）連携型一貫教育で「学校力」を高める（新井登志雄著）五ケ瀬中等教育学校のいま（川上浩著）カリキュラムマネジメント運営の進め方（菊池尚敏著）キャリア教育とカリキュラム（小林三代次著）キャリア教育推進の視点（青木猛正著）改訂作業に伴う実質的な課題（岡島まどか著）夜間定時制生徒の実態と夜間定時制の改革について（藤坂健司著）薬物乱用防止教育はどうあるべきか（片山昇重著）ケータイとの共生を目指す（千葉勝吾著）生徒募集につながる学校広報（神田正著）高校生の規範意識と「奉仕」必修化（大河内保雪著）特別支援学校から見た特別支援教育（青木猛正著）学校全体で取り組む情報教育（清水達夫著）グローバル社会で高校が育てる力（笠間智男著）少しの汗で大きな成果を（大久保光幸著）個人情報の保護と高等学校の取組（錦織政晴著）危機管理とダメージコントロール（田中禅著）効果的な教員研修をどうつくりあげるのか（錦織政晴著）現場の課題に即した研修を（金子勉著）学校経営の年間計画（錦織政晴著）教頭の多忙化を緩和するには（大河内保雪著）これからの教頭に求められるもの（山本恵三著）教頭・副校長の多忙化を乗り切るために（倉田純子著）学校経営における副校長・教頭のライフステージ（梶輝行著）教頭と学校事務職員の良い関係のあり方（玉井篤著）今日もAHAHAと笑いながら（五輪美智子著）〉①978-4-7619-2052-4　Ⓝ374.3　[2000円]

◇学校管理職育成の現状と今後の大学院活用の可能性に関する調査報告書　国立教育政策研究所　2014.3　186p　30cm（プロジェクト研究（教員養成等の改善に関する調査研究）報告書 平成25年度）〈文献あり　研究代表者: 大杉昭英　折り込 1枚〉Ⓝ374.3

◇校長・教頭〈副校長〉・主任の実務―管理職必携!　久保田正己著　小学館　2014.2　160p　21cm（教育技術MOOK）①978-4-09-106775-3　Ⓝ374.3　[1800円]

◇ポケット管理職講座特別支援教育　柘植雅義編集　教育開発研究所　2014.7　188p　19cm〈教職研修総合特集〉①978-4-87380-671-6　Ⓝ378　[1900円]

日本（郷土資料）
◇近世の村落と地域史料保存　山本幸俊著　髙志書院　2014.4　324, 4p　22cm〈著作目録あり〉①978-4-86215-132-2　Ⓝ210.5　[1000円]

日本（橋梁―写真集）
◇橋を楽しむ―歴史で辿る日本の橋・中国古代橋梁・韓国伝統橋　平野暉雄著　日本写真企画　2014.3　143p　28cm〈文献あり　索引あり　監修: 上田裕一〉①978-4-903485-89-8　Ⓝ515.02　[2500円]

日本（橋梁―歴史）
◇100年橋梁―100年を生き続けた橋の歴史と物語　土木学会鋼構造委員会100周年記念出版特別委員会編　土木学会　2014.9　195p　19cm〈丸善出版（発売）　創立100周年記念出版〉①978-4-8106-0817-5　Ⓝ515.02　[1000円]

日本（漁業）
◇漁業「特区」の何が問題か―漁業権「開放」は沿岸漁業をどう変えるか　加瀬和俊著　漁協経営センター　2013.5　93p　21cm（漁協ブックレット 1）①978-4-87409-047-3　Ⓝ661.12　[800円]

に

◇『コモンズの悲劇』から脱皮せよ—日本型漁業に学ぶ経済成長主義の危うさ　佐藤力生著　北斗書房　2013.11　254p　20cm　①978-4-89290-026-6　Ⓝ662.1　［1600円］
◇日本漁業の真実　濱田武士著　筑摩書房　2014.3　270p　18cm　（ちくま新書 1064）①978-4-480-06770-8　Ⓝ662.1　［840円］

日本（漁業—統計）
◇漁業・養殖業生産統計年報　平成24年　農林水産省大臣官房統計部/編　農林統計協会　2014.11　211p　30cm　①978-4-541-04001-5　［2700円］

日本（漁業—歴史—1945〜）
◇戦後日本の食料・農業・農村　第2巻2　戦後改革・経済復興期 2　戦後日本の食料・農業・農村編集委員会編　岩本純明編集担当　農林統計協会　2014.6　492p　22cm〈年表あり 索引あり〉①978-4-541-03983-5　Ⓝ612.1　［7000円］

に

日本（漁業—歴史—史料—書目）
◇水産総合研究センター所蔵古文書目録—愛知県・三重県・京都府・大阪府関係史料　横浜　水産総合研究センター中央水産研究所　2014.1　78p　30cm〈文献あり 奥付のタイトル：独立行政法人水産総合研究センター中央水産研究所所蔵古文書目録　共同刊行：神奈川大学日本常民文化研究所〉Ⓝ662.1

日本（漁業経営—統計）
◇漁業経営調査報告　平成24年　農林水産省大臣官房統計部/編　農林統計協会　2014.2　158p　30cm　①978-4-541-03967-5　［2900円］

日本（漁業政策）
◇伊藤博文文書　第109巻　秘書類纂営業　1　伊藤博文［著］，伊藤博文文書研究会監修，檜山幸夫総編集　川島淳編集・解題　ゆまに書房　2014.7　370p　22cm〈宮内庁書陵部所蔵の複製〉①978-4-8433-2641-1,978-4-8433-2532-2（set）Ⓝ312.1　［16000円］
◇水産の動向 平成25年度 / 水産施策 平成26年度　［東京］　［水産庁］　［2014］　217, 25p　30cm〈第186回国会（常会）提出〉Ⓝ661.1
◇農林水産予算概算要求の概要—未定稿　平成27年度　［東京］　農林水産省大臣官房予算課　2014.8　211p　30cm　Ⓝ611.1

日本（漁業法）
◇水協法・漁業法の解説　漁協組織研究会編著　20訂版　漁協経営センター出版部　2013.11　792p　21cm　①978-4-87409-048-0　Ⓝ661.12　［7000円］

日本（居住福祉）
◇居住福祉社会へ—「老い」から住まいを考える　早川和男著　岩波書店　2014.7　211p　20cm　①978-4-00-025986-6　Ⓝ365.3　［2400円］
◇高齢者居住を中心とした自治体間連携に関する調査報告書　三菱総合研究所人間・生活研究本部　2013.3　120p　30cm〈平成24年度厚生労働省セーフティネット支援対策等事業費補助金（社会福祉推進事業分）〉Ⓝ369.26

日本（漁村—世論）
◇農山漁村に関する世論調査　平成26年6月調査　［東京］　内閣府大臣官房政府広報室　［2014］　297p　30cm　（世論調査報告書）〈附帯：循環型社会形成に関する世論調査〉Ⓝ611.9

日本（漁撈）
◇磯　田辺悟著　法政大学出版局　2014.1　440p　20cm　（ものと人間の文化史 164）〈文献あり〉①978-4-588-21641-1　Ⓝ384.36　［3900円］

日本（漁撈—歴史—古代）
◇古代食料獲得の考古学　種石悠著　同成社　2014.9　325p　22cm　（ものが語る歴史 31）〈内容：生業研究のあゆみ　生業研究の成果　生業の考古学研究の課題　古代大型魚漁の文化・社会的意義　律令期東北地方北部の釣漁技術の独自性　内水面漁撈体系の模式化　内水面漁撈の実態と古代社会　古代内水面漁撈の多様性　中央高地の古代網漁と内陸漁撈の独自性　狩猟体系の模式化　狩猟具の民族考古学　古墳時代の弓矢猟　古代堅果類利用の研究史　堅果類利用習俗の諸事例　堅果類利用技術の傾向　古代食料獲得史　古代食料獲得と環境、他生業との相互作用　古代食料獲得と社会の動向　古代食料獲得の意義の多様化と重層化　古代食料獲得研究の課題〉①978-4-88621-671-7　Ⓝ210.025　［6500円］

日本（キリスト教—社会事業—歴史—明治以後）
◇日本キリスト教社会福祉の歴史　阿部志郎, 岡本榮一監修，日本キリスト教社会福祉学会編　京都　ミネルヴァ書房　2014.6　491p　22cm〈文献あり 年譜あり 索引あり　内容：社会の地殻変動と福祉（岡山孝太郎著）世界のキリスト教社会福祉の歩み（木原活信, 春見静子著）　キリシタンの慈善事業（田代菊雄著）　明治初期キリスト教慈善事業の形成（坂本道子, 杉山博昭著）　明治中期におけるキリスト教慈善事業の展開（室田保夫著）　日露戦争後の感化救済事業とキリスト教（細井勇著）　大正デモクラシー下のキリスト教社会事業（遠藤興一著）　世界恐慌期のキリスト教会とキリスト教社会事業（杉山博昭著）　日中戦争・太平洋戦争期のキリスト教社会事業（永岡正己著）　第二次世界大戦後のキリスト教社会福祉（遠藤久江, 西川淑子著）　高度経済成長期のキリスト教社会福祉（岸川洋治著）　福祉改革期のキリスト教社会福祉（市川一宏, 髙山直樹著）　各教派の歩みと福祉実践（田代菊雄, 杉山博昭著）　日本におけるキリスト教社会福祉関係団体の歩み（山本誠, 市川一宏, 谷川修著）　国際動向と国際団体の歩み（木原活信, 春見静子, マーサ・メンセンディークほか著）　キリスト教社会福祉の養成・教育・専門職の歩み（新野三四子, 今堀美樹著）　キリスト教社会福祉史の課題と展望（永岡正己司会, 岡本榮一ほか述）〉①978-4-623-05955-3　Ⓝ197.6　［5500円］

日本（キリスト教—伝道—歴史）
◇日本史におけるキリスト教宣教—宣教活動と人物を中心に　黒川知文著　教文館　2014.12　467,8p　19cm〈文献あり 年表あり 索引あり〉①978-4-7642-6987-3　Ⓝ197.021　［3000円］

日本（キリスト教—歴史—安土桃山時代）
◇海路—海港都市の発展とキリスト教受容のかたち：西南学院大学博物館2014年度春季特別展　福岡　西南学院大学博物館　2014.6　63p　30cm　（大学博物館共同企画 4）〈会期・会場：2014年6月16日—8月30日 西南学院大学博物館ほか　編集：安高哲明ほか〉Ⓝ192.1
◇日出づる国ジパング—虹をかけた男　結城蔵人著　堺　銀河書籍　2014.4　109p　19cm　①978-4-907628-07-9　Ⓝ192.1　［1112円］

日本（キリスト教—歴史—江戸初期）
◇海路—海港都市の発展とキリスト教受容のかたち：西南学院大学博物館2014年度春季特別展　福岡　西南学院大学博物館　2014.6　63p　30cm　（大学博物館共同企画 4）〈会期・会場：2014年6月16日—8月30日 西南学院大学博物館ほか　編集：安高哲明ほか〉Ⓝ192.1

日本（キリスト教—歴史—昭和前期）
◇戦時下の教会が生んだ讃美歌　石丸新著　いのちのことば社　2014.2　175p　21cm〈文献あり〉①978-4-264-03193-2　Ⓝ196.5　［1600円］

日本（キリスト教—歴史—室町時代）
◇海路—海港都市の発展とキリスト教受容のかたち：西南学院大学博物館2014年度春季特別展　福岡　西南学院大学博物館　2014.6　63p　30cm　（大学博物館共同企画 4）〈会期・会場：2014年6月16日—8月30日 西南学院大学博物館ほか　編集：安高哲明ほか〉Ⓝ192.1
◇日出づる国ジパング—虹をかけた男　結城蔵人著　堺　銀河書籍　2014.4　109p　19cm　①978-4-907628-07-9　Ⓝ192.1　［1112円］

日本（キリスト教—歴史—明治以後）
◇近代日本精神史の位相—キリスト教をめぐる思索と経験　村松晋著　上尾　聖学院大学出版会　2014.3　318,6p　22cm　（聖学院大学研究叢書 9）〈文献あり 索引あり　内容：前田多門　南原繁と坂口安吾　松田智雄の思想　昭和戦前期長野県のキリスト教をめぐる一考察　波多野精一と敗戦　氷上英廣とキリスト教　井上良雄の信仰と〈実践〉吉満義彦の「近代批判」　吉満義彦の人間観　時代の中の吉満義彦〉①978-4-907113-07-0　Ⓝ121.6　［6800円］

日本（キリスト教教育）
◇カトリック学校宣言—カトリック学校がカトリック学校であり続けるための学校マネジメント：福音共同体をめざすカトリック学校の実現のために　佐井総夫著　大船渡　イー・ピックス出版　2013.3　270p　21cm　①978-4-901602-53-2　Ⓝ371.6　［1500円］
◇キリスト教学校を通して蒔かれた種　キリスト教学校教育懇談会編　ドン・ボスコ社　2014.6　112p　15cm〈内容：講演会　震災から二年八か月……大震災から学んだこと（村井嘉浩述）　ホームレス状態を生み出さない日本をめざして（川口加奈述）　鼎談（乾麻梨子, 村井嘉浩, 川口加奈述）〉①978-4-88626-573-9　Ⓝ371.6　［300円］
◇継承されるキリスト教教育—西南学院創立百周年に寄せて　塩野和夫著　福岡　九州大学出版会　2014.3　336,8p　22cm〈索引あり　布装　内容：西南学院の教育者群像　西南学院の史料研究　西南学院百年史編纂事業の本質　日本キリスト教史研究の現在　村上寅次『波多野培根伝』稿本の文献研究　村上寅次『波多野培根伝』稿本の概説　キリスト教教育の継承　キリスト教教育を担う　「チャペル講和集」より　キリスト教学の現場から〉①978-4-7985-0121-5　Ⓝ377.21　［4400円］

◇灯を輝かし、闇を照らす―21世紀を生きる若い人たちへの
メッセージ 佐藤彰、奥田知志、宋富子著, 明治学院150周年委
員会編 いのちのことば社 2014.3 127p 21cm 〈内容：震
災で何を見たか（佐藤彰著） その日、あなたはどこに帰るか？
（奥田知志著） 愛するとき、奇跡は創られる（宋富子著）〉
①978-4-264-03199-4 Ⓝ190.4 ［1000円］

日本（キリスト教と社会問題）

◇教会は何を求められたのか―宮城・岩手での取り組み 東京
基督教大学国際宣教センター編, 大塚史明、大友幸証著 いの
ちのことば社 2014.3 77p 21cm （FCCブックレット）
〈内容：「あの日」からの教会（大塚史明著） 教会と支援活動
（大友幸証著）〉 ①978-4-264-03195-6 Ⓝ190.4 ［800円］
◇原発社会に生きるキリスト者の責任―いのちを選び取る生き
方 藤井創著 新教出版社 2014.2 121p 21cm 〈文献あ
り〉 ①978-4-400-40730-0 Ⓝ190.4 ［1300円］
◇原発と私たちの責任―福音主義の立場から 日本福音同盟神
学委員会編 いのちのことば社 2014.6 139p 21cm （21
世紀ブックレット 49）〈執筆：山口陽一ほか 内容：原発と
私たちの歴史的責任（山口陽一執筆）「地を従えよ」から原発を
考える（鞭木由行執筆） 自然科学から考える原発とキリス
ト教（関野祐二執筆） 原発と人間の貪欲性（斉藤善樹執筆）
原発をめぐる米英教会の動向（ドン・シェーファー執筆） 教
会の取り組むべき「原子力発電」について考える（内藤達朗執
筆）〉 ①978-4-264-03117-8 Ⓝ190.4 ［1000円］
◇原発は人類に何をもたらすのか―聖書と現場から見えてくる
もの 東京基督教大学国際宣教センター編, 水草修治、内藤新
吾著 いのちのことば社 2014.6 77p 21cm （FCCブック
レット）〈内容：聖書を眼鏡に原発を読む（水草修治著） キリ
スト者として「原発」をどう考えるのか（内藤新吾著）〉
①978-4-264-03239-7 Ⓝ190 ［800円］
◇国家の論理といのちの倫理―現代社会の共同幻想と聖書の読
み直し 上村静編 新教出版社 2014.11 306p 21cm （新
教コイノーニア 30）〈内容：生命倫理にまつわる諸問題 1
（鳥居雅志著） 生命科学のグローバルな競争と国際規制（島薗
進著） 刑法と生命倫理（宮本弘典著） 死生学と生命倫理（渡
辺和子著） 宗教と〈いのち〉を巡る問題系（飯田篤司著） い
のちを救うことか殺すことか（上村静著） 生命倫理にまつわ
る諸問題 2（鳥居雅志著） 生きるという仕事（島しづ子著）
他者の〈死〉という出来事（堀江有里著） 消えゆく最後の野
蛮？（宮本弘典著） 生命といのち（上村静著） 新自由主義と
格差問題（小倉利丸著） 生来の格差を反映した野宿・野垂れ
死にと被曝死（なすび著） 人として生きるための保障を!!（新
城せつこ著）「非正規労働」という雇用破壊（大庭伸介著）
在日外国人への管理・支配・排除が強まった一〇年（松井悠子
著）「ぶどう園の労働者の譬え」（マタイ二〇1-15）から（上村
静著） 子どもの危機・教育のいま二〇一三（佐野通夫著）
現場をないがしろにする「教育改革」のゆくえ（赤田圭亮著）
子どもの環境としての大人の生き方（岡崎勝著）「新しい教
養」の行方（西山雄二著）「自傷・自殺」問題と「生きる意
味」（中島浩籌著）「コヘレトの言葉」から（上村静著） 国民
国家と天皇制（河西秀哉著）「アメリカ的キリスト教」と
GODと呼ばれる神（藤井創著） 神国日本（菅孝行著） 植民
地主義としての天皇制国民国家論（磯前順一著） 憲法の忘却/
忘却の憲法（石川裕一郎著） 聖書と日本国憲法（上村静著）〉
①978-4-400-40375-3 Ⓝ190.4 ［2200円］
◇この国はどこへ行くのか!?―教育・政治・神学の視点から 岡
田明、比企敦子、渡辺祐子、朝岡勝著 いのちのことば社
2014.2 79p 21cm （21世紀ブックレット 51）①978-4-
264-03190-1 Ⓝ190.4 ［750円］
◇灯を輝かし、闇を照らす―21世紀を生きる若い人たちへの
メッセージ 佐藤彰、奥田知志、宋富子著, 明治学院150周年委
員会編 いのちのことば社 2014.3 127p 21cm 〈内容：震
災で何を見たか（佐藤彰著） その日、あなたはどこに帰るか？
（奥田知志著） 愛するとき、奇跡は創られる（宋富子著）〉
①978-4-264-03199-4 Ⓝ190.4 ［1000円］
◇なぜ「秘密法」に反対か―開かれた平和な国のために祈りつつ
特定秘密保護法に反対する牧師の会 新教出版社 2014.2
172p 21cm （新教コイノーニア 28）〈内容：なぜ「特定秘
密保護法に反対する牧師の会」なのか（朝岡勝著） 特定秘密保
護法廃止を求める闘いの信仰的意義（弓矢健児著） キリスト
への「然り」に基づく「否」（濱田道雄著） 一所懸命に、福音
が語る目標を目指して（川上直哉著） 窓はエルサレムに向
かって開いていた（山口陽一著）「自由」と「民主」は何処へ
（大坂太郎著） 若者たちと共に抗う声をあげるために（大嶋
重徳著） 神は日本社会よりも私たちに目を注がれる（加藤光
行著） 心を合わせて戦うために（金井由嗣著） 敵意という
隔ての壁を作らないために（キスト岡崎さゆり著） 特定秘密

保護法と福島（木田惠嗣著） この法から浮かび上がる国家の
ありように「否」を（佐々木真輝著） そもそも「国家機密」
は必要でしょうか（城倉啓著） ホーリネス弾圧事件の悪夢を
繰り返させないために（杉浦紀明著）「秘密法」廃止運動を
（高橋和義著） 国家安全保障特別委員会を傍聴して（星出卓
也著） あなたの隣人をあなた自身のように（間島直之著）
黙示録13章の眼鏡で（水草修治著） 戦時下における教会の抵
抗と挫折を超えて（安田直人著） 偶像保護法（荒井克浩著）
再び失敗をくり返したくない（石黒イサク著） 私たちは「地
の塩」です（遠藤潔著）「秘密保護」とクリスマスの天使たち
（木村公一著） 時が良くても悪くても（木村葉子著） 特定秘
密保護法廃止に向けて（古郡荘八著） 戦争につながる負の遺
産を次世代にのこすな（木暮達也著） 戦争のつくりかた（平
良愛香著） これを放置しては、信仰が問われる（内藤新吾
著） 国家の自己神化としての特定秘密保護法（芳賀繁浩
著） 思想的・神学的戦いの始まり（袴田康裕著） 暗い歴史
を再び来たらせないために（廣田具之著） 真理の光を掲げる
人がいなければならない（渡辺信夫著）〉 ①978-4-400-40731-7
Ⓝ190.4 ［1300円］
◇東日本大震災から問われる日本の教会―災害・棄民・原発 渡
辺信夫、朝岡勝、内藤新吾、金谷政典、佐藤信行者, 信州夏期宣教
講座編 いのちのことば社 2013.8 126p 21cm （21世紀
ブックレット 50）〈内容：第一の敗戦と第二の敗戦（渡辺信夫
著）「伝える教会」から「仕える教会」へ（朝岡勝著） 世界の
保全と平和を目指して（内藤新吾著） 阪神淡路大震災・東日
本大震災を通って（金谷政典著） 東日本大震災と外国人被災
者（佐藤信行著）〉 ①978-4-264-03143-7 Ⓝ190.4 ［1000円］

日本（キリスト教と政治）

◇改憲へ向かう日本の危機と教会の闘い 渡辺信夫、野寺博文、
水草修治、李宙展、笹川紀勝編, 信州夏期宣教講座編 いのち
のことば社 2014.10 159p 21cm （21世紀ブックレット
53）〈内容：権力に対する教会の闘い（渡辺信夫著） 原発問題
と死の商人（野寺博文著） 国家と王と平和（水草修治著）
「思想信条の自由」と国家（李宙展著） アルトジウスの「共
生」の思想をさぐる（笹川紀勝著）〉 ①978-4-264-03265-6
Ⓝ190.4 ［1200円］
◇改憲問題とキリスト教 稲垣久和著 教文館 2014.2 195,4p
19cm 〈索引あり〉 ①978-4-7642-6977-4 Ⓝ190 ［1300円］
◇クリスチャンとして「憲法」を考える 朝岡勝、片岡輝美、内藤
新吾、崔善愛、岡田明、饒平名長秀、坪井節子著, クリスチャン
新聞編 いのちのことば社 2014.2 95p 21cm （21世紀
ブックレット 52）〈内容：「信じたように生きる」者となる
（朝岡勝著） 国家権力を縛り、私たちの権利を守るもの（片岡
輝美著） 憲法改悪と原発問題（内藤新吾著）「憲法」は語る。
人権とは何かを（崔善愛著） 学校の中で憲法を考える（岡田
明著） 戦後憲法と沖縄（饒平名長秀著） 日本国憲法は子ど
もたちの将来を支えるもの（坪井節子著）〉 ①978-4-264-
03192-5 Ⓝ323.14 ［850円］

日本（記録映画）

◇戦後障害児保育・教育における実践記録映像のアーカイブ化に
関する研究―大野松雄と「光の中に子供たちがいる」を中心に
奈良 戦後障害児教育福祉実践記録研究会 2014.5 155p
30cm （放送文化基金研究助成報告書 2013年度） Ⓝ378.021
◇「はやぶさ」-2つのミッションを追って―"HAYABUSA"ミッ
ション9年間のドキュメント 上坂浩光著 誠文堂新光社
2014.12 319p 21cm ①978-4-416-71466-9 Ⓝ778.7
［1400円］

日本（記録映画―歴史―昭和後期）

◇記録映画アーカイブ 2 戦後復興から高度成長へ―民主教
育・東京オリンピック・原子力発電 丹羽美之、吉見俊哉編
東京大学出版会 2014.7 282,10p 22cm 〈索引あり 内容：
記録映画を生き直す（丹羽美之著）『はえのいない町』をつ
くった頃（亀瀬季彦著、村山英世構成） 二人の教育者と「常総
コレクション」の物語（村山英世著） 見えるものから見えないものへ
（中村秀之著） テレビ番組『日本発見』シリーズの誕生と挫
折（吉原順平著、村山英世構成）『日本発見』シリーズの『東
京都』と『群馬県』（筒井武文著） 岩波写真文庫から地理テ
レビへ（若林幹夫著） 高度経済成長と記録映画（西村健治著, 山
内隆治構成） オリンピック前夜の東京改造（伊藤滋著、松山秀
明構成） 東京タワーとは何か（鳥羽耕史著）『いま原子力発
電は…』ができるまで（羽田澄子、保科志織著） 植物生理学
者として生きた原子力時代（藤本陽一著、瀬尾華子構成） 被爆
の悪夢からの転換（吉見俊哉著）〉 ①978-4-13-003251-3
Ⓝ778.7 ［8800円］

日本（記録映画―歴史―明治以後）

◇土木映画の百年―「土木技術映像」100特選ガイド 土木学会
土木技術映像委員会編 言視舎 2014.8 175p 21cm 〈年表
あり〉 ①978-4-905369-95-0 Ⓝ510.921 ［1800円］

日本（金―鉱山―歴史）

日本（金―鉱山―歴史）
◇佐渡金銀山シンポジウム「日本の金銀山と佐渡金銀山」記録集 佐渡市世界遺産推進課編 ［佐渡］ 佐渡市 2014.3 125p 30cm〈会期・会場：平成25年10月6日 トキのむら元気館 背のタイトル：佐渡金銀山シンポジウム記録集 共同刊行：新潟県教育委員会〉Ⓝ562.1

日本（銀―鉱山―歴史）
◇佐渡金銀山シンポジウム「日本の金銀山と佐渡金銀山」記録集 佐渡市世界遺産推進課編 ［佐渡］ 佐渡市 2014.3 125p 30cm〈会期・会場：平成25年10月6日 トキのむら元気館 背のタイトル：佐渡金銀山シンポジウム記録集 共同刊行：新潟県教育委員会〉Ⓝ562.1

日本（銀行）
◇銀行問題の核心 江上剛, 郷原信郎著 講談社 2014.2 226p 18cm（講談社現代新書 2252）Ⓘ978-4-06-288252-1 Ⓝ338.21 ［760円］
◇国民経済計算における銀行業、保険業の産出（生産額）測定研究序説 桂昭政著 和泉 桃山学院大学総合研究所 2014.3 88p 21cm（研究叢書 29）〈文献あり〉Ⓘ978-4-944181-21-6 Ⓝ338.21
◇最新銀行業界の動向とカラクリがよ〜くわかる本―業界人、就職、転職に役立つ情報満載 平木恭一著 第4版 秀和システム 2014.12 211p 21cm（図解入門業界研究）〈索引あり〉Ⓘ978-4-7980-4257-2 Ⓝ338.21 ［1300円］
◇社会と銀行 吉野直行編著 改訂版 放送大学教育振興会 2014.3 304p 21cm（放送大学教材）〈［NHK出版（発売）］索引あり〉Ⓘ978-4-595-31490-2 Ⓝ338.21 ［3200円］
◇破綻金融機関の処理のために講じた措置の内容等に関する報告 ［東京］ ［金融庁］ 2014.6 6, 24p 30cm Ⓝ338.3
◇破綻金融機関の処理のために講じた措置の内容等に関する報告 ［東京］ ［金融庁］ 2014.6 6, 21p 30cm Ⓝ338.3
◇邦銀のアジア展開―メガバンク・地域銀行と中国の金融規制 大阪 アジア太平洋研究所 2013.5 7, 41p 30cm（アジア太平洋研究所資料 13-9）〈年表あり〉Ⓘ978-4-87769-352-7 Ⓝ338.21

日本（金工―歴史）
◇木目金の教科書 髙橋正樹, 日本杢目金研究所企画・監修 新装版 東京美術 2014.8 175p 21cm〈文献あり 初版：柏書店松原 2009年刊〉Ⓘ978-4-8087-1009-5 Ⓝ756.21 ［2800円］

日本（金工―歴史―安土桃山時代―図集）
◇戦国時代の金とガラス―きらめく一乗谷の文化と技術：第21回企画展 福井県立一乗谷朝倉氏遺跡資料館編 福井 福井県立一乗谷朝倉氏遺跡資料館 2014.9 111p 30cm〈会期・会場：平成26年9月20日―11月9日 福井県立一乗谷朝倉氏遺跡資料館〉Ⓝ756.21

日本（金石・金石文）
◇金石文と古代史料の研究 荊木美行著 大阪 燃焼社 2014.3 359,7p 22cm〈索引あり 内容：邪馬臺国の所在地について 風土記のなかの神功皇后 五世紀の宮居を探る 『丹後国風土記』をめぐる二三の問題 「明王贈豊太閤冊封文」覚書 広開土王碑の記述をめぐるもの 「句麗古碑」 水谷悌二郎精拓本の再発見 『通溝』巻上の池内宏自筆原稿 神宮文庫所蔵拓本について 荊木所蔵の未公開拓本について 稲荷山古墳出土鉄剣銘の再検討 祢軍墓誌の出現とその意義 多賀城碑覚書 瀧川政次郎博士と中国法制史 瀧川政次郎「大化改新管見」 大庭脩先生未発表原稿「兵家思想の再評価」について 横田健一先生を悼む 植垣節也先生の風土記研究〉Ⓘ978-4-88978-106-9 Ⓝ210.3 ［6000円］
◇出土文字に新しい古代史を求めて 平川南著 同成社 2014.4 218p 19cm〈内容：研究の原点 再会を刻んだ印 三十四年前の”問い” 地下の「正倉院文書」 漆紙文書発見顚末記 古代の暦―岩手・胆沢城跡出土の漆紙文書 象潟考・古代の便り 一家六人、相次いで死亡す 一二〇〇年の休暇届 地方豪族の大規模な生産 絶大だった郡司の権力 右大臣昇進の贈り物は名馬 後の屋敷神のルーツ 高度に管理された古代の稲作 石川・加茂遺跡から「お触れ書き」発見 佐賀・中原遺跡防人の木簡 太宰府で出土最古「戸籍」 文字を刻む 福岡・三雲遺跡群にみる日本人の文字との出あい 竈神・歳神墨書土器から”古代の村”を読む 則天文字を追う ドラマチックな復権 発掘が明らかにした多賀城碑の真偽 「王賜」銘鉄剣 古代印の編年を探す 文字の輝き 偽物・真物 手習い事始 出土文字から地名を読む 出土文字資料を追う 古代日本の文字社会 多視点から新しい歴史像を描く 開発が災害招いた古代の日本 『風土記』の原風景と街・村づくり 自然災害からの復興 ひとと自然のかかわりの歴史を問う 「博物館型研究統合」の実践 井上先生と私〉Ⓘ978-4-88621-665-6 Ⓝ210.3 ［2500円］
◇石碑は語る―地震と日本人、闘いの碑記 森隆著 保険毎日新聞社 2014.3 226p 19cm〈文献あり〉Ⓘ978-4-89293-134-5 Ⓝ369.31 ［1800円］
◇日本語誕生の時代―上野三碑からのアプローチ 熊倉浩靖著 雄山閣 2014.2 236p 21cm〈文献あり〉Ⓘ978-4-639-02275-6 Ⓝ810.23 ［2750円］

日本（金属工業）
◇労働条件ハンドブック 2014-1 主要労働条件編 基幹労連政策企画局編 基幹労連 2014.11 442p 30cm Ⓝ366.3
◇労働条件ハンドブック 2014-2 福利厚生編 基幹労連政策企画局編 基幹労連 2014.11 547p 30cm Ⓝ366.3

日本（金属工業―統計）
◇経済産業省生産動態統計年報 鉄鋼・非鉄金属・金属製品統計編 平成25年 経済産業省大臣官房調査統計グループ／編 経済産業統計協会 2014.7 281p 30cm Ⓘ978-4-86499-011-0 ［9000円］

日本（近代化遺産）
◇近世以前の土木・産業遺産―街道・水運・農業・漁業・鉱山・防災・水道・測量・防衛 馬場俊介著 ［出版地不明］ ［馬場俊介］ 2014.8 176p 30cm Ⓝ709.1
◇近代遺跡調査報告書―軽工業 第1分冊 紡績・製糸・その他繊維工業・食品 文化庁文化財部記念物課［著］ ［東京］ 文化庁文化財部記念物課 2014.3 345p 図版 2p 30cm〈文献あり 年表あり〉Ⓝ709.1
◇祝福された風景―近代鉱業空間の風景論的考察 塩見篤史著 ［東京］ 文藝春秋企画出版部 2014.3 271p 20cm〈文藝春秋（発売）〉Ⓘ978-4-16-008798-9 Ⓝ560.921 ［1800円］
◇日本の産業遺産図鑑―これだけは見ておきたい 二村悟著, 小野吉彦写真 平凡社 2014.4 159p 21cm〈文献あり〉Ⓘ978-4-582-54450-3 Ⓝ709.1 ［1800円］

日本（金融）
◇金融市場を操られる絶望国家・日本 副島隆彦著 徳間書店 2014.4 285p 20cm Ⓘ978-4-19-863757-6 Ⓝ338.21 ［1600円］
◇金融ニッポン東京市場―飛躍への最終提言 日本経済新聞社編 日本経済新聞出版社 2014.2 221p 19cm〈年表あり〉Ⓘ978-4-532-35592-0 Ⓝ338.21 ［1500円］
◇金融入門 日本経済新聞社編 日本経済新聞出版社 2014.3 231p 18cm（日経文庫 1302）〈「ベーシック金融入門」第7版（2011年刊）の改題増補〉Ⓘ978-4-532-11302-5 Ⓝ338.21 ［860円］
◇金融入門―銀行・証券・保険の基礎知識 安田嘉明, 貞松茂, 林裕共著 改訂版 税務経理協会 2014.3 146p 21cm〈索引あり〉Ⓘ978-4-419-06076-3 Ⓝ338.21 ［2000円］
◇図説金融ビジネスナビ 2015情報リテラシー向上編 福島良治編著 きんざい 2014.8 55p 26cm〈2014情報リテラシー向上編までの出版者：金融財政事情研究会〉Ⓘ978-4-322-12588-7 Ⓝ338.21 ［800円］
◇生保金融の長期分析 小藤康夫著 八千代出版 2014.3 161p 22cm〈文献あり 索引あり〉Ⓘ978-4-8429-1620-0 Ⓝ339.4 ［2200円］
◇日本経済新聞の歩き方―金融・経済のしくみがおもしろいようにわかる15の連想ゲーム：投資・運用必勝！：金融・証券データ徹底読みこなし 2014 角川総一著 ビジネス教育出版社（発売） 2014.3 127p 26cm〈索引あり〉Ⓘ978-4-8283-0505-9 Ⓝ338.21 ［1100円］
◇日本経済の呪縛―日本を惑わす金融資産という幻想 櫨浩一著 東洋経済新報社 2014.4 275p 20cm Ⓘ978-4-492-39602-5 Ⓝ332.107 ［1600円］
◇わが国の財政問題と金融システムへの影響 金融調査研究会事務局 2014.9 99p 26cm（金融調査研究会報告書 53）〈文献あり 内容：わが国の財政問題と金融システムへの影響 財政政策でいかに金融緩和するのか（岩本康志著）財政問題下での量的・質的金融緩和とその出口戦略（北村行伸著）デフレ脱却と財政健全化（中里透著）安全資産としての国債（國枝繁樹著）〉Ⓝ342.1

日本（金融―判例）
◇最新金融・商事法判例の分析と展開 小出篤監修 経済法令研究会 2013.5 141p 26cm（別冊金融・商事判例）〈執筆：赤間英一ほか〉Ⓘ978-4-7668-2315-8 Ⓝ338.32 ［2000円］

日本（金融―法令）
◇Q&A金融ADRの手引き―全銀協あっせん手続の実務 田中豊編 商事法務 2014.10 304p 21cm〈索引あり〉Ⓘ978-4-7857-2227-2 Ⓝ338.32 ［3600円］

◇金融取引小六法　2015年版　神田秀樹編集代表　経済法令研究会　2014.12　1188,19p　22cm〈索引あり　判例・約款付判例編責任編集：黒田直行〉①978-4-7668-2357-8　Ⓝ338.32［3000円］
◇金融六法　平成26年版1　学陽書房編集部編集，金融法規研究会編　学陽書房　2014.3　3015p　22cm〈索引あり〉①978-4-313-00688-1(set)　Ⓝ338.32
◇金融六法　平成26年版2　学陽書房編集部編集，金融法規研究会編　学陽書房　2014.3　p3023～4822　22cm〈索引あり〉①978-4-313-00688-1(set)　Ⓝ338.32
◇コンプライアンスのための金融取引ルールブック　雨宮眞也，野村修也編著　第15版　銀行研修社　2014.2　470p　19cm〈背のタイトル：金融取引ルールブック〉①978-4-7657-4424-9　Ⓝ338.32［2200円］

日本（金融―歴史―江戸時代）
◇銭屋　1　大阪商業大学商業史博物館編　東大阪　大阪商業大学　2013.3　215, 34p　22cm（大阪商業大学商業史博物館史料叢書 第8巻）①978-4-902567-23-6　Ⓝ338.21［10000円］

日本（金融機関）
◇営業店の反社取引・マネロン防止対策ハンドブック　反社取引・マネロン防止対策研究会編著　銀行研修社　2014.4　206p　19cm　①978-4-7657-4436-2　Ⓝ338.21［1481円］
◇「お金と心理」の正体―マーケティングの極意は「金融」にあり　ADK金融カテゴリーチーム著　経済界　2014.10　247p　20cm　①978-4-7667-8584-5　Ⓝ338.5［1500円］
◇金融機関の信用リスク・資産査定管理態勢　平成26年度版　検査マニュアル研究会編　金融財政事情研究会　2014.10　513p　21cm（金融検査マニュアルハンドブックシリーズ）〈きんざい(発売)〉①978-4-322-12602-0　Ⓝ338.33［3000円］
◇金融機関の反社取引出口対応―関係遮断の実際と手引き　森原憲司著　経済法令研究会　2014.8　157p　21cm　①978-4-7668-2350-9　Ⓝ338.21［1200円］
◇最新金融業界の動向とカラクリがよ～くわかる本―業界人、就職、転職に役立つ情報満載　平木恭一，奥沢敦司著　第4版　秀和システム　2014.4　247p　21cm（How-nual図解入門）〈索引あり〉①978-4-7980-4085-1　Ⓝ338.21［1400円］
◇図説金融ビジネスナビ　2015社会人の常識・マナー編　川端久美子，大島浩之著　きんざい　2014.8　55p　26cm〈2014社会人の常識・マナー編までの出版者：金融財政事情研究会〉①978-4-322-12587-0　Ⓝ338［800円］
◇図説金融ビジネスナビ　2015金融機関の仕事編　長塚孝子著　きんざい　2014.8　55p　26cm〈2014金融機関の仕事編までの出版者：金融財政事情研究会〉①978-4-322-12589-4　Ⓝ338［800円］
◇もしも、そのお客様が反社会的勢力だったら？　関聖，石塚智教著　きんざい　2014.12　168,32p　19cm　①978-4-322-12600-6　Ⓝ338.21［1980円］

日本（金融機関―名簿）
◇金融証券人名録　平成26年度版　日本証券新聞社編　日本証券新聞社　2013.12　693p　19cm　①978-4-930896-26-1　Ⓝ338.035［8476円］
◇金融証券人名録　平成27年度版　日本証券新聞社編　日本証券新聞社　2014.12　661p　19cm　①978-4-930896-27-8　Ⓝ338.035［8476円］
◇日本金融名鑑　2015年版　日本金融通信社　2014.12　3冊　27cm〈共同刊行：ローレルバンクマシン　付属資料：CD-ROM 1枚(12cm)：店舗編　「上巻」「中巻」「下巻」に分冊刊行〉Ⓝ338.035［全50000円］

日本（金融政策）
◇超金融緩和期における不動産市場の行方　土地総合研究所編　東洋経済新報社　2014.12　232p　21cm〈内容：グローバル及び日本の不動産市場概観とアジア富裕層によるマンション投資動向(赤城威志，佐藤健太郎著)　世界における資産バブルに対する政策対応の議論と日本への含意(茨木秀行著)　金融政策と不動産価格の関係(大越利之著)　銀行融資が土地価格に及ぼす影響：東京の売買・融資マッチングデータの分析から(小滝一彦，倉島大地，水永政志ほか著)　アベノミクスを巡る最新事情と課題(小松英二著)　リバース・モーゲージ債権の証券化に関するマクロ経済学的考察(竹田陽介著)　超金融緩和が不動産価格に及ぼす影響(田邉信之著)　あのバブルから四半世紀，再びバブルは起きるのか(長谷川徳之輔著)　外国人の日本国内の土地取得と土地法制度上の根本問題(升田純著)　現今の金融緩和と不動産市場における「期待」の醸成(吉野薫著)　住宅価格の空間的波及(唐渡広志著)　首都圏中古マンション市場の取引状況と価格(倉橋透著)　人口減少・高齢化は住宅価格の暴落をもたらすのか？(清水千弘著)　家賃―価格比率の意義と留意点について(中神康博著)　大災害対策と財産権補償(山崎福寿著)〉①978-4-492-39610-0　Ⓝ673.99［3800円］
◇通貨及び金融の調節に関する報告書［東京］　日本銀行　2014.6　4, 346p　30cm　Ⓝ338.3
◇通貨及び金融の調節に関する報告書［東京］　日本銀行　2014.12　3, 216p　30cm　Ⓝ338.3
◇日銀、「出口」なし！―異次元緩和の次に来る危機　加藤出著　朝日新聞出版　2014.7　256p　18cm（朝日新書 468）①978-4-02-273568-3　Ⓝ338.3［780円］
◇日銀はいつからスーパーマンになったのか　北野一著　講談社　2014.2　207p　19cm〈文献あり〉①978-4-06-218816-6　Ⓝ338.3［1400円］
◇日本を救ったリフレ派経済学　原田泰著　日本経済新聞出版社　2014.11　198p　18cm（日経プレミアシリーズ 270）①978-4-532-26270-9　Ⓝ338.3［850円］
◇日本銀行と政治―金融政策決定の軌跡　上川龍之進著　中央公論新社　2014.10　312p　18cm（中公新書 2287）〈文献あり 年表あり〉①978-4-12-102287-5　Ⓝ338.3［880円］
◇バカな経済論―だから、みんな、ダマされる！　髙橋洋一著　あさ出版　2014.1　238p　19cm　①978-4-86063-658-6　Ⓝ332.107［1300円］
◇破綻金融機関の処理のために講じた措置の内容等に関する報告［東京］［金融庁］　2014.6　6, 24p　30cm　Ⓝ338.3
◇破綻金融機関の処理のために講じた措置の内容等に関する報告［東京］［金融庁］　2014.12　6, 21p　30cm　Ⓝ338.3
◇ユーロ不安とアベノミクスの限界　代田純著　税務経理協会　2014.6　156p　21cm〈索引あり〉①978-4-419-06097-8　Ⓝ338.23［2300円］

日本（金融政策―歴史―1945～）
◇戦後歴代日銀総裁とその時代　島村髙嘉著　東洋経済新報社　2014.5　323,3p　20cm〈文献あり 索引あり〉①978-4-492-65460-6　Ⓝ338.41［3000円］

日本（金融政策―歴史―平成時代）
◇リスクとの闘い―日銀政策委員会の10年を振り返る　須田美矢子著　日本経済新聞出版社　2014.5　394p　20cm〈文献あり〉①978-4-532-35599-9　Ⓝ338.3［3000円］

日本（金融政策―歴史―明治以後）
◇歴代日本銀行総裁論―日本金融政策史の研究　吉野俊彦［著］，鈴木淑夫補論　講談社　2014.12　509p　15cm（講談社学術文庫 2272）〈底本：毎日新聞社 1976年刊〉①978-4-06-292272-2　Ⓝ338.3［1430円］

日本（空気―浄化―特許）
◇特許情報分析（パテントマップ）から見た消臭・脱臭・除菌機器に関する技術開発実態分析調査報告書　インパテック株式会社編　パテントテック社　2013.2　233p　30cm〈タイトルは標題紙による〉①978-4-86483-178-9　Ⓝ528.2［56700円］

日本（空港）
◇空港経営と地域―航空・空港政策のフロンティア　関西空港調査会監修，加藤一誠，引頭雄一，山内芳樹編著　成山堂書店　2014.8　303p　22cm〈索引あり〉①978-4-425-86241-2　Ⓝ687.91［3000円］
◇航空競争と空港民営化―アビエーション・ビジネスの最前線　関西学院大学産業研究所編［西宮］　関西学院大学産業研究所　2014.3　126p　19cm（産研レクチャー・シリーズ）〈関西学院大学出版会(発売)　内容：航空業界を取り巻く環境とJALグループの戦略について(中原太述)　我が国の空港経営改革の動向(阿部純哉述)〉①978-4-86283-159-0　Ⓝ687.3［1300円］
◇国産航空機MRJプロジェクト、わが国航空の現状と取り組み等　平成25年度　航空の安全及び経済に関する研究会［編］　航空保安協会　2014.5　259p　26cm〈内容：国産航空機MRJプロジェクト(岩佐一志著)　わが国航空の現状と取り組み(久保田雅晴著)　空港を核とした関西の成長戦略(志村格著)　航空行政の現状と展望について(甲斐正彰著)〉Ⓝ687.21

日本（空想科学小説―歴史―1945～）
◇北の想像力―《北海道文学》と《北海道SF》をめぐる思索の旅　岡和田晃編　札幌　寿郎社　2014.5　782,14p　22cm〈索引あり　内容：「北の想像力」の可能性(岡和田晃著)　迷宮としての北海道(田中里尚著)　「氷原」の彼方へ(宮野由梨香著)　北方幻想(倉数茂著)　北と垂直をめぐって(石和義之著)　第51回日本SF大会〈Varicon2012〉「北海道SF大全」パネル再録(巽孝之ほか述)　北海道SFファンダム史序論(三浦祐嗣著)　荒巻義雄の謎(藤元登四郎，岡和田晃著)　小説製造機械が紡ぐ数学的《構造》の夢について(渡邊利道著)　わが赴くは北の大地(礒部剛喜著)　病というファースト・コンタクト(高槻真

に

日本（草）

樹著） 心優しき叛逆者たち（忍澤勉著） 朝松健『肝盗村鬼譚』論（松本寛大著） SFあるいは幻想文学としてのアイヌ口承文学（丹菊逸治著） 裏切り者と英雄のテーマ（東條慎生著） 武田泰淳『ひかりごけ』の罪の論理（横道仁志著） 「辺境」という発火源（岡和田晃著） キャサリン・M・ヴァレンテ「静かに、そして迅速に」（橋本輝幸著） フィリップ・K・ディック『いたずらの問題』（藤元登四郎著） 川又千秋「魚」（岡和田晃著） 侯孝賢監督『ミレニアム・マンボ』（渡邊利道著） 伊福部昭作・編曲『SF交響ファンタジー』（石和義之著）〉 ①978-4-902269-70-3 Ⓝ910.26 ［7500円］

◇日本SF展─SFの国 岡野浩太郎編 せたがや文化財団世田谷文学館 2014.7 95p 21cm 〈年表あり 会期・会場：2014年7月19日─9月28日 世田谷文学館 折り込 1枚〉 Ⓝ910.264

日本（草）

◇身近な野の草日本のこころ 稲垣栄洋著，三上修画 筑摩書房 2014.3 248p 15cm （ちくま文庫 い71-4）〈文献あり 「残しておきたいふるさとの野草」（地人書館 2010年刊）の改題〉 ①978-4-480-43138-7 Ⓝ472.1 ［700円］

日本（草─図集）

◇色で見わけ五感で楽しむ野草図鑑 藤井伸二監修，高橋修著 ナツメ社 2014.5 399p 19cm 〈文献あり 索引あり〉 ①978-4-8163-5589-9 Ⓝ472.1 ［1300円］

日本（駆逐艦─歴史）

◇舞廠造機部の昭和史 岡本孝太郎著 文芸社 2014.5 479p 15cm 〈年表あり 鶴桜会 1989年刊の再刊〉 ①978-4-286-14246-3 Ⓝ397.21 ［900円］

日本（グラフィックデザイナー）

◇グラフィックデザイン 2014 SE編集部著 ［東京］ 翔泳社 2014.6 317p 26cm ①978-4-7981-3604-2 Ⓝ727.021 ［3200円］

◇グラフィック文化を築いた13人─『アイデア』デザイナーインタビュー選集 アイデア編集部編 誠文堂新光社 2014.2 429p 18cm 〈内容：葛西薫（葛西薫述） 服部一成（服部一成述） 有山達也（有山達也述） 山口信博（山口信博述） 松本弦人（松本弦人述） 平野甲賀（平野甲賀述） 羽良多平吉（羽良多平吉述） 松田行正（松田行正述） 仲條正義（仲條正義述） 北川一成（北川一成述） 宮田識（宮田識述） 浅葉克己（浅葉克己述） 寄藤文平（寄藤文平述）〉 ①978-4-416-11437-1 Ⓝ727.021 ［1400円］

日本（グリーン購入）

◇環境表示の信頼性確保のための調査・検討業務報告書 平成25年度 日本環境協会グリーン購入ネットワーク 2014.3 140, 204p 30cm 〈平成25年度環境省請負事業〉 Ⓝ509.67

◇環境保全型製品購入促進業務報告書 平成25年度 ［東京］ 日本能率協会総合研究所 2014.3 1冊 30cm 〈発注者：環境省総合環境政策局環境経済課〉 Ⓝ509.67

◇グリーン購入法に係る特定調達品目検討調査等業務報告書 平成25年度 ［東京］ インテージリサーチ 2014.3 1冊 30cm 〈平成25年度環境省請負業務〉 Ⓝ343.94

◇グリーン購入法に係る特定調達品目検討調査等業務報告書 平成25年度 別冊 専門委員会資料 ［東京］ インテージリサーチ 2014.3 1冊 30cm 〈平成25年度環境省請負業務〉 Ⓝ343.94

◇消費者の購買行動の変化に関する調査等業務報告書 平成25年度 日本環境協会グリーン購入ネットワーク 2014.3 224p 30cm 〈平成25年度環境省請負事業〉 Ⓝ509.67

日本（グループホーム）

◇障害者の地域生活支援のためのニーズ把握と提供体制の検討について ［鹿児島］ 全国地域生活支援ネットワーク ［2014］ 60p 30cm 〈平成25年度障害者総合福祉推進事業〉 Ⓝ369.27

◇障害者の地域生活支援のためのニーズ把握と提供体制の検討について─アンケート調査 ［鹿児島］ 全国地域生活支援ネットワーク ［2014］ 1冊 30cm 〈平成25年度障害者総合福祉推進事業〉 Ⓝ369.27

日本（グループホーム─歴史）

◇知的障害福祉政策にみる矛盾─「日本型グループホーム」構想の成立過程と脱施設化 角田慰子著 ぶねうま舎 2014.2 261p 22cm 〈文献あり 奥付のタイトル（誤植）：知的障害福祉政策にみる矛盾〉 ①978-4-906791-27-9 Ⓝ369.28 ［3600円］

日本（軍歌─歴史）

◇日本の軍歌─国民的音楽の歴史 辻田真佐憲著 幻冬舎 2014.7 274p 18cm （幻冬舎新書 つ-3-1）〈文献あり〉 ①978-4-344-98353-3 Ⓝ767.6 ［840円］

日本（軍歌─歴史─昭和前期）

◇愛国とレコード─幻の大名古屋軍歌とアサヒ蓄音器商会 辻田真佐憲著 えにし書房 2014.11 93p 21cm （ぐらもくらぶシリーズ 1）〈文献あり〉 ①978-4-908073-05-2 Ⓝ767.6 ［1600円］

日本（軍艦）

◇海上自衛隊「艦隊コレクション」 2014 菊池雅之写真・文 双葉社 2014.3 96p 21cm ①978-4-575-30642-2 Ⓝ556.9 ［600円］

◇海上自衛隊艦艇パーフェクトガイド─自衛隊創立60周年 ダイアプレス 2014.7 129p 26cm （DIA Collection）〈標題紙のタイトル（誤植）：海上自衛隊艦艇パーフェクトガイド〉 ①978-4-86214-890-2 Ⓝ556.9 ［1000円］

日本（軍艦─歴史─1868〜1945）

◇艦隊決戦の幻影主力部隊 1 戦艦・重巡洋艦・軽巡洋艦 渡辺博史著，永井久隆編 ［名古屋］ ［渡辺博史］ 2014.4 399p 21cm 〈著作目録あり 自家本〉 Ⓝ397.21

◇艦隊決戦の幻影主力部隊 2 軽巡洋艦 2・練習巡洋艦・特設巡洋艦・敷設艦・特設敷設艦・特設水雷母艦・特設急設網艦 渡辺博史著，永井久隆編 ［名古屋］ ［渡辺博史］ 2014.9 447p 21cm 〈自家本〉 Ⓝ397.21

◇艦隊決戦の幻影主力部隊 3 補給艦船・その他 渡辺博史著，永井久隆編 ［名古屋］ ［渡辺博史］ 2014.11 393p 21cm 〈自家本〉 Ⓝ397.21

◇知られざる日本海軍軍艦秘録─大日本帝国海軍が誇った軍艦にまつわる逸話と激闘の数々を徹底解説！ 日本軍の謎検証委員会編 彩図社 2014.3 217p 19cm 〈文献あり〉 ①978-4-88392-990-0 Ⓝ556.9 ［537円］

◇大日本帝国海軍ガイド 艦船史研究会著 新紀元社 2014.5 231p 19cm 〈文献あり〉 ①978-4-7753-1228-5 Ⓝ397.21 ［1300円］

◇帝国海軍艦艇ガイド 歴史群像編集部編 新装版 学研パブリッシング 2014.9 239p 21cm 〈学研マーケティング（発売） 文献あり 初版：学研 2008年刊〉 ①978-4-05-406105-7 Ⓝ556.9 ［1000円］

◇帝国海軍と艦内神社─神々にまもられた日本の海 久野潤著 祥伝社 2014.6 254p 20cm ①978-4-396-61484-3 Ⓝ556.9 ［1600円］

◇連合艦隊の使い方─漫画でわかる「連合艦隊のグランドデザインと戦争の現実」 横須賀歴史研究室著 笠倉出版社 2014.3 303p 19cm 〈文献あり 年表あり〉 ①978-4-7730-8706-2 Ⓝ556.9 ［850円］

日本（軍艦─歴史─昭和前期）

◇大日本帝国海軍艦艇図鑑1941-1945 ホビージャパン 2014.2 192p 21cm 〈文献あり〉 ①978-4-7986-0758-0 Ⓝ556.9 ［1800円］

日本（軍艦─歴史─昭和前期─写真集）

◇写真・太平洋戦争の日本軍艦 大型艦・篇 阿部安雄，中川務［著］ ベストセラーズ 2014.7 461p 15cm （ワニ文庫 P-250）〈文献あり 年表あり〉 ①978-4-584-39350-5 Ⓝ556.9 ［1009円］

◇写真・太平洋戦争の日本軍艦 軽艦艇・篇 阿部安雄，中川務［著］ ベストセラーズ 2014.10 479p 15cm （ワニ文庫 P-254）〈文献あり〉 ①978-4-584-39354-3 Ⓝ556.9 ［1204円］

日本（軍艦─歴史─明治以後）

◇日本の軍艦完全網羅カタログ─カラー版 「歴史の真相」研究会著 宝島社 2014.2 382p 19cm 〈文献あり 年表あり〉 ①978-4-8002-2280-0 Ⓝ556.9 ［950円］

◇聯合艦隊軍艦銘銘伝─全八六〇余隻の栄光と悲劇 片桐大自著 普及版 新装版 潮書房光人社 2014.4 622p 19cm 〈文献あり 索引あり 初版：光人社 1988年刊〉 ①978-4-7698-1565-5 Ⓝ556.9 ［3000円］

日本（軍師）

◇イラストでまなぶ！ 萌え軍師事典 戦国時代編 ホビージャパン 2014.9 158p 19cm 〈文献あり〉 ①978-4-7986-0890-7 Ⓝ281.04 ［1500円］

◇勝ち上がりの条件─軍師・参謀の作法 半藤一利，磯田道史著 ポプラ社 2014.5 265p 18cm （ポプラ新書 032）①978-4-591-14035-2 Ⓝ281.04 ［800円］

◇1人で100人分の成果を出す軍師の戦略 皆木和義［著］ クロスメディア・パブリッシング 2014.4 255p 19cm 〈インプレスコミュニケーションズ（発売）〉 ①978-4-8443-7358-2 Ⓝ281.04 ［1380円］

日本（軍事）

◇田母神戦争大学─心配しなくても中国と戦争にはなりません 田母神俊雄，石井義哲著 産経新聞出版 2014.5 225p 19cm 〈日本工業新聞社（発売）〉 ①978-4-8191-1242-0 Ⓝ392.1076 ［1200円］

日本件名図書目録2014　Ⅰ　　　　　　　　　　　　　　　　　　　　　　　　　　　　　　日本（軍法）

日本（軍事―歴史）

◇明治の国軍創設と兵士の反乱・農民の暴動　山崎善啓著　松山　創風社出版　2014.11　155p　21cm〈文献あり〉①978-4-86037-216-3　Ⓝ392.106　[1600円]

日本（軍事―歴史―1945～）

◇近現代日本の軍事史　第3巻　再出発―陸海軍解体から陸海空自衛隊創設まで　坂本祐信著　かや書房　2014.11　395p　21cm　①978-4-906124-75-6　Ⓝ392.1　[2800円]

日本（軍師―歴史―安土桃山時代）

◇戦国軍師最強は誰だ？―覇者の陰に名参謀あり!!　青山誠執筆　双葉社　2014.1　191p　19cm〈文献あり〉①978-4-575-30614-9　Ⓝ281.04　[571円]

◇戦国軍師列伝―戦を動かした戦国の頭脳111人　川口素生［著］　学研パブリッシング　2014.2　333p　15cm　（学研M文庫　か-16-4）〈学研マーケティング（発売）文献あり　索引あり「戦国軍師人名事典」（学研M文庫　2009年刊）の改題〉①978-4-05-900874-3　Ⓝ281.04　[590円]

◇地図で読み解く！戦国軍師の知略　中江克己著　青春出版社　2014.5　220p　15cm　（青春文庫　な-24）〈文献あり　年表あり「戦国軍師の知略」（2008年刊）の改題、加筆・修正〉①978-4-413-09596-9　Ⓝ281.04　[750円]

日本（軍事―歴史―昭和前期）

◇近現代日本の軍事史　第2巻　政軍関係混迷の果てに―満州事変前夜から大東亜戦争終結まで　坂本祐信著　かや書房　2014.5　438p　21cm　①978-4-906124-74-9　Ⓝ392.1　[2800円]

日本（軍師―歴史―室町時代）

◇戦国軍師最強は誰だ？―覇者の陰に名参謀あり!!　青山誠執筆　双葉社　2014.1　191p　19cm〈文献あり〉①978-4-575-30614-9　Ⓝ281.04　[571円]

◇戦国軍師列伝―戦を動かした戦国の頭脳111人　川口素生［著］　学研パブリッシング　2014.2　333p　15cm　（学研M文庫　か-16-4）〈学研マーケティング（発売）文献あり　索引あり「戦国軍師人名事典」（学研M文庫　2009年刊）の改題〉①978-4-05-900874-3　Ⓝ281.04　[590円]

◇地図で読み解く！戦国軍師の知略　中江克己著　青春出版社　2014.5　220p　15cm　（青春文庫　な-24）〈文献あり　年表あり「戦国軍師の知略」（2008年刊）の改題、加筆・修正〉①978-4-413-09596-9　Ⓝ281.04　[750円]

日本（軍事―歴史―明治以後）

◇歴史のなかの日本政治　2　国際環境の変容と政軍関係　北岡伸一監修　北岡伸一編、大澤博明、畑野勇、朴廷鎬、中澤俊輔、大前信也、鈴木多聞著　中央公論新社　2013.12　318p　20cm〈索引あり　内容：均衡論と軍備（大澤博明著）　戦前期多国籍軍と日本海軍（畑野勇著）　満州事変における朝鮮軍の独断越境過程の再検討（朴廷鎬著）　一九三〇年代の警察と政軍関係（中澤俊輔著）　戦費調達の政治過程（大前信也著）　昭和天皇と日本の「終戦」（鈴木多聞著）〉①978-4-12-004572-1　Ⓝ312.1　[3000円]

日本（軍事基地）

◇叢書戦争が生みだす社会―関西学院大学先端社会研究所　3　米軍基地文化　難波功士編　新曜社　2014.3　277,9p　20cm〈索引あり　内容：偏在する基地/偏在するアメリカ（難波功士著）米軍キャンプ・アメリカ・歌謡曲（太田育一著）ロックンロールの場所（大山昌彦著）　米軍駐留がフィリピンにもたらしたジャズ（岩佐将志著）地域社会における米軍基地の文化的な意味（木本玲一著）　沖縄の本土復帰運動と戦争体験論の変容（福間良明著）「アメ女」のセクシュアリティ（圓田浩二著）　米軍基地を受け入れる論理（熊本博之著）〉①978-4-7885-1372-3　Ⓝ361.3　[3300円]

日本（軍事郵便―歴史―大正時代―図集）

◇日本軍事郵便史―1894-1921：玉木淳一コレクション　玉木淳一［著］　日本郵趣協会　2014.5　170p　31cm〈英語併記〉①978-4-88963-769-4　Ⓝ693.21　[8500円]

日本（軍事郵便―歴史―明治時代―図集）

◇日本軍事郵便史―1894-1921：玉木淳一コレクション　玉木淳一［著］　日本郵趣協会　2014.5　170p　31cm〈英語併記〉①978-4-88963-769-4　Ⓝ693.21　[8500円]

日本（軍需工業）

◇自衛隊と防衛産業　桜林美佐著　並木書房　2014.8　195p　19cm　①978-4-89063-318-0　Ⓝ559.09　[1500円]

日本（軍人）

◇最前線指揮官の太平洋戦争―海と空の八人の武人の生涯　岩崎剛二著　新装版　潮書房光人社　2014.10　256p　16cm（光人社NF文庫　い N-854）①978-4-7698-2854-9　Ⓝ392.8　[750円]

◇人物で読み解く「日本陸海軍」失敗の本質　兵頭二十八著　PHP研究所　2014.2　423p　15cm　（PHP文庫　ひ24-3）①978-4-569-76118-3　Ⓝ392.8　[838円]

◇ラスト・バタリオン―蒋介石と日本軍人たち　野嶋剛著　講談社　2014.4　366p　20cm〈文献あり　年譜あり　索引あり〉①978-4-06-217801-3　Ⓝ392.224　[2500円]

日本（軍人―歴史―昭和前期）

◇日本軍と日本人―米軍報告書は語る　一ノ瀬俊也著　講談社　2014.1　263p　18cm　（講談社現代新書　2243）〈文献あり〉①978-4-06-288243-9　Ⓝ396.21　[800円]

日本（軍制―歴史―江戸後期）

◇幕末・維新の西洋兵学と近代軍制―大村益次郎とその継承者　竹本知行著　京都　思文閣出版　2014.12　322,10p　22cm〈年表あり　索引あり　内容：幕末期における洋式兵学の位相　大村益次郎における西洋兵学の受容　大村益次郎における西洋兵学の実践―幕末　大村益次郎における西洋兵学の実践―明治　大村益次郎の遺訓　遺訓の実現　廃藩置県と徴兵制度の確立「徴兵令」と山田顕義〉①978-4-7842-1770-0　Ⓝ393.25　[6300円]

日本（軍制―歴史―明治時代）

◇幕末・維新の西洋兵学と近代軍制―大村益次郎とその継承者　竹本知行著　京都　思文閣出版　2014.12　322,10p　22cm〈年表あり　索引あり　内容：幕末期における洋式兵学の位相　大村益次郎における西洋兵学の受容　大村益次郎における西洋兵学の実践―幕末　大村益次郎における西洋兵学の実践―明治　大村益次郎の遺訓　遺訓の実現　廃藩置県と徴兵制度の確立「徴兵令」と山田顕義〉①978-4-7842-1770-0　Ⓝ393.25　[6300円]

日本（軍隊―歴史）

◇帝国陸海軍の基礎知識―日本の軍隊徹底研究　熊谷直著　新装版　潮書房光人社　2014.6　310p　16cm　（NF文庫）①978-4-7698-2522-7　Ⓝ392.1　[820円]

日本（軍隊―歴史―1868～1945）

◇旧日本陸海軍の生態学―組織・戦闘・事件　秦郁彦著　中央公論新社　2014.10　586p　20cm　（中公選書　019）〈内容：統帥権独立の起源　日清戦争における対東学軍事行動　閔妃殺害事件の全貌　再考・旅順二〇三高地攻め論争　満州領有の思想的源流　張作霖爆殺事件の再検討「百人斬り」事件の虚と実　第二次大戦における日米の戦争指導　ミッドウェー海戦の再考　太平洋戦争末期における日本陸軍の対米戦法　ベトナム二百万人餓死説の実態と責任　第二次世界大戦の日本人戦没者像　軍用動物たちの戦争史　第二次大戦期の配属将校制度　旧日本軍の兵食〉①978-4-12-110019-1　Ⓝ392.1　[3200円]

◇皇軍の崩壊―明治建軍から解体まで　大谷敬二郎著　潮書房光人社　2014.11　539p　16cm　（光人社NF文庫　おN-856）〈図書出版社　1975年刊の改訂〉①978-4-7698-2856-3　Ⓝ392.1　[960円]

日本（軍隊―歴史―明治以後）

◇日本軍は本当に「残虐」だったのか―反日プロパガンダとしての日本軍の蛮行　丸谷元人著　ハート出版　2014.12　285p　19cm　①978-4-89295-991-2　Ⓝ319.1　[1800円]

日本（軍隊生活―歴史―昭和前期）

◇艦内新聞集成　第4巻　日向新聞―第1号～第216号〔昭和13年1月～10月〕復刻版　不二出版　2014.4　364p　27cm〈昭和13年刊の複製　布装〉①978-4-8350-7571-6,978-4-8350-7570-9（set）Ⓝ397.21

◇艦内新聞集成　第5巻　むつ新聞―第1号～第219号〔昭和13年1月～10月〕復刻版　不二出版　2014.4　487p　27cm〈陸奥新聞社　昭和13年刊の複製　布装〉①978-4-8350-7572-3,978-4-8350-7570-9（set）Ⓝ397.21

日本（軍閥―歴史―昭和前期）

◇軍閥―二・二六事件から敗戦まで　大谷敬二郎著　潮書房光人社　2014.6　485p　16cm　（光人社NF文庫　おN-835）〈図書出版社　1971年刊の再刊〉①978-4-7698-2835-8　Ⓝ392.107　[930円]

日本（軍服―歴史）

◇日本海軍軍装図鑑―幕末・明治から太平洋戦争まで　柳生悦子著　増補版　並木書房　2014.7　334p　27cm〈文献あり　索引あり〉①978-4-89063-319-7　Ⓝ395.5　[12000円]

日本（軍法）

◇道程―松本一郎著作集　松本一郎著　緑蔭書房　2014.4　398p　20cm〈年譜あり　内容：生い立ちの記　恩師の痛棒　古沢先生という人　伊達裁判長の思い出　砂川事件余話　愚直の人　鬼官兵衛の最期　生と死と　浄めと霊魂　幼年学校の教育　父と馬と私　暗かった夏　一期一会　夢は異なもの　やがて悲しき　魔王と呼ばれた男　死を我等に　西田税暗殺未遂事件　安藤大尉の生と死　磯部と真崎の対決　真崎大将

日本（軍用機）

の人間像　池田俊彦氏を偲ぶ　「いそべの杜」を訪ねる　『二・二六事件裁判原本資料』解説　『『陸軍成規類聚』研究資料』解説　『『陸軍成規類聚』昭和版』解説　『『陸軍成規類聚』別冊』解説　『『陸軍成規類聚』明治版』解説　『陸軍軍法会議判例集』解説）Ⓘ978-4-89774-330-1　Ⓝ210.7　［3200円］

日本（軍用機）

ブルーインパルスの科学—知られざる編隊曲技飛行の秘密　赤塚聡著　SBクリエイティブ　2014.9　190p　18cm　（サイエンス・アイ新書　SIS-313）〈文献あり　索引あり〉Ⓘ978-4-7973-7313-4　Ⓝ538.8　［1000円］

日本（軍用機—歴史）

囚われの日本軍機秘録　野原茂著　新装版　潮書房光人社　2014.12　238p　21cm〈文献あり　初版：光人社 2002年刊〉Ⓘ978-4-7698-1581-5　Ⓝ538.7　［2200円］

日本（軍用機—歴史—1945〜1952）

破壊された日本軍機—TAIU（米航空技術情報部隊）の記録・写真集　ロバート・C・ミケシュ著，石澤和彦訳　新装版　三樹書房　2014.7　206p　27cm〈文献あり〉Ⓘ978-4-89522-627-1　Ⓝ538.7　［3800円］

日本（軍用機—歴史—昭和前期）

◇太平洋戦争日本の海軍機—11機種・56機の航跡　渡辺洋二著　潮書房光人社　2014.4　390p　16cm　（光人社NF文庫 わN-826）〈『日本の軍用機 海軍編』（朝日ソノラマ 1997年刊）の改題、加筆、訂正〉Ⓘ978-4-7698-2826-6　Ⓝ538.7　［870円］

◇日本の名機　歴史博学倶楽部著　竹書房　2014.8　241p　15cm　（竹書房文庫 れ2-3）〈文献あり　年表あり　「零戦と日本の名機」（2013年刊）の改題、加筆修正、再構成、増補〉Ⓘ978-4-8124-8818-8　Ⓝ538.7　［670円］

日本（軍用機—歴史—昭和前期—写真集）

ゼロの残照—大日本帝国陸海軍機の最期：終焉の日本陸海軍軍用機写真集　ジェイムズ・P・ギャラガー著，東野良彦訳　イカロス出版　2014.8　169p　19×26cm　Ⓘ978-4-86320-913-8　Ⓝ538.7　［2037円］

日本（経営管理）

◇会社経営の教科書—キラキラ女性経営者を目指す！　新日本有限責任監査法人，Winning Women Network編　同文舘出版　2014.12　192p　21cm〈文献あり〉Ⓘ978-4-495-38471-5　Ⓝ336　［1800円］

◇会社はムダが9割　山口智朗著　あさ出版　2014.9　216p　19cm　Ⓘ978-4-86063-724-8　Ⓝ336　［1500円］

◇企業経営の理論と実践　古屋携暉著　八尾　フルヤ技研工業　2014.5　309p　21cm　Ⓝ336

◇経営コンサルティングの現場から—的確な診断と、よく効く処方箋　商工研コンサルティング本部編・著　商工中金経済研究所　2014.9　159p　21cm　Ⓘ978-4-904735-20-6　Ⓝ336　［600円］

◇新規事業の競争戦略高い利益を獲得するスピード経営—キーエンスに新卒入社、ライバル会社に転職後独立したコンサルタントのノウハウ公開　立石茂生著　半田　一粒書房　2014.3　153p　19cm〈共同刊行：立石シゲオ中小企業診断士事務所〉Ⓘ978-4-9907672-0-4　Ⓝ336　［3000円］

◇知的資産を効率的にビジネスに活用するためのツール策定の調査・研究報告書—平成24年度　広島　広島県中小企業診断協会知的資産経営研究会　2013.3　53p　30cm　Ⓝ336.021

◇「知的資産経営報告書」作成企業の実態調査　中小企業基盤整備機構経営支援情報センター　2014.3　118p　30cm　（中小機構調査研究報告書 第6巻 第1号）Ⓝ336

◇特別養護老人ホーム等を経営する社会福祉法人のガバナンスの強化方策に関する調査研究事業—報告書　みずほ情報総研　2014.3　103p　30cm〈平成25年度老人保健事業推進費等補助金老人保健健康増進等事業　奥付のタイトル：特別養護老人ホーム等を経営する社会福祉法人のガバナンスと経営戦略の強化に関する調査研究事業報告書〉Ⓝ369.14

日本（経営者）

◇IDEAL Business—A manager shows：若者達へ告ぐ。ギャップ・ジャパン　2013.11　127p　29cm〈文献あり〉Ⓘ978-4-907237-45-5　Ⓝ332.8　［952円］

◇"アントレプレナー"な経営者たち—1人の学者と20人の経営者が切り拓いた新規ビジネスと中小企業運動　大崎まこと著　スモールサン出版　2014.12　219p　19cm〈三恵社（発売）〉Ⓘ978-4-86487-308-6　Ⓝ335.35　［1500円］

◇一倉定"社長学"実践「Sフレーム」のすすめ　関洋一著　［東京］　日本図書刊行会　2014.11　105p　19cm〈近代文藝社

（発売）文献あり〉Ⓘ978-4-8231-0907-2　Ⓝ335.13　［1500円］

◇いつだってこんなリーダーが組織を蘇らせる　日経トップリーダー編　［東京］　日経BP社　2014.4　223p　19cm（中小企業のための社長力アップ講座）〈日経BPマーケティング（発売）〉Ⓘ978-4-8222-6398-0　Ⓝ336　［1600円］

◇海外で働こう—世界へ飛び出した日本のビジネスパーソン挑戦篇　25人のアブローダーズ　西澤亮一著　幻冬舎　2014.3　276p　19cm〈内容：日本人だからこそできるビジネスのやり方がある（原丈人述）　世界から「外貨」と「誇り」の両方を手に入れたい（小渕宏二述）　アジアで自分たちが提供できる価値を見極めたい（米山久述）　日本と台湾の架け橋になる。それが私の使命（阪根嘉苗述）　国境の壁は、思っているほど高くも険しくもない（佐野健一述）　アジアはもはや海外にあらず（河野貴輝述）　日本企業ならではの強みを意識しながら、アジアで戦う（間下直晃述）　アジアなら、ベンチャー企業も一国の発展に寄与できる（河端伸一郎述）　収縮する国内市場への強い危機感が自然と海外に向かわせた（高橋良太述）　世界に出る理由は「そこにお客様がいるから」（谷孝人述）　日本を出たときこそ、日本人のアイデンティーを忘れない（佐久間将司述）　海外でこそ、強い信念を持って自分の足で動く（坂本幸蔵述）　海外への挑戦を助けるために自分たち自身がまず挑戦する（秋山勝述）　世界を相手に、人のやっていないことをやりたい（柴崎洋平述）　社会性の高いビジネスは、世界でも受け入れられる（東俊輔述）　フィリピンは女性が活き活きと働ける国（寺田未来述）　日本人にとって最大の弱点「英語」の克服に貢献したい（千葉栄一述）　アジアのITマーケットを目指すインドネシアに商機あり！（桃井純述）　これからのアジアにはバランス型リーダーが必要（榎原良樹述）　日本人らしさが、日本人の付加価値となる（小椋啓太述）　市場が変われば、本社の所在地も変わるべき（木島洋嗣述）　人との出会いから生まれるビジネスは楽しい（黒川治郎述）　海外にいる日本人は日本人に対してとても優しい（野中達述）　現地スタッフとのコミュニケーションは対日本人以上に密接に（中島奉文述）　海外でのオフィス賃料はその国でビジネスを始める"入学金"（玄昌先述）　途中でやめなかったからこそ、今ある（小田原靖述）〉Ⓘ978-4-344-02556-1　Ⓝ332.8　［1200円］

◇カリスマ社長の大失敗　國貞文隆著　メディアファクトリー　2013.6　216p　18cm　（メディアファクトリー新書 079）〈文献あり〉Ⓘ978-4-8401-5174-0　Ⓝ335.21　［840円］

◇起業のリアル—田原総一朗×若手起業家　田原総一朗著　プレジデント社　2014.7　249p　19cm〈内容：儲けを追わずに儲けを出す秘密（森川亮述）「競争嫌い」で年商一〇〇〇億円（前澤友作述）　管理能力ゼロの社長兼クリエーター（猪子寿之述）　二〇二〇年、ミドリムシで飛行機が飛ぶ日（出雲充述）　保育NPO、社会起業家という生き方（駒崎弘樹述）　単身、最貧国で鍛えたあきらめない心（山口絵理子述）　現役大学生、途上国で格安予備校を開く（税所篤快述）　七四年ぶりに新規参入したワケ（岩瀬大輔述）　上場最年少社長の「無料で稼ぐカラクリ」（村上太一述）　四畳半から狙う電動バイク世界一（徳重徹述）　目指すは住宅業界のiPhone（岡崎富夢述）　三〇年以内に「世界銀行」をつくる（慎泰俊述）　ハーバード卒、元体育教師の教育改革（松田悠介述）　四重苦を乗り越えた営業女子のリーダー（太田彩子述）　二代目社長が狙う「モバゲーの先」（守安功述）　ITバブル生き残りの挑戦（藤田晋述）　五年後に花開く、商売の種のまき方（堀江貴文述）〉Ⓘ978-4-8334-5065-2　Ⓝ335.21　［1500円］

◇「愚直経営」で勝つ！—経営者9人のチャレンジストーリー　三村邦久著　PHP研究所　2014.1　254p　19cm　Ⓘ978-4-569-81683-8　Ⓝ332.8　［1500円］

◇賢者のリーダーシップ—みんながリーダー！の組織をつくる　遠藤功著　［東京］　日経BP社　2014.3　247p　19cm〈日経BPマーケティング（発売）内容：「人」ではなく「思想」をカリスマにする（金井政明述）「ダイヤの原石」は自由な現場から生まれる（星野佳路述）　現場でこそ「全体」が最高になる（藤井裕幸述）「自分がやっちゃいけない」と思うようになった（山口絵理子述）「引っ張る」だけがリーダーシップじゃない（中竹竜二述）　今、求められているリーダー像とは？〉Ⓘ978-4-8222-5006-5　Ⓝ332.8　［1400円］

◇これこそ！社長の仕事—どんな時でも倒産しない強い会社をつくるために経営者がもつべき39の視点　原田繁男著　すばる舎　2014.1　239p　19cm〈「倒産しない強い会社をつくるための社長の仕事」（2000年刊）の改題・改訂〉Ⓘ978-4-7991-0318-0　Ⓝ335.35　［1500円］

◇仕事が変わる「魔法の言葉」—名経営者たち73の教え　江波戸哲夫著　文藝春秋　2014.8　201p　16cm　（文春文庫 え13-1）Ⓘ978-4-16-790171-4　Ⓝ159.84　［550円］

◇シニア起業家の挑戦—自分のはたらき場を自らつくりだす：アクティブ・エイジング　鈴木克也編　鎌倉　エコハ出版

2014.3　161p　21cm〈三恵社（発売）〉①978-4-86487-212-6　Ⓝ332.8　［2000円］

◇10年後に後悔しない働き方—ベンチャー企業という選択　垣畑光哉著　幻冬舎　2014.1　262p　19cm〈内容：10年後に後悔しない会社選び　ベンチャーとはイノベーションと笑顔の循環を生み続けるもの（熊谷正寿著）　起業はノーリスク・ハイリターン（鉢嶺登著）　自分の根っことなるものを見極める（井上英明著）　若いうちから難度の高い仕事に果敢にチャレンジできる会社を選ぶ（牧野正幸著）　本当の安定はどこでも通用する実力を身につけること（小林奉士著）　頼まれごとは、まずやってみる（河合達明著）「人間力」で戦える企業しか生き残れない（佐々木満秀著）　自らつくり、育てると仕事は面白い（本郷秀之著）　社長が未来のストーリーを持っているか（後藤和寛著）　大胆な権限委譲で圧倒的に成長する（坂本大地著）　当たり前のことを大切にする（田村高広著）　責任と環境が人を成長させる（森村泰明著）　どんな仕事も意思を持ってかかれば大きな目標になる（関口俊徳著）　10年間は自分の最短距離を駆け抜けろ（緑川大介著）　社長が本気で教育に力を注いでいるか（角南圭著）　愛情を持って負荷をかけてくれる環境（薄葉直也著）　やりたいことを精一杯やろう（松原秀樹著）　あなたの伸びしろを決めるのは、あなた自身（岩本政人著）　社長の肉声を聞きに出かけよう（浅井慎吾著）　会社を知るは、その会社の成長の"源"を理解する（大塚英樹著）　社名ではなく、自分の名前で仕事をする（杉村隆行著）　成長性のある会社で世の中に通用するビジネスパーソンになる（西澤亮一著）　仕事とは、社会に貢献するためにある（中村誠司著）〉①978-4-344-02524-0　Ⓝ335.21　［1100円］

◇「好き嫌い」と経営　楠木建編著　東洋経済新報社　2014.7　376p　19cm〈内容：「何でも一番」が好き（永守重信述）「デカい商売」が好き（柳井正述）「雷と大雨とクライシス」が好き（原田泳幸述）「嫌いなやつは嫌われる」のが好き（新浪剛史述）「偉そうにする」のが嫌い（佐山展生述）「小トルク・高回転」が好き（松本大述）「今に見てろよ！」が好き（藤田晋述）「一番好きなことを最初にやる」のが好き（重松理述）「活字と歴史」が好き（出口治明述）「理系のギーク」が好き（石黒不二代述）「図面を引く」のが好き（江幡哲也述）「人との競争」が嫌い（前澤友作述）「スキーと目標設定」が好き（星野佳路述）「実質を伴わないもの」が嫌い（大前研一述）なぜ「好き嫌い」なのか？（楠木建述）〉①978-4-492-53344-4　Ⓝ335.13　［1600円］

◇低成長時代に業績を伸ばす社長の条件—経営のウルトラC　関根威著　幻冬舎メディアコンサルティング　2014.2　176p　18cm　（経営者新書 085）〈幻冬舎（発売）〉①978-4-344-99994-7　Ⓝ335.13　［740円］

◇なぜか愛される女性経営者31人の夢をかなえた魔法の言葉　ギャップ・ジャパン　2014.2　159p　21cm　①978-4-907237-50-9　Ⓝ335.13　［1000円］

◇なぜか愛される女性経営者27人の夢をかなえた魔法の言葉　2　ギャップ・ジャパン　2014.7　159p　21cm〈索引あり　1は「なぜか愛される女性経営者31人の夢をかなえた魔法の言葉」が該当〉①978-4-907237-79-0　Ⓝ335.13　［1000円］

◇7人の起業家一発想の転換で新領域を開拓した：逆境にひるまぬ侍たち　続　森部好樹著　［東京］　日経BP社　2014.9　215p　19cm〈日経BPマーケティング（発売）　正は「日本人の生き方を変える7人の起業家」が該当〉①978-4-8222-7772-7　Ⓝ332.8　［1500円］

◇七人のサムライ—日本に活力を与える異種　打越保著　大阪　エンタイトル出版　2014.3　170p　21cm〈星雲社（発売）〉①978-4-434-18998-2　Ⓝ332.8　［1200円］

◇20代に何をする？—メンター的起業家に訊く：The Growth Company 2015　垣畑光哉著　幻冬舎　2014.12　268p　19cm　①978-4-344-02697-1　Ⓝ335.13　［1300円］

◇日本人の生き方を変える7人の起業家—顧問の"プロ"が選んだ志士達　森部好樹著　［東京］　日経BP社　2014.6　223p　19cm〈日経BPマーケティング（発売）〉①978-4-8222-7766-6　Ⓝ332.8　［1500円］

◇人間経営学の実践—経営を繁栄軌道に乗せた十一名の社長告白　楽心会企画・編　高木書房（発売）　2014.6　263p　19cm〈内容：はじめに　感謝がすべて変わりスタッフも会社も輝き始めた（金井宏道述）　お菓子には人を幸せにする魔法がある（清水慎一述）　私が本気で「人生の卒業式」に取り組むわけ（今野良紀述）「繁栄の法則」を実践して「社員満足度日本一」を実現する（佐藤俊之述）"会社は家"原点は家族（斉藤美惠子述）　楽しく感動と喜びのある職場　戸が笑う店づくり（森脇嘉三述）　三人の師「オヤジ」、「アニキ」、「先生」との出会い　志高き飲食人として、人様に喜んで頂きたい！（山根浩揮述）　生涯現役で働きたい　ライフワークは『独立宣言』（入部直之述）　人生で何一つ無駄なことはなかった　北川先生との出逢いで生き方が明確に（磯部昇一述）おかげさま・おかげさまの塊（佐渡公一述）　旅の途中で…（田村友輝述）〉①978-4-88471-801-5　Ⓝ332.8　［1500円］

◇母の教え一人格は3歳までに決まる。　永守重信, 志太勤, 清野智, 塚本勲, 渡文明, 清水信次, 本庄八郎, 鈴木敏文, 長谷川裕一, 大橋光夫, 稲盛和夫, 渡邉英二, 山本寛斎, 青木擴憲, 川路耕一, 小坂敬, 宮本雄司, 坂根正弘, 野澤宏, 茂木友三郎, 佐川八重子, 清家篤, 中尾哲雄, 金川千尋, 阿南惟正著　財界研究所　2014.6　253p　20cm〈内容：永守重信（永守重信述）　志太勤（志太勤述）　清野智（清野智述）　塚本勲（塚本勲述）　渡文明（渡文明述）　清水信次（清水信次述）　本庄八郎（本庄八郎述）　鈴木敏文（鈴木敏文述）　長谷川裕一（長谷川裕一述）　大橋光夫（大橋光夫述）　稲盛和夫（稲盛和夫述）　渡邉英二（渡邉英二述）　山本寛斎（山本寛斎述）　青木擴憲（青木擴憲述）　川路耕一（川路耕一述）　小坂敬（小坂敬述）　宮本雄司（宮本雄司述）　坂根正弘（坂根正弘述）　野澤宏（野澤宏述）　茂木友三郎（茂木友三郎述）　佐川八重子（佐川八重子述）　清家篤（清家篤述）　中尾哲雄（中尾哲雄述）　金川千尋（金川千尋述）　阿南惟正（阿南惟正述）〉①978-4-87932-098-8　Ⓝ332.8　［1500円］

◇ビジネスは聖書力—中野雄一郎トップ対談：天命に安んじて人事を尽くさん　中野雄一郎聞き手　いのちのことば社サイトブックス　2014.7　159p　19cm〈対談者：石山伊佐夫ほか　内容：商談のとき、懸命に祈りながら話します。すると相手の心が動いて、不思議と注文がいただける。（石山伊佐夫述）それまでの経営方法を捨てて神により頼み、そのことによって大いなる祝福を得ました。（佐々木秀一述）　事業家の使命は金を儲けること。それを神のために使い、置かれた場所で一番に。（金山良雄述）　23歳で4億円の借金を背負って社長に。叔母の祈りと、懸命の努力で事業を建て直す。（奥田英男述）　被災地支援で用いられるパンの缶詰。期限残1年のものを、飢餓地域の食糧支援に。（秋元義彦述）　キリストの前では、人は不完全なことしかできない。だから、謙遜にチャレンジできた。（永見憲吾述）　人は、握りしめている物の奴隷になる。神か、富か。今こそ新たなビジョンをもたねば。（泉堅述）　企業経営のセンスは、神の智恵と英知から与えられる。そこに神が介入して下さるから。（早川東助述）　最悪と思えるときでも、神様は必ず背後で事を行っている。（宮原寿夫述）　私は疑い深いのですが、事業のなかで、神の恵みを幾度も見せられてきた。（田島幸児述）　今与えられている仕事を天職だと思って一生懸命やることが大事ですね。（藤谷吉春述）〉①978-4-264-03215-1　Ⓝ335.13　［1300円］

◇ベンチャー三国志　企業家倶楽部編集部著　企業家ネットワーク　2014.7　190p　19cm　①978-4-902746-07-5　Ⓝ335.21　［1400円］

◇星野佳路と考えるファミリービジネスマネジメント　1　継ぐべきか、継がざるべきか　星野佳路［述］, 中沢康彦著, 日経トップリーダー編　［東京］　日経BP社　2014.2　215p　20cm〈日経BPマーケティング（発売）　内容：星野佳路が語るファミリービジネス進化論（星野佳路述）「親の会社だから当たり前」という「理想の息子、娘」にも落とし穴がある　物心ついたころから社長を意識向かされる姿を考え続けた（川鍋一朗, 星野佳路述）　後継者には「たくましさ」が必要（塚越寛述）「継ぐかもしれない」意識と社会人として「どう生きるか」が重なり合う「いつかは継ぐ」と漠然と思っていた経営の基礎を大学で学ぶ（小林一俊, 星野佳路述）　次男が引き継いだ酒蔵しっかり話し、ゆっくり変えていく（宮森優治, 星野佳路述）　創業の想いを具現化して、次世代につないでいく（吉田正子述）　後継者が自分から家族を変えるには、人生経験を積む中での「きっかけ」が重要　ずっと仕事をしたい。父の仕事は面白いそう気付いたとき「継ぎたい」と思った（石渡美奈, 星野佳路述）　ベンチャー起業を目指すうち、「農家のせがれ」の可能性に目覚める（宮治勇輔, 星野佳路述）　中学生から離れた故郷に戻り、事業を継ぐ（東良和述）　息子、娘以外の人材が「継ぐ」方法や兄弟のメリットの生かし方を考える　誇りすぎることがない娘婿のメリットを生かす（諸橋友良, 星野佳路述）　父の仕事場に一緒に行き「楽しさ」を感じたことが原点（加藤友規, 星野佳路述）　しっかり話し合い、思いを重ねる（井出民生述）　継ぐことを「決めた瞬間」〉①978-4-8222-6389-8　Ⓝ335.3　［1600円］

◇名経営者に育った平凡な主婦の物語　天外伺朗原作, 小川健一作画　旭川　昇夢虹　2014.9　105p　21cm　（フロー経営の奇跡 1）〈コア・アソシエイツ（発売）〉①978-4-86381-084-6　Ⓝ336　［1343円］

◇リーダーズ・イン・ジャパン—日本企業いま学ぶべき物語　有森隆著　実業之日本社　2014.7　270p　19cm　①978-4-408-11077-6　Ⓝ332.8　［1400円］

日本（経営者—歴史—明治以後）　　　　　　　　　　　　　　　　　　　　　日本件名図書目録2014　Ⅰ

◇理念経営—実力派経営者50人が語る：その強さの裏にあるもの　ダイヤモンド経営者倶楽部編　ダイヤモンド社　2014.5　221p　19cm　①978-4-478-02836-0　Ⓝ335.13　［1600円］

◇わが「志」を語る—トップが綴る仕事の原点・未来の夢　PHP研究所編　京都　PHP研究所　2014.11　347, 10p　20cm　①978-4-569-81987-7　Ⓝ335.21　［1600円］

◇私の革新—若手経営者が語る　3　「商工ジャーナル」編集部編　商工中金経済研究所　2014.3　255p　18cm　①978-4-904735-18-3　Ⓝ332.8　［600円］

日本（経営者—歴史—明治以後）

◇企業家活動でたどる日本の食品産業史—わが国食品産業の改革者に学ぶ　法政大学イノベーション・マネジメント研究センター、宇田川勝監修、生島淳、宇田川勝編著　文眞堂　2014.3　148p　22cm　（法政大学イノベーション・マネジメント研究センター叢書　7）〈索引あり　内容：企業家活動でたどる日本の食品産業史（宇田川勝, 生島淳著）　文明開化と食品産業の勃興：飲料（生島淳著）　新たな調味料を大衆食文化として定着させた企業家（島津淳子著）　食品大企業の成立：製糖業（久保文克著）　新たな食文化の形成（石川健次郎著）　在来食品産業の改革（生島淳著）〉①978-4-8309-4817-6　Ⓝ588.09　［2300円］

◇昭和化粧品業界風雲録—日本の化粧品産業をリードしたカリスマ経営者十三人のドラマ　国際化粧文化研究会編　相模原　国際化粧文化研究会　2014.11　277p　30cm〈奥付の編者：田中仁〉Ⓝ576.7　［5000円］

日本（景観計画）

◇景観法と地域政策を考える　高崎経済大学地域政策研究センター編　勁草書房　2014.3　236p　21cm〈索引あり　内容：景観事例（大河原眞美著）　景観法の歴史（金光寛之, 谷口聡, 新田浩司著）　景観法規（新田浩司, 城田幸子著）　景観とまちづくり（大宮登, 中村真由美著）　景観に関する今後の課題（西口元著）　景観利益, 景観権をめぐる裁判例（吉野晶著）　Q&A（小嶋一慶著）〉①978-4-326-30228-4　Ⓝ518.8　［3000円］

日本（景観保全）

◇高さ制限とまちづくり　大澤昭彦著　京都　学芸出版社　2014.2　414p　22cm〈文献あり　索引あり〉①978-4-7615-3210-9　Ⓝ518.8　［3700円］

◇ニッポン景観論　アレックス・カー著　集英社　2014.9　206p　18cm　（集英社新書）①978-4-08-720753-8　Ⓝ629.1　［1200円］

◇風景とローカル・ガバナンス—春の小川はなぜ失われたのか　中村良夫, 鳥越皓之, 早稲田大学公共政策研究所編　早稲田大学出版部　2014.6　314p　19cm〈文献あり　内容：いま、風景とローカル・ガバナンスを問う（藤倉英世著）　山水都市の運命を担う市民社会（中村良夫著）　コミュニティが支配権をもつ風景（鳥越皓之著）　住民参加の手づくり公園が風景に変わるとき（羽貝正美著）　風景の破壊と再生のはざまで（佐々木葉著）　自治の主体の成立条件と風景（西研著）　風景の人間的意味を考える（山田圭二郎, 西研著）　風景分析のための方法とその成果（藤倉英世, 山田圭二郎, 羽貝正美著）　現代社会にとって風景とは（鳥越皓之著）〉①978-4-657-14006-7　Ⓝ629.1　［2500円］

◇フットパスによるまちづくり—地域の小径を楽しみながら歩く　神谷由紀子編著　水曜社　2014.5　196p　21cm　（文化とまちづくり叢書）①978-4-88065-321-1　Ⓝ518.8　［2500円］

日本（軽工業）

◇近代遺跡調査報告書—軽工業　第1分冊　紡績・製糸・その他繊維工業・食品　文化庁文化財記念物課［著］　［東京］　文化庁文化財部記念物課　2014.3　345p　図版2p　30cm〈文献あり　年表あり〉Ⓝ709.1

日本（経済）

◇あなたの知らない日本経済のカラクリ—対談この人に聞きたい！日本経済の憂鬱と再生への道筋　岩本沙弓著　自由国民社　2014.2　255p　20cm　①978-4-426-11663-7　Ⓝ332.107　［1600円］

◇アベノミクスと日本資本主義—差し迫る「日本経済の崖」　友寄英隆著　新日本出版社　2014.6　222p　19cm　①978-4-406-05799-8　Ⓝ332.107　［1600円］

◇アベノミクスの終焉　服部茂幸著　岩波書店　2014.8　204p　18cm　（岩波新書　新赤版　1495）〈文献あり〉①978-4-00-431495-0　Ⓝ332.107　［740円］

◇おさえておこう!!現代日本経済の基礎　西村理, 加藤一誠著　奈良　萌書房　2014.4　158p　21cm　①978-4-86065-082-7　Ⓝ332.107　［1800円］

◇海事立国フォーラムin東京　第15回（2014）未来を拓く海事行政と今後の日本経済　日本海事センター　［2014］　59p　30cm〈会期・会場：平成26年2月7日　海運ビル国際ホール〉Ⓝ683.1

◇期待バブル崩壊—かりそめの経済効果が剥落するとき　野口悠紀雄著　ダイヤモンド社　2014.2　280p　19cm〈索引あり〉①978-4-478-02732-5　Ⓝ332.107　［1500円］

◇グローバル化時代の日本経済　菊本義治, 西山博幸, 本田豊, 山口雅生著　桜井書店　2014.3　193p　22cm〈索引あり　内容：グローバル化経済と日本（西山博幸著）　金融のグローバル化（菊本義治, 山口雅生著）　グローバル化と経済行動（西山博幸著）　日本経済分析の基本的視点（菊本義治著）　高度経済成長期：1956～73年（菊本義治著）　安定成長期：1974～91年（菊本義治著）　長期不況期：1992年～現在（菊本義治著）　長期経済停滞からの脱却（山口雅生著）　労働市場で何が起こっているのか（山口雅生著）　財政問題と政府の役割（本田豊著）　福祉と財政（本田豊著）〉978-4-905261-18-6　Ⓝ332.107　［2600円］

◇経済財政白書　平成26年版　よみがえる日本経済、広がる可能性　内閣府／編　日経印刷　2014.8　338,5p　30cm　①978-4-905427-88-9　［2000円］

◇経済財政白書　平成26年版　よみがえる日本経済、広がる可能性　内閣府／編　縮刷版　日経印刷　2014.8　338,5p　21cm　①978-4-905427-89-6　［1600円］

◇経済・物価情勢の展望　2014年4月　［東京］　日本銀行　2014.5　37, 48p　30cm〈公表時間5月1日（木）14時00分〉Ⓝ332.107

◇経済・物価情勢の展望　2014年10月　［東京］　日本銀行　2014.11　35, 47p　30cm〈公表時間11月1日（土）14時00分〉Ⓝ332.107

◇県民経済計算年報　平成25年版　内閣府経済社会総合研究所国民経済計算部／編　メディアランド　2014.1　466p　30cm〈付属資料：CD‐ROM1〉①978-4-904208-34-2　［5330円］

◇国債暴落サバイバル読本　浅井隆著　第二海援隊　2014.6　298p　20cm〈文献あり〉①978-4-86335-154-7　Ⓝ342.1　［1800円］

◇国民経済計算年報　平成24年度　内閣府経済社会総合研究所国民経済計算部／編　メディアランド　2014.6　596p　30cm〈付属資料：CD‐ROM1〉①978-4-904208-35-9　［5330円］

◇5年後の市場予測　2015年版　未来予測研究所　2014.10　201p　26cm　①978-4-944021-87-1　Ⓝ332.107　［27000円］

◇『コモンズの悲劇』から脱皮せよ—日本型漁業に学ぶ経済成長主義の危うさ　佐藤力生著　北斗書房　2013.11　254p　20cm　①978-4-89290-026-6　Ⓝ662.1　［1600円］

◇最新〈日本経済〉キーワード—経済ニュースの今が30秒でわかる！　神樹兵輔著　高橋書店　2014.3　223p　19cm〈索引あり〉①978-4-471-19126-9　Ⓝ332.107　［1100円］

◇榊原英資の成熟戦略　榊原英資著　東洋経済新報社　2014.8　255p　19cm　①978-4-492-39605-6　Ⓝ332.107　［1400円］

◇3択30問30分でわかる！日本経済超入門　小宮一慶著　［東京］　日経BP社　2014.7　145p　18cm〈日経BPマーケティング（発売）〉①978-4-8222-5027-0　Ⓝ332.107　［1200円］

◇失速する世界経済と日本を襲う円安インフレ—恐慌前夜の資産防衛　朝倉慶, 舩井勝仁著　ビジネス社　2014.11　255p　20cm　①978-4-8284-1781-3　Ⓝ332.107　［1600円］

◇「社会科学Ⅲくらしの経済・法律講座」テキストブック—米子高専・鳥取県消費生活センター連携講座：平成26年度後期　米子工業高等専門学校（加藤研究室）, 鳥取県生活環境部くらしの安心局消費生活センター編　米子　米子工業高等専門学校　2014.10　124p　30cm〈共同刊行：鳥取県生活環境部くらしの安心局消費生活センター〉Ⓝ365

◇社会人基礎力—学生から社会人・ビジネスパーソンになるための必修book　加賀博著　日本生産性本部生産性労働情報センター　2014.5　173p　21cm　①978-4-88372-478-9　Ⓝ312.1　［1500円］

◇社長の経済学—小さな会社の目線で経済をよみ解く!!：リーダーになる人が知っておきたい「事業」に役立つ経済のポイント　山口義行著　KADOKAWA　2014.2　271p　19cm　①978-4-04-600146-7　Ⓝ335.35　［1500円］

◇少子・高齢化と日本経済　安藤潤, 佐川和彦, 塚原康博, 馬場正弘, 松本保美, 鑓田亨著　文眞堂　2014.9　157p　22cm〈索引あり　内容：日本の少子・高齢化と医療費（佐川和彦著）　少子・高齢化時代における公的年金制度と経済政策（松本保美著）　少子・高齢化時代における子どもを持つ既婚女性の労働供給と育児支援政策（安藤潤著）　介護による福祉経済の可能性（塚原康博著）　少子・高齢経済における技術革新の多角化（馬場正弘著）　少子・高齢化時代における利子率と物価（鑓田亨著）〉①978-4-8309-4816-9　Ⓝ332.107　［2500円］

日本件名図書目録2014　Ⅰ

日本（経済）

◇人口が減り、教育レベルが落ち、仕事がなくなる日本—これから確実に起こる未来の歩き方　山田順著　PHP研究所　2014.2　251p　20cm　①978-4-569-81702-6　Ⓝ332.107　[1500円]

◇「新富裕層」が日本を滅ぼす—金持ちが普通に納税すれば、消費税はいらない！　森永卓郎監修, 武田知弘著　中央公論新社　2014.2　206p　18cm　（中公新書ラクレ 485）①978-4-12-150485-2　Ⓝ332.107　[780円]

◇図解「数字」でわかる日本経済の意外な現実　インタービジョン21著　三笠書房　2014.2　221p　15cm　（知的生きかた文庫 い62-7）〈文献あり〉①978-4-8379-8242-5　Ⓝ332.107　[657円]

◇世界恐慌か国家破産か　パニック編　中国が先に崩壊するか日本が先に潰れるのか　浅井隆著　第二海援隊　2014.3　204p　19cm　〈文献あり〉①978-4-86335-152-3　Ⓝ332.22　[1500円]

◇世界恐慌か国家破産か—中国が先に崩壊するのか日本が先に潰れるのか　サバイバル編　浅井隆著　第二海援隊　2014.4　204p　19cm　〈文献あり〉①978-4-86335-153-0　Ⓝ332.107　[1500円]

◇迫り来る日本経済の崩壊　藤巻健史著　幻冬舎　2014.6　223p　18cm　①978-4-344-02597-4　Ⓝ332.107　[1000円]

◇増税社会を生き抜くたった1つの方法—消費増税後から変わる日本経済　小宮一慶著　ベストセラーズ　2014.1　220p　19cm　①978-4-584-13541-9　Ⓝ332.107　[1400円]

◇脱原発が日本産業・産業に及ぼす影響—報告書　平成25年度国際貿易投資研究所編　国際貿易投資研究所　2014.3　132p　30cm　〈文献あり〉Ⓝ332.107

◇中国の「反日」で日本はよくなる　宮崎正弘著　徳間書店　2014.8　253p　15cm　（徳間文庫 み18-2）〈2013年刊の加筆〉①978-4-19-893876-5　Ⓝ319.1022　[630円]

◇「超貧困」時代—アベノミクスにだまされない賢い生き方　森永卓郎著　清流出版　2014.3　189p　19cm　①978-4-86029-415-1　Ⓝ332.107　[1400円]

◇賃上げはなぜ必要か—日本経済の誤謬　脇田成著　筑摩書房　2014.2　374,5p　19cm　（筑摩選書 0086）〈文献あり〉①978-4-480-01593-8　Ⓝ332.107　[1800円]

◇デフレーション現象への多角的接近　高崎経済大学産業研究所編　日本経済評論社　2014.3　19p　22cm　〈内容：貿易自由化と「輸入デフレ」（藤井孝宗著）デフレ下日本の経済構想（矢野修一著）ウィリアム・モリスの「社会主義」（國分功一郎著）デフレ経済下の東急ハンズ（加藤健太著）地方都市における宿泊業のデフレ経済への対応（西野寿章著）地方の路線バス運賃のデフレ基調とそれに伴う諸問題（大島登志彦著）任せることの難しさ（藤本哲著）デフレとエネルギー問題（山本芳弘著）〉①978-4-8188-2325-9　Ⓝ337.91　[3200円]

◇TOEICじゃない、必要なのは経済常識（センス）を身につけることだ！—若いビジネスマン諸君！　上念司著　ワック　2014.9　233p　18cm　（WAC BUNKO B-201）〈文献あり〉①978-4-89831-701-3　Ⓝ332.107　[900円]

◇なぜローカル経済から日本は甦るのか—GとLの経済成長戦略　冨山和彦著　PHP研究所　2014.6　273p　18cm　（PHP新書 932）〈文献あり〉①978-4-569-81941-9　Ⓝ332.107　[780円]

◇「21世紀日本型」構造改革試論—グローバル経済とアベノミクスのゆくえ　平田潤著　弘文堂　2014.11　250p　21cm　〈文献あり〉①978-4-335-45054-9　Ⓝ332.107　[2500円]

◇21世紀日本の経済と社会　鶴田満彦著　桜井書店　2014.12　326p　20cm　〈内容：二一世紀における経済システムの変革　二〇〇八年世界経済恐慌の基本性格　二〇〇八年恐慌後の世界と日本経済　グローバル資本主義のゆくえ　グローバリゼーションと国際秩序　民から公へ　米英・欧州・日本資本主義モデルの違い　二一世紀日本経済の針路　アベノミクスで日本経済はどうなるか　経済分析と『資本論』　『グローバル資本主義と日本経済』中国語版への序文〉①978-4-905261-23-0　Ⓝ332.107　[3200円]

◇2014-2015日本経済逆転のシナリオ　今井澂著　フォレスト出版　2014.7　254p　19cm　①978-4-89451-625-0　Ⓝ332.107　[1600円]

◇2014年下期の景気見通し—景気政策の下支え効果は秋口まで　田村正勝著　[東京]　日本経済協会　2014.6　80p　19cm　Ⓝ332.107　[700円]

◇2015年「日本売り」大暴落が始まる！—通貨・株・金・不動産の行方　中丸友一郎著　徳間書店　2014.6　247p　19cm　①978-4-19-863821-4　Ⓝ332.107　[1300円]

◇2015年日本経済のシナリオ—勃興する日本株混乱する米国政治　今井澂著　フォレスト出版　2014.12　229p　19cm　①978-4-89451-646-5　Ⓝ332.107　[1600円]

◇2015年日本はこうなる　三菱UFJリサーチ＆コンサルティング編　東洋経済新報社　2014.11　261p　21cm　①978-4-492-39612-4　Ⓝ332.107　[1600円]

◇2015年の景気見通し—政策不況に対抗する中小企業力を！　田村正勝著　[東京]　日本経済協会　2014.12　80p　19cm　Ⓝ332.107　[700円]

◇2020世界のマネーは東京に向かう！　藤田勉著　毎日新聞社　2014.5　189p　19cm　①978-4-620-32229-2　Ⓝ332.107　[1400円]

◇2025年の世界予測—歴史から読み解く日本人の未来　中原圭介著　ダイヤモンド社　2014.7　246p　19cm　①978-4-478-02733-2　Ⓝ332.107　[1500円]

◇2035年の経済社会とイノベーション—超成熟社会発展の経済学 2　駒村康平、齋藤潤編著　慶應義塾大学出版会　2014.11　284p　19cm　〈内容：グローバル経済における格差、信頼と経済成長（駒村康平著）イノベーションと知識（齋藤潤著）イノベーションのマクロ経済学（齋藤潤著）イノベーションのミクロ経済学（齋藤潤著）超成熟社会日本を牽引する健康・医療産業の成長戦略（木村廣道著）環境・リサイクル・エネルギー技術で世界に貢献する（大下元著）市場の長期的な変化と自動車産業の取り組み（市川晃久著）3Dプリンティングによるモノづくりの実状（前田寿彦著）金融業界の長期的な展望と課題（小野裕士著）風力発電の導入促進に向けて（斉藤哲夫著）〉①978-4-7664-2190-3　Ⓝ332.107　[2000円]

◇日経大予測　2015　これからの日本の論点　日本経済新聞社編　日本経済新聞出版社　2014.10　341p　21cm　①978-4-532-21924-6　Ⓝ332.107　[1800円]

◇日本経済　2013-2014　デフレ脱却への闘い、次なるステージへ　内閣府政策統括官（経済財政分析担当）編集　日経印刷　2014.2　203p　21cm　〈全国官報販売協同組合（発売）文献あり〉①978-4-905427-68-1　Ⓝ332.107　[1143円]

◇日本経済を知る　杉浦裕晃著　八千代出版　2014.10　268p　21cm　①978-4-8429-1637-8　Ⓝ332.107　[3000円]

◇日本経済新聞の歩き方—金融・経済のしくみがおもしろいようにわかる15の連想ゲーム：投資・運用必須！：金融・証券データ徹底読みこなし　2014　角川総一著　ビジネス教育出版社（発売）2014.3　127p　26cm　〈索引あり〉①978-4-8283-0505-9　Ⓝ338.21　[1100円]

◇日本経済「成長」の正体—どうなる？　2015年　榊原英資著　KADOKAWA　2014.10　191p　18cm　①978-4-04-601002-5　Ⓝ332.107　[1000円]

◇日本経済地理読本　竹内淳彦、小田宏信著　第9版　東洋経済新報社　2014.4　252,6p　21cm　（読本シリーズ）〈索引あり〉①978-4-492-10031-8　Ⓝ332.107　[2300円]

◇日本経済2020年という大チャンス！　竹中平蔵責任編集　アスコム　2014.8　255p　19cm　〈内容：日本の政治と経済（ロバート・フェルドマン述）東京の開発（市川宏雄述）日本のIT技術（村井純述）日本のスポーツ（二宮清純述）日本の消費者（袖川芳之述）日本の産業・技術（李根秀、南川明述）東京と日本（平田竹男述）〉①978-4-7762-0835-8　Ⓝ332.107　[1400円]

◇日本経済入門　日経ビジネス編　[東京]　日経BP社　2014.11　260p　21cm　〈日経BPマーケティング（発売）文献あり索引あり〉①978-4-8222-7798-7　Ⓝ332.107　[2500円]

◇日本経済の構造変化—長期停滞からなぜ抜け出せないのか　須藤時仁、野村容康著　岩波書店　2014.12　245,4p　20cm　（シリーズ現代経済の展望）〈文献あり〉①978-4-00-028734-0　Ⓝ332.107　[2500円]

◇日本経済の再生とサービス産業　飯盛信男著　青木書店　2014.2　182,2p　20cm　〈内容：公共サービス拡充による日本経済の再生　サービス産業についての政策の展開　一九九〇年代以降のサービス産業　サービス経済化の評価はどう変わってきたか　サービス経済化がもたらしたもの　生産的労働とサービスをめぐる論争　サービス部門価値生産説の論拠〉①978-4-250-21400-4　Ⓝ673.9　[2200円]

◇日本経済のシナリオ—最強経済ブレーンがついに明かす！　竹中平蔵、髙橋洋一著　KADOKAWA　2014.9　223p　19cm　①978-4-04-600592-2　Ⓝ332.107　[1400円]

◇日本経済の呪縛—日本を惑わす金融資産という幻想　櫨浩一著　東洋経済新報社　2014.4　275p　20cm　①978-4-492-39602-5　Ⓝ332.107　[1700円]

◇日本経済の常識—制度からみる経済の仕組み　中原隆幸編　京都　ナカニシヤ出版　2014.5　531p　21cm　〈索引あり〉①978-4-7795-0834-9　Ⓝ332.107　[3600円]

日本（経済―伝記）   日本件名図書目録2014　Ⅰ

◇日本経済の真相　2014年度版　消費増税でどうなる？　髙橋洋一著　KADOKAWA　2014.5　191p　18cm　Ⓘ978-4-04-600324-9　Ⓝ332.107　[1000円]

◇日本経済のミステリーは心理学で解ける　廣宮孝信著　徳間書店　2014.8　301p　19cm　〈文献あり〉Ⓘ978-4-19-863844-3　Ⓝ332.107　[1400円]

◇日本経済はなぜ浮上しないのか―アベノミクス第2ステージへの論点　片岡剛士著　幻冬舎　2014.11　239p　19cm　〈文献あり〉Ⓘ978-4-344-02675-9　Ⓝ332.107　[1600円]

◇日本の大問題が見えてくるディープな政治・経済　村中和之著　KADOKAWA　2014.11　254p　18cm　Ⓘ978-4-04-600458-1　Ⓝ312.1　[1000円]

◇日本の奈落―年率マイナス17%GDP成長率衝撃の真実　植草一秀著　ビジネス社　2014.11　279p　20cm　Ⓘ978-4-8284-1775-2　Ⓝ332.107　[1600円]

◇ニュース解説室へようこそ！　2015　清水書院　2014.8　8,385p　26cm　〈年表あり　索引あり〉Ⓘ978-4-389-21667-2　Ⓝ312.1　[1300円]

◇ニュースがわかる！　Q&A日本経済の基本50　2015年版　日本経済新聞社編　日本経済新聞出版社　2014.9　223p　21cm　〈索引あり〉　「Q&A日本経済の基本100」の改題、巻次を継承〉Ⓘ978-4-532-35609-5　Ⓝ332.107　[1500円]

日本（経済―伝記）

◇日本人の哲学　3　政治の哲学/経済の哲学/歴史の哲学　鷲田小彌太著　言視舎　2014.7　590,10p　20cm　〈索引あり〉Ⓘ978-4-905369-94-3　Ⓝ121.04　[4300円]

日本（経済―歴史）

◇経済学で紐解く日本の歴史　下巻　大矢野栄次著　同文舘出版　2014.6　227p　21cm　〈索引あり〉Ⓘ978-4-495-44171-5　Ⓝ332.1　[2400円]

◇経済行動と宗教―日本経済システムの誕生　寺西重郎著　勁草書房　2014.9　499,31p　20cm　〈文献あり　索引あり〉Ⓘ978-4-326-55071-5　Ⓝ332.1　[3500円]

日本（経済―歴史―1945～）

◇成長率から見た日本経済―都道府県の経済成長要因　西一弘著　名古屋　三惠社　2014.3　185p　21cm　〈文献あり〉Ⓘ978-4-86487-230-0　Ⓝ332.107　[2100円]

◇戦後史の経済　異論の現場　島田克美著　創英社/三省堂書店　2014.2　372p　20cm　〈文献あり　著作目録あり〉Ⓘ978-4-88142-839-9　Ⓝ332.107　[2000円]

◇日本経済を変えた戦後67の転機　日本経済新聞社編　日本経済新聞出版社　2014.1　333p　18cm　（日経プレミアシリーズ　234）Ⓘ978-4-532-26234-1　Ⓝ332.107　[900円]

◇入門日本経済論　釣雅雄著　新世社　2014.3　313p　22cm　（経済学叢書Introductory）〈サイエンス社（発売）　索引あり〉Ⓘ978-4-88384-205-6　Ⓝ332.107　[2800円]

日本（経済―歴史―安土桃山時代）

◇「桶狭間」は経済戦争だった―戦国史の謎は「経済」で解ける　武田知弘著　青春出版社　2014.6　204p　18cm　（青春新書INTELLIGENCE PI-425）〈文献あり〉Ⓘ978-4-413-04425-7　Ⓝ332.104　[870円]

日本（経済―歴史―江戸時代）

◇エドノミクス―歴史と時代劇で今を知る　飯田泰之,春日太一著　扶桑社　2014.6　294p　19cm　〈年表あり〉Ⓘ978-4-594-07052-6　Ⓝ332.105　[1300円]

◇日本経済の故郷を歩く　上　舩橋晴雄著　中央公論新社　2013.10　289p　16cm　（中公文庫　ふ45-1）Ⓘ978-4-12-205881-1　Ⓝ332.105　[762円]

日本（経済―歴史―昭和時代）

◇近現代日本の経済発展　下巻　谷沢弘毅著　八千代出版　2014.12　454p　22cm　〈文献あり　索引あり〉Ⓘ978-4-8429-1639-2　Ⓝ332.106　[4300円]

日本（経済―歴史―大正時代）

◇近現代日本の経済発展　上巻　谷沢弘毅著　八千代出版　2014.5　419p　22cm　〈文献あり　索引あり〉Ⓘ978-4-8429-1628-6　Ⓝ332.106　[4000円]

◇近現代日本の経済発展　下巻　谷沢弘毅著　八千代出版　2014.12　454p　22cm　〈文献あり　索引あり〉Ⓘ978-4-8429-1639-2　Ⓝ332.106　[4300円]

日本（経済―歴史―中世）

◇中世量制史の研究　宝月圭吾著　オンデマンド版　吉川弘文館　2013.10　497,11p　22cm　（日本史学研究叢書）〈印刷・製本：デジタルパブリッシングサービス〉Ⓘ978-4-642-04236-9　Ⓝ609.021　[15000円]

日本（経済―歴史―平成時代）

◇現代日本の景気循環と経済危機　星野富一著　御茶の水書房　2014.10　199p　22cm　〈内容：日本のバブル経済期における大型好況とその終焉　金融機関の不良債権問題と日本経済バブル崩壊後における日本経済の長期低迷と企業金融の変容　2000年代日本の戦後最長の景気拡大とその実態　二重の経済危機下の日本経済　アメリカ発世界経済金融危機とその原因　アベノミクスと日本経済の行方〉Ⓘ978-4-275-01088-9　Ⓝ332.107　[2800円]

日本（経済―歴史―室町時代）

◇「桶狭間」は経済戦争だった―戦国史の謎は「経済」で解ける　武田知弘著　青春出版社　2014.6　204p　18cm　（青春新書INTELLIGENCE PI-425）〈文献あり〉Ⓘ978-4-413-04425-7　Ⓝ332.104　[870円]

日本（経済―歴史―明治時代）

◇近現代日本の経済発展　上巻　谷沢弘毅著　八千代出版　2014.5　419p　22cm　〈文献あり　索引あり〉Ⓘ978-4-8429-1628-6　Ⓝ332.106　[4000円]

◇近代日本経済の形成―松方財政と明治の国家構想　室山義正著　千倉書房　2014.5　355p　20cm　〈文献あり　索引あり〉Ⓘ978-4-8051-1035-5　Ⓝ342.1　[3200円]

日本（経済援助）

◇ODA・プラント輸出便覧　2014年版　情報企画研究所経済協力通信部/編　情報企画研究所　2014.8　290p　26cm　Ⓘ978-4-915908-57-6　[9000円]

◇開発人材育成及び開発教育支援の評価―第三者評価：報告書：平成25年度外務省ODA評価　[東京]　国際開発センター　2014.2　119p　30cm　〈文献あり〉Ⓝ519.07

◇各府省庁が所管する政府開発援助（国際機関等への拠出・出資）の実施状況について―会計検査院法第30条の2の規定に基づく報告書　[東京]　会計検査院　2014.10　45p　30cm　Ⓝ343.8

◇過去のODA評価案件（2003-2013年度）のレビュー―第三者評価：報告書：平成26年度外務省ODA評価　[東京]　国際開発センター　2014.6　1冊　30cm　〈文献あり〉Ⓝ333.8

◇経済・技術協力便覧　2014年版　情報企画研究所経済協力通信部/編　情報企画研究所　2014.1　387p　26cm　Ⓘ978-4-915908-56-9　[9600円]

◇参議院政府開発援助（ODA）調査―派遣報告書　第11回　[参議院政府開発援助調査派遣団著]　[東京]　[参議院]　2014.11　302p　30cm　〈内容：ヨルダン・ハシェミット王国、イラク共和国、モロッコ王国、英国班　ドミニカ共和国、パナマ共和国、ニカラグア共和国、コスタリカ共和国班　フィリピン共和国、ベトナム社会主義共和国、モルディブ共和国、カンボジア王国班　タジキスタン共和国、キルギス共和国、大韓民国班〉Ⓝ333.8

◇政府開発援助白書　2013年版　日本の国際協力　外務省/編　文化工房, 全国官報販売協同組合[発売]　2014.5　235,2p　30cm　Ⓘ978-4-9903851-4-9　[4630円]

◇政府開発援助白書　日本の国際協力　2013年版　外務省/編　文化工房, 全国官報販売協同組合[発売]　2014.4　235,14p　30cm　Ⓘ978-4-9903851-3-2　[2315円]

◇島嶼国気候変動政策情報収集・確認調査最終報告書　[東京]　国際協力機構　2013.2　315p　30cm　〈共同刊行：三菱UFJモルガン・スタンレー証券〉Ⓝ333.804

◇島嶼国気候変動政策情報収集・確認調査最終報告書―簡易版　[東京]　国際協力機構　2013.2　11p　30cm　〈共同刊行：三菱UFJモルガン・スタンレー証券〉Ⓝ333.804

◇道路・橋梁維持管理に関する情報収集・確認調査最終報告書　[東京]　国際協力機構　2013.1　1冊　30cm　〈共同刊行：三菱総合研究所〉Ⓝ333.804

◇道路・橋梁維持管理に関する情報収集・確認調査最終報告書―概要版　[東京]　国際協力機構　2013.1　58p　30cm　〈共同刊行：三菱総合研究所〉Ⓝ333.804

◇日本型ODAと財政―構造と軌跡　竹原憲雄著　京都　ミネルヴァ書房　2014.12　556p　22cm　（MINERVA現代経済学叢書　117）〈文献あり　索引あり　内容：借款型ODAと日本財政の国際化　戦後賠償・「経済協力」とODA・円借款の生成　経済協力・ODAの本格化と円借款　海外経済協力基金と円借款の展開　日本型多国間援助とアジア開発銀行　円借款体制の再編　円借款の「不良債権処理」　財政投融資改革と円借款　環境円借款の実態と評価　自治体の国際協力と連携円借款〉Ⓘ978-4-623-07236-1　Ⓝ333.8　[7000円]

◇日本の国際開発援助事業　栗田匡相, 野村宗訓, 鷲尾友春編著　日本評論社　2014.2　231p　22cm　（関西学院大学産研叢書　37）〈文献あり〉Ⓘ978-4-535-55769-7　Ⓝ333.8　[4600円]

日本件名図書目録2014　Ⅰ　　　　　　　　　　　　　　　　　　　　日本（経済援助—ラオス）

◇防災協力イニシアティブの評価—第三者評価：報告書：平成25年度外務省ODA評価　［東京］　国際開発機構　2014.2　1冊　30cm〈文献あり〉Ⓝ369.3

日本（経済援助—アジア）
◇アジア太平洋諸国低炭素社会構築支援方策調査検討業務報告書　平成25年度　［東京］　環境省　2014.3　49, 96p　30cm〈委託先：新日本有限責任監査法人〉Ⓝ519.1

日本（経済援助—アゼルバイジャン）
◇アゼルバイジャン国土地改良・灌漑機材整備計画フェーズ2準備調査報告書　［東京］　国際協力機構　2013.2　1冊　30cm〈共同刊行：片平エンジニアリング・インターナショナルほか〉Ⓝ333.804

日本（経済援助—アフガニスタン）
◇アフガニスタン国カブール・チャリカル道路拡幅計画概略設計報告書　［東京］　国際協力機構　2013.2　1冊　30cm〈共同刊行：八千代エンジニヤリングほか〉Ⓝ333.804

日本（経済援助—アフリカ）
◇アフリカ地域人造り協力の在り方に係る情報収集・確認調査—ファイナル・レポート　［東京］　国際協力機構　2013.1　9, 164, 48p　30cm〈共同刊行：国際開発センターほか〉Ⓝ333.804
◇アフリカン・ミレニアム・ビレッジ・イニシアティブへの支援の評価—第三者評価：報告書：平成25年度外務省ODA評価　［東京］　みずほ情報総研　2014.2　9, 171p　30cm〈文献あり〉Ⓝ333.84

日本（経済援助—インド）
◇インド国BOP層の収益創出に貢献するステーショナリー製品販売事業準備調査（BOPビジネス連携促進）報告書　［東京］　国際協力機構　2013.1　113p　30cm〈共同刊行：コクヨS&Tほか〉Ⓝ333.804

日本（経済援助—エルサルバドル）
◇エルサルバドル国広域防災システム整備計画準備調査報告書　［東京］　国際協力機構　2013.1　1冊　30cm〈委託先：八千代エンジニヤリングほか〉Ⓝ333.804

日本（経済援助—オセアニア）
◇大洋州地域静脈ırı流情報収集・確認調査報告書　［東京］　国際協力機構　2013.1　28, 192, 8p　30cm〈共同刊行：国際臨海開発研究センターほか〉Ⓝ333.804
◇大洋州地域における非感染症の現状と対策に関する情報収集・確認調査—ファイナル・レポート　［東京］　国際協力機構　2013.1　1冊　30cm〈共同刊行：コーエイ総合研究所〉Ⓝ333.804

日本（経済援助—ガーナ）
◇ガーナ共和国地産地消ビジネス事業準備調査（BOPビジネス連携促進）報告書　［東京］　国際協力機構　2013.3　1冊　30cm〈共同刊行：川商フーズほか〉Ⓝ333.804
◇ガーナ国日本発「土のう」による農村道路整備事業準備調査（BOPビジネス連携促進）—ファイナル・レポート　［東京］　国際協力機構　2013.2　108, 6, 23p　30cm〈共同刊行：道普請人ほか〉Ⓝ333.804

日本（経済援助—コロンビア）
◇コロンビア国別評価—第三者評価：報告書：平成25年度外務省ODA評価　［東京］　コーエイ総合研究所　2014.2　1冊　30cm〈文献あり〉Ⓝ333.8614

日本（経済援助—ザンビア）
◇ザンビア「電力アクセス向上事業」・ブータン「地方電化事業」のCDM事業登録能力向上支援最終報告書　［東京］　国際協力機構　2013.3　1冊　30cm〈共同刊行：三菱UFJモルガン・スタンレー証券〉Ⓝ333.804

日本（経済援助—ジブチ）
◇ジブチ共和国廃棄物処理機材整備計画準備調査報告書　［東京］　国際協力機構　2013.1　1冊　30cm〈共同刊行：日本テクノ〉Ⓝ333.804

日本（経済援助—スリランカ）
◇スリランカ国別評価—第三者評価：報告書：平成25年度外務省ODA評価　［東京］　グローバルリンクマネージメント　2014.2　16, 149p　30cm〈文献あり〉Ⓝ333.8259
◇スリランカ国浚渫船建造計画準備調査報告書　［東京］　国際協力機構　2013.2　1冊　30cm〈共同刊行：日本造船技術センター〉Ⓝ333.804
◇スリランカ国防災プログラム情報収集・確認調査—ファイナル・レポート　［東京］　国際協力機構　2013.2　1冊　30cm〈共同刊行：地球システム科学ほか〉Ⓝ333.804

日本（経済援助—タイ）
◇中小企業向け環境経営システムの国際展開支援等業務報告書　平成25年度　［東京］　環境省　2014.3　105p　30cm〈文献あり〉Ⓝ336

日本（経済援助—太平洋地域）
◇アジア太平洋諸国低炭素社会構築支援方策調査検討業務報告書　平成25年度　［東京］　環境省　2014.3　49, 96p　30cm〈委託先：新日本有限責任監査法人〉Ⓝ519.1

日本（経済援助—タジキスタン）
◇タジキスタン共和国ハトロン州及び共和国直轄地域道路維持管理機材整備計画準備調査報告書　［東京］　国際協力機構　2013.2　1冊　30cm〈共同刊行：片平エンジニアリング・インターナショナル〉Ⓝ333.804
◇タジキスタン国ハトロン州村落地域小水力発電整備計画準備調査報告書　［東京］　国際協力機構　2013.3　1冊　30cm〈共同刊行：ニュージェックほか〉Ⓝ333.804

日本（経済援助—ナミビア）
◇ナミビア国産業政策アドバイザー専門家派遣（産業政策）業務完了報告書　［東京］　国際協力機構　2013.3　48p　30cm Ⓝ333.804

日本（経済援助—ネパール）
◇ネパール国トリブバン国際空港近代化計画協力準備調査報告書　［東京］　国際協力機構　2013.2　1冊　30cm〈共同刊行：日本空港コンサルタンツ〉Ⓝ333.804
◇ネパール国民間セクター開発情報収集・確認調査ファイナル・レポート　［東京］　国際協力機構　2013.3　1冊　30cm〈共同刊行：ユニコインターナショナル〉Ⓝ333.804

日本（経済援助—パキスタン）
◇パキスタン国再生可能エネルギー活用に係る情報収集・確認調査最終報告書—要約　［東京］　国際協力機構　2013.1　31p　30cm〈共同刊行：日本工営〉Ⓝ333.804

日本（経済援助—発展途上国）
◇貧困削減戦略支援無償の評価—第三者評価：報告書：平成25年度外務省ODA評価　［東京］　三菱UFJリサーチ＆コンサルティング　2014.2　149, 7p　30cm〈文献あり〉Ⓝ333.8

日本（経済援助—フィリピン）
◇フィリピン国メトロセブ持続的な環境都市構築のための情報収集・確認調査—ファイナルレポート：和文概要　［東京］　国際協力機構　2013.3　1冊　30cm〈共同刊行：日建設計総合研究所ほか〉Ⓝ333.804

日本（経済援助—ブータン）
◇ザンビア「電力アクセス向上事業」・ブータン「地方電化事業」のCDM事業登録能力向上支援最終報告書　［東京］　国際協力機構　2013.3　1冊　30cm〈共同刊行：三菱UFJモルガン・スタンレー証券〉Ⓝ333.804

日本（経済援助—ベトナム）
◇ベトナム国再生可能エネルギーを活用した離島の電化、水産資源高度化事業準備調査（BOPビジネス連携促進）報告書　［東京］　国際協力機構　2013.2　95, 31p　30cm〈共同刊行：ルビナソフトウエアほか〉Ⓝ333.804
◇ベトナム国チュンルオンミートゥワン高速道路事業準備調査（PPPインフラ事業）調査報告書　［東京］　国際協力機構　2013.2　1冊　30cm〈共同刊行：日本工営ほか〉Ⓝ333.804
◇ベトナム国ベトナムPPPインフラ事業への資金メカニズム具体化にかかる調査—ファイナル・レポート　［東京］　国際協力機構　2013.1　63, 4, 16p　30cm〈編集：アクセンチュア〉Ⓝ333.804
◇ベトナム都市交通セクターへの支援の評価—第三者評価：報告書：平成25年度外務省ODA評価　［東京］　アンジェロセック　2014.2　1冊　30cm〈文献あり〉Ⓝ681.8

日本（経済援助—マレーシア連邦）
◇中小企業向け環境経営システムの国際展開支援等業務報告書　平成25年度　［東京］　環境省　2014.3　105p　30cm〈文献あり〉Ⓝ336

日本（経済援助—南アフリカ共和国）
◇南アフリカ共和国エネルギー効率向上プロジェクトファイナルレポート　［東京］　国際協力機構　2013.1　1冊　30cm Ⓝ333.804

日本（経済援助—ミャンマー）
◇ミャンマー国全国空港保安設備整備計画準備調査報告書　［東京］　国際協力機構　2013.2　1冊　30cm〈共同刊行：日本工営ほか〉Ⓝ333.804

日本（経済援助—ラオス）
◇ラオス国別評価—第三者評価：報告書：平成25年度外務省ODA評価　［東京］　アルメックVPI　2014.2　1冊　30cm〈文献あり〉Ⓝ333.8236

日本（経済学―歴史―明治以後）

◇ラオス国タケク上水道拡張計画準備調査報告書　［東京］　国
際協力機構　2013.1　1冊　30cm　〈共同刊行：日水コン〉
Ⓝ333.804

日本（経済学―歴史―明治以後）
◇経済学用語考　下谷政弘著　日本経済評論社　2014.2　212p
20cm　〈索引あり〉　Ⓘ978-4-8188-2317-4　［2800
円］

日本（経済関係）
◇チャイナ・リスクと地域経済統合に向けた取組　［東京］　日
本国際問題研究所　2014.3　109p　30cm　〈平成25年度外務省
外交・安全保障調査研究事業（調査研究事業）〉　Ⓝ333.7
◇チャタムハウスから世界へ―日本復活を本物に　御友重希編
著　金融財政事情研究会　2014.8　290p　19cm　〈きんざい
（発売）内容：チャタムハウスとは　世界と「日本復活を本物
に」する鍵を考える　日本は世界やアジアの金融センターで
いられるか（渡辺博史ほか述）　日本は高齢化のチャレンジを
チャンスにできるか（佐藤隆文ほか述）　日本は世界に開かれ
た会社・家庭・社会をもてるか（佐藤隆文ほか述）　日本は世
界に投資・貢献し世界の投資を呼び込めるか（武藤敏郎ほか
述）　総括：アベノミクス、構造改革と国際競争力（甘利明述）
ヨーロッパ・英国との対話から／世界への発信・貢献と国際競
争力　変化するアジア太平洋で／世界の知との協働と求芯力・
発信力〉　Ⓘ978-4-322-12580-1　［1850円］
◇悠遊―スリランカを愛しアジアを知る著者畢生の真日本論
藤井俊彦著　改定　アールイー　2014.2　271p　19cm
Ⓘ978-4-905502-01-2　［1000円］

日本（経済関係―アメリカ合衆国）
◇日米国際産業連関表　2005年　経済産業省大臣官房調査統計
グループ編　経済産業調査会　2013.11　539p　30cm　Ⓘ978-
4-8065-1839-6　Ⓝ331.19　［18000円］

日本（経済関係―アメリカ合衆国―歴史―1945～）
◇アメリカの対日通貨政策の形成―1971-2003年の日米通貨交渉
を事例として　増永真著　横浜　春風社　2014.2　172p
20cm　〈文献あり　索引あり〉　Ⓘ978-4-86110-359-9　［
2700円］
◇アメリカは日本の消費税を許さない―通貨戦争で読み解く世
界経済　岩本沙弓著　文藝春秋　2014.1　251p　18cm　（文
春新書　948）　Ⓘ978-4-16-660948-2　［750円］
◇日米間の産業軋轢と通商交渉の歴史―7のケースで読み解
く：商品・産業摩擦から構造協議、そして広域経済圏域内の共
通ルール設定競争へ　鷲尾友春著　西宮　関西学院大学出版
会　2014.7　311p　21cm　Ⓘ978-4-86283-164-4　［
2800円］

日本（経済関係―大韓民国）
◇日本経済がなければ中国・韓国は成り立たない　真壁昭夫著
海竜社　2014.8　223p　19cm　Ⓘ978-4-7593-1387-1　［333.
6　［1300円］

日本（経済関係―中国）
◇日中関係は本当に最悪なのか―政治対立下の経済発信力　日
中経済発信力プロジェクト編　日本僑報社　2014.10　304p
19cm　〈内容：新たな日中関係を構築する時代に（加藤隆則著）
高速鉄道を支える鋳物（塩谷外則著）　小さな町工場から大ビ
ジョン実現（伊東千尋著）　既存概念打ち破る意義（江上志朗
著）　日本独自の文化"ランドセル"を売り込む（安東幸樹、北
宏志著）　脱日本ブランドが試されるPR（三澤志洋著）　歴史
的記憶を超える（稲葉雅人著）　「聞こえの良い」現地化ではな
く（岡野寿彦著）　日系企業撤退と拡大の二極化（古林恒雄述、
加藤隆則聞き手）　日本の「もてなし」伝える観光PR誌（袁静
著）　日中をつなぐ桜の架け橋（工藤園子著）　日本文化と経
済のコラボレーション（冨田伸明著）　日中を繋ぐデザインと
いう言語（山川智嗣著）　ものを選ぶことが不安な時代に（熨
斗麻起子著）　商社マンから行政マンへ社会問題解決がチャン
ス（西岡貴弘著）　「八〇後海帰」と取り組む中国環境ビジネス
（佐野史明著）　日本式サービスと中国式人情（張雪梅著）　質
重視に変化した和食ブーム（西尾拡著）　アパレルから有機野
菜、そしてさくら生産（工藤康則著）　カレーを中国人民食に
（野村孝志著）　サービス革命の現場（山口直樹著）　中国で冷
酒は飲まれるようになるのか（白石丈士著）　中国のハーバー
ド大研修と日中人材交流（稲垣清著）　中産階級は「生活品質」
重視スタイルへ（青木生著）　技術文化共有の研修プログラム
（松岡豊人著）　具体的成果が求められる地域間交流（寺﨑秀
俊著）　新たな改革の行方中国「上海」自由貿易試験区（安生隆
行著）　データから見る日中ビジネスの現場（菊池洋著）〉
Ⓘ978-4-86185-172-8　Ⓝ333.6　［1900円］

◇日中経済産業白書　2013/2014　速まる中国の構造変化と日中
ビジネス再構築　日中経済協会　2014.6　256p　26cm
Ⓘ978-4-88880-206-2　Ⓝ332.22　［4000円］
◇日本経済がなければ中国・韓国は成り立たない　真壁昭夫著
海竜社　2014.8　223p　19cm　Ⓘ978-4-7593-1387-1　Ⓝ333.
6　［1300円］

日本（経済関係―中国―歴史―1949～）
◇戦中戦後の中国とアメリカ・日本―「東アジア統合構想」の歴
史的検証　西川博史著　札幌　HINAS（北海学園北東アジア
研究交流センター）　2014.12　386p　22cm　〈東出版（発売）〉
Ⓘ978-4-905418-05-4　Ⓝ333.6　［3800円］

日本（経済関係―東南アジア）
◇ASEAN大（メガ）市場統合と日本―TPP時代を日本企業が生
き抜くには　深沢淳一、助川成也著　文眞堂　2014.10　274p
21cm　〈年表あり　内容：東アジア統合の黎明期（深沢淳一著）
東アジア大統合時代,ASEANで挑む日本企業（助川成也著）
東アジア大統合の展望（深沢淳一、助川成也著）〉　Ⓘ978-4-
8309-4838-1　Ⓝ332.2　［2200円］
◇ASEANは日本経済をどう変えるのか　西濵徹著　NHK出版
2014.5　200p　18cm　（NHK出版新書　434）　〈文献あり〉
Ⓘ978-4-14-088434-8　Ⓝ332.23　［740円］

日本（経済関係―歴史）
◇経済交渉にみた本物の交渉力―各国の利害がぶつかる「経済交
渉」の舞台裏とは　榊原英資著　詩想社　2014.12　277p
18cm　（詩想社新書　2）　〈星雲社（発売）〉　Ⓘ978-4-434-
19938-7　Ⓝ333.6　［900円］

日本（経済関係―ロシア―歴史―1945～）
◇日本はロシアのエネルギーをどう使うか　本村眞澄［著］　東
洋書店　2013.12　63p　21cm　（ユーラシア・ブックレット
no.187）　〈文献あり〉　Ⓘ978-4-86459-158-4　Ⓝ568.09　［800
円］

日本（経済刑法）
◇民商事法の改正と経済刑法の動向　トラスト60　2014.3
433p　26cm　（トラスト60研究叢書）　Ⓝ326.83　［非売品］

日本（経済政策）
◇あなたの所得を倍増させる経済学　三橋貴明著　講談社
2014.7　244p　19cm　Ⓘ978-4-06-218872-2　Ⓝ332.107
［1400円］
◇アベノミクスを越えて　苫米地英人著　サイゾー　2014.5
207p　19cm　Ⓘ978-4-904209-52-3　Ⓝ332.107　［1300円］
◇アベノミクスを阻む「7つの敵」―消費増税と「トンデモ経済
学」を論破する　上念司著　イースト・プレス　2014.3
238p　18cm　（知的発見！BOOKS 020）　Ⓘ978-4-7816-
1146-4　Ⓝ332.107　［952円］
◇アベノミクスと暮らしのゆくえ　山家悠紀夫著　岩波書店
2014.10　79p　21cm　（岩波ブックレット　No.911）　Ⓘ978-4-
00-270911-6　Ⓝ332.107　［620円］
◇アベノミクスと日本資本主義―差し迫る「日本経済の崖」　友
寄英隆著　新日本出版社　2014.6　222p　19cm　Ⓘ978-4-
406-05799-8　Ⓝ332.107　［1600円］
◇アベノミクスの終焉　服部茂幸著　岩波書店　2014.8　204p
18cm　（岩波新書　新赤版 1495）　〈文献あり〉　Ⓘ978-4-00-
431495-0　Ⓝ332.107　［740円］
◇アベノミクス批判―四本の矢を折る　伊東光晴著　岩波書店
2014.7　156p　19cm　Ⓘ978-4-00-022082-8　Ⓝ332.107
［1700円］
◇「おこぼれ経済」という神話　石川康宏著　新日本出版社
2014.6　156p　19cm　Ⓘ978-4-406-05798-1　Ⓝ332.107
［1100円］
◇規制の簡素合理化に関する調査結果報告書　［東京］　総務省
行政評価局　2014.10　82p　30cm　Ⓝ332.107
◇奇跡を起こせアベノミクス―あなたを豊かにする世直し提言
宍戸駿太郎著　あ・うん　2013.7　229p　19cm　Ⓘ978-4-
904891-22-3　Ⓝ332.107　［1300円］
◇99%の国民が泣きを見るアベノミクスで貧乏くじを引かない
たった一つの方法　増田悦佐著　マガジンハウス　2014.1
262p　19cm　Ⓘ978-4-8387-2638-7　Ⓝ332.107　［1500円］
◇「景気は操作できる」と思っているエリートたちの大間違い
増田悦佐著　PHP研究所　2014.6　333p　20cm　Ⓘ978-4-
569-81729-3　Ⓝ332.107　［1600円］
◇経済政策の"ご意見番"がこっそり教えるアベノミクスの逆襲
高橋洋一著　PHP研究所　2014.11　252p　19cm　Ⓘ978-4-
569-82142-9　Ⓝ332.107　［1400円］
◇経済論　高橋是清［著］,上塚司編　中央公論新社　2013.12
497p　18cm　（中公クラシックス J55）　〈「高橋是清経済論」
（千倉書房　昭和11年刊）の改題〉　Ⓘ978-4-12-160145-2
Ⓝ332.106　［2100円］

◇消費増税の黒いシナリオ―デフレ脱却はなぜ挫折するのか 田村秀男著 幻冬舎ルネッサンス 2014.2 213p 18cm （幻冬舎ルネッサンス新書 た-8-1) ①978-4-7790-6094-6 Ⓝ332.107 ［838円］

◇G0.5の世界―グローバル経済から国民経済への大転換 三橋貴明著 日本文芸社 2014.5 261p 19cm ①978-4-537-26082-3 Ⓝ332.107 ［1400円］

◇人口回復―出生率1.8を実現する戦略シナリオ 岩田一政, 日本経済研究センター編 日本経済新聞出版社 2014.8 261p 19cm〈文献あり〉①978-4-532-35608-8 Ⓝ332.107 ［2400円］

◇「成長戦略」の罠―「失われた20年」は、さらに続く 高橋洋一著 祥伝社 2014.9 216p 20cm ①978-4-396-61500-0 Ⓝ332.107 ［1500円］

◇迫り来る日本経済の崩壊 藤巻健史著 幻冬舎 2014.6 223p 18cm ①978-4-344-02597-4 Ⓝ332.107 ［1000円］

◇そして、日本の富は略奪される―アメリカが仕掛けた新自由主義の正体：IS NEO-LIBERALISM ”SATAN”？ 菊池英博著 ダイヤモンド社 2014.1 328p 19cm〈文献 索引あり〉①978-4-478-02591-8 Ⓝ332.107 ［1800円］

◇脱成長を豊かに生きる―ポスト3・11の社会運動 白川真澄著 社会評論社 2014.10 258p 19cm ①978-4-7845-1494-6 Ⓝ332.107 ［2400円］

◇チャタムハウスから世界へ―日本復活を本物に 御友重希編著 金融財政事情研究会 2014.8 290p 19cm〈きんざい（発売）：チャタムハウスとは 世界と「日本復活を本物に」する鍵を考える 日本は世界やアジアの金融センターでいられるか（渡辺博史ほか述） 日本は高齢化のチャレンジをチャンスにできるか（石田建昭ほか述） 日本は世界に開かれた会社・家庭・社会をもてるか（佐藤隆文ほか述） 日本は世界に投資・貢献し世界の投資を呼び込めるか（武藤敏郎ほか述） 総括：アベノミクス、構造改革と国際競争力（甘利明述） ヨーロッパ・英国との対話から/世界への発信・貢献と国際競争力 変化するアジア太平洋で/世界の知との協働と求芯力・発信力〉①978-4-322-12580-1 Ⓝ333.6 ［1850円］

◇ちょっと待って！ 竹中先生、アベノミクスは本当に間違ってませんね？ 田原総一朗, 竹中平蔵著 ワニブックス 2014.1 191p 18cm ①978-4-8470-9207-7 Ⓝ332.107 ［952円］

◇徹底解剖国家戦略特区―私たちの暮らしはどうなる？ アジア太平洋資料センター編 コモンズ 2014.11 159p 21cm〈内容：新自由主義と国家戦略特区（浜矩子著） 国家戦略特区とは何か（奈須りえ著） 国家戦略特区と住民自治（新里宏二著） ルールなき雇用社会は許せない（東海林智著） 市場原理はなじまない（藤末衛著） 「強い農業」に動員される農村（大野和興著） 米韓FTAで起きたこと（郭洋春著） TPPと国家戦略特区は新自由主義の双子（内田聖子著）〉①978-4-86187-120-7 Ⓝ332.107 ［1400円］

◇徹底分析アベノミクス―成果と課題 原田泰, 齊藤誠編著 中央経済社 2014.7 261p 19cm〈執筆：翁邦雄ほか 内容：ゼロ金利制約下では金融政策で物価はコントロールできない（翁邦雄著） 金融政策で物価をコントロールできる（片岡剛士著） 金融政策で経済は良くなるのか（齊藤誠著） 金融政策のレジーム転換で経済は好転する（安達誠司著） 金融政策の財政政策化は危険（河野龍太郎著） 現在の金融緩和に危険はない（高橋洋一著） アメリカの金融政策をめぐる3つの視点と日本への教訓（吉松崇著） デフレ脱却と財政健全化（中里透著） 国家戦略特区を改革の起爆剤に！（竹中平蔵著） 雇用維持から労働移動支援雇用政策へ（小峰隆夫著） 女性が活躍できる社会インフラ（八代尚宏著） 都市の競争力向上による効果（八田達夫, 北崎朋希, 谷山智彦著） アベノミクスを振り返る（原田泰著） 日本経済を取り巻く国際環境について（齊藤誠著）〉①978-4-502-09750-8 Ⓝ332.107 ［1800円］

◇なぜゼロ金利経済から日本は甦るのか―GとLの経済成長戦略 冨山和彦著 PHP研究所 2014.6 273p 18cm （PHP新書 932)〈文献あり〉①978-4-569-81941-9 Ⓝ332.107 ［780円］

◇「21世紀日本型」構造改革試論―グローバル経済とアベノミクスのゆくえ 平田潤著 弘文堂 2014.11 250p 21cm〈文献あり〉①978-4-335-45054-9 Ⓝ332.107 ［2500円］

◇日本経済復活のシナリオ―官庁エコノミスト出身の政治家がデフレの元凶を斬る！ 金子洋一著 青林堂 2014.11 217p 19cm ①978-4-7926-0508-7 Ⓝ332.107 ［800円］

◇日本経済はどこで間違えたか 菊池哲郎著 イースト・プレス 2014.2 240p 18cm （イースト新書 025)〈年表あり〉①978-4-7816-5025-8 Ⓝ332.107 ［860円］

◇日本経済はなぜ浮上しないのか―アベノミクス第2ステージへの論点 片岡剛士著 幻冬舎 2014.11 239p 19cm〈文献あり〉①978-4-344-02675-9 Ⓝ332.107 ［1600円］

◇日本再生改革の論点 日本経済新聞社編 日本経済新聞出版社 2014.1 243p 19cm （経済教室セレクション）〈年表あり〉①978-4-532-35596-8 Ⓝ332.107 ［1600円］

◇バカな経済論―だから、みんな、ダマされる！ 髙橋洋一著 あさ出版 2014.1 238p 19cm ①978-4-86063-658-6 Ⓝ332.107 ［1300円］

◇崩壊するアベノミクス幻想―Q&Aで読み解く経済、労働、安全保障、原発政策 労働大学出版センター編 労働大学出版センター 2014.10 47p 21cm （労大ブックレット no. 12) ①978-4-89711-017-8 Ⓝ332.107 ［463円］

◇三橋貴明の日本を豊かにする経済学 三橋貴明著 ワック 2014.4 240p 19cm ①978-4-89831-422-7 Ⓝ332.107 ［1300円］

◇リスク・オン経済の衝撃―日本再生の方程式：Restoring Japan's Earning Power 松元崇著 ［東京］ 日本経済新聞出版社 2014.9 228p 20cm ①978-4-532-35612-5 Ⓝ332.107 ［1800円］

日本（経済政策―歴史―昭和後期）

◇「国民所得倍増計画」を読み解く 武田晴人著 日本経済評論社 2014.5 247p 20cm （同時代史叢書）①978-4-8188-2340-2 Ⓝ332.107 ［3500円］

日本（経済政策―歴史―平成時代）

◇「失敗」の経済政策史 川北隆雄著 講談社 2014.6 254p 18cm （講談社現代新書 2267) ①978-4-06-288267-5 Ⓝ332.107 ［800円］

日本（経済成長）

◇脱・成長神話―歴史から見た日本経済のゆくえ 武田晴人著 朝日新聞出版 2014.12 218p 18cm （朝日新書 491) ①978-4-02-273591-1 Ⓝ332.107 ［760円］

日本（経済犯罪）

◇財務捜査官が見た不正の現場 小林弘樹著 NHK出版 2014.2 254p 18cm （NHK出版新書 428) ①978-4-14-088428-7 Ⓝ326.83 ［780円］

◇昭和、平成震撼「経済事件」闇の支配者 大下英治著 青志社 2014.10 479p 19cm〈文献あり〉①978-4-905002-95-2 Ⓝ368.6 ［1600円］

日本（経済法）

◇分冊六法全書 平成27年版 6 経済法編 分冊六法編集委員会編 名古屋 新日本法規出版 2014.12 1冊 21cm ①978-4-7882-7939-1(set) Ⓝ320.91

日本（警察）

◇警察安全相談と事例別Q&A―すべての警察官のために 小鹿輝夫著, 長尾敏義監修 2訂版 東京法令出版 2014.6 359p 21cm〈文献あり〉①978-4-8090-1307-2 Ⓝ324 ［2400円］

◇警察と暴力団癒着の構造 稲葉圭昭著 双葉社 2014.10 222p 18cm （双葉新書 098) ①978-4-575-15451-1 Ⓝ317.7 ［830円］

◇警察の倫理 金山泰介著 立花書房 2013.12 155p 21cm ①978-4-8037-0141-8 Ⓝ317.7 ［1619円］

◇「刑事ドラマあるある」はウソ？ ホント？―元刑事が選ぶ本当にリアルな刑事ドラマ大全 小川泰平著 東邦出版 2014.4 205p 19cm ①978-4-8094-1214-1 Ⓝ778.8 ［1300円］

◇刑事ドラマを100倍楽しむホントの警察 別冊宝島編集部編 宝島社 2014.9 221p 16cm （宝島SUGOI文庫 Bへ-1-25)〈「警察組織のすべて」(2014年6月刊）の改題、新規原稿を加える〉①978-4-8002-3117-8 Ⓝ317.7 ［590円］

◇刑事ドラマ・ミステリーがよくわかる警察入門 オフィステイクオー著 実業之日本社 2014.1 206p 18cm （じっぴコンパクト新書 175)〈文献あり〉①978-4-408-11042-4 Ⓝ317.7 ［762円］

◇刑事ドラマ・ミステリーがよくわかる警察入門 捜査現場編 オフィステイクオー著 実業之日本社 2014.5 190p 18cm （じっぴコンパクト新書 187)〈文献あり〉①978-4-408-11069-1 Ⓝ317.7 ［762円］

◇元刑事が明かす警察の裏側―290000人の巨大組織の実態！ 小川泰平著 イースト・プレス 2014.4 214p 19cm〈「警察の裏側」(文庫ぎんが堂 2013年刊）の改題、再構成〉①978-4-7816-1164-8 Ⓝ317.7 ［600円］

◇歪曲捜査―ケンカ刑事が暴く警察の実態 飛松五男著 第三書館 2014.2 212p 18cm〈年譜あり〉①978-4-8074-1401-7 Ⓝ317.7 ［780円］

日本（警察官）

日本（警察官）

◇あなたへ。―東日本大震災警察官救援記録　講談社ビーシー編　講談社ビーシー　2014.2　293p　19cm〈講談社（発売）〉①978-4-06-218853-1 Ⓝ369.31　［1000円］

◇警察官のための危機管理―悔いのない充実した日々を送るために　渡邊達哉著　福岡　スペースキューブ　2014.8　172p　19cm ①978-4-907533-03-8 Ⓝ317.7　［1300円］

◇事例で学ぶヴィジュアル地域警察　地域警察レベルアップ研究会編　3訂版　東京法令出版　2014.4　162p　21cm（Police Visual Series）〈文献あり　作画：萩野優子〉①978-4-8090-1298-3 Ⓝ317.7　［1600円］

◇目からウロコの管理学―非違事案防止の羅針盤　邦尾正意著　立花書房　2014.4　162p　19cm〈文献あり〉①978-4-8037-0226-2 Ⓝ317.7　［1600円］

日本（警察官―法令）

◇現場警察官権限解説　上巻　田村正博著　第3版　立花書房　2014.12　451p　21cm〈文献あり〉①978-4-8037-0028-2 Ⓝ317.72　［2500円］

日本（警察法）

◇警察官実務六法　平成26年版　警察政策学会監修　東京法令出版　2014.1　1冊　19cm〈索引あり〉①978-4-8090-1299-0 Ⓝ317.72　［3400円］

◇警察基本六法　2015年版　警察時報社　2014.11　1368p　16cm〈付属資料：119p；判例集〉Ⓝ317.72　［3000円］

◇警察組織関係法令　平成25年　警察制度研究会編　東京法令出版　2013.7　234p　19cm〈平成25年6月1日内容現在〉Ⓝ317.72　［715円］

◇警察組織関係法令　平成26年　警察制度研究会編集　東京法令出版　2014.5　243p　19cm Ⓝ317.72　［713円］

◇講座警察法　第1巻　関根謙一，北村滋，倉田潤，辻義之，荻野徹，島根悟，高木勇人編集委員　立花書房　2014.3　680p　22cm〈索引あり　内容：新しい「警察法学」の構想（荻野徹著）「学問上の警察」の概念と警察権の限界の理論（関根謙一著）　戦前期における内政と警察（吉田英法著）　現行警察制度の歴史（岩瀬聡著）　日本国憲法下における国民を保護すべき警察の責務（中川正浩著）　警察行政における公私協働（四方光著）　現行警察制度の基本構造に関する一整理（島根悟著）　警察官職務執行法の概要（古谷洋一著）　留置管理（山田知裕著）　警察行政の政管関係と公安委員会制度（高木勇人著）　住民意見等の反映（滝澤幹滋著）　行政統制の共通制度と警察（高須一弘著）　捜査手法の高度化（猪原誠司著）　取調べの適正化（重松弘教著）　暴力団対策における暴力団対策法（千野啓太郎著）　暴力団の資金源対策としての代表者等に対する民事責任の追及（工藤陽代著）　暴力団排除のための事業規則について（鈴木康修著）　本人確認・情報分析によるマネー・ローンダリング対策（江口寛章著）〉①978-4-8037-0025-1 Ⓝ317.72　［12000円］

◇講座警察法　第2巻　関根謙一，北村滋，倉田潤，辻義之，荻野徹，島根悟，高木勇人編集委員　立花書房　2014.3　624p　22cm〈索引あり　内容：民間事業者との協働による犯罪・事故防止（杉本伸正著）　犯罪予防のための流通秩序維持と営業法制（友井昌宏著）　官民挙げての総合的な犯罪対策（富田邦敬著）　犯罪予防のための対物規制（坂口拓也著）　ストーカー事案等男女間のトラブルに起因する被害の未然防止（青山彩子著）　児童虐待への対応・防止における警察の役割について（佐野裕子著）　警察による犯罪被害者支援（高木勇人著）　犯罪被害給付制度（杉本孝之著）　少年警察の全体像と非行防止に係る法制度（丸山直紀著）　児童ポルノ対策（滝澤依子著）　風営適正化法の基本的性格（辻義之著）　風俗行政における国と地方の役割分担（山田好孝著）　ぱちんこ営業の適正化のための法システム（小堀龍一郎著）　鉄砲刀剣類の規制について（高井良浩著）　鉄砲刀剣類所持等取締法における産業用鉄砲の種類と規制の概要について（岩元正一著）　原子炉等規制法、RI法その他の危険物規制の概要（石飛誠著）　サイバー警察（坂則著）　インターネットにおける公共の秩序維持（岸田憲夫著）「出会い系サイト規制法」に係る法的論点等に関する若干の考察（福田正信著）〉①978-4-8037-0026-3 Ⓝ317.72　［12000円］

◇講座警察法　第3巻　関根謙一，北村滋，倉田潤，辻義之，荻野徹，島根悟，高木勇人編集委員　立花書房　2014.3　742p　22cm〈索引あり　内容：秩序違反行為の規制とその執行（吉田英法著）　条例と警察活動（那須修著）「治安総合対策」といわゆる「風俗案内所」の規制（越智啓之著）　交通警察行政の多様な目的及び手法について（高齢運転者対策を中心とした運転者管理（熊坂隆、仲村健二著）　運転免許の点数制度（中村彰宏著）　多様な交通主体の交通管理（早川治著）　交通規制の再構成（河合潔著）　交通情報の提供による道路交通

の管理（岡素彦著）　計画行政としての交通行政（土屋曉胤著）　多様な義務履行手段による交通秩序の管理　1　駐車秩序の確保（直江利克著）　多様な義務履行手段による交通秩序の管理　2　道路交通法における飲酒運転対策（檜垣重臣著）　交通事故捜査（高木紳一郎著）　交通指導取締り（高木紳一郎著）　多様な民間主体による交通行政（小林良樹著）　外事警察史素描（北村滋著）　国際テロ対策の手法と組織（松本光弘著）　大量破壊兵器関連物資等拡散対策（重永達矢著）〉①978-4-8037-0027-5 Ⓝ317.72　［12000円］

◇生活安全小六法　平成26年版　生活安全警察研究会編集　東京法令出版　2014.6　1冊　19cm〈索引あり〉①978-4-8090-1310-2 Ⓝ317.72　［3900円］

日本（刑事裁判）

◇冤罪を生まない刑事司法へ　現代人文社編集部，水谷規男編　現代人文社　2014.3　63p　21cm（GENJINブックレット62）〈大学図書（発売）文献あり　年譜あり　奥付のタイトル（誤植）：冤罪を生まない刑事司法〉①978-4-87798-561-5 Ⓝ327.6　［900円］

◇外国人刑事弁護マニュアル　大木和弘，金竜介，児玉晃一，関聡介著　改訂第3版　現代人文社　2014.8　194p　21cm〈大学図書（発売）文献あり〉①978-4-87798-569-1 Ⓝ327.6　［2600円］

◇教養としての冤罪論　森炎著　岩波書店　2014.1　251p　19cm ①978-4-00-025941-5 Ⓝ327.6　［2600円］

◇刑事裁判ものがたり　渡部保夫著，日弁連法務研究財団編　日本評論社　2014.6　196p　20cm（JLF選書）〈潮出版社1987年刊の再刊　内容：刑事裁判ものがたり　十三人目の陪審員〉①978-4-535-52035-6 Ⓝ327.6　［900円］

◇刑事訴訟の諸問題　石井一正著　判例タイムズ社　2014.6　687p　22cm〈索引あり　内容：わが国刑事司法の特色とその功罪　わが国刑事司法の改革とその変容　わが国刑事司法に対する評価の変遷　違法の承継について　公訴提起後の捜索差押　押収物の保管　一罪の一部起訴　包括一罪と訴訟条件　過失犯における訴因変更　訴因変更の要否　訴因変更の要否に関する最高裁判例の新基準　訴因変更の要否　訴因変更命令の形成力　証拠開示の在り方　証拠開示判例の展開　異議の申立　自由な証明について　自白の証拠能力　任意性を欠く第三者の供述の証拠能力　違法収集証拠排除の基準　捜査手続の違法とその後に収集された証拠の証拠能力〈判例評釈〉犯人識別供述の証明力　刑事裁判における事実認定について　刑事裁判における事実認定について、続　刑事事実認定を考える　刑事事実認定を考える、続　刑事控訴審の実情と若干の感想　「裁判員制度のもとにおける控訴審の在り方」の連載終了に当たって　刑事控訴審の片面的構成について　交通事故における過失の個数　道路交通法違反事件の量刑について〉①978-4-89186-193-3 Ⓝ327.6　［8000円］

◇刑事弁護Beginners―実務で求められる技術と情熱を凝縮した刑事弁護の入門書　ver.2　現代人文社　2014.9　256p　26cm〈大学図書（発売）文献あり　タイトルは背・表紙による.奥付のタイトル：刑事弁護ビギナーズ　『季刊刑事弁護』増刊〉①978-4-87798-583-7 Ⓝ327.6　［2600円］

◇現代の刑事裁判　渡辺修著　成文堂　2014.9　446p　22cm〈内容：裁判員裁判の課題　裁判員制度と公判前整理手続・証拠開示　裁判員制度実施を前にした議論　裁判員裁判で市民社会は変わるか　模擬裁判員裁判から学ぶ　無罪評決の構造　裁判員裁判と証拠法の基本課題　裁判員裁判のあり方について　裁判員裁判と「誤判えん罪」　裁判員裁判と控訴審の機能　裁判員裁判全般と3年後検証　裁判員裁判と3年後検証　被疑者取調べ「可視化」立法への道　被疑者取調べ「可視化」　「防御の秘密」と被疑者取調べの法的限界　弁護人の「有罪証拠」提出行為と「弁護人による実質的な援助を受ける権利」　公訴時効と刑訴法254条2項「共犯」の実質解釈について　被告人の証人喚問・審問権と所在尋問の限界　証人審問権と伝聞例外　昭和42年12月21日最判　昭和56年11月26日広島高判　平成12年4月21日最決　平成12年6月27日最決　平成14年6月5日最決　平成17年10月12日最決　平成20年3月14日最決　平成20年6月25日最決　平成21年5月15日大阪高決〉①978-4-7923-5120-5 Ⓝ327.6　［8000円］

◇事件記録教材―法科大学院教材　第15号　窃盗被疑事件　法務省法務総合研究所編　法曹会　2014.4　132p　30cm Ⓝ327.609　［1574円］

◇実務体系現代の刑事弁護　1　弁護人の役割　後藤昭，髙野隆，岡慎一編著　第一法規　2013.9　418p　22cm〈索引あり　内容：弁護人の存在意義（後藤昭著）　弁護人の義務論（浦功著）　依頼者の意思と専門家訴訟法上の地位（加藤克佳著）　犯罪者の更生への弁護人の関わり方（石塚伸一著）　弁護活動の限界（岡慎一、神山啓史著）　刑事弁護における利益相反（小坂井久著）　共同被告人の弁護人間の倫理（下村忠利、高山巌著）　刑事弁護人と守秘義務（中山博之著）　虚偽証拠禁止の意味（上田國廣著）　身体拘束中の被疑

者・被告人との接見、書類・物の授受(葛野尋之著) 証拠の取扱い(森下弘著) 依頼者〔被告人〕の意思と上訴(船木誠一郎著) 被害者との対応(村木一郎著) 報道への対応(弘中惇一郎著) 刑事弁護と懲戒制度(水谷規男著) 弁護人依頼権をめぐる検察官倫理(指宿信著) 被害者参加と弁護士倫理(池田綾子著) 刑事弁護の教育(神田安積著) 刑事弁護の担い手(武士俣敦著) 弁護の質の保証(村岡啓一著) 日本における国選弁護制度のあり方について(山口健一著) 接見交通権(田淵浩二著)〉 ①978-4-474-10305-4 Ⓝ327.6 [4500円]

◆実務体系現代の刑事弁護 2 刑事弁護の現代的課題 後藤昭, 高野隆, 岡慎一編著 第一法規 2013.9 453p 22cm〈索引あり 内容：被疑者・被告人の身体拘束をいかに回避するか(前田裕司著) 取調べにどう対処するか(坂根真也著) 刑事施設における弁護側専門家の面会等について(金岡繁裕著) 一般接見に関する弁護活動(和田恵著) 訴追裁量と弁護活動(谷口太規著) 公判前整理手続に付された事件の弁護活動(菅野亮著) 証拠開示の現状と課題(斎藤司著) 「争点整理」と刑事弁護のあり方(宮村啓太著) 死刑事件の弁護(後藤貞人著) 裁判員選任手続の現状と課題(西村健著) 被告人の着席位置、服装(青木和子著) 手続二分の可能性と弁護実践(四宮啓著) 審判「公開」を巡る諸問題(萩原猛著) 裁判官と裁判員の役割分担(宮村啓太著) 裁判員裁判に対する上訴(大橋君平著) 被害者参加と弁護(奥村回著) 厳格な証明と自由な証明(後藤昭著) 同一性・真正の証明(高野隆著) 「必要性」判断から「許容性」判断への一元化へ(角田雄彦著) 自己矛盾調書の証人への提示・朗読(高見秀一著) 鑑定から専門家証言へ(趙誠峰著) 検察官調書〔刑訴法321条1項2号〕をどうするか(伊藤睦著) 自白の任意性立証にどう対処するか(秋田真志著) 証明基準(河津博史著)〉 978-4-474-10306-1 Ⓝ327.6 [4500円]

◆雪冤―冤罪のない社会へ：千葉成田ミイラ事件の真相 釣部人裕著 ダイナミックセラーズ出版 2014.1 190p 18cm〈文献あり〉978-4-88493-348-7 Ⓝ327.6 [800円]

◆日本の刑事裁判用語解説―英語・ドイツ語・フランス語・スペイン語 ケント・アンダーソン, ハラルド・バウム, 奥田安弘編 明石書店 2013.12 115p 26cm〈文献あり 索引あり〉①978-4-7503-3944-3 Ⓝ327.6 [8000円]

◆まっぴらごめん冤罪被害―「新時代の刑事司法制度」は危ない！：報告集 さいたま 埼玉弁護士会 2014.12 124p 21cm〈会期・会場：2014年2月3日 さいたま共済会館601・602 タイトルは奥付による〉Ⓝ327.6

◆民事裁判実務の基礎 / 刑事裁判実務の基礎 渡辺弘, 谷口安史, 中村心, 髙原知明, 下津健司, 江口和伸著 有斐閣 2014.6 247p 22cm〈索引あり〉①978-4-641-12570-4 Ⓝ327.2 [1900円]

◆無罪請負人―刑事弁護とは何か？ 弘中惇一郎[著] KADOKAWA 2014.4 253p 18cm〈角川oneテーマ21 D-18〉〈文献あり〉①978-4-04-110764-5 Ⓝ327.6 [800円]

日本〔刑事事件〕
◆獄壁こえた愛と革命―無実で39年：星野文昭・暁子の闘い 星野さんをとり戻そう！ 全国再審連絡会議編集 星野さんをとり戻そう！ 全国再審連絡会議 2013.9 263p 21cm〈ギャラリーステーション(発売) 年譜あり〉Ⓝ327.6 [1800円]

◆モンスター―尼崎連続殺人事件の真実 一橋文哉著 講談社 2014.4 270p 19cm ①978-4-06-218353-6 Ⓝ368.61 [1600円]

日本〔刑事訴訟法〕
◆基本講義刑事訴訟法 渡辺修著 京都 法律文化社 2014.9 305p 21cm〈索引あり〉①978-4-589-03616-2 Ⓝ327.6 [3000円]

◆Q&A実例捜査における事実認定の実際 高森高徳著 第2版 立花書房 2014.4 234p 21cm〈索引あり〉①978-4-8037-4334-0 Ⓝ327.6 [1800円]

◆矯正職員のための法律講座 西田博編著, 大橋哲, 内藤晋太郎, 中田昌伸, 林谷浩二[執筆] 東京法令出版 2014.3 149p 21cm〈文献あり〉①978-4-8090-5105-0 Ⓝ326 [2800円]

◆刑事司法改革とは何か―法制審議会特別部会「要綱」の批判的検討 川崎英明, 三島聡編著 現代人文社 2014.9 312p 21cm〈大学図書館(発売) 内容：刑事司法改革の原点と展望「新時代の刑事司法制度」(川崎英明著) 〈特別部会の論点と議論〉取調べの可視化(村井敏邦著) 取調べの可視化(渕野貴生, 小坂井久述, 村井敏邦司会) 〈特別部会の論点と議論〉証拠開示(白取祐司著) 〈特別部会の論点と議論〉通信・会話の傍受〈盗聴〉(川崎英明著) 通信・会話の傍受〈盗聴〉(三島聡, 山下幸夫述, 川崎英明

司会) 〈特別部会の論点と議論〉刑事免責制度と被告人の証人適格(高田昭正著) 刑事免責・証人適格(福島至, 神洋明述, 高田昭正司会) 刑の減免制度、捜査・公判協力型協議・合意制度(笹倉香奈著) 被疑者国選弁護制度の拡充(高平奇恵著) 犯罪被害者等及び証人の支援・保護の方策(水谷規男著) 自白事件を簡易迅速に処理するための方策(新屋達之著) 「被告人の虚偽供述に対する制裁」案〔及び変遷〕について(光藤景皎著) 刑事訴訟法「改悪」の現代史的位相(小田中聰樹著) われわれの刑事司法はどこに向かうべきなのか(三島聡著)〉①978-4-87798-586-8 Ⓝ327.6 [3200円]

◆刑事訴訟法 三井誠, 河原俊也, 上野友慈, 岡慎一編 第2版 日本評論社 2014.4 675p 26cm〈別冊法学セミナー no.228〉〈索引あり 平成25年までの法改正に対応 執筆：石井隆治ほか〉①978-4-535-40258-4 Ⓝ327.6 [4900円]

◆刑事訴訟法講義 安冨潔著 第3版 慶應義塾大学出版会 2014.9 462p 22cm〈索引あり〉①978-4-7664-2169-9 Ⓝ327.6 [3400円]

◆刑事訴訟法講義 池田修, 前田雅英著 第5版 東京大学出版会 2014.12 579p 22cm〈文献あり 索引あり〉①978-4-13-032374-1 Ⓝ327.6 [3800円]

◆専修大学刑事訴訟法講義綱目 小田中聰樹[著] 改訂版 [出版地不明] [小田中聰樹] [20--] 124p 26cm Ⓝ327.6

◆タクティクスアドバンス刑事訴訟法 2014 商事法務編 商事法務 2014.3 627p 21cm ①978-4-7857-2132-9 Ⓝ327.6 [3300円]

◆タクティクスアドバンス刑事訴訟法 2015 商事法務編 商事法務 2014.11 657p 21cm ①978-4-7857-2220-3 Ⓝ327.6 [3300円]

◆日本立法資料全集 127 刑事訴訟法制定資料全集 昭和刑事訴訟法編7 井上正仁, 渡辺咲子, 田中開編著 信山社出版 2014.5 638p 23cm ①978-4-7972-4187-7 Ⓝ322.1 [65000円]

◆入門刑事手続法 三井誠, 酒巻匡著 第6版 有斐閣 2014.3 372,11p 22cm〈索引あり〉①978-4-641-13902-2 Ⓝ327.6 [2900円]

◆法学叢書刑事訴訟法 大久保隆志著 新世社 2014.4 460p 22cm〈法学叢書 14〉〈サイエンス社(発売) 索引あり〉①978-4-88384-206-3 Ⓝ327.6 [3400円]

◆ロースクール演習刑事訴訟法 亀井源太郎著 第2版 法学書院 2014.4 306p 21cm〈索引あり〉①978-4-587-04041-3 Ⓝ327.6 [2600円]

日本〔刑事訴訟法―判例〕
◆刑事訴訟法判例ノート 前田雅英, 星周一郎著 第2版 弘文堂 2014.3 401p 21cm〈索引あり〉①978-4-335-35584-4 Ⓝ327.6 [2800円]

◆刑事法最新判例分析 前田雅英著 弘文堂 2014.4 371p 26cm〈索引あり〉①978-4-335-35593-6 Ⓝ326.098 [4000円]

◆プロブレム・メソッド刑事訴訟法30講 後藤昭, 白取祐司編 日本評論社 2014.8 470p 21cm〈索引あり〉①978-4-535-52058-5 Ⓝ327.6 [3400円]

日本〔刑事法〕
◆刑事法入門 船山泰範編 弘文堂 2014.2 210p 21cm〈Next教科書シリーズ〉〈文献あり 索引あり〉①978-4-335-00210-6 Ⓝ326 [2000円]

◆刑事法入門 大谷實著 第7版補訂版 有斐閣 2014.4 240p 22cm〈文献あり 索引あり〉①978-4-641-13903-9 Ⓝ326 [2200円]

◆国民の司法参加と刑事法学 平良木登規男著 慶應義塾大学出版会 2014.2 486p 22cm〈布装 内容：ドイツにおける参審制度の沿革 ドイツにおける参審制度の現在 日独の刑事司法 参審制度導入をめぐる問題点 裁判員制度の問題点 裁判員制度と刑事手続 当事者主義と予断排除 刑事裁判の充実・迅速化と新たな準備手続〈公判前整理手続〉 裁判員裁判における評決について 裁判員裁判の合憲性 交通事故における過失について 共謀共同正犯について 没収について 環境分野における刑事規制 組織犯罪対策における手続法的問題点 通信傍受法について 再審公判手続をめぐる諸問題〉①978-4-7664-2115-6 Ⓝ327.67 [9000円]

◆ハンドブック刑事法―罪と罰の現在 前田雅英著 東京法令出版 2014.2 118p 21cm〈索引あり〉①978-4-8090-1303-4 Ⓝ326 [1000円]

◆分冊六法全書 平成27年版 4 刑事法編 分冊六法編集委員会編 名古屋 新日本法規出版 2014.12 1冊 21cm ①978-4-7882-7939-1(set) Ⓝ320.91

日本（刑事法―会議録）

◇21世紀日中刑事法の重要課題―日中刑事法シンポジウム報告書　山口厚,甲斐克則編　成文堂　2014.6　230p　21cm〈会期・会場：2013年9月29日―30日　西北政法大学　内容：正犯と共犯の区別（甲斐克則著）　中国特有の犯罪関与体系について（劉明祥著,劉建利訳,甲斐克則補正）　罪数論・競合論（只木誠著）　罪数論体系の再構築（王政勛著,金光旭訳）　危険運転致死傷罪・自動車運転過失致死傷罪（橋爪隆著）　中国刑法における危険運転罪（梁根林著,于佳佳訳）　事後強盗罪に関する諸問題（張明楷著,金光旭訳）　討議の質疑応答（橋爪隆著）〉　①978-4-7923-5115-1　Ⓝ326.04　［2500円］

日本（刑事法―判例集）

◇高等裁判所刑事裁判速報集　平成24年　法務省大臣官房司法法制部/編　法曹会　2014.1　286p　21cm　［4905円］

◇高等裁判所刑事裁判速報集　平成24年　法務省大臣官房司法法制部編　法曹会　2014.1　286p　21cm　Ⓝ326.098　［4905円］

◇高等裁判所刑事裁判速報集　平成25年　法務省大臣官房司法法制部司法法制課　2014.10　272p　21cm　Ⓝ326.098

日本（刑事法―論文集）

◇川端博先生古稀記念論文集　上巻　井田良,高橋則夫,只木誠,中空壽雅,山口厚編集委員　成文堂　2014.10　909p　22cm〈内容：因果関係に関する理論と結論（前田雅英著）　行為規範と事前判断（江藤隆之著）　違法性と責任の区別について（高山佳奈子著）　正当防衛と法・権利の確証（飯島暢著）　自招侵害論再考（井上宜裕著）　刑罰論における同時存在の原則と自招侵害（松原久利著）　喧嘩闘争に関する正当防衛の成否（余振華著）　正当防衛における「やむを得ずにした行為」の意義（明照博章著）　人工延命装置の差控え・中止〈尊厳死〉問題の「解決」モデル（甲斐克則著）　仮定的同意に関する序論的考察（佐藤陽子著）　アスペルガー症候群と刑事責任（城下裕二著）　故意と行為意思の犯罪論体系的内実規定（伊東研祐著）　いわゆる「ブーメラン現象」と犯罪論体系（松澤伸著）　予見可能性論の動向と予見可能性の判断構造（大塚裕史著）　過失犯における危険性と注意義務（小田直樹著）　過失犯の成立要件（小林憲太郎著）　過失犯における違法性の認識の可能性（平野潔著）　過失犯における回避措置重心説（船山泰範著）　障害未遂・中止未遂における点と線・再論（関哲夫著）　国際刑法における行為支配論と正犯概念の新展開（フィリップ・オステン著）　共犯の本質と処罰根拠（浅田和茂著）　承継的共同正犯について―一部分的肯定説の再検討（阿部力也著）　承継的共同正犯について（高橋則夫著）　「承継的共同正犯」について（橋本正博著）　共犯的先行行為に基づく保障人的義務について（岩間康夫著）　犯罪の不阻止と共同正犯（奥村正雄著）　不作為犯の正犯と共犯（山中敬一著）　共謀の射程と量的過剰防衛（十河太朗著）　インサイダー取引規制の改正と共同正犯の成否（平山幹子著）　共犯と身分（日髙義博著）　共犯行為と故意（林幹人著）　犯罪論体系〈構成要件論・三元的犯罪構造説〉の刑事実務的意義に関する若干の考察（松本純也著）　併合罪における統一的評価の限界について（内田幸隆著）　集積犯について（佐久間修著）　終身刑についての規範的考察（岡上雅美著）　刑の一部の執行猶予制度の導入と検察の課題（伊藤栄二著）〉　①978-4-7923-5126-7　Ⓝ326.04　［25000円］

◇川端博先生古稀記念論文集　下巻　井田良,高橋則夫,只木誠,中空壽雅,山口厚編集委員　成文堂　2014.10　915p　22cm〈著者目録あり　内容：禁断の保護法益と被害者の意思に関する一考察（須之内克彦著）　強制わいせつ罪・強姦罪における暴力脅迫について（曲田統著）　準強姦罪における「抗拒不能」について（川本哲郎著）　建造物侵入罪における「侵入」概念について（只木誠著）　財産上の利益に対する刑法的保護に関する一考察（金澤真理著）　パチンコ玉やメダルの不正取得と窃盗罪の成否について（江口和伸著）　法益主体〈行為客体〉側の事情による実行行為の相対化（内山良雄著）　事後強盗罪に関する覚書（佐伯仁志著）　イギリス二〇〇六年詐欺罪法と詐欺処罰の限界（木村光江著）　詐欺罪における占有（佐藤拓磨著）　誤振込みと財産犯・再論（松宮孝明著）　訴訟詐欺について（森永真綱著）　アメリカ経済刑法における証券詐欺罪の一考察（川崎友巳著）　タクシー運転者証の公文書性（原田保著）　代理文書と文書偽造罪（松原芳博著）　個人の尊重に基づく児童ポルノの刑事規制（石井徹哉著）　戸籍行政の現状と戸籍に関する刑事法上の若干の問題（石井隆著）　いわゆる赤信号無視類型の危険運転致死傷の罪における「殊更に無視し」の意義（古川伸彦著）　自動車交通死傷事故に対する刑事的対応（丸山雅夫著）　危険運転致死傷罪〈赤色信号の殊更無視類型〉に係る諸論点（今村暢好著）　金融商品取引法一五七条の適用について（甲斐行夫著）　海賊対処法の適用をめぐる

刑事法上の法的問題（北川佳世子著）　「プライヴァシーの期待」についての考察（清水真著）　同意に基づく無令状捜索について（洲見光男著）　科学的捜査方法とプライバシーの合理的期待（辻脇葉子著）　「人格的自律権」について（寺崎嘉博著）　刑事裁判における直接主義の意義と機能（川出敏裕著）　告訴の受理義務と告訴不受理の場合の国家賠償責任（黒澤睦著）　裁判員裁判の量刑評議における裁判官と裁判員の役割分担と協働（井田良著）　裁判員裁判の公判審理の在り方を考える際の出発点（合田悦三著）　裁判員裁判に関する若干の覚書その2（中山隆夫著）　日本の薬物犯罪政策と「ダメ。ゼッタイ。」アプローチ（酒井安行著）　マネー・ローンダリング対策における顧客管理について（安冨潔著）　少年刑法の理論（吉中信人著）　日本の刑罰制度に関する史的素描（瀬川晃著）〉　①978-4-7923-5127-4　Ⓝ326.04　［25000円］

日本（芸術）

◇ドキュメント｜14の夕べ―パフォーマンスのあとさき、残りのものたちは身振りを続ける　東京国立近代美術館編著　京都　青幻舎　2013.11　377p　19cm〈会期・会場：2012年8月26日（日）-9月8日（土）東京国立近代美術館　主催：東京国立近代美術館〉　①978-4-86152-406-6　Ⓝ702.16　［2500円］

◇楽園創造（パラダイス）―αMプロジェクト2013：芸術と日常の新地平　中井康之執筆, 中井康之,保谷香織編　小平　武蔵野美術大学　2014.3　143p　26cm〈会期・会場：2013年4月6日―2014年3月22日　ギャラリーαM〉　Ⓝ702.16

日本（芸術―図集）

◇祈―平和祈念作品集　守美雄,持田総幸,フランコ・マウリッリ,マイケル E.J. スタンレー監修　遊美堂　2014.9　203p　31cm〈年表あり〉　①978-4-946554-57-5　Ⓝ702.16

◇信濃の国原始感覚美術祭　2013　水のまれびと　大町　原始感覚美術祭実行委員会　2013.11　1冊（ページ付なし）　30cm〈英語併記　会期・会場：2013年8月4日―9月9日　西丸震哉記念館ほか〉　Ⓝ702.16

◇みる―ふれる―きく―アート―感覚で楽しむ美術：とちぎアート・ドキュメント　宇都宮　栃木県立美術館　2013.11　79p　26cm〈会期・会場：2013年11月2日―12月23日　栃木県立美術館　編集：島一嘉〉　Ⓝ702.16

◇IAMAS 2014 graduation and project research exhibition　瀬川晃監修　大垣　情報科学芸術大学院大学　2014.5　63p　24cm〈会期・会場：2014年2月20日―23日　ソフトピアジャパン・センタービル〉　Ⓝ702.16

日本（芸術―歴史―昭和後期）

◇山下清と昭和の美術―「裸の大将」の神話を超えて　服部正,藤原貞朗著　名古屋　名古屋大学出版会　2014.2　467,56p　22cm〈文献あり　索引あり〉　①978-4-8158-0762-7　Ⓝ723.1　［5600円］

日本（芸術―歴史―明治以後）

◇日本の20世紀芸術　酒井忠康/監修, 東京美術倶楽部/編　平凡社　2014.11　531p　30cm　①978-4-582-20640-1　［29000円］

日本（芸術家）

◇いろはに―creative basic「いろ」　東京コミュニケーションアート専門学校クリエーティブデザイン科　2014.1　172p　20×20cm　（Mojitama book）①978-4-9905708-3-5　Ⓝ702.16　［900円］

◇WHO'S THIS GIRL？―Next Creators Portfolio　パルコエンタテインメント事業部　2014.10　135p　24cm〈本文は日本語〉①978-4-86506-098-0　Ⓝ702.16　［2100円］

◇プレイバック・アーティスト・トーク　東京国立近代美術館編　東京国立近代美術館　c2013　55p　15cm〈会期・会場：2013年6月14日―8月4日　東京国立近代美術館〉　Ⓝ702.16

日本（芸術教育）

◇探る表現―東大生のドローイングからみえてくる創造性　小澤基弘,岡田猛編著　京都　あいり出版　2014.10　214p　21cm　①978-4-901903-95-0　Ⓝ707　［2100円］

日本（珪藻―化石―図集）

◇日本淡水化石珪藻図説―関連現生種を含む　田中宏之著　内田老鶴圃　2014.3　602p　27cm〈索引あり〉①978-4-7536-4084-3　Ⓝ473.7　［33000円］

日本（芸能）

◇継ぐこと・伝えること　京都　京都芸術センター　2014.8　296p　19cm　（京都芸術センター叢書 1）［松本工房（発売）内容：「継ぐこと」と「伝えること」（茂山あきら,富永茂樹,長谷川真一述, 萩原麗子進行）　これまでの歩み　伝統を譲り渡す（茂山千五郎述,萩原麗子聞き手）　伝統を受け継ぐ（曽和尚朗,曽和尚靖述, 小林昌廣聞き手）　伝統文化に宿るもの（内田樹述,小林昌廣聞き手）　市川右近×片山伸吾（市川右近,片山伸吾述, 萩原麗子聞き手）　尾上菊之丞×茂山逸平（尾上菊之丞,茂山逸平述, 萩原麗子聞き手）　武智鉄二の行ったこと（権藤芳一ほか述,小林昌廣司会）　舞台芸術としての伝統芸能（土

日本件名図書目録2014　I　　日本（刑法）

田英生ほか述, 小林昌廣司会）　ゴリラが教えてくれた構えの継承（山極壽一著）　豊竹呂勢大夫×鶴澤藤蔵×吉田一輔（豊竹呂勢大夫, 鶴澤藤蔵, 吉田一輔述）　デロレン祭文の白い声（櫻川雛山述, 萩原麗子, 松本久木聞き手）　伝統と現代（石橋義正著）　明倫茶会のこと（松田正隆著）　制作人材を育んできた「継ぐこと・伝えること」の試み（松本茂章著）　伝統芸能はなぜそう呼ばれるか（横山太郎著）　自問自答（前原和比古著）　壬生狂言の伝承（八木聖弥著）　「継ぐ」ことと「償い」と（稲賀繁美著）　「継ぐこと・伝えること」と私（富永茂樹著）　継ぐこと伝えること五十回（茂山あきら著）　①978-4-944055-70-8　Ⓝ772.1　［2500円］

◇舞台芸術の鑑賞と表現における社会参加の課題と提言　［東京］　日本バリアフリー協会　2014.3　121p　31cm　〈厚生労働省平成25年度障害者総合福祉推進事業　ルーズリーフ〉　Ⓝ369.27

日本（芸能―賞―便覧）
◇音楽・芸能賞事典　2007-2013　日外アソシエーツ株式会社編集　日外アソシエーツ　2014.10　672p　22cm　〈紀伊國屋書店（発売）　索引あり〉　①978-4-8169-2502-3　Ⓝ760.3　［18500円］

日本（芸能―名簿）
◇芸能界紳士録―芸能手帳　2015　連合通信社編　連合通信社　2014.11　567p　19cm　Ⓝ770.35　［9000円］

日本（芸能―歴史）
◇にっぽん芸能史　稲田和浩著　映人社　2014.5　279p　19cm　〈文献あり　年表あり〉　①978-4-87100-236-3　Ⓝ772.1　［1500円］

日本（芸能―歴史―江戸時代）
◇図説江戸の「表現」―浮世絵・文学・芸能　人間文化研究機構国文学研究資料館編　八木書店古書出版部　2014.3　339p　27cm（八木書店（発売）　布装　「近世的表現様式と知の越境―文学・芸能・絵画による創造研究―」プロジェクト　内容：絵画資料の様々　江戸の長ぜりふ（武藤純子著）　役者絵『見立三十六歌撰』の見立てについて（高橋則子著）　鳥の趣向と遊郭文化（丹羽みさと著）　役者見立（沓野秀剛著）　芭蕉発句の「見立て」表現（金子俊之著）　「句兄弟」の方法（稲葉有祐著）　多色摺の源流（伊藤善隆著）　江戸の職人歌合（吉丸雄哉著）　近世的表現としての「序」・覚書（山本和明著）　役者評判記における見立て評の系譜（倉橋正恵著）　元禄歌舞伎の「やつし」芸（佐藤恵里著）　近世芸能の表現（原道生著）〉　①978-4-8406-9689-0　Ⓝ910.25　［12000円］

日本（芸能―歴史―中世）
◇女性芸能の源流―傀儡子・曲舞・白拍子　脇田晴子［著］　KADOKAWA　2014.4　235p　15cm（［角川ソフィア文庫］　［F104-1]）　〈文献あり〉　①978-4-04-408006-8　Ⓝ772.1　［800円］

日本（芸能―歴史―明治以後―人名辞典）
◇日本人物レファレンス事典　芸能篇1　映画・演劇・タレント　日外アソシエーツ株式会社編集　日外アソシエーツ　2014.4　724p　21cm　〈紀伊國屋書店（発売）〉　①978-4-8169-2468-2　Ⓝ281.03　［18500円］

◇日本人物レファレンス事典　芸能篇2　伝統芸能　日外アソシエーツ株式会社編集　日外アソシエーツ　2014.6　740p　21cm　〈紀伊國屋書店（発売）〉　Ⓝ281.03　［18500円］

日本（芸能人）
◇アイドル処世術―滝川クリステルからモー娘。まで、なめ子の異常な愛情　辛酸なめ子著　コアマガジン　2014.4　190p　18cm（コア新書 003）　①978-4-86436-603-8　Ⓝ779.9　［787円］

◇大人エレベーター　［妻夫木聡述］　扶桑社　2014.7　248p　19cm〈内容：中村勘三郎＆Char（中村勘三郎,Char, 妻夫木聡述）　リリー・フランキー（リリー・フランキー, 妻夫木聡述）　仲代達矢（仲代達矢, 妻夫木聡述）　スガシカオ（スガシカオ, 妻夫木聡述）　白鵬（白鵬, 妻夫木聡述）　佐野元春（佐野元春, 妻夫木聡述）　高田純次＆岸部一徳（高田純次, 岸部一徳, 妻夫木聡述）　斉藤和義（斉藤和義, 妻夫木聡述）　竹中直人（竹中直人, 妻夫木聡述）　古田新太（古田新太, 妻夫木聡述）　奥田民生（奥田民生, 妻夫木聡述）　中村俊輔（中村俊輔, 妻夫木聡述）　リリー・フランキー　奥田民生　斉藤和義（リリー・フランキー, 奥田民生, 斉藤和義ほか述）〉　①978-4-594-07063-2　Ⓝ779.9　［1200円］

◇芸能人はなぜ干されるのか？―芸能界独占禁止法違反　星野陽平著　西宮　鹿砦社　2014.5　309p　21cm　〈文献あり〉　①978-4-8463-1001-1　Ⓝ779.9　［1600円］

◇3・11とアイドル―アイドルと被災地、ふたつの「現場」で目撃した1096日間の「現実」　小島和宏著　コアマガジン　2014.5　190p　18cm　（コア新書 001）　①978-4-86436-600-7　Ⓝ369.31　［787円］

◇ジャニヲタ談話室！　みきーる著, 二平瑞樹漫画　イースト・プレス　2014.3　187p　19cm　①978-4-7816-1132-7　Ⓝ767.8　［1200円］

◇テレビでは流せない芸能界のヤバい話　ヤバい話研究会芸能部編　TOブックス　2014.6　205p　15cm　（TO文庫　や4-1）〈2012年刊の再編集〉①978-4-86472-259-9　Ⓝ779.9　［590円］

◇名言珍言108選　芸能・文化人編　手束仁, 創部線の会執筆　日刊スポーツ出版社　2014.9　239p　21cm　（NIKKAN SPORTS GRAPH）〈索引あり〉①978-4-8172-5555-6　Ⓝ281.04　［1200円］

◇世迷いごと　続　マツコ・デラックス著　双葉社　2013.5　222p　15cm　（双葉文庫　ま-19-02）〈2012年刊の加筆・訂正〉①978-4-575-71398-5　Ⓝ779.9　［552円］

◇私は貝になりたい　Vol.2　全部摘出　高須基仁著　展望社　2014.2　278p　21cm　〈1までの出版者：モッツ出版〉①978-4-88546-276-4　Ⓝ779.9　［1600円］

日本（芸能人―歴史）
◇小林信彦萩本欽一―ふたりの笑タイム―名喜劇人たちの横顔・素顔・舞台裏　小林信彦, 萩本欽一著　集英社　2014.1　254p　20cm　①978-4-08-781544-3　Ⓝ779.021　［1500円］

日本（競馬）
◇凱旋門賞に挑んだ日本の名馬たち―誰も書かなかった名勝負の舞台裏　平松さとし著　KADOKAWA　2014.9　255p　18cm　①978-4-04-600366-9　Ⓝ788.5　［1000円］

◇田端到・加藤栄の種牡馬事典　2014-2015　田端到, 加藤栄著　東邦出版　2014.4　265p　26cm　〈索引あり〉①978-4-8094-1217-2　Ⓝ788.5　［2400円］

◇哲学者、競馬場へ行く―賭博哲学の挑戦　檜垣立哉著　青土社　2014.12　263,7p　19cm　〈索引あり〉①978-4-7917-6833-2　Ⓝ788.5　［2200円］

◇外れ馬券が多すぎる　藤代三郎著　ミデアム出版社　2014.8　215p　19cm　①978-4-86411-053-2　Ⓝ788.5　［1600円］

◇馬主の一分　マイケル・タバート著　ベストセラーズ　2014.1　205p　18cm　（競馬ベスト新書 24）①978-4-584-10424-8　Ⓝ788.5　［895円］

◇一口馬主の愉しみ―競馬を10倍楽しむ大人の趣味　伊吹雅也著, 一口馬主DB監修, 競馬道OnLine編集部編　スタンダードマガジン（発売）　2014.6　207p　18cm　（競馬道OnLine新書 008）①978-4-938280-61-1　Ⓝ788.5　［900円］

◇見抜く力。―競馬の本質：基礎訓練を繰り返し実力を磨く：essay for refinement man　本島修司著　創和社　2013.11　350p　19cm　①978-4-86286-074-3　Ⓝ788.5　［1500円］

日本（競売〈法律〉―書式）
◇競売不動産すぐに役立つ書式集　ワイズ不動産投資顧問監修, 山田純男著　週刊住宅新聞社　2014.7　109p　26cm　（QP Books）①978-4-7848-4606-1　Ⓝ327.39　［1400円］

日本（刑罰）
◇ルポ・罪と更生　西日本新聞社会部著　京都　法律文化社　2014.8　252p　19cm　①978-4-589-03615-5　Ⓝ326.4　［2300円］

日本（軽犯罪法）
◇擬律判断・軽犯罪法―イラスト・チャートでわかりやすい　須賀正行著　東京法令出版　2014.3　175p　21cm　①978-4-8090-1305-8　Ⓝ326.82　［1500円］

日本（警備保障業）
◇イベントを安心して楽しんでいただくために―企画・実施管理から警備に至る実戦的手法　橋爪紳也, 四方修, 北後明彦監修, 貝辻正利著　講談社エディトリアル　2014.6　205p　21cm　①978-4-907514-07-5　Ⓝ673.93　［2000円］

◇セキュリティ関連市場の将来展望　2013　大阪マーケティング本部第二事業部調査・編集　富士経済　2013.10　266p　30cm　①978-4-8349-1640-9　Ⓝ673.93　［120000円］

日本（刑法）
◇医事刑法概論　1　序論・医療過誤　山中敬一著　成文堂　2014.8　864p　22cm　〈文献あり〉内容：序論　医療過誤者の同意　医師の説明義務　医療過誤と過失犯の成立要件　医療過誤の諸類型と刑事過失　医療過誤と刑事組織過失〉①978-4-7923-5121-2　Ⓝ326.8　［14000円］

◇矯正職員のための法律講座　西田博編著, 大橋哲, 内藤晋太郎, 中田昌伸, 林谷浩二［執筆］　東京法令出版　2014.3　379p　21cm　〈文献あり〉①978-4-8090-5105-0　Ⓝ326　［2800円］

661

日本（刑法─判例）

◇警察官のための刑法講義　津田隆好著　補訂版　東京法令出版　2014.2　333p　21cm　〈文献あり　索引あり〉①978-4-8090-1300-3　Ⓝ326　［2600円］

◇刑法　川端博著　成文堂　2014.3　412p　22cm　〈文献あり　索引あり〉①978-4-7923-5102-1　Ⓝ326　［3500円］

◇刑法　伊藤塾著　弘文堂　2014.6　236p　21cm　（伊藤真ファーストトラックシリーズ 3）〈索引あり〉①978-4-335-31453-7　Ⓝ326　［1800円］

◇刑法への誘い　杉山博亮著　右文書院　2014.7　244p　19cm　①978-4-8421-0768-4　Ⓝ326　［1600円］

◇刑法概説各論　須之内克彦著　第2版　成文堂　2014.4　448p　22cm　〈索引あり〉①978-4-7923-5109-0　Ⓝ326.2　［3500円］

◇刑法概要　各論　萩原滋著　第4版　成文堂　2014.12　264p　21cm　〈索引あり〉①978-4-7923-5135-9　Ⓝ326.2　［2600円］

◇刑法各論　斎藤信治著　第4版　有斐閣　2014.3　472p　22cm　〈索引あり〉①978-4-641-13901-5　Ⓝ326.2　［3800円］

◇刑法各論　大野真義, 加藤久雄, 飯島暢, 島田良一, 神馬幸一著　京都　世界思想社　2014.6　457p　22cm　〈文献あり　索引あり〉①978-4-7907-1631-0　Ⓝ326.2　［4200円］

◇刑法各論　大谷實著　第4版　成文堂　2014.10　439p　22cm　〈索引あり〉①978-4-7923-5123-6　Ⓝ326.2　［3200円］

◇刑法各論　高橋則夫著　第2版　成文堂　2014.10　738p　22cm　〈索引あり〉①978-4-7923-5124-3　Ⓝ326.2　［4500円］

◇刑法事例演習教材　井田良, 佐伯仁志, 橋爪隆, 安田拓人著　第2版　有斐閣　2014.12　262p　24cm　〈索引あり〉①978-4-641-13909-1　Ⓝ326　［2800円］

◇刑法の論点と解釈　丸山雅夫著　成文堂　2014.11　287p　22cm　（南山大学学術叢書）〈内容：不真正不作為犯の限定原理　中止未遂の法的性質と成立要件　結果的加重犯の構造　結果的加重犯と過失の要否　共謀共同正犯の構造と成立範囲　共同正犯者が共同して収受した賄賂についての追徴の方法　併合罪加重における内在的制約　連続的包括一罪　生命・身体に対する罪と被害者の同意　自動車交通死傷事故に対する刑事的対応　個人的法益としての「名誉」概念　インターネット上の個人利用者による名誉毀損と真実性の誤信　財産犯における不動産の扱い　被害者の意思と窃盗罪の成否　強盗犯人による被害者の殺害と共犯者の刑責　強盗致死罪の共同正犯〉①978-4-7923-5133-5　Ⓝ326.04　［6000円］

◇現代刑法入門　浅田和茂, 内田博文, 上田寛, 松宮孝明著　第3版補訂　有斐閣　2014.9　330p　19cm　（有斐閣アルマ）〈文献あり　索引あり〉①978-4-641-22032-4　Ⓝ326　［2000円］

◇現代社会と刑法　曽根威彦著　成文堂　2013.12　312p　22cm　〈内容：現代の刑事判例・立法と刑法理論　政治過程と刑事法　政・官・業の癒着をめぐる構造汚職　両罰規定と最近の最高裁判例　カード犯罪に関する刑法の一部改正　有害図書規制と刑法上の問題点　暴走族追放条例と合憲限定解釈　ポスティングと住居侵入罪適用の合憲性　社会保険庁職員政党機関紙配布事件東京地裁判決を読んで　「国家公務員の政治的行為」処罰の刑法上の問題点　国家公務員の政治的行為と刑事罰　公務員の政治的行為制限違反罪と職務関連性　交通犯罪に関する刑法改正の問題点　交通刑法の改正問題　「生命の尊厳」と「生命の尊重」　臨死介助と自己決定権　クローン技術規制法と「人間の尊厳」　臓器の提供と脳死の自己決定の問題性〉978-4-7923-5101-4　Ⓝ326　［6500円］

◇現代の刑法各論　木村裕三, 小林敬和共著　改訂第4版　成文堂　2014.6　439p　21cm　〈文献あり　索引あり〉①978-4-7923-5116-8　Ⓝ326.2　［3200円］

◇憲法的刑法学の展開─仏教思想を基盤として　平川宗信著　有斐閣　2014.12　431p　22cm　〈内容：団藤博士の主体性の理論　主体性と刑事責任についての一考察　仏教的刑法学の基本構想　憲法的刑法の基礎　憲法的刑法と憲法理論　刑法各論の意義と体系　憲法的・仏教的刑事法原論の展開　刑法と人間　憲法と仏教思想　死刑制度と憲法理念　死刑制度と仏教思想　永山事件と死刑選択基準　保険金殺人事件と死刑選択基準　光市母子殺害事件と死刑選択基準　名誉に対する罪の保護法益　名誉毀損罪における侵害犯説の展開　インターネットによる名誉毀損罪の成立要件　名誉毀損表現の司法的事前抑制　犯罪報道と人権　捜査と犯罪報道　少年推知報道と少年の権利　刑事司法情報の保存と公開の法的枠組み　わいせつ物頒布等罪と税関検閲　破壊活動防止法三九条・四〇条のせん動処罰規定の合憲性〉①978-4-641-04299-5　Ⓝ326　［6800円］

◇口述刑法各論　中山研一著, 松宮孝明補訂　新版　補訂3版　成文堂　2014.9　384p　22cm　〈索引あり〉①978-4-7923-5122-9　Ⓝ326.2　［3200円］

◇事例から刑法を考える　島田聡一郎, 小林憲太郎著　第3版　有斐閣　2014.4　505p　22cm　（法学教室LIBRARY）〈索引あり〉①978-4-641-04298-8　Ⓝ326　［3200円］

◇設題解説刑法　2　植村立郎監修　法曹会　2014.10　520p　18cm　（研修講座 10）〈索引あり〉①978-4-908108-06-8　Ⓝ326.2　［2130円］

◇法学講義刑法　2　各論　大谷實編　悠々社　2014.4　374p　21cm　〈索引あり〉①978-4-86242-025-1　Ⓝ326.2　［3500円］

◇Law Practice刑法　佐久間修, 高橋則夫, 松澤伸, 安田拓人著　第2版　商事法務　2014.3　312p　21cm　〈索引あり〉①978-4-7857-2172-5　Ⓝ326　［2800円］

日本（刑法─判例）

◇刑事法最新判例分析　前田雅英著　弘文堂　2014.4　371p　26cm　〈索引あり〉①978-4-335-35593-6　Ⓝ326.098　［4000円］

◇現代の判例と刑法理論の展開　板倉宏監修・著, 沼野輝彦, 設楽裕文編　八千代出版　2014.6　338p　21cm　〈索引あり〉①978-4-8429-1629-3　Ⓝ326.098　［3800円］

◇大コンメンタール刑法　第8巻　第148条〜第173条　大塚仁, 河上和雄, 中山善房, 古田佑紀編　第3版　青林書院　2014.5　445p　22cm　〈索引あり〉①978-4-417-01622-9　Ⓝ326.098　［7300円］

◇大コンメンタール刑法　第7巻　第108条〜第147条　大塚仁, 河上和雄, 中山善房, 古田佑紀編　第3版　青林書院　2014.6　447p　22cm　〈索引あり〉①978-4-417-01626-7　Ⓝ326.098　［7300円］

◇大コンメンタール刑法　第11巻　第209条〜第229条　大塚仁, 河上和雄, 中山善房, 古田佑紀編　第3版　青林書院　2014.9　638p　22cm　〈索引あり〉①978-4-417-01635-9　Ⓝ326.098　［8500円］

◇判例講義刑法　1　総論　大谷實編　大谷實［ほか執筆］　第2版　悠々社　2014.4　196,5p　26cm　〈索引あり〉①978-4-86242-026-8　Ⓝ326.098　［3300円］

日本（刑法─論文集）

◇近代刑法の現代的論点─足立昌勝先生古稀記念論文集　石塚伸一, 岡本洋一, 楠本孝, 前田朗, 宮本弘典編著　社会評論社　2014.3　568p　22cm　〈著作目録あり　年譜あり　内容：改正臓器移植法の問題点（浅田和茂著）　医療観察法と障害者権利条約（池原毅和著）　医療観察法の廃止について（内田博文著）　医療観察法施行五年の見直しの問題（内山真由美著）　組織的犯罪処罰法（遠藤憲一著）　少年司法に関する立法とEBP（岡田行雄著）　戦後日本における団体・結社に対する刑事立法について序論（岡本洋一著）　盗聴法〈通信傍受法〉の立法過程の批判的検討とその拡大をくいとめるための課題（海渡雄一著）　共謀罪立法の問題点（山下幸夫著）　共謀共同正犯論再考（大場史朗著）　医療事故と刑事司法（鈴木博康著）　自動車運転過失の重罰化と自動車運転過失致死傷罪（福永俊輔著）　騒乱罪の基礎（永嶋久義著）　けん銃不法所持の共謀共同正犯とその主観的要件について（松宮孝明著）　危険社会における予防拘禁の復活？（石塚伸一著）　処罰段階の早期化としての予備ないし予備の予備の処罰（金尚均著）　新たな在留管理制度に関する覚書（楠本孝著）　ファミリー・バイオレンスにおける刑事法の役割と限界（廣畑綾子著）　監獄法改正法案のひとつの側面（新村繁文著）　死刑存廃と釈尊の教え（堀敏明著）　思想の疎外と思想の処罰のあいだの刑法（本田稔著）　ヘイト・クライム法研究の地平（前田朗著）　親密圏の刑罰（森川恭剛著）　新しい捜査手法と刑事手続への影響について（春日勉著）　接見禁止と弁護人宛信書の内容検査（葛野尋之著）　裁判員裁判と責任能力（齋藤由紀著）　庁舎管理権に基づく実力行使の限界（新屋達之著）　公訴時効の廃止に関する一考察（陶山二郎著）　裁判員裁判と直接主義・口頭主義（南川学著）　裁判員制度と自白依存司法（宮本弘典著）〉①978-4-7845-1490-8　Ⓝ326.04　［5800円］

日本（刑務所）

◇刑務官へのエール─法務省"刑務官"局長のひとりごと　西田博著　廣済堂出版　2014.11　205p　19cm　①978-4-331-51898-4　Ⓝ326.52　［1600円］

◇刑務所　小林勝ното　三人社　2014.12　89p　18cm　（ルポルタージュシリーズ）〈現在の会編　原本：柏樹書房1955年刊〉①978-4-906943-85-2,978-4-906943-80-7(set)　Ⓝ326.52

◇刑務所なう。　堀江貴文著　完全版　文藝春秋　2014.7　671p　16cm　（文春文庫 ほ20-1）〈「刑務所なう。」(2012年刊)「刑務所なう。シーズン2」(2013年刊)を合本, 再構成。〉①978-4-16-790148-6　Ⓝ326.52　［1050円］

◇刑務所わず。─一塀の中では言えないホントの話　堀江貴文著　文藝春秋　2014.1　255p　19cm　①978-4-16-376510-5　Ⓝ326.52　［1200円］

日本件名図書目録2014　I　　　　　　　　　　　　　　　　　　　　　　　　　　　　　　　　　　　　　日本（結核予防）

日本（刑務所―歴史―明治以後）

◇行刑の近代化―刑事施設と受刑者処遇の変遷　小澤政治著　日本評論社　2014.4　513p　22cm　〈索引あり〉　①978-4-535-52012-7　Ⓝ326.5　［8000円］

日本（契約）

◇印鑑の基礎知識―知らないではすまされない　寺澤正孝監修, 金融実務研究会著　きんざい　2014.4　132p　21cm　〈索引あり〉　①978-4-322-12410-1　Ⓝ324.52　［1400円］

◇環境配慮契約法基本方針等の改定検討等業務報告書　平成25年度　［東京］　インテージリサーチ　2014.3　1冊　30cm　Ⓝ343.94

◇環境配慮契約法基本方針等の改定検討等業務報告書　平成25年度　別冊　専門委員会資料　［東京］　インテージリサーチ　2014.3　1冊　30cm　Ⓝ343.94

◇官公庁契約精義　平成26年増補改訂版　高柳岸夫, 有川博共著　全国官報販売協同組合　2014.2　1620p　22cm　〈文献あり　索引あり〉　①978-4-86458-057-1　Ⓝ343.94　［12000円］

◇企業のための契約条項有利変更の手引　植松勉著　名古屋　新日本法規出版　2014.4　400p　26cm　〈文献あり〉　①978-4-7882-7841-7　Ⓝ324.52　［4500円］

◇技術法務のススメ―事業戦略から考える知財・契約プラクティス：知財戦略・契約マネジメント・契約交渉・契約書作成・特許ライセンス契約・秘密保持契約・共同開発契約・共同出願契約・ソフトウェアライセンス契約・ソフトウェア開発委託契約など　鮫島正洋編集代表　日本加除出版　2014.6　379p　21cm　①978-4-8178-4168-1　Ⓝ507.2　［3450円］

◇契約実務と法―リスク分析を通して　河村寛治著　改訂版　第一法規　2014.2　440p　21cm　（Legal Seminar）〈索引あり〉　①978-4-474-02984-2　Ⓝ324.52　［2800円］

◇契約書作成に役立つ税務知識Q&A―取引スキーム別　森・濱田松本法律事務所税務プラクティスグループ編　中央経済社　2014.10　397p　21cm　〈索引あり〉　①978-4-502-11171-6　Ⓝ336.98　［4300円］

◇地方公共契約の手引き　奥村勇雄著　建設物価調査会　2014.4　342p　30cm　①978-4-7676-8801-5　Ⓝ349.3　［4600円］

◇取引基本契約書の作成と審査の実務　滝川宜信著　第5版　民事法研究会　2014.10　447p　21cm　〈索引あり〉　①978-4-89628-970-1　Ⓝ324.52　［4000円］

◇法務部員のための契約実務共有化マニュアル　河村寛治, 宮田正樹, 河西潔著　［東京］　レクシスネクシス・ジャパン　2014.11　275p　21cm　①978-4-902625-99-8　Ⓝ324.52　［2600円］

◇民事訴訟における事実認定―契約分野別研究（製作及び開発に関する契約）　司法研修所編　法曹会　2014.1　312p　21cm　Ⓝ327.2　［2714円］

◇民事訴訟における事実認定―契約分野別研究（製作及び開発に関する契約）　畠山稔, 谷有恒, 遠藤東路, 藤澤裕介［著］　［和光］　司法研修所　2014.1　312p　21cm　（司法研究報告書　第65輯　第1号）　Ⓝ327.2

◇リスクを回避する契約術―企業法務　星野隆宏著　幻冬舎メディアコンサルティング　2013.7　176p　18cm　（経営者新書　049）〈幻冬舎（発売）〉　①978-4-344-99916-9　Ⓝ324.52　［740円］

日本（契約〔公法〕）

◇公共工事における契約変更の実際―受発注者のための設計変更と工期設定　木下誠也編著　経済調査会　2014.7　419p　21cm　〈文献あり〉　①978-4-86374-156-0　Ⓝ510.91　［4500円］

◇自治体職員のための契約事務ハンドブック　占部裕典, 田井義信監修, 航村享著　第一法規　2014.3　235p　19cm　①978-4-474-02976-7　Ⓝ323.95　［2400円］

日本（契約―書式）

◇応用自在！　契約書作成のテクニック　みらい総合法律事務所編著　日本法令　2014.8　1701p　21cm　①978-4-539-72382-1　Ⓝ324.52　［8200円］

◇契約書・印紙税・消費税の知識―事業者必携：消費税率アップに対応！：最新版　服部真和監修　三修社　2014.4　255p　21cm　①978-4-384-04586-4　Ⓝ324.52　［1900円］

◇契約書作成の実務と書式―企業実務家視点の雛形とその解説　阿部・井窪・片山法律事務所編　有斐閣　2014.6　527p　22cm　〈索引あり〉　①978-4-641-13659-5　Ⓝ324.52　［4400円］

◇契約書作成のプロセスを学ぶ―ビジネスに寄り添う契約実務の思考法　鈴木学, 豊永晋輔著　中央経済社　2014.11　241p　21cm　①978-4-502-11711-4　Ⓝ324.52　［2600円］

◇契約書式実務全書　第1巻　大村多聞, 佐瀬正俊, 良永和隆編　第2版　ぎょうせい　2014.6　838p　27cm　①978-4-324-09697-0　Ⓝ324.52　［10000円］

◇契約書式実務全書　第2巻　大村多聞, 佐瀬正俊, 良永和隆編　第2版　ぎょうせい　2014.9　818p　27cm　①978-4-324-09698-7　Ⓝ324.52　［10000円］

◇契約書式実務全書　第3巻　大村多聞, 佐瀬正俊, 良永和隆編　第2版　ぎょうせい　2014.10　765p　27cm　①978-4-324-09699-4　Ⓝ324.52　［10000円］

◇最新シンジケート・ローン契約書作成マニュアル―国内・海外協調融資の実務　坂井豊, 副島史子監修, 渥美坂井法律事務所・外国法共同事業編　第2版　中央経済社　2014.5　563p　22cm　〈索引あり〉　①978-4-502-10631-6　Ⓝ338.54　［6200円］

◇私学のための契約書作成入門　小國隆輔著, 私学経営研究会編　［大阪］　法友社　2014.5　88p　21cm　（俵屋（発売））　①978-4-938414-59-7　Ⓝ324.52　［1000円］

◇実践契約書チェックマニュアル　飛翔法律事務所著　改訂2版　経済産業調査会　2014.2　323p　21cm　（現代産業選書）〈索引あり〉　①978-4-8065-2934-7　Ⓝ324.52　［3000円］

◇標準実用契約書式全書　寺本吉男編著　日本法令　2014.10　999p　21cm　①978-4-539-72393-7　Ⓝ324.52　［5000円］

日本（契約法）

◇債権各論　1　契約法　松岡勝実著　成文堂　2014.4　124p　21cm　〈文献あり〉　①978-4-7923-9240-6　Ⓝ324.5　［1500円］

日本（契約法―判例）

◇判例Check契約の無効・取消　加藤新太郎編集　改訂版　名古屋　新日本法規出版　2013.7　749p　22cm　〈索引あり〉　①978-4-7882-7766-3　Ⓝ324.52　［6700円］

◇論点体系判例民法　5　契約　1　能見善久, 加藤新太郎編集　第2版　第一法規　2013.12　416p　22cm　〈索引あり〉　①978-4-474-10323-8　Ⓝ324.098　［4300円］

◇論点体系判例民法　6　契約　2　能見善久, 加藤新太郎編集　第2版　第一法規　2013.12　428p　22cm　〈索引あり〉　①978-4-474-10324-5　Ⓝ324.098　［4300円］

日本（鶏卵―PR）

◇たまごニコニコ大作戦!!―日本縦断チャリリレー：完全保存版　2013　名古屋　鶏卵肉情報センター　2013.12　60p　30cm　Ⓝ648.3　［750円］

日本（劇作家）

◇ドラマな人々―岡田惠和とドラマチックな面々　NHK-FM『岡田惠和今宵、ロックバーで』編　アスペクト　2014.6　277p　19cm　①978-4-7572-2282-3　Ⓝ778.8　［1500円］

日本（化粧品―特許）

◇化粧品に取り組む全企業―特許データからビジネスチャンスを探る　2014　ネオテクノロジー　2013.10　41, 141p　30cm　①978-4-907191-39-9　Ⓝ576.7　［48000円］

日本（下水処分）

◇汚水処理施設の効率的整備促進に関する調査報告書　平成25年度　［東京］　環境省大臣官房廃棄物・リサイクル対策部廃棄物対策課浄化槽推進室　2014.3　1冊　30cm　〈共同刊行：日本コン〉　Ⓝ518.24

日本（下水処分―名簿）

◇下水処理場ガイド　2013　公共投資ジャーナル社編集部編　公共投資ジャーナル社　2013.4　920p　30cm　①978-4-906286-71-3　Ⓝ518.24　［47429円］

日本（下水道）

◇下水道経営ハンドブック　第26次改訂版（平成26年）　下水道事業経営研究会編集　ぎょうせい　2014.8　412p　21cm　〈索引あり〉　①978-4-324-09844-8　Ⓝ518.2　［4500円］

◇下水道事業における企業会計導入の手引き　2013年版　日本下水道協会　2013.5　210p　30cm　Ⓝ518.2

◇下水道事業の手引　平成26年版　国土交通省水管理・国土保全局下水道部下水道事業課監修　日本水道新聞社　2014.8　30, 902p　21cm　①978-4-930941-52-7　Ⓝ518.2　［5143円］

◇下水道の考えるヒント　2　中里卓治著　環境新聞社　2014.1　277p　18cm　①978-4-86018-279-3　Ⓝ518.2　［830円］

◇下水道の地震対策マニュアル　2014年版　日本下水道協会　2014.7　398p　30cm　Ⓝ518.2

◇新下水道ビジョン―「循環のみち」の持続と進化：下水道政策研究委員会報告書　［東京］　国土交通省水管理・国土保全局下水道部　2014.7　1冊　30cm　〈共同刊行：日本下水道協会〉　Ⓝ518.2

日本（結核予防）

◇感染症法における結核対策―保健所・医療機関等における対策実施の手引き　森亨監修, 加藤誠也編集代表　平成26年改訂

に

663

日本（結晶光学―特許）　　　　　　　　　　　　　　　　　　　　　日本件名図書目録2014　Ⅰ

版　結核予防会　2014.12　230p　30cm　Ⓘ978-4-87451-297-5　Ⓝ498.6　［4500円］
◇感染症法に基づく結核の接触者健康診断の手引きとその解説　石川信克監修，阿彦忠之編　平成26年改訂版　結核予防会事業部出版調査課　2014.7　111p　30cm〈文献あり〉「結核の接触者健診Q&A」付き〉Ⓘ978-4-87451-294-4　Ⓝ498.6　［2600円］

日本（結晶光学―特許）
◇フォトニック結晶―特許調査報告書　ネオテクノロジー　2014.3　316p　30cm〈折り込1枚〉Ⓝ459.95　［300000円］

日本（ゲーム産業―歴史）
◇家庭用ゲーム機興亡史―ゲーム機シェア争奪30年の歴史　前田尋之著　オークラ出版　2014.5　255p　19cm〈文献あり　年表あり〉Ⓘ978-4-7755-2243-1　Ⓝ589.77　［1500円］

日本（検閲―歴史―1868〜1945）
◇伏字の文化史―検閲・文学・出版　牧義之著　森話社　2014.12　443p　22cm〈文献あり　索引あり　内容：伏字の存在意義に関する基礎的考察　法外便宜的措置としての内閲．1　その始まりから運用まで　法外便宜的措置としての内閲．2　萩原朔太郎『月に吠える』の内閲と削除　法外便宜的措置としての内閲．3　円本時代の終焉と昭和期の事例　事例の検閲制度意識　森田草平『輪廻』の伏字表記　削られた作品の受容と変遷　誌面削除が生んだテキスト・ヴァリアント　発売頒布禁止処分と「改訂版」　狂演のテーブル　伏字の戦後〉Ⓘ978-4-86405-073-9　Ⓝ023.8　［4800円］

日本（検閲―歴史―1945〜1952）
◇GHQ焚書図書開封　9　アメリカからの「宣戦布告」　西尾幹二著　徳間書店　2014.3　334p　20cm〈文献あり〉Ⓘ978-4-19-863774-3　Ⓝ210.7　［1800円］
◇GHQ焚書図書開封　10　地球侵略の主役イギリス　西尾幹二著　徳間書店　2014.10　405,8p　20cm〈文献あり〉Ⓘ978-4-19-863852-8　Ⓝ210.7　［1900円］
◇GHQ焚書図書開封　1　米占領軍に消された戦前の日本　西尾幹二著　徳間書店　2014.10　419,21p　15cm　〈徳間文庫カレッジ〉〈文献あり〉Ⓘ978-4-19-907012-9　Ⓝ210.7　［900円］
◇GHQ焚書図書開封　2　パターン、蘭印・仏印、米本土空襲計画　西尾幹二著　徳間書店　2014.11　494p　15cm　〈徳間文庫カレッジ〉〈文献あり〉Ⓘ978-4-19-907016-7　Ⓝ210.7　［930円］
◇GHQ焚書図書開封　3　戦場の生死と「銃後」の心　西尾幹二著　徳間書店　2014.12　475p　15cm　〈徳間文庫カレッジ〉〈文献あり〉Ⓘ978-4-19-907020-4　Ⓝ210.7　［920円］

日本（検閲―歴史―明治以後）
◇検閲の帝国―文化の統制と再生産　紅野謙介，高榮蘭，鄭根埴，韓基亨，李惠鈴編　新曜社　2014.8　478p　22cm〈年表あり　内容：植民地検閲と「検閲標準」（鄭根埴著，金泰植訳）文学を検閲する、権力を監視する（紅野謙介著）「法域」と「文域」（韓基亨著，高橋梓訳）　植民地を描いた小説と日本における二つの検閲（十重田裕一著）　検閲の変容と拡張、「親日文学」というプロセス（李鍾護著，金閏愛訳）　占領・民族・検閲という遠近法（高榮蘭著）「風俗壊乱」へのまなざし（金子明雄著）植民地のセクシュアリティと検閲（李惠鈴著，和田圭弘訳）　目に見えない懲罰のように（内藤千珠子著）　植民地朝鮮における興行市場の病理学と検閲体制（李承姫著，金泰植訳）　誰が演劇の敵なのか（小平麻衣子著）　植民地朝鮮における民間新聞の写真検閲制度（李坰珪著，金泰植訳）　検閲と兵隊（五味渕典嗣著）　ペテロの夜明け（鄭鍾賢著，金閏愛訳）　移動と翻訳（榊原理智著）　新たな禁忌の形成と階層化された検閲機構としての文壇（林原順著，和田圭弘訳）「原爆詩人」像の形成と検閲（鳥羽耕史著）　ある『政治学概論』の運命（藤井たけし著）〉Ⓘ978-4-7885-1401-0　Ⓝ023.8　［5100円］

日本（研究開発）
◇「エクサスケール・スーパーコンピュータ開発プロジェクト（仮称）」の評価結果―総合科学技術会議が実施する国家的に重要な研究開発の評価　［東京］　総合科学技術会議　2013.12　84p　30cm　Ⓝ548.291
◇関西大学研究・技術シーズ集　2014-2015　吹田　関西大学社会連携部産学官連携センター　2014.9　181p　21cm〈共同刊行：関西大学先端科学技術推進機構〉Ⓝ507
◇産学官連携データ集　2013-2014　科学技術振興機構産学連携展開部企画・編集　［東京］　科学技術振興機構　2014.3　71p　30cm　Ⓝ507
◇産学共創イノベーション事例―チームコラボレーションの時代の取組み：調査報告書　科学技術振興機構研究開発戦略センターイノベーションユニット　2014.3　113p　30cm　Ⓝ507

◇実用化ドキュメント―NEDO project success stories　2014　川崎　新エネルギー・産業技術総合開発機構評価部　2014.7　82p　30cm　Ⓝ502.1
◇社会課題/ニーズをとらえた研究開発戦略の立案方法等に関するワークショップ―ワークショップ報告書　科学技術振興機構研究開発戦略センター　2014.8　145p　30cm〈会期：平成26年6月17日〉Ⓘ978-4-88890-407-0　Ⓝ507
◇社会的期待に応える研究開発戦略の立案―未来創発型アプローチの試行：平成25年度報告書　科学技術振興機構研究開発戦略センター　2014.6　4, 23, 65p　30cm　Ⓘ978-4-88890-398-1　Ⓝ409.1
◇仙台高等専門学校シーズ集　平成25年度　［名取］　仙台高等専門学校　2014.2　118p　30cm　Ⓝ507
◇日本発モノづくり―若い人たちに期待したいこと　福田國彌監修，石井徳章，森幸治編著　京都　晃洋書房　2014.6　299p　19cm　Ⓘ978-4-7710-2514-1　Ⓝ509.21　［1800円］
◇伸びる製造業の賢い大学の使い方―産学官連携の活用法　名古屋工業大学産学官連携センター著　産業官連携メディアコンサルティング　2014.2　199p　18cm　〈経営者新書 098〉〈幻冬舎（発売）　奥付の出版者（誤植）：産業官連携センター〉Ⓘ978-4-344-95237-9　Ⓝ509.21　［740円］
◇「分野4次世代ものづくり」シンポジウム―文部科学省HPCI戦略プログラム：講演集　第4回　東京大学生産技術研究所革新的シミュレーション研究センター編　東京大学生産技術研究所革新的シミュレーション研究センター　2014.3　119p　30cm　〈会期・会場：2013年12月6日　独立行政法人理化学研究所計算科学研究機構1Fセミナー室〉Ⓘ978-4-9905975-8-0　Ⓝ548.291
◇平成25年度産総研本格研究ワークショップin大分―未利用エネルギー技術が拓くグリーンテクノロジー　［鳥栖］　産業技術総合研究所　［2014］　80p　30cm〈会期・会場：平成26年1月28日　コンパルホール〉Ⓝ507
◇我が国の産業技術に関する研究開発活動の動向―主要指標と調査データ　第14版　［東京］　経済産業省産業技術環境局技術調査室　2014.5, 133p　30cm　Ⓝ502.1

日本（研究開発―歴史―1945〜）
◇日本におけるイノベーション・システムとしての共同研究開発はいかに生まれたか―組織間連携の歴史分析　平本厚編著　京都　ミネルヴァ書房　2014.12　346p　22cm〈文献あり　索引あり　内容：共同研究開発政策の展開過程（平本厚著）　共同研究開発の歴史的推移（平本厚著）　真空管技術と共同研究開発の生成（平本厚著）　半導体技術の発展を支えた共同研究（青木洋著）　音響兵器から魚群探知機へ（沢井実著）　シェルモールド鋳造法における共同研究開発体制の形成と発展（平本厚著）　unofficialなセクターによるイノベーションへの貢献（高橋雄志著）　共同研究開発の国際比較（平本厚著）　近代日本の科学と工学（岡本拓司著）　日本における共同研究開発の発展とイノベーション・システム（平本厚著）〉Ⓘ978-4-623-07152-4　Ⓝ336.17　［6500円］

日本（研究機関）
◇国立大学法人・大学共同利用機関法人の平成25年度に係る業務の実績に関する評価について　［東京］　国立大学法人評価委員会　2014.11　541p　30cm　Ⓝ377.1
◇自治体シンクタンク研究交流会議記録集　第1回　平成25年度　上越市企画政策部上越市創造行政研究所編　上越　上越市企画政策部上越市創造行政研究所　2014.3　65p　30cm　Ⓝ318

日本（健康管理）
◇石綿肺の診断等に関する支援業務報告書　平成25年度　［川崎］　環境再生保全機構　2014.3　168p　30cm〈平成25年度環境省請負業務〉Ⓝ498.87
◇介護予防を推進するための地域診断に関する調査研究事業報告書―平成25年度老人保健事業推進費等補助金老人保健健康増進等事業　全国国民健康保険診療施設協議会　2014.3　12, 72, 117p　30cm　Ⓝ498.021
◇過重労働対策・面接指導のQ&A 100　堀江正知編著　産業医学振興財団　2014.5　100p　26cm　〈How to産業保健 9〉Ⓘ978-4-915947-54-4　Ⓝ498.81　［1600円］
◇先進10事例に学ぶ「健康経営」の始め方―会社を伸ばす秘訣は社員の健康　井上俊明著　［東京］　日経BPコンサルティング　2014.1　175p　18cm〈日経BPマーケティング（発売）〉Ⓘ978-4-86443-054-8　Ⓝ336.48　［800円］
◇日常生活圏域ニーズ調査データを活用した地域診断支援システムの開発に関する調査研究事業報告書　［名古屋］　日本福祉大学健康社会研究センター　2014.3　439p　30cm〈平成25年度老人保健事業推進費補助金（老人保健健康増進等事業）〉Ⓝ498.021

664

日本件名図書目録2014　Ⅰ　　　　　　　　　　　　　　　　　　　　　　　　　　　　　日本（原子力損害賠償措置）

日本（健康管理―世論）
◇体力・スポーツに関する世論調査　平成25年1月調査　［東京］文部科学省スポーツ・青少年局スポーツ振興課　［2013］229p　30cm　（世論調査報告書）Ⓝ780.21

日本（健康産業）
◇新・医療産業をつくり出すリーダーたちの挑戦―医療立国・日本を加速する！　かんき出版　2014.10　325p　21cm　（東京大学医学部・工学・薬学専門連続講座 10）〈内容：世界をリードする日本発・医療産業イノベーション（木村廣道著）「健康・医療戦略」の概要と今後の展開（和泉洋人著）　TOTOに見るUD・健康・医療への取り組み（猿渡辰彦著）　21世紀の健康づくりを推進する先行的ヘルスケア（金澤一郎著）　医療・製薬産業におけるイノベーションについての一考察（加藤益弘著）　旭化成が考えるグループ経営・ヘルスケアビジネス（藤原健嗣著）　日本の医療発祥の地・鳥取県が取り組む医療産業イノベーション（平井伸治著）　医療ICTの高度化がもたらす社会イノベーション（須藤修著）　予防医療中心の循環器の病を減らす新しい街づくり（渡嘉敷奈緒美著）　再生医療で子ども達の病と闘う（梅澤明弘著）　iPS細胞の網膜疾患への応用と産業化（高橋政代著）　帝人グループのヘルスケアにおけるイノベーション（大八木成男著）　わが国のがん対策とがん医療の現況と今後の課題（門田守人著）　社会課題解決型ビジネスによる日本市場の活性化（尾崎元恒著）　世界に先駆けた医薬品などの迅速な実用化に向けて（成田昌稔著）　文部科学省における科学技術イノベーションの推進に向けて（土屋定之著）　税と社会保障をめぐる動きと将来展望（宮沢洋一著）　厚生労働省の医療機器政策とその現況（関野秀人著）　低侵襲外科手術を可能にしたロボット支援手術（ゲイリー・グットハート著）〉Ⓘ978-4-7612-7039-1　Ⓝ498.021　［2300円］

日本（健康食品―品質管理）
◇健康食品の安全性及び品質確保のための研究―中間報告書：平成25年度報告書　［東京］医療経済研究・社会保険福祉協会健康食品の安全性及び品質確保のための研究会　2014.3　45p　30cm　Ⓝ588.09

日本（原子力―安全管理）
◇原子力安全規制の最適化に向けて―炉規制法改正を視野に：報告書：21世紀政策研究所研究プロジェクト　21世紀政策研究所　2014.8　70p　30cm〈研究主幹：澤昭裕〉Ⓝ539.091
◇原子力発電は「秘密」でできている　西尾漠著　クレヨンハウス　2014.3　47p　21cm　（わが子からはじまるクレヨンハウス・ブックレット 015）Ⓘ978-4-86101-279-2　Ⓝ543.5　［500円］

日本（原子力教育）
◇原発と教育―原発と放射能をどう教えるのか　川原茂雄著　海象社　2014.3　311p　19cm　Ⓘ978-4-907717-40-7　Ⓝ375　［1500円］

日本（原子力行政）
◇原子力情報の公開と司法国家―情報公開法改正の課題と展望　三宅弘著　日本評論社　2014.1　412p　22cm〈索引あり　内容：原子力情報の公開を求めて　3・11福島第一原発事故と司法の責任　3・11以後の情報公開のあり方　情報公開法の見直しと残された課題　情報公開訴訟におけるインカメラ審理の要否　公文書管理法制定と情報公開法改正への展望　情報公開法改正に向けての提言　情報公開法制・個人情報保護法制と3・11以後〉Ⓘ978-4-535-51964-0　Ⓝ317.6　［4800円］

日本（原子力災害）
◇原発事故とこの国の教育　武田邦彦著　相模原　ななみ書房　2013.11　269p　19cm　Ⓘ978-4-903355-34-4　Ⓝ374　［1200円］
◇原発避難計画の検証―このままでは、住民の安全は保障できない　上岡直見著　合同出版　2014.1　167p　19cm　Ⓘ978-4-7726-1177-0　Ⓝ543.5　［1800円］
◇国策と犠牲―原爆・原発そして現代医療のゆくえ　山口研一郎編著　社会評論社　2014.11　370p　19cm〈内容：いま深くいのちをみつめる（高史明述）「低線量」放射線内部被曝と健康障害（松井英介述）　若狭湾における反原発の闘い（中嶌哲演述）　医療政策としての脳死・尊厳死（小松美彦述）　人体部品資源化・商品化のいま（天笠啓祐著）　子どもと臓器移植・原発事故・遺伝子診断（亀口公一著）　科学技術における「国策」と「犠牲」の連鎖の構図（山口研一郎著）　長崎の医師・永井隆、秋月辰一郎のことなど（山口研一郎著）〉Ⓘ978-4-7845-1531-8　Ⓝ498.021　［2600円］

日本（原子力災害―情報サービス）
◇原子力発電所災害時の避難指示等の情報伝達と安定ヨウ素剤の服用に関する研究―原発事故の『情報災害』への対応と実効性のある『安定ヨウ素剤』の配布・服用　［東京］日医総研

2014.9　1冊　30cm　（日本医師会総合政策研究機構ワーキングペーパー no. 324）Ⓝ369.31

日本（原子力災害―防災）
◇避難計画の実効性を問う―再稼働なんてありえない！　『はんげんぱつ新聞』編集部編　［東京］反原発運動全国連絡会　2014.9　67p　21cm　Ⓝ369.36　［400円］

日本（原子力政策）
◇池上彰が読む小泉元首相の「原発ゼロ」宣言　池上彰著　径書房　2014.1　221p　19cm〈内容：小泉元首相発言録　学生たちはこんなことを考えている　池上彰×山田孝男（池上彰, 山田孝男述）　細川護熙（細川護熙述）　吉原毅（吉原毅述）　末吉竹二郎（末吉竹二郎述）「原発ゼロ発言」は拡大する〉Ⓘ978-4-7705-0220-9　Ⓝ543.5　［1400円］
◇北の大地から考える、放射能汚染のない未来へ―原発事故と司法の責任、核のゴミの後始末、そして脱原発後の地域再生へ：日本弁護士連合会第57回人権擁護大会シンポジウム第1分科会基調報告書　日本弁護士連合会第57回人権擁護大会シンポジウム第1分科会実行委員会編　［東京］日本弁護士連合会第57回人権擁護大会シンポジウム第1分科会実行委員会　2014.10　284p　30cm〈文献あり　会期・会場：2014年10月2日 函館市民会館大ホール〉Ⓝ539.091
◇原子力損害賠償制度の在り方と今後の原子力事業の課題―第103回シンポジウム　21世紀政策研究所編　［東京］21世紀政策研究所　2014.11　96p　18cm　（21世紀政策研究所新書40）〈内容：研究報告　原子力事業環境・体制整備に向けて（澤昭裕述）　新たな原子力損害賠償制度の構築に向けて（竹内純子述）〉Ⓝ539.091
◇原発再稼働と自治体の選択―原発立地交付金の解剖　高寄昇三著　［東京］公人の友社　2014.4　188p　21cm　Ⓘ978-4-87555-641-1　Ⓝ539.091
◇原発と倫理問題―反原発運動前進のために　青水司著　京都市民科学研究所　2014.9　83p　21cm〈晃洋書房（発売）内容：福島はどうなっているのか　「原子力ムラ」と「安全神話」　原発と科学・技術者の社会的責任　原発と倫理〉Ⓘ978-4-7710-2589-9　Ⓝ539.091　［1000円］
◇原発利権を追う―電力をめぐるカネと権力の構造　朝日新聞特別報道部著　朝日新聞出版　2014.9　257p　19cm　Ⓘ978-4-02-251206-2　Ⓝ539.091　［1500円］
◇小泉純一郎「原発ゼロ」戦争　大下英治著　青志社　2014.2　271p　19cm　Ⓘ978-4-905042-80-8　Ⓝ539.091　［1300円］
◇これならできる原発ゼロ！　市民がつくった脱原子力政策大綱　原子力市民委員会著　宝島社　2014.6　198p　21cm〈索引あり〉Ⓘ978-4-8002-2697-6　Ⓝ539.091　［920円］
◇脱原発の社会経済学―〈省エネルギー・節電〉が日本経済再生の道　小菅伸彦著　明石書店　2014.3　190p　20cm〈文献あり〉Ⓘ978-4-7503-3980-1　Ⓝ539.091　［2400円］
◇日本はなぜ原発を輸出するのか　鈴木真奈美著　平凡社　2014.8　237p　18cm　（平凡社新書 745）Ⓘ978-4-582-85745-0　Ⓝ539.091　［800円］

日本（原子力政策―歴史―1945〜）
◇原子力推進の現代史―原子力黎明期から福島原発事故まで　秋元健治著　現代書館　2014.9　308p　20cm　（日本女子大学叢書 16）〈年表あり〉Ⓘ978-4-7684-5735-1　Ⓝ539.091　［2800円］
◇それでも日本人は原発を選んだ―東海村と原子力ムラの半世紀　朝日新聞取材班著　朝日新聞出版　2014.2　308,4p　19cm〈年表あり　索引あり〉Ⓘ978-4-02-251141-6　Ⓝ543.5　［1600円］
◇日本の原子力60年―トピックス32　原子力資料情報室編, 西尾漠文, 今井明写真　原子力資料情報室　2014.3　136p　21cm　Ⓘ978-4-906737-06-2　Ⓝ539.091　［1000円］
◇日本はなぜ、「基地」と「原発」を止められないのか　矢部宏治著　集英社インターナショナル　2014.10　285p　19cm〈集英社（発売）〉Ⓘ978-4-7976-7289-3　Ⓝ319.1053　［1200円］

日本（原子力損害賠償措置）
◇かえせ飯舘村―飯舘村民損害賠償等請求事件申立書等資料集　飯舘村民救済弁護団　2014.12　100p　30cm〈共同刊行：原発被害糾弾飯舘村民救済申立団〉Ⓝ539.091
◇原子力損害の補完的な補償に関する条約の実施に伴う原子力損害賠償資金の補助等に関する法律案資料　［東京］文部科学省　［2014］　1冊　30cm〈平成26年第187国会提出〉Ⓝ539.091
◇原子力損害賠償制度に関する今後の検討課題―東京電力（株）福島第一原子力発電所事故を中心として：平成23-24年度原子力損害賠償に関する国内外の法制検討班報告書　日本エネルギー法研究所　2014.3　232p　30cm　（JELI R no. 129）Ⓝ539.091

日本（原子力発電—PR）

◇原子力損害賠償制度の在り方と今後の原子力事業の課題—第103回シンポジウム　21世紀政策研究所編　[東京]　21世紀政策研究所　2014.11　96p　18cm　（21世紀政策研究所新書40）〈内容：研究報告　原子力事業環境・体制整備に向けて（澤昭裕述）　新たな原子力損害賠償制度の構築に向けて（竹内純子述）〉Ⓝ539.091

◇原子力損害賠償紛争解決センター和解事例の分析　Ver. 1　[南相馬]　平成24年度福島県弁護士会原子力発電所事故被害者救済支援センター運営委員会　[2013]　94p　30cm　Ⓝ539.091

◇原子力損害賠償紛争解決センター和解事例の分析　Ver. 2　[南相馬]　平成25年度福島県弁護士会原子力発電所事故被害者救済支援センター運営委員会　[2013]　233p　30cm　Ⓝ539.091

◇シンポジウム「原子力損害賠償の現状と課題」　続　村山眞維編　明治大学・法と社会科学研究所　2014.4　101p　26cm　〈会期：2013年5月11日　奥付のタイトル：原子力損害賠償の現状と課題　内容：BPオイル漏れ和解プログラムと原子力ADR　BPオイル漏れ事故における和解とその後（村山眞維述）　原発ADRにおける争争処理状況（鈴木五十三述）　原発ADRへの申立状況とADRの問題点（丸山輝久述）　ふくしま原発損害賠償弁護団の活動について（渡邊真也述）　コメント（ダニエル・フット述）　賠償申立への法的サポートをどう拡大するか　これまでの弁護士活動と賠償問題における役割の変容（村山眞維述）　原発事故被害者の法的ニーズと法的支援の課題（佐藤岩夫述）　"アウトリーチ"の現状と課題（吉岡すずか述）　原子力損害賠償支援機構による活動の現状と課題（保住正純述）　法律家へのアクセス不全と賠償スキームの反省（渡辺淑彦述）　福島県における司法書士活動の現状と課題（菅波佳子述）〉Ⓝ539.091

◇東京電力株式会社福島第一、第二原子力発電所事故による原子力損害の範囲の判定等に関する中間指針等　東京電力損害賠償紛争審査会　2013.3　161p　30cm　〈タイトルは背による　内容：東京電力株式会社福島第一、第二原子力発電所事故による原子力損害の範囲の判定等に関する中間指針（平成23年8月5日）　東京電力株式会社福島第一、第二原子力発電所事故による原子力損害の範囲の判定等に関する中間指針追補（自主的避難等に係る損害について）（第一次追補）（平成23年12月6日）　東京電力株式会社福島第一、第二原子力発電所事故による原子力損害の範囲の判定等に関する中間指針第二次追補（政府による避難区域等の見直し等に係る損害について）（平成24年3月16日）　東京電力株式会社福島第一、第二原子力発電所事故による原子力損害の範囲の判定等に関する中間指針第三次追補（農林漁業・食品産業の風評被害に係る損害について）（平成25年1月30日）〉Ⓝ539.091

◇東京電力株式会社福島第一、第二原子力発電所事故による原子力損害の範囲の判定等に関する中間指針等　[東京]　東京電力損害賠償紛争審査会　[2013]　183p　30cm　〈タイトルは背による　内容：東京電力株式会社福島第一、第二原子力発電所事故による原子力損害の範囲の判定等に関する中間指針（平成23年8月5日）　東京電力株式会社福島第一、第二原子力発電所事故による原子力損害の範囲の判定等に関する中間指針追補（自主的避難等に係る損害について）（第一次追補）（平成23年12月6日）　東京電力株式会社福島第一、第二原子力発電所事故による原子力損害の範囲の判定等に関する中間指針第二次追補（政府による避難区域等の見直し等に係る損害について）（平成24年3月16日）　東京電力株式会社福島第一、第二原子力発電所事故による原子力損害の範囲の判定等に関する中間指針第三次追補（農林漁業・食品産業の風評被害に係る損害について）（平成25年1月30日）　東京電力株式会社福島第一、第二原子力発電所事故による原子力損害の範囲の判定等に関する中間指針第四次追補（避難指示の長期化等に係る損害について）（平成25年12月26日）〉Ⓝ539.091

日本（原子力発電—PR）

◇原発と教育—原発と放射能をどう教えるのか　川原茂雄著　海象社　2014.3　311p　19cm　①978-4-907717-40-7　Ⓝ375　[1500円]

◇原発ユートピア日本　早川タダノリ著　合同出版　2014.1　190p　26cm　①978-4-7726-1115-2　Ⓝ543.5　[1800円]

日本（原子力発電所）

◇原発と火山—地球科学からの警告　須藤靖明著　福岡　櫂歌書房　2014.5　140p　21cm　〈星雲社（発売）文献あり〉①978-4-434-19085-8　Ⓝ543.5　[1300円]

◇戦争の放棄　その9　原発は受け身的核兵器　千田實著　一関　エムジェエム　2014.5　67p　19cm　（田舎弁護士の大衆法律学）①978-4-903929-31-6　Ⓝ323.142　[476円]

◇配管設計者がバラす、原発の性能—退くも進むも、そこは地獄の1丁目　古矢光正著　三五館　2014.3　117p　21cm　①978-4-88320-604-9　Ⓝ543.5　[1100円]

日本（原子力法）

◇原子力規制関係法令集　2014年1　原子力規制関係法令研究会編著　大成出版社　2014.9　2083p　21cm　①978-4-8028-3171-0 (set)　Ⓝ539.0912

◇原子力規制関係法令集　2014年2　原子力規制関係法令研究会編著　大成出版社　2014.9　p2087〜3056　21cm　①978-4-8028-3171-0 (set)　Ⓝ539.0912

◇原子力実務六法　2014年版　エネルギーフォーラム/編　エネルギーフォーラム　2014.10　2879p　19cm　①978-4-88555-436-0　[16000円]

日本（建設業）

◇建設業現場代理人に必要な21のスキル—これから現場代理人を目指す人へのメッセージ　鈴木正司著　経済調査会　2013.7　201p　21cm　①978-4-86374-130-0　Ⓝ510.9　[2381円]

◇建設業における外国人技能実習制度と不法就労防止　建設労務安全研究会編　第2版　労働新聞社　2014.9　100p　21cm　〈文献あり〉①978-4-89761-528-8　Ⓝ510.9　[900円]

◇建設業の社会保険未加入対策と労務コンサル実務—社労士の目のつけどころがわかる！　木田修著　日本法令　2014.6　254p　21cm　①978-4-539-72376-0　Ⓝ510.95　[2100円]

◇建設業の社長が知りたい「賢いお金の残し方」—助成金　資金調達　経営事項審査　労務対策　エフアンドエム中小企業総合研究所編　原田博実著　日刊建設工業新聞社　2014.4　191p　21cm　〈相模書房（発売）文献あり　執筆：清水篤ほか〉①978-4-7824-1402-6　Ⓝ510.95　[1500円]

◇建設業の労災保険実務問答　労働調査会出版局編　労働調査会　2013.11　236p　19cm　①978-4-86319-377-2　Ⓝ364.5　[1400円]

◇建設現場の万華鏡　福本悟美著　名古屋　福本悟美　2014.7　342p　21cm　Ⓝ510.921

◇建設資材労働力需要実態調査（土木・その他部門）業務報告書—平成24年度工事実績調査　平成25年度　差し替え版　[東京]　国土交通省土地・建設産業局建設市場整備課　2014.9　1冊　30cm　Ⓝ510.9

◇建設人ハンドブック—建築・土木界の時事解説　2015年版　日刊建設通信新聞社　2014.9　190p　18cm　①978-4-902611-63-2　Ⓝ510.921　[800円]

◇建設・不動産業　森谷克也著　中央経済社　2014.9　185p　21cm　（業種別人事制度 5）①978-4-502-11091-7　Ⓝ510.95　[2200円]

◇建設リサイクルハンドブック　2014-2015　建設リサイクル実務要覧追録臨時号　建設副産物リサイクル広報推進会議編編　大成出版社　2014.11　638p　19cm　Ⓝ510.921　[1482円]

◇建設リサイクルハンドブック　2014-15　建設副産物リサイクル広報推進会議編集　大成出版社　2014.11　638p　19cm　①978-4-8028-3176-5　Ⓝ510.921　[1852円]

◇次世代建設産業戦略2025—活力ある建設ビジネス創成への挑戦　早稲田大学次世代建設産業モデル研究会編著，五十嵐健編著責任　日刊建設通信新聞社　2014.12　189p　21cm　①978-4-902611-65-6　Ⓝ510.921　[2000円]

◇新建設雇用管理ハンドブック—雇用管理研修テキスト　日本労務研究会編　日本労務研究会　2014.7　305p　30cm　①978-4-88968-096-6　Ⓝ510.9　[4000円]

◇人材危機建設業から沈む日本—職人・技術者不足を乗り越える処方箋　日経アーキテクチュア，日経コンストラクション編　[東京]　日経BP社　2014.6　215p　19cm　〈日経BPマーケティング（発売）〉①978-4-8222-6091-0　Ⓝ510.95　[1600円]

◇地域建設業—ある建設業者の遺書　尾上一哉著　[熊本]　熊日出版　2014.2　103p　19cm（熊日情報文化センター（発売）〉①978-4-87755-482-8　Ⓝ510.921　[926円]

◇地域建設業—ある建設業者の遺書　尾上一哉著　第2版　熊本　熊日出版（制作・発売）　2014.7　103p　19cm　①978-4-87755-504-7　Ⓝ510.921　[926円]

◇地域とともに生きる建設業　小磯修二著　札幌　中西出版　2014.8　243p　図版8p　19cm　〈文献あり〉①978-4-89115-299-4　Ⓝ510.921　[1500円]

◇「使える建物」を建てるための3つの秘訣—価値ある工場・倉庫・住宅を建てるためのパートナー選び　森本尚孝著　カナリア書房　2014.4　176p　21cm　①978-4-7782-0267-5　Ⓝ510.921　[1500円]

◇独占禁止法遵守マニュアル作成の手引—入札談合等の防止に向けて　建設業適正取引推進機構　2014.5　114p　30cm　Ⓝ510.95　[1905円]

◇土木女子！　清文社編集部編　清文社　2014.9　127p　21cm
〈文献あり〉978-4-433-41114-5　Ⓝ510.921　[1400円]
◇労働災害と企業責任および災害補償・労災保険法・労災かくし
の排除—教育用テキスト　建設労務安全研究会編　労働新聞
社　2014.7　93p　26cm　(建設現場の労務管理 シリーズ2)
Ⓝ364.5　[381円]

日本 (建設業—安全管理)
◇安衛法違反による送検事例と災害動向　建設・屋外作業編
労働調査会　2014.7　40p　26cm　(「労働安全衛生広報」別
冊)　Ⓝ509.8
◇安全管理の取り組み　2013年度版　日本建設業連合会関東支
部 [2013]　235p　30cm　Ⓝ510.96
◇建設業の安全衛生法令用語検索エンジン—用語の意味、適用条
文、公示、告示、通達がわかる！　笠原秀樹著　日刊建設通
信新聞社　2014.4　334p　30cm　①978-4-902611-54-0
Ⓝ510.96　[3000円]
◇建設現場のヒヤリ・ハット事例集　熊谷組安全衛生協力会編
労働新聞社　2014.7　178p　21cm　①978-4-89761-522-6
Ⓝ510.96　[1500円]
◇建築・土木工事別ヒヤリハット250選　労働調査会出版局編
労働調査会　2013.12　175p　26cm　(安全衛生選書)　①978-
4-86319-396-3　Ⓝ510.96　[1200円]
◇知っておきたい建設現場責任者の基礎知識Q&A　安全総合調
査研究会編著　大成出版社　2014.4　159p　21cm　①978-4-
8028-3131-4　Ⓝ510.96　[1620円]
◇知っておきたい建設現場責任者の基礎知識Q&A　安全総合調
査研究会編著　大成出版社　2014.4　159p　21cm　(建設業
法令便覧 追録臨時号)　Ⓝ510.96　[1440円]
◇図解安全衛生法要覧　建設労務安全研究会編　改訂第4版　労
働新聞社　2014.12　449p　30cm　〈最新の法改正に対応〉
①978-4-89761-532-5　Ⓝ510.91　[2700円]
◇木造建築現場の5分で出来る安全確認　日本木造住宅産業協会
生産技術委員会編　日本木造住宅産業協会生産技術委員会
2014.5(2刷)　86p　15cm　〈背のタイトル：5分で出来る安全確
認〉Ⓝ510.96

日本 (建設業—会計)
◇建設業の経営—その経営実態と会計基準の解説　2013年3月決
算版　建設産業経理研究機構編著　建設産業経理研究機構
2014.3　147p　26cm　〈大成出版社 (発売)　2012年3月決算版
の出版者：建設産業経理研究所〉①978-4-8028-3155-0
Ⓝ510.95　[5000円]
◇建設業の経営—その経営実態と会計基準の解説　2014年3月決
算版　建設産業経理研究機構編著　建設産業経理研究機構
2014.12　154p　26cm　〈大成出版社 (発売)〉①978-4-8028-
3191-8　Ⓝ510.95　[5000円]
◇建設業のための消費税Q&A—税率8％・10％への実務対応　金
井恵美子著　建設産業経理研究機構　2014.7　247p　21cm
〈清文社 (発売)〉①978-4-433-52034-2　Ⓝ510.95　[2200円]
◇中小建設業の会計実務—基礎からのステップアップ　万代勝
信, 東海幹夫, 土井直樹著　建設産業経理研究機構　2014.11
254p　21cm　〈清文社 (発売)　索引あり〉①978-4-433-57354-5
Ⓝ510.95　[2700円]

日本 (建設業法)
◇建設業許可の手引き—新規・更新・変更届等　[甲府]　山梨
県県土整備部県土整備総務課建設業対策室　2014.4　214p
30cm　Ⓝ510.91
◇建設業の法務と労務実践マニュアル—事業者必携　林智之監
修　三修社　2014.8　263p　21cm　①978-4-384-04613-7
Ⓝ510.91　[1900円]
◇建設業法遵守の手引—適正な業務運営のために　改訂6版　建
設業適正取引推進機構　2014.8　240p　30cm　〈建設業法等の
一部を改正する法律対応〉Ⓝ510.91　[2095円]
◇建設工事の環境法令集　平成25年度版　日本建設業連合会監
修　富士グローバルネットワーク　2013.7　205p　30cm　〈教
育評論社 (発売)〉①978-4-905706-78-6　Ⓝ510.91　[3000円]
◇建設工事の環境法令集　平成26年度版　日本建設業連合会/監
修　富士グローバルネットワーク，教育評論社 [発売]　2014.
7　221p　30cm　①978-4-905706-88-5　Ⓝ510.91　[3000円]
◇担い手3法まるわかり—公共工事の発・受注はこう変わる　日
刊建設通信新聞社編著　日刊建設通信新聞社　2014.12　183p
21cm　〈年表あり〉①978-4-902611-62-5　Ⓝ510.91　[1500円]

日本 (建設事業)
◇築土構木の思想—土木で日本を建てなおす　藤井聡著　晶文
社　2014.7　290p　19cm　(犀の教室Liberal Arts Lab)
〈内容：土木はナショナリズムで駆動する (中野剛志, 藤井聡
述)　インフラ政策とレジリエンスの国цен론 (柴山桂太, 藤井聡
述)　ゲーテと諭吉と土木　公共事業不要論の虚妄 (三橋貴明,
藤井聡述)　城壁の論理と風土の論理 (大石久和, 藤井聡述)
土木叩きの民俗学　築土構木と経世済民の思想 (青木泰樹, 藤
井聡述)〉①978-4-7949-6816-6　Ⓝ510.921　[1600円]

日本 (建設事業—法令)
◇工事契約実務要覧—国土交通〈建設〉編　平成26年度版　名古
屋　新日本法規出版　2014.6　2650p　19cm　〈索引あり〉
①978-4-7882-7887-5　Ⓝ510.95　[5800円]

日本 (建設事業—歴史—明治以後)
◇土木映画の百年—「土木技術映像」100特選ガイド　土木学会
土木技術映像委員会編　言視舎　2014.8　175p　21cm　〈年表
あり〉①978-4-905369-95-0　Ⓝ510.921　[1800円]

日本 (建設事業—歴史—明治時代)
◇ビジネス・インフラの明治—白石直治と土木の世界　前田裕
子著　名古屋　名古屋大学出版会　2014.10　319,86p　22cm
〈文献あり　年譜あり　年表あり　索引あり〉①978-4-8158-
0788-7　Ⓝ510.921　[5800円]

日本 (建築)
◇大人が作る秘密基地—屋外、ツリーハウス、リノベーション、
シェアオフィスまで　影山裕樹著　[東京]　DU BOOKS
2014.5　240p　19cm　〈ディスクユニオン (発売)　文献あり〉
①978-4-907583-12-5　Ⓝ523.1　[1680円]
◇3.11以後の建築—社会と建築家の新しい関係　五十嵐太郎, 山
崎亮編著　京都　学芸出版社　2014.11　237p　21cm　〈英語
抄訳付　会期：2014年11月1日(土)～2015年5月10日(日)主
催：金沢21世紀美術館〉①978-4-7615-2580-4　Ⓝ523.1
[2200円]
◇総天然色廃墟本remix　中田薫文, 中筋純写真, 山崎三郎編
筑摩書房　2014.4　285p　15cm　(ちくま文庫 や-45-1)　「廃
墟本 1～4」(ミリオン出版 2005～2012年刊) の改題、再編〉
①978-4-480-43154-7　Ⓝ523.1　[1300円]
◇そこでしかできない建築を考える　飯田善彦 [作]　フリック
スタジオ　2014.10　4冊　21-30cm　〈ホルダー入　内容：[1]
ダイアローグ　[2]　タイムライン(付：1枚)　[3]　プレ
ゼンテーション　[4]　プロジェクツ〉①978-4-904894-21-7
(set)　Ⓝ523.1　[全4500円]
◇小さな風景からの学び—さまざまなサービスの表情　乾久美
子, 東京藝術大学乾久美子研究室編著　TOTO出版　2014.4
239p　26cm　〈文献あり〉①978-4-88706-341-9　Ⓝ518.8
[2500円]
◇日本の都市から学ぶこと—西洋から見た日本の都市デザイン
バリー・シェルトン著, 片木篤訳　鹿島出版会　2014.4
167p　26cm　〈文献あり　索引あり〉①978-4-306-04599-6
Ⓝ518.8　[3200円]

日本 (建築—図集)
◇現代日本の建築　vol.5　ART BOXインターナショナル出版
編集部企画・編集　ART BOXインターナショナル　2014.5
301p　31cm　(Art box in Japan)　〈索引あり〉①978-4-
87298-893-2　Ⓝ523.1　[15000円]

日本 (建築—法令)
◇新しい建築法規の手びき　平成26年版　建築技術者試験研究
会編集, 矢吹茂郎, 田中元雄, 加藤健三編著　井上書院　2014.1
518p　18cm　①978-4-7530-2119-2　Ⓝ520.91　[2700円]
◇(井上)建築関係法令集　平成27年度版　建築法令研究会編
井上書院　2014.12　1650p　21cm　〈索引あり〉①978-4-
7530-2121-5　Ⓝ520.91　[2700円]
◇基本を学ぶ建築法規—建築基準法・関連法令の基本事項を学ぶ
町田修二編著　大成出版社　2014.9　461,7p　21cm　〈文献あ
り　索引あり　奥付のタイトル関連情報 (誤植)：建築基準法・
関連法規の基本事項を学ぶ〉①978-4-8028-3173-4　Ⓝ520.91
[4200円]
◇基本建築関係法令集　平成26年版法令編　国土交通省住宅局
建築指導課, 建築技術者試験研究会編集　井上書院　2014.1
1533p　21cm　〈索引あり〉①978-4-7530-2116-1　Ⓝ520.91
[2800円]
◇基本建築関係法令集　平成26年版告示編　国土交通省住宅局
建築指導課, 建築技術者試験研究会編集　井上書院　2014.1
1385p　21cm　〈索引あり〉①978-4-7530-2117-8　Ⓝ520.91
[2600円]
◇基本建築基準法関係法令集　2014年版　国土交通省住宅局建
築指導課, 建築技術研究会編集　建築資料研究社　2013.12
1359p　21cm　〈索引あり〉①978-4-86358-265-1　Ⓝ520.91
[2800円]
◇基本建築基準法関係法令集　2015年版　国土交通省住宅局
建築指導課, 建築技術研究会編集　建築資料研究社　2014.11

に

日本（建築―目録）

1402p　21cm　〈索引あり〉　①978-4-86358-312-2　Ⓝ520.91
［2800円］

◇建築確認のための基準総則・集団規定の適用事例　2013年度版　日本建築行政会議編　建築行政情報センター　2013.11
331p　30cm　Ⓝ520.91　［4200円］

◇建築関係法令集　平成27年版法令編　総合資格学院編　総合資格　2014.11　1055p　26cm　〈索引あり〉　①978-4-86417-132-8　Ⓝ520.91　［2800円］

◇建築関係法令集　平成27年版法令編S　総合資格学院編　総合資格　2014.11　1055p　21cm　〈索引あり〉　①978-4-86417-133-5　Ⓝ520.91　［2800円］

◇建築関係法令集　平成27年版告示編　総合資格学院編　総合資格　2014.11　944p　26cm　〈索引あり〉　①978-4-86417-134-2　Ⓝ520.91　［2800円］

◇建築基準法関係法令集　2014年版　建築資料研究社, 日建学院編　建築資料研究社　2013.12　1209p　21cm　〈索引あり〉①978-4-86358-266-8　Ⓝ520.91　［2800円］

◇建築基準法関係法令集　2015年版　建築資料研究社, 日建学院編　建築資料研究社　2014.11　1241p　21cm　〈索引あり〉①978-4-86358-313-9　Ⓝ520.91　［2800円］

◇建築基準法令集　2015年版　オーム社編　オーム社　2014.11
821p　19cm　〈索引あり〉　①978-4-274-21664-0　Ⓝ520.91
［1500円］

◇建築法規PRO―図解建築申請法規マニュアル　2014　図解建築法規研究会編集　第一法規　2014.3　314p　26cm　〈文献あり　索引あり〉　①978-4-474-02957-6　Ⓝ520.91　［3800円］

◇建築法規用教材　2014改　日本建築学会編著　日本建築学会　2014.2　212p　30cm　〈丸善出版（発売）　年表あり〉　①978-4-8189-2231-0　Ⓝ520.91　［1900円］

◇絶対トクする〈土地・建物〉の相続・税金・法律ガイド　建築知識編　エクスナレッジ　2014.3　159p　26cm　（建築知識）〈索引あり〉　①978-4-7678-1741-5　Ⓝ324.2　［2400円］

日本（建築―目録）

◇登録有形文化財建造物目録　［東京］　文化庁文化財部参事官（建造物担当）　2014.5　625p　30cm　Ⓝ521.8

日本（建築―歴史―1868〜1945―図集）

◇看板建築・モダンビル・レトロアパート　伊藤隆之著　グラフィック社　2014.4　303p　26cm　①978-4-7661-2642-6
Ⓝ521.6　［2800円］

日本（建築―歴史―1945〜）

◇日本の名建築167―日本建築学会賞受賞建築作品集1950-2013
日本建築学会編　技報堂出版　2014.4　276p　30cm　①978-4-7655-2567-1　Ⓝ523.1　［3800円］

日本（建築―歴史―昭和前期）

◇日本のアール・デコ建築入門　吉田鋼市著　松戸　王国社　2014.3　188p　19cm　①978-4-86073-056-7　Ⓝ523.1　［1800円］

日本（建築―歴史―明治以後）

◇建築探偵術入門　東京建築探偵団著　新装版　文藝春秋　2014.9　265p　16cm　（文春文庫　と29-1）〈初版のタイトル等：スーパーガイド建築探偵術入門（文春文庫　1989年刊）〉①978-4-16-790194-3　Ⓝ523.1　［660円］

◇「建築論」の京都学派―森田慶一と増田友也を中心として　市川秀和著　近代文藝社　2014.12　158p　18cm　（近代文藝社新書）①978-4-7733-7966-2　Ⓝ523.1　［1000円］

日本（建築家）

◇現代の名匠　鈴木博之聞き手　建築画報社　2014.2　300p　27cm　〈内容：山本長水（山本長水述）　林昌二（林昌二述）　高橋靗一（高橋靗一述）　伊藤ていじ（伊藤ていじ述）　佐野正一（佐野正一述）　山口廣（山口廣述）　菊竹清訓（菊竹清訓述）　鈴木成文（鈴木成文述）　飯田喜四郎（飯田喜四郎述）　阪田誠造（阪田誠造述）　槇文彦（槇文彦述）　尾島俊雄（尾島俊雄述）　内田祥哉（内田祥哉述）　池田武邦（池田武邦述）　松本哲夫（松本哲夫述）　村井修（村井修述）　川口衛（川口衛述）　穂積信夫（穂積信夫述）　本間利雄（本間利雄述）　小川信子（小川信子述）　磯崎新（磯崎新述）〉　①978-4-901772-77-8　Ⓝ520.28　［3800円］

◇建築家が建てた妻と娘のしあわせな家　田中元子著, 野菜治孝写真　エクスナレッジ　2014.8　230p　19cm　①978-4-7678-1829-0　Ⓝ527.021　［1600円］

◇十二組十三人の建築家―古谷誠章対談集　古谷誠章［述］
LIXIL出版　2014.8　408,54p　22cm　〈著作目録あり　年譜あり　内容：十二組十三人、日本の戦後モダニズム最後の地平　建築はもっと自由なんだ。（伊東豊雄述）　建築は大地から生ま

れるものだ。（伊丹潤述）　“現場の哲学”を重視すべきだ。（柳澤孝彦述）　続いてきたものから新しい考えをつくる。（長谷川逸子述）　背景との関連から建築を考える。（谷口吉生述）　プログラムから建築をつくるのではない。（山本理顕述）　われわれにできることは何か。（富田玲子, 樋口裕康述）　当たり前のようで当たり前でないものを…（坂本一成述）　住宅における生命力の本質を“内圧”として育みたい。（鈴木恂述）　“秋葉原感覚”時からあった開放系技術というキーワード。（石山修武述）住み方は建築家が定義するものではない。（東孝光述）　建築に沿って環境づくりをしていくべきだ。（安藤忠雄述）〉　①978-4-86480-010-5　Ⓝ520.28　［2500円］

日本（建築教育）

◇大阪府海外短期建築・芸術研修生招聘事業―The Ando program　平成25年度　大阪　大阪府国際交流財団　2014.3　63p　30cm　〈英語併記　安藤忠雄―カールスバーグ賞受賞記念事業〉　Ⓝ520.7

日本（建築教育―名簿）

◇大学〈建築関係学科〉名簿　2014年版　日本建築学会編集　日本建築学会　2014.9　163p　30cm　〈丸善出版（発売）〉①978-4-8189-2982-1　Ⓝ377.13　［3600円］

日本（建築行政）

◇建築基準適合判定資格者の手引き　平成25年度版　日本建築行政会議編集　建築行政情報センター　2013.5　299p　30cm①978-4-904750-07-0　Ⓝ520.91　［3000円］

日本（建築士）

◇建築士業務の紛争・保険・処分事例　日本建築士会連合会建築士業務責任検討部会編著　大成出版社　2014.2　159p　30cm（A book 02）①978-4-8028-3150-5　Ⓝ520.91　［3000円］

◇建築づくり―発注者と建築士たちの協働　峰政克義著　［東京］　東京図書出版　2014.6　198p　19cm　〈リフレ出版（発売）〉①978-4-86223-748-4　Ⓝ520.9　［1200円］

◇日本建築学会の技術者倫理教材　日本建築学会編集　改訂版
日本建築学会　2014.3　183p　26cm　〈丸善出版（発売）　索引あり〉　①978-4-8189-2232-7　Ⓝ520.9　［2000円］

日本（建築設備―法令）

◇建築設備関係法令集　平成26年版　国土交通省住宅局建築指導課, 建築技術者試験研究会編集　井上書院　2014.1　1024p　21cm　〈索引あり〉　①978-4-7530-2118-5　Ⓝ528　［3800円］

日本（建築装飾―歴史―昭和前期）

◇アール・デコ建築意匠―朝香宮邸の美と技法　東京都庭園美術館編　鹿島出版会　2014.12　151p　27cm　〈文献あり　表紙のタイトル：Un chef d'œuvre Art dé co〉①978-4-306-04616-0　Ⓝ529.021361　［3000円］

日本（建築彫刻―図集）

◇寺社の装飾彫刻　中国・四国・九州・沖縄編　鳥取・島根・岡山・広島・山口・徳島・香川・愛媛・高知・福岡・佐賀・長崎・熊本・大分・宮崎・鹿児島・沖縄　若林純撮影・構成　日貿出版社　2014.5　207p　26cm　〈文献あり〉　①978-4-8170-5093-9　Ⓝ713.021　［3800円］

日本（建築彫刻―歴史―江戸時代）

◇天空の龍―幻の名匠野村作十郎　上　舟本武志著　名古屋ブックショップマイタウン　2014.12　1冊（ページ付なし）　15×22cm　①978-4-938341-45-9　Ⓝ712.1　［2000円］

日本（建築紛争）

◇近隣交渉に困らないための建築トラブル対処術　日経アーキテクチュア編　［東京］　日経BP社　2014.12　215p　21cm〈日経BPマーケティング（発売）　索引あり〉　①978-4-8222-0027-5　Ⓝ520.91　［3200円］

◇地盤に起因する建築紛争の解決に向けて―2013年度地盤工学セミナー　part 2　［東京］　［土木学会地盤工学委員会］［2014］　68p　30cm　〈会期・会場：平成26年1月25日　日本大学理工学部駿河台校舎1号館CSTホール　主催：土木学会地盤工学委員会〉　Ⓝ520.91

日本（憲兵―歴史―昭和前期―史料）

◇十五年戦争極秘資料集　補巻43　内外地憲兵隊にみる検閲錬成　北博昭編・解説　不二出版　2014.4　15,393p　27cm〈複製　布装〉①978-4-8350-6846-6　Ⓝ210.7　［20000円］

日本（憲法）

◇あなたもマイ憲法をつくってみませんか　中倉信利作成　［春日部］　理想の憲法改正にする会　2014.10　104p　30cm
Ⓝ323.149

◇「あの時代」に戻さないために―安倍政権の暴走と日本国憲法　石村善治, 福岡県自治体問題研究所編　自治体研究社　2014.10　173p　21cm　〈内容：憲法を守り活かす力はどこに・再論（宮下和裕述）　貧困問題から見た第2次安倍政権と自民党憲法改正草案（秕島敏雅著）　集団的自衛権と立憲主義（水尾廣久著）　秘密保護法と条解釈改憲（近藤恭典著）　日本の「特定秘密保護法」は世界の基準〈ツワネ原則〉に反する（石村善治

著） 労働法制戦後最大の危機！ 安倍雇用改革の真実（星野圭著）「あの時代」に戻さないために（石川捷治著）〉①978-4-88037-623-3 Ⓝ312.1 ［1000円］

◇改めて知る制定秘話と比較憲法から学ぶ日本国憲法　小川光夫編著　清水書院　2014.5　240p　21cm　〈文献あり〉①978-4-389-22568-1　Ⓝ323.14　［1800円］

◇石ノ森章太郎のまんが日本国憲法　石ノ森章太郎まんが監修, 浦田賢治監修, 志田陽子解説　改訂版　講談社　2014.8　231p　19cm　〈初版のタイトル：まんが日本国憲法　共同刊行：講談社コミッククリエイト〉①978-4-06-364952-9　Ⓝ323.14　［1300円］

◇いちばんやさしい憲法入門　初宿正典, 高橋正俊, 米沢広一, 棟居快行著　第4版補訂版　有斐閣　2014.3　255p　19cm　（有斐閣アルマ）〈索引あり〉①978-4-641-22024-9　Ⓝ323.14　［1600円］

◇伊藤真の憲法入門―講義再現版　伊藤真著　第5版　日本評論社　2014.7　242p　21cm　〈文献あり〉①978-4-535-52040-0　Ⓝ323.14　［1700円］

◇上野千鶴子の選憲論　上野千鶴子著　集英社　2014.4　221p　18cm　（集英社新書 0734）〈文献あり〉①978-4-08-720734-7　Ⓝ323.14　［740円］

◇教えて伊藤先生！ 憲法改正って何？　伊藤真著　新潟　シーアンドアール研究所　2014.1　151p　26cm　〈目にやさしい大活字〉〈2013年刊の再刊〉①978-4-86354-734-6　Ⓝ323.149　［2200円］

◇改憲問題Q&A　自由人権協会編　岩波書店　2014.2　70p　21cm　（岩波ブックレット No.891）①978-4-00-270891-1　Ⓝ323.14　［580円］

◇改憲論議の矛盾―憲法96条改正論と集団的自衛権行使容認　飯田泰士著　[東京]　花伝社　2014.3　152p　21cm　〈共栄書房（発売）文献あり〉①978-4-7634-0696-5　Ⓝ323.149　［1500円］

◇確認憲法用語　大沢秀介, 大林啓吾編集　成文堂　2014.9　137p　21cm　〈索引あり〉①978-4-7923-0566-6　Ⓝ323.14　［800円］

◇金森徳次郎著作集　2　日本憲法民主化の焦点/新憲法大観/新憲法の精神/国会論/公務員の倫理について/混沌堂雑記　金森徳次郎[著], 高見勝利編　日の出町[東京都]　慈学社出版　2014.4　540p　19cm　〈大学図書（発売）索引あり〉①978-4-903425-85-6　Ⓝ323.14　［3600円］

◇「聴く」日本国憲法―憲法は、ドラマだ！：永久保存版　木山泰嗣CD監修, エイベックス・マーケティング（株）, ヤング・スタッフ, 中央経済社編　エイベックス・マーケティング　2014.2　91p　26cm　〈中央経済社（発売）〉①978-4-502-10101-4　Ⓝ323.14　［1200円］

◇基礎日本国憲法　長谷川日出世著　成文堂　2014.3　343p　21cm　〈文献あり　索引あり〉①978-4-7923-0562-8　Ⓝ323.14　［2500円］

◇教職教養憲法15話　加藤一彦著　改訂2版　北樹出版　2014.4　182p　19cm　〈文献あり　索引あり〉①978-4-7793-0402-6　Ⓝ323.14　［1000円］

◇教養憲法11章　富永健, 岸本正司著　京都　嵯峨野書院　2014.4　192p　26cm　〈文献あり　索引あり〉①978-4-7823-0538-6　Ⓝ323.14　［2300円］

◇教養憲法入門　佐藤潤一著　敬文堂　2013.11　10, 274p　21cm　〈文献あり〉①978-4-7670-0205-7　Ⓝ323.14　［2800円］

◇グラフィック憲法入門　毛利透著　新世社　2014.6　236p　21cm　（グラフィック）〈サイエンス社（発売）索引あり〉①978-4-88384-209-4　Ⓝ323.14　［2200円］

◇クリスチャンとして「憲法」を考える　朝岡勝, 片岡輝美, 内藤新吾, 崔善愛, 岡田明, 饒平名長秀, 坪井節子著, クリスチャン新聞編　いのちのことば社　2014.2　87p　21cm　（21世紀ブックレット 52）〈内容：「信じたように生きる」（朝岡勝著）国家権力を縛り、私たちの権利を守るもの（片岡輝美著）憲法改悪と原発問題（内藤新吾著）「憲法」は語る。人権とは何かを（崔善愛著）学校の中で憲法を考える（岡田明著）戦後憲法と沖縄（饒平名長秀著）日本国憲法は子どもたちの将来を支えるもの（坪井節子著）〉①978-4-264-03192-5　Ⓝ323.14　［850円］

◇警察官のための憲法講義　田村正博著　補訂版　東京法令出版　2014.4　380p　21cm　〈文献あり　索引あり〉①978-4-8090-1308-9　Ⓝ323.14　［2300円］

◇「現行日本国憲法」をどう考えるべきか―天皇制、第九条、そして議院内閣制　大川隆法著　幸福の科学出版　2014.2

163p　19cm　〈著作目録あり〉①978-4-86395-435-9　Ⓝ169.1　［1500円］

◇憲法　加藤一彦著　第2版　京都　法律文化社　2014.6　334p　22cm　〈索引あり〉①978-4-589-03605-6　Ⓝ323.14　［3300円］

◇憲法　尾崎哲夫条文解説　第2版　自由国民社　2014.12　189p　21cm　（条文ガイド六法）①978-4-426-11873-0　Ⓝ323.14　［2000円］

◇憲法　長谷部恭男著　第6版　新世社　2014.12　473p　22cm　（新法学ライブラリ 2）〈サイエンス社（発売）索引あり〉①978-4-88384-218-6　Ⓝ323.14　［3350円］

◇憲法　伊藤塾著　弘文堂　2014.6　253p　21cm　（伊藤真ファーストトラックシリーズ 1）〈索引あり〉①978-4-335-31451-3　Ⓝ323.14　［1800円］

◇憲法　2　基本権論　大日方信春著　有信堂高文社　2014.3　344p　21cm　〈索引あり〉①978-4-8420-1071-7　Ⓝ323.14　［3200円］

◇憲法―解釈論の応用と展開　宍戸常寿著　第2版　日本評論社　2014.7　363p　21cm　〈索引あり〉①978-4-535-52046-2　Ⓝ323.14　［2700円］

◇憲法―基本講義　市川正人著　新世社　2014.10　422p　22cm　（ライブラリ法学基本講義 1）〈サイエンス社（発売）索引あり〉①978-4-88384-214-8　Ⓝ323.14　［3600円］

◇憲法への誘い　石村修著　右文書院　2014.7　179p　19cm　〈文献あり〉①978-4-8421-0767-7　Ⓝ323.14　［1360円］

◇憲法への招待　渋谷秀樹著　新版　岩波書店　2014.2　239p　18cm　（岩波新書 新赤版 1470）①978-4-00-431470-7　Ⓝ323.14　［800円］

◇憲法を学ぶ　岩井和由著　京都　嵯峨野書院　2014.4　218p　21cm　〈文献あり　索引あり〉①978-4-7823-0537-9　Ⓝ323.14　［2200円］

◇憲法を求める沖縄捨てる日本　照屋寛徳著　うるま　ゆい出版　2014.5　229p　19cm　①978-4-946539-33-6　Ⓝ323.14　［1500円］

◇憲法改正がなぜ必要か―「革命」を続ける日本国憲法の正体　八木秀次著　PHPパブリッシング　2013.11　327p　19cm　①978-4-907440-03-9　Ⓝ323.14　［1300円］

◇憲法改正、最後のチャンスを逃すな！　田久保忠衛著　並木書房　2014.10　254p　19cm　①978-4-89063-322-7　Ⓝ323.149　［1500円］

◇憲法「改正」の論点―憲法原理から問い直す　京都憲法会議監修, 木藤伸一朗, 倉田原志, 奥野恒久編　京都　法律文化社　2014.1　169p　21cm　①978-4-589-03558-5　Ⓝ323.149　［1900円］

◇憲法「改正反対論」大論破　『明日への選択』編集部企画・編集　日本政策研究センター　2013.11　63p　21cm　①978-4-902373-44-8　Ⓝ323.149　［500円］

◇憲法学読本　安西文雄, 巻美矢紀, 宍戸常寿著　第2版　有斐閣　2014.12　376p　22cm　〈文献あり　年表あり　索引あり〉①978-4-641-13172-9　Ⓝ323.14　［2700円］

◇憲法からみた福祉における人間の尊厳と自立　山崎将文著　[福岡]　中川書店　2014.5　146p　21cm　①978-4-931363-80-9　Ⓝ369.021　［1000円］

◇憲法講義　1　大石眞著　第3版　有斐閣　2014.3　332,30p　22cm　〈文献あり　索引あり〉①978-4-641-13160-6　Ⓝ323.14　［2700円］

◇憲法実感！ ゼミナール　孝忠延夫, 大久保卓治編　京都　法律文化社　2014.5　258p　21cm　〈文献あり　索引あり〉①978-4-589-03588-2　Ⓝ323.14　［2400円］

◇憲法主義―条文には書かれていない本質　内山奈月, 南野森著　PHP研究所　2014.7　237p　19cm　〈文献あり〉①978-4-569-81913-6　Ⓝ323.14　［1200円］

◇憲法大好き―読む・考える・学ぶ　愛知・憲法学習研究会編著, 浅井幸夫, 市野健三, 鈴木英幸, 堀内広実, 堀内美広, 吉田豊執筆　学習の友社　2014.5　100p　21cm　①978-4-7617-0690-6　Ⓝ323.14　［500円］

◇憲法でまなぶ「自由、人権、平和」―知らないでは、すまされない！　齊藤小百合, 井上輝子, 内海愛子, 八柏龍紀, 西澤清, 山田省三, 丸山重威, 長谷部貴俊, 津田公男[著]　労働大学出版センター　2013.12　112p　21cm　（労大ブックレット no.11）〈文献あり　内容：憲法は、現状に疑問を持ち、立ち上がる人には大きな力になる（齊藤小百合著）性差別の解消は、道半ば（井上輝子著）"日本国民"とは誰か（内海愛子著）憲法はその国のものでありながら、その国のものではない（八柏龍紀著）国家の教育権か、国民の教育権か（西澤清著）"ブラック労働特区"の創設を許してはならない（山田省三著）民意を反映する選挙制度とは何か（丸山重威著）国際協力の現

日本（憲法）

場からみた"9条"（長谷部貴俊著）　安倍政権の"平和主義"が
めざすもの（津田公男著）〉 ⑤323.14 ［800円］

◇憲法と教育法の研究―主権者教育権の提唱　永井憲一著　勁
草書房　2014.2　310p　22cm〈内容：憲法の議会制論から人
権研究へ　教科書裁判などの護憲運動へ　憲法理論研究会の
創設の目的　教育要求権の論理　教育権に関する裁判と判決
主権者教育権の理論　学校の自治と社会教育の自由　大学にお
ける学生の学習権　子どもの人権を考える　日本教育法学会
の発展　日本公法学会の回顧　スポーツ文化の潮流　研究と
教育のフィナーレ　学生指導の回顧　研究と実践の記録　当
面する憲法学の課題　単著の「はしがき」集　現実の政治・社
会問題への対応〉 ①978-4-326-40290-8 ⑤373.01 ［7000円］

◇憲法と市民社会　横坂健治著　北樹出版　2014.4　251p
22cm ①978-4-7793-0415-6 ⑤321 ［2700円］

◇憲法とそれぞれの人権　現代憲法教育研究会編　第2版　京都
法律文化社　2014.4　234p　21cm ①978-4-589-03580-6
⑤323.143 ［2600円］

◇憲法と知識人―憲法問題研究会の軌跡　邱静著　岩波書店
2014.11　262p　19cm （岩波現代全書 048） ①978-4-00-
029148-4 ⑤323.14 ［1800円］

◇憲法の「空語」を充たすために　内田樹編　京都　かもがわ出
版　2014.8　95p　21cm ①978-4-7803-0713-9 ⑤323.14
［900円］

◇憲法未来予想図―16のストーリーと48のキーワードで学ぶ
榎澤幸広, 奥田喜道編著　現代人文社　2014.8　217p　21cm
〈大学図書（発売）索引あり〉 ①978-4-87798-584-4 ⑤323.
149 ［2000円］

◇憲法問題学習資料集　5　「戦争する国」へ安倍内閣の暴走
憲法会議, 労働者教育協会編　学習の友社　2014.3　88p
26cm ①978-4-7617-0688-3 ⑤323.149 ［1000円］

◇子どもたちを再び戦場に送るな―語ろう、いのちと平和の大切
さ　村山士郎著　新日本出版社　2014.9　93p　21cm ①978-
4-406-05818-6 ⑤375 ［1100円］

◇子どもと親で楽しむ憲法ってなに？―憲法と集団的自衛権を
グッとつかんで、パッとわかる　須田諭一著　メトロポリタ
ンプレス　2014.11　222p　21cm ①978-4-907870-06-5
⑤323.14 ［1350円］

◇「この国のかたち」を考える　長谷部恭男著, 葛西康徳, 加藤
陽子, 苅部直, 宍戸常寿, 吉見俊哉【執筆】　岩波書店　2014.11
217p　19cm〈内容：日本の思想と憲法（苅部直著）戦争の記
憶と国家の位置づけ（加藤陽子著）憲法は変えることができ
るか（葛西康徳著）広告化する戦後と自己像の再定義（吉見
俊哉著）憲法の運用と「この国のかたち」（宍戸常寿著）戦
後の平和思想と憲法（苅部直著）憲法学から見た国家（長谷
部恭男著）〉①978-4-00-022937-1 ⑤302.1 ［1900円］

◇これからの日本のゆくえ―憲法改正問題を切り口として：福音
の視点から　森一弘著　女子パウロ会　2013.12　65p　19cm
①978-4-7896-0732-2 ⑤323.14 ［500円］

◇市民が憲法をまもる　目黒「九条の会」ネットワーク編　らく
だ出版　2014.4　200p　18cm ①978-4-89777-533-3 ⑤323.
14 ［1200円］

◇小説で読む憲法改正―僕と三上さんと柳田先生の放課後　木
山泰嗣著　法学書院　2014.5　222p　21cm〈文献あり〉
①978-4-587-03787-1 ⑤323.149 ［1500円］

◇女子の集まる憲法おしゃべりカフェ　百地章監修, 明成社編
集部編集　明成社　2014.9　71p　21cm〈文献あり〉①978-
4-905410-31-7 ⑤323.14 ［600円］

◇知られざる日本国憲法の正体―マッカーサーはなぜ「帝国憲
法」を改正したのか　吉本貞昭著　ハート出版　2014.4
438p　20cm〈文献あり〉①978-4-89295-973-8 ⑤323.14
［2100円］

◇シリーズ日本の安全保障　3　立憲的ダイナミズム　遠藤誠治,
遠藤乾編集代表　水島朝穂責任編集　岩波書店　2014.12
304,2p　20cm〈内容：安全保障の立憲的ダイナミズム（水島
朝穂著）九条の政府解釈のゆくえ（水島朝穂著）人権・自治
権・安全保障（高作正博著）九条論を開く（山元一著）軍事
と憲法（石川健治著）文民統制論のアクチュアリティ（青井
未帆著）裁判所と九条（蟻川恒正著）インテリジェンスと
監視（岡本篤尚著）立憲・平和主義の構想（愛敬浩二著）リ
スクの憲法論（藤井康博, 高橋雅人著）安全保障の市民的視点
（君島東彦著）〉①978-4-00-028753-1 ⑤393 ［2900円］

◇新憲法講義　和知賢太郎著　南窓社　2013.3　214p　22cm
①978-4-8165-0403-2 ⑤323.14 ［2700円］

◇スタート憲法　吉田仁美編　第2版　成文堂　2014.4　141p
26cm〈文献あり　索引あり〉①978-4-7923-0561-1 ⑤323.14
［1600円］

◇「戦争する国」許さぬ自治体の力―集団的自衛権・沖縄新基地
を考える　小林武, 晴山一穂, 稲嶺進, 稲葉暉, 岡庭一雄編著
自治体研究社　2014.11　110p　21cm〈内容：「戦争する国」
づくりを許さないために　辺野古に新基地はいら
ない（稲嶺進述）憲法を活かし平和と住民福祉を豊かに都市
消滅どころか若い住民が増えています（稲葉暉述, 晴山一穂, 佐
藤一則聞き手）今憲法が生きる地方自治体を（岡庭一雄著）
平和を守る自治体と憲法（小林武著）〉①978-4-88037-625-7
⑤323.148 ［1111円］

◇帝国憲法の真実　倉山満著　扶桑社　2014.5　228p　18cm
（扶桑社新書 165）〈文献あり〉①978-4-594-07038-0 ⑤323.
13 ［760円］

◇テキスト教職・教養のための日本国憲法入門　霜鳥秋則著
ジアース教育新社　2014.9　211p　21cm〈文献あり〉①978-
4-86371-281-2 ⑤323.14 ［2200円］

◇テキストブック憲法　澤野義一, 小林直三編　京都　法律文化
社　2014.4　196p　21cm〈文献あり　索引あり〉①978-4-
589-03587-5 ⑤323.14 ［2200円］

◇テレビが伝えない憲法の話　木村草太著　PHP研究所　2014.
5　239p　18cm （PHP新書 920） ①978-4-569-81622-7
⑤323.14 ［760円］

◇天皇制の国民主権とノモス主権論―政治の究極は力か理念か
尾高朝雄著　書肆心水　2014.3　278p　22cm〈底本：国民主
権と天皇制（青林書院 1954年刊）〉①978-4-906917-26-6
⑤323.14 ［6300円］

◇トピックス憲法　大林啓吾, 白水隆, 鈴木敦, 手塚崇聡, 藤原家
康, 山田哲史編著　三省堂　2014.12　143p　21cm〈索引あ
り〉①978-4-385-36318-9 ⑤323.14 ［2000円］

◇なぜ憲法改正か!?―反対・賛成・中間派ももまず、読んでみよ
う！　清原淳平著　善本社　2014.5　173p　21cm ①978-4-
7939-0467-7 ⑤323.149 ［1100円］

◇日本国憲法―エスペラント対訳　NUN-vortoj訳　豊中　日本
エスペラント図書刊行会　2014.12　88p　19cm ①978-4-
930785-59-6 ⑤323.14 ［600円］

◇日本国憲法―大阪おばちゃん語訳　谷口真由美著　文藝春秋
2014.12　213p　19cm ①978-4-16-390181-7 ⑤323.14
［1100円］

◇日本国憲法―現代語訳　伊藤真訳　筑摩書房　2014.1　318p
18cm （ちくま新書 1049）①978-4-480-06755-5 ⑤323.14
［940円］

◇日本国憲法―人権と福祉　渡辺信英編　南窓社　2014.4
254p　22cm〈文献あり〉①978-4-8165-0420-4 ⑤323.143
［3200円］

◇日本国憲法を生んだ密室の九日間　鈴木昭典［著］
KADOKAWA　2014.7　445p　15cm（角川ソフィア文庫
［M114-1]）〈文献あり　年表あり〉創元社 1995年刊の加筆修
正〉978-4-04-405806-7 ⑤323.14 ［1000円］

◇日本国憲法を考える　松井茂記著　第3版　吹田　大阪大学出
版会　2014.3　286p　19cm （大阪大学新世紀レクチャー）
〈索引あり〉①978-4-87259-472-0 ⑤323.14 ［1800円］

◇日本国憲法を口語訳してみたら　塚田薫著, 長峯信彦監修
幻冬舎　2013.7　175p　18cm ①978-4-344-02433-5 ⑤323.
14 ［1100円］

◇「日本国憲法」を読み直す　井上ひさし, 樋口陽一著　岩波書
店　2014.7　293p　15cm （岩波現代文庫）〈底本：講談社文
庫 1997年刊〉①978-4-00-603271-5 ⑤323.14 ［1040円］

◇日本国憲法からのメッセージ―主権者となるあなたへ　片居
木英人, 福岡賢昌, 長野典右著　府中（東京都）サンウェイ出版
2014.4　8, 144p　21cm ①978-4-88389-043-9 ⑤323.14
［1800円］

◇日本国憲法再確認　労働者教育協会編　学習の友社　2014.9
87p　21cm （学習の友別冊）〈内容：「海外で戦争する国」へ
の転換（森英樹著）歴史認識問題と日本国憲法（大日方純夫
著）生存権・社会保障の危機と日本国憲法（唐鎌直義著）
労働の規制緩和と日本国憲法（兵頭淳史著）〉⑤323.14 ［463
円］

◇日本国憲法の改正は是か非か　永田雅敏著　文芸社　2014.2
189p　19cm ①978-4-286-14659-1 ⑤323.14 ［1200円］

◇日本国憲法の地方自治―この「多重危機」のなかで考える　杉
原泰雄著　自治体研究社　2014.7　77p　21cm ①978-4-
88037-618-9 ⑤323.148 ［926円］

◇日本国憲法の日本語文法　中村幸弘著　右文書院　2014.7
148p　19cm ①978-4-8421-0770-7 ⑤323.14 ［1200円］

◇日本国憲法の平和主義――法律実務家の視点から　清原雅彦
著　福岡　石風社　2013.11　219p　20cm〈文献あり〉
①978-4-88344-239-3 ⑤323.149 ［1500円］

◇「日本国憲法」廃棄論　兵頭二十八著　草思社　2014.6　294p　16cm　（草思社文庫 ひ2-2）①978-4-7942-2055-4　Ⓝ323.14　[820円]

◇入門法と憲法　早田幸政著　京都　ミネルヴァ書房　2014.4　361p　21cm　〈文献あり　索引あり〉①978-4-623-07039-8　Ⓝ321　[2800円]

◇はじめての憲法総論・人権　尾崎哲夫著　第6版　自由国民社　2014.9　171p　19cm　（3日でわかる法律入門）〈文献あり　索引あり〉①978-4-426-12238-6　Ⓝ323.143　[1200円]

◇フクシマで"日本国憲法〈前文〉"を読む―家族で語ろう憲法のこと　金井光生著　［東京］　公人の友社　2014.2　93p　21cm　（福島大学ブックレット『21世紀の市民講座』 No.10）〈文献あり〉①978-4-87555-635-0　Ⓝ323.14　[1000円]

◇不毛な憲法議論　東谷暁著　朝日新聞出版　2014.4　286p　18cm　（朝日新書 457）〈文献あり〉①978-4-02-273557-7　Ⓝ323.14　[820円]

◇プレステップ憲法　駒村圭吾編　弘文堂　2014.10　165p　26cm　（PRE-STEP 17）〈文献あり　索引あり〉①978-4-335-00091-1　Ⓝ323.14　[1800円]

◇法学・憲法　斎藤静敬，覚正豊和著　新訂版　八千代出版　2014.4　226p　22cm　〈文献あり　索引あり〉①978-4-8429-1627-9　Ⓝ321　[1800円]

◇法学と憲法の教科書　天野聖悦著　八千代出版　2014.3　211p　21cm　（「法学・憲法講義」補訂版（2012年刊）の改題、改訂・加筆）①978-4-8429-1622-4　Ⓝ321　[1900円]

◇僕らの社会のつくり方―10代から見る憲法　鈴木崇弘，青木大和編著　遊行社　2014.3　123p　21cm　①978-4-902443-27-1　Ⓝ323.14　[1000円]

◇迷子の日本国憲法―ただ一つの国から、ただの国へ　森村誠一編著　徳間書店　2014.9　198p　19cm　〈文献あり　年表あり〉①978-4-19-863846-7　Ⓝ323.14　[1000円]

◇間違った日本国憲法―日本国憲法と昭和を作った人々　南義弘著　中央公論事業出版（制作・発売）　2014.4　181p　20cm　①978-4-89514-417-9　Ⓝ323.14　[1500円]

◇マンガでわかる日本国憲法　木山泰嗣監修，亀小屋サト，サイドランチマンガ　日本文芸社　2014.12　206p　21cm　〈文献あり　索引あり〉①978-4-262-15417-6　Ⓝ323.14　[1350円]

◇未完の憲法　奥平康弘，木村草太著　潮出版社　2014.5　165p　19cm　①978-4-267-01975-3　Ⓝ323.149　[1400円]

◇もうひとつの憲法読本―新たな自由民権のために　佐藤雅彦著　西宮　鹿砦社　2014.2　238p　21cm　①978-4-8463-0986-2　Ⓝ323.14　[1500円]

◇やさしく学ぶ日本国憲法入門　武川眞固著　相模原　現代図書　2014.9　175p　21cm　〈星雲社（発売）文献あり　索引あり〉①978-4-434-19570-9　Ⓝ323.14　[1800円]

◇読むための日本国憲法　東京新聞政治部編　文藝春秋　2014.4　338p　16cm　（文春文庫 と28-1）〈文献あり　「いま知りたい日本国憲法」（講談社 2005年刊）の改題、加筆・修正〉①978-4-16-790081-6　Ⓝ323.14　[630円]

◇リーガル・リテラシー憲法教育　浅川千尋著　第2版　京都　法律文化社　2014.9　165p　21cm　〈文献あり〉①978-4-589-03623-0　Ⓝ323.14　[2200円]

◇臨床憲法学　笹沼弘志著　日本評論社　2014.9　231p　21cm　〈文献あり〉①978-4-535-51708-0　Ⓝ323.14

◇Law Practice憲法　笹田栄司編　第2版　商事法務　2014.10　295p　21cm　〈索引あり〉①978-4-7857-2229-6　Ⓝ323.14　[3000円]

◇論点日本国憲法―憲法を学ぶための基礎知識　安念潤司，小山剛，青井未帆，宍戸常寿，山本龍彦編著　第2版　東京法令出版　2014.11　263p　26cm　〈索引あり〉①978-4-8090-6307-7　Ⓝ323.14　[2600円]

◇わたくしは日本国憲法です。　鈴木篤著　朗文堂　2014.7　189p　19cm　①978-4-947613-90-5　Ⓝ323.14　[1200円]

日本（憲法―判例）

◇基本判例 1　憲法　右崎正博，浦田一郎編　第4版　法学書院　2014.5　274p　21cm　〈索引あり〉①978-4-587-52413-5　Ⓝ320.981　[2500円]

◇憲法判例　戸松秀典，初宿正典編著　第7版　有斐閣　2014.3　618p　22cm　〈索引あり〉①978-4-641-13163-7　Ⓝ323.14　[3200円]

◇憲法判例インデックス　工藤達朗編　商事法務　2014.3　388p　21cm　〈索引あり〉①978-4-7857-2149-7　Ⓝ323.14　[2800円]

◇判例から考える憲法　小山剛，畑尻剛，土屋武編　法学書院　2014.5　289p　21cm　〈文献あり　索引あり〉①978-4-587-52460-9　Ⓝ323.14　[2400円]

◇判例から学ぶ憲法・行政法　川﨑政司，小山剛編　第4版　法学書院　2014.6　368p　21cm　〈索引あり〉①978-4-587-52453-1　Ⓝ323.14　[2800円]

◇判例ナビゲーション憲法　榎透，永田秀樹，三宅裕一郎著　日本評論社　2014.9　244p　21cm　〈索引あり〉①978-4-535-51993-0　Ⓝ323.14　[1900円]

◇論点体系判例憲法―裁判に憲法を活かすために 1　前文、天皇、戦争の放棄、国民の権利及び義務1〈前文～第21条〉戸松秀典，今井功編著　第一法規　2013.6　522p　22cm　〈索引あり〉①978-4-474-10309-2　Ⓝ323.14　[4800円]

◇論点体系判例憲法―裁判に憲法を活かすために 2　国民の権利及び義務2〈第22条～第40条〉戸松秀典，今井功編著　第一法規　2013.6　524p　22cm　〈索引あり〉①978-4-474-10310-8　Ⓝ323.14　[4800円]

◇論点体系判例憲法―裁判に憲法を活かすために 3　国会、内閣、司法、財政、地方自治、改正、最高法規、補則〈第41条～第103条〉戸松秀典，今井功編著　第一法規　2013.6　437p　22cm　〈索引あり〉①978-4-474-10311-5　Ⓝ323.14　[4800円]

日本（憲法―歴史）

◇金森徳次郎の憲法思想の史的研究　霜村光寿著　同成社　2014.12　283p　22cm　①978-4-88621-684-7　Ⓝ323.12　[6000円]

◇憲法改正の政治過程―ドイツ近現代憲法政治史から見えてくる憲法の諸相　安章浩著　学陽書房　2014.5　347p　21cm　①978-4-313-31131-2　Ⓝ323.34　[2800円]

日本（憲法改正）

◇あなたもマイ憲法をつくってみませんか　中倉信利作成　［春日部］　理想の憲法改正にする会　2014.10　104p　30cm　Ⓝ323.149

◇安倍改憲と自治体―人権保障・民主主義縮減への対抗　小沢隆一，榊原秀訓編著　自治体研究社　2014.5　259p　21cm　〈内容：安倍改憲の歴史的位置と全体像（小沢隆一著）改憲、地方自治の「憲法化」と道州制（榊原秀訓著）安倍改憲と統治機構「改革」（小沢隆一著）秘密保護法と地方自治体・地方公務員（清水雅彦著）公務員制度改革（尾林芳匡著）労働法制改革（武井寛著）地方分権改革による地方自治の変容（榊原秀訓著）安倍政権の社会保障改革と自治体の課題（伊藤周平著）安倍教育改革と地方教育行政（丹羽徹著）農地管理と農業委員会（田代洋一著）〉①978-4-88037-616-5　Ⓝ312.1　[2300円]

◇安倍改憲の野望―この国はどこへ行くのか　樋口陽一，奥平康弘，小森陽一著　増補版　京都　かもがわ出版　2014.8　170p　19cm　（希望シリーズ）①978-4-7803-0717-7　Ⓝ323.149　[1500円]

◇教えて伊藤先生！ 憲法改正って何？　伊藤真著　新潟　シーアンドアール研究所　2014.1　151p　26cm　（目にやさしい大活字）〈2013年刊の再刊〉①978-4-86354-734-6　Ⓝ323.149　[2200円]

◇改憲がもたらす戦争する国日本―法律家が読み解く自民党改憲草案Q&A　自由法曹団・改憲阻止対策本部編著　学習の友社　2014.5　95p　21cm　（シリーズ世界と日本21 41）①978-4-7617-1243-3　Ⓝ323.149　[1000円]

◇壊憲に向かう安倍政権の暴走と矛盾―森英樹講演録　森英樹［述］，森英樹講演会実行委員会編集　名古屋　ほっとブックス新栄　2014.5　72,6p　19cm　①978-4-903036-22-9　Ⓝ323.149　[741円]

◇改憲問題Q&A　自由人権協会編　岩波書店　2014.2　70p　21cm　（岩波ブックレット No.891）①978-4-00-270891-1　Ⓝ323.14　[580円]

◇改憲問題とキリスト教　稲垣久和著　教文館　2014.2　195,4p　19cm　〈索引あり〉①978-4-7642-6977-4　Ⓝ190　[1300円]

◇改憲論議の矛盾―憲法96条改正論と集団的自衛権行使容認　飯田泰士著　［東京］　花伝社　2014.3　152p　21cm　〈共栄書房（発売）文献あり〉①978-4-7634-0696-5　Ⓝ323.149　[1500円]

◇憲法改正がなぜ必要か―「革命」を続ける日本国憲法の正体　八木秀次著　PHPパブリッシング　2013.11　327p　19cm　①978-4-907440-03-9　Ⓝ323.14　[1300円]

◇憲法改正、最後のチャンスを逃すな！　田久保忠衛著　並木書房　2014.10　254p　19cm　①978-4-89063-322-7　Ⓝ323.149　[1500円]

◇憲法改正のオモテとウラ　舛添要一著　講談社　2014.2　326p　18cm　（講談社現代新書 2251）①978-4-06-288251-4　Ⓝ323.149　[900円]

日本（憲法改正―歴史―昭和後期―史料）　　　　　　　　　　　　　　日本件名図書目録2014　I

◇憲法「改正」の論点―憲法原理から問い直す　京都憲法会議監修，木藤伸一朗，倉田原志，奥野恒久編　京都　法律文化社　2014.1　169p　21cm　Ⓘ978-4-589-03558-5　Ⓝ323.149　[1900円]

◇憲法「改正反対論」大論破　『明日への選択』編集部企画・編集　日本政策研究センター　2013.11　63p　21cm　Ⓘ978-4-902373-44-8　Ⓝ323.149　[500円]

◇憲法未来予想図―16のストーリーと48のキーワードで学ぶ　榎澤幸広，奥田喜道編著　現代人文社　2014.8　217p　21cm〈大学図書（発売）索引あり〉Ⓘ978-4-87798-584-4　Ⓝ323.149　[2000円]

◇憲法問題学習資料集　5　「戦争する国」へ安倍内閣の暴走　憲法会議，労働者教育協会編　学習の友社　2014.3　88p　26cm　Ⓘ978-4-7617-0688-3　Ⓝ323.149　[1000円]

◇これからの日本のゆくえ―憲法改正問題を切り口として：福音の視点から　森一弘著　女子パウロ会　2013.12　65p　19cm　Ⓘ978-4-7896-0732-2　Ⓝ323.14　[500円]

◇自民党改憲草案を読む―自民党改憲草案・日本国憲法付録　横田耕一著　新教出版社　2014.5　129p　21cm　Ⓘ978-4-400-40732-4　Ⓝ323.149　[900円]

◇社会運動再生への挑戦―歴史的せめぎあいの時代を生きる　山田敬男著　学習の友社　2014.6　134p　21cm　Ⓘ978-4-7617-0691-3　Ⓝ309.021　[1300円]

◇集団的自衛権と安全保障　豊下楢彦，古関彰一著　岩波書店　2014.7　237p　18cm　（岩波新書　新赤版 1491）Ⓘ978-4-00-431491-2　Ⓝ393　[820円]

◇集団的自衛権容認の深層―平和憲法をなきものにする狙いは何か　纐纈厚著　日本評論社　2014.11　244p　20cm〈文献あり〉Ⓘ978-4-535-58675-8　Ⓝ393　[1800円]

◇小説で読む憲法改正―僕と三上さんと柳田先生の放課後　木山泰嗣著　法学書院　2014.5　222p　21cm〈文献あり〉Ⓘ978-4-587-03787-1　Ⓝ323.149　[1500円]

◇なぜ憲法改正か!?―反対・賛成・中間派もまず、読んでみよう！　清原淳平著　善本社　2014.5　173p　21cm　Ⓘ978-4-7939-0467-7　Ⓝ323.149　[1100円]

◇八法亭みややっこの憲法噺　飯田美弥子著　[東京]　花伝社　2014.5　76p　21cm〈共栄書房（発売）〉Ⓘ978-4-7634-0700-9　Ⓝ323.149　[800円]

◇比較のなかの改憲論―日本国憲法の位置　辻村みよ子著　岩波書店　2014.1　229,3p　18cm　（岩波新書　新赤版 1466）〈文献あり〉Ⓘ978-4-00-431466-0　Ⓝ323.149　[760円]

◇僕らの社会のつくり方―10代から見る憲法　鈴木崇弘，青木大和編著　遊行社　2014.3　123p　21cm　Ⓘ978-4-902443-27-1　Ⓝ323.14　[1400円]

◇迷子の日本国憲法―ただ一つの国から、ただの国へ　森村誠一編著　徳間書店　2014.9　198p　19cm〈文献あり　年表あり〉Ⓘ978-4-19-863846-7　Ⓝ323.149　[1000円]

◇未完の憲法　奥平康弘，木村草太著　潮出版社　2014.5　165p　18cm　Ⓘ978-4-267-01975-3　Ⓝ323.149　[1400円]

日本（憲法改正―歴史―昭和後期―史料）

◇初期日本国憲法改正論議資料―苹憲法研究会速記録〈参議院所蔵〉1953-59　赤坂幸一編集・校訂　柏書房　2014.2　117,1077p　22cm〈索引あり〉Ⓘ978-4-7601-4339-9　Ⓝ323.149　[20000円]

日本（高圧ガス容器―耐震構造―法令）

◇高圧ガス設備等耐震設計指針　2012　別冊　耐震設計関係省令・告示・通達等　高圧ガス保安協会編　改訂版　高圧ガス保安協会　2014.3　179p　30cm　Ⓝ571.8

日本（広域行政）

◇選べる広域連携―自治体による戦略的パートナー選択の時代へ　総合研究開発機構　2014.4　137p　30cm　（NIRA研究報告書）〈文献あり〉Ⓘ978-4-7955-1461-4　Ⓝ318.18

◇これからの自治体経営と公立図書館　野本祐二著　つくば筑波大学大学院図書館情報メディア研究科図書館流通センター図書館経営寄附講座　2014.3　139p　30cm　（図書館流通センター図書館経営寄附講座・調査研究報告 6）Ⓝ013

◇自治体クラウドを活用した市町村の広域連携に関する調査報告書　府中（東京都）東京市町村自治調査会　2014.3　137p　30cm〈調査委託：三菱総合研究所〉Ⓝ318.5

日本（公益法人）

◇新しい公益法人・一般法人制度―設立・認定・会計・税務の基本がわかる本　公認会計士・税理士林光行事務所編，林光行，林幸，小幡寛子，古田茂己共著　大阪　実務出版　2013.12

173p　26cm〈「新しい公益法人制度」3訂版（2011年刊）の改題、改訂〉Ⓘ978-4-906520-24-4　Ⓝ324.12　[2095円]

◇一般社団・財団法人・公益社団・財団法人の理事会Q&A精選100　渋谷幸夫著　全国公益法人協会　2014.9　436p　21cm〈文献あり〉Ⓘ978-4-915668-50-0　Ⓝ324.12　[3546円]

◇一般法人・公益法人の理事・監事・評議員になったらまず読む本　高橋和也，梅本寛人共著　浦田泉監修　福岡　忘羊社　2014.4　215p　21cm　Ⓘ978-4-907902-00-1　Ⓝ324.12　[1400円]

◇Q&A公益法人・一般法人の運営実務―定期提出書類作成、変更、登記、会計、税務　片岡圭太，菅野豊，熊谷則一，浅沼知栄，藤田整継著　中央経済社　2014.9　252p　21cm　Ⓘ978-4-502-11501-1　Ⓝ324.12　[3200円]

◇公益法人改革の深い闇　NHKクローズアップ現代取材班著　宝島社　2014.11　239p　19cm　Ⓘ978-4-8002-3240-3　Ⓝ335.8　[1300円]

◇公益法人の消費税実務と申告書の書き方　辻・本郷税理士法人編著　清文社　2014.11　196p　26cm　Ⓘ978-4-433-52104-2　Ⓝ336.987　[2200円]

◇非営利法人の役員の信認義務―営利法人の役員の信認義務との比較考察　松元暢子著　商事法務　2014.4　455p　22cm〈索引あり〉Ⓘ978-4-7857-2179-4　Ⓝ324.12　[8500円]

◇東日本大震災後の公益学と労働組合　現代公益学会編　文眞堂　2014.9　220p　21cm　（公益叢書 第2輯）〈内容：日本における公益法人の市民化の軌跡（小松隆二著）地域包括ケア構築の実践的課題（山路憲夫著）公的年金制度はいつまで持つか（北沢栄著）現代の風評被害の構造（上野伸子著）一日一善運動を通して「公益心の芽」を育てる（新垣千鶴子著）労働組合と市民社会（鈴木不二一著）公益の労働運動とは（篠田徹著）連合の非正規労働者等に関わる取り組み（村上陽子著）非正規の声は聞こえるか（東海林智著）公益の担い手としての労働者自主福祉（麻生裕子著）静かに一大転換期を迎えた労働組合（小松隆二著）〉Ⓘ978-4-8309-4831-2　Ⓝ366.621　[2700円]

日本（公益法人―会計）

◇公益法人・一般法人の会計実務　出塚清治，辺土名厚編著，小渕昭範，小林敬，長岡美奈著　補訂版　公益法人協会　2013.8　485p　26cm〈索引あり〉Ⓘ978-4-906173-68-6　Ⓝ336.9　[3600円]

◇公益法人・一般法人の税務実務―会計・税務と申告書作成　出塚清治著　公益法人協会　2014.3　515p　26cm　Ⓘ978-4-906173-71-6　Ⓝ336.98　[3800円]

◇公益法人・一般法人のための仕訳ハンドブック　辺土名厚，清泉監査法人編著　公益法人協会　2014.2　349p　21cm〈索引あり〉Ⓘ978-4-906173-70-9　Ⓝ336.9　[2500円]

◇図解Q&A新公益法人の会計・税務　久保直生著　中央経済社　2014.4　284p　21cm　Ⓘ978-4-502-08380-8　Ⓝ336.9　[3400円]

◇非営利会計における収支計算書―その意義を問う　長谷川哲嘉著　国元書房　2014.3　249p　22cm　（早稲田大学会計研究所・会計研究叢書 第2号）〈文献あり　索引あり〉Ⓘ978-4-7658-0560-5　Ⓝ336.92　[3800円]

◇よくわかる公益法人・一般法人の税金のしくみ　中田ちず子，辺土名厚監修，高梨純，糸永圭一，大橋みどり，日下卓磨著　公益法人協会　2014.8　222p　21cm　Ⓘ978-4-906173-73-0　Ⓝ336.98　[2000円]

日本（公園）

◇公園空間の性質に関する社会学的分析―大正大学人間科学テーマ研究A　2012年度調査報告書　荒川康編　大正大学人間学部人間科学科　2013.3　102p　30cm　Ⓝ518.85

◇吉村元男の「景」と「いのちの詩」　吉村元男著　京都　京都通信社　2013.7　83p　18×19cm　（シリーズ人と風と景と）〈英語併記〉Ⓘ978-4-903473-71-0　Ⓝ629.3　[1400円]

日本（公園―統計）

◇特定サービス産業実態調査報告書　平成25年　公園、遊園地・テーマパーク編　[東京]　経済産業省大臣官房調査統計グループ　2014.12　76p　30cm　Ⓝ673.9

日本（公害）

◇環境省平成25年度地域活性化を担う環境保全活動の協働取組推進事業（環境教育・地域再生の経験や交流を活かした公害資料館の連携）報告書　大阪　公害地域再生センター　2014.2　136p　30cm　Ⓝ519.07

日本（公害―歴史―1945～）

◇戦後日本公害史論　宮本憲一著　岩波書店　2014.7　780p　22cm〈年表あり　索引あり〉Ⓘ978-4-00-025984-2　Ⓝ519.21　[8200円]

日本件名図書目録2014　Ⅰ　　　　　　　　　　　　　　　　　　　　　　　　　　　　　　　　　　　　日本（工業—統計）

日本（公害行政）

◇公害紛争処理白書—我が国の公害紛争処理・土地利用調整の現況　平成26年版　公害等調整委員会／編　長野　蔦友印刷　2014.6　181p　30cm　①978-4-904225-17-2　［1540円］

日本（公害訴訟）

◇弁護士馬奈木昭雄—私たちは絶対に負けないなぜなら、勝つまでたたかい続けるから　馬奈木昭雄［著］，松橋隆司編著　合同出版　2014.9　175p　19cm　〈年表あり〉　①978-4-7726-1130-5　Ⓝ519.12　［1600円］

日本（公害防止産業）

◇環境産業の市場規模・雇用規模等に関する報告書　［出版地不明］　環境産業市場規模検討会　2014.3　117p　30cm　（環境ビジネスの振興方策検討及び環境産業の市場規模推計等委託業務　平成25年度　2（環境産業の市場規模等の情報整備））〈発注者：環境省総合環境政策局環境計画課環境経済政策調査室，受注者：野村総合研究所〉　Ⓝ519.19

◇環境モニタリング・サービス・プロバイダー・ビジネスへの挑戦—地球温暖化対策を視野に入れた：サブナショナルパワーに火をつける！　梟小路魁彦著　環境コミュニケーションズ　2014.5　291p　①978-4-87489-151-3　Ⓝ519.19　［1500円］

日本（高額所得者）

◇新・日本のお金持ち研究　橘木俊詔，森剛志著　日本経済新聞出版社　2014.1　248p　15cm　（日経ビジネス人文庫　た11-2）〈文献あり〉　①978-4-532-19715-5　Ⓝ361.83　［700円］

日本（公企業）

◇公営企業における消費税及び地方消費税実務ハンドブック　公営企業消費税実務研究会編　地方財務協会　2014.2　137p　26cm　〈最新税率対応〉　Ⓝ336.987　［1620円］

◇地方公営企業の概要　平成26年8月　地方公営企業制度研究会編　地方財務協会　2014.8　389p　21cm　Ⓝ335.71　［2315円］

日本（公企業—会計）

◇公営企業の経理の手引　地方公営企業制度研究会編　改訂50版　地方財務協会　2014.7　610p　21cm　Ⓝ336.9　［3565円］

◇公営企業の実務講座　平成26年7月　地方公営企業制度研究会編　改訂　地方財務協会　2014.7　599p　21cm　Ⓝ336.9　［2778円］

◇やさしい公営企業会計　地方公営企業制度研究会編　第2次改訂版　ぎょうせい　2014.5　206p　21cm　①978-4-324-09823-3　Ⓝ366.9　［2250円］

日本（工業）

◇競争力強化に挑む中小製造業—躍進するものづくり企業　商工総合研究所編　商工総合研究所　2014.2　251p　19cm　①978-4-901731-19-5　Ⓝ509.21　［1429円］

◇サムスンを変えた吉川氏が語るものづくり維新—世界で勝つための10箇条　吉川良三著　［東京］　日経BP社　2014.6　216p　20cm　〈日経BPマーケティング（発売）〉　①978-4-8222-7628-7　Ⓝ509.21　［2000円］

◇次代に挑戦する優良中堅・中小製造業　日刊工業新聞特別取材班編　日刊工業新聞社　2014.3　131p　19cm　①978-4-526-07243-7　Ⓝ509.21　［1800円］

◇製造基盤技術実態等調査事業（国際化された小規模市場において高いシェアを有する企業（GNT企業）に関する調査）報告書　平成25年度　［東京］　未来工学研究所　2014.3　176p　30cm　Ⓝ509.21

◇『全員参加型社会』の実現に向けた技能者の確保と育成に関する調査　労働政策研究・研修機構編　労働政策研究・研修機構　2014.5　252p　30cm　（JILPT調査シリーズ　no. 120）　Ⓝ509.21

◇千年企業の大逆転　野村進著　文藝春秋　2014.8　245p　19cm　〈文献あり〉　①978-4-16-390116-9　Ⓝ509.21　［926円］

◇地域産業集積の特性を活かしたイノベーション達成の条件—中間組織の機能に注目した4つの地域類型のケース・スタディ　中小企業基盤整備機構経営支援情報センター　2014.3　6，104p　30cm　（中小機構調査研究報告書　第6巻　第3号）〈文献あり〉　Ⓝ335.3

◇中小企業における「新たな価値創造（NVC）」への取り組み—中間財メーカーに求められるコスト低減以外の付加価値向上策とは　日本政策金融公庫総合研究所　2014.7　97p　30cm　（日本公庫総研レポート　no. 2014-1）　Ⓝ509.21

◇中小企業の空洞化適応—日本の現場から導き出されたモデル　岸本太一，粂野博行編著　同友館　2014.2　315p　21cm　〈索引あり　内容：日本の成功事例、現場からのモデル構築（岸本

太一著）事業転換の基礎パターン（岸本太一著）顧客を惹き付けるコアサービス（岸本太一著）ものづくりのコアコンピタンス（首藤聡一朗著）新しい取引関係の構築（岸本太一，額田春華著）「営業」と「開発」の増強（岸本行著）自社の海外展開が与えた影響（浜松翔平著）大手〈地元〉セットメーカーが与えた影響（粂野博行著）地域からの支援（岸本太一著）導きだされたモデル、未来への可能性（岸本太一著）〉　①978-4-496-05042-8　Ⓝ509.21　［2800円］

◇日本のものづくり力シリーズ総集編　日本鉄鋼協会編　日本鉄鋼協会　2013.8　68p　30cm　〈ふぇらむvol. 16（2011），no. 10-vol. 18（2013），no. 3掲載〉　Ⓝ509.21　［非売品］

◇日本発モノづくり—若い人たちに期待したいこと　福田國彌監修，石井徳章，森幸治編著　京都　晃洋書房　2014.6　299p　19cm　①978-4-7710-2514-1　Ⓝ509.21　［2800円］

◇伸びる製造業の賢い大学の使い方—産学官連携の活用法　名古屋工業大学産学官連携センター著　幻冬舎メディアコンサルティング　2014.2　199p　18cm　（経営者新書　098）〈幻冬舎（発売）奥付の出版者（誤植）：産学官連携センター〉　①978-4-344-95237-9　Ⓝ509.21　［740円］

◇ものづくり白書　2014年版　経済産業省，厚生労働省，文部科学省／編　経済産業調査会　2014.8　303p　30cm　①978-4-8065-2942-2　［2333円］

日本（興行—統計）

◇特定サービス産業実態調査報告書　平成25年　興行場，興行団編　［東京］　経済産業省大臣官房調査統計グループ　2014.12　134p　30cm　Ⓝ673.9

日本（工業—統計）

◇経済センサス—活動調査報告　平成24年　第6巻　製造業に関する集計（「平成23年工業統計調査」相当）その1（品目編）　総務省統計局，経済産業省大臣官房調査統計グループ編　総務省統計局　2014.3　93，432p　30cm　〈共同刊行：経済産業省大臣官房調査統計グループ〉　Ⓝ605.9

◇経済センサス—活動調査報告　平成24年　第6巻　製造業に関する集計（「平成23年工業統計調査」相当）その2（産業編）　総務省統計局，経済産業省大臣官房調査統計グループ編　総務省統計局　2014.3　87，498p　30cm　〈共同刊行：経済産業省大臣官房調査統計グループ〉　Ⓝ605.9

◇経済センサス—活動調査報告　平成24年　第6巻　製造業に関する集計（「平成23年工業統計調査」相当）その3（用地・用水編）　総務省統計局，経済産業省大臣官房調査統計グループ編　総務省統計局　2014.3　54，269p　30cm　〈共同刊行：経済産業省大臣官房調査統計グループ〉　Ⓝ605.9

◇経済センサス—活動調査報告　平成24年　第6巻　製造業に関する集計（「平成23年工業統計調査」相当）その4（市区町村編）　総務省統計局，経済産業省大臣官房調査統計グループ編　総務省統計局　2014.3　13，395p　30cm　〈共同刊行：経済産業省大臣官房調査統計グループ〉　Ⓝ605.9

◇経済センサス—活動調査報告　平成24年　第6巻　製造業に関する集計（「平成23年工業統計調査」相当）その5（工業地区編）　総務省統計局，経済産業省大臣官房調査統計グループ編　総務省統計局　2014.3　55，620p　30cm　〈共同刊行：経済産業省大臣官房調査統計グループ〉　Ⓝ605.9

◇経済センサス—活動調査報告　平成24年　第6巻（製造業に関する集計（「平成23年工業統計調査」相当））産業細分類別編　総務省統計局，経済産業省大臣官房調査統計グループ編　総務省統計局　2014.3　47，376p　30cm　〈共同刊行：経済産業省大臣官房調査統計グループ〉　Ⓝ605.9

◇経済センサス—活動調査報告　平成24年第6巻その1　製造業に関する集計—「平成23年工業統計調査」相当．品目編　総務省統計局，経済産業省大臣官房調査統計グループ，日本統計協会，経済産業調査会，経済産業統計協会編集　経済産業調査会　2014.3　93，432p　30cm　〈英語抄訳付〉　①978-4-8065-1842-6　Ⓝ605.9　［14000円］

◇経済センサス—活動調査報告　平成24年第6巻その2　製造業に関する集計—「平成23年工業統計調査」相当．産業編　総務省統計局，経済産業省大臣官房調査統計グループ，日本統計協会，経済産業調査会，経済産業統計協会編集　経済産業調査会　2014.3　87，498p　30cm　〈英語抄訳付〉　①978-4-8065-1843-3　Ⓝ605.9　［11000円］

◇経済センサス—活動調査報告　平成24年第6巻その3　製造業に関する集計—「平成23年工業統計調査」相当．用地・用水編　総務省統計局，経済産業省大臣官房調査統計グループ，日本統計協会，経済産業調査会，経済産業統計協会編集　経済産業調査会　2014.3　54，269p　30cm　〈英語抄訳付〉　①978-4-8065-1844-0　Ⓝ605.9　［11000円］

◇経済センサス—活動調査報告　平成24年第6巻その5　製造業に関する集計—「平成23年工業統計調査」相当．工業地区編　総務省統計局，経済産業省大臣官房調査統計グループ，日本統計協会，経済産業調査会，経済産業統計協会編集　経済産業調

日本（鉱業―統計）

査会　2014.3　55,620p　30cm〈英語抄訳付〉①978-4-8065-1846-4　Ⓝ605.9　[19200円]

◇経済センサス・活動調査報告　平成24年　第6巻　製造業に関する集計　産業細分類別編　総務省統計局,経済産業省大臣官房調査統計グループ／編　経済産業調査会　2014.3　376p　30cm　①978-4-8065-1847-1　[21800円]

◇工業統計調査産業細分類別統計表―経済産業局別・都道府県別表　平成24年　経済産業省大臣官房調査統計グループ編　経済産業省大臣官房調査統計グループ　2014.6　22,460p　30cm　Ⓝ505.9

◇工業統計調査　産業細分類別統計表　平成24年　経済産業省大臣官房調査統計グループ／編　経済産業調査会　2014.8　460p　30cm　①978-4-8065-1860-0　[22900円]

◇工業統計表　工業地区編　平成24年　経済産業省大臣官房調査統計グループ／編　経済産業調査会　2014.8　548p　30cm　①978-4-8065-1859-4　[18800円]

◇工業統計表　産業編　平成24年　経済産業省大臣官房調査統計グループ／編　経済産業調査会　2014.8　515p　30cm　①978-4-8065-1856-3　[11000円]

◇工業統計表　産業編　平成24年　経済産業省大臣官房調査統計グループ／編　経済産業調査会　2014.4　71p　30cm　①978-4-8065-1848-8　[1400円]

◇工業統計表　市区町村編　平成24年　経済産業省大臣官房調査統計グループ／編　経済産業調査会　2014.8　386p　30cm　①978-4-8065-1857-0　[13500円]

◇工業統計表　品目編　平成24年　経済産業省大臣官房調査統計グループ／編　経済産業調査会　2014.9　448p　30cm　①978-4-8065-1861-7　[14000円]

◇工業統計表　用地・用水編　平成24年　経済産業省大臣官房調査統計グループ／編　経済産業調査会　2014.8　363p　30cm　①978-4-8065-1858-7　[12500円]

◇平成24年経済センサス・活動調査報告　第6巻　製造業に関する集計その4　市区町村編　総務省統計局,経済産業省大臣官房調査統計グループ,日本統計協会,経済産業調査会,経済産業統計協会　2014.3　395p　30cm　①978-4-8065-1845-7　[13500円]

日本（鉱業―統計）

◇経済センサス―活動調査報告　平成24年　第5巻　鉱業,採石業,砂利採取業に関する集計　総務省統計局,経済産業省大臣官房調査統計グループ編　総務省統計局　2014.3　35,38p　30cm〈共同刊行：経済産業省大臣官房調査統計グループ〉Ⓝ605.91

◇経済センサス・活動調査報告　平成24年　第5巻　鉱業,砂利採取業に関する集計　総務省統計局,経済産業省大臣官房調査統計グループ／編　経済産業統計協会　2014.3　38p　30cm　①978-4-904772-99-7　[4800円]

日本（工業―名簿）

◇明治大正期商工信用録　第6巻（大正4年　2）神奈川縣・静岡縣・愛知縣・三重縣　クロスカルチャー出版　2014.6　1冊　27cm〈東京興信所大正4年5月　第32版の複製　共通の付属資料が5巻にあり〉①978-4-905388-77-7,978-4-905388-75-3（set）Ⓝ335.035

◇明治大正期商工信用録　第7巻（大正4年　3）千葉縣・茨城縣・埼玉縣・栃木縣・群馬縣・山梨縣・長野縣・新潟縣　クロスカルチャー出版　2014.6　1冊　27cm〈東京興信所大正4年5月第32版の複製　共通の付属資料が5巻にあり〉①978-4-905388-78-4,978-4-905388-75-3（set）Ⓝ335.035

◇明治大正期商工信用録　第8巻（大正4年　4）富山縣・石川縣・福井縣・福島縣・宮城縣・岩手縣・山形縣・秋田縣・青森縣・北海道・各府縣・外国人　クロスカルチャー出版　2014.6　1冊　27cm〈東京興信所大正4年5月　第32版の複製　共通の付属資料が5巻にあり〉①978-4-905388-79-1,978-4-905388-75-3（set）Ⓝ335.035

日本（鉱業―歴史―中世）

◇金属の中世―資源と流通　小野正敏,五味文彦,萩原三雄編　高志書院　2014.7　260p　21cm　（考古学と中世史研究 11）〈内容：いまなぜ、中世の金属を論じるのか（萩原三雄著）　中国地方の中世鉄生産（角田徳幸著）　中世における鉛の生産・流通・消費（平尾良光著）　中世における銅生産の推移（神崎勝著）　佐渡金銀山遺跡群（小田由美子著）　中世日本と東アジアの金銀銅（橋本雄著）　金属工芸品の存在意味を問う（久保智康著）　中世鋳造遺跡からみた鉄鍋生産（村木二郎著）　日本刀の素材と刀匠の技術（齋藤努著）　金属から見た中世（小野正敏,飯村均,中島圭一述）〉①978-4-86215-137-7　Ⓝ560.921　[3000円]

日本（工業教育）

◇研究報告「工業高校生の専門的職業人としての必要な資質・能力の調査研究」　[東京]　全国工業高等学校長協会　[2014]　101p　30cm　〈研究期間：平成25年8月7日―平成26年3月14日　共同刊行：ベネッセコーポレーション〉Ⓝ375.6

◇2014実践教育研究発表会予稿特集号―ものづくり・ひとづくり・未来をつくる　実践教育研究発表会運営委員会編集責任　国分寺　実践教育研究発表会運営委員会　2014.8　80p　30cm　（実践教育）〈年表あり　会期・会場：8月21日―23日　東京都立産業技術高等専門学校高専荒川キャンパス　発行所：実践教育訓練研究協会〉Ⓝ507.7　[2857円]

日本（工業教育―歴史―1868～1945）

◇技手の時代　小路行彦著　日本評論社　2014.6　721p　22cm〈文献あり〉①978-4-535-55765-9　Ⓝ366.8　[7500円]

日本（公共建築）

◇公共建築工事標準仕様書　平成25年版　機械設備工事編　国土交通省大臣官房官庁営繕部監修,公共建築協会編　公共建築協会　2013.5　496p　22cm〈日本空調衛生工事業協会（発売）〉①978-4-931301-11-5　Ⓝ525.3　[4500円]

◇公共建築設備工事標準図―電気設備工事編　平成25年版　国土交通省大臣官房官庁営繕部設備・環境課監修,公共建築協会編集　建築電気技術協会　2013.5　270p　22cm　①978-4-906439-16-4　Ⓝ528.43　[3800円]

◇公共建築設備工事標準図―機械設備工事編　平成25年版　国土交通省大臣官房官庁営繕部設備・環境課監修,公共建築協会編集　公共建築協会　2013.5　177p　22cm〈日本空調衛生工事業協会（発売）〉①978-4-931301-12-2　Ⓝ528　[3800円]

◇事例に見る公共建築木造化の事業戦略　全国林業改良普及協会編　全国林業改良普及協会　2014.2　248p　18cm　（林業改良普及双書 no.175）①978-4-88138-300-1　Ⓝ526　[1100円]

日本（公共サービス）

◇公共サービス改革の本質―比較の視点から　武藤博己編著,南島和久,堀内匠,三野靖,萩原淳司,伊藤久雄,牛山久仁彦[著]　敬文堂　2014.1　334p　22cm　（自治総研叢書 33）①978-4-7670-0206-4　Ⓝ318　[4500円]

◇PPP事業に於ける公共施設O&M企業戦略総覧　2014年版　大阪マーケティング本部第一事業部調査・編集　富士経済　2014.1　283p　30cm　①978-4-8349-1675-1　Ⓝ335.8　[120000円]

日本（公共事業）

◇インフラの呪縛―公共事業はなぜ迷走するのか　山岡淳一郎著　筑摩書房　2014.3　284p　18cm　（ちくま新書 1063）〈文献あり〉①978-4-480-06771-5　Ⓝ510.91　[880円]

◇公共工事と会計検査　市川啓次郎編著　改訂10版　経済調査会　2013.9　704p　21cm〈文献あり〉①978-4-86374-133-1　Ⓝ510.91　[4762円]

◇公共工事における契約変更の実際―受発注者のための設計変更と工期設定　木下誠也編著　経済調査会　2014.7　419p　21cm〈文献あり〉①978-4-86374-156-0　Ⓝ510.91　[4500円]

◇公共工事入札における競争の限界と今後の課題―談合が許されないとすれば、どういう発注方法をとればよいのか？　吉野洋一著　日刊建設通信新聞社　2014.3　164,57p　21cm〈文献あり〉①978-4-902611-56-4　Ⓝ510.91　[1600円]

◇公共事業に係る政策評価の点検結果　[東京]　総務省行政評価局　2014.12　155p　30cm　Ⓝ510.91

◇さらば公共事業悪玉論―国民に支持される公共事業のための5つのシナリオ　藤本貴也著　日刊建設工業新聞社　2014.3　214p　19cm（相模書房（発売）文献あり①978-4-7824-1401-9　Ⓝ510.91　[2200円]

◇談合文化―日本を支えてきたもの　宮崎学著　祥伝社　2014.12　312p　16cm　（祥伝社黄金文庫 Gみ13-2）〈文献あり　「談合文化論」（2009年刊）の改題、加筆・修正〉①978-4-396-31654-9　Ⓝ510.91　[680円]

◇2025年の巨大市場―インフラ老朽化が全産業のチャンスに変わる　浅野祐一,木村駿著　[東京]　日経BP社　2014.10　303p　19cm　（日経BPマーケティング（発売）〉①978-4-8222-7495-5　Ⓝ510.91　[1800円]

日本（公共施設）

◇公共施設マネジメントハンドブック―「新しくつくる」から「賢くつかう」へ　小松幸夫監修　日刊建設通信新聞社　2014.7　252p　21cm〈文献あり　執筆：五十嵐健ほか〉①978-4-902611-60-1　Ⓝ318　[2000円]

◇ここまでできる実践公共ファシリティマネジメント―公共施設白書の活用から、施設の統廃合、庁舎新設、複合施設化、廃校・遊休施設の活用まで　小島卓弥編著　学陽書房　2014.11　270p　21cm〈内容：なぜ公共施設改革・ファシリティマネジ

メントが必要か〈小島卓弥著〉 公共施設白書の現状と課題〈恒川和久著〉 公共施設マネジメント白書の概要と活用〈南学著〉 白書作成・計画策定からまちづくりの本質へ〈習志野市〉〈岡田直晃著〉 兵庫県養父市の新庁舎建設〈八上俊宏著〉 オガールプロジェクトと新庁舎建設〈岩手県紫波町〉〈佐藤勇悦著〉 複合型庁舎・施設による建設コスト圧縮の可能性〈小島卓弥著〉 市営住宅統合と遊休地の売却〈小島卓弥著〉 二つのPPPによる第二世代の公共FM〈寺沢弘樹著〉 公共施設の相互利用〈共同利用〉の可能性〈小島卓弥著〉 学校跡地の有効利用〈小島卓弥著〉「直営vs民間」の不毛な対立を超えて〈南学者〉 駐車場完全区画の「再生」〈藤塚哲史著〉 ハローワークとの一体的な運営と包括委託により、府民の「働きたい」「採用したい」を応援〈金城雄一著〉 浜松市における資産経営の取り組みを通じて〈松野英男著〉 江東区〈東京都〉の窓口改善にみるファシリティマネジメントプロジェクトの進め方〈八上俊宏者〉 小中学校の統廃合〈適正配置〉と大学誘致〈足立区〉〈定野司著〉 鳥取市の市庁舎整備問題〈小野達也著〉 行政財産使用の選択肢〈松井望著〉〉 Ⓘ978-4-313-12102-7 Ⓝ318 ［2800円］
◇都市自治体におけるファシリティマネジメントの展望 日本都市センター企画・編集 ［東京］ 日本都市センター 2014.3 17, 210p 21cm〈文献あり〉 Ⓘ978-4-904619-85-8 Ⓝ318 ［1000円］
◇RePUBLIC公共空間のリノベーション 馬場正尊,Open A著 京都 学芸出版社 2013.9 207p 19cm Ⓘ978-4-7615-1332-0 Ⓝ518.8 ［1800円］

日本（工業政策）
◇伊藤博文文書 第113巻 秘書類纂工業 伊藤博文［著］, 伊藤博文文書研究会監修, 檜山幸夫総編集 川島淳編集・解題 ゆまに書房 2014.7 587p 22cm〈宮内庁書陵部所蔵の複製〉 Ⓘ978-4-8433-2645-9,978-4-8433-2532-2 (set) Ⓝ312.1 ［16000円］
◇ものづくり基盤技術の振興施策 平成25年度 ［東京］ ［経済産業省］ ［2014］ 303p 30cm〈第186回国会（常会）提出〉 Ⓝ509.1

日本（工業デザイン）
◇企業等によるデザイン開発・保護等の活動実態に関する調査研究報告書 ［東京］ JFEテクノリサーチ 2014.2 8, 157p 30cm〈特許庁産業財産権制度問題調査研究報告書 平成25年度〉 Ⓝ507.25
◇デザイナーズFILE―プロダクト、インテリア、建築、空間などを創るデザイナーズガイドブック 2014 カラーズ編著 カラーズ 2014.3 303p 26cm〈ワークスコーポレーション（発売）索引あり〉 Ⓘ978-4-86267-162-2 ［2857円］
◇儲かるデザイン戦略―商品が変わる！ 企業が伸びる！：競争に勝つための新発想はこう起こす 日経デザイン編 ［東京］ 日経BP社 2014.5 207p 21cm〈日経BPマーケティング（発売）〉 Ⓘ978-4-8222-6489-5 Ⓝ501.83 ［1600円］

日本（工業デザイン―図集）
◇現代のプロダクトデザイン―made in Japanを生む 東京国立近代美術館編 ［東京］ 東京国立近代美術館 2013.11 55p 23cm〈会期・会場：2013年11月1日―2014年1月13日 東京国立近代美術館ギャラリー4 編集：唐澤昌宏ほか〉 Ⓘ978-4-907102-08-1 Ⓝ501.83
◇Hidden-Unveiling Japanese Design―日本のデザイン2014@シンガポール 日本貿易振興機構 JETRO展示事業部監修 ADP 2014.10 220p 27cm〈索引あり 英語併記 会期・会場：2014年10月3日―24日 国立デザインセンター（@シンガポール）主催：日本貿易振興機構/JETRO, DesignSingapore Council/シンガポールデザイン庁〉 Ⓘ978-4-903348-43-8 Ⓝ501.83 ［3000円］
◇ムサビのデザイン 3 デザインが語る企業理念： オリベッティとブラウン ［小平］ 武蔵野美術大学美術館・図書館 2013.6 43, 45, 23p 30cm〈年表あり 会期・会場：2013年6月3日―8月18日 武蔵野美術大学美術館展示室4ほか 編集：伊藤貴弘 共同刊行：武蔵野美術大学造形研究センター〉 Ⓝ501.83

日本（工業立地―統計）
◇経済センサス活動調査報告 平成24年 第6巻 製造業に関する集計（「平成23年工業統計調査」相当）その3〔用地・用水編〕 総務省統計局, 経済産業省大臣官房調査統計グループ編 総務省統計局 2014.3 54, 269p 30cm〈共同刊行：経済産業省大臣官房調査統計グループ〉 Ⓝ605.9
◇経済センサス活動調査報告 平成24年第6巻その3 製造業に関する集計―「平成23年工業統計調査」相当. 用地・用水編 総務省統計局, 経済産業省大臣官房調査統計グループ, 日本統

計協会, 経済産業調査会, 経済産業統計協会編集 経済産業調査会 2014.3 54,269p 30cm〈英語抄訳付〉 Ⓘ978-4-8065-1844-0 Ⓝ605.9 ［11000円］

日本（航空・宇宙産業）
◇航空宇宙関連市場の現状と将来展望 2014 名古屋マーケティング本部調査・編集 富士経済 2013.12 271p 30cm Ⓘ978-4-8349-1681-2 Ⓝ538.09 ［120000円］
◇世界をリードする宇宙開発利用 続橋聡, 赤堀一成編 ［東京］ 日本経済団体連合会宇宙開発利用推進委員会 2014.3 180p 19cm Ⓝ538.9

日本（航空・宇宙産業―特許）
◇航空宇宙産業に取り組む全企業―特許データからビジネスチャンスを探る 2014 ネオテクノロジー 2013.10 41, 115p 30cm Ⓘ978-4-907191-41-2 Ⓝ538.09 ［48000円］

日本（航空運送）
◇航空競争と空港民営化―アビエーション・ビジネスの最前線 関西学院大学産業研究所編 ［西宮］ 関西学院大学産業研究所 2014.3 126p 19cm （産研レクチャー・シリーズ）〈関西学院大学出版会（発売）内容：航空業界を取り巻く環境とJALグループの戦略について〈中原卓太〉 我が国の空港経営改革の動向〈阿部純造ほか〉〉 Ⓘ978-4-86283-159-0 Ⓝ687.3 ［1300円］
◇航空幻想―日本の空は変わったか 中条潮著 第2版 中央経済社 2014.11 297p 19cm〈文献あり〉 Ⓘ978-4-502-12411-2 Ⓝ687.21 ［2400円］
◇国産航空機MRJプロジェクト, わが国航空の現状と取り組み等 平成25年度 航空の安全と経済に関する研究会［編］ 航空保安協会 2014.5 259p 26cm〈内容：国産航空機MRJプロジェクト〈岩佐一志著〉 わが国航空の現状と取り組み〈久保田雅晴著〉 空港を核とした関西の成長戦略〈志村格著〉 航空行政の現状と展望について〈甲斐正彰著〉〉 Ⓝ687.21
◇選好意識データによる国内線LCCの将来需要に関する一試算 井上岳, 小野正博, 植原慶太, 磯野文暁［著］ ［横須賀］ 国土技術政策総合研究所 2014.3 4, 10p 30cm （国土技術政策総合研究所資料 第784号） Ⓝ687.21
◇地方を結び、人々を結ぶリージョナルジェット 鈴木与平著 ダイヤモンド社 2014.7 229p 19cm〈文献あり〉 Ⓘ978-4-478-02756-1 Ⓝ687.21 ［1500円］
◇翔び立て！ ニッポンの航空・観光 堀和秀, 神澤隆編著, 西川嘉伸, 成澤義親, 北村靖道著 右文書院 2014.5 325p 21cm〈奥付の本タイトル（誤植）：翔び立て！ ニッポンの観光・航空〉 Ⓘ978-4-8421-0764-6 Ⓝ689.21 ［1850円］
◇日本の空はこう変わる―加速する航空イノベーション 杉浦一機著 交通新聞社 2014.6 277p 18cm （交通新聞社新書 067） Ⓘ978-4-330-47214-0 Ⓝ687.21 ［800円］

日本（航空機）
◇海上自衛隊艦艇パーフェクトガイド―自衛隊創立60周年 ダイアプレス 2014.7 129p 26cm （DIA Collection）〈標題紙のタイトル（誤植）：海上自衛隊艦隊パーフェクトガイド〉 Ⓘ978-4-86214-890-2 Ⓝ553.6
◇ナウシカの飛行具、作ってみた―発想・制作・離陸―メーヴェが飛ぶまでの10年間 八谷和彦, 猪谷千香著, あさりよしとおマンガ 幻冬舎 2013.9 198p 19cm Ⓘ978-4-344-02450-2 Ⓝ538.6 ［1400円］
◇日本航空機全集 2014 鳳文書林出版販売 2014.3 555p 26cm Ⓘ978-4-89279-416-2 Ⓝ538.6 ［7300円］

日本（航空機―歴史―1868～1945―写真集）
◇それでも私は翼の記憶1909-1940 国立文化財機構東京文化財研究所監修 日本航空協会航空遺産継承基金 2013.3 119p 27×27cm〈オフィスHANS（発売）索引あり 英語併記〉 Ⓘ978-4-901794-07-7 Ⓝ538.6 ［4800円］

日本（航空機―歴史―1868～1945―図集）
◇フォルムが語る近代日本の歩み―飛行機の形態史 ネオテクノロジー 2014.8 296p 30cm Ⓘ978-4-86573-068-5 Ⓝ538 ［30000円］

日本（航空政策）
◇空港経営と地域―航空・空港政策のフロンティア 関西空港調査会監修, 加藤一誠, 引頭雄一, 山内芳樹編著 成山堂書店 2014.8 303p 22cm〈索引あり〉 Ⓘ978-4-425-86241-2 Ⓝ687.7 ［3000円］

日本（航空法）
◇航空法―航空法施行令・航空法施行規則・航空法関係手数料令 平成25年7月25日現在 鳳文書林出版販売 2014.3 700p 19cm Ⓘ978-4-89279-540-4 Ⓝ687.1 ［3700円］
◇航空六法 平成25年版 国土交通省航空局監修 鳳文書林出版販売 2014.3 2526p 19cm Ⓘ978-4-89279-519-0 Ⓝ687.1 ［9400円］

日本（工芸美術）

◇新航空法規解説―航空整備士：付・練習問題と解答例　日本航空技術協会編　第9版　日本航空技術協会　2013.3　256p　21cm〈付属資料：3p：法規練習問題解答〉Ⓘ978-4-902151-46-6　Ⓝ687.1　［2600円］

◇新航空法規解説―航空整備士：付・練習問題と解答例　日本航空技術協会編　第10版　日本航空技術協会　2014.3　257p　21cm〈付属資料：3p：法規練習問題解答〉Ⓘ978-4-902151-76-3　Ⓝ687.1　［2600円］

日本（工芸美術）
◇お多福―Joy of Japan　加藤エイミー著　PB　チャールズ・イー・タトル出版　2014.7　192p　18cm〈文献あり　英語併記〉Ⓘ978-4-8053-1312-1　Ⓝ387.021　［1500円］

◇こどもとおとなの工芸図鑑―ボディブック＆ノート　東京国立近代美術館編　［東京］　東京国立近代美術館　c2013　2冊　18cm〈内容：［1］ボディ・ブック　［2］ボディ・ノート〉Ⓘ978-4-907102-04-3 (set)　Ⓝ750.21

◇「生活工芸」の時代　三谷龍二, 新潮社編　新潮社　2014.9　173p　21cm〈内容：すぐそばにある、特別な場所（三谷龍二著）　「ライフスタイル」がブームである（井出幸亮著）　私の仮説ですが、近代日本の工芸は（広瀬一郎著）　このところ耳にする機会が（小林和人著）　昨年に初めてパリで二度（安藤雅信著）　うちであつかっている作家たちによくいうのは（大嶌文彦著）　ひとつ、エラソーな文章でも書きたいものだと（坂田和實著）　「生活工芸」にかぎらず、このごろの作家さんは（木村宗慎著）　美術大学受験には、石膏デッサンは（山口信博著）　僕が生まれ育った三重県伊賀市丸柱は（山本忠臣著）　近代以前から継承されてきた（橋本麻里著）　人間の歴史は、モノの歴史でもある（石倉敏明著）　「生活工芸の時代」という言葉は（鞍田崇著）〉Ⓘ978-4-10-336531-0　Ⓝ750.21　［2700円］

◇作ること＝生きること―クラフトワーカーのもの語り　仲藤里美著　ころから　2014.7　173p　18cm　Ⓘ978-4-907239-12-0　Ⓝ750.21　［1600円］

日本（工芸美術―図集）
◇うた・ものがたりのデザイン―日本工芸にみる「優雅」の伝統：特別展　大阪市立美術館, 毎日新聞社編　［大阪］　大阪市立美術館　2014.10　214p　26cm〈会期・会場：2014年10月28日―12月7日　大阪市立美術館　共同刊行：毎日新聞社〉Ⓝ750.21

◇クローズアップ工芸　東京国立近代美術館編　［東京］　東京国立近代美術館　2013.9　63p　26cm〈会期・会場：2013年9月14日―12月8日　東京国立近代美術館工芸館〉Ⓘ978-4-907102-05-0　Ⓝ750.21

◇工芸からkōgeiへ―日本伝統工芸展60周年記念　東京国立近代美術館編　［東京］　東京国立近代美術館　c2013　155p　25cm〈会期：2013年12月21日―2014年2月23日〉Ⓘ978-4-907102-09-8　Ⓝ750.21

◇造形衝動の一万年―縄文の宇宙/円空の衝撃/アール・ブリュットの情熱：平成26年秋季特別展　滋賀県立安土城考古博物館編　近江八幡　滋賀県立安土城考古博物館　2014.9　105p　30cm〈会期：平成26年9月20日―11月30日〉Ⓝ712.1

◇たのしむ日本美術―サントリー美術館コレクション　香川県立ミュージアム編　高松　香川県立ミュージアム　2013.10　118p　26cm〈会期・会場：2013年10月5日―11月17日　香川県立ミュージアム　瀬戸内国際芸術祭2013連携事業〉Ⓝ750.21

◇超絶技巧！　明治工芸の粋　［東京］　浅野研究所　c2014　187p　22×26cm〈文献あり　会期：2014年4月19日―7月13日　三井記念美術館ほか　編集：広瀬麻美ほか〉Ⓝ750.21

◇日本の伝統美と技の世界―第二十二回重要無形文化財保持団体秀作展　［出版地不明］　全国重要無形文化財保持団体協議会　2014.10　61p　30cm〈会期・会場：平成26年10月16日―11月3日　浜田市立石正美術館新館　芸術文化振興基金助成事業〉Ⓝ750.21

◇「日本のわざと美」展―重要無形文化財とそれを支える人々　平成25年度　文化庁文化財部伝統文化課編　［甲府］　山梨県立美術館　2013.9　181p　30cm〈会期：平成25年9月7日―10月14日〉Ⓝ750.21

◇人間国宝展―生み出された美、伝えゆくわざ　東京国立博物館, NHK, NHKプロモーション編　［東京］　NHK　2014.1　285, 16p　30cm〈年譜あり　年表あり　会期・会場：平成26年1月15日―2月23日　東京国立博物館平成館　日本伝統工芸展60回記念　共同刊行：NHKプロモーションほか〉Ⓝ750.21

◇微の美―日本・中国の小ささと緻密さの造形　平成二十六年度特別展　和泉市久保惣記念美術館編　和泉　和泉市久保惣記念美術館　2014.10　131p　30cm〈会期・会場：平成26年10月10日―11月30日　和泉市久保惣記念美術館〉Ⓝ750.21

◇融合する工芸―出会いがみちびく伝統のミライ　笹井史恵, 田辺小竹, 山本茜, 若杉聖子, 若宮隆志［作］　［東京］　［和光］　［2014］　1冊（ページ付なし）30cm〈会期・会場：10月17日‐26日　本館6階和光ホール〉Ⓝ750.21

◇ワタシを容作るモノ―デザインクラフトからの提案　小山　小山市立車屋美術館　c2014　52p　21cm〈会期：2014年2月1日―3月23日　編集：中尾英恵〉Ⓝ750.21

日本（工芸美術―歴史―平成時代―図集）
◇日展の工芸美術―改組新：第四科　第1回　2014　日展　日展　2014.11　112p　30cm〈表紙のタイトル：工芸美術　編集代表：土屋禮一〉Ⓘ978-4-904474-53-2　Ⓝ750.21　［3200円］

日本（工芸美術―歴史―明治以後）
◇工芸とナショナリズムの近代―「日本的なもの」の創出　木田拓也著　吉川弘文館　2014.8　243,4p　22cm〈内容：「工芸」ジャンルの形成　「帝国」日本における工芸とナショナリズム　工芸における「日本的なもの」　戦後の日米文化交流のなかの工芸　「伝統工芸」の成立　工芸館の誕生〉Ⓘ978-4-642-03885-5　Ⓝ750.21　［4800円］

日本（工芸美術―歴史―明治以後―索引）
◇日本美術作品レファレンス事典　個人美術全集・工芸篇　日外アソシエーツ株式会社編集　日外アソシエーツ　2014.1　907p　27cm〈紀伊國屋書店（発売）索引あり〉Ⓘ978-4-8169-2448-4　Ⓝ702.1　［90000円］

日本（口腔衛生）
◇介護支援専門員による要介護者等の口腔・栄養状態の把握状況に関する調査研究事業―報告書　大府　国立長寿医療研究センター　2014.3　1冊　30cm〈平成25年度老人保健事業推進等補助金老人保健健康増進等事業〉Ⓝ497.9

◇高齢者における歯・口腔の健康と全身の健康の関連に関する医療費分析調査―公益財団法人8020推進財団指定研究事業報告書　宮崎秀夫, 葭原明弘, 岩崎正則, 佐藤美寿々［著］　［東京］　8020推進財団　2014.3　45p　30cm〈文献あり〉Ⓝ497.9

◇在宅歯科医療まるごとガイド　菅武雄著　京都　永末書店　2013.5　121p　19cm〈文献あり〉Ⓘ978-4-8160-1256-3　Ⓝ497　［2000円］

◇在宅療養患者の栄養状態改善方法に関する調査研究報告書　国立長寿医療研究センター編　大府　国立長寿医療研究センター　2014.3　1冊　30cm〈平成25年度老人保健健康増進等事業〉Ⓝ497.9

◇歯科保健指導関係資料　2014年版　口腔保健協会　2014.3　434p　26cm〈索引あり〉Ⓘ978-4-89605-301-2　Ⓝ497.9　［3000円］

◇食（栄養）および口腔機能に着目した加齢症候群の概念の確立と介護予防（虚弱化予防）から要介護状態に至る口腔ケアの包括的対策の構築に関する調査研究事業―事業実施報告書　［大府］　国立長寿医療研究センター　2014.3　339p　30cm〈文献あり　英語併載　平成25年度老人保健事業推進費等補助金老人保健健康増進等事業〉Ⓝ497.9

◇地域包括ケアを支える医科歯科連携実践マニュアル　日本リハビリテーション病院・施設協会口腔リハビリテーション推進委員会編　三輪書店　2014.11　135p　26cm　Ⓘ978-4-89590-494-0　Ⓝ497.9　［2500円］

◇チームで推進口腔ケア対策―在宅歯科医療の地域実践　日本歯科医師会監修, 向井美惠, 角町正勝, 佐藤保, 恒石美登里編著　八王子　生活福祉研究機構　2014.5　196p　21cm　Ⓘ978-4-903366-02-9　Ⓝ497.9　［2000円］

日本（高校生）
◇現代高校生の学習と進路―高校の「常識」はどう変わってきたか？　樋田大二郎, 苅谷剛彦, 堀健志, 大多和直樹編著　学事出版　2014.12　142p　21cm　Ⓘ978-4-7619-2094-4　Ⓝ376.41　［2000円］

◇高校生の若年妊娠に対する意識と支援のあり方に関する研究―養護教諭及び助産師の関わりの検討　赤井由紀子著　クオリティケア　2014.9　44p　26cm　Ⓘ978-4-904363-45-4　Ⓝ369.4　［2000円］

◇高校生の進路選択と時間的展望―縦断的調査にもとづく検討　都筑学著　京都　ナカニシヤ出版　2014.2　221p　22cm〈文献あり　索引あり〉Ⓘ978-4-7795-0809-7　Ⓝ371.47　［6100円］

◇高校生文化の社会学―生徒と学校の関係はどう変容したか　大多和直樹著　有信堂高文社　2014.6　191p　21cm〈文献あり　索引あり　内容：序章　トラッキングと進路形成の変容　トラッキングと生徒文化　1990年代のトラッキングをどう捉えるか　高校生アルバイターからみる首都圏の学校　生徒支援型高校教育の学校存立構造　生徒支援を通じた生徒のインボルブメントと進路形成　終章〉Ⓘ978-4-8420-8529-6　Ⓝ371.3　［3000円］

日本件名図書目録2014　Ⅰ　　　　　　　　　　　　　　　　　　　　　　　　　　日本（公告―書式）

◇高校データブック―ベネッセの調査データでみる高校教育の今　2013　多摩　ベネッセコーポレーションBenesse教育研究開発センター　2013.3　112p　26cm　Ⓝ376.41

◇国際比較からみた日本の高校生―80年代からの変遷　胡霞編著，千石保監修　［東京］　日本児童教育振興財団　2014.5　289p　30cm　〈共同刊行：日本青少年研究所〉　Ⓝ371.47

◇女子高生の裏社会―「関係性の貧困」に生きる少女たち　仁藤夢乃著　光文社　2014.8　257p　18cm　（光文社新書 711）　①978-4-334-03814-4　Ⓝ367.61　［760円］

◇地域を変える高校生たち―市民とのフォーラムからボランティア、まちづくりへ　宮下与兵衛編、宮下与兵衛、栗又衛、波岡知朗著　京都　かもがわ出版　2014.5　182p　21cm　①978-4-7803-0695-8　Ⓝ371.31　［1700円］

◇はばたく高校生平和大使―それぞれの想いをのせて今　「はばたく高校生平和大使」刊行委員会監修　長崎　長崎新聞社　2014.8　202p　21cm　①978-4-904561-79-9　Ⓝ319.8　［1500円］

◇変動期における高校生の社会的態度・スキルの形成―学校生活と社会に対する高校生の意識調査報告書　木村邦博編　仙台　東北大学教育文化研究会　2014.3　234p　30cm　Ⓝ371.47

◇夜学生　戸石泰一著　京都　三人社　2014.12　98p　18cm　（ルポルタージュシリーズ）〈現在の会編　原本：柏林書房1955年刊〉①978-4-906943-84-5,978-4-906943-80-7（set）Ⓝ376.41

日本（高校中退）

◇高校中退―不登校でも引きこもりでもやり直せる！　杉浦孝宜著　宝島社　2014.1　221p　18cm　（宝島社新書 432）①978-4-8002-2139-1　Ⓝ376.41　［762円］

日本（考古学）

◇遺跡・遺物の語りを探る　小林達雄、赤坂憲雄編　町田　玉川大学出版部　2014.3　235p　21cm　（フィールド科学の入口）〈内容：「人間学」としての考古学の再編（小林達雄、赤坂憲雄述）縄文ランドスケープ（大工原豊著）釣手土器を追う（中村耕作著）遺跡を探して守り、研究する（佐藤雅一著）吉野ケ里遺跡を探る（七田忠昭著）黒曜石の流通にみる共生の知恵（大竹幸恵著）環状列石〈ストーン・サークル〉を求めて（葛西勵著）火山噴発と人びとの祈り（新東晃一著）〉①978-4-472-18203-7　Ⓝ210.025　［2400円］

◇考古学の道標―考古学者・戸沢充則の軌跡　戸沢充則［著］，「考古学の道標」編集委員会編　新泉社　2014.11　325p　22cm　〈著作目録あり　年譜あり　内容：曽根遺跡研究　岡谷市下り林遺跡の早期縄文式土器　諏訪湖周辺の中期初頭縄文式遺跡　小さな主題　学史勉強会　"団体研究"ということ　日本旧石器時代展　先土器時代における石器群研究の方法　蔭の主役たち　『長野県上ノ平の尖頭器石器文化』について　考古学における『地域研究』の方法・序説　藤森考古学の現代的意義　開発優先の発掘調査に反対し日本考古学の自主的発展を堅持するための声明〈案〉古代漂流　一〇〇人が語る、私の"昭和天皇独白録"　藤森栄一著『古道』「解説」平出発掘から五〇年、平出を活かす二一世紀　信州最古の旧石器を観る　考古学変革の新しい契機〉①978-4-7877-1413-8　Ⓝ210.025　［3800円］

◇行動する考古学　高倉洋彰著　福岡　中国書店　2014.1　359p　22cm　〈内容：国際化の遺跡　国際交流の精華・弥生文化　オウの遺体　国際文化学のなかの考古学　碣石宮と徐福　兎に年で餅をつく　寧波をさわがす日本人　南方世界との交流の門戸としての琉球　旅・ヒラメキ・苦吟　赤飯と赤酒　魔除けの鏡　中国・中原の古代を旅して　慶州で大宰府を考える　観世音寺の創建期について　観世音寺戒壇と延暦寺戒壇　馬頭観世音菩薩の慈悲と忿怒　中世観世音寺の隆盛と衰退　観世音寺宝蔵　ミュージアム・グッズの楽しみ　これからの博物館像とは　博物館のある街の景観　二つの国立博物館の誕生　『ミュージアム九州』に集った研究者たち　九州国立博物館開館一年に思う　大学博物館への期待　大学の知性の象徴・大学博物館　西南学院大学博物館設置の意義　ふたりの大人　九州の考古学と賀川先生　聖嶽洞窟遺跡に関する問題の所在と検証　景教僧文青磁壺〈古青磁貼花神父像長壺〉踏絵の一形態　交差年代決定法による弥生時代中期・後期の実年代　博多の夜は屋台で飲もう〉①978-4-903316-36-9　Ⓝ210.025　［3600円］

◇発掘された日本列島―新発見考古速報　2014　文化庁編　朝日新聞出版　2014.6　79p　26cm　〈年表あり〉①978-4-02-251180-5　Ⓝ210.025　［1667円］

◇濱田青陵賞授賞式―岸和田市文化賞　第26回　［岸和田］　岸和田市　［2013］　52p　30cm　〈会期・会場：平成25年9月21

日　岸和田市立文化会館（マドカホール）　共同刊行：岸和田市教育委員会ほか〉Ⓝ210.025

◇森浩一の古代史・考古学　深萱真穂、『歴史読本』編集部編　KADOKAWA　2014.1　207p　21cm　〈文献あり　年譜あり　内容：この国の歴史と形への足馴らし（森浩一述）北九州の弥生墳墓と古墳発生の問題（森浩一述）学問の力（池内紀述）考古学と食いしん坊とクジラ（小泉武夫述）森浩一さんからの伝言。（篠田正浩述）「熊襲焼き」の思い出（宮崎美子述）森浩一交友録（司馬遼太郎ほか著）「生え抜き」の考古学者（大塚初重述）森古代学はグローバルかつローカルだった（上田正昭述）森古代学、その始まりのころ（杉本憲司述）各種の分野に関心を広げる重要性を教えてもらう（和田萃述）森浩一が遺したもの（菅谷文則、野本寛一、前園実知雄述、深萱真穂司会・構成）三角縁神獣鏡の国産説（中村潤子述）邪馬台国東遷論（寺沢薫述）天皇陵古墳の被葬者（今尾文昭述）須恵器の編年（山田邦和述）遺跡保護（菅原康夫述）地域学（鋤柄俊夫述）古代の技術（門田誠一述）災害と考古学（寒川旭述）19歳の短編小説　旧制中学から70年のつきあい（田中英夫著）指導者としての姿（深萱真穂述）晩年に寄り添った思い出（深萱真穂述）食へのこだわり（深萱真穂述）森考古学にふれられる、ゆかりの施設（深萱真穂述）森浩一入門〉①978-4-04-600145-0　Ⓝ210.025　［1800円］

日本（考古学―歴史）

◇東北考古学・古代史学史　工藤雅樹著　オンデマンド版　吉川弘文館　2013.10　468,16p　22cm　〈索引あり　印刷・製本：デジタルパブリッシングサービス　内容：坪井正五郎とその周辺　医科系人類学の成立とその特質　考古学における民族論の二つの方法　ミネルヴァ論争とその前後　東北・北海道古代史研究の課題　津田左右吉の東北古代史像　東北のアイヌ語地名とマタギ言葉のなかのアイヌ語に関するノート　十九世紀後半における欧米人の日本古代史研究　明治前半期における紀年論の史学史的意義　明治期における民間史家の古代史研究　「日鮮同祖論」の史学史的意義〉①978-4-642-04215-4　Ⓝ210.01　［14500円］

日本（考古学―歴史―1945〜）

◇石の虚塔―発見と捏造、考古学に憑かれた男たち　上原善広著　新潮社　2014.8　287p　20cm　〈文献あり〉①978-4-10-336251-7　Ⓝ210.025　［1500円］

◇考古学崩壊―前期旧石器捏造事件の深層　竹岡俊樹著　勉誠出版　2014.9　293p　22cm　〈文献あり　年表あり〉①978-4-585-22091-6　Ⓝ210.23　［3200円］

◇歴史を塗り替えた日本列島発掘史　大塚初重著　KADOKAWA　2014.12　219p　20cm　〈文献あり〉①978-4-04-600919-7　Ⓝ210.025　［1900円］

日本（広告）

◇天野祐吉―経済大国に、野次を。　河出書房新社編集部編　河出書房新社　2014.8　191p　21cm　〈著作目録あり　年譜あり　内容：広告も変わったねぇ。（天野祐吉著）権力から遠く（谷川俊太郎著）詩を書くこととコピーを書くこと（谷川俊太郎、天野祐吉述）『広告批評』は〈運動体〉だったんだと思います。（東海林隆述、編集部聞き手）さてはこの雑誌をつぶす気だな、だったらご協力いたしましょう（横尾忠則著）わが家が壊される日（天野祐吉著）一流の人（橋本治著）天野祐吉からの宿題。（箭内道彦述、前島そう聞き手）言葉の師匠・谷内六郎さん（天野祐吉著）政府広報入門（天野祐吉著）成熟社会人心得（杉浦日向子、天野祐吉述）字の呪力（天野祐吉著）批評すること、よく読むこと（糸井重里、天野祐吉述）世を映す窓、見つめ続けた（川崎徹著）天野祐吉は「神様」だった。（大貫卓也著）こしあん、つぶあんどっちが好き？（天野伊佐子,高橋美佐子述、粟野亜美取材・文）消費者が広告を「する」時代、でしょ？（伊藤直樹、天野祐吉述）テレビCM60年（天野祐吉著）〉①978-4-309-02320-5　Ⓝ674.21　［1600円］

◇LED完全ガイド　vol. 6　マスコミ文化協会　2014.1　140p　31cm　（月刊サイン＆ディスプレイ別冊・大系シリーズ）Ⓝ549.81　［4000円］

◇原発広告と地方紙―原発立地県の報道姿勢　本間龍著　亜紀書房　2014.10　389p　19cm　〈文献あり〉①978-4-7505-1418-5　Ⓝ674.21　［1800円］

◇広告白書　2014　日経広告研究所/編　日経広告研究所,日本経済新聞出版社〔発売〕　2014.7　238p　30cm　①978-4-532-64092-7　［3000円］

◇SKAT―SENDENKAIGI AWARD TEXT　13　グランプリは、君が書く。　第51回宣伝会議賞実行委員会編集　宣伝会議　2014.4　471p　21cm　〈本文は日本語〉①978-4-88335-312-5　Ⓝ674.21　［1800円］

日本（公告―書式）

◇法人・組合と法定公告　鈴木龍介編・著，早川将和,北詰健太郎著　全国官報販売協同組合　2014.4　417p　21cm　〈索引あり　各種法人、組合の法定公告掲載例を152例掲載!!〉①978-4-86458-061-8　Ⓝ324.12　［4000円］

677

日本（広告—伝記）　　　　　　　　　　　　　　　　　　　　　　　　　　　　日本件名図書目録2014　I

日本 (広告—伝記)
◇広告ロックンローラーズ—箭内道彦と輝きを更新し続ける14人のクリエイター　箭内道彦[述]，ブレーン編集部編集　宣伝会議　2014.10　222p　26cm〈内容：坂田耕(坂田耕述)　秋山晶(秋山晶述)　小田桐昭(小田桐昭述)　宮崎晋(宮崎晋述)　細谷巌(細谷巌述)　葛西薫(葛西薫述)　宮田識(宮田識述)　早川和良(早川和良述)　天野祐吉(天野祐吉述)　副田高行(副田高行述)　大島征夫(大島征夫述)　鋤田正義/高橋靖子(鋤田正義, 高橋靖子述)　仲畑貴志(仲畑貴志述)　広告界『G8』箭内道彦と大御所クリエイターが語りつくす！(秋山晶ほか述)〉①978-4-88335-300-2　Ⓝ674.21　[1850円]

日本 (広告—年鑑)
◇ACC CM年鑑　2014　全日本シーエム放送連盟/編　宣伝会議　2014.3　346p　22×31cm　①978-4-88335-299-9　[14000円]
◇大阪コピーライターズ・クラブ年鑑　2014　大阪コピーライターズ・クラブ/制作・編　大阪　大阪コピーライターズ・クラブ, 宣伝会議[発売]　2014.11　124p　21×30cm　①978-4-88335-320-0　[1800円]

日本 (広告業—伝記)
◇ジャーナリスト・メディア関係者個人史聞き取り調査プロジェクト—第四回調査報告書：および現代政治経済研究所2013年度問題解決型プロジェクト「戦後日本の科学ジャーナリズムの経験知」調査報告書　早稲田大学政治経済学部土屋礼子研究室編　[東京]　早稲田大学政治経済学部土屋礼子研究室　2014.3　338p　30cm　Ⓝ070.16

日本 (広告業—統計)
◇特定サービス産業実態調査報告書　平成25年　広告業編　[東京]　経済産業省大臣官房調査統計グループ　2014.12　105p　30cm　Ⓝ673.9

日本 (広告業—名簿)
◇日本の広告会社—アドガイド　2014-2015　宣伝会議編集　宣伝会議　2014.9　807p　26cm〈索引あり〉①978-4-88335-315-6　Ⓝ674.035　[10000円]
◇日本マスコミ総覧　2013年—2014年版　文化通信社編集　文化通信社　2014.3　883p　26cm　①978-4-938347-30-7　Ⓝ070.35　[19000円]

日本 (広告業—歴史—明治以後)
◇〈広告制作者〉の歴史社会学—近代日本における個人と組織をめぐる揺らぎ　加島卓著　せりか書房　2014.2　452,39p　22cm〈文献あり　索引あり〉①978-4-7967-0330-7　Ⓝ674.21　[6000円]

日本 (広告法)
◇広告法務Q&A—150の声をもとに解説した広告規制の基礎：日本広告審査機構40周年記念出版　日本広告審査機構著　宣伝会議　2014.10　196,88p　28cm　①978-4-88335-317-0　Ⓝ674　[2200円]

日本 (交際費—判例)
◇判例裁決から見る交際費の実務　櫻井圭一著　税務研究会出版局　2014.2　165p　21cm　①978-4-7931-2073-2　Ⓝ345.35　[1600円]

日本 (鉱山—歴史—明治以後)
◇祝福された風景—近代鉱業空間の風景論的考察　塩見篤史著　[東京]　文藝春秋企画出版部　2014.3　271p　20cm〈文藝春秋(発売)〉①978-4-16-008798-9　Ⓝ560.921　[1800円]

日本 (高山)
◇ここが見どころ日本の山—地形・地質から植生を読む　小泉武栄, 佐藤謙写真・解説　文一総合出版　2014.6　223p　19cm〈列島自然めぐり〉①978-4-8299-8802-2　Ⓝ454.5　[2200円]

日本 (高山植物—図集)
◇和名の由来で覚える300種高山・亜高山の花ポケット図鑑　増村征夫著　新潮社　2014.7　174p　16cm〈新潮文庫　ま-25-4)〈文献あり　索引あり〉①978-4-10-106124-5　Ⓝ471.72　[710円]

日本 (鉱山労働—歴史—昭和前期)
◇調査・朝鮮人強制労働　2　財閥・鉱山編　竹内康人著　社会評論社　2014.3　342p　21cm　①978-4-7845-1202-7　Ⓝ366.8　[2800円]

日本 (公衆衛生)
◇「健康」語りと日本社会—リスクと責任のポリティクス　高尾将幸著　新評論　2014.11　297p　19cm〈文献あり〉①978-4-7948-0983-4　Ⓝ498.021　[3200円]
◇公衆衛生　髙橋茂樹, 西基著　第13版　海馬書房　2014.10　328p　26cm　(STEP SERIES)〈索引あり　背・表紙のタ

イトル：PUBLIC HEALTH〉①978-4-907921-00-2　Ⓝ498　[5000円]
◇公衆衛生マニュアル　2014　柳川洋, 中村好一編集　南山堂　2014.4　273p　30cm〈索引あり　執筆：柳川洋ほか〉①978-4-525-18732-3　Ⓝ498.021　[5500円]
◇社会・環境と健康　田中平三, 徳留信寛, 辻一郎, 吉池信男編集　改訂第4版　南江堂　2014.3　327p　26cm〈健康・栄養科学シリーズ〉〈文献あり　索引あり〉①978-4-524-26893-1　Ⓝ498.021　[3200円]
◇シンプル衛生公衆衛生学　2014　鈴木庄亮, 久道茂監修, 小山洋, 辻一郎編集　南江堂　2014.3　392p　26cm〈文献あり　索引あり〉①978-4-524-26668-5　Ⓝ498　[2400円]
◇「特定健診」の本格化と自治体保健師—生活習慣病対策としての「データーヘルス計画」の登場　篠崎次男著　萌文社　2014.1　81p　21cm　(PHNブックレット 15)①978-4-89491-269-4　Ⓝ498.021　[800円]
◇保健所研修ノート—研修医・コメディカルスタッフのための　安武繁著　第3版　医歯薬出版　2014.8　195p　26cm〈索引あり〉①978-4-263-20997-4　Ⓝ498.021　[3800円]

日本 (公衆衛生—歴史—江戸時代)
◇健康長寿への心得—江戸時代の養生と介護：第38回特別展　さいたま市立博物館編　さいたま　さいたま市立博物館　2014.10　26p　30cm〈会期・会場：平成26年10月11日—11月24日　さいたま市立博物館〉Ⓝ498.3　[1000円]

日本 (公衆衛生法)
◇実務衛生行政六法　平成27年版　衛生法規研究会編集　名古屋　新日本法規出版　2014.12　3067p　22cm　①978-4-7882-7938-4　Ⓝ498.12　[6700円]

日本 (工場)
◇全国新工場・プラント計画　2014年版　重化学工業通信社編　重化学工業通信社　2014.4　299p　26cm〈索引あり〉①978-4-88053-153-3　Ⓝ509.62　[15000円]

日本 (口承文学)
◇口承文学論集　宮本常一著, 田村善次郎編　八坂書房　2014.11　483p　20cm〈内容：夕暮れのひととき　第一号後記　第一号編輯後記〈不採用〉第二号編輯余事　筑紫見聞記　第三号編輯余事　黄金塚伝説に就て　昔話百合若大臣　第四号編輯余事　和泉北部の謎　謎についての覚書　暑中御伺申上候故此録　旅する文芸　契沖和泉隠棲と西山宗因　第六号彼此録　大阪府下の黄金塚　昔話採集提唱　旅のうた　第七号後記　周防大島昔話四題　民俗時事　第八号編輯後記　民話愚白の話　第九号後記　説話の持つ問題性　菖蒲打その他　口承文芸隻語　第十号後記　周防大島昔話。2　亥の子行事短見　民俗採集の実際問題について。1　民俗短信　第十一号後記　民俗採集の実際問題。2　休刊の辞　足袋の跡　村を見る　万葉集雑観。1　万葉集雑観。2　万葉集雑観。3　島の春　民謡と農民生活　人麿と芭蕉　昔話の分布　芭蕉覚え書　芭蕉覚え書—旅　定家卿小論　朝の窓　偶言　源実朝の和歌　月の童謡覚書　なき仏　葛の葉伝説の発展　芭蕉の鳥　昔話の型　口承文芸に於ける越後の位置　昔話と俗信　きさらぎ山〉①978-4-89694-180-7　Ⓝ388.1　[2800円]
◇伝統を読みなおす　2　暮らしに息づく伝承文化　小川直之, 服部比呂美, 野村朋弘編　京都造形芸術大学東北芸術工科大学出版局藝術学舎　2014.12　168p　21cm　(芸術教養シリーズ 23)〈幻冬舎(発売)　内容：正月行事(小川直之著)　上巳節供(小川直之著)　端午節供(小川直之著)　七夕(後藤麻衣子著)　盆(大楽和正著)　産育習俗誕生から初誕生まで(服部比呂美著)　七五三(齋藤しおり著)　婚姻(高久舞著)　葬送儀礼(大楽和正著)　地蔵信仰(服部比呂美著)　道祖神(服部比呂美著)　御霊信仰(大楽和正著)　小さ子譚(佐伯和香子著)　継子譚(佐伯和香子著)　異類婚姻譚(久保摩誉著)〉①978-4-344-95259-1　Ⓝ702.2　[2200円]

日本 (口承文学—歴史—中世)
◇中世衆庶の文芸文化—縁起・説話・物語の演変　大島由紀夫著　三弥井書店　2014.1　470, 5p　22cm　①978-4-8382-3257-4　Ⓝ910.24　[9400円]

日本 (厚生行政)
◇厚生労働白書—健康・予防元年　平成26年版　健康長寿社会の実現に向けて　厚生労働省/編　日経印刷, 全国官報販売協同組合[発売]　2014.8　497p　30cm　①978-4-905427-87-2　[3056円]

日本 (公正証書—書式)
◇証書の作成と文例　借地借家関係編　日本公証人連合会編著　新版 改訂版　立花書房　2014.9　265p　22cm　①978-4-8037-2616-9　Ⓝ327.15　[2200円]

日本 (公正取引—判例)
◇実務に効く公正取引審決判例精選　泉水文雄, 長澤哲也編　有斐閣　2014.7　247p　26cm〈索引あり　『ジュリスト』増刊〉①978-4-641-21505-4　Ⓝ335.57　[2667円]

日本件名図書目録2014　Ⅰ　　　　　　　　　　　　　　　　　　　　　　　　　　　　　　　　　　　　日本（高速道路）

日本（公正取引—判例）
◇実務に効く公正取引審決判例精選　泉水文雄, 長澤哲也編　有斐閣　2014.7　247p　26cm〈索引あり　『ジュリスト』増刊〉①978-4-641-21505-4　Ⓝ335.57　［2667円］

日本（更生保護）
◇一般社団法人全国地域生活定着支援センター協議会第3回現任者スキルアップ研修—新たな一歩を踏み出す　全国地域生活定着支援センター協議会　長崎　全国地域生活定着支援センター協議会　2013.1　306p　30cm〈会期・会場：2013年1月16日—17日　大阪ガーデンパレス　厚生労働省平成24年度社会福祉推進事業　背のタイトル：第3回現任者スキルアップ研修〉Ⓝ369.75
◇関係諸機関との連携支援について—地域生活定着支援センター実態調査アンケート結果報告書　全国地域生活定着支援センター協議会編　長崎　全国地域生活定着支援センター協議会　2014.3　118p　30cm〈平成25年度厚生労働省社会福祉推進事業「地域生活定着支援センターと相談支援事業所並びに刑事司法との新たな連携構築に向けた事例研究事業」〉Ⓝ369.75
◇刑務所出所者等の社会復帰支援対策に関する行政評価・監視結果に基づく勧告　［東京］　総務省　2014.3　30p　30cm Ⓝ326.56
◇刑務所出所者等の社会復帰支援対策に関する行政評価・監視結果報告書　［東京］　総務省行政評価局　2014.3　141p　30cm Ⓝ326.56
◇刑務所は最後のセーフティネットか?—福祉社会のあり方を考える　さっぽろ自由学校「遊」編　札幌　さっぽろ自由学校「遊」　2014.8　103p　26cm（さっぽろ自由学校「遊」連続講座報告書 2013年度）〈年表あり　文献あり〉Ⓝ369.75　［800円］
◇更生保護施設および更生保護施設入所者・退所者の実態に関する調査報告書　［大阪］　よりそいネットおおさか　2014.3　146p　30cm〈厚生労働省平成25年度セーフティネット支援対策等事業費補助金（社会福祉推進事業）〉Ⓝ369.75
◇更生保護施設における実態調査アンケート結果報告書—関係諸機関との連携支援について　全国地域生活定着支援センター協議会編　長崎　全国地域生活定着支援センター協議会　2014.3　65p　30cm〈平成25年度厚生労働省社会福祉推進事業「地域生活定着支援センターと相談支援事業所並びに刑事司法との新たな連携構築に向けた事例研究事業」〉Ⓝ369.75
◇司法システムから福祉システムへのダイバージョン・プログラムの現状と課題　早稲田大学社会安全政策研究所［著］, 石川正興編著　成文堂　2014.6　299p　21cm ①978-4-7923-5119-9　Ⓝ369.75　［2750円］
◇新・社会福祉士養成講座　20　更生保護制度　社会福祉士養成講座編集委員会編集　第3版　中央法規出版　2014.2　153p　26cm〈索引あり〉①978-4-8058-3937-9　Ⓝ369　［1600円］
◇「罪に問われた高齢・障がい者等への切れ目ない支援のための諸制度の構築事業」報告書　南高愛隣会編　雲仙　南高愛隣会　2014.3　162p　30cm〈平成25年度厚生労働省社会福祉推進事業〉Ⓝ369.28
◇被告人・被告人への福祉的支援に関する弁護士・社会福祉士の連携モデル推進事業報告書　日本社会福祉士会　2014.3　62p　30cm〈平成25年度セーフティネット支援対策等事業費補助金　社会福祉推進事業〉Ⓝ369.28
◇MINERVA社会福祉士養成テキストブック　18　更生保護　岩田正美, 大橋謙策, 白澤政和監修　清水義悲, 若穂井透編著　第2版　京都　ミネルヴァ書房　2014.3　187p　26cm〈索引あり〉①978-4-623-06968-2　Ⓝ369　［2400円］
◇ルポ・罪と更生　西日本新聞社会部著　京都　法律文化社　2014.8　252p　19cm ①978-4-589-03615-5　Ⓝ326.4　［2300円］

日本（高層建築）
◇高さ制限とまちづくり　大澤昭彦著　京都　学芸出版社　2014.2　414p　22cm〈文献あり　索引あり〉①978-4-7615-3210-9　Ⓝ518.8　［3700円］

日本（高層建築—写真集）
◇超高層ビビル　4　日本編　2　中谷幸司著　社会評論社　2014.5　173p　26cm ①978-4-7845-0989-8　Ⓝ526.9　［2200円］

日本（高速道路）
◇構造物施工管理要領　東日本高速道路株式会社, 中日本高速道路株式会社, 西日本高速道路株式会社編著　第9版　町田　高速道路総合技術研究所　2014.7　2, 340, 143p　30cm ①978-4-86253-391-3　Ⓝ514.6

◇「高速道路の社会的効用」とは—各界有識者による講話　日本高速道路保有・債務返済機構　2014.8　167p　30cm（高速道路機構調査シリーズ no. 25）Ⓝ685.7
◇交通安全施設・交通管理施設標準図集　東日本高速道路株式会社, 中日本高速道路株式会社, 西日本高速道路株式会社編著　第5版　町田　高速道路総合技術研究所　2014.7　1冊　30×42cm ①978-4-86253-416-3　Ⓝ514.6
◇コンクリート施工管理要領　東日本高速道路株式会社, 中日本高速道路株式会社, 西日本高速道路株式会社編著　第9版　町田　高速道路総合技術研究所　2014.7　160p　30cm ①978-4-86253-390-6　Ⓝ514.6
◇遮音壁施工管理要領　東日本高速道路株式会社, 中日本高速道路株式会社, 西日本高速道路株式会社編著　第5版　町田　高速道路総合技術研究所　2014.7　1冊　30cm ①978-4-86253-393-7　Ⓝ514.6
◇遮音壁標準設計図集　東日本高速道路株式会社, 中日本高速道路株式会社, 西日本高速道路株式会社編著　第4版　町田　高速道路総合技術研究所　2014.7　1冊　30×42cm ①978-4-86253-418-7　Ⓝ514.6
◇設計要領　第1集　土工編　東日本高速道路株式会社, 中日本高速道路株式会社, 西日本高速道路株式会社編著　第6版　町田　高速道路総合技術研究所　2014.7　1冊　30cm〈文献あり〉①978-4-86253-372-2　Ⓝ514.6
◇設計要領　第1集　排水編　東日本高速道路株式会社, 中日本高速道路株式会社, 西日本高速道路株式会社編著　第6版　町田　高速道路総合技術研究所　2014.7　78, 7p 図版 15枚　30cm ①978-4-86253-373-9　Ⓝ514.6
◇設計要領　第1集　造園編　東日本高速道路株式会社, 中日本高速道路株式会社, 西日本高速道路株式会社編著　第4版　町田　高速道路総合技術研究所　2014.7　111p　30cm ①978-4-86253-374-6　Ⓝ514.6
◇設計要領　第2集　橋梁建設編　東日本高速道路株式会社, 中日本高速道路株式会社, 西日本高速道路株式会社編著　第9版　町田　高速道路総合技術研究所　2014.7　1冊　30cm ①978-4-86253-375-3　Ⓝ514.6
◇設計要領　第2集　橋梁保全編　東日本高速道路株式会社, 中日本高速道路株式会社, 西日本高速道路株式会社編著　第9版　町田　高速道路総合技術研究所　2014.7　1冊　30cm ①978-4-86253-376-0　Ⓝ514.6
◇設計要領　第2集　擁壁編（平成26年7月）・カルバート編（平成26年7月）　東日本高速道路株式会社, 中日本高速道路株式会社, 西日本高速道路株式会社編著　第6版　町田　高速道路総合技術研究所　2014.7　96, 108p　30cm ①978-4-86253-377-7　Ⓝ514.6
◇設計要領　第3集　トンネル編　東日本高速道路株式会社, 中日本高速道路株式会社, 西日本高速道路株式会社編著　第6版　町田　高速道路総合技術研究所　2014.7　1冊　30cm ①978-4-86253-378-4　Ⓝ514.6
◇設計要領　第4集　幾何構造編　東日本高速道路株式会社, 中日本高速道路株式会社, 西日本高速道路株式会社編著　第6版　町田　高速道路総合技術研究所　2014.7　156, 173, 23p　30cm〈内容：本線幾何構造設計要領（平成19年8月）　インターチェンジ幾何構造設計要領（平成26年7月）　バスストップ幾何構造設計要領（平成17年10月）〉①978-4-86253-379-1　Ⓝ514.6
◇設計要領　第5集　交通安全施設編　立入防止柵設置要領・落下物防止柵設置要領・眩光防止施設設置要領・中央分離帯転落防止網設置要領　東日本高速道路株式会社, 中日本高速道路株式会社, 西日本高速道路株式会社編著　第4版　町田　高速道路総合技術研究所　2014.7　1冊　30cm〈内容：立入防止柵設置要領（平成23年7月）　落下物防止柵設置要領（平成26年7月）　眩光防止施設設置要領（平成17年10月）　中央分離帯転落防止網設置要領（平成26年7月）〉①978-4-86253-380-7　Ⓝ514.6
◇設計要領　第5集　交通管理施設編　標識設置要領・距離標設置要領　東日本高速道路株式会社, 中日本高速道路株式会社, 西日本高速道路株式会社編著　第7版　町田　高速道路総合技術研究所　2014.7　137, 15p　30cm〈内容：標識設置要領（平成26年7月）　距離標設置要領（平成26年7月）〉①978-4-86253-381-4　Ⓝ514.6
◇設計要領　第5集　交通管理施設編　可変式道路情報板設置要領・可変式速度規制標識設置要領　東日本高速道路株式会社, 中日本高速道路株式会社, 西日本高速道路株式会社編著　第3版　町田　高速道路総合技術研究所　2014.7　27, 4p　30cm ①978-4-86253-382-1　Ⓝ514.6
◇設計要領　第5集　交通管理施設編　視線誘導標設置要領　東日本高速道路株式会社, 中日本高速道路株式会社, 西日本高速道路株式会社編著　第2版　町田　高速道路総合技術研究所　2014.7　19p　30cm ①978-4-86253-383-8　Ⓝ514.6
◇設計要領　第5集　交通管理施設編　遮音壁設計要領　東日本高速道路株式会社, 中日本高速道路株式会社, 西日本高速道路株

に

679

日本（校長）

式会社編著　第6版　町田　高速道路総合技術研究所　2014.7
68p　30cm　Ⓘ978-4-86253-384-5　Ⓝ514.6

◇設計要領　第6集　建築施設編　東日本高速道路株式会社, 中
日本高速道路株式会社, 西日本高速道路株式会社編著　第9版
町田　高速道路総合技術研究所　2014.7　1冊　30cm　Ⓘ978-
4-86253-385-2　Ⓝ514.6

◇設計要領　第7集　電気施設編　東日本高速道路株式会社, 中日
本高速道路株式会社, 西日本高速道路株式会社編著　第9版
町田　高速道路総合技術研究所　2014.7　1冊　30cm　Ⓘ978-
4-86253-386-9　Ⓝ514.6

◇設計要領　第7集　機械施設編　東日本高速道路株式会社, 中日
本高速道路株式会社, 西日本高速道路株式会社編著　第7版
町田　高速道路総合技術研究所　2014.7　1冊　30cm　Ⓘ978-
4-86253-387-6　Ⓝ514.6

◇設計要領　第8集　通信施設編　東日本高速道路株式会社, 中
日本高速道路株式会社, 西日本高速道路株式会社編著　第8版
町田　高速道路総合技術研究所　2014.7　1冊　30cm　Ⓘ978-
4-86253-388-3　Ⓝ514.6

◇道路用遮音壁に関する景観評価の現状と事例　角湯克典, 吉永
弘志, 大河内恵子［著］　［つくば］　国土技術政策総合研究所
2014.3　79p　30cm　（国土技術政策総合研究所資料　第788
号）Ⓝ514.6

◇標識標準図集　東日本高速道路株式会社, 中日本高速道路株式
会社, 西日本高速道路株式会社編著　第7版　町田　高速道路
総合技術研究所　2014.7　1冊　30×42cm　Ⓘ978-4-86253-
417-0　Ⓝ514.29

◇用排水構造物標準設計図集　東日本高速道路株式会社, 中日本
高速道路株式会社, 西日本高速道路株式会社編著　第5版　町
田　高速道路総合技術研究所　2014.7　1冊　30×42cm
Ⓘ978-4-86253-414-9　Ⓝ514.6

◇レーンマーク施工管理要領　東日本高速道路株式会社, 中日本
高速道路株式会社, 西日本高速道路株式会社編著　第5版　町
田　高速道路総合技術研究所　2014.7　16p　30cm　Ⓘ978-4-
86253-392-0　Ⓝ514.6

日本（校長）

◇あなたの子どもが「自立」した大人になるために　平川理恵著
世界文化社　2014.9　207p　19cm　〈文献あり〉Ⓘ978-4-418-
14501-0　Ⓝ370　［1300円］

◇学校管理職育成の現状と今後の大学院活用の可能性に関する
調査報告書　国立教育政策研究所　2014.3　186p　30cm
（プロジェクト研究（教員養成等の改善に関する調査研究）報
告書　平成25年度）〈文献あり　研究代表者：大杉昭英　折り
込み1枚〉Ⓝ374.3

◇校長・教頭〈副校長〉・主任の実務—管理職必携！　久保田正
己著　小学館　2014.2　160p　21cm　（教育技術MOOK）
Ⓘ978-4-09-106775-3　Ⓝ374.3　［1800円］

◇校長という仕事　代田昭久著　講談社　2014.1　261p　18cm
（講談社現代新書2245）Ⓘ978-4-06-288245-3　Ⓝ374.3
［800円］

◇校長の覚悟—学校経営力を高める33のいい話　関根正明著
学事出版　2014.5　175p　21cm　Ⓘ978-4-7619-2053-1
Ⓝ374.3　［1800円］

◇超一流中高校長先生の教え—子供のやる気を引き出す65の言
葉　東洋経済オンライン編集部編　東洋経済新報社　2014.3
159p　19cm　Ⓘ978-4-492-04524-4　Ⓝ376.31　［1200円］

◇ポケット管理職講座特別支援教育　柘植雅義編集　教育開発
研究所　2014.7　188p　19cm　（教職研修総合特集）Ⓘ978-4-
87380-671-6　Ⓝ378　［1900円］

日本（交通）

◇交通アクセシビリティ指標に関する調査研究　長谷知治, 松永
康司, 笹山博, 佐野透, 森田正朗, 内田忠宏, 田畑美菜子, 加藤隆
重［著］　国土交通省国土交通政策研究所　2013.6　104, 52p
30cm　（国土交通政策研究　第107号）Ⓝ682.1

◇交通新聞　縮刷版　2014年　上期　交通新聞社　2014.9　510p
29×22cm　Ⓘ978-4-330-51114-6　［6000円］

◇交通新聞縮刷版　2013年下期　交通新聞社　2014.3　526p
29×22cm　Ⓘ978-4-330-44514-4　［6000円］

◇災害対策シンポジウム—東南海・南海地震に備えて：いつや
る？　今でしょ！　運輸, 交通事業者に求められる防災・減災対
策：講演記録　大阪　関西交通経済研究センター　2014.3
48p　30cm　〈会期・会場：平成26年1月17日　大阪歴史博物館
講堂　内容：基調講演　南海トラフ巨大地震の備える（片田敏
孝述）　講演　JR西日本の地震・津波対策の取組み（半田真一
述）　大規模災害時における物流事業者の取組み（太田英之
述）〉Ⓝ682.1

日本（交通—統計）

◇交通統計　平成25年版　交通事故総合分析センター　2014.7
224p　21cm　［1000円］

◇全国主要都市駅別乗降者数総覧　'14　エンタテインメントビ
ジネス総合研究所／編　エンタテインメントビジネス総合研究
所　2014.10　303p　26cm　Ⓘ978-4-901526-37-1　［25000
円］

日本（交通—年鑑）

◇新交通年鑑　平成26年版　交通協力会／編　交通協力会, 交通
新聞社［発売］　2014.6　568p　30cm　Ⓘ978-4-330-46914-0
［6476円］

日本（交通—歴史）

◇近世関所探訪　桑原剛志写真・文　安中　うすいの歴史を残
す会　2014.10　153p　15×21cm　Ⓘ978-4-86352-113-1
Ⓝ682.1　［1000円］

日本（交通—歴史—江戸時代）

◇旅セヨ乙女—江戸時代, おんなたちの旅　豊橋市二川宿本陣
資料館編　豊橋　豊橋市二川宿本陣資料館　2014.10　88p
30cm　〈会期・会場：平成26年10月4日～11月16日　豊橋市二川
宿本陣資料館〉Ⓝ384.37

日本（交通—歴史—江戸時代—史料）

◇近世交通史料集　3　御伝馬方旧記　児玉幸多校訂　オンデマ
ンド版　吉川弘文館　2013.10　816p　22cm　〈印刷・製本：
デジタルパブリッシングサービス〉Ⓘ978-4-642-04302-1
Ⓝ682.1　［20000円］

◇中山道交通史料集—御触書の部　1　御規矩便覧　洗馬宿　道中
御触書　小田井宿　波田野富信編　オンデマンド版　吉川弘文
館　2013.10　354p　22cm　〈印刷・製本：デジタルパブリッシ
ングサービス〉Ⓘ978-4-642-04320-5　Ⓝ682.15　［13000円］

◇中山道交通史料集—御触書の部　2　御触書留帳　塩尻宿　波
田野富信編　オンデマンド版　吉川弘文館　2013.10　345p
22cm　〈印刷・製本：デジタルパブリッシングサービス〉
Ⓘ978-4-642-04321-2　Ⓝ682.15　［12000円］

◇中山道交通史料集—御触書の部　3　御触書留帳　塩尻宿　波
田野富信編　オンデマンド版　吉川弘文館　2013.10　367p
22cm　〈印刷・製本：デジタルパブリッシングサービス〉
Ⓘ978-4-642-04322-9　Ⓝ682.15　［12000円］

日本（交通—歴史—古代）

◇古代日本の衣服と交通—装う王権つなぐ道　武田佐知子著
京都　思文閣出版　2014.3　398,3p　22cm　〈内容：古代にお
ける道と国家　古代における都と村　二つのチカシマに関す
る覚え書き　古代環日本海交通と渟足柵　『魏志』倭人伝の衣
服について　『一遍聖絵』に見る時衆の衣服　笠の山　日本古
代における民族と衣服　律令国家と蝦夷の衣服　奉翳美人の
「男装」について　男装の女王・卑弥呼　大化の冠位制につい
て　王権と衣服　古代天皇の冠と衣服　服飾と制度〉Ⓘ978-
4-7842-1723-6　Ⓝ210.3　［6800円］

◇坂本太郎著作集　第8巻　古代の駅と道　坂本太郎著　オンデ
マンド版　吉川弘文館　2013.10　487,17p　22cm　〈索引あり
印刷・製本：デジタルパブリッシングサービス　内容：上代駅
制の研究　古代日本の交通　交通と通信の歴史　辻子につい
て　上代交通史料雑考　上代道路制度の一考察　飛駅より飛
脚へ　乗輦駅の所在について　宿駅の宿という称呼について
水駅考　日本交通史の諸問題　大和の古駅　国府と駅家　古
代交通史の問題　日本の道　古代の道と駅〉Ⓘ978-4-642-
04279-6　Ⓝ210.3　［15000円］

日本（交通安全）

◇交通事故の状況及び交通安全施策の現況　平成25年度／交通
安全施策に関する計画　平成26年度　［東京］　［内閣府］
［2014］　164, 19p　30cm　〈年表あり　第186回国会（常会）提
出〉Ⓝ681.3

◇地域交通安全活動推進委員の手引　平成26年版　交通関係法
令研究会編集　大成出版社　2014.3　111p　26cm　Ⓘ978-4-
8028-3146-8　Ⓝ681.3　［667円］

◇中高年齢層の歩行中死亡事故を抑止するための段階的交通安
全教育手法の調査研究中間報告書　平成25年度　［東京］　警
察庁交通局交通企画課　［2014］　165p　30cm　Ⓝ681.3

日本（交通行政）

◇国土交通白書—時代を越えて受け継がれる社会インフラの構
築　2014　平成25年度年次報告—これからの社会インフラの
維持管理・更新に向けて　国土交通省／編　日経印刷　2014.7
427p　30cm　Ⓘ978-4-905427-85-8　［3056円］

日本（交通行政—歴史—江戸時代—史料）

◇近世交通史料集　1　五街道取締書物類寄　上　児玉幸多校訂
オンデマンド版　吉川弘文館　2013.10　770p　22cm　〈印刷・
製本：デジタルパブリッシングサービス〉Ⓘ978-4-642-04300-
7　Ⓝ682.1　［19000円］

日本件名図書目録2014　I　　　　　　　　　　　　　　　　　　　　　　　　　　　　　　　　日本（高等学校）

◇近世交通史料集　2　五街道取締書物類寄　下　児玉幸多校訂
オンデマンド版　吉川弘文館　2013.10　852p　22cm〈印刷・
製本：デジタルパブリッシングサービス〉Ⓘ978-4-642-04301-
4　Ⓝ682.1　[20500円]
◇近世交通史料集　10　道中方秘書・五駅弁覧・御触御書付留・
他　児玉幸多校訂　オンデマンド版　吉川弘文館　2013.10
319p　22cm〈印刷・製本：デジタルパブリッシングサービ
ス〉Ⓘ978-4-642-04309-0　Ⓝ682.1　[12000円]

日本（交通警察）
◇Q&A実例交通事件捜査における現場の疑問　城祐一郎著　立
花書房　2013.12　295p　21cm　Ⓘ978-4-8037-4402-6
Ⓝ317.73　[1905円]
◇交通事件犯罪事実記載例集　宮田正之編著　第4版　立花書房
2014.4　375p　21cm　Ⓘ978-4-8037-4404-0　Ⓝ317.73
[2400円]
◇交通事故捜査の手法　宮成正典著　第2版　立花書房　2014.2
459p　21cm〈索引あり〉Ⓘ978-4-8037-4403-3　Ⓝ317.73
[2500円]
◇新交通事件供述調書記載例集　木村昇一編著　第3版　立花書
房　2014.4　325p　21cm　Ⓘ978-4-8037-4405-7　Ⓝ317.73
[2100円]
◇新・交通事故捜査の基礎と要点　清水勇男,佐藤隆文,日下敏
夫共著　全訂新版改訂4版　東京法令出版　2014.11　471p
21cm　Ⓘ978-4-8090-1317-1　Ⓝ317.73　[2800円]

日本（交通事故―判例）
◇交通事故裁定例集　31（平成24年度）　交通事故紛争処理セン
ター/編　ぎょうせい　2014.3　635p　21cm　Ⓘ978-4-324-
09773-1　[5550円]

日本（交通政策）
◇「足」を守る―地域公共交通の将来　後藤・安田記念東京都市
研究所　2014.10　69p　21cm　[「都市問題」公開講座ブック
レット　32]〈内容：地域のための鉄道であるということ（原
武史述）　パネルディスカッション（市川嘉一ほか述,新藤宗幸
司会）〉Ⓘ978-4-924542-60-0　Ⓝ681.1　[463円]
◇運輸分野におけるCO_2排出量削減施策とその総合的な評価手法
に関する調査研究　長谷知治,加藤賢,白井大輔［著］　国土交
通省国土交通政策研究所　2014.3　134p　30cm（国土交通
政策研究　第113号）Ⓝ681.1
◇CO_2排出削減対策強化誘導型技術開発・実証事業（電気自動車
/小型電気自動車向け地域交通共同利用プラットフォームに関
する技術開発）委託業務成果報告書　平成25年度　［東京］
ユビテック　2014.3　98, 85p　30cm〈平成25年度環境省委
託業務　背のタイトル：CO_2排出削減対策強化誘導型技術開
発・実証事業（電気自動車/小型電気自動車向け地域交通共同
利用プラットフォームに関する技術開発）成果報告書　共同刊
行：日本ユニシス〉Ⓝ685.1
◇地域交通政策づくり入門―生活・福祉・教育を支える　土居靖
範,可児紀夫編著　自治体研究社　2014.8　118p　21cm〈文
献あり〉Ⓘ978-4-88037-620-2　Ⓝ681.1　[1400円]
◇地方交通を救え！―再生請負人・小嶋光信の処方箋　小嶋光
信,森彰英著　交通新聞社　2014.8　222p　18cm（交通新聞
社新書　070）Ⓘ978-4-330-48914-8　Ⓝ681.1　[800円]
◇道路交通政策とITS　道路交通問題研究会編　道路交通問題研
究会　2014.3　393p　27cm〈大成出版社（発売）　年表あり
文献あり〉Ⓘ978-4-8028-3154-3　Ⓝ685.1　[5000円]

日本（交通調査）
◇局地汚染対策手法検討調査業務報告書　平成25年度　数理計
画編　数理計画　2014.3　1冊　30cm　Ⓝ519.3
◇自動車交通環境影響総合調査報告書　平成25年度　［松本］　SCOP　2014.
3　250p　30cm〈平成25年度環境省請負業務〉Ⓝ519.3
◇自動車交通環境影響総合調査報告書　資料編　［松本］
SCOP　2014.3　303p　30cm〈平成25年度環境省請負業務〉
Ⓝ519.3

日本（交通法―歴史―江戸時代―史料）
◇近世交通史料集　8　幕府法令　上　児玉幸多編　オンデマン
ド版　吉川弘文館　2013.10　425p　22cm〈印刷・製本：デ
ジタルパブリッシングサービス〉Ⓘ978-4-642-04307-6
Ⓝ682.1　[14000円]
◇近世交通史料集　9　幕府法令　下　児玉幸多編　オンデマン
ド版　吉川弘文館　2013.10　389p　22cm〈印刷・製本：デ
ジタルパブリッシングサービス〉Ⓘ978-4-642-04308-3
Ⓝ682.1　[13000円]

日本（公的医療機関）
◇大手病院グループの経営状態について―国立・公的医療機関な
ど　［東京］　日医総研　2014.8　110p　30cm（日本医師会
総合政策研究機構ワーキングペーパー　no. 320）Ⓝ498.163

◇自治体病院経営ハンドブック　自治体病院経営研究会編集
第21次改訂版　ぎょうせい　2014.8　374p　21cm〈索引あ
り〉Ⓘ978-4-324-09845-5　Ⓝ498.163　[4500円]
◇地域医療を支える自治体病院―医療・介護一体改革の中で
伊藤周平,邉見公雄,武村義人,自治労連医療部会編　自治体研
究社　2014.12　147p　21cm〈内容：医療・介護一体改革の
本質と問題点（伊藤周平著）　病院とかかりつけ医連携の問題
（武村義人著）　入院医療から在宅復帰の現実名古屋市の例か
ら（小野江真美著）　介護保険、地域の実態と自治体の責任（宮
本茂著）　全国自治体病院協議会会長・邉見公雄先生に聞く
（邉見公雄述,池尾正著）　自治体病院が地域で
果たしている役割（池尾正著）　住吉市民病院廃止反対、大阪
都構想「府市病院の統合」はストップ！（田岡康秀著）　京都府
丹後医療圏での「医療・介護調査活動」の取り組み（増田勝
著）　自治労連愛知県本部の自治体病院訪問活動（永井和彦
著）　東京都立病院をめぐる現状と私たちの運動（矢吹義則
著）　千葉県での地域医療を守る取り組み（長平弘著）　社会
保障改革の新段階と対抗運動の展望（伊藤周平著）〉Ⓘ978-4-
88037-627-1　Ⓝ498.021　[1400円]

日本（公的医療機関―歴史）
◇自治体病院の歴史―住民医療の歩みとこれから　伊関友伸著
三輪書店　2014.7　684p　21cm〈文献あり〉Ⓘ978-4-89590-
481-0　Ⓝ498.16　[3800円]

日本（公的扶助）
◇介護保険以外の公的制度上手な活用術―利用者・家族がしあわ
せ！　若林美佳著　名古屋　日総研出版　2013.6　254p
21cm　Ⓘ978-4-7760-1651-9　Ⓝ369.26　[3048円]
◇公的扶助論―低所得者に対する支援と生活保護制度　全国社
会福祉協議会　2014.3　252p　26cm（社会福祉学習双書
2014　第7巻）〈文献あり〉Ⓘ978-4-7935-1111-0　Ⓝ369.2
[2200円]
◇社会保障生計調査（家計簿）結果　平成24年度　［東京］　厚生
労働省社会・援護局保護課　[2013]　31p　30cm　Ⓝ369.2
◇新・社会福祉士養成講座　16　低所得者に対する支援と生活
保護制度　社会福祉士養成講座編集委員会編集　第3版　中央
法規出版　2014.2　238p　26cm〈索引あり〉Ⓘ978-4-8058-
3934-8　Ⓝ369　[2200円]
◇生活福祉資金貸付事業における自立支援に関する調査・研究事
業　千葉　VAICコミュニティケア研究所　2012.3　121p
31cm〈平成24年度セーフティネット支援対策等事業費補助金
社会福祉推進事業　背・表紙のタイトル：平成24年度社会福
祉推進事業　ルーズリーフ〉Ⓝ369.2
◇生活福祉資金（総合支援資金）借受世帯の現況調査報告書　全
国社会福祉協議会　2014.3　95p　30cm〈厚生労働省平成25
年度セーフティネット支援対策事業（社会福祉推進事業）〉
Ⓝ369.2
◇生活福祉資金の手引　平成25年度版　生活福祉資金貸付制度
研究会編集　筒井書房　2013.9　467p　22cm　Ⓘ978-4-
86479-032-1　Ⓝ369.2　[2571円]
◇生活福祉資金の手引　平成26年度版　生活福祉資金貸付制度
研究会/編　筒井書房　2014.9　471p　21cm　Ⓘ978-4-86479-
049-9　Ⓝ369.2　[2593円]

日本（高等学校）
◇新しい高校教育をつくる―高校生のためにできること　小池
由美子編　新日本出版社　2014.1　268p　19cm〈内容：今、
高校では（小池由美子著）　高校生は社会をつくり、社会が高校
生をつくる（菅間正道著）　競争の教育でなく社会の主人公と
なる主体形成の教育を（谷口廣雄著）　権利としてのキャリア教育
（児美川孝一郎著）　高校生に必要な職業労働教育とは何か
（林萬太郎著）　中学校からの視点で高校入試を考える（綿貫
公平著）　高校中退調査から見えてきたもの（乾彰夫著）　教
育費の無償化の意義と今後の課題（三輪定宣著）　学校評価と
開かれた学校づくり（日永龍彦著）　適格者主義の克服と真の
高校教育改革に向けて（佐古田博著）　高校教育の実践課題と
希望（植田健男,小野川禎彦著）〉Ⓘ978-4-406-05774-5
Ⓝ376.41　[1800円]
◇風をみる―高等学校教頭・副校長教育課題実践論文集　全国
高等学校教頭・副校長会編著　学事出版　2014.3　206p
21cm〈内容：転換期の教頭・副校長を考える（錦織政晴著）　中
高一貫教育校のカリキュラム開発（阿部修三著）　連携型一貫
教育で「学校力」を高める（新井登志雄著）　五ケ瀬中等教育
学校のいま（川上浩著）　カリキュラムマネジメント運営の進
め方（菊池尚敏著）　キャリア教育とカリキュラム（小林三代
次著）　キャリア教育推進の視点（青木猛正著）　改訂作業に
伴う実質的な課題（岡島まどか著）　夜間定時制生徒の実態と
夜間定時制の改革について（藤坂健司著）　薬物乱用防止教育

日本（高等学校—歴史—1945～）　　　　　　　　　　　　日本件名図書目録2014　Ⅰ

はどうあるべきか（片山昇著）　ケータイとの共生を目指す
（千葉勝吾著）　生徒募集につながる学校広報（神田正著）　高
校生の規範意識と「奉仕」必修化（大河内保雪著）　特別支援
学校から見た特別支援教育（青木猛正著）　学校全体で取り組
む情報教育（清水達夫著）　グローバル社会で高校が育てる力
（笠間待男著）　少しの汗で大きな成果を（大久保光幸著）　個
人情報の保護と高等学校の取組（錦織敬晴著）　危機管理とダ
メージコントロール（田中禅著）　効果的な教員研修をどうつ
くりあげるのか（錦織政晴著）　現場の課題に即した研修を
（金子勉著）　学校経営の年間計画（錦織政晴著）　教頭の多忙
化を緩和するには（大河内保雪著）　これからの教頭に求めら
れるもの（山本恵三著）　教頭・副校長の多忙化を乗り切るた
めに（倉田純子著）　学校経営における副校長・教頭のライフ
ステージ（梶輝行著）　副校長と学校事務職員の良い関係のあ
り方（玉井篤著）　今日もAHAHAと笑いながら（五輪美智子
著）〉Ⓘ978-4-7619-2052-4　Ⓝ374.3　［2000円］

◇高校生をリクルートする自衛隊・自衛隊の手法を取り入れる教
育行政—集団的自衛権行使で教え子を再び戦場に送るのか！
「高校生をリクルートする自衛隊・自衛隊の手法を取り入れる
教育行政」編集委員会編　同時代社　2014.11　90p　21cm
Ⓘ978-4-88683-772-1　Ⓝ374.92　［800円］

◇高校データブック—ベネッセの調査データでみる高校教育の
今　2013　多摩　ベネッセコーポレーションBenesse教育研究
開発センター　2013.3　112p　26cm　Ⓝ376.41

◇高等学校政策全般の検証に基づく高等学校に関する総合的研
究—最終報告書　国立教育政策研究所　2014.3　410p　30cm
（プロジェクト研究報告書　平成25年度）〈研究代表者：杉野
剛〉Ⓝ376.41

日本（高等学校—歴史—1945～）

◇〈高卒当然社会〉の戦後史—誰でも高校に通える社会は維持で
きるのか　香川めい，児玉英靖，相澤真一著　新曜社　2014.7
226p　20cm〈索引あり〉Ⓘ978-4-7885-1395-2　Ⓝ376.41
［2300円］

日本（高等教育）

◇高学歴女子の貧困—女子は学歴で「幸せ」になれるか？　大
理奈穂子，栗田隆子，大野左紀子，水月昭道著，水月昭道監修
光文社　2014.2　187p　18cm（光文社新書 681）〈内容：
どうして女性は高学歴でも貧困なのか（大理奈穂子，栗田隆子，
水月昭道著）　なぜ、女性の貧困は男性よりも深刻化しやすい
のか？（大理奈穂子著）　女子の高学歴化は、彼女たちと社会
に何をもたらしたのか？（水月昭道著）　女は女というだけで
貧乏になるのだ（栗田隆子著）　「アート系高学歴女子」のなれ
の果てとして、半生を顧みる（大野左紀子著）〉Ⓘ978-4-334-
03784-0　Ⓝ366.38　［740円］

◇高等教育機関への進学時の家計負担に関する調査研究報告書
［東京］　東京大学　2014.3　207p　30cm〈文献あり　平成
25年度先導的大学改革推進委託事業〉

◇高等教育機関等におけるICTの利活用に関する調査研究—平成
25年度文部科学省先導的大学改革推進委託事業：委託業務成
果報告書　京都　京都大学高等教育研究開発推進センター
2014.3　343p　30cm　Ⓝ377.21

◇高等教育の費用を誰が負担するのか—現状の問題点を考える—
第58回公開研究会（2013.11.27）から　日本私立大学協会附置
私学高等教育研究所　2014.8　107p　30cm　（私学高等教育
研究所シリーズ no. 55）〈奥付の副タイトル：高等教育の費用
を誰が負担するのか—現状の問題点を考える　内容：大衆のた
めの大学政策を考える（矢野眞和述）　限界に達した家計の高等
教育費負担（田中敬文述）　高等教育への公財政支出（丸山文
裕述）　コメント　高等教育の費用を誰が負担するのか（浦田広
朗著）〉Ⓝ373.4

◇子供の発達や学習者の意欲・能力等に応じた柔軟かつ効果的な
教育システムの構築について—答申　［東京］　中央教育審議
会　2014.12　49, 105p　30cm　Ⓝ376.2

◇質保証時代の高等教育　上　経営・政策編　山本眞一著　ジ
アース教育新社　2013.7　318p　19cm〈索引あり〉Ⓘ978-4-
86371-230-0　Ⓝ377.21　［2300円］

◇質保証時代の高等教育　下　教育・研究編　山本眞一著　ジ
アース教育新社　2013.9　352p　19cm〈索引あり〉Ⓘ978-4-
86371-237-9　Ⓝ377.21　［2300円］

◇大学、短期大学及び高等専門学校における障害のある学生の修
学支援に関する実態調査結果報告書　平成25年度　日本学生
支援機構学生生活部障害学生支援課　2014.3　129p　30cm
Ⓝ378.021

◇知のバリアフリー—「障害」で学びを拡げる　嶺重慎，広瀬浩
二郎編　京都　京都大学学術出版会　2014.12　268p　21cm
〈文献あり　索引あり　内容：高等教育のユニバーサルデザイ

ン化を目指して（佐野眞理子著）　支援の場から学びのコミュニ
ティへ（村田淳著）　障害学生支援と障害者政策（石川准著）
聴覚障害学生支援の最先端（河原達也著）　学びあいと支えあ
いの原点（新納泉著）　盲学校における視覚障害者の学習（遠
藤利三著）　博物館とバリアフリー（大野照文著）　触って楽
しむ天文学（嶺重慎著）　共活社会を創る（広瀬浩二郎著）〉
Ⓘ978-4-87698-542-5　Ⓝ378.021　［2400円］

◇日韓大学国際化と留学生政策の展開—日本私立大学協会附置
私学高等教育研究所研究プロジェクト報告書　日本私立大学
協会附置私学高等教育研究所　2014.10　87p　26cm　（私学
高等教育研究叢書 2（2014年10月））〈文献あり〉Ⓝ377.21

日本（高等教育—歴史）

◇近代女子高等教育機関における体育・スポーツの原風景—成瀬
仁蔵の思想と日本女子大学校に原型をもとめて　馬場哲雄著
翰林書房　2014.2　171p　22cm　（日本女子大学叢書 15）
Ⓘ978-4-87737-364-1　Ⓝ780.21　［2800円］

日本（高等教育—歴史—1945～）

◇高等教育の政策過程—アクター・イシュー・プロセス　橋本鉱
市著　町田　玉川大学出版部　2014.7　266p　22cm　（高等
教育シリーズ 165）〈文献あり　内容：高等教育研究の制度化
と変容　高等教育研究における政策分析　高等教育政策の過
程分析　戦後日本における高等教育関連議員の構造分析　戦
後日本の高等教育関連議員と政策課題　高等教育政策と私立
大学の拡大行動　1980年代における抑制・削減政策　高等教
育懇談会による「昭和50年代前期計画」の審議過程　専門職養
成の「質」保証システム〉Ⓘ978-4-472-40496-2　Ⓝ377.21
［4200円］

日本（高分子材料—特許）

◇特許情報分析（パテントマップ）から見た吸水性樹脂に関する
技術開発実態分析調査報告書　インパテック株式会社編　パ
テントテック社　2013.2　223p　30cm〈タイトルは標題紙に
よる〉Ⓘ978-4-86483-185-7　Ⓝ578　［55650円］

日本（公文書）

◇行政文書の管理等に関する実態調査報告書　平成25年度　古
紙再生促進センター編　［東京］　古紙再生促進センター
2014.2　102p　30cm　Ⓝ318.5

◇近世の村落と地域史料保存　山本幸俊著　高志書院　2014.4
324, 4p　22cm〈著作目録あり〉Ⓘ978-4-86215-132-2
Ⓝ210.5　［10000円］

◇公務員の文書・資料のつくり方—見やすい！　伝わる！　秋田
将人著　学陽書房　2014.10　141p　21cm　Ⓘ978-4-313-
15080-5　Ⓝ816.4　［1800円］

◇市町村における公文書管理方法に関する調査報告書　府中（東
京都）　東京市町村自治調査会　2014.3　277p　30cm〈委託：
ぎょうせい　奥付の副タイトル：平成25年度調査報告書市長村
における公文書管理方法に関する調査〉Ⓝ318.5

◇知と技術の継承と展開—アーカイブズの日伊比較　中京大学
社会科学研究所編　名古屋　中京大学社会科学研究所　2014.
3　295p　21cm　（社叢叢書 34）〈創泉堂出版（発売）　年表
あり　会期・会場：2013年2月16日・17日　中京大学名古屋
キャンパスアネックスホール　内容：イタリアのアーカイブ
ズ　講演イタリアのアーカイブズ行政とその組織（マリア・バ
ルバラ・ベルティーニ述）　講演イタリアの歴史学とアーカイ
ブ（マリオ・インフェリーゼ述）　日本のアーカイブズ　講演
日本のアーカイブズ（大濱徹也述）　「古都」京都と地方自治
体・京都府のアーカイブズ問題（井口和起著）　日本帝国の台
湾統治文書のアーカイブ（東山京子著）　アーカイブズの国際
比較　一七—一八世紀のヴェネツィア共和国における税務文
書の運用と管理（湯上良著）　スペインの歴史認識と古文書管
理（野口健格著）　アーカイブズの制度形成（上代庸平著）　講
演録gli atti del simposio Gli archivi in Italia
（Maria Barbara Bertini述）　Storiografia e archivi in
Italia（Mario Infelise述）　シンポジウム日本語発表（一部）
要約 Riassunti degli interventi Giapponesi（Maria
Barbara Bertini述）〉Ⓝ018.09

◇知と技術の継承と展開—アーカイブズの日伊比較　中京大学
社会科学研究所編　創泉堂出版（発売）　2014.3　295p　21cm
〈年表あり　会期・会場：2013年2月16日・17日　中京大学名古
屋キャンパスアネックスホール　内容：講演イタリアのアー
カイブズ行政とその組織（マリア・バルバラ・ベルティーニ
述）　講演イタリアの歴史学とアーカイブ（マリオ・インフェ
リーゼ述）　講演日本のアーカイブズ（大濱徹也述）　「古都」
京都と地方自治体・京都府のアーカイブズ問題（井口和起著）
日本帝国の台湾統治文書のアーカイブ（東山京子著）　17-18世
紀のヴェネツィア共和国における税務文書の運用と管理（湯上
良著）　スペインの歴史認識と古文書管理（野口健格著）
アーカイブズの制度形成（上代庸平著）　Gli archivi Italia
（Maria Barbara Bertini述）　Storiografia e archivi in
Italia（Mario Infelise述）　Riassunti degli interventi

giapponesi（Maria Barbara Bertini述）〉①978-4-902416-30-5 ⓃO18.09 ［1600円］

◇中国・四国地区国立大学法人等公文書管理研修報告書 平成24年度 広島大学文書館編 東広島 広島大学文書館 2013.11 87p 30cm Ⓝ377.1

◇文例で分かる公用文作成ハンドブック 小澤達郎, 前田敏宣著 新版 学陽書房 2014.5 257p 21cm〈新常用漢字表に対応 初版のタイトル：自治体の公用文作成ハンドブック〉①978-4-313-15150-5 Ⓝ318.5 ［2300円］

日本（公文書―歴史―江戸時代）
◇日本近世都市の文書と記憶 渡辺浩一著 勉誠出版 2014.10 374,22p 22cm〈索引あり 内容：在方町における文書保管と存在証明文書 文書保管からみた陣屋町の社会構造 城下町における文書類型と文書保管 個別町における文書保管 巨大都市の町方行政における過去情報の蓄積と利用 文書保管儀礼と歴史叙述 記憶の創造と編集 存在証明文書の実践 地域の記憶と装置〉①978-4-585-22094-7 Ⓝ210.5 ［9000円］

日本（公法）
◇日独公法学の挑戦―グローバル化社会の公法 松本和彦編 日本評論社 2014.3 320p 22cm〈索引あり 内容：グローバル化する社会と公法の課題（松本和彦著） グローバル化の中の憲法（棟居快行著） 国家と社会の間の機能変動（フィリップ・クーニッヒ著, 高田倫子訳） 国際警察法の可能性と限界（ハンスゲオルグ・マーセン著, 杉原周治訳） グローバル化された法創設過程と議会（高田篤著） ドイツにおける議会によるコントロール（ハイケ・クリーガー著, 宮村教平訳） 議会の中の権力分立（村西良太著） ドイツ連邦議会の情報権（スヴェン・ヘルシャイト著, 柴田堯史訳） 行政訴訟における仮の権利保護（長谷川佳彦著） 日本における脳死論争と臓器移植法（髙井裕之著） 取材源秘匿権と特定秘密（鈴木秀美著） 私人による都市計画提案（野呂充著） 日本の所得税における最低生活費非課税の正当化と具体化（谷口勢津夫著） ドイツ所得税法における最低生活費非課税（マルクス・ハインツェン著, 奥谷健訳） 国内税法のヨーロッパ法的決定因子（シュテファン・ヒンデラング, ハネス・ケーラー著, 谷口勢津夫訳） 環境法における情報取扱いと知識の創出（松本和彦著） EU法における環境情報へのアクセス（ジークリート・ボイゼン著, 松本和彦訳） 環境分野の司法アクセスとオーフス条約（大久保規子著）〉①978-4-535-51981-7 Ⓝ323.04 ［5300円］

◇分冊六法全書 平成27年版 1 公法編 1 分冊六法編集委員会編 名古屋 新日本法規出版 2014.12 1冊 21cm ①978-4-7882-7939-1（set） Ⓝ320.91

◇分冊六法全書 平成27年版 2 分冊六法編集委員会編 名古屋 新日本法規出版 2014.12 1冊 21cm〈内容：公法編. 2 国際法編〉①978-4-7882-7939-1（set） Ⓝ320.91

日本（公民教育）
◇主権者教育のすすめ―未来をひらく社会科の授業 全国民主主義教育研究会編 同時代社 2014.1 139p 26cm〈内容：いま学校で何が起こっているのか（菅澤康雄著） 生徒が"学ぶ主体"になる講義式授業（小泉秀人著） ディベートのすすめ（桑山俊昭著） 「新聞」学習の可能性（田中祐児著） 学校の外に出て、社会の現実に触れてみよう（吉田俊弘著） 「学びの共同体」から学ぶ（若栗俊文著） 中学生と高校生の模擬裁判（福岡公俊著） 模擬投票（杉浦正和著） 意見を社会に発信する授業（渥美利文著） 生徒のアルバイト体験を教材に（松崎康裕著） 公民実物教材の使い方（武藤章著） 主権者を育てる判決文学習（菅澤康雄著） 専門家・実務家とのコラボレーション（吉田俊弘著） 大学生との〈君島ゼミ〉コラボ高校政経憲法授業（杉浦真理著） ナマの現実と向き合う授業（杉浦真理著） 葛藤を組織する社会科の授業（服部進治著） 高校生平和ゼミナールのあゆみといま（沖村民雄著） 恵庭事件の教材化に取り組む（前田輪音著） 原子力発電・放射線教育のアーティキュレイト（子安潤著）〉①978-4-88683-755-4 Ⓝ371.6 ［2000円］

日本（公務員）
◇あきれた公務員の貴族生活 若林亜紀著 ベストセラーズ 2014.5 207p 18cm（ベスト新書 438）①978-4-584-12438-3 Ⓝ317.3 ［741円］

◇市民を雇わない国家―日本が公務員の少ない国へと至った道 前田健太郎著 東京大学出版会 2014.9 306p 22cm〈文献あり 索引あり〉①978-4-13-030160-2 Ⓝ317.3 ［5800円］

◇新公務員労働の理論と実務 17 現場の最新の事例問題 4 公務員関係判例研究会編 三協法規出版 2014.2 612p 21cm ①978-4-88260-171-5 Ⓝ317.3 ［6500円］

◇新公務員労働の理論と実務 18 職員の精神疾患をめぐる問題 公務員関係判例研究会編 三協法規出版 2014.3 232p 21cm ①978-4-88260-172-2 Ⓝ317.3 ［3400円］

◇肚が据わった公務員になる！―新しい仕事哲学と自分の鍛え方 中野雅至著 朝日新聞出版 2014.4 274p 18cm（朝日新書 458）①978-4-02-273558-4 Ⓝ317.3 ［820円］

日本（公務員法）
◇新公務員労働の理論と実務 17 現場の最新の事例問題 4 公務員関係判例研究会編 三協法規出版 2014.2 612p 21cm ①978-4-88260-171-5 Ⓝ317.3 ［6500円］

◇新公務員労働の理論と実務 18 職員の精神疾患をめぐる問題 公務員関係判例研究会編 三協法規出版 2014.3 232p 21cm ①978-4-88260-172-2 Ⓝ317.3 ［3400円］

◇退職手当小六法 退職手当制度研究会編 5訂版 三協法規出版 2013.12 1016p 21cm ①978-4-88260-249-1 Ⓝ317.34 ［8500円］

日本（広葉樹）
◇広葉樹の森づくり 豪雪地帯林業技術開発協議会編 日本林業調査会 2014.3 305p 21cm〈文献あり 索引あり〉①978-4-88965-236-9 Ⓝ653.7 ［2500円］

日本（小売市場）
◇水産物取扱いにおける小売業の動向と現代的特徴―平成25年度事業報告 東京水産振興会編 東京水産振興会 2014.12 116p 30cm Ⓝ661.4

日本（小売商）
◇Q&Aでわかる小売業店舗経営の極意と労務管理・人材育成・事業承継 安紗弥香, 木全美千男共著 日本法令 2014.12 260p 21cm ①978-4-539-72402-6 Ⓝ673.7 ［2100円］

◇ケースでわかる流通業の知識 寺嶋正尚著 産業能率大学出版部 2014.8 246p 21cm〈索引あり〉①978-4-382-05710-4 Ⓝ673.7 ［1600円］

◇現代の商業論―日本小売商業の理論・問題・国際化 岩永忠康著 五絃舎 2014.5 269p 22cm〈索引あり 内容：現代の流通 商業論 小売商業 中小小売商業問題 大型店問題 小売商業調整政策 小売企業の国際化 台湾の日系百貨店 中国の外資系小売企業 日本の流通システム 日本の流通政策 サプライチェーン・マネジメント〉①978-4-86434-037-3 Ⓝ673.7 ［2400円］

◇小売・飲食業 森谷克也著 中央経済社 2014.9 189p 21cm（業種別人事制度 2）①978-4-502-11051-1 Ⓝ673 ［2200円］

◇商業施設・SCの業種別テナント賃料負担力集成 新版 綜合ユニコム 2014.9 162p 30cm ①978-4-88150-605-9 Ⓝ673.7 ［67000円］

◇商業施設計画総覧 2014年版 上昇気流に乗った商業開発の全貌 全国の出店計画、最新開発動向を一挙掲載 産業タイムズ社 2013.11 580p 28cm〈索引あり〉①978-4-88353-216-2 Ⓝ673.8 ［22000円］

◇商業施設計画総覧 2015年版 「20年」へ待ったなし 加速する商業開発 全国の出店計画、最新開発動向を一挙掲載 産業タイムズ社 2014.11 549p 28cm〈索引あり〉①978-4-88353-227-8 Ⓝ673.7 ［22000円］

◇時計店の詞 Vol.3 鶴田康男著 PACO 2014.3 199p 21cm〈卓球王国（発売） 写真：高橋和幸〉①978-4-901638-41-8 Ⓝ673.7 ［1500円］

◇プロの販売員必携─小売業の人材育成教材集 重田敏男著〈出版地不明〉〔重田敏男〕 2014.3 141p 21cm Ⓝ673.7 ［900円］

◇街の元気屋さん─心がほろっと温まる「街のでんきやさん」の話 街を元気にプロジェクト著 PHP研究所 2014.5 195p 19cm ①978-4-569-81876-4 Ⓝ673.7 ［1200円］

◇免税店のはじめ方─開業のための申請手続きと経営Q&A：これ1冊でわかる！ 野川悟志著 税務経理協会 2014.12 122p 21cm〈文献あり 索引あり〉①978-4-419-06190-6 Ⓝ673.7 ［1800円］

日本（小売商─統計）
◇経済センサス活動調査報告 平成24年 第7巻 卸売業・小売業に関する集計 その1（産業編（総括表）） 総務省統計局, 経済産業省大臣官房調査統計グループ編 総務省統計局 2014.3 85, 601p 30cm〈共同刊行：経済産業省大臣官房調査統計グループ〉Ⓝ605.9

◇経済センサス活動調査報告 平成24年 第7巻 卸売業・小売業に関する集計 その2（産業編（都道府県表）） 総務省統計局, 経済産業省大臣官房調査統計グループ編 総務省統計局 2014.3 35, 567p 30cm〈共同刊行：経済産業省大臣官房調査統計グループ〉Ⓝ605.9

◇経済センサス活動調査報告 平成24年 第7巻 卸売業・小売業に関する集計 その3（産業編（市区町村表）） 総務省統計局, 経済産業省大臣官房調査統計グループ編 総務省統計局

日本（小売商―名簿）　　　　　　　　　　　　　　　　　　　　日本件名図書目録2014　I

2014.3　29, 613p　30cm〈共同刊行：経済産業省大臣官房調査統計グループ〉Ⓝ605.9
◇経済センサス―活動調査報告　平成24年　第7巻　卸売業・小売業に関する集計　その4（業態別統計編（小売業））　総務省統計局，経済産業省大臣官房調査統計グループ編　総務省統計局2014.3　68, 671p　30cm〈共同刊行：経済産業省大臣官房調査統計グループ〉Ⓝ605.9

日本（小売商―名簿）
◇かばん・袋物小売企業名鑑　2015　ボイス情報株式会社企画開発部マーケティング課調査・編集　［東京］　ボイス情報2014.9　526p　26cm　Ⓝ673.7　［40000円］

日本（公立学校）
◇公立学校施設関係法令集　平成25年　公立学校施設法令研究会編集　第一法規　2013.9　1冊　19cm　Ⓘ978-4-474-02949-1　Ⓝ374.7　［4100円］
◇公立学校施設関係法令集　平成26年　公立学校施設法令研究会編集　第一法規　2014.10　1冊　19cm　Ⓘ978-4-474-03314-6　Ⓝ374.7　［4100円］
◇公立VS私立―データで読む「学力」、「お金」、「人間関係」橘木俊詔著　ベストセラーズ　2014.2　189p　18cm　（ベスト新書　433）〈文献あり〉Ⓘ978-4-584-12433-8　Ⓝ372.107　［800円］

日本（公立大学）
◇地方自治体の政策ビジョン実現のための公立大学の積極的活用に関する調査研究報告書―文部科学省平成25年度先導的大学改革推進委託事業　公立大学協会公立大学政策・評価研究センター　2014.3　377p　30cm　Ⓝ377.21

日本（公立大学―会計）
◇公立大学法人の制度と会計　制度設計編　関口恭三，手島貴弘，藤原道夫著　草加　朝陽会　2014.7　325p　21cm〈全国官報販売協同組合（発売）〉Ⓘ978-4-903059-42-6　Ⓝ377.1　［1800円］

日本（高齢化社会）
◇活力ある高齢社会づくりフィージビリティ・スタディ活動報告書　［つくば］　産業技術総合研究所活力ある高齢社会フィージビリティ・スタディ　2014.8　134p　30cm　Ⓝ369.26
◇近居―少子高齢社会の住まい・地域再生にどう活かすか　大月敏雄，住総研編著　京都　学芸出版社　2014.3　182p　21cm　（住総研住まい読本）〈執筆：軽部徹ほか　内容：近居の意義（大月敏雄著）近居の広がりを捕捉する（大月敏雄著）近居の広がりと必要とされる住宅供給のあり方（軽部徹著）近居の親子関係と暮らしから見た住宅計画（横江麻実著）近居時代の都市型集居（松本吉彦著）近居と住宅政策の課題（平山洋介著）〈神奈川県〉多世代近居のまちづくり（神奈川県住宅計画課等）〈神戸市〉近居・同居支援の取り組み（神戸市住宅政策課等）〈四日市市〉子育て世帯の郊外モデル団地への住み替え支援（四日市市都市計画課等）〈品川区〉親元近居支援事業の取り組み（品川区都市計画課等）　近居をめぐる議論をふりかえる（在塚礼子著）　高齢者支援の視点からみたサポート居住と準近居（上和田茂著）　ネットワーク居住から見た多世代・多世帯居住と生活援助（金貞均著）　近居の家族のアジア的なあり方から地域に住むことを考える（畑聰一著）〉Ⓘ978-4-7615-1337-5　Ⓝ365.3　［1900円］
◇高齢化の状況及び高齢社会対策の実施状況　平成25年度／高齢社会対策　平成26年度　［東京］　［内閣府］　［2014］　119, 31p　30cm〈第186回国会（常会）提出〉Ⓝ369.26
◇高齢社会を踏まえた医療提供体制見直しに対応する医療系教育の在り方に関する調査研究―平成24年度先導的大学改革推進委託事業：報告書　［東京］　東京大学　2013.3　695p　30cm〈共同刊行：東京医科歯科大学〉Ⓝ490.7
◇高齢社会と医療の未来を考える―平成25年度医療政策シンポジウム　日本医師会　2014.7　91p　26cm〈会期・会場：平成26年3月13日　日本医師会館大講堂　内容：講演「混合診療」の全面解禁は国民に利益をもたらすか？（関岡英之述）日本の医療とその財源確保策（土居丈朗述）　社会保障改革の動向とこれからの医療（中村秀一述）　パネルディスカッション高齢社会と医療の未来を考える（関岡英之ほか述）〉Ⓝ498.13
◇「高齢社会における選択と集中に関する研究会」報告書　高齢社会における選択と集中に関する研究会［編］　［東京］　財務省財務総合政策研究所　2014.6　174p　30cm〈文献あり〉Ⓝ367.7
◇高齢社会の労働市場分析　松浦司編著　八王子　中央大学出版部　2014.1　266p　22cm　（中央大学経済研究所研究叢書58）〈内容：2000年代の就業減少の分析（廣嶋清志著）人口の高齢化と労働生産性（小﨑敏男著）　高齢社会におけるGDPの

推移（増田幹人著）　高齢社会の経済成長と所得格差・貧困（松浦司著）　過疎地域におけるGIS分析と産業構造クラスタリング（井上希著）　労働市場の再編と外国人労働者（中川雅貴著）　海外生産移転が国内雇用に与える影響の国際比較研究（鈴木俊光著）　人事制度が従業員に与える影響（齋藤隆志著）高齢社会の雇用政策（吉田良生著）〉Ⓘ978-4-8057-2252-7　Ⓝ366.21　［3500円］
◇持続可能な高齢社会を考える―官民の「選択と集中」を踏まえた対応　貝塚啓明，財務省財務総合政策研究所編著　中央経済社　2014.11　220p　22cm〈内容：高齢社会における「選択と集中」（貝塚啓明，伊藤美月，増田知子ほか著）超高齢社会の課題と可能性（講演録）（秋山弘子著）高齢社会における経済成長と意思決定（中井検裕，市場開拓の多角化（大月敏雄著）　高齢社会のニーズと産業・制度の相互補完（柏谷泰隆著）　高齢者市場への取組みの考察（白木康司著）　社会保障制度における「選択と集中」（加藤久和著）高齢社会における社会資本整備（中村知二著）　望ましい「老い方・死に方」と「医療提供体制の再編」（高橋泰著）　東アジアの高齢化問題〈講演録〉（大泉啓一郎著）　強靭でしたたかな普通の国スウェーデン（渡邊芳樹著）〉Ⓘ978-4-502-11951-4　Ⓝ367.7　［3400円］
◇持続可能な社会保障へ　小塩隆士著　NTT出版　2014.4　284p　20cm　（世界のなかの日本経済　不確実性を超えて　5）〈文献あり　索引あり〉Ⓘ978-4-7571-2322-9　Ⓝ364.021　［2500円］
◇少子・高齢化と日本経済　安藤潤，佐川和彦，塚原康博，馬場正弘，松本保美，鑓田亨著　文眞堂　2014.9　157p　22cm〈索引あり　内容：日本の少子・高齢化と医療費（佐川和彦著）少子・高齢化時代における公的年金制度と経済政策（松本保美著）　少子・高齢化時代における子どもを持つ既婚女性の労働供給と育児支援政策（安藤潤著）　介護による福祉経済の可能性（塚原康博著）　人口減少経済における技術革新の多角化（馬場正弘著）　少子・高齢化時代における利子率と物価（鑓田亨著）〉Ⓘ978-4-8309-4816-9　Ⓝ332.107　［2500円］
◇少子高齢社会の社会保障論　田中きよむ著　改訂　中央法規出版　2014.12　309p　21cm　Ⓘ978-4-8058-5088-6　Ⓝ364.021　［2800円］
◇人口高齢社会と労働政策　小﨑敏男，永瀬伸子編著　原書房2014.11　253p　22cm　（人口学ライブラリー　15）〈索引あり　内容：人口の高齢化（松浦司著）　人口高齢化の社会経済的影響（久下沼仁宏著）　高齢者就業と年金財政（小﨑敏男著）高年齢者就業と年金財政（増田幹人著）　高年齢者の就業・非就業行動（小﨑敏男著）　健康、教育訓練と高年齢者就業（李雅彦著）　高年齢女性の就業行動（寺村絵里子著）　高齢化に対応する雇用システム（吉田良生著）　超高齢化の中での高齢者の新しい働き方（永瀬伸子著）〉Ⓘ978-4-562-09199-7　Ⓝ367.7　［3200円］
◇大転換期日本の人口事情―少子高齢社会の過去・現在・将来エイジング総合研究センター編著　中央法規出版　2014.8　148p　19cm〈執筆：福祉直ほか〉Ⓘ978-4-8058-5070-1　Ⓝ334.31　［1800円］
◇「大都市圏の郊外住宅地における持続可能な地域づくりを通じた孤立予防に関する調査研究事業」調査実施報告書　浜銀総合研究所編　横浜　浜銀総合研究所　2014.3　102, 22, 19p　30cm〈平成25年度セーフティネット支援対策等事業費補助金社会福祉推進事業〉Ⓝ369.021
◇団塊世代を中心とした超高齢社会における医療提供体制のあり方―2025・40年の大都市圏等の医師数を中心とした定量的需給試算からみた提言　二木立著　医科書院　2014.8　1冊　30cm　（日本医師会総合政策研究機構ワーキングペーパー　no. 322）Ⓝ498.13
◇団塊世代が日本を救う　日本のこれからを考える会著　文芸社　2014.11　157p　19cm　Ⓘ978-4-286-13794-0　Ⓝ367.7　［1000円］
◇超高齢社会―日本の挑戦：生き活きライフ　第2弾　辻哲夫総監修，本田茂樹監修　時評社　2014.3　223p　21cm　（JIHYO BOOKS）Ⓘ978-4-88339-203-2　Ⓝ367.7
◇超高齢社会の医療のかたち、国のかたち　大島伸一著　グリーン・プレス　2014.6　189p　19cm　Ⓘ978-4-907804-31-2　Ⓝ498.021　［1400円］
◇超高齢社会の未来IT立国日本の挑戦　小尾敏夫，岩﨑尚子著毎日新聞社　2014.12　221p　19cm〈内容：未知との遭遇2050年世界のシルバー市場3000兆円ビジネスへの挑戦　高齢者の就労、社会参加、生きがい　地方創生とスマート・シルバー・コミュニティ　高齢化する人類、老朽化する地球を救えるか　世界一の中国シルバー市場と日本企業のチャンス　少子・超高齢・人口減少社会でのNTTグループの挑戦（三浦惺，小尾敏夫述，岩﨑尚子司会）　総合地域サービス企業への脱皮で、都市と地方の格差は正（清野智，小尾敏夫述，岩﨑尚子司会）　ビッグデータ時代のマイクロマーケティングがビジネス

戦略の鍵（藤重貞慶, 小尾敏夫述, 岩﨑尚子司会）　シルバービジネスの拡大と高齢者雇用の多様化（岡本毅, 小尾敏夫述, 岩﨑尚子司会）　中小企業でも高齢者、女性が当たり前に活躍できる政策を（岩田喜美枝, 小尾敏夫述, 岩﨑尚子司会）〉①978-4-620-32285-8　Ⓝ367.7　[1500円]

◇超高齢社会マーケティング―8つのキーワードで攻略する新・注目市場の鉱脈　電通シニアプロジェクト, 斉藤徹編著　ダイヤモンド・フリードマン社　2014.12　253p　19cm（DIAMOND流通選書）〈ダイヤモンド社（発売）〉①978-4-478-09041-1　Ⓝ675　[2000円]

◇超高齢・人口減少社会のインフラをデザインする―第108回シンポジウム　21世紀政策研究所編　[東京]　21世紀政策研究所　2014.11　104p　18cm（21世紀政策研究所新書 46）Ⓝ343.7

◇日本のアクティブエイジング―「少子化する高齢社会」の新しい生き方　金子勇著　札幌　北海道大学出版会　2014.8　294, 17p　22cm（北海道大学大学院文学研究科研究叢書 28）〈文献あり　索引あり〉①978-4-8329-6808-0　Ⓝ367.7　[5800円]

日本（高齢化社会―世論）

◇人口、経済社会等の日本の将来像に関する世論調査　平成26年8月調査　[東京]　内閣府大臣官房政府広報室　[2014]　193p　30cm（世論調査報告書）〈附帯：持続可能な開発のための教育（ESD）に関する世論調査〉Ⓝ334.31

日本（高齢者）

◇iPadで65歳からの毎日を10倍愉しくする私の方法　牧壮著　明日香出版社　2014.11　194p　19cm　①978-4-7569-1739-3　Ⓝ548.29　[1500円]

◇L70を狙え！―70歳以上の女性が消費の主役になる　吉本佳生著　日本経済新聞出版社　2014.8　236p　19cm〈文献あり　索引あり〉①978-4-532-31945-8　Ⓝ675.2　[1500円]

◇老い方上手　上野千鶴子, 大熊由紀子, 会田薫子, 樋口恵子, 井上治代著　WAVE出版　2014.12　238p　19cm〈内容：ビンボーばあさんにならないために（樋口恵子著）　認知症400万人時代。あなたは？　パートナーは？　ご両親は？（上野千鶴子著）　在宅ひとり死は可能か？（上野千鶴子著）　延命医療とは何か（会田薫子著）　自分らしい葬送を選ぶ（井上治代著）〉①978-4-87290-728-5　Ⓝ367.7　[1400円]

◇親の家を片づけるお助け便利帳―迷った時・困った時のヒントがひと目でわかるビジュアル版　主婦の友社編　主婦の友社　2014.10　79p　26cm（ゆうゆうBOOKS）①978-4-07-297224-3　Ⓝ365.3　[1000円]

◇親の家を片づける実践ハンドブック　主婦の友社編　主婦の友社　2014.2　206p　19cm（ゆうゆうBOOKS）①978-4-07-293597-2　Ⓝ365.3　[1300円]

◇親の家を片づける土地建物相続問題　主婦の友社編　主婦の友社　2014.4　191p　19cm（ゆうゆうBOOKS）①978-4-07-294266-6　Ⓝ365.3　[1300円]

◇頑張って生きよう！　ご同輩　続　高齢社会NGO連携協議会編著　博文館新社　2014.4　167p　19cm　①978-4-86115-966-4　Ⓝ367.7　[1200円]

◇Q&A高齢社会の消費者トラブル―悪質商法、ネット取引、投資被害、保険、住まい、葬儀・お墓、振り込め詐欺　石戸谷豊, 芳野直子, 西本晩, 天野正男, 谷川敏吾編著　日本加除出版　2014.9　350p　21cm　①978-4-8178-4189-6　Ⓝ365　[3200円]

◇Q&Aよくわかる高齢者への投資勧誘・販売ルール　香月裕爾著　金融財政事情研究会　2014.1　247p　21cm〈きんざい（発売）〉①978-4-322-12430-9　Ⓝ338.58　[2200円]

◇巨大災害時後の高齢者等の避難環境の実態把握及び事前対策の検討　[神戸]　ひょうご震災記念21世紀研究機構　2014.3　38p　30cm〈平成25年度老人保健事業推進費等補助金老人保健健康増進等事業　付属資料：14p：避難所運営ガイドブック〉Ⓝ369.31

◇金融機関役席者のための高齢者応対―相続・事務手続の基本　栗嶋昭好著　きんざい　2014.4　217p　21cm〈文献あり〉①978-4-322-12366-1　Ⓝ338.5　[1900円]

◇金融取引別高齢者トラブル対策Q&A　髙橋恒夫, 岡野正明, 加来輝正著　経済法令研究会　2014.8　227p　21cm　①978-4-7668-2348-6　Ⓝ338.5　[1600円]

◇ケアマネジメントへの高齢者の積極的な参画に関する調査研究事業報告書　日本能率協会総合研究所　2014.3　101p　30cm〈平成25年度老人保健事業推進費等補助金老人保健健康増進等事業〉Ⓝ498.3

◇高齢顧客への投資勧誘ルールブック―「高齢顧客への勧誘による販売に係るガイドライン」がよくわかる　香月裕爾, 細田恵

子監修, 木内清章著　増補版　ビジネス教育出版社　2014.3　47p　26cm　①978-4-8283-0507-3　Ⓝ338.58　[700円]

◇高齢社会の税務　鹿田良美, 田中俊男, 出川洋, 丸田隆英共著　税務経理協会出版局　2014.10　247p　21cm〈文献あり〉①978-4-7931-2085-5　Ⓝ336.98　[2000円]

◇高齢者向け食品市場の将来展望　2013　東京マーケティング本部第一統括部第一部調査・編集　富士経済　2013.5　289p　30cm　①978-4-8349-1618-8　Ⓝ140000(98?)

◇高齢初犯―あなたが突然、犯罪者になる日　NNNドキュメント取材班著　ポプラ社　2014.9　183p　18cm（ポプラ新書 040）①978-4-591-14163-2　Ⓝ368.6　[780円]

◇こんな長寿に誰がした！　ひろさちや著　青春出版社　2014.10　205p　18cm（青春新書PLAY BOOKS P-1025）①978-4-413-21025-6　Ⓝ367.7　[920円]

◇在宅療養患者の栄養状態改善方法に関する調査研究報告書　国立長寿医療研究センター編　大府　国立長寿医療研究センター　2014.3　1冊　30cm〈平成25年度老人保健健康増進等事業〉Ⓝ497.9

◇実家の片付け、介護、相続…親とモメない話し方　保坂隆著　青春出版社　2014.12　188p　18cm（青春新書 INTELLIGENCE PI-439）①978-4-413-04439-4　Ⓝ367.3　[870円]

◇終活難民―あなたは誰に送ってもらえますか　星野哲著　平凡社　2014.2　179p　18cm（平凡社新書 719）〈文献あり〉①978-4-582-85719-1　Ⓝ385.6　[760円]

◇自立死　与芝真彰著　幻冬舎メディアコンサルティング　2013.9　179p　18cm（経営者新書 071）〈幻冬舎（発売）〉①978-4-344-99983-1　Ⓝ367.7　[740円]

◇シルバーファイナンス　川床憲一［著］, 日本福祉大学通信教育部編　美浜町（愛知県）　日本福祉大学　2013.10　98p　26cm〈文献あり　文部科学省認可通信教育〉Ⓝ591

◇超高齢社会の実像―シニアたちはセカンドライフをどう考え、何を求めているのか：調査報告書2014年9月　日本経済新聞社産業地域研究所編集　日本経済新聞社産業地域研究所　2014.9　245p　30cm〈日本経済新聞出版社（発売）〉①978-4-532-63603-6　Ⓝ367.7　[8000円]

◇定年がやってくる―妻の本音と夫の心得　青木るえか著　筑摩書房　2014.4　222p　18cm（ちくま新書 1068）①978-4-480-06762-3　Ⓝ367.3　[760円]

◇毒販流！　ことばで介護　毒蝮三太夫［著］　講談社　2014.4　190p　18cm（講談社＋α新書 655-1A）①978-4-06-272852-2　Ⓝ367.7　[840円]

◇日本のアクティブエイジング―「少子化する高齢社会」の新しい生き方　金子勇著　札幌　北海道大学出版会　2014.8　294, 17p　22cm（北海道大学大学院文学研究科研究叢書 28）〈文献あり　索引あり〉①978-4-8329-6808-0　Ⓝ367.7　[5800円]

◇Mr.古希―第二の人生の参考書：全国公募作品集　第一エージェンシー企画・編集　丸善プラネット　2014.5　319p　19cm〈丸善出版（発売）〉①978-4-86345-214-5　Ⓝ367.7　[1500円]

日本（高齢者―雇用）

◇介護施設の人材育成・仕事・賃金―70歳雇用と生涯現役の仕組みづくり　松田憲二著　産労総合研究所出版部経営書院　2014.8　253p　26cm　①978-4-86326-178-5　Ⓝ369.263　[6400円]

◇高年齢者の多様な働き方事例集　平成25年度　[千葉]　高齢・障害・求職者雇用支援機構　2013.8　157p　30cm〈独立行政法人高齢・障害・求職者雇用支援機構高年齢者ワークシェアリング推進事業〉Ⓝ366.28

◇高齢者雇用問題―日韓比較　労働政策研究・研修機構編　労働政策研究・研修機構　2014.9　97p　30cm（JILPT海外労働情報 2014）〈文献あり　内容：韓国の高齢者雇用（オー・サンボン著）　日本における高齢者雇用及び関連する諸制度の推移と課題（浅尾裕著）　制度主義的観点から見た賃金ピーク制導入過程（ジョン・ドンクァン著）　改正高年齢者雇用安定法の施行に企業はどう対応したのか（荒川創太著）〉Ⓝ366.28

◇生涯現役社会を目指す多様な世代による元気活性化事業―調査報告書　健康・生きがい開発財団　2013.3　1冊　30cm〈厚生労働省平成24年度セーフティネット支援対策事業等事業費補助金（社会福祉推進事業）, 少子高齢化社会向け「好循環型福祉サービス（健康支援プログラム）」の提供に向けた人材育成および標準化システム構築に関する調査・検討事業〉Ⓝ366.28

◇鋳造業高齢者雇用推進の手引き―これからの高齢社会における鋳造業の明るい未来へ　日本鋳造協会鋳造業高齢者雇用推進委員会［編］　日本鋳造協会　2013.10　58p　30cm〈独立行政法人高齢・障害・求職者雇用支援機構委託産業別高齢者雇用推進事業〉Ⓝ566.1

日本（高齢者—統計）

◇70歳雇用先進事例集—「70歳いきいき企業100選（2012年版）」より 2012年版 高齢・障害・求職者雇用支援機構編 高齢・障害・求職者雇用支援機構 2013.1 147p 21cm Ⓝ366.28

◇有期雇用・高年齢者雇用の法律問題 岩本充史監修, 家入美香, 岡村光男著 労働新聞社 2014.3 239p 21cm Ⓘ978-4-89761-498-4 Ⓝ336.4 ［1800円］

◇65歳全員雇用時代の実務Q&A—改正高年齢者雇用安定法への対応：就業規則、労使協定、契約書などの実例付き 片山雅也著 労働調査会 2013.7 127p 21cm Ⓘ978-4-86319-369-7 Ⓝ336.42 ［1000円］

日本（高齢者—統計）

◇高齢社会基礎資料 '14-'15年版 エイジング総合研究センター基礎資料編集委員会編著 中央法規出版 2014.12 409p 27cm〈英語抄訳付〉Ⓘ978-4-8058-5083-1 Ⓝ369.26 ［25000円］

日本（高齢者虐待）

◇高齢者虐待にどう向き合うか—安心づくり安全探しアプローチ開発 副田あけみ編著 瀬谷出版 2013.9 143p 26cm Ⓘ978-4-902381-29-0 Ⓝ369.26 ［2500円］

◇高齢者虐待の実態と防止・対応上の留意点—2013年度「"新"法に基づく対応状況調査」と「高齢者虐待防止に関する研修会」から 仙台 東北福祉会認知症介護研究・研修仙台センター 2014.3 105p 30cm〈平成25年度老人保健事業推進費等補助金（老人保健健康増進等事業）高齢者虐待の要因分析等に関する調査研究事業〉Ⓝ369.26

◇高齢者虐待の要因分析等に関する調査研究事業報告書 仙台 東北福祉会認知症介護研究・研修仙台センター 2014.3 202p 30cm〈老人保健事業推進費等補助金（老人保健健康増進等事業）報告書 平成25年度〉Ⓝ369.26

日本（高齢者専用住宅）

◇新しい高齢者向け賃貸住宅の管理・運営のビジネスモデル—ソフトのアウトソーシングで成功するサービス付き高齢者向け住宅 向井幸一著 にじゅういち出版 2014.9 191p 19cm Ⓘ978-4-904842-15-7 Ⓝ673.99 ［1800円］

◇高齢者向け住まいのニーズ予測と供給効果に関する調査研究（高齢者向け住まいにおける消費者向け取組に関する調査研究事業）報告書［大阪］ 市浦ハウジング＆プランニング 2014.3 158, 40p 30cm〈平成25年度老人保健健康増進等事業〉補助金老人保健健康増進等事業〉Ⓝ369.26

◇サービス付き高齢者向け住宅完全ガイド 日経ヘルスケア編集部企画・編集 改訂版［東京］ 日経BP社 2014.8 279p 28cm〈NHCスタートアップシリーズ〉〈日経BPマーケティング（発売）2014制度改正完全対応〉Ⓘ978-4-8222-3192-7 Ⓝ369.26 ［6800円］

◇サービス付き高齢者向け住宅経営成功の条件 高木礼治著 幻冬舎メディアコンサルティング 2013.10 221p 19cm〈幻冬舎（発売）〉Ⓘ978-4-344-97019-9 Ⓝ369.26 ［1400円］

◇サービス付き高齢者向け住宅事業収支ソフト—ターゲット別 綜合ユニコム 2013.6 76枚 21×30cm〈付属資料：CD-ROM 1枚：事業収支シミュレーションソフト〉Ⓘ978-4-88150-576-2 Ⓝ369.26 ［80000円］

◇「サービス付き高齢者向け住宅」のマーケティング・入居率向上戦略実務集 綜合ユニコム 2014.7 116枚 21×30cm Ⓘ978-4-88150-602-8 Ⓝ369.26 ［80000円］

◇シニアレジデンスデザイン—高齢者住宅の建築・インテリア・グラフィックツール アルファブックス／アルファ企画 2014.7 263p 31cm〈美術出版社（発売）索引あり〉Ⓘ978-4-568-50592-4 Ⓝ526.36 ［13000円］

◇成熟社会居住研究会におけるサービス付き高齢者向け住宅等に関する調査研究—報告書［東京］ 住宅生産団体連合会 2014.3 102p 30cm Ⓝ369.26

◇有料老人ホーム・サービス付き高齢者住宅に関する実態調査研究事業報告書 平成25年度 全国有料老人ホーム協会 2014.3 129p 16, 12欄 30cm〈平成25年度老人保健事業推進費補助金老人保健健康増進等事業〉Ⓝ369.263

日本（高齢者専用住宅—法令）

◇サービス付き高齢者向け住宅の法律Q&A 銀座第一法律事務所編 中央経済社 2014.4 318p 21cm Ⓘ978-4-502-10161-8 Ⓝ365.31 ［3400円］

日本（高齢者福祉）

◇いま、福祉の原点を問う—養老院の子の歩んだ道 中辻直行著 筒井書房 2013.11（第2刷）203p 21cm Ⓘ978-4-86479-028-4 Ⓝ369.26 ［1500円］

◇医療から介護保険まで一貫した生活行為の自立支援に向けたリハビリテーションの効果と質に関する評価研究事業報告書

1 日本作業療法士協会 2014.3 80p 30cm〈平成25年度老人保健健康増進等事業 奥付のタイトル：医療から介護保険まで一貫した生活行為の自立支援に向けたリハビリテーションの効果と質に関する評価研究〉Ⓝ369.26

◇医療から介護保険まで一貫した生活行為の自立支援に向けたリハビリテーションの効果と質に関する評価研究事業報告書 2 生活行為向上マネジメントの質の評価方法の開発と質の向上の在り方検討事業 日本作業療法士協会 2014.3 186p 30cm〈平成25年度老人保健健康増進等事業 奥付のタイトル：医療から介護保険まで一貫した生活行為の自立支援に向けたリハビリテーションの効果と質に関する評価研究〉Ⓝ369.26

◇医療から介護保険まで一貫した生活行為の自立支援に向けたリハビリテーションの効果と質に関する評価研究事業報告書 3 日本作業療法士協会 2014.3 142p 30cm〈平成25年度老人保健健康増進等事業 奥付のタイトル：医療から介護保険まで一貫した生活行為の自立支援に向けたリハビリテーションの効果と質に関する評価研究 内容：生活行為支援モデル事業 資料： 生活行為向上啓発普及テキスト 生活ヒント集「生活のあれこれ」 生活行為向上体操〉Ⓝ369.26

◇オリジナル様式から考えるケアマネジメント実践マニュアル 居宅編 神奈川県介護支援専門員協会編集 3訂 中央法規出版 2014.6 161p 30cm〈年表あり〉Ⓘ978-4-8058-5025-1 Ⓝ369.26 ［2600円］

◇介護サービス情報の公表制度にかかる調査のあり方に関する調査研究事業報告書 名古屋 福祉評価推進事業団 2014.3 147p 30cm〈平成25年度老人保健健康増進等事業〉Ⓝ369.26

◇介護職員の賃金・雇用管理の実態調査と改善方策に関する調査研究事業—報告書 介護労働安定センター 2014.3 97p 30cm〈平成25年度老人保健事業推進費等補助金老人保健健康増進等事業 奥付のタイトル：「介護職員の賃金・雇用管理の実態調査と改善方策に関する調査研究」 報告書〉Ⓝ369.26

◇介護保険、介護サービスの経済的分析に関する調査研究事業報告書 明治安田生活福祉研究所 2014.3 106p 30cm〈文献あり 平成25年度老人保健事業推進費等補助金（老人保健健康増進等事業）〉Ⓝ369.26

◇介護保険事業における事務負担の軽減に関する調査研究事業報告書 三菱UFJリサーチ＆コンサルティング 2014.3 53p 30cm〈平成25年度老人保健事業推進費等補助金老人保健健康増進等事業〉Ⓝ369.26

◇介護ライフスタイルの社会学 春日井典子著 新版 京都 世界思想社 2014.10 264p 19cm（SEKAISHISO SEMINAR）〈文献あり〉Ⓘ978-4-7907-1638-9 Ⓝ369.261 ［2100円］

◇介護労働の現状 平成26年版 介護労働安定センター 2014.11 2冊 30cm（介護労働ガイダンスシリーズ）〈内容：1 介護事業所における労働の現状 2 介護労働者の働く意識と実態〉Ⓝ369.26

◇家族介護者の負担を軽減するための支援方策に関する調査研究事業報告書［東京］ シルバーサービス振興会 2014.3 145p 30cm〈平成25年度老人保健事業推進費等補助金老人保健健康増進等事業 背のタイトル：家庭介護者の負担を軽減するための支援方策に関する調査研究事業〉Ⓝ369.26

◇家族介護者の負担を軽減するための支援方策に関する調査研究事業報告書［東京］ シルバーサービス振興会 2014.3 145p 30cm〈平成25年度老人保健事業推進費等補助金老人保健健康増進等事業〉Ⓝ369.26

◇活力ある高齢社会づくりフィージビリティ・スタディ活動報告書［つくば］ 産業技術総合研究所活力ある高齢社会フィージビリティ・スタディ 2014.8 134p 30cm Ⓝ369.26

◇居住福祉社会へ—「老い」から住まいを考える 早川和男著 岩波書店 2014.7 211p 20cm Ⓘ978-4-00-025986-6 Ⓝ365.3 ［2400円］

◇居宅＆施設ケアプラン立案の方程式 榊原宏昌著 名古屋 日総研出版 2014.7 142p 26cm〈文献あり〉Ⓘ978-4-7760-1719-6 Ⓝ369.26 ［2408円］

◇居宅サービス等における適正化とサービスの質の向上および保険者機能強化のための調査研究事業—報告書 日本総合研究所 2014.3 55p 30cm〈平成25年度老人保健事業推進費等補助金老人保健健康増進等事業〉Ⓝ369.26

◇現代高齢者福祉のすすめ 馬場茂樹, 和田光一編著 第2版 学文社 2014.3 234p 21cm（シリーズ福祉のすすめ 4）〈索引あり〉Ⓘ978-4-7620-2446-7 Ⓝ369.26 ［2400円］

◇高齢化の状況及び高齢社会対策の実施状況 平成25年度／高齢社会対策 平成26年度［東京］［内閣府］［2014］ 119, 31p 30cm〈第186回国会（常会）提出〉Ⓝ369.26

◇高齢者への支援と介護保険制度 大和田猛編 岐阜 みらい 2014.2 255p 26cm〈索引あり 新社会福祉士養成課程対応 内容：少子高齢社会の現状と動向（大和田猛、齋藤修著）高齢者の心身の特性と支援（西尾孝司著） 高齢者福祉制度の発展

日本件名図書目録2014　Ⅰ　　　　　　　　　　　　　　　　　　　　　　　　　　　　　　　日本（高齢者福祉）

過程（尹文九著）　高齢者の生活とニーズ（戸来睦雄著）　高齢者支援をめぐる法制度（原田欣宏著）　介護保険制度の仕組み（土屋昭雄著）　介護保険法の体系（包敏著）　介護保険制度における組織・団体と役割（菊池真弓著）　介護を支援する専門職の役割と連携（工藤英明著）　介護の概念と介護予防（加賀谷真紀著）　認知症ケア（大和田猛著）　エンドオブライフケア（佐々木隆志著）　高齢者虐待と虐待防止に向けた取り組み（大和田猛著）　高齢者への支援の方向と課題（大和田猛著）〉①978-4-86015-288-8　Ⓝ369.26　[2600円]

◇高齢者介護サービス論―過去・現在・未来に向けて　鬼﨑信好著　中央法規出版　2014.4　223p　21cm　〈文献あり　索引あり〉①978-4-8058-5028-2　Ⓝ369.26　[2500円]

◇高齢者居住を中心とした自治体間連携に関する調査報告書　三菱総合研究所人間・生活研究本部　2013.3　120p　30cm　〈平成24年度厚生労働省セーフティネット支援対策等事業費補助金（社会福祉推進事業分）〉Ⓝ369.26

◇高齢者とクルマ―IPC/FIガイド付き　ネオテクノロジー　2013.6　2, 84p　30cm　（技術と特許をつなぐパテントガイドブック）〈折り込 1枚〉Ⓝ537　[80000円]

◇高齢者における歯・口腔の健康と全身の健康の関連に関する医療費分析調査―公益財団法人8020推進財団指定研究事業報告書　宮﨑秀成, 葭原明弘, 岩﨑正則, 佐藤美寿々[著]　[東京]　8020推進財団　2014.3　45p　30cm　〈文献あり〉Ⓝ497.9

◇高齢者に対する支援と介護保険制度　笠原幸子著　京都　ミネルヴァ書房　2014.5　211p　26cm　〈文献あり　索引あり〉「老人福祉論」（2007年刊）の改題, 改訂〉①978-4-623-07020-6　Ⓝ369.26　[2600円]

◇高齢者の外出を支える移動支援機器に関する研究―歩行補助車およびハンドル形電動車いすの使用の現状から課題を探る　安心院朗子著　文化書房博文社　2014.3　298p　21cm　〈文献あり〉①978-4-8301-1255-3　Ⓝ369.26　[2800円]

◇高齢者の体力つくり支援事業報告書　平成24年度　日本レクリエーション協会　2013.3　127p　30cm　〈文部科学省委託〉Ⓝ369.26

◇高齢者の地域生活の利便性を高める取組みに関する調査研究事業報告書　三菱UFJリサーチ＆コンサルティング　2014.3　105p　30cm　〈平成25年度老人保健事業推進費等補助金老人保健健康増進等事業〉Ⓝ369.26

◇高齢者福祉概説　黒田研二, 清水弥生, 佐瀬美恵子編著　第4版　明石書店　2014.4　277p　26cm　〈索引あり〉①978-4-7503-3999-3　Ⓝ369.26　[2500円]

◇高齢者福祉の世界　直井道子, 中野いく子, 和気純子編　補訂版　有斐閣　2014.4　269p　19cm　（有斐閣アルマ）〈索引あり〉①978-4-641-22025-6　Ⓝ369.26　[1800円]

◇米と発電の二毛作―「原発即ゼロ」やればできる：絵空事ではない建築家の答え　福永博建築研究所著　福岡　海鳥社　2014.3　101p　21cm　①978-4-87415-900-2　Ⓝ518.8　[1000円]

◇孤立（死）対策につながる実態把握の仕組みの開発と自治体での試行運用に関わる調査研究事業報告書　[東京]　野村総合研究所　2014.3　133, 2, 2p　30cm　〈平成25年度セーフティネット支援対策等事業費補助金（社会福祉推進事業分）〉Ⓝ369.26

◇災害時要援護者の広域支援体制の検討と基盤づくり　災害福祉広域支援ネットワーク・サンダーバード　2013.3　1冊　30cm　〈平成24年度セーフティネット支援対策等事業費補助金社会福祉推進事業〉Ⓝ369.3

◇在宅・施設リハビリテーションにおける言語聴覚士のための地域言語聴覚療法　森田秋子, 黒羽真美編集　三輪書店　2014.11　182p　26cm　〈索引あり〉①978-4-89590-474-2　Ⓝ369.26　[3600円]

◇在宅生活をめぐる50の物語―福祉用具を使う人たちのふつうのくらし　小島操筆　[東京]　日本工業出版　2013.8　100p　26cm　（工口の知っておきたい小冊子シリーズ）①978-4-8190-2511-9　Ⓝ369.261　[1000円]

◇在宅の高齢者を支える―医療・介護・看取り　東浦町（愛知県）　長寿科学振興財団　2014.3　209p　26cm　（Advances in aging and health research 2013）〈文献あり〉Ⓝ369.261

◇歯科訪問診療はじめの一歩から―保険点数2014年改定対応　前田実男著　日本歯科新聞社　2014.6　159p　21cm　①978-4-931550-34-6　Ⓝ497　[4000円]

◇施設退所後の要介護高齢者が在宅生活を継続するための要因に関する調査研究事業　全国老人保健施設協会　2014.3　46,

5, 68p　30cm　〈平成25年度老人保健事業推進費等補助金老人保健健康増進等事業〉Ⓝ369.261

◇「集合住宅団地における孤立を防止する地域の連携に関する調査研究事業」報告書　仙台　全国コミュニティライフサポートセンター　2014.3　231p　30cm　〈厚生労働省平成25年度セーフティーネット支援対策事業（社会福祉推進事業）〉Ⓝ369.261

◇人生は二幕目がおもしろい―超高齢社会への健康生きがいづくりアドバイザーの挑戦　健康・生きがい開発財団編著　健康・生きがい開発財団　2014.10　165p　21cm　①978-4-9908077-0-2　Ⓝ369.26　[1200円]

◇図解実践介護ビジネスがよくわかる本―介護業界、起業、新規参入法、資金調達法までを網羅　中原登世子著　誠文堂新光社　2014.12　255p　21cm　〈文献あり〉①978-4-416-71419-5　Ⓝ369.26　[1600円]

◇生活支援サービス実態調査報告書　日本総合研究所　2014.3　52p　30cm　〈老人保健事業推進費等補助金老人保健健康増進等事業介護サービス事業者による生活支援サービスの推進に関する調査研究事業報告書　平成25年度〉Ⓝ369.26

◇成熟社会居住研究会におけるサービス付き高齢者向け住宅等に関する調査研究―報告書　[東京]　住宅生産団体連合会　2014.3　102p　30cm　Ⓝ369.26

◇積雪寒冷地における高齢者の居場所づくり　坂倉恵美子編著　ワールドプランニング　2014.5　321p　21cm　〈索引あり　内容：雪国とは（池田貴夫著）　積雪寒冷地での加齢と病気（東出俊之著）　積雪寒冷地の高齢者の身体活動と体力（須田力著）　高齢者の口腔ケア（村松真澄著）　積雪寒冷地域に居住する高齢者の主観的幸福感を規定する要因の検討（坂倉恵美子著）　高齢者の精神健康の維持と回想法（河原田まり子著）　特別豪雪地帯の高齢者の主観的幸福感についての検討（前沢政次著、片山めぐみ, 村松真澄ほか著）　高齢者の除雪（須田力著）　札幌市における積雪凍結路面での転倒に伴う救急搬送の現状と高齢者の意識について（鈴木英樹著）　積雪寒冷地における雪に配慮した住戸配置計画（湯川崇著）　寒冷地における住まいの温熱環境が高齢者の身体に与える影響（斉藤雅也著）　積雪寒冷地の地域医療（前沢政次著）　高齢者医療・福祉の「夕張モデル」と「夕張の都市型コミュニティ」（森田洋之著）　寒冷地における高齢者福祉施設の空間設計（隼田尚彦著）　高齢者のための地域コミュニティ（片山めぐみ著）　都市周縁・近郊における高齢者の居場所づくり（那須聖著）〉①978-4-86351-071-5　Ⓝ369.26　[3500円]

◇全国介護相談活動事例報告会　平成25年度　地域ケア政策ネットワーク介護相談・地域づくり連絡会　2013.11　146p　30cm　Ⓝ369.26

◇全国介護保険担当課長会議資料　26.7.28　厚生労働省老健局[編]　[東京]　東京都社会福祉協議会　[2014]　392p　30cm　〈複製　会期：平成26年7月28日〉①978-4-86353-196-3　Ⓝ364.4　[1500円]

◇全国介護保険担当部（局）長会議資料　25.11.21　厚生労働省老健局[編]　[東京]　東京都社会福祉協議会　[2013]　235p　30cm　①978-4-86353-173-4　Ⓝ364.4　[800円]

◇センサネットワークによる高齢者支援の最前線―IPC/FIガイド付き　ネオテクノロジー　2013.6　2, 100p　30cm　（技術と特許をつなぐパテントガイドブック）〈折り込 1枚〉Ⓝ369.18　[80000円]

◇卒業研究レポート集―板橋グリーンカレッジ大学院・健康福祉コース　平成25年度　板橋区健康生きがい部生きがい推進課高齢者支援係編　あげます板橋グリーンカレッジ　2014.3　77p　30cm　〈奥付のタイトル：板橋グリーンカレッジ大学院健康福祉コース卒業研究レポート集〉Ⓝ369.021

◇誰もが幸せな高齢社会を求めて―高齢者福祉の原点とこれからの道　槻谷和夫編著　あけび書房　2014.5　141p　21cm　〈執筆：池田真理子ほか　内容：社会福祉の原点と「地域密着」の意義（小笠原祐次著）　戦後の社会福祉とこれからを考える（猪股誠司ほか述, 槻谷和夫司会）　必要に応じて必要なサービスを提供（池田真理子述）　神木月の出雲にて槻谷和夫さんを囲んで（清水英夫, 槻谷和夫述）〉①978-4-87154-125-1　Ⓝ369.26　[1600円]

◇地域支援事業の実態及びその効果に関する調査研究事業報告書　[東京]　三菱総合研究所　2014.3　193p　30cm　〈平成25年度老人保健事業推進費等補助金老人保健健康増進等事業〉Ⓝ369.26

◇地域で認知症の人とその家族を支援し、見守る体制を強化するための効果的な支援に関する調査研究事業報告書　地域ケア政策ネットワーク全国キャラバン・メイト連絡協議会[著]　地域ケア政策ネットワーク　2014.3　55p　30cm　〈平成25年度老人保健事業推進費等補助金（老人保健健康増進等事業）〉Ⓝ369.26

◇地域リハビリテーション原論　大田仁史著　Ver.6　医歯薬出版　2014.1　85p　26cm　〈索引あり〉①978-4-263-21436-7　Ⓝ369.26　[1900円]

687

日本（高齢者福祉―統計）　　　　　　　　　　　　　　　　　　　　　　　　　　　　日本件名図書目録2014　I

◇「罪に問われた高齢・障がい者等への切れ目ない支援のための諸制度の構築事業」報告書　南高愛隣会編　雲仙　南高愛隣会　2014.3　162p　30cm〈平成25年度厚生労働省社会福祉推進事業〉Ⓝ369.28

◇低所得高齢者等支援と中山間部高齢者生活支援の連動による支援体系構築事業　［松山］　松山市シルバー人材センター　2013.3　197p　30cm〈平成24年度セーフティーネット支援対策等事業費補助金社会福祉推進事業〉Ⓝ369.26

◇低所得・低資産高齢者の住まいと生活支援のあり方に関する調査研究報告書　高齢者住宅財団　2014.3　123p　30cm〈平成25年度老人保健事業推進費等補助金老人健康増進等事業〉Ⓝ369.26

◇都道府県介護相談員養成研修等事業担当者研修・市町村介護相談員派遣等事業事務局担当者研修　平成25年度　介護相談・地域づくり連絡会　2013.8　111, 58p　30cm〈背のタイトル：介護相談員派遣事業等担当者研修〉Ⓝ369.26

◇納得の老後―日欧在宅ケア探訪　村上紀美子著　岩波書店　2014.6　209,12p　18cm　（岩波新書 新赤版 1489）〈文献あり〉Ⓘ978-4-00-431489-9　Ⓝ369.261　［780円］

◇認知症高齢者等の利用に資するグッズ、日用品等に関する調査研究事業報告書　三菱UFJリサーチ&コンサルティング　2014.3　144, 62p　30cm〈平成25年度老人保健事業推進費等補助金老人保健健康増進等事業〉Ⓝ369.26

◇認知症地域支援推進員研修における効果的な人材育成のあり方と認知症地域支援推進員の活動体制の構築に関する研究報告書　浴風会認知症介護研究・研修東京センター　2014.3　122p　30cm〈平成25年度老人保健事業推進費等補助金老人保健健康増進等事業〉Ⓝ369.26

◇認知症ライフサポート研修テキスト―「認知症ライフサポートモデル」の普及・推進に向けた　認知症ライフサポートモデルを実現するための認知症多職種協働研修における効果的な人材育成のあり方に関する調査研究事業検討委員会編　第2版　［東京］　ニッセイ基礎研究所　2013.10　58p　30cm〈平成25年度老人保健事業推進費等補助金（老人保健健康増進等事業）〉Ⓝ369.26

◇認知症ライフサポートモデルを実現するための認知症多職種協働研修における効果的な人材育成のあり方及び既存研修のあり方に関する調査研究事業報告書　日本能率協会総合研究所　2014.3　109p　30cm〈平成25年度老人保健事業推進費等補助金老人保健健康増進等事業〉Ⓝ369.26

◇認知症ライフサポートモデルを実現するための認知症多職種協働研修における効果的な人材育成のあり方に関する調査研究事業検討委員会報告書　ニッセイ基礎研究所編　［東京］　ニッセイ基礎研究所　2014.3　111p　30cm〈平成25年度老人保健事業推進費等補助金（老人保健健康増進等事業）奥付のタイトル：認知症ライフサポートモデルを実現するための認知症多職種協働研修における効果的な人材育成のあり方に関する調査研究事業〉Ⓝ369.26

◇被疑者・被告人への福祉的支援に関する弁護士・社会福祉士の連携モデル推進事業報告書　日本社会福祉士会　2014.3　62p　30cm〈平成25年度セーフティネット支援対策等事業費補助金社会福祉推進事業〉Ⓝ369.28

◇プロ介護職のサービス　小林由憲著　幻冬舎メディアコンサルティング　2013.9　207p　19cm〈幻冬舎（発売）〉Ⓘ978-4-344-99982-4　Ⓝ369.26　［1200円］

◇「北陸地域における健康・医療・介護・福祉関連産業の実態と将来展望」に関する調査及び研究報告書　北陸産業活性化センター編　金沢　北陸産業活性化センター　2014.3　145p　30cm　Ⓝ369.26

◇まちづくりと地域の自立―高齢者の「できる」と高齢者の「つながる」を求めて：シンポジウム　コミュニティルネッサンス研究所編　福山　コミュニティルネッサンス研究所　2014.3　83p　21cm　会期：2012年3月18日　内容：基調講演　高齢者神話の打破（安川悦子述）パネリスト提案 1　「自分らしさ」を主張しよう（酒井保述）パネリスト提案 2　高齢者と地域福祉活動・ボランティア活動（鳥海洋治述）〉Ⓘ978-4-907964-01-6　Ⓝ369.26　［800円］

◇めざす介護を実現する高齢者住宅・施設の建築デザイン戦略　砂山憲一著　日本医療企画　2014.6　141p　21cm　（介護福祉経営士実行力テキストシリーズ 5）Ⓘ978-4-86439-263-1　Ⓝ369.26　［1800円］

◇よりぬきリハビリ忍法帖　大田仁史著　水戸　茨城新聞社　2014.10　211p　19cm　（いばらきBOOKS 13）Ⓘ978-4-87273-293-1　Ⓝ369.26　［800円］

◇ルポ高齢者ケア―都市の戦略、地方の再生　佐藤幹夫著　筑摩書房　2014.5　254p　18cm　（ちくま新書 1072）Ⓘ978-4-480-06777-7　Ⓝ369.26　［800円］

◇老人福祉論―高齢者に対する支援と介護保険制度　全国社会福祉協議会　2014.2　272p　26cm　（社会福祉学習双書 2014 第3巻）〈文献あり〉Ⓘ978-4-7935-1107-3　Ⓝ369.26　［2400円］

日本（高齢者福祉―統計）

◇高齢社会基礎資料　'14-'15年版　エイジング総合研究センター基礎資料編纂委員会編著　中央法規出版　2014.12　409p　27cm〈英語抄訳付〉Ⓘ978-4-8058-5083-1　Ⓝ369.26　［25000円］

日本（高齢者福祉―特許）

◇高齢者をとりまく技術―IPC/FIガイド付き　ネオテクノロジー　2013.6　3, 96p　30cm　（技術と特許をつなぐパテントガイドブック）〈折り込 1枚〉Ⓝ369.26　［80000円］

◇高齢者介護ビジネスに取り組む全企業―特許データからビジネスチャンスを探る　2014　ネオテクノロジー　2014.1　49, 151p　30cm　Ⓝ369.26　［48000円］

◇高齢者の見守り技術―IPC/FIガイド付き　ネオテクノロジー　2013.2　2, 93p　30cm　（技術と特許をつなぐパテントガイドブック）〈折り込 1枚〉Ⓝ369.26　［80000円］

日本（高齢者福祉―法令）

◇老人福祉関係法令通知集　平成25年版　老人福祉関係法令研究会監修　第一法規　2013.8　1冊　21cm　Ⓘ978-4-474-02906-4　Ⓝ369.26　［6300円］

◇老人福祉関係法令通知集　平成26年版　老人福祉関係法令研究会監修　第一法規　2014.10　1冊　21cm　Ⓘ978-4-474-03333-7　Ⓝ369.26　［6300円］

日本（港湾）

◇貝殻利用技術による港湾水域の環境改善に関する評価報告書　里海づくり研究会議編　［岡山］　里海づくり研究会議　2013.3　112p　30cm　Ⓝ519.4

日本（港湾行政）

◇港湾関係災害事務必携　国土交通省港湾局海岸・防災課監修　平成26年改訂版　日本港湾協会　2014.3　441, 237p　22cm　Ⓝ683.91　［8200円］

◇日本の港湾政策―歴史と背景　黒田勝彦編著、奥田剛章、木俣順共著　成山堂書店　2014.3　262,6p　21cm〈索引あり〉Ⓘ978-4-425-39451-7　Ⓝ683.91　［2500円］

日本（港湾行政―歴史―明治以後）

◇海港の政治史―明治から戦後へ　稲吉晃著　名古屋　名古屋大学出版会　2014.11　374,18p　22cm〈文献あり　年表あり　索引あり〉Ⓘ978-4-8158-0789-4　Ⓝ683.91　［5800円］

日本（港湾法）

◇港湾小六法　平成26年版　国土交通省港湾局監修　東京法令出版　2014.8　1冊　22cm〈索引あり〉Ⓘ978-4-8090-5107-4　Ⓝ683.91　［15000円］

◇港湾六法　平成26年版　国土交通省港湾局監修、海事法令研究会編著　成山堂書店　2014.3　860,15p　22cm　（海事法令シリーズ 5）〈索引あり〉Ⓘ978-4-425-21372-6　Ⓝ683.91　［10000円］

◇日本港湾港則集　平成26年版　その1　法規関係および係船浮標要目　海上保安庁編　海上保安協会　2014.10　784p　26cm〈K3号〉Ⓝ683.91　［10000円］

日本（古瓦）

◇一瓦一説―瓦からみる日本古代史　森郁夫著　京都　淡交社　2014.7　239p　19cm〈文献あり〉Ⓘ978-4-473-03951-4　Ⓝ210.3　［1400円］

◇国分寺物語―諸国国分寺を巡る旅：住田コレクションを中心として：第33回企画展　須田勉監修　［東京］　東日本鉄道文化財団　c2013　55p　30cm〈文献あり　年表あり　会期・会場：2013年12月10日～2014年3月23日　旧新橋停車場鉄道歴史展示室　編集：河野真理子〉Ⓝ185.91

日本（古瓦―目録）

◇前場幸治瓦コレクション資料目録―明治大学博物館所蔵　森本尚子、忽那敬三、山路直充編　明治大学博物館　2014.3　72p　30cm〈文献あり〉Ⓝ751.4

日本（国語教育）

◇国語論集　11　『国語論集』編集委員会編　釧路　北海道教育大学釧路校国語科教育研究室　2014.3　269p　21cm〈文献あり　内容：論文　「釧路市教育課程中学校編」（一九五四）におけることばの教育（本橋幸康著）読書空間を創出する授業試案（花坂歩著）〈裸体をもつてほこる〉詩人（亀井志乃著）　古典

教材研究を進めていくための方策に関する覚え書き(菊野雅之著)　漢字の構造について学生に講ずるに当たっての手順の例(和田敬典著)　教材「かみなりさま談義」考(3)(佐野比呂己著)　アニメーション映画『千と千尋の神隠し』にみられる二重の異郷訪問譚構造について(大喜多紀明著)　童謡「赤い靴」のモデルについて(福地順一著)　学級づくりに作用する協同的な学びの構築(吉光寺勝己著)　大学生が考える教職・教科の独自性について(菅原利晃著)　山上憶良研究(増子優二著)　教材内容と国語学力形成を捉えた小学校国語科授業(程野純貴著)　教師の発話を改善すべきである(渥美清孝著)　メタ認知の観点を踏まえて、読解方略の適切な選択を意識させる授業(峰本義明著)　芥川龍之介の『蜘蛛の糸』について(大喜多紀明著)　学習指導要領からみる小学校における書写の指導(伊藤拓真著)　スーザン・バーレイ『わすれられないおくりもの』作品分析(岩谷美央著)　「伝統的な言語文化」とは何か(柳原綾人著)　江國香織「デューク」テキスト成立をめぐって(天童美耶子, 佐野比呂己著)　柳田国男監修高等学校国語科教科書所収教材の連携的研究　柳田国男監修高等学校国語科教科書所収教材の連携的研究(3)(佐野比呂己著)　教材「大蛇・小蛇」を用いたグループ学習(菅原利晃著)　間テクスト性に着目した学習材開発(花坂歩著)　教材「ろくをさばく」実践に関する考察(太田幸夫著)　『ろくをさばく』授業実践報告(井口貴美子著)　授業「ろくをさばく」実践と考察に(谷口守著)　文章構成に着目させる単元の提案(大村勅夫著)　栃内吉彦「浅春随筆」と小島烏水『日本山水論』(菅原利晃著)〉Ⓝ375.8

日本(国語・国字問題)

◇日本語で生きる幸福　平川祐弘著　河出書房新社　2014.11　285p　18cm〈「日本語は生きのびるか」(2010年刊)の改題、改稿、新装版〉①978-4-309-02335-9　Ⓝ810.9　[780円]

日本(国語・国字問題―世論)

◇国語に関する世論調査　平成25年度　コミュニケーション・読書・言葉遣い　文化庁文化部国語課[著]　ぎょうせい　2014.9　241p　30cm　(世論調査報告書)〈平成26年3月調査〉①978-4-324-09910-0　Ⓝ810.9　[3600円]

◇国語に関する世論調査　平成25年度　平成26年3月調査　文化庁文化部国語課　2014.9　241p　30cm　(世論調査報告書)　Ⓝ810.9

日本(国債)

◇国の借金と公的医療・介護保険財政　[東京]　日医総研　2014.10　67p　30cm　(日本医師会総合政策研究機構ワーキングペーパー　no. 326)〈文献あり〉Ⓝ364.4

◇国債パニック―ゲーム理論で破綻時期を警告！　逢沢明著　かんき出版　2014.9　271p　19cm　①978-4-7612-7029-2　Ⓝ347.21　[1500円]

◇国債暴落サバイバル読本　浅井隆著　第二海援隊　2014.6　298p　20cm〈文献あり〉①978-4-86335-154-7　Ⓝ342.1　[1800円]

◇国債物語誰が日本の借金を一〇〇〇兆円にしたのか？―果たして日本は財政破綻するのかしないのか？　川口文武著　[東京]　東京図書出版　2014.12　204p　18cm　(TTS新書)〈リフレ出版(発売)〉①978-4-86223-825-2　Ⓝ347.21　[800円]

◇国債リスク―金利が上昇するとき　森田長太郎著　東洋経済新報社　2014.2　249p　19cm　①978-4-492-73309-7　Ⓝ338.154　[1600円]

日本(国際金融―法令)

◇外国為替・貿易小六法　平成26年版 別冊　協定・国際金融関係編　外国為替研究協会編　外国為替研究協会(発売)　2014.11　1505p　21cm　①978-4-905637-32-5　Ⓝ338.95　[8300円]

日本(国際航空)

◇国際トランジットの実態に関する資料集　井上岳, 小野正博[著]　[横須賀]　国土技術政策総合研究所　2014.3　4, 45p　30cm　(国土技術政策総合研究所資料 第785号)　Ⓝ687.21

日本(国際私法)

◇ケースで学ぶ国際私法　野村美明編著　第2版　京都　法律文化社　2014.11　270p　21cm〈文献あり 索引あり〉①978-4-589-03638-4　Ⓝ329.8　[3200円]

◇国際的な子の奪取の民事上の側面に関する条約の実施に関する法律執務資料　[東京]　最高裁判所事務総局　2014.9　506p　21cm　(家庭裁判資料 第198号)　Ⓝ329.846

◇国際的な子の奪取の民事上の側面に関する条約の実施に関する法律執務資料　最高裁判所事務総局家庭局監修　法曹会　2014.11　488p　21cm　(家庭裁判資料 第198号)〈文献あり〉①978-4-908108-07-5　Ⓝ329.846　[6435円]

◇執行官のための解放実施事務に関する執務資料　[東京]　最高裁判所事務総局　2014.6　199p　21cm　(民事裁判資料 第253号)　Ⓝ329.846

日本(国際私法―判例)

◇判例先例渉外親族法　大塚正之著　日本加除出版　2014.8　853p　22cm〈索引あり〉①978-4-8178-4179-7　Ⓝ324.6　[9800円]

日本(国際投資)

◇石川県貿易・海外投資活動実態調査報告書　2013年　[金沢]　石川県　2014.3　102p　30cm〈共同刊行：ジェトロ金沢〉Ⓝ678.21

◇海外市場に挑戦する中小サービス産業　日本政策金融公庫総合研究所編　文一総合出版　2014.7　201p　21cm〈文献あり　内容：中小サービス産業の国際化戦略(竹内英二著)　中小サービス産業における外国人観光客の受け入れ(竹内英二, 太田智之著)　越境ECの可能性とリスク(竹内英二, 太田智之著)　中小サービス産業による海外直接投資の現状(竹内英二著)　インバウンド観光推進の意義と今後の取り組み(守屋邦彦著)〉①978-4-8299-7703-3　Ⓝ673.9　[2300円]

◇海外進出企業の資金・為替管理Q&A―調達から投資・回収・還元まで　佐和周著　中央経済社　2014.1　283p　21cm〈文献あり〉①978-4-502-08520-8　Ⓝ336.82　[3400円]

◇海外ビジネスにジェトロをこう使え　日本貿易振興機構/企画部国内事務所運営課　2014.3　56p　30cm　(ジェトロ活用事例集 2014年版)　Ⓝ338.92

◇介護サービス事業者の海外進出に関する調査研究事業報告書　みずほ情報総研社会政策コンサルティング部　2014.3　126p　30cm〈平成25年度老人保健事業推進費等補助金老人保健健康増進等事業〉Ⓝ369.14

◇グローバル化と食品企業行動　下渡敏治, 小林弘明編集担当　農林統計出版　2014.8　211p　22cm　(フードシステム学叢書 第3巻)〈内容：グローバル化の下での食品企業の課題と本書の構成(下渡敏治, 小林弘明著)　オープン・リージョナリズムと国際分業の新展開(下渡敏治著)　食品産業の産業内貿易の理論と現実(金田憲和著)　食品企業の海外立地選択行動(阿久根優子著)　フードシステムの成長とアジア経済(株田文博, 吉田泰治著)　わが国フードシステムをめぐる経済環境(小林弘明著)　食料品開発輸入の転換期(菊地昌弥著)　中国における日系食品企業のパートナーシップ形成(名取雅彦著)　アジアにおける日系流通企業の展開と課題(横井のり枝著)　グローバル化時代の食文化と日本食の海外進出(五明紀春, 下渡敏治著)　日系食品企業のASEAN〈GMS〉への直接投資とその戦略(下渡敏治著)　米国の食品市場と日系食品企業の市場行動(大石敦志著)　ブラジル・セラード開発を起点とした日系アグリビジネスの展開(溝辺哲男著)　海外即席麺市場における特許出願動向とイノベーション(木島実著)　機能性食品の市場・政策の動向と製造企業の海外進出(井上荘太朗, 後藤一寿著)〉①978-4-89732-302-2　Ⓝ588.09　[3000円]

◇現代中小企業の海外事業展開―グローバル戦略と地域経済の活性化　佐竹隆幸編著　京都　ミネルヴァ書房　2014.4　223p　22cm　(MINERVA現代経営学叢書 50)〈索引あり　内容：戦後日本経済の産業構造の変遷と経済のグローバル化(佐竹隆幸著)　日本の中小企業による海外事業展開の課題(山口隆英著)　日本企業の国際化とマーケティング課題(太田一樹著)　日本企業の現地における人材育成・人材確保(梅村仁著)　中小企業における海外直接投資の課題(藤川健著)　韓国・台湾液晶メーカーの後発逆転戦略(長野寛之著)　中小企業の海外事業展開とイノベーション(山下紗矢佳著)　地域中小企業における海外事業展開の支援(中村嘉雄著)　事例研究：中小企業・海外展開のスタートと成熟(中沢孝夫著)　中小企業の海外事業展開の再検討(佐竹隆幸著)〉①978-4-623-07059-6　Ⓝ338.92　[3500円]

◇県内企業海外展開実態・意向等調査報告書　平成25年度　[大津]　滋賀県商工観光労働部商工政策課　2014.2　93p　30cm〈調査委託先：帝国データバンク〉Ⓝ338.92

◇中小サービス産業における海外展開の実態と課題　中小企業基盤整備機構経営支援情報センター　2014.3　84p　30cm　(中小機構調査研究報告書 第6巻 第5号)〈文献あり〉Ⓝ673.9

◇徳島県貿易・国際事業実態調査報告書　平成25年度　日本貿易振興機構徳島貿易情報センター編　徳島　徳島県商工労働部観光国際局国際戦略課グローバル戦略室　2014.1　73p　30cm　Ⓝ678.21

◇栃木県国際経済交流調査報告書　平成25年度　宇都宮　栃木県産業労働観光部国際課経済・交流担当　2014.5　29p　30cm　Ⓝ672.132

◇日本企業の海外事業展開に関するアンケート調査―ジェトロ海外ビジネス調査　2013年度　[東京]　日本貿易振興機構海外調査部国際経済研究課　2014.3　84p　30cm　Ⓝ335.21

日本（国際投資―アジア）

◇日本の「雇用をつくる」人材の確保・育成手法の開発に向けて
の調査・研究事業報告書　［浦安］　東レ経営研究所　2014.3
303p　30cm　〈厚生労働省委託調査研究事業〉　Ⓝ336.4
◇フードバリューチェーン構築支援のための農林水産・食品産業
の海外進出状況調査報告書　平成26年度　［東京］　国際開発
センター　2014.9　1冊　30cm　〈農林水産省委託〉　Ⓝ588.09

日本（国際投資―アジア）
◇アジアへ進出する中堅・中小企業の"失敗しない"人材活用術
島森俊央, 吉岡利之著　日本生産性本部生産性労働情報セン
ター　2014.12　173p　21cm　〈文献あり〉Ⓘ978-4-88372-
485-7　Ⓝ336.4　［1500円］
◇アジア進出ハンドブック　三菱東京UFJ銀行国際業務部著
新版　東洋経済新報社　2014.9　318p　21cm　Ⓘ978-4-492-
44408-5　Ⓝ338.922　［2400円］
◇海外進出支援実務必携　金融財政事情研究会編　金融財政事
情研究会　2014.1　1003p　22cm　〈きんざい（発売）　索引あ
り〉Ⓘ978-4-322-12383-8　Ⓝ338.922　［8000円］
◇海外戦略ワークブック―「アジア・新興国」進出を成功させる
河瀬誠著　日本実業出版社　2014.11　220p　21cm　〈文献あ
り〉Ⓘ978-4-534-05230-8　Ⓝ338.922　［2500円］
◇海外で働こう―世界へ飛び出した日本のビジネスパーソン
挑戦篇　25人のアブローダーズ　西澤亮一著　幻冬舎　2014.
3　276p　19cm　〈内容：日本人だからこそできるビジネスの
やり方がある（原丈人述）　世界から「外貨」と「誇り」の両方
を手に入れたい（小渕宏二述）　アジアで自分たちが提供でき
る価値を見極めたい（米山久述）　日本と台湾の架け橋になる。
それが私の使命（阪根嘉苗述）　国境の壁は, 思っているほど
高くも険しくもない（佐野健一述）　アジアはもはや海外にあ
らず（河野貴輝述）　日本企業からの強みを意識しながら,
アジアで戦う（間下直晃述）　アジアなら, ベンチャー企業も
一国の発展に寄与できる（河端伸一郎述）　縮小する国内市場
への強い危機感が自然と海外に向かわせた（高橋良太述）　世
界に出る理由は「そこにお客様がいるから」（谷孝大述）　日本
を出たときこそ, 日本人のアイデンティティーを忘れない（佐
久間将司述）　海外でこそ, 強い信念を持って自分の足で動く
（坂本幸蔵述）　海外への挑戦を助けるために自分たち自身が
まず挑戦する（秋山勝述）　世界を相手に, 人のやっていない
ことをやりたい（柴崎洋平述）　社会性の高いビジネスは, 世
界でも受け入れられる（東俊輔述）　フィリピンは女性が活き
活きと働ける国（寺田未来述）　日本人にとって最大の弱点
「英語」の克服に貢献したい（千葉栄一述）　アジアのITマー
ケットを目指すインドネシアに商機あり！（桃井純述）　これ
からのアジアにはバランス型リーダーが必要（榎原良樹述）
日本人らしさが, 日本人の付加価値となる（小椋啓太述）　市
場が変われば, 本社の所在地も変わるべき（木島洋嗣述）　人
との出会いから生まれるビジネスは楽しい（黒川治郎述）　海
外にいる日本人は日本人に対してとても優しい（野中遼述）
現地スタッフとのコミュニケーションは対日本人以上に密接
に（中島奉文述）　海外でのオフィス賃料はその国でビジネス
を始める"入学金"（玄君先述）　途中でやめなかったからこそ,
今がある（小田原靖述）〉Ⓘ978-4-344-02556-1　Ⓝ332.8
［1200円］
◇海外メーカー開拓に取り組む中小企業の現状と課題―アジア
新興国で欧米系・地場メーカーとの取引を実現した中小自動
車部品サプライヤーのケーススタディ　日本政策金融公庫総
合研究所　2014.9　113p　30cm　（日本公庫総研レポート
no. 2014-3）Ⓝ537.1
◇激動するアジアを往く―中国リスクの分散先を求めて：京都大
学東アジア経済研究センター協力会　社団法人大阪能率協会ア
ジア・中国事業支援室　桜美林大学北東アジア総合研究所連携
京都大学東アジア経済研究センター協力会, 大阪能率協会アジ
ア・中国事業支援室共編，大森經德, 板東慧, 小島正憲, 川西重
忠編著　相模原　桜美林大学北東アジア総合研究所　2013.3
451p　21cm　（北東アジア研究叢書）　〈内容：激動するアジ
アを往く（大森經德執筆）　ASEAN共同市場からアジア共同体
をめざして（板東慧執筆）　中国の近代化とアジア近隣諸国へ
の影響（川西重忠執筆）　新しい局面を迎えた東南アジア経済
（小林路義執筆）　アジアに「中国の奇跡」の再現はない（小島
正憲執筆）　ミャンマーの変化と日本の対応（津守滋執筆）
バングラデシュの投資環境（堀口松城執筆）　インド経済の展
開：その光と影（岡本幸治執筆）　ロシアにとっての中国リス
ク（木村汎執筆）　ベトナム中部高原における少数民族問題の
現状について（大西広執筆）　インドネシア自動車市場の現状
と今後の展望（塩地洋執筆）　拡大する中国リスクと背後にあ
る内部矛盾（板東慧執筆）　中国経済の変遷（福喜多俊夫執
筆）　中国とミャンマー・バングラデシュ（喜多忠文執筆）
友好と中国リスク（橋本裕夫執筆）　重慶モデルと薄熙来的政

治経済手法（瀬野清水執筆）　日本からの提言（大森經德執筆）
中国リスクをどう分散させるか〈タイの場合〉（樫山映執筆）
当社におけるタイ進出決定の背景（米田芳弘執筆）　ミャン
マーの投資環境と日系企業進出動向（高原正樹執筆）　分水嶺
を越えたミャンマー（寺井融執筆）　ミャンマーについて思う
こと（前川明貴生執筆）　陸の道, 海の道　地政学上の戦略地域"ミャ
ンマー"（森村龍友執筆）　バングラデシュのビジネス環境（二
宮信執筆）　熱く燃える黄金のバングラー（里見駿介執筆）
バングラデシュ訪問記（畑畑精記執筆）　グラミン銀行訪問記
録（伊藤彰一執筆）　カンボジア（今村裕二執筆）　親日国ベト
ナムの躍進（松村直治執筆）　目まぐるしく変動するアジア経
済の中でのベトナム（藤井孝男執筆）　急速な発展を見せるイ
ンドネシアでのビジネスチャンス（木下一執筆）　マレーシア
（國分圭介執筆）　「ASEANのハブ」シンガポール（國彰執筆）
フィリピン　アジアで台頭（河合靖彦執筆）　ラオスの経済環
境（喜多忠文執筆）　激動するアジアを往く―「香港」（伊東正
裕執筆）　台湾の投資環境（北嶋敬司執筆）　日中韓トライア
ングルからみた韓国の投資環境（藤井裕之, 吉田米次郎執筆）
ロシア極東最新ビジネス事情（安木新一郎執筆）　王政廃止以
後のネパールの政治情勢（戸澤健次執筆）　スリランカ国へ日
本企業は進出可能か（日下大器, 日下淑子執筆）〉Ⓘ978-4-
904794-29-6　Ⓝ338.922　［2000円］
◇国際競争力の源泉としての物流・流通システム―アジアにおけ
るイノベーションの創出に向けて：第105回シンポジウム　21
世紀政策研究所編　21世紀政策研究所　2014.10
71p　18cm　（21世紀政策研究所新書 42）Ⓝ675.4
◇在アジア・オセアニア日系企業実態調査　2013年度調査　［東
京］　日本貿易振興機構海外調査部アジア大洋州課　2013.12
56, 55欄　30cm　〈共同刊行：日本貿易振興機構海外調査部中
国北アジア課〉Ⓝ338.922
◇実態調査で見た中堅・中小企業のアジア進出戦略「光と陰」
安積敏政著　日刊工業新聞社　2014.8　384p　21cm　〈文献あ
り　索引あり〉Ⓘ978-4-526-07291-8　Ⓝ338.922　［3000円］
◇世界から嫌われる中国と韓国感謝される日本　宮崎正弘著
徳間書店　2014.1　263p　18cm　（徳間ポケット 023）
Ⓘ978-4-19-863738-5　Ⓝ338.922　［950円］
◇大資産家になるためのアジア副業マニュアル―100万円から実
現できる人生改革　澤木恒則著　PHP研究所　2014.2　243p
18cm　（PHPビジネス新書 310）Ⓘ978-4-569-81723-1
Ⓝ338.922　［840円］
◇タイ大洪水から見るアジアのサプライチェーン　大阪　アジ
ア太平洋研究所　2013.5　86p　30cm　（アジア太平洋研究所
資料 13-11）　〈文献あり〉Ⓘ978-4-87769-656-6　Ⓝ338.922
◇日本企業のアジア進出総覧　2014　重化学工業通信社編　重
化学工業通信社　2014.6　686p　26cm　〈索引あり〉Ⓘ978-4-
88053-154-0　Ⓝ338.922　［13000円］
◇日本企業のアジア・マーケティング戦略　マーケティング史
研究会編　同文舘出版　2014.4　200p　21cm　（マーケティ
ング史研究会実践史シリーズ 7）〈索引あり〉Ⓘ978-4-495-
64671-4　Ⓝ675　［2500円］
◇3つのステージで考えるアジア事業投資とコンプライアンス戦
略　ベーカー&マッケンジー法律事務所（外国法共同事業）編
中央経済社　2014.1　280p　21cm　Ⓘ978-4-502-08770-7
Ⓝ338.922　［3400円］
◇我が国循環産業の戦略的国際展開・育成のための事業管理・支
援業務報告書　平成25年度　［東京］　三菱総合研究所環境・
エネルギー研究本部　2014.3　3, 118p　30cm　Ⓝ519.7
◇我が国循環産業の戦略的国際展開・育成のための調査・分析業
務報告書　平成25年度　［東京］　三菱総合研究所環境・エネ
ルギー研究本部　2014.3　4, 98p　30cm　〈文献あり〉Ⓝ519.7

日本（国際投資―アジア―論文集）
◇アジア大の分業構造と中小企業　同友館　2014.7　290p
21cm　（日本中小企業学会論集 33）〈内容：中国企業, 中国
市場といかに関わるか（駒形哲哉著）　直接投資と工業化と
集積関連携（渋井康弘著）　直接投資と工業化・中小企業形成
（前田啓一著）　"早すぎる登用"と"実力に応じた登用"（林尚
志著）　オープン・イノベーションを活用した中小企業のコン
バージョンEV事業参入（佐伯靖雄著）　バーチャルバイオベン
チャーのオプションゲーム分析（藤原孝男著）　航空機サプラ
イヤー・システムの創出と参入支援事業（田野穂著）　地域に
おける中小企業支援体制の構築（近藤健一, 村嘉雄著）　地域
経営における地場産業の役割（佐々木純一郎著）　デザインと
起業による地域産業の活性化（許伸江著）　温州中小企業と温
州民間信用危機（姜紅祥, 辻田素子, 西口敏宏著）　中小工業に
おける規模別格差について（町田光弘著）　金型産業の技術競
争力の再考（藤川健著）　中小企業の海外直接投資が国内事業
に影響を及ぼすメカニズム（森岡功著）　海外展開しない中
小製造業に関する実証研究（森岡功著）　海外事業と国内事業
の両立可能性（山藤竜太郎著）　商店街活性化支援と地域振興

の考察(石澤雄一郎著) 経営改善及び事業再生時の中小企業及び個人事業者の課題(村山賢誌著) 中小企業の創業とアントレプレナー・起業家教育(川名和美著) 中小製造業のグローバル化に関する考察(長谷川英伸著) 受注生産型中小メーカーの非代替要素と持続的競争優位に関する研究(光山博敏著) アジア大の分業構造における愛知・日本の中小自動車部品メーカーの意義と役割(田中武憲著) 観光地間と観光地内の競争と協力(伊藤薫著) 中小企業運動の新たな課題(池内秀樹著) 中小企業におけるイノベーション創出と組織能力(文能照之,井戸田博樹,辻正次著) 小規模ファミリービジネスにおける事業承継(中島章子著) 中小サービス業のITプラットフォーム活用に関する考察(溝下博著)〉 ①978-4-496-05068-8 Ⓝ338.922 [2800円]

日本(国際投資―アブダビ)
◇トルコ・ドバイ・アブダビの投資・M&A・会社法・会計税務・労務 久野康成公認会計士事務所,東京コンサルティングファーム著,久野康成監修 [東京] TCG出版 2014.11 467p 21cm (海外直接投資の実務シリーズ)〈出版文化社(発売)索引あり〉①978-4-88338-534-8 Ⓝ338.92274 [4500円]

日本(国際投資―イスラム圏)
◇イスラーム圏ビジネスの法と実務 イスラムビジネス法研究会,西村あさひ法律事務所編著 経済産業調査会 2014.7 400p 21cm〈年表あり 索引あり〉内容:サウジアラビア・クウェートとのビジネス体験(小長啓一著) シャリーアに基づく禁忌・禁止の法社会学的考察(片倉邦雄著) 中東の地殻変動と日本外交(向賢一郎著) イスラーム法はいかにして経済的自由を支えるのか(奥田敦著) グローバル市場経済の精神とイスラームの経済倫理(奥田敦著) イスラーム契約法の基礎(柳橋博之著) イスラーム法における契約の履行確保について(柳橋博之著) 現代世界におけるイスラーム経済の再興(長岡慎介著) 現代イスラーム経済論の新潮流(長岡慎介著) ビジネスとイスラーム法(富岡幸喜著) サウジアラビアの法制度(富岡幸喜著) サウジアラビアの法律・司法制度(田中民之著) アラブ首長国連邦(UAE)の法制度(川上嘉彦,五十嵐チカ著) グローバル・イスラーム金融市場の俯瞰(吉田悦章著) イスラーム金融のスキーム紹介(斎藤創著) イスラーム金融実務におけるシャリーア審査(吉田悦章著) サウジアラビアにおけるイスラーム銀行の展開とその課題(福田安志著) イスラーム金融はなぜ広がるか(武藤幸治著) サウジアラビア投資環境(小野傑,松下由英著) オマーン会社法上の実務(石田康平著) マレーシアにおけるハラール認証制度とハラール食品産業(福島康博著) 革命後のイラン(鈴木均著)〉①978-4-8065-2937-8 Ⓝ338.9227 [3800円]
◇決定版「ハラル」ビジネス入門 アクマル・アブ・ハッサン,恵島良太郎著 幻冬舎ルネッサンス 2014.9 210p 19cm ①978-4-7790-1088-0 Ⓝ338.9227 [1500円]
◇ハラル認証取得ガイドブック―16億人のイスラム市場を目指せ! 森下翠恵,武井泉著 東洋経済新報社 2014.3 196p 21cm〈文献あり〉①978-4-492-53342-0 Ⓝ588.09 [2200円]

日本(国際投資―インド)
◇インドでつくる! 売る!―先行企業に学ぶ開発・生産・マーケティングの現地化戦略 須貝信一著 実業之日本社 2014.3 223p 19cm ①978-4-408-11041-7 Ⓝ338.9225 [1600円]
◇インド法務ハンドブック 谷友輔,岩井久美子,金子広行著 中央経済社 2014.10 272p 21cm〈文献あり 索引あり〉①978-4-502-11901-9 Ⓝ338.9225 [3200円]

日本(国際投資―インド〔南部〕)
◇インド・ビジネスは南部から―知られざる南インドの魅力 藤井真也著 ジェトロ 2014.11 124p 21cm ①978-4-8224-1143-5 Ⓝ338.92256 [1500円]

日本(国際投資―インドネシア)
◇インドネシア投資・進出ガイド 内藤智之著 中央経済社 2014.10 191p 21cm〈文献あり〉①978-4-502-11591-2 Ⓝ338.9224 [2400円]
◇インドネシアの投資・M&A・会社法・会計税務・労務 久野康成公認会計士事務所,東京コンサルティングファーム著,久野康成監修 [東京] TCG出版 2014.9 444p 21cm (海外直接投資の実務シリーズ)〈出版文化社(発売)索引あり〉①978-4-88338-531-7 Ⓝ338.9224 [3600円]

日本(国際投資―エチオピア)
◇日本食・食産業の海外市場の新規開拓支援検討調査事業成果報告書 平成25年度 [東京] 三菱総合研究所 2014.3 132p 30cm〈農林水産省委託事業〉Ⓝ588.09

日本(国際投資―カンボジア)
◇カンボジア進出・展開・撤退の実務―投資・労働法務、会計税務 夏山宗平,芝清隆,藪本雄登著 同文舘出版 2014.3 240p 21cm〈索引あり〉①978-4-495-19951-7 Ⓝ338.92235 [2800円]
◇カンボジアで事業を興す―ビジネス渡航・視察・進出・投資Q&A 藪本雄登法務監修,Watch! CLMB編集部編集 キョーハンブックス 2014.6 159p 21cm ①978-4-87641-799-5 Ⓝ338.92235 [1600円]

日本(国際投資―北アメリカ)
◇米国・カナダ進出日系企業実態調査 2013年度 [東京] 日本貿易振興機構海外調査部北米課 2014.1 133p 30cm Ⓝ338.925 [非売品]

日本(国際投資―コートジボワール)
◇日本食・食産業の海外市場の新規開拓支援検討調査事業成果報告書 平成25年度 三菱総合研究所 2014.3 132p 30cm〈農林水産省委託事業〉Ⓝ588.09

日本(国際投資―シンガポール)
◇シンガポール進出企業の実務ガイド 少徳健一監修,SCS Global編,南里健太郎,中瀬和正著 中央経済社 2014.3 227p 21cm ①978-4-502-07780-7 Ⓝ338.922399 [3200円]
◇シンガポール・香港地域統括会社の設立と活用 久野康成公認会計士事務所,東京コンサルティングファーム著,久野康成監修 [東京] TCG出版 2014.3 453p 21cm (海外直接投資の実務シリーズ)〈出版文化社(発売)索引あり〉①978-4-88338-535-5 Ⓝ338.922399 [3200円]
◇日本企業のためのシンガポール進出戦略ガイドQ&A 久保光太郎,山中政人編著 中央経済社 2014.12 268p 21cm〈索引あり〉①978-4-502-11931-6 Ⓝ338.922399 [3200円]

日本(国際投資―台湾)
◇台湾ビジネス法務の基本がよ～くわかる本―台湾ビジネスの実際から司法制度まで完全図解 遠藤誠,紀鈞涵著 秀和システム 2014.3 271p 21cm (How-nual図解入門)〈索引あり〉①978-4-7980-4060-8 Ⓝ338.92224 [1600円]
◇わかる!!台湾ビジネスQ&A―専門家による台湾ビジネス解説書 PricewaterhouseCoopers Taiwan著,渡邉信孝[著],奥田健士[編集責任] 改訂版 メディアパル 2014.6 509p 22cm〈索引あり〉①978-4-89610-822-4 Ⓝ338.92224 [4800円]

日本(国際投資―中国)
◇Q&Aによる中国子会社の不正リスク管理と現地化の為の人事制度及び内部監査の留意点―コンサルタントによるコンサルタント選定の為の注意点解説 齊藤和昇著 大阪 パレード 2014.7 301p 19cm (Parade Books)〈星雲社(発売)〉①978-4-434-19535-8 Ⓝ338.9222 [2500円]
◇チャイナリスク・チャイナドリーム―日本人だから、中国で勝てる! 伊藤嘉基著 同友館 2014.1 318p 21cm ①978-4-496-04992-7 Ⓝ338.9222 [2200円]
◇中国改革の深化と日本企業の事業展開 真家陽一編著 ジェトロ 2014.6 261p 21cm〈内容:三中全会「決定」のインパクト(真家陽一著) 改革路線を継続する習近平政権(宗金建志著) 中国経済:成長減速と構造変化(朱炎著) 中国経済の中長期の注目点(齋藤尚登著) 中国の環境問題の現状とビジネスの可能性(方越著) 第12次5カ年規画とPM2.5問題で加速する中国の大気汚染対策(堀井伸浩著) 中国における高齢者向けサービスの現状と今後の可能性(藤本勝喜著) 遼寧省〈瀋陽市、大連市〉における高齢産業の現状(岡野陽二,呉楽梅著) 転換期にある中国の流通産業(神谷渉著) 流通段階の商習慣が中小企業と消費市場に与える影響(森路未央著) 「モノのインターネット(物聯網)」の可能性と日系企業の参入機会(小宮昇平著) 事業戦略の再構築期を迎えている中国進出日系企業(日向裕弥著) 中国の事業環境に対する米国・EU企業の見方(河野円洋著) 減少が続く中国の対日輸入(清水顕司著) 中小企業における海外直接投資の効果(藤井辰紀著) 中国市場からの撤退(丹下英明著) 中国人の「発展空間」と日系企業の人事課題(中村天江著) 中国最大の製造業"フォックスコン"のEMS事業(中川威雄著)〉①978-4-8224-1136-7 Ⓝ332.22 [2500円]
◇中国市場開拓に挑む中小企業 2013年度 [東京] 日本貿易振興機構海外調査部 2014.3 100p 30cm〈タイトル関連情報:中国バイヤーが求める日本製品とは 共同刊行:日本貿易振興機構生活文化・サービス産業部〉Ⓝ338.9222 [非売品]
◇中国13億人を相手に商売する方法―「カネ」ではなく「チエ」で勝負する 江口征男[著] ディスカヴァー・トゥエンティワン 2014.4 287p 19cm ①978-4-7993-1478-4 Ⓝ338.9222 [1500円]
◇中国で会社をつくったら、ひどい目に遭いました 高杉裕二著 彩図社 2014.5 191p 15cm ①978-4-88392-974-0 Ⓝ338.9222 [590円]

日本（国際投資―中国―名簿）

◇中国に進出している中小物流事業者の実態に関する調査研究 久保麻紀子, 熊坂祐一, 加藤賢, 渡邊裕樹［著］ 国土交通省国土交通政策研究所 2013.7 104, 45p 30cm （国土交通政策研究 第108号） Ⓝ681.6

◇中国ビジネス法体系―部門別・場面別 藤本豪志 日本評論社 2014.10 632p 21cm〈索引あり〉 Ⓘ978-4-535-52071-4 Ⓝ333.09 ［4900円］

◇中国法実務教本―進出から撤退まで 大江橋法律事務所中国プラクティスグループ編 商事法務 2014.3 559p 21cm〈索引あり〉 Ⓘ978-4-7857-2148-0 Ⓝ338.9222 ［4400円］

◇中部地域企業の中国展開と現地化調査報告書―自動車関連産業を中心として 阿部聖, 樋口義治, 森久男編著 豊橋 愛知大学中部地方産業研究所 2014.3 139p 26cm （愛大中産研研究報告 第67号）〈背のタイトル：中部地域企業の中国展開と現地化〉 Ⓘ978-4-901786-32-4 Ⓝ338.9222

◇邦銀のアジア展開―メガバンク・地域銀行と中国の金融規制 大阪 アジア太平洋研究所 2013.5 7, 41p 30cm （アジア太平洋研究所資料 13-9）〈年表あり〉 Ⓘ978-4-87769-352-7 Ⓝ338.21

日本（国際投資―中国―名簿）

◇中国物流進出企業リスト 2013年版 名古屋 東海日中貿易センター 2013.5 83p 30cm Ⓝ681.6 ［1500円］

◇日系企業自動車関連中国進出企業リスト 2013年版 名古屋 東海日中貿易センター 2013.6 212p 30cm Ⓝ537.09 ［6500円］

日本（国際投資―中国―歴史―明治時代）

◇三菱合資会社の東アジア海外支店―漢口・上海・香港 畠山秀樹著 茨木 追手門学院大学出版会 2014.2 227p 22cm〈丸善出版（発売） 索引あり 内容：三菱合資会社東アジア海外支店の開設過程 三菱合資会社漢口支店の事業展開 三菱合資会社上海支店の事業展開 三菱合資会社香港支店の事業展開〉 Ⓘ978-4-907574-00-0 Ⓝ335.48 ［2800円］

日本（国際投資―ドイツ）

◇ドイツ進出企業の会計・税務・会社法・経営 池田良一著 改訂版 税務経理協会 2014.11 467p 21cm〈索引あり〉 Ⓘ978-4-419-06167-8 Ⓝ338.9234 ［6600円］

日本（国際投資―東南アジア）

◇ASEANシフトが進む日系企業―統合一体化するメコン地域 春日尚雄著 文眞堂 2014.8 197p 22cm〈文献あり 索引あり〉 Ⓘ978-4-8309-4772-8 Ⓝ602.23 ［2400円］

◇アセアンと南米に進出した日系企業の経営と技術の移転 出水力編著 ［大阪］ 大阪産業大学産業研究所 2014.3 139p 21cm （産研叢書 37）〈文献あり 内容：ホンダの海外展開のシステム化（出水力著） タイにおける日系企業について（渡邊輝幸著） タイにおける日本企業の立地要因についての一考察（佐藤彰彦著） 視角で辿るマレーシアの日系企業（出水力著） アセアン諸国の経済発展と日本企業の海外進出（石坂秀幸著） ブラジルにおけるホンダの2輪車事業の展開（出水力著）〉 Ⓝ338.9223

◇ASEAN・南西アジアのビジネス環境 若松勇, 小島英太郎編著 ジェトロ 2014.7 250p 21cm Ⓘ978-4-8224-1138-1 Ⓝ338.9223 ［2500円］

◇世界は僕らの挑戦を待っている 横井朋幸著 ［東京］ KADOKAWA 2014.9 238p 19cm （角川フォレスタ） Ⓘ978-4-04-653960-1 Ⓝ335 ［1300円］

◇メコン流域諸国の税務―タイ・ベトナム・カンボジア・ラオス・ミャンマー KPMG, あずさ監査法人編, 藤井康秀監修 第2版 中央経済社 2014.10 536p 22cm Ⓘ978-4-502-11371-0 Ⓝ345.12 ［6200円］

日本（国際投資―ドバイ）

◇ドバイビジネス解体新書―日本とドバイをつなぐ！ 世界とつなぐ！ 中川信介著 カナリア書房 2014.7 188p 19cm Ⓘ978-4-7782-0273-6 Ⓝ338.922784 ［1300円］

◇トルコ・ドバイ・アブダビの投資・M&A・会社法・会計税務・労務 久野康成公認会計士事務所, 東京コンサルティングファーム著, 久野康成監修 ［東京］ TCG出版 2014.11 467p 21cm （海外直接投資の実務シリーズ）〈出版文化社（発売） 索引あり〉 Ⓘ978-4-88338-534-8 Ⓝ338.92274 ［4500円］

日本（国際投資―トルコ）

◇トルコ・ドバイ・アブダビの投資・M&A・会社法・会計税務・労務 久野康成公認会計士事務所, 東京コンサルティングファーム著, 久野康成監修 ［東京］ TCG出版 2014.11 467p 21cm （海外直接投資の実務シリーズ）〈出版文化社

（発売） 索引あり〉 Ⓘ978-4-88338-534-8 Ⓝ338.92274 ［4500円］

◇トルコの投資環境 国際協力銀行産業ファイナンス部門中堅・中小企業担当 2014.10 189, 5p 30cm Ⓝ338.92274

日本（国際投資―発展途上国）

◇気候変動分野における民間資金動員策に関する調査業務報告書 平成25年度 ［東京］ みずほ情報総研 2014.3 176p 30cm〈文献あり 委託者：環境省〉 Ⓝ338.92

日本（国際投資―バングラデシュ）

◇バングラデシュの工業化とジェンダー―日系縫製企業の国際移転 長田華子著 御茶の水書房 2014.1 313p 22cm〈文献あり 年表あり 索引あり〉 Ⓘ978-4-275-01058-2 Ⓝ509.22576 ［7600円］

日本（国際投資―ベトナム）

◇ベトナム進出・投資実務Q&A―これ1冊でまるごとわかる！ ベトナム経済研究所監修, みらいコンサルティング（株）編著 第2版 日刊工業新聞社 2014.12 243p 21cm〈文献あり 索引あり〉 Ⓘ978-4-526-07336-6 Ⓝ338.92231 ［2400円］

◇ベトナムで新しいモノづくりは実現できるのか―モノづくり中小企業ネットワーク計画 井上伸哉著 日刊工業新聞社 2014.3 172p 19cm Ⓘ978-4-526-07256-7 Ⓝ509.2231 ［1800円］

◇ベトナムで商売する―中小「小売・外食」業のベトナム進出入門 村松美尚, トミー・ヒロマサ・ダン著 繊研新聞社 2014.5 185p 19cm Ⓘ978-4-88124-298-8 Ⓝ338.92231 ［1900円］

◇ベトナムの投資・M&A・会社法・会計税務・労務 久野康成公認会計士事務所, 東京コンサルティングファーム著, 久野康成監修 ［東京］ TCG出版 2014.3 421p 21cm （海外直接投資の実務シリーズ）〈出版文化社（発売） 索引あり〉 Ⓘ978-4-88338-559-1 Ⓝ338.92231 ［3600円］

◇ベトナムの投資環境 第5版（一部改訂） 国際協力銀行産業ファイナンス部門中堅・中小企業担当 2014.1 273p 30cm〈年表あり 折り込 2枚〉 Ⓝ338.92231

◇ラストチャンス―日本株は5年で見限れ 木戸次郎著 ［東京］ ケイツー出版 2014.11 238p 18cm （ケイツー（発売）〉 Ⓘ978-4-908131-00-4 Ⓝ338.183 ［1000円］

日本（国際投資―香港〔中国〕）

◇シンガポール・香港地域統括会社の設立と活用 久野康成公認会計士事務所, 東京コンサルティングファーム著, 久野康成監修 ［東京］ TCG出版 2014.3 453p 21cm （海外直接投資の実務シリーズ）〈出版文化社（発売） 索引あり〉 Ⓘ978-4-88338-535-5 Ⓝ338.922399 ［4500円］

日本（国際投資―マレーシア連邦）

◇マレーシアの投資環境 第2版 国際協力銀行産業ファイナンス部門中堅・中小企業担当 2014.2 224p 30cm〈年表あり 初版の出版者：日本政策金融公庫国際協力銀行中堅・中小企業支援室〉 Ⓝ338.92239

日本（国際投資―南アジア）

◇ASEAN・南西アジアのビジネス環境 若松勇, 小島英太郎編著 ジェトロ 2014.7 250p 21cm Ⓘ978-4-8224-1138-1 Ⓝ338.9223 ［2500円］

日本（国際投資―南アメリカ）

◇アセアンと南米に進出した日系企業の経営と技術の移転 出水力編著 ［大東］ 大阪産業大学産業研究所 2014.3 139p 21cm （産研叢書 37）〈文献あり 内容：ホンダの海外展開のシステム化（出水力著） タイにおける日系企業について（渡邊輝幸著） タイにおける日本企業の立地要因についての一考察（佐藤彰彦著） 視角で辿るマレーシアの日系企業（出水力著） アセアン諸国の経済発展と日本企業の海外進出（石坂秀幸著） ブラジルにおけるホンダの2輪車事業の展開（出水力著）〉 Ⓝ338.9223

日本（国際投資―ミャンマー）

◇ミャンマー経済で儲ける5つの真実―市場・資源・人材 小原祥嵩著 幻冬舎 2013.9 186p 18cm （幻冬舎新書 お-18-1） Ⓘ978-4-344-98315-1 Ⓝ338.92238 ［780円］

◇ミャンマーで物語を作る―ビジネス渡航・視察・進出・投資Q&A 土屋昭義監修, Watch！ CLMB編集部編集 キョーハンブックス（発売） 2014.1 159p 21cm Ⓘ978-4-87641-796-4 Ⓝ338.92238 ［1600円］

◇ミャンマーの会計・税務・法務Q&A 新日本有限責任監査法人編 税務経理協会 2014.3 201p 21cm （海外進出の実務シリーズ）〈索引あり〉 Ⓘ978-4-419-06080-0 Ⓝ338.92238 ［2500円］

◇ミャンマービジネスの真実―アジア最後のフロンティア『ミャンマー』の横顔 田中和雄著 カナリア書房 2014.3 227p 19cm Ⓘ978-4-7782-0266-8 Ⓝ338.92238 ［1400円］

日本件名図書目録2014　I日本（国防）

日本（国際投資―モンゴル）

◇モンゴル法制ガイドブック　趙勁松著，R&G横浜法律事務所編　民事法研究会　2014.8　311p　21cm〈索引あり〉①978-4-89628-963-3　Ⓝ338.92227　[4000円]

日本（国際労働力移動―フィリピン）

◇日比経済連携協定に基づくフィリピン人看護師の国際移動―現状と課題：長崎大学・フィリピン大学共催国際シンポジウム：報告書　平野裕子，米野みちよ編　長崎　長崎大学　2014.3　142p　30cm〈英語併記　会期・会場：2013年1月24日　フィリピン大学アジアセンター　内容：日本・フィリピン経済連携協定（JPEPA）に基づく看護師の移動　JPEPAに基づくフィリピン人看護師の移動の進展（大野俊述）　日本の病院で働くフィリピン人看護師の経験から（コラ・アノヌエボ述）　外国人看護師を受け入れて（宮澤美代子述）　日本・フィリピン経済連携協定（JPEPA）の改善に向けて　日本のフィリピン人看護師候補者の学習課題に関する調査研究（川口貞親述）　JPEPA候補者の日本語教育（米野みちよ述）　JPEPAの神話を越えて（平野裕子述）　JPEPA制度に基づくフィリピン人看護師・介護福祉士候補者に対する日本語予備教育事業（高取秀司述）〉Ⓝ366.89

日本（国税）

◇国税の常識　大淵博義著　第16版　税務経理協会　2014.8　260p　21cm〈知っておきたい〉①978-4-419-06149-4　Ⓝ345.21　[2500円]

日本（国税―法令）

◇国税通則・徴収・犯則法規集　平成26年4月1日現在　日本税理士会連合会，中央経済社編　中央経済社　2014.5　338p　19cm　①978-4-502-86037-9　Ⓝ345.12　[2600円]

日本（国勢調査）

◇国勢調査報告　平成22年　第5巻　抽出詳細集計結果　その1（全国編）　総務省統計局編　総務省統計局　2014.2　555p　27cm〈英語併記〉Ⓝ358.1

◇国勢調査報告　平成22年　第5巻　抽出詳細集計結果　その1（全国編）　総務省統計局編　日本統計協会　2014.3　555p　27cm〈英語併記〉①978-4-8223-3754-4　Ⓝ358.1　[7400円]

◇日本の人口・世帯―国勢調査最終報告書　平成22年　上巻　解説・資料編　総務省統計局編　総務省統計局　2014.6　773p　27cm　Ⓝ358.1

◇日本の人口・世帯―国勢調査最終報告書　平成22年　下巻　統計表編　総務省統計局編　総務省統計局　2014.6　689p　27cm〈英語併記〉Ⓝ358.1

◇日本の人口・世帯―国勢調査最終報告書　平成22年上巻　解説・資料編　総務省統計局編集　日本統計協会　2014.6　773p　27cm〈英語抄訳付　「日本の人口」の改題、巻次を継承〉①978-4-8223-3770-4　Ⓝ358.1　[5400円]

◇日本の人口・世帯―国勢調査最終報告書　平成22年下巻　統計表編　総務省統計局編集　日本統計協会　2014.6　689p　27cm〈英語抄訳付〉①978-4-8223-3771-1　Ⓝ358.1　[6200円]

日本（国籍法）

◇帰化申請マニュアル―日本国籍取得ガイド　前田修身著　増補改訂版　すばる舎　2014.6　223p　19cm〈索引あり〉①978-4-7991-0326-5　Ⓝ329.91　[1800円]

日本（国土計画）

◇国土強靱化―その内実を問う　後藤・安田記念東京都市研究所　2014.6　83p　21cm（「都市問題」公開講座ブックレット31）〈内容：災害に強い地域づくり（大西隆述）　パネルディスカッション（池上岳彦ほか述、新藤宗幸司会）〉①978-4-924542-59-4　Ⓝ369.3　[463円]

◇国土強靱化―日本、アジア、そして世界における災害と対峙する　自民党国土強靱化総合調査会編、藤井聡監修　東亜総研2014.12　374p　19cm〈アスペクト（発売）「日本を強くしなやかに　その1～その3」（国土強靱化総合研究所　2012～2013年刊）の改題、一部を抜粋し編纂　内容：国土強靱化の本質（武部勤著）　日本を、取り戻す。　大自然の中で暮らし続けるために（山谷えり子著）　平時の有効活用/有事に機能発揮「防災・国土強靱化」（古屋圭司著）　国土強靱化宣言その1（二階俊博述）　国土強靱化宣言　その2（二階俊博述）国土強靱化宣言　その3（二階俊博述）　稲むらの火（大下英治述）　東日本大震災の教訓（月尾嘉男述）　国土の強靱化とは（森田実述）　強くしなやかな国を目指して（藤井聡述）　東アジアのネットワークの中での日本の強靱化について（西村英俊述）　しなやかでタフな国土（竹村公太郎述）　道路の国土強靱化とは（大石久和述）　国土強靱化に向けて（御手洗冨士夫述）　働くことを軸とする安心社会に向けて（古賀伸明述）　国土強

靱化アクションプラン（自由民主党国土強靱化総合調査会著）〉①978-4-7572-2391-2　Ⓝ369.3　[1500円]

◇『国土のグランドデザイン2050』が描くこの国の未来　国土交通省国土政策研究会編著　大成出版社　2014.12　157p　図版16p　21cm　①978-4-8028-3185-7　Ⓝ601.1　[1400円]

◇そうだったのか!!「国土強靱化」―レジリエンス社会への挑戦　古屋圭司著　PHP研究所　2014.6　234p　20cm　①978-4-569-81882-5　Ⓝ601.1　[1500円]

日本（国防）

◇安倍政権と安保法制　田村重信編著　内外出版　2014.7　270p　19cm　①978-4-905285-35-9　Ⓝ392.1076　[1400円]

◇ウソが栄えりゃ、国が亡びる―間違いだらけの集団的自衛権報道　潮匡人著　ベストセラーズ　2014.10　225p　19cm　①978-4-584-13598-3　Ⓝ392.1076　[1420円]

◇基本から問い直す日本の防衛―五〇年以上前に作られた「国防の基本方針」では日本は守れない　日本安全保障戦略研究センター編　内外出版　2014.1　217p　19cm〈文献あり　執筆：倉田英世ほか〉①978-4-905285-32-8　Ⓝ392.1076　[1200円]

◇「軍国主義」が日本を救う　倉山満著　徳間書店　2014.9294p　19cm　①978-4-19-863858-0　Ⓝ390.1　[1200円]

◇激動のアジア・太平洋地域情勢と我が国の進路―第40回防衛セミナー講演集　隊友会　2014.3　402p　19cm（防衛開眼第40集）〈内容：自衛隊・統合運用の現状と今後（岩崎茂述）国防の経済学（三橋貴明述）　お伝えしたい「軍事の基礎」と「今日の問題」（冨澤暉述）　日本の海洋安全保障と国境離島（山田吉彦述）　東日本大震災・陸海空自衛隊統合部隊の災害救助活動（原口義久述）　東アジアの安全保障環境の変化と日本の安全保障・防衛（西元徹也述）　中国の海洋進出と東シナ海情勢（香田洋二述）　わが国をとりまく安全保障情勢（金田秀昭述）〉Ⓝ392.1076　[1143円]

◇自衛隊、動く―尖閣・南西諸島をめぐる攻防　勝股秀通著ウェッジ　2014.5　198p　18cm　①978-4-86310-126-5　Ⓝ392.1076　[1200円]

◇自衛隊を国防軍にする理由―憲法改正へ！　今こそ知りたい自衛隊Q&A　松島悠佐著　明成社　2014.1　64p　21cm①978-4-905410-26-3　Ⓝ392.1076　[600円]

◇自衛隊は尖閣紛争をどう戦うか　西村金一，岩切成夫，末次富美雄[著]　祥伝社　2014.8　236p　18cm（祥伝社新書378）①978-4-396-11378-0　Ⓝ392.1076　[800円]

◇新・戦争のつくりかた　りぼん・ぷろじぇくと文，井上ヤスミチ絵，りぼん山本原案・監修　マガジンハウス　2014.9　55p21cm〈年表あり　英語抄訳付〉①978-4-8387-2710-0　Ⓝ392.1076　[1000円]

◇戦争の放棄　その7　日本の防衛はどうすべきか　千田實著一関　エムジェエム　2014.3　58p　19cm（田舎弁護士の大衆法律学）①978-4-903929-29-3　Ⓝ323.142　[476円]

◇田母神戦争大学―心配しなくても中国と戦争にはなりません田母神俊雄，石井義哲著　産経新聞出版　2014.5　225p19cm〈日本工業新聞社（発売）〉①978-4-8191-1242-0　Ⓝ392.1076　[1200円]

◇中国にNOと言える日本　田母神俊雄著　徳間書店　2014.8228p　19cm　①978-4-19-863843-6　Ⓝ319.1022　[1200円]

◇朝鮮半島が危ない　防衛システム研究所編纂　改定版　内外出版　2013.10　151p　21cm〈年表あり〉①978-4-905285-27-4　Ⓝ319.21　[1000円]

◇日本人が知らない軍事学の常識　兵頭二十八著　草思社2014.10　403p　16cm（草思社文庫　ひ2-3）〈著作目録あり〉①978-4-7942-2081-3　Ⓝ392.1076　[900円]

◇日本の防衛―防衛白書　平成26年版　防衛省/編　日経印刷2014.8　505p　27×21cm　①978-4-905427-86-5　[1143円]

◇「日本防衛」要覧―いま日本の保有する戦力は、国民と国土を守れるか…。中国・ロシア・朝鮮半島をめぐる防衛を展望する　日本改革政治連盟　2014.12　350p　31cm　Ⓝ392.1076　[59000円]

◇日本離島防衛論―島嶼国家日本の新国防戦略　福山隆著　潮書房光人社　2014.6　223p　19cm〈文献あり〉①978-4-7698-1571-6　Ⓝ392.1076　[1900円]

◇日本列島防衛論―集団的自衛権も中韓口米対策も急所はここにある　中西輝政，田母神俊雄著　幻冬舎　2014.12　243p18cm　①978-4-344-02695-7　Ⓝ392.1076　[1100円]

◇日本は「戦後」を脱却できるか―真の自主独立のために　関岡英之，田母神俊雄著　祥伝社　2014.3　281p　19cm　①978-4-396-61488-1　Ⓝ319.1053　[1600円]

◇兵頭二十八の防衛白書　2014　兵頭二十八著　草思社　2014.7228p　19cm　①978-4-7942-2066-0　Ⓝ392.1076　[1500円]

◇平成海防論―膨張する中国に直面する日本　富坂聰著　文藝春秋　2014.1　276p　16cm（文春文庫　と17-3）〈新潮社

日本（国防―便覧）

◇2009年刊に書き下ろしを加えて再刊〉①978-4-16-790019-9 Ⓝ392.1076　［560円］

◇防衛関連企業等のレジリエンス基盤確保のための情報共有について　平成25年度　菊池浩［著］，防衛調達研究センター編集委員会編　［東京］　防衛基盤整備協会　2014.2　1冊　30cm　（BSK 第26-1号）〈文献あり〉392.1076　［非売品］

◇まんがで読む防衛白書　平成25年版　防衛省・自衛隊の国を守る任務と活動　黒沢雅則／作画，梅田岳定，山田典子／原作　防衛省　2014.3　71p　21cm　①978-4-9907628-0-3　［476円］

◇自らの身は顧みず　田母神俊雄著　ワック　2014.1　248p　18cm　（WAC BUNKO B-191）〈2008年刊の再刊〉①978-4-89831-691-7　Ⓝ392.1076　［950円］

日本（国防―便覧）

◇防衛ハンドブック　平成26年版　朝雲新聞社出版業務部編著　朝雲新聞社　2014.3　947p　21cm　①978-4-7509-2035-1　Ⓝ392.1076　［1600円］

日本（国防―法令）

◇緊急事態関係法令集　2014　内外出版　2014.3　679p　21cm　①978-4-905285-31-1　Ⓝ393.2　［3200円］

◇防衛実務小六法　平成26年版　内外出版株式会社編集　内外出版　2014.2　1冊　22cm　〈索引あり〉①978-4-905285-30-4　Ⓝ393.21　［6286円］

日本（国防―歴史）

◇日本軍とドイツ軍―どうしたら勝てたのか、どうやっても負けたのか？　藤井非三四著　学研パブリッシング　2014.8　311p　19cm　〈学研マーケティング（発売）文献あり〉①978-4-05-406048-7　Ⓝ391.2074　［1500円］

日本（国防―歴史―1945―）

◇Q&Aで読む日本軍事入門　前田哲男，飯島滋明編　吉川弘文館　2014.7　232p　21cm　〈文献あり〉①978-4-642-08254-9　Ⓝ392.1075　［2200円］

◇我が国防衛の軌跡　防衛システム研究所編纂　内外出版　2014.4　143p　21cm　〈年表あり〉①978-4-905285-33-5　Ⓝ392.1076　［1000円］

日本（国防―歴史―1945～1952）

◇1949年の大東亜共栄圏―自主防衛への終わらざる戦い　有馬哲夫著　新潮社　2014.6　253p　18cm　（新潮新書 573）〈文献あり〉①978-4-10-610573-9　Ⓝ392.1076　［780円］

日本（国防政策）

◇海洋安全保障と平時の自衛権―安全保障戦略と次期防衛大綱への提言：政策提言　東京財団　2013.11　61p　26cm　Ⓝ393

◇日本の安全保障はここが間違っている！　田岡俊次著　朝日新聞出版　2014.12　223p　19cm　①978-4-02-331356-9　Ⓝ393　［1500円］

◇日本版NSCとは何か　春原剛著　新潮社　2014.1　207p　18cm　（新潮新書 552）①978-4-10-610552-4　Ⓝ393　［700円］

◇平和のためのハンドブック軍事問題入門Q&A40―国防軍・集団的自衛権・特定秘密保護法　福好昌治著　梨の木舎　2014.5　134p　19cm　①978-4-8166-1401-9　Ⓝ393　［1500円］

◇亡国の安保政策―安倍政権と「積極的平和主義」の罠　柳澤協二著　岩波書店　2014.4　132p　19cm　①978-4-00-024786-3　Ⓝ393　［1400円］

日本（国防政策―歴史―1945～）

◇「平和」という病―国平和主義・集団的自衛権・憲法解釈の嘘を暴く　樋口恒晴著　ビジネス社　2014.10　255p　18cm　〈文献あり〉①978-4-8284-1772-1　Ⓝ393　［1100円］

日本（国防政策―歴史―昭和後期）

◇オーラル・ヒストリー冷戦期の防衛力整備と同盟政策　3　防衛省防衛研究所戦史研究センター編　2014.3　394p　30cm　〈内容：石津節正元航空自衛隊幹部候補生学校長　吉川圭祐元大湊地方総監　村松榮一元西部方面総監〉①978-4-86482-018-9　Ⓝ393

◇むしろ素人の方がよい―防衛庁長官・坂田道太が成し遂げた政策の大転換　佐瀬昌盛著　新潮社　2014.1　223p　20cm　（新潮選書）〈年譜あり〉①978-4-10-603740-5　Ⓝ393　［1200円］

日本（国民健康保険―法令）

◇国民健康保険関係法令例規集　平成26年版　法研　2014.9　2511p　21cm　Ⓝ364.4　［7300円］

日本（国民性）

◇あの「中国の狂気」は、どこから来るのか　金文学著　ワック　2014.5　225p　18cm　（WAC BUNKO B-197）〈「すぐ謝る日本人、絶対謝らない中国人」（南々社 2012年刊）の改題、改訂した新版〉①978-4-89831-697-9　Ⓝ361.42　［900円］

◇中国が愛する国、ニッポン　Record China監修　竹書房　2014.10　191p　19cm　①978-4-8019-0042-4　Ⓝ361.42　［980円］

◇ディベートが苦手、だから日本人はすごい　榎本博明著　朝日新聞出版　2014.6　221p　18cm　（朝日新書 467）〈文献あり〉①978-4-02-273567-6　Ⓝ361.42　［760円］

◇日本が二度と立ち上がれないようにアメリカが占領期に行ったこと―こうして日本人は国を愛せなくなった　高橋史朗著　致知出版社　2014.1　302p　20cm　〈文献あり〉①978-4-8009-1029-5　Ⓝ361.42　［1800円］

◇日本人を考える―司馬遼太郎対談集　司馬遼太郎著者代表　新装版　文藝春秋　2014.6　367p　16cm　（文春文庫 し1-138）〈内容：日本は"無思想時代"の先兵（梅棹忠夫述）"あっけらかん民族"の強さ（大養道子述）　西洋が東洋に学ぶ時代（梅原猛述）　日本の繁栄を脅かすもの（向坊隆述）　政治に"教科書"はない（高坂正堯述）　若者が集団脱走する時代（辻悟述）　日本人は"臨戦体制"民族（陳舜臣述）"サル"が背広を着る時代（富士正晴述）　"人工日本語"の功罪（桑原武夫述）　中国とつきあう法（貝塚茂樹述）　東京・大阪"われらは異人種"（山口瞳述）　人類を救うのはアフリカ人（今西錦司述）〉①978-4-16-790125-7　Ⓝ361.42　［670円］

◇日本人、ここがステキで、ここがちょっとヘン。―ドイツ育ちの"ハーフ"は知っている！　サンドラ・ヘフェリン原作，片桐了漫画　大和出版　2014.12　148p　21cm　①978-4-8047-6249-4　Ⓝ361.42　［1300円］

◇日本人の心の落としどころ―「多様性」を受容する民族性の崩壊　篠田博之著　戎光祥出版　2014.1　223p　19cm　〈文献あり〉①978-4-86403-101-1　Ⓝ361.42　［1600円］

日本（国有財産）

◇国有財産総括実務　［東京］　財務省財務総合政策研究所研修部　［2013］　152p　30cm　（研修部教材 平成25年度 13）Ⓝ348.3

◇普通財産管理処分実務　［東京］　財務省財務総合政策研究所研修部　［2013］　165p　30cm　（研修部教材 平成25年度 15）Ⓝ348.3

◇普通財産司計関係実務　［東京］　財務省財務総合政策研究所研修部　［2013］　50p　30cm　（研修部教材 平成25年度 16）Ⓝ348.3

日本（国立公園）

◇国立公園等魅力向上プロジェクト業務報告書　平成25年度　日本交通公社　2014.3　322p　30cm　〈平成25年度環境省請負業務〉Ⓝ629.41

◇第1次国立公園切手の体系的収集　神宝浩著　日本郵趣協会　2014.9　125p　26cm　（郵趣モノグラフ 22）①978-4-88963-775-5　Ⓝ693.8　［4500円］

日本（国立大学）

◇国立大学教員養成系大学・学部において優れた取組をしている大学教員に関する調査報告書　国立教育政策研究所　2014.1　102p　30cm　（プロジェクト研究（教員養成等の改善に関する調査研究）報告書 平成25年度）〈研究代表者：大杉昭英〉Ⓝ373.7

◇国立大学法人職員必携　国立大学協会事務局編　［東京］　国立大学協会事務局　2014.2　190p　30cm　Ⓝ377.21

◇国立大学法人・大学共同利用機関法人の平成25年度に係る業務の実績に関する評価について　［東京］　国立大学法人評価委員会　2014.11　541p　30cm　Ⓝ377.1

◇国立大学法人と労働法　小嶌典明著　ジアース教育新社　2014.12　340p　19cm　①978-4-86371-252-2　Ⓝ377.13　［2200円］

日本（国立大学―名簿）

◇文部科学省国立大学法人等幹部職員名鑑　平成26年版　「週刊文教ニュース」編集部編　文教ニュース社　2014.10　1534p　27cm　①978-4-　Ⓝ317.27　［10000円］

◇文部科学省国立大学法人等職員録　平成26年版　文教協会　2014.7　1968p　27cm　Ⓝ317.27

日本（湖沼）

◇湖沼水質保全施策等検討委託業務報告書　平成25年度　［東京］　建設技術研究所　2014.3　1冊　30cm　（環境省請負業務報告書 平成25年度）Ⓝ519.4

◇湖沼流域水循環健全化検討委託業務報告書　平成25年度　［東京］　福山コンサルタント　2014.3　1冊　30cm　（環境省委託業務報告書 平成25年度）〈文献あり〉Ⓝ519.4

◇水質管理指標に係る類型指定調査（水質調査）業務報告書　平成25年度　［東京］　いであ　2014.3　1冊　30cm　Ⓝ519.4

日本件名図書目録2014　Ⅰ

日本（国歌）

◇窒素りん排水規制対象湖沼調査委託業務報告書　平成25年度
［東京］　EBP　2014.3　1冊　30cm　Ⓝ519.4

◇モニタリングサイト1000陸水域調査報告書　平成25年度　富
士吉田　環境省自然環境局生物多様性センター　2014.3　111,
33, 3p　30cm〈文献あり　平成25年度重要生態系監視地域
モニタリング推進事業（陸水域調査），請負者：日本国際湿地
保全連合〉　Ⓝ452.931

日本（古書店）

◇荒野の古本屋　森岡督行著　晶文社　2014.3　233p　19cm
（就職しないで生きるには21）　①978-4-7949-6845-6　Ⓝ024.8
［1500円］

◇紙魚の昔がたり　昭和篇　反町茂雄編　オンデマンド版　八
木書店古書出版部　2013.12　660,28p　21cm（八木書店（発
売）　索引あり　初版：八木書店1987年刊　印刷・製本：デジ
タルパブリッシングサービス　内容：昭和六十年間の古書業
界（反町茂雄述）　財界巨頭の買いっぷり、売りっぷり（古屋幸
太郎述）　諸名家の宝庫を渉猟する（村口四郎述）　古医書・
本草書の世界（井上周一郎述）　終戦直後の混乱に棹さして
（酒井宇吉述）　洋書珍本の中の半世紀（八木佐吉述）　明治古
典の草分け時代（菰池佐一郎述）　法経関係と資料物の事など
（西塚定一述）　永井荷風本を中心に（山田朝一述）　下町古書
通信・明治珍本・特価本（八木敏夫述）　キリスト教関係古書
に生きる（萱沼國述）　下町古本屋の生活と盛衰（青木正美
述）〉　①978-4-8406-3463-2　Ⓝ024.8　［12000円］

◇定食と古本ゴールド　今柊二著　本の雑誌社　2014.2　254p
①978-4-86011-253-0　Ⓝ673.97　［1500円］

日本（個人情報保護）

◇情報サービス産業における個人情報保護マネジメントシステ
ムのあり方　情報サービス産業協会　2013.7　203p　26cm
〈情報サービス産業個人情報保護ガイドライン（第4版）準拠〉
Ⓝ007.35

日本（個人情報保護法）

◇会社の個人情報対策―知らないと大変なことになる　クレア
法律事務所著　自由国民社　2014.9　206p　21cm（「会社の
個人情報対策のことならこの1冊」（2010年刊）の改題、加筆・
修正）　①978-4-426-11830-3　Ⓝ336.17　［1900円］

◇個人情報保護に関する規程例解説―土地改良区の個人情報の
適正な取扱いに向けて　全国土地改良事業団体連合会　2014.
5　118p　30cm　Ⓝ614.21　［1700円］

◇詳解個人情報保護法と企業法務―収集・取得・利用から管理・
開示までの実践的対応策　菅原貴与志著　第5版　民事法研究
会　2014.2　374p　21cm〈索引あり〉　①978-4-89628-917-6
Ⓝ336.17　［3500円］

◇情報公開法・個人情報保護法・公文書管理法―情報関連7法
右崎正博,多賀谷一照,田島泰彦,三宅弘編　日本評論社
2013.10　19,587p　26cm　（別冊法学セミナー　no.224）〈文
献あり　索引あり　執筆：秋山幹男ほか〉　①978-4-535-40251-5
Ⓝ317.6　［5000円］

◇6ヶ月で構築する個人情報保護マネジメントシステム実施ハン
ドブック　日本システム監査人協会監修　同文舘出版　2014.
12　188p　21cm〈索引あり〉　①978-4-495-20121-0　Ⓝ336.
17　［2000円］

日本（子育て支援）

◇家族支援体制整備事業の検証と家族支援の今後の方向性につ
いて―厚生労働省平成25年度障害者総合福祉推進事業報告書
名古屋　アスペ・エルデの会　2014.3　136p　30cm〈背の出
版年月：平成25年3月〉　Ⓝ369.49

◇家庭支援論―子どもの育ちと子育てのために　安藤和彦編著
京都　あいり出版　2014.2　143p　21cm　（シリーズ・新し
い時代の保育者養成）〈索引あり〉　①978-4-901903-92-9
Ⓝ369.4　［1700円］

◇家庭支援論　小田豊,日浦直美,中橋美穂編著　新版　京都
北大路書房　2014.3　199p　21cm　（新保育ライブラリ）〈文
献あり　索引あり〉　①978-4-7628-2845-4　Ⓝ369.4　［1700円］

◇子育て支援事業化計画・運営実態資料集　綜合ユニコム
2013.4　159p　30cm　①978-4-88150-575-5　Ⓝ369.4
［60000円］

◇子育て世代が住みたいと思うまちに―思春期から妊娠、出産、
子育てまでの切れ目ない支援の取組み　林已知夫、髙橋睦子著
第一法規　2014.7　107p　21cm　①978-4-474-03332-0
Ⓝ498.7　［2000円］

◇子ども・子育て概論　宮嶋淳,今井七重編著　京都　久美
2014.2　143p　26cm〈索引あり〉　①978-4-86189-223-3
Ⓝ369.4　［1500円］

◇子どもの育ちを支える子育て支援―地域における子育て支援
に関する調査研究報告書　日本保育協会　2014.3　216p
30cm　Ⓝ369.4

◇実践家庭支援論　松本園子,永田陽子,福川須美,堀口美智子著
改訂版　相模原　ななみ書房　2014.4　169p　26cm〈年表あ
り〉　①978-4-903355-40-5　Ⓝ369.4　［2100円］

◇社会環境の充実こそが少子化対策の鍵　熊谷きわ著　三冬社
2014.12　130p　19cm　①978-4-86563-002-2　Ⓝ334.31
［1200円］

◇女性研究者共助支援事業本部活動報告書―奈良女子大学にお
ける男女共同参画推進を目指して　平成25年度　［奈良］　奈
良女子大学男女共同参画推進機構女性研究者共助支援事業本
部　2014.3　141p　30cm〈編集責任者：春本晃江〉　Ⓝ377.21

◇第12回全国子育てひろば実践交流セミナーinおかやま資料集
―今こそ見つめよう子どもの育ち―大きく拡がるひろばの可
能性　［岡山］　第12回全国子育てひろば実践交流セミナーin
おかやま実行委員会　2013.11　146p　30cm〈会期・会場：
2013年11月23日～24日　就実大学〉　Ⓝ369.4

◇民生委員・児童委員のための子ども・子育て支援実践ハンド
ブック―児童虐待への対応を中心とした60のQ&A　小林雅彦
著　中央法規出版　2014.3　168p　21cm　①978-4-8058-
3985-0　Ⓝ369.4　［1200円］

◇みんなでつくる子ども・子育て支援新制度―子育てしやすい社
会をめざして　前田正子著　京都　ミネルヴァ書房　2014.7
234p　21cm〈索引あり〉　①978-4-623-07092-3　Ⓝ369.4
［2200円］

◇よくわかる子育て支援・家庭支援論　大豆生田啓友,太田光洋,
森上史朗編　京都　ミネルヴァ書房　2014.3　197p　26cm
（やわらかアカデミズム・〈わかる〉シリーズ）〈索引あり
「よくわかる子育て支援・家族援助論」第2版（2011年刊）の改
題、改訂〉　①978-4-623-06948-4　Ⓝ369.4　［2400円］

日本（古地図）

◇古地図が語る大災害―絵図・瓦版で読み解く大地震・津波・大
火の記憶　本渡章著　大阪　創元社　2014.12　158p　21cm
〈文献あり　索引あり〉　①978-4-422-25078-6　Ⓝ210.17
［2000円］

◇図説日本古地図コレクション　三好唯義,小野田一幸著　新装
版　河出書房新社　2014.6　127p　22cm　（ふくろうの本）
〈文献あり　年表あり〉　①978-4-309-76218-0　Ⓝ291.018
［1800円］

日本（古地図―江戸時代）

◇秋田県公文書館所蔵絵図図録　秋田県公文書館編　［秋田］
秋田県　2014.3　175p　30cm〈文献あり〉　Ⓝ291.038

◇近世測量絵図のGIS分析―その地域的展開　平井松午,安里進,
渡辺誠編　古今書院　2014.1　295p　図版16p　27cm〈文献あ
り　索引あり　琉球王国の測量事業と印部石（安里進著）
琉球針図と絵図の精度に関する検証（安里進著）　加賀藩の測
量事業と石黒信由（野積正吉,渡辺誠著）　石黒信由の測量方法
と修正作業（渡辺誠著）　徳島藩の測量事業と近世の実測分間絵図
（平井松午著）　実測分間絵図の精度に関するGIS検証（平井松
午著）　熊本藩測量家のネットワーク（礒永和貴著）　文化・
文政期の鳥取藩における測量絵図の精度（塚本章安著）「鳥取城
下全図」の作製技術について（鳴海邦匡著）「金沢町往還筋分
間絵図」と「金澤十九枚御絵図」の精度（渡辺誠,野積正吉,平
井松午著）　安政期の鳥取城下絵図にみる侍屋敷地の展開（平
井松午著）　名古屋城下絵図と周辺村落の展開（溝口常俊著）
名古屋城下町の正方形街区のプランと屋敷割の配置（水田義一
著）　鶴岡城下絵図の精度に関するGIS分析（渡辺理絵,小野寺
淳著）　佐賀城下絵図の歪みと精度（出田和久,南出眞助著）
GIS解析時における絵図分析の課題4題（渡辺誠著）　旧版地形図
および1/2,500都市計画図の幾何補正と利用（立岡裕士著）
GISを援用した実測図の精度評価法についての一考察（田中耕
市著）〉　①978-4-7722-3158-9　Ⓝ512.021　［9400円］

日本（古地図―中世）

◇荘園の景観と絵図―'14夏季特別展（第48回）　和歌山市立博物
館編　［和歌山］　和歌山市教育委員会　2014.7　96p　30cm
〈会期：平成26年7月19日～8月24日〉　Ⓝ210.4

日本（国歌）

◇学校に自由と人権を！　パート2　「日の丸・君が代」不当処
分撤回を求める被処分者の会編　［東京］　「日の丸・君が代」
不当処分撤回を求める被処分者の会　2014.9　208p　26cm
〈内容：東京「君が代」裁判・二次訴訟の記録　「授業してた
のに処分!?裁判」の記録〉　Ⓝ373.2　［1000円］

◇信仰の良心のための闘い―日の丸・君が代の強制に抗して
岡田明,袴田康裕,奥野泰孝,松浦悟郎,山崎龍一,山口陽一著,
君が代強制反対キリスト者の集い編　いのちのことば社
2013.5　142p　21cm　（21世紀ブックレット48）〈内容：日の
丸・君が代「強制」問題の過去・現在・未来（岡田明著）　キ
リスト者として日の丸・君が代を考える（袴田康裕著）　キリ

に

日本（国家公務員）

スト者には葛藤がある。思考する。祈る。神に問う。信じるから忍耐し、行動する。(奥野泰孝著)　君が代強制の意味するところ(松浦悟郎著)　「高きところ」で、主に従うために(山崎龍一著)　人を生かす国と教育のために(山口陽一著)〉①978-4-264-03109-3　Ⓝ373.2　[1000円]

日本（国家公務員）

◇行政官として─明日の行政を担うみなさんへ　5　人事院公務員研修所教官室編　入間　人事院公務員研修所　2014.6　340p　21cm　Ⓝ317.3

◇任用実務のてびき─国家公務員　日本人事行政研究所編　第5次改訂版　日本人事行政研究所　2013.11　213,157p　26cm〈PM出版(発売)〉①978-4-903541-33-4　Ⓝ317.33　[4700円]

◇よくわかる共済制度〈医療・年金〉ガイドブック　平成26年度版　関根繁雄著　共済組合連盟　2014.4　16,223p　21cm①978-4-9902366-0-1　Ⓝ317.35　[1019円]

日本（国家公務員─統計）

◇一般職国家公務員在職状況統計表　平成25年1月1日現在　[東京]　総務省人事・恩給局　[2013]　24p　30cm　Ⓝ317.3

◇一般職国家公務員在職状況統計表　平成25年7月1日現在　[東京]　総務省人事・恩給局　[2013]　38p　30cm　Ⓝ317.3

◇一般職国家公務員在職状況統計表　平成26年1月1日現在　[東京]　総務省人事・恩給局　[2014]　24p　30cm　Ⓝ317.3

◇一般職国家公務員在職状況統計表　平成26年7月1日現在　[東京]　内閣官房内閣人事局　[2014]　33p　30cm　Ⓝ317.3

日本（国家公務員─歴史）

◇公務員制度改革と政治主導─戦後日本の政治任用制　出雲明子著　秦郁　東海大学出版部　2014.12　442p　22cm〈文献あり　索引あり〉①978-4-486-02040-0　Ⓝ317.3　[6000円]

日本（国家公務員法）

◇健康安全関係法令集　平成26年版　日本人事行政研究所編　日本人事行政研究所　2014.6　974p　22cm〈PM出版(発売)　索引あり〉①978-4-903541-35-8　Ⓝ366.34　[8500円]

◇人事小六法　平成27年版　人事法制研究会編　学陽書房　2014.9　2159p　19cm〈索引あり〉①978-4-313-01390-2　Ⓝ317.3　[5800円]

日本（国旗）

◇学校に自由と人権を！　パート2　「日の丸・君が代」不当処分撤回を求める被処分者の会編　[東京]　「日の丸・君が代」不当処分撤回を求める被処分者の会　2014.9　208p　26cm〈内容：東京「君が代」裁判・二次訴訟の記録　「授業してたのに処分!?裁判」の記録〉Ⓝ373.2　[1000円]

◇信仰の良心のための闘い─日の丸・君が代の強制に抗して　岡田明、袴田康裕、奥野泰孝、松浦悟郎、山崎龍一、山口陽一著、君が代強制反対キリスト者の集い編　いのちのことば社　2013.5　142p　21cm　(21世紀ブックレット 48)〈内容：日の丸・君が代「強制」問題の過去・現在・未来(岡田明述)　キリスト者として日の丸・君が代を考える(袴田康裕著)　キリスト者には葛藤がある。思考する。祈る。神に問う。信じるから忍耐し、行動する。(奥野泰孝著)　君が代強制の意味するところ(松浦悟郎著)　「高きところ」で、主に従うために(山崎龍一著)　人を生かす国と教育のために(山口陽一著)〉①978-4-264-03109-3　Ⓝ373.2　[1000円]

◇日の丸─日本を知るための50景　紙ヒコーキ舎編著　プレジデント社　2014.4　117p　21cm〈文献あり　年表あり〉①978-4-8334-2079-2　Ⓝ210.6　[1200円]

日本（国境）

◇国境の人びと─再考・島国日本の肖像　山田吉彦著　新潮社　2014.8　287p　20cm　(新潮選書)①978-4-10-603754-2　Ⓝ329.23　[1300円]

◇領土という病─国境ナショナリズムへの処方箋　岩下明裕編著　札幌　北海道大学出版会　2014.7　236p　19cm〈内容：政治地理学から見た領土論の罠(山崎孝史述)　竹島問題で海域が見えないことの罠(福原裕二述)　日本の国境地域の現実(本間浩昭述)　思想から見た罠(土佐弘之述)　領土を論ずるスリルと怖さ(若宮啓文述)　領土問題と向き合う(若宮啓文、本田良一、本間浩昭述、岩下明裕司会)　歴史を時代に即して理解する(和田春樹述、岩下明裕聞き手)　「領土ナショナリズム」と闘う(岡田充述、岩下明裕聞き手)　「売国奴」からのメッセージ(天児慧述、岩下明裕聞き手)〉①978-4-8329-6792-2　Ⓝ329.23　[2400円]

日本（国境─大韓民国）

◇国境の島・対馬の観光を創る　岩下明裕, 花松泰倫編著　名古屋　国境地域研究センター　2014.7　59p　26cm　(ブックレット・ボーダーズ No.1)〈北海道大学出版会(発売)　内容：国境のまちのいま(花松泰倫著)　韓国人観光客になってみる(木村貴著)　対馬を通って釜山に行こう(島田龍著)　国境のまち・上対馬の素顔(花松泰倫著)　提言─ユーラシアのゲートウェイ(岩下明裕, 花松泰倫著)〉①978-4-8329-6807-3　Ⓝ689.4　[800円]

日本（固定資産税）

◇家屋・償却資産の固定資産税軽減手法と減価償却資産台帳作成実務資料集　総合ユニコム　2013.12　119p　①978-4-88150-589-2　Ⓝ349.55　[56000円]

◇家屋に関する調査研究　平成25年度　資産評価システム研究センター編　資産評価システム研究センター　2014.3　48p　30cm〈タイトル関連情報：複合構造家屋の評価について〉Ⓝ349.55

◇Q&A固定資産税は見直せる─適正納税の方法と実践　林弘明, 秋山英樹, 杉森真哉, 渡邊浩滋著　清文社　2014.10　287p　21cm　①978-4-433-53294-9　Ⓝ349.55　[2400円]

◇固定資産(家屋)評価基準─再建築費評点基準表：平成27基準年度　固定資産税務研究会編　地方財務協会　2014.9　239p　31cm　Ⓝ349.55　[5741円]

◇固定資産税「違法の可能性を有する土地評価」詳解　阿部祐一郎, 山本一清編著　ぎょうせい　2014.1　347p　21cm　①978-4-324-09766-3　Ⓝ349.55　[4000円]

◇固定資産税関係資料集　平成26年度 1　総括的資料編　[東京]　資産評価システム研究センター　[2014]　296p　30cm　Ⓝ349.55

◇固定資産税関係資料集　平成26年度 2　不動産鑑定評価編　[東京]　資産評価システム研究センター　[2014]　81p　30cm　Ⓝ349.55

◇固定資産税関係資料集　平成26年度 3　償却資産調査編　[東京]　資産評価システム研究センター　[2014]　189p　30cm　Ⓝ349.55

◇固定資産税土地評価の実際─宅地評価を中心に　平成25年度　資産評価システム研究センター編　資産評価システム研究センター　2014.3　255p　30cm　Ⓝ349.55

◇固定資産税は大衆強奪税─黙っていては家も命も奪われる!!：過大徴収の現場を直撃取材　稲垣俊勝著　合同フォレスト　2014.11　183p　19cm〈合同出版(発売)〉①978-4-7726-6034-1　Ⓝ349.55　[1400円]

◇「事業用資産に係る固定資産税制のあり方に関する研究」報告書　[東京]　資産評価政策学会事業用資産に係る固定資産税制研究会　2013.7　112p　30cm　Ⓝ349.55

◇詳解固定資産評価審査委員会制度・不服申立制度　資産評価システム研究センター編　資産評価システム研究センター　2014.2　224p　30cm　Ⓝ349.55

◇単位当たり標準評点数の積算基礎─平成27基準年度　固定資産税務研究会編　地方財務協会　2014.9　65p　30cm　Ⓝ349.55　[1204円]

◇地方税における資産課税のあり方に関する調査研究　平成25年度　資産評価システム研究センター編　資産評価システム研究センター　2014.3　148p　30cm〈タイトル関連情報：平成27年度評価替えに向けた負担調整措置のあり方, 所有者実態が不明確な土地・家屋に対する固定資産税実務の現状〉Ⓝ349.55

◇要説固定資産税　平成26年度版　固定資産税務研究会編　ぎょうせい　2014.8　445p　21cm　①978-4-324-09867-7　Ⓝ349.55　[2600円]

日本（固定資産税─判例）

◇固定資産税関係資料集　平成26年度 4　判例解説編　[東京]　資産評価システム研究センター　[2014]　249p　30cm　Ⓝ349.55

日本（孤独死）

◇孤独死のリアル　結城康博著　講談社　2014.5　209p　18cm　(講談社現代新書 2264)①978-4-06-288264-4　Ⓝ367.75　[760円]

日本（諺）

◇アマサツさん、ネコが顔を洗うと雨が降るって本当ですか？─知ってとくする天気のことわざ　天達武史, ハレックス制作チーム著　徳間書店　2014.10　133p　19cm　①978-4-19-863824-5　Ⓝ451.3　[1200円]

◇郷土とことわざ　日本ことわざ文化学会編　人間の科学新社　2014.11　394p　19cm　(シリーズ《ことわざに聞く》5)〈内容：〈郷土のことわざ〉とは何か(穴田義孝著)　暮らしの中に息づくことば(川島洋著)　ことわざに息づく先人たちの知恵(大田朋子著)　日常に息づく、愛すべきことわざたち(新郷由起著)　長崎の島に見ることわざ(山田千香子著)　津波石碑が郷土に伝えたことわざ(渡辺慎介著)　自然と共に生きてきた〈厚木のことわざ〉(中丸武夫著)　日本の「郷土かるた」とことわざ(山口幸男著)　都市社会文化にみることわざ(安倍

日本件名図書目録2014　Ⅰ　　　日本（雇用）

宰著）〈郷土のことわざ〉と「小さな地域のことわざ風土記
〈民俗誌〉」（穴田義孝著）　ことわざ教育と研究の意義と価値、
そして新たなる視点について（清水泰生著）　異文化適応とこ
とわざ（森山賢一著）　"グローバル化社会"はことわざで勝ち
残れ（竹谷摩耶著）　刀ことばとことわざ（石原仁誌著）　こと
わざで学ぶマネジメントシステム（山岡蔵雄著）　禅の生死と
ことわざ（小森英明著）〉①978-4-8226-0317-5　Ⓝ388.81
　[1800円]
◇辞書から消えたことわざ　時田昌瑞著　KADOKAWA　2014.
　3　214p　18cm　〈角川SSC新書 212〉〈索引あり〉①978-4-
　04-731634-8　Ⓝ388.81　[820円]
◇和食ことわざ事典　永山久夫著　東京堂出版　2014.8　317p
　20cm　〈文献あり 索引あり〉①978-4-490-10850-7　Ⓝ383.81
　[2800円]
◇笑諺―現代語訳と解説　大場柯風著　文芸社　2014.11　175p
　19cm　〈文献あり〉①978-4-286-15316-2　Ⓝ912.3　[1200円]

日本（諺―辞書）
◇慣用句・故事ことわざ辞典―ポケット版　謡口明監修　成美
　堂出版　2014.1　791,8p　16cm　〈索引あり〉①978-4-415-
　31696-3　Ⓝ813.4　[1000円]
◇慣用句・故事ことわざ・四字熟語使いさばき辞典　東京書籍編
　集部編　東京書籍　2014.7　638p　19cm　〈索引あり〉①978-
　4-487-73238-8　Ⓝ813.4　[2900円]

日本（コミュニティFM）
◇小さなラジオ局とコミュニティの再生―3.11から962日の記録
　災害とコミュニティラジオ研究会編　大津　大隅書店　2014.
　5　223p　21cm　〈文献あり〉①978-4-905328-05-6　Ⓝ699.21
　[2200円]

日本（コミュニティビジネス）
◇コミュニティカフェと地域社会―支え合う関係を構築する
　ソーシャルワーク実践　倉持香苗著　明石書店　2014.11
　285p　22cm　①978-4-7503-4105-7　Ⓝ369.7　[4000円]
◇実践ソーシャルイノベーション―知を価値に変えたコミュニ
　ティ・企業・NPO　野中郁次郎, 廣瀬文乃, 平田透著　千倉書
　房　2014.6　356p　20cm　〈文献あり〉①978-4-8051-1033-1
　Ⓝ601.1　[2700円]
◇好きなまちで仕事をつくる　2013　地域仕事づくりコーディ
　ネーター編　チャレンジ・コミュニティ・プロジェクト事務局
　NPO法人ETIC　[2014]　63p　30cm　①978-4-86202-068-0
　Ⓝ335.8　[1500円]

日本（ゴム工業―統計）
◇経済産業省生産動態統計年報　紙・印刷・プラスチック製品・
　ゴム製品統計編　平成25年　経済産業省大臣官房調査統計グ
　ループ／編　経済産業統計協会　2014.7　158p　30cm　①978-
　4-86499-009-7　[7900円]

日本（ゴム工業―便覧）
◇工業用品ゴム樹脂ハンドブック　2015年版　ポスティコーポ
　レーション出版事業部　2014.8　251p　26cm　①978-4-
　906102-78-5　Ⓝ578.2　[8500円]

日本（米）
◇米の消費行動に関する調査結果　2014年調査　JC総研編　JC
　総研（製作）　2014.6　36p　30cm　Ⓝ611.33
◇米マップ　2015　米穀データバンク　2014.12　163p　26cm
　Ⓝ611.33　[3000円]
◇産米の知識　2014年版　米穀新聞社　2014.1　279p　26cm
　Ⓝ616.2　[3000円]
◇図解知識ゼロからのコメ入門―日本人だったら知っておきた
　い　八木宏美監修　家の光協会　2014.10　189p　21cm　〈文
　献あり 索引あり〉①978-4-259-51858-5　Ⓝ616.2　[1500円]
◇中村靖彦自選著作集―食と農を見つめて50年　第2巻　コメは
　コメなり、田は田なり　中村靖彦著　農林統計協会　2014.2
　222p　20cm　〈内容：日本にとってのコメ　政治財としてのコ
　メ　市場開放の衝撃　コメ新時代への模索〉①978-4-541-
　03966-8　Ⓝ611.04　[2200円]

日本（米―歴史―1945～）
◇減反40年と日本の水田農業　荒幡克己著　農林統計出版
　2014.1　817p　22cm　〈文献あり 索引あり〉①978-4-89732-
　285-8　Ⓝ611.33　[7600円]

日本（古文書）
◇近世産物語彙解読辞典―植物・動物・鉱物名彙　6　金・石・
　土・水類、竹・笹類、菌・茸類、菜類、果類　近世歴史資料研
　究会編　科学書院　2014.8　923p　27cm　〈霞ケ関出版（発
　売）　布装〉①978-4-7603-0290-1　Ⓝ460.33　[38000円]

◇近世産物語彙解読辞典―植物・動物・鉱物名彙　7　樹木類、
　救荒動植物類　近世歴史資料研究会編　科学書院　2014.9
　922p　27cm　〈霞ケ関出版（発売）　布装〉①978-4-7603-0291-8
　Ⓝ460.33　[38000円]
◇禁裏本と和歌御会　酒井茂幸著　新典社　2014.3　526p
　22cm　〈新典社研究叢書 254〉〈索引あり〉内容：宮内庁書陵
　部蔵『歌書目録』収載の私家集群について　霊元院仙洞の古典
　学と収蔵品　高松宮家伝来禁裏本の文学資料概観　宮内庁書陵
　部蔵桂宮本『歌書目録』　禁裏本「類句和歌集」の生成と意義
　高松宮家伝来禁裏本の「系図」の史料群について　『新勅撰和
　歌集』伝本考　『亀山殿七百首』伝本考　国立歴史民俗博物館
　蔵高松宮旧蔵『七夕廿首和歌』について　『愚見抄』伝本考
　『和歌用意條々』の諸本と成立　烏丸光胤の『草庵和歌集』注
　釈　京都大学文学研究科図書館蔵『草庵集啓蒙』の成立と意義
　真田宝物館蔵『草庵集』をめぐって　『広幢集』考　中世の三
　席御会　宮内庁書陵部蔵伏見宮旧蔵『三席御会次第〔詩歌、管
　絃/御遊〕』　三首城御会の懐紙書式について　鎌倉・南北朝期
　の探題歌会　応永期の楽御会と和歌御会　中世武家の歌会と
　連歌会〉①978-4-7879-4254-8　Ⓝ911.102　[15400円]
◇出土文字に新しい古代史を求めて　平川南著　同成社　2014.
　4　218p　19cm　〈内容：研究の原点　再会を刻んだ印　三十
　四年前の"問い"　地下の「正倉院文書」　漆紙文書発見顛末記
　古代の暦―岩手・胆沢城跡出土の漆紙文書　象潟発・古代の便
　り　家六人、一二〇〇年前の休暇届　地
　方豪族の大規模な生産　絶大だった郡司の権力　右大臣昇進
　の贈り物は名馬　後の屋敷神のルーツ　高度に管理された古
　代の稲作　石川・加茂遺跡から「お触れ書き」発見　佐賀・中
　原遺跡防人の木簡　太宰府で出土最古「戸籍」　文字を刻む
　福岡・三雲遺跡群にみる日本人の文字との出あい　竈神・歳神
　墨書土器から"古代の村"を読む　則天文字を追う　ドラマ
　チックな復権　発掘が明らかにした多賀城碑の真偽　「王賜」
　銘鉄剣　古代印の編年を目指して　多胡碑の輝き　偽物・真
　物　手習い事始　出土文字から地名を読む　出土文字資料を
　追う　古代日本の文字社会　多視点から新しい歴史像を描く
　開発が災害招いた古代の日本　『風土記』の原風景と街・村づ
　くり　自然災害からの復興　ひとと自然のかかわりの歴史を
　問う　「博物館型研究統合」の実践　井上先生と私〉①978-4-
　88621-665-6　Ⓝ210.3　[2500円]

日本（古文書―歴史―江戸時代）
◇近世起請文の研究　大河内千恵著　吉川弘文館　2014.3　319,
　5p　22cm　〈索引あり〉内容：将軍代替り誓詞の再検討　近世
　の起請文にみえる血判と端作り　連署・書き継ぎ起請文の再検
　討　江戸幕府の起請文制度　諸大名家の起請文　延岡内藤家
　の起請文　鳥羽相坂家の起請文　紀州熊野三山配布の牛玉宝
　印　紀州熊野三山非配下寺社配布の牛玉宝印　碓氷峠牛玉宝
　印の基礎的検討〉①978-4-642-03462-3　Ⓝ210.5　[13000円]

日本（古文書―歴史―古代）
◇漆紙文書と漆工房　古尾谷知浩著　名古屋　名古屋大学出版
　会　2014.11　379,10p　23cm　〈索引あり〉内容：漆紙文書の
　来歴　古代の漆工　漆紙文書調査の手引き　漆紙文書にみる
　民衆支配　漆紙文書の中の戸籍・計帳類　漆紙文書にみる土
　地支配〉①978-4-8158-0783-2　Ⓝ210.029　[7400円]
◇日本古代文書研究　渡辺滋著　京都　思文閣出版　2014.1
　445,24p　22cm　〈文献あり 索引あり〉①978-4-7842-1715-1
　Ⓝ210.029　[9200円]

日本（古文書―歴史―中世）
◇こもんじょざんまい―鎌倉ゆかりの中世文書：特別展　神奈
　川県立歴史博物館編　横浜　神奈川県立歴史博物館　2013.10
　223p　21cm　〈会期・会場：平成25年10月5日～12月1日　神奈
　川県立歴史博物館〉Ⓝ210.029　[非売品]
◇中世史料との対話　村井章介著　吉川弘文館　2014.6　326,
　13p　20cm　〈文献あり〉内容：中世史料論　中世史料につ
　いて　中世の「書面」と歴史情報　日英中世史料論総論　日本
　所在の韓国史関係史料　日本における史料編纂の現状と問題
　点　具書案と文書偽作　「公界」は一揆か、公権力か　遠江国
　原田庄の地頭支配　外交文書の名義人と起草者　駿河・遠江
　の武田氏文書　結城親朝と北畠親房　遠江・駿河の宗良親王
　綾小路信俊の亡霊をみた　雪舟等楊と笑雲瑞訴　山科言継の
　駿府生活〉①978-4-642-02920-9　Ⓝ210.029　[3300円]

日本（雇用）
◇失われし20年における世帯変動と就業異動―1991年～2010年
　のミクロ統計データの静態・動態リンケージにもとづく分析
　山口幸三著　日本統計協会　2014.11　269p　27cm　〈文献あ
　り　布装〉「現代日本の世帯構造と就業形態の変動解析」の改
　題、改訂新版〉①978-4-8223-3786-5　Ⓝ350.19　[2800円]
◇環境産業の市場規模・雇用規模等に関する報告書　[出版地不
　明]　環境産業市場規模検討会　2014.3　117p　30cm　〈環境
　ビジネスの振興方策検討及び環境産業の市場規模推計等委託
　業務　平成25年度 2(環境産業の市場規模等の情報整備)〉〈発

に

日本（雇用政策）　　　　　　　　　　　　　　　　　　　　　　日本件名図書目録2014　Ｉ

注者：環境省総合環境政策局環境計画課環境経済政策調査室，受注者：野村総合研究所）Ⓝ519.19

◇従業員の採用と退職に関する実態調査　労働政策研究・研修機構編　労働政策研究・研修機構　2014.3　180p　30cm　（JILPT国内労働情報 2014年）Ⓝ366.21

◇常態化する失業と労働・社会保障―危機下における法規制の課題　脇田滋，矢野昌浩，木下秀雄編　日本評論社　2014.3　332p　22cm　（龍谷大学社会科学研究所叢書 第102巻）〈内容：日本における失業・半失業と問題状況（脇田滋著）　雇用・社会保障をめぐる国際的議論（矢野昌浩著）　雇用の変化と社会保障（上田真理著）　失業の構造化と「失業」概念の見直し（瀧澤仁唱著）　構造的失業と雇用（中明彦著）　若年者の雇用保障（濱畑芳和著）　現代の大学生と失業の常態化（山本忠著）　失業と障害者（瀧澤仁唱著）　雇用保険法上の諸給付（脇田滋著）　適用対象（矢野昌浩著）　事業主の届出義務懈怠と給付の保障（川崎航史郎著）　離職理由と給付制限（上田真理著）　失業の常態化と法・政策の課題（脇田滋著）〉①978-4-535-52009-7　Ⓝ366.28　［5500円］

◇外から見た日本の雇用　崔勝淏著　八千代出版　2014.10　177p　21cm　①978-4-8429-1636-1　Ⓝ366.21

◇中小企業の「採用と定着」調査に向けて　労働政策研究・研修機構編　労働政策研究・研修機構　2014.5　71p　30cm　（JILPT資料シリーズ no. 140）〈文献あり〉Ⓝ336.42

◇なぜあの会社には使える人材が集まるのか―失敗しない採用の法則　平田未緒著　PHP研究所　2014.1　245p　18cm　（PHPビジネス新書 304）①978-4-569-81722-4　Ⓝ336.42　［880円］

◇ニッポンの規制と雇用―働き方を選べない国　中野雅至著　光文社　2014.11　267p　18cm　（光文社新書 726）〈文献あり〉①978-4-334-03829-8　Ⓝ366.21　［840円］

◇日本の企業統治と雇用制度のゆくえ―ハイブリッド組織の可能性　宮本光晴著　京都　ナカニシヤ出版　2014.3　268p　21cm　〈文献あり 索引あり〉①978-4-7795-0824-0　Ⓝ335.4　［2800円］

◇日本の就業構造―就業構造基本調査の解説：時系列統計表を収録　平成24年　総務省統計局編　総務省統計局　2014.3　614p　26cm　〈英語併記〉Ⓝ366.21

◇日本の就業構造―就業構造基本調査の解説：時系列統計表を収録　平成24年　総務省統計局編　日本統計協会　2014.3　614p　26cm　〈英語併記〉①978-4-8223-3751-3　Ⓝ366.21　［5600円］

◇「非正規大国」日本の雇用と労働　伍賀一道著　新日本出版社　2014.10　362p　22cm　〈文献あり 内容：「非正規大国」日本の問題　雇用と働き方・働かせ方の今日的特徴　雇用形態の変転，リスク化する非正規雇用　間接雇用は働き方・働かせ方をどのように変えたか　正社員にも広がる無限定な働き方，長期雇用の変容　雇用と働き方の劣化の歴史的背景と今日の要因　雇用問題から見た生活保障　労働分野の規制緩和，「構造改革」政策批判　安倍政権の「雇用流動型労働改革」は何をもたらすか　「非正規大国」日本の雇用と労働　人材ビジネスと国際労働基準〉①978-4-406-05825-4　Ⓝ366.21　［2700円］

◇復旧・復興期の被災者雇用―緊急雇用創出事業が果たした役割を「キャッシュ・フォー・ワーク」の視点からみる　労働政策研究・研修機構編　労働政策研究・研修機構　2014.12　203p　30cm　（労働政策研究報告書 no. 169）Ⓝ366.21

◇本質採用―入社後すぐに活躍する人材を"育てる"採用成功のバイブル　河本英之［著］　クロスメディア・パブリッシング　2014.8　254p　19cm　〈インプレス（発売）〉①978-4-8443-7374-2　Ⓝ336.42　［1480円］

◇労働条件の設定・変更と人事処遇に関する実態調査　労働政策研究・研修機構編　労働政策研究・研修機構　2014.12　261p　30cm　（JILPT国内労働情報 2014年）Ⓝ366.21

日本（雇用政策）

◇雇用改革の真実　大内伸哉著　日本経済新聞出版社　2014.5　244p　18cm　（日経プレミアシリーズ 248）①978-4-532-26248-8　Ⓝ366.21　［850円］

◇雇用政策研究会報告書―仕事を通じた一人ひとりの成長と，社会全体の成長の好循環を目指して　［東京］　雇用政策研究会　2014.2　89p　30cm　〈タイトルは表紙による〉Ⓝ366.21

◇雇用創出基金事業の政策効果の検証　労働政策研究・研修機構編　労働政策研究・研修機構　2014.5　175p　30cm　（JILPT調査シリーズ no. 118）Ⓝ366.21

◇雇用調整の実施と雇用調整助成金の活用に関する調査　労働政策研究・研修機構編　労働政策研究・研修機構　2014.8　212p　30cm　（JILPT調査シリーズ no. 123）Ⓝ366.21

◇知って得する助成金活用ガイド―厚生労働省〈労働〉分野：プロ〈社労士〉が教える！：事業主のための　平成26年度版　社労士助成金実務研究会編　日本法令　2014.7　42p　30cm　①978-4-539-74588-5　Ⓝ366.21　［650円］

◇就労支援を問い直す―自治体と地域の取り組み　筒井美紀，櫻井純理，本田由紀編著　勁草書房　2014.5　224p　22cm　〈文献あり 索引あり　内容：「就労支援の意味」を問うことの意味（筒井美紀，長松奈美江，櫻井純理著）　国の福祉政策・労働政策の変遷（福田志織，喜始照宣，長松奈美江著）　横浜市と豊中市の概要（御旅屋達，寺地幹人著）　横浜市の就労支援政策（御旅屋達，喜始照宣，堀有喜衣ほか著）　就労支援の委託にともなう課題（筒井美紀著）　協同労働団体の連携による就労困難な若者の支援（本田由紀著）　豊中市における就労支援政策の概要（櫻井純理著）　就労支援の「出口」をめぐる模索（櫻井純理著）　連携によってつながる支援の輪（長松奈美江著）　リビング・ウェイジを生み出す飲食店（仲修平著）　ポスト日本型福祉社会における就労支援（阿部真大著）　誰もが働ける社会/生きていける社会を築く（櫻井純理著）〉①978-4-326-60266-7　Ⓝ366.21　［3000円］

日本（暦）

◇月のこよみ　2015　365日の月の満ち欠けがわかる　相馬充監修　誠文堂新光社　2014.10　103p　19cm　①978-4-416-11468-1　Ⓝ446　［900円］

日本（娯楽―辞書）

◇日本の娯楽・遊戯大事典　上　あ〜さ　中山由五郎著　大空社　2014.12　635p　22cm　〈「民衆娯樂百科全書」（太陽社出版部 大正11年刊）の複製〉①978-4-283-01310-0（set）Ⓝ790.21

◇日本の娯楽・遊戯大事典　下　し〜ゆ　中山由五郎著　大空社　2014.12　p635〜1326　32p　22cm　〈索引あり　「民衆娯樂百科全書」（太陽社出版部 大正11年刊）の複製〉①978-4-283-01310-0（set）Ⓝ790.21

日本（娯楽―歴史―昭和時代）

◇昭和の暮らしで写真回想法　2　家事と娯楽　鈴木正典監修，須藤功真解説　農山漁村文化協会　2014.2　135p　27cm　〈文献あり 索引あり〉①978-4-540-11191-4　Ⓝ493.72　［3200円］

日本（婚姻）

◇結婚の前に知っておきたい神様のこと　道前美佐緒著　相模原　青山社　2014.9　117, 37p　21cm　①978-4-88359-327-9　Ⓝ385.4　［1600円］

◇時代が求めた「女性像」　第22巻　結婚観から見る女性像　1　岩見照代監修　ゆまに書房　2014.3　236,362,11p　22cm　〈3版「初夜権」（無名出版社 大正15年刊）の複製　「婦人公論大学 結婚準備篇」（中央公論社 昭和6年刊）の複製　第15巻〜29巻までのタイトル関連情報：「女性像」の変容と変遷　布装　内容：初夜権（二階堂招久著）　婦人公論大学. 結婚準備篇〉①978-4-8433-3814-8,978-4-8433-3806-3（set）Ⓝ367.21　［22000円］

◇時代が求めた「女性像」　第23巻　結婚観から見る女性像　2　岩見照代監修　ゆまに書房　2014.3　508,5p　22cm　〈「貞操の法律」（大京社 昭和9年刊）の複製　第15巻〜29巻までのタイトル関連情報：「女性像」の変容と変遷　布装　内容：貞操の法律（大澤一六著）〉①978-4-8433-3815-5,978-4-8433-3806-3（set）Ⓝ367.21　［19000円］

◇時代が求めた「女性像」　第24巻　結婚観から見る女性像　3　岩見照代監修　ゆまに書房　2014.3　402,146,8p　22cm　〈「婦人公論大学 結婚篇」（中央公論社 昭和6年刊）の複製　「婚姻と離婚」（實文館 昭和25年刊）の複製　第15巻〜29巻までのタイトル関連情報：「女性像」の変容と変遷　布装　内容：婦人公論大学 結婚篇　婚姻と離婚（中川善之助著）〉①978-4-8433-3816-2,978-4-8433-3806-3（set）Ⓝ367.21　［20000円］

◇実効性のある少子化対策のあり方―少子高齢化への対応は日本に与えられた世界史的な役割：報告書：21世紀政策研究所研究プロジェクト　21世紀政策研究所　2014.5　123p　30cm　〈年表あり 文献あり　研究主幹：小峰隆夫〉Ⓝ334.31

◇実効性のある少子化対策のあり方―第102回シンポジウム　21世紀政策研究所編　［東京］　21世紀政策研究所　2014.10　96p　18cm　（21世紀政策研究所新書 39）〈内容：基調講演　少子化危機突破に向けて（森まさこ述）　研究報告　実効性のある少子化対策のあり方（小峰隆夫述）〉Ⓝ334.31

◇設題解説渉外戸籍実務の処理　2　婚姻編　渉外戸籍実務研究会著　改訂　日本加除出版　2014.8　414p　21cm　（レジストラー・ブックス 140）〈索引あり〉①978-4-8178-4181-0　Ⓝ324.87　［4000円］

◇大学生の結婚観・将来像に関する調査研究　中村晋介編　田川　福岡県立大学人間社会学部公共社会学科　2013.3　88枚　30cm　（社会調査実習報告書 2012年度）〈文献あり〉Ⓝ367.4

日本件名図書目録2014 Ⅰ　　　　　　　　　　　　　　　　　　　　　　　　　　　　　　　　　　日本（災害医療）

◇ビッグマミィ美奈子婚活を行く！　美奈子著，桑木みき漫画
双葉社　2014.11　159p　21cm　①978-4-575-30784-9
Ⓝ367.4　[1200円]
◇"48歳、彼氏ナシ"私でも嫁に行けた！―オトナ婚をつかみとる50の法則　衿野未矢著　文藝春秋　2014.1　255p　19cm
①978-4-16-390011-7　Ⓝ367.4　[1500円]

日本（婚姻―歴史）
◇やまとなでしこの性愛史―古代から近代へ　和田好子著　京
都　ミネルヴァ書房　2014.8　234,16p　19cm　〈文献あり　索
引あり〉①978-4-623-07105-0　Ⓝ384.7　[1800円]

日本（婚姻―歴史―昭和時代）
◇昭和の結婚　小泉和子編　河出書房新社　2014.11　159p
21cm　（らんぷの本）〈文献あり〉①978-4-309-75012-5
Ⓝ385.4　[1850円]

日本（婚姻―歴史―平安時代）
◇王朝の恋と別れ―言葉と物の情愛表現　倉田実著　森話社
2014.11　317p　20cm　〈索引あり　内容：懸想文の「言ひ初
め」　求婚相手宅での「居初め」　契りを交わす「見初め」
男と女の後朝の儀式　男の持ち物・忘れ物　男と女が見入る
鏡の影　移動する女の持ち物「櫛の箱」　『落窪物語』の離婚
事情　女が男に物を返す時　衣を残して去る女〉①978-4-
86405-070-8　Ⓝ385.4　[3200円]

日本（昆虫―図集）
◇昆虫探検（エクスプローラ）図鑑1600　川邊透著・写真　全国
農村教育協会　2014.7　367p　26cm　〈文献あり　索引あり
外箱入〉①978-4-88137-173-2　Ⓝ486.021　[3700円]
◇昆虫―里山に飛翔する生き物たち―　海野和男著　NHK出版
2014.7　175p　26cm　〈文献あり　索引あり〉①978-4-14-
081646-2　Ⓝ486.021　[2400円]

日本（コンテンツビジネス）
◇インターネットビジネスの著作権とルール　福井健策編，福
井健策，池村聡，杉本誠司，増田雅史著　著作権情報センター
2014.7　270p　21cm　（エンタテインメントと著作権―初歩
から実践まで―　5）〈文献あり　索引あり〉①978-4-88526-
076-6　Ⓝ021.2　[2400円]
◇デジタルコンテンツの著作権Q&A　結城哲彦著　中央経済社
2014.5　198p　21cm　〈文献あり　索引あり〉①978-4-502-
10281-3　Ⓝ021.2　[2400円]
◇日常でコンテンツを扱う際の著作権　入門・初級編　上原伸
一著　あみのさん　2014.2　127p　30cm　①978-4-900585-
03-4　Ⓝ021.2　[1000円]
◇ブロードバンド・モバイルサービス総調査　2013　研究開発
本部第二研究開発部門調査・編集　富士キメラ総研　2013.1
280p　30cm　①978-4-89443-665-7　Ⓝ007.35　[120000円]
◇ブロードバンド・モバイルサービス総調査　2014　研究開発
本部第二研究開発部門調査・編集　富士キメラ総研　2014.1
311p　30cm　①978-4-89443-700-5　Ⓝ007.35　[120000円]
◇メディア・ソフトの制作及び流通の実態に関する調査研究―報
告書　総務省情報通信政策研究所　2014.9　164p　30cm
Ⓝ007.35
◇メディアミックス化する日本　大塚英志著　イースト・プレ
ス　2014.10　335p　18cm　（イースト新書　039）①978-4-
7816-5039-9　Ⓝ007.35　[907円]

日本（コンピュータ―歴史―昭和後期）
◇ホビーパソコン興亡史―国産パソコンシェア争奪30年の歴史
前田尋之著　オークラ出版　2014.10　255p　19cm　〈文献あ
り　年表あり〉①978-4-7755-2328-5　Ⓝ548.2　[1500円]

日本（コンピュータ教育）
◇ICTを利活用した大学間連携による簿記会計教育の研究―日本
簿記学会簿記教育研究部会最終報告　［東京］　日本簿記学会
2014.8　95p　30cm　〈文献あり〉Ⓝ336.91
◇ICTの活用による学習に困難を抱える子供たちに対応した指導
の充実に関する調査研究―通常の学級編　成果報告書　［仙
台］　宮城教育大学　2014.3　92p　30cm　〈平成25年度文部科
学省委託事業〉Ⓝ378
◇「ICTの活用による学習に困難を抱える子供たちに対応した指
導の充実に関する調査研究―通常の学級編」報告書　熊谷恵
子，菅野和恵，遠藤寛子，大島由之，飯田順子編　筑波大学附属
学校教育局学校支援課連携協力担当　2014.3　92p　30cm
〈平成25年度文部科学省調査研究委託事業〉Ⓝ378
◇「ICTの活用による学習に困難を抱える子供たちに対応した指
導の充実に関する調査研究報告書　「ICTの活用による学習に困
難を抱える子供たちに対応した指導の充実に関する調査研究」
調査研究委員会，ICTの活用による学習に困難を抱える子供た

ちに対応した指導の充実に関する調査研究委員会編　［加東］
「ICTの活用による学習に困難を抱える子供たちに対応した指
導の充実に関する調査研究」調査研究委員会編　2014.3　74p
30cm　〈平成25年度文部科学省委託事業　共同刊行：兵庫教育
大学〉Ⓝ378
◇教育分野におけるICT利活用推進のための情報通信技術面に関
するガイドライン2014　中学校・特別支援学校版
総務省情報流通行政局情報通信利用促進課　［2014］　236p
30cm　〈2014　中学校・特別支援学校版のタイトル関連情報：
実証事業の成果をふまえて〉Ⓝ375.199
◇教育用コンピュータ等に関するアンケート調査―報告書　第9
回　日本教育情報化振興会編　日本教育情報化振興会　2014.
5　151p　30cm　Ⓝ375.199
◇つなぐ・かかわる授業づくりタブレット端末を活かす実践52
事例　D-project編集委員会編　学研教育出版　2014.12
175p　26cm　（Gakken ICT Books）〈学研マーケティング
（発売）〉①978-4-05-406161-3　Ⓝ375.199　[2000円]
◇デジタル教育宣言―スマホで遊ぶ子ども、学ぶ子どもの未来
石戸奈々子［著］　KADOKAWA　2014.12　205p　19cm
（角川EPUB選書　017）①978-4-04-080022-6　Ⓝ375.199
[1400円]
◇学びのイノベーション事業実証研究報告書　文部科学省生涯
学習政策局情報教育課　[2014]　327p　30cm　Ⓝ375.199
◇学びのイノベーション事業実証研究報告書　別冊資料編　［東
京］　文部科学省　[2014]　278p　30cm　Ⓝ375.199

日本（コンピューターゲーム―統計）
◇CESA一般生活者調査報告書―日本・韓国ゲームユーザー＆非
ユーザー調査　2014　コンピュータエンターテインメント協
会　2014.5　248p　30cm　①978-4-902346-29-9　[6000円]

日本（婚礼）
◇結婚の前に知っておきたい神様のこと　道524美佐緒著　相模
原　青山社　2014.9　117, 37p　21cm　①978-4-88359-327-9
Ⓝ385.4　[1600円]
◇心にしみたセレブウェディング―人生のステージが変わる、私
にも出来るリアルエピソード　長谷川高士著　主婦の友イン
フォス情報社　2014.6　223p　19cm　〈主婦の友社（発売）〉
①978-4-07-294496-7　Ⓝ385.4　[1400円]
◇和装の花嫁と列席者の装いバイブル　山野愛子ジェーン監修
世界文化社　2014.4　128p　30cm　①978-4-418-14401-3
Ⓝ385.4　[1500円]

日本（災害―情報サービス）
◇デジタル・ネットワーキングの展開　干川剛史著　京都　晃
洋書房　2014.10　218p　22cm　〈文献あり　索引あり〉①978-
4-7710-2567-7　Ⓝ369.3　[2700円]

日本（災害―法令）
◇災害と法　小柳春一郎編　国際書院　2014.11　222p　21cm
（法文化叢書―歴史・比較・情報―　12）〈索引あり　内容：前
近代日本における災害と法・政治（松園潤一朗著）災害復興に
おける国家と私権のゆくえ（金子良事著）　大規模災害と借地
借家（小柳春一郎著）　東日本大震災を契機とする日本の婚姻
法制度への示唆（宮本ともみ著）　インドネシア・アチェ津波
被災者支援から東北大震災津波被害者支援まで（稲葉一人著）
国際裁判における文化的考察の意義（高崎理子著）〉①978-4-
87791-262-8　Ⓝ369.3　[3600円]

日本（災害―歴史）
◇古地図が語る大災害―絵図・瓦版で読み解く大地震・津波・大
火の記憶　本渡章著　大阪　創元社　2014.12　158p　21cm
〈文献あり　索引あり〉①978-4-422-25078-6　Ⓝ210.17
[2000円]
◇大規模災害における民俗（民族）知の援用に関する実践的研究
―研究成果報告書（手引書）平成24年度～平成25年度東北大学災害
科学国際研究所特定プロジェクト研究（共同研究）東北芸術工科
大学東北文化研究センター編　［山形］　東北芸術工科大学東
北文化研究センター　2014.2　67p　30cm　〈研究代表：田口
洋美〉Ⓝ369.3

日本（災害―歴史―平成時代―年表）
◇平成災害史事典　平成21年～平成25年　日外アソシエーツ編
集部編　日外アソシエーツ　2014.3　493p　22cm　〈紀伊國屋
書店（発売）〉①978-4-8169-2462-0　Ⓝ369.3　[13000円]

日本（災害医療）
◇糖尿病医療者のための災害時糖尿病診療マニュアル　日本糖
尿病学会編・著　文光堂　2014.3　102p　26cm　〈索引あり〉
①978-4-8306-1386-9　Ⓝ493.123　[1400円]
◇標準多数傷病者対応MCLSテキスト　日本集団災害医学会監
修，大友康裕編集　ぱーそん書房　2014.5　82,2p　30cm　〈索
引あり〉①978-4-907095-12-3　Ⓝ498.021　[2000円]

日本（災害救助）

◇福島原発災害後の国民の健康支援のあり方について―平成25年度日本医師会総合政策研究機構・日本学術会議共催シンポジウム　日本医師会　2014.7　110p　26cm〈会期・会場：平成26年2月22日　日本医師会大講堂　内容：講演　事故由来放射性物質による影響の総合的理解と環境回復に向けた課題（森口祐一述）　福島原発災害後の被災者の健康支援の現状と課題（木田光一述）　国や福島県の健康支援に信頼が得られるために（島薗進述）　科学と地域の架け橋（後藤あや述）「健康に対する権利」の視点からみた、福島原発災害後の政策課題（伊藤和子述）　被ばく医療の現状からみた福島（明石真言述）　パネルディスカッション　福島原発災害後の国民の健康支援のあり方について（森口祐一ほか述）〉Ⓝ493.195

日本（災害救助）

◇災害時における食とその備蓄―東日本大震災を振り返って、首都直下型地震に備える　新潟大学地域連携フードサイエンスセンター編　建帛社　2014.8　93p　21cm〈内容：震災と食（服部佳功著）　非常食から災害食へ（別府茂著）　非常食をはじめとする防災備蓄用品の流通のあり方（守茂昭著）　災害食の機能と備え（奥田和子著）〉①978-4-7679-6177-4　Ⓝ369.3　［1800円］

◇災害時における透析医療活動マニュアル　東京都福祉保健局保健政策部疾病対策課編　改訂版　東京都福祉保健局保健政策部疾病対策課　2014.3　76p　30cm　Ⓝ498.021

◇災害時要援護者の広域支援体制の検討と基盤づくり　災害福祉広域支援ネットワーク・サンダーバード　2013.3　1冊　30cm〈平成24年度セーフティネット支援対策等事業費補助金社会福祉推進事業〉Ⓝ369.3

◇消防・救助技術の高度化等検討会報告書　平成25年度　消防・救助技術の高度化等検討会［編］　［東京］　消防庁・国民保護・防災部参事官室　2014.3　1冊　30cm〈共同刊行：消防庁予防課特殊災害室〉Ⓝ317.79

◇東日本大震災における自治体間広域支援に関する調査　山口大学人文学部社会学コース編　山口　山口大学人文学部社会学コース　2013.3　93p　30cm（山口地域社会研究シリーズ28）Ⓝ369.3

日本（災害救助―法令）

◇災害弔慰金等関係法令通知集　平成26年版　災害救助実務研究会編集　第一法規　2014.8　315p　21cm　①978-4-474-02990-3　Ⓝ369.3　［3200円］

日本（災害廃棄物処理）

◇廃棄物関連試料の放射能分析方法に関する調査委託業務報告書　平成25年度　［東京］　廃棄物資源循環学会　2014.3　184p　31cm〈文献あり〉Ⓝ518.52

◇放射性物質に汚染された廃棄物の測定等業務報告書　平成25年度　［さいたま］　環境管理センター　2014.3　129p　30cm　Ⓝ518.52

日本（災害復興）

◇共存学　2　災害後の人と文化、ゆらぐ世界　國學院大學研究開発推進センター編、古沢広祐責任編集　弘文堂　2014.2　259p　22cm〈1は「共存学：文化・社会の多様性」が該当　内容：震災復興に伝統文化の力をどう活かすか？（小島美子述）　逆境に立ち向かう（佐々木健述）　被災地における無形伝承の復興と情報ネットワーク（久保田裕道著）　宗教を越えた災害支援のネットワーク（黒崎浩行著）　復興支援における共存と祭礼行事のかかわり（板井正斉著）　自然災害との共存（藤本頼生著）　自然災害と地域振興（筒井裕著）　静岡県・旧伊東町における源泉開発の展開と旅籠立地の変化（赤澤加奈子著）　日本の近代化と公害・原発災害（菅井益郎著）　日鮮同祖論と公害（菅浩二著）　共存のインターフェイス（濱田陽著）「共存」について（苅田真司著）　現代世界・文明の在り方をどう展望するか？（古沢広祐著）〉①978-4-335-16074-5　Ⓝ361　［2500円］

◇災害資本主義と「復興災害」―人間復興と地域生活再生のために　池田清著　水曜社　2014.10　242p　21cm（文化とまちづくり叢書）〈索引あり〉①978-4-88065-345-7　Ⓝ369.3　［2700円］

◇3.11後の日本と国際社会―第24回獨協インターナショナル・フォーラム：バイリンガル版　岡宮昭一、岡垣知子編　丸善プラネット　2014.2　252p　22cm〈丸善出版（発売）　英語併記　内容：防災型復興のパラダイム（猪口邦子述、岡垣知子司会）　パネルディスカッション　1（帰井溝ほか述、岡垣知子司会・討論）　東日本大震災とその復興（五百旗頭真述、岡垣知子司会）　パネルディスカッション　2（雨宮昭一ほか述、ロバート・デュジャリック討論、岡垣知子司会）〉①978-4-86345-191-9　Ⓝ369.31　［3000円］

日本（災害復興）

◇士業・専門家の災害復興支援―1・17の経験、3・11の取り組み、南海等への備え　阪神・淡路まちづくり支援機構付属研究会編　京都　クリエイツかもがわ　2014.1　202p　21cm（震災復興・原発震災提言シリーズ　5）〈内容：東日本に向かった「熱き志」（津久井進著）　大船渡復興私記（塩崎賢明著）　避難所をまわる相談活動（斎藤浩著）　市民まちづくりの視点（野崎隆一著）　支援自治体との協力（上原正裕著）　実態を調べ政策つくる（平山洋介著）　災害復興と専門士業の役割（津久井進著）　復興支援Q&Aの役割と課題（森川憲二著）　きめ細かい相談と紛争解決、立法活動（日本弁護士連合会著）　税務還付対象者の拡大など税務制度の改善を提言（近畿税理士会著）　どんな状況下でも公共性を発揮するために（兵庫県社会保険労務士会著）　災害に備える不動産評価へ（近畿不動産鑑定士協会連合会著）　土地境界線の移動と地図の重要性（土地家屋調査士会近畿ブロック協議会著）　緊急時の活動は日常活動の延長線上にある（近畿建築士会協議会著）　確立された被災建築物応急危険度判定システム（兵庫県建築士会著）　建物の耐震診断と耐震強化へ（兵庫県建築士事務所協会著）　科学技術に関するすべての分野で貢献（日本技術士会近畿本部著）　新しい問題「放射能不安」（水野義之著）　支援機構の全国化（永井幸寿著）　関西広域連合との協力（河瀬真著）〉①978-4-86342-127-1　Ⓝ369.31　［2200円］

◇震災復旧・復興と「国の壁」　神谷秀之著　［東京］　公人の友社　2014.6　173p　21cm（自治体〈危機〉叢書）①978-4-87555-645-9　Ⓝ369.31　［2000円］

◇震災復興と仏教界―週刊仏教タイムス・ダイジェスト（2012年2月―2014年1月）　佛教タイムス編集部編　佛教タイムス社　2014.3　80p　30cm（東日本大震災報道　2）①978-4-938333-05-8　Ⓝ182.1　［1000円］

◇政府財政支援と被災自治体財政―東日本・阪神大震災と地方財政　高寄昇三著　公人の友社　2014.2　128p　21cm（自治体〈危機〉叢書）〈文献あり〉①978-4-87555-634-3　Ⓝ349.21　［1600円］

◇東日本大震災からの経済復興と都市自治体財政の課題　日本都市センター編　日本都市センター　2014.3　7,156p　30cm　①978-4-904619-81-0　Ⓝ349.9　［1000円］

◇復旧・復興期の被災者雇用―緊急雇用創出事業が果たした役割を「キャッシュ・フォー・ワーク」の視点からみる　労働政策研究・研修機構編　労働政策研究・研修機構　2014.12　203p　30cm（労働政策研究報告書 no. 169）Ⓝ366.21

◇復興への基軸―世界の構造転換と日本の進路：講演会報告書：全労済協会報告書　全国勤労者福祉・共済振興協会　2014.9　37p　30cm　Ⓝ518.8

◇復興〈災害〉―阪神・淡路大震災と東日本大震災　塩崎賢明著　岩波書店　2014.12　197p　18cm（岩波新書　新赤版 1518）①978-4-00-431518-6　Ⓝ369.31　［780円］

◇防災・減災・復旧被災地からおくるノウハウ集―水害現場でできたこと、できなかったこと　水害サミット実行委員会編　新改訂　毎日新聞社　2014.3　211p　21cm〈初版のタイトル等：被災地からおくる防災・減災・復旧ノウハウ（ぎょうせい2007年刊）〉Ⓝ369.3

◇林業の創生と震災からの復興　久保田宏, 中村元, 松田智著　日本林業調査会　2013.7　130p　21cm　①978-4-88965-232-1　Ⓝ652.1　［1500円］

日本（災害復興―情報サービス）

◇デジタル・ネットワーキングの展開　干川剛史著　京都　晃洋書房　2014.10　218p　22cm〈文献あり　索引あり〉①978-4-7710-2567-7　Ⓝ369.3　［2700円］

日本（災害復興―法令）

◇災害復興法学　岡本正著　慶應義塾大学出版会　2014.9　303p　21cm〈文献あり　索引あり〉①978-4-7664-2163-7　Ⓝ369.31　［2800円］

◇防災の法制度に関する立法政策的研究―客員研究官論文　その1　生田長人, 周藤利一［著］　国土交通省国土交通政策研究所　2014.3　169p　30cm（国土交通政策研究　第114号）Ⓝ369.3

日本（災害予防）

◇安全・安心と地域マネジメント　堀井秀之, 奈良由美子編著　放送大学教育振興会　2014.3　235p　21cm（放送大学教材）〈［NHK出版（発売）］　索引あり〉①978-4-595-31478-0　Ⓝ369.3　［2300円］

◇気象災害を科学する　三隅良平著　ベレ出版　2014.5　271p　19cm（BERET SCIENCE）〈文献あり　年表あり〉①978-4-86064-394-2　Ⓝ451.981　［1600円］

◇高齢者向け住まいにおける防災対策としての訓練のあり方に関する調査研究とその普及啓発事業―報告書　浜銀総合研究所経営コンサルティング部編　横浜　浜銀総合研究所経営コンサルティング部　2014.3　82p　30cm〈平成25年度老人保健事業推進費等補助金老人保健健康増進等事業〉Ⓝ369.263

◇国土強靱化—その内実を問う　後藤・安田記念東京都市研究所　2014.6　83p　21cm　（「都市問題」公開講座ブックレット 31）〈内容：災害に強い地域づくり（大西隆述）パネルディスカッション（池上岳彦ほか述, 新藤宗幸司会）〉Ⓘ978-4-924542-59-4　Ⓝ369.3　［463円］

◇国土強靱化—日本、アジア、そして世界における災害と対峙する　自民党国土強靱化総合調査会編, 藤井聡監修　東亜総研 2014.12　374p　19cm〈アスペクト（発売）「日本を強くしなやかに その1～その3」（国土強靱化総合研究所 2012～2013年刊）の改題、一部を抜粋し編纂　内容：国土強靱化の本質（武部勤著）日本を、取り戻す。（安倍晋三著）大自然の中で暮らし続けるために（山谷えり子著）平時の有効活用/有事に機能発揮「防災・国土強靱化」（古屋圭司著）国土強靱化宣言 その1（二階俊博述）国土強靱化宣言 その2（二階俊博述） 国土強靱化宣言 その3（二階俊博述）稲むらの火（大下英治述）東日本大震災の教訓（月尾嘉男述）国土の強靱化とは（森田実述）強くしなやかな国を目指して（藤井聡述）東アジアのネットワークの中での日本の強靱化について（西村英俊述）しなやかでタフな国土（竹村公太郎述）道路の強靱化とは（大石久和述）国土強靱化に向けて（御手洗冨士夫述） 働くことを軸とする安心社会に向けて（古賀伸明述）国土強靱化アクションプラン（自由民主党国土強靱化総合調査会著）〉Ⓘ978-4-7572-2391-2　Ⓝ369.3　［1500円］

◇災害を生き抜く—災害大国ニッポンの未来をつくる　広瀬敏通著　みくに出版　2014.2　229p　19cm〈文献あり〉Ⓘ978-4-8403-0536-5　Ⓝ369.3　［1500円］

◇災害時における食とその備蓄—東日本大震災を振り返って, 首都直下型地震に備える　新潟大学地域連携フードサイエンスセンター編　建帛社　2014.8　93p　21cm〈内容：震災と食（服部佳功著）非常食から災害食へ（別府茂著）非常食をはじめとする防災備蓄用品の流通のあり方（守茂昭著）災害食の機能と備え（奥田和子著）〉Ⓘ978-4-7679-6177-4　Ⓝ369.3 ［1800円］

◇災害時の介護—介護施設が巻き込まれる5つの変化　鈴木俊文, 立花明彦編集　岐阜　みらい　2014.3　95p　26cm　Ⓘ978-4-86015-318-2　Ⓝ369.263　［1200円］

◇災害伝承—命を守る地域の知恵　高橋和雄編著　古今書院 2014.5　201p 図版16p　21cm〈内容：歴史地震資料から学ぶ（原田隆典著）寛政の雲仙普賢岳噴火の災害伝承（井上公夫著）平成の雲仙普賢岳噴火の災害伝承（杉本伸一著）災害伝承「念仏講まんじゅう」（高橋和雄, 緒續英章著）記念碑が伝える桜島大正噴火（岩松暉著）東日本大震災の震災遺構保存（首藤伸夫, 大石雅之著）災害伝承の活用・災害遺構の保存に向けて（原田隆典, 井上公夫, 杉本伸一ほか著）〉Ⓘ978-4-7722-4174-8　Ⓝ369.3　［2800円］

◇災害と闘う　小里泰弘著　創英社/三省堂書店　2014.11 282p　19cm　Ⓘ978-4-88142-884-9　Ⓝ369.3　［1500円］

◇災害に強いまちづくり　part 5　建設物価サービス編　建設物価サービス　2014.3　51p　26cm　（建設物価）Ⓝ369.3 ［非売品］

◇自衛防災組織等の防災活動の手引き　［東京］　消防庁特殊災害室　2014.2　176p　30cm〈文献あり　「石油コンビナート等防災体制検討会報告書」別冊〉Ⓝ575.5

◇自然災害地研究　池田碩著　大津　海青社　2014.3　8,230p 26cm〈内容：兵庫県南部地震と地形条件　よみがえった震災地「玄界島」/2005年　イタリア中部古都ラクイラで発生した震災/2009年　兵庫県南部〈阪神淡路〉大地震と東北地方太平洋沖地震との比較　東北地方太平洋沖大地震に伴う陸前高田市周辺地域の津波の実態/2011年　東北地方太平洋沖大地震に伴う宮古市「田老地区」津波の実態/2011年　大阪湾岸低地域での震災を考える　亀の瀬地すべり/1903・1931・1967年　U.S.A.ユタ州融雪時に発生した大規模地すべり/1983年　長野市地附山の地すべり/1985年　京都府の南山城大水害/1953年 比叡山地の自然・開発・災害　香川県小豆島の豪雨による土石流災害/1974・1976年　U.S.A.ソルトレークの市街を襲った融雪洪水/1983年　新潟県南部59豪雪地帯を歩く/1984年　京都府南山城豪雨災害/1986年　京都府南部を襲ったゲリラ豪雨災害/2012年〉Ⓘ978-4-86099-290-3　Ⓝ369.3　［3400円］

◇実践！ 園防災まるわかりBOOK　国崎信江著　メイト 2014.7　87p　26cm　（ひろばブックス）Ⓘ978-4-86051-125-8　Ⓝ376.14　［1800円］

◇実践的な防災訓練の普及に向けた事例調査報告書　［東京］ 消防庁応急対策室　2014.3　205p　30cm　Ⓝ369.3

◇児童館のための防災・減災ハンドブック　児童健全育成推進財団企画・編集　児童健全育成推進財団　2013.3　64p　21cm 〈年表あり　文献あり〉Ⓝ369.4

◇社会的紐帯と地域資源を活用した減災まちづくりに関する研究—調査研究報告書　神谷大介, 赤松良久, 永野博之［著］, 第一生命財団編　第一生命財団　2014.6　71p　30cm〈文献あり〉Ⓝ369.3　［非売品］

◇石油コンビナート等防災体制の現況　［東京］　消防庁特殊災害室　2014　168p　30cm　Ⓝ575.5

◇大規模災害概論　矢代晴実編著, 林孝幸, 岡崎豪共著　コロナ社　2014.11　150p　22cm〈索引あり〉Ⓘ978-4-339-05240-4 Ⓝ369.3　［2200円］

◇大災害時に物流を守る—燃料多様化による対応を　早稲田大学マーケティング・コミュニケーション研究所編　早稲田大学出版部　2014.4　84p　21cm　（早稲田大学ブックレット）〈内容：エネルギーセキュリティの視点（恩藏直人, 永井竜之介著）被災者の命をつないだ物流（永井竜之介, 恩藏直人著） 震災現場で使命を果たす公的機関（永井竜之介著）震災を経て進む店舗の防災対応（傍士和正著）震災後に考える燃料問題（山本昇著）天然ガス自動車とは（田中論著）もう1つの天然ガス自動車（内藤章, 浅井広志, 大竹重夫著）災害に強い社会システムを（杉本雅之著）〉Ⓘ978-4-657-14301-3　Ⓝ537.24　［1200円］

◇「都市における災害対策と議会の役割」に関する調査研究報告書　［東京］　都市行政問題研究会　2014.2　250p　30cm 〈共同刊行：全国市議会議長会〉Ⓝ369.3

◇土砂災害から命を守る—知っておくべきこと＋なすべきこと 池谷浩著　五月書房　2014.10　189p　19cm〈文献あり〉 Ⓘ978-4-7727-0510-3　Ⓝ369.3　［1600円］

◇ひとりひとりの『災害対策』—知識のワクチン　白濱龍興著 増補版　内外出版　2013.3　189p　21cm〈文献あり〉Ⓘ978-4-905285-17-5　Ⓝ369.3　［1800円］

◇防火管理者・防災管理者の役割と仕事—これ1冊ですべてわかる：災害時の対応法までを徹底解説　東京防災設備保守協会著　日本能率協会マネジメントセンター　2014.3　445p 21cm　Ⓘ978-4-8207-4873-1　Ⓝ369.3　［3800円］

◇防火・防災管理の実務　東京消防庁監修　増補改訂版　東京防災救急協会　2014.4　167p　30cm　Ⓝ317.79　［1000円］

◇防火・防災管理の知識　東京消防庁監修　改訂版　東京防災救急協会　2014.4　370p　30cm　Ⓝ369.3　［1500円］

◇防災管理の知識　東京消防庁監修　第5版　東京防災救急協会 2014.4　135p　30cm　Ⓝ369.3　［1000円］

◇防災に関してとった措置の概況・平成26年度の防災に関する計画　［東京］　［内閣府］　［2014］　310, 98p　30cm〈年表あり　第186回国会（常会）提出〉Ⓝ369.3

◇「南九州から南西諸島における総合的防災研究の推進と地域防災体制の構築」報告書　鹿児島　鹿児島大学地域防災教育研究センター　2014.3　305p　30cm〈文献あり　平成25年度国立大学法人運営費交付金特別経費（プロジェクト分）－地域貢献機能の充実〉Ⓝ369.3

◇歴史文化を大災害から守る—地域歴史資料学の構築　奥村弘編　東京大学出版会　2014.1　422,23p　22cm〈年表あり 索引あり　内容：なぜ地域歴史資料学を提起するのか（奥村弘著）歴史資料を千年後まで残すために（平川新著）地域資料学を構想する糸口（市沢哲著）とらえなおされる地域歴史資料（三村昌司著）震災を次代に伝えるために（佐々木和子著） 地域の歴史・文化資料とどのように向き合うか（久留島浩著） 地域歴史資料の「保全」から「活用」へ（坂江渉著）過疎化が進む地域と資料のゆくえ（小林准士著）歴史資料を守り、伝えるために（寺内浩著）「宮城方式」での保全活動・一〇年の軌跡（佐藤大介著）文化大国NIPPONの裏側（多仁照廣著） 土蔵まるごとの救出から広域災害支援へ（矢田俊文著）多くの人に支えられた救出活動（伊藤昭弘著）予防ネットという考え方（今津勝紀著）大規模災害時における資料保全ネットの活動（蝦名裕一著）ふつうの人びとの資料レスキュー（小林貴宏著）「忘却」される"歴史"（安田隼人著）災害時「未把握資料」の救出・保全をめぐる問題（山川千博著）歴史資料保全における福島県の課題（本間宏, 阿部浩一著）ブンカザイを空疎な言葉にしないために（白水智著）被災史料を"みんな"で守るために（川内淳史, 板垣貴志, 添田仁著）民間所在史料保全のためのネットワーク形成（松下正和著）水濡れ史料の吸水乾燥ワークショップの展開（河野未央著）多仁式漉き嵌め法による資料修復と水損資料の脱水試験（多仁照廣著） 水損史料の凍結真空乾燥処理、および関連処置について（内田俊秀著）津波被災歴史資料とボランティア（天野真志著） イタリアにおける被災文書資料救出事例の検討（内田俊秀著） 災害から歴史的環境を守るために（足立裕司著）〉Ⓘ978-4-13-020152-0　Ⓝ014.72　［5800円］

日本（災害予防—情報サービス）

◇原子力発電所災害時の避難指示等の情報伝達と安定ヨウ素剤の服用に関する研究—原発事故の『情報災害』への対応と実効性のある『安定ヨウ素剤』の配布・服用　［東京］　日医総研

に

日本（災害予防―法令）

2014.9 1冊 30cm （日本医師会総合政策研究機構ワーキングペーパー no. 324）Ⓝ369.31

◇災害情報伝達手段の整備等に関する手引き―住民への情報伝達手段の多様化実証実験：災害情報伝達手段に関するアドバイザー派遣事業 ［東京］ 総務省消防庁防災情報室 2014.3 151p 30cm Ⓝ369.3

◇災害情報伝達手段の整備に関する手引き―住民への情報伝達手段の多様化実証実験 ［東京］ 総務省消防庁防災情報室 2013.3 116p 30cm Ⓝ369.3

◇同報系防災無線システムの低廉化に向けた調査検討―報告書 同報系防災無線システムの低廉化に向けた調査検討会［著］ 広島 総務省中国総合通信局無線通信部企画調整課 2014.3 45, 9, 7p 30cm Ⓝ369.3

日本（災害予防―法令）

◇防災の法制度に関する立法政策的研究―客員研究官論文 その1 生田長人, 周藤利一［著］ 国土交通省国土交通政策研究所 2014.3 169p 30cm （国土交通政策研究 第114号）Ⓝ369.3

日本（災害予防―歴史）

◇自然災害の記憶と教訓―防災・減災project now 日本建設業連合会広報委員会企画・編集 日本建設業連合会 2014.3 79p 30cm （建設業界 architecture & civil engineering 特別号）〈年表あり〉Ⓝ369.3

日本（債券）

◇日本クレジット市場の特徴と投資分析 後藤文人著 中央経済社 2014.2 304p 22cm 〈文献あり 索引あり〉①978-4-502-08490-4 Ⓝ338.154 ［3400円］

日本（債権回収）

◇営業店担当者のための債権回収の強化書―債権回収の基本ノウハウを18項目に集約 黒木正人著 近代セールス社 2013.12 201p 21cm ①978-4-7650-1218-8 Ⓝ324.4 ［1800円］

◇債権回収の知識と実務 東京弁護士会弁護士研修センター運営委員会編編 ぎょうせい 2014.2 260p 21cm （弁護士専門研修講座）〈内容：リアル民事執行(箭内隆道著) 消費者事件における債権回収(荒井哲朗著) 動産売買先取特権の活用(黒嵜隆著) 倒産事案における債権回収(山宮慎一郎著)〉①978-4-324-09601-7 Ⓝ324.4 ［2500円］

◇債権回収早わかり 蓑毛良和, 志甫治宣編著 商事法務 2014.2 224p 21cm 〈索引あり〉①978-4-7857-2159-6 Ⓝ324.4 ［2500円］

◇超実践債権保全・回収バイブル―基本のマインドと緊急時のアクション 北島敬之, 淵邊善彦編著 ［東京］ レクシスネクシス・ジャパン 2014.4 338p 21cm 〈文献あり 索引あり〉①978-4-902625-62-2 Ⓝ324.4 ［3500円］

◇通常の債権回収から担保権・保証まで 虎門中央法律事務所編 民事法研究会 2014.12 812p 21cm （現代債権回収実務マニュアル 1）①978-4-89628-981-7 Ⓝ324.4 ［7500円］

◇弁護士に学ぶ！ 債権回収のゴールデンルール―迅速かつ確実な実践的手法 奥山倫行著 民事法研究会 2014.4 270p 19cm ①978-4-89628-933-6 Ⓝ324.4 ［1800円］

◇与信・債権回収管理ハンドブック―実戦的な問題解決のノウハウ：Business Handbook 橋本喜治著 改訂新版 セルバ出版 2014.2 343p 21cm 〈創英社/三省堂書店（発売）〉①978-4-86367-147-8 Ⓝ324.4 ［2800円］

日本（債権法）

◇Q&A債権法改正かわる金融取引 金融財政事情研究会編 金融財政事情研究会 2014.11 64p 26cm 〈きんざい（発売）〉①978-4-322-12626-6 Ⓝ324.4 ［1000円］

◇債権法改正に関する比較法的検討―日独法の視点から：独日法律家協会・日本比較法研究所シンポジウム記録集 只木誠, ハラルド・バウム編 八王子 中央大学出版部 2014.6 439p 22cm （日本比較法研究所研究叢書 96）〈ドイツ語抄訳付 内容：債権法改正に関する概観(奥田昌道著) Gründe, Ziele, Konzeption und Probleme der Schuldrechtsreform (Birgit GRUNDMANN著) 債権不履行法改正論議の行方とその中間評価(山本豊著) Systematik und Neuordnung von Leistungsstörungs-und Gewährleistungsrecht im deutschen Recht (Stephan LORENZ著) 日本とドイツの債権譲渡法制の比較(池田真朗著) Zur Entwicklung des Rechts der Forderungsabtretung aus deutscher Sicht (Moritz BÄLZ著) 消費者法と債権法改正(松本恒雄著) Verbraucherschutz und Schuldrechtsmodernisierung (Karl RIESENHUBER著) 日本の債権法改正論議における保証の問題の検討状況(山野目章夫著) Der Schutz des Bürgen (Mathias HABERSACK著) 継続的契約の終了(高田

淳著) Das Kontinuitätsinteresse bei der Kündigung von Dauerschuldverträgen (Marc-Philippe WELLER著)「債権法改正に関する比較法的検討」の趣旨(笠井修述) 債権法改正への歩みと現在の概観(奥田昌道述) ドイツにおける債務法現代化の状況(Jürgen SCHMIDT-RÄNTSCH述, 新井誠訳) 債務不履行(山本豊述, Matthias K.SCHEER訳, 山本豊監修) 給付障害法と瑕疵担保責任の体系化と再編成(Stephan LORENZ述, 森光訳) 日本の債権譲渡法制と債権法改正中間試案への意見(池田真朗述, Marc DERNAUER訳) ドイツの観点からの債権譲渡法の展開(Moritz BÄLZ述, 遠藤研一郎訳) 債権法改正と消費者保護(松本恒雄述, Matthias K.SCHEER訳) 消費者保護と債務法の現代化(Karl RIESENHUBER述, 古積健三郎訳) 日本の債権法改正論議における保証の問題の検討状況(山野目章夫述, Marc DERNAUER訳) 保証人の保護(Mathias HABERSACK述, 森勇訳) 継続的契約の終了(高田淳述) 継続的契約の解約告知における継続性の利益(Marc-Philippe WELLER述, 高田淳訳) Der Schuldrechtsreform-Entwurf (Marc DERNAUER述)〉①978-4-8057-0595-7 Ⓝ324.4 ［5500円］

◇債権法改正の論点とこれからの検討課題 瀬川信久編著 商事法務 2014.10 276p 26cm （別冊NBL No.147）〈内容：錯誤・不実表示(三枝健治編) 民法の契約と消費者契約(後藤巻則著) 解除と危険負担(磯村保著) 詐害行為取消権(瀬川信久著) 債権譲渡(白石大著) 契約交渉段階の法的責任(山城一真著) 消費貸借(鎌野邦樹著)〉①978-4-7857-7119-5 Ⓝ324.4 ［2700円］

◇債権法総論 柳勝司, 采女博文編著, 矢舗渉, 森田悦史, 齋田統, 足立清人著 京都 嵯峨野書院 2014.5 283p 21cm （スタンダール民法シリーズ 3）〈文献あり 索引あり〉①978-4-7823-0539-3 Ⓝ324.4 ［2600円］

◇速報！ 現行条文比較債権法改正 東京弁護士会法友全期会債権法改正特別委員会編 第一法規 2014.10 145p 21cm ①978-4-474-03346-7 Ⓝ324.4 ［1800円］

◇プリメール民法 3 債権総論 大島和夫, 髙橋眞, 玉樹智文, 山田希著 第3版 京都 法律文化社 2014.10 265p 21cm （αブックス）〈文献あり 索引あり〉①978-4-589-03625-4 Ⓝ324 ［2800円］

◇民法〈債権関係〉の改正に関する要綱仮案における重要項目 兵庫県弁護士会民法改正検討プロジェクトチーム編 神戸 兵庫県弁護士会 2014.12 101p 30cm Ⓝ324.4

◇民法〈債権関係〉の改正に関する要綱仮案の概要 潮見佳男著 金融財政事情研究会 2014.12 252p 21cm 〈きんざい（発売）〉①978-4-322-12629-7 Ⓝ324.4 ［2500円］

◇民法〈債権関係〉部会資料集 第2集〈第7巻〉 第50回～第54回 会議議事録と部会資料 商事法務編 商事法務 2014.2 598p 21cm 〈索引あり〉①978-4-7857-2154-1 Ⓝ324.4 ［6800円］

◇民法〈債権関係〉部会資料集 第2集〈第8巻〉 第55回～第59回 会議議事録と部会資料 商事法務編 商事法務 2014.5 656p 21cm 〈索引あり〉①978-4-7857-2191-6 Ⓝ324.4 ［7200円］

◇民法〈債権関係〉部会資料集 第2集〈第9巻〉 第60回～第63回 会議議事録と部会資料 商事法務編 商事法務 2014.8 494p 21cm 〈索引あり〉①978-4-7857-2205-0 Ⓝ324.4 ［6400円］

◇要点解説民法改正―企業法務への影響度がいち早くわかる 渡邉新矢編著 清文社 2014.12 383p 21cm 〈執筆：小林覚ほか〉①978-4-433-55184-1 Ⓝ324.4 ［3000円］

◇Law Practice民法 2 債権編 千葉恵美子, 潮見佳男, 片山直也編 第2版 商事法務 2014.4 337p 21cm 〈索引あり〉①978-4-7857-2170-1 Ⓝ324 ［3200円］

日本（債権法―判例）

◇判例講義民法 2 債権 奥田昌道, 安永正昭, 池田真朗編 赤松秀岳［ほか執筆］ 第2版 悠々社 2014.11 276p 26cm 〈索引あり〉①978-4-86242-028-2 Ⓝ324.098 ［3600円］

◇民法債権各論 大江忠, 辻健吾著 商事法務 2014.3 161p 21cm 〈要件事実判例演習〉〈索引あり〉①978-4-7857-2168-8 Ⓝ324.4 ［2500円］

◇民法判例集 担保物権・債権総論 瀬川信久, 内田貴, 森田宏樹編 第3版 有斐閣 2014.9 390p 22cm 〈索引あり〉①978-4-641-13691-5 Ⓝ324.098 ［2900円］

◇論点体系判例民法 4 債権総論 能見善久, 加藤新太郎編集 第2版 第一法規 2013.12 731p 22cm 〈索引あり〉①978-4-474-10322-1 Ⓝ324.098 ［5100円］

日本（財産税）

◇改正資産税―資産税関連税制は、こうなる!!：確定版 平成26年度 山本和義著 大阪 実務出版 2014.6 80p 26cm ①978-4-906520-31-2 Ⓝ336.985 ［600円］

日本件名図書目録2014　Ⅰ　　　　　　　　　　　　　　　　　　　　　　　　日本（財政）

◇Q&A資産税重要実務事例詳解　平成26年版　中川昌泰著　大蔵財務協会　2014.4　544p　21cm　①978-4-7547-2097-1　Ⓝ336.985　［2963円］

◇Q&A親族・同族・株主間資産譲渡の法務と税務　山田&パートナーズ編著　ぎょうせい　2014.5　251p　21cm　①978-4-324-09796-0　Ⓝ336.983　［2600円］

◇資産税実務問答集　平成26年10月改訂　堀修二, 元山輝男編　大阪　納税協会連合会　2014.11　808p　21cm　〈清文社（発売）〉　①978-4-433-50434-2　Ⓝ345.5　［3200円］

◇資産税の実務—不動産の取得・譲渡・賃貸と税金　2014年度版　松本繁雄著　経済法令研究会　2014.6　405p　21cm　①978-4-7668-4273-9　Ⓝ336.985　［2300円］

◇資産税の取扱いと申告の手引—譲渡所得・山林所得/相続税・贈与税・財産評価（鈴木克彦著）平成26年11月改訂　堀修二ほか　大阪　納税協会連合会　2014.12　4,1448p　26cm　〈清文社（発売）索引あり〉①978-4-433-50414-4　Ⓝ336.985　［4400円］

◇所得税・資産税関係税務特例利用の手引　税務特例研究会編集　名古屋　新日本法規出版　2014.8-　冊（加除式）27cm　Ⓝ336.983

◇事例式資産をめぐる複数税目の実務　平川忠雄編著　改訂版　名古屋　新日本法規出版　2014.10　526p　21cm　〈執筆：中島孝一ほか〉①978-4-7882-7918-6　Ⓝ336.985　［4800円］

◇リース取引と課税—所得課税および資産課税を中心に　野口浩著　森山書店　2014.12　266p　22cm　〈文献あり　索引あり〉①978-4-8394-2149-6　Ⓝ345.35　［3600円］

日本（財産法）

◇家庭裁判所における成年後見・財産管理の実務—成年後見人・不在者財産管理人・遺産管理人・相続財産管理人・遺言執行者　片岡武, 金井繁昌, 草部康司, 川畑晃一著　第2版　日本加除出版　2014.7　671p　21cm　〈索引あり〉①978-4-8178-4171-1　Ⓝ324.65　［5300円］

日本（祭祀）

◇暮らしのしきたりと日本の神様　三橋健監修, 平井かおる著　双葉社　2014.11　143p　21cm　〈文献あり〉①978-4-575-30790-0　Ⓝ176　［1500円］

日本（祭祀—歴史）

◇山と街の芸能史—日本と東南アジアの神事・芸能・演劇　研究編　増田和彦著　岩田書院（発売）2013.10　776p　22cm　①978-4-87294-091-6,978-4-87294-090-9（set）　Ⓝ386.81

◇山と街の芸能史—日本と東南アジアの神事・芸能・演劇　写真資料編　増田和彦著　岩田書院（発売）2013.10　128p　22cm　①978-4-87294-092-3,978-4-87294-090-9（set）　Ⓝ386.81

日本（祭祀—歴史—原始時代）

◇シリーズ縄文集落の多様性　4　信仰・祭祀　鈴木克彦編　雄山閣　2014.5　354p　22cm　〈文献あり　内容：信仰・祭祀施設に関する諸問題（鈴木克彦著）北海道北部の縄文集落の信仰・祭祀（鈴木克彦著）北海道南部の縄文集落の信仰・祭祀（遠藤香澄著）東北地方北部の縄文集落の信仰・祭祀（熊谷常正, 児玉大成, 武藤祐浩著）東北地方南部の縄文集落の信仰・祭祀（小林圭一著）関東地方の縄文集落の信仰・祭祀（石坂茂, 林克彦著）北陸地方の縄文集落の信仰・祭祀（渡邊裕之著）中部地方の縄文集落の信仰・祭祀（新津健著）東海地方の縄文集落の信仰・祭祀（川添・和暁著）近畿地方の縄文集落の信仰・祭祀（松田真一著）中国・四国地方の縄文集落の信仰・祭祀（中村豊著）九州地方の縄文集落の信仰・祭祀（堂込秀人著）①978-4-639-02315-9　Ⓝ210.25　［5600円］

◇銅鐸祭祀の起源の考察—銅鐸埋納地の調査から見えてくる弥生時代　平沢栄作著　アム・プロモーション　2014.3　235p　30cm　①978-4-944163-47-2　Ⓝ210.27　［4000円］

日本（祭祀—歴史—古代）

◇古代都城と律令祭祀　金子裕之著, 春成秀爾編　京都　柳原出版　2014.5　22,564p　27cm　〈年譜あり　内容：豊浦宮と小墾田宮　藤原京　平城宮　飛鳥・藤原京から平城京へ　古代都市と条坊制　朝堂院の変遷　平城宮の大嘗宮　藤原京とキトラ古墳　藤原京の葬送地　神武朝と藤原京　大化改新の舞台　平城京と祭場　平城京と葬地　都城における山陵　なぜ都城に神社がないのか　古代都城と道教思想　記紀と古代都城の発掘　長岡宮会昌門の楼閣遺構とその意義（新津健著）宮と後苑　平城宮の園林とその源流　嶋と神仙思想　宮廷と苑池　平城京の寺院園林　古墳時代の祭祀具　古代の木製模造品　律令期の祭祀遺物　人形の起源.　1　人形の起源.　2　アマテラス神話と金銅製紡織具　絵馬と猿の絵皿　都城祭祀と沖ノ島祭祀　都をめぐる祭　考古学からみた律令的祭祀の成立〉①978-4-8409-5026-8　Ⓝ210.3　［16000円］

◇日本古代の首都と公共性—賑給、清掃と除災の祭祀・習俗　櫛木謙周著　塙書房　2014.3　350,17p　22cm　〈索引あり　内容：都城における支配と住民　「京中賑給」に関する基礎的考察　古代国家の都市政策　古代の「清掃」と国家の秩序　ハラエの重層性とその歴史的特質　長屋王家の宗教的習俗について　疫神祭祀と物忌にみる除災習俗の形成と展開　物忌主体の重層性と公私の奉仕関係　都市王権論と公共性　穢観念の歴史的展開　身分制と公共性〉①978-4-8273-1267-6　Ⓝ210.3　［10000円］

日本（祭祀遺跡）

◇シリーズ縄文集落の多様性　4　信仰・祭祀　鈴木克彦編　雄山閣　2014.5　354p　22cm　〈文献あり　内容：信仰・祭祀施設に関する諸問題（鈴木克彦著）北海道北部の縄文集落の信仰・祭祀（鈴木克彦著）北海道南部の縄文集落の信仰・祭祀（遠藤香澄著）東北地方北部の縄文集落の信仰・祭祀（熊谷常正, 児玉大成, 武藤祐浩著）東北地方南部の縄文集落の信仰・祭祀（小林圭一著）関東地方の縄文集落の信仰・祭祀（石坂茂, 林克彦著）北陸地方の縄文集落の信仰・祭祀（渡邊裕之著）中部地方の縄文集落の信仰・祭祀（新津健著）東海地方の縄文集落の信仰・祭祀（川添・和暁著）近畿地方の縄文集落の信仰・祭祀（松田真一著）中国・四国地方の縄文集落の信仰・祭祀（中村豊著）九州地方の縄文集落の信仰・祭祀（堂込秀人著）①978-4-639-02315-9　Ⓝ210.25　［5600円］

◇霊場の考古学　時枝務著　高志書院　2014.10　237p　20cm　〈高志書院選書 11〉〈文献あり　内容：霊場の考古学とはなにか　吉野金峯山経塚と大峰山　京都六角堂　高野山奥之院　霊場の成立　元興寺極楽坊　山岳霊場と海の道　宋人造営の経塚と霊場　霊境五畿山の宗教空間　「霊場の考古学」の課題〉①978-4-86215-139-1　Ⓝ182.1　［2500円］

日本（財政）

◇あと2年—国家破産へのカウントダウンが始まった！　浅井隆著　第二海援隊　2014.12　252p　19cm　〈文献あり〉①978-4-86335-158-5　Ⓝ342.1　［1600円］

◇国の借金と公的医療・介護保険財政　［東京］　日医総研　2014.10　67p　30cm　（日本医師会総合政策研究機構ワーキングペーパー no. 326）〈文献あり〉Ⓝ364.4

◇経済財政白書　平成26年版　よみがえる日本経済、広がる可能性　内閣府／編　日経印刷　2014.8　338,5p　30cm　①978-4-905427-88-9　［2000円］

◇経済財政白書　平成26年版　よみがえる日本経済、広がる可能性　内閣府／編　縮刷版　日経印刷　2014.8　338,5p　21cm　①978-4-905427-89-6　［1600円］

◇原発廃炉と破綻をさける財政改革—国債暴落とインフレ危機を回避する　田島代支宣著　海鳥社　2014.10　225p　19cm　〈文献あり〉①978-4-87415-921-7　Ⓝ342.1　［1800円］

◇国債暴落サバイバル読本　浅井隆著　第二海援隊　2014.6　298p　20cm　〈文献あり〉①978-4-86335-154-7　Ⓝ342.1　［1800円］

◇国債物語誰が日本の借金を一〇〇〇兆円にしたのか？—果たして日本は財政破綻するのかしないのか？　川口文武著　［東京］　東京図書出版　2014.12　204p　18cm　（TTS新書）〈リフレ出版（発売）〉①978-4-86223-825-2　Ⓝ347.21　［800円］

◇財政学—転換期の日本財政　片桐正俊編著　第3版　東洋経済新報社　2014.4　365p　21cm　〈索引あり〉①978-4-492-62072-4　Ⓝ341　［3200円］

◇財政危機の深層—増税・年金・赤字国債を問う　小黒一正著　NHK出版　2014.12　253p　18cm　（NHK出版新書 449）①978-4-14-088449-2　Ⓝ342.1　［780円］

◇財政とは何か　内山昭編著　税務経理協会　2014.7　253p　21cm　〈索引あり〉①978-4-419-06106-7　Ⓝ342.1　［2700円］

◇財政破綻が招く日本の危機—この十年で決まる日本の未来　鷹谷榮一郎, 鷹谷智子著　文芸社　2014.8　283p　19cm　①978-4-286-15344-5　Ⓝ342.1　［1600円］

◇「社会保障・税一体改革」後の日本財政　日本財政学会編　日本財政学会　2014.10　307p　22cm　（財政研究 第10巻）〈有斐閣（発売）内容：「社会保障・税一体改革」後の日本財政（大田弘子ほか述, 中里透コーディネーター）消費税率引上げではなく、直接税改革を（八田達夫述, 岩本康志司会）社会科学としての財政学への覚書（神野直彦著）2つの分権論と分権システム（町田俊彦著）政府累積債務の帰結（岩本康志著）なぜ支出税は失敗したか（五嶋陽子著）北欧諸国における租税政策の相互関係（倉地真太郎著）オランダにおける所得税と社会保険料の統合の意義について（島村玲雄著）都道府県別税収弾性値の推計（川出真清, 石川達哉著）日本の港湾における財政支出の相互依存関係に関する検証（赤井伸郎, 倉本宜史著）北海道内市町村における銀行等引受債の金利について（石田三成著）合併自治体における地方債発行の実証分析（宮下量久, 中澤克佳著）大正期義務教育費国庫負担制

日本（財政―歴史―1945～）

度の形成過程分析（山口隆太郎著）〉 ①978-4-641-29978-8
Ⓝ342.1 ［5000円］

◇図説 日本の財政 平成26年度版 可部哲生/編著 東洋経済
新報社 2014.9 465p 21cm ①978-4-492-03193-3 ［2400
円］

◇増税社会を生き抜くたった1つの方法―消費増税後から変わる
日本経済 小宮一慶著 ベストセラーズ 2014.1 220p
19cm ①978-4-584-13541-9 Ⓝ332.107 ［1400円］

◇タックス・イーター―消えていく税金 志賀櫻著 岩波書店
2014.12 200p 18cm （岩波新書 新赤版 1517） ①978-4-
00-431517-9 Ⓝ342.1 ［780円］

◇無税国家のつくり方―税金を払う奴はバカ！ 2 大村大次郎
著 ビジネス社 2014.10 188p 19cm ①978-4-8284-1773-
8 Ⓝ342.1 ［1000円］

◇わが国の財政問題と金融システムへの影響 金融調査研究会
事務局 2014.9 99p 26cm （金融調査研究会報告書 53）
〈文献あり 内容：わが国の財政問題と金融システムへの影響
財政政策でいかに金融緩和するのか（岩本康志著） 財政問題下
での量的・質的金融緩和とその出口戦略（北村行伸著） デフ
レ脱却と財政健全化（中里透著） 安全資産としての国債（國
枝繁樹著）〉Ⓝ342.1

日本（財政―歴史―1945～）

◇日本財政の現代史 1 土建国家の時代1960～85年 井手英
策, 諸富徹, 小西砂千夫企画編集 井手英策編 有斐閣 2014.
5 313p 19cm〈索引あり 内容：統治の全体像としての
「土建国家」（井手英策著） 均衡財政から赤字財政へ（谷達彦,
井手英策著） 「増税なき財政再建」へ至る道（村松怜著） 減
税税制と経済成長路線（島村玲雄著） 公共投資と国土計画
（宮﨑雅人著） 戦後財政投融資の機能と限界（宋宇, 井手英策
著） 環境・エネルギー問題による財政の変化（佐藤一光著）
土建国家形成期の社会保障（永廣顕著） 地方財源統制システ
ムの強化と変容（高端正幸著） フランス・ドイツの福祉国家
への分岐（小西杏奈, 嶋田崇治著） 農山村の変容と公共事業
（沼尾波子著） 土建国家と国際政治（嶋田崇治, 茂住政一郎
著） 土建国家への道はこうして準備された（井手英策著）〉
①978-4-641-16441-3 Ⓝ342.1 ［2800円］

◇日本財政の現代史 2 バブルとその崩壊1986～2000年 井手
英策, 諸富徹, 小西砂千夫企画編集 諸富徹編 有斐閣 2014.
6 349p 19cm〈索引あり 内容：バブル生成と崩壊は日本
財政にどのような影響を与えたのか（諸富徹著） マクロ財政・
金融政策の経済理論と思想（野口剛著） 予算編成過程の変容
（河音琢郎著） バブル経済下の税制改革（藤貫子, 川勝健志
著） 公共投資財政の転換（門野圭司著） 「土建国家」を支え
る政策金融の終焉（水上啓吾著） 大量廃棄社会の限界と残像
（八木信一著） 再編期の社会保障（吉田健三著） 集権と分権
の狭間（田尾真一著） 付加価値税の導入過程と逆説的性格
（篠田剛著） 大都市の経済社会と広域行政（片山和希著）
地方債制度・市場のあり方（三宅裕樹著） 日米構造協議と財
政赤字の形成（天羽正継著） 日本財政にとっての転換点（諸
富徹著）〉①978-4-641-16444-4 Ⓝ342.1 ［3000円］

日本（財政―歴史―江戸時代―史料）

◇勘定奉行用人野々村治平「弘嘉雑記」―幕府評定所諸事書留
（一八四四―五〇） 野々村治平[著]，横山鈴子翻刻・編・著
佐倉 横山鈴子 2014.3 4, 134p 26cm〈史料校訂：宮地正
人〉Ⓝ342.1

日本（財政―歴史―平成時代）

◇日本財政の現代史 3 構造改革とその行き詰まり2001年～
井手英策, 諸富徹, 小西砂千夫企画編集 小西砂千夫編 有斐
閣 2014.8 348p 19cm〈索引あり 内容：構造改革とその
行き詰まりの時代における財政運営（小西砂千夫著） 自公連立
政権下の財政運営（木村佳弘著） 政権交代以後の財政運営（佐
藤滋著） 迷走する税制改革（根岸睦人著） 社会保障・税一体
改革の実現と国・地方の財源配分（小西砂千夫著） 公共事業,
不信と縮小の時代（吉弘憲介著） 政策金融改革（木村佳弘著）
環境と財政のパースペクティブ（佐藤一光著） 社会保障政策
の展開過程（古市将人著） セーフティネットの動揺と社会保
障改革（横山寛和著） 小泉政権における地方分権改革と地方
財政改革（細井雅代著） 政権交代と地方分権改革（齊藤由里
恵著） 北欧諸国の財政運営（古市将人, 倉島真太郎著） 震災
復興と地方自治（佐々木伯朗著） 日銀の「非伝統的金融政策」
と財政（土橋康人著） 政権交代と統治構造の揺らぎのなかで
（小西砂千夫著）〉①978-4-641-16442-0 Ⓝ342.1 ［3000円］

◇平成財政史―平成元～12年度 第4巻 財務省財務総合政策研
究所財政史室編 ［東京］ ［財務省財務総合政策研究所財政史
室］ 2014.3 784p 22cm〈年表あり 内容：租税〉Ⓝ342.1

◇平成財政史―平成元～12年度 4 租税 財務省財務総合政策
研究所財政史室/編 大蔵財務協会 2014.3 784p 21cm
①978-4-7547-2089-6 ［9333円］

日本（財政―歴史―明治時代）

◇近代日本経済の形成―松方財政と明治の国家構想 室山義正
著 千倉書房 2014.5 355p 20cm〈文献あり 索引あり〉
①978-4-8051-1035-5 Ⓝ342.1 ［3200円］

日本（財政―歴史―明治時代―史料）

◇伊藤博文文書 第99巻 秘書類纂財政 1 伊藤博文[著]，伊
藤博文文書研究会監修，檜山幸夫総編集 川島淳編集・解題
ゆまに書房 2014.3 406p 22cm〈宮内庁書陵部所蔵の複
製〉①978-4-8433-2631-2,978-4-8433-2530-8 (set) Ⓝ312.1
［16000円］

◇伊藤博文文書 第100巻 秘書類纂財政 2 伊藤博文[著]，
伊藤博文文書研究会監修，檜山幸夫総編集 川島淳編集・解題
ゆまに書房 2014.3 344p 22cm〈宮内庁書陵部所蔵の複
製〉①978-4-8433-2632-9,978-4-8433-2530-8 (set) Ⓝ312.1
［16000円］

◇伊藤博文文書 第101巻 秘書類纂財政 3 伊藤博文[著]，
伊藤博文文書研究会監修，檜山幸夫総編集 川島淳編集・解題
ゆまに書房 2014.3 390p 22cm〈宮内庁書陵部所蔵の複
製〉①978-4-8433-2633-6,978-4-8433-2530-8 (set) Ⓝ312.1
［16000円］

◇伊藤博文文書 第102巻 秘書類纂財政 4 伊藤博文[著]，
伊藤博文文書研究会監修，檜山幸夫総編集 川島淳編集・解題
ゆまに書房 2014.3 606p 22cm〈宮内庁書陵部所蔵の複
製〉①978-4-8433-2634-3,978-4-8433-2530-8 (set) Ⓝ312.1
［16000円］

◇伊藤博文文書 第103巻 秘書類纂財政 5 伊藤博文[著]，
伊藤博文文書研究会監修，檜山幸夫総編集 川島淳編集・解題
ゆまに書房 2014.3 472p 22cm〈宮内庁書陵部所蔵の複
製〉①978-4-8433-2635-0,978-4-8433-2530-8 (set) Ⓝ312.1
［16000円］

◇伊藤博文文書 第104巻 秘書類纂財政 6 伊藤博文[著]，
伊藤博文文書研究会監修，檜山幸夫総編集 川島淳編集・解題
ゆまに書房 2014.3 510p 22cm〈宮内庁書陵部所蔵の複
製〉①978-4-8433-2636-7,978-4-8433-2530-8 (set) Ⓝ312.1
［16000円］

◇伊藤博文文書 第105巻 秘書類纂財政 7 伊藤博文[著]，
伊藤博文文書研究会監修，檜山幸夫総編集 川島淳編集・解題
ゆまに書房 2014.3 346p 22cm〈宮内庁書陵部所蔵の複
製〉①978-4-8433-2637-4,978-4-8433-2530-8 (set) Ⓝ312.1
［16000円］

◇伊藤博文文書 第106巻 秘書類纂財政 8 伊藤博文[著]，
伊藤博文文書研究会監修，檜山幸夫総編集 川島淳編集・解題
ゆまに書房 2014.3 474p 22cm〈宮内庁書陵部所蔵の複
製〉①978-4-8433-2638-1,978-4-8433-2530-8 (set) Ⓝ312.1
［16000円］

◇伊藤博文文書 第107巻 秘書類纂財政 9 伊藤博文[著]，
伊藤博文文書研究会監修，檜山幸夫総編集 川島淳編集・解題
ゆまに書房 2014.3 362p 22cm〈宮内庁書陵部所蔵の複
製〉①978-4-8433-2639-8,978-4-8433-2530-8 (set) Ⓝ312.1
［16000円］

◇伊藤博文文書 第108巻 秘書類纂財政 10 伊藤博文[著]，
伊藤博文文書研究会監修，檜山幸夫総編集 川島淳編集・解題
ゆまに書房 2014.3 441p 22cm〈宮内庁書陵部所蔵の複
製〉①978-4-8433-2640-4,978-4-8433-2530-8 (set) Ⓝ312.1
［16000円］

日本（再生医療―法令）

◇よくわかるQ&A再生医療関係法のポイント 再生医療法規研
究会編著 ぎょうせい 2014.3 221p 21cm ①978-4-324-
09813-4 Ⓝ498.12 ［2600円］

日本（財政政策）

◇「効率的な政策ツールに関する研究会」報告書 ［東京］ 財
務省財務総合政策研究所 2014.7 207p 30cm〈文献あり〉
Ⓝ342.1

◇増税と政局・暗闘50年史 倉山満著 イースト・プレス
2014.4 308p 18cm （イースト新書 027） ①978-4-7816-
5027-2 Ⓝ342.1 ［907円］

◇租税抵抗の財政学―信頼と合意に基づく社会へ 佐藤滋,古市
将人著 岩波書店 2014.10 218p 20cm （シリーズ現代経
済の展望） 〈文献あり〉①978-4-00-028736-4 Ⓝ342.1
［2300円］

◇日本経済はどこで間違えたか 菊池哲郎著 イースト・プレ
ス 2014.2 240p 18cm （イースト新書 025） 〈年表あり〉
①978-4-7816-5025-8 Ⓝ332.107 ［860円］

◇無税国家のつくり方―税金を払う奴はバカ！ 2 大村大次郎
著 ビジネス社 2014.10 188p 19cm ①978-4-8284-1773-
8 Ⓝ342.1 ［1000円］

日本件名図書目録2014　Ⅰ

日本（在宅福祉）

日本（財政政策―歴史―1945～）

◇国家と財政―ある経済学者の回想　石弘光著　東洋経済新報社　2014.3　332,6p　20cm〈文献あり〉①978-4-492-61061-9　Ⓝ342.1　[2600円]

日本（財政投融資）

◇資金運用実務・事業別融資実務　［東京］　財務省財務総合政策研究所研修部　［2013］　435p　30cm　（研修部教材　平成25年度 10）Ⓝ338.11

◇資金運用実務・事業別融資実務　［東京］　財務省財務総合政策研究所研修部　［2014］　431p　30cm　（研修部教材　平成26年度 10）Ⓝ338.11

日本（財政法）

◇財政会計六法　平成26年版　大蔵財務協会　2014.2　2957p　22cm　①978-4-7547-2080-3　Ⓝ343.2　[6286円]

◇財政小六法　平成27年版　学陽書房財政会計法規編集室編　学陽書房　2014.9　1122p　20cm〈索引あり〉①978-4-313-00290-6　Ⓝ343.2　[4800円]

◇財政法・会計法　［東京］　財務省財務総合政策研究所研修部　［2013］　115p　30cm　（研修部教材　平成25年度 5）Ⓝ343.2

日本（採石―統計）

◇経済センサス―活動調査報告　平成24年 第5巻　鉱業，採石業，砂利採取業に関する集計　総務省統計局，経済産業省大臣官房調査統計グループ　総務省統計局　2014.3　35,38p　30cm　〈共同刊行：経済産業省大臣官房調査統計グループ〉Ⓝ605.9

◇経済センサス - 活動調査報告　平成24年 第5巻　鉱業，採石業，砂利採取業に関する集計　総務省統計局，経済産業省大臣官房調査統計協会／編　経済産業統計協会　2014.3　38p　30cm　①978-4-904772-99-7　[4800円]

日本（在宅医療）

◇居宅療養管理指導の実態に関する調査研究事業報告書　三菱総合研究所人間・生活研究本部　2014.3　242p　30cm〈平成25年度厚生労働省老人保健事業推等補助金（老人保健健康増進等事業分）〉Ⓝ498.021

◇居宅療養管理指導マニュアル　神奈川県薬剤師会地域医療委員会著　第2版　じほう　2014.8　80p　30cm　①978-4-8407-4597-0　Ⓝ498.021　[2400円]

◇こんなときどうする？ 在宅医療と介護―ケースで学ぶ倫理と法　松田純，青田安史，天野ゆかり，宮下修一編集　南山堂　2014.3　134p　26cm　（静岡大学人文社会科学部研究叢書41）〈索引あり〉①978-4-525-52221-6　Ⓝ498.021　[2000円]

◇災害時の在宅医療のあり方―計画停電に関する調査結果を踏まえて　［東京］　日医総研　2014.2　1冊　30cm　（日本医師会総合政策研究機構ワーキングペーパー no. 308）Ⓝ498.021

◇在宅医療診療報酬点数算定のガイド　2014-2015年版　前沢政次監修，栗林令子著　川越　薬ゼミ情報教育センター　2014.10　222p　26cm　①978-4-904517-47-5　Ⓝ364.4　[2500円]

◇在宅医療の完全解説―診療報酬点数表：在宅診療・指導管理・適応疾患・使用材料の全ディテール　2014-15年版　川人明著　医学通信社　2014.8　109p　26cm　①978-4-87058-560-7　Ⓝ364.4　[1200円]

◇在宅歯科医療まるごとガイド　菅武雄著　京都　永末書店　2013.5　121p　19cm〈文献あり〉①978-4-8160-1256-3　Ⓝ497　[2000円]

◇在宅の高齢者を支える―医療・介護・看取り　東浦町（愛知県）長寿科学振興財団　2014.3　209p　26cm　（Advances in aging and health research 2013）〈文献あり〉Ⓝ369.261

◇在宅薬剤管理入門―コミュニティ・ファーマシストの真髄を求めて　和田忠志，川添哲嗣監修，大澤光司，宇田和夫，高橋眞生，串田一樹編集　南山堂　2014.9　241p　21cm　（在宅医療の技とこころ）〈索引あり〉①978-4-525-78581-9　Ⓝ499.09　[3000円]

◇在宅療養患者の栄養状態改善方法に関する調査研究報告書　国立長寿医療研究センター編　大府　国立長寿医療研究センター　2014.3　1冊　30cm〈平成25年度老人保健健康増進等事業〉Ⓝ497.9

◇歯科訪問診療はじめの一歩から―保険点数2014年改定対応　前田実男著　日本歯科新聞社　2014.6　159p　21cm　①978-4-931550-34-6　Ⓝ497　[4000円]

◇「自宅で過ごしたい」その想いに薬剤師ができること―在宅輸液療法への取り組み方　HIP研究会著　［東京］　日経BP社　2014.9　287p　19cm　（日経DI薬剤師「心得」帳）〈日経BPマーケティング（発売）〉　内容：高カロリー輸液療法の創成期か

ら未来へ（城谷典保, 海老原毅, 長谷川寛ほか述）　原因不明の心筋症様でセレン欠乏症の存在に気付く（櫻井正太郎著）　「阪大IVH研」時代を振り返って（田中清美著）　在宅輸液療法の黎明期を支えた人々（泉千里著）　在宅医療に取り組んだ20年間の軌跡（三浦輝久著）　『在宅医療を推進する薬局ネットワーク研究会』との出会い（宇田和夫著）　薬局で無菌調剤を始めた理由（稲葉一郎著）　「薬剤師」と「経営」どちらを優先させるか（山丸淳司著）　家族や病院, 卸とも連携して医療用麻薬を供給（金子雅好著）　忘れられない患者さん（勇径明著）　勝ち取った在宅スタッフの信頼（宇野達也著）　誰もが初心者，目からうろこの瞬間（岡野聡著）　父の最期から学んだこと（奥田徳子著）　患者さんから教わった大切なこと（菊地真実著）　「緩和医療には薬剤師が不可欠」と確信（木村雅彦著）　在宅医療を始めたころのエピソード（小林輝信著）　「在宅」を始めるきっかけをくださった患者さん（高橋眞生著）　「自分で生活したい」と言い続けた中途失明の患者さん（手嶋無限著）　「成長する」喜びを薬剤師として支える（豊田義貞著）　「どう見送りたいか」を改めて考えさせられた患者さん（齋藤直裕著）　大切な言葉をたくさんいただきました（長井貴之著）　最期の時間を家族と共に暮らした癌患者さん（根本ひろ美著）　わが子の苦しみを見る母親に薬剤師として何ができるか（藤巻洋子著）　完治しなくてもできることがある（松谷優司著）　キュアからケアへ視点を移す（山口秀樹著）　おばあちゃんへのおむつ配達がきっかけに（萩田均司著）　地域で訪問指導を担う仕組み作りを（中野正治著）　"真"の医療連携を目指して（宇都宮励子著）　薬学生の立場で住宅療養患者74人から学んだこと（今江賢史著）　TPN・HPNへの関わり（長谷川寛著）　末期癌患者への関わり（白石丈也著）　疼痛緩和への関わり（前田桂吾著）　無菌調剤室の共同利用（川添哲嗣著）　小児在宅医療への関わり（海老原毅著）　癌化学療法への関わり（門谷靖裕著）　認知症患者への関わり（野田和多流, 竹内尚子著）　褥瘡治療への関わり（福地隆康著）　誤嚥予防への関わり（山本新一郎著）　倫理を考える（唐澤淳子著）　薬・薬連携（松本幸恵, 谷口雅彦著）〉①978-4-8222-3194-1　Ⓝ499.09　[2000円]

◇そこが知りたい！ 在宅療養Q&A―実践と多職種連携を深めるために　日本ホスピス・在宅ケア研究会編集　診断と治療社　2014.7　217p　26cm〈索引あり〉①978-4-7878-2112-6　Ⓝ498.021　[2800円]

◇チームで推進口腔ケア対策―在宅歯科医療の地域実践　日本歯科医師会監修，向井美恵，角町正勝，佐藤保，恒石美登里編著　八王子　生活福祉研究機構　2014.5　196p　21cm　①978-4-903366-02-9　Ⓝ497.9　[2000円]

◇BPSDの増悪により精神科病院への入院を要する認知症患者の状態像の分類モデル及び退院後の在宅療養支援に関する調査研究事業報告書　全日本病院協会　2014.3　78p　30cm〈平成25年度老人保健事業推進等補助金（老人保健健康増進等事業分）〉Ⓝ493.75

◇訪問診療・訪問看護のための在宅診療報酬Q&A　2014-15年版　栗林令子監修，医学通信社編集部編集　医学通信社　2014.11　277p　26cm　①978-4-87058-562-1　Ⓝ364.4　[2400円]

◇薬局がはじめる在宅医療ポケットガイド　土田孝，保母博美著　南江堂　2014.6　149p　19cm〈索引あり〉①978-4-524-26642-5　Ⓝ499.09　[2800円]

日本（在宅福祉）

◇居宅&施設ケアプラン立案の方程式　榊原宏昌著　名古屋　日総研出版　2014.7　142p　26cm〈文献あり〉①978-4-7760-1719-6　Ⓝ369.26　[2408円]

◇居宅ケアマネ業務の視点と諸手続き実務直結ガイド―支援経過からわかる！：いつ・どこで・誰に・何を・どうする　さいたま福祉研究会華齢なるケアマネたち編著，梨本しげみ執筆者代表　名古屋　日総研出版　2014.6　197p　26cm　①978-4-7760-1709-7　Ⓝ369.261　[3148円]

◇居宅サービス等における適正化とサービスの質の向上および保険者機能強化のための調査研究事業報告書　日本総合研究所　2014.3　55p　30cm〈平成25年度老人保健事業推進等補助金老人保健健康増進等事業〉Ⓝ369.261

◇在宅生活をめぐる50の物語―福祉用具を使う人たちのふつうのくらし　小島操等　［東京］　日本工業出版　2013.8　100p　26cm　（日工の知っておきたい小冊子シリーズ）①978-4-8190-2511-9　Ⓝ369.261　[1000円]

◇在宅認知症者のステージごとの生活障害と行動・心理症状に応じたケアガイドの開発調査研究事業報告書　日本訪問看護財団　2014.3　153p　30cm〈平成25年度厚生労働省老人保健事業推進費等補助金（老人保健健康増進等事業）〉Ⓝ369.261

◇施設退所後の要介護高齢者が在宅生活を継続するための要因に関する調査研究事業　全国老人福祉施設協会　2014.3　46,5,68p　30cm〈平成25年度老人保健事業推進費等補助金老人保健健康増進等事業〉Ⓝ369.261

日本（財団―名簿）

◇生活支援サービス実態調査報告書　日本総合研究所　2014.3
52p　30cm　（老人保健事業推進費等補助金老人保健健康増進
等事業介護サービス事業者による生活支援サービスの推進に
関する調査研究事業報告書　平成25年度）　Ⓝ369.26
◇そこが知りたい！　在宅療養Q&A―実践と多職種連携を深める
ために　日本ホスピス・在宅ケア研究会編集　診断と治療社
2014.7　217p　26cm　〈索引あり〉　Ⓘ978-4-7878-2112-6
Ⓝ498.021　[2800円]
◇地域リハビリテーション原論　大田仁史著　Ver.6　医歯薬出
版　2014.1　85p　26cm　〈索引あり〉　Ⓘ978-4-263-21436-7
Ⓝ369.26　[1900円]
◇納得の老後―日欧在宅ケア探訪　村上紀美子著　岩波書店
2014.6　209,12p　18cm　（岩波新書　新赤版 1489）　〈文献あ
り〉　Ⓘ978-4-00-431489-9　Ⓝ369.261　[780円]
◇福祉用具サービス計画作成ガイドブック　全国福祉用具専門
相談員協会編集　中央法規出版　2014.11　157p　30cm
Ⓘ978-4-8058-5075-6　Ⓝ369.261　[2600円]
◇「町医者」だからできること―患者さんに寄り添う医療　田村
豊著　改訂版　学研マーケティング　2014.9　169p　20cm
〈初版：悠飛社 2002年刊〉　Ⓘ978-4-05-405860-6　Ⓝ498.021
[1400円]
◇要支援者の自立支援のためのケアマネジメント事例集―介護
サービス事業者による生活支援サービスの推進に関する調査
研究事業報告書　日本総合研究所　2014.3　366p　30cm　〈平
成25年度老人保健事業推進費等補助金（老人保健健康増進等事
業分）〉　Ⓝ369.261

日本（財団―名簿）
◇助成団体要覧―民間助成金ガイド　2014　助成財団センター/
編　助成財団センター，ワールドプランニング〔発売〕　2014.
2　1175p　26cm　Ⓘ978-4-86351-069-2　[9333円]

日本（最低賃金）
◇最低賃金決定要覧　平成26年度版　労働調査会出版局/編　労
働調査会　2014.3　267p　30cm　Ⓘ978-4-86319-419-9
[2000円]

日本（財閥―歴史）
◇物語財閥の歴史　中野明［著］　祥伝社　2014.2　267,9p
18cm　（祥伝社新書 357）　〈索引あり〉　Ⓘ978-4-396-11357-5
Ⓝ335.58　[820円]
◇47都道府県別日本の地方財閥　菊地浩之著　平凡社　2014.2
271p　18cm　（平凡社新書 718）　〈文献あり〉　Ⓘ978-4-582-
85718-4　Ⓝ335.58　[800円]

日本（裁判）
◇裁判はドラマだ！―シナリオを書きたいあなたのための笑い
と感動の裁判傍聴ガイド　萩原恵利本著　言視舎　2014.3
126p　21cm　（「シナリオ教室」シリーズ）　Ⓘ978-4-905369-
83-7　Ⓝ901.27　[1600円]

日本（裁判―歴史―1945～）
◇弁護士・藤田一良―法廷の闘い　藤田一良著　緑風出版
2014.11　331p　20cm　Ⓘ978-4-8461-1416-9　Ⓝ327.209
[3200円]

日本（裁判官）
◇絶望の裁判所　瀬木比呂志著　講談社　2014.2　238p　18cm
（講談社現代新書 2250）　Ⓘ978-4-06-288250-7　Ⓝ327.124
[760円]
◇弁護士から最高裁判所判事へ―折り折りの思索　須藤正彦著
商事法務　2014.5　442p　22cm　〈内容：最高裁判事の職務に
思う　私の個別意見　ヘルパー派遣における高齢者の救済手
続　新しい定年綱紀委員会の役割と法的扱い　特別危機管理銀行〈一時国有化銀行〉と金融業務
弁護士実務と学説　近頃執行官の職務に思うこと　前臨床で
の会社再生　パンドウの大学〉　Ⓘ978-4-7857-2185-5　Ⓝ327.
122　[5500円]

日本（細胞培養―特許）
◇細胞培養の足場材料―IPC/FIガイド付き　ネオテクノロジー
2013.9　2,90p　30cm　（技術と特許をつなぐパテントガイド
ブック）　〈折り込 1枚〉　Ⓝ491.11　[80000円]

日本（在留イギリス人）
◇日本に住む英国人がイギリスに戻らない本当の理由　井形慶
子著　ベストセラーズ　2014.10　239p　19cm　Ⓘ978-4-584-
13599-0　Ⓝ361.42　[1400円]

日本（在留外国人）
◇暗躍する外国人犯罪集団（クリミナル・グループ）　齊藤真著
［東京］　花伝社　2014.2　252p　19cm　〈共栄書房（発売）〉
Ⓘ978-4-7634-0692-7　Ⓝ368.6　[1500円]

◇移民亡国論―日本人のための日本国が消える！　三橋貴明著
徳間書店　2014.6　247p　19cm　〈文献あり〉　Ⓘ978-4-19-
863815-3　Ⓝ334.41　[1200円]
◇FIA活動の記録―外国出身住民にとっての東日本大震災・原発
事故：FIAの取り組みと外国出身住民100人の証言　福島　福
島県国際交流協会　2013.7　84p　30cm　Ⓝ369.31
◇外国から来た子どもたちのための進路進学及び学校生活に関
する多言語情報サイト作成プロジェクト―山梨県立大学地域
研究交流センター2013年度研究報告書　甲府　山梨県立大学
地域研究交流センター　2014.3　210p　30cm　〈ポルトガル
語・中国語・ハングル・スペイン語・英語併載　共同刊行：や
まなし子ども学習支援連絡協議会〉　Ⓝ375.25
◇外国人刑事弁護マニュアル　大木和弘，金竜介，児玉晃一，関聡
介著　改訂第3版　現代人文社　2014.8　194p　21cm　〈大学
図書（発売）　文献あり〉　Ⓘ978-4-87798-569-1　Ⓝ327.6
[2600円]
◇外国人のための起業ガイドブック　公的保険・雇用管理編
対日貿易投資交流促進協会　[2013]　61p　30cm　Ⓝ335
◇学級担任のための外国人児童生徒サポートマニュアル―こと
ばが通じなくても大丈夫！　臼井智美著　明治図書出版
2014.2　166p　22cm　〈文献あり〉　Ⓘ978-4-18-096026-2
Ⓝ375.1　[2200円]
◇Q&A外国人住民に係る住民基本台帳制度　市町村自治研究会
編著　日本加除出版　2014.2　149p　21cm　Ⓘ978-4-8178-
4138-4　Ⓝ324.87　[1800円]
◇Q&A外国人の税務　橋本秀法編　3訂版　税務研究会出版局
2014.2　415p　21cm　Ⓘ978-4-7931-2074-9　Ⓝ345.33
[2700円]
◇国際源泉の税務―非居住者及び外国法人をめぐる源泉所得税
平成26年版　冨永賢一著　大蔵財務協会　2014.3　734p
22cm　Ⓘ978-4-7547-2092-6　Ⓝ336.983　[3619円]
◇子どもたちはいつ日本語を学ぶのか―複数言語環境を生きる
子どもへの教育　尾関史著　ココ出版　2013.3　233p　22cm
（日本語教育学の新潮流 5）　〈文献あり〉　Ⓘ978-4-904595-34-3
Ⓝ810.7　[3600円]
◇在留外国人の宗教事情に関する資料集　東アジア・南アメリ
カ編　文化庁文化部宗務課　2014.3　136p　30cm　〈文献あり
文化庁「平成25年度宗教法人等の運営に係る調査」委託業務，
委託先：三菱UFJリサーチ＆コンサルティング〉　Ⓝ334.41
◇〈多文化共生〉8つの質問―子どもたちが豊かに生きる2050年
の日本　佐藤友則著　学文社　2014.3　172p　21cm　〈文献あ
り　索引あり〉　Ⓘ978-4-7620-2430-6　Ⓝ334.41　[2000円]
◇男女共同参画の視点に立った外国人女性の困難等への支援の
ための参考資料―男女共同参画の視点に立った外国人女性の
困難等への支援に関する調査研究　国立女性教育会館編　［嵐
山町（埼玉県）］　国立女性教育会館　2014.3　85p　21cm
Ⓝ367.21
◇地域日本語教育の総合的な推進体制の整備に関する調査研究
報告書―「生活者としての外国人」のための日本語教育事業
日本語教育学会　2013.3　113p　30cm　〈平成24年度文化庁委
託業務〉　Ⓝ810.7
◇東京のディープなアジア人街　河畑悠著　彩図社　2014.10
239p　19cm　Ⓘ978-4-8013-0029-3　Ⓝ291.361　[1300円]

◇なぜ今、移民問題か　中川正春，宮島喬，石原進，鈴木江理子，
藤巻秀樹，旗手明，井口泰，趙衛国，大石奈々，横田雅弘，安里和
晃，李惠珍，二文字屋修，岡本雅享，関根保華，山下清海，柏崎千佳
子，佐藤由利子，チャオ埴原三鈴，毛受敏浩，榎井縁，松岡真理
恵，高橋恵介，樋口直人，塩原良和，善元幸夫，坪谷美欧子，イシ
カワエウニセアケミ，関本保幸，近藤敦，藤森信行，朝日純一，水
上洋一郎，嘉本伊都子，李善姫，エレン・ルバイ，石川えり，金明
央，森千香子，猪股祐介，二宮正人，藤井幸之助［著］　藤原書店
2014.7　374p　23cm　（別冊環 20）　〈年表あり　内容：なぜ
今、移民問題か（中川正春，宮島喬，石原進ほか述，藤巻秀樹
コーディネーター）　移民政策の現在と未来（宮島喬著）　移民
と創る豊かな日本（藤巻秀樹著）　人口政策としての外国人政
策（鈴木江理子著）　二〇五〇年の「人口危機」を考える（石原
進著）　外国人労働者政策の大転換か（旗手明著）　地域経済
統合下の外国人政策（井口泰著）　中国系ニューカマーの現在
（趙衛国著）　高度人材はなぜ来ないか（大石奈々著）　留学生
政策の現在と未来（横田雅弘著）　超高齢社会の到来と移民の
受け入れ（安里和晃著）　制度化されつつある韓国の移民政策
と、「選別/排除」の論理（李惠珍著）　多様なルーツをもち日
本で暮らす人々の「声」（鈴木江理子著）　多元社会日本（岡本
雅享著）　移民は本当に日本の治安を悪化させるのか（郭潔蓉
著）　池袋の新華僑と世界の中国人ニューカマー（山下清海
著）　自治体による多文化共生推進の課題（柏崎千佳子著）
留学生受け入れと地域の活性化（佐藤由利子著）　オーストラ
リアの多文化政策と移民（チャオ埴原三鈴著）　日本型多文化
共生を超えて（樋口直人著）　外国につながる子どもの教育
（塩原良和著）　多文化共生教育と自尊感情（善元幸夫著）　留

学、就労、定住・再移動へのまなざしの変容(坪谷美欧子著) 大学進学を果たす日系移民二世たち(イシカワ エウニセ アケミ著) 外国人の権利と市民権(近藤敦著) 「移民」と「在日」の権利(佐藤信行著) 日本の入管法制の歴史的展開と現在(明石純一著) 新しい在留管理制度とは何か(水上洋一郎著) 国際結婚の誕生、その後(嘉本伊都子著) 仲介型国際結婚と変容する家族関係(李善姫著) 入国管理、人権、市民社会の役割(エレン・ルバイ著) 難民認定「六人」の衝撃(石川えり著) 外国人排斥の現状(金朋央著) 中国残留日本人の歴史と現在(猪股祐介著) 日系ブラジル移民の歴史と現在(二宮正人著) 在日朝鮮人への差別と共生への取り組み(藤井幸之助著) ⑪978-4-89434-978-0 Ⓝ334.41 〔3300円〕

◇南米につながる子どもたちと教育―複数文化を「力」に変えていくために 牛田千鶴編 大津 行路社 2014.8 261p 22cm〈文献あり〉⑪978-4-87534-300-4 Ⓝ371.5 〔2600円〕

◇日本に住む多文化の子どもと教育―ことばと文化のはざまで生きる 宮崎幸江編、坂本光代、カルタビアーノ宮本百合子、モラレス松原礼子、川上郁雄、杉村美紀、山西優二、杉村美佳執筆 Sophia University Press上智大学出版 2014.1 288p 21cm〈文献あり(発売・制作)文献あり 索引あり 執筆:坂本光代ほか 内容:文化間移動と子どもの言語発達(坂本光代著) 日本に住む多文化家庭のバイリンガリズム(坂本光代、宮崎幸江著) 子どものアイデンティティ交渉(カルタビアーノ宮本百合子著) ブラジル人と在日ブラジル人(モラレス松原礼子著) ことばとアイデンティティ(川上郁雄著) 多文化共生社会の実現にむけて(坂本光代著) 多様化する外国籍の子どもと多文化教育の変容(杉村美紀著) ことば・文化と国際理解教育(山西優二著) 教師の多文化の子どもに対する意識と国際理解教育の実践(杉村美佳著) 多文化家庭、学校、地域の連携とエンパワメント(宮崎幸江著) 多文化の子どものことばとアイデンティティ(川上郁雄ほか述) 多文化共生に必要な「文化力」を国際理解教育で育てる〉⑪978-4-324-09723-6 Ⓝ371.5 〔2000円〕

◇ハラールマーケット最前線―急増する訪日イスラム教徒の受け入れ態勢と、ハラール認証制度の今を追う 佐々木良昭著 実業之日本社 2014.8 191p 19cm ⑪978-4-408-33512-4 Ⓝ689.21 〔1500円〕

◇阪神地域在日ラティーノの生活世界―2012年度「社会学実習B」調査報告書 〔大阪〕 大阪市立大学文学部社会学研究室 2013.3 140p 30cm〈文献あり〉Ⓝ334.41

◇ヤバ過ぎる東京暗黒街(アンダーワールド)の真実―歌舞伎町・六本木・渋谷・池袋…大きく変貌する歓楽街の光と闇! 礒野正勝著, 上野勝監修 オークラ出版 2014.10 223p 19cm〈文献あり〉⑪978-4-7755-2327-8 Ⓝ368.51 〔1389円〕

日本(在留外国人―歴史―江戸末期)
◇日本は外国人にどう見られていたか 「ニッポン再発見」倶楽部著 三笠書房 2014.10 229p 15cm〈知的生きかた文庫に21-1〉〈文献あり〉⑪978-4-8379-8294-4 Ⓝ210.58 〔590円〕

日本(在留外国人―歴史―明治時代)
◇日本は外国人にどう見られていたか 「ニッポン再発見」倶楽部著 三笠書房 2014.10 229p 15cm〈知的生きかた文庫に21-1〉〈文献あり〉⑪978-4-8379-8294-4 Ⓝ210.58 〔590円〕

日本(在留華僑)
◇関帝廟と横浜華僑―関聖帝君鎮座150周年記念 「関帝廟と横浜華僑」編集委員会編著 横浜 自在 2014.12 347p 30cm〈年表あり〉⑪978-4-9908054-1-0 Ⓝ387.02137 〔3900円〕

◇多「貌」をきわめる一門のうちからみる景色:一橋大学町村敬志ゼミナール横浜中華街調査報告集 国立 一橋大学大学院社会学研究科町村敬志研究室 2014.7 188p 26cm〈文献あり 執筆:町村ゼミナール一同、編集:家村友梨ほか〉Ⓝ334.41

日本(在留資格)
◇外国人のための起業ガイドブック 在留資格編 対日貿易投資交流促進協会 〔2013〕 35p 30cm Ⓝ335

日本(在留中国人)
◇怖ろしすぎる中国に優しすぎる日本人 坂東忠信著 徳間書店 2014.8 204p 19cm ⑪978-4-19-863845-0 Ⓝ302.22 〔1200円〕

◇その存在が犯罪です!―不法滞在者と向き合ってみた… 河内инり泉@通報会者 文芸社 2014.1 141p 15cm ⑪978-4-286-14522-8 Ⓝ329.94 〔600円〕

◇中国人国家ニッポンの誕生―移民栄えて国滅ぶ 西尾幹二責任編集, 関岡英之, 河添恵子, 坂東忠信, 三橋貴明, 河合雅司著 ビジネス社 2014.11 205p 19cm〈文献あり 奥付の責任

表示(誤植):板東忠信 内容:日本人よ移民を徹底的に差別する覚悟はあるのか(西尾幹二述) 技能実習生の約八割が中国人という実態(関岡英之述) 世界に侵食する中国の「移民ビジネス」(河添恵子述) 「移民」以前に今ある中国人犯罪を直視せよ(坂東忠信述) 「人手不足」は経済成長の好機、中国人に頼ると安全保障の危機(三橋貴明述) 気づけば総人口の「三人に一人が中国人」(河合雅司述) 移民が絶対にいらないこれだけの理由(関岡英之ほか述) 世界の反移民とナショナリズムの潮流(三橋貴明著) 隠蔽された中国人移民の急増と大量受け入れ計画(関岡英之著) 中国系移民が世界中で引き起こしているトンデモ事態(河添恵子著) 外国人「技能実習」制度で急増する中国人犯罪(坂東忠信者) 移民「毎年二〇万人」受け入れ構想の怪しさ(河合雅司者) 自民党「移民一〇〇〇万人」イデオロギー(西尾幹二者)〉⑪978-4-8284-1780-6 Ⓝ334.41 〔1200円〕

◇徳島の学校を理解するためのハンドブック―徳島学校的简介手册 徳島県教育委員会学校政策課編 〔徳島〕 徳島県教育委員会 2013.3 56p 30cm〈中国語併記〉Ⓝ372.181

◇なぜ162人全員が助かったか―大震災時女川町で津波に遭遇した中国人実習生 藤村三郎者, 高橋礼二郎, 大村泉監修, 阿部兼也, 解澤春中国語版監訳, 日本中国友好協会宮城県連合会泉支部編 社会評論社 2014.3 91,73p 19cm〈中国語併記 日中友好協会宮城県連泉支部 2012年刊に中国語版を追加〉⑪978-4-7845-1519-6 Ⓝ369.31 〔1000円〕

日本(在留朝鮮人)
◇越境する在日コリアン―日韓の狭間で生きる人々 朴一著 明石書店 2014.7 267p 19cm〈内容:日本的カースト制度とどう向き合うか 記憶と忘却 朝鮮戦争と在日コリアン 「文世光事件」とは何だったのか 金大中事件が問いかけるもの 二つの大震災と在日コリアン 拉致事件と在日コリアン 帰化代議士の誕生 新井将敬の遺言状(新井真理子, 朴一述) 梁石日・文学に見る在日世界 在日文学の可能性(玄月, 朴一述) 韓国映画とエロス(堀江珠喜, 朴一述) 日本のプロ野球の国際化に関する一考察 苦悩する民族学校 民族教育における自由主義と共同体主義のジレンマ 在日コリアンの未来予想図 日本国籍取得問題に揺れる在日コリアン アジア人労働者受け入れ論の陥穽 「内への開国」を期待する 定住外国人の地方参政権問題の行方(野中広務, 朴一述) それでも原発を輸出するのか 在日コリアンの視点から日本国憲法について考える 新しい日韓関係と在日コリアンの役割(小倉紀蔵, 朴一述) 日韓はどうすれば仲良くできるのか〉⑪978-4-7503-4048-7 Ⓝ316.81 〔1600円〕

◇大久保コリアンタウンの人たち 朴正義著 国書刊行会 2014.10 220p 19cm〈文献あり〉⑪978-4-336-05844-7 Ⓝ334.41 〔3300円〕

◇現代日本の闇を動かす「在日人脈」 野村旗守, 高英起, 夏原武, 李策ほか著 宝島社 2014.3 222p 16cm (宝島SUGOI文庫 Aの-1-3)〈2013年刊の改訂〉⑪978-4-8002-2557-3 Ⓝ334.41 〔630円〕

◇「在日朝鮮人文学史」のために―声なき声のポリフォニー 宋恵媛著 岩波書店 2014.12 351,15p 22cm〈文献あり 索引あり〉⑪978-4-00-023057-5 Ⓝ910.264 〔6500円〕

◇始作折半―合本くじゃく亭通信・青丘通信 高淳日編著 〔復刻〕 三一書房 2014.6 521p 26cm〈「くじゃく亭通信」(くじゃく亭 1976~1986年刊)の複製「青丘通信」(青丘会 1990~1997年刊)の複製〉⑪978-4-380-14004-4 Ⓝ316.81 〔6500円〕

◇知っていますか? 在日コリアン一問一答 川瀬俊治, 郭辰雄編著 大阪 解放出版社 2014.12 126p 21cm〈文献あり〉⑪978-4-7592-8284-9 Ⓝ316.81 〔1200円〕

◇島人(シマンチュ)〈奄美・徳之島〉二世教師と在日朝鮮人教育 稲富進著 新幹社 2013.10 329p 19cm ⑪978-4-88400-104-9 Ⓝ376.9 〔2000円〕

◇新在日韓国・朝鮮人読本―リラックスした関係を求めて 梁泰昊, 山田貴夫著 新版 緑風出版 2014.11 267p 21cm (プロブレムQ&A)〈初版のタイトル:在日韓国・朝鮮人読本〉⑪978-4-8461-1419-0 Ⓝ316.81 〔2000円〕

◇朝鮮人はあなたに呼びかけている―ヘイトスピーチを越えて 崔真碩著 彩流社 2014.12 301p 19cm〈内容:影の東アジア 「ことばの呪縛」と闘う 影の東アジア 腑抜けの暴力 十三人の子供が怖いと言っている 近代への倦怠 東洋平和論二〇一四 朝鮮人をめぐる記憶の場〉⑪978-4-7791-2052-7 Ⓝ316.81 〔3000円〕

◇日本型排外主義―在特会・外国人参政権・東アジア地政学 樋口直人著 名古屋 名古屋大学出版会 2014.2 256,42p 22cm〈文献あり 索引あり〉⑪978-4-8158-0763-4 Ⓝ316.81 〔4200円〕

日本（在留朝鮮人—歴史）

◇日本人が知らない韓国売春婦の真実　中村淳彦著　宝島社
2014.10　190p　19cm〈文献あり〉①978-4-8002-3027-0
Ⓝ368.4　［1200円］

◇「秘話」で綴る私と朝鮮　佐藤勝巳著　晩聲社　2014.4
238p　19cm　①978-4-89188-361-4　Ⓝ316.81　［1700円］

◇ヘイト・スピーチ〈差別煽動表現〉を許してはいけない　韓国
民団中央本部編、安田浩一、有田芳生、師岡康子、金展克［執筆］
新幹社　2014.9（第2刷）117p　21cm〈内容：ヘイト・スピー
チを駆り立てる「在日特権」の正体（安田浩一著）　再び、奴
らを通すな！（有田芳生著）　国際人権基準からみたヘイト・
スピーチ規制問題（師岡康子著）　2013年、新大久保で起きた
出来事について（金展克著）〉①978-4-88400-107-0　Ⓝ316.81
［1200円］

◇ヘイトスピーチってなに？　レイシズムってどんなこと？　の
りこえねっと編　七つ森書館　2014.7　179p　19cm〈のり
こえブックス〉〈内容：東アジアを大事にしないと、日本は歴
史から遅れる（石井ポンペ著）　もっと寛容な社会を！（宇都宮
健児著）　理不尽な要求（河野義行著）　在特会（佐高信著）
愛国者への疑惑（鈴木邦男著）　根はもっと深いところにある
（田中宏著）　差別を消費する日本人（田中優子著）　自分が発
した言葉は自分に返る（知花昌一著）　人間らしく「ともに生
きる」社会（西田一美著）　協力しあって発展していくこと（村
山富市著）　いまだかつてない日本の危機（和田春樹著）　違
いを乗り越えていく社会へ（松岡徹著）　問題を真正面から捉
える（若森資朗著）　大爆笑女語り!!ヘイトを斬る！（上野千鶴
子、辛淑玉、北原みのり述）　表現の自由を守るためにどうすれ
ばよいか（前田朗著）　ネトウヨ・ヘイトスピーチ・レイシズム
（中沢けい著）　ヘイトスピーチに必要な「ケアの視点」（香
山リカ著）〉978-4-8228-1400-7　Ⓝ316.81　［1600円］

◇またまたビトのすすめ―「外国人」をやっていると見えること
姜誠著　岩波書店　2014.11　198p　20cm　〈シリーズここで
生きる〉①978-4-00-028727-2　Ⓝ316.81　［1900円］

◇幻の祖国に旅立った人々―北朝鮮帰国事業の記録　小島晴則
編　高木書房（発売）　2014.3　367p　26cm〈年譜あり〉［「新
潟協力会ニュース」（新潟在日朝鮮人帰国協力会　昭和35〜39年
刊）の合本複製〕①978-4-88471-433-8　Ⓝ369.37　［2000円］

◇ルポ京都朝鮮学校襲撃事件―〈ヘイトクライム〉に抗して　中
村一成著　岩波書店　2014.2　232p　19cm〈文献あり〉
①978-4-00-025964-4　Ⓝ316.81　［1800円］

日本（在留朝鮮人—歴史）

◇薩摩・朝鮮陶工村の四百年　久留島浩、須田努、趙景達編　岩
波書店　2014.7　447p　20cm〈年表あり〉〈内容：近世の苗代
川（久留島浩著）　苗代川の近代史（趙景達著）　考古学資料か
ら見た近世苗代川の窯業（渡辺芳郎著）　「苗代川人」という主
体（須田努著）　窯業産地としての苗代川の形成と展開（深港
恭子著）　朝鮮人村落「苗代川」の日本化と解体（井上和枝著）
近世の苗代川と玉山宮をめぐる言説について（鈴木文孝著）　西
南戦争と苗代川（大武進著）　苗代川と「改姓」（小川原宏幸
著）　日清・日露戦争と苗代川「朝鮮人」（愼蒼宇著）　第一三
代沈壽官と植民地朝鮮（柳宗悦・民芸運動と苗
代川の近代（檜皮瑞樹著）　鮫島佐太郎（深港恭子著）　苗代川
と薩摩焼の伝統（趙景達構成・整理、十五代沈壽官述）　通詞の
家に生まれて（小川原宏幸構成・整理、児玉英作述）〉①978-4-
00-023056-8　Ⓝ219.7　［3600円］

◇大災害と在日コリアン―兵庫における惨禍のなかの共助と共
生　高祐二著　明石書店　2014.11　202p　20cm〈文献あり〉
〈内容：躊躇なきジェノサイド　焔の中、命を懸けた救出劇　関
東大震災の教訓を生かし虐殺回避　玄界灘を越えた支援の輪
七六年前の民族を越えたボランティア　運命を変えた災害
未来の災害に向けた教訓〉①978-4-7503-4107-1　Ⓝ316.81
［2800円］

日本（在留朝鮮人—歴史—昭和時代）

◇ハルモニの唄―在日女性の戦中・戦後　川田文子著　岩波書
店　2014.2　243p　20cm〈内容：小さな労働者　他郷暮らし
異郷の地で過ごした少女　ヒロシマ　苦労自慢　闇の舟　ハンセン病療養
所で　鴨川・高瀬川沿いの家々　戦争も津波も生き抜いて
離散　窓ガラスのない教室　フクシマ〉①978-4-00-024474-9
Ⓝ316.81　［2400円］

日本（在留ロシア人）

◇実は日本人が大好きなロシア人―在日ロシア人だからわかる
日本人の素晴らしさ　田中健之著　宝島社　2014.2　222p
18cm　（宝島社新書　436）①978-4-8002-2264-0　Ⓝ302.1
［800円］

日本（祭礼）

◇奇祭　杉岡幸徳著　有楽出版社　2014.8　239p　18cm　（大
人の探検）（実業之日本社（発売）文献あり〉①978-4-408-
59417-0　Ⓝ386.1　［1600円］

◇京都近郊の祭礼幕調査報告書―渡来染織品の部　京都　祇園祭
山鉾連合会　2013.3　117p　31cm〈平成24年度文化庁文化芸
術振興費補助金（文化遺産を活かした地域活性化事業）〉Ⓝ753

◇先生も生徒も驚く日本の「伝統・文化」再発見　2　行事と祭
りに託した日本人の願い　松藤司著　学芸みらい社　2014.8
181p　21cm〈文献あり〉①978-4-905374-40-4　Ⓝ210
［2000円］

◇造り物の文化史―歴史・民俗・多様性　福原敏男、笹原亮二編
勉誠出版　2014.9　462p　22cm〈年表あり〉〈内容：造り物概
観（西岡陽子著）　民俗行事の造り物（福原敏男著）　造形伝承
と造り物（笹原亮二著）　山鉾の造形的展開（植木行宣著）　囃
されない笠鉾（早瀬輝美著）　法勝寺一式飾りの趣向とその変
化（渡部典子著）　大坂の臨時祭礼と造り物（相蘇一弘著）　京
都の造り物（大塚活美著）　江戸の人びとにとっての造り物
（亀川泰照著）　近世後期の名古屋の祭礼趣向と造り物・仮装
（武藤真著）　盆栽考（稲城信子著）　五月飾りの変遷に関する
研究（是澤博昭著）　「時代の産物」としての細工見世物と造り
物（川添裕著）　ショーウインドウの中の美人（大門哲著）〉
①978-4-585-22315-8　Ⓝ386.1　［8000円］

◇日本の祭りを追う　池内郁恵　西田書店　2014.2　143p
20cm〈索引あり〉①978-4-88866-578-0　Ⓝ386.1　［1800円］

◇日本の民俗　祭りと芸能　芳賀日出男［著］　KADOKAWA
2014.11　311p　15cm　（［角川ソフィア文庫］［J110-1]）
〈文献あり　年譜あり〉［『日本の民俗　上』（クレオ　1997年刊）
の加筆・訂正〕①978-4-04-409474-4　Ⓝ382.1　［1280円］

◇ハレのかたち―造り物の歴史と民俗　笹原亮二、西岡陽子、福
原敏男著　岩田書院　2014.10　111p　21cm　（岩田書院ブッ
クレット）〈内容：ハレのかたち（笹原亮二著）　造り物の諸相
（西岡陽子著）　造り物は現地で作られる（笹原亮二著）　等身
大人形の造り物（福原敏男著）〉①978-4-87294-881-3　Ⓝ386.
1　［1500円］

◇舞台の上の文化―まつり・民俗芸能・博物館　橋本裕之著　茨
木　追手門学院大学出版会　2014.2　309p　20cm　（丸善出版
（発売）索引あり　内容：旅人はまつりをめざす　明日がある
さ　『大田楽』がはじまりだった　芸能考証の現在　保存と観
光のはざまで　民俗芸能の再創造と再想像　狭められた二元
論　過去を知る方法　複数の日本を展示する　物質文化の劇
場　神と鎮魂の民俗学を遠く離れて　祭・イベント・民俗芸能
「楽劇大田楽」十年の歩み（大迫久友インタビュー）〉978-4-
907574-03-1　Ⓝ386.1　［2500円］

◇神輿図鑑　5　男たちの祭事記　斎藤力編著　アクロス　2014.
5　345p　27cm〈星雲社（発売）文献あり　写真と文：根立
賢次ほか　布装〉①978-4-434-19234-0　Ⓝ386.1　［4500円］

日本（魚）

◇外来魚のレシピ―捕って、さばいて、食ってみた　平坂寛著
地人書館　2014.9　8,201p　19cm〈索引あり〉①978-4-8052-
0879-3　Ⓝ487.521　［2000円］

日本（酒場）

◇居酒屋を極める　太田和彦著　新潮社　2014.11　189p
18cm　（新潮新書　594）〈著作目録あり〉①978-4-10-610594-
4　Ⓝ673.98　［700円］

◇居酒屋ほろ酔い考現学　橋本健二著　祥伝社　2014.12　288p
16cm　（祥伝社黄金文庫　Gは13-1）〈文献あり　毎日新聞社
2008年刊の加筆修正〉①978-4-396-31653-2　Ⓝ673.98　［640
円］

◇居酒屋力―議論を忘れた日本人　武田邦彦著　双葉社　2014.
10　189p　18cm　（双葉新書　097）①978-4-575-15447-4
Ⓝ361.454　［800円］

◇The酒菜1500―材料別居酒屋の料理便利帳　柴田書店編　柴
田書店　2014.7　551p　22cm〈『酒菜』（1995年刊）と『酒菜
続』（1996年刊）ほかの改題、構成、編集〉①978-4-388-06192-
1　Ⓝ596　［1800円］

◇日本の居酒屋文化―赤提灯の魅力を探る　マイク・モラス
キー著　光文社　2014.3　244p　18cm　（光文社新書　687）
①978-4-334-03790-1　Ⓝ673.98　［780円］

◇バルをつくりたい人の本　学研パブリッシング　2014.3
143p　21cm　（小さなお店づくりのヒント）〈学研マーケ
ティング（発売）文献あり〉①978-4-05-800151-6　Ⓝ673.98
［1400円］

◇バル、始める―独立・開業小さな飲み屋の作り方　新星出版社
編集部編　新星出版社　2014.10　175p　21cm　①978-4-405-
10249-1　Ⓝ673.98　［1500円］

日本（酒場—歴史—江戸時代）

◇居酒屋の誕生―江戸の呑みだおれ文化　飯野亮一著　筑摩書
房　2014.8　318p　15cm　（ちくま学芸文庫　イ54-1）〈文献
あり〉①978-4-480-09637-1　Ⓝ383.855　［1200円］

日本件名図書目録2014　Ⅰ　　　　　　　　　　　　　　　　　　　　　　　　　　　　　　　　　　　　日本（サッカー）

日本（作物）

◇農林水産省農林認定品種一覧　農林水産技術会議事務局［編］［東京］　農林水産省農林水産技術会議事務局研究推進課　2013.11　111p　30cm　Ⓝ615.2

日本（作物栽培）

◇技術の窓―営農技術の最前線　2013年版　［東京］　日本政策金融公庫農林水産事業　2014.3　75p　30cm　Ⓝ610.1

◇地域活性化のためのバイオマスの利用技術の開発　1　国産バイオマス燃料への利用に向けた資源作物の育成と低コスト栽培技術の開発　農林水産省農林水産技術会議事務局編　農林水産省農林水産技術会議事務局　2014.3　258p　30cm　（研究成果　第498集）　Ⓝ501.6

◇緑肥作物とことん活用読本　橋爪健著　農山漁村文化協会　2014.8　211p　21cm　①978-4-540-13187-5　Ⓝ613.43　［2400円］

日本（作物栽培―歴史―原始時代）

◇ここまでわかった！縄文人の植物利用　工藤雄一郎, 国立歴史民俗博物館編　新泉社　2014.1　223p　21cm　（歴博フォーラム）〈内容：「人と植物の関わりの文化史」をもっと知ろう！（工藤雄一郎著）　縄文人の植物利用（佐々木由香著）　縄文人は森をどのように利用したのか（能城修一著）　マメを育てた縄文人（小畑弘己著）　縄文人がウルシに出会ったのはいつ？（鈴木三男著）　適材適所の縄文人（千葉敏朗著）　下宅部遺跡の漆関係資料からわかること（永嶋正春著）　縄文人と植物との関わり（吉川昌伸著）　イネと出会った縄文人（那須浩郎著）〉　①978-4-7877-1317-9　Ⓝ210.25　［2500円］

日本（桜草栽培―歴史）

◇桜草栽培の歴史　竹岡泰通著　創英社／三省堂書店　2014.11　431p　図版11枚　22cm　①978-4-88142-868-9　Ⓝ627.58　［3500円］

日本（酒―図集）

◇油谷これくしょん　第1集　「酒」「煙草」編　横手　イズミヤ出版　2013.1　90p　21×21cm　①978-4-904374-15-3　Ⓝ383.93　［2000円］

日本（酒―法令）

◇酒税法及び酒類行政関係法令通達集―関係法令付：平成25年4月1日改正　法令出版編集部編　法令出版　2013.6　848p　21cm　①978-4-938419-52-3　Ⓝ345.73　［2476円］

日本（サッカー）

◇アギーレでニッポンは変わるのか？　サッカーマガジン編著　ベースボール・マガジン社　2014.8　190p　19cm　①978-4-583-10764-6　Ⓝ783.47　［1400円］

◇蹴る女―なでしこジャパンのリアル　河崎三行著　講談社　2014.1　335p　19cm　①978-4-06-218430-4　Ⓝ783.47　［1500円］

◇高校サッカーは頭脳が9割　篠幸彦著　東邦出版　2014.1　219p　19cm　①978-4-8094-1186-1　Ⓝ783.47　［1300円］

◇コトダマ―蹴球魂Jリーガーを変えた一言：きっかけはあなたがくれたあの言葉。　佐野美樹インタビュー・文・写真　講談社　2014.7　223p　19cm　〈内容：東北人魂（小笠原満男述）　自分で考えろ（中村憲剛述）　タニの好きなようにやったらいいよ（大谷秀和述）　左で蹴れるのはお前だけだ（駒井友一述）　サッカーやめたいなら、やめてくれ（石川直宏述）　常に謙虚であれ（高原直泰述）　天狗になるな（小野伸二述）　人に感謝することを忘れないように（豊田陽平述）　自分は、自分らしく（森脇良太述）　ヘタやのぅ（宮本恒靖述）　夢ある限り道は開ける（中村俊輔述）　何不自由なく生活できている中で、サッカーをやれているというだけで幸せなことなんだよ（遠藤保仁述）　考えて、走れ（阿部勇樹述）　我々は、もう勝つことは決まっている（吉田孝行述）　高くジャンプするためには大きく沈む必要があるんだよ（井川祐輔述）　世界で戦う（藤本淳吾述）　お前、このままじゃ使えないから、使わないぞ（本間勲述）　希望の光（菅井直樹述）　苦は楽の種（川口能活述）　お前は絶対、化けるから（河合竜二述）　自分で自分の可能性を決めるな（播戸竜二述）　人間万事塞翁が馬（飯倉大樹述）　NO PAIN NO GAIN（岩政大樹述）　カズは好きにしていいから（森崎和幸述）〉　①978-4-06-364960-4　Ⓝ783.47　［1000円］

◇最後のロッカールーム完全燃焼―全国高校サッカー選手権大会敗戦直後に監督から選手たちに贈られた言葉　「高校サッカー年鑑」編集部編　講談社　2014.9　245p　19cm　①978-4-06-299811-6　Ⓝ783.47　［1300円］

◇サッカー選手の言葉から学ぶ成功の思考法　2014　日本代表の選手たちが伝える、生き方を磨くための222のヒント　サッカーキング編集部編　フロムワン　2014.4　251p　19cm　〈朝

◇サッカー日本代表勝つ準備　北條聡, 二宮寿朗著　実業之日本社　2014.5　238p　19cm　〈文献あり〉①978-4-408-45501-3　Ⓝ783.47　［1400円］

◇サッカー日本代表がもっとよくわかるQ&A100　サッカーキング編集部編　フロムワン　2014.5　219p　19cm　〈朝日新聞出版（発売）〉①978-4-02-190245-1　Ⓝ783.47　［1300円］

◇サッカー日本代表「個の力」の本当の意味　河治良幸, 田中滋, 西川結城著　実業之日本社　2014.3　231p　18cm　（じっぴコンパクト新書　182）①978-4-408-45495-5　Ⓝ783.47　［762円］

◇ザックジャパンの軌跡―蒼き戦士たちの躍進とブラジルでの敗北、そして未来　元川悦子著　カンゼン　2014.9　237p　19cm　①978-4-86255-275-4　Ⓝ783.47　［1600円］

◇サポーターをめぐる冒険―Jリーグを初観戦した結果、思わぬことになった　中村慎太郎著　ころから　2014.6　222p　19cm　①978-4-907239-07-7　Ⓝ783.47　［1300円］

◇惨敗の理由　戸塚啓著　KADOKAWA　2014.12　204p　19cm　①978-4-04-102397-6　Ⓝ783.47　［1300円］

◇J2白書　2013　J's GOAL J2ライター班著　永久保存版　東邦出版　2014.2　357p　19cm　①978-4-8094-1187-8　Ⓝ783.47　［1500円］

◇Jの新人―Jリーグ新加入170選手の価値2014　川端暁彦著　東邦出版　2014.3　219p　19cm　①978-4-8094-1204-2　Ⓝ783.47　［1500円］

◇Jリーグ再建計画　大東和美, 村井満編　日本経済新聞出版社　2014.5　252p　18cm　（日経プレミアシリーズ　237）①978-4-532-26237-2　Ⓝ783.47　［850円］

◇弱小校のチカラを引き出す　篠幸彦著　東邦出版　2014.12　221p　19cm　①978-4-8094-1277-6　Ⓝ783.47　［1300円］

◇勝利のチームマネジメント―サッカー日本代表監督から学ぶ組織開発・人材開発　松village卓朗著　竹書房　2014.6　223p　18cm　（竹書房新書　030）〈文献あり〉①978-4-8124-9998-6　Ⓝ783.47　［850円］

◇セルジオ越後辛口の真実　セルジオ越後著　ぱる出版　2014.6　174p　19cm　①978-4-8272-0864-1　Ⓝ783.47　［1300円］

◇脱パスサッカー論―発想の転換が日本を救う！　永井洋一著　ベースボール・マガジン社　2014.5　228p　19cm　〈文献あり〉①978-4-583-10707-3　Ⓝ783.47　［1300円］

◇突破論。―それぞれのルーツ、それぞれの哲学。　中村俊輔ほか［著］　ベストセラーズ　2014.7　304p　15cm　（ワニ文庫　P-249）〈2010年刊の改訂増補　内容：中村俊輔（中村俊輔述）　中澤佑二（中澤佑二述）　遠藤保仁（遠藤保仁述）　小笠原満男（小笠原満男述）　楢崎正剛（楢崎正剛述）　中田浩二（中田浩二述）　柳沢敦（柳沢敦述）　長谷部誠（長谷部誠述）　中村憲剛（中村憲剛述）　田中達也（田中達也述）　矢野貴章（矢野貴章述）　山瀬功治（山瀬功治述）　坂田大輔（坂田大輔述）　今野泰幸（今野泰幸述）　那須大亮（那須大亮述）　栗原勇蔵（栗原勇蔵述）　徳永悠平（徳永悠平述）　阿部勇樹（阿部勇樹述）　岡崎慎司（岡崎慎司述）　平山相太（平山相太述）　飯倉大樹（飯倉大樹述）　中村北斗（中村北斗述）　水野晃樹（水野晃樹述）　青山隼（青山隼述）　狩野健太（狩野健太述）　李忠成（李忠成述）　長友佑都（長友佑都述）〉　①978-4-584-39349-9　Ⓝ783.47　［810円］

◇7人の外国人監督と191のメッセージ―彼らの言葉の中にこそ真実がある　六川亨著　東邦出版　2014.10　229p　19cm　〈文献あり〉①978-4-8094-1251-6　Ⓝ783.47　［1400円］

◇日本サッカー向上委員会　野口幸司, 杉山茂樹著　洋泉社　2014.2　191p　18cm　（新書y　279）①978-4-8003-0322-6　Ⓝ783.47　［880円］

◇日本代表ベスト8―ブラジルW杯・対戦国シミュレーション分析　河治良幸著　ガイドワークス　2014.2　207p　18cm　（サッカー小僧新書EX　006）①978-4-86535-061-6　Ⓝ783.47　［920円］

◇日本代表はなぜ敗れたのか　湯浅健二, 後藤健生著　イースト・プレス　2014.8　287p　18cm　（イースト新書　036）①978-4-7816-5036-4　Ⓝ783.47　［861円］

◇日本のサッカーが世界一になるための26の提言―フット×ブレインの思考法　テレビ東京FOOT×BRAINプロジェクト編　文藝春秋　2014.5　234p　19cm　①978-4-16-390062-9　Ⓝ783.47　［1400円］

◇伸ばす力―世界で輝く「日本人選手」育成レシピ　レヴィー・クルピ著　カンゼン　2014.6　237p　19cm　①978-4-86255-255-6　Ⓝ783.47　［1600円］

◇敗戦から未来へ―ブラジルW杯テクニカルレポート　山本昌邦, 戸塚啓著　宝島社　2014.11　207p　19cm　①978-4-8002-3182-6　Ⓝ783.47　［1300円］

◇百年構想のある風景—スポーツ文化が国の成り立ちを変える　傍士銑太著　ベースボール・マガジン社　2014.7　271p　19cm　①978-4-583-10745-5　Ⓝ783.47　［1500円］
◇フットボールサミット—サッカー界の論客首脳会議　第21回　遠藤保仁、W杯を語る。日本サッカーが手にした知性　『フットボールサミット』議会編著　カンゼン　2014.5　228p　21cm〈内容：遠藤保仁、W杯を語る。(元川悦子, 遠藤保仁述)　今野泰幸が語る遠藤保仁論(西部謙司, 今野泰幸述)　新手"ジョーカー遠藤"で日本代表はどう変わるのか(北條聡著)　遠藤保仁は作れるか？(鈴木康浩著)　日本代表は進化してきたのか？(西部謙司著)　本田圭佑生みだされた存在感日本代表で貫く信念(元川悦子著)　香川真司10番がのぼる階段初舞台のワールドカップ(元川悦子著)　長友佑都闘争心の象徴として日本代表に与えてきた推進力(元川悦子著)　内田篤人異端のサイドバックが見据えてきたもの(元川悦子著)　Jクラブ外国人監督の日本代表評(鈴木潤, 南間健治, ネルシーニョほか述)　試合映像から紐解く対戦国分析(浅川俊文著)　キム・ジンスのギリシャ戦回想録(大中祐二著, キムジンス述)　バルデラマ時代からの脱却(編集部著, ダニルソン述)　日本代表がワールドカップで学んできたこと(原田大輔, 名波浩, 戸田和幸ほか述)　松井大輔南アフリカで見てきたW杯(元川悦子, 松井大輔述)　ブラジルに行く前にこの5冊(海江田哲朗著)　日本サッカーの「土」をつくる　第4回　指導者の原点(海江田哲朗著, 石崎信弘述)〉①978-4-86255-240-2　Ⓝ783.47　［1300円］
◇崩壊以後—日本サッカーは監督を変えるだけでは変わらない　杉山茂樹著　実業之日本社　2014.9　314p　18cm　（じっぴコンパクト新書 211）①978-4-408-45516-7　Ⓝ783.47　［900円］
◇「負け」に向き合う勇気—日本のサッカーに足りない視点と戦略　杉山茂樹著　星海社　2014.5　252p　18cm　（星海社新書 48）〈講談社(発売)〉①978-4-06-138551-1　Ⓝ783.47　［820円］

日本（雑貨）
◇いま使いたい、ニッポンのいいもの—CLASKA Gallery & Shop "DO"が選ぶ美しい日用品　CLASKA Gallery & Shop"DO"［著］　椎出版社　2014.4　207p　24cm　（Discover Japan Books）①978-4-7779-3207-8　Ⓝ589　［2300円］
◇手仕事の贈りもの　片柳草生著　晶文社　2014.11　163,4p　19cm〈写真：宮下直樹〉①978-4-7949-6862-3　Ⓝ589.021　［1800円］

日本（サッカー—伝記）
◇僕らがサッカーボーイズだった頃—プロサッカー選手のジュニア時代　2　元川悦子著　カンゼン　2014.6　253p　19cm　①978-4-86255-248-8　Ⓝ783.47　［1600円］

日本（サッカー—歴史）
◇日本サッカーミュージアム図録—温故知新　日本サッカー協会日本サッカーミュージアム　2013.12　65p　30cm〈英語併記〉Ⓝ783.47　［2000円］

日本（雑貨—歴史—昭和後期）
◇ファンシーメイト　竹村真奈, ゆかしなもん所長編著　ギャンビット　2014.7　109p　24cm　①978-4-907462-08-6　Ⓝ384.5　［1400円］

日本（殺菌—特許）
◇食品の殺菌・滅菌技術—IPC/FIガイド付き　ネオテクノロジー　2013.12　3, 129p　30cm　（技術と特許をつなぐパテントガイドブック）〈奥付のタイトル：食品の殺菌・滅菌編　折り込 1枚〉Ⓝ588　［80000円］
◇食品の電子線による殺菌技術—IPC/FIガイド付き　ネオテクノロジー　2014.2　2, 83p　30cm　（技術と特許をつなぐパテントガイドブック）〈折り込 1枚〉Ⓝ588　［80000円］

日本（雑誌）
◇文化社会学基本文献集　第3期第26巻　現代雑誌論—三一新書　吉見俊哉監修　清水哲男［著］　日本図書センター　2014.1　218p　22cm〈三一書房 1973年刊の複製　第3期のタイトル関連情報：高度経済成長期編　布装　内容：magazine for menへの接近　主婦に家庭は住みよいか？　僕が君をどんなに好きか、君にはわかるまい　天動説のトリック　時代の赤面恐怖　この人生の並木道　まなざしのアルファベット　黒い毛の衝撃　遊ぶことの不可能性　ニューヨーク人の顔　雑誌論のためのランダムな諸註〉①978-4-284-40175-3,978-4-284-40169-2(set)　Ⓝ361.5

日本（雑誌—歴史）
◇雑誌倶楽部　出久根達郎著　実業之日本社　2014.2　288p　19cm　①978-4-408-53639-2　Ⓝ051　［1600円］

日本（雑誌—歴史—1945～）
◇エロの「デザインの現場」　有野陽一著　アスペクト　2014.3　205p　21cm〈内容：古賀智顕(古賀智顕述)　こじままさき(こじままさき述)　野田大和(野田大和述)　龐統ひろし(龐統ひろし述)　黒木茂(黒木茂述)　明日修一(明日修一述)　田口美知雄(田口美知雄述)　小西秀司(小西秀司述)　大賀匠津(大賀匠津述)〉①978-4-7572-2310-3　Ⓝ051.6　［2200円］
◇日本の論壇雑誌—教養メディアの盛衰　竹内洋, 佐藤卓己, 稲垣恭子編　大阪　創元社　2014.4　350p　21cm〈年表あり　索引あり　内容：中央公論(竹内洋著)　文藝春秋(井上義和著)　世界(佐藤卓己著)　婦人公論(稲垣恭子著)　暮しの手帖(佐藤八寿子著)　朝日ジャーナル(長﨑励朗著)　ニューズウィーク日本版(松永智子著)　諸君！(井上義和著)　流動(大澤聡著)　放送朝日(赤上裕幸著)　ネット論壇(富田英典著)〉①978-4-422-30048-1　Ⓝ051.3　［3500円］

日本（雑誌—歴史—昭和時代）
◇高橋新太郎セレクション　2　雑誌探索ノート—戦中・戦後誌からの検証　高橋新太郎著　笠間書院　2014.6　212p　22cm〈内容：詩誌「Rien」の芸術運動　新詩論　「アクシオン」「文化」「劇評」その他　戦後誌の諸相—戦争責任の追究その他　戦後誌の諸相—天皇・天皇制議論　戦後誌の諸相—女性の世紀　戦後誌の諸相—教育の民主化　戦後誌の諸相—国語国字問題　戦後誌の諸相—教科書問題〉①978-4-305-60042-4　Ⓝ910.26　［2800円］

日本（雑誌—歴史—明治以後）
◇高橋新太郎セレクション　3　集書日誌・詩誌「リアン」のこと　高橋新太郎著　笠間書院　2014.6　254p　22cm　①978-4-305-60043-1　Ⓝ910.26　［3000円］
◇20世紀エディトリアル・オデッセイ—時代を創った雑誌たち　赤田祐一, ばるぼら著　誠文堂新光社　2014.4　218p　26cm〈文献あり　年譜あり　年表あり〉①978-4-416-11438-4　Ⓝ051　［2500円］

日本（殺人）
◇ドキュメント発達障害と少年犯罪　草薙厚子著　イースト・プレス　2014.4　303p　18cm　（イースト新書 029）〈文献あり　「大人たちはなぜ、子どもの殺意に気づかなかったか？」(2010年刊)の改題、再編集〉①978-4-7816-5029-6　Ⓝ368.7　［907円］
◇モンスター—尼崎連続殺人事件の真実　一橋文哉著　講談社　2014.4　270p　19cm　①978-4-06-218353-6　Ⓝ368.61　［1600円］
◇わたしが出会った殺人者たち　佐木隆三著　新潮社　2014.9　426p　16cm　（新潮文庫 さ-11-2）①978-4-10-131502-7　Ⓝ368.61　［670円］

日本（殺人—歴史—1945～）
◇消えた神父を追え！—BOACスチュワーデス殺人事件の謎を解く　大橋義輝著　共栄書房　2014.8　185p　19cm〈文献あり〉①978-4-7634-1061-0　Ⓝ368.61　［1500円］

日本（殺人—歴史—明治以後）
◇少年殺人史—犯行動機の考察　篠原孝著　さいたま　浦和れいめい舎　2014.7　195p　21cm〈年表あり〉Ⓝ368.7　［2000円］

日本（里海）
◇里地里山里海の生きもの学　吉岡俊人編著　福井　福井県大学連携リーグ　2014.3　226p　19cm　（福井県大学連携リーグ双書 4(2013年度)）〈文献あり〉①978-4-9905774-2-1　Ⓝ519.81　［463円］

日本（里親制度）
◇あたらしいふれあい　第4編　あしたから家族　家庭養護促進協会編　明石書店　2014.9　288p　19cm〈第3編までの出版者：晃洋書房〉①978-4-7503-4077-7　Ⓝ369.43　［1600円］

日本（里山）
◇NHKニッポンの里山—ふるさとの絶景100　今森光彦監修・写真, NHK「ニッポンの里山」制作班編著　NHK出版　2014.3　190p　21cm〈索引あり〉①978-4-14-081633-2　Ⓝ652.1　［1800円］
◇里地里山里海の生きもの学　吉岡俊人編著　福井　福井県大学連携リーグ　2014.3　226p　19cm　（福井県大学連携リーグ双書 4(2013年度)）〈文献あり〉①978-4-9905774-2-1　Ⓝ519.81　［463円］
◇里山いま昔—人と自然あらたな"絆"を求めて：特別展　岐阜県博物館編　関　岐阜県博物館　［2014］　64p　30cm〈会期：2014年9月12日—11月17日〉Ⓝ652.1
◇唱歌「ふるさと」の生態学—ウサギはなぜいなくなったのか？　高槻成紀著　山と溪谷社　2014.12　213p　18cm　（ヤマケイ新書 YS012）〈文献あり〉①978-4-635-51020-2　Ⓝ468　［800円］

日本件名図書目録2014 Ⅰ

日本（サービス産業）

◇海外市場に挑戦する中小サービス産業　日本政策金融公庫総合研究所編　文一総合出版　2014.7　201p　21cm　〈文献あり〉　内容：中小サービス産業の国際化戦略（竹内英二著）　中小サービス産業における外国人観光客の受け入れ（竹内英二, 太田智之著）　越境ECの可能性とリスク（竹内英二, 太田智之著）　中小サービス産業による海外直接投資の現状（竹内英二著）　インバウンド観光推進の意義と今後の取り組み（守屋邦彦著）〉　Ⓘ978-4-8299-7703-3　Ⓝ673.9　［2300円］

◇商業施設・SCのサービス系テナント導入実態データ総集　綜合ユニコム　2013.7　149p　30cm　Ⓘ978-4-88150-581-6　Ⓝ673.8　［60000円］

◇中小サービス産業における海外展開の実態と課題　中小企業基盤整備機構経営支援情報センター　2014.3　84p　30cm　（中小機構調査研究報告書　第6巻 第5号）〈文献あり〉　Ⓝ673.9

◇特定サービス産業実態調査速報　平成25年　経済産業省大臣官房調査統計グループ／編　経済産業統計協会　2014.8　84p　30cm　Ⓘ978-4-86499-014-1　［2300円］

◇日本経済の再生とサービス産業　飯盛信男著　青木書店　2014.2　182,2p　20cm　〈索引あり〉　内容：公共サービス拡充による日本経済の再生　サービス産業についての政策の展開　一九九〇年代以降のサービス産業　サービス経済化の評価はどう変わってきたか　サービス経済化がもたらしたもの　生産的労働とサービスをめぐる論争　サービス部門価値生産説の論拠〉　Ⓘ978-4-250-21400-4　Ⓝ673.9　［2200円］

日本（サービス産業—統計）

◇特定サービス産業実態調査報告書　平成25年　教養・技能教授業編　［東京］　経済産業省大臣官房調査統計グループ　2014.12　129p　30cm　Ⓝ673.9

日本（サブカルチャー）

◇クールジャパンの嘘—アニメで中韓の「反日」は変わらない　古谷経衡著　総和社　2014.2　277p　19cm　Ⓘ978-4-86286-077-4　Ⓝ361.5　［1500円］

◇クール・ジャパンはなぜ嫌われるのか—「熱狂」と「冷笑」を超えて　三原龍太郎著　中央公論新社　2014.4　261p　18cm　（中公新書ラクレ　491）Ⓘ978-4-12-150491-3　Ⓝ361.5　［820円］

◇原子爆弾とジョーカーなき世界　宇野常寛著　メディアファクトリー　2013.6　157p　19cm　［ダ・ヴィンチブックス］　Ⓘ978-4-8401-5211-2　Ⓝ361.5　［1200円］

◇コンテンツツーリズム入門　増淵敏之, 溝尾良隆, 安田亘宏, 中村忠司, 橋本英重, 岩崎達也, 吉口克利, 浅田ますみ著　古今書院　2014.11　206p　21cm　〈索引あり〉　内容：アニメの舞台を訪ねる旅（増淵敏之著）　映画の舞台を訪ねる旅（安田亘宏著）　テレビドラマの舞台を訪ねる旅（中村忠司著）　小説の舞台を訪ねる旅（浅田ますみ著）　ご当地ソングの舞台を訪ねる旅（溝尾良隆著）　ご当地アイドルを訪ねる旅（橋本英重著）　アイドルのステージを追いかける旅（岩崎達也著）　市場調査から読み解くコンテンツツーリズム（吉口克利著）〉　Ⓘ978-4-7722-3163-3　Ⓝ689.21　［2300円］

◇サブカル・スーパースター鬱伝　吉田豪著　徳間書店　2014.11　317p　15cm　［徳間文庫カレッジ］〈2012年刊の加筆・訂正　内容：リリー・フランキー（リリー・フランキー述）　大槻ケンヂ（大槻ケンヂ述）　川勝正幸（川勝正幸述）　杉作J太郎（杉作J太郎述）　菊地成孔（菊地成孔述）　みうらじゅん（みうらじゅん述）　ECD（ECD述）　松尾スズキ（松尾スズキ述）　枡野浩一（枡野浩一述）　唐沢俊一（唐沢俊一述）　香山リカ（香山リカ述）　ユースケ・サンタマリア（ユースケ・サンタマリア述）〉　Ⓘ978-4-19-907018-1　Ⓝ361.5　［750円］

◇サブカルチャー聖地巡礼—アニメ聖地と戦国史蹟　由谷裕哉, 佐藤喜久一郎著　岩田書院　2014.9　204p　21cm　〈文献あり〉　Ⓘ978-4-87294-882-0　Ⓝ361.5　［2800円］

◇一〇年代文化論　さやわか著　星海社　2014.4　201p　18cm　（星海社新書　46）（講談社（発売）文献あり　年表あり〉　Ⓘ978-4-06-138545-0　Ⓝ361.5　［820円］

◇セカイ系とは何か　前島賢著　星海社　2014.4　244p　15cm　（星海社文庫　マ1-01）〈講談社（発売）ソフトバンククリエイティブ　2010年刊の改稿〉　Ⓘ978-4-06-138968-7　Ⓝ361.5　［680円］

◇人間コク宝—サブカル伝　吉田豪著　コアマガジン　2014.3　320p　21cm　〈内容：諫山創（諫山創述）　乙武洋匡（乙武洋匡述）　枡野浩一（枡野浩一述）　穂積隆信（穂積隆信述）　山本寛（山本寛述）　宇川直宏（宇川直宏述）　宮崎吾朗（宮崎吾朗述）　久田将義（久田将義述）　小西克哉（小西克哉述）　安東弘樹（安東弘樹述）　神足裕司（神足裕司述）　上杉隆（上杉隆

述）　YOU THE ROCK★（YOU THE ROCK★述）　須永辰緒（須永辰緒述）　安岡力也（安岡力也述）　清水健太郎'06（清水健太郎述）　清水健太郎'12（清水健太郎述）　岸部四郎（岸部四郎述）　品川ヒロシ（品川ヒロシ述）　町山智浩with水道橋博士（町山智浩, 水道橋博士述）〉　Ⓘ978-4-86436-558-1　Ⓝ361.5　［1524円］

◇八画文化会館　vol. 3　2013　八画出版部　2013.8　112p　26cm　Ⓘ978-4-9903712-6-5　Ⓝ361.5　［1429円］

◇半径1メートルの想像力—サブカル時代の子ども若者　山崎鎮親著　旬報社　2014.7　207p　19cm　Ⓘ978-4-8451-1354-5　Ⓝ367.68　［1600円］

◇めぐりめぐる日本文化　高馬京子, ハラルド・フース, 深井晃子［述］　京都　国際日本文化研究センター　2014.8　48p　21cm　（日文研フォーラム　第276回）〈会期・会場：2014年3月11日　ハートピア京都〉　Ⓝ361.5

◇「メジャー」を生みだすマーケティングを超えるクリエイターたち　堀田純司［著］　KADOKAWA　2014.12　286p　18cm　（角川oneテーマ21　D-54）Ⓘ978-4-04-102411-9　Ⓝ361.5　［800円］

◇ヤンキー人類学—突破者たちの「アート」と表現　鞆の津ミュージアム監修　フィルムアート社　2014.10　216p　21cm　〈会期・会場：2014年4月26日（土）-7月21日（月）鞆の津ミュージアム　主催：社会福祉法人創樹会　鞆の津ミュージアム〉　Ⓘ978-4-8459-1437-1　Ⓝ361.5　［2200円］

◇融解するオタク・サブカル・ヤンキー—ファスト風土適応論　熊代亨著　［東京］　花伝社　2014.10　197p　19cm　〈共栄書房（発売）文献あり〉　Ⓘ978-4-7634-0713-9　Ⓝ361.5　［1500円］

日本（サブカルチャー—歴史—1945〜）

◇NHKニッポン戦後サブカルチャー史　宮沢章夫, NHK「ニッポン戦後サブカルチャー史」制作班編著　NHK出版　2014.10　255p　21cm　Ⓘ978-4-14-081650-9　Ⓝ361.5　［1800円］

◇「ネオ漂泊民」の戦後—アイドル受容と日本人　中尾賢司著　［東京］　花伝社　2014.10　213p　19cm　〈共栄書房（発売）文献あり〉　Ⓘ978-4-7634-0717-7　Ⓝ361.5　［1800円］

◇必殺技の戦後史—昭和〜平成ヒーロー列伝　細谷正充著　双葉社　2014.11　238p　18cm　（双葉新書　101）Ⓘ978-4-575-15453-5　Ⓝ361.5　［850円］

日本（左翼）

◇「右翼」と「左翼」の謎がよくわかる本　鈴木邦男監修　PHP研究所　2014.8　229p　19cm　〈文献あり〉　Ⓘ978-4-569-81937-2　Ⓝ309.021　［667円］

◇右翼と左翼はどうちがう？　雨宮処凛著　河出書房新社　2014.3　237p　15cm　（河出文庫　あ24-1）〈文献あり　2007年刊を一部加筆・修正し, 新たに終章を加えたもの〉　Ⓘ978-4-309-41279-5　Ⓝ309.021　［680円］

日本（左翼—歴史—1945〜）

◇戦後左翼たちの誕生と衰亡—10人からの聞き取り　川上徹著　同時代社　2014.1　249p　19cm　Ⓘ978-4-88683-758-5　Ⓝ309.021　［2000円］

日本（左翼—歴史—明治以後）

◇左翼はなぜ衰退したのか　及川智洋［著］　祥伝社　2014.10　226p　18cm　（祥伝社新書　386）Ⓘ978-4-396-11386-5　Ⓝ309.021　［800円］

日本（サラリーマン）

◇おとな観察図鑑—大きくなったら身につけたい"おとなの技"　こども記者クラブ著　宝島社　2014.7　159p　21cm　Ⓘ978-4-8002-2405-7　Ⓝ361.84　［1100円］

◇課長の家—日本の課長, 25人のリアルな日常　産業編集センター編　産業編集センター　2014.6　263p　21cm　Ⓘ978-4-86311-095-3　Ⓝ361.84　［1000円］

日本（山岳）

◇一岳寸草心—山影に逢はむ：八十断章　櫟畳振子著　一宮人の森　2014.5　419p　20cm　〈文献あり〉　Ⓘ978-4-9907170-0-1　Ⓝ291.09　［2000円］

◇俺山その後　濱村信著　書苑新社　2014.4　214p　19cm　Ⓘ978-4-88375-169-3　Ⓝ291.09　［1500円］

◇ここが見どころ日本の山—地形・地質から植生を読む　小泉武栄, 佐藤謙写真・解説　文一総合出版　2014.6　223p　19cm　（列島自然めぐり）Ⓘ978-4-8299-8802-2　Ⓝ454.5　［2200円］

◇駒ヶ岳とウマの百科　田口計介編著　［横浜］　駒ヶ岳クラブ　2014.10　171p　26cm　（駒ヶ岳学講座シリーズ　6）〈駒ヶ岳ファンクラブ創立25周年記念〉　Ⓝ382.1

◇山想つれづれ　江口敬一文, 高藤暁子絵　名古屋　中日メディアプレーン　2013.12　117p　15×21cm　〈中日新聞社（発売）文献あり　索引あり〉　Ⓘ978-4-8062-0664-4　Ⓝ291.09　［1200円］

日本（山岳崇拝）

◇知るほどに訪ねたくなる歴史の百名山　武田櫂太郎著　大和書房　2014.4　285p　15cm　（だいわ文庫 272-1E）〈文献あり〉Ⓘ978-4-479-30479-1　Ⓝ210　［680円］

◇新釈日本百名山　樋口一郎著　東京新聞　2014.5　319p　21cm　（1700円）Ⓘ978-4-8083-0989-3　Ⓝ291.09

◇全国ふるさと富士ガイドブック―地元で愛されてきた、全国のふるさと富士大集合！　「全国ふるさと富士ガイドブック」編集部編　2版　静岡　静岡県文化・観光部交流政策課　2013.7　104p　30cm　Ⓝ291.09

◇日本百名山登頂記―一歩、一歩時には半歩　1　池田和著　［東京］　日本図書刊行会　2014.7　309p　19cm〈近代文藝社（発売）標題紙・背・表紙のタイトル関連情報（誤植）：一歩一歩、時には半歩〉Ⓘ978-4-8231-0900-3　Ⓝ291.09　［1850円］

◇日本百名山登頂記―一歩、一歩時には半歩　2　池田和著　［東京］　日本図書刊行会　2014.11　321p　19cm〈近代文藝社（発売）〉Ⓘ978-4-8231-0904-1　Ⓝ291.09　［1850円］

◇日本百名山登頂記録　栗林稔著　［新潟］　［栗林稔］　2014.12　311p　19cm　Ⓝ291.09

◇山小屋の主人を訪ねて　高桑信一著　東京新聞　2014.3　255p　21cm　〈索引あり〉Ⓘ978-4-8083-0988-6　Ⓝ689.81　［1600円］

日本（山岳崇拝）

◇安土城への道―聖地から城郭へ：平成26年春季特別展　近江八幡　滋賀県立安土城考古博物館　2014.3　112p　30cm〈文献あり　会期・会場：平成26年4月26日―6月15日　滋賀県立安土城考古博物館企画展示室〉Ⓝ521.823

日本（山岳崇拝―歴史）

◇日本の霊山読み解き事典　西海賢二，時枝務，久野俊彦編　柏書房　2014.8　619p　20cm　〈索引あり〉Ⓘ978-4-7601-4408-2　Ⓝ387　［3800円］

日本（産学連携）

◇産学官連携データ集　2013-2014　科学技術振興機構産学連携展開部企画・編集　［東京］　科学技術振興機構　2014.3　71p　30cm　Ⓝ507

◇産学共創イノベーション事例―チームコラボレーションの時代の取組み：調査報告書　科学技術振興機構研究開発戦略センターイノベーションユニット　2014.3　113p　30cm　Ⓝ507

◇産学連携が拓くグローバル・イノベーションの扉―日中大学フェア＆フォーラムin China 2014講演録　科学技術振興機構中国総合研究交流センター編　［東京］　科学技術振興機構中国総合研究交流センター　2014.6　173p　30cm　〈会期・会場：平成26年3月15日・16日　中国北京全国農業展覧館（新館）ほか〉Ⓘ978-4-88890-399-8　Ⓝ377.21

◇先端産業クラスターによる地域活性化―産学官連携とハイテクイノベーション　田中利彦著　京都　ミネルヴァ書房　2014.3　228p　21cm　（熊本学園大学産業経営研究所研究叢書 51）〈文献あり〉Ⓝ601.1　［非売品］

◇先端産業クラスターによる地域活性化―産学官連携とハイテクイノベーション　田中利彦著　京都　ミネルヴァ書房　2014.4　228p　22cm　（MINERVA現代経済学叢書 115）〈文献あり　索引あり　内容：産業クラスターの形成と地域経済活性化　太陽電池産業クラスターによる地域経済活性化　システムLSI産業クラスターによる地域経済活性化　ソフトウェア産業クラスターによる地域経済活性化　医療産業クラスターによる地域経済活性化　LED産業クラスターによる地域経済活性化〉Ⓘ978-4-623-07054-1　Ⓝ601.1　［3200円］

◇大学技術移転サーベイ―大学知的財産年報　2012年度版　大学技術移転協議会編著　大学技術移転協議会　2013.5　235p　21cm　Ⓘ377.21　［2000円］

◇大学技術移転サーベイ―大学知的財産年報　2013年度版　大学技術移転協議会編著　大学技術移転協議会　2014.5　227p　21cm　Ⓘ377.21　［2000円］

◇大学・大学生と農山村再生　中塚雅也，内平隆之著，小田切徳美監修　筑波書房　2014.3　62p　21cm　（JC総研ブックレット No.4）Ⓘ978-4-8119-0435-1　Ⓝ611.151　［750円］

◇大学―地域NPO連携モデルの確立に関する研究　広井良典編　［千葉］　千葉大学大学院人文社会科学研究科　2014.2　75p　30cm　（人文社会科学研究科プロジェクト報告書 第169集）〈文献あり　タイトルは標題紙・表紙による　内容：千葉市における子どもの居場所「こどもカフェ」の展開（田村光子著）　大学における「子ども」プログラム展開と大学―地域連携の必要性（真田知幸著）　社会的起業からみた大学―地域連携の必要性（吉川亮著）　千葉市緑区おゆみ野における大学―地域連携の取り組み（福谷章子著）　「シティズンシップ教育」の実践（一ノ瀬佳也著）　コミュニティの中心としての大学（広井良典著）〉Ⓝ601.1

◇地域イノベーションのための産学官連携従事者論　二階堂知己，鈴木康之著　浜松　ITSC静岡学術出版事業部　2014.3　149p　18cm　（静岡学術出版教養新書）Ⓘ978-4-86474-036-4　Ⓝ601.1　［1000円］

◇地域再生と文系産学連携―ソーシャル・キャピタル形成にむけた実態と検証　吉田健太郎編著　同友館　2014.3　274p　22cm〈内容：文系産学連携と人材教育の視座（加藤吉則著）　文系産学連携の実態と可能性（吉田健太郎著）　組織間コラボレーションとしての産学連携（松村洋平著）　共創的地域ブランド・マネジメントにおける文系大学の役割（浦野寛子著）　持続可能なまちづくりと文系分野の産学連携（小川雅人著）　産学連携活動の評価（藤井ględ義著）　文系・総合大学における産・学・官〈公〉ならびに地域連携の取組み（秦野眞著）　文系産学連携による組織間コラボレーションの取組み事例（松本洋平著）　文系産学連携による共創的地域ブランド・マネジメント（浦野寛子著）　文系産学連携による商店街再生のための商業人育成（小川雅人著）　大学発ビジネスプランコンテストを契機とした地域産業振興（久保田典男著）　文系産学連携のおけるソーシャル・キャピタルの有効性（吉田健太郎著）　事例にみる文系産学連携の評価に関する現状と課題（藤井博義著）　産学連携による教育研究と政策課題（樋口一清著）〉Ⓘ978-4-496-05051-0　Ⓝ601.1　［2800円］

◇伸びる製造業の賢い大学の使い方―産学官連携の活用法　名古屋工業大学産学官連携センター著　幻冬舎メディアコンサルティング　2014.2　199p　18cm　（経営者新書 098）〈幻冬舎（発売）奥付の出版者（誤植）：産業官連携センター〉Ⓘ978-4-344-95237-9　Ⓝ509.21　［740円］

日本（産業）

◇伊藤博文文書　第110巻　秘書類纂営業　2　伊藤博文［著］，伊藤博文文書研究会監修，檜山幸夫総編集　川島淳編集・解題　ゆまに書房　2014.7　346p　22cm　〈宮内庁書陵部所蔵の複製〉Ⓘ978-4-8433-2642-8,978-4-8433-2532-2（set）Ⓝ312.1　［16000円］

◇会社四季報業界地図　2015年版　東洋経済新報社編　東洋経済新報社　2014.9　287p　26cm　〈索引あり〉Ⓘ978-4-492-97323-3　Ⓝ602.1　［1100円］

◇規制改革ビジネス白書　2013/2014年版　覚醒の時代―規制改革で覚醒する企業・ビジネス　藤田英夫編著　大阪　日本ビジネス開発　2014.3　242p　30cm　（JBD企業・ビジネス白書シリーズ）Ⓘ978-4-901586-75-7　Ⓝ602.1　［38000円］

◇最新業界地図　2015年版　成美堂出版編集部編　成美堂出版　2014.10　255p　26cm　〈索引あり〉Ⓘ978-4-415-31922-3　Ⓝ602.1　［1000円］

◇10年後躍進する会社潰れる会社　鈴木貴博著　KADOKAWA　2014.1　239p　19cm　Ⓘ978-4-04-110665-5　Ⓝ602.1　［1400円］

◇図解業界地図が一目でわかる本　最新2015年版　インタービジョン21著　ワイド＆セレクション版　三笠書房　2014.7　175p　26cm　〈索引あり〉Ⓘ978-4-8379-2544-6　Ⓝ335.5　［800円］

◇図解業界地図が一目でわかる本　最新2015年版　インタービジョン21著　三笠書房　2014.7　316p　15cm　（知的生きかた文庫 い62-8）〈索引あり〉Ⓘ978-4-8379-8272-2　Ⓝ335.5　［700円］

◇2015年日本はこうなる　三菱UFJリサーチ＆コンサルティング編　東洋経済新報社　2014.11　261p　21cm　Ⓘ978-4-492-39612-4　Ⓝ332.107　［1600円］

◇日経業界地図　2015年版　日本経済新聞社編　日本経済新聞出版社　2014.8　286p　26cm　〈索引あり〉Ⓘ978-4-532-31950-2　Ⓝ602.1　［1100円］

◇日本人の覚悟―成熟経済を超える　嶌信彦著　実業之日本社（発売）　2014.1　279p　19cm　〈文献あり〉Ⓘ978-4-408-33305-2　Ⓝ335.21　［1300円］

◇ビジネスヒットチャート　2014　ミスター・パートナー出版部著　ミスター・パートナー　2014.7　237p　21cm　（Mr.Partner BOOK）〈星雲社（発売）〉Ⓘ978-4-434-19366-8　Ⓝ602.1　［1500円］

◇法人企業統計実務　［東京］　財務省財務総合政策研究所研修部　［2013］　246p　30cm　（研修部教材 平成25年度 4）Ⓝ331.19

日本（産業―統計）

◇企業活動基本調査報告書　平成25年　第1巻　総合統計表　［東京］　経済産業省大臣官房調査統計グループ　2014.8　522p　30cm　Ⓝ605.9

◇企業活動基本調査報告書　平成25年　第2巻　事業多角化等統計表　［東京］　経済産業省大臣官房調査統計グループ　2014.8　334p　30cm　Ⓝ605.9

日本件名図書目録2014　Ⅰ　　　　　　　　　　　　　　　　　　　　　　　　　　　　　　　　　　　日本（産業安全）

◇企業活動基本調査報告書　平成25年　第3巻　子会社等統計表　［東京］　経済産業省大臣官房調査統計グループ　2014.8　472p　30cm　Ⓝ605.9

◇経済センサス―活動調査報告　平成24年　第1巻　事業所数及び従業者数に関する集計　その1（総括表）　総務省統計局，経済産業省大臣官房調査統計グループ編　総務省統計局　2014.3　836p　30cm　〈共同刊行：経済産業省大臣官房調査統計グループ〉Ⓝ605.9

◇経済センサス―活動調査報告　平成24年　第1巻　事業所数及び従業者数に関する集計　その2（都道府県・市区町村表）　総務省統計局，経済産業省大臣官房調査統計グループ編　総務省統計局　2014.3　673p　30cm　〈共同刊行：経済産業省大臣官房調査統計グループ〉Ⓝ605.9

◇経済センサス―活動調査報告　平成24年　第2巻　事業所の売上（収入）金額に関する集計　その1（総括表）　総務省統計局，経済産業省大臣官房調査統計グループ編　総務省統計局　2014.3　522p　30cm　〈共同刊行：経済産業省大臣官房調査統計グループ〉Ⓝ605.9

◇経済センサス―活動調査報告　平成24年　第2巻　事業所の売上（収入）金額に関する集計　その2（都道府県・市区町村表）　総務省統計局，経済産業省大臣官房調査統計グループ編　総務省統計局　2014.3　914p　30cm　〈共同刊行：経済産業省大臣官房調査統計グループ〉Ⓝ605.9

◇経済センサス―活動調査報告　平成24年　第8巻　建設業、医療・福祉、学校教育及びサービス業に関する集計　総務省統計局，経済産業省大臣官房調査統計グループ編　総務省統計局　2014.6　567p　30cm　〈共同刊行：経済産業省大臣官房調査統計グループ〉Ⓝ605.9

◇経済センサス―活動調査報告　平成24年第1巻［その1］　事業所数及び従業者数に関する集計　その1（総括表）　総務省統計局，経済産業省大臣官房調査統計グループ，日本統計協会，経済産業調査会，経済産業統計協会編集　日本統計協会　2014.3　836p　30cm　〈英語抄訳付〉Ⓘ978-4-8223-3739-1　Ⓝ605.9　［8200円］

◇経済センサス―活動調査報告　平成24年第1巻［その2］　事業所数及び従業者数に関する集計　その2（都道府県・市区町村表）　総務省統計局，経済産業省大臣官房調査統計グループ，日本統計協会，経済産業調査会，経済産業統計協会編集　日本統計協会　2014.3　673p　30cm　〈英語抄訳付〉Ⓘ978-4-8223-3740-7　Ⓝ605.9　［6600円］

◇経済センサス―活動調査報告　平成24年第2巻［その1］　事業所の売上〈収入〉金額に関する集計　その1（総括表）　総務省統計局，経済産業省大臣官房調査統計グループ，日本統計協会，経済産業調査会，経済産業統計協会編集　日本統計協会　2014.3　523p　30cm　〈英語抄訳付〉Ⓘ978-4-8223-3741-4　Ⓝ605.9　［5100円］

◇経済センサス―活動調査報告　平成24年第2巻［その2］　事業所の売上〈収入〉金額に関する集計　その2（都道府県・市区町村表）　総務省統計局，経済産業省大臣官房調査統計グループ，日本統計協会，経済産業調査会，経済産業統計協会編集　日本統計協会　2014.3　914p　30cm　〈英語抄訳付〉Ⓘ978-4-8223-3742-1　Ⓝ605.9　［8900円］

◇経済センサス―活動調査報告　平成24年　第8巻　建設業、医療・福祉、学校教育及びサービス業に関する集計　総務省統計局，経済産業省大臣官房調査統計グループ，日本統計協会，経済産業調査会，経済産業統計協会編集　日本統計協会　2014.6　567p　30cm　〈英語抄訳付　平成24年第7巻の4の出版者：経済産業統計協会〉Ⓘ978-4-8223-3767-4　Ⓝ605.9　［5300円］

◇平成25年企業活動基本調査報告書　第1巻　総合統計表　経済産業省大臣官房調査統計グループ/編　経済産業統計協会　2014.11　522p　30cm　Ⓘ978-4-86499-017-2　Ⓝ605.9　［25500円］

◇平成25年企業活動基本調査報告書　第2巻　事業多角化等統計表　経済産業省大臣官房調査統計グループ/編　経済産業統計協会　2014.11　334p　30cm　Ⓘ978-4-86499-018-9　［14500円］

◇平成25年企業活動基本調査報告書　第3巻　子会社等統計表　経済産業省大臣官房調査統計グループ/編　経済産業統計協会　2014.11　472p　30cm　Ⓘ978-4-86499-019-6　［18500円］

◇法人企業統計季報　平成26年7～9月　財務省財務総合政策研究所/編　ワープ　2014.12　139p　30cm　Ⓘ978-4-9907047-5-9　［2350円］

日本（蚕業―歴史）
◇近代シルク物語―日本と那須野が原を支えた蚕　那須塩原市那須野が原博物館編　［那須塩原］　那須塩原市那須野が原博物館　2013.10　196p　30cm　〈年表あり　文献あり　会期：平成25年10月5日～12月8日〉Ⓝ632.1

◇日本の蚕糸のものがたり―横浜開港後150年波乱万丈の歴史　髙木賢編著　大成出版社　2014.9　95p　19cm　Ⓘ978-4-8028-3164-2　Ⓝ632.1　［907円］

日本（産業―歴史―1945～）
◇日本経済の構造的危機を読み解く―持続可能な産業再生を展望して　藤田実著　新日本出版社　2014.2　190p　21cm　〈文献あり　内容：現代日本経済とマルクス経済学　戦後日本経済の構造的特質　資本主義のグローバル化と日本経済　2008年恐慌の性格と日本経済　日本経済の危機はなぜ深刻なのか　情報通信革命の進展と日本経済　電機産業の構造変化と競争力の喪失　電機産業の再編とリストラ　成長戦略と日本経済　日本産業再構築の課題と持続可能な産業構造への展望　日本経済の将来展望〉Ⓘ978-4-406-05775-2　Ⓝ602.1　［2000円］

◇日本の産業と企業―発展のダイナミズムをとらえる　橘川武郎，平野創，板垣暁編　有斐閣　2014.12　360p　19cm　（有斐閣アルマ）〈索引あり〉Ⓘ978-4-641-22035-5　Ⓝ602.1　［2300円］

日本（蚕業―歴史―明治以後）
◇絹の国拓く―世界遺産「富岡製糸場と絹産業遺産群」　前橋上毛新聞社事業局出版部　2014.6　150p　22cm　〈年表あり〉Ⓘ978-4-86352-109-4　Ⓝ632.1　［1500円］

日本（蚕業―歴史―明治時代）
◇蚕―皇室のご養蚕と古代裂、日仏絹の交流　宮内庁編　［東京］　文化庁　c2014　101p　29cm　〈フランス語併載　会期・会場：2014年2月19日―4月5日　パリ日本文化会館〉Ⓝ632.1

日本（産業安全）
◇新しい時代の安全管理のすべて　大関親著　第6版　中央労働災害防止協会　2014.4　892p　22cm　〈文献あり　索引あり〉Ⓘ978-4-8059-1551-6　Ⓝ366.34　［4800円］

◇あなたの職場の安全点検　中央労働災害防止協会編　第2版　中央労働災害防止協会　2014.9　159p　19cm　（安全衛生実践シリーズ）Ⓘ978-4-8059-1573-8　Ⓝ509.8　［1000円］

◇安衛法便覧　平成25年度版　労働調査会出版局編　労働調査会　2013.8　3冊　19cm　Ⓘ978-4-86319-330-7（set）Ⓝ509.8　［全10300円］

◇安全衛生推進者の実務―能力向上教育〈初任時〉用テキスト　中央労働災害防止協会編　第5版　中央労働災害防止協会　2014.12　222p　26cm　〈文献あり〉Ⓘ978-4-8059-1576-9　Ⓝ509.8　［1800円］

◇安全衛生推進者必携　中央労働災害防止協会編　第24版　中央労働災害防止協会　2014.1　271p　21cm　Ⓘ978-4-8059-1539-4　Ⓝ509.8　［1200円］

◇安全管理者実務必携―能力向上教育〈定期又は随時〉用テキスト　中央労働災害防止協会編　第4版　中央労働災害防止協会　2014.3　185p　26cm　Ⓘ978-4-8059-1552-3　Ⓝ509.8　［2000円］

◇衛生推進者必携　中央労働災害防止協会編　第15版　中央労働災害防止協会　2014.1　209p　21cm　Ⓘ978-4-8059-1541-7　Ⓝ509.8　［900円］

◇乾燥作業の安全―乾燥設備作業主任者テキスト　中央労働災害防止協会編　中央労働災害防止協会　2014.3　198p　21cm　Ⓘ978-4-8059-1553-0　Ⓝ509.8　［1400円］

◇経営者のための安全衛生のてびき　中央労働災害防止協会編　第6版　中央労働災害防止協会　2014.3　148p　26cm　Ⓘ978-4-8059-1554-7　Ⓝ509.8　［1800円］

◇3ステップでやさしく導入労働安全衛生マネジメントシステム―中小規模事業場向け労働安全衛生マネジメントシステム導入マニュアル　［東京］　厚生労働省　［2013］　154p　30cm　〈平成25年度厚生労働省委託事業　共同刊行：インターリスク総研〉Ⓝ509.8

◇次代の安全の中核を担う人材育成好事例集　［東京］　労働調査会　2013.3　202p　30cm　〈厚生労働省委託事業「次代の安全の中核を担う人材育成事業」〉Ⓝ509.8

◇中小企業のための安全衛生実務の手引き　増本清，増本直樹著　労働調査会　2013.11　127p　21cm　Ⓘ978-4-86319-379-6　Ⓝ366.34　［1000円］

◇特定化学物質・四アルキル鉛等作業主任者テキスト　中央労働災害防止協会編　第6版　中央労働災害防止協会　2014.3　425p　26cm　Ⓘ978-4-8059-1549-3　Ⓝ498.82　［1800円］

◇特定化学物質・四アルキル鉛等作業主任者テキスト　中央労働災害防止協会編　第7版　中央労働災害防止協会　2014.12　450p　26cm　Ⓘ978-4-8059-1584-4　Ⓝ498.82　［1800円］

◇「ニュー5S」分析演習例題集　2　「ニュー5S」分析による労働災害の防止編　「ニュー5S」普及協会編　労働調査会　2013.11　58p　26cm　〈「労働安全衛生広報」別冊〉Ⓝ509.6

◇百戦錬磨のベテランスタッフに学ぶ安全衛生管理の勘所とコツ33選　古澤登，前田啓一，淀川芳雄著　中央労働災害防止協

日本（産業安全―書式）

会　2014.10　79p　28cm　①978-4-8059-1578-3　Ⓝ509.8
［1200円］

日本（産業安全―書式）
◇労働安全手続便覧　労働調査会出版局編　改訂2版　労働調査
会　2013.5　197p　26cm　①978-4-86319-351-2　Ⓝ509.8
［2000円］

日本（産業医）
◇産業医の職務Q&A　産業医の職務Q&A編集委員会編　第10版
産業医学振興財団　2014.3　538p　26cm　〈文献あり〉　①978-
4-915947-53-7　Ⓝ498.8　［3000円］

日本（産業観光）
◇産業観光の手法―企業と地域をどう活性化するか　産業観光
推進会議著　京都　学芸出版社　2014.11　230p　21cm
①978-4-7615-2582-8　Ⓝ689.4　［2500円］

日本（産業クラスター）
◇産業クラスター紹介シリーズ―医療連ニュース76号から84号
まで　日本医療機器産業連合会　2014.4　133p　30cm
Ⓝ535.4　［非売品］
◇先端産業クラスターによる地域活性化―産学官連携とハイテ
クイノベーション　田中利彦著　京都　ミネルヴァ書房
2014.3　228p　21cm　（熊本学園大学産業経営研究所研究叢
書 51）〈文献あり〉Ⓝ601.1　［非売品］
◇先端産業クラスターによる地域活性化―産学官連携とハイテ
クイノベーション　田中利彦著　京都　ミネルヴァ書房
2014.4　228p　22cm　（MINERVA現代経済学叢書 115）
〈文献あり　索引あり　内容：産業クラスターの形成と地域経
済活性化　太陽電池産業クラスターによる地域経済活性化
システムLSI産業クラスターによる地域経済活性化　ソフト
ウェア産業クラスターによる地域経済活性化　医療産業クラ
スターによる地域経済活性化　LED産業クラスターによる地
域経済活性化〉①978-4-623-07054-1　Ⓝ601.1　［3200円］
◇地域再生のための経営と会計―産業クラスターの可能性　二
神恭一,高山貢,高橋賢編著　中央経済社　2014.4　194p
21cm　〈索引あり〉①978-4-502-09570-2　Ⓝ601.1　［2600円］
◇地域産業集積の特性を活かしたイノベーション達成の条件―
中間組織の機能に注目した4つの地域類型のケース・スタディ
中小企業基盤整備機構経営支援情報センター　2014.3　6,
104p　30cm　（中小機構調査研究報告書 第6巻 第3号）〈文
献あり〉Ⓝ335.3
◇日本経済と地域構造　山川充夫編著　原書房　2014.5　302p
22cm　〈内容：産業集積とイノベーション（山本健兒著）　立地
論の枠組みの再考察（柳井雅人著）　地域的分業の新局面と集
積間ネットワーク（松原宏著）　グローバリゼーションと経済
地理学（宮町良広著）　地方工業地域の変容と社会的環境ネッ
トワーク（松橋公治著）　半導体メーカーのファブライト化・
早期退職の実施と地域雇用問題（伊東維年著）　ブランド化を
通した地場産業産地振興（初澤敏生著）　大型店のスクラッ
プ・アンド・ビルドと中心市街地への影響（箸本健二著）　農
業地域の衰退と新たな胎動（小金澤孝昭著）　国土政策と産業
立地政策の転換（根岸裕孝著）　地域計画からまちづくりへ
（富樫幸一著）　6次産業化と地域づくり（柳井雅也著）　地方
都市中心市街地の再構築と都市空間経済学（山川充夫著）　経
済地理学は地域をどうとらえるか（山川充夫著）　山川充夫先
生の人と学問（末吉健治著）　二人が歩いた道、歩く道（矢田俊
文著）〉①978-4-562-09196-6　Ⓝ332.1　［3500円］

日本（産業災害）
◇福島・三池・水俣から「専門家」の責任を問う　三池CO研究
会編　福岡　弦書房　2014.7　144p　21cm　〈文献あり　内
容：三池炭じん爆発五〇年の教訓（美奈川成章述）　命を守る市
民運動（鎌田隆述）　科学的専門家のいない国（津田敏秀述）
CO中毒患者の診察現場から（本岡眞紀子述）　専門家の責任と
は何か（鎌田慧ほか述、木村英昭司会）「三池」「水俣」「福島」
を通底するもの（黒田光太郎著）　原田正純さんのこと（美奈
川成章著）　3・11水俣から「水俣学」を唱える医師・原田正純
さん（原田正純述、野上隆生、安田朋起インタビューアー）　ア
ジアを歩いた原田先生（鈴木明著）　専門的知識は誰のために
あるのか（松尾蕙虹著）「中央」と「地方/地域」（宮北隆志
著）　3・11以降も押し黙り、発言しない原発メーカーの技術者
たち（田中三彦著）　アジアで繰り返される産業災害（古谷杉
郎著）〉①978-4-86329-103-4　Ⓝ369.3　［1600円］

日本（産業財産権）
◇独占的ライセンス制度の在り方に関する調査研究報告書　［東
京］　知的財産研究所　2014.2　1, 613p　30cm　（特許庁産
業財産権制度問題調査研究報告書 平成25年度）Ⓝ507.2

◇一人で特許〈実用新案・意匠・商標〉の手続きをするならこの1
冊　中本繁実著　第4版　自由国民社　2014.1　183p　21cm
（はじめの一歩）①978-4-426-11703-0　Ⓝ507.2　［1500円］
◇模倣被害調査報告書　2013年度　［東京］　特許庁　2014.3
122, 66, 18p　30cm　〈特許庁工業所有権保護適正化対策事
業〉Ⓝ507.2
◇我が国における技術革新の加速化に向けた産業財産権の出願
行動等に関する分析調査報告書　平成25年度　［東京］　知的
財産研究所　2014.3　8, 209p　30cm　〈文献あり　平成25年
度特許請負事業〉Ⓝ507.2

日本（産業財産権―情報サービス）
◇今後のインターネット公報の在り方に関する調査研究報告書
［東京］　価値総合研究所　2014.2　11, 139p　30cm　（特許
庁産業財産権制度問題調査研究報告書 平成25年度）Ⓝ507.2

日本（産業財産権―PR）
◇今後のインターネット公報の在り方に関する調査研究報告書
［東京］　価値総合研究所　2014.2　11, 139p　30cm　（特許
庁産業財産権制度問題調査研究報告書 平成25年度）Ⓝ507.2

日本（産業財産権―法令）
◇産業財産権四法対照整理ノート　平成27年度版　平成26年5月
14日法律第36号対応　PATECH企画企画部／編　第4版、縮小
版　PATECH企画　2014.11　269p　21cm　①978-4-938788-
95-7　［2800円］
◇産業財産権法の解説―特許法等の一部改正　平成26年　特許
庁総務部総務課制度審議室編　発明推進協会　2014.12　235p
21cm　〈索引あり〉①978-4-8271-1241-2　Ⓝ507.2　［667円］
◇産業財産権四法対照　［2014］第20版　PATECH企画出版部編
集　PATECH企画　2014.9　757p　19cm　〈索引あり　平成
26年5月14日法律第36号等対応〉①978-4-938788-94-0　Ⓝ507.
2　［3600円］
◇対照式工業所有権四法　平成26年改正　発明推進協会編集
発明推進協会　2014.7　606p　21cm　①978-4-8271-1237-5
Ⓝ507.2　［3000円］

日本（産業財産権―歴史―明治時代）
◇近代日本の産業財産権と条約改正―外交と内政　鶴岡聡史
［著］　知的財産研究所　2014.6　12, 10, 32p　30cm　（産業
財産権研究推進事業（平成24-26年度）報告書 平成24年度）
〈特許庁委託〉Ⓝ507.2

日本（産業政策）
◇ICT新事業創出推進会議報告書―データ×新技術×NW・アプ
リケーションによる新事業の創出　［東京］　［ICT新事業創出
推進会議］2014.8　155p　30cm　Ⓝ601.1
◇官公需確保対策地方推進協議会資料　平成26年度　［東京］
経済産業省中小企業庁　2014.7　93p　30cm　Ⓝ335.35
◇縦割りをこえて日本を元気に　米田雅子著　中央公論新社
2014.10　201p　20cm　①978-4-12-004662-9　Ⓝ601.1
［1850円］
◇日はまた高く産業競争力の再生　元橋一之著　日本経済新聞
出版社　2014.2　318p　20cm　〈索引あり〉①978-4-532-
35590-6　Ⓝ601.1　［2200円］

日本（産業廃棄物）
◇産業系廃プラスチックの排出、処理処分に関する調査報告書
2013年度　プラスチック循環利用協会　2014.3　146p　30cm
Ⓝ519.7
◇産業廃棄物処理における業者ブランド―廃棄物処理が創り出
す価値　上田晃輔著　トランスコウプ総研出版部　2014.2
205p　21cm　〈年表あり〉①978-4-9906199-2-3　Ⓝ519.7
◇中国四国地区廃棄物不法処理対策研修企画運営業務報告書
平成26年度　［岡山］　環境省中国四国地方環境事務所　2014.
9　131p　30cm　〈発注者：環境省中国四国地方環境事務所廃
棄物・リサイクル対策課、請負者：日本環境衛生センター西
日本支部企画事業部研修課　平成26年度環境省請負業務報告
書 平成26年10月〉Ⓝ519.7
◇平成25年度産業廃棄物不法投棄等実態調査（平成24年度実績）
報告書　［東京］　環境省大臣官房廃棄物・リサイクル対策部
2014.3　136, 49p　30cm　Ⓝ519.7

日本（産業廃棄物処理施設）
◇産業廃棄物処理施設状況調査報告書―平成25年度事業　［東
京］　環境省大臣官房廃棄物・リサイクル対策部　2014.3　1
冊　30cm　〈平成25年度産業廃棄物処理施設調査、平成24年度
調査結果〉Ⓝ519.7

日本（三次元プリンター―特許）
◇3D積層造形のデータ処理とプログラム―IPC/FIガイド付き
ネオテクノロジー　2014.5　112p　30cm　（技術と特許をつ
なぐパテントガイドブック）〈折り込 1枚〉Ⓝ532　［80000
円］

日本件名図書目録2014　I　　　　　　　　　　　　　　　　　　　　　　　　　　　　　　　　　　日本（事業継続管理）

◇3D造形の最新技術と特許を探る　ネオテクノロジー　2013.6　2, 172p　30cm　（技術と特許をつなぐパテントガイドブック）〈折り込 1枚〉Ⓝ532　［80000円］

◇3Dプリンターの最新動向—IPC/FIガイド付き　ネオテクノロジー　2013.12　2, 119p　30cm　（技術と特許をつなぐパテントガイドブック）〈折り込 1枚〉Ⓝ532　［80000円］

日本（山村）
◇内山節著作集　2　山里の釣りから　内山節著　農山漁村文化協会　2014.9　330p　20cm　〈付属資料：8p：月報 2　内容：山里の釣りから　光のさす道　狩野川　釣り人たち　岩魚が老いる　ヤマメ釣り講義〉Ⓘ978-4-540-14126-3　Ⓝ121.6　［2900円］

◇地域資源の活用を通じた山村振興施策のあり方に関する検討業務報告書　平成25年度　農林水産省農村振興局農村政策部中山間地域振興課　2014.3　279p　30cm　Ⓝ651.9

日本（寺院）
◇お寺に行こう！一坊主が選んだ「寺」の処方箋　池口龍法著・監修　講談社　2014.3　175p　19cm　Ⓘ978-4-06-218691-9　Ⓝ187.6　［1300円］

◇お寺に代々伝わる日本の国宝一完全保存版：必見！人気の国宝図鑑：あっという間にわかる国宝のたしなみ方8の基本　椏出版社　2014.11　111p　23cm　Ⓘ978-4-7779-3361-7　Ⓝ709.1　［580円］

◇お寺の収支報告書　橋本英樹［著］祥伝社　2014.8　232p　18cm　（祥伝社新書 376）Ⓘ978-4-396-11376-6　Ⓝ185.6　［800円］

◇神と仏の再発見—カミノミクスが地方を救う　長部日出雄著　弘前　津軽書房　2014.5　315p　20cm　Ⓘ978-4-8066-0229-3　Ⓝ175.9　［2000円］

◇古寺名刹みどころ事典　みわ明編　東京堂出版　2014.9　389p　22cm　〈文献あり　索引あり〉Ⓘ978-4-490-10853-8　Ⓝ185.91　［5200円］

◇神社仏閣に隠された日本史の謎と闇　中見利男著　宝島社　2014.2　253p　16cm　（宝島SUGOI文庫　Dな-5-1）〈文献あり　2013年刊の改訂〉Ⓘ978-4-8002-2365-4　Ⓝ175　［650円］

◇ゼロから始めるお寺と仏像入門　廣澤隆之監修　KADOKAWA　2014.2　191p　21cm　〈文献あり〉Ⓘ978-4-04-066301-2　Ⓝ185　［1300円］

◇ヘんな神社＆仏閣巡礼　小嶋独観著　宝島社　2014.4　223p　19cm　〈文献あり〉Ⓘ978-4-8002-2430-9　Ⓝ175　［650円］

◇霊場の考古学　時枝務著　高志書院　2014.10　237p　20cm　（高志書院選書 11）〈文献あり　内容：霊場の考古学とはなにか　吉野金峯山経塚と大峰山　京都六角堂　高野山奥之院霊場の成立　元興寺極楽坊　山岳霊場と海の道　宋人造営の経塚と霊場　霊境五臺山の宗教空間　「霊場の考古学」の課題〉Ⓘ978-4-86215-139-1　Ⓝ182.1　［2500円］

日本（寺院—歴史）
◇知っておきたいお寺の言い伝え　瓜生中著　椏出版社　2014.9　192p　19cm　（心が和む仏教シリーズ）Ⓘ978-4-7779-3298-6　Ⓝ185.91　［1300円］

日本（寺院—歴史—古代）
◇古代寺院の資産と経営—寺院資財帳の考古学　上原真人著　すいれん舎　2014.11　299p　22cm　〈文献あり〉Ⓘ978-4-86369-374-6　Ⓝ185.6　［4600円］

◇都城制研究　8　古代都城と寺社　奈良女子大学古代学学術研究センター編　［奈良］奈良女子大学古代学学術研究センター　2014.3　121p　30cm　〈文献あり　内容：古代都城と寺社の関係（舘野和己著）　難波における古代寺院造営（谷崎仁美著）　大津宮と寺院配置（葛野泰樹著）　平城京における大安寺の造営計画（森下恵介著）　平城京と寺院（中川由美著）　長岡京と寺院（古閑正浩著）　平安京と東西寺・常住寺（網伸也著）　大宰府と寺社（松川博一著）〉Ⓝ210.3

日本（寺院—歴史—明治時代—名簿）
◇明治初年寺院明細帳　別巻1　諸宗本末寺名帳　圭室文雄監修・解説　オンデマンド版　［東京］アルヒーフ　2014.6　638,91p　31cm　〈すずさわ書店（発売）索引あり　複製　布装〉Ⓘ978-4-7954-0417-5　Ⓝ185.91　［58000円］

日本（寺院建築）
◇寺社の装飾彫刻　中国・四国・九州・沖縄編　鳥取・島根・岡山・広島・山口・徳島・香川・愛媛・高知・福岡・佐賀・長崎・熊本・大分・宮崎・鹿児島・沖縄　若林純撮影・構成　日貿出版社　2014.5　207p　26cm　〈文献あり〉Ⓘ978-4-8170-5093-9　Ⓝ713.021　［3800円］

◇図解社寺建築　各部構造／編　鵤功著，オーム社開発局企画編集　オーム社　2014.9　188p　27cm　〈文献あり　第17刷　初刷：理工学社　1993年刊〉Ⓘ978-4-274-05029-9　Ⓝ521.81　［4300円］

◇図解社寺建築　社寺図例／編　鵤功著，オーム社開発局企画編集　オーム社　2014.9　188p　27cm　〈文献あり　第16刷　初刷：理工学社　1993年刊〉Ⓘ978-4-274-05048-0　Ⓝ521.81　［4300円］

日本（寺院建築—歴史—中世—図集）
◇日本美術全集　7　運慶・快慶と中世寺院—鎌倉・南北朝時代　1　辻惟雄，泉武夫，山下裕二，板倉聖哲編集委員　山本勉責任編集　小学館　2014.12　287p　38cm　〈文献あり　年表あり　付属資料：2枚：月報 7　布装〉Ⓘ978-4-09-601107-2　Ⓝ702.1　［15000円］

日本（GMP〔医薬品〕）
◇図解で学ぶGMP—原薬GMPガイドライン〈Q7〉を中心として　榊原敏之著　第4版　じほう　2014.5　347p　28cm　〈索引あり〉Ⓘ978-4-8407-4589-5　Ⓝ499.5　［8000円］

日本（歯科医院）
◇残る歯科医消える歯科医　田中幾太郎著　財界展望新社　2014.6　207p　19cm　（zaiten Books）Ⓘ978-4-87934-023-8　Ⓝ498.163　［1850円］

日本（歯科医院—安全管理）
◇歯科医療安全管理の手引　歯科医療情報推進機構編著　改訂　自由工房　2014.9　112p　26cm　Ⓘ978-4-901450-16-4　Ⓝ498.163　［2200円］

◇歯科衛生士のための歯科医療安全管理　尾﨑哲則，白土清司，藤井一維編　医歯薬出版　2014.3　154p　26cm　〈文献あり　索引あり〉Ⓘ978-4-263-42195-6　Ⓝ498.163　［3400円］

日本（市街地）
◇新たな"まち中再生事業手法"の提案—地方都市新時代を切り拓く：宇部市が取組む〈宇部プロジェクト〉の検証を通して　日本住宅総合センター　2014.12　94p　30cm　（調査研究レポート no. 13309）Ⓘ978-4-89067-309-4　Ⓝ518.8　［1760円］

◇住宅市街地整備ハンドブック　2014　国土交通省住宅局市街地建築課市街地住宅整備室編　全国市街地再開発協会　2014.7　493p　30cm　Ⓝ518.8

◇住宅市街地整備必携　平成25年度版　国土交通省住宅局市街地建築課市街地住宅整備室編　全国市街地再開発協会　2014.1　1609p　21cm　Ⓝ518.8

◇都市再開発実務ハンドブック　2014　国土交通省都市局市街地整備課／監修　大成出版社　2014.12　648p　21cm　Ⓘ978-4-8028-3182-6　Ⓝ518.8　［5200円］

日本（歯科医療）
◇埋み火—真の歯科医療従事者を志す若人への一老歯科医師からの提言　小宮山彌太郎著　グレードル　2014.10　129p　22cm　Ⓘ978-4-908138-34-8　Ⓝ497.021　［3500円］

◇この歯医者がヤバい　斎藤正人著　幻冬舎　2014.9　211p　18cm　（幻冬舎新書　さ-12-1）〈文献あり〉Ⓘ978-4-344-98360-1　Ⓝ497.02　［780円］

◇歯科医療白書　2013年度版　日本歯科医師会，日本歯科総合研究機構編著　社会保険協会　2014.3　175p　30cm　〈タイトル関連情報：激動の時代を振り返る〉Ⓝ497.021　［3000円］

日本（歯科学—法令）
◇歯科五法コンメンタール—歯科関連法律の逐条解説　社会歯科学研究会編著　ヒョーロン・パブリッシャーズ　2014.10　319p　26cm　Ⓘ978-4-86432-023-8　Ⓝ498.12　［3500円］

日本（自家経営）
◇いますぐ妻を社長にしなさい—サラリーマンでもできる魔法の資産形成術　坂下仁著　サンマーク出版　2014.2　187p　19cm　Ⓘ978-4-7631-3360-1　Ⓝ335.4　［1400円］

◇小商いのはじめかた—商いでも立にあった小さな商いを自分ではじめるための本　伊藤洋志監修，風来堂編　東京書籍　2014.8　223p　19cm　〈文献あり〉Ⓘ978-4-487-80828-1　Ⓝ673　［1400円］

◇HOME SHOP Style—Let's do a shop at home！　アラタ・クールハンド著　竹書房　2014.7　191p　23cm　（Hi books）〈本文は日本語〉Ⓘ978-4-8124-8993-2　Ⓝ673　［1900円］

日本（事業継続管理）
◇介護の事業継続計画—どうする、どうなる大規模災害：地域包括ケア　京極高宣監修，服部万里子，須藤康夫編著　PILAR PRESS　2014.3　190p　21cm　〈索引あり〉Ⓘ978-4-86194-082-8　Ⓝ369.26　［1800円］

◇地域継続計画（DCP）の観点を取り入れた事業継続計画（BCP）のあり方に関する調査研究事業報告書　浜銀総合研究

日本（事業承継—法令）

所経営コンサルティング部編　横浜　浜銀総合研究所経営コンサルティング部　2014.3　77p　30cm　〈平成25年度厚生労働省セーフティネット支援対策等事業費補助金社会福祉推進事業〉Ⓝ369.13

◇福祉施設の事業継続計画（BCP）作成ガイド—Business Continuity Plan：防災マニュアルから事業継続計画（BCP）への展開　鍵屋一監修・著，岡橋生幸著　東京都福祉保健財団　2014.9　159p　26cm　「福祉施設の防災マニュアル作成ガイド」（東京都福祉保健財団2012年刊）の増訂〉①978-4-902042-50-4　Ⓝ369.13　［1800円］

日本（事業承継—法令）

◇事業承継関連の解説—専門家向けテキスト　改訂版　中小企業基盤整備機構経営支援部支援機関サポート課　2013.11　147p　30cm　Ⓝ325.2

日本（事業税）

◇所得税・個人住民税ガイドブック　平成26年12月改訂　松岡章夫，秋山友宏，嵯峨ゆかり，山下章夫共著　大蔵財務協会　2014.12　350p　21cm　〈索引あり〉①978-4-7547-2162-6　Ⓝ345.33　［1944円］

◇法人事業税のしくみと実務　吉川宏延著　税務経理協会　2014.8　268p　21cm　〈文献あり　索引あり〉①978-4-419-06140-1　Ⓝ349.53　［2800円］

日本（事業税—歴史—明治以後）

◇制度変革の政治経済過程—戦前期日本における営業税廃税運動の研究　石井裕晶著　早稲田大学出版部　2014.4　483,11p　22cm　（早稲田大学学術叢書　32）〈索引あり〉①978-4-657-14702-8　Ⓝ345.1　［8500円］

日本（死刑）

◇誰が永山則夫を殺したのか—死刑執行命令書の真実　坂本敏夫［著］　2014.12　332p　16cm　（幻冬舎アウトロー文庫　O-127-1）〈文献あり　「死刑執行命令」（日本文芸社2010年刊）の改題〉①978-4-344-42294-0　Ⓝ326.41　［690円］

日本（死刑囚—歴史—1945〜）

◇教誨師　堀川惠子著　講談社　2014.1　286p　20cm　〈文献あり〉①978-4-06-218741-1　Ⓝ326.53　［1700円］

日本（資源）

◇日本のコモンズ思想　秋道智彌編著　岩波書店　2014.3　270p　22cm　〈内容：日本のコモンズ思想（秋道智彌著）コモンズと自然（野本寛一著）マタギの狩猟とカミの世界（田口洋美著）里山とコモンズの世界（湯本貴和著）里海と地域の力（家中茂著）入会のガヴァナンス（楜澤能生著）中世における生業とコモンズ（井原今朝男著）中近世の「水辺」のコモンズ（佐野静代著）沿岸漁業のコモンズと浦・漁業組合（伊藤康宏著）自然の支配はいかに人間の支配へと転ずるか（佐藤仁著）知識を生み出すコモンズ（佐藤哲著）コモンズとしての海洋生態系と水産業（牧野光琢著）コモンズ再生とエネルギー・コモンズのゆくえ（桑子敏雄著）コモンズは日本の未来をどうかえるか（秋道智彌著）〉①978-4-00-025972-9　Ⓝ334.7　［3200円］

日本（資源—統計）

◇経済産業省生産動態統計年報　資源・窯業・建材統計編　平成25年　経済産業省大臣官房調査統計グループ／編　経済産業統計協会　2014.7　127p　30cm　①978-4-86499-010-3　［6000円］

日本（自殺）

◇過労自殺　川人博著　第2版　岩波書店　2014.7　268,8p　18cm　（岩波新書　新赤版　1494）〈文献あり〉①978-4-00-431494-3　Ⓝ366.99　［820円］

◇検証ワタミ過労自殺　中澤誠，皆川剛著　岩波書店　2014.9　241p　19cm　〈年譜あり〉①978-4-00-025943-9　Ⓝ366.99　［1700円］

◇「子どもの自殺」の社会学—「いじめ自殺」はどう語られてきたのか　伊藤茂樹著　青土社　2014.9　210p　20cm　〈文献あり〉①978-4-7917-6801-1　Ⓝ367.6　［2000円］

◇我が国における自殺の概要及び自殺対策の実施状況　平成25年度　［東京］　［内閣府］　［2014］　203p　30cm　〈第186回国会（常会）提出〉Ⓝ368.3

日本（自殺予防）

◇これが自殺防止活動だ…！—10年間、東尋坊で自殺防止活動を続けて475人の命を救ってきた体験記　茂幸雄著　太陽出版　2014.5　224p　19cm　①978-4-88469-809-6　Ⓝ368.3　［1500円］

◇我が国における自殺の概要及び自殺対策の実施状況　平成25年度　［東京］　［内閣府］　［2014］　203p　30cm　〈第186回国会（常会）提出〉Ⓝ368.3

日本（GCP〔医薬品〕）

◇医薬品GCPと治験—good clinical practice：治験実施上の留意点　薬事日報社　2014.11　303p　26cm　①978-4-8408-1286-3　Ⓝ499.4　［4500円］

◇GCPハンドブック—医薬品の臨床試験の実施の基準　渡邉裕司編集　第5版　じほう　2014.2　437p　21cm　①978-4-8407-4565-9　Ⓝ499.4　［4200円］

◇治験実施/承認申請業務の効率化と照会事項軽減・再照会防止—照会事項事例考察と不要な指摘を防ぐ「過不足のない」申請書記載　サイエンス＆テクノロジー　2014.6　268p　26cm　〈文献あり〉①978-4-86428-104-1　Ⓝ499.4　［50000円］

日本（刺繍—図集）

◇背守り—子どもの魔よけ　LIXIL出版　2014.3　79p　21×21cm　（LIXIL BOOKLET）①978-4-86480-508-7　Ⓝ753.7　［1800円］

◇明治の刺繍絵画名品集—清水三年坂美術館コレクション　村田理如著，松原史惠解説　京都　淡交社　2014.7　103p　30cm　〈文献あり〉①978-4-473-03963-7　Ⓝ753.7　［3000円］

日本（司書教諭）

◇学びを拓く授業モデル　五十嵐絹子，藤田利江編著　国土社　2014.2　205p　21cm　（学校図書館から教育を変える　3）〈内容：子どもたちに学ぶ力、共に生きる力を（林良子著）読書指導を考える（小谷田照代著）授業づくりを支える司書教諭の役割（正岡喜美著）自らの考えを深め、確かで豊かに表現できる児童の育成をめざして（稲村千賀，相澤めぐみ著）「図書館の指導と活用の計画」から始まる！（佐藤敬子著）学校図書館活用教育を学校経営の中核にすえて（柳田典子著）チームワーク・フットワーク・ネットワークで創造する公立学校で全国初の「読書科」の試み（清澤好美著）子どもと学校を変えた読書活動（田中泰著）授業改革を支える図書館づくりと校内体制（五十嵐絹子著）学校図書館の活用を支える（藤田利江著）〉①978-4-337-45048-6　Ⓝ017　［1900円］

◇理想の学校図書館を求めて—その半世紀をふりかえる　紺野順子　日野　Jissen Librarianshipの会　2014.3　51p　21cm　（JLSブックレット　no. 1）〈年表あり〉Ⓝ017.021　［非売品］

日本（詩人）

◇私の女性詩人ノート　たかとう匡子著　思潮社　2014.4　237p　20cm　①978-4-7837-1691-4　Ⓝ911.52　［2500円］

日本（地震）

◇技術者からみた日本列島の地震と地盤　稲田倍穂著　鹿島出版会　2014.3　107p　19cm　〈文献あり〉①978-4-306-09432-1　Ⓝ455.8　［1900円］

◇巨大地震が再び日本を襲う！—首都圏に迫る大津波と富士山噴火のXデー　木村政昭著　宝島社　2014.6　223p　18cm　①978-4-8002-2506-1　Ⓝ453.38　［1000円］

◇地震調査委員会報告集　2013年1月〜12月　地震調査研究推進本部地震調査委員会編　［東京］　地震調査研究推進本部地震調査委員会　2014.3　1092p　30cm

◇地下に潜む次の脅威　NHK取材班著　新日本出版社　2014.6　263p　21cm　（NHKスペシャル）①978-4-406-05795-0　Ⓝ453.21　［1800円］

◇日本の地震地図—南海トラフ・首都直下地震対応版　岡田義光著　東京書籍　2014.8　270p　21cm　〈文献あり〉①978-4-487-80881-6　Ⓝ453.21　［1700円］

日本（地震—歴史）

◇大地震—古記録に学ぶ　宇佐美龍夫著　吉川弘文館　2014.9　206,16p　19cm　（読みなおす日本史）〈年表あり　そしえて1978年刊の再刊〉①978-4-642-06580-1　Ⓝ210.17　［2200円］

◇ナイフル工学雑考　杉村義広著　総合土木研究所　2014.7　502, 4p　21cm　〈文献あり〉①978-4-915451-17-1　Ⓝ453.21　［3600円］

◇南海トラフ巨大地震—歴史・科学・社会　石橋克彦著　岩波書店　2014.3　205,45p　19cm　（叢書震災と社会）①978-4-00-028531-5　Ⓝ453.21　［1800円］

日本（詩人—歴史—1945〜）

◇新井豊美評論集　2　歩くための地誌　新井豊美著　思潮社　2014.11　254p　20cm　〈内容：歩くための地誌　翔る足　多摩川まで　桐の花　蟬　塩田をめぐる追憶　尾道　里神楽　私の九州．1　私の九州．2　逸見猶吉と谷中村．1　逸見猶吉と谷中村．2　鶴の声を聴く　尾形亀之助の「顔」を歩くジョバンニ・ヴェルガについて　書くことと歩くこと　『四千の日と夜』の栄光と不幸　『一瞬』について　夜鴬ではなくよしきりが　構造化される荒野　母たちへの賛歌　立ちすくむ荒野　疾走する風土　蝶と蝶道　死者と生者の〈西〉への遊行　野の果てまで　見ることの深さ　反物語から詩物語へ

「この町」で 此岸と彼岸のあわいで〉①978-4-7837-1697-6
Ⓝ911.5 ［2700円］

日本（詩人―歴史―明治以後）
◇「詩」という場所―井上靖・高見順・野呂邦暢・村山槐多 瀬
戸口宣司［著］ 風都舎 2014.8 268p 20cm ①978-4-
906819-01-0 Ⓝ911.52 ［2000円］
◇土着と四次元―宮沢賢治・真壁仁・三谷晃一・若松丈太郎・大
塚史朗：前田新評論集 前田新著 コールサック社 2014.3
463p 20cm 〈内容：私論、宮沢賢治. 1 私のなかの賢治童
話 私論、宮沢賢治. 2 宮沢賢治の思想について 私論、宮
沢賢治. 3 私の好きな賢治の詩について 真壁仁私論 真壁
仁の「会津論」考 土着の思想に立つ詩人 若松丈太郎私論の
ためのノート 現代における土着詩人の典型〉①978-4-86435-
147-8 Ⓝ911.52 ［2000円］

日本（地震保険）
◇証言東日本大震災―1兆2000億円の地震保険金 森隆著 保険
毎日新聞社 2014.3 262p 19cm ①978-4-89293-153-6
Ⓝ339.9 ［2400円］

日本（磁性材料―特許）
◇特許情報分析（パテントマップ）から見た磁性材料に関する技
術開発実態分析調査報告書 インパテック株式会社編 パテ
ントテック社 2013.1 240p 30cm 〈タイトルは標題紙によ
る〉①978-4-86483-177-2 Ⓝ541.66 ［57750円］

日本（史跡名勝）
◇一度は行ってみたい花の絶景 日本絶景倶楽部編著 洋泉社
2014.9 159p 21cm 〈「日本列島花の絶景」（2013年刊）の改
題、改訂〉①978-4-8003-0480-3 Ⓝ291.09 ［1300円］
◇信長・秀吉・家康の時代を生き抜いた軍師官兵衛戦跡地図本
鳥越一朗文 京都 ユニプラン 2014.4 89p 26cm ①978-
4-89704-330-2 Ⓝ291.02 ［1300円］
◇名所・旧跡の解剖図鑑―見かたを知れば旅はもっと楽しくなる
スタジオワーク著 エクスナレッジ 2014.11 187p 21cm
〈文献あり 索引あり〉①978-4-7678-1857-3 Ⓝ291.02
［1600円］
◇謡曲百五十番を歩く 清水昭次郎著 長野 ほおずき書籍
2014.11 309p 26cm 〈星雲社（発売）〉①978-4-434-19915-8
Ⓝ912.3 ［3500円］

日本（史跡名勝―名簿）
◇人物ゆかりの旧跡・文化施設事典 日外アソシエーツ株式会
社編 日外アソシエーツ 2014.1 535p 21cm 〈紀伊國屋書
店（発売）〉①978-4-8169-2451-4 Ⓝ069.8 ［13500円］

日本（自然災害）
◇産業構造審議会保安分科会電力安全小委員会電気設備自然災
害等対策ワーキンググループ中間報告書 ［東京］ 電気設備
自然災害等対策ワーキンググループ 2014.6 86, 127p
30cm 〈背のタイトル：電気設備自然災害等対策ワーキンググ
ループ中間報告書〉Ⓝ544.49
◇自然災害地研究 池田碩著 大津 海青社 2014.3 8,230p
26cm 〈内容：兵庫県南部地震と地形条件 よみがえった震災
地「玄海島」/2005年 イタリア中部古都ラクイラで発生した
震災/2009年 兵庫県南部〈阪神淡路〉大地震と東北地方太平
洋沖地震との比較 東北地方太平洋沖大地震に伴う陸前高田
市周辺地域の津波の実態/2011年 東北地方太平洋沖大地震に
伴う宮古市「田老地区」津波の実態/2011年 大阪湾岸低地域
での震災を考える 亀の瀬地すべり/1903・1931・1967年 U.
S.A.ユタ州融雪時に発生した大規模地すべり/1983年 長野市
地附山の地すべり/1985年 京都府の南山城大水害/1953年
比叡山地の自然・開発・災害 香川県小豆島の豪雨による土石
流災害/1974・1976年 U.S.A.ソルトレークの市街を襲った融
雪洪水/1983年 新潟県南部59豪雪地帯を歩く/1984年 京都
府南山城豪雨災害/1986年 京都府南部を襲ったゲリラ豪雨災
害/2012年〉①978-4-86099-290-3 Ⓝ369.3 ［3400円］
◇自然災害・土壌汚染等と不動産取引―現代型リスクをめぐる判
例 升田純著 大成出版社 2014.9 606p 22cm 〈文献あり
索引あり〉①978-4-8028-3175-8 Ⓝ324.2 ［4200円］
◇大規模災害概論 矢代晴実編著, 林孝幸, 岡崎豪共著 コロナ
社 2014.11 150p 22cm 〈索引あり〉①978-4-339-05240-4
Ⓝ369.3 ［2200円］

日本（自然災害―歴史）
◇災害伝承―命を守る地域の知恵 高橋和雄編著 古今書院
2014.5 201p 図版16p 21cm 〈内容：歴史地震資料から学ぶ
（原田隆典著） 寛政の雲仙普賢岳噴火の災害伝承（井上公夫
著） 平成の雲仙普賢岳噴火の災害伝承（杉本伸一著） 災害
伝承「念仏講まんじゅう」（高橋和雄, 緒續英章著） 記念碑が
伝える桜島大正噴火（岩松暉著） 東日本大震災の震災遺構保

存（首藤伸夫, 大石雅之著） 災害伝承の活用・災害遺構の保存
に向けて（原田隆典, 井上公夫, 杉本伸一ほか著）〉①978-4-
7722-4174-8 Ⓝ369.3 ［2800円］
◇天災から日本史を読みなおす―先人に学ぶ防災 磯田道史著
中央公論新社 2014.11 221p 18cm （中公新書 2295）
〈索引あり〉①978-4-12-102295-0 Ⓝ210.17 ［760円］

日本（自然保護）
◇里地里山里海の生きもの学 吉岡俊人編著 福井 福井県大
学連携リーグ 2014.3 226p 19cm （福井県大学連携リー
グ双書 4（2013年度）） 〈文献あり〉①978-4-9905774-2-1
Ⓝ519.81 ［463円］
◇自然再生と社会的合意形成 髙田知紀著 東信堂 2014.2
248p 22cm 〈文献あり 索引あり〉①978-4-7989-1213-4
Ⓝ519.8 ［3200円］
◇自然再生の環境倫理―復元から再生へ 富田涼都著 京都
昭和堂 2014.3 231,5p 22cm 〈文献あり 索引あり〉
①978-4-8122-1354-4 Ⓝ519.81 ［3500円］
◇生物多様性国家戦略点検及び国別報告書作成検討調査業務報
告書 平成25年度 ［東京］ 自然環境研究センター 2014.3
181p 30cm 〈環境省請負業務、業務発注者：環境省自然環境
局自然環境計画課生物多様性地球戦略企画室 背のタイトル：
生物多様性国家戦略点検及び国別報告書の作成検討調査業務
報告書〉Ⓝ519.81
◇生物多様性センター自然環境調査目録 2013年版 ［富士吉
田］ 環境省自然環境局生物多様性センター 2013.3 173p
30cm 〈奥付のタイトル：環境省生物多様性センター自然環境
調査目録〉Ⓝ519.81
◇生物多様性地域戦略策定の手引き 改定版 ［東京］ 環境省
自然環境局 2014.3 98p 30cm Ⓝ519.81
◇日本の自然環境政策―自然共生社会をつくる 武内和彦, 渡辺
綱男編著 東京大学出版会 2014.2 246p 21cm 〈索引あり〉
内容：自然とともに生きる（武内和彦, 奥田直久著） 自然景観
を保護する（渡辺綱男著） 自然遺産を継承する（渡辺綱男著）
自然環境を評価する（中島治美著） 生態系サービスを享受す
る（守分紀子著） 生物多様性を保全する（奥田直久著） 里山
ランドスケープを育む（武内和彦, 中尾文子著） 野生生物を守
る（山本麻衣著） 自然環境を再生する（中澤圭一著） 自然と
ともに歩む（武内和彦, 渡辺綱男著）〉①978-4-13-060310-2
Ⓝ519.81 ［2700円］
◇農村計画と生態系サービス 橋本禅, 齊藤修著 農林統計出版
2014.12 152p 21cm （農村計画学のフロンティア 4）
①978-4-89732-309-1 Ⓝ611.151 ［1200円］
◇水辺と人の環境学 下 川から海へ 小倉紀雄, 竹村公太郎,
谷田一三, 松田芳夫編 朝倉書店 2014.1 158p 26cm 〈索
引あり〉①978-4-254-18043-5,978-4-254-18538-6（set）Ⓝ517.
21 ［3500円］
◇モニタリングサイト1000里地調査報告書 平成25年度 富士
吉田 環境省自然環境局生物多様性センター 2014.3 70p
30cm 〈平成25年度重要生態系監視地域モニタリング推進事業
（里地調査）、請負者：日本自然保護協会〉Ⓝ519.81

日本（自然保護教育）
◇インタープリター・トレーニング―自然・文化・人をつなぐイン
タープリテーションへのアプローチ 津村俊充, 増田直広,
古瀬浩史, 小林毅編 京都 ナカニシヤ出版 2014.12 190p
26cm 〈索引あり〉①978-4-7795-0866-0 Ⓝ519.81 ［2500
円］

日本（持続可能な開発）
◇総説ルーラル・サステイナビリティと農村計画―農村計画学会
設立30周年記念誌 山崎寿一編 改訂普及版 ［東京］ 農村
計画学会 2014.3 479p 30cm 〈文献あり〉①978-4-
9907507-0-1 Ⓝ611.151
◇にっぽんっていいね！ 和の経済入門 三野耕治著 姫路
ブックウェイ 2014.11 254p 21cm ①978-4-907439-06-4
Ⓝ601.1 ［2000円］
◇「緑の成長」の社会的ガバナンス―北欧と日本における地域・
企業の挑戦 長岡延孝著 京都 ミネルヴァ書房 2014.2
404p 22cm （MINERVA人文・社会科学叢書 195） 〈文献
あり 索引あり〉①978-4-623-06983-5 Ⓝ519.1 ［6000円］

日本（持続可能な開発―歴史）
◇日本のコモンズ思想 秋道智彌編著 岩波書店 2014.3
270p 22cm 〈内容：日本のコモンズ思想（秋道智彌著） コモ
ンズと自然（野本寛一著） マタギの狩猟とカミの世界（田口
洋美著） 里山とコモンズの世界（湯本貴和著） 入会地の自然
の力（家中茂著） 入会のガヴァナンス（橳澤能生著） 中世に
おける生業とコモンズ（井原今朝男著） 中近世の「水辺」の
コモンズ（春田直紀著） 沿岸漁業のコモンズと浦・漁業組合
（伊藤康宏著） 自然の支配はいかに人間の支配へと転ずるか
（佐藤仁著） 知識を生み出すコモンズ（佐藤哲著） コモンズ

日本（持続可能な開発のための教育）　　　　　　　　　　　　　　　　　　　　　　　　　　　日本件名図書目録2014　Ⅰ

としての海洋生態系と水産業（牧野光琢著）　コモンズ再生と
エネルギー・コモンズのゆくえ（桑子敏雄著）　コモンズは日
本の未来をどうかえるか（秋道智彌著）〉Ⓘ978-4-00-025972-9
Ⓝ334.7　［3200円］

日本（持続可能な開発のための教育）
◇「お米」を活用したESD─創造的な実践をめざして　宮城教
育大学ESD RCE推進会議編著　京都　クリエイツかもがわ
2014.11　177p　21cm〈奥付の責任表示（誤植）：宮城教育大
学ESD/RCE推進委員会　別タイトル：RICEを活用した持続
可能な開発のための教育〉Ⓘ978-4-86342-148-6　Ⓝ375
［2000円］

◇開発人材育成及び開発教育支援の評価─第三者評価：報告書：
平成25年度外務省ODA評価　［東京］　国際開発センター
2014.2　119p　30cm　Ⓝ519.07

◇学校での環境教育における「参加型学習」の研究　小玉敏也著
風間書房　2014.3　178p　22cm　Ⓘ978-4-7599-2028-4
Ⓝ375　［5500円］

◇環境省平成25年度地域活性化を担う環境保全活動の協働取組
推進事業（環境教育・地域再生の経験や交流を活かした公害資
料館の連携）報告書　大阪　公害地域再生センター　2014.2
136p　30cm　Ⓝ519.07

◇教育を変える！持続発展科の誕生　上越教育大学附属中学校
編著　協同出版　2013.3　164p　26cm　Ⓘ978-4-319-00253-5
Ⓝ375　［1900円］

◇元気いっぱいESD─グッドプラクティス事例集　関西国際交
流団体協議会編　大阪　関西国際交流団体協議会　2014.3
127p　30cm〈年表あり〉Ⓝ519.07

◇持続可能な社会づくりと環境教育─ESDにもとづく環境教育
の理論と実践事例　全国小中学校環境教育研究会編著　日本
教育新聞社　2014.11　121p　30cm　Ⓘ978-4-89055-312-9
Ⓝ375　［1800円］

◇持続可能な社会に向けた環境人材育成─慶應義塾大学湘南藤
沢キャンパス〈SFC〉の挑戦　太田志津子著　化学工業日報社
2013.6　160p　19cm〈文献あり〉Ⓘ978-4-87326-628-2
Ⓝ519.07　［1800円］

◇瀬戸内海の自然景観を読む─持続可能な社会の発展の観点に
立った環境教育と防災教育の推進のために：ESD読本　河原
富夫著　広島　河原富夫　2014.3　104p　21cm　Ⓝ375

◇地域活性化を担う環境保全活動の協働取組推進業務（子ども環
境教育を推進するための協働取組）実施報告書　平成25年度
日本環境協会　2014.2　108, 69p　30cm　Ⓝ519.07

◇ユネスコスクール地域交流会in広島発表事例集─学校＆みんな
のESDプロジェクト：ひろがりつながるESD実践事例　ユネ
スコ・アジア文化センター　2014.3　99p　21cm〈会期：
2013年12月7日　文部科学省委託事業平成25年度日本/ユネス
コパートナーシップ事業〉Ⓘ978-4-946438-93-6　Ⓝ375

日本（持続可能な開発のための教育─世論）
◇人口、経済社会等の日本の将来像に関する世論調査　平成26
年8月調査　［東京］　内閣府大臣官房政府広報室　［2014］
193p　30cm（世論調査報告書）〈附帯：持続可能な開発の
ための教育（ESD）に関する世論調査〉Ⓝ334.31

日本（示談─書式）
◇社会生活トラブル合意書・示談書等作成マニュアル　社会生
活紛争解決文書研究会編　名古屋　新日本法規出版　2014.
2－　冊（加除式）26cm　Ⓝ327.2

日本（自治会）
◇今後の都市部におけるコミュニティのあり方に関する研究会報
告書　［出版地不明］　［今後の都市部におけるコミュニティ
のあり方に関する研究会］　2014.3　56p　30cm　Ⓝ318.8

◇地域自治組織等における人材の活用に関する研究会報告書
平成25年度　自治研修協会編　立川　自治研修協会　2014.3
6, 276p　30cm〈文献あり〉Ⓝ318.8

◇地域とつながる集合住宅団地の支え合い─コミュニティ力です
すめる12の実践　児玉善郎監修　仙台　全国コミュニティラ
イフサポートセンター　2014.3　79p　30cm〈平成25年度厚
生労働省社会福祉推進事業集合住宅団地における孤立を防止
する地域の連携に関する調査研究事業, 厚生労働省平成25年度
セーフティネット支援対策事業（社会福祉推進事業）〉Ⓝ318.8

◇"町内会"は義務ですか？─コミュニティーと自由の実践　紙
屋高雪著　小学館　2014.10　252p　18cm（小学館新書
207）〈文献あり〉Ⓘ978-4-09-825207-7　Ⓝ318.8　［740円］

日本（市町村合併）
◇市町村合併─その功罪を考える　後藤・安田記念東京都市研
究所　2014.2　63p　21cm（「都市問題」公開講座ブック

レット 30）〈内容：パネルディスカッション（石垣正夫ほか
述, 新藤宗幸司会）　平成の市町村合併（川手摂, 木村佳弘述）〉
Ⓘ978-4-924542-58-7　Ⓝ318.12　［476円］

◇小さい自治体輝く自治─「平成の大合併」と「フォーラムの
会」　全国小さくても輝く自治体フォーラムの会, 自治体問題
研究所編　自治体研究社　2014.5　230p　21cm〈年譜あり
内容：小さな自治体の夢と自治を語る（前田穣, 岡庭一雄, 加茂
利男ほか述, 岡田知弘司会）『平成の大合併』自治の視点から
の検証（加茂利男述）「平成の大合併」を問う（岡田知弘司会,
岡庭一雄, 前田穣, 浅和定次ほか述）　小さな自治体の大きな展
望（保母武彦述）　小さな自治体と日本の未来（岡田知弘司会,
平岡和久, 岡庭一雄, 加茂利男ほか述）　自然と共生したまちづ
くり（前田穣著）「写真の町」の地域づくり（松岡市郎著）
安心して子育てできる村づくり（浅和定次, 押山利一著）　林業
とエネルギーの自給をめざす村づくり（神田強平著）　農商観
連携のまちづくり（花房昭夫著）　自治, 自立, 協働の村づく
り（岡庭一雄, 熊谷秀樹著）　わが町・わが村の重点施策〉
Ⓘ978-4-88037-617-2　Ⓝ318.6　［1700円］

日本（市町村税─条例）
◇市（町・村）税条例（例）平成26年度　市町村税務研究会編
地方財務協会　2014.6　340p　21cm　Ⓝ349.55　［1899円］

日本（失業）
◇失職女子。─私がリストラされてから、生活保護を受給するま
で　大和彩著　WAVE出版　2014.10　220p　19cm　Ⓘ978-
4-87290-707-0　Ⓝ366.28　［1400円］

◇常態化する失業と労働─社会保障─危機下における法規制の課
題　脇田滋, 矢野昌浩, 木下秀雄編　日本評論社　2014.3
332p　22cm（龍谷大学社会科学研究所叢書 第102巻）〈内
容：日本における失業・半失業と問題状況（脇田滋著）　雇用・
社会保障をめぐる国際的議論（矢野昌浩著）　雇用の変化と社
会保険（上田真理著）　失業の構造化と「失業」概念の見直し
（瀧澤仁唱著）　構造的失業と生活保護（田中明彦著）　若年者
の雇用保障（濱畑芳和著）　現代の大学生と失業の常態化（山
本忠著）　失業と障害者（瀧澤仁唱著）　雇用保険法上の諸給
付（脇田滋著）　適用対象（矢野昌浩著）　事業主の届出義務懈
怠と給付の保障（上田真理著）　離職理由と給付制限（上田
真理著）　失業の常態化と法・政策の課題（脇田滋著）〉
Ⓘ978-4-535-52009-7　Ⓝ366.28　［5500円］

◇わたしと夫の失業日記─失業夫を立て直す妻の最愛＆最強マ
ネジメント　神田理絵著　同友館　2014.7　222p　19cm
Ⓘ978-4-496-05078-7　Ⓝ366.28　［1400円］

日本（実業家）
◇日本の起業家精神─日本的「世間」の倫理と資本主義の精神
上坂卓郎著　文真堂　2014.3　208p　22cm〈文献あり〉
Ⓘ978-4-8309-4815-2　Ⓝ335　［2400円］

日本（湿原）
◇モニタリングサイト1000陸水域調査報告書　平成25年度　富
士吉田　環境省自然環境局生物多様性センター　2014.3　11,
33, 18p　30cm〈文献あり　平成25年度重要生態系監視地域
モニタリング推進事業（陸水域調査）, 請負者：日本国際湿地
保全連合〉Ⓝ452.931

日本（室内装飾）
◇インテリアプランニング・ベストセレクション　2014　日本
インテリアプランナー協会監修, 「インテリアプランニング・
ベストセレクション2014」出版委員会編　丸善プラネット
2014.11　100p　30cm（丸善出版（発売））Ⓘ978-4-86345-
227-5　Ⓝ529　［2500円］

日本（室内装飾─貿易─法令）
◇商品別輸入販売法規ガイド─インテリア用品　対日貿易投資
交流促進協会　2013.3　98p　30cm　Ⓝ597

日本（室内装飾─歴史─1945〜）
◇インテリアデザインの半世紀─戦後日本のインテリアデザイ
ンはいかに生まれどう発展したのか？　ICSカレッジオブ
アーツ校友会編, 遠藤現監修　六耀社　2014.3　158p　29cm
〈文献あり　内容：1960年に始まる論争が戦後日本のインテリ
ア・デザインの区切りだった（柏木博著）　日本のインテリア・
デザイン（勝見勝著）　戦後・デザインの光明（豊口克平著）
インダストリアルデザイナーのインテリアデザイン観（榮久庵
憲司著）　個人と社会をつなぐインテリアデザイン（内田繁
著）　空間に輝く光彩を求めて（山岸桓史著）　時空を、超え
るのは（葉祥栄著）　逆喩のレトリック（竹山実著）　品性を失
わせるスピードという魔物（倉俣史朗著）　インテリアデザイ
ンの発見（飯島directory樹著）　芸術家の同志　美を死の直前まで追
求（安藤忠雄著）　インテリア・デザイナーとのコラボレー
ション（田中一光著）　初期の仕事─バー・ラジオ（杉本貴志
著）　自分のオリジナルを創り出す（石井幹子著）「人間のた
めのデザイン」という普遍的テーマ（田野永一著）　ひとと技
術をつなぐデザイン（川上元美著）　大学のデザイン教育を憂
慮する（伊東豊雄著）「私」という建築手法を拡張すること

日本件名図書目録2014 Ⅰ　　　　　　　　　　　　　　　　　　　　　　　　　　　　日本（自動車運送─歴史─1945〜）

（隈研吾著）　美を感ずる心（日比野克彦著）　これまでの50年、これからの50年（原兆英著）　車両のデザイン（松本哲夫著）　人間の五感に寄り添う創造を生む（北山孝雄著）　アートを「共有」し、「つながり」を生む（妹島和世著）　神聖なる空間の出現を求めて（千住博著）　本物と本物風の素材（坂本和正著）　ライトの建築の魅力（樋口清著）　インテリアは人生の一部（川上玲子著）　インテリアデザインの自立性時代（黒川雅之著）　進化し続ける空間の実態（近藤康夫著）　芸術の未来としてのデザイン（伊東順二著）　日本空間から受けたインスピレーション（クリスト, ジャンヌ＝クロード著）　デザインマネジメント、デザイン教育のあり方について（アルベルト・アレッシィ著）　人を残して死ぬ者は上（河原敏文著）　からっぽの建築を満たすこと（マニュエル・タルディッツ著）　多くの人々に支えられたICSの先見性（島崎信著）　柿の木坂新校舎（藤本隆男著）　インテリアは空気。それは、人の暮らしの結果。（山本寿美子著）　インテリアデザインの半世紀（柄澤立子著）〉 ①978-4-89737-764-3　Ⓝ529.021　［1905円］

日本（児童）
◇子ども白書─出会いで子どもが変わる　2014　発信する子ども・若者たち　日本子どもを守る会/編　本の泉社　2014.8　239p　19cm　①978-4-7807-1175-2　［2500円］

日本（児童─統計）
◇子どものスポーツライフ・データ─4-9歳のスポーツライフに関する調査報告書　2013　笹川スポーツ財団　2013.12　135p　30cm　①978-4-915944-54-3　Ⓝ780.59　［2000円］

日本（児童─法令）
◇子どものための法律相談　第一東京弁護士会少年法委員会編　第2版　青林書院　2014.4　569p　21cm　（新・青林法律相談26）〈索引あり〉①978-4-417-01620-5　Ⓝ367.6　［4800円］

日本（児童─歴史─昭和後期）
◇昭和の暮らしで写真回想法　1　子どもと遊び　鈴木正典監修、須藤功写真解説　農山漁村文化協会　2014.2　135p　27cm　①978-4-540-11190-7　Ⓝ493.72　［3200円］

日本（児童─歴史─昭和時代─写真集）
◇写真家が捉えた昭和のこども　クレヴィス　2014.10　183p　26cm　〈年表あり〉①978-4-904845-39-4　Ⓝ384.5　［2400円］

日本（児童虐待）
◇「家族崩壊・児童虐待の現状と対策を考える」報告書─日本犯罪学会・（公財）日工組社会安全財団共催公開シンポジウム　岩井宜彦責任編集　［東京］　日本犯罪学会　2014.2　79p　21cm　〈共同刊行：日工組社会安全財団〉Ⓝ369.4
◇子ども虐待対応のための教育訓練実践モデル─修正デザイン・アンド・ディベロップメント（M-D&D）を用いて　原altair央理著　学術出版会　2014.12　211p　22cm　（学術叢書）　日本図書センター（発売）　文献あり　索引あり〉①978-4-284-10418-0　Ⓝ369.4　［4800円］
◇子ども虐待対応の手引き　母子愛育会日本子ども家庭総合研究所編　有斐閣　2014.4　559p　26cm　〈索引あり　平成25年8月厚生労働省の改正通知　2009年刊の改訂〉①978-4-641-17395-8　Ⓝ369.4　［4000円］
◇子ども虐待による死亡事例等の検証結果等について─社会保障審議会児童部会児童虐待等要保護事例の検証に関する専門委員会第9次報告　社会保障審議会児童部会児童虐待等要保護事例の検証に関する専門委員会［編］　［東京］　［社会保障審議会児童部会児童虐待等要保護事例の検証に関する専門委員会］　2013.7　159, 4p　30cm　Ⓝ369.4
◇児童虐待に関する文献紹介─2008-2011年：平成24年度報告書　子どもの虹情報研修センター研究部編　［横浜］　横浜博萌会　子どもの虹情報研修センター　2013.8　63p　30cm　Ⓝ369.4
◇性犯罪・児童虐待捜査ハンドブック　田中嘉寿子著　立花書房　2014.1　303p　21cm　〈文献あり　索引あり〉①978-4-8037-0720-5　Ⓝ368.64　［1905円］
◇日本の児童虐待重大事件─2000-2010　川﨑二三彦、増沢高編著　福村出版　2014.9　456p　22cm　①978-4-571-42055-9　Ⓝ367.61　［6000円］
◇民生委員・児童委員のための子ども・子育て支援実践ハンドブック─児童虐待への対応を中心とした60のQ&A　小林雅彦著　中央法規出版　2014.3　168p　21cm　①978-4-8058-3985-0　Ⓝ369.4　［1200円］
◇ルポ虐待の連鎖は止められるか　共同通信「虐待」取材班著　岩波書店　2014.11　71p　21cm　（岩波ブックレット No.915）①978-4-00-270915-4　Ⓝ369.4　［580円］

日本（児童虐待─会議録）
◇全国児童青年精神科医療施設協議会第44回研修会プログラム・抄録集─テーマ「被虐待児の育ちと医療」　［津］　［全国児童

青年精神科医療施設協議会］　［2014］　36p　30cm　〈会期・会場：2014年1月29日─31日　グランデはがくれ　主催：全国児童青年精神科医療施設協議会〉Ⓝ493.937

日本（児童雑誌─歴史─昭和後期）
◇昭和少年SF大図鑑─昭和20〜40年代僕らの未来予想図　堀江あき子編　新装版　河出書房新社　2014.10　127p　21cm　（らんぷの本）〈文献あり　年譜あり〉①978-4-309-75011-8　Ⓝ051.8　［1650円］
◇昭和ちびっこ怪奇画報─ぼくらの知らない世界1960s-70s　初見健一著　京都　青幻舎　2014.7　1冊（ページ付なし）15cm　〈文献あり〉①978-4-86152-456-1　Ⓝ147　［1200円］

日本（自動車─雑誌─歴史）
◇モータリゼーションと自動車雑誌の研究　飯嶋洋治著　グランプリ出版　2013.12　182p　21cm　〈文献あり　年表あり〉①978-4-87687-331-9　Ⓝ537　［2000円］

日本（自動車─特許）
◇高齢者とクルマ─IPC/FIガイド付き　ネオテクノロジー　2013.6　2, 84p　30cm　（技術と特許をつなぐパテントガイドブック）〈折り込1枚〉Ⓝ537　［80000円］
◇自動車走行支援システムに取り組む全企業─特許データからビジネスチャンスを探る　2014　ネオテクノロジー　2014.5　39, 234p　30cm　Ⓝ537　［48000円］
◇特許が産業に与える経済効果の計量分析─日本の自動車産業を例に　谷口みゆき［著］　知的財産研究所　2014.6　8, 7, 58p　30cm　（産業財産権研究推進事業（平成24-26年度）報告書　平成24年度）〈文献あり　特許庁委託〉Ⓝ537.09

日本（自動車─法令）
◇自動車型式認証・リコール関係法令通達　平成26年3月　自動車認証制度研究会編纂　交文社　2014.3　754p　21cm　①978-4-906000-62-3　Ⓝ685.1　［7000円］
◇自動車検査員必携─保安基準省令・告示、審査事務規程継続検査関係資料体系　平成26年1月　交文社　2014.1　691p　30cm　①978-4-906000-61-6　Ⓝ537.7　［4600円］

日本（自動車─リサイクル）
◇自動車リサイクル連携高度化事業（使用済自動車に含まれる貴金属等の安定的な供給・リサイクルに関する実証事業）業務報告書　平成25年度　［東京］　日本ELVリサイクル機構　2014.3　17, 89p　30cm　〈平成25年度環境省請負業務〉Ⓝ537.09

日本（自動車運送）
◇運輸・物流業　山口俊一著　中央経済社　2014.9　187p　21cm　（業種別人事制度　6）①978-4-502-11101-3　Ⓝ685.6　［2200円］
◇今日から稼ぐ「軽トラ」起業─知識ゼロ、カラダひとつ、免許ひとつ　阿部観著　ぱる出版　2014.8　159p　19cm　①978-4-8272-0876-4　Ⓝ685.6　［1500円］
◇東日本大震災における緊急支援物資輸送活動の記録　全日本トラック協会（制作）2013.9　83p　30cm　Ⓝ685.6
◇物流からみた道路交通計画─物流を、分ける・減らす・換える　苦瀬博仁監修、建設技術研究所物流研究会編著　大成出版社　2014.2　250p　21cm　〈索引あり〉①978-4-8028-3102-4　Ⓝ685.1　［3200円］
◇物流のすべて─わが国初の物流データ　2015年版　輸送経済新聞社　2014.11　322p　26cm　Ⓝ675.4　［5000円］

日本（自動車運送─法令）
◇自動車六法　平成25年版　自動車法規研究会編　輸送文研社　2013.7　1冊　19cm　〈索引あり〉①978-4-902329-32-2　Ⓝ685.1　［5500円］
◇自動車六法　平成26年版　自動車法規研究会編　輸送文研社　2014.7　1冊　19cm　〈索引あり〉①978-4-902329-36-0　Ⓝ685.1　［5500円］
◇注解自動車六法　平成25年版　国土交通省自動車局監修　第一法規　2013.11　1冊　19cm　〈索引あり〉①978-4-474-02961-3　Ⓝ685.1　［5200円］
◇注解自動車六法　平成26年版　国土交通省自動車局監修　第一法規　2014.11　1冊　19cm　〈索引あり〉①978-4-474-03329-0　Ⓝ685.1　［5200円］

日本（自動車運送─歴史─1945〜）
◇貨物自動車政策の変遷　野尻俊明著　龍ケ崎　流通経済大学出版会　2014.3　356,4p　22cm　〈文献あり　索引あり　内容：貨物自動車運送事業の黎明と事業規制の端緒　道路運送法の制定前史　旧道路運送法の制定と改正　道路運送法による規制政策　貨物自動車運送事業の発展と規制政策への批判　規制緩和論の展開と政策導入の経緯　物流二法案の審議と成立　規制改革と貨物自動車運送事業法の改正　ポスト規制緩和への対応と規制緩和見直し論の台頭　米国における規制緩和政策の展開〉①978-4-947553-60-7　Ⓝ685.1　［4630円］

に

719

日本（自動車解体業）

日本（自動車解体業）

◇自動車リサイクル連携高度化事業（使用済自動車に含まれる貴金属等の安定的な供給・リサイクルに関する実証事業）業務報告書　平成25年度　［東京］　日本ELVリサイクル機構　2014.3　17, 89p　30cm　〈平成25年度環境省請負業務〉　Ⓝ537.09

日本（自動車交通）

◇ありんこ―人と人・地域と地域をつなぐ超くるま社会の創造：世界でいちばんカワイイくるま　桑原利行著　日本地域社会研究所　2014.2　292p　19cm　［コミュニティ・ブックス］　①978-4-89022-140-0　Ⓝ685.21　［1905円］

◇CO₂排出削減対策強化誘導型技術開発・実証事業（電気自動車/小型電気自動車向け地域交通共同利用プラットフォームに関する技術開発）委託業務成果報告書　平成25年度　［東京］　ユビテック　2014.3　98, 85p　30cm　〈平成25年度環境省委託業務　背のタイトル：CO₂排出削減対策強化誘導型技術開発・実証事業（電気自動車/小型電気自動車向け地域交通共同利用プラットフォームに関する技術開発）成果報告書　共同刊行：日本ユニシス〉　Ⓝ685.1

日本（自動車交通―特許）

◇道路交通制御システムに取り組む全企業―特許データからビジネスチャンスを探る　2014　ネオテクノロジー　2014.3　41, 208p　30cm　Ⓝ685　［48000円］

日本（自動車産業）

◇海外メーカー開拓に取り組む中小企業の現状と課題―アジア新興国で欧米系・地場メーカーとの取引を実現した中小自動車部品サプライヤーのケーススタディ　日本政策金融公庫総合研究所　2014.9　113p　30cm　（日本公庫総研レポート no. 2014-3）　Ⓝ537.1

◇自動車産業の構造変化と部品企業への影響―日欧完成車メーカーの製品開発戦略変化と自動車部品企業の今後　機械振興協会経済研究所　2014.3　116p　30cm　（JSPMI-ERI H25-1）〈文献あり〉　Ⓝ537.09

◇自動車部品の納入マップの変化と現状分析　2014年版　名古屋　総合技研　2014.10　464枚　30cm　Ⓝ537.1　［900000円］

◇収益力と競争力の両立―日系自動車メーカーの実績と今後の挑戦　ダニエル・ヘラー, 加藤木綿美, ミハイル・マリノフ著　［長野］　信州大学経営大学院　2013.10　96p　21cm　（信州大学イノベーション研究・支援センター研究叢書 4）〈文献あり　共同刊行：信州大学イノベーション研究・支援センター〉　①978-4-9905365-9-6　Ⓝ537.09

◇主要自動車部品255品目の国内における納入マトリックスの現状分析　2014年版　名古屋　総合技研　2014.6　628枚　30cm　Ⓝ537.1　［95000円］

◇特許が産業に与える経済効果の計量分析―日本の自動車産業を例に　谷口みゆき［著］　知的財産研究所　2014.6　8, 7, 58p　21cm　（産業財産権研究推進事業（平成24-26年度）報告書　平成24年度）〈文献あり〉　Ⓝ537.09

◇左ハンドル国産車が日本を救う―日本経済V字再生のための国富戦略シミュレーションと提言　小森正智, 小森正隆著　プレジデント社　2014.11　255p　19cm　〈文献あり　奥付のタイトル関連情報（誤植）：日本経済V字再生のための国富戦略シミュレーション〉　①978-4-8334-2112-6　Ⓝ537.09　［1500円］

日本（自動車産業―歴史―1945～）

◇日本の自動車サプライヤー・システム　山崎修嗣著　京都　法律文化社　2014.5　167p　21cm　〈索引あり〉　①978-4-589-03603-2　Ⓝ537.09　［2600円］

日本（自動車事故―判例）

◇交通事故における過失割合―実務裁判例：自動車事故及び消滅時効、評価損等の諸問題　伊藤秀城著　日本加除出版　2014.2　375p　26cm　〈文献あり　索引あり〉　①978-4-8178-4143-8　Ⓝ681.3　［4100円］

◇要約交通事故判例140　高野真人著　学陽書房　2014.9　305p　21cm　〈索引あり〉　①978-4-313-31311-8　Ⓝ681.3　［3400円］

日本（自動車整備業）

◇整備の現場から…!?―機械工具ハンドブック　2015年版　［東京］　自動車新聞社　2014.11　151p　26cm　（月刊アフターマーケット（別冊））〈付・企業要覧〉　①978-4-904261-28-6　Ⓝ537.7　［2381円］

◇必見山尾流！　選ばれるお店の極意―チャレンジするお店が生き残る。　山尾百合子著　日刊自動車新聞社　2013.11　175p　21cm　①978-4-86316-186-3　Ⓝ537.7　［1429円］

日本（自動車賃貸業―統計）

◇自動車リース統計　平成26年版　日本自動車リース協会連合会編　日本自動車リース協会連合会　2014.7　37p　30cm　Ⓝ673.93

日本（自動車部品―リサイクル―名簿）

◇自動車リサイクル部品名鑑　2014　日刊自動車新聞社編集　日刊自動車新聞社　2014.4　113p　30cm　①978-4-86316-203-7　Ⓝ537.09　［1852円］

日本（自動車部品―リユース）

◇需給マッチング型リユース部品供給モデルの構築に関する実証事業報告書―平成25年度自動車リサイクル連携高度化事業　［熊谷］　ユーパーツ　2014.3　69p　30cm　〈平成25年度環境省請負業務〉　Ⓝ537.1

日本（児童図書―書目）

◇子どもの本―日本の古典をまなぶ2000冊　日外アソシエーツ株式会社編集　日外アソシエーツ　2014.7　317p　21cm　〈紀伊國屋書店（発売）　索引あり〉　①978-4-8169-2489-7　Ⓝ910.31　［7600円］

日本（児童図書―書目―解題）

◇いま、子どもに読ませたい本―子どもの感性をゆたかにするブックガイド　野上暁編著　七つ森書館　2014.3　232p　21cm　〈索引あり〉　①978-4-8228-1497-7　Ⓝ028.09　［1800円］

◇かがく縁日と本読み隊　藤嶋昭監修, 東京応化科学技術振興財団編, チームMs.さいえんす著　東京書籍　2014.5　134p　21cm　（ヤングサイエンス選書 6）〈索引あり〉　①978-4-487-80716-1　Ⓝ407　［1200円］

◇2013年に出た子どもの本　教文館子どもの本のみせナルニア国編　教文館　2014.3　175p　26cm　〈索引あり〉　①978-4-7642-0505-5　Ⓝ028.09　［1200円］

日本（児童図書―歴史―昭和後期）

◇よみがえるケイブンシャの大百科―伝説の70～80年代バイブル　黒沢哲哉編著　いそっぷ社　2014.10　158p　21cm　①978-4-900963-64-1　Ⓝ019.5　［1600円］

日本（児童図書―歴史―明治時代）

◇明治初等国語教科書と子ども読み物に関する研究―リテラシー形成メディアの教育文化史　府川源一郎著　ひつじ書房　2014.2　1207p　27cm　〈文献あり　年表あり　索引あり　内容：出発点としての翻訳啓蒙書　翻訳啓蒙書と英語教科書．その1　翻訳啓蒙書と英語教科書．その2　翻訳啓蒙書と修身読み物　子ども向け翻訳啓蒙書の意義　『小学読本』に先行・併行した国語類教科書群　『小学読本』の時代　各地域における「小学読本」の享受の様相　各地域における小学初等読本の作製　金港堂の国語教科書戦略　文部省作製国語教科書の展開　特色ある明治検定前期国民間読本と子ども読み物の展開　明治検定前期地域作製検定読本の諸相　明治検定中期国語読本の諸相と子ども読み物の展開　地域作製国語読本のゆくえ　明治検定後期国語読本の諸相　坪内読本の構想とその継承　「統合主義国語教科書」の試みとその帰結　修身教育と修身教科書　「修身読み物」の諸相　「修身教材集」の展開と子ども読み物　研究の総括と残された課題〉　①978-4-89476-662-4　Ⓝ375.982　［19000円］

日本（児童福祉）

◇教育と福祉の課題　伊藤良高編著　京都　晃洋書房　2014.8　235p　21cm　〈索引あり　内容：現代における子ども・子育て支援施策と保育施設経営の課題（伊藤良高著）　保護者の多様な要求に向き合う保育士の苦悩と姿勢（小野田正利著）　保育者育成と研修の現状と課題（塩野谷斉著）　高等教育場面における学習支援システムの展望（谷川裕稔著）　「子どもの貧困」認識の現状と課題（中嶋哲彦著）　デンバー・カリキュラム改訂プログラムの意義（中谷彪著）　家庭との連携と保育者の専門性（北野幸子著）　コミュニティ論からの道徳教育の考察（冨江英俊著）　障害児保育・教育と福祉を包括した支援（中村明美著）　フランスの保育者資格制度と養成（大津尚志著）　大学教育における発達障害学生の学びとは（下坂剛著）　「教育の自由」の諸相（橋本一雄著）　児童養護施設におけるライフストーリーワークの可能性（桐原誠著）　中国の幼児教育における ドラマ教育（胡俏卓著）　地域子育て支援拠点事業の変遷と今後の課題（香﨑智郁代著）　主任児童委員活動の現状と発展性への提言（田添ゆかり著）　障害者支援施設における利用者本位の現状と課題（永野典詞著）　適応障害の人に対する福祉的支援（西田千鶴著）　DV被害者への支援の多様性について（宮崎由紀子著）　「舞台提供型双方向支援」の可能性（山田裕一著）　ケアマネジメント実践におけるスーパービジョンの意義と課題（若宮邦彦著）〉　①978-4-7710-2561-5　Ⓝ369.4　［2600円］

◇現代社会福祉と子ども家庭福祉　和田光一編著　学文社　2014.1　202p　21cm　〈索引あり〉　①978-4-7620-2409-2　Ⓝ369.4　［2000円］

◇高校生の若年妊娠に対する意識と支援のあり方に関する研究―養護教諭及び助産師の関わりの検討　赤井由紀子著　クオ

リティケア　2014.9　44p　26cm　①978-4-904363-45-4
Ⓝ369.4　[2000円]

◇子ども家庭福祉論　西尾祐吾, 小崎恭弘編著　第2版　京都
晃洋書房　2014.5　213p　21cm　〈索引あり〉　①978-4-7710-
2533-2　Ⓝ369.4　[2300円]

◇子どもとつくる地域（まち）づくり―暮らしの中の子ども学
野本三吉著　学苑社　2014.11　298p　19cm　〈年譜あり　内
容：横浜・子どもたちの五十年　沖縄・子どもたちの戦後　野
生と自然性をとりもどす　流民的子ども論序説　子ども思想
史とノンフィクション　悲しみと癒し　スクールソーシャル
ワークと社会資源　福祉の視点からの子どもの援助とチーム
援助　アジールの空間の創造　地域や学校に多種多様な"学び
の場"をつくりだす　十四年目の免許状　沖縄の現状と子ども
たち　子どものいる地域づくりへの夢　暮らしから見える子
どもたち　都市に暮らす子どもたち　子ども相談の現場と子
ども臨床　「子縁社会」の創造に向かって〉　①978-4-7614-
0767-4　Ⓝ369.4　[2400円]

◇子どもの貧困　2　解決策を考える　阿部彩著　岩波書店
2014.1　240,14p　18cm　（岩波新書　新赤版 1467）　〈文献あ
り〉　①978-4-00-431467-7　Ⓝ367.61　[820円]

◇「子ども・若者の貧困防止に関する事業の実施・運営に関する
調査・研究事業」報告書　小金井　加瀬進　2014.3　138p
30cm　〈平成25年度厚生労働省社会福祉推進事業　研究代表：
加瀬進〉　Ⓝ369.4

◇サンタ・プロジェクト報告書　2011年・2012年　［鎌倉］　サ
ンタ・プロジェクト実行委員会　2013.8　108p　30cm
Ⓝ369.4

◇サンタ・プロジェクト報告書　2013年　［鎌倉］　サンタ・プロ
ジェクト実行委員会　2014.8　68p　30cm　Ⓝ369.4

◇児童家庭福祉　植木信一編著　新版　京都　北大路書房
2014.8　186p　21cm　（新保育ライブラリ）　〈文献あり　索引
あり〉　①978-4-7628-2839-3　Ⓝ369.4　[1700円]

◇児童家庭福祉　松井圭三, 小倉毅編著　第3版　岡山　大学教
育出版　2014.10　198p　21cm　①978-4-86429-292-4
Ⓝ369.4　[1800円]

◇児童家庭福祉論―児童や家庭に対する支援と児童・家庭福祉制
度　全国社会福祉協議会　2014.2　256p　26cm　（社会福祉
学習双書 2014 第5巻）　〈文献あり〉　①978-4-7935-1109-7
Ⓝ369.4　[2200円]

◇児童福祉論―児童の平和的生存権を起点として　吉田明弘編著
改訂版　八千代出版　2014.3　270p　22cm　〈索引あり　執
筆：吉田明弘ほか〉　①978-4-8429-1621-7　Ⓝ369.4　[2300円]

◇児童や家庭に対する支援と児童・家庭福祉制度　鈴木眞理子,
大溝茂, 太田由加里編著　第4版　京都　久美　2014.3　222p
26cm　（現代の社会福祉士養成シリーズ）　〈索引あり　新カリ
キュラム対応〉　①978-4-86189-224-0　Ⓝ369.4　[1800円]

◇社会的不利・困難を抱える若者応援プログラム集　ビッグイ
シュー基金　2014.3　114p　30cm　〈独立行政法人福祉医療機
構社会福祉振興助成事業　共同刊行：社会的困難を抱える若
者応援ネットワーク委員会〉　Ⓝ369.4

◇新選・児童家庭福祉　神戸賢次, 喜多一憲編　第2版　岐阜
みらい　2014.4　235p　26cm　（シリーズ・福祉新時代を学
ぶ）　〈索引あり　執筆：伊藤貴啓ほか〉　①978-4-86015-324-3
Ⓝ369.4　[2100円]

◇全国児童福祉主管課長・児童相談所長会議　平成25年度　［東
京］　厚生労働省　[2013]　380p　30cm　〈会期：平成25年7
月25日〉　Ⓝ369.4

◇相談援助　片山寛弘, 李木明徳編著　新版　京都　北大路書房
2014.3　143p　21cm　（新保育ライブラリ）　〈文献あり　索引
あり〉　①978-4-7628-2838-6　Ⓝ369.16　[1700円]

◇地域に生きる子どもたち　小堀哲郎編著　創成社　2014.5
227p　21cm　〈索引あり　内容：子ども・家庭・地域の福祉と
人間関係（野島正剛著）　地域で子育て支援（鈴木美枝子著）
子ども会の中心さ（小堀哲郎著）　放課後、学童保育で育つ子ど
もたち（川又俊則著）　幼少期の子どもと地域スポーツ（金子
勝司著）　世代間交流に寄せる地域の期待（秋山展子著）　三
世代交流と子ども（金子真由子著）　学校に求められる子ども
の地域参加生活科・総合的学習の可能性（太町智美著）　地域の
教育力とPTA活動（村田久著）　民俗文化にみる子ども観と成
長（村田敦郎著）　地域に伝わる祭囃子の伝承と子どもの成長
（阿部淳子著）　地域社会で育む子どもの成長（川又俊則著）〉
①978-4-7944-8067-5　Ⓝ369.4　[2400円]

◇ひきこもりサポーターの養成と活用―実践例と養成・活用のポ
イント　平成24年度　ひきこもり地域支援センター全国連絡
協議会, ひきこもりサポーター養成カリキュラム検討委員会

［著］　神戸　神戸オレンジの会　[2013]　96p　30cm　〈平
成24年度厚生労働省社会福祉推進事業「地域におけるひきこ
もり支援に関する調査・研究事業」分冊報告書〉　Ⓝ369.4

◇ペアレント・メンター活動ハンドブック―親と地域でつながる
支援　井上雅彦, 吉川徹, 加藤香編著, 日本ペアレント・メン
ター研究会著　学苑社　2014.1　105p　26cm　①978-4-7614-
0759-9　Ⓝ369.4　[1600円]

◇よくわかる子ども家庭福祉　山縣文治編　第9版　京都　ミネ
ルヴァ書房　2014.3　218p　26cm　（やわらかアカデミズム・
〈わかる〉シリーズ）　〈索引あり〉　①978-4-623-06954-5
Ⓝ369.4　[2400円]

日本（児童福祉―法令）

◇現代子どもの教育と福祉の法規事典　中島正明編　岡山　大
学教育出版　2014.10　572p　30cm　〈文献あり〉　①978-4-
86429-280-1　Ⓝ373.22　[3600円]

◇青少年保護法　安部哲夫著　新版 補訂版　尚学社　2014.10
279p　21cm　〈索引あり〉　①978-4-86031-114-8　Ⓝ327.8
[2800円]

日本（児童福祉―歴史―1868～1945）

◇語られない「子ども」の近代―一年少者保護制度の歴史社会学
元森絵里子著　勁草書房　2014.10　225,17p　22cm　〈文献あ
り　索引あり　内容：「子ども」の近代を問い直す　教育の「児
童」・司法の「少年」　「児童」の構築・放置される外部　労
働力から「児童」へ？　フィクションとしての「未成年」
自由意志なき性的な身体　語られない年少者像・語り続けら
れる「子ども」〉　①978-4-326-60268-1　Ⓝ369.4　[3200円]

日本（児童福祉施設）

◇障害児通所支援の今後の在り方に関する調査研究報告書　［小
郡］　全国児童発達支援協議会　2014.3　286p　30cm　〈厚生
労働省平成25年度障害者総合福祉推進事業〉　Ⓝ369.49

日本（児童文化）

◇かわいい！―竹久夢二からキティちゃんまで：ルポ　青柳絵
梨子著　札幌　寿郎社　2014.10　241p　21cm　①978-4-
902269-72-7　Ⓝ384.5　[1800円]

日本（児童文化―歴史―昭和後期）

◇80'sガールズ大百科―WE［ラヴ］ファンシー＆キャラクター
実業之日本社　2014.4　111p　30cm　（ブルーガイド・グラ
フィック）　①978-4-408-03176-7　Ⓝ384.5　[980円]

◇70年代小学生歳時記―ぼくらの年中行事春・夏・秋・冬　初見
健一著　ダイヤモンド・ビッグ社　2014.7　215p　19cm
（[地球の歩き方BOOKS]）　〈ダイヤモンド社（発売）〉　①978-
4-478-04583-1　Ⓝ384.5　[1300円]

◇ファンシーメイト　竹村真奈, ゆかしなもん所長編著　ギャン
ビット　2014.7　109p　24cm　①978-4-907462-08-6　Ⓝ384.
5　[1400円]

日本（児童文学）

◇やまがた児童文学の系譜　山形童話の会編　上山　北方出版
2014.9　358p　26cm　〈年表あり　山形童話の会発足60周年記
念出版〉　Ⓝ909　[5000円]

日本（児童文学―歴史―昭和前期）

◇靖国の子―教科書・子どもの本に見る靖国神社　山中恒著
大月書店　2014.12　159p　21cm　①978-4-272-52105-0
Ⓝ372.106　[1600円]

日本（児童文学―歴史―明治以後）

◇児童文学の愉しみ20の物語―明治から平成へ　北原泰邦, 中野
裕子編　翰林書房　2014.8　238p　21cm　〈文献あり〉　①978-
4-87737-368-9　Ⓝ909　[1800円]

◇ライトノベルから見た少女／少年小説史―現代日本の物語文化
を見直すために　大橋崇行著　笠間書院　2014.10　299p
19cm　〈文献あり　年表あり〉　①978-4-305-70743-7　Ⓝ909
[1800円]

日本（児童養護施設）

◇子どもの養護―社会的養護の原理と内容　松本峰雄編著　第2
版　建帛社　2013.4　193p　21cm　〈文献あり　共著：栗山宜
夫ほか〉　①978-4-7679-5013-6　Ⓝ369.43　[2000円]

◇児童養護施設のソーシャルワーカーと施設内心理職の連携に
関する事例研究―自立支援計画とソーシャルワークアセスメ
ント　高山由美子編著　ソーシャルワーク研究所　2014.10
68p　21cm　（ソーシャルワーク研究所ブックレット）　Ⓝ369.
43　[500円]

◇食べることは生きること―食育実践ハンドブック　東京都社会
福祉協議会児童部会従事者会給食研究会　2014.3　94p　30cm
〈文献あり〉　①978-4-86353-184-0　Ⓝ369.43　[1000円]

日本（児童養護施設―写真集）

◇岡山孤児院及分院茶臼原孤児院之過去及現在―写真帖　［小野
田鉄弥］, 石井記念友愛社編　復刻版　木城町（宮崎県）　石井
記念友愛社　2014.1　1冊（ページ付なし）　22×31cm　〈六花

日本（老舗）

出版（発売）　原本：1922年刊　英語併記〉①978-4-905421-54-2　Ⓝ369.43　[3000円]

日本（老舗）

◇老舗企業にみる100年の知恵―革新のメカニズムを探る　大西謙編著　京都　晃洋書房　2014.3　240p　22cm　〈龍谷大学社会科学研究所叢書　第103巻〉〈内容：老舗企業の特徴と老舗企業が生きてきた時代の変遷（田村満著）　中小企業の経営課題と既存の老舗企業研究からわかったこと（寺島和夫著）　我々の老舗企業研究の特徴（大西謙著）　企業調査報告（津田一郎，眞鍋陽一郎，田村満ほか著）　老舗企業研究から革新のメカニズムを探る（大西謙，田村満著）〉①978-4-7710-2528-8　Ⓝ335.35　[3000円]

◇百年企業100選―未来に残したい老舗企業　『百年企業100選』制作委員会編著，後藤俊夫監修　[東京]　東方通信社　2014.2　219p　20cm　〈ティ・エー・シー企画（発売）〉①978-4-924508-15-6　Ⓝ335.21　[1500円]

日本（老舗―歴史―明治以後）

◇老舗の伝統と〈近代〉―家業経営のエスノグラフィー　塚原伸治著　吉川弘文館　2014.10　280,5p　22cm　〈文献あり　索引あり　内容：老舗の伝統と揺れる商人たち　伝統的商慣行と富豪たちの近代　新たな「経営」の芽生えと葛藤　流動する家業と伝統への意志　ふたたび老舗の伝統へ〉①978-4-642-08197-9　Ⓝ673　[10000円]

日本（地場産業）

◇地域産業の永続性―発展を支える3つの要因　尹大栄著　中央経済社　2014.7　151p　22cm　〈文献あり　索引あり〉①978-4-502-10831-0　Ⓝ602.1　[2700円]

◇地域産業の「現場」を行く―誇りと希望と勇気の30話　第7集　変わる「豊かさ」の意味　関満博著　新評論　2014.7　242p　19cm　〈索引あり〉①978-4-7948-0973-5　Ⓝ602.1　[2400円]

◇地域産業の振興と経済発展―地域再生への道　西田安慶，片上洋編著　大津　三学出版　2014.9　160p　21cm　〈索引あり　内容：観光まちづくりによる地域振興（西田安慶著）　3.11「水産県みやぎ」の復興と課題（江尻行男著）　焼津かつお節産業の現状と課題（岩本勇著）　横浜スカーフ産業の戦略と企業境界（日向浩幸著）　熟練の技の継承と越前漆器産業（瀧波慶信著）　伝統的地場産業と観光開発の可能性（片上洋著）〉①978-4-903520-90-2　Ⓝ601.1　[2000円]

◇地域ファミリー企業におけるビジネスシステムの形成と発展―日本の伝統産業における継承と革新　金泰旭編著　白桃書房　2014.6　230p　22cm　〈文献あり〉①978-4-561-26639-6　Ⓝ602.1　[3000円]

日本（司法）

◇北の大地から考える、放射能汚染のない未来へ―原発事故と司法の責任、核のゴミの後始末、そして脱原発後の地域再生へ：日本弁護士連合会第57回人権擁護大会シンポジウム第1分科会基調報告書　日本弁護士連合会第57回人権擁護大会シンポジウム第1分科会実行委員会編　[東京]　日本弁護士連合会第57回人権擁護大会シンポジウム第1分科会実行委員会　2014.10　284p　30cm　〈文献あり　会期・会場：2014年10月2日　函館市民会館大ホール〉Ⓝ539.091

◇日本立法資料全集　別巻847　雨山遺薬　渡邉輝之助著　復刻版　信山社出版　2014.4　631p　23cm　〈法律新聞社　明治43年刊の複製〉①978-4-7972-7145-4　Ⓝ322.1　[70000円]

◇日本立法資料全集　別巻848　法書紙屑籠　砂川雄峻著　復刻版　信山社出版　2014.4　471p　23cm　〈酒井法律書籍店　大正7年刊の複製〉①978-4-7972-7146-1　Ⓝ322.1　[54000円]

◇崩壊している司法―横浜事件再審免訴判決と仕事をしない裁判官たち　吉永満夫著　日本評論社　2014.6　233p　21cm　①978-4-535-52056-1　Ⓝ327.02　[2400円]

日本（司法行政―歴史―1868〜1945）

◇近代日本の司法省と裁判官―19世紀日仏比較の視点から　三阪佳弘著　吹田　大阪大学出版会　2014.9　331p　22cm　〈索引あり　内容：比較の中の近代日本の司法省と裁判官　序章　歴史的前提としての一九世紀フランスの裁判官制度　一八七〇年代の裁判官と司法改革論議　一八八〇年代初頭の政府と裁判官　一八八三年八月三〇日司法組織改革法の制定　結章　裁判官の身分保障と司法省　裁判官の任用と司法省　裁判官と司法行政〉①978-4-87259-488-1　Ⓝ327.1　[5300円]

日本（司法制度）

◇岩波講座現代法の動態　2　法の実現手法　長谷部恭男，佐伯仁志，荒木尚志，道垣内弘人，大村敦志，亀本洋編集委員　岩波書店　2014.11　359p　22cm　〈内容：法の実現手法（佐伯仁志著）歴史的観察（新田一郎著）　法の実現手法（森田果著）不法行為法における法の実現（窪田充見著）　行政法における法

日本件名図書目録2014　I

の実現（中川丈久著）　企業法における法の実現手法（弥永真生著）　労働法における法の実現手法（山川隆一著）　児童福祉法と法の実現手法（岩佐嘉彦著）　環境法における法の実現手法（大塚直著）　国際法における法の実現手法（森肇志著）　法の実現と司法手続（山本和彦著）　法の実現と行政手続・刑事手続（笹倉宏紀著）〉①978-4-00-011362-5　Ⓝ321.08　[3600円]

◇信頼される司法の実現―今こそ、法の支配による人権保障の実現を　東京弁護士会法友会著　現代人文社　2014.1　385p　30cm　〈法友会政策要綱　2014年度〉〈大学図書（発売）〉①978-4-87798-576-9　Ⓝ327.1　[3200円]

◇レクチャー日本の司法　川嶋四郎，松宮孝明編　京都　法律文化社　2014.2　281p　21cm　〈αブックス〉〈文献あり　年表あり　索引あり〉①978-4-589-03559-2　Ⓝ327.1　[2500円]

日本（資本主義）

◇日本資本主義論争史　小山弘健，山崎隆三著，社会経済労働研究所編　こぶし書房　2014.5　398p　20cm　〈こぶし文庫59〉〈文献あり　年表あり　索引あり　底本：伊藤書店　1947年刊〉①978-4-87559-288-4　Ⓝ332.106　[3700円]

日本（資本主義―歴史）

◇日本資本主義論争史論　対馬忠行著　こぶし書房　2014.1　318p　20cm　〈こぶし文庫 58〉〈文献あり　索引あり　黄土社　1948年の再刊〉①978-4-87559-282-2　Ⓝ332.106　[3400円]

日本（資本主義―歴史―明治以後）

◇グローバル資本主義の中の渋沢栄一―合本キャピタリズムとモラル　橘川武郎，パトリック・フリデンソン編著　東洋経済新報社　2014.2　257p　22cm　〈索引あり　内容：渋沢栄一による合本主義（島田昌和著）　道徳経済合一説（田中一弘著）官民の関係と境界（パトリック・フリデンソン著，木村昌人訳）「見える手」による資本主義（宮本又郎著）　公正な手段で富を得る（ジャネット・ハンター著，木村昌人訳）　グローバル社会における渋沢栄一の商業道徳観（木村昌人著）　世界的視野における合本主義（ジェフリー・ジョーンズ著，木村昌人訳）　資本主義観の再構築と渋沢栄一の合本主義（橘川武郎著）〉①978-4-492-39601-8　Ⓝ332.106　[3000円]

日本（島）

◇国境の人びと―再考・island国日本の肖像　山田吉彦著　新潮社　2014.8　287p　20cm　〈新潮選書〉①978-4-10-603754-2　Ⓝ329.23　[1300円]

◇島々の日本　日本離島センター編　日本離島センター　2014.3　53p　図版　[10]枚　30cm　〈291

◇しまなび―日本の島を学ぶ　日本離島センター編　日本離島センター　2014.11　57,21p　30cm　Ⓝ291

◇絶対に行きたい！日本の島　斎藤潤著　大和書房　2014.9　254p　15cm　〈ビジュアルだいわ文庫〉〈文献あり〉①978-4-479-30501-9　Ⓝ291.09　[740円]

◇Dwipa　2014　花澤周志文・写真・絵　豊中　花澤周志　c2014　111p　19cm　〈本文は日本語〉Ⓝ291.09

◇封印された日本の離島　歴史ミステリー研究会編　彩図社　2013.7　219p　15cm　〈文献あり〉①978-4-88392-931-3　Ⓝ291　[619円]

◇宮本常一講演選集　4　郷土を見るまなざし―離島を中心に　宮本常一著，田村善次郎編　農山漁村文化協会　2014.3　328p　20cm　〈付属資料：8p：月報 4　内容：離島をよくするためには　種子島の開発構想　島の開発と青年の役割　後継者の育成と推進員の社会的使命　本土における離島振興について　離島の生活と文化　中国地方の文化と住民　よりよい郷土をつくるために　離島における定住環境整備のために　郷土大学開校記念講演〉①978-4-540-13144-8　Ⓝ382.1　[2800円]

◇離島への誘い―対馬海流沿いの島々の歴史・文化探訪　棚瀬久雄著　仙台　創栄出版　2014.6　429p　20cm　〈星雲社（発売）文献あり〉①978-4-434-19230-2　Ⓝ291　[2000円]

◇離島研究　5　平岡昭利，須山聡，宮内久光編著　大津　海青社　2014.11　244p　27cm　〈索引あり　内容：離島を基点とした人文地理学研究の動向（宮内久光著）　風景団にみる「島らしさ」の表現（須山聡著）　三宅島雄山噴火による長期避難とその後の復興過程（高木亨，瀬戸真之著）　昭和初期の喜界島阿嵩における生業活動からみた環境利用と生活空間（藤永豪著）忽那諸島睦月島における高齢者サポートに関する一考察（森田枝里子著）　近世中期から近代の芸予諸島における出稼ぎと海外移民（花木宏直著）　奄美大島出身者にみられる長周期Uターン移動の発生要因（鄭美愛著）　石垣島川平における混住化と古集落の再編（又吉祥一郎著）　浦戸諸島におけるハクサイ採種業の展開（清水克志著）　岩城島における高齢就農者に　よる柑橘品種の多様化とその地域的帰結（植村円香著）　奄美諸島における糖業動力と搾車（平岡昭利著）　長崎県池島における炭鉱開発と住民の対応（三木剛志著）　宮古島観光におけるインターネットの役割とその変化（助重雄久著）〉①978-4-86099-292-7　Ⓝ291.017　[3700円]

日本件名図書目録2014　I

日本（社会）

日本（市民メディア）

◇地域社会と情報環境の変容─地域における主体形成と活性化の視点から　吉岡至編著　吹田　関西大学経済・政治研究所　2014.3　313p　22cm　（関西大学経済・政治研究所研究双書第158冊）〈発行所：関西大学出版部　内容：口蹄疫報道と「災害文化」の醸成（黒田勇著）　地方都市における地域メディアの役割とその受容実態について（森津千尋著）　地域社会とメディアのかかわり（深井麗雄著）　沖縄の言論空間と地方新聞の役割（吉岡至著）　被災地メディアとしての臨時災害放送局（市村元著）　地域社会の情報化と新しいメディア利用に関する研究（富田英典著）　地域文化と「スロー放送」を考える（黒田勇著）　宮崎と新婚旅行ブーム（森津千尋著）　長野県の信州・市民新聞グループの特異性と普遍性（深井麗雄著）　沖縄県宮古島市の地元紙やテレビ局の独自性と地域社会での役割（深井麗雄著）　過疎・高齢化地域の地上テレビ放送デジタル化への対応（市村元著）〉①978-4-87354-581-3　Ⓝ361.453　[3300円]

◇地域メディア力─日本とアジアのデジタル・ネットワーク形成　菅谷実編　中央経済社　2014.2　228p　21cm〈内容：地域メディア・ネットワークと「地域メディア力」（菅谷実著）　日本のケーブルテレビ市場と独立系有力事業者（上原伸元著）　条件不利地域でのケーブルテレビ網整備と公的支援（高田義久著）　エリア放送という地域情報発信の可能性（豊嶋基暢著）　地域メディアの利活用（脇浜紀子著）　地方からの海外番組発信・販売（内山隆著）　日本における地域メディアとしての放送系メディア（佐伯千種著）　韓国における地上テレビとケーブルテレビ（金美林著）　中国における放送メディアの形成とケーブルテレビの役割（菅谷実, 趙敬宏）　台湾におけるテレビ放送事業と地域メディアとしての役割（菅谷実, 米谷南海著）　タイにおける公共放送局の成立と地域メディア育成政策（田中絵麻著）〉①978-4-502-09030-1　Ⓝ699.21　[2800円]

日本（社会）

◇イギリスから見れば日本は桃源郷に一番近い国　信夫梨花著　主婦の友インフォス情報社　2014.12　191p　19cm〈主婦の友社〉①978-4-07-298471-0　Ⓝ302.33　[1000円]

◇右傾社会ニッポン　中野雅至［著］　ディスカヴァー・トゥエンティワン　2014.10　279p　18cm　（ディスカヴァー携書132）〈文献あり〉①978-4-7993-1581-1　Ⓝ302.1　[1000円]

◇英語で日本紹介ハンドブック　松本美江著　改訂版　アルク　2014.4　285p　19cm〈年表あり〉①978-4-7574-2439-5　Ⓝ302.1　[1600円]

◇英文対照　朝日新聞天声人語　2013冬　VOL.175　朝日新聞論説委員室／編、国際編集部／訳　原書房　2014.2　259p　21cm〈本文：日英両文〉①978-4-562-04911-0　[1800円]

◇英文対照　朝日新聞天声人語　2014春　VOL.176　朝日新聞論説委員室／編、国際編集部／訳　原書房　2014.5　245p　21cm〈本文：日英両文〉①978-4-562-05062-8　[1800円]

◇英文対照　朝日新聞天声人語　2014夏（VOL.177）　朝日新聞論説委員室／編、国際編集部／訳　原書房　2014.8　251p　21cm〈本文：日英両文〉①978-4-562-05063-5　[1800円]

◇「確率」でわかる驚きのニッポン─思わず人に話したくなる！：夕飯にカレーが出る確率から、あなたがリストラされる確率まで　平林純監修, 造事務所編著　廣済堂出版　2014.3　223p　18cm〈文献あり〉①978-4-331-51817-5　Ⓝ302.1　[1100円]

◇現在知　Vol.2　日本とは何か　萱野稔人編　NHK出版　2014.3　334p　19cm　（NHKブックス　別巻）〈内容：なぜ、あらためて日本を問うのか（萱野稔人著）　日本とはどのような国なのか（橋爪大三郎, 山下範久, 萱野稔人述）　日本人は銃とどのように向き合ってきたのか（武井弘一著）　見落とされている近代日本の逆説（山内進, 須田努, 萱野稔人述）　なぜ日本は今いちおう「先進国」なのか（下田淳著）　豊臣政権の朝鮮出兵から考える日本外交の隘路（小島毅著）　封建制こそ近代を準備した（今谷明述, 萱野稔人聞き手）　国土の自然条件は日本社会にどう影響したのか（大石久和著）　金属・技術・日本人（村上隆述, 萱野稔人聞き手）　土地と日本人（渡辺尚志著）　二十世紀を超えて（三谷博著）　近代世界システムと日本（玉木俊明著）　政治家という困難な仕事からみえるもの（石破茂述, 萱野稔人聞き手）〉①978-4-14-009354-2　Ⓝ304　[1600円]

◇古今東西ニッポン見聞録　林和利著　名古屋　風媒社　2014.1　246p　19cm〈文献あり〉①978-4-8331-0564-4　Ⓝ302.1　[1500円]

◇「自己啓発病」社会─「スキルアップ」という病に冒される日本人　宮崎学著　祥伝社　2014.3　224p　16cm　（祥伝社黄金文庫　Gみ13-1）〈2012年刊の加筆修正〉①978-4-396-31633-4　Ⓝ302.1　[590円]

◇社会人基礎力─学生から社会人・ビジネスパーソンになるための必修book　加賀博著　日本生産性本部生産性労働情報センター　2014.5　173p　21cm　①978-4-88372-478-9　Ⓝ312.1　[1500円]

◇社会はどう壊れていて、いかに取り戻すのか　金子勝, 伊東俊彦, 伊多波宗周, 高橋若木, 竹田茂夫著　同友館　2014.12　256p　20cm〈内容：脱原発と脱成長論（金子勝著）　格差社会は健康に悪い（伊東俊彦著）　名ばかりの自立（伊多波宗周著）「街の群衆」の普遍主義（高橋若木著）　市場は幻惑する（竹田茂夫著）〉①978-4-496-05100-5　Ⓝ302.1　[1850円]

◇JAPAN CLASS─それはオンリーインジャパン：外国人から見たニッポンは素敵だ！　ジャパンクラス編集部編　東邦出版　2014.12　137p　26cm　①978-4-8094-1273-8　Ⓝ302.1　[925円]

◇住んでみたヨーロッパ9勝1敗で日本の勝ち　川口マーン惠美［著］　講談社　2014.9　222p　18cm　（講談社＋α新書628-2D）①978-4-06-272866-9　Ⓝ302.3　[880円]

◇世界が目を見はる日本の底力　ロム・インターナショナル著, 夢の設計社企画・編集　河出書房新社　2014.8　216p　15cm　（KAWADE夢文庫　K1001）〈「世界が目を見はる日本の底力」（2011年刊）と「世界がうらやむ日本の超・底力」（2012年刊）を加筆し、再編集〉①978-4-309-49901-7　Ⓝ302.1　[620円]

◇中国人が驚いた日本─来て見てびっくり！　渋谷和貴著［東京］　東京図書出版　2014.12　202p　19cm〈リフレ出版（発売）〉①978-4-86223-810-8　Ⓝ361.5　[1000円]

◇天声人語　2013年7月・12月　朝日新聞論説委員室／著　朝日新聞出版　2014.3　280,5p　19cm　①978-4-02-251166-9　[1500円]

◇天声人語　2014年1月・6月　朝日新聞論説委員室／著　朝日新聞出版　2014.9　280,5p　19cm　①978-4-02-251208-6　[1500円]

◇なぜ日本は誤解されるのか　ニューズウィーク日本版編集部編　阪急コミュニケーションズ　2014.3　181p　19cm　（ニューズウィーク日本版ペーパーバックス）〈年表あり〉①978-4-484-14209-8　Ⓝ302.1　[800円]

◇2015年日本はこうなる　三菱UFJリサーチ＆コンサルティング編　東洋経済新報社　2014.11　261p　21cm　①978-4-492-39612-4　Ⓝ332.107　[1600円]

◇ニートを救う地域のネットワーク力　石阪督規著　金沢　コシーナブックス　2014.10　195p　18cm　（コシーナ新書）①978-4-904620-18-2　Ⓝ367.68　[700円]

◇日本─その姿と心：日英対訳　日鉄住金総研（株）著　第10版　学生社　2014.9　479p　18cm〈文献あり　年表あり　索引あり〉①978-4-311-70044-6　Ⓝ302.1　[2200円]

◇日本経済2020年という大チャンス！　竹中平蔵責任編集　アスコム　2014.8　255p　19cm〈内容：日本の政治と経済（ロバート・フェルドマン述）　東京の開発（市川宏雄述）　日本のIT技術（村井純述）　日本のスポーツ（二宮清純述）　日本の消費者（袖川芳之述）　日本の産業・技術（李根秀, 南川明述）　東京と日本（平田竹男述）〉①978-4-7762-0835-8　Ⓝ332.107　[1400円]

◇日本人はなぜ世界での存在感を失っているのか　山田順著　SBクリエイティブ　2014.4　271p　18cm　（SB新書259）①978-4-7973-7632-6　Ⓝ302.1　[800円]

◇日本─喪失と再起の物語─黒船, 敗戦, そして3・11　上　デイヴィッド・ピリング著, 仲達志訳　早川書房　2014.10　335p　20cm〈索引あり〉①978-4-15-209494-0　Ⓝ302.1　[2100円]

◇日本─喪失と再起の物語─黒船, 敗戦, そして3・11　下　デイヴィッド・ピリング著, 仲達志訳　早川書房　2014.10　342p　20cm〈文献あり　索引あり〉①978-4-15-209495-7　Ⓝ302.1　[2100円]

◇日本に住む英国人がイギリスに戻らない本当の理由　井形慶子著　ベストセラーズ　2014.10　239p　19cm　①978-4-584-13599-0　Ⓝ361.42　[1400円]

◇日本入門─本文対応英訳付き　髙橋瞳［著］　小学館　2014.10　255p　19cm〈文献あり〉①978-4-09-388387-0　Ⓝ302.1　[2100円]

◇日本の「いま」を見つめる─制度・組織の視点から　横浜商科大学公開講座委員会編　南窓社　2014.3　160p　20cm　（横浜商科大学公開講座30）〈内容：地方公共団体における監査制度の改革（柳田清治著）　原発事故後におけるCSRとその情報開示の課題（吉田武史著）　原発事故における被害者救済と損害賠償の現状（坪川弘著）　クラウドコンピューティング時代の組織運用（立川丈夫著）　わが国の税制のあり方と税理士の社会的使命（近藤忠憲著）　公共資源の効率的な配分のための新たな制度設計（佐藤浩之著）　日本スポーツの「いま」を

日本（社会—歴史）　　日本件名図書目録2014　I

見つめる〈奈良堂史著〉〉①978-4-8165-0417-4　Ⓝ302.1
［2690円］

◇日本の論点　ジェームス・M・バーダマン著，相場妙訳　IBC
パブリッシング　2014.2　223p　19cm　（対訳ニッポン双書）
①978-4-7946-0257-2　Ⓝ302.1　［1500円］

◇日本はイギリスより50年進んでいる―イギリスに住んで確
信！：イギリスから来ると日本が天国に見える！　信夫梨花
著　主婦の友インフォス情報社　2014.5　191p　19cm（主婦
の友社（発売）〉①978-4-07-295389-1　Ⓝ302.33　［1000円］

◇やっぱりすごいよ，日本人―世界の常識は日本人の非常識
ルース・ジャーマン・白石著　あさ出版　2014.11　196p
19cm　①978-4-86063-704-0　Ⓝ302.1　［1300円］

◇ヤンキー化する日本　斎藤環［著］　KADOKAWA　2014.3
253p　18cm　（角川oneテーマ21 D-14）〈内容：なぜ今，ヤ
ンキーを語るのか（斎藤環著）気合い主義はアートを変えるか
（村上隆述）　勤勉なワルがヤンキーを指嗾する（溝口敦述）
アマチュア好きの日本（デーブ・スペクター述）　補助輪付き
だった戦後民主主義（與那覇潤述）　ヤンキーリアリズムは
「心」を重視する（海猫沢めろん述）　「和風建築」というつく
られた伝統（隈研吾述）〉①978-4-04-110741-6　Ⓝ302.1
［800円］

◇欲望のすすめ　古谷経衡著　ベストセラーズ　2014.12　254p
18cm　（ベスト新書 460）①978-4-584-12460-4　Ⓝ302.1
［820円］

◇世の中のカラクリが丸見え！ イチからわかるニュース塾　日
本経済新聞社編　日本経済新聞出版社　2014.4　247p　15cm
（日経ビジネス人文庫 に1-48）①978-4-532-19724-7　Ⓝ302.1
［700円］

日本（社会—歴史）

◇本当はひどかった昔の日本―古典文学で知るしたたかな日本
人　大塚ひかり著　新潮社　2014.1　233p　20cm〈文献あり
年表あり〉①978-4-10-335091-0　Ⓝ210.1　［1300円］

日本（社会—歴史—1945～）

◇うるわしき戦後日本　ドナルド・キーン，堤清二著　PHP研究
所　2014.11　210p　18cm　（PHP新書 959）〈年譜あり〉
①978-4-569-82331-7　Ⓝ302.1　［800円］

◇現代化する社会　今枝法之著　京都　晃洋書房　2014.7
233p　22cm　（松山大学研究叢書 第80巻）〈内容：「現代化」
とは何か　日本の再帰的近代化　「失われた二〇年」からの出
発　情縁社会変容　「世間学」再考　現代化する「世間」
「個人化」のゆくえ　総括〉①978-4-7710-2556-1　Ⓝ361.5
［2900円］

◇戦後日本の特別支援教育と世相　渡邉健治，宮﨑英憲監修　ジ
アース教育新社　2014.4　283p　26cm　①978-4-86371-260-7
Ⓝ378.021　［2600円］

◇日本劣化論　笠井潔，白井聡著　筑摩書房　2014.7　270p
18cm　（ちくま新書 1078）①978-4-480-06787-6　Ⓝ302.1
［840円］

◇「ポスト戦後」を生きる―繁栄のその先に　保阪正康，姜尚中，
雨宮処凛著　講談社　2014.4　173p　19cm　（《道新フォーラ
ム》現代への視点～歴史から学び，伝えるもの）〈内容：歴史
を語り継ぐ姿勢（保阪正康述）「戦後」と「ポスト戦後」のは
ざま（姜尚中述）　若者の生きづらさと憲法（雨宮処凛述）
トークセッション（保阪正康，姜尚中，雨宮処凛ほか述）〉
①978-4-06-218852-4　Ⓝ302.1　［1300円］

日本（社会—歴史—1945～1952）

◇焼跡からのデモクラシー―草の根の占領期体験　上　吉見義
明著　岩波書店　2014.3　239p　19cm　（岩波現代全書 025）
①978-4-00-029125-5　Ⓝ210.762　［2300円］

◇焼跡からのデモクラシー―草の根の占領期体験　下　吉見義
明著　岩波書店　2014.3　256p　19cm　（岩波現代全書 026）
①978-4-00-029126-2　Ⓝ210.762　［2300円］

日本（社会—歴史—江戸時代）

◇江戸学講座　山本博文，逢坂剛，宮部みゆき著　新潮社　2014.
11　242p　16cm　（新潮文庫 や-51-53）〈文献あり　「山
本博文教授の江戸学講座」（PHP文庫 2007年刊）の改題　内
容：奥女中は憧れの職業（山本博文，宮部みゆき述）　現代顔負
けの就職戦争（山本博文，逢坂剛述）　大名・旗本の出世競争
（山本博文，逢坂剛述）　勤番武士の日常生活（山本博文，宮部
みゆき述）　八百八町の犯罪白書（山本博文，宮部みゆき述）
明暦の大火（山本博文，逢坂剛，宮部みゆき述）　安政の大地震
（山本博文，逢坂剛述）　武士の転勤・公務出張
（山本博文，逢坂剛述）　お伊勢参りは一生に一度
（山本博文，逢坂剛述）　鎖国の意外な実態（山本博文，
逢坂剛述）〉①978-4-10-116447-2　Ⓝ210.5　［490円］

◇江戸の貧民　塩見鮮一郎著　文藝春秋　2014.8　221p　18cm
（文春新書 992）①978-4-16-660992-5　Ⓝ368.2　［800円］

◇カムイ伝講義　田中優子著　筑摩書房　2014.5　421p　15cm
（ちくま文庫 た58-5）〈文献あり　索引あり　小学館 2008年
刊の再刊〉①978-4-480-43177-6　Ⓝ210.5　［1000円］

◇近世身分社会の比較史―法と社会の視点から　塚田孝，佐賀朝，
八木滋編　大阪　清文堂出版　2014.3　434p　22cm　（大阪
市立大学文学研究科叢書 第8巻）〈内容：萩城下における御手
職人と町職人（森下徹著）　一九世紀前半の椎茸生産と流通（町
田哲著）　池田下村における水軍紋油株の所有と経営（島﨑未
央著）　文化期大坂における和製砂糖の流通統制（北野智也
著）　清末江西省経済と地域間関係について（辻高広著）　一
七世紀大坂道頓堀の芝居地と芝居地（八木滋著）　近世大坂の堀
江地域の特質と名田屋清兵衛（尾久健二著）　一七世紀後期・
大坂における非人の〈家〉（塚田孝著）　天保改革における大坂
の売女統制策の検討（吉元加奈美著）　中世末のイタリアにお
ける貧困への対処（マリア・ジュゼッピーナ・ムッザレッリ著，
大黒俊二，中谷惣訳）　近世パリの貧困と救済（高澤紀恵著）
都市大坂における商家奉公人の貧困と救済（海原亮著）　近世
和泉の村落社会における「困窮人」救済（齊藤紘子著）　明治
初期大阪における貧民の救済と統制（ジョン・ポーター著）
身分社会と仁政（マーレン・エーラス著）　近世日本都市社会
の再発見（ダニエル・ボツマン著）　比較都市史のための覚え
書き（井上徹著）　近世～近代大坂の貧困と救済に関する覚え
書き（佐賀朝著）　今後の近世大坂研究の課題を考える（八木
滋著）〉①978-4-7924-1013-1　Ⓝ210.5　［9800円］

◇死者のはたらきと江戸時代―遺訓・家訓・辞世　深谷克己著
吉川弘文館　2014.1　212p　19cm　（歴史文化ライブラリー
371）〈文献あり〉①978-4-642-05771-4　Ⓝ210.5　［1700円］

◇西山松之助著作集　第3巻　江戸の生活文化　西山松之助著
オンデマンド版　吉川弘文館　2013.10　494,10p　22cm〈索
引あり　印刷・製本：デジタルパブリッシングサービス　内
容：大江戸の特色　火災都市江戸の実体　後期江戸町人の文
化生活　日本橋の生活文化　江戸の町名主斎藤月岑　山の手
町人の生活　山の手町人の文化　山の手の文化人と芸能〉
①978-4-642-04294-9　Ⓝ702.15　［15000円］

◇人に話したくなる江戸怪奇ミステリー―八百八町は今日も事
件で大騒ぎ　日本ミステリー研究会編・著　竹書房　2014.5
231p　19cm〈文献あり〉①978-4-8124-8902-4　Ⓝ210.5
［556円］

日本（社会—歴史—江戸中期）

◇泉光院江戸旅日記―山伏が見た江戸期庶民のくらし　石川英
輔著　筑摩書房　2014.6　429p　15cm　（ちくま学芸文庫 イ
53-1）①978-4-480-09626-5　Ⓝ291.09　［1400円］

◇報徳仕法と近世社会　早田旅人著　東京堂出版　2014.7
456p　22cm〈索引あり　内容：近世報徳仕法研究の視座　近
世史研究のなかの二宮尊徳・報徳仕法　二宮尊徳の出現　初
期報徳仕法の展開　報徳仕法の構造　報徳仕法の事業展開と
民衆　下石橋村の報徳仕法　藩政改革と報徳仕法　宿場村の
報徳仕法　近世報徳「結社式仕法」の展開と構造　報徳仕法と
幕府勘定所　二宮尊徳の幕府仕法　報徳仕法と近世社会〉
①978-4-490-20872-6　Ⓝ210.55　［7500円］

日本（社会—歴史—江戸末期）

◇驚きの江戸時代―目付は直角に曲がった　高尾善希著　柏書
房　2014.4　357p　20cm　①978-4-7601-4351-1　Ⓝ210.58
［2000円］

◇日本は外国人にどう見られていたか　「ニッポン再発見」
倶楽
部著　三笠書房　2014.10　229p　15cm　（知的生きかた文庫
に21-1）〈文献あり〉①978-4-8379-8294-4　Ⓝ210.58　［590
円］

◇報徳仕法と近世社会　早田旅人著　東京堂出版　2014.7
456p　22cm〈索引あり　内容：近世報徳仕法研究の視座　近
世史研究のなかの二宮尊徳・報徳仕法　二宮尊徳の出現　初
期報徳仕法の展開　報徳仕法の構造　報徳仕法の事業展開と
民衆　下石橋村の報徳仕法　藩政改革と報徳仕法　宿場村の
報徳仕法　近世報徳「結社式仕法」の展開と構造　報徳仕法と
幕府勘定所　二宮尊徳の幕府仕法　報徳仕法と近世社会〉
①978-4-490-20872-6　Ⓝ210.55　［7500円］

日本（社会—歴史—昭和後期）

◇昭和ノスタルジアとは何か―記憶とラディカル・デモクラシー
のメディア学　日高勝之著　京都　世界思想社　2014.5
534p　20cm〈文献あり　索引あり〉①978-4-7907-1626-6
Ⓝ361.453　［3700円］

日本（社会—歴史—昭和時代）

◇昭和の子供だった君たちも　坪内祐三著　新潮社　2014.1　281p
20cm　①978-4-10-428104-6　Ⓝ210.7　［1800円］

◇文化社会学の条件―二〇世紀日本における知識人と大衆　吉
見俊哉編著　日本図書センター　2014.10　262p　21cm〈文
献あり　「文化社会学基本文献集 別巻」（2014年刊1月）の改

題、一部改訂　内容：中間の思考（新倉貴仁著）文化社会学のメディア圏（林三博著）文化社会学の生成（周東美材著）集団的機構としての雑誌（柴野京子著）もうひとつの社会心理学（鄭佳月著）鶴見俊輔と韓国の文化社会学（金成政著）見田社会学と文化の実践（吉見俊哉著）〉①978-4-284-40236-1 Ⓝ361.5　[2800円]

日本（社会―歴史―昭和前期）

◇正則日本語講座選集　第4巻　日本事情篇　吉岡英幸監修　冬至書房　2014.6　146p　22cm〈「正則日本語講座」（新民印書館中華民國29年刊）の改題〉①978-4-88582-848-5,978-4-88582-844-7(set)　Ⓝ810.7

◇ひと目でわかる「戦前日本」の真実―1936-1945　水間政憲著　PHP研究所　2014.1　151p　21cm　①978-4-569-81704-0　Ⓝ210.7　[1500円]

◇ひと目でわかる「大正・昭和初期」の真実―1923-1935　水間政憲著　PHP研究所　2014.7　150p　21cm　①978-4-569-81945-7　Ⓝ210.69　[1500円]

日本（社会―歴史―大正時代）

◇ひと目でわかる「大正・昭和初期」の真実―1923-1935　水間政憲著　PHP研究所　2014.7　150p　21cm　①978-4-569-81945-7　Ⓝ210.69　[1500円]

◇文化社会学の条件―二〇世紀日本における知識人と大衆　吉見俊哉著　日本図書センター　2014.10　262p　21cm〈文献あり　「文化社会学基本文献集　別巻」（2014年刊1月）の改題、一部改訂　内容：中間の思考（新倉貴仁著）文化社会学のメディア圏（林三博著）文化社会学の生成（周東美材著）集団的機構としての雑誌（柴野京子著）もうひとつの社会心理学（鄭佳月著）鶴見俊輔と韓国の文化社会学（金成政著）見田社会学と文化の実践（吉見俊哉著）〉①978-4-284-40236-1　Ⓝ361.5　[2800円]

日本（社会―歴史―中世）

◇中世的世界とは何だろうか　網野善彦著　朝日新聞出版　2014.9　230p　15cm　（朝日文庫　あ64-1）〈朝日新聞社1996年刊の再刊〉①978-4-02-261809-2　Ⓝ210.4　[660円]

日本（社会―歴史―平成時代）

◇平成史　小熊英二編著　増補新版　河出書房新社　2014.2　577,6p　19cm　（河出ブックス　068）〈年表あり　執筆：井手英策ほか〉①978-4-309-62468-6　Ⓝ210.77　[2000円]

◇「平成」論　鈴木洋仁著　青弓社　2014.4　238p　19cm　（青弓社ライブラリー　82）〈文献あり〉①978-4-7872-3375-2　Ⓝ302.1　[1600円]

日本（社会―歴史―明治以後）

◇江戸から見た原発事故―あの時こうしていたら……の近代日本史　塩見鮮一郎著　現代書館　2014.1　190p　20cm　①978-4-7684-5724-5　Ⓝ210.6　[1800円]

◇熱風の日本史　井上亮著　日本経済新聞出版社　2014.11　365p　20cm　①978-4-532-16944-2　Ⓝ210.6　[1800円]

日本（社会―歴史―明治時代）

◇異形の明治　新保祐司著　藤原書店　2014.8　229p　20cm〈索引あり〉①978-4-89434-983-4　Ⓝ210.6　[2400円]

◇日本は外国人にどう見られていたか　「ニッポン再発見」倶楽部著　三笠書房　2014.10　229p　15cm　（知的生きかた文庫　に21-1）〈文献あり〉①978-4-8379-8294-4　Ⓝ210.58　[590円]

◇扶桑遊記　王韜著,丸山雅美訳　宇都宮　随想舎　2014.2　231p　21cm　①978-4-88748-282-1　Ⓝ291.09　[1800円]

日本（社会運動）

◇社会運動再生への挑戦―歴史的せめぎあいの時代を生きる　山田敬男著　学習の友社　2014.6　134p　21cm　①978-4-7617-0691-3　Ⓝ309.021　[1300円]

◇そろそろ「社会運動」の話をしよう―他人ゴトから自分ゴトへ。社会を変えるための実践論　田中優子,法政大学社会学部「社会を変えるための実践論」講座編　明石書店　2014.10　280p　19cm〈内容：ブラックバイトと労働運動（仁平典宏著）「権利主体」までの長い道のり（平塚眞樹著）一揆を通して社会運動を考える（田中優子著）社会を変えるためにソーシャルメディアを使う（藤代裕之著）社会を変えるためにマスメディアに働きかける（水島宏明著）保育園民営化問題に直面して（島本美保子著）教員の不当解雇と裁判闘争（荒井容子著）グローバル市民社会と私たち（吉村真子著）人類史の流れを変える（岡野内正著）対人関係構築能力、それが世界への回路だ（湯浅誠,田中優子述）〉Ⓝ309.021　[2000円]

◇内部被曝を許さない―反原発のために：国際労働運動特別企画　大野正章編　前進社　2014.7　111p　21cm〈ギャラリーステーション（発売）年表あり〉①978-4-86047-217-7　Ⓝ543.5　[600円]

◇反原発へのいやがらせ全記録―原子力ムラの品性を嗤う　海渡雄一編　明石書店　2014.1　106p　26cm〈内容：反原発運動へのいやがらせ歴史と背景を分析する（西尾漠著）犯人像と狙いを推理する（海渡雄一著）反原発運動と原子力推進側の動き〈1970年～2013年〉高木仁三郎へのいやがらせ（高木久仁子著）私の受けたいやがらせ（鮎川ゆりか,武藤類子,澤井正子ほか著）実行委員会に参加していた男は公安警察だった（井上弘晃著）スパイ活動の成果悪意に満ちた「にやにやかるた」（西尾漠著）原子力帝国との死闘（佐藤栄佐久述,海渡雄一聞き手）動燃の反原発運動対策と夫の謎の死をめぐって（西村トシ子,海渡雄一述）そして、あらたないやがらせが始まった（中川亮著）声をあげる輪がもっと広がることを願って（千葉麗子著）秘密保護法と公安警察（海渡雄一著）〉①978-4-7503-3949-8　Ⓝ543.5　[1000円]

◇若者と政治―ポスト3.11の政治参加と社会運動　豊田　中京大学現代社会学部松谷満研究室　2013.3　212p　30cm　（中京大学現代社会学部松谷満研究室社会調査実習報告書　2012年度）〈文献あり〉Ⓝ367.68

日本（社会運動―歴史―1945～）

◇響きあう運動づくりを―村田久遺稿集　村田久[著],村田久遺稿集編集委員会編　福岡　海鳥社　2014.8　410,18p　22cm〈著作目録あり　年譜あり　内容：八幡だるま会　サークル村わが「おきなわ」/九州通信　大企業の向こうずねを蹴る　反公害センター、北部九州労災センター　九州住民闘争合宿運動「地域をひらく」シンポジウム　指紋押捺制度を撤廃させる会　ピープルズプラン21世紀/強制連行の足跡を若者とたどる旅　アジアの人々にとって八・一五の持つ意味　ブキメラ村をみつめて下さい（村田和子）出過ぎる杭は打たれない（村田和子,村田久述）『北九州かわら版』より　反基地討論合宿　第3期サークル村　米子シンポジウムに向けて　花崎皋平氏との公開書簡　これから〉①978-4-87415-910-1　Ⓝ309.021　[3000円]

日本（社会運動―歴史―昭和後期）

◇「精神病」者運動家の個人史―2013年度前期生存学研究センター若手研究者研究力強化型「精神と生存実践」研究会報告書2巻　桐原尚之,白田幸治,長谷川唯編著　京都　立命館大学生存学研究センター　2014.3　177p　21cm　Ⓝ493.7

日本（社会運動―歴史―昭和前期）

◇獄死者―国家権力の犯罪　治安維持法犠牲者国家賠償要求同盟　2014.5　56p　21cm　（治安維持法体制下の弾圧　2）Ⓝ309.021　[250円]

日本（社会学―歴史―1945～）

◇現代日本の社会学史　飯田哲也著　学文社　2014.5　278p　22cm　①978-4-7620-2460-3　Ⓝ361.21　[4000円]

日本（社会教育）

◇生きることとしての学び―2010年代・自生する地域コミュニティと共変化する人々　牧野篤著　東京大学出版会　2014.6　335,5p　22cm〈索引あり　内容：社会と出会うということ　知の分配システムから生成プラットフォームへ　動的プロセスとしての〈学び〉へ　〈学び〉を課題化する社会　過剰な自分語りの身体性　新しい「むら」をつくる　プロジェクトの苦悩とメンバーの苦闘　地元に出会い、掘り下げる　共変化する地元　赤ちゃんが来た！　生きることとしての学びへ　〈学び〉としての社会へ〉①978-4-13-051326-5　Ⓝ379.021　[5800円]

◇学習するコミュニティのガバナンス―社会教育が創る社会関係資本とシティズンシップ　佐藤智子著　明石書店　2014.9　273p　22cm〈文献あり　内容：学習するコミュニティのガバナンスとは　シティズンシップへの学習と社会教育の効果　教育行政組織の再編と社会教育　学校と地域の連携によるシティズンシップの向上　コミュニティ・ガバナンスと社会教育　得られた知見と残された課題〉①978-4-7503-4081-4　Ⓝ379.021　[4500円]

◇現代社会教育・生涯学習の諸相　第3巻　実践編　益川浩一著　岡山　大学教育出版　2014.8　127p　22cm〈内容：「公民館事業」研究の到達点と課題　公民館〈社会教育〉実践研究の視点　公民館事業の企画・運営と公民館職員の役割　子どもの学びと社会教育・生涯学習　若者の学びと社会教育・生涯学習　保護者の学びと社会教育・生涯学習　地域住民の学びと社会教育・生涯学習　高齢者の学びと社会教育・生涯学習〉①978-4-86429-307-5　Ⓝ379　[1800円]

◇「高度情報通信技術を活用した大学・短大と社会通信教育の提携に関する調査研究」報告書　静岡　大学・短大と社会通信教育の提携に関する研究会　2014.7　65p　30cm〈平成25年度公益財団法人文教協会研究助成〉Ⓝ379.021

日本（社会教育—歴史—1868〜1945）

◇自治体構造改革下における社会教育行政再編の動向と課題　社会教育推進全国協議会・研究調査部編　社会教育推進全国協議会　2014.5　124p　30cm　（「社全協通信」別冊）　Ⓝ379.021

◇自治の力を育む社会教育計画―人が育ち、地域が変わるために　辻浩、片岡了編著　国土社　2014.8　219p　21cm　〈文献あり　索引あり　内容：人間発達と地域づくりの社会教育計画（辻浩著）　住民との対話による学習ニーズの把握（細山俊男著）　社会教育職員の配置と力量形成（布施利之著）　地域の学習・サークル・地域組織の支援と公民館（金田光正著）　住民の学習を基盤にした地域・自治体づくり（矢久保学著）　社会教育計画の方法と視点（片岡了著）　社会教育施設の整備と運営（益川浩一著）　地域課題に根ざした学習プログラムの計画（越村康英著）　いのちと文化の持続へむけた学び方の変革（大島英樹著）　成人基礎教育と学びあう関係づくり（添田祥史著）　障害のある子ども・青年の学びと地域づくり（丸山啓史著）　排除される家族と子育て支援ネットワーク（黒澤ひとみ著）〉　Ⓣ978-4-337-50627-5　Ⓝ379.021　[2000円]

◇社会教育行政読本―「協働」時代の道しるべ　社会教育行政研究会編　第一法規　2013.6　176p　21cm　〈文献あり〉　Ⓣ978-4-474-02884-5　Ⓝ379.021　[2600円]

◇「社会教育に関わる地域人材の養成実態及び活動実態に関する調査研究」調査報告書　[東京]　リベルタス・コンサルティング　2014.3　172p　30cm　〈平成25年度文部科学省委託調査　共同刊行：文部科学省〉　Ⓝ379.021

◇社会は障害のある人たちに何を期待しているか―生涯学習実践から知的能力をめぐる問題を考える　西村愛著　京都　あいり出版　2014.11　173p　19cm　〈内容：知的障害のある子どもの教育は誰われてきたか　ノーマライゼーションの理念は正確に理解されているか　知的障害のある人を対象にした生涯学習の歴史とねらい　生活の変化から見る生涯学習の意義　生活全体から生涯学習の課題を考える　利用者の「主体」とは　改めてノーマライゼーションについて考える〉　Ⓣ978-4-901903-96-7　Ⓝ379　[1600円]

◇生涯学習・社会教育行政必携　平成26年版　生涯学習・社会教育行政研究会編集　第一法規　2013.6　1冊　21cm　Ⓣ978-4-474-02901-9　Ⓝ379.021　[4500円]

◇地域をひらく生涯学習―社会参加から創造へ　瀬沼克彰著　日本地域社会研究所　2014.2　303p　19cm　（コミュニティ・ブックス）　〈文献あり〉　Ⓣ978-4-89022-139-4　Ⓝ379.4　[2300円]

◇特定サービス産業実態調査報告書　平成25年　教養・技能教授業編　[東京]　経済産業省大臣官房調査統計グループ　2014.12　129p　30cm　Ⓝ673.9

◇平和と民主主義を支える自由な学びを創造しよう―新しい市民の運動に学び、社会教育の再構築を：第54回社会教育研究全国集会（山中湖集会）報告集　社会教育推進全国協議会　2014.11　87p　30cm　Ⓝ379.021

◇未来を発信する八尾環山楼市民塾―平成二十二年度講座記録集　2011　環山楼市民塾運営実行委員会編　八尾　大阪経済法科大学出版部　2013.3　185p　21cm　〈内容：日本経済の現状と展望（本間正明述）　レーザーの医療応用（河島信樹述）　「地域市民塾」の可能性（初谷勇述）　高度情報化社会に生きる（能塚正義述）　EUと「東アジア共同体」（藤本和貴夫述）〉　Ⓣ978-4-87204-142-2　Ⓝ379.021　[1500円]

◇世のため人のため自分のための地域活動―社会とつながる幸せの実践　みんなで本を出そう会編、瀬沼克彰著者代表　日本地域社会研究所　2014.6　247p　19cm　（[コミュニティ・ブックス]）　Ⓣ978-4-89022-147-9　Ⓝ379.4　[1800円]

日本（社会教育—歴史—1868〜1945）

◇戦前の社会教育論と補習教育―個人の自由か社会規範か　佐野誠著　名古屋　ブイツーソリューション　2014.6　275p　19cm　〈星雲社（発売）　索引あり〉　Ⓣ978-4-434-19123-7　Ⓝ379.021　[3900円]

日本（社会教育施設—名簿）

◇全国公立文化施設名簿　平成25年度　全国公立文化施設協会編　全国公立文化施設協会　2013.11　523p　30cm　Ⓝ379.2　[5000円]

◇全国公立文化施設名簿　平成26年度　全国公立文化施設協会編　全国公立文化施設協会　2014.10　507p　30cm　Ⓝ379.2　[5000円]

日本（社会参加〔高齢者〕）

◇高齢者の社会参加の実態とニーズを踏まえた社会参加促進策の開発と社会参加効果の実証に関する調査研究事業報告書　[東京]　東京大学高齢社会総合研究機構　2014.3　116p　30cm　〈平成25年度老人保健事業推進費等補助金（老人保健

康増進等事業分）　背のタイトル：高齢者の社会参加の実態とニーズを踏まえた社会参加促進策の開発と社会参加効果の実証に関する調査研究事業〉　Ⓝ369.26

日本（社会思想）

◇座標―吉野源三郎・芝田進午・鈴木正　櫻井智志著　いりす　2014.1　221p　20cm　〈同時代社（発売）　内容：歴史的現代と古在由重　私たちはどう生きるか　人類生存哲学の思想　自立的精神への探求　国民統一戦線への展望〉　Ⓣ978-4-88683-757-8　Ⓝ309.021　[2000円]

◇天皇制の隠語（ジャーゴン）　絓秀実著　航思社　2014.4　469p　20cm　〈内容：天皇制の隠語　暴力の「起源」　幻想・文化・政治　資本の自由/労働の亡霊　市民社会とイソノミア　「プレカリアート」の食　世界資本主義下のベーシック・インカム　フィクションの「真実」はどこにあるか　陳腐な「悪」について　下流文学論序説　フォルマリズムは政治を回避できるか　断固とした詩的決断主義を宣言したロマン的イロニーの書　女たちの欲望と「大逆」「沢山」からゼロへのフェティシズム的転回　「私小説から風俗小説へ」とは何か？　アヴァンギャルドと社会主義リアリズムの狭間で　「『敗北』の文学」の結論　中上健次とともに　百年の孤独を生きる、現代の「危険な731」　映画とはなにか　「いざ、生きめやも」とはなにか　万国博覧会と癌〈cancer〉「太陽の塔」を廃炉にせよ〉　Ⓣ978-4-906738-07-6　Ⓝ309.021　[3500円]

日本（社会思想—歴史）

◇日本思想におけるユートピア　高橋武智著　くろしお出版　2014.9　106p　21cm　（日本語学習者のための日本研究シリーズ 1）　Ⓣ978-4-87424-631-3　Ⓝ309.021　[1200円]

日本（社会思想—歴史—1868〜1945）

◇アフター・モダニティ―近代日本の思想と批評　先崎彰容, 浜崎洋介著　北樹出版　2014.10　232,7p　19cm　〈〈叢書〉新文明学 2）　〈文献あり　索引あり　内容：矛盾時代への処方箋（先崎彰容著）　「批評」の誕生（浜崎洋介著）〉　Ⓣ978-4-7793-0431-6　Ⓝ309.021　[2200円]

日本（社会思想—歴史—1945〜）

◇現代思想の時代―〈歴史の読み方〉を問う　大澤真幸, 成田龍一著　青土社　2014.7　242p　20cm　Ⓣ978-4-7917-6790-8　Ⓝ309.021　[2200円]

◇さらば戦後精神―藤田省三とその時代　植田幸生著　展転社　2014.10　221p　19cm　〈文献あり〉　Ⓣ978-4-88656-408-5　Ⓝ309.021　[1800円]

◇戦後日本を狂わせた左翼思想の正体―戦後レジーム「OSS空間」からの脱却　田中英道著　展転社　2014.10　262p　20cm　Ⓣ978-4-88656-409-2　Ⓝ309.021　[2000円]

日本（社会思想—歴史—昭和後期）

◇内山節著作集　8　戦後思想の旅から　内山節著　農山漁村文化協会　2014.11　270p　20cm　〈付属資料：8p：月報3　内容：戦後思想の旅から　合理的思想の動揺　日本の伝統的な自然観について〉　Ⓝ121.6　[2700円]

日本（社会思想—歴史—昭和時代）

◇大塚久雄と丸山眞男―動員、主体、戦争責任　中野敏男著　新装版　青土社　2014.7　351,8p　20cm　〈内容：最高度自発性の生産力　主体性への動員/啓蒙という作為　ボランティアとアイデンティティ〉　Ⓣ978-4-7917-6802-8　Ⓝ309.021　[2800円]

◇人は時代といかに向き合うか　三谷太一郎著　東京大学出版会　2014.9　323p　20cm　〈内容：一国近代化路線の終わりと将来の日本　冷戦後の日本の政治　冷戦後の国際政治秩序　政治社会の没落　二つの戦後　二つの吉田茂像　日本近代化とハーバート・スペンサー　勝海舟と日清戦争　内村鑑三と日清戦争　吉野作造の民本主義論　南原繁先生とその時代　南原繁をめぐる人々　中江丑吉の同時代性　田中耕太郎の近代批判　共同体における人格　二つの法家の時代と田中耕太郎　丸山眞男『文明論之概略』を読む　丸山眞男『戦中と戦後の間　一九三六―一九五七』に見る少数者の思想　森鷗外の歴史認識　「渋江抽斎」の文化史的側面　幕末政治家栗本鋤雲とその維新後　ジョージ・オーウェル「チャールズ・ディケンズ」によせて　史料との出会い　政治家の日記　外交史研究の出発点　史料としての新聞　震災の時代と明治　新聞雑誌文庫　史料から見た原敬・安田善次郎暗殺　政治史料としての荷風日記　こころの風景の中の荷風〉　Ⓣ978-4-13-003338-1　Ⓝ309.021　[2900円]

日本（社会資本）

◇インフラ・まちづくりとシビルNPO―補完から主役の一人へ　土木学会教育企画・人材育成委員会シビルNPO推進小委員会編　土木学会　2014.11　275p　21cm　〈丸善出版（発売）　文献あり〉　Ⓣ978-4-8106-0816-8　Ⓝ518.8　[2000円]

◇国土技術政策総合研究所研究評価委員会平成25年度分科会報告書　国土技術政策総合研究所研究評価委員会[著]　[つく

日本件名図書目録2014　Ⅰ　　　　　　　　　　　　　　　　　　　　　　　　　　　　　　　　日本（社会的企業）

ば）　国土技術政策総合研究所　2014.4　125p　30cm　（国土技術政策総合研究所資料　第794号）　Ⓝ510

◇社会資本整備と国づくりの思想　山本基著　亜紀書房　2014.11　195p　21cm　〈文献あり〉①978-4-7505-1423-9　Ⓝ343.7　[2500円]

◇超高齢・人口減少社会のインフラをデザインする―第108回シンポジウム　21世紀政策研究所編　［東京］　21世紀政策研究所　2014.11　104p　18cm　（21世紀政策研究所新書 46）　Ⓝ343.7

日本（社会資本―維持管理）

◇再考自治体社会資本―廃止・統合・分散化　辻山幸宣, 其田茂樹編　公人社　2014.5　150p　21cm　（自治総研ブックレット 16）〈会期・会場：2013年9月19～20日 自治労会館6階ホール　主催：(財)地方自治総合研究所　内容：戦後型の雇用と公共事業（飛田博史述）　社会資本の維持管理と地域雇用（宮崎雅人述）　社会資本の老朽化に直面して今おきていること（其田茂樹述）　再考自治体社会資本（其田茂樹コーディネーター, 島田茂樹ほか述）〉①978-4-86162-095-9　Ⓝ318　[1500円]

◇2025年の巨大市場―インフラ老朽化が全産業のチャンスに変わる　浅見祐一, 木村駿著　［東京］　日経BP社　2014.10　303p　19cm　（日経BPマーケティング（発売））①978-4-8222-7495-5　Ⓝ510.91　[1800円]

日本（社会資本―法令）

◇国土交通六法―社会資本整備編　平成26年版　国土交通省大臣官房総務課監修　東京法令出版　2014.8　1冊　21cm　〈索引あり〉①978-4-8090-5106-7　Ⓝ510.91　[8800円]

日本（社会主義）

◇平民主義　幸徳秋水［著］, 神崎清訳　中央公論新社　2014.11　22,390p　18cm　（中公クラシックス J58）〈年譜あり〉①978-4-12-160152-0　Ⓝ309.31　[1900円]

日本（社会主義―歴史）

◇土着社会主義の水脈を求めて―労農派と宇野弘蔵　大内秀明, 平山昇共著　社会評論社　2014.11　452p　21cm　〈内容：労農派とその周辺（平山昇著）　労農派と宇野弘蔵（大内秀明著）〉①978-4-7845-1535-6　Ⓝ309.31　[2700円]

日本（社会政策）

◇検証「社会保障改革」―住民の暮らしと地域の実態から　新井康友, 荻原康一, 小澤薫, 菅野道生, 小池隆生, 自治労連地方自治問題研究機構編　自治体研究社　2014.11　181p　21cm　〈内容：今日の「社会保障改革」争点と課題（田川英信著）　生活保護「改革」を考える（小池隆生著）　介護保険法改定と地域包括ケアシステム（小川栄二著）　高齢者の生活と社会的孤立の現況（荻原康一著）　過疎地域における障害者の暮らしと政策（荻原康一著）　農業を取り巻く住民の暮らしと福祉等の課題（小澤薫著）　原発避難者の福祉と町外コミュニティ構想（角田英昭著）　都市の集合住宅における高齢者の生活実態（菅野道生, 里村峰子著）　中山間地域における住民の生活実態（菅野道生著）　社会保障再生の課題と提言（河合克義著）〉①978-4-88037-624-0　Ⓝ364.1　[1667円]

◇よくわかる社会政策―雇用と社会保障　石畑良太郎, 牧野富夫編著　第2版　ミネルヴァ書房　2014.4　209p　26cm　（やわらかアカデミズム・〈わかる〉シリーズ）〈索引あり〉①978-4-623-07060-2　Ⓝ364.1　[2600円]

◇ライフコースの変化に政策はどう向きあうか　中川清第4巻編集責任　京都　学芸出版社　2014.3　101p　21cm　（政策学ブックレット 4）〈内容：生き方の多様化と性別役割分担（川口章著）　ポスト工業化社会の働き方（太田肇著）　家族であることと政策のかかわりを考える（中川清著）　いじめや体罰にどう向き合うか（大島佳代子著）　スポーツにおける体罰問題（川井圭司著）　年金制度への不安・不満をどう考えるか（井上恒男著）　誰が介護を担うのか（久保真人著）　政策学を学ぶねらい（山谷清志著）〉①978-4-7615-0904-0　Ⓝ364.1　[900円]

日本（社会政策―歴史―1945～）

◇厚生労働省の政策過程分析　佐藤満著　日の出町（東京都）　慈学社出版　2014.12　212p　22cm　〈大学図書（発売）　文献あり　索引あり　内容：分析枠組み　日本の政策過程　厚生労働省はどういう省か　確定拠出年金法〈日本版401K〉　臓器移植法　介護保険法　結語〉①978-4-903425-88-7　Ⓝ364.1　[4000円]

日本（社会調査）

◇共生社会に関する調査―2014年調査報告　岡本智周, 坂口真康編　つくば　筑波大学人間系研究戦略委員会　2014.12　96p　26cm　Ⓝ361.91

◇「社会調査および実習」(10) 調査報告書　2012年度　東洋大学社会学部社会調査室編　東洋大学社会学部社会調査室　2013.

2　1冊　26cm　〈文献あり　タイトルは背による　担当教員：渡邉暁子〉Ⓝ361.91

◇「社会調査および実習」(11) 調査報告書　2012年度　東洋大学社会学部社会調査室編　東洋大学社会学部社会調査室　2013.2　148p　30cm　〈文献あり　担当教員：水谷裕佳〉Ⓝ361.91

◇社会調査実習報告書　2012年度　彦根　滋賀県立大学人間文化学部地域文化学科・人間関係学科　2013.3　73p　30cm　〈文献あり〉Ⓝ361.91

◇社会調査実習報告書　第1号　平成24年度　千葉　淑徳大学コミュニティ政策学部　2013.3　120p　30cm　Ⓝ361.91

◇社会調査実習報告書　2012年度第3巻　FT・TIA・AHI編　豊田　中京大学現代社会学部斉藤尚文研究室　2013.3　50p　30cm〈表紙の巻次：2012年度第3巻〉Ⓝ361.91

◇社会調査実習報告書　vol. 29　2012年度　明治学院大学社会学部社会学科　2013.3　333p　26cm　〈文献あり　執筆：飯野智子ほか〉Ⓝ361.91

◇社会調査実習報告書　第10号　平成24年度　立正大学文学部社会学科社会学研究室編　立正大学文学部社会学科　2013.3　311p　30cm　〈文献あり〉Ⓝ361.91

◇奈良大学社会学部社会調査学科2012年度「社会調査実習(三)(四)」調査成果報告書　尾上正人編　奈良　奈良大学社会学部　2013.2　68p　30cm〈背のタイトル：社会調査実習(三)(四)調査成果報告書〉Ⓝ361.91

◇奈良大学社会学部社会調査学科2012年度「社会調査実習(二)」調査成果報告書　芹澤知広編　奈良　奈良大学社会学部　2013.2　139p　30cm〈背のタイトル：社会調査実習(二)調査成果報告書〉Ⓝ361.91

◇日本版general social surveys基礎集計表・コードブックJGSS-2013 LCS wave 2―科学研究費補助金・基盤研究B「失われた10年」以後の教育機会とライフコースに関するパネル調査研究　日本版総合的社会調査共同研究拠点大阪商業大学JGSS研究センター, 京都大学大学院教育学研究科教育社会学講座編　［東大阪］　日本版総合的社会調査共同研究拠点大阪商業大学JGSS研究センター　2014.3　1冊　30cm　〈共同刊行：京都大学大学院教育学研究科教育社会学講座〉Ⓝ361.91　[非売品]

◇若者は本当にお金がないのか？―統計データが語る意外な真実　久我尚子著　光文社　2014.6　279p　18cm　（光文社新書 699）①978-4-334-03802-1　Ⓝ367.68　[820円]

日本（社会調査―論文集）

◇日本版総合的社会調査共同研究拠点研究論文集　14　日本版総合的社会調査共同研究拠点大阪商業大学JGSS研究センター編　［東大阪］　日本版総合的社会調査共同研究拠点大阪商業大学JGSS研究センター　2014.3　156p　30cm　（JGSS research series no. 11）〈文献あり　内容：〈JGSS公募論文2013〉優秀論文　政治的会話が政治的知識に及ぼす効果（横山智哉著）　家族構造と教育達成過程（斉藤知洋著）　JGSS-2012のデータ分析による社会および個人生活に対する意識の世代別検討（大坪寛子著）　JGSS統計分析セミナー2013（曺成虎著）〉Ⓝ361.91　[非売品]

日本（社会的企業）

◇買い物難民を救え！―移動スーパーとくし丸の挑戦　村上稔著　緑風出版　2014.7　192p　19cm　①978-4-8461-1411-4　Ⓝ673.868　[1800円]

◇実践ソーシャルイノベーション―知を価値に変えたコミュニティ・企業・NPO　野中郁次郎, 廣瀬文乃, 平田透著　千倉書房　2014.6　356p　20cm　〈文献あり〉①978-4-8051-1033-1　Ⓝ601.1　[2700円]

◇ソーシャルインパクト―価値共創〈CSV〉が企業・ビジネス・働き方を変える　玉村雅敏編著, 横田浩一, 上木原弘修, 池本修悟著　産学社　2014.7　307p　19cm　〈文献あり〉①978-4-7825-3393-2　Ⓝ335.13　[1800円]

◇地域と社会を変えた起業家たち　石田英夫編著, 星野裕志, 竹内伸一, 国保祥子, 八木陽一郎［執筆］　慶應義塾大学出版会　2014.2　312p　21cm　（ケース・ブック 5）①978-4-7664-2113-2　Ⓝ335.8　[3400円]

◇東日本大震災で生じた地域福祉資源の実態および社会的企業化を促進する仕組みに関する調査研究事業　仙台　パーソナルサポートセンター　2014.3　226p　30cm〈平成25年度セーフティネット支援対策等事業費補助金社会福祉推進事業〉Ⓝ335.8

◇福祉施策を担う社会的企業の事業モデルのあり方に関する調査研究および研究会・育成テキストの作成を通じた福祉起業家人材育成事業の展開調査実施報告書　横浜　関内イノベーションイニシアティブ　2014.3　1冊　30cm〈平成25年度厚生労働省「社会福祉推進事業」成果報告〉Ⓝ335.8

◇ローカル・ガバナンスと社会的企業―新たな地方鉄道経営　古平浩著　茨木　追手門学院大学出版会　2014.2　310p

日本（社会的差別）　　　　　　　　　　　　　　　　　　　　　　　　　　　　　　　　　　日本件名図書目録2014　Ⅰ

22cm〈丸善出版（発売）　文献あり　索引あり〉Ⓘ978-4-
907574-05-5　Ⓝ686.3　［2500円］

日本（社会的差別）

◇共生社会へのリーガルベース―差別とたたかう現場から　大
谷恭子著　現代書館　2014.3　322p　21cm〈別タイトル：共
生社会への法的基盤〉Ⓘ978-4-7684-5712-2　Ⓝ316.1　［2500
円］

日本（社会的差別―歴史）

◇ハンセン病と民俗学―内在する差別論理を読み解くために
今野大輔著　皓星社　2014.10　472,6p　22cm〈索引あり〉
Ⓘ978-4-7744-0493-6　Ⓝ498.6　［6500円］

日本（社会的排除）

◇弱者はもう救われないのか　香山リカ著　幻冬舎　2014.5
221p　18cm　（幻冬舎新書　か-1-5）Ⓘ978-4-344-98345-8
Ⓝ361.3　［780円］

◇ソーシャルデザインで社会的孤立を防ぐ―政策連動と公私連
携　藤本健太郎編著　京都　ミネルヴァ書房　2014.11　256p
22cm〈索引あり　内容：社会的孤立を防ぐためのソーシャル
デザイン（藤本健太郎著）　少子・高齢化社会における技術変化
と世代間コミットメント問題（小林慶一郎著）　地域医療・介
護を支える地域包括ケアシステムの展開（東野定律著）　社会
保障としての住宅政策（白川泰之著）　コンパクトシティを志
向した都市政策（土井勉著）　社会的孤立とワーク・ライフ・
バランス（藤本真理者）　社会的孤立を防ぐポリシーミックス
（藤本健太郎著）　地域社会における居場所の必要性と役割（東野定律著）　孤立社会
からつながる社会へ（藤本健太郎著）〉Ⓘ978-4-623-07198-2
Ⓝ364.1　［3200円］

日本（社会的養護）

◇演習・保育と社会的養護内容　橋本好市，原田旬哉編著　岐阜
みらい　2014.4　190p　26cm　（学ぶ・わかる・みえるシ
リーズ保育と現代社会）Ⓘ978-4-86015-326-7　Ⓝ369.43
［2000円］

◇子どもの養護―社会的養護の原理と内容　松本峰雄編著　第2
版　建帛社　2013.4　193p　21cm〈文献あり　共著：栗山宜
夫ほか〉Ⓘ978-4-7679-5013-6　Ⓝ369.43　［2000円］

◇社会的養護内容　永井博文編著　新版　京都　北大路書房
2014.4　188p　21cm　（新保育ライブラリ）〈文献あり　索引
あり〉Ⓘ978-4-7628-2846-1　Ⓝ369.43　［1700円］

◇社会的養護内容総論―その理論と実際　畠中義久編著　同文
書院　2014.4　220p　26cm〈索引あり　執筆：本多康作ほ
か〉Ⓘ978-4-8103-1432-8　Ⓝ369.43　［2000円］

◇保育と社会的養護　井村圭壮，相澤譲治編著　学文社　2014.1
128p　22cm〈索引あり　内容：社会的養護の理念と概念（若
宮邦彦著）　社会的養護の歴史（吉田幸恵著）　児童家庭福祉の
一分野としての社会的養護（永野典詞著）　児童の権利擁護と
社会的養護（安田誠人著）　社会的養護の制度と法体系（坂本
真一著）　社会的養護の仕組みと実施体系（小倉毅著）　家庭
養護と施設養護（三ツ石行宏著）　社会的養護の専門職（安田
誠人，井村圭壮著）　施設養護の基本原理（時本英知著）　施設
養護の実際（渡邊慶一，神原知香著）　施設養護とソーシャル
ワーク（相澤譲治著）　施設等の運営管理（浦田雅夫著）　専門
職の倫理の確立（上村裕樹著）　被措置児童等虐待の防止（杉
山宗尚著）　社会的養護と地域福祉（山村靖彦著）〉Ⓘ978-4-
7620-2420-7　Ⓝ369.43　［2200円］

日本（社会的養護―歴史―1945～）

◇はじき出された子どもたち―社会的養護児童と「家庭」概念の
歴史社会学　土屋敦著　勁草書房　2014.1　265,43p　22cm
〈文献あり　年表あり　索引あり〉Ⓘ978-4-326-60263-6　Ⓝ369.
43　［4000円］

日本（社会病理）

◇犯罪と日本社会の病理―破壊と生の深層社会学　間庭充幸著
京都　書肆クラルテ　2014.6　215p　19cm〈朱鷺書房（発
売）〉Ⓘ978-4-88602-650-7　Ⓝ368.021　［2300円］

日本（社会福祉）

◇医療介護福祉コンパクト用語集　改訂第4版　現代けんこう出
版　2014.11　191p　15cm〈索引あり〉Ⓘ978-4-905264-10-1
Ⓝ498.13　［800円］

◇憲法からみた福祉における人間の尊厳と自立　山﨑将文著
［福岡］　中川書店　2014.5　146p　21cm　Ⓘ978-4-931363-
80-9　Ⓝ369.021　［1000円］

◇コメディカルのための社会福祉概論　鬼﨑信好編　第2版　講
談社　2014.2　190p　26cm〈文献あり　索引あり　執筆：荒
木剛ほか〉Ⓘ978-4-06-156308-7　Ⓝ369.021　［2400円］

◇災害初期からの福祉提供体制の強化による二次被害防止と要
援護者支援体制構築のための調査研究事業報告書　富士通総
研　2014.3　52p　31cm　〈奥付の出版年月：2013年3月　平成
25年度セーフティネット支援対策等事業費補助金社会福祉推
進事業〉Ⓝ369.021

◇最新介護福祉全書　2　社会の理解―人間と社会　小澤温，秋
元美世編集　第4版　メヂカルフレンド社　2014.12　328p
26cm〈索引あり〉Ⓘ978-4-8392-3191-0,978-4-8392-2245-1
（set）Ⓝ369　［3100円］

◇社会福祉　片山義弘，李木明徳編著　新版　京都　北大路書房
2014.3　189p　21cm　（新保育ライブラリ）〈文献あり　索引
あり〉Ⓘ978-4-7628-2837-9　Ⓝ369.021　［1700円］

◇社会福祉―保育士をめざす人の社会福祉　五十川正壽著　枚
方　昌美堂出版　2014.4　195p　26cm　Ⓘ978-4-921050-27-6
Ⓝ369.021　［2100円］

◇弱者に寄り添う―災害と被災者支援の実践から　批評社
2014.3　199p　19cm　（花園大学人権論集21）〈内容：介護
労働と「利用者のためのやりがいのある仕事」（川久保堯弘著）
低線量放射能汚染にさらされる福島県中通りにあって（阿部泰
宏著）　悲嘆者のかたわらに（西岡秀爾著）　精神障害者の人
権と偏見の狭間で（丹治記浩著）　災害時における高齢者と障
害者の生命をどのように守るのか（根本治子著）　十五年戦争
下の福祉政策（藤井渉著）〉Ⓘ978-4-8265-0594-9　Ⓝ369.021
［1800円］

◇新・社会福祉士養成講座　4　現代社会と福祉　社会福祉士養
成講座編集委員会編集　第4版　中央法規出版　2014.2　367p
26cm〈索引あり〉Ⓘ978-4-8058-3931-7　Ⓝ369　［2600円］

◇新・社会福祉士養成講座　10　福祉行財政と福祉計画　社会
福祉士養成講座編集委員会編集　第4版　中央法規出版
2014.2　250p　26cm〈索引あり〉Ⓘ978-4-8058-3932-4
Ⓝ369　［2200円］

◇新・社会福祉士養成講座　21　資料編　社会福祉士養成講座
編集委員会編集　第6版　中央法規出版　2014.2　308p
26cm　Ⓘ978-4-8058-3938-6　Ⓝ369　［2600円］

◇図解福祉の法律と手続きがわかる事典　若林美佳監修　3訂版
三修社　2014.5　263p　21cm〈索引あり〉Ⓘ978-4-384-
04599-4　Ⓝ369.11　［1800円］

◇住みよい環境・福祉の地域づくり―課題研究用事例　自治研
修協会編　自治総合センター　2014.3　209p　30cm〈内容：
福岡県福岡市の事例　神奈川県横浜市の事例　東京都足立区
の事例　秋田県大仙市の事例〉Ⓝ369

◇セミナー講演録集　vol. 32　マッセOsaka［編］　大阪　大阪
府市町村振興協会おおさか市町村職員研修センター
2014.3　270p　21cm〈内容：マッセ・市民セミナー　第三者
評価の理解を深める（社会的養護施設）（前橋信和ほか述）　高
齢者や障がい者などで判断能力が不十分な方をサポートする
権利擁護活動（中島修ほか述）　子どもの心により添う（柴田
愛子述）　子ども・子育て支援新制度と子ども・子育て会議
（柏女霊峰述）　子どもの権利にかかる理念と保育のあり方
（森田明美述）　子どもは『育ちなおし』の名人（広木克行述）
危機管理ヒヤリハットの仕組み・作成（脇貴志述）〉Ⓝ601.163

◇セミナー「福祉とひろば」第10回開催記念誌　横手　ファミ
リーケアサービス　［2013］　87p　30cm　Ⓝ369.021

◇大規模災害における被災地の効果的な福祉支援のあり方に関
する調査・研究事業報告書　全国介護者支援協議会　2014.3
10, 325p　30cm〈平成25年度厚生労働省セーフティネット支
援対策等事業費補助金社会福祉推進事業〉Ⓝ369.021

◇「大都市圏の郊外住宅地における持続可能な地域づくりを通じ
た孤立予防に関する調査研究事業」調査実施報告書　浜銀総
合研究所編　横浜　浜銀総合研究所　2014.3　102, 22, 19p
30cm〈平成25年度セーフティネット支援対策等事業費補助金
社会福祉推進事業〉Ⓝ369.021

◇多元的共生社会の構想　菅沼隆，河東田博，河野哲也編　現代
書館　2014.2　226p　21cm〈内容：「自立と福祉」から「多元
的共生社会」へ（菅沼隆著）　多元的共生社会を構想するために
（河東田博著）　哲学における多元的共生社会の構想（河野哲
也著）　多元的共生社会の理論のために（深田耕一郎著）　共
生社会を実現するための障害者基本計画と障害者の所得保障
（百瀬優著）　精神保健福祉政策を通して構想する多元的共生
社会（酒本知美著）　障害者虐待と多元的共生社会（河東田博
著）　児童手当制度の形成過程にみる日本の家族政策の限界と
可能性（浅井春希著）　認知症高齢者のリハビリテーションを
通して構想する多元的共生社会（佐川佳南枝著）　多元的共生
社会における職場と労働（杉浦浩美著）　「出生前検査」を通し
て構想する多元的共生社会（菅野摂子著）　被災地支援を通し
て構想する多元的共生社会（河東田博著）　「多元的共生社会」
の到来を願って（河東田博著）〉Ⓘ978-4-7684-3529-8　Ⓝ369.
021　［2200円］

◇人間の尊厳と自立 / 社会の理解 1・2　介護職員関係養成研
修テキスト作成委員会編　長寿社会開発センター　2014.1

日本件名図書目録2014 Ⅰ　　　　　　　　　　　　　　　　　　　　　　　　　　　　　　　　　　　　　日本（社会福祉法）

319p 26cm （介護福祉士養成実務者研修テキスト 第1巻）
Ⓝ369.021 ［1800円］

◇反福祉論—新時代のセーフティーネットを求めて 金菱清, 大澤史伸著 筑摩書房 2014.9 216p 18cm （ちくま新書 1090）〈文献あり〉978-4-480-06797-5 Ⓝ369.021 ［780円］

◇ヒロガク福祉創造フォーラム報告書—つながろう福祉の輪 第6回 2013年度 弘前学院大学ヒロガク福祉創造フォーラム実行委員会編 弘前 弘前学院大学社会福祉学部 2014.1 65p 30cm 〈文献あり〉Ⓝ369.021 ［非売品］

◇福祉サービスの基礎知識—人間一代のライフサイクルからみた実用福祉事典 ［2014］改訂9版 三浦文夫, 山崎泰彦編著 自由国民社 2014.1 325p 21cm 〈索引あり〉①978-4-426-11728-3 Ⓝ369.021 ［2300円］

◇福祉の仕事・資格ガイドブック 宮崎 宮崎県社会福祉協議会宮崎県福祉人材センター 2013.8 70p 30cm Ⓝ369.021

◇福祉の仕事・資格ガイドブック 宮崎 宮崎県社会福祉協議会宮崎県福祉人材センター 2014.3 70p 30cm Ⓝ369.021

日本（社会福祉—歴史）

◇日本社会福祉の歴史—制度・実践・思想 菊池正治, 清水教惠, 田中和男, 永岡正己, 室田保夫編著 改訂版 京都 ミネルヴァ書房 2014.1 343p 21cm （MINERVA福祉専門職セミナー 7）〈文献あり 年表あり 索引あり 付・史料〉①978-4-623-06796-1 Ⓝ369.021 ［3500円］

◇福祉思想に関する研究 広井良典 編 ［千葉］ 千葉大学大学院人文社会科学研究科 2014.2 108p 30cm （人文社会科学研究科研究プロジェクト報告書 第267集）〈文献あり 奥付のタイトル：福祉思想に関する研究（2011-2013年度）〉Ⓝ369.021

日本（社会福祉—歴史—明治以後）

◇日本キリスト教社会福祉の歴史 阿部志郎, 岡本榮一監修, 日本キリスト教社会福祉学会編 京都 ミネルヴァ書房 2014.6 491p 22cm 〈文献あり 年譜あり 索引あり 内容：社会の地殻変動と福祉（岡山孝太郎著） 世界のキリスト教社会福祉の歩み（木原活信, 春見静子著） キリシタンの慈善事業（田代菊雄著） 明治初期キリスト教慈善事業の形成（坂本道子, 杉山博昭著） 明治中期におけるキリスト教慈善事業の展開（室田保夫著） 日露戦争後の感化救済事業とキリスト教（細井勇著） 大正デモクラシー下のキリスト教社会事業（遠藤興一著） 世界恐慌期のキリスト教会とキリスト教社会事業（杉山博昭著） 日中戦争・太平洋戦争期のキリスト教社会事業（永岡正己著） 第二次世界大戦後のキリスト教社会福祉（遠藤久江, 西川淑子著） 高度経済成長期のキリスト教社会福祉（岸川洋治著） 福祉改革期のキリスト教社会福祉（市川一宏, 高山直樹著） 各教派の歩みと福祉実践（田代菊雄, 杉山博昭著） 日本におけるキリスト教社会福祉関係団体の歩み（山本誠, 市川一宏, 谷川榮著） 国際動向と国際団体の歩み（木原活信, 春見静子, マーサ・メンセンディークほか著） キリスト教社会福祉の養成・教育・専門職の歩み（新野三四子, 今堀美樹著） キリスト教社会福祉史の課題と展望（永岡正己司会, 岡本榮一ほか述）〉①978-4-623-05955-3 Ⓝ197.6 ［5500円］

日本（社会福祉施設）

◇医療福祉建築賞—2004-2013：一般社団法人日本医療福祉建築協会創立60周年記念作品集 日本医療福祉建築協会 2014.9 125p 30cm Ⓝ526.49

◇社会福祉施設経営管理論 2014 武居敏編著 全国社会福祉協議会 2014.2 391p 26cm ①978-4-7935-1122-6 Ⓝ369.13 ［2400円］

◇社会福祉施設・事業者のための規程集 2014年版運営編 「社会福祉施設・事業者のための規程集（運営編）」編集委員会編集 東京都社会福祉協議会 2014.4 1178p 30cm 〈改定介護報酬, 障害者総合支援法, 改正児童福祉法対応〉①978-4-86353-181-9 Ⓝ369.13 ［4500円］

◇社会福祉施設・事業者のための規程集 2014年版人事労務編 「社会福祉施設・事業者のための規程集（人事労務編）」編集委員会編集 東京都社会福祉協議会 2014.4 1209p 30cm 〈改正高年齢法に係る経過措置, 無期転換申込権の行使に対応 奥付の責任表示（誤植）：「社会福祉施設・事業者のための規程集（人事労務編）編集委員会」〉①978-4-86353-182-6 Ⓝ369.13 ［4500円］

◇社会福祉におけるコンプライアンス 梶村慎吾編・著 第3版 太陽出版 2014.7 329p 22cm 〈索引あり〉①978-4-88469-814-0 Ⓝ369.13 ［4630円］

◇地域継続計画（DCP）の観点を取り入れた事業継続計画（BCP）のあり方に関する調査研究事業報告書 浜銀総合研究

所経営コンサルティング部編 横浜 浜銀総合研究所経営コンサルティング部 2014.3 77p 30cm 〈平成25年度厚生労働省セーフティネット支援対策等事業費補助金社会福祉推進事業〉Ⓝ369.13

◇なぎさの福祉コミュニティを拓く—福祉施設の新たな挑戦 岡本榮一監修, 新崎国広, 守本友美, 神部智司編著 第2版 岡山 大学教育出版 2014.5 207p 21cm ①978-4-86429-271-9 Ⓝ369.13 ［2200円］

◇福祉サービス第三者評価の標準的な手順の確立に関する調査研究事業報告書 メイアイヘルプユー 2014.3 397p 30cm 〈平成25年度厚生労働省セーフティネット支援対策等事業費補助金（社会福祉推進事業分）〉Ⓝ369.13

◇福祉施設運営用詳解障害者総合支援法パーフェクトガイド—この1冊で法令はもちろん, 指定基準から書式の書き方までしっかりわかる：事業者必携！ 福祉行政法令研究会著 秀和システム 2014.2 398p 21cm ①978-4-7980-4044-8 Ⓝ369.27 ［2500円］

◇福祉施設の事業継続計画（BCP）作成ガイド—Business Continuity Plan：防災マニュアルから事業継続計画（BCP）への展開 鍵屋一監修・著, 岡橋生幸著 東京都福祉保健財団 2014.9 159p 26cm 〈「福祉施設の防災マニュアル作成ガイド」（東京都福祉保健財団2012年刊）の増訂〉①978-4-902042-50-4 Ⓝ369.13 ［1800円］

◇福祉施設の未来を創る——絆—高齢者施設・障がい者施設資料集 日比野設計福祉施設研究所［著］ ［厚木］ 日比野設計出版部 2014.5 175p 30cm 〈星雲社（発売）〉①978-4-434-19316-3 Ⓝ526.36 ［4500円］

◇保健・医療・福祉施設建築情報シート集 2014 日本医療福祉建築協会 2014.9 657p 30cm Ⓝ526.49

日本（社会福祉施設—会計）

◇医療・介護・福祉の消費税 メディカル・マネジメント・プランニング・グループ編 改訂版 税務研究会出版局 2014.4 411p 21cm 〈8%対応〉①978-4-7931-2079-4 Ⓝ498.163 ［2800円］

日本（社会福祉施設—歴史—1945～1952—史料）

◇福祉施設・福祉団体基本資料 第1巻 福祉施設の概況 柏書房 2014.6 538p 27cm （資料集戦後日本の社会福祉制度 4）〈「木村忠二郎文書資料」（日本社会事業大学図書館所蔵）の複製 解説：庄司拓也 寺脇隆夫〉978-4-7601-4422-8,978-4-7601-4421-1 (set)

◇福祉施設・福祉団体基本資料 第2巻 福祉施設の諸問題 1 柏書房 2014.6 439p 27cm （資料集戦後日本の社会福祉制度 4）〈「木村忠二郎文書資料」（日本社会事業大学図書館所蔵）の複製 解説：庄司拓也 寺脇隆夫〉①978-4-7601-4423-5, 978-4-7601-4421-1 (set) Ⓝ369.13

◇福祉施設・福祉団体基本資料 第3巻 福祉施設の諸問題 2 柏書房 2014.6 450p 27cm （資料集戦後日本の社会福祉制度 4）〈「木村忠二郎文書資料」（日本社会事業大学図書館所蔵）の複製 解説：庄司拓也 寺脇隆夫〉①978-4-7601-4424-2, 978-4-7601-4421-1 (set) Ⓝ369.13

◇福祉施設・福祉団体基本資料 第4巻 福祉施設の諸問題 3 柏書房 2014.6 365p 27cm （資料集戦後日本の社会福祉制度 4）〈「木村忠二郎文書資料」（日本社会事業大学図書館所蔵）の複製 解説：庄司拓也 寺脇隆夫〉①978-4-7601-4425-9, 978-4-7601-4421-1 (set) Ⓝ369.13

◇福祉施設・福祉団体基本資料 第5巻 福祉施設の諸問題 4 柏書房 2014.6 316p 27cm （資料集戦後日本の社会福祉制度 4）〈「木村忠二郎文書資料」（日本社会事業大学図書館所蔵）の複製 解説：庄司拓也 寺脇隆夫〉①978-4-7601-4426-6, 978-4-7601-4421-1 (set) Ⓝ369.13

日本（社会福祉法）

◇社会福祉小六法 2014 山縣文治, 福田公教, 石田慎二監修, ミネルヴァ書房編集部編 ワイド版 京都 ミネルヴァ書房 2014.4 1103,192p 21cm 〈索引あり〉Ⓝ369.12 ［2000円］

◇社会福祉小六法 平成26年版 ミネルヴァ書房編集部編 京都 ミネルヴァ書房 2014.3 1122p 19cm 〈索引あり〉①978-4-623-06952-1 Ⓝ369.12 ［1600円］

◇社会福祉六法 平成27年版1 社会福祉法規研究会編集 名古屋 新日本法規出版 2014.12 32,2327p 22cm 〈索引あり〉①978-4-7882-7937-7 (set) Ⓝ369.12

◇社会福祉六法 平成27年版2 社会福祉法規研究会編集 名古屋 新日本法規出版 2014.12 17,1392p 22cm 〈索引あり〉①978-4-7882-7937-7 (set) Ⓝ369.12

◇新・介護福祉士養成講座 16 資料編 介護福祉士養成講座編集委員会編集 第6版 中央法規出版 2014.2 287p 26cm 〈年表あり〉①978-4-8058-3945-4 Ⓝ369.17 ［2200円］

日本（社会福祉法人—会計）

◇福祉小六法　2014年版　福祉小六法編集委員会編　岐阜　みらい　2014.4　940p　21cm　〈索引あり〉　Ⓘ978-4-86015-314-4　Ⓝ369.12　[1600円]

◇福祉小六法　2014　大阪ボランティア協会編集　中央法規出版　2014.2　772,58p　19cm　〈年表あり　索引あり〉　Ⓘ978-4-8058-3925-6　Ⓝ369.12　[1400円]

◇福祉小六法　2015　大阪ボランティア協会編集　中央法規出版　2014.12　780,60p　19cm　〈年表あり　索引あり〉　Ⓘ978-4-8058-5078-7　Ⓝ369.12　[1600円]

◇保育福祉小六法　2014年版　保育福祉小六法編集委員会編　岐阜　みらい　2014.4　940p　21cm　〈索引あり〉　Ⓘ978-4-86015-315-1　Ⓝ369.12　[1600円]

◇ミネルヴァ社会福祉六法　2014　野﨑和義監修，ミネルヴァ書房編集部編　京都　ミネルヴァ書房　2014.2　1301p　19cm　〈索引あり〉　Ⓘ978-4-623-06961-3　Ⓝ369.12　[2500円]

日本（社会福祉法人—会計）

◇簡単!!今からでもできる移行手続実務マニュアル—社会福祉法人新会計基準　公認会計士・税理士林光行事務所編，林光行，林竜弘著　大阪　実務出版　2014.10　111p　30cm　Ⓘ978-4-906520-36-7　Ⓝ369.14　[1204円]

◇社会福祉施設・事業者のための規程集　2014年版会計経理編　東京都社会福祉協議会　2014.4　741p　30cm　Ⓘ978-4-86353-183-3　Ⓝ369.13　[2600円]

◇社会福祉法人の減価償却Q&A　宮内忍，宮内眞木子著　改訂版　第一法規　2014.10　330p　21cm　Ⓘ978-4-474-03320-7　Ⓝ369.14　[3000円]

◇新会計基準による区市町村社会福祉協議会の会計実務　宮内忍，馬場充著　東京都社会福祉協議会　2013.11　232p　30cm　Ⓘ978-4-86353-171-0　Ⓝ369.14　[2600円]

◇新社会福祉法人会計の実務　第4編　決算実務・決算モデル編　宮内忍，宮内眞木子著　東京都社会福祉協議会　2013.10　319p　30cm　Ⓘ978-4-86353-165-9　Ⓝ369.14　[2190円]

日本（社会福祉法人—会計—法令）

◇社会福祉法人の新会計規則集　全国老人福祉施設協議会，日本介護支援協会監修，宮内忍，宮内眞木子編著　改訂版　第一法規　2014.2　832p　26cm　Ⓘ978-4-474-03291-0　Ⓝ369.14　[3800円]

日本（社会法）

◇岩波講座現代法の動態　3　社会変化と法　長谷部恭男，佐伯仁志，荒木尚志，道垣内弘人，大村敦志，亀本洋編集委員　岩波書店　2014.9　232p　22cm　〈内容：社会変化と法の役割（荒木尚志著）　非正規雇用と法（水町勇一郎著）　雇用社会の変化と新たな平等法理（富永晃一著）　雇用社会の変化とセーフティネット（菊池馨実著）　職場の変化と法（水島郁子著）　家族の変化と労働法（両角道代著）　高齢化社会における雇用と引退（森戸英幸著）　社会保障における「個人」・「個人の選択」の位置づけ（笠木映里著）　税・社会保障と情報（藤原静雄著）〉　Ⓘ978-4-00-011363-2　Ⓝ321.08　[3600円]

◇分冊六法全書　平成27年版　5　社会法編　分冊六法編集委員会編　名古屋　新日本法規出版　2014.12　1冊　21cm　Ⓘ978-4-7882-7939-1(set)　Ⓝ320.91

日本（社会保険）

◇基本と実務がよくわかる小さな会社の給与計算と社会保険　14-15年版　青木茂人，加藤茂則著　ナツメ社　2014.8　291p　21cm　〈索引あり〉　Ⓘ978-4-8163-5676-6　Ⓝ336.45　[1300円]

◇Q&A弁護士社労士税理士が書いた労働事件と労働保険・社会保険・税金—加入・解雇・未払賃金・労災　中島光孝，椎名みゆき監修　日本加除出版　2014.12　242p　21cm　〈奥付・背のタイトル：Q&A労働事件と労働保険・社会保険・税金　執筆：大橋さゆりほか〉　Ⓘ978-4-8178-4203-9　Ⓝ364.3　[2500円]

◇給与計算と社会保険事務—図解で早わかり　森本幸人監修　三修社　2014.6　255p　21cm　Ⓘ978-4-384-04604-5　Ⓝ336.45　[1800円]

◇経営者のための社会保険料適正化講座　假谷美香著　改訂版　保険毎日新聞社　2014.2　207p　19cm　Ⓘ978-4-89293-121-5　Ⓝ364.3　[1600円]

◇建設業の社会保険未加入対策と労務コンサル実務—社労士の目のつけどころがわかる！　木田修著　日本法令　2014.6　254p　21cm　Ⓘ978-4-539-72376-0　Ⓝ510.95　[2100円]

◇知って得する年金・税金・雇用・健康保険の基礎知識—「自己責任」時代を生き抜く知恵　2015年版　榎本恵一，渡辺峰男，吉田幸司，林忠之／著　三和書籍　2014.12　273p　21cm　Ⓘ978-4-86251-176-8　[2000円]

◇知って得する人、知らずに損している人—社会保険・労務管理の専門家が教える　阿知波浩平著　産労総合研究所出版部経営書院　2014.4　202p　19cm　〈文献あり〉　Ⓘ978-4-86326-170-9　Ⓝ364.3　[1500円]

◇社会保険実務がわかる本—イラスト解説：初めての人もらくらく手続き健保・年金・労災・雇用保険の実例書式　2014〜2015年版　鶴岡徳吉著　産労総合研究所出版部経営書院　2014.11　354p　21cm　〈索引あり〉　Ⓘ978-4-86326-186-0　Ⓝ364.3　[1900円]

◇社会保険実務の手引き　平成26年度版　サンライフ企画　[2014]　97p　30cm　Ⓘ978-4-904011-56-0　Ⓝ364.3　[850円]

◇社会保険事務ガイド—事務手続のすべてがわかる：社会保険事務担当者必携！　平成26年度版　法研　2014.5　193p　26cm　Ⓘ978-4-86513-145-1　Ⓝ364.3　[2000円]

◇社会保険事務・必携　平成26年度版　健康と年金出版社　[2014.6]　68p　30cm　Ⓘ978-4-901354-55-4　[600円]

◇社会保険の実務　平成26年度版　広報社編集　広報社　2014.4　144p　26cm　Ⓘ978-4-87952-473-7　Ⓝ364.3　[1000円]

◇社会保険の事務手続—総合版　平成26年度版　社会保険研究所　2014.4　136p　30cm　Ⓘ978-4-7894-2350-2　Ⓝ364.3　[1200円]

◇社会保険のてびき　平成26年度版　社会保険研究所　2014.4　551p　21cm　Ⓘ978-4-7894-2026-6　Ⓝ364.3　[2000円]

◇社会保険ブック　2013年版　横浜　健康と年金出版社　2013.4　350p　18cm　Ⓘ978-4-901354-48-6　Ⓝ364.3　[1000円]

◇社会保険ブック　2014年版　[東京]　厚生出版社　2014.4　367p　18cm　〈健康と年金出版社（発売）　2013年版までの出版者：健康と年金出版社〉　Ⓘ978-4-901354-54-7　Ⓝ364.3　[1100円]

◇社会保険ポイント解説—制度改定の動向としくみ　2014/2015　日本生産性本部生産性労働情報センター編　日本生産性本部生産性労働情報センター　2014.8　171p　21cm　〈付・社会保障制度改革推進会議資料抜粋〉　Ⓘ978-4-88372-484-0　Ⓝ364.3　[1200円]

◇社会保険マニュアル—この1冊で実務手続きがスムーズに：Q&A 100　平成26年度版　税務研究会，税研情報センター編　税務研究会　2014.4　56p　30cm　〈共同刊行：税研情報センター〉　Ⓝ364.3　[500円]

◇社会保険・労働保険・人事労務の事務手続—オール図解でスッキリわかる　平成26年6月現在　五十嵐芳樹著　清文社　2014.7　741p　26cm　〈索引あり〉　Ⓘ978-4-433-55924-3　Ⓝ364.3　[4000円]

◇社会保険・労働保険の事務手続基礎の基礎—図表とチャートでズバッとわかる！　五十嵐芳樹著　清文社　2014.2　110p　26cm　Ⓘ978-4-433-56103-1　Ⓝ336.4　[1200円]

◇社会保険・労働保険の事務百科　平成26年4月改訂　社会・労働保険実務研究会編　清文社　2014.5　627p　21cm　〈索引あり〉　Ⓘ978-4-433-55914-4　Ⓝ364.3　[3000円]

◇社会保険・労働保険の届出・手続き最強チェックリスト—絶対に間違えなくなる！　濱田京子著　アニモ出版　2014.2　252p　21cm　Ⓘ978-4-89795-162-1　Ⓝ364.3　[2000円]

◇図解・社会保険入門の入門　平成26年版　土屋彰監修，吉田正敏著　税務研究会出版局　2014.7　285p　21cm　Ⓘ978-4-7931-2088-6　Ⓝ364.3　[2100円]

◇図解わかる　会社をやめるときの手続きのすべて　2014・2015年版　中尾幸村，中尾孝子／著　新星出版社　2014.5　254p　21cm　Ⓘ978-4-405-10243-9　[1500円]

◇税務・労務ハンドブック　平成26年版　井村登，馬詰政美，菊地弘，佐竹康男，井村佐都美著　清文社　2014.6　76,693p　19cm　〈索引あり〉　Ⓘ978-4-433-53084-6　Ⓝ336.98　[3600円]

◇「相談される金融マン」になるための労働・社会保険&助成金活用ガイドブック—中小企業の経営を支援する　鈴木邦彦著　きんざい　2014.6　193p　21cm　Ⓘ978-4-322-12432-3　Ⓝ364.3　[1800円]

◇小さな会社の給与計算と社会保険の事務がわかる本　'14〜'15年版　池本修監修，鹿田淳子，吉岡奈美，三原秀章著　成美堂出版　2014.8　271p　22cm　〈索引あり〉　Ⓘ978-4-415-31894-3　Ⓝ336.45　[1300円]

◇年金（健康保険）委員必携　2014年版　全国社会保険委員会連合会監修　全国社会保険協会連合会　2014.7　262p　17cm　Ⓝ364.3　[1200円]

◇やさしくわかる給与計算と社会保険事務のしごと　平成26年度版　北村庄吾著　日本実業出版社　2014.5　240p　21cm　Ⓘ978-4-534-05181-3　Ⓝ336.45　[1400円]

日本件名図書目録2014　I

日本（社会保障）

日本（社会保険—法令）

◇社会保険の実務相談　平成26年度　全国社会保険労務士会連合会編　中央経済社　2014.7　289p　21cm〈平成26年4月1日現在〉Ⓘ978-4-502-86752-1　Ⓝ364.3　[2400円]

◇社会保険労務ハンドブック　平成27年版　全国社会保険労務士会連合会編　中央経済社　2014.11　750p　18cm〈平成26年10月1日現在〉Ⓘ978-4-502-87892-3　Ⓝ364.3　[3600円]

◇社会保険労務六法　平成27年版社会保険編　全国社会保険労務士会連合会編　中央経済社　2014.12　2149p　22cm〈索引あり　平成26年10月1日現在〉Ⓘ978-4-502-87882-4(set)　Ⓝ364.3

◇社会保険六法　平成26年度版医療保険編上巻　全国社会保険協会連合会　2014.8　1419p　21cm Ⓘ978-4-915398-40-7, 978-4-915398-39-1(set)　Ⓝ364.3

◇社会保険六法　平成26年度版医療保険編下巻　全国社会保険協会連合会　2014.8　p1425〜2893　21cm Ⓘ978-4-915398-41-4,978-4-915398-39-1(set)　Ⓝ364.3

◇社会保険六法　平成26年度版年金保険編上巻　全国社会保険協会連合会　2014.8　1814p　21cm Ⓘ978-4-915398-42-1, 978-4-915398-39-1(set)　Ⓝ364.3

◇社会保険六法　平成26年度版年金保険編下巻　全国社会保険協会連合会　2014.8　p1821〜2920　21cm Ⓘ978-4-915398-43-8,978-4-915398-39-1(set)　Ⓝ364.3

日本（社会保障）

◇安倍政権の医療・社会保障改革　二木立著　勁草書房　2014.4　222p　22cm〈索引あり　内容：第二次安倍内閣の医療・社会保障政策　2012年総選挙後の医療・社会保障政策を読む　安倍内閣の「骨太方針2013」と「日本再興戦略」の医療・社会保障改革方針を読む　2013年参院選の自民大勝で医療政策はどう変わるか　社会保障制度改革国民会議報告を複眼的に評価し、「プログラム法案」を批判する　財政審「建議」の診療報酬引き下げ論の検証　TPPは私たちの医療をどう変えるか？　安倍首相のTPP交渉参加表明と医療への影響を読む　TPP参加が日本医療に与える影響　私が「保険外併用療養拡大」より「法定患者負担拡大」を危惧する理由　地域包括ケアシステムと医療・医療機関の関係を正確に理解する　今後の死亡急増で「死亡場所」はどう変わるか？　21世紀初頭の都道府県・大都市の「自宅死亡割合」の推移　「麻生発言」で再考　医療保険の維持期リハビリテーションは2年後に廃止されるか？　「日本再生戦略」は「新成長戦略」とどう違うのか？　民自公「社会保障制度改革推進法案」をどう読むか？　「自助・互助・公助」という表現の出自と意味の変遷　『平成24年版厚生労働白書』を複眼的に読む　病院勤務医の開業志向は本当に生じたのか？　「薬剤費比率」は今後も上昇し続けるか？　医薬品の経済評価で留意すべき点は何か？　医療の電子化で年3兆円の医療費が削減可能？　日本の医療費水準はOECD平均になったのか？　私はなぜ「医療は永遠の安定成長産業」と考えているのか？　地方の中堅私大経営から見ると医療経営はうらやましい！〉Ⓘ978-4-326-70082-0　Ⓝ498.13　[2400円]

◇おかねの幸福論—ベーシック・インカム編　安部芳裕著　キラジェンヌ　2013.12　127p　19cm（veggy Books）Ⓘ978-4-906913-20-6　Ⓝ364.021　[800円]

◇介護職員等実務者研修〈450時間研修〉テキスト　第1巻　人間と社会　黒澤貞夫, 石橋真二, 是枝祥子, 上原千寿子, 白井孝子編集　第2版　中央法規出版　2014.1　224p　26cm〈索引あり〉Ⓘ978-4-8058-3953-9　Ⓝ369.17　[2200円]

◇介護福祉士養成テキスト　4　社会保障制度・介護福祉の制度と実践—制度の基礎的理解と事例研究　横倉聡, 馬場茂樹編著　第2版　建帛社　2013.4　205p　26cm〈索引あり〉Ⓘ978-4-7679-3373-3　Ⓝ369.17　[2200円]

◇Q&A実務家が知っておくべき社会保障—働く人・離婚する人・高齢者のために　佐々木育子編著, 赤石千衣子, 天野高志, 大矢さよ子, 小久保哲郎, 山本宏子著　日本加除出版　2014.5　396p　21cm〈索引あり〉Ⓘ978-4-8178-4157-5　Ⓝ364.021　[4400円]

◇ケアマネしあわせ便利帳—社会資源を上手に使いこなす　2014年度版　日総研グループ編, 菊池智子監修・執筆　名古屋　日総研出版　2014.4　254p　26cm〈索引あり〉Ⓘ978-4-7760-1701-1　Ⓝ369.17　[2762円]

◇系統看護学講座　専門基礎分野[10]　健康支援と社会保障制度　3（社会保障・社会福祉）　福田素生著者代表　第15版　医学書院　2014.2　297p　26cm〈年表あり　索引あり〉Ⓘ978-4-260-01910-1　Ⓝ492.9　[2200円]

◇国際比較でみる日本の福祉国家—収斂か分岐か　グレゴリー・J・カザ著, 堀江孝司訳　京都　ミネルヴァ書房　2014.6　290p　21cm（新・MINERVA福祉ライブラリー 19）〈文献あり　索引あり〉Ⓘ978-4-623-07002-2　Ⓝ364.021　[4000円]

◇困ったときの社会保障—法律があなたを助ける　蔵光広著　大阪　風詠社（発売）　2014.10　98p　19cm〈文献あり〉Ⓘ978-4-434-19691-1　Ⓝ364.021　[1000円]

◇持続可能な社会保障へ　小塩隆士著　NTT出版　2014.4　284p　20cm（世界のなかの日本経済　不確実性を超えて 5）〈文献あり　索引あり〉Ⓘ978-4-7571-2322-9　Ⓝ364.021　[2500円]

◇社会の理解　石川久展, 所道彦編　第2版　京都　ミネルヴァ書房　2014.3　217p　26cm（介護福祉士養成テキストブック 3）〈索引あり〉Ⓘ978-4-623-07024-4　Ⓝ364.021　[2600円]

◇社会保障　中山徹, 加美嘉史編　京都　東山書房　2014.5　251p　26cm（社会福祉士養成シリーズ）〈索引あり　執筆：池田和彦ほか〉Ⓘ978-4-8278-1530-6　Ⓝ364.021　[2300円]

◇社会保障　神尾真知子, 古橋エツ子編　弘文堂　2014.2　242p　21cm（Next教科書シリーズ）〈文献あり　索引あり〉Ⓘ978-4-335-00208-3　Ⓝ364.021　[2000円]

◇社会保障　川村匡由, 島津淳, 木下武德, 小嶋章吾編著　第3版　京都　久美　2014.3　310p　26cm（現代の社会福祉士養成シリーズ）〈索引あり　新カリキュラム対応〉Ⓘ978-4-86189-226-4　Ⓝ364.021　[2200円]

◇社会保障制度を活用した生活再建支援　全国クレサラ・生活再建問題対策協議会出版部編　大分　全国クレサラ・生活再建問題対策協議会出版部　2014.11　137p　21cm（社会保障相談員養成講座 part 1）〈耕文社（印刷）〉Ⓘ978-4-86377-036-2　Ⓝ364.021　[1389円]

◇社会保障制度改革を考える—財政および生活保護, 医療, 介護の観点から　一圓光彌, 林宏昭編著, 石井吉春, 前川聡子, 田畑雄紀, 岩崎利彦, 佐藤雅代, 芝田文男著　中央経済社　2014.7　179p　21cm〈内容：財政と社会保障（林宏昭著）　生活保護と地方財政（石井吉春著）　公費による財政支援（前川聡子著）　日本の医療保険制度のあり方（田畑雄紀著）　医療保障の再検討（岩﨑利彦著）　医療提供体制整備（佐藤雅代著）　介護保険（芝田文男著）　ベヴァリッジ報告再考（一圓光彌著）〉Ⓘ978-4-502-09820-8　Ⓝ364.021　[2200円]

◇社会保障入門　2014　社会保障入門編集委員会編集　中央法規出版　2014.3　214p　26cm〈索引あり〉Ⓘ978-4-8058-3962-1　Ⓝ364.021　[2400円]

◇社会保障費用統計の理論と分析—事実に基づく政策論議のために　西村周三監修, 国立社会保障・人口問題研究所編　[東京]　国立社会保障・人口問題研究所　2014.3印刷　311p　22cm（国立社会保障・人口問題研究所研究叢書）〈文献あり　内容：政策論議とそれを支える事実（エビデンス）（西村周三著）　社会保障費用統計の成り立ちと実際　社会保障の成り立ちと費用統計の歴史（勝又幸子著）　社会保障費用統計の定義と構成（竹沢純子著）　日本社会の変容と社会保障　社会保障費用の動向（竹沢純子著）　我が国の人口動向と社会保障（金子隆一著）　人口構造の変化と社会保障制度改革（勝又幸子著）　少子化と人口学的要因（佐々井司著）　我が国の少子化政策の変遷と家族関係社会支出の推移（藤原朋子著）　日本の雇用保険制度と雇用政策（藤井麻由著）　国際比較の意義と実際（勝又幸子著）　先進国における高齢化と社会支出の動向（伊藤善典著）　女性の就業率、家族支援策と出生率（小塩隆士著）　国民経済計算（SNA）と社会保障費用統計を用いたマクロ計量分析（佐藤格著）　人口の将来推計と社会保障（金子隆一著）　事実（エビデンス）に基づく政策研究の展望（西村周三, 勝又幸子著）〉Ⓝ364.021

◇社会保障費用統計の理論と分析—事実に基づく政策論議のために　西村周三監修, 国立社会保障・人口問題研究所編　慶應義塾大学出版会　2014.3　311p　22cm（国立社会保障・人口問題研究所研究叢書）〈索引あり　内容：政策論議とそれを支える事実〈エビデンス〉（西村周三著）　社会保障の成り立ちと費用統計の歴史（勝又幸子著）　社会保障費用統計の定義と構成（竹沢純子著）　社会保障費用の動向（竹沢純子著）　我が国の人口動向と社会保障（金子隆一著）　人口構造の変化と社会保障制度改革（勝又幸子著）　少子化と人口学的要因（佐々井司著）　我が国の少子化政策の変遷と家族関係社会支出の推移（藤原朋子著）　日本の雇用保険制度と雇用政策（藤井麻由著）　国際比較の意義と実際（勝又幸子著）　先進国における高齢化と社会支出の動向（伊藤善典著）　女性の就業率、家族支援策と出生率（小塩隆士著）　国民経済計算〈SNA〉と社会保障費用統計を用いたマクロ計量分析（佐藤格著）　人口の将来推計と社会保障（金子隆一著）　事実〈エビデンス〉に基づく政策研究の展望（西村周三, 勝又幸子著）〉Ⓘ978-4-7664-2126-2　Ⓝ364.021　[4500円]

日本（社会保障―統計）

日本件名図書目録2014　Ⅰ

◇社会保障便利事典　平成26年版　週刊社会保障編集部編　法研　2014.2　414p　21cm　Ⓘ978-4-86513-062-1　Ⓝ364.021　[1700円]

◇社会保障亡国論　鈴木亘著　講談社　2014.3　292p　18cm（講談社現代新書 2253）〈文献あり〉Ⓝ364.021　[840円]

◇社会保障論　全国社会福祉協議会　2014.2　288p　26cm（社会福祉学習双書 2014 第6巻）〈文献あり〉Ⓘ978-4-7935-1110-3　Ⓝ364.021　[2400円]

◇少子高齢社会の社会保障論　田中きよむ著　改訂　中央法規出版　2014.12　309p　21cm　Ⓘ978-4-8058-5088-6　Ⓝ364.021　[2800円]

◇新・介護福祉士養成講座　2　社会と制度の理解　介護福祉士養成講座編集委員会編集　第4版　中央法規出版　2014.2　326p　26cm　〈索引あり〉Ⓘ978-4-8058-3939-3　Ⓝ369.17　[2200円]

◇新・社会福祉士養成講座　12　社会保障　社会福祉士養成講座編集委員会編集　第4版　中央法規出版　2014.2　310p　26cm　〈索引あり〉Ⓘ978-4-8058-3933-1　Ⓝ369　[2600円]

◇新・初めての社会保障論　古橋エツ子編　京都　法律文化社　2014.1　205p　21cm〈索引あり〉　内容：社会保障とは（古橋エツ子著）医療保険（国京則幸著）介護保険（呉紅敏，倉田賀世著）年金（岩間大和子，田中明彦著）労働保険（廣瀬真理子著）民間保険と社会保障（高田清恵著）社会福祉とは（片山由美著）児童福祉（高橋美知子著）障害者福祉（鈴木静著）高齢者福祉（呉紅敏，中川陽子著）社会手当（和田美智代著）生活保護（脇野幸太郎著）権利擁護と後見人制度（藤田桜子著）少子高齢社会における課題（中川陽子著）〉Ⓘ978-4-589-03561-5　Ⓝ364.021　[2300円]

◇生活保障のガバナンス―ジェンダーとお金の流れで読み解く　大沢真理著　有斐閣　2013.12　441p　22cm〈索引あり〉Ⓘ978-4-641-17394-1　Ⓝ364.021　[3700円]

◇政治はどこまで社会保障を変えられるのか―政権交代でわかった政策決定の舞台裏　山井和則著　京都　ミネルヴァ書房　2014.10　208p　21cm　Ⓘ978-4-623-07121-0　Ⓝ364.021　[1800円]

◇地方分権と医療・福祉政策の変容―地方自治体の自律的な政策執行が医療・福祉政策に及ぼす影響　横川正平著　創成社　2014.5　324p　22cm〈索引あり〉Ⓘ978-4-7944-3153-0　Ⓝ364.021　[3300円]

◇21世紀日本の福祉国家財政　渋谷博史著　第2版　学文社　2014.9　221p　20cm（21世紀の福祉国家と地域 3）〈文献あり 索引あり〉Ⓘ978-4-7620-2463-4　Ⓝ364.021　[2100円]

◇日本の社会保障政策―課題と改革　小塩隆士，田近栄治，府川哲夫著　東京大学出版会　2014.11　233p　22cm〈文献あり 索引あり〉Ⓘ978-4-13-040269-9　Ⓝ364.021　[3800円]

◇入門社会保障制度―社会保障制度と税の一体改革でこう変わる　結城康博，佐藤純子，吉田輝美，畑中綾子編著　ぎょうせい　2014.10　287p　21cm　Ⓘ978-4-324-09894-3　Ⓝ364.021　[3100円]

◇はじめての社会保障―福祉を学ぶ人へ　椋野美智子，田中耕太郎著　第11版　有斐閣　2014.3　303p　19cm（有斐閣アルマ）〈索引あり〉Ⓘ978-4-641-22021-8　Ⓝ364.021　[1800円]

◇福祉国家と地域と高齢化　渋谷博史著　改訂版　学文社　2014.9　161p　20cm（21世紀の福祉国家と地域 1）〈文献あり 索引あり〉Ⓘ978-4-7620-2466-5　Ⓝ364.021　[1800円]

◇福祉国家と地方財政　渋谷博史，根岸毅宏，塚谷文武著　学文社　2014.9　152p　20cm（21世紀の福祉国家と地域 4）〈文献あり 索引あり　内容：福祉国家と地方財政をみる眼（渋谷博史著）地方公共団体の役割（渋谷博史著）地方財政システム（渋谷博史著）地域間格差と財政調査（渋谷博史著）高齢社会と社会保障（渋谷博史著）保育サービスの財政（塚谷文武著）アメリカ福祉国家とNPO（根岸毅宏著）縮小社会と分権と地域（渋谷博史著）〉Ⓝ364.021　[1800円]

◇ポスト社会保障・税一体改革の税制とは―政策提言　東京財団　2014.5　49p　26cm　Ⓝ364.021

◇MINERVA社会福祉士養成テキストブック　19　社会保障　岩田正美，大橋謙策，白澤政和監修　広井良典，山崎泰彦編著　第2版　京都　ミネルヴァ書房　2014.3　295p　26cm〈索引あり〉Ⓘ978-4-623-06966-8　Ⓝ369　[2800円]

日本（社会保障―統計）

◇社会保障統計年報　平成26年版　国立社会保障・人口問題研究所／編　法研　2014.4　358p　26cm　Ⓘ978-4-86513-075-1　[4500円]

◇生活問題と社会保障・社会福祉の基本資料集　志藤修史，平尾良治，藤井伸生，安井喜行著　京都　高菅出版　2014.5　136p　30cm〈年表あり〉Ⓘ978-4-901793-68-1　Ⓝ364.059　[1950円]

日本（社会保障―便覧）

◇社会保障の手引―施策の概要と基礎資料　平成26年版　中央法規出版　2014.2　11,831p　21cm〈索引あり〉Ⓘ978-4-8058-3927-0　Ⓝ364.021　[2800円]

日本（社会保障―法令）

◇社会保障法　菊池馨実著　有斐閣　2014.6　528p　22cm〈索引あり〉Ⓘ978-4-641-14460-6　Ⓝ364　[4600円]

◇社会保障法入門　西村健一郎著　第2版　有斐閣　2014.4　340p　19cm〈索引あり〉Ⓘ978-4-641-14461-3　Ⓝ364　[2100円]

◇社会保障法令便覧　2014　社会保障法令便覧編集委員会編　労働調査会　2014.4　792,69p　19cm〈年表あり〉Ⓘ978-4-86319-422-9　Ⓝ364　[1600円]

日本（社会問題）

◇「悪」と闘う　宇都宮健児著　朝日新聞出版　2014.8　251p　18cm（朝日新書 473）Ⓘ978-4-02-273573-7　Ⓝ360　[780円]

◇高校生記者が見た、原発・ジェンダー・ゆとり教育　灘校新聞委員会著　現代人文社　2014.6　143p　19cm〈大学図書（発売）〉Ⓘ978-4-87798-580-6　Ⓝ360　[1400円]

◇社会を結びなおす―教育・仕事・家族の連携へ　本田由紀著　岩波書店　2014.6　55p　21cm（岩波ブックレット No.899）Ⓘ978-4-00-270899-7　Ⓝ360　[520円]

日本（借地―書式）

◇証書の作成と文例　借地借家関係編　日本公証人連合会編著　新版 改訂版　立花書房　2014.9　265p　22cm　Ⓘ978-4-8037-2616-9　Ⓝ327.15　[2200円]

日本（借地―判例）

◇建物利用と判例―判例から読み取る調査上の留意点　黒沢泰著　プログレス　2013.12　508p　21cm〈索引あり〉Ⓘ978-4-905366-27-0　Ⓝ324.81　[4400円]

日本（写真―歴史）

◇夜明けまえ知られざる日本写真開拓史　北海道・東北編　東京都歴史文化財団東京都写真美術館編　東京都写真美術館　2013.3　102p　30cm〈会期・会場：平成25年3月5日―5月6日 東京都写真美術館ほか　タイトル関連情報：研究報告書〉Ⓝ740.21

日本（写真―歴史―昭和後期）

◇1985/写真がアートになったとき　粟生田弓，小林杏編著　青弓社　2014.6　246p　20cm（写真叢書）〈内容：〈一九八五年〉というインパクト（粟生田弓著）「つくば写真美術館」概説（清水有著）つくば写真美術館とは何だったのか（横江文憲ほか述）マーケットから写真を考える（石原悦郎，粟生田弓述）写真集というメディア（金子隆一，光岡寿郎，大久保遼述）これからの写真/評論（飯沢耕太郎，冨山由紀子，小林杏述）まだ写真で語られていないこと（伊藤俊治，小林杏，大久保遼述）〉Ⓘ978-4-7872-7353-6　Ⓝ740.21　[2000円]

日本（写真―歴史―明治時代）

◇こんな写真があったのか―幕末明治の歴史風俗写真館　石黒敬章著　[東京]　KADOKAWA　2014.3　143p　21cm　Ⓘ978-4-04-653297-8　Ⓝ740.21　[1600円]

日本（写真家）

◇フォトグラファーズ・ファイル　2014　プロフェッショナル・フォトグラファー317人の仕事ファイル　コマーシャル・フォト編集部編　玄光社　2014.4　662p　26cm（COMMERCIAL PHOTO SERIES）〈索引あり〉Ⓘ978-4-7683-0502-7　Ⓝ740.21　[2900円]

◇プロカメラマンFILE　2014　女性モデル、風景/自然、フリーテーマ編　カラーズ編著　カラーズ　2013.9　295p　26cm〈ワークスコーポレーション（発売）索引あり〉Ⓘ978-4-86267-155-4　Ⓝ740.21　[2857円]

日本（写真家―歴史―江戸末期）

◇写真師たちの幕末維新―日本初の写真史家・梅本貞雄の世界　梅本貞雄著，緒川直人編　国書刊行会　2014.6　441p　22cm〈著作目録あり　内容：写真の元祖　上野俊之丞　写真の先覚者たち　下岡蓮杖　上野彦馬　初期の写真師たち　写真材料商の沿革　鹿島清兵衛・バートン・光村利藻　明治時代のアマチュア　写真の書籍と雑誌　報道写真、戦争写真の沿革　初期の写真化学者たち　初期の写真工業　ヒュースケンと眉毛和尚　唐人お福と蓮杖　『下田日記』の写真鏡　渡来写真師　写真の大鳥圭介　佐久間象山留影記　大野弁吉写真記　写真史より観たる松本良順　アマチュアであった徳川慶喜卿　初期のアマチュア柏木忠俊　島津珍彦写真考　勝海舟写真譚　上野彦馬の使った遺物に就いて　写真撮影場の変遷　上野秀

732

日本件名図書目録2014　I　　　　　　　　　　　　　　　　　　　　　　　　　　　　　　　　　　　　　　日本（宗教―歴史）

次郎聴書　上野幸馬雑考　横山松三郎写真記　内田九一写真記　浅草の写真師北庭筑波雑考　むかし銀座の写真師二見朝隈　二見朝隈系写真師考　明治初期の写真師日本橋の清水東谷　亀谷とよの巻　関連論考　渉猟する精神（緒川直人著）〉①978-4-336-05785-3　Ⓝ740.21　[4800円]

日本（写真家―歴史―明治時代）

◇写真師たちの幕末維新―日本初の写真史家・梅本貞雄の世界　梅本貞雄著，緒川直人編　国書刊行会　2014.6　441p　22cm〈著作目録あり　内容：写真の元祖　上野俊之丞　写真の先覚者たち　下岡蓮杖　上野彦馬　初期の写真師たち　写真材料商の沿革　鹿島清兵衛・バートン・光村利藻　明治時代のアマチュア　写真の書籍と雑誌　報道写真、戦争写真の沿革　初期の写真化学者たち　初期の写真工業　ヒュースケンと眉毛和尚　唐人お福と蓮杖　『下田日記』の写真鏡　渡米写真師写真の大鳥圭介　佐久間象山留影記　大野弁吉写真記　写真史より観たる松本良順　アマチュアであった徳川慶喜卿　初期のアマチュア柏木忠俊　島津珍彦写真考　勝海舟写真譚　上野彦馬の使った遺物に就いて　写真撮影場の変遷　上野秀次郎聴書　上野幸馬雑考　横山松三郎写真記　内田九一写真記　浅草の写真師北庭筑波雑考　むかし銀座の写真師二見朝隈　二見朝隈系写真師考　明治初期の写真師日本橋の清水東谷　亀谷とよの巻　関連論考　渉猟する精神（緒川直人著）〉①978-4-336-05785-3　Ⓝ740.21　[4800円]

日本（写真集）

◇なぜか心ひかれる日本の奇妙な絶景50　渋川育由編著　河出書房新社　2014.10　79p　26cm〈表紙のタイトル：Japan the Beautiful〉①978-4-309-27528-4　Ⓝ291.087　[1450円]
◇日本縦横空の旅―雲に乗った気分で見てみよう　パイインターナショナル　2014.2　143p　26cm〈索引あり〉①978-4-7562-4456-7　Ⓝ291.087　[1900円]
◇日本のふしぎ理想郷50　渋川育由編著　河出書房新社　2014.3　79p　26cm①978-4-309-27466-9　Ⓝ291.087　[1400円]

日本（ジャズ）

◇聴く鏡　2　二〇〇六―二〇一四　菅原正二著　ステレオサウンド　2014.4　308p　20cm　（SS選書）〈内容：聴く鏡　2006年～2011年　ナゥズ・ザ・タイム」　聴く鏡　2011年～2014年　正体不明（小野寺弘滋聞き手）　ジャズ喫茶「ベイシー」の十二年　ジャズサウンドの要　レコードには幻想を〉①978-4-88073-329-6　Ⓝ764.78　[2700円]

日本（ジャズ―歴史―昭和時代）

◇ジャズ昭和史―時代と音楽の文化史　油井正一著，行方均編　[東京]　DU BOOKS　2013.8　670p　20cm〈ディスクユニオン（発売）　年譜あり〉①978-4-925064-82-8　Ⓝ764.78　[3800円]

日本（ジャーナリスト）

◇科学ジャーナリストの半世紀―自分史から見えてきたこと　牧野賢治著　京都　化学同人　2014.7　257,11p　19cm〈著作目録あり　年表あり〉①978-4-7598-1571-9　Ⓝ070.16　[2200円]
◇ジャーナリズムの現場から　大鹿靖明編著　講談社　2014.8　349p　18cm　（講談社現代新書　2276）〈文献あり　内容：命がけの探検取材から見えてくる「真実」（角幡唯介述）　経済ジャーナリストとしての矜持（高橋篤史述）　現実主義に立って、論を説く（長谷川幸洋述）　タブーに果敢に挑んでこその週刊誌ジャーナリズム（安田浩一述）　取材相手に無理強いしない「一緒に考える」という立ち位置（大治朋子述）　腕利き社会部記者の「美学」とセカンドライフ（坂上遼述）　生活と作品が連動、子育てと家族の問題を追いかける（杉山春述）あえて歴史にこだわる理由を話そう（栗原俊雄述）　日経新聞社長と刺し違えたスクープ記者の「挽歌」（大塚将司述）　文字と放送二つの世界に生きる強い使命感が支える驚異の取材力（堀川惠子述）〉①978-4-06-288276-7　Ⓝ070.16　[920円]

日本（ジャーナリスト―歴史―1868～1945―人名辞典）

◇ジャーナリスト人名事典　明治～戦前編　山田健太編　日外アソシエーツ　2014.9　415p　21cm〈紀伊國屋書店（発売）文献あり　索引あり〉①978-4-8169-2498-9　Ⓝ070.16　[13500円]

日本（ジャーナリスト―歴史―1945～―人名辞典）

◇ジャーナリスト人名事典　戦後～現代編　「ジャーナリスト人名事典」編集委員会編　日外アソシエーツ　2014.12　386p　21cm〈紀伊國屋書店（発売）文献あり　索引あり〉①978-4-8169-2499-6　Ⓝ070.16　[13500円]

日本（ジャーナリズム）

◇ジャーナリズムよ―メディア批評の15年：1999-2014　藤田博司著　新聞通信調査会　2014.10　438,8p　20cm　①978-4-907087-28-9　Ⓝ070.21　[2000円]

◇新聞ジャーナリズム論―リップマンの視点から中国報道を読む　高井潔司，西茹共著　相模原　桜美林大学北東アジア総合研究所　2013.9　204p　18cm　①978-4-904794-38-8　Ⓝ070.21　[800円]
◇スマート化する放送―ICTの革新と放送の変容　日本民間放送連盟・研究所編　三省堂　2014.9　253p　21cm〈内容：スマートテレビのゆくえ（中村伊知哉著）テレビの世界にイノベーションを起こそう（稲田修一著）　スマートTV戦略と4K8K高画質戦略（内山隆著）　視聴者にとって「テレビ」とは何か（渡辺久哲著）　テレビとインターネットメディアの相乗効果（三友仁志著）　メディア情報と利用者行動（春日教測，阿萬弘行，森保洋著）　ネット選挙運動の解禁と放送局（宍戸常寿著）　ソーシャルメディアと放送ジャーナリズム（音好宏著）グーグルグラスはニュースを変えるか（奥村信幸著）　電波法制をめぐる諸問題（林秀弥著）〉①978-4-385-36303-5　Ⓝ699.21　[2600円]
◇絶望のテレビ報道　安倍宏行著　PHP研究所　2014.7　196p　18cm　（PHP新書　935）①978-4-569-82019-4　Ⓝ699.64　[760円]
◇日本型思考とイスラエル―メディアの常識は世界の非常識　滝川義人著　ミルトス　2014.1　286p　19cm〈年表あり〉①978-4-89586-043-7　Ⓝ319.279　[1800円]

日本（シャマニズム）

◇シャマニズムの淵源を探る　鈴木克彦編　[弘前]　弘前学院大学地域総合文化研究所　2014.3　221p　図版12p　19cm〈文献あり　内容：先史文化にシャマニズムを探る（鈴木克彦著）続縄文文化にシャマニズムを探る（遠藤香澄著）　考古学よりみた卑弥呼の鬼道（柳田康雄著）　オホーツク文化にシャマニズムを探る（右代啓視著）　擦文文化にシャマニズムを探る（鈴木琢也著）　沖縄のユタにみるシャマニズム（塩月亮子著）〈お岩木山一代記〉の生成（畠山篤著）〉①163.9　[非売品]
◇巫女・シャーマンと神道文化―日中の比較と地域民俗誌の視角から　高見寛孝著　岩田書院　2014.6　216p　21cm〈内容：シャーマニズム研究の可能性　シャーマニズムと鬼道と神道と　日中憑霊文化の比較　生霊信仰と脱魂文化　シャーマニズムと来訪神信仰　シャーマニズムと地域社会〉①978-4-87294-871-4　Ⓝ163.9　[3000円]

日本（宗教）

◇国家アイデンティティと宗教―2012年アルザス・シンポジウム報告　法政大学国際日本学研究所編　法政大学国際日本学研究所　2014.3　130p　21cm　（国際日本学研究叢書　20）〈内容：記紀神話の自然観（坂本勝著）The Lotus and the Cherysanthemum（Josef Kyburz著）　八重山の御嶽信仰（内原英聡著）　人を神に祀る風習（川田順造著）　清沢満之における真俗二諦論（鈴村裕輔著）　哲学と宗教（安孫子信著）無常（mujō）（星野始著）〉Ⓝ210.04
◇在留外国人の宗教事情に関する資料集　東アジア・南アメリカ編　文化庁文化部宗務課　2014.3　136p　30cm〈文献あり　文化庁「平成25年度宗教法人等の運営に係る調査」委託業務，委託先：三菱UFJリサーチ＆コンサルティング〉Ⓝ334.41
◇日本の宗教―本当は何がすごいのか　田中英道著　育鵬社　2014.11　220p　19cm〈扶桑社（発売）文献あり〉①978-4-594-07129-5　Ⓝ162.1　[1300円]

日本（宗教―歴史）

◇豊田武著作集　第5巻　宗教制度史　豊田武著　オンデマンド版　吉川弘文館　2013.10　578,8p　22cm〈索引あり　印刷・製本：デジタルパブリッシングサービス　内容：日本宗教制度史の研究　古代・中世の塩竈神社　中世における出雲大社の信仰　神仏分離運動の一前提　教派神道の発達　仏徒の神社観について　神社と村落結合　宮座の発達とその変質　中世の村落と神社　中世に於ける神社の祭祀組織について　武士団と神々の勧請　武蔵武士と神々　武蔵野の開拓と神社　下野の武士と神々〉①978-4-642-04288-8　Ⓝ210.4　[16000円]
◇日本宗教史研究の軌跡と展望　日本宗教史懇話会編　岩田書院　2014.8　176,20p　21cm〈内容：身延山の夏（薗田香融著）宗教史サマーセミナーのこと（大隅和雄著）　近世的寺院の成立過程（圭室文雄著）　知を共有する営み（大濱徹也著）「宗教史サマーセミナー」とその周辺（中尾堯著）　宗教史サマーセミナーのご利益（児玉識著）　駆け出し研究者への刺激（橋本政良著）　仏教史研究と地域寺院の現場で悩んだこと、そして今（菅原征子著）　終わりとはじまり（西口順子著）　祭祀の中の女性（江頭明子著）　「女性と仏教」を考える視座（勝浦令子著）　女性と宗教について思うこと（浅野美和子著）「女性と仏教」の研究と今後（牛山佳幸著）　「女性と仏教」研究の可能性（吉田一彦著）　酒と仏と男と女（本郷真紹著）　空談・特別回想列車（遠藤一，松崎秀郎述）「日本宗教史」の視座（三橋正著）　平安時代の宗教史を考える（岡野浩二著）「女性と仏教」はアジアを貫く（直海玄哲著）　「研究会・日本

日本（宗教―歴史―江戸時代）

の女性と仏教」から「怪異学」へ（大江篤著）　始まり、そして私にとっての終焉（大桑斉著）　日本宗教史懇話会サマーセミナーという名称の由来（早島有毅著）　近代仏教ブーム再考（林淳著）　第三回懇話会サマーの想い出（白山芳太郎著）　世代を超えて（平雅行著）　日本宗教史懇話会サマーセミナー第一期裏方の思い出（山田哲也著）　琉球仏教史デビュー（知名定寛著）　宗教史研究の課題と行方（新川登亀男著）　中世寺院史研究の軌跡と課題（稲葉伸道著）　中世寺社勢力を考える（大石雅章著）　二つのサマーセミナー（曾根正人著）　南都仏教の教学相承（永村眞著）　日本仏教史研究の課題発見とサマーセミナー（原田正俊著）　私にとっての日本宗教史懇話会サマーセミナー（宮崎健司著）　日本宗教史懇話会サマーセミナーと見学会（史料展観）（脊古真哉著）　サマーセミナーと修験道史研究（長谷川賢二著）　近世宗教研究の今後とサマーセミナー（曽根原理著）　宗教史家にとっての「京都」と「日本」（佐藤文子著）　それでも歴史家は問われている（福島栄寿著）　中世史を志した頃、宗教史を始めた頃（上島享著）　サマーセミナーの「効能」（苅米一志著）　サマーセミナーと思想的系譜論（菊地大樹著）　日本宗教史懇話会サマーセミナーで見出した建築史の可能性（冨島義幸著）　「日本」にサヨナラしよう！（井上智勝著）　越境の素地（北條勝貴著）　宗教史懇話会における真宗史研究（安藤弥著）　《サマーセミナー》ノススメ（大田壮一郎著）　神仏習合史研究のはじまり（関山麻衣子著）　日本古代在地仏教史研究の一視点（藤本誠著）〉Ⓘ978-4-87294-876-9　Ⓝ162.1　［2400円］

◇予言の日本史　島田裕巳著　NHK出版　2014.9　253p　18cm　（NHK出版新書 437）〈文献あり〉Ⓘ978-4-14-088437-9　Ⓝ162.1　［780円］

日本（宗教―歴史―江戸時代）
◇近世の朝廷と宗教　高埜利彦著　吉川弘文館　2014.2　477,7p　22cm　〈索引あり　内容：江戸幕府の朝廷支配　後期幕藩制と天皇　「禁中並公家諸法度」についての一考察　史料紹介「禁中並公家諸法度」　近世門跡の格式　朝廷をとりまく人びと　江戸時代の神社制度　近世の神社と天皇　富士参詣と御師　私の身分的周縁論　幕藩制社会の解体と宗教者　近世石山寺の開帳　十七世紀後半の日本　十八世紀前半の日本〉Ⓘ978-4-642-03461-6　Ⓝ210.5　［11000円］

日本（宗教―歴史―古代）
◇隠された神々―古代信仰と陰陽五行　吉野裕子著　河出書房新社　2014.11　237p　15cm　（河出文庫 よ17-1）Ⓘ978-4-309-41330-3　Ⓝ162.1　［850円］

日本（宗教―歴史―明治以後）
◇「現人神」「国家神道」という幻想―「絶対神」を呼び出したのは誰か　新田均著　神社新報社　2014.4　314p　19cm　〈著作目録あり〉Ⓘ978-4-915265-49-5　Ⓝ162.1　［1800円］

◇国家神道と戦前・戦後の日本人―「無宗教」になる前と後　島薗進著　名古屋　河合文化教育研究所　2014.9　94p　21cm　（河合ブックレット 39）〈河合出版（発売）〉Ⓘ978-4-7772-0465-6　Ⓝ172　［800円］

日本（宗教政策―歴史―1868～1945）
◇日本の戦争と宗教1899-1945　小川原正道著　講談社　2014.1　259p　19cm　（講談社選書メチエ 566）〈索引あり〉Ⓘ978-4-06-258569-9　Ⓝ162.1　［1700円］

日本（宗教政策―歴史―江戸時代）
◇潜伏キリシタン―江戸時代の禁教政策と民衆　大橋幸泰著　講談社　2014.5　254p　19cm　（講談社選書メチエ 574）〈文献あり　索引あり〉Ⓘ978-4-06-258577-4　Ⓝ198.221　［1650円］

日本（宗教政策―歴史―室町時代）
◇室町幕府の政治と宗教　大田壮一郎著　塙書房　2014.2　320,9p　22cm　〈索引あり　内容：室町幕府宗教政策論　大覚寺門跡と室町幕府　足利義満の宗教空間　足利義持政権と祈禱　室町殿の宗教構想と武家祈禱　室町幕府の追善仏事に関する一考察　足利義持の神祇信仰と守護・地域寺社　摂津国勝尾寺と足利義持政権　室町殿と宗教〉Ⓘ978-4-8273-1264-5　Ⓝ185.1　［8000円］

日本（宗教団体）
◇Q&A詳解宗教法人登記の実務　寺内信雄, 宮本博幸, 有田亮著　日本加除出版　2014.2　528p　21cm　〈文献あり　索引あり〉Ⓘ978-4-8178-4012-7　Ⓝ165.9　［5100円］

◇Q&A法人登記の実務宗教法人　吉岡誠一, 辻本五十二著　日本加除出版　2014.6　272p　21cm　Ⓘ978-4-8178-4165-0　Ⓝ165.9　［2800円］

◇宗教法人の規則　文化庁［編］　2訂版　ぎょうせい　2014.7　113p　21cm　（宗教法人の管理運営の手引 第1集）Ⓘ978-4-324-09838-7　Ⓝ165.9　［1100円］

◇宗教法人の事務　文化庁［編］　2訂版　ぎょうせい　2014.7　168p　21cm　（宗教法人の管理運営の手引 第2集）Ⓘ978-4-324-09839-4　Ⓝ165.9　［1400円］

日本（宗教団体―会計）
◇宗教法人会計のすべて―「宗教法人会計の指針」逐条解説と会計・税務実務　田中義幸, 繁田勝男, 神山敏夫, 神山敏蔵著　改訂版　税務経理協会　2014.1　288p　21cm　〈索引あり　初版のタイトル：新会計指針による宗教法人会計のすべて〉Ⓘ978-4-419-06063-3　Ⓝ336.9　［3200円］

◇税理士の坊さんが書いた宗教法人の税務と会計入門　上田二郎著　国書刊行会　2014.10　204p　21cm　〈文献あり〉Ⓘ978-4-336-05825-6　Ⓝ336.9　［2200円］

日本（宗教と政治―歴史）
◇日米における政教分離と「良心の自由」　和田守編著　京都　ミネルヴァ書房　2014.3　304,9p　22cm　（MINERVA人文・社会科学叢書 196）〈索引あり　内容：政教分離と信教の自由をめぐって（和田守著）　アメリカ植民地時代の宗教と政治（小倉いずみ著）　初期アメリカにおける政教分離（大西直樹著）　神話と現実（デイヴィッド・ホール著, 大西直樹訳）　近代日本における政教分離（和田守著）　アメリカのクリスマス（大西直樹著）　アメリカの移民政策と"WASP"（五味俊樹著）　天皇制国家と信教の自由（和田守著）　「宗教と政治」の現在（千葉眞著）　カナダに独自な政教の試み（加藤普章著）　戦後日本の政教分離と靖国問題（千葉眞著）〉Ⓘ978-4-623-07049-7　Ⓝ316.2　［6000円］

日本（宗教と政治―歴史―1868～1945）
◇靖国神社と幕末維新の祭神たち―明治国家の「英霊」創出　吉原康和著　吉川弘文館　2014.8　214p　20cm　〈文献あり〉Ⓘ978-4-642-08258-7　Ⓝ316.2　［2300円］

日本（宗教と政治―歴史―江戸時代）
◇シリーズ日本人と宗教―近世から近代へ　1　将軍と天皇　島薗進, 高埜利彦, 林淳, 若尾政希編　春秋社　2014.9　267p　22cm　〈内容：江戸幕府と朝廷（高埜利彦著）　神仏習合と近世天皇の祭祀（山口和夫著）　伊勢神宮と東照宮（曽根原理著）　江戸幕府と陰陽道・暦道（林淳著）　近世社会における南都寺院と門跡（水谷友紀著）　明治維新と神祇官の「再興」（井上智勝著）　明治維新と仏教（田中潤著）　明治初期の国家神道（島薗進著）　明治国家とキリスト教（星野靖二著）〉Ⓘ978-4-393-29941-8　Ⓝ162.1　［3200円］

日本（宗教と政治―歴史―明治時代）
◇シリーズ日本人と宗教―近世から近代へ　1　将軍と天皇　島薗進, 高埜利彦, 林淳, 若尾政希編　春秋社　2014.9　267p　22cm　〈内容：江戸幕府と朝廷（高埜利彦著）　神仏習合と近世天皇の祭祀（山口和夫著）　伊勢神宮と東照宮（曽根原理著）　江戸幕府と陰陽道・暦道（林淳著）　近世社会における南都寺院と門跡（水谷友紀著）　明治維新と神祇官の「再興」（井上智勝著）　明治維新と仏教（田中潤著）　明治初期の国家神道（島薗進著）　明治国家とキリスト教（星野靖二著）〉Ⓘ978-4-393-29941-8　Ⓝ162.1　［3200円］

日本（従軍看護婦―歴史―1868～1945）
◇日本のナイチンゲール―従軍看護婦の近代史　澤村修治著　図書新聞　2013.8　271p　19cm　〈文献あり　年表あり〉Ⓘ978-4-88611-452-5　Ⓝ498.14　［1800円］

日本（従軍看護婦―歴史―大正時代）
◇ナイチンゲールの末裔たち―〈看護〉から読みなおす第一次世界大戦　荒木映子著　岩波書店　2014.12　245p　20cm　〈内容：イギリス看護小史　「女らしい」戦争貢献　看護の戦場、戦場の看護　西部戦線異状あり　第二の戦場　欧州に派遣された「女の軍人さん」〉Ⓘ978-4-00-024172-4　Ⓝ498.14　［2800円］

日本（集合住宅）
◇究極の中古マンション投資の教科書―マンションの寿命は立地条件できまる！　マンションの価格構造と投資戦略がわかる！　安澤誠一郎著　住宅新報社　2013.9　180p　21cm　Ⓘ978-4-7892-3611-9　Ⓝ673.99　［1700円］

◇地域とつながる集合住宅団地の支え合い―コミュニティ力ですすめる12の実践　児玉善郎監修　仙台　全国コミュニティライフサポートセンター　2014.3　79p　30cm　〈平成25年度厚生労働省社会福祉推進事業集合住宅団地における孤立を防止する地域の連携に関する調査研究事業, 厚生労働省平成25年度セーフティネット支援対策事業（社会福祉推進事業）〉Ⓝ318.8

◇マンションを相場より高く売る方法　風戸裕樹, 吉川克弥著　改訂版　ファーストプレス　2014.10　222p　19cm　Ⓘ978-4-904336-82-3　Ⓝ365.35　［1500円］

日本（集合住宅―維持管理）
◇これだけは知っておきたい！　マンション管理のかなめ―マンション居住者の必携・必読の書　古川彰著　文芸社　2014.11

日本件名図書目録2014　Ⅰ　　　　　　　　　　　　　　　　　　　　　　　　　　　　　　　　　日本（住宅建築）

226p　19cm　〈文献あり〉　①978-4-286-15643-9　Ⓝ365.35
［1300円］

◇まんがマンション大規模修繕　マンション大規模修繕編集委員会編集、フジヤマヒロノブ作画　建設物価調査会　2014.5
205p　26cm　〈文献あり〉　①978-4-7676-8901-2　Ⓝ365.35
［2500円］

日本（集合住宅―維持管理―法令）
◇新選マンション管理基本六法　平成26年度版　マンション管理センター編著　マンション管理センター　2014.6　928p
21cm　〈住宅新報社（発売）索引あり〉　①978-4-7892-3658-4
Ⓝ324.2　［3900円］

日本（集合住宅―法令）
◇新選マンション管理基本六法　平成26年度版　マンション管理センター編著　マンション管理センター　2014.6　928p
21cm　〈住宅新報社（発売）索引あり〉　①978-4-7892-3658-4
Ⓝ324.2　［3900円］
◇マンション・団地の法律実務　横浜弁護士会編　ぎょうせい
2014.8　311p　21cm　①978-4-324-09852-3　Ⓝ324.23
［3300円］

日本（自由主義―歴史―1868～1945）
◇歴史のなかの日本政治　1　自由主義の政治家と政治思想　北岡伸一監修　松田宏一郎、五百旗頭薫編　中央公論新社
2014.4　374p　20cm　〈索引あり　内容：「天賦の通義」？（松田宏一郎著）　マジックワードとしての「立憲主義」（菅原光著）
草創期の早稲田政治学（中野勝郎著）　「自治」と「いやさか」（河野有理著）　大震災下の自警団をめぐる議論のねじれ（宮地忠彦著）　進歩政党統治の焦点（五百旗頭薫著）　二つの世紀末における「開国」と「国づくり」（小宮一夫著）　小会派政治家の選挙・政党観（前山亮吉著）　普選と未完の政治改革（黒澤良著）〉　①978-4-12-004571-4　Ⓝ312.1　［3200円］

日本（就職）
◇高校・大学から仕事へのトランジション―変容する能力・アイデンティティと教育　溝上慎一、松下佳代編　京都　ナカニシヤ出版　2014.3　250p　22cm　〈索引あり　内容：学校から仕事へのトランジションとは（溝上慎一著）　日本社会における「間断のない移行」の特質と現状（中村高康著）　大学生の学力と進路職業選択（山内乾史著）　大学から仕事へのトランジションにおける〈新しい能力〉（松下佳代著）　「移行」支援としてのキャリア教育（児美川孝一郎著）　アイデンティティ資本モデル（ジェームズ・コテ、松下佳代著、溝上慎一訳）　多元的自己と移行過程（浅野智彦著）　後期近代における「学校から仕事への移行」とアイデンティティ（乾彰夫、児島功和著）〉
①978-4-7795-0831-8　Ⓝ377.9　［2800円］
◇社会への出かた―就職・学び・自分さがし　白井利明著　新日本出版社　2014.12　238p　19cm　①978-4-406-05843-8
Ⓝ371.47　［1700円］
◇主婦40歳、復職めざしてます　現代洋子著　KADOKAWA
2014.3　139p　21cm　（メディアファクトリーのコミックエッセイ）　①978-4-04-066365-4　Ⓝ366.38　［950円］
◇人文・社会科学系大学院生のキャリアを切り拓く―〈研究と就職〉をつなぐ実践　佐藤裕、三浦美樹、青木深、一橋大学学生支援センター編著　大月書店　2014.3　203p　21cm　〈文献あり
内容：大学院重点化と院生の就職（佐藤裕著）　大学教員として就職するために（佐藤裕著）　「いま・ここ」の研究活動から始める（佐藤裕著）　博士号取得者のキャリア形成から学ぶ（青木深著）　院生が直面する問題（三浦美樹著）　修士課程修了者の事例から学ぶ（三浦美樹著）　「文系院生は不利？」を乗り越える（三浦美樹著）　日本で就職をめざす外国人留学生へ（三浦美樹著）　「伝えるスキル」の養成（青木深著）〉　①978-4-272-41222-8　Ⓝ377.9　［2800円］
◇無業社会―働くことができない若者たちの未来　工藤啓、西田亮介著　朝日新聞出版　2014.6　214p　18cm　（朝日新書465）　①978-4-02-273565-2　Ⓝ367.68　［760円］

日本（住宅）
◇課長の家―日本の課長、25人のリアルな日常　産業編集センター編　産業編集センター　2014.6　263p　19cm　①978-4-86311-095-3　Ⓝ361.84　［1000円］
◇居住と生活に関する意識調査　2　茂木豊編　田川　福岡県立大学人間社会学部公共社会学科　2013.3　1冊　30cm　（社会調査実習報告書　2012年度）　Ⓝ377.9
◇子どもをひとり暮らしさせる！　親の本―大学生を支える物と部屋と心の準備　主婦の友社編、上大岡トメ絵　主婦の友社　2014.1　191p　19cm　（主婦の友子育てBOOKS）　〈文献あり〉　①978-4-07-293255-1　Ⓝ527.021　［1300円］
◇住まいづくりの手引き　福岡県建築都市部住宅計画課、北九州市建築都市局住宅部住宅計画課、福岡市住宅都市局住宅部住宅

計画課、久留米市都市建設部住宅政策課監修　［福岡］　福岡県建築都市部住宅計画課　2013.10　134p　30cm　〈共同刊行：北九州市建築都市局住宅部住宅計画課ほか〉　Ⓝ365.3
◇全国のR不動産―面白く住むためのガイド　東京R不動産、稲村ケ崎R不動産、金沢R不動産、大阪R不動産、神戸R不動産、福岡R不動産、鹿児島R不動産、山形R不動産著　京都　学芸出版社　2014.10　143p　21cm　①978-4-7615-1343-6
Ⓝ365.3　［1600円］
◇歳をとっても困らないマイホームを頼れる資産にする新常識
沖有人著　講談社　2014.10　207p　19cm　①978-4-06-219130-2　Ⓝ365.3　［1400円］

日本（住宅金融）
◇住宅ローン相談Q&A　加藤正昭、山本公喜編著　第2版　銀行研修社　2014.4　254p　21cm　①978-4-7657-4435-5　Ⓝ338.74　［2222円］
◇住宅ローン相談マニュアル　水野誠一著　3訂版　ビジネス教育出版社　2014.9　244p　21cm　〈索引あり〉　①978-4-8283-0534-9　Ⓝ338.74　［2000円］
◇マンガで押さえる住宅ローン審査の勘所　上田不二雄作、すねやかずみ画　近代セールス社　2013.7　245p　21cm
①978-4-7650-1203-4　Ⓝ338.74　［1800円］

日本（住宅金融―法令）
◇住宅金融支援機構基本法令集　平成26年度版　［東京］　住宅金融支援機構　［2014］　782p　21cm　〈平成26年8月1日現在〉
Ⓝ338.74

日本（住宅建築）
◇家づくりの基礎知識―これ1冊ですべてが分かる！　2014・2015年版　中村義平二監修　建築資料研究社　2014.5　254p
26cm　①978-4-86358-286-6　Ⓝ527　［2400円］
◇今に生きる日本の住まいの知恵―わが国の気候・風土・文化に根ざした、現代に相応しい住まいづくりに向けて　日本の住まいの知恵に関する検討調査委員会［著］　日本住宅総合センター　2014.6　50p　30cm　〈文献あり〉　①978-4-89067-816-7
Ⓝ527.021　［850円］
◇かしこい家　東京建築士会青年委員会編　東京建築士会
2014.6　64p　19×26cm　（住宅セレクション　vol. 4）Ⓝ527.021
◇近隣交渉に困らないための建築トラブル対処術　日経アーキテクチュア編　［東京］　日経BP社　2014.12　215p　21cm
〈日経BPマーケティング（発売）索引あり〉　①978-4-8222-0027-5　Ⓝ520.91　［2400円］
◇建築家が建てた妻と娘のしあわせな家　田中元子著、野寺治孝写真　エクスナレッジ　2014.8　230p　19cm　①978-4-7678-1829-0　Ⓝ527.021　［1600円］
◇JUTAKU KADAI　02　住宅課題賞2013―建築系大学住宅課題優秀作品展　東京建築士会監修　総合資格　2014.7　243p
26cm　〈本文は日本語　会期・会場：2013年10月7日（月）-10月25日（金）ギャラリーエークワッド〉　①978-4-86417-122-9
Ⓝ527.1　［2800円］
◇住まいからはじめる健康生活―家づくりの前に知っておきたい　ハウジング・トリビューン編集部編著　創樹社　2014.1
151p　19cm　（「住まいの読本」シリーズ）　〈ランドハウスビレッジ（発売）〉　①978-4-88351-079-5　Ⓝ527　［1800円］
◇叢書・近代日本のデザイン　58　今日の住宅　森仁史監修
アサヒグラフ編　ゆまに書房　2014.11　212p　31cm　〈東京朝日新聞発行所　昭和10年刊の複製　解説：梅亦弘光　布装〉
①978-4-8433-4661-7,978-4-8433-4659-4（set）　Ⓝ757.021
［18000円］
◇日本座敷の工法　佐藤日出男著、オーム社開発局企画編集
オーム社　2014.12　157p　27cm　〈文献あり　第32刷　初刷：理工学社　1979年刊〉　①978-4-274-05041-1　Ⓝ527.4
［3100円］
◇passiv design―passivhaus/passiv ZERO：I will begin the highest life.by LOHAS studio　LOHAS studio［著］　広島
ザメディアジョン　2014.7　127p　28cm　〈本文は日本語〉
①978-4-86250-278-0　Ⓝ527.021　［1500円］
◇めざす介護を実現する高齢者住宅・施設の建築デザイン戦略
砂山憲一著　日本医療企画　2014.6　141p　21cm　（介護福祉経営士実行力テキストシリーズ　5）　①978-4-86439-263-1
Ⓝ369.26　［1800円］
◇吉田五十八自邸/吉田五十八　富永譲著　東京書籍　2014.12
155p　22cm　（ヘヴンリーハウス20世紀名作住宅をめぐる旅　5）　〈文献あり　年譜あり　年表あり〉　①978-4-487-80096-4
Ⓝ527.021　［2400円］
◇礼讃献に学ぶ施主に学ぶ―建築家が巡る暮らしと風景　大野晃貴彦著　マリアパブリケーションズ　2014.12　144p

日本〔住宅建築—図集〕

21cm〈実業之日本社（発売）〉①978-4-408-63003-8 Ⓝ527.021〔1800円〕

◇涼温な家—エアコンの風が嫌いな人へ　松井修三著　創英社/三省堂書店　2014.7　229p　19cm　①978-4-88142-863-4　Ⓝ527〔1200円〕

◇渡辺篤史の建もの探訪BOOK—25周年スペシャル版　朝日新聞出版　2014.11　144p　26cm（Asahi Original）①978-4-02-272464-9　Ⓝ527.021〔1600円〕

日本〔住宅建築—図集〕
◇戦後日本住宅伝説—挑発する家・内省する家　五十嵐太郎監修　新建築社　2014.7　167p　30cm〈年表あり　会期・会場：2014年7月5日（土）-8月31日（日）埼玉県立近代美術館　2014年10月4日（土）-12月7日（日）広島市現代美術館ほか　主催：埼玉県立近代美術館ほか〉①978-4-7869-0255-0　Ⓝ527.021〔1852円〕

日本〔住宅建築—特許〕
◇特許情報分析（パテントマップ）から見た住宅大手7社に関する技術開発実態分析調査報告書　インパテック株式会社編　パテントテック社　2013.1　255p　30cm〈タイトルは標題紙による〉①978-4-86483-175-8　Ⓝ527〔58800円〕

日本〔住宅建築—法令〕
◇住宅系法規超速チェックシート　北口隆著　最新版　エクスナレッジ　2014.12　151p　26cm〈索引あり　H26年改正建築基準法に対応〉①978-4-7678-1901-3　Ⓝ527〔2400円〕

日本〔住宅建築—歴史—昭和時代〕
◇昭和住宅　辻泰岳、大井隆弘、飯田彩、和田隆介著　エクスナレッジ　2014.8　143p　24cm〈文献あり〉①978-4-7678-1827-6　Ⓝ527.021〔1600円〕

日本〔住宅建築—歴史—明治以後—写真集〕
◇三菱四代社長ゆかりの邸宅・庭園　米山勇監修，及川卓也，塚原加奈子，三菱広報委員会事務局編　三菱広報委員会　2014.8　176p　37cm〈英語併記〉Ⓝ527.021〔非売品〕

日本〔住宅産業〕
◇クレームに学ぶ建て主の本音—ささいなすれ違いが生んだ50の悲劇　日経ホームビルダー編　［東京］　日経BP社　2014.6　253p　21cm〈日経BPマーケティング（発売）〉①978-4-8222-6089-7　Ⓝ520.95〔2200円〕

◇工務店集客売上・棟数upの施策を伝えるコンサルティング本　［武田純吾著］　［さいたま］　シンミドウ（発売）　［201-］　90p　21cm　①978-4-9907623-0-8　Ⓝ520.9〔5000円〕

◇戸建注文住宅の顧客実態調査—報告書　2012年度　［東京］　住宅生産団体連合会　2013.8　189p　30cm　Ⓝ520.921

◇戸建注文住宅の顧客実態調査—報告書　2013年度　［東京］　住宅生産団体連合会　2014.8　187p　30cm　Ⓝ520.921

◇最新住宅業界の動向とカラクリがよ〜くわかる本—業界人、就職、転職に役立つ情報満載　阿部守著　第2版　秀和システム　2014.8　245p　21cm（How-nual図解入門）〈索引あり〉①978-4-7980-4159-9　Ⓝ520.921〔1400円〕

◇住宅改修事業者の市区町村における状況把握、管理状況に関する調査研究事業実態調査結果報告書　［東京］　シルバーサービス振興会　2014.3　169p　30cm〈平成25年度老人保健事業推進費等補助金老人保健健康増進等事業〉Ⓝ520.921

◇住宅産業界の鬼才—驚異的実績を上げた荒川俊治の営業哲学と実践力　山川修平著　日進　サンコンサルティング　2014.10　193p　19cm〈三一書房（発売）〉①978-4-380-14901-6　Ⓝ520.921〔1600円〕

◇住宅産業の自主的環境行動計画　第5版　［東京］　住宅生産団体連合会　2014.6　25p　30cm　Ⓝ520.9

◇住宅・不動産業激動の軌跡50年—列島改造からバブル、再び五輪へ　不動産経済研究所　2014.12　505p　22cm〈年表あり〉Ⓝ673.99

◇新・住宅リフォーム市場の現状と将来性　2013　大阪マーケティング本部第二事業部調査・編集　富士経済　2013.10　258p　30cm　①978-4-8349-1668-3　Ⓝ520.921〔120000円〕

◇特許情報分析（パテントマップ）から見た住宅大手7社に関する技術開発実態分析調査報告書　インパテック株式会社編　パテントテック社　2013.1　255p　30cm〈タイトルは標題紙による〉①978-4-86483-175-8　Ⓝ527〔58800円〕

◇場の産業実践論—「建築—新しい仕事のかたち」をめぐって　松村秀一編　彰国社　2014.7　205p　19cm〈［述］：内山博文ほか　人材・デザイン・エリアマネジメント（内山博文、大島芳彦、岡部明子ほか述）　建築教育・公と民・都市経営（嶋田洋平、清水義次、田村誠邦ほか述）　不動産・コミュニティ・大学の役割（貞國秀幸、徳田光弘、橋爪大輔ほか述）　自分仕事・個人事業主・民主化（鈴木毅、中谷ノボル、山崎亮ほか述）〉①978-4-395-32024-0　Ⓝ520.921〔1852円〕

日本〔住宅産業—名簿〕
◇全国優良工務店100選　2014年版　全国優良住宅協議会監修　日本建築出版社　2014.4　214p　21cm〈星雲社（発売）〉①978-4-434-18977-7　Ⓝ520.921〔1800円〕

日本〔住宅政策〕
◇新たな"まち中再生事業手法"の提案—地方都市新時代を切り拓く：宇部市が取組む〈宇部プロジェクト〉の検証を通して　日本住宅総合センター　2014.12　94p　30cm（調査研究レポート no. 13309）①978-4-89067-309-4　Ⓝ518.8〔1760円〕

◇自治体の空き家対策に関する調査研究報告書—空き家を地域で活かしていくために　府中（東京都）　東京市町村自治調査会　2014.3　138p　30cm〈委託：浜銀総合研究所〉Ⓝ365.3

◇住環境整備　2014　住環境整備研究会編　全国市街地再開発協会　2014.7　473p　30cm〈年表あり〉Ⓝ365.31

◇住環境整備必携　平成25年度版　住環境整備研究会編　全国市街地再開発協会　2014.1　994p　21cm　Ⓝ365.31

◇住宅政策—私たちの提言—住宅産業新聞キャンペーン記録集　vol. 12　2013.1-2013.12　住宅産業新聞社　2014.6　103p　30cm〈内容：住宅産業新聞キャンペーン記録集. vol. 12〉Ⓝ365.31〔2000円〕

◇大規模災害時等における被災者への住まい確保方策に関する調査研究報告書　平成25年度　全国宅地建物取引業協会連合会，全国宅地建物取引業保証協会編　［東京］　全国宅地建物取引業協会連合会　2014.3　98p　30cm〈共同刊行：全国宅地建物取引業保証協会〉Ⓝ369.31

◇日本の住宅市場と家計行動　瀬古美喜著　東京大学出版会　2014.4　313p　22cm〈文献あり　索引あり　内容：不動産価格の変動とマクロ経済への影響　市場の不完全性と政策による歪み　金融危機と日本の住宅市場　住替えに関する制度・政策の影響　借地借家法改正後の居住形態と経済厚生　定期借家の導入と課題　地震発生リスクと生活質指数　不動産市場における地震リスク評価　地震発生前後での家計のリスク評価　地震保険加入率と地域間補助　自然災害に対する家計の備えの意識の変化　家計の防災・減災行動と資産格差　家計の防災・減災行動とリスク認知バイアス〉①978-4-13-040265-1　Ⓝ365.31〔5200円〕

日本〔住宅団地〕
◇いえ団地まち—公団住宅設計計画史　木下庸子，植田実編著　住まいの図書館出版局　2014.2　506,27p　18cm（住まい学大系 103）〈ラトルズ（発売）文献あり　年表あり　内容：風景としての集合住宅団地（植田実著）　団地五十五（木下庸子著）〉①978-4-89977-394-8　Ⓝ518.83〔3000円〕

◇地域とつながる集合住宅団地の支え合い—コミュニティ力ですすめる12の実践　児玉善郎監修　仙台　全国コミュニティライフサポートセンター　2014.3　79p　30cm〈平成25年度厚生労働省社会福祉推進事業集合住宅団地における孤立を防止する地域の連携に関する調査研究事業、厚生労働省平成25年度セーフティネット支援対策事業（社会福祉推進事業）〉Ⓝ318.8

日本〔住宅問題〕
◇「空き家」が蝕む日本　長嶋修著　ポプラ社　2014.7　174p　18cm（ポプラ新書 036）①978-4-591-14084-0　Ⓝ365.3〔780円〕

◇空き家と生活支援でつくる「地域善隣事業」—「住まい」と連動した地域包括ケア　白川泰之著　中央法規出版　2014.7　224p　21cm　①978-4-8058-5059-6　Ⓝ369.26〔2600円〕

◇空き家問題—1000万戸の衝撃　牧野知弘［著］　祥伝社　2014.7　236p　18cm（祥伝社新書 371）①978-4-396-11371-1　Ⓝ365.3〔800円〕

◇親の家を片づけるお助け便利帳—迷った時・困った時のヒントがひと目でわかるビジュアル版　主婦の友社編　主婦の友社　2014.10　79p　26cm（ゆうゆうBOOKS）①978-4-07-297224-3　Ⓝ365.3〔1000円〕

◇親の家を片づける実践ハンドブック　主婦の友社編　主婦の友社　2014.2　206p　19cm（ゆうゆうBOOKS）①978-4-07-293597-2　Ⓝ365.3〔1300円〕

◇親の家を片づける土地建物相続問題　主婦の友社編　主婦の友社　2014.4　191p　19cm（ゆうゆうBOOKS）①978-4-07-294266-6　Ⓝ365.3〔1300円〕

◇近居—少子高齢社会の住まい・地域再生にどう活かすか　大月敏雄，住総研編著　学芸出版社　2014.3　182p　21cm（住総研住まい読本）〈執筆：軽部徹ほか　内容：近居の意義（大月敏雄著）　近居の広がりを捕捉する（大月敏雄著）　近居の広がりと必要とされる住宅供給のあり方（軽部徹著）　近居の親子関係と暮らしから見た住宅計画（横江麻実著）　近居時代の都市型集居（松本吉彦著）　近居と住宅政策の課題

（平山洋介者）〈神奈川県〉多世代近居のまちづくり（神奈川県住宅計画課者）〈神戸市〉近居・同居支援の取り組み（神戸市住宅政策課者）〈四日市市〉子育て世帯の郊外モデル団地への住み替え支援（四日市市都市計画課者）〈品川区〉親元近居支援事業の取り組み（品川区都市計画課者）　近居をめぐる議論をふりかえる（在塚礼子者）　高齢者支援の視点からみたサポート居住と準近居（上和田茂者）　ネットワーク居住から見た多世代・多世帯居住と生活援助（金貞均者）　近居の家族のアジア的なあり方から地域に住むことを考える（畑聰一者）〉①978-4-7615-1337-5　Ⓝ365.3　［1900円］
◇成熟社会居住研究会におけるサービス付き高齢者向け住宅等に関する調査研究─報告書　［東京］　住宅生産団体連合会　2014.3　102p　30cm　Ⓝ369.26
◇低所得・低資産高齢者の住まいと生活支援のあり方に関する調査研究報告書　高齢者住宅財団　2014.3　123p　30cm〈平成25年度老人保健事業推進費等補助金老人健康増進等事業〉Ⓝ369.26
◇拝啓建築会社社長殿　黒田七重者　札幌　柏艪舎第二編集部　2014.6　275p　19cm（［ネプチューン〈ノンフィクション〉シリーズ］）〈星雲社（発売）〉①978-4-434-19340-8　Ⓝ365.3　［1600円］
◇不動産を相場の3割増しで売る方法　平田明著　幻冬舎メディアコンサルティング　2014.1　207p　21cm〈幻冬舎（発売）〉①978-4-344-95216-4　Ⓝ365.3　［1500円］
◇マイホーム神話の生成と臨界─住宅社会学の試み　山本理奈著　岩波書店　2014.2　274,22p　22cm〈索引あり　内容：現代社会への問いとしての「住宅」　住宅という「商品」　脱nLDK論の陥穽からどう脱するか　マイホームの神話作用　マイホーム神話の臨界　住宅社会学の可能性に向けて〉①978-4-00-024818-1　Ⓝ365.3　［4500円］

日本（集団的自衛権）

◇いちばんよくわかる！集団的自衛権　佐瀬昌盛著　海竜社　2014.8　223p　19cm〈年表あり〉①978-4-7593-1377-2　Ⓝ323.142　［1400円］
◇ウソが栄えりゃ、国が亡びる─間違いだらけの集団的自衛権報道　潮匡人著　ベストセラーズ　2014.10　225p　19cm　①978-4-584-13598-3　Ⓝ392.1076　［1420円］
◇Q&Aまるわかり集団的自衛権　半田滋著　旬報社　2014.8　87p　21cm　①978-4-8451-1359-0　Ⓝ323.142　［800円］
◇賛成・反対を言う前の集団的自衛権入門　香田洋二著　幻冬舎　2014.11　217p　18cm〈幻冬舎新書　こ-22-1）①978-4-344-98366-3　Ⓝ392.1076　［780円］
◇自分で考える集団的自衛権─若者と国家　柳澤協二著　青灯社　2014.10　221p　19cm　①978-4-86228-076-3　Ⓝ393　［1400円］
◇集団的自衛権─2014年5月15日「安保法制懇報告書」/「政府の基本的方向性」対応　飯田泰士著　彩流社　2014.6　221p　19cm〈文献あり〉①978-4-7791-2015-2　Ⓝ323.142　［1900円］
◇集団的自衛権行使に反対する─声明・決議・意見書　北海道新聞社編　札幌　北海道新聞社　2014.8　191p　21cm　①978-4-89453-747-7　Ⓝ323.142　［741円］
◇集団的自衛権ってなに？─すぐにわかる　戦争をさせない1000人委員会編　七つ森書館　2014.6　231p　18cm〈執筆：雨宮処凛ほか　内容：考えてみましょう「集団的自衛権」（飯島滋明著）　集団的自衛権の行使容認に反対します！（雨宮処凛ほか述）　集団的自衛権は日本国憲法に違反しませんか？（飯島滋明著）　集団的自衛権にはどんな法律が関係しますか？（清水雅彦著）　集団的自衛権を世界はどうしているのでしょう？（飯島滋明著）　集団的自衛権ができると自衛隊はどう変わるのでしょう？（前田哲男著）　集団的自衛権の行使容認となると中国や韓国とどうなるのでしょう？（内田雅敏述）　安保法制懇第2次報告書と安倍首相の「基本的方向性」は？（飯島滋明述）　秘密保護法との関係は？（矢崎暁子述）　教育政策はどうなるのでしょう？（山口正紀述）　メディアの報道姿勢は？（山口正紀述）　原発推進と関係しますが。（澤井正子述）　武器輸出三原則がゆるめられましたが。（飯島滋明述）〉①978-4-8228-1404-5　Ⓝ323.142　［1200円］
◇集団的自衛権ってなに？─すぐにわかる　戦争をさせない1000人委員会編　第2版　七つ森書館　2014.8　239p　18cm〈執筆：雨宮処凛ほか　内容：集団的自衛権の行使容認に反対します！（雨宮処凛ほか述）　集団的自衛権ってなに？　集団的自衛権は日本国憲法に違反しませんか？（飯島滋明述）　集団的自衛権にはどんな法律が関係しますか？（清水雅彦述）　集団的自衛権を世界はどうしているのでしょう？（飯島滋明述）　集団的自衛権ができると自衛隊はどう変わるのでしょ

う？（前田哲男述）　集団的自衛権の行使容認となると中国や韓国とどうなるでしょう？（内田雅敏述）　安保法制懇第2次報告書と安倍首相の「基本的方向性」は？（飯島滋明述）　集団的自衛権ができるとどうなる？　秘密保護法との関係は？（矢崎暁子述）　教育政策はどうなるのでしょう？（飯島滋明述）　メディアの報道姿勢は？（山口正紀述）　原発推進と関係しますか？（澤井正子述）　武器輸出三原則がゆるめられましたが。（飯島滋明述）〉①978-4-8228-1404-5　Ⓝ323.142　［1200円］
◇集団的自衛権と安全保障　豊下楢彦、古関彰一著　岩波書店　2014.7　237p　18cm（岩波新書　新赤版 1491）①978-4-00-431491-2　Ⓝ393　［820円］
◇集団的自衛権の行使─憲法・国際法・防衛法制・政府解釈と答弁を踏まえ、立ちふさがる諸問題を考察する　里永尚太郎編著　内外出版　2013.9　198p　19cm〈文献あり〉①978-4-905285-26-7　Ⓝ323.142　［1800円］
◇集団的自衛権の焦点─「限定容認」をめぐる50の論点　松竹伸幸著　京都　かもがわ出版　2014.6　143p　21cm　①978-4-7803-0701-6　Ⓝ323.142　［1400円］
◇集団的自衛権の何が問題か─解釈改憲批判　奥平康弘、山口二郎編　岩波書店　2014.7　327p　19cm〈内容：安倍政治の戦後史的位相（山口二郎著）　危険な政治的信条の代償として「国民の命と暮らし」（半田滋著）　安倍総理は何を欲しているのか（御厨貴、長谷部恭男述）　現実を無視した危険な火遊び（柳澤協二述）　私たちに何が求められているのか（青井未帆著）　禁じ手ではなく正攻法を、情より理を（南野森著）　集団的自衛権論の展開と安保法制懇報告（浦田一郎著）　集団的自衛権行使が憲法上認められない理由（水島朝穂著）　砂川事件最高裁判決、田中補足意見、「必要最小限度」の行使（高見勝利著）　立憲主義は政府による憲法解釈変更を禁止する（高橋和之著）　「限定」であっても、日本の平和主義を大きく変容させる（阪田雅裕述）　グローバルな寡頭支配の拡散に日本の立憲デモクラシーは抗えるか（中野晃一著）　米国外交からみた集団的自衛権（西崎文子著）　沖縄からの異議申し立て（前泊博盛著）　集団的自衛権を支える安全保障概念を問い直す（岡野八代著）　最悪の事態を想定することの落とし穴（丹羽宇一郎述）　日本は「ワイマールの落日」を繰り返すか（村上誠一郎述）　元防衛大臣として問う安倍首相の政治観（北澤俊美述）〉①978-4-00-025989-7　Ⓝ323.142　［1900円］
◇集団的自衛権容認を批判する　渡辺治、山形英郎、浦田一郎、君島東彦、小沢隆一著　日本評論社　2014.8　152p　21cm（別冊法学セミナー No.231）〈年表あり〉①978-4-535-40845-6　Ⓝ323.142　［1400円］
◇集団的自衛権容認の深層─平和憲法をなきものにする狙いは何か　纐纈厚著　日本評論社　2014.11　244p　20cm〈文献あり〉①978-4-535-58675-8　Ⓝ393　［1800円］
◇「集団的自衛権」はなぜ必要なのか　大川隆法著　幸福実現党　2014.7　137p　19cm〈幸福の科学出版（発売）　著作目録あり〉①978-4-86395-499-1　Ⓝ169.1　［1500円］
◇すっきり！わかる集団的自衛権Q&A　浅井基文著　大月書店　2014.2　175p　21cm　①978-4-272-21107-4　Ⓝ323.142　［1500円］
◇戦争の放棄　その6　集団的自衛権　千田實著　一関　エムジェイエム　2014.2　59p　19cm（田舎弁護士の大衆法律学）①978-4-903929-28-6　Ⓝ323.142　［476円］
◇戦争の放棄　その8　石破茂氏の「日本人のための集団的自衛権入門」に対する反論　千田實著　一関　エムジェイエム　2014.4　118p　19cm（田舎弁護士の大衆法律学）①978-4-903929-30-9　Ⓝ323.142　［476円］
◇戦争の放棄　その13　集団的自衛権行使容認閣議決定に対する反論　千田實著　一関　エムジェイエム　2014.10　107p　19cm（田舎弁護士の大衆法律学）①978-4-903929-37-8　Ⓝ323.142　［476円］
◇たかが一内閣の閣議決定ごときで─亡国の解釈改憲と集団的自衛権　小林節、中山光彦著　皓星社　2014.10　198p　19cm　①978-4-7744-0496-7　Ⓝ323.142　［1600円］
◇徹底解剖！イチからわかる安倍内閣の集団的自衛権─閣議決定がしめす戦争ができる国づくりそのカラクリ　自由法曹団編　合同出版　2014.10　134p　21cm〈年表あり〉①978-4-7726-1217-3　Ⓝ323.142　［1500円］
◇徹底批判！ここがおかしい集団的自衛権─戦争をしない国を守るために　高作正博編著　合同出版　2014.6　127p　21cm〈文献あり〉①978-4-7726-1197-8　Ⓝ323.142　［1400円］
◇日本人が知らない集団的自衛権　小川和久著　文藝春秋　2014.12　222p　18cm（文春新書 1005）①978-4-16-661005-1　Ⓝ393　［750円］
◇日本人のための「集団的自衛権」入門　石破茂著　新潮社　2014.2　188p　18cm（新潮新書 558）①978-4-10-610558-6　Ⓝ323.142　［680円］

日本（集団犯罪）　　　　　　　　　　　　　　　　　　　　　　　　　　日本件名図書目録2014　I

◇日本人は人を殺しに行くのか―戦場からの集団的自衛権入門
伊勢崎賢治著　朝日新聞出版　2014.10　254p　18cm　（朝日
新書　485）①978-4-02-273585-0　Ⓝ392.1076　[780円]
◇日本は戦争をするのか―集団的自衛権と自衛隊　半田滋著
岩波書店　2014.5　203p　18cm　（岩波新書　新赤版 1483）
①978-4-00-431483-7　Ⓝ323.142　[740円]
◇白熱講義！集団的自衛権　小林節著　ベストセラーズ　2014.
9　223p　18cm　（ベスト新書 449）①978-4-584-12449-9
Ⓝ323.142　[787円]

日本（集団犯罪）
◇暗躍する外国人犯罪集団（クリミナル・グループ）齊藤真著
［東京］花伝社　2014.2　252p　19cm　〈共栄書房（発売）〉
①978-4-7634-0692-7　Ⓝ368.6　[1500円]

日本（住民運動）
◇「3・11フクシマ」の地から原発のない社会を！―原発公害反
対闘争の最前線から　第二回「原発と人権」全国研究交流集会
「脱原発分科会」実行委員会編著　［東京］花伝社　2014.9
138.8p　21cm　〈共栄書房（発売）　内容：「3・11フクシマ」
の教訓と脱原発をめぐる現状と課題（斎藤男男述）「首都圏反原
発連合」の活動から（服部至道述）「原発問題住民運動全国連
絡」としての活動から（伊東達也述）「南相馬市長」とし
ての活動から（桜井勝延述）「福島県内のすべての原発の廃炉を
求める会」の活動から（佐藤三男述）　質問に答えて（服部至道
ほか述）　闘いとその展望に関して（國分富夫ほか述）　脱原
発訴訟の意義と闘いの現状・展望（河合弘之述）　泊原発の廃
炉をめざす訴訟団を代表して（小野有五述）　東海第二原発訴
訟原告団を代表して（大石光伸述）　玄海原発訴訟原告団を代
表して（蔦川正義述）　福島原発公害被害者訴訟の意義と脱原
発の闘い―立証責任が住民側にあることをどう
やって転換するか（神戸秀彦述）　石巻の地から女川原発反対
運動（庄司捷彦述）　裁判闘争に勝つために認められること
（板井優述）　原告団と弁護団が助け合うために（武田徹述）
大飯原発三、四号機差止裁判勝訴判決の活動報告（松田正著）〉
①978-4-7634-0711-5　Ⓝ543.5　[1200円]

日本（住民運動―歴史―年表）
◇日本ボランティア・NPO・市民活動年表　大阪ボランティア
協会ボランタリズム研究所監修，岡本榮一，石田易司，牧口明
編著　明石書店　2014.2　74p　26cm　〈文献あり　索引あり〉
①978-4-7503-3966-5　Ⓝ369.14　[9200円]

日本（住民登録―法令）
◇住民基本台帳六法　平成26年度法令編　市町村自治研究会監
修，日本加除出版株式会社編集部編集　日本加除出版　2014.10　859p
22cm　〈索引あり〉①978-4-8178-4183-4（set）Ⓝ324.87
◇住民基本台帳六法　平成26年度通知・実例編　市町村自治研
究会監修，日本加除出版株式会社編集部編集　日本加除出版　2014.10
980p　22cm　①978-4-8178-4183-4（set）Ⓝ324.87

日本（就労支援〔障害者〕）
◇高次脳機能障害者のための就労支援　対象者支援編　高齢・
障害・求職者雇用支援機構障害者職業総合センター職業セン
ター編　千葉　高齢・障害・求職者雇用支援機構障害者職業総
合センター職業センター　2014.3　59p　30cm　（障害者職業
総合センター職業センター支援マニュアル no. 11）〈文献あ
り〉Ⓝ366.28
◇高次脳機能障害者の働き方の現状と今後の支援のあり方に関
する研究　高齢・障害・求職者雇用支援機構障害者職業総合セ
ンター編　千葉　高齢・障害・求職者雇用支援機構障害者職業
総合センター　2014.4　206p　30cm　（調査研究報告書 no.
121）Ⓝ366.28
◇これでわかる発達障がいのある子の進学と就労　松為信雄，奥
住秀之監修　成美堂出版　2014.11　159p　22cm　①978-4-
415-31855-4　Ⓝ369.4　[1300円]
◇社会的就労支援事業のあり方に関する調査・研究事業　高槻
北摂杉の子会　2013.3　68枚　30cm　〈平成24年度セーフティ
ネット支援対策等事業（社会福祉推進事業分）ルーズリーフ〉
Ⓝ366.28
◇就労移行支援事業所における発達障害者・精神障害者の就労支
援プログラム実施時における課題検討について―平成25年度
厚生労働省障害者総合福祉推進事業事業報告書　横浜　横浜
やまびこの里　2014.3　90p　30cm　Ⓝ366.28
◇就労支援機関等における就職困難性の高い障害者に対する就
労支援の現状と課題に関する調査研究―精神障害と難病を中
心に　高齢・障害・求職者雇用支援機構障害者職業総合セン
ター編　千葉　高齢・障害・求職者雇用支援機構障害者職業総
合センター　2014.4　290p　30cm　（調査研究報告書 no.
122）Ⓝ366.28

◇就労の困難さの判断の精度を高めるための連携についての調
査研究　高齢・障害・求職者雇用支援機構障害者職業総合セン
ター編　千葉　高齢・障害・求職者雇用支援機構障害者職業総
合センター　2014.4　119p　30cm　（資料シリーズ no. 81）
〈文献あり〉Ⓝ366.28
◇障害者就労におけるディーセントワーク実現の課題　西本典
良［著］，社会保険労務士総合研究機構編　社会保険労務士総
合研究機構　2014.11　71p　30cm　（社労士総研研究プロ
ジェクト報告書　平成26年）〈年表あり〉Ⓝ366.28
◇障害者職業生活相談員資格認定講習テキスト　平成26年版
高齢・障害・求職者雇用支援機構編　［千葉］［高齢・障害・
求職者雇用支援機構］　2014.8　426p　30cm　〈文献あり〉
Ⓝ366.28
◇ジョブコーチ支援の実施ニーズ及び関係機関から求められる
役割に関する研究　高齢・障害・求職者雇用支援機構障害者職
業総合センター編　千葉　高齢・障害・求職者雇用支援機構障
害者職業総合センター　2014.3　130p　30cm　（資料シリー
ズ no. 80）〈文献あり〉Ⓝ366.28
◇人材紹介のプロが教える発達障害の人が活躍するためのヒント
石井京子，池嶋貫二，林哲也，村上由美著　弘文堂　2014.11
183p　21cm　①978-4-335-65165-6　Ⓝ366.28　[1800円]
◇精神障害者の職場定着及び支援の状況に関する研究　高齢・
障害・求職者雇用支援機構障害者職業総合センター編　千葉
高齢・障害・求職者雇用支援機構障害者職業総合センター
2014.3　137p　30cm　（調査研究報告書 no. 117）Ⓝ366.28
◇発達障害とキャリア支援　田中康雄監修，藤森和美，辻惠介編
集　金剛出版　2014.7　260p　21cm　〈索引あり　内容：発達
障害のある青年の理解と対応（田中康雄著，藤森和美コーディ
ネーター）今，わかっている発達障害の精神医学的背景（長尾
圭造著，藤森和美コーディネーター）青年・成人期における
発達障害の理解と支援（糸井岳史著，藤森和美コーディネー
ター）社会的自立と就労に向けての課題（三宅篤子著，藤森和
美コーディネーター）早期発見・早期治療により就労の可能
性を確保する（横山浩之著，藤森和美コーディネーター）発達
障害と問題行動（辻惠介著，藤森和美コーディネーター）発達
障害者の就労の現状（橋田菜穂著，藤森和美コーディネーター）
職業リハビリテーションと雇用促進（松田啓一著，辻惠介コー
ディネーター）高等専門学校における特別支援教育と就労支
援（松尾秀樹著，辻惠介コーディネーター）NPOでの援助者
付雇用の実践（津富宏，松下英樹著，辻惠介コーディネーター）
発達障害のある人の就労（石井京子著，辻浦正一述）　鼎談（藤森和美，糸井岳史，松浦正一述）〉①978-4-
7724-1347-3　Ⓝ366.28　[3200円]
◇発達障害のある人の就労支援セミナー・セミナー運営マニュア
ル　横浜　横浜やまびこの里　[2014]　43p　30cm　〈平成25
年度厚生労働省障害者総合福祉推進事業〉Ⓝ366.28
◇発達障害のある人の就労支援セミナー・セミナーテキスト
横浜　横浜やまびこの里　[2014]　79p　30cm　〈平成25年度
厚生労働省障害者総合福祉推進事業〉Ⓝ366.28
◇保健医療機関における難病患者の就労支援の実態についての
調査研究　高齢・障害・求職者雇用支援機構障害者職業総合セ
ンター編　千葉　高齢・障害・求職者雇用支援機構障害者職業
総合センター　2014.4　203p　30cm　（資料シリーズ no.
79）Ⓝ366.28
◇みなさんありがとう！―発達障害のある子どもの入園・入学・
進学・就職　吉松靖文監修，愛媛県高機能自閉症・アスペル
ガー症候群親の会ダンボクラブ［編］　［松山］愛媛県高機能
自閉症・アスペルガー症候群親の会ダンボクラブ　2013.3
76p　30cm　〈先生，ありがとう！〉（平成24年度愛
媛県「三浦保」愛媛県社会福祉分野助成事業）Ⓝ369.4
◇リワーク機能を有する医療機関と連携した復職支援―精神障
害者職場再適応支援プログラム　高齢・障害・求職者雇用支援
機構障害者職業総合センター編　千葉　高齢・
障害・求職者雇用支援機構障害者職業総合センター職業セン
ター　2014.3　107p　30cm　（障害者職業総合センター職業
センター実践報告書 no. 26）Ⓝ366.28

日本（就労支援〔生活困窮者〕）
◇「新たな就労支援（中間的就労）事業の社会的価値に関する調
査」報告書　ビズデザイン　2014.3　153p　30cm　〈厚生労働
省平成25年度セーフティネット支援対策事業（社会福祉推進事
業）〉Ⓝ366.28
◇「社会的事業体が取り組む就労準備事業から持続性のある中間
的就労創出に向けた制度・支援に関する調査研究」報告書　協
同総合研究所　2014.3　248p　30cm　〈文献あり　平成25年度
セーフティネット支援対策等事業費補助金社会福祉推進事業〉
Ⓝ366.28
◇「社会的就労支援事業のあり方に関する調査・研究事業」報告
書　［東京］みずほ情報総研　2013.3　118p　30cm　〈厚生

労働省平成24年度セーフティネット支援対策等事業(社会福祉推進事業)〉Ⓝ366.28

◇生活困窮者を対象とした就労支援担当者の支援内容・カリキュラムの策定に反映させる調査研究事業　和歌山　一麦会　2014.3　64p　30cm　〈厚生労働省平成25年度セーフティネット支援対策事業(社会福祉推進事業)〉Ⓝ366.28

◇「生活困窮者自立促進支援モデル事業」の中間的就労のガイドラインに沿った就労支援担当者養成講座実施事業報告書　佐倉　生活クラブ　2014.3　1冊　31cm　〈平成25年度セーフティネット支援対策等事業費補助金社会福祉推進事業　ルーズリーフ〉Ⓝ366.28

◇生活困窮者等への中間的就労(非雇用型)の場のモデル創出事業報告書　釧路　釧路社会的企業創造協議会　2014.3　92p　30cm　〈平成25年度セーフティネット支援対策等事業費補助金社会福祉推進事業〉Ⓝ366.28

◇生活困窮者の就労支援に関する研究事業報告書　三菱UFJリサーチ&コンサルティング　2014.3　72,188p　30cm　〈平成25年度セーフティネット支援対策等事業費補助金社会福祉推進事業〉Ⓝ366.28

◇生活困窮者の就労支援に関するモデル事業報告書　三菱UFJリサーチ&コンサルティング　2013.3　46,82p　30cm　〈平成24年度セーフティネット支援対策等事業費補助金社会福祉推進事業〉Ⓝ366.28

◇生活困窮者の自立を支える多様な中間的就労モデル及びサポートネットワークのあり方に関する調査研究　[鶴ヶ島]　地域協働推進機構　2014.3　90p　30cm　〈平成25年度セーフティネット支援対策等事業費補助金社会福祉推進事業〉Ⓝ366.28

◇中間的就労におけるステップアップ事例調査研究報告書　佐倉　生活クラブ　2014.3　128p　30cm　〈平成25年度セーフティネット支援対策等事業費補助金社会福祉推進事業〉Ⓝ366.28

◇中間的就労の実施に関する調査研究を基にした生活困窮者支援のための中間的就労標準化モデル事業　栃木県若年者支援機構編　宇都宮　栃木県若年者支援機構　2014.3　91p　30cm　〈平成25年度セーフティネット支援対策等事業費補助金社会福祉推進事業〉Ⓝ366.28

日本(儒学―歴史)

◇シリーズ日本人と宗教―近世から近代へ　2　神・儒・仏の時代　島薗進,高埜利彦,林淳,若尾政希編　春秋社　2014.11　267p　22cm　〈内容:「天道」思想と「神国」観(神田千里著)　神・儒・仏の交錯(若尾政希著)　近世仏教と民衆救済(蓑輪顕量著)　神・儒・仏の三教と日本意識(前田勉著)　民衆信仰の興隆(神田秀雄著)　「復古」と考証(高橋章則著)　近代的世界像と仏教(岡田正彦著)　宗教概念と仏(オリオン・クラウタウ著)〉①978-4-393-29942-5　Ⓝ162.1　[3200円]

日本(儒学―歴史―江戸時代)

◇近世儒学韻学と唐音―訓読の中の唐音直読の軌跡　湯沢質幸著　勉誠出版　2014.2　426,7p　22cm　〈文献あり　索引あり　内容:近世儒学と唐音　唐音以前の韻学　近世儒学と唐音　近世儒学韻学と唐音〉①978-4-585-28012-5　Ⓝ811.1　[9800円]

◇徳川日本の論語解釈　黄俊傑著,工藤卓司訳　ぺりかん社　2014.11　385p　22cm　〈索引あり〉①978-4-8315-1389-2　Ⓝ121.53　[5600円]

日本(祝祭日)

◇いま「山の日」制定―mountain day :「山の日」祝日化の論点　衛藤征士郎,丸川珠代,務台俊介監修　書苑新社　2014.3　151p　21cm　①978-4-88375-171-6　Ⓝ386.9　[1800円]

◇いま「山の日」制定―mountain day :「山の日」祝日化の論点　衛藤征士郎,丸川珠代,務台俊介監修　第2版　書苑新社　2014.5　151p　21cm　①978-4-88375-171-6　Ⓝ386.9　[1800円]

日本(宿泊施設)

◇生活衛生関係営業経営実態調査報告―旅館業　平成23年度　[東京]　[厚生労働省健康局生活衛生課]　[2014]　127p　30cm　〈平成24年1月20日現在〉Ⓝ689.81

◇山小屋の主人を訪ねて　高桑信一著　東京新聞　2014.3　255p　21cm　〈索引あり〉①978-4-8083-0988-6　Ⓝ689.81　[1600円]

◇旅館業の実態と経営改善の方策　[東京]　[厚生労働省健康局生活衛生課]　2014.9　47p　30cm　Ⓝ689.81

日本(手工業―歴史)

◇古墳出土品がうつし出す工房の風景―手工業生産の実像に迫る　大阪大谷大学博物館編　[富田林]　大阪大谷大学博物館　2014.3　117p　30cm　(大阪大谷大学博物館報告書　第61冊)〈文献あり　内容:後漢鏡製作工房の一形態(森下章司著)　古墳時代の鉄鏃製作技術と編年(水野敏典著)　古墳出土石製模

造品の製作者と工房について(清喜裕二著)　埴輪生産組織の時間的・空間的諸相(廣瀬覚著)　同工品識別による埴輪生産構造論(犬木努著)〉Ⓝ210.32

日本―歴史―平安時代

◇平安儒者の家―大江家のひとびと　井上辰雄著　塙書房　2014.3　310p　22cm　①978-4-8273-1265-2　Ⓝ121.3　[8000円]

日本(呪術)

◇呪いと日本人　小松和彦[著]　KADOKAWA　2014.7　236p　15cm　([角川ソフィア文庫][J101-3])〈「日本の呪い」(光文社文庫　1995年刊)の改題,加筆・修正〉①978-4-04-408321-2　Ⓝ387.91　[720円]

日本(呪術―歴史)

◇まじないの文化誌　花部英雄著　三弥井書店　2014.1　324p　20cm　([三弥井民俗選書])〈文献あり　内容:まじないの世界　まじない、まじない歌の論理　和合まじないの歴史　さかさま世界のまじない　ハブ・マムシ除けのまじない　夢とまじない〉①978-4-8382-9088-8　Ⓝ387.91　[2800円]

日本(酒税―法令)

◇酒税関係法規集　平成26年6月1日現在　[東京]　国税庁　[2014]　1267p　21cm　Ⓝ345.73

日本(出入国管理―法令)

◇出入国管理実務六法―注解・判例　平成27年版　出入国管理法令研究会編　日本加除出版　2014.11　1494p　22cm　〈索引あり〉①978-4-8178-4192-6　Ⓝ329.94　[5400円]

日本(出版)

◇あしたから出版社　島田潤一郎著　晶文社　2014.6　283p　19cm　(就職しないで生きるには21)①978-4-7949-6851-7　Ⓝ023.1　[1500円]

◇粕谷一希随想集　3　編集者として　粕谷一希著　藤原書店　2014.9　421p　20cm　〈年譜あり　索引あり　付属資料:16p:月報　3　内容:総合雑誌　運命としての編集者稼業　老сре ショーン氏、編集の真髄を語る　出版の未来と総合雑誌の役割(インタビュー)　総合雑誌論　ジャーナリズムとは何か　菊池寛　羽仁もと子　嶋中雄作　雨宮庸藏　臼井吉見　筑摩書房というドラマ　京都大学学術出版会　小沢書店　創文社　藤原書店　思潮社　青土社　中央公論社　米子・今井書店　一保守主義者として　野上弥生子の想い出　安仁さんの生き方　綱淵謙錠　澤地久枝　塙嘉彦君の想い出　塩野七生さん　石川九楊君のこと　八木俊樹さんのこと　遠い記憶　真田幸男先生　太宰治か出隆か　『展望』という雑誌　封印した詩人たち　E・H・カー『危機の二十年』の衝撃　社会科学の巨匠たち　失語症から雑誌創刊まで　わが青春の前景〉①978-4-89434-988-9　Ⓝ914.6　[3200円]

◇完本ベストセラーの戦後史　井上ひさし著　文藝春秋　2014.2　415p　16cm　(文春学藝ライブラリー)〈「ベストセラーの戦後史1・2」(1995年刊)の改題,合本〉①978-4-16-813010-6　Ⓝ023.1　[1480円]

◇出版再販・流通白書　no.17　2014年　出版流通改善協議会編　[東京]　出版流通改善協議会　2014.12　187p　30cm　〈年表あり　付属資料:15p:再販契約の手引き(第5版)〉Ⓝ024.1　[1000円]

◇出版産業の変貌を追う　星野渉著　青弓社　2014.5　258p　19cm　〈内容:「出版不況」の正体とは　不況の大手出版社を支える「その他」部門とは何か　デジタル技術が変える出版流通取次システムの変容と書店の今後　書店が抱えるリスクと将来展望　デジタル化でみえてきた書店の役割　"街の本屋"の復活をめざすモデル書店　アメリカの書店組合ABAのマーケティング戦略　アメリカ最大の独立系書店パウエルズのビジネスモデル　電子書籍元年とは何だったのか　デジタル化で広がる出版の契約　日本ではなぜ学術書の電子化が進まないのか　海外に広がる日本の出版コンテンツ　アメリカで拡大するマンガ市場　ドイツの出版業界が描く将来像「五十五のテーゼ」　中小書店の世界組織　海外に打って出る韓国出版社　東京国際ブックフェアの成り立ちと今後　「出展者」が増え、「出版社」が減るTIBF　二〇〇七年の出版産業　二〇〇八年の出版産業　二〇〇九年の出版産業　二〇一〇年の出版産業　二〇一一年の出版産業　二〇一二年の出版産業　二〇一三年の出版産業〉①978-4-7872-3377-6　Ⓝ023.1　[2000円]

◇出版税務会計の要点　2014年　日本書籍出版協会出版経理委員会編著　日本書籍出版協会　2014.2　52p　26cm　①978-4-89003-136-8　Ⓝ023.1　[600円]

◇NOヘイト!―出版の製造者責任を考える　ヘイトスピーチと排外主義に加担しない出版関係者の会編,加藤直樹,神原元,明戸隆浩著　ころから　2014.11　142p　18cm　〈内容:現代の「八月三一日」に生きる私たち(加藤直樹述)　書店員は「ヘイト本」をどう見ているのか?　出版業界の製造者責任(岩下結司会,加藤直樹ほか述)　ヘイトスピーチと法規制(神原元,明戸隆浩著)〉①978-4-907239-10-7　Ⓝ316.81　[900円]

日本（出版―統計）

◇ビジネス書の9割はゴーストライター　吉田典史著　青弓社　2014.5　205p　19cm　Ⓘ978-4-7872-3378-3　Ⓝ021.3　[1600円]

◇本を出したい人の教科書―ベストセラーの秘密がここにある　吉田浩著　講談社　2014.4　251p　19cm　Ⓘ978-4-06-218907-1　Ⓝ023.1　[1400円]

◇本の力―われら、いま何をなすべきか　高井昌史著　PHP研究所　2014.12　204p　20cm　〈文献あり　年譜あり〉　Ⓘ978-4-569-82229-7　Ⓝ023.1　[1500円]

日本（出版―統計）

◇特定サービス産業実態調査報告書　平成25年　新聞業、出版業編　[東京]　経済産業省大臣官房調査統計グループ　2014.12　127p　30cm　Ⓝ673.9

日本（出版―名簿）

◇高度成長期の出版社調査事典　第1巻　石川巧編・解題　金沢　金沢文圃閣　2014.9　510p　22cm　（文圃文献類従 38）〈複製　内容：出版社要録　昭和34年度　第1篇（東京産経興信所　昭和34年刊）〉　Ⓘ978-4-907236-26-7(set)　Ⓝ023.1　[21000円]

◇高度成長期の出版社調査事典　第2巻　石川巧編・解題　金沢　金沢文圃閣　2014.9　563p　22cm　（文圃文献類従 38）〈複製　内容：出版社要録　昭和34年度　第2篇（東京産経興信所　昭和34年刊）〉　Ⓘ978-4-907236-26-7(set)　Ⓝ023.1　[21000円]

日本（出版―歴史―1868〜1945）

◇伏字の文化史―検閲・文学・出版　牧義之著　森話社　2014.12　443p　22cm　〈文献あり　索引あり　内容：伏字の存在意義に関する基礎的考察　法外便宜的措置としての内閲.　1　その始まりから運用まで　法外便宜的措置としての内閲.　2　萩原朔太郎『月に吠える』の内閲と削除　法外便宜的措置としての内閲.　3　内閲の終焉と昭和期の事例　作家の検閲制度意識　森田草平『輪廻』の伏字表記　削られた作品の受容と変遷　誌面削除が生んだテキスト・ヴァリアント　発売頒布禁止処分と「改訂版」　狂演のテーブル　伏字の戦後〉　Ⓘ978-4-86405-073-9　Ⓝ023.8　[4800円]

日本（出版―歴史―江戸時代）

◇板木は語る　永井一彰著　笠間書院　2014.2　602p　22cm　〈内容：京都と古典文学　『おくのほそ道』板木の旅路　『おくのほそ道』蛤本の謎　小本『俳諧七部集』　小本『俳諧七部集』の重板　『七部大鏡』の版権　梅竹堂伝本の入木撰『芭蕉翁発句集』の入木　板木二題　『山家集抄』の入木　『笈の小文』の板木　『奥細道菅菰抄』と『七部解』と『七部木槌』　『冬の日注解』の板木　竹苞楼の板木　板木の分割所有　『四鳴蝉』の板木　佛光寺の板木　慶安三年版『撰集抄』の板木　俳書の板木　一茶等「七評ちらし」の板木〉　Ⓘ978-4-305-70718-5　Ⓝ023.1　[12000円]

日本（出版―歴史―昭和前期）

◇出版流通メディア資料集成　2（戦時日本出版配給機関誌編）第7巻　柴野京子編・解題　金沢　金沢文圃閣　2014.1　294p　22cm　（文圃文献類従 32）〈解題：牧義之　複製　内容：『新刊弘報』(1943年6月21日―8月11日)〉　Ⓘ978-4907236-04-5(set)　Ⓝ023.06　[22000円]

◇出版流通メディア資料集成　2（戦時日本出版配給機関誌編）第8巻　柴野京子編・解題　金沢　金沢文圃閣　2014.1　294p　22cm　（文圃文献類従 32）〈解題：牧義之　複製　内容：『新刊弘報』(1943年8月21日―10月11日)〉　Ⓘ978-4907236-04-5(set)　Ⓝ023.06　[22000円]

◇出版流通メディア資料集成　2（戦時日本出版配給機関誌編）第9巻　柴野京子編・解題　金沢　金沢文圃閣　2014.1　358p　22cm　（文圃文献類従 32）〈解題：牧義之　複製　内容：『新刊弘報』(1943年10月21日―12月21日)〉　Ⓘ978-4907236-04-5(set)　Ⓝ023.06　[22000円]

◇出版流通メディア資料集成　2（戦時日本出版配給機関誌編）第10巻　柴野京子編・解題　金沢　金沢文圃閣　2014.5　414p　22cm　（文圃文献類従 32）〈解題：牧義之　複製　内容：『新刊弘報』(1944年1月1日―4月11日)〉　Ⓘ978-4-907236-05-2(set)　Ⓝ023.06　[22000円]

◇出版流通メディア資料集成　2（戦時日本出版配給機関誌編）第11巻　柴野京子編・解題　金沢　金沢文圃閣　2014.5　390p　22cm　（文圃文献類従 32）〈解題：牧義之　複製　内容：『出版弘報』(1944年5月1日―9月21日)〉　Ⓘ978-4-907236-05-2(set)　Ⓝ023.06　[22000円]

◇出版流通メディア資料集成　2（戦時日本出版配給機関誌編）第12巻　柴野京子編・解題　金沢　金沢文圃閣　2014.5　398p　22cm　（文圃文献類従 32）〈解題：牧義之　複製　内容：『出版弘報』(1944年10月1日―1946年5月1日)〉　Ⓘ978-4-907236-05-2(set)　Ⓝ023.06　[22000円]

日本（出版目録）

◇出版年鑑　2013-1　資料・名簿　出版年鑑編集部編　出版ニュース社　2013.6　587,341,690p　26cm　〈索引あり〉　Ⓘ978-4-7852-0148-7(set)　Ⓝ025.1

◇出版年鑑　2013-2　目録・索引　出版年鑑編集部編　出版ニュース社　2013.6　1935p　26cm　Ⓘ978-4-7852-0148-7(set)　Ⓝ025.1

◇出版年鑑　2014-1　資料・名簿　出版年鑑編集部編　出版ニュース社　2014.7　594,338,705p　26cm　〈索引あり〉　Ⓘ978-4-7852-0152-4(set)　Ⓝ025.1

◇出版年鑑　2014-2　目録・索引　出版年鑑編集部編　出版ニュース社　2014.7　2087p　26cm　Ⓘ978-4-7852-0152-4(set)　Ⓝ025.1

◇BOOK PAGE本の年鑑　2014　日外アソシエーツ／編　日外アソシエーツ，紀伊國屋書店［発売］　2014.4　2冊（セット）　26cm　Ⓘ978-4-8169-2466-8　[22000円]

◇ロングセラー目録―棚づくりに役立つ　2013年版　書店新風会編　[東京]　書店新風会　2013.3　229, 41p　21cm　〈読書人（発売）〉　Ⓘ978-4-924671-25-6　Ⓝ025.9　[4000円]

◇ロングセラー目録―棚づくりに役立つ　2014年版　書店新風会編集　[東京]　書店新風会　2014.3　247, 38p　21cm　〈読書人（発売）　索引あり〉　Ⓘ978-4-924671-26-3　Ⓝ025.9　[4000円]

日本（出版目録―歴史―江戸時代）

◇元禄・正徳板元別出版書総覧　市古夏生編　勉誠出版　2014.11　748, 77p　22cm　〈索引あり〉　Ⓘ978-4-585-22102-9　Ⓝ025.1　[15000円]

日本（主婦）

◇奥さまは愛国　北原みのり, 朴順梨著　河出書房新社　2014.2　237p　19cm　〈内容：「従軍慰安婦はウソ！」と叫ぶ奥さま達（朴順梨著）　愛国女性の闘い方（北原みのり著）　真の日本人であるために（朴順梨著）　被害者意識を許さない（北原みのり著）　朝鮮学校と民族の誇り（朴順梨著）　日教組を攻撃する愛国女性（朴順梨著）　天皇の玄孫と日本女子（北原みのり著）　日本の母と皇居（北原みのり著）　ウヨク女子と『戦争論』（北原みのり著）　マイノリティの私と愛国（朴順梨著）〉　Ⓘ978-4-309-24649-9　Ⓝ311.3　[1400円]

◇「主婦の気分」マーケティング―「商品づくり」「売場づくり」の新しい価値観　大給近憲著　商業界　2014.2　223p　19cm　Ⓘ978-4-7855-0463-2　Ⓝ675.2　[1500円]

◇主婦40歳、復職めざしてます　現代洋子著　KADOKAWA　2014.3　139p　21cm　（メディアファクトリーのコミックエッセイ）　Ⓘ978-4-04-066365-4　Ⓝ366.38　[950円]

◇専業主婦になりたい女たち　白河桃子著　ポプラ社　2014.12　250p　18cm　（ポプラ新書 049）〈「専業主婦に、なりたい!?」（講談社 2011年刊）の改題、加筆、修正〉　Ⓘ978-4-591-14252-3　Ⓝ367.3　[780円]

日本（樹木）

◇群馬直美の木の葉と木の実の美術館　群馬直美絵・文　世界文化社　2014.10　159p　23cm　〈「木の葉の美術館」(1998年刊)と「木の実の宝石箱」(2002年刊)の改題, 合本〉　Ⓘ978-4-418-14235-4　Ⓝ653.21　[2200円]

◇東日本・名木巡歴　続　近藤一彦, 近藤早苗著　弘報印刷　2014.9　303p　30cm　Ⓝ653.21

◇人と樹木の民俗世界―呪用と実用への視角　野本寛一, 三国信一著　大河書房　2014.1　289p　22cm　〈内容：アカメガシワ（三国信一著）　ヌルデ（三国信一著）　桐（野本寛一著）　針葉樹（野本寛一著）〉　Ⓘ978-4-902417-32-6　Ⓝ382.1　[4600円]

◇拾って探そう落ち葉とドングリ松ぼっくり　平野隆久写真, 片桐啓子文　山と溪谷社　2014.2　175p　26cm　〈索引あり「拾って楽しむ紅葉と落ち葉」(2001年刊)と「探して楽しむドングリと松ぼっくり」(2001年刊)の合本〉　Ⓘ978-4-635-06327-4　Ⓝ653.21　[2200円]

◇森のさんぽ図鑑　長谷川哲雄著　築地書館　2014.3　158p　21cm　〈文献あり　索引あり〉　Ⓘ978-4-8067-1473-6　Ⓝ653.21　[2400円]

◇災いを乗り越えた植物たち―平成25年度神代植物公園特別企画展　2　関東大震災から90年災いを語り継ぐ植物たち　東京都公園協会神代植物公園サービスセンター編　調布　東京都公園協会神代植物公園サービスセンター　2014.2　37p　30cm　（東京都立神代植物公園特別企画展小冊子）〈会期・会場：2013年8月20日―9月8日　東京都立神代植物公園植物会館1階展示室〉　Ⓝ653.21

日本件名図書目録2014　I　　　　　　　　　　　　　　　　　　　　　　日本（書―歴史―中世）

日本（樹木―写真集）

◇日本の巨樹―1000年を生きる神秘　高橋弘著　宝島社　2014.8　143p　21cm〈文献あり〉①978-4-8002-2942-7　Ⓝ653.21［1600円］

日本（樹木―図集）

◇落ち葉の呼び名事典―散歩で見かける：Fallen and Still Lovely　亀田龍吉写真・文　世界文化社　2014.10　127p　21cm〈文献あり　索引あり〉①978-4-418-14424-2　Ⓝ653.21［1500円］

◇里山の花木ハンドブック―四季を彩る華やかな木々たち　多田多恵子著　NHK出版　2014.4　255p　19cm〈文献あり　索引あり　写真：平野隆久〉①978-4-14-040268-9　Ⓝ653.21［2200円］

◇樹木の葉―実物スキャンで見分ける1100種類：画像検索　林将之解説・写真　山と溪谷社　2014.4　759p　21cm（山溪ハンディ図鑑　14）〈文献あり　索引あり　表紙のタイトル：LEAVES OF TREE〉①978-4-635-07032-4　Ⓝ477.021［4540円］

◇樹木見分けのポイント図鑑　畔上能力，菱山忠三郎，西田尚道監修，林弥栄総監修，石川美枝子イラスト　新装版　講談社　2014.9　335p　18cm〈文献あり　索引あり〉①978-4-06-219128-9　Ⓝ477.021［1400円］

◇葉っぱで調べる身近な樹木図鑑―この木なんの木？：実物大で分かりやすい！　林将之著　増補改訂版　主婦の友社　2014.10　207p　21cm〈文献あり　索引あり〉①978-4-07-296437-8　Ⓝ653.21［1500円］

◇葉っぱで見わけ五感で楽しむ樹木図鑑　林将之監修，ネイチャー・プロ編集室編著　ナツメ社　2014.4　319p　19cm〈文献あり　索引あり〉①978-4-8163-5590-5　Ⓝ653.21［1380円］

日本（狩猟）

◇伊藤博文文書　第109巻　秘書類纂営業　1　伊藤博文［著］，伊藤博文文書研究会監修，檜山幸夫総編集　川島淳編集・解題　ゆまに書房　2014.7　370p　22cm〈宮内庁書陵部所蔵の複製〉①978-4-8433-2641-1,978-4-8433-2532-2（set）Ⓝ312.1［16000円］

◇狩猟始めました―新しい自然派ハンターの世界へ　安藤啓一，上田泰正著　山と溪谷社　2014.12　205p　18cm（ヤマケイ新書　YS007）①978-4-635-51018-9　Ⓝ659［800円］

◇日本人は、どんな肉を喰ってきたのか？　田中康弘著　枻出版社　2014.4　175p　21cm①978-4-7779-3161-3　Ⓝ384.35［1500円］

◇わたし、解体はじめました―狩猟女子の暮らしづくり　畠山千春著　木楽舎　2014.4　189p　21cm①978-4-86324-073-5　Ⓝ659［1500円］

日本（狩猟―歴史―古代）

◇古代食料獲得の考古学　種石悠著　同成社　2014.9　325p　22cm〈内容：生業研究のあゆみ　生業研究の成果　生業の考古学研究の課題　古代大型魚漁の文化・社会的意義　律令期東北地方北部の釣漁技術の独自性　内水面漁撈体系の模式化　内水面漁撈の実態と古代社会　古代内水面漁撈の事例　中央高地の古代網漁と内陸漁撈の独自性　狩猟体系の模式化　狩猟具の民族考古学　古墳時代の弓矢猟　古代堅果類利用の研究史　堅果類利用習俗の諸事例　堅果類利用技術の復元　古代食料獲得　古代食料獲得と環境、他生業との相互作用　古代食料獲得と社会の動向　古代食料獲得の意義の多様化と重層化　古代食料獲得研究の課題〉①978-4-88621-671-7　Ⓝ210.025［6500円］

日本（手話）

◇新しい手話―わたしたちの手話　2015　全国手話研修センター日本手話研究所「標準手話確定普及研究部」手話確定，全日本ろうあ連盟編　全日本ろうあ連盟　2014.12　95p　21cm①978-4-904639-11-5　Ⓝ369.276［800円］

◇手話を学ぼう手話で話そう―手話奉仕員養成テキスト　京都　全国手話研修センター　2014.1　139p　30cm〈全日本ろうあ連盟（発売）厚生労働省手話奉仕員養成カリキュラム対応〉①978-4-902158-39-7　Ⓝ369.276［3000円］

◇手話で福音を伝えよう　小嶋三義著　キリスト教視聴覚センター　2014.7　95p　26cm〈索引あり〉①978-4-906401-81-9　Ⓝ193.6［1500円］

◇聴さんと学ぼう！―今すぐはじめる手話テキスト　市民向け手話学習テキスト編集委員会編　全日本ろうあ連盟　2014.9　63p　21cm①978-4-904639-10-8　Ⓝ369.276［900円］

◇はじめての手話―初歩からやさしく学べる手話の本　木村晴美，市田泰弘著　改訂新版　生活書院　2014.8　199p　21cm〈索引あり　初版：日本文芸社　1995年刊〉①978-4-86500-027-6　Ⓝ369.276［1500円］

日本（手話―辞書）

◇わたしたちの手話学習辞典　2　『わたしたちの手話』再編制作委員会編集、全国手話研修センター日本手話研究所手話監修　全日本ろうあ連盟　2014.6　56,553p　21cm〈索引あり　1までの出版者：全日本ろうあ連盟出版局〉①978-4-904639-09-2　Ⓝ369.276［2600円］

日本（手話通訳―法令）

◇全国手話通訳問題研究会情勢資料集―聴覚障害者福祉の向上と手話通訳制度の確立をめざして　全国手話通訳問題研究会企画・編集　京都　全国手話通訳問題研究会　2014.8　107p　Ⓝ369.276

日本（循環型社会―世論）

◇農山漁村に関する世論調査　平成26年6月調査　［東京］　内閣府大臣官房政府広報室　［2014］　297p　30cm〈世論調査報告書〉〈附録：循環型社会形成に関する世論調査〉Ⓝ611.9

日本（殉教者―歴史―安土桃山時代）

◇海峡の十字架―松前の百六人殉教　若林滋著　札幌　中西出版　2014.3　308p　19cm〈年表あり　文献あり〉①978-4-89115-293-2　Ⓝ198.221［1800円］

日本（殉教者―歴史―江戸時代）

◇海峡の十字架―松前の百六人殉教　若林滋著　札幌　中西出版　2014.3　308p　19cm〈年表あり　文献あり〉①978-4-89115-293-2　Ⓝ198.221［1800円］

日本（書―雑誌―書目）

◇書道雑誌文献目録　宮澤昇編著　木耳社　2014.7　1268p　27cm〈著作目録あり　索引あり〉①978-4-8393-1170-4　Ⓝ728.031［20000円］

日本（書―書跡展）

◇現代の書―新春特別展　日本書道美術館編　教育書道出版協会　2014.1　47p　30cm〈会期：平成26年1月15日―2月23日　開館四十周年記念〉Ⓝ728.8

◇玄土社輯録　27／玄土社書展　2013　玄土社監修　金沢　玄土社　2014.3　74p　図版［15］枚　31cm〈会期・会場：2014年3月15日―17日　石川県立美術館　付属資料：1冊：日本前衛書南砺展〉Ⓝ728.8

◇襷墨書院展作品集　第51回　東根　襷墨書院　2014.7　147p　30cm〈会期・会場：平成26年7月9日―13日　山形美術館　標題紙・表紙のタイトル：襷墨書院展〉Ⓝ728.8

◇Tokyo書―公募団体の今　2014　東京都美術館編　東京都美術館　2014.1　111p　30cm〈会期・会場：平成26年1月4日―16日　東京都美術館公募展示室ロビー階第1ほか〉Ⓝ728.8

◇日展の書―改組新第五科　第1回　2014　日展編　日展　2014.11　186p　30cm〈表紙のタイトル：書　編集代表：土屋禮一〉①978-4-904474-54-9　Ⓝ728.8［3200円］

◇日本書道美術館展―第40回記念　日本書道美術館編　教育書道出版協会　2013.7　154p　30cm〈会期：平成25年7月3日―8月18日〉Ⓝ728.8

◇日本書道美術館展　第41回／書道大学優秀作品展―平成25年度専攻科・大学院修了大学卒業制作より　日本書道美術館編　教育書道出版協会　2014.7　147p　30cm〈会期：平成26年7月3日―8月20日ほか〉Ⓝ728.8

◇日本書道美術館四十年の歩み―開館四十周年記念秋季特別展　日本書道美術館編　教育書道出版協会　2013.11　80p　30cm〈会期：平成25年10月23日―12月8日〉Ⓝ728.8

◇日本美術百科辞ى典　巻3　筆墨のパワー―枯淡にして多彩墨色と運筆の妙に日本美の粋を観賞する　帆風美術館編、臼居惣右衛門監修　［八戸］　帆風美術館　2013.4　82p　30cm　Ⓝ702.1

◇花の詩を書く　天来書院編　天来書院　2014.9　111p　21cm（輝くことば　1）①978-4-88715-278-6　Ⓝ728.8［1500円］

◇北燕―第三十回読売書法展　東根　襷墨書院本部　2014.1　81p　30cm〈書道研究「襷墨」〉〈会期・会場：平成25年11月13日―17日　山形美術館ほか　標題紙のタイトル：第三十回読売書法展作品集〉Ⓝ728.8

日本（書―歴史―中世）

◇和歌と仮名のかたち―中世古筆の内容と書様　別府節子著　笠間書院　2014.5　687p　23cm〈内容：新出の伝西行筆の古筆切二種　静真詠五十首和歌巻　京都国立博物館蔵「伏見天皇宸翰御歌集」〈五十五首〉について　「実兼集切」の考察　西園寺実兼関連の古筆資料　「松木切」の考察　「伏見宮三十首歌切」について　「金剛院切」に関する一考察　「金剛院切・類切」等に関する考察　「あがた切」に関する考察　「畠山切」について　「伝持雲明麁筆歌集切」に関する考察　「松梅院切・類切」に関する考察　「頓証寺法楽一日千首短冊」について　『慈鎮和尚三百年忌、五百年忌、五百五十年忌、六百年

日本（書—歴史—明治以後）　　　　　　　　　　　　　　　　　　日本件名図書目録2014　Ⅰ

忌和歌短冊帖」について　平安時代の仮名書様の変遷について　伝西行筆の古筆　平安の仮名、鎌倉の仮名　続歌と短冊　時代を映す仮名のかたち〉①978-4-305-70733-8　Ⓝ728.214　［12000円］

日本（書—歴史—明治以後）
◇孤高の書人會津八一　角田勝久著　長野　龍鳳書房　2014.3　332p　22cm〈索引あり　内容：會津八一の初期の書と良寛　呉昌碩への傾倒　山田正平・銭痩鉄との関係　扁額《壷中居》の位置づけ　北大路魯山人との対立　昭和十五年十一月の扁額について　會津八一の様本　様本の制作年と晩年の制作　かな書と歌　會津八一の書の意義〉①978-4-947697-47-9　Ⓝ728.216　［3500円］
◇政治家と書—近現代に於ける日本人の教養　松宮貴之著　雄山閣　2014.11　235p　19cm　①978-4-639-02336-4　Ⓝ728.216　［2400円］

日本（書—歴史—明治時代—書蹟集）
◇齋藤滄洲と文人の交遊—九十九里浜の網主文化　城西国際大学水田美術館編　東金　城西国際大学水田美術館　2013.10　48p　30cm〈文献あり　会期：平成25年10月1日—26日〉Ⓝ721.9

日本（省エネルギー）
◇CO₂削減ポテンシャル診断・対策提案事業委託業務報告書　平成25年度　［東京］　三菱総合研究所環境・エネルギー研究本部　2014.3　1冊　30cm　Ⓝ519.3
◇電力・ガス・エネルギーサービス市場戦略総調査　2014　エネルギーソリューション　東京マーケティング本部第二統括部第四部調査・編集　富士経済　2013.12　272p　30cm　①978-4-8349-1659-1　Ⓝ540.921　［97000円］

日本（荘園—歴史—中世）
◇荘園の景観と絵図—'14夏季特別展（第48回）　和歌山市立博物館編　［和歌山］　和歌山市教育委員会　2014.7　96p　30cm〈会期：平成26年7月19日—8月24日〉Ⓝ210.4

日本（障害児教育）
◇命輝け—見えない糸につながれたいくつかの奇跡　馬場やすとも著　文芸社　2014.11　127p　20cm　①978-4-286-15388-9　Ⓝ378.021　［1100円］
◇経験としての「障害児教育」　保関建典著　文芸社　2014.10　366p　19cm　①978-4-286-15319-3　Ⓝ378　［1500円］
◇自分の力を発揮し、生き生きとした姿をめざすキャリア教育の実践—子どもの将来を見据えた指導をめざして　1年次/3年間　埼玉大学教育学部附属特別支援学校編　さいたま　埼玉大学教育学部附属特別支援学校　2014.3　83p　30cm（研究集録41（2013年度））Ⓝ378.6
◇障害児教育という名に値するもの—子ども、教師、家庭をつなぐ実践　三木裕和著　全国障害者問題研究会出版部　2014.7　158p　21cm　①978-4-88134-285-5　Ⓝ378　［1800円］
◇シンポジウム「もっと知ろう、デイジー教科書を！」報告書　平成24年度　日本障害者リハビリテーション協会情報センター　2013.3　79p　30cm〈会期・会場：平成25年2月3日　戸山サンライズ大研修室　平成24年度独立行政法人福祉医療機構社会福祉振興助成事業　奥付のタイトル：「デイジーによる学習と社会参加支援事業」報告書〉Ⓝ378
◇戦後障害児保育・教育における実践記録映像のアーカイブ化に関する研究—大野松雄と『光の中に子供たちがいる』を中心に　奈良　戦後障害児教育福祉実践記録史研究会　2014.5　155p　30cm（放送文化基金研究助成報告書　2013年度）Ⓝ378.021
◇デイジー活用事例集　日本障害者リハビリテーション協会情報センター　2013.3　49p　26cm〈平成24年度独立行政法人福祉医療機構社会福祉振興助成事業「デイジーによる学習と社会参加支援事業」〉Ⓝ378
◇発達をつむぐ—教育と療育のための試論　白石正久文・写真　全国障害者問題研究会出版部　2014.8　167p　21cm〈内容：療育に求められるもの　療育における指導とは何か　子どもが意味や価値を発見できる教育　教材研究に発達の視点を生かす　発達の過程と指導の視点〉①978-4-88134-325-8　Ⓝ378　［2000円］

日本（障害児教育—歴史—明治以後）
◇障害児教育福祉の歴史—先駆的実践者の検証　小川英彦著　大津　三学出版　2014.5　129p　21cm〈年表あり　索引あり　内容：石井亮一の白痴教育の実践　小林佐源治の劣等児教育の実践　杉田直樹の治療教育の実践　近藤益雄の学力保障の実践　小林提樹の重症心身障害児の実践　三木安正の障害児保育の実践〉①978-4-903520-87-2　Ⓝ378.6　［1800円］
◇特別支援教育・福祉年史集成　第1巻　津曲裕次監修　日本図書センター　2014.9　1冊　27cm〈「光明の50年」（東京都立光

明養護学校　昭和57年刊）の複製　「「あゆみ」愛育養護学校50年史」（愛育学園愛育養護学校　平成19年刊）の複製ほか　内容：光明50年（東京都立光明養護学校編）「あゆみ」愛育養護学校50年史（愛育学園愛育養護学校編）　藤倉学園90年史（藤倉学園編）〉①978-4-284-30751-2,978-4-284-30750-5（set）Ⓝ378
◇特別支援教育・福祉年史集成　第2巻　津曲裕次監修　日本図書センター　2014.9　123,137,120p　27cm〈「創立100周年記念誌」（青森県立八戸聾・聾学校創立100周年記念事業協賛会　平成2年刊）の複製　「創立40周年記念誌」（岩手県立盛岡養護学校創立40周年記念事業実行委員会　平成15年刊）の複製ほか　内容：創立100周年記念誌（青森県立八戸盲学校、青森県立八戸聾学校編）　創立40周年記念誌（創立40周年記念誌作成係編）　北海道小樽聾学校創立百周年記念誌（北海道小樽聾学校編）〉①978-4-284-30752-9,978-4-284-30750-5（set）Ⓝ378
◇特別支援教育・福祉年史集成　第3巻　津曲裕次監修　日本図書センター　2014.9　263,160p　27cm〈「20年誌」（国立秩父学園　昭和55年刊）の複製　「百年のあゆみ」（福島県立盲学校　1998年刊）の複製　内容：20年誌（秩父学園編）　百年のあゆみ：福島県立盲学校創立　福島県立盲学校編　百周年記念誌（創立百周年記念誌部会編）〉①978-4-284-30753-6,978-4-284-30750-5（set）Ⓝ378
◇特別支援教育・福祉年史集成　第4巻　津曲裕次監修　日本図書センター　2014.9　104,220,175p　27cm〈「整肢療護園のあゆみ」（整肢療護園　昭和36年刊）の複製　「整肢療護園同窓会四十周年記念誌　「おせんち山」57号」（整肢療護園同窓会　平成8年刊）の複製　内容：整肢療護園のあゆみ（整肢療護園編）　整肢療護園同窓会四十周年記念誌「おせんち山」57号（整肢療護園同窓会編）〉①978-4-284-30754-3,978-4-284-30750-5（set）Ⓝ378
◇特別支援教育・福祉年史集成　第5巻　津曲裕次監修　日本図書センター　2014.9　192,71,127p　27cm〈「桐が丘五十周年誌」（筑波大学附属桐が丘特別支援学校　平成20年刊）の複製　「学校三十年誌」（国立久里浜養護学校　平成15年刊）の複製　内容：桐が丘五十周年誌（筑波大学附属桐が丘特別支援学校編）　学校三十年誌（久里浜養護学校編）　開設50周年記念誌（鉄道弘済会総合福祉センター「弘済学園」編）〉①978-4-284-30755-0,978-4-284-30750-5（set）Ⓝ378

日本（障害児福祉）
◇生きることが光になる—重症児者福祉と入所施設の将来を考える　國森康弘,日浦美智江,中村隆一,大塚晃,びわこ学園編著　京都　クリエイツかもがわ　2014.2　202p　21cm〈年譜あり〉①978-4-86342-131-8　Ⓝ369.49　［2000円］
◇医療的ケア児者の地域生活保障—特定〈第3号〉研修を全国各地に拡げよう　高木憲司,杉本健郎,医療的ケアネット編著　京都　クリエイツかもがわ　2014.12　149p　21cm〈在宅・地域で生きる支える〉〈内容：医療的ケアの歴史と特定対象〈第3号〉研修の法制化（杉本健郎著）「法制化」へのプロセス（高木憲司著）　研修登録機関申請のプロセスと自治体の対応（武村厚志著）　第3号研修の実際と工夫（出島直著）　実地研修のやり方（本並奈津著）　指導看護師等をいかに増やすか。その条件と登録の仕方（篠原文浩著）　適切な試験問題の作成について（江川文誠著）　第3号研修での医師、看護師の役割と連携（杉本健郎著）　第3号研修にかかわる研修費の支援（石井和孝著）　教員養成系大学の登録研修機関への登録について（下川和洋著）　医療的ケアに市民権を！（乾勝彦著）　民間の第3号研修機関の立ち上げから軌道に乗るまで（伊藤佳世子著）　自主研修事業からスタート、離島までを視野に（鈴木恵著）　略痰吸引等研修〈第3号研修〉の現状と課題（下川和洋著）　法制化以前の蓄積と第3号研修の進捗状況（江川文誠著）　登録研修機関連絡会で統一的な研修（篠原文浩著）　乙訓圏域障がい者自立支援協議会「医療ケア委員会」の取り組み（尾瀬順次著）〉①978-4-86342-150-9　Ⓝ369.49　［2400円］
◇家族支援体制整備事業の検証と家族支援の今後の方向性について—厚生労働省平成25年度障害者総合福祉推進事業報告書　名古屋　アスペ・エルデの会　2014.3　136p　30cm〈背の出版年月：平成25年3月〉Ⓝ369.49
◇障害児通所支援の今後の在り方に関する調査研究報告書　［小郡］　全国児童発達支援協議会　2014.3　286p　30cm〈厚生労働省平成25年度障害者総合福祉推進事業〉Ⓝ369.49

日本（障害児福祉—歴史—明治以後）
◇障害児教育福祉の歴史—先駆的実践者の検証　小川英彦著　大津　三学出版　2014.5　129p　21cm〈年表あり　索引あり　内容：石井亮一の白痴教育の実践　小林佐源治の劣等児教育の実践　杉田直樹の治療教育の実践　近藤益雄の学力保障の実践　小林提樹の重症心身障害児の実践　三木安正の障害児保育の実践〉①978-4-903520-87-2　Ⓝ378.6　［1800円］
◇特別支援教育・福祉年史集成　第1巻　津曲裕次監修　日本図書センター　2014.9　1冊　27cm〈「光明の50年」（東京都立光明養護学校　昭和57年刊）の複製　「「あゆみ」愛育養護学校50

年史」(愛育学園愛育養護学校 平成19年刊)の複製ほか 内容:
光明50年(東京都立光明養護学校編)「あゆみ」愛育養護学校
50年史(愛育学園愛育養護学校編) 藤倉学園90年史(藤倉学
園編)〉①978-4-284-30751-2,978-4-284-30750-5(set)Ⓝ378

◇特別支援教育・福祉年史集成 第2巻 津曲裕次監修 日本図
書センター 2014.9 123,137,120p 27cm〈「創立100周年記
念誌」(青森県立八戸盲・聾学校創立100周年記念事業協賛会
平成24年刊)の複製 「創立40周年記念誌」(岩手県立盛岡養護
学校創立40周年記念事業実行委員会 平成15年刊)の複製ほか
内容:創立100周年記念誌(青森県立八戸盲学校,青森県立八戸
聾学校編) 創立40周年記念誌(創立40周年記念誌作成係編)
北海道小樽聾学校創立百周年記念誌(北海道小樽聾学校編)〉
①978-4-284-30752-9,978-4-284-30750-5(set) Ⓝ378

◇特別支援教育・福祉年史集成 第3巻 津曲裕次監修 日本図
書センター 2014.9 263,160p 27cm〈「20年誌」(国立秩父
学園 昭和55年刊)の複製 内容:20年誌(秩父学園編) 百年のあゆ
み:福島県立盲学校創立 福島県盲人教育創始 百年記念
誌(創立百周年記念誌部会編)〉①978-4-284-30753-6,978-4-
284-30750-5(set) Ⓝ378

◇特別支援教育・福祉年史集成 第4巻 津曲裕次監修 日本図
書センター 2014.9 104,220,175p 27cm〈「整肢療護園のあ
ゆみ」(整肢療護園 昭和36年刊)の複製 「整肢療護園同窓会
四十周年記念誌「おせんち山」57号」(整肢療護園同窓会 平
成8年刊)の複製ほか 内容:整肢療護園のあゆみ(整肢療護園
編) 整肢療護園同窓会四十周年記念誌「おせんち山」57号(整
肢療護園同窓会編)〉①978-4-284-30754-3,978-4-284-30750-5
(set) Ⓝ378

◇特別支援教育・福祉年史集成 第5巻 津曲裕次監修 日本図
書センター 2014.9 192,71,127p 27cm〈「桐が丘五十周年
誌」(筑波大学附属桐が丘特別支援学校 平成20年刊)の複製
「学校三十年誌」(国立久里浜養護学校 平成15年刊)の複製ほか
内容:桐が丘五十周年誌(筑波大学附属桐が丘特別支援学校
編) 学校三十年誌(久里浜養護学校編) 開設50周年記念誌
(鉄道弘済会総合福祉センター「弘済学園」編)〉①978-4-
284-30755-0,978-4-284-30750-5(set) Ⓝ378

日本（障害者虐待）

◇当事者と家族からみた障害者虐待の実態―数量的調査が明か
す課題と方策 増田公香著 明石書店 2014.7 242p 22cm
〈文献あり〉①978-4-7503-4026-5 Ⓝ369.27［3500円］

日本（障害者教育）

◇これでわかる発達障がいのある子の進学と就労 松為信雄,奥
住秀之監修 成美堂出版 2014.11 159p 22cm ①978-4-
415-31855-4 Ⓝ369.4［1300円］

◇大学、短期大学及び高等専門学校における障害のある学生の修
学支援に関する実態調査結果報告書 平成25年度 日本学生
支援機構学生生活部障害学生支援課 2014.3 129p 30cm
Ⓝ378.021

◇知のバリアフリー―「障害」で学びを拡げる 嶺重慎,広瀬浩
二郎編 京都 京都大学学術出版会 2014.12 268p 21cm
〈文献あり〉内容:高等教育のユニバーサルデザイ
ン化を目指して(佐野眞理子著) 支援の場から学びのコミュニ
ティへ(村田淳著) 障害学生支援と障害者政策(石川准著)
聴覚障害学生支援の最先端(河原達也著) 学びあいと支えあ
いの原点(新納как著) 盲学校における視覚障害者の学習(広
藤利三著) 博物館とバリアフリー(大野照文著) 触って楽
しむ天文学(嶺重慎著) 共生社会を創る(広瀬浩二郎著)〉
①978-4-87698-542-5 Ⓝ378.021［2400円］

◇みなさんありがとう!―一発達障害のある子どもの入園・入学・
進学・就職 吉松靖文監修,愛媛県高機能自閉症・アスペル
ガー症候群親の会ダンボクラブ[編]［松山］愛媛県高機能
自閉症・アスペルガー症候群親の会ダンボクラブ 2013.3
76p 30cm〈(先生、ありがとう! vol. 3)〉〈平成24年度愛
媛県「三浦保」愛基金社会福祉分野助成事業〉Ⓝ369.4

◇山尾庸三―日本の障害者教育の魁 松岡秀隆著 福崎町(兵庫
県) 松岡秀隆 2014.5 125p 19cm〈交友プランニングセン
ター/友月書房(制作)〉①978-4-87787-617-3 Ⓝ378.021
［2000円］

日本（障害者教育―1945～）

◇川田貞治郎の「教育的治療学」の体系化とその教育的・保護的
性格に関する研究―小田原家庭学園における着想から藤倉学
園における実践まで 高野聡子著 大空社 2013.11 249p
22cm〈文献あり〉①978-4-283-00800-7 Ⓝ378.6［6500円］

日本（障害者教育―歴史―1945～）

◇戦後日本の特別支援教育と世相 渡邉健治,宮崎英憲監修 ジ
アース教育新社 2014.4 283p 26cm ①978-4-86371-260-7
Ⓝ378.021［2600円］

日本（障害者雇用）

◇企業と非営利法人等との協業による障害者雇用の可能性を検
討するための研究―全国的な実態の把握と可能性の検討 高
齢・障害・求職者雇用支援機構障害者職業総合センター編 千
葉 高齢・障害・求職者雇用支援機構障害者職業総合センター
2014.4 113p 30cm （資料シリーズ no. 83）Ⓝ366.28

◇高次脳機能障害者と働く―確かな理解と適切な配慮で、ともに
働く職場環境づくり 千葉 高齢・障害・求職者雇用支援機構
2014.3 80p 30cm （障害者雇用マニュアル コミック版 6)
Ⓝ366.28

◇幸せな職場のつくり方―障がい者雇用で輝く52の物語 坂本
光司,坂本光司研究室著 鹿児島 ラグーナ出版 2014.5
287p 19cm ①978-4-904380-30-7 Ⓝ336.28［1500円］

◇障がい者をはじめとする就職困難者のはたらく場を確保でき
る入札制度の調査・研究報告書 大阪 大阪知的障害者雇用
促進建物サービス事業協同組合 2014.3 202p 30cm〈厚生
労働省平成25年度セーフティネット支援対策等事業(社会福祉
推進事業)〉Ⓝ366.28

◇障害のある労働者の職業サイクルに関する調査研究 第3期
高齢・障害・求職者雇用支援機構障害者職業総合センター編
千葉 高齢・障害・求職者雇用支援機構障害者職業総合セン
ター 2014.5 245p 30cm （調査研究報告書 no. 118)
〈内容:第3回職業生活前期調査(平成24年度) 第3回職業生活
後期調査(平成25年度)〉Ⓝ366.28

◇人事課桐野優子 竹内圭著 広島 ザメディアジョン 2014.
2 167p 19cm ①978-4-86250-289-6 Ⓝ366.28［1000円］

◇調査研究報告書サマリー 平成25年度 高齢・障害・求職者
雇用支援機構障害者職業総合センター編 千葉 高齢・障害・
求職者雇用支援機構障害者職業総合センター 2014.4 51p
30cm Ⓝ366.28

◇初めての障害者雇用の実務 障害者雇用企業支援協会編 中
央経済社 2014.3 253p 21cm〈索引あり〉①978-4-502-
09190-2 Ⓝ366.28［2800円］

日本（障害者サービス［図書館］）

◇障害者サービスと著作権法 日本図書館協会障害者サービス
委員会,著作権委員会編 日本図書館協会 2014.9 131p
19cm（JLA図書館実践シリーズ 26）〈文献あり 索引あり〉
①978-4-8204-1409-4 Ⓝ015.17［1600円］

日本（障害者スポーツ）

◇『健常者と障害者のスポーツ・レクリエーション活動連携推進
事業(地域における障害者のスポーツ・レクリエーション活動
に関する調査研究)』報告書 笹川スポーツ財団 2013.3
195p 30cm〈文部科学省委託調査〉Ⓝ780.21

◇人事課桐野優子 竹内圭著 広島 ザメディアジョン 2014.
2 167p 19cm ①978-4-86250-289-6 Ⓝ366.28［1000円］

◇スポーツ・レクリエーションの新たな可能性―障がいのある人
もない人も、共に生きる社会へのアプローチ:平成24年度事業
報告書 ［東京］日本レクリエーション協会 2013.3 182p
30cm〈文部科学省委託事業,平成24年度健常者と障害者のス
ポーツ・レクリエーション活動連携推進事業(健常者と障害者
のスポーツ・レクリエーション活動に関する連携実践研究)〉
Ⓝ780.21

◇「地域型障害者スポーツのあり方検討」事業報告書 神戸 神
戸市社会福祉協議会障害者スポーツ振興センター 2014.3
117p 30cm〈平成25年度厚生労働省総合福祉推進事業 共同
刊行:神戸市社会福祉協議会〉Ⓝ780.21

日本（障害者福祉）

◇生き抜くことは拓くこと―障害と向き合いながらの出会い録
勝又和夫著 さいたま やどかり出版 2013.7 226p 22cm
〈年表あり〉①978-4-904185-24-7 Ⓝ369.27

◇意思疎通支援実態調査事業報告書 意思疎通支援実態調査事
業検討委員会編 全日本ろうあ連盟 2014.3 243p 30cm
〈厚生労働省平成25年度障害者総合福祉推進事業〉Ⓝ369.27

◇「基幹相談支援センターの実態と在り方に関する調査研究」報
告書 長野 長野県相談支援専門員協会 2014.3 131p
30cm〈平成25年度厚生労働省障害者総合福祉推進事業 背の
タイトル:「基幹相談支援センターの実態と在り方に関する研
究」報告〉Ⓝ369.27

◇災害時要援護者の広域支援体制の検討と基盤づくり 災害福
祉広域支援ネットワーク・サンダーバード 2013.3 1冊
30cm〈平成24年度セーフティネット支援対策等事業費補助金
社会福祉推進事業〉Ⓝ369.3

◇弱者への想像力―今世紀/人類は最後の「人間の発見」に挑ん
でいる! 田中俊雄著 半田 一粒書房 2014.6 168p
21cm ①978-4-86431-292-9 Ⓝ369.27［1200円］

日本（障害者福祉—法令）　　　　　　　　　　　　　　　　　　　　　　　　　日本件名図書目録2014　I

◇障害者の地域生活支援のためのニーズ把握と提供体制の検討について　［鹿児島］　全国地域生活支援ネットワーク　［2014］　60p　30cm〈平成25年度障害者総合福祉推進事業〉Ⓝ369.27

◇障害者の地域生活支援のためのニーズ把握と提供体制の検討について—参考資料：アンケート調査　［鹿児島］　全国地域生活支援ネットワーク　［2014］　1冊　30cm〈平成25年度障害者総合福祉推進事業〉Ⓝ369.27

◇障害者福祉　竹端寛, 山下幸子, 尾﨑剛志, 圓山里子著　京都　ミネルヴァ書房　2014.2　203p　26cm　〈新・基礎からの社会福祉　4〉〈索引あり〉Ⓘ978-4-623-06967-5　Ⓝ369.27　［2500円］

◇障害者福祉論—障害者に対する支援と障害者自立支援制度　全国社会福祉協議会　2014.3　215p　26cm　〈社会福祉学習双書 2014 第4巻〉〈文献あり〉Ⓘ978-4-7935-1108-0　Ⓝ369.27　［2200円］

◇障害のある人とともにあゆむ相談支援　きょうされん広報・出版・情報委員会編集　きょうされん　2013.8　91p　21cm　〈KSブックレット No.19〉〈萌文社（発売）　内容：相談支援の現場から（大槻田潤子著）　ふたば福祉会の相談支援活動（山本峰代著）　当事者の声に耳を傾ける（池山美代子著）　相談支援をめぐる情勢と相談支援のあり方（水全和巳著）〉Ⓘ978-4-89491-257-1　Ⓝ369.27　［667円］

◇障害福祉サービス等従事者処遇状況等調査集計結果報告書　平成24年度　厚生労働省社会・援護局障害保健福祉部障害福祉課　2013.3　65p　30cm　Ⓝ369.27

◇障害保健福祉関係主管課長会議資料　26.3.7　厚生労働省社会・援護局［著］　［東京］　東京都社会福祉協議会　［2014］　566p　30cm　Ⓘ978-4-86353-190-1　Ⓝ369.27　［1600円］

◇自立生活運動史—社会変革の戦略と戦術　中西正司著　現代書館　2014.6　258p　19cm〈年表あり〉Ⓘ978-4-7684-3527-4　Ⓝ369.27　［1700円］

◇相談支援専門員のためのサービス等利用計画作成事例集—障害がある人の生活支援充実のために　大塚晃監修, 埼玉県相談支援専門員協会編集　中央法規出版　2014.1　131p　26cm　Ⓘ978-4-8058-3924-9　Ⓝ369.27　［2400円］

◇相談支援に係る業務実態調査報告書　東松山　日本相談支援専門員協会　2014.3　281p　30cm〈平成25年度厚生労働省障害者総合福祉推進事業　奥付のタイトル：「相談支援に係る業務実態調査」結果報告書」〉Ⓝ369.27

◇出会い、ふれあい、心の輪—平成26年度入賞作品集：心の輪を広げる体験作文障害者週間のポスター　［東京］　内閣府　2014.12　100p　26cm　Ⓝ369.27

◇バリアフリーのその先へ！—車いすの3・11　朝霧裕著　岩波書店　2014.6　145p　20cm　〈シリーズここで生きる〉Ⓘ978-4-00-028723-4　Ⓝ369.27　［1900円］

◇舞台芸術の鑑賞と表現における社会参加の課題と提言　［東京］　日本バリアフリー協会　2014.3　121p　31cm〈厚生労働省平成25年度障害者総合福祉推進事業　ルーズリーフ〉Ⓝ369.27

◇補装具費支給事務ガイドブック　テクノエイド協会企画部　2014.3　413p　26cm〈平成25年度障害者総合福祉推進事業補装具費支給制度の適切な理解と運用に向けた研修のあり方等に関する調査〉Ⓝ369.27

◇補装具費支給制度の適切な理解と運用に向けた研修のあり方等に関する調査事業報告書　テクノエイド協会　2014.3　314p　30cm〈厚生労働省平成25年度障害者総合福祉推進事業〉Ⓝ369.27

◇本人主体の「個別支援計画」ワークブック—ICF活用のすすめ　大阪障害者センター・ICFを用いた個別支援計画策定プログラム開発検討会編　京都　かもがわ出版　2014.1　125p　26cm　Ⓘ978-4-7803-0672-9　Ⓝ369.27　［2200円］

◇未来につなぐ療育・介護労働—生活支援と発達保障の視点から　北垣智基, 鴻上圭太, 藤本文朗編著　京都　クリエイツかもがわ　2014.9　259p　21cm〈内容：びわこ学園というところ（飯田京子著）　重症心身障害児者の療育実践（飯田京子著）　超重症・虚弱児者の療育実践（田村state和宏著）　重症心身障害児者への地域における支援（西島悟司著）　西宮すなご医療福祉センターのあゆみと療育実践（鴻上圭太著）　みずきさんのより良い生活のために（森裏みな子著）　ドリームハウスでの取り組み（田中研次, 森裏みな子著）　"その人らしい"暮らし（服部裕美著）　神経難病と向き合いながら自分を取り戻していった三郎さん（浦野喜代美著）　訪問介護とユリの花（藤本文朗, 小西由紀著）　「発達保障」と「介護」それぞれの考えかた（概念からみた共通性（北垣智基著）　事例から見出される発達保障・生活支援の視点と方法（鴻上圭太著）　療育労働のあゆみ

（鴻上圭太, 藤本文朗著）　介護労働のあゆみ（渋谷光美著）　療育（医療）分野の課題（杉本健郎著）　介護分野の課題（北垣智基著）　社会福祉労働の人材養成・研修の課題（藤井伸生著）　介護・療育労働者の腰痛問題（坪田和史著）　療育・介護の現場で働く人びとに期待するもの（河野勝行著）　介護と療育の福祉文化（池上惇著）〉Ⓘ978-4-86342-145-5　Ⓝ369.27　［2200円］

日本（障害者福祉—法令）

◇障害者総合支援六法　平成26年版　中央法規出版　2014.8　1冊　21cm〈索引あり〉Ⓘ978-4-8058-5054-1　Ⓝ369.27　［6800円］

◇福祉施設運営用詳解障害者総合支援法パーフェクトガイド—この1冊で法令はもちろん、指定基準から書式の書き方までしっかりわかる：事業者必携！　福祉行政法令研究会著　秀和システム　2014.2　398p　21cm　Ⓘ978-4-7980-4044-8　Ⓝ369.27　［2500円］

日本（障害者福祉—歴史—1945〜）

◇障害学のアイデンティティ—日本における障害者運動の歴史から　堀智久著　生活書院　2014.3　220p　22cm〈内容：〈反優生思想〉の視座の障害学　教育心理学者・実践者の教育保護改革　重症児の親の運動と施設拡充の政策論理　日本臨床心理学会における反専門職主義。1　専門職であることを超えて　日本臨床心理学会における反専門職主義。2　専門性の限定的な肯定あるいは資格の重視へ　先天性四肢障害児父母の会における障害認識の変容。1　「子どものありのまま」を認める運動へ　先天性四肢障害児父母の会における障害認識の変容。2　優生思想と向き合う　全体的考察〉Ⓘ978-4-86500-020-7　Ⓝ369.27　［3000円］

日本（障害認定）

◇交通事故後遺障害診断書　6　神経系統・胸腹部・脊柱　宮尾一郎著　京都　かもがわ出版　2014.8　175p　30cm　Ⓘ978-4-7803-0436-7　Ⓝ681.3　［3500円］

◇障害年金と診断書—障害基礎年金・障害厚生年金：診断書を作成される医師のための　平成25年7月版　年友企画　2013.7　182p　21cm　Ⓘ978-4-8230-1016-3　Ⓝ364.6　［1800円］

◇障害年金と診断書—障害基礎年金・障害厚生年金：診断書を作成される医師のための　平成26年7月版　年友企画　2014.7　185p　26cm　Ⓘ978-4-8230-1017-0　Ⓝ364.6　［1800円］

◇詳説後遺障害—等級認定と逸失利益算定の実務　北岡隆之, 八島宏平, 川谷良太郎著　創耕舎　2014.6　256p　21cm　Ⓘ978-4-9906515-3-4　Ⓝ681.3　［3300円］

日本（障害年金）

◇障害給付Q&A　服部年金企画編　改訂第6版　厚生出版情報企画　2013.8　334p　26cm〈一部改正障害認定基準〉Ⓝ364.6　［4600円］

◇障害年金・生活保護で不安なく暮らす本　房野和由著　ぱる出版　2014.9　191p　19cm　Ⓘ978-4-8272-0880-1　Ⓝ364.6　［1400円］

◇障害年金相談標準ハンドブック—事例に学ぶ請求代理の実務　障害年金実践研究会出版プロジェクトチーム著　日本法令　2014.7　839p　21cm〈文献あり　索引あり〉Ⓘ978-4-539-72379-1　Ⓝ364.6　［4600円］

◇障害年金というヒント—誰も知らない最強の社会保障：史上最強の社労士チームが徹底ガイド！　中井宏監修, 岩崎眞弓, 白石美佐子, 中川洋子, 中辻優, 吉原邦明共著　三五館　2014.4　187p　19cm　Ⓘ978-4-88320-608-7　Ⓝ364.6　［1200円］

◇障害年金と診断書—障害基礎年金・障害厚生年金：診断書を作成される医師のための　平成25年7月版　年友企画　2013.7　182p　21cm　Ⓘ978-4-8230-1016-3　Ⓝ364.6　［1800円］

◇障害年金と診断書—障害基礎年金・障害厚生年金：診断書を作成される医師のための　平成26年7月版　年友企画　2014.7　185p　26cm　Ⓘ978-4-8230-1017-0　Ⓝ364.6　［1800円］

◇障害年金のすべてがわかる障害年金制度の解説　厚生出版情報企画　2013.6　229p　26cm　Ⓘ978-4-901354-51-6　Ⓝ364.6　［3700円］

◇鈴木さんの障害年金物語—病気やケガで働けなくなったときに読む本　宇代謙治, 高橋裕典, 小岩千代子共著　日本法令　2014.6　260p　19cm　Ⓘ978-4-539-72370-8　Ⓝ364.6　［1700円］

◇精神科産業医が教える障害年金請求に必要な精神障害の知識と具体的対応—事例でなっとく！：統合失調症　うつ病　双極性障害　発達障害　宇佐見和哉著　日本法令　2014.1　273p　19cm〈文献あり〉Ⓘ978-4-539-72354-8　Ⓝ364.6　［2000円］

◇精神疾患にかかる障害年金申請手続完全実務マニュアル—受給資格のある人すべてに障害年金を！　塚越良也著　改訂版　日本法令　2014.9　500p　26cm　Ⓘ978-4-539-72387-6　Ⓝ364.6　［3300円］

◇はじめて手続きする人にもよくわかる障害年金の知識と請求手続ハンドブック　高橋裕典, 小嶋俊裕共著　改訂版　日本法

日本件名図書目録2014　Ⅰ　　　　　　　　　　　　　　　　　　　　　　　　　日本（証券市場）

令　2014.5　397p　26cm　①978-4-539-72366-1　Ⓝ364.6
［3200円］

日本（消火設備―法令）
◇絵とき消防設備技術基準早わかり　オーム社編　第12版
オーム社　2014.1　1672p　21cm〈索引あり〉①978-4-274-
50484-6　Ⓝ528.6　［5400円］
◇消防設備六法―消防設備士受験準備のための　平成26年度版
日本消防設備安全センター編　日本消防設備安全センター
2014.4　2161p　21cm〈消防設備早見表付，平成26年4月1日
現在〉Ⓝ528.6　［1950円］

日本（小学校）
◇新たな時代の知と豊かな人間性を育む学校経営　2　全国連合
小学校長会編　第一公報社　2014.5　224p　22cm（教育研
究シリーズ　第52集）〈内容：新たな時代の知と豊かな人間性
を育む学校経営（柿沼光夫著）　新たな時代の知を育む学校経営
（長井明善著）　未来を築く豊かな人間性を育む学校経営（佐
敷惠威子著）　信頼される学校経営と校長のリーダーシップ
（増田修次著）　新たな時代を拓く学校力の向上と経営戦略
（間和生著）「チーム」と「ワーク」（橋本和英著）　"行動こ
そ雄弁"校長が動けば風が起きる（大久保俊輝著）　授業研究を
通して高め合う人材育成（引間邦之著）　校内研究・研修を活
性化し，学校経営を高める（佐藤鉄司著）　組織的なカリキュラ
ム編成による学力向上（中村武弘著）　新たな時代の知を育む
創意ある教育課程と学校経営（倉光信一郎著）　国語科の学習
を中心とした言語活動を培う取組（渡辺惣市著）　運動する楽
しさと学ぶよろこびを感じる体育学習と学校経営（小野剛著）
小中一貫校ならではの特色ある学校経営を目指して（渕脇雅彦
著）　産学官の連携による大人とふれあうキャリア教育の推進
（菅澤行男著）　豊かな人間性を育む学校経営（太田充著）　一
人一人を大切にし，自尊感情を育む「慈愛の教育」の推進（平
田裕著）　話し合い活動の充実を軸にして信頼ある学校を創る
（皐正是著）　学校全体で取り組む特別支援教育（山中ともえ
著）　支援を要する児童の授業事例研究を通した校内支援体制
づくり（林哲治著）　家庭や地域とのつながりを大切にした学
校経営の展開（服部吉彦著）　フットワーク良く、地域と共に
歩む学校を目指して（市川成美著）「地域」や「家庭」と学校
をつなげる学校運営委員会（川畑敬三著）　地域の創意工夫を
生かした特色ある学校づくり（辻徳治著）　大規模災害から学
ぶ危機管理体制の在り方と学校経営（井上剛著）　地域を追わ
れた学校の取組（石井賢一著）　大規模災害の時こそ校長の力
量が問われる（平田秀三著）　郷育・協育・響育（仲松辰也著）〉
①978-4-88484-152-2　Ⓝ374　［1806円］
◇学校珍百景―「学校あるある」を問い直す　塩崎義明編著　学
事出版　2014.3　207p　19cm　①978-4-7619-2042-5　Ⓝ376.
21　［1600円］
◇「自前の学校づくり」をめざして―子どもたちとともに，仲間
とともに，地域とともに　和歌山県国民教育研究所「子どもと
学校づくり」研究班編著　和歌山　和歌山県国民教育研究所
2013.4　107p　21cm　Ⓝ374　［700円］

日本（小学校―名簿）
◇全国特色ある研究校便覧　平成26・27年度　全国連合小学校
長会編　第一公報社　2014.5　176p　21cm〈索引あり〉
①978-4-88484-121-8　Ⓝ376.21　［908円］

日本（小学校―歴史―明治時代）
◇明治の小学校―教育資料館にみる社会のすがた　古川修文著
三協社　2014.10　272p　21cm〈年表あり〉Ⓝ376.21
［2500円］

日本（商工―名簿）
◇明治大正期商工信用録　第6巻（大正4年　2）神奈川縣・静岡
縣・愛知縣・三重縣　クロスカルチャー出版　2014.6　1冊
27cm〈東京興信所大正4年5月　第32版　の複製　共通の付属資
料が5巻にあり〉①978-4-905388-77-7,978-4-905388-75-3
(set)　Ⓝ335.035
◇明治大正期商工信用録　第7巻（大正4年　3）千葉縣・茨城縣・
埼玉縣・栃木縣・群馬縣・山梨縣・長野縣・新潟縣　クロスカ
ルチャー出版　2014.6　1冊　27cm〈東京興信所大正4年5月
第32版　の複製　共通の付属資料が5巻にあり〉①978-4-
905388-78-4,978-4-905388-75-3(set)　Ⓝ335.035
◇明治大正期商工信用録　第8巻（大正4年　4）富山縣・石川縣・
福井縣・福島縣・宮城縣・岩手縣・山形縣・秋田縣・青森縣・
北海道・各府縣・外国人　クロスカルチャー出版　2014.6　1
冊　27cm〈東京興信所大正4年5月　第32版　の複製　共通の付
属資料が5巻にあり〉①978-4-905388-79-1,978-4-905388-75-3
(set)　Ⓝ335.035

日本（商業―歴史）
◇豪商列伝―なぜ彼らは一代で成り上がれたのか　河合敦著
PHPエディターズ・グループ　2014.11　287p　19cm〈PHP
研究所（発売）文献あり〉①978-4-569-82109-2　Ⓝ672.1
［1400円］

日本（商業―歴史―江戸時代）
◇近江商人と三方よし―現代ビジネスに生きる知恵　末永國紀
著　柏　モラロジー研究所　2014.12　319p　20cm〈廣池学
園事業部（発売）文献あり　索引あり〉①978-4-89639-242-5
Ⓝ672.161　［2000円］
◇大江戸商売ばなし　興津要著　中央公論新社　2013.12　218p
16cm　（中公文庫　お80-3）〈PHP文庫　1997年刊の再刊〉
①978-4-12-205879-8　Ⓝ384.3　［705円］
◇近世三井経営史の研究　賀川隆行著　オンデマンド版　吉川
弘文館　2013.10　602,9p　22cm〈印刷・製本：デジタルパブ
リッシングサービス〉①978-4-642-04255-0　Ⓝ672.1
［17000円］
◇大規模呉服商の流通革新と進化―三井越後屋における商品仕
入体制の変遷　武居奈緒子著　千倉書房　2014.3　216p
22cm〈文献あり〉①978-4-8051-1030-0　Ⓝ672.1　［3200円］

日本（商業―歴史―中世）
◇豊田武著作集　第2巻　中世日本の商業　豊田武著　オンデマ
ンド版　吉川弘文館　2013.10　578,21p　22cm〈索引あり
印刷・製本：デジタルパブリッシングサービス　内容：中世日
本商業史の研究　中世に於ける大陸織物の伝来　鋳物師の有
する偽文書について　中世の原始諸産業および手工業〉
①978-4-642-04285-7　Ⓝ210.4　［16500円］
◇豊田武著作集　第3巻　中世の商人と交通　豊田武著　オンデ
マンド版　吉川弘文館　2013.10　560,18p　22cm〈索引あり
印刷・製本：デジタルパブリッシングサービス　内容：日本商
人史．中世篇　大山崎油神人の活動　中世に於ける神人の活
動　延暦寺の山僧と日吉社神人の活動　石清水八幡宮の神人
封建制の確立と堺の豪商　楽市令の再吟味「中世の水運」増
補　中世における関所の統制　水陸交通の進展　近世的交通へ
の展開　中世商業の展開　中世商業の種々相　商品流通の躍
進　商業の発達〉①978-4-642-04286-4　Ⓝ210.4　［16000円］

日本（商業登記）
◇Q&A商業登記利用案内　土手敏行著　金融財政事情研究会
2014.9　278p　21cm〈きんざい（発売）索引あり〉①978-4-
322-12583-2　Ⓝ325.13　［2800円］

日本（証券―法令）
◇証券六法　平成27年版1　証券関係法令研究会編集　名古屋
新日本法規出版　2014.9　3021p　22cm　①978-4-7882-7914-
8(set)　Ⓝ338.16
◇証券六法　平成27年版2　証券関係法令研究会編集　名古屋
新日本法規出版　2014.9　2481p　22cm　①978-4-7882-7914-
8(set)　Ⓝ338.16

日本（証券会社）
◇最新証券業界の動向とカラクリがよ〜くわかる本―業界人、就
職、転職の役立つ情報満載　秋山謙一郎著　第3版　秀和シス
テム　2014.10　263p　21cm（図解入門業界研究）〈索引あ
り〉①978-4-7980-4194-0　Ⓝ338.17　［1400円］

日本（証券会社―会計）
◇Q&A業種別会計実務　14　証券　トーマツ金融インダスト
リーグループ著　中央経済社　2014.4　218p　21cm　①978-
4-502-09310-4　Ⓝ336.9　［2600円］

日本（証券市場）
◇新規上場ガイドブック　2014　市場第一部・第二部編　東京証
券取引所上場推進部IPOセンター　2014.8　554p　26cm
Ⓝ335.44　［2000円］
◇新規上場ガイドブック　2014　マザーズ編　東京証券取引所上
場推進部IPOセンター　2014.8　342p　26cm　Ⓝ335.44
［1500円］
◇新規上場ガイドブック　2014　JASDAQ編　東京証券取引所上
場推進部IPOセンター　2014.8　478p　26cm　Ⓝ335.44
［2000円］
◇新規上場ガイドブック　2014　Tokyo pro market編　東京証
券取引所上場推進部IPOセンター　2014.8　198p　26cm
Ⓝ335.44　［1500円］
◇新規上場ガイドブック　市場第一部・第二部　2014　東京証
券取引所　2014.8　554p　26cm　［2000円］
◇新規上場ガイドブック　マザーズ編　2014　東京証券取引所
2014.8　342p　26cm　［1500円］
◇新規上場ガイドブック　JASDAQ編　2014　東京証券取引所
2014.8　478p　26cm　［2000円］
◇新規上場ガイドブック　TOKYO PRO Market編　2014　東
京証券取引所　2014.8　197p　26cm　［1500円］

日本（証券市場―歴史―昭和前期）　　　　　　　　　　　　　　　　　　　　日本件名図書目録2014　Ⅰ

◇図説日本の証券市場　2014年版　日本証券経済研究所編　日本証券経済研究所　2014.2　314p　21cm〈年表あり〉Ⓘ978-4-89032-538-2　Ⓝ338.15　［1800円］

日本（証券市場―歴史―昭和前期）
◇日本証券史資料　戦前編　第10巻　戦前期取引所文献目録・東株『調査彙報』等目次・『証券財閥読本』他　小林和子監修，日本証券経済研究所編　日本証券経済研究所　2014.10　882p　図版16p　27cm　Ⓘ978-4-89032-279-4　Ⓝ338.15　［10000円］

日本（証券取引法―判例）
◇証券取引被害判例セレクト　46　全国証券問題研究会編　全国証券問題研究会　2014.1　256p　26cm　Ⓝ338.16　［2500円］
◇証券取引被害判例セレクト　47　全国証券問題研究会編　全国証券問題研究会　2014.8　364p　26cm　Ⓝ338.16　［3500円］

日本（商行為法）
◇会社法・商行為法手形法講義　森本滋著　第4版　成文堂　2014.4　450p　21cm〈文献あり　索引あり〉Ⓘ978-4-7923-2658-6　Ⓝ325.2　［2800円］
◇改正商法総則・商行為法―特別講義　青竹正一著　第3版補訂版　成文堂　2014.4　249p　21cm〈索引あり〉Ⓘ978-4-7923-2657-9　Ⓝ325.1　［2300円］

日本（商工会議所）
◇商工会―小規模企業振興の未来に向けて　2014　全国商工会連合会　2014.10　65p　30cm　Ⓝ330.66

日本（硝酸汚染）
◇流域視点からの硝酸性窒素対策業務報告書　平成24年度　［川崎］　日本環境衛生センター　2013.3　1冊　30cm〈平成24年度環境省請負業務〉Ⓝ519.4
◇流域視点からの硝酸性窒素対策業務報告書　平成25年度　［東京］　環境情報コミュニケーションズ　2014.3　1冊　30cm〈平成25年度環境省請負業務〉Ⓝ519.4

日本（少子化）
◇実効性のある少子化対策のあり方―少子高齢化への対応は日本に与えられた世界史的な役割：報告：21世紀政策研究所研究プロジェクト　21世紀政策研究所　2014.5　123p　30cm〈年表あり　文献あり　研究主幹：小峰隆夫〉Ⓝ334.31
◇実効性のある少子化対策のあり方―第102回シンポジウム　21世紀政策研究所編　［東京］　21世紀政策研究所　2014.10　96p　18cm　（21世紀政策研究所新書　39）〈内容：基調講演　少子化危機突破に向けて（森まさこ述）　研究報告　実効性のある少子化対策のあり方（小峰隆夫述）〉Ⓝ334.31
◇社会環境の充実こそが少子化対策の鍵　熊谷きわ著　三冬社　2014.12　130p　19cm　Ⓘ978-4-86563-002-2　Ⓝ334.31　［1200円］
◇少子・高齢化と日本経済　安藤潤，佐川和彦，塚原康博，馬場正弘，松本保美，鑓田亨著　文眞堂　2014.9　157p　22cm〈索引あり　内容：日本の少子・高齢化と医療費（佐川和彦著）　少子・高齢化時代における公的年金制度と経済政策（松本保美著）　少子・高齢化時代における子どもを持つ既婚女性の労働供給と育児支援政策（安藤潤著）　介護による福祉経済の可能性（塚原康博著）　人口減少経済における技術革新の多角化（馬場正弘著）　少子・高齢化時代における利子率と物価（鑓田亨著）〉Ⓘ978-4-8309-4816-9　Ⓝ332.107　［2500円］
◇ストップ・ザ・少子化―日本活性化行序説　宇野弘之著　国書刊行会　2014.9　179p　19cm〈文献あり〉Ⓘ978-4-336-05829-4　Ⓝ334.31　［1800円］
◇大転換期日本の人口事情―少子高齢社会の過去・現在・将来　エイジング総合研究センター編　中央法規出版　2014.8　148p　19cm〈執筆：福武直ほか〉Ⓘ978-4-8058-5070-1　Ⓝ334.31　［1800円］
◇地域人口減少白書―全国1800市区町村地域戦略策定の基礎データ　2014-2018　北海道総合研究調査会編著　生産性出版　2014.9　121p　30cm　Ⓘ978-4-8201-2032-2　Ⓝ334.31　［4600円］

日本（少女）
◇かわいい！―竹久夢二からキティちゃんまで：ルポ　青柳絵梨子著　札幌　寿郎社　2014.10　241p　20cm　Ⓘ978-4-902269-72-7　Ⓝ384.5　［1800円］

日本（上水道）
◇水道事業実務必携　平成26年度改訂版　全国簡易水道協議会　2014.7　502, 12, 272p　30cm〈内容：国庫補助金交付要綱　国庫補助事業歩掛表〉Ⓝ518.1

◇水道水源の新たな水質危機と対応の最新動向―講演資料集　日本水環境学会　2014.2　47p　30cm　（日本水環境学会セミナー講演資料集　第59回）〈文献あり　内容：ホルムアルデヒド事故を契機に見出した今後の水道水管理のあり方について（豊田朝子著）　水道水質リスク管理に関する日本の検討状況および海外の事例（浅見真理著）　水道における生物障害の実態と今後の課題（秋葉道宏著）　データベースを用いた化学物質の網羅分析方法の開発と環境試料への適用（門上希和夫著）　汚染原因物質排出者の責任（大塚直著）〉Ⓝ518.12

日本（小説家）
◇あんな作家こんな作家どんな作家　阿川佐和子著　筑摩書房　2014.9　339p　15cm　（ちくま文庫　あ21-4）〈講談社　1992年刊の再刊　内容：民話ジョッキー　卑弥呼に内縁の夫あり　素子の好き嫌い　京都ミステリアス訪問　男と女のプライベート・タイム　カラッとハードボイルド　避暑地のコンペンフォイ　作家と豚の脂身　突っぱりロック　イスパノフィロとPR　おせいさん、花も団子も　冒険家の夢　刀嫌いの時代小説家　わが愛しのアイコ様　新型ヨーコ爆弾　ジャーナリストの目　夢みる赤ペコ　庵主さまのほっぺた　目利きのスカウトマン　今日もまた、男と女の話　「準美少年」の瞳　ふんふんダンナ　澤地式活き生きかた　先生はミステリーがお好き　「悪」を学ぶ　エンドマークからの出発　永遠の青春小説家　フェイズ3からの手紙　エンドウマメの気持　永遠のジョーク＆パロディ　猫と流行作家の秘密の関係　消えたヘソの緒　南部式片思い　夢を見据える大きな目　丸い辛口　『幸せの国』から来た妖精　知識欲への挑戦　恋のチェーンスモーカー　ナマコになったライオン　笑いの紳士　楚々とした才　考える我が儘　イナロードツイの目　アルツおじさんの取材力　ちょっとまずいもんばなし　お風呂の好きな評論家　夢見る冒険家　真理子夫人の才能　天性の小説家　空想少女の辿った道　甘えなき旅　天啓推理　人間の物語　脅しのプロ　本棚と女房と子供　津本一刀元気流　男の美学〉Ⓘ978-4-480-43202-5　Ⓝ910.264　［780円］
◇作家のうしろ姿　山本有光著　大阪　風詠社　2014.10　206p　19cm〈星雲社（発売）〉Ⓘ978-4-434-19882-3　Ⓝ910.264　［1400円］
◇作家の履歴書―21人の人気作家が語るプロになるための方法　阿川佐和子，石田衣良，江國香織，大沢在昌，荻原浩，角田光代，北方謙三，北村薫，小池真理子，桜庭一樹，椎名誠，朱川湊人，白石一文，高野和明，辻村深月，誉田哲也，道尾秀介，皆川博子，森村誠一，夢枕獏著　KADOKAWA　2014.2　179p　19cm〈内容：阿川佐和子（阿川佐和子著）　石田衣良（石田衣良著）　江國香織（江國香織著）　大沢在昌（大沢在昌著）　荻原浩（荻原浩著）　角田光代（角田光代著）　北方謙三（北方謙三著）　北村薫（北村薫著）　小池真理子（小池真理子著）　桜庭一樹（桜庭一樹著）　椎名誠（椎名誠著）　朱川湊人（朱川湊人著）　白石一文（白石一文著）　高野和明（高野和明著）　辻村深月（辻村深月著）　藤田宜永（藤田宜永著）　誉田哲也（誉田哲也著）　道尾秀介（道尾秀介著）　皆川博子（皆川博子著）　森村誠一（森村誠一著）　夢枕獏（夢枕獏著）〉Ⓘ978-4-04-110711-9　Ⓝ910.264　［1300円］

日本（小説家―歴史―1945～）
◇作家の決断―人生を見極めた19人の証言　阿刀田高編　文藝春秋　2014.3　319p　18cm　（文春新書　963）〈内容：ホテルマンほど人間観察の出来る仕事はなかった（森村誠一述）　警察官殺しで誤認逮捕された留置場で犯罪者を観察（佐木隆三述）　給料日本一と言われた会社を辞めて（津本陽述）　図書館の仕事で教わった「知らないことがこんなにあるのか」（阿刀田高述）　中学生のとき受け取った生島治郎さんからの手紙（大沢在昌述）　「私、あいつ嫌だから会わない」なんて駄目（田辺聖子述）　女性は全面的に自分を受け入れてくれる異性を求めたがる（小池真理子述）　かみさんとは、同志であり、男女であり、ライバルでもあるという宿命の関係（藤田宜永述）　やっぱり男と女の色恋沙汰に人は共感して引きつけられる（高樹のぶ子述）　僕は結婚は打算で、不倫は純愛だと思ってる（渡辺淳一述）　全く仕事をしない日は、年に二、三日もない（赤川次郎述）　物書きなって一つ間違えればホームレスですから（西木正明述）　苦しさの中にこそ喜びがある（夏樹静子述）　僕は嘘つきでした。よく先生に怒られました。「また作り話をしている」って（浅田次郎述）　昔から僕の読者は、同じものを書いたら絶対勘弁してくれない（筒井康隆述）　ちゃんと生きればちゃんと死ねる（北方謙三述）　文芸と言わず芸術というのは、死を賭けた遊びと言ってもよい（古川薫述）　災害が起きると、それまで見えてこなかったものが断面のように見えて来る（吉岡忍述）　私は死ぬのはちっともこわくありませけどね（瀬戸内寂聴述）〉Ⓘ978-4-16-660963-5　Ⓝ910.264　［850円］
◇天気の話は致しません―あの作家は私の前ではこんなふう　中平まみ著　未知谷　2014.8　255p　20cm　Ⓘ978-4-89642-453-9　Ⓝ910.264　［2000円］

日本件名図書目録2014　Ⅰ

日本（少年法）

◇百冊百話　高橋一清著　青志社　2014.5　214p　19cm
①978-4-905042-86-0　Ⓝ910.264　[1300円]

日本（小説家―歴史―昭和後期）

◇詩文往還―戦後作家の中国体験　張競著　日本経済新聞出版社　2014.10　270p　20cm　①978-4-532-16940-4　Ⓝ910.264　[2600円]

◇文士あの日あの時―新聞小説の旗手たち　大庭登著　第三文明社　2014.9　255p　20cm　①978-4-476-03333-5　Ⓝ910.264　[1600円]

日本（商店街）

◇がんばる中小企業・小規模事業者300社商店街30選　2014　経済産業省中小企業庁編　[東京]　[経済産業省中小企業庁]　2014.2　487p　30cm　Ⓝ335.35

◇商業まちづくり政策―日本における展開と政策評価　渡辺達朗著　有斐閣　2014.5　268p　22cm　〈文献あり　索引あり〉　内容：商業まちづくり政策論の課題と方法　「まちづくり3法」以前の商業まちづくり政策の展開　「まちづくり3法」による商業まちづくり政策の転換　都市中心部からの大型店等の撤退問題とまちづくりの取り組み　タウンマネジメント機関〈TMO〉の組織と機能　アメリカにおけるダウンタウン再活性化と政策体系　商業まちづくり政策の転換をめぐる政策過程と政策理念　地域商業・商店街の魅力再構築の方向　商業まちづくり政策における政策評価　商業まちづくり施策の評価に関する実証的検討　商業まちづくり政策の展望〉①978-4-641-16435-2　Ⓝ601.1　[3800円]

◇なぜ繁栄している商店街は1%しかないのか　辻井啓作著　阪急コミュニケーションズ　2013.12　221p　19cm　〈文献あり〉①978-4-484-13237-2　Ⓝ673.7　[1500円]

日本（浄土教―歴史）

◇浄土信仰の展開　菊地勇次郎著，三橋正監修　勉誠出版　2014.10　477p　22cm　〈内容：平安時代の浄土教　『日本往生極楽記』の撰述　源空〈法然〉の生涯　慈円と隆寛　初期念仏者の系譜　真言念仏の展開　鎌倉新仏教の研究　聖について　聖と在俗の現世利益　飛行三鈷　遊行上人と七条道場金光寺　武士と社寺　常陸における浄土教　親鸞とその門下　常陸の時衆　時衆と陣僧　神仏の結合について　石動山の『古縁起』と『新縁起』　能登の山林修行　中世における越後国奥山荘の真言修験　最澄と酒呑童子の物語　軍記物語と中世仏教　熊谷直実の伝承　雲と夢　長楽寺千年〉①978-4-585-21022-1　Ⓝ188.62　[11500円]

日本（小児医療）

◇連携する小児医療―ネットワークケアを展開する　川上一恵専門編集　中山書店　2014.9　231p　26cm　（総合小児医療カンパニア）〈索引あり〉①978-4-521-73684-6　Ⓝ498.021　[7800円]

日本（商人―歴史）

◇豪商列伝―なぜ彼らは一代で成り上がれたのか　河合敦著　PHPエディターズ・グループ　2014.11　287p　19cm　〈PHP研究所（発売）文献あり〉①978-4-569-82109-2　Ⓝ672.1　[1400円]

日本（少年院）

◇少年院で、大志を抱け　吉永拓哉［著］　幻冬舎　2014.12　282p　16cm　（幻冬舎アウトロー文庫 O-128-1）〈「ぶっちぎり少年院白書」〈二見書房 2008年刊〉の改題〉①978-4-344-42296-4　Ⓝ327.85　[600円]

日本（少年教護）

◇少年に手を差し伸べる立ち直り支援―次代を担う少年の育成のために：少年問題シンポジウム　全国少年警察ボランティア協会編　全国少年警察ボランティア協会　2014.3　125p　21cm　（全少協少年研究叢書 25）〈会期・会場：平成25年11月13日 日本消防会館ニッショーホール　内容：基調講演　ハイリスクな子どもと家庭への支援（生島浩述）パネルディスカッション次代を担う少年の育成のために少年に手を差し伸べる立ち直り支援　子どもたちの心を開かせるにはまずあいさつから（山浦勝雄述）　通算四十年、警察ボランティアとして活動（稲垣喜夫述）　あまり知られていない「少年センター」の役割（井口由美子述）　「保護観察」は非行少年の立ち直りと再発防止の指導（里見有功述）　支援の際に必要なボランティアの手法と姿勢（生島浩述）〉Ⓝ327.85

日本（少年教護―法令）

◇青少年保護法　安部哲夫著　新版　補訂版　尚学社　2014.10　279p　21cm　〈索引あり〉①978-4-86031-114-8　Ⓝ327.8　[2800円]

日本（少年審判）

◇少年事件の裁判員裁判　武内謙治編著　現代人文社　2014.1　454p　21cm　〈大学図書（発売）内容：裁判員3年後見直しの

ための検証意見とのかかわりからみた課題（相川裕著）　近畿弁護士会連合会の調査から見た課題（中村正彦著）　東京事件（前田領者）　福岡事件（知名健太郎定信者）　福岡事件（阿野寛之著）　鹿児島事件（林宏嗣著）　埼玉事件（柴野和善,岩本憲武著）　大阪事件（寺田有美子,岩本朗著）　富田林事件（三木憲明著）　千葉・埼玉事件（金子重紀,松田和哲著）　愛知事件（前田義博,鈴木弘子著）　社会調査実務の変化（岡田行雄著）　検察官送致決定と移送判断（正木祐史著）　裁判員裁判と少年の主体的な手続参加（渕野貴生著）　社会記録の取調べと作成者の証人尋問（葛野尋之著）　少年法50条の法意（武内謙治者）　情状鑑定の活用（本庄武著）　犯罪少年に対する未決拘禁（中川孝博著）　対人援助専門職による法廷証言（藤原正範著）　専門家証人からみた裁判員裁判の課題（澤井俊穂著）　児童精神科医からみた裁判員裁判の課題（高岡健著）　少年刑務所と少年院の処遇の違い（中島学著）〉①978-4-87798-571-4　Ⓝ327.8　[4500円]

日本（少年犯罪）

◇ある日、わが子がモンスターになっていた―西鉄バスジャック犯の深層　入江吉正著　ベストブック　2014.8　303p　20cm　（ベストセレクト）〈文献あり〉①978-4-8314-0192-2　Ⓝ368.7　[1600円]

◇子どもを被害者にも加害者にもしない　藤井誠二著　徳間書店　2014.10　222p　15cm　（徳間文庫カレッジ）〈「わが子を被害者にも加害者にもしない」〈2003年刊〉の改題、加筆修正〉①978-4-19-907015-0　Ⓝ368.7　[680円]

◇少年たちの贖罪―罪を背負って生きる　青島多津子著　日本評論社　2014.2　246p　19cm　①978-4-535-56335-3　Ⓝ368.7　[1700円]

◇ドキュメント発達障害と少年犯罪　草薙厚子著　イースト・プレス　2014.4　303p　18cm　（イースト新書 029）〈文献あり　「大人たちはなぜ、子どもの殺意に気づかなかったか？」〈2010年刊〉の改題、再編集〉①978-4-7816-5029-6　Ⓝ368.7　[907円]

日本（少年犯罪―歴史―明治以後）

◇少年殺人史―犯行動機の考察　篠原孝著　さいたま　浦和れいめい舎　2014.7　195p　21cm　〈年表あり〉Ⓝ368.7　[2000円]

日本（少年非行）

◇15歳までの必修科目―非行臨床と学校教育の現場から　高木清著　福岡　海鳥社　2014.9　190p　19cm　①978-4-87415-915-6　Ⓝ371.42　[1600円]

◇少年非行―社会はどう処遇しているか　鮎川潤著　左右社　2014.6　259p　19cm　（放送大学叢書 025）〈文献あり　「逸脱行動論」新訂〈放送大学教育振興会 2006年刊〉の改題、再構成、加筆・訂正〉①978-4-86528-104-0　Ⓝ368.71　[1800円]

◇何が非行に追い立て、何が立ち直る力となるか―「非行」に走った少年をめぐる諸問題とそこからの立ち直りに関する調査研究　非行克服支援センター調査研究プロジェクト著　新科学出版社　2014.6　262p　21cm　①978-4-915143-47-2　Ⓝ368.71　[1800円]

◇21世紀を担う少年のために―大人の役割　平成25年3月改訂版　[富山]　富山県警察本部少年課　2013.3　53p　21cm　Ⓝ368.71

◇21世紀を担う少年のために―大人の役割　平成26年3月改訂版　[富山]　富山県警察本部少年課　[2014]　51p　21cm　Ⓝ368.71

◇若者はなぜヤクザになったのか―暴力団加入要因の研究　廣末登著　西東京　ハーベスト社　2014.7　313p　21cm　①978-4-86339-057-7　Ⓝ368.71　[2800円]

日本（少年法）

◇少年司法における保護の構造―適正手続・成長発達権保障と少年司法改革の展望　武内謙治著　日本評論社　2014.3　447p　22cm　〈文献あり　内容：少年司法の現在と未来への見取り図　少年法第二次改正と少年補導条例の問題点　少年に対する勾留制限の史的構造　保護観察遵守事項違反に対する施設収容規定の問題点　現行少年法制定過程から見た捜査と審判の分離　少年法における一事不再理効の原像　少年再審の理論的課題　国選付添人制度の展望と課題　国選弁護士付添人制度と検察官関与　少年に対する裁判員裁判　「原則逆送」は何をもたらしたのか　「原則逆送」再考　少年法50条の法意〉①978-4-535-52019-6　Ⓝ327.8　[6700円]

◇少年に対する刑事処分　本庄武著　現代人文社　2014.3　365p　22cm　〈大学図書（発売）〉①978-4-87798-577-6　Ⓝ327.8　[4700円]

◇少年法―その動向と実務　河村博編著　第3版　東京法令出版　2014.11　173p　21cm　〈索引あり〉①978-4-8090-1315-7　Ⓝ327.8　[1400円]

に

日本（消費）

◇青少年保護法　安部哲夫著　新版　補訂版　尚学社　2014.10　279p　21cm〈索引あり〉Ⓘ978-4-86031-114-8　Ⓝ327.8　［2800円］

◇入門少年法　関哲夫著　学事出版　2013.5　146p　26cm〈索引あり〉Ⓘ978-4-7619-1981-8　Ⓝ327.8　［2200円］

日本（消費）

◇消費社会白書　2015　クラス消費時代のビルドアップアプローチ　JMR生活総合研究所　2014.12　122p　30cm　Ⓘ978-4-902613-41-4　［9260円］

日本（消費—歴史—1868〜1945）

◇日本型大衆消費社会への胎動—戦前期日本の通信販売と月賦販売　満薗勇著　東京大学出版会　2014.2　424,7p　22cm〈索引あり〉内容：問題の所在　数量的概観と担い手の性格　代金引換郵便の意義と「限界」　百貨店による通信販売の日本的展開　通信販売による宇治茶ブランドの全国展開　婦人雑誌代理部の歴史的役割　同業者組織による通信販売の規制　Ⓘ978-4-13-026235-4　Ⓝ673.3　［6800円］

日本（消費金融）

◇クレジット・サラ金処理の手引　5訂版補訂　東京弁護士会　2014.4　601p　30cm〈共同刊行：第一東京弁護士会ほか〉Ⓘ978-4-904497-15-9　Ⓝ338.7　［4000円］

◇最新クレジット/ローン業界の動向とカラクリがよ〜くわかる本—業界人、就職、転職に役立つ情報満載　平木恭一著　第4版　秀和システム　2014.10　8,191p　21cm　（図解入門業界研究）〈索引あり〉Ⓘ978-4-7980-4200-8　Ⓝ338.7　［1300円］

日本（消費金融—統計）

◇特定サービス産業実態調査報告書　平成25年　クレジットカード業、割賦金融業編　［東京］　経済産業省大臣官房調査統計グループ　2014.12　110p　30cm　Ⓝ673.9

◇日本の消費者信用統計　平成26年版　日本クレジット協会/編　日本クレジット協会　2014.2　234p　30cm　Ⓘ978-4-931231-24-5　［26000円］

日本（消費者）

◇消費者意識基本調査—平成26年1月調査　［東京］　消費者庁消費者政策課　［2014］　311p　30cm〈調査実施委託機関：新情報センター〉Ⓝ365

◇消費生活年報　2014　国民生活センター/編　国民生活センター　2014.10　104p　30cm　Ⓘ978-4-906051-85-4　［953円］

◇ブラック企業VSモンスター消費者　今野晴貴,坂倉昇平著　ポプラ社　2014.2　189p　18cm　（ポプラ新書　021）〈文献あり〉Ⓘ978-4-591-13940-0　Ⓝ366.021　［780円］

日本（消費者運動）

◇消費者運動の意義と役割—2012年度自主勉強会　生活サポート生活協同組合・東京編　生活サポート生活協同組合・東京　2014.12　55p　30cm　Ⓝ365.8

日本（消費者教育）

◇消費者取引に関する政策評価書　［東京］　総務省　2014.4　281p　30cm　Ⓝ365

日本（消費者行政）

◇消費者基本計画—平成22年3月30日閣議決定（平成26年6月27日一部改定）　［東京］　［消費者庁］　［2014］　90,33p　30cm〈平成23年7月8日一部改定,平成24年7月20日一部改定,平成25年6月28日一部改定,平成26年6月27日一部改定　折り込8枚〉Ⓝ365

◇消費者事故調—その実像と将来像　鶴岡憲一,河村真紀子著　学文社　2014.10　235p　19cm〈文献あり〉Ⓘ978-4-7620-2489-4　Ⓝ365　［1850円］

◇ハンドブック消費者　2014　［東京］　消費者庁　［2014］　382p　21cm〈年表あり　折り込1枚〉Ⓝ365

◇ハンドブック消費者　2014　消費者庁編集　全国官報販売協同組合　2014.2　382p　21cm〈年表あり　索引あり〉Ⓘ978-4-86458-059-5　Ⓝ365　［600円］

日本（消費者行政—世論）

◇消費者行政の推進に関する世論調査　平成26年1月調査　［東京］　内閣府大臣官房政府広報室　［2014］　211p　30cm（世論調査報告書）〈附帯：食料の供給に関する特別世論調査〉Ⓝ365

日本（消費者行動）

◇Canvass—読広生活者調査　2012　読売広告社　2013.7　23,271p　21×30cm〈年表あり〉Ⓘ978-4-9906142-2-5　Ⓝ675.2　［20000円］

◇Canvass—読広生活者調査　2013　読売広告社　2014.12　24,269p　21×30cm　Ⓘ978-4-9906142-3-2　Ⓝ675.2　［20000円］

◇米の消費行動に関する調査結果　2014年調査　JC総研編　JC総研（製作）　2014.6　36p　30cm　Ⓝ611.33

◇「主婦の気分」マーケティング—「商品づくり」「売場づくり」の新しい価値観　大給近憲著　商業界　2014.2　223p　19cm　Ⓘ978-4-7855-0463-2　Ⓝ675.2　［1500円］

◇消費者の購買行動の変化に関する調査等業務報告書　平成25年度　日本環境協会グリーン購入ネットワーク　2014.3　224p　30cm〈平成25年度環境省請負事業〉Ⓝ509.67

◇食の安全に関する消費者意識と消費行動調査報告書　東京都消費者月間実行委員会事務局　2014.2　65p　30cm　Ⓝ498.54

◇世代×性別×ブランドで切る！—3万人調査が語るニッポンの消費生活　マクロミルブランドデータバンク著,日経デザイン編　第4版　［東京］　日経BP社　2014.3　231p　21cm〈日経BPマーケティング（発売）〉Ⓘ978-4-8222-6487-1　Ⓝ675.2　［1900円］

◇団塊JJの3世代消費—調査報告書2014年6月　日本経済新聞社産業地域研究所編集　日本経済新聞社産業地域研究所　2014.6　203p　30cm〈日本経済新聞出版社（発売）〉Ⓘ978-4-532-63601-2　Ⓝ675.2　［8000円］

◇畜産物等の消費行動に関する調査結果　2013年調査　JC総研編集・製作　JC総研　2014.3　34p　30cm　Ⓝ648.2

◇「学び合い」で盛り上がる母息子消費—調査報告書2014年10月　日本経済新聞社産業地域研究所編集　日本経済新聞社産業地域研究所　2014.10　195p　30cm〈日本経済新聞出版社（発売）〉Ⓘ978-4-532-63604-3　Ⓝ675.2　［8000円］

◇野菜・果物の消費行動に関する調査結果　2014年調査　JC総研編　JC総研　2014.11　40p　30cm　Ⓝ626.021

◇ヤンキー経済—消費の主役・新保守層の正体　原田曜平著　幻冬舎　2014.1　220p　18cm　（幻冬舎新書　は-10-1）Ⓘ978-4-344-98336-6　Ⓝ367.68　［780円］

◇リサーチ・クリップ大全　2013/10〜2014/9　日本経済新聞社産業地域研究所編著　日本経済新聞社産業地域研究所　2014.12　195p　30cm〈日本経済新聞出版社（発売）〉Ⓘ978-4-532-63605-0　Ⓝ675.2　［8000円］

日本（消費者団体訴訟制度）

◇Q&A新しい集団訴訟—消費者裁判手続特例法のポイントと実務上の対応　第一東京弁護士会全期旬和会編著　日本加除出版　2014.3　229p　21cm〈索引あり〉Ⓘ978-4-8178-4152-0　Ⓝ365　［2300円］

◇消費者団体訴訟制度差止請求事例集　［東京］　消費者庁　2014.3　114p　30cm　Ⓝ365

◇消費者の財産的被害の集団的な回復のための民事の裁判手続の特例に関する法律—説明資料　［東京］　消費者庁消費者制度課　［2013］　54p　30cm　Ⓝ365

日本（消費者保護）

◇インターネット消費者相談Q&A　第二東京弁護士会消費者問題対策委員会編　第4版　民事法研究会　2014.4　126p　21cm　Ⓘ978-4-89628-935-0　Ⓝ365　［900円］

◇インターネット消費者取引被害救済の実務　山田茂樹編著　民事法研究会　2014.3　366p　21cm〈索引あり〉Ⓘ978-4-89628-923-7　Ⓝ365　［3500円］

◇Q&A高齢社会の消費者トラブル—悪質商法、ネット取引、投資被害、保険、住まい、葬儀・お墓、振り込め詐欺　石戸谷豊,芳野直子,西本晩,天野正男,谷川献吾編著　日本加除出版　2014.9　350p　21cm　Ⓘ978-4-8178-4189-6　Ⓝ365　［3200円］

◇くらしの豆知識　2015年版　特集　消費者トラブルSOS　国民生活センター/編　相模原　国民生活センター　2014.9　264p　19cm　Ⓘ978-4-906051-84-7　［476円］

◇集団的消費者利益の実現と法の役割　千葉恵美子,長谷部由起子,鈴木將文編　商事法務　2014.4　587p　22cm〈索引あり〉内容：集団的消費者利益の実現を巡る研究序説試論（千葉恵美子著）集団的消費者利益の実現を巡る民事実体法上の観点からの試論（岡本裕樹著）　集団的消費者利益の実現を巡る民事実体法上の観点からの試論　続（岡本裕樹著）集団的消費者利益の実現と行政法の役割（原田大樹著）契約の内容規制の局面における私法規範の保護目的と消費者利益の実現手段（丸山絵美子著）独占禁止法による集団的消費者利益の保護（林秀弥著）表示規制による消費者利益と民事救済措置（鈴木將文著）消費者取引における情報力の格差と法規制（千葉恵美子著）集団的消費者利益に関する基礎的視点（吉田克己著）

集団的消費者利益とその実現主体・実現手法（山本隆司著）
消費者取引と優越的地位の濫用規制（林秀弥著）　不当条項規
制における裁判官の役割に関する一考察（大澤彩著）　適格消
費者団体による包括的差止請求・条項改訂請求の可否（根本尚
徳著）　消費者の権利保護のための集合訴訟（酒井一著）　消
費者団体による訴訟と執行を巡る諸問題（渡部美由紀著）　消
費者団体による訴訟と訴訟法上の問題点（町村泰貴著）　消費
者裁判手続特例法に基づく請求・審理・裁判等に関する手続上
の諸問題（笠井正俊著）　消費者裁判手続特例法の当事者適格
の観点からの分析（八田卓也著）　集団的消費者利益の実現に
おける司法と行政（長谷部由起子著）　集団的消費者被害救済
の国際的側面（横溝大著）　欧州における集団的救済手続の状
況（柴崎暁、丸山千賀子著）　消費者法と公私協働（宮澤俊昭
著）　行動経済学と競争法（林秀弥著）　景品表示法における
消費者被害の事前防止について（向田直範著）　適合性評価の
消費者保護機能（原田大樹著）　税は自ら助くる消費者を助
く？（高橋祐介著）　集団的消費者被害に対する刑事法の意義
と限界（佐久間修著）　消費者被害の救済と刑事法の役割（宮
木康博著）〉①978-4-7857-2189-3 Ⓝ365.04 ［10000円］

◇消費者取引に関する政策評価書　［東京］　総務省　2014.4
281p 30cm Ⓝ365

◇消費者被害の上手な対処法―各種被害の態様と救済の実践策
久米川良子、中井洋恵、田村康正編　全訂2版　民事法研究会
2014.4 413p 21cm ①978-4-89628-941-1 Ⓝ365 ［3500
円］

◇ダマされない技術―乗せられ、操られ、ダマされないために…
弁護士が教える7つの盾　間川清著　法研　2014.8 215p
19cm〈文献あり〉①978-4-86513-008-9 Ⓝ368.6 ［1300円］

◇投資者保護基金制度　金融商品取引法研究会編　日本証券経
済研究所　2014.10 91p 26cm（金融商品取引法研究会研
究記録 第47号）①978-4-89032-663-1 Ⓝ338.16 ［500円］

日本（消費者保護―法令）

◇18歳から考える消費者と法　坂東俊矢、細川幸一著　第2版
京都　法律文化社　2014.8 107p 26cm（from 18）〈索引
あり〉①978-4-589-03612-4 Ⓝ365 ［2200円］

◇消費者の財産的被害の集団的な回復のための民事の裁判手続
の特例に関する法律―説明資料　［東京］　消費者庁消費者制
度課　［2013］ 54p 30cm Ⓝ365

◇消費者六法　2014年版　甲斐道太郎、松本恒雄、木村達也編集
代表　民事法研究会　2014.3 1533p 22cm〈索引あり　判
例・約款付　編集委員：島川勝ほか〉①978-4-89628-920-6
Ⓝ365 ［5000円］

日本（消費税）

◇一夜漬け消費税―「できる！」経理担当者入門　金井恵美子著
改訂版　税務経理協会　2014.3 184p 21cm（8%対応版）
①978-4-419-06078-7 Ⓝ336.987 ［1800円］

◇いま何をしたらいい?!作って実践する消費税増税対策　秋島一
雄、七田亘、関義之、田中聡子、松永智子、村上知也共著　税務経
理協会　2014.4 183p 21cm ①978-4-419-06095-4 Ⓝ336.
987 ［2100円］

◇医療・介護・福祉の消費税　メディカル・マネジメント・プラ
ンニング・グループ編　改訂版　税務研究会出版局　2014.4
411p 21cm〈8%対応〉①978-4-7931-2079-4 Ⓝ498.163
［2800円］

◇医療法人の消費税実務と申告書の書き方―複雑な課否判定な
ど医療法人特有の実務から消費税申告書作成までを丁寧に解
説！　辻・本郷税理士法人編著　清文社　2014.11 181p
26cm ①978-4-433-52114-1 Ⓝ498.163 ［2200円］

◇改正消費税早わかり―解説とQ&Aによる　平成26年版　消費
税率8%の実務　和氣光著　大蔵財務協会　2014.4 239p
26cm ①978-4-7547-2124-4 Ⓝ345.71 ［1852円］

◇勘定科目別の事例による消費税の課否判定と仕訳処理　上杉
秀文著　5訂版　税務研究会出版局　2014.3 648p 22cm
〈索引あり〉①978-4-7931-2068-8 Ⓝ336.987 ［4000円］

◇基礎から身につく消費税　平成26年度版　和氣光著　大蔵財
務協会　2014.6 253p 21cm〈索引あり〉①978-4-7547-
2108-4 Ⓝ345.71 ［1852円］

◇Q&Aで理解する8%消費税　金井恵美子著　改訂版　税務研究
会出版局　2014.4 289p 21cm ①978-4-7931-2081-7
Ⓝ345.71 ［1600円］

◇契約書・印紙税・消費税の知識―事業者必携：消費税率アップ
に対応！：最新版　服部真和監修　三修社　2014.4 255p
21cm ①978-4-384-04586-4 Ⓝ324.52 ［1900円］

◇建設業のための消費税Q&A―税率8%・10%への実務対応　金
井恵美子著　建設産業経理研究機構　2014.7 247p 21cm
〈清文社（発売）〉①978-4-433-52034-2 Ⓝ510.95 ［2200円］

◇公営企業における消費税及び地方消費税実務者ハンドブック
公営企業消費税実務研究会編　地方財務協会　2014.2 137p
26cm〈最新税率対応〉Ⓝ336.987 ［1620円］

◇公益法人の消費税実務と申告書の書き方　辻・本郷税理士法
人編著　清文社　2014.11 196p 26cm ①978-4-433-52104-
2 Ⓝ336.987 ［2200円］

◇5%・8%取引が混在する年度の消費税申告書作成事例集　田淵
正信編著　清文社　2014.5 313p 26cm ①978-4-433-
51864-6 Ⓝ336.987 ［2600円］

◇最新消費税がよ〜くわかる本―ポケット図解：消費税8%完全
対応版　奥村佳史著　秀和システム　2014.6 143p 19cm
（Shuwasystem Business Guide Book）〈索引あり〉①978-
4-7980-4112-4 Ⓝ336.987 ［650円］

◇知っておきたい消費税―図とイラスト・事例により分かりやす
く解説　平成26年版　野原英明編　大蔵財務協会　2014.5
240p 26cm ①978-4-7547-2101-5 Ⓝ336.987 ［1296円］

◇実務消費税ハンドブック　宮口定雄、杉田宗久監修、金井恵美
子著　7訂版　大阪　コントロール社　2014.6 272p 21cm
〈索引あり　平成26年4月改正対応〉①978-4-902717-07-5
Ⓝ336.987 ［1900円］

◇社会福祉法人の消費税実務と申告書の書き方　辻・本郷税理
士法人編著　清文社　2014.11 198p 26cm ①978-4-433-
52124-0 Ⓝ369.14 ［2200円］

◇消費税課否判定便覧　福田浩彦、相澤博［執筆］、TAC株式会
社著　第3版　TAC出版事業部　2014.2 297p 21cm〈索引
あり　消費税率8%の改正に対応〉①978-4-8132-5490-4
Ⓝ336.987 ［1800円］

◇消費税・軽減税率の検証―制度の問題点と実務への影響をめ
ぐって　矢野秀利、橋本恭之、上西左大信、金井恵美子共著　清
文社　2014.7 240p 21cm〈内容：消費税の概要（金井恵美
子著）　消費税の逆進性と低所得者対策（金井恵美子著）　軽減
税率をめぐる問題（金井恵美子著）　わが国の財政と軽減税率
の影響（上西左大信著）　消費税の低所得者対策について（橋
本恭之著）　複数税率のあり方を考えるか（矢野秀利著）〉
①978-4-433-52004-5 Ⓝ336.987 ［1800円］

◇消費税実務問答集　平成26年版　灘野正規編　大阪　納税協
会連合会　2014.7 633p 21cm〈清文社（発売）平成26年4
月1日からの新税率に対応〉①978-4-433-50214-0 Ⓝ336.987
［2800円］

◇消費税・相続税で損しない本―「大増税」緊急対策！　大村
大次郎著　青春出版社　2014.2 203p 18cm〈青春新書
INTELLIGENCE PI-416）①978-4-413-04416-5 Ⓝ336.987
［860円］

◇消費税トラブルの傾向と対策　熊王征秀著　ぎょうせい
2014.8 462p 21cm〈改正消費税対応版〉①978-4-324-
09861-5 Ⓝ336.987 ［4500円］

◇消費税の誤りやすい届出・申請手続の実務対応―失敗事例から
学ぶトラブル回避の対処法：届出書・申請書で起こりやすいミ
スのチェック・ポイントを具体例でわかりやすく解説！　竹
内綱敏著　税務研究会出版局　2014.10 194p 21cm ①978-
4-7931-2104-3 Ⓝ336.987 ［1800円］

◇消費税の実務手順―フローチャートだけでチェックする！
あいわ税理士法人編　税務研究会出版局　2014.2 274p
26cm ①978-4-7931-2069-5 Ⓝ336.987 ［3000円］

◇消費税の実務と申告―法人・個人の申告及び付表の書き方を
各種参考表に基づき具体的に解説　平成26年版　高田具視編
大蔵財務協会　2014.1 821p 26cm〈索引あり〉①978-4-
7547-2059-9 Ⓝ336.987 ［3524円］

◇消費税の常識　小池敏範著　第13版　税務経理協会　2014.11
260p 21cm（知っておきたい）〈文献あり〉①978-4-419-
06170-8 Ⓝ345.71 ［2700円］

◇消費税の税務調査パーフェクト対策集―調査官の「質問」の意
図を読む　あいわ税理士法人編　中央経済社　2014.6 203p
21cm ①978-4-502-10501-2 Ⓝ336.987 ［2500円］

◇消費税の鉄則30　内藤忠大、石井幸子著　中央経済社　2014.9
173p 21cm（申告書からみた税務調査対策シリーズ）
①978-4-502-12151-7 Ⓝ336.987 ［2000円］

◇消費税の取扱いと申告の手引　平成26年版　佐竹寿紀編　大
阪　納税協会連合会　2014.7 814p 26cm〈清文社（発売）
索引あり　平成26年4月1日からの新税率に対応〉①978-4-
433-50204-1 Ⓝ336.987 ［1800円］

◇消費税の納税義務者と仕入税額控除　熊王征秀著　改訂版
税務経理協会　2014.7 379p 26cm ①978-4-419-06141-8
Ⓝ336.987 ［2400円］

◇消費税○×△課否判定―厳選事例を要点解説　門野久雄著
清文社　2014.2 515p 21cm〈索引あり〉①978-4-433-
51893-6 Ⓝ336.987 ［3200円］

日本（消費税—判例）

◇消費税/有利選択の実務—知ってトクするタックス・マネジメント　高橋敏則著　3訂版　税務研究会出版局　2014.7　313p　21cm　①978-4-7931-2091-6　Ⓝ336.987　［2200円］

◇消費税率5％→8％変更時の申告書記載チェックポイント　近田順一朗著　中央経済社　2014.7　176p　26cm　①978-4-502-11041-2　Ⓝ336.987　［2200円］

◇事例検討誤りやすい消費税の実務　小池敏範著　4訂増補版　税務研究会出版局　2014.2　352p　21cm　①978-4-7931-2072-5　Ⓝ336.987　［2800円］

◇新様式の申告書・付表の記載の仕方　小池敏範著　税務研究会出版局　2014.7　182p　26cm　〈8％消費税対応〉①978-4-7931-2099-2　Ⓝ336.987　［2000円］

◇図解消費税のしくみと実務がわかる本　小池正明著　日本実業出版社　2014.3　278p　21cm　〈索引あり　「消費税の実務ができる本」(1998年刊)の改題、加筆・修正〉①978-4-534-05169-1　Ⓝ336.987　［1800円］

◇図解でわかる消費税事務必携　平成26年9月改訂　舩冨康次編　大阪　納税協会連合会　2014.10　377p　21cm　〈清文社（発売）消費税率の引上げに対応〉①978-4-433-50224-9　Ⓝ336.987　［2600円］

◇STEP式消費税申告書の作成手順　平成26年版　杉田宗久監修、石原健次、松田昭久、秦雅彦、德方郎、櫻井圭一共著　清文社　2014.8　331p　26cm　①978-4-433-51814-1　Ⓝ336.987　［2600円］

◇図表＆事例詳解消費税経過措置　阿部泰久監修、週刊T ＆ A master編集部編　補訂版　名古屋　新日本法規出版　2014.2　217p　21cm　①978-4-7882-7830-1　Ⓝ336.987　［2096円］

◇税率変更後に留意すべき消費税の実務　島添浩著　税務研究会出版局　2014.11　315p　21cm　①978-4-7931-2106-7　Ⓝ336.987　［2200円］

◇タダではすまない！消費税ミス事例集　平成26年版　熊王征秀著　大蔵財務協会　2014.5　103p　21cm　①978-4-7547-4367-3　Ⓝ336.987　［926円］

◇小さな会社と個人事業主の消費税がすべてわかる本—経理処理と申告・納税から税率アップ対応まで　高橋敏則著　ダイヤモンド社　2014.3　238p　19cm　〈最新改正に対応!!〉①978-4-478-02527-7　Ⓝ336.987　［1600円］

◇小さな会社と個人事業はじめての消費税経理処理と申告がわかる本　新版　井上修著　すばる舎　2014.8　245p　21cm　〈索引あり　消費税増税に完全対応！〉①978-4-7991-0367-8　Ⓝ336.987　［1500円］

◇中小企業のための超実践！消費税増税対策—2段階の増税時代を生き抜く！ピンチをチャンスに変える専門家の経営アドバイス　チームMPA編　同友館　2014.3　163p　21cm　①978-4-496-05043-5　Ⓝ336.987　［1700円］

◇注文の多い料理店の消費税対応　木村聡子、山本守之注釈　中央経済社　2014.2　135p　19cm　①978-4-502-10191-5　Ⓝ336.987　［1380円］

◇入門図解法人税と消費税のしくみ—事業者必携　村田克也監修　三修社　2014.6　255p　21cm　①978-4-384-04603-8　Ⓝ336.983　［1900円］

◇初めてでもよくわかる小さな会社と個人事業者の消費税の実務と申告ができる本　平石共子著　最新版　日本実業出版社　2014.3　214p　21cm　〈索引あり〉①978-4-534-05171-4　Ⓝ336.987　［1500円］

◇一目でわかる消費税簡易課税の事業区分　平成26年1月改訂　佐竹寿紀編　大阪　納税協会連合会　2014.1　158p　26cm　〈清文社（発売）〉①978-4-433-50273-7　Ⓝ336.987　［1400円］

◇否認事例にみる法人税・消費税修正申告の実務　諸星健司著　3訂版　税務研究会出版局　2014.9　496p　21cm　①978-4-7931-2080-0　Ⓝ336.983　［2700円］

◇不動産賃貸の所得税・消費税　金井恵美子著　税務研究会出版局　2014.11　278p　21cm　①978-4-7931-2116-6　Ⓝ673.99　［2000円］

◇プロフェッショナル消費税の実務　平成26年10月改訂　金井恵美子著　清文社　2014.10　719p　26cm　〈索引あり〉①978-4-433-51994-0　Ⓝ336.987　［4000円］

◇ベーシック税務会計　企業課税編　中島茂幸、櫻田譲編著　改訂版　創成社　2014.9　287p　26cm　〈索引あり　著：市原啓善ほか〉①978-4-7944-1483-0　Ⓝ336.98　［2950円］

◇間違えやすい法人税・消費税の実務ポイント—経理マン・税理士からの相談事例による　嶋協著　6訂版　税務研究会出版局　2014.6　312p　21cm　①978-4-7931-2096-1　Ⓝ336.983　［1800円］

◇らくらく小さな会社と個人事業の消費税がわかる本—初めて・1人でもできる！全記入例付　山端康幸、石渡芳徳、菊地則夫、村岡清樹、石井力編、東京シティ税理士事務所編　新版　あさ出版　2014.1　230p　19cm　①978-4-86063-662-3　Ⓝ336.987　［1400円］

◇わかりやすい消費税と土地改良—正しい理解のために　全国土地改良事業団体連合会　2013.1　63p　30cm　Ⓝ614.21　［400円］

日本（消費税—判例）

◇裁判例からみる消費税法　池本征男著　大蔵財務協会　2014.5　332p　21cm　〈索引あり〉①978-4-7547-2100-8　Ⓝ345.71　［2315円］

日本（消費税—法令）

◇消費税法—理論と計算　松本正春著　6訂版　税務経理協会　2014.7　339p　22cm　〈索引あり〉①978-4-419-06137-1　Ⓝ345.71　［3700円］

◇消費税法規通達集　平成26年7月1日現在　日本税理士会連合会、中央経済社編　中央経済社　2014.8　884p　19cm　①978-4-502-86129-1　Ⓝ345.71　［2800円］

◇消費税法基本通達逐条解説　平成26年版　浜端達也編　大蔵財務協会　2013.12　1138p　22cm　①978-4-7547-1986-9　Ⓝ345.71　［4571円］

◇消費税法令通達集　平成26年度版　税務経理協会編集　税務経理協会　2014.7　5,610p　22cm　①978-4-419-06144-9　Ⓝ345.71　［3600円］

◇図解消費税法「超」入門　平成26年度改正　山田＆パートナーズ監修、加藤友彦編著　税務経理協会　2014.7　167p　21cm　①978-4-419-06134-0　Ⓝ345.71　［1700円］

日本（商標）

◇会社の商標実務入門　正林真之監修　中央経済社　2014.10　232p　21cm　〈索引あり〉①978-4-502-11571-4　Ⓝ507.26　［2700円］

◇商標出願動向調査報告書—不使用商標対策後の効果・分析のための出願・登録状況調査　平成25年度　特許庁　2014.2　775p　30cm　〈請負先：帝国データバンク〉Ⓝ507.26　［非売品］

◇「商品及び役務の区分」に基づく類似商品・役務審査基準—国際分類第10-2014版対応　特許庁商標課編　［東京］　［特許庁商標課］　［2013］　11, 417p　30cm　〈背のタイトル：類似商品・役務審査基準〉Ⓝ507.26

◇「商品及び役務の区分」に基づく類似商品・役務審査基準—国際分類第10-2015版対応　特許庁商標課編　［東京］　［特許庁商標課］　［2014］　1冊　30cm　〈背のタイトル：類似商品・役務審査基準〉Ⓝ507.26

◇「商品及び役務の区分」に基づく類似商品・役務審査基準　特許庁商標課編　改訂第13版　発明推進協会　2014.2　539p　30cm　〈索引あり　国際分類第10-2014版対応　背のタイトル：類似商品・役務審査基準〉①978-4-8271-1232-0　Ⓝ507.26　［1500円］

◇模倣被害調査報告書　2013年度　［東京］　特許庁　2014.3　122, 66, 18p　30cm　〈特許庁工業所有権保護適正化対策事業〉Ⓝ507.2

◇Superbrands—an insight into Japan's most powerful emerging brands　2013-2014　[Tokyo]　Superbrands East Asia　[2014]　71p　35cm　〈本文は日本語〉①978-4-9907463-1-5　Ⓝ335.21　［6500円］

日本（商標法）

◇商標法　茶園成樹編　有斐閣　2014.4　332p　22cm　〈索引あり〉①978-4-641-14458-3　Ⓝ507.26　［3000円］

◇商標法　末吉亙著　新版　第4版　中央経済社　2014.9　321p　21cm　〈知的財産法実務シリーズ 2〉〈文献あり　索引あり〉①978-4-502-12031-2　Ⓝ507.26　［3300円］

◇なるほど図解商標法のしくみ　奥田百子著　第3版　中央経済社　2014.10　217p　21cm　〈CK BOOKS〉〈文献あり〉①978-4-502-12081-7　Ⓝ507.26　［2200円］

◇ブランド管理の法実務—商標法を中心とするブランド・ビジネスと法規制　棚橋祐治監修、明石一秀、小川宗一、高松薫、松嶋隆弘編著　三協法規出版　2013.7　426p　21cm　①978-4-88260-247-7　Ⓝ507.26　［4700円］

日本（商品）

◇今の大ヒットはこれだ!!　2014年版　ミスター・パートナー出版部編　ミスター・パートナー　2014.9　239p　21cm　〈Mr. Partner BOOK〉〈星雲社（発売）〉①978-4-434-19594-5　Ⓝ675.1　［1500円］

◇買ったら損する人気商品—ウソ、大げさ、ボッタクリ　鉄人社　2014.8　223p　19cm　〈文献あり〉①978-4-86537-012-6　Ⓝ675.1　［907円］

日本件名図書目録2014　I　　　　　　　　　　　　　　　　　　　　　　　　　　　　　　　　　日本（情報化社会）

◇新・買ってはいけない　10　渡辺雄二著　金曜日　2014.9　207p　21cm〈索引あり〉①978-4-906605-98-9　Ⓝ675.1　[1200円]

◇注目情報はこれだ!!　2014年度版　ミスター・パートナー出版部著　ミスター・パートナー　2014.3　207p　21cm　（Mr.Partner BOOK）〈星雲社（発売）〉①978-4-434-19022-3　Ⓝ675.1　[1500円]

◇日本が誇るビジネス大賞　2014年度版　ミスター・パートナー出版部著　ミスター・パートナー　2014.5　207p　21cm（Mr.Partner BOOK）〈星雲社（発売）〉①978-4-434-19183-1　Ⓝ675.1　[1500円]

◇ブームの真相　2014年版　ミスター・パートナー出版部著　ミスター・パートナー　2014.1　207p　21cm（Mr.Partner BOOK）〈星雲社（発売）〉①978-4-434-18798-8　Ⓝ675.1　[1500円]

◇マンガで読む「ロングセラー商品」誕生物語　日本企業激闘編　藤井龍二著　PHP研究所　2014.3　319p　19cm〈奥付のタイトル：「ロングセラー商品」誕生物語〉①978-4-569-81747-7　Ⓝ675.3　[667円]

日本（商品先物取引―判例）
◇先物取引裁判例集　70　平成25年1月―平成26年1月　先物取引被害全国研究会編　[大阪]　先物取引被害全国研究会　2014.3　321p　26cm　Ⓝ676.4　[3500円]

◇先物取引裁判例集　71　平成25年3月―平成26年8月　先物取引被害全国研究会編　[大阪]　先物取引被害全国研究会　2014.10　416p　26cm　Ⓝ676.4　[4700円]

日本（商品先物取引―法令）
◇投資取引訴訟の理論と実務　今川嘉文著　第2版　中央経済社　2014.12　457p　21cm〈索引あり〉①978-4-502-12731-1　Ⓝ338.16　[5200円]

日本（商品流通）
◇これからのロジスティクス―2020年に向けた50の指針　日本ロジスティクスシステム協会JILS総合研究所　2013.5　201p　21cm①978-4-905022-06-0　Ⓝ675.4　[1600円]

◇日経MJトレンド情報源―流通・消費：勝者の法則　2015　日経MJ（流通新聞）編　日本経済新聞出版社　2014.11　397p　21cm①978-4-532-21674-0　Ⓝ675.4　[1800円]

◇日本の物流―世界に誇る日本の文化と心　田中徳忠著　第三企画出版　2014.2　309p　19cm　（人物シリーズ）〈創英社/三省堂書店（発売）文献あり〉①978-4-9906994-6-8　Ⓝ675.4　[1700円]

◇はじめての流通　崔容熏、原頼利、東伸一著　有斐閣　2014.10　262p　22cm　（有斐閣ストゥディア）〈文献あり　索引あり〉①978-4-641-15010-2　Ⓝ675.4　[1900円]

◇物流改革の教科書―オムニチャネル時代を勝ち抜く　秋葉淳一、渡辺重光著　幻冬舎メディアコンサルティング　2014.2　198p　19cm〈幻冬舎（発売）〉①978-4-344-95217-1　Ⓝ675.4　[1500円]

◇物流コスト調査報告書　2012年度　日本ロジスティクスシステム協会編　日本ロジスティクスシステム協会　2013.3　212p　26cm①978-4-905022-04-6　Ⓝ675.4　[10476円]

◇物流コスト調査報告書　2013年度　日本ロジスティクスシステム協会JILS総合研究所編　日本ロジスティクスシステム協会JILS総合研究所　2014.3　217p　26cm①978-4-905022-08-4　Ⓝ675.4　[10000円]

◇物流分野におけるCO₂削減ポテンシャル等に関する調査委託業務報告書　平成25年度　[東京]　エックス都市研究所　2014.3　1冊　30cm〈平成25年度環境省委託業務　共同刊行：計量計画研究所ほか〉Ⓝ675.4

◇有望特殊ルート徹底調査　2013　大阪マーケティング本部第二事業部調査・編集　富士経済　2013.3　219p　30cm①978-4-8349-1587-7　Ⓝ675.4　[100000円]

◇流通大変動―現場から見えてくる日本経済　伊藤元重著　NHK出版　2014.1　247p　18cm（NHK出版新書　425）①978-4-14-088425-6　Ⓝ675.4　[780円]

日本（商品流通―歴史―江戸時代）
◇大規模呉服商の流通革新と進化―三井越後屋における商品仕入体制の変遷　武居奈緒子著　千倉書房　2014.3　216p　22cm〈文献あり〉①978-4-8051-1030-0　Ⓝ672.1　[3200円]

日本（娼婦）
◇わたしの娼婦たち―遠い夜へのレクイエム　大島扶美代著　講談社エディトリアル　2014.5　222p　20cm①978-4-907514-02-0　Ⓝ368.4　[1500円]

日本（娼婦―歴史）
◇娼婦たちから見た日本　八木澤高明著　KADOKAWA　2014.7　317p　20cm〈文献あり〉①978-4-04-101387-8　Ⓝ368.4　[1700円]

日本（娼婦―歴史―1868～1945）
◇シリーズ遊廓社会　2　近世から近代へ　佐賀朝、吉田伸之編　吉川弘文館　2014.1　321p　22cm〈内容：幕末開港と「倭夷之差別」（吉田ゆり子著）居留地付き遊廓（佐賀朝著）奴隷制なき自由？（ダニエル　V.ボツマン著）祇園（松田有紀子著）「軍都」金沢と遊廓社会（本康宏史著）飯田遊廓と娼妓の生活（斉藤俊江著）白山（初田香織著）温泉場の私娼とその空間（松田法子著）植民地朝鮮における遊廓の移植と展開（金富子著）公娼制度廃止問題の国際的位置（小野沢あかね著）〉①978-4-642-03458-6　Ⓝ384.9　[10000円]

日本（商法）
◇アプローチ商法　根田正樹著　弘文堂　2014.2　343p　21cm〈索引あり〉①978-4-335-35582-0　Ⓝ325　[2800円]

◇現代商法入門　近藤光男編　第9版　有斐閣　2014.11　367p　19cm　（有斐閣アルマ）〈索引あり〉①978-4-641-22012-6　Ⓝ325　[1900円]

◇図解による会社法・商法のしくみ　神田将著、生活と法律研究所編集　第5版　自由国民社　2014.8　303p　21cm〈索引あり〉①978-4-426-11786-3　Ⓝ325.2　[1800円]

◇租税法ならびに会社法・商法の要点　柳田仁著　改訂版　創成社　2014.4　187p　21cm〈文献あり　索引あり〉①978-4-7944-1480-9　Ⓝ345.12　[2100円]

◇民商事法の改正と経済刑法の動向　トラスト60　2014.3　433p　26cm　（トラスト60研究叢書）Ⓝ326.83　[非売品]

◇民・商法の溝をよむ　潮見佳男、片木晴彦編　日本評論社　2013.9　236p　21cm　（別冊法学セミナー No.223）①978-4-535-40843-2　Ⓝ324　[1800円]

◇Law Practice商法　黒沼悦郎編著、中東正文、福島洋尚、松井秀征、行澤一人著　第2版　商事法務　2014.3　365p　21cm〈索引あり〉①978-4-7857-2173-2　Ⓝ325　[3000円]

日本（消防）
◇緊急自動車の法令と実務―緊急自動車の26の特例から19の判例まで　交通法令研究会緊急自動車プロジェクトチーム編集　6訂版　東京法令出版　2014.12　163p　21cm①978-4-8090-1320-1　Ⓝ685.1　[1200円]

◇消防・救助技術の高度化等検討会報告書　平成25年度　消防・救助技術の高度化等検討会[編]　[東京]　消防庁・国民保護・防災部参事官室　2014.3　1冊　30cm〈共同刊行：消防庁予防課特殊災害室〉Ⓝ317.79

日本（商法―判例）
◇最新金融・商事法判例の分析と展開　小出篤監修　経済法令研究会　2013.5　141p　26cm　（別冊金融・商事判例）〈執筆：赤間英一ほか〉①978-4-7668-2315-8　Ⓝ338.32　[2000円]

◇商法判例集　山下友信、神田秀樹編著　第6版　有斐閣　2014.9　557p　22cm〈索引あり〉①978-4-641-13695-3　Ⓝ325.098　[3100円]

日本（消防―名簿）
◇全国消防便覧　[東京]　消防庁消防・救急課　2014.3　1冊　30cm　Ⓝ317.79

日本（消防―歴史）
◇消防その愛と力―消防団120年・自治体消防65周年記念誌　日本消防協会編　近代消防社　2014.4　105p　31cm〈布装〉①978-4-421-00852-4　Ⓝ317.79　[2000円]

日本（情報化社会）
◇グルメサイトで★★★ホシ3つの店は、本当に美味しいのか？　嶋浩一郎、森永真弓著　マガジンハウス　2014.9　269p　19cm①978-4-8387-2688-2　Ⓝ007.3　[1400円]

◇ケータイの2000年代―成熟するモバイル社会　松田美佐、土橋臣吾、辻泉編　東京大学出版会　2014.1　299p　22cm①978-4-13-050180-4　Ⓝ007.3　[5400円]

◇自分でつくるセーフティネット―生存戦略としてのIT入門　佐々木俊尚著　大和書房　2014.8　205p　19cm①978-4-479-79432-5　Ⓝ007.3　[1200円]

◇情報社会の法と倫理　尾﨑史郎、児玉晴男編著　放送大学教育振興会　2014.3　227p　21cm　（放送大学教材）〈[NHK出版（発売）]　索引あり〉①978-4-595-31507-7　Ⓝ007.3　[2400円]

◇ソーシャルメディア社会の教育―マルチコミュニティにおける情報教育の新科学化　松原伸一著　開隆堂出版　2014.9　159p　21cm　（開隆堂情報教育ライブラリー）〈開隆館出版販売（発売）索引あり〉①978-4-304-04202-7　Ⓝ375　[2300円]

◇2020年―ITがひろげる未来の可能性　JBCCホールディングス株式会社編著、田中克己監修　[東京]　日経BPコンサル

日本（消防官）

ティング 2014.6 239p 19cm 〈日経BPマーケティング（発売）〉 ①978-4-86443-062-3 Ⓝ007.3 ［1500円］

◇ネットが生んだ文化（カルチャー）―誰もが表現者の時代 川上量生監修 ［東京］ KADOKAWA 2014.10 265p 21cm 〈角川インターネット講座 04〉〈文献あり 内容：ネットがつくった文化圏（川上量生著） 日本のネットカルチャー史（ばるぼら著） ネットの言論空間形成（佐々木俊尚著） リア充対非リアの不毛な戦い（小野ほりでい著） 炎上の構造（荻上チキ著） 祭りと血祭り（伊藤昌亮著） 日本文化にみるコピペのルール（山田奨治著） リア充／非リア充の構造（仲正昌樹著）〉①978-4-04-653884-0 Ⓝ007.3 ［2500円］

◇ネトウヨ化する日本―暴走する共感とネット時代の「新中間大衆」 村上裕一［著］ KADOKAWA 2014.3 350p 19cm 〈角川EPUB選書 007〉〈文献あり〉①978-4-04-080007-3 Ⓝ361.65 ［1600円］

◇本の底力―ネット・ウェブ時代に本を読む 高橋文夫著 新曜社 2014.10 190p 19cm 〈文献あり 索引あり〉①978-4-7885-1413-3 Ⓝ019 ［1600円］

日本（消防官）

◇若き消防官に贈ることば―次代を担う君たちへ 高見尚武著 改訂版 近代消防社 2014.10 211p 19cm 〈近代消防新書 001〉 初版のタイトル：若き消防士に贈る言葉〉①978-4-421-00855-5 Ⓝ317.79 ［900円］

日本（情報機関）

◇防衛省と外務省―歪んだ二つのインテリジェンス組織 福山隆著 幻冬舎 2013.5 202p 18cm 〈幻冬舎新書 ふ-8-2）①978-4-344-98308-3 Ⓝ391.6 ［780円］

◇野蛮人のテーブルマナー 佐藤優著 完全版 講談社 2014.5 165p 18cm ①978-4-06-218951-4 Ⓝ391.6 ［1000円］

日本（情報機関―歴史）

◇教科書には載っていない大日本帝国の情報戦 濱田浩一郎著 彩図社 2014.9 203p 19cm 〈文献あり〉①978-4-8013-0019-4 Ⓝ391.6 ［1200円］

日本（情報技術）

◇超高齢社会の未来IT立国日本の挑戦 小尾敏夫, 岩崎尚子著 毎日新聞社 2014.12 221p 19cm 〈内容：未知との遭遇 2050年世界のシルバー市場3000兆円ビジネスへの挑戦 高齢者の就労, 社会参加, 生きがい 地方創生とスマート・シルバー・コミュニティ 高齢化する人類, 老朽化する地球を救えるか 世界一の中国シルバー市場と日本企業のチャンス 少子・超高齢・人口減少社会でのNTTグループの挑戦（三浦惺, 小尾敏夫述, 岩崎尚子司会） 総合地域サービス企業への脱皮で, 都市と地方の格差是正（清野智, 小尾敏夫述, 岩崎尚子司会） ビッグデータ時代のマイクロマーケティングがビジネス戦略の鍵（藤重貞慶, 小尾敏夫述, 岩崎尚子司会） シルバービジネスの拡大と高齢者雇用の多様化（岡本毅, 小尾敏夫述, 岩崎尚子司会） 中小企業でも高齢者, 女性が当たり前に活躍できる政策を（岩田喜美枝, 小尾敏夫述, 岩崎尚子司会）〉①978-4-620-32285-8 Ⓝ367.7 ［1500円］

日本（情報公開制度）

◇現代行政法講座 4 自治体争訟・情報公開争訟 現代行政法講座編集委員会編 日本評論社 2014.3 390p 22cm 〈索引あり 内容：まえがき（山下竜一著） 国・自治体間等争訟（村上裕章著） 条例をめぐる争訟（岩本浩史著） 住民監査請求・住民訴訟における対象と違法性（小澤久仁男著） 住民訴訟4号請求の諸問題（大田直史著） 第3セクターに関する争訟（田中孝男著） 入札に関する争訟（湯川二朗著） まえがき（榊原秀訓著） 情報公開の諸問題（石森久広著） 情報公開争訟の諸問題（米田雅宏著） 個人情報保護の制度と訴訟（豊島明子著） 行政運営情報と公務員情報（友岡史仁著） 行政による調査・指導・規制と法人情報の情報公開（野田崇著） 警察・検察・防衛・外交関係の情報公開（野口貴公美著） 公共事業と情報公開（小島延夫著）〉①978-4-535-06707-3 Ⓝ323.9 ［4700円］

日本（情報産業）

◇ICTコンセンサス標準―オープンイノベーションによるビジネスモデル構築のダイナミズム 梶浦雅己著 文眞堂 2013.8 118p 21cm 〈文献あり 内容：先行研究レビュー 研究事例：特許化・標準化・事業化のプロセス イノベーションの戦略オプション分析 ビジネスモデルの構造分析 ファインディングスと仮説の提示〉①978-4-8309-4800-8 Ⓝ007.35 ［2500円］

◇IT企業の法務と労務実務マニュアル―事業者必携 梅原ゆかり監修 三修社 2014.2 263p 21cm ①978-4-384-04583-3 Ⓝ007.35 ［1900円］

◇IT業界人事労務の教科書 成澤紀美著, 藤井総監修 ［東京］ レクシスネクシス・ジャパン 2014.3 236p 21cm 〈索引あり〉①978-4-902625-79-0 Ⓝ007.35 ［2100円］

◇ITサービスビジネス環境整備調査報告書 電子情報技術産業協会ソリューションサービス事業委員会編 電子情報技術産業協会 電子情報技術産業協会 2014.3 14, 114p 30cm 〈ソリューションサービスに関する調査報告書 平成25年度 1〉〈内容：クラウド利用におけるサービス仕様の可視化 ITサービス海外展開における留意点〉Ⓝ007.35

◇IT人材白書 2014 「作る」から「創る」へ, 「使う」から「活かす」へ―価値を生み出すプロの力 情報処理推進機構IT人材育成本部編 情報処理推進機構 2014.4 352p 28cm ①978-4-905318-24-8 Ⓝ007.35 ［1389円］

◇IT・ソフトウェア業 岩下広文著 中央経済社 2014.9 187p 21cm 〈業種別人事制度 4〉①978-4-502-11081-8 Ⓝ007.35 ［2200円］

◇ITナビゲーター 2015年版 野村総合研究所ICT・メディア産業コンサルティング部著 東洋経済新報社 2014.12 269p 21cm ①978-4-492-50263-1 Ⓝ007.35 ［2200円］

◇シェアNo.1の秘訣 2 日本IT特許組合,『財界』編集部著 財界研究所 2014.3 207p 20cm 〈内容：ブイキューブ（間下直見著） インフォグリーン（竹原司著） インターネットイニシアティブ（保条英司著） イーパーセル（北野譲治著） シャノン（中村健一郎著） エルテス（菅原貴弘著） アマゾンデータサービス〈ジャパン〉（玉川憲著） シェアNo.1を目指すには？（伊佐山建志, 安達一彦述）〉①978-4-87932-097-1 Ⓝ007.35 ［1500円］

◇システムインテグレーション崩壊―これからSIerはどう生き残ればいいか？ 斎藤昌義著 技術評論社 2014.7 210p 19cm ①978-4-7741-6522-6 Ⓝ007.35 ［1680円］

◇情報サービス産業取引及び価格に関する調査 平成25年度 情報サービス産業協会 2014.4 56p 30cm Ⓝ007.35

◇情報サービス産業における個人情報保護マネジメントシステムのあり方 情報サービス産業協会 2013.7 203p 26cm 〈情報サービス産業個人情報保護ガイドライン（第4版）準拠〉Ⓝ007.35

◇情報サービス産業における情報技術マップに関する調査報告 平成25年度 情報サービス産業協会 2014.6 156p 30cm Ⓝ007.35

◇情報通信業基本調査報告書―平成25年情報通信業基本調査（平成24年度実績）［東京］ 総務省情報通信国際戦略局 2014.3 428p 30cm 〈共同刊行：経済産業省大臣官房調査統計グループ〉Ⓝ694.21

◇情報通信業基本調査報告書―平成25年情報通信業基本調査 平成24年度実績 総務省情報通信国際戦略局, 経済産業省大臣官房調査統計グループ／編 経済産業統計協会 2014.7 427p 30cm ①978-4-86499-007-3 ［15500円］

◇職業訓練基準の分野別見直しに係る基礎研究―専門・応用課程 平成25年度 電気・電子・情報分野 武蔵野 高齢・障害・求職者雇用支援機構職業能力開発総合大学校基盤整備センター 2014.3 85p 30cm 〈調査研究報告書 no. 158〉Ⓝ366.29

◇地域からの変革に向けた挑戦 情報サービス産業協会 2014.5 3, 84p 30cm 〈地域連携推進事業活動報告書 平成25年度〉Ⓝ007.35

◇ベンチャー三国志 企業家倶楽部編集部著 企業家ネットワーク 2014.7 190p 19cm ①978-4-902746-07-5 Ⓝ335.21 ［1400円］

日本（情報産業―統計）

◇情報サービス産業基本統計調査 2013年版 情報サービス産業協会 2014.1 59p 30cm Ⓝ007.35

◇特定サービス産業実態調査報告書 平成25年 ソフトウェア業, 情報処理・提供サービス業及びインターネット附随サービス業編 ［東京］ 経済産業省大臣官房調査統計グループ 2014.12 253p 30cm Ⓝ673.9

日本（情報産業―名簿）

◇ITソリューション企業総覧 2014年度版 ユーザーのためのソリューションガイド 日刊工業出版プロダクション編 日刊工業新聞社 2014.4 289p 26cm 〈索引あり〉①978-4-526-07255-0 Ⓝ007.35 ［3000円］

日本（情報政策）

◇2020年代に向けた情報通信政策の在り方―世界最高レベルの情報通信基盤の更なる普及・発展に向けて：〈平成26年2月3日付け諮問第21号〉答申 ［東京］ 情報通信審議会 2014.12 257p 30cm Ⓝ007.3

日本件名図書目録2014　I

日本（職業）

日本（消防法）
◇火災予防違反処理の基礎　関東一著　新訂第2版　近代消防社
2014.9　419p　21cm〈索引あり　改正違反処理基準対応・違
反処理関係裁判例登載版〉①978-4-421-00859-3　Ⓝ317.79
［2480円］

◇最新消防法の基本と仕組みがよ～くわかる本　防災研究会
AFRI著　秀和システム　2014.4　307p　21cm（How-nual
図解入門）〈索引あり　平成26年4月の改正消防法に完全対
応！〉①978-4-7980-4088-2　Ⓝ317.79　［1800円］

◇消防関係法令集　平成26年度版　東京消防庁監修　東京防災
救急協会　2014.6　1032p　30cm〈平成26年4月1日現在　解
説・参照付〉Ⓝ317.79　［1700円］

◇消防官のための火災調査の法律知識　関東一著　近代消防社
2014.7　157p　21cm〈文献あり　索引あり〉①978-4-421-
00857-9　Ⓝ317.79　［1800円］

◇消防基本六法　平成26年新版　消防法規研究会編集　東京法
令出版　2014.3　1冊　21cm〈内容現在平成26年2月1日〉
①978-4-8090-2378-1　Ⓝ317.79　［2000円］

◇消防行政相談事例集　木下健治監修，全国消防長会編著　2訂
版　全国消防協会　2013.3　187p　21cm〈東京法令出版（発
売）〉①978-4-8090-2357-6　Ⓝ323.9　［1600円］

◇消防法の中の基礎用語　消防法逐条用語研究会編集　10訂
東京法令出版　2014.1　572,37p　21cm①978-4-8090-2375-
0　Ⓝ317.79　［2900円］

◇逐条解説消防法　消防基本法制研究会編著　第5版　東京法令
出版　2014.6　1060,22p　22cm〈年表あり　索引あり〉
①978-4-8090-2383-5　Ⓝ317.79　［4200円］

◇注解消防関係法規集　2015年版　近代消防社　2014.9　1冊
21cm〈内容現在平成26年8月1日〉①978-4-421-00860-9
Ⓝ317.79　［2000円］

◇防火管理六法　消防法規研究会編　平成25年新版　東京法令
出版　2013.3　1冊　21cm〈平成25年2月1日現在〉Ⓝ317.79
［1800円］

日本（条約）
◇条約集―多数国間条約　平成23年　［東京］　外務省国際法局
2014.3　308p　27cm〈英語併記〉Ⓝ329.09

◇条約集―二国間条約　平成23年　［東京］　外務省国際法局
2014.3　1734p　27cm〈英語併記〉Ⓝ329.09

日本（条約―中国―歴史―昭和後期）
◇民間漁業協定と日中関係　陳激著　汲古書院　2014.11　223p
22cm　①978-4-7629-6527-2　Ⓝ661.12　［6000円］

日本（条約―歴史―江戸末期）
◇開国と条約締結　麓慎一著　吉川弘文館　2014.5　278,6p
20cm　（日本歴史叢書新装版）〈文献あり　年表あり　索引あ
り〉①978-4-642-06669-3　Ⓝ210.59　［3000円］

日本（条約―歴史―明治時代）
◇近代日本の産業財産権と条約改正―外交と内政　鑓岡聡史
［著］　知的財産研究所　2014.6　12, 10, 32p　30cm（産業
財産権研究推進事業（平成24-26年度）報告書　平成24年度）
〈特許庁委託〉Ⓝ507.2

日本（条約―歴史―明治時代―史料）
◇伊藤博文文書　第114巻　秘書類纂外交　1　伊藤博文［著］，
伊藤博文文書研究会監修，檜山幸夫総編集　熊本史雄編集・解
題　ゆまに書房　2014.11　360p　22cm〈宮内庁書陵部所蔵
の複製〉①978-4-8433-2646-6,978-4-8433-2521-6（set）Ⓝ312.
1　［16000円］

◇伊藤博文文書　第115巻　秘書類纂外交　2　伊藤博文［著］，
伊藤博文文書研究会監修，檜山幸夫総編集　熊本史雄編集・解
題　ゆまに書房　2014.11　526p　22cm〈宮内庁書陵部所蔵
の複製〉①978-4-8433-2647-3,978-4-8433-2521-6（set）Ⓝ312.
1　［16000円］

◇伊藤博文文書　第116巻　秘書類纂外交　3　伊藤博文［著］，
伊藤博文文書研究会監修，檜山幸夫総編集　熊本史雄編集・解
題　ゆまに書房　2014.11　386p　22cm〈宮内庁書陵部所蔵
の複製〉①978-4-8433-2648-0,978-4-8433-2521-6（set）Ⓝ312.
1　［16000円］

◇伊藤博文文書　第117巻　秘書類纂外交　4　伊藤博文［著］，
伊藤博文文書研究会監修，檜山幸夫総編集　熊本史雄編集・解
題　ゆまに書房　2014.11　604p　22cm〈宮内庁書陵部所蔵
の複製〉①978-4-8433-2649-7,978-4-8433-2521-6（set）Ⓝ312.
1　［16000円］

◇伊藤博文文書　第119巻　秘書類纂外交　6　伊藤博文［著］，
伊藤博文文書研究会監修，檜山幸夫総編集　熊本史雄編集・解
題　ゆまに書房　2014.11　214p　22cm〈宮内庁書陵部所蔵

の複製〉①978-4-8433-2651-0,978-4-8433-2521-6（set）Ⓝ312.
1　［16000円］

◇伊藤博文文書　第120巻　秘書類纂外交　7　伊藤博文［著］，
伊藤博文文書研究会監修，檜山幸夫総編集　熊本史雄編集・解
題　ゆまに書房　2014.11　380p　22cm〈宮内庁書陵部所蔵
の複製〉①978-4-8433-2652-7,978-4-8433-2521-6（set）Ⓝ312.
1　［16000円］

日本（条例）
◇地域課題解決のための条例の活用―課題研究用事例　自治研修
協会編　自治総合センター　2014.3　228p　30cm〈内容：神
奈川県川崎市の事例　山梨県の事例　兵庫県の事例〉Ⓝ318.1

日本（女教員―歴史）
◇二十世紀の女性教師―周辺化圧力に抗して　河上婦志子著
御茶の水書房　2014.12　438p　23cm〈索引あり〉①978-4-
275-01090-2　Ⓝ374.3　［7000円］

日本（女教員―歴史―1868～）
◇「女教員」と「母性」―近代日本における〈職業と家庭の両
立〉問題　齋藤慶子著　六花出版　2014.6　275p　22cm
①978-4-905421-68-9　Ⓝ374.37　［4000円］

日本（食育）
◇心と身体を強くする食育力　服部幸應著　マガジンハウス
2014.3　247p　19cm　①978-4-8387-2648-6　Ⓝ498.55
［1400円］

◇食育推進施策　平成25年度　［東京］　［内閣府］　［2014］
159p　30cm〈第186回国会（常会）提出〉Ⓝ498.5

◇新・食生活プランナーになる本―食品流通業の安全と安心を守
るプロフェッショナル：食品流通業に携わる人におくる　鈴
木國朗著　商業界　2014.10　199p　21cm　①978-4-7855-
0477-9　Ⓝ673.7　［1600円］

◇食べることは生きること―食育実践ハンドブック　東京都社会
福祉協議会児童部会従事者会給食研究会　2014.3　94p　30cm
〈文献あり〉①978-4-86353-184-0　Ⓝ369.43　［1200円］

◇人間力を高める食育・卓育入門―保健・医療・教育・保育に携
わる人のための　根岸宏邦，食空間コーディネート協会編著
大阪　メディカ出版　2014.3　121p　26cm〈文献あり　索引
あり　『保健・医療・教育に携わる人のための食育入門』
（2007年刊）の改題、大幅に加筆したもの〉①978-4-8404-
4908-3　Ⓝ498.55　［2200円］

◇和食と食育―和食のこころを受け継ぎそして次世代へ　熊倉
功夫監修，江原絢子編著　アイ・ケイコーポレーション
2014.3　297p　21cm〈内容：和食とは何か（熊倉功夫著）和
食の歴史（原田信男著）　栄養面からみた日本的特質（安本教
傳著）　日本人の味覚と嗜好（伏木亨著）　食事と地域性（江原
絢子著）　食材の生産・流通・消費（田中靜雄著）　食品の衛生
と安全（井部明広著）　和食の調理・加工（大久保洋子著）　妊
産婦・乳幼児の食育（早川浩著）　学童・思春期の子どもの食
事（秋永優子著）　成人期の食事（柳沢幸江著）　高齢期の食事
（柳沢幸江著）　和食のマナー（赤堀博美著）　宝谷かぶを守っ
てきた農家を支援する取り組みと食の甲子園（江頭宏昌著）
「江戸東京野菜」の普及推進活動や食育・地産地消に関する取
り組み（大竹道茂著）　日本人らしく生きるために（中田典子
著）　味を伝える（山崎英恵著）　完全米飯化を通し「学校給
食で伝える健康づくり」（田村直著）　小中学校の出前講座、市
民講座で伝えていく（近藤惠津子著）　お茶を通して人の体と
心を育てる食育への取り組み〈茶育〉（徳永睦子著）　高校生が
小学生に伝える郷土の食（田中茂樹著）　食文化への興味をか
きたてる「食の文化ライブラリー」（鈴木郁子著）　出前授業と
しょうゆづくり体験（岡村弘孝著）　江戸の味をエコ・クッキ
ングを通して再現し、食育・環境教育に貢献する取り組み（安
部憲昭,上南昭子著）　震災復興のなかで（岡崎千晴著）〉
①978-4-87492-308-5　Ⓝ383.81　［3500円］

日本（職業）
◇あたらしい働く理由をみつけよう―What is your salary？
日本ドリームプロジェクト編集　京都　いろは出版　2014.5
159p　20cm　①978-4-902097-68-9　Ⓝ366.29　［1400円］

◇菊池亜希子のおじゃまします―仕事場探訪20人　菊池亜希子
著　集英社　2014.3　111p　21×21cm　（LEE）〈LEE特別
編集〉①978-4-08-780712-7　Ⓝ366.29　［1200円］

◇最高齢プロフェッショナルの教え　徳間書店取材班著　徳間
書店　2014.9　251p　15cm　（徳間文庫　と27-1）〈文献あり
2010年刊の構成を変更、新たに「特別対談」を収録〉①978-4-
19-893883-3　Ⓝ366.29　［630円］

◇仕事。　川村元気著　集英社　2014.9　275p　19cm〈内容：
山田洋次（山田洋次述）沢木耕太郎述（沢木耕太郎述）　杉本博
司（杉本博司述）　倉本聰（倉本聰述）　秋元康（秋元康述）
宮崎駿（宮崎駿述）　糸井重里（糸井重里述）　篠山紀信（篠山
紀信述）　谷川俊太郎（谷川俊太郎述）　鈴木敏夫（鈴木敏夫
述）　横尾忠則（横尾忠則述）　坂本龍一（坂本龍一述）〉
①978-4-08-780723-3　Ⓝ366.29　［1400円］

日本（職業―女性）

◇しごととわたし　梶山ひろみ著　イースト・プレス　2014.11　265p　19cm〈内容：雑誌『ecocolo』編集長　石田エリ（石田エリ述）　コピーライター　尾形真理子（尾形真理子述）　日傘作家　ひがしちか（ひがしちか述）　「山陽堂書店」店主　萬納幸江（萬納幸江述）　俳優　渡辺真起子（渡辺真起子述）　渡辺真起子さん×母・美恵子さん（渡辺真起子，渡辺美恵子述）　ギャラリー「ROCKET」企画　井上恵（井上恵述）　コーディネーター　大塚博美（大塚博美述）　バレリーナ　生方さくら（生方さくら述）　スタイリスト　井口さおり（井口さおり述）　作家　よしもとばなな（よしもとばなな述）　「CAFE & CATERING TORi」オーナー　岡本雅恵＆鷺巣麻紀子（岡本雅恵，鷺巣麻紀子述）　岡本雅恵さん×鷺巣麻紀子さん（岡本雅恵，鷺巣麻紀子述）〉　Ⓘ978-4-7816-1244-7　Ⓝ366.38　［1600円］

◇仕事の小さな幸福　木村俊介著　日本経済新聞出版社　2014.4　227p　18cm〈内容：いちばん正しい答えではなくても、今はそれでやっていく、でいいや（箭内道彦述）　あんなにやったのに、と思わない仕事がしたい（角田光代述）　人がちっちゃく立ち直る姿を描きたくて（津村記久子述）　他の人が行かない、細い道だから行く（山口絵理子述）　あんまりきっちりやろうとしたら、小説は一行も書けないんじゃない？（池井戸潤述）　生きている証を、記録したくて（古賀絵里子述）　仲間と意義さえよければ、いい仕事になるんです（慎泰俊述）　プロにとって、ポーカーは、ギャンブルではなく純然たる投資なんです（木原直哉述）　長い間、追い求めていたのはこれか、とわかる時が来るんです（安部龍太郎述）　道は、ひとつではありません（柳川範之述）　まわりの環境がどんなに変わっても、原稿を書く苦労は、驚くほど何も変わらなくて……その事実が、プレッシャーやつらさがある中で、ぼくを支えてくれたように思うんです（三上延述）　好きなことをする過程では、いつも『何してんの？』と言われるのだから、自分が楽しければいいや、でいいんだ（きたみりゅうじ述）　世界の人にも、日本の何気ない風景に驚いてもらいたくて（新海誠述）　『うまくいかないこと』こそが仕事だと思います（伊集院静述）　研究がちゃんと認められていく過程って、おもしろいんですよ（高井研述）　人生における小説の比重が、大きすぎるほうだとは思います（中村文則述）　向かうゴールが何かよりも、歩くこと自体のほうが重要で（為末大述）　自分の言葉で、胸を張って話すには（佐藤真海述）〉　Ⓘ978-4-532-16926-8　Ⓝ366.29　［1500円］

◇職業相関表―2万人のデータからみた職業の類似性　労働政策研究・研修機構編　労働政策研究・研修機構　2014.3　210p　30cm　（JILPT資料シリーズ　no. 130）　Ⓝ366.29

◇職業の現状と動向―職業動向調査（就業者web調査）結果　労働政策研究・研修機構編　労働政策研究・研修機構　2014.3　277p　30cm　（JILPT資料シリーズ　no. 135）　Ⓝ366.29

◇人生に迷わない36の極意―プロフェッショナル仕事の流儀　NHK「プロフェッショナル」制作班著　NHK出版　2014.8　262p　18cm　（NHK出版新書 441）　Ⓘ978-4-14-088441-6　Ⓝ366.29　［820円］

◇定年後年金プラス、ひとの役に立つ働き方　杉山由美子著　朝日新聞出版　2014.7　267p　18cm　（朝日新書 470）　Ⓘ978-4-02-273570-6　Ⓝ366.29　［780円］

◇日本の民俗　暮らしと生業　芳賀日出男［著］　KADOKAWA　2014.11　298p　15cm　（角川ソフィア文庫）　［J110-2]）〈文献あり　年譜あり　「日本の民俗 下」（クレオ 1997年刊）の加筆・訂正〉　Ⓘ978-4-04-409475-1　Ⓝ382.1　［1280円］

◇「破格」の人―半歩出る働き方　阿部真大著　KADOKAWA　2014.3　231p　18cm　（角川SSC新書 217）〈文献あり　内容：三度の挫折の果てに見えた景色（太田克史述）　組織にこだわって生きるのが日本的（原田曜平述）　仕事は「手段」と「目的」で整理（廣田周作述）　「続ける」ことが未来を育む（植野佳奈述）　自分の中の「問い」を探す（若林恵述）　組織の中で望むように働くということ）　Ⓘ978-4-04-731639-3　Ⓝ366.29　［820円］

◇働く！「これで生きる」50人　共同通信社編　共同通信社　2014.7　223p　21cm　Ⓘ978-4-7641-0671-0　Ⓝ366.29　［1500円］

◇ぼくらは働く、未来をつくる。―向井理×12人のトップランナー　AERA編集部著　朝日新聞出版　2014.11　195p　19cm〈内容：すべては「お客様にお喜びいただくために」最高の満足をめざして勝負をしています（宮崎辰述）「野菜作りを始めたい」人が“自産自消”を楽しめる場を提供しています（西辻一真述）　物語は「徒歩10分圏内から」自分の身近な世界を起点に小説を書いています（森見登美彦述）　美しいジュエリーの裏側に暗い世界をつくらないそれが「エシカルジュエリー」（白木夏子述）　ひきこもりやニートと呼ばれる無業の若

者の「働く」を支えたい支援というより投資と考えています（工藤啓述）　ミドリムシの力で世界中の食料と環境の問題を解決したいんです（出雲充述）　新しい人のつながりを作る場所家族でない人と共に過ごす場所「シェア」の空間を設計しています（成瀬友梨述）　花の世界の“和洋折衷”が僕のアイデンティティーです（ニコライ・バーグマン述）　サイエンスと融合したアート作品を世界に発信しています（スプツニ子！述）　地域主導型の自然エネルギー事業を支援する活動をしています（古屋将太述）　こだわりの豚肉を作りながら障がい者の新たな雇用の形に挑戦しています（飯田大輔述）　事業者やアーティストの夢を個人の少額投資で実現する”黒go”のビジネスです（小松真実述）　ぼくらがつくる10年後の未来（工藤啓，西辻一真，出雲充ほか述）〉　Ⓘ978-4-02-331345-3　Ⓝ366.29　［1400円］

日本（職業―女性）

◇女性の職業のすべて　2016年版　女性の職業研究会／編　啓明書房　2014.12　267p　21cm　Ⓘ978-4-7671-1259-6　［1400円］

日本（職業―統計）

◇就業構造基本調査報告　平成24年　全国編　総務省統計局編　総務省統計局　2014.3　960p　26cm〈英語併載〉　Ⓝ366.21

◇就業構造基本調査報告　平成24年　都道府県編 1　全国、都道府県（北海道―愛知県）　総務省統計局編　総務省統計局　2014.3　962p　26cm〈英語併載〉　Ⓝ366.21

◇就業構造基本調査報告　平成24年　都道府県編 2　全国、都道府県（三重県―沖縄県）　総務省統計局編　総務省統計局　2014.3　994p　26cm〈英語併載〉　Ⓝ366.21

◇就業構造基本調査報告　平成24年　政令指定都市編　総務省統計局編　総務省統計局　2014.3　866p　26cm〈英語併載〉　Ⓝ366.21

◇就業構造基本調査報告　平成24年　地域別主要結果編 1　全国、都道府県・県庁所在都市・人口30万以上の市　総務省統計局編　総務省統計局　2014.3　904p　26cm〈英語併載〉　Ⓝ366.21

◇就業構造基本調査報告　平成24年　地域別主要結果編 2　県内経済圏　総務省統計局編　総務省統計局　2014.3　922p　26cm〈英語併載〉　Ⓝ366.21

◇就業構造基本調査報告　平成24年　全国編　総務省統計局編集　日本統計協会　2014.3　960p　26cm〈英語併記〉　Ⓘ978-4-8223-3745-2　Ⓝ366.21　［9100円］

◇就業構造基本調査報告　平成24年　都道府県編 1　全国、都道府県（北海道～愛知県）　総務省統計局編集　日本統計協会　2014.3　962p　26cm〈英語併記〉　Ⓘ978-4-8223-3746-9　Ⓝ366.21　［9100円］

◇就業構造基本調査報告　平成24年　都道府県編 2　全国、都道府県（三重県―沖縄県）　総務省統計局編　日本統計協会　2014.3　994p　26cm〈英語併記〉　Ⓘ978-4-8223-3747-6　Ⓝ366.21　［9200円］

◇就業構造基本調査報告　平成24年　政令指定都市編　総務省統計局編集　日本統計協会　2014.3　866p　26cm〈英語併記〉　Ⓘ978-4-8223-3748-3　Ⓝ366.21　［8600円］

◇就業構造基本調査報告　平成24年　地域別主要結果編 1　全国、都道府県・県庁所在都市・人口30万以上の市　総務省統計局編　日本統計協会　2014.3　904p　26cm〈英語併記〉　Ⓘ978-4-8223-3749-0　Ⓝ366.21　［8900円］

◇就業構造基本調査報告　平成24年　地域別主要結果編 2　県内経済圏　総務省統計局編　日本統計協会　2014.3　922p　26cm〈英語併記〉　Ⓘ978-4-8223-3750-6　Ⓝ366.21　［8900円］

日本（職業―歴史）

◇稼ぐ・働く・祀る・祈る―日本・くらしの断章　田村善次郎著　八坂書房　2014.12　299p　20cm〈内容：製糸場かせぎ　櫛行商記　漆器・ツボ売りの記　毒消し売り　俺師の賦　ブラジルのスイカ王といわれて　塩の道　越後五カ浜塩つくり　陸前大島の旧漁業聞書　東大和のお茶つくり　肥後牛の里・小国　杉野浦ナンゴの話　下毛雑記　灰とくらし　焼畑と狩りと神楽と　西浦の田楽　恐山の地蔵盆　ホカイする心　伊勢参りの人びと　庚申塔と庚申信仰　火伏せの意匠　伊勢・志摩　足利・小絵馬を訪ねて　伏見稲荷大社覚書　金毘羅信仰覚書〉　Ⓘ978-4-89694-182-1　Ⓝ382.1　［2400円］

日本（職業教育）

◇学校で労働法・労働組合を学ぶ―ブラック企業に負けない！　川村雅則，角谷信一，井沼淳一郎，笹山尚人，首藤広道，中嶌聡著　きょういくネット　2014.11　174p　26cm　（桐書房（発売））　Ⓘ978-4-87647-845-3　Ⓝ375.6　［2200円］

◇キャリア教育の基礎・基本―考え方・実践事例・教材・重要資料集：コピーして使えるワークシート付き！　山崎保寿編著　学事出版　2013.12　127p　26cm〈文献あり〉　Ⓘ978-4-7619-2020-3　Ⓝ375.6　［1800円］

日本件名図書目録2014　Ⅰ　　　　　　　　　　　　　　　　　　　　　　　　　　　　　　　　　日本（職業指導）

◇グローバル人材を育てます　池内秀己,齊藤毅憲,籏本智之,吉田優治監修，全国ビジネス系大学教育会議編著　学文社　2014.1　197p　21cm〈内容：ビジネス系大学はグローバル人材の育成に向けて何をすべきなのか（籏本智之著）小樽商科大学のアクティブラーニングとグローバル人材の育成（籏本智之,大津晶,保田隆明著）産業能率大学における実践教育の取り組み（武内千草著）九州産業大学におけるグローバル人材育成（池内秀己著）企業が求める「グローバル人材」と大学教育（井上洋著）住友商事株式会社におけるグローバル人材育成（本村恵三著）サムスンのグローバル人材の育成（張相秀,安熙卓著）先ず隗より始めよ（中村清著）関西学院大学国際学部におけるグローバル人材育成（伊藤正一著）名古屋外国語大学のグローバル教育（稲垣善男著）国家戦略としての「グローバル人材育成」と大学の役割（高橋由明著）ビジネス系大学教育はグローバル人材を育成できるか（佐々木恒男著）グローバル人材の育成を！（齊藤憲慈著）グローバル教育というけれど（吉田優治著）〉Ⓝ978-4-7620-2425-2 Ⓝ377.15　[2300円]

◇軽度の知的障害のある生徒の就労を目指した青年期教育―職業教育,生徒指導・日常生活の指導・道徳の授業,共生教育　渡辺明広編著　名古屋　黎明書房　2014.7　125p　26cm　Ⓝ978-4-654-01900-7　Ⓝ378.6　[2400円]

◇大学発のビジネスマインドビルディング―マーケティング思考力を養い、ビジネス社会に向かって飛び立とう　小森一平著　浜松　ITSC静岡学術出版事業部　2014.2　305p　19cm（静岡学術出版教養ブックス）〈文献あり〉Ⓝ978-4-86474-031-9　Ⓝ377.15　[2000円]

◇発達障害・知的障害のある児童生徒の豊かな自己理解を育むキャリア教育―内面世界を大切にした授業プログラム45　別府哲監修，小島道生,片岡美華編著　ジアース教育新社　2014.7　177p　26cm　Ⓝ978-4-86371-270-6　Ⓝ378　[1800円]

日本（職業訓練）

◇求職者支援制度に関する調査研究―訓練実施機関についての調査・分析　労働政策研究・研修機構編　労働政策研究・研修機構　2014.5　278p　30cm（労働政策研究報告書 no. 163）Ⓝ366.29

◇求職者支援法の創設に基づき実施される職業訓練の質保証に関する調査研究　武蔵野　高齢・障害・求職者雇用支援機構職業能力開発総合大学校基盤整備センター　2014.3　153p　30cm（調査研究資料 no. 138）Ⓝ366.29

◇求職者に対する訓練コースのコーディネート等に関する調査研究　武蔵野　高齢・障害・求職者雇用支援機構職業能力開発総合大学校基盤整備センター　2014.3　132p　30cm（調査研究資料 no. 137）Ⓝ366.29

◇業種別職業能力開発体系の構築に関する調査研究　武蔵野　高齢・障害・求職者雇用支援機構職業能力開発総合大学校基盤整備センター　2014.3　136p　30cm（調査研究資料 no. 136）Ⓝ366.29

◇建設機械製造業における「仕事の体系」の整備等に関する調査研究　武蔵野　高齢・障害・求職者雇用支援機構職業能力開発総合大学校基盤整備センター　2014.3　116p　30cm（資料シリーズ no. 53）Ⓝ513.8

◇光学レンズ製造業における「仕事の体系」の整備等に関する調査研究　武蔵野　高齢・障害・求職者雇用支援機構職業能力開発総合大学校基盤整備センター　2014.3　104p　30cm（資料シリーズ no. 54）Ⓝ535.87

◇斎藤将省作集　第1巻　斎藤将著　鳥影社　2014.2　434p　22cm〈内容：人権視角から平和的生存権を考える　平和的生存権の体系化　学生の権利義務　教育を受ける権利　学と学生の法的関係　争議権論の再考　社会法　労働者の生涯教育訓練　職業訓練政策の展望と立法論上の課題　第三次職業訓練基本計画にみられる生涯職業訓練構想　生涯職業訓練への視点　「労働者の職業訓練」と生涯教育〉Ⓝ978-4-86265-428-1(set)　Ⓝ323.01

◇斎藤将省作集　第2巻　斎藤将著　鳥影社　2014.2　505p　22cm〈索引あり　内容：すいせんのことば（沼田稲次郎著）「職業能力開発法制」考　職業能力開発法体系の新たな位置づけをめぐって　公務員労働における労働基本権の権利主体　団体交渉の形態　施設利用・就業時間中の組合活動　団体交渉の当事者・対象事項　社会保障〉Ⓝ978-4-86265-428-1(set)　Ⓝ323.01

◇若年者の就業状況・キャリア・職業能力開発の現状　2　労働政策研究・研修機構編　労働政策研究・研修機構　2014.9　197p　30cm（JILPT資料シリーズ no. 144）〈「2」のタイトル関連情報：平成24年版「就業構造基本調査」より〉Ⓝ366.21

◇職業訓練基準の分野別見直しに係る基礎研究―専門・応用課程　平成25年度　電気・電子・情報分野　武蔵野　高齢・障害・求職者雇用支援機構職業能力開発総合大学校基盤整備センター　2014.3　85p　30cm（調査研究報告書 no. 158）Ⓝ366.29

◇職業訓練基準の分野別見直しに係る基礎研究―普通課程　平成25年度　金属・機械、運搬機械運転、情報・通信分野　武蔵野　高齢・障害・求職者雇用支援機構職業能力開発総合大学校基盤整備センター　2014.3　212p　30cm（調査研究報告書 no. 159）Ⓝ366.29

◇すぐに役立つ雇用保険・職業訓練・生活保護・給付金徹底活用マニュアル　林智之監修　改訂新版　三修社　2014.5　255p　21cm　Ⓝ978-4-384-04600-7　Ⓝ364.7　[1800円]

◇生活困窮者を対象とした就労支援担当者の支援内容・カリキュラムの策定に反映させる調査研究事業　別冊　中間的就労・就労支援マニュアル　和歌山　一麦会　2014.2　58p　30cm〈厚生労働省平成25年度セーフティネット支援対策事業（社会福祉推進事業）〉Ⓝ366.28

◇日本企業における能力開発・キャリア形成―既存調査研究のサーベイと試行的分析による研究課題の検討　藤本真[著]，労働政策研究・研修機構編　労働政策研究・研修機構　2014.5　53p　30cm（労働政策レポート volume 11）〈文献あり〉Ⓝ366.29

◇非破壊検査業における「仕事の体系」の整備等に関する調査研究　武蔵野　高齢・障害・求職者雇用支援機構職業能力開発総合大学校基盤整備センター　2014.3　92p　30cm（資料シリーズ no. 55）Ⓝ501.55

◇ビルメンテナンス業における「仕事の体系」の整備等に関する調査研究　武蔵野　高齢・障害・求職者雇用支援機構職業能力開発総合大学校基盤整備センター　2014.3　137p　30cm（資料シリーズ no. 56）Ⓝ673.99

◇離職者訓練制度を活用した平成23年3月修了生の就職先における職業能力評価に関する調査報告書―介護福祉士と職業能力　日本介護福祉士養成施設協会　2014.2　131p　30cm　Ⓝ369.17

◇離職者訓練用訓練課題の開発及びメンテナンスに関する調査研究　平成25年度版　武蔵野　高齢・障害・求職者雇用支援機構職業能力開発総合大学校基盤整備センター　2014.3　1冊　30cm（資料シリーズ no. 52）Ⓝ366.29

◇リハビリテーション教育・研修にかかるアンケート調査結果報告書　[大津]　滋賀県健康福祉部　2014.3　232p　30cm〈共同刊行：滋賀県立成人病センター〉Ⓝ498.14

日本（職業訓練〔障害者〕）

◇発達障害者のためのリラクゼーション技能トレーニング―ストレス・疲労のセルフモニタリングと対処方法：発達障害者のワークシステム・サポートプログラム　高齢・障害・求職者雇用支援機構障害者職業総合センター職業センター編　千葉　高齢・障害・求職者雇用支援機構障害者職業総合センター職業センター　2014.3　139p　30cm（障害者職業総合センター支援マニュアル no. 10）Ⓝ366.28

日本（職業指導）

◇キャリア教育で変える学校経営論―「しかけ」が教員・生徒・保護者を動かす　清水隆彦著　実業之日本社　2014.11　170p　30cm　Ⓝ978-4-408-41670-0　Ⓝ375.25　[1800円]

◇キャリア教育論―若者のキャリアと職業観の形成　寺田盛紀著　学文社　2014.9　185p　22cm〈索引あり　内容：日本的なキャリア形成メカニズムの変容　キャリア形成・キャリア教育の概念と対象　キャリア教育の受容と日本のキャリア教育理解　キャリア教育の領域と構造　高校におけるキャリアと進路指導の実践　高校生・大学生の職業選択の現実　高校生の職業観の発達・変化と生活・学習活動の影響　高校生の職業観形成に対する教育・生活活動の作用　大学生のキャリア形成と大学におけるキャリア教育　企業社会における成人キャリア形成と教育訓練〉Ⓝ978-4-7620-2475-7　Ⓝ375.25　[2200円]

◇キャリア発達支援研究　1　キャリア発達支援の理論と実践の融合を目指して　キャリア発達支援研究会編　ジアース教育新社　2014.12　169p　26cm〈内容：特別支援教育分野におけるキャリア発達を支援する教育の意義と今後の展望（菊地一文著）キャリア教育の導入は我が国の施策に何をもたらしたか（菊池武剋著）アメリカでのキャリア発達研究の理論展開と我が国における課題（渡辺三枝子著）共生社会の形成におけるキャリア教育の役割（尾崎祐三著）地域協働の中でキャリア発達を促す意味（森脇勤著）「キャリア教育の視点」について考える（木村宣孝著）キャリア発達を促す授業づくり（楜田未來著）札幌稲穂高等支援学校福祉サービス科のWin-Winプロジェクトについて（渡邊典代著）「将来像」を実現するための授業実践（上田響子,田上智明著）キャリア発達に視点をおいた作業学習の授業づくり（岸本信志著）作業学習におけるキャリア発達を促す評価の工夫（中曽由紀子著）高等教育における障害学生のキャリア発達の支援（杉中拓央著）就労意欲の向上と地域への理解啓発の促進を目指した実

日本（職業指導―歴史―1868〜1945）　　　　　　　　　　　　　　日本件名図書目録2014　Ⅰ

践（鈴木龍也著）　なりたい自分へ一直線！（広兼千代子,沖龍一著）　就労による社会参加・社会自立を目指す教育システムの機能化と実践（金島一顯著）　知的障害高等特別支援学科における教育課程の改善を進める上での課題（柴垣登著）　肢体不自由特別支援学校における進路支援（渡部眞一著）　キャリア教育の視点〈シラバス〉を踏まえた教育の推進（堀口哲,横室ひとみ著）　キャリア発達を促す特別支援学校寄宿舎の取組（柏木裕太,高橋秀明,渡部英治著）　キャリア発達を促す指導に向けた教職員間の協働（三瓶聡著）　北海道キャリア発達支援研究会〈北海道CEF〉の歩みと目指す姿（松浦孝寿著）〉Ⓘ978-4-86371-291-1　Ⓝ378　［1800円］

◇教科の授業deライフキャリア教育―「何を」「なぜ」その教科,学部で学ぶのか　渡邉昭宏著　明治図書出版　2014.6　135p　22cm　（特別支援学校＆学級で学ぶ！　3）〈文献あり〉Ⓘ978-4-18-128118-2　Ⓝ378　［1800円］

◇高校・大学から仕事へのトランジション―変容する能力・アイデンティティと教育　溝上慎一,松下佳代編　京都　ナカニシヤ出版　2014.3　250p　22cm〈索引あり〉内容：学校から仕事へのトランジションとは（溝上慎一）日本社会における「間断のない移行」の特質と現状（中村高康著）大学生の学力と進路職業選択（山内乾史著）大学から仕事へのトランジションにおける〈新しい能力〉（松下佳代著）〈移行〉支援としてのキャリア教育（児美川孝一郎著）アイデンティティ資本モデル（ジェームズ・コテ,松下佳代著,溝上慎一訳）多元的な自己と移行過程（浅野智彦著）後期近代における〈学校からの仕事への移行〉とアイデンティティ（乾彰夫,児島功和著）〉Ⓘ978-4-7795-0831-8　Ⓝ377.9　［2800円］

◇自分の力を発揮し,生き生きとした姿をめざすキャリア教育の実践―子どもの将来を見据えた指導を求めて　1年次/3年研究　埼玉大学教育学部附属特別支援学校編　さいたま　埼玉大学教育学部附属特別支援学校　2014.3　83p　30cm　（研究集録41（2013年度）〉Ⓝ378.6

◇ライフスキルで進めるキャリア教育　寺本之人著　風人社　2014.4　179p　19cm〈文献あり〉Ⓘ978-4-938643-56-0　Ⓝ375.25　［1600円］

日本（職業指導―歴史―1868〜1945）

◇職業指導・少年職業紹介　1　加瀬和俊監修,近現代資料刊行会企画編集　近現代資料刊行会　2013.12　468p　22cm　（東京大学社会科学研究所蔵「糸井文庫」シリーズ　文書・図書資料編　4）〈複製　内容：少年職業紹介ニ関スル書類管内職業紹介所ニ於ケル小学児童職業紹介状況　職業指導ニ関スル報告　少年職業紹介連絡学校名（予定）英国ニ於ケル少年就職問題　少年職業紹介ノ概ソ大正十四年度ニ於テ管内紹介所ノ採リタル施設概要　少年職業紹介連絡学校　少年職業紹介方法　昭和2年度　少年職業紹介施設概要．大正14年度　少年職業紹介連絡学校数．大正14年度　少年職業紹介事務打合会．大正14年度　職業紹介委員会．大正14年度　職業紹介成績．大正14年度　少年職業相談所事業概要　英国に於ける少年職業紹介と職業輔導　米国に於ける少年職業紹介　少年職業紹介ニ関スル施設要領　少年職業紹介施設並取扱成績．大正15・昭和元年度　少年職業紹介ニ関スル取扱要領ほか.ねん〉Ⓘ978-4-86364-352-9,978-4-86364-350-5（set）Ⓝ366.38

◇職業指導・少年職業紹介　2　加瀬和俊監修,近現代資料刊行会企画編集　近現代資料刊行会　2013.12　440p　22cm　（東京大学社会科学研究所蔵「糸井文庫」シリーズ　文書・図書資料編　4）〈複製　内容：少年の職業指導について　東京地方職業紹介事務局管内少年職業紹介連絡小学校一覧．昭和2年10月末日調　就職地別少年職業紹介成績．自昭和元年至昭和3年3月　小学校卒業児童　宇治山田市職業紹介所開設以来ニ於ケル取扱状況成績調．昭和4年12月末日　小学校卒業後上京就職者概況　少年職業紹介事業施設経過．第2輯（自大正15年2月16日至同3月31日）少年職業ノ指導選択就職後ノ補導等体系ニ関スル件　職業相談員ノ義務　職業ニ関スル素養ヲ与フル方法　職業指導に関する調査物　参考　少年職業指導ニ関スル参考資料於学務部長会議　少年職業紹介施設要綱　少年職業ノ進展方向ニ就テ（名古屋市小学校大正十三年三月卒業者）　少年職業紹介ニ関シ大正十四年度ニ於テ管内紹介所ノ採リタル施設概要　昭和二年十月二十四日事務打合会協議少年職業紹介要項　東京府少年職業相談所事業一班〉Ⓘ978-4-86364-353-6,978-4-86364-350-5（set）Ⓝ366.38

◇職業指導・少年職業紹介　3　加瀬和俊監修,近現代資料刊行会企画編集　近現代資料刊行会　2013.12　503p　22cm　（東京大学社会科学研究所蔵「糸井文庫」シリーズ　文書・図書資料編　4）〈複製　内容：少年職業指導講演概要　少年職業指導に就いて　協議事項　倫敦に於ける少年職業問題　参考用紙　市内小学校児童内職数．其1　就職児童勤続調　少年求人者名簿（他地方ヨリ直接申込ノ分）短期雇傭職業紹介状況

少年職業紹介成績．自昭和5年6月1日至同6年5月31日　職業読本編纂要旨（案）就職者勤続調査　就職勤続者名簿．第1回・第2回　就職児童勤続調．昭和5年度　連絡小学校に関する調査（職業紹介所二百十四ヶ所ニ連絡小学校四千二百二校）少年職業紹介成績に現はれたる一職業の見学並実習．自昭和5年6月1日至同6年5月31日　昭和五年三月卒業児童就職後の勤続調査に現はれたる状況．昭和6年10月1日調　第一表昭和五年三月小学校卒業就職児童勤退調　第二表同退職状況調〉Ⓘ978-4-86364-354-3,978-4-86364-350-5（set）Ⓝ366.38

◇職業指導・少年職業紹介　4　加瀬和俊監修,近現代資料刊行会企画編集　近現代資料刊行会　2013.12　576p　22cm　（東京大学社会科学研究所蔵「糸井文庫」シリーズ　文書・図書資料編　4）〈複製　内容：経済常識　九陽．第80号（昭和9年1月）在学児童夏季休暇職業実習状況　職業指導懇談会要項　夏季職業実習ノ調査　群馬県中部少年職業指導研究会活動状況　大学専門学校夏期実習状況調査　職業指導要綱　日傭労働者指導の根本策　少年職業指導並ニ紹介ニ関スル参考印刷部送付ノ件　大日本職業指導協会第一回全国職業指導協議会文部内務両大臣諮問事項　職業指導研究要目　青年訓練の実際化　職業指導普及を目的とする映画作製の草案について　職業指導に関する研究会研究問題　小将町高等小学校職業指導事務分掌．昭和8年度　職業指導の実際　職業指導に関する調査物東京市小石川高等小学校　本校職業指導の実際　職業指導と性能検査．第1分冊　第十回公開授業職業指導案　職業指導調査協議会答申〉Ⓘ978-4-86364-355-0,978-4-86364-350-5（set）Ⓝ366.38

◇職業指導・少年職業紹介　5　加瀬和俊監修,近現代資料刊行会企画編集　近現代資料刊行会　2013.12　541p　22cm　（東京大学社会科学研究所蔵「糸井文庫」シリーズ　文書・図書資料編　4）〈複製　内容：職業指導教育施設　職業指導について．第1輯　職業指導　少年職業指導叢書．第2輯　少年職業指導叢書　児童の職業実習に就て　職業指導講話細目　我校に於ける職業指導の実際と施設案〉Ⓘ978-4-86364-356-7,978-4-86364-350-5（set）Ⓝ366.38

◇職業指導・少年職業紹介　6　加瀬和俊監修,近現代資料刊行会企画編集　近現代資料刊行会　2013.12　636p　22cm　（東京大学社会科学研究所蔵「糸井文庫」シリーズ　文書・図書資料編　4）〈複製　内容：我校職業指導の理論と実際　本校の職業教育　職業指導　職業指導系統案　我が校職業指導の精神とその実践　職業指導学習輔導案〉Ⓘ978-4-86364-357-4,978-4-86364-350-5（set）Ⓝ366.38

◇職業指導・少年職業紹介　7　加瀬和俊監修,近現代資料刊行会企画編集　近現代資料刊行会　2013.12　529p　22cm　（東京大学社会科学研究所蔵「糸井文庫」シリーズ　文書・図書資料編　4）〈複製　内容：少年職業指導協議会記録　給仕　創立後一年間の事業概況　昭和3年中　大阪市少年職業指導研究会一覧　職業指導と其方法　少年職業指導要綱　少年職業指導の栞　少年の職業指導　大日本職業指導協会趣意書　小学生の夏季実習（明石市小学校職業指導研究会,明石市職業紹介所少年部共編）少年の少女就職後の心得〉Ⓘ978-4-86364-358-1,978-4-86364-350-5（set）Ⓝ366.38

◇職業指導・少年職業紹介　8　加瀬和俊監修,近現代資料刊行会企画編集　近現代資料刊行会　2013.12　534p　22cm　（東京大学社会科学研究所蔵「糸井文庫」シリーズ　文書・図書資料編　4）〈複製　内容：独逸伯林市立少年職業相談所の沿革及組織　東京市高等小学校並少年職業紹介所に於ける職業指導施設　職業指導資料　第3輯　東京市婦人少年職業紹介所職業指導概要　少年職業指導と紹介　職業指導の沿革と其の意義　職業指導の原理原則　職業指導協議会要綱　適材選抜の新傾向　農村の職業指導私見（米谷梅一著）〉Ⓘ978-4-86364-359-8,978-4-86364-350-5（set）Ⓝ366.38

◇職業指導・少年職業紹介　9　加瀬和俊監修,近現代資料刊行会企画編集　近現代資料刊行会　2013.12　514p　22cm　（東京大学社会科学研究所蔵「糸井文庫」シリーズ　文書・図書資料編　4）〈複製　内容：職業指導　少年職業指導参考資料　少年職業指導の諸問題（三澤房太郎述）職業指導と学校教育　職業指導講話資料　上巻（東京市教育局編纂）職業指導　職業指導論．大正15年2月　職業指導講話資料〉Ⓘ978-4-86364-360-4,978-4-86364-350-5（set）Ⓝ366.38

◇職業指導・少年職業紹介　10　加瀬和俊監修,近現代資料刊行会企画編集　近現代資料刊行会　2013.12　353p　22cm　（東京大学社会科学研究所蔵「糸井文庫」シリーズ　文書・図書資料編　4）〈複製　内容：尋常科用職業読本　職業読本（高等科用）高等科用職業読本　女子用職業指導講話要項　上（東京市教育局編纂）〉Ⓘ978-4-86364-361-1,978-4-86364-350-5（set）Ⓝ366.38

◇職業指導・少年職業紹介　11　加瀬和俊監修,近現代資料刊行会企画編集　近現代資料刊行会　2013.12　422p　22cm　（東京大学社会科学研究所蔵「糸井文庫」シリーズ　文書・図書資料編　4）〈複製　内容：女子用職業指導講話要項　下　東京市教育局　編纂　職業指導資料選集（桐原葆見著）高等科第二学

年用国民学校職業指導教科書　職業指導読本職業（三橋節著）〉①978-4-86364-362-8,978-4-86364-350-5（set）　Ⓝ366.38

◇職業指導・少年職業紹介　12　加瀬和俊監修，近現代資料刊行会企画編集　近現代資料刊行会　2014.5　373p　22cm　（東京大学社会科学研究所蔵「糸井文庫」シリーズ　文書・図書資料編4）〈複製〉①978-4-86364-363-5,978-4-86364-351-2（set）Ⓝ366.38

◇職業指導・少年職業紹介　13　加瀬和俊監修，近現代資料刊行会企画編集　近現代資料刊行会　2014.5　360p　22cm　（東京大学社会科学研究所蔵「糸井文庫」シリーズ　文書・図書資料編4）〈複製〉①978-4-86364-364-2,978-4-86364-351-2（set）Ⓝ366.38

◇職業指導・少年職業紹介　14　加瀬和俊監修，近現代資料刊行会企画編集　近現代資料刊行会　2014.5　508p　22cm　（東京大学社会科学研究所蔵「糸井文庫」シリーズ　文書・図書資料編4）〈複製〉①978-4-86364-365-9,978-4-86364-351-2（set）Ⓝ366.38

◇職業指導・少年職業紹介　15　加瀬和俊監修，近現代資料刊行会企画編集　近現代資料刊行会　2014.5　448p　22cm　（東京大学社会科学研究所蔵「糸井文庫」シリーズ　文書・図書資料編4）〈複製〉①978-4-86364-366-6,978-4-86364-351-2（set）Ⓝ366.38

◇職業指導・少年職業紹介　16　加瀬和俊監修，近現代資料刊行会企画編集　近現代資料刊行会　2014.5　394p　22cm　（東京大学社会科学研究所蔵「糸井文庫」シリーズ　文書・図書資料編4）〈複製〉①978-4-86364-367-3,978-4-86364-351-2（set）Ⓝ366.38

◇職業指導・少年職業紹介　17　加瀬和俊監修，近現代資料刊行会企画編集　近現代資料刊行会　2014.5　502p　22cm　（東京大学社会科学研究所蔵「糸井文庫」シリーズ　文書・図書資料編4）〈複製〉①978-4-86364-368-0,978-4-86364-351-2（set）Ⓝ366.38

◇職業指導・少年職業紹介　18　加瀬和俊監修，近現代資料刊行会企画編集　近現代資料刊行会　2014.5　494p　22cm　（東京大学社会科学研究所蔵「糸井文庫」シリーズ　文書・図書資料編4）〈複製〉①978-4-86364-369-7,978-4-86364-351-2（set）Ⓝ366.38

◇職業指導・少年職業紹介　19　加瀬和俊監修，近現代資料刊行会企画編集　近現代資料刊行会　2014.5　395p　22cm　（東京大学社会科学研究所蔵「糸井文庫」シリーズ　文書・図書資料編4）〈複製〉①978-4-86364-370-3,978-4-86364-351-2（set）Ⓝ366.38

◇職業指導・少年職業紹介　20　加瀬和俊監修，近現代資料刊行会企画編集　近現代資料刊行会　2014.5　295p　22cm　（東京大学社会科学研究所蔵「糸井文庫」シリーズ　文書・図書資料編4）〈複製〉①978-4-86364-371-0,978-4-86364-351-2（set）Ⓝ366.38

◇職業指導・少年職業紹介　21　加瀬和俊監修，近現代資料刊行会企画編集　近現代資料刊行会　2014.5　665p　22cm　（東京大学社会科学研究所蔵「糸井文庫」シリーズ　文書・図書資料編4）〈複製〉①978-4-86364-372-7,978-4-86364-351-2（set）Ⓝ366.38

◇職業指導・少年職業紹介　22　加瀬和俊監修，近現代資料刊行会企画編集　近現代資料刊行会　2014.5　385p　22cm　（東京大学社会科学研究所蔵「糸井文庫」シリーズ　文書・図書資料編4）〈複製〉①978-4-86364-373-4,978-4-86364-351-2（set）Ⓝ366.38

◇職業指導・少年職業紹介　別冊　解説　加瀬和俊監修，近現代資料刊行会企画編集　近現代資料刊行会　2014.5　92p　21cm　（東京大学社会科学研究所蔵「糸井文庫」シリーズ　文書・図書資料編4）①978-4-86364-374-1,978-4-86364-351-2（set）Ⓝ366.38

日本（食生活）

◇新・食生活プランナーになる本―食品流通業の安全と安心を守るプロフェッショナル：食品流通業に携わる人におくる　鈴木國朗著　商業界　2014.10　199p　21cm　①978-4-7855-0477-9　Ⓝ673.7　［1600円］

◇朝食朝メシ朝ごはん―そこに一日の始まりがある。　学研パブリッシング編　学研パブリッシング　2014.7　144p　21cm　〈学研マーケティング（発売）〉①978-4-05-800271-1　Ⓝ596　［1300円］

◇フードスペシャリスト論　日本フードスペシャリスト協会編　4訂第2版　建帛社　2014.1　187p　21cm　〈文献あり　索引あり〉①978-4-7679-0507-5　Ⓝ498.5　［1900円］

◇憂食論―歪みきった日本の食を斬る！　柏井壽著　講談社　2014.7　213p　19cm　①978-4-06-219041-1　Ⓝ596　［1400円］

◇47都道府県・地鶏百科　成瀬宇平，横山次郎著　丸善出版　2014.7　335p　20cm　〈文献あり　索引あり〉①978-4-621-08801-2　Ⓝ383.81　［3800円］

◇和食ことわざ事典　永山久夫著　東京堂出版　2014.8　317p　20cm　〈文献あり　索引あり〉①978-4-490-10850-7　Ⓝ383.81　［2800円］

◇和食の風景―無形文化遺産に登録された"和食"の伝統―春夏秋冬、生活に根付いた食と風景　アントレックス　2014.2　109p　26cm　（サプライズvisual）Ⓝ383.81　［647円］

日本（食生活―歴史）

◇食の変革者たちのライフヒストリー―大正大学人間学部人間科学科人間科学テーマ研究A　2013年度調査実習報告書　1　澤口恵一編　大正大学人間学部人間科学科　2014.5　196p　30cm　〈文献あり〉Ⓝ383.81

◇日本人の食性―食性分析による日本人像の探究　南川雅男著　敬文舎　2014.7　319p　20cm　（日本歴史私の最新講義 11）〈文献あり　索引あり〉①978-4-906822-11-9　Ⓝ383.81　［2400円］

◇日本人の「食」、その知恵としきたり―なぜ、切れやすい年越しそばが長寿の象徴なのか　永山久夫監修　海竜社　2014.11　179p　19cm　〈文献あり〉①978-4-7593-1402-1　Ⓝ383.81　［1200円］

◇日本の食と酒　吉田元［著］　講談社　2014.1　282p　15cm　（講談社学術文庫　2216）〈文献あり　索引あり　人文書院1991年刊の再刊　内容：中世末の食物売りたち　一五世紀公卿の食生活　一六世紀公卿の食生活　奈良興福寺の食生活　中世酒から近世酒へ　火入れの発展　大豆発酵食品〉①978-4-06-292216-6　Ⓝ383.81　［960円］

◇日本めん食文化の一三〇〇年　奥村彪生著　増補版　農山漁村文化協会　2014.12　565p　22cm　①978-4-540-11173-0　Ⓝ383.81　［4000円］

◇和食と食育―和食のこころを受け継ぎそして次世代へ　熊倉功夫監修，江原絢子編著　アイ・ケイコーポレーション　2014.3　297p　21cm　〈内容：和食とは何か（熊倉功夫著）　和食の歴史（原田信男著）　栄養面からみた日本的特質（安本教傳著）　日本人の味覚と嗜好（伏木亨著）　食事と地域性（江原絢子著）　食材の生産・流通・消費（田中耕造著）　食品の衛生と安全（井部明広著）　食の調理・加工（大久保洋子著）　妊産婦・乳幼児の食育（早川浩著）　学童・思春期の子どもの食事（秋永優子著）　成人期の食事（柳沢幸江著）　高齢期の食事（柳沢幸江著）　食のマナー（赤堀博美著）　宝谷かぶせ育ってきた農家を支援する取り組みと食の甲子園（江頭宏昌著）「江戸東京野菜」の普及推進活動や食育・地産地消に関する取り組み（大竹道茂著）　日本人らしく生きるために（中田典子著）　食を伝える（山崎英恵著）　完全米飯食を通し「学校給食で伝える健康づくり」（田村直著）　小中学校の出前講座、市民講座で伝えていく（近藤惠津子著）　お茶を通して人の体と心を育てる食育への取り組み（茶育）（徳永睦子著）　高校生が小学生に伝える郷土の食（田中茂樹著）　食文化への興味をかきたてる「食の文化ライブラリー」（鈴木郁男著）　出前授業としょうゆづくり体験（岡村弘孝著）　江戸の味をエコ・クッキングを通して再現し、食育・環境教育に貢献する取り組み（安部恵昭、上南昭子著）　震災復興のなかで（岡崎千晴著）〉①978-4-87492-308-5　Ⓝ383.81　［3500円］

◇和食とはなにか―旨みの文化をさぐる　原田信男［著］　KADOKAWA　2014.5　251p　15cm　（角川ソフィア文庫　I109-2）①978-4-04-409463-8　Ⓝ383.81　［800円］

日本（食生活―歴史―江戸時代）

◇浮世絵に見る江戸の食卓　林綾野著　美術出版社　2014.3　127p　21cm　〈文献あり　年表あり〉①978-4-568-50561-0　Ⓝ383.81　［2000円］

◇絵でみる江戸の食ごよみ―江戸っ子の食と暮らし　永山久夫文・絵　廣済堂出版　2014.3　263p　19cm　〈文献あり〉①978-4-331-51803-8　Ⓝ383.81　［1500円］

◇江戸の食文化―特別展　練馬区立石神井公園ふるさと文化館編　練馬区立石神井公園ふるさと文化館　2014.1　119p　30cm　〈文献あり　会期：平成26年1月25日―3月16日〉Ⓝ383.81

◇江戸の食文化―和食の発展とその背景　原田信男編　小学館　2014.5　207p　21cm　〈文献あり〉①978-4-09-626618-2　Ⓝ383.81　［2000円］

日本（職人―歴史）

◇図録事典日本の職人　遠藤元男著　日本図書センター　2014.4　259p　27cm　〈「日本の職人」（人物往来社　1965年刊）の複製〉①978-4-284-50347-1　Ⓝ384.3　［24000円］

日本（食農教育）

日本（食農教育）

◇基礎から始める教育ファーム運営の手引き―これから始める方、すでに実施している方がより効果的な農林漁業体験を実践するために ［東京］ 農林水産省消費・安全局消費者情報官 2014.3 75p 30cm Ⓝ610.7

◇「食」と「農」を結ぶ―心を育む食農教育 森久美子著 筑波書房 2014.10 62p 21cm （JC総研ブックレット No.6） Ⓘ978-4-8119-0446-7 Ⓝ610.7 ［750円］

日本（触媒―特許）

◇触媒に取り組む全企業―特許データからビジネスチャンスを探る 2014 ネオテクノロジー 2014.6 53, 264p 30cm Ⓝ431.35 ［48000円］

日本（食品安全）

◇選ぶならこっち！―食べて安心な食品の見分け方 垣田達哉著 WAVE出版 2014.4 223p 19cm Ⓘ978-4-87290-679-0 Ⓝ498.54 ［1400円］

◇健康食品の安全性及び品質確保のための研究―中間報告書：平成25年度報告書 ［東京］ 医療経済研究・社会保険福祉協会健康食品の安全性及び品質確保のための研究会 2014.3 45p 30cm Ⓝ588.09

◇誤解だらけの「食の安全」 有路昌彦著 日本経済新聞出版社 2014.7 196p 18cm （日経プレミアシリーズ 252）〈文献あり〉 Ⓘ978-4-532-26252-5 Ⓝ498.54 ［850円］

◇子どもが食べる危険な食品と安全な食品―25品目のアレルギー物質を分かりやすく表示 2014年度最新版 垣田達哉著 海王社 2014.5 190p 19cm Ⓘ978-4-7964-0561-4 Ⓝ498.54 ［1111円］

◇食の安全に関する消費者意識と消費行動調査報告書 東京都消費者月間実行委員会事務局 2014.2 65p 30cm Ⓝ498.54

◇食品の安全と放射性汚染―子どもとくらしの明日のために 関澤純著 日本生活協同組合連合会 2013.12 268,38p 19cm （コープ出版（発売）索引あり） Ⓘ978-4-87332-329-9 Ⓝ498.54 ［1800円］

◇日中食品汚染 高橋五郎著 文藝春秋 2014.3 258p 18cm （文春新書 962）Ⓘ978-4-16-660962-8 Ⓝ498.54 ［760円］

◇不自然な食べものはいらない―お金より命を未来に残す 内海聡著、野口勲、岡本よりたか鼎談 廣済堂出版 2014.11 166p 19cm〈文献あり〉Ⓘ978-4-331-51882-3 Ⓝ498.54 ［1300円］

日本（食品安全―統計）

◇食の安全と健康意識データ集 2014 三冬社 2014.4 334p 30cm Ⓘ978-4-904022-95-5 Ⓝ498.54 ［14800円］

日本（食品衛生）

◇基準値のからくり―安全はこうして数字になった 村上道夫,永井孝志,小野恭子,岸本充生著 講談社 2014.6 286p 18cm （ブルーバックス B-1868）〈文献あり 索引あり〉Ⓘ978-4-06-257868-4 Ⓝ498.54 ［920円］

◇食品製造現場の点検・記録ハンドブック―食品事故未然防止・クレーム対応・トレーサビリティにも必要！：42帳票の現物で学ぶ記録と記入のノウハウ イカリ消毒編 日本能率協会コンサルティング 2014.2 165p 21cm Ⓘ978-4-88956-440-2 Ⓝ588.09 ［2000円］

◇フードディフェンス―従業員満足による食品事件予防 角野久史編著、食品安全ネットワーク著 日科技連出版社 2014.11 150p 21cm〈文献あり 索引あり〉Ⓘ978-4-8171-9536-4 Ⓝ588.09 ［2400円］

日本（食品衛生―特許）

◇食品の殺菌・滅菌技術―IPC/FIガイド付き ネオテクノロジー 2013.12 3, 129p 30cm （技術と特許をつなぐパテントガイドブック）〈奥付のタイトル：食品の殺菌・滅菌編 折り込1枚〉Ⓝ588 ［80000円］

◇食品の電子線による殺菌技術―IPC/FIガイド付き ネオテクノロジー 2014.2 2, 83p 30cm （技術と特許をつなぐパテントガイドブック）〈折り込1枚〉Ⓝ588 ［80000円］

日本（食品衛生法）

◇栄養調理六法 平成26年版 栄養調理関係法令研究会編集 名古屋 新日本法規出版 2013.9 1678p 19cm〈年表あり〉Ⓘ978-4-7882-7784-7 Ⓝ498.54 ［5400円］

◇栄養調理六法 平成27年版 栄養調理関係法令研究会編 名古屋 新日本法規出版 2014.8 1680p 19cm〈年表あり〉Ⓘ978-4-7882-7911-7 Ⓝ498.54 ［5400円］

◇おかしく歪められた食品衛生法 川崎洋介著 フォサテック 2014.5 190p 21cm （朝日新聞出版（発売））Ⓘ978-4-02-100229-8 Ⓝ498.54 ［1600円］

◇食品衛生小六法 平成27年版 1 法令 食品衛生研究会編集 名古屋 新日本法規出版 2014.11 2121p 22cm Ⓘ978-4-7882-7931-5（set）Ⓝ498.54

◇食品衛生小六法 平成27年版 2 通知・実例 食品衛生研究会編集 名古屋 新日本法規出版 2014.11 2305p 22cm Ⓘ978-4-7882-7931-5（set）Ⓝ498.54

日本（食品工業）

◇グローバル化と食品企業行動 下渡敏治,小林弘明編集担当 農林統計出版 2014.8 211p 22cm （フードシステム学叢書 第3巻）〈内容：グローバル化の下での食品企業の課題と本書の構成（下渡敏治,小林弘明著） オープン・リージョナリズムと国際分業の新展開（下渡敏治著） 食品産業の産業内貿易の理論と現実（金田憲和著） 食品企業の海外立地選択行動（阿久根優子著） フードシステムの成長とアジア経済（株田文博,吉田泰治著） わが国フードシステムをめぐる経済環境（小林弘明著） 食料品開発輸入の転換期（菊地昌弥著） 中国における日系食品企業のパートナーシップ形成（名取雅彦著） アジアにおける日系流通企業の展開と課題（横井のり枝著） グローバル化時代の食文化と日本の海外進出（五明紀春,下渡敏治著） 日系食品企業のASEAN〈GMS〉への直接投資とその戦略（下渡敏治著） 米国の食品市場と日系食品企業の市場行動（大石敦志著） ブラジル・セラード開発を起点とした日系アグリビジネスの展開（溝辺哲男著） 海外即席麺市場における特許出願動向とイノベーション（木島実著） 機能性食品の市場・政策の動向と製造企業の海外進出（井上荘太朗、後藤一寿著）〉Ⓘ978-4-89732-302-2 Ⓝ588.09 ［3000円］

◇高齢者向け食品市場の将来展望 2013 東京マーケティング本部第一統括部第一部調査・編集 富士経済 2013.5 289p 30cm Ⓘ978-4-8349-1618-8 Ⓝ588.09 ［140000円］

◇食品産業動態調査―平成25年度加工食品の生産量等調査・分析業務 農林水産省大臣官房食料安全保障課［編］ 食品需給研究センター ［2014］ 245p 30cm〈共同刊行：農林水産省〉Ⓝ588.09

◇食品分野におけるプライベート・ブランド商品の取引に関する実態調査報告書 ［東京］ 公正取引委員会事務総局 2014.6 18, 66, 28p 30cm Ⓝ588.09

◇食品マーケティング便覧 2013年 品目編 no. 5 東京マーケティング本部第一統括部第一部調査・編集 富士経済 2013.1 308p 30cm Ⓘ978-4-8349-1547-1 Ⓝ588.09 ［95000円］

◇食品マーケティング便覧 2013年 品目編 no. 6 東京マーケティング本部第一統括部第一部調査・編集 富士経済 2013.2 317p 30cm Ⓘ978-4-8349-1548-8 Ⓝ588.09 ［95000円］

◇食品マーケティング便覧 2013年 総括編 東京マーケティング本部第一統括部第一部調査・編集 富士経済 2013.3 289p 30cm Ⓘ978-4-8349-1549-5 Ⓝ588.09 ［100000円］

◇食品マーケティング便覧 2014年 品目編 no. 1 東京マーケティング本部第一統括部第一部調査・編集 富士経済 2013.9 233p 30cm Ⓘ978-4-8349-1649-2 Ⓝ588.09 ［95000円］

◇食品マーケティング便覧 2014年 品目編 no. 2 東京マーケティング本部第一統括部第一部調査・編集 富士経済 2013.10 251p 30cm Ⓘ978-4-8349-1650-8 Ⓝ588.09 ［95000円］

◇食品マーケティング便覧 2014年 品目編 no. 3 東京マーケティング本部第一統括部第一部調査・編集 富士経済 2013.11 291p 30cm Ⓘ978-4-8349-1651-5 Ⓝ588.09 ［95000円］

◇食品マーケティング便覧 2014年 品目編 no. 4 東京マーケティング本部第一統括部第一部調査・編集 富士経済 2013.12 281p 30cm Ⓘ978-4-8349-1652-2 Ⓝ588.09 ［95000円］

◇食品マーケティング便覧 2014年 品目編 no. 5 東京マーケティング本部第一統括部第一部調査・編集 富士経済 2014.1 301p 30cm Ⓘ978-4-8349-1653-9 Ⓝ588.09 ［95000円］

◇地域振興におけるフードビジネス研究の貢献―人材育成と大学教育の視点から：名古屋文理大学特色ある研究4最終報告書：平成23年度―平成25年度 関川靖、山田ゆかり、吉田洋［著］ 稲沢 名古屋文理大学 2014.3 35p 26cm Ⓝ588.09

◇地域の「おいしい」をつくるフードディレクションという仕事 奥村文絵著 京都 青幻舎 2014.1 204p 19cm Ⓘ978-4-86152-430-1 Ⓝ588.09 ［1800円］

◇日本食・食産業の海外市場の新規開拓支援検討調査事業成果報告書 平成25年度 ［東京］ 三菱総合研究所 2014.3 132p 30cm〈農林水産省委託事業〉Ⓝ588.09

◇ハラル認証取得ガイドブック―16億人のイスラム市場を目指せ！ 森下翠惠,武井泉著 東洋経済新報社 2014.3 196p 21cm〈文献あり〉Ⓘ978-4-492-53342-0 Ⓝ588.09 ［2200円］

日本件名図書目録2014　I　　　　　　　　　　　　　　　　　　　　　　　　　　　　　　　日本（植民地行政—台湾）

◇フードバリューチェーン構築支援のための農林水産・食品産業の海外進出状況調査報告書　平成26年度　［東京］　国際開発センター　2014.9　1冊　30cm〈農林水産省委託〉Ⓝ588.09

◇ふるさとが元気になる「地域絶品づくり」のすすめ　吉川京二,佐竹嘉廣著　木本書店　2014.12　160p　19cm　Ⓘ978-4-904808-14-6　［1500円］

◇ヘルス＆ビューティ通販マーケティング戦略　2013　東京マーケティング本部第一統括部第二部調査・編集　富士経済　2013.5　293p　30cm　Ⓘ978-4-8349-1612-6　Ⓝ588.09　［140000円］

◇輸出総合サポートプロジェクト事業のうち海外見本市への出展事業Biofach 2014（ドイツ）実施報告書　平成25年度　［東京］　日本貿易振興機構　2014.3　55p　30cm　Ⓝ606.934

◇輸出総合サポートプロジェクト事業のうち海外見本市への出展事業FHC China 2013（中国）実施報告書　平成25年度　［東京］　日本貿易振興機構　2013.12　64p　30cm　Ⓝ606.92221

日本（食品工業—安全管理）
◇食品製造現場の点検・記録ハンドブック—食品事故未然防止・クレーム対応・トレーサビリティにも必要！：42帳票の現物で学ぶ作成と記入のノウハウ　イカリ消毒編　日本能率協会コンサルティング　2014.2　165p　21cm　Ⓘ978-4-88956-440-2　Ⓝ588.09　［2000円］

◇食料品製造現場の労働安全衛生—安全で健康に働ける職場環境の考え方　伊藤史子,鬼木裕之進,森本磨瑳雄,山家栄三編集・執筆　幸書房　2014.1　202p　26cm　Ⓘ978-4-7821-0382-1　Ⓝ588.09　［2700円］

◇中小企業のための食品衛生ステップアップ活用術—自治体HACCPからFSSC22000まで　食品安全システム研究会著　大阪　風詠社　2014.6　154p　21cm　（星雲社〈発売〉）Ⓘ978-4-434-19392-7　Ⓝ588.09　［1500円］

◇フードディフェンス—従業員満足による食品事件予防　角野久史編著,食品安全ネットワーク著　日科技連出版社　2014.11　150p　21cm　〈文献あり　索引あり〉Ⓘ978-4-8171-9536-4　Ⓝ588.09　［2400円］

日本（食品工業—特許）
◇食品に取り組む全企業—特許データからビジネスチャンスを探る　2014　ネオテクノロジー　2013.10　51, 200p　30cm　Ⓘ978-4-907191-40-5　Ⓝ588.09　［48000円］

日本（食品工業—名簿）
◇食品卸・食品納入メーカー・物流支援企業/日本生協連・事業連合・供給高上位50生協—生協版　生協流通新聞　2014.7　355p　26cm　Ⓝ365.85　［9800円］

◇食品メーカー総覧—全国の食品メーカー関連企業を網羅！2015年版　日本食糧新聞社　2014.10　16, 72, 1128p　26cm　Ⓘ978-4-88927-085-3　Ⓝ588.09　［28000円］

◇全国食品会社名鑑　2014　東日本編　食品新聞社出版部　2013.12　23, 23, 525p　27cm　Ⓝ588.09

◇全国食品会社名鑑　2014　西日本編　食品新聞社出版部　2013.12　21, 525p　27cm　Ⓝ588.09

日本（食品工業—歴史—明治以後）
◇企業家活動でたどる日本の食品産業史—わが国食品産業の改革者に学ぶ　法政大学イノベーション・マネジメント研究センター,宇田川勝監修,生島淳,宇田川勝編著　文眞堂　2014.3　148p　22cm　（法政大学イノベーション・マネジメント研究センター叢書 7）〈索引あり　内容：企業家活動でたどる日本の食品産業史（宇田川勝,生島淳著）文明開化と食品産業の勃興：飲料（生島淳著）新たな調味料を大衆食文化として定着させた企業家（島津淳子著）食品大企業の成立：製糖業（久保文克著）新たな食文化の形成（石川健次郎著）在来食品産業の改革（生島淳著）〉Ⓘ978-4-8309-4817-6　Ⓝ588.09　［2300円］

日本（食品包装—特許）
◇食品の密封包装技術—IPC/FIガイド付き　ネオテクノロジー　2014.2　2, 99p　30cm　（技術と特許をつなぐパテントガイドブック）〈奥付のタイトル：食品の密封包装技術編　折り込1枚〉Ⓝ588.9　［80000円］

日本（食品流通—名簿）
◇食品卸・食品納入メーカー・物流支援企業/日本生協連・事業連合・供給高上位50生協—生協版　生協流通新聞　2014.7　355p　26cm　Ⓝ365.85　［9800円］

日本（植物）
◇イラストで楽しむ四季の草花と暮らし—日本の草花の世界をイラストと日本画で味わう！　アフロ著　KADOKAWA

2014.2　206p　15cm　（中経の文庫　あ-15-12）〈文献あり〉Ⓘ978-4-04-600202-0　Ⓝ472.1　［650円］

◇ウォッチング日本の固有植物　岩科司,海老原淳編　秦野　東海大学出版会　2014.1　142p　21cm　Ⓘ978-4-486-02018-9　Ⓝ472.1　［1800円］

◇スキマの植物図鑑—カラー版　塚谷裕一著　中央公論新社　2014.3　182p　18cm　（中公新書 2259）〈索引あり〉Ⓘ978-4-12-102259-2　Ⓝ472.1　［1000円］

◇日本植物文化語彙攷　吉野政治著　大阪　和泉書院　2014.1　337p　22cm　（研究叢書 443）〈内容：花暦　帰り花　ひつじ草（睡蓮）花の性　わすれ草・しのぶ草　思ひ草　ヲトメ草　橡衣　野草衣　牽牛花と梶の葉　玫瑰（rose）植物和名の命名法　子どもの遊びと草花の名　朝顔・昼顔・夕顔・夜顔　クロモジ　トコナツ　花の名を文字に書くこと　蘭・アララキ・藤袴　ハハコグサ〉Ⓘ978-4-7576-0693-7　Ⓝ814　［8000円］

日本（植物—図集）
◇散歩で見かける草木花の雑学図鑑—季語　花言葉　名前の由来　金田洋一郎著　実業之日本社　2014.7　303p　18cm　〈索引あり〉Ⓘ978-4-408-33309-0　Ⓝ470.38　［1600円］

◇街でよく見かける雑草や野草がよーくわかる本—収録数600種以上！　岩槻秀明著　最新版　秀和システム　2014.6　543p　19cm　（Handy & Color Illustrated Book）〈文献あり　索引あり〉Ⓘ978-4-7980-4136-0　Ⓝ470.38　［1800円］

◇野草見分けのポイント図鑑　畔上能力,菱山忠三郎,西田尚道監修,林弥栄総監修,石川美枝子イラスト　新装版　講談社　2014.9　335p　18cm　〈文献あり　索引あり〉Ⓘ978-4-06-219127-2　Ⓝ472.1　［1400円］

日本（植民政策—台湾）
◇明治日本の文明言説とその変容　許時嘉著　日本経済評論社　2014.11　362p　22cm　〈文献あり　索引あり　内容：国家主義路線の文明観　反政府的文明言説の諸相　アジアを文明化する使命感　植民地の文明化作業とその矛盾　台湾人紳士の「文明」への対応　植民地台湾における〈文〉と〈文明〉の乖離　近代文体の形成における「伝統的」文体の変容〉Ⓘ978-4-8188-2349-5　Ⓝ311.21　［6000円］

日本（植民政策—歴史—昭和時代）
◇帝国日本と植民地大学　酒井哲哉,松田利彦編　ゆまに書房　2014.2　638p　22cm　〈年表あり　文献あり〉Ⓘ978-4-8433-4456-9　Ⓝ377.22　［12000円］

日本（植民地）
◇国際化時代を視野に入れた説話と教科書に関する歴史的研究—平成25年度広域科学教科教育学研究経費報告書　［小金井］　東京学芸大学　2014.3　112p　26cm　〈文献あり　研究代表者：石井正己〉Ⓝ375.9

◇植民地帝国人物叢書　別巻　植民地帝国人物叢書解題　谷ヶ城秀吉,永島広紀,ゆまに書房編集部著　ゆまに書房　2014.2　191p　22cm　Ⓘ978-4-8433-3681-6　Ⓝ334.51　［12000円］

◇「日本植民地と領土」大全—台湾・朝鮮・満州・千島・樺太そして南洋諸島のすべてを記録。：決定/完全保存版　日本改革政治連盟　2014.8　349p　31cm　Ⓝ334.51　［59000円］

日本（植民地—アジア〔東部〕—歴史—昭和前期）
◇日本語文学を読む　李郁蕙著　仙台　東北大学出版会　2014.2　265p　21cm　〈文献あり　内容：「日本語文学」とは何か　日本語の越境と変容　日本語の占有とその壁　「日本人」の群像　表現の接点　戦前‥重層化する力学　戦中‥拡大する周縁　戦後‥消え去る中心　現代. 1　よみがえる日本文化　現代. 2　語り継がれる「日本精神」〉Ⓘ978-4-86163-236-5　Ⓝ910.263　［3000円］

日本（植民地—アジア〔東部〕—歴史—昭和前期—史料—書目）
◇長崎大学経済学部東南アジア研究所所蔵戦前期文献目録　長崎大学経済学部編　長崎　長崎大学経済学部　2014.3　5, 488p　30cm　Ⓝ210.69

日本（植民地行政—台湾）
◇内海忠司日記—1940-1945：総力戦体制下の台湾と植民地官僚　内海忠司［著］,近藤正己,北村嘉恵編　京都　京都大学学術出版会　2014.2　17,799p　23cm　〈年譜あり　索引あり〉Ⓘ978-4-87698-384-1　Ⓝ318.81　［12000円］

◇帝国の思考—日本「帝国」と台湾原住民　松田京子著　有志舎　2014.3　271,3p　22cm　（南山大学学術叢書）〈索引あり　内容：戦争報道の中の台湾　台湾原住民教化政策としての「内地」観光　植民地主義と歴史の表象　「帝国臣民」の外縁と「帝国」の学知　台湾原住民の法的位置からみた原住民政策の展開　「五箇年計画理蕃事業」という暴力　人間の「展示」と植民地表象　一九三〇年代の台湾原住民をめぐる統治実践と

759

に

表象戦略　台湾国立公園と台湾原住民　「原始芸術」言説と台湾原住民〉 ①978-4-903426-83-9　Ⓝ317.81　［4800円］

日本（植民地行政—中国）

◇中国占領地の社会調査　2-37　占領地の統治と支配　1（占領地行政 1）　貴志俊彦, 井村哲郎, 加藤聖文, 富澤芳亜, 弁納才一監修, 近現代資料刊行会企画編集　近現代資料刊行会　2014.8　436p　22cm　（戦前・戦中期アジア研究資料 7）〈複製　内容：維新政府諸機関の行政機構（中国通信社調査部昭和13年刊）　維新政府江蘇州ニ於ケル行政組織（満鉄・上海事務所調査室昭和14年刊）〉 ①978-4-86364-202-7,978-4-86364-228-7（set）　Ⓝ302.22

◇中国占領地の社会調査　2-38　占領地の統治と支配　2（占領地行政 2）　貴志俊彦, 井村哲郎, 加藤聖文, 富澤芳亜, 弁納才一監修, 近現代資料刊行会企画編集　近現代資料刊行会　2014.8　554p　22cm　（戦前・戦中期アジア研究資料 7）〈複製　内容：維新政府浙江省地方制度ノ総合的観察（南満州鉄道上海事務所調査室昭和15年刊）　維新政府浙江省地方行政組織ノ諸機能（南満州鉄道上海事務所調査室昭和15年刊）　安徽省警察制度概況（南満州鉄道上海事務所昭和15年刊）　安徽省ニ於ケル治安ニ関スル特殊施設（南満州鉄道上海事務所調査室昭和15年刊）〉 ①978-4-86364-203-4,978-4-86364-228-7（set）　Ⓝ302.22

日本（植民地行政—中国—歴史）

◇1931年以前の遼東半島における中国人教育の研究—日本支配下の教育事業の真相を問う　李潤沢著　日本僑報社　2014.3　178p　22cm〈内容：日本軍政署による中国人教育の模索〈1902-1906年〉「準備期」における中国人教育をめぐる中日対立〈1907-1908年〉 満鉄の創設と中国人教育事業への介入〈1909—1914年〉 満鉄による中国人教育の発展と特徴〈1915-1923年〉 教育権回収運動期における中国人教育の転換〈1924-1926年〉「9.18事変」勃発前の中国人教育〈1926-1931年〉 関東州における中国人教育の形成と発展〈1903-1921年〉 中国人による教育施設の発展と日本側の対応〈1922-1931年〉 日本による中国人教育はどのように考えられるべきか〉 ①978-4-86185-161-2　Ⓝ372.2257　［3800円］

日本（植民地行政—朝鮮）

◇朝鮮總督府官吏最後の証言　［西川清述］, 桜の花出版編集部編　町田　桜の花出版　2014.8　231p　19cm　（シリーズ日本人の誇り 10）〈星雲社（発売）文献あり 年表あり〉 ①978-4-434-19445-0　Ⓝ317.921　［1400円］

日本（食物）

◇和食の風景—無形文化遺産に登録された"和食"の伝統—春夏秋冬、生活に根付いた食と風景　アントレックス　2014.2　109p　26cm　（サプライズvisual）Ⓝ383.81　［647円］

日本（食糧）

◇災害時における食とその備蓄—東日本大震災を振り返って, 首都直下型地震に備える　新潟大学地域連携フードサイエンスセンター編　建帛社　2014.8　93p　21cm〈内容：震災と食（服部佳功著）　非常食から災害食へ（別府茂著）　非常食をはじめとする防災備蓄用品の流通のあり方（守茂昭著）　災害食の機能と備え（奥田和子著）〉 ①978-4-7679-6177-4　Ⓝ369.3　［1800円］

日本（食糧安全保障）

◇ポストTPP農政—地域の潜在力を活かすために　田代洋一, 小田切徳美, 池上甲一著　農山漁村文化協会　2014.3　130p　21cm　（農文協ブックレット 9）〈内容：ポストTPP農政の展開構図（田代洋一著）「活力創造プラン農政」と地域政策（小田切徳美著）　食料主権を担保する論理と政策理念（池上甲一著）〉 ①978-4-540-13211-7　Ⓝ611.1　［900円］

日本（食料産業クラスター）

◇フードチェーンと地域再生　斎藤修, 佐藤和憲編集担当　農林統計出版　2014.7　315p　22cm　（フードシステム学叢書 第4巻）〈内容：フードチェーンと地域再生（斎藤修, 佐藤和憲著）　6次産業・農商工連携とフードチェーン（斎藤修著）　フードシステムへの新制度経済学からの接近（浅見淳之著）　農業におけるビジネスモデルの意義と課題（佐藤和憲著）　情報共有化の進展と協働型マーケティング（菊池宏之著）　農畜産物の産地マーケティング（福田晋著）　インテグレーションの国際比較（清水達也著）　フードシステムにおける価値共創型の製品開発（清野誠喜著）　食料産業クラスターと地域クラスター（森嶋輝也著）　6次産業化の取り組みの特徴と課題（小林茂典著）　農産物直売活動の国際比較（櫻井清一著）　農産物ブランド化への取り組みに関する国際比較（李哉泫著）　オルタナティブ農業とローカルフードシステムの現段階（西山未真著）　女性起業の地域経済主体への可能性（安倍澄子著）　新品種・新技術普及を目指したコンソーシアム・プラットフォームの展開（後藤一寿, 河野恵伸著）　地域再生と社会的企業（柏雅之著）　JAの組織活動と地域再生（松岡公明著）　水産フードシステムと地域資源（廣田将仁著）〉 ①978-4-89732-297-1　Ⓝ588.09　［3800円］

日本（食糧自給率—世論）

◇消費者行政の推進に関する世論調査　平成26年1月調査　［東京］　内閣府大臣官房政府広報室　［2014］　211p　30cm　（世論調査報告書）〈附帯：食料の供給に関する特別世論調査〉 Ⓝ365

日本（食糧政策）

◇食料・農業・農村の動向 平成25年度 / 食料・農業・農村施策 平成26年度　［東京］　［農林水産省］　［2014］　267, 31p　30cm〈第186回国会（常会）提出〉 Ⓝ611.1

◇中村靖彦自選著作集—食と農を見つめて50年　第2巻　コメはコメなり、田は田なり　中村靖彦著　農林統計協会　2014.2　222p　20cm〈内容：日本にとってのコメ　政治財としてのコメ　市場開放の衝撃　コメ新時代への模索〉 ①978-4-541-03966-8　Ⓝ611.04　［2200円］

日本（食糧政策—歴史—昭和後期）

◇食糧危機の時代を生きて—戦後農政現場からの証言　農林水産省退職者の会編　農林統計協会　2014.9　255p　21cm〈年表あり〉 ①978-4-541-03995-8　Ⓝ611.31　［1500円］

日本（食料品商）

◇加工食品・菓子卸売業年鑑　2013年版　流通企画編　名古屋　流通企画　2013.5　224p　30cm　Ⓝ673.5　［80000円］

◇新・食生活プランナーになる本—食品流通業の安全と安心を守るプロフェッショナル：食品流通業に携わる人におくる　鈴木國朗著　商業界　2014.10　199p　21cm　①978-4-7855-0477-9　Ⓝ673.7　［1600円］

◇すぐ分かる食品クレーム対応ハンドブック　西村宏子著　商業界　2014.12　187p　21cm〈索引あり〉 ①978-4-7855-0483-0　Ⓝ673.7　［1600円］

◇中食・惣菜市場のメニュー×チャネル徹底調査　2013　東京マーケティング本部第一統括部第一部調査・編集　富士経済　2013.8　292p　30cm　①978-4-8349-1642-3　Ⓝ673.7　［140000円］

日本（食料品商—名簿）

◇食品卸・食品納入メーカー・物流支援企業/日本生協連・事業連合・供給高上位50生協—生協版　生協流通新聞　2014.7　355p　26cm　Ⓝ365.85　［9800円］

◇全国食品会社名鑑　2014 東日本編　食品新聞社出版部　2013.12　23, 23, 525p　27cm　Ⓝ588.09

◇全国食品会社名鑑　2014 西日本編　食品新聞社出版部　2013.12　21, 525p　27cm　Ⓝ588.09

日本（食糧問題）

◇踏んばれ!!日本農業—農経しんぽう・特別レポート　part 15 「攻めの農業」に挑む　農経新報社　2014.5　67p　21cm　Ⓝ612.1　［210円］

日本（女性）

◇L70を狙え！—70歳以上の女性が消費の主役になる　吉本佳生著　日本経済新聞出版社　2014.8　236p　19cm〈文献あり 索引あり〉 ①978-4-532-31945-8　Ⓝ675.2　［1500円］

◇女のせりふ　伊藤雅子著　福音館書店　2014.5　274,12p　18cm　（母の友の本）〈索引あり〉 ①978-4-8340-8096-4　Ⓝ367.21　［1300円］

◇女のせりふ　続　伊藤雅子著　福音館書店　2014.5　323,12p　18cm　（母の友の本）〈文献あり 索引あり〉 ①978-4-8340-8097-1　Ⓝ367.21　［1400円］

◇女は笑顔で殴りあう—マウンティング女子の実態　瀧波ユカリ, 犬山紙子著　筑摩書房　2014.2　252p　19cm　①978-4-480-81519-4　Ⓝ367.21　［1200円］

◇渇望—女たちの終わらない旅　亀山早苗著　中央公論新社　2013.12　298p　16cm　（中公文庫 か76-5）①978-4-12-205877-4　Ⓝ367.21　［686円］

◇最貧困女子　鈴木大介著　幻冬舎　2014.9　213p　18cm　（幻冬舎新書 す－7-1）①978-4-344-98361-8　Ⓝ368.2　［780円］

◇時代が求めた「女性像」　第27巻　時代を映す「女性像」　1　岩見照代監修　ゆまに書房　2014.3　346,95,9p　22cm〈「眞實に歩む」（廣文社 昭和5年刊）の複製　「すみれ」（山野千枝子美容研究所 昭和9年刊）の複製　第15巻～29巻までのタイトル関連情報：「女性像」の変容と変遷　布装　内容：真実に歩む（三宅やす子著）　すみれ　山野鞠子遺稿集（山野鞠子著）〉 ①978-4-8433-3819-3,978-4-8433-3806-3（set）　Ⓝ367.21　［18000円］

◇時代が求めた「女性像」　第28巻　時代を映す「女性像」　2　岩見照代監修　ゆまに書房　2014.3　450,213,8p　22cm〈「日

本女性史」(雄山閣 昭和10年刊)の複製 「女性綱領」(白揚社 昭和15年刊)の複製 第15巻~29巻までのタイトル関連情報:「女性像」の変容と変遷 布装 内容:日本女性史(雄山閣編輯局編) 女性綱領(斉藤久子著)〉①978-4-8433-3820-9,978-4-8433-3806-3(set) Ⓝ367.21 ［25000円］

◇時代が求めた「女性像」 第29巻 時代を映す「女性像」 3 岩見照代監修 ゆまに書房 2014.3 1冊 22cm〈「八つの泉」(災害救済婦人團 大正12年刊)の複製 「モダンてほどき」(中央公論社 昭和7年刊)の複製ほか 第15巻~29巻のタイトル関連情報:「女性像」の変容と変遷 布装 内容:八つの泉(三宅やす子編) モダンてほどき 婦人の運命と月経 月経調査報告書 婦人の就職案内〉①978-4-8433-3821-6,978-4-8433-3806-3(set) ⓃOCR367.21 ［21000円］

◇少子化時代の「良妻賢母」—変容する現代日本の女性と家族 スーザン・D・ハロウェイ著, 高橋登, 清水民子, 瓜生淑子訳 新曜社 2014.7 340,36p 19cm〈索引あり〉①978-4-7885-1394-5 ⓃOCR367.21 ［3700円］

◇「女子」の誕生 米澤泉著 勁草書房 2014.7 224,8p 20cm〈文献あり 索引あり〉①978-4-326-65389-8 ⓃOCR367.21 ［2600円］

◇女性と家族 昭和女子大学女性文化研究所編 御茶の水書房 2014.2 278p 22cm(昭和女子大学女性文化研究叢書 第9集)〈内容:日本の家族政策(坂東眞理子著) ジェンダー統計視点からみる日本の家族農業経営の現状と国連「二〇一四国際家族農業年」(粕谷美砂子著) 生活と食育(石井幸江著) 生活の社会化の進展と家族・個人の生活福祉経営能力(伊藤維著) 崩壊する子育て家庭(高橋久雄著) 心理アセスメントと女性と家族:こころの援助を通じて(岩瀧大樹, 山崎洋史著) 住まいから見える女性と家族(藤原摂関家の家族意識(久下裕利著) 嫁がない〈娘〉の生涯と歌(高橋美織著) 初期少女小説に描かれた〈家族〉(福田委千代著) 瓜生イワの社会福祉事業をめぐる一試論(遠藤由紀子著)〉①978-4-275-01063-6 ⓃOCR367.21 ［4600円］

◇25パーセントの女たち—未婚、高学歴、ノンキャリアという生き方 梶原公子著 あっぷる出版社 2014.5 221p 19cm ①978-4-87177-324-9 ⓃOCR367.21 ［1600円］

◇28歳からの女のリアル 山崎潤子著 WAVE出版 2014.5 205p 19cm ①978-4-87290-692-9 ⓃOCR367.21 ［1400円］

◇日本人女性の死因—30歳から知るべし 2013年版 さいたま生活と経済 2013.9 100p 21cm ①978-4-88408-710-4 Ⓝ498.021 ［1400円］

◇日本の女は、100年たっても面白い。 深澤真紀著 ベストセラーズ 2014.4 255p 19cm〈文献あり〉①978-4-584-13554-9 ⓃOCR367.21 ［1400円］

◇「バブル女」という日本の資産 牛窪恵著 世界文化社 2013.12 238p 19cm ①978-4-418-13602-5 ⓃOCR367.21 ［1400円］

◇無頼化した女たち 水無田気流著 亜紀書房 2014.2 323p 19cm〈内容:無頼化する女たち 女子の国の歩き方(西森路代, 水無田気流述) 無頼化した女たち〉①978-4-7505-1403-1 ⓃOCR367.21 ［1800円］

◇文化系女子という生き方—「ポスト恋愛時代宣言」! 湯山玲子著 大和書房 2014.5 271p 19cm ①978-4-479-39255-2 ⓃOCR367.21 ［1500円］

◇メロスのようには走らない。—女の友情論 北原みのり著 ベストセラーズ 2014.1 205p 19cm ①978-4-584-13539-6 ⓃOCR367.21 ［1333円］

◇モンスターウーマン—「性」に翻弄される女たち 大場真代著 宝島社 2014.6 219p 18cm(宝島社新書 447)①978-4-8002-2517-7 ⓃOCR367.9 ［777円］

◇Love,Hope & My Trench Coat—愛と希望を胸に。おしゃれがニッポンを元気にする! 大草直子, 小林綾, 榎本洋子著 ハースト婦人画報社 2013.10 125p 21cm ①978-4-573-03213-2 Ⓝ593.36 ［1400円］

◇若い女性の内股ブーム—女心の深慮遠謀 江音条羊三著 文芸社 2014.6 157p 15cm ①978-4-286-15134-2 Ⓝ384.6 ［600円］

日本 (女性―賞事―便覧)

◇女性の賞事典 日外アソシエーツ株式会社編集 日外アソシエーツ 2014.5 374p 21cm(紀伊國屋書店(発売) 索引あり〉①978-4-8169-2472-9 Ⓝ002.036 ［13800円］

日本 (女性―伝記)

◇妹たちへ 2 生き方に迷うあなたに、今伝えたいこと 日経WOMAN編 日本経済新聞出版社 2014.6 315p 15cm(日経ビジネス人文庫 に5-2)〈日経BP社 2010年刊の加筆修

正 内容:やりがいは、仕事に取り組んでいくうちに見つけ出すもの(林文子著) 展望なんてなくていい。存分にじたばたしてみよう(岸本葉子著) 地道に精進していれば必ず誰かが見ていてくれる(小谷真生子著) 他人の評価より、自分が面白いと思うことを究める(上野千鶴子著) 何事にもまず感謝。人を愛し想うことを大切に(佐伯チズ著) 20代は仕事も恋愛も、やりたいことは全部やっていい(横森理香著) コンプレックスも含めて自分自身を愛してほしい(田渕久美子著) 惑ってばかりの、しかし、逃げなかった自分を誇りに思う(あさのあつこ著) 悩んでもがいて、乗り越えることが人生の基礎をつくる(勝間和代著) かっこ悪くてもいい。そう腹をくくったとき、転機は訪れる(山本浩未著) 40代からが仕事盛り、女ざかり。腐らずに力を蓄えよう(坂東眞理子著) リスクを恐れず決断することが、オンリーワンの道を切り開く(小池百合子著) 後悔ばかりの30代もまた、おもしろい(香山リカ著) つらいとき、苦しいときこそ飛躍のチャンスは巡ってくる(内永ゆか子著) 回り道して、道に迷ってもいい。志を持ち続けよう(高橋伸子著) 人生の危機が、自分の知らない能力を開花させることもある(絲山秋子著)〉①978-4-532-19732-2 Ⓝ281.04 ［800円］

◇時代を生きた女たち 植松三十里著 KADOKAWA 2014.5 318p 15cm(新人物文庫 う-1-2)〈文献あり〉①978-4-04-600308-9 Ⓝ281.04 ［800円］

◇乙女(ヒロイン)でたどる日本史 山名美和子著 大和書房 2014.10 319p 15cm(だいわ文庫 280-1H)〈文献あり〉①978-4-479-30503-3 Ⓝ281.04 ［700円］

日本 (女性―統計)

◇女性の暮らしと生活意識データ集 2014 三冬社編集部編集・制作 三冬社 2014.6 334p 30cm ①978-4-904022-97-9 ⓃOCR367.21 ［14800円］

日本 (女性―歴史―1868~1945)

◇良妻賢母主義から外れた人々—湘煙・らいてう・漱石 関口すみ子[著] みすず書房 2014.6 336,2p 20cm〈索引あり 内容:らしうせ誌 集会条例違反とされた演説 湘煙は「男女同権」を主張したのか 女の教育 女の文体 岸田俊子の表象 良妻賢母教育・良妻賢母主義の成立 らいてうの到来 個人的な新聞小説 ぶつかり合う夫婦と、過去からの来訪者 「新しい妻」と「美しい女」〉①978-4-622-07839-5 ⓃOCR367.21 ［4200円］

日本 (女性―歴史―安土桃山時代―伝記)

◇物語戦国を生きた女101人 『歴史読本』編集部編 KADOKAWA 2014.6 351p 15cm(新人物文庫 れ-1-43)〈内容:寿桂尼(坂本定一著) 妙玖(黒部亨著) 慶間尼(麻倉一矢著) 三条殿(永岡慶之助著) 仙桃院(大澤龍樹著) 芳春院(安宅夏夫著) 築山殿(桑原恭子著) 光(幸園)(渡邊大門著) 見性院(左方郁子著) 妙印尼(楠戸義昭著) 妙林尼(吉永正春著) 小松姫(楠戸義昭著) 立花誾千代(楠戸義昭著) 諏訪御料人(江宮隆之著) 小少将(大久保智弘著) 小少将(羽生道英著) お市の方(羽生道英著) 義姫(葉治英哉著) 細川ガラシャ(渡辺誠著) 常高院(岡田秀文著) 一の台(小石房子著) 豪姫(森本繁著) 満天姫(近衛龍春著) 松東院メンシア(渡辺誠著) 織田信長をめぐる女たち(山名美和子著) 豊臣秀吉をめぐる女たち(山名美和子著) 徳川家康をめぐる女たち(山名美和子著) 戦国夫人完全データファイル(小石房子編)〉①978-4-04-600409-3 Ⓝ281.04 ［750円］

日本 (女性―歴史―江戸時代)

◇女子のためのお江戸案内—恋とおしゃれと生き方と 堀江宏樹著 廣済堂出版 2014.8 197p 19cm〈文献あり 年表あり〉①978-4-331-51864-9 Ⓝ384.6 ［1500円］

日本 (女性―歴史―江戸時代―伝記)

◇まいらせそうろう—江戸期・手紙を残した女たち 山口哲子著 朝日クリエ 2014.11 256p 19cm ①978-4-903623-41-2 Ⓝ281.04 ［1500円］

日本 (女性―歴史―江戸初期)

◇女はいつからやさしくなくなったか—江戸の女性史 中野節子著 平凡社 2014.7 254p 18cm(平凡社新書 742)〈文献あり〉①978-4-582-85742-9 ⓃOCR367.21 ［840円］

日本 (女性―歴史―江戸末期―伝記)

◇イラストでまなぶ! 幕末ヒロイン事典 ホビージャパン 2014.10 159p 19cm〈文献あり〉①978-4-7986-0905-8 Ⓝ281.04 ［1500円］

◇幕末明治動乱「文」の時代の女たち 熊谷充晃著 双葉社 2014.7 207p 19cm〈文献あり〉①978-4-575-30702-3 Ⓝ281.04 ［1400円］

日本 (女性―歴史―昭和時代)

◇こうして女性は強くなった。―家庭面の100年 読売新聞生活部編 中央公論新社 2014.1 197p 20cm〈年表あり〉①978-4-12-004583-7 ⓃOCR367.21 ［1400円］

◇ハルモニの唄―在日女性の戦中・戦後　川田文子著　岩波書店　2014.2　243p　20cm〈内容：小さな労働者　他郷暮らし　異郷の戦争　ヒロシマ　苦労自慢　闇の舟　ハンセン病療養所で　鴨川・高瀬川沿いの家々　戦争も津波も生き抜いて　離散　窓ガラスのない教室　フクシマ〉①978-4-00-024474-9　Ⓝ316.81　［2400円］

◇「婦人雑誌」がつくる大正・昭和の女性像　第1巻　恋愛・結婚　1　岩見照代監修　ゆまに書房　2014.11　435p　22cm〈複製　布装　内容：公開状或る老嬢の手紙（渡辺たみ子著）　自由恋愛者の失敗（懸賞当選発表）（村田慶子、千葉澪子ほか著）　公開状昔風の家庭から新しい夫に（戸塚よし子著）　公開状「或る老嬢の手紙を読んで（鶴藤幾太著）　恋に狂乱する高女四年生へ（中島徳蔵著）　異国人に恋されて悩む青年へ（中島徳蔵著）　姉婿との恋に苦しむ婦人に答ふ（中島徳蔵著）　去就に迷う男女の相談（守屋東、新妻伊都子ほか述）　生命を賭けた恋を踏みにじられた一大学生へ（主婦之友身上相談部著）　若き女性の煩悶の解決（新妻伊都子、沼田笠峰著）　遂げ得ぬ恋に泣き明す娘へ（中島徳蔵著）　恋に泣く男爵令嬢に答へて（中島徳蔵著）　思案に余る身の上相談（中島徳蔵著）　思案に余る身の上相談（中島徳蔵著）　身の上相談（中島徳蔵著）　身の上相談（中島徳蔵著）　不如帰座談会（若杉鳥子、山田邦子ほか述）　失恋の復讐を受けた恐ろしい経験（大星昭子、長井摩耶子著）　身の上相談（中島徳蔵著）　恋愛難（岡田敦子、多田葉子ほか著）　娘時代の修養と婚選びについての座談会（井上秀子、中村孝也ほか著）　読者からの友優結婚は非（田中千代子、片桐君子ほか著）　若きわれ等の悩み（井原多喜子、長井晶子、北達子著）　親友に恋人を奪われた女の手記（加賀満里子著）　道ならぬ恋を解決した婦人の手記（大川みすゞ、遠藤小枝子著）　結婚前の恋愛問題を語る座談会（石丸梧平、今井邦子ほか著）　座談会青春と恋愛を語る（岩崎栄、長谷川時雨ほか著）　我が子の恋愛問題を語る座談会（安部磯雄、青柳有美ほか述）　『恋愛』と『結婚』の対談会（友松円諦、山田わか述）　新女性べからず百科事典（べからず博士著）　若妻の受難時代　恋愛問題（夏川みどり著）　恋愛問題（清田アヤ子著）　恋愛問題（草田龍子著）　恋愛問題　批判（片岡鉄兵著）　青春の問題（山田幸美、北見延子ほか著）　青春の問題　批判（竹田菊著）　現代青年を語る座談会（片岡鉄兵、吉屋信子ほか著）　女の立場から恋愛と結婚を語る座談会（板垣直子、林芙美子ほか著）　男女交際について　当選十編（道子、まつ子ほか著）　異性間の友情　特選三篇（多紀和美著）　異性間の友情　特選三篇（柴野かをる著）　異性間の友情（三田村ア子著）　婦人身の上相談（山田わか著）　三十娘座談会　太宰治氏の情死事件と夫の恋愛・未亡人の恋愛（植村環ほか著）　危機を切抜けた娘と人妻（川原田真弓、畑山和子著）　対談恋は年令を超える（西村伊作、桂ユキ子述）　座談会異性の友情を語る（中村真一郎ほか述）　座談会彼等かく恋をせり（堀秀彦、神崎清、真杉静枝述）　座談会愛にからむ三つの悲劇（丹羽文雄、八並達雄ほか述）　婦人身の上相談（山田わか著）　座談会私は愛に教えられた（大浜英子、山田静子ほか述）　座談会マダム恋愛を語る（山本満喜子、和田千恵子ほか述）　座談会結婚と同棲と恋愛（三島由紀夫、荒牧則子ほか述）　悲劇を孕む女の恋愛（平林たい子、宇田川潤四郎ほか述）〉①978-4-8433-4676-1,978-4-8433-4668-6 (set)　Ⓝ367.21　［18000円］

◇「婦人雑誌」がつくる大正・昭和の女性像　第2巻　恋愛・結婚　2　岩見照代監修　ゆまに書房　2014.11　415p　22cm〈複製　布装　内容：男子のために泣く婦人の告白（絹子、美子ほか著）　離縁となつた若き婦人の告白（夕千鳥、つゆ子ほか著）　若き男子の望む理想の妻（若草、一法学士ほか著）　良人に愛人のできた場合の態度（MK子、喜久代ほか著）　再婚男子の求むる理想の妻（十郎、信一ほか著）　私は何故に結婚しないか（田中純、小倉末子ほか著）　自由結婚をしたる男女の経験（千代子、峯太郎ほか著）　愛する人と結婚し得なかつた婦人の悩み（歌川七重、野中雪枝ほか著）　思はずも適当な結婚を語る座談会（伊都子、菊子ほか著）　離婚の悲しみより再婚の喜びまで（伊都子、菊子ほか著）　貧に窮し泣いて夫の許を去らんとする婦人へ（中島徳蔵著）　婚期を前にして悩める処女に（主婦之友身上相談部著）　異常な結婚をした私の告白（近藤百合、智田寿子ほか著）　僕は斯ういふ娘を妻にしたい、妾は斯ういふ男子を夫に持ちたい（井上晴郎、桜木庄太郎ほか著）　自由結婚を望む男女のための相談会（穂積誠太郎子ほか著）　気に染まぬ結婚から思はぬ幸福を得た話（北田春江、田月君雄ほか著）　破婚の深淵を受けて手に新妻を迎へて（橋田東声著）　結婚を前にしての女性苦（平田のぶ、土肥せいほか著）　娘の職業と結婚問題（安部磯雄、東郷昌武著）　私のした手と好いと思ふ見合の方法（星島二郎、松平俊子ほか著）　処女を失つて結婚に悩む娘へ（中島徳蔵著）　晩婚男女の家庭生活は幸福か？　不幸か？（杉田久子、高田岳南

ほか著）　私が幸福の生涯に入りし端緒（土屋京子、みゆき著）　結婚媒介所の犠牲となれる婦人へ（中島徳蔵著）　結婚に失敗した青年の告白（三上俊郎、小山茂樹ほか著）　夫に愛人あるを知りて悩む妻へ（中島徳蔵著）　私は何故再婚せぬか？（三木貞子、三島弥吉ほか著）　家庭争議に関する女流相談会　良人に愛人が出来た場合の妻の態度（吉岡弥生、山田わかほか述）　家庭争議に関する男女懇談会　男の立場からと女の立場から（三宅やす子、北川千代子ほか述）　あらぬ誤解を受けて悩む人妻へ（中島徳蔵著）　夫の素行を如何にして治すべきか（中島徳蔵著）　初婚に破れて再婚に成功した婦人の経験（比良井美佐保、青山エミ子ほか著）　結婚結婚に成功した婦人の経験（富永きわ子、古川とし子ほか著）　連子で再婚に成功した未亡人の経験（田島君子、麻田富美子著）　夫に死別した若き婦人の再婚の悩みに答へて（中島徳蔵著）　孝貞の二途に迷ふ若き人妻へ（中島徳蔵著）　私達の結婚条件（望月三重子、高橋小百合ほか著）　内縁の妻として悩んだ経験（村川英子、渡辺豊子ほか著）　重大な結婚調査（岩井三郎著）　結婚媒介所の悲喜劇（丘満子著）　あはれ結婚調査不行届（中村義正著）〉①978-4-8433-4677-8,978-4-8433-4668-6 (set)　Ⓝ367.21　［18000円］

◇「婦人雑誌」がつくる大正・昭和の女性像　第3巻　恋愛・結婚　3　岩見照代監修　ゆまに書房　2014.11　464p　22cm〈複製　布装　内容：良人を盗られた妻の告白（浜田はる子、浜口舞子著）　愛人を横取りされた婦人の経験（佐川さく子、小林恭子著）　令嬢移動座談会私の描く結婚（与謝野八峰、上田文子ほか著）　騙されて結婚した未亡人の告白（松尾花子著）　青年ばかりの結婚問題の座談会（飛島定城、河尻慎ほか述）　令嬢ばかりの結婚問題の座談会（上田文子、相馬千春子ほか述）　婦人の煩悶相談所（泉道雄、賀川豊彦著）　家庭を温くする夫婦愛座談会（田中文子、丸山茂夫ほか述）　婦人の煩悶相談所（井深花子、川村理助著）　家庭の争闘を語る座談会（大森洪太、沖野岩三郎ほか述）　婦人の煩悶相談所（山室軍平、守屋東著）　友愛結婚をした婦人の経験（加田福子、結成貝夫著）　夫婦円満の方法に就ての奥様ばかりの座談会（出淵輝子、西崎綾乃ほか述）　夫婦間の愛を語る座談会（太田三郎、大辻司郎ほか述）　婦人の煩悶相談所（綱島佳吉著）　友愛結婚と媒酌結婚と果して何方がよかつたか？（大庭さちこ、長谷川雪子著）　安心して結婚出来る縁談の調査法（前田昌徳著）　新夫婦の人情相談会（松原加代子、杉田ひさ子ほか述）　良人の愛を独占する方法の座談会（曾我廼家五郎、今井邦子ほか述）　離婚しようか何うしようかと迷ふ婦人の身の上相談（賀川豊彦、鳩山春子ほか著）　良人と情人との手を切らせた妻の経験（高宮はるみ、須磨仲子ほか著）　結婚前の恋愛に悩まされた実話（川名桂子、佐野すゑ子著）　離婚した妻の告白（杉本みどり、白江喜美子著）　結婚したくとも結婚されぬ婦人の身の上相談会（久布白落実、持地ゑいほか著）　見合に成功する方法の秘密懇談会（西崎綾乃、沖野岩三郎ほか著）　結婚相談（篠田鉱浩、小倉清太郎ほか著）　良人に愛人が出来た場合の妻の心得を語る秘密懇談会（青柳有美、綱島佳吉ほか著）　男心はこんなもの新婚の良人ばかりの結婚報告漫談会（植木仙治、大沢立已ほか著）　夫婦の危機の相談会（里見弴、小汀利得ほか著）　結婚相談（中井卓次郎、小倉清太郎ほか著）　男の無情に泣く（上田秋子、山田わかほか著）　旦那様から奥様へ注文する座談会（栗本時彦、小村梶雄ほか述）　若い娘さんが結婚の理想を語る座談会（芝山友子、富岡静世ほか述）　親の許さぬ結婚に就ての煩悶相談会（中井卓次郎著）　結婚時代の子を持つ母の座談会（西崎綾乃、田子静江ほか述）　夫を喜ばせた経験（石垣朝乃、加納美子ほか著）　良人の愛を切りぬけた方法（帆足澄江、河内静子著）　どんな結婚が理想か？（堀口九万一、佐々木邦ほか述）　理想の夫、理想の妻を語る座談会（稲葉田鶴子、大塚トメ子ほか述）　問題の娘を幸福に嫁がせた経験　未婚者のための結婚経験（貝塚千枝子、綱原廉三ほか著）　夫婦生活の危機と切抜け方座談会（帆足みゆき、及川常平ほか著）　愛し得ぬ悩み（朝上弓子、山田わかほか著）〉①978-4-8433-4678-5,978-4-8433-4668-6 (set)　Ⓝ367.21　［18000円］

◇「婦人雑誌」がつくる大正・昭和の女性像　第4巻　恋愛・結婚　4　岩見照代監修　ゆまに書房　2014.11　411p　22cm〈複製　布装　内容：結婚難・早婚・晩婚・産児制限の諸問題（石本静枝、高良富子ほか著）　読者が相談する新結婚相談の会（片山哲、河崎なつほか述）　お子様の無い奥様ばかりの座談会（高瀬静子、村岡花子ほか述）　不義の名によつて母は去る（松木俊子著）　再婚生活の幸福法と生きぬく仲円満法座談会（三輪田繁子、松本幸子ほか述）　母と娘の結婚ばなし相談会（西崎綾乃、河崎ナツほか述）　『我々は結婚にかく望む』座談会（各地婦人公論グループ著）　結婚してはじめて男子の本性を知つた私の経験（小谷みゆき、田口緑著）　『夫婦問題の悩み解決』対談会（高島米峰、河崎なつ述）　夫に嫌ひぬかれた私が今日の幸福を得るまで（渡辺行子、長沢たま著）　特輯・結婚か？　職業か？（河崎なつ、小泉郁子ほか述）　結婚をあきらめねばならない私〈入選実話〉（山城貴美子、吉原りゆう子ほか著）　晩婚の私が人も羨む程の幸福を得るまで（藤田光子、今田京子著）　作

家と人妻と処女の結婚恋愛問答(片岡鉄兵, 富本陽子ほか著) 新婚寝物語座談会 一寸した事から良縁を取逃した実話(三輪田元道, 亀岡泰躬ほか著) 結婚媒介の専門家ばかりの縁結びの方法の座談会(岩倉具光, 丹羽よしはな著) 良人の愛を再び取り戻した経験(遠山ふみ子著) 悲しい濡衣に思ひ悩む人妻の告白(川手さかえ, 小松弘子著) こんな人と結婚がしたい(赤松扶美, 石川愛子ほか著) 悩みある女性の訴へ(村川美津子, 金子しげりほか著) 婦人科の博士ばかりで夫婦和合の座談会(小倉清太郎, 太田武夫ほか述) 結婚媒介所の真相を探る(神川駿一, 福原千代子著) 子供のない妻の対策は？(ささきふさ, ダン道子ほか述) 夫婦問答 結婚の出来ない人妻の秘密相談(諸岡存, 井出ひろ子著) 女教員の恋愛問題A子さんの悩みに答へて(茅野雅子著) 放蕩の良人を醒めさせた妻の苦心実話(山本たま子, 岡田道子著) お嫁に行きたがらぬ？ 現代娘ばかりの座談会(桑門つた子, 栗村徳子ほか述) 本当の男心を打明ける座談会(久米正雄, 平山芦江ほか述) お仲人さんばかりの座談会(細川武子, 小野つる子ほか述) 丹羽文雄氏を囲んで結婚の不安を語る(務台美代子, 柴岡栄子ほか述) 結婚準備あれこれ座談会(丹羽よし子, 太田菊子ほか述) 愛人の手から良人を取戻した涙の手記(岩井ふく子, 桐屋里子ほか著) 数十組の結婚をまとめた結婚媒酌人の秘密手帖から(須藤鐘一著) 夫婦喧嘩を吟味する座談会(飯田蝶子, 及川常平ほか述) 藤原義江夫人を囲んでする結婚座談会(春山みどり, 橘美映ほか述) 妻と財産の問題座談会(秋山襄, 山田わかほか述) 他人を親切にしすぎて思はぬ誤解をうけた人妻の告白(白梅, 谷まさ子著)〉 ①978-4-8433-4679-2,978-4-8433-4668-6(set) Ⓝ367.21 ［18000円］

◇「婦人雑誌」がつくる大正・昭和の女性像 第5巻 恋愛・結婚 5 岩見照代監修 ゆまに書房 2014.11 443p 22cm 〈複製 布装 内容：結婚の慶びを控へて我が身の秘密に悩む娘の告白(井村淑子, 野田初枝著) 私達はどんな人に嫁ぎたいか？(中野道子, 堤真佐子ほか著) 座談会恋愛と結婚の新古典主義来る(浅野晃, 岡本かの子ほか述) 外国女性の身上相談 結婚生活の設計座談会(三輪田元道, 森田トヨ子ほか述) 花嫁候補者と花婿候補者の対談会(大坪義雄, 若原正蔵ほか述) 座談会結婚準備教育を検討する(西村伊作, 阿部知二ほか述) どんな結婚を求めてゐるか青年ばかりの座談会(武川寛海, 三輪福松ほか述) どんな結婚を求めてゐるか令嬢ばかりの座談会(田村千枝子, 岡倉喜千代ほか述) どんな結婚を求めてゐるか職業婦人ばかりの座談会(今村とし子, 太田静枝ほか述) 夫への注文・妻への注文無遠慮座談会(松原寛, 新居格ほか述) 結婚生活に破れた人ばかりで考へる座談会(金子しげり, 塩原静ほか述) 結婚前に知つて置きたいこと教へて置きたいこと座談会(大妻コタカ, 大橋りゆうほか述) 菊池寛先生を囲んで嫁探しをしてゐる青年の座談会(菊池寛, 天沼秀夫ほか述) 主婦之友婦人相談の実例座談会(大坪義雄, 石井豊七郎ほか述) 中年夫婦を襲ふ危機の上手な切抜け方座談会(蓮沼門三, 中村武羅夫ほか述) 婦人の悩を救ふ人事調停法『妻の立場』を語る座談会(平井恒, 大妻コタカほか述) 婦人の上相談(山田わか著) 結婚と生活を語る大阪の青年男女の座談会(川村明治, 高橋弘之ほか述) 婦人身の上相談(山田わか著) 主婦之友結婚相談(山崎光子著) 主婦之友結婚相談(山崎光子著) 妻の悩みを救ふ人事調停法の実例座談会(広瀬通, 石井豊七郎ほか述) 婦人身の上相談(山田わか著) 結婚相談(山崎光子著) 片岡鉄兵・石川達三両氏を囲んで若い女性の語る『現代の結婚』座談会(片岡鉄兵, 石川達三ほか述) 蓮沼門三先生を囲んで悩める妻の相談会(蓮沼門三著) 夫の愛情, 妻の愛情座談会(林芙美子, 長谷川時雨ほか述) 座談会どんな娘さんが良縁を得たか？(河内捨松, 阿河かずまほか述) 結婚相談所に於ける種々相(木村よしの著) 公立結婚相談所主任の座談会(安井洋, 田中孝子ほか述) 結婚・娘の言ひ分(座談会)(長井真琴, 大迫倫子ほか述) 婦人身の上相談(山田わか著) 婦人法律相談(中田正子著) 生活相談所に現れた離婚の問題(円谷源治郎, 佐々木健太郎ほか述) 婦人法律相談(中田正子著) 婦人身の上相談(山田わか著) 婦人身の上相談(山田わか著) 婦人法律相談(中田正子著) 結婚相談に来る娘さん(安井洋著) 七百組と三百組媒酌経験者が語る『娘, 母, 良縁』対談(亀岡泰躬, 出水澄子著) 美濃口時次郎氏を囲んで結婚の理想と現実を語る座談会(美濃口時次郎, 高瀬笑子ほか述) 望ましき女性望ましき結婚宮城タマ子夫人を囲んで若い男性ばかりの座談会(宮城タマ子, 鈴木武男ほか述) 座談会結婚はなぜふえる(河盛好蔵, 玉城peace子ほか述) 娘さんと花嫁さんの結婚座談会(石阪うら司会, 植原和子ほか述) 無自覚な結婚に泣く人妻の訴へ(植村環著) 結婚の悲劇を防ぐために(植村環著) 私はこうして結婚難を突破した(田中富比子, 平塚貞子ほか述) 良縁を得る娘得させる母(馬田美子著) 『愛』の診断わたしはどう生きたらいいか(宮城音弥, 堀秀彦ほか述) 嫁の言い分・

姑の言い分(渋沢秀雄司会, 北見志保子ほか述) なぜ私は離婚をしたか(佐多稲子, 東山紗智子ほか述) 結婚前の医事相談(森山豊著) そむかれた女の架空恋話(大井広介著) 縁結びよもやま話座談会お仲人の成功談・失敗談(渋沢秀雄司会, 穂積重遠ほか述) 座談会身の上相談から見た夫婦の生態(新井勝克, 高松春子ほか述) 三百七十余組の縁談をまとめた仲人名人の対談(佐坂くに, 松井美津子ほか著) 恋愛に失敗した娘が幸福な結婚をするまで(山田富貴子著) 裏から見た結婚媒介所の実態 座談会結婚生活のうらおもて(高見順, 阿部艶子ほか述) 離婚した男女の匿名討論会(山田わか司会, 葛城安子ほか述) 座談会結婚生活の設計(朝倉摂, 青木晃子ほか述) 幸福な結婚生活の条件(坂西志保, 山本杉ほか述) 奥さま業とはこんなものかしら(近藤とし子著) 私の結婚報告(谷野せつ, 森岡洋ほか述)〉 ①978-4-8433-4680-8,978-4-8433-4668-6(set) Ⓝ367.21 ［18000円］

日本(女性―歴史―昭和前期)
◇女學生手帖―大正・昭和乙女らいふ 弥生美術館, 内田静枝編 新装版 河出書房新社 2014.12 127p 21cm 〈らんぷの本〉〈文献あり〉 ①978-4-309-75013-2 Ⓝ367.21 ［1650円］

日本(女性―歴史―大正時代)
◇こうして女性は強くなった。一家庭面の100年 読売新聞生活部編 中央公論新社 2014.1 197p 20cm 〈年表あり〉 ①978-4-12-004583-7 Ⓝ367.21 ［1400円］

◇女學生手帖―大正・昭和乙女らいふ 弥生美術館, 内田静枝編 新装版 河出書房新社 2014.12 127p 21cm 〈らんぷの本〉〈文献あり〉 ①978-4-309-75013-2 Ⓝ367.21 ［1650円］

◇「婦人雑誌」がつくる大正・昭和の女性像 第1巻 恋愛・結婚 1 岩見照代監修 ゆまに書房 2014.11 435p 22cm 〈複製 布装 内容：公開状或る老媛の手紙(渡辺たみ子著) 自由恋愛者の失敗〈懸賞当選発表〉(村田慶子, 千葉澪子ほか著) 公開状昔風の家庭から新しい夫に(戸塚よし子著) 公開状「或る老媛の手紙」を読みて(鶴藤幾太著) 恋に狂乱する高女四年生へ(中島徳蔵著) 異国人に恋されて悩む青年へ(中島徳蔵著) 姉婿との恋に苦しむ婦人に答ふ(中島徳蔵著) 去就に迷ふ男女の相談(守屋東, 新妻伊都子ほか述) 生命を賭けた恋を踏みにじられた一大学生へ(主婦之友身上相談部著) 若き女性の煩悶の解決(新妻伊都子, 沼田笠峰著) 遂げ得ぬ恋に泣き焦れる娘へ(中島徳蔵著) 恋に泣く男爵令嬢に答へて(中島徳蔵著) 思案に余る身の上相談(中島徳蔵著) 思案に余る身の上相談(中島徳蔵著) 身の上相談(中島徳蔵著) 身の上相談(中島徳蔵著) 身の上相談(中島徳蔵著) 不如帰座談会(若杉鳥子, 山田邦子ほか述) 失恋の復讐を受けた恐ろしい経験(大星昭子, 長井摩耶子著) 身の上相談(中島徳蔵著) 恋愛難(岡田敦子, 多田葉子ほか著) 娘時代の修養と婚選びについての座談会(井上秀子, 中村孝也ほか述) 読者からの友愛結婚是非(田中千代子, 片桐君子ほか著) 若きわれ等の悩み(井原多喜子, 長井品子, 北達子著) 親友に恋人を奪はれた女の手記(加賀満里子著) 道ならぬ恋を解決した婦人の手記(大川みすず, 遠藤小枝子著) 結婚前の恋愛問題を語る座談会(石丸梧平, 今井邦子ほか述) 座談会青春と恋愛を語る(岩崎栄, 長谷川時雨ほか述) 我が子の恋愛問題を語る座談会(安部磯雄, 青柳有美ほか述) 『恋愛』と『結婚』の対話会(友松円諦, 山田わかほか述) 新女性べからず百科辞典(べからず博士著) 若き妻の受難時代 恋愛問題(夏川みどり著) 恋愛問題(清田アヤ子著) 恋愛問題(草田朝子著) 恋愛問題 批判(片岡鉄兵著) 青春の問題(山田幸美, 北見延子ほか述) 青春の問題 批判(竹田菊著) 恋愛青年を語る座談会(片岡鉄兵, 窪川稲子ほか述) 女の立場から恋愛と結婚を語る座談会(板垣直子, 林芙美子ほか述) 男女交際について 当選十篇(道子, まつ子ほか著) 異性間の友情 特選三篇(多紀和美著) 異性間の友情 特選三篇(柴野かをる著) 異性間の友情 特選三篇(三田初子著) 婦人身の上相談(山田わか著) 三十娘座談会 太宰治氏の情死事件と夫の恋愛・未亡人の恋愛(植村環ほか述) 危機を切抜けた人々を語る(川原田真弓, 畑山和子ほか著) 対談恋は年令を超える(西村伊作, 桂ユキ子著) 座談会異性の友情を語る(中村真一郎ほか述) 座談会彼等かく恋をせり(福秀彦, 神崎清, 長井静枝述) 座談会恋にからむ三つの悲劇(丹羽文雄, 八返達雄ほか述) 婦人身の上相談(山田わか著) 座談会私は愛に教えられた(大浜英子, 太田静子ほか述) 座談会マダム恋愛を語る(本多満喜子, 和田千恵子ほか述) 情熱と恋愛(三島由紀夫, 荒牧則子ほか述) 悲劇を孕む女の恋愛(平林たい子, 宇田川潤四郎ほか述)〉 ①978-4-8433-4676-1,978-4-8433-4668-6(set) Ⓝ367.21 ［18000円］

◇「婦人雑誌」がつくる大正・昭和の女性像 第2巻 恋愛・結婚 2 岩見照代監修 ゆまに書房 2014.11 415p 22cm 〈複製 布装 内容：男子のために泣く婦人の告白(絹子, 美子ほか著) 離縁となつた若き婦人の告白(夕千鳥, つゆ子ほか著) 若き男子の望む理想の妻(若草, 一法学士ほか著) 良人に愛人のできた場合の態度(MK子, 喜久代ほか述) 再婚男子の求める理想

日本（女性─歴史─大正時代）

の妻（十郎、信一ほか著）　離婚となつた婦人の涙の告白（筑紫女、かへでほか著）　私は何故に結婚しないか（田中純、小倉末子ほか著）　自由結婚をしたる男女の経験（千代子、峯太郎ほか著）　愛する人と結婚し得なかつた婦人の悩み（歌川七重、野中雪枝ほか著）　思はずも適当な婚期を過した婦人へ（中島徳蔵著）　離婚の悲しみより再婚の喜びまで（伊都子、菊子ほか著）　貧に窮し泣いて夫の許を去らんとする婦人へ（中島徳蔵著）　婚期を前にして悩める処女に（主婦之友身上相談部著）　異常な結婚をした私の告白（近藤百合、智田菊子ほか著）　僕は斯ういふ娘を妻にしたい、妾は斯ういふ男子を夫に持ちたい（井上晴郎、桜木庄左太郎ほか著）　自由結婚を望む男女のための相談会（厨川蝶子、徳永恕子ほか著）　気に染まぬ結婚から思はぬ幸福を得た話（北田春江、田月君雄ほか著）　破婚の深瘡を受けし手に新妻を迎へて（橋田東声著）　結婚を前にしての女性苦（平田のぶ、土肥せいほか著）　娘の職業と結婚問題（安部磯雄、東郷昌武著）　私のした見合と好いと思ふ見合の方法（星島二郎、松平俊子ほか著）　処女を失ひて結婚に悩む娘へ（中島徳蔵著）　晩婚男女の家庭生活は幸福か？不幸か？（杉田久子、高田岳南ほか著）　私が幸福の生涯に入りし端緒（土屋京子、みゆき著）　結婚媒介所の犠牲となれる婦人へ（中島徳蔵著）　結婚に失敗した青年の告白（三上俊郎、小山茂樹ほか著）　夫に愛人あるを知りて悩む妻へ（中島徳蔵著）　私達は何故再婚せぬか？（三木貞子、三島弥吉ほか著）　家庭争議に関する女流相談会（良人に愛人が出来た場合の妻の態度（吉岡弥生、山田わかほか著）　家庭争議に関する男女懇談会　男の立場からと女の立場から（三宅やす子、北川千代子ほか著）　あらぬ誤解を受けて悩む人妻へ（中島徳蔵著）　夫の素行を如何にして治すべきか（中島徳蔵著）　初婚に破れて再婚に成功した婦人の経験（比良井美佐保、青山エミ子ほか著）　恋愛結婚に成功した婦人の経験（富永きわ子、古川とし子ほか著）　連子で再婚に成功した未亡人の経験（田島君子、麻田富美子ほか著）　夫に死別した若き婦人の再婚の悩みに答へて（中島徳蔵著）　孝貞の二途に迷ふ若き人妻へ（中島徳蔵著）　私達の結婚条件（望月三重子、高橋小百合ほか著）　内縁の妻として成功した婦人の経験（村川英子、渡辺豊子ほか著）　重大な結婚調査（岩井三郎著）　結婚媒介所の悲喜劇（丘満子著）　あはれ結婚調査不行届（中村義正著）〉　Ⓟ978-4-8433-4677-8,978-4-8433-4668-6(set)　Ⓝ367.21　〔18000円〕

◇「婦人雑誌」がつくる大正・昭和の女性像　第3巻　恋愛・結婚　3　岩見照代監修　ゆまに書房　2014.11　464p　22cm　〈複製　布装　内容：良人を盗られた妻の告白（中島はる子、浜口舞子著）愛人を横取りされた婦人の経験（佐川さく子、小林恭子著）　令嬢移動座談会私の描く結婚（与謝野八峰、上田文子ほか述）　騙されて結婚した未亡人の告白（松尾花子著）　青年ばかりの結婚問題の座談会（飛島定城、河尻慎ほか述）　令嬢ばかりの結婚問題の座談会（上田すま子、相馬千香子ほか述）　婦人の煩悶相談所（泉道雄、賀川豊彦著）　家庭を温くする夫婦愛座談会（田中文子、丸山茂子ほか述）　婦人の煩悶相談所（井深花子、川村理助著）　家庭の争闘を語る座談会（大森洪太、沖野岩三郎ほか述）　婦人の煩悶相談所（山室軍平、守屋東著）　友愛結婚をした婦人の経験（加田福子、松村貞夫著）　夫婦円満の方法に就ての奥様ばかりの座談会（出淵輝子、西崎綾乃ほか述）　夫婦間の愛を語る座談会（太田三郎、大辻司郎ほか述）　婦人の煩悶相談所（綱島佳吉著）　恋愛結婚と媒酌結婚と果して何方がよかつたか？（大庭さちこ、長谷川雪子著）　安心して結婚出来る縁談の調査法（前田昌徳著）　新夫婦の人情相談会（松原加代子、杉田ひさ子ほか述）　良人の愛を独占する方法の座談会（曾我廼家五郎、今井邦子ほか述）　良人にしようか何うしようかと迷ふ婦人の身の上相談（賀川豊彦、鳩山春子ほか述）　良人と情人との手を切らせた妻の経験（高宮はるみ、須磨仲子ほか著）　結婚前の恋愛に悩まされた実話（川名桂子、佐野うた子著）　離婚した妻の告白（杉本みどり、白江喜美子著）　結婚したくとも結婚されぬ婦人の身の上相談会（久布白落実、持地ゐい子ほか著）　結婚相談（篠田鉱造、小倉清太郎ほか著）　見合に成功する方法の秘密懇談会（西崎綾乃、沖野岩三郎ほか述）　結婚相談（篠田鉱造、小倉清太郎ほか述）　良人に愛人が出来た場合の妻の心得を語る秘密懇談会（青柳有美、綱島佳吉ほか著）　男心はこんなもの新婚の良人ばかりの結婚報告漫談会（植木仙治、大沢立巳ほか述）　夫婦の危機の相談会（里見弴、小汀利得ほか著）　結婚相談（中井卓次郎、小倉清太郎ほか著）　男の無情に泣く（上田秋子、山田わかほか述）　旦那様から奥様へ注文する座談会（栗本時彦、小村利雄ほか述）　若い娘さんが結婚の理想を語る座談会（芝山友子、富岡静世ほか著）　親の許さぬ結婚に就ての煩悶相談会（帆足みゆき、加藤武雄ほか述）　結婚相談（中井卓次郎著）　結婚時代の子を持つ母の座談会（西崎綾乃、田子静江ほか述）　夫を喜ばせた経験（石垣朝乃、加納美子ほか著）　道ならぬ恋を切りぬけた経験（服部澄江、河内静子著）　どんな結婚が理想的か？（堀口九万一、佐々木邦ほか述）　理想の夫、理想の妻を語る座談会（稲葉田鶴子、大塚トメほか

述）　問題の娘を幸福に嫁がせた経験　未婚者のための結婚経験談（貝塚千枝子、鵜原廉三ほか述）　夫婦生活の危機と切抜け方座談会（帆足みゆき、及川常平ほか述）　愛し得ぬ悩み（朝上弓子、山田わかほか著）　Ⓟ978-4-8433-4678-5,978-4-8433-4668-6(set)　Ⓝ367.21　〔18000円〕

◇「婦人雑誌」がつくる大正・昭和の女性像　第4巻　恋愛・結婚　4　岩見照代監修　ゆまに書房　2014.11　411p　22cm　〈複製　布装　内容：結婚難・早婚・晩婚・産児制限の諸問題（石本静枝、高良富子ほか述）　読者が相談する新結婚相談の会（片山哲、河崎なつほか述）　お子様の無い奥様ばかりの座談会（高瀬静子、村岡花子ほか述）　不義の名によつて母は去る（佐木俊子著）　再婚生活の幸福法と生さぬ仲円満法座談会（三輪田繁子、松本幸子ほか述）　母と娘の結婚ばなし相談会（西崎綾乃、河崎ナツほか述）　『我々は結婚にかく望む』座談会（各地婦人公論グループ著）　結婚してはじめて男子の本性を知つた私の経験（小谷みゆき、田口緑著）　『夫婦間の悩み解決』対談会（高島米峰、河崎なつ述）　夫に嫌ひぬかれた私が今日の幸福を得るまで（渡辺行子、長沢たま著）　職業か？結婚か？職業か？（河崎なつ、小泉郁子ほか述）　結婚をあきらめねばならない私〈入選実話〉（山城貴美子、吉原りゆう子ほか述）　晩婚の私が人も羨む程の幸福を得るまで（藤田光子、今田京子著）　作家と人妻と処女の結婚恋愛問答（片岡鉄兵、富本陽子ほか述）　新婚寝物語座談会　一寸した事から良縁を取逃した実話（三輪田元道、亀岡泰躬ほか述）　結婚媒介の専門家ばかりの縁結びの方法の座談会（岩倉具光、丹羽よしほか述）　良人の愛を再び取り戻した経験（遠山ふみえ著）　悲しい濡衣に思ひ悩む人妻の告白（川手さかえ、小松弘子著）　こんな人と結婚がしたい（赤松扶美、石川愛子ほか述）　悩みある女性の訴へ（村川美津子、金子しげりほか述）　婦人科の博士ばかりで夫婦和合の座談会（小倉清太郎、太田武夫ほか述）　結婚媒介所の真相を探る（神川駿一、福原千代子著）　子供のない妻の対策は？（ささきふさ、ダン道子ほか述）　夫婦問答　結婚の出来ない婦人の秘密相談（諸岡存、井出ひろ子著）　女教員の恋愛問題A子さんの悩みに答へて（茅野雅子著）　放蕩の良人を醒めさせた妻の苦心実話（山本たま子、岡田道子ほか述）　お嫁に行きたがらぬ？現代娘さんばかりの座談会（桑門つた子、栗村徳子ほか述）　本当の男心を打明ける座談会（久米正雄、平山芦江ほか述）　お仲人さんばかりの結婚の不安を語る（務台美代子、柴岡栄子ほか述）　結婚準備あれこれ座談会（丹羽よし子、太田菊子ほか述）　愛人の手から良人を取戻した涙の手記（岩井よう子、桐野里子ほか著）　数十組の結婚をまとめた結婚斡旋人の秘密手紙から（須藤鐘一著）　夫婦喧嘩を吟味する座談会（飯田蝶子、及川常平ほか述）　藤原義江夫人を囲んでお嬢さん達の結婚座談会（春山みどり、橘美映ほか述）　妻と財産の問題座談会（秋山襄、山田わかほか述）　他人を親切にしすぎて思はぬ誤解をうけた人妻の告白（白梅、谷まさ子著）〉　Ⓟ978-4-8433-4679-2,978-4-8433-4668-6(set)　Ⓝ367.21　〔18000円〕

◇「婦人雑誌」がつくる大正・昭和の女性像　第5巻　恋愛・結婚　5　岩見照代監修　ゆまに書房　2014.11　443p　22cm　〈複製　布装　内容：結婚の慶びを控へて我が身の秘密に悩む娘の告白（井村淑子、野田初枝著）　私達はどんな人に嫁ぜたいか？（中野道子、堤真佐子ほか著）　座談会恋愛と結婚の新古典主義来る（浅野晃、岡本かの子ほか述）　外国女性の身上相談　結婚生活の設計座談会（三輪田元道、本田トヨ子ほか述）　花嫁候補者と花婿候補者の対談会（大坪義雄、若原正蔵ほか述）　座談会結婚準備教育を検討する（西村伊作、阿部知二ほか述）　どんな結婚を求めてゐるか青年ばかりの座談会（武井寛海、三輪福松ほか述）　どんな結婚を求めてゐるか令嬢ばかりの座談会（田村千枝子、岡倉喜千代ほか述）　どんな結婚を求めてゐるか職業婦人ばかりの座談会（今村とし子、太田静代ほか述）　夫への注文・妻への注文無遠慮座談会（松原寛、新居格ほか述）　結婚生活に破れた人ばかりで考へる座談会（金子しげり、塩原静ほか述）　結婚前に知つて置きたいこと教へて置きたいこと座談会（大妻コタカ、大橋ゆかりほか述）　菊池寛先生を囲んで嫁探しをしてゐる青年の座談会（菊池寛、天沼孝夫ほか述）　主婦之友婦人相談（山田わか著）　中年夫婦を襲ふ危機の上手な切抜け方座談会（蓮沼門三、中村武羅夫ほか述）　婦人の悩を救ふ人事調停法『妻の立場』を語る座談会（平井恒、大妻コタカほか述）　婦人身の上相談（山田わか著）　主婦之友結婚相談（山崎光子著）　結婚と生活を語る大阪の青年男女の座談会（川村明治、高橋弘之ほか述）　婦人身の上相談（山田わか著）　主婦之友結婚相談（山崎光子著）　主婦之友結婚相談（山崎光子著）　妻の悩みを救ふ人事調停法の実例座談会（広瀬通、石井豊七郎ほか述）　婦人身の上相談（山田わか著）　結婚相談（山崎光子著）　片岡鉄兵・石川達三両氏を囲んで若い女性の語る『現代の結婚』座談会（片岡鉄兵、石川達三ほか述）　蓮沼門三先生を囲んで悩める妻の相談会（蓮沼門三述）　結婚相談（山崎光子述）　夫の愛情、妻の愛情座談会（林英美子、長谷川時雨ほか述）　座談会どんな娘さんが良縁を得たか（河内捨松、阿河かずほかほか述）　結婚相談所に於ける種々相（木村よしの著）

764

公立結婚相談所主任の座談会(安井洋,田中孝子ほか述)　結婚・娘の言い分〈座談会〉(長井真琴,大迫倫子ほか述)　婦人身の上相談(山田わか著)　婦人法律相談(中田正子著)　生活相談所に現れた離婚の問題(円谷源治郎,佐々木健太郎ほか述)　婦人法律相談(中田正子著)　婦人身の上相談(山田わか著)　婦人身の上相談(山田わか著)　婦人法律相談(中田正子著)　婦人身の上相談(山田わか著)　結婚相談に来る娘さん(安井洋ほか)　七百組と三百組媒酌経験者が語る『娘、母、良縁』対談(亀岡泰助,出水澄子述)　美濃口時次郎氏を囲んで結婚の理想と現実を語る座談会(美濃口時次郎,高瀬笑子ほか述)　望ましき女性望ましき結婚宮城タマヨ夫人を囲んで若い男性ばかりの座談会(宮城タマヨ,鈴木武男ほか述)　座談会離婚はなぜふえる(河盛好蔵,玉城肇ほか述)　娘さんと花嫁さんの結婚座談会(石阪うら司会,植原和子ほか述)　無自覚な結婚に泣く人妻の訴え(植村環著)　結婚の悲劇を防ぐために(植村環著)　私はこうして結婚を突破した(田中富士,平塚貞子ほか著)　良縁を得る娘得させる母(馬田美子著)　『愛』の診断わたしはどう生きたらいいか(宮城音弥,堀秀彦ほか述)　嫁の言い分・姑の言い分(渋沢秀雄司会,花井お梅ほか述)　なぜ私は離婚をしたか(佐多稲子,東山紗智子ほか述)　結婚前の医事相談(森山豊著)　そむかれた夫の架空座談会(大井広介述)　縁結びよもやま話座談会お仲人の成功談・失敗談(渋沢秀雄司会,穂積重遠ほか述)　座談会身の上相談する夫婦の佳人(新井勝茂,高松春子ほか述)　三百七十余組の縁談をまとめた仲人名人の対談(佐武祐子,保坂重治述)　縁遠いといわれた私はこうして結婚した(佐藤くに,松井美津子ほか著)　恋愛に失敗した娘が結婚をするまで(山田富貴子著)　裏から見た結婚媒介所の実態　座談会結婚生活のうらおもて(高見順,阿部艶子ほか述)　離婚した男女の匿名討論会(山田わか司会,葛城安子ほか述)　座談会結婚生活の設計(朝倉摂,青木晃子ほか述)　幸福な結婚生活の条件(山本杉ほか述)　奥さま業とはこんなものかしら(近藤とし子著)　私の結婚報告(谷野せつ,森岡洋ほか述)〉①978-4-8433-4680-8,978-4-8433-4668-6(set)　N367.21　[18000円]

日本（女性—歴史—大正時代—伝記）

◇物語明治・大正を生きた女101人　『歴史読本』編集部編　KADOKAWA　2014.9　383p　15cm　（新人物文庫　れ-1-48）〈内容：異色の運命を生きた麗人(楠戸義昭著)　近代日本のパイオニア(森実与子著)　新時代に咲いた才色兼備の佳人(左方郁子著)　瓜生岩子(星倭文子著)　市川久米八(榎その著)　荻野吟子(弦巻淳著)　山下りん(松田十刻著)　ラグーザお玉(平松洋著)　園部秀雄(堂本昭彦著)　野中千代子(大森久雄著)　樋口一葉(柳原白蓮　山本晃一著)　松旭斎天勝(川添裕著)　石川節子(松田十刻著)　吉本せい(高野澄著)　高群逸枝(前坂俊之著)　伊藤野枝(矢野寛治著)　井深八重(西沢教夫著)　金子文子(佐藤信子著)　川島芳子(林えり子著)　「鹿鳴館」に踊った女たち(瀧澤中著)　富岡製糸場を支えた女工たち(水澤龍樹著)　明治を彩った"群像"の妻たち(楠戸義昭著)　政治結社の礎を築いた女性(石瀧豊美著)　近代を生きた76人の女性(高橋紀比古著)〉①978-4-04-601009-4　N281.04　[750円]

日本（女性—歴史—中世）

◇女性芸能の源流—傀儡子・曲舞・白拍子　脇田晴子［著］　KADOKAWA　2014.4　235p　15cm　（［角川ソフィア文庫］［F104-1]）〈文献あり〉①978-4-04-408006-8　N772.1　[800円]

日本（女性—歴史—明治以後—肖像）

◇カメラが撮らえた幕末・明治・大正の美女　津田紀代監修　KADOKAWA　2014.5　159p　21cm　（ビジュアル選書）〈文献あり〉①978-4-04-600261-7　N281　[1600円]

日本（女性—歴史—明治以後—伝記）

◇女のきっぷ—逆境をしなやかに　森まゆみ著　岩波書店　2014.5　197p　20cm　①978-4-00-025978-1　N281.04　[1900円]

◇毒婦伝—高橋お伝、花井お梅、阿部定　朝倉喬司著　中央公論新社　2013.12　388p　16cm　（中公文庫　あ77-1）〈平凡社1999年刊の再刊〉①978-4-12-205880-4　N281.04　[1143円]

日本（女性—歴史—明治時代—伝記）

◇幕末明治動乱「文」の時代の女たち　熊谷充晃著　双葉社　2014.7　207p　19cm　〈文献あり〉①978-4-575-30702-3　N281.04　[1400円]

◇物語明治・大正を生きた女101人　『歴史読本』編集部編　KADOKAWA　2014.9　383p　15cm　（新人物文庫　れ-1-48）〈内容：異色の運命を生きた麗人(楠戸義昭著)　近代日本のパイオニア(森実与子著)　新時代に咲いた才色兼備の佳人(左方郁子著)　瓜生岩子(星倭文子著)　市川久米八(榎その

著)　荻野吟子(弦巻淳著)　山下りん(松田十刻著)　ラグーザお玉(平松洋著)　園部秀雄(堂本昭彦著)　野中千代子(大森久雄著)　樋口一葉(柳原白蓮　山本晃一著)　松旭斎天勝(川添裕著)　石川節子(松田十刻著)　吉本せい(高野澄著)　高群逸枝(前坂俊之著)　伊藤野枝(矢野寛治著)　井深八重(西沢教夫著)　金子文子(佐藤信子著)　川島芳子(林えり子著)　「鹿鳴館」に踊った女たち(瀧澤中著)　富岡製糸場を支えた女工たち(水澤龍樹著)　明治を彩った"群像"の妻たち(楠戸義昭著)　政治結社の礎を築いた女性(石瀧豊美著)　近代を生きた76人の女性(高橋紀比古著)〉①978-4-04-601009-4　N281.04　[750円]

日本（女性医師）

◇シーボルトの娘楠本イネの志を継ぐ—女性医師と女子医学生の夢：第一回西予市おイネ賞事業懸賞作文集　愛媛県西予市編集　ぎょうせい（発売）　2014.2　267p　20cm　〈年譜あり〉①978-4-324-80070-6　N498.14　[1000円]

◇女性医師を中心とした産婦人科医の就労状況についての調査—女性医師の継続的就労に向けて　第2回　［東京］　日医総研　2014.4　84p　30cm　（日本医師会総合政策研究機構ワーキングペーパー　no. 314）　N498.14

日本（女性議員）

◇議会はあなたを待っている—市川房枝政治参画フォーラムでの学びと実践から　市川房枝記念会女性と政治センター出版部編集　市川房枝記念会女性と政治センター出版部　2014.3　220p　21cm　（地方政治ドキュメント　2）①978-4-901045-16-2　N318.4　[1500円]

日本（女性教育—歴史—1868～1945）

◇良妻賢母主義から外れた人々—湘煙・らいてう・漱石　関口すみ子［著］　みすず書房　2014.6　336,2p　20cm　〈索引あり　内容：らしうせよ　集会条例違反とされた演説「男女同権」を主張したのか　女の教育　女の文体　岸田俊子の表象　良妻賢母教育・良妻賢母主義の成立　らいてうの到来　個人的な新開小説　ぶつかり合う夫婦と、過去からの来訪者「新しい妻」と「美しい女」〉①978-4-622-07839-5　N367.21　[4200円]

日本（女性教育—歴史—明治以後）

◇近代日本の女性専門職教育—生涯教育学から見た東京女子医科大学創立者・吉岡彌生　渡邉洋子著　明石書店　2014.11　312p　22cm　〈文献あり　著作目録あり　年譜あり　索引あり〉①978-4-7503-4097-5　N379.46　[5200円]

日本（女性教育—歴史—明治時代）

◇孝子・毒婦・烈女の力—近代日本の女子教育　眞有澄香著　双文社出版　2014.2　190p　21cm　①978-4-88164-624-3　N372.106　[2800円]

◇無意識の男女差別—その深淵に迫る　櫛田眞澄著　相模原現代図書　2014.12　215p　19cm　〈星雲社（発売）〉①978-4-434-19961-5　N372.106　[1800円]

日本（女性教育—歴史—明治時代—伝記）

◇烈女伝—勇気をくれる明治の8人　榊原千鶴著　三弥井書店　2014.5　222p　19cm　①978-4-8382-3263-5　N372.106　[1800円]

日本（女性作家）

◇あの人の台所道具　台所育ち読書会著　アスペクト　2014.2　191p　19cm　〈文献あり　索引あり〉①978-4-7572-2296-0　N596.9　[1400円]

日本（女性作家—歴史—1945～）

◇後期20世紀女性文学論　与那覇恵子著　晶文社　2014.4　258p　20cm　〈内容：女性文学の位相　日本かの子　一九四〇年代女性作家の身体表象　身体をめぐる新たなうねり　変容する女性文学　女の意識と身体性　身体の変容　三枝和子の文学を中心に　大庭みな子の文学を中心に〉①978-4-7949-6843-2　N910.26　[2000円]

日本（女性作家—歴史—大正時代）

◇負けない女の生き方◇217の方法—明治・大正の女作家たち　渡邊澄子著　博文館新社　2014.8　461p　21cm　①978-4-86115-961-9　N910.26　[2800円]

日本（女性作家—歴史—明治以後）

◇樋口一葉と女性作家—志・行動・愛　高良留美子編　翰林書房　2013.12　418p　22cm　①978-4-87737-359-7　N910.26　[3800円]

日本（女性作家—歴史—明治時代）

◇負けない女の生き方◇217の方法—明治・大正の女作家たち　渡邊澄子著　博文館新社　2014.8　461p　21cm　①978-4-86115-961-9　N910.26　[2800円]

日本（女性施設—情報サービス）

◇女性関連施設の情報事業に関する調査報告・事例集　国立女性教育会館編　［嵐山町（埼玉県）］　国立女性教育会館

日本（女性団体—名簿）　　　　　　　　　　　　　　　　　　　　　　　　　　　日本件名図書目録2014　Ⅰ

2014.3　72p　30cm　「女性関連施設に関する調査研究」報告書　平成25年度〉Ⓝ379.46

日本（女性団体—名簿）

◇全国組織女性団体名簿　2014年版　市川房枝記念会女性と政治センター出版部編　市川房枝記念会女性と政治センター出版部　2014.12　139p　21cm〈付・全国の女性関係施設〉Ⓝ367.06　[1500円]

日本（女性福祉）

◇解説婦人福祉委員会から婦人保護委員会へ—全国社会福祉協議会のとり組みに関する資料集　林千代編著　ドメス出版　2014.1　234p　21cm　①978-4-8107-0799-1　Ⓝ369.25　[1500円]

◇性暴力被害者等支援強化のための研修及び広報事業—事業報告書　平成24年度　[福島]　福島県　[2013]　248, 4, 4p　30cm〈共同刊行：内閣府〉Ⓝ369.25

日本（女性問題）

◇茨の道を歩みきて—介護面よりみる女性の地位向上とオランダのワークライフバランス　高峯たけこ著　長野　ほおずき書籍　2013.3　75p　21cm〈星雲社（発売）〉①978-4-434-17716-3　Ⓝ367.21　[1000円]

◇女は後半からがおもしろい　坂東眞理子, 上野千鶴子著　集英社　2014.7　173p　16cm　（集英社文庫 は42-1）〈潮出版社2011年刊に付録対談を加え再編集〉①978-4-08-745213-6　Ⓝ367.21　[480円]

◇家父長制とジェンダー　水田宗子著　城西大学出版会　2014.2　339p　21cm　（水田宗子対談・鼎談・シンポジウム集 1）①978-4-907630-01-0　Ⓝ367.21　[2500円]

◇社会を知る私が変わる未来が変わる　静岡市女性会館編　静岡　静岡市女性会館　2013.12　152p　30cm　（アイセル女性カレッジ修了レポート集 第10期）〈文献あり〉

◇女性たちの貧困—"新たな連鎖"の衝撃　NHK「女性の貧困」取材班著　幻冬舎　2014.12　254p　19cm〈内容：見えない貧困（村石多佳子著）　非正規雇用の現実（村石多佳子, 宮崎亮希著）　「母一人」で生きる困難（丸山健司著）　セーフティーネットとしての「風俗」（村石多佳子著）　妊娠と貧困（宮崎亮希著）　"新たな連鎖"の衝撃（板倉弘政著）　解決への道はどこに（宮崎亮希著）　データが語る若年女性の貧困（戸来久雄著）〉①978-4-344-02681-0　Ⓝ367.21　[1400円]

◇女性と労働　家計経済研究所編　家計経済研究所　2014.10　140p　30cm　（消費生活に関するパネル調査 第21回調査）〈文献あり　内容：第21回「消費生活に関するパネル調査」の分析　女性と労働の現在（久木元真吾著）　産業構造の変化が勤労に与える影響（水谷徳子著）　女性の会社や仕事の状況と賃金に与える影響（戸田淳仁著）　夫の家事・育児と妻の夫婦関係評価（田中慶子著）　パネル調査からの対象の脱落について（坂口尚文著）〉Ⓝ367.21

◇女性にやさしい日本になれたのか—終わらない「アグネス子育て論争」　アグネス・チャン著　潮出版社　2014.9　158p　19cm　①978-4-267-01989-0　Ⓝ367.21　[1300円]

◇女性白書　2014　アベノミクスで女性は活躍できるのか　日本婦人団体連合会/編　ほるぷ出版　2014.8　302p　21cm　①978-4-593-58039-2　[3200円]

◇政治とジェンダーのあいだ　三宅義子著　ドメス出版　2014.6　241p　19cm〈索引あり　内容：家族の位置　アメリカ女性学の現段階　日本資本主義と女性労働　明治期労働運動における男性労働者像の構築　日本における非正規雇用と女性　歴史家ミリアム・シルバーバーグ　女工哀史論の新地平　田島民『宮中養蚕日記』が語りかけるもの　福沢諭吉の家庭論を考える　岩国基地問題へのアプローチ　憲法を活かすことは世代を超えたプロジェクトである　澤地久枝『密約—外務省機密漏洩事件』再読　三・一一原発震災のなかで高木仁三郎を読む　核エネルギーは人の手に負えない　女性史からみた自衛官合祀拒否訴訟〉①978-4-8107-0808-0　Ⓝ367.21　[3000円]

◇姓と性—近代文学における名前とジェンダー　高田知波著　翰林書房　2013.9　358p　22cm〈索引あり〉①978-4-87737-355-9　Ⓝ910.26　[3800円]

◇男女共同参画の視点に立った外国人女性の困難等への支援のための参考資料—男女共同参画の視点に立った外国人女性の困難等への支援に関する調査研究　国立女性教育会館編　[嵐山町（埼玉県）]　国立女性教育会館　2014.3　85p　21cm　Ⓝ367.21

◇日本の女性がグローバル社会で戦う方法　谷本真由美著　大和書房　2014.4　206p　19cm　①978-4-479-79437-0　Ⓝ367.21　[1400円]

◇犯罪報道におけるジェンダー問題に関する研究—ジェンダーとメディアの視点から　四方由美著　学文社　2014.10　281p

22cm〈文献あり　索引あり〉①978-4-7620-2481-8　Ⓝ070.15　[5500円]

日本（女性問題—会議録）

◇女性力の向上・活用と「男性学」報告書—シンポジウム　青山学院大学社会連携機構国際交流共同研究センター　2014.2　116p　30cm〈文献あり　会期・会場：2014年1月11日　青山学院大学総研ビル12階大会議室　内容：男性にとってのジェンダー平等（伊藤公雄述）　日本における性別役割分業（石井クンツ昌子述）　性別役割分業意識は、変えられるか？（牧野カツコ述）　日本のワーク・ライフ・バランス（林葉子述）　アニメ・マンガにみる家族表象とジェンダー問題（須川亜紀子述）　韓国と日本における家庭内での父親の役割（キム・チャンボ述）　ジェンダーの役割と男女経済格差の日韓比較（鄭暎惠述）　The male perspective of sexual violence（Lee, Mi-kyoung述）〉Ⓝ367.21　[非売品]

日本（女性問題—伝記）

◇何を怖れる—フェミニズムを生きた女たち　松井久子編　岩波書店　2014.10　190,3p　19cm〈年表あり　内容：「とり乱し」の思想（田中美津述）　女性/障害者の排除に抗して（米津知子述）　シングル・マザー、困難にめげず（滝田典子述）　女たちとの出会いから（上野千鶴子述）　女性学を育てて（井上輝子述）　女の未来を切り開く（樋口恵子述）　「銃後の女性」の戦争責任を問う（加納実紀代述）　「慰安婦」問題が人生を変えた（池田恵理子述）　沖縄で基地と暴力を問う（高里鈴代述）　主婦という「呪縛」を超えて（田中喜美子述）　女の情報を届けるために（中西豊子述）　いま、ここから、のフェミニズム（桜井陽子述）〉①978-4-00-024171-7　Ⓝ367.21　[1400円]

日本（女性問題—歴史）

◇新体系日本史　9　ジェンダー史　大口勇次郎, 成田龍一, 服藤早苗編　山川出版社　2014.7　441,19p　22cm〈文献あり　索引あり　内容：原始社会とジェンダー（西野悠紀子著）　律令制国家とジェンダー（西野悠紀子著）　「家」の成立とジェンダー（服藤早苗著）　「家」社会の確立とジェンダー（高橋秀樹著）　近世のジェンダー（大口勇次郎著）　武家のジェンダー（柳谷慶子著）　近世庶民のジェンダー（中野節子著）　幕末のジェンダー（大口勇次郎著）　国民化とジェンダー（長志珠絵著）　総力戦とジェンダー（成田龍一著）　消費社会とジェンダー（吉澤夏子著）〉①978-4-634-53090-4　Ⓝ210.08　[4500円]

◇歴史における周縁と共生—女性・穢れ・衛生　鈴木則子編　京都　思文閣出版　2014.3　359,3p　22cm〈内容：善光寺と女人無業観（平雅行著）　富士講・不二道の女性不浄観批判（宮崎ふみ子著）　奈良の伝統的祭礼と女性（武藤康弘著）　古代浴衣復元のための覚え書き（武田佐知子著）　女性と穢れ（加藤美恵子著）　宗教都市におけるケガレの操作（清浄）概念の共有（濱千代早由美著）　近世における北野社門前の社会構造（三枝暁子著）　中国医学における感染症認識（白杉悦雄著）　江戸時代の結核（鈴木則子著）　衛生思想の中の女性（瀧澤利行著）　眼の感染症にみられる女性観（尾鍋智子著）　規範としての「自然」（梶谷真司著）　不妊の原因としての淋病（林葉子著）　『青鞜』への道（池川玲子著）〉①978-4-7842-1714-4　Ⓝ384.6　[6800円]

日本（女性問題—歴史—1945〜）

◇セクシュアリティの戦後史　小山静子, 赤枝香奈子, 今田絵里香編　京都　京都大学学術出版会　2014.7　348p　22cm　（変容する親密圏/公共圏 8）〈索引あり　内容：純潔教育の登場（小山静子著）　純潔教育委員会の起源と展開（森藤光著）　異性愛文化としての少女雑誌文化の誕生（今田絵里香著）　雑誌『平凡』に描かれた純潔（中山良子著）　「感じさせられる女」と「感じさせる男」（田中亜以子著）　戦後日本における「レズビアン」カテゴリーの定着（赤枝香奈子著）　パンパン, レズビアン, 女の共同体（菅野優香著）　戦後日本における「ホモ人口」の成立と「ホモ」の脅威化（石田仁著）　1970年代における男性同性愛者と異性婚（前川直哉著）　Kissのある日常（日高利泰著）　1970〜1990年代の『セブンティーン』にみる女子中高生の性愛表象の変容（桑原桃音著）　楽しむものとしての"性"はいかにしてもたらされたか（トジラカーン・マシマ著）　マンガにおける農村の「性」とジェンダー（一宮茉佐子著）　女性ジャンルに表れる'恋愛'と韓国女性（朴珍姫著）〉①978-4-87698-392-6　Ⓝ367.9　[4000円]

日本（女性問題—歴史—1945〜1952）

◇日本占領とジェンダー—米軍・売買春と日本女性たち　平井和子著　有志舎　2014.8　250p　22cm　（フロンティア現代史）〈索引あり　内容：日本占領から「軍隊と性」を考える　RAAの設置と募集方法　地方における特殊慰安施設　RAAと「赤線」の共生関係　米軍の性政策の変遷　占領軍（PHW・第8章）の性病コントロールと地方行政の「協力」　英連邦占領軍の性政策　公娼廃止と米軍の買春政策　日本人牧師の抗議の手紙　連合軍の演習場の接収, 使用による御殿場周辺の変化　基地周辺の「パンパン」たち　米軍主導下, 行政・業者・警察

連携による性病コントロール 米軍のオフリミッツ策をめ
ぐって 地域社会は基地売買春とどう向き合ったか？ 占領
と売春防止法 売春取締地方条例 「婦人保護台帳」にみる売
春女性たちの姿 女性たちの出会い直しのために〉 ⑧978-4-
903426-87-7 Ⓝ367.21 ［4800円］

◇パンパンとは誰なのか──キャッチという占領期の性暴力とGI
との親密性 茶園敏美著 インパクト出版会 2014.9 298p
21cm〈文献あり〉 ⑧978-4-7554-0248-7 Ⓝ367.21 ［2800
円］

日本（女性問題─歴史─明治以後）

◇市川房枝と「大東亜戦争」──フェミニストは戦争をどう生きた
か 進藤久美子著 法政大学出版局 2014.2 668p 22cm
〈文献あり 索引あり〉 ⑧978-4-588-32704-9 Ⓝ367.21
［9500円］

◇近代日本の国民統合とジェンダー 加藤千香子著 日本経済
評論社 2014.6 232p 20cm〈文献あり 索引あり〉 内容：
「帝国」日本の女性像 性差の科学と良妻賢母主義 「青年」
の主体的構築 国民統合と家族イデオロギー 「女工」観とそ
の再編 労働政策とジェンダー〉 ⑧978-4-8188-2297-9
Ⓝ367.21 ［2400円］

日本（女性労働）

◇企業力を高める─女性の活躍推進と働き方改革 経団連出版編
経団連出版 2014.5 219p 21cm〈内容：女性活用の効果
（阿部正浩著） 日本経済再生に女性の潜在力を活かす（稲沢裕
子著） 人事・経営戦略としてのワークライフバランス（山本
勲著） ダイバーシティ・マネジメントは流行か、経営ニーズ
か（大高美樹著） コーポレート・ガバナンスと女性の活躍（川
口章、西谷公孝著） 女性の活躍推進が企業力を高める（植田寿
乃著） ダイバーシティ・マネジメントとリテンション（山本
寛著） 企業における女性活用の変遷と今後の課題（松浦民恵
著） 女性が活躍する組織の新常識（麓幸子著） 企業のパ
フォーマンスと女性活用との関係（山口一男著） 女性の成長
意欲を引き出し自律的社員に育てる（大内章子著） 女性リー
ダーの育成とその環境づくり（浅海典子著） 「社員の多様化を
活かす」人事管理（今野浩一郎著） 社員のワークライフバラ
ンス実現のための管理職の役割（松原光代著） ダイバーシ
ティ推進と働き方改革（武石恵美子著） 女性が活躍する中小
企業の特徴と取り組み（松井雄史著） 就業継続から能力発揮
へ（矢島洋子著）〉 ⑧978-4-8185-1401-0 Ⓝ336.4 ［1800円］

◇高学歴女子の貧困─女子は学歴で「幸せ」になれるか？ 大
理奈穂子、栗田隆子、大野左紀子、水月昭道著、水月昭道監修
光文社 2014.2 187p 18cm（光文社新書 681）〈内容：
どうして女性は高学歴でも貧困なのか（大理奈穂子、栗田隆子、
水月昭道著） なぜ、女性の貧困は男性よりも深刻化しやすい
のか？（大理奈穂子著） 女子の高学歴化は、彼女たちと社会
に何をもたらしたのか？（水月昭道著） 女は女というだけで
貧乏になるのだ（栗田隆子著） 「アート系高学歴女子」のなれ
の果てとして、半生を顧みる（大野左紀子著）〉 ⑧978-4-334-
03784-0 Ⓝ366.38 ［740円］

◇子育てと仕事の社会学─女性の働きかたは変わったか 西村
純子著 弘文堂 2014.8 167p 19cm（現代社会学ライブ
ラリー 15）〈文献あり〉 ⑧978-4-335-50137-1 Ⓝ366.38
［1300円］

◇雇用均等基本調査結果報告書 平成25年度 厚生労働省雇用
均等・児童家庭局雇用均等政策課 2014.11 152p 30cm
（雇用均等・児童家庭局調査資料 no. 1）Ⓝ366.38

◇産業別労働組合女性調査資料集成 第1期1 大森眞紀、労働調
査協議会編 日本図書センター 2014.6 1冊 27cm〈年譜
あり 「婦人労働者の意識と実態」（労働調査協議会 1982年
刊）の複製 「鉄鋼産業における婦人労働者の実態調査結果報
告書」（日本鉄鋼産業労働組合連合会 1982年刊）の複製ほか
第1期のタイトル関連情報：電機労連・全逓・全電通ほか 解
説：大森眞紀ほか 布装〉 ⑧978-4-284-40220-0,978-4-284-
40219-4 (set) Ⓝ366.38

◇産業別労働組合女性調査資料集成 第1期2 大森眞紀、労働調
査協議会編 日本図書センター 2014.6 86,367p 27cm
〈「婦人労働者に関する調査」結果」（全日本電機機器労働組合
連合会 1975年刊）の複製 「電機労連婦人組合員の意識」（全
日本電機機器労働組合連合会調査部 1980年刊）の複製 第1期
のタイトル関連情報：電機労連・全逓・全電通ほか 解説：大
森眞紀ほか 布装〉 ⑧978-4-284-40221-7,978-4-284-40219-4
(set) Ⓝ366.38

◇産業別労働組合女性調査資料集成 第1期3 大森眞紀、労働調
査協議会編 日本図書センター 2014.6 115,73,73p 27cm
〈「電機産業における婦人労働の実態と職業意識」（全日本電機
機器労働組合連合会調査部 1982年刊）の複製 「男女雇用機

会均等法の施行と労基法改訂にともなう対応状況調査報告」
（全日本電機機器労働組合連合会 1987年刊）の複製ほか 第1
期のタイトル関連情報：電機労連・全逓・全電通ほか 解説：
大森眞紀ほか 布装〉 ⑧978-4-284-40222-4,978-4-284-40219-4
(set) Ⓝ366.38

◇産業別労働組合女性調査資料集成 第1期4 大森眞紀、労働調
査協議会編 日本図書センター 2014.6 263,71,106p 27cm
〈「婦人組合員アンケート調査」結果報告」（全日本電機機器労
働組合連合会政策調査部 1985年刊）の複製 「電機・婦人組
合員の生活と意見」（電機労連・婦人対策部 1985年刊）の複製
ほか 第1期のタイトル関連情報：電機労連・全逓・全電通ほ
か 解説：大森眞紀ほか 布装〉 ⑧978-4-284-40223-1,978-4-
284-40219-4 (set) Ⓝ366.38

◇産業別労働組合女性調査資料集成 第1期5 大森眞紀、労働調
査協議会編 日本図書センター 2014.6 1冊 27cm〈婦人
労働者の妊娠・出産状況調査報告書」（全逓信労働組合婦人部
労働調査協議会 1977年刊）の複製 「第2回全逓婦人組合員意
識実態調査報告書」（全逓信労働組合婦人部労働調査協議会
1982年刊）の複製ほか 第1期のタイトル関連情報：電機労
連・全逓・全電通ほか 解説：大森眞紀ほか 布装〉 ⑧978-4-
284-40224-8,978-4-284-40219-4 (set) Ⓝ366.38

◇産業別労働組合女性調査資料集成 第1期6 大森眞紀、労働調
査協議会編 日本図書センター 2014.6 117,143p 27cm
〈「婦人の意識実態調査」（全国電気通信労働組合 1981年刊）の
複製 「全電通婦人労働者の意識構造」（全国電気通信労働組
合 1976年刊）の複製 第1期のタイトル関連情報：電機労連・
全逓・全電通ほか 解説：大森眞紀ほか 布装〉 ⑧978-4-284-
40225-5,978-4-284-40219-4 (set) Ⓝ366.38

◇産業別労働組合女性調査資料集成 第1期7 大森眞紀、労働調
査協議会編 日本図書センター 2014.6 84,39,184p 27cm
〈「保育所・老人ホーム実態調査報告書」（全国電気通信労働組合
1982年刊）の複製 「要介護老人の実態と老人福祉の現状」（全
国電気通信労働組合 1985年刊）の複製ほか 第1期のタイトル
関連情報：電機労連・全逓・全電通ほか 解説：大森眞紀ほか
布装〉 ⑧978-4-284-40226-2,978-4-284-40219-4 (set) Ⓝ366.38

◇実践女子大学人間社会学部2012年度社会調査実習（社会調査実
習Ⅰ，Ⅱ）調査報告書 日野 実践女子大学人間社会学部
2013.3 246p 30cm Ⓝ361.91

◇主婦40歳、復職めざしてます 現代洋子著 KADOKAWA
2014.3 139p 21cm（メディアファクトリーのコミック
エッセイ）⑧978-4-04-066365-4 Ⓝ366.38

◇女性雇用の現状と政策課題─第11回北東アジア労働フォーラ
ム報告書 労働政策研究・研修機構編 労働政策研究・研修機
構 2014.2 112p 30cm（JILPT海外労働情報 14-2）〈文
献あり〉 Ⓝ366.38

◇女性と労働 家計経済研究所編 家計経済研究所 2014.10
140p 30cm（消費生活に関するパネル調査 第21回調査）
〈文献あり〉 内容：第21回「消費生活に関するパネル調査」の
分析 女性と労働の現状（久木元真吾著） 産業構造の変化が動
労に与える影響（水谷徳子著） 女性の会社や仕事の状況と賃
金に与える影響（戸田淳仁著） 夫の家事・育児と妻の夫婦関
係評価（田中慶子著） パネル調査からの対象の脱落について
（坂口尚文著）〉 Ⓝ367.21

◇女性リーダーを組織で育てるしくみ─先進企業に学ぶ継続就
業・能力発揮の有効策 牛尾奈緒美、志村光太郎著 中央経済
社 2014.9 231p 21cm〈索引あり〉 ⑧978-4-502-10881-5
Ⓝ336.4 ［2400円］

◇政治とジェンダーのあいだ 三宅義子著 ドメス出版 2014.6
241p 19cm〈索引あり〉 内容：家族の位置 アメリカ女性学
の現段階 日本資本主義と女性労働 明治期労働運動における
男性労働者像の構築 日本における非正規雇用と女性 歴
史家ミリアム・シルバーバーグ 女工哀史論の新地平 田島
民『宮中養蚕日記』が語りかけるもの 福沢諭吉の家庭論を考
える 岩国基地問題へのアプローチ 憲法を活かすことは世
代を超えたプロジェクトである 澤地久枝『密約─外務省機
密漏洩事件』再読 三・一一原発震災のなかで高木仁三郎を読
む 核エネルギーは人の手に負えない 女性史からみた自衛
官合祀拒否訴訟〉 ⑧978-4-8107-0808-0 Ⓝ367.21 ［3000円］

◇どんなムチャぶりにも、いつも笑顔で?!─日雇い派遣のケータ
イ販売イベントコンパニオンという労働 田中慶子著 京都
松籟社 2014.9 261p 19cm〈文献あり〉 ⑧978-4-87984-
329-6 Ⓝ366.38 ［2000円］

◇なぜ、女性が活躍する組織は強いのか？─先進19社に学ぶ女
性の力を引き出す「仕組み」と「習慣」 麓幸子、日経BPヒッ
ト総合研究所編 ［東京］ 日経BP社 2014.6 295p 19cm
〈日経BPマーケティング（発売）〉 ⑧978-4-8222-7389-7
Ⓝ336.4 ［1850円］

◇日本女性差別事件資料集成 10 第1巻 日本シェーリング事
件 すいれん舎 2014.2 406p 27cm〈タイトル関連情報：

日本（女性労働―法令）　　　　　　　　　　　　　　　　　　　　　　　　　　日本件名図書目録2014　Ⅰ

母性保護事件資料Ⅱ〉①978-4-86369-302-9,978-4-86369-301-2
(set)　Ⓝ367.21
◇日本女性差別事件資料集成　10 第2巻　日本シェーリング事
件　すいれん舎　2014.2　293p　27cm〈タイトル関連情報：
母性保護事件資料Ⅱ〉①978-4-86369-303-6,978-4-86369-301-2
(set)　Ⓝ367.21
◇日本女性差別事件資料集成　10 第3巻　日本シェーリング事
件　すいれん舎　2014.2　379p　27cm〈タイトル関連情報：
母性保護事件資料Ⅱ〉①978-4-86369-304-3,978-4-86369-301-2
(set)　Ⓝ367.21
◇日本女性差別事件資料集成　10 第4巻　日本シェーリング事
件他　すいれん舎　2014.2　470p　27cm〈年表あり　タイト
ル関連情報：母性保護事件資料Ⅱ〉①978-4-86369-305-0,978-
4-86369-301-2 (set)　Ⓝ367.21
◇日本女性差別事件資料集成　10 第5巻　東朋学園事件　すい
れん舎　2014.2　523p　27cm〈タイトル関連情報：母性保護
事件資料Ⅱ〉①978-4-86369-306-7,978-4-86369-301-2 (set)
Ⓝ367.21
◇日本女性差別事件資料集成　10 第6巻　東朋学園事件　すい
れん舎　2014.2　604p　27cm〈タイトル関連情報：母性保護
事件資料Ⅱ〉①978-4-86369-307-4,978-4-86369-301-2 (set)
Ⓝ367.21
◇日本女性差別事件資料集成　10 第7巻　東朋学園事件　すい
れん舎　2014.2　407p　27cm〈タイトル関連情報：母性保護
事件資料Ⅱ〉①978-4-86369-308-1,978-4-86369-301-2 (set)
Ⓝ367.21
◇日本女性差別事件資料集成　10 第8巻　コナミデジタルエン
タテインメント事件　すいれん舎　2014.2　396p　27cm〈タ
イトル関連情報：母性保護事件資料Ⅱ〉①978-4-86369-309-8,
978-4-86369-301-2 (set)　Ⓝ367.21
◇日本女性差別事件資料集成　10 第9巻　コナミデジタルエン
タテインメント事件　すいれん舎　2014.2　377p　27cm〈タ
イトル関連情報：母性保護事件資料Ⅱ〉①978-4-86369-310-4,
978-4-86369-301-2 (set)　Ⓝ367.21
◇日本女性差別事件資料集成　10 別冊　解題・資料　すいれん
舎　2014.2　65p　26cm〈タイトル関連情報：母性保護事件資
料Ⅱ〉①978-4-86369-311-1,978-4-86369-301-2 (set)　Ⓝ367.21
◇人間らしい働き方とジェンダー平等の実現へ―労働組合の役
割ととりくみ　労働総研女性労働研究部会編　本の泉社
2014.9　63p　21cm（労働総研ブックレット No.10）①978-
4-7807-1178-3　Ⓝ366.38　[550円]
◇母子世帯のワーク・ライフと経済的自立　周燕飛著　労働政
策研究・研修機構　2014.6　195p　22cm（労働政策研究・
研修機構研究双書）〈文献あり　索引あり〉①978-4-538-
61010-8　Ⓝ366.38　[1800円]

日本（女性労働―法令）
◇働く女性と労働法　2014年版　東京都産業労働局雇用就業部
労働環境課編　[東京]　東京都産業労働局　2014.6　237p
21cm　Ⓝ366.38
◇働く女性と労働法　2014年版　東京都産業労働局雇用就業部労
働環境課編　東京都生活文化局広報広聴部都民の声課　2014.
6　237p　21cm①978-4-86569-008-8　Ⓝ366.38　[140円]

日本（女性労働―世論）
◇女性の活躍推進に関する世論調査　平成26年8月調査　[東京]
内閣府大臣官房政府広報室　[2014]　271p　30cm　（世論調
査報告書）Ⓝ366.38

日本（女性労働―歴史―昭和後期）
◇高度経済成長期における家事労働者形成過程の再検討―家政
学的知と実践の社会学的研究に向けて　増田仁著　風間書房
2014.3　175p　22cm〈文献あり〉①978-4-7599-2040-6
Ⓝ590.21　[5500円]

日本（女性労働―歴史―平成時代）
◇世紀転換期の女性労働―1990年代～2000年代　大森真紀著
京都　法律文化社　2014.3　246p　22cm〈索引あり　内容：
社会政策研究と女性労働　バブル経済と女性の「活用」　女性
雇用労働をめぐる政策動向　大卒女性にとっての総合職
パートタイマー問題の点検　女性ホワイトカラーの研究　雇
用管理の変化のなかの女性　労働分野における「規制緩和」政
策への疑問　ワークシェアリング議論の錯綜　「就業形態の
多様化」が意味するもの　M字型就労の継続　大規模小売業に
おける労働基準と公益　高齢社会と就労　遅れる介護休業制
度の拡充　「日本的雇用システム」論のなかの女性　高度経済
成長期の「婦人労働」研究〉①978-4-589-03577-6　Ⓝ366.38
[3900円]

日本（女性労働者）
◇あなたが変わる！「医療事務・介護の仕事」　島内晴美著　ダ
イヤモンド社　2014.12　205p　19cm〈文献あり〉①978-4-
478-02853-7　Ⓝ498.163　[1400円]
◇会社の未来は女性が拓く！　植田寿乃著　日本経済新聞出版
社　2014.11　222p　19cm①978-4-532-31962-5　Ⓝ336.4
[1600円]
◇交通情報の女たち　室井昌也著　論創社　2014.11　273p
19cm①978-4-8460-1385-1　Ⓝ685　[1500円]
◇35歳からの女性が活きる仕事術―自分のキャリアは自分で創
る　働くオトナ女子応援プロジェクト著　文芸社　2014.5
179p　19cm①978-4-286-15404-6　Ⓝ366.38　[1200円]
◇しごととわたし　梶山ひろみ著　イースト・プレス　2014.11
265p　19cm〈内容：雑誌『ecocolo』編集長　石田エリ（石田
エリ述）　コピーライター　尾形真理子（尾形真理子述）　日傘
作家　ひがしちか（ひがしちか述）　「山陽堂書店」店主　萬納
幸江（萬納幸江述）　俳優　渡辺真起子（渡辺真起子述）　渡辺
真起子さん×母・美恵子さん（渡辺真起子,渡辺美恵子述）
ギャラリー「ROCKET」企画　井上恵（井上恵述）　コーディ
ネーター　大塚博美（大塚博美述）　バレリーナ　生方さくら
（生方さくら述）　スタイリスト　井口さおり（井口さおり述）
作家　よしもとばなな（よしもとばなな述）　「CAFE
&　CATERING　TORi」オーナー　岡本雅恵&鷲巣麻紀子
（岡本雅恵,鷲巣麻紀子述）　岡本雅恵さん×鷲巣麻紀子さん
（岡本雅恵,鷲巣麻紀子述）〉①978-4-7816-1244-7　Ⓝ366.38
[1600円]
◇The Japan Times for women―世界を見つめる女性の生き方
vol. 4　ジャパンタイムズ　2014.2　100p　28cm①978-4-
7890-8010-1　Ⓝ366.38　[933円]
◇The Japan Times for women―世界を見つめる女性の生き方
vol. 5　ジャパンタイムズ　2014.9　100p　28cm①978-4-
7890-8012-5　Ⓝ366.38　[980円]
◇女性が活躍する会社　大久保幸夫,石原直子著　日本経済新聞
出版社　2014.10　183p　18cm　（日経文庫 1322）〈文献あ
り〉①978-4-532-11322-3　Ⓝ336.4　[830円]
◇女性活躍推進―12社のキーパーソンが語るインタビュー集：
人事担当者必携　植田寿乃監修,産労総合研究所編　産労総
合研究所出版部経営書院　2014.3　175p　21cm〈内容：カル
ビー（松本晃,後藤綾子,中野衣恵述）　オール・デサント労働組
合（菅原昌也,篠原梨沙,渡邊薫述）　富国生命保険相互会社
（米山好映,昌宅由美子,女性管理職勉強会「JEWEL・STAR」
のメンバー述）　全日本空輸（伊東信一郎,槇田あずみ,柿沼郁
子述）　新日鉄住金エンジニアリング〈旧・新日鉄エンジニア
リング〉（高橋誠,増田梓,飛塚美紀述）　カシオ計算機（持永信
之,飯野彩子,寺島恵美子ほか述）　東日本旅客鉄道（冨田哲郎,
松澤一美,柴田晴美述）　QUICK（鎌田真一,伊藤朋子,末本栄
美子述）　ミニストップ（飯久保明,木下朋子,中井智律子述）
常口アトム（佐藤裕美,大岡奈津子,松崎茜述）　キヤノン（大
野和人,福井啓貴,鈴木麻子述）　パナソニックエイジフリー
ショップス（斎藤隆輔,小松多恵子述）　未来を創る女性活躍推
進（植田寿乃述）〉①978-4-86326-169-3　Ⓝ336.4　[1600円]
◇女性研究者共助支援事業本部活動報告書―奈良女子大学におけ
る男女共同参画推進を目指して　平成25年度　[奈良]　奈
良女子大学男女共同参画推進機構女性研究者共助支援事業本
部　2014.3　141p　30cm〈編集責任者：春本晃江〉Ⓝ377.21
◇「女性研究者研究活動支援事業」事業報告書（平成23年度―平
成25年度）―文部科学省科学技術人材育成費補助事業　[鹿児
島]　鹿児島大学男女共同参画推進センター　2014.3　103p
30cm　Ⓝ407
◇女性研究者とワークライフバランス―キャリアを積むこと,家
族を持つこと　仲真紀子,久保（川合）南海子編　新曜社
2014.9　127p　21cm〈内容：ある女性研究者のワークとライ
フ（久保南海子著）　遠距離結婚生活の中での育児と研究生活
（内田由紀子著）　主夫に支えられて（和田由美子著）　男性
〈夫〉が育休を取った後の経済的デメリット（郷式徹著）　病
児保育といろいろな働き方（久保南海子著）　今になって思う
研究者のワークとライフ（仲真紀子著）〉①978-4-7885-1406-5
Ⓝ377.13　[1600円]
◇女性人材の活躍―女性コア人材の育成の現状と課題　2014
第5回コア人材としての女性社員育成に関する調査結果　日本
生産性本部ダイバーシティ推進センター編　日本生産性本部
生産性労働情報センター　2014.9　224p　26cm〈奥付の出版
者表示：日本生産性本部生産性教育センター〉①978-4-88372-
481-9　Ⓝ366.38　[2000円]
◇戦う女子！制服図鑑―やわらかな体を守る最強のプロ仕様：
オールカラー保存版　坂本明著,渡部直子イラスト　祥伝社
2013.11　95p　21cm〈文献あり〉①978-4-396-46042-6
Ⓝ589.217　[1000円]

日本件名図書目録2014　I
日本（所得税）

◇定年が見えてきた女性たちへ—自由に生きる「リ・スタート力」のヒント　野村浩子著　WAVE出版　2014.5　190p　19cm　①978-4-87290-651-6　Ⓝ366.38　[1400円]

◇『伝統と改革が創る次世代女性研究者養成拠点』事業実施報告書　奈良女子大学男女共同参画推進機構女性研究者養成システム改革推進本部編　[奈良]　奈良女子大学男女共同参画推進機構女性研究者養成システム改革推進本部　2014.3　80p　30cm　〈文献あり　平成25年度文部科学省科学技術人材育成費補助金女性研究者養成システム改革加速事業〉Ⓝ407

◇東京学芸大学男女同参画白書　2014年版　女性研究者研究活動支援事業報告書　東京学芸大学男女同参画推進本部編　[小金井]　東京学芸大学　2014.3　208p　30cm　〈文献あり〉Ⓝ377.21

◇土木女子！　清文社編集部編　清文社　2014.9　127p　21cm　〈文献あり〉①978-4-433-41114-5　Ⓝ510.921　[1400円]

◇名古屋市立大学男女共同参画報告書　平成24年度　[名古屋]　名古屋市立大学男女共同参画室・女性研究者支援室　2013.4　81p　30cm　Ⓝ377.21

◇なぜか愛される女性経営者31人の夢をかなえた魔法の言葉　ギャップ・ジャパン　2014.2　159p　21cm　①978-4-907237-50-9　Ⓝ335.13　[1000円]

◇なぜか愛される女性経営者27人の夢をかなえた魔法の言葉　2　ギャップ・ジャパン　2014.7　159p　21cm　〈索引あり　1は「なぜか愛される女性経営者31人の夢をかなえた魔法の言葉」が該当〉①978-4-907237-79-0　Ⓝ335.13　[1000円]

◇日経woman女性が活躍する会社best 100—2014報告書: 女性管理職・経営人材育成の戦略と施策　日経BPヒット総合研究所編　日経BP社　2014.7　1冊　30cm　Ⓝ366.38　[50000円]

◇日本の女性がグローバル社会で戦う方法　谷本真由美著　大和書房　2014.4　206p　19cm　①978-4-479-79437-0　Ⓝ367.21　[1400円]

◇山形ワークライフバランス・イノベーション—平成25年度報告書・シンポジウム報告書: これからの社会をつくる女性のリーダーを育てるために　山形　山形大学男女共同参画推進室　2014.3　62p　30cm　Ⓝ377.13

◇ラ・プルミエール・デビュタント—愛と美に包まれたデビュタント・ストーリー　田中みどり監修　R.S.V.P　2014.10　94p　29cm　〈丸善出版（発売）〉①978-4-904072-25-7　Ⓝ366.38　[1200円]

日本（女性労働者—雇用）
◇『全員参加型社会』の実現に向けた技能者の確保と育成に関する調査　労働政策研究・研修機構編　労働政策研究・研修機構　2014.5　252p　30cm　（JILPT調査シリーズ no. 120）Ⓝ509.21

日本（女性労働者—歴史—昭和前期）
◇OL誕生物語—タイピストたちの憂愁　原克著　講談社　2014.2　332p　20cm　①978-4-06-218790-9　Ⓝ366.38　[1900円]

日本（女性労働者—歴史—大正時代）
◇OL誕生物語—タイピストたちの憂愁　原克著　講談社　2014.2　332p　20cm　①978-4-06-218790-9　Ⓝ366.38　[1900円]

日本（書籍商）
◇紙の本は、滅びない　福嶋聡著　ポプラ社　2014.1　256p　18cm　（ポプラ新書 018）〈文献あり〉①978-4-591-13742-0　Ⓝ023.1　[780円]

◇頑張る書店、新たな挑戦—注目の書店事例集: 文化通信ブックビジネス〈bBB〉特別縮刷版: 2011年5月2日号〜2014年9月1日号bBB紙面にみる書店事例　文化通信編集部編　文化通信社　2014.10　60p　30cm　〈索引あり〉①978-4-938347-32-1　Ⓝ024.1　[1000円]

◇書店男子—写真集　リブレ出版　2013.9　127p　21cm　①978-4-7997-1375-4　Ⓝ024.1　[1500円]

◇書店と読書環境の未来図—本の学校・出版産業シンポジウム2014への提言(2013記録集)　本の学校編　市川　出版メディアパル　2014.7　213p　21cm　①978-4-902251-54-8　Ⓝ024.1　[2400円]

◇書店不屈宣言—わたしたちはへこたれない　田口久美子著　筑摩書房　2014.7　239p　19cm　①978-4-480-81840-9　Ⓝ024.1　[1500円]

◇「本が売れない」というけれど　永江朗著　ポプラ社　2014.11　236p　18cm　（ポプラ新書 046）①978-4-591-14223-3　Ⓝ024.1　[780円]

◇本屋図鑑　本屋図鑑編集部文　武蔵野　夏葉社　2013.7　237p　19cm　〈文献あり〉絵: 得地直美〉①978-4-904816-09-7　Ⓝ024.1　[1700円]

◇漫画・うんちく書店　室井まさね著, メディアファクトリー新書編集部監修　メディアファクトリー　2013.8　187p　18cm　（メディアファクトリー新書 084）〈文献あり　表紙のタイトル: うんちく書店漫画〉①978-4-8401-5295-2　Ⓝ024.1　[840円]

◇善き書店員　木村俊介著　ミシマ社　2013.11　343p　19cm　①978-4-903908-46-5　Ⓝ024.1　[1800円]

日本（除染（放射性物質））
◇除染等業務の作業指揮者テキスト　中央労働災害防止協会編　第3版　中央労働災害防止協会　2014.3　326p　26cm　〈文献あり〉①978-4-8059-1534-9　Ⓝ539.68　[2000円]

日本（除染（放射性物質）—特許）
◇特許情報分析（パテントマップ）から見た放射性物質除染・除去技術に関する技術開発実態分析調査報告書　インパテック株式会社編　パテントテック社　2013.5　219p　30cm　〈タイトルは標題紙による〉①978-4-86483-219-9　Ⓝ519.21　[55650円]

日本（食器—図集）
◇食具の小さなミュウジアム　島﨑とみ子文・料理, 食具の小さなミュウジアム運営委員会編　香川栄養学園　2014.3　72p　26cm　〈学校法人香川栄養学園創立80周年記念〉Ⓝ751.1

日本（ショッピングセンター）
◇商業施設・SCの「競合店対策」リニューアルプランニング資料集　綜合ユニコム　2013.3　102p　30cm　①978-4-88150-572-4　Ⓝ673.8　[60000円]

◇商業施設・SCのサービス系テナント導入実態データ総集　綜合ユニコム　2013.7　149p　30cm　①978-4-88150-581-6　Ⓝ673.8　[60000円]

◇商業施設・SCの実践的出店契約書式と交渉実務マニュアル　綜合ユニコム　2014.4　107p　30cm　①978-4-88150-596-0　Ⓝ673.8　[52000円]

◇商業施設・SCのテナント賃料設定計算手法マニュアル　新版　綜合ユニコム　2013.10　102p　30cm　①978-4-88150-585-4　Ⓝ673.8　[62000円]

日本（初等教育）
◇学力の規定要因分析最終報告書　[東京]　国立教育政策研究所　2014.3　198p　30cm　（プロジェクト研究調査研究報告書 平成24-25年度）〈文献あり　研究代表者: 松繁寿和〉Ⓝ375.17

◇新初等教育原理　佐々木正治編著　福村出版　2014.8　226p　21cm　〈索引あり　執筆: 岡谷英明ほか〉①978-4-571-10169-4　Ⓝ376.2　[2500円]

日本（初等教育—歴史—明治時代）
◇学校教育はここから始まった—大変な苦労を余儀なくされた生徒たち　川村彰男著　文芸社　2014.6　334p　15cm　①978-4-286-15123-6　Ⓝ376.21　[800円]

日本（所得）
◇個人所得指標　2015年版　JPS/編　JPS　2014.12　149p　26cm　①978-4-9902689-9-2　[12000円]

◇データでわかる家計の財布・ジュニアの財布　三浦展, 三菱総合研究所生活者市場予測システム著　洋泉社　2014.5　206p　19cm　①978-4-8003-0339-4　Ⓝ361.64　[1600円]

日本（所得税）
◇医療費控除と住宅借入金等特別控除の手引　平成26年3月申告用　森谷義光, 北村猛共編　大蔵財務協会　2014.1　1169p　21cm　〈各種住宅税制対応〉①978-4-7547-2065-0　Ⓝ336.983　[2857円]

◇医療費控除と住宅借入金等特別控除の手引　平成27年3月申告用　北村猛, 霜崎良共編　大蔵財務協会　2014.12　1082p　21cm　〈各種住宅税制対応〉①978-4-7547-2173-2　Ⓝ336.983　[2870円]

◇基礎から身につく所得税　平成26年度版　小田満著　大蔵財務協会　2014.7　237p　21cm　〈索引あり〉①978-4-7547-2106-0　Ⓝ345.33　[1852円]

◇Q&A外国人の税務　橋本秀法編　3訂版　税務研究会出版局　2014.2　415p　21cm　①978-4-7931-2074-9　Ⓝ345.33　[2700円]

◇Q&A親族・同族・株主間資産譲渡の法務と税務　山田&パートナーズ編著　改訂版　ぎょうせい　2014.5　251p　21cm　①978-4-324-09796-0　Ⓝ336.983　[2600円]

◇Q&Aプロ選手・開業医・芸能人等特殊事情に係る所得税実務—業種による固有なケースの諸問題　小田満著　税務経理協会　2014.12　188p　21cm　①978-4-419-06187-6　Ⓝ345.33　[2400円]

日本（所得税法）

◇源泉所得税取扱いの手引　平成26年版　秀島友和／編　大阪納税協会連合会,(大阪)清文社〔発売〕　2014.7　1008p　26cm　①978-4-433-50054-2　[4000円]

◇公共用地取得の税務―事前協議を上手にすすめるために　平成26年版　中村淳一編　大蔵財務協会　2014.7　432p　26cm〈索引あり〉①978-4-7547-2131-2　[2500円]

◇出向・転籍の税務　戸島利夫編著　4訂版　税務研究会出版局　2014.7　497p　22cm　①978-4-7931-2082-4　Ⓝ336.983　[4500円]

◇上場株式・株式投資信託と確定申告　平成26年版　布施麻記子著　大蔵財務協会　2014.11　137p　21cm　①978-4-7547-4379-6　Ⓝ336.983　[1111円]

◇譲渡所得　山林所得　贈与税　財産評価申告の手引　平成27年3月申告用　前川晶著　税務研究会出版局　2014.11　1026p　26cm〈索引あり〉①978-4-7931-2113-5　Ⓝ336.983　[3889円]

◇譲渡所得の実務と申告　平成26年版　畦上定宣／編　大蔵財務協会　2014.1　842p　26cm　①978-4-7547-2060-5　[3714円]

◇所得税確定申告書記載例集―医療費・住宅ローン控除から損益通算・損失繰越控除まで確定申告の様々なケースに対応　平成26年3月申告用　古田善香著　大蔵財務協会　2014.1　534p　26cm　①978-4-7547-2079-7　Ⓝ336.983　[1905円]

◇所得税確定申告の手引　平成26年3月申告用　赤壁隆司,石井邦明,見﨑治久共編　大蔵財務協会　2014.1　156,1163p　26cm〈索引あり〉①978-4-7547-2071-1　Ⓝ336.983　[2095円]

◇所得税確定申告の手引　平成26年3月申告用　福田あづさ編　税務研究会出版局　2014.1　1072,31p　26cm〈索引あり　平成25年分〉①978-4-7931-2066-4　Ⓝ336.983　[2095円]

◇所得税基本通達逐条解説　平成26年版　森谷義光,北村猛,一色広己,田中健二共編　大蔵財務協会　2014.8　1052,53p　22cm〈索引あり〉①978-4-7547-2129-9　Ⓝ345.33　[4630円]

◇所得税・個人住民税ガイドブック　平成26年12月改訂　松岡章夫,秋山友宏,嵯峨ゆかり,山下章夫共著　大蔵財務協会　2014.12　350p　21cm〈索引あり〉①978-4-7547-2162-6　Ⓝ345.33　[1944円]

◇所得税・資産税関係税務特例利用の手引　税務特例研究会編集　名古屋　新日本法規出版　2014.8―　冊（加除式）27cm　Ⓝ336.983

◇所得税実務問答集　平成26年11月改訂　佐竹寿紀編　大阪納税協会連合会　2014.12　862p　21cm〈清文社（発売）〉①978-4-433-50314-7　Ⓝ345.33　[3200円]

◇所得税入門の入門　平成26年度版　藤本清一著　税務研究会出版局　2014.7　411p　21cm　①978-4-7931-2087-9　Ⓝ336.983　[1900円]

◇所得税の確定申告の手引　平成26年3月申告用　新木敏克編　大阪　納税協会連合会　2014.1　998p　26cm〈清文社（発売）索引あり〉①978-4-433-50333-8　Ⓝ336.983　[2000円]

◇所得税の確定申告の手引　平成26年3月申告用　金澤正文編　清文社　2014.1　59,24,666p　26cm〈索引あり　平成25年3月申告用の出版者：納税協会連合会〉①978-4-433-50343-7　Ⓝ336.983　[1800円]

◇所得税の確定申告の手引―申告書全様式の記載例つき　平成26年3月申告用　中国税理士会監修　清文社　2014.1　59,24,666p　26cm〈索引あり〉①978-4-433-50353-6　Ⓝ336.983　[1800円]

◇所得税の常識　高柳昌代著　第18版　税務経理協会　2014.7　240p　21cm　（知っておきたい）①978-4-419-06129-6　Ⓝ345.33　[2700円]

◇所得税必要経費の税務　平成26年版　松岡啓二編　大蔵財務協会　2014.12　956p　21cm　①978-4-7547-2159-6　Ⓝ336.983　[3426円]

◇申告所得税取扱いの手引　平成26年版　佐竹寿紀編　大阪納税協会連合会　2014.10　1723p　26cm〈清文社（発売）索引あり〉①978-4-433-50294-2　Ⓝ345.33　[4200円]

◇図解譲渡所得　平成26年版　中村淳一編　大蔵財務協会　2014.7　722p　26cm〈索引あり〉①978-4-7547-2116-9　Ⓝ345.33　[3056円]

◇図解　所得税　平成26年版　福田あづさ／編　大蔵財務協会　2014.7　792p　26cm　①978-4-7547-2111-4　[3056円]

◇図解ひとめでわかる株・FX・不動産の税金　小澤善哉著　東洋経済新報社　2014.3　175p　21cm　①978-4-492-09313-9　Ⓝ336.983　[1600円]

◇図表でわかる金融商品課税の要点解説　平成27年版　小田満著　大蔵財務協会　2014.12　209p　21cm〈索引あり〉①978-4-7547-2164-0　Ⓝ345.33　[1667円]

◇チェックポイント方式による確定申告の仕方と留意点　平成26年分所得税　日本税理士会連合会／編　多賀出版　2014.12　717p　26cm　①978-4-8115-7516-2　[3300円]

◇賃貸住宅オーナーのための確定申告節税ガイド　平成26年3月申告用　植木保雄著　清文社　2013.12　204p　26cm　①978-4-433-52173-8　Ⓝ336.983　[1400円]

◇賃貸住宅オーナーのための確定申告節税ガイド　平成27年3月申告用　植木保雄著　清文社　2014.12　203p　26cm　①978-4-433-52174-5　Ⓝ336.983　[1400円]

◇特別償却対象特定設備等便覧　平成25年度版　経済産業省経済産業政策局企業行動課編　経済産業調査会　2014.2　81p　21cm　①978-4-8065-1840-2　Ⓝ345.3　[1000円]

◇土地建物等の譲渡をめぐる税務―問答式：個人・法人関係の事例を数多く収録　平成26年版　石井邦明,高木美満子,見﨑治久共編　大蔵財務協会　2014.7　1284p　22cm　①978-4-7547-2128-2　Ⓝ336.983　[4444円]

◇不動産賃貸の所得税・消費税　金井恵美子著　税務研究会出版局　2014.11　278p　21cm　①978-4-7931-2116-6　Ⓝ673.99　[2000円]

◇ベーシック税務会計　個人課税編　中島茂幸,櫻田譲編著,稲村健太郎,大澤弘幸,加藤恵吉,川股修二,近藤康範著　改訂版　創成社　2014.10　238p　26cm〈索引あり〉①978-4-7944-1484-7　Ⓝ336.98　[2600円]

◇要点・譲渡所得―実務家のための「基本書＆ハンドブック」第1編　総説・不動産譲渡の特例等関係　塩野入文雄著　第3版　法令出版　2014.9　631p　26cm　①978-4-938419-65-3　Ⓝ345.33　[3611円]

日本（所得税法）

◇所得税取扱通達集　平成26年2月1日現在　日本税理士会連合会,中央経済社編　中央経済社　2014.3　906p　19cm〈索引あり〉①978-4-502-86051-5　Ⓝ345.33　[4000円]

◇所得税法―理論と計算　池本征男著　8訂版　税務経理協会　2014.8　408p　22cm〈索引あり　布装〉①978-4-419-06125-8　Ⓝ345.33　[4200円]

◇所得税法規集　平成26年7月1日現在　日本税理士会連合会,中央経済社編　中央経済社　2014.9　2598p　19cm　①978-4-502-86044-7　Ⓝ345.33　[4800円]

◇図解所得税法「超」入門　平成26年度改正　山田＆パートナーズ監修,山口暁弘編著　税務経理協会　2014.6　207p　21cm　①978-4-419-06131-9　Ⓝ345.33　[1700円]

◇スタンダード所得税法　佐藤英明著　補正3版　弘文堂　2014.3　342p　21cm〈索引あり〉①978-4-335-35587-5　Ⓝ345.33　[3000円]

◇租税法入門　下巻　所得税法・相続税法編　福浦幾巳編著　中央経済社　2014.5　180p　21cm〈索引あり　「図説租税法の基礎」(2008年刊)の改題、改訂〉①978-4-502-10121-2　Ⓝ345.12　[2400円]

◇要説所得税法　平成26年度版　野水鶴雄著　税務経理協会　2014.7　576p　22cm〈布装〉①978-4-419-06139-5　Ⓝ345.33　[6900円]

◇分かりやすい「所得税法」の授業―弁護士が教える　木山泰嗣著　光文社　2014.3　382p　18cm　（光文社新書　684）〈文献あり　索引あり〉①978-4-334-03787-1　Ⓝ345.33　[940円]

日本（所得税法―判例）

◇申告所得税をめぐる判例実務　小西哲史編著　大蔵財務協会　2014.2　326p　26cm　①978-4-7547-2085-8　Ⓝ345.33　[2667円]

日本（女優）

◇美女の一瞬　金子達仁著,小林紀晴写真　集英社　2014.8　254p　18cm　（集英社新書）①978-4-08-720749-1　Ⓝ778.21　[1200円]

日本（女優―歴史―昭和後期）

◇永遠の東宝映画俳優　中村深海著　秋田　くまがい書房　2014.8　158p　19cm〈内容：久保明インタビュー（久保明述）　司葉子インタビュー（司葉子述）　小泉博インタビュー（小泉博述）　中田康子インタビュー（中田康子述）　土屋嘉男インタビュー（土屋嘉男述）　水野久美インタビュー（水野久美述）　大前亘インタビュー（大前亘述）　加藤茂雄インタビュー（加藤茂雄述）　若林映子インタビュー（若林映子述）　園まりインタビュー（園まり述）　由美かおるインタビュー（由美かおる述）　佐々木勝彦インタビュー（佐々木勝彦述）　梅田智子インタビュー（梅田智子述）　青木英美インタビュー（青木英美述）　東宝映画スタッフ／キャストプロフィール〉①978-4-9907035-1-6　Ⓝ778.21　[2500円]

日本（私立学校）

◇会計実務Q&A学校法人　トーマツパブリックセクターインダストリーグループ著　中央経済社　2014.9　225p　21cm　Ⓘ978-4-502-11631-5　Ⓝ374.5　［2600円］

◇学校会計入門　齋藤力夫編著　改訂第6版　中央経済社　2014.11　369p　21cm　Ⓘ978-4-502-12071-8　Ⓝ374.5　［3600円］

◇学校法人会計の実務ガイド　あずさ監査法人編　第6版　中央経済社　2014.11　426p　21cm　Ⓘ978-4-502-12091-6　Ⓝ374.5　［4600円］

◇学校法人会計要覧　平成26年版　学校経理研究会編　［東京］学校経理研究会　2014.3　21, 1018p　22cm〈霞出版社（発売）〉Ⓘ978-4-87602-607-4　Ⓝ374.5　［4800円］

◇学校法人の内部統制Q&A　トーマツパブリックセクター・インダストリーグループ編　第一法規　2013.6　268p　21cm　Ⓘ978-4-474-02830-2　Ⓝ374　［3200円］

◇Q&A学校法人の新会計実務　トーマツ編　第3次改訂版　第一法規　2014.9　549p　21cm〈平成25年改正学校法人会計基準対応〉Ⓘ978-4-474-03288-0　Ⓝ374.5　［4000円］

◇公立VS私立―データで読む「学力」、「お金」、「人間関係」　橘木俊詔著　ベストセラーズ　2014.2　189p　18cm　（ベスト新書 433）〈文献あり〉Ⓘ978-4-584-12433-8　Ⓝ372.107　［800円］

◇これならわかる！ 学校会計―いまさら聞けない・これから知りたい　大学行政管理学会財務研究グループ編著　学校経理研究会　2014.5　215p　21cm〈平成25年4月改正学校法人会計基準対応版〉Ⓘ978-4-902255-89-8　Ⓝ374.5　［1800円］

◇私学共済制度事務の手引　平成26年版　日本私立学校振興・共済事業団共済事業本部編　日本私立学校振興・共済事業団共済事業本部　2014.6　1177p　21cm　Ⓝ373.78

◇私学における時間外労働への対応策　植村礼大著，私学経営研究会編　改訂版　［大阪］　法友社　2014.5　202p　21cm〈俵屋（発売）付：私立中学・高等学校教職員の勤務時間管理に関するアンケート調査結果（公益社団法人私学経営研究会平成26年2月調査）〉Ⓘ978-4-938414-58-0　Ⓝ374.37　［1000円］

◇”私立”を目指す家庭の教育資金の育てかた―親と子の夢をかなえる！　竹下さくら，柳澤美由紀著　近代セールス社　2014.3　239p　19cm　Ⓘ978-4-7650-1224-9　Ⓝ373.4　［1500円］

◇私立学校の特別支援教育システムに関する実証的研究　田部絢子著　風間書房　2014.3　463p　22cm〈文献あり 索引あり〉Ⓘ978-4-7599-2031-4　Ⓝ378　［11000円］

◇新学校法人会計基準ハンドブック　清稜監査法人著　清文社　2014.3　214p　21cm　Ⓘ978-4-433-48253-4　Ⓝ374.5　［2000円］

◇よくわかる学校法人会計の仕組みと決算書の見方　梶間栄一著　ぎょうせい　2014.9　329p　21cm〈改正会計基準完全対応版 「すぐわかる学校法人会計の仕組みと決算書の見方」（2012年刊）の改題、改訂・新版〉Ⓘ978-4-324-09842-4　Ⓝ374.5　［3400円］

◇労働契約法改正のポイントと私学の対応―大学教員特例規定を含む改訂版　小國隆輔著，私学経営研究会編　第2版　［大阪］　法友社　2014.3　134p　21cm〈俵屋（発売）〉Ⓘ978-4-938414-57-3　Ⓝ366.51　［1000円］

日本（私立学校―法令）

◇私学必携　私学法令研究会監修　第15次改訂　第一法規　2014.4　1冊　19cm　Ⓘ978-4-474-02894-4　Ⓝ373.22　［5600円］

◇私立学校教職員共済制度関係法令集　平成26年版　日本私立学校振興・共済事業団共済事業本部編　日本私立学校振興・共済事業団共済事業本部　2014.6　1冊　21cm　Ⓝ373.78　［非売品］

日本（私立学校―名簿）

◇私塾・私学・企業教育ネット要覧　第14集　平成26年度　佐藤勇治編　調布　全日本学習塾連絡会議　2014.6　260p　26cm　Ⓝ376.8

日本（私立大学）

◇アルカディア学報―教育学術新聞掲載収録集　vol. 14　2013年度掲載分　日本私立大学協会附置私学高等教育研究所編　日本私立大学協会附置私学高等教育研究所　2014.5　178p　21cm　Ⓝ377.21

◇今、なぜ「大学改革」か？―私立大学の戦略的経営の必要性　水戸英則編著　丸善プラネット　2014.9　306p　22cm　（二松學舍ブックス）〈丸善出版（発売） 文献あり〉Ⓘ978-4-86345-213-8　Ⓝ377.1　［2400円］

◇私学リーダーズセミナー講演録―大学の魅力向上に向けて　平成25年度　日本私立学校振興・共済事業団私学経営情報センター　2014.6　101p　30cm〈内容：私学に求められるものこれからの大学経営（住吉廣行述） 大学改革に向けた挑戦（納谷廣美述） 大学の魅力向上に向けて 前へ進む学校経営（大谷忠彦述） 私学の再生経営（岡本史紀述）〉Ⓝ377.1

◇速解大学教職員の基礎知識　平成26年改訂版　学校経理研究会編　学校経理研究会　2014.3　110p　26cm　Ⓘ978-4-902255-88-1　Ⓝ377.1　［1241円］

◇大学教務に関する実態調査―集計結果　平成24年度調査　日本私立大学協会大学教務研究委員会編　日本私立大学協会　2014.3　359p　30cm　Ⓝ377.1

◇大学マネジメント改革―改革の現場―ミドルのリーダーシップ　日本私立大学協会監修，篠田道夫，教育学術新聞編集部著　ぎょうせい　2014.3　214p　21cm〈索引あり〉Ⓘ978-4-324-09799-1　Ⓝ377.1　［2400円］

日本（シルバー産業）

◇持続可能な高齢社会を考える―官民の「選択と集中」を踏まえた対応　貝塚啓明，財務省財務総合政策研究所編著　中央経済社　2014.11　220p　22cm〈内容：高齢社会における「選択と集中」（貝塚啓明，伊藤美月，増田知子ほか著） 超高齢社会の課題と可能性〈講演録〉（秋山弘子著） 高齢社会における経済成長と意思決定（小峰隆夫著） 高齢者市場開拓の意義と期待（前田展弘著） 高齢社会のニーズと産業・制度の相互補完（柏谷泰隆著） 高齢者市場への取組みの考察（白木康司著） 社会保障制度における「選択と集中」（加藤久和著） 高齢社会における社会資本整備（中村研二著） 望ましい「老い方・死に方」と「医療提供体制の再編」（高橋泰著） 東アジアの高齢化問題〈講演録〉（大泉啓一郎著） 強靱でしたたかな普通の国スウェーデン（渡邉芳樹著）〉Ⓘ978-4-502-11951-4　Ⓝ367.7　［3400円］

◇シニアをめぐるビジネスの実際と法律問題―超高齢社会における生活・介護・契約・高齢者雇用を中心に　真和総合法律事務所編　民事法研究会　2014.10　323p　21cm　Ⓘ978-4-89628-969-5　Ⓝ335.33　［2700円］

◇安売りしない「町の電器屋」さんが繁盛している秘密　跡田直澄著　青春出版社　2014.3　189p　18cm　（青春新書INTELLIGENCE PI-420）〈文献あり〉Ⓘ978-4-413-04420-2　Ⓝ673.95　［810円］

◇よくわかる実地指導への対応マニュアル　小濱道博著　日本医療企画　2014.1　213p　21cm　（介護福祉経営士実行力テキストシリーズ 2）〈文献あり〉Ⓘ978-4-86439-223-5　Ⓝ673.95　［1800円］

日本（城）

◇CG復元戦国の城―よみがえる名城　成瀬京司CG制作，かみゆ歴史編集部編集　学研パブリッシング　2014.4　223p　19cm〈学研マーケティング（発売）〉Ⓘ978-4-05-405956-6　Ⓝ521.823　［580円］

◇城郭研究の軌跡と展望　3　［島本町（大阪府）］　城郭談話会　2014.10　205p　26cm〈城郭談話会30周年記念誌　編集：堀口健弐ほか〉Ⓝ521.823

◇知れば知るほど面白い戦国の城 攻めと守り　小和田哲男監修　実業之日本社　2014.5　223p　18cm　（じっぴコンパクト新書 189）〈文献あり〉Ⓘ978-4-408-11068-4　Ⓝ210.47　［762円］

◇城を攻める城を守る　伊東潤著　講談社　2014.2　315p　18cm　（講談社現代新書 2248）Ⓘ978-4-06-288248-4　Ⓝ210.19　［900円］

◇戦国武将と日本の名城―完全保存版：日本の名城図鑑60：全城郭図付き　小和田泰経監修　枻出版社　2014.12　111p　23cm　Ⓘ978-4-7779-3406-5　Ⓝ521.823　［680円］

◇彦根城、松本城、犬山城を世界遺産に―日本の城・再発見　五十嵐敬喜，岩槻邦男，西村幸夫，松浦晃一郎編著　ブックエンド　2014.3　166p　21cm　Ⓘ978-4-907083-10-6　Ⓝ521.823　［1800円］

◇門外不出の設計図　シリーズ城編　図面で読み解く「城」の構造と歴史　ダイアプレス　2013.10　98p　26cm　（DIA Collection）〈文献あり〉Ⓘ978-4-86214-791-2　Ⓝ520　［933円］

日本（城―歴史―安土桃山時代）

◇安土城への道―聖地から城郭へ：平成26年春季特別展　近江八幡　滋賀県立安土城考古博物館　2014.3　112p　30cm〈文献あり　会期・会場：平成26年4月26日―6月15日 滋賀県立安土城考古博物館企画展示室〉Ⓝ521.823

◇訪ねてみたい日本のお城　城めぐりの達人倶楽部編著　ロングセラーズ　2014.9　223p　18cm　（［ロング新書］）Ⓘ978-4-8454-0939-6　Ⓝ210.48　［900円］

◇土の城指南―歩いてわかる「戦国の城」　西股総生著　学研パブリッシング　2014.7　301p　19cm〈学研マーケティング

に

日本（城―歴史―江戸時代）　　　　　　　　　　　　　日本件名図書目録2014　Ⅰ

（発売）文献あり〉①978-4-05-406038-8　Ⓝ210.47　［1500
円］

◇もっと知りたい日本100名城―歴史と人で「城」を解き明かす
古代・中世の城編　日本城郭協会監修　［東京］　学研パブ
リッシング　2014.5　143p　26cm　（歴史群像シリーズ）
〈学研マーケティング（発売）年表あり〉①978-4-05-610461-5
Ⓝ521.823　［1500円］

◇もっと知りたい日本100名城―歴史と人で「城」を解き明かす
近世の城編　日本城郭協会監修　［東京］　学研パブリッシン
グ　2014.5　143p　26cm　（歴史群像シリーズ）〈学研マー
ケティング（発売）年表あり〉①978-4-05-610462-2　Ⓝ521.
823　［1500円］

日本（城―歴史―江戸時代）
◇江戸全170城最期の運命―幕末の動乱で消えた城、残った城
八幡和郎著　イースト・プレス　2014.4　295p　18cm　（知
的発見！BOOKS 021）〈文献あり〉①978-4-7816-1157-0
Ⓝ521.823　［926円］

◇もっと知りたい日本100名城―歴史と人で「城」を解き明かす
近世の城編　日本城郭協会監修　［東京］　学研パブリッシン
グ　2014.5　143p　26cm　（歴史群像シリーズ）〈学研マー
ケティング（発売）年表あり〉①978-4-05-610462-2　Ⓝ521.
823　［1500円］

日本（城―歴史―江戸初期）
◇訪ねてみたい日本のお城　城めぐりの達人倶楽部編著　ロン
グセラーズ　2014.9　223p　18cm　（［ロング新書］）①978-
4-8454-0939-6　Ⓝ210.48　［900円］

日本（城―歴史―江戸末期）
◇幕末維新の城―権威の象徴か、実戦の要塞か　一坂太郎著
中央公論新社　2014.5　321p　18cm　（中公新書 2268）
①978-4-12-102268-4　Ⓝ210.61　［960円］

日本（城―歴史―古代）
◇もっと知りたい日本100名城―歴史と人で「城」を解き明かす
古代・中世の城編　日本城郭協会監修　［東京］　学研パブ
リッシング　2014.5　143p　26cm　（歴史群像シリーズ）
〈学研マーケティング（発売）年表あり〉①978-4-05-610461-5
Ⓝ521.823　［1500円］

日本（城―歴史―中世）
◇中世城館の考古学　萩原三雄, 中井均編　高志書院　2014.5
485p　文献あり　内容：遺構論・遺物論　城郭を囲う
もの（佐々木健策著）　曲輪配置（岡寺良著）　城内障壁
「障子堀」（宇留野主税著）　畝状空堀群（高屋茂男著）　切岸
（中井均著）　虎口（中井均著）　石積み・石垣（乗岡実著）
櫓（加藤理文著）　堀立柱建物（山上雅弘著）　礎石建物（早川
圭著）　橋（松井一明著）　山城の城内道（松井一明著）　平地
の方形館（水澤幸一著）　城館跡出土銃・砲弾への評価（金子
浩之著）　中世城郭出土の貯蔵具（柴田圭子著）　調理具（秋本
太郎著）　安土城以前の瓦（中村博司著）　地域の定点資料
東日本編　東北北部における古代末期の囲郭集落（八木光則
著）　11-12世紀の柵と城館（高橋学著）　鎌倉・南北朝時代の
館と城（向井裕知著）　南北朝・室町期の城館（広瀬季一郎著）
甲斐武田氏の本拠（佐々木満著）　近世初期・奥羽における薄
生氏の城（平田禎文著）　地域の定点資料西日本編　遠江・駿
河室町～戦国初期の城館（溝口彰啓著）　大内城跡（伊野近富
著）　南九州の城郭（上田耕著）　長曾我部氏の城郭（松田直則
著）　伯耆・因幡の城郭（大串隆著）　吉川氏城館跡（小都隆
著）　伊豫国河北畠氏の城・館と「都市」（竹田憲治著）　近江
の上平寺から小谷城へ（髙橋順之著）　小牧山城・岐阜城・安
土城（内屋信雄著）　文献史料から読む15世紀の城館　河内嶽
山合戦の構造（小谷利明著）　15世紀の城館（齋藤慎一著）　中
世城館跡の保存と整備・活用（萩原三雄著）　①978-4-86215-
134-6　Ⓝ210.4　［15000円］

◇もっと知りたい日本100名城―歴史と人で「城」を解き明かす
古代・中世の城編　日本城郭協会監修　［東京］　学研パブ
リッシング　2014.5　143p　26cm　（歴史群像シリーズ）
〈学研マーケティング（発売）年表あり〉①978-4-05-610461-5
Ⓝ521.823　［1500円］

日本（城―歴史―室町時代）
◇安土城への道―聖地から城郭へ：平成26年春季特別展　近江
八幡　滋賀県立安土城考古博物館　2014.3　112p　30cm　〈文
献あり　会期・会場：平成26年4月26日―6月15日　滋賀県立安
土城考古博物館企画展示室〉Ⓝ521.823

◇土の城指南―歩いてわかる「戦国の城」　西股総生著　学研パ
ブリッシング　2014.7　301p　19cm　〈学研マーケティング
（発売）文献あり〉①978-4-05-406038-8　Ⓝ210.47　［1500
円］

日本（城―歴史―明治時代）
◇幕末維新の城―権威の象徴か、実戦の要塞か　一坂太郎著
中央公論新社　2014.5　321p　18cm　（中公新書 2268）
①978-4-12-102268-4　Ⓝ210.61　［960円］

日本（城―歴史―論文集）
◇戦国武将と城―小和田哲男先生古稀記念論集　小和田哲男先
生古稀記念論集刊行会編　彦根　サンライズ出版　2014.3
502p　26cm　〈著作目録あり　年譜あり　内容：戦国大名の戦
死者遺族への戦後補償（小和田哲男著）　北条氏邦の花押につい
て（浅倉直美著）　近世初頭三島宿問屋笠原氏の系譜について
（厚地淳司著）　小堀正一の作事と普請（伊藤一美著）　家忠の
流儀（大嶌聖子著）　戦国大名浅井氏家臣・赤尾氏の基礎的研
究（太田浩司著）　北条氏照初期の居城と由井領（加藤哲著）
津波堆積物と考古資料からみた北条早雲の伊豆・相模進攻戦
（金子浩之著）　戦国大名の交替と寺社（久保田昌希著）　高天
神城石牟の大河内氏（小林輝久彦著）　今川氏真子息、澄存に
ついて（酒入陽子著）　安房「妙本寺文書」の雪下殿定尊安堵
状について（佐藤博信著）　生駒氏の讃岐入部に関する一考察
（橋詰茂著）　「牢人」再考（長谷川弘道著）　今川氏三河領有
期の松平庶家（平野明夫著）　武田家臣穴見氏と藤枝郷につい
て（前田利久著）　下坂鍛冶の成立と展開について（森岡榮一
著）　大澤氏と堀江氏（森田香司著）　開城と降伏の作法（山田
邦明著）　武田系城郭の最新研究（石川浩治著）　豊前地域に
おける黒田官兵衛・長政の城（岡寺良著）　信濃高遠城の再検
討（河西克造著）　徳川家康五カ国領有時代の城（加藤理文著）
近世城郭石垣における勾配のノリとソリについて（北垣聰一郎
著）　城下町小田原の都市研究と今（佐々木健策著）　豊臣秀
次の本・支城からみた佐和山城の縄張り（下高大輔著）　慶長
五年八月二十三日の岐阜城攻城戦について（白峰旬著）　近世
城郭の土橋・木橋・廊下橋（高田徹著）　戦国期播磨における
本城の成立（多田暢久著）　古今伝授挙行の城（土屋比都司著）
掛川城攻めにおける徳川家康の陣城跡（戸塚和美著）　残存遺
構から見た丸子城の築城主体（中井均著）　城郭史上における
指月伏見城（中西裕樹著）　発掘された浅井家臣団の居館につ
いて（西原雄大著）　さま石考（乗岡実著）　「居館と詰城」に
関する覚書（原川三雄著）　山科本願寺跡と武家権力（福島克
彦著）　関東領国時代の徳川の城（松井一明著）　武田氏の山
城をめぐって（三島正之著）　一夜城と村の城（水島大二著）
静岡県下の戦国期城郭における曲輪内建物について（溝口彰啓
著）　駿河国茶臼山城における豪家屋敷の様相（望月保宏
著）　兵庫県内の織豊期石垣事例（山上雅弘著）　石神井城の
縄張の再検討（八巻孝夫著）〉①978-4-88325-526-9　Ⓝ210.47
［8000円］

日本（城跡）
◇日本古代の山城―古代山城サミット学術資料　高松　第4回古
代山城サミット高松大会実行委員会　2013.10　101p　30cm
〈文献あり　会期：2013年10月4-5日　折り込 1枚〉Ⓝ210

日本（城跡―保存・修復）
◇全国城跡等石垣整備調査研究会記録集　第11回　第11回全国
城跡等石垣整備調査研究会実行委員会事務局編　萩　第11回
全国城跡等石垣整備調査研究会実行委員会事務局　2014.3
180p　30cm　〈会期・会場：平成26年1月23日―25日　萩市民館
大ホールほか〉Ⓝ521.823

◇全国城跡等石垣整備調査研究会資料集　第11回　全国城跡等
石垣整備調査研究会実行委員会事務局編　萩　全国城跡等石
垣整備調査研究会実行委員会事務局　2014.1　205p　30cm
〈会期・会場：平成26年1月23日―25日　萩市民館大ホールほ
か〉Ⓝ521.823

◇第4回古代山城サミット高松大会記録集　高松　第4回古代山
城サミット高松大会実行委員会　2014.2　94p　30cm〈会期：
平成25年10月4日―10月5日　瀬戸内国際芸術祭2013関連事
業〉Ⓝ709.1

日本（シングルマザー）
◇シングルマザーの貧困　水無田気流著　光文社　2014.11
262p　18cm　（光文社新書 724）①978-4-334-03827-4
Ⓝ367.3　［820円］

日本（人権）
◇希望への権利―釜ケ崎で憲法を生きる　遠藤比呂通著　岩波
書店　2014.8　174p　20cm　（シリーズここで生きる）
①978-4-00-028725-8　Ⓝ316.1　［1900円］

◇共生社会へのリーガルベース―差別とたたかう現場から　大
谷恭子著　現代書館　2014.3　322p　21cm〈別タイトル：共
生社会への法的基盤〉①978-4-7684-5712-2　Ⓝ316.1　［2500
円］

◇憲法とそれぞれの人権　現代憲法教育研究会編　第2版　京都
法律文化社　2014.4　234p　21cm　①978-4-589-03580-6
Ⓝ323.143　［2600円］

◇人権を考える　part 15　［東京］　日蓮宗宗務院教務部
2014.2　45p　21cm　（日蓮宗人権シリーズ 38）〈発行所：日
蓮宗宗務院〉Ⓝ316.1

日本件名図書目録2014 Ⅰ　　　日本（信仰―歴史）

◇人権に関する世論調査　平成25年11月調査　東京都生活文化局広報広聴部都民の声課編　東京都生活文化局広報広聴部都民の声課　2014.4　7, 128p　30cm　（世論調査結果報告書）Ⓝ316.1

◇戦後の人権及び部落問題の研究―第8年度研究会報告　名古屋　愛知人権ネット　[2013]　105p　26cm〈会期・会場：2013年3月23日―24日　ウインクあいち　共同刊行：地域人権ネット〉Ⓝ361.86

◇ツアーで学ぶ人権問題―人権ゆかりの地を訪ねる　香川人権研究所[著]　丸亀　香川人権研究所　2014.1　76p　21cm　Ⓝ316.1　[700円]

◇日本国憲法―人権と福祉　渡辺信英編　南窓社　2014.4　254p　22cm〈文献あり〉Ⓝ323.143　[3200円]

◇はじめての憲法総論・人権　尾崎哲夫著　第6版　自由国民社　2014.9　171p　19cm〈3日でわかる法律入門〉〈文献あり　索引あり〉①978-4-426-12238-6　Ⓝ323.143　[1200円]

日本（人権―児童）
◇人権と仲間関係　2013　これでわかる！人権保育の進め方―ヒトとなるターニングポイントをおさえて　人権と仲間関係研究会編集　豊中　人権と仲間関係研究会　2013.6　88p　26cm〈解放出版社（発売）〉①978-4-7592-2261-6　Ⓝ376.153　[1048円]

◇人権と仲間関係　2014　人権力が育つ具体的な道すじを明らかに―人権保育をどう進めるか　人権と仲間関係研究会編集　豊中　人権と仲間関係研究会　2014.6　92p　26cm〈解放出版社（発売）文献あり〉①978-4-7592-2266-1　Ⓝ376.153　[1019円]

日本（人権―障害者―判例）
◇障がい者差別よ、さようなら！―ケーススタディ障がいと人権　2　障害と人権全国弁護士ネット編　生活書院　2014.12　357p　21cm〈索引あり〉①978-4-86500-032-0　Ⓝ369.27　[3000円]

日本（人権―女性）
◇リプロの視点から「女性の健康の包括的支援法案」について考える集会―報告集　[東京]　リプロの視点から「女性の健康の包括的支援に関する法案」を考える集会実行委員会　2014.11　1冊　30cm〈年表あり　会期：2014年9月6日〉Ⓝ367.21　[500円]

日本（人権―判例）
◇人権判例から学ぶ憲法　加藤隆之著　京都　ミネルヴァ書房　2014.4　367p　22cm〈索引あり〉①978-4-623-07058-9　Ⓝ323.143　[3800円]

◇論点体系判例憲法―裁判に憲法を活かすために　2　国民の権利及び義務2〈第22条―第40条〉戸松秀典, 今井功編著　第一法規　2013.6　524p　22cm〈索引あり〉①978-4-474-10310-8　Ⓝ323.14　[4800円]

日本（人権教育）
◇ありのままのわたし大切なあなた―子どもと保護者のエンパワメント　人権教育教材作成等業務共同企業体編　大阪　大阪府府民文化部人権局　2014.3　87p　30cm　（人権学習シリーズ vol. 10）〈文献あり〉Ⓝ376.15

◇子どもの人権を尊重する生徒指導―権利・人権を学んでいじめ・体罰から子どもを守る　安藤博著　学事出版　2014.12　157p　21cm〈内容：子どもは子どもの人権を学んでいるか　人権は法律のことばか生活のことばか　人権教育は子どもの人権から始まる　子どもの法と人権・権利は「生活モデル」で理解する　人権教育で求められていること　成長発達する権利は, 育つ責任　叱られて正されて育つ権利　人権の感性を育てる学び　いじめ問題の構図をつくる　いじめ論義の忘れもの いじめは, 虫の目ばかりでなく鳥の目でも　「いじめ防止法」は麒麟の翼になりうるか　法と心理と福祉の協働による教育的和解　子どものトラブルを解決する子どもの仲裁力　教師の叱る力, 生徒の言う力　「生徒には言う力」は, 生徒指導にどんな課題を提起しているか　学生の体罰肯定意識は, どんな問題を提起しているか　生徒の人権・権利と教師の人権・権利は対立するか　「ハウツー重視社会」は体罰を克服できるか　「体罰防止法」で考えたいこと　子どもの育ちに何が求められているか　学びの軸にあるもの　子どもの学ぶ権利は生存権　生活を学びに, 事実を成長発達に　つまずいた子どもの学びと育ちの権利　「ふつう」という名の社会的圧力　「困った, 弱った」を共有できる職場づくり　子どもの現場にある人権・権利の実現を阻む壁　子どもの人権・権利をどう理解する？　人権の実践を豊かにする二つの視点〉①978-4-7619-2084-5　Ⓝ375.2　[1800円]

◇人権教育及び人権啓発施策　平成25年度　[東京]　[内閣]　[2014]　76, 26p　30cm〈第186回国会（常会）提出〉Ⓝ316.1

◇人権教育の推進に関する取組状況の調査研究について　[東京]　人権教育の指導方法等に関する調査研究会議　2013.10　130, 34p　34p　30cm　Ⓝ375

◇乳児の人権保育―乳児のあそびを通して　中筋金子, 玉置哲淳編著　豊中　人権と仲間関係研究会　2013.6　153p　26cm〈発行元：解放出版社〉①978-4-7592-2262-3　Ⓝ376.15　[1300円]

日本（人権教育―歴史）
◇ハンセン病と教育―負の歴史を人権教育にどういかすか　佐久間建著　人間と歴史社　2014.11　292p　21cm①978-4-89007-196-8　Ⓝ498.6　[2500円]

日本（信仰）
◇伝統を読みなおす　2　暮らしに息づく伝承文化　小川直之, 服部比呂美, 野村朋弘編　京都造形芸術大学東北芸術工科大学出版局藝術学舎　2014.12　168p　21cm　（芸術教養シリーズ 23）〈幻冬舎（発売）内容：正月行事（小川直之著）　上巳節供（小川直之著）　端午節供（小川直之著）　七夕（後藤麻衣子著）　盆（大楽和正著）　産育習俗誕生から初誕生まで（服部比呂美著）　七五三（齋藤しおり著）　婚姻（高久舞著）　葬送儀礼（大楽和正著）　地蔵信仰（服部比呂美著）　道祖神（服部比呂美著）　御霊信仰（大楽和正著）　小さ子譚（佐伯和香子著）　継子譚（佐伯和香子著）　異類婚姻譚（久保華誉著）〉①978-4-344-95259-1　Ⓝ702.2　[2200円]

日本（人口）
◇自治体崩壊　田村秀著　イースト・プレス　2014.12　271p　18cm　（イースト新書 043）〈文献あり〉①978-4-7816-5043-2　Ⓝ334.31　[907円]

◇人口回復―出生率1.8を実現する戦略シナリオ　岩田一政, 日本経済研究センター編　日本経済新聞出版社　2014.8　261p　19cm〈文献あり〉①978-4-532-35608-8　Ⓝ332.107　[2400円]

◇大転換期日本の人口事情―少子高齢社会の過去・現在・将来　エイジング総合研究センター編著　中央法規出版　2014.8　148p　19cm〈執筆：福武直ほか〉①978-4-8058-5070-1　Ⓝ334.31　[1800円]

◇地域人口減少白書―全国1800市区町村地域戦略策定の基礎データ　2014-2018　北海道総合研究調査会編著　生産性出版　2014.9　121p　30cm①978-4-8201-2032-2　Ⓝ334.31　[4600円]

◇地方消滅―東京一極集中が招く人口急減　増田寛也編著　中央公論新社　2014.8　243p　18cm　（中公新書 2282）〈文献あり〉①978-4-12-102282-0　Ⓝ334.31　[820円]

◇日本型移民国家への道　坂中英徳著　新版　東信堂　2014.10　247p　21cm①978-4-7989-1258-5　Ⓝ334.31　[2400円]

◇日本の地域別将来推計人口―平成22（2010）-52（2040）年　国立社会保障・人口問題研究所編　厚生労働統計協会　2014.1　231p　30cm〈平成25年3月推計〉①978-4-87511-597-7　Ⓝ334.31　[6000円]

◇日本の地価が3分の1になる！―2020年東京オリンピック後の危機　三浦展, 麗澤大学清水千弘研究室著　光文社　2014.9　204p　18cm　（光文社新書 716）①978-4-334-03819-9　Ⓝ334.6　[880円]

日本（人口―統計）
◇市区町村別生命表　平成22年　厚生労働省大臣官房統計情報部編　厚生労働統計協会　2014.1　149p　30cm①978-4-87511-595-3　Ⓝ358.1　[1600円]

◇住民基本台帳人口移動報告年報　平成25年　総務省統計局/編　日本統計協会　2014.10　160p　26cm〈本文：日英両文〉①978-4-8223-3782-7　[2400円]

◇住民基本台帳人口要覧―市区町村別の男女・年齢階級別人口、世帯数、人口動態　平成26年版　国土地理協会　2014.7　2冊（セット）30cm①978-4-87552-942-2　[8000円]

◇人口動態保健所・市区町村別統計―人口動態統計特殊報告　平成20年―平成24年　厚生労働省大臣官房統計情報部編　[東京]　厚生労働省大臣官房統計情報部　2014.6　444p　30cm　Ⓝ358.1

◇人口動態保健所・市区町村別統計　平成20年～平成24年　厚生労働省大臣官房統計情報部編　厚生労働統計協会　2014.6　444p　30cm　（人口動態統計特殊報告）①978-4-87511-611-0　Ⓝ358.1　[7000円]

日本（信仰―歴史）
◇神棚と仏壇に祈る―明浄正直に見られる日本人の信仰　中島大住著　牧歌舎東京本部　2014.8　247p　19cm〈星雲社（発売）文献あり〉①978-4-434-19314-9　Ⓝ170　[1800円]

日本（人口―歴史）

日本（人口―歴史）
◇近世日本の人口構造―徳川時代の人口調査と人口状態に関する研究　関山直太郎著　オンデマンド版　吉川弘文館　2013.10　326,5p　22cm〈索引あり〉　印刷・製本：デジタルパブリッシングサービス　①978-4-642-04253-6　Ⓝ334.2　[12000円]

日本（信仰―歴史―中世）
◇神や仏に出会う時―中世びとの信仰と絆　大喜直彦著　吉川弘文館　2014.5　205p　19cm　（歴史文化ライブラリー　376）①978-4-642-05776-9　Ⓝ162.1　[1700円]

日本（震災）
◇震災復旧・復興と「国の壁」　神谷秀之著　[東京]　公人の友社　2014.6　173p　21cm　（自治体〈危機〉叢書）①978-4-87555-645-9　Ⓝ369.31　[2000円]
◇「想定外」の罠―大震災と原発　柳田邦男著　文藝春秋　2014.3　387p　16cm　（文春文庫　や1-22）①978-4-16-790061-8　Ⓝ369.31　[700円]
◇災いを乗り越えた植物たち―平成25年度神代植物公園特別企画展　2　関東大震災から90年災いを語り継ぐ植物たち　東京都公園協会神代植物公園サービスセンター編　調布　東京都公園協会神代植物公園サービスセンター　2014.2　37p　30cm　（東京都立神代植物公園特別企画展小冊子）〈会期・会場：2013年8月20日―9月8日　東京都立神代植物公園植物会館1階展示室〉Ⓝ653.21

日本（震災―歴史）
◇石碑は語る―地震と日本人、闘いの碑記　森隆著　保険毎日新聞社　2014.3　226p　19cm〈文献あり〉①978-4-89293-134-5　Ⓝ369.31　[1800円]
◇歴史にみる震災―企画展示　人間文化研究機構国立歴史民俗博物館編　佐倉　人間文化研究機構国立歴史民俗博物館　2014.3　225p　30cm〈年表あり　会期：2014年3月11日―5月6日〉Ⓝ369.31

日本（人材派遣業）
◇人材サービス産業の新しい役割―就業機会とキャリアの質向上のために　佐藤博樹、大木栄一編　有斐閣　2014.7　329p　22cm〈文献あり　索引あり　内容：労働市場における需給調整の担い手としての人材サービス産業（佐藤博樹著）　事務系派遣スタッフの仕事・労働条件と　どうすれば時給が上がるのか（松浦民恵著）　生産職種の請負・派遣社員の就業意識（佐野嘉秀著）　生産分野の派遣スタッフの仕事・労働条件とキャリア、就業意識（島貫智行著）　派遣会社の機能と課題（大木栄一、豊島竹男、横山重宏著）　業務系派遣営業所の運営と課題（島貫智行著）　労働者派遣専門26業務適正化プランの影響（小林徹著）　派遣先企業における管理職の人事管理（大木栄一、平田薫著）　生産請負・派遣企業による雇用継続への取組み（佐野嘉秀、大木栄一著）　職業紹介担当者の運営ならびにスキル（坂爪洋美著）　未就職卒業者を対象とした人材ビジネス企業のマッチング機能（山路崇正著）〉①978-4-641-16433-8　Ⓝ673.93　[3500円]
◇人材派遣のことならこの1冊　岡田良則著　第7版　自由国民社　2014.10　271p　21cm　（はじめの一歩）①978-4-426-11787-0　Ⓝ673.93　[1700円]

日本（震災予防）
◇巨大災害時後の高齢者等の避難環境の実態把握及び事前対策の検討　[神戸]　ひょうご震災記念21世紀研究機構　2014.3　38p　30cm〈平成25年度老人保健事業推進費等補助金老人保健健康増進等事業　付属資料：14p：避難所運営ガイドブック〉Ⓝ369.31
◇下水道の地震対策マニュアル　2014年版　日本下水道協会　2014.7　398p　30cm　Ⓝ518.2
◇災害対策シンポジウム―東南海・南海地震に備えて：いつやる？今でしょ！運輸、交通事業者に求められる防災・減災対策：講演記録　大阪　関西交通経済研究センター　2014.3　48p　30cm〈会期・会場：平成26年1月17日　大阪歴史博物館講堂　内容：基調講演　南海トラフ巨大地震の備える（片田敏孝述）　講演　JR西日本の地震・津波対策の取組み（半田真一述）　大規模災害時における物流事業者の取組み（太田英之述）〉Ⓝ682.1
◇自然災害への備えと専門家の役割―南海・東南海地震に備えて：シンポジウム記録集：阪神・淡路まちづくり支援機構編　神戸　阪神・淡路まちづくり支援機構　2013.7　101p　30cm〈会期・会場：2012年2月23日　和歌山商工会議所大ホール〉Ⓝ369.31
◇自治体・事業者のための防災計画作成・運用ハンドブック―最新被害想定による南海トラフ・首都直下型地震対策　防災計画研究会編　ぎょうせい　2014.11　289p　26cm　①978-4-324-09890-5　Ⓝ369.31　[3700円]

◇震災対策の推進に関する行政評価・監視―災害応急対策を中心として―結果に基づく勧告　[東京]　総務省　2014.6　82p　30cm　Ⓝ369.31
◇震災対策の推進に関する行政評価・監視―災害応急対策を中心として―結果報告書　[東京]　総務省行政評価局　2014.6　309p　30cm　Ⓝ369.31
◇津波災害を繰り返さないために―津波を知り、津波に耐え、津波から逃れる　[東京]　日本建設業連合会海洋開発委員会技術部会津波対策専門部会　2014.6　1冊　30cm〈文献あり〉Ⓝ369.31
◇土地の「未来」は地形でわかる―災害を予測する変動地形学の世界　渡辺満久著　[東京]　日経BP社　2014.12　198p　21cm〈日経BPマーケティング（発売）文献あり〉①978-4-8222-5052-2　Ⓝ455.8　[1800円]
◇南海トラフ巨大地震―歴史・科学・社会　石橋克彦著　岩波書店　2014.3　205,45p　19cm　（叢書震災と社会）①978-4-00-028531-5　Ⓝ453.21　[1800円]
◇南海トラフ巨大地震の防災対策―地域防災のグランドデザイン　高畠秀雄著　鹿島出版会　2014.9　228p　21cm　①978-4-306-09436-9　Ⓝ369.31　[2400円]
◇東日本ニューディール計画　高橋和良著　東洋出版　2014.6　78p　19cm〈年表あり〉①978-4-8096-7739-7　Ⓝ369.31　[1000円]
◇保育園における震災時対応ガイドライン―子どもたちの命を守るために　調布市保育園協会ガイドライン作成委員会編、齋藤實執筆・監修　[東京]　東京都社会福祉協議会　2014.1　71p　30cm〈背のタイトル：保育園における災害時対応ガイドライン〉①978-4-86535-176-5　Ⓝ376.14　[2500円]
◇甦る被災鉄道―東日本大震災を乗り越えて　大澤賢著　東京新聞　2014.7　325p　19cm〈文献あり〉①978-4-8083-0992-3　Ⓝ686.7　[2400円]

日本（人事管理―判例）
◇論点体系判例労働法　3　人事・労災補償・安全衛生　菅野和夫, 安西愈, 野川忍編集　第一法規　2014.11　529p　22cm　①978-4-474-10318-4　Ⓝ366.18　[4800円]

日本（人事管理―法令）
◇有期雇用教職員の労務管理―労働契約・更新・雇止め・無期転換　井川一裕著, 私学経営研究会編　[大阪]　法友社　2014.11　176p　21cm〈俵屋（発売）〉①978-4-938414-61-0　Ⓝ336.4　[1100円]
◇有期雇用・高年齢者雇用の法律問題　岩本充史監修, 家入美香, 岡村光男著　労働新聞社　2014.3　239p　21cm　①978-4-89761-498-4　Ⓝ336.4　[1800円]

日本（人事行政）
◇市民を雇わない国家―日本が公務員の少ない国へと至った道　前田健太郎著　東京大学出版会　2014.9　306p　22cm〈文献あり　索引あり〉①978-4-13-030160-2　Ⓝ317.3　[5800円]

日本（人事行政―法令）
◇人事小六法　平成27年版　人事法制研究会編　学陽書房　2014.9　2159p　19cm〈索引あり〉①978-4-313-01390-2　Ⓝ317.3　[5800円]

日本（人事行政―歴史―1945～）
◇公務員制度改革と政治主導―戦後日本の政治任用制　出雲明子著　秦野　東海大学出版部　2014.12　442p　22cm〈文献あり　索引あり〉①978-4-486-02040-0　Ⓝ317.3　[6000円]

日本（新宗教）
◇カルトからの脱会と回復のための手引き―〈必ず光が見えてくる〉本人・家族・相談者が対話を続けるために　日本脱カルト協会編　改訂版　三鷹　遠見書房　2014.10　237p　19cm〈文献あり〉①978-4-904536-82-7　Ⓝ169.1　[1900円]

日本（人種差別）
◇日本型排外主義―在特会・外国人参政権・東アジア地政学　樋口直人著　名古屋　名古屋大学出版会　2014.2　256,42p　22cm〈文献あり　索引あり〉①978-4-8158-0763-4　Ⓝ316.81　[4200円]
◇NOヘイト！―出版の製造者責任を考える　ヘイトスピーチと排外主義に加担しない出版関係者の会編, 加藤直樹, 神原元, 明戸隆浩著　ころから　2014.11　142p　19cm〈内容：現代の「八月三一日」に生きる私たち（加藤直樹述）　書店員は「ヘイト本」をどう見ているのか？　出版業界の製造者責任（岩下結司会, 加藤直樹ほか述）　ヘイトスピーチと法規制（神原元, 明戸隆浩著）〉①978-4-907239-10-7　Ⓝ316.81　[900円]
◇ヘイト・スピーチ〈差別煽動表現〉を許してはいけない　韓国民団中央本部編, 安田浩一, 有田芳生, 師岡康子, 金展克[執筆]　新幹社　2014.9（2刷）117p　21cm〈内容：ヘイト・スピーチを駆り立てる「在日特権」の正体（安田浩一著）　再び、奴らを通すな！（有田芳生著）　国際人権基準からみたヘイト・

日本件名図書目録2014　Ⅰ　　　　　　　　　　　　　　　　　　　　　　　　　　　　　　　　　　　　　　　日本（信託法）

スピーチ規制問題（師岡康子著）　2013年，新大久保で起きた出来事について（金展克著）〉978-4-88400-107-0　Ⓝ316.81［1200円］

◇ヘイトスピーチってなに？　レイシズムってどんなこと？　のりこえねっと編　七つ森書館　2014.4　179p　19cm　（のりこえブックス）〈内容：東アジアを大事にしないと，日本は歴史から遅れる（石井ポンペ著）　もっと寛容な社会を！（宇都宮健児著）　理不尽な要求（河野義行著）　在特会（佐高信著）　愛国者への疑惑（鈴木邦男著）　根はもっと深いところにある（田中宏著）　差別を消費する日本人（田中優子著）　自分が発した言葉は自分に返る（知花昌一著）　人間らしく「ともに生きる」社会（西田一美著）　協力しあって発展していくこと（村山富市著）　いまかつてない日本の危機（和田春樹著）　違いを乗り越えていく社会へ（松岡徹著）　問題を真正面から捉える（若森資朗著）　大爆笑女語り!!ヘイトを斬る！（上野千鶴子，辛淑玉，北原みのり著）　表現の自由を守るためにどうすればよいか（前田朗著）　ネトウヨ・ヘイトスピーチ・レイシズム（中沢けい著）　ヘイトスピーチに必要な「ケアの視点」（香山リカ著）〉978-4-8228-1400-7　Ⓝ316.81　［1600円］

◇ヘイト・スピーチに抗する人びと　神原元著　新日本出版社　2014.12　214p　19cm　978-4-406-05861-2　Ⓝ316.81［1600円］

◇ヘイト・スピーチの法的研究　金尚均編，森千香子，安田浩一，中村一成，遠藤比呂通，小谷順子，櫻庭総［執筆］　京都　法律文化社　2014.9　186p　21cm　〈内容：ヘイト・スピーチとレイシズムの関係性（森千香子著）　新保守運動とヘイト・スピーチ（安田浩一著）　ヘイト・スピーチとその被害（中村一成著）　表現の自由とは何か（遠藤比呂通著）　表現の自由（小谷順子著）　言論規制消極論の意義と課題（小谷順子著）　刑法における表現の自由の限界（櫻庭総著）　名誉に対する罪によるヘイト・スピーチ規制の可能性（櫻庭総著）　ヘイト・スピーチ規制の意義と特殊性（金尚均著）　ヘイト・スピーチに対する処罰の可能性（金尚均著）〉978-4-589-03618-6　Ⓝ316.81　［2800円］

◇ルポ京都朝鮮学校襲撃事件─〈ヘイトクライム〉に抗して　中村一成著　岩波書店　2014.2　232p　19cm　〈文献あり〉978-4-00-025964-4　Ⓝ316.81　［1800円］

日本（人身売買─歴史─安土桃山時代）

◇人身売買・奴隷・拉致の日本史　渡邊大門著　柏書房　2014.4　224p　20cm　〈文献あり〉978-4-7601-4327-6　Ⓝ210.46［2200円］

日本（人身売買─歴史─昭和後期）

◇戦後初期人身売買／子ども労働問題資料集成　第5巻　人身売買資料　5　藤野豊編　編集復刻版　六花出版　2014.6　506p　23cm　〈内容：長欠児調査点描「婦人と年少者．32号」東京婦人少年室1956年刊〕ほか〉978-4-905421-47-4,978-4-905421-46-7（set）　Ⓝ368.4

◇戦後初期人身売買／子ども労働問題資料集成　第6巻　人身売買資料　6　藤野豊編　編集復刻版　六花出版　2014.6　428p　23cm　〈折り込1枚：長欠児童の就労について「婦人と年少者．6巻1号」1958年刊〕ほか〉978-4-905421-48-1,978-4-905421-46-7（set）　Ⓝ368.4

日本（人身売買─歴史─室町時代）

◇人身売買・奴隷・拉致の日本史　渡邊大門著　柏書房　2014.4　224p　20cm　〈文献あり〉978-4-7601-4327-6　Ⓝ210.46［2200円］

日本（神像─歴史─平安時代─図集）

◇日本美術全集　4　密教寺院から平等院へ─平安時代1　辻惟雄，泉武夫，山下裕二，板倉聖哲編集委員　伊東史朗責任編集　小学館　2014.12　303p　38cm　〈文献あり　年表あり　付属資料：2枚：月報13　布装〉978-4-09-601104-1　Ⓝ702.1［15000円］

日本（親族法）

◇新基本民法　7　家族編─女性と子どもの法　大村敦志著　有斐閣　2014.12　207p　22cm　〈索引あり〉978-4-641-13694-6　Ⓝ324［1700円］

◇親族法・相続法講義　山川一陽著　第6版　日本加除出版　2014.3　381p　21cm　〈索引あり〉978-4-8178-4144-5　Ⓝ324.6　［3600円］

◇図解民法（親族・相続）平成26年版　田中千草他監修　大蔵財務協会　2014.7　468p　26cm　〈索引あり〉978-4-7547-2122-0　Ⓝ324.6　[3056円]

◇民法─親族・相続　松川正毅著　第4版　有斐閣　2014.12　366p　19cm　（有斐閣アルマ）〈索引あり〉978-4-641-22030-0　Ⓝ324.6　[2200円]

◇民法　7　親族・相続　高橋朋子，床谷文雄，棚村政行著　第4版　有斐閣　2014.10　453p　19cm　（有斐閣アルマ）〈文献あり　索引あり〉978-4-641-22033-1　Ⓝ324　［2400円］

◇要件事実民法　7　親族　大江忠著　第4版　第一法規　2014.6　510p　22cm　〈索引あり〉978-4-474-10332-0　Ⓝ324［5800円］

日本（親族法─判例）

◇新・判例ハンドブック　親族・相続　二宮周平，潮見佳男編著　日本評論社　2014.3　211p　19cm　〈索引あり〉978-4-535-00823-6　Ⓝ320.981　[1400円]

◇判例先例渉外親族法　大塚正之著　日本加除出版　2014.8　853p　22cm　〈索引あり〉978-4-8178-4179-7　Ⓝ324.6［9800円］

◇民法判例集　親族・相続　内田貴，水野紀子，大村敦志，道垣内弘人編　有斐閣　2014.4　380p　22cm　〈索引あり〉978-4-641-13671-7　Ⓝ324.098［2800円］

◇論点体系判例民法　9　親族　能見善久，加藤新太郎編集　第2版　第一法規　2013.12　634p　22cm　〈索引あり〉978-4-474-10327-6　Ⓝ324.098［4800円］

日本（身体障害者福祉）

◇奏であういのち─脳性まひとALSの人たちをめぐる物語　樋高知子著　青海社　2014.6　302p　21cm　〈文献あり〉978-4-902249-71-2　Ⓝ369.27　［1800円］

日本（身体障害者福祉─法令）

◇全国手話通訳問題研究会情勢資料集─聴覚障害者福祉の向上と手話通訳制度の確立をめざして　全国手話通訳問題研究会企画・編集　京都　全国手話通訳問題研究会　2014.8　107p　30cm　Ⓝ369.276

日本（信託）

◇新しい家族信託─遺言相続，後見に代替する信託の実際の活用法と文例　遠藤英嗣著　増補　日本加除出版　2014.8　559p　21cm　〈索引あり〉978-4-8178-4182-7　Ⓝ324.82　［4900円］

◇金融取引と課税　3　トラスト60　2014.7　157p　26cm　（トラスト60研究叢書）〈内容：法人格を有する信託としての財団法人（中里実著）　外国税額控除の設計（増井良啓著）　Reich論文の”super-matching”ruleの紹介及び信託等を通じたマッチングの意義と限界（浅妻章如著）　アメリカ法における政府私人間契約の解釈準則United States v Winstar Corp.,518 U.S.839(1996)の検討（渕圭吾著）　UCITS Ⅳに対応した英国税制の動向（吉村政穂著）　所得の「帰属」・再考（序説）（藤谷武史著）　年齢・主体・課税に関する研究ノート（神山弘行著）〉345.1　［非売品］

◇資産運用と相続対策を両立する不動産信託入門　千賀修一著　幻冬舎メディアコンサルティング　2013.12　199p　21cm　（幻冬舎（発売）文献あり〉978-4-344-97001-4　Ⓝ338.8　［1300円］

◇実務家のための遺言信託相談事例Q&A─確かな対応で，顧客の信頼を得る！　櫻井喜久司，梅木佳則編　清文社　2014.12　246p　21cm　978-4-433-55454-5　Ⓝ324.97　［2400円］

◇信託を活用したケース別相続・贈与・事業承継対策　成田一正監修，JPコンサルタンツ・グループ編，髙橋倫彦，石脇俊司著　日本法令　2014.1　200p　21cm　978-4-539-72358-6　Ⓝ336.985　［2200円］

◇信託入門　友松義信著　金融財政事情研究会　2014.12　256p　19cm　（KINZAIバリュー叢書）〈きんざい（発売）〉978-4-322-12614-3　Ⓝ338.8　［1800円］

◇信託目録の理論と実務─作成基準と受益者変更登記の要点　渋谷陽一郎著　民事法研究会　2014.7　419p　21cm　〈文献あり〉978-4-89628-953-4　Ⓝ324.86　［4000円］

◇図解相続対策で信託・一般社団法人を使いこなす　宮田房枝著　中央経済社　2014.10　183p　21cm　〈文献あり　索引あり〉978-4-502-11821-0　Ⓝ324.82　［2300円］

◇願いが叶う!!想いが実る!!究極の財産管理ツール民事信託超入門─改正信託法をフル活用するための基礎知識と21の活用事例　河合保弘著　日本加除出版　2014.9　300p　21cm　978-4-8178-4185-8　Ⓝ324.82　［2700円］

日本（信託会社─会計）

◇Q&A業種別会計実務　15　信託　トーマツ金融インダストリーグループ著　中央経済社　2014.4　160p　21cm　978-4-502-09300-5　Ⓝ336.9　［2200円］

日本（信託法）

◇商事法・法人法の観点から見た信託　トラスト60　2014.6　153p　26cm　（トラスト60研究叢書）〈内容：商事信託法と業法・特別法（田澤元章著）　詐害的社会分割・詐害信託に見る会社と信託の異同について（高橋美加著）　信託報酬について（小出篤著）　信託と情報提供（弥永真生著）　信託を用いた株

日本（信託法―判例）

式の議決権と経済的な持分の分離（白井正和著）　信託法と商行為法の交錯（神作裕之著）　Ⓝ324.82　［非売品］

◇信託及び資産の管理運用制度における受託者及び管理者の法的地位　関西信託研究会［編］　トラスト60　2014.3　205p　26cm　（トラスト60研究叢書）　Ⓝ324.82　［非売品］

◇信託に関する登記　横山亘著　第2版　テイハン　2013.7　656p　22cm　Ⓘ978-4-86096-071-1　Ⓝ324.86　［6096円］

◇信託法講義　神田秀樹, 折原誠著　弘文堂　2014.7　367p　21cm　〈文献あり　索引あり〉　Ⓘ978-4-335-35598-1　Ⓝ324.82　［3000円］

◇信託法セミナー　2　受託者　能見善久, 道垣内弘人編　有斐閣　2014.6　426p　22cm　〈索引あり〉　Ⓘ978-4-641-13663-2　Ⓝ324.82　［4200円］

日本（信託法―判例）

◇詳解信託判例―信託実務の観点から　みずほ信託銀行, 堀総合法律事務所編　金融財政事情研究会　2014.7　479p　22cm　〈きんざい（発売）索引あり〉　Ⓘ978-4-322-12570-2　Ⓝ324.82　［6000円］

日本（新聞）

◇安倍官邸と新聞―「二極化する報道」の危機　徳山喜雄著　集英社　2014.8　253p　18cm　（集英社新書　0751）　Ⓘ978-4-08-720751-4　Ⓝ070.21　［760円］

◇新聞ジャーナリズム論―リップマンの視点から中国報道を読む　高井潔司, 西茹共著　相模原　桜美林大学北東アジア総合研究所　2013.9　204p　18cm　Ⓘ978-4-904794-38-8　Ⓝ070.21　［800円］

日本（新聞―統計）

◇特定サービス産業実態調査報告書　平成25年　新聞業、出版業編　［東京］　経済産業省大臣官房調査統計グループ　2014.12　127p　30cm　Ⓝ673.9

日本（新聞―歴史―明治時代）

◇ジョン・レディ・ブラック―近代日本ジャーナリズムの先駆者　奥武則著　岩波書店　2014.10　319,9p　22cm　〈文献あり　年譜あり　表紙のタイトル：John Reddie Black〉　Ⓘ978-4-00-025998-9　Ⓝ070.21　［6800円］

日本（新聞記者―歴史―明治以後）

◇伝説の鉄道記者たち―鉄道に物語を与えた人々　堤哲著　交通新聞社　2014.12　270p　18cm　（交通新聞社新書　074）　〈文献あり〉　Ⓘ978-4-330-52514-3　Ⓝ070.16　［800円］

日本（新聞社）

◇新聞・通信社のための人事・労務Q&A　2014年版　日本新聞協会労務委員会人事管理研究会編著, 安西法律事務所監修　日本新聞協会　2014.10　223p　21cm　〈文献あり〉　Ⓘ978-4-88929-063-9　Ⓝ336.4　［1204円］

日本（新聞社―名簿）

◇日本マスコミ総覧　2013年―2014年版　文化通信社編集　文化通信社　2014.3　883p　26cm　Ⓘ978-4-938347-30-7　Ⓝ070.35　［19000円］

日本（人名辞典）

◇藤堂高虎家臣辞典　佐伯朗編　増補　［東京］　［佐伯朗］　2013.6　214p　30cm　〈附・分限帳等〉　Ⓝ210.52　［4500円］

◇夏目漱石周辺人物事典　原武哲, 石田忠彦, 海老井英次編　笠間書院　2014.7　581,21p　24cm　〈年譜あり　索引あり〉　Ⓘ978-4-305-70722-2　Ⓝ910.268　［5500円］

◇日本人物レファレンス事典　政治・外交篇〈近現代〉あ～そ　日外アソシエーツ株式会社編集　日外アソシエーツ　2014.10　665p　21cm　〈紀伊國屋書店（発売）〉　Ⓘ978-4-8169-2504-7（set）　Ⓝ281.03

◇日本人物レファレンス事典　政治・外交篇〈近現代〉た～わ　日外アソシエーツ株式会社編集　日外アソシエーツ　2014.10　644p　21cm　〈紀伊國屋書店（発売）〉　Ⓘ978-4-8169-2504-7（set）　Ⓝ281.03

◇日本の祭神事典―社寺に祀られた郷土ゆかりの人びと　日外アソシエーツ株式会社編　日外アソシエーツ　2014.1　557p　21cm　〈紀伊國屋書店（発売）〉　Ⓘ978-4-8169-2449-1　Ⓝ281.03　［13800円］

日本（新薬開発―歴史―1945～）

◇日本のワクチン―開発と品質管理の歴史的検証　山崎修道監修, 倉根一郎日本ワクチン学会編集委員会代表　大阪　医薬ジャーナル社　2014.3　335p　27cm　〈索引あり　編集委員会：石川豊数ほか〉　Ⓘ978-4-7532-2654-2　Ⓝ492.39　［7800円］

日本（新薬承認）

◇医薬品/医療機器の承認申請書の上手な書き方・まとめ方―審査に不可欠なデータ・情報の取得の仕方　菅原隆企画編集

技術情報協会　2014.6　491p　図版3p　31cm　〈文献あり〉　Ⓘ978-4-86104-520-2　Ⓝ499.091　［80000円］

◇医薬品承認申請ガイドブック　2013-2014　日本薬剤師研修センター編　薬事日報社　2014.2　518p　26cm　Ⓘ978-4-8408-1258-0　Ⓝ499.091　［4800円］

◇日本の新薬―新薬承認審査報告集　第60巻　平成25年2月承認分 / 平成25年3月承認分　1　日本医薬情報センター編　日本医薬情報センター　2014.10　909p　26cm　Ⓘ978-4-86515-045-2　Ⓝ499.1　［22000円］

◇日本の新薬―新薬承認審査報告集　第61巻　平成25年3月承認分　2 / 平成25年4月承認分 / 平成25年5月承認分 / 平成25年6月承認分　1　日本医薬情報センター編　日本医薬情報センター　2014.10　907p　26cm　Ⓘ978-4-86515-046-9　Ⓝ499.1　［22000円］

◇日本の新薬―新薬承認審査報告集　第62巻　平成25年6月承認分　2　日本医薬情報センター編　日本医薬情報センター　2014.10　890p　26cm　Ⓘ978-4-86515-047-6　Ⓝ499.1　［22000円］

◇日本の新薬―新薬承認審査報告集　第63巻　平成25年6月承認分　3 / 平成25年8月承認分 / 平成25年9月承認分　1　日本医薬情報センター編　日本医薬情報センター　2014.10　935p　26cm　Ⓘ978-4-86515-048-3　Ⓝ499.1　［22000円］

◇日本の新薬―新薬承認審査報告集　第64巻　平成25年9月承認分　2 / 平成25年11月承認分 / 平成25年12月承認分　日本医薬情報センター編　日本医薬情報センター　2014.10　919p　26cm　Ⓘ978-4-86515-049-0　Ⓝ499.1　［22000円］

日本（信用組合―名簿）

◇全国信用組合名簿　平成27年版　金融図書コンサルタント社　2014.12　309p　22cm　〈索引あり〉　Ⓘ978-4-87404-078-2　Ⓝ338.73　［6000円］

日本（森林）

◇行こう「玉手箱の森」　矢部三雄著　日本林業調査会　2013.12　239p　19cm　Ⓘ978-4-88965-235-2　Ⓝ652.1　［1200円］

◇モニタリングサイト1000森林・草原調査報告書　平成25年度富士吉田　環境省自然環境局生物多様性センター　2014.3　1冊　30cm　〈平成25年度重要生態系監視地域モニタリング推進事業（森林・草原調査）, 請負者：自然環境研究センター　標題紙・表紙のタイトル：重要生態系監視地域モニタリング推進事業（森林・草原調査）調査報告書〉　Ⓝ653.17

◇よみがえれ、ふるさとの森林―林業再生の森林づくり　中川護著　文芸社　2014.10　182p　19cm　〈文献あり〉　Ⓘ978-4-286-15518-0　Ⓝ652.1　［1200円］

日本（森林計画）

◇森林総合監理士（フォレスター）基本テキスト　森林総合監理士（フォレスター）基本テキスト作成委員会編　全国林業改良普及協会　2014.7　251p　30cm　Ⓘ978-4-88138-309-4　Ⓝ651.1　［2300円］

日本（森林鉄道）

◇特撰森林鉄道情景　西裕之著　講談社　2014.11　159p　26cm　（鉄道・秘蔵記録集シリーズ）　〈文献あり〉　Ⓘ978-4-06-270312-3　Ⓝ656.24　［2800円］

日本（森林法）

◇森林計画業務必携　平成25年度版　日本林業調査会編集　日本林業調査会　2013.8　1842p　22cm　〈索引あり〉　Ⓘ978-4-88965-233-8　Ⓝ651.12　［6500円］

◇森林法に基づく林地開発許可申請の手引き　平成26年4月　［宇都宮］　栃木県環境森林部　2014.4　71p　30cm　Ⓝ651.12

日本（森林保護）

◇オオカミと森の教科書　朝倉裕著　雷鳥社　2014.5　319p　19cm　〈文献あり　絵：ささきみえこ〉　Ⓘ978-4-8441-3658-3　Ⓝ489.56　［1600円］

◇間伐・間伐材利用事例集―森林NPO・ボランティア団体による　2013　リンギョウこれから面白そう―企業、ボランティア団体、市民に広がる森づくり　国土緑化推進機構　2014.2　103p　30cm　〈緑の募金事業・特定公募事業「国民参加による間伐及び間伐材の利用促進事業」〉　Ⓝ650.4

◇漁民の森づくり活動等調査報告書　平成25年度　［東京］　海と渚環境美化・油濁対策機構　2014.3　45p　30cm　〈環境・生態系維持・保全活動等調査事業, 海の羽根募金事業〉　Ⓝ652.1

◇森林環境保全直接支援事業工程分析調査事業報告書　平成25年度　［東京］　林野庁　2014.2　222p　30cm　Ⓝ654

日本（森林利用―歴史―江戸時代―会議録）

◇江戸と木の文化―江戸遺跡研究会第26回大会：発表要旨　江戸遺跡研究会編　［東京］　江戸遺跡研究会　2013.2　14, 160p　26cm　〈文献あり　年表あり　会期・会場：2013年2月2日―3日　江戸東京博物館〉　Ⓝ652.1

日本件名図書目録2014　Ⅰ　　　　　　　　　　　　　　　　　　　　　　　　　　　　　　　　　　　　日本（水産業―統計）

日本（森林利用―歴史―原始時代）
◇ここまでわかった！ 縄文人の植物利用　工藤雄一郎, 国立歴史民俗博物館編　新泉社　2014.1　223p　21cm　〈歴博フォーラム〉〈内容：「人と植物の関わりの文化史」をもっと知ろう！（工藤雄一郎著）縄文人の植物利用（佐々木由香著）縄文人は森をどのように利用したのか（能城修一著）マメを育てた縄文人（小畑弘己著）縄文人がウルシに出会ったのはいつ？（鈴木三男著）適材適所の縄文人（千葉敏朗著）下宅部遺跡の漆関係資料からわかること（永嶋正春著）縄文人と植物との関わり（吉川昌伸著）イネと出会った縄文人（那須浩郎著）〉①978-4-7877-1317-9 Ⓝ210.25 ［2500円］

日本（神話）
◇出雲大社と千家氏の秘密　中見利男著　宝島社　2014.9　255p　19cm　〈文献あり〉①978-4-8002-3104-8 Ⓝ175.973 ［1300円］
◇出雲大社の謎　瀧音能之著　朝日新聞出版　2014.11　235p　18cm　（朝日新書 487）①978-4-02-273587-4 Ⓝ175.973 ［760円］
◇鬼道（おにがみのみち）の経典古事記を読む―仏教以前の倭の世界　配山實著　歴研　2014.4　285p　19cm　〈文献あり〉①978-4-86548-002-3 Ⓝ164.1 ［2000円］
◇国民の神話―日本人の源流を訪ねて　産経新聞社著　産経新聞出版　2014.4　271p　21cm　〈日本工業新聞社（発売）〉①978-4-8191-1241-3 Ⓝ913.2 ［1300円］
◇古代王権と出雲　森田喜久男著　同成社　2014.6　211p　22cm　（同成社古代史選書 12）〈内容：補完し合う「二つの出雲神話」 ヤマタノヲロチ退治神話成立の歴史的条件 国譲り神話と出雲 「所造天下大神」の狩猟神話とその背景 国引き神話と「薗の松山」 古代出雲西部の政治的情勢 出雲国造と朝酌郷 古代王権と出雲国造 律令制国家の成立と山陰道諸国〉①978-4-88621-666-3 Ⓝ217.3 ［5000円］
◇古代史謎解き紀行　2　神々の故郷出雲編　関裕二著　新潮社　2014.7　293p　16cm　（新潮文庫 せ-13-7）〈文献あり ポプラ社 2006年刊の再刊〉①978-4-10-136477-3 Ⓝ210.3 ［550円］
◇神代記―古事記　本田靖夫著　熱海　本田出版　2013.10　104, 14p　22cm　〈和装〉
◇神話の生成と折口学の射程　保坂達雄著　岩田書院　2014.11　487,11p　22cm　〈索引あり　内容：琉球国王の出自をめぐる歴史伝承 「佐銘川大ぬし由来記」の伝承世界 場天ノロから聞得大君へ、あるいはテダシロからツキシロへ 誕生と降誕 東アジアの日光感精型神婚譚 神功皇后と「如意珠」 「角鹿」というトポス 女の流離と女神の生成 天下を知る神、クエビコ 出雲国造神賀詞奏上儀礼の再検討 出雲国造関係記事叢口 「忌部神戸」と「三沢郷」 言語学から古代学へ 折口信夫と新仏教家藤無染 折口信夫藤無染同性愛試批判 折口信夫の飛鳥万葉旅行 折口信夫の沖縄採訪を促したもの 沖縄、本土からの視線 折口信夫が慶應義塾に招かれるまで 折口信夫の「言語情調論」 折口信夫の「精霊」 聖水信仰の発見 「琉球国王の出自」の出自〉①978-4-87294-887-5 Ⓝ164.1 ［14800円］
◇大麻と古代日本の神々　山口博著　宝島社　2014.3　235p　18cm　（宝島社新書 442）〈文献あり〉①978-4-8002-2456-9 Ⓝ164.1 ［762円］
◇日中比較神話学　王小林著　汲古書院　2014.1　288,4p　20cm　（汲古選書 66）〈文献あり 索引あり 内容：桃と祭礼 太公望と符命・冊命儀礼 桃源郷とアジール 漱石・魯迅・桃源郷〉①978-4-7629-5066-7 Ⓝ164.1 ［3500円］
◇日本神話伝　はしの蓮著　飛鳥新社　2014.8　263p　20cm　〈文献あり〉①978-4-86410-356-5 Ⓝ164.1 ［1500円］
◇日本神話の男と女―「性」という視点　堂野前彰子著　三弥井書店　2014.7　316p　21cm　〈文献あり　内容：神話としての「一夜孕み」 雷神に象徴される父性 母性の欠如あるいは父と子の対立 「ホ」の御子の物語 色好みの王 嫉妬の構造 「在地の妻」という話型 「妹」と「妻」 采女 遊行女婦 境界を越えていく女 「性」の禁忌と婚姻〉①978-4-8382-3265-9 Ⓝ164.1 ［2800円］
◇日本の神様　CR&LF研究所著　マイナビ　2014.2　127p　19cm　〈索引あり 英語併記〉①978-4-8399-4966-2 Ⓝ164.1 ［1200円］
◇日本の神話・伝説を歩く　吉元昭治著　勉誠出版　2014.8　490p　23cm　〈索引あり〉①978-4-585-22087-9 Ⓝ164.1 ［4800円］

◇引き算思考の日本文化―物語に映ったこころを読む　橋本雅之著　大阪　創元社　2014.6　182p　20cm　〈文献あり〉①978-4-422-30049-8 Ⓝ361.42 ［2000円］
◇日向神話千三百年の旅―天孫降臨から神武東征へ　池田雅之, 比郷泰道編著　宮崎　鉱脈社　2014.6　243p　19cm　（みやざき文庫 106）〈内容：日向神話を読む（三浦佑之述）『古事記』の中の古代日向（北郷泰道述） 日向から大和へ（池田雅之述） 神話と神楽（永松敦述） 暮らしの中に生きる神話（後藤俊彦述）〉①978-4-86061-540-6 Ⓝ164.1 ［1600円］
◇ヒルコ―棄てられた謎の神　戸矢学著　増補新版　河出書房新社　2014.4　201p　20cm　〈文献あり〉①978-4-309-22611-8 Ⓝ164.1 ［1700円］
◇萌える！ 日本神話の女神事典　TEAS事務所著　ホビージャパン　2014.7　207p　19cm　〈文献あり 索引あり〉①978-4-7986-0845-7 Ⓝ164.1 ［1500円］

日本（神話―歴史―中世）
◇中世日本の神話・文字・身体　小川豊生著　森話社　2014.4　729p　22cm　〈索引あり　内容：神話の変奏 愛染王の来歴 院政期王権と修法の身体 調伏の思想 日本中世神学の誕生 十三世紀神道言説における禅の強度 性と虚円の中世神学 赤白二渧のプネウマトロジー 『麗気記』〈天礼巻〉と秘教的世界 三界を建立する神 神話表象としての〈大海〉胎内五位の形態学 生殖する文字 幻像の悉曇 中世の書物と身体 偽書のトポス 儀礼空間のなかの書物 中世叡山と記家の言説 おわりに―建立する中世へ〉①978-4-86405-061-6 Ⓝ188.52 ［9200円］

日本（水害）
◇激化する水災害から学ぶ　土屋十圀著　鹿島出版会　2014.9　172p　21cm　〈索引あり〉①978-4-306-09437-6 Ⓝ517.57 ［2300円］
◇平成25年台風第18号による9月15日から17日にかけての大雨、暴風及び突風―災害時気象速報　［東京］　気象庁　2014.1　80p　30cm　（災害時自然現象報告書 2014年 第1号）Ⓝ369.33
◇平成26年台風第8号及び梅雨前線による7月6日から11日にかけての大雨及び暴風―災害時気象速報　［東京］　気象庁　2014.9　74p　30cm　（災害時自然現象報告書 2014年 第3号）Ⓝ369.33

日本（水害予防）
◇激化する水災害から学ぶ　土屋十圀著　鹿島出版会　2014.9　172p　21cm　〈索引あり〉①978-4-306-09437-6 Ⓝ517.57 ［2300円］
◇防災・減災・復旧被災地からおくるノウハウ集―水害現場でできたこと、できなかったこと　水害サミット実行委員会編　新改訂　毎日新聞社　2014.3　211p　21cm　〈初版のタイトル等：被災地からおくる防災・減災・復旧ノウハウ（ぎょうせい 2007年刊）〉①978-4-620-32256-8 Ⓝ369.33 ［2500円］

日本（水源林）
◇水源の森づくり五十年―水源林造成事業の記録　髙橋利見著　岐阜　髙橋利見　2014.3　449p 図版16p　22cm　〈朝日新聞出版（発売）文献あり〉①978-4-02-100232-8 Ⓝ653.9 ［2500円］

日本（水産加工業）
◇地域水産物を活用した商品開発と衛生管理―6次産業化必携!!　平塚聖一編著　幸書房　2014.11　133p　26cm　①978-4-7821-0394-4 Ⓝ667 ［2500円］

日本（水産業）
◇次世代へつなぐ農林水産業―復興と競争力強化に向けて　日本都市センター企画・編集　［東京］　日本都市センター　2014.3　122p　21cm　（日本都市センターブックレット no.34）〈内容：基調講演 東日本大震災からの農業の復興と競争力強化の方向（門間敏幸述） 事業報告 根室産水産物輸出プロジェクト（長谷川俊輔述） 農業を得意政策に（片岡聡一述）〉①978-4-904619-64-3 Ⓝ612.1 ［1500円］
◇水産の動向 平成25年度 / 水産施策 平成26年度　［東京］　［水産庁］　［2014］　217, 25p　30cm　〈第186回国会（常会）提出〉Ⓝ661.1
◇水産白書 平成26年版　水産庁/編　農林統計協会　2014.7　217p　30cm　①978-4-541-03986-6 ［2400円］
◇その時私は……―水産業界人我が思い出のスナップ　水産タイムズ社編　水産タイムズ社　2013.12　203p　21cm　①978-4-902904-14-7 Ⓝ662.1 ［2500円］
◇日本の海から魚が消える日―ウナギとマグロだけじゃない！　小松正之著　マガジンランド　2014.5　205p　19cm　〈文献あり〉①978-4-86546-011-7 Ⓝ662.1 ［1463円］

日本（水産業―統計）
◇ポケット農林水産統計 平成25年版　農林水産省大臣官房統計部/編　農林統計協会　2014.1　479p　19cm　①978-4-541-03957-6 ［2300円］

777

日本（水産業—特許）　　　　　　　　　　　　　　　　　　　　　　　　日本件名図書目録2014　Ⅰ

日本（水産業—特許）
◇漁業に取り組む全企業—特許データからビジネスチャンスを探る　2014　ネオテクノロジー　2014.2　51, 187p　30cm　Ⓝ662.1　[48000円]

日本（水産業—法令）
◇農林水産六法　平成26年版　農林水産法令研究会編　学陽書房　2014.3　1868p　22cm　〈索引あり〉　①978-4-313-00889-2　Ⓝ611.12　[12000円]

日本（水産業協同組合）
◇Q&A法人登記の実務水産業協同組合　山中正登著　日本加除出版　2014.1　256p　21cm　①978-4-8178-4131-5　Ⓝ661.61　[2300円]

日本（水産行政）
◇農林水産予算の概要—未定稿　平成26年度　［東京］　農林水産省大臣官房予算課　2014.1　196p　30cm　Ⓝ611.1

日本（水産資源）
◇日本の海から魚が消える日—ウナギとマグロだけじゃない！　小松正之著　マガジンランド　2014.5　205p　19cm　〈文献あり〉　①978-4-86546-011-7　Ⓝ662.1　[1463円]
◇我が国周辺水域の漁業資源評価　平成25年度　［東京］　水産庁増殖推進部　2014.3　3冊　30cm　〈文献あり〉　共同刊行：水産総合研究センター　内容：第1分冊　魚種群系群別資源評価・TAC種　第2分冊　魚種別系群別資源評価・TAC種以外　第3分冊　魚種別系群別資源評価・TAC種以外）　Ⓝ663.6

日本（水産物）
◇水産物取扱いにおける小売業の動向と現代的特徴—平成25年度事業報告　東京水産振興会編　東京水産振興会　2014.12　116p　30cm　Ⓝ661.4

日本（水質汚濁）
◇暫定排水基準設定項目に係る排水規制検討調査業務報告書—環境省請負業務結果報告書　平成25年度　［東京］　日水コン　2014.3　231p　30cm　Ⓝ519.4
◇水域類型指定検討調査業務報告書　平成25年度　［大阪］　環境総合テクノス　2014.3　1冊　30cm　Ⓝ519.4
◇水質汚濁未規制物質排出状況調査業務報告書　平成25年度　［東京］　エヌエス環境　2014.3　106, 11p　30cm　Ⓝ519.4
◇水質流出解析　海老瀬潜一著　技報堂出版　2014.2　217p　21cm　〈索引あり〉　①978-4-7655-3462-8　Ⓝ519.4　[3200円]
◇排水対策検討調査業務報告書　平成25年度　［東京］　環境省　2014.3　197p　30cm　〈共同刊行：材料科学技術振興財団〉　Ⓝ519.4
◇水環境中の要調査項目等存在状況調査業務報告書　平成25年度　［東京］　化学物質評価研究機構　2014.3　71, 26p　30cm　（環境省請負業務報告書　平成25年度）　Ⓝ519.4

日本（水生昆虫—観察）
◇水生昆虫観察図鑑—その魅力と楽しみ方：ゲンゴロウ、タガメ、コオイムシ、タイコウチ、ミズカマキリ　森文俊, 渡部晃平, 関山恵太, 内山りゅうほか［執筆・撮影・企画］　横浜ピーシーズ　2014.7　176p　21cm　〈文献あり　索引あり〉　①978-4-86213-109-6　Ⓝ486.021　[2315円]

日本（水生植物—図集）
◇日本の水草　角野康郎著　文一総合出版　2014.9　326p　22cm　〈ネイチャーガイド〉　〈文献あり　索引あり〉　①978-4-8299-8401-7　Ⓝ471.74　[3500円]

日本（水生生物）
◇水生・底生生物を用いた総毒性試験と毒性同定による生活関連物質評価・管理手法の開発　平成22年度—平成24年度　徳島大学, 京都大学, 千葉工業大学［著］　［東京］　環境省総合環境政策局総務課環境研究技術室　2013.5　77p　30cm　（環境省環境研究総合推進費終了研究成果報告書）　〈共同刊行：環境省環境保健部環境安全課環境リスク評価室ほか〉　Ⓝ519.4

日本（水田農業）
◇我が国の水田農業を考える　上巻　EUの直接支払制度と日本への示唆　星勉監修　星勉, 石井圭一, 安藤光義著　筑波書房　2014.10　58p　21cm　（JC総研ブックレット No.7）　①978-4-8119-0447-4　Ⓝ611.73　[750円]

日本（水道）
◇水道資機材総合事典　vol. 3　2013　大阪　水道産業新聞社　2013.7　240p　30cm　Ⓝ528.1　[3000円]
◇水道事業における官民連携に関する手引き　［東京］　厚生労働省健康局水道課　2014.3　1冊　30cm　Ⓝ518.1
◇水道事業における広域化事例及び広域化に向けた検討事例集　［東京］　厚生労働省健康局水道課　2014.3　1冊　30cm　〈年表あり〉　Ⓝ518.1

◇水道事業の運営に係る調査の整理・集計業務報告書　平成25年度　［東京］　厚生労働省健康局水道課　2014.3　2, 10, 165p　30cm　〈背のタイトル：水道事業の運営に係る調査整理・集計業務報告書〉　Ⓝ518.1
◇水道施設危機管理体制構築に係る調査検討業務報告書　［東京］　日本水道協会　2014.3　158p　30cm　〈平成25年度厚生労働省受託〉　Ⓝ518.1
◇水道施設設置状況等基礎調査報告書　平成25年度　［東京］　日水コン　2014.3　292p　30cm　Ⓝ518.1
◇「都道府県水道ビジョン」作成の手引き／「水道事業ビジョン」作成の手引き　［東京］　厚生労働省健康局水道課　2014.3　1冊　30cm　Ⓝ518.1

日本（水道—統計）
◇水道統計要覧　平成24年度　日本水道協会水道統計編纂専門委員会編　日本水道協会　2014.3　92p　30cm　Ⓝ518.1

日本（炊飯器—特許）
◇特許情報分析（パテントマップ）から見た炊飯器に関する技術開発実態分析調査報告書　インパテック株式会社編纂　パテントテック社　2013.3　231p　30cm　〈タイトルは標題紙による〉　①978-4-86483-203-8　Ⓝ545.88　[56700円]

日本（水利）
◇全国源流サミット報告書　第4回　みなかみ町（群馬県）　みなかみ町まちづくり交流課　2014.3　92p　30cm　〈会期：平成25年7月5日—7日〉　Ⓝ517.6

日本（推理小説）
◇日本推理作家協会賞受賞作全集　91　本格ミステリの現在　上　笠井潔編　双葉社　2014.6　293p　15cm　（双葉文庫　か-46-01）　〈底本：本格ミステリの現在（国書刊行会　1997年刊）底本：名探偵はなぜ時代から逃れられないのか（講談社　2007年刊）　内容：竹本健治論（千街晶之著）　笠井潔論（法月綸太郎著）　島田荘司論（法月綸太郎著）　東野圭吾論（北村薫著）　綾辻行人論（濤岡寿子著）　折原一論（田中博著）　法月綸太郎論（巽昌章著）　有栖川有栖論（千街晶之著）〉　①978-4-575-65890-3　Ⓝ913.68　[694円]
◇日本推理作家協会賞受賞作全集　92　本格ミステリの現在　下　笠井潔編　双葉社　2014.6　262p　15cm　（双葉文庫　か-46-02）　〈底本：本格ミステリの現在（国書刊行会　1997年刊）　内容：宮部みゆき論（濤岡寿子著）　我孫子武丸論（夏来健次著）　北村薫論（加納朋子著）　山口雅也論（有栖川有栖著）　麻耶雄嵩論（佳多山大地著）　井上夢人論（田中博著）　二階堂黎人論（鷹城宏著）　京極夏彦論（武田信明著）〉　①978-4-575-65891-0　Ⓝ913.68　[676円]
◇読み出したら止まらない！　国内ミステリーマストリード100　千街晶之著　日本経済新聞出版社　2014.3　348p　15cm　（日経文芸文庫　せ1-1）　〈文献あり〉　①978-4-532-28031-4　Ⓝ910.26　[680円]

日本（推理小説—小説集）
◇ザ・ベストミステリーズ—推理小説年鑑　2014　日本推理作家協会/編　講談社　2014.5　349p　19cm　①978-4-06-114915-1　[1600円]

日本（推理小説—歴史—昭和後期）
◇戦後の講談社と東都書房　原田裕著　論創社　2014.8　209p　19cm　（出版人に聞く 14）　①978-4-8460-1338-7　Ⓝ023.1　[1600円]

日本（推理小説—歴史—明治以後）
◇日本ミステリー小説史—黒岩涙香から松本清張へ　堀啓子著　中央公論新社　2014.9　272p　18cm　（中公新書 2285）　〈文献あり　索引あり〉　①978-4-12-102285-1　Ⓝ910.26　[880円]

日本（水路誌）
◇本州北西岸水路誌　［平成24年3月］　追補　第2　海上保安庁海洋情報部編　海上保安庁　2014.2　11p　30cm　（書誌　第102号　追）　〈共同刊行：日本水路協会〉　Ⓝ557.7823
◇本州南・東岸水路誌—本州東岸・本州南岸, 四国南岸・南方諸島等　海上保安庁海洋情報部編　海上保安庁　2014.3　388p　30cm　（書誌　第101号）　〈共同刊行：日本水路協会　折り込み3枚〉　Ⓝ557.782

日本（スーパーマーケット）
◇新スーパーマーケット革命—ビッグビジネスへのチェーン化軌道　桜井多恵子著　ダイヤモンド・フリードマン社　2014.7　255p　19cm　〈ダイヤモンド社（発売）〉　①978-4-478-09039-8　Ⓝ673.86　[2000円]

日本（スーパーマーケット—法令）
◇スーパーマーケット店長法律ハンドブック　2014年版　「食品商業」編集部編, 消費経済研究所, 渡邉崇和, 石澤清貴, 小林清泰, 日本スーパーマーケット協会, 櫻庭周平著　商業界　2014.6　407p　21cm　①978-4-7855-0465-6　Ⓝ673.86　[1800円]

日本件名図書目録2014　Ⅰ　　　　　　　　　　　　　　　　　　　　　　　　　　日本（生活協同組合―会議録）

日本（スポーツ）

◇JOCスポーツ環境専門部会活動報告書　平成25年度　日本オリンピック委員会スポーツ環境専門部会編　日本オリンピック委員会スポーツ環境専門部会　2014.6　137p　30cm〈年表あり〉Ⓝ780.21

◇スポーツで輝こう！　大村義和著　宝塚　三帆舎　2014.4　179p　30cm　①978-4-9906229-4-7　Ⓝ780.21　［2500円］

◇スポーツによる元気な若者社会を創るために―平成24年度ライフステージに応じたスポーツ活動の推進のための調査研究報告書　日本レクリエーション協会　2013.3　127p　30cm〈文部科学省委託〉Ⓝ780.21

日本（スポーツ―伝記）

◇僕らが部活で手に入れたもの―あの時あの瞬間彼らアスリート達はいったい何を思い、何を考えていたのか？　高畑好秀著　スタジオタッククリエイティブ　2014.2　167p　21cm〈内容：岩政大樹（岩政大樹述）　佐藤理恵（佐藤理恵述）　三井浩二（三井浩二述）　葛和伸元（葛和伸元述）　今泉貴道（今泉貴道述）　中林良輔（中林良輔述）　浅津このみ（浅津このみ述）　木下公司（木下公司述）　野澤武史（野澤武史述）　徳永悠平（徳永悠平述）　松田公太（松田公太述）　陸川章（陸川章述）〉①978-4-88393-626-7　Ⓝ780.28　［1800円］

日本（スポーツ―統計）

◇子どものスポーツライフ・データ―4-9歳のスポーツライフに関する調査報告書　2013　笹川スポーツ財団　2013.12　135p　30cm　①978-4-915944-54-3　Ⓝ780.59　［2000円］

◇青少年のスポーツライフ・データ―10代のスポーツライフに関する調査報告書　2013　笹川スポーツ財団　2013.12　199p　30cm　①978-4-915944-53-6　Ⓝ780.59　［2000円］

日本（スポーツ―法令）

◇スポーツ法の実務―紛争類型別　多田光毅、石田晃士、椿原直編著　三協法規出版　2014.1　414p　21cm〈索引あり〉①978-4-88260-262-0　Ⓝ780　［4500円］

◇スポーツ六法　2014　小笠原正、塩野宏、松尾浩也編集代表　信山社　2014.4　24,816p　19cm〈年表あり　索引あり「SHINZANSHAスポーツ六法」の改題、巻次を継承〉①978-4-7972-5615-4　Ⓝ780　［2500円］

日本（スポーツ―世論）

◇体力・スポーツに関する世論調査　平成25年1月調査　［東京］　文部科学省スポーツ・青少年局スポーツ振興課　［2013］　229p　30cm　（世論調査報告書）Ⓝ780.21

日本（スポーツ―歴史―昭和前期）

◇地図で読み解く東京五輪―1940年・1964年・2020年　竹内正浩著　ベストセラーズ　2014.11　191p　18cm　（ベスト新書453）〈文献あり〉①978-4-584-12453-6　Ⓝ780.69　［1000円］

◇幻の東京オリンピック―1940年大会招致から返上まで　橋本一夫［著］　講談社　2014.1　284p　15cm　（講談社学術文庫2213）〈文献あり　日本放送出版協会　1994年刊の再刊〉①978-4-06-292213-5　Ⓝ780.69　［960円］

日本（スポーツ産業）

◇図表で見るスポーツビジネス　佐野昌行、黒田次郎、遠藤利文編著　叢文社　2014.4　276p　21cm　①978-4-7947-0724-6　Ⓝ780.21　［2000円］

◇「野球」が「ベースボール」になった日―SAMURAI JAPANの名付け親が明かす、もうひとつの"夢舞台"　平方彰著　日之出出版　2014.5　221p　18cm〈表紙のタイトル：The day when Yakyu became Baseball〉①978-4-89198-143-3　Ⓝ783.7　［1000円］

日本（スポーツ産業―統計）

◇特定サービス産業実態調査報告書　平成25年　スポーツ施設提供業編　［東京］　経済産業省大臣官房調査統計グループ　2014.12　109p　30cm　Ⓝ673.9

日本（スポーツ政策）

◇スポーツを活用した地域活性化に関する考察　柾本伸悦、永田靖、松本耕二、山本公平、渡辺泰弘［著］　広島　広島経済大学地域経済研究所　2014.1　83p　30cm　（広島経済大学地域経済研究所報告書）Ⓝ780.21

◇「スポーツ政策調査研究（スポーツ基本計画の評価に関する調査研究）」報告書　［東京］　新日本有限責任監査法人　2014.31冊　30cm　Ⓝ780.21

◇「スポーツ庁の在り方に関する調査研究事業」報告書　［東京］　新日本有限責任監査法人　2014.3　90p　30cm　Ⓝ780.21

◇スポーツのチカラ―東京オリンピック・パラリンピック戦略　遠藤利明著　論創社　2014.4　211p　19cm〈文献あり〉①978-4-8460-1329-5　Ⓝ780.21　［1200円］

日本（スマートシティ）

◇スマートコミュニティの実態と将来展望―スマートシティ市場実態／予測・関連市場／技術　2014　日本エコノミックセンター／編　日本エコノミックセンター, 通産資料出版会〔発売〕2014.5　200p　26cm　①978-4-901864-81-7　［70000円］

◇スマートコミュニティの実態と将来展望　2014年版　日本エコノミックセンター市場調査部編　日本エコノミックセンター　2014.4　200p　26cm　（市場予測・スマートシリーズ7 smart community編）①978-4-907908-34-8　Ⓝ518.8　［70000円］

日本（スマートハウス）

◇スマートハウス関連技術・市場の現状と将来展望　2013　東京マーケティング本部第二統括部第四部調査・編集　富士経済　2013.1　281p　30cm　①978-4-8349-1575-4　Ⓝ520.921　［100000円］

◇スマートハウス市場の実態と将来展望　2013年版　日本エコノミックセンター調査部編　日本エコノミックセンター　2013.3　200p　26cm　（市場予測・スマートシリーズ5 smart house編）Ⓝ520.921　［70000円］

日本（青果市場）

◇青果物のマーケティング―農協と卸売業のための理論と戦略　桂瑛一編著, 今泉秀哉, 石合雅志, 川島英昭, 小暮宜文著　京都　昭和堂　2014.12　198p　21cm〈索引あり〉①978-4-8122-1424-4　Ⓝ621.41　［2800円］

◇野菜ソムリエという、人を育てる仕事　福井栄治［著］　幻冬舎　2013.6　237p　16cm　（幻冬舎文庫　ふ-23-1）〈「野菜ソムリエをつくったわけ」（フェザンレーヴ　2010年刊）の改題、加筆修正〉①978-4-344-42031-1　Ⓝ673.7　［571円］

日本（生活）

◇衣食住の棚や箱中身の本　地球丸　2014.5　143p　21cm　（天然生活ブックス）①978-4-86067-429-8　Ⓝ590　［1300円］

日本（生活―統計）

◇ライフプランデータ集　2014年版　セールス手帖社保険FPS研究所　2014.2　238p　26cm　①978-4-86254-163-5　Ⓝ365.5　［4700円］

日本（生活環境―条例）

◇環境対策条例の立法と運用―ごみ屋敷対策等の実効性を確保する：コミュニティ力再生のための行政・議会の役割　宇賀克也編集（執筆）, 辻山幸宣, 島田裕司, 山本吉毅, 清永雅彦執筆　地域科学研究会　2013.8　224p　30cm　（〈地域科学〉まちづくり資料シリーズ28）〈内容：自治体における「ごみ屋敷」への対応策とその手法（辻山幸宣述）　足立区「生活環境の保全に関する条例」（島田裕司述）　荒川区「良好な生活環境の確保に関する条例」の制定経緯と運用、課題（山本吉毅述）　杉並区「生活安全及び環境美化に関する条例」の内容とごみ屋敷への対応（清永雅彦著）　環境対策条例の実効性と運用課題（宇賀克也著）〉①978-4-925069-38-0　Ⓝ519.1　［6660円］

日本（生活協同組合）

◇「おしゃべりパーティ」によるコミュニティの再建―協同組合の「絆」づくりの試み　加賀美太記［著］　全国勤労者福祉・共済振興協会　2014.9　98p　30cm　（公募研究シリーズ36）〈年表あり〉Ⓝ365.85

◇食と農を生協の実践から考える―くらしと協同の研究所食の懇話会（2012/3/17-2014/3/18）　京都　くらしと協同の研究所　2014.3　58p　30cm　（Discussion paper series 17）〈文献あり〉Ⓝ365.85

◇生協監事のガイドブック―監査の基本と実務のポイント　麻野浅一著　改訂版　日本生活協同組合連合会出版部　2013.9　166p　21cm　（コープ出版（発売））①978-4-87332-326-8　Ⓝ365.85　［1500円］

日本（生活協同組合―会議録）

◇生協事業のイノベーション―いま、コープみやざきを研究する意味：第22回総会記念　シンポジウム特集　『くらしと協同』編集委員会編集企画　京都　くらしと協同の研究所　2014.9　83p　26cm　（季刊くらしと協同増刊号）〈会期・会場：2014年6月28日―29日　京都テルサ　内容：シンポジウム　生協事業のイノベーション（的場信樹述）「組合員さんに役立ち続ける生協運営」をめざして（真方和男述）　生協における共感関係の構築（玉置了述）「協同組合事業・地域社会等」からみたコープみやざきとは（北川太一述）　ならコープの取り組み（森宏之述）　シンポジウムに参加する問題意識（山本靖郎述）テーマ別企画　組合員のくらしを知ること・活かすこと（加賀美太記述）　TPPとは何か（小池恒男述）　東日本大震災から私たちは何を考えるのか（上掛利博述）〉Ⓝ365.85

◇生協の「経営危機」を考える―第21回総会記念シンポジウム特集　『くらしと協同』編集委員会編集企画　京都　くらしと協同の研究所　2014.3　93p　26cm　（季刊くらしと協同増刊

日本（生活協同組合—統計）　　　　　　　　　　　　　　　　　　　　　日本件名図書目録2014　I

号）〈会期・会場：2013年6月29日—30日　京都テルサ　内容：シンポジウム　研究所の20年、これまでとこれから（浜岡政好述）　シンポジウムを開催するにあたって　日本経済の現局面をどうみるのか（豊福裕二述）　生協のガバナンスと地域・組合員（庄司俊作述）　経営危機克服に向けての課題（夏目有人述）　パルコープにとっての経営危機とは何か、その克服と今後の課題（池畠平述）〉Ⓝ365.85

日本（生活協同組合—統計）
◇生協の経営統計　2012年度　日本生活協同組合連合会会員支援本部監修　日本生活協同組合連合会出版部　2013.9　131p　30cm　Ⓘ978-4-87332-327-5　Ⓝ365.85　［6400円］

日本（生活協同組合—名簿）
◇食品卸・食品納入メーカー・物流支援企業/日本生協連・事業連合・供給高上位50生協—生協版　生協流通新聞　2014.7　355p　26cm　Ⓝ365.85　［9800円］

日本（生活困窮者）
◇隠された貧困—生活保護で救われる人たち　大山典宏著　扶桑社　2014.7　247p　18cm　（扶桑社新書 166）〈文献あり〉Ⓘ978-4-594-07070-0　Ⓝ369.2　［760円］
◇国のかたちとコミュニティを考える市長の会　第16回　生活困窮者支援と都市自治体の役割　日本都市センター編　日本都市センター　2014.3　52p　21cm　Ⓘ978-4-904619-56-8　Ⓝ318.2　［500円］
◇コミュニティー・カルテ・システムを利用した生活困窮者の実態把握と政策効果測定　[東京]　オープン・シティー研究所　2014.4　1冊　30cm　〈平成25年度セーフティネット支援対策等事業費補助金社会福祉推進事業〉Ⓝ369.2
◇市町村生活困窮者自立支援計画（仮称）策定の手引き—市町村地域福祉計画への生活困窮者自立支援施策の盛り込み：新たな生活困窮者支援制度のモデル計画作成及び自治体職員研修事業報告書　地域ケア政策ネットワーク[著]　[東京]　生活困窮者自治体計画研究会　2014.3　67p　30cm　〈平成25年度厚生労働省セーフティネット支援対策等事業費補助金社会福祉推進事業　奥付のタイトル：市町村生活困窮者自立支援計画策定の手引き〉Ⓝ369.2
◇社会福祉法人（老人福祉施設）における生活困窮者等への生活支援機能に関する調査研究事業報告書　全国老人福祉施設協議会/老施協総研　2014.3　184p　30cm　（老施協総研2013）〈平成25年度老人保健事業推進費等補助金（老人保健健康増進等事業分）事業〉Ⓝ369.14
◇自立相談支援機関における相談支援プロセスにおけるケアマネジメントのあり方と帳票類の効率化に向けた調査研究事業—報告書：自立相談支援機関使用標準様式研究事業　みずほ情報総研株式会社社会政策コンサルティング部編　みずほ情報総研社会政策コンサルティング部　2014.3　136p　30cm　〈厚生労働省平成25年度セーフティネット支援対策等事業（社会福祉推進事業）新たな相談支援事業の実施・運営に関する調査・研究事業〉Ⓝ369.2
◇自立相談支援機関モデル事業における支援実績に関する調査分析結果報告書　みずほ情報総研株式会社社会政策コンサルティング部編　みずほ情報総研社会政策コンサルティング部　2014.3　105p　30cm　〈厚生労働省平成25年度セーフティネット支援対策等事業（社会福祉推進事業）新たな相談支援事業の実施・運営に関する調査・研究事業〉Ⓝ369.2
◇自立相談支援事業従事者養成研修テキスト—生活困窮者自立支援法　自立相談支援事業従事者養成研修テキスト編集委員会編　中央法規出版　2014.7　335p　26cm　Ⓘ978-4-8058-5049-7　Ⓝ369.2　［2800円］
◇生活困窮者への伴走型支援—経済的困窮と社会的孤立に対応するトータルサポート　奥田知志,稲月正,垣田裕介,堀圭史郎著　明石書店　2014.3　301p　21cm　Ⓘ978-4-7503-4001-2　Ⓝ369.2　［2800円］
◇生活困窮者支援とそのあり方　日本都市センター企画・編集　日本都市センター　2014.3　108p　21cm　（日本都市センターブックレット no. 35）〈内容：基調講演　生活保護・生活困窮者支援とそのあり方（道中隆述）　事例報告　野洲市の生活困窮者自立促進支援モデル事業の取組みについて（生水裕美述）　総社市とハローワーク総社の一体的就労支援の実施（弓取克哉述）〉Ⓘ978-4-904619-65-0　Ⓝ369.2　［500円］
◇生活困窮者自立支援・生活保護に関する都市自治体の役割と地域社会との連携　日本都市センター編　[東京]　日本都市センター　2014.3　15, 280p　21cm　〈文献あり〉Ⓘ978-4-904619-82-7　Ⓝ318.2　［1000円］
◇生活困窮者自立支援先進事例集—新たな生活困窮者支援制度のモデル計画作成及び自治体職員研修事業　地域ケア政策

ネットワーク　2014.3　206p　30cm　〈平成25年度厚生労働省セーフティネット支援対策等事業費補助金社会福祉推進事業〉Ⓝ369.2
◇生活困窮者自立支援法を地域に生かす支援のあり方について—生活困窮者支援に求められる、つなぐ人と道筋作り：平成25年度厚生労働省社会福祉推進事業「生活困窮者自立支援シンポジウム」　福岡　生活協同組合連合会グリーンコープ連合　[2014]　120p　30cm　〈会期・会場：2014年2月11日　ホテルメトロポリタン盛岡ニューウイング〉Ⓝ369.2
◇生活困窮者自立相談支援機関の設置・運営の手引き—相談支援機関設置・運営方針の作成に関する調査　札幌　北海道総合研究調査会　2014.3　129, 49p　30cm　〈平成25年度セーフティネット支援対策等事業費補助金社会福祉推進事業〉Ⓝ369.2
◇生活困窮者自立相談支援機関における成果分析に関する調査—報告書　札幌　北海道総合研究調査会　2014.3　123p　30cm　〈平成25年度セーフティネット支援対策等事業費補助金社会福祉推進事業〉Ⓝ369.2
◇生活困窮者自立促進支援モデル自治体研修会　平成25年度　地域ケア政策ネットワーク　2014.3　65p　30cm　〈会期：平成26年3月10日　平成25年度セーフティネット支援対策等事業費補助金（社会福祉推進事業）〉Ⓝ369.2
◇生活困窮者の当事者参画型自立促進体制構築事業事業報告書　釧路　地域生活支援ネットワークサロン　2013.3　1冊　31cm　〈平成24年度厚生労働省社会援護局社会福祉推進事業　背・表紙のタイトル：平成24年度社会福祉推進事業　ルーズリーフ〉Ⓝ369.2
◇生活困窮状態に置かれた者に対する新たな相談支援事業の実施に携わる人材の育成・確保・専門性の向上に関する調査・研究事業報告書　北九州　ホームレス支援全国ネットワーク　2014.3　546p　30cm　〈文献あり　厚生労働省平成25年度セーフティネット支援対策等事業費補助金社会福祉推進事業〉Ⓝ369.2
◇生活困窮自立促進（社会参加）プロセスの構築に係るツール検証・地域調査報告書　札幌　北海道総合研究調査会　2013.3　102, 19p　30cm　〈平成24年度セーフティネット支援対策等事業費補助金社会福祉推進事業　奥付のタイトル：生活困窮自立促進（社会参加）プロセスの構築に係るツール検証・地域調査〉Ⓝ369.2
◇複数の困難を同時に抱える生活困窮者へのヒアリング調査に基づく、当事者サイドからみた相談支援事業のあり方に関する研究—報告書　名古屋　草の根ささえあいプロジェクト　2014.3　115p　30cm　〈厚生労働省平成25年度セーフティネット支援対策等事業（社会福祉推進事業）〉Ⓝ369.2
◇隣保館・住民組織・NPOが連携して構築する社会的生活困窮者への総合的生活支援モデル事業　[筑紫野]　福祉グループほむら　2013.4　68p　31cm　〈平成24年度セーフティネット支援対策等事業費補助金社会福祉推進事業　背のタイトル：社会福祉推進事業報告書　ルーズリーフ〉Ⓝ369.2

日本（生活設計—高齢者）
◇人生における愛とお金と旅立ち　森塩誠太郎著　名古屋　ブイツーソリューション　2014.6　176p　19cm　Ⓘ978-4-86476-211-3　Ⓝ367.7　［1000円］
◇60歳からしておきたいこと　坂東眞理子著　世界文化社　2014.2　206p　19cm　Ⓘ978-4-418-14406-8　Ⓝ367.7　［1400円］

日本（生活排水）
◇水生・底生生物を用いた総毒性試験と毒性同定による生活関連物質評価・管理手法の開発　平成22年度—平成24年度　徳島大学,京都大学,千葉工業大学[著]　[東京]　環境省総合環境政策局総務課環境研究技術室　2013.5　77p　30cm　（環境省環境研究総合推進費終了研究等成果報告書）〈共同刊行：環境省環境保健部環境安全課環境リスク評価室ほか〉Ⓝ519.4

日本（生活保護）
◇隠された貧困—生活保護で救われる人たち　大山典宏著　扶桑社　2014.7　247p　18cm　（扶桑社新書 166）〈文献あり〉Ⓘ978-4-594-07070-0　Ⓝ369.2　［760円］
◇国のかたちとコミュニティを考える市長の会　第16回　生活困窮者支援と都市自治体の役割　日本都市センター編　日本都市センター　2014.3　52p　21cm　Ⓘ978-4-904619-56-8　Ⓝ318.2　［500円］
◇公的扶助論—低所得者に対する支援と生活保護制度　全国社会福祉協議会　2014.3　252p　26cm　（社会福祉学習双書2014 第7巻）〈文献あり〉Ⓘ978-4-7935-1111-0　Ⓝ369.2　［2200円］
◇障害年金・生活保護で不安なく暮らす本　房野和由著　ぱる出版　2014.9　191p　19cm　Ⓘ978-4-8272-0880-1　Ⓝ364.6　［1400円］
◇新・社会福祉士養成講座　16　低所得者に対する支援と生活保護制度　社会福祉士養成講座編集委員会編　第3版　中央

法規出版　2014.2　238p　26cm　〈索引あり〉 ①978-4-8058-3934-8　Ⓝ369　[2200円]

◇新人ケースワーカーになったあなたへ&「生活保護手帳」活用術　池谷秀登、森宣秋著、全国公的扶助研究会企画・編集　増補改訂版　萌文社　2014.2　56p　21cm　（公扶研ブックレット No.1）〈内容：生活保護ケースワークについて（池谷秀登著）「生活保護手帳」活用術（森宣秋著）〉①978-4-89491-268-7　Ⓝ369.2　[750円]

◇新・低所得者に対する支援と生活保護制度　成清美治監修, 高間満, 遠藤洋二編著　学文社　2014.9　224p　26cm　（イントロダクションシリーズ 4）〈索引あり〉①978-4-7620-2477-1　Ⓝ369.2　[2600円]

◇すぐに役立つ雇用保険・職業訓練・生活保護・給付金徹底活用マニュアル　林智之監修　改訂新版　三修社　2014.5　255p　21cm　①978-4-384-04600-7　Ⓝ364.7　[1800円]

◇生活"過"保護クライシス―それでも働かない人々　松下美希著　文芸社　2014.11　114p　19cm　〈別タイトル：生活"過"保護危機〉①978-4-286-15458-9　Ⓝ369.2　[1000円]

◇生活困窮者自立支援・生活保護に関する都市自治体の役割と地域社会との連携　日本都市センター編　[東京]　日本都市センター　2014.3　15, 280p　21cm　〈文献あり〉①978-4-904619-82-7　Ⓝ318.2　[1000円]

◇生活保護削減のための物価偽装を糾す!―ここまでするのか!　厚労省　白井康彦著、森永卓郎, 白井康彦対談　あけび書房　2014.9　133p　21cm　①978-4-87154-131-2　Ⓝ369.2　[1400円]

◇生活保護制度の社会史　副田義也著　増補版　東京大学出版会　2014.11　422,6p　22cm　〈索引あり　内容：戦後日本における生活保護制度の形成　生活保護制度の展開. 1　水準向上期　生活保護制度の展開. 2　格差縮小と制度停滞　生活保護制度の低保護率期　付章〉978-4-13-050185-9　Ⓝ369.2　[5500円]

◇生活保護手帳　2014年度版　中央法規出版　2014.8　895p　22cm　〈索引あり〉①978-4-8058-5043-5　Ⓝ369.2　[2500円]

◇生活保護手帳別冊問答集　2014　中央法規出版　2014.8　578p　22cm　①978-4-8058-5044-2　Ⓝ369.2　[2200円]

◇生活保護と就労支援―福祉事務所における自立支援の実践　池谷秀登編著　山吹書店　2013.11　172p　21cm　（JRC（発売））①978-4-906839-27-8　Ⓝ369.2　[2000円]

◇生活保護に関する実態調査結果に基づく勧告　[東京]　総務省　2014.8　53p　30cm　Ⓝ369.2

◇生活保護に関する実態調査結果報告書　[東京]　総務省行政評価局　2014.8　278p　30cm　Ⓝ369.2

◇生活保護の実施状況について―会計検査院法第30条の2の規定に基づく報告書　[東京]　会計検査院　2014.3　66p　30cm　Ⓝ343.8

◇生活保護のもらい方―窓口担当者がていねいに教える　茶々天々著　データハウス　2014.6　283p　19cm　①978-4-7817-0179-0　Ⓝ369.2　[1500円]

◇壮年期生活保護受給者の健康支援　富田早苗著　クオリティケア　2014.9　59p　26cm　①978-4-904363-43-0　Ⓝ369.2　[2000円]

◇どうなる? どうする! 生活保護―生活保護基準引き下げ・法改革の動向を受けて　杉村宏, 柏木一惠, 鎌倉克英, 川上正夫, 袴谷敏実, 吉永純著、全国公的扶助研究会企画・編集　萌文社　2013.12　75p　21cm　（公扶研ブックレット No.3）〈内容：生活保護改革の特徴と問題点（吉永純述）人権・憲法問題に及ぶ24条「改正」（川上正夫述）生活困窮者の支援と生活保護（鎌倉克英述）医療・退院支援と生活保護（袴谷敏実述）精神障害者と生活保護（柏木一惠述）どうなる? どうする! 生活保護）①978-4-89491-263-2　Ⓝ369.2　[762円]

◇How to生活保護―申請・利用の徹底ガイド：生活保護法改定対応版　東京ソーシャルワーク編　現代書館　2014.8　241p　21cm　①978-4-7684-3533-5　Ⓝ369.2　[1000円]

◇必携法律家・支援者のための生活保護申請マニュアル　2014年度版　生活保護問題対策全国会議編著　大分　全国クレサラ・生活再建問題対策協議会出版部　2014.8　205p　26cm　①978-4-86377-035-5　Ⓝ369.2　[1667円]

◇保護のてびき　平成26年度版　生活保護制度研究会/編　第一法規　2014.8　73p　21cm　①978-4-474-03322-1　[360円]

◇よくわかる生活保護　高城一馬著　文芸社　2014.12　165p　21cm　①978-4-286-15274-5　Ⓝ369.2　[1000円]

日本（生活問題）

◇勤労者の生活意識と協同組合に関する調査報告書―アトム化された個人がゆるやかにつながり、助け合う社会へ：勤労者福祉研究　2013年版　全国勤労者福祉・共済振興協会　2014.4　143p　30cm　（調査分析シリーズ 3）Ⓝ365.5

◇「社会科学Ⅲくらしの経済・法律講座」テキストブック―米子高専・鳥取県消費生活センター連携講座：平成26年度後期　米子工業高等専門学校（加藤研究室）, 鳥取県生活環境部くらしの安心局消費生活センター編　米子　米子工業高等専門学校　2014.10　124p　30cm　〈共同刊行：鳥取県生活環境部くらしの安心局消費生活センター〉Ⓝ365

◇人生のリスク管理　松尾直彦著　金融財政事情研究会　2014.2　227p　19cm　（KINZAIバリュー叢書）〈きんざい（発売）〉①978-4-322-12431-6　Ⓝ365.021　[1500円]

◇生活と支え合いに関する調査報告書―社会保障・人口問題基本調査　国立社会保障・人口問題研究所編　国立社会保障・人口問題研究所　2014.3　301p　30cm　（調査研究報告資料 第32号）Ⓝ365.5

◇都市生活者意識調査―研究報告書　2013　データ編　ハイライフ研究所　2014.3　291p, 44欄　30cm　Ⓝ365.5

◇都市生活者意識調査―研究報告書　2013　分析編　超高齢社会を見据え、経済・健康・家族関係の安定を希求する都市生活者　ハイライフ研究所　2014.3　209p　30cm　Ⓝ365.5

◇ないすらいふ情報―トータルライフマネージメントのために　2014-2015年版　PREP経営研究所編　中高年齢者雇用福祉協会　2014.5　394p　30cm　〈年表あり〉Ⓝ365.021

◇本気で5アンペア―電気の自産自消へ　斎藤健一郎著　コモンズ　2014.3　174p　19cm　①978-4-86187-112-2　Ⓝ365　[1400円]

◇「40・50代の不安と備えに関する調査」報告書―「マネー」「ヘルス」「タイム」の現状と課題　第一生命経済研究所ライフデザイン研究本部　2014.5　94, 16p　30cm　Ⓝ365.5

◇ライフコースの変化に政策はどう向きあうか　中川清第4巻編集責任　京都　学芸出版社　2014.3　101p　21cm　（政策学ブックレット 4）〈内容：生き方の多様化と性別役割分担（川口章著）ポスト工業化社会の働き方（太田肇著）家族であることと政策のかかわり方（中川清著）いじめへの体罰にどう向き合うか（大島佳代子著）スポーツにおける体罰問題（川井圭司著）年金制度への不安・不満をどう考えるか（井上恒男著）誰が介護を担うのか（久保真人著）政策学を学ぶねらい（山谷清志著）〉①978-4-7615-0904-0　Ⓝ364.1　[900円]

日本（生活問題―世論）

◇国民生活に関する世論調査　平成26年6月調査　[東京]　内閣府大臣官房政府広報室　[2014]　290p　30cm　（世論調査報告書）Ⓝ365.5

日本（生活問題―歴史―1945～1952）

◇占領期生活世相誌資料　1　敗戦と暮らし　山本武利監修　永井良和編　新曜社　2014.8　361p　22cm　〈索引あり　内容：記憶の抑圧（永井良和著）焼け跡ぐらし（渡邊拓也著）復員と傷痍軍人/進駐軍（中嶋晋平, 大橋庸子著）食と住まいの変遷/住宅難（加藤敬子著, 永井良和補筆）新生活/生活改善（加藤敬子著, 永井良和補筆）〉978-4-7885-1402-7　Ⓝ210.762　[4500円]

日本（性教育）

◇かがやけ性教育!―最高裁も認めた「こころとからだの学習」　七生養護「ここから」裁判刊行委員会編　市川　つなん出版　2014.11　150p　21cm　①978-4-901199-66-7　Ⓝ378.6　[1000円]

日本（生計費―統計）

◇社会保障生計調査（家計簿）結果　平成24年度　[東京]　厚生労働省社会・援護局保護課　[2013]　31p　30cm　Ⓝ369.2

◇世帯主の年齢各歳別の家計収支―平成21年全国消費実態調査の独自集計結果　木下千大, 坂下佳一郎著、一橋大学経済研究所附属社会科学統計情報研究センター編　国立　一橋大学経済研究所附属社会科学統計情報研究センター　2014.3　48p　26cm　（統計資料シリーズ no. 72）Ⓝ365.4

◇ライフプランデータ集　2014年版　セールス手帖社保険FPS研究所　2014.2　238p　26cm　①978-4-86254-163-5　Ⓝ365.5　[4700円]

◇ライフプランに役立つデータブック　2014　増田智彦企画・編集　大阪　新日本保険新聞社　2014.2　87p　30cm　①978-4-905451-33-4　Ⓝ365.4　[1352円]

日本（政策評価）

◇行政評価等プログラム　平成26年度　[東京]　総務省　2014.4　12p　30cm　Ⓝ317.6

◇政策評価実施計画　平成25年度　[東京]　財務省　[2014]　175p　30cm　〈平成25年3月（平成26年6月一部改正）〉Ⓝ317.24

◇政策評価実施計画　平成26年度　［東京］　財務省　［2014］　170p　30cm〈平成26年3月（平成26年6月一部改正）〉Ⓝ317.24
◇政策評価実施計画　平成26年度　［東京］　財務省　2014.3　188p　30cm　Ⓝ317.24
◇「政策評価手法検討調査業務」報告書　［東京］　東京海上日動リスクコンサルティング　2014.3　55p　30cm〈平成25年度環境省請負業務〉Ⓝ317.6
◇政策評価等の実施状況及びこれらの結果の政策への反映状況に関する報告　平成25年度　［東京］　［総務省］　2014.6　2, 270p　30cm　Ⓝ317.6

日本（性差別）

◇男子の権力　片田孫朝日著　京都　京都大学学術出版会　2014.12　307p　22cm　（変容する親密圏/公共圏 10）〈文献あり 索引あり〉①978-4-87698-498-5　Ⓝ376.121　［3800円］

に

日本（政治）

◇「あの時代」に戻さないために―安倍政権の暴走と日本国憲法　石村善治, 福岡県自治体問題研究所編　自治体研究社　2014.10　173p　21cm〈内容：憲法を守り活かす力はどこに・再論（宮下和裕述）　貧困問題から見た第2次安倍政権と自民党憲法改正草案（椛島敏雅著）　集団的自衛権と立憲主義（永尾廣久著）　秘密保護法と9条解釈改憲（近藤恭典著）　日本の「特定秘密保護法」は世界の基準〈「ツワネ原則」〉に反する（石村善治著）　労働法制戦後最大の危機！　安倍雇用改革の真実（星野圭著）「あの時代」に戻さないために（石川捷治著）〉①978-4-88037-623-3　Ⓝ312.1　［1000円］
◇あの出来事を憶えておこう―2008年からの憲法クロニクル　小森陽一著　新日本出版社　2014.7　205p　19cm　①978-4-406-05800-1　Ⓝ323.142　［1400円］
◇安倍改憲と自治体―人権保障・民主主義縮減への対抗　小沢隆一, 榊原秀訓編著　自治体研究社　2014.5　259p　21cm〈内容：安倍改憲の歴史的位置と全体像（小沢隆一著）改憲、地方自治の「憲法化」と道州制（榊原秀訓著）　安倍改憲と統治機構「改革」（小沢隆一著）　秘密保護法と地方自治体・地方公務員（清水雅彦著）　公務員制度改革（尾林芳匡著）　労働法制改革（武井寛著）　地方分権改革による地方自治の変容（榊原秀訓著）　安倍政権の社会保障改革と自治体の課題（伊藤周平著）　安倍教育改革と地方教育行政（丹羽徹著）　農地管理と農業委員会（田代洋一著）〉①978-4-88037-616-5　Ⓝ312.1　［2300円］
◇安倍改憲の野望―この国はどこへ行くのか　樋口陽一, 奥平康弘, 小森陽一著　増補版　京都　かもがわ出版　2014.8　170p　19cm　（希望シリーズ）①978-4-7803-0717-7　Ⓝ323.149　［1500円］
◇安倍官邸の正体　田崎史郎著　講談社　2014.12　257p　18cm　（講談社現代新書 2294）〈文献あり 年表あり〉①978-4-06-288294-1　Ⓝ312.1　［800円］
◇安倍首相から「日本」を取り戻せ!!―護憲派・泥の軍事政治戦略　泥憲和著　京都　かもがわ出版　2014.11　269p　19cm　①978-4-7803-0720-7　Ⓝ312.1　［1800円］
◇安倍政権365日の激闘　歳川隆雄著　東洋経済新報社　2014.1　253p　20cm　①978-4-492-21214-1　Ⓝ312.1　［1500円］
◇安倍政権の罠―単純化される政治とメディア　清水克彦著　平凡社　2014.5　227p　18cm　（平凡社新書 732）〈文献あり〉①978-4-582-85732-0　Ⓝ312.1　［780円］
◇かみかわ陽子流視点を変えると見えてくる―静岡発　上川陽子著　静岡　日本・ビジョンを拓く会　2013.11　231p　18cm〈静岡新聞社（発売）〉①978-4-7838-9865-8　Ⓝ310.4　［952円］
◇完全取材主義―永田町の現在史を読み解け!!　歳川隆雄著　敬文舎　2014.3　199p　19cm　①978-4-906822-80-5　Ⓝ310.4　［1300円］
◇官邸危機―内閣官房参与として見た民主党政権　松本健一著　筑摩書房　2014.2　280p　18cm　（ちくま新書 1055）①978-4-480-06763-0　Ⓝ312.1　［880円］
◇官房長官側近の政治学　星浩著　朝日新聞出版　2014.6　203, 3p　19cm　（朝日選書 921）〈文献あり 年表あり 索引あり〉①978-4-02-263021-6　Ⓝ312.1　［1200円］
◇桐島君、何だって君は選挙なんかに出ようと思ったんだい？　桐島ローランド, 田原総一朗著　マガジンハウス　2014.3　185p　19cm　①978-4-8387-2642-4　Ⓝ310.4　［1296円］
◇現代日本の政治と外交　4　日本とドイツ―戦後の政治的変化　猪口孝監修　猪口孝編　原書房　2014.3　141p　22cm〈内容：日本の政治・ドイツの政治（猪口孝著）現代的思考方法への転換（ミヒャエル・ボーヒャード著, 猪口孝訳）　国政への挑戦者とその秘められた可能性（原田泰著）「怒る市民」と「継続の市民」の手中にあるドイツの政治（カール＝ルドルフ・コルテ著, 猪口孝訳）　3・11災害に立ち向かうリスク下の日本の市民社会（長谷川公一著）　現行制度への挑戦としての社会変化（ゲアード・ラングート著, 猪口孝訳）　安倍晋三の政策路線（猪口孝著）〉①978-4-562-04961-5　Ⓝ312.1　［3200円］
◇現代の政治課題と「資本論」―自己責任論批判の経済学　関野秀明著　学習の友社　2013.8　159p　21cm　①978-4-7617-0686-9　Ⓝ312.1　［1429円］
◇憲法改正のオモテとウラ　舛添要一著　講談社　2014.2　326p　18cm　（講談社現代新書 2251）①978-4-06-288251-4　Ⓝ323.149　［900円］
◇県民の政治意識第38回モニター調査報告書―2014年2月13日―24日調査　長野　長野県世論調査協会　［2014］　59p　30cm　Ⓝ312.1
◇県民の政治意識第39回モニター調査報告書―2014年9月18日―30日調査　長野　長野県世論調査協会　2014.10　57p　30cm　Ⓝ312.1
◇講座臨床政治学　第5巻　第二次安倍内閣―発足と課題　末次俊之編　志學社　2014.9　335p　19cm〈索引あり　内容：第二次安倍内閣の「理念と目標」（中根一幸述）　衆議院総選挙（久保庭総一郎著）　参議院通常選挙（久保庭総一郎著）　安倍首相の「歴史認識」（末次俊之著）「憲法改正」問題（藤本一美著）　集団的自衛権（清水隆雄著）　安倍外交（丹羽文生著）　アベノミクス（海部隆太郎著）「TPP」とマスメディア（浅野一弘著）　菅義偉内閣官房長官（池田美智代著）　オーラル・ヒストリー（藤本一美, 浅野一弘述）〉①978-4-904180-42-6　Ⓝ311　［2900円］
◇国家の暴走―安倍政権の世論操作術　古賀茂明［著］　KADOKAWA　2014.9　286p　18cm　（角川oneテーマ21 D-40）①978-4-04-101814-9　Ⓝ312.1　［800円］
◇国家の命運―安倍政権奇跡のドキュメント　小川榮太郎著　幻冬舎　2013.6　261p　20cm　①978-4-344-02401-4　Ⓝ312.1　［1500円］
◇サトウキビ畑から来た大臣―郵政と沖縄をめぐる連立政権の三年三カ月　下地幹郎著　［三芳町（埼玉県）］　日本評論社サービスセンター　2014.10　262p　20cm〈日本評論社（発売）〉①978-4-535-58661-1　Ⓝ312.1　［1700円］
◇参加のメカニズム―民主主義に適応する市民の動態　荒井紀一郎著　木鐸社　2014.2　184p　22cm〈文献あり〉①978-4-8332-2468-0　Ⓝ312.1　［2800円］
◇沈む日本を愛せますか？　内田樹, 高橋源一郎著　文藝春秋　2014.5　367p　16cm　（文春文庫 う19-16）〈ロッキング・オン 2010年刊の再刊〉①978-4-16-790110-3　Ⓝ310.4　［710円］
◇次世代の大和魂たちへ―心の中に日の丸を　中丸啓著　青林堂　2014.8　196p　19cm　（SEIRINDO BOOKS）①978-4-7926-0499-8　Ⓝ310.4　［1000円］
◇社会人基礎力―学生から社会人・ビジネスパーソンになるための必修book　加賀博著　日本生産性本部生産性労働情報センター　2014.5　173p　21cm　①978-4-88372-478-9　Ⓝ312.1　［1500円］
◇ジャパン・イズ・バック―安倍政権にみる近代日本「立場主義」の矛盾　安冨歩著　明石書店　2014.3　283p　19cm〈文献あり〉①978-4-7503-3969-6　Ⓝ310.4　［1600円］
◇18歳から考える日本の政治　五十嵐仁著　第2版　京都　法律文化社　2014.8　117p　26cm　（from 18）①978-4-589-03614-8　Ⓝ312.1　［2300円］
◇小選挙区制は日本を滅ぼす―「失われた二十年」の政治抗争　浅川博忠著　講談社　2014.3　222p　19cm　①978-4-06-218851-7　Ⓝ312.1　［1400円］
◇晋三よ！　国滅ぼしたもうことなかれ―傘張り浪人決起する　亀井静香著　エディスタ　2014.12　191p　19cm〈メディアパル（発売）〉①978-4-89610-842-2　Ⓝ310.4　［1200円］
◇信念は曲げず―「市民こそ主人公」を貫いた政治人生　山口哲夫著　文芸社　2014.4　239p　20cm　①978-4-286-14049-0　Ⓝ312.1　［1200円］
◇政界再編　江田憲司［著］　KADOKAWA　2014.2　230p　18cm　（角川oneテーマ21 D-9）①978-4-04-110668-6　Ⓝ310.4　［800円］
◇政治・行政・政策をどう改革すべきか―40の直言　東田親司著　芦書房　2014.5　236p　20cm　①978-4-7556-1267-1　Ⓝ317　［2800円］
◇政治の急所　飯島勲著　文藝春秋　2014.1　267p　18cm　（文春新書 928）①978-4-16-660928-4　Ⓝ312.1　［800円］
◇政治のことよくわからないまま社会人になった人へ―ひとめでわかる図解入り　池上彰著　第3版　海竜社　2014.2　285p　21cm〈増補改訂版のタイトル：政治のことよくわからないま

日本件名図書目録2014　Ⅰ　　日本（政治）

ま社会人になってしまった人へ〉①978-4-7593-1364-2
Ⓝ312.1　[1600円]

◇戦後レジームを解き放て！―日本精神を取り戻す！　和田政宗著　青林堂　2014.10　187p　19cm　①978-4-7926-0503-2
Ⓝ310.4　[1000円]

◇戦争か平和か―歴史の岐路と日本共産党　志位和夫著　新日本出版社　2014.10　286p　21cm　〈内容：「亡国の政治」と決別し、未来に責任を負う新しい政治を　社会変革の事業と日本共産党　歴史に学び、日本のいまと未来を語る　"第三の躍進"を本格的な流れに　日本の真の主権回復をめざして　歴史の偽造は許されない　日本軍「慰安婦」問題アジア連帯会議であいさつ〉①978-4-406-05822-3　Ⓝ312.1　[1300円]

◇戦争のできる国へ―安倍政権の正体　斎藤貴男著　朝日新聞出版　2014.3　310p　18cm　（朝日新書　455）〈文献あり〉①978-4-02-273555-3　Ⓝ312.1　[820円]

◇洗脳への糧　北川武夫著　文芸社　2014.3　140p　19cm
①978-4-286-14819-9　Ⓝ312.1　[1000円]

◇それでも日本を救うのは安倍政権しかない　屋山太郎著　PHP研究所　2014.12　270p　19cm　①978-4-569-82143-6
Ⓝ312.1　[1500円]

◇〈大国〉への執念安倍政権と日本の危機　渡辺治、岡田知弘、後藤道夫、二宮厚美著　大月書店　2014.10　386p　21cm　〈内容：安倍政権とは何か（渡辺治著）　「富国強兵」型構造改革の矛盾と対抗（岡田知弘著）　安倍政権の社会保障改革と労働改革（後藤道夫著）　安倍政権が走るグローバル競争国家化路線の国民的帰結（二宮厚美著）〉①978-4-272-21110-4　Ⓝ312.1
[2400円]

◇だから政治家は嫌われる　村上正邦著　小学館　2014.2　222p　19cm　①978-4-09-379852-5　Ⓝ310.4　[1300円]

◇田母神新党　田母神俊雄著　ワニブックス　2014.9　255p　18cm　（ワニブックス｜PLUS｜新書　123）①978-4-8470-6552-1　Ⓝ310.4　[890円]

◇東京維新―国の台所事情をやさしく解説　森下正勝著　文芸社　2014.3　173p　20cm　〈文献あり〉①978-4-286-14911-0
Ⓝ310.4　[1300円]

◇なでしこ復活―女性政治家ができること　杉田水脈著　青林堂　2014.5　169p　19cm　（SEIRINDO BOOKS）①978-4-7926-0494-3　Ⓝ310.4　[900円]

◇日本改革原案―2050年成熟国家への道　小川淳也著　光文社　2014.5　307p　20cm　①978-4-334-97785-6　Ⓝ310.4　[1400円]

◇日本が動く時―政界キーパーソンに聞く15年：ラジオ放送15周年特別記念版　長野祐也編集　世界日報社　2014.4　431p　22cm　（View P BOOKS）〈内容：景気回復の流れを全国津々浦々に（安倍晋三述）　乗り越えるべきはかつての自民党（石破茂述）　目標定め粘り強いTPP交渉を（林芳正述）　2プラス2で日米同盟を再構築（小野寺五典述）　国民全体が国支える制度設計を（田村憲久述）　若い政治家は街頭演説をやれ（海部俊樹述）　あらゆる分野で民主的改革を具体化（志位和夫述）　世界に対して責任ある、風格のある国を作っていきたい（安倍晋三述）　保守政党は、古くても守るべきものは守り、勇気を持って捨てる（麻生太郎述）　多様な価値観を認め合い、自らのめざすものを追求する（岡田克也述）　憲法改正を実現（安倍晋三述）　憲法も教育改革も大きく論じたい（太田昭宏述）　憲法改正と政権交代の実現へ（野田佳彦述）　政治問題を感情論で語る時代は終わった（鳩山由紀夫述）　政治家使命を賭して北朝鮮問題に当たる（安倍晋三述）　総選挙の勝因は小泉総理の改革への執念（武部勤述）　一人無所属になっても、あくまでも自分の信念を貫く（平沼赳夫述）　北朝鮮には強制力をもった制裁決議こそ有効（平沢勝栄述）　小泉改革の逆をやれば日本は再生可能（亀井静香述）　参院選勝利と政権交代が日本の民主政治を証明する（小沢一郎述）　政治家の仕事は大きな方向性を示すこと（菅義偉述）　安倍総理の電撃辞任劇を総括する（長野祐也述）　社会保障は経済の牽引役になれる（尾辻秀久述）　保守再生をめざして日本も私も「再チャレンジ」（安倍晋三述）　政治に携わる者は第一に困窮者の救済策を考えるべき（中曽根康弘述）　新代表のもと、挙党一致で政権交代を実現（渡部恒三述）　政策に関しては自民党が民主党を圧倒的に上回っている（野田毅述）　めざすは政権奪還（谷垣禎一述）　自民党再生のため「草の根保守」の道を切り開く（安倍晋三述）　公明党は2大政党に飽き足らない民意の受け皿になる（山口那津男述）　グローバル経済を勝ち抜かなければ素晴らしい日本は守れない（安倍晋三述）　民主党外交の失態は自民党復権によってしか解決できない（高村正彦述）　命をかける人がいてはじめて国は守れる（安倍晋三述）　公的医療保険制度を堅持すればTPPの影響は受けない（櫻井充、中

村哲也述）　政治課題の十分な議論が政権復帰への道となる（二階俊博述）　事故対応に見るリーダーの個性と危機管理（細野豪志述）　国会での徹底的な議論なくして財政再建はできない（茂木敏充述）　今の私の使命は先の選挙で落選した同志の応援をすること（安倍晋三述）　みんなの党は「増税なしの解散あり」の路線を貫く（渡辺喜美述）　2013年の政治展望（橋本五郎、星浩述）　一体感をもって民主党再生をめざす（海江田万里述）　経済再生を最優先に強い日本の復活をめざす（塩崎恭久述）〉①978-4-88201-090-6　Ⓝ310.4　[2315円]

◇日本が動く時―政界キーパーソンに聞く　part 14　長野祐也編　ぎょうせい　2014.4　357p　21cm　〈内容：党、政府と立場は違うが安倍総理とは意思の疎通を図っていく（石破茂述）　日本維新の会の役割は政治を緊張感のある状態にすることだ（中田宏述）　自公には長い連立の実績があるので結束は容易に揺らがない（山口那津男述）　安倍政権は物事を急ぎ過ぎず、慎重な運転を心掛けなければならない（二階俊博述）　幹事長として参議院選挙までの2か月間を全力で走り抜く（細野豪志述）　総理は政策に確信を持っていさせればよいのだ（橋本五郎述）　新聞は権力を監視して真実を伝えるのが最大の使命（星浩述）　参議院選挙は投票率に関係なく自民党と公明党が圧勝する（三浦博史述）　自参議院選挙の情勢を解説する（長野祐也述）　参議院選挙を振り返る（長野祐也述）　参議院選挙の結果を分析する（長野祐也述）　参議院選挙後の政局を展望する（長野祐也述）　乗り越えるべきはかつての自民党（石破茂述）　いろいろな反省点はあるが民主党が政権を担ったことには意味があった（櫻井充述）　目標定め粘り強いTPP交渉を（林芳正述）　ブロック型の野党再編が最も現実的（浅尾慶一郎述）　安倍政権は国家経営理念がしっかりしている（高市早苗述）　自民党とは緊張感のある協力関係でやっていきたい（漆原良夫述）　2プラス2で日米同盟を再構築（小野寺五典述）　党は一枚岩に結集させて政党の基盤をつくることが私の仕事だ（平沼赳夫述）　社会保障と税の一体改革は自民党だから実現できた（谷垣禎一述）　みんなの党は純化路線で政党ブロック・政党連合による政界再編を目指す（渡辺喜美述）　次の次の衆議院選挙で政権が視野に入るよう頑張っていきたい（馬淵澄夫述）　次の政権を担えるような政治グループをつくりたい（松野頼久述）　国民全体が国支える制度設計を（田村憲久述）　景気回復の流れを全国津々浦々に（安倍晋三述）　2014年政局展望（橋本五郎、星浩述）　食糧の自給体制を維持しながら経済を推進していかなければならない（齋藤健述）　党内に気のゆるみやおごりを生じさせないことが私の役目（高村正彦述）　来年春の統一地方選挙までに野党再編の中核となるものを示したい（小野次郎述）　東京都知事選を振り返って（長野祐也述）　野党生活を協力して乗り越え自民党との信頼関係は深まった（石井啓一述）　一年生議員から見た国会（武井俊輔、山之内毅述）　まだ終わっていない戦後を早く終わらせたい（平沢勝栄述）　民主党は常識に沿った政治で日本の未来を切り開いていく（大畠章宏述）〉①978-4-324-80074-4　Ⓝ310.4　[2500円]

◇日本政治ガイドブック―改革と民主主義を考える　村上弘著　京都　法律文化社　2014.5　228p　21cm　〈文献あり　索引あり〉①978-4-589-03609-4　Ⓝ312.1　[2200円]

◇日本政治ひざ打ち問答　御厨貴、芹川洋一著　日本経済新聞出版社　2014.4　228p　18cm　（日経プレミアシリーズ　243）①978-4-532-26243-3　Ⓝ312.1　[850円]

◇日本の決意　安倍晋三著　新潮社　2014.4　236p　20cm
①978-4-10-335591-5　Ⓝ310.4　[1200円]

◇日本の真実―安倍政権に危うさを感じる人のための十一章　植草一秀著　飛鳥新社　2014.7　334p　20cm　①978-4-86410-335-0　Ⓝ310.4　[1500円]

◇日本の大問題が見えてくるディープな政治・経済　村中和之著　KADOKAWA　2014.11　254p　18cm　①978-4-04-600458-1　Ⓝ312.1　[1000円]

◇ニュース解説室へようこそ！　2015　清水書院　2014.8　8,385p　26cm　〈年表あり　索引あり〉①978-4-389-21667-2
Ⓝ312.1　[1300円]

◇熱狂なきファシズム―ニッポンの無関心を観察　想田和弘著　河出書房新社　2014.8　290p　19cm　〈内容：レジスタンスの時代に　法律が大の苦手な僕が改憲問題を論じる必要に迫られる理由　ベアテさんの遺言　「民主主義、そろそろやめにしませんか？」という自民の提案　「オッサンの理屈」VS「おばちゃんの実感」　今の自民党は「ブラック政党」なのではないか？　参院選直前。この「恐るべき無関心」と、どう闘うか。　日比谷図書館での「選挙」上映が一時中止された件について　恐るしいのは、安倍政権が麻生氏の言う通りのことを、着実に実行しつつあることである　宇都宮健児×想田和弘（宇都宮健児述）　ニューヨークから観た風景　「海外」の放送局は原発事故をどう伝えたか　奇妙な風景　「おめでとう東京」は誰の所有物か　ミッドライフ・クライシス　アテのない、散歩のように　風景が変わるとき　猫薬　苦と楽

日本（政治―歴史）

の比率　観察映画についての覚え書き　必要なのは配慮ではなく覚悟である　「ゾーン」に入る　牛窓の夢うつつ　隣の国の映画祭に思うこと　牛窓、台湾、秘密保護法案　平田オリザ×想田和弘(平田オリザ述)　「精神病患者」の素顔を撮る　やわらかい部分　ドキュメンタリーとフィクションとノンフィクション　僕の「フレデリック・ワイズマン入門」　ドキュメンタリーとは「編む」ものである。　ドキュメンタリーの限界を超えた奇跡的な「撮れ高」を持つ、必見の映画　アンワルが覚えた猛烈な吐き気は、私たちの吐き気である。　「人権派弁護士」という絶滅危惧種。彼らを絶滅させようとしているのは誰か　赤ん坊の視点で世界を眺めてみると　人間以外の視点を獲得した偉大な実験　生きた人間を展示した"反演劇"ゲリラの挑戦　共振する「しかし」　HANA-BI〉①978-4-309-24670-3　[1700円]

◇廃県置市150―いま、維新の廃藩置県から145年：これだ!!日本を救う77歳が叫える！　加藤尚彦著　グッドタイム出版　2014.12　221p　21cm　①978-4-907319-66-3　[926円]

◇反逆者の群れ　長谷部あきら著　東洋出版　2014.10　77p　19cm　①978-4-8096-7753-3　Ⓝ319.1053　[600円]

◇フクシマ常識論―吉田泉の"国会10年"　吉田泉[著]　いわき　吉田泉　2014.5　191p　26cm〈年譜あり〉Ⓝ310.4　[1000円]

◇復活！自民党の謎―なぜ「1強」政治が生まれたのか　塩田潮著　朝日新聞出版　2014.2　300p　18cm　(朝日新書　447)〈文献あり〉①978-4-02-273547-8　Ⓝ312.1　[820円]

◇ブレる日本政治―とてつもなく美しくない国へ　鈴木哲夫著　ベストセラーズ　2014.10　215p　18cm　(ベスト新書　450)〈文献あり〉①978-4-584-12450-5　Ⓝ312.1　[800円]

◇編集長の年輪―三十数年有余、国会・首相官邸を駆け抜けた中島繁治編集長の年輪　中島繁治[編]　西東京　ジャス　2014　364p　21cm　Ⓝ312.1　[3000円]

◇保守の心得　倉山満著　扶桑社　2014.3　209p　18cm　(扶桑社新書　157)①978-4-594-07003-8　Ⓝ310.4　[760円]

◇ポスト・フクシマの政治学―新しい実践の政治学をめざして　畑山敏夫、平井一臣編著　京都　法律文化社　2014.5　235,4p　19cm　(法律文化ベーシック・ブックス)〈索引あり〉　奥付のシリーズ名(誤植)：法律文化社ベーシック・ブックス　内容：ポスト・フクシマの日本政治(畑山敏夫著)　原発と戦後日本の政治(本田宏著)　ポスト・フクシマ時代の政党と選挙(金丸裕志著)　「デモをする社会」のデモクラシー(土肥勲嗣著)　メディアとポピュリズム(平井一臣著)　男女共同参画とローカルなジェンダー政治(辻由希著)　国境を越える市民と政治(畑山敏夫著)　スローライフと実践の政治学(丸山仁著)〉①978-4-589-03594-3　Ⓝ311　[2600円]

◇民主主義はいかにして劣化するか　斎藤貴男著　ベストセラーズ　2014.11　230p　18cm　(ベスト新書　458)①978-4-584-12458-1　Ⓝ312.1　[830円]

◇約束の日―安倍晋三試論　小川榮太郎[著]　幻冬舎　2013.7　238p　16cm　(幻冬舎文庫　お-39-1)①978-4-344-42066-3　Ⓝ312.1　[533円]

◇大和魂に火をつけよう―日本のスイッチを入れる　2　神谷宗幣著　青林堂　2014.11　177p　19cm　①978-4-7926-0514-8　Ⓝ312.1　[1000円]

◇夢ひとすじ福島びと　渡部恒三[著]　福島　福島民友新聞社　2013.11　210p　19cm　(人生春夏秋冬私の道　福島民友新聞掲載　3)Ⓝ312.1　[1200円]

◇私たちは政治の暴走を許すのか　立憲デモクラシーの会編　岩波書店　2014.10　70p　21cm　(岩波ブックレット　No.910)〈内容：立憲デモクラシーは「人類普遍の原理」か？(愛敬浩二著)　日本は抗争時代に向かうのか(毛里和子著)　無から有は引きだせない(青井未帆著)　「民主的立憲国家」は生き残れるのか(大竹弘二著)　立憲デモクラシーとは何か？(山口二郎著)　ブレーキのない車に乗る覚悟はありますか？(杉田敦著)　解釈改憲はコミュニケーションの規範を崩す(西谷修著)　政権の矛盾や詭弁にだまされないために(山口二郎、杉田敦、西谷修述)〉①978-4-00-270910-9　Ⓝ312.1　[580円]

日本（政治―歴史）

◇日本人の哲学　3　政治の哲学/経済の哲学/歴史の哲学　鷲田小彌太著　言視舎　2014.7　590,10p　20cm〈索引あり〉①978-4-905369-94-3　Ⓝ121.04　[4300円]

日本（政治―歴史―1868～1945）

◇英米世界秩序と東アジアにおける日本―中国をめぐる協調と相克―九〇六～一九三六　宮田昌明著　錦正社　2014.9　797,87p　22cm〈文献あり　索引あり〉①978-4-7646-0339-4　Ⓝ312.1　[9800円]

◇〈階級〉の日本近代史―政治的平等と社会的不平等　坂野潤治著　講談社　2014.11　195p　19cm　(講談社選書メチエ　586)〈文献あり　索引あり〉①978-4-06-258589-7　Ⓝ312.1　[1500円]

◇近代天皇制権力の創出　平田哲男著　大月書店　2014.11　639p　22cm　①978-4-272-52104-3　Ⓝ312.1　[8500円]

◇近代日本の陸軍と国民統制―山縣有朋の人脈と宇垣一成　伊勢弘志著　校倉書房　2014.12　428p　22cm　(歴史科学叢書)〈文献あり　索引あり〉①978-4-7517-4570-0　Ⓝ312.1　[10000円]

◇佐世保初代市長渡邊修に関する調査報告　中島眞澄著　佐世保　中島眞澄　2014.9　350p　21cm　(芸文堂(発売))年譜あり　文献あり〉①978-4-902863-59-8　Ⓝ312.1　[2000円]

◇「平等」理念と政治―大正・昭和戦前期の税制改正と地域主義　佐藤健太郎著　吉田書店　2014.8　359p　22cm〈索引あり〉①978-4-905497-23-3　Ⓝ312.1　[3900円]

◇歴史のなかの日本政治　1　自由主義の政治家と政治思想　北岡伸一監修　松田宏一郎、五百旗頭薫編　中央公論新社　2014.4　374p　20cm〈索引あり〉　内容：「天賦の通義」？(松田宏一郎著)　マジックワードとしての「立憲主義」(菅原光著)　草創期の早稲田政治学(中野勝郎著)　「自治」と「いやさか」(河野有理著)　大震災下の自警団をめぐる議論のねじれ(宮地忠彦著)　進歩政党統治の焦点(五百旗頭薫著)　二つの世紀末における「開国」と「国づくり」(小宮一夫著)　小会派政治家の選挙・政党観(前山亮吉著)　普選と未完の政治改革(黒澤良著)〉①978-4-12-004571-4　Ⓝ312.1　[3200円]

日本（政治―歴史―1868～1945―写真集）

◇畫譜憲政五十年史　田中萬逸編　吉川弘文館　2014.2　1冊　27×37cm〈年表あり　索引あり〉　再版　國政協會　昭和14年刊の複製　布装〉①978-4-642-03826-3　Ⓝ312.1　[42000円]

日本（政治―歴史―1945～）

◇救国の政治家亡国の政治家―吉田茂から安倍晋三まで、歴代総理の器量　中西輝政著　飛鳥新社　2014.12　340p　19cm　①978-4-86410-235-3　Ⓝ312.1　[1500円]

◇自民党政治の変容　中北浩爾著　NHK出版　2014.5　300p　19cm　(NHKブックス　1217)〈年表あり　索引あり〉①978-4-14-091217-1　Ⓝ312.1　[1400円]

◇自民党と戦後史　小林英夫著　KADOKAWA　2014.2　231p　19cm〈文献あり〉①978-4-04-600206-8　Ⓝ312.1　[1500円]

◇政治改革の熱狂と崩壊　藤井裕久[著]，菊池正史編　KADOKAWA　2014.8　280p　18cm　(角川oneテーマ21　D-39)①978-4-04-101648-0　Ⓝ312.1　[800円]

◇全国戦没者追悼式批判―軍事大国化への布石と遺族の苦悩　山田昭次著　影書房　2014.2　238p　20cm〈文献あり〉①978-4-87714-444-9　Ⓝ312.1　[2600円]

◇戦後政治の軌跡―自民党システムの形成と変容　蒲島郁夫著　岩波書店　2014.10　446p　19cm　(岩波人文書セレクション)〈2004年刊の再刊〉①978-4-00-028782-1　Ⓝ312.1　[3200円]

◇戦後とは何か―政治学と歴史学の対話　上　渡邉昭夫、村松岐夫、大嶽秀夫、牧原出、成田龍一著，福永文夫、河野康子編　丸善出版　2014.6　214p　21cm〈内容：Doing History？(渡邊昭夫述)　戦後体制(村松岐夫述)　戦後日本のシステム(大嶽秀夫述)　戦前と戦後(牧原出述)　「戦後歴史学」の戦後史(成田龍一述)〉①978-4-621-08832-6　Ⓝ312.1　[2000円]

◇戦後とは何か―政治学と歴史学の対話　下　加藤陽子、雨宮昭一、鹿毛利枝子、天川晃、猪木武徳、五百旗頭真著，福永文夫、河野康子編　丸善出版　2014.6　262p　21cm〈内容：政治史研究と歴史研究のあいだ(加藤陽子述)　政治学・歴史学の戦後、現代、現在(雨宮昭一述)　戦後日本における自発的参加活動(鹿毛利枝子述)　戦後改革・占領改革・戦時改革(天川晃述)　体制の転換と実質的な連続性(猪木武徳述)　中国の台頭と日本(五百旗頭真述)〉①978-4-621-08833-3　Ⓝ312.1　[2000円]

◇戦後70年保守のアジア観　若宮啓文著　朝日新聞出版　2014.12　444,11p　19cm　(朝日選書　927)〈文献あり　年表あり　索引あり　「戦後保守のアジア観」(朝日新聞社　1995年刊)と「和解とナショナリズム」(朝日新聞社　2006年刊)の改題、全面的に改訂〉①978-4-02-263027-8　Ⓝ319.102　[1800円]

◇日本政治とメディア―テレビの登場からネット時代まで　逢坂巖著　中央公論新社　2014.9　376p　18cm　(中公新書　2283)〈文献あり　年表あり〉①978-4-12-102283-7　Ⓝ312.1　[920円]

◇入門現代日本の政治　長澤高明[著]　学習の友社　2014.4　263p　21cm〈年表あり〉①978-4-7617-0689-0　Ⓝ312.1　[2000円]

日本件名図書目録2014　Ⅰ　　　　　　　　　　　　　　　　　　　　　　　　　　　　　　　　　　日本（政治―歴史―平成時代）

日本（政治―歴史―1945～1952）

◇回想十年　上　吉田茂著　改版　中央公論新社　2014.11　498p　16cm　（中公文庫　よ24-8）　①978-4-12-206046-3　Ⓝ210.762　［1400円］

◇回想十年　中　吉田茂著　改版　中央公論新社　2014.12　454p　16cm　（中公文庫　よ24-9）　①978-4-12-206057-9　Ⓝ210.762　［1400円］

日本（政治―歴史―江戸末期）

◇江戸幕府崩壊―孝明天皇と「一会桑」　家近良樹［著］　講談社　2014.2　269p　15cm　（講談社学術文庫　2221）〈文献あり　「孝明天皇と「一会桑」」（文藝春秋　2002年刊）の改題〉　①978-4-06-292221-0　Ⓝ210.58　［920円］

◇近世近代移行期の政治文化―「徳川将軍のページェント」の歴史的位置　椿田有希子著　校倉書房　2014.12　370p　22cm　（歴史科学叢書）〈索引あり　布装　内容：日光社参とはなにか　将軍家慶の「明君」化と天保改革　日光社参を見る眼　天保社参における「人気」への配慮　治者・被治者の「一体感」創出　天保社参と海防問題　天保社参をめぐる地域の動向　江戸湾防備網構想とその挫折　文久・元治上洛と地域・民衆　天皇の「見せ方」　「徳川将軍のページェント」の歴史的意義と東アジア政治文化論への展望〉　①978-4-7517-4580-9　Ⓝ210.58　［10000円］

◇「時勢論」解説―中岡慎太郎館　中岡慎太郎［著］，中岡慎太郎館編　北川村（高知県）中岡慎太郎館　2014.4　60p　30cm　〈複製をふくむ〉　Ⓝ312.1

◇幕末期の老中と情報―水野忠精による風説探索活動を中心に　佐藤隆一著　京都　思文閣出版　2014.6　485,19p　22cm　〈文献あり　索引あり　内容：言葉としての「情報」と「風聞」「風説」　老中と情報に関わる諸問題　島津久光卒兵上京・江戸出府に関わる情報収集　将軍家茂上洛をめぐる情報収集　攘夷・鎖港問題をめぐる情報収集　元治の庶政委任と老中の往復書翰　禁門の変に関わる情報収集　長州藩・天狗党・外交問題に直面する幕閣と情報　水野忠精老中罷免をめぐる諸問題　彦根・土浦両藩とオランダ風説書〉　①978-4-7842-1702-1　Ⓝ210.58　［9500円］

◇幕末政治と倒幕運動　家近良樹著　オンデマンド版　吉川弘文館　2013.10　313,7p　22cm　〈印刷・製本：デジタルパブリッシングサービス〉　①978-4-642-04256-7　Ⓝ210.58　［12000円］

◇藩地域の農政と学問・金融　福澤徹三，渡辺尚志編　岩田書院　2014.3　241p　22cm　（信濃国松代藩地域の研究 4）〈内容：松代藩塚渋村対策の制度的変遷（福澤徹三著）　近世後期の街道間争論からみる藩地域（野尻泰弘著）　善光寺地震後の「奇特者」をめぐって（小田真裕著）　松代藩における代官と百姓（原田和彦著）　近世後期の金融市場の中の村（福澤徹三著）　松代藩代官の職制と文書行政（種村威史著）〉　①978-4-87294-852-3　Ⓝ215.2　［5400円］

日本（政治―歴史―古代）

◇古代政治史における天皇制の論理　河内祥輔著　増訂版　吉川弘文館　2014.10　312,3p　20cm　〈索引あり〉　①978-4-642-08260-0　Ⓝ210.3　［3000円］

日本（政治―歴史―昭和後期）

◇大平正芳―理念と外交　服部龍二著　岩波書店　2014.4　255p　19cm　（岩波現代全書　029）〈文献あり〉　①978-4-00-029129-3　Ⓝ312.1　［2300円］

◇実写1955年体制　宇治敏彦著　第一法規　2013.7　376p　19cm　①978-4-474-02902-6　Ⓝ312.1　［2500円］

◇未完の敗者田中角栄　佐高信著　光文社　2014.5　262p　20cm　〈文献あり〉　①978-4-334-97780-1　Ⓝ312.1　［1600円］

日本（政治―歴史―昭和後期―史料）

◇『河井弥八日記』『河井弥八手帳』――一九五二年：史料復刻　河井弥八［著］，前山亮吉，森山優編集・解題，河井重蔵・弥八研究会校訂　静岡　静岡県立大学大学院国際関係学研究科　2014.8　1冊　30cm　（Working paper series working paper #14-1）　Ⓝ312.1

日本（政治―歴史―昭和時代）

◇岸信介証言録　岸信介［述］，原彬久編　中央公論新社　2014.11　541p　16cm　（中公文庫　き69-1）〈年譜あり　毎日新聞社　2003年刊の再刊〉　①978-4-12-206041-8　Ⓝ312.1　［1200円］

◇岸信介の回想　岸信介，矢次一夫，伊藤隆著　文藝春秋　2014.10　474p　16cm　（文春学藝ライブラリー）　①978-4-16-813028-1　Ⓝ312.1　［1580円］

◇絢爛たる醜聞　岸信介伝　工藤美代子［著］　幻冬舎　2014.8　587p　16cm　（幻冬舎文庫　く-15-4）〈文献あり　「絢爛た

る悪運　岸信介伝」（2012年刊）の改題〉　①978-4-344-42233-9　Ⓝ312.1　［800円］

◇田中角栄権力の源泉　大下英治著　イースト・プレス　2014.12　444p　18cm　（イースト新書　041）　①978-4-7816-5041-8　Ⓝ312.1　［907円］

◇叛骨の宰相岸信介　北康利著　KADOKAWA　2014.1　406p　20cm　〈文献あり　年譜あり〉　①978-4-04-600141-2　Ⓝ312.1　［1800円］

◇立憲主義の日本的困難―尾崎行雄批評文集1914-1947　尾崎行雄著　書肆心水　2014.7　313p　22cm　〈年譜あり　内容：憲政の本義　憲政の危機　憲政の破滅　普選実施の影響　憲政の障害物を除け　政界革新の根本　行詰りの原因と打開策　政治読本　政党政治の将来　官僚論　東条首相への公開状　予と立憲政治の関係　立法府の権威を高めよ　新憲法の運用　新憲法の施行を祝す　立憲政治の再建〉　①978-4-906917-31-0　Ⓝ312.1　［5900円］

日本（政治―歴史―昭和前期）

◇政党内閣制の展開と崩壊一九二七～三六年　村井良太著　有斐閣　2014.5　475,11p　22cm　〈文献あり　索引あり〉　①978-4-641-14902-1　Ⓝ312.1　［5200円］

◇戦前政治家の暴走―誤った判断が招いた戦争への道　篠原昌人著　芙蓉書房出版　2014.3　234p　19cm　〈文献あり〉　①978-4-8295-0614-1　Ⓝ312.1　［1900円］

◇大日本帝国の運命を変えた地層―坂本俊篤の石油掘削論と第二次大戦秘話20　原徳三著　［東京］　文藝春秋企画出版部　2014.6　205p　20cm　〈文藝春秋（発売）文献あり〉　①978-4-16-008803-0　Ⓝ312.1　［1389円］

日本（政治―歴史―大正時代）

◇原敬と政党政治の確立　伊藤之雄編著　千倉書房　2014.7　686p　22cm　〈索引あり　内容：理想を持った現実主義者（伊藤之雄著）　児玉源太郎と原敬（小林道彦著）　原敬社長時代の『大阪新報』（飯塚一幸著）　原敬の政党政治（伊藤之雄著）　第一次世界大戦と原敬の外交指導（奈良岡聰智著）　原内閣の経済閣僚（伊藤孝夫著）　原敬と選挙区盛岡市・岩手県（伊藤之雄著）　政友会領袖松田正久と選挙区佐賀県（西山由理花著）　原敬をめぐる「政治空間」（奈良岡聰智著）〉　①978-4-8051-1039-3　Ⓝ312.1　［7800円］

◇立憲主義の日本的困難―尾崎行雄批評文集1914-1947　尾崎行雄著　書肆心水　2014.7　313p　22cm　〈年譜あり　内容：憲政の本義　憲政の危機　憲政の破滅　普選実施の影響　憲政の障害物を除け　政界革新の根本　行詰りの原因と打開策　政治読本　政党政治の将来　官僚論　東条首相への公開状　予と立憲政治の関係　立法府の権威を高めよ　新憲法の運用　新憲法の施行を祝す　立憲政治の再建〉　①978-4-906917-31-0　Ⓝ312.1　［5900円］

日本（政治―歴史―奈良時代）

◇平安京遷都期政治史のなかの天皇と貴族　中川久仁子著　雄山閣　2014.2　218p　22cm　（日本古代史叢書）〈内容：藤原仲麻呂と「聖徳太子」　孝謙・称徳天皇　「桓武」擁立の背景　「桓武」皇統の確立過程　秋篠僧正・善殊　藤原百川と「百川伝」　淳和天皇　廃太子考　高丘親王　諸楽古京〉　①978-4-639-02298-5　Ⓝ210.35　［7000円］

日本（政治―歴史―平安時代）

◇平安京遷都期政治史のなかの天皇と貴族　中川久仁子著　雄山閣　2014.2　218p　22cm　（日本古代史叢書）〈内容：藤原仲麻呂と「聖徳太子」　孝謙・称徳天皇　「桓武」擁立の背景　「桓武」皇統の確立過程　秋篠僧正・善殊　藤原百川と「百川伝」　淳和天皇　廃太子考　高丘親王　諸楽古京〉　①978-4-639-02298-5　Ⓝ210.35　［7000円］

日本（政治―歴史―平成時代）

◇現代日本政治史―政治改革と政権交代　薬師寺克行著　有斐閣　2014.9　354p　19cm　〈文献あり　年表あり　索引あり〉　①978-4-641-14909-0　Ⓝ312.1　［2400円］

◇小泉政権・1980日　上　倉重篤郎著　行研　2013.7　492p　20cm　〈文献あり　年譜あり〉　①978-4-87732-022-5　Ⓝ312.1　［2500円］

◇小泉政権・1980日　下　倉重篤郎著　行研　2013.7　422p　20cm　①978-4-87732-023-2　Ⓝ312.1　［2500円］

◇信念―激動を歩む！―政権交代、東日本大震災、福一事故　小林正夫著　再版　環境・エネ政策研究会　2014.10　327p　20cm　Ⓝ312.1　［1000円］

◇第一次安倍晋三内閣・資料編　末次俊之編　志學社　2014.5　1067p　22cm　①978-4-904180-41-9　Ⓝ312.1　［4000円］

◇ドキュメント平成政治史　1　崩壊する55年体制　後藤謙次著　岩波書店　2014.4　419p　20cm　①978-4-00-028167-6　Ⓝ312.1　［2300円］

日本（政治―歴史―室町時代）　　　　　　　　　　　　　　日本件名図書目録2014　I

◇ドキュメント平成政治史　2　小泉劇場の時代　後藤謙次著
岩波書店　2014.6　438p　20cm　Ⓘ978-4-00-028168-3
Ⓝ312.1　[2300円]
◇ドキュメント平成政治史　3　幻滅の政権交代　後藤謙次著
岩波書店　2014.12　583,7p　20cm　〈文献あり　年表あり〉
Ⓘ978-4-00-028169-0　Ⓝ312.1　[2800円]
◇日本政治の転換―1997-2013　藤本一美著　専修大学出版局
2014.1　183p　21cm　〈索引あり〉Ⓘ978-4-88125-281-9
Ⓝ312.1　[2000円]
◇民主党を見つめ直す―元官房長官・藤村修回想録　藤村修著,
竹中治堅インタビュー・構成　毎日新聞社　2014.11　399p
20cm　〈年譜あり　年表あり〉Ⓘ978-4-620-32232-2　Ⓝ312.1
[2800円]
◇民主党政権とは何だったのか―キーパーソンたちの証言　山
口二郎,中北浩爾編　岩波書店　2014.7　317,15p　20cm　〈年
表あり　内容：政権準備とマニフェストの土台づくり（菅直人,
岡田克也,直嶋正行ほか述）「コンクリートから人へ」と財源
の検討（鳩山由紀夫,岡田克也,峰崎直樹ほか述）　二〇〇九年
選挙への取り組みと政権準備の過程（鳩山由紀夫,菅直人,松井
孝治ほか述）　成立プロセス（鳩山由紀夫,菅直人,岡田克也ほ
か述）　政治主導とその難航（鳩山由紀夫,菅直人,松井孝治
述）　マニフェストの実行と予算編成（鳩山由紀夫,菅直人,峰
崎直樹述）　東アジア共同体・普天間・地球温暖化（鳩山由紀
夫,岡田克也,辻元清美ほか述）　鳩山政権からの移行と党内対
立の激化（鳩山由紀夫,辻元清美,菅直人ほか述）　消費増税
（菅直人,野田佳彦,峰崎直樹述）　地域主権改革（片山善博述）
東日本大震災と原発事故（菅直人,福山哲郎,片山善博ほか述）
尖閣諸島中国漁船衝突事件と日韓関係（仙谷由人,福山哲郎述）
消費税率引き上げの顛末（野田佳彦,齋藤勁,峰崎直樹ほか述）
原発再稼働と脱原発政策（野田佳彦,齋藤勁述）　尖閣国有化と
日中の緊張（野田佳彦,齋藤勁述）　対朝鮮半島外交（野田佳彦,
齋藤勁述）　衆議院解散と民主党政権の終焉（野田佳彦述）
民主党政権の失敗と可能性（山口二郎,中北浩爾述）〉Ⓘ978-4-
00-024873-0　Ⓝ312.1　[2400円]
◇民主党政権の挑戦と挫折―その経験から何を学ぶか　伊藤光
利,宮本太郎編著　日本経済評論社　2014.8　215p　22cm　〈索
引あり　内容：民主党のマニフェストと政権運営（伊藤光利
著）　民主党政権下における雇用・福祉レジーム転換の模索（三
浦まり,宮本太郎著）「地域主権」改革（北村亘著）　民主党
政権における予算編成・税制改正（上川龍之進著）　民主党政
権下における連合（三浦まり述）　対立軸の変容とリベラル政
治の可能性（宮本太郎著）〉Ⓘ978-4-8188-2339-6　Ⓝ312.1
[3000円]

日本（政治―歴史―室町時代）
◇名前と権力の中世史―室町将軍の朝廷戦略　水野智之著　吉
川弘文館　2014.11　207p　19cm　（歴史文化ライブラリー
388）〈文献あり〉Ⓘ978-4-642-05788-2　Ⓝ210.46　[1700
円]

日本（政治―歴史―明治以後）
◇歴史を繰り返すな　坂野潤治,山口二郎著　岩波書店　2014.8
147p　19cm　Ⓘ978-4-00-025664-3　Ⓝ312.1　[1500円]
◇歴史のなかの日本政治　2　国際環境の変容と政軍関係　北岡
伸一監修　北岡伸一編,大澤博明,畑野勇,朴廷鎬,中澤俊輔,
大前信也,鈴木多聞著　中央公論新社　2013.12　318p　20cm
〈内容：均衡論と政軍関係（大澤博明著）　戦前期多国籍軍
と日本海軍（畑野勇著）　満州事変における朝鮮軍の独断越
境過程の再検討（朴廷鎬著）　一九三〇年代の警察と政軍関係
（中澤俊輔著）　戦費調達の政治過程（大前信也著）　昭和天皇
と日本の「終戦」（鈴木多聞著）〉Ⓘ978-4-12-004572-1　Ⓝ312.
1　[3000円]

日本（政治―歴史―明治時代）
◇原敬と立憲政治の確立　伊藤之雄編著　千倉書房　2014.7
686p　22cm　〈索引あり　内容：理想を持った現実主義者（伊
藤之雄著）　児玉源太郎と原敬（小林道彦著）　原敬社長時代の
『大阪新報』（飯塚一幸著）　原敬の政党政治（伊藤之雄著）　第
一次世界大戦と原敬の外交指導（奈良岡聰智著）　陸軍閥の経
済閣僚（伊藤孝夫著）　原敬と選挙区盛岡市・岩手県（伊藤之
雄著）　政友会領袖松田正久と選挙区佐賀県（西山由理花著）
原敬をめぐる「政治空間」（奈良岡聰智著）〉Ⓘ978-4-8051-
1039-3　Ⓝ312.1　[7800円]
◇明治政治史の基礎過程―地方政治状況史論　有泉貞夫著　オ
ンデマンド版　吉川弘文館　2013.10　406,7p　22cm　〈索引
あり　印刷・製本：デジタルパブリッシングサービス〉Ⓘ978-
4-642-04257-4　Ⓝ312.1　[13500円]
◇明治に生きた英傑たち―議事堂中央広間から歴史を覗く―特別
展　衆議院憲政記念館編　衆議院憲政記念館　2014.11　83p
21cm　〈年表あり　会期：平成26年11月5日～28日〉Ⓝ312.1

日本（政治家）
◇官房長官側近の政治学　星浩著　朝日新聞出版　2014.6　203,
3p　19cm　（朝日選書 921）〈文献あり　年表あり　索引あり〉
Ⓘ978-4-02-263021-6　Ⓝ312.1　[1200円]
◇やさしい政治家―早稲田出身国会議員54人の研究　宇惠一郎著
［東京］　日経BP社　2014.11　285p　20cm　〈日経BPマーケ
ティング（発売）〉Ⓘ978-4-8222-5054-6　Ⓝ312.8　[1700円]

日本（政治家―歴史―1945～）
◇戦後政治の叡智　平野貞夫著　イースト・プレス　2014.2
319p　18cm　（イースト新書 024）Ⓘ978-4-7816-5024-1
Ⓝ312.8　[920円]
◇内閣官房長官秘録　大下英治著　イースト・プレス　2014.10
431p　18cm　（イースト新書 037）Ⓘ978-4-7816-5037-1
Ⓝ312.8　[907円]
◇私を通りすぎた政治家たち　佐々淳行著　文藝春秋　2014.8
304p　20cm　Ⓘ978-4-16-390113-8　Ⓝ312.8　[1650円]

日本（政治家―歴史―昭和前期）
◇昭和史裁判　半藤一利,加藤陽子著　文藝春秋　2014.2　437p
16cm　（文春文庫 は8-22）〈索引あり〉Ⓘ978-4-16-790038-0
Ⓝ210.7　[690円]

日本（政治家―歴史―明治以後）
◇近代日本のリーダーシップ―岐路に立つ指導者たち　戸部良
一編　千倉書房　2014.3　452p　22cm　〈索引あり　執筆：小
川原正道ほか　内容：「西郷隆盛」的指導者像の形成（小川原
正道著）　伊藤博文とユナイテッド・ステーツ〈United
States〉（瀧井一博著）　参戦外交再考（奈良岡聰智著）　戦間
期の世界における政治指導の課題（フレドリック・ディキンソ
ン著）　海軍軍人としての鈴木貫太郎（黒沢文貴著）　宇垣一
成待望論の実相（戸部良一著）　日英交渉とリーダーシップの
逆説（武田知己著）　終戦をめぐる指導者群像（波多野澄雄著）
近衛文麿の戦後と「国体護持」（庄司潤一郎著）　安全保障政策
の形成をめぐるリーダーシップ（楠綾子著）　沖縄返還から見
た佐藤栄作の政治指導（黄自進著）　管制高地に立つ編集者・
吉野源三郎（佐藤卓己著）　現代の軍事リーダーシップ（河野
仁著）　チャーチルにみる「危機のリーダーシップ」（野中郁次
郎著）　リーダーの評価について（佐古丞著）〉Ⓘ978-4-8051-
1031-7　Ⓝ312.1　[3400円]
◇政治家と書―近現代に於ける日本人の教養　松宮貴之著　雄
山閣　2014.11　235p　19cm　Ⓘ978-4-639-02336-4　Ⓝ728.
216　[2400円]

日本（政治機構―歴史―1868～1945）
◇天皇と官吏の時代―1868年～1945年　田村安興著　大阪　清
文堂出版　2014.9　403p　22cm　〈索引あり　布装〉Ⓘ978-4-
7924-1017-9　Ⓝ312.1　[10000円]
◇内大臣の研究―明治憲法体制と常侍輔弼　松田好史著　吉川
弘文館　2014.11　218,4p　22cm　〈文献あり　索引あり〉
Ⓘ978-4-642-03839-3　Ⓝ312.1　[9000円]
◇日本近代主権と立憲政体構想　小関素明著　日本評論社
2014.12　361p　22cm　〈索引あり〉Ⓘ978-4-535-58671-0
Ⓝ312.1　[4500円]

日本（製糸業―歴史）
◇近代シルク物語―日本と那須野が原を支えた蚕　那須塩原市
那須が原博物館編　［那須塩原］　那須塩原市那須野が原博
物館　2013.10　196p　30cm　〈年表あり　文献あり　会期：
平成25年10月5日～12月8日〉Ⓝ632.1

日本（製糸業―歴史―明治時代―伝記）
◇絹の国を創った人々―日本近代化の原点・富岡製糸場　志村
和次郎著　前橋　上毛新聞社事業局出版部　2014.7　198p
19cm　〈文献あり　年表あり　索引あり〉Ⓘ978-4-86352-107-0
Ⓝ639.028　[1400円]

日本（政治思想）
◇知の訓練―日本にとって政治とは何か　原武史著　新潮社
2014.7　222p　18cm　（新潮新書 578）〈文献あり〉Ⓘ978-
4-10-610578-4　Ⓝ311.21　[740円]
◇天皇論―象徴天皇制度と日本の来歴　坂本多加雄著　文藝春
秋　2014.4　310p　16cm　（文春学藝ライブラリー）〈文献
あり『象徴天皇制度と日本の来歴』（都市出版 1995年刊）の
改題〉Ⓘ978-4-16-813017-5　Ⓝ311.21　[1340円]
◇丸山眞男話文集　続1　丸山眞男［著］,丸山眞男手帖の会編
みすず書房　2014.3　441p　20cm　〈内容：生きてきた道　江
戸時代における異端類型化の試み　一九三〇年代,法学部学
生時代の学問的雰囲気　歴史と政治（丸山眞男,E・H・ノーマ
ン,都留重人述）　ディスカッション社会科教育　教育の本質
（丸山眞男,上原専禄述）〉Ⓘ978-4-622-07826-5　Ⓝ081.6
[5400円]

日本件名図書目録2014　Ⅰ　　日本（青少年教育）

◇丸山眞男話文集　続3　丸山眞男［著］，丸山眞男手帖の会編
みすず書房　2014.11　362p　20cm〈内容：民主主義の名に
おけるファシズム（都留重人，辻清明述）社会学とその周辺
（石田英一郎，尾高邦雄，川島武宜ほか述，福武直司会）　二つ
の青年層（齋藤龜雄，大類實，宮西豊逸述）　陸〈最上〉家訪問録
（陸幾子ほか述）　『文明論之概略』巻之三第六章「智德の弁」
を読む（安東仁兵衛ほか述）　「脱亜論」，日本浪漫派，湾岸危
機，「日韓併合」，「集団的自衛権」の欺瞞性（石川真澄ほか述）
帝国の終焉，アジェンダ・セッティング，楽しき音（筑紫哲也
ほか述）〉①978-4-622-07828-9　Ⓝ081.6　［5000円］

日本（政治思想—歴史—1868〜1945）
◇近代日本と石橋湛山—『東洋経済新報』の人びと　松尾尊兊著
東洋経済新報社　2013.7　341,5p　20cm〈索引あり　内容：
東洋経済新報　『東洋経済新報』五〇〇〇号によせて　日露戦
後における非軍国主義の潮流の一波頭　片山潜，三浦銕太郎
と石橋湛山　大正デモクラシーと三・一独立運動　大日本主
義か小日本主義か　三浦銕太郎小論　三浦銕太郎著『支那事
変処理の方針』について　大正デモクラシーの頂点・石橋湛山
石橋湛山小論　石橋湛山の平和構想　内村鑑三と石橋湛山
吉野作造と石橋湛山の中国論・断章　中村太八郎の家庭と石
橋湛山　石橋湛山と野口泰次　戦時下憲兵の経済倶楽部監視
『石橋湛山全集』の刊行によせて　大原万平さん　書評・筒井
清忠『石橋湛山—自由主義政治家の軌跡』　「石橋湛山研究」
事始め〉①978-4-492-06190-9　Ⓝ311.21　［3400円］
◇歴史のなかの日本政治　1　自由主義の政治家と政治思想　北
岡伸一監修　松田宏一郎，五百旗頭薫編　中央公論新社
2014.4　374p　20cm〈索引あり　内容：「天賦の通義」？（松
田宏一郎著）マジックワードとしての「立憲主義」（菅原光著）
草創期の早稲田政治学（中野勝郎著）「自治」と「いやさか」
（河野有理著）大震災下の自警団をめぐる議論のねじれ（宮
地忠彦著）進步政党統治の焦点（五百旗頭薫著）二つの世
紀末における「開国」と「国づくり」（小宮一夫著）小会派政
治家の選挙・政党観（前山亮吉著）普選と未完の政治改革
（黒澤良著）〉①978-4-12-004571-4　Ⓝ312.1　［3200円］

日本（政治思想—歴史—江戸時代）
◇近代日本政治思想史—荻生徂徠から網野善彦まで　河野有理
編　京都　ナカニシヤ出版　2014.9　399,7p　21cm〈文献あ
り　索引あり　内容：言語　賀茂真淵と本居宣長（相原耕作著）
制度　荻生徂徠と會澤正志齋（高山大毅著）風景　松平定信
と江戸後期の織りなす陰翳（井田太郎著）宗教　平田篤胤の
弟子とライバルたち（三ツ松誠著）道と教　阪谷素と中村正
直（李セボン著）政体　加藤弘之と福澤諭吉（河野有理著）
美　高山樗牛と姉崎嘲風（長尾宗典著）軍事　河野敏鎌と津
田真道（尾原宏之著）正閏　南北朝正閏論争（山口道弘著）
憲法　美濃部達吉と上杉慎吉（西村裕一著）イロニー　保田
與重郎と伊東静雄（大澤聡著）二十世紀　林達夫と丸山眞男
（王前著）デモクラシー　藤田省三と清水幾太郎（趙星銀著）
歴史　山本七平と網野善彦（與那覇潤著）新しい思想史のあ
り方をめぐって（河野有理，大澤聡，與那覇潤述）〉①978-4-
7795-0878-3　Ⓝ311.21　［4000円］

日本（政治思想—歴史—昭和後期）
◇丸山眞男と橋川文三—「戦後思想」への問い　平野敬和著　教
育評論社　2014.11　253p　20cm〈年譜あり　索引あり〉
①978-4-905706-90-8　Ⓝ311.21　［2200円］

日本（政治思想—歴史—大正時代）
◇日本改造法案大綱　北一輝著　中央公論新社　2014.11　175p
16cm　（中公文庫 き42-1）〈底本：改造社 1923年刊〉①978-
4-12-206044-9　Ⓝ311.21　［900円］

日本（政治思想—歴史—明治以後）
◇近代日本政治思想史—荻生徂徠から網野善彦まで　河野有理
編　京都　ナカニシヤ出版　2014.9　399,7p　21cm〈文献あ
り　索引あり　内容：言語　賀茂真淵と本居宣長（相原耕作著）
制度　荻生徂徠と會澤正志齋（高山大毅著）風景　松平定信
と江戸後期の織りなす陰翳（井田太郎著）宗教　平田篤胤の
弟子とライバルたち（三ツ松誠著）道と教　阪谷素と中村正
直（李セボン著）政体　加藤弘之と福澤諭吉（河野有理著）
美　高山樗牛と姉崎嘲風（長尾宗典著）軍事　河野敏鎌と津
田真道（尾原宏之著）正閏　南北朝正閏論争（山口道弘著）
憲法　美濃部達吉と上杉慎吉（西村裕一著）イロニー　保田
與重郎と伊東静雄（大澤聡著）二十世紀　林達夫と丸山眞男
（王前著）デモクラシー　藤田省三と清水幾太郎（趙星銀著）
歴史　山本七平と網野善彦（與那覇潤著）新しい思想史のあ
り方をめぐって（河野有理，大澤聡，與那覇潤述）〉①978-4-
7795-0878-3　Ⓝ311.21　［4000円］
◇合理的な避戦論　小島英俊著，東郷和彦対論　イースト・プレス
2014.8　319p　18cm　（イースト新書 033）〈文献あり〉
①978-4-7816-5033-3　Ⓝ319.8　［907円］

◇自由・民権・平和—日本近代史研究と私　松永昌三著　慶應義
塾大学出版会　2014.9　631,17p　22cm〈著作目録あり　年譜
あり　索引あり　内容：民権運動激化期と中江兆民　中江兆民
と明治憲法　「大東亜戦争」論の論理　自由民権派にみられる
小国主義思想　日本近代思想の展開　中江兆民と大井憲太郎
国約憲法か，欽定憲法か　小国主義か，大国主義か　萩原延寿
『馬場辰猪』　幸徳秋水　国民の教育権と大学教育　明治国
家形成期の国家像にみられる「理学」と「神学」　中江兆民の
思想　三回の出会い　五つの問答体　国歌君が代　戦後歴史
学におけるノーマン史学の意味　家永史学と裁判　中江兆民
自主憲法の思想　『自由東道』の自由観について　「モノ」か
らの訣別　「出身国で博士号」の問題点　インドネシアの印象
馬場辰猪と中江兆民　千谷敏徳判事のこと　ニコライ二世と
大津事件　明治憲法制定過程における秘密性　クレオパトラ
はいたか　西欧思想摂取過程における漢語・漢学の役割〈一八
七〇〜八〇年代〉私費留学生の勉学に配慮を　救いはあるか
公孫樹の並木道　『家永三郎集』を編んで　ノーマンとライ
シャワー　歩道橋　日本近代史研究と私　九・一一事件に想
う　過去と現在　仮装行列　家永三郎先生の学問　兆民にた
どりつくまで　戦争について考える　戦争観の変遷と戦争犯
罪　米国の国際的犯罪第二次世界大戦以後　帝国と植民地〉
①978-4-7664-2176-7　Ⓝ311.21　［15000円］
◇21世紀の「日本」と「日本人」と「普遍主義」—「平和な民主
主義」社会の実現のために「勝ち続けなきゃならない」世界と
そこでの戦争　村田邦夫著　京都　晃洋書房　2014.11　429p
23cm　①978-4-7710-2564-6　Ⓝ311.21　［6400円］

日本（政治思想—歴史—明治時代）
◇三酔人経綸問答　中江兆民著，鶴ケ谷真一訳　光文社　2014.3
312p　16cm　（光文社古典新訳文庫 KBﾅ1-1）〈文献あり
年譜あり〉①978-4-334-75286-6　Ⓝ311.21　［1040円］
◇明治日本の文明言説とその変容　許時嘉著　日本経済評論社
2014.11　362p　22cm〈文献あり　索引あり　内容：国家主義
路線の文明観　反政府的文明言説の諸相　アジアを文明化す
る使命感　植民地の文明化作業とその矛盾　台湾人紳士の
「文明」への対応　植民地台湾における〈文〉と〈文明〉の乖離
近代文体の形成における「伝統的」文体の変容〉①978-4-
8188-2349-5　Ⓝ311.21　［6000円］

日本（青少年）
◇子ども・若者の状況及び子ども・若者育成支援施策の実施状況
平成25年度　［東京］　［内閣府］　［2014］　292p　30cm〈第
186回国会（常会）提出〉Ⓝ367.61
◇青少年のインターネット利用環境実態調査報告書　平成25年
度　［東京］　内閣府政策統括官（共生社会政策担当）　2014.3
214p　30cm〈背の書名：青少年のインターネット利用環
境実態調査〉Ⓝ367.68
◇半径1メートルの想像力—サブカル時代の子ども 若者　山﨑鎮
親著　旬報社　2014.7　207p　19cm　①978-4-8451-1354-5
Ⓝ367.68　［1600円］
◇若者とキリスト教—第47回神学セミナー　関西学院大学神学
部編，松谷信司，淺野淳博，中道基夫，阪口新，汐碇直美，中野祐
成著　キリスト新聞社　2014.2　148p　21cm　（関西学院大
学神学部ブックレット 6）〈内容：新世代エヴァンジェリスト
の憂鬱（松谷信司述）あなたの感覚、ホントに合ってる？（阪
口新述）ゴスペルから洗礼に至った人たち（汐碇直美述）
若者が集まる教会形成の一例（中野祐成述）経験談としての
宣教考（淺野淳博述）若者と礼拝（中道基夫述）〉①978-4-
87395-650-3　Ⓝ198.37　［1500円］

日本（青少年—統計）
◇青少年のスポーツライフ・データ—10代のスポーツライフに
関する調査報告書　2013　笹川スポーツ財団　2013.12　199p
30cm　①978-4-915944-53-6　Ⓝ780.59　［2000円］

日本（青少年教育）
◇いま、話したいこと—東アジアの若者たちの歴史対話と交流
室田元美著　子どもの未来社　2014.3　79p　21cm　（子ども
の未来社*ブックレット No.003）①978-4-86412-046-3
Ⓝ379.3　［800円］
◇子ども・若者の状況及び子ども・若者育成支援施策の実施状況
平成25年度　［東京］　［内閣府］　［2014］　292p　30cm〈第
186回国会（常会）提出〉Ⓝ367.61
◇事業報告書　平成25年度　大洲　国立青少年教育振興機構国
立大洲青少年交流の家　［2014］　76p　30cm　Ⓝ379.3
◇「生活体験学校」に関する調査研究報告書　平成25年度　青少
年交友協会野外文化研究所　2014.2　126p　26cm〈会期・会
場：平成25年8月4日〜10日　杉並区立高井戸第三小学校　文部
科学省委託事業　背のタイトル：生活体験学校報告書〉
Ⓝ379.3
◇「青少年の体験活動等に関する実態調査」報告書　平成24年度
調査　国立青少年教育振興機構青少年教育研究センター/総務

日本（青少年問題）

企画部調査・広報課編　国立青少年教育振興機構青少年教育研究センター/総務企画部調査・広報課　2014.3　236p　30cm　Ⓝ379.3

◇みんなの居場所つくります　2014年度　愛知教育大学2014年度集中講義「社会教育の基礎Ⅰ」履修者著，丹間康仁編　刈谷　丹間康仁　2014.9　68p　21cm　〈愛知教育大学2014年度集中講義「社会教育の基礎Ⅰ」学修成果集〉Ⓝ379.3

日本（青少年問題）

◇逸脱と社会問題の構築　山本功著　学陽書房　2014.3　175p　22cm　（淑徳大学研究叢書 31）〈文献あり　内容：社会学主義としての社会問題の構築主義　「援助交際」の語り方〈被害者〉というレトリック　「淫行」規定をめぐる都議会への陳情・請願の分析　少女売春を論じることを論じる　トラブルの中の〈被害者─加害者〉関係〉Ⓘ978-4-313-34023-7　Ⓝ367.9　[3570円]

◇学生の描いた絵本の世界　前島康男著　創風社　2014.12　282p　21cm　Ⓘ978-4-88352-219-4　Ⓝ019.53　[1800円]

◇家庭や学級で語り合うスマホ時代のリスクとスキル─スマホの先の不幸をブロックするために　竹内和雄著　京都　北大路書房　2014.2　125p　19cm　〈文献あり〉Ⓘ978-4-7628-2828-7　Ⓝ367.61　[1600円]

◇子どもの安全とリスク・コミュニケーション　関西大学経済・政治研究所子どもの安全とリスク・コミュニケーション研究班編　吹田　関西大学経済・政治研究所　2014.3　251p　21cm　（関西大学経済・政治研究所研究双書 第159冊）〈発行所：関西大学出版部　内容：リスクマネジメントの考え方(亀井克之著)　子どもとソーシャル・リスク(亀井克之著)　子どもの安全とソーシャル・リスクマネジメント(亀井克之著)　子どもを持つ生活者とリスクマネジメント(奈良由美子著)　子どものインターネット利用におけるリスクとゲーム形式を用いたメディア・リテラシー実践の可能性(岡田朋之著)　子どもたちが困難やストレスを乗り越えるために(尾久裕紀著)　小学校受験におけるリスク・マネジメントに関する一考察(石井至著)　わが国のプライバシー・個人情報保護法制の将来像の探求(高野一彦著)　参加型手法を取り入れた防災教育(時任隼平,久保田賢一著)　学校の危機管理(亀井克之著)　学校現場における安全管理・防災教育の実践(亀井克之著)〉Ⓘ978-4-87354-582-0　Ⓝ367.61　[2300円]

◇子どもの安全とリスク・コミュニケーション　2　子どもの安全とリスク・コミュニケーション研究班[編]　吹田　関西大学経済・政治研究所　2014.3　254p　26cm　（調査と資料 第112号）Ⓘ978-4-901522-43-4　Ⓝ367.61

◇子どものミカタ─不登校・うつ・発達障害思春期以上、病気未満とのつきあい方　山登敬之著　日本評論社　2014.12　229p　19cm　〈内容：思春期の「悩み」とこころの「病気」　子どもの「日ごろと違う様子」をどう読むか　集団になじめなくても慌てなくていい　「友だち親子」をどうみるか　不登校の昔といま　不登校診療のエッセンス　子どもの「うつ」をどうみるか　子どものうつ病と薬物療法　当世うつ病事情　ヘンな子、変わった子　キレるやつらにゃ理由がある!?　「わたしは発達障害？」と来院する人たち　子どもの悩みをきく　説明の工夫　クリニックの精神療法、その周辺〉Ⓘ978-4-535-56339-1　Ⓝ371.42　[1600円]

◇さらば、哀しみのドラッグ　水谷修著　増補改訂版　高文研　2014.10　229p　19cm　Ⓘ978-4-87498-555-7　Ⓝ367.61　[1500円]

◇社会的不利・困難を抱える若者応援プログラム集　ビッグイシュー基金　2014.3　114p　30cm　〈独立行政法人福祉医療機構社会福祉振興助成事業　共同刊行：社会的困難を抱える若者応援ネットワーク委員会〉Ⓝ369.4

◇女子高生の裏社会─「関係性の貧困」に生きる少女たち　仁藤夢乃著　光文社　2014.8　257p　18cm　（光文社新書 711）Ⓘ978-4-334-03814-4　Ⓝ367.61　[760円]

◇スマホチルドレン対応マニュアル─「依存」「炎上」これで防ぐ！　竹内和雄著　中央公論新社　2014.5　225p　18cm　（中公新書ラクレ 495）Ⓘ978-4-12-150495-1　Ⓝ371.42　[800円]

◇スマホで馬鹿になる─子どもを壊す依存症の恐怖　和田秀樹著　時事通信出版局　2014.10　194p　19cm　（時事通信社（発売））Ⓘ978-4-7887-1336-9　Ⓝ367.61　[1400円]

◇青少年の地域における居場所と絆づくり─平成25年度「第30回全国青少年相談研究集会」報告書　国立青少年教育振興機構教育事業部企画課編　国立青少年教育振興機構教育事業部企画課　2014.9　67p　30cm　〈文献あり〉Ⓝ367.61

◇当事者の効果的な発見・誘導に関する調査研究─ひきこもり、矯正施設退所者等みずから支援に繋がりにくい　立川　育て

上げネット　2014.3　142p　30cm　〈厚生労働省平成25年度セーフティネット支援対策事業（社会福祉推進事業）〉Ⓝ369.4

◇無業社会─働くことができない若者たちの未来　工藤啓、西田亮介著　朝日新聞出版　2014.6　214p　18cm　（朝日新書 465）Ⓘ978-4-02-273565-2　Ⓝ367.68　[760円]

◇わが子のスマホ・LINEデビュー安心安全ガイド　日経デジタルマーケティング編，小林直樹著　[東京]　日経BP社　2014.3　158p　19cm　（日経BPマーケティング（発売））Ⓘ978-4-8222-2531-5　Ⓝ367.61　[1300円]

日本（青少年問題─法令）

◇子どものための法律相談　第一東京弁護士会少年法委員会編　第2版　青林書院　2014.4　569p　21cm　（新・青林法律相談 26）〈索引あり〉Ⓘ978-4-417-01620-5　Ⓝ367.6　[4800円]

日本（生殖補助医療）

◇わが子よ─出生前診断、生殖医療、生みの親・育ての親　共同通信社社会部編　現代書館　2014.11　246p　19cm　Ⓘ978-4-7684-5741-2　Ⓝ495.5　[1500円]

日本（精神衛生）

◇「教員のメンタルヘルスに関する調査研究事業」報告書　[東京]　三菱総合研究所　2013.3　8, 107p　30cm　Ⓝ374.37

◇ハンドブック働くもののメンタルヘルス　働くもののいのちと健康を守る全国センター編　旬報社　2014.12　258p　21cm　Ⓘ978-4-8451-1392-7　Ⓝ366.99　[2000円]

◇ゆるやかな絆と信頼で結ばれた職場づくりのために　高松　香川県教育センター　2014.2　38p　30cm　（教職員のためのサポートブック 3）〈文献あり〉Ⓝ374.3

日本（精神科病院）

◇精神科看護白書　2010→2014　日本精神科看護協会監修　精神看護出版　2014.9　318p　30cm　〈年表あり〉Ⓘ978-4-86294-053-7　Ⓝ369.28　[3100円]

◇精神科診療所における地域生活支援の実態に関する全国調査について　[東京]　日本精神神経科診療所協会　2014.3　155p　30cm　〈厚生労働省平成25年度障害者総合福祉推進事業〉Ⓝ369.28

◇精神科診療所における地域生活支援の実態に関する全国調査について　別冊　グラフ　[東京]　日本精神神経科診療所協会　[2014]　59p　30cm　〈厚生労働省平成25年度障害者総合福祉推進事業〉Ⓝ369.28

◇多機能型精神科診療所は包括的地域ケアの核になる─厚生労働省平成25年度障害者総合福祉推進事業─精神科診療所における地域生活支援の実態に関する全国調査報告　[東京]　日本精神神経科診療所協会　[2014]　215p　30cm　Ⓝ369.28

◇ルポ刑期なき収容─医療観察法という社会防衛体制　浅野詠子著　現代書館　2014.5　214p　20cm　〈文献あり〉Ⓘ978-4-7684-5729-0　Ⓝ326.48　[1800円]

日本（精神障害者─雇用）

◇精神障害者のための職域拡大及び職場定着に関する職場改善好事例集─平成25年度障害者雇用職場改善好事例集の入賞事例から　千葉　高齢・障害・求職者雇用支援機構雇用開発推進部雇用開発発課　2014.3　80p　30cm　Ⓝ366.28

◇精神障害者枠で働く─雇用のカギ就労のコツ支援のツボ　里中高志著　中央法規出版　2014.6　206p　21cm　〈文献あり〉Ⓘ978-4-8058-3999-7　Ⓝ366.28　[2000円]

日本（精神障害者福祉）

◇意思決定支援の在り方並びに成年後見制度の利用促進の在り方に関する基礎的調査研究について　全日本手をつなぐ育成会　2014.3　196p　30cm　〈厚生労働省平成25年度障害者総合福祉推進事業〉Ⓝ369.28

◇くらしの手帳─おとなとしてゆたかに生きるために　『みんなのねがい』編集部編　全国障害者問題研究会出版部　2014.6　79p　26cm　Ⓘ978-4-88134-265-7　Ⓝ369.28　[1200円]

◇検証日本の精神科病院への入院と家族─精神科長期入院者とその家族について歴史的考察とその実態─精神障害者福祉への政策提言　滝沢武久著　筒井書房　2014.1　292p　21cm　Ⓘ978-4-86479-035-2　Ⓝ369.28　[2800円]

◇こころの健康社会を目指す　こころの健康政策構想実現会議編　さいたま　やどかり出版　2013.6　110p　21cm　Ⓘ978-4-904185-25-4　Ⓝ369.28　[900円]

◇社会的入院解消に向けた働きかけガイドライン─精神保健福祉士のための：合本版　ver. 1. 相談支援ハンドブック：精神保健福祉士のための：合本版. ver 1.3　[東京]　日本精神保健福祉士協会　2014.3　88p　30cm　〈タイトルは表紙による〉Ⓝ369.28

◇「事例作成」で学ぶ精神保健福祉援助演習　杉原努著　中央法規出版　2014.3　180p　26cm　Ⓘ978-4-8058-3977-5　Ⓝ369.28　[2400円]

◇事例でわかるピアサポート実践―精神障害者の地域生活がひろがる　金文美,橋本達志,村上貴栄著　中央法規出版　2014.3　234p　21cm〈文献あり〉①978-4-8058-3966-9　Ⓝ369.28［2600円］

◇精神科看護白書　2010→2014　日本精神科看護協会監修　精神看護出版　2014.9　318p　30cm〈年表あり〉①978-4-86294-053-7　Ⓝ369.28［3100円］

◇精神疾患にかかる障害年金申請手続完全実務マニュアル―受給資格のある人すべてに障害年金を！　塚越良也著　改訂版　日本法令　2014.9　500p　26cm　①978-4-539-72387-6　Ⓝ364.6［3300円］

◇精神障害作業療法―生活を支援する：急性期から地域実践まで　香山明美,小林正義,鶴見隆彦編著　第2版　医歯薬出版　2014.3　319p　26cm〈索引あり〉①978-4-263-21933-1　Ⓝ493.72［3900円］

◇精神障がい者支援のための基礎的対応ガイドブック　長野　長野県精神保健福祉センター　2014.3　57p　30cm　Ⓝ369.28

◇精神障害者の意思決定の助言・支援を担う人材の養成及び実施について　町田　支援の三角点設置研究会　2014.3　124p　30cm〈厚生労働省平成25年度障害者総合福祉推進事業〉Ⓝ369.28

◇精神病床に入院している難治性患者の地域移行の推進に向けた支援の在り方に関する実態調査について［東京］全国自治体病院協議会　2014.3　204, 239p　30cm〈文献あり　厚生労働省平成25年度障害者総合福祉推進事業〉Ⓝ369.28

◇精神病床に入院している難治性患者の地域移行の推進に向けた支援の在り方に関する実態調査について　修正版　全国自治体病院協議会　2014.3　190, 239p　30cm〈文献あり　厚生労働省平成25年度障害者総合福祉推進事業　奥付のタイトル：「精神病床に入院している難治性患者の地域移行の推進に向けた支援の在り方に関する実態調査について」報告書〉Ⓝ369.28

◇精神保健福祉士養成セミナー　6　精神障害者の生活支援―制度・システムとサービス　新版・精神保健福祉士養成セミナー編集委員会編集　荒田寛,佐々木敏明,田村綾子,柏木一惠第6巻編集代表　新版 改訂　へるす出版　2014.1　231p　26cm〈年表あり 索引あり〉①978-4-89269-836-1　Ⓝ369.28［2800円］

◇精神保健福祉に関する制度とサービス―精神保健福祉論 サービスシステム論　古屋龍太責任編集　第2版　弘文堂　2014.2　246p　26cm　(精神保健福祉士シリーズ 7)〈索引あり〉①978-4-335-61112-4　Ⓝ369.28［2700円］

◇地域生活中心の支援モデル構築に向けた、全国の地域支援事業の実態調査とシステム構築に向けた調査研究　巣立ち会編　三鷹　巣立ち会　2014.3　262p　30cm〈厚生労働省平成25年度障害者総合福祉推進事業〉Ⓝ369.28

◇統合失調症　第8巻　患者さんの希望を社会資源につなげる　石郷岡純編集委員長,後藤雅博,水野雅文,福田正人編　大阪　医薬ジャーナル社　2014.7　118p　26cm〈索引あり〉①978-4-7532-2685-6　Ⓝ493.763［3400円］

◇「統合失調症患者への入院早期からの多職種による地域移行支援の標準化に関する調査」報告書　日本精神科病院協会　2014.3　122p　30cm〈平成25年度厚生労働省障害者総合福祉推進事業〉Ⓝ369.28

日本（精神障害者福祉―法令）

◇精神保健福祉の法律相談ハンドブック　池原毅和編著　名古屋　新日本法規出版　2014.7　373p　21cm〈索引あり〉①978-4-7882-7898-1　Ⓝ369.28［4100円］

日本（清掃事業）

◇海浜等清掃活動実施状況調査報告書　平成25年度［東京］海と渚環境美化・油濁対策機構　2014.3　31p　30cm〈環境・生態系維持・保全活動等調査事業, 海の羽根基金事業〉Ⓝ518.54

◇海浜等の美化活動事例調査報告書　平成25年度［東京］海と渚環境美化・油濁対策機構　2014.3　95p　30cm〈環境・生態系維持・保全活動等調査事業, 海の羽根基金事業〉Ⓝ518.54

日本（製造者責任―判例）

◇最新PL関係判例と実務　升田純著　第3版　民事法研究会　2014.12　836p　21cm〈索引あり〉①978-4-89628-984-8　Ⓝ324.55［7200円］

◇製造物責任　羽成守,青木荘太郎編　青林書院　2014.11　396p　21cm　(判例ハンドブック)〈文献あり 索引あり〉①978-4-417-01637-3　Ⓝ324.55［4000円］

日本（聖地）

◇究極日本の聖地　鎌田東二編著　KADOKAWA　2014.4　319p　19cm〈文献あり〉①978-4-04-600271-6　Ⓝ162.1［1800円］

◇にっぽん聖地巡拝の旅　玉岡かおる著　大法輪閣　2014.4　277p　19cm　①978-4-8046-1360-4　Ⓝ915.6［1800円］

◇日本人の聖地のかたち―熊野・京都・東北　大東俊一著　彩流社　2014.1　188,6p　20cm〈索引あり　内容：熊野　花の窟神社の御綱掛け神事　京都の「六地蔵めぐり」　六道の辻と「六道まいり」　会津高野山八葉寺の「冬木沢詣り」　山寺〈立石寺〉の死者供養〉①978-4-7791-1960-6　Ⓝ162.1［2000円］

日本（政党）

◇政党の役割と人材育成―国民の幸せを追求するために　近藤久美著　一世出版　2014.5　117p　18cm〈文献あり〉①978-4-87078-177-1　Ⓝ315.1［800円］

◇派閥―保守党の解剖　渡辺恒雄著　弘文堂　2014.6　248p　19cm〈文献あり　1958年刊の復刊〉①978-4-335-46032-6　Ⓝ315.1［1500円］

日本（政党―歴史―昭和前期）

◇政党内閣制の展開と崩壊一九二七～三六年　村井良太著　有斐閣　2014.5　475,11p　22cm〈文献あり 索引あり〉①978-4-641-14902-1　Ⓝ312.1［5200円］

◇戦前日本の政党内閣と官僚制　若月剛史著　東京大学出版会　2014.2　258,4p　22cm〈索引あり〉①978-4-13-026236-1　Ⓝ312.1［5600円］

日本（政党―歴史―大正時代）

◇戦前日本の政党内閣と官僚制　若月剛史著　東京大学出版会　2014.2　258,4p　22cm〈索引あり〉①978-4-13-026236-1　Ⓝ312.1［5600円］

日本（政党―歴史―明治時代）

◇日本立法資料全集　別巻839　大日本政黨史　若林清著　復刻版　信山社出版　2014.2　598p　23cm〈市町村雑誌社 大正2年刊の複製〉①978-4-7972-7137-9　Ⓝ322.1［63000円］

日本（青銅器―歴史）

◇日本・朝鮮半島の青銅武器研究　柳田康雄著　雄山閣　2014.3　391p　27cm〈文献あり　布装〉①978-4-639-02299-2　Ⓝ210.27［20000円］

日本（青年）

◇R30の欲望スイッチ―欲しがらない若者の、本当の欲望　白岩玄著　宣伝会議　2014.4　223p　19cm　①978-4-88335-302-6　Ⓝ675［1600円］

◇中間的就労の実施に関する調査研究を基にした生活困窮者支援のための中間的就労標準化モデル事業　栃木県若年者支援機構編　宇都宮　栃木県若年者支援機構　2014.3　91p　30cm〈平成25年度セーフティネット支援対策等事業費補助金社会福祉推進事業〉Ⓝ366.28

◇調査実習報告書　2012年度［町田］東京女学館大学社会調査実習Ⅰ・Ⅱ　2013.3　119p　30cm〈奥付のタイトル：東京女学館大学「東京女学館大学社会調査実習Ⅰ・Ⅱ」調査報告書　担当講師：関水徹平　内容：「おとな」の意味：　60代と20代へのインタビュー調査から〉Ⓝ361.91

◇部落問題と向きあう若者たち　内田龍史編著　大阪　解放出版社　2014.2　247p　21cm〈文献あり　内容：三つの出合い（内田龍史著）若い子に伝えたいことがある（石井眞澄,石井千晶述）出会いからエネルギーが湧いてくる（川崎那恵述）違和感からライフワークへ（上川多実述）どこに行っても仲間がいる（宮崎懐良述）青年がとにかく集まれる場を（長門実述）下の世代の兄ちゃんになる（宮崎懐良,長門実述）小説は部落問題を伝えるツール（玉田崇二述）活動と子育てにおけるジレンマ（浦田舞述）祖母から母、そして私がつなぐ解放運動（副島麻友子述）一〇年たって話せるように（藤田真一述）人をたいせつに生きていきたい（今村力述）もっと早く知りたかった（本江優子述）穢れ意識をなくしたい（宮内礼治述）きょうだいたちは私が守る（渡辺龍虎述）ダブルの私から見える部落問題（瀬戸　徐映里奈述）差別に殺されてほしくない（政平烈史述）部落問題を語ることの困難とその可能性（内田龍史著）〉①978-4-7592-0119-2　Ⓝ361.86［2000円］

◇「メジャー」を生みだす―マーケティングを超えるクリエイターたち　堀田純司［著］KADOKAWA　2014.12　286p　18cm　(角川oneテーマ21 D-54)①978-4-04-102411-9　Ⓝ361.5［800円］

◇ヤンキー経済―消費の主役・新保守層の正体　原田曜平著　幻冬舎　2014.1　220p　18cm　(幻冬舎新書 は-10-1)①978-4-344-98336-6　Ⓝ367.68［780円］

◇若者と政治―ポスト3.11の政治参加と社会運動　豊田　中京大学現代社会学部松谷満研究室　2013.3　212p　30cm　(中京大学現代社会学部松谷満研究室社会調査実習報告書 2012年度)〈文献あり〉Ⓝ367.68

に

日本（青年―雇用）　　　　　　　　　　　　　　　　　　　　日本件名図書目録2014　I

◇「若者の海外旅行離れ」を読み解く―観光行動論からのアプローチ　中村哲著, 西村幸子, 高井典子著　京都　法律文化社　2014.12　256p　22cm〈文献あり　索引あり　内容：観光行動論から見た「若者の海外旅行離れ」（高井典子著）「若者の海外旅行離れ」の登場（中村哲著）「若者の海外旅行離れ"騒動"の記録（中村哲著）　若者の海外旅行を俯瞰する（中村哲著）　若者の海外旅行の変化を見る（西村幸子著）　若者の生の声を聞く（高井典子著）　観光行動論の研究の進め方（高井典子著）　これまでの研究でわかっていること（西村幸子著）　人によって違う「行かない理由」（中村哲著）「行かない理由」は変わらないのか？（西村幸子著）「行く」「行かない」を説明するモデル（西村幸子著）　モデルをデータで検証する（中村哲著）「若者の海外旅行離れ」とは何だったのか（中村哲著, 西村幸子著, 高井典子著）〉Ⓘ978-4-589-03636-0　Ⓝ689.2　[2500円]

◇若者は本当に右傾化しているのか　古谷経衡著　アスペクト　2014.5　241p　18cm　Ⓘ978-4-7572-2300-4　Ⓝ367.68　[900円]

◇若者は本当にお金がないのか？―統計データが語る意外な真実　久我尚子著　光文社　2014.6　279p　18cm　（光文社新書 699）Ⓘ978-4-334-03802-1　Ⓝ367.68　[820円]

日本（青年―雇用）

◇企業における若年未就業者の雇用に関する調査―安定した雇用の創出と企業経営の両立を目指して　大阪　大阪産業経済リサーチセンター　2014.3　137p　30cm　（資料 no. 135）〈文献あり〉Ⓝ336.42

◇こう変わる！　新卒採用の実務　労務行政研究所編　労務行政　2014.12　287p　21cm　（労政時報選書）Ⓘ978-4-8452-4362-4　Ⓝ336.42　[3100円]

◇若年者雇用支援施策の現状と更なる発展に向けての課題―ハローワーク求人企業「若年者雇用支援施策の利用状況に関する調査」より　労働政策研究・研修機構編　労働政策研究・研修機構　2014.11　214p　30cm　（JILPT調査シリーズ no. 131）〈文献あり〉Ⓝ336.42

◇若年者雇用支援施策の利用状況に関する調査―ハローワーク求人企業アンケート調査　労働政策研究・研修機構編　労働政策研究・研修機構　2014.3　217p　30cm　（JILPT調査シリーズ no. 117）Ⓝ336.42

◇若年者雇用問題―日韓比較　労働政策研究・研修機構編　労働政策研究・研修機構　2013.9　81p　30cm　（JILPT海外労働情報 2013）〈文献あり　内容：少子高齢社会における若年者問題と政策課題（金崎幸子著）　韓国の若年者雇用問題の核心課題と政策方向（ナム・ジェリャン著）　高等教育から労働市場への移行の現状と課題（小杉礼子著）　韓国の若年者雇用対策の推進状況と評価（パク・ソンジェ著）〉Ⓝ366.21

◇若年者の就業状況・キャリア・職業能力開発の現状　2　労働政策研究・研修機構編　労働政策研究・研修機構　2014.9　197p　30cm　（JILPT資料シリーズ no. 144）「2」のタイトル関連情報：平成24年版「就業構造基本調査」より〉Ⓝ366.21

◇新卒採用革命―セミナー方式で人間力を見抜け！　蓮室光雄編　カナリア書房　2014.10　171p　21cm　Ⓘ978-4-7782-0284-2　Ⓝ336.42　[1500円]

◇新卒採用の実務　岡崎仁美著　日本経済新聞出版社　2014.11　239p　18cm　（日経文庫 1323）〈文献あり〉Ⓘ978-4-532-11323-0　Ⓝ336.42　[860円]

◇中小企業と若年人材―HRMチェックリスト、関連資料、企業ヒアリングより採用、定着、動機づけに関わる要因の検討　労働政策研究・研修機構編　労働政策研究・研修機構　2014.3　253p　30cm　（JILPT資料シリーズ no. 134）〈文献あり〉Ⓝ336.42

◇「できる人」という幻想―4つの強迫観念を乗り越える　常見陽平著　NHK出版　2014.4　221p　18cm　（NHK出版新書 433）〈文献あり〉Ⓘ978-4-14-088433-1　Ⓝ366.29　[740円]

日本（成年後見制度）

◇意思決定困難な重度知的障害者の「代行決定」―障害者家族会による成年後見事務からの示唆　篠本耕二著　名古屋　ブイツーソリューション　2014.12　1冊　21cm　（星雲社（発売）文献あり〉Ⓘ978-4-434-19880-9　Ⓝ369.28　[2000円]

◇意思決定支援の在り方並びに成年後見制度の利用促進の在り方に関する基礎的調査研究について　全日本手をつなぐ育成会　2014.3　196p　30cm〈厚生労働省平成25年度障害者総合福祉推進事業〉Ⓝ369.28

◇エピソードで学ぶ成年後見人　Part2　虐待等対応と後見活動の視点　池田惠利子, あい権利擁護支援ネット編　民事法研究会　2014.2　166p　21cm　Ⓘ978-4-89628-916-9　Ⓝ324.65　[1500円]

◇家庭裁判所における成年後見・財産管理の実務―成年後見人・不在者財産管理人・遺産管理人・相続財産管理人・遺言執行者　片岡武, 金井繁昌, 草部康司, 川畑晃一著　第2版　日本加除出版　2014.7　671p　21cm　（索引あり）Ⓘ978-4-8178-4171-1　Ⓝ324.65　[5300円]

◇Q&A「成年後見」実務ハンドブック　田中亮一著　平成26年7月改訂　セルバ出版　2014.7　351p　21cm　（創英社/三省堂書店（発売）文献あり〉Ⓘ978-4-86367-166-9　Ⓝ324.65　[3000円]

◇Q&A成年被後見人死亡後の実務と書式　日本財産管理協会編集　名古屋　新日本法規出版　2013.6　414p　26cm　（索引あり）Ⓘ978-4-7882-7759-5　Ⓝ324.65　[4600円]

◇金融機関役席者のための高齢者応対―相続・事務手続の基本　栗嶋昭好著　きんざい　2014.4　217p　21cm　〈文献あり〉Ⓘ978-4-322-12366-1　Ⓝ338.5　[1900円]

◇「権利擁護センター等」の具体化に向けて―厚生労働省平成25年度セーフティネット支援対策事業（社会福祉推進事業）「地域における権利擁護体制の構築の推進に向けて」調査研究報告書　[東京]　全国社会福祉協議会地域福祉権利擁護に関する検討委員会　2014.3　201p　30cm　〈共同刊行：全国社会福祉協議会「地域における権利擁護体制の構築の推進に向けて」調査研究委員会〉Ⓝ324.65

◇権利擁護と成年後見制度　山口光治編　第2版　岐阜　みらい　2014.3　237p　26cm　（索引あり　新社会福祉士養成課程対応）Ⓘ978-4-86015-321-2　Ⓝ324.65　[2300円]

◇後見実施機関のあり方に関する調査研究事業報告書　地域ケア政策ネットワーク　2014.3　107p　30cm　（平成25年度老人保健事業推進費等補助金（老人保健健康増進等事業分））Ⓝ324.65

◇市民後見推進モデル事業自治体研修会　平成25年度　第1回　地域ケア政策ネットワーク　2014.2　76p　30cm　〈平成25年度老人保健事業推進費等補助金（老人保健健康増進等事業分）〉Ⓝ324.65

◇市民後見推進モデル事業自治体研修会　平成25年度　第2回　地域ケア政策ネットワーク　2014.3　124p　30cm　〈平成25年度老人保健事業推進費等補助金（老人保健健康増進等事業分）〉Ⓝ324.65

◇新・社会福祉士養成講座　19　権利擁護と成年後見制度　社会福祉士養成講座編集委員会編集　第4版　中央法規出版　2014.2　227p　26cm　（索引あり）Ⓘ978-4-8058-3936-2　Ⓝ369　[2200円]

◇成年後見―現状の課題と展望　田山輝明編著　日本加除出版　2014.5　319p　21cm　〈内容：公的成年後見（田山輝明著）　未成年後見（佐柳忠晴著）　医療同意と成年後見（岩志和一郎著）　成年後見と医療との関わり（金川洋著）　ドイツにおける本人の死亡と世話人の権限（黒田美亜紀著）　本人死亡と成年後見人の権限（山城一真著）　オーストリア成年後見法における本人死亡と成年後見人の権限（青木仁美著）　我が国における成年後見制度の利用者の死亡と後見人等の権限（黒田美亜紀著）　成年後見人の権利義務と民事責任（志村武著）　成年後見人と刑事責任（甲斐克則著）　成年被後見人の選挙権回復訴訟（杉浦ひとみ著）　成年後見法の課題と障害者権利条約（田山輝明著）〉Ⓘ978-4-8178-4160-5　Ⓝ324.65　[3200円]

◇成年後見監督人の手引き　成年後見センター・リーガルサポート編著　日本加除出版　2014.9　213p　26cm　〈文献あり〉Ⓘ978-4-8178-4188-9　Ⓝ324.65　[2500円]

◇成年後見制度―法の理論と実務　新井誠, 赤沼康弘, 大貫正男編　第2版　有斐閣　2014.7　534p　22cm　（索引あり）Ⓘ978-4-641-13658-8　Ⓝ324.65　[4400円]

◇成年後見制度　新・アジア家族法三国会議編　日本加除出版　2014.7　168p　21cm　〈内容：成年後見制度の導入と改正の経緯（小池信行著）　日本の成年後見制度の概要と特色（赤沼康弘著）　成年後見制度をめぐる今後の課題（新井誠著）　成年後見制度の導入と改正経緯（申榮鎬著, 田中佑季訳, 犬伏由子日本語訳監修）　法定後見制度（裵寅九著, 田中佑季訳, 犬伏由子日本語訳監修）　韓国の成年後見制度の特徴と今後の課題（諸哲雄著）　台湾の成年後見制度の導入と改正経緯（鄧學仁著）　台湾の成年後見制度の概要と特色（黄詩淳著）　成年後見制度に関連する制度と今後の課題（邱璿如著）〉Ⓘ978-4-8178-4177-3　Ⓝ324.65　[2700円]

◇成年後見相談対応の実務―チェックポイントとケース・スタディ　成年後見センター・リーガルサポート編　名古屋　新日本法規出版　2014.12　350p　21cm　Ⓘ978-4-7882-7936-0　Ⓝ324.65　[2700円]

◇成年後見の法律相談　赤沼康弘, 鬼丸かおる編著　第3次改訂版　学陽書房　2014.4　337p　21cm　〈文献あり　索引あり〉Ⓘ978-4-313-51156-9　Ⓝ324.65　[3600円]

日本件名図書目録2014　Ⅰ　　　　　　　　　　　　　　　　　　　　　　　　　　　　　日本（生物多様性）

◇地域後見の実現―その主役・市民後見人の育成から法人後見による支援の組織づくり、新しい後見職務の在り方、権利擁護の推進まで　森山彰,小池信行編著　日本加除出版　2014.6　332p　21cm〈内容：尊厳確保のための成年後見（堀田力著）「地域後見」への途（小池信行著）　成年後見制度の活性化と地域後見の実現（森山彰著）　成年後見人等の事務の範囲と職務権限（森山彰著）　介護事務と後見人の職務（森山彰著）　医療に関する事務の問題点と後見人の職務（森山彰著）　市民後見人と権利擁護（柿本誠著）　権利擁護サービスと社会保障法（石橋敏郎著）　地域福祉と市民後見人（柿本誠著）　市民後見養成の歩み（宮内康二著）〉Ⓘ978-4-8178-4170-4　Ⓝ324.65　[3200円]

◇なぜ、任意後見制度が必要なのか？―いつまでも、自分らしく、安心して暮らせるために：委任契約・任意後見契約・死後事務契約・遺言書作成　田中靖著　名古屋　ブイツーソリューション　2014.4　181p　19cm　Ⓘ978-4-86476-186-4　Ⓝ324.65　[1600円]

◇悩み解消ケアマネジャーのための成年後見29事例　真下美由起,高室成幸著　筒井書房　2014.6　95p　21cm　Ⓘ978-4-86479-044-4　Ⓝ324.65　[1200円]

◇任意後見契約書の解説と実務　山本修,冨永忠祐,清水恵介編著　三協法規出版　2014.2　283p　21cm〈索引あり〉Ⓘ978-4-88260-263-7　Ⓝ324.65　[3200円]

◇法人後見団体の組織体制整備に関する調査・研究事業―報告書　［東京］　市民福祉団体全国協議会　2014.3　260p　30cm〈平成25年度セーフティネット支援対策等事業費補助金（社会福祉推進事業分）〉Ⓝ324.65

◇法人後見のあり方等に関する調査研究事業報告書　［西宮］　PASネット　2014.3　65p　30cm〈厚生労働省平成25年度セーフティネット支援対策等事業費補助金社会福祉推進事業〉Ⓝ324.65

◇法人後見のあり方に関する他職種との連携についての調査研究事業報告書　大牟田　大牟田市社会福祉協議会　2014.3　171p　30cm〈平成25年度セーフティネット支援対策等事業費補助金社会福祉推進事業〉Ⓝ324.65

◇マンガでわかる私は父の成年後見人です　のん著,青木智恵子マンガ　自由国民社　2014.6　158p　21cm　Ⓘ978-4-426-11810-5　Ⓝ324.65　[1400円]

◇老後の面倒はだれが見るのか―成年後見人の仕事　石川徹著　里文出版　2014.9　163p　20cm　Ⓘ978-4-89806-420-7　Ⓝ324.65　[2000円]

日本（成年後見制度―法令）
◇後見六法　2014年版　成年後見センター・リーガルサポート編　民事法研究会　2014.7　663p　21cm〈索引あり　精神保健福祉法の重要改正、生活保護法・介護保険法・地域生活支援事業実施要綱の改正など最新法令に対応！〉Ⓘ978-4-89628-951-0　Ⓝ324.65　[3800円]

日本（性犯罪）
◇性犯罪・児童虐待捜査ハンドブック　田中嘉寿子著　立花書房　2014.1　303p　21cm〈文献あり　索引あり〉Ⓘ978-4-8037-0720-5　Ⓝ368.64　[1905円]

◇性犯罪者の頭の中　鈴木伸元著　幻冬舎　2014.5　221p　18cm　（幻冬舎新書　す-4-3）Ⓘ978-4-344-98347-2　Ⓝ368.64　[780円]

◇性暴力被害者等支援強化のための研修及び広報事業―事業報告書　平成24年度　［福島］　福島県　[2013]　248, 4, 4p　30cm〈共同刊行：内閣府〉Ⓝ369.25

日本（製品開発）
◇ザ・ヒント―ヒット商品の誕生秘話大百科　TOブックス編集部編　TOブックス　2014.2　415p　19cm〈文献あり〉Ⓘ978-4-86472-226-1　Ⓝ675.3　[1500円]

◇ナマズーDRY世界を駆け巡る一夢の強力乾燥剤『KS-DRY』の軌跡　伊勢鳴海著　大阪　パレード　2014.12　98p　19cm　（Parade Books）〈星雲社（発売）〉Ⓘ978-4-434-19913-4　Ⓝ574.5　[800円]

◇プロジェクトを成功させた「挑戦者」に学ぶヒットの教科書　奥井真紀子著　［東京］　日経BP社　2014.10　199p　19cm　（[NIKKEI TRENDY BOOKS]）〈日経BPマーケティング（発売）〉Ⓘ978-4-8222-2080-8　Ⓝ675.2　[1300円]

◇マンガで読む「ロングセラー商品」誕生物語　日本企業激闘編　藤井龍二著　PHP研究所　2014.3　319p　19cm〈奥付のタイトル：「ロングセラー商品」誕生物語〉Ⓘ978-4-569-81747-7　Ⓝ675.3　[667円]

日本（性風俗）
◇下半身の論理学　三浦俊彦著　青土社　2014.11　381,7p　20cm〈文献あり　索引あり〉Ⓘ978-4-7917-6822-6　Ⓝ384.7　[2400円]

◇セックスのすすめ　ヘンリー塚本著　双葉社　2014.11　270p　18cm　Ⓘ978-4-575-30796-2　Ⓝ598.2　[1400円]

◇日本歓楽郷案内　酒井潔著　彩流社　2014.5　358,21p　19cm〈再版　竹酔書房　昭和6年刊の複製〉Ⓘ978-4-7791-2004-6　Ⓝ384.7　[3800円]

◇日本歓楽郷案内　酒井潔著　中央公論新社　2014.8　314p　16cm　（中公文庫　さ67-1）Ⓘ978-4-12-205997-9　Ⓝ384.7　[880円]

◇日本の風俗嬢　中村淳彦著　新潮社　2014.8　252p　18cm　（新潮新書　581）〈文献あり〉Ⓘ978-4-10-610581-4　Ⓝ673.94　[780円]

日本（性風俗―歴史）
◇やまとなでしこの性愛史―古代から近代へ　和田好子著　京都　ミネルヴァ書房　2014.8　234,16p　19cm〈文献あり　索引あり〉Ⓘ978-4-623-07105-0　Ⓝ384.7　[1800円]

日本（性風俗―歴史―1945〜）
◇セクシュアリティの戦後史　小山静子,赤枝香奈子,今田絵里香編　京都　京都大学学術出版会　2014.7　348p　22cm　（変容する親密圏/公共圏　8）〈索引あり　内容：純潔教育の登場（小山静子著）　純潔教育委員会の起源とGHQ（斎藤光著）　異性愛文化としての少女雑誌文化の誕生（今田絵里香著）　雑誌『平凡』に描かれた純潔（中山良子著）　「感じさせられる女」と「感じさせる男」（田中亜以子著）　戦後日本における「レズビアン」カテゴリーの定着（赤枝香奈子著）　パンパン,レズビアン,女の共同体（菅野優香著）　戦後日本における「ホモ人口」の成立と「ホモ」の脅威化（石田仁著）　1970年代における男性同性愛者と異性婚（前川直哉著）　Kissのある日常（日高利泰著）　1970〜1990年代の『セブンティーン』にみる女子中高生の性愛表象の変容（桑原桃音著）　楽しむものとしての"性"はいかにしてもたらされたか（トジラカーン・マシマ著）　マンガにおける農村の「性」とジェンダー（一宮真佐子著）　女性ジャンルに表れる'恋愛'と韓国女性（朴珍姫著）〉Ⓘ978-4-87698-392-6　Ⓝ367.9　[4000円]

◇秘宝館という文化装置　妙木忍著　青弓社　2014.3　208p　21cm〈内容：「秘宝館」とは何か　秘宝館の誕生　秘宝館の発達　秘宝館の変容と新たな魅力の誕生　遺産としての秘宝館〉Ⓘ978-4-7872-3373-8　Ⓝ384.7　[2000円]

日本（性風俗―歴史―江戸時代）
◇江戸の性語辞典　永井義男著　朝日新聞出版　2014.10　212,6p　18cm　（朝日新書　484）〈文献あり　索引あり〉Ⓘ978-4-02-273584-3　Ⓝ384.7　[760円]

◇秘薬秘具事典―江戸時代の性愛文化　渡辺信一郎著　三樹書房　2014.2　271p　22cm〈2003年刊の再刊〉Ⓘ978-4-89522-622-6　Ⓝ384.7　[3000円]

◇わらう春画　オフェル・シャガン著　朝日新聞出版　2014.10　242p　18cm　（朝日新書　482）Ⓘ978-4-02-273581-2　Ⓝ721.8　[1200円]

日本（性風俗―歴史―平安時代）
◇王朝の恋と別れ―言葉と物の情愛表現　倉田実著　森話社　2014.11　317p　20cm〈索引あり　内容：懸想文の「言ひ初め」　求婚相手宅での「居初め」　契りを交わす「見初め」　男と女の後朝の儀式　男の持ち物・忘れ物　男と女が見入る鏡の影　移動する女の持ち物「櫛の箱」　『落窪物語』の離婚事情　女が男に物を返す時　衣を残して去る女〉Ⓘ978-4-86405-070-8　Ⓝ385.4　[3200円]

日本（制服〔労働者〕）
◇戦う女子！　制服図鑑―やわらかな体を守る最強のプロ仕様：オールカラー保存版　坂本明著,渡部直子イラスト　祥伝社　2013.11　95p　21cm〈文献あり〉Ⓘ978-4-396-46042-6　Ⓝ589.217　[1000円]

日本（生物多様性）
◇里地里山里海の生きもの学　吉岡俊人編著　福井　福井県大学連携リーグ　2014.3　226p　19cm　（福井県大学連携リーグ双書　4（2013年度））〈文献あり〉Ⓘ978-4-9905774-2-1　Ⓝ519.81　[463円]

◇社会調査実習報告書　2012年度　第2巻　環境プロセス・ファシリテーター編　豊田　中京大学現代社会学部斉藤尚文研究室　2013.3　99p　30cm　Ⓝ361.91

◇森林環境保全総合対策事業のうち森林の生物多様性保全推進事業（森林の生物多様性の状態を表す指標の開発・検証）報告

に

日本（税務会計―法令）

書―取りまとめ版　平成24年度　［東京］　日本森林技術協会
2013.3　115, 297p　30cm〈文献あり〉Ⓝ655
◆森林環境保全総合対策事業のうち森林の生物多様性保全推進
事業（森林の生物多様性の状態を表す指標の開発・検証）報告
書―平成24年度調査版　平成24年度　日本森林技術協会
2013.3　90p　30cm〈文献あり〉Ⓝ655
◆生物多様性国家戦略点検及び国別報告書作成検討調査業務報
告書　平成25年度　［東京］　自然環境研究センター　2014.3
181p　30cm〈環境省請負業務、業務発注者：環境省自然環境
局自然環境計画課生物多様性地球戦略企画室　背のタイトル：
生物多様性国家戦略点検及び国別報告書の作成検討調査業務
報告書〉Ⓝ519.81
◆生物多様性地域戦略策定の手引き　改定版　［東京］　環境省
自然環境局　2014.3　98p　30cm Ⓝ519.81
◆生物多様性地域戦略策定の手引き改定業務報告書　平成25年度
［東京］　地域環境計画　2013.11　19, 93p　30cm Ⓝ468
◆農業に有用な生物多様性の指標及び評価手法の開発　農林水産
省農林水産技術会議事務局編　農林水産省農林水産技術会議
事務局　2014.3　394p　30cm〈研究成果 第506集〉Ⓝ613.6
◆平成25年度環境の状況・平成26年度環境の保全に関する施策・
平成25年度循環型社会の形成の状況・平成26年度循環型社会
の形成に関する施策・平成25年度生物の多様性の状況・平成
26年度生物の多様性の保全及び持続可能な利用に関する施策
［東京］　［環境省］　［2014］　446p　30cm〈第186回国会
（常会）提出〉Ⓝ519.1
◆平成25年度環境の状況・平成26年度環境の保全に関する施策・
平成25年度循環型社会の形成の状況・平成26年度循環型社会
の形成に関する施策・平成25年度生物の多様性の状況・平成
26年度生物の多様性の保全及び持続可能な利用に関する施策
―説明資料　［東京］　［環境省］　［2014］　112p　30cm〈第
186回国会（常会）提出〉Ⓝ519.1

日本（税務会計―法令）

◆会計全書　平成26年度個人税務法規編　金子宏, 斎藤静樹監修
［東京］　中央経済社　2014.7　2386p　23cm〈索引あり　平
成26年6月1日現在〉①978-4-502-86002-7(set)　Ⓝ336.9

日本（税務争訟）

◆堕ちた弁護士―税務行政・司法制度の闇を撃つ　村上静雄著
現代書林　2014.9　279p　20cm〈年表あり〉①978-4-7745-
1486-4　Ⓝ345.19　［1500円］
◆課税訴訟における要件事実論　今村隆著　改訂版　日本租税
研究協会　2013.7　216p　26cm ①978-4-930964-52-6
Ⓝ345.19　［2381円］
◆Q&A税務調査から租税訴訟まで　第一東京弁護士会総合法律
研究所租税訴訟実務研究部会編著　税務研究会出版局　2014.
6　355p　22cm〈索引あり〉①978-4-7931-2094-7　Ⓝ345.19
［3200円］
◆クローズアップ課税要件事実論―要件事実と主張・立証責任を
理解する　酒井克彦著　第3版　財経詳報社　2014.10　361p
21cm〈索引あり〉①978-4-88177-407-6　Ⓝ345.19　［3800
円］
◆権利救済の税務Q&A―国税における「更正の請求」と「不服
申立て」の手引　石隆雄著　大蔵財務協会　2014.12　117p
21cm〈文献あり〉①978-4-7547-4381-9　Ⓝ345.12　［1111
円］
◆最近の税務争訟―最近の判決・取消裁決を各税目毎に分類収録
10　佐藤孝一著　大蔵財務協会　2014.5　1610p　22cm〈索
引あり〉①978-4-7547-2099-5　Ⓝ345.19　［6111円］
◆勝率ゼロへの挑戦―史上初の無罪はいかにして生まれたか
八田隆著　光文社　2014.5　254p　20cm ①978-4-334-
97784-9　Ⓝ345.19　［1400円］
◆税務情報の開示請求と活用法―実務家のための情報公開法
朝倉洋子著　ぎょうせい　2014.3　206p　21cm ①978-4-
324-09810-3　Ⓝ317.6　［2000円］
◆税務訴訟の法律実務　木山泰嗣著　第2版　弘文堂　2014.6
386p　22cm〈索引あり〉①978-4-335-35590-5　Ⓝ345.19
［3700円］
◆税理士が知っておきたい50のポイント税務争訟・税賠対応
内海英博, 宇佐美敦子編著　大蔵財務協会　2014.10　188p
21cm〈奥付・背のタイトル：税理士が知っておきたい税務争
訟・税賠対応50のポイント〉①978-4-7547-2146-6　Ⓝ345.19
［1944円］
◆税理士・弁護士のための税務調査の後の不服申立手続ガイド
松井淑子著　日本加除出版　2014.7　274p　21cm〈索引あ
り〉①978-4-8178-4175-9　Ⓝ345.19　［2800円］

◆組織再編成をめぐる包括否認と税務訴訟―ヤフー・IDCF訴訟
をめぐる考察：包括否認訴訟をめぐる考察　朝長英樹編著
清文社　2014.6　521p　21cm ①978-4-433-51574-4　Ⓝ345.
35　［4000円］

日本（生命表）

◆市区町村別生命表　平成22年　厚生労働省大臣官房統計情報
部編　厚生労働統計協会　2014.1　149p　30cm ①978-4-
87511-595-3　Ⓝ358.1　［1600円］

日本（生命保険）

◆お客さま！ 相続を他人事と思っていませんか？―相続税・贈
与税が改正！：ちょっと難しいけど、相続対策において本当に
役立つ生命保険の活用　吉光隆著, 染宮勝己監修　セールス
手帖社保険FPS研究所　2014.4　52p　26cm ①978-4-86254-
168-0　Ⓝ345.53　［800円］
◆オーナー社長の戦略的生命保険活用術　亀甲美智博著　改訂
版　幻冬舎メディアコンサルティング　2013.7　200p　19cm
〈幻冬舎（発売）〉①978-4-344-99962-6　Ⓝ339.4　［1300円］
◆会社契約の経理と税金―知らないと損をする！―いま一度、生
命保険の総点検が必要！　法人編　吉光隆著, 染宮勝己監修
第8版　セールス手帖社保険FPS研究所　2013.7　91p　21cm
①978-4-86254-161-1　Ⓝ336.98　［800円］
◆公的年金知識を活かす投信・保険セールスケース別アプローチ
手法　沖倉功能著　ビジネス教育出版社　2014.12　143p
21cm ①978-4-8283-0541-7　Ⓝ338.8　［1600円］
◆社長さん！ 相続対策に保険を活用しませんか？―相続税・贈
与税が改正！：企業経営者、病院理事長のための相続対策、事
業承継対策において本当に役立つ生命保険の活用　吉光隆著,
染宮勝己監修　セールス手帖社保険FPS研究所　2014.4　36p
26cm ①978-4-86254-169-7　Ⓝ336.985　［700円］
◆新・生命保険を活用した相続対策のすべて―平成27年1月から
の改正に対応　吉光隆著, 染宮勝己監修　セールス手帖社保
険FPS研究所　2013.10　96p　30cm ①978-4-86254-162-8
Ⓝ336.985　［1800円］
◆すぐに使えるそうぞく対策と生命保険活用術　明治安田生命
保険相互会社営業教育部編　改訂版　きんざい　2014.8
151p　21cm ①978-4-322-12584-9　Ⓝ345.53　［1400円］
◆生保金融の長期分析　小藤康夫著　八千代出版　2014.3
161p　22cm〈文献あり　索引あり〉①978-4-8429-1620-0
Ⓝ339.4　［2200円］
◆生保の各種特約―商品研究　平成26年度版　長代龍朗企画・
編集　大阪　新日本保険新聞社出版部　2014.7　211p　26cm
①978-4-905451-41-9　Ⓝ339.4　［3472円］
◆生命保険税務―基本と実務：平成26年度税制改正対応版
セールス手帖社保険FPS研究所著, 小林昌敏監修　第9版
セールス手帖社保険FPS研究所　2014.5　216p　30cm
①978-4-86254-174-1　Ⓝ339.4　［3700円］
◆相続対策提案編―生命保険を活用した効果的提案法　セール
ス手帖社保険FPS研究所著, タクトコンサルティング監修
セールス手帖社保険FPS研究所　2014.4　132p　30cm（FP
スキルアップシリーズ）〈「FP実践シリーズ. 相続編」の改
訂〉①978-4-86254-167-3　Ⓝ345.53　［2300円］
◆法人開拓提案編―実践的生命保険提案法　吉光隆, 山本直子,
篠﨑啓嗣著, 染宮勝己監修　セールス手帖社保険FPS研究所
2014.5　184p　30cm（FPスキルアップシリーズ）①978-4-
86254-175-8　Ⓝ339.4　［2300円］
◆法人保険で実現する究極の税金対策　GTAC編　幻冬舎メ
ディアコンサルティング　2014.4　211p　18cm（黄金律新
書 002）〈幻冬舎（発売）〉①978-4-344-97042-7　Ⓝ336.98
［740円］
◆保険税務ハンドブック　2014年度版　保険税務ハンドブック
編集委員会編　保険毎日新聞社　2014.8　645p　26cm
①978-4-89293-357-8　Ⓝ339.4　［3900円］
◆論点体系保険法　2　生命保険、傷害疾病定額保険、雑則〈第37
条～第96条〉山下友信, 永沢徹編著　第一法規　2014.7　424p
22cm〈索引あり〉①978-4-474-10335-1　Ⓝ325.4　［4800円］

日本（生命保険―判例）

◆生命保険判例集　第18巻　平成18年　山下友信監修　生命保
険文化センター　2014.10　907p　26cm Ⓝ339.4

日本（性問題）

◆逸脱と社会問題の構築　山本功著　学陽書房　2014.3　175p
22cm （淑徳大学研究叢書 31）〈文献あり　内容：社会学主
義としての社会問題の構築主義　「援助交際」の語り方〈被
害者〉というレトリック　「淫行」規定をめぐる都議会への陳
情・請願の分析　少女売春を論じることを論じる　トラブル

日本件名図書目録2014　Ⅰ

日本（石器）

の中の〈被害者―加害者〉関係〉①978-4-313-34023-7 Ⓝ367.9　［3570円］

◇少女はセックスをどこで学ぶのか　宋美玄著　徳間書店　2014.3　221p　18cm　①978-4-19-863773-6　Ⓝ367.9　［1000円］

◇モンスターウーマン―「性」に翻弄される女たち　大場真代著　宝島社　2014.6　219p　18cm　（宝島社新書 447）①978-4-8002-2517-7　Ⓝ367.9　［770円］

日本（性問題―歴史―1945〜）
◇セクシュアリティの戦後史　小山静子, 赤枝香奈子, 今田絵里香編　京都　京都大学学術出版会　2014.7　348p　22cm（変容する親密圏/公共圏 8）〈索引あり　内容：純潔教育の登場（小山静子著）純潔教育委員会の起源とGHQ（斎藤光著）異性愛文化としての少女雑誌文化の誕生（今田絵里香著）雑誌『平凡』に描かれた純潔（中山良子著）「感じさせられる女」と「感じさせる男」（田中亜以子著）戦後日本における「レズビアン」カテゴリーの定着（赤枝香奈子著）パンパン, レズビアン, 女の共同体（菅野優香著）戦後日本における「ホモ人口」の成立と「ホモ」の脅威化（石田仁著）1970年代における男性同性愛者と異性婚（前川直哉著）Kissのある日常（日高利泰著）1970〜1990年代の『セブンティーン』にみる女子中高生の性愛表象の変容（桑原桃音著）楽しむものとしての”性”はいかにしてもたらされたか（トジラカーン・マシマ著）マンガにおける農村の「性」とジェンダー（一宮真佐子著）女性ジャンルに表れる’恋愛’と韓国女性（朴珍姫著）〉①978-4-87698-392-6　Ⓝ367.9　［4000円］

日本（清涼飲料製造業―名簿）
◇会員名簿　2014　全国清涼飲料工業会　2014.6　94p　30cm　Ⓝ588.4

日本（世界遺産）
◇世界遺産ガイド　日本編2015改訂版　古田陽久, 古田真美著, 世界遺産総合研究所企画・編集　広島　シンクタンクせとうち総合研究機構　2014.8　192p　21cm（世界遺産シリーズ）①978-4-86200-187-0　Ⓝ709　［2600円］

◇世界遺産の地域価値創造戦略―地域デザインのコンテクスト転換　地域デザイン学会編集, 原田保, 浅野清彦, 庄司真人編著　芙蓉書房出版　2014.6　338p　22cm（地域デザイン叢書 4）〈内容：世界遺産を活用した地域デザイン（原田保著）世界遺産の統合地域戦略デザイン（浅野清彦, 原田保, 庄司真人著）世界遺産と地域デザインに関する先行研究（庄司真人, 原田保, 浅野清彦著）法隆寺地域の仏教建造物（鈴木敦詞著）古都京都の文化財（高橋義秀著）白川郷・五箇山の合掌造り集落（庄司真人著）原爆ドーム（庄司真人著）琉球王国のグスク及び関連遺産群（浅野清彦著）石見銀山遺跡とその文化的景観（板倉宏昭著）白神山地（浅野清彦著）知床（西村友幸著）武家の古都・鎌倉（立原someとその関連資産群（原田保, 宮本文宏著）富岡製糸場と絹産業遺産群（坪井明彦著）百舌鳥・古市古墳群（小川雅司著）事例の考察（原田保, 浅野清彦, 庄司真人著）地域ビジネスを指向するための世界遺産に関する考察（原田保著）〉①978-4-8295-0620-2　Ⓝ601.1　［3500円］

日本（石造美術）
◇烏八臼をたずねて　関口渉［著］　国立　関口渉　2014.3　154p　30cm〈文献あり〉Ⓝ714

日本（石炭鉱業―歴史―明治時代）
◇石炭研究資料叢書　第35輯　2014　九州大学記録資料館編　福岡　九州大学記録資料館　2014.3　168p　26cm〈内容：奉願帳和田梅吉「力作日誌」・「僕婢賃銀一切留帳」　第一〇二海軍燃料廠主要装置説明書　非常時と我が国防（野村吉三郎述）非常時と我が国民の覚悟（野村吉三郎述）〉Ⓝ567.09

日本（石炭産業―歴史―1945〜）
◇矢田俊文著作集　第1巻　石炭産業論　矢田俊文著　原書房　2014.7　625p　22cm〈内容：分析視角　石炭生産配置の歴史的展開　合理化・崩壊期における石炭生産配置の展開　エネルギー転換と石炭資源の放棄　石炭資本による資源の取捨選択　石狩炭田におけるスクラップ・アンド・ビルド　常磐炭田におけるスクラップの展開　常磐炭田における離職者の動向　戦後日本のエネルギー情勢　石炭政策の展開と石炭産業の撤退　石炭見直しと最終放棄　世界の石炭産業　産業転換のコストをだれが払うのか　産炭地・夕張の地域経済　旧産炭地域は「今」　布施鉄治編著『地域産業変動と階級・階層―炭都・夕張/労働者の生産・労働―生活史・誌』　吉村朔夫『日本炭鉱史私注』　総合研究開発機構編『旧炭鉱住宅の実態と産炭地域の生活環境整備に関する調査研究』〉①978-4-562-09198-0　Ⓝ081.6　［6000円］

日本（石塔）
◇いろんな作神（さっがん）さあ　隈元剛著　［鹿児島］　南日本新聞開発センター（制作発売）2014.5　141p　26cm〈付・田之神「型」別分布図〉①978-4-86074-216-4　Ⓝ714.021　［3000円］

◇供養をかたちに―歴史的石造物を訪ねて　山川均著　石文社　2014.3　238p　図版7枚　23cm（『月刊石材』別冊シリーズ　石の文化と祈りの造形を追求する）〈文献あり〉①978-4-9907671-0-5　Ⓝ714.021　［2300円］

日本（石仏）
◇いろんな作神（さっがん）さあ　隈元剛著　［鹿児島］　南日本新聞開発センター（制作発売）2014.5　141p　26cm〈付・田之神「型」別分布図〉①978-4-86074-216-4　Ⓝ714.021　［3000円］

◇供養をかたちに―歴史的石造物を訪ねて　山川均著　石文社　2014.3　238p　図版7枚　23cm（『月刊石材』別冊シリーズ　石の文化と祈りの造形を追求する）〈文献あり〉①978-4-9907671-0-5　Ⓝ714.021　［2300円］

◇東国里山の石神・石仏系譜　田中英雄著　青娥書房　2014.8　271p　22cm〈内容：秩父石工・黒沢三重郎　東国の山岳に蔵王権現　女人結界の姥石と女人救済の姥神　東北北部・熊野三所権現と権現様が鎮まる山　北関東にみる湯殿山勧請　奥多摩・秩父のお犬様を祀る峰　石尊大権現と里山の天狗総覧　木曽御嶽の神々　戸籍なき神・風の神を追って　里山の虚空蔵菩薩　祠内仏は道祖神の原型か　甲斐駒嶽信仰と山田家当主たち　東国里山の石神・石仏〉①978-4-7906-0323-8　Ⓝ387.021　［2500円］

日本（石油コンビナート）
◇自衛防災組織等の防災活動の手引き　［東京］　消防庁特殊災害室　2014.2　176p　30cm〈文献あり　「石油コンビナート等防災体制検討会報告書」別冊〉Ⓝ575.5

◇石油コンビナート等防災体制の現況　［東京］　消防庁特殊災害室　2014　168p　30cm　Ⓝ575.5

日本（世帯）
◇失われし20年における世帯変動と就業異動―1991年〜2010年のミクロ統計データの静態・動態リンケージにもとづく分析　山口幸三著　日本統計協会　2014.11　267p　27cm〈文献あり　布装　「現代日本の世帯構造と就業形態の変動解析」の改題、改訂新版〉①978-4-8223-3786-5　Ⓝ350.19　［2800円］

日本（世帯―統計）
◇日本の世帯数の将来推計（全国推計）―2010（平成22）年―2035（平成47）年　国立社会保障・人口問題研究所編　厚生労働統計協会　2014.11　112p　30cm〈2013（平成25）年1月推計〉①978-4-87511-636-3　Ⓝ358.1　［2000円］

◇日本の世帯数の将来推計（都道府県別推計）―2010（平成22）年―2035（平成47）年　国立社会保障・人口問題研究所編　国立社会保障・人口問題研究所　2014.10　295p　30cm（人口問題研究資料 第332号）〈2014年4月推計〉Ⓝ358.1

◇日本の世帯数の将来推計（都道府県別推計）―2010（平成22）年―2035（平成47）年　国立社会保障・人口問題研究所編　厚生労働統計協会　2014.11　295p　30cm〈2014（平成26）年4月推計〉①978-4-87511-635-6　Ⓝ358.1　［5000円］

日本（雪害）
◇積雪寒冷地における高齢者の居場所づくり　坂倉恵美子編著　ワールドプランニング　2014.5　321p　21cm〈索引あり　内容：雪国とは（池田貴夫著）積雪寒冷地での加齢と病気（東出俊之著）積雪寒冷地の高齢者の身体活動と体力（須田力著）高齢者の口腔ケア（村松真澄著）積雪寒冷地域に居住する高齢者の主観的幸福感を規定する要因の検討（坂倉恵美子著）高齢者の精神健康の維持と回想法（河原田まり子著）特別豪雪地帯の高齢者の主観的幸福感についての検討（原井美佳, 片山めぐみ, 村松真澄ほか著）高齢者の除雪（須田力著）札幌市における積雪凍結路面での転倒に伴う救急搬送の現状と高齢者の意識について（鈴木英樹著）積雪寒冷地における雪に配慮した住戸配置計画（湯川崇著）寒冷地における住まいの温熱環境が高齢者の身体に与える影響（斉藤雅也著）積雪寒冷地の地域医療（前沢政次著）高齢者医療・福祉の「夕張モデル」と「夕張の都市型コミュニティ」（森田洋之著）寒冷地における高齢者福祉施設の空間設計（隼田尚彦著）高齢者のための地域コミュニティ（片山めぐみ著）都市周縁・近郊における高齢者の居場所づくり（那須聖著）〉①978-4-86351-071-5　Ⓝ369.26　［3500円］

日本（石器）
◇考古学崩壊―前期旧石器捏造事件の深層　竹岡俊樹著　勉誠出版　2014.9　293p　22cm〈文献あり　年表あり〉①978-4-585-22091-6　Ⓝ210.23　［3200円］

に

日本（設備投資）

日本（設備投資）
◇地域経済産業活性化対策調査(低炭素型雇用創出産業国内立地推進事業に関する調査分析)―報告書 平成24年度 ［東京］三菱UFJリサーチ＆コンサルティング 2013.3 124p 30cm Ⓝ601.1

◇特別償却対象特定設備等便覧 平成25年度版 経済産業省経済産業政策局企業行動課編 経済産業調査会 2014.2 81p 21cm Ⓘ978-4-8065-1840-2 Ⓝ345.3 ［1000円］

日本（説話）
◇「お夏清十郎」一滴 松岡秀隆著 福崎町（兵庫県）松岡秀隆 2014.7 97p 19cm〈交友プランニングセンター/友月書房（制作）〉 Ⓝ910.2 ［1800円］

◇伝承児童文学と子どものコスモロジー――〈あわい〉との出会いと別れ 鵜野祐介著 新装版 京都 昭和堂 2014.10 239,9p 21cm〈文献あり 索引あり 内容:「子どものコスモロジー」の理論 子どもはなぜ「替え唄」を歌うのか 唱え言葉「どちらにしようかな」の謎 わらべうたにひそむ〈あやしさ〉の淵源 食童子生肝譚にみる子どもの〈あわい〉性 妖精子守唄との出会いと別れ〈魂呼ばい唄〉としての子守唄考 〈あわい〉を求める子どもたち〉 Ⓘ978-4-8122-1423-7 Ⓝ384.5 ［2600円］

日本（繊維工業―統計）
◇経済産業省生産動態統計年報 繊維・生活用品統計編 平成25年 経済産業省大臣官房調査統計グループ/編 経済産業統計協会 2014.7 195p 30cm Ⓘ978-4-86499-008-0 ［9700円］

日本（繊維工業―名簿）
◇全国繊維企業要覧 vol. 48 2015 信用交換所総合事業部編 信用交換所東京本社 2014.9 7冊 30cm〈共同刊行:信用交換所名古屋本社ほか 「東日本 1-3」「西日本 1-3」「索引」に分冊刊行〉 Ⓝ586.09

日本（繊維工業―歴史―1945～）
◇企業革新の研究―繊維産業の脱成熟化のプロセス 山路直人著 白桃書房 2014.3 463p 22cm〈文献あり 索引あり〉 Ⓘ978-4-561-26634-1 Ⓝ586.0921 ［5000円］

日本（船員）
◇海に生きる 横浜 出版会「海に生きる」 2014.12 275p 19cm〈年表あり〉 Ⓝ683.8 ［2000円］

日本（船員法）
◇船員六法 平成26年版上巻 国土交通省海事局監修, 海法法令研究会編著 成山堂書店 2014.3 1390,15p 22cm（海事法令シリーズ 3）〈索引あり〉 Ⓘ978-4-425-21332-0 (set) Ⓝ683.8

◇船員六法 平成26年版下巻 国土交通省海事局監修, 海法法令研究会編著 成山堂書店 2014.3 p1501～2671 15p 22cm（海事法令シリーズ 3）〈索引あり〉 Ⓘ978-4-425-21332-0 (set) Ⓝ683.8

日本（選挙）
◇参議院議員通常選挙全国意識調査―調査結果の概要 第23回 明るい選挙推進協会 2014.5 67p 30cm Ⓝ314.8

◇参議院選挙要覧―最新版 平成25年 選挙制度研究会編 国政情報センター 2013.6 171p 21cm Ⓘ978-4-87760-213-0 Ⓝ314.8 ［2800円］

◇衆議院選挙の手引 平成26年 選挙制度研究会編 ぎょうせい 2014.11 511p 19cm〈索引あり〉 Ⓘ978-4-324-09933-9 Ⓝ314.8 ［2130円］

◇衆議院選挙要覧 平成26年度・最新版 選挙制度研究会/編 国政情報センター 2014.11 217p 21cm Ⓘ978-4-87760-248-2 ［2800円］

◇選管事務の問題集―Q&Aで理解する公職選挙法 選挙管理実務研究会監修 国政情報センター 2014.9 163p 21cm Ⓘ978-4-87760-244-4 Ⓝ314.84 ［2800円］

◇選挙管理事務におけるミス発生事例集 小島勇人監修, 国政情報センター編 国政情報センター 2014.4 195p 21cm Ⓘ978-4-87760-245-1 Ⓝ314.84 ［2800円］

◇地方選挙の手引 平成26年 選挙制度研究会/編 ぎょうせい 2014.5 343p 19cm Ⓘ978-4-324-09827-1 ［1944円］

◇投・開票事務ノート―衆議院議員総選挙・国民審査のための 選挙管理研究会 地方財務協会 2014.12 282p 21cm Ⓝ314.84 ［1621円］

◇村の選挙 杉浦明平著 京都 三人社 2014.12 106p 18cm（ルポルタージュシリーズ）〈現在の会編 原本:柏林書房1955年刊〉 Ⓘ978-4-906943-88-3,978-4-906943-80-7 (set) Ⓝ314.8

日本（選挙―統計）
◇衆議院議員総選挙最高裁判所裁判官国民審査結果調―平成24年12月16日執行 ［東京］ 総務省自治行政局選挙部 ［2013］ 54, 624p 30cm Ⓝ314.8

日本（選挙運動）
◇自由にできる選挙活動―ネット選挙対応/選挙法の解釈と実践 自由法曹団京都支部編 第4版 京都 かもがわ出版 2014.10 198p 21cm〈索引あり 初版:法律文化社 1983年刊〉 Ⓘ978-4-7803-0715-3 Ⓝ314.85 ［1900円］

◇「選挙フェス」17万人を動かした新しい選挙のかたち 三宅洋平,岡本俊浩著 星海社 2014.1 268p 18cm（星海社新書 41）〈講談社（発売）〉 Ⓘ978-4-06-138544-3 Ⓝ314.85 ［840円］

◇そうだったのか！ 選挙の㊙ナイショ話―必殺プロ選対人 渡辺強著 ビジネス社 2014.12 185p 18cm Ⓘ978-4-8284-1785-1 Ⓝ314.85 ［1000円］

◇泡沫候補―彼らはなぜ立候補するのか 藤岡利充著 ポプラ社 2014.8 213p 18cm（ポプラ新書 038） Ⓘ978-4-591-14124-3 Ⓝ314.85 ［780円］

日本（選挙区）
◇決めごとのきまりゴト―1人1票からはじめる民主主義 浅利圭一郎著 旬報社 2014.10 87p 19cm Ⓘ978-4-8451-1370-5 Ⓝ314.83 ［1200円］

日本（選挙制度）
◇基礎からわかる選挙制度改革 読売新聞政治部編著 信山社 2014.4 222p 19cm（現代選書 26）〈文献あり〉 Ⓘ978-4-7972-3401-5 Ⓝ314.8 ［1800円］

◇本格政権が機能するための政治のあり方―選挙制度のあり方と参議院の役割―報告書:21世紀政策研究所研究プロジェクト:日本政治プロジェクト 21世紀政策研究所 2014.6 81p 30cm〈文献あり 研究主幹:小林良彰 折り込1枚〉 Ⓝ314.8

日本（全国書誌）
◇日本件名図書目録 2013-1 人名・地名・団体名 日外アソシエーツ株式会社編集 日外アソシエーツ 2014.5 101,1024p 27cm〈紀伊國屋書店（発売）〉 Ⓘ978-4-8169-2477-4 Ⓝ025.1 ［43000円］

◇日本件名図書目録 2013-2-[1] 一般件名 あ～しよ 日外アソシエーツ株式会社編集 日外アソシエーツ 2014.6 1134p 27cm〈紀伊國屋書店（発売）〉 Ⓘ978-4-8169-2478-1 (set) Ⓝ025.1

◇日本件名図書目録 2013-2-[2] 一般件名 しら～わ 日外アソシエーツ株式会社編集 日外アソシエーツ 2014.6 p1135～2216 27cm〈紀伊國屋書店（発売）〉 Ⓘ978-4-8169-2478-1 (set) Ⓝ025.1

日本（センサー―特許）
◇クルマのセンサ技術―IPC/FIガイド付き ネオテクノロジー 2014.5 355p 30cm（技術と特許をつなぐパテントガイドブック）〈折り込1枚〉 Ⓝ537.6 ［80000円］

◇特許情報分析（パテントマップ）から見た圧力センサに関する技術開発実態分析調査報告書 インパテック株式会社編 パテントテック社 2013.1 251p 30cm〈タイトルは標題紙による〉 Ⓘ978-4-86483-176-5 Ⓝ535.3 ［58800円］

日本（戦車）
◇陸上自衛隊車輌/火器の実射訓練 平田辰,坪田大製作・編集 アルゴノート 2014.6 1冊 26cm Ⓘ978-4-914974-01-5 Ⓝ396.21 ［2778円］

日本（戦車―写真集）
◇陸上自衛隊現用戦車写真集 浪江俊明編 大日本絵画 2014.8 127p 30cm Ⓘ978-4-499-23139-8 Ⓝ559.4 ［3800円］

日本（禅宗―寺院―歴史―中世）
◇禅宗寺院と庭園 国立文化財機構奈良文化財研究所文化遺産部編 奈良 国立文化財機構奈良文化財研究所文化遺産部 2013.3 64p 30cm（庭園の歴史に関する研究会報告書 平成24年度）〈内容:研究報告 西芳寺洪隠山の石組の作庭者（飛田範大著）庭園と山水画（鳥尾新著）禅宗伽藍がもたらした「背面庭」（小野健吉著）中世日本と南宋の禅宗寺院建築および庭園（鈴木智大著）〉 Ⓘ978-4-905338-28-4 Ⓝ629.21

日本（禅宗―歴史―中世）
◇東アジア海域に漕ぎだす 4 東アジアのなかの五山文化 小島毅監修 島尾新編 東京大学出版会 2014.1 290,1p 21cm〈文献あり〉 Ⓘ978-4-13-025144-0 Ⓝ220 ［2800円］

日本（染色―歴史）
◇日本の色の十二カ月 吉岡幸雄著 京都 紫紅社 2014.6 283p 21cm〈文献あり 索引あり 「色の歴史手帖」(PHP研究所 1995年刊）の改題、加筆修正〉 Ⓘ978-4-87940-611-8 Ⓝ753.8 ［2300円］

日本件名図書目録2014　Ｉ　　　　　　　　　　　　　　　　　　　　　　　　　　　　　　　　　日本（専門職）

日本（染織工芸）
◇祇園祭山鉾懸装品調査報告書―国内染織品の部　京都　祇園祭山鉾連合会　2014.3　203p　30cm〈年表あり　平成25年度文化庁文化芸術振興費補助金〈文化遺産を活かした地域活性化事業〉〉Ⓝ753

日本（染織工芸―図集）
◇髙島屋コレクションきもの・装いの美―百選会・上品會の歴史　三島　佐野美術館　2013.10　123p　25cm〈年表あり　会期・会場：平成25年10月12日～12月23日　佐野美術館　編集：坪井則子〉978-4-915857-87-4　Ⓝ753.2
◇野村コレクション服飾　2　佐倉　人間文化研究機構国立歴史民俗博物館　2014.3　355p　31cm（国立歴史民俗博物館資料図録 10）Ⓝ753.2　［非売品］

日本（潜水艦―歴史―1945～）
◇海上自衛隊潜水艦建艦史―世界最高峰の性能を誇る静かなる鉄鯨たち　勝目純也著　イカロス出版　2014.5　232p　21cm〈年譜あり〉978-4-86320-875-9　Ⓝ556.97　［1700円］

日本（潜水艦―歴史―昭和前期）
◇潜水艦隊―第六艦隊の編制変遷と伊号呂号170隻の航跡　橋本以行ほか著　潮書房光人社　2014.5　343p　19cm　978-4-7698-1566-2　Ⓝ391.2074　［2000円］

日本（戦争遺跡）
◇古戦場巡礼の旅―戦国の合戦地を歩く：私の歴史紀行　小林英毅著　半田　一粒書房　2014.1　154p　19cm　978-4-86431-250-9　Ⓝ291.09　［1600円］

日本（戦争文学）
◇文学をとおして戦争と人間を考える　彦坂諦著　れんが書房新社　2014.10　395p　21cm〈文献あり　内容：自分をうしなわされて兵となる　語りかたの変化（彦坂諦、天野恵一、梶川涼子ほか述）体験はつたえられるのか？　なにをどう語るか（彦坂諦、天野恵一、梶川涼子ほか述）　戦場における日常　戦場の語られかた（彦坂諦、天野恵一、梶川涼子ほか述）　日本軍将兵と性暴力　戦場の語られかた　続（彦坂諦、天野恵一、梶川涼子ほか述）　兵から人間にもどれるか？　組織から離れて生きられるのか？（彦坂諦、天野恵一、梶川涼子ほか述）　青春なんてなかった　空気として戦争がおおっていた（彦坂諦、天野恵一、梶川涼子ほか述）　こどもが生きた「満州」　三木卓はナツメロに抗してこの本を書いた（彦坂諦、天野恵一、梶川涼子ほか述）　中国とどう出会ったか？（彦坂諦、天野恵一、梶川涼子ほか述）　まけいくさと庶民　知識人の視点と庶民の感覚（彦坂諦、天野恵一、梶川涼子ほか述）　母語をうばわれるということ　在日作家たちの生きかた（彦坂諦、天野恵一、梶川涼子ほか述）　郷に入れば郷にしたがうりゃ　庶民の生きかたをどうとらえるか？（彦坂諦、天野恵一、梶川涼子ほか述）　シベリア体験　石原をどう読んだか（彦坂諦、天野恵一、梶川涼子ほか述）〉978-4-8462-0411-2　Ⓝ910.26　［2800円］

日本（戦争文学―歴史―昭和前期）
◇戦争を描くリアリズム―石川達三・丹羽文雄・田村泰次郎を中心に　尾西康充著　大月書店　2014.12　152p　20cm〈内容：石川達三『蒼氓』移民船から蟹工船へ　小林多喜二「不在地主」と「党生活者」　石川達三『生きてゐる兵隊』　丹羽文雄田村泰次郎〉978-4-272-61231-4　Ⓝ910.263　［2800円］

日本（戦闘機）
◇F-2の科学―知られざる国産戦闘機の秘密　青木謙知著、赤塚聡写真　SBクリエイティブ　2014.4　206p　18cm（サイエンス・アイ新書 SIS-303）〈文献あり　索引あり〉978-4-7973-7459-9　Ⓝ538.7　［1100円］
◇決戦戦闘機疾風―陸軍四式戦キ84のすべて　「丸」編集部編　潮書房光人社　2014.6　197p　27cm〈文献あり〉978-4-7698-1569-3　Ⓝ538.7　［2800円］
◇源田の剣―米軍が見た「紫電改」戦闘隊全記録　高木晃治、ヘンリー境田著　改訂増補版　双葉社　2014.7　638p　22cm〈文献あり　表紙のタイトル：Genda's Blade　初版：ネコ・パブリッシング 2003年刊〉978-4-575-30701-6　Ⓝ391.2074　［4200円］
◇航空自衛隊F-15J/DJ全機写真集―JASDF PERFECT PHOTO BOOK　新紀元社　2014.2　95p　30cm　978-4-7753-1224-7　Ⓝ538.7　［2300円］
◇最後の戦闘機紫電改―起死回生に賭けた男たちの戦い　碇義朗著　新装版　潮書房光人社　2014.5　303p　16cm（光人社NF文庫）978-4-7698-2519-7　Ⓝ538.7　［820円］
◇不滅の戦闘機疾風―日本陸軍の最強戦闘機物語　鈴木五郎著　新装版　潮書房光人社　2014.3　266p　16cm（光人社NF文庫）978-4-7698-2523-4　Ⓝ538.7　［780円］

日本（戦闘機―歴史―昭和前期）
◇南海の海鷲たち―南西方面の日本海軍航空隊　阿部徹雄撮影，佐藤暢彦,吉野泰貴解説　大日本絵画　2014.11　128p　26cm〈英語抄訳付〉978-4-499-23144-2　Ⓝ397.8　［4000円］

日本（船舶安全法）
◇船舶安全法の解説―法と船舶検査の制度　有馬光孝編著　5訂版　成山堂書店　2014.12　408p　22cm〈索引あり〉978-4-425-27028-6　Ⓝ550.92　［5400円］

日本（船舶法）
◇船舶六法　平成26年版上巻　国土交通省海事局監修，海事法令研究会編著　成山堂書店　2014.3　1921,15p　22cm（海事法令シリーズ 2）〈索引あり〉978-4-425-21312-2(set)　Ⓝ550.92
◇船舶六法　平成26年版下巻　国土交通省海事局監修，海事法令研究会編著　成山堂書店　2014.3　p2001～3215 15p　22cm（海事法令シリーズ 2）〈索引あり〉978-4-425-21312-2(set)　Ⓝ550.92

日本（賤民―歴史）
◇民衆史の遺産　第5巻　賤民　谷川健一,大和岩雄責任編集　大和書房　2014.11　510p　20cm〈内容：ケガレとキヨメ（谷川健一著）　民俗研究と被差別部落（宮田登著）　賤民概説（喜田貞吉著）　毛坊主考（柳田國男著）　中世の「非人」（網野善彦著）　穢れの構造～聖から賤への転換（辻本正教著）　逆髪考（谷川健一著）　三國連太郎・沖浦和光対談（三國連太郎,沖浦和光述）〉978-4-479-86105-8　Ⓝ382.1　［6000円］

日本（賤民―歴史―江戸時代）
◇カムイ伝講義　田中優子著　筑摩書房　2014.5　421p　15cm（ちくま文庫 た58-5）〈文献あり　索引あり　小学館 2008年刊の再刊〉978-4-480-43177-6　Ⓝ210.5　［1000円］
◇近世伊勢神宮領の触穢観念と被差別民　塚本明著　大阪　清文堂出版　2014.3　420p　22cm〈年表あり　内容：序章　死穢の判定　速懸　犬狩　仏教の受容と忌避　被差別民の参宮とその影響　拝田・牛谷の民　内宮周辺農村の被差別民　神宮直轄領の被差別民　朝廷の「触穢令」と神宮領　神宮領の鳴物停止令　幕末異国人情報と伊勢神宮　終章〉978-4-7924-1007-0　Ⓝ210.5　［9500円］
◇城下町世界の生活史―没落と再生の視点から　藤本清二郎著　大阪　清文堂出版　2014.5　485p　22cm〈内容：城下町世界の記録　俳徊者・胡乱者　逸脱と立帰り　行倒死と「片付」「溜入り」の人々　城下町の勧進者　城下町、振り売りの活況　行倒人・孤独人の介抱と扶養　城下の慎みと施行　非人村の形成と座・仲間　旅傀木上げ仲間と非人仲間　長史・非人改役と肝煎　長史と村方非人番　非人改めから「非人狩」へ　一九世紀の城下町世界〉978-4-7924-1009-4　Ⓝ216.6　［12000円］
◇身分差別の制度化　田中優子著　京都　阿吽社　2014.7　293p　22cm〈内容：近世被差別身分制度化前の状況について　江戸幕府による差別の制度化　安永期以降における幕府の身分政策　おこし奉公人　維新時における東京の非人　壬申戸籍始末〉978-4-907244-13-2　Ⓝ210.5　［8000円］

日本（専門職）
◇士業プロフェッショナル―暮らしとビジネスを力強くサポート　ぎょうけい新聞社編著　大阪　ぎょうけい新聞社　2014.11　215p　21cm（浪速社（発売））978-4-88854-483-2　Ⓝ366.29　［1500円］
◇資格を取ると貧乏になります　佐藤留美［著］　新潮社　2014.2　187p　18cm（新潮新書 559）978-4-10-610559-3　Ⓝ366.29　［680円］
◇士業・専門家の災害復興支援―1・17の経験、3・11の取り組み、南海等への備え　阪神・淡路まちづくり支援機構付属研究会編　京都　クリエイツかもがわ　2014.1　202p　21cm（震災復興・原発震災提言シリーズ 5）〈内容：東日本に向かった「熱き志」（津久井進著）　大船渡復興私記（塩崎賢明著）　避難所をまわる相談活動（斎藤浩著）　市民まちづくりの視点（野崎隆一著）　支援自治体との協力（上原正裕著）　実態を調べ政策つくる（平山洋介著）　災害復興と専門士業の役割（津久井進著）　復興支援Q&Aの役割と課題（森川憲二著）　きめ細かい相談と紛争解決、立法活動（日本弁護士連合会著）　税務還付対象者の拡大など税務制度の改善を提言（近畿税理士会著）　どんな状況下でも公共性を発揮するために（兵庫県社会保険労務士会著）　災害に備える不動産鑑定（近畿不動産鑑定士協会連合会著）　土地境界線の移動と地図の重要性（土地家屋調査士会近畿ブロック協議会著）　緊急時の活動は日常活動の延長線上にある（近畿建築士会協議会著）　確立された被災建築物応急危険度判定システム（兵庫県建築士会著）　建物の耐震診断と耐震強化へ（兵庫県建築士事務所協会著）　科学技術に関するその分野で貢献（日本技術士会近畿本部著）　新しい問題「放射能不安」（水野義之著）　支援機構の全国化（永井幸寿著）　関西広域連合との協力（河瀬真著）〉978-4-86342-127-1　Ⓝ369.31　［2200円］

に

日本（専門職大学院）

◇生涯キャリアと地域課題解決の観点にたつ専門職養成、および多職種連携コミュニケーションの課題と可能性　京都　京都大学大学院教育学研究科比較教育政策学講座・生涯教育学講座卓越プロジェクト報告書編集委員会　2014.2　55p　30cm　〈卓越した大学院拠点形成支援補助金プロジェクト報告書2013年度〉〈文献あり〉Ⓝ366.29

日本（専門職大学院）

◇「再」取得学歴を問う―専門職大学院の教育と学習　吉田文編著　東信堂　2014.9　239p　22cm〈内容：専門職大学院に通う学生のプロフィール（村澤昌崇著）　学知と就業経験の相乗効果を目指す経営系（吉田文著）　職業資格取得に葛藤する法科（吉田文，村澤昌崇著）　伝統的大学構造の桎梏をもつ法科（村澤昌崇著）　学歴取得の意味に惑うIT・コンテンツ系（村澤昌崇著）　資格か経験かが問われる教職（吉田文著）　「中小企業の経営層」という新顧客に開かれた経営系（濱中淳子著）　マネジメント経験が活きる経営系（濱中淳子著）　家族形成とキャリア追求の狭間にある女性（吉田文著）　労働市場との離齬を抱える経営系（吉田文著）　研究者養成機能を模索する法科（田中正弘著）　2つの大学院制度に揺れる臨床心理系（田中正弘著）　日本の流動モデルについてのインプリケーション（吉田文著）〉Ⓘ978-4-7989-1243-1　Ⓝ377.21　[2800円]

日本（葬儀業）

◇最新葬祭会館秀作選　綜合ユニコム　2014.6　137p　31cm　Ⓘ978-4-88150-600-4　Ⓝ673.93　[60000円]

◇死に寄り添って、生を知る―「葬」を極めるものとして　大西秀昌著　扶桑社　2014.3　188p　18cm　（扶桑社新書 159）Ⓘ978-4-594-07005-2　Ⓝ673.93　[648円]

◇葬儀業の営業強化・売上拡大戦略実務資料集―大阪・川上葬祭にみる葬祭マーケティング実践法　綜合ユニコム　2013.8　92枚　21×30cm　Ⓘ978-4-88150-580-9　Ⓝ673.93　[58000円]

◇葬祭スタッフ実務実践マニュアル集成　上巻　事前相談から葬儀企画まで　綜合ユニコム　2013.10　76枚　21×30cm　Ⓘ978-4-88150-586-1　Ⓝ673.93　[50000円]

◇葬祭スタッフ実務実践マニュアル集成　下巻　通夜からアフターサポートまで　綜合ユニコム　2014.1　74枚　21×30cm　Ⓘ978-4-88150-587-8　Ⓝ673.93　[50000円]

◇東日本大震災の記録―人びとは大量死とどのように向き合ったのか　嶋根克己監修　川崎　嶋根研究室　2013.3　202p　30cm　（社会調査士実習報告書 2012年度）〈文献あり　専修大学人間科学部社会学科2012年度「社会調査士実習」報告書　編集：高橋一将ほか〉Ⓝ385.6

◇フューネラル「ビジネス＆マーケット」データファイル2014-2015　綜合ユニコム　2014.6　207p　30cm〈月刊フューネラルビジネス特別編集〉Ⓘ978-4-88150-601-1　Ⓝ673.93　[52000円]

日本（葬儀業―統計）

◇特定サービス産業実態調査報告書　平成25年　冠婚葬祭業編［東京］　経済産業省大臣官房調査統計グループ　2014.12　113p　30cm　Ⓝ673.9

日本（総合型地域スポーツクラブ）

◇スポーツ・コモンズ―総合型地域スポーツクラブの近未来像　クラブネッツ監修，黒須充，水上博司編著　創文企画　2014.3　199p　21cm〈文献あり〉Ⓘ978-4-86413-048-5　Ⓝ780.6　[1800円]

日本（倉庫業）

◇地理と生きる　安積紀雄著　名古屋　あるむ　2014.3　134p　22cm　Ⓘ978-4-86333-077-1　Ⓝ688.21　[2000円]

◇物流不動産ビジネスの実務―こうすれば倉庫で儲かる!!　大谷巌一著　日刊工業新聞社　2014.3　223p　21cm　Ⓘ978-4-526-07231-4　Ⓝ688.3　[2000円]

日本（葬式）

◇安心できる「永代供養墓」の選び方　小原崇裕著　草思社　2014.10　190p　19cm　Ⓘ978-4-7942-2084-4　Ⓝ385.6　[1500円]

◇知っておきたい日本人のお葬式　洋泉社編集部編　洋泉社　2014.1　237p　21cm〈『日本人のお葬式』（2011年刊）の改題、修正・加筆、再構成　内容：地域の文化に根ざしてきたかつての日本のお葬式（須藤功写真・文）　墓は生きている（カジポン・マルコ・残月写真・文）　現代の葬儀と墓、その風景　「葬式仏教」を乗り越えることは可能か（島田裕巳、齋藤明里、青江覚峰ほか述）　葬儀社を介さず一つひとつの葬式を手づくり（高橋卓志述）　私が見てきた幸せな看取りとその風景（奥野修司著）　健康も若さも知識も財産も、すべては一時的なもの（アルボムッレ・スマナサーラ述）　私が考える葬式の意味、老人の価値（小飼弾述）　文化人の死に方とお葬式（古川

琢也, 小林拓矢著）　空海、最期の迎え方（川辺秀美著）　お葬式やお墓がキーになる本と映画（斎藤哲也著）　日本の葬儀はどこから生まれ、どう変わっていくのか（山田慎也著）　日本のお墓の変遷とこれからのお墓の行方（井上治代著）　自分らしい葬儀をつくる（澁川祐子著）　データで読み解く家族葬、お墓の継承問題（小谷みどり著）　変わりつつある葬儀業界とその方向性（市川愛著）　お客様には言えない！　葬儀施行担当者のたしなみ（おもだか大学著）　人には聞けないお金の話（鈴木健一著）〉Ⓘ978-4-8003-0312-7　Ⓝ385.6　[1500円]

◇終活難民―あなたは誰に送ってもらえますか　星野哲著　平凡社　2014.2　197p　18cm　（平凡社新書 719）〈文献あり〉Ⓘ978-4-582-85719-1　Ⓝ385.6　[760円]

◇終活入門―決定版：あなたの残りの人生を輝かせるための方策　一条真也著　有楽出版社　2014.10　190p　18cm　（実業之日本社〈発売〉）Ⓘ978-4-408-59421-7　Ⓝ385.6　[1000円]

◇葬儀トレンド写真集　2013　綜合ユニコム　2013.6　106p　31cm〈月刊フューネラルビジネス特別編集〉Ⓘ978-4-88150-577-9　Ⓝ385.6　[52000円]

◇葬儀トレンド写真集　2014　綜合ユニコム　2014.5　99p　31cm〈月刊フューネラルビジネス特別編集〉Ⓘ978-4-88150-599-1　Ⓝ385.6　[52000円]

◇葬儀・墓地のトラブル相談Q&A―基礎知識から具体的解決策まで　長谷川正浩, 石川美明, 村千鶴子著　民事法研究会　2014.11　324p　21cm　（トラブル相談シリーズ）Ⓘ978-4-89628-965-7　Ⓝ385.6　[2900円]

◇葬送習俗事典―葬儀の民俗学手帳　柳田国男著　河出書房新社　2014.7　222p　20cm〈索引あり　「葬送習俗語彙」（民間伝承の会 1937年刊）の改題〉Ⓘ978-4-309-24665-9　Ⓝ385.6　[2000円]

◇東日本大震災の記録―人びとは大量死とどのように向き合ったのか　嶋根克己監修　川崎　嶋根研究室　2013.3　202p　30cm　（社会調査士実習報告書 2012年度）〈文献あり　専修大学人間科学部社会学科2012年度「社会調査士実習」報告書　編集：高橋一将ほか〉Ⓝ385.6

日本（掃除機―特許）

◇特許情報分析（パテントマップ）から見た掃除機「2013年版」に関する技術開発実態分析調査報告書　インパテック株式会社社編　パテントテック社　2013.4　250p　30cm〈タイトルは標題紙による〉Ⓘ978-4-86483-206-9　Ⓝ545.88　[58800円]

日本（双翅類―目録）

◇日本昆虫目録　第8巻第1部　双翅目―長角亜目―短角亜目無額嚢節　日本昆虫目録編集委員会編　［東京］　日本昆虫学会　2014.9　539p　27cm（星雲社〈発売〉）英語抄訳付　販売：櫂歌書房〉Ⓘ978-4-434-19718-5　Ⓝ486.038　[13000円]

日本（葬制）

◇あなたは「死に方」を決めている　江原啓之著　中央公論新社　2014.5　267p　18cm　Ⓘ978-4-12-004613-1　Ⓝ114.2　[1100円]

◇0（ゼロ）葬―あっさり死ぬ　島田裕巳著　集英社　2014.1　206p　19cm　Ⓘ978-4-08-781532-0　Ⓝ385.6　[1200円]

◇葬送習俗事典―葬儀の民俗学手帳　柳田国男著　河出書房新社　2014.7　222p　20cm〈索引あり　「葬送習俗語彙」（民間伝承の会 1937年刊）の改題〉Ⓘ978-4-309-24665-9　Ⓝ385.6　[2000円]

◇葬墓民俗用語集　奥村隆彦著　大阪　アットワークス　2014.2　161p　21cm〈文献あり　「葬墓民俗用語集成」（私家版 1993年刊）の改題、改訂〉Ⓘ978-4-939042-93-5　Ⓝ385.6　[1600円]

◇墓と葬送のゆくえ　森謙二著　吉川弘文館　2014.12　214p　19cm　（歴史文化ライブラリー 391）〈文献あり〉Ⓘ978-4-642-05791-2　Ⓝ385.6　[1700円]

◇墓の民俗学　岩田重則著　オンデマンド版　吉川弘文館　2013.10　328,15p　22cm〈索引あり　印刷・製本：デジタルパブリッシングサービス〉Ⓘ978-4-642-04270-3　Ⓝ385.6　[12000円]

◇耳塚の「霊魂」をどう考えるか　魯成煥［述］　京都　国際日本文化研究センター　2013.10　76p　21cm　（日文研フォーラム 第268回）〈文献あり　会期・会場：2013年6月11日　ハートピア京都〉Ⓝ210.49

日本（葬制―歴史）

◇墓と葬送の社会史　森謙二著　吉川弘文館　2014.5　259p　19cm　（読みなおす日本史）〈文献あり　講談社 1993年刊の再刊〉Ⓘ978-4-642-06576-4　Ⓝ385.6　[2400円]

日本（葬制―歴史―原始時代）

◇老人と子供の考古学　山田康弘著　吉川弘文館　2014.7　264p　19cm　（歴史文化ライブラリー 380）〈文献あり〉Ⓘ978-4-642-05780-6　Ⓝ210.25　[1800円]

日本件名図書目録2014　Ⅰ　　　日本（相続税）

日本（葬制―歴史―古代）

◇古墳時代の葬制と他界観　和田晴吾著　吉川弘文館　2014.4　280,8p　22cm〈文献あり　索引あり　内容：葬制の変遷　「据えつける棺」と「持ちはこぶ棺」　墓坑と墳丘の出入口　「閉ざされた棺」と「開かれた棺」　東アジアの「開かれた棺」　黄泉国と横穴式石室　古墳の他界観　古墳づくりに関する若干の考察　石棺の出現とその意義　日本の古墳の特徴と加耶の墳丘墓　古墳の理解と保存整備　可視化された他界〉　①978-4-642-09333-0　Ⓝ210.32　[3800円]

◇前方後円墳の築造と儀礼　塩谷修著　同成社　2014.4　277p　27cm〈索引あり　内容：前方後円墳の築造と儀礼について　前期古墳の土器祭祀　埋葬施設上土器祭祀の系譜　壺形埴輪の性格と歴史的意義　前方後方墳の築造と儀礼の波及　前方後円墳の築造と儀礼の波及　土器祭祀の展開と「造り出し」の成立　盾持人物埴輪の特質とその歴史的意義　家形埴輪と前方後円墳の儀礼　古墳時代後期の前方後円墳と儀礼　前方後円墳における儀礼と時代観〉978-4-88621-661-8　Ⓝ210.32　[9300円]

日本（造船業）

◇船用品等検査試験規則 2014 / 事業所承認規則　千葉　日本海事協会本部情報センター　2014.4　7, 58p　30cm　Ⓝ553　[1100円]

日本（造船業―名簿）

◇海事関連業者要覧 2015　日本海運集会所　2014.10　1027p　21cm　[16500円]

◇船の便覧 2014年版　内航ジャーナル　2013.12　2冊　21cm〈「法人編」と「船舶編」に分冊刊行〉　Ⓝ683.035　[全36000円]

日本（相続税）

◇お客さま！ 相続を他人事と思っていませんか？―相続税・贈与税が改正！：ちょっと難しいけど、相続対策において本当に役立つ生命保険の活用　吉光隆著，染宮勝己監修　セールス手帖社保険FPS研究所　2014.4　52p　26cm　①978-4-86254-168-0　Ⓝ345.53　[800円]

◇オーナー経営者のための事業承継―決定版：会社と家族に資産を残す！ 企業永続Q&A　チェスター著　パブラボ　2014.11　205p　21cm〈星雲社（発売）〉　①978-4-434-19849-6　Ⓝ335.13　[1500円]

◇賢い大家さんは賃貸で稼ぎながら相続税も節税する！　武藤英明, 松原健司著　KADOKAWA　2014.12　181p　18cm　①978-4-04-731671-3　Ⓝ673.99　[1000円]

◇家族と会社を守る「不動産」「自社株」の相続対策―相続トラブル回避術　貝原富美子, 澤田美智香　幻冬舎メディアコンサルティング　2014.3　215p　18cm（経営者新書 101）〈幻冬舎（発売）〉978-4-344-97027-4　Ⓝ336.985　[740円]

◇必ず見つかる相続・相続税対策不動産オーナーのための羅針盤　今仲清, 坪多晶子共著　大蔵財務協会　2014.10　350p　21cm　①978-4-7547-4378-8　Ⓝ336.985　[2315円]

◇韓国相続税実務詳解―日韓相続税法の交差　永田金司著　法令出版　2014.3　627p　21cm〈文献あり〉①978-4-938419-63-9　Ⓝ345.53　[3700円]

◇基礎から身につく相続税・贈与税 平成26年度版　北本高男著　大蔵財務協会　2014.6　247p　21cm〈索引あり〉①978-4-7547-2109-1　Ⓝ345.53　[1852円]

◇Q&Aでみる企業承継対策と新相続税法　大野正道監修, 東京合同編集　財経詳報社　2014.3　189p　21cm　①978-4-88177-400-7　Ⓝ335.2　[2500円]

◇金融マンのための相続税改正と相続対策早わかり　佐藤正明　改訂新版　近代セールス社　2013.5　122p　21cm　①978-4-7650-1244-7　Ⓝ336.985　[1200円]

◇グレーゾーンから考える相続・贈与税の土地適正評価の実務　風岡範哉著　清文社　2014.6　487p　26cm〈索引あり〉①978-4-433-52524-8　Ⓝ336.985　[4000円]

◇ケースにみる宅地相続の実務―評価・遺産分割・納税　清田幸弘編著, 妹尾芳郎, 沖田豊明, 清野宏之, 千崎唯史, 永瀬寿子著　名古屋　新日本法規出版　2014.12　373p　21cm　①978-4-7882-7935-3　Ⓝ336.985　[4400円]

◇これだけは知っておきたい！ 相続・贈与税のポイントと対策Q&A 平成26年度版　税務研究会税研情報センター/企画・製作　税務研究会税研情報センター　2014.5　54p　26cm　[500円]

◇これで解決！ 会社の承継&相続税プロが贈る7の処方箋　坪多晶子, 江口正夫著　清文社　2014.2　293p　19cm　①978-4-433-52653-5　Ⓝ335.13　[2000円]

◇最適解のための事例詳説相続税・贈与税Q&A　深代勝美編著　清文社　2014.10　435p　21cm〈索引あり〉①978-4-433-52714-3　Ⓝ336.985　[3200円]

◇事業承継対策と金庫株・生命保険活用法―新しい相続税・贈与税完全対応　佐藤雅孝著, 新宿総合会計事務所監修, 榊原正則編　大阪　新日本保険新聞社　2014.3　114, 29p　26cm　①978-4-905451-35-8　Ⓝ336.985　[1100円]

◇資産タイプ別相続・生前対策完全ガイド―顧問税理士が教えてくれない　岸田康雄著　中央経済社　2014.6　240p　21cm　①978-4-502-10671-2　Ⓝ336.985　[2800円]

◇地主のための相続対策　土田士朗著　幻冬舎メディアコンサルティング　2013.12　218p　19cm〈幻冬舎（発売）〉①978-4-344-99990-9　Ⓝ336.985　[1400円]

◇社長さん！ 相続対策に保険を活用しませんか？―相続税・贈与税が改正！：企業経営者、病院理事長のための相続対策、事業承継対策において本当に役立つ生命保険の活用　吉光隆著，染宮勝己監修　セールス手帖社保険FPS研究所　2014.4　36p　26cm　①978-4-86254-169-7　Ⓝ336.985　[700円]

◇巡回監査担当者のための相続対策の基礎知識と標準業務の進め方　山本和義著　清文社　2014.7　319p　26cm　①978-4-433-52464-7　Ⓝ336.985　[2600円]

◇詳解小規模宅地等の課税特例の実務―重要項目の整理と理解 平成26年11月改訂　笹岡宏保著　清文社　2014.12　644p　26cm　①978-4-433-52742-6　Ⓝ336.985　[4200円]

◇小規模宅地等の特例　白井一馬著　中央経済社　2014.10　202p　21cm（税理士のための相続税の実務Q&Aシリーズ）①978-4-502-12261-3　Ⓝ336.985　[2400円]

◇小規模宅地等の評価減の実務―フローチャートで分かりやすい　山口暁弘編著, 関場修監修　第3版　中央経済社　2014.7　314p　21cm　①978-4-502-08940-4　Ⓝ336.985　[3400円]

◇小規模宅地特例―実務で迷いがちな複雑・難解事例の適用判断　飯塚美幸著　清文社　2014.3　265p　21cm　①978-4-433-52443-2　Ⓝ336.985　[2200円]

◇小規模宅地特例の入門Q&A―ここからはじめる！ これならわかる！　辻・本郷税理士法人著　税務経理協会　2014.3　159p　21cm〈文献あり〉①978-4-419-06047-3　Ⓝ336.985　[2000円]

◇消費税・相続税で損しない本―「大増税」緊急対策！　大村大次郎著　青春出版社　2014.2　203p　18cm（青春新書INTELLIGENCE PI-416）①978-4-413-04416-5　Ⓝ336.987　[860円]

◇事例で理解する！ 小規模宅地特例の活用―相続税増税対応　高橋安志著　ぎょうせい　2014.11　263p　21cm　①978-4-324-09917-9　Ⓝ336.985　[2200円]

◇事例にみる相続税の疑問と解説―税理士必携　岩下忠吾著　ぎょうせい　2014.8　311p　21cm　①978-4-324-09869-1　Ⓝ336.985　[3400円]

◇新・生命保険を活用した相続対策のすべて―平成27年1月からの改正に対応　吉光隆著，染宮勝己監修　セールス手帖社保険FPS研究所　2013.10　96p　30cm　①978-4-86254-162-8　Ⓝ336.985　[1800円]

◇新相続税制・証券税制と資産対策―プロからのアドバイス　山本和義編著, 高田隆央, 宇都宮春樹共著　清文社　2014.8　222p　21cm　①978-4-433-52824-9　Ⓝ336.985　[2200円]

◇図解相続対策で信託・一般社団法人を使いこなす　宮田房枝著　中央経済社　2014.10　183p　21cm〈文献あり　索引あり〉①978-4-502-11821-0　Ⓝ324.82　[2300円]

◇すぐに使えるそうぞく対策と生命保険活用術　明治安田生命保険相互会社営業教育部編　改訂版　きんざい　2014.8　151p　21cm　①978-4-322-12584-9　Ⓝ345.53　[1400円]

◇精選対話式相続税増税時代の実務と対策―50事例　八ツ尾順一著　ぎょうせい　2014.11　253p　21cm　①978-4-324-09916-2　Ⓝ336.985　[2700円]

◇税理士が実際に悩んだ相続問題の法務と税務　米倉裕樹著　清文社　2014.1　366p　21cm〈索引あり〉①978-4-433-52723-5　Ⓝ324.7　[2800円]

◇税理士が本当に知りたい相続相談頻出ケーススタディQ&A　チェスター著　新版　清文社　2014.2　313p　21cm〈索引あり〉①978-4-433-52483-8　Ⓝ336.985　[2400円]

◇税理士のための「相続税の小口案件」対応マニュアル　武田秀和著　税務研究会出版局　2014.11　204p　21cm　①978-4-7931-2117-3　Ⓝ336.985　[1800円]

◇節税が破産を招く相続税対策の落とし穴―地主の相続対策　内田直仁著, 青山会計監修　幻冬舎メディアコンサルティング　2013.5　182p　18cm（経営者新書 060）〈幻冬舎（発売）〉①978-4-344-99948-0　Ⓝ336.985　[740円]

日本（相続税―歴史―1868～1945―史料）　　　　　　　　　　　　　　　　　　　　　　　　日本件名図書目録2014　I

◇総説相続税・贈与税　岩下忠吾著　第4版　財経詳報社　2014.
10　1155p　22cm〈索引あり〉①978-4-88177-408-3　Ⓝ345.
5　［5600円］
◇相続財産調査・算定等の実務　相続財産調査実務研究会編
名古屋　新日本法規出版　2014.6-　冊（加除式）27cm
Ⓝ336.985
◇相続税小規模宅地等の特例―Q&A160問　平成26年版　松岡
章夫,山岡美樹共著　大蔵財務協会　2014.2　487p　21cm
〈索引あり〉①978-4-7547-2064-3　Ⓝ336.985　［2286円］
◇相続税・消費税増税！　勉強しないと資産はなくなります　法
律・税金・経営を学ぶ会編　［東京］　明日香出版社アシスト
出版部　2014.6　318p　21cm〈明日香出版社（発売）〉
①978-4-7569-1709-6　Ⓝ336.985　［1700円］
◇相続税制の改正と実務対応のポイント―平成27年から完全実
施される相続税法の抜本的見直しに備えて!!　笹岡宏保著　税
務研究会　2014.2　63p　26cm〈共同刊行：税研情報セン
ター〉Ⓝ336.985　［800円］
◇相続税・贈与税土地評価実務テキスト―基礎から具体的な減価
要因の見極めまで　鎌倉靖二著　税務研究会出版局　2014.
12　292p　21cm①978-4-7931-2110-4　Ⓝ336.985　［2300
円］
◇相続税贈与税土地評価の実務　平成26年版　藤原近文編　大
蔵財務協会　2014.1　609p　21cm〈索引あり　奥付のタイト
ル：土地評価の実務〉①978-4-7547-2066-7　Ⓝ336.985
［3143円］
◇相続税・贈与税取扱いの手引　平成26年11月改訂　灘野正規
編　大阪　納税協会連合会　2014.11　1543p　26cm〈清文社
（発売）　索引あり〉①978-4-433-50424-3　Ⓝ345.5　［4600円］
◇相続税・贈与税入門の入門　26年改訂版　辻敢,齊藤幸司共著
税務研究会出版局　2014.4　240p　21cm〈タイトルは奥付等
による.標subtitle紙のタイトル：平成26年の相続税贈与税入門の入
門〉①978-4-7931-2075-6　Ⓝ336.985　［1600円］
◇相続税・贈与税のアウトライン　田中一著　中央経済社
2014.9　204p　21cm　（税理士のための相続税の実務Q&Aシ
リーズ）①978-4-502-11811-1　Ⓝ336.985　［2400円］
◇相続税贈与税の実務と申告　平成26年版　酒井満男,船見雅志
共編　大蔵財務協会　2014.10　978p　26cm①978-4-7547-
2148-0　Ⓝ336.985　［3796円］
◇相続税・贈与税のポイントと実務対策―民法から相続税・贈与
税計算と税務対策まで　吉田幸一,青木惠一共著　3訂版　税
務研究会出版局　2013.10　364p　21cm〈改訂版のタイトル：
不動産&会社オーナーのための相続税・贈与税のポイントと
実務対策〉①978-4-7931-2046-6　Ⓝ336.985　［2400円］
◇相続税対策は顧問税理士に頼むと必ず失敗する―不動産の相
続税対策　田中誠著　幻冬舎メディアコンサルティング
2013.11　179p　18cm　（経営者新書 078）〈幻冬舎（発売）〉
①978-4-344-99015-1　Ⓝ336.985　［740円］
◇相続税調査であわてない「名義」財産の税務　安部和彦著　中
央経済社　2014.9　282p　21cm〈索引あり〉①978-4-502-
11611-7　Ⓝ336.985　［3200円］
◇相続税の債務控除の留意点Q&A―遺言、遺産分割に知ってお
きたい　遠山敏之著　大蔵財務協会　2014.9　199p　21cm
①978-4-7547-4373-4　Ⓝ336.985　［1574円］
◇相続税の常識　小池正明著　第15版　税務経理協会　2014.6
309p　21cm　（知っておきたい）①978-4-419-06123-4
Ⓝ345.5　［2700円］
◇相続税の税務調査を完璧に切り抜ける方法―税務調査対策
服部誠著　幻冬舎メディアコンサルティング　2013.8　187p
18cm　（経営者新書 067）〈幻冬舎（発売）〉①978-4-344-
99970-1　Ⓝ336.985　［740円］
◇相続税の鉄則50　白井一馬,岡野訓,佐々木克典著　中央経済
社　2014.9　227p　21cm　（申告書からみた税務調査対策シ
リーズ）①978-4-502-12161-6　Ⓝ336.985　［2700円］
◇相続税ハンドブック―実務家のための　平成26年10月改訂版
宮口定雄監修、杉田宗久編著　大阪　コントロール社　2014.
11　256p　21cm①978-4-902717-76-1　Ⓝ336.985　［1800
円］
◇相続税務・法務相談シート集　平成26年度版　辻・本郷税理士
法人責任編集、まほろば法律事務所編著　銀行研修社　2014.6
180p　21cm①978-4-7657-4438-6　Ⓝ336.985　［2222円］
◇相続税は不動産投資と法人化で減らそう―相続税対策　成田仁,
富田隆史著、冨田烈監修　幻冬舎メディアコンサルティング
2013.8　175p　18cm　（経営者新書 063）〈幻冬舎（発売）〉
①978-4-344-99957-2　Ⓝ336.985　［740円］

◇相続・贈与の実務―法務から税務対策まで　2014年度版　松
本繁雄著　経済法令研究会　2014.6　399p　21cm①978-4-
7668-4272-2　Ⓝ336.985　［2300円］
◇相続対策提案編―生命保険を活用した効果的提案法　セール
ス手帖社保険FPS研究所,タクトコンサルティング監修
セールス手帖社保険FPS研究所　2014.4　132p　30cm　（FP
スキルアップシリーズ）〈「FP実践シリーズ.相続編」の改
訂〉①978-4-86254-167-3　Ⓝ345.53　［2300円］
◇相続と相続税・贈与税事例選集　田中章介,田中将介共著　清文
社　2014.6　627p　21cm〈索引あり　「相続・相続税事例選
集（2010年刊）」の改題、大幅に加筆〉①978-4-433-
52254-4　Ⓝ345.53　［3600円］
◇相続の法律・税金と事業承継―争族が心配な経営者・資産家の
ための基礎知識　加藤真朗,末永雄一郎編,太井徹,池田聡,吉
田真也著　中央経済社　2014.7　294p　21cm　〈文献あり〉
①978-4-502-07740-1　Ⓝ324.7　［2800円］
◇租税法入門　下巻　所得税法・相続税法編　福浦幾巳編著
中央経済社　2014.5　180p　21cm〈文献あり　索引あり
「図説租税法の基礎（2008年刊）」の改題、改訂〉①978-4-502-
10121-2　Ⓝ345.12　［2400円］
◇第二次・第三次相続を見据えた相続対策と遺産分割―平成27
年増税対応版　松岡章夫,山田みゆき著　清文社　2014.11
365p　21cm①978-4-433-52764-8　Ⓝ336.985　［3000円］
◇タイムリミットで考える相続税対策実践ハンドブック　平成
26年10月改訂　山本和義著　清文社　2014.10　527p　21cm
①978-4-433-52404-3　Ⓝ336.985　［3200円］
◇タワーマンション節税！　相続対策は東京の不動産でやりなさ
い　沖有人著　朝日新聞出版　2014.1　246p　18cm　（朝日
新書 443）①978-4-02-273543-0　Ⓝ336.98　［780円］
◇中古アパート経営で解決する間違いだらけの相続対策―不動
産投資と相続対策　若手康登著　幻冬舎メディアコンサル
ティング　2013.12　199p　18cm　（経営者新書 082）〈幻冬
舎（発売）〉①978-4-344-99989-3　Ⓝ336.985　［740円］
◇農家と地主のための相続対策マニュアル―Q&Aでやさしく解
説　柴原一著　日本法令　2014.3　482p　21cm
①978-4-539-72359-3　Ⓝ611.83　［2400円］
◇納税対策Q&A―税額はこれだけ変わる！　平成26年度税制対
応不動産・相続編　鈴木高広著　ビジネス教育出版社　2014.3
199p　24cm①978-4-8283-0496-0　Ⓝ336.98　［2800円］
◇非上場株式の評価・税務Q&A―相続・贈与/売買/組織再編/自
己株式取得　山田&パートナーズ編　清文社　2014.11　268p
21cm①978-4-433-52784-6　Ⓝ336.985　［2600円］
◇非上場株式の評価の仕方と記載例　平成26年版　松本好正著
大蔵財務協会　2014.8　574p　26cm〈文献あり〉①978-4-
7547-2137-4　Ⓝ336.985　［3426円］
◇一目でわかる小規模宅地特例100　2014年度版　赤坂光則/著
税務研究会出版局　2014.5　443p　26cm①978-4-7931-
2083-1　［2600円］
◇病医院の相続・承継・合併の税務Q&A　山田&パートナーズ
編　第6版　中央経済社　2014.9　250p　21cm①978-4-502-
11231-7　Ⓝ498.163　［2800円］
◇ビルオーナーの相続対策―財産承継・税金対策　川合宏一著
幻冬舎メディアコンサルティング　2013.7　175p　18cm
（経営者新書 068）〈幻冬舎（発売）〉①978-4-344-99971-8
Ⓝ336.985　［740円］
◇不動産保有会社の相続税対策Q&A―有利選択・設立・活用の
すべて　小林浩二編著,木屋正樹,高橋伸著　第3版　中央経
済社　2014.7　202p　21cm①978-4-502-11351-2　Ⓝ336.98
［2500円］
◇ベーシック税務会計　個人課税編　中島茂幸、櫻田讓編著、稲
村健太郎,大澤弘幸,加藤恵吉,川股修二,近藤康範著　改訂版
創成社　2014.10　238p　26cm〈索引あり〉①978-4-7944-
1484-7　Ⓝ336.98　［2600円］
◇弁護士の業務に役立つ相続税　遠藤常二郎編、大畑智宏,加藤
大輔,飯塚順子,五十嵐里絵著　三協法規出版　2014.1　321p
21cm〈索引あり〉①978-4-88260-261-3　Ⓝ336.985　［3600
円］
◇民法と相続税の接点―Q&A：知っておきたい民法と相続税の
基礎知識を具体的事例によるQ&A方式で解説　平成26年版
宮原弘之著　大蔵財務協会　2014.11　222p　21cm①978-4-
7547-2152-7　Ⓝ336.985　［1852円］
◇わかりやすい相続税贈与税　平成26年版　小池正明著　税務
研究会出版局　2014.7　185p　21cm　（実務家養成シリーズ）
①978-4-7931-2089-3　Ⓝ336.98　［1000円］

日本（相続税―歴史―1868～1945―史料）
◇相続税関係史料集―導入から昭和二十一年まで　国税庁税務
大学校税務情報センター租税史料室編著　［和光］　税務大学

日本件名図書目録2014　Ⅰ　　　　　　　　　　　　　　　　　　　　　　　日本（贈与税）

校税務情報センター租税史料室　2014.3　675p　21cm　（租税史料叢書　第7巻）Ⓝ345.53

日本（相続法）

◇イザというときあわてない相続の手続きQ&A―知っておきたい届出・必要書類　平成26年度版　関谷政広,斎藤敏治/著　税務研究会税研情報センター　2014.6　48p　30cm　［500円］

◇遺産分割　上原裕之,高山浩平,長秀之編著　改訂版　青林書院　2014.10　541p　21cm　（リーガル・プログレッシブ・シリーズ　10）〈索引あり〉①978-4-417-01634-2　Ⓝ324.7　［4900円］

◇遺産分割の理論と審理　井上繁規著　改訂版　名古屋　新日本法規出版　2014.6　524p　22cm〈索引あり〉①978-4-7882-7896-7　Ⓝ324.7　［5700円］

◇営業店の相続実務Q&A―現場の悩みをズバリ解決!　上原敬著　改訂版　経済法令研究会　2014.11　166p　21cm　①978-4-7668-2358-5　Ⓝ338.5　［1600円］

◇家事事件の法務・税務・登記　池田秀敏編著,篠連,舘彰男,原口昌之著　名古屋　新日本法規出版　2014.8　430p　21cm〈文献あり　索引あり〉①978-4-7882-7906-3　Ⓝ327.4　［4700円］

◇行政書士のための遺言・相続実務家養成講座―この本で遺言・相続に強い行政書士になる。　竹内豊著　税務経理協会　2014.8　186p　21cm　（実務直結シリーズ）〈文献あり　索引あり〉①978-4-419-06116-6　Ⓝ324.7　［2300円］

◇交渉の場としての相続―遺産分割協議をいかに行ったら良いか　奈良輝久,山本浩二,宮坂英司編　青林書院　2014.11　500p　21cm〈索引あり〉　執筆：大澤一記ほか①978-4-417-01636-6　Ⓝ324.7　［4600円］

◇これで完璧相続実務　瀬戸祐典著　銀行研修社　2014.11　375p　21cm〈文献あり　索引あり〉①978-4-7657-4452-2　Ⓝ338.5　［2600円］

◇事例でみるスタンダード相続手続―士業間連携による対応方法　なにわ法律事務所相続事業部編　名古屋　新日本法規出版　2014.3　368p　26cm　①978-4-7882-7823-3　Ⓝ324.7　［4300円］

◇親族法・相続法講義　山川一陽著　第6版　日本加除出版　2014.3　381p　21cm〈索引あり〉①978-4-8178-4144-5　Ⓝ324.6　［3600円］

◇図解民法〈親族・相続〉平成26年版　田中千草他監修　大蔵財務協会　2014.7　468p　26cm〈索引あり〉①978-4-7547-2122-0　Ⓝ324.6　［3056円］

◇すぐに役立つ図解とQ&Aでわかる遺産分割、紛争解決、財産評価、税金対策まで最新相続・遺言をめぐる法律と税金トラブル解決法129　森公任,森元みのり監修　三修社　2014.11　255p　21cm　（奥付のタイトル：すぐに役立つ図解とQ&Aでわかる最新相続・遺言をめぐる法律と税金トラブル解決法129）①978-4-384-04622-9　Ⓝ324.7　［1800円］

◇税理士があまり知らない相続紛争と遺産分割調停―実務イメージをストーリーで理解する　馬渕泰至編著　清文社　2014.10　184p　21cm　①978-4-433-55384-5　Ⓝ324.7　［2000円］

◇税理士が実際に悩んだ相続問題の法務と税務　米倉裕樹著　清文社　2014.1　366p　21cm〈索引あり〉①978-4-433-52723-5　Ⓝ324.7　［2800円］

◇相続実務に役立つ戸籍の読み方・調べ方　小林直人,伊藤崇,尾久陽子,渡邊竜布共著　ビジネス教育出版社　2014.9　232p　21cm〈文献あり〉①978-4-8283-0535-6　Ⓝ324.87　［2400円］

◇相続税務・法務相談シート集　平成26年度版　辻・本郷税理士法人責任編集,まほろば法律事務所編著　銀行研修社　2014.6　180p　26cm　①978-4-7657-4438-6　Ⓝ336.985　［2222円］

◇相続登記の全実務―相続・遺贈と家事審判・調停　田口真一郎,黒川龍著　新版　日本加除出版　2014.8　377p　21cm〈索引あり〉①978-4-433-55324-1　Ⓝ324.7　［3000円］

◇相続の法律・税金と事業承継―争族が心配な経営者・資産家のための基礎知識　加藤真朗,末永雄一郎編,太井徹,池田聡,吉田真也著　中央経済社　2014.7　294p　21cm〈文献あり〉①978-4-502-00740-1　Ⓝ324.7　［2800円］

◇相続法　潮見佳男著　第5版　弘文堂　2014.3　391p　21cm〈索引あり〉①978-4-335-35583-7　Ⓝ324.7　［2500円］

◇相続問題に必要な実務の基礎知識　右山昌一郎監修,明士会（七士業）編　大蔵財務協会　2014.8　234p　21cm　①978-4-7547-4371-0　Ⓝ324.7　［1389円］

◇相続・遺言の法律相談　髙岡信男編著　第1次改訂版　学陽書房　2014.7　426p　21cm〈索引あり〉①978-4-313-51134-7　Ⓝ324.7　［4000円］

◇登記官からみた相続登記のポイント　青木登著　名古屋　新日本法規出版　2014.2　496p　21cm　①978-4-7882-7820-2　Ⓝ324.7　［5000円］

◇民法―親族・相続　松川正毅著　第4版　有斐閣　2014.12　366p　19cm　（有斐閣アルマ）〈索引あり〉①978-4-641-22030-0　Ⓝ324.6　［2200円］

◇民法　7　親族・相続　高橋朋子,床谷文雄,棚村政行著　第4版　有斐閣　2014.10　453p　19cm　（有斐閣アルマ）〈文献あり　索引あり〉①978-4-641-22033-1　Ⓝ324　［2400円］

◇民法と相続税の接点―Q&A：知っておきたい民法と相続税の基礎知識を具体的な事例によるQ&A方式で解説　平成26年版　宮原弘之著　大蔵財務協会　2014.11　222p　21cm　①978-4-7547-2152-7　Ⓝ336.985　［1852円］

◇要件事実民法　8　相続　大江忠著　第4版　第一法規　2014.6　486p　22cm〈索引あり〉①978-4-474-10333-7　Ⓝ324

日本（相続法―判例）

◇新・判例ハンドブック　親族・相続　二宮周平,潮見佳男編著　日本評論社　2014.3　211p　19cm〈索引あり〉①978-4-535-00823-6　Ⓝ320.981　［1400円］

◇民法判例集　親族・相続　内田貴,水野紀子,大村敦志,道垣内弘人編　有斐閣　2014.4　380p　22cm〈索引あり〉①978-4-641-13671-7　Ⓝ324.098　［2800円］

◇論点体系判例民法　10　相続　能見善久,加藤新太郎編集　第2版　第一法規　2013.12　544p　22cm〈索引あり〉①978-4-474-10328-3　Ⓝ324.098　［4800円］

日本（贈与税）

◇基礎から身につく相続税・贈与税　平成26年度版　北本高男著　大蔵財務協会　2014.6　247p　21cm〈索引あり〉①978-4-7547-2109-1　Ⓝ345.53　［1852円］

◇Q&A贈与税のしくみと申告実務―設例＋計算例＋記載例　平成26年用　安島和夫著　税務経理協会　2014.1　234p　26cm　（別冊税経通信）①978-4-419-06081-7　Ⓝ345.54　［2400円］

◇Q&A贈与税のしくみと申告実務―設例＋計算例＋記載例　平成27年3月申告用　安島和夫著　税務経理協会　2014.11　245p　26cm　（別冊税経通信）①978-4-419-06181-4　Ⓝ345.54　［2500円］

◇グレーゾーンから考える相続・贈与税の土地適正評価の実務　風岡範哉著　清文社　2014.6　487p　26cm〈索引あり〉①978-4-433-52524-8　Ⓝ336.985　［4000円］

◇これだけは知っておきたい!　相続・贈与税のポイントと対策Q&A　平成26年度版　税務研究会税研情報センター/企画・製作　税務研究会税研情報センター　2014.5　54p　26cm　［500円］

◇最適解のための事例詳説相続税・贈与税Q&A　深代勝美編著　清文社　2014.10　435p　21cm〈索引あり〉①978-4-433-52714-3　Ⓝ336.985　［3200円］

◇譲渡所得　山林所得　贈与税　財産評価申告の手引　平成27年3月申告用　前川晶著　税務研究会出版局　2014.11　1026p　26cm〈索引あり〉①978-4-7931-2113-5　Ⓝ336.983　［3889円］

◇事例にみる相続税の疑問と解説―税理士必携　岩下忠吾著　ぎょうせい　2014.8　311p　21cm　①978-4-324-09869-1　Ⓝ336.985　［3400円］

◇精選対話式相続税増税時代の実務と対策―50事例　八ツ尾順一著　ぎょうせい　2014.11　253p　21cm　①978-4-324-09916-2　Ⓝ336.985　［2700円］

◇総説相続税・贈与税　岩下忠吾著　第4版　財経詳報社　2014.10　1155p　22cm〈索引あり〉①978-4-88177-408-3　Ⓝ345.5　［5600円］

◇相続税・贈与税土地評価実務テキスト―基礎から具体的な減価要因の見極め方まで　鎌倉靖二著　税務研究会出版局　2014.12　292p　21cm　①978-4-7931-2110-4　Ⓝ336.985　［2300円］

◇相続税贈与税土地評価の実務　平成26年版　藤原忠文編　大蔵財務協会　2014.1　609p　21cm〈索引あり　奥付のタイトル：土地評価の実務〉①978-4-7547-2066-7　Ⓝ336.985　［3143円］

◇相続税・贈与税取扱いの手引　平成26年11月改訂　灘野正規編　大阪　納税協会連合会　2014.11　1543p　26cm〈清文社（発売）索引あり〉①978-4-433-50424-3　Ⓝ345.5　［4600円］

◇相続税・贈与税入門の入門　26年改訂版　辻敢,齊藤幸司共著　税務研究会出版局　2014.4　240p　21cm〈タイトルは奥付等による.標題紙のタイトル：平成26年の相続税贈与税入門の入門〉①978-4-7931-2075-6　Ⓝ336.985　［1600円］

799

日本（僧侶）

◇相続税・贈与税のアウトライン　田中一著　中央経済社　2014.9　204p　21cm　（税理士のための相続税の実務Q&Aシリーズ）Ⓘ978-4-502-11811-1 Ⓝ345.53　[2400円]

◇相続税贈与税の実務と申告　平成26年版　酒井満男, 船見雅志共編　大蔵財務協会　2014.10　978p　26cm　Ⓘ978-4-7547-2148-0 Ⓝ336.985　[3796円]

◇相続税・贈与税のポイントと実務対策—民法から相続税・贈与税計算と税務対策まで　吉田幸一, 青木惠一共著　3訂版　税務研究会出版局　2013.10　364p　21cm　（改訂版のタイトル：不動産＆会社オーナーのための相続税・贈与税のポイントと実務対策）Ⓘ978-4-7931-2046-6 Ⓝ336.985　[2600円]

◇相続税調査であわてない「名義」財産の税務　安部和彦著　中央経済社　2014.9　282p　21cm　〈索引あり〉Ⓘ978-4-502-11611-7 Ⓝ336.985　[3200円]

◇相続税の常識　小池正明著　第15版　税務経理協会　2014.6　309p　21cm　（知っておきたい）Ⓘ978-4-419-06123-4 Ⓝ345.5　[2700円]

◇相続・贈与の実務—法務から税務対策まで　2014年度版　松本繁雄著　経済法令研究会　2014.6　399p　21cm　Ⓘ978-4-7668-4272-2 Ⓝ336.985　[2300円]

◇相続と相続税・贈与税事例選集　田中章介, 田中将共著　清文社　2014.6　627p　21cm　〈索引あり〉「相続・相続税事例選集」新版（2010年刊）の改題、大幅に加筆）Ⓘ978-4-433-52254-4 Ⓝ345.53　[3600円]

◇贈与税の各種特例　飯塚美幸著　中央経済社　2014.9　263p　21cm　（税理士のための相続税の実務Q&Aシリーズ）Ⓘ978-4-502-11801-2 Ⓝ336.985　[3000円]

◇非上場株式の評価・税務Q&A—相続・贈与/売買/組織再編/自己株式取得　山田＆パートナーズ編　清文社　2014.11　268p　21cm　Ⓘ978-4-433-52784-6 Ⓝ336.985　[2600円]

◇非上場株式の評価の仕方と記載例　平成26年版　松本好正著　大蔵財務協会　2014.8　574p　26cm　〈文献あり〉Ⓘ978-4-7547-2137-4 Ⓝ336.985　[3426円]

◇老後を自活する贈与のしかた—両親へのアドバイス　黒木貞彦著　中央経済社　2014.6　188p　21cm　〈索引あり〉Ⓘ978-4-502-10681-1 Ⓝ345.54　[2200円]

◇わかりやすい相続税贈与税　平成26年版　小池正明著　税務研究会出版局　2014.7　185p　21cm　（実務家養成シリーズ）Ⓘ978-4-7931-2089-3 Ⓝ336.985　[1000円]

日本（僧侶）

◇この人の生き方に学ぶ—戯曲でつづる名僧列伝　澁谷隆阿著　USS出版　2014.6　296p　18cm　（展望新書）〈展望社（発売）文献あり　年譜あり〉Ⓘ978-4-88546-281-8 Ⓝ182.88　[815円]

日本（造林）

◇広葉樹の森づくり　豪雪地帯林業技術開発協議会編　日本林業調査会　2014.3　305p　21cm　〈文献あり　索引あり〉Ⓘ978-4-88965-236-9 Ⓝ653.7　[2500円]

日本（測量—法令）

◇作業規程の準則—公共測量　改訂第2版　日本測量協会　2013.5　428p　31cm　〈平成25年3月29日改正〉Ⓘ978-4-88941-068-6 Ⓝ512　[3810円]

日本（蔬菜）

◇野菜・果物の消費行動に関する調査結果　2014年調査　JC総研編　JC総研　2014.11　40p　30cm　Ⓝ626.021

日本（蔬菜栽培）

◇最新農業技術野菜　vol.7　特集もっと知りたい環境制御技術—日中CO_2濃度, 飽差, 葉面積を管理する　農山漁村文化協会編　農山漁村文化協会　2014.11　270p　26cm　Ⓘ978-4-540-14161-4 Ⓝ626　[5000円]

◇新時代の食と農へのいざない—驚きと称賛世界中に広がりだしている日本の農業指導者：神谷成章の農業技術　大下伸悦著　南木曽町（長野県）新日本文芸協会Ω　2014.4　169p　21cm　Ⓘ978-4-906977-06-2 Ⓝ626　[1500円]

日本（組織再編成〔企業〕）

◇M&A・再編会計　デロイトトーマツファイナンシャルアドバイザリー株式会社編　清文社　2014.3　243p　21cm　（トーマツ会計セレクション 11）〈索引あり〉Ⓘ978-4-433-57703-2 Ⓝ336.92　[2400円]

◇M&A・組織再編スキーム発想の着眼点50　宮口徹著　中央経済社　2014.5　257p　21cm　Ⓘ978-4-502-10451-0 Ⓝ336.98　[3000円]

◇親子兄弟会社の組織再編の実務　金子登志雄著　第2版　中央経済社　2014.7　388p　22cm　Ⓘ978-4-502-10771-9 Ⓝ325.247　[3800円]

◇企業再編の理論と実務—企業再編のすべて　土岐敦司, 辺見紀男編　商事法務　2014.11　842p　21cm　〈索引あり〉「企業再編のすべて」（商事法務研究会 2001年刊）の全面改訂版）Ⓘ978-4-7857-2226-5 Ⓝ335.46　[8500円]

◇Q&A M&A会計の実務ガイド　あずさ監査法人編　第4版　中央経済社　2014.8　325p　21cm　〈文献あり　索引あり〉Ⓘ978-4-502-10931-7 Ⓝ336.92　[3200円]

◇資本等取引と組織再編の会計・税務　KPMG編著　清文社　2014.4　511p　21cm　〈文献あり　「組織再編・対価の柔軟化をめぐる会計と税務」（平成20年刊）の改題、改訂〉Ⓘ978-4-433-57034-7 Ⓝ336.92　[3500円]

◇税務申告でミスしないための組織再編の申告調整ケース50　西村美智子, 中島礼子, 布施伸章編著　中央経済社　2014.6　382p　21cm　Ⓘ978-4-502-10151-9 Ⓝ336.98　[4200円]

◇組織再編会計のしくみ　第2版　中央経済社　2014.7　173p　21cm　（図解でざっくり会計シリーズ 7）Ⓘ978-4-502-10921-8 Ⓝ336.9　[1900円]

◇組織再編セミナー—法務・会計・税務のポイント　菊地伸, 布施伸章, 長谷川芳孝, 荒井太一著　商事法務　2013.12　274p　21cm　〈索引あり〉Ⓘ978-4-7857-2146-6 Ⓝ335.46　[3200円]

◇組織再編における税効果会計の実務　松下欣親, 金井孝晃編著　中央経済社　2014.4　304p　21cm　Ⓘ978-4-502-09090-5 Ⓝ336.92　[3400円]

日本（組織再編成〔企業〕—判例）

◇実務に効くM&A・組織再編判例精選　神田秀樹, 武井一浩編　有斐閣　2013.5　255p　26cm　〈索引あり〉『ジュリスト』増刊）Ⓘ978-4-641-21501-6 Ⓝ325.247　[2667円]

日本（組織再編税制）

◇M&A・企業組織再編のスキームと税務—M&Aを巡る戦略的税務プランニングの最先端　太田洋編著　第2版　大蔵財務協会　2014.1　711p　22cm　〈索引あり〉Ⓘ978-4-7547-2076-6 Ⓝ336.983　[4000円]

◇会計実務ライブラリー 9　組織再編会計の実務　新日本有限責任監査法人編　第2版　中央経済社　2014.7　321p　21cm　〈索引あり〉Ⓘ978-4-502-09890-1 Ⓝ336.92　[3200円]

◇再編税制の鉄則30　村木慎吾, 岡野訓著　中央経済社　2014.9　169p　21cm　（申告書からみた税務調査対策シリーズ）〈文献あり〉Ⓘ978-4-502-12141-8 Ⓝ336.983　[2000円]

◇図解組織再編税制—最新　中村慈美著　大蔵財務協会　2014.1　370p　26cm　〈索引あり〉Ⓘ978-4-7547-2015-5 Ⓝ345.35　[2857円]

◇組織再編成をめぐる包括否認と税務訴訟—ヤフー・IDCF訴訟をめぐる考察：包括否認訴訟をめぐる考察　朝長英樹編著　清文社　2014.6　521p　21cm　Ⓘ978-4-433-51574-4 Ⓝ345.35　[4000円]

◇組織再編における株式追加取得・段階取得の会計と税務　小林正和著　中央経済社　2014.7　187p　21cm　〈文献あり〉Ⓘ978-4-502-10971-3 Ⓝ336.983　[2500円]

◇組織再編の税務リスク発見ガイド—論点整理で見落としを防ぐ　あいわ税理士法人編　中央経済社　2014.3　283p　21cm　Ⓘ978-4-502-10051-2 Ⓝ336.983　[3400円]

日本（ソーシャルインクルージョン）

◇弱者はもう救われないのか　香山リカ著　幻冬舎　2014.5　221p　18cm　（幻冬舎新書 か-1-5）Ⓘ978-4-344-98345-8 Ⓝ361.3　[780円]

◇ソーシャルデザインで社会的孤立を防ぐ—政策連動と公私連携　藤本健太郎編著　京都　ミネルヴァ書房　2014.11　256p　22cm　〈索引あり〉内容：社会的孤立を防ぐためのソーシャルデザイン（藤本健太郎著）少子・高齢化社会における技術変化と世代間コミットメント問題（小林慶一郎著）地域医療・介護を支える地域包括ケアシステムの展開（東野定律著）社会保障としての住宅政策（白川泰之著）コンパクトシティを志向した都市政策（土井勉著）社会的孤立とワーク・ライフ・バランス（藤本真理著）社会的孤立を防ぐポリシーミックス（藤本健太郎著）新しい政策の担い手（藤本健太郎著）地域社会における居場所の必要性と役割（東野定律著）孤立社会からつながる社会へ（藤本健太郎著）Ⓘ978-4-623-07198-2 Ⓝ364.1　[3200円]

◇多元的共生社会の構想　菅沼隆, 河東田博, 河野哲也編　現代書館　2014.2　226p　21cm　（内容：「自立と福祉」から「多元的共生社会」へ（菅沼隆著）多元的共生社会を構想するために（河東田博著）哲学における多元的共生社会の構想（河野哲也著）多元的共生社会の理論のために（深田耕一郎著）共生社会を実現するための障害者基本計画と障害者の所得保障（百瀬優著）精神保健福祉政策を通して見る多元的共生社会（酒本知美著）障害者虐待と多元的共生社会（河東田博著）児童手当制度の形成過程にみる日本の家族政策の限界と

日本件名図書目録2014　I

日本（租税制度）

可能性（浅井亜希著）　認知症高齢者のリハビリテーションを通して構想する多元的共生社会（佐川佳南枝著）　多元的共生社会における職場と労働（杉浦浩美著）　「出生前検査」を通して構想する多元的共生社会（菅野摂子著）　被災地支援を通して構想する多元的共生社会（河東田博著）　「多元的共生社会」の到来を願って（河東田博著）〉①978-4-7684-3529-8　Ⓝ369.021　[2200円]

◇地域におけるソーシャル・エクスクルージョン―沖縄からの移住者コミュニティをめぐる地域福祉の課題　加ali弾著　有斐閣　2014.11　271p　22cm　〈文献あり　索引あり〉①978-4-641-17403-0　Ⓝ369.7　[4700円]

日本（訴訟）

◇「3・11フクシマ」の地から原発のない社会を！―原発公害反対闘争の最前線から　第二回「原発と人権」全国研究交流集会「脱原発分科会」実行委員会編著　[東京]　花伝社　2014.9　138,8p　21cm　〈共栄書房（発売）　内容：「3・11フクシマ」の教訓と脱原発をめぐる現状と課題（斎藤貴男述）　「首都圏反原発連合」の活動から（服部至道述）　「原発問題住民運動全国連絡センター」の活動から（伊東達也述）　「南相馬市長」としての活動から（桜井勝延述）　「福島県内のすべての原発の廃炉を求める会」の活動から（佐藤三男述）　質問に答えて（服部至道ほか述）　闘いとその展望に関して（國分富夫ほか述）　脱原発訴訟の意義と闘いの現状・展望（河合弘之述）　泊原発の廃炉をめざす訴訟団を代表して（小野有五述）　東海第二原発訴訟原告団を代表して（大石光伸述）　玄海原発訴訟原告団を代表して（蔦川正義述）　福島原発公害被害者訴訟の意義と脱原発の闘い（早川篤雄述）　立証責任が住民側にあることをどうやって転換するか（神戸秀彦述）　石巻の地から女川原発反対運動（庄司捷彦述）　裁判闘争に勝つために認められること（板井優述）　原告団と弁護団が助け合うために（武田徹述）　大飯原発三、四号機差止裁判勝訴判決の活動報告（松田正害）〉①978-4-7634-0711-5　Ⓝ543.5　[1200円]

日本（租税）

◇高齢社会の税務　鹿田良美，田中俊男，出川洋，丸田隆英共著　税務研究会出版局　2014.10　247p　21cm　〈文献あり〉①978-4-7931-2085-5　Ⓝ336.98　[2200円]

◇個人の税金ガイドブック　2014年度版　金融財政事情研究会ファイナンシャル・プランニング技能士センター編著　金融財政事情研究会　2014.6　161p　21cm　〈きんざい（発売）〉①978-4-322-12503-0　Ⓝ336.98　[1300円]

◇これだけは知っておきたい「税金」のしくみとルール―複雑な税金も、これ一冊で十分！　梅田泰宏著　改訂新版2版　フォレスト出版　2014.6　226,10p　19cm　〈索引あり〉①978-4-89451-621-2　Ⓝ345.21　[1300円]

◇サラリーマンの9割は税金を取り戻せる―あらゆる領収書は経費で落とせる　増税対策編　大村大次郎著　中央公論新社　2013.12　220p　18cm　（中公新書ラクレ　478）①978-4-12-150478-4　Ⓝ345.21　[740円]

◇税金を払う奴はバカ！―搾取され続けている日本人に告ぐ　大村大次郎著　ビジネス社　2014.7　189p　19cm　①978-4-8284-1758-5　Ⓝ345.21　[1000円]

◇税金ガイド―英和対照　26年版　川田剛著　財経詳報社　2014.8　903p　23cm　〈索引あり〉①978-4-88177-406-9　Ⓝ345.21　[10000円]

◇税金官僚に痛めつけられた有名人たち―対談！　狙い撃ちされた資産家7人との1000分　デヴィ・スカルノ，神内良一，八田隆，磯貝清明，与沢翼，桜井敏夫，渡辺喜太郎[述]　副島隆彦多著　光文社　2014.8　249p　20cm　〈内容：もう、日本を離れてしかありませんわ（デヴィ・スカルノ述）　相続税はただちに廃止せよ（神内良一述）　返済まで25年。自己破産もできない（磯貝清明述）　1億3千万円全額をすぐ一括で払え（与沢翼述）　地検特捜部は、私が無実であることを知っていた（八田隆述）　税金官僚　税理士　生保　信託銀行　マネー雑誌みんなグルだ　潰す！　潰してやる！（桜井敏夫述）　交際費への課税をやめよ（渡辺喜太郎述）　格差社会〈を〉肯定〈する〉論「金持ちをいじめたら日本は滅びる」（副島隆彦述）〉①978-4-334-97770-2　Ⓝ345.21　[1500円]

◇税金入門―図とイラストでよくわかる　2014年度版　小島興一，蒔田知子，三野隆子編著　経済法令研究会　2014.8　189p　21cm　（Beginner Series）①978-4-7668-3277-8　Ⓝ345.21　[1600円]

◇税金のすべてがわかる本―個人と会社　'14～'15年版　石井宏和編著　成美堂出版　2014.9　253p　22cm　〈索引あり〉①978-4-415-31912-4　Ⓝ345.21　[1300円]

◇税金の抜け穴―国民のほとんどが知らない納税で「得する話」「損する話」　大村大次郎[著]　KADOKAWA　2014.1

222p　18cm　（角川oneテーマ21　D-7）①978-4-04-110666-2　Ⓝ336.98　[800円]

◇税の基礎　2014年度版　藤曲武美著　経済法令研究会　2014.7　340p　21cm　（Basic series）①978-4-7668-3278-5　Ⓝ345.21　[2200円]

◇税務インデックス　平成26年度版　税務研究会編　税務研究会出版局　2014.6　295p　21cm　①978-4-7931-2111-1　Ⓝ345.21　[1482円]

◇税務署が隠したい増税の正体　山田順著　文藝春秋　2014.3　269p　18cm　（文春新書　959）①978-4-16-660959-8　Ⓝ345.21　[750円]

◇税務ハンドブック　平成26年度版　宮口定雄編著　大阪　コントロール社　2014.6　295p　21cm　①978-4-902717-26-6　Ⓝ345.21　[2000円]

◇タックス・イーター―消えていく税金　志賀櫻著　岩波書店　2014.12　200p　18cm　（岩波新書　新赤版　1517）①978-4-00-431517-9　Ⓝ342.1　[780円]

◇地方税務職員のための租税徴収の技術―入門から応用まで　小林能彦編著　ぎょうせい　2014.10　548p　21cm　〈「国税・地方税租税徴収の技術」（1993年刊）の改題、改訂版〉①978-4-324-09825-7　Ⓝ345.1　[5300円]

◇無税国家のつくり方―税金を払う奴はバカ！　2　大村大次郎著　ビジネス社　2014.10　188p　19cm　①978-4-8284-1773-8　Ⓝ342.1　[1400円]

◇和解・調停条項と課税リスク　三木義一監修，馬渕泰至編著　第2版　名古屋　新日本法規出版　2013.10　377p　21cm　①978-4-7882-7780-9　Ⓝ327.2　[4200円]

日本（租税―判例）

◇実務に役立つ租税基本判例120選　林仲宣著　改訂版　税務経理協会　2014.8　267p　21cm　①978-4-419-06138-8　Ⓝ345.19　[2800円]

◇重要租税判決の実務研究　品川芳宣著　第3版　大蔵財務協会　2014.3　1015p　22cm　〈索引あり〉①978-4-7547-2077-3　Ⓝ345.19　[4286円]

◇税法の読み方判例の見方　伊藤義一著　改訂第3版　TKC出版　2014.2　375p　21cm　〈索引あり〉①978-4-905467-15-1　Ⓝ345.19　[2400円]

◇税務判決・裁決例の読み方―実務に生かすヒント　朝倉洋子，藤曲武美，山本守之著　中央経済社　2014.10　269p　21cm　〈文献あり　索引あり〉①978-4-502-11911-8　Ⓝ345.19　[3000円]

◇「税務判例」を読もう！―判決文から身につくプロの法律文章読解力　木山泰嗣著　ぎょうせい　2014.9　175p　19cm　〈索引あり〉①978-4-324-09864-6　Ⓝ345.19　[2000円]

日本（租税制度）

◇いますぐ妻を社長にしなさい―サラリーマンでもできる魔法の資産形成術　坂下仁著　サンマーク出版　2014.2　187p　19cm　①978-4-7631-3360-4　Ⓝ335.4　[1400円]

◇金融税制と租税体系　証券税制研究会編　日本証券経済研究所　2014.10　230p　22cm　〈文献あり〉①978-4-89032-047-9　Ⓝ345.1　[2000円]

◇金融取引と課税　3　トラスト60　2014.7　157p　26cm　（トラスト60研究叢書）〈内容：法人格を有する信託としての財団法人（中里実著）　支店外国税額控除の設計（増井良啓著）　Reich論文の"super-matching"ruleの紹介及び信託等を通じたマッチングの意義と限界（浅妻章如著）　アメリカ法における政府私人間契約の解釈準則United States v Winstar Corp.,518　U.S.839（1996）の検討（渕圭吾著）　UCITS Ⅳに対応した英国税制の動向（吉村政穂著）　所得の「帰属」・再考（序説）（藤谷武史著）　年齢・主体・課税に関する研究ノート（神山弘行著）〉Ⓝ345.1　[非売品]

◇国外財産調書制度等の知識と対策―参考　外国為替研究協会　2014.1　170p　21cm　①978-4-905637-30-1　Ⓝ345.1　[2000円]

◇産業税制ハンドブック　平成25年度版　経済産業省経済産業政策局企業行動課編　経済産業調査会　2014.3　336p　21cm　〈年表あり〉①978-4-8065-1838-9　Ⓝ345.1　[4000円]

◇知って得する税制改正のポイント　平成26年度版　葉山孝著　保険毎日新聞社　2014.4　91p　26cm　①978-4-89293-356-1　Ⓝ345.1　[1200円]

◇すぐわかるよくわかる税制改正のポイント　平成26年度　今仲清，坪多晶子，畑中孝介著　TKC出版　2014.5　169p　21cm　〈文献あり　政省令対応版〉①978-4-905467-18-2　Ⓝ345.1　[1600円]

◇図説日本の税制　平成26年度版　住澤整編著　財経詳報社　2014.8　367p　19cm　〈索引あり〉①978-4-88177-405-2　Ⓝ345.1　[2100円]

801

日本（租税制度―歴史―1868〜1945）　　　　　　　　　　　　　　　　　　　　　　　　　　日本件名図書目録2014　I

◇税制改正―速報版　2013年度　柴田昇著　大阪　実務出版　2013.4　64p　26cm〈タイトル関連情報：景気浮揚対策と富裕層課税の見直し〉①978-4-906520-14-5　Ⓝ345.1　[600円]

◇税制改正―速報版　2014年度　柴田昇著　大阪　実務出版　2014.4　72p　26cm〈タイトル関連情報：デフレ脱却と経済再生のための税制措置〉①978-4-906520-28-2　Ⓝ345.1　[600円]

◇税制改正Q&A　平成26年度　ABC税務研究会編　ビジネス教育出版社　2014.3　205p　21cm　①978-4-8283-0497-7　Ⓝ345.1　[900円]

◇税制改正と実務の徹底対策―よくわかる　平成26年度　平川忠雄編著，成田一正，中島孝一，飯塚美幸共著　日本法令　2014.2　415p　21cm　①978-4-539-74584-7　Ⓝ345.1　[2200円]

◇税制改正の解説　平成26年　[東京]　国税庁　[2014]　1150p　30cm　Ⓝ345.1

◇税制改正のポイント　平成26年度版　速報版　税務研究会税研情報センター/編　税務研究会税研情報センター　2014.1　24p　26cm　[286円]

◇税制改正のポイント　確定版　平成26年度版　税務研究会税研情報センター/編　税務研究会税研情報センター　2014.4　32p　26cm　[400円]

◇税制改正の要点解説―どこがどうなる!?　平成26年度　朝長英樹監修，阿部泰久，小畑良晴，塩野入文雄，竹内陽一編著　清文社　2014.3　245p　21cm〈執筆：幕内浩ほか〉①978-4-433-53113-3　Ⓝ345.1　[1000円]

◇税制改正早わかり―国税・地方税の主要改正事項を分かりやすく解説　平成26年度　中村慈美，秋山友宏，渡邉正則共著　大蔵財務協会　2014.3　387p　21cm　①978-4-7547-2103-9　Ⓝ345.1　[1944円]

◇税制改正まるわかり！―動き・焦点からその背景まで　平成26年度版　山本守之著　税務経理協会　2014.4　184p　21cm　①978-4-419-06105-0　Ⓝ345.1　[1600円]

◇税制参考資料集　平成26年度版　日本租税研究協会　2014.4　308p　30cm　①978-4-930964-55-7　Ⓝ345.1

◇税制主要参考資料集　[東京]　財務省主税局　2014.3　162p　30cm　Ⓝ345.1

◇租税抵抗の財政学―信頼と合意に基づく社会へ　佐藤滋，古市将人著　岩波書店　2014.10　218p　20cm　（シリーズ現代経済の展望）〈文献あり〉①978-4-00-028736-4　Ⓝ342.1　[2300円]

◇早わかり税制改正&新会計基準の決算実務―税効果会計と消費税率引上げへの対応　平成26年〜27年決算対応　足立好幸著　中央経済社　2014.2　190p　21cm　①978-4-502-10181-6　Ⓝ345.1　[1800円]

◇早わかり平成26年度税制改正のすべてQ&A　鹿志村裕，熊王征秀，嶋協，藤曲武美著　中央経済社　2014.3　262p　21cm　（別冊税務弘報）①978-4-502-10201-1　Ⓝ345.1　[1600円]

◇平成26年度の税制改正―こう変わる!!：これだけはおさえておきたい!!　奥村眞吾著　大阪　実務出版　2014.4　158p　21cm　①978-4-906520-29-9　Ⓝ345.1　[1800円]

◇ポスト社会保障・税一体改革の税制とは―政策提言　東京財団　2014.5　49p　26cm　Ⓝ364.021

◇文部科学関係の税制　平成26年度　[東京]　文部科学省大臣官房政策課　[2014]　61，970p　21cm　Ⓝ345.1

日本（租税制度―歴史―1868〜1945）
◇「平等」理念と政治―大正・昭和戦前期の税制改正と地域主義　佐藤健太郎著　吉田書店　2014.8　359p　22cm〈索引あり〉①978-4-905497-23-3　Ⓝ312.1　[3900円]

日本（租税制度―歴史―古代）
◇古代東国の調庸と農民　宮原武夫著　岩田書院　2014.9　230，13p　22cm　（古代史研究叢書　8）〈索引あり　内容：古代東国の調庸と農民　東鰒と隠岐鰒　上総の望陀布と美濃絁　房総の俘囚の反乱　律令国家と調　最澄・徳一論争と蝦夷問題　尾張国郡司百姓解文　尾張国解文の租税と田制　尾張国解文の調庸と交易〉①978-4-87294-862-2　Ⓝ210.3　[5900円]

日本（租税制度―歴史―昭和前期）
◇制度変革の政治経済過程―戦前期日本における営業税廃税運動の研究　石井寛晶著　早稲田大学出版部　2014.4　483，11p　22cm　（早稲田大学学術叢書　32）〈索引あり〉①978-4-657-14702-8　Ⓝ345.1　[8500円]

日本（租税法）
◇改正税法の要点解説―全税目収録　平成26年度版　国税・地方税の改正事項解説　税務研究会編　税務研究会出版局　2014.7　821p　21cm　①978-4-7931-2098-5　Ⓝ345.1　[2200円]

◇管理徴収関係法規集　平成26年6月1日現在　[東京]　国税庁　[2014]　1118p　21cm　Ⓝ345.12

◇基本原理から読み解く租税法入門　増田英敏編著　成文堂　2014.10　258p　21cm〈文献あり　索引あり〉①978-4-7923-0567-3　Ⓝ345.12　[2400円]

◇権利救済の税務Q&A―国税における「更正の請求」と「不服申立て」の手引　石鉢隆雄著　大蔵財務協会　2014.12　117p　21cm〈文献あり〉①978-4-7547-4381-9　Ⓝ345.12　[1111円]

◇後発的事由の税務Q&A―申告後の事情変更への対応策　小林磨寿美著　中央経済社　2014.9　282p　21cm〈文献あり〉①978-4-502-11671-1　Ⓝ345.12　[3400円]

◇個人課税関係法規　平成26年6月1日現在　1　基本法編　[東京]　国税庁　[2014]　1774p　21cm　Ⓝ345.12

◇これならわかる!!税法の基本　藤本清一，林幸一，増山裕一共著　3訂版　大阪　実務出版　2013.5　179p　26cm　①978-4-906520-16-9　Ⓝ345.12　[1800円]

◇これならわかる!!税法の基本　藤本清一，林幸一，増山裕一共著　4訂版　大阪　実務出版　2014.5　185p　26cm　①978-4-906520-32-9　Ⓝ345.12　[1852円]

◇実務税法六法―法令　平成26年版1　名古屋　新日本法規出版　2014.7　2635p　22cm〈索引あり〉①978-4-7882-7831-8（set）Ⓝ345.12

◇実務税法六法―通達　平成26年版　名古屋　新日本法規出版　2014.10　3267p　22cm　①978-4-7882-7832-5　Ⓝ345.12　[5400円]

◇図解租税法ノート　八ッ尾順一著　6訂版　清文社　2014.1　232p　26cm〈索引あり〉①978-4-433-53543-8　Ⓝ345.12　[2400円]

◇税金のすべてがわかる現代税法入門塾　石村耕治編　第7版　清文社　2014.4　789p　21cm〈索引あり〉①978-4-433-53524-7　Ⓝ345.12　[3800円]

◇税法概論　図子善信著　11訂版　大蔵財務協会　2014.4　269p　21cm〈文献あり　索引あり〉①978-4-7547-4363-5　Ⓝ345.12　[1296円]

◇税法基本講義　谷口勢津夫著　第4版　弘文堂　2014.2　517p　22cm〈文献あり　索引あり〉①978-4-335-35588-2　Ⓝ345.12　[3500円]

◇税務六法―法令編　平成26年版1　日本税理士会連合会編集　ぎょうせい　2014.7　1冊　21cm〈索引あり〉①978-4-324-09802-8（set）Ⓝ345.12

◇税務六法―法令編　平成26年版2　日本税理士会連合会編集　ぎょうせい　2014.7　1冊　21cm〈索引あり〉①978-4-324-09802-8（set）Ⓝ345.12

◇税務六法―通達編　平成26年版　日本税理士会連合会編集　ぎょうせい　2014.7　1冊　21cm〈索引あり〉①978-4-324-09803-5　Ⓝ345.12　[4952円]

◇税理士・春香の民法講座―税法の中の「民法」を探る　三木義一監修，鹿田良美，出川洋，丸田隆英著　清文社　2014.8　198p　21cm　①978-4-433-55144-5　Ⓝ345.12　[2000円]

◇租税共通関係法規集　平成26年6月1日現在　[東京]　国税庁　[2014]　893p　21cm　Ⓝ345.12

◇租税法　金子宏著　第19版　弘文堂　2014.4　1044p　22cm　（法律学講座双書）〈文献あり　索引あり〉①978-4-335-30459-0　Ⓝ345.12　[5800円]

◇租税法講義ノート　2014年度版1　坂本雅士著　名古屋　三恵社　2014.4　42p　30cm　①978-4-86487-189-1　Ⓝ345.12　[800円]

◇租税法講義ノート　2014年度版2　坂本雅士著　名古屋　三恵社　2014.9　42p　30cm　①978-4-86487-280-5　Ⓝ345.12　[800円]

◇租税法ならびに会社法・商法の要点　柳田仁著　改訂版　創成社　2014.4　187p　21cm〈文献あり　索引あり〉①978-4-7944-1480-9　Ⓝ345.12　[2100円]

◇租税法入門　増井良啓著　有斐閣　2014.3　342p　22cm　（法学教室LIBRARY）〈索引あり〉①978-4-641-13167-5　Ⓝ345.12　[2600円]

◇租税法入門　川田剛著　10訂版　大蔵財務協会　2014.4　435p　21cm〈文献あり　索引あり〉①978-4-7547-2104-6　Ⓝ345.12　[3056円]

◇トラブルと税金―税法における不法行為・損害賠償等の取扱いを中心に：第47回研究報告　全国女性税理士連盟西日本支部研究部[編]　全国女性税理士連盟　2014.7　378p　30cm〈文献あり　会期・会場：2014年8月2日　於：ウェスティン都ホテル京都〉Ⓝ345.12

日本件名図書目録2014　Ⅰ　　　　　　　　　　　　　　　　　　　　　　　　　　　　　　　　　日本（大学）

◇附帯税の減免措置―加算税・延滞税・利子税等：国税通則法から重加算税通達まで　鴻秀明著　清文社　2014.7　320p　21cm　①978-4-433-53614-5　Ⓝ345.1　［2800円］

◇弁護士のための租税法　村田守弘,加本亘著　第3版　千倉書房　2014.1　232p　21cm　〈索引あり〉①978-4-8051-1029-4　Ⓝ345.12　［2800円］

◇法律家のための税法　民法編　東京弁護士会編著　新訂第7版　第一法規　2014.10　417p　21cm　〈索引あり〉①978-4-474-03306-1　Ⓝ345.12　［3000円］

◇よくわかる税法入門　三木義一編著　第8版　有斐閣　2014.4　381p　19cm　（有斐閣選書 206）〈索引あり〉①978-4-641-28134-9　Ⓝ345.12　［2100円］

日本（租税法―裁決）

◇裁決事例集　第88集（平成24年7月～9月）　大蔵財務協会　2013.5　428p　21cm　①978-4-7547-2019-3　Ⓝ345.19　［2762円］

◇裁決事例集　第90集（平成25年1月～3月）　大蔵財務協会　2014.5　322p　21cm　①978-4-7547-2067-4　Ⓝ345.19　［2778円］

◇裁決事例集　第91集（平成25年4月～6月）　大蔵財務協会　2014.6　291p　21cm　①978-4-7547-2126-8　Ⓝ345.19　［2778円］

◇裁決事例集　第92集（平成25年7月～9月）　大蔵財務協会　2014.7　484p　21cm　①978-4-7547-2130-5　Ⓝ345.19　［3148円］

◇裁決事例集　第93集（平成25年10月～12月）　大蔵財務協会　2014.8　399p　21cm　①978-4-7547-2142-8　Ⓝ345.19　［3056円］

◇裁決事例集　第94集（平成26年1月～3月）　大蔵財務協会　2014.11　321p　21cm　①978-4-7547-2157-2　Ⓝ345.19　［2963円］

◇税務判決・裁決例の読み方―実務に生かすヒント　朝倉洋子,藤曲武美,山本守之著　中央経済社　2014.10　269p　21cm　〈文献あり　索引あり〉①978-4-502-11911-8　Ⓝ345.19　［3000円］

日本（ソフトウェア産業）

◇組込み系ソフトウェア開発の課題分析と提言―アーキテクトをどのように育てるのか　電子情報技術産業協会ソフトウェア事業委員会編　電子情報技術産業協会ソフトウェア事業委員会　2014.3　2, 171p　30cm　（ソフトウェアに関する調査報告書 平成25年度 2）Ⓝ007.35

◇ソフトウェアビジネス新市場　2013年版　研究開発本部第二研究開発部門調査・編集　富士キメラ総研　2013.7　334p　30cm　①978-4-89443-676-3　Ⓝ007.35　［120000円］

◇メディア・ソフトの制作及び流通の実態に関する調査研究―報告書　総務省情報通信政策研究所　2014.9　164p　30cm　Ⓝ007.35

◇我が国IT関連産業の持続的成長に向けた事業戦略に関する調査研究報告書―社会インフラ分野の情報利活用に向けた提言　電子情報技術産業協会ソフトウェア事業委員会　電子情報技術産業協会ソフトウェア事業委員会　2014.3　89p　30cm　（ソフトウェアに関する調査報告書 平成25年度 1）〈奥付のタイトル：我が国IT関連産業の持続的成長に向けた〉Ⓝ007.35

日本（ソフトウェア産業―会計）

◇ソフトウェア取引の会計・税務Q&A　トーマツ編　第2版　中央経済社　2014.12　356p　21cm　①978-4-502-11791-6　Ⓝ007.35　［3600円］

日本（損害賠償―判例）

◇交通事故における過失割合―実務裁判例：自動車事故及び消滅時効、評価損等の諸問題　伊藤秀城著　日本加除出版　2014.2　375p　26cm　〈文献あり　索引あり〉①978-4-8178-4143-8　Ⓝ681.3　［4100円］

◇身近な損害賠償関係訴訟―理論と裁判例　園部厚著　青林書院　2014.5　427p　21cm　〈索引あり〉①978-4-417-01621-2　Ⓝ324.55　［4300円］

◇要約交通事故判例140　高野真人著　学陽書房　2014.9　305p　21cm　〈索引あり〉①978-4-313-31311-8　Ⓝ681.3　［3400円］

日本（損害保険）

◇論点体系保険法　1　総則、損害保険〈第1条～第36条〉山下友信,永沢徹編著　第一法規　2014.7　455p　22cm　〈索引あり〉①978-4-474-10315-3　Ⓝ325.4　［4800円］

日本（損失補償―法令）

◇必携用地補償実務便覧　2014　公共用地補償機構編集　公共用地補償機構　2013.11　1冊　16cm　〈大成出版社（発売）文献あり〉①978-4-8028-3140-6　Ⓝ323.96　［1500円］

◇必携用地補償実務便覧　2015　公共用地補償機構編集　大成出版社　2014.12　258p　19cm　〈文献あり　2014の出版者：公共用地補償機構〉①978-4-8028-3177-2　Ⓝ323.96　［1900円］

◇用地補償実務六法　平成27年版　補償実務研究会編集　ぎょうせい　2014.10　1冊　21cm　〈索引あり〉①978-4-324-09874-5　Ⓝ323.96　［4800円］

日本（村落―歴史―江戸時代）

◇近世の村落と地域史料保存　山本幸俊著　高志書院　2014.4　324, 4p　22cm　〈著作目録あり〉①978-4-86215-132-2　Ⓝ210.5　［10000円］

日本（村落―歴史―江戸末期）

◇幕末維新期の名望家と地域社会　渡辺尚志著　同成社　2014.2　270p　22cm　〈索引あり　内容：近世・近代転換期村落史研究の到達点と課題　武蔵国の村・地域と古沢花三郎　相模国の村・地域と山口左七郎　河内国の村・地域と岡田伊左衛門　終章〉①978-4-88621-657-1　Ⓝ210.5　［6000円］

日本（村落―歴史―明治時代）

◇幕末維新期の名望家と地域社会　渡辺尚志著　同成社　2014.2　270p　22cm　〈索引あり　内容：近世・近代転換期村落史研究の到達点と課題　武蔵国の村・地域と古沢花三郎　相模国の村・地域と山口左七郎　河内国の村・地域と岡田伊左衛門　終章〉①978-4-88621-657-1　Ⓝ210.5　［6000円］

日本（体育）

◇幼児体育―理論と実践：日本幼児体育学会認定幼児体育指導員養成テキスト　上級　日本幼児体育学会編　岡山　大学教育出版　2013.1　370p　26cm　〈執筆：前橋明ほか〉①978-4-86429-142-2　Ⓝ376.157　［3000円］

日本（体育―歴史―1945～）

◇運動部活動の戦後と現在―なぜスポーツは学校教育に結び付けられるのか　中澤篤史著　青弓社　2014.3　358p　22cm　〈文献あり　内容：なぜスポーツは学校教育に結び付けられるのか　運動部活動を分析するための方法論　運動部活動研究の包括的レビュー　戦後運動部活動の実態・政策・議論　戦後運動部活動と学校教職員組合　戦後から現在へ　運動部活動の廃発と学校―保護者関係　運動部活動改革と学校―保護者関係　運動部活動に積極的な顧問教師　運動部活動に消極的な顧問教師〉①978-4-7872-3374-5　Ⓝ375.18　［4600円］

日本（大学）

◇ICTを利活用した大学間連携による簿記会計教育の研究―日本簿記学会簿記教育研究部会最終報告　［東京］　日本簿記学会　2014.8　95p　30cm　〈文献あり〉Ⓝ336.91

◇アカデミック・ハラスメントの社会学―学生の問題経験と「領域交差」実践　湯川やよい著　東京　ハーベスト社　2014.2　426p　22cm　〈文献あり　索引あり〉①978-4-86339-052-2　Ⓝ377.21　［4900円］

◇アクティブラーニングと教授学習パラダイムの転換　溝上慎一著　東信堂　2014.9　196p　21cm　〈文献あり　索引あり〉①978-4-7989-1246-2　Ⓝ377.15　［2400円］

◇教養部しのろ教授の大学入門　紀川しのろ著　京都　ナカニシヤ出版　2014.4　211p　20cm　①978-4-7795-0817-2　Ⓝ377.21　［2000円］

◇グローバル人材を育てます　池内秀己,齊藤毅憲,簱本智之,吉田優治監修　全国ビジネス系大学教育会議編著　学文社　2014.1　197p　21cm　〈内容：ビジネス系大学はグローバル人材の育成に向けて何をすべきなのか（簱本智之著）小樽商科大学のアクティブラーニングとグローバル人材の育成（簱本智之,大津晶,保田隆明著）産業能率大学における実践教育の取り組み（武内千草著）九州産業大学におけるグローバル人材育成（池内秀己著）企業が求める「グローバル人材」と大学教育（井上洋著）住友商事株式会社におけるグローバル人材育成（本村恵三著）サムスンのグローバル人材の育成（張相秀,安熙卓著）先ず隗より始めよ（中村清著）関西学院大学国際学部におけるグローバル人材育成（伊藤正一著）名古屋外国語大学のグローバル教育（稲福善男著）国家戦略としての「グローバル人材育成」と大学の役割（髙橋由明著）ビジネス系大学教育はグローバル人材を育成できるか（佐々木恒男著）グローバル人材の育成を！（齊藤毅憲著）グローバル教育というけれど（吉田優治著）〉①978-4-7620-2425-2　Ⓝ377.15　［2300円］

◇研究論文に着目した日本とドイツの大学システムの定量的比較分析―組織レベルおよび研究者レベルからのアプローチ　阪彩香,桑原眞隆,イリス・ヴィーツォレック［著］　文部科学省科学技術・学術政策研究所科学技術・学術基盤調査研究室　2014.12　11, 241p　30cm　（調査資料 233）Ⓝ507

◇講義理解過程におけるアカデミック・インターアクションに関する実証的研究―留学生の視線行動から考えるグローバル化時

日本（大学―PR）　　　　　　　　　　　　　　　　　　　　　　日本件名図書目録2014　Ⅰ

◇代の大学教育　毛利貴美著　ココ出版　2014.2　483p　22cm
〈文献あり〉①978-4-904595-44-2　Ⓝ377.15　[4000円]

◇高校生から見た大学の「価値」と大学選びのメカニズム―「第
1回テレメール全国一斉進学調査」　応用社会心理学研
究所, フロムページ企画　京都　ナカニシヤ出版　2014.3
99p　30cm　①978-4-7795-0865-3　Ⓝ377.21　[7200円]

◇高校生・受験生・大学生のための中堅大学活用術　宇田川拓雄
編著　岡山　大学教育出版　2014.10　193p　21cm　①978-4-
86429-276-4　Ⓝ377.21　[1800円]

◇高等教育機関（大学・短期大学・高等専門学校）における社会・
地域貢献活動　野澤一博[著]　文部科学省科学技術・学術政
策研究所第3調査研究グループ　2014.8　6, 81p　30cm　（調
査資料　230）Ⓝ377.21

◇「高度情報通信技術を活用した大学・短大と社会通信教育の提
携」に関する調査研究」報告書　静岡　大学・短大と社会通信
教育の提携に関する研究会　2014.7　65p　30cm〈平成25年
度公益財団法人文教協会研究助成〉Ⓝ379.021

◇「国公私立大学を通じた大学教育改革支援に関する補助金の実
績報告の在り方等に関する調査研究」報告書　[東京]　新日
本有限責任監査法人　2014.3　1冊　30cm　Ⓝ377.1

◇斎藤将著作集　第1巻　斎藤将著　鳥影社　2014.2　434p
22cm〈内容：人権視角から平和的生存権を考える　平和的生
存権の体系化　学生の権利義務　教育を受ける権利　大学と
学生の法的関係　争議権論の再考　社会法　労働者の生涯教
育訓練　職業訓練政策の展望と立法論上の課題　第三次職業
訓練基本計画にみられる生涯職業訓練構想　生涯職業訓練へ
の視点　「労働者の職業訓練」と生涯教育〉978-4-86265-
428-1(set)　Ⓝ323.01

◇産学連携が拓くグローバル・イノベーションの扉―日中大学
フェア＆フォーラムin China 2014講演録　科学技術振興機構
中国総合研究交流センター編　[東京]　科学技術振興機構中
国総合研究交流センター　2014.6　173p　30cm〈会期・会
場：平成26年3月15日‐16日　中国北京全国農業展覧館（新館）
ほか〉①978-4-88890-399-8　Ⓝ377.21

◇弱肉強食の大学論―生き残る大学, 消える大学　諸星裕, 鈴木
典比古著　朝日新聞出版　2014.8　233p　18cm　（朝日新書
475）①978-4-02-273575-1　Ⓝ377.21

◇就職力で見抜く！ 沈む大学伸びる大学　木村誠著　朝日新聞
出版　2014.1　249p　18cm　（朝日新書 444）〈文献あり〉
①978-4-02-273544-7　Ⓝ377.21　[780円]

◇新堀通也著作集　第6巻　新・大学教育論　新堀通也著　学術
出版会　2014.1　807p　22cm　（学術著作集ライブラリー）
〈日本図書センター（発売）「大学評価」（玉川大学出版部 1993
年刊）の複製　「学問業績の評価」（玉川大学出版部 1985年
刊）の複製　内容：大学評価の理論的検討　学問業績の評
価―科学におけるエポニミー現象　日本の大学教授市場　日
本の学界　学生運動の論理〉①978-4-284-10408-1,978-4-284-
10402-9(set)　Ⓝ370.8

◇全入時代の大学雑感―平等性と優秀性を考える　村田鈴子著
弘報印刷出版センター　2014.3　110p　19cm　①978-4-
907510-13-8　Ⓝ377.21

◇大学教育改革の実態の把握及び分析に関する調査研究―平成
25年度文部科学省先導的大学改革推進委託事業：事業成果報
告書　東広島　広島大学高等教育研究センター　2014.3
145p　30cm〈文献あり〉Ⓝ377.15

◇大学教育の変貌を考える　三宅義和, 居神浩, 遠藤竜馬, 松本恵
美, 近藤剛, 畑秀和著　ミネルヴァ書房　2014.3　237p
22cm〈神戸国際大学経済文化研究所叢書 16）〈内容：大学
の選抜性とは（三宅義和著）　この国の高等教育政策の課題（居
神浩著）　低選抜型大学淘汰論への批判（遠藤竜馬著）　褒め
る教育と叱る教育のパラドックス（遠藤竜馬著）　教養教育の
可能性を考える（近藤剛著）　宗教教育の可能性を考える（近
藤剛著）　グローバル化に対応した英語教育の在り方（松本恵
美著）　グローバル人材育成と海外留学（松本恵美著）　大学
生のコミュニケーション力とその諸問題（三宅義和著）　学生
への教育サービスとSD（畑秀和著）〉①978-4-623-07013-8
Ⓝ377.21　[3800円]

◇大学教員の授業準備に関する調査報告書　仙台　東北大学高
等教育開発推進センター　2014.3　136, 8p　30cm　（CAHE
Tohoku report 53）Ⓝ377.15

◇大学特許　2013 上期　ネオテクノロジー　2013.7　286, 42,
5p　30cm　①978-4-907191-23-8　Ⓝ507.23　[19800円]

◇大学特許　2014　ネオテクノロジー　2013.10　1冊　30cm
①978-4-907191-37-5　Ⓝ507.23　[19800円]

◇大学特許　2015　ネオテクノロジー　2014.9　383p　30cm
①978-4-907191-98-6　Ⓝ507.23　[19800円]

◇大学の工学領域の研究者による論文分析―工学部の状況や論
文分析の限界も併せて　掛下知行, 塩谷景一, 安田弘行, 白土優,
大畑充, 増井敏行[述]，文部科学省科学技術・学術政策研究所
SciSIP室[編]　東京　文部科学省科学技術・学術政策研究
所SciSIP室　2014.8　70p　30cm　（科学技術・学術政策研究
所講演録 300）〈会期：2014年1月27日〉Ⓝ502.1

◇大学の実力　2015　読売新聞教育部著　中央公論新社
2014.9　136p　30cm　①978-4-12-004656-8　Ⓝ377.21
[1400円]

◇地域・大学協働実践法―地域と大学の新しい関係構築に向けて
地域・大学協働研究会編　悠光堂　2014.2　159p　21cm
①978-4-906873-20-3　Ⓝ377.21　[1600円]

◇ニッポンの経済学部―「名物教授」と「サラリーマン予備軍」
の実力　橘木俊詔著　中央公論新社　2014.7　234p　18cm
（中公新書ラクレ 501）①978-4-12-150501-9　Ⓝ377.21
[780円]

◇「学び」の質を保証するアクティブラーニング―3年間の全国
大学調査から　河合塾編著　東信堂　2014.5　186p　21cm
①978-4-7989-1233-2　Ⓝ377.15　[2000円]

日本（大学―PR）

◇大学の戦略的広報―学校を変える秘密兵器　岩田雅朗著
ぎょうせい　2014.8　239p　21cm　①978-4-324-09843-1
Ⓝ377.1　[2750円]

日本（大学―歴史）

◇近代日本の大学と宗教　江島尚俊, 三浦周, 松野智章編　京都
法藏館　2014.2　346p　22cm　（大正大学綜合佛教研究所叢
書 第26巻）〈文献あり　内容：近代日本の高等教育における
教育と教化（江島尚俊著）　明治後期キリスト教主義学校の文部
省訓令一二号問題への対応（大江満著）　明治期東京帝国大学
宗教学科における仏教と宗教（高橋原著）　京都帝国大学文学
部基督教学講座の成立（小柳敦史著）　日本思想の近代化と哲
学科（松野智章著）　明治期真宗の大学林教育（阿部貴子著）
「学習」される仏教（三浦周著）　浄土宗学教育の変遷と望月信
亨（柴田泰山著）　宗教大学における近代仏教学（石田一裕
著）〉①978-4-8318-5545-9　Ⓝ377.21　[3600円]

◇これからの大学と大学アーカイブズ―東北大学史料館創立50
周年記念講演会・シンポジウムの記録　東北大学学術資源研
究公開センター史料館編　仙台　東北大学学術資源研究公開
センター史料館　2014.10　96p　21cm〈年表あり　内容：基
調講演　これからの大学と「大学アーカイブズ」（寺﨑昌男述）
報告　大学アーカイブズのなりたちと広がり（永田英明述）
大学におけるアーカイブズとは（西山伸述）　東京大学の文書
館構想（森本祥子述）〉Ⓝ018.09

日本（大学院）

◇働きながらでも博士号はとれる　都丸孝之著　研究社　2014.
9　167p　19cm〈文献あり〉①978-4-327-37905-6　Ⓝ377.5
[1500円]

◇文系大学院生サバイバル　岡﨑匡史[著]　ディスカヴァー・
トゥエンティワン　2013.12　232p　18cm　（ディスカヴァー
携書 114）〈文献あり〉①978-4-7993-1445-6　Ⓝ377.21
[1000円]

◇連携による知の創造―社会人大学院の新たな試み　広島大学
マネジメント研究センター編　白桃書房　2014.3　190p
22cm〈内容：ヒューマン・サービス専門職の人的資源管理
（福間隆康著）　助産師の技能獲得に関する研究（藤井宏子著）
総合病院の外来における多職種間のチームワークに関する研
究（江口圭一, 和田良香, 田中亮著）　企業におけるセカンド
キャリア支援の効果（小玉一樹著）　人材グループ別人の資源
管理の構築に関する研究（安藤正人著）　戦略的意思決定適性
の研究（竹本崇著）　職務行動促進モデルの国際比較（原口恭
彦著）　厳しいリーダーが信頼される条件（相馬敏彦著）　イ
ノベーターとしてのリードユーザーとその活用（中村友哉著）
看護職のモチベーションは何によって高まるのか（伊藤真美
著）　ホテル業における人的資源問題（香坂千佳子著）　若年
従業員の活性化に関する研究（藤澤広美著）　自己成長感がも
たらす更なるキャリア発達に関する考察（濱岡剛著）　従業員
の自発的で変革的な行動の概念整理（大上麻海著）　顧客関係
の構築と国際化戦略の変化（今村一真著）　価値共創型マーケ
ティングの特性に関する考察（山口隆久著）　製造業における
価値共創の意味合いおよび適用の可能性（清野聡著）　患者の
継続受診意志に与える影響に関する一考察（野田義顕著）　日
本の製造業における新製品開発の成功要因の研究（藤井誠人
著）　価値共創概念とS-Dロジック（村松潤一著）　価値共創に
おける組織とリーダーシップ（藤岡芳郎著）　イノベーション

を生み出し続ける力(中村友哉著) 価値共創型小売企業システムのモデル化に向けた探索的研究(張嫋著) Ｂ ｔｏ Ｂにおける価値共創(楊歓歓著) 価値共創プロセスに対する理論的検討(大藪亮著) 高齢者の消費行動における情報処理(孫芸文著) 消費者の文脈価値生成に関する一考察(西宏樹著) 簡易水道事業法適化の必要性(菅原正明、鳥井総司著) 共同組織金融機関のリレーションシップ(村上真理著) 大学運営に影響を及ぼす革新的行動に関する実証的研究(木村太祐著) 大学におけるキャリア教育・支援の再構築に関する研究(中川洋子著) 広島県内中小製造業のベトナム進出におけるコア人材の確保・育成について(西村英樹、宮脇克也、山本公平著) 公益事業をめぐる会計の論点整理(星野一郎著) 先進経済国と新興経済国における企業の成長戦略論(江向華著) 包括的租税回避否認規定創設の必要性(佐伯健司著) 簡易水道事業の法適化の背景(石﨑善隆著) フードバンク活動における運営主体と行政の日韓比較(原田佳子著) 中小企業における経営理念の浸透促進に関する研究(瀬戸正則著) 企業情報システムにおけるＩＴ化知識の継承の取組みと課題(村中光治著) 旅館サービスの現場から見られる価値形成のプロセス(永井圭子、姜聖淑著) 情報システムの継続的利用に伴う知識継承の変質(奥居正樹著) 日本企業における新製品開発プロセス・コントロールのための情報利用について(金宰煜著) 海外ビジネスにおける暗黙知の競争的意義(金熙珍著) 消費税における逆進性と益税制度(佐伯健司著) サービス・リテラシーとはなにか(八巻恵子著) 消費文化論と価値共創の関係(藤岡芳郎著) 非経済的動機に基づく消費者行動(藤本静著) 「ｐａｙ ｗｈａｔ ｙｏｕ ｗａｎｔ」方式と消費タイミングおよび顧客満足との関連性に関する研究(林钊著) ＩＴ化における組織的補完要素に関する考察(德田美智著) 瀬戸内海の水軍に関する歴史的資源máli査およびその活用方法に向けた研究(出原由貴、織田祐吾、元岡敬史著) 瀬戸内における朝鮮通信使等の歴史文化資源の掘起しとネットワーク化に関する研究(小早川隆、花野和広、村田民雄著) 日韓の国境を越えた世界遺産登録の共同申請に向けた組織体制のあり方(米山俊哉、大井博文、斉藤稔夫著) 高齢者が死ぬまで生きできる場所(松原みゆき著) 情報通信技術の地域包括ケアへの活用(椿康和著) 東アジアのネットワークと瀬戸内海(後藤昇、末平陽雄、戸田常一著) 聖地のものがたり(八巻恵子著) 地域包括ケアシステムにおける病院機能の検討(佐藤陽子著)〉①978-4-561-26632-7 Ⓝ377.21 [1800円]

日本(大学院生)
◇実録！東大大学院総集編 かっぱ巻きＲＣ編著 カットシステム 2014.9 249p 21cm ①978-4-87783-700-6 Ⓝ377.9 [1400円]
◇人文・社会科学系大学院生のキャリアを切り拓く―〈研究と就職〉をつなぐ実践 佐藤裕、三浦美樹、青木深、一橋大学学生支援センター編著 大月書店 2014.3 203p 21cm〈文献あり 内容：大学院重点化と院生の就職(佐藤裕著) 大学教員として就職するために(佐藤裕著) 「いま・ここ」の研究活動から始める(佐藤裕著) 博士号取得者のキャリア形成から学ぶ(青木深著) 院生が直面する問題(三浦美樹著) 修士課程修了者の事例から学ぶ(三浦美樹著) 「文系院生は不利？」を乗り越える(三浦美樹著) 日本で就職をめざす外国人留学生へ(三浦美樹著) 「伝えるスキル」の養成(青木深著)〉①978-4-272-41222-8 Ⓝ377.9 [2400円]
◇人文社会系の大学院(修士・博士課程)における教育内容及び修了者のキャリアパスの実態等に関する調査研究―報告書 [横浜] 浜銀総合研究所 2014.3 167p 30cm〈平成25年度先導的大学改革推進委託事業〉Ⓝ377.9
◇全国教職大学院学生意識に関する調査研究報告書 教職大学院学生全国調査プロジェクト編 [東京] 教職大学院学生全国調査プロジェクト 2014.1 188p 30cm〈研究代表：吉田文 内容：どのような学生が教職大学院に通っているのか(河野志穂著) 教職大学院への入学目的と現在所属する大学院の選択理由(松本暢平著) 大学院入学前における教員採用試験経験と修了後の希望進路から見た学部新卒者の入学目的(岩崎康洋著) 大学院入学前にすでに身についていた能力(松本暢平著) 入学前に身につけることを期待した能力(河野志穂著) 大学院入学後に身についた能力と身につかなかった能力(小野まどか著) 教職大学院環境・授業に対する学生満足度(御手洗明佳著) 教職大学院の学生生活について(邵姿㜫著) 学生の経済的側面について(小島博明著) 教職像、教育や子ども、そして仕事に関する認識(佐藤裕紀著)〉Ⓝ377.9
◇博士課程学生の経済的支援状況と進路実態に係る調査研究 文部科学省高等教育局大学振興課 2014.5 150,9p 30cm〈平成25年度「先導的大学改革推進委託事業」、委託：三菱ＵＦＪリサーチ＆コンサルティング政策研究事業本部〉Ⓝ377.9

日本(耐震建築)
◇その天井が危ない！一人のいのちと企業の生命線を守る耐震天井のすべて 桐井製作所著 ダイヤモンド・ビジネス企画

◇博士人材データベースの設計と活用の在り方に関する検討 篠田裕美、小林淑恵、渡辺その子[著] 文部科学省科学技術・学術政策研究所第1調査研究グループ 2014.9 8,136p 30cm〈調査資料 231〉Ⓝ377.9

日本(大気汚染)
◇環境改善に関する調査研究成果集 平成25年度 川崎 環境再生保全機構 2014.12 89p 30cm Ⓝ519.3
◇局地汚染対策手法検討調査業務報告書 平成25年度 数理計画編 数理計画 2014.3 1冊 30cm Ⓝ519.3
◇自動車交通環境影響総合調査報告書 [松本] ＳＣＯＰ 2014.3 250p 30cm〈平成25年度環境省請負業務〉Ⓝ519.3
◇自動車交通環境影響総合調査報告書 資料編 [松本] ＳＣＯＰ 2014.3 303p 30cm〈平成25年度環境省請負業務〉Ⓝ519.3
◇大気汚染による健康影響に関する総合的研究成果集 平成25年度 川崎 環境再生保全機構 2014.12 306p 30cm Ⓝ493.36
◇日本の大気汚染状況 平成25年版 環境省水・大気環境局/編 経済産業調査会 2014.12 805p 30cm〈付属資料：ＣＤ-ＲＯＭ1〉978-4-8065-2947-7 [9000円]

日本(大気汚染防止法)
◇改正大気汚染防止法の説明会実施業務報告書 平成25年度 [川崎] 日本環境衛生センター 2014.3 66p,38欄 31cm Ⓝ519.3

日本(大衆運動)
◇震災とメディア―脱原発デモ報道から考えるテレビのあり方 名古屋市立大学人文社会学部現代社会学科2年2012年度社会調査実習飯島班[編] 名古屋 名古屋市立大学人文社会学部現代社会学科 2013.3 87p 30cm（名古屋市立大学人文社会学部現代社会学科社会調査実習報告書 2012年度 第3分冊）〈奥付のタイトル：2012年度社会調査実習報告書〉Ⓝ699.8

日本(大衆運動―歴史―1945～)
◇戦後責任―アジアのまなざしに応えて 内海愛子、大沼保昭、田中宏、加藤陽子著 岩波書店 2014.6 247,5p 20cm〈文献あり〉①978-4-00-025854-8 Ⓝ319.102 [2600円]

日本(大衆演芸)
◇この芸人(ひと)に会いたい―観て、撮って、書いた。旬の芸人・落語家たち 橘蓮二著 河出書房新社 2014.6 221p 19cm ①978-4-309-02571-3 Ⓝ779.13 [1850円]
◇吉本芸人に学ぶ生き残る力 本多正識著 扶桑社 2014.11 238p 19cm ①978-4-594-07160-8 Ⓝ779 [1400円]

日本(大衆演芸―歴史―1868～1945)
◇幻の近代アイドル史―明治・大正・昭和の大衆芸能盛衰記 笹山敬輔著 彩流社 2014.5 186p 19cm（フィギュール彩 14）〈文献あり〉①978-4-7791-7014-0 Ⓝ779.021 [1800円]

日本(大衆演芸―歴史―昭和後期―写真集)
◇昭和の肖像〈芸〉―写真集 小沢昭一著 筑摩書房 2014.2 262p 22cm ①978-4-480-87632-4 Ⓝ779.021 [2800円]

日本(大衆演芸―歴史―昭和時代)
◇昭和の演藝二〇講 矢野誠一著 岩波書店 2014.5 202p 20cm ①978-4-00-025979-8 Ⓝ779.021 [2300円]

日本(退職金)
◇Ｑ＆Ａ 中小企業の「退職金の見直し・設計・運用」の実務 川島孝一著 セルバ出版 2014.7 191p 21cm〈創英社/三省堂書店(発売)〉①978-4-86367-163-8 Ⓝ336.45 [2000円]
◇退職金をめぐる法律問題 水谷英夫著 日本加除出版 2014.3 225p 21cm〈文献あり 索引あり〉①978-4-8178-4150-6 Ⓝ366.46 [2400円]
◇賃金規程・退職金規程作成のポイント 改訂版 三菱ＵＦＪリサーチ＆コンサルティング 2014.2 138p 26cm ①978-4-905278-14-6 Ⓝ336.45 [1000円]

日本(退職金―法令)
◇退職手当小六法 退職手当制度研究会編 5訂版 三協法規出版 2013.12 1016p 21cm ①978-4-88260-249-1 Ⓝ317.34 [8500円]

日本(退職年金)
◇企業年金に関する基礎資料 平成26年12月 企業年金連合会編 企業年金連合会 2014.12 460p 30cm Ⓝ366.46 [5000円]

日本(退職年金―法令)
◇確定給付企業年金確定拠出年金法令通達集 平成26年版 法研 2014.3 1154p 21cm Ⓝ366.46 [7000円]

日本(耐震建築)
◇その天井が危ない！一人のいのちと企業の生命線を守る耐震天井のすべて 桐井製作所著 ダイヤモンド・ビジネス企画

日本（耐震建築―法令）

2014.4　127p　21cm　〈ダイヤモンド社（発売）〉　①978-4-478-08334-5　Ⓝ524.86　［1500円］

日本（耐震建築―法令）
◇耐震化の法律読本―法的リスクを回避するためのQ&A80　匠総合法律事務所著　建築技術　2014.3　243p　22cm　①978-4-7677-0142-4　Ⓝ524.91　［2300円］

日本（台所用品―貿易―法令）
◇商品別輸入販売法規ガイド―キッチン用品　2014　対日貿易投資交流促進協会　2014.2　103p　30cm　Ⓝ581.6

日本（太平洋戦争〔1941～1945〕―戦没者―名簿）
◇合葬者名簿―旧真田山陸軍墓地関係　小田康徳制作　［出版地不明］　［小田康徳］　2013.2　150p　30cm　〈2010-12年学術振興会科学研究費補助金（基盤研究（B））研究課題名「旧真田山陸軍墓地内納骨堂の悉皆調査からみる戦没者慰霊の歴史的実相」〉　Ⓝ210.74
◇納骨名簿―旧真田山陸軍墓地内納骨堂　［小田康徳著］　［出版地不明］　小田康徳（制作）　2013.3制作　268p　26cm　〈2010-2012年度学術振興会科学研究費補助金（基盤研究（B））（研究課題名）「旧真田山陸軍墓地内納骨堂の悉皆調査から見る『戦没者慰霊』の歴史的実相」〉　Ⓝ210.74
◇埋葬願―旧真田山陸軍墓地　小田康徳制作　［出版地不明］　［小田康徳］　2013.2　84p　30cm　〈2010-12年学術振興会科学研究費補助金（基盤研究（B））研究課題名「旧真田山陸軍墓地内納骨堂の悉皆調査からみる戦没者慰霊の歴史的実相」〉　Ⓝ210.74

日本（太平洋戦争〔1941～1945〕―プロパガンダ）
◇神国日本のトンデモ決戦生活　早川タダノリ著　筑摩書房　2014.2　297p　15cm　（ちくま文庫　は43-1）〈合同出版2010年刊の再刊〉　①978-4-480-43131-8　Ⓝ210.75　［950円］
◇「戦意」の推移―国民の戦争支持・協力　荻野富士夫著　校倉書房　2014.5　312p　22cm　〈索引あり〉　①978-4-7517-4540-3　Ⓝ210.74　［6000円］
◇プロパガンダ・ラジオ―日米電波戦争幻の録音テープ　渡辺考著　筑摩書房　2014.8　351p　20cm　〈文献あり〉　①978-4-480-81832-4　Ⓝ699.69　［2300円］

日本（太陽光発電―特許）
◇太陽電池パネルの設置・施工―IPC/FIガイド付き　part 2　ネオテクノロジー　2014.1　2,172p　30cm　（技術と特許をつなぐパテントガイドブック）〈折り込 1枚〉　Ⓝ543.8　［80000円］

日本（太陽光発電―法令）
◇住宅用太陽光発電・プチソーラーの法律実務　秋野卓生，森田桂一著　中央経済社　2014.7　219p　21cm　①978-4-502-11011-5　Ⓝ528.43　［2500円］

日本（体力―世論）
◇体力・スポーツに関する世論調査　平成25年1月調査　［東京］文部科学省スポーツ・青少年局スポーツ振興課　［2013］　229p　30cm　（世論調査報告書）　Ⓝ780.21

日本（宅地）
◇ケースにみる宅地相続の実務―評価・遺産分割・納税　清田幸弘編著，妹尾芳朗，沖田豊明，清野宏之，千崎唯史，永瀬寿子著　名古屋　新日本法規出版　2014.12　373p　21cm　①978-4-7882-7935-3　Ⓝ336.985　［4400円］
◇住宅市街地整備必携　平成25年度版　国土交通省住宅局市街地建築課市街地住宅整備室編　全国市街地再開発協会　2014.1　1609p　21cm　Ⓝ518.8
◇詳解小規模宅地等の課税特例の実務―重要項目の整理と理解　平成26年11月改訂　笹岡宏保著　清文社　2014.12　644p　26cm　①978-4-433-52424-1　Ⓝ336.985　［4200円］
◇小規模宅地等の特例　白井一馬著　中央経済社　2014.10　202p　21cm　（税理士のための相続税の実務Q&Aシリーズ）　①978-4-502-12261-3　Ⓝ336.985　［2400円］
◇小規模宅地等の評価減の実務―フローチャートで分かりやすい　山口暁弘編著，関場修監修　第3版　中央経済社　2014.7　314p　21cm　①978-4-502-08940-4　Ⓝ336.985　［3400円］
◇小規模宅地特例―実務で迷いがちな複雑・難解事例の適用判断　飯塚美幸著　清文社　2014.3　265p　21cm　①978-4-433-52443-2　Ⓝ336.985　［2200円］
◇小規模宅地特例の入門Q&A―ここからはじめる！これならわかる！　辻・本郷税理士法人著　税務経理協会　2014.3　159p　21cm　〈文献あり〉　①978-4-419-06047-3　Ⓝ336.985　［2000円］
◇事例で理解する！小規模宅地特例の活用―相続税増税対応　高橋安志著　ぎょうせい　2014.11　263p　21cm　①978-4-324-09917-9　Ⓝ336.985　［3000円］

◇相続税小規模宅地等の特例―Q&A160問　平成26年版　松岡章夫，山岡美樹共著　大蔵財務協会　2014.2　487p　21cm　〈索引あり〉　①978-4-7547-2064-3　Ⓝ336.985　［2286円］
◇一目でわかる小規模宅地特例100　2014年度版　赤坂光則/著　税務研究会出版局　2014.5　443p　26cm　①978-4-7931-2083-1　［2600円］

日本（宅地開発）
◇住宅市街地整備ハンドブック　2014　国土交通省住宅局市街地建築課市街地住宅整備室編　全国市街地再開発協会　2014.7　493p　30cm　Ⓝ518.8
◇都市の空閑地・空き家を考える　浅見泰司編著　プログレス　2014.9　263p　21cm　〈内容：空閑地の都市問題（浅見泰司著）空閑地・空き家と生物多様性（浅田正彦，寺田徹著）　空閑地と密集市街地（山口幹幸著）　空閑地の農的活用事例と住宅地の「安全・安心」への貢献の可能性（雨宮護著）　都市のレジリエンスを高める空閑地の活用事例（瀬下博之著）　空閑地と都市財政（瀬下博之著）　戸建住宅地における空閑地のデザイン（吉田友彦著）　空閑地を活かした都市の未来像（横張真著）　空き家の都市問題（浅見泰司著）　空き家の現状と課題（石坂公一，冨永麻倫著）　空き家ゾンビを如何に退治したら良いのか？（清水千弘著）　空き家と住宅政策（平山洋介著）　マンションにおける空き家予防と活用, 計画的解消のために（齊藤広子著）　住宅政策と空き家問題（周藤利一著）　空き家問題と地域・都市政策（山口幹幸著）　老朽マンションにおける空き住戸問題（大木祐悟著）　わが国の空き家問題〈＝地域の空洞化〉を克服するために（野呂瀬秀樹著）〉　①978-4-905366-35-5　Ⓝ518.8　［2700円］

日本（立退料）
◇立退料の決め方―どんな場合にいくら払う⁉　小野寺昭夫，横山正夫著　第3版　自由国民社　2014.6　271p　21cm　①978-4-426-11634-7　Ⓝ324.81　［1800円］

日本（脱税―判例）
◇税務調査必携脱税証拠集―裁判所が脱税〈重加算税〉や脱税利益賞与課税と認めた及び認めなかった証拠〈事実〉　岩田誠著　名古屋　ブイツーソリューション　2014.1　333p　21cm　〈星雲社（発売）〉　①978-4-434-18390-4　Ⓝ345.19　［2400円］

日本（棚田）
◇暮らしの中に息づく棚田―日本の原風景の村を訪ね歩いて　上田三夫著/写真　優しい食卓　2013.6　151p　30cm　①978-4-901359-59-7　Ⓝ611.73　［2500円］
◇棚田学入門　棚田学会編　勁草書房　2014.12　228p　21cm　〈索引あり〉　①978-4-326-60274-2　Ⓝ611.73　［2300円］

日本（多文化教育）
◇「移民時代」の日本のこれから―現代社会と多文化共生　大重史朗著　八王子　揺籃社　2014.6　192p　19cm　〈文献あり〉　①978-4-89708-340-7　Ⓝ371.5　［1800円］
◇多文化教育の充実に向けて―イギリスの経験, これからの日本　佐久間孝正著　勁草書房　2014.5　315,14p　20cm　〈索引あり　内容：イギリスの人の移動と多文化教育の展開　イギリスのアジア系イスラーム女子中等学校の生徒と成人の生活実態　グローバル時代における政治と宗教　日本における外国人と市民性教育の課題　多文化からなる自国の文化　外国人住民に対する教育支援　日の丸・君が代問題をめぐって　世界人権宣言に対するピアジェの貢献　日本語指導の「特別の教育課程への位置づけ」をめぐって　日本語指導はなぜ省令改正で済まされたのか？　文部科学省の外国人児童生徒受け入れ施策の変化〉　①978-4-326-29905-8　Ⓝ371.5　［3200円］
◇多文化社会の教育課題―学びの多様性と学習権の保障　川村千鶴子編著　明石書店　2014.3　311p　20cm　〈索引あり　内容：学習権とは何か（川村千鶴子著）　グローバル化の深化と外国人学校政策の矛盾（郭潔蓉著）　在日コリアンにとっての民族教育権（金朋央著）　南米系外国人学校の可能性と課題（長邉成章，原知章著）　インドシナ難民家族の高校進学と支援者の役割（長谷部美佳著）　新宿の事例から見える日本社会（小林普子著）　日本の多文化家庭の子育て課題（渡辺幸倫著）〉　①978-4-7503-3976-4　Ⓝ371.5　［2800円］
◇多文化保育・教育論　咲間まり子編　岐阜　みらい　2014.4　151p　26cm　①978-4-86015-319-9　Ⓝ371.5　［1800円］
◇南米につながる子どもたちと教育―複数文化を「力」に変えていくために　牛田千鶴編　大津　行路社　2014.8　261p　22cm　〈文献あり〉　①978-4-87534-300-4　Ⓝ371.5　［2600円］
◇日本に住む多文化の子どもと教育―ことばと文化のはざまで生きる　宮崎幸江編，坂本光代，カルダ―ノ宮本百合子，モラレス松原礼子，川上郁雄，杉村美紀，山西優二，杉村美佳執筆　Sophia University Press上智大学出版　2014.1　288p　21cm　〈ぎょうせい（発売・制作）　索引あり　執筆：坂本光代ほか　内容：文化間移動と子どもの言語発達（坂本光代著）　日本に住む多文化家庭のバイリンガリズム（坂本光代，

宮崎幸江著〉 子どものアイデンティティ交渉（カルタビアーノ宮本百合子著） ブラジルの日系人と在日ブラジル人（モラレス松原礼子著） ことばとアイデンティティ（川上郁雄著）多文化共生社会の実現にむけて（坂本光代著） 多様化する外国籍の子どもと多文化教育の変容（杉村美紀著） 文化・ことばと国際理解教育（山西優二著） 教師の多文化の子どもに対する意識と国際理解教育の実践（杉村美佳著） 多文化家庭、学校、地域の連携とエンパワメント（宮崎幸江著） 多文化の子どものことばとアイデンティティ（川上郁雄ほか述） 多文化共生に必要な「文化力」を国際理解教育で育てる〉 ①978-4-324-09723-6 Ⓝ371.5 ［2000円］

日本（多文化主義）
◇多文化共生政策の実施者に求められる役割—多文化社会コーディネーターの必要性とあり方：【多文化社会コーディネーター研究会】12年度報告 東京外国語大学多言語・多文化教育研究センター編 府中（東京都） 東京外国語大学多言語・多文化教育研究センター 2013.11 155p 21cm （シリーズ多言語・多文化協働実践研究 17）〈文献あり 内容：多文化共生政策の実施者に求められる役割 専門人材養成は大学の社会的責任（青山亨著） 総論 自治体国際化政策と政策の実施者に求められる役割（杉澤経子著） 多文化社会にみる学びづくりのコーディネート（山西優二著） 自治体におけるコーディネーターの必要性とその役割（平井竜一著） 実践的考察 防災政策と多文化共生政策をつなぐ 東日本大震災に見る多文化社会コーディネーターの役割（菊池哲佳著） 自治会支援と防災対策からの共生の仕組みづくり（松岡真理恵著） 県域での災害時における情報提供体制づくり（高柳香代著） 多文化共生政策の体制整備 地方自治体における多文化共生施策推進のための体制づくり（亀井鈴子著） 自治体組織における多文化社会コーディネーターの可能性（齊藤由実子著） 官民協働を推進する自治体内政策（奈良雅美著） 多文化共生に関わる自治体行政の課題と広域連携の可能性（石川秀樹著） NPOにおけるコーディネーターの役割（奈良雅美著）〉 ①978-4-925243-98-8 Ⓝ361.5
◇「多文化共生」の新たな展開に向けて—移動する人々からみた日本社会の課題—青山学院大学社会連携機構国際交流共同研究センターシンポジウム：報告書 青山学院大学社会連携機構国際交流共同研究センター 2014.2 51p 30cm 〈文献あり 英語併載 会期・会場：2013年12月7日 青山学院大学本多記念国際会議場〉 Ⓝ361.5 ［非売品］

日本（卵—図集）
◇日本産稚魚図鑑 ［4］ 魚卵の解説と検索 沖山宗雄編著 池田知司、平井明夫、田端重夫、大西庸介、水戸敏著 第2版 ［秦野］ 東海大学出版会 ［2014］ 108p 27cm ①978-4-486-01775-2(set) Ⓝ487.5

日本（ダム—写真集）
◇美しい日本のダム—日本ダム協会写真コンテストの歩み 日本ダム協会著、西山芳一監修 日本ダム協会 2014.6 83p 26cm Ⓝ517.72 ［1800円］
◇ダムを愛する者たちへ 阿久根寿紀、神馬シン、宮島咲、琉著、宮島咲監修・構成 スモール出版 2014.6 125p 19×26cm ①978-4-905158-19-6 Ⓝ517.72 ［2100円］

日本（短角亜目—目録）
◇日本昆虫目録 第8巻第2部 双翅目—短角亜目額嚢節 日本昆虫目録編集委員会編集 ［東京］ 日本昆虫学会 2014.9 p540〜1101 27cm （星雲社（発売） 索引あり 英語抄訳付 販売：櫂歌書房） ①978-4-434-19719-2 Ⓝ486.038 ［13000円］

日本（短期大学）
◇高等教育機関（大学・短期大学・高等専門学校）における社会・地域貢献活動 野澤一博［著］ 文部科学省科学技術・学術政策研究所第3調査研究グループ 2014.8 6,81p 30cm （調査資料 230）Ⓝ377.21

日本（男女共同参画）
◇KIT男女共同参画推進センター平成24年度・平成25年度活動報告書 京都 京都工芸繊維大学KIT男女共同参画推進センター 2014.7 48p 30cm〈文部科学省科学技術人材育成費補助事業「女性研究者研究活動支援事業」〉 Ⓝ377.21
◇「女性研究者研究活動支援事業」事業報告書（平成23年度—平成25年度）—文部科学省科学技術人材育成費補助事業 ［鹿児島］ 鹿児島大学男女共同参画推進センター 2014.3 103p 30cm Ⓝ407
◇男女共同参画の視点に立った若者のキャリア形成支援ハンドブック—平成25年度男女共同参画の視点に立った若者のキャリア形成支援に関する調査研究 国立女性教育会館編 ［嵐山町（埼玉県）］ 国立女性教育会館 2014.3 232p 21cm 〈文献あり〉 Ⓝ366.29

◇男女共同参画白書 平成26年版 内閣府男女共同参画局/編 新潟 ウィザップ、全国官報販売協同組合〔発売〕 2014.6 255p 30cm ①978-4-903944-15-9 ［2630円］
◇『伝統と改革が創る次世代女性研究者養成拠点』事業実施報告書 奈良女子大学男女共同参画推進機構女性研究者養成システム改革推進本部編 ［奈良］ 奈良女子大学男女共同参画推進機構女性研究者養成システム改革推進本部 2014.3 80p 30cm〈文献あり 文部科学省科学技術人材育成費補助金女性研究者養成システム改革加速事業〉 Ⓝ407
◇平成25年度男女共同参画社会の形成の状況 ／ 平成26年度男女共同参画社会の形成の促進施策 ［東京］ ［内閣府］ ［2014］ 255p 30cm〈第186回国会（常会）提出〉 Ⓝ367.21

日本（単親家庭）
◇子づれシングルと子どもたち—ひとり親家族で育つ子どもたちの生活実態 神原文子著 明石書店 2014.3 276p 19cm ①978-4-7503-3981-8 ［2500円］
◇ひとり親家庭 赤石千衣子著 岩波書店 2014.4 249,5p 18cm （岩波新書 新赤版 1481）〈文献あり〉①978-4-00-431481-3 Ⓝ369.41 ［820円］

日本（淡水魚）
◇淡水魚入門—水中のぞき見学 長田芳和編著 秦野 東海大学出版部 2014.9 373p 21cm〈索引あり〉①978-4-486-02016-5 Ⓝ487.521 ［3800円］

日本（淡水魚—図集）
◇フィールドガイド淡水魚識別図鑑—日本で見られる淡水魚の見分け方 田口哲著、細谷和海監修 誠文堂新光社 2014.3 256p 21cm〈文献あり 索引あり〉①978-4-416-61415-0 Ⓝ487.521 ［1800円］

日本（男性）
◇いちばんよくわかる「おじさん病」—イラスト図解 サダマシック・コンサーレ著 西東社 2014.9 159p 19cm ①978-4-7916-2219-1 Ⓝ367.5 ［850円］
◇オヤジかるた—女子から贈る、飴と鞭。 瀧波ユカリ著 文藝春秋 2014.10 205p 19cm ①978-4-16-390153-4 Ⓝ367.5 ［1200円］
◇女子力男子—女子力を身につけた男子が新しい市場を創り出す 原田曜平著 宝島社 2014.12 238p 19cm ①978-4-8002-2815-4 Ⓝ367.5 ［1300円］
◇迫りくる「息子介護」の時代—28人の現場から 平山亮著 光文社 2014.2 318p 18cm （光文社新書 682）〈文献あり〉①978-4-334-03785-7 Ⓝ369.26 ［880円］
◇男子の性教育—柔らかな関係づくりのために 村瀬幸浩著 大修館書店 2014.5 195p 19cm〈文献あり〉①978-4-469-26760-0 Ⓝ367.99 ［1500円］

日本（炭素—ナノテクノロジー—特許）
◇新カーボン材料に取り組む全企業—特許データからビジネスチャンスを探る 2014 ネオテクノロジー 2014.1 49,205p 30cm Ⓝ501.48 ［48000円］

日本（炭素繊維—特許）
◇特許情報分析（パテントマップ）から見た炭素繊維に関する技術開発実態分析調査報告書 インパテック株式会社編 パテントテック社 2013.1 224p 30cm〈タイトルは標題紙による〉①978-4-86483-168-0 Ⓝ586.6 ［55650円］

日本（団体—名簿）
◇全国各種団体名鑑 2015 上巻 原書房編集部編 原書房 2014.9 1063p 27cm ①978-4-562-05087-1(set) Ⓝ060.35
◇全国各種団体名鑑 2015 中巻 原書房編集部編 原書房 2014.9 1256p 27cm ①978-4-562-05087-1(set) Ⓝ060.35
◇全国各種団体名鑑 2015 下巻 原書房編集部編 原書房 2014.9 1064p 27cm ①978-4-562-05087-1(set) Ⓝ060.35
◇全国各種団体名鑑 2015 別冊 索引 原書房編集部編 原書房 2014.9 79p 26cm ①978-4-562-05087-1(set) Ⓝ060.35

日本（団体交渉）
◇会社は合同労組をあなどるな！—団体交渉申入書の回答方法から和解合意書の留意点まで 布施直春著 労働調査会 2014.5 287p 21cm （労務トラブル解決法！ Q&Aシリーズ 7）〈文献あり〉①978-4-86319-421-2 Ⓝ336.46 ［1800円］
◇合同労組・ユニオン対策マニュアル—ある日突然…訪れる…その時どうする!? 奈良恒則著 改訂版 日本法令 2014.9 192p 21cm ①978-4-539-72391-3 Ⓝ336.46 ［1800円］
◇これで安心！ 地域ユニオンへの対処法—団交準備・交渉・妥結・団交外活動への対応 廣上精一、三上安雄、大山圭介、根本義尚著 民事法研究会 2014.6 223p 21cm〈別タイトル：これで安心！ 合同労組への対処法〉①978-4-89628-947-3 Ⓝ336.46 ［2200円］

日本（断熱材―特許）　　　　　　　　　　　　　　　　　　　　　　日本件名図書目録2014　I

日本（断熱材―特許）
◇熱線遮蔽フィルムの技術動向を探る―IPC/FIガイド付き　ネオテクノロジー　2013.6　3, 135p　30cm　（技術と特許をつなぐパテントガイドブック）〈折り込1枚〉　Ⓝ549.8　［80000円］

日本（担保物権）
◇実務から見た担保法の諸問題　田原睦夫著　弘文堂　2014.2　430p　22cm〈内容：動産の先取特権の効力に関する一試論　民事執行法一九三条一項の「担保権の存在を証する文書」の意義に関する裁判例の実証的検討　根抵当権をめぐって　根譲渡担保をめぐる諸問題　倒産手続と根抵当　賃料に対する物上代位と建物の管理　将来の賃料債権の譲渡と抵当権の物上代位　抵当権の物上代位に基づく転貸賃料の差押えの可否　抵当証券上に記載のない失権約定と民事執行法一八一条　転抵当と被担保債権の質入れとの競合と実務対応　原抵当権より弁済期が後の債権を担保する転抵当権の効力　手形の商事留置権と破産宣告　破産と手形の商事留置権に関する最高裁平成一〇年七月一四日判決　留置権者に対する使用の承諾と競落人　集合動産譲渡担保の再検討　債権譲渡特例法の譲渡債権につき、終期の記載のない登記の対抗力の及ぶ範囲　停止条件付集合債権譲渡担保と否認　ファイナンス・リース契約の民事再生手続上の取扱い　ファイナンス・リースの担保権能に関する法律構成を示した東京地裁判決　ファイナンス・リース契約と会社更生手続　不当な配当と債権者の不当利得返還請求　会社更生手続と担保権変換請求権　座談会（田原睦夫, 安永正昭, 松岡久和ほか述, 中井康之司会）〉　Ⓘ978-4-335-35577-6　Ⓝ324.3　［6500円］
◇担保権消滅請求の理論と実務　佐藤鉄男, 松村正哲編　民事法研究会　2014.1　630p　22cm〈索引あり〉　Ⓘ978-4-89628-912-1　Ⓝ327.3　［6000円］
◇担保・執行・倒産の現在―事例への実務対応　伊藤眞, 道垣内弘人, 山本和彦編著　有斐閣　2014.12　415p　22cm　（ジュリストBOOKS）〈索引あり〉　Ⓘ978-4-641-13681-6　Ⓝ324.3　［3500円］
◇物権法―基本講義　2　担保物権　七戸克彦著　新世社　2014.6　284p　22cm　（ライブラリ法学基本講義4-2）（サイエンス社（発売）索引あり〉　Ⓘ978-4-88384-210-0　Ⓝ324.2　［2900円］
◇マルシェ物権法・担保物権法　宮本健蔵編著, 片桐善衛, 甲斐好文, 西牧正義, 今尾真, 鳥谷部茂著　第3版　京都　嵯峨野書院　2014.10　423p　22cm　（マルシェ民法シリーズ2）〈索引あり〉　Ⓘ978-4-7823-0543-0　Ⓝ324.2　［3600円］

日本（担保物権―判例）
◇民法判例集　担保物権・債権総論　瀬川信久, 内田貴, 森田宏樹編　第3版　有斐閣　2014.9　390p　22cm〈索引あり〉　Ⓘ978-4-641-13691-5　Ⓝ324.098　［2900円］
◇論点体系判例民法　3　担保物権　能見善久, 加藤新太郎編集　第2版　第一法規　2013.12　352p　22cm　Ⓘ978-4-474-10321-4　Ⓝ324.098　［3800円］

日本（担保物権―法令）
◇講義物権・担保物権法　安永正昭著　第2版　有斐閣　2014.11　509p　22cm〈索引あり〉　Ⓘ978-4-641-13697-7　Ⓝ324.2　［3800円］

日本（治安立法―歴史―昭和前期）
◇「戦意」の推移―国民の戦争支持・協力　荻野富士夫著　校倉書房　2014.5　312p　22cm〈索引あり〉　Ⓘ978-4-7517-4540-3　Ⓝ210.74　［6000円］

日本（地域開発）
◇移住者の地域起業による農山村再生　筒井一伸, 嵩和雄, 佐久間康富著, 小田切徳美監修　筑波書房　2014.9　62p　21cm　（JC総研ブックレット No.5）〈文献あり〉　Ⓘ978-4-8119-0445-0　Ⓝ611.151　［750円］
◇越後地域政策への視点　戸田敏行, 蒋湧, 岩崎正弥, 駒木伸比古, 暁敏編著, 愛知大学三遠南信地域連携研究センター編　豊橋　愛知大学三遠南信地域連携研究センター　2014.6　260p　21cm〈文献あり　執筆：藤田佳久ほか〉　Ⓝ601.1
◇美味しい田舎のつくりかた―地域の味が人をつなぎ、小さな経済を耕す　金丸弘美著　京都　学芸出版社　2014.9　207p　19cm　Ⓘ978-4-7615-1341-2　Ⓝ601.1　［1800円］
◇外部サポートによる過疎地域再生の可能性　過疎地域再生プロジェクト研究会編　豊橋　愛知大学中部地方産業研究所　2014.3　119p　30cm〈代表：岩崎正弥〉　Ⓘ978-4-901786-34-8　Ⓝ318.6

◇木の駅―軽トラ・チェーンソーで山も人もいきいき　丹羽健司著　全国林業改良普及協会　2014.6　151p　21cm　Ⓘ978-4-88138-306-3　Ⓝ651.7　［1900円］
◇空港経営と地域―航空・空港政策のフロンティア　関西空港調査会監修, 加藤一誠, 引頭雄一, 山内芳樹編著　成山堂書店　2014.8　303p　22cm〈索引あり〉　Ⓘ978-4-425-86241-2　Ⓝ687.91　［3000円］
◇元気なローカル線のつくりかた―三陸鉄道 JR東日本八戸線 由利高原鉄道 山形鉄道 上信電鉄 福井鉄道 一畑電車 岳南電車 養老鉄道 江ノ島電鉄 広島電鉄 水間鉄道 高松琴平電鉄　堀内重人著　京都　学芸出版社　2014.6　214p　19cm〈文献あり〉　Ⓘ978-4-7615-1592-1　Ⓝ686.21　［2000円］
◇公民連携・既存ストック有効活用による地域活性化に関する調査研究事業報告書　[東京]　総務省地域力創造グループ地域振興室　2014.3　50p　30cm　Ⓝ601.1
◇「ご当地もの」と日本人　田村秀[著]　祥伝社　2014.11　242p　18cm　（祥伝社新書 389）〈文献あり〉　Ⓘ978-4-396-11389-6　Ⓝ601.1　［800円］
◇コミュニティパワー―エネルギーで地域を豊かにする　飯田哲也, 環境エネルギー政策研究所編著, 古屋将太, 吉岡剛, 山下紀明著　京都　学芸出版社　2014.12　207p　21cm　Ⓘ978-4-7615-2584-2　Ⓝ501.6　［2200円］
◇コミュニティマネジメント　生江明[著], 日本福祉大学通信教育部編　第4版　美浜町（愛知県）　日本福祉大学　2014.4　301p　26cm〈文献あり　文部科学省認可通信教育〉　Ⓝ601.1
◇「幸せリーグ」の挑戦　「幸せリーグ」事務局編　三省堂　2014.4　303p　18cm　Ⓘ978-4-385-36574-9　Ⓝ318.2　［900円］
◇CSV観光ビジネス―地域とともに価値をつくる　藤野公孝, 高橋一夫編著　京都　学芸出版社　2014.10　259p　21cm〈内容：観光が生み出す価値とCSV〈共通価値の創造〉（高橋一夫, 小黒貴宏著）　スイス・サースフェー村の環境保全・共存型観光（柏木千春著）　会津「麗の食スタイル」による震災復興（大久保あかね著）　東日本大震災での「ボランティアツーリズム」（中西律香子著）　熊野古道に外国人個人旅行者を呼び込む着地型旅行会社（多田稔子著）　持続的な市民主体のまち歩き観光「長崎さるく」（股張一男著）　なぜ「富士宮やきそば」は集客力が続くのか？（渡邊英彦著）　掛川市体育協会によるスポーツを通じた地域振興（高橋一夫著）　瀬戸内国際芸術祭・大地の芸術祭による活性化（高橋一夫著）　成熟社会とシンクロした東京マラソン（遠藤雅彦著）　地域金融機関が構想するせとうち観光プラットフォーム（井坂晋, 石岡基彦著）　観光の力を支えるJR東日本（見並陽一著）　来訪促進を支える国際空港（岩村敬著）　共通価値の創出と観光政策（藤野公孝, 田中祥司著）〉　Ⓘ978-4-7615-2578-1　Ⓝ689.21　［2800円］
◇自然と人間の協働による永続的な地域社会づくり―食・自然エネルギー・ケアでつながる新たな生活基盤の可能性を探る　JA共済総合研究所　2014.10　128p　21cm　（JA共済総研セミナー　公開研究会　平成25年度）　Ⓘ978-4-9907977-0-6　Ⓝ601.1
◇自治体崩壊　田村秀著　イースト・プレス　2014.12　271p　18cm　（イースト新書 043）〈文献あり〉　Ⓘ978-4-7816-5043-2　Ⓝ334.31　［907円］
◇しなやかな日本列島のつくりかた―藻谷浩介対話集　藻谷浩介著　新潮社　2014.3　223p　19cm〈内容：「商店街」は起業家精神を取り戻せるか（新雅史述）「限界集落」と効率化の罠（山下祐介述）「観光地」は脱・B級志向で強くなる（山田桂一郎述）「農業」再生の鍵は技能にあり（神門善久述）「医療」は激増する高齢者に対応できるか（村上智彦述）「赤字鉄道」はなぜ廃止してはいけないか（宇都宮浄人述）「ユーカリが丘」の奇跡（嶋田哲夫述）〉　Ⓘ978-4-10-335371-3　Ⓝ601.1　［1200円］
◇市民・地域共同発電所のつくり方―みんなが主役の自然エネルギー普及　和田武, 豊田陽介, 田浦健朗, 伊東真吾編著　京都　かもがわ出版　2014.6　173p　21cm　Ⓘ978-4-7803-0696-5　Ⓝ540.921　［1700円］
◇商業まちづくり政策―日本における展開と政策評価　渡辺達朗著　有斐閣　2014.5　268p　22cm〈文献あり　索引あり　内容：商業まちづくり政策論の課題と方法　「まちづくり3法」以前の商業まちづくり政策の展開　「まちづくり3法」による商業まちづくり政策の転換　都市中心部からの大型店等の撤退問題とまちづくりの取り組み　タウンマネジメント機関〈TMO〉の組織と機能　アメリカにおけるダウンタウン再活性化と小売商業振興　商業まちづくり政策の転換をめぐる政策過程と政策理念　地域商業・商店街の魅力再構築の方向　商業まちづくり政策における政策評価　商業まちづくり施策の評価に関する実証的検討　商業まちづくり政策の展望〉　Ⓘ978-4-641-16435-2　Ⓝ601.1　［3800円］

◇人口減少時代の地域経営―みんなで進める「地域の経営学」実践講座　海野進著　同友館　2014.3　349p　21cm〈文献あり索引あり〉①978-4-496-05054-1　Ⓝ601.1　［4500円］

◇好きなまちで挑戦し続ける　［東京］　経済産業省商務流通保安グループ中心市街地活性化室　［201-］　97p　30cm　Ⓝ601.1

◇スポーツを活用した地域活性化に関する考察　柾本伸悦，永田靖，松本耕二，山本公平，渡辺泰弘［著］　広島　広島経済大学地域経済研究所　2014.1　83p　30cm（広島経済大学地域経済研究所報告書）Ⓝ780.21

◇世界遺産の地域価値創造戦略―地域デザインのコンテクスト転換　地域デザイン学会編集，原田保，浅野清彦，庄司真人編著　芙蓉書房出版　2014.6　338p　22cm（地域デザイン叢書 4）〈内容：世界遺産を活用した地域デザイン（原田保著）世界遺産の統合地域戦略デザイン（浅野清彦，原田保，庄司真人著）　世界遺産と地域デザインに関する先行研究（庄司真人，原田保，浅野清彦著）　法隆寺地域の仏教建造物（鈴木敦詞著）古都京都の文化財（髙橋愛典著）　白川郷・五箇山の合掌造り集落（庄司真人著）　原爆ドーム（庄司真人著）　琉球王国のグスク及び関連遺産群（浅野清彦著）　石見銀山遺跡とその文化的景観（板倉宏昭著）　白神山地（浅野清彦著）　知床（西村友幸著）　武家の古都・鎌倉（立原繁著）　飛鳥・藤原の宮都とその関連資産群（原田保，宮本文宏著）　富岡製糸場と絹産業遺産群（原田保，浅野清彦，庄司真人著）　百舌鳥・古市古墳群（小川雅司著）　事例の考察（原田保，浅野清彦，庄司真人著）　地域ビジネスを指向するための世界遺産に関する考察（原田保著）〉①978-4-8295-0620-2　Ⓝ601.1　［3500円］

◇大学・大学生と農山村再生　中塚雅也，内平隆之著，小田切徳美監修　筑波書房　2014.3　62p　21cm（JC総研ブックレット No.4）①978-4-8119-0435-1　Ⓝ611.151　［750円］

◇大学―地域NPO連携モデルの確立に関する研究　広井良典編［千葉］　千葉大学大学院人文社会科学研究科　2014.2　75p　30cm（人文社会科学研究科研究プロジェクト報告書 第169集）〈文献あり　タイトルは標題紙・表紙による　内容：千葉市における子どもの居場所「こどもカフェ」の展開（田村光子著）　大学における「子ども」プログラム展開と大学―地域連携の必要性（真田知幸著）　社会的起業からみた大学―地域連携の必要性（吉川亮著）　千葉市緑区おゆみ野における大学―地域連携の取り組み（福谷章子著）　「シティズンシップ教育」の実践（一ノ瀬佳也著）　コミュニティの中心としての大学（広井良典著）〉Ⓝ601.1

◇第4回古代山城サミット高松大会記録集　高松　第4回古代山城サミット高松大会実行委員会　2014.2　94p　30cm〈会期：平成25年10月4日～10月5日　瀬戸内国際芸術祭2013関連事業〉Ⓝ709.1

◇地域イノベーションのための産学官連携従事者論　二階堂知己，鈴木康之著　浜松　ITSC静岡学術出版事業部　2014.3　149p　18cm（静岡学術出版教養新書）①978-4-86474-036-4　Ⓝ601.1　［1000円］

◇地域が元気になる脱温暖化社会を！―「高炭素金縛り」を解く「共―進化」の社会技術開発　堀尾正靱，重藤さわ子編著，科学技術振興機構社会技術研究開発センター「地域に根ざした脱温暖化・環境共生社会」研究開発領域監修　公人の友社（発売）2014.3　149p　21cm（生存科学シリーズ 11）①978-4-87555-639-8　Ⓝ519.3　［800円］

◇地域活性化とまちづくり―課題研究用事例　自治研修協会編自治総合センター　2014.3　197p　30cm〈内容：香川県高松市の事例　千葉県流山市の事例　島根県美郷町の事例〉Ⓝ318.6

◇地域活性化のためのマネジメント調査研究　桂信太郎，桂研究室編　香美　高知工科大学マネジメント学部桂研究室　2013.3　192p　30cm（公立大学法人高知工科大学マネジメント学部桂研究室調査研究論文レビュー 2013）〈文献あり〉Ⓝ601.1

◇地域活性化マーケティング―地域価値を創る・高める方法論宮副謙司著　同友館　2014.11　316p　21cm〈文献あり〉①978-4-496-05081-7　Ⓝ601.1　［2800円］

◇地域からの変革に向けた挑戦　情報サービス産業協会　2014.53, 84p　30cm（地域連携推進事業活動報告書 平成25年度）Ⓝ007.35

◇地域経済産業活性化対策調査（低炭素型雇用創出産業国内立地推進事業に関する調査分析）―報告書　平成24年度　［東京］三菱UFJリサーチ＆コンサルティング　2013.3　124p　30cm　Ⓝ601.1

◇地域再生と文系産学連携―ソーシャル・キャピタル形成にむけた実態と検証　吉田健太郎著　同友館　2014.3　274p　22cm〈内容：文系産学連携と人材教育の視座（加藤吉則著）

文系産学連携の実態と可能性（吉田健太郎著）　組織間コラボレーションとしての産学連携（松村洋平著）　共創的地域ブランド・マネジメントにおける文系大学の役割（浦野寛子著）持続可能なまちづくりと文系分野の産学連携（小川雅人著）産学連携活動の評価（藤井博義著）　文系・総合大学における産・学・官〈公〉ならびに地域連携の取組み（秦野眞著）　文系産学連携による組織間コラボレーションの取組み事例（松本洋平著）　文系産学連携による共創的地域ブランド・マネジメント（浦野寛子著）　文系産学連携による商店街再生のための商業人育成（小川雅人著）　大学発ビジネスプランコンテストを契機とした地域産業振興（久保田典男著）　文系産学連携のおけるソーシャル・キャピタルの有効性（吉田健太郎著）　事例にみる文系産学連携の評価に関する現状と課題（藤井博義著）産学連携による教育研究と政策課題（樋口一清著）〉①978-4-496-05051-0　Ⓝ601.1　［2800円］

◇地域再生のための経営と会計―産業クラスターの可能性　二神恭一，高山貢，高橋賢編著　中央経済社　2014.4　194p　21cm〈索引あり〉①978-4-502-09570-2　Ⓝ601.1　［2600円］

◇地域サポート人材による農山村再生　図司直也著，小田切徳美監修　筑波書房　2014.3　62p　21cm（JC総研ブックレット No.3）①978-4-8119-0434-4　Ⓝ611.151　［750円］

◇地域産業の「現場」を行く―誇りと希望と勇気の30話　第7集変わる「豊かさ」の意味　関満博著　新評論　2014.7　242p　19cm〈索引あり〉①978-4-7948-0973-5　Ⓝ602.1　［2400円］

◇地域産業の振興と経済発展―地域再生への道　西田安慶，片上洋編著　大津　三学出版　2014.9　160p　21cm〈索引あり内容：観光まちづくりによる地域振興（西田安慶著）　3.11（水産県みやぎ）の復興と課題（江尻行男著）　焼津かつお節産業の現状と課題（岩本勇著）　横浜スカーフ産業の戦略と企業境界（日向浩幸著）　熟練の技の継承と越前漆器産業（瀧波慶昭著）　伝統的地場産業と観光開発の可能性（片上洋著）〉①978-4-903520-90-2　Ⓝ601.1　［2000円］

◇地域振興に活かす自然エネルギー　田畑保著　筑波書房2014.4　208p　21cm　①978-4-8119-0440-5　Ⓝ501.6　［2000円］

◇地域創生学　湯浅良雄，大西正志，崔英靖編著　京都　晃洋書房　2014.3　231p　22cm〈内容：地域創生を担うリーダーの育成（大西正志著）　地域情報の流通による地域活性化（崔英靖著）　公共財としての無線LAN位置情報データベースの可能性（崔英靖著）　四国における金型製造企業の存立基盤（藤川健著）　四国遍路道主を地域資産に（兼平裕子著）　「地域力」の醸成に寄与する商店街（山口信夫著）　被災地における定期市〈ファーマーズマーケット〉の役割（佐藤亮子著）　離島における生活空間の現状と課題（宇都宮千穂著）　集落型コミュニティビジネスの可能性（米田誠司著）〉①978-4-7710-2501-1　Ⓝ601.1　［3200円］

◇「地域に根ざした脱温暖化・環境共生社会」研究開発領域・プログラム成果報告書―地域が元気になる脱温暖化社会を！：「高炭素金縛り」を解く「共―進化」の社会技術開発　科学技術振興機構社会技術研究開発センター　2014.3　117p　30cm　Ⓝ519.3

◇地域の「おいしい」をつくるフードディレクションという仕事奥村文絵著　京都　青幻舎　2014.1　204p　19cm　①978-4-86152-430-1　Ⓝ588.09　［1800円］

◇地域ハンドブック―地域データと政策情報　2014年度版　日本政策投資銀行地域企画部編　［東京］　日本政策投資銀行2014.4　43, 309p　21cm　Ⓝ351　［1389円］

◇地域文化経済論―ミュージアム化される地域　寺岡寛著　名古屋　中京大学企業研究所　2014.9　270p　22cm（中京大学企業研究叢書 第25号）Ⓝ709.1　［非売品］

◇地域文化経済論―ミュージアム化される地域　寺岡寛著　同文舘出版　2014.9　270p　22cm〈文献あり　索引あり〉①978-4-495-38421-0　Ⓝ709.1　［3400円］

◇地域マネジメント戦略―価値創造の新しいかたち　池田潔編著　同友館　2014.10　217p　21cm〈索引あり〉①978-4-496-05088-6　Ⓝ601.1　［2200円］

◇地域は消えない―コミュニティ再生の現場から　岡崎昌之，全労済協会監修　日本経済評論社　2014.10　369p　19cm〈内容：まちづくり論・コミュニティ形成論の経緯（岡崎昌之著）　コミュニティを基軸にした地域再生の方向（岡崎昌之著）新しい「コモンズ」を支える組織のデザイン（保井美樹著）農山漁村における地域マネジメントシステム（坂本誠著）　地域の担い手の発見と地域型NPOにみる場づくり（佐久間康富著）　「地域づくり」への協同組合論的アプローチ（小林元著）地域医療を守る住民の取り組みと地域コミュニティの形成（西岡秀昌著）　団塊世代の地域活動への参加（平戸俊一著）　都市と農山漁村の「高齢化」問題とその対応策（坂本誠著）〉①978-4-8188-2354-9　Ⓝ361.7　［2900円］

◇小さい自治体輝く自治―「平成の大合併」と「フォーラムの会」　全国小さくても輝く自治体フォーラムの会, 自治体問題研究所編　自治体研究社　2014.5　230p　21cm〈年譜あり　内容：小さな自治体の夢と自治を語る(前田穰, 岡庭一雄, 加茂利男ほか述, 岡田知弘司会)『平成の大合併』自治の視点からの検証(加茂利男述)「平成の大合併」を問う(岡田知弘司会, 岡庭一雄, 前田穰, 浅和定次ほか述)　小さな自治体の大きな展望(保母武彦述)　小さな自治体と日本の未来(岡田知弘司会, 平岡和久, 岡庭一雄, 加茂利男ほか述)　自然と共生したまちづくり(前田穰著)「写真の町」の地域づくり(松岡市郎著)　安心して子育てできる村づくり(浅和定次, 押山利一著)　林業とエネルギーの自給をめざす村づくり(神田強平著)　農商観連携のまちづくり(花房昭夫著)　自治、自立、協働の村づくり(岡庭一雄, 熊谷秀樹著)　わが町・わが村の重点施策〉①978-4-88037-617-2　Ⓝ318.6　[1700円]

に

◇地方消滅―東京一極集中が招く人口急減　増田寛也編著　中央公論新社　2014.8　243p　18cm　(中公新書 2282)〈文献あり〉①978-4-12-102282-0　Ⓝ334.31　[820円]

◇中期滞在型『域学連携』地域づくり活動に関する調査研究事業報告書　平成25年度　[東京]　自治総合センター　2014.3　99p　30cm　Ⓝ601.1

◇中山間地域の資源活用と農村の展望―地域独自の創意工夫の可能性と実態　黒木英二編著　農林統計協会　2014.3　187p　21cm〈内容：ローカルエネルギー資源の有効化方策(前川俊清著)　中山間地域の持続的資源活用と地域複合経済構造の展望(藤田泉著)　国営公園等における園芸療法, 園芸福祉活動の利用と普及可能性(四方康行著)　小さな農村を変えた住民出資第3セクター経営のシナリオ(古川充著)　自然資源からみる農山漁村の位置付けと進化(佐藤寿樹著)　広島県肉用牛小史(村田和賀代著)　中山間地域における消費者動向の特徴と地域ショッピングセンターの機能改善の方策(堀田学著)　中山間地域におけるコミュニティ・ビジネスの意義と展望(黒木英二著)〉①978-4-541-03972-9　Ⓝ611.921　[2800円]

◇鉄道と地域発展　地域政策研究プロジェクト編　中京大学経済学部附属経済研究所　2014.3　153p　22cm　(中京大学経済学部附属経済研究所研究叢書 第21輯)〈内容：鉄道整備が地域発展に及ぼす影響(鈴木崇児, 橋本成仁著)　高度な鉄道輸送を可能にする列車ダイヤ(高木亮著)　混雑と着席可能性を考慮した鉄道経路選択モデル(Jan-Dirk Schmö cker著)　鉄道沿線へのサービス産業の立地(鈴木崇児著)　鉄道事業の経済評価(石川良文著)　地方鉄道の廃線と地域への影響(山崎基浩, 橋本成仁著)　鉄道存廃に関わる経営指標と地域評価(板谷和也著)〉Ⓝ686.21

◇鉄道と地域発展　地域政策研究プロジェクト編　勁草書房　2014.3　153p　22cm　(中京大学経済学部附属経済研究所研究叢書 第21輯)〈内容：鉄道整備が地域発展に及ぼす影響(鈴木崇児, 橋本成仁著)　高度な鉄道輸送を可能にする列車ダイヤ(高木亮著)　混雑と着席可能性を考慮した鉄道経路選択モデル(Jan-Dirk Schmö cker著)　鉄道沿線へのサービス産業の立地(鈴木崇児著)　鉄道事業の経済評価(石川良文著)　地方鉄道の廃線と地域への影響(山崎基浩, 橋本成仁著)　鉄道存廃に関わる経営指標と地域評価(板谷和也著)〉①978-4-326-54949-8　Ⓝ686.21　[4000円]

◇特区ドクトリン　高橋フィデル著　飯塚書店　2014.7　175p　19cm　①978-4-7522-6020-2　Ⓝ601.1　[1300円]

◇生江孝之著作集　第2巻　自治経営美談　生江孝之著　学術出版会　2014.9　444,18p　22cm　(学術著作集ライブラリー)〈日本図書センター(発売)　育成會 大正3年刊の複製〉①978-4-284-10422-7,978-4-284-10420-3 (set)　Ⓝ369.08

◇新潟と全国のご当地グルメを考える　田村秀著　新潟　新潟日報事業社　2013.5　70p　21cm　(ブックレット新潟大学 62)　①978-4-86132-532-8　Ⓝ601.1　[1000円]

◇にっぽんっていいね！ 和の経済入門　三野耕治著　姫路　ブックウェイ　2014.11　254p　21cm　①978-4-907439-06-4　Ⓝ601.1　[2000円]

◇日本経済と過疎地域の再生　中藤康俊著　岡山　大学教育出版　2014.10　146p　21cm　①978-4-86429-312-9　Ⓝ318.6　[1800円]

◇日本国内の地域活性化につながるJICAボランティアの事例調査―ファイナルレポート　[東広島]　国際協力機構中国国際センター　2014.2　1冊　30cm〈共同刊行：オリエンタルコンサルタンツ〉Ⓝ601.1

◇農業・農村で幸せになろうよ―農都共生に向けて　林美香子編著　安曇出版　2014.3　191p　19cm〈メディア・パル(発売)　内容：農村生活は毎日が楽しくて仕方がない(曽根原久司述)　地域と一緒になって農業を受け継いでいく幸せ(白石好孝述)　都会の求める何かと農村の温めてきたものが一致する幸せ(板垣幸寿述)　地域のストーリーは重要な観光資源(大西雅之述)　地域活性は町のこだわりから(中嶋聞多述)「食と農業」で地域の発展を(米沢則寿述)　農業をシステムとして捉える(前野隆司, 村瀬博昭, 松尾康弘ほか述)　これからの日本の農業と支える側の役割(河野良雄述)〉①978-4-89610-812-5　Ⓝ611.151　[1500円]

◇フードチェーンと地域再生　斎藤修, 佐藤和憲編集担当　農林統計出版　2014.7　315p　22cm　(フードシステム学叢書 第4巻)〈内容：フードチェーンと地域再生(斎藤修, 佐藤和憲著)　6次産業・農商工連携とフードチェーン(斎藤修著)　フードシステムへの新制度経済学からの接近(浅見淳之著)　農業におけるビジネスモデルの意義と課題(佐藤和憲著)　情報共有化の進展と協働型マーケティング(菊池宏之著)　農畜産物の産地マーケティング(福田晋著)　インテグレーションの国際比較(清水達也著)　フードシステムにおける価値共創型の製品開発(清野誠喜著)　食料産業クラスターと地域クラスター(森嶋輝也著)　6次産業化の取り組みの特徴と課題(小林茂典著)　農産物直売活動の国際比較(櫻井清一著)　農産物ブランド化への取り組みに関する国際比較(李哉泫著)　オルタナティブ農業とローカルフードシステムの現段階(西山未真著)　女性起業の地域経済主体への可能性(安倍澄子著)　新品種・新技術普及を目指したコンソーシアム・プラットフォームの展開(後藤一寿, 河野恵伸著)　地域再生と社会的企業(柏雅之著)　JAの組織活動と地域再生(松岡公明著)　水産フードシステムと地域資源(廣田将仁著)〉①978-4-89732-297-1　Ⓝ588.09　[3800円]

◇ふるさと融資事例集　22　平成24年度版　地域総合整備財団〈ふるさと財団〉編　地域総合整備財団〈ふるさと財団〉2013.3　83p　30cm　(ふるさと財団ライブラリー 40)　Ⓝ601.1

◇ふるさと融資事例集　23　平成25年度版　地域総合整備財団〈ふるさと財団〉編　地域総合整備財団〈ふるさと財団〉2014.3　75p　30cm　(ふるさと財団ライブラリー 41)　Ⓝ601.1

◇まちづくりDIY―愉しく！ 続ける！ コツ　土井勉, 柏木千春, 白砂伸夫, 滋野英憲, 西田純二著　京都　学芸出版社　2014.2　217p　21cm　①978-4-7615-2567-5　Ⓝ601.1　[2400円]

◇まちづくりと中小企業経営への挑戦―中小企業を主軸に、日本の地域再生をめざす　杉原五郎著　文芸社　2014.11　255p　19cm　①978-4-286-15625-5　Ⓝ601.1　[1400円]

◇みつばち鈴木先生―ローカルデザインと人のつながり　原研哉編　羽鳥書店　2014.5　302p　21cm　①978-4-904702-45-1　Ⓝ601.1　[3200円]

日本(地域開発―歴史―古代)

◇古代の開発と地域の力　天野努, 田中広明編　高志書院　2014.5　297p　22cm　(古代東国の考古学 3)〈文献あり〉①978-4-86215-133-9　Ⓝ210.3　[6000円]

日本(地域開発―歴史―昭和前期)

◇昭和地方財政史　第4巻　町村貧困と財政調整 昭和不況と農村救済　高寄昇三著　公人の友社　2014.4　401p　22cm〈文献あり 索引あり〉①978-4-87555-644-2　Ⓝ349.21　[5000円]

日本(地域看護)

◇公衆衛生看護学テキスト　1　公衆衛生看護学原論　麻原きよみ責任編集, 佐伯和子, 岡本玲子, 荒木田美香子編集　医歯薬出版　2014.4　172p　26cm〈索引あり〉①978-4-263-23113-5　Ⓝ492.99　[2800円]

◇公衆衛生看護学テキスト　3　公衆衛生看護活動　1　岡本玲子責任編集, 荒木田美香子, 麻原きよみ, 佐伯和子編集　医歯薬出版　2014.4　304p　26cm〈索引あり〉①978-4-263-23115-9　Ⓝ492.99　[4000円]

◇最新公衆衛生看護学　総論　宮﨑美砂子, 北山三津子, 春山早苗, 田村須賀子編集　第2版, 2014年版　日本看護協会出版会　2014.2　393p　26cm〈年表あり 文献あり〉①978-4-8180-1828-0　Ⓝ492.99　[4600円]

◇最新公衆衛生看護学　2014年版各論1　宮﨑美砂子, 北山三津子, 春山早苗, 田村須賀子編集　日本看護協会出版会　2014.2　386p　26cm〈索引あり〉①978-4-8180-1829-7　Ⓝ492.99　[4600円]

◇最新公衆衛生看護学　各論 2　宮﨑美砂子, 北山三津子, 春山早苗, 田村須賀子編集　第2版, 2014年版　日本看護協会出版会　2014.2　295p　26cm〈文献あり〉①978-4-8180-1830-3　Ⓝ492.99　[3600円]

◇住民主体の孤立予防型コミュニティづくり―大学・行政・住民による協働の記録　合田加代子著　岡山　ふくろう出版　2014.4　77p　26cm　①978-4-86186-601-2　Ⓝ498.14　[1500円]

日本(地域金融機関)

◇地域金融機関におけるFP資格活用度調査―結果報告書　日本ファイナンシャル・プランナーズ協会編　日本ファイナンシャル・プランナーズ協会　2014.10　52p　30cm　Ⓝ338

日本件名図書目録2014　I　　　　　　　　　　　　　　　　　　　　　　　　　　　　　　　　　　日本（地域社会）

日本（地域経済）

◇北の大地から考える、放射能汚染のない未来へ—原発事故と司法の責任、核のゴミの後始末、そして脱原発後の地域再生へ：日本弁護士連合会第57回人権擁護大会シンポジウム第1分科会基調報告書　日本弁護士連合会第57回人権擁護大会シンポジウム第1分科会実行委員会編　［東京］　日本弁護士連合会第57回人権擁護大会シンポジウム第1分科会実行委員会　2014.10　284p　30cm　〈文献あり　会期・会場：2014年10月2日　函館市民会館大ホール〉　Ⓝ539.091

◇地域経済論入門　松原宏編著　古今書院　2014.8　250p　21cm　〈文献あり　索引あり〉　Ⓘ978-4-7722-5278-2　Ⓝ332.1　［2800円］

◇地域財政の研究　石川祐三著　時潮社　2014.12　179p　22cm　〈文献あり　索引あり〉　Ⓘ978-4-7888-0699-3　Ⓝ349.21　［2500円］

◇都市・地域経済学への招待状　佐藤泰裕著　有斐閣　2014.10　204p　21cm　（有斐閣ストゥディア）〈文献あり　索引あり〉　Ⓘ978-4-641-15009-6　Ⓝ332.1　［1800円］

◇日本経済と地域構造　山川充夫編著　原書房　2014.5　302p　22cm　〈内容：産業集積とイノベーション（山本健兒著）　立地論の枠組みの再考察（柳井雅人著）　地域的分業の新局面と集積間ネットワーク（松原宏著）　グローバリゼーションと経済地理学（宮町良広著）　地方工業地域の変容と社会的環境ネットワーク（松橋公治著）　半導体メーカーのファブライト化・早期退職者の再雇用問題（伊東維年著）　ブランド化を通した地場産業地振興（初澤敏生著）　大型店のスクラップ・アンド・ビルドと中心市街地への影響（箸本健二著）　農業地域の衰退と新たな胎動（小金澤孝昭著）　国土政策と産業立地政策の転換（根岸裕孝著）　地域計画からまちづくりへ（檀гие幸一著）　6次産業化と地域づくり（柳井雅也著）　地方都市中心市街地の再構築と都市空間経済学（山川充夫著）　経済地理学は地域をどうとらえるか（山川充夫著）　山川充夫先生の人と学問（末吉健治著）　二人が歩いた道、歩く道（矢田俊文著）〉　Ⓘ978-4-562-09196-6　Ⓝ332.1　［3500円］

日本（地域社会）

◇安全・安心と地域マネジメント　堀井秀之, 奈良由美子編著　放送大学教育振興会　2014.3　235p　21cm　（放送大学教材）〈［NHK出版（発売）］　索引あり〉　Ⓘ978-4-595-31478-0　Ⓝ369.3　［2300円］

◇生きることとしての学び—2010年代・自生する地域コミュニティと共変化する人々　牧野篤著　東京大学出版会　2014.6　335,5p　22cm　〈索引あり　内容：社会と出会うということ　知の分配システムから生成プラットフォームへ　動的プロセスとしての〈学び〉へ　〈学び〉を課題化する社会　過剰な自分語りの身体性　新しい「むら」をつくる　プロジェクトの苦悩とメンバーの苦闘　地元に出会い、掘り下げる　共変化する地元　赤ちゃんが来た！　生きることとしての学びへ　〈学び〉としての社会へ〉　Ⓘ978-4-13-051326-5　Ⓝ379.021　［5800円］

◇大人が作る秘密基地—屋外、ツリーハウス、リノベーション、シェアオフィスまで　影山裕樹著　［東京］　DU BOOKS　2014.5　240p　19cm　（ディスクユニオン（発売）　文献あり）　Ⓘ978-4-907583-12-5　Ⓝ523.1　［1680円］

◇コミュニティ再生の"評価基準"策定の研究　ハイライフ研究所　2014.3　159p　30cm　〈文献あり〉　Ⓝ361.7

◇自治の力を育む社会教育計画—一人が育ち、地域が変わるために　辻浩, 片岡了編著　国土社　2014.8　219p　21cm　〈文献あり　索引あり　内容：人間発達と地域づくりの社会教育計画（辻浩著）　住民との対話による学習ニーズの把握（細山俊男著）　社会教育職員の配置と力量形成（布施利和著）　地域の学習・サークル・地域組織の支援と公民館（金田光正著）　住民の学習を基盤にした地域・自治体づくり（矢久保学著）　社会教育計画の方法と視点（片岡了著）　社会教育施設の整備と運営（益川浩一著）　地域課題に根ざした学習プログラムの計画（越村康英著）　いのちと文化の持続へむけた学び方の変革（大島英樹著）　成人基礎教育と学びあう関係づくり（添田祥史著）　障害のある子ども・青年の学びと地域づくり（丸山啓史著）　排除される家族と子育て支援ネットワーク（黒澤ひとみ著）〉　Ⓘ978-4-337-50627-5　Ⓝ379.021　［2000円］

◇地元で電気をつくる本—市民発電所でエネルギーが変わる　市民のエネルギーひろば・ねりま著　ぷなのもり　2014.3　62p　21cm　〈内容：こんなに違う日本とEUもう始まっているエネルギーシフト（蓮見雄述）　各地でスタート！市民参加の地域エネルギー事業（古屋将太述）〈練馬区〉不用品リユースから生まれる廃棄物絶代述）〈世田谷区〉地域のネットワークで実現した「みんなのエネルギー」（山木きょう子述）〉　Ⓘ978-4-907873-01-1　Ⓝ501.6　［700円］

◇「地元」の文化力—地域の未来のつくりかた　苅谷剛彦編著　河出書房新社　2014.9　221p　19cm　（河出ブックス 075）〈内容：それぞれの地元の唯一の解（吉川徹著）　ほどほどの隣人、ほどほどの他人（玄田有史著）　地域文化2・0（渡辺靖著）　風の女神たち（小島多恵子著）　アートなプロジェクトたちの妄想力（熊倉純子著）　アンチ東京化（神門善久著）　全国調査データでみる地域文化活動の「平均像」（狭間諒多朗, 吉川徹著）　参加のパラドクスと地域社会のゆくえ（苅谷剛彦著）〉　Ⓘ978-4-309-62475-4　Ⓝ361.7　［1600円］

◇社会的紐帯と地域資源を活用した減災まちづくりに関する研究—調査研究報告書　神谷大介, 赤松良久, 永野博之［著］, 第一生命財団編　第一生命財団　2014.6　71p　30cm　〈文献あり〉　Ⓝ369.3　［非売品］

◇地域を変える高校生たち—一市民とのフォーラムからボランティア、まちづくりへ　宮下与兵衛編, 宮下与兵衛, 栗又衛, 波岡知朗著　京都　かもがわ出版　2014.5　182p　21cm　Ⓘ978-4-7803-0695-8　Ⓝ371.31　［1700円］

◇地域コミュニティと行政の新しい関係づくり—全国812都市自治体へのアンケート調査結果と取組事例から　日本都市センター企画・編集　［東京］　日本都市センター　2014.3　12, 299p　21cm　Ⓘ978-4-904619-83-4　Ⓝ318.2　［1000円］

◇地域社会と情報環境の変容—地域における主体形成と活性化の視点から　吉岡至編著　吹田　関西大学経済・政治研究所　2014.3　313p　22cm　（関西大学経済・政治研究所研究双書第158冊）〈発行所：関西大学出版部　内容：口蹄疫報道と「災害文化」の醸成（黒田勇著）　地方都市における地域メディアの役割とその受容実態について（森津千尋著）　地域社会とメディアのかかわり（深井麗雄著）　沖縄の言論空間と地方新聞の役割（吉岡至著）　被災地メディアと臨時災害放送局（市村元著）　地域社会の情報化と新しいメディア利用に関する研究（富田英典著）　地域文化と「スロー放送」を考える（黒田勇著）　宮崎と新婚旅行ブーム（森津千尋著）　長野県の信州・市民新聞グループの特異性と普遍性（深井麗雄著）　沖縄県宮古島市の地元紙やテレビ局の独自性と地域社会での役割（深井麗雄著）　過疎・高齢化地域の地上テレビ放送デジタル化への対応（市村元著）〉　Ⓘ978-4-87354-581-3　Ⓝ361.453　［3300円］

◇地域・大学協働実践法—地域と大学の新しい関係構築に向けて　地域・大学協働研究会編　悠光堂　2014.2　159p　21cm　Ⓘ978-4-906873-20-3　Ⓝ377.21　［1600円］

◇地域の自立は本当に可能か　今川晃第3巻編集責任　京都　学芸出版社　2014.3　77p　21cm　（政策学ブックレット 3）〈内容：ソーシャル・イノベーションの理論と実践（今里滋著）　地域にイノベーションを起こすネットワークの力（風間規男著）　特筆すべき資源がなくても地域活性化は可能か（多田実著）　地域から考える文化政策の哲学（井口貢著）　協働型まちづくりの政策展開（新川達郎著）　個人から地域を改革する意味（今川晃著）〉　Ⓘ978-4-7615-0903-3　Ⓝ361.7　［700円］

◇地域は消えない—コミュニティ再生の現場から　岡﨑昌之編, 全労済協会監修　日本経済評論社　2014.10　369p　19cm　〈内容：まちづくり論・コミュニティ形成論の経緯（岡﨑昌之著）　コミュニティを基軸にした地域再生の方向（岡﨑昌之著）　新しい「コモンズ」を支える組織のデザイン（保井美樹著）　農山漁村における地域マネジメントシステム（坂本誠著）　地域の担い手の発見と地域型NPOにみる場づくり（佐久間康富著）　「地域づくり」への協同組合論的アプローチ（小林元著）　地域医療を守る住民の取り組みと地域コミュニティの形成（西岡秀昌著）　団塊世代の地域活動への参加（平戸俊一著）　都市と農山漁村の「高齢化」問題とその対応策（坂本誠著）〉　Ⓘ978-4-8188-2354-9　Ⓝ361.7　［2900円］

◇地区防災計画制度入門—内閣府「地区防災計画ガイドライン」の解説とQ&A　西澤雅道, 筒井智士著　NTT出版　2014.7　251p　21cm　〈文献あり　索引あり〉　Ⓘ978-4-7571-4327-2　Ⓝ369.3　［2800円］

◇地方型消費行動とプロモーション「30の成功法則」—日本人の約72%は「地方」に住んでいる。：地方の広告会社が、地方生活者のリアルを解説。　セーラー広告地域生活ラボラトリー著　泉文堂　2014.8　213p　21cm　〈文献あり〉　Ⓘ978-4-7930-0300-4　Ⓝ675　［2000円］

◇地方自治を問いなおす—住民自治の実践がひらく新地平　今川晃編　京都　法律文化社　2014.4　219p　21cm　〈文献あり　内容：私たちと地方自治（今川晃著）　地方自治とコミュニティ・ソリューション（杉岡秀紀著）　迷惑施設問題と手続き的公正（増田知也著）　グローバル化社会における地方自治（藤井誠一郎著）　行政職員における政策形成過程と施策形成過程（北建夫著）　自治体行政と協働（加藤洋平著）　地域住民協議会の運営と展望（三浦哲司著）　住民自治と地域活動（湯浅孝康著）　住民自治を支える公民館運営（野口鉄平著）　住民自治と行政相談委員（山谷清秀著）　地方自治を問いなおす（今川晃著）〉　Ⓘ978-4-589-03592-9　Ⓝ318　［2500円］

に

日本（地域社会―歴史）　　　　　　　　　　　　　　　　　　　　　　　　日本件名図書目録2014　Ⅰ

◇日本コミュニティ政策の検証―自治体内分権と地域自治へ向けて　山崎仁朗編著　東信堂　2014.1　410p　22cm　（コミュニティ政策叢書 1）〈索引あり　内容：なぜ、いま、自治省コミュニティ施策を問い直すのか（山崎仁朗著）　コミュニティ政策の概要と展開（三浦哲司著）　モデル地区の予備的研究（山崎仁朗リード、山崎仁朗、谷口功、牧田実著）　地方公共団体におけるコミュニティ施策の展開（山崎仁朗著）　宮城県の事例（牧田実リード、牧田実、山崎仁朗著）　愛知県の事例（中田実リード、中田実、谷口功、小木曽洋司著）　広島県の事例（大藤文夫リード、大藤文夫、山崎仁朗、栄沢直子著）　自治省コミュニティ地区の量的分析（山崎仁朗著）　福祉国家・地方自治・コミュニティ（山田公平著）　自治省コミュニティ施策の到達点と新たな課題（中田実著）〉①978-4-7989-1208-0 Ⓝ318　［4600円］

◇ふるさとをつくる―アマチュア文化最前線　小島多恵子著　筑摩書房　2014.9　243,9p　19cm〈文献あり〉①978-4-480-81841-6 Ⓝ361.7　［1900円］

◇まちづくりと地域の自立―高齢者の「できる」と高齢者の「つながる」を求めて：シンポジウム　コミュニティルネッサンス研究所編　福山　コミュニティルネッサンス研究所　2014.3　83p　21cm〈会期：2012年3月18日　内容：基調講演　高齢者神話の打破（安川悦子述）　パネリスト提案 1「自分らしさ」を主張しよう（酒井保述）　パネリスト提案 2　高齢者と地域福祉活動・ボランティア活動（鳥海洋治述）〉Ⓝ369.26　［500円］

日本（地域社会―歴史）

◇伝統を読みなおす 5　人と文化をつなぐもの―コミュニティ・旅・学びの歴史　野村朋弘編　京都造形芸術大学東北芸術工科大学出版局藝術学舎　2014.12　180p　21cm（芸術教養シリーズ 26）〈幻冬舎（発売）　内容：一揆（野村朋弘著）　講（神かほり著）　祭祀集団（後藤麻衣子著）　子ども集団（服部比呂美著）　若者集団（服部比呂美著）　町内会（神かほり著）　古代の旅（河野保博著）　紀行文にみる中世の旅（比企貴之著）　近世の旅と社会（比企貴之著）　近現代のツーリズム（角田朋彦著）　日本への文学・典籍の伝来（渡辺滋著）「遣唐使」以後の文化交流（渡辺滋著）　公家社会の学び、有識故実の形成（野村朋弘著）　近世日本社会と「学問」の多様性（清水光明著）「学問」の変容と「身分階層」の解体（清水光明著）〉①978-4-344-95260-7 Ⓝ702.2　［2200円］

日本（地域社会―歴史―明治時代）

◇講座明治維新 7　明治維新と地域社会　明治維新史学会編　改訂版　有志舎　2014.5　259p　22cm〈文献あり　内容：明治維新と地域社会（奥田晴樹著）　幕末地域社会の変貌（渡辺尚志著）　首都東京の形成と民費（牛米努著）　明治初期の地域社会と民衆運動（小田康徳著）　地方三新法と区町村会法（松沢裕作著）　困民党事件と地域社会（鶴巻孝雄著）　明治前期の豪農・地方名望家（丑木幸男著）　市制・町村制の施行と町村合併（植山淳著）〉①978-4-903426-85-3 Ⓝ210.61　［3400円］

◇名望家と「開化」の時代―地域秩序の再編と学校教育　塩原佳典著　京都　京都大学学術出版会　2014.3　366p　22cm（プリミエ・コレクション 42）〈索引あり　内容：序章　近世後期の地域秩序と媒介する役割　地域秩序の動揺と「開化」のきざし　「開化」の担い手の生成過程　相互連関する「開化」の諸事業　地方博覧会に見る「開化」の特質　明治一〇年代における近代学校の模索　民権思想の媒介者たち　名望家たちが目指した地域秩序とその行方〉①978-4-87698-481-7 Ⓝ210.6　［4200円］

日本（地域社会開発）

◇「ウチ」と「ソト」から、かんがえるあしたの「水源地の村づくり」―人がつながるしくみをつくろう！　コミュニティデザイン講座in水源地の村：コミュニティデザイナー山崎亮氏講演会ほか報告書　川上村（奈良県）　吉野川紀の川源流物語　2013.10　70p　30cm〈一般社団法人近畿建設協会支援　会期・会場：2013年6月7日　川上村役場2階会議室ほか　内容：心がまえ講座「人と人のつながりで、できること」（山崎亮述）　現地（知）講座「この村で、できること」　交流講座「それぞれに、できること」（山崎亮述）〉Ⓝ361.98

◇再生可能エネルギーと地域社会における絆づくりに関する比較研究　西城戸誠［著］　全国勤労者福祉・共済振興協会　2014.3　63p　30cm（公募研究シリーズ 35）〈文献あり〉Ⓝ361.98

◇シティプロモーションによる地域づくり―『共感』を都市の力に　日本都市センター企画・編集　日本都市センター　2014.3　125p　21cm（日本都市センターブックレット no. 33）〈内容：基調講演　どうなればシティプロモーションは成功なのか（河井孝仁述）　事例報告　弘前市シティプロモーション事業の

紹介（田澤征治述）　東広島市シティプロモーション事業の紹介（福光直美述）〉①978-4-904619-63-6 Ⓝ361.98　［500円］

◇大学と地域のあらたな絆　［枚方］　大阪国際大学・大阪国際大学短期大学部・地域協働センター　2013.11　94p　30cm（地域協働センター・活動報告会記録 第1回（平成25年度））〈会期・会場：平成25年7月21日　大阪国際大学守口キャンパス5号館1階〉Ⓝ361.98

◇大学と地域の今後のあり方　守口　大阪国際大学・大阪国際大学短期大学部・地域協働センター　2014.11　126p　30cm（地域協働センター・活動報告会記録 第2回（平成26年度））〈会期・会場：平成26年7月27日　大阪国際大学・大阪国際大学短期大学部守口キャンパス5号館〉Ⓝ361.98

◇地域をひらく生涯学習―社会参加から創造へ　瀬沼克彰著　日本地域社会研究所　2014.2　303p　19cm（コミュニティ・ブックス）〈文献あり〉①978-4-89022-139-4 Ⓝ379.4　［2300円］

◇地域協働研究研究成果報告集―公立大学法人岩手県立大学地域政策研究センター編　公立大学法人岩手県立大学地域政策研究センター［滝沢］　岩手県立大学地域政策研究センター　[2014]　77p　30cm〈文献あり　内容：平成24年度　地域提案型・後期　平成25年度　教員提案型・前期/地域提案型・前期〉Ⓝ361.98

◇人と街の未来をつくるワークブック―そろそろ、この街の話をしようじゃないか。　今川晃監修　草津　草津市コミュニティ事業団　2014.3　1冊　21×30cm　①978-4-9907658-0-4 Ⓝ361.98　［926円］

◇宮本常一講演選集 3　都会文化と農村文化　宮本常一著、田村善次郎編　農山漁村文化協会　2014.1　363p　20cm〈付属資料：8p；月報 3　内容：新生活運動の前進のために　社会生活の変貌と新生活運動　祭りと若者　都会文化と農村文化　明日を信じて生きる　ふるさとの心　手づくりの地域文化　地域づくりと文化　日本文化における地方の意味〉①978-4-540-13143-1 Ⓝ382.1　［2800円］

◇宮本常一講演選集 4　郷土を見るまなざし―離島を中心に　宮本常一著、田村善次郎編　農山漁村文化協会　2014.3　328p　20cm〈付属資料：8p；月報 4　内容：離島をよくするためには　種子島の開発問題　島の開発と青年の育成　後継者の育成と推進員の社会的使命　本土における離島振興について　離島の生活と文化　中国地方の文化と生活　よりよい郷土をつくるために　離島における定住環境整備のために　郷土大学開校記念講演〉①978-4-540-13144-8 Ⓝ382.1　［2800円］

◇宮本常一講演選集 5　旅と観光―移動する民衆　宮本常一著、田村善次郎編　農山漁村文化協会　2014.5　364p　20cm〈付属資料：8p；月報 5　内容：民衆の知恵と力を集めよう　民衆とともに生きてきた道　熱海の観光政策を考える　活気ある村をつくるために　あるく・みる・きく・考える　固定社会における人間の移動　昔の旅、今の旅　生活と道〉①978-4-540-13145-5 Ⓝ382.1　［2800円］

◇世のため人のため自分のための地域活動―社会とつながる幸せの実践　みんなで本を出そう会編、瀬沼克彰著者代表　日本地域社会研究所　2014.6　247p　19cm（［コミュニティ・ブックス］）①978-4-89022-147-9 Ⓝ379.4　［1800円］

日本（地域情報化）

◇地域からの変革に向けた挑戦　情報サービス産業協会　2014.5 3, 84p　30cm（地域連携推進事業活動報告書 平成25年度）Ⓝ007.35

日本（地域福祉）

◇RMO（地域運営組織）による総合生活支援サービスに関する調査研究報告書　［東京］　総務省地域力創造グループ地域振興室　2014.3　86p　30cm　Ⓝ369.021

◇「共助」のちから―20年の活動から見えてきた幸せ社会への提案　堀田力著　実務教育出版　2014.8　183p　19cm　①978-4-7889-1078-2 Ⓝ369.7　［1300円］

◇講座ケア―新たな人間―社会像に向けて 2　ケアとコミュニティ―福祉・地域・まちづくり　大橋謙策編著　京都　ミネルヴァ書房　2014.4　358p　22cm〈索引あり　内容：社会福祉におけるケアの思想とケアリングコミュニティの形成（大橋謙策著）　ケアと福祉文化（河畠修著）　ナイチンゲール思想とケアの本質（金井一薫著）　孤立を生み出す社会から互いに支え合う社会へ（浦光博著）　ケアリングコミュニティの構築に向けた地域福祉（原田正樹著）　ケアとユニバーサルデザイン（潮谷義子著）　ケアと生活圏域（三本松政之著）　ケアと居住環境（児玉桂子著）　ケアと地域福祉（田中英樹著）　小地域コミュニティにおける主体形成・実践（宮城孝著）　社会福祉施設の再編とケアリングコミュニティづくり（小山剛著）　障害、高齢、児童の共生デイサービス（惣万佳代子著）　終末期の高齢者ホームにおける家族参加の介護・看取り（山崎ハコネ著）　市民と行政のパートナーシップ（中村安志著）　子ども・若者のケアと地域福祉（梶野光信著）　ケアと地域福祉の展開（勝部麗子著）　旧木屋平村におけるNPO法人化の実践（阿部義則著）　コミュニティの再構築に挑む（袴田俊英著）

日本件名図書目録2014　I　　　　　　　　　　　　　　　　　　　　　　　　　　　　　　　　日本（地産地消）

◇地域におけるケアリングコミュニティづくり（鈴木恵子著）
①978-4-623-06622-3　Ⓝ369　［3500円］

◇在宅・施設リハビリテーションにおける言語聴覚士のための地域言語聴覚療法　森田秋子,黒羽真美編集　三輪書店　2014.11　182p　26cm〈索引あり〉①978-4-89590-474-2　Ⓝ369.26　［3600円］

◇司法システムから福祉システムへのダイバージョン・プログラムの現状と課題　早稲田大学社会安全政策研究所［著］,石川正興編著　成文堂　2014.6　299p　21cm　①978-4-7923-5119-9　Ⓝ369.75　［2750円］

◇集落における地域支え合い―地域づくりとしての「地域共同ケア」へ：多様な主体の協働による過疎集落での生活支援のあり方に関する調査研究　藤井博志監修　仙台　全国コミュニティライフサポートセンター　2014.3　80p　30cm〈厚生労働省平成25年度セーフティネット支援対策事業（社会福祉推進事業）〉Ⓝ369.021

◇「人口移動効果を踏まえた自治体の福祉政策展開」に関する調査研究報告書　三菱総合研究所人間・生活研究本部　2014.3　1冊　30cm〈平成25年度厚生労働省セーフティネット支援等事業費補助金（社会福祉推進事業分）〉

◇〈図解〉超少子高齢・無縁社会と地域福祉―One for All All for One　川上富雄著　学文社　2014.10　125p　21cm　①978-4-7620-2482-5　Ⓝ369.7　［1700円］

◇ソーシャルアクション　創刊号vol.1（2013.6）生活困窮者支援特集　仙台　全国コミュニティライフサポートセンター　2013.6　96p　26cm　①978-4-904874-14-1　Ⓝ369　［1500円］

◇対話的行為を基礎とした地域福祉の実践―「主体―主体」関係をきずく　小野達也著　京都　ミネルヴァ書房　2014.3　257p　22cm　（Minerva社会福祉叢書 43）〈文献あり〉①978-4-623-07044-2　Ⓝ369.7　［5000円］

◇「多様な主体の協働による過疎集落での生活支援のあり方に関する調査研究事業」報告書　仙台　全国コミュニティライフサポートセンター　2014.3　176p　30cm〈厚生労働省平成25年度セーフティーネット支援対策事業（社会福祉推進事業）〉Ⓝ369.021

◇地域社会の再編成と住民による地域福祉活動の日・タイ比較研究　酒井出著　京都　久美　2014.2　228p　22cm　①978-4-86189-155-7　Ⓝ369.021　［2400円］

◇地域におけるソーシャル・エクスクルージョン―沖縄からの移住者コミュニティをめぐる地域福祉の課題　加山弾著　有斐閣　2014.11　271p　22cm〈文献あり　索引あり〉①978-4-641-17403-0　Ⓝ369.7　［4700円］

◇地域福祉の基盤づくり―推進主体の形成　原田正樹著　中央法規出版　2014.10　244p　22cm〈文献あり　索引あり〉①978-4-8058-5071-8　Ⓝ369.7　［3600円］

◇地域福祉の展開　平野隆之,原田正樹著　改訂版　放送大学教育振興会　2014.3　206p　21cm　（放送大学教材）〈［NHK出版（発売）］　索引あり〉①978-4-595-31484-1　Ⓝ369.7　［2300円］

◇地域福祉の理論と方法―地域福祉　福祉臨床シリーズ編集委員会編,山本美香責任編集　第2版　弘文堂　2014.1　254p　26cm　（社会福祉士シリーズ 9）〈索引あり〉①978-4-335-61163-6　Ⓝ369.7　［2500円］

◇地域福祉の理論と方法　坪井真,木下聖編　第2版　岐阜　みらい　2014.9　290p　26cm〈索引あり　新社会福祉士養成課程対応〉①978-4-86015-335-9　Ⓝ369.7　［2600円］

◇地域福祉論―地域福祉の理論と方法　全国社会福祉協議会　2014.3　315p　26cm　（社会福祉学習双書 2014 第8巻）〈文献あり〉①978-4-7935-1112-7　Ⓝ369.7　［2400円］

◇ネットワークと協働でつくる！　総合相談・生活支援の手引き―「地域総合相談・生活支援体制づくり研究会」報告書　神戸　兵庫県社会福祉協議会　2014.3　88p　30cm〈厚生労働省社会福祉推進事業補助事業〉Ⓝ369.7

◇MINERVA社会福祉士養成テキストブック　8　地域福祉の理論と方法　岩田正美,大橋謙策,白澤政和監修　市川一宏,大橋謙策,牧里毎治編著　第2版　京都　ミネルヴァ書房　2014.3　315p　26cm〈索引あり〉①978-4-623-06965-1　Ⓝ369　［2800円］

◇「見守り活動」から「見守られ活動」へ―住民歴史とエゴマップのすすめ　酒井保著　仙台　全国コミュニティライフサポートセンター　2014.12　50p　26cm　①978-4-904874-32-5　Ⓝ369.021　［1000円］

日本（チェーンストア）
◇新スーパーマーケット革命―ビッグビジネスへのチェーン化軌道　桜井多恵子著　ダイヤモンド・フリードマン社　2014.7

255p　19cm〈ダイヤモンド社（発売）〉①978-4-478-09039-8　Ⓝ673.86　［2000円］

日本（地下水）
◇水田の潜在能力発揮等による農地周年有効活用技術の開発―土壌養水分制御技術を活用した水田高度化技術の開発　農林水産省農林水産技術会議事務局編　農林水産省農林水産技術会議事務局　2014.3　159p　30cm　（研究成果 第528集）Ⓝ614.31

◇適正な地下水の保全と利用のための管理方策検討業務報告書　平成25年度　［東京］　中央開発　2014.3　168, 73p　30cm　Ⓝ518.12

日本（地下水汚染）
◇地下水汚染未然防止のための構造と点検・管理に関する調査・検討業務報告書　平成24年度　［川崎］　日本環境衛生センター　2013.3　100, 55, 22p　30cm〈平成24年度環境省請負業務〉Ⓝ519.4

◇地下水汚染未然防止のための構造と点検・管理に関する調査・検討業務報告書　平成25年度　［川崎］　日本環境衛生センター　2014.3　1冊　30cm　Ⓝ519.4

◇地下水の放射性物質モニタリング調査業務報告書　平成25年度　東北緑化環境保全　2014.3　100p　30cm　Ⓝ519.4

日本（稚魚―図集）
◇日本産稚魚図鑑　1　沖山宗雄編　第2版　［秦野］　東海大学出版会　［2014］　51,976p　27cm〈文献あり〉①978-4-486-01775-2（set）Ⓝ487.5

◇日本産稚魚図鑑　2　沖山宗雄編　第2版　秦野　東海大学出版会　2014.3　p977〜1639　27cm〈索引あり〉①978-4-486-01775-2（set）Ⓝ487.5

◇日本産稚魚図鑑　［3］　海産仔稚魚のための科の検索　沖山宗雄編　木下泉著　第2版　［秦野］　東海大学出版会　［2014］　82p　27cm　①978-4-486-01775-2（set）Ⓝ487.5

◇日本産稚魚図鑑　［4］　魚卵の解説と検索　沖山宗雄編　池田知司,平井明夫,田端重夫,大西庸介,水戸敏著　第2版　［秦野］　東海大学出版会　［2014］　108p　27cm　①978-4-486-01775-2（set）Ⓝ487.5

日本（畜産業―統計）
◇畜産関係資料　平成25年度　［農林水産省］　生産局畜産部［編］　［東京］　農林水産省　［2014］　120p　30cm　Ⓝ640.59

◇畜産統計　平成25年　農林水産省大臣官房統計部/編　農林統計協会　2014.1　236p　30cm　①978-4-541-03958-3　［2800円］

日本（畜産業―名簿）
◇全国畜産関係者名簿　2014年度版　畜産技術協会　2014.8　400p　26cm　Ⓝ640.35　［8800円］

日本（蓄電池―特許）
◇ナトリウムイオン電池　ネオテクノロジー　2014.5　1冊　30cm　（特許調査レポート）Ⓝ572.12　［180000円］

日本（竹林）
◇竹林整備と竹材・タケノコ利用のすすめ方　全国林業改良普及協会編　全国林業改良普及協会　2014.2　222p　18cm　（林業改良普及双書 no. 176）①978-4-88138-301-8　Ⓝ653.8　［1100円］

日本（地形）
◇鉄道でゆく凸凹地形の旅　今尾恵介著　朝日新聞出版　2014.5　269p　18cm　（朝日新書 463）①978-4-02-273563-8　Ⓝ686.21　［780円］

◇微地形砂防の実際―微地形判読から砂防計画まで　大石道夫著　鹿島出版会　2014.2　287p　21cm〈文献あり〉①978-4-306-02457-1　Ⓝ517.5　［4800円］

日本（治山）
◇後世に伝えるべき治山―よみがえる緑：治山の技と地域の安全・安心を未来へ：60選ガイドブック　日本治山治水協会　2014.8　139p　30cm〈年表あり〉Ⓝ656.5　［4500円］

◇水源地治山対策のあらまし　平成25年度　［東京］　林野庁水源地治山対策室　［2013］　166p　30cm〈年表あり〉Ⓝ656.5

◇水源地治山対策のあらまし　平成26年度　［東京］　林野庁水源地治山対策室　［2014］　120p　30cm〈年表あり〉Ⓝ656.5

◇民有林治山事業の概要　平成26年度　［東京］　林野庁治山課　［2014］　156p　30cm〈年表あり〉Ⓝ656.5

日本（地産地消）
◇学校給食への地場食材供給―地域の畑と学校給食を結ぶ　山田浩子著　農林統計出版　2014.6　134p　21cm〈文献あり〉①978-4-89732-295-7　Ⓝ611.46　［1500円］

◇病院給食と地産地消　大宮めぐみ著　岡山　大学教育出版　2014.10　154p　22cm〈文献あり〉①978-4-86429-303-7　Ⓝ611.46　［2200円］

813

日本（地誌）

日本（地誌）

◇一度は行ってみたい日本の絶景　聖地編　日本絶景倶楽部編著　洋泉社　2014.4　159p　21cm〈「一度は行ってみたい絶景！　日本の聖地」(2012年刊)の改題、増補改訂〉①978-4-8003-0374-5　Ⓝ291　［1700円］

◇しまなび―日本の島を学ぶ　日本離島センター編　日本離島センター　2014.11　57, 21p　30cm　Ⓝ291

◇知れば知るほど面白い！　日本地図150の秘密　日本地理研究会編　彩図社　2014.12　215p　19cm〈文献あり　索引あり〉①978-4-8013-0038-5　Ⓝ291　［537円］

◇地理・地図・地名からよくわかる！　ニッポンの謎87―まだまだ知らないことだらけ！　浅井建爾著　実業之日本社　2014.9　239p　18cm　(じっぴコンパクト新書 205)〈文献あり〉①978-4-408-33517-9　Ⓝ291　［800円］

◇なるほど日本地理―気になる疑問から学ぶ地理の世界：自然環境・国土・行政・産業・生活文化・歴史的背景　宇田川勝司著　ベレ出版　2014.9　213p　19cm〈文献あり〉①978-4-86064-409-3　Ⓝ291　［1500円］

◇日本全国「へぇ、そうだったのか！」雑学　こんなに知っている委員会著　KADOKAWA　2014.7　319p　15cm　(中経の文庫 こ-14-1)〈文献あり〉①978-4-04-600881-7　Ⓝ291　［650円］

◇日本の禁断の土地―絶対に足を踏み入れてはならない：いわくつきの場所49　歴史ミステリー研究会編　彩図社　2014.1　219p　19cm〈文献あり〉①978-4-88392-967-2　Ⓝ291　［524円］

◇日本風景論　志賀重昂［著］　新装版　講談社　2014.2　378p　15cm　(講談社学術文庫 2222)①978-4-06-292222-7　Ⓝ291　［1000円］

◇離島への誘い―対馬海流沿いの島々の歴史・文化探訪　棚瀬久雄著　仙台　創栄出版　2014.6　429p　20cm〈星雲社(発売)　文献あり〉①978-4-434-19230-2　Ⓝ291　［2000円］

日本（地質）

◇絵でわかる日本列島の誕生　堤之恭著　講談社　2014.11　181p　21cm　(絵でわかるシリーズ)〈文献あり　索引あり〉①978-4-06-154773-5　Ⓝ455.1　［2200円］

◇日本列島では原発も「地層処分」も不可能という地質学的根拠　土井和巳著　合同出版　2014.10　150p　19cm　①978-4-7726-1213-5　Ⓝ539.69　［2000円］

日本（地図）

◇GLOBAL MAPPLE日本地図帳　昭文社　2014　159p　30cm〈タイトルは背・表紙による.奥付のタイトル：グローバルマップル日本地図帳〉①978-4-398-20057-0　Ⓝ291.038　［1800円］

◇最新基本地図―世界・日本　2014　帝国書院著　帝国書院　2013.11　276p　30cm〈索引あり〉①978-4-8071-6144-7　Ⓝ290.38　［2500円］

◇新TVのそばに一冊ワールドアトラス―世界・日本　帝国書院著　5版　帝国書院　2014.6　166p　26cm〈索引あり〉①978-4-8071-6160-7　Ⓝ290.38　［1100円］

◇なるほど知図帳日本―ニュースのツボがすいすいわかる　2014　昭文社　2014　212p　30cm〈文献あり　索引あり〉①978-4-398-20056-3　Ⓝ291.038　［1600円］

◇なるほど知図帳日本―ニュースがスイスイわかる　2015　昭文社　［2014.11］　252p　26cm　①978-4-398-20061-7　［1600円］

◇日本・世界地図帳―デュアル・アトラス　2014-2015年版　朝日新聞出版　2014.3　184p　30cm　(Asahi Original)〈索引あり〉①978-4-02-272450-2　Ⓝ291.038　［1400円］

◇プレミアムアトラス日本地図帳　平凡社編　新版　平凡社　2014.5　8,176p　30cm〈索引あり　初版のタイトル：PREMIUM ATLAS日本地図帳〉①978-4-582-41725-8　Ⓝ291.038　［1500円］

◇ポケットアトラス日本地図帳　平凡社編　平凡社　2013.12　152p　21cm〈索引あり〉①978-4-582-41723-4　Ⓝ291.038　［880円］

日本（治水）

◇気候変動適応策に関する研究(中間報告)　国土交通省国土技術政策総合研究所気候変動適応研究本部［著］　［つくば］　国土技術政策総合研究所　2013.8　5, 265, 43p　30cm　(国土技術政策総合研究所資料 第749号)〈文献あり〉Ⓝ517.5

◇水辺と人の環境学　中　人々の生活と水辺　小倉紀蔵、竹村公太郎、谷田一三、松田芳夫編　朝倉書店　2014.1　142p　26cm〈索引あり〉①978-4-254-18042-8,978-4-254-18538-6(set)　Ⓝ517.21　［3500円］

日本（地層）

◇巨大津波地層からの警告　後藤和久著　日本経済新聞出版社　2014.5　204p　18cm　(日経プレミアシリーズ 230)〈文献あり〉①978-4-532-26230-3　Ⓝ453.4　［850円］

日本（知的財産権）

◇技術法務のススメ―事業戦略から考える知財・契約プラクティス：知財戦略・知財マネジメント・契約交渉・契約書作成・特許ライセンス契約・秘密保持契約・共同開発契約・共同出願契約・ソフトウェアライセンス契約・ソフトウェア開発委託契約など　鮫島正洋編集代表　日本加除出版　2014.6　379p　21cm　①978-4-8178-4168-1　Ⓝ507.2　［3450円］

◇JAのための知的財産権講座　西本泰造著　全国共同出版　2014.2　95p　21cm　(経実book)①978-4-7934-1401-5　Ⓝ507.2　［1300円］

◇図解最新知的財産権の法律と手続きがわかる事典　渡辺弘司監修　三修社　2014.1　263p　21cm〈索引あり〉①978-4-384-04577-2　Ⓝ507.2　［1800円］

◇相談事例から学ぶ知的財産権Q&A―知らずに権利を侵害しないために　対日貿易投資交流促進協会　2013.3　47p　30cm　(輸入と知的財産権Q&Aシリーズ)　Ⓝ507.2

◇知財資源の調達戦略に関する調査研究報告書　［東京］　知的財産研究所　2013.3　17, 266p　30cm〈文献あり　委託先：知的財産研究所　平成24年度特許庁知的財産国際権利化戦略推進事業〉Ⓝ507.2

◇知財創造人財の確保・管理戦略に関する調査研究報告書　［東京］　知的財産研究所　2013.3　15, 300p　30cm〈文献あり　委託先：知的財産研究所　平成24年度特許庁知的財産国際権利化戦略推進事業〉Ⓝ336.17

◇知財のビジネス法務リスク―理論と実践から学ぶ複合リスク・ソリューション　菊池純一編著　白桃書房　2014.10　208p　21cm〈索引あり　内容：知財に係る歴史的把握(菊池純一著)　知財活用の論理(石田正泰,菊池純一著)　技術のビジネス法務リスク(松田嘉夫著)　商標のビジネス法務リスク(林二郎著)　コンテンツのビジネス法務リスク(田中康之著)　ゲームソフトのビジネス法務リスク(茂木裕美著)　キャラクターのビジネス法務リスク(川上正隆著)　営業秘密のビジネス法務リスク(川上正隆著)　国際標準のビジネス法務リスク(菊池純一著)　ビッグデータ活用スキームのビジネス法務リスク(菊池純一著)　パテントトロールのビジネス法務リスク(村上恭一著)　標識知財の重畳的法益保護のビジネス法務リスク(井出李咲著)　知財訴訟上の和解のビジネス法務リスク(冨田淳子著)　知財クリニックにおける症example分析(竹田由美子,菊池純一,村上恭一著)〉①978-4-561-25644-1　Ⓝ507.2　［2500円］

◇知的財産権活用企業事例集2014―知恵と知財でがんばる中小企業　［東京］　特許庁総務部企画調査課　2014.2　301p　21cm〈共同刊行：特許庁総務部普及支援課〉Ⓝ507.2

◇知的財産制度と企業の研究開発―人材移動に伴う技術流出の実証分析　藤原綾乃［著］　知的財産研究所　2014.6　27, 23, 30p　30cm　(産業財産権研究推進事業(平成24-26年度)報告書　平成24年度)〈文献あり　特許庁委託〉Ⓝ507.2

◇知的財産訴訟実務大系　1　知財高裁歴代所長座談会, 特許法・実用新案法〈1〉　牧野利秋, 飯村敏明, 高部眞規子, 小松陽一郎, 伊原友己編集委員　青林書院　2014.6　526p　22cm〈索引あり〉①978-4-417-01623-6　Ⓝ507.2　［6700円］

◇知的財産訴訟実務大系　2　特許法・実用新案法〈2〉意匠法, 商標法, 不正競争防止法　牧野利秋, 飯村敏明, 高部眞規子, 小松陽一郎, 伊原友己編集委員　青林書院　2014.6　546p　22cm〈索引あり〉①978-4-417-01624-3　Ⓝ507.2　［6700円］

◇知的財産訴訟実務大系　3　著作権法, その他, 全体問題　牧野利秋, 飯村敏明, 高部眞規子, 小松陽一郎, 伊原友己編集委員　青林書院　2014.6　515p　22cm〈索引あり〉①978-4-417-01625-0　Ⓝ507.2　［6700円］

◇知的財産訴訟の実務　知的財産裁判実務研究会編　改訂版　法書会　2014.5　362p　22cm　Ⓝ507.2　［3611円］

◇知的財産の権利化デザイン戦略に関する調査研究報告書　［東京］　知的財産研究所　2013.3　21, 304p　30cm〈文献あり　委託先：知的財産研究所　平成24年度特許庁知的財産国際権利化戦略推進事業〉Ⓝ507.2

◇知的創造サイクルの法システム―情報学プログラム　児玉晴男著　放送大学教育振興会　2014.3　272p　21cm　(放送大学大学院教材)〈[NHK出版(発売)]　索引あり〉①978-4-595-14028-0　Ⓝ507.2　［2900円］

◇中小企業における情報開示と知的資産の認識・活用に関する調査報告書　大阪　大阪産業経済リサーチセンター　2014.3　84p　30cm　(資料 no. 137)〈文献あり〉Ⓝ336.17

◇輸入ビジネスと知的財産権の基礎Q&A　対日貿易投資交流促進協会　2014.3　54p　30cm　Ⓝ507.2

日本件名図書目録2014　Ⅰ　　　　　　　　　　　　　　　　　　　　　　　　　　　　　　　日本（地方議会）

日本（知的財産権―判例）

◇実務家のための知的財産権判例70選　2014年度版　平成25年4月10日～平成26年3月27日判決　弁理士クラブ知的財産実務研究所編　発明推進協会　2014.11　337p　21cm〈索引あり〉　Ⓘ978-4-8271-1244-3　Ⓝ507.2　［3000円］

◇実務に効く知的財産判例精選　小泉直樹, 末吉亙編　有斐閣　2014.4　247p　26cm〈索引あり〉　『ジュリスト』増刊　Ⓘ978-4-641-21504-7　Ⓝ507.2　［2667円］

◇知財高裁判例集　平成25年版　知財高裁判例研究会著　青林書院　2014.9　370p　21cm〈索引あり〉　Ⓘ978-4-417-01631-1　Ⓝ507.2　［4000円］

◇知的財産権判例研究　4　仙元隆一郎編著, 日本知的財産協会会誌広報委員会編　日本知的財産協会　2014.3　521p　27cm〈「知財管理」判例研究360号記念〉　Ⓝ507.2　［非売品］

◇知的財産訴訟の現在―訴訟代理人による判例評釈　中村合同特許法律事務所編　有斐閣　2014.10　658p　22cm〈内容：「キルビー」事件(辻居幸一, 弟子丸健, 近藤直樹著)「発光ダイオードモジュールおよび発光ダイオード光源」〈訂正請求〉事件(西島孝喜, 吉田和彦, 高石秀樹著)「燻し瓦製法特許侵害上告」事件(熊倉禎男著)「国際自由学園」事件(富岡英次著)「智恵子抄」事件(中村稔著)「暁の脱走」事件(辻居幸一, 小和田敦子著)「ピンクレディーdeダイエット」事件(松尾和子著)「アンカー付掘削装置」事件(吉田和彦, 松野仁彦著)「写ルンです」事件(吉田和彦, 倉澤伊知郎, 相良由里子著)「カプセル自販機特許」事件(辻居幸一, 上杉浩, 松下満ほか著)「インターネットナンバー」事件(飯田圭, 奥村直樹著)「電気光学装置」事件(大塚文昭, 須田洋之著)「性的障害の治療におけるフリバンセリンの使用」事件(辻居幸一, 箱田篤, 市川さつき ほか著)「カルベジロール」事件(辻居幸一, 平山孝二, 浅井賢治ほか著)「増幅器付スピーカー」事件(富岡英次, 井野砂里著)　チュッパチャップス事件(田中伸一郎, 渡辺光著)「がんばれ！ ニッポン！」商標事件(辻居幸一著)「商標『優肌』」事件(熊倉禎男, 小和田敦子著)「クラブハウス」事件(辻居幸一, 藤倉大作, 小和田敦子著)「商品陳列デザイン」事件(田中伸一郎, 渡辺光著)「日本車両」事件(熊倉禎男, 富岡英次, 小林正和著)「THE BOOM」事件・「HEAT WAVE」事件(辻居幸一, 外村玲子著)「ロケット・人工衛星の制御・解析プログラムの職務著作」事件(熊倉禎男, 相良由里子著)「プロ野球選手肖像権」事件(富岡英次, 吉田和彦, 奥村直樹著)　ドイツ判決について最終的に下された執行判決事件(熊倉禎男著)「洗浄用溶剤組成物及びそれを用いて物品を洗浄する方法〈Deterging solvent composition and a method for washing an article with the same〉」事件(山崎一夫, 箱田篤著)「TDK中国異議申立」事件(辻居幸一, 井瀧裕敬, 外村玲子著)〉　Ⓘ978-4-641-14471-2　Ⓝ507.2　［10000円］

日本（知的財産権―法令）

◇情報社会の法と倫理　尾崎史郎, 児玉晴男編著　放送大学教育振興会　2014.3　227p　21cm　（放送大学教材）〈[NHK出版（発売）]　索引あり〉　Ⓘ978-4-595-31507-7　Ⓝ007.3　［2400円］

◇知財と法　小島庸和著　五絃舎　2014.3　83p　21cm　Ⓘ978-4-86434-030-4　Ⓝ507.2　［1000円］

◇知的財産権基本法文集　平成27年度版　PATECH企画出版部編集　PATECH企画　2014.6　448p　15cm　Ⓘ978-4-938788-93-3　Ⓝ507.2　［1600円］

◇知的財産権法文集　平成26年4月1日施行版　発明推進協会編集　発明推進協会　2014.4　1024p　16cm〈平成25年改正〉　Ⓘ978-4-8271-1233-7　Ⓝ507.2　［2100円］

◇知的財産権法文集　平成27年1月1日施行版　発明推進協会編集　発明推進協会　2014.8　1138p　16cm〈平成26年改正〉　Ⓘ978-4-8271-1238-2　Ⓝ507.2　［2130円］

◇知的財産権法文集　[2014]第21版　PATECH企画出版部編集　PATECH企画　2014.6　1022p　16cm〈平成26年5月14日法律第36号等に対応〉　Ⓘ978-4-938788-92-6　Ⓝ507.2　［2800円］

◇知的財産権六法―判例付き　2014　角田政芳編　三省堂　2014.3　540p　19cm〈索引あり〉　Ⓘ978-4-385-15931-7　Ⓝ507.2　［2800円］

◇知的財産法講義　牧野和夫著　改訂版　税務経理協会　2014.4　339p　19cm〈索引あり〉　Ⓘ978-4-419-06094-7　Ⓝ507.2　［3000円］

◇はじめての知的財産法　尾崎哲夫著　第4版　自由国民社　2014.9　213p　19cm　（3日でわかる法律入門）〈文献あり　索引あり〉　Ⓘ978-4-426-12218-8　Ⓝ507.2　［1400円］

◇弁理士四法特・実・意・商対照で見る知的財産法入門　納冨美和著　法学書院　2014.4　292p　21cm　Ⓘ978-4-587-56255-7　Ⓝ507.2　［2400円］

日本（知的障害者―法的地位）

◇知的・発達障害児者の人権―差別・虐待・人権侵害事件の裁判から　児玉勇二著　現代書館　2014.10　246p　20cm　Ⓘ978-4-7684-3534-2　Ⓝ369.28　［2000円］

日本（知的障害者福祉）

◇意思決定困難な重度知的障害者の「代行決定」―障害者家族会による成年後見事務からの示唆　篠本耕二著　名古屋　ブイツーソリューション　2014.12　1冊　21cm〈星雲社（発売）　文献あり〉　Ⓘ978-4-434-19880-9　Ⓝ369.28　［2000円］

◇強度行動障害支援者養成研修（基礎研修（指導者研修））テキスト　強度行動障害支援者養成研修（基礎研修）プログラム作成委員作成　[高崎]　国立重度知的障害者総合施設のぞみの園　2013.10　1冊　31cm〈平成25年度障害者総合福祉推進事業　タイトルは奥付による　ルーズリーフ〉　Ⓝ369.28

◇強度行動障害支援者養成研修（基礎研修）受講者用テキスト　強度行動障害支援者養成研修（基礎研修）プログラム作成委員作成　高崎　国立重度知的障害者総合施設のぞみの園　2014.2　189p　30cm　Ⓝ369.28

◇強度行動障害支援初任者養成研修プログラム及びテキストの開発について―報告書　国立重度知的障害者総合施設のぞみの園編　高崎　国立重度知的障害者総合施設のぞみの園　2014.3　90p　30cm〈平成25年度障害者総合福祉推進事業〉　Ⓝ369.28

◇現場実践から学ぶ知的障害児・者支援―困難事例編　日本知的障害者福祉協会編集出版企画委員会編　日本知的障害者福祉協会　2014.5　144p　26cm〈文献あり〉　Ⓘ978-4-902117-44-8　Ⓝ369.28　［2000円］

◇「罪に問われた高齢・障がい者等への切れ目ない支援のための諸制度の構築事業」報告書　南高愛隣会編　雲仙　南高愛隣会　2014.3　162p　30cm〈平成25年度厚生労働省社会福祉推進事業〉　Ⓝ369.28

◇被疑者・被告人への福祉的支援に関する弁護士・社会福祉士の連携モデル推進事業報告書　日本社会福祉士会　2014.3　62p　30cm〈平成25年度セーフティネット支援対策等事業費補助金社会福祉推進事業〉　Ⓝ369.28

◇福祉の支援を必要とする矯正施設を退所した知的障害者等の地域生活を支える相談支援を中心とした取り組みに関する調査・研究報告書　国立重度知的障害者総合施設のぞみの園編　高崎　国立重度知的障害者総合施設のぞみの園　2014.3　166p　30cm〈平成25年度セーフティーネット支援対策事業費補助金社会福祉推進事業〉　Ⓝ369.28

日本（知的障害者福祉―名簿）

◇全国知的障害関係施設・事業所名簿―日本知的障害者福祉協会会員名簿　2013年版　日本知的障害者福祉協会　2014.3　512p　30cm　Ⓘ978-4-902117-41-7　Ⓝ369.28　［4500円］

日本（知的障害者福祉―歴史―1945～）

◇知的障害福祉政策にみる矛盾―「日本型グループホーム」構想の成立過程と脱施設化　角田慰子著　ぷねうま舎　2014.2　261p　22cm〈文献あり　奥付のタイトル（誤植）：知的障害者福祉政策にみる矛盾〉　Ⓘ978-4-906791-27-9　Ⓝ369.28　［3600円］

日本（地方議会）

◇あなたにもできる議会改革―改革ポイントと先進事例：初公開議会改革自己診断シート　議会改革度ランキング300　早稲田大学マニフェスト研究所議会改革調査部会編　第一法規　2014.3　221p　21cm　Ⓘ978-4-474-02997-2　Ⓝ318.4　［2000円］

◇議会改革白書　2014年版　広瀬克哉, 自治体議会改革フォーラム/編　生活社　2014.11　255p　30cm　Ⓘ978-4-902651-34-8　［3500円］

◇議会はあなたを待っている―市川房枝政治参画フォーラムで学びと実践から　市川房枝記念会女性と政治センター出版部編集　市川房枝記念会女性と政治センター出版部　2014.3　220p　21cm　（地方政治ドキュメント　2）Ⓘ978-4-901045-16-2　Ⓝ318.4　［1500円］

◇市議会議員に転職しました。―ビジネスマンが地方政治を変える　伊藤大貴, 遠藤ちひろ著　小学館　2014.6　254p　19cm　Ⓘ978-4-09-388358-0　Ⓝ318.4　［1500円］

◇地方議会日誌―地方議会の活性化へ向けて　part. 11　野村稔著　自治日報社　2014.8　218p　19cm　Ⓘ978-4-915211-79-9　Ⓝ318.4　［2000円］

◇地方議会のあり方に関する研究会報告書　[東京]　地方議会のあり方に関する研究会　2014.3　63p　30cm　Ⓝ318.4

◇町村議会実態調査結果の概要　第59回　平成25年7月1日現在　[東京]　全国町村議会議長会　2014.2　105p　30cm　Ⓝ318.4

に

815

日本（地方議会―辞書）　　　　　　　　　　　　　　　　　　　　日本件名図書目録2014　Ⅰ

◇どう思う？　地方議員削減―憲法と民意が生きる地方自治のために　上脇博之著　大阪　日本機関紙出版センター　2014.2　105p　21cm　Ⓝ978-4-88900-902-6　Ⓝ318.4　［900円］
◇「都市における災害対策と議会の役割」に関する調査研究報告書　［東京］　都市行政問題研究会　2014.2　250p　30cm　〈共同刊行：全国市議会議長会〉　Ⓝ369.3
◇トンデモ地方議員の問題　相川俊英［著］　ディスカヴァー・トゥエンティワン　2014.12　279p　18cm　（ディスカヴァー携書　134）　Ⓝ978-4-7993-1611-5　Ⓝ318.4　［1000円］

日本（地方議会―辞書）
◇地方議会運営事典　地方議会運営研究会編集　第2次改訂版　ぎょうせい　2014.9　620p　22cm　〈索引あり〉　Ⓝ978-4-324-09837-0　Ⓝ318.4　［5000円］

日本（地方議会―書式）
◇地方議会議事次第書・書式例　全国町村議会議長会編　第4次改訂版　学陽書房　2014.5　374,162,15p　21cm　〈索引あり〉　Ⓝ978-4-313-18029-1　Ⓝ318.4　［6500円］

日本（地方議会―名簿）
◇全国都道府県議会便覧　平成26年7月1日現在　［東京］　全国都道府県議会議長会事務局　［2014］　132p　30cm　Ⓝ318.4

日本（地方行政）
◇安倍改憲と自治体―人権保障・民主主義縮減への対抗　小沢隆一,榊原秀訓編著　自治体研究社　2014.5　259p　21cm　〈内容：安倍改憲の歴史的位置と全体像（小沢隆一著）　改憲、地方自治の「憲法化」と道州制（榊原秀訓著）　安倍改憲と統治機構「改革」（小沢隆一著）　秘密保護法と地方自治体・地方公務員（清水雅彦著）　公務員制度改革（尾林芳匡著）　労働法制改革（武井寛著）　地方分権改革による地方自治の変容（榊原秀訓著）　安倍政権の社会保障改革と自治体の課題（伊藤周平著）　安倍教育改革と地方教育行政（丹羽徹著）　農地管理と農業委員会（田代洋一著）〉　Ⓝ978-4-88037-616-5　Ⓝ312.1　［2300円］
◇改革派首長はなにを改革したのか　田村秀著　亜紀書房　2014.6　230p　19cm　〈文献あり〉　Ⓝ978-4-7505-1410-9　Ⓝ318.2　［1800円］
◇行財政改革先進事例等調査報告書　財政・社会保障制度研究班［編］　吹田　関西大学経済・政治研究所　2014.3　237p　26cm　（調査と資料　第111号）　Ⓝ978-4-901522-42-7　Ⓝ318.5
◇行政経営の新たな取組み―課題活用事例　自治研修協会編　自治総合センター　2014.3　167p　30cm　〈内容：大阪府池田市・箕面市・豊能町・能勢町の事例　飯田市及び南信州定住自立圏・南信州広域連合の事例　高知県の事例〉　Ⓝ318.5
◇行政―市民間協働の効用―実証的接近　小田切康彦著　京都　法律文化社　2014.4　216p　22cm　〈文献あり　索引あり〉　Ⓝ978-4-589-03552-3　Ⓝ318　［4600円］
◇行政の行動―政策変化に伴う地方行政の実施活動の政策科学研究　松岡京美著　京都　晃洋書房　2014.3　246,2p　22cm　〈文献あり　索引あり　内容：大震災の地域振興政策における仮設商店施策　大震災後の地域振興政策の発展　日本における大震災での地方行政の復興計画による施策展開　震災復興への地方行政の政策実施における行動の仕方　大震災からの地域再建の仮設商店施策に関わる地域振興政策の事案分析が示すもの　地方の地域振興政策における一村一品運動施策　地方政府の政策実施の開始における特徴　地方政府での政策実施過程における首長の意思表明と行政機構の行動　政策実施過程における地方政府の行政機構の行動戦略　地方政府の政治変動と政策継続　疲弊する地域再建への一村一品運動施策に関わる地域振興政策の事案分析が示すもの　政策の実施活動における行政の行動についての政策科学研究〉　Ⓝ978-4-7710-2517-2　Ⓝ318　［2800円］
◇国のかたちとコミュニティを考える市長の会　第16回　生活困窮者支援と都市自治体の役割　日本都市センター編　日本都市センター　2014.3　52p　21cm　Ⓝ978-4-904619-56-8　Ⓝ318.2　［500円］
◇国のかたちとコミュニティを考える市長の会　第17回　社会保障・税番号制度（マイナンバー）　日本都市センター編　日本都市センター　2014.9　21cm　Ⓝ978-4-904619-57-5　Ⓝ318.2　［500円］
◇これでいいのか自治体アウトソーシング　城塚健之,尾林芳匡,森裕之,山口真美編著　自治体研究社　2014.5　172p　21cm　〈内容：自治体アウトソーシングの現段階と自治体の課題（城塚健之著）　地方財政からみた自治体民間化の視点と課題（森裕之著）　特区制度と国家戦略特区の危険性（山口真美著）　「PFI神話」の崩壊と公共の課題（尾林芳匡著）　公の施設の指定管理者制度の現状と今後の課題（尾林芳匡著）　加速する公

立保育所の民営化の現状と取組の課題（武藤貴子著）　公共図書館の民間委託問題を考える（三村敦美著）　医療の市場化と公立病院の現状、各地の取組（増田勝著）　問題満載の足立区の業務丸投げ委託（森田稔著）　「かながわ方式による水ビジネス」を問う（小川晃司著）　橋下新府政における職場最前線（有田洋明著）　大阪都構想と自治体民間化、再編の実態と課題（城塚健之著）　自治体の危機の諸相と再構築に向けた課題（尾林芳匡著）〉　Ⓝ978-4-88037-615-8　Ⓝ318　［1600円］
◇「幸せリーグ」の挑戦　「幸せリーグ」事務局編　三省堂　2014.4　303p　18cm　Ⓝ978-4-385-36574-9　Ⓝ318.2　［900円］
◇自治体行政システムの転換と法―地域主権改革から再度の地方分権改革へ　三橋良士明,村上博,榊原秀訓編　日本評論社　2014.4　242p　21cm　（自治問題研究叢書）　〈内容：自治体の規模権限の拡大と地方公務員による行政サービス提供の縮小（榊原秀訓著）　義務付け・枠付けの見直しと法定自治事務条例の展開（本多滝夫著）　高齢者福祉法制の大転換と公的介護保障の課題（豊島明子著）　保育所設備運営基準の条例化と保育所設置主体の多様化（榊原秀訓著）　教育行政領域における「分権改革」の現状と課題（竹内俊子著）　教科書採択行政改革と分権・自治（渡名喜庸安著）　農地行政における規制緩和と地方分権（村上博著）　環境行政領域法における主体と役割の変容（山田健吾著）〉　Ⓝ978-4-535-58665-9　Ⓝ318.2　［2500円］
◇自治体経営監査マニュアル―行政成果の準拠性・効率性・有効性の向上を目指して　鈴木豊編著　ぎょうせい　2014.4　317p　21cm　Ⓝ978-4-324-09824-0　Ⓝ318.5　［3500円］
◇自治体職員スタートブック―自治体とは行政・財政・文書・法令までこの1冊で身につく！　新規採用研修研究会編著　第1次改訂版　学陽書房　2013.11　258p　21cm　〈文献あり〉　Ⓝ978-4-313-16611-0　Ⓝ318.3　［2200円］
◇自治体職員と説明責任―判例・実例に学ぶ法令の遵守とコンプライアンスの確立　石川公一著　ぎょうせい　2014.7　344p　21cm　〈文献あり　索引あり〉　Ⓝ978-4-324-09860-8　Ⓝ318　［3500円］
◇自治体シンクタンク研究交流会議記録集　第1回　平成25年度　上越市企画政策部上越市創造行政研究所編　上越　上越市企画政策部上越市創造行政研究所　2014.3　65p　30cm　Ⓝ318
◇自治大生の研修成果―優秀論文紹介　その1　自治研修協会編　自治総合センター　2014.3　200p　30cm　Ⓝ318
◇自治大生の研修成果―優秀論文紹介　その2　自治研修協会編　自治総合センター　2014.3　314p　30cm　Ⓝ318
◇自治体評価の戦略―有効に機能させるための16の原則　田中啓著　東洋経済新報社　2014.5　389p　22cm　〈文献あり　索引あり〉　Ⓝ978-4-492-21215-8　Ⓝ318.5　［3600円］
◇姉妹都市・友好都市交流の新たな可能性に関する調査研究報告書―平成25年度調査研究報告書　府中（東京都）　東京市町村自治調査会　2014.3　120p　30cm　〈委託：浜銀総合研究所〉　Ⓝ318
◇事例で考える行政判断　課長編　課長に求められる判断力A to Z　行政判断研究会　第6次改訂版　公職研　2014.9　165p　19cm　（事例series）　Ⓝ978-4-87526-343-2　Ⓝ318　［1800円］
◇震災復旧・復興と「国の壁」　神谷秀之著　［東京］　公人の友社　2014.6　173p　21cm　（自治体〈危機〉叢書）　Ⓝ978-4-87555-645-9　Ⓝ369.31　［2000円］
◇生活困窮者自立支援・生活保護に関する都市自治体の役割と地域社会との連携　日本都市センター編　［東京］　日本都市センター　2014.3　15,280p　21cm　〈文献あり〉　Ⓝ978-4-904619-82-7　Ⓝ318.2　［1000円］
◇「政策法務から住民自治を考える研究会」報告書―マッセOsaka・おおさか政策法務研究会連携研究：平成24・25年度研究会　政策法務から住民自治を考える研究会　［編］　大阪　大阪府市町村振興協会おおさか市町村職員研修研究センター　2014.3　216p　30cm　〈文献あり〉　Ⓝ318.5
◇総合計画の新潮流―自治体経営を支えるトータル・システムの構築　玉村雅敏監修・著　日本生産性本部自治体経営マネジメントセンター編集　［東京］　公人の友社　2014.7　273p　21cm　〈内容：総合計画の課題と展望（西寺雅也著）　総合計画とは何か（佐藤亨著）　総合計画に基づく行政経営（福田康仁著）　総合計画に基づく地域経営（仙живот 元著）　地域計画と行政経営の融合（熊谷和久著）　市民参画に基づく総合計画の策定（斉藤大輔著）　トータル・システムへの挑戦（吉澤一男著）　これからの総合計画（玉村雅敏著）〉　Ⓝ978-4-87555-649-7　Ⓝ318.5　［2400円］
◇組織体経営の理論と技能　数家鉄治著　文眞堂　2013.9　250p　22cm　〈索引あり〉　〈内容：本格的システムの改革に向けて　行政組織と組織理論　行政組織と地方自治体　行政組織と行政職員　行政改革と行政組織　行政改革とコンフリクト・

マネジメント 組織間交渉の理論と技能 職場のジェンダーバイアスとジェンダー・コンフリクト 男女協働参画経営の実現に向けて ジェンダーと女性労働 ①978-4-8309-4803-9 Ⓝ318 ［3000円］

◇地域コミュニティと行政の新しい関係づくり―全国812都市自治体へのアンケート調査結果と取組事例から 日本都市センター企画・編集 ［東京］ 日本都市センター 2014.3 12, 299p 21cm ①978-4-904619-83-4 Ⓝ318.2 ［1000円］

◇小さい自治体輝く自治―「平成の大合併」と「フォーラムの会」 全国小さくても輝く自治体フォーラムの会,自治体問題研究所編 自治体研究社 2014.5 230p 21cm 〈年譜あり〉 内容:小さな自治体の夢と自治を語る(前田穰,岡庭一雄,加茂利男ほか述,岡田知弘司会) 『平成の大合併』自治の視点からの検証(加茂利男述) 「平成の大合併」を問う(岡田知弘司会,岡庭一雄,前田穰,浅和定次ほか述) 小さな自治体の大きな展望(保母武彦述) 小さな自治体と町の未来(岡田知弘司会,平岡和久,岡庭一雄,加茂利男ほか述) 自然と共生したまちづくり(前田穰著) 「写真の町」の地域づくり(松岡市郎著) 安心して子育てできる村づくり(浅和定次,押山利一著) 林業とエネルギーの自給をめざす村づくり(神田強平著) 農商観連携のまちづくり(花房昭夫著) 自治,自立,協働の村づくり(岡庭一雄,熊谷秀樹著) わが町・わが村の重点施策〉 ①978-4-88037-617-2 Ⓝ318.6 ［1700円］

◇地方公共団体における内部統制制度の導入に関する報告書 ［東京］ 地方公共団体における内部統制の整備・運用に関する検討会 2014.3 86p 30cm Ⓝ318.5

◇地方自治体先進事例集 平成26年 EROPA地方行政センター,総務省自治大学校編 ［立川］ EROPA地方行政センター 2014.12 191p 30cm 〈英語併記 共同刊行:総務省自治大学校〉 Ⓝ318.5

◇地方自治体における行政運営の変容と今後の地方自治制度改革に関する研究会報告書 ［東京］ 地方自治体における行政運営の変容と今後の地方自治制度改革に関する研究会 2014.3 108p 30cm 〈年表あり〉 Ⓝ318.2

◇都市経営論 高島拓哉著 改訂版 京都 つむぎ出版 2013.5(3刷) 119p 21cm 〈文献あり〉 ①978-4-87668-141-9 Ⓝ318.7 ［1143円］

◇日本コミュニティ政策の検証―自治体内分権と地域自治へ向けて 山崎仁朗編著 東信堂 2014.1 410p 22cm (コミュニティ政策叢書 1)〈索引あり 内容:なぜ,いま,自治省コミュニティ施策を問い直すのか(山崎仁朗著) コミュニティ政策の概要と展開(三浦哲司著) モデル地区の予備的研究(山崎仁朗リード,山崎仁朗,谷口功,牧田実著) 地方公共団体におけるコミュニティ施策の展開(山崎仁朗著) 宮城県の事例(牧田実リード,牧田実,山崎仁朗著) 愛知県の事例(中田実リード,中田実,谷口功,小木曽洋司著) 広島県の事例(大藤文夫リード,大藤文夫,山崎仁朗,栄沢直子著) 自治省コミュニティ地区の量的分析(山崎仁朗著) 福祉国家・地方自治・コミュニティ(山田公平著) 自治省コミュニティ施策の到達点と新たな課題(中田実著)〉 ①978-4-7989-1208-0 Ⓝ318 ［4600円］

◇東日本大震災における自治体間広域支援に関する調査 山口大学人文学部社会学コース編 山口 山口大学人文学部社会学コース 2013.3 93p 30cm (山口地域社会研究シリーズ 28) Ⓝ369.3

日本（地方行政―法令）

◇地方公務員のための法律入門 松村享著 京都 ナカニシヤ出版 2014.3 249p 26cm 〈索引あり 奥付の責任表示(誤植):編者 松村享〉 ①978-4-7795-0783-0 Ⓝ318 ［2800円］

日本（地方行政―名簿）

◇全国首長名簿―都道府県知事・全市区長 2013年版 地方自治総合研究所編 地方自治総合研究所 2014.1 152p 30cm (研究所資料 no. 110)〈2013年4月30日現在 首長氏名/当選回数/得票率/推薦・支持政党/議会党派別議席数/党派別得票率〉 Ⓝ318.035

日本（地方行政―歴史―1945〜）

◇統治と自治の政治経済学 小西砂千夫著 西宮 関西学院大学出版会 2014.11 330p 20cm 〈索引あり 内容:財源確保 地方交付税 国と地方の事務配分の態様と財政調整制度 開発財政と起債制限・健全化の枠組み 地方分権改革の来し方行く末 「平成の合併」と行政体制整備 構造改革と政権交代 社会保障・税一体改革〉 ①978-4-86283-179-8 Ⓝ349.21 ［2600円］

日本（地方銀行）

◇ザ・地銀―構造不況に打ち克つ長期ビジョン経営 高橋昌裕著 金融財政事情研究会 2014.9 226p 19cm (KINZAI バリュー叢書)〈きんざい(発売) 文献あり〉①978-4-322-12593-1 Ⓝ338.61 ［1600円］

◇地域銀行の経営行動―変革期の対応 森祐司著 早稲田大学出版部 2014.12 312p 22cm (早稲田大学学術叢書 36)〈文献あり 索引あり 「地域銀行の行動分析」(2013年刊)の改題、加筆・変更 内容:貸出行動についての分析 証券投資の決定要因 投資信託の窓口販売についての分析 非金利収入の拡大・経営多角化についての分析 株式所有構造から見たコーポレート・ガバナンス 役員構造から見たコーポレート・ガバナンス〉①978-4-657-14706-6 Ⓝ338.61 ［6800円］

◇地銀の選択――目置かれる銀行に 伊東眞幸著 金融財政事情研究会 2014.9 153p 20cm 〈きんざい(発売) 索引あり〉①978-4-322-12596-2 Ⓝ338.61 ［1600円］

◇地銀連携―その多様性の魅力 伊東眞幸著 金融財政事情研究会 2014.5 165p 20cm 〈きんざい(発売) 索引あり〉①978-4-322-12443-9 Ⓝ338.61 ［1600円］

◇中小・地域金融機関向けの総合的な監督指針 本編 ［東京］ 金融庁 2014.10 340p 30cm Ⓝ338.33

日本（地方計画）

◇越境地域政策への視点 戸田敏行, 蒋湧, 岩﨑正弥, 駒木伸比古, 暁敏編著, 愛知大学三遠南信地域連携研究センター編 豊橋 愛知大学三遠南信地域連携研究センター 2014.6 260p 21cm 〈文献あり 執筆:藤田佳久ほか〉①978-4-903130-29-3 Ⓝ601.1

日本（地方公務員）

◇遺族共済年金等受給者の生活実態調査結果 平成25年3月1日現在 ［東京］ 総務省自治行政局公務員部福利課 ［2013］ 63p 30cm Ⓝ318.35

◇公務員改革と自治体職員―NPMの源流・イギリスと日本 黒田兼一, 小越洋之助編著 自治体研究社 2014.3 242p 21cm 〈内容:3・11大震災と地方公務員(黒田兼一著) ニュー・パブリック・マネジメントと地方公務員改革(黒田兼一著) 主要自治体における人事評価制度と能力・実績主義賃金の現状(小越洋之助著) 地方自治体の非正規職員の実相(島袋隆志著) 地方自治体における非正規化の現状と非正規職員の処遇の実態(小尾晴美著) 自治体委託労働者の労働実態と労働組合の取り組み(戸室健作著) 地方自治体職場の変化とワーク・ライフ・バランス(清山玲著) 調査結果の概要(鬼丸朋子著) 採用・雇用と人事、人事査定、教育訓練(黒田兼一著) 人事・給与制度の特徴(小越洋之助著) ワーク・ライフ・バランス問題の現状とジェンダー平等(清山玲著) パートタイムという働き方の意味と実態(小尾晴美著) イギリス地方自治体職場における間接雇用の現況(戸室健作著) イギリスの労使紛争調停・仲裁機関ACASとその社会的役割(島袋隆志著) 私たちは何を学ぶべきか(黒田兼一著) 地方公務員制度改革の基本方向を考える(行方久生著)〉①978-4-88037-613-4 Ⓝ318.3 ［2000円］

◇自治体職員スタートブック―自治体とは何かから接遇・文書・法令までこの1冊で身につく! 新規採用研修研究会編著 第1次改訂版 学陽書房 2013.11 258p 21cm 〈文献あり〉①978-4-313-16611-0 Ⓝ318.3 ［2200円］

◇自治体職員の「専門性」概念―可視化による能力開発への展開 林奈生子著 公人の友社 2013.8 251p 22cm 〈文献あり〉①978-4-87555-626-8 Ⓝ318.3 ［3500円］

◇実践・職場のメンタルヘルス―地方自治体と大学との協働 大森晶夫, 垂水公男著 新樹会創造出版 2013.12 175p 21cm ①978-4-88158-331-9 Ⓝ318.38 ［2800円］

◇職場事例で学ぶ自治体職員仕事の作法―課題解決 主任編 自治体人材育成研究会著 公人の友社 2014.11 188p 19cm ①978-4-87555-653-4 Ⓝ318.3 ［1800円］

◇事例で考える行政判断 課長編 課長に求められる判断力A to Z 行政判断研究会編 第6次改訂版 公職研 2014.9 165p 19cm (事例series) ①978-4-87526-343-2 Ⓝ318 ［1800円］

◇事例で学ぶ公務員のための交渉術 櫻井弘編著 ぎょうせい 2014.7 176p 21cm ①978-4-324-09791-5 Ⓝ318.3 ［2400円］

◇地方公務員共済年金制度の解説 平成26年度版 地方公務員共済年金制度研究会編集 ぎょうせい 2014.8 143p 26cm 〈索引あり〉①978-4-324-09846-2 Ⓝ318.35 ［1750円］

◇地方公務員制度講義 猪野積著 第4版 第一法規 2014.11 285p 21cm ①978-4-474-03420-4 Ⓝ318.3 ［2700円］

◇地方公務員フレッシャーズブック 自治研修研究会編集 第3次改訂版 ぎょうせい 2014.2 331p 21cm ①978-4-324-09787-8 Ⓝ318.3 ［2300円］

◇みんなが幸せになるための公務員の働き方 嶋田暁文著 京都 学芸出版社 2014.8 203p 21cm 〈文献あり〉①978-4-7615-1340-5 Ⓝ318.3 ［1700円］

日本（地方債）

◇金融市場の環境変化に備えた地方公共団体の資金調達と今後の対応策―大規模な金融緩和措置等も踏まえて　地方債協会　2014.3　78, 8p　30cm　（「地方債に関する調査研究委員会」報告書　平成25年度）　Ⓝ349.7

◇地方債市場の国際潮流―欧米日の比較分析から制度インフラの創造へ　三宅裕樹著　京都　京都大学学術出版会　2014.3　222p　22cm　内容：地方分権時代に求められる地方債発行のあり方　地方共同資金調達機関とは何か　200年の伝統を誇る公的支援重視モデル　究極の市場競争重視モデルとしての民間地方共同資金調達機関　もう一つの市場競争重視モデルとしての競争創出型　変わるわが国地方債市場と変わらない「支援」への固執　Ⓘ978-4-87698-395-7　Ⓝ349.7　[3200円]

◇地方債のあらまし　平成26年度　地方債制度研究会編　地方財務協会　2014.4　188p　30cm　Ⓝ349.7　[1621円]

日本（地方財政）

◇一番やさしい自治体予算の本　定野司著　学陽書房　2013.12　170p　21cm　Ⓘ978-4-313-16660-8　Ⓝ349.41　[1900円]

◇改正地方財政詳解　平成26年度　地方財務協会編　地方財務協会　2014.10　404p　26cm　Ⓝ349.21　[5371円]

◇行財政改革先進事例等調査報告書　財政・社会保障制度研究班[編]　吹田　関西大学経済・政治研究所　2014.3　237p　26cm　（調査と資料　第111号）　Ⓘ978-4-901522-42-7　Ⓝ318.5

◇現代地方財政論　本庄資, 岩元浩一, 関口博久共著　4訂版　大蔵財務協会　2014.4　357p　21cm　〈文献あり〉　Ⓘ978-4-7547-2096-4　Ⓝ349.21　[3333円]

◇原発再稼働と自治体の選択―原発立地交付金の解剖　高寄昇三著　[東京]　公人の友社　2014.4　188p　21cm　Ⓘ978-4-87555-641-1　Ⓝ539.091　[2200円]

◇公会計改革と自治体財政健全化法を読み解く―財務4表・公営企業会計改革・法適用拡大・三セク改革・インフラ更新　小西砂千夫著　日本加除出版　2014.5　284,3p　19cm　〈索引あり〉　Ⓘ978-4-8178-4163-6　Ⓝ349.3　[1800円]

◇公会計が自治体を変える！―バランスシートで健康チェック！　淺田隆治監修, 宮澤正泰著　第一法規　2014.5　220p　19cm　Ⓘ978-4-474-02969-9　Ⓝ349.3　[1800円]

◇今後の新地方公会計の推進に関する研究会報告書　今後の新地方公会計の推進に関する研究会[著]　[東京]　総務省　2014.4　66p　30cm　Ⓝ349.3

◇自治体財政がよくわかる本―入門・基礎　事例分析　財政分析　兼村高文, 星野泉著, イマジン自治情報センター編集　イマジン出版　2014.2　247p　21cm　〈文献あり　索引あり　「予算・決算すぐわかる自治体財政」改訂版（2009年刊）の改題改訂〉　Ⓘ978-4-87299-658-6　Ⓝ349.21　[2200円]

◇自治体財政のムダを洗い出す―財政再建の処方箋　高寄昇三編著　[東京]　公人の友社　2014.9　152p　21cm　（自治体〈危機〉叢書）〈内容：自治体財政ムダの分析と政策選択（高寄昇三著）　人的資源のムダと人事・給与改革（荒川俊雄著）　物的資源のムダと戦略的運用（西部均著）　行政サービスのムダと施策の選別（山本正憲著）　公共投資のムダと費用効果（高寄昇三著）　自治体アウトソーシングの失敗〈ムダ〉と処方箋（大島博文著）〉　Ⓘ978-4-87555-650-3　Ⓝ349.21　[2300円]

◇自治体職員が知っておきたい財務の知識―事例問題80問収録!!　大塚康男著　ぎょうせい　2014.9　256p　21cm　〈文献あり〉　Ⓘ978-4-324-09891-2　Ⓝ349.3　[2600円]

◇自治体予算要覧―全都道府県・市区　2014年度　日本経済新聞社産業地域研究所産業地域研究部著　日本経済新聞社産業地域研究所　2014.7　247p　30cm　〈日本経済新聞出版社（発売）〉　Ⓘ978-4-532-63602-9　Ⓝ349.41　[15000円]

◇新地方公会計財務書類作成統一基準―ポイント解説　鈴木豊編著　ぎょうせい　2014.9　199p　26cm　Ⓘ978-4-324-09877-6　Ⓝ349.3　[2600円]

◇政府財政支援と被災自治体財政―東日本・阪神大震災と地方財政　高寄昇三著　公人の友社　2014.2　128p　21cm　（自治体〈危機〉叢書）〈文献あり〉　Ⓘ978-4-87555-634-3　Ⓝ349.21　[1600円]

◇政令指定都市・震災復興都市財政の現状と課題　日本地方財政学会編　勁草書房　2014.2　176p　22cm　（日本地方財政学会研究叢書　第21号）〈文献あり〉　Ⓘ978-4-326-50394-0　Ⓝ349.21　[4500円]

◇地域財政の研究　石川祐三著　時潮社　2014.12　179p　22cm　〈文献あり　索引あり〉　Ⓘ978-4-7888-0699-3　Ⓝ349.21　[2500円]

◇地域と自治体　第36集　新しい時代の地方自治像と財政―内発的発展の地方財政論　平岡和久, 自治体問題研究所編　自治体研究社　2014.5　303p　21cm　Ⓘ978-4-88037-614-1　Ⓝ318　[2600円]

◇地方公共契約の手引き　奥村勇雄著　建設物価調査会　2014.4　342p　30cm　Ⓘ978-4-7676-8801-5　Ⓝ349.3　[4600円]

◇地方公共団体の財務制度の見直しに関する中間的な論点整理　[東京]　地方公共団体の財務制度に関する研究会　2014.3　109p　30cm　Ⓝ349.21

◇地方財政赤字の実証分析―国際比較における日本の実態　和足憲明著　京都　ミネルヴァ書房　2014.4　380p　22cm　（MINERVA人文・社会科学叢書　197）〈文献あり　索引あり〉　Ⓘ978-4-623-06737-4　Ⓝ349.21　[7000円]

◇地方財政概論　[東京]　財務省財務総合政策研究所研修部　[2013]　249p　30cm　（研修部教材　平成25年度　7）　Ⓝ349.21

◇地方財政計画及び地方公務員の特殊勤務手当等の状況について―会計検査院法第30条の2の規定に基づく報告書　[東京]　会計検査院　2014.4　102p　30cm　Ⓝ343.8

◇地方財政制度資料　第52巻　平成24年　[東京]　総務省　[2013]　821p　27cm　Ⓝ349

◇地方財政の状況―一目で見る日本の地方財政：平成26年版地方財政白書ビジュアル版（平成24年度決算）　総務省自治財政局財務調査課　[2014]　34p　30cm　Ⓝ349.21

◇地方財政白書　平成26年版（平成24年度決算）　総務省/編　日経印刷, 全国官報販売協同組合［発売]　2014.3　188,9p　30cm　Ⓘ978-4-905427-69-8　[2963円]

◇地方財務ハンドブック　地方財務制度研究会編集　第5次改訂版　ぎょうせい　2014.5　545p　21cm　〈索引あり〉　Ⓘ978-4-324-09789-2　Ⓝ349.3　[4100円]

◇地方団体の歳入歳出総額の見込額―平成26年度地方財政計画　平成26年度　[東京]　総務省　[2014]　110p　30cm　Ⓝ349.3

◇「都道府県別経済財政モデル」の更新のための調査報告書　[東京]　リベルタス・コンサルティング　2013.3　174p　30cm　Ⓝ342.1

◇日本の地方財政　神野直彦, 小西砂千夫著　有斐閣　2014.10　242p　22cm　〈文献あり　索引あり〉　Ⓘ978-4-641-16448-2　Ⓝ349.21　[2000円]

◇入門地方財政　林宏昭, 橋本恭之著　第3版　中央経済社　2014.3　238p　21cm　〈文献あり　索引あり〉　Ⓘ978-4-502-08960-2　Ⓝ349　[2800円]

◇東日本大震災からの経済復興と都市自治体財政の課題　日本都市センター　日本都市センター　2014.3　7, 156p　30cm　Ⓘ978-4-904619-81-0　Ⓝ349.9　[1000円]

◇福祉国家と地方財政　渋谷博史, 根岸毅宏, 塚谷文武著　学文社　2014.9　152p　20cm　（21世紀の福祉国家と地域　4）〈文献あり　索引あり：福祉国家と地方財政（渋谷博史著）　地方公共団体の役割（渋谷博史著）　地方財政システム（渋谷博史著）　地域間格差と財政調査（渋谷博史著）　高齢社会と社会保障（渋谷博史著）　保育サービスの財政（塚谷文武著）　アメリカ福祉国家とNPO（根岸毅宏著）　縮小社会と分権と地域（渋谷博史著）〉　Ⓘ978-4-7620-2462-7　Ⓝ364.021　[1800円]

日本（地方財政―歴史―1945～）

◇統治と自治の政治経済学　小西砂千夫著　西宮　関西学院大学出版会　2014.11　330p　20cm　〈索引あり　内容：財源確保　地方交付税　国と地方の事務配分の態様と財政調整制度　開発財政と起債制限・健全化の枠組み　地方分権改革の来し方行く末　「平成の合併」と行政体制整備　構造改革と政権交代　社会保障・税一体改革〉　Ⓘ978-4-86283-179-8　Ⓝ349.21　[2600円]

日本（地方財政―歴史―昭和前期）

◇昭和地方財政史　第3巻　府県財政と国庫支援　地域救済と府県自治　高寄昇三著　公人の友社　2013.4　411p　22cm　〈文献あり　索引あり〉　Ⓘ978-4-87555-622-0　Ⓝ349.21　[5000円]

◇昭和地方財政史　第4巻　町村貧困と財政調整　昭和不況と農村救済　高寄昇三著　公人の友社　2014.4　401p　22cm　〈文献あり　索引あり〉　Ⓘ978-4-87555-644-2　Ⓝ349.21　[5000円]

日本（地方紙）

◇原発広告と地方紙―原発立地県の報道姿勢　本間龍著　亜紀書房　2014.10　389p　19cm　〈文献あり〉　Ⓘ978-4-7505-1418-5　Ⓝ674.21　[1800円]

日本（地方史―雑誌―書目）

◇地方史文献年鑑　2013　郷土史研究雑誌目次総覧　17　飯澤文夫編　岩田書院　2014.10　635p　22cm　Ⓘ978-4-87294-883-7　Ⓝ210.031　[25800円]

日本（地方自治）

◇原子力発電と地域政策―「国策への協力」と「自治の実践」の展開　井上武史著　京都　晃洋書房　2014.3　248p　22cm　（シリーズ原子力発電と地域 第1巻）〈文献あり 索引あり　内容：原子力発電と地域の関係をあらためて問う　原子力平和利用と地域政策の胎動　高度経済成長期における地域開発と原子力発電所の誘致　原子力発電所の立地と増設による地域経済と地方財政の変化　原子力安全規制における「自治の実践」　原子力産業政策における「自治の実践」．1　アトムポリス構想　原子力発電所の立地と製造業　原子力産業政策における「自治の実践」．2　エネルギー研究開発拠点化計画　地方自治の岐路と原子力政策における「自治の実践」の展望　原子力政策における「自治の実践」がエネルギー政策の課題に与える示唆〉①978-4-7710-2518-9　Ⓝ543.5　［3500円］

◇再考自治体社会資本―廃止・統合・分散化　辻山幸宣, 其田茂樹編　公人社　2014.5　150p　21cm　（自治総研ブックレット 16）〈会期・会場：2013年9月19～20日 自治労会館6階ホール 主催：（財）地方自治総合研究所　内容：戦後型の雇用と公共事業（飛田博史述）社会資本の維持管理と地域雇用（宮﨑雅人述）社会資本の老朽化に直面して今おきていること（其田茂樹述）再考自治体社会資本（其田茂樹コーディネーター, 島田茂樹ほか述）〉①978-4-86162-095-9　Ⓝ318　［1500円］

◇参加・分権とガバナンス　日本地方自治学会編　敬文堂　2013.11　294p　20cm　（地方自治叢書 26）〈文献あり　内容：地方自治と私　地方自治と私（中邨章著）住民参加と都市内分権　住民参加から住民間協議へ（島田恵司著）都市内分権とコミュニティ（横田茂著）自治体改革と都市内分権・市民参加（槌田洋著）社会保障とローカル・ガバナンス　高齢者介護と地方自治体の課題（横山純一著）貧困・地域再生とローカル・ガバナンス（山本隆著）東日本大震災と自治　復興過程における住民自治のあり方をめぐって（吉野英岐著）環境と開発をめぐる諸問題　沖縄県における跡地利用推進特措法の意義と課題（林公則著）書評　佐藤俊一『日本地方自治の群像』「第2巻」「第3巻」（土岐寛著）〉①978-4-7670-0204-0　Ⓝ318.04　［3000円］

◇自治体学とはどのような学か　森啓著　［東京］　公人の友社　2014.5　126p　21cm　（地方自治ジャーナルブックレット No.64）①978-4-87555-646-6　Ⓝ318　［1200円］

◇「自治体消滅」論を超えて　岡田知弘著　自治体研究社　2014.12　91p　21cm〈文献あり〉①978-4-88037-628-8　Ⓝ318.1　［926円］

◇自治の旅―民主主義の学校から　松下啓一著　奈良　萌書房　2014.3　132p　19cm　①978-4-86065-083-4　Ⓝ318　［1400円］

◇市民自治―みんなの意思で行政を動かし自らの手で地域をつくる　福嶋浩彦［著］　ディスカヴァー・トゥエンティワン　2014.2　278p　18cm　（ディスカヴァー携書 116）①978-4-7993-1453-1　Ⓝ318　［1000円］

◇市民自治講座　前編　金子匡良, 杉田敦, 辻山幸宣, 坪郷實［述］, 坪郷實, 市民がつくる政策調査会編　公人社　2014.12　182p　21cm　（自治総研ブックス 12）〈内容：憲法と市民生活・市民活動の関わり（金子匡良著）代表制のあり方から民主主義を学ぶ（杉田敦著）地方自治ってなんだろう？（辻山幸宣著）ドイツに学ぶ市民自治、自治体、非営利・協同組織（坪郷實著）〉①978-4-86162-099-7　Ⓝ318　［2200円］

◇「政策法務から住民自治を考える研究会」報告書―マッセOsaka・おおさか政策法務研究会連携研究：平成24・25年度研究会　政策法務から住民自治を考える研究会［編］　大阪　大阪府市町村振興協会おおさか市町村職員研修研究センター　2014.3　216p　30cm〈文献あり〉Ⓝ318.5

◇「戦争する国」許さぬ自治体の力―集団的自衛権・沖縄新基地を考える　小林武, 晴山一穂, 稲嶺進, 稲葉暉, 岡庭一雄編著　自治体研究社　2014.11　110p　21cm〈内容：「戦争する国」づくりを許さないために（晴山一穂著）辺野古に新基地はいらない（稲嶺進述）憲法を活かし平和と住民福祉を豊かに都市消滅どころか若い住民が増えています（稲葉暉述, 晴山一穂, 佐藤一則聞き手）今憲法が生きる地方自治体を（岡庭一雄著）平和を守る自治体と憲法（小林武著）〉①978-4-88037-625-7　Ⓝ323.148　［1111円］

◇地域と自治体　第35集　大都市における自治の課題と自治体間連携―第30次地方制度調査会答申を踏まえて　西村茂, 廣田全男, 自治体問題研究所編　自治体研究社　2014.2　172p　21cm〈年表あり　内容：大都市における自治の課題（西村茂著）なぜ大都市制度改革なのか（廣田全男著）指定都市制度の見直し（柏原誠著）指定都市税財政の現状と改革の課題（初村尤而著）中核市・特例市制度の統合の意味と課題（角田英昭著）「大阪都構想」の現況と改革の意味（森裕之著）横浜市「特別自治市」構想の検証（渡部俊雄著）基礎的自治体の行政サービスと自治体間連携、都道府県の役割（村上博著）〉①978-4-88037-612-7　Ⓝ318　［1800円］

◇地域と自治体　第36集　新しい時代の地方自治像と財政―内発的発展の地方財政論　平岡和久, 自治体問題研究所編　自治体研究社　2014.5　303p　21cm　①978-4-88037-614-1　Ⓝ318　［2600円］

◇地方自治　礒崎初仁, 金井利之, 伊藤正次著　第3版　北樹出版　2014.4　282p　22cm　（ホーンブック）〈文献あり 索引あり〉①978-4-7793-0403-3　Ⓝ318　［2800円］

◇地方自治を問いなおす―住民自治の実践がひらく新地平　今川晃編　京都　法律文化社　2014.4　219p　21cm〈文献あり　内容：私たちと地方自治（今川晃著）地方自治とコミュニティ・ソリューション（杉岡秀紀著）迷惑施設問題と手続き的公正（増田知也著）グローバル化社会における地方自治（藤井誠一郎著）行政現場における政策形成過程と施策形成過程（北建夫著）自治体行政と協働（加藤洋平著）地域住民協議会の運営と展望（三浦哲司著）住民自治と地域活動（湯浅孝康著）住民自治を支える公民館運営（野口鉄平著）住民自治と行政相談委員（山谷清秀著）地方自治を問いなおす（今川晃著）〉①978-4-589-03592-9　Ⓝ318　［2500円］

◇地方自治を拓く　6　地域づくりと新たな取り組み　富士政治大学校政策研究科編　富士社会教育センター　2014.8　82p　21cm　（富士政治大学校paperbacks 6）〈文献あり　内容：人口減少下の地域づくりの方向性について（秋野哲範著）平家ホタルの再生で地域おこし（原田範次著）テレワークによる就労支援について（日比たけまさ著）津波対策について（藤沢宏司著）原子力発電所14基を抱える福井県嶺南地域の苦悩と将来（北條正著）新バスシステムによる新しい公共交通について（渡辺和光著）座談会　地域づくりと新たな取り組み〉①978-4-938296-50-6　Ⓝ318.04　［926円］

◇地方自治の深化　日本地方自治研究学会編　清文社　2014.9　357p　21cm〈索引あり　内容：国土政策と地方自治（小西秀樹著）首長の変遷からみる地域政治の変貌（有馬晋作著）企業体としての地方公共団体の財政再建改革の提言（岸秀隆著）地域経済を支える地域企業の活性化（小川長著）地域産業集積における優位性維持のダイナミズムとセンスメーキング（田中英式著）地域経済の発展と沖縄の情報通信産業（安田信之助著）地方における地域公共交通の現状と課題（永井真也著）地方自治体におけるメソ会計の構築（丸山佳久著）市民主体の社会イノベーションの進展（畑正夫著）地域におけるバイオマス事業の展開とバイオマス環境会計の機能（八木裕之著）地域分権の制度設計と行程選択（初谷勇著）行財政システム改革と自治体会計（林昌彦著）地方公共団体における規模拡大とコスト構造の変化（金子邦博著）地方公営企業会計制度及び地方独立行政法人会計基準〈公営企業型〉の見直し論点（石田晴美著）東日本大震災における復興政策が地域経済に与える影響（比嘉正茂著）地方公共団体における消防組織の現状と課題（米田正巳著）地域防災と地域経営との有機的連携性（染谷好寛著）東日本大震災復旧・復興財源に関しての基本的考え方（筆谷勇著）〉①978-4-433-40854-1　Ⓝ318.04　［3000円］

◇地方分権のまちづくり、人づくり　榛村純一著　［東京］　文藝春秋企画出版部　2014.10　317p　20cm〈文藝春秋（発売）著作目録あり　内容：掛川市の生涯学習まちづくりの軌跡　地域学事始と生涯学習まちづくりと地方分権の実験　女性に魅力ある地方都市の形成　まちづくりと地方都市の行財政を文学する　敗戦後の林政の展開と自立林家の終焉　将来の社会共通資本としての森林ビジョン　森林組合長50年の感想と提言　協同組合としての森林組合のあり方を考える　二宮金次郎と報徳社運動と現代社会　全ての人の願望に応える長生きの秘訣　茶業振興と効能研究による消費拡大　『昭和林業逸史』コラム五つ　高木文雄追悼文　財団法人「森とむらの会」始末記　内モンゴルの沙漠緑化と中国事情　パイロット自治体〉①978-4-16-008812-2　Ⓝ318　［1600円］

◇「2000年分権改革」と自治体危機　松下圭一著　公人の友社　2013.6　103p　21cm　（自治体〈危機〉叢書）①978-4-87555-625-1　Ⓝ318　［1500円］

◇日本国憲法の地方自治―この「多重危機」のなかで考える　杉原泰雄著　自治体研究社　2014.7　77p　21cm　①978-4-88037-618-9　Ⓝ323.148　［926円］

◇日本立法資料全集　別巻944　地方自治講話　田中四郎左衛門編輯　復刻版　信山社　2014.4　314p　23cm〈日本青年教育會 大正7年刊の複製　地方自治法研究復刊大系 第134巻〉①978-4-7972-6650-4　Ⓝ322.1　［36000円］

◇日本立法資料全集　別巻945　訓諭演説集―地方施設改良　鹽川玉江編輯　復刻版　信山社　2014.4　372p　23cm〈地方自治研究會 6版 大正10年刊の複製　地方自治法研究復刊大系 第135巻〉①978-4-7972-6651-1　Ⓝ322.1　［40000円］

日本（地方自治―歴史―明治以後）　　　　　　　　　　　　　　　　　　　　　　　　日本件名図書目録2014　Ⅰ

◇日本立法資料全集　別巻946　帝国地方自治団体発達史　佐藤亀齢編輯　復刻版　信山社　2014.5　329,119p　23cm　〈帝國自治團體調査研究會　3版　大正13年刊の複製　地方自治法研究復刊大系第136巻〉①978-4-7972-6652-8　Ｎ322.1　[48000円]

◇風景とローカル・ガバナンス―春の小川はなぜ失われたのか　中村良夫,鳥越皓之,早稲田大学公共政策研究所編　早稲田大学出版部　2014.6　314p　19cm　〈文献あり　内容：いま,風景とローカル・ガバナンスを問う（藤倉英世著）　山水都市の運命を担う市民社会（中村良夫著）　コミュニティが支配権をもつ風景（鳥越皓之著）　住民参加の手づくり公園が風景に変わるとき（羽貝正美著）　風景の破壊と再生のはざまで（佐々木葉著）　自治の主体の成立条件と風景（西研著）　風景の人間的意味を考える（山田圭二郎,西研著）　風景分析のための方法とその成果（藤倉英世,山田圭二郎,羽貝正美著）　現代社会にとって風景とは（鳥越皓之著）〉①978-4-657-14006-7　Ｎ629.1　[2500円]

日本（地方自治―歴史―明治以後）

◇日本地方自治の群像　第5巻　佐藤俊一著　成文堂　2014.12　384p　20cm　（成文堂選書 58）〈内容：明治都市社会主義と社会民衆党から社会民衆党へ　婦選獲得運動と自治政へのコミット　石川栄耀：都市計画思想の変転と市民自治（株式会社神戸市）の都市経営の思想と実践〉①978-4-7923-3329-4　Ｎ318.2　[3900円]

日本（地方自治法）

◇現行自治六法―速報版　平成27年版　自治法規実務研究会編　第一法規　2014.3　91p　18cm　Ｎ318

◇現行自治六法　平成27年版1　基本法編　自治法規実務研究会編集　第一法規　2014.10　1900,25p　19cm　〈索引あり〉①978-4-474-03358-0(set)　Ｎ318

◇現行自治六法　平成27年版2　諸法編　自治法規実務研究会編集　第一法規　2014.10　3p p3003～4662　19cm　〈索引あり〉①978-4-474-03358-0(set)　Ｎ318

◇自治六法　平成27年版　地方自治法令研究会編集　ぎょうせい　2014.8　1冊　21cm　〈索引あり〉①978-4-324-09859-2　Ｎ318　[4000円]

◇楽しく学べる「地方自治法」教室―地方自治法に関する《全9章》：1日たったの30分、1ヶ月で地自法がマスターできる！　大島稔彦著　第7次改訂版　公職研　2014.2　311p　21cm　〈標題紙・表紙の副タイトル（誤植）：地方自治に関する〈全9章〉〉①978-4-87526-337-1　Ｎ318　[2700円]

◇地方自治小六法　平成27年版　地方自治制度研究会監修, 学陽書房編集部編　学陽書房　2014.10　2457p　19cm　〈索引あり〉①978-4-313-00190-9　Ｎ318　[3800円]

◇地方自治のしくみと法　岡田正則, 榊原秀訓, 大田直史, 豊島明子著　自治体研究社　2014.10　196p　21cm　（現代自治選書）①978-4-88037-621-9　Ｎ318　[2200円]

◇地方自治法講義　猪野積著　改訂版　第一法規　2014.2　287p　21cm　〈文献あり　索引あり〉①978-4-474-03285-9　Ｎ318　[2500円]

◇地方自治法の概要　松本英昭著　第6次改訂版　学陽書房　2014.11　523p　21cm　〈文献あり〉①978-4-313-20516-1　Ｎ318　[3100円]

◇地方自治法の要点　檜垣正巳著　第10次改訂版　学陽書房　2014.4　203p　19cm　（要点シリーズ 3）①978-4-313-20840-7　Ｎ318　[1900円]

◇地方自治ポケット六法　平成26年版　地方自治制度研究修, 学陽書房編集部編　学陽書房　2013.11　593p　19cm　〈索引あり〉①978-4-313-02126-6　Ｎ318　[1900円]

◇地方自治ポケット六法　平成27年版　地方自治制度研究会監修, 学陽書房編集部編　学陽書房　2014.11　641p　19cm　〈索引あり〉①978-4-313-02127-3　Ｎ318　[2000円]

◇日本立法資料全集　別巻938　判例挿入自治法規全集　池田繁太郎著　復刻版　信山社　2014.1　794p　23cm　〈帝國地方行政學會　明治41年刊の複製　地方自治法復刊大系 第128巻〉①978-4-7972-6644-3　Ｎ322.16　[82000円]

◇はじめて学ぶ地方自治法　吉田勉著　第1次改訂版　学陽書房　2014.4　199p　21cm　〈文献あり〉①978-4-313-20521-5　Ｎ318　[2000円]

日本（地方税）

◇誤りやすい地方税の実務Q&A　森田純弘著　税務研究会出版局　2014.7　385p　21cm　①978-4-7931-2063-3　Ｎ336.988　[2700円]

◇改正地方税制詳解　平成26年　地方財務協会編　地方財務協会　2014.10　615p　21cm　（月刊「地方税」別冊）Ｎ349.5　[3750円]

◇図解地方税　平成26年版　逸見幸司著　大蔵財務協会　2014.6　736p　26cm　〈索引あり〉①978-4-7547-2119-0　Ｎ349.5　[3241円]

◇図解よくわかる地方税のしくみ　柏木恵著　学陽書房　2014.2　184p　21cm　〈文献あり〉①978-4-313-16710-0　Ｎ349.5　[2300円]

◇即戦力法人税及び地方税の申告書―経理業務のプロを目指す知識　上杉善三[著]　[流山]　[上杉善三]　2014.10　440p　30cm　Ｎ336.983

◇地方税関係資料ハンドブック　平成26年　地方税務研究会編　地方財務協会　2014.9　243p　30cm　（月刊「地方税」別冊）〈年表あり〉Ｎ349.5　[1713円]

◇地方税Q&A　平成26年版　全国女性税理士連盟編　大蔵財務協会　2014.10　504p　21cm　〈文献あり〉①978-4-7547-4376-5　Ｎ336.988　[3333円]

◇地方税取扱いの手引　平成26年10月改訂　地方税制度研究会編　大阪　納税協会連合会　2014.10　1395p　26cm　〈清文社（発売）〉①978-4-433-50514-1　Ｎ349.5　[4800円]

◇地方税における税負担軽減措置等の適用状況等に関する報告書―第186回国会（常会）　[東京]　総務省自治税務局　2014.2　62p　30cm　〈第186回国会提出〉Ｎ349.5

◇東京都税制調査会答申　平成26年度　東京都税制調査会編　東京都主税局税制部税制調査課　2014.11　60, 16p　30cm　〈タイトル関連情報：少子・高齢化、人口減少社会に対応する税制のあり方〉Ｎ349.53

◇望ましい地方税のありかた―奈良県税制調査会からの発信　奈良県税制調査会著　[奈良]　奈良県　2014.11　190p　22cm　〈清文社（発売）　内容：地方自治体の社会保障財源としての地方消費税の清算基準のあり方（上村敏之著）　地方消費税の清算が生む地域間格差の問題点（竹本亨著）　所得に対する住民税の課題（林宏昭著）　地方税に関する徴税・納税制度と納税協力費に関する研究（横山直子著）　地方政府における課税自主権の現状（城戸英樹著）　地方法人税改革：試案（佐藤主光著）　地方税改革の方向性（鈴木将覚著）〉①978-4-433-40954-8　Ｎ349.5　[2400円]

日本（地方選挙）

◇市民派議員になるための本―あなたが動けば社会が変わる　寺町みどり, 寺町知正著　最新版　WAVE出版　2014.10　355p　21cm　〈初版：学陽書房 2002年刊　プロデュース：上野千鶴子〉①978-4-87290-710-0　Ｎ318.4　[2900円]

◇地方選挙の手引　平成26年　選挙制度研究会/編　ぎょうせい　2014.5　343p　19cm　①978-4-324-09827-1　[1944円]

◇地方選挙要覧　平成25年版　選挙制度研究会監修, 国政情報センター編　国政情報センター　2013.6　203p　21cm　①978-4-87760-211-6　Ｎ318.4　[2800円]

◇地方選挙要覧　平成26年版　選挙制度研究会監修, 国政情報センター編集　国政情報センター　2014.3　195p　21cm　①978-4-87760-243-7　Ｎ318.4　[2800円]

◇どう思う？　地方議員削減―憲法と民意が生きる地方自治のために　上脇博之著　大阪　日本機関紙出版センター　2014.2　105p　21cm　①978-4-88900-902-6　Ｎ318.4　[900円]

◇問答式選挙運動早わかり―地方議会議員立候補者の手引　全国町村議会議長会編　第5次改訂版　学陽書房　2014.11　215p　21cm　①978-4-313-18035-2　Ｎ318.4　[2100円]

日本（地方選挙―法令）

◇政治活動要覧　地方選挙編　国政情報センター編集　第4次改訂版　国政情報センター　2014.3　110p　21cm　①978-4-87760-242-0　Ｎ314.8　[2300円]

日本（地方鉄道）

◇「足」を守る―地域公共交通の将来　後藤・安田記念東京都市研究所　2014.10　69p　21cm　（都市問題）公開講座ブックレット 32）〈内容：地域のための鉄道であるということ（原武史述）　パネルディスカッション（市川嘉一ほか述, 新藤宗幸司会）〉①978-4-924542-60-0　Ｎ681.1　[463円]

◇いま乗っておきたいローカル線！―厳選56路線●絶景ローカル線大集合　南正時著　自由国民社　2014.7　143p　21cm　①978-4-426-11793-1　Ｎ686.21　[1200円]

◇大手民鉄の素顔―大手民営鉄道事業データブック　2014　日本民営鉄道協会編　日本民営鉄道協会　2014.10　67p　30cm　Ｎ686.3

◇元気なローカル線のつくりかた―三陸鉄道　JR東日本八戸線　由利高原鉄道　山形鉄道　上信電鉄　福井鉄道　一畑電車　岳南電車　養老鉄道　江ノ島電鉄　広島電鉄　水間鉄道　高松琴平電鉄　堀内重人著　京都　学芸出版社　2014.6　214p　19cm　〈文献あり〉①978-4-7615-2572-9　Ｎ686.21　[2000円]

日本件名図書目録2014　Ⅰ　　　　　　　　　　　　　　　　　　　　　　　　　　　　　　　日本（中高年齢者—雇用）

◇全国私鉄超決定版電車・機関車・気動車1700　髙井薫平監修, 諸河久, 服部朗宏編著　世界文化社　2014.6　288p　26cm〈文献あり〉①978-4-418-14219-4　Ⓝ686.21　[3500円]

◇地方交通を救え！—再生請負人・小嶋光信の処方箋　小嶋光信, 森彰英著　交通新聞社　2014.8　222p　18cm　（交通新聞社新書 070）①978-4-330-48914-8　Ⓝ681.1　[800円]

◇費用負担の経済学—地方公共交通の歴史分析　関谷次博著　学文社　2014.6　131p　22cm〈文献あり 索引あり〉①978-4-7620-2464-1　Ⓝ686.3　[1800円]

◇ローカル・ガバナンスと社会的企業—新たな地方鉄道経営　古平浩嗣著　茨木　追手門学院大学出版会　2014.2　310p　22cm（丸善出版（発売）文献あり 索引あり〉①978-4-907574-05-5　Ⓝ686.3　[2500円]

日本（地方鉄道—歴史）

◇鉄道ファンのための私鉄史研究資料—1882 to 2012　和久田康雄著　電気車研究会　2014.4　206p　26cm　①978-4-88548-124-6　Ⓝ686.21　[2685円]

日本（地方分権）

◇地方政府の効率性と電子政府　西本秀樹編著　日本経済評論社　2014.3　245p　22cm　（龍谷大学社会科学研究所叢書 第99巻）〈執筆：西垣泰幸ほか　内容：地方分権と地方公共政策の合理性（西垣泰幸著）　第2世代の地方分権理論とヤードスティック競争（東裕三, 西垣泰幸著）　政府間競争と政策の効率性（東裕三著）　地方公共政策の評価（朝日幸代著）　負の公共財としてのNIMBY問題（仲林真子, 朝日幸代著）　e-Japan計画と我が国の電子政府展開（矢杉直也, 劉長鈺, 西本秀樹著）　電子政府評価とその実例（Wong Seng Meng, 西本秀樹著）　電子政府と公共政策の有効性（西垣泰幸, 東裕三著）　政府の情報発信と電子政府（矢杉直也, 劉長鈺, 西本秀樹著）〉①978-4-8188-2323-5　Ⓝ318　[4200円]

◇地方分権と医療・福祉政策の変容—地方自治体の自律的政策執行が医療・福祉政策に及ぼす影響　横川正平著　創成社　2014.5　324p　22cm〈索引あり〉①978-4-7944-3153-0　Ⓝ364.021　[3300円]

◇どこに向かう地方分権改革—地方分権改革の総括と地方自治の課題　本多滝夫, 榊原秀訓編著　自治体研究社　2014.10　157p　21cm〈内容：第2次安倍政権と地方分権改革（本多滝夫著）　都道府県から市町村への権限移譲（榊原秀訓著）　保育行政における基準の条例化（榊原秀訓著）　教育分野における「分権改革」の検証と課題（竹内俊子著）　学童保育の新たな施策展開と国・自治体の役割（真田祐著）　学童保育の設置・運営基準の条例化に向けて（角田英昭著）　社会福祉法人の認可・指導監査権限等の市移譲（白瀬裕一著）　新中核市の創設と保健所設置市の拡大（角田英昭著）　「さいたま市モデル」の学童保育をめざして（加藤哲夫著）　ハローワークを巡る国から地方への権限移譲（河村直樹著）〉①978-4-88037-622-6　Ⓝ318　[1667円]

日本（地名）

◇蝦夷の穴　州崎治郎著, 長瀬瑞己編　[出版地不明]　[州崎治郎]　[2014]　64p　30cm　Ⓝ291.0189　[1080円]

◇思わず人に話したくなる日本全国・地名の秘密　北嶋廣敏著　宝島社　2014.4　381p　16cm　（宝島SUGOI文庫 Dき-3-1）〈文献あり　「日本人として知っておきたい地名の話」（毎日新聞社 2008年刊）の改題、加筆、再編集〉①978-4-8002-2536-8　Ⓝ291.0189　[700円]

◇久利須のさと　島田冨士弥著　改訂　[出版地不明]　[島田冨士弥]　2014.10　204p　21cm〈文献あり　背のタイトル：久利須の里〉Ⓝ291.0189

◇栗の故郷　州崎治郎著, 長瀬瑞己編　[出版地不明]　[州崎治郎]　[2014]　60p　30cm　Ⓝ291.0189　[1080円]

◇全国市町村要覧　平成26年版　市町村要覧編集委員会/編　第一法規　2014.11　719,26p　26cm　①978-4-474-03321-4　[4000円]

◇名づけの民俗学—地名・人名はどう命名されてきたか　田中宣一著　吉川弘文館　2014.3　224p　19cm　（歴史文化ライブラリー 373）〈文献あり〉①978-4-642-05773-8　Ⓝ291.0189　[1700円]

日本（茶業—歴史）

◇印雑131—我、日本茶の「正体」究めたり！　飯田辰彦著　宮崎　鉱脈社　2014.12　285p　19cm　（みやざき文庫 110）①978-4-86061-562-8　Ⓝ617.4　[2000円]

日本（茶碗—歴史—明治以後—図集）

◇現代の名碗—川喜田半泥子、加藤唐九郎、金重素山、三輪壽雪、岡部嶺男、鈴木藏、樂吉左衞門から若手作家まで　菊池寛実記念智美術館編　[東京]　菊池美術財団　c2013　93p

20cm〈会期・会場：2013年9月14日—2014年1月5日　菊池寛実記念智美術館〉Ⓝ751.1

日本（中間貯蔵施設—安全管理）

◇使用済燃料中間貯蔵施設における金属製乾式キャスクについて（HDP-69B型）　[東京]　日立GEニュークリア・エナジー　2014.1　55枚　30cm　（HLR 110 訂2）〈文献あり〉Ⓝ539.9

◇リサイクル燃料資源貯蔵技術調査等（中間貯蔵設備長期健全性等試験のうち実環境下でのキャニスタの腐食試験等）事業—報告書　平成25年度　[東海村（茨城県）]　日本原子力研究開発機構　2014.3　28,36p　30cm〈文献あり〉Ⓝ539.9

日本（中高年齢者）

◇いちばんよくわかる「おじさん病」—イラスト図解　サダマシック・コンサーレ著　西東社　2014.9　159p　19cm　①978-4-7916-2219-1　Ⓝ367.5　[850円]

◇オヤジかるた—女子から贈る、飴と鞭。　瀧波ユカリ著　文藝春秋　2014.10　205p　19cm　①978-4-16-390153-4　Ⓝ367.5　[1200円]

◇片桐実央の実践！ゆる起業—シニア起業の成功書　片桐実央著　同友館　2014.5　177p　19cm　①978-4-496-05036-7　Ⓝ335　[1600円]

◇50歳を超えたらもう年をとらない46の法則—「新しい大人」という50＋世代はビジネスの宝庫　阪本節朗[著]　講談社　2014.9　217p　18cm　（講談社＋α新書 670-1D）①978-4-06-272867-6　Ⓝ367.7　[880円]

◇「最後の恋」に彷徨う男たち　亀山早苗著　双葉社　2014.11　207p　19cm　①978-4-575-30786-3　Ⓝ367.4　[1300円]

◇シニア起業家の挑戦—自分のはたらき場を自らつくりだす：アクティブ・エイジング　鈴木克也編　鎌倉　エコハ出版　2014.3　161p　21cm〈三恵社（発売）〉①978-4-86487-212-6　Ⓝ332.8　[2000円]

◇自由人—幸せなセカンドステージへ　白鳥飛來著　弘報印刷出版センター　2014.7　175p　21cm〈文献あり〉Ⓝ367.7　[1300円]

◇卒婚のススメ—人生を変える新しい夫婦のカタチ　杉山由美子著　静山社　2014.5　219p　15cm　（[静山社文庫]　[す4-1]）〈オレンジページ 2004年刊の加筆・修正し、新たに編集〉①978-4-86389-279-8　Ⓝ367.3　[680円]

◇中高年齢層の歩行中死亡事故を抑止するための段階的交通安全教育手法の調査研究中間報告書　平成25年度　[東京]　警察庁交通局交通企画課　2014.3　30cm

◇超高齢社会の実像—シニアたちはセカンドライフをどう考え、何を求めているのか：調査報告書2014年9月　日本経済新聞社産業地域研究所編集　日本経済新聞社産業地域研究所　2014.9　245p　30cm〈日本経済新聞出版社（発売）〉①978-4-532-63603-6　Ⓝ367.7　[8000円]

◇定年が見えてきた女性たちへ—自由に生きる「リ・スタート力」のヒント　野村浩子著　WAVE出版　2014.5　190p　19cm　①978-4-87290-651-6　Ⓝ366.38　[1400円]

◇定年後7年目のリアル　勢古浩爾著　草思社　2014.8　277p　16cm　（草思社文庫 せ1-3）①978-4-7942-2069-1　Ⓝ367.7　[740円]

◇定年後年金プラス、ひとの役に立つ働き方　杉山由美子著　朝日新聞出版　2014.7　267p　18cm　（朝日新書 470）①978-4-02-273570-6　Ⓝ366.29　[780円]

◇定年後の起業術　津田倫男著　筑摩書房　2014.2　218p　18cm　（ちくま新書 1058）〈文献あり〉①978-4-480-06766-1　Ⓝ335　[760円]

◇どうする定年—50歳から巻き返し！まだ間に合うマネー対策　日経ヴェリタス編集部編　集英社　2014.12　219p　19cm〈文献あり〉①978-4-08-786052-8　Ⓝ591　[1200円]

◇60歳からの出発—大学生そしてJICAシニアボランティア　宇野博編著　岸和田　宇野博　2014.7　104p　26cm〈内容：大学生生活（2008.4-2012.3）　JICA日系社会シニアボランティア（2012.4-2014.7）〉Ⓝ367.7

日本（中高年齢者—雇用）

◇改正高年齢者雇用安定法の施行に企業はどう対応したか—「高年齢社員や有期契約社員の法改正後の活用状況に関する調査」結果　労働政策研究・研修機構　労働政策研究・研修機構　2014.5　200p　30cm　（JILPT調査シリーズ no. 121）Ⓝ336.42

◇高齢者も企業も生かす人事・処遇制度　栩木敬著　全国労働基準関係団体連合会　2013.11　120p　26cm　①978-4-906741-04-5　Ⓝ336.42　[1200円]

◇自動車車体製造業高年齢者雇用のQ&A—自社に活かせる事例を見つける　日本自動車車体工業会高齢者雇用推進委員会編　2013.10　79p　30cm〈独立行政法人高齢・障害・求職者雇用支援機構委託産業別高齢者雇用推進事業〉Ⓝ537.5

821

日本（中国史学）　　　　　　　　　　　　　　　　　　　　　　　日本件名図書目録2014　Ⅰ

◇障がい者をはじめとする就職困難者のはたらく場を確保できる入札制度の調査・研究報告書　大阪　大阪知的障害者雇用促進建物サービス事業協同組合　2014.3　202p　30cm〈厚生労働省平成25年度セーフティネット支援対策等事業（社会福祉推進事業）〉Ⓝ366.28

◇『全員参加型社会』の実現に向けた技能者の確保と育成に関する調査　労働政策研究・研修機構編　労働政策研究・研修機構　2014.5　252p　30cm　（JILPT調査シリーズ no. 120）Ⓝ509.21

◇壮年非正規労働者の仕事と生活に関する研究―現状分析を中心として　労働政策研究・研修機構編　労働政策研究・研修機構　2014.5　430p　30cm　（労働政策研究報告書 no. 164）〈文献あり〉Ⓝ366.28

◇中高齢者雇用ハンドブック　2015　自律して働く時代の人事管理　産労総合研究所編　産労総合研究所出版部経営書院　2014.12　343p　26cm　Ⓘ978-4-86326-190-7　Ⓝ336.42　[7200円]

◇日本の雇用と中高年　濱口桂一郎著　筑摩書房　2014.5　238p　18cm　（ちくま新書 1071）Ⓘ978-4-480-06773-9　Ⓝ366.28　[780円]

◇60歳までに知らないとヤバい定年再雇用の現実　榎本雅一著　KADOKAWA　2014.7　222p　18cm　（角川SSC新書 229）Ⓘ978-4-04-731438-2　Ⓝ366.28　[800円]

◇65歳全員雇用に対応する人事・賃金・考課の知識と実務　小柳勝二郎著　労働調査会　2013.5　307p　21cm〈文献あり 索引あり〉Ⓘ978-4-86319-347-5　Ⓝ336.42　[2000円]

日本（中国史学）

◇20世紀中国政治史の視角と方法―東洋文庫政治史資料研究班ワークショップの記録：Osaka University forum on China　田中仁編　[豊中]　[大阪大学中国文化フォーラム]　2014.9　119p　21cm　（OUFCブックレット 第5巻）Ⓝ222.001

日本（中古住宅）

◇ホームインスペクション入門―中古住宅売買に必要な建物知識とチェックポイントをマンガで解説　長嶋修, 大西倫加著　改題版　住宅新報社　2013.7　224p　21cm　（図解不動産）〈初版のタイトル：建物調査入門　マンガ：福島マサル〉Ⓘ978-4-7892-3594-5　Ⓝ673.99　[1700円]

日本（中小企業）

◇「圧倒的利益」を生み出すキュレーション・マーケティング―「巨大な強者」の進撃に勝つための弱者の戦略！　水上浩一著　新版　ごま書房新社　2014.6　262p　19cm　Ⓘ978-4-341-08588-9　Ⓝ675　[1550円]

◇"アントレプレナー"な経営者たち―1人の学者と20人の経営者が切り拓いた新規ビジネスと中小企業運動　大崎まこと著　スモールサン出版　2014.12　219p　19cm〈三恵社（発売）〉Ⓘ978-4-86487-308-6　Ⓝ335.35

◇いつ倒産しても良い経営　高瀬拓士著　幻冬舎メディアコンサルティング　2013.9　163p　18cm〈幻冬舎（発売）〉Ⓘ978-4-344-99870-4　Ⓝ335.35　[740円]

◇いま何をしたらいい?!作って実践する消費税増税対策　秋島一雄, 七田亘, 関義之, 田中聡子, 松永智子, 村上知也共著　税務経理協会　2014.4　183p　21cm　Ⓘ978-4-419-06095-4　Ⓝ336.987　[2100円]

◇医療機器産業におけるサプライヤーシステム―中堅・中小企業の技術力を生かした成長条件　機械振興協会経済研究所　2014.3　169p　30cm　（JSPMI-ERI H25-2）Ⓝ535.4

◇お金のことはおれに聞け―様々な助成金を入手するテクニックが満載！　蒲島竜也著　カナリア書房　2014.5　173p　19cm　Ⓘ978-4-7782-0270-5　Ⓝ335.35　[1300円]

◇オーナー社長のための会社の売り方　GTAC編著　幻冬舎メディアコンサルティング　2013.7　158p　21cm〈幻冬舎（発売）〉Ⓘ978-4-344-99964-0　Ⓝ335.46　[1300円]

◇オーナー社長のための事業承継15の戦略　後藤みや子著, 合同会社未来財務監修　幻冬舎メディアコンサルティング　2014.4　212p　19cm〈幻冬舎（発売）文献あり〉Ⓘ978-4-344-97047-2　Ⓝ335.13　[1300円]

◇海外メーカー開拓に取り組む中小企業の現状と課題―アジア新興国で欧米系・地場メーカーとの取引を実現した中小自動車部品サプライヤーのケーススタディ　日本政策金融公庫総合研究所　2014.9　113p　30cm　（日本公庫総研レポート no. 2014-3）Ⓝ537.1

◇会社を黒字にするとっておきの経営革新術―驚異的に会社が甦る「ビジネスモデル」のつくり方　岡春庭著　セルバ出版　2014.6　167p　19cm〈創英社/三省堂書店（発売）文献あり〉Ⓘ978-4-86367-158-4　Ⓝ336.1　[1600円]

◇会社を息子に継がせるな　畠嘉伸著　幻冬舎メディアコンサルティング　2013.9　207p　19cm〈幻冬舎（発売）〉Ⓘ978-4-344-97010-6　Ⓝ335.46　[1200円]

◇会社の正しい終わらせ方―再起を目指す経営者に贈る　筒井恵著　[東京]　日経BPコンサルティング　2014.8　199p　19cm〈日経BPマーケティング（発売）〉Ⓘ978-4-86443-067-8　Ⓝ336　[1400円]

◇会社法174条―中小企業の総務部長として知っておきたいこと　原田國夫著　同友館　2014.5　280p　22cm〈文献あり〉Ⓘ978-4-496-05057-2　Ⓝ325.24　[2000円]

◇会社は潰れない　須藤利宥著　あさ出版　2014.8　206p　19cm　Ⓘ978-4-86063-712-5　Ⓝ335.35　[1500円]

◇「家業」を継いでも「事業」は継ぐな　大島伸夫著　幻冬舎メディアコンサルティング　2014.6　201p　19cm〈幻冬舎（発売）〉Ⓘ978-4-344-97036-6　Ⓝ335.35　[1200円]

◇官公需確保対策地方推進協議会資料　平成26年度　[東京]　経済産業省中小企業庁　2014.7　93p　30cm　Ⓝ335.35

◇がんばる中小企業・小規模事業者300社商店街30選　2014　経済産業省中小企業庁編　[東京]　[経済産業省中小企業庁]　2014.2　487p　30cm　Ⓝ335.35

◇逆風を追い風に変えた企業―元気印中小企業のターニングポイント　坂本光司, 坂本研究室著　静岡　静岡新聞社　2014.12　259p　19cm　Ⓘ978-4-7838-2339-1　Ⓝ335.35　[1500円]

◇Q&A知っておきたい中小企業経営者と税制改正の実務―法人・個人税務の落とし穴と対応　宮森俊樹著　大蔵財務協会　2014.7　403p　21cm〈平成26年度税制改正政省令通達完全対応版〉Ⓘ978-4-7547-4364-2　Ⓝ336.98　[1574円]

◇Q&A中小企業・事業承継のすべて―そのときあわてないための73問　福原哲晃監修, 中小企業事業承継・実務研究会編　民事法研究会　2014.3　335p　21cm　Ⓘ978-4-89628-904-6　Ⓝ335.13　[3000円]

◇競争力強化に挑む中小製造業―躍進するものづくり企業　商工総合研究所編　商工総合研究所　2014.2　251p　19cm　Ⓘ978-4-901731-19-5　Ⓝ509.21　[1429円]

◇グローバル・ニッチトップ企業論―日本の明日を拓くものづくり中小企業　細谷祐二著　白桃書房　2014.3　228p　22cm〈文献あり 索引あり〉Ⓘ978-4-561-26629-7　Ⓝ335.35　[2750円]

◇経営コンサルティングの現場から―的確な診断と、よく効く処方箋　商工中金経済研究所編・著　商工中金経済研究所　2014.9　159p　21cm　Ⓘ978-4-904735-20-6　Ⓝ336　[600円]

◇現代中小企業の海外事業展開―グローバル戦略と地域経済の活性化　佐竹隆幸編著　京都　ミネルヴァ書房　2014.4　223p　22cm　（MINERVA現代経営学叢書 50）〈索引あり　内容：戦後日本経済の産業構造の変遷と経済のグローバル化（佐竹隆幸著）　日本の中小企業による海外事業展開の課題（山口隆英著）　日本企業の国際化とマーケティング課題（太田一樹著）　日本企業の現地における人材育成・人材確保（梅村仁著）　中小企業における海外直接投資の課題（藤川健著）　韓国・台湾液晶メーカーの後発逆転戦略（長野寛之著）　中小企業の海外事業展開とイノベーション（山下紗矢佳著）　地域中小企業における海外事業展開の支援（中村嘉雄著）　事例研究：中小企業の海外展開のスタートと成熟（中沢孝夫著）　中小企業の海外事業展開の再検討（佐竹隆幸著）〉Ⓘ978-4-623-07059-6　Ⓝ338.92　[3500円]

◇個性ある中小企業の経営理念と労使関係に関する調査研究　安井恒則[著], 社会保険労務士総合研究機構編　社会保険労務士総合研究機構　2013.3　72p　30cm　（社労士総研研究プロジェクト報告書 平成25年）Ⓝ335.35

◇これこそ！社長の仕事―どんな時でも倒産しない強い会社をつくるために経営者がもつべき39の視点　原田繁男著　すばる舎　2014.1　239p　19cm〈「倒産しない強い会社をつくるための社長の仕事」（2000年刊）の改題・改訂〉Ⓘ978-4-7991-0318-0　Ⓝ335.35　[1600円]

◇再生可能エネルギー産業における中小企業の動向と展望　中小企業研究センター　2014.12　185p　30cm　（調査研究報告 no. 128）〈文献あり〉Ⓝ501.6

◇事業再生学―中小企業の経営管理と危機対応　上　経営管理の基礎　杉田利雄編著, BFCA経営財務支援協会監修　山本広高, 井原吉男, 紙野愛健著　新潟　シーアンドアール研究所　2014.12　375p　21cm　（SMART PUBLISHING）〈索引あり〉Ⓘ978-4-86354-746-9　Ⓝ336　[10000円]

◇事業再生学―中小企業の経営管理と危機対応　中　経営管理の実務　杉田利雄編著, BFCA経営財務支援協会監修　高橋章著　新潟　シーアンドアール研究所　2014.12　207p　21cm　（SMART PUBLISHING）〈索引あり〉Ⓘ978-4-86354-747-6　Ⓝ336　[8000円]

日本件名図書目録2014　Ⅰ　　　　　　　　　　　　　　　　　　　　　　日本（中小企業）

◇事業再生学―中小企業の経営管理と危機対応　下　事業再生の実務　杉田利雄編著，BFCA経営財務支援協会監修　新潟　シーアンドアール研究所　2014.12　293p　21cm　〈SMART PUBLISHING〉〈索引あり〉⑤978-4-86354-748-3　Ⓝ336　[9000円]

◇事業承継支援マニュアル―支援者向け　平成25年度版　中小企業基盤整備機構経営支援部支援機関サポート課　2013.10　143p　30cm　Ⓝ335.13

◇事業承継実務ハンドブック　鈴木義行編著，奥谷浩之，石崎勝夫著　第3版　中央経済社　2014.11　451p　22cm　〈索引あり〉⑤978-4-502-12881-3　Ⓝ336.985　[5000円]

◇事業承継入門　2　税金・資金と農林水産業の事業承継　追手門学院大学ベンチャービジネス研究所編　田淵正信，大庭みどり，水野浩児，小牧義昭，梶原晃，葉山幹恭著　茨木　追手門学院大学出版会　2014.2　147p　19cm　〈丸善出版（発売）内容：事業承継と税金（田淵正信著）　事業承継、知っておきたい基礎知識と実際に起きた事例の紹介（大庭みどり著）　企業経営とファイナンス（水野浩児著）　金融機関の企業評価（小牧義昭著）　農林水産業の事業承継（梶原晃著）　農業の新ビジネス展開と事業承継（葉山幹恭著）〉⑤978-4-907574-02-4　Ⓝ335.13　[1200円]

◇事業承継の基礎と実務　森富幸著　日本評論社　2014.8　171p　26cm　（シリーズ実務税法解説）〈文献あり〉⑤978-4-535-52030-1　Ⓝ335.13　[2200円]

◇事業承継「不安・トラブル」納得する解決法！　後藤孝典著　かんき出版　2014.9　301p　21cm　⑤978-4-7612-7030-8　Ⓝ335.35　[2000円]

◇「指示待ち」撲滅！―デキる社員のつくり方　日経トップリーダー編　[東京]　日経BP社　2014.2　239p　19cm　（中小企業のための社長力アップ講座）〈日経BPマーケティング（発売）〉⑤978-4-8222-6392-8　Ⓝ336.4　[1600円]

◇次代に挑戦する優良中堅・中小製造業　日刊工業新聞特別取材班編　日刊工業新聞社　2014.3　131p　19cm　⑤978-4-526-07243-7　Ⓝ509.21　[1500円]

◇実態調査で見た中堅・中小企業のアジア進出戦略「光と陰」　安積敏政著　日刊工業新聞社　2014.8　384p　21cm　〈文献あり　索引あり〉⑤978-4-526-07291-8　Ⓝ338.922　[3000円]

◇老舗企業にみる100年の知恵―革新のメカニズムを探る　大西謙編著　京都　晃洋書房　2014.3　240p　22cm　（龍谷大学社会科学研究所叢書　第103巻）〈内容：老舗企業の特徴と老舗企業が生きてきた時代の変遷（田村満著）　中小企業の経営課題と既存の老舗企業研究からわかったこと（寺島和夫著）　我々の老舗企業研究の特徴（大西謙著）　企業調査報告（津田一郎，眞鍋陽一郎，田村満ほか著）　老舗企業研究から革新のメカニズムを探る（大西謙，田村満著）〉⑤978-4-7710-2528-8　Ⓝ335.35　[3000円]

◇社長！　会社の資金調達に補助金・助成金を活用しませんか!?　小泉昇著　第2版　自由国民社　2014.7　310p　21cm　⑤978-4-426-11578-4　Ⓝ335.35　[1900円]

◇社長の経済学―小さな会社の目線で経済をよみ解く!!：リーダーになる人が知っておきたい「事業」に役立つ経済のポイント　山口義行著　KADOKAWA　2014.2　271p　19cm　⑤978-4-04-600146-7　Ⓝ335.35　[1500円]

◇社長の節税と資産づくりがまるごとわかる本―知らなければ損をする!!：オーナー経営者＆地主さん必読　広瀬元義監修，起業家を支援する全国会計事務所協会，Q-TAX，中小企業を応援する会計事務所の会著　あさ出版　2014.7　8,254p　19cm　〈索引あり〉⑤978-4-86063-692-0　Ⓝ336.98　[1500円]

◇社長以上に楽しい仕事はない―三代目社長が考えた、会社を伸ばす事業承継30のヒント　金子智樹著　ダイヤモンド・ビジネス企画　2014.12　221p　20cm　〈ダイヤモンド社（発売）年譜あり〉⑤978-4-478-08363-5　Ⓝ335.35　[1500円]

◇商工會―小規模企業振興の未来に向けて　2014　全国商工会連合会　2014.10　65p　30cm　Ⓝ335.66

◇新規事業の競争戦略高い利益を獲得するスピード経営―キーエンスに新卒入社、ライバル会社に転職後独立したコンサルタントのノウハウ公開　立石茂生著　半田　一粒書房　2014.3　153p　19cm　〈共同刊行：立石シゲオ中小企業診断士事務所〉⑤978-4-9907672-0-4　Ⓝ335.35　[3000円]

◇新世代のイノベーション―若手後継者が取り組む経営革新　日本政策金融公庫総合研究所　2014.10　106p　30cm　（日本公庫総研レポート　No.2014-4）

◇図解要説中小企業白書を読む　2014年度対応版　安田武彦監修，東洋大学経済学部・白書研究会編　同友館　2014.7　239p　21cm　⑤978-4-496-05076-3　Ⓝ335.35　[1600円]

◇図説　日本の中小企業　2014　商工総合研究所/編　商工総合研究所　2014.8　80p　21cm　⑤978-4-901731-20-1　[1000円]

◇製造基盤技術実態等調査事業（国際化された小規模市場において高いシェアを有する企業（GNT企業）に関する調査）報告書　平成25年度　[東京]　未来工学研究所　2014.3　176p　30cm　Ⓝ509.21

◇税理士・認定支援機関のための中小企業の再生支援ガイド　橋口貢一著　中央経済社　2014.5　136p　21cm　⑤978-4-502-09740-9　Ⓝ336　[1900円]

◇先進経営に学べ―”強い中堅・中小企業”新たな挑戦　小林茂編　大阪　経済ニュース　2014.12　179p　21cm　〈新風書房（発売）〉⑤978-4-88269-812-8　Ⓝ335.35　[1500円]

◇脱ムダ金経営―資金をうまく使えば、会社と社員がもっと伸びる：中小企業のための社長力アップ講座　日経トップリーダー編　[東京]　日経BP社　2014.1　239p　19cm　（中小企業のための社長力アップ講座）〈日経BPマーケティング（発売）〉⑤978-4-8222-6391-1　Ⓝ336.8　[1600円]

◇地域雇用に貢献する中小企業の経営と人材育成　谷口雄治［著］，社会保険労務士総合研究機構編　社会保険労務士総合研究機構　2014.3　55p　30cm　（社労士総研研究プロジェクト報告書　平成26年）Ⓝ336.47

◇小さな会社の総務・経理がすべてわかる本　'14〜'15年版　楠亜紀子，杉田英樹，山口毅監修　成美堂出版　2014.7　255p　22cm　〈索引あり〉⑤978-4-415-31896-7　Ⓝ336.5　[1200円]

◇小さな会社のための「お金の参考書」　山本俊成，森田直子監修，垣畑光哉著　幻冬舎　2013.11　226p　19cm　⑤978-4-344-02494-6　Ⓝ336.83　[1100円]

◇「小さな神様」をつかまえろ！―日本で一番ほめてあげたい職場　鶴岡弘之著　PHP研究所　2014.6　189p　19cm　⑤978-4-569-81943-3　Ⓝ335.35　[1350円]

◇知的資産を効率的にビジネスに活用するためのツール策定の調査・研究報告書―調査・研究事業　平成24年度　広島　広島県中小企業診断協会知的資産経営研究会　2013.3　53p　30cm　Ⓝ336.021　[1800円]

◇「知的資産経営報告書」作成企業の実態調査　中小企業基盤整備機構経営支援情報センター　2014.3　118p　30cm　（中小機構調査研究報告書　第6巻　第1号）Ⓝ336

◇中堅・中小企業向けエコアクション21普及拡大に係る検討業務報告書　平成25年度　[東京]　ダイナックス都市環境研究所　2014.3　1冊　30cm　Ⓝ336

◇中国市場開拓に挑む中小企業　2013年度　[東京]　日本貿易振興機構海外調査部　2014.3　100p　30cm　〈タイトル関連情報：中国バイヤーが求める日本製品とは　共同刊行：日本貿易振興機構生活文化・サービス産業部〉Ⓝ338.9222　[非売品]

◇中小企業会計―「会計用語」で読み解く　吉田勝著　[東京]　東方通信社　2013.10　183p　21cm　〈ティ・エー・シー企画（発売）〉⑤978-4-924508-14-9　Ⓝ336.9　[1500円]

◇中小企業が市場社会を変える―中小企業研究の社会論的転換　黒瀬直宏，上原聡編著　同友館　2014.3　206p　22cm　（嘉悦大学大学院叢書　1）〈内容：市場経済の問題性と対抗力としての中小企業（黒瀬直宏著）　今日の経済社会と小企業・家族経営の意義（三井逸友著）　固有性志向による中小企業の新たなモノづくり（上原聡著）　「市民協同」のスモールビジネスの可能性（樋口兼次著）　東日本大震災と中小企業家（和田耕治著）〉⑤978-4-496-05046-6　Ⓝ335.35　[2400円]

◇中小企業組合理事百科　清水透著　全国共同出版　2014.10　340p　21cm　〈文献あり〉⑤978-4-793-41406-0　Ⓝ335.35　[2200円]

◇中小企業経営者のための本気で使える経営計画の立て方・見直し方―会社経営NEO新マニュアル　岡本吏郎著　すばる舎リンケージ　2014.12　207p　21cm　〈すばる舎（発売）文献あり〉⑤978-4-7991-0393-8　Ⓝ335.35　[2800円]

◇中小企業経営入門　井上善海，木村弘，瀬戸正則編著，大杉奉代，森宗一，遠藤真和，山本公平，中井透著　中央経済社　2014.10　209p　21cm　〈索引あり〉⑤978-4-502-11761-9　Ⓝ336　[2300円]

◇中小企業再生の新しい道標―事業再生の概念が大きく変わった！　川野雅之著　TKC出版　2014.12　242p　21cm　〈「中小企業再生完全マニュアル」改訂新版（2006年刊）の改題、大幅改訂〉⑤978-4-905467-21-2　Ⓝ335.35　[1800円]

◇中小企業事業継続計画（BCP）策定運用の手引き―非常事態でも経営を継続するために　大津　滋賀県商工観光労働部中小企業支援課　2014.11　96p　30cm　Ⓝ336

◇中小企業施策総覧　平成26年度　中小企業庁/編　全国官報販売協同組合　2014.10　566p　30cm　⑤978-4-86458-089-2　[2100円]

823

日本（中小企業―統計）

◇中小企業と若年人材―HRMチェックリスト、関連資料、企業ヒアリングより採用、定着、動機づけに関わる要因の検討 労働政策研究・研修機構編 労働政策研究・研修機構 2014.3 253p 30cm （JILPT資料シリーズ no. 134）〈文献あり〉 Ⓝ336.42

◇中小企業における「新たな価値創造（NVC）」への取り組み―中間財メーカーに求められるコスト低減以外の付加価値向上策 日本政策金融公庫総合研究所 2014.7 97p 30cm （日本公庫総研レポート no. 2014-1）Ⓝ509.21

◇中小企業における情報開示と知的資産の認識・活用に関する調査報告書 大阪 大阪産業経済リサーチセンター 2014.3 84p 30cm （資料 no. 17）Ⓝ336.17

◇中小企業による「新事業戦略」の展開―実態と課題 日本政策金融公庫総合研究所 2014.7 89p 30cm （日本公庫総研レポート no. 2014-2）Ⓝ335.35

◇中小企業の空洞化適応―日本の現場から導き出されたモデル 岸本博行編著 同友館 2014.2 315p 21cm〈索引あり 内容：日本の成功事例、現場からのモデル構築（岸本太一著） 事業転換の基礎パターン（岸本太一著） 顧客を惹き付けるコアサービス（岸本太一著） ものづくりのコアコンピタンス（首藤聡一朗著） 新しい取引関係の構築（額田春華著）「営業」と「開発」の増強（岸保行著） 自社の海外展開が与えた影響（浜松翔平著） 大手（地元）セットメーカーが与えた影響（粂野博行著） 地域からの支援（岸本太一著） 導きだされたモデル、未来への可能性（岸本太一著）〉 Ⓘ978-4-496-05042-8 Ⓝ509.21 ［2800円］

◇中小企業の「採用と定着」調査に向けて 労働政策研究・研修機構編 労働政策研究・研修機構 2014.5 71p 30cm （JILPT資料シリーズ no. 140）〈文献あり〉Ⓝ336.42

◇中小企業の事業承継実務A to Z―FPドクターEGUCHIが教える 江口輝著 第2版 きんざい 2014.9 169p 21cm Ⓘ978-4-322-12615-0 Ⓝ335.13 ［1800円］

◇中小企業の生涯とM&A 竹下吉大著 ［東京］ 東京図書出版 2014.7 198p 19cm （リフレ出版（発売）） Ⓘ978-4-86223-779-8 Ⓝ335.46 ［1300円］

◇中小企業の底力―成功する「現場」の秘密 中沢孝夫著 筑摩書房 2014.4 236p 18cm （ちくま新書 1065）〈文献あり〉 Ⓘ978-4-480-06776-0 Ⓝ335.35 ［780円］

◇中小企業のための会社売却「M&A」の手続・評価・税務と申告実務 岸田康雄著 清文社 2014.5 302p 21cm Ⓘ978-4-433-54464-5 Ⓝ335.46 ［2600円］

◇中小企業のための環境関連法規制 太田芳雄著 技報堂出版 2014.11 233p 21cm〈文献あり 索引あり〉 Ⓘ978-4-7655-3467-3 Ⓝ519.12 ［2700円］

◇中小企業のための超実践！ 消費税増税対策―二段階の増税時代を生き抜く！ ピンチをチャンスに変える専門家の経営アドバイス チームMPA編 同友館 2014.3 163p 21cm Ⓘ978-4-496-05043-5 Ⓝ336.987 ［1700円］

◇中小企業の動向 平成25年度 / 中小企業施策 平成26年度 ［東京］ ［中小企業庁］ ［2014］ 913p 30cm〈文献あり 第186回国会（常会）提出〉Ⓝ335.35

◇中小企業のマクロ・パフォーマンス―日本経済への寄与度を解明する 後藤康雄著 日本経済新聞出版社 2014.10 355p 22cm〈文献あり 索引あり 内容：中小企業をどう捉えるか 中小企業研究の意義 中小階層のプレゼンスの時系列的変化 中小企業と景気循環 中小企業部門の生産性と技術革新 中小企業を支える労働 中小企業の資金調達 中小企業政策〉 Ⓘ978-4-532-13455-6 Ⓝ335.35 ［5200円］

◇中小企業のITはこう使え！―中小企業白書のIT（情報技術）課題に沿って 情報診断士の会著 ［東大阪］ デザインエッグ 2014.8 237p 21cm Ⓘ978-4-86543-095-0 Ⓝ336.57

◇中小企業・ベンチャー企業論―グローバルと地域のはざまで 植田浩史、桑原武志、本多哲夫、義永忠一、関智宏、田中幹大、林幸治著 新版 有斐閣 2014.5 333p 19cm （有斐閣コンパクト）〈索引あり〉Ⓘ978-4-641-16431-4 Ⓝ335.35 ［2400円］

◇中小サービス産業における海外展開の実態と課題 中小企業基盤整備機構経営支援情報センター 2014.3 84p 30cm （中小機構調査研究報告書 第6巻 第5号）〈文献あり〉Ⓝ673.9

◇なぜ、9割の会社のホームページは失敗しているのか？ 平井周平著 総合法令出版 2014.10 189p 19cm Ⓘ978-4-86280-420-4 Ⓝ675 ［1300円］

◇21世紀型中小企業と我が国中小企業の組織革新―中小企業家同友会全国協議会「企業変革支援プログラム」step 1回答企業

に関する分析 山中伸彦［著］ 立教大学ビジネスクリエーター創出センター 2013.11 85p 30cm Ⓝ335.35

◇日本の「雇用をつくる」人材の確保・育成手法の開発に向けての調査・研究事業報告書 ［浦安］ 東レ経営研究所 2014.3 303p 30cm〈厚生労働省委託調査研究事業〉Ⓝ336.4

◇ハンズオン支援事例集―専門家派遣制度の活用による経営支援モデル 平成25年度 ［東京］ 中小企業基盤整備機構経営支援部経営支援課 2014.3 71p 30cm〈共同刊行：中小企業基盤整備機構経営支援部ハンズオン支援統括室〉Ⓝ335.35

◇東日本大震災と中小企業 日本政策金融公庫総合研究所著 文一総合出版 2014.7 230p 19cm〈文献あり〉Ⓘ978-4-8299-7704-0 Ⓝ335.35 ［2100円］

◇まちづくりと中小企業経営への挑戦―中小企業を主軸に、日本の地域再生をめざす 杉原五郎著 文芸社 2014.11 255p 19cm Ⓘ978-4-286-15625-5 Ⓝ601.1 ［1400円］

◇ものづくり中小企業製品開発等支援補助金に係るフォローアップ調査事業報告書 平成21年度 中小企業庁経営支援部創業・技術課 2014.3 101, 12p 30cm〈平成25年度中小企業庁委託事業、委託先：日経リサーチ 奥付のタイトル：ものづくり中小企業製品開発等支援補助金に係るフォローアップ調査報告書〉Ⓝ335.35

◇労務トラブルから会社を守る就業規則の作り方―最新版 保険サービスシステム株式会社著 マトマ出版 2013.8 255p 21cm〈索引あり〉Ⓘ978-4-904934-11-1 Ⓝ336.44 ［1600円］

日本（中小企業―統計）

◇個人企業経済調査報告 平成25年 総務省統計局/編 日本統計協会 2014.9 221p 30cm〈本文：日英両文〉Ⓘ978-4-8223-3779-7 ［2900円］

日本（中小企業―法令）

◇中小企業のための法律相談Q&A35―こぎゃんときどぎゃんすっと!? 熊本県弁護士会編著 熊本 熊本県弁護士会 2014.3 152p 21cm〈熊日情報文化センター（発売） 共同刊行：熊日出版〉Ⓘ978-4-87755-486-6 Ⓝ335.35 ［1000円］

日本（中小企業―論文集）

◇アジア大の分業構造と中小企業 同友館 2014.7 290p 21cm （日本中小企業学会論集 33）〈内容：中国企業、中国市場といかに関わるか（駒形哲哉著） グローバリゼーションと集積間連携（渋井康弘著） 直接投資と工業化・中小企業形成（前田啓一著）“早すぎる登用”と“実力に応じた登用”（林尚志著） オープン・イノベーションを活用した中小企業のコンバージョンEV事業参入（佐伯靖雄著） バーチャルバイオベンチャーのオプションゲーム分析（藤原孝男著） 航空機サプライヤー・システムの創出と参入支援事業（田野穂著） 地域における中小企業支援体制の構築（近藤健一、中村嘉雄著） 地域経営における地場産業の役割（佐々木絋一郎著） デザインと起業による地域産業の活性化（許伸江著） 温州中小企業と温州民間信用危機（姜紅祥、辻田素子、西口敏宏著） 中小工業における規模別格差について（町田光弘著） 金型産業の技術競争力の再考（藤川健著） 中小企業の海外直接投資が国内事業に影響を及ぼすメカニズム（藤井辰紀著） 海外展開しない中小製造業に関する実証研究（森岡功彦著） 中小事業と国内事業の両立可能性（山藤竜太郎著） 商店街活性化支援と地域振興の考察（石澤雄一郎著） 経営改善及び事業再生時の中小企業の個人事業者の課題（村山賢誌著） 中小企業の創業とアントレプレナー・起業家教育（川名和美著） 中小製造業のグローバル化に関する一考察（長谷川英伸著） 受注生産型中小メーカーの非代替要素と持続的競争優位に関する研究（光山博敏著） アジア大の分業構造における愛知・日本の中小自動車部品メーカーの意義と役割（田中武憲著） 観光地間と観光地内の競争と協力（伊藤薫著） 中小企業運動の新たな課題（池内秀樹著） 中小企業におけるイノベーション創出と組織能力（文能照之、井戸田博樹、辻正次著） 小規模ファミリービジネスにおける事業承継（中島章子著） 中小サービス業のITプラットフォーム活用に関する考察（溝下博著）〉Ⓘ978-4-496-05068-8 Ⓝ338.922 ［2800円］

日本（中小企業金融）

◇金融機関が行う経営改善支援マニュアル 日本政策金融公庫中小企業事業本部企業支援部編 改訂版 きんざい（発売） 文献あり 索引あり Ⓘ978-4-322-12610-5 Ⓝ336.83 ［2800円］

◇金融機関が行う私的整理による事業再生の実務 日本政策金融公庫中小企業事業本部企業支援部編 金融財政事情研究会 2014.11 217p 21cm〈きんざい（発売）索引あり〉Ⓘ978-4-322-12613-6 Ⓝ338.63 ［2200円］

◇中小企業再生への認定支援機関の活動マニュアル―経営改善計画・金融機関との交渉 中村中著 ぎょうせい 2014.4 203p 21cm〈著作目録あり〉Ⓘ978-4-324-09806-6 Ⓝ338.63 ［2400円］

日本件名図書目録2014　Ⅰ　　　　　　　　　　　　　　　　　　　　　　　　　　　　　日本（著作権）

◇中小企業再生術―中小企業再生支援に携わる人のための　新井信裕著　金融ブックス　2013.9　224p　21cm　①978-4-904192-44-3　Ⓝ338.63　[1905円]

◇中小・地域金融機関向けの総合的な監督指針　本編　[東京]　金融庁　2014.10　340p　30cm　Ⓝ338.33

日本（中等教育）

◇学力の規定要因分析最終報告書　[東京]　国立教育政策研究所　2014.3　198p　30cm　（プロジェクト研究調査研究報告書　平成24-25年度）〈文献あり　研究代表者：松繁寿和〉　Ⓝ375.17

日本（厨房設備―特許）

◇特許情報分析（パテントマップ）から見たシステムキッチンに関する技術開発実態分析調査報告書　インパテック株式会社編　パテンテック社　2013.1　217p　30cm〈タイトルは標題紙による〉　①978-4-86483-170-3　Ⓝ528.7　[54600円]

日本（蝶）

◇イモムシハンドブック　3　安田守著，高橋真弓，中島秀雄，四方圭一郎監修　文一総合出版　2014.4　108p　19cm〈文献あり　索引あり〉　①978-4-8299-8119-1　Ⓝ486.8　[1400円]

日本（超硬工具―特許）

◇特許情報分析（パテントマップ）から見た超硬工具に関する技術開発実態分析調査報告書　インパテック株式会社編　パテンテック社　2013.4　220p　30cm〈タイトルは標題紙による〉　①978-4-86483-205-2　Ⓝ532.6　[55650円]

日本（彫刻）

◇現代彫刻の方法　藤井匡著　美学出版　2014.3　174p　20cm〈内容：「方法」を見るための条件　鉄の彫刻は終わったのか　野外彫刻と御影石　西雅秋　岡本敦生　鷲見和紀郎　村井進吾　戸田裕介　寺田武弘　秋山陽　前田哲明　金沢健一　眞板雅文　青木野枝　前川義春　丸山富之　植松奎二　土屋公雄　向井良吉　建畠覚造　國安孝昌　倉貫徹〉　①978-4-902078-36-7　Ⓝ712.1　[2000円]

◇彫刻家の現場（アトリエ）から　武田厚著　生活の友社　2014.5　617p　21cm　①978-4-915919-87-9　Ⓝ712.1　[3800円]

日本（彫刻―図集）

◇Et in arcadia ego墓は語るか―彫刻と呼ばれる、隠された場所：彫刻論集　武蔵野美術大学美術館・図書館編　小平　武蔵野美術大学美術館・図書館　2013.5　131p　26cm〈会期・会場：2013年5月20日―8月10日　武蔵野美術大学美術館展示室1ほか〉　Ⓝ712.1

◇信州大学×長野県信濃美術館コラボ展　[長野]　長野県信濃美術館　2014.7　95p　26cm〈会期：平成26年7月12日―8月24日　平成26年度文化庁地域発・文化芸術創造発信イニシアチブ　編集：伊藤羊子ほか〉　Ⓝ723.1

◇造形衝動の一万年―縄文の宇宙/円空の衝撃/アール・ブリュットの情熱：平成26年秋季特別展　滋賀県立安土城考古博物館編　近江八幡　滋賀県立安土城考古博物館　2014.9　105p　30cm〈会期：平成26年9月20日―11月30日〉　Ⓝ712.1

◇陶影―第60回展記念誌　吉川　日本陶彫会　2013.4　47p　30cm　Ⓝ712.1

◇ボトルシップ・ラブソディ―14の彫刻/インスタレーションの場をめぐって　鞍763純一，戸田裕介，藤井匡編　[出版地不明]　プラザギャラリー開設25周年記念〈人・街・アートre-mix〉第4期実行委員会　2014.4　1冊（ページ付なし）26cm〈会期・会場：2013年9月7日―12月22日　東京アートミュージアムプラザギャラリー〉　Ⓝ712.1

日本（彫刻―歴史―平成時代―図集）

◇日展の彫刻―改組新：第三科　第1回　2014　日展編　日展　2014.11　67p　30cm〈表紙のタイトル：彫刻　編集代表：土屋禮一〉　①978-4-904474-52-5　Ⓝ712.1　[3200円]

日本（彫刻―歴史―明治以後―図集）

◇中野美術館作品選　中野美術館編　[奈良]　中野美術館　c2014　145p　30cm　Ⓝ721.026

日本（彫刻家）

◇彫刻家の現場（アトリエ）から　武田厚著　生活の友社　2014.5　617p　21cm　①978-4-915919-87-9　Ⓝ712.1　[3800円]

日本（鳥獣害）

◇決定版！獣害対策―女性がやればずんずん進む　井上雅央著　農山漁村文化協会　2014.9　148p　21cm　①978-4-540-13108-0　Ⓝ615.86　[1800円]

◇獣害対策の設計・計画手法―人と野生動物の共生を目指して　九鬼康彰，武山絵美著　農林統計出版　2014.10　135p　21cm（農村計画学のフロンティア　3）　①978-4-89732-306-0　Ⓝ615.86　[1200円]

◇鳥獣害ゼロへ！―集落は私たちが守るッ　日本農業新聞取材班著　こぶし書房　2014.10　173p　21cm　①978-4-87559-295-2　Ⓝ615.86　[1800円]

◇野生動物管理システム　梶光一，土屋俊幸著　東京大学出版会　2014.9　248p　22cm〈索引あり　内容：野生動物管理の現状と課題（梶光一著）地域環境ガバナンスとしての野生動物管理（梶光一著）　野生動物管理システム研究のコンセプト（梶光一著）　研究プロセスと調査地（戸田浩人，大橋春香著）　ミクロスケールの管理（桑原考史，角田裕志著）　メソスケールの管理（大橋春香著）　マクロスケールの管理（丸山哲也，齊藤正恵著）　イノシシ管理からみた野生動物管理の現状と課題（大橋春香著）　学際的な野生動物管理システム研究の進め方（中島正裕著）　北米とスカンジナビアの野生動物管理（小池伸介著）　野生動物の食肉流通（田村孝浩著）　統合的な野生動物管理システム（土屋俊幸，梶光一著）〉①978-4-13-060227-3　Ⓝ659.7　[4800円]

日本（直接請求）

◇実務解説直接請求制度　直接請求実務研究会編集　ぎょうせい　2014.9　360p　21cm〈索引あり〉①978-4-324-09866-0　Ⓝ318　[4000円]

日本（直流機―特許）

◇特許情報分析（パテントマップ）から見たDCモーターに関する技術開発実態分析調査報告書　インパテック株式会社編　パテンテック社　2013.3　238p　30cm〈タイトルは標題紙による〉①978-4-86483-187-1　Ⓝ542.23　[56700円]

日本（著作家）

◇序文検索　2篇目　序文跋文あれこれ　かわじもとたか編著　杉並けやき出版　2014.7　623p　20cm〈[星雲社]（発売）〉①978-4-434-19442-9　Ⓝ025.1　[4500円]

◇ビジネス書の9割はゴーストライター　吉田典史著　青弓社　2014.5　205p　19cm　①978-4-7872-3378-3　Ⓝ021.3　[1600円]

日本（著作権）

◇インターネットビジネスの著作権とルール　福井健策編，福井健策，池村聡，杉本誠司，増田雅史著　著作権情報センター　2014.7　270p　21cm（エンタテインメントと著作権―初歩から実践まで―　5）〈文献あり　索引あり〉①978-4-88526-076-6　Ⓝ021.2　[2400円]

◇基礎から学べる！著作権早わかり講座　東京丸の内法律事務所著作権研究会著，笹本摂，清水豊，前岨博，上村剛編著　第一法規　2014.5　221p　18cm　①978-4-474-03290-3　Ⓝ021.2　[1000円]

◇実務者のための著作権ハンドブック　著作権法令研究会編著　第9版　著作権情報センター　2014.1　556, 9p　21cm〈文献あり〉①978-4-88526-075-9　Ⓝ021.2　[2800円]

◇私的録音録画に関する実態調査報告書　著作権情報センター附属著作権研究所[著]　著作権情報センター　2014.3　1冊　30cm（著作権研究所研究叢書　no. 25）〈SARVH共通目的事業（平成25年度）〉Ⓝ021.2　[非売品]

◇人文学と著作権問題―研究・教育のためのコンプライアンス　漢字文献情報処理研究会編　好文出版　2014.2　225p　21cm　①978-4-87220-177-2　Ⓝ021.2　[2500円]

◇著作権―それホント？　岡本薫著　発明推進協会　2014.4　368p　21cm〈索引あり　「誰でも分かる著作権」改訂第9版（全日本社会教育連合会　2005年刊）の改題、改訂〉①978-4-8271-1234-4　Ⓝ021.2　[2000円]

◇著作権テキスト―初めて学ぶ人のために　平成26年度　[東京]　文化庁長官官房著作権課　[2014]　97, 67p　30cm　Ⓝ021.2

◇著作権ビジネスの理論と実践　4　高林龍編著代表　Risoh　2014.3　281p　26cm（JASRAC寄付講座　2012年度）〈奥付のタイトル：著作権法ビジネスの理論と実践　内容：〈春季〉ガイダンス（上野達弘述）　著作権法の改革案（リフォーム）（石新智規，上野達弘述）　著作権法学会シンポジウム「著作権法の将来像と政策形成」（2012年4月21日開催）への参加　著作権侵害訴訟の実務（東海林保，高林龍述）　映画に関する著作権法上の問題（前田哲男述）　文藝著作物を巡る諸問題（長尾玲子，富岡英次述）　私的録音録画補償金再考（本山雅弘，駒田泰土述）　インターネットを巡る著作権法上の諸問題（奥邨弘司述）　パロディと表現の自由（金子敏哉，上野達弘述）　音楽に関する著作権法上の問題（安藤和宏述）　著作権法における損害論（飯田圭，富岡英次述）　放送に関する著作権法上の問題（千葉晋也，前田哲男述）　日本人の知らない著作権（小川明子，高林龍述）　著作権の存続期間（駒田泰土述）〈秋季〉クラウド時代における公衆送信権の再検討（茶園成樹，奥邨弘司，上野達弘述）　企業内などにおける著作物の"ちょっとした"利用が許される範囲（齋藤浩貴，宮下佳之，前田哲男述）　批評、コメント、笑い（Jane C.Ginsburg，駒田泰土，小川明子述）　音楽著作権ビジネスの現状と課題（宗像和男，原一博，安藤和宏述）　ダウンロード刑罰化の問題点と今後の課題（壇利光，小向太郎，

日本（著作権法）

平嶋竜太述）　文藝著作物、連載漫画におけるキャラクターの著作権法上の保護（ビッグ錠ほか述）　基調講演オンライン著作権侵害（M.Margaret　McKeown,竹中俊子述）〉Ⓝ021.2

◇デジタルコンテンツの著作権Q&A　結城哲彦著　中央経済社　2014.5　198p　21cm〈文献あり　索引あり〉Ⓘ978-4-502-10281-3　Ⓝ021.2　［2400円］

◇日常でコンテンツを扱う際の著作権　入門・初級編　上原伸一著　あみのさん　2014.2　127p　30cm　Ⓘ978-4-900585-03-4　Ⓝ021.2　［1000円］

◇美術作家の著作権―その現状と展望　福王寺一彦,大家重夫著　里文出版　2014.2　522,71p　22cm〈索引あり　英語抄訳付　内容：美術作品の著作権を巡る問題（福王寺一彦,大家重夫述,大成浩司会）　美術作家たちの著作権問題（福王寺一彦著）　平成二一年文化庁への意見書（福王寺一彦著）　平成二三年国立国会図書館への意見書（福王寺一彦著）　平成二五年文化庁文化審議会著作権分科会報告（福王寺一彦著）　司法の威力、立法の威力（大家重夫著）　日本美術著作権協会の設立と「追及権」の導入（大家重夫著）　追及権とはどんな権利か（大家重夫著）　美術関連の法律と条文（大家重夫編）　美術関係判例集（大家重夫編）〉Ⓘ978-4-89806-400-9　Ⓝ021.2　［5000円］

◇もう知らないではすまされない著作権　奥田百子監修, 鈴木龍介,富田英治,山本浩司著　中央経済社　2014.3　119p　21cm〈文献あり〉Ⓘ978-4-502-07100-3　Ⓝ021.2　［1700円］

日本（著作権法）

◇医薬学術文献の二次利用許諾―プロモーション・広告宣伝利用における著作権実務　伊藤勝彦　情報機構　2014.6　79p　26cm〈文献あり〉Ⓘ978-4-86502-059-5　Ⓝ021.2　［18000円］

◇改正著作権法の施行状況等に関する調査研究報告書　［東京］　新日本有限責任監査法人　2013.12　163p　30cm〈平成25年度文化庁委託事業〉Ⓝ021.2

◇Q&A引用・転載の実務と著作権　北村行夫,雪丸真吾編　第3版　中央経済社　2014.2　240p　21cm　Ⓘ978-4-502-07910-8　Ⓝ021.2　［2800円］

◇障害者サービスと著作権法　日本図書館協会障害者サービス委員会,著作権委員会編　日本図書館協会　2014.9　131p　19cm　（JLA図書館実践シリーズ 26）〈文献あり　索引あり〉Ⓘ978-4-8204-1409-4　Ⓝ015.17　［1600円］

◇著作権関係法令集　平成27年版　著作権情報センター　2014.12　522,88p　19cm　Ⓘ978-4-88526-078-0　Ⓝ021.2　［2500円］

◇著作権法　茶園成樹編　有斐閣　2014.4　277p　22cm〈索引あり〉Ⓘ978-4-641-14462-0　Ⓝ021.2　［2600円］

◇著作権法　岡村久道著　第3版　民事法研究会　2014.9　553p　21cm〈索引あり〉Ⓘ978-4-89628-959-6　Ⓝ021.2　［5400円］

◇著作権法　中山信弘著　第2版　有斐閣　2014.10　689p　22cm〈索引あり〉Ⓘ978-4-641-16409-9　Ⓝ021.2　［5800円］

◇著作権法案内　半田正夫著　勁草書房　2014.7　298p　19cm（勁草法学案内シリーズ）〈索引あり〉Ⓘ978-4-326-49934-2　Ⓝ021.2　［2300円］

◇著作権法概論　斉藤博著　勁草書房　2014.12　271p　21cm〈文献あり　索引あり〉Ⓘ978-4-326-40296-0　Ⓝ021.2　［2800円］

◇著作権法概論　作花文雄,吉田大輔著　3訂版　放送大学教育振興会　2014.3　317p　21cm　（放送大学教材）〈［NHK出版（発売）］　文献あり　索引あり〉Ⓘ978-4-595-31488-9　Ⓝ021.2　［2900円］

◇著作権法入門　2014-2015　文化庁編著　著作権情報センター　2014.10　143,279p　21cm　Ⓘ978-4-88526-077-3　Ⓝ021.2　［2200円］

◇ビジネス著作権法　侵害論編　荒竹純一著　新版　中央経済社　2014.2　381p　21cm〈索引あり　初版：産経新聞出版2006年刊〉Ⓘ978-4-502-07580-3　Ⓝ021.2　［4200円］

◇平成二十六年改正特許法・著作権法等新旧条文対照表　発明推進協会編集　発明推進協会　2014.8　211p　21cm　Ⓘ978-4-8271-1239-9　Ⓝ507.23　［750円］

◇立法と判例による著作権法条文の解説　石川健太郎著　発明推進協会　2014.11　621p　21cm〈索引あり〉Ⓘ978-4-8271-1242-9　Ⓝ021.2　［5000円］

◇Copyright law of Japan　大山幸房ほか訳　著作権情報センター　2014.10　12,399p　21cm〈日本語・英語併記〉Ⓝ021.2　［非売品］

日本（ちらし―図集）

◇一目で伝わる構図とレイアウト―「1枚ものチラシ」のデザイン特集　パイインターナショナル　2014.4　327p　26cm〈索引あり〉Ⓘ978-4-7562-4476-5　Ⓝ674.7　［3800円］

◇不動産広告グラフィックス　アルファブックス/アルファ企画　2014.4　239p　31cm〈美術出版社（発売）　索引あり〉Ⓘ978-4-568-50570-2　Ⓝ673.99　［15000円］

日本（ちらし―歴史）

◇フライヤーのデザイン―人を集めるチラシのアイデア　ビー・エヌ・エヌ新社　2014.1　207p　24cm〈索引あり〉Ⓘ978-4-86100-910-5　Ⓝ674.7　［2600円］

日本（ちらし―歴史―江戸末期）

◇図説近世日本広告史―引札・絵びら・錦絵　増田太次郎編著　日本図書センター　2014.2　171p　31cm〈文献あり　年表あり　「引札 絵びら 錦絵広告」第2版（誠文堂新光社 1981年刊）の複製〉Ⓘ978-4-284-50344-0　Ⓝ674.7　［24000円］

日本（ちらし―歴史―大正時代）

◇図説近世日本広告史―引札・絵びら・錦絵　増田太次郎編著　日本図書センター　2014.2　171p　31cm〈文献あり　年表あり　「引札 絵びら 錦絵広告」第2版（誠文堂新光社 1981年刊）の複製〉Ⓘ978-4-284-50344-0　Ⓝ674.7　［24000円］

日本（ちらし―歴史―明治時代）

◇図説近世日本広告史―引札・絵びら・錦絵　増田太次郎編著　日本図書センター　2014.2　171p　31cm〈文献あり　年表あり　「引札 絵びら 錦絵広告」第2版（誠文堂新光社 1981年刊）の複製〉Ⓘ978-4-284-50344-0　Ⓝ674.7　［24000円］

◇もらって嬉し見て楽し―引札明治の広告：平成26年度春季企画展資料集　京都府立丹後郷土資料館編　宮津　京都府立丹後郷土資料館友の会　2014.4　67p　30cm〈会期：平成26年4月19日―6月22日〉Ⓝ674.7

日本（地理学―歴史―江戸時代）

◇地誌―異国の叙述、世界の名前　横浜市立大学戦略的研究推進プロジェクト編　横浜　横浜市立大学戦略的研究推進プロジェクト　2014.3　95p　30cm　（横浜市立大学貴重資料集成 4）Ⓘ978-4-9906369-3-7　Ⓝ290.12

日本（地理学者―歴史―明治以後―人名辞典）

◇日本地理学人物事典　現代編1　岡田俊裕著　原書房　2014.7　483p　22cm〈索引あり〉Ⓘ978-4-562-04712-3　Ⓝ290.33　［7500円］

日本（地理教育）

◇瀬戸内海の自然景観を読む―持続可能な社会の発展の観点に立った環境教育と防災教育の推進のために：ESD読本　河原富夫著　広島　河原富夫　2014.3　104p　21cm　Ⓝ375

日本（賃金管理）

◇これからの賃金制度のあり方に関する基本的な方向について―職務給体系への移行・再設計と労働移動をめぐる環境整備を　［東京］　東京経営者協会賃金問題研究会　2014.5　4,17,50p　30cm　Ⓝ336.45

◇諸手当の決め方・運用の仕方―会社の差別化・公平性・モチベーションアップに活用できる　荻原勝著　産労総合研究所出版部経営書院　2014.8　270p　21cm　Ⓘ978-4-86326-179-2　Ⓝ336.45　［1800円］

◇65歳継続雇用時代の賃金制度改革と賃金カーブの修正方法―不利益変更への対応、ジョブサイズによる賃金決定　佐藤純著　日本生産性本部生産性労働情報センター　2014.2　216p　21cm〈文献あり〉Ⓘ978-4-88372-473-4　Ⓝ336.45　［2000円］

日本（通過儀礼）

◇伝統を読みなおす　2　暮らしに息づく伝承文化　小川直之,服部比呂美,野村朋弘編　京都造形芸術大学東北芸術工科大学出版局藝術学舎　2014.12　168p　21cm　（芸術教養シリーズ 23）〈幻冬舎〉内容：正月行事（小川直之著）　上巳節供（小川直之著）　端午節供（小川直之著）　七夕（後藤麻衣子著）　盆（大楽和正著）　産育習俗誕生から初誕生まで（服部比呂美著）　七五三（齋藤しおり著）　婚姻（高久舞著）　葬送儀礼（大楽和正著）　御霊信仰（服部比呂美著）　道祖神（服部比呂美著）　御霊信仰（大楽和正著）　小子譚（佐伯和香子著）　継子譚（佐伯和香子著）　異類婚姻譚（久保華誉著）〉Ⓘ978-4-344-95259-1　Ⓝ702.2　［2200円］

◇日本人の一生―通過儀礼の民俗学　谷口貢,板橋春夫編著　八千代出版　2014.1　228p　19cm〈索引あり　内容：生命観と通過儀礼（板橋春夫著）　通過儀礼研究の歩み（谷口貢著）　年齢の民俗（板橋春夫著）　妊娠と出産の民俗（鈴木由利子著）　子どもの成長（猿渡土貴著）　青年と成人儀礼（宮前耕史著）　結婚の民俗（板橋春夫著）　女性の民俗（鈴木明子著）　大人の民俗（山崎祐子著）　老いの民俗（大里正樹著）　葬送儀礼の民俗（板橋春夫著）　葬送と先祖祭祀（谷口貢著）　食文化と通過儀礼（板橋春夫著）　病と通過儀礼（越川次郎著）　老いといきがい（藤田真理子著）〉Ⓘ978-4-8429-1617-0　Ⓝ385.021　［2300円］

日本件名図書目録2014　I　　　　　　　　　　　　　　　　　　　　　　　　　　日本（定時制高等学校）

日本（通貨政策）
◇通貨及び金融の調節に関する報告書　［東京］　日本銀行　2014.6　4, 346p　30cm　Ⓝ338.3
◇通貨及び金融の調節に関する報告書　［東京］　日本銀行　2014.12　3, 216p　30cm　Ⓝ338.3

日本（通信制高等学校）
◇燦々の太陽を求めて──働きながら学ぶ青少年の未来と希望を育てよう：卒業生等の手記　第18集　全国高等学校定時制通信制教育振興会　2014.12　156p　19cm　Ⓝ376.41

日本（通信制高等学校─名簿）
◇全国定時制通信制高等学校基本調査　平成26年度　全国高等学校定時制通信制教頭・副校長協会　2014.8　124p　30cm　Ⓝ376.41　［非売品］

日本（通信と放送の融合）
◇民放のネット・デジタル関連ビジネス研究プロジェクト2013年度報告書　［東京］　日本民間放送連盟・研究所　2014.5　123p　30cm　Ⓝ699.21

日本（通信販売─法令）
◇ネットビジネス・通販サイト運営のための法律と書式サンプル集──事業者必携　服部真和監修　三修社　2014.5　263p　21cm　Ⓘ978-4-384-04601-4　Ⓝ673.36　［1900円］

日本（通信法）
◇情報通信法令集　平成26年版　情報通信振興会　2014.3　2560p　21cm　Ⓘ978-4-8076-0739-6　Ⓝ694.1　［8500円］

日本（津波）
◇自然災害への備えと専門家の役割──南海・東南海地震に備えて：シンポジウム記録集：阪神・淡路まちづくり支援機構　阪神・淡路まちづくり支援機構編　神戸　阪神・淡路まちづくり支援機構　2013.7　101p　30cm　〈会期・会場：2012年2月23日　和歌山商工会議所大ホール〉　Ⓝ369.31
◇津波災害を繰り返さないために──津波を知り、津波に耐え、津波から逃れる　［東京］　日本建設業連合会海洋開発委員会技術部会津波対策専門部会　2014.6　1冊　30cm　〈文献あり〉　Ⓝ369.31
◇東日本大震災合同調査報告　共通編　2　津波の特性と被害　東日本大震災合同調査報告書編集委員会編　土木学会　2014.6　1冊　26cm　〈丸善出版（発売）文献あり〉　Ⓘ978-4-8106-0860-1　Ⓝ453.21　［7000円］

日本（津波─歴史）
◇巨大津波地層からの警告　後藤和久著　日本経済新聞出版社　2014.5　204p　18cm　〈日経プレミアシリーズ 230〉　〈文献あり〉　Ⓘ978-4-532-26230-3　Ⓝ453.4　［850円］

日本（津波─歴史─1868～1945）
◇津波災害と近代日本　北原糸子著　吉川弘文館　2014.6　293p　22cm　〈内容：災害史からなにを学ぶのか　災害史研究の現状と課題　津波災害と復興　明治三陸津波と山奈宗真　明治三陸津波と村の対応　災害と家族　災害常襲地帯における災害文化の継承　東北三県における津波碑　蘇えらせよう、津波碑の教訓　津波碑は生き続けているか　下田港の被害と復興　歴史災害にみる不安のかたち〉　Ⓘ978-4-642-03832-4　Ⓝ369.31　［4800円］

日本（庭園）
◇庭園──日本庭園協会機関誌　復刊第10号　［東京］　日本庭園協会広報委員会　2014.3　92p　30cm　〈年表あり　発行所：日本庭園協会〉　Ⓝ629.21　［1000円］
◇庭園鑑賞のあゆみ──社団法人日本庭園協会九十五周年　日本庭園協会鑑賞研究部編　［東京］　日本庭園協会鑑賞研究部　2014.3　100p　30cm　〈発行所：日本庭園協会〉　Ⓝ629.21
◇日本名庭園紀行─心のやすらぎを求めて　2　阿部茂著　大阪　竹林館　2014.8　243p　21cm　Ⓘ978-4-86000-285-5　Ⓝ629.21　［2300円］
◇ようこそ、バラの咲くカフェへ─グリーンローズガーデンの四季　KADOKAWA　2014.4　98p　24cm　〈花時間特別編集〉　Ⓘ978-4-04-729583-4　Ⓝ629.23　［1500円］
◇吉村元男の「景」と「いのちの詩」　吉村元男著　京都　京都通信社　2013.7　83p　18×19cm　（シリーズ人と風と景と）　〈英語併記〉　Ⓘ978-4-903473-71-0　Ⓝ629.3　［1400円］

日本（庭園─会議録）
◇日本庭園学会全国大会シンポジウム・研究発表資料集　平成26年度　粟野隆編　日本庭園学会　2014.6　89p　30cm　〈会期・会場：平成26年6月21日─22日　ホテルイタリア軒本店　内容：シンポジウム「自然主義風景式庭園の潮流と旧齋藤家別邸庭園─存在の意味と意義を考える」　ニハ（庭）としての都市（中村良夫著）　地域活性化ツールとしての文化財の社会的価値（池邊

このみ著）　日本庭園とまちをつなぐ（池田博俊著）　都市の品格とまちづくり（松山雄二著）　新潟市の西大畑・旭町界隈の歴史的建造物と庭園（大倉宏著）　研究発表　旧齋藤氏別邸庭園の作庭を行った庭師・松本亀吉の事績（松本恵樹著）　名勝無鄰菴庭園の恒常維持管理の実態と本質的意味（今江秀史、阪上富男、加藤友規著）　都ホテル葵殿庭園における流れの き損の仕組みと導き出せる修理の本質（阪上富男、加藤友規、今江秀史著）　米国・サラトガ市箱根庭園修復支援（土沼直亮著）　古代韓国庭園の園地に関する研究（洪光灼、李赫宰著）　朝鮮時代中期の隠棲庭園瀟灑園の庭園構成と造営意図に関する考察（孫昊愷、藤井英二郎著）　二子玉川「帰真園」造園過程の映像記録（佐藤至門、鈴木誠著）　作庭記に学ぶ事業戦略（2）その実践的展開（森泰規著）　『庭園と建築の歴史』構築のための試み（玉井哲雄著）　龍安寺方丈庭園の作庭の意図について（杉尾伸太郎著）　桂の幾何学（鈴木蓊著）　史跡八王子城跡御主殿跡庭園遺構の構成と特色（粟野隆著）　長野市松代町に残る庭園群を成立させている水路網の近年の変化（佐々木邦博、長井友紀著）　姉妹庭園関係締結とその意義（土沼雄雄著）　日本庭園作庭技術の継承に職藝学院が果たす役割（渡邉美保子著）〉　Ⓝ629.21

日本（庭園─歴史）
◇『作庭記』と日本の庭園　白幡洋三郎編　京都　思文閣出版　2014.3　353,3p　22cm　〈内容：日本庭園の「誕生」と『作庭記』の意義（白幡洋三郎著）　華林園の記憶（多田伊織著）　祭祀と饗宴の庭（原田信男著）　臨池伽藍の系譜と浄土庭園（小野健吉著）　『作庭記』原本の再生（飛田範夫著）　浄土庭園と『作庭記』と『祇園図経』（外村中著）　『作庭記』にみる禁忌・陰陽五行・四神相応（水野杏紀著）　名所を造れる庭園は存在したか（錦仁著）　四方四季と三神殿（荒木浩著）　鳥羽離宮庭園から見た鳥羽上皇の浄土観（鈴木久男著）　幻の庭園（原口志津子著）　鎌倉時代における離宮および山荘と庭園（豊田裕章著）　南北朝時代の臨済宗幻住派・金剛幢下における境内空間（榎本渉著）　露地考（陸留弟著）〉　Ⓘ978-4-7842-1746-5　Ⓝ629.21　［5000円］
◇日本の芸術史　造形篇1　信仰、自然との関わりの中で　栗本徳子編　京都造形芸術大学東北芸術工科大学出版局藝術学舎　2013.10　221p　21cm　（芸術教養シリーズ 1）　〈幻冬舎（発売）年表あり　索引あり　内容：造形意識の芽生え（三上美和、金子典正、栗本徳子著）　仏教美術の幕開け（金子典正著）　写実の萌芽（金子典正著）　写実の完成（金子典正著）　写実の成熟（金子典正著）　曼荼羅の世界（金子典正、栗本徳子著）　和様化の過程（金子典正著）　院政期の仏画（栗本徳子著）　鎌倉の写実（金子典正著）　仏像の展開（金子典正著）　古代の工芸（栗本徳子、三上美和著）　寺院建築の歴史（大場修著）　神社建築と住宅（大場修著）　古代・中世の庭園（仲隆裕著）　庭園様式と近世以降の庭園（仲隆裕著）〉　Ⓘ978-4-344-95160-0　Ⓝ702.1　［2500円］

日本（庭園─歴史─1868～1945）
◇日本庭園像の形成　片平幸著　京都　思文閣出版　2014.3　230,2p　22cm　Ⓘ978-4-7842-1718-2　Ⓝ629.21　［4000円］

日本（庭園─歴史─中世）
◇禅宗寺院と庭園　国立文化財機構奈良文化財研究所文化遺産部編　奈良　国立文化財機構奈良文化財研究所文化遺産部　2013.3　64p　30cm　〈庭園の歴史に関する研究会報告書 平成24年度〉　〈内容：研究報告　西芳寺洪隠山の石組の作庭者（飛田範夫著）　庭園と山水画（鳥尾新著）　禅宗伽藍がもたらした「背面庭」（小野健吉著）　中世日本と南宋の禅宗寺院建築および庭園（鈴木智大著）〉　Ⓘ978-4-905338-28-4　Ⓝ629.21

日本（庭園─歴史─室町時代）
◇室町時代の将軍の庭園　国立文化財機構奈良文化財研究所文化遺産部編　奈良　国立文化財機構奈良文化財研究所文化遺産部　2014.3　96p　30cm　〈庭園の歴史に関する研究会報告書 平成25年度〉　〈内容：研究報告　平成23・24年度の「庭園の歴史に関する研究会」における論点（中島義晴著）　発掘された室町将軍の庭（鈴木久男著）　室町時代の将軍御所と環境文化（高橋康夫著）　足利将軍9代から15代までの邸宅と庭園（飛田範夫著）　中心としての足利将軍邸（綿田稔著）〉　Ⓘ978-4-905338-43-7　Ⓝ629.21

日本（庭園─歴史─明治以後─写真集）
◇三菱四代社長ゆかりの邸宅・庭園　米山勇監修、及川卓也、塚原加奈子、三菱広報委員会事務局著　三菱広報委員会　2014.8　176p　37cm　〈英語併記〉　Ⓝ527.021　［非売品］

日本（デイサービス）
◇羽化するお泊りデイサービス─時代が求める「ご近所老人ホーム」　矢嶋明、赤田元日出共著　アーク出版　2014.3　157p　21cm　Ⓘ978-4-86059-140-3　Ⓝ369.263　［1500円］

日本（定時制高等学校）
◇燦々の太陽を求めて──働きながら学ぶ青少年の未来と希望を育てよう：卒業生等の手記　第18集　全国高等学校定時制通信制教育振興会　2014.12　156p　19cm　Ⓝ376.41

日本（定時制高等学校—名簿）

◇夜学生　戸石泰一著　京都　三人社　2014.12　98p　18cm
（ルポルタージュシリーズ）〈現在の会編　原本：柏林書房
1955年刊〉①978-4-906943-84-5,978-4-906943-80-7（set）
Ⓝ376.41

日本（定時制高等学校—名簿）
◆全国定時制通信制高等学校基本調査　平成26年度　全国高等
学校定時制通信制教頭・副校長協会　2014.8　124p　30cm
Ⓝ376.41　［非売品］

日本（底質悪化）
◇浅い閉鎖性水域の底質環境形成機構の解析と底質制御技術の
開発　平成22年度—平成24年度　東北大学［著］　［東京］　環
境省総合環境政策局総務課環境研究技術室　2013.5　91p
30cm（環境省環境研究総合推進費終了研究等成果報告書）
〈共同刊行：環境省環境保健部環境安全課環境リスク評価室ほ
か〉Ⓝ519.4

日本（ディスクロージャー〔経営〕—法令）
◇企業内容等の開示に関する法令集—金融商品取引法第一章・第
二章関係　平成26年版　宝印刷株式会社総合ディスクロー
ジャー研究所編　宝印刷　2014.5　1324p　26cm〈税務経理
協会（発売）　平成26年4月1日現在〉①978-4-419-07024-3
Ⓝ338.16　［3800円］

日本（手形法）
◇会社法・商行為法手形法講義　森本滋著　第4版　成文堂
2014.4　450p　21cm〈文献あり　索引あり〉①978-4-7923-
2658-6　Ⓝ325.2　［2800円］

日本（デザイナー）
◇デザイナーズFILE—プロダクト、インテリア、建築、空間な
どを創るデザイナーズガイドブック　2014　カラーズ編著
カラーズ　2014.3　303p　26cm〈ワークスコーポレーション
（発売）　索引あり〉①978-4-86267-162-2　Ⓝ501.83　［2857
円］

日本（デザイン）
◇みつばち鈴木先生—ローカルデザインと人のつながり　原研
哉編　羽鳥書店　2014.5　302p　21cm　①978-4-904702-45-1
Ⓝ601.1　［3200円］

◇夜長堂の乙女モダン蒐集帖　夜長堂著　パイインターナショ
ナル　2014.5　127p　21cm　①978-4-7562-4469-7　Ⓝ757.
021　［1600円］

日本（デザイン—図集）
◇サトル—かすかな、ほんのわずかの：the 47th Takeo paper
show　竹尾編，原研哉，日本デザインセンター原デザイン研究
所企画・構成　竹尾　2014.5　281p　23cm〈英語併記　会
期・会場：2014年5月25日—6月1日　TOLOT/heuristic
SHINONOME〉978-4-907942-00-7　Ⓝ757.021　［3600円］

日本（デザイン—統計）
◇特定サービス産業実態調査報告書　平成25年　デザイン業，機
械設計業編　［東京］　経済産業省大臣官房調査統計グループ
2014.12　171p　30cm　Ⓝ673.9

日本（鉄器—歴史—古代）
◇古墳時代の農具研究—鉄製刃先の基礎的検討をもとに　河野
正訓著　雄山閣　2014.8　285p　27cm〈文献あり　索引あり〉
布装　内容：鉄鍬〈方形板刃先〉の構造　鉄鍬〈U字形刃先〉の
構造　鉄鎌の構造　鉄製穂摘具の構造　方形板刃先の使用
直刃鎌の使用　農具鉄製刃先の使用品と未使用品　農具鉄製
刃先の実用品と非実用品　農具鉄製刃先の変遷　古墳時代前
期の曲刃鎌　農具鉄製刃先の所有　地方からみた鉄の管理体
制〉①978-4-639-02322-7　Ⓝ210.32　［12000円］

日本（鉄鋼業）
◇伊藤博文文書　第113巻　秘書類纂工業　伊藤博文［著］，伊藤
博文文書研究会監修，檜山幸夫総編集　川島淳編集・解題　ゆ
まに書房　2014.7　587p　22cm〈宮内庁書陵部所蔵の複製〉
①978-4-8433-2645-9,978-4-8433-2532-2（set）　Ⓝ312.1
［16000円］

日本（鉄鋼業—統計）
◇経済産業省生産動態統計年報　鉄鋼・非鉄金属・金属製品統計
編　平成25年　経済産業省大臣官房調査統計グループ／編　経
済産業統計協会　2014.7　281p　30cm　①978-4-86499-011-0
［9000円］

日本（鉄鋼業—歴史—1945〜）
◇日本鉄鋼業の光と影　藤田昭夫，男澤一郎，王建鋼，森脇亜人，
美土代研究会著　勁草書房　2014.11　232p　20cm（シリー
ズ企業・経営の現場から3）〈内容：大型製鉄所の建
設と発展（藤田昭夫著）　苦難の時代と乗り越える挑戦（藤田昭
夫著）　日本鉄鋼メーカーの米国直接進出（男澤一郎著）　中
国鉄鋼業の躍進とその影響（藤田昭夫著）　中国鉄鋼業の代表

的企業（王建鋼著）　再び光は射すか（森脇亜人著）　会員の討
論（藤田昭夫，男澤一郎，王建鋼ほか述）〉①978-4-326-59871-7
Ⓝ564.09　［2500円］

日本（鉄道）
◇伊藤博文文書　第111巻　秘書類纂交通　1　伊藤博文［著］，
伊藤博文文書研究会監修，檜山幸夫総編集　川島淳編集・解題
ゆまに書房　2014.7　334p　22cm〈宮内庁書陵部所蔵の複
製〉①978-4-8433-2643-5,978-4-8433-2532-2（set）　Ⓝ312.1
［16000円］

◇風と煙を伴にして—1960年代汽車の旅　北田稔彦著　改訂第2
版　岡山　丸善書店岡山シンフォニービル店出版サービスセ
ンター　2014.8　151p　21cm　①978-4-89620-223-6　Ⓝ291.
09　［1300円］

◇京都大学鉄道研究会雑誌　第31号　2014年　京都大学鉄道研
究会雑誌編集委員会編　さいたま　京都大学鉄道研究会雑誌
編集委員会　2014.11　84p　30cm　Ⓝ686.21　［2000円］

◇思索の源泉としての鉄道　原武史著　講談社　2014.10　270p
18cm（講談社現代新書 2285）①978-4-06-288285-9　Ⓝ686.
21　［800円］

◇シリーズ明治・大正の旅行　第1期5　大日本道中記大全—駅
遞明鑑旅行必携　岡山正彦監修・解説　岡大次郎，樋口正三郎
編輯，木戸鉊之助著，山陽鐵道会社運輸課編輯　ゆまに書房
2014.5　550p　22cm〈求古堂　明治16年刊の複製　忠雅堂　明
治22年刊の複製ほか　第1期のタイトル関連情報：旅行案内書集
成　布装〉①978-4-8433-4555-9,978-4-8433-4554-2（set）
Ⓝ384.37　［23000円］

◇シリーズ明治・大正の旅行　第1期6　全国鉄道賃金名所旧跡
案内　荒山正彦監修・解説　林荘太郎編輯　ゆまに書房
2014.5　494p　22cm〈金川書店　明治27年刊の複製　第1期の
タイトル関連情報：旅行案内書集成　布装〉①978-4-8433-
4556-6,978-4-8433-4554-2（set）Ⓝ384.37　［24000円］

◇シリーズ明治・大正の旅行　第1期7　全国鉄道名所案内　上編
荒山正彦監修・解説　ゆまに書房　2014.5　778p
22cm〈巌々堂　明治28年刊の複製　巌々堂　明治28年刊の複製
第1期のタイトル関連情報：旅行案内書集成　布装〉①978-4-
8433-4557-3,978-4-8433-4554-2（set）Ⓝ384.37　［29000円］

◇シリーズ明治・大正の旅行　第1期8　鉄道作業局線路案内—
東海道線北陸線及中央西線　荒山正彦監修・解説　鐵道作業
局運輸部編輯　ゆまに書房　2014.5　600,16p,24p　図版6枚
22cm〈鐵道作業局運輸部　明治38年刊の複製　第1期のタイト
ル関連情報：旅行案内書集成　布装〉①978-4-8433-4558-0,
978-4-8433-4554-2（set）Ⓝ384.37　［28000円］

◇シリーズ明治・大正の旅行　第1期9　鉄道旅行案内—鐵道院・
大正7年　荒山正彦監修・解説　鐵道院編　ゆまに書房　2014.
5　484p　図版6枚　22cm〈鐵道院　大正7年刊の複製　第1期の
タイトル関連情報：旅行案内書集成　布装〉①978-4-8433-
4559-7,978-4-8433-4554-2（set）Ⓝ384.37　［24000円］

◇シリーズ明治・大正の旅行　第1期10　鉄道旅行案内　本文編
（鉄道省・大正13年）荒山正彦監修・解説　鐵道省編　ゆまに
書房　2014.5　375p　16×22cm〈鐵道省　大正13年刊の複製
第1期のタイトル関連情報：旅行案内書集成　布装〉①978-4-
8433-4560-3,978-4-8433-4554-2（set）　Ⓝ384.37　［16000円］

◇シリーズ明治・大正の旅行　第1期11　鉄道旅行案内　鳥瞰図
（鉄道省・大正13年）荒山正彦監修・解説　鐵道省編　ゆまに
書房　2014.5　267p　16×22cm〈鐵道省　大正13年刊の複製
第1期のタイトル関連情報：旅行案内書集成　布装〉①978-4-
8433-4578-8,978-4-8433-4554-2（set）　Ⓝ384.37　［22000円］

◇寝台列車トラベルガイド—完全保存版　マイナビ　2014.8
143p　26cm　①978-4-8399-5243-3　Ⓝ686.21　［1380円］

◇絶景鉄道地図の旅　今尾恵介著　集英社　2014.1　203p
18cm（集英社新書 0721）①978-4-08-720721-7　Ⓝ686.21
［720円］

◇全線開通版線路のない時刻表　宮脇俊三［著］　講談社　2014.
3　251p　15cm（講談社学術文庫 2225）〈年譜あり〉
①978-4-06-292225-8　Ⓝ686.21　［880円］

◇中年男の乗り鉄四日間の旅　赤城新次郎著　文芸社　2014.3
110p　15cm　①978-4-286-14758-1　Ⓝ291.09　［500円］

◇鉄道駅スタンプのデザイン—47都道府県、史跡名勝セレク
ション　関田祐市監修　京都　青幻舎　2014.6　255p　15cm
〈背・表紙のタイトル：日本鉄道駅スタンプのデザイン〉
①978-4-86152-443-1　Ⓝ686.53　［1200円］

◇鉄道そもそも話—これだけは知っておきたい鉄道の基礎知識
福原俊一著　交通新聞社　2014.6　190p　18cm（交通新聞
社新書 068）〈文献あり〉①978-4-330-47314-7　Ⓝ686.21
［800円］

日本件名図書目録2014　Ⅰ　　　　　　　　　　　　　　　　　　　　　　　　　　日本（鉄道―歴史―明治以後）

◇鉄道ツアー旅―日本列島「団体鉄」満喫20コース　中村建治著　名古屋　ブイツーソリューション　2014.7　242p　19cm　①978-4-86476-202-1　Ⓝ291.09　［900円］

◇鉄道でゆく凸凹地形の旅　今尾恵介著　朝日新聞出版　2014.5　269p　18cm　（朝日新書　463）①978-4-02-273563-8　Ⓝ686.21　［780円］

◇鉄道と地域発展　地域政策研究プロジェクト編　中京大学経済学部附属経済研究所　2014.3　153p　22cm　（中京大学経済学部附属経済研究所研究叢書　第21輯）〈内容：鉄道整備が地域発展に及ぼす影響（鈴木崇児，橋本成仁著）　高度な鉄道輸送を可能にする列車ダイヤ（高木亮著）　混雑と着席可能性を考慮した鉄道経路選択モデル（Jan-Dirk Schmö cker著）　鉄道沿線へのサービス産業の立地（鈴木崇児著）　鉄道事業の経済評価（石川良文著）　地方鉄道の廃線と地域への影響（山崎基浩，橋本成仁著）　鉄道存廃に関わる経営指標と地域評価（板谷和也著）〉Ⓝ686.21

◇鉄道と地域発展　地域政策研究プロジェクト編　勁草書房　2014.3　153p　22cm　（中京大学経済学部附属経済研究所研究叢書　第21輯）〈内容：鉄道整備が地域発展に及ぼす影響（鈴木崇児，橋本成仁著）　高度な鉄道輸送を可能にする列車ダイヤ（高木亮著）　混雑と着席可能性を考慮した鉄道経路選択モデル（Jan-Dirk Schmö cker著）　鉄道沿線へのサービス産業の立地（鈴木崇児著）　鉄道事業の経済評価（石川良文著）　地方鉄道の廃線と地域への影響（山崎基浩，橋本成仁著）　鉄道存廃に関わる経営指標と地域評価（板谷和也著）〉①978-4-326-54949-8　Ⓝ686.21　［4000円］

◇鉄道フリーきっぷ達人の旅ワザ　所澤秀樹著　光文社　2014.7　268p　18cm　（光文社新書　705）①978-4-334-03809-0　Ⓝ291.09　［800円］

◇鉄道要覧　平成26年度　国土交通省鉄道局／監修　電気車研究会・鉄道図書刊行会　2014.9　449p　26cm　①978-4-88548-125-3　［5537円］

◇鉄道旅行術　種村直樹著　新版　自由国民社　2014.4　191p　19cm　〈初版：日本交通公社出版事業局　1977年刊〉①978-4-426-11754-2　Ⓝ686.21　［1200円］

◇テツはこんな旅をしている―鉄道旅行再発見　野田隆著　平凡社　2014.3　222p　18cm　（平凡社新書　722）①978-4-582-85722-1　Ⓝ291.09　［760円］

◇とれいん・があるず　3号車　金塚実著　［東京］　交通新聞社　2013.8　19p　21cm　Ⓝ686.21

◇にっぽん縦断ローカル線ここが凄い！　博学こだわり倶楽部編　河出書房新社　2014.6　223p　15cm　（KAWADE夢文庫　K997）〈文献あり〉①978-4-309-49897-3　Ⓝ686.21　［620円］

◇日本を満喫できるリゾート列車完全ガイド―全国93列車詳細レポート　笠倉出版社　2014.3　176p　21cm　（万物図鑑シリーズ）①978-4-7730-8705-5　Ⓝ686.21　［900円］

◇日本の鉄道ナンバーワン＆オンリーワン―日本一の鉄道をたずねる旅　伊藤博康著　大阪　創元社　2014.12　253p　19cm　〈文献あり〉①978-4-422-24068-8　Ⓝ686.21　［1500円］

◇乗らずに死ねるか！―列車を味わいつくす裏マニュアル　黒田一樹著　大阪　創元社　2014.6　198p　21cm　〈文献あり〉①978-4-422-24068-8　Ⓝ686.21　［1500円］

◇ぼくは乗り鉄、おでかけ日和。―日本全国列車旅、達人のとっておき33選　杉山淳一著　幻冬舎　2013.12　297p　19cm　①978-4-344-02498-4　Ⓝ686.21　［1400円］

◇ローカル線ひとり旅　谷川一巳著　光文社　2014.4　268p　16cm　（光文社知恵の森文庫　tた2-2）〈2004年刊の加筆修正〉①978-4-334-78645-8　Ⓝ686.21　［680円］

◇わくわくがとまらない日本の鉄道77―読んだら乗りたくなる！　鉄道の達人倶楽部編　ロングセラーズ　2014.5　219p　18cm　（［ロング新書］）①978-4-8454-0932-7　Ⓝ686.21　［926円］

日本（鉄道―伝記）
◇ライフスタイルを形成した鉄道事業　老川慶喜，渡邉恵一著　芙蓉書房出版　2014.8　239p　22cm　（シリーズ情熱の日本経営史　8）〈文献あり　内容：小林一三　堤康次郎　五島慶太　根津嘉一郎〉①978-4-8295-0616-5　Ⓝ686.21　［2800円］

日本（鉄道―歴史）
◇国鉄・JR悲運の車両たち―名車になりきれなかった車両列伝　寺本光照著　JTBパブリッシング　2014.2　175p　21cm　（キャンブックス）〈文献あり〉①978-4-533-09552-8　Ⓝ686.21　［1700円］

◇図解地図と歴史で読み解く！　鉄道のひみつ―幕末の鉄道計画からリニア中央新幹線まで　日本の鉄道愛好会著　PHP研究

所　2014.5　159p　18cm　〈文献あり〉①978-4-569-81844-3　Ⓝ686.21　［1000円］

◇鉄道計画は変わる。―路線の「変転」が時代を語る　草町義和著　交通新聞社　2014.2　230p　18cm　（交通新聞新書　064）〈文献あり　内容：東京～大宮間鉄道計画の変転　港北ニュータウンを目指した都営三田線　複雑怪奇な千葉ニュータウンの鉄道計画の変転　地下鉄銀座線に乗り入れるはずだった田園都市線　機種の変更で建設費を減らしたはずの都営大江戸線　ローカル線から在来線最速幹線に変更された北越急行ほくほく線　「新幹線ではない新幹線」に生まれ変わった奥羽本線　ローカル線を「改造」した準高速鉄道の湖西線　ホームの増設と計画変更をひたすら繰り返した東京駅〉①978-4-330-43814-6　Ⓝ686.21　［800円］

◇鉄道博物誌　［鉄道記念物研究会編集］　日本図書センター　2014.6　159p　31cm　〈文献あり　年表あり　善本社　1983年刊の複製〉①978-4-284-50351-8　Ⓝ686.21　［32000円］

◇ドラマチック鉄道史　原口隆行著　交通新聞社　2014.2　303p　19cm　（KOTSUライブラリ　001）〈文献あり　年表あり〉①978-4-330-43914-3　Ⓝ686.21　［1800円］

◇幻の時刻表　曽田英夫著　光文社　2014.5　285p　16cm　（光文社知恵の森文庫　tそ1-1）〈文献あり　2005年刊の加筆修正〉①978-4-334-78649-6　Ⓝ686.21　［780円］

◇よみがえる583系―昼夜兼行で走り抜けた「本邦初の寝台電車」の集大成　寺本光照著　学研パブリッシング　2014.9　175p　26cm　〈学研マーケティング（発売）文献あり　年表あり〉①978-4-05-406109-5　Ⓝ686.21　［2800円］

日本（鉄道―歴史―1945～）
◇ブルートレインプレミアム・ボックス　学研パブリッシング　2014.9　165p　31cm　〈学研マーケティング（発売）タイトルは奥付による。背・表紙のタイトル：Blue Train Premium Box　タイトルは奥付による。標題紙のタイトル：ブルートレイン　箱入〉①978-4-05-406051-7　Ⓝ686.21　［14800円］

日本（鉄道―歴史―江戸末期）
◇鉄道がきた！―舟運・海運・馬車道・鉄道：大阪―神戸鉄道開通140年記念特別展阪神・淡路大震災20年展　兵庫県立考古博物館編　播磨町（兵庫県）　兵庫県立考古博物館　2014.10　102p　30cm　〈年表あり　会期：2014年10月4日～11月30日〉Ⓝ686.21

◇日本鉄道史　幕末・明治篇　蒸気車模型から鉄道国有化まで　老川慶喜著　中央公論新社　2014.5　227p　18cm　（中公新書　2269）〈文献あり　年表あり〉①978-4-12-102269-1　Ⓝ686.21　［820円］

日本（鉄道―歴史―昭和後期）
◇「阿房列車」の時代と鉄道　和田洋著　交通新聞社　2014.5　255p　19cm　（KOTSUライブラリ　006）〈文献あり〉①978-4-330-46314-8　Ⓝ686.21　［1800円］

◇旧形国電＆国鉄客車ガイド―昭和56年頃旧形国電晩年の実録：昭和60年3月改正国鉄末期の客車動向　ジェー・アール・アール篇　復刻版　交通新聞社　2014.11　163p　26cm　〈文献あり　「旧形国電ガイド」（ジェー・アール・アール　1981年刊）の複製　「国鉄客車ガイド　2」（ジェー・アール・アール　1985年刊）の複製〉①978-4-330-52614-0　Ⓝ686.21　［3000円］

◇昭和30年代の鉄道風景―新幹線登場と鉄道近代化の時代　小川峯生著　JTBパブリッシング　2014.11　207p　21cm　（キャンブックス）①978-4-533-10039-0　Ⓝ686.21　［1900円］

◇鉄道黄金時代1970's―ディスカバー・ジャパン・メモリーズ　二村高史著　［東京］　日経BP社　2014.12　287p　21cm　〈日経BPマーケティング（発売）〉①978-4-8222-5059-1　Ⓝ686.21　［1800円］

◇東海道新幹線安全への道程―戦後国鉄の輸送近代化に尽力した鉄道マンの信念と奮闘　齋藤雅男著　鉄道ジャーナル社　2014.9　607p　18cm　〈成美堂出版（発売）〉①978-4-415-31925-4　Ⓝ686.21　［1000円］

日本（鉄道―歴史―昭和前期）
◇弾丸列車計画―東海道新幹線につなぐ革新の構想と技術　地田信也著　［東京］　交通研究協会　2014.9　214p　19cm　（交通ブックス　122）〈成山堂書店（発売）文献あり　索引あり〉①978-4-425-76211-8　Ⓝ686.21　［1800円］

日本（鉄道―歴史―明治以後）
◇鉄道王たちの近現代史　小川裕夫著　イースト・プレス　2014.8　326p　18cm　（イースト新書　034）〈文献あり〉①978-4-7816-5034-0　Ⓝ686.21　［800円］

◇鉄道がつくった日本の近代　高階秀爾，芳賀徹，老川慶喜，高木博志編・著，東日本鉄道文化財団監修　成山堂書店　2014.11　356p　22cm　〈文献あり　年表あり　内容：鉄道と絵画（高階秀爾述）　文化メディアとしての鉄道（高階秀爾述）　近代詩歌のなかの汽車（芳賀徹述）　近代日本のおみやげと鉄道（鈴木勇一郎著）　大正期、奈良女高師の東京修学旅行（高木博志著）

に

829

日本（鉄道―歴史―明治時代）　　　　　　　　　　　　　　　　　　　　日本件名図書目録2014　Ｉ

鉄道を通してみる日本社会の巨大システム化（三戸祐子著）　戦前の広軌新幹線「弾丸列車」計画から学ぶもの（前間孝則著）　東海道新幹線と十河信二（老川慶喜著）　作並から始まった新幹線への道（菅建彦著）　駅と都市（鈴木博之著）　田園都市と土地整理（高嶋修一著）　後藤新平と災害復興（鳥海靖著）　鉄道と国立公園（丸山宏著）　日本鉄道と松島観光（老川慶喜著）　社寺参詣と鉄道（平山昇著）　栗駒山観光開発と鉄道（高嶋修一著）　東北鉄道の株式募集と飛騨地方の名望家（老川慶喜著）　鉄道が来たころの仙台（高木博志著）　帝国議会の開設と鉄道問題（鳥海靖述）　日露戦後における日米摩擦の萌芽（鳥海靖述）〉①978-4-425-30361-8　Ⓝ686.21　［2300円］

◇伝説の鉄道記者たち―鉄道に物語を与えた人々　堤哲著　交通新聞社　2014.12　270p　18cm　（交通新聞社新書 074）〈文献あり〉①978-4-330-52514-3　Ⓝ070.16　［800円］

日本（鉄道―歴史―明治時代）
◇鉄道がきた！―舟運・海運・馬車道・鉄道：大阪―神戸鉄道開通140年記念特別展阪神・淡路大震災20年展　兵庫県立考古博物館編　播磨町（兵庫県）　兵庫県立考古博物館　2014.10　102p　30cm〈年表あり　会期：2014年10月4日―11月30日〉Ⓝ686.216

◇日本鉄道史　幕末・明治篇　蒸気車模型から鉄道国有化まで　老川慶喜著　中央公論新社　2014.5　227p　18cm　（中公新書 2269）〈文献あり　年表あり〉①978-4-12-102269-1　Ⓝ686.21　［820円］

日本（鉄道運賃）
◇鉄道フリーきっぷ達人の旅ワザ　所澤秀樹著　光文社　2014.7　268p　18cm　（光文社新書 705）①978-4-334-03809-0　Ⓝ291.09　［800円］

日本（鉄道貨物輸送―歴史）
◇コンテナの誕生と鉄道貨物輸送の発展―コンテナ誕生秘話：第11回企画展「貨物列車の世界―黒い貨車から高速コンテナへ―」記念講演会の記録　川島宋講演，東北福祉大学・鉄道交流ステーション編　仙台　東北福祉大学・鉄道交流ステーション　2014.2　37p　30cm　（東北福祉大学・鉄道交流ステーションブックレット 2）〈文献あり〉Ⓝ686.6

日本（鉄道行政）
◇伊藤博文文書　第111巻　秘書類纂交通 1　伊藤博文［著］，伊藤博文文書研究会監修，檜山幸夫総編集　川島淳編集・解題　ゆまに書房　2014.7　334p　22cm〈宮内庁書陵部所蔵の複製〉①978-4-8433-2643-5,978-4-8433-2532-2(set)　Ⓝ312.1　［16000円］

日本（鉄道行政―歴史―昭和前期）
◇弾丸列車計画―東海道新幹線につなぐ革新の構想と技術　地田信也著　［東京］　交通研究会　2014.9　214p　19cm　（交通ブックス 122）〈成山堂書店（発売）文献あり　索引あり〉①978-4-425-76211-8　Ⓝ686.21　［1800円］

日本（鉄道工学―特許）
◇鉄道に取り組む全企業―特許データからビジネスチャンスを探る　2014　ネオテクノロジー　2013.10　51, 157p　30cm　①978-4-907191-42-9　Ⓝ516.072　［48000円］

日本（鉄道災害）
◇鉄道事故調査報告書　RA2013-6-9　［東京］　運輸安全委員会［2013］　1冊　30cm〈内容：四国旅客鉄道株式会社予讃線高野川駅―伊予上灘駅間列車脱線事故　東日本旅客鉄道株式会社信越線鯨波駅構内列車火災事故　富山地方鉄道株式会社上滝線小杉駅―上堀駅間列車脱線事故　東海旅客鉄道株式会社東海道線東静岡駅構内鉄道人身障害事故　岡山電気軌道株式会社東山本線市庁通り停留場―西大寺町停留場間車両脱線事故（道路障害に伴うもの）　土佐電気鉄道株式会社後免線長崎停留場―小篭通停留場間車両脱線事故（道路障害に伴うもの）　京浜急行電鉄株式会社本線追浜駅―京急田浦駅間列車脱線事故　西日本旅客鉄道株式会社北陸線加賀温泉駅―大聖寺駅間列車脱線事故（踏切障害に伴うもの）（一部修正）　九州旅客鉄道株式会社肥薩線瀬戸石駅―海路駅間列車脱線事故〉Ⓝ686.7

◇甦る被災鉄道―東日本大震災を乗り越えて　大澤賢著　東京新聞　2014.7　325p　19cm〈文献あり〉①978-4-8083-0992-3　Ⓝ686.7　［1600円］

日本（鉄道政策）
◇鉄道助成ガイドブック　平成26年度　横浜　鉄道建設・運輸施設整備支援機構　2014.6　116p　30cm　Ⓝ686.1

◇鉄道政策―鉄道への公的関与について　盛山正仁著　創英社／三省堂書店　2014.4　628p　19cm〈文献あり　年表あり〉①978-4-88142-850-4　Ⓝ686.1　［2800円］

◇リニア新幹線―巨大プロジェクトの「真実」　橋山禮治郎著　集英社　2014.3　203p　18cm　（集英社新書 0731）①978-4-08-720731-6　Ⓝ686.1　［720円］

日本（鉄道政策―歴史）
◇鉄道計画は変わる。―路線の「変転」が時代を語る　草町義和著　交通新聞社　2014.2　230p　18cm　（交通新聞社新書 064）〈文献あり　内容：東京～大宮間鉄道計画の変転　港北ニュータウンを目指した都営三田線　複雑怪奇な千葉ニュータウンの鉄道計画の変転　地下鉄銀座線に乗り入れるはずだった田園都市線　機種の変更で建設費を減らしたはずの都営大江戸線　ローカル線から在来線最速幹線に変更された北越急行ほくほく線　「新幹線ではない新幹線」に生まれ変わった奥羽本線　ローカル線を「改造」した準高速鉄道の湖西線　ホームの変更と計画変更をひたすら繰り返した東京駅〉①978-4-330-43814-6　Ⓝ686.21　［800円］

日本（鉄道法）
◇解説鉄道に関する技術基準―鉄道技術者必見　電気編　国土交通省鉄道局監修，電気関係技術基準調査研究会編　第3版　日本鉄道電気技術協会　2014.2　611p　27cm　①978-4-904691-30-4　Ⓝ516　［4000円］

◇解説鉄道に関する技術基準―挑戦するエンジニアのために　土木編　国土交通省鉄道局監修，土木関係技術基準調査研究会，土木関係技術基準作業部会編　第3版　［東京］　［日本鉄道施設協会］　2014.12　858p　27cm〈文献あり〉Ⓝ516　［4500円］

◇注解鉄道六法　平成25年版　国土交通省鉄道局監修　第一法規　2013.11　1冊　19cm〈索引あり〉①978-4-474-02951-4　Ⓝ686.1　［5200円］

◇注解鉄道六法　平成26年版　国土交通省鉄道局監修　第一法規　2014.11　1冊　19cm〈索引あり〉①978-4-474-03330-6　Ⓝ686.1　［5200円］

日本（テレビドラマ）
◇華麗なる円谷特撮デザインの世界―ミラーマン☆ジャンボーグA：米谷佳晃デザインワークス1971～1973　米谷佳晃著　講談社　2014.4　159p　21cm〈文献あり　年表あり　共同発行：講談社コミッククリエイト〉①978-4-06-364953-6　Ⓝ778.8　［1400円］

◇金の空想科学読本―読者が選んだ傑作25編　柳田理科雄著　KADOKAWA　2014.3　287p　15cm　（空想科学文庫 42）〈メディアファクトリー 2011年刊の加筆・修正〉①978-4-04-066291-5　Ⓝ778.8　［600円］

◇銀の空想科学読本―作者自選のスゴイ26編　柳田理科雄著　KADOKAWA　2014.3　287p　15cm　（空想科学文庫 43）〈メディアファクトリー 2012年刊の加筆・修正〉①978-4-04-066372-2　Ⓝ778.8　［600円］

◇空想科学読本　14〈名キャラ対決！　どっちがすごい!?〉編　柳田理科雄著　KADOKAWA　2013.10　239p　19cm〈13までの出版社：メディアファクトリー〉①978-4-04-066060-8　Ⓝ778.8　［1200円］

◇空想科学読本　15〈愛は地球を滅ぼす〉編　柳田理科雄著　KADOKAWA　2014.3　223p　19cm　①978-4-04-066370-8　Ⓝ778.8　［1200円］

◇「刑事ドラマあるある」はウソ？ホント？―元刑事が選ぶ本当にリアルな刑事ドラマ大全　小川泰平著　東邦出版　2014.4　205p　19cm　①978-4-8094-1214-1　Ⓝ778.8　［1300円］

◇東映ヒーロー仮面俳優列伝　鶯谷五郎編著　辰巳出版　2014.12　221p　21cm〈内容：高岩成二（高岩成二述）福沢博文（福沢博文述）　蜂須賀祐一（蜂須賀祐一述）　岡元次郎（岡元次郎述）　清家利一（清家利一述）　岡元次郎×清家利一（岡元次郎，清家利一述）　竹内康博（竹内康博述）　今井靖彦（今井靖彦述）　おぐらとしひろ（おぐらとしひろ述）　押川善文（押川善文述）　押川善文×竹内康博（押川善文，竹内康博述）　永徳（永徳述）　渡辺淳（渡辺淳述）　日下秀昭（日下秀昭述）　岡本美登（岡本美登述）　喜多川務〈2tom〉（喜多川務述）　大藤直樹（大藤直樹述）　村上潤（村上潤述）　竹田道弘（竹田道弘述）　石垣広文（石垣広文述）　宮崎剛（宮崎剛述）　大葉健二（大葉健二述）〉①978-4-7778-1425-1　Ⓝ778.21　［1800円］

◇東宝特撮全怪獣図鑑　小学館　2014.7　207p　29cm〈索引あり〉①978-4-09-682092-0　Ⓝ778.21　［4000円］

◇ドラマと方言の新しい関係―『カーネーション』から『八重の桜』、そして『あまちゃん』へ　金水敏，田中ゆかり，岡室美奈子編　笠間書院　2014.8　103p　21cm〈文献あり　会期・会場：2014年3月22日（土）早稲田大学小野記念講堂　主催：科学研究費「役割語の総合的研究」　共催：早稲田大学演劇博物館　日本大学国文学会　内容：フィクションの言語と方言（金水敏述）『あまちゃん』が開いた新しい扉（田中ゆかり述）　方言とアイデンティティー（岡室美奈子述）　方言と格闘するドラマ制作現場（内藤愼介，菓子浩，林英世ほか述）〉①978-4-305-70726-0　Ⓝ818　［800円］

◇ドラマな人々―岡田惠和とドラマチックな面々 NHK-FM『岡田惠和今宵、ロックバーで』編 アスペクト 2014.6 277p 19cm ①978-4-7572-2282-3 Ⓝ778.8 [1500円]
◇バットマンは飛べるが着地できない―アニメ・特撮のヒーローを科学する 木野仁著 彩図社 2014.5 223p 19cm〈文献あり〉①978-4-88392-992-4 Ⓝ420 [1200円]
◇花子とアンと白蓮パルピテーションBOOK 「素敵な時間」編集部編 仁パブリッシング 2014.8 159p 21cm〈実業之日本社(発売) 年譜あり 別タイトル:花子とアンと白蓮と・き・め・きBOOK 素敵な時間特別編集〉①978-4-408-21526-6 Ⓝ778.8 [1400円]

日本(テレビドラマ―歴史―1945～)

◇怪獣学―怪獣の歴史と生態 レッカ社編著 カンゼン 2014.3 269p 19cm〈文献あり〉①978-4-86255-224-2 Ⓝ778.21 [1700円]
◇仮面ライダーから牙狼へ―渡邊亮徳・日本のキャラクタービジネスを築き上げた男 大下英治著 竹書房 2014.7 352p 15cm (竹書房文庫 お2-2)〈「日本ヒーローは世界を制す」(角川書店 1995年刊)の改題、修正、加筆し再構成〉①978-4-8124-8997-0 Ⓝ778.8 [700円]

日本(テレビ放送)

◇3.11とメディアのこれから―震災、原発事故からの教訓:放送文化基金設立40周年記念研究報告会 放送文化基金編 放送文化基金 2014.8 74p 30cm〈会期・会場:2014年3月7日 海運クラブホール〉Ⓝ699.21
◇「社会調査実習」成果報告書 2012年度 文理学部生のメディア利用とライフスタイル調査 日本大学文理学部社会学科社会調査士コース「社会調査実習」(担当教員中瀬剛丸)編 [東京] 日本大学文理学部社会学科社会調査士コース「社会調査実習」 2013.2 144p 30cm〈発行所:日本大学文理学部社会学科〉Ⓝ361.91
◇震災とメディア―脱原発デモ報道から考えるテレビのあり方 名古屋市立大学人文社会学部現代社会学科2年2012年度社会調査実習飯島班[編] 名古屋 名古屋市立大学人文社会学部現代社会学科 2013.3 87p 30cm (名古屋市立大学人文社会学部現代社会学科社会調査実習報告書 2012年度 第3分冊)〈奥付のタイトル:2012年度社会調査実習報告書〉Ⓝ699.8
◇スマート化する放送―ICTの革新と放送の変容 日本民間放送連盟・研究所編 三省堂 2014.9 253p 21cm〈内容:スマートテレビのゆくえ(中村伊知哉著) テレビの世界にイノベーションを起こそう(稲田修一著) スマートTV戦略と4K8K高画質戦略(内山隆著) 視聴者にとって「テレビ」とは何か(渡辺久哲著) テレビとインターネットメディアの相乗効果(三友仁志著) メディア情報と利用者行動(春日教測,阿萬弘行,森保洋著) ネット選挙運動の解禁と放送局(宍戸常寿著) ソーシャルメディアと放送ジャーナリズム(音好宏著) グーグルグラスはニュースを変えるか(奥村信幸著) 電波法制をめぐる諸問題(林秀弥著)〉①978-4-385-36303-5 Ⓝ699.21 [2600円]
◇テレビが映した「異文化」―メラネシアの人々の取り上げられ方 白川千尋著 風響社 2014.5 222p 20cm ①978-4-89489-145-6 Ⓝ699.8 [2500円]
◇テレビの裏側がとにかく分かる「メディアリテラシー」の教科書 長谷川豊著 サイゾー(発売) 2014.5 202p 19cm ①978-4-904209-45-5 Ⓝ699.21 [1200円]
◇「見たいテレビ」が今日もない―メディアの王様・崩壊の現場 長谷川豊著 双葉社 2014.5 317p 18cm (双葉新書 092) ①978-4-575-15443-6 Ⓝ699.21 [850円]

日本(テレビ放送―歴史)

◇ザ・テレビ欄 80年代のアイドル・歌謡曲編 テレビ欄研究会編著 TOブックス 2013.8 239p 15×21cm ①978-4-86472-186-8 Ⓝ699.6 [1143円]
◇テレビの履歴書―地デジ化とは何だったのか 原真著 リベルタ出版 2013.3 170p 20cm〈文献あり 年表あり〉①978-4-903724-36-2 Ⓝ699.21 [1500円]

日本(テレビ放送―歴史―昭和後期)

◇昭和は終らない 網代栄著 文芸社 2014.5 151p 20cm ①978-4-286-15007-9 Ⓝ699.6 [1200円]
◇テレビに夢中だった!―月光仮面から欽どこまで昭和TV黄金期の思い出 睦月影郎著 双葉社 2014.5 223p 18cm (双葉新書 088) ①978-4-575-15440-5 Ⓝ699.21 [830円]

日本(伝記)

◇愛されたい! なら日本史に聞こう―先人に学ぶ「賢者の選択」 白駒妃登美著 祥伝社 2014.9 248p 19cm〈文献あり〉①978-4-396-61501-7 Ⓝ281.04 [1400円]
◇家康はなぜ、秀忠を後継者にしたのか―一族を繁栄に導く事業承継の叡智 加来耕三著 ぎょうせい 2014.6 201p 21cm ①978-4-324-09795-3 Ⓝ281.04 [2000円]
◇一流の理由(わけ) 加藤浩次,BS日テレ「加藤浩次の本気対談! コージ魂!!」著 宝島社 2014.9 223p 19cm ①978-4-8002-3128-4 Ⓝ281.04 [1200円]
◇今こそ知っておきたい世界を「あっ!」と言わせた日本人 黄文雄著 海竜社 2014.1 269p 19cm〈背のタイトル:世界を「あっ!」と言わせた日本人〉①978-4-7593-1348-2 Ⓝ281.04 [1400円]
◇縁もたけなわ―ぼくが編集者人生で出会った愉快な人たち 松田哲夫著 小学館 2014.9 380p 20cm ①978-4-09-379864-8 Ⓝ281.04 [1800円]
◇おじさんの哲学 永江朗著 原書房 2014.4 265p 19cm〈文献あり〉①978-4-562-05058-1 Ⓝ281.04 [1800円]
◇記憶―私たち昭和と平成の自分史抄 田中亀雄,林典夫,田村直幸,荻島温子,山賀豊,金桀之著,猪狩章編 [東京] 蒼空社 2014.5 259p 21cm ①978-4-908009-00-6 Ⓝ281 [1800円]
◇近代快傑録 尾崎行雄著 中央公論新社 2014.2 264p 18cm (中公クラシックス J56)〈底本:千倉書房 1934年刊〉①978-4-12-160146-9 Ⓝ280.4 [1650円]
◇玄人ですもの―室井滋のオシゴト探検 室井滋著 中央公論新社 2013.12 309p 19cm〈内容:九州新幹線に夢のリゾートトレイン(水戸岡鋭治述) 不景気なほど、落語人気が上がるのはなぜ?(立川志の輔述) 100カ所に出かけるより、1カ所を100回見る(山口晃述) ダウン症の女流書家の荒ぶる生命力(金澤翔子述) 短歌とは魂が透ける「自分ドキュメント」(穂村弘述) まるで町内会のお祭り感覚。「ワークショップ」初体験(日比野克彦述) うまいマグロは1分で見分ける(藤田浩毅述) 開かない金庫の中に何が? 鍵師が覗いた人生のミステリー(杉山泰史述) たった1秒で鑑定!?ヴァイオリン商の眼が見ているものは(佐藤輝彦述) 公衆便所から天空パノラマトイレまで。いざ、トイレ博覧会(小林純子述) 麻薬取締官が行く! 潜入、おとり捜査、ガサ入れの真実(小林潔述) 富士山眺めていい湯だな～銭湯を露天風呂にするペンキ絵の技(中島盛夫述) 東京スカイツリーをLEDで省エネライトアップ(戸恒浩人述) 描いた似顔絵は千枚! 警視庁「鑑識の鬼」の人を見る眼(戸島国雄述) 東京駅を100年前の姿へ。蘇る美しきドーム、免震構造のひみつ(田原幸夫述) 富士山噴火はすぐそこに!?地底のマグマは、もう満期を迎えた(鎌田浩毅述) ゾウの時間ネズミの時間、ナマコに人間の時間。生物学を歌え!(本川達雄述) シンデレラは舞踏会に3回行った!?知られざる昔話のホント(小澤俊夫述) ハトには芸術がわかる!?オモシロ実験で動物の「心」を探る(渡辺茂述) 太陽にガリレオ以来の異変!?今後10年、地球は冷えていく(常田佐久述) パンダにキリン、あらゆる遺体にメスを入れる"解剖男"の奮闘(遠藤秀紀述) 100年後、日本人はみんな面長になる!?(原島博述) 見えない星も映そう! ギネス認定プラネタリウム(大平貴之述) その数10万種! 珍しい人も平凡な人も、日本の名字、大集合(森岡浩述) 東大相撲部と30年、アマチュアから大相撲にもの申す(新田一郎述) 江戸の町並みも造成地のトリックも。地図愛で読み解く土地の謎(今尾恵介述) 駄菓子屋、ガード下、ヌード劇場…。暮らしが息づくジオラマの世界(山本高樹述)〉①978-4-12-004578-3 Ⓝ281.04 [1400円]
◇決断の心理学―歴史が語る40の深層 和田秀樹著 小学館 2014.1 190p 19cm ①978-4-09-388353-5 Ⓝ159 [1400円]
◇賢人の母に学ぶ―父親なき現代社会を乗り越えるために 持丸文雄著 文芸社 2014.4 215p 20cm〈文献あり〉①978-4-286-15026-0 Ⓝ379.9 [1500円]
◇最高齢プロフェッショナルの教え 徳間書店取材班著 徳間書店 2014.9 251p 15cm (徳間文庫 と27-1)〈文献あり 2010年刊の構成を変更、新たに「特別対談」を収録〉①978-4-19-893883-3 Ⓝ366.29 [630円]
◇坂本太郎著作集 第11巻 歴史と人物 坂本太郎著 オンデマンド版 吉川弘文館 2013.10 408p 22cm〈印刷・製本:デジタルパブリッシングサービス 内容:伝記に学ぶ 日本歴史の人物像 日本歴史と天皇 天皇の学問 天智天皇と天武天皇 秦氏の人びと 伝教大師と大日本の国号 藤原良房と基経 二人の歴史家 家康公の文事 契沖をたたえる 本居宣長と国史学 狩谷棭斎を讃える 内山真龍の贈位を祝して 黒板勝美博士を悼む 大学における黒板勝美博士 国史大系と黒板博士 黒板勝美 相田二郎氏と「日本の古文書」 辻善之助博士を悼む 栗田元次先生のこと 藤田亮策氏を偲ぶ 津田左右吉博士の人と業績 喜田新六君を偲ぶ 国史大系と丸山二郎氏 木宮先生を偲ぶ 高柳博士をしのぶ 筑波藤麿氏を憶う 岩橋博士の思い出 井上光貞氏の逝去を悼む 井上光貞氏の人と学問 一志茂樹博士の思い出 は、き木 歴史と国民性とへの反省 名まえの読み方 辞令 古事記の

に

日本（伝記）　　　　　　　　　　　　　　　　　　　　　　　　　　　　　　日本件名図書目録2014　Ⅰ

「御年」　美人　国つくり　基本　和　称謂私言　英雄　人名の誘惑　四の数を忌むこと　カモシカと山羊　大嘗祭あれこれ　飛鳥雑考　京都の歴史と文化　お国自慢　相模国と日本武尊　古代信濃人の百済における活躍　古代史と古代日本と東北　律令制下加密二国の特殊性　日本古代史の諸問題　新しい日本の史風への反省　明治百年と人文科学　史学と考古学　古代史研究の進歩というもの　国文学と国史学　近頃の日本古代史研究について〉①978-4-642-04282-6　Ⓝ210.3　［13000円］

◇佐高信の百人百話―私が出会ったこの人あの話　佐高信著　平凡社　2014.1　341p　20cm　①978-4-582-83639-4　Ⓝ281.04　［1800円］

◇仕事。　川村元気著　集英社　2014.9　275p　19cm〈内容：山田洋次（山田洋次述）　沢木耕太郎（沢木耕太郎述）　杉本博司（杉本博司述）　倉本聰（倉本聰述）　秋元康（秋元康述）　宮崎駿（宮崎駿述）　糸井重里（糸井重里述）　篠山紀信（篠山紀信述）　谷川俊太郎（谷川俊太郎述）　鈴木敏夫（鈴木敏夫述）　横尾忠則（横尾忠則述）　坂本龍一（坂本龍一述）〉①978-4-08-780723-3　Ⓝ366.29　［1400円］

◇諸国賢人列伝―地域に人と歴史あり　童門冬二著　ぎょうせい　2014.12　253p　15cm　①978-4-324-09918-6　Ⓝ281.04　［1800円］

◇人生に迷わない36の極意―プロフェッショナル仕事の流儀　NHK「プロフェッショナル」制作班著　NHK出版　2014.8　262p　18cm　（NHK出版新書 441）①978-4-14-088441-6　Ⓝ366.29　［820円］

◇人生の転機　桜の花出版編集部　新装版　桜の花出版　2014.10　278p　18cm〈星雲社（発売）　表紙のタイトル：The Turningpoint　初版の出版者：維摩書房〉〈内容：三枝成彰氏〈作曲家〉（三枝成彰述）　エズラ・ヴォーゲル氏〈ハーバード大学教授〉（エズラ・ヴォーゲル述）　牛尾治朗氏〈ウシオ電機会長〉（牛尾治朗述）　故・冨士信夫氏〈歴史研究家〉（冨士信夫述）　故・轉法輪泰氏〈大阪商船三井前会長〉（轉法輪泰述）　故・佐原真氏〈国立民族博物館館長〉（佐原真述）　千住博氏〈日本画家〉（千住博述）　吉原すみれ氏〈パーカッショニスト〉（吉原すみれ述）　故・渡邊格氏〈生命科学者・慶応大学名誉教授〉（渡邊格述）　椎名武雄氏〈日本IBM会長〉（椎名武雄述）〉①978-4-434-19776-5　Ⓝ281.04　［890円］

◇新・日本人論。　マグナカルタ編集部編　ヴィレッジブックス　2013.12　310p　18cm　①978-4-86491-099-6　Ⓝ281.04　［1000円］

◇人物でめぐる神奈川県謎解き散歩　小市和雄編著　KADOKAWA　2014.4　254p　15cm　（新人物文庫 こ-5-3）①978-4-04-600211-2　Ⓝ291.37　［850円］

◇世界が愛した日本の凄い人ストーリー―歴史に誇るべき日本人たち　日本ミステリー調査会編・著　竹書房　2014.9　231p　19cm〈文献あり〉①978-4-8124-8886-7　Ⓝ281.04　［556円］

◇世界に誇る「日本のこころ」3大名著―現代語新訳：『茶の本』『武士道』『代表的日本人』　岡倉天心, 新渡戸稲造, 内村鑑三著　関岡孝平訳　パンローリング　2014.12　476p　19cm　（フェニックスシリーズ 24）〈文献あり　内容：茶の本（岡倉天心著）　武士道（新渡戸稲造著）　代表的日本人（内村鑑三著）〉①978-4-7759-4130-0　Ⓝ791　［1200円］

◇千思万考―歴史で遊ぶ39のメッセージ　黒鉄ヒロシ［著］　幻冬舎　2014.4　246p　16cm　（幻冬舎文庫 く-17-1）①978-4-344-42180-6　Ⓝ281.04　［650円］

◇創造の源泉―霹牙の如く　上巻　村井忠司著　富山　桂書房　2014.8　399p　21cm　①978-4-905345-74-9,978-4-905345-73-2(set)　［800円］

◇大迫力！写真と絵でわかる日本史人物ナンバー2列伝　入澤宣幸著　西東社　2014.6　191p　30cm　（大判ビジュアル図解）〈文献あり　索引あり　表紙のタイトル：Nihon-shi's Number2！〉①978-4-7916-2117-0　Ⓝ281.04　［1400円］

◇高橋英樹のおもしろ日本史　高橋英樹著　ベストセラーズ　2014.7　221p　19cm　978-4-584-13582-2　Ⓝ281.04　［1400円］

◇誕生日バンザイ　森修一著　日本文学館　2014.2　79p　19cm〈文献あり〉①978-4-7765-3782-3　Ⓝ281.04　［700円］

◇堤清二と昭和の大物　松崎隆司著　光文社　2014.11　303p　19cm〈文献あり　年譜あり〉①978-4-334-97801-3　Ⓝ289.1　［1600円］

◇どういう時に幸せを感じますか？―アッキーのスマイル対談　安倍昭恵著　ワック　2014.4　325p　19cm〈内容：尖閣モグラの追っかけですか!?（野口健述）　こんなときこそ、相撲が見たい（舞の海秀平述）　ご遺骨も出るし、霊も出る…（笹幸恵述）　そして悪魔が…二、三発殴られて下さい（西舘好子述）『"健康常識"はウソだらけ』不良長寿のススメ（奥村康述）　F―4パイロットの夢から生まれた「愛国マグロ」譚（木村清述）「誕生」秘話　月光仮面と倍賞千恵子（長田暁二述）　鉄が海を救う（畠山重篤述）　この世に恋して（曽野綾子述）　原発―怖いものにフタでいいのですか？（有馬朗人述）　今の日本には安倍晋三が必要だ（金美齢述）　千年猛暑ってホントですか!?（森田正光述）「国の守り」は歌ごころ（三宅由佳莉述）　茶道こそクールジャパン！（小堀宗実述）〉①978-4-89831-421-0　Ⓝ281.04　［1400円］

◇途中下車で訪ねる駅前の銅像―銅像から読む日本の歴史と人物　川口素生著　交通新聞社　2014.10　294p　18cm　（交通新聞社新書 071）〈文献あり〉①978-4-330-50614-2　Ⓝ281.04　［800円］

◇日本史汚名返上―「悪人」たちの真実　井沢元彦, 和田秀樹著　光文社　2014.5　205p　19cm　①978-4-334-97779-5　Ⓝ281.04　［1300円］

◇日本史ほんとうの偉人列伝　岳真也著　川崎　みやび出版　2014.12　317p　19cm〈星雲社（発売）〉①978-4-434-19896-0　Ⓝ281.04　［2000円］

◇日本人こそ知っておくべき世界を号泣させた日本人　黄文雄著　徳間書店　2014.9　246p　15cm　（徳間文庫 こ29-15）①978-4-19-893881-9　Ⓝ281.04　［620円］

◇日本人だけが知らない世界から絶賛される日本人　黄文雄著　徳間書店　2014.7　283p　15cm　（徳間文庫 こ29-14）①978-4-19-893854-3　Ⓝ281.04　［620円］

◇人間愛に生きた人びと―横山正松・渡辺一夫・吉野源三郎・丸山眞男・野間宏・若松丈太郎・石垣りん・茨木のり子：新藤謙評論集　新藤謙著　コールサック社　2014.2　255p　19cm〈著作目録あり〉①978-4-86435-135-5　Ⓝ281.04　［2000円］

◇残されたもの、伝えられたこと―60年代に蜂起した文革者烈伝　矢崎泰久著　街から舎　2014.6　268p　19cm　①978-4-939139-19-2　Ⓝ281.04　［1620円］

◇働く！「これで生きる」50人　共同通信社編　共同通信社　2014.7　223p　21cm　①978-4-7641-0671-0　Ⓝ366.29　［1500円］

◇ひとり起つ―私の会った反骨の人　鎌田慧著　岩波書店　2014.11　308p　15cm　（岩波現代文庫）〈平原社 2007年刊の再刊〉①978-4-00-603276-0　Ⓝ281.04　［1400円］

◇ぼくらは、1988年生まれ―"情熱大陸"800回記念　MBS『情熱大陸』筆　双葉社　2014.6　108p　26cm〈年表あり〉①978-4-575-30678-1　Ⓝ281.04　［1000円］

◇ぼくらは働く、未来をつくる。―向井理×12人のトップランナー　AERA編集部著　朝日新聞出版　2014.9　195p　19cm〈内容：すべては「お客様にお喜びいただくために」最高の満足をめざして勝負をしています（宮崎辰述）「野菜作りを始めたい」人が"自産自消"を楽しめる場を提供しています（西辻一真述）　物語は「徒歩10分圏内から」自分の身近な世界を起点に小説を書いています（森見登美彦述）　美しいジュエリーの裏側に暗い世界をつくらないそれが「エシカルジュエリー」（白木夏子述）　ひきこもりやニートと呼ばれる無業の若者の「働く」を支えたい支援というより投資と考えています（工藤啓述）　ミドリムシの力で世界中の食料と環境の問題を解決したいんです（出雲充述）　新しい人のつながりと生きる場所家族でない人と共に過ごす場所「シェア」の空間を設計しています（成瀬友梨述）　花の世界の"和洋折衷"が僕のアイデンティティーです（ニコライ・バーグマン述）　サイエンスと融合したアート作品を世界に発信しています（スプツニ子！述）　地域主導型の自然エネルギー事業を支援する活動をしています（古屋将太述）　こだわりの豚肉を作りながら障がい者の新たな雇用の形に挑戦しています（飯田大輔述）　事業やアーティストの夢を個人の少額投資で実現する"黒衣"のビジネスです（小松真実述）　ぼくらがつくる10年後の未来（工藤啓, 西辻一真, 出雲充ほか述）〉①978-4-02-331345-3　Ⓝ366.29　［1400円］

◇本当は全然偉くない征夷大将軍の真実―武家政権を支配した"将軍様"の素顔　二木謙一監修, 海童暖執筆　SBクリエイティブ　2014.12　286p　18cm　（SB新書 282）〈文献あり〉①978-4-7973-8042-2　Ⓝ281.04　［900円］

◇間違った日本国憲法―日本国憲法と昭和を作った人々　南義弘著　中央公論事業出版（制作・発売）　2014.4　181p　20cm　①978-4-89514-417-9　Ⓝ323.14　［1700円］

◇みんな子どもだった―倉本聰対談集　倉本聰［述］, BS-TBS『みんな子どもだった』制作班著　エフジー武蔵　2014.3　314p　19cm　（MUSASHI BOOKS）〈内容：津川雅彦（津川雅彦述）　加藤登紀子（加藤登紀子述）　山田太一（山田太一述）　戸田奈津子（戸田奈津子述）　小菅正夫（小菅正夫述）〉①978-4-906877-46-1　Ⓝ281.04　［1800円］

日本件名図書目録2014　Ⅰ　　　　　　　　　　　　　　　　　　　　　　　　　　　　日本（電源装置—特許）

◇無印本命　3　人生は毎日がオーディション　臼井正己著　青山ライフ出版　2013.5　118p　19cm　①978-4-86450-073-9　Ⓝ281.04　[2800円]

◇名家老たちの危機の戦略戦術—戦い・内紛・財政破綻の秘策　加来耕三著　さくら舎　2014.8　286p　19cm　〈文献あり〉①978-4-906732-84-5　Ⓝ281　[1600円]

◇名人　梅佳代写真・文　静山社　2014.7　219p　24cm　①978-4-86389-278-1　Ⓝ281　[2700円]

◇めぐりあったひとびと—色川大吉人物論集　色川大吉著　日本経済評論社　2013.11　245p　20cm　〈索引あり〉①978-4-8188-2306-8　Ⓝ281.04　[2800円]

◇〈弱さ〉のちから—ホスピタブルな光景　鷲田清一［著］　講談社　2014.11　253p　15cm　（講談社学術文庫　2267）①978-4-06-292267-8　Ⓝ281.04　[880円]

◇リーダーのための歴史に学ぶ決断の技術　松崎哲久著　朝日新聞出版　2014.2　251,3p　18cm　（朝日新書　450）〈文献あり　年表あり　索引あり〉①978-4-02-273550-8　Ⓝ281.04　[780円]

◇若き命の墓標—20世紀を生きた若者からの伝言　西條敏美著　［東京］　花伝社　2014.1　222,22p　19cm　〈共栄書房（発売）文献あり　年表あり　索引あり〉①978-4-7634-0688-0　Ⓝ281.04　[1500円]

◇わが師・先人を語る　1　上廣倫理財団編　弘文堂　2014.11　301p　20cm　〈内容：ペスタロッチー先生、長田新先生と私（村川實述）　和辻哲郎と私（熊野純彦述）　新渡戸稲造の教養と修養（斎藤兆史述）　安丸良夫先生と私（島薗進述）　高坂正堯先生の日本への思い（中西寛述）　今西錦司先生の仲間たちと私（河合雅雄述）　河合雄雄との三度の再会（河合俊雄述）　尾高邦雄先生と私（富永健一述）〉①978-4-335-16077-6　Ⓝ281.04　[2000円]

日本（伝記—書目）
◇人物文献目録　2011-2013-1　日本人編　日外アソシエーツ株式会社編集　日外アソシエーツ　2014.6　1494p　27cm　〈紀伊國屋書店（発売）〉①978-4-8169-2480-4　Ⓝ280.31　[55500円]

日本（電気—法令）
◇電気技術者のための電気関係法規　平成26年版　日本電気協会　2014.6　664p　21cm　〈オーム社（発売）〉①978-4-88948-278-2　Ⓝ540.91　[2200円]

◇電気法規と電気施設管理　平成26年度版　竹野正二著　東京電機大学出版局　2014.3　325p　21cm　〈索引あり〉①978-4-501-11670-5　Ⓝ540.91　[2700円]

日本（電気化学—特許）
◇実例に学ぶ特許明細書作成の教科書　電気電子システム編　ネオテクノロジー　2013.7　8, 114, 50p　30cm　（実例による教科書シリーズ　技術と特許をつなぐ）①978-4-907191-22-1　Ⓝ507.23　[19800円]

日本（電気機械・器具工業）
◇電機メーカーR&D戦略　2013　名古屋マーケティング本部調査・編集　富士経済　2013.8　232p　30cm　①978-4-8349-1648-5　Ⓝ542.09　[100000円]

日本（電気機械・器具工業—歴史—1945〜）
◇総合電機産業と持続的円高—長期為替替不在による経営と産業の躓計　榎本俊一著　中央経済社　2014.1　285p　21cm　〈文献あり　背のタイトル（誤植）：総合電機産業と持続的円高〉①978-4-502-08460-7　Ⓝ542.09　[3400円]

日本（電気事業）
◇最新電力・ガス業界の動向とカラクリがよ〜くわかる本—業界人、就職、転職に役立つ情報満載　本橋恵一著　第3版　秀和システム　2014.11　247p　21cm　（図解入門業界研究）〈文献あり　索引あり〉①978-4-7980-4207-7　Ⓝ540.921　[1500円]

◇市民・地域共同発電所のつくり方—みんなが主役の自然エネルギー普及　和田武,豊田陽介,田浦健朗,伊東真吾編著　京都　かもがわ出版　2014.6　173p　21cm　①978-4-7803-0696-5　Ⓝ540.921　[1700円]

◇徹底検証日本の電力会社　奥村宏著　七つ森書館　2014.9　229p　20cm　①978-4-8228-1412-0　Ⓝ540.921　[1800円]

◇電気事業便覧　平成26年版　電気事業連合会統計委員会/編　日本電気協会、オーム社〔発売〕　2014.10　326p　15cm　①978-4-88948-290-4　Ⓝ540.921　[1100円]

◇電力開発計画新鑑　平成26年度版　日刊電気通信社　2014.9　169p　26cm　［5000円］

◇電力・ガス・エネルギーサービス市場戦略総調査　2014　電力・ガス自由化市場編　東京マーケティング本部第二統括部第四部調査・編集　富士経済　2013.10　343p　30cm　①978-4-8349-1658-4　Ⓝ540.921　[97000円]

◇電力・ガス・エネルギーサービス市場戦略総調査　2014　エネルギーソリューション編　東京マーケティング本部第二統括部第四部調査・編集　富士経済　2013.12　272p　30cm　①978-4-8349-1659-1　Ⓝ540.921　[97000円]

日本（電気事業—名簿）
◇電力役員録　2014年版　電気新聞メディア事業局編　日本電気協会新聞部　2014.8　277p　21cm　①978-4-905217-38-1　Ⓝ540.921　[4000円]

日本（電気事業—歴史—明治以後）
◇企業統治と会計行動—電力会社における利害調整メカニズムの歴史的展開　北浦貴士著　東京大学出版会　2014.3　372p　22cm　〈文献あり　索引あり　内容：企業統治と会計行動の関係性　株主有限責任制度の誕生　東京電灯の高配当性向政策と利益感応型減価償却行動　電力大手5社の高配当性向政策に対応した会計行動　電力外債における会計契約と規則的な減価償却行動　国内金融機関による経営介入と減価償却費増額及び減配政策　モニターとしての会計プロフェッション監査　日発時代の低料金と不十分な減価償却　9電力における総括原価方式の形成　企業統治に果たす会計行動の役割〉①978-4-13-046112-2　Ⓝ540.921　[7800円]

日本（電気設備—安全管理）
◇産業構造審議会保安分科会電力安全小委員会電気設備自然災害等対策ワーキンググループ中間報告書　［東京］　電気設備自然災害等対策ワーキンググループ　2014.6　86, 127p　30cm　〈背のタイトル：電気設備自然災害等対策ワーキンググループ中間報告書〉Ⓝ544.49

日本（電気通信）
◇競争評価データブック　2013　［東京］　総務省　2014.10　129p　30cm　〈電気通信事業分野における競争状況の評価2013・別冊資料集〉Ⓝ694.21

◇コミュニケーション関連マーケティング調査総覧　2013　上巻　通信機器/システム編　研究開発本部第二研究開発部門調査・編集　富士キメラ総研　2013.9　307p　30cm　①978-4-89443-685-5　Ⓝ547.09　[97000円]

◇コミュニケーション関連マーケティング調査総覧　2013　下巻　通信サービス編　研究開発本部第二研究開発部門調査・編集　富士キメラ総研　2013.10　268p　30cm　①978-4-89443-686-2　Ⓝ547.09　[97000円]

◇次世代ネットワークの経済学—需要・供給分析からの展望　高野直樹著　日本経済評論社　2014.1　165p　22cm　〈文献あり　索引あり〉①978-4-8188-2314-3　Ⓝ694.21　[4000円]

◇情報通信業基本調査報告書—平成25年情報通信業基本調査（平成24年度実績）［東京］　総務省情報通信国際戦略局　2014.3　428p　30cm　〈共同刊行：経済産業省大臣官房調査統計グループ〉Ⓝ694.21

◇情報通信業基本調査報告書—平成25年情報通信業基本調査　平成24年度実績　総務省情報通信国際戦略局、経済産業省大臣官房調査統計グループ/編　経済産業統計協会　2014.7　427p　30cm　①978-4-86499-007-3　[15500円]

◇通信業界の裏側が分かる　2015　日経コミュニケーション編　［東京］　日経BP社　2014.12　223p　21cm（日経BPマーケティング（発売））①978-4-8222-1589-7　Ⓝ694.21　[2200円]

◇鉄道が関わった通信事業　技術編　［出版地不明］　通信事業研究会　[2013]　110p　30cm　Ⓝ694.21

◇鉄道が関わった通信事業　事業編　［出版地不明］　通信事業研究会　[2013]　92, 11, 8p　30cm　〈年表あり〉Ⓝ694.21

◇電気通信事業分野における競争状況の評価　2013　［東京］　総務省　2014.10　391p　30cm　Ⓝ694.21

◇電気通信紛争処理マニュアル—紛争処理の制度と実務　［東京］　電気通信紛争処理委員会　2014.3　1冊　30cm　Ⓝ694.1

◇翻れ！日本のICT産業—ディジタル革命三十年の証言　内海善雄編著　情報通信振興会　2013.5　128p　21cm　〈年表あり　内容：「翻れ！日本のICT産業」座談会（小野寺正ほか［述］）ディジタル革命の舞台裏（内海善雄著）〉①978-4-8076-0721-1　Ⓝ694.21　[1000円]

日本（電気鉄道—歴史）
◇電気鉄道技術変遷史　持永芳文,望月旭,佐々木敏明,水間毅監修、電気鉄道技術変遷史編纂委員会編　オーム社　2014.11　458p　22cm　〈年表あり〉①978-4-274-50517-1　Ⓝ546.021　[8000円]

日本（電源装置—特許）
◇ソフトスイッチング　第3版　ネオテクノロジー　2014.9　187p　30cm　（現役の開発技術者が選ぶスイッチング電源特許100シリーズ　第6巻）Ⓝ549.3　[30000円]

833

日本（電子機械・器具―特許）

◇力率改善　第2版　ネオテクノロジー　2014.9　192p　30cm
（現役の開発技術者が選ぶスイッチング電源特許100シリーズ
第8巻）Ⓝ549.3　[30000円]

日本（電子機械・器具―特許）

◇回路基板をつかう最新の放熱実装―IPC/FIガイド付き　ネオ
テクノロジー　2014.3　91p　30cm　（技術と特許をつなぐパ
テントガイドブック）〈折り込1枚〉Ⓝ549.9　[80000円]

日本（電子機械・器具工業）

◇コミュニケーション関連マーケティング調査総覧　2013　上巻
通信機器/システム編　研究開発本部第二研究開発部門調査・
編集　富士キメラ総研　2013.9　307p　30cm　Ⓘ978-4-
89443-685-5　Ⓝ547.09　[97000円]

◇サムスンに学ぶな！―日本の家電メーカーは、なぜ、凋落した
のか？　伊藤豊著　彩図社　2014.8　190p　19cm　Ⓘ978-4-
8013-0000-2　Ⓝ545.88　[1200円]

日本（電子工業）

◇電子立国は、なぜ凋落したか　西村吉雄著　［東京］　日経BP
社　2014.7　270p　20cm　（日経BPマーケティング（発売）
文献あり）Ⓘ978-4-8222-7698-0　Ⓝ549.09　[1800円]

日本（電子債権）

◇「でんさい」のすべて　全銀電子債権ネットワーク著　金融財
政事情研究会　2014.3　452p　21cm　〈きんざい（発売）〉
Ⓘ978-4-322-12442-2　Ⓝ324.4　[3400円]

日本（電子商取引）

◇インターネット消費者取引被害救済の実務　山田茂樹編著
民事法研究会　2014.3　366p　21cm　〈索引あり〉Ⓘ978-4-
89628-923-7　Ⓝ365　[3500円]

日本（電子商取引―法令）

◇ネットビジネス・通販サイト運営のための法律と書式サンプル
集―事業者必携　服部真和監修　三修社　2014.5　263p
21cm　Ⓘ978-4-384-04601-4　Ⓝ673.36　[1900円]

日本（電子書籍）

◇紙の本は、滅びない　福嶋聡著　ポプラ社　2014.1　256p
18cm　（ポプラ新書018）〈文献あり〉Ⓘ978-4-591-13742-0
Ⓝ023.1　[780円]

日本（電子図書館）

◇電子図書館・電子書籍貸出サービス―調査報告　2014　植村
八潮, 野口武悟編著, 電子出版制作・流通協議会著　ポット出
版　2014.11　223p　26cm　〈文献あり〉Ⓘ978-4-7808-0214-6
Ⓝ010.21　[2600円]

日本（電子部品工業）

◇医療機器分野へ参入のための医療機器への電子部品供給ガイ
ド　電子情報技術産業協会電子部品部会企画委員会医療機器
対応タスクフォース編　電子情報技術産業協会電子部品部会
企画委員会医療機器対応タスクフォース　2014.3　75p
21cm　Ⓝ535.4

日本（電車―歴史―1945～）

◇115系物語―"無事是名車"山用近郊電車50年の記録　福原俊一
著　JTBパブリッシング　2014.8　191p　21cm　（キャン
ブックス）〈文献あり〉Ⓘ978-4-533-09923-6　Ⓝ546.5
[1900円]

◇よみがえる485系―全国の電化区間を疾駆した交直流特急形電
車の矜持　諸河久写真, 今田保文　学研パブリッシング
2014.1　175p　26cm　（学研マーケティング（発売）文献あり
年表あり）Ⓘ978-4-05-405906-1　Ⓝ546.5　[2800円]

日本（電車―歴史―昭和時代）

◇昭和の電車　関三平著　大阪　保育社　2014.5　207p　19×
27cm　Ⓘ978-4-586-08533-0　Ⓝ546.5　[3500円]

日本（伝説）

◇異界百夜語り　堤邦彦, 橋本章彦編　三弥井書店　2014.10
223p　21cm　Ⓘ978-4-8382-3270-3　Ⓝ388.1　[1800円]

◇日本の神話・伝説を歩く　吉元昭治著　勉誠出版　2014.8
490p　23cm　〈索引あり〉Ⓘ978-4-585-22087-9　Ⓝ164.1
[4800円]

◇日本の昔話と伝説―民間伝承の民俗学　柳田国男著　河出書
房新社　2014.9　178p　20cm　（内容：朝日夕日　阿曾沼の鴬
鴬　あまのじゃく　粟袋米袋　石芋　和泉式部　伊勢や日向
の物語　氏神　打出の小槌　うつほ舟　姥皮　産土神　産女
の怪　瓜子姫　うるかの歌　縁起　大話　大人弥五郎　お銀
小銀　お竹大日　御伽噺　鬼ヶ島　竈神の本地　勧請の木
木地屋　管狐　口寄巫女　杳掛　外道　毛坊主　庚申講と昔
話　口碑　弘法清水　高野聖　腰掛石　獅物説話　米倉米倉
山窩　山姥　山荘太夫　酒泉伝説　頭白上人　炭焼長者　石
敢当　大太法師　宝競べ　たけくらべ　長者屋敷　沈鐘伝説

伝説　道祖神　虎が石　名　何故話　白米城　羽衣　橋姫
八百比丘尼　花咲爺　話の種　咄の者　人柱　文福茶釜　紅
皿欠皿　松山鏡　民譚　昔話　餅と白石　桃太郎　山争い
山姥　落語　笑い話　椀貸穴）Ⓘ978-4-309-24675-8　Ⓝ388.1
[2300円]

◇眠れないほど面白い日本の「聖地（パワー・スポット）」　並木
伸一郎著　三笠書房　2014.1　285p　15cm　（王様文庫A65-
7）〈文献あり〉Ⓘ978-4-8379-6691-3　Ⓝ175.9　[600円]

日本（電装品〔自動車〕―特許）

◇クルマのセンサ技術―IPC/FIガイド付き　ネオテクノロジー
2014.5　355p　30cm　（技術と特許をつなぐパテントガイド
ブック）〈折り込1枚〉Ⓝ537.6　[80000円]

日本（電池―特許）

◇特許情報分析（パテントマップ）から見た電池の充放電技術に
関する技術開発実態分析調査報告書　インパテック株式会社
編　パテントテック社　2013.3　229p　30cm　〈タイトルは標
題紙による〉Ⓘ978-4-86483-193-2　Ⓝ572.1　[56700円]

日本（天文学―歴史―江戸時代）

◇星に惹かれた男たち―江戸の天文学者　間重富と伊能忠敬　鳴
海風著　日本評論社　2014.12　239,6p　20cm　〈文献あり　年
表あり　索引あり〉Ⓘ978-4-535-78758-2　Ⓝ440.21　[1900
円]

◇黎明期日本天文研究会―集録　平成24年度　［出版地不明］
［日本天文史研究会］　2013.2　210p　30cm　〈年表あり　会
期・会場：2013年2月9日―10日　国立科学博物館〉Ⓝ440.21

◇黎明期日本天文研究会―集録　平成25年度　［出版地不明］
［日本天文史研究会］　2014.2　91p　30cm　〈会期・会場：
2014年2月9日―10日　国立科学博物館〉Ⓝ440.21

日本（電力）

◇家庭における電力消費量実測調査報告書　平成25年度　［東
京］　住環境計画研究所　2013.9　299p　30cm　Ⓝ540.921

◇誤解だらけの電力問題　竹内純子著　ウェッジ　2014.4
231p　18cm　〈文献あり〉Ⓘ978-4-86310-125-8　Ⓝ540.93
[1000円]

◇CO_2削減ポテンシャル診断・対策提案事業委託業務報告書　平
成25年度　［東京］　三菱総合研究所環境・エネルギー研究本
部　2014.3　1冊　30cm　Ⓝ519.3

日本（電力―省エネルギー）

◇節電・CO_2削減のための構造分析・実践促進モデル事業推進委
託業務報告書　平成24年度　第1分冊　第1部：節電・CO_2削
減取組の定着に向けた展開方法の検討　［東京］　住環境計画
研究所　2013.3　472p　30cm　〈平成24年度環境省委託業務
共同刊行：三菱UFJリサーチ＆コンサルティング〉Ⓝ540.93

◇節電・CO_2削減のための構造分析・実践促進モデル事業推進委
託業務報告書　平成24年度　第2分冊　第2部：節電・CO_2
減取組の定着に向けた展開方法の検討　［東京］　三菱UFJリ
サーチ＆コンサルティング　2013.3　95p　30cm　〈平成24年
度環境省委託業務　共同刊行：住環境計画研究所〉Ⓝ540.93

◇節電・CO_2削減のための構造分析・実践促進モデル事業推進委
託業務報告書　平成24年度　第3分冊　第3部：エネルギー・
環境の選択肢に関するパブリックコメントの集計等　［東京］
三菱UFJリサーチ＆コンサルティング　2013.3　14p　30cm
〈平成24年度環境省委託業務　共同刊行：住環境計画研究所〉
Ⓝ540.93

日本（電力―情報サービス）

◇電力情報イノベーション　池田元英著　幻冬舎メディアコン
サルティング　2014.3　200p　19cm　〈幻冬舎（発売）〉
Ⓘ978-4-344-95208-9　Ⓝ540.921　[1400円]

日本（電力―法令）

◇電力小六法　平成27年版　経済産業省資源エネルギー庁電力・
ガス事業部政策課/監修　エネルギーフォーラム　2014.12
2783p　21cm　Ⓘ978-4-88555-437-7　[13000円]

日本（電力自由化）

◇電力改革と脱原発　熊本一規著　緑風出版　2014.12　195p
20cm　〈索引あり〉Ⓘ978-4-8461-1420-6　Ⓝ543.5　[2200円]

◇電力情報イノベーション　池田元英著　幻冬舎メディアコン
サルティング　2014.3　200p　19cm　〈幻冬舎（発売）〉
Ⓘ978-4-344-95208-9　Ⓝ540.921　[1400円]

◇日本を滅ぼすとんでもない電力自由化　永野芳宣著　エネル
ギーフォーラム　2014.7　207p　19cm　Ⓘ978-4-88555-431-5
Ⓝ540.921　[1600円]

日本（登記―法令）

◇詳細登記六法―判例・先例付　平成27年版　山野目章夫, 筧康
生, 鈴木龍介編集代表　金融財政事情研究会　2014.11　2864,
18,44p　19cm　〈きんざい（発売）　索引あり〉Ⓘ978-4-322-
12585-6（set）Ⓝ324.86

日本件名図書目録2014 Ⅰ　　　　　　　　　　　　　　　　　　　　　　　　　　　　　　　　　　　日本（倒産法）

◇詳細登記六法　平成27年版　別冊　登記等関係先例編　金融財政事情研究会　2014.11　870, 18p　19cm〈きんざい（発売）〉Ⓘ978-4-322-12585-6(set)　Ⓝ324.86
◇登記小六法　平成25年版　登記法令研究会編　桂林書院　2013.12　2616p　19cm　Ⓘ978-4-905859-25-3(set)　Ⓝ324.86
◇登記小六法　平成25年版　別冊　［登記法令研究会編］　桂林書院　2013.11　760p　19cm　Ⓘ978-4-905859-25-3(set)　Ⓝ324.86
◇登記小六法　平成26/27年合併版　登記法令研究会/編　桂林書院　2014.12　2718p　19cm〈付属資料：別冊1〉Ⓘ978-4-905859-27-7　[5907円]

日本（銅鏡）
◇三角縁神獣鏡の編年と分類　真野和夫著　[出版地不明]　[真野和夫]　2014.5　102p　30cm　（「論争の終焉」シリーズ　2）Ⓝ210.32

日本（統計）
◇図解日本人の平均─統計データにみるこの国の現在　統計・確率研究会著　KADOKAWA　2014.8　219p　18cm（メディアファクトリー新書　104）Ⓘ978-4-04-066965-6　Ⓝ351　[920円]
◇地域ハンドブック─地域データと政策情報　2014年度版　日本政策投資銀行地域企画部編　[東京]　日本政策投資銀行　2014.4　43, 309p　21cm　[1389円]
◇統計資料集─インターネット対応　2014年　山田茂編　成文堂　2014.7　64p　30cm　Ⓘ978-4-7923-4249-4　Ⓝ351　[1300円]
◇統計でみる市区町村のすがた　2014　総務省統計局/編　日本統計協会　2014.6　317p　30cm　Ⓘ978-4-8223-3774-2　[3000円]
◇統計でみる都道府県のすがた　2014　総務省統計局/編　日本統計協会　2014.2　194p　26cm　Ⓘ978-4-8223-3733-9　[1800円]
◇統計でみる日本　2014　日本統計協会/編　日本統計協会　2014.3　362p　21cm　Ⓘ978-4-8223-3753-7　[2100円]
◇日本国勢図会─日本がわかるデータブック　2014/15　矢野恒太記念会/編　第72版　矢野恒太記念会　2014.6　542p　21cm　Ⓘ978-4-87549-145-3　[2685円]
◇日本統計年鑑　第64回（平成27年）　総務省統計局/編　日本統計協会，毎日新聞社　2014.11　945p　26cm〈本文：日英両文　付属資料：CD-ROM1〉Ⓘ978-4-620-85024-5　[14000円]
◇日本統計年鑑　第64回　平成27年　総務省統計局/編　日本統計協会，毎日新聞社　2014.11　945p　26cm〈本文：日英両文　付属資料：CD-ROM1〉Ⓘ978-4-8223-3784-1　[14000円]
◇日本の統計　2014年版　総務省統計局/編　日本統計協会　2014.3　377p　21cm　Ⓘ978-4-8223-3734-6　[1800円]
◇民力　2014　朝日新聞出版/編　朝日新聞出版　2014.8　583p　26cm　Ⓘ978-4-02-331316-3　[8000円]

日本（統計―書目）
◇白書統計索引　2013　日外アソシエーツ株式会社編集　日外アソシエーツ　2014.2　903p　22cm〈紀伊國屋書店（発売）〉Ⓘ978-4-8169-2460-6　Ⓝ351.031　[27500円]

日本（統計行政）
◇失われし20年における世帯変動と就業異動─1991年〜2010年のミクロ統計データの静態・動態リンケージにもとづく分析　山口幸三著　日本統計協会　2014.11　267p　27cm〈文献あり　布装　「現代日本の世帯構造と就業形態の変動解析」の改題，改訂新版〉Ⓘ978-4-8223-3786-5　Ⓝ350.19　[2800円]
◇公的統計の整備に関する基本的な計画─平成26年3月25日閣議決定　[東京]　総務省　2014.3　105p　30cm　Ⓝ350.19
◇独立推計機関を国会に─政策提言　東京財団　2013.11　22, 46, 66p　26cm〈文献あり〉Ⓝ350.19
◇法人企業統計実務　[東京]　財務省財務総合政策研究所研修部　[2013]　246p　30cm（研修部教材　平成25年度4）Ⓝ331.19

日本（統合教育）
◇インクルーシブ教育って？─そこが知りたい！大解説：合理的配慮って？共生社会って？Q&Aで早わかり　木舩憲幸著　明治図書出版　2014.5　150p　22cm　Ⓘ978-4-18-126716-2　Ⓝ378　[2000円]
◇共に学び合うインクルーシブ教育システム構築に向けた児童生徒への配慮・指導事例─小・中学校で学習している障害のある児童生徒の12事例　国立特別支援教育総合研究所著　ジアース教育新社　2014.1　134p　26cm〈文献あり〉Ⓘ978-4-86371-250-8　Ⓝ378　[1700円]

日本（動産担保融資）
◇ABL取引推進事典　細溝清史，菅原郁郎監修，金融財政事情研究会編　金融財政事情研究会　2014.4　780p　22cm〈きんざい（発売）〉索引あり　別タイトル：Asset Based Lending取引推進事典〉Ⓘ978-4-322-12404-0　Ⓝ338.54　[8000円]
◇これでわかるABL　日本動産鑑定編著　金融財政事情研究会　2014.1　63p　26cm〈きんざい（発売）〉Ⓘ978-4-322-12418-7　Ⓝ338.54　[1000円]

日本（倒産法）
◇最新企業活動と倒産法務─豊富な事例でリスクに備える　服部明人，岡伸浩編　清文社　2014.8　411p　21cm　Ⓘ978-4-433-55024-0　Ⓝ327.3　[3000円]
◇実務に学ぶ倒産訴訟の論点　滝澤孝臣編著　青林書院　2014.11　380p　21cm（論点・裁判実務series 2）〈索引あり〉Ⓘ978-4-417-01639-7　Ⓝ327.3　[3900円]
◇商業登記全書　第8巻　解散・倒産・非訟　神﨑満治郎編集代表　内藤卓編　中央経済社　2014.7　358p　22cm〈索引あり〉Ⓘ978-4-502-07920-7　Ⓝ325.24　[4800円]
◇小説で読む倒産法─個人自己破産と債務整理　中隆志著　法学書院　2014.3　232p　21cm　Ⓘ978-4-587-03795-6　Ⓝ327.3　[1800円]
◇担保権消滅請求の理論と実務　佐藤鉄男，松村正哲編　民事法研究会　2014.1　630p　22cm〈索引あり〉Ⓘ978-4-89628-912-1　Ⓝ327.3　[6000円]
◇提言倒産法改正　続々　倒産法改正研究会編　金融財政事情研究会　2014.3　294p　21cm〈きんざい（発売）内容：各種契約類型と当事者の倒産に関する規律（木村真也著）　請負に関する規律の見直し（野村剛司著）　諾成的消費貸借と倒産法の規律について（安部将規著）　不安の抗弁権について（軸丸欣哉著）　差押えと相殺（木村真也著）　民事再生手続における別除権協定の諸問題（長谷川卓著）　民事再生法への破産法上の担保権消滅請求制度の導入（中森亘著）　再建型法的整理における商取引債権の全額保護（堀内秀晃著）　破産管財人を当事者とする破産財団に関する訴訟の審理、破産管財人の地位と権限のあり方（桐山昌己著）　破産手続のさらなる合理化続（野村剛司著）　破産法上の双務契約の規律についての改正提案および解釈論の提案（赫高規著）　相殺の時期的制限に関する立法提案（上田純著）　停止条件付債権等を受働債権とする倒産債権者による相殺に関する立法提案（上田純著）　否認要件の見直し（内部関係者に対する偏頗弁済）（平井信二著）〉Ⓘ978-4-322-12446-0　Ⓝ327.3　[3700円]
◇倒産・再生再編六法─判例付き　2014　伊藤眞，多比羅誠，須藤英章編集代表，土岐敦司，武井一浩，中村慈美，須賀一也，三上徹編集委員　コンパクト版　民事法研究会　2014.3　653p　21cm〈索引あり〉Ⓘ978-4-89628-924-4　Ⓝ327.3　[2000円]
◇倒産と担保・保証　「倒産と担保・保証」実務研究会編　商事法務　2014.5　798p　22cm〈索引あり〉Ⓘ978-4-7857-2182-4　Ⓝ327.3　[7000円]
◇倒産法改正150の検討課題　全国倒産処理弁護士ネットワーク編　金融財政事情研究会　2014.11　305p　21cm〈きんざい（発売）〉Ⓘ978-4-322-12625-9　Ⓝ327.3　[3500円]
◇倒産法概論　松村和德著　法学書院　2014.5　383p　21cm〈索引あり〉Ⓘ978-4-587-04110-6　Ⓝ327.3　[3200円]
◇倒産法制の現代的課題─民事手続法研究2　山本和彦著　有斐閣　2014.10　494p　22cm〈索引あり　内容：倒産法改正と理論的課題　倒産法の強行法規性の意義と限界　支払不能の概念について　清算価値保障原則について　倒産手続におけるリース契約の処遇　担保権消滅請求制度について　別除権協定の効果について　労働債権の立替払いと財団債権　定年による退職手当の更生手続における取扱い　倒産手続における敷金の取扱い　船舶共有契約の双方未履行双務契約の処遇　保険会社に対する更生特例法適用の諸問題　マイカル証券化スキームの更生手続における処遇について　証券化のスキームにおけるSPVの倒産手続防止措置　国際倒産に関する最近の諸問題　事業再生ADRについて　事業再生ADRと法的倒産手続との連続性の確保について　強制執行手続における債権者の保護と債務者の保護　担保不動産収益執行における管理人の地位と権限　執行官制度の比較法的検討〉Ⓘ978-4-641-13676-2　Ⓝ327.3　[7800円]
◇倒産法全書　上　藤原総一郎監修，森・濱田松本法律事務所，KPMG FAS編著　第2版　商事法務　2014.6　1100p　22cm〈索引あり〉Ⓘ978-4-7857-2197-8　Ⓝ327.3　[9000円]
◇倒産法全書　下　藤原総一郎監修，森・濱田松本法律事務所，KPMG FAS編著　第2版　商事法務　2014.6　872p　22cm〈索引あり〉Ⓘ978-4-7857-2198-5　Ⓝ327.3　[9000円]
◇倒産法のしくみ─図解で早わかり　森公任，森元みのり監修　三修社　2014.2　255p　21cm　Ⓘ978-4-384-04582-6　Ⓝ327.3　[1800円]

日本（倒産法―判例）

日本件名図書目録2014　I

◇やさしい倒産法　宗田親彦編　第9版　法学書院　2014.3
264p　21cm　〈索引あり〉①978-4-587-03584-6 Ⓝ327.3
［2650円］

◇ロースクール倒産法　三木浩一, 山本和彦編　第3版　有斐閣
2014.3　345p　24cm　〈索引あり〉①978-4-641-13672-4
Ⓝ327.3　［4100円］

日本（倒産法―判例）

◇倒産判例インデックス　瀬戸英雄, 山本和彦編　第3版　商事
法務　2014.3　374p　21cm　〈索引あり〉①978-4-7857-2150-
3　Ⓝ327.3　［3000円］

◇倒産法の判例・実務・改正提言　園尾隆司, 多比羅誠編　弘文
堂　2014.1　605p　22cm　〈索引あり　内容：倒産手続の選択
（小林信明著）　倒産手続間の手続の移行（多比羅誠, 髙橋優著）
申立て前の調整（進士肇, 横山兼太郎著）　管轄（園尾隆司著）
開始決定（金澤秀樹著）　監督委員, 管財人, その他の委員の
選任（鈴木義和著）　債権者委員会（栗田口太郎著）　債権者に
対する情報開示（蓑毛良和, 志甫治宣著）　債権の調査・確定
（園尾隆司, 谷口安史著）　商取引債権の扱い（縣俊介, 朝田規
与至著）　労働債権の扱い（富永浩明, 南勇成著）　財団債権・
共益債権（長島良成著）　劣後債権（杉本和士著）　別除権（田
川淳一, 志甫治宣著）　担保権実行・担保権消滅請求
（三坂知央, 清水靖博著）　商事留置権の扱い（中島弘雅著）
動産売買先取特権（園尾隆司, 谷口安史著）　倒産と相殺につい
て（柴原多著）　解除権・取戻権（加々美博久著）　整理解雇,
労働条件の変更（池田悠著）　否認権（小島伸夫, 大石健太郎
著）　役員に対する損害賠償請求権の行使（樋口正樹著）　事
業譲渡（井出ゆり, 藤田将貴著）　会社分割（綾克己, 浅沼雅人
著）　計画案の立案（清水祐介, 金山伸宏著）　認可決定（鹿子
木康著）　再生型法的倒産手続・私的整理における税務処理等
（谷津朋美著）　破産管財人の租税法上の地位（永島正春著）〉
①978-4-335-35578-3 Ⓝ327.3　［6500円］

日本（投資）

◇あやしい投資話に乗ってみた　藤原久敏著　彩図社　2014.8
223p　19cm　①978-4-8013-0017-0 Ⓝ338.18　［1200円］

◇確定拠出年金最良の運用術―自分でやさしく殖やせる　岡本
和久著　日本実業出版社　2014.6　234p　19cm　①978-4-
534-05188-2 Ⓝ366.46　［1500円］

◇起業のエクイティ・ファイナンス―経済革命のための株式と契
約　磯崎哲也著　ダイヤモンド社　2014.7　421p　21cm　〈索
引あり〉①978-4-478-02825-4 Ⓝ336.82　［3600円］

◇図解はじめての資産運用―お金のきほん　大竹のり子監修
学研パブリッシング　2014.12　189p　21cm　〈学研マーケ
ティング（発売）　索引あり〉①978-4-05-800396-1 Ⓝ338.18
［1500円］

◇図解ひとめでわかる株・FX・不動産の税金　小澤善哉著　東
洋経済新報社　2014.3　175p　21cm　①978-4-492-09313-9
Ⓝ336.983　［1600円］

日本（陶磁器）

◇図解日本のやきもの　伊藤嘉章監修　東京美術　2014.4
143p　19cm　（てのひら手帖）　〈年表あり〉①978-4-8087-
0987-7 Ⓝ751.1　［1600円］

日本（陶磁器―図集）

◇菊池ビエンナーレ展―現代陶芸の〈今〉第5回　菊池寛実記念
智美術館編　［東京］　菊池美術財団　c2013　43p　30cm
〈会期：2013年6月1日―9月1日〉Ⓝ751.1

◇徳川将軍家の器―江戸城跡の最新の発掘成果を美術品ととも
に：千代田区立日比谷図書文化館平成24年度文化財特別展
日比谷図書文化館　2013.1　160p　30cm　〈年表あり　会期・
会場：平成25年1月19日―3月3日　千代田区立日比谷図書文化
館　奥付のタイトル：『徳川将軍家の器』展示図録〉Ⓝ751.1

日本（陶磁器―伝記）

◇イケヤン★アーティスト・ファイル　中日新聞社出版部編著
名古屋　中日新聞社　2014.11　139p　22cm　①978-4-8062-
0675-0 Ⓝ751.1　［1600円］

日本（陶磁器―歴史―昭和前期―図集）

◇オールド大倉の世界展―皇室も愛した誇り高き日本の洋食器。
岐阜県現代陶芸美術館編　［多治見］　岐阜県現代陶芸美術館
2013　127p　30cm　〈年表あり　会期：2013年9月7日―11月
24日〉①978-4-901997-20-1 Ⓝ751.1

日本（陶磁器―歴史―大正時代―図集）

◇オールド大倉の世界展―皇室も愛した誇り高き日本の洋食器。
岐阜県現代陶芸美術館編　［多治見］　岐阜県現代陶芸美術館
2013　127p　30cm　〈年表あり　会期：2013年9月7日―11月
24日〉①978-4-901997-20-1 Ⓝ751.1

日本（投資信託）

◇一番やさしい投資信託の教科書―カラー版　竹内弘樹監修
西東社　2014.1　159p　21cm　〈索引あり〉①978-4-7916-
2185-9 Ⓝ338.8　［1300円］

◇公的年金知識を活かす投信・保険セールスケース別アプローチ
手法　沖倉功能著　ビジネス教育出版社　2014.12　143p
21cm　①978-4-8283-0541-7 Ⓝ338.8　［1600円］

◇新・投資信託にだまされるな！―買うべき投信, 買ってはいけ
ない投信　竹川美奈子著　ダイヤモンド社　2014.5　214p
19cm　①978-4-478-02762-2 Ⓝ338.8　［1500円］

◇投資信託―基礎と実務　田村威著　10訂　経済法令研究会
2013.11　385p　22cm　〈文献あり　索引あり〉①978-4-7668-
2328-8 Ⓝ338.8　［2500円］

◇投資信託―基礎と実務　田村威著　11訂　経済法令研究会
2014.11　377p　22cm　〈文献あり　索引あり〉①978-4-7668-
2352-3 Ⓝ338.8　［2500円］

◇プロフェッショナル投資信託実務　田村威, 杉田浩治, 林皓二,
青山直子著　10訂　経済法令研究会　2014.11　375p　21cm
〈文献あり　索引あり〉①978-4-7668-2353-0 Ⓝ338.8　［2500
円］

◇預金バカ―賢い人は銀行預金をやめている　中野晴啓［著］
講談社　2014.7　201p　18cm　（講談社＋α新書 665-1C）
①978-4-06-272860-7 Ⓝ338.8　［840円］

日本（銅像―歴史―明治以後）

◇銅像時代―もうひとつの日本彫刻史　木下直之著　岩波書店
2014.3　324,8p　20cm　〈索引あり　内容：銅像時代のはじま
り　一九〇九　屋根の上のつくりもの　さすらう金鯱　殿様
の銅像　横浜清正公ストリートにて　台座考　ある騎馬像の
孤独　銅像時代のたそがれ　二〇〇九〉①978-4-00-025962-0
Ⓝ715.021　［3500円］

日本（灯台）

◇灯台表　第1巻［2014］　海上保安庁海洋情報部編　海上保安
庁　2014.2　22, 471p　30cm　（書誌 第411号）〈共同刊行：
日本水路協会〉Ⓝ557.5

日本（投票）

◇参議院議員通常選挙全国意識調査―調査結果の概要　第23回
明るい選挙推進協会　2014.5　67p　30cm　Ⓝ314.8

日本（動物病院）

◇農業共済団体等家畜診療所実態調査結果　平成21年度―25年
度調査　経営局保険監理官［著］　［東京］　農林水産省
2014.3　72p　30cm　Ⓝ649

◇病傷給付適正化のための家畜診療実態調査　平成25年度　経
営局保険監理官［著］　［東京］　農林水産省　2014.3　139p
30cm　Ⓝ649

日本（童謡）

◇愛唱歌ものがたり　読売新聞文化部著　岩波書店　2014.8
420p　15cm　（岩波現代文庫）〈索引あり〉①978-4-00-
602244-0 Ⓝ767.7　［1280円］

◇新たのしい子どものうたあそび―現場で活かせる保育実践
木村鈴代編著　同文書院　2014.4　221p　26cm　〈索引あり
執筆：野口美乃里ほか〉①978-4-8103-1434-2 Ⓝ376.157
［2200円］

◇伝え残したい童謡の謎ベスト・セレクション　合田道人著
祥伝社　2014.2　214p　20cm　〈文献あり〉①978-4-396-
61485-0 Ⓝ909.1　［1500円］

◇伝承児童文学と子どものコスモロジー――〈あわい〉との出会い
と別れ　鵜野祐介著　新装版　京都　昭和堂　2014.10　239,
9p　21cm　〈文献あり　索引あり　内容：「子どものコスモロ
ジー」の理論　子どもはなぜ「替え唄」を歌うのか　唱え言葉
「どちらにしようかな」の謎　わらべうたにひそむ〈あやしさ〉
の淵源　食童子生肝譚にみる子どもの〈あわい〉性　妖精子守
唄との出会いと別れ　〈魂呼ばい唄〉としての子守唄考〈あわ
い〉を求める子どもたち〉①978-4-8122-1423-7 Ⓝ384.5
［2600円］

日本（道路）

◇道路構造物に関する基本データ集　平成24年度　玉越隆史, 大
久保雅憲, 横井芳輝［著］　［つくば］　国土技術政策総合研究
所　2014.1　92p　30cm　（国土技術政策総合研究所資料 第
776号）Ⓝ514.0921

◇ふしぎな国道　佐藤健太郎著　講談社　2014.10　254p
18cm　（講談社現代新書 2282）①978-4-06-288282-8 Ⓝ685.
21　［980円］

日本（道路―歴史）

◇地図と写真から見える！日本の街道歴史を巡る！　街道めぐ
りの会編著　西東社　2014.12　215p　19cm　〈文献あり　索引
あり〉①978-4-7916-2089-0 Ⓝ682.1　［1200円］

日本件名図書目録2014 I 　　　　　　　　　　　　　　　　　　　　　　　　　　　　　　　　　日本（独占禁止法）

日本（道路―歴史―古代）

◇日本古代道路事典　古代交通研究会編　オンデマンド版　八木書店古書出版部　2013.12　437p　30cm〈八木書店（発売）印刷・製本：デジタルパブリッシングサービス〉Ⓘ978-4-8406-3476-2　[12000円]

日本（道路行政）

◇道路管理の手引　道路法令研究会編集　第5次改訂　ぎょうせい　2014.11　403p　21cm〈索引あり〉Ⓘ978-4-324-09907-0　Ⓝ685.13　[4000円]

◇道路の長期計画　日本道路協会編集　日本道路協会　2014.3　495p　21cm〈丸善出版（発売）索引あり〉Ⓘ978-4-88950-129-2　Ⓝ685.1　[1500円]

日本（道路計画）

◇道路の長期計画　日本道路協会編集　日本道路協会　2014.3　495p　21cm〈丸善出版（発売）索引あり〉Ⓘ978-4-88950-129-2　Ⓝ685.1　[1500円]

◇物流からみた道路交通計画―物流を、分ける・減らす・換える　苦瀬博仁監修，建設技術研究所物流研究会編著　大成出版社　2014.2　250p　21cm〈索引あり〉Ⓘ978-4-8028-3102-4　Ⓝ685.1　[3200円]

日本（道路公害）

◇総量削減対策環境改善効果検討調査業務報告書　平成25年度　市川環境アセス編　市川　市川環境アセス　2014.3　263p　30cm　Ⓝ519.3

日本（道路交通）

◇道路交通技術必携　2013　交通工学研究会[編集]　交通工学研究会　2013.1　296p　21cm〈丸善出版（発売）索引あり　2007までの出版者：建設物価調査会〉Ⓘ978-4-905990-80-2　Ⓝ514　[3000円]

◇道路交通政策とITS　道路交通問題研究会編　道路交通問題研究会　2014.3　393p　27cm〈大成出版社（発売）年表あり　文献あり〉Ⓘ978-4-8028-3154-3　Ⓝ685.1　[5000円]

日本（道路交通―情報サービス）

◇交通情報の女たち　室井昌也著　論創社　2014.11　273p　19cm　Ⓘ978-4-8460-1385-1　Ⓝ685　[1500円]

日本（道路交通―歴史―古代）

◇日本の古代道路は社会をどう変えたのか　近江俊秀著　[東京]　KADOKAWA　2014.11　253p　19cm　（角川選書548）〈文献あり〉Ⓘ978-4-04-703548-5　Ⓝ682.1　[1800円]

日本（道路交通法）

◇緊急自動車の法令と実務―緊急自動車の26の特例から19の判例まで　交通法令研究会緊急自動車プロジェクトチーム編集　6訂版　東京法令出版　2014.12　163p　21cm　Ⓘ978-4-8090-1320-1　Ⓝ685.1　[1200円]

◇交通実務六法―三段対照式　平成27年版　交通警察実務研究会編集　東京法令出版　2014.11　1冊　22cm〈索引あり〉Ⓘ978-4-8090-1318-8　Ⓝ685.1　[4200円]

◇交通小六法　平成27年版1　交通関係法令研究会編集　大成出版社　2014.12　1088p　19cm〈索引あり〉Ⓘ978-4-8028-3179-6(set)　Ⓝ685.1

◇交通小六法　平成27年版2　交通関係法令研究会編集　大成出版社　2014.12　p1091～2265　19cm〈索引あり〉Ⓘ978-4-8028-3179-6(set)　Ⓝ685.1

◇自動車六法　平成25年版　自動車法規研究会編　輸送文研社　2013.7　1冊　19cm〈索引あり〉Ⓘ978-4-902329-32-2　Ⓝ685.1　[5500円]

◇自動車六法　平成26年版　自動車法規研究会編　輸送文研社　2014.7　1冊　19cm〈索引あり〉Ⓘ978-4-902329-36-0　Ⓝ685.1　[5500円]

◇図解道路交通法　道路交通法実務研究会編　4訂版　東京法令出版　2014.2　625p　21cm　（アイキャッチ）〈索引あり〉Ⓘ978-4-8090-1302-7　Ⓝ685.1　[2500円]

◇注解自動車六法　平成25年版　国土交通省自動車局監修　第一法規　2013.11　1冊　19cm〈索引あり〉Ⓘ978-4-474-02961-3　Ⓝ685.1　[5200円]

◇注解自動車六法　平成26年版　国土交通省自動車局監修　第一法規　2014.11　1冊　19cm〈索引あり〉Ⓘ978-4-474-03329-0　Ⓝ685.1　[5200円]

◇点数制度の実務　運転免許研究会編　7訂版　啓正社　2014.4　210p　21cm　Ⓘ978-4-87572-133-8　Ⓝ685.1　[1500円]

◇道路交通法改正Q&A――定の病気等に係る運転者対策　悪質・危険運転者対策、自転車利用者対策：平成25年6月公布　交通行政研究会編　東京法令出版　2014.4　106p　21cm　Ⓘ978-4-8090-1309-6　Ⓝ685.1　[1100円]

◇道路交通法解説―執務資料　道路交通執務研究会編著，野下文生原著　16訂版　東京法令出版　2014.4　1397,8p　21cm〈文献あり　索引あり〉Ⓘ978-4-8090-1304-1　Ⓝ685.1　[4600円]

◇道路法令総覧　平成27年版　道路法令研究会編集　ぎょうせい　2014.9　1冊　21cm〈索引あり〉Ⓘ978-4-324-09872-1　Ⓝ685.1　[5300円]

日本（道路トンネル）

◇道路構造物に関する基本データ集　平成24年度　玉越隆史，大久保雅憲，横井芳輝[著]　[つくば]　国土技術政策総合研究所　2014.1　92p　30cm　（国土技術政策総合研究所資料　第776号）Ⓝ514.0921

日本（道路法）

◇最新車両制限令実務の手引―解説＆法令・通達　道路交通管理研究会編集　第4次改訂版　ぎょうせい　2014.4　496p　21cm〈索引あり〉Ⓘ978-4-324-09786-1　Ⓝ685.1　[5000円]

◇道路法令総覧　平成27年版　道路法令研究会編集　ぎょうせい　2014.9　1冊　21cm〈索引あり〉Ⓘ978-4-324-09872-1　Ⓝ685.1　[5300円]

日本（土偶）

◇縄文土偶ガイドブック―縄文土偶の世界　三上徹也著　新泉社　2014.1　178p　図版32p　21cm〈文献あり〉Ⓘ978-4-7877-1316-2　Ⓝ210.25　[2200円]

◇はじめての土偶　武藤康弘監修，譽田亜紀子取材・文　世界文化社　2014.8　111p　26cm〈文献あり　年表あり〉Ⓘ978-4-418-14222-4　Ⓝ210.25　[1800円]

日本（読書指導）

◇読書科からの希望の学習　米谷茂則著　悠光堂　2014.3　209p　21cm　Ⓘ978-4-909873-25-8　Ⓝ019.2

◇読書家の時間―自立した読み手を育てる教え方・学び方〈実践編〉　プロジェクト・ワークショップ編　新評論　2014.4　247p　21cm　（シリーズ・ワークショップで学ぶ）〈文献あり〉Ⓘ978-4-7948-0969-8　Ⓝ019.2　[2000円]

◇「本」と生きる　肥田美代子著　ポプラ社　2014.12　204p　18cm　（ポプラ新書　048）〈文献あり〉Ⓘ978-4-591-14253-0　Ⓝ019.2　[780円]

日本（独占禁止法）

◇企業結合ガイドライン　田辺治，深町正徳編著　商事法務　2014.2　321p　21cm〈索引あり〉Ⓘ978-4-7857-2152-7　Ⓝ335.57　[3400円]

◇企業結合規制の経済分析―市場競争の評価手法と審査対応ガイダンス　NERAエコノミックコンサルティング編　中央経済社　2014.7　344p　22cm〈文献あり　索引あり〉Ⓘ978-4-502-09810-9　Ⓝ335.57　[3000円]

◇経済法　土田和博，岡田外司博編　第2版　法学書院　2014.11　187p　21cm　（演習ノート）Ⓘ978-4-587-31226-8　Ⓝ335.57　[2000円]

◇公正取引委員会年次報告―独占禁止白書　平成26年版　公正取引委員会/編　公正取引協会　2014.12　301p　30cm　Ⓘ978-4-87622-012-0　[2000円]

◇公正取引委員会の最近の活動状況　[東京]　公正取引委員会事務総局　2014.4　51p　30cm　Ⓝ335.57

◇公正取引委員会の最近の活動状況　[東京]　公正取引委員会事務総局　2014.10　51p　30cm　Ⓝ335.57

◇条解独占禁止法　村上政博編集代表，内田晴康，石田英遠，川合弘造，渡邉惠理子編集委員　弘文堂　2014.12　971p　22cm〈索引あり〉Ⓘ978-4-335-35602-5　Ⓝ335.57　[13000円]

◇独占禁止法　村上政博著　第6版　弘文堂　2014.3　531p　22cm〈索引あり〉Ⓘ978-4-335-35586-8　Ⓝ335.57　[4800円]

◇独占禁止法ガイドブック―難解といわれる独占禁止法をやさしく解説した：研修用テキスト　公正取引協会編　改訂版　公正取引協会　2013.11　70p　26cm　Ⓝ335.57　[286円]

◇独占禁止法講義　久保成史，田中裕明著　第3版　中央経済社　2014.4　299p　21cm〈文献あり　索引あり〉Ⓘ978-4-502-10361-2　Ⓝ335.57　[3000円]

◇独占禁止法遵守マニュアル作成の手引―入札談合等の防止に向けて　建設業適正取引推進機構　2014.5　114p　30cm　Ⓝ510.95　[1905円]

◇独占禁止法に関する相談事例集　平成25年度　[東京]　公正取引委員会　2014.6　50p　30cm　Ⓝ335.57

◇独禁法講義　白石忠志著　第7版　有斐閣　2014.4　297p　22cm〈索引あり〉Ⓘ978-4-641-14465-1　Ⓝ335.57　[2400円]

◇独禁法による独占行為規制の理論と実務―わが国の実務のどこに問題があるか　上杉秋則著　商事法務　2013.12　477p

837

日本（督促手続─書式）　　　　　　　　　　　　　　　　　　　　　　　　　　　　　　　　日本件名図書目録2014　I

21cm〈索引あり〉①978-4-7857-2142-8 Ⓝ335.57［5500円］

◇入札談合の防止に向けて─独占禁止法の入札談合等関与行為防止法：平成25年10月版　［東京］　公正取引委員会事務総局［2013］141p 30cm Ⓝ335.57

◇ベーシック経済法─独占禁止法入門　川濵昇、瀬領真悟、泉水文雄、和久井理子著　第4版　有斐閣　2014.5 375p 19cm（有斐閣アルマ）〈文献あり　索引あり〉①978-4-641-22020-1 Ⓝ335.57［2000円］

◇論点解析経済法　川濵昇、武田邦宣、和久井理子編著、池田千鶴、河合清文、中川晶比兒、中川寛子、西村暢史、林秀弥著　商事法務　2014.10 281p 21cm〈索引あり〉①978-4-7857-2214-2 Ⓝ335.57［3000円］

◇論点体系独占禁止法─私的独占の禁止及び公正取引の確保に関する法律　下請代金支払遅延等防止法　白石忠志、多田敏明編著　第一法規　2014.7 738p 22cm〈索引あり〉①978-4-474-10314-6 Ⓝ335.57［5400円］

日本（督促手続─書式）

◇書式支払督促の実務─申立てから手続終了までの書式と理論　園部厚著　全訂9版　民事法研究会　2014.3 589p 21cm（裁判事務手続講座 第5巻）①978-4-89628-922-0 Ⓝ327.26［5500円］

日本（特別養護老人ホーム─条例）

◇特別養護老人ホームおよび介護老人保健施設の施設基準の条例制定に関する調査研究報告書─平成25年度課題研究　日本医療福祉建築協会　2014.3 88p 30cm Ⓝ369.263

日本（都市）

◇「成熟社会」を解読する─都市化・高齢化・少子化　金子勇著　京都　ミネルヴァ書房　2014.3 284,6p 20cm（叢書現代社会のフロンティア 21）〈索引あり　内容：社会指標への熱い視線　コミュニティを考える　筑豊調査の経験から産炭地域振興を考える　「ローカルチャー」という発想　観光とシンボル創造　「オンリーワン」づくり競争の時代　「持ち駒」見直し　「コミュニティ・イノベーション」で勝ち残る　阪神淡路大震災の教訓生かそう　まちづくりの「優等生」と「最強都市」の条件　小家族化と地域力低下　ソーシャル・キャピタル　社会変動と高齢化　高齢化の新しい考え方　「豊齢社会」への提言　二一世紀の福祉資源　二一世紀の超高齢社会　無料デパートが消えた格差不安社会　高齢化一気に進む「二〇一五年問題」提言二〇〇九子子高齢化　提言二〇一〇高齢社会　高齢者の生きがいと人間関係　長寿県の健康づくり　共生の社会システムに向けて　「身銭を切る」時代　「介護保険モデル事業」から　介護の社会化とビジネス　介護保険　地域家族の暮らし　高齢者「生きがい事業化」計画　郵政民営化　郵政民営化とビッグピクチャー　佐賀県の「先進政策大賞」を祝う　選挙制度の改革　連結思考のすすめ　少子化対策の必要十分条件　「子育て基金」を創設しよう　少子化対策に潜む「不公平」を正す　少子化対応の新しい制度の創造　社会全体での子育て克服　少子化対策でフランスに学びたいこと　産み育てる社会環境づくりのために　「職業としての政治家」の資質　「ゴアの方舟」の速やかな離脱を　二重規範の解消をしよう　政治に必要な科学的思考　北海道環境政策の危険な内容　発電問題への「国民共同」の疑問　地球温暖化の嘘　風力発電計画に見る合成の誤謬　リスクに備える社会システムづくり　変わるCMソング　生涯学習としての音楽社会学　活性化シンボルとしての音楽記念館　「戦争責任」でバランスを　治安・治山・治水の大切さ　不透明な社会の構造疲労　メディア規制　高田保馬の社会学の復権　高田保馬を語る　分担と共育の思想を学ぶ　いくつかの箴言と教え　綜合社会学による都市的世界の探究〉①978-4-623-07010-7 Ⓝ361.78［3500円］

◇都市を滅ぼせ─目から鱗の未来文明論　中島正著　双葉社　2014.6 238p 19cm（犀文社 1994年刊に加筆修正のうえ、新たな書き下ろしを加える）①978-4-575-30680-4 Ⓝ519.21［1500円］

◇都市生活者意識調査─研究報告書 2013 データ編　ハイライフ研究所　2014.3 291p, 44欄 30cm Ⓝ365.5

◇都市生活者意識調査─研究報告書 2013 分析編　超高齢社会を見据え、経済・健康・家族関係の安定を希求する都市生活者　ハイライフ研究所　2014.3 209p 30cm Ⓝ365.5

◇日本の都市のなにが問題か　山崎福寿著　NTT出版　2014.9 244p 20cm（世界のなかの日本経済 不確実性を超えて 4）〈文献あり　索引あり〉①978-4-7571-2321-2 Ⓝ361.78［2400円］

日本（都市─歴史─昭和後期）

◇ゴジラと東京─怪獣映画でたどる昭和の都市風景　野村宏平著　一迅社　2014.9 207p 21cm〈文献あり　索引あり〉①978-4-7580-1397-0 Ⓝ778.21［2100円］

日本（都市─歴史─中世）

◇豊田武著作集　第4巻　封建都市　豊田武著　オンデマンド版　吉川弘文館　2013.10 539,19p 22cm〈索引あり　印刷・製本：デジタルパブリッシングサービス　内容：堺　中世都市論　中世末期における摂河泉地方　自由都市・堺　日本の封建都市　封建都市の変容と都市共同体　城下町の機能と構造　市民〈自治〉意識の形成過程　封建都市から近代都市へ〉①978-4-642-04287-1 Ⓝ210.4［16000円］

◇日本都市史のなかの平泉　岩手県教育委員会、一関市教育委員会、奥州市教育委員会、平泉町教育委員会編　［盛岡］　岩手県教育委員会　2014.3 209p 30cm（「平泉の文化遺産」拡張登録に係る研究集会報告書 平成25年度）〈文献あり　共同刊行：一関市教育委員会ほか〉Ⓝ210.4

◇日本都市史のなかの平泉─資料集　岩手県教育委員会、一関市教育委員会、奥州市教育委員会、平泉町教育委員会編　［盛岡］　岩手県教育委員会　2014.3 116p 30cm（「平泉の文化遺産」拡張登録に係る共同研究成果品 1）〈年表あり　共同刊行：一関市教育委員会ほか〉Ⓝ210.4

日本（都市銀行）

◇主要行等向けの総合的な監督指針　本編　［東京］　金融庁　2014.8 350p 30cm Ⓝ338.33

日本（都市計画）

◇インフラ・まちづくりとシビルNPO─補完から主役の一人へ　土木学会教育企画・人材育成委員会シビルNPO推進小委員会編　土木学会　2014.11 275p 21cm〈丸善出版（発売）文献あり〉①978-4-8106-0816-8 Ⓝ518.8［2000円］

◇米と発電の二毛作─「原発即ゼロ」やればできる：絵空事ではない建築家の答え　福永博建築研究所著　福岡　海鳥社　2014.3 101p 21cm①978-4-87415-900-2 Ⓝ518.8［1000円］

◇再魔術化する都市の社会学─空間概念・公共性・消費主義　園部雅久著　京都　ミネルヴァ書房　2014.10 239,15p 22cm（MINERVA社会学叢書 46）〈文献あり　索引あり〉①978-4-623-07133-3 Ⓝ361.78［5500円］

◇市民と専門家が協働する成熟社会の建築・まちづくり　日本建築学会編集　日本建築学会　2014.3 210p 19cm（日本建築学会叢書 9）〈丸善出版（発売）〉①978-4-8189-4708-5 Ⓝ518.8［2400円］

◇縮小都市の挑戦　矢作弘著　岩波書店　2014.11 266p 18cm（岩波新書 新赤版 1514）①978-4-00-431514-8 Ⓝ318.7［820円］

◇スマートコミュニティ　vol.4　自治体インフラのスマートネットワーク構想　柏木孝夫監修　時評社　2014.10 199p 21cm（JIHYO BOOKS）①978-4-88339-206-3 Ⓝ501.6［1500円］

◇都市計画総論　磯部友彦、松山明、服部敦、岡本肇共著　鹿島出版会　2014.9 182p 26cm〈索引あり〉①978-4-306-07308-1 Ⓝ518.8［2800円］

◇都市の空閑地・空き家を考える　浅見泰司編著　プログレス　2014.9 263p 21cm〈内容：空閑地の都市問題（浅見泰司著）空閑地・空き家と生物多様性（浅田正彦、寺田徹著）　空閑地と密集市街地（山口幹幸著）　空閑地の農的活用事例と住宅地の「安全・安心」への貢献の可能性（雨宮護著）　都市のレジリエンスを高める空閑地の活用事例（阪井暖子著）　空閑地と都市財政（瀬下博之著）　戸建住宅地における空閑地のデザイン（吉田友彦著）　空閑地を活かした都市の未来像（横張真著）　空き家の都市問題（浅見泰司著）　空き家の現状と課題（石坂公一、冨永麻倫著）　空き家ゾンビを如何に退治したら良いのか？（清水千弘著）　空き家と住宅政策（平山洋介著）　マンションにおける空き家予防と活用、計画的解消のために（齊藤広子著）　住宅政策と空き家問題（周藤利一著）　空き家問題と地域・都市政策（山口幹幸著）　老朽マンションにおける空き住戸問題（大木祐悟著）　わが国の空き家問題（＝地域の空洞化）を克服するために（野呂瀬秀樹著）〉①978-4-905366-35-5 Ⓝ518.8［2000円］

◇日本の都市から学ぶこと─西洋から見た日本の都市デザイン　バリー・シェルトン著、片木篤訳　鹿島出版会　2014.4 167p 26cm〈文献あり　索引あり〉①978-4-306-04599-6 Ⓝ518.8［3200円］

◇白熱講義これからの日本に都市計画は必要ですか　蓑原敬、饗庭伸、姥浦道生、中島直人、野澤千絵、日埜直彦、藤村龍至、村上暁信著　京都　学芸出版社　2014.6 255p 19cm①978-4-7615-2571-2 Ⓝ518.8［2200円］

◇フォーラム公共の色彩を考える─記録集　第28回　公共の色彩を問う・いま一度─これでいいのか日本の環境色彩　尾登誠一、古屋敷奈美賀、篠崎幸恵、杉村環、関根文範、高松智子、松竹

喜代美編　公共の色彩を考える会　2014.4　78p　26cm〈奥付の責任表示（誤植：古屋敷美香〉）Ⓝ518.8
◇まちづくりと中小企業経営への挑戦―中小企業を主軸に、日本の地域再生をめざす　杉原五郎著　文芸社　2014.11　255p　19cm　①978-4-286-15625-5　Ⓝ601.1　［1400円］

日本（都市計画法）
◇コンパクトシティ実現のための都市計画制度―平成26年改正都市再生法・都市計画法の解説　都市計画法制研究会編集　ぎょうせい　2014.11　68,290p　21cm〈索引あり〉①978-4-324-09905-6　Ⓝ518.8　［3500円］
◇都市計画法開発許可の実務の手引　愛知県建設部建築担当局建築指導課監修，東海建築文化センター編集　改訂第20版　大成出版社　2014.2　532p　26cm　①978-4-8028-3148-2　Ⓝ518.8　［5200円］
◇都市計画法令要覧　平成27年版　国土交通省都市局都市計画課監修，都市計画法制研究会編集　ぎょうせい　2014.9　1冊　21cm〈索引あり〉①978-4-324-09873-8　Ⓝ518.8　［4800円］

日本（都市交通）
◇実践する自転車まちづくり―役立つ具体策　古倉宗治著　京都　学芸出版社　2014.8　283p　21cm〈文献あり　索引あり〉①978-4-7615-3212-3　Ⓝ685.8　［3200円］
◇都市交通事業のビジネスモデルの構築に向けて　関西鉄道協会都市交通研究所編　［大阪］　関西鉄道協会都市交通研究所　2014.5　177p　30cm　（IUT 1044）〈文献あり〉Ⓝ681.8

日本（都市再開発）
◇新たな"まち中再生事業手法"の提案―地方都市新時代を切り拓く：宇部市が取組む〈宇部プロジェクト〉の検証を通して　日本住宅総合センター　2014.12　94p　30cm　（調査研究レポート no. 13309）①978-4-89067-309-4　Ⓝ518.8　［1760円］
◇再生する都市空間と市民参画―日中韓の比較研究から　田島夏与，石坂浩一，松本康，五十嵐暁郎編著　クオン　2014.4　327p　19cm　（クオン人文・社会シリーズ）〈内容：グローバル・シティ東京における都市空間の再編と市民参画（五十嵐暁郎著）　グローバル都市に向かうソウル（金相準著, 貝森時子訳）　過去への前進（任雪飛著, 前川志津, 松本康訳）　都市再生と創造都市（松本康著）　文化芸術と都市再生、そして住民参画（ユン・イルソン著, 清水由希子訳）　東京の再都市化と都市空間への住民参画の可能性（田島夏与著）　中国の都市化における住民参加の特質と社会管理の革新（李国慶著）　現代中国都市部の社会変容と住民の政治参加（武玉江著）　チョンゲチョン復元前後の生態河川事業ガバナンス比較分析（イ・ヒョンジョン著, 石田美智代訳）　スウォン〈水原〉地域の住民運動と自然河川復元の意味（石坂浩一著）〉978-4-904855-22-5　Ⓝ518.8　［2500円］
◇3.11以後の建築―社会と建築家の新しい関係　五十嵐太郎, 山崎亮編著　京都　学芸出版社　2014.11　237p　21cm〈英語抄訳付　会期：2014年11月1日（土）〜2015年5月10日（日）主催：金沢21世紀美術館〉①978-4-7615-2580-4　Ⓝ523.1　［2200円］
◇時代の潮流転換後の価値観を反映する木造住宅密集型ニュータウン・イン・タウンの提示―調査研究報告書　加藤孝明［著］，第一生命財団編　第一生命財団　2014.7　56p　30cm　Ⓝ361.78　［非売品］
◇「大都市圏の郊外住宅地における持続可能な地域づくりを通じた孤立予防に関する調査研究事業」調査実施報告書　浜銀総合研究所編　横浜　浜銀総合研究所　2014.3　102, 22, 19p　30cm〈平成25年度セーフティネット支援対策等事業費補助金社会福祉推進事業〉Ⓝ369.021
◇都市再開発実務ハンドブック　2014　国土交通省都市局市街地整備課/監修　大成出版社　2014.12　648p　21cm　①978-4-8028-3182-6　［5200円］
◇都心・中心市街地の再構築　蔵敷明秀著　大成出版社　2014.10　256p　30cm　①978-4-8028-3180-2　Ⓝ518.8　［3900円］
◇リノベーションまちづくり―不動産事業でまちを再生する方法　清水義次著　京都　学芸出版社　2014.9　205p　21cm　①978-4-7615-2575-0　Ⓝ518.8　［2500円］

日本（都市再開発法）
◇住宅市街地整備必携　平成25年度版　国土交通省住宅局市街地建築課市街地住宅整備室編　全国市街地再開発協会　2014.1　1609p　21cm　Ⓝ518.8

日本（都市農業）
◇日本発農業のある都市モデル―地域共存型農業による安全快適福祉都市　東正則著　農林統計出版　2014.4　147p　21cm　①978-4-89732-291-9　Ⓝ612.1　［2000円］

日本（土砂災害）
◇土砂災害から命を守る―知っておくべきこと＋なすべきこと　池谷浩著　五月書房　2014.10　189p　19cm〈文献あり〉①978-4-7727-0510-3　Ⓝ369.3　［1600円］

日本（図書）
◇完本ベストセラーの戦後史　井上ひさし著　文藝春秋　2014.2　415p　16cm　（文春学藝ライブラリー）〈『ベストセラーの戦後史1・2』（1995年刊）の改題, 合本〉①978-4-16-813010-6　Ⓝ023.1　［1480円］

日本（図書―歴史）
◇書籍文化史　15　鈴木俊幸編　八王子　鈴木俊幸　2014.1　122, 26p　21cm（『増補改訂近世書籍研究文献目録』補遺7を含む　内容：江戸の書籍出版から（岩坪充雄著）『大勢三転考』の出版年月（稲岡勝著）　古活字版悉皆調査目録稿　5（高木浩明著）　長野県行政文書より旧長野県書籍文化・メディア関連史料　6（2013年度中央大学FLP鈴木ゼミ著）〉Ⓝ020.2

日本（図書―歴史―江戸時代―書目）
◇近世・近代初期書籍研究文献目録　鈴木俊幸編　勉誠出版　2014.9　619p　22cm　①978-4-585-22092-3　Ⓝ020.21　［8000円］

日本（図書―歴史―明治時代―書目）
◇近世・近代初期書籍研究文献目録　鈴木俊幸編　勉誠出版　2014.9　619p　22cm　①978-4-585-22092-3　Ⓝ020.21　［8000円］

日本（都城）
◇古代都城と律令祭祀　金子裕之著, 春成秀爾編　京都　柳原出版　2014.5　22,564p　27cm〈年譜あり　内容：豊浦宮と小墾田宮　藤原京　平城宮　飛鳥・藤原京から平城京へ　古代都市と条坊制　朝堂院の変遷　平城宮の大嘗宮　藤原京とキトラ古墳　藤原京の葬送地　神武神話と藤原京　大化改新の舞台と平城京と祭場　平城京と葬地　都城における山陵　なぜ都城に神社がないのか　古代都城と道教思想　記紀と古代都城の発掘　長岡宮会昌門の楼閣遺構とその意義　宮廷と苑池　宮と後苑　平城宮の園林とその源流　嶋と神仙思想　宮延と苑池　平城京の寺院園林　古墳時代の祭祀具　古代の木製模造品　律令期の祭祀遺物　人形の起源　1　人形の起源　2　アマテラス神話と金糸製紡織具　絵馬と猿の絵皿　都城祭祀と沖ノ島祭祀　都をめぐる祭　考古学からみた律令的祭祀の成立〉①978-4-8409-5026-8　Ⓝ210.3　［16000円］
◇都城制研究　8　古代都城と寺社　奈良女子大学古代学学術研究センター編　［奈良］　奈良女子大学古代学学術研究センター　2014.3　121p　30cm〈文献あり　内容：古代都城と寺社の関係（舘野和己著）　難波における古代寺院造営（谷崎仁美著）　大津宮と寺院配置（葛野泰樹著）　平城京における大安寺の造営計画（森下恵介著）　平城京と寺院（中川由莉著）　長岡京と寺院（古閑正浩著）　平安京と東西寺・常住寺（網伸也著）　大宰府と寺社（松川博一著）〉Ⓝ210.3
◇日中宮城の比較研究　吉田歓著　オンデマンド版　吉川弘文館　2013.10　260,9p　22cm〈索引あり　印刷・製本：デジタルパブリッシングサービス　内容：序章　漢魏宮城中枢部の展開　魏晋南北朝時代の宮城中枢部　隋唐長安宮城中枢部の展開　天皇聴政と大極殿　旬儀の成立と展開　内裏の脇殿　曹司の空間構造　総括〉①978-4-642-04229-1　Ⓝ210.3　［9000円］
◇日本古代の首都と公共性―賑給、清掃と除災の祭祀・習俗　櫛木謙周著　塙書房　2014.3　350,17p　22cm〈索引あり　内容：都城における支配と住民　「京中賑給」に関する基礎的考察　古代国家の都市「清掃」と国家の秩序　ハラエの重層性とその歴史的特質　長屋王家の宗教的習俗について　疫神祭祀と物忌にみる除災習俗の形成と展開　物忌主体の重層性と公私の奉仕関係　都市王権論と公共性　穢観念の歴史的展開　身分制と公共性〉①978-4-8273-1267-6　Ⓝ210.3　［10000円］

日本（土壌―分類）
◇土壌分類とインベントリー　日本土壌肥料学会編　博友社　2014.2　118p　19cm〈内容：土壌インベントリーの利活用状況（高田裕介著）　林野土壌分類の概要と今日の課題（今矢明宏著）　日本の統一的土壌分類体系第二次案の概要と課題（伊藤豊彰, 平井英明著）　農耕地土壌分類および包括的土壌分類の概要と課題（小原洋著）　第4回土壌分類に関する国際会議の概要とユニバーサル土壌分類体系に向けて（前島勇治著）〉①978-4-8268-0223-9　Ⓝ613.591　［2120円］

日本（都城―歴史―飛鳥時代）
◇飛鳥宮と難波宮・大津宮―平成26年度秋季特別展・特別陳列　橿原　奈良県立橿原考古学研究所附属博物館　2014.10　103p　30cm　（奈良県立橿原考古学研究所附属博物館特別展図録　第82冊）〈年表あり　文献あり　会期・会場：平成26年10月11日〜11月30日　奈良県立橿原考古学研究所附属博物館〉978-4-905398-30-1　Ⓝ210.33

日本（土壌汚染）
◇建設現場従事者のための残土・汚染土取扱ルール　産業廃棄物処理事業振興財団編著　大成出版社　2014.7　123p　26cm　①978-4-8028-3159-8　Ⓝ510.921［1900円］
◇自然災害・土壌汚染等と不動産取引―現代型リスクをめぐる判例　升田純著　大成出版社　2014.9　406p　22cm〈文献あり　索引あり〉①978-4-8028-3175-8　Ⓝ324.2［4200円］
◇土壌汚染対策法に基づく技術管理者試験に係る試験監督等業務実施報告書　平成25年度［東京］凸版印刷　2014.3　113p　30cm　Ⓝ519.5
◇土壌汚染調査・対策手法検討調査業務報告書　平成25年度［東京］土壌環境センター　2014.3　1冊　30cm（環境省請負業務結果報告書 平成25年度）Ⓝ519.5
◇土壌環境情報解析調査業務成果報告書　平成25年度　大阪ソシオエンジニアリング　2014.2　1冊　30cm（環境省請負業務結果報告書 平成25年度）Ⓝ519.5
◇農用地未規制物質対策調査業務報告書　平成25年度［さいたま］環境管理センター　2014.3　316p　30cm〈文献あり　平成25年度環境省請負業務報告書〉Ⓝ519.5

日本（図書館）
◇キハラ株式会社100周年記念フォーラム［東京］［キハラ］［2014］75p　30cm〈年表あり　会期・会場：2014年11月6日 パシフィコ横浜アネックスホール第4会場　主催：キハラほか　内容：戦後の図書館を支えた人々　図書館の永続的発展に向けて〉Ⓝ010.21
◇現代図書館考近代日本図書館の歩みと展望―『福島図書館研究所通信』2005-2014より　天谷真彰著　福島　福島図書館研究所　2014.10　176, 3p　31cm（福島図書館研究所叢書）Ⓝ010.21
◇困ったときには図書館へ―図書館海援隊の挑戦　神代浩編著　悠光堂　2014.10　207p　21cm〈内容：図書館を取り巻く現状と課題　仕事に困ったら図書館へ　サッカー好きなら図書館へ　がんになったら図書館へ　図書館海援隊フォーラムの開催　世の中を良くする図書館を目指して　全力討論!!がん患者さんを支えるために図書館と病院・医療従事者の連携が始まる（神代浩ほか述）地域経済の活性化や生活支援に取り組む図書館海援隊の活動（竹内利明ほか述）『Jリーグ』クラブチームとの連携を進める図書館海援隊サッカー部の活動（天野奈緒也ほか述）〉①978-4-906873-21-0　Ⓝ016.21［1800円］
◇書店と読書環境の未来図―本の学校・出版産業シンポジウム2014への提言（2013記録集）本の学校編　市川　出版メディアパル　2014.7　213p　21cm　①978-4-902251-54-8　Ⓝ024.1［2400円］
◇第64回北日本図書館大会宮城大会・平成25年度宮城県公共図書館等職員研修会Ⅱ記録集　第64回北日本図書館大会宮城大会実行委員会編　仙台　第64回北日本図書館大会宮城大会実行委員会　2014.3　81p　30cm〈会期・会場：平成25年6月20日―21日 宮城県図書館〉Ⓝ010.21
◇つながる図書館―コミュニティの核をめざす試み　猪谷千香著　筑摩書房　2014.1　238p　18cm（ちくま新書 1051）①978-4-480-06756-2　Ⓝ010.21［780円］
◇図書館のしごと―よりよい利用をサポートするために　川戸理恵子, 小林卓, 中山愛理監修, 国際交流基金関西国際センター編著　読書工房　2013.6　233p　26cm〈文献あり　索引あり〉①978-4-902666-33-5　Ⓝ010.21［2500円］
◇平成25年度第99回全国図書館大会福岡大会要綱　平成25年度第99回全国図書館大会福岡大会実行委員会事務局編　福岡　平成25年度第99回全国図書館大会福岡大会実行委員会事務局　2013.11　174p　30cm〈年表あり　会期：平成25年11月21日―22日〉Ⓝ010.6
◇マイクロ・ライブラリー図鑑―全国に広がる個人図書館の活動と514のスポット一覧　磯井純充著　大阪　まちライブラリー　2014.5　192p　21cm（まちライブラリー文庫）①978-4-9907442-0-5　Ⓝ016.29［1500円］
◇未来の図書館、はじめませんか？　岡本真, 森旭彦著　青弓社　2014.11　194p　19cm〈文献あり〉①978-4-7872-0053-2　Ⓝ010.21［2000円］

日本（図書館員）
◇アナログ司書の末裔伝―図書館員は本を目でみて手でさわらなあかんよ：廣庭基介先生傘寿記念誌　京都　花園大学図書館司書資格課程　2013.11　160p　30cm〈年譜あり　著作目録あり〉Ⓝ017.71

日本（図書館利用教育―情報サービス）
◇みんなで使おう！ 学校図書館―「先生のための授業に役立つ学校図書館活用データベース」報告集　vol. 5　東京学芸大学学校図書館運営専門委員会編　小金井　東京学芸大学附属学校運営部　2014.3　112p　30cm〈平成25年度文部科学省事業確かな学力の育成に係る実践的調査研究「学校図書館担当職員の効果的な活用方策と求められる資質・能力に関する調査研究」〉Ⓝ017

日本（土地）
◇地籍調査必携　2015年版　地球社　2014.7　1378p　21cm　①978-4-8049-2201-0　Ⓝ334.6［6300円］

日本（土地改良）
◇土地改良と地域資源管理　中村好男編　筑波書房　2014.10　278p　21cm〈索引あり〉①978-4-8119-0453-5　Ⓝ614.21［2500円］
◇農業農村整備事業の地方財政措置の手引き―平成26年度の措置内容　平成26年度版　全国水土里ネット　2014.10　50p　30cm〈年表あり〉Ⓝ611.151［1100円］
◇わかりやすい消費税と土地改良―正しい理解のために　全国土地改良事業団体連合会　2013.1　63p　30cm　Ⓝ614.21［400円］

日本（土地価格）
◇地価公示　平成26年　国土交通省土地鑑定委員会/編　住宅新報社　2014.4　701p　30cm　①978-4-7892-3655-3［4300円］
◇土地に関する調査研究　平成25年度　資産評価システム研究センター編　資産評価システム研究センター　2014.3　1冊　30cm〈タイトル関連情報：「その他の雑種地」の評価に関する調査研究〉Ⓝ334.6
◇日本の地価が3分の1になる！―2020年東京オリンピック後の危機　三浦展, 麗澤大学清水千弘研究室著　光文社　2014.9　204p　18cm（光文社新書 716）①978-4-334-03819-9　Ⓝ334.6［880円］

日本（土地区画整理）
◇区画整理の活用　大場民男著　名古屋　三恵社　2014.11　316p　21cm　①978-4-86487-242-3　Ⓝ518.86［3000円］

日本（土地収用―裁決）
◇土地収用裁決例集　平成24年度裁決　全国収用委員会連絡協議会編集　ぎょうせい　2014.6　1099p　27cm　①978-4-324-09847-9　Ⓝ323.97［38100円］

日本（土地収用―法令）
◇土地収用法の解説と運用Q&A　土地収用法令研究会編集　改訂版　ぎょうせい　2014.6　408p　21cm　①978-4-324-09835-6　Ⓝ323.97［5000円］
◇必携用地補償実務便覧　2014　公共用地補償機構編集　公共用地補償機構　2013.11　1冊　16cm〈大成出版社（発売）文献あり〉①978-4-8028-3140-6　Ⓝ323.96［1500円］
◇必携用地補償実務便覧　2015　公共用地補償機構編集　大成出版社　2014.12　258p　19cm〈文献あり　2014の出版者：公共用地補償機構〉①978-4-8028-3177-2　Ⓝ323.96［1900円］
◇用地補償実務六法　平成27年版　補償実務研究会編集　ぎょうせい　2014.10　1冊　21cm〈索引あり〉①978-4-324-09874-5　Ⓝ323.96［4800円］

日本（土地政策）
◇平成25年度土地に関する動向・平成26年度土地に関する基本的施策［東京］［内閣］［2014］180, 27p　30cm〈第186回国会（常会）提出〉Ⓝ334.6

日本（土地税制）
◇ケースにみる宅地相続の実務―評価・遺産分割・納税　清田幸弘編著, 妹尾芳郎, 沖田豊明, 清野宏之, 千﨑唯史, 永瀬寿子著　名古屋　新日本法規出版　2014.12　373p　21cm　①978-4-7882-7935-3　Ⓝ336.985［4400円］
◇詳解小規模宅地等の課税特例の実務―重要項目の整理と理解　平成26年11月改訂　笹岡宏保著　清文社　2014.12　644p　26cm　①978-4-433-52424-1　Ⓝ336.985［4200円］
◇小規模宅地等の特例　白井一馬著　中央経済社　2014.10　202p　21cm（税理士のための相続税の実務Q&Aシリーズ）①978-4-502-12261-3　Ⓝ336.985［2400円］
◇小規模宅地等の評価減の実務―フローチャートで分かりやすい　山口暁弘編著, 関場修監修　第3版　中央経済社　2014.7　314p　21cm　①978-4-502-08940-4　Ⓝ336.985［3400円］
◇小規模宅地特例―実務で迷いがちな複雑・難解事例の適用判断　飯塚美幸著　清文社　2014.3　265p　21cm　①978-4-433-52443-2　Ⓝ336.985［2200円］
◇小規模宅地特例の入門Q&A―ここからはじめる！ これならわかる！　辻・本郷税理士法人著　税務経理協会　2014.3

159p　21cm　〈文献あり〉　Ⓘ978-4-419-06047-3　Ⓝ336.985　[2000円]

◇事例で理解する！　小規模宅地特例の活用―相続税増税対応　高橋安志著　ぎょうせい　2014.11　263p　21cm　Ⓘ978-4-324-09917-9　Ⓝ336.985　[3000円]

◇絶対トクする〈土地・建物〉の相続・税金・法律ガイド　建築知識編　エクスナレッジ　2014.3　159p　26cm　(建築知識)〈索引あり〉　Ⓘ978-4-7678-1741-5　Ⓝ324.2　[2400円]

◇都市農地税制必携ガイド　平成26年度　柴原一著，都市農地活用支援センター監修　清文社　2014.9　283p　21cm〈索引あり〉　Ⓘ978-4-433-52364-0　Ⓝ336.98　[2200円]

◇一目でわかる小規模宅地特例100　2014年度版　赤坂光則/著　税務研究会出版局　2014.5　443p　26cm　Ⓘ978-4-7931-2083-1　[2600円]

日本（土地制度）

◇農地転用の実務　許可基準解説編　農地転用実務研究会編　農政調査会　2013.11　321p　21cm〈奥付のタイトル（誤植）：農地転用許可制度の解説〉　Ⓝ611.2　[4300円]

日本（土地利用）

◇地籍調査必携　2015年版　地球社　2014.7　1378p　21cm　Ⓘ978-4-8049-2201-0　Ⓝ334.6　[6300円]

日本（土地利用―統計）

◇法人・土地建物基本調査―速報集計　平成25年　[東京]　国土交通省土地・建設産業局　2014.10　5, 75p　30cm　Ⓝ334.6

◇法人土地・建物基本調査―速報集計　平成25年　別冊　土地動態編　[東京]　国土交通省土地・建設産業局　2014.12　1冊　30cm　Ⓝ334.6

日本（特許）

◇課題系統図演習ノート　基礎編　ネオテクノロジー　2014.2　174p　30cm　Ⓝ507.23　[18000円]

◇キャリアアップのための知財実務のセオリー―技術を権利化する戦略と実行　岩永利彦著　[東京]　レクシスネクシス・ジャパン　2014.8　300p　21cm　(ビジネスセオリー 003)〈索引あり〉　Ⓘ978-4-902625-95-0　Ⓝ507.23　[3200円]

◇事業の中での知的財産権の貢献割合に関する調査研究報告書　[東京]　新日本有限責任監査法人　2014.2　10, 153p　30cm　(特許庁産業財産権制度問題調査研究報告書　平成25年度)〈背のタイトル：事業の中での知的財産の貢献割合に関する調査研究報告書〉　Ⓝ507.23

◇新・拒絶理由通知との対話―特許出願　稲葉慶和著　第2版　(鈴木伸夫補訂)　エイバックズーム　2014.3　374p　21cm〈索引あり〉　Ⓘ978-4-901298-14-8　Ⓝ507.23　[3800円]

◇大学特許　2013　上期　ネオテクノロジー　2013.7　286, 42, 5p　30cm　Ⓘ978-4-907191-23-8　Ⓝ507.23　[19800円]

◇大学特許　2014　ネオテクノロジー　2013.10　1冊　30cm　Ⓘ978-4-907191-37-5　Ⓝ507.23　[19800円]

◇大学特許　2015　ネオテクノロジー　2014.9　383p　30cm　Ⓘ978-4-907191-98-6　Ⓝ507.23　[19800円]

◇大分野別出願動向調査報告書　平成25年度　一般分野　特許庁　2014.2　1102p　30cm　(請負先：三菱化学テクノリサーチ)　Ⓝ507.23　[非売品]

◇中小企業への大企業等保有特許移転に関する調査研究報告書　[京都]　京都リサーチパーク　2014.2　2, 189p　30cm　(特許庁産業財産権制度問題調査研究報告書　平成25年度)〈奥付のタイトル：中小企業への大企業等保有特許移転に関する調査研究に関する調査研究報告書〉　Ⓝ507.23

◇できる技術者・研究者のための特許入門―元特許庁審査官の実践講座　渕真悟著　講談社　2014.11　177p　21cm〈索引あり〉　Ⓘ978-4-06-153152-9　Ⓝ507.23　[2400円]

◇独立行政法人特許　2014　ネオテクノロジー　2014.4　163, 22p　30cm　Ⓘ978-4-907191-57-3　Ⓝ507.23　[19800円]

◇特許出願の中間手続基本書　大貫進介著　第3版　発明推進協会　2014.6　321p　21cm〈索引あり〉　Ⓘ978-4-8271-1240-5　Ⓝ507.23　[3200円]

◇特許登録令等における補正等をはじめとした手続制度の在り方に関する調査研究報告書　[東京]　知的財産研究所　2014.2　13, 128p　30cm　(特許庁産業財産権制度問題調査研究報告書　平成25年度)　Ⓝ507.23

日本（特許―判例）

◇裁判例から見る進歩性判断　高橋淳著　経済産業調査会　2014.12　341p　21cm　(現代産業選書)〈文献あり　索引あり〉　Ⓘ978-4-8065-2950-7　Ⓝ507.23　[4000円]

◇進歩性要件の機能から見た裁判例の整理と実証分析　前田健[著]　知的財産研究所　2014.6　24, 21, 101p　30cm　(産

業財産権研究推進事業（平成24-26年度）報告書　平成24年度)〈特許庁委託〉　Ⓝ507.23

日本（特許審判）

◇新・特許異議申立制度の解説―平成26年特許法改正　高畑豪太郎著　経済産業調査会　2014.7　169p　21cm　(現代産業選書)〈索引あり〉　Ⓘ978-4-8065-2943-9　Ⓝ507.23　[2500円]

日本（特許訴訟）

◇作為と虚偽―まかりとおる嘘つくし裁判　山田能臣著　[東京]　東京図書出版　2014.3　241p　19cm〈リフレ出版(発売)〉　Ⓘ978-4-86223-725-5　Ⓝ507.23　[1300円]

◇実務審決取消訴訟入門　片山英二監修，阿部・井窪・片山法律事務所編　第2版　民事法研究会　2014.4　304p　21cm〈索引あり〉　Ⓘ978-4-89628-938-1　Ⓝ507.23　[3000円]

◇実証医薬品特許の侵害係争―企業の特許担当者の記録　前田純博著　半田　一粒書房　2014.10　89p　19cm　Ⓘ978-4-86431-319-3　Ⓝ499.09　[非売品]

日本（特許法）

◇企業等における特許法第35条の制度運用に係る課題及びその解決方法に関する調査研究報告書　[東京]　知的財産研究所　2014.2　8, 483p　30cm　(特許庁産業財産権制度問題調査研究報告書　平成25年度)　Ⓝ507.23

◇職務発明規定　改正対応の実務　高橋淳著　[東京]　レクシスネクシス・ジャパン　2014.12　237p　21cm〈文献あり〉　Ⓘ978-4-908069-09-3　Ⓝ507.23　[2600円]

◇職務発明規定変更及び相当対価算定の法律実務　高橋淳著　経済産業調査会　2014.5　219p　21cm　(現代産業選書)〈文献あり〉　Ⓘ978-4-8065-2939-2　Ⓝ507.23　[2500円]

◇知的財産法　1　特許法　駒田泰士，潮海久雄，山根崇邦著　有斐閣　2014.12　228p　22cm　(有斐閣ストゥディア)〈索引あり〉　Ⓘ978-4-641-15012-6　Ⓝ507.2　[1800円]

◇特許法入門　島並良，上野達弘，横山久芳著　有斐閣　2014.12　425p　22cm〈索引あり〉　Ⓘ978-4-641-14450-7　Ⓝ507.23　[3400円]

◇標準特許法　高林龍著　第5版　有斐閣　2014.12　342p　22cm〈索引あり〉　Ⓘ978-4-641-14475-0　Ⓝ507.23　[2600円]

◇平成二十六年改正特許法・著作権法等新旧条文対照表　発明推進協会編集　発明推進協会　2014.8　211p　21cm　Ⓘ978-4-8271-1239-9　Ⓝ507.23　[750円]

日本（特許法―判例）

◇職務発明裁判集―「相当の対価」請求事件　1　高橋建雄著　第3版　新潟　太陽書房　2013.10　480p　26cm　Ⓘ978-4-86420-016-5　Ⓝ507.23　[3500円]

◇職務発明裁判集―「相当の対価」請求事件　2　高橋建雄著　新潟　太陽書房　2013.5　255p　26cm　Ⓘ978-4-86420-073-8　Ⓝ507.23　[2500円]

◇日米欧重要特許裁判例―明細書の記載要件から侵害論・損害論まで　片山英二，大月雅博，日野真美，黒川恵共著　エイバックズーム　2013.5　433p　21cm〈索引あり〉　Ⓘ978-4-901298-12-4　Ⓝ507.23　[4600円]

◇論点別・特許裁判例事典―迅速な調査と活用のために　高石秀樹著　中央経済社　2014.6　427p　21cm〈索引あり〉　Ⓘ978-4-502-10471-8　Ⓝ507.23　[5800円]

日本（土木構造物―保存・修復）

◇土木史跡の地盤工学的分析・評価に関するシンポジウム―委員会報告書及び一般発表論文集　地盤工学会関東支部江戸期以降の土木史跡の地盤工学的分析・評価に関する研究委員会編　地盤工学会関東支部　2014.10　226p　30cm〈文献あり　標題紙のタイトル：土木史跡の地盤工学的分析・評価に関するシンポジウム発表論文集〉　Ⓝ510.4

日本（ドメスティックバイオレンス）

◇弁護士が説く〈DV解決マニュアル〉　長谷川京子，佐藤功行，可児康則著　改訂版　大阪　朱鷺書房　2014.3　239p　21cm〈索引あり〉　Ⓘ978-4-88602-648-4　Ⓝ367.3　[2000円]

日本（ドラッグデリバリーシステム―特許）

◇特許情報分析（パテントマップ）から見たドラッグデリバリーシステムに関する技術開発実態分析調査報告書　インパテック株式会社編　パテントテック社　2013.5　238p　30cm〈タイトルは標題紙による〉　Ⓘ978-4-86483-218-2　Ⓝ499.6　[56700円]

日本（鳥）

◇日本の鳥の世界　樋口広芳著　平凡社　2014.8　151p　26cm〈索引あり〉　Ⓘ978-4-582-52735-3　Ⓝ488.21　[3000円]

◇モニタリングサイト1000海鳥調査報告書　平成25年度　富士吉田　環境省自然環境局生物多様性センター　2014.3　161p　30cm〈平成25年度重要生態系監視地域モニタリング推進事業（海鳥調査），請負者：山階鳥類研究所〉　Ⓝ488.21

日本（鳥―図集）

◇レッドデータブック―日本の絶滅のおそれのある野生生物 2014-2 鳥類 環境省自然環境局野生生物課希少種保全推進室編 ぎょうせい 2014.9 250p 30cm 〈索引あり〉 ⓘ978-4-324-09896-7 Ⓝ462.1 ［3400円］

日本（鳥―図集）

◇鳥くんの比べて識別！ 野鳥図鑑670 永井真人著, 茂田良光監修 文一総合出版 2014.3 399p 21cm 〈文献あり 索引あり〉 ⓘ978-4-8299-7201-4 Ⓝ488.21 ［3600円］

◇日本の鳥550 山野の鳥 五百澤日丸, 山形則男解説, 山形則男, 吉野俊幸, 五百澤日丸写真 新訂 文一総合出版 2014.3 415p 22cm （ネイチャーガイド）〈文献あり 索引あり〉 ⓘ978-4-8299-8400-0 Ⓝ488.21 ［3700円］

◇日本の鳥300 叶内拓哉著 改訂版 文一総合出版 2014.8 319p 15cm （ポケット図鑑）〈索引あり〉 ⓘ978-4-8299-8304-1 Ⓝ488.038 ［1200円］

◇日本の野鳥―写真検索 叶内拓哉写真・解説, 安部直哉分布図・解説協力, 上田秀雄解説（鳴声） 新版 山と渓谷社 2014.1 671p 21cm （山渓ハンディ図鑑 7）〈文献あり 索引あり 新分類体系準拠 表紙の書名：WILD BIRDS OF JAPAN〉 ⓘ978-4-635-07033-1 Ⓝ488.21 ［4200円］

◇日本の野鳥さえずり・地鳴き図鑑―CDで鳴き声を聴き分ける全152種 植田睦之監修 メイツ出版 2014.7 160p 21cm 〈索引あり〉 ⓘ978-4-7804-1462-2 Ⓝ488.21 ［2200円］

◇日本の野鳥650―平凡社創業100周年記念出版 真木広造写真, 大西敏一, 五百澤日丸解説 決定版 平凡社 2014.1 788p 21cm 〈文献あり 索引あり 初版のタイトル：日本の野鳥590〉 ⓘ978-4-582-54252-3 Ⓝ488.21 ［4000円］

日本（鳥―保護）

◇鳥と自然と五十年 藤波不二雄著 ［川口］［藤波不二雄］ 2014.12 189p 21cm 〈著作目録あり〉 Ⓝ488 ［1000円］

日本（取調べ）

◇取調べ・職質に使えるヒント集一人はどうやってウソを吐くか。そのウソを見抜く。：アクティブ・コミュニケーションのすすめ 江﨑澄孝, 毛利元貞著 東京法令出版 2014.3 173p 21cm ⓘ978-4-8090-1306-5 Ⓝ317.75 ［1200円］

日本（度量衡―歴史―中世）

◇中世量制史の研究 宝月圭吾著 オンデマンド版 吉川弘文館 2013.10 497,11p 22cm （日本史学研究叢書）〈印刷・製本：デジタルパブリッシングサービス〉 ⓘ978-4-642-04236-9 Ⓝ609.021 ［15000円］

日本（内閣―法令）

◇内閣関係法規集 平成25年 内閣官房内閣総務官室編 ［東京］ 内閣官房内閣総務官室 ［2014］ 1804, 58p 21cm 〈平成26年1月15日現在〉 Ⓝ317.21

◇内閣官房関係訓令・通達集 平成25年 ［東京］ 内閣官房内閣総務官室 ［2014］ 496p 21cm Ⓝ317.211

日本（内閣―歴史―昭和前期）

◇政党内閣制の展開と崩壊一九二七～三六年 村井良太著 有斐閣 2014.5 475,11p 22cm 〈文献あり 索引あり〉 ⓘ978-4-641-14902-1 Ⓝ312.1 ［5200円］

日本（内閣総理大臣）

◇総理の覚悟―政治記者が見た短命政権の舞台裏 橋本五郎著 中央公論新社 2014.6 187p 18cm （中公新書ラクレ 496）ⓘ978-4-12-150496-8 Ⓝ312.8 ［740円］

◇内閣総理大臣ファイル―歴代62人の評価と功績 G.B.企画・編集・原稿 増補改訂 G.B 2013.1 247p 19cm 〈年表あり 文献あり〉 ⓘ978-4-906993-01-7 Ⓝ312.8 ［552円］

日本（内閣総理大臣―歴史―1945～）

◇総理メシ―政治が動くとき、リーダーは何を食べてきたか 朝日新聞政治部取材班著 講談社 2014.9 189p 19cm ⓘ978-4-06-219121-0 Ⓝ312.8 ［1300円］

日本（内航海運）

◇CO_2排出削減対策強化誘導型技術開発・実証事業（航海・配船計画支援システム導入による船舶からのCO_2排出削減実証事業）委託業務成果報告書 平成25年度 ［東京］ 海上技術安全研究所 2014.3 125, 18p 30cm 〈平成25年度環境省委託業務〉 Ⓝ519.3

◇内航海運 森隆行編著, 石田信博, 永岩健一郎, 松尾俊彦, 石黒一彦, 李志明著 京都 晃洋書房 2014.6 180,5p 21cm 〈文献あり 索引あり〉 ⓘ978-4-7710-2549-3 Ⓝ683.21 ［2300円］

日本（ナショナリズム）

◇ナショナリズムの現在―〈ネトウヨ〉化する日本と東アジアの未来 萱野稔人, 小林よしのり, 朴順梨, 與那覇潤, 宇野常寛著 朝日新聞出版 2014.12 191p 18cm （朝日新書 494）ⓘ978-4-02-273594-2 Ⓝ311.3 ［720円］

◇ナショナリズムの社会的文脈 上智大学・社会学科 2013.3 141p 30cm （社会調査演習報告書 2012年度）〈文献あり〉 Ⓝ311.3

日本（ナショナリズム―歴史―1945～）

◇戦後70年保守のアジア観 若宮啓文著 朝日新聞出版 2014.12 444,11p 19cm （朝日選書 927）〈文献あり 年表あり 索引あり 「戦後保守のアジア観」（朝日新聞社 1995年刊）と「和解とナショナリズム」（朝日新聞社 2006年刊）の改題, 全面的に改訂〉 ⓘ978-4-02-263027-8 Ⓝ319.102 ［1800円］

日本（ナショナリズム―歴史―明治以後）

◇工芸とナショナリズムの近代一「日本的なもの」の創出 木田拓也著 吉川弘文館 2014.8 243,4p 22cm 〈内容：「工芸」ジャンルの形成 「帝国」日本における工芸とナショナリズム 工芸における「日本的なもの」 戦後の日米文化交流のなかの工芸 「伝統工芸」の成立 工芸館の誕生〉 ⓘ978-4-642-03835-5 Ⓝ750.21 ［4800円］

日本（ナショナリズム―歴史―明治時代）

◇明治の青年とナショナリズム一政教社・日本新聞社の群像 中野目徹著 吉川弘文館 2014.6 327,8p 22cm 〈索引あり 内容：志賀重昂における「国粋主義」とその変容 「国粋」の発見と志賀重昂 日露戦争後における志賀重昂の国際情勢認識 志賀重昂の朝鮮観 井上円了における「哲学」と「日本主義」の模索 井上円了による哲学館の創立 内藤湖南のアジア論 「国粋主義」と伝統文化 明治二十四、五年の南洋巡航 福澤諭吉論の射程 政教社退社一件始末 同時代史としての近代 遠祖の地・奥能登を訪ねる 鈴木虎雄の新聞『日本』入社 勉学・自立・鬱屈 鈴木虎雄と故郷 陸羯南研究の動向 ナショナリズムの語り方 成果と残された課題〉 ⓘ978-4-642-03833-1 Ⓝ311.3 ［9500円］

日本（ナノインプリント―特許）

◇インクジェット活用ナノインプリント技術―IPC/FIガイド付き ネオテクノロジー 2013.12 98p 30cm （技術と特許をつなぐパテントガイドブック）〈折り込 1枚〉 Ⓝ549.8 ［80000円］

日本（鍋料理）

◇間違いだらけの鍋奉行 マッキー牧元著 講談社 2014.10 142p 19cm ⓘ978-4-06-219124-1 Ⓝ596.21 ［1400円］

日本（肉食）

◇神と肉―日本の動物供犠 原田信男著 平凡社 2014.4 252p 18cm （平凡社新書 730）〈文献あり〉 ⓘ978-4-582-85730-6 Ⓝ384.31 ［860円］

◇日本人は、どんな肉を喰ってきたのか？ 田中康弘著 枻出版社 2014.4 183p 19cm ⓘ978-4-7779-3161-3 Ⓝ384.35 ［1500円］

日本（二酸化炭素―排出抑制）

◇運輸分野におけるCO_2排出量削減施策とその総合的評価手法に関する調査研究 長谷知治, 加藤賢, 白井大輔［著］ 国土交通省国土交通政策研究所 2014.3 134p 30cm （国土交通政策研究 第113号）Ⓝ681.1

◇家庭エコ診断推進基盤整備事業報告書 平成24年度 ［東京］ 地球温暖化防止全国ネット 2013.3 152, 64p 30cm 〈平成24年度環境省委託事業 奥付のタイトル：家庭エコ診断推進基盤整備事業委託業務報告書〉 Ⓝ519.3

◇家庭エコ診断推進基盤整備事業報告書 平成25年度 ［東京］ 地球温暖化防止全国ネット 2014.2 416p 30cm 〈平成25年度環境省委託事業 奥付のタイトル：家庭エコ診断推進基盤整備事業委託業務報告書〉 Ⓝ519.3

◇業務部門におけるCO_2排出等実態把握事業委託業務報告書 平成25年度 ［東京］ みずほ情報総研 2014.3 1冊 30cm 〈平成25年度環境省委託業務〉 Ⓝ519.3

◇CO_2削減ポテンシャル診断・対策提案事業委託業務報告書 平成25年度 ［東京］ 三菱総合研究所環境・エネルギー研究本部 2014.3 1冊 30cm Ⓝ519.3

◇CO_2排出削減対策強化誘導型技術開発・実証事業管理・検討等事業委託業務報告書 平成25年度 ［東京］ 国際環境研究協会 2014.3 169p 30cm 〈平成25年度環境省委託事業〉 Ⓝ519.3

◇CO_2排出削減対策強化誘導型技術開発・実証事業（航海・配船計画支援システム導入による船舶からのCO_2排出削減実証事業）委託業務成果報告書 平成25年度 ［東京］ 海上技術安全研究所 2014.3 125, 18p 30cm 〈平成25年度環境省委託業務〉 Ⓝ519.3

◇CO_2排出削減対策強化誘導型技術開発・実証事業（地中熱、太陽熱を直接利用する躯体スラブ蓄熱放射冷暖房システムに関する技術開発）委託業務報告書 平成25年度 ［京都］ 立命館 2014.3 224p 30cm 〈平成25年度環境省委託業務 背のタイトル：CO_2排出削減対策強化誘導型技術開発・実証事

日本件名図書目録2014 Ⅰ　　　　　　　　　　　　　　　　　　　　　　　　　　　　　　日本（ニュータウン）

業（地中熱、太陽熱を直接利用する軀体スラブ蓄熱放射冷暖房システムに関する技術開発）成果報告書　Ⓝ528.2
◇CO_2排出削減対策強化誘導型技術開発・実証事業（電気自動車/小型電気自動車向け地域交通共同利用プラットフォームに関する技術開発）委託業務成果報告書　平成25年度　［東京］ユビテック　2014.3　98, 85p　30cm〈平成25年度環境省委託業務　背のタイトル：CO_2排出削減対策強化誘導型技術開発・実証事業（電気自動車/小型電気自動車向け地域交通共同利用プラットフォームに関する技術開発）成果報告書　共同刊行：日本ユニシス〉Ⓝ685.1
◇節電・CO_2削減のための構造分析・実践促進モデル事業推進委託業務報告書　平成24年度　第1部：節電・CO_2削減取組の定着に向けた展開方法の検討　［東京］　住環境計画研究所　2013.3　472p　30cm〈平成24年度環境省委託業務　共同刊行：三菱UFJリサーチ＆コンサルティング〉Ⓝ540.93
◇節電・CO_2削減のための構造分析・実践促進モデル事業推進委託業務報告書　平成24年度　第2分冊　節電・CO_2削減取組の定着に向けた展開方法の検討　［東京］　三菱UFJリサーチ＆コンサルティング　2013.3　95p　30cm〈平成24年度環境省委託業務　共同刊行：住環境計画研究所〉Ⓝ540.93
◇節電・CO_2削減のための構造分析・実践促進モデル事業推進委託業務報告書　平成24年度　第3分冊　第3部：エネルギー・環境の選択肢に関するパブリックコメントの集計等　［東京］　三菱UFJリサーチ＆コンサルティング　2013.3　14p　30cm〈平成24年度環境省委託業務　共同刊行：住環境計画研究所〉Ⓝ540.93
◇先進対策の効率的実施によるCO_2排出量大幅削減事業に係る制度運用委託業務―報告書　平成25年度　［東京］　三菱総合研究所環境・エネルギー研究本部　2014.3　1冊　30cm〈委託者：環境省〉Ⓝ519.3
◇地域が元気になる脱温暖化社会を！―「高炭素金縛り」を解く「共─進化」の社会技術開発　堀尾正靭，重藤さわ子編著，科学技術振興機構社会技術研究開発センター「地域に根ざした脱温暖化・環境共生社会」研究開発領域監修　公人の友社（発売）2014.3　149p　21cm　（生存科学シリーズ 11）①978-4-87555-639-8　Ⓝ519.3　［800円］
◇「地域に根ざした脱温暖化・環境共生社会」研究開発領域・プログラム成果報告書―地域が元気になる脱温暖化社会を！：「高炭素金縛り」を解く「共─進化」の社会技術開発　科学技術振興機構社会技術研究開発センター　2014.3　117p　30cm　Ⓝ519.3
◇徹底討議日本のエネルギー・環境戦略―上智大学創立100周年記念事業　柳下正治編著　Sophia University Press上智大学出版　2014.3　362p　21cm〈ぎょうせい（制作・発売）　年表あり　内容：革新的エネルギー・環境戦略の政策決定過程（宮城崇志著）　「革新的エネルギー・環境戦略」策定に向けた国民的議論（柳瀬昇，柳下正治著）　エネルギー・環境戦略の課題（山地憲治述）　3・11後のエネルギー政策の論点（高橋洋述）　討議（高橋洋ほか述）　3・11福島事故以降の原子力政策（鈴木達治郎述）　放射性廃棄物と核燃料サイクル（藤村陽述）　討議（藤村陽ほか述）　エネルギーシステムインテグレーション（荻本和彦述）　日本低炭素社会を展望する（西岡秀三述）　討議（西岡秀三ほか述）　「革新的エネルギー・環境戦略」を検証する（荻本和彦ほか述）〉①978-4-324-09737-3　Ⓝ501.6　［2800円］
◇HEMS活用によるCO_2削減ポイント構築推進事業委託業務成果報告書　平成25年度　［東京］　凸版印刷　2014.3　1冊　30cm〈共同刊行：三菱総合研究所〉Ⓝ543.1

日本（二酸化炭素―排出抑制―PR）
◇低炭素技術普及促進事業報告書　平成25年度　［仙台］　廣済堂　2014.3　264p　30cm〈平成25年度環境省委託事業〉Ⓝ519.1

日本（日記文学―歴史―平安時代）
◇王朝日記物語論叢　室伏信助著　笠間書院　2014.10　610p　22cm〈著作目録あり　内容：『土佐日記』と貫之　憧憬の愛『秋山廌 伊勢』〈『王朝の歌人』 5〉ことばの芸術への果敢な挑戦　『秋山廌 伊勢』〈ちくま学芸文庫〉解説　『蜻蛉日記』の文学史的位置　『蜻蛉日記』研究の近況　『蜻蛉日記』の序文と下巻の世界　かくありし時過ぎて　『紫式部日記』研究の問題点　『紫式部日記』の表現機構　『紫式部日記』の虚構と他者　『紫式部日記』の消息体文　『紫式部日記』における『源氏物語』　『紫式部日記』の語法存疑　紫式部論　清少納言　枕草子　『枕草子』―――○○段　『枕草子』前田家本の性格　物語を喚びおこすけり　『伊勢物語』の成立展望　『伊勢物語』をどう読むか　『竹取物語』の世界　王朝文学と漢詩文　大島本『源氏物語』採択の方法と意義　人なくして つれづれなれ

ば　『源氏物語』の本文　大島本『源氏物語』研究の展望　明融本『浮舟』巻の本文について　大島本『源氏物語』の再生　幻想から理想へ　『源氏物語』の本文とはなにか　『源氏物語』の巻末異文　未だ不審を散ぜず　『源氏物語』の諸本　青表紙本の展望　本文研究を再検討する意義　國學院と源氏物語研究　一本を見つめるということ　「とぞ本に」という結び　源氏物語の人物造型　末摘花　明石君物語の主題　続編の胎動　源氏物語とキツネたち　『源氏物語』と「冬のソナタ」．前半〉①978-4-305-70738-3　Ⓝ915.3　［13000円］

日本（ニッチトップ）
◇グローバル・ニッチトップ企業論―日本の明日を拓くものづくり中小企業　細谷祐二著　白桃書房　2014.3　228p　22cm〈文献あり　索引あり〉①978-4-561-26629-7　Ⓝ335.35　［2750円］
◇製造基盤技術実態等調査事業（国際化された小規模市場において高いシェアを有する企業（GNT企業）に関する調査）報告書　平成25年度　［東京］　未来工学研究所　2014.3　176p　30cm　Ⓝ509.21

日本（日中戦争〔1937～1945〕―戦没者―名簿）
◇合葬者名簿―旧真田山陸軍墓地関係　小田康徳制作　［出版地不明］　［小田康徳］　2013.2　150p　30cm〈2010-12年学術振興会科学研究費補助金（基盤研究（B））研究課題名「旧真田山陸軍墓地内納骨堂の悉皆調査からみる戦没者慰霊の歴史的実相」〉Ⓝ210.74
◇納骨名簿―旧真田山陸軍墓地内納骨堂　小田康徳著　［出版地不明］　小田康徳（制作）　2013.3制作　268p　26cm〈2010-2012年度学術振興会科学研究費補助金（基盤研究（B））（研究課題名）「旧真田山陸軍墓地内納骨堂の悉皆調査から見る『戦没者慰霊』の歴史的実相」〉Ⓝ210.74
◇埋葬願―旧真田山陸軍墓地　小田康徳制作　［出版地不明］　［小田康徳］　2013.2　84p　30cm〈2010-12年学術振興会科学研究費補助金（基盤研究（B））研究課題名「旧真田山陸軍墓地内納骨堂の悉皆調査からみる戦没者慰霊の歴史的実相」〉Ⓝ210.74

日本（日中戦争〔1937～1945〕―プロパガンダ）
◇「戦意」の推移―国民の戦争支持・協力　荻野富士夫著　校倉書房　2014.5　312p　22cm〈索引あり〉①978-4-7517-4540-3　Ⓝ210.74　［6000円］

日本（入学試験―私立中学校）
◇名門中学の入試問題を解けるのはこんな子ども―問題に込められたメッセージを読みとく　おおたとしまさ著　日経BP社　2014.9　215p　21cm〈日経BPマーケティング（発売）〉①978-4-8222-7399-6　Ⓝ376.8　［1500円］
◇有名女子中学「入試問題の大嘘」！証明写真で暴いてます―これは「自虐史観の大安売り」です！　水間政憲，黄文雄著　ヒカルランド　2014.2　201p　19cm　（Knock-the-knowing 005）①978-4-86471-181-4　Ⓝ210.6　［1300円］

日本（入学試験―大学）
◇難関大学合格のためのメンタル強化術―受験勉強の秘訣と心得　中澤一著　幻冬舎メディアコンサルティング　2014.2　177p　18cm　（経営者新書 091）〈幻冬舎（発売）〉①978-4-344-95221-8　Ⓝ376.8　［740円］
◇偏差値30台・文系の子を国公立大学医学部に合格させる方法　三輪矩子著　改訂新版　エール出版社　2014.4　190p　19cm　（［YELL books］）①978-4-7539-3250-4　Ⓝ376.8　［1500円］
◇偏差値40の受験生が3か月で一流大学に合格する本　松原好之，倉山満著　扶桑社　2014.11　239p　19cm　①978-4-594-07140-0　Ⓝ376.8　［1400円］
◇目指すは辻道場―教育問題を斬る　増田誠司著　［出版地不明］　増田誠司　2014.7　149p　19cm〈静岡新聞社（発売）〉①978-4-7838-9880-1　Ⓝ376.8　［1300円］
◇歴史が面白くなるディープな戦後史　相澤理著　KADOKAWA　2014.1　239p　18cm　①978-4-04-600166-5　Ⓝ210.76　［1000円］
◇歴史が面白くなる東大のディープな日本史　3　相澤理著　KADOKAWA　2014.8　255p　18cm　〈2までの出版者：中経出版〉①978-4-04-600498-7　Ⓝ210.1　［1000円］

日本（入札）
◇官公需確保対策地方推進協議会資料　平成26年度　［東京］　経済産業省中小企業庁　2014.7　93p　30cm　Ⓝ335.35
◇公共工事入札における競争の限界と今後の課題―談合が許されないとすれば、どういう発注方法をとればよいのか？　吉野洋一著　日刊建設通信新聞社　2014.3　164, 57p　21cm〈文献あり〉①978-4-902611-56-4　Ⓝ510.91　［1600円］

日本（ニュータウン）
◇時代の潮流転換後の価値観を反映する木造住宅密集型ニュータウン・イン・タウンの提示―調査研究報告書　加藤孝明

日本（人形―図集）

[著]，第一生命財団編　第一生命財団　2014.7　56p　30cm　Ⓝ361.78　[非売品]

日本（人形―図集）

◇GRAPHICクラフトアート人形　19　京都　マリア書房　2014.2　202p　30cm　〈索引あり〉①978-4-89511-169-0　Ⓝ759.021　[7600円]

◇幻想耽美―Japanese Erotica in Contemporary Art：Paintings,Illustrations,Dolls and more　パイインターナショナル　2014.9　319p　26cm　〈英語併記　訳：マクレリー・ルシー　ラパン〉①978-4-7562-4495-6　Ⓝ723.1　[3800円]

◇時をかける等身大人形―ドールズ・コレクション：細工人形・菊人形からマネキン・フィギュア・ロボットまで　高浜市やきものの里かわら美術館　高浜　高浜市やきものの里かわら美術館　2013.11　64p　30cm　〈会期・会場：2013年11月16日―12月23日　高浜市やきものの里かわら美術館〉Ⓝ759.021

日本（熱中症―情報サービス）

◇熱中症予防情報サイトに係る情報発信のあり方に関する検討調査及び提供業務報告書―サイト構築・運用業務　平成25年度　[東京]　気象情報通信　2013.11　1冊　31cm　〈背のタイトル：熱中症予防情報サイト　ルーズリーフ〉Ⓝ493.19

◇熱中症予防情報サイトに係る情報発信のあり方に関する検討調査及び提供業務報告書―調査業務　平成25年度　気象情報通信　2013.11　109p　31cm　〈背のタイトル：熱中症予防情報サイト　ルーズリーフ〉Ⓝ493.19

日本（熱電変換―特許）

◇スピンゼーベック熱電素子　ネオテクノロジー　2013.6　79p　30cm　（技術者・研究者のためのテクノロジー情報クローズアップ）〈英語併載〉Ⓝ427.4　[29800円]

日本（年鑑）

◇読売年鑑　2014　読売新聞社/編　読売新聞社　2014.3　738p　27×19cm　①978-4-643-14001-9　[3619円]

日本（年鑑―書目）

◇白書統計索引　2013　日外アソシエーツ株式会社編集　日外アソシエーツ　2014.2　903p　22cm　〈紀伊國屋書店（発売）〉①978-4-8169-2460-6　Ⓝ351.031　[27500円]

日本（年金）

◇FP知識シリーズ―プランニング必須の知識を学ぶ　年金編　セールス手帖社保険FPS研究所，楠谷浩記監修　第11版　セールス手帖社保険FPS研究所　2014.5　100p　30cm　①978-4-86254-171-0　Ⓝ338　[1500円]

◇公的年金ガイドブック　2014年度版　金融財政事情研究会ファイナンシャル・プランニング技能士センター編著，原佳奈子著　金融財政事情研究会　2014.6　180p　21cm　〈きんざい（発売）〉①978-4-322-12506-1　Ⓝ364.6　[1000円]

◇公的年金給付の総解説　2014年　改訂第8版　横浜　健康と年金出版社　2014.8　538p　26cm　①978-4-901354-57-8　[4000円]

◇公的年金知識を活かす投信・保険セールスケース別アプローチ手法　沖倉功能著　ビジネス教育出版社　2014.12　143p　21cm　①978-4-8283-0541-7　Ⓝ338.8　[1600円]

◇公的年金の基本と手続きがよくわかる　秋保雅男監修，古川飛祐著　労働調査会　2013.8　237p　21cm　（社会保険労務がわかるシリーズ）①978-4-86319-368-0　Ⓝ364.6　[2000円]

◇サステナブル投資の法的基盤と実践的課題―持続可能な年金資金運用の制度的枠組み　年金シニアプラン総合研究機構ESG投資法的基盤研究会編　年金シニアプラン総合研究機構　2014.3　300p　21cm　①978-4-9904799-2-3　Ⓝ364.6　[3000円]

◇図解式年金計算問題集―図解で解き進める　老齢年金編　倉橋宏明著　大阪　パレード　2014.2　427p　21cm　（Parade Books）〈星雲社（発売）〉①978-4-434-18573-1　Ⓝ364.6　[3200円]

◇図解わかる　会社をやめるときの手続きのすべて　2014-2015年版　中尾幸村,中尾孝子/著　新星出版社　2014.5　254p　21cm　①978-4-405-10243-9　[1500円]

◇図解わかる年金　2014-2015年版　中尾幸村,中尾孝子/著　新星出版社　2014.5　254p　21cm　①978-4-405-10241-5　[1500円]

◇日本の年金　駒村康平著　岩波書店　2014.9　259,5p　18cm　（岩波新書　新赤版 1501）〈文献あり〉①978-4-00-431501-8　Ⓝ364.6　[820円]

◇年金改革の基礎知識　石崎浩著　信山社　2014.3　212p　19cm　（現代選書 25）〈文献あり　索引あり〉①978-4-7972-3423-7　Ⓝ364.6　[2000円]

◇年金記録問題―正常化への軌跡と今後の課題―社会保障審議会日本年金機構評価部会年金記録問題に関する特別委員会報告書　[東京]　厚生労働省社会保障審議会日本年金機構評価部会年金記録問題に関する特別委員会　2014.1　17, 192, 244p　30cm　Ⓝ364.6

◇年金記録問題に関する日本年金機構等の取組に関する会計検査の結果について―会計検査院法第30条の3の規定に基づく報告書　[東京]　会計検査院　2014.10　181p　30cm　Ⓝ343.8

◇年金計算トレーニングBook　平成26年度　音川敏枝/著　ビジネス教育出版社　2014.6　251p　21cm　①978-4-8283-0520-2　[1600円]

◇年金実務エキスパートQ&A問題集―相談業務必携　服部営造著　自由国民社　2014.3　163p　21cm　①978-4-426-11767-2　Ⓝ364.6　[2000円]

◇年金受給者ハンドブック―年金を正確に受けるために　平成26年度版　サンライフ企画　2014.5　65p　21cm　①978-4-904011-57-7　[400円]

◇年金制度改正の解説―「年金機能強化法」による改正点の解説　平成26年4月改訂版　社会保険研究所　2014.6　80p　26cm　①978-4-7894-3208-5　Ⓝ364.6　[600円]

◇年金制度改正の解説―附：関係法令条文　平成26年4月改訂版　社会保険研究所　2014.6　80,177p　26cm　①978-4-7894-3217-7　Ⓝ364.6　[1200円]

◇年金相談員が必ず押さえておきたい加給年金額・加算額と振替加算　渡辺幸夫著　日本法令　2014.11　174p　21cm　〈文献あり〉①978-4-539-72397-5　Ⓝ364.6　[1800円]

◇年金相談員が必ず押さえておきたい合算対象期間　石渡登志喜著　日本法令　2014.4　184p　21cm　①978-4-539-72368-5　Ⓝ364.6　[1800円]

◇年金相談に役立つ周辺知識・雑学・複雑例―相談業務必携！　三宅明彦著　日本法令　2014.12　261p　21cm　①978-4-539-72399-9　Ⓝ364.6　[2100円]

◇年金相談の実務　2014年度版　鈴江一恵著　経済法令研究会　2014.7　375p　21cm　①978-4-7668-3280-8　Ⓝ364.6　[2300円]

◇年金相談標準ハンドブック　井村丈夫,佐竹康男共著　14訂版　日本法令　2014.8　681p　21cm　〈索引あり〉①978-4-539-72377-7　Ⓝ364.6　[3800円]

◇年金の基礎知識―年金相談・実務に必携の1冊：厚生年金・国民年金・共済年金　[2015年版]全訂新版　服部営造編著　自由国民社　2014.8　723p　21cm　①978-4-426-12051-1　Ⓝ364.6　[3000円]

◇年金の請求手続きと声かけによる口座獲得―受給開始年齢の引上げに対応　澤山清子著　近代セールス社　2013.7　132p　21cm　①978-4-7650-1198-3　Ⓝ338.5　[1200円]

◇年金ポケットブック　2014　近代セールス社/編，菊川久誉,柏木京子/監修　近代セールス社　2014.5　183p　18cm　①978-4-7650-1237-9　[1100円]

◇年金ミラクルガイド　平成26・27年度版　年金問題研究会/編著　TAC出版　2014.10　171p　26cm　①978-4-8132-5786-8　[1300円]

◇平成26年公的年金の「財政検証」に関する分析―今後の年金政策の方向性と医療への示唆　[東京]　日医総研　2014.10　56p　30cm　（日本医師会総合政策研究機構ワーキングペーパー　no. 327）Ⓝ364.6

◇間違えやすい年金相談事例集―相談員必携の書　安田征二著　改訂版　服部年金企画　2014.11　406p　21cm　〈ビジネス教育出版社（発売）〉①978-4-8283-0539-4　Ⓝ364.6　[2500円]

◇明解年金の知識　2014年度版　山崎泰彦監修，小野隆璽著　経済法令研究会　2014.10　187p　21cm　①978-4-7668-3283-9　Ⓝ364.6　[1400円]

◇よくわかる年金制度のあらまし　平成25年度版　サンライフ企画　2013.7　99p　30cm　〈年表あり〉①978-4-904011-51-5　Ⓝ364.6　[800円]

◇よくわかる年金制度のあらまし　平成26年度版　サンライフ企画　2014.5　99p　30cm　①978-4-904011-59-1　[800円]

◇老齢年金受給者実態調査結果報告書　平成24年　[東京]　厚生労働省年金局　[2014]　185p　30cm　Ⓝ364.6

◇わかりやすい健康保険と年金の適用実務　平成26年度版　サンライフ企画　2014.6　39p　30cm　①978-4-904011-60-7　[380円]

日本（年少労働―歴史―1868～1945）

◇職業指導・少年職業紹介　1　加瀬和俊監修，近現代資料刊行会企画編集　近現代資料刊行会　2013.12　468p　22cm　（東京大学社会科学研究所蔵「糸井文庫」シリーズ　文書・図書資料 4）〈複製　内容：少年職業紹介ニ関スル書類管内職業紹介所ニ於ケル小学児童職業紹介状況　職業指導ニ関スル報告

少年職業紹介連絡学校名（予定）英国ニ於ケル少年就職問題　少年職業紹介ニ関シ大正十四年度ニ於テ管内紹介所ノ採リタル施設概要　少年職業紹介連絡学校　少年職業紹介概要．昭和12年度　少年職業紹介施設概要．大正14年度　少年職業紹介事務局管内少年職業紹介連絡小学校一覧．昭和2年10月末日調　就職別少年職業紹介成績．自昭和元年至昭和3年3月小学校卒業児童　就職少年取扱数表　宇治山田市職業紹介所開設以来ニ於ケル取扱状況成績調．昭和4年12月末日　小学校卒業後上京就職者概況　少年職業指導事業施設経過．第2輯（自大正15年2月16日至同3月31日）少年職業ノ指導選択就職後ノ補導等体系ニ関スル件　職業相談員ノ義務　職業ニ関スル素養ヲ与フル方法　職業指導ニ関スル調査物　参考　少年職業指導ニ関スル参考資料初中学務部長会議　少年職業紹介施設要綱　小学校卒業者ノ進展方向ニ就テ（名古屋市小学校大正十三年三月卒業者）少年職業紹介ニ関シ大正十四年度ニ於テ管内紹介所ノ採リタル施設概要　昭和二年十月二十四日事務打合会協議少年職業紹介要項　東京府少年職業相談所事業一班〉①978-4-86364-353-6,978-4-86364-350-5(set)　Ⓝ366.38

◇職業指導・少年職業紹介　3　加瀬和俊監修, 近現代資料刊行会企画編集　近現代資料刊行会　2013.12　503p　22cm　（東京大学社会科学研究所蔵「糸井文庫」シリーズ 文書・図書資料編 4）〈複製　内容：少年職業紹介事業講演概要　少年職業指導に就いて　協議事項　倫敦に於ける少年職業問題　参考用紙　市内小学校児童内職調．其1　就職児童勤続調　少年求人者名簿（他地方ヨリ直接申込ノ分）短期雇傭職業紹介状況　少年職業紹介成績．自昭和5年6月1日至同6年5月31日　職業読本編纂要旨（案）就職者勤続調査　就職勤続者名簿．第1回・第2回　就職児童勤続調．昭和5年度　連絡小学校に関する調査（職業紹介所二百十四ヶ所ニ通知スル小学校四千二百二校）少年職業紹介成績に現はれたる一職業の見学並実習．自昭和5年6月1日至同6年5月31日　昭和五年三月卒業児童就職後の勤続調査に現はれたる状況．昭和6年10月1日調　第一表　昭和五年三月小学校卒業就職児童勤退調　第二表同退職状況調〉①978-4-86364-354-3,978-4-86364-350-5(set)　Ⓝ366.38

◇職業指導・少年職業紹介　4　加瀬和俊監修, 近現代資料刊行会企画編集　近現代資料刊行会　2013.12　576p　22cm　（東京大学社会科学研究所蔵「糸井文庫」シリーズ 文書・図書資料編 4）〈複製　内容：経済常識　九版．第80号（昭和9年1月）在学児童夏季休暇職業実習状況　職業指導懇談会要項　夏季職業実習ノ調査　群馬県中部少年職業指導研究会活動状況　大学専門学校夏期実習状況調査　職業指導要論　日傭労働者指導の根本策　少年職業指導並ニ紹介ニ関スル参考印刷部送付ノ件　大日本職業指導協会第一回全国職業指導協議会文部内務両大臣諮問事項　職業指導研究要目　青年訓練の実際化　職業指導普及を目的とする映画作製の草案について　職業指導に関する研究会研究問題　小将町高等小学校職業指導事務分掌．昭和8年度　職業指導の実際　職業指導に関する調査物東京市小石川高等小学校　本校職業指導の実際　職業指導と性能検査．第1分冊　第十回公開授業指導案　職業指導協議会答申〉①978-4-86364-355-0,978-4-86364-350-5(set)　Ⓝ366.38

◇職業指導・少年職業紹介　5　加瀬和俊監修, 近現代資料刊行会企画編集　近現代資料刊行会　2013.12　541p　22cm　（東京大学社会科学研究所蔵「糸井文庫」シリーズ 文書・図書資料編 4）〈複製　内容：職業指導教育施設　職業指導について．第1輯　職業指導　少年職業指導叢書．第2輯　少年職業指導叢書　児童の職業実習に就て　職業指導講話細目　我校に於ける職業指導の実際と施設案〉①978-4-86364-356-7,978-4-86364-350-5(set)　Ⓝ366.38

◇職業指導・少年職業紹介　6　加瀬和俊監修, 近現代資料刊行会企画編集　近現代資料刊行会　2013.12　636p　22cm　（東京大学社会科学研究所蔵「糸井文庫」シリーズ 文書・図書資料編 4）〈複製　内容：我校職業指導の理論と実際　本校の職業教育　職業指導　職業指導系統案　我が校職業指導の精神とその実践　職業指導学習輔導案〉①978-4-86364-357-4,978-4-86364-350-5(set)　Ⓝ366.38

◇職業指導・少年職業紹介　7　加瀬和俊監修, 近現代資料刊行会企画編集　近現代資料刊行会　2013.12　529p　22cm　（東京大学社会科学研究所蔵「糸井文庫」シリーズ 文書・図書資料編 4）〈複製　内容：少年職業指導協議会記録　給仕　創立後一年間の事業概況　昭和3年中　大阪市少年職業指導研究会一覧　職業指導と其方法　少年職業指導要綱　職業指導　職業指導の栞　少年の職業指導　日本職業指導協会趣意書　小学生の夏季実習（明石市小学校職業指導研究会,明石市職業紹介所少年部共編）少年少女就職後の心得〉①978-4-86364-358-1,978-4-86364-350-5(set)　Ⓝ366.38

◇職業指導・少年職業紹介　8　加瀬和俊監修, 近現代資料刊行会企画編集　近現代資料刊行会　2013.12　534p　22cm　（東京大学社会科学研究所蔵「糸井文庫」シリーズ 文書・図書資料編 4）〈複製　内容：独逸伯林市立少年職業相談所の沿革及組織　東京市高等小学校並少年職業紹介所に於ける職業指導施設　職業指導資料　第3輯　東京市婦人少年職業紹介所職業指導概要　少年職業指導と紹介　職業指導の沿革と其の意義　職業指導の原理原則　職業指導協議会要綱　適材選抜の新傾向　農村の職業指導私見（米谷梅一著）〉①978-4-86364-359-8,978-4-86364-350-5(set)　Ⓝ366.38

◇職業指導・少年職業紹介　9　加瀬和俊監修, 近現代資料刊行会企画編集　近現代資料刊行会　2013.12　514p　22cm　（東京大学社会科学研究所蔵「糸井文庫」シリーズ 文書・図書資料編 4）〈複製　内容：職業指導の諸問題（三澤房太郎述）少年職業指導と学校教育　職業指導講話資料　上巻（東京市教育局編纂）職業指導　職業指導論．大正15年2月　職業指導講話資料〉①978-4-86364-360-4,978-4-86364-350-5(set)　Ⓝ366.38

◇職業指導・少年職業紹介　10　加瀬和俊監修, 近現代資料刊行会企画編集　近現代資料刊行会　2013.12　353p　22cm　（東京大学社会科学研究所蔵「糸井文庫」シリーズ 文書・図書資料編 4）〈複製　内容：尋常科用職業読本　職業読本（高等科用）高等科用職業読本　女子用職業指導講話要項　上（東京市教育局編纂）〉①978-4-86364-361-1,978-4-86364-350-5(set)　Ⓝ366.38

◇職業指導・少年職業紹介　11　加瀬和俊監修, 近現代資料刊行会企画編集　近現代資料刊行会　2013.12　422p　22cm　（東京大学社会科学研究所蔵「糸井文庫」シリーズ 文書・図書資料編 4）〈複製　内容：女子用職業指導講話要項　下　東京市教育局　編纂　職業指導資料選集（桐原葆見著）高等科第二学年用国民学校職業指導教科書　職業指導読本職業（三橋節著）〉①978-4-86364-362-8,978-4-86364-350-5(set)　Ⓝ366.38

◇職業指導・少年職業紹介　12　加瀬和俊監修, 近現代資料刊行会企画編集　近現代資料刊行会　2014.5　373p　22cm　（東京大学社会科学研究所蔵「糸井文庫」シリーズ 文書・図書資料編 4）〈複製〉①978-4-86364-363-5,978-4-86364-351-2(set)　Ⓝ366.38

◇職業指導・少年職業紹介　13　加瀬和俊監修, 近現代資料刊行会企画編集　近現代資料刊行会　2014.5　360p　22cm　（東京大学社会科学研究所蔵「糸井文庫」シリーズ 文書・図書資料編4）〈複製〉①978-4-86364-364-2,978-4-86364-351-2(set)　Ⓝ366.38

◇職業指導・少年職業紹介　14　加瀬和俊監修, 近現代資料刊行会企画編集　近現代資料刊行会　2014.5　508p　22cm　（東京大学社会科学研究所蔵「糸井文庫」シリーズ 文書・図書資料編 4）〈複製〉①978-4-86364-365-9,978-4-86364-351-2(set)　Ⓝ366.38

◇職業指導・少年職業紹介　15　加瀬和俊監修, 近現代資料刊行会企画編集　近現代資料刊行会　2014.5　448p　22cm　（東京大学社会科学研究所蔵「糸井文庫」シリーズ 文書・図書資料編 4）〈複製〉①978-4-86364-366-6,978-4-86364-351-2(set)　Ⓝ366.38

◇職業指導・少年職業紹介　16　加瀬和俊監修, 近現代資料刊行会企画編集　近現代資料刊行会　2014.5　394p　22cm　（東京大学社会科学研究所蔵「糸井文庫」シリーズ 文書・図書資料編4）〈複製〉①978-4-86364-367-3,978-4-86364-351-2(set)　Ⓝ366.38

◇職業指導・少年職業紹介　17　加瀬和俊監修, 近現代資料刊行会企画編集　近現代資料刊行会　2014.5　502p　22cm　（東京大学社会科学研究所蔵「糸井文庫」シリーズ 文書・図書資料編 4）〈複製〉①978-4-86364-368-0,978-4-86364-351-2(set)　Ⓝ366.38

◇職業指導・少年職業紹介　18　加瀬和俊監修, 近現代資料刊行会企画編集　近現代資料刊行会　2014.5　494p　22cm　（東京大学社会科学研究所蔵「糸井文庫」シリーズ 文書・図書資料編 4）〈複製〉①978-4-86364-369-7,978-4-86364-351-2(set)　Ⓝ366.38

◇職業指導・少年職業紹介　19　加瀬和俊監修, 近現代資料刊行会企画編集　近現代資料刊行会　2014.5　395p　22cm　（東京大学社会科学研究所蔵「糸井文庫」シリーズ 文書・図書資

日本（年少労働―歴史―1945〜1952）

料編4）〈複製〉 ①978-4-86364-370-3,978-4-86364-351-2（set）Ⓝ366.38

◇職業指導・少年職業紹介 20 加瀬和俊監修, 近現代資料刊行会企画編集 近現代資料刊行会 2014.5 295p 22cm （東京大学社会科学研究所蔵「糸井文庫」シリーズ 文書・図書資料編4）〈複製〉①978-4-86364-371-0,978-4-86364-351-2（set）Ⓝ366.38

◇職業指導・少年職業紹介 21 加瀬和俊監修, 近現代資料刊行会企画編集 近現代資料刊行会 2014.5 665p 22cm （東京大学社会科学研究所蔵「糸井文庫」シリーズ 文書・図書資料編4）〈複製〉①978-4-86364-372-7,978-4-86364-351-2（set）Ⓝ366.38

◇職業指導・少年職業紹介 22 加瀬和俊監修, 近現代資料刊行会企画編集 近現代資料刊行会 2014.5 385p 22cm （東京大学社会科学研究所蔵「糸井文庫」シリーズ 文書・図書資料編4）〈複製〉①978-4-86364-373-4,978-4-86364-351-2（set）Ⓝ366.38

◇職業指導・少年職業紹介 別冊 解説 加瀬和俊監修, 近現代資料刊行会企画編集 近現代資料刊行会 2014.5 92p 21cm （東京大学社会科学研究所蔵「糸井文庫」シリーズ 文書・図書資料編4）①978-4-86364-374-1,978-4-86364-351-2（set）Ⓝ366.38

日本（年少労働―歴史―1945〜1952）
◇戦後初期人身売買/子ども労働問題資料集成 第7巻 子ども労働資料 1 石原剛志編 編集復刻版 六花出版 2014.6 14, 354p 31cm〈内容：鉄道連結手災害調査中間報告（「調査資料. no.1」労働省婦人少年局年少労働課1948年刊）ほか〉①978-4-905421-49-8,978-4-905421-46-7（set） Ⓝ368.4

日本（年少労働―歴史―昭和後期）
◇戦後初期人身売買/子ども労働問題資料集成 第8巻 子ども労働資料 2 石原剛志編 編集復刻版 六花出版 2014.12 376p 31cm〈内容：学びながら働く年少者（「年少労働調査資料. 第18集」労働省婦人少年局1952年刊）ほか〉①978-4-905421-51-1,978-4-905421-50-4（set） Ⓝ368.4

◇戦後初期人身売買/子ども労働問題資料集成 第9巻 子ども労働資料 3 石原剛志編 編集復刻版 六花出版 2014.12 404p 31cm〈内容：年少労働実態調査（「年少労働調査資料. 第40集」労働省婦人少年局1957年刊）ほか〉①978-4-905421-52-8,978-4-905421-50-4（set） Ⓝ368.4

日本（年少労働―歴史―昭和後期―統計）
◇戦後初期人身売買/子ども労働問題資料集成 第10巻 子ども労働資料 4 石原剛志編 編集復刻版 六花出版 2014.12 348p 31cm〈内容：年少労働統計資料―昭和27年（労働省婦人少年局1952年刊）ほか〉①978-4-905421-53-5,978-4-905421-50-4（set）Ⓝ368.4

日本（年中行事）
◇おうちで楽しむ季節の行事と日本のしきたり 新谷尚紀監修 マイナビ 2014.12 143p 21cm〈文献あり 索引あり〉 「季節の行事と日本のしきたり」（毎日コミュニケーションズ2007年刊）の改題、再編集〉①978-4-8399-5419-2 Ⓝ386.1 ［888円］

◇季節のある暮らしを楽しむ本 ももせいづみ著 大和書房 2014.12 222p 15cm （だいわ文庫 286-1A）①978-4-479-30512-5 Ⓝ386.1 ［600円］

◇旧暦で今をたのしむ「暮らし歳時記」―日本の四季と行事が身近になる！ 松村賢治監修 PHP研究所 2014.9 175p 24cm （PHPビジュアル実用BOOKS）〈文献あり 索引あり〉①978-4-569-81617-3 Ⓝ449.81 ［1300円］

◇暮らしに役立つ冠婚葬祭・年中行事―三六五日を豊かに。：絵で知る、その作法と由来。 土屋書店編集部編 滋賀出版/土屋書店 2014.3 191p 21cm〈文献あり 索引あり〉①978-4-8069-1348-1 Ⓝ385 ［1680円］

◇暮らしのしきたり十二か月―うつくしい日本の歳時と年中行事 神宮館編集部編著 神宮館 2014.10 206p 21cm〈文献あり 索引あり〉①978-4-86076-221-6 Ⓝ386.1 ［1300円］

◇暮らしのしきたりと日本の神様 三橋健監修, 平井かおる著 双葉社 2014.11 143p 21cm〈文献あり〉①978-4-575-30790-0 Ⓝ176 ［1500円］

◇暮らしのならわし十二か月 白井明大文, 有賀一広絵, 長田なお伝統文化監修 飛鳥新社 2014.4 271p 21cm〈文献あり 索引あり〉①978-4-86410-307-7 Ⓝ386.1 ［1574円］

◇心を届ける。和菓子と暮らしの歳時記 吉沢久子著 主婦の友社 2014.11 191p 19cm ①978-4-07-298382-9 Ⓝ596.65 ［1400円］

◇こよみを使って年中行事を楽しむ本 2015 井上象英, 神宮館編集部編著, 高島易断所本部編纂 神宮館 2014.10 128p 19cm ①978-4-86076-219-3 Ⓝ386.1 ［900円］

◇七十二候の暮らし術―旧暦 花島ゆき文・絵 ブルーロータスパブリッシング 2014.2 175p 19cm〈インプレスコミュニケーションズ（発売）〉①978-4-8443-7609-5 Ⓝ449.81 ［1380円］

◇先生も生徒も驚く日本の「伝統・文化」再発見 2 行事と祭りに託した日本人の願い 松藤司著 学芸みらい社 2014.8 181p 21cm〈文献あり〉①978-4-905374-40-4 Ⓝ210 ［2000円］

◇伝統を読みなおす 2 暮らしに息づく伝承文化 小川直之, 服部比呂美, 野村朋弘編 京都造形芸術大学東北芸術工科大学出版局藝術学舎 2014.12 168p 21cm （芸術教養シリーズ23）〈幻冬舎（発売）内容：正月行事（小川直之著） 上巳節供（小川直之著） 端午節供（小川直之著） 七夕（後藤麻衣子著） 盆（大楽和正著） 産育習俗誕生から初誕生まで（服部比呂美著） 七五三（齋藤しおり著） 婚姻（高久舞著） 葬送儀礼（大楽和正著） 地蔵信仰（服部比呂美著） 道祖神（服部比呂美著） 御霊信仰（大楽和正著） 小さ子譚（佐伯和香子著） 継子譚（佐伯和香子著） 異類婚姻譚（久保摩誉著）〉①978-4-344-95259-1 Ⓝ702.2 ［2200円］

◇日本人が忘れた季節になじむ旧暦の暮らし 千葉望著 朝日新聞出版 2014.12 207p 18cm （朝日新書 493）〈文献あり〉①978-4-02-273593-5 Ⓝ449.81 ［720円］

◇日本人のくらし「基本のき」―「日本の行事」と「しあわせ」の関係 廣瀬輝子著 メディアパル 2014.4 159p 18cm ①978-4-89610-824-8 Ⓝ386.1 ［1300円］

◇にほんのお福分け歳時記 広田千悦子著 主婦の友インフォス情報社 2014.4 191p 21cm〈主婦の友社（発売）〉①978-4-07-289816-1 Ⓝ386.1 ［1600円］

◇日本の歳事としきたりを楽しむ―茶の湯の宗匠が教える和暮らしの手引き 芳野宗春著 PHPエディターズ・グループ 2014.4 173p 19cm〈PHP研究所（発売）文献あり〉①978-4-569-81697-5 Ⓝ386.1 ［1300円］

◇日本のしきたり―伝統行事の知恵と心：美しいイラストでつづる暮らしのヒント 飯倉晴武編著, 藤島つとむ絵 宝島社 2014.11 125p 19cm〈文献あり 索引あり〉①978-4-8002-2692-1 Ⓝ386.1 ［1400円］

◇日本の民俗 暮らしと生業 芳賀日出男［著］ KADOKAWA 2014.11 298p 15cm （［角川ソフィア文庫］［J110-2]）〈文献あり 年譜あり 「日本の民俗 下」（クレオ 1997年刊）の加筆・訂正〉①978-4-04-409475-1 Ⓝ382.1 ［1280円］

◇品のある人をつくる、美しい所作と和のしきたり 金纓宗信監修 永岡書店 2014.1 223p 15cm ①978-4-522-43235-8 Ⓝ385.9 ［600円］

◇和食の風景―無形文化遺産に登録された"和食"の伝統―春夏秋冬、生活に根付いた食と風景 アントレックス 2014.2 109p 26cm （サプライズvisual）Ⓝ383.81 ［647円］

日本（年中行事―歴史―江戸時代）
◇浮世絵で読む、江戸の四季とならわし 赤坂治績著 NHK出版 2014.1 253p 図版16p 18cm （NHK出版新書 424）①978-4-14-088424-9 Ⓝ386.1 ［900円］

日本（燃料電池―特許）
◇燃料電池に取り組む全企業―特許データからビジネスチャンスを探る 2014 ネオテクノロジー 2013.12 47, 220p 30cm Ⓝ572.1 ［48000円］

日本（農学）
◇農学イノベーション―新しいビジネスモデルと食・農・環境における技術革新 日本農学会編 養賢堂 2014.4 161p 21cm （シリーズ21世紀の農学）〈内容：6次産業のビジネスモデルとフードチェーン（斎藤修著） 果物の六次産業化のビジネスモデルを考える（小川一紀著） 『忘れられた家畜』ヤギ産品の需要喚起とその市場性（小澤壮行著） ストップ・清酒離れ 酒造りの技術を活かす（秦洋二著） エビの陸上養殖最新動向（野原節雄著） 農畜産バイオマスのエネルギー利用（薬師堂謙一著） 林産学ルネッサンス（鮫島正浩著） 農業の技術革新と経営革新（生源寺眞一著）〉①978-4-8425-0524-4 Ⓝ610.1 ［1852円］

日本（農業）
◇アグリビジネスと日本農業 河合明宣, 堀内久太郎編著 放送大学教育振興会 2014.3 284p 21cm （放送大学教材）〈［NHK出版（発売）］ 索引あり〉①978-4-595-31493-3 Ⓝ611.7 ［3000円］

日本件名図書目録2014　Ⅰ　　　　　　　　　　　　　　　　　　日本（農業―歴史―江戸時代―史料）

◇グローバリゼーション下の農業構造動態―本源的蓄積の諸類型　山崎亮一著　御茶の水書房　2014.12　317p　22cm　〈索引あり　内容：本源的蓄積論の理論的再検討　社会システムとしての共同体　共同体と労賃の国民的格差　「周辺＝辺境」部門原蓄過程の東南アジア型とサブサハラ・アフリカ型　戦後日本経済の資本蓄積と農業　「新農業基本法」下の農政としてのバイオマス　長野県・宮田村における地域労働市場と農業の構造動態　ベトナム・メコン河デルタにおける土地投機と農業構造動態〉　①978-4-275-01085-8　Ⓝ611　［8600円］
◇次世代へつなぐ農林水産業―復興と競争力強化に向けて　日本都市センター企画・編集　［東京］　日本都市センター　2014.3　122p　21cm　（日本都市センターブックレット　no.34）〈内容：基調講演　東日本大震災からの農業の復興と競争力強化の方向（門間敏幸述）　事業報告　根室産水産物輸出プロジェクト（長谷川俊輔述）　農業を得意産政策に（片岡聡一述）〉　①978-4-904619-64-3　Ⓝ612.1　［500円］
◇小農救国論　山下惣一著　創森社　2014.10　221p　20cm　①978-4-88340-293-9　Ⓝ612.1　［1500円］
◇食料・農業・農村の動向　平成25年度／食料・農業・農村施策　平成26年度　［農林水産省］　［2014］　267，31p　30cm　〈第186回国会（常会）提出〉　Ⓝ611.1
◇食料・農業・農村白書　平成26年版　農林水産省／編　農林統計協会　2014.7　267,31p　30cm　①978-4-541-03984-2　［2600円］
◇新自由主義下の地域・農業・農協　神田健策編著　筑波書房　2014.2　247p　21cm　〈内容：新自由主義下の地域・農業・農協（神田健策著）　新自由主義下の農村社会政策と村落社会の対応（武田共治著）　果樹農業の持続的発展と課題（長谷川啓哉著）　地域ブランド化の進展と課題（星僚八郎著）　グローバル体制下の切花産地における品種開発と輸出戦略（石塚哉史著）　福島第一原発事故と地域農業（秋元律治著）　原子力発電所事故後のリンゴ輸出における"風評被害"の実態と課題（成田拓未著）　地域婦人会による育児支援についての考察（山下亜紀子著）　社会的企業のコミュニティ媒介機能（大高研道著）　地域農業における農業協同組合の役割（大橋олог著）〉　①978-4-8119-0431-3　Ⓝ612.1　［2500円］
◇地域からの農業再興―コミュニティ農業の実例をもとに　蔦谷栄一著　創森社　2014.1　341p　19cm　①978-4-88340-286-1　Ⓝ612.1　［1600円］
◇TPPと食料安保―韓米FTAから考える　中村靖彦著　岩波書店　2014.1　156p　19cm　①978-4-00-024043-7　Ⓝ612.1　［1300円］
◇日本人は「食なき国」を望むのか―誤解だらけの農業問題　山下惣一著　家の光協会　2014.8　207p　19cm　①978-4-259-51857-8　Ⓝ611.1　［1400円］
◇日本農業への問いかけ―「農業空間」の可能性　桑子敏雄，浅川芳裕，塩見直紀，櫻井清一著　京都　ミネルヴァ書房　2014.12　309,6p　20cm　（シリーズ・いま日本の「農」を問う 2）〈索引あり　内容：農業空間の未来学（桑子敏雄著）　日本農業の実相と幻想（浅川芳裕著）　半農半Xという生き方（塩見直紀著）　農産物直売所からみた農業と地域社会（櫻井清一著）〉　①978-4-623-07218-7　Ⓝ612.1　［2500円］
◇日本農業の復権　羽山太郎［著］　豊島文化社　2013.10　325p　22cm　Ⓝ612.1　［1500円］
◇農業問題の基層とはなにか―いのちと文化としての農業　末原達郎，佐藤洋一郎，岡本信一，山田優著　京都　ミネルヴァ書房　2014.12　300,4p　20cm　（シリーズ・いま日本の「農」を問う 1）〈索引あり　内容：文化としての農業を考える（末原達郎著）　農業とはそもそも何であったのか（佐藤洋一郎著）　日本農業の地平線はどこへ（岡本信一著）　日本農業の未来を世界から考える（山田優著）〉　①978-4-623-07217-0　Ⓝ612.1　［2500円］
◇農本主義が未来を耕す―自然に生きる人間の原理　宇根豊著　現代書館　2014.8　253p　20cm　①978-4-7684-5736-8　Ⓝ612.1　［2200円］
◇踏んばれ!!日本農業―農経しんぽう・特別レポート　part 15　「攻めの農業」に挑む　農経新報社　2014.5　67p　21cm　Ⓝ612.1　［210円］
◇儲かる農業をやりなさい！―TPPは大チャンス！世界が注目するSATOYAMA　鈴木渉，中島孝志著　マネジメント社　2014.12　223p　19cm　①978-4-8378-0470-3　Ⓝ612.1　［1400円］

日本（農業―統計）

◇食料・農業・農村白書　参考統計表　平成26年版　農林水産省／編　農林統計協会　2014.8　101p　30cm　①978-4-541-03993-4　［2000円］

◇第88次農林水産省統計表　平成24年～25年　農林水産省大臣官房統計部／編　農林統計協会　2014.5　756p　30cm　〈本文：日英両文〉　①978-4-541-03980-4　［4600円］
◇農業構造動態調査報告書　平成25年　農林水産省大臣官房統計部編　農林水産省大臣官房統計部　2014.3　89，4，4p　30cm　〈併載：新規就農者調査結果（平成24年）〉　Ⓝ610.59
◇農業構造動態調査報告書　平成25年　農林水産省大臣官房統計部編　農林統計協会　2014.5　89,4,4p　30cm　〈併載：新規就農者調査結果（平成24年）〉　①978-4-541-03977-4　Ⓝ610.59　［1800円］
◇ポケット農林水産統計　平成25年版　農林水産省大臣官房統計部／編　農林統計協会　2014.1　479p　19cm　①978-4-541-03957-6　［2300円］

日本（農業―歴史―江戸時代―史料）

◇近世地方経済史料　第1巻　小野武夫編　オンデマンド版　吉川弘文館　2013.10　6,594p　22cm　〈印刷・製本：デジタルパブリッシングサービス　内容：足民論（木村謙si著）　見田獨齗記（旺塲亭光矩著）　地利要方　社倉議草　御改作方覚帳　改作雑集録　御改作始末聞書追加（武部敏行著）　田法雑話　舊制漆樹取締法（星傳八郎著）　古今税務要覧　こんでろばなし（船橋亘著）　田法書（船橋亘著）　松山領代官執務要鑑　薩隅日田賦雑徴（伊地知季通著）　経濟随筆（橋本敬簡著）　房州萬石騒動實録　鳥麗奇談（天外山人著）　小作百姓騒立一件〉　①978-4-642-04310-6　Ⓝ612.1　［16500円］
◇近世地方経済史料　第2巻　小野武夫編　オンデマンド版　吉川弘文館　2013.10　6,562p　22cm　〈印刷・製本：デジタルパブリッシングサービス　内容：湾急記聞（旦暮庵野巣善）　南部藩林政概概　地方竹馬集　越後國紫雲寺潟開墾書類（竹前新太郎著）　座右手鑑（三隅丈八著）　耕作噺（中村喜時著）　在々御仕置之儀に付御書付　庄屋心得書條目　高知藩田制概略（吉村春峯著）　駒方御仕法　地方の聞書〈一名才藏記〉（大畑才藏著）　農業稼仕様及作物之仕様（久下金七郎著）　天然録　租税問答（汾陽光遠著）〉　①978-4-642-04311-3　Ⓝ612.1　［15500円］
◇近世地方経済史料　第3巻　小野武夫編　オンデマンド版　吉川弘文館　2013.10　6,568p　22cm　〈印刷・製本：デジタルパブリッシングサービス　内容：南畝偶語（元立平著）　甘藷申上其外書付（加藤又左衛門著）　蕃薯起立（加藤又左衛門著）　地方辨要　五人組異同辨　尾州村々證文留　百姓身持之事（板橋善右衛門著）　春濃鶯　起請文前書　農業談林遺藁録（宮永正好著）　谷中御樽木并土居腸書控覚　青木昆陽申上書付（青木文藏著）　田令講義（栗原信充著）　東野田芹（國府義胤著）　郡中利害封事（藤田次郎左衛門（幽谷）著）　牧民後判國字解（松平定綱著）　因伯受免由来（増井清藏著）　桝作方觸書（龜右衛門著）　和歌山藩社倉趣意並法則　督農要路〉　①978-4-642-04312-0　Ⓝ612.1　［16000円］
◇近世地方経済史料　第4巻　小野武夫編　オンデマンド版　吉川弘文館　2013.10　4,414p　22cm　〈印刷・製本：デジタルパブリッシングサービス　内容：農業實況調書　農業夜咄　仙臺藩租税要略（宮城縣廳編）　地方心得留　陸奥國會津郡村々差出書（御世の恵（和泉利愛著）　武田源左衛門検地秘書（佐藤彌六著）　百姓德行寶鑑（熊谷権四郎著）　心持農業記（熊谷権四郎著）　地方支配　地方支配條目　農業子孫養育草（德山敬猛著）　郷村年中行事　危言（島田匡藏著）〉　①978-4-642-04313-7　Ⓝ612.1　［13500円］
◇近世地方経済史料　第5巻　小野武夫編　オンデマンド版　吉川弘文館　2013.10　4,524p　22cm　〈印刷・製本：デジタルパブリッシングサービス　内容：農譚藪（鹿峰田理著）　山奉行役勤向覺（高井善四郎著）　治安策（鈴木雅之著）　農間雑話　農家立教　田畑證文小拾書抜　金澤藩年中行事　民家要術（宮負定雄著）　若林農書（若林宗民，若林利朝著）　秣槽由来記　安食旱魃物語（勝田宗五右衛門著）　天保非常備組立方諭達　地方御取扱演說書　豊年瑞相談）①978-4-642-04314-4　Ⓝ612.1　［15000円］
◇近世地方経済史料　第6巻　小野武夫編　オンデマンド版　吉川弘文館　2013.10　6,522p　22cm　〈印刷・製本：デジタルパブリッシングサービス　内容：鳩巣邇言（平山貞著）　浦河牧一件　西久保村田氏へ遺書帖（衣笠政光著）　耕耘培養制度服　農業狂歌　憐恤撫育法（西山太郎兵衛著）　農書類纂　村方取締規定連印寫　撫育教導傳（永山盛宣著）　地方袖中録（小林寛州著）　御國産紙漉華楮引立修法日論見　天保饑饉奥羽武藏聞書　郡中省略申渡書　祕話獨斷（涯南主人著）　農作自得集（森廣傳兵衛著）　郷村手引　耕作辨用書　古々呂江加本（豊田幹敦著）　土佐藩地割關組法（安岡百樹著）　勧農竝村方取締頭書　免法記（岸崎佐久治著）　田法記（岸崎佐久治著）　農具揃（大坪二市著）〉　①978-4-642-04315-1　Ⓝ612.1　［15000円］
◇近世地方経済史料　第7巻　小野武夫編　オンデマンド版　吉川弘文館　2013.10　4,642p　22cm　〈印刷・製本：デジタルパブリッシングサービス　内容：國家要傳　御餌指方書記　地大意抄　補饑新書（東條耕著）　庄屋手鏡（梅木忠章著）　武

日本（農業—歴史—原始時代）   日本件名図書目録2014　I

藏國葛飾郡大島村郷約　飛州地方御尋答書（山内小左衛門著）
理塵集　南部藩近代經濟梗概　増補私家農業談（宮永正運著）
奥寺八左衛門新田開發事蹟（奥寺定之者）　座右祕鑑）Ⓘ978-
4-642-04316-8　Ⓝ612.1　[17000円]
◇近世地方經濟史料　第8巻　小野武夫編　オンデマンド版　吉
川弘文館　2013.10　6,632p　22cm（印刷・製本：デジタルパ
ブリッシングサービス　内容：憐農民詞（竹村茂雄著）尾藩地
方根居　御繩之節申渡書（望月恒隆者）　地方問答記　傳法記
田制考證（高倉胤明著）　飢歳懐覺歉（高橋正作者）　正界録
（小宮山昌世者）　地方問答集（小宮山昌世者）　農家日用集
（鈴木梁満著）　公整舊格錄　被仰渡御請印帳　藩時代産馬取
締一斑　西國筋村々取計方向（羽倉權九郎著）　農事考鑑　田
地割制度（石黒信基著）　落穗粕拾集（青木魯石著）　田制雑記
（植田政裕者）　津輕地方に於ける小作米の理由（菊池健雄者）
代官庄屋助方心得覺書　政成新田由來上申書）Ⓘ978-4-642-
04317-5　Ⓝ612.1　[17000円]

日本（農業—歴史—原始時代）
◇稲作以前　佐々木高明著　新版　NHK出版　2014.11　349p
19cm（NHKブックス 1225）〈文献あり〉改訂新版：洋泉社
2011年刊〉Ⓘ978-4-14-091225-6　Ⓝ210.25　[1500円]
◇先史時代の縄文農耕を考える—レプリカ法の実践から　中沢
道彦[著]，富山県観光・地域振興局国際・日本海政策課編
[富山]　富山県観光・地域振興局国際・日本海政策課　2014.
3　76p　19cm（日本海学研究叢書）Ⓝ210.25

日本（農業—歴史—昭和後期）
◇戦後日本の食料・農業・農村　第2巻2　戦後改革・経済復興期
2　戦後日本の食料・農業・農村編集委員会編　岩本純明編集
担当　農林統計協会　2014.6　492p　22cm〈年表あり　索引
あり〉Ⓘ978-4-541-03983-5　Ⓝ612.1　[7000円]
◇戦後日本の食料・農業・農村　第3巻2　高度経済成長期　2
（農業構造の変貌）戦後日本の食料・農業・農村編集委員会編
甲斐論編集担当　農林統計協会　2014.12　539p　22cm〈索
引あり〉Ⓘ978-4-541-04002-2　Ⓝ612.1　[7000円]

日本（農業機械化）
◇スマート農業—農業・農村のイノベーションとサスティナビリ
ティ　農業情報学会編　農林統計出版　2014.8　399p　21cm
〈索引あり〉Ⓘ978-4-89732-299-5　Ⓝ614.8　[4000円]

日本（農業技術—特許）
◇農業に取り組む全企業—特許データからビジネスチャンスを
探る　2014　ネオテクノロジー　2014.1　53, 213p　30cm
Ⓝ610.1　[48000円]
◇農業のセンサネットワーク技術—IPC/FIガイド付き　ネオテ
クノロジー　2014.2　2, 113p　30cm（技術と特許をつなぐ
パテントガイドブック）〈奥付のタイトル：農業のセンサネッ
トワーク編　折り込 1枚〉Ⓝ610.1　[80000円]

日本（農業教育）
◇アグリ・スタディ・プログラム—新潟発わくわく教育ファーム
新潟市教育委員会編　[新潟]　新潟市　2014.6　275p　30cm
（共同刊行：新潟市教育委員会）Ⓝ375
◇学校における農業教育の諸相　大河内信夫編著　[東京]　東
京図書出版　2014.4　306p　21cm〈リフレ出版（発売）内
容：戦前小学校で実施された「一坪農業」についての一考察
文部省著作高等小学校農業科用教科書の変遷　文部省著作『小
学農業書』の内容構成と農業技術との関係について　1990年
代初頭の高等学校農業関係学科の教育課程表の特徴について
1990年代初頭の高等学校食品製造関係学科における教育課程
表の分析　1990年代初頭の高等学校土木関係学科の教育
課程表の特徴について　1990年代初頭の高等学校農業機械科
の教育課程表の分析　学校要覧の分析を通してみた高等学校農
業関係学科の変容　農業後継者養成の課題と高等学校農業教育
の目標について　高等学校総合学科の科目選択の実態と進路
との関係　農業学科から改編した高等学校総合学科における
教育課程編成の特徴　高等学校総合学科の教育課程の実態を
理解するために〉Ⓘ978-4-86223-726-2　Ⓝ375.6　[1800円]
◇新規就農を支える地域の実践—地域農業を担う人材の育成
農村金融研究会編，農林中金総合研究所監修　農林統計出版
2014.3　138p　21cm　Ⓘ978-4-89732-290-2　Ⓝ611.7　[1800
円]
◇花育ハンドブック—実践マニュアル＆リポート　農耕と園芸
編集部編　誠文堂新光社　2014.10　111p　21cm　Ⓘ978-4-
416-71451-5　Ⓝ375.6　[1800円]

日本（農業行政）
◇農林水産予算の概要—未定稿　平成26年度　[東京]　農林水
産省大臣官房予算課　2014.1　196p　30cm　Ⓝ611.1

日本（農業協同組合）
◇基本と実務がわかる演習JA自己査定ワークブック　経済法令
研究会編　経済法令研究会　2014.10　202p　26cm〈文献あ
り〉Ⓘ978-4-7668-2354-7　Ⓝ611.5　[1500円]
◇JAのための知的財産権講座　西本泰造著　全国共同出版
2014.2　95p　21cm（経実book）Ⓘ978-4-7934-1401-5
Ⓝ507.2　[1300円]
◇JA販売事業をいかに強化するか—知恵と戦略の共有　三石誠
司，全国農業協同組合中央会編著　家の光協会　2014.2　190p
26cm　Ⓘ978-4-259-51854-7　Ⓝ611.61　[1800円]
◇新JA改革ガイドブック—自立JAの確率　福間莞爾著　全国共
同出版　2014.10　249p　21cm　Ⓘ978-4-7934-1410-7
Ⓝ611.61　[2600円]
◇店頭ミス防止のためのJA貯金法務Q&A—この1冊で貯金法務
のすべてがわかる!!　髙橋恒夫著　新版2版　経済法令研究会
2014.4　261p　21cm　Ⓘ978-4-7668-4271-5　Ⓝ611.5　[2000
円]
◇農協運動に生きる　続　家の光協会編　家の光協会　2014.3
281p　19cm　Ⓘ978-4-259-52179-0　Ⓝ611.61　[1143円]
◇「農協改革」をどう考えるか—JAの存在意義と果たすべき役
割　石田信隆著　家の光協会　2014.9　79p　19cm　Ⓘ978-4-
259-52182-0　Ⓝ611.61　[556円]
◇農協解体　山下一仁著　宝島社　2014.5　238p　19cm〈文献
あり〉Ⓘ978-4-8002-1924-4　Ⓝ611.61　[1200円]
◇農協・農委「解体」攻撃をめぐる7つの論点　田代洋一著　筑
波書房　2014.12　78p　21cm（筑波書房ブックレット）
Ⓘ978-4-8119-0455-9　Ⓝ611.1　[750円]
◇農協の大義　太田原高昭著　農山漁村文化協会　2014.8　99p
21cm（農文協ブックレット 10）〈文献あり〉Ⓘ978-4-540-
14198-0　Ⓝ611.61　[800円]
◇農協の未来—新しい時代の役割と可能性　大泉一貫編著　勁
草書房　2014.2　182p　22cm〈索引あり　内容：農協への期
待（大泉一貫著）　農協の変貌と新たな取り組み（木阿誠一，伊
藤保，山本奈々絵著）　農協の「脅威と機会」「強さと弱さ」（三
石誠司著）　農協の農村コミュニティでの役割（川村保著）
農協の農業振興への対応（大泉一貫著）〉Ⓘ978-4-326-50392-6
Ⓝ611.61　[2400円]

日本（農業協同組合—名簿）
◇農協・関連企業名鑑—農協・その人と組織　2013年版　農協
協会　2013.3　789p　27cm　Ⓝ611.61　[10000円]
◇農協・関連企業名鑑—農協・その人と組織　2014年版　農協
協会　2014.3　27, 747p　27cm　Ⓝ611.61　[10000円]

日本（農業協同組合—歴史）
◇JAの歴史と私たちの役割—これからのJAを担う職員のための
石田正昭著　家の光協会　2014.3　103p　21cm〈文献あり〉
Ⓘ978-4-259-51855-4　Ⓝ611.61　[700円]
◇戦後日本の食料・農業・農村　第14巻　農業団体史・農民運動
史　戦後日本の食料・農業・農村編集委員会編　太田原高昭，
田中学編集担当　農林統計協会　2014.5　408p　22cm〈索引
あり〉Ⓘ978-4-541-03960-6　Ⓝ612.1　[7000円]
◇農協論再考　谷口憲治編著　農林統計出版　2014.11　261p
22cm〈内容：産業組合史研究の動向と課題（谷口憲治著）農
業協同組合展開論の現状と課題（谷口憲治著）　農協経営史論
の提起（谷口憲治著）　明治末大正前期における農村産業組合
の展開（谷口憲治著）　1920年代における産業組合の展開とそ
の基盤（谷口憲治著）　1930年代の産業組合展開基盤と特質
（谷口憲治著）　戦後復興期における農協経営の特質（谷口憲治
著）　日本における農協の現局面（谷口憲治著）　協
同組合の存在意義と共同組合組織・機能の現状と課題（谷口憲
治著）　中山間・高齢化地域農業・農村活性化対策とJAの役割
（谷口憲治著）　中山間地域再生における農協の役割（須山一，
谷口憲治著）　中国農村信用合作社における協同組合的経営改
革の展開（鄭蔚，谷口憲治著）　中国における協同組合化政策の
展開要因の政策構造論的考察（鄭蔚，谷口憲治著）　中国にお
ける農村小額金融組織の扶貧機能と展開条件（劉海涛，谷口憲治，
鄭蔚ほか著）〉Ⓘ978-4-89732-307-7　Ⓝ611.61　[3600円]
◇農協は協同組合である—歴史からみた課題と展望　北出俊昭
著　筑波書房　2014.11　196p　21cm　Ⓘ978-4-8119-0451-1
Ⓝ611.61　[2500円]

日本（農業共同経営）
◇集落・地域ビジョンづくり—集落営農の事例に学ぶ：希望と知
恵を「集積」する話し合いハンドブック　農山漁村文化協会編
農山漁村文化協会　2014.5　219p　21cm　Ⓘ978-4-540-
13190-5　Ⓝ611.76　[1600円]

日本（農業金融）
◇基本と実務がわかる演習JA自己査定ワークブック　経済法令
研究会編　経済法令研究会　2014.10　202p　26cm〈文献あ
り〉Ⓘ978-4-7668-2354-7　Ⓝ611.5　[1500円]

848

◇店頭ミス防止のためのJA貯金法務Q&A—この1冊で貯金法務のすべてがわかる!! 髙橋恒夫著 新2版 経済法令研究会 2014.4 261p 21cm Ⓘ978-4-7668-4271-5 Ⓝ611.5 ［2000円］

◇日本政策金融公庫農林水産事業本部取扱必携 平成26年4月版 日本政策金融公庫農林水産事業本部融資企画部 2014.4 228p 30cm 〈奥付のタイトル：日本政策金融公庫資金（農林水産事業）取扱必携〉 Ⓝ611.5

◇農業経営改善・農業負債整理関係資金等資料集 改訂9版 ［東京］ 農林水産省経営局 2014.6 704p 21cm Ⓝ611.5

◇農業制度資金の解説 平成26年度版 農林水産長期金融協会編 農林水産長期金融協会 2014.5 177p 30cm Ⓝ611.5 ［1800円］

日本（農業経営）

◇アグリビジネスと日本農業 河合明宣，堀内久太郎編著 放送大学教育振興会 2014.3 284p 21cm （放送大学教材）〈［NHK出版（発売）］ 索引あり〉 Ⓘ978-4-595-31493-3 Ⓝ611.7

◇アグリビジネスの現状と将来展望 2013 大阪マーケティング本部第三事業部調査・編集 富士経済 2013.8 281p 30cm Ⓘ978-4-8349-1633-1 Ⓝ611.7 ［97000円］

◇SNSで農業革命—最小限の資金で強い農業を！ 蓮見よしあき著 津 碩学者 2014.9 188p 20cm （SGビジネス双書）〈中央経済社（発売）〉 Ⓘ978-4-502-09970-0 Ⓝ611.7 ［1800円］

◇干拓地の農業と土地利用—諫早湾干拓地を中心として 山野明男著 名古屋 あるむ 2014.1 201p 21cm 〈内容：序論 水田農業の重要性 水田中心の十三湖干拓地 水田が増加傾向の河北潟干拓地 入植計画 入植形態 営農展開. 1 2008～2009年 営農展開. 2 2009～2010年 干拓地における土地利用の新展開〉 Ⓘ978-4-86333-074-0 Ⓝ614.5 ［2000円］

◇企業の農業参入—地域と結ぶ様々なかたち 大仲克俊，安藤光義著，安藤光義監修 筑波書房 2014.3 62p 21cm （JC総研ブックレット No.1）〈内容：はじめに（安藤光義著） 株式会社たねやの農業参入（大仲克俊著） 株式会社知久の農業経営の取り組み（大仲克俊著） 新潟県糸魚川市根知地区での企業の農業参入とその農業経営の展開（大仲克俊著） 農業施設の開発・販売企業の広域的な農業経営（大仲克俊著） おわりに（安藤光義著）〉 Ⓘ978-4-8119-0432-0 Ⓝ611.7 ［750円］

◇希望の日本農業論 大泉一貫著 NHK出版 2014.7 237p 19cm （NHKブックス 1219）〈文献あり〉 Ⓘ978-4-14-091219-5 Ⓝ611.7 ［1200円］

◇再生可能エネルギー—農村における生産・活用の可能性をさぐる 榊田真理者，和泉宣弘監修 筑波書房 2014.3 62p 21cm （JC総研ブックレット No.2）〈内容：農村で取り組む再生可能エネルギーの意義（榊田みどり著） 環境三法と畜産バイオマス発電の広がり（榊田みどり著） 木質ペレットで山と農と町をつなぐ（榊田みどり著） もみ殻ボイラーの持つ可能性（榊田みどり著）〉 Ⓘ978-4-8119-0433-7 Ⓝ611.7 ［750円］

◇幸せを引き寄せる食と農——一本のニンジンが人生を変える：神谷成章の世界 大下伸悦著 南木曽町（長野県） 新日本文芸協会 2014.3 104p 21cm Ⓘ978-4-906977-03-1 Ⓝ611.7 ［800円］

◇新規就農を支える地域の実践—地域農業を担う人材の育成 農村金融研究会編，農林中金総合研究所監修 農林統計出版 2014.3 138p 21cm Ⓘ978-4-89732-290-2 Ⓝ611.7 ［1800円］

◇新規農業参入者の経営確立と支援方策—施設野菜作を中心として 島義史著 農林統計協会 2014.3 204p 21cm 〈文献あり〉 Ⓘ978-4-541-03971-2 Ⓝ611.71 ［3200円］

◇新規農業参入者の経営確立と支援方策—施設野菜作を中心として 島義史著 ［つくば］ 農業・食品産業技術総合研究機構中央農業総合研究センター 2014.3 208p 21cm （総合農業研究叢書 第69号）〈共同刊行：農業・食品産業技術総合研究機構北海道農業研究センター〉 Ⓘ978-4-931446-70-0 Ⓝ611.71

◇第16回全国農業担い手サミットinいしかわ—記録誌：伝えよう！担い手の心広げよう！ 農の絆 金沢 「第16回全国農業担い手サミットinいしかわ」実行委員会 2014.3 140p 30cm 〈会期・会場：平成25年10月29日～31日 いしかわ総合スポーツセンターほか〉 Ⓝ611.7

◇地域からの農業再興—コミュニティ農業の実例をもとに 蔦谷栄一著 創森社 2014.1 341p 19cm Ⓘ978-4-88340-286-1 Ⓝ612.1 ［1600円］

◇地域からの六次産業化—つながりが創る食と農の地域保障 室屋有宏著 創森社 2014.9 233p 21cm 〈文献あり〉 Ⓘ978-4-88340-292-2 Ⓝ611.7 ［2200円］

◇小さくて強い農業をつくる 久松達央著 晶文社 2014.11 275,10p 19cm （就職しないで生きるには21）〈文献あり〉 Ⓘ978-4-7949-6860-9 Ⓝ611.74 ［1500円］

◇日本GAP規範—Ver.1.1：環境保全、労働安全、食品安全のための適切な農業実践の規範 日本生産者GAP協会適正農業規範委員会編 改訂 幸書房 2014.5 195p 21cm （GAPシリーズ 4）〈文献あり 索引あり〉 Ⓘ978-4-7821-0386-9 Ⓝ611.7 ［2500円］

◇日本農業における企業者活動—東畑・金沢理論をふまえた農業経営学の展開 髙橋正郎著 農林統計出版 2014.9 354p 22cm Ⓘ978-4-89732-305-3 Ⓝ611.7 ［4200円］

◇農業経営の規模と企業形態—農業経営における基本問題 日本農業経営学会編，盛田清秀，梅本雅，安藤光義，内山智裕責任編集 農林統計出版 2014.8 255p 22cm 〈内容：農業経営における規模論の展開（梅本雅著） 規模論の限界と日本農業の現段階（安藤光義著） 水田農業における規模問題（秋山満著） 大規模畑作農業における大規模経営の展開と適正規模（平石学著） 土地利用型酪農の経営特性と企業的経営の展開（鵜川洋樹著） 大規模水田作経営の実践と課題（藤井吉隆，福原昭一著） 大規模野菜作経営の実践と課題（松本武，田口光弘著） 規模問題と企業経営の多層構造（生源寺眞一著） 農業経営学における企業形態論の展開（盛田清秀著） 家族経営研究の国際的展開（内山智裕著） 現代農業における家族経営の論理（岩元泉著） 家族経営の展開と経営管理問題（金岡正樹著） 稲作農業法人の企業形態論的再検討（堀田和彦著） 中山間地域における家族経営の展開と管理（永井進，井坂友美著） 平坦水田地域における家族経営の展開と管理（野上隆行，岡崎泰裕著） 家族経営の企業形態と経営管理論的研究の課題（木南章著）〉 Ⓘ978-4-89732-301-5 Ⓝ611.74 ［3500円］

◇農業構造の変動と地域性を踏まえた農業生産主体の形成と再編—各地域の現状分析 農林水産省農林水産政策研究所編 農林水産省農林水産政策研究所 2014.3 74p 30cm （構造分析プロジェクト【実態分析】研究資料 第4号）Ⓝ611.7

◇農村家族と地域生活—干拓地の家族・集落・農業 石阪督規著 名古屋 ブイツーソリューション 2014.4 189p 21cm Ⓘ978-4-86476-193-2 Ⓝ611.98 ［1500円］

◇バイオビジネス 12：家・心・技の継承と創造的革新 東京農業大学国際バイオビジネス学科編著 家の光協会 2014.3 207p 26cm （東京農大型バイオビジネス・ケース）〈索引あり 内容：ビジネス・ケース江戸料理を現代の食に活かす料理道（井形雅代，大野雄太，宮ノ下智史ほか述） 次世代への農林業経営の継承をどう進めるか（門間敏幸座長，三上光一，田辺正宜，田辺正美ほか述） 情報化社会におけるバイオビジネス（杉本隆重著） 経営戦略と経営情報システム（新部昭夫著） ネットビジネスと経営情報（新部昭夫著） 日本農業の情報化と再生への展望（杉本隆重著） 農業分野におけるGIS（地理情報システム）の活用（鈴木充夫著） 農業クラウドの現状と今後（畑中勝守著） バイオビジネスの環境とは何か（藤本彰三著） 環境問題への経済学的アプローチ（泉田洋一著） バイオビジネスのミクロ経済環境（大久保研治著） バイオビジネスの社会環境（稲泉博己著） バイオビジネスと自然環境（宮浦理恵著）〉 Ⓘ978-4-259-51856-1 Ⓝ611.7 ［1800円］

◇プロ農業20代表—第63回（平成26年度）全国農業コンクール 西村哲治編 大阪 毎日新聞社 2014.9 150p 26cm Ⓝ611.7 ［1389円］

◇法律から見た農業支援の実務—農地の確保・利用から、農業生産法人設立、6次産業化支援まで 髙橋宏治編著，池田功，荻原英美，荻原庄司，押久保政彦，亀田泰志，斉藤絵季，沼田龍之助著 日本加除出版 2014.11 258p 21cm 〈索引あり〉 Ⓘ978-4-8178-4197-1 Ⓝ611.7 ［2300円］

◇魅力ある地域を興す女性たち 小川理恵著 農山漁村文化協会 2014.3 210p 22cm （JA総研研究叢書 10）〈文献あり〉 Ⓘ978-4-540-13132-5 Ⓝ611.7 ［2600円］

◇躍動する「農企業」—ガバナンスの潮流 小田滋晃，長命洋佑，川﨑訓昭，坂本清彦編著 昭和堂 2014.12 230,4p 21cm （農業経営の未来戦略 2）〈内容：躍動する「農企業」の六次産業化事業とその展開（小田滋晃，長命洋佑，川﨑訓昭ほか著） 「農企業」ネットワークの形成とその特徴（長命洋佑，川﨑訓昭，長谷祐日香ほか著） 「農企業」ネットワークの新たなひろがり（八木隆博，山口貴義，堀田和則ほか述） 農企業による地域農業経営のリーディング（伊庭治彦，北村佳史，坂﨑未季著） 地域ぐるみでとりくむ特産品づくり（小林康志，大原興太郎著） 多様な主体がとりくむ環境保全型農業と地域ブランド米の展開（上西良廣，木原奈穂子，瀬能一郎著） 近畿地方の六次産業化施策（小根澤貴史著） 地域経済再生をきっかけとしたコミュニティ再生（伊藤浩正，小林康志，上西良廣ほか著） 地域ブランドとしての「京野菜」の成り立ち（藤掛進，坂本清彦著） 徳島

日本（農業経営―統計）　　　　　　　　　　　　　　　　　　　　　　　　　　　　日本件名図書目録2014　Ⅰ

県における六次産業化事業の展開（川﨑訓昭, 長谷祐, 上西良廣ほか著）〉①978-4-8122-1427-5 Ⓝ611.7 ［2700円］

◇私、農家になりました。―就農ナビ＆成功事例　三好かやの, 高倉なを, 斉藤勝司共著　誠文堂新光社　2014.9　167p　19cm　①978-4-416-61469-3 Ⓝ611.7 ［1500円］

日本（農業経営―統計）

◇農業構造動態調査報告書　平成25年　農林水産省大臣官房統計部編　農林水産省大臣官房統計部　2014.3　89, 4, 4p　30cm〈併載：新規就農者調査結果（平成24年）〉Ⓝ610.59

◇農業構造動態調査報告書　平成25年　農林水産省大臣官房統計部編集　農林統計協会　2014.5　89, 4, 4p　30cm〈併載：新規就農者調査結果（平成24年）〉①978-4-541-03977-4 Ⓝ610.59 ［1800円］

◇6次産業化総合調査報告　平成23年度　農林水産省大臣官房統計部編　農林水産省大臣官房統計部　2014.3　308p　30cm　Ⓝ611.77

日本（農業水利）

◇水田の潜在能力発揮等による農地周年有効活用技術の開発―土壌養水分制御技術を活用した水田高度化技術の開発　農林水産省農林水産技術会議事務局編　農林水産省農林水産技術会議事務局　2014.3　159p　30cm　（研究成果 第528集）Ⓝ614.31

日本（農業水利―歴史―古代）

◇古代日本の河川灌漑　木下晴一著　同成社　2014.1　277p　22cm　①978-4-88621-653-3 Ⓝ614.31 ［5000円］

日本（農業政策）

◇規制改革会議の「農業改革」20氏の意見―地域と共同を再生するとはどういうことか　農山漁村文化協会編　農山漁村文化協会　2014.8　144p　21cm　（農文協ブックレット 11）〈内容：農村社会をルーツにもつ日本社会のかたちの一掃（内山節著）　なぜ議会制国家は崩れ去りつつあるのか（関曠野著）　アベノミクス「農業改革」では日本農業の将来像は描けない（村田武著）　地域格差と協同の破壊に抗して（田代洋一著）　現状分析無き農業・農協改革の虚妄（小山良太著）　今こそ出番、農協と農業委員会（守友裕一著）　「家族農業潰し」政策にどう立ち向かうか（楠本雅弘著）　安倍流「富国強兵」国家づくりと「農業改革」の陥穽（岡田知弘著）　「個人主義」と「協同」に基づく地域社会と地域農業の再生（横山英信著）　持続可能社会を教導する農地所有権（楜澤能生著）　政府・規制改革会議の農協改革に秘められた危険な本質（石田正昭著）　農業が少子・高齢化の日本社会を救う（德野貞雄著）　人と暮らしの視点を欠くアベノミクス「成長戦略」をいかに乗り越えるのか（池上甲一著）　求められる田園回帰と地元の創り直し（藤山浩著）　JA浜中町の挑戦にみる"地域と協同"を通じた農業変革の可能性（谷口信和著）　国家が「自由」を連呼する時代に生きる（野田公夫著）　「自伐林業」で中山間地域の再生を（佐藤宣子著）　『漁』の立場から規制改革会議の農業・農協改革を論ず（濱田武士著）　「農業の産業化」こそが問題だ（中島紀一著）　資本主義から農本主義へ（宇根豊著）〉①978-4-540-14199-7 Ⓝ611.1 ［900円］

◇食料・農業・農村の動向　平成25年度 / 食料・農業・農村施策　平成26年度　［東京］　［農林水産省］　[2014]　267, 31p　30cm〈第186回国会（常会）提出〉Ⓝ611.1

◇スマート・テロワール―農村消滅論からの大転換　松尾雅彦著　京都　学芸出版社　2014.12　254p　20cm〈文献あり〉①978-4-7615-1344-3 Ⓝ611.1 ［1800円］

◇戦後レジームからの脱却農政　田代洋一著　筑波書房　2014.10　236p　21cm〈内容：戦後レジームからの脱却農政の構図　TPP交渉とグローバリゼーション　食糧管理と生産調整政策　直後支払政策　構造変化と構造政策　農地管理と農業委員会　農業協同組合の解体的再編　脱却農政と国民〉①978-4-8119-0450-4 Ⓝ611.1 ［2500円］

◇TPP交渉と日米協議―日本政府の対応とアメリカの動向　服部信司著　農林統計協会　2014.11　156p　21cm　①978-4-541-04003-9 Ⓝ678.3 ［2500円］

◇TPPと農業の異次元改革　金子弘道著　［東京］　東京図書出版　2014.11　271p　19cm〈リフレ出版（発売）文献あり〉①978-4-86223-791-0 Ⓝ611.1 ［1500円］

◇日本人は「食なき国」を望むのか―誤解だらけの農業問題　山下惣一著　家の光協会　2014.8　207p　19cm　①978-4-259-51857-8 Ⓝ611.1 ［1400円］

◇農協・農委「解体」攻撃をめぐる7つの論点　田代洋一著　筑波書房　2014.12　78p　21cm　（筑波書房ブックレット）①978-4-8119-0455-9 Ⓝ611.1 ［750円］

◇農業問題―TPP後、農政はこう変わる　本間正義著　筑摩書房　2014.1　237p　18cm　（ちくま新書 1054）〈文献あり〉①978-4-480-06761-6 Ⓝ611.1 ［780円］

◇農村イノベーションのための人材と組織の育成―海外と日本の動き　農林水産省農林水産政策研究所 編　農林水産省農林水産政策研究所　2014.12　218p　30cm　（6次産業化研究資料 第1号）Ⓝ611.1

◇農林水産予算概算要求の概要―未定稿　平成27年度　［東京］　農林水産省大臣官房予算課　2014.8　211p　30cm　Ⓝ611.1

◇ポストTPP農政―地域の潜在力を活かすために　田代洋一, 小田切徳美, 池上甲一著　農山漁村文化協会　2014.3　130p　21cm　（農文協ブックレット 9）〈内容：ポストTPP農政の展開構図（田代洋一著）　「活力創造プラン農政」と地域政策（小田切徳美著）　食料主権を担保する論理と政策理念（池上甲一著）〉①978-4-540-13211-7 Ⓝ611.1 ［900円］

日本（農業政策―歴史―1945〜）

◇減反40年と日本の水田農業　荒幡克己著　農林統計出版　2014.1　817p　22cm〈文献あり 索引あり〉①978-4-89732-285-8 Ⓝ611.33 ［7600円］

日本（農業政策―歴史―江戸時代―史料）

◇近世農政史料集　1　江戸幕府法令　上　児玉幸多, 大石慎三郎編　オンデマンド版　吉川弘文館　2013.10　250p　22cm〈印刷・製本：デジタルパブリッシングサービス〉①978-4-642-04323-6 Ⓝ612.1 ［9000円］

◇近世農政史料集　2　江戸幕府法令　下　児玉幸多, 大石慎三郎編　オンデマンド版　吉川弘文館　2013.10　272p　22cm〈印刷・製本：デジタルパブリッシングサービス〉①978-4-642-04324-3 Ⓝ612.1 ［9500円］

◇近世農政史料集　3　旗本領名主日記　児玉幸多, 川村優編　オンデマンド版　吉川弘文館　2013.10　456p　22cm〈印刷・製本：デジタルパブリッシングサービス〉①978-4-642-04325-0 Ⓝ612.1 ［14000円］

日本（農業政策―歴史―昭和前期）

◇帝国農会幹事岡田温―1920・30年代の農政活動　上巻　川東竫弘著　御茶の水書房　2014.7　556p　23cm　（松山大学研究叢書 第81巻）①978-4-275-01077-3 Ⓝ611.1 ［9500円］

◇帝国農会幹事岡田温―1920・30年代の農政活動　下巻　川東竫弘著　御茶の水書房　2014.11　p559〜1172 34p　23cm　（松山大学研究叢書 第82巻）〈年譜あり 索引あり〉①978-4-275-01083-4 Ⓝ611.1 ［12000円］

日本（農業普及事業）

◇そうだ、トマトを植えてみよう！―地域を変える食と農　大塚洋一郎著　ぎょうせい　2014.6　194p　19cm　①978-4-324-09850-9 Ⓝ611.151 ［1900円］

日本（農業法）

◇農林水産六法　平成26年版　農林水産法令研究会編　学陽書房　2014.3　1868p　22cm〈索引あり〉①978-4-313-00889-2 Ⓝ611.12 ［12000円］

◇法律から見た農業支援の実務―農地の確保・利用から、農業生産法人設立、6次産業化支援まで　髙橋宏治編著, 池田功, 荻原英美, 荻原庄司, 押久保政彦, 亀田泰志, 斉藤総幸, 沼田龍之助著　日本加除出版　2014.11　258p　21cm〈索引あり〉①978-4-8178-4197-1 Ⓝ611.7 ［2300円］

日本（農業補助金）

◇強い農業づくりの支援　平成26年度　創造書房編　創造書房　2014.7　524p　30cm　①978-4-88159-232-8 Ⓝ611.18 ［7084円］

◇農業直接支払いの概念と政策設計―我が国農政の目的に応じた直接支払い政策の確立に向けて　荘林幹太郎, 木村伸吾著　農林統計協会　2014.2　140p　21cm　①978-4-541-03961-3 Ⓝ611.18 ［2800円］

◇農林水産省統合交付金要綱要領集　平成26年度版　農林水産省統合交付金要綱要領集編集委員会編　大成出版社　2014.7　1085p　21cm　①978-4-8028-3163-5 Ⓝ611.18 ［7200円］

◇我が国の水田農業を考える　上巻　EUの直接支払制度と日本への示唆　星勉監修　星勉, 石井圭一, 安藤光義著　筑波書房　2014.10　58p　21cm　（JC総研ブックレット No.7）①978-4-8119-0447-4 Ⓝ611.73 ［750円］

日本（農業労働者）

◇第16回全国農業担い手サミットinいしかわ―記録誌：伝えよう！担い手の心広げよう！農の絆　金沢　「第16回全国農業担い手サミットinいしかわ」実行委員会　2014.3　140p　30cm〈会期・会場：平成25年10月29日―31日　いしかわ総合スポーツセンターほか〉Ⓝ611.7

日本（農耕儀礼）

◇神と肉―日本の動物供犠　原田信男著　平凡社　2014.4　252p　18cm　（平凡社新書 730）〈文献あり〉①978-4-582-85730-6 Ⓝ384.31 ［860円］

850

日本件名図書目録2014　Ⅰ　　　　　　　　　　　　　　　　　　　　　　　　　　　　　　日本（農村計画）

◇柳田民俗学存疑―稲作一元論批判　谷川健一著　冨山房イン
　ターナショナル　2014.8　201p　20cm　〈内容：目一つの神の
　由来　播種から刈上げまでが一年　初穂儀礼と新嘗祭　古い
　新嘗　民間の新嘗と宮廷の新嘗　冬至は大陸暦法の基点　大
　嘗祭の構造　種籾への執着　さまざまな食習　粟の信仰儀礼
　稲作北上説　柳田説の再検討　『稲の日本史』を再読する　祖
　霊観の対立　柳田国男の山人研究　狼の児童語　山の神〈＝
　狼〉迎え　山の神と杼子　山に埋もれたる人生象徴　『奥美
　濃よもやま話』　新四郎屋敷　東北大飢饉をめぐって〉　Ⓘ978-
　4-905194-78-1　Ⓝ384.31　［2300円］

日本（農産製造）
◇農業の6次産業化に関する調査―農商工連携の効果等　平成25
　年度　日本政策金融公庫農林水産事業本部編　日本政策金融
　公庫農林水産事業本部　2014.3　46p　30cm　（AFCフォーラ
　ム別冊　2013-2）　Ⓝ619.021

日本（農産物市場）
◇産直産地の組織像　生協総合研究所　2014.2　99p　26cm
　（生協総研レポート　第74号）　Ⓝ611.46　［1000円］

日本（農産物直売所）
◇農産物直売所は生き残れるか―転換期の土台強化と新展開
　二木季男著　創森社　2014.1　269p　19cm　Ⓘ978-4-88340-
　285-4　Ⓝ611.46　［1600円］

日本（農商工連携）
◇そうだ、トマトを植えてみよう！―地域を変える食と農　大
　塚洋一郎著　ぎょうせい　2014.6　194p　19cm　Ⓘ978-4-
　324-09850-9　Ⓝ611.151　［1900円］
◇地域からの六次産業化―つながりが創る食と農の地域保障
　室屋有宏著　創森社　2014.9　233p　21cm　〈文献あり〉
　Ⓘ978-4-88340-292-2　Ⓝ611.7　［2200円］
◇地域水産物を活用した商品開発と衛生管理―六次産業化必携!!
　平塚聖一編著　幸書房　2014.11　133p　26cm　Ⓘ978-4-
　7821-0394-4　Ⓝ667　［2500円］
◇中小企業者と農林漁業者との連携による事業活動の促進に関
　する法律における施策の活用状況及び効果に関する調査報告
　書　［東京］　三菱UFJリサーチ＆コンサルティング　2014.3
　147，26p　30cm　Ⓝ601.1
◇農業の6次産業化に関する調査―農商工連携の効果等　平成25
　年度　日本政策金融公庫農林水産事業本部編　日本政策金融
　公庫農林水産事業本部　2014.3　46p　30cm　（AFCフォーラ
　ム別冊　2013-2）　Ⓝ619.021

日本（農村）
◇自然と人間の協働による永続的な地域社会づくり―食・自然エ
　ネルギー・ケアでつながる新たな生活基盤の可能性を探る
　JA共済総合研究所　2014.10　128p　21cm　（JA共済総研セ
　ミナー　公開研究会　平成25年度）　Ⓘ978-4-9907977-0-6
　Ⓝ601.1
◇自立と連携の農村再生論　岡本雅美監修，寺西俊一，井上真，
　山下英俊編著　東京大学出版会　2014.5　276p　22cm　〈索引あ
　り〉　内容：現代日本における農村の危機と再生（佐無田光著）
　国際競争力をもった低コスト稲作農業の可能性（石井敦著）
　原発事故が浮き彫りにした農村の「価値」（除本理史著）　エ
　ネルギー自立を通じた農村再生の可能性（山下英俊著）　流域
　管理のための地域連携（泉桂子著）　農村物団場と自然資源
　管理産業の可能性（羽山伸一著）　産消提携による食の安全・
　安心と環境配慮（根本志保子著）　棚田存続の危機と保全のた
　めの連携（石井敦著）　農山村の再生を支える税財政（寺西俊
　一著）　新たな自治体連携の枠組みのための試論（磯野弥生
　著）　農山村の自立と連携のための「協治」（井上真著）〉
　Ⓘ978-4-13-076029-4　Ⓝ611.921　［3600円］
◇全国農村サミット　2013　地域資源の活用による地域活性化
　と大学の役割　日本大学生物資源科学部編　農林統計協会
　2014.8　223p　21cm　Ⓘ978-4-541-03989-7　［2800円］
◇中山間地域の資源活用と農村の展望―地域独自の創意工夫の
　可能性と実態　黒木英二編著　農林統計協会　2014.3　187p
　21cm　〈内容：ローカルエネルギー資源の有効化方策（前川俊
　清著）　中山間地域の持続的資源活用と地域複合経済構造の展
　望（藤田泉著）　国営公園等における園芸療法、園芸福祉活動の
　利用と普及可能性（四方康行著）　小さな農村を変えた住民出
　資第3セクター経営のシナリオ（古川充著）　自然資源からみる
　農山漁村の位置付けと進化（佐藤寿樹著）　広島県肉用牛小史
　（村田和賀代著）　中山間地域における消費者動向の特徴と地
　域ショッピングセンターの機能改善の方策（堀田学著）　中山
　間地域におけるコミュニティ・ビジネスの意義と展望（黒木英
　二著）〉　Ⓘ978-4-541-03972-9　Ⓝ611.921　［2800円］

日本（農村―世論）
◇農山漁村に関する世論調査　平成26年6月調査　［東京］　内
　閣府大臣官房政府広報室　［2014］　297p　30cm　（世論調査
　報告書）　〈附帯：循環型社会形成に関する世論調査〉　Ⓝ611.9

日本（農村計画）
◇移住者の地域起業による農山村再生　筒井一伸，嵩和雄，佐久
　間康富著，小田切徳美監修　筑波書房　2014.9　62p　21cm
　（JC総研ブックレット　No.5）　〈文献あり〉　Ⓘ978-4-8119-
　0445-0　Ⓝ611.151　［750円］
◇総説ルーラル・サステイナビリティと農村計画―農村計画学会
　設立30周年記念誌　山崎寿一編　改訂普及版　［東京］　農村
　計画学会　2014.3　479p　30cm　〈文献あり〉　Ⓘ978-4-
　9907507-0-1　Ⓝ611.151
◇創造農村―過疎をクリエイティブに生きる戦略　佐々木雅幸，
　川井田祥子，萩原雅也編著　京都　学芸出版社　2014.3　270p
　21cm　〈索引あり　内容：創造農村とは何か、なぜ今、注目を
　集めるのか（佐々木雅幸著）　「創造的地域社会」の時代（松永桂
　子著）　創造農村の構築と持続可能性（萩原雅也著）　生物文
　化多様性を活かしたツーリズム（敷田麻実著）　カルチュラ
　ル・ランドスケープの保全と地域の創造性（井上典子著）　農
　山村文化と自治の取り組みを土台とした「美しい村」づくり
　（田中夏子著）　伝統芸能の現代的再生と「3.11」の意味（是永
　幹夫著）　在来作物による食文化発信（本田洋一著）　漂泊の
　定住者がひらく創造的解決への扉（川井田祥子著）　過疎の町
　が再生のエンジンとして選んだ現代アート（入内島道隆著）
　創造人材の誘致による過疎への挑戦（野田邦弘著）　地域性と
　結合した文化的資源の創造による島の活性化（田代洋久著）
　三線と伝統工芸による平和のまちづくり（杉浦幹男著）
　創造農村のリーダーたち（入内島道隆，大南信也，金野幸雄ほか
　著）〉　Ⓘ978-4-7615-3209-3　Ⓝ611.151　［3000円］
◇大学・大学生と農山村再生　中塚雅也，内平隆之著，小田切徳
　美監修　筑波書房　2014.3　62p　21cm　（JC総研ブック
　レット　No.4）　Ⓘ978-4-8119-0435-1　Ⓝ611.151　［750円］
◇地域サポート人材による農山村再生　図司直也著，小田切徳
　美監修　筑波書房　2014.3　62p　21cm　（JC総研ブック
　レット　No.3）　Ⓘ978-4-8119-0434-4　Ⓝ611.151　［750円］
◇地域資源活用による農村振興―条件不利地域を中心に　谷口
　憲治編著　農林統計出版　2014.7　552p　22cm　〈内容：資源
　論の再考と地域資源活用による農村振興（谷口憲治著）　青壮
　年・高齢者能力格差と最適生産・流通構造（糸原義人著）　条
　件不利・場所愛・運命的定住（三田村けんいち著）　生活条
　件と居住地・就業地の選択問題に関するモデル分析（能美誠
　著）　モンスーン・アジアにおける土地所有権問題の展望（山
　本幸生，飯國芳明，松本美香著）　原子力発電所事故が生鮮魚
　介・肉類需要に与えた影響（松田敏信著）　地域資源を活用し
　た集落営農組織の展開方向（高橋明広著）　地域農業組織によ
　る社会貢献型事業への取り組みの背景と今後の展望（伊庭治
　彦，坂本清彦著）　中山間地域の小規模集落営農組織における
　法人化の意義（井上憲一，倉岡孝賢著）　集落営農法人の人材確
　保と育成（今井裕作著）　集落営農法人における従業員への経
　営継承の実態（倉岡孝賢，井上憲一著）　農業金融における貸出
　手法と企業的経営の会計情報の整備・支援　中国東北・稲作地
　域における農地利用権の移動による農民専業合作社の展開と
　農家経営（馬健，小林一，谷口憲治ほか著）　中国における環境
　問題と貧困問題を両立する営農方式（劉海涛著）　インドネシ
　アにおける家計消費と鳥インフルエンザに関する考察（佐藤薬
　穂子著）　飼料自給率向上を目指した国産濃厚飼料生産利用の
　成立条件（久保田哲史，藤田直聡著）　中山間地域の森林資源活
　用と林業振興（伊藤勝久著）　山村の暮らしに埋めこまれた林
　業再生へむけて（福島万紀著）　水産資源の利用と漁業生産組
　合の歴史的展開（伊藤康宏著）　成人の朝食欠食を規定する要
　因（有宗将太，石田章，石橋寿子著）　小学生の欠食・偏食の背
　景要因に関する考察（永田（有宗）梨恵，石田章著）　中山間地
　域における双方向型の地域交流システムの可能性（古塚秀夫
　著）　中山間地域における農家の農外事業展開の特性（保永展
　利著）　地域観光資源としての工場見学の類型と集客力のメカ
　ニズム（赤沢克洋，岩ケ谷彩人著）　山間地域における老農技術
　の伝承と有機農業（内田和義，中間由紀子著）〉　Ⓘ978-4-89732-
　298-8　Ⓝ611.151　［6000円］
◇地域資源の活用を通じた山村振興施策のあり方に関する検討
　業務報告書　平成25年度　農林水産省農村振興局農村政策部
　中山間地域振興課　2014.3　279p　30cm　Ⓝ651.9
◇農業農村整備事業の地方財政措置の手引き―平成26年度の措
　置内容　平成26年度版　全国水土里ネット　2014.10　50p
　30cm　〈年表あり〉　Ⓝ611.151　［1100円］
◇農業・農村で幸せになろうよ―農村は未来に向けて　林美香子
　編著　安曇出版　2014.3　191p　19cm　〈メディア・パル（発
　売）　内容：農村生活は毎日が楽しくて仕方がない（曽根原久司
　述）　地域と一緒になって農業を受け継いでいく幸せ（白石好
　孝述）　都会の求める何かと農村の温めてきたものが一致する
　幸せ（板垣幸雄述）　地域のストーリーは重要な観光資源（大

851

日本（農村女性）

西雅之述） 地域活性は町のこだわりから（中嶋閩多述）「食と農業」で地域の発展を（米沢則寿述） 農業をシステムとして捉える（前野隆司，村瀬博昭，松尾康弘ほか述） これからの日本の農業と支える側の役割（河野良雄述）〉①978-4-89610-812-5 Ⓝ611.151 ［1500円］

◇農山村は消滅しない 小田切徳美著 岩波書店 2014.12 242p 18cm（岩波新書 新赤版 1519）①978-4-00-431519-3 Ⓝ611.151 ［780円］

◇農村イノベーションのための人材と組織の育成―海外と日本の動き 農林水産省農林水産政策研究所 農林水産省農林水産政策研究所 2014.12 218p 30cm（6次産業化研究資料 第1号）Ⓝ611.1

◇農村計画と生態系サービス 橋本禅，齊藤修著 農林統計出版 2014.12 152p 21cm（農村計画学のフロンティア 4）①978-4-89732-309-1 Ⓝ611.151 ［1200円］

日本（農村女性）

◇家族・集落・女性の底力―T型集落点検とライフヒストリーでみえる：限界集落論を超えて 徳野貞雄，柏尾珠紀著 農山漁村文化協会 2014.4 348p 20cm（シリーズ地域の再生11）〈内容：限界集落論から集落変容論へ（徳野貞雄著）「超限界集落」における集落の維持・存続（徳野貞雄著） 現代農山村分析のパラダイム転換（徳野貞雄著） 南西諸島の高出生率にみる生活の充足のあり方（徳野貞雄著） 農村女性への接近（柏尾珠紀著） 農の世界の女性たち（柏尾珠紀著） そこにある生産手段を生かす（柏尾珠紀著） 地域資源を生かす知恵と技術とネットワーク（柏尾珠紀著） 女性が創る暮らしのデザイン（柏尾珠紀著）〉①978-4-540-09224-4 Ⓝ361.76 ［2600円］

◇魅力ある地域を興す女性たち 小川理恵著 農山漁村文化協会 2014.3 210p 22cm（JA総研研究叢書 10）〈文献あり）①978-4-540-13132-5 Ⓝ611.7 ［2600円］

日本（農村生活）

◇田舎暮らしを夢見る人のマルチハビテーションライフ 早川徹著 幻冬舎メディアコンサルティング 2014.2 200p 19cm（幻冬舎（発売））①978-4-344-99984-8 Ⓝ611.98 ［1200円］

◇おひとりさまの田舎暮らし 『いなか暮らしの本』編集部編 宝島社 2014.1 191p 18cm（宝島社新書 430）①978-4-8002-2051-6 Ⓝ611.98 ［800円］

◇里の時間 芥川仁，阿部直美著 岩波書店 2014.10 222p 18cm（岩波新書 新赤版 1511）①978-4-00-431511-7 Ⓝ611.98 ［980円］

◇農村家族と地域生活―干拓地の家族・集落・農業 石阪督規著 名古屋 ブイツーソリューション 2014.4 189p 21cm ①978-4-86476-193-2 Ⓝ611.98 ［1500円］

◇農的生活がおもしろい―年収200万円で豊かに暮らす！ 牧野篤著 さくら舎 2014.10 229p 19cm〈文献あり〉①978-4-906732-91-3 Ⓝ611.98 ［1400円］

◇半農半Xという生き方 塩見直紀著 決定版 筑摩書房 2014.10 281p 15cm（ちくま文庫 し47-1）〈初版：ソニー・マガジンズ 2003年刊〉①978-4-480-43206-3 Ⓝ611.98 ［760円］

◇フルサトをつくる―帰れば食うに困らない場所を持つ暮らし方 伊藤洋志，phaﬅ 東京書籍 2014.5 305p 19cm ①978-4-487-80812-0 Ⓝ611.98 ［1400円］

日本（農村生活―歴史―昭和後期）

◇昭和の暮らしで写真回想法 3 農・山・漁の仕事 鈴木正典監修，須藤功写真解説 農山漁村文化協会 2014.2 135p 27cm〈文献あり 索引あり〉①978-4-540-11192-1 Ⓝ493.72 ［3200円］

日本（農地）

◇図解都市農地の特例活用と相続対策 今仲清，下地盛栄著 3訂版 清文社 2014.7 207p 26cm ①978-4-433-52314-5 Ⓝ336.98 ［2200円］

◇都市農地税制必携ガイド 平成26年度 榮原一著，都市農地活用支援センター監修 清文社 2014.9 283p 21cm〈索引あり〉①978-4-433-52364-0 Ⓝ336.98 ［2200円］

◇日本を救う農地の畜産的利用―TPPと日本畜産の進路 畜産経営経済研究会，小林信一編 農林統計出版 2014.9 213p 21cm〈内容：酪農経営の課題と展望（小林信一著） 酪農経営の動向と生乳生産者団体（並木健二著） 日豪EPA・TPPと農業・酪農（鈴木宣弘著） 乳製品関税の撤廃による都府県生乳生産量および北海道プール乳価の変動推計（清水池義治者） 生乳取引における生産者団体の有り様（並木健二著） 畜産・酪農経営安定対策と飼料基金（神山安雄著） 全国酪農協会等による提言と畜産政策の課題（小林信一者） 畜産の経営

展開とエコフィード（淡路和則著） 日本の畜産と飼料政策の方向（森剛一著） TPPへの対抗戦略は飼料用米による飼料原料の国産化（信岡誠治者） 水田における粗飼料生産・流通の展開方向と課題（森田晋，森高正博著） 韓国の経済自由化と酪農・肉牛の現状（趙錫辰著） 安定と持続性のある酪農業を支える要因（エリック川辺者）〉①978-4-89732-304-6 Ⓝ641.7 ［2500円］

日本（農地法）

◇農地転用の実務 許可基準解説編 農地転用実務研究会編 農政調査会 2013.11 321p 21cm〈奥付のタイトル（誤植）：農地転用許可制度の解説〉①978-4-540 ［4300円］

◇農地法講義 宮崎直己著 補訂版 大成出版社 2014.12 207p 21cm〈索引あり〉①978-4-8028-3181-9 Ⓝ611.23 ［2500円］

◇農地法読本 宮崎直己著 改訂版 大成出版社 2014.12 309p 21cm〈索引あり〉①978-4-8028-3184-0 Ⓝ611.23 ［3000円］

◇農地六法 平成25年版 農林水産省経営局農地政策課監修 名古屋 新日本法規出版 2013.8 3092,12,8p 22cm ①978-4-7882-7779-3 Ⓝ611.23 ［6500円］

◇農地六法 平成26年版 農林水産省経営局農地政策課監修 名古屋 新日本法規出版 2014.8 3076,12,8p 22cm〈索引あり〉①978-4-7882-7909-4 Ⓝ611.23 ［6500円］

日本（農民―歴史―古代）

◇古代東国の調庸と農民 宮原武夫著 岩田書院 2014.9 230,13p 22cm（古代史叢書 8）〈索引あり 内容：古代東国の調庸と農民 東鰒と隠岐鰒 上総の望陀布と美濃絁 房総の俘囚の反乱 律令国家と辺要 最澄・徳一論争と蝦夷問題 尾張国郡司百姓解文 尾張国解文の租税と田制 尾張国解文の調庸と交易〉①978-4-87294-862-2 Ⓝ210.3 ［5900円］

日本（農民―歴史―昭和時代）

◇「他者」たちの農業史―在日朝鮮人・疎開者・開拓農民・海外移民 安岡健一著 京都 京都大学学術出版会 2014.2 350p 22cm〈索引あり〉①978-4-87698-386-5 Ⓝ611.91 ［4000円］

日本（農民―歴史―中世）

◇日本中世百姓成立史論 木村茂光著 吉川弘文館 2014.5 290,7p 22cm〈索引あり 内容：中世百姓像の形成 百姓身分論争 成立期「住人等解」の性格について 成立期「住人等解」と「住人」「住人等解」の基礎的考察「住人」身分の成立と「公」性 中世百姓の成立「御成敗式目」四二条と中世百姓「浪人招寄せ」・「移動の自由」と中世百姓「百姓等申状」覚書 平安前・中期における「解」の性格 申状の系譜〉①978-4-642-02919-3 Ⓝ210.4 ［9500円］

日本（農民一揆―歴史―江戸時代）

◇現代に問う西海義民流人衆史―天草・五嶋・壱岐・薩摩・隠岐の島々 鶴田文史編著 長崎 長崎文献社 2014.5 351p 21cm〈文献あり 年表あり タイトルは奥付・背・表紙による.標題紙のタイトル：西海義民流人衆史〉①978-4-88851-209-1 Ⓝ322.15 ［2400円］

日本（農民運動―歴史―1945～）

◇日本農業の復権 羽山太郎［著］ 豊島文化社 2013.10 325p 22cm Ⓝ612.1 ［1500円］

日本（農民運動―歴史―昭和時代）

◇戦後日本の食料・農業・農村 第14巻 農業団体史・農民運動史 戦後日本の食料・農業・農村編集委員会編 太田原高昭，田中学編集担当 農林統計協会 2014.3 408p 22cm〈索引あり〉①978-4-541-03960-6 Ⓝ612.1 ［7000円］

日本（バイオインダストリー）

◇バイオビジネス 12 ús・心・技の継承と創造的革新 東京農業大学国際バイオビジネス学科編著 家の光協会 2014.3 207p 26cm（東京農大型バイオビジネス・ケース）〈索引あり 内容：ビジネス・ケース江戸料理を現代の食に活かす料理道（井形雅代，大野雄太，宮ノ下智史ほか述） 次世代への農業経営の継承をどう進めるか（門間敏幸座長，三上光一，田辺正宜，田辺正美ほか述） 情報化社会におけるバイオビジネス（杉本隆重著） 経営戦略と経営情報システム（新部昭夫著）ネットビジネスと経営情報（新部昭夫著） 日本農業の情報化と再生への展望（杉本隆重著） 農業分野におけるGIS〈地理情報システム〉の活用（鈴木充夫著） 農業クラウドの現状と今後（畑中勝守著） バイオビジネスの環境とは何か（藤本彰三著） 環境問題への経済学的アプローチ（泉田洋一著） バイオビジネスのミクロ経済環境（大久保研治著） バイオビジネスの社会環境（稲泉博己著） バイオビジネスと自然環境（宮浦理恵著）〉①978-4-259-51856-1 Ⓝ611.7 ［1800円］

日本（バイオマスエネルギー―特許）

◇バイオマスに取り組む全企業―特許データからビジネスチャンスを探る 2014 ネオテクノロジー 2014.2 53,194p 30cm Ⓝ501.6 ［48000円］

日本件名図書目録2014 Ⅰ 　　　　　　　　　　　　　　　　　　　　　　　　　　　日本（博物館）

日本（排気ガス—排出抑制）
◇船舶・航空機排出大気汚染物質削減に関する検討調査報告書　平成25年度　［東京］　環境計画研究所　2014.3　107p　30cm　Ⓝ519.3
◇総量削減対策環境改善効果検討調査業務報告書　平成25年度　市川環境アセス編　市川　市川環境アセス　2014.3　263p　30cm　Ⓝ519.3

日本（廃棄物）
◇廃棄物統計の精度向上及び迅速化のための検討調査報告書　［東京］　環境省大臣官房廃棄物・リサイクル対策部　2013.3　113p　30cm〈平成24年度環境省委託調査〉　Ⓝ518.52
◇廃棄物統計の精度向上及び迅速化のための検討調査報告書　［東京］　環境省大臣官房廃棄物・リサイクル対策部　2014.3　118p　30cm〈平成25年度環境省委託調査〉　Ⓝ518.52

日本（廃棄物処理）
◇汚染土壌の処理等に関する検討調査業務報告書　平成25年度　［東京］　産業廃棄物処理事業振興財団　2014.3　2, 91p　30cm　Ⓝ519.5
◇建設現場従事者のための残土・汚染土取扱ルール　産業廃棄物処理事業振興財団編著　大成出版社　2014.7　123p　26cm　①978-4-8028-3159-8　Ⓝ510.921　［1900円］
◇ごみ・し尿・下水処理場整備計画一覧　2014-2015　産業タイムズ社　2014.10　337p　26cm　①978-4-88353-226-1　Ⓝ518.52　［23000円］
◇産業系廃プラスチックの排出、処理処分に関する調査報告書　2013年度　プラスチック循環利用協会　2014.3　146p　30cm　Ⓝ519.7
◇産業廃棄物処理における業者ブランド—廃棄物処理が創り出す価値　上田晃輔著　トランスコウプ総研出版部　2014.2　205p　21cm〈年表あり〉　①978-4-9906199-2-3　Ⓝ519.7
◇次世代自動車に係る処理実態調査業務報告書　平成25年度　［東京］　矢野経済研究所　2014.3　102p　30cm〈平成25年度環境省請負業務〉　Ⓝ537
◇市町村等による廃棄物処理施設整備の適正化推進事業委託業務報告書　平成25年度　［東京］　三菱総合研究所　2014.3　4, 147p　30cm〈平成25年度環境省委託業務〉　Ⓝ518.52
◇循環産業の国際展開に資する日本及びアジア各都市の廃棄物処理・リサイクルに関する状況分析調査業務—報告書　平成25年度　［川崎］　日本環境衛生センター　2014.3　252p　30cm　Ⓝ518.523
◇中国四国地区廃棄物不適正処理対策研修企画運営業務報告書　平成26年度　［岡山］　環境省中国四国地方環境事務所　2014.9　131p　30cm〈発注者：環境省中国四国地方環境事務所廃棄物・リサイクル対策課、請負者：日本環境衛生センター西日本支局企画事業部研修課　平成26年度環境省請負業務書　平成26年10月〉　Ⓝ519.7
◇PCB廃棄物の保管量に係る調査業務報告書　平成25年度　［東京］　数理計画　2014.3　110p　30cm　Ⓝ519.7
◇我が国循環産業の戦略的国際展開・育成のための事業管理・支援業務報告書　平成25年度　［東京］　三菱総合研究所環境・エネルギー研究本部　2014.3　3, 118p　30cm　Ⓝ519.7
◇我が国循環産業の戦略的国際展開・育成のための調査・分析業務報告書　平成25年度　［東京］　三菱総合研究所環境・エネルギー研究本部　2014.3　4, 98p　30cm〈文献あり〉　Ⓝ519.7

日本（廃棄物処理—PR）
◇我が国循環産業海外展開事業化促進のための情報発信及び研修企画・運営等業務報告書　平成25年度　［川崎］　日本環境衛生センター　2014.3　204p　30cm　Ⓝ518.523

日本（廃棄物処理—名簿）
◇廃食用油回収・処理業者全国名鑑　2013　幸手　Tokyoタスクフォース　2013.12　108p　26cm〈奥付のタイトル：廃食用油回収・処理全国名鑑〉　Ⓝ519.7　［3800円］

日本（廃棄物処理—有料化）
◇ごみ効率化—有料化とごみ処理経費削減　山谷修作著　丸善出版　2014.9　194p　21cm〈索引あり〉　①978-4-621-08856-2　Ⓝ518.52　［2500円］

日本（廃棄物処理施設）
◇ごみ・し尿・下水処理場整備計画一覧　2013-2014　産業タイムズ社　2013.10　322p　26cm　①978-4-88353-215-5　Ⓝ518.52　［23000円］
◇廃棄物処理施設保守・点検の実際　ごみ焼却編　編集企画委員会編　川崎　日本環境衛生センター　2014.3　330p　26cm〈「廃棄物処理施設保守・点検の手引」改訂版（1989年刊）の改題、改訂〉　①978-4-88893-135-9　Ⓝ519.7　［4500円］

日本（廃墟）
◇総天然色廃墟本remix　中田薫文, 中筋純写真, 山崎三郎編　筑摩書房　2014.4　285p　15cm（ちくま文庫　な45-1）〈「廃墟本　1〜4」（ミリオン出版 2005〜2012年刊）の改題、再編〉　①978-4-480-43154-7　Ⓝ523.1　［1300円］

日本（排出権取引）
◇環境省平成25年度自主参加型国内排出量取引制度査読業務及び温室効果ガス排出量の算定・報告・検証に関する調査事業委託業務報告書　［東京］　トーマツ　2014.3　1冊　30cm〈文献あり〉　Ⓝ519.1
◇国内排出量取引制度調査・検討事業委託業務報告書—国内排出量取引制度の検討　平成25年度　三菱総合研究所　2014.3　19, 331p　30cm（環境省委託業務報告書　平成25年度）　Ⓝ519.1
◇自主参加型国内排出量取引運営事業委託業務報告書　平成25年度　［東京］　三菱総合研究所環境・エネルギー研究本部　2014.3　1冊　30cm〈平成25年度環境省委託業務報告書〉　Ⓝ519.1

日本（排出抑制〔廃棄物〕）
◇ごみ効率化—有料化とごみ処理経費削減　山谷修作著　丸善出版　2014.9　194p　21cm〈索引あり〉　①978-4-621-08856-2　Ⓝ518.52　［2500円］

日本（売春）
◇解題婦人福祉委員会から婦人保護委員会へ—全国社会福祉協議会のとり組みに関する資料集　林千代編著　ドメス出版　2014.1　234p　21cm　①978-4-8107-0799-1　Ⓝ369.25　［1500円］
◇日本人が知らない韓国売春婦の真実　中村淳彦著　宝島社　2014.10　190p　19cm〈文献あり〉　①978-4-8002-3027-0　Ⓝ368.4　［1200円］

日本（売春—歴史—1945〜1952）
◇日本占領とジェンダー—米軍・売買春と日本女性たち　平井和子著　有志舎　2014.8　250p　22cm（フロンティア現代史）〈索引あり　内容：日本占領から「軍隊と性」を考える　RAAの設置と募集方法　地方における特殊慰安施設 RAAと「赤線」の共生関係　米軍の性政策の変遷　占領軍（PHW・第8章）の性病コントロールと地方行政の「協力」　英連邦占領軍の性政策　公娼廃止と米軍の売買春　日本人牧師の抗議の手紙　連合軍の演習場の接収, 使用による御殿場周辺の変化　基地周辺の「パンパン」たち　米軍主導下, 行政・業者・警察連携による性病コントロール　米軍のオフリミッツ策をめぐって　地域社会は基地売買春とどう向き合ったか？　占領と売春防止法　売春取締地方条例　「婦人保護台帳」にみる売春女性たちの姿　女性たちの出会い直しのために〉　①978-4-903426-87-7　Ⓝ367.21　［4800円］
◇パンパンとは誰なのか—キャッチという占領期の性暴力とGIとの親密性　茶園敏美著　インパクト出版会　2014.9　298p　21cm〈文献あり〉　①978-4-7554-0248-7　Ⓝ367.21　［2800円］

日本（俳優）
◇「AV男優」という職業—セックス・サイボーグたちの真実　水野スミレ［著］　KADOKAWA　2014.11　275p　15cm（角川文庫　み40-1）〈角川書店 2013年刊に「文庫版特別座談会」を収録し再刊〉　①978-4-04-102039-5　Ⓝ778.21　［560円］
◇東映ヒーロー仮面俳優列伝　鷲谷五郎編著　辰巳出版　2014.12　221p　21cm〈内容：高岩成二（高岩成二述）　福沢博文（福沢博文述）　蜂須賀祐一（蜂須賀祐一述）　岡元次郎（岡元次郎述）　清家利一（清家利一述）　岡元次郎×清家利一（岡元次郎, 清家利一述）　竹内康博（竹内康博述）　今井靖彦（今井靖彦述）　おぐらとしひろ（おぐらとしひろ述）　押川善文（押川善文述）　押川善文×竹内康博（押川善文, 竹内康博述）　永徳（永徳述）　渡辺淳（渡辺淳述）　日下秀昭（日下秀昭述）　岡本美登（岡本美登述）　喜多川務（2tom）（喜多川務述）　大藤直樹（大藤直樹述）　村上潤（村上潤述）　竹田道弘（竹田道弘述）　石垣広文（石垣広文述）　宮崎剛（宮崎剛述）　大葉健二（大葉健二述）〉　①978-4-7778-1425-1　Ⓝ778.21　［1800円］
◇晴れ姿！旅役者街道　橋本正樹著　現代書館　2014.5　262p　22cm〈文献あり〉　①978-4-7684-7657-4　Ⓝ772.1　［2300円］

日本（博物館）
◇大人のための博物館ガイド—知的空間の楽しみ方　清水健一著　化学工業日報社　2013.6　224p　19cm　①978-4-87326-629-9　Ⓝ069.021　［2000円］
◇日中韓博物館事情—地域博物館と大学博物館　高倉洋彰, 安高啓明編　雄山閣　2014.12　215p　21cm〈内容：博物館の誕生　日本の博物館史（安高啓明著）　博物館創設の実践（高倉洋彰著）　日中韓の博物館運営（稲益あゆみ, 内島美奈子, 安高啓明著）　大学博物館論　大学博物館組織と類型（安高啓明著）　博物館展示と教育活動（安高啓明著）　連携と協働（安高啓明

853

日本（博物館—法令—歴史—明治以後—年表）

著） 実践的検証（安高啓明著） 博物館評価と社会認識（安高啓明著） 博物館史とその現状 中国の博物館史（安高啓明, 方圓, 謝婧著） 大学博物館の分類と特徴（安高啓明著） 大学博物館教育の実践例（安高啓明著） 大学博物館の沿革と最新事情 韓国の大学博物館史（安高啓明著） 大学博物館の取り組み（貞清世里著） 韓国大学博物館の考古学展示（中尾祐太著）「自校史」教育の展開（安高啓明著）〉①978-4-639-02341-8 Ⓝ069.7 ［2800円］

◇博物館展示と地域社会—民俗文化史からのまなざし 西海賢二著 岩田書院 2014.5 117p 26cm 〈内容：郷土資料と地域 ムラが蘇るとき 小田原における歴史・文化の掘り起こし 高島屋・渋谷区立松濤美術館や郡山市立美術館特別展「慈愛の造形—木喰の微笑仏—」によせて 福島県立博物館企画展「生の中の死」によせて 茨城県立歴史館企画展「ねがい・うらない・おまじない—欲望の造形—」によせて 神奈川県・静岡県一九博物館・資料館共同企画「東海道宿駅制度四〇〇年記念特別展」によせて 相模原市立博物館収蔵品展「豊かさの研究—石器時代から見る未開と文明展—」によせて 文化遺産学の継承をめぐって 地域の文化をどうつくるか 大根おろし考 相模原市立博物館・高知県立歴史民俗資料館二つの石造物展示によせて 千葉県立中央博物館秋の展示「語る・観る・房総の石仏」によせて 川越市立博物館企画展「民間信仰のかたち—地域と講—」によせて ベルナール・フランク『お札』にみる日本仏教』書評 「四国遍路」研究をめぐる最近の動向 練馬区郷土資料室特別展「『講』ってなあに？」によせて 森武麿著『1950年代と地域社会—神奈川県小田原地域を対象として—』を民俗から読み直す 常陸木食上人考〉①978-4-87294-867-7 Ⓝ069.5 ［1850円］

◇北海道の地域住民と博物館をつなぐミュージアム・エージェント（世話人）育成事業実施報告書 北海道博物館友の会設立実行委員会編 札幌 北海道博物館友の会設立実行委員会 2014.3 129p 30cm 〈平成25年度文化庁地域と共働した美術館・歴史博物館創造活動支援事業 背のタイトル：北海道の地域住民と博物館をつなぐミュージアム・エージェント育成事実施報告書〉Ⓝ069.1

日本（博物館—法令—歴史—明治以後—年表）

◇博物館学年表—法令を中心に：1871-2012 椎名仙卓, 青柳邦忠著 雄山閣 2014.2 250p 27cm 〈索引あり〉①978-4-639-02300-5 Ⓝ069.1 ［8000円］

日本（博物館—名簿）

◇人物ゆかりの旧跡・文化施設事典 日外アソシエーツ株式会社編 日外アソシエーツ 2014.1 535p 21cm 〈紀伊國屋書店（発売）〉①978-4-8169-2451-4 Ⓝ069.8 ［13500円］

日本（薄膜—特許）

◇熱線遮蔽フィルムの技術動向を探る—IPC/FIガイド付き ネオテクノロジー 2013.6 3, 135p 30cm 〈技術と特許をつなぐパテントガイドブック〉〈折り込 1枚〉Ⓝ549.8 ［80000円］

◇有機ELのガスバリア技術—IPC/FIガイド付き part 2 ネオテクノロジー 2013.9 3, 101p 30cm 〈技術と特許をつなぐパテントガイドブック〉〈折り込 1枚〉Ⓝ549.9 ［80000円］

日本（破産法）

◇条解破産法 伊藤眞, 岡正晶, 田原睦夫, 林道晴, 松下淳一, 森宏司著 第2版 弘文堂 2014.11 1942p 22cm 〈索引あり〉①978-4-335-35599-8 Ⓝ327.36 ［20000円］

◇倒産・再生訴訟 松嶋英機, 伊藤眞, 園尾隆司編 民事法研究会 2014.11 606p 21cm 〈専門訴訟講座 8〉〈索引あり〉①978-4-89628-978-7 Ⓝ327.3 ［5700円］

◇破産法大系 第1巻 破産手続法 竹下守夫, 藤田耕三編集代表 加々美博久, 花村良一編集委員 青林書院 2014.11 495p 22cm 〈索引あり〉〈内容：破産制度の目的（伊藤眞著） 他の倒産処理手続との関係（多比羅誠著） 破産手続における情報開示に関する諸問題（林圭介著） 破産手続における裁判所と裁判所職員の役割（三村義幸著） 破産と登記・登録（髙山崇彦著） 破産手続開始の申立て（佐村浩之著） 破産開始の要件（花村良一著） 破産手続開始決定前の保全処分（島崎邦彦著） 破産手続開始の決定の手続及びその効果（佐藤達文著） 破産者の義務（瀬戸英雄, 植村京子著） 破産管財人の地位と職務（加々美博久著） 破産手続の機関及び債権者その他の利害関係人の手続関与（小久保孝雄著） 破産財団の管理 1（石井教文著） 破産財団の管理 2（小畑英一著） 担保権消滅許可制度（笠井正俊著） 債権の届出・調査・確定（上野保著） 配当（髙木裕康著） 破産手続の終了（石田明彦著） 破産処理手続相互の移行（菅家忠行著） 破産手続と関連訴訟等との関係（石田憲一著）〉①978-4-417-01640-3 Ⓝ327.36 ［5400円］

◇破産法・民事再生法 伊藤眞著 第3版 有斐閣 2014.9 1196p 22cm 〈索引あり〉①978-4-641-13673-1 Ⓝ327.36 ［7800円］

日本（バス）

◇金閣寺バス定点観測—2014.2-6 藤岡康史製作 ［出版地不明］ ほの国交通 2014.8 145p 26cm （パノラマ別冊）Ⓝ685.5 ［1000円］

◇バスを良く知る基礎知識—深遠なるマニアの世界への第一歩 谷川一巳著 イカロス出版 2014.9 261p 19cm ①978-4-86320-932-9 Ⓝ685.5 ［1700円］

◇バスに乗ってどこまでも—安くても楽しい旅のすすめ かとうちあき著 双葉社 2014.9 239p 19cm ①978-4-575-30736-8 Ⓝ291.09 ［1200円］

日本（バス事業）

◇「足」を守る—地域公共交通の将来 後藤・安田記念東京都市研究所 2014.10 69p 21cm （「都市問題」公開講座ブックレット 32） イカロス（内容：地域のための鉄道であるということ（原武史述） パネルディスカッション（市川嘉一ほか述, 新藤宗幸司会）〉①978-4-924542-60-0 Ⓝ681.1 ［463円］

◇EVバス早期普及に向けた長寿命電池による5分間充電運行と電池リユースの実証研究成果報告書—平成25年度地球温暖化対策技術開発・実証研究事業 ［東京］ 東芝 2014.3 1冊 30cm 〈平成25年度環境省委託業務 背のタイトル：EVバス早期普及に向けた長寿命電池による5分間充電運行と電池リユースの実証研究〉Ⓝ685.5

◇地方交通を救え！—再生請負人・小嶋光信の処方箋 小嶋光信, 森彰英著 交通新聞社 2014.8 222p 18cm （交通新聞社新書 070）①978-4-330-48914-8 Ⓝ681.1 ［800円］

日本（バス事業—歴史）

◇つばめマークのバスが行く—時代とともに走る国鉄・JRバス 加藤佳一著 交通新聞社 2014.4 262p 18cm （交通新聞社新書 065）〈文献あり〉①978-4-330-45914-1 Ⓝ685.5 ［800円］

日本（爬虫類）

◇レッドデータブック—日本の絶滅のおそれのある野生生物 2014-3 爬虫類・両生類 環境省自然環境局野生生物課希少種保全推進室編 ぎょうせい 2014.9 153p 30cm 〈索引あり〉①978-4-324-09897-4 Ⓝ462.1 ［3500円］

日本（爬虫類—観察）

◇フィールドガイド日本の爬虫類・両生類観察図鑑—季節ごとの観察のコツや見分け方がわかる！ 川添宣広著, 大谷勉監修 誠文堂新光社 2014.4 158p 21cm 〈文献あり〉①978-4-416-71412-6 Ⓝ487.9 ［1800円］

日本（発光ダイオード—特許）

◇進化する紫外線LED—IPC/FIガイド付き ネオテクノロジー 2014.3 143p 30cm （技術と特許をつなぐパテントガイドブック〉〈折り込 1枚〉Ⓝ549.81 ［80000円］

日本（花）

◇岩崎灌園の草花写生 岩崎灌園著, 木村孟淳解説 たにぐち書店 2013.11 113p 22cm 〈著作目録あり 索引あり 布装〉①978-4-86129-189-0 Ⓝ477.021 ［6000円］

◇季節を知らせる花 白井明大文, 沙羅絵 山川出版社 2014.5 287p 22cm 〈文献あり 索引あり〉①978-4-634-15057-7 Ⓝ477.021 ［1800円］

◇私の花の百名山 山本政雄著 半田 一粒書房 2013.12 167p 26cm 〈百名山登頂記念〉①978-4-86431-242-4 Ⓝ291.09

日本（花—写真集）

◇日本名山花紀行—登山道の花に魅せられて 坂口荘一著 長崎 長崎文献社 2014.9 163p 21cm ①978-4-88851-223-7 Ⓝ477.021 ［1600円］

日本（花—図集）

◇和名の由来で覚える300種高山・亜高山の花ポケット図鑑 増村征夫著 新潮社 2014.7 174p 16cm （新潮文庫 ま-25-4）〈文献あり 索引あり〉①978-4-10-106124-5 Ⓝ471.72 ［710円］

◇和名の由来で覚える372種野と里・山と海辺の花ポケット図鑑 増村征夫著 新潮社 2014.4 206p 16cm （新潮文庫 ま-25-3）〈文献あり 索引あり〉①978-4-10-106123-8 Ⓝ477. ［750円］

日本（バプティスト派—伝道—歴史）

◇日本バプテスト同盟に至る日本バプテスト史年表 資料編 日本バプテスト同盟・日本バプテスト130年史編纂委員会著 日本バプテスト同盟 2014.4 139p 30cm 〈奥付の責任表示（誤植）：日本バプテスト同盟・日本バプテスト130年史編纂委員会発〉Ⓝ198.67

日本件名図書目録2014　Ⅰ

日本（半導体産業―名簿）

日本（パワーハラスメント―判例）

◇わかりやすいパワーハラスメント裁判例集　増補版2　21世紀職業財団　2014.4　421p　21cm　①978-4-915811-58-6　Ⓝ366.3　[2685円]

日本（版画―画集）

◇版画展―日本版画協会画集　第82回　2014年　日本版画協会　2014.10　258p　26cm　〈会期・会場：2014年10月5日―19日　東京都美術館〉　Ⓝ732.1

◇版と間（え）の間（あわい）―駒井哲郎・加藤清美・坂東壮一・日和崎尊夫・柄澤齊・菊池伶司　柿沼裕朋編　平凡社　2014.4　211p　21cm　①978-4-582-70327-6　Ⓝ732.1　[2800円]

◇南アルプスミニチュア版画展―第28回国民文化祭・やまなし2013　第28回国民文化祭南アルプス市実行委員会事務局編　[南アルプス]　第28回国民文化祭南アルプス市実行委員会事務局　2013.7　69p　25×26cm　〈会期：平成25年7月13日―28日〉　Ⓝ732.1

日本（版画―目録）

◇山梨県立美術館所蔵萩原英雄版画作品目録　萩原英雄[作]，山梨県立美術館編　甲府　山梨県立美術館　c2013　135p　30cm　〈年譜あり〉　Ⓝ733.021

日本（版画―歴史―明治以後―画集）

◇中野美術館作品選　中野美術館編　[奈良]　中野美術館　c2014　145p　30cm　Ⓝ732.1

◇版―技と美の世界：東広島市立美術館所蔵　ひろしま美術館著　[広島]　ひろしま美術館　2014　167p　24cm　〈年表あり　会期・会場：2014年7月26日―8月31日　ひろしま美術館　編集：古谷可由ほか〉　Ⓝ732.1

◇明治を歩く―湘南と武蔵野：府中市美術館コレクションを中心に　茅ヶ崎市美術館編　茅ヶ崎　茅ヶ崎市文化・スポーツ振興財団茅ヶ崎市美術館　2014　95p　30cm　〈会期・会場：2014年9月7日―11月3日　茅ヶ崎市美術館〉　Ⓝ721.026

日本（パン・菓子製造業）

◇大繁盛パン屋さんが教える売れる！パン屋作り40のルール―すべての小規模店で使える！　野口貴美子著　主婦の友インフォス情報社　2014.8　222p　19cm　〈主婦の友社（発売）〉　①978-4-07-294852-1　Ⓝ588.32　[1250円]

◇パン欲―日本全国パンの聖地を旅する　池田浩明著　世界文化社　2013.12　128p　26cm　〈タイトルは奥付等による．標題紙のタイトル：私はパン欲に逆らうことができない……〉　①978-4-418-13234-8　Ⓝ588.32　[1400円]

日本（判決）

◇個別意見が語るもの―ベテラン元裁判官によるコメント　田原睦夫編著　商事法務　2014.6　460p　22cm　①978-4-7857-2192-3　Ⓝ327.2　[6500円]

日本（犯罪）

◇ザ・逮捕―無実のあなたを罪人にする恐怖警察がやって来る!!　BLACKザ・タブー編集部編　ミリオン出版　2014.12　250p　19cm　（ナックルズBOOKS 57）　〈大洋図書（発売）〉　①978-4-8130-2259-6　Ⓝ368.6　[537円]

◇実録！「裏稼業」騙しの手口　山田文大著　双葉社　2014.2　191p　19cm　①978-4-575-30628-6　Ⓝ368.6　[1300円]

◇職務質問　続　東京下町に潜むワルの面々　高橋和義[著]　幻冬舎　2014.12　317p　16cm　（幻冬舎アウトロー文庫 O-118-2）　①978-4-344-42295-7　Ⓝ368.6　[1300円]

◇犯罪と日本社会の病理―破壊と生の深層社会学　間庭充幸著　京都　書肆クラルテ　2014.6　215p　19cm　〈朱鷺書房（発売）〉　①978-4-88602-650-7　Ⓝ368.021　[2300円]

◇ルポ・罪と更生　西日本新聞社会部著　京都　法律文化社　2014.8　252p　19cm　①978-4-589-03615-5　Ⓝ326.4　[2300円]

日本（犯罪―歴史―1945～）

◇戦後ニッポン犯罪史　礫川全次著　新装増補版　批評社　2014.9　342p　19cm　（SERIES事件と犯罪を読む）　①978-4-8265-0607-6　Ⓝ368.6　[2500円]

日本（犯罪―歴史―昭和後期）

◇未解決事件の戦後史―いまだ明かされることのない昭和のダークサイドを紐解く　溝呂木大祐著　双葉社　2014.1　255p　18cm　〈文献あり〉　①978-4-575-15431-3　Ⓝ368.6　[819円]

日本（犯罪―歴史―明治以後）

◇警視庁重大事件100―警察官の闘いと誇りの軌跡：警視庁創立140年　佐々淳行監修，勝又泰彦，岸智志執筆　学研パブリッシング　2014.9　303p　19cm　〈学研マーケティング（発売）　文献あり　年表あり〉　①978-4-05-406145-3　Ⓝ368.6　[1500円]

日本（犯罪捜査）

◇警視庁捜査一課長の「人を見抜く」極意　久保正行著　光文社　2014.5　245p　18cm　（光文社新書 696）　①978-4-334-03799-4　Ⓝ317.75　[762円]

◇刑事ドラマ・ミステリーがよくわかる警察入門　捜査現場編　オフィステイクオー著　実業之日本社　2014.5　190p　18cm　（じっぴコンパクト新書 187）　〈文献あり〉　①978-4-408-11069-1　Ⓝ317.75　[762円]

◇性犯罪・児童虐待捜査ハンドブック　田中嘉寿子著　立花書房　2014.1　303p　21cm　〈文献あり　索引あり〉　①978-4-8037-0720-5　Ⓝ368.64　[1905円]

◇地域警察官のためのチャート式事件処理要領―最終処理事案・専務に引き継ぐ事案の措置　警察実務研究会編著　第2版　立花書房　2014.6　173p　21cm　（クローズアップ実務　青年警察官の執行力向上を目指して）　①978-4-8037-1152-3　Ⓝ317.75　[1600円]

◇特別刑事法犯の理論と捜査―実践志向の捜査実務講座　2　証券犯罪　選挙犯罪　環境犯罪　知能犯2　城祐一郎著　立花書房　2014.2　302p　21cm　①978-4-8037-4333-3　Ⓝ317.75　[2500円]

◇犯罪捜査ハンドブック―ミステリー・刑事ドラマのお供に　法科学鑑定研究所監修　宝島社　2014.8　349p　19cm　〈文献あり　索引あり〉　①978-4-8002-2845-1　Ⓝ317.75　[980円]

日本（犯罪捜査―書式）

◇新刑法犯・特別法犯犯罪事実記載要領　髙森高徳編著　改訂第3版　立花書房　2014.3　333p　21cm　①978-4-8037-4269-5　Ⓝ327.63　[2300円]

◇新実況見分調書記載要領―被害届記載例付　猪俣尚人編著　改訂第2版　立花書房　2014.7　271p　21cm　①978-4-8037-4270-1　Ⓝ327.62　[1900円]

◇地域警察官のための被害届・実況見分調書作成の手引き　地域実務研究会編　第2版　立花書房　2014.6　149p　21cm　①978-4-8037-1153-0　Ⓝ327.63　[1400円]

日本（犯罪予防）

◇子どもを被害者にも加害者にもしない　藤井誠二著　徳間書店　2014.10　222p　15cm　（徳間文庫カレッジ）　〈「わが子を被害者にも加害者にもしない」(2003年刊)の改題，加筆修正〉　①978-4-19-907015-0　Ⓝ368.7　[680円]

◇SELF DEFENSE「逃げるが勝ち」が身を守る　武田信彦著　講談社　2014.7　188p　18cm　〈絵：Noritake〉　①978-4-06-219034-3　Ⓝ368.6　[1300円]

◇防犯設備機器に関する統計調査―統計調査報告書　平成25年版　日本防犯設備協会統計調査委員会編　日本防犯設備協会　2014.2　73p　30cm　Ⓝ528.6

日本（犯罪予防―法令）

◇生活安全小六法　平成26年版　生活安全警察研究会編集　東京法令出版　2014.6　1冊　19cm　〈索引あり〉　①978-4-8090-1310-2　Ⓝ317.72　[3900円]

日本（反社会的勢力）

◇反社会勢力その組織と実態―警察庁指定21団体：社会にはびこる組織暴力　ジェイズ・恵文社　2014.9　237p　19cm　〈笠倉出版社（発売）〉　①978-4-7730-8727-7　Ⓝ368.5　[750円]

日本（半導体―特許）

◇特許情報分析（パテントマップ）から見た酸化物半導体に関する技術開発実態分析調査報告書　インパテック株式会社編　パテントテック社　2013.2　248p　30cm　〈タイトルは標題紙による〉　①978-4-86483-179-6　Ⓝ549.8　[58800円]

日本（半導体記憶装置―特許）

◇特許情報分析（パテントマップ）から見たフラッシュメモリに関する技術開発実態分析調査報告書　インパテック株式会社編　パテントテック社　2013.3　242p　30cm　〈タイトルは標題紙による〉　①978-4-86483-186-4　Ⓝ548.232　[57750円]

日本（半導体産業）

◇経営資源の解体・新結合と新規事業分野の創出―半導体産業の競争力凋落への考察を踏まえて　機械振興協会経済研究所　2014.3　51p　30cm　（JSPMI-ERI H25-3）　〈年表あり〉　Ⓝ549.8

◇パワーデバイスハンドブック―省エネ社会を実現！さらなる成長が見込まれるキーデバイスの最新動向　産業タイムズ社　2014.7　124p　28cm　①978-4-88353-223-0　Ⓝ549.8　[12000円]

日本（半導体産業―名簿）

◇半導体産業会社録―ハンドブック版　2014　泉谷渉監修・執筆　産業タイムズ社　2014.3　126p　28cm　〈索引あり〉　①978-4-88353-221-6　Ⓝ549.8　[10000円]

日本（判例）

◇おきらく社労士の特定社労士重要判例集　佐々木昌司著　住宅新報社　2014.4　411p　21cm　①978-4-7892-3646-1　Ⓝ364.3　［2400円］

◇最高裁時の判例　7　平成21年〜平成23年　ジュリスト編集室編　有斐閣　2014.12　440p　26cm〈索引あり　『ジュリスト』増刊〉　①978-4-641-11300-8　Ⓝ320.981　［3426円］

◇有斐閣判例六法　平成27年版　井上正仁編編集代表　有斐閣　2014.10　2442p　19cm〈索引あり〉　①978-4-641-00335-4　Ⓝ320.91　［2685円］

◇有斐閣判例六法Professional　平成27年版01　公法　刑事法　社会法　社会保障・厚生法編　条約　井上正仁, 山下友信編集代表　有斐閣　2014.11　6,1852p　21cm〈索引あり〉　①978-4-641-00415-3（set）　Ⓝ320.91

◇有斐閣判例六法Professional　平成27年版02　民事法　社会法　労働法編　産業法　井上正仁, 山下友信編集代表　有斐閣　2014.11　6p p1857〜4056　21cm〈索引あり〉　①978-4-641-00415-3（set）　Ⓝ320.91

日本（PR）

◇「日経企業イメージ調査」について　2013年調査　日本経済新聞社, 日経広告研究所［編］［東京］日本経済新聞社　2014.2　115p　30cm〈共同刊行：日経広告研究所〉①978-4-904890-21-9　Ⓝ335.21　［10000円］

日本（PRTR—PR）

◇PRTR制度普及啓発のためのPRTR市民ガイドブック作成及び環境省ホームページ用のコンテンツ作成に関する業務結果報告書　平成25年度　［東京］環境情報センター　2014.3　87p　30cm〈背のタイトル：PRTR制度普及啓発のためのPRTR市民ガイドブック作成及び環境省ホームページ用のコンテンツ作成に関する業務報告書〉Ⓝ574

日本（PFI）

◇民間活用による浄化槽整備及び維持管理の手法調査業務報告書　平成25年度　［東京］環境省大臣官房廃棄物・リサイクル対策部廃棄物対策課浄化槽推進室　2014.2　1冊　30cm〈共同刊行：日本上下水道設計〉Ⓝ518.24

日本（皮革工業—環境管理）

◇環境対応革開発実用化事業報告書　第1部　［姫路］日本皮革技術協会　2014.3　139p　30cm〈平成25年度皮革産業振興対策補助事業〉Ⓝ584.021

◇環境対応革開発実用化事業報告書　第2部　［姫路］日本皮革技術協会　2014.3　167p　30cm〈平成25年度皮革産業振興対策補助事業　内容：第32回IULTCS会議参加報告　文献紹介〉Ⓝ584.021

日本（干潟）

◇モニタリングサイト1000磯・干潟・アマモ場・藻場調査報告書　平成25年度　富士吉田　環境省自然環境局生物多様性センター　2014.3　244, 71p　30cm〈平成25年度重要生態系監視地域モニタリング推進事業（沿岸域調査）, 請負者：自然環境研究センター, 共同事業実施者：日本国際湿地保全連合〉Ⓝ468.8

日本（ひきこもり）

◇社会的ひきこもりと登校拒否・不登校—支援者のこころで25年　石井守著　教育史料出版会　2014.2　142p　21cm〈内容：「社会的ひきこもり」と登校拒否・不登校問題　ひきこもりと若者の生きづらさ　学齢期の大切さ「不登校感」の克服こそ　回復と支援・援助の流れ　家族の力　居場所の役割　あたらしい学校づくり　自立の目標は社会参加・就労〉①978-4-87652-526-3　Ⓝ367.68　［1600円］

◇生活困窮者を対象とした就労支援担当者の支援内容・カリキュラムの策定に反映させる調査研究事業　和歌山　一麦会　2014.3　64p　30cm〈厚生労働省平成25年度セーフティネット支援対策事業（社会福祉推進事業）〉Ⓝ366.28

◇全国各地の親の会における「ひきこもりピアサポーター」養成研修派遣に関するモデル事業報告書　［東京］全国引きこもりKHJ親の会（家族会連合会）　2014.3　107p　30cm〈平成25年度セーフティネット支援対策等事業費補助金社会福祉推進事業〉Ⓝ369.4

◇「地域におけるひきこもり支援に関する調査・研究事業」報告書　平成24年度　神戸　神戸オレンジの会　2013.4　213p　30cm〈平成24年度セーフティネット支援対策等事業費補助金社会福祉推進事業　共同刊行：ひきこもり地域支援センター全国連絡協議会〉Ⓝ369.4

◇「地域におけるひきこもり支援に関する調査・研究事業」報告書　平成25年度　神戸　神戸オレンジの会　2014.3　369p　30cm〈平成25年度セーフティネット支援対策等事業費補助金社会福祉推進事業　表紙のタイトル：地域におけるひきこも

り支援に関する実践的研究事業報告書　共同刊行：ひきこもり地域支援センター全国連絡協議会〉Ⓝ369.4

◇当事者の効果的な発見・誘導に関する調査研究—ひきこもり、矯正施設退所者等みずから支援に繋がりにくい　立川　育て上げネット　2014.3　142p　30cm〈厚生労働省平成25年度セーフティネット支援対策事業（社会福祉推進事業）〉Ⓝ369.4

◇ひきこもりサポーターの養成と活用—実践例と養成・活用のポイント　平成24年度　ひきこもり地域支援センター全国連絡協議会, ひきこもりサポーター養成カリキュラム検討委員会［著］神戸　神戸オレンジの会　［2013］96p　30cm〈平成24年度厚生労働省社会福祉推進事業「地域におけるひきこもり支援に関する調査・研究事業」分冊報告書〉Ⓝ369.4

◇ひきこもりパートナーシップ支援社学産連携推進に関する調査研究事業　ピアサポートネットしぶや　2014.3　36, 22, 3p　30cm〈平成25年度セーフティネット支援対策等事業費補助金社会福祉推進事業〉Ⓝ369.4

◇ひきこもりピアサポーター養成・派遣に関するアンケート調査報告書　［東京］全国引きこもりKHJ親の会（家族会連合会）　2014.3　131p　30cm〈平成25年度セーフティネット支援対策等事業費補助金社会福祉推進事業〉Ⓝ369.4

日本（被災者支援）

◇災害時要援護者支援活動事例集　東京都社会福祉協議会　2014.4　123p　21cm〈災害時要援護者支援ブックレット 3〉①978-4-86353-189-5　Ⓝ369.3　［800円］

◇災害時要援護者の広域支援体制の検討と基盤づくり　災害福祉広域支援ネットワーク・サンダーバード　2013.3　1冊　30cm〈平成24年度セーフティネット支援対策等事業費補助金社会福祉推進事業〉Ⓝ369.3

◇福島原発災害後の国民の健康支援のあり方について—平成25年度日本医師会総合政策研究機構・日本学術会議共催シンポジウム　日本医師会　2014.7　110p　26cm〈会期・会場：平成26年2月22日 日本医師会館大講堂　内容：講演　事故由来放射性物質による影響の総合的理解と環境回復に向けた課題（森口祐一述）　福島原発災害後の被災者の健康支援の現状と課題（木田光一述）　国や福島県の健康支援に信頼が得られるために（島薗進述）　科学と地域の架け橋（後藤あや述）「健康に対する権利」の視点からみた、福島原発災害後の政策課題（伊달和子述）　被ばく医療の現状からみた福島（明石真言述）パネルディスカッション　福島原発災害後の国民の健康支援のあり方について（森口祐一ほか述）〉Ⓝ493.195

日本（被災者支援—法令）

◇防災の法制度に関する立法政策的研究—客員研究官論文　その1　生田長人, 周藤利一［著］国土交通省国土交通政策研究所　2014.3　169p　30cm（国土交通政策研究　第114号）Ⓝ369.3

日本（美術）

◇ユーモアと飛躍—そこにふれる：concept book　［岡崎］岡崎市美術博物館　2013.8　141p　19cm〈会期・会場：2013年8月17日—10月20日　岡崎市美術博物館　編集：千葉真智子〉Ⓝ702.16

◇予響曲—ひびきあう心　河正雄編著　横手　イズミヤ出版　2014.5　296p　21cm　①978-4-904374-23-8　Ⓝ702.21　［2000円］

日本（美術—図集）

◇愛知県立芸術大学卒業・修了作品集—日本画/油画/彫刻/デザイン/陶磁/芸術学　平成25年度　長久手　愛知県立芸術大学美術学部　2014.3　346p　20×22cm〈共同刊行：愛知県立芸術大学美術研究科〉Ⓝ702.16

◇アクアーライン—札幌美術展　札幌芸術の森美術館編　札幌　札幌市芸術文化財団　2013.12　103p　26cm〈会期：2013年11月30日—2014年2月16日　奥付のタイトル：「札幌美術展アクア・ライン」図録〉Ⓝ702.16

◇あそびのつくりかた　梅田哲也, 小沢剛, 河井美咲, クワクボリョウタ［作］丸亀　丸亀市猪熊弦一郎現代美術館　2014.4　87p　25cm〈英語併記　会期・会場：2014年3月1日—6月1日　丸亀市猪熊弦一郎現代美術館　編集：国枝かつら　共同刊行：ミモカ美術振興財団〉Ⓝ702.16

◇一木一草に神をみる—自然と美術：神々の国しまねプロジェクト企画展　［益田］島根県立石見美術館　2013.9　119p　26cm〈会期・会場：2013年9月14日—11月4日　島根県立石見美術館　編集：椋木賢治ほか〉Ⓝ702.1

◇かげうつし—写映・遷移・伝染　林田新, 森山貴之, かげうつし展実行委員会編　［京都］京都市立芸術大学ギャラリー@KCUA　2013.1　63p　26cm〈英語併記　会期・会場：2012年11月3日—25日　京都市立芸術大学ギャラリー@KCUA 1, 2〉Ⓝ702.16

◇Kyoto studio—KS：17 studios & 88 artists in Kyoto, 2013　德山拓一, 森山貴之編　［京都］京都市立芸術大学ギャラリー@KCUA　2013.4　364p　19cm（京芸transmit

program #4)〈日本語・英語併記　会期：2013年4月13日―5月19日〉Ⓝ702.16
◇具体、海を渡る。　芦屋市立美術博物館編　[芦屋]　芦屋市立美術博物館　c2014　62p　24cm〈年表あり　会期：2014年7月5日―9月7日〉Ⓝ702.16
◇ゲンビnew era for creations―現代美術懇談会の軌跡1952-1957　芦屋市立美術博物館編　[芦屋]　芦屋市立美術博物館　c2013　95p　21cm〈年表あり　文献あり　会期：2013年10月19日―11月24日〉Ⓝ702.16
◇公募団体ベストセレクション美術　2014　東京都美術館編　東京都美術館　c2014　210p　26cm〈会期・会場：2014年5月4日―27日　東京都美術館公募展示室ロビー階第1・第2、ギャラリーA・B・C〉Ⓝ702.16
◇齣展図録―2009-2014　齣展委員会編　柏　齣展事務局　2014.5　73p　21cm〈背のタイトル：齣展〉Ⓝ702.16
◇サッカー展、イメージのゆくえ。―開館15周年記念　[さいたま]　うらわ美術館　c2014　96p　30cm〈年表あり　文献あり　会期・会場：2014年4月26日―6月22日　うらわ美術館　企画・編集：森田一ほか　共同刊行：美術館連絡協議会〉Ⓝ702.16
◇CAF nebula展　2014　[さいたま]　CAFネビュラ協会　2014.10　67p　30cm〈会期・会場：2014年10月17日―22日　せんだいメディアテーク　タイトルは標題紙による〉Ⓝ702.16
◇障害者アート企画展「うふっ。どうしちゃったの、これ!?今年もよ！」感、歓、楽、愣　[さいたま]　埼玉県障害者アートフェスティバル実行委員会　2014.3　80p　30cm〈会期・会場：2014年1月10日―14日　埼玉会館第3展示室　表紙・背のタイトル：Record book 2013〉Ⓝ702.16
◇Special art selection　2014　ヴラスタ・チハーコヴァー・ノシロヴァー, フランコ・マウリッリ監修・執筆, ライザ企画・編集　ライザ　2014.4　144p　42cm〈日本語・英語併記〉①978-4-9906627-2-1　Ⓝ702.16
◇想像しなおし　福岡　福岡市美術館　2014.2　174p　26cm〈英語併記　会期・会場：2014年1月5日―2月23日　福岡市美術館　編集：正路佐知子ほか〉Ⓝ702.16
◇卒業・修了作品図録2012年度作品展　京都市立芸術大学美術学部広報委員会編　[京都]　京都市立芸術大学美術教育後援会　2013.3　135p　30cm〈年表あり　会期・会場：2013年2月13日―17日　京都市美術館(本館・別館)ほか　背のタイトル：京都市立芸術大学作品図録・美術学部卒業制作・大学院美術研究科修了制作〉Ⓝ702.16
◇卒業・修了作品図録2013年度作品展　京都市立芸術大学美術学部広報委員会編　[京都]　京都市立芸術大学美術教育後援会　2014.3　151p　30cm〈年表あり　会期・会場：2014年2月12日―16日　京都市美術館(本館・別館)ほか　背のタイトル：京都市立芸術大学作品図録・美術学部卒業制作・大学院美術研究科修了制作〉Ⓝ702.16
◇高松コンテンポラリーアート・アニュアル　vol. 4　高松　高松市美術館　c2014　48p　30cm〈会期：2014年5月27日―6月22日　vol. 4のタイトル関連情報：リアルをめぐって　編集：牧野裕二〉Ⓝ702.16
◇月を愛でる―うつろいと輝きの美　阪急文化財団逸翁美術館編, 伊井春樹監修　池田　阪急文化財団　2014.10　109p　30cm〈思文閣出版(発売)　会期：平成26年10月11日―11月24日〉①978-4-7842-1778-6　Ⓝ702.16　[1000円]
◇TWS若手アーティスト・リポート　2013年度　東京都歴史文化財団トーキョーワンダーサイト　2014.3　96p　26cm〈編集：桜井祐ほか〉Ⓝ702.16
◇東京藝術大学卒業・修了制作作品集―美術学部/大学院美術研究科修士課程　平成25年度　東京藝術大学美術学部編　[東京]　東京藝術大学美術学部　2014　137p　30cm〈英語併記　会期・会場：2014年1月26日―31日　東京都美術館ほか〉Ⓝ702.16
◇都美セレクショングループ展　第2回　東京都美術館編　東京都美術館　2014.7　55p　21cm〈会期・会場：2013年10月―2014年3月　東京都美術館ギャラリーA、B、C　奥付のタイトル：都美セレクショングループ展記録集〉Ⓝ702.16
◇都美セレクション新鋭美術家　2014　東京都美術館　2014.2　59p　20×22cm〈編集：大橋奈都子ほか〉Ⓝ702.16
◇Domani・明日展―未来を担う美術家たち：文化庁芸術家在外研修の成果　17th　アート・ベンチャー・オフィスショウ編　[東京]　文化庁　2014.12　151p　20×22cm〈英語併載　会期・会場：2014年12月13日―2015年1月25日　国立新美術館企画展示室2E〉Ⓝ702.16
◇日本藝術院所蔵作品展―日本画・洋画・彫塑・工芸・書の逸品：黎明館開館30周年記念企画特別展　鹿児島県歴史資料センター黎明館企画・編集　[鹿児島]　「日本藝術院所蔵作品展」実行委員会　2014.2　175p　30cm〈会期：平成26年2月1日―3月2日〉Ⓝ702.16
◇日本藝術の創跡　19　2014年度版　クオリアート　2014.7　457p　31cm〈英語併記　タイトル関連情報：芸術家のアトリエ―閃きと創造の楽園　執筆：尾崎眞人ほか〉①978-4-902825-14-5　Ⓝ702.16
◇ノスタルジー＆ファンタジー―現代美術の想像力とその源泉　大阪　国立国際美術館　2014　223p　27cm〈会期：2014年5月27日―9月15日　編集：安來正博〉Ⓝ702.16
◇BiG-i art collection　2013　堺　国際障害者交流センター　2014.3　85p　30cm〈日本語・英語併記　会期・会場：2014年5月2日―11日　Bunkamura Box Galleryほか〉Ⓝ702.16
◇Biwakoビエンナーレ―図録　2014　泡沫|utakata　エナジーフィールド企画・監修　和歌山　銀聲舎出版会　2014.11　125p　30cm〈英語併記　会期・会場：2014年9月13日―11月9日　滋賀県近江八幡市旧市街〉①978-4-9904749-1-1　Ⓝ702.16　[2800円]
◇文化人・芸能人の多才な美術展―拡げよう文化の輪・芸術は世界を救う！：東日本大震災復興支援文化財レスキュー救済活動チャリティー企画　2013　「文化人・芸能人の多才な美術展」事務局企画・構成　[東京]　ラリス　c2013　255p　29cm　Ⓝ702.16
◇文化人・芸能人の多才な美術展―拡げよう文化の輪・芸術は世界を救う！：東日本大震災復興支援文化財レスキュー救済活動チャリティー企画　2014　「文化人・芸能人の多才な美術展」事務局企画・構成　[東京]　ラリス　c2014　243p　29cm〈会期・会場：2014年6月25日―29日　スパイラルホール(東京・青山)ほか〉Ⓝ702.16
◇ボーダレス・アート・コレクション―芸術がほどいてゆく境界：平成26年度特別展　高浜　高浜市やきものの里かわら美術館　2014.4　87p　26cm〈会期：2014年4月12日―5月25日　編集：今泉岳大〉Ⓝ702.16
◇マインドフルネス！　高橋コレクション展―決定版　2014　美術出版社　2014.4　162p　25cm〈作品目録あり　会期・会場：2014年4月12日(土)～6月8日(日)名古屋市美術館　主催：名古屋市美術館/中日新聞社〉①978-4-568-10476-9　Ⓝ702.16　[2000円]
◇Mother/land　原田真千子, 中尾英恵編　小山　小山市立車屋美術館　c2014　60p　21cm〈日本語・英語併記　会期・会場：2014年6月28日―9月7日　小山市立車屋美術館〉Ⓝ702.16
◇Minerva　9　STYLE　クオリアート　2014.4　247p　24cm〈幻冬舎ルネッサンス(発売)　索引あり　英語併記〉①978-4-7790-1019-4　Ⓝ702.16　[2500円]
◇名誉市民本多静雄コレクション―企画展　3　豊田市民芸館編　豊田　豊田市教育委員会　2014.3　99p　30cm〈年譜あり　会期・会場：平成26年3月11日―5月25日　豊田市民芸館〉Ⓝ708.7
◇MOBILIS IN MOBILI―交錯する現在：北加賀屋クロッシング2013　梅沢和木, 河西遼, 川村元紀, 高橋大輔, 武田雄介, 二艘木洋行, 百頭たけし, 三輪彩子, 百瀬文, 吉田晋之介[作]　神戸　北加賀屋クロッシング実行委員会　2014.3　109p　30cm〈constellation books(発売)　作品目録あり　会期・会場：2013年10月4日(金)-10月25日(金)コーポ北加賀屋　主催：北加賀屋クロッシング実行委員会　2013年11月2日(火)-12月14日(土)CASHI、GALLERY MOMO Rrojects　英語併記　訳：施井京子ほか〉①978-4-9905499-0-9　Ⓝ702.16　[2500円]
◇ユーモアと飛躍―そこにふれる：visual book　[岡崎]　岡崎市美術博物館　2013.10　91p　23cm〈会期・会場：2013年8月17日―10月20日　岡崎市美術博物館　編集：千葉真智子〉Ⓝ702.16
◇「楽園としての芸術」展　東京都美術館　2014　157p　21×30cm〈年表あり　文献あり　英語併記　編集：中原淳行ほか〉Ⓝ702.16
◇私たちは越えていく―女性アーティスト展　高岡市美術館編　高岡　高岡市美術館　2013.6　67p　19×26cm〈会期・会場：2013年6月15日―7月15日　高岡市美術館〉Ⓝ702.16

日本(美術―目録)

◇一陽展―創立60周年　2014記念号　[君津]　一陽会　2014　148, 11, 28p　24×25cm〈会期：10月1日―13日　国立新美術館　奥付のタイトル：一陽展画集〉Ⓝ702.16
◇新潟市北区の小学校・中学校の所蔵作品―まなびやに託されたメッセージ：所蔵作品の記録と資料　新潟市北区郷土博物館編　新潟　新潟市北区郷土博物館　2013.11　55p　30cm〈年表あり　付・「まなびやに託されたメッセージ展」(2012年展示記録)「まなびやに託されたメッセージ展Ⅱ」(2013年展示記録)〉Ⓝ702.16

に

日本（美術―歴史―1868〜1945）

◇視覚と心象の日本美術史―作家・作品・鑑賞者のはざま　古田亮著　京都　ミネルヴァ書房　2014.9　407,12p　図版16p　22cm〈索引あり　内容：視覚の諸問題　美術展覧会の成立　美術館の成立　鑑賞者の成立　近代日本画の成立　日本画と洋画のジャンル形成　近代日本彫刻の成立　高橋由一　狩野芳崖　荻原碌山　藤田嗣治と日本画　今村紫紅　速水御舟　土田麦僊　香りと日本文化　日本海画の香り　明治天皇と近代美術　横山大観の富士〉Ⓘ978-4-623-07089-3　Ⓝ702.16　[8000円]

日本（美術―歴史―1945〜）

◇アートにとって価値とは何か　三潴末雄著　幻冬舎　2014.9　272p　20cm　Ⓘ978-4-344-02641-4　Ⓝ702.16　[1700円]

◇現代美術史日本篇 1945 - 2014　中ザワヒデキ/著　改訂版　アートダイバー　2014.11　133p　26×21cm〈本文：日英両文〉Ⓘ978-4-908122-00-2　[1500円]

◇戦後日本美術の新たな語り口を探る―ニューヨークと東京、二つの近代美術館の展覧会を通して見えてくるもの：シンポジウム記録集　鈴木勝雄、ドリュン・チョン、ガブリエル・リッター、前山裕司、林道郎[述]　国際交流基金　2014.3　130, 114p　図版22　21cm〈英語併記　会期・会場：2012年12月23日　東京国立近代美術館講堂　編集：岡部美紀ほか〉Ⓝ702.16

日本（美術―歴史―大正時代―図集）

◇芝川照吉コレクション　［京都］　京都国立近代美術館　2013　201p　25cm（京都国立近代美術館・所蔵作品目録 11）〈年譜あり　会期・会場：2013年5月18日―6月30日　京都国立近代美術館　編集：平井章一ほか〉Ⓘ978-4-87642-201-2　Ⓝ702.16

◇日本美術全集　17　前衛とモダン―明治時代後期〜大正時代　辻惟雄、泉武夫、山下裕二、板倉聖哲編集委員　北澤憲昭責任編集　小学館　2014.6　319p　38cm〈文献あり　作品目録あり　年表あり　英語抄訳付　布装　付属資料：2枚：月報 10〉Ⓘ978-4-09-601117-1　Ⓝ702.1　[15000円]

日本（美術―歴史―平成時代―図集）

◇助手展―武蔵野美術大学助手研究発表　2013　小平　武蔵野美術大学美術館・図書館　2013.11　64p　29cm〈会期・会場：2013年11月25日―12月21日　武蔵野美術大学美術館展示室1ほか　編集：内田阿紗子〉Ⓝ702.16

◇第一美術展図録　第85回　第一美術協会編　第一美術協会　2014.5　154p　24×25cm〈年表あり　会期・会場：2014年5月28日―6月9日　国立新美術館ほか　タイトルは奥付による　付属資料：8p：出品目録〉Ⓝ702.16

◇椿会展―初心　2014　赤瀬川原平、畠山直哉、内藤礼、伊藤存、青木陵子[作]　資生堂企業文化部　2014.5　70p　28cm〈英語併記　会期・会場：2014年4月10日―5月25日　資生堂ギャラリー　奥付のタイトル：展覧会カタログ〉Ⓝ702.16

日本（美術―歴史―明治以後）

◇関東大震災の想像力―災害と復興の視覚文化論　ジェニファー・ワイゼンフェルド著　篠儀直子訳　青土社　2014.8　398,22p　22cm〈文献あり　索引あり〉Ⓘ978-4-7917-6800-4　Ⓝ702.16　[6300円]

◇ヌードと愛国　池川玲子著　講談社　2014.10　271p　18cm（講談社現代新書 2284）〈文献あり〉Ⓘ978-4-06-288284-2　Ⓝ702.16　[800円]

◇美術の日本近現代史―制度・言説・造型　北澤憲昭、佐藤道信、森仁史編集委員　東京美術　2014.1　956p　22cm〈文献あり　年表あり　索引あり　内容：「美術」前史（鈴木廣之著）「美術」概念の形成期（佐藤道信著）「美術」制度の拡張と表現主義の台頭（森仁史著）　制度の揺動と造型の実験（滝沢恭司ほか著）　日本の支配下におけるアジアと南洋諸島の美術（後小路雅弘ほか著）　戦時体制下の美術（河田明久ほか著）「美術」の成立と展開（光田由里著）　美術館の時代（北澤憲昭著）「美術」の終焉（暮沢剛巳著）　日本近現代美術の研究史と研究課題（佐藤道信著）〉Ⓘ978-4-8087-0983-9　Ⓝ702.16　[16000円]

日本（美術―歴史―明治以後―図集）

◇岡山朝日高等学校所蔵作品集　岡山県立岡山朝日高等学校資料館編　岡山　岡山県立岡山朝日高等学校創立140周年記念事業実行委員会　2014.11　89p　26cm　Ⓝ702.16

◇皇室の名品―近代日本美術の粋　京都国立近代美術館、宮内庁三の丸尚蔵館、日本経済新聞社編　日本経済新聞社　2013.11　336, 23p　27cm〈会期・会場：2013年11月9日―2014年1月13日　京都国立近代美術館〉Ⓝ702.16

◇金光学園創立120周年記念展覧会図録　金光学園120年委員会編　［浅口］　金光学園中学・高等学校　2014.11　62p　23×23cm〈会期・会場：2014年9月13日―20日　金光学園中学・高等学校120記念館「大講義室」〉Ⓝ702.16

◇中村屋サロン―ここで生まれた、ここから生まれた：中村屋サロン美術館開館記念特別展　中村屋サロン美術館編　中村屋サロン美術館　2014.10　95p　25cm〈年表あり〉Ⓝ702.16

◇日常/オフレコ　青田真也、安藤由佳子、梶岡俊彦、佐藤雅晴、八木良太[作]　［横浜］　神奈川県民ホール　2014　159p　27cm〈年譜あり　英語併記　会期・会場：2014年1月11日―30日　KAAT神奈川芸術劇場〈中スタジオ〉　編集：中野仁詞ほか〉Ⓝ702.16

◇美少女の美術史―浮世絵からポップカルチャー、現代美術にみる"少女"のかたち　「美少女の美術史」展実行委員会編　京都　青幻舎　2014.7　255p　26cm〈会期・会場：2014年7月12日―9月7日（日）ほか　青森県立美術館ほか　主催：「美少女の美術史」展実行委員会ほか〉Ⓘ978-4-86152-458-5　Ⓝ702.15　[2500円]

日本（美術―歴史―明治時代―図集）

◇芝川照吉コレクション　［京都］　京都国立近代美術館　2013　201p　25cm（京都国立近代美術館・所蔵作品目録 11）〈年譜あり　会期・会場：2013年5月18日―6月30日　京都国立近代美術館　編集：平井章一ほか〉Ⓘ978-4-87642-201-2　Ⓝ702.16

◇日本美術全集　17　前衛とモダン―明治時代後期〜大正時代　辻惟雄、泉武夫、山下裕二、板倉聖哲編集委員　北澤憲昭責任編集　小学館　2014.6　319p　38cm〈文献あり　作品目録あり　年表あり　英語抄訳付　布装　付属資料：2枚：月報 10〉Ⓘ978-4-09-601117-1　Ⓝ702.1　[15000円]

日本（美術家―名簿）

◇美術市場　2014　美術新星社　2014.1　445p　23cm〈経済界（発売）〉Ⓘ978-4-7667-5077-5　Ⓝ703.5　[3000円]

◇美術大鑑　2014年版　美術大鑑編集部/編　ビジョン企画出版社　2014.1　848p　26cm　Ⓘ978-4-89979-045-7　[3800円]

◇美術名典　2014年度版　美術名典編集部/編　芸術新聞社　2014.1　469p　26cm　Ⓘ978-4-87586-114-0　[4381円]

日本（美術館）

◇カルコン美術対話委員会イニシアチブ『日米美術フォーラム―ミュージアムの未来―』報告書―CULCON 2013　［東京］　文化庁　［2013］　67p　30cm〈英語併記　会期・会場：2013年10月21日　大塚国際美術館システィーナ・ホール〉Ⓝ706.9

◇セミナー講演録集　vol. 31　マッセOsaka［編］　大阪　大阪府市町村振興協会おおさか市町村職員研修研究センター　2014.3　160p　21cm〈内容：第86回マッセ・セミナー　料亭・三越・ディズニーから学ぶおもてなしの本質（上田比呂志述）　第87回マッセ・セミナー　アートによるまちづくり（蓑豊述）　ミニ講座　人材育成推進講座―人財育成ツールとしての人事評価制度（金森忠志ほか述）　滞納整理の現状と課題について（杉之内孝司ほか述）　マッセ・市民セミナー（中部都市職員研修協議会共催）『お・も・て・な・し』の心による接遇（白井弘子、稲本恵子述）〉Ⓝ601.163

日本（美術館―歴史―昭和後期）

◇1985/写真がアートになったとき　粟生田弓、小林杏編著　青弓社　2014.6　246p　20cm（写真叢書）〈内容：〈一九八五年〉というインパクト（粟生田弓著）「つくば写真美術館」概説（清水有著）　つくば写真美術館とは何だったのか（横江文憲ほか述）　マーケットから写真を考える（石原悦郎、粟生田弓述）　写真集というメディア（金子隆一、光岡寿郎、大久保遼述）　これからの写真/評論（飯沢耕太郎、冨山由紀子、小林杏述）　まだ写真で語られていないこと（伊藤俊治、小林杏、大久保遼述）〉Ⓘ978-4-7872-7353-6　Ⓝ740.21　[2000円]

◇日本の「近代美術館」―戦後草創期の思想を開く―インタビュー記録集　日本の「近代美術館」―戦後草創期の思想を開く研究会編　［出版地不明］　日本の「近代美術館」―戦後草創期の思想を聞く研究会　2014.9　63p　30cm〈財団法人ポーラ美術振興財団助成研究〉Ⓝ706.9

日本（美術教育）

◇現代アートの本当の学び方　フィルムアート社編　フィルムアート社　2014.3　204p　19cm（Next Creator Book）〈文献あり　内容：現代アートの本当の学び方（フィルムアート社編集部編）「答えがないアート」をどう学ぶか？（会田誠、日比野克彦述）　子ども時代の学び（苅宿俊文、谷口幹也、成相肇述）　美大における学び（大野左紀子ほか述）　社会における学び（福住廉ほか著）　彼/彼女らはこう学んだ（川崎昌平著）「答えがないアート」をどう学ぶか？（会田誠、日比野克彦述）　現代アートを学ぶ人に贈る35冊の本　特別座談会/学びの現場から　現代アートに関する13の質問（筒井宏樹ほか述）〉Ⓘ978-4-8459-1326-8　[1700円]

日本（美術品―保存・修復）

◇美しさの新機軸―日本画過去から未来へ：平成26年度公益財団法人芳泉文化財団第二回文化財保存学日本画研究発表展

日本件名図書目録2014　I

日本（貧困児童）

「美しさの新機軸」展展覧会事務局編　大阪　芳泉文化財団　2014.11　50p　30cm〈会期・会場：平成26年11月23日―12月3日　東京藝術大学陳列館〉Ⓝ709

◇カルコン美術対話委員会イニシアチブ『日米美術フォーラム―ミュージアムの未来―』報告書―CULCON 2013　［東京］文化庁　［2013］　67p　30cm〈英語併記　会期・会場：2013年10月21日　大塚国際美術館システィーナ・ホール〉Ⓝ706.9

◇京都国立博物館文化財保存修理所修理報告書　11　平成22年度　京都国立博物館編　京都　京都国立博物館　2014.3　173p　30cm　Ⓝ709.1

日本（非常勤教員―大学）

◇ブラック大学早稲田　林克明著　同時代社　2014.2　198p　19cm　①978-4-88683-754-7　Ⓝ377.13　［1500円］

日本（非上場株―判例）

◇判例・裁決例にみる非公開株式評価の実務　森正道，梶研二共著　名古屋　新日本法規出版　2014.10　355p　21cm　①978-4-7882-7925-4　Ⓝ325.242　［4200円］

日本（非正規―雇用）

◇非正規雇用者の企業・職場における活用と正社員登用の可能性―事業所ヒアリング調査からの分析　労働政策研究・研修機構編　労働政策研究・研修機構　2014.5　214p　30cm（JILPT資料シリーズ No.137）Ⓝ336.4

◇有期雇用・高年齢者雇用の法律問題　岩本充史監修，家入美香，岡村光男著　労働新聞社　2014.3　239p　21cm　①978-4-89761-498-4　Ⓝ336.4　［1800円］

日本（非正社員―法令）

◇有期雇用教職員の労務管理―労働契約・更新・雇止め・無期転換　井川一裕著，私学経営研究会編　［大阪］　法友社　2014.11　176p　21cm〈俵屋（発売）〉①978-4-938414-61-0　Ⓝ336.4　［1100円］

◇有期雇用法制ベーシックス　荒木尚志編著　有斐閣　2014.6　248p　22cm（ジュリストBOOKS）〈索引あり〉①978-4-641-14464-4　Ⓝ366.51　［1600円］

日本（微生物工業）

◇アトピーに朗報！―日本型バイオ「ライスパワー」に賭けた40年　入野和生著　小学館　2014.8　202p　18cm（小学館新書 218）〈文献あり〉①978-4-09-825218-3　Ⓝ579.97　［720円］

日本（ひとり暮らし高齢者）

◇おひとりシニアのよろず人生相談　樋口恵子著　主婦の友社　2014.2　190p　19cm（ゆうゆうBOOKS）①978-4-07-290370-4　Ⓝ367.75　［1300円］

日本（避難所）

◇巨大災害時後の高齢者等の避難環境の実態把握及び事前対策の検討　［神戸］　ひょうご震災記念21世紀研究機構　2014.3　38p　30cm〈平成25年度老人保健事業推進費等補助金老人保健健康増進等事業　付属資料：14p：避難所運営ガイドブック〉Ⓝ369.31

日本（PPP〔行政〕）

◇PPPが日本を再生する―成長戦略と官民連携　福川伸次，根本祐二，林原行雄編著　［東京］　時事通信出版局　2014.3　228p　21cm〈時事通信社（発売）内容：成長戦略としてのPPPビジネス（林原行雄著）　産業政策と官民連携（福川伸次著）　アベノミクスにおけるPPP（根本祐二著）　医療制度の課題と展望（江利川毅著）　日本の医療改革とPPP（土屋了介著）　ドクターヘリの制度設計における官民連携のあり方（国松孝次著）　高齢者介護の役割分担と施策（滝山真也著）　保育事業とPPP（中村紀子著）　鉄道における官民連携（須田寛著）　オリンピックに向けた東京再生アクションプラン（森浩生著）　「コンセッション」活用のすすめ（土屋雅裕著）　英国のPFIから学ぶ（柏木恵著）　PPPでイノベーションを生み出す物流ビジネス（木川眞，福川伸次述，林原行雄司会）〉①978-4-7887-1318-5　Ⓝ343.7　［2600円］

◇PPP事業に於ける公共施設O&M企業戦略総覧　2014年版　大阪マーケティング本部第一事業部調査・編集　富士経済　2014.1　283p　30cm　①978-4-8349-1675-1　Ⓝ335.8　［120000円］

◇よくわかるインフラ投資ビジネス―需要を読む、リスクを知る、戦略を練る　福島隆則，菅健彦著　［東京］　日経BP社　2014.12　223p　21cm〈日経BPマーケティング（発売）索引あり〉①978-4-8222-6095-8　Ⓝ343.7　［2500円］

日本（美容院）

◇「うちの新人」を最速で「一人前」にする技術―美容業界の人材育成に学ぶ　野嶋朗［著］　講談社　2014.5　189p　18cm

（講談社＋α新書 658-1C）①978-4-06-272850-8　Ⓝ336.47　［840円］

日本（美容院―図集）

◇サロンリフォームBOOK―リフォーム＆リノベーションで繁盛店に！　柴出版社　2014.10　128p　30cm（PREPPY BOOK）〈奥付のタイトル関連情報（誤植）：リフォーム＆リニューアルで繁盛店に！〉①978-4-7779-3381-5　Ⓝ526.67　［3000円］

日本（病院―歴史）

◇日本病院史　福永肇著　PILAR PRESS　2014.1　465p　22cm〈文献あり　年表あり　索引あり〉①978-4-86194-073-6　Ⓝ498.16　［4000円］

日本（病院給食―法令）

◇患者給食関係法令通知集　日本メディカル給食協会編集　18訂版　ぎょうせい　2014.5　559p　21cm　①978-4-324-09840-0　Ⓝ498.583　［3000円］

日本（肥料―特許）

◇現代農業を施肥から見る―IPC/FIガイド付き　ネオテクノロジー　2013.6　3, 120p　30cm（技術と特許をつなぐパテントガイドブック）〈折り込 1枚〉Ⓝ613.49　［80000円］

日本（ビルメインテナンス業）

◇ビルメンテナンス業における「仕事の体系」の整備等に関する調査研究　武蔵野　高齢・障害・求職者雇用支援機構職業能力開発総合大学校基盤整備センター　2014.3　137p　30cm（資料シリーズ no.56）Ⓝ673.99

日本（貧困）

◇子どもの貧困　2　解決策を考える　阿部彩著　岩波書店　2014.1　240, 14p　18cm（岩波新書 新赤版 1467）〈文献あり〉①978-4-00-431467-7　Ⓝ367.61　［820円］

◇最貧困女子　鈴木大介著　幻冬舎　2014.9　213p　18cm（幻冬舎新書 す-7-1）①978-4-344-98361-8　Ⓝ368.2　［780円］

◇女性たちの貧困―"新たな連鎖"の衝撃　NHK「女性の貧困」取材班著　幻冬舎　2014.12　254p　19cm〈内容：見えない貧困（村石多佳子著）　非正規雇用の現実（村石多佳子，宮崎亮希著）　「母一人」で生きる困難（丸山健司著）　セーフティーネットとしての「風俗」（村石多佳子著）　妊娠と貧困（宮崎亮希著）　"新たな連鎖"の衝撃（板倉弘政著）　解決への道はどこに（宮崎亮希著）　データが語る若年女性の貧困（戸来久雄著）〉①978-4-344-02681-0　Ⓝ367.21　［1400円］

◇シングルマザーの貧困　水無田気流著　光文社　2014.11　262p　18cm（光文社新書 724）①978-4-334-03827-4　Ⓝ367.3　［820円］

◇生活困窮要因のトリガー分析と対応する居住・就労等に関する相談支援の先進事例調査報告書　北九州　ホームレス支援全国ネットワーク　2014.3　82p　30cm〈厚生労働省平成25年度セーフティーネット支援対策事業費補助金（社会福祉推進事業）〉Ⓝ369.5

◇貧乏は幸せのはじまり　岡崎武志著　筑摩書房　2014.7　354p　15cm（ちくま文庫 お34-7）〈「あなたより貧乏な人」（メディアファクトリー 2009年刊）の改題、再編集、加筆訂正〉①978-4-480-43191-2　Ⓝ368.2　［900円］

◇ビンボーになったらこうなった！　橋本玉泉著　彩図社　2014.3　191p　15cm　①978-4-88392-975-7　Ⓝ368.2　［590円］

日本（貧困児童）

◇格差社会における家族の生活・子育て・教育と新たな困難―低所得層集住地域の実態調査から　長谷川裕編著　旬報社　2014.2　387p　22cm〈内容：〈格差・貧困と教育〉の現状と研究動向（本田伊克著）　本研究のテーマと方法（長谷川裕著）　A団地の地域特性とその変化（山本宏樹著）　A団地住民の生活実態の概要（小澤浩明著）　A団地におけるコミュニティの収縮と個人化（仲嶺政光著）　〈第2世代〉の居住状況（久冨善之著）　〈第2世代〉のライフ・イベントと家族にかかる負担（樋口くみ子著）　A団地居住者におけるネットワークの変化をめぐって（冨田充保著）　A団地コミュニティの変容と低所得家族の子育てネットワーク（松田洋介著）　「団地暮らし」の意味・資源としての団地（山田哲也著）　3のまとめ（松田洋介著）　A団地の家族の子育て方針・実態（盛満弥生著）　子どもへの「願望」にみる現代社会（前馬優策著）　親からみた子どもの教師・学校体験（福島裕敏著）　教師からみる子どもたちの学校体験（山﨑鎮親著）　A団地の幼稚園における子育て支援機能（井上大樹著）　4のまとめ（長谷川裕著）　総括（長谷川裕著）〉①978-4-8451-1346-0　Ⓝ368.2　［9000円］

859

日本（貧民―歴史―江戸時代）　　　　　　　　　　　　　日本件名図書目録2014　I

◇子どもに貧困を押しつける国・日本　山野良一著　光文社　2014.10　284p　18cm　（光文社新書 718）〈文献あり〉①978-4-334-03821-2　Ⓝ369.4　［820円］

◇子どもの貧困　2　解決策を考える　阿部彩著　岩波書店　2014.1　240,14p　18cm　（岩波新書 新赤版 1467）〈文献あり〉①978-4-00-431467-7　Ⓝ367.61　［820円］

◇子どもの貧困―貧困の連鎖と学習支援　宮武正明著　岐阜みらい　2014.4　302p　19cm　①978-4-86015-312-0　Ⓝ369.4　［2000円］

◇「子ども・若者の貧困防止に関する事業の実施・運営に関する調査・研究事業」報告書　小金井　加瀬進　2014.3　138p　30cm〈平成25年度厚生労働省社会福祉推進事業　研究代表：加瀬進〉

◇ソーシャルアクション　第2号　子どもの貧困特集　仙台　全国コミュニティライフサポートセンター　2014.6　96p　26cm　①978-4-904874-24-0　Ⓝ369　［1800円］

◇チャイルド・プアー社会を蝕む子どもの貧困　新井直之著　TOブックス　2014.3　239p　19cm　①978-4-86472-239-1　Ⓝ368.2　［1500円］

日本（貧民―歴史―江戸時代）

◇江戸の貧民　塩見鮮一郎著　文藝春秋　2014.8　221p　18cm　（文春新書 992）①978-4-16-660992-5　Ⓝ368.2　［800円］

日本（ファッション―雑誌）

◇「女子」の誕生　米澤泉著　勁草書房　2014.7　224,8p　20cm〈文献あり　索引あり〉①978-4-326-65389-8　Ⓝ367.21　［2600円］

日本（ファッション―歴史―1945～）

◇日本のファッションカラー100―流行色とファッショントレンド：1945-2013　日本流行色協会著　ビー・エヌ・エヌ新社　2014.3　1冊　22cm〈文献あり　年表あり　索引あり〉①978-4-86100-905-1　Ⓝ593.3　［2800円］

日本（ファッション―歴史―明治以後）

◇日本のファッション―明治・大正・昭和・平成　城一夫、渡辺明日香、渡辺直樹著　新装改訂版　京都　青幻舎　2014.3　351p　15cm〈文献あり　年表あり〉①978-4-86152-427-1　Ⓝ593.3　［1500円］

日本（ファッション産業）

◇アパレル通販・e－コマースマーケティング戦略　2013　東京　マーケティング本部第一統括部第二部調査・編集　富士経済　2013.8　187p　30cm　①978-4-8349-1641-6　Ⓝ589.2　［120000円］

◇ファッション業況調査及びクールジャパンのトレンド・セッティングに関する波及効果・波及経路の分析―平成25年度クールジャパンの芽の発掘・連携促進事業　経済産業省商務情報政策局生活文化創造産業課編　経済産業調査会　2014.12　127p　21cm　①978-4-8065-2949-1　Ⓝ589.2　［1500円］

日本（ファッション産業―伝記）

◇SHIHO AND GREAT CREATORS―50人のサクセスストーリー　SHIHO著　宝島社　2014.5　319p　21cm　①978-4-8002-2518-4　Ⓝ589.2　［1600円］

日本（VOC汚染）

◇揮発性有機化合物（VOC）排出インベントリ作成等に関する調査業務報告書　平成25年度　［東京］　旭リサーチセンター　2014.3　212p　30cm〈平成25年度環境省請負調査業務報告書〉Ⓝ519.3

◇揮発性有機化合物（VOC）排出インベントリについて　［出版地不明］　揮発性有機化合物（VOC）排出インベントリ検討会　2014.3　50p　30cm　Ⓝ519.3

日本（フィギュアスケート）

◇アイスモデリスト　八木沼純子著　文藝春秋　2014.2　269p　16cm　（文春文庫 や56-1）〈「氷上のアーティストたち」（日本経済新聞社 2005年刊）の改題、一部抜粋・加筆〉①978-4-16-790040-3　Ⓝ784.65　［570円］

◇ギフトーフィギュアスケーターが教えてくれたもの　野口美恵著　主婦の友社　2014.5　207p　19cm　①978-4-07-296207-7　Ⓝ784.65　［1400円］

◇FIGURE SKATING TRACE OF STARS SOCHI 2014―黄金の瞬間。日本フィギュアソチ冬季五輪完全保存版　文藝春秋　2014.4　81p　30cm　（Sports Graphic Number PLUS）①978-4-16-008192-5　Ⓝ784.65　［1500円］

日本（風景画―歴史）

◇信州風景画万華鏡　岸田恵理著　玲風書房　2014.11　313p　21cm〈文献あり　索引あり　内容：信州風景画万華鏡　風景版画の変遷　信州風景にみるフォーヴィスティックと日本的

なもの　浅間山と芸術家たちのトポフィリア　日本人と花々、信州の花が生んだ絵画の語るもの　見えたままのように描くことについて　信州の風景画、その歴史と背景　双燈社とその仲間たち　山の版画家菜畦地梅太郎〉①978-4-947666-65-9　Ⓝ721.02　［1800円］

日本（風景画―歴史―江戸時代）

◇もの資料で見る歴史―絵画と服飾　大久保純一、澤田和人、葉山茂編　佐倉　総研大日本歴史研究専攻　2014.1　93p　21cm　（歴史研究の最前線 vol. 16）〈会期・会場：2013年7月7日　明治大学アカデミーコモン　共同刊行：国立歴史民俗博物館　内容：名所絵をどう見るか（大久保純一述）　記号としての服飾（澤田和人述）　歴博で学んで（葉山茂述）〉Ⓝ721.025

日本（風水害）

◇平成の風水害―地域防災力の向上を目指して　山本晴彦著　農林統計出版　2014.2　552p　21cm〈索引あり〉①978-4-89732-286-5　Ⓝ451.981　［7400円］

日本（風俗画―歴史―江戸時代）

◇辻惟雄集　4　風俗画の展開　辻惟雄著、青柳正規、河野元昭、小林忠、酒井忠康、佐藤康宏、山下裕二編集委員　岩波書店　2014.1　241,6p　23cm〈布装　内容：洛中洛外図　初期風俗画と嫐曳図　《保元・平治合戦図屏風》について　北斎　北斎晩年の「ふしぎな世界」　空飛ぶ絵師の眼〉①978-4-00-028654-1　Ⓝ702.1　［3400円］

日本（風俗関連営業）

◇ソープランドでボーイをしていました　玉井次郎著　彩図社　2014.2　191p　15cm　①978-4-88392-973-3　Ⓝ673.94　［590円］

◇No.1風俗店長が極めた女性にキモチよく働いてもらうマネジメント術　モリコウスケ、エレガンス宮本著　こう書房　2014.11　255p　19cm　①978-4-7696-1134-9　Ⓝ673.94　［1400円］

◇日本の風俗嬢　中村淳彦著　新潮社　2014.8　252p　18cm　（新潮新書 581）〈文献あり〉①978-4-10-610581-4　Ⓝ673.94　［780円］

日本（風俗関連営業―判例）

◇風俗営業法判例集　大塚尚著　立花書房　2014.9　276p　21cm〈文献あり　索引あり〉①978-4-8037-0721-2　Ⓝ317.74　［2500円］

日本（風俗・習慣）

◇イラストで楽しむ四季の草花と暮らし―日本の草花の世界をイラストと日本画で味わう！　アフロ著　KADOKAWA　2014.2　206p　15cm　（中経の文庫 あ-15-12）〈文献あり〉①978-4-04-600202-0　Ⓝ472.1　［650円］

◇イラストでよくわかる美しい日本の言葉　ミニマル, ブロックバスター著　彩図社　2014.9　127p　19cm〈文献あり〉①978-4-8013-0018-7　Ⓝ814　［680円］

◇江戸時代庶民文庫―「江戸庶民」の生活を知る　25　家政一万宝智恵袋　俗家重宝集　秘事新書　小泉吉永解題　大空社　2014.6　308,6p　22cm　（「万宝智恵袋」享保10年刊の複製「俗家重宝集」文政7年刊の複製ほか　布装　内容：万宝智恵袋（三芳梅庵作）　俗家重宝集（劉卜子作）　秘事新書（本木昌造作）〉①978-4-283-01005-5（set）Ⓝ210.5

◇江戸時代庶民文庫―「江戸庶民」の生活を知る　26　家政一大全針裁宝　女伝心鈔　小泉吉永解題　大空社　2014.6　486,6p　22cm〈「大全針裁宝」文政8年刊の複製　「女伝心鈔」嘉永4年刊の複製　布装　内容：大全針裁宝　女伝心鈔〉①978-4-283-01005-5（set）Ⓝ210.5

◇江戸時代庶民文庫―「江戸庶民」の生活を知る　27　家政一錦嚢智術全書〈一～三冊〉　小泉吉永解題　大空社　2014.6　336,6p　22cm　（「錦嚢智術全書」嘉永4年刊の複製　布装　内容：錦嚢智術全書　1冊（吉文字屋市兵衛編）錦嚢智術全書　2冊（吉文字屋市兵衛編）　錦嚢智術全書　3冊（吉文字屋市兵衛編）〉①978-4-283-01005-5（set）Ⓝ210.5

◇江戸時代庶民文庫―「江戸庶民」の生活を知る　28　家政一錦嚢智術全書〈四～七冊〉　小泉吉永解題　大空社　2014.6　308,6p　22cm　（「錦嚢智術全書」嘉永4年刊の複製　布装　内容：錦嚢智術全書　4冊（吉文字屋市兵衛編）錦嚢智術全書　5冊（吉文字屋市兵衛編）　錦嚢智術全書　6冊（吉文字屋市兵衛編）　錦嚢智術全書　7冊（吉文字屋市兵衛編）〉①978-4-283-01005-5（set）Ⓝ210.5

◇江戸時代庶民文庫―「江戸庶民」の生活を知る　29　家政一料理秘伝抄　当流節用料理大全　経済をしへ草　漬物早指南　小泉吉永解題　大空社　2014.6　324,6p　22cm〈料理秘伝抄」貞享1年刊の複製　「当流節用料理大全」正徳4年刊の複製ほか　布装　内容：料理秘伝抄（伊兵衛作）　当流節用料理大全（高嶋某編）　経済をしへ草（高井蘭山作）　漬物早指南（小田原屋主人作）〉①978-4-283-01005-5（set）Ⓝ210.5

◇江戸時代庶民文庫―「江戸庶民」の生活を知る 30 教訓―民家分量記 民家童蒙解 小泉吉永解題 大空社 2014.6 494, 6p 22cm「民家分量記」享保11年刊の複製 「民家童蒙解」元文2年刊の複製 布装 内容：民家分量記（常盤潭北作） 民家童蒙解（常盤潭北作）〉①978-4-283-01005-5(set) Ⓝ210.5

◇江戸時代庶民文庫―「江戸庶民」の生活を知る 31 教訓―貝原先生家訓 明君家訓集 因士子教訓 貞丈家訓 小泉吉永解題 大空社 2014.6 318,6p 22cm「貝原先生家訓」貞享3年刊の複製 「明君家訓集」江戸中期頃の複製ほか 布装 内容：貝原先生家訓（貝原益軒作） 明君家訓集（室鳩巣作） 因士子教訓（嶋田半左衛門作） 貞丈家訓（伊勢貞丈作）〉①978-4-283-01005-5(set) Ⓝ210.5

◇江戸時代庶民文庫―「江戸庶民」の生活を知る 32 教訓―訓蒙勧孝録 小泉吉永解題 大空社 2014.6 520,6p 22cm〈訓蒙勧孝録〉文化13年刊の複製 布装 内容：訓蒙勧孝録（平井庸典編）〉①978-4-283-01005-5(set) Ⓝ210.5

◇季節のある暮らしを楽しむ本 ももせいづみ著 大和書房 2014.12 222p 15cm （だいわ文庫 286-1A）①978-4-479-30512-5 Ⓝ386.1 ［600円］

◇国際常民文化研究叢書 第8巻 アチックフィルム・写真にみるモノ・身体・表象（資料編） 神奈川大学国際常民文化研究機構編 横浜 神奈川大学国際常民文化研究機構 2014.3 181p 30cm〈内容：資料編 アチック写真資料目録（小林光一郎著） アチック写真本目録2013年度増補版 国立民族学博物館資料との照合 『渋沢フィルム15十嶋』DVDタイム表 地図〉①978-4-9907018-8-8 Ⓝ380.8 ［非売品］

◇雑学子どもにウケるたのしい日本 坪内忠太著 新講社 2014.9 193p 18cm （WIDE SHINSHO 213）①978-4-86081-518-9 Ⓝ382.1 ［900円］

◇写真でみる山と日本人 ［民俗文化研究所編］、［田中義広編著］ 日本図書センター 2014.1 386p 31cm「山と日本人」（日本民生文化協会出版部 1972年刊）の複製〉①978-4-284-50343-3 Ⓝ387 ［32000円］

◇人生のハレとケ 大島建彦著 三弥井書店 2014.10 291p 20cm ［三弥井民俗選書］〈内容：人生儀礼 産育と信仰 祝儀の忌み 厄と厄神 疫病と信仰 疫神の鎮送と食物 神とたべもの 餅の民俗 酒の民俗 儀式と火 正月の火と水 掃除とごみ 民俗における「けじめ」 子育ての伝統と現代 しつけの伝統〉978-4-8382-9089-5 Ⓝ382.1 ［2800円］

◇生死の民俗と怨霊 田中久夫著、御影史学研究会編 岩田書院 2014.6 380p 22cm （田中久夫歴史民俗学論集 4）〈内容：胞衣覚書 胞衣と産部屋 閻羅王信仰の伝播者の問題 小野篁と地蔵信仰と閻魔王宮 凶痕魂と蘇生と社会復帰のこと 御霊の鎮送 斎藤実盛の怨霊と虫送り 斎藤実盛信仰と遊行上人 墳墓のこと 墳墓祭祀 大化の薄葬令のこと 葬礼儀礼としての殯 陵戸の成立 石塔（積塔）・卒塔婆・墓石 火葬のはじまり〉①978-4-87294-842-4 Ⓝ385.6 ［11800円］

◇なぜ世界の人々は「日本の心」に惹かれるのか 呉善花著 PHP研究所 2014.1 285p 15cm （PHP文庫 お36-5）〈2012年刊の加筆・修正〉①978-4-569-76126-8 Ⓝ361.5 ［667円］

◇日本人なら知っておきたい《数》の風習の謎 博学こだわり倶楽部編、夢の設計社企画・編集 河出書房新社 2014.1 222p 15cm （KAWADE夢文庫 K986）〈文献あり〉①978-4-309-49886-7 Ⓝ382.1 ［619円］

◇にほんのきれいのあたりまえ―新しいくらし方をデザインする きれいのデザイン研究室編著 フィルムアート社 2014.10 263p 19cm〈内容：一歩先のあたりまえをデザインする（佐藤卓、伊勢谷友介述） 無の豊かさ、白の温かさ（竹山聖著） くらしのなかの理を見つめる（辰巳渚著） 人がつながり広げる美味しさ（野村友里著） 花鳥風月を楽しむ身の程のくらし（石川英輔著） 如意宝を求め、重ね高める美の世界（島内景二著） 身体に備わる言語化できない力（甲野善紀著） 排除しない社会を目指して（ジュリア・カセム、横須賀道夫述） 自然のものさしに変えていく（石田秀輝、中島デコ述） きれいが動かすこころと共に（河合俊雄、鎌田東二述）〉①978-4-8459-1447-0 Ⓝ382.1 ［1300円］

◇日本の伝統文化しきたり事典 中村義裕／著 柏書房 2014.12 591p 19cm ①978-4-7601-4525-6 ［3200円］

◇日本風物詩―海外から訪れた人たちを惹きつける日本の物事 ステュウット ヴァーナムーアットキン著、とよざきようこ訳 IBCパブリッシング 2014.7 194p 18cm ①978-4-7946-0286-2 Ⓝ382.1 ［1800円］

◇人と樹木の民俗世界―呪用と実用への視角 野本寛一、三国信一著 大河書房 2014.1 289p 22cm〈内容：アカメガシワ

（三国信一著） ヌルデ（三国信一著） 桐（野本寛一著） 針葉樹（野本寛一著）〉①978-4-902417-32-6 Ⓝ382.1 ［4600円］

◇「闇学」入門 中野純著 集英社 2014.1 204p 18cm （集英社新書 0723）①978-4-08-720723-1 Ⓝ361.5 ［720円］

日本（風俗・習慣―歴史）

◇稼ぐ・働く・祀る・祈る―日本・くらしの断章 田village善次郎著 八坂書房 2014.12 299p 20cm〈内容：製糸場かせぎ 櫛行商記 漆器・ツボ売りの記 毒消し売り 祀師の賦 ブラジルのスイカ王といわれて 塩の道 越後五ケ浜塩つくり 陸前大島の旧漁業聞書 東大和のお茶つくり 肥後牛の里・小国 杉野浦ナンゴの話 下肥雑記 灰とくらし 焼畑と狩りと神楽と 西浦の田楽 恐山の地蔵盆 ホカイする心 伊勢参りの人びと 庚申塔と庚申信仰 火伏せの意匠 伊勢・志摩 足利・小絵馬を訪ねて 伏見稲荷大社覚書 金毘羅信仰覚書〉①978-4-89694-182-1 Ⓝ382.1 ［2400円］

◇新体系日本史 14 生活文化史 小泉和子編 山川出版社 2014.4 432,19p 22cm〈文献あり 索引あり 内容：日本の生活文化の特質（小泉和子著） 生活文化にみる地域性（福田アジオ著） 沖縄の生活文化（上江洲均著） 生活文化にみるジェンダー（沢山美果子著） 日本住宅の歴史（川本重雄著） 「にわ」と庭園（玉井哲雄著） 家具と道具（小泉和子著） 田囃子・桂男・乗サ風流（泉万里著） 住まいのメンテナンスとリサイクル（中村琢巳著） 主食とおかずと調味料（江原絢子著） 酒と茶（熊倉功夫著） 衣生活と古着文化（藤原里香著） はきもの（潮田鐵雄著） 冠婚葬祭・贈答・宴会・人寄せ（板橋春夫著） 暮しのなかの子ども（菅野則子著） 遊び（志田原重人著） 生活文化としての音楽（小島美子著） 生活のなかの病（菅野則子著） 生活文化のなかの動物（塚本学著）〉①978-4-634-53140-6 Ⓝ210.08 ［4500円］

◇石器・天皇・サブカルチャー―考古学が解く日本人の現実 竹岡俊樹著 勉誠出版 2014.5 296,4p 20cm〈文献あり 索引あり〉①978-4-585-22085-5 Ⓝ382.1 ［3000円］

◇つばき油の文化史―暮らしに溶け込む椿の姿 有岡利幸著 雄山閣 2014.12 257p 21cm （生活文化史選書）〈文献あり〉①978-4-639-02340-1 Ⓝ382.1 ［2800円］

◇日本人なら知っておきたい！所作の「型」 武光誠著 青春出版社 2014.8 173p 15cm （青春文庫 た-25）〈「「型」と日本人」（PHP研究所 2008年刊）の改題、加筆・修正〉①978-4-413-09603-4 Ⓝ382.1 ［690円］

◇落書きに歴史をよむ 三上喜孝著 吉川弘文館 2014.4 232p 19cm （歴史文化ライブラリー 375）①978-4-642-05775-2 Ⓝ382.1 ［1700円］

◇歴史における周縁と排除―女性・穢れ・衛生 鈴木則子編 京都 思文閣出版 2014.3 359,3p 22cm〈内容：善光寺と女人罪業観（平雅行著） 富士講・不二道の女性不浄観批判（宮崎ふみ子著） 奈良の伝統的祭礼と女性（武藤康弘著） 古代浴衣復元のための覚え書き（武田佐知子著） 女性と穢れ（加藤美恵子著） 宗教都市におけるケガレの操作と「清浄」概念の共有（濱千代早由美著） 近世における北野社門前の社会構造（三枝暁子著） 中国医学における感染症認識（白杉悦雄著） 江戸時代の結核（鈴木則子著） 衛生思想の中の女性（瀧澤利行著） 眼の感染症にみられる女性観（尾鍋智子著） 規範としての「自然」（梶谷真司著） 不妊の原因としての淋病（林葉子著） 『青鞜』への道（池川玲子著）〉①978-4-7842-1714-4 Ⓝ384.6 ［6800円］

日本（風俗・習慣―歴史―江戸時代）

◇浮世絵でわかる！江戸っ子の二十四時間 山本博文監修 青春出版社 2014.6 123p 18cm （青春新書 INTELLIGENCE PI-426）〈文献あり〉①978-4-413-04426-4 Ⓝ382.1 ［1180円］

◇江戸しぐさに学ぶおつきあい術 山内あやり著 幻冬舎エデュケーション 2013.6 215p 19cm〈幻冬舎（発売）〉①978-4-344-97666-5 Ⓝ361.454 ［1100円］

◇江戸しぐさの正体―教育をむしばむ偽りの伝統 原田実著 星海社 2014.8 222p 18cm （星海社新書 52）〈講談社（発売） 文献あり〉①978-4-06-138555-9 Ⓝ371.6 ［820円］

◇江戸時代の生活便利帖―現代語訳・民家日用廣益秘事大全 三松館主人著、内藤久男訳 幻冬舎 2014.2 319p 21cm〈「民家日用廣益秘事大全」（幻冬舎ルネッサンス 2013年刊）の改題〉①978-4-344-02534-9 Ⓝ382.1 ［1900円］

◇江戸の恋文―言い寄る、口説く、ものにする 綿抜豊昭著 平凡社 2014.1 203p 18cm （平凡社新書 714）〈文献あり〉①978-4-582-85714-6 Ⓝ384.7 ［760円］

◇大江戸暮らし大事典 菅野俊輔、小林信也監修 宝島社 2014.3 222p 16cm （宝島SUGOI文庫 Dか-7-1）〈文献あり 「大江戸くらし大図鑑」（2013年刊）の改題、加筆・修正〉①978-4-8002-2461-3 Ⓝ210.5 ［600円］

◇大江戸長屋ばなし　興津要著　中央公論新社　2014.4　312p　16cm　（中公文庫　お80-4）〈索引あり　PHP文庫 1991年刊の再刊〉①978-4-12-205941-2　Ⓝ210.5　［980円］

◇勤番武士の心と暮らし―参勤交代での江戸詰中日記から　酒井博, 酒井容子著　文芸社　2014.3　207p　21cm〈文献あり〉①978-4-286-14748-2　Ⓝ210.5　［1600円］

◇時代劇はやっぱり面白い―写真家が書いた時代小説・ドラマ案内書　斉藤政秋著　ごま書房新社　2014.2　244p　19cm〈文献あり〉①978-4-341-08576-6　Ⓝ382.1　［1300円］

◇女子のためのお江戸案内―恋とおしゃれと生き方と　堀江宏樹著　廣済堂出版　2014.8　197p　19cm〈文献あり 年表あり〉①978-4-331-51864-9　Ⓝ384.6　［1500円］

◇西山松之助著作集　第5巻　近世風俗と社会　西山松之助著　オンデマンド版　吉川弘文館　2013.10　564,11p　22cm〈索引あり　印刷・製本：デジタルパブリッシングサービス　内容：くるわ　江戸の岡場所　衆道風俗について　遊びの日本的一典型　日本的遊びの変遷　近世人の花鳥風月　民衆芸能と仏教　娘大スターの成立　おきゃんな女　浮世絵の背景社会　江戸の流行物　名工氾濫と名人芸　旅についての一考察　近世の旅風俗　世相と料理　近世風俗百態　近世封建社会の特異現象〉①978-4-642-04296-3　Ⓝ702.15　［16000円］

◇日本近世生活絵引　奄美・沖縄編　『日本近世生活絵引』奄美・沖縄編編纂共同研究班編　横浜　神奈川大学日本常民文化研究所非文字資料研究センター　2014.3　207p　30cm　（神奈川大学日本常民文化研究所非文字資料研究センター研究成果報告書）〈文献あり〉①978-4-904124-18-5　Ⓝ382.1　［非売品］

日本（風俗・習慣―歴史―江戸末期）

◇驚きの江戸時代―目付は直角に曲がった　高尾善希著　柏書房　2014.4　357p　20cm　①978-4-7601-4351-1　Ⓝ210.58　［2000円］

◇武士の絵日記―幕末の暮らしと住まいの風景　大岡敏昭［著］　KADOKAWA　2014.11　314p　15cm　（［角川ソフィア文庫］［I125-1］）〈「幕末下級武士の絵日記」(相模書房 2007年刊)の改題、加筆修正〉①978-4-04-409217-7　Ⓝ384.2　［920円］

日本（風俗・習慣―歴史―昭和後期）

◇昭和40年代ファン手帳　泉麻人著　中央公論新社　2014.6　280p　18cm　（中公新書ラクレ　497）①978-4-12-150497-5　Ⓝ382.1　［880円］

日本（風俗・習慣―歴史―昭和時代）

◇時代（とき）の旅人Books―"昭和"を愉しむ旅の扉を開こう　Vol.01　特集嗚呼、郷愁の「ナポリタン」　大空出版　2014.12　127p　21cm　①978-4-903175-55-3　Ⓝ382.1　［800円］

日本（風俗・習慣―歴史―中世）

◇日本中世の穢と秩序意識　片岡耕平著　吉川弘文館　2014.3　288,7p　22cm〈索引あり　内容：分析概念としての穢　日本中世の穢観念について　日本中世の穢観念と神社　永長の大田楽の動向　「神国」の形成　日本中世の疾病観と神国意識　聖なるものの転換をめぐって　「従産穢内迎取養育」考　日本中世成立期における触穢観の変容と社会関係　二種類の秩序意識〉①978-4-642-02918-6　Ⓝ382.1　［11000円］

日本（風俗・習慣―歴史―平安時代）

◇千年の都平安京のくらし　鳥居本幸代著　春秋社　2014.1　285p　20cm〈文献あり〉①978-4-393-48226-1　Ⓝ210.36　［2500円］

日本（風俗・習慣―歴史―明治以後）

◇明治・大正庶民生活史　日本図書センター　2014.3　175,178p　27cm〈文献あり 索引あり　「明治・大正くらしの物語 上巻」（ベストセラーズ 1978年刊）の複製　「明治・大正くらしの物語 下巻」（ベストセラーズ 1979年刊）の複製〉①978-4-284-50345-7　Ⓝ382.1　［24000円］

日本（風俗・習慣―歴史―明治時代）

◇東京大学の学術遺産捃拾帖　モリナガヨウ著　KADOKAWA　2014.6　284p　18cm　（メディアファクトリー新書　103）〈文献あり〉①978-4-04-066795-9　Ⓝ382.1　［1100円］

◇明治のこころ―モースが見た庶民のくらし　小林淳一, 小山周子編著　京都　青幻舎　2013.9　221p　26cm〈文献あり 年譜あり　英語併記　会期・会場：2013年9月14日（土）-12月8日（日）東京都江戸東京博物館　主催：東京都歴史文化財団ほか〉①978-4-86152-409-7　Ⓝ382.1　［2190円］

日本（夫婦）

◇卒婚のススメ―人生を変える新しい夫婦のカタチ　杉山由美子著　静山社　2014.5　219p　15cm　（［静山社文庫］［す4-1］）〈オレンジページ 2004年刊の加筆・修正し、新たに編集〉①978-4-86389-279-8　Ⓝ367.3　［680円］

◇ダメダンナ図鑑　井上ミノル著　大阪　創元社　2014.8　110p　21cm　①978-4-422-91025-3　Ⓝ367.3　［1000円］

◇定年がやってくる―妻の本音と夫の心得　青木るえか著　筑摩書房　2014.4　222p　18cm　（ちくま新書　1068）①978-4-480-06762-3　Ⓝ367.3　［760円］

◇日本の夫婦―パートナーとやっていく幸せと葛藤　柏木惠子, 平木典子編著　金子書房　2014.4　190p　21cm〈内容：夫婦の幸福感（伊藤裕子著）　夫婦間コミュニケーションとケアの授受（柏木惠子著）　中年期の危機（布柴靖枝著）　高齢期の夫婦関係と幸福感（宇都宮博著）　三角関係の機能と病理（平木典子著）　夫婦間葛藤をめぐる悪循環（野末武義著）　離婚を選ぶ夫婦たち（藤田博康著）　親としての夫婦（大河原美以著）　生殖医療と夫婦（小泉智恵著）〉①978-4-7608-3030-5　Ⓝ367.3　［2300円］

◇夫婦げんかと子どものこころ―健康な家族とはなにか　川島亜紀子著　新曜社　2014.12　127,9p　19cm　①978-4-7885-1417-1　Ⓝ367.3　［1500円］

日本（風力発電―特許）

◇特許情報分析（パテントマップ）から見た風力発電に関する技術開発実態分析調査報告書　インパテック株式会社編　パテントテック社　2013.5　233p　30cm〈タイトルは標題紙による〉①978-4-86483-220-5　Ⓝ543.6　［56700円］

日本（フォークソング―歴史―昭和後期）

◇あの日の歌　あの日の歌製作委員会編　ソル・メディア　2014.2　103p　22cm〈作品目録あり 年表あり〉①978-4-905349-15-0　Ⓝ767.8　［2000円］

◇1969新宿西口地下広場　大木晴子, 鈴木一誌編著　新宿書房　2014.6　255p　21cm〈文献あり 年表あり　内容：地下の広場から見る一九六九年（鈴木一誌著）　一九六九年（上野昂志著）　フォークゲリラは終わらない（大木晴子, 大木茂述, 鈴木一誌聞き手・構成）　『機動隊ブルース』の頃（大川昭一著）　フォークゲリラがいた（なぎら健壱著）　映画『'69春～秋地下広場』採録シナリオ（関根忠郎, 永田典子採録）　しかし、歌声と討論は残った（筒井武文著）　反骨の映画監督・大内田圭弥（安井喜雄著）　二五年目のフォークゲリラ、そして四五年目へ（伊津信之介著）　宙づりの思想（鈴木一誌著）〉①978-4-88008-438-1　Ⓝ319.8　［3200円］

◇日本のフォーク完全読本　馬飼野元宏監修, 秋場新太郎編集　シンコーミュージック・エンタテイメント　2014.7　255p　21cm〈文献あり 索引あり〉①978-4-401-63972-4　Ⓝ767.8　［2000円］

日本（フォークリフト―特許）

◇特許情報分析（パテントマップ）から見たフォークリフトに関する技術開発実態分析調査報告書　インパテック株式会社編　パテントテック社　2013.4　224p　30cm〈タイトルは標題紙による〉①978-4-86483-214-4　Ⓝ536.7　［55650円］

日本（武具―歴史―古代）

◇日本古代の武具―『国家珍宝帳』と正倉院の器仗　近藤好和著　京都　思文閣出版　2014.9　462p　22cm　①978-4-7842-1766-3　Ⓝ756.21　［8500円］

日本（福祉機器―特許）

◇センサネットワークによる高齢者支援の最前線―IPC/FIガイド付き　ネオテクノロジー　2013.6　2, 100p　30cm　（技術と特許をつなぐパテントガイドブック）〈折り込 1枚〉Ⓝ369.18　［80000円］

日本（服装―歴史）

◇写真でみる日本洋装史　遠藤武, 石山彰著　日本図書センター　2014.6　315p　31cm〈文献あり 年表あり　「写真にみる日本洋装史」（文化出版局 昭和55年刊）の複製〉①978-4-284-50352-5　Ⓝ383.1　［32000円］

日本（服装―歴史―古代）

◇古代日本の衣服と交通―装う王権つなぐ道　武田佐知子著　京都　思文閣出版　2014.3　398,3p　22cm〈内容：古代における道と国家　古代における都と村　二つのチカシマに関する覚え書き　古代環日本海交通と渟足柵　「魏志」倭人伝の衣服について　『一遍聖絵』に見る時衆の衣服　笠の山　日本古代における民族と衣服　律令国家と蝦夷の衣服　奉翳美人の「男装」について　男装の女王・卑弥呼　大化の冠位制について　王権と衣服　古代天皇の冠と衣服　服飾と制度〉①978-4-7842-1723-6　Ⓝ210.3　［6800円］

日本（福利厚生）

◇共済会・会社の給付・貸付と共済会の福祉事業　2013年版　労務研究所編　労務研究所　2014.2　197p　26cm　①978-4-947593-15-3　Ⓝ336.48　［2200円］

◇福利厚生・現物給与の税務―源泉所得税の取扱いを完全網羅　平成26年版　大山一夫編　大蔵財務協会　2014.6　237p　21cm　①978-4-7547-2102-2　Ⓝ336.983　［1944円］

日本件名図書目録2014　Ⅰ　　　　　　　　　　　　　　　　　　　　　　　　　　　　　　　　日本（仏教―歴史―古代）

◇福利厚生の今後をどう考えるか―アンケート調査報告書
2013年版　労務研究所　2014.5　74p　26cm　Ⓘ978-4-
947593-16-0　Ⓝ336.48　［2000円］

日本（福利厚生―統計）
◇労働条件ハンドブック　2014-2　福利厚生編　基幹労連政策
企画局編　基幹労連　2014.11　547p　30cm　Ⓝ366.3

日本（福利厚生―歴史―1868～1945）
◇日本産業社会の形成―福利厚生と社会法の先駆者たち　森田
慎二郎著　労務研究所　2014.5　284p　21cm　（福利厚生の
世紀ける！　1）〈索引あり〉Ⓘ978-4-947593-17-7　Ⓝ366.
36　［3500円］

日本（父子家庭）
◇シンパパ！―父ひとり・子ひとり「どん底」からでも幸せに生
き抜ける！　大浦龍宇一著　青志社　2014.1　231p　19cm
Ⓘ978-4-905042-78-5　Ⓝ367.3　［1300円］

日本（物価）
◇経済・物価情勢の展望　2014年4月　［東京］　日本銀行
2014.5　37, 48p　30cm　〈公表時間5月1日（木）14時00分〉
Ⓝ332.107
◇経済・物価情勢の展望　2014年10月　［東京］　日本銀行
2014.11　35, 47p　30cm　〈公表時間11月1日（土）14時00分〉
Ⓝ332.107

日本（仏教）
◇アジア仏教の現在　5　日本仏教に未来はあるか　龍谷大学ア
ジア仏教文化研究センター編　［京都］　龍谷大学アジア仏教
文化研究センター　2014.1　134p　30cm　（国内シンポジウ
ムプロシーディングス　2013年度　第2回）〈会期・会場：2013
年7月20日　龍谷大学大宮学舎清和館3階ホール　内容：報告
インド仏教の変容（サンガラトナ述）　倫理の裏づけとしての慈
悲（坂本廣博述）　近代を問う仏教の未来（廣澤隆之述）　仏教
界の現在と未来（並川孝儀述）　僧侶のめざすもの（熊本英人
述）　真宗の立場から考える若干のこと（福島栄寿述）　日蓮
は何を批判していたのか（原愼定述）　浄土真宗における寺院
の意義（内藤知康述）〉Ⓝ182.2
◇知っておきたい日本の仏教　日本仏教13宗をかんたん解説
柵出版社　2014.3　127p　21cm　〈年表あり〉Ⓘ978-4-7779-
3089-0　Ⓝ182.1　［552円］
◇宗教と芸能―日本仏教と落語　釈徹宗講述，真宗興正派安居
寮編　京都　真宗興正派宗務所教務部　2014.7　82p　19cm
（安居講義録シリーズ）Ⓘ978-4-907579-12-8　Ⓝ182.1　［500
円］
◇震災復興と仏教界―週刊佛教タイムス・ダイジェスト（2012年
2月～2014年1月）　佛教タイムス編集部編　佛教タイムス社
2014.3　80p　30cm　（東日本大震災報道　2）Ⓘ978-4-
938333-05-8　Ⓝ182.1　［1000円］
◇日本「再仏教化」宣言！　佐藤哲朗著　サンガ　2014.1
327p　19cm　〈文献あり〉Ⓘ978-4-905425-67-0　Ⓝ182.1
［2000円］
◇日本人に「宗教」は要らない　ネルケ無方著　ベストセラーズ
2014.2　213p　18cm　（ベスト新書　432）Ⓘ978-4-584-
12432-1　Ⓝ182.1　［819円］
◇仏教が現代に提言できること　藤田徹文講述，真宗興正派宗
務所教務部編　京都　真宗興正派宗務所教務部　2013.10
73p　21cm　（僧侶・住職研修会「教学」講義録　第16回（平成
21年））〈会期・会場：平成21年7月7日　本山興正寺〉Ⓘ978-
4-907579-09-8　Ⓝ182.1　［500円］

日本（仏教―社会事業）
◇お寺に行こう！一坊主が選んだ「寺」の処方箋　池口龍法著・
監修　講談社　2014.3　175p　19cm　Ⓘ978-4-06-218691-9
Ⓝ187.6　［1300円］
◇「臨床仏教」入門―全青協創立50周年記念出版　全国青少年教
化協議会・臨床仏教研究所編　京都　白馬社　2013.11　309p
22cm　〈年譜あり　内容：臨床仏教の検証（神仁述）　さまよう
若者（和田重良述）　共に生きる社会をめざして（吉永岳彦述）
ターミナルケア（大河内大博述）　仏教と災害支援（辻雅榮述）
ネットワーキング型支援の可能性（島薗進述）「無縁社会」か
ら「有縁社会」へ（袴田俊英述）　なぜ犯罪は起こるのか？（深
井三洋子述）「破壊カルト」に走る人びと（楠山泰道述）　現
代社会と臨床仏教（千石真理ほか述，養輪顕量コメンテーター，
神仁コーディネーター）　なぜ今、臨床仏教なのか　全青協活
動と臨床仏教（齋藤昭俊著）〉Ⓘ978-4-938651-96-1　Ⓝ187.6
［2500円］

日本（仏教―社会事業―歴史―明治以後）
◇仏教福祉実践の轍―近・現代、そして未来への諸相　藤森雄介
著　千葉　淑徳大学長谷川仏教文化研究所　2014.3　237p

19cm　（淑徳選書　3）〈文献あり〉Ⓘ978-4-905491-04-0
Ⓝ187.6　［1900円］

日本（仏教―宗派）
◇一冊でまるごとわかる日本の13大仏教　瓜生中著　大和書房
2014.10　341p　15cm　（だいわ文庫　281-1E）〈年表あり〉
Ⓘ978-4-479-30504-0　Ⓝ188　［740円］
◇知っておきたい日本仏教各宗派一その教えと疑問に答える：法
相宗　天台宗　真言宗　融通念佛宗　浄土宗　浄土真宗　臨済宗　曹
洞宗　日蓮宗　時宗　大法輪閣編集部編　大法輪閣　2014.3
223p　22cm　〈年表あり〉Ⓘ978-4-8046-1359-8　Ⓝ188
［1600円］

日本（仏教―歴史）
◇奇跡の日本仏教―仏教はこうして「日本仏教」になった　島田
裕巳著　詩想社　2014.12　228p　18cm　（詩想社新書　4）
〈星雲社（発売）〉Ⓘ978-4-434-19940-0　Ⓝ182.1　［900円］
◇経済行動と宗教―日本経済システムの誕生　寺西重郎著　勁
草書房　2014.9　499,31p　20cm　〈文献あり　索引あり〉
Ⓘ978-4-326-55071-5　Ⓝ332.1　［3500円］
◇事典日本の仏教　養輪顕量編　吉川弘文館　2014.2　522,24p
20cm　〈索引あり〉Ⓘ978-4-642-08094-1　Ⓝ182.1　［4200円］
◇シリーズ日本人と宗教―近世から近代へ　2　神・儒・仏の時
代　島薗進, 高埜利彦, 林淳, 若尾政希編　春秋社　2014.11
267p　22cm　〈内容：「天道」思想と「神国」観（神田千里著）
神・儒・仏の交錯（若尾政希著）　近世仏教と民衆救済（養輪顕
量著）　神・儒・仏の三教と日本意識（前田勉著）　民衆信仰の
興隆（神田秀雄著）「復古」と考証（高橋章則著）　近代的世
界像と仏教（岡田正彦著）　宗教概念と日本（オリオン・クラ
ウタウ著）〉Ⓘ978-4-393-29942-5　Ⓝ162.1　［3200円］
◇太子信仰の研究　林幹彌著　オンデマンド版　吉川弘文館
2013.10　493, 21p　22cm　Ⓘ978-4-642-04224-6　Ⓝ288.44
［15000円］
◇日本仏教と庶民信仰　五来重著　大法輪閣　2014.6　286p
19cm　〈内容：関西仏教伝説三十三ケ所　修験の山々を往く
無宿・放浪の仏教　説経から「語り物」へ　日本仏教と民間信
仰　仏教と芸能の世界　僧侶の肉食妻帯　遊行の仏教　日
本の観音信仰　日本人の先祖供養観　高野山の浄土信仰と高
野聖　山の薬師・海の薬師　霊山と仏教　山岳信仰と弥勒菩薩
日本仏教と呪術　日本仏教と葬制　巡礼・遍路の信仰と歴史
一遍と神祇信仰〉Ⓘ978-4-8046-1362-8　Ⓝ182.1　［2200円］
◇日本仏教入門　末木文美士著　［東京］　KADOKAWA
2014.3　279p　19cm　（角川選書　537）〈文献あり　内容：
「日本仏教」への視座　思想史の中の日本仏教　「仏」とは何
か　最澄と江南仏教　大蔵経の伝来　経典の解釈と選択　神
仏習合、神仏補完　仏教はいかにして日本化＝土着化したか
迫害と確執　日本仏教の実践　日本仏教の近代〉Ⓘ978-4-04-
703537-9　Ⓝ182.1　［1800円］
◇比叡山延暦寺はなぜ6大宗派の開祖を生んだのか　島田裕巳著
ベストセラーズ　2014.4　222p　18cm　（ベスト新書　437）
〈文献あり〉Ⓘ978-4-584-12437-6　Ⓝ182.1　［778円］

日本（仏教―歴史―鎌倉時代）
◇鎌倉仏教　佐藤弘夫著　筑摩書房　2014.1　263p　15cm
（ちくま学芸文庫　サ30-1）〈文献あり　レグルス文庫　1994年
刊の再刊〉Ⓘ978-4-480-09591-6　Ⓝ182.1　［1000円］

日本（仏教―歴史―古代）
◇日本古代中世の仏教と東アジア　原田正俊編著　吹田　関西
大学東西学術研究所　2014.3　345p　22cm　（関西大学東西
学術研究所研究叢刊　46）〈発行中：関西大学出版部　内容：
沙陀の唐中興と五臺山（中田美絵著）　栴檀瑞像の遷転と一〇～
一四世紀東部ユーラシアの王権（藤原崇人著）　南北朝・室町
時代における夢窓派の伝法観と袈裟・嗣法（原田正俊著）　後
醍醐天皇による勅願寺認定について（中井裕子著）　空海請来
不空・般若新訳経の書写と公認（西本昌弘著）『仁和寺御室御
物実録』の宝物（大槻暢子著）　雲伯地域の神像彫刻（長谷洋一
著）　現代台湾の寺院における無縁死者救済儀礼について（山
田明広著）　中国中世における僧侶の出家因縁（林observed柔著）
『続日本後紀』掲載の僧侶の伝記について（佐藤健太郎著）　入
宋僧寂然記事のゆくえ（上川通夫著）〉Ⓘ978-4-87354-579-0
Ⓝ182.1　［4000円］
◇仏教がつなぐアジア―王権・信仰・美術　佐藤文子, 原田正俊,
堀裕編　勉誠出版　2014.6　328p　20cm　〈内容：胡語から梵
語へ（宮嶋純子著）　中国仏教美術における「火焔光背」の出現
（西林孝浩著）　唐代の内道場と内供奉僧について（米田健志
著）　天皇の受灌頂と皇帝の受灌頂（駒井匠著）　皇帝の誕生
日法会から室町将軍の誕生日祈禱へ（原田正義著）　出家と得
度のあいだのひとびと（佐藤文子著）　みごもりの夢（西口順
子著）　掘り出される石の讖文（堀裕著）　日中往生伝の臨終
にみる奇瑞と行業（田中夕子著）　五代末初に見える神仏におけ
る呉道玄様式の展開（大原嘉豊著）　王古撰『新修浄土往生伝』
小考（横内裕人著）　楊貴妃観音の源流（石野一晴著）　中国仏

863

日本（仏教―歴史―昭和前期）　　　　　　　　　　　　　　　　日本件名図書目録2014　I

教史研究会の経緯（竺沙雅章著）〉①978-4-585-21021-4
Ⓝ182.1　［3600円］

日本（仏教―歴史―昭和前期）
◇皇道仏教と大陸布教―十五年戦争期の宗教と国家　新野和暢
著　社会評論社　2014.2　331p　20cm　〈文献あり　年譜あり
内容：皇道と侵略思想　戦争を肯定する仏教　皇道仏教とい
う思想．1　惟神と無我を結ぶ禅の思想　皇道仏教という思
想．2　天皇に帰一する仏教　大陸布教の始まりと日中戦争前
後の大陸布教政策　皇道仏教の大陸展開　租界地天津にみる
開教　宗教団体法にみる国家と宗教　天皇帰一と国家神道の
ゆくえ〉①978-4-7845-1518-9　Ⓝ182.1　［2700円］

日本（仏教―歴史―中世）
◇日本古代中世の仏教と東アジア　原田正俊編著　吹田　関西
大学東西学術研究所　2014.3　345p　22cm　（関西大学東西
学術研究所研究叢刊　46）〈発行所：関西大学出版部　内容：
沙陀の唐中興と五臺山（中田美絵著）　栴檀瑞像の遷転と一〇～
一四世紀東部ユーラシアの王権（藤原崇人著）　南北朝・室町
時代における夢窓派の伝法観と袈裟・頂相（原田正俊著）　後
醍醐天皇による勅寺認定について（中井裕子著）　空海請来
不空・般若訳経の書写と公認（西本昌弘著）『仁和寺御室御
物実録』の宝物（大槻暢子著）　雲伯地域の神像彫刻（長谷洋一
著）　現代台湾の鬼月における無縁死者救済儀礼について（山
田明広著）　中国中世における僧侶の出家因縁（林韻柔著）
『続日本後紀』掲載の僧侶の伝記について（佐藤健太郎著）　入
宋僧奝然記事のゆくえ（上川通夫著）〉①978-4-87354-579-0
Ⓝ182.1　［4000円］

◇日本中世の地域社会と仏教　湯之上隆著　京都　思文閣出版
2014.10　357,8p　22cm　（静岡大学人文社会科学部研究叢書
No.46）〈索引あり　内容：平安時代の写経と法会　鎌倉期駿
河府中の宗教世界　駿河国有度郡八幡神社旧蔵大般若経　遠
江国洞泉寺所蔵五部大乗経の成立と伝来　美濃国薬王寺所蔵
大般若経の開板と伝来　伊豆国柱命神社所蔵大般若経　駿
河国清見寺所蔵大般若経　覚海円成と伊豆国円成寺　中世仏
教と地方社会　遠江国山名郡木原権現由来記の歴史的環境
中世後期の秋葉山と徳川家康　駿河国東泉院と建徳寺　喜捨
する人びと　遠江久野氏の成立とその歴史的環境　旅日記・
紀行文と地方社会　名物瀬戸の染飯をめぐる文化史　近世後
期神社祭祀をめぐる争論と偽文書　小杉榲邨の幕末・維新
東京大学文学部附属古典講習科〉①978-4-7842-1773-1
Ⓝ182.1　［8000円］

◇仏教がつなぐアジア―王権・信仰・美術　佐藤文子,原田正俊,
堀裕編　勉誠出版　2014.6　328p　20cm　〈内容：胡語から梵
語へ（富嶋純子著）　唐代の内道場と内供奉僧について（米田健志
著）　天皇の受灌頂と皇帝の受灌頂（駒井匠著）　皇帝の誕生
日法会から室町将軍の誕生日祈禱へ（原田正俊著）　出家と得
度のあいだ（佐藤文子著）　みごもりの仏教（西口順子著）　掘り出される石の讖文（堀裕著）　日中往生伝の臨終
にみる奇瑞と行業（田中夕子著）　五代宋初に至る仏画におけ
る呉道玄様式の展開（大原嘉豊著）　王古撰『新修浄土往生伝』
小考（横内裕人著）　楊貴妃観音の源流（石野一晴著）　中国仏
教史研究会の経緯（竺沙雅章著）〉①978-4-585-21021-4
Ⓝ182.1　［3600円］

日本（仏教―歴史―平安時代）
◇平安貴族社会と仏教　速水侑著　オンデマンド版　吉川弘文
館　2013.10　261,10p　22cm　（日本宗教史研究叢書）〈索引
あり　監修：笠原一男　印刷・製本：デジタルパブリッシング
サービス〉①978-4-642-04263-5　Ⓝ182.1　［9000円］

◇平安時代の対外関係と仏教　手島崇裕著　校倉書房　2014.9
368p　22cm　（歴史科学叢書）〈索引あり　内容：本書に関
わる研究史の整理と検討課題の確認を中心に　入宋僧の性格
変遷と平安中後期朝廷　平安中期の対外交渉と摂関家　東ア
ジア再編期の日中関係における仏教と信仰・役割について
日本―北宋の仏教交渉と摂関期仏教の展開　入宋僧寂照の飛
鉢説話再考　成尋と後続入宋僧の聖地巡礼　入宋僧と三国世
界観　総括と展望、さらなる課題〉①978-4-7517-4550-2
Ⓝ210.36　［10000円］

日本（仏教―歴史―明治以後）
◇近代仏教を問う　智山伝法院編,廣澤隆之,宮坂宥洪監修　春
秋社　2014.1　241p　20cm　〈内容：近代と仏教（中沢新一述）
ディスカッション（中沢新一ほか述）　日本仏教史の中の近代
（末木文美士述）　仏教教団の近代化（安中尚史述）　ディス
カッション（安中尚史ほか述）　文化学的方法論の長所と短所
（頼富本宏述）　二十一世紀型の真言密教を考える（正木晃述）
私たちはなぜ学ぶのか（廣澤隆之述）　近代を問う仏教の新た
な地平（廣澤隆之著）〉①978-4-393-13575-4　Ⓝ182.1　［2500円］

日本（仏教教育）
◇薫習―値遇にめぐまれて　緒方正倫著　京都　探究社　2013.
2　185p　20cm　①978-4-88483-916-1　Ⓝ371.6　［1500円］

日本（仏教教育―歴史―中世）
◇仏教的伝統と教育―一遍仏教とその周縁とのダイアローグ
竹内明著　国書刊行会　2014.3　362p　22cm　〈文献あり　内
容：一遍仏教に至るまで　天台本覚思想と一遍仏教　一遍仏
教における「往生」の問題　一遍仏教の歴史的位置　一遍の教
育的人間観　一遍仏教に見る真実の自己の形成　他阿真教の
教育思想　『他阿上人法語』に見る武士の学習とその支援　隠
者兼好の教育思想　世阿の能楽稽古論　後近代の教育への一
試論　ラティオの後に来るもの　約説と補論〉①978-4-336-
05787-7　Ⓝ188.692　［3000円］

日本（仏教美術―図集）
◇真宗の美―親鸞と福井、ゆかりの名宝　真宗の美展実行委員
会編　［出版地不明］　真宗の美展実行委員会　2014.9　232p
30cm　〈会期・会場：平成26年9月26日～10月26日　福井県立美
術館　奥付のタイトル：「真宗の美―親鸞と福井、ゆかりの名
宝―」展〉Ⓝ702.1

日本（仏教美術―歴史）
◇日本の芸術史　造形篇1　信仰、自然との関わりの中で　栗本
徳子編　京都造形芸術大学東北芸術工科大学出版局藝術学舎
2013.10　221p　21cm　（芸術教養シリーズ　1）〈幻冬舎（発
売）　年表あり　索引あり　内容：造形意識の芽生え（三上美和,
金子典正,栗本徳子著）　仏教美術の幕開け（金子典正著）　写
実の萌芽（金子典正著）　写実の完成（金子典正著）　写実の成
熟（金子典正著）　曼荼羅の世界（金子典正,栗本徳子著）　和
様化の過程（金子典正著）　院政期の仏画（栗本徳子著）　鎌倉
の写実（金子典正著）　仏像の展開（金子典正著）　古代の工芸
（栗本徳子,三上美和著）　寺院建築の歴史（大場修著）　神社
建築と住宅（大場修著）　古代・中世の庭園（仲隆裕著）　庭園
様式と近世以降の庭園（仲隆裕著）〉①978-4-344-95160-0
Ⓝ702.1　［2500円］

日本（仏教美術―歴史―中世）
◇往生の理念　高間由香里著　広島　溪水社　2014.3　223p
31cm　①978-4-86327-089-3　Ⓝ702.098　［30000円］

日本（仏教美術―歴史―平安時代―図集）
◇日本美術全集　第5巻　密教寺院から平等院へ―平安時代　1　辻惟
雄、泉武夫、山下裕二、板倉聖哲編集委員　伊東史朗責任編集
小学館　2014.12　303p　38cm　〈文献あり　年表あり　付属資
料：2枚：月報　13　布装〉①978-4-09-601104-1　Ⓝ702.1
［15000円］

日本（物権法）
◇講義物権・担保物権法　安永正昭著　第2版　有斐閣　2014.
11　509p　22cm　〈索引あり〉①978-4-641-13697-7　Ⓝ324.2
［3800円］

◇中国物権変動法制の構造と理論―日本法との双方向的比較の
視点から　鄭芙蓉著　日本評論社　2014.2　340p　22cm
（広島修道大学学術選書　58）〈索引あり　内容：中国におけ
る不動産の所有と利用の制度　中国における不動産物権変動
の公示の原則　中国における不動産物権変動の公信の原則〉
①978-4-535-52008-0　Ⓝ324.922　［6400円］

◇物権法―基本講義　2　担保物権　七戸克彦著　新世社
2014.6　284p　22cm　（ライブラリ法学基本講義　4-2）〈サイ
エンス社（発売）　索引あり〉①978-4-88384-210-0　Ⓝ324.2
［2900円］

◇マルシェ物権法・担保物権法　宮本健蔵編著、片桐善衛、甲斐
好文、西牧正義、今尾真、鳥谷部茂著　第3版　京都　嵯峨野書
院　2014.10　423p　22cm　（マルシェ民法シリーズ　2）〈索
引あり〉①978-4-7823-0543-0　Ⓝ324.2　［3600円］

◇Law Practice民法　1　総則・物権編　千葉恵美子,潮見佳男,
片山直也編　第2版　商事法務　2014.4　359p　21cm　〈索引
あり〉①978-4-7857-2169-5　Ⓝ324　［3200円］

日本（物権法―判例）
◇判例講義民法　1　総則・物権　奥田昌道,安永正昭,池田真朗
編　後藤巻則［ほか執筆］　第2版　悠々社　2014.11　277p
26cm　〈索引あり〉①978-4-86242-027-5　Ⓝ324.098　［3600
円］

◇民法判例集　総則・物権　内田貴,山田誠一,大村敦志,森田宏
樹編　第2版　有斐閣　2014.4　395p　22cm　〈索引あり〉
①978-4-641-13674-8　Ⓝ324.098　［2900円］

◇論点体系判例民法　2　物権　能見善久,加藤新太郎編集　第2
版　第一法規　2013.12　490p　22cm　〈索引あり〉①978-4-
474-10320-7　Ⓝ324.098　［4300円］

日本（物産）
◇樋口可南子のいいものを、すこし。　その3　清野恵里子著
集英社　2014.3　197p　22cm　〈写真：浅井佳代子〉①978-4-
08-780710-3　Ⓝ602.1　［1900円］

日本件名図書目録2014　Ⅰ　　　　　　　　　　　　　　　　　　　　　　　　　　　　　　　　日本（不動産）

日本（仏像）

◇会いに行きたい！ 日本の仏像　田中ひろみ［著］　講談社
2014.11　189p　16cm　（講談社＋α文庫 A114-3）〈索引あ
り〉「仏像、大好き！」（小学館 2007年刊）の改題、加筆、改
筆　①978-4-06-281574-1　Ⓝ718　［630円］

◇イラストでわかる日本の仏さま　日本の仏研究会著
KADOKAWA　2014.9　207p　15cm　（中経の文庫 に-10-
1）〈文献あり〉①978-4-04-600317-1　Ⓝ186.8　［700円］

◇円空仏入門　小島梯次著　岐阜　まつお出版　2014.3　128p
21cm　（まつお出版叢書 1）〈年譜あり〉①978-4-944168-37-
8　Ⓝ718.3　［1200円］

◇図解日本の仏像　田中義恭監修　東京美術　2014.4　151p
19cm　（てのひら手帖）「日本美術図解事典 普
及版」（2011年刊）の第2章をもとに再編集　①978-4-8087-
0989-1　Ⓝ718.021　［1600円］

◇ゼロから始めるお寺と仏像入門　廣澤隆之監修
KADOKAWA　2014.2　191p　21cm　〈文献あり〉①978-4-
04-066301-2　Ⓝ185　［1300円］

◇仏像鑑賞入門　島田裕巳著　新潮社　2014.1　221p　18cm
（新潮新書 553）①978-4-10-610553-1　Ⓝ718.021　［720円］

◇仏像のキホン―鎌倉国宝館直伝！　鎌倉　鎌倉国宝館　2014.
3　78p　21cm　Ⓝ718.021

◇マンガでわかる仏像―仏像の世界がますます好きになる！
三宅久雄監修, マンガでわかる仏像編集部編, 永田ゆきイラス
ト　誠文堂新光社　2014.10　191p　21cm　①978-4-416-
61404-4　Ⓝ718.021　［1600円］

日本（仏像―歴史）

◇仏像―祈りと風景　長岡龍作著　敬文舎　2014.1　319p
20cm　（日本文化私の最新講義 02）〈文献あり 索引あり〉
①978-4-906822-62-1　Ⓝ718.021　［2800円］

日本（仏像―歴史―中世―図集）

◇日本美術全集　7　運慶・快慶と中世寺院―鎌倉・南北朝時代
1　辻惟雄, 泉武夫, 山下裕二, 板倉聖哲編集委員　山本勉責任
編集　小学館　2013.12　287p　38cm　〈文献あり 年表あり〉
付属資料：2枚：月報 7　布装〉①978-4-09-601107-2　Ⓝ702.
1　［15000円］

日本（仏塔）

◇古塔巡訪―国宝・重文　西川和也著　　［芦屋］　西川和也
2014.5　263p　26cm　〈神戸新聞総合出版センター（制作・発
売）文献あり〉①978-4-343-00805-3　Ⓝ521.818　［2750円］

日本（物理教育）

◇Start your own trip to physics discovery　金城啓一執筆
3rd edition　市川　市川学園市川高校　2014.3　5, 340p
30cm　〈年表あり　本文は日本語　奥付のタイトル：Let start
your trip to physics discovery〉Ⓝ375.424

日本（物理教育―会議録）

◇物理教育研究大会発表予稿集　第31回　［出版地不明］　第31
回物理教育研究大会実行委員会　2014.8　135p　30cm　〈文献
あり　会期・会場：2014年8月11日―12日 国立大学法人電気
通信大学〉Ⓝ375.42

日本（物流業）

◇高度物流社会と法　澤喜司郎著　海文堂出版　2014.11　261p
21cm　〈索引あり〉①978-4-303-16405-8　Ⓝ675.4　［2600円］

◇大災害時に物流を守る―燃料多様化による対応を　早稲田大
学マーケティング・コミュニケーション研究所編　早稲田大
学出版部　2014.4　84p　21cm　（早稲田大学ブックレット）
〈内容：エネルギーセキュリティの視点（恩藏直人, 永井竜之介
著）被災者の命をつないだ物流（永井竜之介, 恩藏直人著）
震災現場で使命を果たす公的機関（永井竜之介著）　震災を経
て進む店舗の防災対応（傍士和正著）　震災後に考える燃料問
題（山本昇著）　天然ガス自動車とは（田中論著）　もう1つの
天然ガス自動車（内藤章, 浅井広志, 大竹重夫著）　災害に強い
社会システムを（杉本雅之著）〉①978-4-657-14301-3　Ⓝ537.
24　［1200円］

◇通販物流―ビジネス成功への必要条件　浜崎章洋, 上村聖, 富
計かおり, 大北勝久, 大西康晴著　海事プレス社　2014.1
179p　21cm　〈内容：通販物流は魅力あるビジネスか!?（浜崎
章洋著）通販ビジネスの物流戦略と課題（上村聖著）　フル
フィルメント参入の道しるべ（富計かおり著）　中小・異業種
からの参入事例（富計かおり, 大西康晴著）　ネット通販の「巨
人」アマゾン（大北勝久著）　海外の通販事情（浜崎章洋, 大北
勝久著）〉①978-4-905781-53-0　Ⓝ673.36　［1500円］

◇日本の物流事業　2014　アベノミクスは「物流」を回復させ
るか　輸送経済新聞社　2014.1　248p　26cm　［5000円］

◇物流のすべて　2015年版　輸送経済新聞社　2014.11　322p
26cm　［5000円］

◇物流のすべて―わが国初の物流データ　2015年版　輸送経済
新聞社　2014.11　322p　26cm　Ⓝ675.4　［5000円］

日本（不動産）

◇必ず見つかる相続・相続税対策不動産オーナーのための羅針盤
今仲清, 坪多晶子共著　大蔵財務協会　2014.10　350p　21cm
①978-4-7547-4378-9　Ⓝ336.985　［2315円］

◇競売不動産すぐに役立つ書式集　ワイズ不動産投資顧問監修,
山田純男著　週刊住宅新聞社　2014.7　109p　26cm　（QP
Books）①978-4-7848-4606-1　Ⓝ327.39　［1400円］

◇これだけは覚えておきたい！ 不動産の税金―若手税理士がや
さしくわかりやすく解説！　2014年度版　入江俊輔, 北村佳
代著　住宅新報社　2014.3　268p　19cm　〈平成26年度税制改
正に対応〉①978-4-7892-3651-5　Ⓝ336.98　［1600円］

◇資産運用と相続対策を両立する不動産信託入門　千賀修一編
著　幻冬舎メディアコンサルティング　2013.12　199p
21cm　〈幻冬舎（発売）文献あり〉①978-4-344-97001-4
Ⓝ338.8　［1300円］

◇資産税の実務―不動産の取得・譲渡・賃貸と税金　2014年度
版　松本繁雄著　経済法令研究会　2014.6　405p　21cm
①978-4-7668-4273-9　Ⓝ336.985　［2300円］

◇地主のための相続対策　土田士朗著　幻冬舎メディアコンサ
ルティング　2013.12　218p　19cm　〈幻冬舎（発売）〉①978-
4-344-99990-9　Ⓝ336.985　［1400円］

◇事例解説不動産をめぐる税金―不動産の取得/相続/贈与/保
有・賃貸/譲渡　桑原秀幸, 關場修, 庄司範秋編著　第2版　日
本加除出版　2014.3　484p　21cm　①978-4-8178-4145-2
Ⓝ336.98　［4600円］

◇スッキリわかる不動産の税金ガイドブック　平成26年度版
尾崎充監修, 「税金ガイドブック」制作グループ編　清文社
2014.6　96p　30cm　①978-4-433-53324-3　Ⓝ336.98　［800
円］

◇相続税・消費税増税！ 勉強しないと資産はなくなります　法
律・税金・経営を学ぶ会編　［東京］　明日香出版社アシスト
出版部　2014.6　318p　21cm　〈明日香出版社（発売）〉
①978-4-7569-1709-6　Ⓝ336.985　［1700円］

◇土地建物等の譲渡をめぐる税務―問答式：個人・法人関係の事
例を数多く収録　平成26年版　石井邦明, 高木美満子, 見崎治
久共編　大蔵財務協会　2014.7　1284p　21cm　①978-4-
7547-2128-2　Ⓝ336.983　［4444円］

◇2時間で丸わかり不動産の税金の基本を学ぶ　吉澤大著　かん
き出版　2014.2　254p　19cm　〈平成26年度の税制改正に対
応！〉①978-4-7612-6978-4　Ⓝ336.98　［1500円］

◇納税対策Q&A―税額はこれだけ変わる！　平成26年度税制対
応不動産・相続編　鈴木高広著　ビジネス教育出版社　2014.3
199p　21cm　①978-4-8283-0496-0　Ⓝ336.98　［1300円］

◇必携不動産税務―コンサルティングを行う実務家のための
鵜野和夫著　新版　清文社　2014.7　327p　21cm　〈索引あり
平成26年度税制改正対応！〉①978-4-433-52334-3　Ⓝ336.98
［2500円］

◇ビルオーナーの相続対策―財産承継・税金対策　川合宏一著
幻冬舎メディアコンサルティング　2013.7　175p　18cm
（経営者新書 068）〈幻冬舎（発売）〉①978-4-344-99971-8
Ⓝ336.985　［740円］

◇不動産運用設計　鈴木克昌［著］, 日本福祉大学通信教育部編
第3版　美浜町（愛知県）日本福祉大学　2014.4　127p　26cm
〈文部科学省認可通信教育〉Ⓝ324.2

◇不動産競売マニュアル　申立・売却準備編　園部厚著　3訂版
名古屋　新日本法規出版　2014.6　603p　22cm　〈索引あり〉
①978-4-7882-7893-6,978-4-7882-7892-9（set）Ⓝ327.39

◇不動産競売マニュアル　売却・配当手続編　園部厚著　3訂版
名古屋　新日本法規出版　2014.6　476p　22cm　〈索引あり〉
①978-4-7882-7894-3,978-4-7882-7892-9（set）Ⓝ327.39

◇不動産競売ハンドブック　平成26年改正版　佐藤清次, 奥山雅
治, 渡邉輝男著　にじゅういち出版　2014.7　288p　26cm
①978-4-904842-14-0　Ⓝ336.98　［2300円］

◇不動産取引の実務　千葉喬監修, 不動産総合研究会編　改訂第
12版　週刊住宅新聞社　2014.3　482p　21cm　（QP Books）
〈索引あり〉①978-4-7848-2700-8　Ⓝ324.2　［2600円］

◇不動産・非上場株式の税務上の時価の考え方と実務への応用―
裁決・判決からみた税務上の時価　渡邉正則著　2訂版　大蔵
財務協会　2014.3　269p　21cm　①978-4-7547-2093-3
Ⓝ336.98　［2476円］

◇不動産保有会社の相続税対策Q&A―有利選択・設立・活用の
すべて　小林浩二編著, 木屋正樹, 高橋学著　第3版　中央経
済社　2014.7　202p　21cm　①978-4-502-11351-2　Ⓝ336.98
［2500円］

日本（不動産—判例）

◇不動産力を磨く—Q&Aで"手ごわい客"になる知識を身に付ける　松村徹編，ニッセイ基礎研究所不動産投資チーム著　［東京］日経BP社　2014.10　231p　21cm　〈日経BPマーケティング（発売）文献あり　索引あり〉　①978-4-8222-6094-1　Ⓝ673.99　［2200円］

◇わかって安心！知って得する！不動産の税金ミニガイド　平成26年度　タクトコンサルティング/著，税務研究会税研情報センター/編　税務研究会税研情報センター　2014.5　40p　26cm　［500円］

日本（不動産—判例）

◇自然災害・土壌汚染等と不動産取引—現代型リスクをめぐる判例　升田純著　大成出版社　2014.9　406p　22cm　〈文献あり　索引あり〉　①978-4-8028-3175-8　Ⓝ324.2　［4200円］

◇不動産権利をめぐる判例研究—平成の最高裁判例を中心に　宇都宮充夫著　成文堂　2014.3　205p　22cm　〈索引あり〉　内容：敷地賃借権付き建物の売買における敷地の欠陥が売買目的物の隠れた瑕疵に当たらないとされた事例　土地の共有者の一人が相続人なくして死亡したときとその共有者の持分の帰属について　留置権者が留置物の一部を債務者に引き渡した場合でも、債権の全部の弁済を受けるまで留置物の残部につき留置権を行使できるとされた事例　共有物の分割請求者が多数である場合に、民法第258条による現物分割の方法としていわゆる一部分割が許されるとされた事例　分譲マンション〈地上7階建〉の管理人室が建物区分所有法にいう専有部分に当たらないとされた事例　建物建築工事請負契約において一括下請負人が自ら材料を提供して建築した出来形部分の所有権帰属について　建物譲渡後も登記名義を保有する譲渡人が建物収去・土地明渡義務を免れられないとされた事例　背信的悪意者からの転得者と民法第177条の第三者について　賃借人の債務不履行による賃貸借の解除と賃貸人の承諾のある転貸借の帰趨について　区分所有マンションの駐車場専用使用権分譲における対価の帰属について　不実の所有権移転登記と民法第94条第2項、第110条の類推適用について　英語教材割賦販売契約に基づく売掛代金の請求について〉　①978-4-7923-2656-2　Ⓝ324.2　［4500円］

◇不動産取引における心理的瑕疵の裁判例と評価—自殺・孤独死等によって、不動産の価値はどれだけ下がるか？　宮崎裕二，仲嶋保，難波里美，高島博著　プログレス　2014.3　191p　21cm　〈索引あり〉　①978-4-905366-31-7　Ⓝ324.2　［2000円］

日本（不動産—法令）

◇最新不動産売買をめぐる法律と実践書式53—事業者必携　千葉博監修　三修社　2014.11　255p　21cm　①978-4-384-04623-6　Ⓝ324.2　［1900円］

◇詳細不動産六法　平成26年版　東京法経学院講師室監修　東京法経学院　2014.8　2181p　21cm　〈索引あり〉　①978-4-8089-0116-5　Ⓝ324.2　［4600円］

◇絶対トクする〈土地・建物〉の相続・税金・法律ガイド　建築知識編　エクスナレッジ　2014.3　159p　26cm　〈建築知識〉　〈索引あり〉　①978-4-7678-1741-5　Ⓝ324.2　［2400円］

◇徹底検証！どうなる民法改正と不動産取引—中間試案から今後を予測　渡辺晋著　住宅新報社　2013.5　213p　21cm　①978-4-7892-3592-1　Ⓝ324.2　［1500円］

◇土地・建物の法律と税金—図解で早わかり：最新版　奈良恒則監修　三修社　2014.4　255p　21cm　①978-4-384-04585-7　Ⓝ324.2　［1800円］

◇不動産鑑定行政法規の知識　新藤延昭著　第6版　住宅新報社　2014.3　701p　21cm　〈索引あり〉　①978-4-7892-3647-8　Ⓝ673.99　［4800円］

◇要説不動産に関する行政法規　不動産行政法規研究会著　第29版　学陽書房　2014.11　631p　21cm　〈最新の法改正に対応〉　①978-4-313-52129-2　Ⓝ323.97　［5000円］

日本（不動産業）

◇建設・不動産業　森谷克也著　中央経済社　2014.9　185p　21cm　〈業種別人事制度 5〉　①978-4-502-11091-7　Ⓝ510.95　［2200円］

◇公式と実例で学ぶ街づくり—街の見方、とらえ方、つくり方　吉野伸編著　大成出版社　2014.3　332p　26cm　〈不動産プロ養成講座〉　〈文献あり　奥付のタイトル（誤植）：公式と実例から学ぶ街づくり〉　①978-4-8028-3147-5　Ⓝ673.99　［3800円］

◇ここで辞めたらただの負け犬！—ブラック企業で「修行」した男の日常　楯岡悟朗著　KADOKAWA　2014.7　287p　19cm　①978-4-04-600365-2　Ⓝ673.99　［1200円］

◇最近の世相を反映した不動産取引の問題点の整理とその対処法—実務本位〈問答式〉　松田弘監修　東京都宅地建物取引業協会　2014.3　93p　30cm　Ⓝ324.2

◇住宅販売会社の経営改善—〈営業力〉と〈資金繰り〉を強化する！　鈴木誠司著　同友館　2014.11　210p　21cm　①978-4-496-05086-2　Ⓝ673.99　［2000円］

◇住宅・不動産業激動の軌跡50年—列島改造からバブル、再び五輪へ　不動産経済研究所　2014.12　505p　22cm　〈年表あり〉　Ⓝ673.99

◇新人不動産営業マンが最初に読む本—お客様にいつ、どう対応する？とるべき営業行動が、時系列的にすぐわかる!!　本島有良著　住宅新報社　2014.3　239p　19cm　①978-4-7892-3644-7　Ⓝ673.99　［1500円］

◇超金融緩和期における不動産市場の行方　土地総合研究所編　東洋経済新報社　2014.12　232p　21cm　〈内容：グローバル及び日本の不動産市場概観とアジア富裕層によるマンション投資動向（赤城威志, 佐藤健太郎著）世界における資産バブルに対する政策対応の議論と日本への含意（茨木秀行著）金融政策と不動産価格の関係（大越利之著）銀行融資が土地価格に及ぼす影響：東京の売買・融資マッチングデータの分析から（小滝一彦, 倉島大地, 水永政志ほか著）アベノミクスを巡る最新事情と課題（小松英二著）リバース・モーゲージ債権の証券化に関するマクロ経済学的考察（竹田陽介著）超金融緩和が不動産価格に及ぼす影響（田邉信之著）あのバブルから四半世紀, 再びバブルは起きるのか（長谷川徳之輔著）外国人の日本国内の土地取得と土地法制度上の根本問題（升田純著）現今の金融緩和と不動産市場における「期待」の醸成（吉野薫著）住宅価格の空間的波及（唐渡広志著）首都圏中古マンション市場の取引状況と価格（倉橋透著）人口減少・高齢化は住宅価格の暴落をもたらすのか（清水千弘著）家賃−価格比率の意義と留意点について（中神康博著）大災害対策と財産権補償（山偶福寿著）〉　①978-4-492-39610-0　Ⓝ673.99　［3800円］

◇中澤明子の営業活動日記—不動産営業の玉手箱　第2弾：第一線で活躍する不動産営業ウーマンの備忘録　中澤明子著　にじゅういち出版　2014.9　222p　19cm　①978-4-904842-16-4　Ⓝ673.99　［1200円］

◇不動産広告グラフィックス　アルファブックス/アルファ企画　2014.4　239p　31cm　〈美術出版社（発売）索引あり〉　①978-4-568-50570-2　Ⓝ673.99　［15000円］

◇ホームインスペクション入門—中古住宅売買に必要な建物知識とチェックポイントをマンガで解説　長嶋修, 大西倫加著　改題版　住宅新報社　2013.7　224p　21cm　〈図解不動産業〉　〈初版のタイトル：建物調査入門　マンガ：福島マサル〉　①978-4-7892-3594-5　Ⓝ673.99　［1700円］

◇本気ではじめる不動産投資—めざせ！満室経営　赤井誠著　すばる舎　2014.10　252p　19cm　①978-4-7991-0382-1　Ⓝ673.99　［1500円］

◇リノベーションまちづくり—不動産事業でまちを再生する方法　清水義次著　京都　学芸出版社　2014.9　205p　21cm　①978-4-7615-2575-0　Ⓝ518.8　［2500円］

日本（不動産業—会計）

◇Q&A業種別会計実務 13　不動産　トーマツ建設・不動産インダストリーグループ著　中央経済社　2014.4　230p　21cm　①978-4-502-09290-9　Ⓝ336.9　［2600円］

日本（不動産登記）

◇Q&A権利に関する登記の実務 11　第5編仮登記　上　小池信行, 藤谷定勝監修, 不動産登記実務研究会編著　日本加除出版　2014.3　386p　21cm　〈索引あり〉　①978-4-8178-4148-3　Ⓝ324.86　［3600円］

◇Q&A権利に関する登記の実務 12　第5編仮登記　下　小池信行, 藤谷定勝監修, 不動産登記実務研究会編著　日本加除出版　2014.3　380p　21cm　〈索引あり〉　①978-4-8178-4149-0　Ⓝ324.86　［3600円］

◇Q&A権利に関する登記の実務 13　第6編変更の登記/更正の登記　抹消の登記/抹消回復の登記　小池信行, 藤谷定勝監修, 不動産登記実務研究会編著　日本加除出版　2014.11　590p　21cm　〈索引あり〉　①978-4-8178-4202-2　Ⓝ324.86　［5500円］

◇公図・不動産登記簿の読み方・調べ方—はじめての人にもわかる！実務にすぐ役立つ！：契約書および登記申請書からの読み取り方　山本芳治著　増補改訂版　ビジネス教育出版社　2014.3　325p　26cm　〈索引あり　初版のタイトル等：不動産調査のための公図・不動産登記簿の読み方・調べ方（アズミ　1994年刊）〉　①978-4-8283-0498-4　Ⓝ324.86　［2800円］

◇信託登記の理論と実務　藤原勇喜著　第3版　民事法研究会　2014.6　536p　21cm　〈索引あり〉　①978-4-89628-946-6　Ⓝ324.86　［5400円］

◇信託目録の理論と実務—作成基準と受益者変更登記の要点　渋谷陽一郎著　民事法研究会　2014.7　419p　21cm　〈文献あり〉　①978-4-89628-953-4　Ⓝ324.86　［4000円］

日本件名図書目録2014　Ⅰ　　　　　　　　　　　　　　　　　　　　　　　　　　　　　　日本(不法就労)

◇第三者の許可・同意・承諾と登記実務　青山修著　名古屋　新日本法規出版　2013.6　386p　21cm　〈索引あり〉　①978-4-7882-7762-5　Ⓝ324.86　[4000円]

◇中国物権変動法制の構造と理論—日本法との双方向的比較の視点から　鄭芙蓉著　日本評論社　2014.2　340p　22cm　(広島修道大学学術選書 58)　〈索引あり　内容:中国における不動産の所有と利用の制度　中国における不動産物権変動の公示の原則　中国における不動産物権変動の公信の原則〉　①978-4-535-52008-0　Ⓝ324.922　[5000円]

◇読解不動産登記Q&A—実務に役立つ登記簿・公図から権利証までの読み方　杉本幸雄、飯川洋一、小澤正徳著　4訂版　清文社　2014.6　552p　21cm　〈索引あり〉　①978-4-433-58294-4　Ⓝ324.86　[3400円]

◇不動産登記を見る・読むならこの1冊　近藤誠司　第4版　自由国民社　2014.4　213p　21cm　(はじめの一歩)　〈索引あり〉　①978-4-426-11778-8　Ⓝ324.86　[1800円]

◇不動産登記実務の視点　3　登記研究編集室編　テイハン　2013.12　562p　21cm　①978-4-86096-074-2　Ⓝ324.86　[6477円]

◇不動産登記実務の視点　4　登記研究編集室編　テイハン　2014.11　323p　21cm　①978-4-86096-080-3　Ⓝ324.86　[4265円]

◇不動産登記の実務相談事例集　後藤浩平、竹村啓人、渡邉亘著　日本加除出版　2014.2　355p　21cm　〈索引あり〉　①978-4-8178-4141-4　Ⓝ324.86　[3500円]

◇不動産登記法入門　山野目章夫著　第2版　日本経済新聞出版社　2014.1　223p　18cm　(日経文庫 1301)　①978-4-532-11301-8　Ⓝ324.86　[1000円]

日本(不動産投資)

◇"お金が貯まる"不動産活用の秘訣　西島昭、谷口盛二共著　ごま書房新社　2014.10　189p　21cm　〈「相続対策も安心」平成27年税制改正に対応!〉　①978-4-341-13233-0　Ⓝ673.99　[1400円]

◇確実に稼げる不動産投資副業入門　黒木正男著　ソーテック社　2014.4　279p　19cm　①978-4-8007-2006-1　Ⓝ673.99　[1480円]

◇勝ち残る企業のための不動産投資バイブル—革新的戦略「区分所有オフィス」　宮沢文彦著　PHP研究所　2014.8　178p　19cm　①978-4-569-81846-7　Ⓝ673.99　[1500円]

◇究極の中古マンション投資の教科書—マンションの寿命は立地条件できまる!　マンションの価格構造と投資戦略がわかる!　安澤誠一郎著　住宅新報社　2013.9　180p　21cm　①978-4-7892-3611-9　Ⓝ673.99　[1700円]

◇巨富を築くための不動産投資　匹野房子[著]　クロスメディア・パブリッシング　2014.3　254p　19cm　〈インプレスコミュニケーションズ(発売)　表紙のタイトル:Real Estate Investment to Be a Billionaire〉　①978-4-8443-7352-0　Ⓝ673.99　[1480円]

◇「シェアハウス投資」7つの成功ステップ—人気ポータルサイト社長だけが知っている　柴山直希著　ごま書房新社　2014.5　221p　19cm　①978-4-341-08585-8　Ⓝ673.99　[1550円]

◇塩漬けになった不動産を優良資産に変える方法—不動産の有効利用　相馬耕三著　幻冬舎メディアコンサルティング　2014.3　179p　18cm　(経営者新書 105)　〈幻冬舎(発売)〉　①978-4-344-97033-5　Ⓝ673.99　[740円]

◇地元のボロ木造物件を再生して「家賃1500万円」を稼いでいます!一首都圏でも手取り利回り25%!　上総百万石著　ごま書房新社　2014.10　237p　19cm　①978-4-341-08601-5　Ⓝ673.99　[1550円]

◇借金ゼロで始める「都市部一戸建て」投資法—300万円を2年で資産3億円にしたサラリーマンが教える　御井屋蒼大著　日本実業出版社　2014.2　254p　19cm　①978-4-534-05156-1　Ⓝ673.99　[1600円]

◇相続税は不動産投資と法人化で減らす—相続税対策　成田仁、富田隆史著、冨田烈監修　幻冬舎メディアコンサルティング　2013.8　175p　18cm　(経営者新書 063)　〈幻冬舎(発売)〉　①978-4-344-99957-2　Ⓝ336.985　[740円]

◇タワーマンション節税!　相続対策は東京の不動産でやりなさい　沖有人著　朝日新聞出版　2014.1　246p　18cm　(朝日新書 443)　①978-4-02-273543-0　Ⓝ336.98　[780円]

◇中古1R(ワンルーム)マンション堅実投資法—19年間の経験と区分所有43室のデータによる:超多忙なおじさんサラリーマンでも年収800万円アップ!　芦沢晃著　最新版　ごま書房新社　2014.8　254p　19cm　〈文献あり〉　①978-4-341-08593-3　Ⓝ673.99　[1550円]

◇都市近郊ではじめる年収500万円からの不動産投資　堀越宏一著　幻冬舎メディアコンサルティング　2013.5　206p　19cm　〈幻冬舎(発売)〉　①978-4-344-99956-5　Ⓝ673.99　[1300円]

◇20代でも給料以上稼げる不動産投資術—貯金ナシ、低収入、知識ゼロでも大丈夫!　長岐隆弘、インベスターズギルド著　扶桑社　2014.2　229p　19cm　〈表紙のタイトル:Real Estate Investmemt Strategy〉　①978-4-594-06995-7　Ⓝ673.99　[1500円]

◇年収300万円でもプチ資産家になれる!—ダンディ水野のゆる〜くわかる投資・資産形成のキホン　水野和夫著　三和書籍　2014.3　158p　21cm　〈文献あり〉　①978-4-86251-163-8　Ⓝ673.99　[1380円]

◇パート主婦、"戸建て大家さん"はじめました!—貯金300万円、融資なし、初心者でもできる「毎月20万の副収入」づくり　舛添菜穂子著　ごま書房新社　2014.11　245p　19cm　①978-4-341-08603-9　Ⓝ673.99　[1450円]

◇不動産投資でゼロから7年間で1億円貯めた私の方法　星輝著　東洋経済新報社　2014.10　246p　19cm　①978-4-492-73318-9　Ⓝ673.99　[1500円]

◇不動産投資は住宅ローンを使え!一賃貸併用住宅のススメ　箕作大著　クラブハウス　2014.1　195p　19cm　①978-4-906496-51-8　Ⓝ673.99　[1500円]

◇不動産投資は女性が選ぶ新築RCマンションで始めなさい　蜂谷二郎著　幻冬舎メディアコンサルティング　2013.9　211p　図版16p　19cm　〈幻冬舎(発売)〉　①978-4-344-97009-0　Ⓝ673.99　[1300円]

◇不動産投資は入居率100%のデザイナーズマンションにしなさい!—投資用マンション業界、キャリア20年の社長が書いた　川田秀樹著　かんき出版　2014.12　199p　19cm　①978-4-7612-7047-6　Ⓝ673.99　[1500円]

◇不動産マネジメントガイド　2014　綜合ユニコム　2014.3　89p　30cm　(月刊プロパティマネジメント別冊　不動産証券化時代のビル・不動産マネジメント情報誌)　〈タイトル関連情報:本格回復に沸く不動産市場の成長分野・新制度・有力パートナー〉　Ⓝ673.99　[1600円]

◇元手100万円から!　気軽に手ごろなマンション投資で年800万円稼ぐ方法　岡本公男著　明日香出版社　2014.2　269p　19cm　〈文献あり〉　①978-4-7569-1676-1　Ⓝ673.99　[1600円]

◇「"ワッキー流"ハイブリッド不動産投資」で、給料の10倍の"不労所得"を得る!一サラリーマンを続けながらでもできる、将来のための安定資産構築術　脇田雄太著　ごま書房新社　2014.9　212p　19cm　〈「人生を切り開く「1億円」投資思考」(2011年刊)の改題、再編集・加筆〉　①978-4-341-08596-4　Ⓝ673.99　[1550円]

日本(不法行為)

◇損害賠償請求における不法行為の時効　酒井廣幸著　名古屋　新日本法規出版　2013.6　434p　22cm　〈索引あり〉　①978-4-7882-7756-4　Ⓝ324.55　[4600円]

◇民法案内　13　事務管理・不当利得・不法行為　川井健著　良永和隆補筆　勁草書房　2014.8　198,16p　19cm　〈索引あり〉　①978-4-326-49839-0　Ⓝ324　[2000円]

日本(不法行為—判例)

◇論点体系判例民法　7　不法行為　1　能見善久、加藤新太郎編集　第2版　第一法規　2013.12　396p　22cm　〈索引あり〉　①978-4-474-10325-2　Ⓝ324.098　[4300円]

◇論点体系判例民法　8　不法行為　2　能見善久、加藤新太郎編集　第2版　第一法規　2013.12　617p　22cm　〈索引あり〉　①978-4-474-10326-9　Ⓝ324.098　[4800円]

日本(不法行為—法令)

◇不法行為法における名誉概念の変遷　建部雅著　有斐閣　2014.2　232p　22cm　〈索引あり〉　①978-4-641-13664-9　Ⓝ326.25　[4100円]

◇不法行為法における割合的責任の法理　石橋秀起著　京都　法律文化社　2014.5　317p　22cm　(立命館大学法学叢書 第18号)　〈索引あり　内容:公平による割合的減責の妥当性　ドイツにおける割合的責任論の今日の展開　医療過誤における割合的責任　営造物・工作物責任における自然力競合による割合的減責　公害・環境訴訟における割合的責任　交通事故における素因減責　交通事故と医療過誤の競合　被害者の自殺　終章〉　①978-4-589-03599-8　Ⓝ324.55　[6600円]

日本(不法就労)

◇建設業における外国人技能実習制度と不就労防止　建設労務安全研究会編　第2版　労働新聞社　2014.9　100p　21cm　〈文献あり〉　①978-4-89761-528-8　Ⓝ510.9　[900円]

867

日本（不法投棄）

日本（不法投棄）
◇平成25年度産業廃棄物不法投棄等実態調査（平成24年度実績）報告書 ［東京］ 環境省大臣官房廃棄物・リサイクル対策部 2014.3 136, 49p 30cm Ⓝ519.7

日本（舞踊―歴史―明治以後）
◇踊る人にきく―日本の洋舞を築いた人たち 山野博大編著 三元社 2014.5 411p 21cm 〈文献あり 年表あり 内容：日本の洋舞一〇〇年（山野博大述） 石井漠と江口隆哉の平行する延長線上に位置して（石井かほる, 牧野京子述, 山野博大聞き手） 高田せい子の時代（石井みどり, 櫻井勤, 西田堯ほか述, 山野博大, 加藤みや子聞き手） 大らかな夢の世界に生きた伊藤道郎の生涯（古荘妙子, 櫻井勤述, 山野博大聞き手） 前衛の闘士津田信敏, 日本的叙情の体現者檜健次を師に持つこと（若松美黄, ケイ・タケイ述, 山野博大聞き手） 小森敏, 藤井公, 東京創作舞踊団を語る（藤井利子述） 石井小浪のもとで過した幼き日々（谷桃子, 佐藤典子述） おどりおどらす親子のきずな（石井みどり, 折田克子述, 山野博大聞き手） 日本人が韓国舞踊, フラメンコ舞踊を踊るということ（小澤恂子, 小島章司述, 山野博大聞き手） 次代に伝える舞踊（芙二三枝子, 加藤みや子述, 山野博大聞き手） 師, 江口隆哉と平多正於の舞踊一途な日常を語る（金井芙三枝, 平多実千子述, 山野博大聞き手） ソロの名手, 彭城秀子のもとでの出会い（雑賀淑子, 森嘉子述, 山野博大聞き手） 漢の舞踊, そして輝夫, 美香の舞踊（黒沢輝夫, 黒沢美香述, 山野博大聞き手） モダンダンスの日本的展開（渥見利奈, 正田千鶴, 旗野恵美述, 加藤みや子, 山野博大聞き手） 男のソロ, 女のソロ, そしてデュオ（笠井叡, 木佐貫邦子述, 山野博大聞き手） 佐多達枝バレエ・ワールドを究める（佐多達枝述, 門月人, 高橋森彦, 山野博大司会） 土方巽を語る（合田成男述, 國吉和子, 加藤みや子, 山野博大聞き手） クライネミサコへのオマージュ（加藤みや子レポート） 外国で踊ることで知る日本（加藤みや子レポート）〉 Ⓘ978-4-88303-355-3 Ⓝ769.1 ［4200円］

日本（舞踊家）
◇舞踊家は語る―身体表現のエッジ 志賀信夫著 青弓社 2014.2 213p 21cm 〈内容：舞踊とイマジネーション（笠井叡述） バレエから舞踏へ（上杉満代述） 大野一雄, 土方巽と私の舞踏（大野慶人述） 体で語る（和栗由紀夫述） 石井漠, 土方巽, そして（石井満隆述）〉 Ⓘ978-4-7872-7346-8 Ⓝ769.1 ［2000円］

日本（舞踊家―写真集）
◇I LOVE BUTOH！―神山貞次郎写真集 神山貞次郎［撮影］ 現代書館 2014.12 503p 30cm 〈年譜あり 英語抄訳付 訳：川口隆夫 フィリップ・ビーアム〉 Ⓘ978-4-7684-7655-0 Ⓝ769.1 ［10000円］

日本（プライベートブランド）
◇食品分野におけるプライベート・ブランド商品の取引に関する実態調査報告書 ［東京］ 公正取引委員会事務総局 2014.6 18, 66, 28p 30cm Ⓝ588.09

日本（プライベートブランド―法令）
◇Q&Aプライベート・ブランドの法律実務―商品企画・開発から製造, 販売までの留意点 市毛由美子, 大東泰雄, 西川貴晴, 竹内千春著 民事法研究会 2014.8 271p 21cm 〈索引あり〉 Ⓘ978-4-89628-958-9 Ⓝ675.3 ［2200円］

日本（プラスチック―リサイクル）
◇製品プラスチック等の効率的な回収システムの構築及び再資源化ビジネス支援業務調査報告書 平成24年度 ［東京］ 三菱総合研究所環境・エネルギー研究本部 2013.3 12, 109, 9p 30cm 〈平成24年度環境省委託業務〉 Ⓝ518.523

日本（プロテスタント教会―社会事業）
◇〈あの日〉以後を生きる―走りつつ, 悩みつつ, 祈りつつ 朝岡勝著 いのちのことば社 2014.3 93p 21cm （3.11ブックレット） Ⓘ978-4-264-03196-3 Ⓝ198.37 ［900円］

日本（プロテスタント教会―伝道）
◇若者とキリスト教―第47回神学セミナー 関西学院大学神学部編, 松谷信司, 淺野淳博, 中道基夫, 阪口新, 汐碇直美, 中野祐成著 キリスト新聞社 2014.2 148p 21cm （関西学院大学神学部ブックレット 6） 〈内容：新世代エヴァンジェリストの憂鬱（松谷信司述） あなたの感覚, ホントに合ってる？（阪口新述） ゴスペルから洗礼に至った人たち（汐碇直美述） 若者が集まる教会形成の一例（中野祐成述） 経験談としての宣教考（淺野淳博述） 若者と礼拝（中道基夫述）〉 Ⓘ978-4-87395-650-3 Ⓝ198.37 ［1500円］

日本（プロテスタント教会―歴史―明治以後）
◇日本プロテスタント神学校史―同志社から現在まで 中村敏著 いのちのことば社 2013.11 414p 22cm 〈索引あり〉 Ⓘ978-4-264-03167-3 Ⓝ198.37 ［3600円］

日本（プロパガンダ）
◇安倍政権のネット戦略 津田大介, 香山リカ, 安田浩一他著 創出版 2013.7 173p 18cm （創出版新書） 〈内容：なぜ安倍首相をネット右翼は支えるのか（津田大介, 安田浩一, 鈴木邦男述） 安倍政権はネットをどう利用しているのか（中川淳一郎著） 民主党政権と安倍政権のメディア対応はどこが違うのか（香山リカ, 下村健一, マエキタミヤコ述） 安倍首相からの「批難」に応える（香山リカ述） 私が体験したニコニコ動画と政治との関わり（亀松太郎著） ヘイトスピーチ繰り返すネット右翼「嫌韓」の背景（安田浩一著） 安倍政権のネット戦略が抱える「落とし穴」（高野孟述）〉 Ⓘ978-4-904795-25-5 Ⓝ311.14 ［720円］

日本（文化）
◇イギリス人アナリスト日本の国宝を守る―雇用400万人, GDP8パーセント成長への提言 デービッド・アトキンソン［著］ 講談社 2014.10 200p 18cm （講談社＋α新書 672-1C） Ⓘ978-4-06-272870-6 Ⓝ302.1 ［840円］
◇いちばん大事な日本の話 はづき虹映著 IMAJIN・BOOKS 2014.10 191p 18cm （サンクチュアリ出版（発売）） 文献あり〉 Ⓘ978-4-86113-345-9 Ⓝ361.42 ［1100円］
◇いなしの智恵―日本社会は「自然と寄り添い」発展する 涌井雅之著 ベストセラーズ 2014.3 199p 18cm （ベスト新書 435） Ⓘ978-4-584-12435-2 Ⓝ629.1 ［800円］
◇馬を食べる日本人犬を食べる韓国人 鄭銀淑著 双葉社 2014.2 239p 18cm （双葉新書 082） 〈2002年刊の加筆修正, 再編集〉 Ⓘ978-4-575-15435-1 Ⓝ361.42 ［830円］
◇「おもてなし」の心が世界を救う―復興の原点は, 日本の心にある 呉善花著 明成社 2014.7 47p 21cm （日本の息吹ブックレット 9） Ⓘ978-4-905410-29-4 Ⓝ361.5 ［600円］
◇海外日本像集成―日文研所蔵欧文図書所載 第4冊 1881-1885 白幡洋三郎編 京都 国際日本文化研究センター 2014.1 351p 26cm Ⓘ978-4-901558-66-2 Ⓝ382.1
◇海外日本像集成―日文研所蔵欧文図書所載 第5冊 1886-1890 白幡洋三郎編 京都 国際日本文化研究センター 2014.3 309p 26cm Ⓘ978-4-901558-69-3 Ⓝ382.1
◇古今東西ニッポン見聞録 林和利著 名古屋 風媒社 2014.1 246p 19cm 〈文献あり〉 Ⓘ978-4-8331-0564-4 Ⓝ302.1 ［1500円］
◇雑学子どもにウケるたのしい日本 坪内忠太著 新講社 2014.9 193p 18cm （WIDE SHINSHO 213） Ⓘ978-4-86081-518-9 Ⓝ302.1 ［800円］
◇仕事に活きる教養としての「日本論」 榊原英資著 アスコム 2014.9 239p 19cm Ⓘ978-4-7762-0840-2 Ⓝ210 ［1400円］
◇実は日本人が大好きなロシア人―在日ロシア人だからわかる日本人の素晴らしさ 田中健之著 宝島社 2014.2 222p 18cm （宝島社新書 436） Ⓘ978-4-8002-2264-0 Ⓝ302.1 ［800円］
◇白洲正子―日本文化と身体 野村幸一郎著 新典社 2014.2 206p 19cm （新典社選書 64） Ⓘ978-4-7879-6814-2 Ⓝ210 ［1500円］
◇聖なる国, 日本―欧米人が憧れた日本人の精神性 エハン・デラヴィ著 かざひの文庫 2014.4 253p 19cm 〈太陽出版（発売）〉 Ⓘ978-4-88469-794-5 Ⓝ210 ［1400円］
◇世界が目を見はる日本の底力 ロム・インターナショナル著, 夢の設計社企画・編集 河出書房新社 2014.8 216p 15cm （KAWADE夢文庫 K1001） 〈「世界が目を見はる日本の底力」（2011年刊）と「世界がうらやむ日本の超・底力」（2012年刊）を加筆し, 再編集〉 Ⓘ978-4-309-49901-7 Ⓝ302.1 ［620円］
◇だから日本は世界から尊敬される マンリオ・カデロ著 小学館 2014.6 205p 18cm （小学館新書 211） 〈文献あり〉 Ⓘ978-4-09-825211-4 Ⓝ210 ［760円］
◇正しい日本人のススメ―英国人文化様式学者のニッポン調査報告書 アラン・スミシー著, ユースケ・ジョーダン訳 宝島社 2014.1 159p 19cm Ⓘ978-4-8002-1704-2 Ⓝ302.1 ［933円］
◇中国人が驚いた日本―来て見てびっくり！ 渋谷和貴著 ［東京］ 東京図書出版 2014.12 202p 19cm 〈リフレ出版（発売）〉 Ⓘ978-4-86223-810-8 Ⓝ361.5 ［1000円］
◇月の裏側―日本文化への視角 クロード・レヴィ＝ストロース著, 川田順造訳 中央公論新社 2014.7 161p 20cm 〈著作目録あり 内容：世界における日本文化の位置 月の隠れた面 因幡の白兎 シナ海のヘロドトス 仙厓 世界を甘受する芸術 異様を手なずける アメノウズメの淫らな踊り 知られざる東京 川田順造との対話（川田順造述）〉 Ⓘ978-4-12-004424-3 Ⓝ210 ［2000円］

日本件名図書目録2014　Ⅰ　　　　　　　　　　　　　　　　　　　　　　　　　　　　　日本（文化―歴史―江戸時代）

◇哲学する日本　2〈もの〉の日本心性―述語表出の界閾　山本哲士［著］　文化科学高等研究院出版局　2014.6　550p　21cm　①978-4-938710-89-7　Ⓝ121　［4500円］

◇なぜ世界の人々は「日本の心」に惹かれるのか　呉善花著　PHP研究所　2014.1　285p　15cm　（PHP文庫　お36-5）〈2012年刊の加筆・修正〉①978-4-569-76126-8　Ⓝ361.5　［667円］

◇日米文化の特質―価値観の変容をめぐって　松本青也著　新版　研究社　2014.4　198p　21cm　〈索引あり　初版：研究社出版　1994年刊〉①978-4-327-37735-9　Ⓝ361.42　［2200円］

◇日本人は中韓との「絶交の覚悟」を持ちなさい―石平〈中国〉が黄文雄〈台湾〉、呉善花〈韓国〉に直撃　石平,黄文雄,呉善花著　徳間書店（発売）　2014.1　213p　19cm　（徳間書店）①978-4-19-863736-1　Ⓝ302.22　［1000円］

◇日本人はなぜ考えようとしないのか―福島原発事故と日本文化　新形信和著　新曜社　2014.12　210p　19cm　〈索引あり〉①978-4-7885-1415-7　Ⓝ361.5　［1800円］

◇日本人はなぜ「小さないのち」に感動するのか　呉善花著　ワック　2014.3　188p　18cm　（WAC BUNKO B-195）①978-4-89831-695-5　Ⓝ210　［900円］

◇日本に生まれて良かった―日本のイイとこ再発見！：2020年東京五輪を成功させよう！　北弘志著　福井　創文堂印刷　2013.11　177p　21cm　①978-4-9907285-1-9　Ⓝ361.42　［1000円］

◇日本入門―本文対応英訳付き　高橋瞳［著］　小学館　2014.10　255p　19cm　〈文献あり〉①978-4-09-388387-0　Ⓝ302.1　［2100円］

◇日本風物詩―海外から訪れた人たちを惹きつける日本の物事　ステュウット　ヴァーナムーアットキン著,とよざきようこ訳　IBCパブリッシング　2014.7　194p　18cm　①978-4-7946-0286-2　Ⓝ382.1　［1800円］

◇日本文化原論―真なる調和への道：神からのブラボォー　横山俊一著　名古屋　ブイツーソリューション　2014.5　309p　15cm　〈星雲社（発売）〉①978-4-434-18854-1　Ⓝ118　［760円］

◇日本文化の明と暗　近畿大学日本文化研究所編　名古屋　風媒社　2014.3　265p　22cm　（近畿大学日本文化研究所叢書9）〈内容：記紀における「根の国」とはいかなる国か（清眞人著）　大島紬にみる伝統の消失と再生（関口千佳著）「戦後」という日本社会の歴史認識（斉藤日出治著）　パリとフクシマ（吉原直樹著）　消費組合論争史の明暗（堀田泉著）　企業文化否定の社会（鈴木伸太郎著）　企業文化の明と暗（浅野清著）　西洋のロゴス、日本の言霊（山取清憲著）　熊野比丘尼〈寺〉の後胤（根井浄著）　御鏡師中島伊勢と北斎（岸文和著）　啓蒙主義の光と陰（高坂史朗著）　橋川文三私見（網澤満昭著）〉①978-4-8331-0565-1　Ⓝ210.04　［3500円］

◇日本文明とは何か　山折哲雄［著］　KADOKAWA　2014.1　309p　15cm　（［角川ソフィア文庫］［G107-4］）〈角川書店　2004年刊の再構成〉①978-4-04-409453-9　Ⓝ361.5　［880円］

◇日本文明の肖像　2　一国一文明の宿命と可能性　遠藤浩一編　展転社　2014　287p　19cm　〈内容：日本の国柄と憲法（百地章著）　真実の中国史と日本（宮脇淳子著）　海洋文明とその防衛（山田吉彦著）　文明の力、文明の闇（西村眞悟著）　文明とエネルギー（奈良林直著）　体験的文明の衝突（川口マーン惠美著）　日本文明と地政学（田久保忠衛著）　真説・日本政治外交史（渡辺利夫著）〉①978-4-88656-404-7　Ⓝ210　［1800円］

◇「深い泉の国」の日本学―日本文化論への試み　山内健生著　展転社　2014.4　279p　19cm　〈内容：日本人の魂の行方と「日本教」　五箇条の御誓文に甦った十七条憲法の精神　文化ギャップとしての「靖国問題」　日本歴史の特性　戦後を吟味する　「小学校英語」必修化の無謀　「平和記念都市」となった被爆都市・広島　『葉隠』覚書〉①978-4-88656-399-6　Ⓝ121　［1800円］

◇フロネシス―三菱総研の総合未来読本　11　ジャパン・クオリティ　三菱総合研究所編著　小宮山宏編集顧問　丸善プラネット　2014.5　329p　20cm　〈丸善出版（発売）〉①978-4-86345-211-4　Ⓝ304　［1200円］

◇文化・文明の本質―福島原発事故の正体　黒井英雄著　中央公論事業出版（制作・発売）　2014.4　190p　20cm　①978-4-89514-422-3　Ⓝ121　［926円］

◇満員電車は観光地（クールジャパン）!?―世界が驚く日本の「日常」　サンドラ・ヘフェリン原作,流水りんこ漫画　ベストセラーズ　2014.9　125p　21cm　①978-4-584-13586-0　Ⓝ302.1　［1100円］

◇「闇学」入門　中野純著　集英社　2014.1　204p　18cm　（集英社新書　0723）①978-4-08-720723-1　Ⓝ361.5　［720円］

◇ヤンキー化する日本　斎藤環［著］　KADOKAWA　2014.3　253p　18cm　（角川oneテーマ21 D-14）〈内容：なぜ今、ヤンキーを語るのか（斎藤環著）　気合い主義はアートを変えるか（村上隆述）　勤勉なワルがヤンキーを指嗾する（溝口敦述）　アマチュア好きの日本（デーブ・スペクター述）　補助輪付きだった戦後民主主義（輿那覇潤述）　ヤンキーリアリズムは「心」を重視する（海猫沢めろん述）「和風建築」というつくられた伝統（隈研吾述）〉①978-4-04-110741-6　Ⓝ302.1　［800円］

◇わびさびを読み解く　レナード・コーレン著,内藤ゆき子訳　ビー・エヌ・エヌ新社　2014.6　108p　21cm　①978-4-86100-913-6　Ⓝ701.1　［2000円］

日本（文化―辞書）

◇日本文化紹介和独事典　中埜芳之,Oliver Aumann著　朝日出版社　2014.10　654p　21cm　〈文献あり　索引あり〉①978-4-255-00799-1　Ⓝ210.033　［5500円］

◇和英：日本の文化・観光・歴史辞典　山口百々男編著,Steven Bates英文校閲　改訂版　三修社　2014.3　512p　19cm　〈年表あり　索引あり〉①978-4-384-05183-4　Ⓝ210.033　［3000円］

日本（文化―歴史）

◇アイドルはどこから―日本文化の深層をえぐる　篠田正浩,若山滋著　現代書館　2014.5　246p　20cm　①978-4-7684-5731-3　Ⓝ210.12　［1800円］

◇梅干と日本刀―日本人の知恵と独創の歴史　樋口清之［著］　祥伝社　2014.6　254p　18cm　（祥伝社新書 369）〈1974年刊の再刊〉①978-4-396-11369-8　Ⓝ210.12　［820円］

◇梅干と日本刀　続　日本人の活力と企画力の秘密　樋口清之［著］　祥伝社　2014.10　255p　18cm　（祥伝社新書 387）〈1975年刊の再刊〉①978-4-396-11387-2　Ⓝ361.42　［820円］

◇唐物の文化史―舶来品からみた日本　河添房江著　岩波書店　2014.3　238p　18cm　（岩波新書　新赤版 1477）〈文献あり〉①978-4-00-431477-6　Ⓝ210.12　［880円］

◇環境問題の知の現在―古代遺跡と文学に見る環境の美学　藤田久光著　文芸社　2014.8　273p　19cm　①978-4-286-15351-3　Ⓝ629.1　［1500円］

◇西山松之助著作集　第8巻　花と日本文化　西山松之助著　オンデマンド版　吉川弘文館　2013.10　564,10p　22cm　〈索引あり　印刷・製本：デジタルパブリッシングサービス　内容：花　日本の風景　日本人の花　花を見る目　花の文化史　花見　椿ブームの底にあるもの　牡丹　虞美人草・梅・鉄線花　朝顔　蓮の花　菊の花　春草の文化史　紅葉の美学　花と紋章　松竹梅　江戸の花、悪の花　花盗人　花の精　花祭り　辻が花　芸道と花　専好の魅力　大住院以信の歴史的背景　取合せ　「作る」ということ　いけばな　「さよなら」が出会い　松嶋の梅瓣　六の花を三角と　ロシアじょうしと梅の花　こぶしの花　金色の花の梅　柳絮霏霏　白はさびし　朴の花　花びらをかくように　緋牡丹曼荼羅　洛陽牡丹　返り咲き　花に出会える目を　春酌む　蠟梅　椿　白藨　しでざくら　梨　卵の花　生垣と花　泰山木　やまぼうし　くさぎ　せんにん草　しぶら　萩　山茶花　占春園の花　忘れえぬ花の花〉①978-4-642-04299-4　Ⓝ702.15　［16000円］

◇日本のアイデンティティー「七大文明」の一つを昇華し東西の架け橋に　池永孝著　大阪　竹林館　2014.12　148p　18cm　（竹林館新書 001）〈文献あり〉①978-4-86000-294-7　Ⓝ210　［1000円］

◇日本文明試論―来るべき世界基準のアートを生む思想　大島雄太著　幻冬舎ルネッサンス　2014.4　213p　21cm　〈文献あり　年表あり〉①978-4-7790-1081-1　Ⓝ210.12　［1800円］

日本（文化―歴史―1945〜）

◇叢書戦争が生みだす社会―関西学院大学先端社会研究所　3　米軍基地文化　難波功士編　新曜社　2014.3　277,9p　20cm　〈索引あり　内容：偏在する基地/偏在するアメリカ（難波功士著）　米軍キャンプ・アメリカ・歌謡曲（太田省一著）　ロックンロールの場所（大山昌彦著）　米軍駐留がフィリピンにもたらしたジャズ（岩佐将志著）　地域社会における米軍基地の文化的な意味（木本玲一著）　沖縄の本土復帰運動と戦争体験論の変容（福間良明著）「アメ女」のセクシュアリティ（圓田浩二著）　米軍基地を受け入れる論理（熊本博之著）〉①978-4-7885-1372-3　Ⓝ361.3　［3300円］

日本（文化―歴史―江戸時代）

◇江戸大名の好奇心　中江克己著　第三文明社　2014.6　238p　20cm　①978-4-476-03328-1　Ⓝ210.5　［1500円］

◇江戸〈メディア表象〉論―イメージとしての〈江戸〉を問う　奥野卓司著　岩波書店　2014.5　240p　20cm　〈文献あり〉①978-4-00-022290-7　Ⓝ210.5　［2700円］

◇西山松之助著作集　第4巻　近世文化の研究　西山松之助著　オンデマンド版　吉川弘文館　2013.10　496,9p　22cm　〈索

869

引あり　印刷・製本：デジタルパブリッシングサービス　内容：近世文化史への提言　江戸文化における虚像の実像　嘉永文化試論　江戸文化と地方文化　近世文化史研究法に関する試論　化政期における江戸の生態　地方文化の主体性　近世の階層と文化　江戸の花道と家元制度　近世都市の生活　化政期の文化社会　元禄町人　低成長時代の町人像　山東京伝　太平の世の到来　元禄風の展開　文化指向の庶民像　文化センター江戸　民衆の中の芸術　江戸文化の実り　大江戸の栄え　江戸文化の高まり〉①978-4-642-04295-6　Ⓝ702.15［15000円］

◇西山松之助著作集　第6巻　芸道と伝統　西山松之助著　オンデマンド版　吉川弘文館　2013.10　519,9p　22cm〈索引あり　印刷・製本：デジタルパブリッシングサービス　内容：名人　近世芸道思想の特質とその展開　近世の遊芸論　大衆芸能における近世から近代への推転　宗匠というもの　近世の茶道　茶杓の基礎的研究　伝統論　戦後の伝統論〉①978-4-642-04297-0　Ⓝ702.15［15000円］

に

日本（文化—歴史—古代）

◇古代日本と中国文化—受容と選択　水口幹記著　塙書房　2014.10　417,18p　22cm〈索引あり　内容：日本古代における中国文化受容研究の方法試論　藤原朝臣麻呂の祥瑞関与　類書『稽瑞』と祥瑞品目　類書『稽瑞』の成立年代について　僧円能作成の厭符について　日本呪符の系譜　日本古典文学にみる情報交流の方法　「風角」〈風占〉と風をめぐる日中の相異〈雲を見る〉こと　日本古代における時間をめぐる二つの文化圏　景戒の時間意識と叙述の選択　大津皇子詩と陳後主詩　奈良時代の言語政策　非唐人音博士の誕生　奈良時代の『日本書紀』読書　弘仁の日本書紀講書と文章経国思想　東アジアにおける書籍と文化の交流をめぐって〉①978-4-8273-1269-0　Ⓝ210.3［12500円］

◇宮本常一講演選集　6　日本文化の形成　講義1　宮本常一著，田村善次郎編　農山漁村文化協会　2014.7　372p　20cm〈付属資料：8p：月報 6　内容：日本文化の形成　海洋文化と福岡〉①978-4-540-13146-2　Ⓝ382.1［2800円］

◇宮本常一講演選集　7　日本文化の形成　講義2　宮本常一著，田村善次郎編　農山漁村文化協会　2014.9　372p　20cm〈付属資料：8p：月報 7　内容：日本文化の形成．講義2　瀬戸内海文化の系譜〉①978-4-540-13147-9　Ⓝ382.1［2800円］

◇宮本常一講演選集　8　日本人の歩いてきた道　宮本常一著，田村善次郎編　農山漁村文化協会　2014.11　341p　20cm〈付属資料：8p：月報8　内容：日本の漁村と漁民　山の民、海の民の文化　民族と宗教　日本人の歩んできた道　台湾の先住文化と日本文化　民俗研究の将来に望むもの　中国の船生活と伝統〉①978-4-540-13148-6　Ⓝ382.1［2800円］

日本（文化—歴史—明治以後）

◇先祖と日本人—戦後と災後のフォークロア　畑中章宏著　日本評論社　2014.7　259p　19cm〈文献あり〉①978-4-535-56332-2　Ⓝ210.6［1900円］

◇日本表象の地政学—海洋・原爆・冷戦・ポップカルチャー　遠藤不比人編著　彩流社　2014.3　235,11p　20cm（成蹊大学アジア太平洋研究センター叢書）〈索引あり　内容：明治に環太平洋でロビンソンする（吉原ゆかり著）　ロマンス・マドロス・コンラッド（脇田裕正著）　福原麟太郎・広島・原子爆弾（齋藤一著）　『解ってたまるか！』を本当の意味で解る為に（日比野啓著）　カワバタと「雪国」の発見（越智博美著）　症候としての〈象徴〉天皇とアメリカ（遠藤不比人著）　アメリカを夢みたコメディアン（中野正昭著）　仏作って、魂を探す。（源中由記著）〉①978-4-7791-1989-7　Ⓝ210.6［3000円］

日本（文化—歴史—明治時代）

◇異形の明治　新保祐司著　藤原書店　2014.8　229p　20cm〈索引あり〉①978-4-89434-983-4　Ⓝ210.6［2400円］

◇明治という時代—歴史・人・思潮　小林敏男著　雄山閣　2014.7　370p　22cm〈内容：近代の成立と江戸時代　日本近代史学と筆禍事件　『夜明け前』の歴史的考察　藤村操の自殺と明治の青春　乃木将軍の殉死と明治の精神〉①978-4-639-02312-8　Ⓝ210.6［7000円］

◇明治の表象空間　松浦寿輝著　新潮社　2014.5　735,7p　22cm〈索引あり〉①978-4-10-471702-6　Ⓝ210.6［5000円］

日本（文化—歴史—論文集）

◇文化史史料考證—嵐義人先生古稀記念論集　『文化史史料考證』刊行委員会編　［出版地不明］　『文化史史料考證』刊行委員会　2014.8　488p　22cm〈内容：神道の部　神宮月次祭への祭主参加時期の検討（藤森馨著）　翻刻・京都大学図書館蔵「陽明文庫本延喜式」巻八・祝詞（金子善光著）　玉木正英の死生観をめぐって（高橋美由紀著）　【天皇祭祀の道統】桃園天皇宸筆の二通の文書（宍戸忠男著）　太平山神社文書「公義御代替御礼参府記録」の解題と翻刻（小林宣彦著）　伊勢参宮人の服忌便覧（土肥誠著）　翻刻『神代巻口訣』（瀬間正之著）「吉田家諸国附属帳」（假題）（太田正弘著）　御調八幡宮とその周辺にみられる伊勢信仰（桑原國雄著）　皇國時報臨時ニュースの紹介（茂木貞純著）　歴史の部　集安高句麗碑の発見とその意義（荊木美行著）　古代日本と朝鮮における「太歳」の用語について（有働智奘著）　マンネルヘイム断片コレクション中の戸籍様文書等について（小口雅史著）　横山当永による『日本書紀』の本文校訂態度（渡邉卓著）　齋部氏家牒（工藤浩著）「外交日記」逸文一条（三橋広延著）　『水左記』承暦四年の日蝕と暦博士（渡辺瑞穂子著）　大江匡房『江記逸文集成』補遺逸文（木本好信著）　旧唐津藩主小笠原家伝来中世文書の紹介（矢部健太郎著）　発見された吉良上野介義央書状とその意義（大喜直彦著）　葉隠と名語集（命期集）から見る鍋島直茂と伊達政宗（嘉村孝著）　日本文化に見る鏡の展示（青木豊著）　つくられた神武天皇（及川智早著）　「資料」明治大正イマジュリィ・クロニクルから（山田俊幸著）　海軍彗星特攻旭日隊青年将校の遺文（守薫著）　文学の部　「後魏孝文帝與高勾麗王雲詔一首」について（金子修一著）　文化三年写中島家本『出雲国風土記』について（伊藤剣著）　春日懐紙「遠山雪」　題の新出資料（田中大士著）　中国国家図書館蔵楊守敬旧蔵『日本霊異記』写本について（河野貴美子著）　東京都武蔵村山市渡辺家蔵『幻住庵記』版木（城﨑陽子著）　山梨稲川「詠古詩」制作時期（繁原央著）　文政十年六月、梅の舎大人『伊勢物語』講釈に関する考察（堤康夫著）　東條琴台著『小学必読女四字経』について（鈴木正弘著）〉①978-4-908028-01-4　Ⓝ210.12［10000円］

日本（文化活動）

◇「地元」の文化力—地域の未来のつくりかた　苅谷剛彦編著　河出書房新社　2014.9　221p　19cm（河出ブックス 075）〈内容：それぞれの地元の唯一の解（吉川徹著）　ほどほどの隣人、ほどほどの他人（玄田有史著）　地域文化2・0（渡辺靖著）　風の女神たち（小島多恵子著）　アートなプロジェクトたちの妄想力（熊倉純子著）　アンチ東京化（神門善久著）　全国調査データでみる地域文化活動の「平均像」（狭間諒多朗，吉川徹著）　参加のパラドクスと地域社会のゆくえ（苅谷剛彦著）〉①978-4-309-62475-4　Ⓝ361.7［1600円］

◇舞台芸術の鑑賞と表現における社会参加の課題と提言　［東京］　日本バリアフリー協会　2014.3　121p　31cm〈厚生労働省平成25年度障害者総合福祉推進事業　ルーズリーフ〉Ⓝ369.27

◇ふるさとをつくる—アマチュア文化最前線　小島多恵子著　筑摩書房　2014.9　243,9p　19cm〈文献あり〉①978-4-480-81841-6　Ⓝ361.7［1900円］

日本（文化行政）

◇クール・ジャパンはなぜ嫌われるのか—「熱狂」と「冷笑」を超えて　三原龍太郎著　中央公論新社　2014.4　261p　18cm（中公新書ラクレ 491）①978-4-12-150491-3　Ⓝ361.5［820円］

◇文化政策の展開—アーツ・マネジメントと創造都市　野田邦弘著　京都　学芸出版社　2014.4　221p　21cm〈文献あり　索引あり〉①978-4-7615-2570-5　Ⓝ709.1［2400円］

◇文部科学関係の税制　平成26年度　［東京］　文部科学省大臣官房政策課　［2014］　61, 970p　21cm　Ⓝ345.1

◇予算参照書—文化庁　平成26年度　［東京］　文部科学省　［2014］　282p　30cm〈第186回国会（常会）提出平成26年度（安倍内閣）〉Ⓝ709.1

◇我が国の文化政策　平成26年度　文化庁長官官房政策課監修　文化庁長官官房政策課　2014.7　88p　30cm　Ⓝ709.1

日本（文化行政—歴史—明治以後）

◇遺跡保護行政とその担い手　須田英一著　同成社　2014.10　462p　22cm〈文献あり　年表あり　索引あり　内容：国の文化財行政の展開と遺跡保護　内務省・文部省の史蹟指定調査・研究の担い手たち　神奈川県における地方行政機構の整備と文化財行政　神奈川県史蹟名勝天然記念物調査会と遺跡保護の担い手　終戦から文化財保護法制定までの文化財行政と遺跡保護　文化財保護法制定後から1970年代前半の文化財行政と遺跡保護　神奈川県における文化財行政機構の整備と文化財行政の展開　三浦市域における地域文化財行政と地域研究者の関わり　藤沢市域における遺跡保護の動向と担い手たち　遺跡保護政策研究の課題と展望〉①978-4-88621-676-2　Ⓝ709.1［12000円］

日本（文学教育）

◇感性世界への誘い—白百合女子大学キャンパスの環境教育ポテンシャル　堀井清之，岩政伸治，宮澤賢治，松前祐司編著　近代文藝社　2014.3　164p　16×22cm　①978-4-7733-7913-6　Ⓝ519.07［1800円］

◇小学校の文学教材は読まれているか—教材研究のための素材研究　勝倉壽一著　鎌倉　銀の鈴社　2014.1　157p　21cm（国語教育叢書）①978-4-87786-763-8　Ⓝ375.852［1500円］

日本件名図書目録2014　Ⅰ　　　　　　　　　　　　　　　　　　　　　日本（文化財―保存・修復）

◇深い読みを引き出す物語教材研究法と授業スキル　三井竜彦
著　明治図書出版　2014.10　143p　22cm　Ⓘ978-4-18-
158510-5　[375.852　[1800円]

◇文学の教材研究―〈読み〉のおもしろさを掘り起こす　田近洵
一, 木下ひさし, 笠井正信, 中村龍一, 牛山恵編著　教育出版
2014.3　303p　21cm　〈内容：文学の教材研究（田近洵一著）
文学の〈読み〉の授業づくり（笠井正信著）　サーカスのライオ
ン（野中三恵子著）　モチモチの木（赤堀貫彦著）　白いぼうし
（伊藤あゆみ著）　川とノリオ（神永裕昭著）　きつねのおきゃ
くさま（廣川加代子著）　ごんぎつね（佐藤久美子著）　一つの
花（坂本喜代子著）　きつねの窓（橋本則子著）　のらねこ（中
村龍一著）　おにごっこ（牛山恵著）　大造じいさんとが
ん（木下ひさし著）　雪渡り（幸田国広著）　文学の〈読み〉の
理論と教育（田近洵一, 田中実述, 中村龍一司会）〉Ⓘ978-4-
316-80404-0　[375.852　[2400円]

◇宮沢賢治童話の世界―親子ども読者とひらく　牛山恵著　冨山房
インターナショナル　2014.12　321p　21cm　〈内容：異界と
の交歓　生命の連環　擬制を撃つ　自己回復へのメッセージ
イーハトヴの世界に遊ぶ　現実と理想の相克　異界からの手紙
領域侵犯者に与えられた刻印　抹殺しの修羅　社
会悪への批評　賢治童話における悪の諸相　宮沢賢治童話の
教材史　賢治童話の魅力と教材化の可能性　教材論・作品論の
ための覚え書き〉Ⓘ978-4-905194-84-2　[375.85　[2500円]

◇物語・教材分析と創作　第3集　九州女子大学・国語科教育研
究室〔著〕, 白瀬浩司編著　新潟　太陽書房　2014.4　165p
21cm　（せんせのたまご　2014）Ⓘ978-4-86420-114-8　[375.
852　[1300円]

◇「読むこと」の術語集―文学研究・文学教育　田中実監修, 相
沢毅彦, 大谷哲, 齋藤知也, 佐野正俊, 馬場重行編　双文社出版
2014.8　237p　21cm　Ⓘ978-4-88164-626-7　Ⓝ910.26
[2800円]

日本（文学教育―歴史―明治時代）

◇孝子・毒婦・烈女の力―近代日本の女子教育　眞有澄香著　双
文社出版　2014.2　190p　21cm　Ⓘ978-4-88164-624-3
Ⓝ372.106　[2800円]

日本（文学者）

◇となりの文豪　河原徳子著　名古屋　風媒社　2014.3　234p
19cm　Ⓘ978-4-8331-5273-0　Ⓝ910.28　[1400円]

日本（文学者―歴史―1945〜）

◇人はなぜ過去と対話するのか―戦後思想私記　近藤洋太著
言視舎　2014.4　184p　20cm　（飢餓陣営叢書 8）〈内容：
「自己欺瞞」の構造　革命的ロマンと倫理　イエスの表情　工
作者の値札　空虚としての戦後　新宿というトポス　「戦後
の二重構造」論　戦争と聖書　「超人間」という思想〉Ⓘ978-
4-905369-85-1　Ⓝ910.264　[2200円]

日本（文学者―歴史―江戸時代）

◇近世物之本江戸作者部類　曲亭馬琴著, 徳田武校注　岩波書
店　2014.6　402,20p　15cm　（岩波文庫 30-225-7）〈文献
あり　索引あり　内容：丈阿　近藤助五郎清春　富川吟雪　喜三
二　恋川春町　通笑　全交　楚満人　四方山人　唐来三和　
恋川好町　森羅万象　山東京伝　七珍万宝　桜川慈悲成　曲
亭馬琴　傀儡子玉章　樹下石上　関亭伝笑　十遍舎一九　式
亭三馬　東西庵南北　曼亭鬼武　山東京山　摺見　九年坊
面徳斎夫成　鶴成　糊人　吉町　柳亭種彦　可候　東里山人
為永春水　古今亭三鳥　益亭三友　五柳亭徳升　川関楼琴川
椒芽田楽　竹塚東子　一二三　学亭三子　小金厚丸　篠田金
治　楽々庵　馬笑　梅笑　慰焼輔　雪亭三冬　春亭三暁　時
太郎　吾蘭　本の桑人　山月古柳　匠亭三玉　後烏亭鳥馬
志満山人　笠亭仙果　鶴屋南北　林家正蔵　後恋川春町　律
秋堂　後唐来三和　船主　緑間山人　沢村訥子　市川三升
坂東秀佳　尾上梅幸　瀬川路考　西来居未仏　江南亭唐立
持丸　坂東箕助　中村芝翫　十字亭三久　後式亭三馬　蓬萊
山人帰橋　後喜三二　内新好　待名斎今也　緑亭可山　柴舟
庵一双　蘭省亭薫　文宝亭　素速斎　麟馬亭三千蔵　振鷺亭
松甫斎眉山　欣堂閑人　西川光信　福亭三笑　蔦唐丸〉
Ⓘ978-4-00-302257-3　Ⓝ913.5　[1020円]

日本（文学者―歴史―昭和後期）

◇私の出会った作家たち―民主主義文学運動の中で　鶴岡征雄
著　本の泉社　2014.4　255p　20cm　Ⓘ978-4-7807-1163-9
Ⓝ910.264　[2200円]

日本（文学者―歴史―昭和時代）

◇文士の時代　林忠彦著　中央公論新社　2014.9　389p　16cm
（中公文庫 は67-1）〈朝日新聞社 1986年刊の増補, 新編集
版〉Ⓘ978-4-12-206017-3　Ⓝ910.263　[1300円]

日本（文学者―歴史―明治以後）

◇奇縁まんだら　瀬戸内寂聴著, 横尾忠則画　日本経済新聞出
版社　2014.10　288p　15cm　（日経文芸文庫 せ2-1）Ⓘ978-
4-532-28043-7　Ⓝ910.26　[740円]

◇作家のこころを旅する―鎌倉文学散歩　赤羽根龍夫著　鎌倉
冬花社　2014.2　213p　19cm　Ⓘ978-4-925236-93-5　[910.
26　[1200円]

◇漱石のヒューマニズム―他雑纂：半自分史的ペンのあるばむ
榊原忠彦著　高知　榊原忠彦　2014.2　604p　20cm　〈発行
所：共和印刷〉Ⓝ910.26　[3000円]

◇日記で読む文豪の部屋　柏木博著　白水社　2014.3　250p
20cm　Ⓘ978-4-560-08350-5　Ⓝ910.26　[2200円]

◇文豪の風景　高橋敏夫, 田村景子監修　エクスナレッジ
2014.2　160p　24cm　〈文献あり〉Ⓘ978-4-7678-1712-5
Ⓝ910.26　[1600円]

日本（文学者―歴史―明治時代）

◇失われた近代を求めて　3　明治二十年代の作家達　橋本治著
朝日新聞出版　2014.10　242p　22cm　Ⓘ978-4-02-251219-2
Ⓝ910.26　[2500円]

日本（文学と政治―歴史―1868〜1945）

◇幻視の国家―透谷・啄木・介山, それぞれの〈居場所探し〉　小
寺正敏著　奈良　萌書房　2014.5　268,6p　22cm　〈索引あ
り〉Ⓘ978-4-86065-084-1　Ⓝ910.26　[4000円]

日本（文学と政治―歴史―昭和時代）

◇国民文学のストラテジー―プロレタリア文学運動批判の理路
と隘路　内藤由直著　双文社出版　2014.2　253p　22cm　〈文
献あり　内容：”国民文学”とは何か　国民文学論の動因　国民
文学の生成　戦後国民文学論の企て　国民文学の本源的蓄積
戦中・戦後の差異と反復　国民文学論から〈近代の超克〉論
へ〉Ⓘ978-4-88164-623-6　Ⓝ910.26　[3600円]

日本（文学と政治―歴史―明治以後）

◇「よむ」ことの近代―和歌・短歌の政治学　松澤俊二著　青弓
社　2014.12　274p　22cm　（越境する近代 11）〈索引あり
内容：天皇巡幸を「よむ」こと　「嗟歎の声音」の政治　明治
天皇「御製」のポリティクス　「旧派」の行方　「よむ」こと
と心理学　「和歌革新」前後　歌会における「自己」表現の試
行　「芸術」と国家への理路　つくられる”愛国”とその受容
誰が「ヒロシマ」を詠みうるか？〉Ⓘ978-4-7872-2058-5
Ⓝ911.16　[3400円]

日本（文学碑）

◇諸国翁墳記―翻刻と検討　田坂英俊著　府中（広島県）慶照寺
2014.10　222p　22cm　〈年表あり〉Ⓝ911.32　[非売品]

◇啄木うたの風景―碑でたどる足跡　小山田泰裕著　盛岡　岩
手日報社　2013.9　246p　21cm　〈文献あり　年譜あり〉
Ⓘ978-4-87201-411-2　Ⓝ911.162　[1500円]

日本（文化財）

◇坂本太郎著作集　第10巻　歴史教育と文化財　坂本太郎著
オンデマンド版　吉川弘文館　2013.10　481p　22cm　〔印刷・
製本：デジタルパブリッシングサービス　内容：歴史教育私観
歴史と人生　今日の歴史　おもしろい歴史おもしろくない歴
史　社会科歴史の欠陥と古代史の問題　社会科歴史の問題
歴史の平衡作用　むかしの勤務評定　学習指導要領　新教育
歴史についての所感　子どもには子どもの歴史を　歴史
の変遷と歴史教育　外国歴史教科書の訂正　社会科の問題点
歴史と歴史教育　これからの歴史教育　聖地と歴史教育
神話と歴史教育　伝統　宗教　文化　名をすてて　史跡雑考
文化財と史跡　日本人と文化財　伝統文化の保存・継承につ
いて　国宝と人　伝統は尊重されているか　文化財の保存と
活用についての所感二題　日本歴史と正倉院　冷泉家の文化
財　歴史博物館の新設を　日本史から見た平出遺跡　藤原宮
跡の木簡の意義　『平城宮展』を見て　遠江史跡随想　「歴史
の道」随想　地名の表記　地名と地名　号の歴
史　年号あれこれ　歴史上より見た日光　東大寺総説　稲荷
神社の和銅四年創立説について　「古事類苑」と「広文庫」
陽明文庫の恩恵　日本辞典の恩恵　日本歴史の特性　古典を
楽しむ　愛書の精神　脚の力　丑年に因んで　ことばは魔物
帽子　法隆寺夏季大学　二重生活　祝日と正月　「日本の悪
路」に対する私の意見　一冊の本　車と道　合理主義　亥年
にちなんで　国語問題素人談義　歴史好きと歴史無視　辛酉
の年の年頭に当って　『日本書紀』に見える鼠　欧州の古文書
館　旅二題　新しもの好き　霊泉寺と下諏訪　城と人と〉
Ⓘ978-4-642-04281-9　Ⓝ210.3　[14500円]

日本（文化財―保存・修復）

◇美しさの新機軸―日本画過去から未来へ：平成26年度公益財
団法人芳泉文化財団第二回文化財保存学日本画研究発表展
「美しさの新機軸」展覧会事務局編　大阪　芳泉文化財団
2014.11　50p　30cm　〈会期・会場：平成26年11月23日―12月
3日　東京藝術大学陳列館〉Ⓝ709

に

871

日本（文化財保護）

◇岡倉天心と文化財—まもり、つたえる、日本の美術　茨城県天心記念五浦美術館編　[北茨城]　茨城県天心記念五浦美術館　2013　151p　28cm　〈年譜あり　会期・会場：平成25年10月12日—11月24日　茨城県天心記念五浦美術館　震災復興祈念—天心・波山記念事業岡倉天心生誕一五〇年・没後一〇〇年記念〉　Ⓝ709.1

◇元興寺文化財研究所研究報告　2013　元興寺文化財研究所編　[奈良]　元興寺文化財研究所　2014.3　101p　30cm　〈公益財団法人畠山文化財団助成金事業　内容：研究報告　飯降樂師磨崖仏の復原（狭川真一、柳澤一宏著）　上淀廃寺石造相輪考（狭川真一著）　逆さに掲げる招福辟邪考（角南聡一郎著）　香川県善通寺市生野本町所在落亀金毘羅燈籠の保存修復について（佐藤亜聖、海邉博史著）　積川神社所蔵神輿の修復報告（桃井宏和著）　敦賀市博物館所蔵の鼕について（桃井宏和, 高橋敦, 福田さよ子著）　収蔵施設の試み（伊藤健司著）〉Ⓝ709.1

◇修理報告書　平成22年度—平成25年度　金沢　石川県立美術館付属機関石川県文化財保存修復工房　2014.5　78p　30cm　Ⓝ709.1

◇文化財における伝統技術及び材料に関する調査研究報告　2013年度　文化財機構東京文化財研究所　[2014]　199p　30cm　〈文献あり　年表あり〉Ⓝ709.1

日本（文化財保護）

◇遺構露出展示に関する調査研究報告書　国立文化財機構奈良文化財研究所文化遺産部遺跡整備研究室編　奈良　国立文化財機構奈良文化財研究所文化遺産部遺跡整備研究室　2013.3　65p　30cm　①978-4-905338-26-0　Ⓝ709.1

◇元興寺文化財研究所研究報告　2013　元興寺文化財研究所編　[奈良]　元興寺文化財研究所　2014.3　101p　30cm　〈公益財団法人畠山文化財団助成金事業　内容：研究報告　飯降樂師磨崖仏の復原（狭川真一、柳澤一宏著）　上淀廃寺石造相輪考（狭川真一著）　逆さに掲げる招福辟邪考（角南聡一郎著）　香川県善通寺市生野本町所在落亀金毘羅燈籠の保存修復について（佐藤亜聖、海邉博史著）　積川神社所蔵神輿の修復報告（桃井宏和著）　敦賀市博物館所蔵の鼕について（桃井宏和, 高橋敦, 福田さよ子著）　収蔵施設の試み（伊藤健司著）〉Ⓝ709.1

◇京都国立博物館文化財保存修理所修理報告書　11　平成22年度　京都国立博物館編　京都　京都国立博物館　2014.3　173p　30cm　Ⓝ709.1

◇「近世日本の教育遺産」実施報告書—教育遺産世界遺産登録推進国際シンポジウム　2013　教育遺産世界遺産登録推進国際シンポジウム実行委員会編　[足利]　教育遺産世界遺産登録推進国際シンポジウム実行委員会　2014.3　79p　30cm　〈英語併載　会期・会場：2013年10月6日　足利市民プラザ文化ホール〉Ⓝ372.105

◇近代古墳保存行政の研究　尾谷雅比古著　京都　思文閣出版　2014.2　338,14p　22cm　〈文献あり　索引あり　内容：序章　近代古墳保存行政の成立　近代古墳保存行政の展開　仲哀天皇陵墓伝承地の変遷　淡輪古墳群に対する保存施策　百舌鳥古墳群の史蹟指定　大師山古墳の発見と顕彰　九州における戦時体制下の古墳保存行政　終章〉Ⓝ709.1　[7200円]

◇定期研修会報告集—一般社団法人国宝修理装潢師連盟　第19回　平成25年度　国宝修理装潢師連盟編　京都　国宝修理装潢師連盟　c2013　74p　30cm　〈内容：基調講演　文化財修復と科学技術（亀井伸雄述）　講演　軸首の漆工芸（北村昭斎述）　事例報告　極性を考慮した溶媒によるクリーニングの実例について（株式会社修護）　重要文化財名古屋城旧本丸御殿折上格天井床張付保存修復について（株式会社松鶴堂）　山口蓬春記念館蔵重要文化財「十二ヶ月風俗図」修理と画帖製作について（株式会社半田九清堂）〉Ⓝ709.1

◇日本とフランスの遺跡保護—考古学と法・行政・市民運動　稲田孝司著　岩波書店　2014.5　368p　22cm　〈索引あり　内容：遺跡の現代史　遺跡保護の運動と法・行政の発展　遺跡保護行政の定着へ向けて　遺跡保護の諸相　考古学史断章　発掘調査体制改革への激動　遺跡保護制度の確立と発掘調査市場化の波及　終章〉①978-4-00-025974-3　Ⓝ709.1　[8600円]

◇歴史文化を大災害から守る—地域歴史資料学の構築　奥村弘編　東京大学出版会　2014.1　422,23p　22cm　〈年表あり　索引あり　内容：なぜ地域歴史資料学を提起するのか（奥村弘著）　歴史資料を千年後まで残すために（平川新著）　地域資料学を構想する糸口（市沢哲著）　とらえなおされる地域歴史資料（三村昌司著）　震災を次代に伝えるために（佐々木和子著）　地域の歴史・文化資料とどのように向き合うか（久留島浩著）　地域歴史資料の「保全」から「活用」へ（坂江渉著）　過疎化が進む地域と資料のゆくえ（小林准士著）　歴史資料を守り、伝えるために（寺内浩著）　「宮城方式」での保全活動・一〇年

の軌跡（佐藤大介著）　文化大国NIPPONの裏側（多仁照廣著）　土蔵まるごとの救出から広域災害支援へ（矢田俊文著）　多くの人に支えられた救出活動（伊藤昭弘著）　予防ネットワークという考え方（今津勝紀著）　大規模災害時における資料保全ネットの活動（蝦名裕一著）　ふつうの人びとの資料レスキュー（小林貴宏著）　「忘却」される"歴史"（安田隼人著）　災害時「未把握資料」の救出・保全をめぐる問題（山川千博著）　歴史資料保全における福島県の課題（本間宏, 阿部浩一著）　ブンカザイを空疎な言葉にしないために（白水智著）　被災史料を"みんな"で守るために（川内淳史, 板垣貴志, 添田仁著）　民間所在史料保全のためのネットワーク形成（松下正和著）　水濡れ史料の吸水乾燥ワークショップの展開（河野未央著）　多仁流き嵌め法による資料修復と水損資料の脱水試験（多仁照廣著）　水損史料の凍結真空乾燥処理、および関連処置について（内田俊秀著）　津波被災歴史資料とボランティア（天野真志著）　イタリアにおける被災文書資料救出事例の検討（内田俊秀著）　災害から歴史的環境を守るために（足立裕司著）〉①978-4-13-020152-0　Ⓝ014.72　[5800円]

◇わざを伝える—伝統とその活用　国立文化財機構東京文化財研究所無形文化遺産部編　国立文化財機構東京文化財研究所無形文化遺産部　2014.3　123p　30cm　〈無形民俗文化財研究協議会報告書　第8回〉〈内容：佐渡「小木のたらい舟製作技術」伝承の取り組みと課題（井藤博明述）　越中福岡の菅笠保全に妙案はあるのか（徳田光太郎述）　えどがわ伝統工芸産学公プロジェクトの取組みについて（羽太謙一述）　荒川区の無形文化財保護の取り組み（野尻かおる述）　台東区の伝統産業事業について（浦里健太郎述）〉Ⓝ709.1

日本（文化財保護—歴史—明治以後）

◇遺跡保護行政とその担い手　須田英一著　同成社　2014.10　462p　22cm　〈文献あり　年表あり　索引あり　内容：国の文化財行政の展開と遺跡保護　内務省・文部省の史蹟指定調査・研究の担い手たち　神奈川県における地方行政機構の整備と文化財行政　神奈川県史蹟名勝天然記念物調査会と遺跡保護の担い手　終戦から文化財保護法制定までの文化財行政と遺跡保護　文化財保護法制定後から1970年代前半の文化財行政と遺跡保護　神奈川県における文化財行政機構の整備と文化財行政の展開　三浦市域における地域文化財行政と地域研究者の関わり　藤沢市域における遺跡保護の動向と担い手たち　遺跡保護政策研究の課題と展望〉①978-4-88621-676-2　Ⓝ709.1　[12000円]

日本（文化的景観）

◇計画の意義と方法—計画は何のために策定し、どのように実施するのか？：平成25年度遺跡整備・景観合同研究集会報告書　国立文化財機構奈良文化財研究所文化遺産部遺跡整備研究室、国立文化財機構奈良文化財研究所文化遺産部景観研究室編　[奈良]　国立文化財機構奈良文化財研究所文化遺産部遺跡整備研究室　2014.12　191p　30cm　〈文献あり　共同刊行：国立文化財機構奈良文化財研究所文化遺産部景観研究室〉①978-4-905338-45-1　Ⓝ709.1

◇文化的景観研究集会（第5回）報告書—文化的景観のつかい方　国立文化財機構奈良文化財研究所編　奈良　国立文化財機構奈良文化財研究所　2014.1　90p　30cm　〈奈良文化財研究所研究報告　第13冊〉　会期：平成24年12月14日—15日　滋賀県立安土城考古博物館セミナールーム　内容：研究報告　滋賀県の文化的景観（濱崎一志著）　文化的景観保護行政の現状（市原富士夫著）　地域づくりとcultural landscapeの保全（神吉紀世子著）　高島の文化的景観の取組（山本晃子著）　文化的景観と里山保全（奥敬一著）　庁内連携での文化的景観保護（廣瀬岳志著）　文化的景観と土木デザイン（柴田久著）　持続可能な地域の未来のために（小浦久子著）　文化的景観の意義と役割（金田章裕著）　文化的景観の博物館展示「暮らしが生んだ絶景琵琶湖水辺の文化的景観」について（大沼芳幸著）〉①978-4-905338-36-9　Ⓝ709.1

日本（文書館）

◇アーカイブズ研修Ⅲ修了研究論集　平成25年度　[東京]　国立公文書館　[2014]　384p　30cm　〈内容：内大臣・内大臣府の文書管理（辻岡健志著）　日本軍における公文書管理の研究（齋藤達志著）　公文書管理法時代における静岡県の公文書館構想（川上努著）　「歴史公文書」を考える（長谷川伸著）　長野県公文書館における電子文書の受入れとデジタルアーカイブズへの道のり（松島耕二著）　小布施町文書館の現状と課題（原田知佳著）　基礎自治体における公文書館の在り方について（三好久美子著）　天草市における業務分析に基づく市町村合併文書の評価選別（橋本竜樹著）　個人情報に関する利用制限事由の該当性の判断について（村上由佳著）　公文書管理法下における行政文書ファイル等の評価選別手法に関する一考察（吉田敏也著）　国立公文書館におけるオープンガバメントの取組みに関する一考察（中山貴子著）〉Ⓝ018.09

◇これからの大学と大学アーカイブス—東北大学史料館創立50周年記念講演会・シンポジウムの記録　東北大学学術資源研

究公開センター史料館編　仙台　東北大学学術資源研究公開センター史料館　2014.10　96p　21cm〈年表あり　内容：基調講演　これからの大学と「大学アーカイブズ」(寺崎昌男述)　報告　大学アーカイブズのなりたちと広がり(永田英明述)　大学におけるアーカイブズとは(西山伸述)　東京大学の文書館構想(森本祥子述)〉Ⓝ018.09

◇知と技術の継承と展開―アーカイブズの日伊比較　中京大学社会科学研究所編　名古屋　中京大学社会科学研究所　2014.3　295p　21cm　(社研叢書 34)〈創泉堂出版(発売)　年表あり　会期・会場：2013年2月16日‐17日　中京大学名古屋キャンパスアネックスホール　講演イタリアのアーカイブズ　講演イタリアのアーカイブズ行政とその組織(マリア・バルバラ・ベルティーニ述)　講演イタリアの歴史学とアーカイブ(マリオ・インフェリーゼ述)　日本のアーカイブズ　講演日本のアーカイブズ(大濱徹也述)　「古都」京都と地方自治体・京都府のアーカイブズ問題(井口和起著)　日本帝国の台湾統治文書のアーカイブ(東山京子著)　アーカイブズの国際比較　一七―一八世紀のヴェネツィア共和国における税務文書の運用と管理(湯上良著)　スペインの歴史認識と公文書管理(野口健格著)　アーカイブズの制度形成(上代庸平著)　講演録gli atti del simposio Gli archivi in Italia(Maria Barbara Bertini述)　Storiografia e archivi in Italia(Mario Infelise述)　シンポジウム日本語発表(一部)要約　Riassunti degli interventi Giapponesi(Maria Barbara Bertini述)〉Ⓝ018.09

◇知と技術の継承と展開―アーカイブズの日伊比較　中京大学社会科学研究所編　創泉堂出版(発売)　2014.3　295p　21cm〈年表あり　会期・会場：2013年2月16日‐17日　中京大学名古屋キャンパスアネックスホール　内容：講演イタリアのアーカイブズ行政とその組織(マリア・バルバラ・ベルティーニ述)　講演イタリアの歴史学とアーカイブ(マリオ・インフェリーゼ述)　講演日本のアーカイブズ(大濱徹也述)　「古都」京都と地方自治体・京都府のアーカイブズ問題(井口和起著)　日本帝国の台湾統治文書のアーカイブ(東山京子著)　17‐18世紀のヴェネツィア共和国における税務文書の運用と管理(湯上良著)　スペインの歴史認識と古文書管理(野口健格著)　アーカイブズの制度形成(上代庸平著)　Gli archivi Italia(Maria Barbara Bertini述)　Storiografia e archivi in Italia(Mario Infelise述)　Riassunti degli interventi giapponesi(Maria Barbara Bertini述)〉①978-4-902416-30-5　Ⓝ018.09　[1600円]

日本(文書管理―情報システム―特許)
◇特許情報分析(パテントマップ)から見た文書管理システムに関する技術開発実態分析調査報告書　インパテック株式会社編　パテントテック社　2013.5　227p　30cm〈タイトルは標題紙による〉①978-4-86483-215-1　Ⓝ007.609　[56700円]

日本(墳墓)
◇葬墓民俗用語集　奥村隆彦著　大阪　アットワークス　2014.2　161p　21cm〈文献あり　「葬墓民俗用語集成」(私家版1993年刊)の改題、改訂〉①978-4-939042-93-5　Ⓝ385.6　[1600円]
◇墓じまいのススメ―これが親の子孝行　八城勝彦著　廣済堂出版　2014.12　207p　19cm　①978-4-331-51888-5　Ⓝ385.6　[1300円]
◇墓と葬送のゆくえ　森謙二著　吉川弘文館　2014.12　214p　19cm　(歴史文化ライブラリー 391)〈文献あり〉①978-4-642-05791-2　Ⓝ385.6　[1700円]
◇墓の民俗学　岩田重則著　オンデマンド版　吉川弘文館　2013.10　328,15p　22cm〈索引あり　印刷・製本：デジタルパブリッシングサービス〉①978-4-642-04270-3　Ⓝ385.6　[12000円]
◇墓相―よい墓のたて方・まつり方　矢島皓仰著　戎光祥出版　2014.3　179p　21cm　①978-4-86403-097-7　Ⓝ385.6　[1600円]

日本(墳墓―歴史)
◇日本支石墓の研究　第1部　支石墓の概要　太田新著　福岡　海鳥社　2014.5　90p　26cm〈年表あり〉①978-4-87415-909-5(set)　Ⓝ210.025
◇日本支石墓の研究　第2部　資料編　太田新編　福岡　海鳥社　2014.5　190p　26cm　①978-4-87415-909-5(set)　Ⓝ210.025

日本(墳墓―歴史―江戸時代)
◇近世大名墓の成立―信長・秀吉・家康の墓と各地の大名墓を探る　大名墓研究会編　雄山閣　2014.10　181p　21cm〈文献あり　内容：徳川将軍家墓所の形成(坂詰秀一著)　中世武士の墓の終焉と高野山大名墓の成立(狹川真一著)　織田信長の葬儀と墓(加藤理文著)　豊国廟と東照宮の成立(中井均著)　考

古資料から見た近世大名墓の成立(松原典明著)　文献史料から見た大名家菩提所の確立(岩淵令治著)　第五回大名墓研究会シンポジウムの概要(溝口彰啓著)　江戸における近世大名墓の成立(今野春樹著)　地域における近世大名墓の成立 1　九州(美濃口雅朗、野村俊之著)　地域における近世大名墓の成立 2　中四国(乗岡実著)　地域における近世大名墓の成立 3　東海(松井一明著)　地域における近世大名墓の成立 4　東北(関根達人著)〉①978-4-639-02328-9　Ⓝ210.5　[2400円]

日本(墳墓―歴史―原始時代)
◇弥生時代の墓―死者の世界：平成26年度春季特別展　奈良県立橿原考古学研究所附属博物館編　橿原　奈良県立橿原考古学研究所附属博物館　2014.4　88p　30cm　(奈良県立橿原考古学研究所附属博物館特別展図録 第81冊)〈会期・会場：2014年4月19日―6月22日　奈良県立橿原考古学研究所附属博物館〉Ⓝ210.27

日本(墳墓―歴史―古代)
◇埋葬技法からみた古代死生観―6～8世紀の相模・南武蔵地域を中心として　柏木善治著　雄山閣　2014.7　270p　27cm〈文献あり　布装〉①978-4-639-02321-0　Ⓝ210.3　[12000円]

日本(兵器)
◇こんなにスゴイ！自衛隊の新世代兵器　菊池雅之著　竹書房　2014.12　191p　19cm〈文献あり〉①978-4-8019-0097-4　Ⓝ392.1076　[580円]
◇自衛隊・新世代兵器PERFECTBOOK　2035年兵器カタログ　別冊宝島編集部編　宝島社　2014.4　159p　21cm〈2011年刊の大幅改定〉①978-4-8002-2537-5　Ⓝ392.1076　[1300円]
◇自衛隊装備年鑑　2014‐2015　朝雲新聞社編集局/編著　朝雲新聞社　2014.7　540p　21cm　①978-4-7509-1035-2　[3800円]
◇自衛隊の最新・最強兵器99の謎―世界に誇る装備の数々を徹底解説！　自衛隊の謎検証委員会編　彩図社　2014.10　219p　19cm〈文献あり〉①978-4-8013-0022-4　Ⓝ392.1076　[537円]
◇自衛隊兵器大全　別冊宝島編集部編　完全保存版！　宝島社　2014.9　190p　16cm　(宝島SUGOI文庫 Aへ‐1-187)〈①978-4-8002-3068-3　Ⓝ392.1076　[700円]
◇自衛隊兵器大全―日本を守る防衛装備60年史　菊池雅之著　竹書房　2014.2　223p　15cm　(竹書房文庫 き2-1)〈文献あり〉①978-4-8124-9912-2　Ⓝ559.021　[650円]

日本(兵器―歴史)
◇日本の武器とM4前面貫徹痕　長濱康隆著　名古屋　ブイツーソリューション　2014.10　149p　26cm　①978-4-86476-248-9　Ⓝ559.021　[3600円]
◇兵器と戦術の日本史　金子常規著　中央公論新社　2014.3　319p　16cm　(中公文庫 か80-2)〈原書房 1982年刊の再刊〉①978-4-12-205927-6　Ⓝ392.1　[952円]

日本(平和運動)
◇はばたく高校生平和大使―それぞれの想いをのせて今　「はばたく高校生平和大使」刊行委員会監修　長崎　長崎新聞社　2014.8　202p　21cm　①978-4-904561-79-9　Ⓝ319.8　[1500円]
◇列島を歩く―ノーモア・ヒロシマ、ナガサキ：平和・連帯・友情の写真と紀行：3コース229日、3000キロ余　北尾達雄著　大阪　清風堂書店　2014.8　142p　19cm　①978-4-88313-821-0　Ⓝ319.8　[1500円]

日本(平和教育)
◇子どもたちを再び戦場に送るな―語ろう、いのちと平和の大切さ　村山士郎著　新日本出版社　2014.9　93p　21cm　①978-4-406-05818-6　Ⓝ375　[1100円]

日本(壁画)
◇最後の銭湯絵師―三十年の足跡を追う　町田忍著　草隆社　2013.12　111p　19×21cm　①978-4-915678-25-7　Ⓝ673.96　[2500円]

日本(ペット―法令)
◇知って得する！ペット・トラブル解決力アップの秘訣38！―ペット弁護士浅野明子先生の　浅野明子著　大成出版社　2014.3　196p　21cm〈文献あり〉①978-4-8028-3061-4　Ⓝ645.1　[1800円]

日本(ペット―保護)
◇動物愛護管理行政事務提要　平成25年度　環境省自然環境局総務課動物愛護管理室　環境省自然環境局総務課動物愛護管理室　2014.3　151p　30cm　Ⓝ645.6

日本(ペットビジネス)
◇共生時代の「ペットエンディングビジネス」経営戦略・事業化計画資料集　総合ユニコム　2013.6　98p　30cm　①978-4-88150-578-6　Ⓝ645.9　[60000円]

日本（弁護士）　　　　　　　　　　　　　　　　　　　　日本件名図書目録2014　Ⅰ

◇ペット関連市場マーケティング総覧　2013年　大阪マーケ
ティング本部第一事業部調査・編集　富士経済　2013.3
309p　30cm　①978-4-8349-1594-5　Ⓝ645.9　［130000円］

日本（弁護士）
◇かかりつけ弁護士の見つけ方　木下慎也著　幻冬舎メディア
コンサルティング　2013.5　202p　19cm　〈幻冬舎（発売）〉
①978-4-344-99940-4　Ⓝ327.14　［1200円］
◇信頼される司法の実現―今こそ、法の支配による人権保障の実
現を　東京弁護士会法友会著　現代人文社　2014.1　385p
30cm　〈法友会政策要綱　2014年度〉〈大学図書（発売）〉
①978-4-87798-576-9　Ⓝ327.1　［3200円］
◇小さな歴史家をめざして―私の弁護士時代　田川和幸著　日
本評論社　2014.2　223p　20cm　①978-4-535-52005-9
Ⓝ327.14　［2500円］
◇日本立法資料全集　別巻848　法曹紙屑籠　砂川雄峻著　復刻
版　信山社出版　2014.4　471p　23cm〈酒井法律書籍店　大
正7年刊の複製〉①978-4-7972-7146-1　Ⓝ322.1　［54000円］
◇弁護士業務書式文例集　弁護士業務書式研究会編著　4訂版
日本法令　2014.8　904p　26cm　①978-4-539-72378-4
Ⓝ327.14　［9800円］
◇弁護士業務の勘所―弁護士という仕事をもっと楽しむために
官澤里美著　第一法規　2014.11　215p　21cm　①978-4-474-
03361-0　Ⓝ327.14　［2500円］
◇弁護士10年目までの相談受任力の高め方　中里妃沙子, 高橋恭
司, 大澤一郎, 大山滋郎, 藤井総執筆, 船井総合研究所法律事務
所コンサルティングチーム監修　［東京］　レクシスネクシ
ス・ジャパン　2014.8　277p　21cm　①978-4-908069-04-8
Ⓝ327.14　［2400円］
◇弁護士職務便覧　平成26年度版　東京弁護士会, 第一東京弁護
士会, 第二東京弁護士会編　日本加除出版　2014.7　347p
26cm　①978-4-8178-4166-7　Ⓝ327.14　［2100円］
◇弁護士の失敗学―冷や汗が成功への鍵　髙中正彦, 市川充, 川
畑大輔, 岸本史子, 的場美友紀, 菅沼篤志, 奥山隆之編著　ぎょ
うせい　2014.7　243p　21cm　〈東弁協叢書〉①978-4-324-
09817-2　Ⓝ327.14　［3000円］
◇弁護士費用を節約するコツ　越野周治著　労働調査会　2013.
12　189p　21cm　①978-4-86319-380-2　Ⓝ327.14　［1500
円］
◇弁護士プロフェッショナル―暮らしとビジネスを守る法律ド
クター　ぎょうけい新聞社編著　大阪　ぎょうけい新聞社
2013.10　205p　21cm　〈図書出版浪速社（発売）〉①978-4-
88854-473-3　Ⓝ327.14　［1500円］
◇法律事務所ガイドブック　2013　頼れる身近な弁護士―全国
の頼れる身近な弁護士リスト126人　游学社　2013.5　155p
26cm　①978-4-904827-21-5　Ⓝ327.14　［1200円］

日本（弁護士―名簿）
◇会員名簿　平成26年度版　日本弁護士連合会　2014.6　1314p
30cm〈2014年4月1日現在〉Ⓝ327.14　［非売品］
◇全国弁護士大観　第16版　鎌倉　法律新聞社　2014.10
1268p　27cm　Ⓝ327.14　［61714円］

日本（弁護士―歴史）
◇私たちはこれから何をすべきなのか―未来の弁護士像　金子
武嗣著　日本評論社　2014.7　260p　20cm　〈文献あり〉
①978-4-535-52064-6　Ⓝ327.14　［1800円］

日本（ベンチャーキャピタル）
◇起業のエクイティ・ファイナンス―経済革命のための株式と契
約　磯崎哲也著　ダイヤモンド社　2014.7　421p　21cm〈索
引あり〉①978-4-478-02825-4　Ⓝ336.82　［3600円］

日本（ベンチャービジネス）
◇大手を蹴った若者が集まる知る人ぞ知る会社　オバタカズユ
キ著　朝日新聞出版　2014.2　223p　19cm　①978-4-02-
331244-9　Ⓝ335.21　［1500円］
◇起業のリアル―田原総一朗×若手起業家　田原総一朗著　プ
レジデント社　2014.7　249p　19cm　〈内容：儲けを追わずに
儲けを出す秘密（森川亮述）「競争嫌い」で年商一〇〇〇億円
（前澤友作述）　管理能力ゼロの社長兼クリエーター（猪子寿
之述）　二〇二〇年、ミドリムシで飛行機が飛ぶ日（出雲充述）
保育NPO、社会起業家という生き方（駒崎弘樹述）　単身、最
貧国で鍛えたあきらめない心（山口絵理子述）　現役大学生、
途上国で格安学習塾を開く（税所篤快述）　七四年ぶりに新規
参入したワケ（岩瀬大輔述）　上場最年少社長の「無料で稼ぐ
カラクリ」（村上太一述）　四半半から狙う電動バイク世界一
（徳重徹述）　目指すは住宅業界のiPhone（岡崎富夢述）　三〇
年以内に「世界銀行」をつくる（慎泰俊述）　ハーバード卒、

元体育教師の教育改革（松田悠介述）　四重苦を乗り越えた営
業女子のリーダー（太田彩子述）　二代目社長が狙う「モバ
ゲーの先」（守安功述）　ITバブル生き残りの挑戦（藤田晋述）
五年後に花開く、商売の種のまき方（堀江貴文述）〉①978-4-
8334-5065-2　Ⓝ335.21　［1500円］
◇ザ・ファースト・カンパニー　2015　新領域を切り開く独創の
イノベーターたち　ダイヤモンド経営者倶楽部編　ダイヤモン
ド社　2014.12　205p　19cm〈「The First Company」の改
題、巻次を継承〉①978-4-478-03966-3　Ⓝ335.21　［1800円］
◇シェアNo.1の秘訣　2　日本IT特許組合,『財界』編集部著
財界研究所　2014.3　207p　20cm〈内容：ブイキューブ（間
下直養述）　インフォグリーン（竹原同著）　インターネットイ
ニシアティブ（保条英司著）　イーパーセル（北野譲治著）
シャノン（中村健一郎著）　エルテス（菅原貴弘著）　アマゾン
データサービス〈ジャパン〉（玉川憲著）　シェアNo.1を目指す
には？（伊佐山建志, 安達一彦述）〉①978-4-87932-097-1
Ⓝ007.35　［1500円］
◇10年後に後悔しない働き方―ベンチャー企業という選択　垣
畑光哉著　幻冬舎　2014.1　262p　19cm　〈内容：10年後に後
悔しない会社選び　ベンチャーとはイノベーションと笑顔の
循環を生み続けるもの（熊谷正寿著）　起業はノーリスク・ハイ
リターン（鉢嶺登著）　自分の根っことなるものを見極める
（井上英明著）　若いうちから難度の高い仕事に果敢にチャレ
ンジできる会社を選ぶ（牧野正幸著）　本当の安定は五五％にも
通用する実力を身につけること（小林泰士著）　頼まれごとは、
まずやってみる（河合達明著）「人間力」で戦える企業しか生
き残れない（佐々木満秀著）　自らつくり、育てると仕事は面
白い（本郷秀之著）　社長が未来のストーリーを持っているか
（後藤和寛著）　大胆な権限委譲で圧倒的に成長する（坂本大
地著）　当たり前のことを大切にする（田村高広著）　責任と
環境が人を成長させる（森村泰明著）　どんな仕事も意思を
持ってかかれば大きな目標になる（関口徳應著）　10年間は自
分の最短距離を駆け抜けろ（緑川大介著）　社長が本気で教育
に力を注いでいるか（角南圭著）　愛情を持って負荷をかけて
くれる環境（薄葉直也著）　やりたいことを精一杯やろう（松
原秀樹著）　あなたの伸びしろを決めるのは、あなた自身（岩
本政人著）　社長の肉声を聞きに出かけよう（浅井慎吾著）
会社を知るとは、その会社の成長の”源”を理解すること（大塚
英樹著）　社名ではなく、自分の名前で仕事をする（杉村隆行
著）　成長性のある会社で世の中に通用するビジネスパーソン
になる（西澤亮一著）　仕事とは、社会に貢献するためにある
（中村誠司著）〉①978-4-344-02524-0　Ⓝ335.21　［1100円］
◇7人の起業家―発想の転換で新領域を開拓した：逆境にひるま
ぬ侍たち　続　森部好樹著　［東京］　日経BP社　2014.9
215p　19cm　〈日経BPマーケティング（発売）正は「日本人
の生き方を変える7人の起業家」が該当〉①978-4-8222-7772-7
Ⓝ332.8　［1500円］
◇日本人の生き方を変える7人の起業家―顧問の”プロ”が選んだ
志士達　森部好樹著　［東京］　日経BP社　2014.6　223p
19cm〈日経BPマーケティング（発売）〉①978-4-8222-7766-6
Ⓝ332.8　［1500円］
◇日の丸ベンチャー―「和」のこころで世界を幸せにする起業家
12人の物語　早川和宏著　三和書籍　2014.2　289p　19cm
〈内容：「魔法の経営」十三年目の真実　ベンチャーの雄から
平和の事業家を目指す「小松電機産業」　地域起こしの最後生
「磨き屋シンジケート」燕商工会議所　夢のマグネシウム電池
で被災地、新興国を救う「アクモホールディングス」　エジソ
ン電球を再現、その技術力で国を支え社会に貢献する「アーベ
ル・システムズ〈株〉」　MY発電所キットを開発、急成長する
和のソーラーベンチャー「株式会社Looop」「J」を掲げ、
ガンを狙い撃ちする特効薬の開発に賭ける「ジェイファーマ
〈株〉」　日本と日本企業の特性を分析、世界に通用する耳・脳
をつくる「ミミテックサイエンスアカデミー」　スポーツ人口
世界一のバスケットボールビジネスの「〈株〉インディペンデ
ンス」　外資系企業に日本式「商い」の力をWEB診断
に生かす「株式会社プロモーション」　西洋家具に和のテイス
トを取り入れた畳ベッド、簀の子ベッドを造る「生活アート工
房」　日本の美「金魚アート」で世界を魅了する「〈株〉エイ
チアイディー・インターアクティブ」　田中角栄の落とし子ベ
ンチャー、国交省に泣かされる？「全国無水掘工法協会」〉
①978-4-86251-162-1　Ⓝ335.21　［1600円］
◇ベンチャー企業　松田修一著　第4版　日本経済新聞出版社
2014.2　241p　18cm　〈日経文庫　1303〉〈初版：日本経済新
聞社　1998年刊〉①978-4-532-11303-2　Ⓝ335.21　［1000円］
◇ベンチャー三国志　企業家倶楽部編集部著　企業家ネット
ワーク　2014.7　190p　19cm　①978-4-902746-07-5　Ⓝ335.
21　［1400円］

日本（保育）
◇「子ども主体の協同的な学び」が生まれる保育　大豆生田啓友
編著　学研教育みらい　2014.6　144p　30cm　（Gakken保育

日本件名図書目録2014　I　　　　　　　　　　　　　　　　　　　　　　　　　　　　　　　　日本（貿易）

Books）〈学研マーケティング（発売）〉①978-4-05-406037-1
Ⓝ376.1　［2800円］

◇多文化保育・教育論　咲間まり子編　岐阜　みらい　2014.4
151p　26cm　①978-4-86015-319-9　Ⓝ371.5　［1800円］

◇男子の権力　片田孫朝日著　京都　京都大学学術出版会
2014.12　307p　22cm　（変容する親密圏/公共圏 10）〈文献
あり　索引あり〉①978-4-87698-498-5　Ⓝ376.121　［3800円］

日本（保育―法令）

◇最新保育資料集―保育所、幼稚園、保育者に関する法制と基本
データ　2014　森上史朗監修，大豆生田啓友，三谷大紀編　京
都　ミネルヴァ書房　2014.4　605,53p　21cm〈年表あり〉
①978-4-623-06950-7　Ⓝ376.1　［2000円］

◇保育小六法　2014　ミネルヴァ書房編集部編　京都　ミネル
ヴァ書房　2014.4　709,3p　19cm〈索引あり〉①978-4-623-
06949-1　Ⓝ376.1　［1600円］

◇保育福祉小六法　2014年版　保育福祉小六法編集委員会編
岐阜　みらい　2014.4　940p　21cm〈索引あり〉①978-4-
86015-315-1　Ⓝ369.12　［1600円］

日本（保育―歴史）

◇戦後保育50年史　第1巻　保育思想の潮流　宍戸健夫，阿部真
美子編著　日本図書センター　2014.10　406p　22cm〈栄光
教育文化研究所 1997年刊の新装版〉①978-4-284-30745-1
Ⓝ376.121　［6000円］

◇戦後保育50年史　第2巻　保育内容と方法の研究　柴崎正行編
著　日本図書センター　2014.10　408p　22cm〈栄光教育文
化研究所 1997年刊の新装版〉①978-4-284-30746-8　Ⓝ376.
121　［6000円］

◇戦後保育50年史　第3巻　保育者と保育者養成　水野浩志，久
保いと，民秋言編著　日本図書センター　2014.10　402p
22cm〈栄光教育文化研究所 1997年刊の新装版〉①978-4-
284-30747-5　Ⓝ376.121　［6000円］

◇戦後保育50年史　第4巻　保育制度改革構想　池田祥子，友松
諦道編著　日本図書センター　2014.11　446p　22cm〈栄光
教育文化研究所 1997年刊の新装版〉①978-4-284-30748-2
Ⓝ376.121　［6000円］

◇戦後保育50年史　第5巻　保育運動と保育団体論　友松諦道，
佐藤利清，村山祐一編著　日本図書センター　2014.11　430p
22cm〈年表あり　栄光教育文化研究所 1997年刊の新装版〉
①978-4-284-30749-9　Ⓝ376.121　［6000円］

日本（保育所）

◇「子育て」という政治―少子化なのになぜ待機児童が生まれる
のか？　猪熊弘子著　KADOKAWA　2014.7　223p　18cm
（角川SSC新書 226）〈文献あり〉①978-4-04-731437-5
Ⓝ369.42　［800円］

◇子どもの笑顔と安定経営が両立する保育園の作り方―新制度
対応！　髙橋晃雄著，新紀元社編集部編集　新紀元社　2014.
3　211p　21cm〈索引あり〉①978-4-7753-1218-6　Ⓝ369.42
［2500円］

◇最新/保育園・幼稚園の人事・労務管理と就業規則　工藤剛著
日本法令　2014.2　371p　21cm　①978-4-539-72353-1
Ⓝ376.14　［2400円］

◇小規模保育のつくりかた―待機児童の解消に向けて：地域型保
育　貞松成著　あっぷる出版社　2014.9　175p　21cm
①978-4-87177-325-6　Ⓝ369.42　［1600円］

◇保育サービス企業の経営実態総覧―保育所（園）・学童保育所・
幼児教室　2014　綜合ユニコム　2014.7　114p　30cm
①978-4-86510-603-5　Ⓝ369.42　［60000円］

◇保育所運営の実態とあり方に関する調査研究報告書　日本保
育協会　2014.3　194p　30cm　Ⓝ369.42

◇保育所における業務改善に関する調査研究報告書　日本保育
協会　2014.3　177p　30cm　Ⓝ369.42

◇保育所問題資料集　平成26年度版　全国私立保育園連盟編
全国私立保育園連盟　2014.6　256p　30cm〈年表あり〉
①978-4-904858-22-6　Ⓝ369.42　［2500円］

◇保育新制度子どもを守る自治体の責任　中山徹，藤井伸生，田
川英信，高橋光幸著　自治体研究社　2014.8　88p　21cm〈内
容：保育新制度（中山徹著）　新制度の本質とこれからの自治
体での具体化、対応のポイント（藤井伸生著）　新制度と自治
体の責任、保育実施義務（田川英信著）　認定こども園、幼保
一体化の課題（藤井伸生著）　保育の現場で豊かな保育を守る
（高橋光幸著）〉Ⓝ369.42　［926円］

◇保育とは何か　近藤幹生著　岩波書店　2014.10　178,5p
18cm　（岩波新書 新赤版 1509）〈文献あり〉①978-4-00-
431509-4　Ⓝ369.42　［720円］

◇保育分野に関する調査報告書　［東京］　公正取引委員会
2014.6　1冊　30cm　Ⓝ369.42

◇まるごとわかる保育園―保育園ってどんなところ？　幼稚園や
こども園とはどう違うの？　小さい子を預けて生活って大
変？：ママのための楽しく読める保育園の本　カツヤマケイ
コ，小倉環著　自由国民社　2014.2　191p　21cm　①978-4-
426-11758-0　Ⓝ369.42　［1300円］

◇夜間保育と子どもたち―30年のあゆみ　全国夜間保育園連盟
監修，櫻井慶一編集　京都　北大路書房　2014.2　228,40p
19cm〈年譜あり〉①978-4-7628-2831-7　Ⓝ369.42　［2000
円］

◇幼児教育・保育についての基本調査報告書　第2回　ベネッセ
教育総合研究所企画・制作　［多摩］　ベネッセコーポレー
ション　2014.2　133p　26cm　（報告書 2013年度 vol. 1）
〈年表あり〉Ⓝ376.1

◇よくわかる子ども・子育て新制度　1　小規模保育事業　保育
行財政研究会　京都　かもがわ出版　2014.3　64p　21cm
（かもがわブックレット 196）①978-4-7803-0690-3　Ⓝ369.4
［600円］

◇わかりやすい保育所運営の手引―Q&Aとトラブル事例　保育
所運営実務研究会編　名古屋　新日本法規出版　2014.12-
冊（加除式）27cm　Ⓝ369.42

日本（保育所―安全管理）

◇実践！園防災まるわかりBOOK　国崎信江著　メイト
2014.7　87p　26cm　（ひろばブックス）①978-4-86051-125-
8　Ⓝ376.14　［1800円］

◇保育園における震災時対応ガイドライン―子どもたちの命を
守るために　調布市保育園協会ガイドライン作成委員会編，
齋藤實執筆・監修　［東京］　東京都社会福祉協議会　2014.1
71p　30cm〈背の書名：保育園における災害時対応ガイ
ドライン〉①978-4-86353-176-5　Ⓝ376.14　［2500円］

◇保育現場の「深刻事故」対応ハンドブック　山中龍宏，寺町東
子，栗並えみ，掛札逸美共著　ぎょうせい　2014.6　117p
22cm　①978-4-324-09820-2　Ⓝ376.14　［1500円］

日本（保育所―会計）

◇新しい保育所会計と資金運用ルールの実務ガイド―新社会福
祉法人会計基準と299号通知がわかる本　松本和也著　大阪
実務出版　2014.1　294p　30cm　①978-4-906520-25-1
Ⓝ376.14　［3429円］

日本（保育所―法令）

◇保育所運営ハンドブック　平成26年版　中央法規出版編集部
編集　中央法規出版　2014.8　1冊　21cm〈索引あり〉
①978-4-8058-5062-6　Ⓝ369.42　［4400円］

日本（保育所―歴史―1868～1945）

◇日本における保育園の誕生―子どもたちの貧困に挑んだ人び
と　宍戸健夫著　新読書社　2014.8　378p　21cm〈年表あり
索引あり　内容：日本における幼稚園の誕生　明治一〇年代
における幼児保育政策　子守学校　農村の保育事業と筧雄平
はじめての簡易幼稚園　貧しい子どもたちのための二葉幼稚
園　野口幽香と二葉保育園の保育者たち　東基吉と野口幽香
児童保護事業の展開　岡弘毅の保育一元化論　公立保育園の
誕生　ある公立保育園の保母の歩み．1　井手ナホの場合　ある
公立保育園の保母の歩み．2　阿部和子の場合〉①978-4-
7880-1180-9　Ⓝ369.42　［3200円］

日本（貿易）

◇石川県貿易・海外投資活動実態調査報告書　2013年　［金沢］
石川県　2014.3　102p　30cm〈共同刊行：ジェトロ金沢〉
Ⓝ678.21

◇伊藤博文文書　第110巻　秘書類纂営業　2　伊藤博文［著］，
伊藤博文文書研究会監修，檜山幸夫総編集　川島淳編集・解題
ゆまに書房　2014.7　346p　22cm〈宮内庁書陵部所蔵の複
製〉①978-4-8433-2642-8,978-4-8433-2532-2（set）Ⓝ312.1
［16000円］

◇相談事例から学ぶ知的財産権Q&A―知らずに権利を侵害しな
いために　対日貿易投資交流促進協会　2013.3　47p　30cm
（輸入と知的財産権Q&Aシリーズ）Ⓝ507.2

◇通商白書　2014　新たな成長モデルへの転換を目指す世界と
日本　経済産業省編　勝美印刷　2014.8　370p　30cm
①978-4-906955-28-2　［2640円］

◇徳島県貿易・国際事業実態調査報告書　平成25年度　日本貿
易振興機構徳島貿易情報センター編　徳島　徳島県商工労働
部観光国際局国際戦略課グローバル戦略室　2014.1　73p
30cm　Ⓝ678.21

◇栃木県国際経済交流調査報告書　平成25年度　宇都宮　栃木
県産業労働観光部国際経済・交流担当　2014.5　29p　30cm
Ⓝ672.132

◇日本貿易の現状　Foreign Trade　2014　日本貿易会　2014.4
149p　21cm　①978-4-931574-17-5　［463円］

に

875

日本（貿易―アジア〔東部〕―歴史―古代）

◇輸入ビジネスと知的財産権の基礎Q&A　対日貿易投資交流促進協会　2014.3　54p　30cm　Ⓝ507.2

日本（貿易―アジア〔東部〕―歴史―古代）

◇日本古代王権と唐物交易　皆川雅樹著　吉川弘文館　2014.3　258,11p　22cm　〈索引あり　内容：「唐物」研究の現状と課題　九世紀における「唐物」の史的意義　九～十一世紀の対外交易と「唐物」贈与　九～十一世紀における陸奥の金と「唐物」　香料の贈答　動物の贈答　琴の贈答　モノから見た遣唐使以後の交易　総括と今後の展望〉　Ⓘ978-4-642-04612-1　Ⓝ210.3　〔9500円〕

日本（貿易―アジア―歴史）

◇大航海時代の日本と金属交易　平尾良光,飯沼賢司,村井章介編　京都　思文閣出版　2014.10　212p　26cm　（別府大学文化財研究所企画シリーズ 3）〈内容：日本中世に使用された中国銭の謎に挑む（飯沼賢司著）　15・16世紀海洋アジアの海域交流（村井章介著）　鉛玉が語る日本の戦国時代における東南アジア交易（平尾良光著）　鉛の流通と宣教師（後藤晃一著）　金銀山開発をめぐる鉛需要について（仲野義文著）　江戸時代初期に佐渡金銀鉱山で利用された鉛の産地（魯禔玹,平尾良光著）　大砲伝来（上野淳也著）〉　Ⓘ978-4-7842-1768-7　Ⓝ678.2102　〔3500円〕

日本（貿易―アメリカ合衆国―歴史―1945～）

◇日米間の産業軋轢と通商交渉の歴史―6つのケースで読み解く：商品・産業摩擦から構造協議、そして広域経済圏域内の共通ルール設定競争へ　鷲尾友春著　西宮　関西学院大学出版会　2014.7　311p　21cm　Ⓘ978-4-86283-164-4　Ⓝ333.6　〔2800円〕

日本（貿易―太平洋諸島）

◇太平洋島嶼国と日本の貿易・投資・観光　黒崎岳大著　太平洋協会・太平洋諸島研究所　2014.7　139p　21cm　（JIPAS研究シリーズ 4）〈文献あり〉　Ⓘ978-4-902962-21-5　Ⓝ678.2107　〔2000円〕

日本（貿易―台湾）

◇台湾における日本産果実の流通状況及び輸入に関連する規制等に係る調査報告書　〔東京〕　中央果実協会　2014.3　79p　30cm　（海外果樹農業情報 no. 121）　Ⓝ625.02224

日本（貿易―中国）

◇対中国輸出管理「軍事転用・拡散顧客情報分析ガイド」―中国の軍及び軍需産業の構造と軍事四証制度　安全保障貿易情報センター　2014.11　296p　30cm　〈年表あり〉　Ⓝ678.13

◇対中国輸出管理入門―中国顧客情報収集・分析の手引き　2014年版　安全保障貿易情報センター情報サービス・研修部調査課　2014.7　105p　21cm　〈文献あり〉　Ⓝ678.13

◇日中貿易必携―中国ビジネスの実用ガイドブック　2014　特集：中国〈上海〉自由貿易試験区の運用　日本国際貿易促進会　2014.4　275p　19cm　Ⓘ978-4-930867-71-1　Ⓝ678.21022　〔3500円〕

日本（貿易―朝鮮―歴史―江戸時代）

◇近世日朝通交史の研究―博多―対馬―釜山海域経済圏の構築　尾道博著　五絃舎　2013.3　206,5p　22cm　〈文献あり〉　Ⓘ978-4-86434-019-9　Ⓝ678.21021　〔2800円〕

日本（貿易―法令）

◇外国為替・貿易小六法　平成26年版　外国為替研究協会編　外国為替研究協会（発売）　2014.3　1565p　22cm　Ⓘ978-4-905637-31-8　Ⓝ338.95　〔5250円〕

◇明快!!安全保障輸出管理教本・・入門から実務まで　改訂第2版　〔東京〕　日本電気計測器工業会　2014.3　110p　30cm　Ⓝ678.13

日本（貿易―歴史―安土桃山時代）

◇キリシタン時代の貿易と外交　高瀬弘一郎著　オンデマンド版　八木書店古書出版部　2013.12　449,40p　21cm〈八木書店（発売）　索引あり　初版：八木書店 2002年刊　印刷・製本：デジタルパブリッシングサービス　内容：マカオ＝長崎間貿易の総取引高・生糸取引量・生糸価格　マカオ＝長崎間における委託貿易　一七世紀初頭におけるわが国のスペイン貿易教会史料を通して見た糸割符　鎖国以前の糸割符制度とパンカダ・パンカド取引　鎖国以前の糸割符をめぐる諸問題　中田易直氏への反論　再び中田易直氏への反論　山脇悌二郎氏への反論　中村質氏への反論　キリシタン時代の日葡外交におけるイエズス会宣教師　インド副王ドゥアルテ・デ・メネゼスが豊臣秀吉に送った親書　古文献に拠る日本ポルトガル交流史〉　Ⓘ978-4-8406-3453-3　Ⓝ210.48　〔15000円〕

日本（貿易―歴史―江戸初期）

◇キリシタン時代の貿易と外交　高瀬弘一郎著　オンデマンド版　八木書店古書出版部　2013.12　449,40p　21cm　〈八木書

店（発売）　索引あり　初版：八木書店 2002年刊　印刷・製本：デジタルパブリッシングサービス　内容：マカオ＝長崎間貿易の総取引高・生糸取引量・生糸価格　マカオ＝長崎間における委託貿易　一七世紀初頭におけるわが国のスペイン貿易教会史料を通して見た糸割符　鎖国以前の糸割符制度とパンカダ・パンカド取引　鎖国以前の糸割符をめぐる諸問題　中田易直氏への反論　再び中田易直氏への反論　山脇悌二郎氏への反論　中村質氏への反論　キリシタン時代の日葡外交におけるイエズス会宣教師　インド副王ドゥアルテ・デ・メネゼスが豊臣秀吉に送った親書　古文献に拠る日本ポルトガル交流史〉　Ⓘ978-4-8406-3453-3　Ⓝ210.48　〔15000円〕

日本（貿易実務）

◇FTA/EPAでビジネスはどう変わるか―メリットを活用する実務ガイド　FTAビジネス研究会編著　東洋経済新報社　2014.3　263p　21cm　〈索引あり〉　Ⓘ978-4-492-76214-1　Ⓝ678.4　〔2400円〕

日本（貿易政策）

◇通商戦略の論点―世界貿易の潮流を読む　馬田啓一,木村福成編著　文眞堂　2014.6　218p　22cm　〈索引あり　内容：経済連携の潮流と日本の通商戦略（木村福成著）　TPPとRCEP：米中の相克と日本（三浦秀之著）　国際際制度の標準化と貿易円滑化の促進（前野高章著）　TPP締結後の補償・調整支援措置（久野新著）　東アジアの生産ネットワーク（安藤光代著）　日本の国際収支：貿易立国から投資立国へ（遠藤正寛著）　貿易が雇用・生産性に及ぼす影響（松浦寿幸著）　サービス貿易の自由化：現状と課題（渥美利弘著）　アベノミクスと通貨戦争の虚実（西孝著）　アフリカの資源をめぐる貿易・投資と貧困削減（大東一郎著）　日本における地球温暖化対策の苦悩（小野田欣也著）　世界食糧危機と農産物貿易（吉竹広次著）　日本の食料保障政策：関税から直接支払いへ（岩田伸人著）　日本のエネルギー通商戦略の課題（馬田啓一著）〉　Ⓘ978-4-8309-4822-0　Ⓝ678.1　〔2600円〕

◇日米中新体制と環太平洋経済協力のゆくえ―環太平洋経済協力をめぐる日・米・中の役割研究会2012年度報告書　大阪　アジア太平洋研究所　2013.5　5, 72p　30cm　（アジア太平洋研究所資料 13-3）〈文献あり〉　Ⓘ978-4-87769-348-0　Ⓝ678.1

日本（貿易品―法令）

◇輸入品の表示とマークQ&A　2013　対日貿易投資交流促進会　2013.3　114p　30cm　Ⓝ678.5

日本（法教育）

◇裁判例を活用した法教育実践ガイドブック　法と市民をつなぐ弁護士の会編　民事法研究会　2014.11　134p　21cm　Ⓘ978-4-89628-979-4　Ⓝ375.31　〔1800円〕

日本（防災教育〔学校〕）

◇学校が守る命　2　堀内一男監修・編，東京教育研究所編著　東京教育研究所　2013.4　179p　18cm　（東研研究報告 no. 244）〈「2」のタイトル関連情報：いつ起きるか分からない「災害」に打ち克つ〉　Ⓝ374

◇高校生をリクルートする自衛隊・自衛隊の手法を取り入れる教育行政―集団的自衛権行使で教え子を再び戦場に送るのか！　「高校生をリクルートする自衛隊・自衛隊の手法を取り入れる教育行政」編集委員会編　同時代社　2014.11　90p　21cm　Ⓘ978-4-88683-772-1　Ⓝ374.92　〔800円〕

◇「南九州から南西諸島における総合的防災研究の推進と地域防災体制の構築」報告書　鹿児島　鹿児島大学地域防災教育研究センター　2014.3　305p　30cm　〈文献あり　平成25年度国立大学法人運営費交付金特別経費（プロジェクト分）－地域貢献機能の充実〉　Ⓝ369.3

日本（防災計画）

◇地区防災計画制度入門―内閣府「地区防災計画ガイドライン」の解説とQ&A　西澤雅道,筒井智士井著　NTT出版　2014.7　251p　21cm　〈文献あり　索引あり〉　Ⓘ978-4-7571-4327-2　Ⓝ369.3　〔2800円〕

◇緑の防災ネットワークと都市美化のための街路樹のあり方に関する調査・研究　都市防災美化協会企画・編集　都市防災美化協会　2014.6　102p　30cm　〈文献あり〉　Ⓝ518.85

日本（法社会学）

◇共生の法社会学―フクシマ後の〈社会と法〉　塩谷弘康,大橋憲広,鈴木龍也,前川佳夫,林研三,奥山恭子,岩崎由美子著　京都　法律文化社　2014.4　206p　21cm　〈索引あり　内容：フクシマ後の社会と法（塩谷弘康著）　紛争と法（鈴木龍也著）　現代社会の弁護士（大橋憲広著）　司法制度改革と司法のゆくえ（塩谷弘康著）　立法学と法社会学（奥山恭子著）　フィールドワーク論（林研三著）　フクシマを生きる（岩崎由美子著）〉　Ⓘ978-4-589-03602-5　Ⓝ321.3　〔2600円〕

日本（放射線医学―特許）

◇特許情報分析（パテントマップ）から見た放射線医療（癌診断・治療）に関する技術開発実態分析調査報告書　インパテック株

式会社編　パテントテック社　2013.2　215p　30cm　〈タイトルは標題紙による〉①978-4-86483-180-2　Ⓝ494.5　[54600円]

日本（放射線防護─法令）

◇アイソトープ法令集　1　放射線障害防止法関係法令　日本アイソトープ協会編集　2014年版　日本アイソトープ協会　2014.3　13,535p　26cm　〈丸善出版（発売）索引あり　法令現在　2014年1月1日〉①978-4-89073-237-1　Ⓝ539.68　[3400円]

◇放射線障害の防止に関する法令─概説と要点　日本アイソトープ協会編集　改訂10版　日本アイソトープ協会　2014.4　177p　21cm　〈丸善出版（発売）索引あり〉①978-4-89073-240-1　Ⓝ539.68　[2000円]

日本（法人税）

◇圧縮記帳の法人税務─実務と理論の両面から解説　成松洋一著　11訂版　大蔵財務協会　2014.9　744p　22cm　〈索引あり〉①978-4-7547-2133-6　[4537円]

◇イチからはじめる法人税実務の基礎─理解しなければ仕事にならない！：理論と実務の「つながり」がはっきり見えてくる！　菅原英雄著　税務経理協会　2014.1　259p　21cm　〈索引あり〉①978-4-419-06057-2　Ⓝ336.983　[2500円]

◇勘定科目別法人税完全チェックマニュアル　平成26年改訂　小林磨寿美著　ぎょうせい　2014.2　435p　26cm　〈索引あり〉①978-4-324-09760-1　Ⓝ336.983　[4500円]

◇基礎から身につく法人税　平成26年度版　有賀文宣著　大蔵財務協会　2014.9　286p　21cm　〈索引あり〉①978-4-7547-2107-7　[1852円]

◇Q&A親族・同族・株主間資産譲渡の法務と税務　山田＆パートナーズ編著　改訂版　ぎょうせい　2014.5　251p　21cm　①978-4-324-09796-0　Ⓝ336.982　[2600円]

◇グローバル経済下の法人税改革　鈴木将覚著　京都　京都大学学術出版会　2014.5　246p　22cm　〈文献あり　索引あり　内容：法人税の基本的な考え方　国際課税の論点　国際的な租税競争の考え方　法人実効税率　アジアの租税競争　抜本的な法人税改革案　ロックイン効果が生じないキャピタルゲイン税〉①978-4-87698-496-1　Ⓝ345.35　[3500円]

◇最新法人税がよ～くわかる本─ポケット図解　奥村佳史著　第7版　秀和システム　2014.7　149p　19cm　〈Shuwasystem Business Guide Book〉〈索引あり　平成26年3月税制改正に対応！〉①978-4-7980-4141-4　Ⓝ336.983　[650円]

◇実務家・専門家のための税金別法人の税務申告手続マニュアル　平成25-26年版　井上修編著　TAC出版事業部　2014.3　187p　26cm　〈背のタイトル：税金別法人の税務申告手続マニュアル〉①978-4-8132-5687-8　Ⓝ336.983　[2000円]

◇重点解説法人税申告の実務　平成26年版　鈴木基史著　清文社　2014.7　609p　26cm　〈索引あり〉①978-4-433-50934-7　Ⓝ336.983　[3600円]

◇出向・転籍の税務　戸島利夫編著　4訂版　税務研究会出版局　2014.7　497p　22cm　①978-4-7931-2082-4　Ⓝ336.983　[4500円]

◇主要勘定科目の法人税実務対策─日常税務の具体的処理マニュアル　平成26年版　小池敏範著　税務研究会出版局　2014.7　420p　22cm　①978-4-7931-2095-4　Ⓝ336.983　[3200円]

◇事例研究交際費課税─トラブルを未然に防ぐために　山本守之著　平成26年改訂版　大蔵財務協会　2014.7　139p　21cm　①978-4-7547-4372-7　Ⓝ345.35　[1111円]

◇図解グループ法人課税　平成26年版　中村慈美著　大蔵財務協会　2014.7　425p　26cm　〈文献あり　索引あり〉①978-4-7547-2120-6　Ⓝ345.35　[2870円]

◇図解でわかる提案融資に活かす「法人税申告書」の見方・読み方　2014年度版　中央総研編　経済法令研究会　2014.6　197p　26cm　①978-4-7668-3282-2　Ⓝ336.83　[1800円]

◇STEP式法人税申告書と決算書の作成手順　平成26年版　宮口定雄監修，杉田宗久，岡野敏明共著　清文社　2014.8　427p　26cm　①978-4-433-50974-3　Ⓝ336.983　[3000円]

◇税理士のための法人税実務必携　平成26年版　堀三芳監修，備後弘子，勝山武彦著　清文社　2014.8　660p　26cm　〈索引あり〉①978-4-433-50944-6　Ⓝ336.983　[4000円]

◇即戦力法人税及び地方税の申告書─経理業務のプロを目指す知識　上杉善三［著］　［流山］　［上杉善三］　2014.10　440p　30cm　Ⓝ336.983

◇租税特別措置の適用実態調査の結果に関する報告書　［東京］　［内閣府］　［2014］　907p　30cm　〈第186回国会提出〉　Ⓝ345.35

◇対比でわかる根拠法令から見た法人税申告書　鈴木基史著　平成26年11月改訂　清文社　2014.11　443p　26cm　①978-4-433-51194-4　Ⓝ336.983　[3200円]

◇中小企業の税務における「圧縮記帳」適用要件ガイド　大熊一弘著　税務経理協会　2014.6　158p　21cm　①978-4-419-06042-8　Ⓝ336.983　[2000円]

◇特別償却対象特定設備便覧　平成25年度版　経済産業省経済産業政策局企業行動課編　経済産業調査会　2014.2　81p　21cm　①978-4-8065-1840-2　Ⓝ345.3　[1000円]

◇入門図解法人税と消費税のしくみ─事業者必携　村田克也監修　三修社　2014.6　255p　21cm　①978-4-384-04603-8　Ⓝ336.983　[1900円]

◇否認項目の受け入れを中心とした法人税申告書別表四、五〈一〉のケース・スタディ　平成26年度版　成松洋一著　税務研究会出版局　2014.6　226cm　〈背のタイトル：法人税申告書別表四、五〈一〉のケース・スタディ〉①978-4-7931-2102-9　Ⓝ336.983　[2600円]

◇否認事例にみる法人税・消費税修正申告の実務　諸星健司著　3訂版　税務研究会出版局　2014.9　496p　21cm　①978-4-7931-2080-0　Ⓝ336.983　[2700円]

◇ベーシック税務会計　企業課税編　中島茂幸，櫻田讓編著　改訂版　創成社　2014.9　287p　26cm　〈索引あり　著：市原啓善ほか〉①978-4-7944-1483-0　Ⓝ336.98　[2950円]

◇別表の書き方がスラスラわかる法人税申告書虎の巻　野田美和子監修　ナツメ社　2014.11　231p　21cm　〈索引あり〉①978-4-8163-5718-3　Ⓝ336.983　[1700円]

◇法人住民税のしくみと実務　吉川宏延著　4訂版　税務経理協会　2014.3　240p　21cm　〈文献あり　索引あり〉①978-4-419-06085-5　Ⓝ349.5　[3000円]

◇法人税改革と激動する国際課税─日本租税研究会第66回租税研究大会記録　2014　日本租税研究会　2014.12　198,87p　26cm　①978-4-930964-57-1　[2000円]

◇法人税究極！節税のバイブル─小さな会社の大きな節税：会社の税金ダイエット─あなたも勝ち組になろう：税金が3割安くなる！もう損はさせません！　黒永哲至著　第3版　税務経理協会　2014.8　200p　21cm　〈新税制完全対応〉①978-4-419-06067-1　Ⓝ336.983　[1800円]

◇法人税　決算と申告の実務─ミスをしないためのポイントとアドバイス　平成26年版　影山武麿　大蔵財務協会　2014.11　1726p　26cm　〈索引あり〉①978-4-7547-2155-8　Ⓝ336.983　[4630円]

◇法人税実務マニュアル　金児昭監修，馬場一徳，青山隆治，奥秋慎祐，野田美和子著　税務経理協会　2013.8　215p　21cm　〈索引あり〉①978-4-419-06030-5　Ⓝ336.983　[1800円]

◇法人税事例選集─問一答式　平成26年1月改訂　森田政夫著　清文社　2014.3　1281p　21cm　①978-4-433-50993-4　Ⓝ336.983　[4000円]

◇法人税事例選集─問一答式　平成26年11月改訂　森田政夫，西尾宇一郎共著　清文社　2014.12　1281p　21cm　①978-4-433-50994-1　Ⓝ336.983　[4000円]

◇法人税申告書作成ゼミナール─対話式　平成26年版　鈴木基史著　清文社　2014.9　232p　26cm　①978-4-433-50924-8　Ⓝ336.983　[3000円]

◇法人税申告書の書き方　平成26年版　渡辺淑夫，自閑博巳著　税務研究会出版局　2014.12　119,468p　26cm　①978-4-7931-2129-6　Ⓝ336.983　[3800円]

◇法人税申告書の書き方と留意点　平成27年申告用基本別表編　右山事務所編　中央経済社　2014.12　324p　26cm　①978-4-502-13211-7　Ⓝ336.983　[2800円]

◇法人税申告書の書き方と留意点　平成27年申告用特殊別表編　右山事務所編　中央経済社　2014.12　370p　26cm　①978-4-502-13221-6　Ⓝ336.983　[2800円]

◇法人税申告書の最終チェック　平成26年5月申告以降対応版　齊藤一昭著　中央経済社　2014.4　184p　26cm　①978-4-502-10351-3　Ⓝ336.983　[1900円]

◇法人税申告書の作り方　平成26年版　宮口定雄監修，佐藤裕之，近藤雅人，櫻井圭一共著　清文社　2014.8　381p　26cm　〈平成27年3月決算に対応〉①978-4-433-50984-2　Ⓝ336.983　[3000円]

◇法人税申告書別表4・5ゼミナール　平成26年版　鈴木基史著　清文社　2014.11　343p　26cm　①978-4-433-50914-9　Ⓝ336.983　[3400円]

◇法人税申告の実務全書　平成26年度版　山本守之監修　日本実業出版社　2014.11　926p　26cm　〈索引あり〉①978-4-534-05224-7　Ⓝ336.983　[4600円]

◇法人税節税チェックポイント82　TOMA税理士法人編著　改訂5版　税務研究会出版局　2014.12　207p　21cm　〈改訂4版

に

日本（法人税法）

のタイトル：法人税節税チェックポイント78）Ⓘ978-4-7931-2130-2　Ⓝ336.983　［2000円］

◇法人税〈租税特別措置法〉税制改正詳解　平成26年度　朝長英樹監修，竹内陽一編集　清文社　2014.12　293p　21cm　Ⓘ978-4-433-53504-9　Ⓝ345.35　［2500円］

◇法人税等の還付金・納付額の税務調整と別表作成の実務　小池敏範著　第7版　税務研究会出版局　2014.11　224p　26cm　Ⓘ978-4-7931-2128-9　Ⓝ345.35　［2000円］

◇法人税入門の入門　26年版　辻敢，齊藤幸司共著　税務研究会出版局　2014.4　294p　21cm　Ⓘ978-4-7931-2076-3　Ⓝ336.983　［1600円］

◇法人税の決算調整と申告の手引　平成26年版　秀島友和編　大阪　納税協会連合会　2014.10　2184p　26cm　〈清文社（発売）索引あり〉Ⓘ978-4-433-50014-6　Ⓝ336.983　［4800円］

◇法人税の重要計算　平成26年用　中央経済社編　中央経済社　2014.3　751p　26cm　Ⓘ978-4-502-10381-0　Ⓝ336.983　［3600円］

◇法人税の常識　松尾隆信著　第14版　税務経理協会　2014.7　300p　21cm　（知っておきたい）Ⓘ978-4-419-06136-4　Ⓝ345.35　［2900円］

◇法人税の鉄則50　濱田康宏，岡野訓，内藤忠大，白井一馬，村木慎吾著　中央経済社　2014.9　217p　21cm　（申告書からみた税務調査対策シリーズ）Ⓘ978-4-502-12111-1　Ⓝ336.983　［2500円］

◇法人税の理論と実務　平成26年度版　山本守之著　中央経済社　2014.9　705p　22cm　Ⓘ978-4-502-86175-8　Ⓝ336.983　［5800円］

◇法人税別表作成全書200　平成26年申告用　税務経理協会編　税務経理協会　2013.12　721p　26cm　〈初刊は「法人税別表作成全書111」が該当　『税經通信』保存版〉Ⓘ978-4-419-06069-5　Ⓝ336.983　［3800円］

◇法人税別表作成全書200　平成27年申告用　税務経理協会編　税務経理協会　2014.12　731p　26cm　〈『税經通信』保存版〉Ⓘ978-4-419-06174-6　Ⓝ336.983　［3700円］

◇法人の税金ガイドブック　2014年度版　金融財政事情研究会ファイナンシャル・プランニング技能士センター編　金融財政事情研究会　2014.6　156p　21cm　〈きんざい（発売）〉Ⓘ978-4-322-12504-7　Ⓝ345.35　［1500円］

◇間違えやすい法人税・消費税の実務ポイント―経理マン・税理士からの相談事例による　嶋協著　6訂版　税務研究会出版局　2014.6　312p　21cm　Ⓘ978-4-7931-2096-1　Ⓝ336.983　［1800円］

◇やさしい法人税　平成26年度改正　鈴木基史著　税務経理協会　2014.6　272p　21cm　Ⓘ978-4-419-06118-0　Ⓝ336.983　［2600円］

◇やさしい法人税申告入門　平成27年申告用　高下淳子著　中央経済社　2014.12　273p　21cm　〈索引あり〉Ⓘ978-4-502-13201-8　Ⓝ336.983　［1700円］

◇リース取引と課税―所得課税および資産課税を中心に　野口浩著　森山書店　2014.12　266p　22cm　〈文献あり　索引あり〉Ⓘ978-4-8394-2149-6　Ⓝ345.35　［3600円］

◇わかりやすい法人税　平成26年版　小池敏範著　税務研究会出版局　2014.6　136p　21cm　（実務家養成シリーズ）Ⓘ978-4-7931-2084-8　Ⓝ336.983　［1000円］

日本（法人税法）

◇解説法人税法　小池和彰，小池真紀共著　第4版　税務経理協会　2014.8　275p　26cm　〈索引あり〉Ⓘ978-4-419-06126-5　Ⓝ345.35　［3000円］

◇図解法人税法「超」入門　平成26年度改正　山田＆パートナーズ監修，三宅茂久編著　税務経理協会　2014.7　203p　21cm　Ⓘ978-4-419-06132-6　Ⓝ345.35　［1700円］

◇措置法通達逐条解説―法人税法関係　〈平成26年3月1日現在〉版　大澤幸宏編著　財経詳報社　2014.3　1204,28p　22cm　〈索引あり〉Ⓘ978-4-88177-299-7　Ⓝ345.35　［8500円］

◇体系法人税法　[2014]31訂版　山本守之著　税務経理協会　2014.10　1488p　22cm　〈索引あり　布装〉Ⓘ978-4-419-06166-1　Ⓝ345.35　［10200円］

◇ベーシック法人税法　下村英紀著　同文舘出版　2014.1　160p　21cm　〈文献あり　索引あり〉Ⓘ978-4-495-17601-3　Ⓝ345.35　［2800円］

◇法人課税関係法規集　平成26年6月1日現在　1　基本法編　［東京］国税庁　[2014]　2372p　21cm　Ⓝ345.35

◇法人課税関係法規集　平成26年6月1日現在　2　間接諸税編　［東京］国税庁　[2014]　1085p　21cm　Ⓝ345.35

◇法人課税関係法規集　平成26年6月1日現在　3　措置法編　［東京］国税庁　[2014]　2358p　21cm　Ⓝ345.35

◇法人税基本通達逐条解説　大澤幸宏編著　7訂版　税務研究会出版局　2014.7　1703p　22cm　〈索引あり〉Ⓘ978-4-7931-2100-5　Ⓝ345.35　［7200円］

◇法人税取扱通達集　平成26年2月1日現在　日本税理士会連合会，中央経済社編　中央経済社　2014.3　1644p　19cm　〈索引あり〉Ⓘ978-4-502-86071-3　Ⓝ345.35　［2000円］

◇法人税法―理論と計算　成松洋一著　10訂版　税務経理協会　2014.5　385p　22cm　〈索引あり　布装〉Ⓘ978-4-419-06099-2　Ⓝ345.35　［4000円］

◇法人税法　平成26年度版　渡辺淑夫著　中央経済社　2014.8　798p　22cm　Ⓘ978-4-502-86215-1　Ⓝ345.35　［6000円］

◇法人税法解釈の検証と実践的展開　第2巻　大淵博義著　税務経理協会　2014.4　351p　22cm　〈索引あり　布装　内容：同族会社の行為計算の否認規定〈法法132条〉の総論的考察　法人税法132条〈同族会社の行為計算の否認〉の先例判決の理論的検証　交際費課税を巡る諸問題の理論的考察〉Ⓘ978-4-419-06093-0　Ⓝ345.35　［4200円］

◇法人税法規集　平成26年7月1日現在　日本税理士会連合会，中央経済社編　中央経済社　2014.9　3174p　19cm　Ⓘ978-4-502-86065-2　Ⓝ345.35　［5200円］

◇法人税法の理論と実務　成道秀雄，松嶋隆弘，坂田純一編著　第一法規　2014.4　650p　21cm　〈索引あり〉Ⓘ978-4-474-02766-4　Ⓝ345.35　［4200円］

日本（法人税法―裁決）

◇裁決事例〈全部取消〉による役員給与・寄附金・交際費・貸倒れ・資本的支出と修繕費―こうして私は税務当局に勝った！　山本守之著　財経詳報社　2014.3　181p　21cm　〈文献あり〉Ⓘ978-4-88177-401-4　Ⓝ345.36　［2400円］

日本（法人登記―書式）

◇法人登記書式精義　第4巻　登記研究編集室編　テイハン　2013.11　982p　22cm　Ⓘ978-4-86096-073-5　Ⓝ324.86　［12300円］

◇法人登記書式精義　第5巻　登記研究編集室編　テイハン　2014.10　784p　22cm　Ⓘ978-4-86096-081-0　Ⓝ324.86　［10000円］

日本（法制史―1868～1945）

◇日本近代法制史　川口由彦著　第2版　新世社　2014.12　561p　21cm　（新法学ライブラリ 29）〈サイエンス社（発売）索引あり〉Ⓘ978-4-88384-213-1　Ⓝ322.16　［3600円］

日本（法制史―江戸時代）

◇徳川制度　上　加藤貴校注　岩波書店　2014.4　766p　15cm　（岩波文庫 33-496-1）Ⓘ978-4-00-334961-8　Ⓝ322.15　［1480円］

日本（法制史―江戸時代―史料）

◇近世刑事史料集　2　対馬藩　藩法研究会編　谷口昭編集代表，守屋浩光編，鎌田浩翻刻・校訂　創文社　2014.2　28,597p　23cm　Ⓘ978-4-423-78202-6　Ⓝ322.15　［20000円］

◇近世長崎法制史料集　1　天正8年―享保元年　清水紘一，木﨑弘美，柳田光弘，氏家毅編　岩田書院　2014.5　701p　22cm　（岩田書院史料叢刊 8）〈文献あり〉Ⓘ978-4-87294-864-6　Ⓝ322.15　［21000円］

日本（法制史―古代）

◇郡司及び采女制度の研究　磯貝正義著　オンデマンド版　吉川弘文館　2013.10　408,12p　22cm　〈印刷・製本：デジタルパブリッシングサービス　内容：郡司任用制度の基礎的研究『越中国官倉納穀交替帳』を中心として　「越中石黒系図」を中心として　桓武朝の譜第郡司政策の研究　評及び評造制の研究．1　評造・評督考　評及び評造制の研究．2　郡・評問題私考　郡の成立　采女貢進制の基礎的研究　いわゆる神采女について　飯高宿禰諸高について　駿河采女について　門脇禎二氏著『采女』について　最近の采女研究について　陸奥采女と葛城王　氏女制度の研究　大宝令の氏女の条文について　大和国府の位置について　甲斐の古駅路について　紀伊の古駅路について　山梨県勝沼町出土の経筒の研究　山梨県勝沼町出土経筒銘についての補考　康和五年経筒銘の読み方について　甲斐大善寺の草創伝説について　古代官牧制の研究〉Ⓘ978-4-642-04225-3　Ⓝ322.134　［13500円］

日本（法制史―中世）

◇中世の変革と徳政―神領興行法の研究　海津一朗著　オンデマンド版　吉川弘文館　2013.10　263,13p　22cm　〈印刷・製本：デジタルパブリッシングサービス〉Ⓘ978-4-642-04240-6　Ⓝ322.14　［9500円］

日本（法制史―中世―史料）

◇法制史料集　陽明文庫編集　京都　思文閣出版　2014.9　378p　16×23cm　（陽明叢書 26）〈文献あり　陽明文庫所蔵

日本件名図書目録2014　Ⅰ　　　　　　　　　　　　　　　　　　　　　　　　　　　　　日本（法律）

の複製　布装　付属資料：1枚：月報　第27号〉①978-4-7842-1716-8　Ⓝ322.14　[12000円]

日本（放送広告）
◇ラジオCM研究―ラジオCM＆ジングルの比較研究　中京大学現代社会学部・加藤晴明研究室編　［豊田］　中京大学現代社会学部・加藤晴明研究室　2013.3　113p　30cm　（メディア文化研究　社会調査実習報告書　第17号）〈執筆：中京大学現代社会学部4期生・5期生〉Ⓝ674.6

日本（放送事業）
◇携帯端末向けマルチメディア放送に関する調査検討報告書　［札幌］　携帯端末向けマルチメディア放送に関する調査検討会　2014.3　154p　30cm　Ⓝ699.21
◇2014年度のテレビ、ラジオ営業収入見通し　［東京］　日本民間放送連盟研究所　2014.1　45p　30cm　（JBA Research Institute Sales forecast no. 59）Ⓝ699.3

日本（放送事業―安全管理）
◇「放送に係る安全・信頼性に関する技術的条件」のうち「V-Lowマルチメディア放送設備に係る安全・信頼性に関する技術的条件」―諮問第2031号　［東京］　［情報通信審議会］　2013.10　54p　30cm　（情報通信審議会答申　平成25年度）Ⓝ699.21

日本（放送事業―年鑑）
◇NHK年鑑　2014　NHK放送文化研究所／編　NHK出版　2014.11　765p　26cm　①978-4-14-007252-3　[6700円]
◇NHK放送文化研究所年報　2014（No.58）　NHK放送文化研究所／編　NHK出版　2014.1　255p　26cm　①978-4-14-007251-6　[1900円]
◇日本民間放送年鑑　2014　日本民間放送連盟／編　コーケン出版　2014.11　790p　26cm　[8565円]

日本（放送事業―名簿）
◇日本マスコミ総覧　2013年―2014年版　文化通信社編集　文化通信社　2014.3　883p　26cm　①978-4-938347-30-7　Ⓝ070.35　[19000円]

日本（訪問介護）
◇こんなときどうする？　在宅医療と介護―ケースで学ぶ倫理と法　松田純、青田安史、天野ゆかり、宮下一編集　南山堂　2014.3　134p　26cm　（静岡大学人文社会科学部研究叢書41）〈索引あり〉①978-4-525-52221-6　Ⓝ498.021　[2000円]
◇自立支援に資する訪問介護サービスのあり方に関する調査研究及び事例等の実施と好事例集の作成を通じた普及啓発事業事業実施報告書　［東京］　全国介護事業者協議会　2014.3　197p　30cm　〈厚生労働省「平成25年度老人保健健康増進等事業」成果報告〉Ⓝ369.261
◇定期巡回・随時対応サービス並びに小規模多機能型居宅介護の推進に向けたケアマネジメントの実態調査及び普及促進方策に関する調査研究事業報告書　三菱UFJリサーチ＆コンサルティング　2014.3　139p　30cm　〈平成25年度厚生労働省老人保健事業推進費等補助金老人保健健康増進等事業〉Ⓝ369.261
◇定期巡回・随時対応サービスの質の向上に関する調査研究事業報告書　24時間在宅ケア研究会　2014.3　74p　30cm　〈平成25年度老人保健事業推進費等補助金（老人保健健康増進等事業分）〉Ⓝ369.261
◇訪問介護の報酬算定グレーゾーン解決法Q&A159―できる？できない？：現場で迷うケースにズバリ答える！　本間清文著　名古屋　日総研出版　2014.3　174p　26cm　〈文献あり　索引あり〉①978-4-7760-1694-6　Ⓝ364.4　[2593円]

日本（法律）
◇現代法律実務の諸問題　平成24年度研修版　日本弁護士連合会編　第一法規　2013.8　874p　22cm　（日弁連研修叢書）〈内容：二〇一一年民事判例一〇撰（山野目章夫述）　民法〈債権法〉改正の課題（内田貴、筒井健夫述）　交通事故に関する諸問題（村木寛之著）　最近の民事交通事故損害賠償請求事件の実務上の留意点（稲葉重子著）　インターネットにおける権利侵害からの救済（牧野二郎著）　不動産売買・賃貸借等をめぐる最近の重要判例（佐久間毅著）　実務に役立つ「成功する事業承継問題の考え方」（坪多晶子ほか述）　独占禁止法の不公正な取引の特別法としての下請代金支払遅延等防止法（川村哲二著）　中小企業のための独占禁止法・下請代金支払遅延等防止法（長澤哲也著）　平成二三年の民法〈親族法〉・家事事件手続法の改正（木内道祥著）　家事事件手続法の解説（小島妙子著）　家事事件手続法における手続保障について（増田勝久述）　子どもの事件代理人（池田清貴著）　法人破産における管理・換価の実務的対応（石井三一著）　弁護士会ADRの運営・活用法（奥津晋著）　市民が刑事裁判に関わる意義（浜

井浩一著）　裁判員裁判法施行三年を振り返って（遠藤邦彦ほか述）　障がいのある人の刑事弁護と支援（辻川圭乃述）　弁護士業務と税（山下清兵衛著）　納税者の権利擁護のために弁護士の果たすべき役割と責任（水野武夫著）　労働条件の変更に関する諸問題（大内伸哉著）　近時における懲戒案件の特徴とその対策（辻井一成著）　弁護士倫理の諸問題（高中正彦著）　弁護士倫理の今日的諸課題（市川充著）　倫理研修〈パネルディスカッション〉（高中正彦ほか述）　倫理研修〈パネルディスカッション〉（松尾重信ほか述）　弁護士会照会制度について（長城紀彦述）　業務妨害の実情と大阪弁護士会の取組（木村圭二郎、奥田直之著）　大災害における弁護士の役割（津久井進著）　窃盗癖の概念と基礎（竹村道夫著）〉①978-4-474-02878-4　Ⓝ320.4　[6500円]
◇現代法律実務の諸問題　平成25年度研修版　日本弁護士連合会編　第一法規　2014.8　991p　22cm　（日弁連研修叢書）〈内容：二〇一二年民事判例一〇撰（山野目章夫述）　事実認定と立証活動（加藤新太郎、馬橋隆紀述）　建築関係訴訟の最近の判例と実務（竹下慎一述）　中小企業における事業再生の実務（堂野達之述）　知的財産権保護（山口裕司述）　遺産分割調停の実務（阿部宿治述）　面会交流紛争における弁護士の役割及び家事事件手続法施行による面会交流紛争への影響に関する考察（片山登志子述）　消費者による破産申立てと破産管財の実務（黒木和彰、平岩みゆき、河内美香述）　消費者問題最近の消費者被害と対応方法（瀬戸和宏述）　刑事事件における量刑の実務と控訴審での弁護活動（植村立郎述）　刑事事件における事実認定（原田國男述）　刑事事件における科学的証拠について（野嶋真人述）　重大事件の付添人活動（岩本剛述）　裁判員裁判の控訴審の現状と弁護の在り方（菅野亮、山根睦弘、坂根真也ほか述）　知らないと実務で失敗する税法（山本洋一郎述）　弁護士として知っておきたい税法の基礎（山下清兵衛述）　最近の労働事件の実務上の留意点（中垣内健治述）　労働契約法平成二四年改正のポイント（中村和雄述）　法律相談・労働審判のための改正労働契約法基礎知識（岩出誠述）　非正規労働者の労働事件実務（井下顕述）　非正規雇用My問題に関する労働法改正と実務的展望（水口洋介述）　セクハラ・パワハラ訴訟（奥田貴弥、石井妙子述）　「問題社員」対応の法律実務（山中健児述）　利益相反行為の対策と不祥事に巻き込まれないために（桑山斉述）　倫理研修（櫻井香子述）　倫理研修（薄木宏一、池田茂徳コーディネーター）　倫理研修（甲村文亮ほか述、水成直也コーディネーター）　倫理研修（橋本千尋講師、宇都宮英人ほか述、小柳美佳、千綿俊一郎コーディネーター）　若手会員対象の研修（星野真二述）　弁護士・事務職員のメンタルヘルスについて（清水隆司述）　判例から学ぶ弁護過誤の防止策（高中正彦述）　司法臨床としての情状心理鑑定（サトウタツヤ、廣井亮一述）　窃盗癖臨床と弁護活動、その協力の実態（竹村道夫述）〉①978-4-474-03293-4　Ⓝ320.4　[6500円]
◇これだけは知っておきたい人生に必要な法律　にへいひろし著　カナリア書房　2014.4　180p　21cm　〈文献あり〉①978-4-7782-0268-2　Ⓝ320　[1400円]
◇司法書士の法律相談―実践NAVI　加藤新太郎編集代表　第一法規　2014.6　819p　21cm　〈索引あり〉「事例別司法書士のための法律相談NAVI」（2008年刊）の改題、改訂　執筆：赤松茂ほか①978-4-474-02904-0　Ⓝ327.17　[6000円]
◇「社会科学Ⅲくらしの経済・法律講座」テキストブック―米子高専・鳥取県消費生活センター連携講座：平成26年度後期　米子工業高等専門学校（片岡研究室）、鳥取県生活環境部くらしの安心局消費生活センター編　米子　米子工業高等専門学校　2014.10　124p　30cm　〈共同刊行：鳥取県生活環境部くらしの安心局消費生活センター〉Ⓝ365
◇ソフトロー・デモクラシーによる法改革―Bilingual Edition〈Japanese-English〉遠藤直哉著　アートデイズ　2014.5　103,158p　19cm　〈文献あり〉①978-4-86119-228-9　Ⓝ320　[1300円]
◇日本人を縛りつける役人の掟―「岩盤規制」を打ち破れ！　原英史著　小学館　2014.7　205p　19cm　①978-4-09-389749-5　Ⓝ317　[1300円]
◇日本法への招待　松本恒雄、三枝令子、橋本正博、青木人志編　第3版　有斐閣　2014.3　450p　22cm　〈索引あり〉①978-4-641-12568-1　Ⓝ321　[2900円]
◇日本法の中の外国法―基本法の比較法的考察　早稲田大学比較法研究所編著　早稲田大学比較法研究所　2014.3　306p　22cm　（早稲田大学比較法研究所叢書　41号）〈成文堂（発売）〉①978-4-7923-3322-5　Ⓝ321.9　[2778円]
◇日本立法資料全集　別巻842　法制講義　赤司鷹一郎著　復刻版　信山社出版　2014.2　256p　23cm　〈中外出版　明治35年刊の複製〉①978-4-7972-7140-9　Ⓝ322.1　[30000円]
◇ファーストステップ法学入門　西口竜司、近江直樹著　中央経済社　2014.5　114p　21cm　〈文献あり　索引あり　web link

日本（法律―辞書）　　　　　　　　　　　　　　　　　　　　　日本件名図書目録2014　I

完全対応　表紙のタイトル：Introduction to Law〉 ①978-4-
502-10441-1　Ⓝ321　［1800円］

◇法の世界へ　池田真朗, 犬伏由子, 野川忍, 大塚英明, 長谷部由
起子著　第6版　有斐閣　2014.10　288p　19cm　（有斐閣アル
マ）〈文献あり　索引あり〉①978-4-641-22031-7　Ⓝ320
［1700円］

◇法律事務所ガイドブック　2013　頼れる身近な弁護士―全国
の頼れる身近な弁護士リスト126人　游学社　2013.5　155p
26cm　①978-4-904827-21-5　Ⓝ327.14　［1200円］

◇法律に強い税理士になる―リーガルマインド基礎講座　木山
泰嗣著　大蔵財務協会　2014.1　217p　19cm〈索引あり〉
①978-4-7547-2070-4　Ⓝ320　［1714円］

◇法律の条文解釈入門―六法を引こう！　基本編　小室百合著
信山社出版　2014.4　156p　19cm　①978-4-7972-2583-9
Ⓝ320　［1500円］

◇法律の抜け穴全集　［2014］改訂3版　自由国民社　2014.9　1
冊　19cm　①978-4-426-12031-3　Ⓝ320　［1800円］

◇法令読解の基礎知識　長野秀幸著　第1次改訂版　学陽書房
2014.2　223p　21cm〈文献あり　索引あり〉①978-4-313-
16151-1　Ⓝ320　［2300円］

◇ライフステージから学ぶ法律入門　吉田稔, 北山雅昭, 渡邉隆
司編著　京都　ミネルヴァ書房　2014.3　265p　21cm〈年表
あり　索引あり〉①978-4-623-06765-7　Ⓝ320　［2800円］

日本（法律―辞書）

◇法律用語ハンドブック　尾崎哲夫著　第6版　自由国民社
2014.12　321p　19cm　①978-4-426-11875-4　Ⓝ320.33
［1600円］

日本（法律―世論）

◇基本的法制度に関する世論調査　平成26年11月調査　［東京］
内閣府大臣官房政府広報室　［2014］193p　30cm　（世論調
査報告書）〈附帯：尖閣諸島に関する世論調査〉Ⓝ322.16

日本（法律家）

◇法律家のためのスマートフォン活用術　日本弁護士連合会弁
護士業務改革委員会編著　第一法規　2013.11　181p　21cm
①978-4-474-02955-2　Ⓝ327.1　［2500円］

日本（法律学）

◇憲法と市民社会　横坂健治著　北樹出版　2014.4　251p
22cm　①978-4-7793-0415-6　Ⓝ321　［2700円］

◇はじめての法律学―HとJの物語　松井茂記, 松宮孝明, 曽野裕
夫著　第4版　有斐閣　2014.3　273p　19cm　（有斐閣アル
マ）〈索引あり〉①978-4-641-22022-5　Ⓝ321　［1700円］

◇はじめて学ぶ法学の世界―憲法・民法・刑法の基礎　関根孝道
著　京都　昭和堂　2014.1　219p　21cm〈索引あり〉①978-
4-8122-1337-7　Ⓝ321　［2400円］

◇法学―権利擁護と成年後見制度/更生保護制度　全国社会福祉
協議会　2014.2　325p　26cm　（社会福祉学習双書 2014 第
13巻）〈文献あり〉①978-4-7935-1117-2　Ⓝ321　［2200円］

◇法学入門　永井和之編　中央経済社　2014.3　215p　21cm
〈文献あり　索引あり〉①978-4-502-10031-4　Ⓝ321　［1800
円］

◇法学入門　末川博編　第6版補訂版　有斐閣　2014.3　271p
19cm　（有斐閣双書）①978-4-641-11283-4　Ⓝ321　［1500
円］

◇みんなが欲しかった！法学の基礎がわかる本　TAC株式会社
（法学研究会）編著　TAC出版事業部　2014.5　180p　21cm
〈索引あり〉①978-4-8132-5646-5　Ⓝ321　［1400円］

◇よくわかる法学要説　本沢一善著　改訂版　学文社　2014.10
271p　21cm〈文献あり　索引あり〉①978-4-7620-2474-0
Ⓝ321　［2700円］

◇私たちと法　平野武, 平野鷹子著　2訂版　京都　法律文化社
2014.11　152p　21cm　①978-4-589-03647-6　Ⓝ321　［1900
円］

日本（法律事務所）

◇弁護士の仕事術　7　法律事務所運営のポイント　藤井篤著
日本加除出版　2014.1　169p　21cm〈索引あり〉①978-4-
8178-4135-3　Ⓝ327.14　［1800円］

◇弁護士プロフェッショナル―暮らしとビジネスを守る法律ド
クター　ぎょうけい新聞社編著　大阪　ぎょうけい新聞社
2013.10　205p　21cm〈図書出版浪速社 (発売)〉①978-4-
88854-473-3　Ⓝ327.14　［1500円］

◇法律事務所の経理と税務　日本弁護士連合会日弁連税制委員
会編　5訂版　名古屋　新日本法規出版　2014.11　275p
26cm　①978-4-7882-7926-1　Ⓝ327.14　［3400円］

日本（法律事務所―名簿）

◇全国版法律事務所ガイド　2014　商事法務編　商事法務
2014.4　260p　21cm〈索引あり〉①978-4-7857-2188-6
Ⓝ327.14　［2400円］

◇全国版法律事務所ガイド　2014Vol.2　商事法務編　商事法務
2014.11　272p　21cm〈索引あり〉①978-4-7857-2232-6
Ⓝ327.14　［2400円］

日本（法令）

◇国会制定法　第181回―第183回　［東京］　参議院法制局
［2013］1冊　30cm〈会期：平成24年10月29日―11月16日ほ
か〉Ⓝ320.91

◇国会制定法律集　第181回―第183回　［東京］　衆議院法制局
［2013］1冊　30cm〈会期：平成24年10月29日―11月16日ほ
か〉Ⓝ320.91

◇実用六法　平成27年版　加藤晋介監修　成美堂出版　2014.11
911p　19cm〈索引あり〉①978-4-415-21905-9　Ⓝ320.91
［1500円］

◇実用六法　平成27年版　上妻博明監修, コンデックス情報研
究所編著　ポケット版　成美堂出版　2014.12　815p　16cm
〈索引あり〉①978-4-415-21936-3　Ⓝ320.91　［1200円］

◇司法試験用六法　平成26年版　ぎょうせい　2014.4　2389p
21cm　①978-4-324-09811-0　Ⓝ320.91　［6000円］

◇司法試験予備試験用六法　平成25年版　第一法規　2013.7
1291p　21cm　①978-4-474-02971-2　Ⓝ320.91　［5500円］

◇昭和年間法令全書　第25巻―11　昭和二十六年　11（省令
続）印刷庁編　原書房　2014.1　1冊　27cm〈複製　布装〉
①978-4-562-05011-6　Ⓝ320.91　［16000円］

◇昭和年間法令全書　第25巻―12　昭和二十六年　12（省令
続）印刷庁編　原書房　2014.1　1冊　27cm〈複製　布装〉
①978-4-562-05012-3　Ⓝ320.91　［16000円］

◇昭和年間法令全書　第25巻―13　昭和二十六年　13（省令
続）印刷庁編　原書房　2014.2　1冊　27cm〈複製　布装〉
①978-4-562-05013-0　Ⓝ320.91　［16000円］

◇昭和年間法令全書　第25巻―14　昭和二十六年　14（省令
続）印刷庁編　原書房　2014.2　1冊　27cm〈複製　布装〉
①978-4-562-05014-7　Ⓝ320.91　［16000円］

◇昭和年間法令全書　第25巻―15　昭和二十六年　15（省令
続）印刷庁編　原書房　2014.3　1冊　27cm〈複製　布装〉
①978-4-562-05015-4　Ⓝ320.91　［16000円］

◇昭和年間法令全書　第25巻―16　昭和二十六年　16（省令
続）印刷庁編　原書房　2014.3　1冊　27cm〈複製　布装〉
①978-4-562-05016-1　Ⓝ320.91　［16000円］

◇昭和年間法令全書　第25巻―17　昭和二十六年　17（省令
（続）・省令・本部令・省令・規則）印刷庁編
原書房　2014.4　1冊　27cm〈複製　布装〉①978-4-562-
05017-8　Ⓝ320.91　［16000円］

◇昭和年間法令全書　第25巻―18　昭和二十六年　18（規則
続）印刷庁編　原書房　2014.4　1冊　27cm〈複製　布装〉
①978-4-562-05018-5　Ⓝ320.91　［16000円］

◇昭和年間法令全書　第25巻―19　昭和二十六年　19（規則
続）印刷庁編　原書房　2014.5　1冊　27cm〈複製　布装〉
①978-4-562-05019-2　Ⓝ320.91　［16000円］

◇昭和年間法令全書　第25巻―20　昭和二十六年　20（規則
（続）・庁令・告示）印刷庁編　原書房　2014.5　1冊　27cm
〈複製　布装〉①978-4-562-05020-8　Ⓝ320.91　［16000円］

◇昭和年間法令全書　第25巻―21　昭和二十六年　21（告示
続）印刷庁編　原書房　2014.6　1冊　27cm〈複製　布装〉
①978-4-562-05021-5　Ⓝ320.91　［16000円］

◇昭和年間法令全書　第25巻―22　昭和二十六年　22（告示
続）印刷庁編　原書房　2014.6　1冊　27cm〈複製　布装〉
①978-4-562-05022-2　Ⓝ320.91　［16000円］

◇昭和年間法令全書　第25巻―23　昭和二十六年　23（告示
続）印刷庁編　原書房　2014.7　1冊　27cm〈複製　布装〉
①978-4-562-05023-9　Ⓝ320.91　［16000円］

◇昭和年間法令全書　第25巻―24　昭和二十六年　24（告示
続）印刷庁編　原書房　2014.7　p345～399,329～391,253～
363　27cm〈複製　布装〉①978-4-562-05024-6　Ⓝ320.91
［16000円］

◇昭和年間法令全書　第25巻―25　昭和二十六年　25（告示
続）印刷庁編　原書房　2014.8　p381～550,341～390　27cm
〈複製　布装〉①978-4-562-05025-3　Ⓝ320.91　［16000円］

◇昭和年間法令全書　第25巻―26　昭和二十六年　26（告示
続）印刷庁編　原書房　2014.8　1冊　27cm〈複製　布装〉
①978-4-562-05026-0　Ⓝ320.91　［16000円］

◇昭和年間法令全書　第25巻―27　昭和二十六年　27（告示
続）印刷庁編　原書房　2014.9　1冊　27cm〈複製　布装〉
①978-4-562-05027-7　Ⓝ320.91　［16000円］

◇昭和年間法令全書　第25巻—28　昭和二十六年　28（告示続）印刷庁編　原書房　2014.9　1冊　27cm〈複製　布装〉①978-4-562-05028-4　Ⓝ320.91　［16000円］

◇昭和年間法令全書　第25巻—29　昭和二十六年　29（告示続）印刷庁編　原書房　2014.10　1冊　27cm〈複製　布装〉①978-4-562-05029-1　Ⓝ320.91　［16000円］

◇昭和年間法令全書　第25巻—30　昭和二十六年　30（告示続）印刷庁編　原書房　2014.10　1冊　27cm〈複製　布装〉①978-4-562-05030-7　Ⓝ320.91　［16000円］

◇昭和年間法令全書　第25巻—31　昭和二十六年　31（告示続）印刷庁編　原書房　2014.11　1冊　27cm〈複製　布装〉①978-4-562-05031-4　Ⓝ320.91　［16000円］

◇昭和年間法令全書　第25巻—33　昭和二十六年　33（告示続）印刷庁編　原書房　2014.12　1冊　27cm〈複製　布装〉①978-4-562-05033-8　Ⓝ320.91　［16000円］

◇昭和年間法令全書　第25巻—34　昭和二十六年　34（告示続）印刷庁編　原書房　2014.12　1冊　27cm〈複製　布装〉①978-4-562-05034-5　Ⓝ320.91　［16000円］

◇デイリー六法　2015　鎌田薫編修代表　三省堂　2014.10　2095p　19cm〈索引あり〉①978-4-385-15958-4　Ⓝ320.91　［1800円］

◇ポケット六法　平成27年版　井上正仁, 山下友信編集代表　有斐閣　2014.9　2028p　19cm〈索引あり〉①978-4-641-00915-8　Ⓝ320.91　［1852円］

◇模範小六法　2015　判例六法編修委員会編　三省堂　2014.11　2245p　19cm〈索引あり〉①978-4-385-15976-8　Ⓝ320.91　［2600円］

◇模範六法　2015　判例六法編修委員会編　三省堂　2014.11　3458p　22cm〈索引あり〉①978-4-385-15967-6　Ⓝ320.91　［5400円］

◇有斐閣判例六法　平成27年版　井上正仁編集代表　有斐閣　2014.10　2442p　19cm〈索引あり〉①978-4-641-00335-4　Ⓝ320.91　［2685円］

◇有斐閣判例六法Professional　平成27年版01　公法　刑事法　社会法　社会保障・厚生法編　条約　井上正仁, 山下友信編集代表　有斐閣　2014.11　6,1852p　21cm〈索引あり〉①978-4-641-00415-3（set）Ⓝ320.91

◇有斐閣判例六法Professional　平成27年版02　民事法　社会法　労働法編　産業法　井上正仁, 山下友信編集代表　有斐閣　2014.11　6p　p1857〜4056　21cm〈索引あり〉①978-4-641-00415-3（set）Ⓝ320.91

◇六法全書　平成26年版1　公法　刑事法　条約　井上正仁, 能見善久編集代表　有斐閣　2014.3　3290p　22cm〈索引あり〉①978-4-641-10474-7（set）Ⓝ320.91

◇六法全書　平成26年版2　民事法　社会法　産業法　井上正仁, 能見善久編集代表　有斐閣　2014.3　p3297〜6676　22cm〈索引あり〉①978-4-641-10474-7（set）Ⓝ320.91

◇六法全書　平成26年版　追録　有斐閣　2014.8　160p　22cm　Ⓝ320.91

日本（法令―便覧）

◇事件類型別弁護士実務六法　第一東京弁護士会新進会編集　名古屋　新日本法規出版　2013.6　2424p　22cm　①978-4-7882-7760-1　Ⓝ320.36　［6000円］

日本（簿記）

◇会計学・簿記入門—韓国語財務諸表・中国語財務諸表付　新田忠誓, 佐々木隆志, 石原裕也, 溝上達也, 神納樹史, 西山一弘, 西舘司, 吉田智也, 中村亮介, 松下真也, 金子善行, 西嶋優子著　第12版　白桃書房　2014.4　331p　21cm〈索引あり〉①978-4-561-35205-1　Ⓝ336.9　［2800円］

日本（簿記―歴史）

◇江戸時代帳合法成立史の研究—和式会計のルーツを探求する　田中孝治著　森山書店　2014.6　325,4p　22cm〈索引あり　布装　内容：江戸時代の商人の帳合法　伊勢商人の帳合法と監査　我国中世における荘園会計　我国古代の正税帳と出挙帳　我国中世と寺院の会計　日記と和式簿記　和式簿記の源流　我国監査の起源　明治以後の帳合法〈和式簿記〉〉①978-4-8394-2143-4　Ⓝ336.91　［5000円］

◇複式簿記・会計史と「合理性」言説—兼松史料を中心に　山地秀俊, 藤村聡著　神戸　神戸大学経済経営研究所　2014.3　288p　22cm　（研究叢書　74）〈文献あり〉Ⓝ336.91　［非売品］

日本（墨書士器）

◇出土文字に新しい古代史を求めて　平川南著　同成社　2014.4　218p　19cm〈内容：研究の原点　再会を刻んだ印　三十

四年前の”問い”　地下の「正倉院文書」　漆紙文書発見顛末記　古代の暦—岩手・胆沢城跡出土の漆紙文書　象潟発・古代の便り　一家六人、相ついで死亡す　一二〇〇年前の休暇届　地方豪族の大規模な生産　絶大だった郡司の権力　右大臣昇進の贈り物は名馬　後の屋敷神のルーツ　高度に管理された古代の稲作　石川・加茂遺跡から「お触れ書き」発見　佐賀・中原遺跡防人の木簡　太宰府で出土最古「戸籍」　文字を刻む福岡・三雲遺跡群にみる日本人の文字との出あい　竃神・歳神墨書土器から”古代の村”を読む　則天文字を追う　ドラマチックな復権　発掘が明らかにした多賀城碑の真偽　「王賜」銘鉄剣　古代印の由来　多胡碑の輝き　偽物・真物　手習い事始　出土文字から地名を読む　出土文字資料を追う　古代日本の文字社会　多視点から新しい歴史像を描く　開発が災害招いた古代の日本　『風土記』の原風景と街・村づくり　自然災害からの復興　ひとと自然のかかわりの歴史を問う　「博物館型研究統合」の実践　井上先生と私〉①978-4-88621-665-6　Ⓝ210.3　［2500円］

◇文字のチカラ—古代東海の文字世界　「文字のチカラ展」実行委員会編　［名古屋］　「文字のチカラ展」実行委員会　2014.1　159p　26cm〈文献あり　会期・会場：平成26年1月4日—2月16日　名古屋市博物館　主催：名古屋市博物館ほか〉Ⓝ210.3

日本（保険）

◇FP的な保険販売のコツ30—知識を実践に生かしきれずに悩んでいる方へ　セールス手帖社保険FPS研究所, 保坂新著, 伊田賢一監修　セールス手帖社保険FPS研究所　2014.4　92p　30cm　①978-4-86254-165-9　Ⓝ339.21　［1100円］

◇FP的な保険販売のコツ30—知識を実践に生かしきれずに悩んでいる方へ　セールス手帖社保険FPS研究所, 保坂新著, 伊田賢一監修　第2版　セールス手帖社保険FPS研究所　2014.9　92p　30cm　①978-4-86254-177-2　Ⓝ339.21　［1100円］

◇業種別リスクマネジメント—業種別にリスクを見れば、保険提案がこんなに変わる。　ARICEホールディングスグループ（株）A.I.P編著, 松本一成監修　新日本保険新聞社　［2014］　71p　30cm　①978-4-905451-32-7　Ⓝ339.21　［933円］

◇個人顧客開拓編—ケーススタディ実践販売　セールス手帖社保険FPS研究所, 山田静江, 伊田賢二監修　セールス手帖社保険FPS研究所　2014.4　155p　30cm　（FPスキルアップシリーズ）〈FP実践シリーズ. 個人編」　の改訂〉①978-4-86254-166-6　Ⓝ339.21　［2300円］

◇生保・損保　2016年度版　千葉明/監修　産学社　2014.11　219p　19cm　（産業と会社研究シリーズ　4）①978-4-7825-3404-5　［1300円］

◇日本人が保険で大損する仕組み　橋爪健人著　日本経済新聞出版社　2014.11　235p　19cm〈文献あり〉①978-4-532-35618-7　Ⓝ339.21　［1500円］

◇保険のしくみが分かる本　赤堀勝彦著　金融ブックス　2014.3　339p　21cm〈文献あり　索引あり　「保険のすべてが分かる本」（2012年刊）の改題、加筆修正〉①978-4-904192-48-1　Ⓝ339.21　［2000円］

日本（保険会社）

◇国民経済計算における銀行業、保険業の産出（生産額）測定研究序説　桂昭政著　和泉　桃山学院大学総合研究所　2014.3　88p　21cm　（研究叢書　29）〈文献あり〉①978-4-944181-21-6　Ⓝ338.21

◇最新保険業界の動向とカラクリがよ〜くわかる本—業界人、就職、転職に役立つ情報満載　中村恵二, 高橋洋子著　第3版　秀和システム　2014.7　217p　21cm　（How-nual図解入門）〈索引あり〉①978-4-7980-4151-3　Ⓝ339.21　［1300円］

日本（保健師）

◇「特定健診」の本格化と自治体保健師—生活習慣病対策としての「データーヘルス計画」の登場　篠崎次男著　萌文社　2014.1　81p　21cm　（PHNブックレット　15）①978-4-89491-269-4　Ⓝ498.021　［800円］

日本（保険法）

◇実務保険金請求入門—事例に学ぶ保険法の基礎と実践　高橋正人著　民事法研究会　2014.7　189p　21cm　①978-4-89628-955-8　Ⓝ325.4　［1800円］

日本（保険法―判例）

◇保険判例の研究と動向　2014　石田満編, 保険判例等研究会著　文眞堂　2014.7　404p　21cm　①978-4-8309-4828-2　Ⓝ325.4　［6400円］

日本（保護観察）

◇保護観察中の覚せい剤事犯者の処遇方策に関する研究　羽間京子編　［千葉］　千葉大学大学院人文社会科学研究科　2014.

日本（母子福祉）

2 50p 30cm （人文社会科学研究科研究プロジェクト報告書 第270集）〈文献あり 奥付のタイトル：保護観察中の覚せい剤事犯者の処遇方策に関する研究〉(2012-13年度) 内容：保護観察における専門的処遇プログラムの効果測定のあり方(羽間京子,勝田聡著) 覚せい剤事犯者の処遇効果に関する研究の現状と課題(勝田聡,羽間京子著) 覚せい剤事犯者の薬物問題のアセスメントについて(勝田聡,牧山夕子,田中健太郎著)〉 Ⓝ326.56

日本（母子福祉）

◇シングルマザー生活便利帳―ひとり親家庭サポートBOOK：2014→2015 新川てるえ,田中涼子著 4訂版 太郎次郎社エディタス 2014.2 174p 21cm Ⓘ978-4-8118-0765-2 Ⓝ369.41 [1500円]

◇ひとり親家庭 赤石千衣子著 岩波書店 2014.4 249,5p 18cm （岩波新書 新赤版 1481）〈文献あり〉Ⓘ978-4-00-431481-3 Ⓝ369.41 [820円]

◇母子世帯のワーク・ライフと経済的自立 周燕飛著 労働政策研究・研修機構 2014.6 195p 22cm （労働政策研究・研修機構研究双書）〈文献あり 索引あり〉Ⓘ978-4-538-61010-8 Ⓝ366.38 [1800円]

◇母子福祉部会紀要 No.7（平成25年度） 社会的養護の担い手としての母子生活支援施設の役割と課題 東京都社会福祉協議会母子福祉部会 2014.12 102p 30cm Ⓘ978-4-86353-205-2 [1500円]

日本（母子保健）

◇子育て世代が住みたいと思うまちに―思春期から妊娠、出産、子育てまでの切れ目ない支援の取組み 林己知夫,髙橋睦子著 第一法規 2014.7 107p 21cm Ⓘ978-4-474-03332-0 Ⓝ498.7 [2000円]

◇「健やか親子21（第2次）」について検討会報告書 ［東京］ 「健やか親子21」の最終評価等に関する検討会 2014.4 195p 30cm Ⓝ498.7

◇日本女性差別事件資料集成 10 第1巻 日本シェーリング事件 すいれん舎 2014.2 406p 27cm〈タイトル関連情報：母性保護事件資料Ⅱ〉Ⓘ978-4-86369-302-9,978-4-86369-301-2 (set) Ⓝ367.21

◇日本女性差別事件資料集成 10 第2巻 日本シェーリング事件 すいれん舎 2014.2 293p 27cm〈タイトル関連情報：母性保護事件資料Ⅱ〉Ⓘ978-4-86369-303-6,978-4-86369-301-2 (set) Ⓝ367.21

◇日本女性差別事件資料集成 10 第3巻 日本シェーリング事件 すいれん舎 2014.2 379p 27cm〈タイトル関連情報：母性保護事件資料Ⅱ〉Ⓘ978-4-86369-304-3,978-4-86369-301-2 (set) Ⓝ367.21

◇日本女性差別事件資料集成 10 第4巻 日本シェーリング事件他 すいれん舎 2014.2 470p 27cm〈年表あり タイトル関連情報：母性保護事件資料Ⅱ〉Ⓘ978-4-86369-305-0,978-4-86369-301-2 (set) Ⓝ367.21

◇日本女性差別事件資料集成 10 第5巻 東朋学園事件 すいれん舎 2014.2 523p 27cm〈タイトル関連情報：母性保護事件資料Ⅱ〉Ⓘ978-4-86369-306-7,978-4-86369-301-2 (set) Ⓝ367.21

◇日本女性差別事件資料集成 10 第6巻 東朋学園事件 すいれん舎 2014.2 604p 27cm〈タイトル関連情報：母性保護事件資料Ⅱ〉Ⓘ978-4-86369-307-4,978-4-86369-301-2 (set) Ⓝ367.21

◇日本女性差別事件資料集成 10 第7巻 東朋学園事件 すいれん舎 2014.2 407p 27cm〈タイトル関連情報：母性保護事件資料Ⅱ〉Ⓘ978-4-86369-308-1,978-4-86369-301-2 (set) Ⓝ367.21

◇日本女性差別事件資料集成 10 第8巻 コナミデジタルエンタテインメント事件 すいれん舎 2014.2 396p 27cm〈タイトル関連情報：母性保護事件資料Ⅱ〉Ⓘ978-4-86369-309-8,978-4-86369-301-2 (set) Ⓝ367.21

◇日本女性差別事件資料集成 10 第9巻 コナミデジタルエンタテインメント事件 すいれん舎 2014.2 377p 27cm〈タイトル関連情報：母性保護事件資料Ⅱ〉Ⓘ978-4-86369-310-4,978-4-86369-301-2 (set) Ⓝ367.21

◇日本女性差別事件資料集成 10 別冊 解題・資料 すいれん舎 2014.2 65p 26cm〈タイトル関連情報：母性保護事件資料Ⅱ〉Ⓘ978-4-86369-311-1,978-4-86369-301-2 (set) Ⓝ367.21

◇わが国の母子保健 平成26年 母子保健事業団 2014.3 136p 26cm〈年表あり 編集協力：母子衛生研究会〉Ⓘ978-4-89430-057-6 Ⓝ498.7 [1800円]

日本（母子保健―世論）

◇母子保健に関する世論調査 平成26年7月調査 ［東京］ 内閣府大臣官房政府広報室 ［2014］ 94p 30cm （世論調査報告書）Ⓝ498.7

日本（保守主義）

◇右傾社会ニッポン 中野雅至［著］ ディスカヴァー・トゥエンティワン 2014.10 279p 18cm （ディスカヴァー携書 132）〈文献あり〉Ⓘ978-4-7993-1581-1 Ⓝ302.1 [1000円]

◇曽野綾子大批判―そこんとこキッチリ話そうよ！ 佐高信,山崎行太郎著 K&Kプレス 2014.4 202p 19cm Ⓘ978-4-906674-57-2 Ⓝ311.4 [1200円]

◇若者は本当に右傾化しているのか 古谷経衡著 アスペクト 2014.5 241p 18cm Ⓘ978-4-7572-2300-4 Ⓝ367.68 [900円]

日本（補助金）

◇お金のことはおれに聞け―様々な助成金を入手するテクニックが満載！ 蒲島竜也著 カナリア書房 2014.5 173p 19cm Ⓘ978-4-7782-0270-5 Ⓝ335.35 [1300円]

◇原子力損害の補完的な補償に関する条約の実施に伴う原子力損害賠償資金の補助等に関する法律案資料 ［東京］ 文部科学省 ［2014］ 1冊 30cm〈平成26年第187国会提出〉Ⓝ539.091

◇原発再稼働と自治体の選択―原発立地交付金の解剖 高寄昇三著 ［東京］ 公人の友社 2014.4 188p 21cm Ⓘ978-4-87555-641-1 Ⓝ539.091 [2200円]

◇「国公私立大学を通じた大学教育改革支援に関する補助金の実績報告の在り方等に関する調査研究」報告書 ［東京］ 新日本有限責任監査法人 2014.3 1冊 30cm Ⓝ377.1

◇雇用調整の実施と雇用調整助成金の活用に関する調査 労働政策研究・研修機構 労働政策研究・研修機構 2014.8 212p 30cm （JILPT調査シリーズ no. 123）Ⓝ366.21

◇知って得する助成金活用ガイド―厚生労働省［労働］分野：プロ〈社労士〉が教える！：事業主のための 平成26年度版 社労士助成金実務研究会編 日本法令 2014.7 42p 30cm Ⓘ978-4-539-74588-5 Ⓝ366.21 [650円]

◇社長！ 会社の資金調達に補助金・助成金を活用しませんか!? 小泉昇著 第2版 自由国民社 2014.7 310p 21cm Ⓘ978-4-426-11578-4 Ⓝ335.35 [1900円]

◇消防防災関係財政・補助事務必携 平成25年度版 消防財政研究会編 第一法規 2013.9 761p 21cm〈「消防防災関係補助事務必携」の改題、巻次を継承〉Ⓘ978-4-474-02967-5 Ⓝ317.79 [2800円]

◇消防防災関係財政・補助事務必携 平成26年度版 消防財政研究会編 第一法規 2014.8 766p 21cm Ⓘ978-4-474-03327-6 Ⓝ317.79 [2800円]

◇水道事業実務必携 平成26年度改訂版 全国簡易水道協議会 2014.7 502, 12, 272p 30cm〈内容：国庫補助金交付要綱 国庫補助事業歩掛表〉Ⓝ518.1

◇すぐに役立つ雇用保険・職業訓練・生活保護・給付金徹底活用マニュアル 林智之監修 改訂新版 三修社 2014.5 255p 21cm Ⓘ978-4-384-04600-7 Ⓝ364.7 [1800円]

◇政府財政支援と被災自治体財政―東日本・阪神大震災と地方財政 高寄昇三著 公人の友社 2014.2 128p 21cm （自治体〈危機〉叢書）〈文献あり〉Ⓘ978-4-87555-634-3 Ⓝ349.21 [1600円]

◇「相談される金融マン」になるための労働・社会保険&助成金活用ガイドブック―中小企業の経営を支援する 鈴木邦彦著 きんざい 2014.6 193p 21cm Ⓘ978-4-322-12432-3 Ⓝ364.3 [1800円]

◇鉄道助成ガイドブック 平成26年度 横浜 鉄道建設・運輸施設整備支援機構 2014.6 116p 30cm Ⓝ686.1

◇ボランティア・市民活動助成ガイドブック 2013-2014 ［東京］ 東京ボランティア市民活動センター 2013.6 175p 30cm〈共同刊行：東京都社会福祉協議会民間助成団体部会〉Ⓘ978-4-903256-60-3 Ⓝ369.14 [762円]

◇ボランティア・市民活動助成ガイドブック 2014-2015 ［東京］ 東京ボランティア・市民活動センター 2014.6 187p 30cm〈共同刊行：東京都社会福祉協議会民間助成団体部会〉Ⓘ978-4-903256-68-9 Ⓝ369.14 [762円]

◇ものづくり中小企業製品開発等支援補助金に係るフォローアップ調査事業報告書 平成21年度 中小企業庁経営支援部創業・技術課 2014.3 101, 12p 30cm〈平成25年度中小企業庁委託事業,委託先：日経リサーチ 奥付のタイトル：ものづくり中小企業製品開発等支援補助金に係るフォローアップ調査報告書〉Ⓝ335.35

日本件名図書目録2014　Ⅰ　　　　　　　　　　　　　　　　　　　　　　　　　　　　　　　　　　日本（ボランティア教育）

日本（補助金―歴史―昭和前期）
◇昭和地方財政史　第3巻　府県財政と国庫支援　地域救済と府県自治　高寄昇三著　公人の友社　2013.4　411p　22cm〈文献あり　索引あり〉Ⓘ978-4-87555-622-0　Ⓝ349.21　[5000円]

日本（ポスター―図集）
◇ディスカバー、ディスカバー・ジャパン「遠く」へ行きたい［東京］　東京ステーションギャラリー　2014.9　223p　27cm〈文献あり　会期：2014年9月13日―11月9日　編集：成相肇ほか〉Ⓝ686.3
◇Best graphics 6　地域広告　アルファブックス/アルファ企画　2014.12　265p　31cm〈美術出版社（発売）　共同刊行：リブラ出版〉Ⓘ978-4-568-50610-5　Ⓝ674.7　[13000円]

日本（ポスター―歴史―明治以後）
◇北原コレクション　Vol.02　広告　北原照久著　評言社　2014.1　173p　17cm　Ⓘ978-4-8282-0570-0　Ⓝ759　[1200円]

日本（ポストドクター―雇用）
◇ポストドクター等の雇用・進路に関する調査―大学・公的研究機関への全数調査（2012年度実績）　篠田裕美, 小林淑恵, 岡本拓也, 文部科学省科学技術・学術政策局人材政策課［著］　［東京］　文部科学省科学技術・学術政策研究所第1調査研究グループ　2014.12　12, 112p　30cm　（調査資料 232）〈共同刊行：文部科学省科学技術・学術政策局人材政策課〉Ⓝ366.21

日本（墓地）
◇安心できる「永代供養墓」の選び方　小原崇裕著　草思社　2014.10　190p　19cm　Ⓘ978-4-7942-2084-4　Ⓝ385.6　[1500円]
◇葬儀・墓地のトラブル相談Q&A―基礎知識から具体的解決策まで　長谷川正浩, 石川美明, 村千鶴子編　民事法研究会　2014.11　324p　21cm　（トラブル相談シリーズ）Ⓘ978-4-89628-965-7　Ⓝ385.6　[2900円]

日本（墓地―歴史）
◇墓と葬送の社会史　森謙二著　吉川弘文館　2014.5　259p　19cm　（読みなおす日本史）〈文献あり　講談社 1993年刊の再刊〉Ⓘ978-4-642-06576-4　Ⓝ385.6　[2400円]

日本（ホテル）
◇じつは「おもてなし」がなっていない日本のホテル　桐山秀樹著　PHP研究所　2014.3　222p　18cm　（PHP新書 909）Ⓘ978-4-569-81823-8　Ⓝ689.81　[760円]
◇宿泊特化・主体型ホテルの運営&再生実務資料集　綜合ユニコム　2013.4　125p　30cm　Ⓘ978-4-88150-574-8　[60000円]
◇出張ホテルの超達人―失敗しない出張でのホテルの選び方・使い方　櫻井雅英著　松伏町（埼玉県）USE　2013.7　191p　19cm　Ⓘ978-4-902912-15-9　Ⓝ689.81　[1200円]
◇全国ビジネスホテルガイド　第8版　実業之日本社　2014.8　911p　21cm　（ブルーガイドニッポンアルファ）Ⓘ978-4-408-05265-6　[1800円]
◇ホテル業界就職ガイド　2016年　オータパブリケイションズ「ホテル業界就職ガイド」編集部/編　オータパブリケイションズ　2014.12　304p　21cm　Ⓘ978-4-903721-48-4　[1900円]
◇ホテルに騙されるな！―プロが教える絶対失敗しない選び方　瀧澤信秋著　光文社　2014.4　205p　18cm　（光文社新書 691）Ⓘ978-4-334-03794-9　Ⓝ689.81　[760円]

日本（ホテル―歴史）
◇リゾート開発と鉄道財閥秘史　広岡友紀著　彩流社　2014.12　190p　19cm　（フィギュール彩 24）Ⓘ978-4-7791-7023-2　Ⓝ689.215　[1900円]

日本（哺乳類）
◇レッドデータブック―日本の絶滅のおそれのある野生生物　2014-1　哺乳類　環境省自然環境局野生生物課希少種保全推進室編　ぎょうせい　2014.9　132p　30cm　〈索引あり　「日本の絶滅のおそれのある野生生物」（自然環境研究センター刊）の改題、巻次を継承〉Ⓘ978-4-324-09895-0　Ⓝ462.1　[2800円]

日本（ポピュラー音楽）
◇誰も教えてくれなかった本当のポップ・ミュージック論　市川哲史著　シンコーミュージック・エンタテイメント　2014.5　231p　21cm　Ⓘ978-4-401-63965-6　Ⓝ764.7　[1600円]

日本（ポピュラー音楽―会議録）
◇日本のポピュラー音楽をどうとらえるか　3　文化装置としての東アジア　東谷護編　成城大学グローカル研究センター　2014.7　115p　21cm　（シンポジウム報告書 2013年度）〈内容：シンポジウム開催の趣旨　いまポピュラー音楽とは何か（東谷護述）　基調講演　歌を聴いて字を識る（陳培豊述）　発

表　音楽にみる境界線のポリティクス（葛西周述）　音楽生成の場としての「マダン」（水谷清佳述）　村のポピュラー音楽と楽隊（奥中康人述）〉Ⓘ978-4-906845-11-8　Ⓝ764.7

日本（ポピュラー音楽―歴史）
◇ポピュラー音楽から問う―日本文化再考　東谷護編著　せりか書房　2014.10　277,16p　20cm〈文献あり　内容：日本のポピュラー音楽にあらわれる「中国」（エドガー・W・ポープ著）「カタコト歌謡」から近代日本大衆音楽史を再考する（輪島裕介著）〈盆踊り〉とYOSAKOIの間に（遠藤薫著）「未熟さ」の系譜（周東美材述）《東京行進曲》から探る「アンクール」な日本の再発見（永原宣著）　文化のグローバル化と実践の空間性について（永田昌弘著）　ポピュラー音楽にみる「プロ主体」と「アマチュア主体」の差異（東谷護著）〉Ⓘ978-4-7967-0336-9　Ⓝ764.7　[3000円]

日本（ポピュラー音楽―歴史―1945～）
◇渋谷系　若杉実著　シンコーミュージック・エンタテイメント　2014.9　198p　21cm　Ⓘ978-4-401-64008-9　Ⓝ764.7　[1600円]
◇ニッポンの音楽　佐々木敦著　講談社　2014.12　286p　18cm　（講談社現代新書 2296）Ⓘ978-4-06-288296-5　Ⓝ764.7　[800円]

日本（ホームセンター―名簿）
◇ホームセンター名鑑　2014　日本ホームセンター研究所編　日本ホームセンター研究所　2014.1　515p　26cm　Ⓘ978-4-904051-14-6　Ⓝ673.8　[22000円]

日本（ホームレス）
◇生活困窮者支援体系におけるホームレス緊急一時宿泊事業等に関する調査研究報告書　エム・アール・アイリサーチアソシエイツ編　［東京］　エム・アール・アイリサーチアソシエイツ　2014.3　91p　30cm　〈平成25年度セーフティネット支援対策等事業費補助金社会福祉推進事業〉Ⓝ369.5
◇ホームレスと都市空間―収奪と異化、社会運動、資本―国家　林真人著　明石書店　2014.2　386p　22cm〈文献あり　索引あり〉Ⓘ978-4-7503-3965-8　Ⓝ368.2　[4800円]
◇ホームレスの地域生活移行に向けた中間施設での支援モデル開発に関する調査研究―事業実績報告書　ささしまサポートセンター編　名古屋　ささしまサポートセンター　2014.3　96, 4p　30cm　（社会福祉推進事業報告書 平成25年度）〈厚生労働省平成25年度セーフティネット支援対策事業（社会福祉推進事業）〉Ⓝ369.5
◇路の上の仲間たち―野宿者支援・運動の社会誌　山北輝裕著　西東京　ハーベスト社　2014.11　222p　21cm　（質的社会研究シリーズ 7）〈文献あり　索引あり〉Ⓘ978-4-86339-059-1　Ⓝ369.5　[2300円]

日本（ホームレス―雇用）
◇ホームレス就労支援における就労準備支援・中間的就労の確立―ケア付き就労をはじめとする福祉的手法を通じて：調査報告書　［東京］　ホームレス資料センター　2014.3　128p　30cm〈厚生労働省平成25年度セーフティネット支援対策等事業（社会福祉推進事業）〉Ⓝ366.28

日本（ボランティア活動）
◇特定非営利活動法人及び市民の社会貢献に関する実態調査報告書　平成25年度　［東京］　内閣府　2014.3　25, 245p　30cm　Ⓝ335.89
◇日本にボランティア文化を―高齢社会の現実と対応―市民の立場から　吉永馨著　［仙台］　仙台敬老奉仕会　2013.11　71p　19cm　〈発行所：CIMネット〉Ⓘ978-4-905355-03-8　Ⓝ369.26　[463円]
◇ボランティア・市民活動助成ガイドブック　2013-2014　［東京］　東京ボランティア・市民活動センター　2013.6　175p　30cm〈共同刊行：東京都社会福祉協議会民間助成団体部会〉Ⓘ978-4-903256-60-3　Ⓝ369.14　[762円]
◇ボランティア・市民活動助成ガイドブック　2014-2015　［東京］　東京ボランティア・市民活動センター　2014.6　187p　30cm〈共同刊行：東京都社会福祉協議会民間助成団体部会〉Ⓘ978-4-903256-68-9　Ⓝ369.14　[762円]

日本（ボランティア活動―歴史―年表）
◇日本ボランティア・NPO・市民活動年表　大阪ボランティア協会ボランタリズム研究所監修, 岡本榮一, 石田易司, 牧口明編著　明石書店　2014.2　747p　26cm〈文献あり　索引あり〉Ⓘ978-4-7503-3966-5　Ⓝ369.14　[9200円]

日本（ボランティア教育）
◇大学と社会貢献―学生ボランティア活動の教育的意義　木村佐枝子著　大阪　創元社　2014.12　238p　22cm　（アカデミ

に

883

日本（マイクロファイナンス）

ア叢書〉〈文献あり〉①978-4-422-30050-4 Ⓝ377.15 ［3600円］

日本（マイクロファイナンス）
◇我が国におけるマイクロファイナンス制度構築の可能性及び実践の在り方に関する調査・研究事業報告書 日本総合研究所 2013.3 150p 30cm〈文献あり 平成24年度セーフティネット支援対策等事業費補助金社会福祉推進事業〉Ⓝ338.7

日本（マスコミュニケーション）
◇就活は最強の教育プログラムである―稲増龍夫＆法政大学自主マスコミ講座 稲増龍夫著 中央公論新社 2014.3 206p 20cm〈年譜あり〉①978-4-12-004603-2 Ⓝ377.9 ［1200円］

日本（マスメディア）
◇絶望のテレビ報道 安倍宏行著 PHP研究所 2014.7 196p 18cm（PHP新書 935）①978-4-569-82019-4 Ⓝ699.64 ［760円］
◇地域社会と情報環境の変容―地域における主体形成と活性化の視点から 吉岡至編著 関西大学経済・政治研究所 2014.3 313p 22cm（関西大学経済・政治研究所研究双書 第158冊）〈発行所：関西大学出版部 内容：口蹄疫報道と「災害文化」の醸成（黒田勇著） 地方都市における地域メディアの役割とその受容実態について（森津千尋著） 地域社会とメディアのかかわり（深井麗雄著） 沖縄の言論空間と地方新聞の役割（吉岡至著） 被災地メディアとしての臨時災害放送局（市村元著） 地域社会の情報化と新しいメディア利用に関する研究（富田英典著） 地域文化と「スロー放送」を考える（黒田勇著） 宮崎と新婚旅行ブーム（森津千尋著） 長野県の信州・市民新聞グループの特異性と普遍性（深井麗雄著） 沖縄県宮古島市の地元紙やテレビ局の独自性と地域社会での役割（深井麗雄著） 過疎・高齢化地域の地上テレビ放送デジタル化への対応（市村元著）〉①978-4-87354-581-3 Ⓝ361.453 ［3300円］
◇マスコミ堕落論―反日マスコミが常識知らずで図々しく、愚行を繰り返すのはなぜか 西村幸祐著 青林堂 2014.7 225p 19cm（SEIRINDO BOOKS）①978-4-7926-0493-6 Ⓝ070.14 ［1200円］

日本（魔除―図集）
◇背守り―子どもの魔よけ LIXIL出版 2014.3 79p 21×21cm（LIXIL BOOKLET）①978-4-86480-508-7 Ⓝ753.7 ［1800円］

日本（マラソン競走―歴史）
◇マラソンと日本人 武田薫著 朝日新聞出版 2014.8 313, 19p 19cm（朝日選書 923）〈文献あり 索引あり〉①978-4-02-263023-0 Ⓝ782.3 ［1600円］

日本（漫画）
◇建築家が見たマンガの世界 よつばと！・ジョジョの奇妙な冒険・ヱヴァンゲリヲン新劇場版・ペルソナ4の経済編 櫻田一家著 グロリアアーステクノロジー 2014.9 199p 19cm（星雲社（発売））①978-4-434-19660-7 Ⓝ726.101 ［1200円］
◇このマンガがすごい！ 2015 『このマンガがすごい！』編集部編 宝島社 2014.12 157p 21cm ①978-4-8002-3582-4 Ⓝ726.101 ［520円］
◇竹と樹のマンガ文化論 竹宮惠子、内田樹著 小学館 2014.12 250p 18cm（小学館新書 222）〈年譜あり〉①978-4-09-825222-0 Ⓝ726.101 ［740円］
◇文化社会学基本文献集 第3期第23巻 現代漫画論集 吉見俊哉監修 石子順造［著者代表］ 日本図書センター 2014.1 284p 22cm〈年表あり 青林堂 1969年刊の複製 第3期のタイトル関連情報：高度経済成長期編 布装 内容：時代性と「リアリスト」の変貌 手塚治虫論（石子順造著） 擬似近代を告白しえたか 白土三平論（石子順造著） 創造意識と反戦ヒューマニズム 石森章太郎論（梶井純著） 戦中派戦記マンガの悲哀 水木しげる論（権藤晋著） 沈黙へ向う情念 つげ義春論（石子順造著） 殺意を張りつめた世界 さいとうたかを論（菊地浅次郎著） 回帰または浸蝕輪廻への出撃 永島慎二論（梶井純著） 強いられた青春の惨劇 平田弘史論（菊地浅次郎著） 虚構のなかの孤塁について 滝田ゆう論（梶井純著） やさしさとつらさの果てに 棚下照生論（権藤晋著） 想念が肉化された言葉に 林静一論（石子順造著） 戦後精神の風景と憤怒 つげ忠男論（権藤晋著） イメージのイヴェント 佐々木マキ論（石子順造著） 子どもマンガ（梶井純著） 劇画 戦後民主主義の奈落（権藤晋著） ナンセンス・マンガ（石子順造著） エログロ・マンガ（菊地浅次郎著）〉①978-4-284-40172-2,978-4-284-40169-2（set） Ⓝ361.5

◇街場のマンガ論 内田樹著 小学館 2014.2 332p 15cm（小学館文庫 う12-1）〈小学館クリエイティブ 2010年刊の加筆〉①978-4-09-406021-8 Ⓝ726.101 ［619円］
◇漫画・アニメ黒いネタ帳―予言・陰謀・狂気……囁かれる恐怖の都市伝説 都市伝説研究会著 竹書房 2014.7 192p 19cm〈文献あり〉①978-4-8124-8804-1 Ⓝ726.101 ［500円］
◇マンガ最終回イッキ読み99おかわり！ エンディング研究会編集 双葉社 2014.12 191p 19cm（フタバシャの大百科）①978-4-575-30806-8 Ⓝ726.101 ［600円］
◇まんがのソムリエ 中野晴行著 小学館クリエイティブ 2014.5 334p 19cm（小学館（発売））①978-4-7780-3509-9 Ⓝ726.101 ［1800円］
◇ゆでたまごのリアル超人伝説 ゆでたまご著 宝島社 2014.6 287p 18cm（宝島社新書 449）①978-4-8002-2571-9 Ⓝ726.101 ［780円］

日本（漫画―歴史―1945～）
◇音楽マンガガイドブック―音楽マンガを聴き尽くせ 松永良平監修 ［東京］ DU BOOKS 2014.4 200p 21cm〈ディスクユニオン（発売） 索引あり〉①978-4-925064-90-3 Ⓝ726.101 ［1800円］

日本（漫画―歴史―昭和後期）
◇ぼくたちの80年代美少女マンガ創世記 おおこしたかのぶ著 徳間書店 2014.9 230p 21cm〈文献あり〉①978-4-19-863869-6 Ⓝ726.101 ［1800円］

日本（漫画家）
◇あこがれの、少女まんが家に会いにいく。 大井夏代著 立川 けやき出版 2014.4 166p 21cm〈文献あり 年譜あり 年表あり〉①978-4-87751-514-0 Ⓝ726.101 ［1600円］
◇文化社会学基本文献集 第3期第23巻 現代漫画論集 吉見俊哉監修 石子順造［著者代表］ 日本図書センター 2014.1 284p 22cm〈年表あり 青林堂 1969年刊の複製 第3期のタイトル関連情報：高度経済成長期編 内容：時代性と「リアリスト」の変貌 手塚治虫論（菊地浅次郎著） 擬似近代を告白しえたか 白土三平論（石子順造著） 創造意識と反戦ヒューマニズム 石森章太郎論（梶井純著） 戦中派戦記マンガの悲哀 水木しげる論（権藤晋著） 沈黙へ向う情念 つげ義春論（石子順造著） 殺意を張りつめた世界 さいとうたかを論（菊地浅次郎著） 回帰または浸蝕輪廻への出撃 永島慎二論（梶井純著） 強いられた青春の惨劇 平田弘史論（菊地浅次郎著） 虚構のなかの孤塁について 滝田ゆう論（梶井純著） やさしさとつらさの果てに 棚下照生論（権藤晋著） 想念が肉化された言葉に 林静一論（石子順造著） 戦後精神の風景と憤怒 つげ忠男論（権藤晋著） イメージのイヴェント 佐々木マキ論（石子順造著） 子どもマンガ（梶井純著） 劇画 戦後民主主義の奈落（権藤晋著） ナンセンス・マンガ（石子順造著） エログロ・マンガ（菊地浅次郎著）〉①978-4-284-40172-2,978-4-284-40169-2（set） Ⓝ361.5
◇マンガうんちく漫画家 筆吉純一郎著 KADOKAWA 2014.9 154p 21cm〈文献あり〉①978-4-04-066982-3 Ⓝ726.101 ［998円］

日本（漫画雑誌―歴史―1945～）
◇メタクソ編集王―「少年ジャンプ」と名づけた男 角南攻著 竹書房 2014.5 255p 19cm ①978-4-8124-9872-9 Ⓝ726.101 ［1300円］

日本（水資源）
◇環境問題に関する世論調査 平成26年7月調査 ［東京］ 内閣府大臣官房政府広報室 ［2014］ 185p 30cm（世論調査報告書）〈附帯：水循環に関する世論調査〉Ⓝ519.21
◇10年後の水文化を予測するためのツールブック 中庭光彦企画・監修 ミツカン水の文化センター 2014.2 43p 30cm〈日本の水文化調査報告（2013年度）〉Ⓝ517
◇水源地治山対策のあらまし 平成25年度 ［東京］ 林野庁水源地治山対策室 ［2013］ 166p 30cm〈年表あり〉Ⓝ656.5
◇水源地治山対策のあらまし 平成26年度 ［東京］ 林野庁水源地治山対策室 ［2014］ 120p 30cm〈年表あり〉Ⓝ656.5
◇日本の難題を問う森林と水源地 伊藤滋、小島孝文、榛村純一、高橋裕、永田信、古井戸宏通、門馬淑子著 万来舎 2014.8 202p 18cm〈内容：難問累積の河川上流域（高橋裕著） いったい森林は誰がどうやって管理していくのか？（小島孝文著） 森林・林業再生プランの目標「木材自給率50％」再考（永田信著） 森林組合長を50年間務めて想うこと（榛村純一著） 我が国と似て非なるフランスの森と水の実情（古井戸宏通著） これからの森林地域（伊藤滋著） 水源地をとりまく本音のはなし（門馬淑子著）〉①978-4-901221-79-5 Ⓝ651.1 ［980円］
◇日本の水資源―一次世代水政策の方向性 平成26年版 幅を持った水システムの構築 国土交通省水管理・国土保全局水資源部／編 社会システム、全国官報販売協同組合〔発売〕 2014.8 278p 30cm ①978-4-86458-088-5 ［2600円］

日本件名図書目録2014　Ⅰ　　　　　　　　　　　　　　　　　　　　　　　　　　　　　　　　　　　　　　日本（民間伝承）

日本（水処理―特許）
◇水ビジネスに取り組む全企業―特許データからビジネスチャンスを探る　2014　ネオテクノロジー　2013.10　57, 218p　30cm　①978-4-907191-38-2　Ⓝ518.15　［48000円］

日本（密教―歴史―中世）
◇中世日本の神話・文字・身体　小川豊生著　森話社　2014.4　729p　22cm　〈索引あり　内容：神話の変奏　愛染王の来歴　院政期王権と修法の身体　調伏の思想　日本中世神学の誕生　十三世紀神道言説における禅の強度　性と虚円の中世神学　赤白二滴のプネウマトロジー　『麗気記』〈天札巻〉と秘教的世界　三界を建立する神　神話表象としての〈大海〉胎内五位の形態学　生殖する文字　幻像の悉曇　中世の書物と身体　偽書のトポス　儀礼空間のなかの書物　中世叡山と記家の言説　おわりに―建立する中世へ〉　①978-4-86405-061-6　Ⓝ188.52　［9200円］

日本（密教美術―図集）
◇国宝十二天像と密教法会の世界―特別展観　京都国立博物館編　［京都］　京都国立博物館　2013.1　147p　30cm　〈会期・会場：平成25年1月8日―2月11日　京都国立博物館〉　Ⓝ702.1

日本（ミニコミ）
◇地域の魅力を伝えるデザイン　ビー・エヌ・エヌ新社　2014.12　191p　29cm　〈索引あり　英語併記　訳：クリスチャン・トレイラ　ブレインウッズ株式会社〉　①978-4-86100-954-9　Ⓝ674.7　［3900円］

日本（身分―歴史―江戸時代）
◇近世身分社会の比較史―法と社会の視点から　塚田孝, 佐賀朝, 八木滋編　大阪　清文堂出版　2014.3　434p　22cm　（大阪市立大学文学研究科叢書　第8巻）　〈内容：萩城下における御手職人と町職人（森下徹著）　一九世紀前半の椎茸生産と流通（町田哲著）　池田下村における水軍絞油株の所有と経営（島﨑未央著）　文化期大坂における和製砂糖の流通統制（北野智也著）　清末江西省経済と地域間関係について（辻高広著）　一七世紀大坂道頓堀の開発と芝居地（八木滋著）　近世大坂の堀江地域の特質と名田屋清兵衛（尾久健二著）　一七世紀後期・大坂における非人の〈家〉（塚田孝著）　天保改革における大坂の売女統制策の検討（吉元加奈美著）　中世末のイタリアにおける貧困への対処（マリア・ジュゼッピーナ・ムッザレッリ著, 大黒俊二, 中谷惣訳）　近世パリの貧困と救済（高澤紀恵著）　都市大坂における商家奉公人の貧困と救済（海原亮著）　近世和泉の村落社会における「困窮人」救済（齊藤紘子著）　明治初期大阪における貧民の救済と統制（ジョン・ポーター著）　身分社会と仁政（マーレン・エーラス著）　近世日本都市社会の再発見（ダニエル・ボツマン著）　比較都市史のための覚え書き（井上徹著）　近世―近代大坂の貧困と救済に関する覚え書き（佐賀朝著）　今後の近世大坂研究の課題を考える（八木滋著）〉　①978-4-7924-1013-1　Ⓝ210.5　［9800円］

日本（見本市）
◇見本市展示会総合ハンドブック　2015　ピーオーピー　2014.12　392p　30cm　①978-4-9905921-8-9　［9000円］

日本（見本市―写真集）
◇Exhibition Design―日本で唯一の展示会ブース集　アルファブックス/アルファ企画　2014.8　297p　31cm　〈美術出版社（発売）索引あり　英語併記〉　①978-4-568-50596-2　Ⓝ606.91　［18000円］

日本（民営職業紹介業）
◇人材サービス産業の新しい役割―就業機会とキャリアの質向上のために　佐藤博樹, 大木栄一編　有斐閣　2014.7　329p　22cm　〈文献あり　索引あり　内容：労働市場における需給調整の担い手としての人材サービス産業（佐藤博樹著）　事務系派遣スタッフのキャリア（島貫智行著）　どうすれば時給が上がるのか（松浦民恵著）　生産職種の請負・派遣社員の就業意識（佐野嘉秀著）　生産分野の派遣スタッフの仕事・労働条件とキャリア, 就業意識（島貫智行著）　派遣会社の機能と課題（大木栄一, 豊島竹男, 横山重宏著）　事務系派遣営業所の運営と課題（島貫智行著）　労働者派遣法の質業務適正化プランの影響（小林徹著）　派遣先企業における管理職の人事管理（大木栄一, 平田薫著）　生産請負・派遣企業による雇用継続への取組み（佐野嘉秀, 大木栄一著）　職業紹介担当者の能力ならびにスキル（坂爪洋美著）　未就職卒業者を対象とした人材ビジネス企業のマッチング機能（山路崇正著）〉　①978-4-641-16433-8　Ⓝ673.93　［3500円］

日本（民家）
◇失われゆく古民家―vanishing traditional house in Tottori, Japan　木島幹世文, 池本喜己写真, 木島史雄編　名古屋　あるむ　2014.11　103p　25×26cm　①978-4-86333-091-7　Ⓝ521.86　［2300円］

日本（民間社会福祉事業）
◇介護サービス事業者の海外進出に関する調査研究事業報告書　みずほ情報総研社会政策コンサルティング部　2014.3　126p　30cm　〈平成25年度老人保健福祉推進費等補助金老人保健福祉増進等事業〉　Ⓝ369.14
◇PT・OT・STのための完全起業マニュアル　gene出版事業部編集　名古屋　gene　2013.6　209p　26cm　①978-4-905241-90-4　Ⓝ369.14　［8000円］

日本（民間社会福祉事業―歴史―1945～1952―史料）
◇福祉施設・福祉団体基本資料　第6巻　福祉団体　1　柏書房　2014.6　449p　27cm　（資料集戦後日本の社会福祉制度　4）　〈「木村忠二郎文書資料」（日本社会事業大学図書館所蔵）の複製　解説：庄司拓也　寺脇隆夫〉①978-4-7601-4427-3,978-4-7601-4421-1 (set)　Ⓝ369.13
◇福祉施設・福祉団体基本資料　第7巻　福祉団体　2　柏書房　2014.6　611p　27cm　（資料集戦後日本の社会福祉制度　4）　〈「木村忠二郎文書資料」（日本社会事業大学図書館所蔵）の複製　解説：庄司拓也　寺脇隆夫〉①978-4-7601-4428-0,978-4-7601-4421-1 (set)　Ⓝ369.13

日本（民間社会福祉事業―歴史―昭和後期―史料）
◇福祉施設・福祉団体基本資料　第8巻　福祉団体　3　柏書房　2014.6　538p　27cm　（資料集戦後日本の社会福祉制度　4）　〈「木村忠二郎文書資料」（日本社会事業大学図書館所蔵）の複製　解説：庄司拓也　寺脇隆夫〉①978-4-7601-4429-7,978-4-7601-4421-1 (set)　Ⓝ369.13

日本（民間信仰）
◇異郷神・境界神・祖霊神―《民俗学研究ノート》心理的民俗学再考　伊藤敏［著］　［出版地不明］　伊藤敏　2014.12　173p　21cm　〈文献あり〉　Ⓝ387.021
◇お多福―Joy of Japan　加藤エイミー著　PB　チャールズ・イー・タトル出版　2014.7　192p　18cm　〈文献あり　英語併記〉　①978-4-8053-1312-1　Ⓝ387.021　［1500円］
◇動植物供養と現世利益の信仰論　髙木大祐著　慶友社　2014.2　366p　22cm　（考古民俗叢書）　〈文献あり　索引あり　内容：生業からの仏教民俗研究へ向けて　研究史と問題の所在　鮭漁と鮭供養　養殖漁業と供養　供養塔の維持と記憶の継承　漁民の信仰を集める寺社　青峯山正福寺の信仰　勝浦港と那智山　遠洋船主の供養習俗　方廣寺と鎮守の信仰　研究史と問題の所在　草木供養の研究史　置賜地方の草木塔・草木供養塔　造園組合と草木供養　動物飼育と供養　狩猟と動物供養　生業と動植物観　「殺生」とむきあう　仏教が果たす役割〉①978-4-87449-144-7　Ⓝ387.021　［8500円］
◇巫女・シャーマンと神道文化―日中の比較と地域民俗誌の視角から　高見寛孝著　岩田書院　2014.6　216p　21cm　〈内容：シャーマニズム研究の可能性　シャーマニズムと鬼道と神道と　日中憑霊文化の比較　生霊信仰と脱魂文化　シャーマニズムと来訪神信仰　シャーマニズムと地域社会〉①978-4-87294-871-4　Ⓝ163.9　［3000円］

日本（民間信仰―歴史）
◇陰陽師と俗信　田中久夫著　岩田書院　2014.10　445p　22cm　（田中久夫歴史民俗学論集　5）①978-4-87294-879-0　Ⓝ387.021　［13800円］
◇稼ぐ・働く・祀る・祈る―日本・くらしの断章　田村esajero次郎著　八坂書房　2014.12　299p　20cm　〈内容：製糸場かせぎ　櫛行商記　漆器・ツボ売りの記　毒消し売り　筏師の賦　ブラジルのスイカ王といわれて　塩の道　越後五カ浜塩つくり　陸前大島の旧漁業事始　東大和のお茶つくり　肥後牛の里・小国　杉野浦ナンゴの話　下肥雑記　灰とくらし　焼畑と狩りと神楽と　西浦の田楽　恐山の地蔵盆　ホカイする心　伊勢参りの人びと　庚申塔と庚申信仰　火伏せの意匠　伊勢・志摩　足利・小絵馬を訪ねて　伏見稲荷大社覚書　金毘羅信仰覚書〉①978-4-89694-182-1　Ⓝ382.1　［2400円］
◇日本仏教と庶民信仰　五来重著　大法輪閣　2014.6　286p　19cm　〈内容：関西仏教伝説三十三ヶ所　修験の山々を往く　無宿・放浪の仏教　説経から「語り物」へ　日本仏教と民間信仰　仏教と芸能の世界　僧侶の肉食妻帯　遊行の聖たち　日本の観音信仰　日本人の祖霊供養観　高野山の浄土信仰と高野聖　山の薬師・海の薬師　霊山と仏教　山岳信仰と弥勒菩薩　日本仏教と咒術　日本仏教と葬制　巡礼・遍路の信仰と歴史　一遍と神祇信仰〉①978-4-8046-1362-8　Ⓝ182.1　［2200円］

日本（民間信仰―歴史―江戸時代）
◇旅と祈りを読む―道中日記の世界　西海賢二著　京都　臨川書店　2014.12　224p　19cm　（臨川選書　30）①978-4-653-04223-5　Ⓝ387.021　［2000円］

日本（民間伝承）
◇神隠し・隠れ里　柳田国男［著］, 大塚英志編　KADOKAWA　2014.9　350p　15cm　（［角川ソフィア文庫］［J102-52]）　〈内容：作之丞と未来　上　作之丞と未来　下　遠野物語

に

〈抄〉神隠し譚　6-8、28-35　故郷七十年〈抄〉神隠し・引き籠り・子殺し・人さらい　五十年前の伊豆日記　天狗松・神様松沓掛の信仰　山荘太夫考　細語の橋　どら猫観察記　耳たぶの穴　にが手の話　にが手と耳たぶの穴　耳たぶの穴の一例　童児と神　小児生存権の歴史　遠野物語〈抄〉マヨイガ譚　63-64、90-93　入らず山　甲賀三郎の物語　隠里　広島へ煙草買いに　伝説の系統及び分類　幼児の災害　『遠野物語』の時代　広遠野譚　一つの空想（田山花袋著）北国の人（水野葉舟著）　館の家（佐々木喜善著）　遠野物語（折口信夫著）〉①978-4-04-408323-6　Ⓝ382.1　［720円］

◇大規模災害における民俗（民族）知の援用に関する実践的研究—研究成果報告書：平成24年度—平成25年度東北大学災害科学国際研究所特定プロジェクト研究（共同研究）　東北芸術工科大学東北文化研究センター編　［山形］　東北芸術工科大学東北文化研究センター　2014.2　67p　30cm〈研究代表：田口洋美〉Ⓝ369.3

◇東アジアの比較民俗論考—龍宮・家族・村落をめぐって　竹田旦著　第一書房　2014.1　312,11p　20cm　（Academic Series NEW ASIA 55）〈索引あり　内容：龍宮の比較民俗論　舟形木棺と海洋他界観　日韓家族の比較民俗学　男と女の差　名付けの哲学　長寿の祝い　清明と寒食の受容をめぐって　利根川下流域の「兄弟契約」　志摩地方のクガイ〈公会〉〉①978-4-8042-0785-8　Ⓝ382.1　［4000円］

日本（民具）

◇国際常民文化研究叢書　第6巻　民具の名称に関する基礎的研究（民具名一覧編）神奈川大学国際常民文化研究機構編　横浜　神奈川大学国際常民文化研究機構　2014.3　200p　30cm〈内容：解説編　共同研究の経緯（神野善治著）　民具の名称について（神野善治著）　モノの名前の方言（神野善治著）　民具情報の構造と組織化に関する研究（八重樫純樹著）　民具名一覧編　「民具名一覧」の見方・使い方（神野善治著）　農耕・畜産・山樵用具（河野通明著）　魚撈・狩猟用具（神野善治著）　養蚕・紡織・手工・諸職の用具（神野善治ほか著）　運搬・通信・交易・旅の用具（神野善治, 高橋典子著）　衣・食・住の用具（長井亜弓著）　灯火具（高橋典子著）〉①978-4-9907018-6-4　Ⓝ380.8　［非売品］

◇民具学の歴史と方法　田辺悟著　慶友社　2014.10　297p　20cm〈内容：民具学の航跡　民具学の誕生とモース　モース研究の民具学的視点　日本におけるモース・コレクションの研究　モースの民具コレクションの意義　残存民具と残滓民具の迫間　民具研究三五年の動向と展望　民具学の方法．1　方法論を考える　民具学の方法．2　鎖状連結法　民具学の方法．3　釣鉤の地域差研究　民具学の構図　民俗学からみた民具学　民具の定義　民具研究と民俗学　北小浦民具誌　民具展示の今日的意義と構成〉①978-4-87449-249-9　Ⓝ383.93　［3800円］

◇民具歳時記—道具とともに　第17集　往生院民具供養館企画・編集　東大阪　往生院民具供養館　2014.2　72p　30cm　Ⓝ383.93　［非売品］

日本（民具—写真集）

◇今は昔—民具など　山本富三著　文芸社　2014.2　126p　19×27cm　①978-4-286-14543-3　Ⓝ383.93　［2500円］

日本（民具—歴史—江戸時代）

◇江戸時代の家具・農具をさぐる　上　尾崎行也著　長野　八十二文化財団　2014.10　130p　21cm　（江戸庶民の生活史講座『江戸を生きる』10）Ⓝ383.93　［800円］

日本（民具—歴史—明治時代）

◇明治のこころ—モースが見た庶民のくらし　小林淳一, 小山周子編著　京都　青幻舎　2013.9　221p　26cm〈文献あり　年譜あり　英語併記　会期・会場：2013年9月14日（土）-12月8日（日）東京都江戸東京博物館　主催：東京都歴史文化財団ほか〉①978-4-86152-409-7　Ⓝ382.1　［2190円］

日本（民芸）

◇民藝の教科書　6　暮らしの道具カタログ　久野恵一監修　グラフィック社　2014.6　160p　26cm　①978-4-7661-2611-2　Ⓝ750.21　［2000円］

◇民芸の心を学ぶ講演記録集—2012年（平成24年）：第140回日本民藝夏期学校青森会場　青森　青森県民芸協会　2014.7　75p　26cm〈青森県民芸協会創立七〇周年記念　内容：市民公開講座　鈴木大拙と柳宗悦（岡村美穂子述）　柳宗悦の複合の美（中見真理述）　講義第二　津軽こぎん刺しと南部菱刺し（濱田淑子述）〉Ⓝ750.21　［非売品］

日本（民事裁判）

◇一般民事事件論点整理ノート—法令・判例・文献など　民事訴訟手続編　園部厚著　改訂版　名古屋　新日本法規出版　2013.12　437p　22cm〈索引あり〉①978-4-7882-7811-0　Ⓝ327.2　［4200円］

◇現代裁判を考える—民事裁判のヴィジョンを索めて　田中成明著　有斐閣　2014.12　324,5p　20cm〈索引あり　内容：現代裁判の問題状況と課題　司法の機能拡大と裁判官の役割　手続的正義からみた民事裁判の在り方について　ハード・ケースにおける裁判官の判断をめぐって　法的思考と賢慮〈prudentia〉の伝統　現代型訴訟への対応・アプローチとその課題〉①978-4-641-12575-9　Ⓝ327.2　［3200円］

◇裁判・立法・実務—As a justice,as a law planner and as a practitioner　田原睦夫編著　有斐閣　2014.3　461p　22cm〈執筆：秋山幹男ほか〉①978-4-641-13662-5　Ⓝ327.2　［4100円］

◇実務民事訴訟講座—第3期　第1巻　民事司法の現在　新堂幸司監修，高橋宏志, 加藤新太郎編集　日本評論社　2014.4　465p　22cm　①978-4-535-00211-1　Ⓝ327.2　［5900円］

◇実務民事訴訟講座—第3期　第2巻　民事訴訟の提起・当事者　新堂幸司監修，高橋宏志, 加藤新太郎編集　日本評論社　2014.2　371p　22cm　①978-4-535-00212-8　Ⓝ327.2　［4600円］

◇資本主義社会における裁判官の役割—日本経済の発展を支える社会的妥当判決　「資本市場と法」研究会著　岡山　ふくろう出版　2014.7　40p　21cm　①978-4-86186-610-4　Ⓝ336.97　［1500円］

◇民事裁判実務の基礎 / 刑事裁判実務の基礎　渡辺弘, 谷口安史, 中村心, 髙原知明, 下津健司, 江口和伸著　有斐閣　2014.6　247p　22cm〈索引あり〉①978-4-641-12570-4　Ⓝ327.2　［1900円］

◇ライブ争点整理　林道晴, 太田秀哉編　有斐閣　2014.5　309p　22cm〈執筆：上石奈緒ほか〉①978-4-641-13667-0　Ⓝ327.2　［2400円］

日本（民事訴訟法）

◇ケースでわかる民事訴訟法　小林秀之著　日本評論社　2014.9　471p　21cm〈索引あり　「ケースで学ぶ民事訴訟法」第2版（2008年刊）の改題、加筆〉①978-4-535-51999-2　Ⓝ327.2　［3600円］

◇現代裁判を考える—民事裁判のヴィジョンを索めて　田中成明著　有斐閣　2014.12　324,5p　20cm〈索引あり　内容：現代裁判の問題状況と課題　司法の機能拡大と裁判官の役割　手続的正義からみた民事裁判の在り方について　ハード・ケースにおける裁判官の判断をめぐって　法的思考と賢慮〈prudentia〉の伝統　現代型訴訟への対応・アプローチとその課題〉①978-4-641-12575-9　Ⓝ327.2　［3200円］

◇コンメンタール民事訴訟法　1　民事訴訟法概説—第1編/総則/第1章～第3章　菊井維大, 村松俊夫原著，秋山幹男, 伊藤眞, 加藤新太郎, 高田裕成, 福田剛久, 山本和彦著　第2版追補版　日本評論社　2014.3　732p　22cm〈索引あり〉①978-4-535-00196-1　Ⓝ327.2　［5400円］

◇コンメンタール民事訴訟法　6　第3編/第281条～第337条　菊井維大, 村松俊夫原著，秋山幹男, 伊藤眞, 加藤新太郎, 高田裕成, 福田剛久, 山本和彦著　日本評論社　2014.9　520p　22cm〈索引あり〉①978-4-535-00205-0　Ⓝ327.2　［5200円］

◇実践訴訟戦術—弁護士はみんな悩んでいる　東京弁護士会春秋会編　民事法研究会　2014.2　262p　21cm　①978-4-89628-918-3　Ⓝ327.2　［2300円］

◇実務民事訴訟講座—第3期　第1巻　民事司法の現在　新堂幸司監修，高橋宏志, 加藤新太郎編集　日本評論社　2014.4　465p　22cm　①978-4-535-00211-1　Ⓝ327.2　［5900円］

◇実務民事訴訟講座—第3期　第2巻　民事訴訟の提起・当事者　新堂幸司監修，高橋宏志, 加藤新太郎編集　日本評論社　2014.2　371p　22cm　①978-4-535-00212-8　Ⓝ327.2　［4600円］

◇重点講義民事訴訟法　下　高橋宏志著　第2版補訂版　有斐閣　2014.9　829,24p　22cm〈文献あり 索引あり〉①978-4-641-13688-5　Ⓝ327.2　［5800円］

◇事例で考える民事事実認定　司法研修所編　法曹会　2014.4　125p　21cm　Ⓝ327.2　［1713円］

◇図解による民事訴訟のしくみ—民事訴訟法など紛争解決に役立つ法律を全収録　神田将著，生活と法律研究所編集　自由国民社　2014.9　271p　21cm〈索引あり〉①978-4-426-11821-1　Ⓝ327.2　［1900円］

◇タクティクスアドバンス民事訴訟法　2014　商事法務編　商事法務　2014.3　541p　21cm　①978-4-7857-2131-2　Ⓝ327.2　［3200円］

◇はじめての民事訴訟法　尾崎哲夫著　第7版　自由国民社　2014.12　178p　19cm　（3日でわかる法律入門）〈文献あり　索引あり〉①978-4-426-12253-9　Ⓝ327.2　［1200円］

◇弁護士が勝つために考えていること　木山泰嗣著　星海社　2014.7　202p　18cm　（星海社新書 51）〈講談社（発売）〉①978-4-06-138554-2　Ⓝ327.2　［820円］

日本件名図書目録2014 Ⅰ　　　　　　　　　　　　　　　　　　　　　　　　　　　日本（民法）

◇法務担当者のための民事訴訟対応マニュアル　田路至弘編著　第2版　商事法務　2014.2　364p　21cm〈索引あり〉①978-4-7857-2158-9　Ⓝ327.2　[3400円]

◇民事事実認定論　加藤新太郎著　弘文堂　2014.6　355p　22cm〈索引あり　内容：民事事実認定論の体系　民事事実認定の基本構造　証明度論　解明度、信頼度、証明度の変容　長崎原爆訴訟上告審判決　文書の成立の真正　陳述書　人証の証拠評価　自由心証主義論　経験則論　情報の歪みと是正　契約の解釈　相当な損害額の認定　専門的知見の導入　新種証拠の取調べ　民事事実認定の違法〉978-4-335-35541-7　Ⓝ327.2　[5200円]

◇民事実務講義案　1　裁判所職員総合研修所監修　4訂補訂版補正　司法協会　2014.2　381p　26cm〈索引あり〉①978-4-906929-27-6　Ⓝ327.2　[4096円]

◇民事実務講義案　2　裁判所職員総合研修所監修　4訂再訂版　司法協会　2014.5　263p　26cm①978-4-906929-30-6　Ⓝ327.2　[3334円]

◇民事訴訟における事実認定―契約分野別研究（製作及び開発に関する契約）　司法研修所編　法曹会　2014.1　312p　21cm　Ⓝ327.2　[2714円]

◇民事訴訟における事実認定―契約分野別研究（製作及び開発に関する契約）　畠山稔,谷有恒,遠藤東路,藤澤裕介[著]　[和光]　司法研修所　2014.1　312p　21cm　（司法研究報告書第65輯　第1号）　Ⓝ327.2

◇民事訴訟法　長谷部由起子著　岩波書店　2014.3　442p　21cm〈索引あり〉978-4-00-024869-3　Ⓝ327.2　[3300円]

◇民事訴訟法　安西明子,安達栄司,村上正子,畑宏樹著　有斐閣　2014.4　272p　22cm　（有斐閣ストゥディア）〈索引あり〉①978-4-641-15007-2　Ⓝ327.2　[1900円]

◇民事訴訟法　伊藤眞著　第4版補訂　有斐閣　2014.7　773p　22cm〈索引あり〉①978-4-641-13682-3　Ⓝ327.2　[5100円]

◇民事訴訟法概説　裁判所職員総合研修所監修　9訂版　司法協会　2014.5　2,141,14p　26cm〈索引あり〉①978-4-906929-29-0　Ⓝ327.2　[2381円]

◇民事訴訟法重要問題とその解法　杉山悦子著　日本評論社　2014.3　268p　21cm〈索引あり〉①978-4-535-52021-9　Ⓝ327.2　[2800円]

◇やさしい民事訴訟法　原強著　法学書院　2014.3　265p　21cm〈索引あり〉①978-4-587-03562-4　Ⓝ327.2　[2500円]

◇要件事実入門　岡口基一著　創耕舎　2014.9　206p　21cm〈索引あり〉①978-4-9906515-4-1　Ⓝ327.2　[2600円]

◇要件事実の考え方と実務　加藤新太郎,細野敦著　第3版　民事法研究会　2014.11　375p　21cm〈索引あり〉①978-4-89628-976-3　Ⓝ327.2　[3500円]

◇要件事実マニュアル　2　民法　2　岡口基一著　第4版　ぎょうせい　2014.1　722p　21cm〈索引あり〉①978-4-324-09657-4　Ⓝ327.2　[5000円]

◇要件事実マニュアル　3　商事・手形・執行・破産・保険・金融・知的財産　岡口基一著　第4版　ぎょうせい　2014.3　745p　21cm〈索引あり〉①978-4-324-09658-1　Ⓝ327.2　[5000円]

◇ロースクール民事訴訟法　三木浩一,山本和彦編　第4版　有斐閣　2014.3　635p　24cm〈索引あり〉①978-4-641-13665-6　Ⓝ327.2　[5300円]

◇Law Practice民事訴訟法　山本和彦編著,安西明子,杉山悦子,畑宏樹,山田文著　第2版　商事法務　2014.4　401p　21cm〈索引あり〉①978-4-7857-2171-8　Ⓝ327.2　[3200円]

日本（民事訴訟法―書式）

◇Q&A証拠説明書・陳述書の実務　岡山弁護士会民事委員会編著　ぎょうせい　2014.9　248p　21cm〈文献あり〉①978-4-324-09841-7　Ⓝ327.2　[3700円]

◇民事訴訟手続―解説と手続　横田康祐,菊池洋史編著　酒井書店　2014.2　636p　22cm　（新・書式全書）①978-4-7822-0422-1　Ⓝ327.2　[7800円]

日本（民事調停―書式）

◇最新民事調停事件の申立書式と手続　民事調停実務研究会編集　3訂版　名古屋　新日本法規出版　2013.8　683p　22cm①978-4-7882-7773-1　Ⓝ327.5　[6000円]

日本（民事法）

◇警察安全相談と事例別Q&A―すべての警察官のために　小鹿輝夫著,長尾敏成監修　2訂版　東京法令出版　2014.9　359p　21cm〈文献あり〉①978-4-8090-1307-2　Ⓝ324　[2400円]

◇日本立法資料全集　別巻846　慶齋法律論文集　慶齋森作太郎著　復刻版　信山社出版　2014.4　398p　23cm〈法律新聞社

大正6年刊の複製〉①978-4-7972-7144-7　Ⓝ322.1　[45000円]

◇フレッシャーズのための民事法入門　今尾真,大木満,黒田美亜紀編著　成文堂　2014.4　230p　21cm〈文献あり　索引あり〉①978-4-7923-2661-6　Ⓝ324　[2400円]

◇分冊六法全書　平成27年版　3　民事法編　分冊六法編集委員会編　名古屋　新日本法規出版　2014.12　1冊　21cm①978-4-7882-7939-1(set)　Ⓝ320.91

◇民事法入門　野村豊弘著　第6版　有斐閣　2014.9　237p　19cm　（有斐閣アルマ）〈文献あり　索引あり〉①978-4-641-22029-4　Ⓝ324　[1800円]

◇民商事法の改正と経済刑法の動向　トラスト60　2014.3　433p　26cm　（トラスト60研究叢書）Ⓝ326.83　[非売品]

日本（民事法―判例）

◇最高裁判所判例解説　民事篇　平成22年度(上)　1月・6月分　法曹会/編　法曹会　2014.2　430p　21cm　[3857円]

◇最高裁判所判例解説　民事篇　平成22年度(下)　7月・12月分　法曹会/編　法曹会　2014.2　470p　21cm　[3857円]

◇最高裁判所判例解説民事篇　平成23年度　上　1月～4月分　法曹会/編　法曹会　2014.12　455p　21cm①978-4-908108-08-2　[4028円]

◇最高裁判所判例解説民事篇　平成23年度　下　5月～12月分　法曹会/編　法曹会　2014.12　457-808p　21cm①978-4-908108-09-9　[3287円]

◇民事判例　8　2013年後期　現代民事判例研究会編　日本評論社　2014.4　138p　26cm〈索引あり〉①978-4-535-00236-4　Ⓝ324.098　[2800円]

◇民事判例　9　2014年前期　現代民事判例研究会編　日本評論社　2014.10　132p　26cm〈索引あり〉①978-4-535-00237-1　Ⓝ324.098　[2800円]

日本（民主主義）

◇参加のメカニズム―民主主義に適応する市民の動態　荒井紀一郎著　木鐸社　2014.2　184p　22cm〈文献あり〉①978-4-8332-2468-0　Ⓝ312.1　[2800円]

◇民主主義はいかにして劣化するか　斎藤貴男著　ベストセラーズ　2014.11　230p　18cm　（ベスト新書458）①978-4-584-12458-1　Ⓝ312.1　[830円]

◇焼跡からのデモクラシー――草の根の占領期体験　上　吉見義明著　岩波書店　2014.3　239p　19cm　（岩波現代全書025）①978-4-00-029125-5　Ⓝ210.762　[2300円]

◇焼跡からのデモクラシー――草の根の占領期体験　下　吉見義明著　岩波書店　2014.3　256p　19cm　（岩波現代全書026）①978-4-00-029126-2　Ⓝ210.762　[2300円]

日本（民主主義―歴史―1945～）

◇戦後民主主義と労働運動　赤堀正成著　御茶の水書房　2014.4　303p　21cm〈内容：戦後民主主義と労働運動　1960年代初頭における教育政策の転換と教育運動　高度成長期における「市民の論理」の歴史性　1990年代新自由主義東京の労働運動〉①978-4-275-01070-4　Ⓝ366.621　[5000円]

日本（民族問題）

◇アイヌ先住民族、その不都合な真実20　的場光昭著　改訂増補版　展転社　2014.5　293p　19cm〈文献あり〉①978-4-88656-403-0　Ⓝ316.81　[1800円]

◇アイヌ民族って本当にいるの？―金子札幌市議、「アイヌ、いない」発言の真実　的場光昭著　展転社　2014.11　207p　19cm　①978-4-88656-410-8　Ⓝ316.81　[1500円]

◇民族の創出―まつろわぬ人々、隠された多様性　岡本雅享著　岩波書店　2014.7　408p　20cm　①978-4-00-024872-3　Ⓝ210.04　[4200円]

日本（民族問題―歴史―江戸時代）

◇仁政イデオロギーとアイヌ統治　檜皮瑞樹著　有志舎　2014.1　264,3p　22cm　①978-4-903426-80-8　Ⓝ316.81　[5800円]

日本（民法）

◇伊藤真の民法入門―講義再現版　伊藤真著　第5版　日本評論社　2014.6　179p　21cm　①978-4-535-52039-4　Ⓝ324　[1700円]

◇基本事例で考える民法演習　2　池田清治著　日本評論社　2014.11　188p　21cm　①978-4-535-52067-7　Ⓝ324　[1900円]

◇現代の代理法―アメリカと日本　樋口範雄,佐久間毅編,石川優佳,小山田朋子,加毛明,神作裕之,溜箭将之,萬澤陽子著　弘文堂　2014.1　308p　22cm〈索引あり　内容：代理法の意義と第3次リステイトメント（樋口範雄著）　日本の任意代理とア

に

887

日本（民法―判例）

メリカのAgency（佐久間毅著）　外観法理による代理権〈表見的代理権〉（溜箭将之著）　非顕名代理（神作裕之著）　追認法理（石川博康著）　主観的事情と認識帰属の法理（加毛明著）　取締役等の訴訟防御費用と代理法（萬澤陽子著）　投資アドバイザーの責任と代理法（萬澤陽子著）　代理関係と不法行為（樋口範雄著）　フランチャイズ契約と不法行為責任（小山田朋子著）〉①978-4-335-35581-3 Ⓝ324.14 ［3700円］

◇18歳からはじめる民法　潮見佳男、中田邦博、松岡久和編　第2版　京都　法律文化社　2014.2　100p　26cm　（From 18）〈文献あり〉①978-4-589-03557-8 Ⓝ324 ［2200円］

◇事例から民法を考える　佐久間毅、曽野裕夫、田高寛貴、久保野恵美子著　有斐閣　2014.4　416p　22cm　（法学教室 LIBRARY）〈索引あり〉①978-4-641-13675-5 Ⓝ324 ［3000円］

◇事例で学ぶ民法演習　松久三四彦、藤原正則、池田清治、曽野裕夫共著　成文堂　2014.4　324p　21cm　〈索引あり〉①978-4-7923-2660-9 Ⓝ324 ［2800円］

◇税理士・春香の民法講座―税法の中の「民法」を探る　三木義一監修、鹿田良美、出川洋、丸田隆英著　清文社　2014.8　198p　21cm ①978-4-433-55144-5 Ⓝ345.12 ［2000円］

◇テキスト民法　磯本典章著　第2版　信山社　2014.4　288p　22cm　〈文献あり　索引あり〉①978-4-7972-9293-0 Ⓝ324 ［2600円］

◇トラブル事例で考える税理士事務所の身近な法律問題　近藤剛史監修、橋本清治編著　清文社　2014.12　212p　21cm 〈執筆：井木登志雄ほか〉①978-4-433-55344-9 Ⓝ324 ［2000円］

◇日本立法資料全集　別巻849　法例彙編　民法之部第1篇　史官編纂　復刻版　信山社出版　2014.5　19,604p　23cm〈博聞本社　明治8年刊の複製〉①978-4-7972-7147-8 Ⓝ322.1 ［66000円］

◇日本立法資料全集　別巻850　法例彙編　民法之部第2篇第1分冊　史官編纂　復刻版　信山社出版　2014.5　510p　23cm〈博聞本社　明治8年刊の複製〉①978-4-7972-7148-5 Ⓝ322.1 ［55000円］

◇日本立法資料全集　別巻851　法例彙編　民法之部第2篇第2分冊　史官編纂　復刻版　信山社出版　2014.5　p511～1216　23cm〈博聞本社　明治8年刊の複製〉①978-4-7972-7149-2 Ⓝ322.1 ［50000円］

◇はじめての民法　尾崎哲夫著　第3版　自由国民社　2014.6　293p　21cm　（3日でわかる法律入門）〈文献あり〉①978-4-426-12248-5 Ⓝ324 ［1700円］

◇パンデクテンシステムで学ぶ民法入門　西原慎治著　久留米　久留米大学西原慎治研究室　2014.4　318p　26cm〈丸善福岡営業部（発売）〉①978-4-9907515-1-7 Ⓝ324 ［2750円］

◇法規範探究の理論―渡邊式探究法　渡邊正則著　新潟　太陽書房　2013.8　235p　21cm ①978-4-86420-085-1 Ⓝ324 ［2600円］

◇法律家のための税法　民法編　東京弁護士会編著　新訂第7版　第一法規　2014.10　417p　21cm　〈索引あり〉①978-4-474-03306-1 Ⓝ345.12 ［3000円］

◇民・商法の溝をよむ　潮見佳男、片木晴彦編　日本評論社　2013.9　236p　21cm　（別冊法学セミナー No.223）①978-4-535-40843-2 Ⓝ324 ［1800円］

◇民法　伊藤塾著　弘文堂　2014.6　323p　21cm　（伊藤真ファーストトラックシリーズ 2）〈索引あり〉①978-4-335-31452-0 Ⓝ324 ［2000円］

◇民法　尾崎哲夫条文解説　第4版　自由国民社　2014.12　612p　21cm　（条文ガイド六法）①978-4-426-11874-7 Ⓝ324 ［2800円］

◇民法学入門―民法総則講義・序論　河上正二著　第2版増補版　日本評論社　2014.4　391p　22cm　〈索引あり〉①978-4-535-52048-6 Ⓝ324.01 ［3000円］

◇リーガルベイシス民法入門　道垣内弘人著　日本経済新聞出版社　2014.1　574p　22cm　〈索引あり〉「ゼミナール民法入門」第4版（2008年刊）の改題、改訂」①978-4-532-13446-4 Ⓝ324 ［3500円］

日本（民法―判例）

◇民法基本判例集　遠藤浩、川井健編　第3版補訂版　勁草書房　2014.12　482,15p　19cm　〈索引あり〉①978-4-326-45103-6 Ⓝ324.098 ［2600円］

日本（民法総則―判例）

◇判例講義民法　1　総則・物権　奥田昌道、安永正昭、池田真朗編　後藤巻則［ほか執筆］　第2版　悠々社　2014.11　277p

26cm　〈索引あり〉①978-4-86242-027-5 Ⓝ324.098　［3600円］

◇民法判例集　総則・物権　内田貴、山田誠一、大村敦志、森田宏樹編　第2版　有斐閣　2014.4　395p　22cm　〈索引あり〉①978-4-641-13674-8 Ⓝ324.098 ［2900円］

◇論点体系判例民法　1　総則　能見善久、加藤新太郎編集　第2版　第一法規　2013.12　506p　22cm　〈索引あり〉①978-4-474-10319-1 Ⓝ324.098 ［4300円］

日本（民謡）

◇民謡万華鏡―祭りと旅と酒と唄　佐藤文夫著　作品社　2014.5　257p　20cm　〈内容：祭りと民謡　よみがえれ！新保広大寺節　日本の酒造り唄　江州音頭　木更津甚句　震災と民謡　風が叫び、土が歌う　鯨はどのように唄われ、どう書かれてきたのか　佐渡の盆踊り唄　三国・芦原周辺の民謡について　下田の民謡　蛍はどう歌われてきたか　添田唖蝉坊と演歌　私の民謡・歌謡本さがし　全国民俗芸能大会の六十年　太鼓打芸の原点を聴く　「日本の太鼓―歓喜乱舞」を見て　生命の賛歌「空海千響」　貧乏の神さまの神輿　瞽女さんからのメッセージ　どっこい生きている東京民謡　中世農民の生きる熱気　再生復興願う気仙沼の虎舞〉①978-4-86182-478-4 Ⓝ388.91 ［2000円］

日本（昔話）

◇新しい日本の語り　7　山本倶子の語り　日本民話の会編　山本倶子［述］、小澤清子責任編集　悠書館　2014.3　185p　20cm〈内容：ねずみの嫁入り　身食い蛇　いたちとねずみのよりあい田　鯛とふぐの極楽行き　猿と蛙のよりあい餅　ズイトン坊さまのはなし　鳥のみじさ　ふなになった源五郎　雪むすめ　どんぐり　かみなりさんのふんどし　京都の蛙と大阪の蛙　蛙の嫁ご　かちかち山　しっぺい太郎　狐と山伏　あとかくしの雪　大蔵の火　笠地蔵　わらべ歌　子育てゆうれい　腰折れ雀　夢見小僧　月の夜ざらし　浦島太郎　雪の夜ばなし　お化け松　お化け地蔵　つかずの鐘〉①978-4-903487-74-8 Ⓝ388.1 ［1800円］

◇新しい日本の語り　8　持谷靖子の語り　日本民話の会編　持谷靖子［述］、小澤清子責任編集　悠書館　2014.3　218p　20cm〈内容：湯使え　米の話　食べ物の話　蓑の恩返し　親の売りもの　不幸　千度　指太郎　二人の太郎吉　三つの山　青い玉　風の神　七つ釜ののっぺらぼう　カカシの化物　天狗の夢　とんがらし　二人の爺さまの神参り　おきぬさま　赤ん坊と泥棒　織姫と山姥　猿の頭　正月の夢（なんてんの木）　牛女　ねずみの恩返し　ねずみの王国　てじろの猿　かっぱのくすり　赤谷の長者さま　猫沢のはなし　かや　やませの大尽　村の山の名　ほらふき要太郎　仙人と物ぐさ者　「かかあ天下」の由来　猿ケ京ののみの夫婦　お産の痛み分け〉①978-4-903487-75-5 Ⓝ388.1 ［1800円］

◇新しい日本の語り　9　渡部豊子の語り　日本民話の会編　渡部豊子［述］、大島廣志責任編集　悠書館　2014.3　237p　20cm〈内容：ねずみ浄土　極楽見た婆さま　寿命かえる枕飯　片角　和尚と小僧　にら昔　牛の恩返し　びっき〈蛙〉嫁コ　かぶ漬げ昔　巡礼お梅　弟切り草　お釈迦様とつばめ　川獺と狐　郭公鳥の昔　猿婿昔　稲株昔　飯食4嫁コ　きゅうり姫ご　カッパの昔　昔織り姫と彦星　富山の薬や　鮭の大助　鴨取り源五郎　貧乏の神　柿売りと南蛮粉売り　雉昔　蚤と虱　ぼだもち　びっき〈蛙〉豆コ昔　宅兵衛ばなし　葬頭河の婆さま　若返りの水　きつねの恩返し　歌うしゃれこうべ　やろっこ昔　猫の嫁ご　雁かやぎ〉①978-4-903487-76-2 Ⓝ388.1 ［1800円］

◇異界百夜語り　堤邦彦、橋本章彦編　三弥井書店　2014.10　223p　21cm ①978-4-8382-3270-3 Ⓝ388.1 ［1800円］

◇現代の民話―あなたも語り手、わたしも語り手　松谷みよ子著　河出書房新社　2014.10　241p　15cm（河出文庫 ま13-1）〈文献あり　中央公論新社 2000年刊の再刊〉①978-4-309-41321-1 Ⓝ388.1 ［700円］

◇図説絵とあらすじでわかる！日本の昔話　徳田和夫監修　青春出版社　2014.1　204p　18cm　（青春新書 INTELLIGENCE PI-415）〈文献あり〉①978-4-413-04415-8 Ⓝ388.1 ［1257円］

◇ちょっとホッとする昔ばなし　小沢さとし著　長野　ほおずき書籍　2014.7　225p　21cm　〈星雲社（発売）絵：橋爪まんぷ　内容：鬼になれたばあさん　天狗の木倒しと天狗の火遊び　天狗の神さま　天使になった甚平　眠りすぎた雪娘　小豆洗い〈小沢沢〉後追い妖怪　瓜子姫物語　臭い坊さまと山姥　天狗になったおはん　夫婦の因縁　美女はいずこに？　銭の奪い合い　人間の無情　身代わりになった娘　猿参りの色気　子守唄の助言　極楽を見た長者　帰ってきたお地蔵さん　うっくりがき〈茶、栗、柿〉安い馬車賃　袖なし観音　お迎え観音　宝くらべ　飯を食べない観音　蛇娘　三つの願い　境界争い　平林はどこ　巨人・デイダラボー　笄の渡し　ウサギ追いしかの山　弘法の泉水と石の芋　前向き観音　日切り地蔵　田植え地蔵　琵琶池　名馬・望月の駒　片目の大鯉　不思議

な浄瑠璃 飛んで消えた法華経 キツネと山伏 馬追いと峠のキツネ 怪物・グオーン 大ケガをしたキツネ 身代わりタヌキ 沼の女への手紙 キツネが守った城 竜になった聖人 怪しげな客人 恩を返したオオカミ サルの花婿 団三郎ダヌキと玄番之丞ギツネ ヘビとの約束 キツネの復讐 キツネの大失敗 キツネのお江戸見物 鍛冶屋の婆さま 貧乏寺を救ったネコ 天月坊ギツネ 最高の幸せ 天下一の占い師 水の種〉①978-4-434-19436-8 Ⓝ388.1 ［1600円］

◇ちりめん本影印集成―日本昔噺輯編 第1冊 英語版 中野幸一, 榎本千賀編 勉誠出版 2014.2 343p 19×27cm〈複製 布装〉①978-4-585-20027-7 Ⓝ022.39

◇ちりめん本影印集成―日本昔噺輯編 第2冊 フランス語版・イタリア語版・ロシア語版 中野幸一, 榎本千賀編 勉誠出版 2014.2 303p 19×27cm〈複製 布装〉①978-4-585-20027-7(set) Ⓝ022.39

◇ちりめん本影印集成―日本昔噺輯編 第3冊 ドイツ語版・ポルトガル語版・スウェーデン語版 中野幸一, 榎本千賀編 勉誠出版 2014.2 300p 19×27cm〈複製 布装〉①978-4-585-20027-7(set) Ⓝ022.39

◇ちりめん本影印集成―日本昔噺輯編 第4冊 スペイン語版 カタログ3種 解題 中野幸一, 榎本千賀編 勉誠出版 2014.2 305p 19×27cm〈文献あり 複製 布装〉①978-4-585-20027-7(set) Ⓝ022.39

◇日本の昔話と伝説―民間伝承の民俗学 柳田国男著 河出書房新社 2014.9 178p 20cm〈内容：朝日夕日 阿曾沼の鴬鴬 あまのじゃく 粟袋米袋 石芋 和泉式部 伊勢や日向の物語 氏神 打出の小槌 うつぼ舟 姥皮 産土神 産女の怪 瓜子姫 うるかの歌 縁起 大話 大人弥五郎 お銀小銀 お竹大日 御伽噺 鬼ケ島 竈神の本地 勧請の木 木地屋 管狐 口寄巫女 沓掛 外道 毛坊主 庚申講と昔話 口碑 弘法清水 高野聖 腰掛石 瘤取説話 米倉米倉 山鴬 山岳 山荘太夫 酒泉伝説 酒盗人 炭焼長者 石敢当 大太法師 宝競べ たけくらべ 長者屋敷 沈鐘伝説 伝説 道祖神 虎が石 名 何故話 白米城 羽衣 橋姫 八百比丘尼 花咲爺 話の種 咄の者 人柱 文福茶釜 紅皿欠皿 松山鏡 民譚 昔話 餅と白石 桃太郎 山争い 山姥 落語 笑い話 椀貸穴〉①978-4-309-24675-8 Ⓝ388.1 ［2300円］

◇まんが日本昔ばなし今むかし 川内彩友美著 展望社 2014.10 254p 19cm①978-4-88546-289-4 Ⓝ388.1 ［1400円］

◇民話の世界 松谷みよ子［著］ 講談社 2014.8 237p 15cm（講談社学術文庫 2251）〈文献あり〉①978-4-06-292251-7 Ⓝ388.1 ［840円］

◇私の昔話学への道 武田正著, 石井正己, 佐藤晃編 ［小金井］ 東京学芸大学 2014.12 96p 21cm〈文献あり 著作目録あり〉「ガリ版二十年―私の民俗学への道」(1979年刊)の改題〉Ⓝ388.1

日本（無形文化財）

◇「日本のわざと美」展―重要無形文化財とそれを支える人々 平成25年度 文化庁文化財部伝統文化課編 ［甲府］ 山梨県立美術館 2013.9 181p 30cm〈会期：平成25年9月7日―10月14日〉Ⓝ750.21

◇わざを伝える―伝統とその活用 国立文化財機構東京文化財研究所無形文化遺産部編 国立文化財機構東京文化財研究所無形文化遺産部 2014.3 123p 30cm （無形民俗文化財研究協議会報告書 第8回）〈内容：佐渡「小木のたらい舟製作技術」伝承の取り組みと課題(井浦博明述) 越中福岡の菅笠保全と妙彖はあるのか(徳田光太郎述) あがきわ伝統工芸産学公プロジェクトの取組について(羽太謙一述) 荒川区の無形文化財保護の取り組み(野尻かおる述) 台東区の伝統産業事業について(浦里健太郎述)〉Ⓝ709.1

日本（無政府主義）

◇ニヒルとテロル 秋山清著 平凡社 2014.3 278p 16cm（平凡社ライブラリー 808）〈底本：「秋山清著作集 第3巻」(ぱる出版 2006年刊) 内容：動と静 受けつがるべき否定 アナーキー 三国同盟 大正, 昭和の虚無思想雑誌 思想家としての辻潤 ニヒルの群像 菅野スガ子の獄中短歌 金子ふみ子の回想録 村木源次郎の童謡 白梼・田中勇之進 酔蜂・和田久太郎 二人のロマンチスト テロリストと文学 ニヒルとテロル ニヒリズムそしてテロリズム ニヒリズムとアナキズム〉①978-4-582-76808-4 Ⓝ910.26 ［1400円］

日本（メタンハイドレート―特許）

◇メタンハイドレート技術・特許調査便覧―特許調査レポート2014 技術・特許調査から視えてくる課題と対応策 兵動正幸監修, ビズサポート株式会社調査・編集 通産資料出版会 2013.12 338p 26cm①978-4-901864-90-9 Ⓝ575.59 ［70000円］

日本（綿業）

◇参加体験から始める価値創造―綿花栽培に学ぶコトづくりマーケティング 松下隆著 同友館 2014.11 151p 19cm〈文献あり〉①978-4-496-05099-2 Ⓝ586.2 ［1500円］

◇東北コットンプロジェクト―綿と東北とわたしたち 宮川真紀文 タバブックス 2014.6 207p 19cm〈文献あり 年譜あり 写真：宮川幸英〉①978-4-907053-03-1 Ⓝ618.1 ［1600円］

日本（木材―トレーサビリティ）

◇地域材供給倍増事業（木材のトレーサビリティの確保）報告書 ［東京］ ［林野庁］ ［2013］ 61, 64, 12p 30cm〈平成24年度林野庁国庫補助事業 内容：違法伐採対策・合法木材普及推進事業総括報告書(全国木材組合連合会刊) 合法木材証明のモニタリング等に関する報告書(林業経済研究所刊) 需要側企業に対する合法木材利用促進の普及事業報告書(国際環境NGO FoE Japan刊)〉Ⓝ651.7

日本（木造住宅）

◇時代の潮流転換後の価値観を反映する木造住宅密集集型ニュータウン・イン・タウンの提示―調査研究報告書 加藤孝明［著］, 第一生命財団編 第一生命財団 2014.7 56p 30cm ［非売品］ Ⓝ361.78

日本（木版画―歴史―大正時代―画集）

◇月映 田中恭吉, 藤森静雄, 恩地孝四郎［作］, 井上芳子, 藤本真名美, 寺口淳治編 ［大阪］ NHKプラネット近畿 2014.11 379p 22cm〈年譜あり 文献あり 会期・会場：2014年11月16日―12月28日 宇都宮美術館ほか〉Ⓝ733.021

日本（木版画―歴史―明治以後―画集）

◇島根県立美術館近代版画コレクション選 藤間寛監修 松江 島根県立美術館 2013.1 83p 25cm〈編集：田野葉月ほか〉Ⓝ733.021

日本（持株会社）

◇グループ経営をはじめよう―非上場会社のための持株会社活用法 あがたグローバル税理士法人, あがたグローバルコンサルティング株式会社著 改訂版 税務経理協会 2014.4 235p 21cm〈文献あり〉①978-4-419-06077-0 Ⓝ335.56 ［2300円］

◇純粋持株会社実態調査―平成24年度(2012年度)実績 平成25年 経済産業省大臣官房調査統計グループ/編 経済産業統計協会 2014.8 188p 30cm①978-4-86499-012-7 ［9800円］

日本（モデル業）

◇立ち止まったとき、ボクらの心をささえる言葉77―雨のち晴れでまた明日 読モボーイズ＆ガールズ編集部編 KADOKAWA 2014.6 107p 21cm①978-4-04-066777-5 Ⓝ589.2 ［926円］

日本（紋章）

◇イチから知りたい! 家紋と名字―カラー版 網本光悦著 西東社 2014.8 255p 21cm〈文献あり 索引あり〉「知れば知るほど面白い! 家紋と名字」(2011年刊)の改題、リニューアル〉①978-4-7916-2307-5 Ⓝ288.6 ［1100円］

◇家紋の世界―あなたのルーツはここにあった!：源平～戦国～江戸時代から続く家紋1200種網羅 インデックス編集部編 最新版 イースト・プレス 2014.6 239p 19cm〈文献あり 索引あり〉①978-4-7816-1193-8 Ⓝ288.6 ［600円］

◇正しい家紋台帳5000―読み方付：時代を超えた、様式美 古沢恒敏編 金園社 2014.8 271p 21cm「正しい家紋台帳」(2005年刊)の改題、再編集・軽装版化〉①978-4-321-31722-1 Ⓝ288.6 ［2300円］

日本（野外教育）

◇インタープリター・トレーニング―自然・文化・人をつなぐインタープリテーションへのアプローチ 津村俊充, 増田直広, 古瀬浩史, 小林毅編 京都 ナカニシヤ出版 2014.12 190p 26cm〈索引あり〉①978-4-7795-0866-0 Ⓝ519.81 ［2500円］

日本（焼絵―歴史）

◇柳宗悦も賛美した謎の焼絵発掘―定本焼絵考 田部隆幸著 誠文堂新光社 2014.12 167p 26cm〈文献あり 索引あり〉①978-4-416-91347-5 Ⓝ721.02 ［1800円］

日本（野球）

◇オフィシャル・ベースボール・ガイド 2014 日本野球機構/編 共同通信社 2014.2 615p 21cm①978-4-7641-0666-6 ［2762円］

◇軍師の逆襲 森繁和著 ヨシモトブックス 2014.4 278p 19cm〈ワニブックス（発売）〉①978-4-8470-9235-0 Ⓝ783.7 ［1350円］

日本（野球）　　　　　　　　　　　　　　　　　　　　　　　　　　日本件名図書目録2014　Ⅰ

◇高校野球神奈川グラフ　2014　第96回全国高校野球選手権神奈川大会　神奈川新聞社／編　横浜　神奈川新聞社　2014.8　184p　30×23cm　①978-4-87645-527-0　［1806円］

◇高校野球グラフ　2014　水戸　茨城新聞社　2014.8　116p　30cm　①978-4-87273-290-0　［1429円］

◇高校野球グラフ　2014（Vol.39）埼玉新聞社／編　さいたま　埼玉新聞社　2014.8　128p　30×23cm　①978-4-87889-419-0　［1600円］

◇高校野球グラフCHIBA　2014　第96回全国高等学校選手権千葉大会　千葉日報社編集局／編　千葉　千葉日報社　2014.8　168p　30×23cm　①978-4-904435-52-6　［2000円］

◇実は大したことない大リーグ　江本孟紀著　双葉社　2014.11　207p　18cm　（双葉新書　100）①978-4-575-15452-8　Ⓝ783.7　［820円］

◇セイバーメトリクス・リポート―プロ野球を統計学と客観分析で考える　3　岡田友輔，三宅博人，蛭川皓平，高多薪吾，Student，水島仁著　水曜社　2014.4　199p　26cm　①978-4-88065-340-2　Ⓝ783.7　［2000円］

◇絶対エース育成論―なぜ田中将大は24連勝できたのか？　佐藤義則著　竹書房　2014.3　271p　19cm　①978-4-8124-9926-9　Ⓝ783.7　［1300円］

◇そら、そうよ―勝つ理由、負ける理由　岡田彰布著　宝島社　2014.7　207p　19cm　①978-4-8002-1796-7　Ⓝ783.7　［1300円］

◇それでもプロか！―ノムラの本物論　野村克也著　ベースボール・マガジン社　2014.9　239p　19cm　①978-4-583-10736-3　Ⓝ783.7　［1400円］

◇地域に根づくもう一つのプロ野球―BCリーグで汗を流し、笑い、ともに涙する野球人たち　岡田浩人著　ベースボール・マガジン社　2014.4　192p　19cm　①978-4-583-10689-2　Ⓝ783.7　［1400円］

◇なぜか結果を出す人の理由　野村克也著　集英社　2014.11　204p　18cm　（集英社新書　0765）①978-4-08-720765-1　Ⓝ783.7　［720円］

◇日本シリーズ出場監督の著作書籍に関して検証する―とくに全43名の総計263冊を中心にして　功力靖雄著　日本野球文化研究所　2014.1　160p　30cm　Ⓝ783.7

◇日本人メジャーリーガー成功の法則―田中将大の挑戦　福島良一著　双葉社　2014.4　262p　18cm　（双葉新書　084）①978-4-575-15438-2　Ⓝ783.7　［840円］

◇野村克也の人間通　野村克也著　海竜社　2014.10　239p　19cm　①978-4-7593-1399-4　Ⓝ783.7　［1300円］

◇ビジネスマンの視点で見るMLBとNPB　豊浦彰太郎著　彩流社　2014.8　181p　19cm　（フィギュール彩　17）①978-4-7791-7017-1　［1800円］

◇プロ野球ウラ人脈大全　2014年版　鵜飼克郎，織田淳太郎，白北信行，白城嗣郎ほか著　宝島社　2014.2　254p　16cm　（宝島SUGOI文庫　Aう－2-2）〈2013年刊の改訂〉①978-4-8002-2271-8　Ⓝ783.7　［650円］

◇プロ野球お金にまつわる100の話　凡田夏之介、週刊ベースボール編著　ベースボール・マガジン社　2014.4　247p　19cm　①978-4-583-10661-8　［1300円］

◇プロ野球解説者を解説する　広尾晃著　イースト・プレス　2014.3　279p　18cm　〈文献あり〉①978-4-7816-1133-4　Ⓝ783.7　［1300円］

◇プロ野球向上委員会　野村弘樹、仁志敏久著　洋泉社　2014.1　189p　18cm　（新書y　278）①978-4-8003-0294-6　Ⓝ783.7　［880円］

◇プロ野球構造改革論　岡田彰布著　宝島社　2014.8　222p　18cm　（宝島社新書　455）①978-4-8002-2882-6　Ⓝ783.7　［780円］

◇プロ野球ことわざリーグ　カネシゲタカシ著　宝島社　2014.1　191p　18cm　〈文献あり〉①978-4-8002-1845-2　Ⓝ783.7　［933円］

◇プロ野球最強のホームラン打者　小野俊哉著　朝日新聞出版　2014.4　247p　18cm　（朝日新書　459）〈文献あり〉①978-4-02-273559-1　Ⓝ783.7　［780円］

◇プロ野球12球団ファンクラブ全部に10年間入会してみた！―涙と笑いの球界興亡クロニクル　長谷川晶一著　集英社　2014.5　255p　19cm　①978-4-08-780722-6　Ⓝ783.7　［1200円］

◇プロ野球スカウティングレポート　2014　小関順二／監修　広済堂出版　2014.3　471p　19cm　①978-4-331-51810-6　［1500円］

◇プロ野球スキャンダル事件史　権力とカネ篇　別冊宝島編集部編　宝島社　2014.1　223p　16cm　（宝島SUGOI文庫　Aへ－1-180）〈「プロ野球タブーの真相　2013年版」（2013年刊）の改題、加筆・修正〉①978-4-8002-2010-3　Ⓝ783.7　［505円］

◇プロ野球どうでもいい知識検定　カネシゲタカシ監修・画　扶桑社　2014.9　188p　18cm　〈文献あり〉①978-4-594-07125-7　Ⓝ783.7　［1000円］

◇プロ野球B級ニュース事件簿―思わず吹き出すハプニング＆目頭熱くなる人間ドラマ100連発!!　2014　久保田龍雄執筆　日刊スポーツ出版社　2014.11　255p　21cm　（NIKKAN SPORTS GRAPH）〈索引あり〉①978-4-8172-5560-0　Ⓝ783.7　［1296円］

◇プロ野球名人たちの証言　二宮清純著　講談社　2014.3　301p　18cm　（講談社現代新書　2256）①978-4-06-288256-9　Ⓝ783.7　［850円］

◇プロ野球「もしも」読本―もし長嶋茂雄が南海に入団していたら　手束仁著　イースト・プレス　2014.7　252p　15cm　（文庫ぎんが堂　て1-2）①978-4-7816-7114-7　Ⓝ783.7　［667円］

◇プロ野球問題だらけの12球団　2014年版　小関順二／著　草思社　2014.3　239p　19cm　①978-4-7942-2040-0　［1500円］

◇ベースボール・レコード・ブック　2015　ベースボール・マガジン社／編　ベースボール・マガジン社　2014.12　927p　21cm　①978-4-583-10756-1　［2500円］

◇漫画・うんちくプロ野球　井上コオ著，野球古書店ビブリオ監修　KADOKAWA　2014.2　186p　18cm　（メディアファクトリー新書　099）〈文献あり　表紙のタイトル：うんちくプロ野球漫画〉①978-4-04-066337-1　Ⓝ783.7　［840円］

◇みのもんたのプロ野球世紀のマル珍試合　大野哲著，みのもんた監修　竹書房　2014.7　223p　19cm　①978-4-8124-8964-2　Ⓝ783.7　［980円］

◇みんなのあるあるプロ野球極　カネシゲタカシ、野球大喜利著　講談社　2014.2　191p　18cm　①978-4-06-218780-0　Ⓝ783.7　［952円］

◇もし、あの野球選手がこうなっていたら―データで読み解くプロ野球「たられば」ワールド　広尾晃著　オークラ出版　2014.10　240p　19cm　〈文献あり〉①978-4-7755-2276-9　Ⓝ783.7　［1389円］

◇野球大喜利ザ・ベスト―こんなプロ野球はイヤだ　2　カネシゲタカシ著　徳間書店　2014.4　191p　18cm　①978-4-19-863789-7　Ⓝ783.7　［1000円］

◇「野球」が「ベースボール」になった日―SAMURAI JAPANの名付け親が明かす、もうひとつの"夢舞台"　平方彰著　日之出出版　2014.5　221p　18cm　〈表紙のタイトル：The day when Yakyu became Baseball〉①978-4-89198-143-3　Ⓝ783.7　［1000円］

◇野球規則を正しく理解するための野球審判員マニュアル―規則適用上の解釈について　全日本野球協会アマチュア野球規則委員会編　第2版　ベースボール・マガジン社　2014.5　187p　21cm　〈年表あり　文献あり〉①978-4-583-10660-1　Ⓝ783.7　［1500円］

◇野球人　Vol.2　〈吟選〉2014年ドラフト候補選手最強名鑑号　「野球人」編集部編，安倍昌彦責任編集　文藝春秋（発売）2014.10　75p　21cm　①978-4-16-008816-0　Ⓝ783.7　［741円］

◇野球新セオリー・戦術入門　仁志敏久監修　池田書店　2014.10　191p　19cm　①978-4-262-16627-8　Ⓝ783.7　［1200円］

◇野球でわかる47都道府県「県民性」　手束仁著　祥伝社　2014.7　338p　16cm　（祥伝社黄金文庫　Gて4-1）〈「「野球」県民性」（2005年刊）の改題、加筆修正〉①978-4-396-31644-0　Ⓝ783.7　［680円］

◇野球のコツ―「下手な選手は上手く」なり、「弱いチームは強く」なる！　野村克也著　竹書房　2014.4　263p　18cm　（竹書房新書　025）〈文献あり〉①978-4-8124-9935-1　Ⓝ783.7　［850円］

◇夢・続投！―マスターズ甲子園　重松清著，マスターズ甲子園実行委員会編　朝日新聞出版　2014.12　205p　15cm　（朝日文庫　し25-4）〈朝日新聞社　2007年刊の再刊〉①978-4-02-264760-3　Ⓝ783.7　［500円］

◇4番打者論　掛布雅之著　宝島社　2014.4　221p　18cm　（宝島社新書　443）①978-4-8002-1979-4　Ⓝ783.7　［752円］

◇読む野球―9回勝負―　NO.1　三振を読む　主婦の友社　2013.8　223p　21cm　（主婦の友生活シリーズ）①978-4-07-290570-8　Ⓝ783.7　［1200円］

◇読む野球―9回勝負―　No.2　ホームラン　主婦の友社　2013.11　223p　21cm　（主婦の友生活シリーズ）①978-4-07-290587-6　Ⓝ783.7　［1200円］

890

◇読む野球―9回勝負― No.4 昭和パ・リーグを読む 主婦の友社 2014.5 223p 21cm (主婦の友生活シリーズ) ①978-4-07-295596-3 Ⓝ783.7 [1300円]
◇読む野球―9回勝負― No.5 魔球を読む 主婦の友社 2014.8 223p 21cm (主婦の友生活シリーズ) ①978-4-07-297247-2 Ⓝ783.7 [1300円]
◇リーダーのための「人を見抜く」力―「人を見る眼」が人材を伸ばし、組織を強くする 野村克也著 詩想社 2014.12 187p 18cm (詩想社新書 1) [星雲社(発売)] ①978-4-434-19937-0 Ⓝ783.7 [880円]
◇私が選んだプロ野球10大「名プレー」 野村克也著 青春出版社 2014.9 220p 18cm (青春新書INTELLIGENCE PI-433) ①978-4-413-04433-2 Ⓝ783.7 [860円]
◇私が野球から学んだ人生で最も大切な101のこと 野村克也著 三笠書房 2014.8 238p 15cm (知的生きかた文庫 の6-1) 〈海竜 2011年刊の再編集〉 ①978-4-8379-8279-1 Ⓝ783.7 [590円]
◇渡邉恒雄とプロ野球 江尻良文著 双葉社 2014.3 235p 19cm 〈年譜あり〉 ①978-4-575-30647-7 Ⓝ783.7 [1600円]

日本(野球―伝記)
◇球極―日本プロ野球の伝説を創った輝ける男たち:日本プロ野球名球会35周年記念誌 [日本プロ野球名球会総監修] 学研教育出版 2014.8 287p 31cm 〈学研マーケティング(発売) 外箱入〉 ①978-4-05-405857-6 Ⓝ783.7 [12000円]
◇戦場に散った野球人たち 早坂隆著 文藝春秋 2014.5 216p 20cm 〈文献あり〉 ①978-4-16-390075-9 Ⓝ783.7 [1800円]
◇代打の神様―ただひと振りに生きる 澤宮優著 河出書房新社 2014.12 205p 19cm 〈文献あり〉 ①978-4-309-27551-2 Ⓝ783.7 [1600円]
◇二軍 澤宮優著 河出書房新社 2014.3 199p 19cm 〈文献あり〉 ①978-4-309-27470-6 Ⓝ783.7 [1600円]
◇伸びてゆく力 安倍昌彦著 日刊スポーツ出版社 2014.4 285p 19cm (監督と大学野球 2) ①978-4-8172-0318-2 Ⓝ783.7 [1600円]
◇母たちのプロ野球 前田恵著 中央公論新社 2014.3 260p 20cm ①978-4-12-004594-3 Ⓝ783.7 [1400円]
◇左手の記憶―20年間受け止めた「投手の決め球」と「男の気持ち」:この手が感じた"魂の一球" 矢野燿大[著] 竹書房 2014.10 224p 19cm ①978-4-8019-0038-7 Ⓝ783.7 [1400円]
◇プロ野球「黄金世代」読本―球界を席捲した「8つの世代」 手束仁著 イースト・プレス 2014.1 221p 18cm (知的発見! BOOKS 019) ①978-4-7816-1168-6 Ⓝ783.7 [952円]
◇プロ野球最強のエースは誰か? 野村克也著 彩図社 2014.11 255p 19cm ①978-4-8013-0023-1 Ⓝ783.7 [1500円]
◇プロ野球最高の投手は誰か―名投手列伝 工藤健策著 草思社 2014.8 279p 19cm ①978-4-7942-2075-2 Ⓝ783.7 [1600円]
◇プロ野球の名脇役 二宮清純著 光文社 2014.4 297p 18cm (光文社新書 689) ①978-4-334-03792-5 Ⓝ783.7 [840円]
◇プロ野球「悪党(ヒール)」読本―「組織の論理」に翻弄された男たちの物語 手束仁著 イースト・プレス 2014.10 298p 18cm (知的発見! BOOKS 023) ①978-4-7816-1253-9 Ⓝ783.7 [926円]
◇マー君と7つの白球物語 谷上史朗著 ぱる出版 2014.5 191p 19cm ①978-4-8272-0857-3 Ⓝ783.7 [1500円]
◇名選手にドラマあり―脳裏に焼き付くあのシーン 野村克也著 小学館 2014.10 253p 18cm (小学館新書 220) 〈文献あり〉 ①978-4-09-825220-6 Ⓝ783.7 [740円]

日本(野球―歴史)
◇日本プロ野球事件史 ベースボール・マガジン社編 ハンディ版 ベースボール・マガジン社 2014.8 215p 21cm 〈年譜あり〉 ①978-4-583-10748-6 Ⓝ783.7 [1300円]
◇日本プロ野球80年史―1934-2014:歴史編 ベースボール・マガジン社編 ベースボール・マガジン社 2014.12 861p 31cm ①978-4-583-10668-7 Ⓝ783.7 [25000円]
◇日本プロ野球ユニフォーム大図鑑 下 綱島理友文, 綿谷寛, イワキマサタカイラスト ベースボール・マガジン社 2013.11 199p 26cm 〈文献あり 「プロ野球ユニフォーム物語」(2005年刊)の改題改訂〉 ①978-4-583-10566-6,978-4-583-10583-3(set) Ⓝ783.7 [2800円]

◇プロ野球心にしみる80の名言 篠山正幸著 ベースボール・マガジン社 2014.9 223p 19cm ①978-4-583-10698-4 Ⓝ783.7 [1300円]

日本(野球―歴史―1945〜)
◇ドラフト50年の物語―クジに左右された「光と陰の野球人生」 竹書房 2014.10 279p 21cm ①978-4-8019-0000-4 Ⓝ783.7 [1400円]

日本(野球―歴史―昭和時代)
◇昭和プロ野球「球場」大全 洋泉社編集部編 洋泉社 2014.1 223p 21cm 〈文献あり 「昭和プロ野球「球場」物語」(2013年刊)の改題、加筆・修正、再構成〉 ①978-4-8003-0309-7 Ⓝ783.7 [1600円]

日本(野球―歴史―昭和前期)
◇洲崎球場のポール際―プロ野球の「聖地」に輝いた一瞬の光 森田創著 講談社 2014.10 269p 19cm 〈文献あり〉 ①978-4-06-219250-7 Ⓝ783.7 [1500円]

日本(役員「経営」―判例)
◇業界別・場面別役員が知っておきたい法的責任―役員責任追及訴訟に学ぶ現場対応策 落合誠一監修, 澁谷展由, 三澤智, 清水貴晓, 岸本寛之, 檜山正樹編著 経済法令研究会 2014.2 629p 22cm 〈索引あり〉 ①978-4-7668-2333-2 Ⓝ325.243

日本(薬害)
◇くすりの害にあうということ 医薬ビジランスセンター編著 大阪 医薬ビジランスセンター 2014.12 422,9p 19cm 〈文献あり〉 ①978-4-86080-468-2 Ⓝ499.1 [2000円]
◇薬害イレッサ訴訟―闘いの記録と教訓:がん患者の命の重さを問う 薬害イレッサ訴訟原告弁護団編 日本評論社 2014.8 237p 21cm 〈年譜あり 年表あり〉 ①978-4-535-52063-9 Ⓝ498.12 [3000円]

日本(薬業)
◇医薬品卸のM&A戦略の検証―2007年度―2012年度の決算分析から [東京] 日医総研 2014.3 87p 30cm (日本医師会総合政策研究機構ワーキングペーパー no. 310) Ⓝ673.5

日本(薬事法)
◇一般用医薬品使用上の注意事項―解説 日本OTC医薬品協会安全性委員会情報表示部会編集 第4版 じほう 2014.4 464p 26cm ①978-4-8407-4583-3 Ⓝ499.091 [9500円]
◇医薬品、医療機器関係実務便覧 薬事法規研究会編 名古屋 新日本法規出版 2014.10- 冊(加除式) 27cm 〈「薬事実務便覧」の改題・改訂〉 Ⓝ498.12
◇改正薬事法における医薬品販売制度―インターネット販売等の新しいルール 薬事医療法制研究会編集 じほう 2014.9 183p 21cm 〈索引あり〉 ①978-4-8407-4636-6 Ⓝ499.091 [2800円]
◇危険ドラッグとの戦い 藤井基之著 薬事日報社 2014.11 192p 19cm 〈年表あり〉 ①978-4-8408-1285-6 Ⓝ498.12 [1500円]
◇これからの薬剤師業務と法律―三輪弁護士がわかりやすく教える:新時代を拓け, 薬剤師! 三輪亮寿著 じほう 2014.3 123p 21cm ①978-4-8407-4573-4 Ⓝ499.09 [1800円]
◇実務衛生行政六法 平成27年版 衛生法規研究会編集 名古屋 新日本法規出版 2014.12 3067p 22cm ①978-4-7882-7938-4 Ⓝ498.12 [6700円]
◇早わかり改正薬事法のポイント―医薬品医療機器等法・医薬品ネット販売関連法のすべてがわかる 薬事医療法制研究会編 じほう 2014.1 103p 26cm ①978-4-8407-4555-0 Ⓝ499.091 [2000円]
◇保険適用マニュアル―希望書作成の迅速化のために ME診療報酬対応専門委員会編 第6版 [東京] 電子情報技術産業協会ヘルスケアインダストリ事業委員会 2014.6 280p 30cm Ⓝ535.4
◇薬事衛生六法 2014年版 薬事日報社 2014.4 1311p 24cm ①978-4-8408-1261-0 Ⓝ499.091 [4700円]
◇薬事法規・制度及び倫理解説 2014-2015年版 薬事衛生研究会編 薬事日報社 2014.4 598p 28cm 〈年表あり 標題紙のタイトル:薬事法規・制度・倫理解説〉 ①978-4-8408-1260-3 Ⓝ499.091 [3200円]
◇薬事法薬剤師法関係法令集 平成26年版 薬事行政研究会監修 務省公報社 2014.7 1674p 26cm ①978-4-89647-230-1 Ⓝ499.091 [8300円]
◇薬事法令ハンドブック―薬事法、薬事法施行令、薬事法施行規則 平成26年度版 薬事日報社 2014.6 527p 21cm ①978-4-8408-1274-0 Ⓝ499.091 [1900円]
◇薬事法令ハンドブック承認許可要件省令―構造設備規則, GQP, GVP, GMP, GLP, GCP, GPSP, QMS 第6版 薬事日報社 2014.6 277p 21cm ①978-4-8408-1275-7 Ⓝ499.091 [1200円]

日本（薬物犯罪）

日本件名図書目録2014 Ⅰ

日本（薬物犯罪）

◇休み時間の薬事法規・制度　白神誠著　講談社　2014.11
229p　21cm（休み時間シリーズ）〈索引あり〉Ⓘ978-4-06-
155715-4　Ⓝ499.091　［2300円］

◇よくわかる改正薬事法─カラー図解　医薬品販売制度編
ドーモ編　薬事日報社　2014.9　243p　26cm　Ⓘ978-4-8408-
1280-1　Ⓝ499.091　［2500円］

◇よくわかるQ&A改正薬事法のポイント─薬事法から医薬品医
療機器法へ　薬事法規研究会編著　ぎょうせい　2014.3
285p　21cm　Ⓘ978-4-324-09812-7　Ⓝ499.091　［2800円］

日本（薬物犯罪）

◇危険ドラッグとの戦い　藤井基之著　薬事日報社　2014.11
192p　19cm〈年表あり〉Ⓘ978-4-8408-1285-6　Ⓝ498.12
［1500円］

◇白い粉の誘惑─麻薬Gメン捕物帖　小林潔著　宝島社　2014.2
221p　16cm（宝島SUGOI文庫　Aこ─4-1）Ⓘ978-4-8002-
2320-3　Ⓝ498.12　［590円］

日本（薬用植物─図集）

◇身近な薬草活用手帖─100種類の見分け方・採取法・利用法
寺林進監修　誠文堂新光社　2014.1　143p　21cm〈文献あり
索引あり〉Ⓘ978-4-416-71358-7　Ⓝ499.87　［1500円］

◇薬草の呟き─山野の薬草・薬草園の植物　森昭雄，森正孝，國
分英俊著　メディカルサイエンス社　2014.4　265p　21cm
〈文献あり　索引あり〉Ⓘ978-4-903843-53-7　Ⓝ499.87
［2600円］

日本（野生動物）

◇料理人のためのジビエガイド─上手な選び方と加工・料理
神谷英生著　柴田書店　2014.10　149p　25cm　Ⓘ978-4-388-
06200-3　Ⓝ596.33　［3200円］

日本（野生動物─保護）

◇野生動物管理システム　梶光一，土屋俊幸編　東京大学出版会
2014.9　248p　22cm〈索引あり　内容：野生動物管理の現状
と課題（梶光一著）地域環境ガバナンスとしての野生動物管理
（梶光一著）野生動物管理システム研究のコンセプト（梶光
一著）研究プロセスと調査法（戸田浩人，大橋春香著）ミク
ロスケールの管理（桑原考史，角田裕志著）メソスケールの管
理（大橋春香著）マクロスケールの管理（丸山哲也，齊藤正恵
著）イノシシ管理からみた野生動物管理の現状と課題（大橋
春香著）学際的な野生動物管理システム研究の進め方（中島
正裕著）北米とスカンジナビアの野生動物管理（小池伸介
著）野生動物の食肉流通（田村孝浩著）統合的な野生動物
管理システム（土屋俊幸，梶光一著）〉Ⓘ978-4-13-060227-3
Ⓝ659.7　［4800円］

◇野生動物保全教育実践の展望─知床ヒグマ学習，イリオモテ
ヤマネコ保護活動，東京ヤゴ救出作戦　大森享編著　創風社
2014.5　274p　21cm（内容：野生動物保全教育実践の展望
（大森享著）知床ヒグマ学習（金澤裕司著）イリオモテヤマ
ネコの生態と保護活動（岡村麻生著）イリオモテヤマネコ保
護活動の現状と課題（戸川久美著）東京・墨田区「ヤゴ救出
作戦」の現状と課題（尾崎優者）長野県における野生動物を
めぐる環境教育（渡辺隆一著）自然体験学習における野生動
物の捕獲・採集規制への向き合い方（坂元雅行著）発達心理
学からみた自然体験，野生動物との共存（小渕隆司著）〉Ⓘ978-
4-88352-205-7　Ⓝ375　［2000円］

日本（薬局方）

◇第十六改正日本薬局方第二追補　医薬品医療機器レギュラト
リーサイエンス財団編集　じほう　2014.4　268,137p　26cm
〈索引あり〉Ⓘ978-4-8407-4582-6　Ⓝ499.121　［8500円］

◇第十六改正日本薬局方第二追補─条文と注解　日本薬局方解
説書編集委員会編　廣川書店　2014.4　656p　27cm〈索引あ
り〉Ⓘ978-4-567-01527-1　Ⓝ499.121　［13000円］

◇第十六改正日本薬局方第二追補解説書　日本薬局方解説書編
集委員会編　廣川書店　2014.5　1冊　27cm〈索引あり〉
Ⓘ978-4-567-01528-1　Ⓝ499.121　［45000円］

◇日本薬局方　第16改正　第2追補　［東京］　厚生労働省
［2014］　270p　30cm　Ⓝ499.121

◇日本薬局方─HANDY INTELLIGENCE：通則・生薬総則・
製剤総則&一般試験法　平野精之，市川秀喜共著　京都廣川書
店　2014.3　283p　22cm〈索引あり〉Ⓘ978-4-906992-34-8
Ⓝ499.121　［5800円］

日本（遊園地─統計）

◇特定サービス産業実態調査報告書　平成25年　公園，遊園地・
テーマパーク編　［東京］　経済産業省大臣官房調査統計グ
ループ　2014.12　76p　30cm　Ⓝ673.9

日本（遊園地事業─統計）

◇特定サービス産業実態調査報告書　平成25年　公園，遊園地・
テーマパーク編　［東京］　経済産業省大臣官房調査統計グ
ループ　2014.12　76p　30cm　Ⓝ673.9

日本（遊廓─歴史─1945〜─写真集）

◇遊郭─紅燈の街区　渡辺豪著　［出版地不明］　渡辺豪　2014.
4　1冊（ページ付なし）31×31cm　Ⓝ526.38

日本（有価証券）

◇個人投資家のための金融商品と税制ハンドブック　森谷義光，
今井慶一郎，鈴木憲太郎共著　税務研究会出版局　2014.6
191p　21cm　Ⓘ978-4-7931-2093-0　Ⓝ336.98　［1800円］

◇新相続税制・証券税制と資産対策─プロからのアドバイス
山本和義編著，高田隆央，宇都宮春樹共著　清文社　2014.8
222p　21cm　Ⓘ978-4-433-52824-9　Ⓝ336.985　［2200円］

◇図解証券投資の経理と税務　平成26年度版　SMBC日興証券
ソリューション企画部証券税制・相続業務推進室編　中央経
済社　2014.10　359p　26cm　Ⓘ978-4-502-86264-9　Ⓝ336.
98　［3000円］

◇図表でわかる金融商品課税の要点解説　平成27年版　小田満
著　大蔵財務協会　2014.12　209p　21cm〈索引あり〉
Ⓘ978-4-7547-2164-0　Ⓝ345.33　［1667円］

日本（遊戯〔児童〕─歴史─江戸時代─辞書）

◇江戸時代子ども遊び大事典　小林忠監修，中城正堯編著　東
京堂出版　2014.5　243p　27cm〈文献あり　索引あり〉
Ⓘ978-4-490-10847-7　Ⓝ384.55　［12000円］

日本（遊戯〔児童〕─歴史─昭和時代）

◇昭和のあそび　小野秀勝著　さいたま　彩の書房　2014.1
168p　21cm　Ⓘ978-4-9907552-0-1　Ⓝ384.55　［1800円］

日本（有機EL─特許）

◇デュポンの有機EL材料　ネオテクノロジー　2014.1　1冊
31cm（特許分析レポート事業戦略と技術開発）〈ルーズリー
フ〉Ⓝ549　［350000円］

◇塗布型有機EL─マルチクライアント特許調査企画　プロセス
編　［東京］　ネオテクノロジー　［2013］　2冊　31cm〈ルー
ズリーフ　内容：[1]　公開特許　[2]　登録特許〉Ⓝ549.9

◇塗布型有機EL─マルチクライアント特許調査企画　材料編
［東京］　ネオテクノロジー　［2013］　1冊　31cm〈ルーズ
リーフ〉Ⓝ549.9

◇有機ELに取り組む全企業─特許データからビジネスチャンス
を探る　2014　ネオテクノロジー　2014.3　41,263p　30cm
Ⓝ549.9　［48000円］

◇有機ELのガスバリア技術─IPC/FIガイド付き　part 2　ネオ
テクノロジー　2013.9　3,101p　30cm（技術と特許をつな
ぐパテントガイドブック）〈折り込1枚〉Ⓝ549.9　［80000
円］

◇有機ELの封止技術─生きている登録特許　登録特許編　ネオ
テクノロジー　2013.7　1冊　31cm〈奥付のタイトル：有機
EL封止技術　ルーズリーフ〉Ⓝ549.9　［180000円］

◇UDCの有機EL材料　ネオテクノロジー　2014.1　1冊　31cm
（特許分析レポート事業戦略と技術開発）〈ルーズリーフ〉
Ⓝ549　［350000円］

日本（有機エレクトロルミネッセンス照明─特許）

◇有機EL照明国内公開特許─特許調査報告書　2013年度版　ネ
オテクノロジー　2013.12　2冊（別冊とも）30cm〈別冊：
327p：2013年　5月─2013年 7月〉Ⓝ549.9

日本（有機農業）

◇畑から宇宙が見える─川口由一と自然農の世界　新井由己著
宝島社　2014.4　191p　18cm（宝島社新書 444）Ⓘ978-4-
8002-2298-5　Ⓝ615.71　［800円］

◇ようこそ，ほのぼの農園へ─いのちが湧き出る自然農の畑
松尾靖子著　地湧社　2014.5　220p　19cm　Ⓘ978-4-88503-
231-8　Ⓝ615.71　［1300円］

日本（有産階級）

◇データでわかる日本の新富裕層　三浦展，三菱総合研究所生活
者市場予測システム著　洋泉社　2014.9　206p　19cm
Ⓘ978-4-8003-0463-6　Ⓝ675　［1600円］

日本（郵便切手）

◇切手と旅する京都─京100選　福井和雄著　日本郵趣出版
2014.10　125p　21cm（切手ビジュアルトラベル・シリー
ズ）〈郵趣サービス社（発売）〉Ⓘ978-4-88963-777-9　Ⓝ291.
62　［2050円］

◇ふるさと切手+風景印マッチングガイド─切手女子も大注
目！　古沢保著　日本郵趣出版　2014.3　126p　21cm〈郵

日本件名図書目録2014　I　　　　　　　　　　　　　　　　　　　　　　　　　　　　　　　　　日本（幼児教育―法令）

趣サービス社（発売）索引あり〉①978-4-88963-766-3
Ⓝ693.8　[1750円]

日本（郵便切手―歴史―昭和後期）
◇切手画家木村勝の遺した資料―戦後切手1962-1984：福島市資料展示室（ふれあい歴史館）・郵政博物館所蔵資料　『木村勝の遺した資料』編集委員会企画監修　日本郵趣協会　2014.10　95p　26cm　①978-4-88963-773-1　Ⓝ693.8　[4500円]

日本（郵便切手―歴史―昭和時代）
◇第1次国立公園切手の体系的収集　神宝浩著　日本郵趣協会　2014.9　125p　26cm　（郵趣モノグラフ 22）①978-4-88963-775-5　Ⓝ693.8　[4500円]

日本（郵便切手―歴史―大正時代）
◇大正切手―田沢型切手発行100周年　山口充監修　日本郵趣協会　2014.3　207p　29cm　〈《JAPEX 2013》記念出版〉①978-4-88963-764-9　Ⓝ693.8　[8000円]

日本（郵便切手―歴史―明治時代）
◇日本手彫切手―金井宏之コレクション　第1巻　龍切手　神戸切手文化博物館　2014.3　93, 27p　31cm　Ⓝ693.8
◇日本手彫切手―金井宏之コレクション　第2巻　和紙桜切手　神戸　切手文化博物館　2014.3　p94-278, 29p　31cm　Ⓝ693.8
◇日本手彫切手―金井宏之コレクション　第3巻　洋紙桜切手・鳥切手　神戸　切手文化博物館　2014.3　p279-473, 42p　31cm　Ⓝ693.8
◇日本手彫切手―金井宏之コレクション　第3巻　洋紙桜切手・鳥切手　[修正版]　神戸　切手文化博物館　2014.3　p279-473, 42p　31cm　Ⓝ693.8
◇日本手彫切手―金井宏之コレクション：解説　神戸　切手文化博物館　2014.3　80p　30cm　Ⓝ693.8
◇日本手彫切手―金井宏之コレクション：解説　[修正版]　神戸　切手文化博物館　2014.3　80p　30cm　Ⓝ693.8

日本（郵便局）
◇郵貯探訪―〒めぐりで得たもの、思ったこと　塩見昇著　教育史料出版会　2014.7　175p　21cm　〈文献あり　索引あり〉①978-4-87652-528-7　Ⓝ693.3　[1700円]

日本（郵便事業）
◇日本郵便の「新たな価値」創造へ―郵便創造研究会報告書　新たな日本郵便の持続可能なビジネス展開を創造する研究会［著］［東京］JP総合研究所　2014.7　110p　30cm　〈文献あり〉Ⓝ693.21

日本（郵便スタンプ）
◇ふるさと切手＋風景印マッチングガイド―切手女子も大注目！　古沢保著　日本郵趣出版　2014.3　126p　21cm　〈郵趣サービス社（発売）索引あり〉①978-4-88963-766-3　Ⓝ693.8　[1750円]

日本（幽霊）
◇物の怪たちの正体―怪異のルーツとあれやこれ：『鬼灯の冷徹』の妖怪も大解析！　"物の怪"民俗学研究会著　笠倉出版社　2014.4　161p　21cm　〈文献あり〉①978-4-7730-8704-8　Ⓝ387.91　[790円]

日本（UJIターン）
◇移住者の地域起業による農山村再生　筒井一伸, 嵩和雄, 佐久間康富著, 小田切徳美監修　筑波書房　2014.9　62p　21cm　（JC総研ブックレット No.5）〈文献あり〉①978-4-8119-0445-0　Ⓝ611.151　[750円]

日本（妖怪）
◇怪異の風景学　佐々木高弘著　古今書院　2014.10　218p　19cm　（シリーズ妖怪文化の民俗地理 2）〈索引あり　2009年刊の再刊〉①978-4-7722-8508-7　Ⓝ387　[2800円]
◇全国妖怪事典　千葉幹夫編　講談社　2014.12　301p　15cm　（講談社学術文庫 2270）〈索引あり　小学館 1995年刊の再刊〉①978-4-06-292270-8　Ⓝ387.91　[1000円]
◇日本の妖怪完全ビジュアルガイド　小松和彦, 飯倉義之監修　カンゼン　2014.6　237p　21cm　〈文献あり　索引あり〉①978-4-86255-260-0　Ⓝ387.91　[1700円]
◇日本妖怪大全―妖怪・あの世・神様　水木しげる［著］　決定版　講談社　2014.2　923p　図版16p　15cm　（講談社文庫 み36-15）「図説日本妖怪大全」（講談社＋α文庫 1994年刊）と「図説日本妖怪大鑑」（講談社＋α文庫 2007年刊）の改題、再編集①978-4-06-277602-8　Ⓝ387.91　[1900円]
◇HUMAN―知の森へのいざない　vol.06（2014July）〈特集〉日本の魑魅魍魎　人間文化研究機構監修　平凡社　2014.7　150p　21cm　〈内容：日本人は妖怪がお好き（小松和彦, 夢枕獏

述）　妖怪らしさ（京極夏彦著）　江戸の三大改革と妖怪文化（香川雅信著）　妖怪で遊ぶ江戸庶民（横山泰子著）　化物たちの暮らしぶり（アダム・カバット著）　妖怪と仏教（堤邦彦著）　描かれた妖怪たち（安村敏信著）　聖なる木にやどるもの（菊地章太著）〈魑魅魍魎〉から〈毛人水怪〉へ（武田雅哉著）　未知との遭遇（山中由里子著）　インド人にとって〈幽霊〉とは何か（プラット・アブラハム・ジョージ著）　妖怪を翻訳する（マイケル・ディラン・フォスター著）「霊感の話」が語る現代日本の世相（高岡弘幸著）　妖怪と出会ったころ（大泉実成著）死者との再会（東雅夫著）　妖怪で町おこし（松村薫子著）　ウイルスの姿に妖怪を見る（武村政春著）　河童を展示する（常光徹著）　知の支援のお国ぶり　中国（大崎仁著）　コモンズ（阿部健一著）　社会運動をいかに捉えるか（石坂晋哉著）〉①978-4-582-21236-5　Ⓝ002　[1500円]
◇物の怪たちの正体―怪異のルーツとあれやこれ：『鬼灯の冷徹』の妖怪も大解析！　"物の怪"民俗学研究会著　笠倉出版社　2014.4　161p　21cm　〈文献あり〉①978-4-7730-8704-8　Ⓝ387.91　[790円]

日本（妖怪―歴史―江戸時代）
◇江戸の化物―草双紙の人気者たち　アダム・カバット著　岩波書店　2014.1　200p　20cm　〈文献あり〉①978-4-00-022289-1　Ⓝ913.57　[2400円]
★江戸のUMA談―未確認生物の世界　にほんの歴史★楽会編　静山社　2014.12　223p　19cm　〈文献あり〉①978-4-86389-297-2　Ⓝ387.91　[1400円]

日本（洋菓子）
◇ゆるパイ図鑑―愛すべきご当地パイたち　藤井青銅著　扶桑社　2014.8　122p　19cm　①978-4-594-07086-1　Ⓝ588.35　[1000円]

日本（窯業―統計）
◇経済産業省生産動態統計年報　資源・窯業・建材統計編　平成25年　経済産業省大臣官房調査統計グループ／編　経済産業統計協会　2014.7　127p　30cm　①978-4-86499-010-3　[6000円]

日本（養子）
◇いま知ってほしい養子縁組のはなし　西岡攻, 伊藤浩共著　日本法令　2014.3　242p　19cm　①978-4-539-72364-7　Ⓝ324.63　[1600円]
◇親子福祉法の比較法的研究　1　養子法の研究　鈴木博人著　八王子　中央大学出版部　2014.7　367p　22cm　（日本比較法研究所研究叢書 97）〈内容：養子制度の制度設計　養子法の国際比較　ドイツの養子法　福祉制度としての養子制度　成年養子制度の現代的意義　日本の養子縁組斡旋をめぐる課題　児童相談所が関与した養子縁組に関するアンケートの法的分析　児童相談所が関与した養子縁組になった子どもの分析　児童養育制度としての里親制度の特色　里親の私法上の地位　ドイツにおける里親委託の法的構造〉①978-4-8057-0596-4　Ⓝ324.63　[4500円]
◇戸籍の窓口―フローチャートでわかる届書の審査　3　養子離縁・縁氏続称・特別養子離縁　山下敦子著　日本加除出版　2014.11　285p　26cm　〈文献あり〉①978-4-8178-4196-4　Ⓝ324.87　[3450円]
◇わが子よ―出生前診断、生殖医療、生みの親・育ての親　共同通信社社会部編　現代書館　2014.11　246p　19cm　①978-4-7684-5741-2　Ⓝ495.5　[1500円]

日本（幼児教育）
◇「子ども主体の協同的な学び」が生まれる保育　大豆生田啓友編　学研教育みらい　2014.6　144p　30cm　（Gakken保育Books）〈学研マーケティング（発売）〉①978-4-05-406037-1　Ⓝ376.1　[2800円]
◇施設実習　民秋言, 安藤和彦, 米谷光弘, 中山正雄編著　新版　京都　北大路書房　2014.4　198p　21cm　（新保育ライブラリ）〈文献あり〉①978-4-7628-2841-6　Ⓝ376.1　[1700円]
◇保育サービス企業の経営実態総覧―保育所（園）・学童保育所・幼児教室　2014　綜合ユニコム　2014.7　114p　30cm　①978-4-88150-603-5　Ⓝ369.42　[60000円]
◇幼児体育―理論と実践：日本幼児体育学会認定幼児体育指導員養成テキスト　上級　日本幼児体育学会編　岡山　大学教育出版　2013.1　370p　26cm　〈執筆：前橋明ほか〉①978-4-86429-142-2　Ⓝ376.157　[3000円]
◇幼保一体化の変遷　小田豊著　京都　北大路書房　2014.3　9, 173p　19cm　〈年表あり〉①978-4-7628-2855-3　Ⓝ376.1　[1800円]

日本（幼児教育―法令）
◇最新保育資料集―保育所、幼稚園、保育者に関する法制と基本データ　2014　森上史朗監修、大豆生田啓友, 三谷大紀編　京都　ミネルヴァ書房　2014.4　605,53p　21cm　〈年表あり〉①978-4-623-06950-7　Ⓝ376.1　[2000円]

日本（幼児教育―歴史―1868～1945）

◇手技の歴史―フレーベルの「恩物」と「作業」の受容とその後の理論的、実践的展開　清原みさ子著　新読書社　2014.4　484p　22cm　①978-4-7880-1175-5　Ⓝ376.121　[7000円]

日本（幼児教育―歴史―明治以後）

◇近代日本の幼児教育における劇活動の意義と変遷　南元子著　名古屋　あるむ　2014.9　191p　21cm　①978-4-86333-089-4　Ⓝ376.157　[1800円]

日本（幼稚園）

◇最新/保育園・幼稚園の人事・労務管理と就業規則　工藤剛著　日本法令　2014.2　371p　21cm　①978-4-539-72353-1　Ⓝ376.14　[2400円]

◇幼児教育・保育についての基本調査報告書　第2回　ベネッセ教育総合研究所企画・制作　[多摩]　ベネッセコーポレーション　2014.2　133p　26cm　（報告書　2013年度　vol. 1）〈年表あり〉Ⓝ376.1

日本（幼稚園―安全管理）

◇実践！　園防災まるわかりBOOK　国崎信江著　メイト　2014.7　87p　26cm　（ひろばブックス）①978-4-86051-125-8　Ⓝ376.14　[1800円]

◇保育現場の「深刻事故」対応ハンドブック　山中龍宏、寺町東子、栗並えみ、掛札逸美共著　ぎょうせい　2014.6　117p　22cm　①978-4-324-09820-2　Ⓝ376.14　[1500円]

日本（幼稚園―名簿）

◇会員録　平成26年度　[東京]　全国国立大学附属学校連盟幼稚園部会　[2014]　50p　21cm　Ⓝ376.1

日本（養蜂）

◇飼うぞ殖やすぞミツバチ　農山漁村文化協会編　農山漁村文化協会　2014.9　64p　30cm　（現代農業特選シリーズ　8）①978-4-540-14169-0　Ⓝ646.9　[1800円]

日本（浴場）

◇公衆浴場業（一般公衆浴場）の実態と経営改善の方策　[東京]　[厚生労働省健康局生活衛生課]　2014.9　56p　30cm　Ⓝ673.96

◇最後の銭湯絵師―三十年の足跡を追う　町田忍著　草隆社　2013.12　111p　19×21cm　①978-4-915678-25-7　Ⓝ673.96　[2500円]

◇生活衛生関係営業経営実態調査報告―公衆浴場業（一般公衆浴場）平成24年度　[東京]　[厚生労働省健康局生活衛生課]　[2014]　137p　30cm〈平成25年1月21日現在〉Ⓝ673.96

日本（予算・決算）

◇一番やさしい自治体予算の本　定野司著　学陽書房　2013.12　170p　21cm　①978-4-313-16660-8　Ⓝ349.41　[1900円]

◇国の予算　平成25年度　平成25年度予算、平成25年度暫定予算、平成24年度補正予算　財政調査会/編　大蔵財務協会　2014.1　881p　26cm　①978-4-7547-2075-9　[16190円]

◇自治体予算要覧―全都道府県・市区　2014年度　日本経済新聞社産業地域研究所編著　日本経済新聞社産業地域研究所　2014.7　247p　30cm〈日本経済新聞出版社（発売）〉①978-4-532-63602-9　Ⓝ349.41　[15000円]

◇農林水産予算の概要―未定稿　平成26年度　[東京]　農林水産省大臣官房予算課　2014.1　196p　30cm　Ⓝ611.1

◇予算参照書―文化庁　平成26年度　[東京]　文部科学省　[2014]　282p　30cm〈第186回国会（常会）提出平成26年度（安倍内閣）〉Ⓝ709.1

日本（予算・決算―歴史―昭和後期）

◇自民党政権の予算編成　ジョン・C.キャンベル著、真渕勝訳　勁草書房　2014.12　300p　22cm　（ポリティカル・サイエンス・クラシックス　6）〈索引あり　「予算ぶんどり」（サイマル出版会　1984年刊）の改題、新訳〉①978-4-326-30235-2　Ⓝ344.1　[4800円]

日本（世論）

◇社会意識に関する世論調査　平成26年1月調査　[東京]　内閣府大臣官房政府広報室　[2014]　351p　30cm　（世論調査報告書）Ⓝ361.47

◇福島原発事故と国民世論　柴田鐵治、友清裕昭著　ERC出版　2014.10　193p　21cm　①978-4-900622-54-8　Ⓝ543.5　[1800円]

◇民意のつくられかた　斎藤貴男著　岩波書店　2014.12　300p　15cm　（岩波現代文庫）〈2011年刊の加筆、再編集　内容：言論人が国策を先導するのか　つくられた原子力神話．1　つくられた原子力神話．2　ジャーナリズム、教育をまきこんで国策PR　捕鯨国ニッポンの登場　道路とNPO　派遣村バッシ

ング　五輪招致という虚妄　仕組まれる選挙〉①978-4-00-603277-7　Ⓝ361.47　[1040円]

日本（ライセンス契約）

◇独占的ライセンス制度の在り方に関する調査研究報告書　[東京]　知的財産研究所　2014.2　1, 613p　30cm　（特許庁産業財産権制度問題調査研究報告書　平成25年度）Ⓝ507.2

日本（酪農経営）

◇日本を救う農地の畜産的利用―TPPと日本畜産の進路　畜産経営経済研究会、小林信一編　農林統計出版　2014.9　213p　21cm〈内容：酪農経営の課題と展望（小林信一著）　酪農経営の動向と生乳生産者団体（並木健二著）　日豪EPA・TPPと農業・酪農（鈴木宣弘著）　乳製品関税の撤廃による都府県生乳生産量および北海道プール乳価の変動推計（清水池義治著）　生乳取引における生産者団体の取り組み（並木健二著）　畜産・酪農経営安定対策と飼料基金（神山安雄著）　全国酪農協会等による提言と畜産政策の課題（小林信一著）　畜産の経営展開とエコフィード（淡路和則著）　日本の畜産と飼料政策の方向（森岡一著）　TPPへの対抗戦略は飼料用米による飼料原料の国産化（信岡誠治著）　水田における粗飼料生産・流通の展開方向と課題（福田晋、森高正博著）　韓国の経済自由化と酪農・肉牛の現状（趙顕辰著）　安定と持続性のある酪農業を支える要因（エリック川辺著）〉①978-4-89732-304-6　Ⓝ641.7　[2500円]

日本（ラグビー）

◇ラグビー・エクスプレス―イングランド経由日本行き　日本ラグビー狂会編・著　双葉社　2014.2　221p　19cm　①978-4-575-30619-4　Ⓝ783.48　[1600円]

日本（ラジオ放送）

◇ラジオCM研究―ラジオCM＆ジングルの比較研究　中京大学現代社会学部・加藤晴明研究室編　[豊田]　中京大学現代社会学部・加藤晴明研究室　2013.3　113p　30cm　（メディア文化研究　社会調査実習報告書　第17号）〈執筆：中京大学現代社会学部4期生・5期生〉Ⓝ674.6

日本（ラップ〔音楽〕）

◇ラップのことば　2　猪又孝企画・編集　スペースシャワーネットワーク　2014.4　303p　20cm　（[SPACE SHOWER BOOKs]）〈1の出版者：Pヴァイン・ブックス〉①978-4-907435-23-3　Ⓝ764.7　[2200円]

日本（ラップ〔音楽〕―伝記）

◇街のものがたり―新世代ラッパーたちの証言：feat.AKLO, ERA,OMSB,PUNPEE,MARIA, 田我流, 宇多丸,Mummy-D, THE OTOGIBANASHI'S　巻紗葉編著　Pヴァイン　2013.7　235p　19cm　（ele-king books）〈日販アイ・ピー・エス（発売）〉①978-4-907276-01-0　Ⓝ764.7　[1900円]

日本（陸軍）

◇道程―松本一郎著作集　松本一郎著　緑蔭書房　2014.4　398p　20cm〈年譜あり　内容：生い立ちの記　恩師の痛棒　古沢先生という人　伊達裁判長の思い出　砂川事件余話　愚直の人　鬼官兵衛の最期　生と死と　浄めと霊魂　幼年学校の教育　父と馬と私　暗かった夏　一期一会　夢は異なもの　やがて悲しき　魔王と呼ばれた男　死を我等に　西田税暗殺未遂事件　安藤大尉の生と死　磯部と真崎の対決　真崎大将の人間像　池田俊彦氏を偲ぶ　「いそべの杜」を訪ねる　『二・二六事件裁判原本資料』解説　『陸軍成規類聚』研究資料』解説　『陸軍成規類聚』昭和版』解説　『陸軍成規類聚』別冊』解説　『陸軍成規類聚』明治版』解説　『陸軍軍法会議判例集』解説〉①978-4-89774-330-1　Ⓝ210.7　[3200円]

◇日本の武器とM4前面貫徹痕　長濱康隆著　名古屋　ブイツーソリューション　2014.10　149p　26cm　①978-4-86476-248-9　Ⓝ559.021　[3600円]

日本（陸軍―名簿）

◇合葬者名簿―旧真田山陸軍墓地関係　小田康徳制作　[出版地不明]　[小田康徳]　2013.2　150p　30cm〈2010-12年学術振興会科学研究費補助金（基盤研究（B）)研究課題名「旧真田山陸軍墓地内納骨堂の悉皆調査からみる戦没者慰霊の歴史的実相」〉Ⓝ210.74

◇納骨名簿―旧真田山陸軍墓地内納骨堂　[小田康徳著]　[出版地不明]　小田康徳（制作）2013.3制作　268p　26cm〈2010-2012年度学術振興会科学研究費補助金（基盤研究（B）)（研究課題名）「旧真田山陸軍墓地内納骨堂の悉皆調査から見る『戦没者慰霊』の歴史的実相」〉Ⓝ210.74

◇埋葬願―旧真田山陸軍墓地　小田康徳制作　[出版地不明]　[小田康徳]　2013.2　84p　30cm〈2010-12年学術振興会科学研究費補助金（基盤研究（B）)研究課題名「旧真田山陸軍墓地内納骨堂の悉皆調査からみる戦没者慰霊の歴史的実相」〉Ⓝ210.74

日本（陸軍―歴史―1868～1945）

◇近代日本の陸軍と国民統制―山縣有朋の人脈と宇垣一成　伊勢弘志著　校倉書房　2014.12　428p　22cm　（歴史科学叢

日本件名図書目録2014　Ｉ　　　　　　　　　　　　　　　　　　　　　　　　　　日本（立憲主義）

書〉〈文献あり　索引あり〉①978-4-7517-4570-0　Ｎ312.1
［10000円］
◇陸軍員外学生―東京帝国大学に学んだ陸軍のエリートたち
石井正紀著　潮書房光人社　2014.7　273p　16cm（光人社
NF文庫　いN-838）〈文献あり〉①978-4-7698-2838-9　Ｎ396.
21　［780円］

日本（陸軍―歴史―昭和前期）
◇一式戦闘機隼のすべて―完全保存版　ダイアプレス　2014.4
103p　29cm　（DIA Collection）〈文献あり〉①978-4-
86214-856-8　Ｎ396.8　［743円］
◇永遠の四一―歩兵第四一連隊の足跡を訪ねて　大田祐介編著
福山　福山健康会　2014.6　559p　27cm〈文献あり〉①978-
4-905346-11-1　Ｎ396.59　［3796円］
◇最強師団の宿命　保阪正康著　中央公論新社　2014.8　247p
16cm（中公文庫　ほ1-18）〈毎日新聞社　2008年刊の再刊〉
①978-4-12-205994-8　Ｎ396.21　［920円］
◇昭和陸軍全史　1　満州事変　川田稔著　講談社　2014.7
378p　18cm　（講談社現代新書　2272）〈文献あり〉①978-4-
06-288272-9　Ｎ396.21　［1000円］
◇昭和陸軍全史　2　日中戦争　川田稔著　講談社　2014.11
345p　18cm　（講談社現代新書　2289）〈文献あり〉①978-4-
06-288289-7　Ｎ396.21　［1000円］
◇昭和陸軍秘録―軍務局軍事課長の幻の証言　西浦進著　日本
経済新聞出版社　2014.8　431p　20cm〈年譜あり　索引あり〉
①978-4-532-16936-7　Ｎ396.21　［3600円］
◇日本軍と日本兵―米軍報告書は語る　一ノ瀬俊也著　講談社
2014.1　263p　18cm　（講談社現代新書　2243）〈文献あり〉
①978-4-06-288243-9　Ｎ396.21　［800円］
◇北方部隊の朝鮮人兵士―日本陸軍に動員された植民地の若者
たち　北原道子著　現代企画室　2014.3　374p　21cm〈文献
あり　内容：日本部隊に動員された朝鮮人軍士動員とは　北方部隊に動員された朝
鮮人軍人の総人員数　「朝鮮人第五方面軍留守名簿」・「朝鮮人
北部軍留守名簿」・「朝鮮人船舶軍〈北方〉留守名簿（千島）」の
データからみる朝鮮人軍人の実態　日本部隊における朝鮮人
の部隊配備・戦闘状況・被害　戦後の状況　朝鮮人学徒兵経験
者呉昌禄さんに聞く　朝鮮人少年戦車兵〉①978-4-7738-1406-
4　Ｎ210.75　［2800円］
◇陸軍下志津・八街・東金飛行場の役割―陸軍の司偵隊とその活
動　服部雅徳編著　［八街］　八街郷土史研究会　2014.1
126p　26cm　（会誌「郷土八街」臨時号）〈年表あり　文献あ
り　付・簡略八街飛行場・前後史〉Ｎ396.8

日本（陸軍―歴史―大正時代）
◇陸軍下志津・八街・東金飛行場の役割―陸軍の司偵隊とその活
動　服部雅徳編著　［八街］　八街郷土史研究会　2014.1
126p　26cm　（会誌「郷土八街」臨時号）〈年表あり　文献あ
り　付・簡略八街飛行場・前後史〉Ｎ396.8

日本（陸軍―歴史―明治以後―写真集）
◇歩兵第四十連隊の写真帳―レンズがとらえた鳥取の軍隊　鳥
取市文化財団鳥取市歴史博物館編　鳥取　鳥取市文化財団鳥
取市歴史博物館　2013.11　75p　21cm〈会期：平成25年11月
23日―平成26年2月9日〉①978-4-904099-28-5　Ｎ396.59
［800円］

日本（陸軍―歴史―明治時代）
◇後藤伍長は立つていたか―八甲田山"雪中行軍"の真相を追う
川口泰英著　［弘前］　川口泰英　2014.2　296p　19cm〈北
方新社（発売）文献あり〉①978-4-89297-198-3　Ｎ396.59
［2000円］

日本（離婚）
◇「最高の離婚」のつくりかた　岡野あつこ編著　自由国民社
2014.12　209p　19cm　①978-4-426-11813-6　Ｎ367.4
［1400円］
◇時代が求めた「女性像」　第24巻　結婚観から見る女性像　3
岩見照代監修　ゆまに書房　2014.3　402,146,8p　22cm〈「婦
人公論大学　結婚篇」（中央公論社　昭和6年刊）の複製　「婚姻
と離婚」（寶文館　昭和25年刊）の複製　第15巻～29巻までのタ
イトル関連情報：「女性像」の変容と変遷　布装　内容：婦人
公論大学　結婚篇　婚姻と離婚（中川善之助著）〉①978-4-
8433-3816-2,978-4-8433-3806-3（set）Ｎ367.21　［20000円］
◇有利に解決！離婚調停―こじれた話合いもスッキリとうまく
いく！　有吉春代監修，飯野たから著　自由国民社　2014.1
239p　19cm〈新しい家事事件手続法に対応〉①978-4-426-
11751-1　Ｎ324.62　［1400円］
◇離婚事件処理の実務―Q&Aと給付事例　離婚事件処理実務研
究会編　名古屋　新日本法規出版　2013.11－　冊（加除式）
27cm　Ｎ324.62

◇離婚・内縁解消の法律相談　山之内三紀子編　第3版　青林書
院　2014.2　567p　21cm　（新・青林法律相談　8）〈索引あ
り〉①978-4-417-01614-4　Ｎ324.62　［5400円］
◇「離婚」のやさしい事典―キーワードと用語でわかりやすく解
説　比留田薫監修　主婦の友社　2014.3　159p　21cm〈索引
あり〉①978-4-07-293663-4　Ｎ324.62　［1300円］

日本（離婚―歴史―江戸時代）
◇三くだり半と縁切寺―江戸の離婚を読みなおす　高木侃著
吉川弘文館　2014.12　259p　19cm　（読みなおす日本史）
〈文献あり　講談社　1992年刊の再刊〉①978-4-642-06583-2
Ｎ385.4　［2400円］

日本（リサイクル〔廃棄物〕）
◇建設リサイクルハンドブック　2014-2015　建設リサイクル実
務要覧追録臨時号　建設副産物リサイクル広報推進会議編
大成出版社　2014.11　638p　19cm　Ｎ510.921　［1482円］
◇建設リサイクルハンドブック　2014-15　建設副産物リサイク
ル広報推進会議編集　大成出版社　2014.11　638p　19cm
①978-4-8028-3176-5　Ｎ510.921　［1852円］
◇循環産業の国際展開に資する日本及びアジア各都市の廃棄物
処理・リサイクルに関する状況分析調査業務―報告書　平成
25年度　［川崎］　日本環境衛生センター　2014.3　252p
30cm　Ｎ518.523
◇廃棄物の広域移動対策検討調査及び廃棄物等循環利用量実態
調査報告書―廃棄物等循環利用量実態調査編　平成24年度
［東京］　環境省大臣官房廃棄物・リサイクル対策部　2013.3
82p　30cm　Ｎ518.523
◇廃棄物の広域移動対策検討調査及び廃棄物等循環利用量実態
調査報告書―廃棄物等循環利用量実態調査編　平成25年度
［東京］　環境省大臣官房廃棄物・リサイクル対策部　2014.3
82p　30cm　Ｎ518.523
◇リサイクルデータブック　2014　産業環境管理協会　2014.7
107p　30cm　Ｎ519.7

日本（リース業―統計）
◇特定サービス産業実態調査報告書　平成25年　各種物品賃貸
業、産業用機械器具賃貸業、事務用機械器具賃貸業編　［東
京］　経済産業省大臣官房調査統計グループ　2014.12　347p
30cm　Ｎ673.9
◇特定サービス産業実態調査報告書　平成25年　自動車賃貸業、
スポーツ・娯楽用品賃貸業、その他の物品賃貸業編　［東京］
経済産業省大臣官房調査統計グループ　2014.12　335p
30cm　Ｎ673.9

日本（リチウムイオン電池―特許）
◇リチウムイオン電池に取り組む全企業―特許データからビジ
ネスチャンスを探る　2014　ネオテクノロジー　2014.1　43,
269p　30cm　Ｎ572.12　［48000円］
◇リチウムイオン電池の正極活物質酸化物系（複合系含む）　ネオ
テクノロジー　2014.5　1冊　30cm　（特許調査レポート）
Ｎ572.12　［98000円］
◇リチウムイオン電池の正極活物質ポリアニオン系　ネオテク
ノロジー　2014.5　1冊　30cm　（特許調査レポート）Ｎ572.
12　［98000円］
◇リチウムイオン電池の電極用バインダの最前線―IPC/FIガイ
ド付き　part 2　ネオテクノロジー　2014.5　133p　30cm
（技術と特許をつなぐパテントガイドブック）〈折り込1枚〉
Ｎ572.12　［80000円］
◇リチウムイオン電池の負極活物質金属、合金系　ネオテクノ
ロジー　2014.4　1冊　30cm　（特許調査レポート）Ｎ572.12
［98000円］
◇リチウムイオン電池の負極活物質金属酸化物の複合系　ネオ
テクノロジー　2014.4　3, 1, 116p　30cm　（特許調査レポー
ト）Ｎ572.12　［98000円］
◇リチウムイオン電池の負極活物質珪素（シリコン）系　第2版
ネオテクノロジー　2014.4　1冊　30cm　（特許調査レポー
ト）Ｎ572.12　［98000円］
◇リチウムイオン電池の負極活物質珪素（シリコン）系　ネオテ
クノロジー　2014.3　349p　30cm　（特許調査レポート）
Ｎ572.12　［98000円］
◇リチウムイオン電池の負極活物質錫　ネオテクノロジー
2014.4　1冊　30cm　（特許調査レポート）Ｎ572.12　［98000
円］
◇リチウムイオン電池の負極活物質炭素系　ネオテクノロジー
2014.4　1冊　30cm　（特許調査レポート）Ｎ572.12　［98000
円］

日本（立憲主義）
◇シリーズ日本の安全保障　3　立憲的ダイナミズム　遠藤誠治，
遠藤乾編集代表　水島朝穂責任編集　岩波書店　2014.12
304,2p　20cm〈内容：安全保障の立憲的ダイナミズム（水島

895

日本（立憲主義―歴史）

朝穂著） 九条の政府解釈のゆくえ（水島朝穂著） 主権・自衛権・安全保障（高作正博著） 九条論を開く（山元一著） 軍隊と憲法（石川健治著） 文民統制論のアクチュアリティ（青井未帆著） 裁判所と九条（蟻川恒正著） インテリジェンスと監視（岡本篤尚著） 立憲・平和主義の構想（愛敬浩二著） リスクの憲法論（藤井康博、高橋雅人著） 安全保障の市民的視点（君島東彦著） Ⓘ978-4-00-028753-1 Ⓝ393 ［2900円］

◇私たちは政治の暴走を許すのか 立憲デモクラシーの会編 岩波書店 2014.10 70p 21cm （岩波ブックレット No.910）〈内容：立憲デモクラシーは「人類普遍の原理」か？（愛敬浩二著） 日中は抗争時代に向かうのか（毛里和子著） 無から有は引きだせない（青井未帆著）「民主的立憲国家」は生き残れるのか（大竹弘二著） 立憲デモクラシーとは何か？（山口二郎著） ブレーキのない車に乗る覚悟はありますか？（杉田敦著） 解釈改憲はコミュニケーションの規範を崩す（西谷修著） 政権の矛盾や詭弁にだまされないために（山口二郎、杉田敦、西谷修述）〉 Ⓘ978-4-00-270910-9 Ⓝ312.1 ［580円］

日本（立憲主義―歴史）

◇鑑の近代―「法の支配」をめぐる日本と中国 古賀勝次郎著 春秋社 2014.1 341,9p 20cm 〈文献あり 年表あり 索引あり〉 Ⓘ978-4-393-34120-9 Ⓝ321.21 ［3000円］

◇日中における西欧立憲主義の継受と変容 高橋和之編 岩波書店 2014.10 193p 22cm 〈内容：西欧立憲主義はどう理解されたか（高橋和之著）「体用」論（高見勝利著） 日本憲法学における国体概念の導入について（西村裕一著） 戦前憲法学における二重法律概念と法治行政（毛利透著） 清末民初期の中国における立憲主義の継受（松井直之著） 明治憲法の「欽定憲法大綱」に対する影響（韓大元著） 明治憲法の近代中国の憲法制定に与えた影響の限界について（莫紀宏著） 国体概念の変遷（林来梵著）「国民の司法参加」の憲法的基礎およびその制度設計（洪英著） 美濃部達吉と中国の公法学（王貴松著）〉 Ⓘ978-4-00-025994-1 Ⓝ323.13 ［5500円］

日本（立法）

◇立法学―序論・立法過程論 中島誠著 第3版 京都 法律文化社 2014.1 365p 21cm 〈文献あり 索引あり〉 Ⓘ978-4-589-03547-9 Ⓝ314.1 ［3600円］

◇立法学のフロンティア 3 立法実践の変革 井田良、松原芳博編 京都 ナカニシヤ出版 2014.7 288p 22cm 〈索引あり 内容：「より良き立法」へのプロジェクト（高見勝利著） 立法における法・政策・政治の交錯とその「質」をめぐる対応のあり方（川﨑政司著） 責任プロセスにおける立法者（瀧川裕英著） 近年における刑事立法の活性化とその評価（井田良著） 立法化の時代における刑法学（松原芳博著） 裁判員制度の立法学的意義（亀井源太郎著） 民法（債権法）改正過程と立法過程の在り方（山田八千子著） 家族制度改革における立法の位置（大島梨沙著） 会社法改正の力学（中東正文著） 最近の労働法における立法学的問題（奥田香子、中窪裕也著） 労働立法と三者構成原則（濱口桂一郎著）〉 Ⓘ978-4-7795-0872-1 Ⓝ321.04 ［3800円］

日本（リハビリテーション）

◇大田仁史の『ハビリス』を考える―リハビリ備忘録 4 大田仁史著 三輪書店 2014.11 303p 19cm Ⓘ978-4-89590-493-3 Ⓝ369.26 ［2000円］

◇介護保険におけるリハビリテーションの充実状況等に関する調査研究事業【病院・診療所、通所リハビリテーション事業所調査】報告書 三菱総合研究所人間・生活研究所共同 2014.3 158p 30cm 〈平成25年度厚生労働省老人保健事業推進費等補助金（老人保健健康増進等事業分）〉 Ⓝ364.4

◇地域リハビリテーション原論 大田仁史著 Ver.6 医歯薬出版 2014.1 85p 26cm 〈索引あり〉 Ⓘ978-4-263-21436-7 Ⓝ369.26 ［1900円］

◇リハビリテーション専門職の市町村事業への関与のあり方に関する調査研究事業報告書 ［長崎］ 日本リハビリテーション病院・施設協会 2014.3 279p 30cm 〈平成25年度老人保健事業推進費等補助金（老人保健健康増進等事業分）〉 Ⓝ369.26

◇リハビリテーションと地域連携・地域包括ケア 日本リハビリテーション医学会監修, 日本リハビリテーション医学会診療ガイドライン委員会リハビリテーション連携パス策定委員会編集 診断と治療社 2013.6 247p 30cm 〈索引あり〉 Ⓘ978-4-7878-2022-8 Ⓝ369.26 ［3800円］

◇リハビリ特化型デイサービス事業化計画資料集 綜合ユニコム 2013.10 101枚 21×30cm Ⓘ978-4-88150-584-7 Ⓝ369.263 ［52000円］

日本（留学生）

◇外国人教員研修留学生最終プログラム報告書 第33期 2012年10月―2014年3月 つくば 筑波大学教育研究科 2014.3

435p 26cm 〈文献あり 英語併載 内容：第33期外国人教員研修留学生ファイナルレポート A review on learning progression in science（Goh,Ying Ying著） Comparing the teaching style of Hungarian and Japanese physical education（Kralik,Andrea著） Research on inquiry teaching method for science teachers from the view of constructivism（Kyaw Nyi Nyi Latt著） A comparative study on lower secondary mathematics textbooks between Japan and Peru（Perez Taxi,Juliana著） Analysis of EFL writing skills of Cambodia's rural high school students（Gnet,Samol著） 学校行事を通した生徒の成長に関する研究（趙玉涛著） Education organized by the local government（Tangthongtongkul,Chaiyasit著） Survey of high school mathematics teacher in Thailand about statistical literacy focusing on variability comparison with ISODA and Gonzá lez (2012)（Chitmun,Somchai著） Moral education（Asa Voaie,Cristina Mihaela著） A study on "actual condition of local educational administration" in Japan（Dos Reis,Jose Cardoso著） 指導教員、日本語担当教員、チューター、個別指導者からのメッセージ Goh Ying Yingさんとの思い出（片平克彦著） ほか 第33期外国人教員研修留学生プログラム活動及び文集 プログラムにおける活動 Goh,Ying Ying（Singapore） Kralik,Andrea（Hungary） Kyaw Nyi Nyi Latt（Myanmar） Perez Taxi,Juliana（Peru） Gnet,Samol（Cambodia） 趙玉涛（中国） Tangthongtongkul,Chaiyasit（Thailand） Chitmun,Somchai（Thailand） Asavoaie, Cristina Mihaela（Romania） Dos Reis,Jose Cardoso（Timor-Leste）〉 Ⓝ377.6

◇講義理解過程におけるアカデミック・インターアクションに関する実証的研究―留学生の視線行動から考えるグローバル化時代の大学教育 毛利貴美著 ココ出版 2014.2 483p 22cm 〈文献あり〉 Ⓘ978-4-904595-44-2 Ⓝ377.15 ［4000円］

◇留学生と日本人学生のための国際教育交流シンポジウム―報告書 第12回 加賀美常美代監修 お茶の水女子大学グローバル教育センター 2014.3 75p 26cm 〈文献あり 2013年11月16日―17日 第12回のタイトル関連情報：留学生と日本人学生の交流合宿「友情の輪を広げよう！」 編集：冨田裕香ほか〉 Ⓝ319.1

日本（留学生〔アジア〕―歴史）

◇明治大学アジア留学生研究 1 大学史紀要編集委員会編 ［東京］ 明治大学史資料センター 2014.3 230p 21cm （大学史紀要 第18号）〈共同刊行：明治大学 内容：論文「留学経験」と中国の民主化（土屋光芳著）「衡平運動」（李恩元著） 研究ノート 日治期台湾における弁護士制度の展開と台湾人弁護士（村上一博著） 明治大学におけるアジア留学生数の動向（阿部裕樹著） 資料紹介 『日華学報』に掲載された師尾源蔵の明大留学生に関する文章（山泉進著） 書評 紀旭峰『大正期台湾人の「日本留学」研究』（高田幸男著）〉 Ⓝ377.21

日本（留学生〔中国〕―名簿）

◇日本留学中国人名簿関係資料 第1巻 槻木瑞生編集・解題 復刻版 龍溪書舎 2014.7 296p 22cm （アジアにおける日本の軍・学校・宗教関係資料 第3期）〈原本：興亜院政務部昭和15年刊 日本留学中華民國人名調（調査資料. 第9号）. 上〉 Ⓘ978-4-8447-0230-6（set） Ⓝ377.6

◇日本留学中国人名簿関係資料 第2巻 槻木瑞生編集・解題 復刻版 龍溪書舎 2014.7 p297-635 22cm （アジアにおける日本の軍・学校・宗教関係資料 第3期）〈原本：興亜院政務部昭和15年刊 折り込1枚 内容：日本留学中華民國人名調（調査資料. 第9号）. 中〉 Ⓘ978-4-8447-0230-6（set） Ⓝ377.6

◇日本留学中国人名簿関係資料 第3巻 槻木瑞生編集・解題 復刻版 龍溪書舎 2014.7 p637-913 22cm （アジアにおける日本の軍・学校・宗教関係資料 第3期）〈原本：興亜院政務部昭和15年刊 内容：日本留学中華民國人名調（調査資料. 第9号）. 下〉 Ⓘ978-4-8447-0230-6（set） Ⓝ377.6

◇日本留学中国人名簿関係資料 第4巻 槻木瑞生編集・解題 復刻版 龍溪書舎 2014.7 29,286p 22cm （アジアにおける日本の軍・学校・宗教関係資料 第3期）〈年表あり 原本：興亜院政務部昭和17年刊 内容：日本留学支那要人録（調査資料. 第27号）〉 Ⓘ978-4-8447-0233-7（set） Ⓝ377.6

◇日本留学中国人名簿関係資料 第5巻 槻木瑞生編集・解題 復刻版 龍溪書舎 2014.7 387p 22cm （アジアにおける日本の軍・学校・宗教関係資料 第3期）〈原本：日華学会学報部昭和10年刊 内容：留日学生名簿（第9版）〉 Ⓘ978-4-8447-0233-7（set） Ⓝ377.6

日本件名図書目録2014　I　　　　　　　　　　　　　　　　　　　　　　　　　　　　　　　　日本（量刑）

日本（留学生―雇用）

◇日本留学中国人名簿関係資料　第6巻　槻木瑞生編集・解題　復刻版　龍渓書舎　2014.7　181, 183p　22cm　（アジアにおける日本の軍・学校・宗教関係資料　第3期）〈内容：日本陸軍学校・中華民國留学生名簿（民国64年8月）（日本陸軍士官学校印・郭築生校補）　留日学務規程及概況（第2版）（（財）日華学会編（昭和12年6月1日））〉①978-4-8447-0233-7 (set)　Ⓝ377.6

◇日本留学中国人名簿関係資料　第7巻　槻木瑞生編集・解題　復刻版　龍渓書舎　2014.7　41, 190p　22cm　（アジアにおける日本の軍・学校・宗教関係資料　第3期）〈内容：支那留学生状況調査書（東亜同文会大正8年刊）（秘）支那人本邦留学情況改善策（大正7年6月調査）　中国留日同学会季刊　第1号（中国留日同学会編（民国31年刊））〉①978-4-8447-0233-7 (set)　Ⓝ377.6

日本（留学生―雇用）

◇外国人・留学生を雇い使う前に読む本　永井弘行著　セルバ出版　2013.9　199p　19cm　〈創英社/三省堂書店（発売）〉①978-4-86367-129-4　Ⓝ336.42　[1600円]

日本（流行）

◇ブームの真相　2014年版　ミスター・パートナー出版部著　ミスター・パートナー　2014.1　207p　21cm　（Mr.Partner BOOK）〈星雲社（発売）〉978-4-434-18798-8　Ⓝ675.1　[1500円]

日本（流行歌）

◇愛唱歌ものがたり　読売新聞文化部著　岩波書店　2014.8　420p　15cm　（岩波現代文庫）〈索引あり〉①978-4-00-602244-0　Ⓝ767.7　[1280円]

◇新しい音楽とことば―13人の音楽家が語る作詞術と歌詞論　磯部涼編　スペースシャワーネットワーク　2014.11　350p　20cm　（[SPACE SHOWER BOOKs]）〈内容：石野卓球（石野卓球述、磯部涼取材、中矢俊一郎構成）　大森靖子（大森靖子述、柴那典取材・文）　菊地成孔（菊地成孔述、磯部涼取材、中矢俊一郎構成）　後藤正文（後藤正文述、竹内正太郎取材・文）　じん（じん述、飯田一史取材・文）　高城晶平（高城晶平述、竹内正太郎取材・文）　ティカ・α（ティカ・α述、北沢夏音取材・文）　tofubeats（tofubeats述、柴那典取材・文）　七尾旅人（七尾旅人述、磯部涼取材、中矢俊一郎構成）　の子（の子述、さわやか取材・文）　前野健太（前野健太述、北沢夏音取材・文）　三浦康嗣（三浦康嗣述、さわやか取材・文）　若旦那（若旦那述、磯部涼取材、中矢俊一郎構成）〉978-4-907435-42-4　Ⓝ911.66　[2300円]

◇あなたも作詞家―岩谷時子に学ぶ5つのステップ　菅野こうめい著　明治書院　2014.6　153p　19cm　（学びやぶっく　76）①978-4-625-68489-0　Ⓝ767.8　[1200円]

◇あの歌詞は、なぜ心に残るのか―Jポップの日本語力　山田敏弘著　祥伝社　2014.2　240p　18cm　（祥伝社新書　355）①978-4-396-11355-1　Ⓝ815　[800円]

◇歌の中の日本語　岩井護著　メトロポリタンプレス　2014.10　264p　20cm　〈文献あり　ケイ・エム・ピー　2010年刊の改訂〉①978-4-907870-05-8　Ⓝ911.66　[1500円]

◇作詞のための8の極意　ヤマハミュージックメディア編　ヤマハミュージックメディア　2014.7　165p　21cm　〈内容：いしわたり淳治（いしわたり淳治述）　吉元由美（吉元由美述）　みろく（みろく述）　zopp（zopp述）　MiChi（MiChi述）　ヒロイズム（ヒロイズム述）　宇多丸（宇多丸述）　森浩美述）〉978-4-636-90227-3　Ⓝ767.8　[1700円]

◇すべてのJ・POPはパクリである。―現代ポップス論考　マキタスポーツ著　扶桑社　2014.1　230p　19cm　①978-4-594-06903-2　Ⓝ767.8　[1200円]

◇人を振り向かせるプロデュースの力―クリエイター集団アゲハスプリングスの社外秘マニュアル　玉井健二著　リットーミュージック　2014.7　205p　21cm　〈作品目録あり〉①978-4-8456-2439-3　Ⓝ767.8　[1800円]

日本（流行歌―歴史）

◇ポピュラー音楽から問う―日本文化再考　東谷護編著　せりか書房　2014.10　277,16p　20cm　〈文献あり　内容：日本のポピュラー音楽にあらわれる「中国」（エドガー・W・ポープ著）「カタコト歌謡」から近代日本大衆音楽史を再考する（輪島裕介著）〈盆踊り〉とYOSAKOIの間に（遠藤薫著）「未熟さ」の系譜（周東美材著）《東京行進曲》から探る「アンクール」な日本の再発見（永原宣著）　文化のグローバル化と実践の空間性について（安田昌弘著）　ポピュラー音楽にみる「プロ主体」と「アマチュア主体」の差異（東谷護著）〉①978-4-7967-0336-9　Ⓝ764.7　[3000円]

日本（流行歌―歴史―1945～）

◇うたのチカラ―JASRACリアルカウントと日本の音楽の未来　JASRAC創立75周年記念事業実行委員会著，反畑誠一監修

集英社　2014.11　409p　20cm　〈内容：音楽著作権七五年、二七三九四日の物語（反畑誠一著）　すべてはあの創成期に始まった（都倉俊一述）　演歌は日本人の心の故郷か（輪島裕介著）　流行都市TOKYOに鳴り響いたバブル'80sというパーティ（中野充浩著）　誰が歌っているのか？「居酒屋」総合ランキング二位のワケ　昭和歌謡からJ-POPへ（マキタスポーツ述）　舶来メロディに"超訳"乗せて（佐々木モトアキ述）　日本発、世界を旅する歌（佐藤剛著）　今、また歌謡曲ブームの裏側　コギャルの時代に奏でられたティーンエイジ・シンフォニー（中野充浩著）　バンド・ブームの来し方行く末（北中正和著）　アニソンは世界に花咲く（佐藤毅力著）　愛の夏の子どもたち（柴那典著）　音楽は誰のもの？　参加型イベントから考える　売れる歌、残る歌（宮武久佳著）　東京ブギウギ（服部良一述）　鉄腕アトム（谷川俊太郎、高井達雄述）　港のヨーコ・ヨコハマ・ヨコスカ（宇崎竜童述）　時代（中島みゆき述）　北国の春（いではく述）　いい日旅立ち（谷村新司述）　舟唄（小西良太郎述）　居酒屋（木の実ナナ述）　天城越え（石川さゆり述）　涙そうそう（森山良子述）　栄光の架橋（寺岡呼人述）　女々しくて（鬼龍院翔述）　ヘビーローテーション（山崎燿述）　愛されるうた、日本人が本当に好きなうたとは？（島田雅彦、大友良英、ヒャダイン述）〉①978-4-08-781556-6　Ⓝ767.8　[2000円]

◇「黄昏のビギン」の物語―奇跡のジャパニーズ・スタンダードはいかにして生まれたか　佐藤剛著　小学館　2014.6　252p　18cm　（小学館新書　214）〈文献あり〉①978-4-09-825214-5　Ⓝ767.8　[740円]

◇「ネオ漂泊民」の戦後―アイドル受容と日本人　中尾賢司著　[東京]　花伝社　2014.10　213p　19cm　〈共栄書房（発売）　文献あり〉①978-4-7634-0717-7　Ⓝ361.5　[1500円]

日本（流行歌―歴史―1945～―楽曲解説）

◇アイドル楽曲ディスクガイド　ピロスエ編　アスペクト　2014.3　255p　21cm　〈索引あり〉①978-4-7572-2155-0　Ⓝ767.8　[2500円]

日本（流行歌―歴史―昭和後期）

◇「大人の歌謡曲」公式ガイドブック―Age Free Musicの楽しみ方　富澤一誠著　言視舎　2014.6　197p　21cm　〈索引あり〉①978-4-905369-90-5　Ⓝ767.8　[1800円]

◇歌謡曲が聴こえる　片岡義男著　新潮社　2014.11　236p　18cm　（新潮新書　596）①978-4-10-610596-8　Ⓝ767.8　[760円]

◇昭和のヒット歌謡物語―時代を彩った作詞家・作曲家たち　塩澤実信著　展望社　2014.2　223p　19cm　①978-4-88546-275-7　Ⓝ767.8　[1500円]

◇遠くの空に消えたのさ―私的「昭和大衆歌謡考」　堀井六郎著　グスコー出版　2014.3　241p　18cm　（G-Books）〈文献あり　索引あり〉①978-4-901423-17-5　Ⓝ767.8　[800円]

◇「ビートルズ！」をつくった男―レコード・ビジネスへ愛をこめて　高嶋弘之著　[東京]　DU BOOKS　2014.9　207p　19cm　〈ディスクユニオン（発売）〉①978-4-907583-23-1　Ⓝ767.8　[1680円]

◇望郷とこころざしの歌―「ああ上野駅」―異郷漂泊体験と情念の調整　山岸治男著　近代文藝社　2014.12　180p　18cm　（近代文藝社新書）①978-4-7733-7954-9　Ⓝ767.8　[1000円]

日本（流行歌―歴史―昭和時代）

◇想い出の昭和名曲集―戦後世代心の歌を探す　水島昭男編著　東京堂出版　2014.11　281p　21cm　〈文献あり　索引あり〉①978-4-490-20884-9　Ⓝ767.8　[2800円]

日本（流行歌―歴史―昭和時代―楽曲解説）

◇昭和歌謡100名曲　part.5　塩澤実信著　ブレーン　2014.1　310p　19cm　〈北辰堂出版（発売）　文献あり〉①978-4-86427-173-8　Ⓝ767.8　[1900円]

日本（流通経路）

◇流通大変動―現場から見えてくる日本経済　伊藤元重著　NHK出版　2014.1　247p　18cm　（NHK出版新書　425）①978-4-14-088425-6　Ⓝ675.4　[780円]

日本（リユース〔廃棄物〕）

◇使用済製品等のリユース促進事業研究会報告書　平成25年度　使用済製品等のリユース促進事業研究会[編]　[東京]　環境省大臣官房廃棄物・リサイクル対策部企画課リサイクル推進室　2014.3　128p　30cm　（環境省請負業務報告書　平成25年度）〈請負者：三菱UFJリサーチ＆コンサルティング　奥付のタイトル：使用済製品等のリユース促進事業）　Ⓝ518.523

日本（量刑）

◇裁判員裁判における量刑判断に関する心理学的研究―量刑の決定者と評価者の視点からの総合的考察　板山昂著　風間書房　2014.1　180p　22cm　〈内容：現代社会における「犯罪」の現状と一般市民の認知　犯罪に対する「原因帰属」と「責任帰属」に関する研究　市民参加型裁判：陪審制度と裁判員制度

量刑判断に関する研究とその問題点　本論文の目的　本論文の構成　個人の犯罪に対する認知と量刑判断に関する研究の問題点　少年による殺人に対する一般市民の原因帰属　殺人事件の量刑に影響する判断者の認知　刑罰に対する志向性が量刑に及ぼす影響　厳罰志向性が量刑判断および刑罰の目的に及ぼす影響　裁判における集団意思決定と量刑判断に関する研究の問題点　集団での量刑判断における多数派の影響力の検討　評議内容が裁判員の公正感と刑罰の目的に与える影響　裁判員裁判の判決に対する一般市民の納得度と求める量刑　裁判員裁判の判決に対する納得度と公正判断への評議情報の提示効果の検討　「個人」の"犯罪に対する認知"と"量刑判断""公正感"について　「集団」での"量刑判断"と"判決に対する公正感"について　「評価者」の"量刑判断"と"判決の受容"について　"個人""集団""評価者"の判断に関する統合的考察　本論文の意義　本論文の課題〉①978-4-7599-2015-4 Ⓝ326.4　［7000円］

◇量刑実務大系　5　主要犯罪類型の量刑　大阪刑事実務研究会編著　判例タイムズ社　2013.7　321p　22cm〈文献あり　索引あり　内容：殺人罪（西田眞基,小倉哲浩,中川綾子執筆）　現住建造物等放火罪（宮崎英一,伊藤寿,鈴鴨晋一執筆）　強姦致傷罪（並木正男,石川恭司,丸田顕執筆）　強盗致傷罪（樋口裕晃,植野聡,三上孝浩執筆）〉①978-4-89186-191-9 Ⓝ326.4　［5000円］

日本（両棲類）
◇レッドデータブック―日本の絶滅のおそれのある野生生物　2014-3　爬虫類・両生類　環境省自然環境局野生生物課希少種保全推進室編　ぎょうせい　2014.9　153p　30cm〈索引あり〉①978-4-324-09897-4 Ⓝ462.1　［3500円］

日本（両棲類―観察）
◇フィールドガイド日本の爬虫類・両生類観察図鑑―季節ごとの観察のコツや見分け方がわかる！　川添宣広著,大谷勉監修　誠文堂新光社　2014.4　158p　21cm〈文献あり〉①978-4-416-71412-6 Ⓝ487.9　［1800円］

日本（料理店）
◇海へ、山へ、森へ、町へ　小川糸［著］　幻冬舎　2013.8　227p　16cm（幻冬舎文庫　お-34-7）「「ようこそ、ちきゅう食堂へ」（2010年刊）を改題、「命をかけて、命をつなぐ」・「陽だまりの家、庭の緑」ほかを収録〉①978-4-344-42058-8 Ⓝ673.97　［533円］

◇英国一家、ますます日本を食べる　マイケル・ブース著,寺西のぶ子訳　亜紀書房　2014.5　212p　19cm　①978-4-7505-1408-6 Ⓝ596　［1700円］

◇お魚バンザイ！　今柊二著　竹書房　2014.9　237p　15cm（竹書房文庫）①978-4-8124-8890-4 Ⓝ673.97　［759円］

◇気がつけばチェーン店ばかりでメシを食べている　村瀬秀信著　交通新聞社　2014.6　223p　19cm〈年譜あり〉①978-4-330-46814-3 Ⓝ673.97　［1200円］

◇小売・飲食業　森谷克也著　中央経済社　2014.9　189p　21cm（業種別人事制度　2）978-4-502-11051-1 Ⓝ673　［2200円］

◇これからの中小飲食店の成功は心からのお・も・て・な・しと断トツ差別化メニューにある　黒須英夫著　青山ライフ出版　2014.2　254p　19cm　①978-4-86450-118-7 Ⓝ673.97　［1300円］

◇サービスの向こう側　柳沼憲一著　SBクリエイティブ　2014.9　187p　19cm　①978-4-7973-7727-9 Ⓝ673.97　［1300円］

◇自家菜園のあるレストラン　中島茂信著　コモンズ　2014.4　101p　26cm　①978-4-86187-111-5 Ⓝ673.97　［1500円］

◇実例飲食店のすごい店長―チームをつくる・お客をつくる・売上をつくる：飲食店で活躍するすごい店長のノウハウからすごい店長を育てる仕組みを大公開！　旭屋出版編集部編　旭屋出版　2014.2　239p　21cm　①978-4-7511-1079-9 Ⓝ673.97　［1800円］

◇食材偽装―メニュー表示のグレーゾーン：景品表示法の正しい理解のために　森田満樹編著　ぎょうせい　2014.9　264p　21cm　①978-4-324-09815-8 Ⓝ673.97　［2500円］

◇世界一周ひとりメシin JAPAN　イシコ［写真・文］　幻冬舎　2014.7　233p　図版16p　16cm（幻冬舎文庫　い-42-2）①978-4-344-42218-6 Ⓝ596　［1100円］

◇堕落のグルメ―ヨイショする客、舞い上がるシェフ　友里征耶著　KADOKAWA　2014.3　184p　18cm（角川SSC新書219）①978-4-04-731641-6 Ⓝ673.97　［780円］

◇定食と古本ゴールド　今柊二著　本の雑誌社　2014.2　254p　19cm　①978-4-86011-253-0 Ⓝ673.97　［1500円］

◇店長の教科書―繁盛店の実例で学ぶ　日経レストラン編　［東京］　日経BP社　2014.11　191p　19cm〈日経BPマーケティング（発売）〉①978-4-8222-7341-5 Ⓝ673.97　［1500円］

◇とことん！　とんかつ道　今柊二著　中央公論新社　2014.1　301p　18cm（中公新書ラクレ　482）〈文献あり　索引あり〉①978-4-12-150482-1 Ⓝ673.97　［1000円］

◇日本のイタリア料理産業とコックたち―産業史と人生史の視点から：大正大学人間学部人間科学科人間科学テーマ研究A　2012年度調査実習報告書　part 3　澤口恵一編　大正大学人間学部人間科学科　2013.3　134p　30cm〈奥付のタイトル：日本のイタリア料理の産業とコックたち〉Ⓝ673.973

◇冒険するレストランだけが生き残る―お客に愛される料理人の秘密　犬養裕美子著　［東京］　日経BP社　2014.11　239p　19cm〈日経BPマーケティング（発売）〉①978-4-8222-7337-8 Ⓝ673.97　［1500円］

日本（旅客）
◇国際トランジットの実態に関する資料集　井上岳,小野正博［著］　［横須賀］　国土技術政策総合研究所　2014.3　4,45p　30cm　（国土技術政策総合研究所資料　第785号）Ⓝ687.21

日本（旅客機）
◇平成23年度JAXA航空プログラム公募型研究報告会資料集（23年度採用分）　調布　宇宙航空研究開発機構　2014.2　95p　30cm　（宇宙航空研究開発機構特別資料　JAXA-SP-13-9）Ⓝ538.6

◇平成24年度JAXA航空プログラム公募型研究報告会資料集（22・23年度採用分）　調布　宇宙航空研究開発機構　2014.3　176p　30cm　（宇宙航空研究開発機構特別資料　JAXA-SP-13-14）Ⓝ538.6

日本（緑地計画）
◇環境保全林―都市に造成された樹林のつくりとはたらき　原田洋,石川孝之著　秦野　東海大学出版部　2014.6　144p　22cm〈索引あり〉①978-4-486-02013-4 Ⓝ653.17　［3200円］

◇緑の防災ネットワークと都市美化のための街路樹のあり方に関する調査・研究　都市防災美化協会企画・編集　都市防災美化協会　2014.6　102p　30cm〈文献あり〉Ⓝ518.85

日本（緑地計画―法令）
◇自然公園・緑地保全等関係条例規集　平成25年11月現在　東京都環境局自然環境部緑環境課編　東京都環境局自然環境部緑環境課　2013.11　308p　21cm　（環境資料　第25021号）Ⓝ519.81

日本（旅行業―安全管理）
◇ツアー事故はなぜ起こるのか―マス・ツーリズムの本質　吉田春生著　平凡社　2014.4　198p　18cm　（平凡社新書　728）〈文献あり〉①978-4-582-85728-3 Ⓝ689.6　［760円］

日本（旅行業―統計）
◇数字が語る旅行業―日本を元気に、旅で笑顔に。　2014　［東京］　日本旅行業協会　2014.6　103p　21cm〈年表あり〉Ⓝ689.059

日本（旅行業―名簿）
◇ANTA会員名簿　2014　全国旅行業協会編　全国旅行業協会　2014.7　363p　30cm　Ⓝ689.6

◇旅行業者リスト―全国版　2014　トラベルネットワーク　2013.10　767p　26cm〈蒼海出版（発売）　索引あり〉①978-4-88143-108-5 Ⓝ689.6　［7000円］

日本（旅行業―歴史―1945〜）
◇海外パッケージ旅行発展史―ときめきの観光学・海外旅行史編　澤渡貞男著　増補改訂版　言視舎　2014.3　239p　22cm〈索引あり　初版：彩流社　2009年刊〉①978-4-905369-82-0 Ⓝ689.6　［2400円］

日本（林業）
◇次世代へつなぐ農林水産業―復興と競争力強化に向けて　日本都市センター企画・編集　［東京］　日本都市センター　2014.3　122p　21cm　（日本都市センターブックレット no.34）〈内容：基調講演　東日本大震災からの農業の復興と競争力強化の方向（門間敏幸述）　事業報告　根室産水産物輸出プロジェクト（長谷川俊輔述）　農業を得意政策に（片岡聡一述）〉①978-4-904619-64-3 Ⓝ612.1　［500円］

◇森林・林業白書　平成26年版　林野庁/編　農林統計協会　2014.7　223,17,32p　30cm　①978-4-541-03985-9　［2200円］

◇森林・林業白書　平成26年版　林野庁/編　全国林業改良普及協会　2014.6　223,32p　30cm　①978-4-88138-308-7　［2200円］

◇間違いだらけの日本林業―未来への教訓　村尾行一著　日本林業調査会　2013.4　276p　21cm　①978-4-88965-229-1 Ⓝ652.1　［2500円］

日本件名図書目録2014　I　　　　　　　　　　　　　　　　　　　　　　　　　　日本（レアメタル―リサイクル）

◇よみがえれ、ふるさとの森林―林業再生の森林づくり　中川護著　文芸社　2014.10　182p　19cm〈文献あり〉①978-4-286-15518-0　Ⓝ652.1　[1200円]

◇林業の創生と震災からの復興　久保田宏, 中村元, 松田智著　日本林業調査会　2013.7　130p　21cm　①978-4-88965-232-1　Ⓝ652.1　[1500円]

日本（林業―統計）

◇ポケット農林水産統計　平成25年版　農林水産省大臣官房統計部／編　農林統計協会　2014.1　479p　19cm　①978-4-541-03957-6　[2300円]

日本（林業―法令）

◇農林水産六法　平成26年版　農林水産法令研究会編　学陽書房　2014.3　1868p　22cm〈索引あり〉①978-4-313-00889-2　Ⓝ611.12　[12000円]

日本（林業―歴史―1945〜）

◇戦後日本の食料・農業・農村　第2巻2　戦後改革・経済復興期2　戦後日本の食料・農業・農村編集委員会編　岩本純明編集担当　農林統計協会　2014.6　492p　22cm〈年表あり　索引あり〉①978-4-541-03983-5　Ⓝ612.1　[7000円]

日本（林業―歴史―江戸時代）

◇近世林業史の研究　所三男著　オンデマンド版　吉川弘文館　2013.10　858,16p　22cm〈印刷・製本：デジタルパブリッシングサービス〉①978-4-642-04250-5　Ⓝ652.1　[21000円]

日本（林業―歴史―江戸時代―論文集）

◇金鯱叢書―史学美術史論文集　第40輯　竹内誠, 徳川義崇編集　徳川黎明会　2014.3　1冊　27cm〈思文閣出版（発売）内容：尾張家における御薬園・御薬園の利用と実態（白根孝風著）近世木曽山林業の本伐仕出と商業資本（大崎晃著）飛驒幕領における白木稼の展開（高橋伸拓著）文化initial期秋田藩当代木山における林政改革の展開（芳賀和樹著）廃藩置県後の官林伐木規制（成田雅美著）「登城道筋之図」と尾張藩市谷屋敷（渋谷葉子著）大正・昭和初期における徳川農場の理念と実践（藤田英昭著）「明治五壬申年調　官林盛衰概略考」の解題と翻刻（加藤衛拡, 芳賀和樹著）松花堂昭乗の歌仙絵について（加藤祥平著）復古大和絵派と近世大和絵（薄田大輔著）尾張徳川家「御衣紋方」について（並木昌史著）〉①978-4-7842-1749-6　Ⓝ210.5　[9500円]

日本（林業―歴史―明治時代）

◇林業回顧録　[中村弥六口述],[吉田義季筆記]　復刻版　大日本山林会　2014.3　1冊　20cm〈年譜あり　原本：昭和5年刊〉①978-4-924395-08-4　Ⓝ652.1

日本（林業経営）

◇木の駅―軽トラ・チェーンソーで山も人もいきいき　丹羽健司著　全国林業改良普及協会　2014.6　151p　21cm　①978-4-88138-306-3　Ⓝ651.7　[1900円]

◇協議会・センター方式による所有者取りまとめ―森林経営計画作成に向けて　全国林業改良普及協会編　全国林業改良普及協会　2014.2　180p　18cm　（林業改良普及双書 no. 177）①978-4-88138-302-5　Ⓝ651.7　[1100円]

◇地域材供給倍増事業（木材のトレーサビリティの確保）報告書　[東京]　[林野庁]　[2013]　61, 64, 12p　30cm〈平成24年度林野庁国庫補助事業　内容：違法伐採対策・合法木材普及推進事業総括報告書（全国木材組合連合会刊）合法木材証明のモニタリング等に関する報告書（林業経済研究所刊）需要側企業に対する合法木材利用促進の普及事業報告書（国際環境NGO FoE Japan刊）〉Ⓝ651.7

◇DVD付きフリーソフトでここまで出来る実務で使う林業GIS　竹島喜芳著　全国林業改良普及協会　2014.7　316p　26cm　①978-4-88138-307-0　Ⓝ651.7　[4000円]

◇日本の難題を問う森林と水源地　伊藤滋, 小島孝文, 榛村純一, 高橋裕, 永田信, 古井戸宏通, 門馬淑子著　万来舎　2014.8　202p　18cm〈内容：難問累積の河川上流域（高橋裕著）いったい森林は誰がどうやって管理していくのか？（小島孝文著）森林・林業再生プランの目標「木材自給率50%」再考（永田信著）森林組合長を50年間務めて想うこと（榛村純一著）我が国と似て非なるフランスの森と水の実情（古井戸宏通著）これからの森林地域（伊藤滋著）水源地をとりまく本音のはなし（門馬淑子著）〉①978-4-901221-79-5　Ⓝ651.1　[980円]

◇人が育てば、経営が伸びる。―対談集：林業経営戦略としての人材育成とは　全国林業改良普及協会編　全国林業改良普及協会　2014.4　139p　19cm　①978-4-88138-304-9　Ⓝ651.7　[1900円]

◇林業新時代―「自伐」がひらく農林家の未来　佐藤宣子, 興梠克久, 家中茂編著　農山漁村文化協会　2014.5　292p　20cm　（シリーズ地域の再生 18）〈内容：地域再生のための「自伐林業」論（佐藤宣子著）再々燃する自伐林業論（興梠克久著）自伐林家による林地残材の資源化（興梠克久, 大内曜著）運動としての自伐林業（家中茂著）〉①978-4-540-09231-2　Ⓝ651.7　[2600円]

日本（林業政策）

◇森林及び林業の動向　平成25年度 / 森林及び林業施策　平成26年度　[東京]　[林野庁]　[2014]　223, 17p　30cm〈第186回国会（常会）提出〉Ⓝ651.1

◇森林計画業務必携　平成25年度版　日本林業調査会編集　日本林業調査会　2013.8　1842p　22cm〈索引あり〉①978-4-88965-233-8　Ⓝ651.12　[6500円]

◇日本の難題を問う森林と水源地　伊藤滋, 小島孝文, 榛村純一, 高橋裕, 永田信, 古井戸宏通, 門馬淑子著　万来舎　2014.8　202p　18cm〈内容：難問累積の河川上流域（高橋裕著）いったい森林は誰がどうやって管理していくのか？（小島孝文著）森林・林業再生プランの目標「木材自給率50%」再考（永田信著）森林組合長を50年間務めて想うこと（榛村純一著）我が国と似て非なるフランスの森と水の実情（古井戸宏通著）これからの森林地域（伊藤滋著）水源地をとりまく本音のはなし（門馬淑子著）〉①978-4-901221-79-5　Ⓝ651.1　[980円]

◇農林水産予算概算要求の概要―未定稿　平成27年度　[東京]　農林水産省大臣官房予算課　2014.8　211p　30cm　Ⓝ611.1

日本（林業労働）

◇日本・アジアの森林と林業労働　信州大学森林政策学研究会編, 小池正雄, 三木敦朗監修　長野　川辺書林　2013.9　335p　21cm〈内容：世界と日本における人間らしい林業労働（菊間満著）日本における現場の林業労働者と能力育成（枚田邦宏著）林業労働対策としての「緑の雇用」施策（奥山洋一郎著）戦後拡大造林政策と二一世紀型森林管理（小池正雄著）森林管理労働者の確保育成政策（小池正雄著）ドイツ・日本における大型製材工場の課題と可能性（小池正雄著）林業創生長野プロジェクトと二一世紀型森林管理（小池正雄著）獣害激増の背景・実態と緊急対策（小池正雄著）再造立が必要な焼畑の農法的意味（加藤光一著）「やま」の兼業的・自給的利用（三木敦朗著）長野県茅野市にみる財産区制度の特殊性（古谷健司著）インドネシア南スラウェシ州カカオ農民の生存戦略（西嶋謙治著）アブラヤシ農園開発にゆらぐボルネオ焼畑民（寺内大左著）バングラデシュ少数民族「カシ族」の森林利用（モハメド・ヌア著）木質バイオマス燃料の不足と地域住民（モハマド・ダネシュ・ミア著）自然保護区での協同管理を通じたコミュニティの発展（シャヘード・ホサイン・チョードリー著）カンボジアにおける熱帯林からの歳入額の推計（キム・ソファリャット著）地球温暖化防止のために何をもって"森林劣化"とするか（佐々木ノ呂ア著）イエローストーンと上高地にみる国立公園の保護と活用（トマス・E・ジョーンズ著）中国神農架林区におけるエコツーリズム（胡蝶著）時代の要請に対応する中国の森林計画（鄭小菫著）中国における森林認証の現状と問題点（馬夢瑶著）中国における家具産業クラスターの発展（陸薇著）〉①978-4-906529-76-6　Ⓝ651.7　[2000円]

◇森ではたらく！―27人の27の仕事　古川大輔, 山崎亮編著　京都　学芸出版社　2014.5　239p　19cm　①978-4-7615-1339-9　Ⓝ651.7　[1800円]

◇林業男子―いまの森、100年先の森　山﨑真由子著　山と渓谷社　2014.5　284p　19cm〈文献あり〉①978-4-635-31033-8　Ⓝ651.7　[1500円]

日本（林野行政）

◇農林水産予算の概要―未定稿　平成26年度　[東京]　農林水産省大臣官房予算課　2014.1　196p　30cm　Ⓝ611.1

◇復興木材安定供給等対策の実施状況等について―会計検査院法第30条の2の規定に基づく報告書　[東京]　会計検査院　2014.10　57p　30cm　Ⓝ343.8

日本（倫理学―歴史）

◇日本の思想とは何か―現存の倫理学　佐藤正英著　筑摩書房　2014.9　297p　19cm　（筑摩選書 0098）〈文献あり〉①978-4-480-01608-9　Ⓝ150.21　[1700円]

◇和の人間学―東洋思想と日本の技術史から導く人格者の行動規範　吉田善一著　冨山房インターナショナル　2014.1　230p　19cm　①978-4-905194-67-5　Ⓝ150.21　[1800円]

日本（レアメタル―リサイクル）

◇自動車リサイクル連携高度化事業（使用済自動車に含まれる貴金属等の安定的な供給・リサイクルに関する実証事業）業務報告書　平成25年度　[東京]　日本ELVリサイクル機構　2014.3　17, 89p　30cm〈平成25年度環境省請負業務〉Ⓝ537.09

◇戦略的都市鉱山が拓く日本の資源循環の未来―SUREコンソーシアム設立記念シンポジウム　産業技術総合研究所SUREコンソーシアム事務局　2014.12　117p　30cm〈会期・会場：平成26年12月12日　イイノホール〉Ⓝ565

日本（歴史）

日本（歴史）

◇あなたの歴史知識はもう古い！ 変わる日本史 日本歴史楽会著 宝島社 2014.9 351p 19cm〈文献あり 年表あり〉①978-4-8002-2782-9 Ⓝ210.1 ［580円］

◇いっきに読める日本の歴史 石黒拡親著 カラー改訂版 KADOKAWA 2014.2 319p 21cm〈索引あり 初版：中経出版 2007年刊〉①978-4-04-600243-3 Ⓝ210.1 ［1500円］

◇現代（いま）を生きる日本史 清水克行著 岩波書店 2014.11 220p 21cm（岩波テキストブックスα）〈文献あり〉①978-4-00-028914-6 Ⓝ210.1 ［2300円］

◇岩波講座日本歴史 第20巻 地域論 テーマ巻1 大津透、桜井英治、藤井讓治、吉田裕、李成市編集委員 岩波書店 2014.10 351p 22cm〈付属資料：8p・月報 11 内容：序論（李成市著） 古代北海道地域論（蓑島栄紀著） 韓国木簡論（橋本繁著） 古代接触領域としての奥六郡・平泉（樋口知志著） 東アジア海域論（山内晋次著） 中世・近世アイヌ論（中村和之著） 対馬（木村直也著） 近世琉球王国と東アジア交流（石井龍太著） 漂流と送還（池内敏著） 東アジアにおける雑居と居留地・租界（朴俊炯著） 環日本海交通圏（芳井研一著） 太平洋の「地域」形成と日本（今泉裕美子著） 近代日本における国籍と戸籍（遠藤正敬著） 海外神社論（菅浩二著）〉①978-4-00-011340-3 Ⓝ210.1 ［3200円］

◇オールカラーでわかりやすい！ 日本史 西東社編集部編 西東社 2014.9 303p 21cm〈「もう一度学びたい日本の歴史」(2004年刊)の改題、再編集〉①978-4-7916-2304-4 Ⓝ210.1 ［830円］

◇書き替えられた日本史 「歴史ミステリー」倶楽部著 三笠書房 2014.2 253p 15cm（知的生きかた文庫 れ1-6）〈文献あり〉①978-4-8379-8246-3 Ⓝ210.1 ［571円］

◇学校では教えてくれない日本史の授業 天皇論 井沢元彦著 PHP研究所 2014.3 394p 15cm（PHP文庫 い78-3）〈「井沢元彦の学校では教えてくれない日本史の授業 2」(PHPエディターズ・グループ 2012年刊)の改題、加筆・修正〉①978-4-569-76138-1 Ⓝ210.1 ［781円］

◇学校では絶対教えない仰天!!闇日本史―秘匿された歴史の裏 仰天日本史倶楽部編著 ダイアプレス 2013.11 175p 19cm（DIA Collection）〈奥付のタイトル：読み出したら止まらない裏日本史〉①978-4-86214-787-5 Ⓝ210.1 ［571円］

◇河合敦の学校で教えてくれなかった日本史 河合敦著 KADOKAWA 2014.1 303p 15cm（中経の文庫 かー27-1）①978-4-04-600153-5 Ⓝ210.1 ［600円］

◇凶刃が歴史を動かした！ 日本暗殺伝ミステリー―転換期に現れる謎の暗殺者たち 日本ミステリー研究会編・著 竹書房 2014.8 231p 19cm〈文献あり〉①978-4-8124-8852-2 Ⓝ210.1 ［556円］

◇京大芸人式日本史 菅広文著 幻冬舎 2014.10 230p 19cm ①978-4-344-02661-2 Ⓝ210.1 ［1300円］

◇近代化と世間―私が見たヨーロッパと日本 阿部謹也著 朝日新聞出版 2014.11 189p 15cm（朝日文庫 あ35-2）〈文献あり 朝日新聞社 2006年刊の再刊〉①978-4-02-261811-5 Ⓝ210 ［640円］

◇決定版・日本史 渡部昇一著 増補 育鵬社 2014.8 301p 16cm（扶桑社文庫 わ10-1）〈扶桑社（発売）〉①978-4-594-07095-3 Ⓝ210.1 ［950円］

◇交錯する知―衣装・信仰・女性 武田佐知子編 京都 思文閣出版 2014.3 671,5p 22cm〈内容：平安貴族における愛のかたちと衣服のかたち（武田佐知子著） 青い鳥と紅いスカーフ（矢田尚子著） 唐代侍女男装雑考（菅谷文則著） 「中国歴代帝后像」と南薫殿の図像（堤一昭著） 帛御服と御祭服についての諸問題（津田大輔著） 天平臺についての臆説（伊藤純著） 日本人のキリスト教受容と宣教師の装束（岡美穂子著） 菅原道真「能書」説の諸相とその展開（竹居明男著） 聖徳太子の化身説（稲城正己著） 近世太子信仰の成立と天海（榊原小葉子著） 大阪天満宮の渡辺吉賢と「神酒笑姿」（高島幸次著） 北斗七星と九曜星をともなう江戸時代の妙見画像の一例（松浦清著） 近世琉球における媽祖信仰と船方衆（藤田明良著） 多重化するローカルな祭り（井本恭子著） 難波長柄豊碕宮の造営過程（市大樹著） 政ノ要ハ軍事ナリ（井上勝博著） 荒ぶる女神伝承成立の背景について（高橋明裕著） 『風土記』開発伝承の再検討（高橋明裕著） 播磨国風土記の民間神話からみた地域祭祀の諸相（坂江渉著） 日本古代における婚姻とその連鎖をめぐって（今津勝紀著） 近代日本における化粧研究家の誕生（鈴木則子著） 小栗風葉『青春』に見る男性領域への侵犯と女性教師の周縁化（小橋玲治著） タイ文学にみる女性の「解放」（平松秀樹著） スペインの婦人参政権に関する一考察（岡本淳子著） 土地の表象を纏う（山崎明子著） 絲綢を運んだ南海の船舶と文化（辻尾榮市著） 『浪花名所獨案内』を読む（辻大千曉著） 一八世紀中葉の兵庫津方角会所と惣代の家（河野未央著） 近世中後期に見る近代アルピニズムの思考（中井祥雅著） 近代における奄美群島からの渡台者について（高嶋朋子著） 民俗世界における食の地域性と方言圏（中井精一著） リンネの「帝国」と「使徒」の使命（古谷大輔著）〉①978-4-7842-1738-0 Ⓝ210.04 ［12000円］

◇國學院大學貴重書影印叢書―大学院開設六十周年記念 第2巻 神皇正統記 職原抄 大学院六十周年記念国學院大學影印叢書編集委員会編 北畠親房著、谷口雅導、松尾葦江責任編集 朝倉書店 2014.2 549p 27cm〈國學院大學図書館所蔵の複製〉①978-4-254-50542-9 Ⓝ081.7 ［16000円］

◇財と税と租と 小野章著 東洋出版 2014.7 302p 19cm〈文献あり〉①978-4-8096-7741-0 Ⓝ210.04 ［1500円］

◇ざっくりわかる日本史の授業 富増章成著 三笠書房 2014.10 330p 15cm（王様文庫 A74-2）〈文献あり〉①978-4-8379-6727-9 Ⓝ210.1 ［650円］

◇30の戦いからよむ日本史 上 小和田哲男監修、造事務所編著 日本経済新聞出版社 2014.4 317p 15cm（日経ビジネス人文庫 お6-2）〈文献あり〉①978-4-532-19727-8 Ⓝ210.19 ［780円］

◇30の戦いからよむ日本史 下 小和田哲男監修、造事務所編著 日本経済新聞出版社 2014.4 317p 15cm（日経ビジネス人文庫 お6-3）〈文献あり〉①978-4-532-19728-5 Ⓝ210.19 ［780円］

◇実況ライブ！ 学校では教えてくれない日本史の授業 井沢元彦著 PHPエディターズ・グループ 2014.3 141p 26cm〈PHP研究所（発売）「井沢元彦の学校では教えてくれない日本史の授業」(2011年刊)の改題、再編集〉①978-4-569-81742-2 Ⓝ210.04 ［1500円］

◇シニアのための日本史がおもしろくなるクイズワークシート 今井弘雄著 名古屋 黎明書房 2014.2 77p 26cm〈文献あり〉①978-4-654-07631-4 Ⓝ210.1 ［1800円］

◇知るほどに訪ねたくなる歴史の百名山 武田櫂太郎著 大和書房 2014.4 285p 15cm（だいわ文庫 272-1E）〈文献あり〉①978-4-479-30479-1 Ⓝ210 ［680円］

◇図解大づかみ日本史 『歴史読本』編集部編 KADOKAWA 2014.7 399p 15cm（新人物文庫 れ-1-46）〈「総図解よくわかる日本史」(新人物往来社 2009年刊)の改題、新編集〉①978-4-04-600397-3 Ⓝ210.1 ［800円］

◇図説 日本史通覧 帝国書院編集部/編、黒田日出男/監修 帝国書院 2014.2 360p 26×21cm〈付属資料：別冊1〉①978-4-8071-6150-8 ［857円］

◇世界に誇れる仰天の日本史 後藤寿一著 コスミック出版 2014.4 223p 19cm〈文献あり〉①978-4-7747-9110-4 Ⓝ210 ［1200円］

◇タカラヅカ流日本史 中本千晶著 東京堂出版 2014.11 243p 19cm〈文献あり〉①978-4-490-20885-6 Ⓝ210.1 ［1500円］

◇誰も書かなかった日本史「その後」の謎 雑学総研著 KADOKAWA 2014.11 415p 15cm（中経の文庫 ざ-1-2）〈文献あり〉①978-4-04-601007-0 Ⓝ210.1 ［650円］

◇地形から読み解く日本の歴史 竹村公太郎著、歴史地形研究会監修&執筆 宝島社 2014.11 255p 16cm（宝島SUGOI文庫 Dた-4-1）〈文献あり 2014年5月刊の改訂〉①978-4-8002-3484-1 Ⓝ291.018 ［640円］

◇鉄と人の文化史 窪田藏郎著 雄山閣 2013.4 212p 21cm（生活文化史選書）①978-4-639-02239-8 Ⓝ564.021 ［2600円］

◇天皇と原爆 西尾幹二著 新潮社 2014.8 354p 16cm（新潮文庫 に-29-1）①978-4-10-126151-5 Ⓝ210.75 ［590円］

◇日本一わかりやすい図解日本史 久恒啓一著, 河合敦監修 PHPエディターズ・グループ 2014.5 251p 21cm（PHP研究所（発売） 文献あり 年表あり 索引あり〉①978-4-569-81641-8 Ⓝ210.1 ［1600円］

◇日本史・世界史同時代比較年表 楠木誠一郎著 朝日新聞出版 2014.5 248,19p 15cm（朝日文庫 く26-1）〈文献あり 索引あり 朝日新聞社 2005年刊の再編集〉①978-4-02-261795-8 Ⓝ210.1 ［660円］

◇日本史の謎を攻略する 松尾光著 笠間書院 2014.2 287p 19cm〈文献あり〉①978-4-305-70720-8 Ⓝ210.1 ［1600円］

◇日本史の謎は「地形」で解ける 環境・民族篇 竹村公太郎著 PHP研究所 2014.7 413p 15cm（PHP文庫 た94-3）①978-4-569-76205-0 Ⓝ291.018 ［667円］

◇日本史の舞台裏大全―通も知らない歴史の内幕！ 歴史の謎研究会編 青春出版社 2014.11 380p 19cm〈文献あり〉①978-4-413-11121-8 Ⓝ210 ［1000円］

◇日本史の森をゆく―史料が語るとっておきの42話　東京大学
史料編纂所編　中央公論新社　2014.12　240p　18cm　（中公
新書 2299）〈文献あり〉①978-4-12-102299-8　Ⓝ210.04
［800円］

◇日本人なら知っておきたい日本史の授業　金谷俊一郎著
PHP研究所　2014.3　255p　19cm　〈索引あり〉①978-4-569-
81749-1　Ⓝ210.1　［1300円］

◇日本人の9割が知らないまさか！の日本史　歴史の謎を探る
会編，夢の設計社企画・編集　河出書房新社　2014.11　222p
15cm　（KAWADE夢文庫 K1007）〈文献あり〉①978-4-309-
49907-9　Ⓝ210.1　［620円］

◇にほんとニッポン―読みとばし日本文化譜：Seigow Remix
松岡正剛著　工作舎　2014.10　413p　19cm　〈索引あり〉
①978-4-87502-460-6　Ⓝ210.1　［1800円］

◇日本の起源　東島誠，輿那覇潤著　太田出版　2013.9　360,
14p　20cm　（atプラス叢書 05）〈索引あり〉①978-4-7783-
1378-4　Ⓝ210.1　［1800円］

◇原勝郎博士の「日本通史」　原勝郎著，中山理訳，渡部昇一監
修　祥伝社　2014.4　491p　20cm　〈年表あり 索引あり〉
①978-4-396-65051-3　Ⓝ210.1　［2300円］

◇封印された闇の日本史FILE　歴史雑学探究倶楽部編　決定版
学研パブリッシング　2014.9　287p　図版16p　19cm　（ムー
SPECIAL）〈学研マーケティング（発売）文献あり〉①978-
4-05-406102-6　Ⓝ210　［540円］

◇兵器と戦術の日本史　金子常規著　中央公論新社　2014.3
319p　16cm　（中公文庫 か80-2）〈原書房 1982年刊の再刊〉
①978-4-12-205927-6　Ⓝ392.1　［952円］

◇本当にあった驚きの日本史―常識をくつがえす歴史の真実
真実の日本史研究会［著］　竹書房　2014.6　192p　19cm
①978-4-8124-8925-3　Ⓝ210　［580円］

◇学びなおすと日本史はおもしろい　吉村弘著　ベレ出版
2014.1　299p　19cm　①978-4-86064-381-2　Ⓝ210.1　［1500
円］

◇民族の創出―まつろわぬ人々、隠された多様性　岡本雅享著
岩波書店　2014.7　408p　20cm　①978-4-00-024872-3
Ⓝ210.04　［4200円］

◇大和民族万国史―日本人とは何か―その誕生と栄光の歴史。
日本改革政治連盟　2013.12　399p　31cm　Ⓝ210.1　［59000
円］

◇歴史が面白くなる東大のディープな日本史　3　相澤理著
KADOKAWA　2014.8　255p　18cm　〈2までの出版者：中経
出版〉①978-4-04-600498-7　Ⓝ210.1　［1000円］

◇歴史の整理棚　難波悟郎著　文芸社　2014.11　173p　19cm
〈文献あり〉①978-4-286-15609-5　Ⓝ210.1　［1200円］

◇列島の歴史を語る　網野善彦著、藤沢・網野さんを囲む会編
筑摩書房　2014.4　347p　15cm　（ちくま学芸文庫 ア17-5）
〈「網野善彦列島の歴史を語る」（本の森 2005年刊）の改題　内
容：日本史の転換点としての中世〈無縁の原理〉と現代　新た
な視点から描く日本社会の歴史　日本人・日本国をめぐって
時宗と「一遍聖絵」をめぐって〉①978-4-480-09618-0
Ⓝ210.04　［1000円］

◇私の日本史教室―甦る歴史のいのち　占部賢志著　明成社
2014.9　285p　19cm　〈文献あり〉①978-4-905410-32-4
Ⓝ210.04　［2000円］

日本（歴史―1868～1945）

◇アジア主義―その先の近代へ　中島岳志著　潮出版社　2014.
7　455p　19cm　〈文献あり〉①978-4-267-01971-5　Ⓝ210.6
［1900円］

◇生きている大日本帝国　中杉弘著　風塵社　2014.8　205p
20cm　①978-4-7763-0063-2　Ⓝ210.6　［1600円］

◇〈移動〉と〈比較〉の日本帝国史―統治技術としての観光・博覧
会・フィールドワーク　阿部純一郎著　新曜社　2014.4
386p　22cm　〈文献あり 年表あり 索引あり〉①978-4-7885-
1359-4　Ⓝ210.6　［4200円］

◇いま語らねばならない戦前史の真相　孫崎享，鈴木邦男著　現
代書館　2014.10　270p　19cm　〈年表あり〉①978-4-7684-
5747-4　Ⓝ210.6　［1600円］

◇近現代日本の諸相―大日本帝国の光と影　徳永弘倫著　菁柿
堂　2014.5　382p　19cm　（seishido brochure）〈星雲社（発
売）文献あり〉①978-4-434-19304-0　Ⓝ210.6　［2000円］

◇子供たちに伝えたい日本の戦争―あのときなぜ戦ったのか：
1894～1945年　皿木喜久著　産経新聞出版　2014.7　246p
19cm　〈日本工業新聞社（発売）文献あり〉①978-4-8191-
1248-2　Ⓝ210.6　［1300円］

◇先生が教えてくれなかった大日本帝国―極東の小国が世界の
主役になった日　笠倉出版社　2014.12　255p　19cm　〈文献
あり 年表あり〉①978-4-7730-8749-9　Ⓝ210.6　［650円］

◇大東亜戦争肯定論　林房雄著　中央公論新社　2014.11　509p
16cm　（中公文庫 は68-1）①978-4-12-206040-1　Ⓝ210.6
［1200円］

◇中国・韓国が死んでも隠したい本当は正しかった日本の戦争
黄文雄著　徳間書店　2014.2　244p　19cm　①978-4-19-
863767-5　Ⓝ210.6　［1000円］

◇なぜ日本人は、あの戦争を始めたのか―狂ってしまった日本人
の「戦争時計」　田代靖尚著　主婦の友インフォス情報社
2014.9　302p　19cm　〈主婦の友社（発売）〉①978-4-07-
293723-5　Ⓝ210.6　［1600円］

◇有名女子中学「入試問題の大嘘！」証明写真で暴いてます―こ
れは「自虐史観の大安売り」です！　水間政憲、黄文雄著　ヒ
カルランド　2014.2　201p　19cm　（Knock-the-knowing
005）①978-4-86471-181-4　Ⓝ210.6　［1300円］

◇歴史小説の罠―司馬遼太郎、半藤一利、村上春樹　福井雄三著
総和社　2013.12　275p　19cm　①978-4-86286-075-0
Ⓝ210.6　［1500円］

◇歴史の授業で教えない大日本帝国の謎―極東の小国はなぜ、他
国を凌駕する大国となれたのか？　小神野雅弘著　彩図社
2014.2　217p　19cm　〈文献あり〉①978-4-88392-968-9
Ⓝ210.6　［524円］

日本（歴史―1945～）

◇現代日本の謀略事件　謀略事件追跡グループ著　宝島社
2014.4　221p　15cm　（宝島SUGOI文庫 Aほ-3-1）〈文献
あり〉①978-4-8002-2622-8　Ⓝ210.76　［600円］

◇幻滅―外国人社会学者が見た戦後日本70年　ロナルド・ドー
ア著　藤原書店　2014.11　266p　20cm　〈年表あり 索引あ
り〉①978-4-86578-000-0　Ⓝ210.76　［2800円］

◇日本現代史　ジェームス・M・バーダマン著、樋口謙一郎監訳
増補改訂版　IBCパブリッシング　2013.9　279p　19cm
（対訳ニッポン双書）〈文献あり 年表あり 索引あり〉①978-
4-7946-0229-9　Ⓝ210.76　［1500円］

◇日本の近代　8　大国日本の揺らぎ―1972～　伊藤隆、猪木武
徳、北岡伸一、御厨貴編集委員　渡邊昭夫著　中央公論新社
2014.3　505p　16cm　（中公文庫 S24-8）〈文献あり 年表あ
り 索引あり〉①978-4-12-205915-3　Ⓝ210.6　［1524円］

◇歴史が面白くなるディープな戦後史　相澤理著
KADOKAWA　2014.1　239p　18cm　①978-4-04-600166-5
Ⓝ210.76　［1000円］

◇私が伝えたい日本現代史　1960-2014　田原総一朗著　ポプラ
社　2014.3　331p　18cm　（ポプラ新書 028）〈文献あり 年
表あり「100分でわかる！ホントはこうだった日本現代史
1～3」（2013年刊）の改題、分冊〉①978-4-591-13971-4
Ⓝ210.7　［780円］

日本（歴史―1945～―写真集）

◇写真でつづる戦後日本―定点観測者としての通信社：写真展
新聞通信調査会、共同通信社編　［東京］　新聞通信調査会
2014.1　53p　30cm　〈会期・会場：2014年1月24日～2月7日
東京国際フォーラムガラス棟ロビーギャラリー〉①978-4-
907087-02-9　Ⓝ210.76　［1700円］

日本（歴史―1945～1952）

◇占領下の日本―国際環境と国内体制　天川晃著　現代史料出
版　2014.2　352p　22cm　〈東出版（発売）索引あり　内容：
日本における占領　占領軍政要員の訓練　日本本土の占領と
沖縄の占領　民政局と憲法制定　イギリスと日本国憲法　占
領後期の改革過程　講和と国内統治体制の再編　占領史の周
辺。1　東京裁判　占領史の周辺。2　賠償をめぐる世論　援
助の理念〉①978-4-87785-292-4　Ⓝ210.762　［3600円］

◇占領秘録　住本利男著　改版　中央公論新社　2014.7　591p
16cm　（中公文庫 す10-2）〈初版：毎日新聞社 1952年刊〉
①978-4-12-205979-5　Ⓝ210.762　［1400円］

◇日本占領史1945-1952―東京・ワシントン・沖縄　福永文夫著
中央公論新社　2014.12　360p　18cm　（中公新書 2296）
〈文献あり 年表あり〉①978-4-12-102296-7　Ⓝ210.762
［900円］

日本（歴史―飛鳥時代）

◇飛鳥・藤原と古代王権　西本昌弘著　同成社　2014.4　224p
22cm　（同成社古代史選書 11）〈内容：斉明天皇陵の造営・
修造と牽牛子塚古墳　建王の今城谷墓と酒船石遺跡　川原寺
の古代史と伽藍・仏像　高市大寺〈大官大寺〉の所在地と藤原
京朱雀大路　岸俊男氏の日本古代宮都論　大藤原京説批判
藤原京と新益京の語義再考〉①978-4-88621-655-7　Ⓝ210.33
［5000円］

◇偽りの日本古代史　井上亘著　同成社　2014.12　159p
20cm　〈内容：十七条憲法と聖徳太子　大化改新管見　偽りの

日本（歴史—安土桃山時代）

「日本」　「日本」国号の成立　『日本書紀』の謎は解けたか　『日本書紀』の謎は解けたか. 再論　①978-4-88621-683-0　Ⓝ210.33　[1800円]

◇岩波講座日本歴史　第2巻　古代　2　大津透, 桜井英治, 藤井讓治, 吉田裕, 李成市編集委員　岩波書店　2014.3　322p　22cm〈付属資料：8p；月報 5　内容：大王の朝廷と推古朝（倉本一宏著）　大王とウヂ（北康宏著）　国造制と屯倉制（森公章著）　帰化人と古代国家・文化の形成（丸山裕美子著）　飛鳥の都と古墳の終末（小澤毅著）　飛鳥・白鳳文化（川尻秋生著）　六一八世紀の東アジアと東アジア世界論（李成市著）　大化改新と改革の実像（市大樹著）　記紀神話と王権の祭祀（佐々田悠著）〉①978-4-00-011322-9　Ⓝ210.1　[3200円]

◇聖徳太子　倭国と東アジアの変革　磯部隆著　岡山　大学教育出版　2014.11　235p　22cm〈年譜あり〉①978-4-86429-309-9　Ⓝ210.33　[2000円]

日本（歴史—安土桃山時代）

◇明智光秀の乱—天正十年六月政変織田政権の成立と崩壊　小林正信著　里文出版　2014.7　398p　19cm〈文献あり〉①978-4-89806-417-7　Ⓝ210.48　[2200円]

◇井沢元彦の激闘の日本史—南北朝動乱と戦国への道　井沢元彦著　[東京] KADOKAWA　2014.6　285p　19cm〈年表あり〉①978-4-04-653302-9　Ⓝ210.4　[1800円]

◇岩波講座日本歴史　第10巻　近世　1　大津透, 桜井英治, 藤井讓治, 吉田裕, 李成市編集委員　岩波書店　2014.1　312p　22cm〈付属資料：8p；月報 3　内容：近世史への招待（藤井讓治著）　織田政権論（堀新著）　豊臣政権論（中野等著）　朝鮮から見た文禄・慶長の役（李啓煌著）　兵農分離と石高制（牧原成征著）　キリシタンと統一政権（岡美穂子著）　江戸幕府の成立と公儀（福田千鶴著）　近世都市の成立（伊藤毅著）　近世の身分制（横田冬彦著）〉①978-4-00-011330-4　Ⓝ210.1　[3200円]

◇織田信長〈天下人〉の実像　金子拓著　講談社　2014.8　296p　18cm（講談社現代新書 2278）〈文献あり〉①978-4-06-288278-1　Ⓝ210.48　[880円]

◇偽書『武功夜話』の研究　藤本正行, 鈴木眞哉著　新版　洋泉社　2014.3　287p　18cm（歴史新書y 044）〈年表あり〉①978-4-8003-0359-2　Ⓝ210.48　[940円]

◇逆説の日本史—ビジュアル版　5　真説秀吉英雄伝　井沢元彦著　小学館　2014.4　127p　26cm　①978-4-09-379861-7　Ⓝ210.04　[1500円]

◇戦国時代の組織戦略　堺屋太一著　集英社　2014.6　175p　19cm〈年表あり〉①978-4-08-786047-4　Ⓝ210.47　[1200円]

◇戦国・織豊期大名徳川氏の領国支配　柴裕之著　岩田書院　2014.11　411,17p　22cm（戦国史研究叢書 12）〈索引あり　内容：今川・松平両氏の戦争と室町幕府将軍　室町幕府将軍足利義昭と徳川家康　武田信玄の遠江・三河侵攻と徳川家康　長篠合戦再考　徳川家康の遠江侵攻と宇津山城　織田権力の関東仕置と徳川家康　徳川氏の領国支配と徳政令　豊臣政権の関東仕置と徳川関東領国　徳川氏の駿府河東二郡支配と松井忠次　三河国衆奥平氏の動向と態様　徳川氏の甲斐国中領支配とその特質　徳川氏の甲斐眼内領支配と鳥居元忠　徳川領国下の穴山武田氏　徳川氏の信濃国伊那郡統治と菅沼定利　石川康輝〈数正〉出奔の政治背景　戦国・織豊期大名徳川氏の領国構造と支配〉①978-4-87294-884-4　Ⓝ210.47　[9400円]

◇輝元の分岐点—信長・秀吉との闘いから中国国分へ：広島城企画展　広島市未来都市創造財団広島城編　広島　広島市未来都市創造財団広島城　2013.11　88p　30cm〈文献あり〉Ⓝ210.48

◇天下統一—信長と秀吉が成し遂げた「革命」　藤田達生著　中央公論新社　2014.4　294p　18cm（中公新書 2265）〈文献あり　年表あり〉①978-4-12-102265-3　Ⓝ210.46　[860円]

◇豊臣女系図—哲学教授櫻井成廣の秀吉論考集　櫻井成廣, 蒲池明弘著　桃山堂　2014.3　209p　20cm〈著作目録あり〉①978-4-905342-00-7　Ⓝ210.48　[2000円]

◇豊臣政権下の行幸と朝廷の動向　北島光信著　大阪　清文堂出版　2014.6　293p　22cm〈布装　内容：序章 聚楽亭行幸の形成過程について　天正二十年聚楽亭行幸について　近世行幸と装束考　三催の成立と庭上の並官人について　三方楽所の成立と南都楽人　羽柴秀保と聚楽亭行幸　朝廷儀礼運営と統一政権　朝廷の存続と天皇の下賜　終章 羽柴秀保と一庵法印　羽柴秀保と豊臣政権〉①978-4-7924-1015-5　Ⓝ210.48　[7500円]

◇豊臣政権の正体　山本博文, 堀新, 曽根勇二編　柏書房　2014.6　331p　20cm〈内容：豊臣秀吉と黒田官兵衛（山本博文著）　秀吉のいくさと上杉・武田のいくさ（鴨川達夫著）　天下と殿

下（堀新著）　古文書の伝わり方（田渕美樹著）　『忠増渡海日記』と幸若舞（鈴木彰著）　秀吉と大名・直臣の主従関係について（曽根勇二著）　豊臣秀次印状の謎（金子拓著）　日用停止令と豊臣政権（光成準治著）　前田玄以の呼称と血判起請文（矢部健太郎著）　豊臣秀吉の「日本国王」冊封の意義（米谷均著）　豊臣五大老の実像（堀越祐一著）〉①978-4-7601-4411-2　Ⓝ210.48　[2800円]

◇長唄を読む　1　古代～安土桃山時代編　西聖寺由利著　改訂版　小学館スクウェア　2014.9　415p　19cm〈文献あり　索引あり　初版：新風舎 2007年刊〉①978-4-7979-8741-6　Ⓝ768.58　[2800円]

◇信長からの手紙—細川コレクション　熊本県立美術館編　[熊本]　熊本県立美術館　2014.10　152p　30cm〈文献あり　年譜あり　会期・会場：2014年10月10日—12月14日　熊本県立美術館ほか　重要文化財指定記念　共同刊行：永青文庫〉Ⓝ210.48

◇信長研究の最前線—ここまでわかった「革新者」の実像　日本史史料研究会編　洋泉社　2014.10　255p　18cm（歴史新書y 049）①978-4-8003-0508-4　Ⓝ210.48　[950円]

◇敗者の日本史　12　関ケ原合戦と石田三成　関幸彦, 山本博文企画編集委員　矢部健太郎著　吉川弘文館　2014.1　249,4p　20cm〈文献あり　年表あり〉①978-4-642-06458-3　Ⓝ210.1　[2600円]

◇秀吉に備えよ!!—羽柴秀吉の中国攻め　続　長浜市長浜城歴史博物館企画・編集　長浜　長浜市長浜城歴史博物館　2014.7　143p　22cm〈年表あり　会期・会場：平成26年7月19日—9月8日　長浜市長浜城歴史博物館〉Ⓝ210.48

◇乱世からの手紙—大阪城天守閣収蔵古文書選：テーマ展　大阪城天守閣編　大阪　大阪城天守閣　2014.3　111p　26cm〈文献あり　会期・会場：平成26年3月21日—5月6日　大阪城天守閣〉Ⓝ210.47

日本（歴史—安土桃山時代—史料）

◇兼見卿記　第1　自元亀元年六月至天正九年九月　[吉田兼見著]，斎木一馬, 染谷光廣校訂　新訂増補（金子拓, 遠藤珠紀新訂増補版校訂）八木書店古書出版部　2014.5　272p　22cm（史料纂集）〈八木書店（発売）　付属資料：4p；月報第171号　初版：続群書類従完成会 1971年刊〉①978-4-8406-5171-4　Ⓝ210.48　[13000円]

◇兼見卿記　第2　自天正十年正月至天正十二年十二月　[吉田兼見著]，斎木一馬, 染谷光廣校訂　新訂増補（金子拓, 遠藤珠紀新訂増補版校訂）八木書店古書出版部　2014.5　255p　22cm（史料纂集）〈八木書店（発売）　付属資料：4p；月報第172号　初版：続群書類従完成会 1976年刊〉①978-4-8406-5172-1　Ⓝ210.48　[13000円]

◇兼見卿記　第3　自天正十三年正月至天正十五年十二月　[吉田兼見著]，橋本政宣, 金子拓, 渡邊江美子, 遠藤珠紀校訂　八木書店古書出版部　2014.5　304p　22cm（史料纂集）〈八木書店（発売）　付属資料：4p；月報第173号〉①978-4-8406-5173-8　Ⓝ210.48　[13000円]

◇舜旧記　第1　自天正十一年正月　至慶長六年十二月　[梵舜著]，鎌田純一校訂　オンデマンド版　八木書店古書出版部　2014.1　307p　21cm（史料纂集）〈八木書店（発売）　初版：続群書類従完成会 1970年刊　印刷・製本：デジタルパブリッシングサービス〉①978-4-8406-3330-7　Ⓝ210.48　[10000円]

◇東京国立博物館図版目録　中世古文書篇　東京国立博物館編　東京国立博物館　2014.3　246, 55p　27cm　①978-4-907515-02-7　Ⓝ708.7　[4630円]

日本（歴史—江戸時代）

◇新しい江戸時代が見えてくる—「平和」と「文明化」の265年　大石学著　吉川弘文館　2014.9　189p　21cm（『江戸から考える日本人の心』、NHK出版 2011年刊）の改題, 再構成, 補訂〉①978-4-642-08104-7　Ⓝ210.5　[1800円]

◇岩波講座日本歴史　第10巻　近世　1　大津透, 桜井英治, 藤井讓治, 吉田裕, 李成市編集委員　岩波書店　2014.1　312p　22cm〈付属資料：8p；月報 3　内容：近世史への招待（藤井讓治著）　織田政権論（堀新著）　豊臣政権論（中野等著）　朝鮮から見た文禄・慶長の役（李啓煌著）　兵農分離と石高制（牧原成征著）　キリシタンと統一政権（岡美穂子著）　江戸幕府の成立と公儀（福田千鶴著）　近世都市の成立（伊藤毅著）　近世の身分制（横田冬彦著）〉①978-4-00-011330-4　Ⓝ210.1　[3200円]

◇岩波講座日本歴史　第11巻　近世　2　大津透, 桜井英治, 藤井讓治, 吉田裕, 李成市編集委員　岩波書店　2014.5　314p　22cm〈付属資料：8p；月報 7　内容：江戸幕府の政治構造（三宅正浩著）　大名と藩（高野信治著）　畿内近国論（岩城卓二著）　近世の対外関係（木村直樹著）　近世の村（渡辺尚志著）　近世都市社会の展開（岩淵令治著）　近世貨幣論（藤井讓治著）

日本件名図書目録2014　Ⅰ

日本（歴史―江戸初期―史料）

近世の仏教（朴澤直秀著）　江戸時代前期の社会と文化（若尾
政希著）〉Ⓘ978-4-00-011331-1　Ⓝ210.1　[3200円]

◇岩波講座日本歴史　第12巻　近世　3　大津透，桜井英治，藤井
譲治,吉田裕,李成市編集委員　岩波書店　2014.11　318p
22cm〈付属資料：8p：月報 12　内容：吉宗の政治（村田路人
著）　近世の公家社会（松澤克行著）　東アジア世界のなかの琉
球（渡辺美季著）　全国市場の展開（原直史著）　水運と陸運
（深井甚三著）　近世の法（小倉宗著）　儒学・国学・洋学（前
田勉著）　近世の神道・陰陽道（梅田千尋著）　飢饉と災害（菊
池勇夫著）〉Ⓘ978-4-00-011332-8　Ⓝ210.1　[3200円]

◇江戸を読む技法　山本博文著　宝島社　2014.3　302p　18cm
（宝島社新書 440）〈著作目録あり　「江戸時代を〈探検〉す
る」（文藝春秋 1996年刊）の改題，増補・改訂〉Ⓘ978-4-8002-
2361-6　Ⓝ210.5　[750円]

◇江戸の武家社会と百姓・町人　中野達義著　岩田書院　2014.2
388p　22cm（近世史研究叢書 38）Ⓘ978-4-87294-845-5
Ⓝ210.5　[7900円]

◇近世国家と東北大名　長谷川成一著　オンデマンド版　吉川
弘文館　2013.10　302,8p　22cm〈索引あり　印刷・製本：デ
ジタルパブリッシングサービス　内容：鷹と東北大名　奥羽
日の本仕置と豊臣政権による鷹の独占過程　奥羽日の本仕置
の中の奥と蝦夷島　北日本における太閤蔵入地論　江戸時代
初期東北大名の領知高　北の元和偃武　最上改易と元和偃武
東北大名と蝦夷地・北方世界　十三湊に関する基礎研究　近
世十三湊の成立と展開　津軽十三湊をめぐる伝承の研究　近
世国家の形成と東北大名〉Ⓘ978-4-642-04220-8　Ⓝ210.5
[12000円]

◇近世の朝廷と宗教　高埜利彦著　吉川弘文館　2014.2　477,7p
22cm〈索引あり　内容：江戸幕府の朝廷支配　後期幕藩制と
天皇　「禁中並公家諸法度」についての一考察　史料紹介「禁
中並公家諸法度」　近世門跡の格式　朝廷をとりまく人びと
江戸時代の神社制度　近世の神社と地域社会　富士参詣と御
師　私の身分制周縁論　幕藩制社会の解体と宗教者　近世石
山寺の開版　十七世紀後半の日本　十八世紀前半の日本〉
Ⓘ978-4-642-03461-6　Ⓝ210.5　[11000円]

◇なぜ、地形と地理がわかると江戸時代がこんなに面白くなるの
か　大石学監修　洋泉社　2014.12　189p　18cm（歴史新
書）〈文献あり　年表あり〉Ⓘ978-4-8003-0530-5　Ⓝ210.5
[800円]

◇名家老たちの危機の戦略戦術―戦い・内紛・財政破綻の秘策
加来耕三著　さくら舎　2014.8　286p　19cm〈文献あり〉
Ⓘ978-4-906732-84-5　Ⓝ281　[1600円]

◇霊巌夜話を知る　大道寺友山著，大道寺弘義現代語訳　教育
評論社　2014.4　350p　19cm〈年譜あり〉Ⓘ978-4-905706-
82-3　Ⓝ210.5　[1900円]

日本（歴史―江戸時代―書目）

◇塚本学著作目録　塚本良子編　佐倉　塚本良子　2014.4　73p
21cm〈年譜あり〉Ⓝ210.5

日本（歴史―江戸時代―史料）

◇「西海の記」と中村西国　中村弘平編著　アテネ社（制作）
2014.4　78p　21cm　[非売品]

◇舜旧記　第1　自天正十一年正月　至慶長六年十二月　［梵舜
著］，鎌田純一校訂　オンデマンド版　八木書店古書出版部
2014.1　307p　21cm（史料纂集）〈八木書店（発売）初版：
続群書類従完成会 1970年刊　印刷・製本：デジタルパブリッ
シングサービス〉Ⓘ978-4-8406-3330-7　Ⓝ210.48　[10000
円]

◇舜旧記　第2　自慶長七年正月　至慶長十一年十二月　［梵舜
著］，鎌田純一校訂　オンデマンド版　八木書店古書出版部
2014.1　268p　21cm（史料纂集）〈八木書店（発売）初版：
続群書類従完成会 1973年刊　印刷・製本：デジタルパブリッ
シングサービス〉Ⓘ978-4-8406-3331-4　Ⓝ210.48　[9000円]

◇舜旧記　第3　自慶長十二年正月　至慶長十七年十二月　［梵
舜著］，鎌田純一校訂　オンデマンド版　八木書店古書出版部
2014.1　269p　21cm（史料纂集）〈八木書店（発売）初版：
続群書類従完成会 1976年刊　印刷・製本：デジタルパブリッ
シングサービス〉Ⓘ978-4-8406-3332-1　Ⓝ210.48　[9000円]

◇舜旧記　第4　自慶長十八年正月　至元和二年三月　［梵舜著］，
鎌田純一校訂　オンデマンド版　八木書店古書出版部　2014.
1　238p　21cm（史料纂集）〈八木書店（発売）初版：続群
書類従完成会 1979年刊　印刷・製本：デジタルパブリッシン
グサービス〉Ⓘ978-4-8406-3333-8　Ⓝ210.48　[8000円]

◇舜旧記　第5　自元和三年四月　至元和六年閏十二月　［梵舜
著］，鎌田純一校訂　オンデマンド版　八木書店古書出版部
2014.1　264p　21cm（史料纂集）〈八木書店（発売）初版：

続群書類従完成会 1983年刊　印刷・製本：デジタルパブリッ
シングサービス〉Ⓘ978-4-8406-3334-5　Ⓝ210.48　[8000円]

◇舜旧記　第8　自寛永八年正月　至寛永九年十一月　［梵舜著］，
鎌田純一，藤本元啓校訂　オンデマンド版　八木書店古書出版
部　2014.1　203,82p　21cm　（史料纂集）〈八木書店（発売）
索引あり　初版：続群書類従完成会 1999年刊　印刷・製本：
デジタルパブリッシングサービス〉Ⓘ978-4-8406-3337-6
Ⓝ210.48　[9000円]

◇徳川家康寺社関寄進状の研究―船橋大神宮文書の誘起する近
世　朝野雅文著　船橋　北総史学研究所　2014.3　386, 4p
22cm〉Ⓘ978-4-9907595-0-6　Ⓝ210.5　[5000円]

◇一橋徳川家文書覚了院様御実録　2　茨城県立歴史館史料学芸
部編　水戸　茨城県立歴史館　2014.3　334p　22cm　（茨城
県立歴史館史料叢書 17）〈外箱入〉Ⓝ210.5

日本（歴史―江戸時代―伝記）

◇先哲に学ぶ行動哲学―知行合一を実践した日本人　多久善郎
著　［東京］　日本協議会　2014.2　215p　21cm〈「日本の誇
りセミナー」実行委員会（発売）共同刊行：日本協議会広島県
支部〉Ⓘ978-4-9900536-1-1　Ⓝ281.04　[1500円]

◇廃仏毀釈　山本顕樹著　［龍ヶ崎］　[山本顕樹]　2014.7
116p　26cm　Ⓝ281.04　[非売品]

日本（歴史―江戸時代―便覧）

◇近世江戸歴史古文書用語書　征矢実［著］　[出版地不明]
[征矢実]　[2013]　224p　22cm〈折り込 3枚〉Ⓝ210.5

日本（歴史―江戸時代―論文集）

◇中近世の領主支配と民間社会―吉村豊雄先生ご退職記念論文
集　稲葉継陽,花岡興史,三澤純編　熊本　熊本出版文化会館
2014.10　524p　21cm（創流出版（発売）著作目録あり　年譜
あり　内容：中世前期の肥後国の村落（廣田浩治著）　山城国
伏見荘における沙汰人層の存在形態と役割（田代博志著）　「堺
公方」期の京都支配と松井宗信（馬部隆弘著）　鷹峯城再考（鶴
嶋俊彦著）　戦国期天草棚底城の歴史的位置（稲葉継陽著）
戦国大名大友氏の普請命令と免除特権（八木直樹著）　豊臣政
権期における「両川体制」の再編成（才藤義和著）　加藤清正
発給文書について（大浪和弥著）　大名城郭普請許可制にみる
幕藩関係と政治機構（花岡興史著）　幕藩領主の呪術的儀礼と
真宗僧侶（上野大輔著）　キリシタン信仰の変容（児島康子著）
近世中期の全藩一揆の構造（木下泰葉著）　藩社会における時
報の普及と都市化の展開（松崎範子著）　熊本藩制下の座頭と
当道座（緒方晶子著）　近世後期藩領国における地方役人の
「出世」と「派閥」（今村直樹著）　幕末期における西洋流砲術
の伝播について（木山貴満著）　明治維新期の熊本藩惣庄屋集
団の意見書について（三澤純著）　幕末維新期における熊本藩
の殖産政策（和田直樹著）　中山道の明治維新における「偽官
軍」事件の再検討（青木拓人著）〉Ⓘ978-4-906897-21-6
Ⓝ210.4　[7000円]

日本（歴史―江戸初期）

◇元禄の光と翳―朝日文左衛門の体験した「大変」　大下武著
名古屋　ゆいぽおと　2014.11　286p　19cm〈KTC中央出版
（発売）文献あり〉Ⓘ978-4-87758-451-1　Ⓝ210.52　[1600
円]

◇儒学殺人事件―堀田正俊と徳川綱吉　小川和也著　講談社
2014.4　382p　20cm〈文献あり　索引あり〉Ⓘ978-4-06-
218933-0　Ⓝ210.52　[2800円]

◇長唄を読む　2　江戸時代〈前期～中期〉編　西園寺由利著　改
訂版　小学館スクウェア　2014.9　543p　19cm〈文献あり
索引あり　初版：新風舎 2007年刊〉Ⓘ978-4-7979-8742-3
Ⓝ768.58　[3000円]

日本（歴史―江戸初期―史料）

◇大坂城代記録　7　寛文8年1月―12月、大坂城代青山宗俊　大
阪城天守閣編　[大阪]　大阪城天守閣　2014.3　119p　21cm
（徳川時代大坂城関係史料集 第17号）〈内容：寛文八戊申年
日記〉Ⓝ210.5

◇慶長日件録　第1　自慶長五年正月　至慶長十年十二月　[舟橋
秀賢著]，山本武夫校訂　オンデマンド版　八木書店古書出版
部　2014.1　230p　21cm（史料纂集）〈八木書店（発売）初
版：続群書類従完成会 1981年刊　印刷・製本：デジタルパブ
リッシングサービス〉Ⓘ978-4-8406-3263-8　Ⓝ210.52
[7000円]

◇樂只堂年録　第3　[柳澤吉保著]，宮川葉子校訂　八木書店古
書出版部　2014.6　256p　22cm＋　（史料纂集）〈八木書店
（発売）付属資料：4p：月報 第174号〉Ⓘ978-4-8406-5174-5
Ⓝ210.52　[13000円]

◇隆光僧正日記　第1　自元禄五年正月　至元禄十一年二月　隆
光[著]，永島福太郎，林亮勝校訂　オンデマンド版　八木書店
古書出版部　2014.1　313p　21cm（史料纂集）〈八木書店
（発売）初版：続群書類従完成会 1969年刊　印刷・製本：デ
ジタルパブリッシングサービス〉Ⓘ978-4-8406-3404-5
Ⓝ210.52　[10000円]

903

日本（歴史—江戸中期）

日本（歴史—江戸中期）

◇逆説の日本史 17 江戸成熟編 井沢元彦著 小学館 2014.6 477p 15cm （小学館文庫 い1-31）〈年表あり〉①978-4-09-406055-3 Ⓝ210.04 ［710円］

◇将軍と側近—室鳩巣の手紙を読む 福留真紀著 新潮社 2014.12 249p 18cm （新潮新書 598）〈文献あり 年譜あり〉①978-4-10-610598-2 Ⓝ210.55 ［780円］

◇長唄を読む 2 江戸時代〈前期～中期〉編 西園寺由利著 改訂版 小学館スクウェア 2014.9 543p 19cm 〈文献あり 索引あり〉 初版：新風舎 2007年刊 ①978-4-7979-8742-3 Ⓝ768.58 ［3000円］

日本（歴史—江戸中期—史料）

◇佐土原藩嶋津家江戸日記 15 宮崎県立図書館編 宮崎 宮崎県立図書館 2014.3 675p 22cm Ⓝ210.55 ［非売品］

◇田村藍水・西湖公用日記—自宝暦十三年六月 至寛政三年正月 田村藍水，[田村西湖著]，草野冴子，藤田覚校訂 オンデマンド版 八木書店古書出版部 2014.1 313p 21cm （史料纂集） 初版：続群書類従完成会 1986年刊 印刷・製本：デジタルパブリッシングサービス ①978-4-8406-3367-3 Ⓝ210.55 ［10000円］

◇朝林後編 ［堀貞高，堀貞儀著]，[松平君山原編]，『朝林』研究会編 ［日進] 名古屋学芸大学短期大学部地域文化研究センター 2014.3 436p 26cm （共同研究報告書 16）〈共同刊行：名古屋外国語大学国際コミュニケーション研究所〉 Ⓝ210.52 ［非売品］

◇三河記 岡崎市立中央図書館古文書翻刻ボランティア会編 [岡崎] 岡崎市立中央図書館 2014.3 163p 30cm 〈複製及び翻刻〉 Ⓝ291.09

◇通光公記 第8 自延享三年正月 至延享四年十二月 ［久我通兄著]，今江廣道，平井誠二校訂 オンデマンド版 八木書店古書出版部 2014.1 268p 21cm （史料纂集）〈八木書店（発売）〉 初版：続群書類従完成会 2002年刊 印刷・製本：デジタルパブリッシングサービス ①978-4-8406-3363-5 Ⓝ210.55 ［9000円］

日本（歴史—江戸末期）

◇「安達清風日記」に読む幕末の鳥取藩 小谷醇著 大阪 パレード 2014.10 450p 20cm （Parade books）①978-4-86522-028-5 Ⓝ210.58

◇裏も表もわかる日本史—意外な真相？ 驚きの事実！ 幕末・維新編 河合敦著 実業之日本社 2014.1 262p 18cm （じっぴコンパクト新書 174）〈年表あり 画：石ノ森章太郎〉①978-4-408-11049-3 Ⓝ210.1 ［762円］

◇オールカラーでわかりやすい！ 幕末・明治維新 永濱眞理子著 西東社 2014.12 255p 21cm 〈文献あり 年表あり 索引あり 「もう一度学びたい幕末・明治維新」(2007年刊）の改題、リニューアル〉①978-4-7916-2310-5 Ⓝ210.61 ［740円］

◇長唄を読む 3 江戸時代〈後期〉～現代編 西園寺由利著 改訂版 小学館スクウェア 2014.9 511p 19cm 〈文献あり 索引あり〉 初版：新風舎 2007年刊 ①978-4-7979-8743-0 Ⓝ768.58 ［3000円］

◇幕末動乱—開国から攘夷へ：四館共同企画展 土浦市立博物館，日野市立新選組のふるさと歴史館，壬生町立歴史民俗資料館，板橋区立郷土資料館編 土浦 土浦市立博物館 2014.3 191p 30cm 〈年表あり 文献あり 会期・会場：平成26年3月21日～5月6日 土浦市立博物館ほか 共同刊行：日野市立新選組のふるさと歴史館ほか〉

◇幕末の名著徹夜総解説 北影雄幸著 自由国民社 2014.12 476p 21cm 〈索引あり〉①978-4-426-11889-1 Ⓝ210.58 ［2800円］

◇マンガ幕末は「論争」でわかる あべまき漫画，石黒拡親原作 KADOKAWA 2014.10 203p 18cm （メディアファクトリー新書 105）〈文献あり 年表あり〉①978-4-04-067135-2 Ⓝ210.58 ［840円］

◇吉田松陰と松下村塾の志士100話 山村竜也著 PHPエディターズ・グループ 2014.9 287p 19cm （PHP研究所（発売）文献あり〉①978-4-569-82073-6 Ⓝ210.61 ［1700円］

日本（歴史—江戸末期—写真集）

◇尾張徳川家の幕末維新—徳川林政史研究所所蔵写真：写真集 徳川義崇監修，徳川林政史研究所編 吉川弘文館 2014.3 307p 31cm 〈文献あり 年譜あり〉①978-4-642-03827-0 Ⓝ210.61 ［9000円］

◇レンズが撮らえた外国人カメラマンの見た幕末日本—永久保存版 1 三井圭司編集，小沢健志監修 山川出版社 2014.8 157p 26cm 〈年表あり〉①978-4-634-15065-2 Ⓝ210.58 ［1800円］

◇レンズが撮らえた外国人カメラマンの見た幕末日本—永久保存版 2 三井圭司編集，小沢健志監修 山川出版社 2014.11 157p 26cm 〈年表あり〉①978-4-634-15066-9 Ⓝ210.58 ［1800円］

◇レンズが撮らえた幕末明治日本の風景 小沢健志，山本光正監修 山川出版社 2014.4 207p 22cm ①978-4-634-15053-9 Ⓝ210.58 ［1600円］

日本（歴史—江戸末期—史料）

◇會津藩廳記録 1 オンデマンド版 東京大学出版会 2014.7 540p 22cm （日本史籍協会叢書 1）〈印刷・製本：デジタルパブリッシングサービス 覆刻再刊 昭和57年刊〉①978-4-13-009301-9 Ⓝ210.58 ［11000円］

◇會津藩廳記録 2 オンデマンド版 東京大学出版会 2014.7 706p 22cm （日本史籍協会叢書 2）〈印刷・製本：デジタルパブリッシングサービス 覆刻再刊 昭和57年刊〉①978-4-13-009302-6 Ⓝ210.58 ［15000円］

◇會津藩廳記録 3 オンデマンド版 東京大学出版会 2014.7 542p 22cm （日本史籍協会叢書 3）〈印刷・製本：デジタルパブリッシングサービス 覆刻再刊 昭和57年刊〉①978-4-13-009303-3 Ⓝ210.58 ［11000円］

◇會津藩廳記録 4 オンデマンド版 東京大学出版会 2014.7 745p 22cm （日本史籍協会叢書 4）〈印刷・製本：デジタルパブリッシングサービス 覆刻再刊 昭和57年刊〉①978-4-13-009304-0 Ⓝ210.58 ［15000円］

◇會津藩廳記録 5 オンデマンド版 東京大学出版会 2014.7 712p 22cm （日本史籍協会叢書 5）〈印刷・製本：デジタルパブリッシングサービス 覆刻再刊 昭和57年刊〉①978-4-13-009305-7 Ⓝ210.58 ［15000円］

◇會津藩廳記録 6 オンデマンド版 東京大学出版会 2014.7 491p 22cm （日本史籍協会叢書 6）〈印刷・製本：デジタルパブリッシングサービス 覆刻再刊 昭和57年刊〉①978-4-13-009306-4 Ⓝ210.58 ［10000円］

◇朝彦親王日記 1 朝彦親王[著] オンデマンド版 東京大学出版会 2014.7 586p 22cm （日本史籍協会叢書 7）〈覆刻再刊 昭和57年刊 印刷・製本：デジタルパブリッシングサービス〉①978-4-13-009307-1 Ⓝ210.58 ［12000円］

◇朝彦親王日記 2 朝彦親王[著] オンデマンド版 東京大学出版会 2014.7 577p 22cm （日本史籍協会叢書 8）〈覆刻再刊 昭和57年刊 印刷・製本：デジタルパブリッシングサービス〉①978-4-13-009308-8 Ⓝ210.58 ［12000円］

◇安達清風日記 安達清風[著] オンデマンド版 東京大学出版会 2014.7 668p 22cm （日本史籍協会叢書 9）〈年譜あり 印刷・製本：デジタルパブリッシングサービス 覆刻再刊 昭和57年刊〉①978-4-13-009309-5 Ⓝ210.58 ［15000円］

◇一條忠香日記抄 オンデマンド版 東京大学出版会 2014.7 699p 22cm （日本史籍協会叢書 15）〈年譜あり 印刷・製本：デジタルパブリッシングサービス 覆刻再刊 昭和58年刊〉①978-4-13-009315-6 Ⓝ210.58 ［15000円］

◇岡山池田家文書 1 オンデマンド版 東京大学出版会 2014.7 410p 22cm （日本史籍協会叢書 44）〈覆刻再刊 昭和59年刊 印刷・製本：デジタルパブリッシングサービス〉①978-4-13-009344-6 Ⓝ210.58 ［10000円］

◇岡山池田家文書 2 オンデマンド版 東京大学出版会 2014.7 394p 22cm （日本史籍協会叢書 45）〈覆刻再刊 昭和59年刊 印刷・製本：デジタルパブリッシングサービス〉①978-4-13-009345-3 Ⓝ210.58 ［10000円］

◇押小路甫子日記 1 押小路甫子[著] オンデマンド版 東京大学出版会 2014.7 752p 22cm （日本史籍協会叢書 48）〈覆刻再刊 昭和59年刊 印刷・製本：デジタルパブリッシングサービス〉①978-4-13-009348-4 Ⓝ210.58 ［15000円］

◇押小路甫子日記 2 押小路甫子[著] オンデマンド版 東京大学出版会 2014.7 684p 22cm （日本史籍協会叢書 49）〈覆刻再刊 昭和59年刊 印刷・製本：デジタルパブリッシングサービス〉①978-4-13-009349-1 Ⓝ210.58 ［14000円］

◇押小路甫子日記 3 押小路甫子[著] オンデマンド版 東京大学出版会 2014.7 790p 22cm （日本史籍協会叢書 50）〈覆刻再刊 昭和59年刊 印刷・製本：デジタルパブリッシングサービス〉①978-4-13-009350-7 Ⓝ210.58 ［15000円］

◇紀州藩士酒井伴四郎関係文書 小野田一幸，髙久智広編 大阪 清文堂出版 2014.7 350p 22cm （清文堂史料叢書 第124刊）〈神戸市立博物館所蔵の翻刻 東京都江戸東京博物館所蔵の翻刻ほか〉①978-4-7924-1022-3 Ⓝ210.58 ［8800円］

日本（歴史—江戸末期—伝記）

◇殿様は「明治」をどう生きたのか 河合敦著 洋泉社 2014.4 222p 18cm （歴史新書）〈文献あり〉①978-4-8003-0379-0 Ⓝ281.04 ［930円］

日本件名図書目録2014　I　　　　　　　　　　　　　　　　　　　　　　　　　　　日本（歴史―古代）

◇幕末群像の墓を巡る　合田一道著　青弓社　2014.8　289p　19cm　〈文献あり〉　①978-4-7872-2057-8　Ⓝ281.04　［1600円］

日本（歴史―鎌倉時代）

◇悪党　小泉宜右著　吉川弘文館　2014.6　216p　19cm　（読みなおす日本史）〈文献あり　年表あり　教育社 1981年刊の再刊〉①978-4-642-06577-1　Ⓝ210.42　［2200円］

◇鎌倉時代　龍粛著，本郷和人編　文藝春秋　2014.12　431p　16cm　（文春学藝ライブラリー）〈春秋社 1957年刊の抄録〉①978-4-16-813033-5　Ⓝ210.42　［1210円］

◇鎌倉と京―武家政権と庶民世界　五味文彦［著］　講談社　2014.1　470p　15cm　（講談社学術文庫 2214）〈文献あり　年表あり　「大系日本の歴史 5」(小学館 1992年刊）の改題〉①978-4-06-292214-2　Ⓝ210.42　［1380円］

◇鎌倉幕府御家人制度の研究　田中稔著　オンデマンド版　吉川弘文館　2013.10　469,12p　22cm　〈索引あり　印刷・製本：デジタルパブリッシングサービス　内容：院政と治承・寿永の乱　「鎌倉殿御使」考　鎌倉幕府創設期の地頭制度について　鎌倉初期の政治過程　承久京方武士の一考察　承久の乱後の新地頭補任地〈拾遺〉　大内惟義について　鎌倉幕府御家人制度の一考察　讃岐国地頭御家人について　鎌倉時代における伊予国の地頭御家人について　裁判を要抄に見える悔還権について　侍・凡下考　秋田城介時顕搬入の法華寺一切経について　丹波国宮田庄の研究〉①978-4-642-04237-6　Ⓝ210.42　［14500円］

◇現代語訳吾妻鏡　14　得宗時頼　五味文彦，本郷和人，西田友広編　吉川弘文館　2014.3　214p　20cm　①978-4-642-02721-2　Ⓝ210.42　［2800円］

◇源頼朝文書の研究　研究編　黒川高明著　吉川弘文館　2014.7　260,8p　22cm　〈索引あり　布装〉①978-4-642-02625-3　Ⓝ210.42　［9000円］

◇歴史スペクトル―百人一首を読み解く　合六廣子著　宮崎鉱脈社　2014.10　273p　21cm　①978-4-86061-553-6　Ⓝ911.147　［1800円］

日本（歴史―鎌倉時代―史料）

◇鎌倉遺文　補遺編・東寺文書第3巻　自元応元年〈一三一九〉至元弘三・正慶二年〈一三三三〉　鎌倉遺文研究會編　東京堂出版　2014.12　331p　22cm　①978-4-490-30680-4　Ⓝ210.42　［15000円］

◇公衡公記　第1　自弘安六年七月　至正和三年十月　［西園寺公衡著］，橋本義彦，今江廣道校訂　オンデマンド版　八木書店古書出版部　2014.1　242p　21cm　（史料纂集）〈八木書店（発売）　初版：続群書類従完成会 1968年刊　印刷・製本：デジタルパブリッシングサービス〉①978-4-8406-3288-1　Ⓝ210.42　［8000円］

◇公衡公記　第4　嘉元二・三年別記　［西園寺公衡著］，今江廣道校訂　オンデマンド版　八木書店古書出版部　2014.1　221p　21cm　（史料纂集）〈八木書店（発売）　初版：続群書類従完成会 1979年刊　印刷・製本：デジタルパブリッシングサービス〉①978-4-8406-3291-1　Ⓝ210.42　［7000円］

◇花園院宸記　34　元弘2年自正月1日至6月30日　花園天皇［著］　［東京］　宮内庁書陵部　2014.3　1軸　33cm　〈宮内庁書陵部蔵の複製　付属資料：76p：解題釈文　箱入　和装〉Ⓝ210.42

◇冷泉家時雨亭叢書　別巻3　翻刻明月記　2（自承元元年至嘉禄二年）冷泉家時雨亭文庫編　藤原定家著　［東京］　朝日新聞社　2014.11　742p　22cm　〈朝日新聞出版（発売）〉①978-4-02-240387-2　Ⓝ081.7　［18000円］

日本（歴史―鎌倉時代―伝記）

◇中世の人物●京・鎌倉の時代編　第3巻　公武権力の変容と仏教界　平雅行編　大阪　清文堂出版　2014.7　382p　22cm　〈内容：後鳥羽院（美川圭著）　九条道家（井上幸治著）　西園寺公経（山岡瞳著）　藤原秀康（長村祥知著）　藤原定家（谷昇著）　源実朝（坂井孝一著）　北条政子（黒嶋敏著）　北条義時（田辺旬著）　北条泰時（菊池紳一著）　北条時房と重時（久保田和彦著）　九条頼経・頼嗣（岩田慎平著）　竹御所と石山尼（小野翠著）　三浦義村（真鍋淳哉著）　大江広元と三善康信（善信）（佐藤雄基著）　宇都宮頼綱（野口実著）　慈円（菊地大樹著）　聖覚（平雅行著）　定豪（海老名尚著）　隅円（原田正俊著）　叡尊（細川涼一著）〉①978-4-7924-0996-8　Ⓝ281　［4500円］

日本（歴史―原始時代）

◇今、古代大和は　石野博信著　奈良　奈良新聞社　2014.11　275p　21cm　①978-4-88856-131-0　Ⓝ210.2　［1800円］

◇黒曜石をめぐるヒトと資源利用　part 3　明治大学リバティアカデミー編　明治大学リバティアカデミー　2014.3　50p

21cm　（リバティアカデミーブックレット no. 23）①978-4-904943-10-6　Ⓝ210.2　［740円］

◇日本建国の謎に迫る　中杉弘著　風塵社　2014.4　206p　20cm　①978-4-7763-0060-1　Ⓝ210.2　［1800円］

◇日本建国物語　真下博著　文芸社　2014.11　112p　15cm　〈文献あり〉①978-4-286-15582-1　Ⓝ210.2　［600円］

日本（歴史―古代）

◇あざむかれた王朝交替日本建国の謎　斎藤忠著　新装版　学研マーケティング　2014.5　305p　19cm　〈文献あり　年表あり　初版：学研パブリッシング 2011年刊〉①978-4-05-405999-3　Ⓝ210.3　［1500円］

◇アマテラスと聖徳太子―意外な古代史の真実　島田風著　文芸社　2014.4　131p　19cm　①978-4-286-14913-4　Ⓝ210.3　［1100円］

◇アマテラスの正体―伊勢神宮はいつ創られたか　林順治著　彩流社　2014.6　290p　20cm　〈文献あり〉①978-4-7791-2022-0　Ⓝ210.3　［2500円］

◇アメノヒボコ、謎の真相　関裕二著　河出書房新社　2014.2　182p　19cm　〈文献あり〉①978-4-309-22608-8　Ⓝ210.3　［1600円］

◇出雲大社と千家氏の秘密　中見利男著　宝島社　2014.9　255p　19cm　〈文献あり〉①978-4-8002-3104-8　Ⓝ175.973　［1300円］

◇イスラエルの「元つ国日本」にユダヤ人が戻ってくる―世界の聖地《東経134度80分》がよみがえる！：世界文明の「起源は日本」だった　続　上森三郎、神部一馬著　ヒカルランド　2014.7　349p　20cm　（超☆わくわく 056）〈文献あり〉①978-4-86471-207-1　Ⓝ210.3　［2000円］

◇一瓦一説―瓦からみる日本古代史　森郁夫著　京都　淡交社　2014.7　239p　19cm　〈文献あり〉①978-4-473-03951-4　Ⓝ210.3　［1400円］

◇裏天皇の謎と安倍晴明　斎藤忠著　学研パブリッシング　2014.5　333p　18cm　（MU SUPER MYSTERY BOOKS）〈学研マーケティング（発売）　文献あり〉①978-4-05-405976-4　Ⓝ210.3　［980円］

◇蝦夷と古代国家　関口明著　オンデマンド版　吉川弘文館　2013.10　306,10p　19cm　（古代史研究選書）〈索引あり　印刷・製本：デジタルパブリッシングサービス〉①978-4-642-04219-2　Ⓝ210.3　［8500円］

◇岡田英弘著作集　3　日本とは何か　岡田英弘著　藤原書店　2014.1　556p　20cm　〈索引あり　付属資料：8p：月報 3　布装　内容：日本の歴史をどう見るか　倭国をどうつくったのはだれか　「魏志倭人伝」をどう読むか　「魏志倭人伝」、シナ側の事情　漢人商人と倭国　卑弥呼はなぜ朝貢したか　邪馬台国vs大月氏国　「魏志東夷伝」の世界　日本はこうして誕生した　「大和朝廷」は幻である　『古事記』と『三国史記』の価値を問う　日本はなぜ独立を守り通せたか　日本語は人工的につくられた　新しい神話、騎馬民族説　大嘗祭は冬至祭である　天皇の国号はいつ決まったか　元号とは何か　女性天皇の執念が万世一系を生んだ　神武天皇と天照大神は七世紀に出現した　ヤマトタケルは天武天皇　初代の倭国大王・仁徳天皇　飯豊皇女はじつは天皇だった　斉明天皇即位のいきさつ　神功皇后は海神だった　歴史と神話をどう考えたらいいか　発言集〉①978-4-89434-950-6　Ⓝ208　［4800円］

◇怨霊・怪異・伊勢神宮　山田雄司著　京都　思文閣出版　2014.6　407,25p　22cm　〈索引あり　内容：怨霊の思想　怨霊への対処　怨霊から神へ　怨霊　源頼朝の怨霊観　讃岐国における崇徳院伝説の展開　怨霊と怨親平等との間　鎌倉時代の怪異　平家物語・保元物語・平治物語の「怪異」　怪異と穢との間　親鸞における神と鬼神　穢と不浄をめぐる神と仏　伊勢神宮の中世的意義　中世伊勢国における仏教の展開と都市　院政期の伊勢神宮と斎宮　室町時代伊勢神宮の怪異　足利義持の伊勢参宮　江戸川上人の見た伊勢　室町時代の災害と伊勢神宮〉①978-4-7842-1747-2　Ⓝ210.3　［7000円］

◇科学者が読み解く日本建国史―古事記・日本書紀の真意に迫る　中田力著　PHP研究所　2014.9　189p　18cm　（PHP新書 943）①978-4-569-82021-7　Ⓝ210.3　［800円］

◇語り継ぐ古代の文字文化　犬飼隆、和田明美編　青簡舎　2014.1　210p　19cm　〈内容：文字が語る古代の東海　「紫」を able に持つ美濃の人たち（犬飼隆著）　正税帳が語る尾張の古代社会（丸山裕美子著）　「尾張国造」木簡と書状の世界（廣瀬憲雄著）　「和名類聚抄」にみる古代地名（北川和秀著）　文字が伝える古代日本　過去の支配（吉田一彦著）　古事記の素材（榎英一著）　声と文字の時空（岩下武彦著）　『紀州本萬葉集』について（片山武著）　持統太上天皇三河行幸と万葉歌（和田明美著）〉①978-4-903996-70-7　Ⓝ210.3　［1900円］

◇河内王朝の山海の政―枯野考と国栖奏　畠山篤［著］　京都　白地社　2014.9　258p　20cm　（叢書L'ESPRIT NOUVEAU 25）〈文献あり〉①978-4-89359-270-5　Ⓝ210.3　［2300円］

905

日本（歴史―古代）

◇騎馬民族征服王朝は在った―仁徳天皇は朝鮮半島から来入した　松島吉春著　イマジン出版　2014.8　256p　21cm　〈文献あり〉①978-4-87299-675-3　Ⓝ210.3　[2000円]

◇金石文と古代史料の研究　荊木美行著　大阪　燃焼社　2014.3　359,7p　22cm　〈索引あり　内容：邪馬臺国の所在地について　風土記のなかの神功皇后　五世紀の宮居を探る　『丹後国風土記』をめぐる二三の問題　「明王贈豊太閤冊封文」覚書　広開土王碑の語るもの　足達疇邨臨摸「句麗古碑」　水谷悌二郎精拓本の再発見　『通溝』巻上の池内宏自筆原稿　神宮文庫所蔵拓本について　荊木所蔵の未公開拓本について　稲荷山古墳出土鉄剣銘の再検討　祢軍墓誌の出現とその意義　多賀城碑雑覚書　瀧川政次郎博士と中国法制史　瀧川政次郎「大化改新管見」　大庭脩先生未発表原稿「兵家思想の再評価」について　横田健一先生を悼む　植垣節也先生の風土記研究〉①978-4-88978-106-9　Ⓝ210.3　[6000円]

◇現代語訳魏志倭人伝　松尾光著　KADOKAWA　2014.6　319p　15cm　（新人物文庫　ま-4-3）〈文献あり〉①978-4-04-600403-1　Ⓝ210.3　[800円]

◇ここまでわかった！敗者で読み解く古代史の謎　『歴史読本』編集部編　KADOKAWA　2014.12　253p　15cm　（新人物文庫　れ-1-53）〈年表あり〉①978-4-04-601115-2　Ⓝ210.3　[750円]

◇古代史への旅　黒岩重吾[著]　新装版　講談社　2014.6　487p　15cm　（講談社文庫　〈1-36）①978-4-06-277863-3　Ⓝ210.3　[910円]

◇古代史群像の標榜　川村一彦著　大阪　川村一彦　2014.4　273p　21cm　Ⓝ210.3　[1800円]

◇古代史で読みとく桃太郎伝説の謎　関裕二著　祥伝社　2014.9　242p　16cm　（祥伝社黄金文庫　G せ6-1）〈文献あり〉①978-4-396-31645-7　Ⓝ210.3　[590円]

◇古代史謎めぐりの旅―神話から建国へ　関裕二[著]　講談社　2014.7　205p　16cm　（講談社+α文庫　G211-8）「古代史謎めぐりの旅　出雲・九州・東北・奈良編」（ブックマン社 2009年刊）の加筆修正〉①978-4-06-281561-1　Ⓝ210.3　[920円]

◇古代史謎めぐりの旅―ヤマトから平安へ　関裕二[著]　講談社　2014.8　221p　16cm　（講談社+α文庫　G211-9）「古代史謎めぐりの旅　奈良・瀬戸内・東国・京阪編」（ブックマン社 2009年刊）の加筆修正〉①978-4-06-281565-9　Ⓝ210.3　[920円]

◇古代東北と柵戸　高橋崇著　オンデマンド版　吉川弘文館　2013.10　212p　22cm　〈印刷・製本：デジタルパブリッシングサービス〉①978-4-642-04217-8　Ⓝ210.3　[8000円]

◇古代東北の支配構造　鈴木拓也著　オンデマンド版　吉川弘文館　2013.10　319,8p　22cm　〈索引あり　印刷・製本：デジタルパブリッシングサービス　内容：古代陸奥国の官制　古代陸奥国の軍制　古代出羽国の軍制　九世紀陸奥国の軍制と支配構造　払田柵と雄勝城に関する試論　陸奥・出羽の公出挙制　陸奥・出羽の調庸と蝦夷の饗給　陸奥・出羽の浮浪逃亡政策　古代東北の城柵と移民政策〉①978-4-642-04218-5　Ⓝ210.3　[12000円]

◇古代日本よもやま話　神宮健児著　文芸社　2014.5　315p　15cm　〈文献あり〉①978-4-286-14987-5　Ⓝ210.3　[800円]

◇古代の天皇と豪族　野田嶺志著　学生社　2014.2　220p　22cm〈内容：飯豊皇女は最初の女帝か　穴穂部皇子　崇峻天皇暗殺の真相は何か　蘇我一族の没落　有間皇子謀殺事件の謎　天智・天武天皇以降の皇位継承問題　「記紀」の中の皇子・皇女　作られた国家統一の英雄たち　戦士集団・大伴軍の君臣関係　古代水軍の名将　阿倍比羅夫　鑑真を日本に請招した普照はどうなった？　古代の歌垣で知られる筑波の嬥歌はどうなった？　崇仏論争の謎　大伴・物部氏　物部守屋の死と崇仏論争の真相　物部守屋　石上神宮　古代軍制と壬申の乱　壬申の乱10のなぜ？　古代国家と軍事体制　防人と大宰府　東国から招集された防人たちはどうなった？　陸奥経営の拠点多賀城はどうなった？〉①978-4-86215-131-5　Ⓝ210.3　[2800円]

◇古代ヤマト王権の縁起と伝承―『記・紀』に消されたニギハヤヒ命の実像　木村博昭著　批評社　2014.11　275p　19cm　〈文献あり〉①978-4-8265-0610-6　Ⓝ210.3　[2400円]

◇坂本太郎著作集　第1巻　古代の日本　坂本太郎著　オンデマンド版　吉川弘文館　2013.10　401,12p　22cm　〈索引あり　印刷・製本：デジタルパブリッシングサービス　内容：日本古代史　原始・古代の日本〉①978-4-642-04272-7　Ⓝ210.3　[13500円]

◇坂本太郎著作集　第11巻　歴史と人物　坂本太郎著　オンデマンド版　吉川弘文館　2013.10　408p　22cm　〈印刷・製本：デジタルパブリッシングサービス　内容：伝記に学ぶ　日本

◇歴史の人物像　日本歴史と天皇　天皇の学問　天智天皇と天武天皇　秦氏の人びと　伝教大師と大日本の国号　藤原良房と基経　二人の歴史家　家康公の文事　契沖をたたえる　本居宣長と国史学　狩谷棭斎を讃える　内山真龍の贈位を祝して　黒板勝美博士を悼む　大学における黒板勝美博士　国史大系と黒板博士　黒板勝美　相田二郎氏と「日本の古文書」　辻善之助博士を悼む　栗田元次先生のこと　藤田亮策氏を偲ぶ　津田左右吉博士の人と業績　喜田新六君を偲ぶ　国史大系と丸山二郎氏　木宮先生を偲ぶ　高柳博士をしのぶ　筑波藤麿氏を憶う　岩橋博士の思い出　井上光貞氏の逝去を悼む　井上光貞氏の人と学問　一志茂樹翁博士の思い出　はき木　歴史と国民性とへの反省　名˝˝の読み方　辞令　古事記の「御正」　美人　国つくり　基本　和　称謂私言　英雄　人名の誘惑　四の数を忌むこと　カモシカと山羊　大嘗祭あれこれ　飛鳥雑考　京都の歴史と文化　お国自慢　相模国と日本武尊　古代信濃人の百済における活躍　古代史と信濃　古代日本と東北　律令制下加能二国の特殊性　日本古代史の諸問題　新しい日本の史風への反省　明治百年と人文科学　史学と考古学　古代史研究の進歩というもの　国文学と国史学　近頃の日本古代史研究について〉①978-4-642-04282-6　Ⓝ210.3　[13000円]

◇徐福と富士古文献（宮下文書）フォーラム　[出版地不明]　[徐福フォーラム]　2014.5　38p　26cm　〈年譜あり　会期・会場：2014年5月25日 港区三田いきいきプラザ　表紙のタイトル：徐福と富士古文献フォーラム（宮下文書）　主催：徐福フォーラム〉Ⓝ210.3

◇神社が語る古代12氏族の正体　関裕二[著]　祥伝社　2014.7　308p　18cm　（祥伝社新書 370）①978-4-396-11370-4　Ⓝ210.3　[840円]

◇新「日本の古代史」　上　佃收[著]　松戸　ストーク　2014.9　418p　21cm　（古代史の提言 1）著作目録あり　内容：弥生渡来人と「天孫降臨」　中国東北地方の郡の変遷　ホケノ山古墳と饒速日命　伊都国と邪馬壹国の戦い　伊都国と「神武東征」　長髓彦と饒速日命と神武天皇　崇神天皇と夫餘　貴国と宿禰　貴国の歴史　「日本の歴史」と渡来人　「邪馬壹国＝纒向遺跡」説の考古学者に問う　私案「卑弥呼の墓」　「朝鮮半島の倭」から「北部九州の倭」へ〉①978-4-434-19496-2　Ⓝ210.3　[1600円]

◇推理―天智皇統と天武・持統皇統の争いと藤原一族の役割　藤原隆行著　大阪　風詠社　2014.9　130p　19cm　（星雲社（発売）文献あり〉①978-4-434-19685-0　Ⓝ210.3　[1000円]

◇戦争と平和―「徐福伝説」で見直す東アジアの歴史　須田育邦著　平成出版　2014.6　155p　19cm　（星雲社（発売））①978-4-434-19250-0　Ⓝ210.3

◇駘馬の道草・由なき事雑記　杉田則弘著　講談社ビジネスパートナーズ（製作）　2013.12　228p　19cm　①978-4-86424-012-3　Ⓝ210.3　[非売品]

◇誰が古代史を殺したか　室伏志畔[著]　世界書院　2014.3　358p　19cm　〈奥付の責任表示（誤植）：室伏志畔 編者〉①978-4-7927-9562-7　Ⓝ210.3　[2400円]

◇超古代史秀真伝―完訳　上　須田麻紗子編著　[出版地不明]　須田麻紗子　2013.12　450p　27cm　Ⓝ210.3　[6000円]

◇超古代史秀真伝―完訳　下　須田麻紗子編著　[出版地不明]　須田麻紗子　2013.12　471p　27cm　〈年表あり〉Ⓝ210.3　[6000円]

◇天皇と鬼―古代史最大の謎を読み解く　関裕二著　悟空出版　2014.11　285p　18cm　〈文献あり〉①978-4-908117-03-9　Ⓝ210.3　[920円]

◇豊葦原の瑞穂の国―大和の原郷出雲・天王スサノヲ　平田泰昌著　横浜　平田企画　2014.5　184,2p　30cm　〈文献あり〉Ⓝ210.3

◇長唄を読む　1　古代～安土桃山時代編　西園寺由利峯　改訂版　小学館スクウェア　2014.9　415p　19cm　〈文献あり　索引あり　初版：新風舎 2007年刊〉①978-4-7979-8741-6　Ⓝ768.58　[2800円]

◇日本古代王権と儀式　古瀬奈津子著　オンデマンド版　吉川弘文館　2013.10　444,15p　22cm　〈索引あり　印刷・製本：デジタルパブリッシングサービス　内容：律令官制成立史についての一考察　中国の「内廷」と「外廷」　儀式における唐礼の継受　唐礼継受に関する覚書　令外官と皇帝・天皇権力　宮の構造と政務運営法　初期の平安宮　平安時代の「儀式」と天皇　「国忌」の行事について　格式・儀式書の編纂　平安時代の儀式と政務〉①978-4-642-04227-7　Ⓝ210.3　[14000円]

◇日本古代史をいかに学ぶか　上田正昭著　新潮社　2014.9　245p　20cm　（新潮選書）①978-4-10-603755-9　Ⓝ210.3　[1300円]

日本件名図書目録2014　Ⅰ　　日本（歴史—古代）

◇日本古代史紀行—アキツシマの夢：英傑たちの系譜　恵美嘉樹著　ウェッジ　2014.9　232p　18cm〈内容：女王卑弥呼の真実　邪馬台国はヤマトか　神功皇后　雄略天皇と親衛隊長　名湯を訪れた聖徳太子　大船団、北上す　熱き女帝、斉明天皇　奈良時代を建てた男　皇后の見えない糸　仲麻呂は逆賊か　「道鏡事件」の舞台裏　政治家・大伴家持の暗躍　若き日の空海　平安の悪女に花束を　海賊は国王を夢見たのか　後白河上皇と平清盛〉①978-4-86310-129-6　Ⓝ210.3　［1200円］

◇日本古代史の実像—倭人伝・旧記事・記紀を読み解く　山田豊彦著　長野　信毎書籍出版センター　2013.11　851p　22cm〈文献あり〉①978-4-88411-124-3　Ⓝ210.3　［3300円］

◇日本古代の国家と王権・社会　吉村武彦編　塙書房　2014.5　534p　22cm〈内容：「浄御原朝庭の制」に関する二・三の考察（吉村武彦著）　古代出雲の王作と王権（森田喜久男著）　舒明天皇即位紛争事件の再検討（三舟隆之著）　朝倉橘広庭宮名号考（酒井芳司著）　不改常典と天智天皇の即位に関する試論（中村順昭著）　違勅罪の成立と不改常典・和合開珎（大町健著）　大嘗祭の酒と村落祭祀（伊藤循著）　大宝令復原に関する諸問題（服部一隆著）　「弘仁格」からみた辺要国規定（仁藤敦史著）　古代宮部の庭・苑と儀礼（志村佳名子著）　平城遷都直前の元日朝賀と賜宴（市大樹著）　古代学協会所蔵「天平宝字二年太政官関係文書」小考（田島公著）　男装の女官東豎子（服藤早苗著）　陣定の成立（川尻秋生著）　藤原伊通による公事研究（渡辺滋著）　東アジア史上の日本と後百済（河内春人著）　中国新出「集安高句麗碑」試論（徐建新著, 江川式部訳）　大宝・養老期の戸籍に見る嫡子と妾子（荒井秀規著）　藤原行成の同族観（中村友一著）　日本古代の情報伝達と出土文字史料（加藤友康著）　陸奥国への運穀と賀賀城の創建（山路直充著）　紀年銘刻書紡錘車の基礎的研究（高島英之著）　古代北武蔵地域における蒭（蓮）糸織物生産（宮瀧交二著）　鹿児島県春花地区遺跡群出土ヘラ書き土師器（柴田博子著）〉①978-4-8273-1268-3　Ⓝ210.3　［17000円］

◇日本古代の周縁史—エミシ・コシとアマミ・ハヤト　鈴木靖民著　岩波書店　2014.6　307p　20cm〈文献あり　内容：日本古代の周縁　古代の北海道　古代蝦夷の世界と交流　無文字社会と文字・記号の文化　北東北の交際・交易と集落　北方世界と古代のコシ　南島人と日本古代国家　古代喜界島の社会と歴史像　南九州の古墳社会　古代周縁史の語るもの〉①978-4-00-025977-4　Ⓝ210.3　［3200円］

◇日本統一国家の大業を成し遂げた王—筑紫君薩野馬と藤原鎌足の理念と野望　三上和子著　岡山　丸善書店岡山シンフォニービル店出版サービスセンター　2014.1　84p　21cm　①978-4-89620-216-8　Ⓝ210.3　［1000円］

◇日本とユダヤ聖徳太子の謎—失われたイスラエル10支族と古代東方キリスト教徒「秦氏」がもたらした古代神道　久保有政著　学研パブリッシング　2014.11　302p　20cm　（MU SUPER MYSTERY BOOKS）〈学研マーケティング（発売）文献あり〉①978-4-05-406160-6　Ⓝ210.3　［1600円］

◇日本の古代本当は何がすごいのか　武光誠著　育鵬社　2014.5　207p　19cm〈扶桑社（発売）共同刊行：扶桑社〉①978-4-594-07036-6　Ⓝ210.3　［1200円］

◇敗者の日本史　4　古代日本の勝者と敗者　関幸彦, 山本博文企画編集委員　荒木敏夫著　吉川弘文館　2014.10　224,4p　20cm〈文献あり　年表あり〉①978-4-642-06450-7　Ⓝ210.1　［2600円］

◇〈ヴィジュアルガイド〉竹内文書—オリンピック五輪のマークは五色人から：万国世界天皇へ　高坂和導, 三和導代著　ヒカルランド　2014.3　194p　19cm　①978-4-86471-179-1　Ⓝ210.3　［1800円］

◇人に話したくなる日本古代史ミステリー—謎に満ちたヤマト＝日本　日本ミステリー研究会編・著, アースブックス企画編集　竹書房　2014.2　230p　19cm〈文献あり〉①978-4-8124-9882-8　Ⓝ210.3　［571円］

◇卑弥呼から神武へ日本の古代史を見直す　吉原賢二著　文芸社　2014.7　161p　19cm　①978-4-286-15210-3　Ⓝ210.3　［1300円］

◇富士王朝の謎と宮下文書—日本一の霊峰に存在した幻の超古代文明に迫る!!　伊集院卿著　学研パブリッシング　2014.3　263p　18cm　（MU SUPER MYSTERY BOOKS）〈学研マーケティング（発売）文献あり〉①978-4-05-405934-4　Ⓝ210.3　［950円］

◇富士山、2200年の秘密—なぜ日本最大の霊山は古事記に無視されたのか　戸矢学著　かざひの文庫　2014.9　283p　19cm〈太陽出版（発売）文献あり〉①978-4-88469-820-1　Ⓝ210.3　［1500円］

◇古田武彦・古代史コレクション　19　古代は輝いていた　1（『風土記』にいた卑弥呼）古田武彦著　京都　ミネルヴァ書房　2014.4　333,9p　20cm〈索引あり　『『風土記』にいた卑弥呼』（朝日文庫　1988年刊）の改題、増補〉①978-4-623-06666-7　Ⓝ210.3　［3200円］

◇古田武彦・古代史コレクション　20　古代は輝いていた　2（日本列島の大王たち）古田武彦著　京都　ミネルヴァ書房　2014.5　383,11p　20cm〈索引あり　『日本列島の大王たち』（朝日文庫　1988年刊）の改題、増補〉①978-4-623-06667-4　Ⓝ210.3　［3200円］

◇古田武彦・古代史コレクション　21　古代は輝いていた　3（法隆寺の中の九州王朝）古田武彦著　京都　ミネルヴァ書房　2014.7　361,9p　20cm〈索引あり　『法隆寺の中の九州王朝』（朝日文庫　1988年刊）の改題、加筆・修正〉①978-4-623-06668-1　Ⓝ210.3　［3500円］

◇古田武彦・古代史コレクション　22　古代の霧の中から—出雲王朝から九州王朝へ　古田武彦著　京都　ミネルヴァ書房　2014.9　313,8p　20cm〈索引あり　『古代の霧の中から』（徳間書店　1985年刊）の改題、加筆・修正〉①978-4-623-06669-8　Ⓝ210.3　［3200円］

◇古田武彦先生講演録集—多元的古代研究会発足二十周年記念出版　古田武彦[述], 多元的古代研究会編　[横浜]　多元的古代研究会　2014.8　98p　21cm　Ⓝ210.3

◇古田武彦・歴史への探究　4　古田武彦が語る多元観—燎原の火が塗り替える日本史　古田武彦著　古田武彦と古代史を研究する会, 多元的古代研究会編　京都　ミネルヴァ書房　2014.10　501,15p　20cm〈索引あり　内容：真実の文献学をもとめて　文献の少ない日本　初期の倭国　俾弥呼とその後　考古学と文献学の整合　史書から抹消された九州王朝　近畿天皇家の断絶　歌に隠された歴史　九州王朝の王者、天子たち　九州王朝滅亡の後に　東日流外三郡誌　現代に残された課題〉①978-4-623-06934-7　Ⓝ210　［4000円］

◇ヤマト王権と古代史十大事件　関裕二著　PHP研究所　2014.5　318p　15cm　（PHP文庫　せ3-19）①978-4-569-76181-7　Ⓝ210.3　［680円］

◇「大和魂（やまとごころ）」の再発見—日本と東アジアの共生　上田正昭著　藤原書店　2014.2　362p　20cm〈内容：「大和魂」のまことの姿とは何か　古代の日本と東アジア　邪馬台と纒向遺跡　二つの「飛鳥」新考　古代日本と百済の文化　古代日本の士大夫　遣唐使と天平文化　聖武天皇と恭仁京　王統の画期としての應神朝　秦氏の活躍と秦氏の神々　東アジアのなかの日本　角田古代学の発展的継承　平安時代と古典文学　坂上田村麻呂と清水寺　京都有終のみかど　和辻哲郎と津田左右吉の学問　松本清張『古代史疑』との絆　西嶋史学とのまじわり　広開土王陵碑と李進煕　アジアのなかの大阪　「民際」の原風景　併合百年の影と光　日本人のこころ　日本とアジア　歪曲された朝鮮観を問いただす　まちづくりと人権文化の輝き　東日本大震災の教訓　島国日本と島嶼連合〉①978-4-89434-954-4　Ⓝ210.3　［2800円］

◇大和路の謎を解く—古代史巡礼の旅　関裕二著　ポプラ社　2014.3　267p　18cm　（ポプラ新書　027）〈文献あり〉①978-4-591-13970-7　Ⓝ210.3　［780円］

◇倭政権の構造　王権篇　中田興吉著　岩田書院　2014.1　187p　21cm　①978-4-87294-838-7　Ⓝ210.3　［2400円］

◇律令国郡里制の実像　上　平川南著　吉川弘文館　2014.5　396p　22cm〈内容：牓示札　古代の籍帳と道制　最古の戸籍木簡　古代東国史の再構築に向けて　七道の結節論　「東山道」の呼称　古代における東北の城柵　越後国の城制論　文献史料からみた出羽国府論　出羽国府と渤海国　秋田城跡漆紙文書からみた出羽国府論　古代地方都市論　八幡林官衙遺跡木簡と地方官衙論　国司を「大夫」と尊称する　古代の郡家と所在郷　建郡碑　古代越後国の磐船郡と沼垂郡　生業〉①978-4-642-04613-8　Ⓝ210.3　［10000円］

◇律令国郡里制の実像　下　平川南著　吉川弘文館　2014.5　409,31p　22cm〈索引あり　内容：「里長」と「里刀自」　古代における里と村　古代郡印論　郡「佐」銅印　長野県内出土・伝世の古代印の再検討　発掘された井楼　鉗形蕨取駅家　山陰道粟鹿駅家　東海道推定安侯駅家隷〈東平遺跡〉出土の「騎兵長」墨書土器　甲斐国駅制再考　烽遺跡発見の意義　古代における地域支配と河川　古代港湾都市論　港湾と海上ルート　古代社会と馬　最古の馬関係帳簿木簡〉①978-4-642-04614-5　Ⓝ210.3　［10000円］

◇倭国から日本へ—九州王朝の興亡と大和朝廷　宮川克己著　大阪　せせらぎ出版　2014.4　408p　20cm〈文献あり　年表あり〉①978-4-88416-227-6　Ⓝ210.3　［3000円］

◇倭政権の構造　支配構造篇上巻　中田興吉著　岩田書院　2014.7　169p　21cm〈内容：社会・国家体制の変換とその方向性　「人」と初期の「部」と基体制の「人」と「部」発生期のミヤケと王権　継体朝とミヤケ　ワケからクニノミヤツコへ〉①978-4-87294-869-1　Ⓝ210.3　［2400円］

日本（歴史―古代―史料）

◇倭政権の構造　支配構造篇下巻　中田興吉著　岩田書院　2014.7　233p　21cm　〈内容：ヒコ・スクネ・ワケと王権　奉仕・冊封とウヂ名の成立　氏姓制の成立と王権　「使主」と「臣」と王権　「連」・「大連」の存否と王権　五、六世紀の王権とオミ系豪族・ムラジ系豪族　大夫出現の背景とその性格　倭の五王政権から継体政権への移行と王権〉Ⓘ978-4-87294-870-7　Ⓝ210.3　［3000円］

◇倭の五王と出雲の豪族―ヤマト王権を支えた出雲：島根県立古代出雲歴史博物館企画展　島根県立古代出雲歴史博物館編［出雲］　島根県立古代出雲歴史博物館　2014.7　245p　30cm　〈文献あり　会期・会場：平成26年7月25日～9月15日　島根県立古代出雲歴史博物館〉

◇倭の歴史から見る〈祈り〉と〈たたかい〉の集団　矢治貞二著　今日の話題社（発売）　2014.5　326p　21cm　〈文献あり〉Ⓘ978-4-87565-619-7　Ⓝ210.3　［1300円］

日本（歴史―古代―史料）

◇蝦夷史料　東北大學東北文化研究會編　オンデマンド版　吉川弘文館　2013.10　135,25p　22cm　〈印刷・製本：デジタルパブリッシングサービス〉Ⓘ978-4-642-04211-6　Ⓝ210.3　［7500円］

日本（歴史―古代―人名辞典）

◇日本古代史人物事典　『歴史読本』編集部編　KADOKAWA　2014.2　351p　15cm　〈新人物文庫　れ-1-41〉〈年表あり〉Ⓘ978-4-04-600135-1　Ⓝ281.03　［800円］

日本（歴史―古代―伝記）

◇人物史の手法―歴史の見え方が変わる　五味文彦著　左右社　2014.11　229p　19cm　〈文献あり〉Ⓘ978-4-86528-105-7　Ⓝ281.04　［1700円］

日本（歴史―昭和後期）

◇書棚から顧みる昭和―明治から平成までの一連の史実の流れを、継続として「昭和の時代」を捉えて　清宮昌章著　言の葉舎　2014.4　217p　22cm　〈文献あり〉Ⓘ978-4-9907697-0-3　Ⓝ210.76　［1800円］

◇新聞集成昭和編年史　昭和36年版　3（自5月一至6月）　池田首相訪米　明治大正昭和新聞研究会編　新聞資料出版　2014.2　614,38p　27cm　〈文献あり　年表あり〉Ⓘ978-4-88410-274-6　Ⓝ210.7　［25000円］

◇新聞集成昭和編年史　昭和36年版　4（自7月一至8月）　ベルリンの壁構築　明治大正昭和新聞研究会編　新聞資料出版　2014.4　632,38p　27cm　〈文献あり　年表あり〉Ⓘ978-4-88410-276-0　Ⓝ210.7　［25000円］

◇新聞集成昭和編年史　昭和36年版　5（自9月一至10月）　米ソ核実験再開　明治大正昭和新聞研究会編　新聞資料出版　2014.7　638,44p　27cm　〈文献あり　年表あり〉Ⓘ978-4-88410-278-4　Ⓝ210.7　［25000円］

◇新聞集成昭和編年史　昭和36年版　6（自11月一至12月）　三無事件発覚　明治大正昭和新聞研究会編　新聞資料出版　2014.9　628,40p　27cm　〈文献あり　年表あり〉Ⓘ978-4-88410-280-7　Ⓝ210.7　［25000円］

◇新聞集成昭和編年史　昭和37年版　1（自1月一至2月）　ガリオア・エロア返済協定調印　明治大正昭和新聞研究会編集制作　新聞資料出版　2014.11　580,38p　27cm　〈文献あり　年表あり〉Ⓘ978-4-88410-282-1　Ⓝ210.7　［25000円］

◇日本人なら知っておきたい昭和戦後史　竹田恒泰監修　PHP研究所　2014.8　221p　19cm　〈文献あり　年表あり〉Ⓘ978-4-569-81936-5　Ⓝ210.76　［1500円］

◇日本人の99%が知らない戦後洗脳史―嘘で塗り固められたレジーム　苫米地英人著　ヒカルランド　2014.4　188p　19cm　（Knock-the-Knowing 007）Ⓘ978-4-86471-194-4　Ⓝ210.76　［1204円］

日本（歴史―昭和後期―写真集）

◇the Chronicle―ザ・クロニクル戦後日本の70年　3　1955-59―豊かさを求めて　共同通信社　2014.12　191p　26cm　〈幻冬舎（発売）文献あり〉Ⓘ978-4-344-95256-0　Ⓝ210.76　［2500円］

日本（歴史―昭和時代）

◇重臣たちの昭和史　上　勝田龍夫著　文藝春秋　2014.8　465p　16cm　（文春学藝ライブラリー）Ⓘ978-4-16-813024-3　Ⓝ210.7　［1580円］

◇重臣たちの昭和史　下　勝田龍夫著　文藝春秋　2014.8　478p　16cm　（文春学藝ライブラリー）Ⓘ978-4-16-813025-0　Ⓝ210.7　［1600円］

◇昭和史をどう生きたか―半藤一利対談　半藤一利著　東京書籍　2014.6　326p　19cm　〈内容：ふたつの戦場ミッドウェーと満州（澤池久枝述）　指揮官たちは戦後をどう生きたか（保阪

正康述）　なぜ日本人は山本五十六を忘れないのか（戸高一成述）　天皇と決断（加藤陽子述）　栗林忠道と硫黄島（梯久美子述）　撤退と組織（野中郁次郎述）　東京の戦争（吉村昭述）　戦争と艶笑の昭和史（丸谷才一述）　無責任論（野坂昭如述）　幕末から昭和へ熱狂の時代に（宮部みゆき述）　清張さんと昭和史（佐野洋述）　戦後六十年が問いかけるもの（辻井喬述）〉Ⓘ978-4-487-80888-5　Ⓝ210.7　［1400円］

◇昭和天皇と近現代日本　後藤致人著　オンデマンド版　吉川弘文館　2013.10　288,7p　22cm　〈索引あり　印刷・製本：デジタルパブリッシングサービス　内容：国民国家の再編成と昭和天皇　明治における華族社会と士族社会　大正デモクラシーと華族社会の変容．1　大正デモクラシーと華族社会の変容．2　「宮中新体制」における皇族集団の位置　「宮中新体制」における内大臣木戸幸一の位置と役割　昭和戦前期における地域社会と天皇権威　敗戦・戦後と華族社会　昭和戦後期における地域社会と天皇権威　戦後政治における昭和天皇の位置　天皇の代替りと象徴天皇制　昭和天皇と近現代日本〉Ⓘ978-4-642-04259-8　Ⓝ210.7　［11500円］

◇私が伝えたい日本現代史　1934-1960　田原総一朗著　ポプラ社　2014.2　279p　18cm　（ポプラ新書　023）〈文献あり　年表あり　「100分でわかる！ホントはこうだった日本現代史1～3」（2013年刊）の改題,分冊〉Ⓘ978-4-591-13942-4　Ⓝ210.7　［780円］

日本（歴史―昭和時代―写真集）

◇昭和―写真家が捉えた時代の一瞬　クレヴィス　2013.10　182p　26cm　〈年表あり　内容：写真によってよみがえる記憶（坪内祐三著）　村の暮らしの「結い」（芳賀日出男著）　1960年代の光と影に向き合う（熊切圭介著）〉Ⓘ978-4-904845-32-5　Ⓝ210.7　［2400円］

日本（歴史―昭和時代―書評集）

◇後世に残したい昭和史の名著と人物　保阪正康著　山川出版社　2014.8　365p　20cm　Ⓘ978-4-634-15060-7　Ⓝ210.7　［1600円］

日本（歴史―昭和時代―史料）

◇後亀山天皇皇曾孫熊野宮信雅王御顕彰趣旨　中尾忠雄著　復刻版　南朝史料調査会幽風舎　2014.10　103p　30cm　〈原本：昭和16年刊〉Ⓝ210.76　［5000円］

日本（歴史―昭和時代―伝記）

◇後世に残したい昭和史の名著と人物　保阪正康著　山川出版社　2014.8　365p　20cm　Ⓘ978-4-634-15060-7　Ⓝ210.7　［1600円］

◇未完の戦時下抵抗―屈せざる人びとの軌跡：細川嘉六　鈴木弼美　浅見仙作　竹中彰元　浪江虔　田中伸尚著　岩波書店　2014.7　318,4p　20cm　〈文献あり　内容：屈せざる人細川嘉六　「土の器」のキリスト者鈴木弼美　「剣を収めよ」浅見仙作　言うべきことを言った非戦僧侶竹中彰元　図書館に拠る浪江虔〉Ⓘ978-4-00-024871-6　Ⓝ281　［3200円］

日本（歴史―昭和前期）

◇岩波講座日本歴史　第17巻　近現代　3　大津透,桜井英治,藤井讓治,吉田裕,李成市編集委員　岩波書店　2014.12　313p　22cm　〈付属資料：8p；月報　13　内容：韓国併合と植民地官僚制の形成（小川原宏幸著）　帝国日本の形成と展開（浅野豊美著）　都市民衆騒擾と政党政治の発展（季武嘉也著）　戦間期の家族と女性（小野沢あかね著）　政党内閣、宮中とワシントン体制（服部龍二著）　「改造」の時代（黒川みどり著）　大衆社会の端緒的形成（大岡聡著）　昭和恐慌と日本経済（武田晴人著）　満州事変・日中戦争の勃発と立憲政治（源川真希著）〉Ⓘ978-4-00-011337-3　Ⓝ210.1　［3200円］

◇激動の昭和―愛蔵・完全保存版：父がいて、母もいた…。時代の激流を生き抜きわが父祖たちへの鎮魂歌を、今ここに捧げる。　日本改革政治連盟　2014.4　351p　31cm　Ⓝ210.7　［59000円］

◇GHQ焚書図書開封　9　アメリカからの「宣戦布告」　西尾幹二著　徳間書店　2014.3　334p　20cm　〈文献あり〉Ⓘ978-4-19-863774-3　Ⓝ210.7　［1800円］

◇GHQ焚書図書開封　1　米占領軍に消された戦前の日本　西尾幹二著　徳間書店　2014.10　419,21p　15cm　（徳間文庫カレッジ）〈文献あり〉Ⓘ978-4-19-907012-9　Ⓝ210.7　［900円］

◇GHQ焚書図書開封　2　バターン、蘭印・仏印、米本土空襲計画　西尾幹二著　徳間書店　2014.11　494p　15cm　（徳間文庫カレッジ）〈文献あり〉Ⓘ978-4-19-907016-7　Ⓝ210.7　［930円］

◇GHQ焚書図書開封　3　戦場の生死と「銃後」の心　西尾幹二著　徳間書店　2014.3　475p　15cm　（徳間文庫カレッジ）〈文献あり〉Ⓘ978-4-19-907020-4　Ⓝ210.7　［920円］

◇常識から疑え！山川日本史　近現代史編下　「研究者もどき」がつくる「教科書もどき」　倉山満著　ヒカルランド　2014.3

166p 19cm （Knock-the-Knowing 006） ①978-4-86471-184-5 Ⓝ375.9324 ［1000円］

◇昭和史をさぐる 伊藤隆著 吉川弘文館 2014.1 272p 19cm （読みなおす日本史）〈朝日新聞社 1992年刊の再刊〉 ①978-4-642-06572-6 Ⓝ210.7 ［2400円］

◇昭和史裁判 半藤一利, 加藤陽子著 文藝春秋 2014.2 437p 16cm （文春文庫 は8-22）〈索引あり〉①978-4-16-790038-0 Ⓝ210.7 ［690円］

◇昭和時代 戦前・戦中期 読売新聞昭和時代プロジェクト著 中央公論新社 2014.7 569p 22cm〈文献あり〉①978-4-12-004631-5 Ⓝ210.7 ［2600円］

◇大正・昭和期の日本政治と国際秩序―転換期における「未発の可能性」をめぐって 武田知己, 萩原稔編 京都 思文閣出版 2014.1 371,13p 22cm〈索引あり 内容：総論（武田知己, 萩原稔著）近代日本の「新秩序」構想の〈新しさ〉と〈正しさ〉（武田知己著）「国際主義者」という名の新渡戸稲造のイメージと実相（五味俊樹著）一九二〇年代『外交時報』にみる日本知識人の対外認識（伊藤信哉著）戦間期のアジア・ブロック論に関する一考察（大木康充著）民衆の時代と実業精神（和田守著）日米関係と『実業之日本』（佐賀香織著）第一次大戦後の世界秩序と日本の「改造」（神谷昌史著）三宅雪嶺における「哲学」と「時論」のあいだ（長妻三佐雄著）近代日本における中国認識の一側面（萩原稔著）東亜同文書院の「未発の可能性」について（武井義和著）長野朗の外事評論（西谷紀子著）〉①978-4-7842-1717-5 Ⓝ210.69 ［6500円］

◇テレビではいまだに言えない昭和・明治の「真実」 熊谷充晃著 東大阪 遊タイム出版 2014.8 237p 19cm〈文献あり〉①978-4-86010-348-4 Ⓝ210.6 ［1400円］

◇日本人と愛国心―昭和天皇が語るもの 半藤一利, 戸高一成著 PHP研究所 2014.1 235p 15cm （PHP文庫 は9-18）〈「愛国者の条件」（ダイヤモンド社 2006年刊）の改題, 加筆・修正 内容：愛国心を教えることは可能なのか 愛国を論じる前に（半藤一利著）「美しい国」づくりに必要なこと（戸高一成著）日本海軍の人づくりに学ぶ（半藤一利著）国家の命運を握る先見性（戸高一成著）国家と軍が誤る時（半藤一利著）なぜ昭和の海軍は破綻したのか（戸高一成著）軍事を語る前に知っておくべきこと（半藤一利著）日本は歴史から何を学ぶか（戸高一成著）〉①978-4-569-76125-1 Ⓝ210.7 ［619円］

◇反〈安倍式積極的平和主義〉論―歴史認識の再検証と私たちの戦争責任 纐纈厚著 凱風社 2014.5 299p 20cm〈索引あり 「私たちの戦争責任」（2009年刊）の改題, 改稿増補した新版 内容：帝国日本の原型とその再登場 帝国の天皇と象徴の天皇 戦時官僚が指導した戦後の経済復興 靖国神社と明治以来の戦争 日本はアジアを侵略した アジア太平洋戦争の歴史事実 日韓領土問題と戦後アジア秩序 求められるトランスナショナルな地平 日米安保がアジアとの和解を阻害した 植民地と戦争の記憶と忘却 「過去と向き合う」ということ 安倍政治の危険な動き〉①978-4-7736-3805-9 Ⓝ210.7 ［2200円］

日本〈歴史―昭和前期―史料―書目〉

◇長崎大学経済学部東南アジア研究所所蔵戦前期文献目録 長崎大学経済学部編 長崎 長崎大学経済学部 2014.3 5, 488p 30cm Ⓝ210.69

日本〈歴史―史料〉

◇大日本古文書 家わけ第18［ノ22］ 東大寺文書之二十二―東大寺圖書館架蔵文書之十七 東京大學史料編纂所編 ［東京］ 東京大学史料編纂所 2014.3 306p 5枚 22cm〈東京大学出版会（発売）〉①978-4-13-091193-1 Ⓝ210.088 ［8400円］

◇大日本史料 第3編之29 鳥羽天皇―自保安三年正月至同年四月 東京大学史料編纂所編纂 ［東京］ 東京大学史料編纂所 2014.9 401p 22cm〈東京大学出版会（発売）〉①978-4-13-090129-1 Ⓝ210.088 ［9400円］

◇大日本史料 第5編之35 後深草天皇―自建長三年正月至同年七月 東京大学史料編纂所編纂 ［東京］ 東京大学史料編纂所 2014.3 403p 22cm〈東京大学出版会（発売）〉①978-4-13-090235-9 Ⓝ210.088 ［9100円］

◇大日本史料 第10編之28 正親町天皇―自天正三年正月至同年三月 東京大学史料編纂所編纂 ［東京］ 東京大学史料編纂所 2014.3 411p 22cm〈東京大学出版会（発売）〉①978-4-13-090478-0 Ⓝ210.088 ［9200円］

◇大日本史料 第12編之60 後水尾天皇―自元和九年正月至同年二月 東京大学史料編纂所編纂 ［東京］ 東京大学史料編纂所 2014.6 434p 22cm〈東京大学出版会（発売）〉①978-4-13-090610-4 Ⓝ210.088 ［9600円］

日本〈歴史―大化改新時代〉

◇飛鳥・藤原と古代王権 西本昌弘著 同成社 2014.4 224p 22cm （同成社古代史選書 11）〈内容：斉明天皇陵の造営・修造と牽牛子塚古墳 建王の今城谷墓と酒船石遺跡 川原寺の古代史と伽藍・仏像 高市大寺〈大官大寺〉の所在地と藤原京朱雀大路 岸俊男氏の日本古代宮都論 大藤原京説批判 藤原京と新益京の語義再考〉①978-4-88621-655-7 Ⓝ210.33 ［5000円］

◇偽りの日本古代史 井上亘著 同成社 2014.12 159p 20cm〈内容：十七条憲法と聖徳太子 大化改新管見 偽りの「日本」 「日本書紀」の謎は解けたか 『日本書紀』の謎は解けたか. 再論〉①978-4-88621-683-0 Ⓝ210.33 ［1800円］

◇岩波講座日本歴史 第2巻 古代 2 大津透, 桜井英治, 藤井讓治, 吉田裕, 李成市編集委員 岩波書店 2014.3 322p 22cm〈付属資料：8p：月報 5 内容：大王の朝廷と推古朝（倉本一宏著）大王とウヂ（北康宏著）国造制と屯倉制（森公章著）帰化人と古代国家・文化の形成（丸山裕美子著）飛鳥の都と古墳の終末（小澤毅著）飛鳥・白鳳文化（川尻秋生著）六―八世紀の東アジアと東アジア世界論（李成市著）大化改新と改革の実像（市大樹著）記紀神話と王権の祭祀（佐々田悠著）〉①978-4-00-011322-9 Ⓝ210.1 ［3200円］

◇岩波講座日本歴史 第3巻 古代 3 大津透, 桜井英治, 藤井讓治, 吉田裕, 李成市編集委員 岩波書店 2014.9 320p 22cm〈付属資料：8p：月報 10 内容：律令制の形成（坂上康俊著）奈良時代の政治過程（虎尾達哉著）律令官僚制と天皇（大隅清陽著）律令財政と貢納制（武井紀子著）平城京と貴族の生活（渡辺晃宏著）郡司と古代村落（鐘江宏之著）天平文化論（吉川真司著）遣唐使の役割と変質（榎本淳一著）律令国家と神祇・仏教（鈴木景二著）〉①978-4-00-011323-6 Ⓝ210.1 ［3200円］

◇坂本太郎著作集 第6巻 大化改新 坂本太郎 オンデマンド版 吉川弘文館 2013.10 407,18p 22cm〈索引あり 印刷・製本：デジタルパブリッシングサービス 内容：大化改新の研究 大化改新 大化改新詔の信憑性の問題について〉①978-4-642-04277-2 Ⓝ210.3 ［13500円］

◇天智・天武死の秘密―万葉集を読み解く 立美洋著 三一書房 2014.7 231p 19cm〈文献あり〉①978-4-380-14006-8 Ⓝ210.34 ［1900円］

日本〈歴史―大正時代〉

◇岩波講座日本歴史 第17巻 近現代 3 大津透, 桜井英治, 藤井讓治, 吉田裕, 李成市編集委員 岩波書店 2014.12 313p 22cm〈付属資料：8p：月報 13 内容：韓国併合と植民地官僚制の形成（小川原宏幸著）都市民衆騒擾と政党政治の発展（浅野豊美著）都市民衆騒擾と政党政治の発展（季武嘉也著）戦間期の家族と女性（小野沢あかね著）政党内閣、宮中とワシントン体制（服部龍二著）「改造」の時代（黒川みどり著）大衆社会の端緒的形成（大岡聡著）昭和恐慌と日本経済（武田晴人著）満州事変・日中戦争の勃発と立憲政治（源川真希著）〉①978-4-00-011337-3 Ⓝ210.1 ［3200円］

◇第一次世界大戦と日本 井上寿一著 講談社 2014.6 274p 18cm （講談社現代新書 2266）〈文献あり〉①978-4-06-288266-8 Ⓝ210.69 ［800円］

◇大正・昭和期の日本政治と国際秩序―転換期における「未発の可能性」をめぐって 武田知己, 萩原稔編 京都 思文閣出版 2014.1 371,13p 22cm〈索引あり 内容：総論（武田知己, 萩原稔著）近代日本の「新秩序」構想の〈新しさ〉と〈正しさ〉（武田知己著）「国際主義者」という名の新渡戸稲造のイメージと実相（五味俊樹著）一九二〇年代『外交時報』にみる日本知識人の対外認識（伊藤信哉著）戦間期のアジア・ブロック論に関する一考察（大木康充著）民衆の時代と実業精神（和田守著）日米関係と『実業之日本』（佐賀香織著）第一次大戦後の世界秩序と日本の「改造」（神谷昌史著）三宅雪嶺における「哲学」と「時論」のあいだ（長妻三佐雄著）近代日本における中国認識の一側面（萩原稔著）東亜同文書院の「未発の可能性」について（武井義和著）長野朗の外事評論（西谷紀子著）〉①978-4-7842-1717-5 Ⓝ210.69 ［6500円］

◇大正デモクラシー期の政治と社会 松尾尊兊［著］ みすず書房 2014.1 628,14p 22cm〈索引あり 内容：京都地方の米騒動 京都地方の米騒動における官憲の対策 米騒動の取締りと鎮圧 米騒動鎮圧の出兵規模 創立期日本共産党史のための覚書 第一次大戦後の治安立法構想 過激社会運動取締法案について 一九三〇年の三悪法反対運動 内務省の社会主義取締報告書 関東大震災と憲兵隊 コスモ倶楽部小史 大正デモクラシー期の政治過程 政党政治の発展 政友会と民政党 満州事変下の吉野作造 敗戦前後の佐々木惣一〉①978-4-622-07684-1 Ⓝ210.69 ［20000円］

◇大正ロマンの真実 三好徹著 原書房 2014.2 364p 20cm ①978-4-562-04988-2 Ⓝ210.69 ［2000円］

日本（歴史―大正時代―史料―書目）　　　　　　　　　　　　　　　日本件名図書目録2014　Ⅰ

日本（歴史―大正時代―史料―書目）

◇長崎大学経済学部東南アジア研究所所蔵戦前期文献目録　長崎大学経済学部編　長崎　長崎大学経済学部　2014.3　5,488p　30cm　Ⓝ210.69

日本（歴史―中世）

◇井沢元彦の激闘の日本史―南北朝動乱と戦国への道　井沢元彦著　［東京］　KADOKAWA　2014.6　285p　19cm　〈年表あり〉　Ⓘ978-4-04-653302-9　Ⓝ210.4　［1800円］

◇岩波講座日本歴史　第7巻　中世　2　大津透、桜井英治、藤井讓治、吉田裕、李成市編集委員　岩波書店　2014.4　318p　22cm　〈付属資料：8p：月報 6　内容：モンゴル襲来と鎌倉幕府（熊谷隆之著）　建武政権論（桃崎有一郎著）　宋元交替と日本（榎本渉著）　中世の法と女性（柳原敏昭著）　中世の法と裁判（佐藤雄基著）　中世の身分と社会集団（三枝暁子著）　中世の家と女性（高橋秀樹著）　中世都市論（高橋慎一朗著）　中世の民衆思想（佐藤弘夫著）〉　Ⓘ978-4-00-011327-4　Ⓝ210.1　［3200円］

◇怨霊・怪異・伊勢神宮　山田雄司著　京都　思文閣出版　2014.6　407,25p　22cm　〈索引あり　内容：怨霊の思想　怨霊への対処　怨霊から神へ　怨霊　源頼朝の怨霊観　讃岐国における崇徳院伝説の展開　怨霊と怨親平等との間　鎌倉時代の怪異　平家物語・保元物語・平治物語の「怪異」　怪異と穢との間　親鸞における神と鬼神　穢と不浄をめぐる神と仏　伊勢神宮の中世的意義　伊勢国における仏教の展開と都市　院政期の伊勢神宮と斎宮　室町時代伊勢神宮の怪異　足利義持の伊勢参宮　国阿上人の見た伊勢　室町時代の災害と伊勢神宮〉　Ⓘ978-4-7842-1747-2　Ⓝ210.3　［7000円］

◇駘馬の道草・由なき事雑記　杉田則弘著　講談社ビジネスパートナーズ（製作）　2013.12　228p　19cm　Ⓘ978-4-86424-012-3　Ⓝ210.3　［非売品］

◇「地形」で読み解く日本の合戦　谷口研語著　PHP研究所　2014.9　328p　15cm　（PHP文庫 た66-3）　〈文献あり　「地形で読みとく合戦史」（2003年刊）の改題、増補・改訂〉　Ⓘ978-4-569-76227-2　Ⓝ210.4　［720円］

◇中世史研究の旅路―戦後歴史学と私　村井章介著　校倉書房　2014.1　262p　20cm　〈内容：戦後史と私　人民闘争史と社会経済史　対外関係史、境界論への注目　「社会史」流行へのスタンス　日本史研究の国際化　「応永四年の遣明使」というもの　共感及ばね世界には冷淡な作者　国宝・東寺百合文書を読む　陶磁器が示す名もない湊と航路　紀行文に読む中世の交通　『永原慶二著作選集第一巻』解説　世界観、地理　田中健夫『倭寇―海の歴史』〈講談社学術文庫版〉解説　一九七六年度日本史研究大会に参加して　歴史科学協議会第二八回大会報告・パネルディスカッションを聞いて　イエズス会日本関係史料研究会・岸野報告へのコメント　シンポジウム「日本文化の境界と交通第二セッション都市」へのコメント　あらたなパラダイムへの予感　第六回日韓・韓日歴史家会議・鄭杜熙報告への「討論」　歴史科学協議会第四回大会第二日の三報告を聞いて　視野の狭い国際関係の見方　国境をまたぐ歴史　鞆の浦の景観保存を訴える　日本中世史と考古学　日本史と世界史のはざま　種子島だより　明州天寧寺探索　姪浜であらたに「唐坊」地名を確認　ヨクサパラム　珍島の三別抄　さよなら、北京　『講座前近代の天皇5世界史のなかの天皇』はしがき　李領訳『中世倭人の世界』〈『中世倭人伝』韓国語版〉刊行によせて　荘園が開く「地方の時代」　勝者なき戦い　『シリーズ港町の世界史』刊行にあたって　『港町の世界史』刊行に寄せて　孫承喆・金剛一訳『東アジアのなかの中世韓国と日本』著者序文　田中克行君の人と学問　日欧歴史学界の架け橋　種子島の栗の木　『日本の中世社会』と石井進先生　つねに先陣を切って　追悼今枝愛眞先生　葬袋に書いた「要求項目」〉　Ⓘ978-4-7517-4500-7　Ⓝ210.4　［3000円］

◇中世人の軌跡を歩く　藤原良章編　高志書院　2014.3　394p　22cm　〈年譜あり　内容：武士の成立『後三年合戦絵詞』の世界（藤原良章著）　平泉と鎌倉の手づくねかわらけ（八重樫忠郎著）　中世武蔵武士の成立（落合義明著）　三浦氏と京都政界（真鍋淳哉著）　境界と貴人（岡陽一郎著）　鎌倉幕府と南の境界（黒嶋敏著）　みちと交流　中世のムラ（飯村均著）　「別所」地名と水陸のみち（藤本頼人著）　下総東部における水上交通（鈴木沙織著）　武蔵国北辺の戦国期交通網について（田中眞司著）　骨寺村と中尊寺を繋ぐ道（鈴木弘太著）　『直江状』と上杉景勝政権のインフラ整備（福原圭一著）　芸道と信仰『梁塵秘抄』の職人たち（植木朝子著）　読経道の成尋阿闍梨説話（柴佳世乃著）　板碑と木製塔婆（山口博之著）　中世前期貴族層における父子関係覚書（堅月基春考）（中澤克昭著）〉　Ⓘ978-4-86215-130-8　Ⓝ210.4　［8000円］

◇中世の西国と東国―権力から探る地域的特性　川岡勉編　戎光祥出版　2014.10　240p　21cm　（戎光祥中世史論集 第1

巻）　〈内容：鎌倉幕府支配の西国と東国（熊谷隆之著）　南北朝・室町期東国史研究の現在（植田真平著）　中世後期の畿内・国・境目・地域社会（廣田浩治著）　室町幕府と遠国・境界（黒嶋敏著）　西国の地域権力と室町幕府（山田貴司著）　中世後期の地域権力状況をめぐる覚書（川岡勉著）　中世の西国と東国（川岡勉、竹井英文司会、植田真平ほか述）〉　Ⓘ978-4-86403-136-3　Ⓝ210.4　［3600円］

◇中世の日本―封建制の意義と価値　柿栖恒昭著　柿栖恒昭　2014.12　169, 3p　21cm　Ⓝ210.4

◇中世の人々の手紙　第19　相川高徳著　［横浜］　［相川高徳］　2014.6　186p　21cm　Ⓝ210.4

◇豊田武著作集　第8巻　日本の封建制　豊田武著　オンデマンド版　吉川弘文館　2013.10　576,25,127p　22cm　〈著作目録あり　年譜あり　索引あり　印刷・製本：デジタルパブリッシングサービス　内容：日本の封建制社会　封建制の成立に関する諸問題　アジア的停滞論に対する反省　封建制の成立と鎌倉幕府　中世の天皇制　封建制確立期の諸問題　封建的主従関係の変化　日本の封建社会の特色　織豊政権の成立　織豊政権の歴史的意義　織豊政権　太閤検地研究の現状　織豊政権の推移と都市の豪商　秀吉の鉱山奉行　地域社会の研究に寄せて　東北の荘園　東国に於ける真宗の伝播について　初期の封建制と東北地方　東北中世の修験道とその史料　安東氏と北条氏　平泉文化補遺　北条氏と東北地方　中世会津の宗教と文化　東北地方における北条氏の所領　千葉氏の東北移住　鎌倉武士の移住〉　Ⓘ978-4-642-04291-8　Ⓝ210.4　［19000円］

◇豊田武著作集　第7巻　中世の政治と社会　豊田武著　オンデマンド版　吉川弘文館　2013.10　582,17p　22cm　〈索引あり　印刷・製本：デジタルパブリッシングサービス　内容：元弘討幕の諸勢力について　北条氏と隅田庄　北条時頼の廻国伝説　挙兵前の新田庄　新田義貞はなぜ挙兵したか　湊川合戦の一史料　建武新政から南北朝内乱までの扱い　十一揆の基礎構造　都市における惣的結合の発展　文明十七、八年の山城国一揆　初期封建制下の農村　中世の名子の史料　中世末期に於ける大和の村落　惣村制の展開とその文化　言継とその社会　中世の都市と宗教　中世に於ける文化伝播の一方法について　部落民の差別されるようになった歴史的事情　中世賤民の存在形態　散所と河原者　『田植草紙』を通して見た中世の社会　狂言が描く世界―水論　香取社の海夫　高野山寺領の変遷　南部庄の問など高野山の新史料　英雄と伝説〉　Ⓘ978-4-642-04290-1　Ⓝ210.4　［16500円］

◇長唄を読む　1　古代～安土桃山時代編　西園寺由利著　改訂版　小学館スクウェア　2014.9　415p　19cm　〈文献あり　索引あり　初版：新風舎 2007年刊〉　Ⓘ978-4-7979-8741-6　Ⓝ768.58　［2800円］

◇日本中世史入門―論文を書こう　秋山哲雄、田中大喜、野口華世編　勉誠出版　2014.4　347,6p　21cm　〈索引あり　内容：「歴史学」を学ぶということ（秋山哲雄、田中大喜、野口華世著）　論文を書こう（秋山哲雄、田中大喜、野口華世著）　中世的権門としての摂関家（高松百香著）　税制・財政史から中世国家・社会の成立を考えるために（守田逸人著）　中世天皇家の荘園の意味を考える（野口華世著）　中世武士のとらえ方はどう変わったか（伊藤瑠美著）　中世の特質を明らかにする（秋山哲雄著）　鎌倉幕府を支える様々な人々（赤澤春彦著）　鎌倉幕府御家人制が中世後期に遺したもの（清水亮著）　中世の武士と社会の特質を考える（朝廷を支える官僚システム（遠藤珠紀著）　中世寺院と顕密体制を考える（石田浩子著）　生活の舞台としての村落をどうとらえるか（高木徳郎著）　中世人の生活を探る（川戸貴史著）　外国との関わりを考える（伊川健二著）　絵画にかくされたもうひとつの日本文化（黒田智著）〉　Ⓘ978-4-585-22079-4　Ⓝ210.4　［2700円］

◇渡部昇一の中世史入門―頼山陽「日本楽府」を読む　渡部昇一著　PHP研究所　2014.11　355p　15cm　（PHP文庫 わ2-2）　Ⓘ978-4-569-76242-5　Ⓝ210.4　［680円］

日本（歴史―中世―史料）

◇青方文書　第1　瀬野精一郎校訂　オンデマンド版　八木書店古書出版部　2014.1　214p　21cm　（史料纂集）　〈八木書店（発売）　改訂増補版：続群書類従完成会 1986年刊　印刷・製本：デジタルパブリッシングサービス〉　Ⓘ978-4-8406-3430-4　Ⓝ210.4　［7000円］

◇青方文書　第2　瀬野精一郎校訂　オンデマンド版　八木書店古書出版部　2014.1　266,37p　21cm　（史料纂集）　〈八木書店（発売）　索引あり　改訂増補版：続群書類従完成会 1986年刊　印刷・製本：デジタルパブリッシングサービス〉　Ⓘ978-4-8406-3431-1　Ⓝ210.4　［7000円］

◇相馬文書　豊田武、田代脩校訂　オンデマンド版　八木書店古書出版部　2014.7　234p　21cm　（史料纂集）　〈八木書店（発売）　初版：続群書類従完成会 1979年刊　印刷・製本：デジタ

ルパブリッシングサービス〉①978-4-8406-3434-2 Ⓝ210.4
［8000円］

◇東京国立博物館図版目録　中世古文書篇　東京国立博物館編
東京国立博物館　2014.3　246, 55p　27cm　①978-4-907515-
02-7　Ⓝ708.7　［4630円］

◇東寺百合文書　11　チ函　3　京都府立総合資料館編　京都
思文閣出版　2014.10　412,25p　22cm　①978-4-7842-1759-5
Ⓝ210.088　［9500円］

日本（歴史―中世―伝記）
◇人物史の手法―歴史の見え方が変わる　五味文彦著　左右社
2014.11　229p　19cm　〈文献あり〉①978-4-86528-105-7
Ⓝ281.04　［1700円］

日本（歴史―中世―論文集）
◇中近世の領主支配と民間社会―吉村豊雄先生ご退職記念論文
集　稲葉継陽, 花岡興史, 三澤純編　熊本　熊本出版文化会館
2014.10　524p　21cm　〈創流出版（発売）著作目録あり　年譜
あり　内容：中世前期の肥後国の村落（廣田浩治著）　山城国
伏見荘における沙汰人層の存在形態と役割（田村博志著）　「堺
公方」期の京都支配と松井宗信（馬部隆弘著）　鷹峯城再考（鶴
嶋俊彦著）　戦国期天草棚底城の歴史的位置（稲葉継陽著）
戦国大名大友氏の普請命令と免除特権（八木直樹著）　豊臣政
権期における「両川体制」の再編成（才藤義和著）　加藤清正
発給文書について（大浪和弥著）　大名城郭普請許可制にみる
幕藩関係と政治機構（花岡興史著）　幕領主の呪術的儀礼と
真宗僧侶（上野大輔著）　キリシタン信仰の変容（児島康子著）
近世中期の全藩一揆の構造（木下泰葉著）　藩社会における時
報の普及と都市化の展開（松崎範子著）　熊本藩制下の座頭と
当道座（緒方晶子著）　近世後期藩領国における地方役人の
「出世」と「派閥」（今村直樹著）　幕末期における西洋流砲術
の伝播について（木山貴満著）　明治維新期の熊本藩惣庄屋集
団の意見書について（三澤純著）　幕末維新期における熊本藩
の殖産政策（和田直樹著）　中山道の明治維新における「偽官
軍」事件の再検討（青木拓人著）〉①978-4-906897-21-6
Ⓝ210.4　［7000円］

日本（歴史―奈良時代）
◇岩波講座日本歴史　第3巻　古代　3　大津透, 桜井英治, 藤井
讓治, 吉田裕, 李成市編集委員　岩波書店　2014.9　320p
22cm　〈付属資料：8p：月報　10　内容：律令制の形成（坂上康
俊著）　奈良時代の政治過程（虎尾達哉著）　律令官僚制と天皇
（大隅清陽著）　律令財政と貢納制（武井紀子著）　平城京と貴
族の生活（渡辺晃宏著）　郡司と古代村落（鐘江宏之著）　天平
文化論（吉川真司著）　遣唐使の役割と変質（榎本淳一著）　律
令国家と神祇・仏教（鈴木景二著）〉①978-4-00-011323-6
Ⓝ210.1　［3200円］

◇奈良時代の鏡―正倉院宝物鏡　片山昭悟著　宍粟　片山昭悟
2014.10　94p　30cm　（研究資料　16）〈著作目録あり〉
Ⓝ210.35

◇日本古代の支配構造　松原弘宣著　塙書房　2014.2　504,25p
22cm　〈索引あり　内容：孝徳立評について　総領・評領・田
領について　越前国東大寺領荘園における「所」　造東大寺司
の「所」と「領」　造営組織と木屋坊・木屋所　成立期の蔵人
所と皇后宮職・中宮職の「所」　「津税使」再論　長屋王家の
家政機関　八・九世紀代における地方官衙の「所」〉①978-4-
8273-1263-8　Ⓝ210.35　［10000円］

日本（歴史―奈良時代―史料）
◇續日本紀史料　第20巻　自延暦5年正月至延暦10年12月・是歳
皇學館大学研究開発推進センター史料編纂所編　伊勢　皇
學館大学出版部　2014.3　690, 5p　22cm　〈皇學館大学創立
百三十周年・再興五十周年記念出版〉①978-4-87644-187-7
Ⓝ210.3　［13000円］

日本（歴史―奈良時代―論文集）
◇続日本紀と古代社会―創立六十周年記念　続日本紀研究会編
塙書房　2014.12　480p　22cm　〈内容：過所木簡に関する一
試論（市大樹著）　延暦十七年三月丙申詔試解（磐下徹著）　藤
原良房の母（請田正幸著）　桓武朝における改姓と氏族意識阿
保氏の形成をめぐって（榎村寛之著）　古写経の印記「松宮内
印」について（遠藤慶太著）　桓武朝の祭祀と歴史（久禮旦雄
著）　木工寮と修理職（小坂慶介著）　奈良時代の阿弥陀悔過
（栄原永遠男著）　二条大路木簡にみえる内・内裏（鷲森浩幸
著）　将軍・遣唐使と節刀（鈴木拓也著）　天平十六年難波宮
皇都宣言をめぐる臆説（中野渡俊治著）　天武朝の外位制につ
いて（中村聡著）　平安時代の難波津と難波宮（西本昌弘著）
対嶋又者の叙位（二星潤著）　八世紀における諸王（原則志
著）　住吉信仰の古層（古市晃著）　平安時代の服御・常膳の
減省について（堀井佳代子著）　養老令の臨時発兵規定につい
て（松本政春著）　寧楽平安攷肆捌揪（森明彦著）　緒嗣と冬嗣

（安田政彦著）　令制官田の特質（柳沢菜々著）　市原王と写経
所（山本幸男著）　古代若狭と膳臣（吉永壮志著）　藤原広嗣の
乱の一解釈（若井敏明著）〉①978-4-8273-1271-3　Ⓝ210.35
［11500円］

日本（歴史―南北朝時代）
◇南朝の真実―忠臣という幻想　亀田俊和著　吉川弘文館
2014.6　218p　19cm　（歴史文化ライブラリー　378）〈文献
あり〉①978-4-642-05778-3　Ⓝ210.45　［1700円］

日本（歴史―南北朝時代―史料）
◇師守記　第9　自貞治五年十月至貞治六年六月　［中原師守
著］, 藤井貞文, 小林花子校訂　オンデマンド版　八木書店古
書出版部　2014.1　295p　21cm　（史料纂集）〈八木書店（発
売）初版：続群書類従完成会　1975年刊　印刷・製本：デジタ
ルパブリッシングサービス〉①978-4-8406-3325-3　Ⓝ210.45
［9000円］

◇師守記　第10　自貞治六年七月至応安七年十二月　［中原師守
著］, 藤井貞文, 小林花子校訂　オンデマンド版　八木書店古
書出版部　2014.1　322p　21cm　（史料纂集）〈八木書店（発
売）初版：続群書類従完成会　1976年刊　印刷・製本：デジタ
ルパブリッシングサービス〉①978-4-8406-3316-1　Ⓝ210.45
［10000円］

◇師守記　第11　補遺・正誤・人名索引・件名索引・解題　［中
原師守著］, 藤井貞文, 小林花子校訂　オンデマンド版　八木
書店古書出版部　2014.1　310p　21cm　（史料纂集）〈八木
書店（発売）初版：続群書類従完成会　1982年刊　印刷・製
本：デジタルパブリッシングサービス〉①978-4-8406-3317-8
Ⓝ210.45　［10000円］

日本（歴史―年表）
◇日本史年表　東京学芸大学日本史研究室編　増補5版　東京堂
出版　2014.3　584p　19cm　①978-4-490-20858-0　Ⓝ210.
032　［2700円］

◇日本史年表・地図　児玉幸多／編　第20版　吉川弘文館
2014.4　1冊　19×26cm　①978-4-642-09528-0　［1300円］

◇標準日本史年表　児玉幸多／編　第54版　吉川弘文館　2014.4
64p　19×26cm　①978-4-642-09524-2　［650円］

日本（歴史―平安時代）
◇奥州藤原氏の謎　中江克己著　会津若松　歴史春秋出版
2014.4　260p　19cm　〈文献あり　年譜あり　「奥州藤原王朝
の謎」（河出文庫　1993年刊）の改題、加筆・訂正〉①978-4-
89757-824-8　Ⓝ210.38　［1500円］

◇動乱の日本史―日本人の知らない源平誕生の謎　井沢元彦
［著］　KADOKAWA　2014.9　280p　15cm　（角川文庫
い13-81）〈年表あり　「井沢元彦の激闘の日本史」（角川学芸
出版　2012年刊）の改題〉①978-4-04-400321-0　Ⓝ210.38
［680円］

◇日本古代の歴史　4　平安京の時代　佐藤信, 佐々木恵介企画
編集委員　佐々木恵介著　吉川弘文館　2014.1　274p　20cm
〈文献あり　年表あり〉①978-4-642-06470-5　Ⓝ210.3　［2800
円］

◇平安朝皇位継承の闇　倉本一宏著　［東京］　KADOKAWA
2014.12　207p　19cm　（角川選書　550）〈文献あり　年譜あ
り〉①978-4-04-703550-8　Ⓝ210.38　［1700円］

◇歴史スペクトル―百人一首を読み解く　合六廣子著　宮崎
鉱脈社　2014.10　273p　21cm　①978-4-86061-553-6
Ⓝ911.147　［1700円］

日本（歴史―平安時代―史料）
◇権記　第1　自正暦二年九月　至長保二年六月　［藤原行成著］,
渡辺直彦校訂　オンデマンド版　八木書店古書出版部　2014.
1　251p　21cm　（史料纂集）〈八木書店（発売）初版：続群
書類従完成会　1978年刊　印刷・製本：デジタルパブリッシン
グサービス〉①978-4-8406-3276-8　Ⓝ210.37　［7000円］

◇大日本古記録　中右記　7　自嘉承二年至天仁元年　［藤原宗忠
記］, 東京大学史料編纂所編纂　岩波書店　2014.3　293p
22cm　①978-4-00-009950-9　Ⓝ210.088　［11000円］

◇東京国立博物館図版目録　中世古文書篇　東京国立博物館編
東京国立博物館　2014.3　246, 55p　27cm　①978-4-907515-
02-7　Ⓝ708.7　［4630円］

日本（歴史―平安時代―論文集）
◇続日本紀と古代社会―創立六十周年記念　続日本紀研究会編
塙書房　2014.12　480p　22cm　〈内容：過所木簡に関する一
試論（市大樹著）　延暦十七年三月丙申詔試解（磐下徹著）　藤
原良房の母（請田正幸著）　桓武朝における改姓と氏族意識阿
保氏の形成をめぐって（榎村寛之著）　古写経の印記「松宮内
印」について（遠藤慶太著）　桓武朝の祭祀と歴史（久禮旦雄
著）　木工寮と修理職（小坂慶介著）　奈良時代の阿弥陀悔過
（栄原永遠男著）　二条大路木簡にみえる内・内裏（鷲森浩幸
著）　将軍・遣唐使と節刀（鈴木拓也著）　天平十六年難波宮
皇都宣言をめぐる臆説（中野渡俊治著）　天武朝の外位制につ
いて（中村聡著）　平安時代の難波津と難波宮（西本昌弘著）

日本（歴史—平成時代）

対策及第者の叙位（二星潤著）　八世紀における諸王（原朋志著）　住吉信仰の古層（古市晃著）　平安時代の服御・常膳の減省について（堀井佳代子著）　養老令の臨時発兵規定について（松本政春著）　寧楽平安掌弦肆揆（森明彦著）　緒嗣と冬嗣（安田政彦著）　令制官田の特質（柳沢菜々著）　市原王と写経所（山本幸男著）　古代若狭と膳臣（吉永壮志著）　藤原広嗣の乱の一解釈（若井敏明著）〉⑨978-4-8273-1271-3　Ⓝ210.35　［11500円］

日本（歴史—平成時代）

◇読むだけですっきりわかる平成史　後藤武士著　宝島社　2014.3　253p　16cm　（宝島SUGOI文庫　Dこ-2-14）①978-8002-2275-6　Ⓝ210.77　［570円］

日本（歴史—室町時代）

◇安芸毛利一族　河合正治著　吉川弘文館　2014.11　279p　19cm　（読みなおす日本史）〈新人物往来社　1984年刊の再刊〉①978-4-642-06582-5　Ⓝ210.47　［2400円］

◇岩波講座日本歴史　第8巻　中世　3　大津透，桜井英治，藤井譲治，吉田裕，李成市編集委員　岩波書店　2014.8　314p　22cm　〈付属資料：8p；月報 9　内容：室町幕府論（吉田賢司著）　東アジア世界の変動と日本（橋本雄著）　応仁・文明の乱（末柄豊著）　荘園制の展開と所有構造（西谷正浩著）　一揆と徳政（早島大祐著）　中世後期の貨幣と流通（千枝大志著）　室町幕府と仏教（川本慎自著）　室町時代の文化（小川剛生，髙岸輝著）〉①978-4-00-011328-1　Ⓝ210.1　［3200円］

◇怨みまするぞ信長殿　出水康生著　ミヤオビパブリッシング　2014.7　270p　19cm　（宮帯出版社（発売）文献あり）①978-4-86366-985-7　Ⓝ210.47　［1000円］

◇甲斐武田氏と国人の中世　秋山敬著　岩田書院　2014.3　344p　22cm　〈年譜あり〉①978-4-87294-851-6　Ⓝ210.47　［7900円］

◇在京大名細川京兆家の政治史的研究　浜口誠至著　京都　思文閣出版　2014.3　305,11p　22cm　〈文献あり　索引あり〉①978-4-7842-1732-8　Ⓝ210.46　［6500円］

◇戦国期室町幕府と将軍　山田康弘著　オンデマンド版　吉川弘文館　2013.10　264,7p　22cm　〈索引あり　印刷・製本：デジタルパブリッシングサービス　内容：明応の政変直後の幕府内体制　山城国衆弾圧事件とその背景　戦国期の将軍義澄の動向　戦国期の政所沙汰　戦国期の御前沙汰　終章〉①978-4-642-04243-7　Ⓝ210.47　［9000円］

◇戦国時代の組織戦略　堺屋太一著　集英社　2014.6　175p　19cm　〈年表あり〉①978-4-08-786047-4　Ⓝ210.47　［1200円］

◇戦国大名今川氏の研究　有光友學著　オンデマンド版　吉川弘文館　2013.10　433,13p　22cm　〈印刷・製本：デジタルパブリッシングサービス　内容：戦国期研究と今川氏　公事検地論　戦国大名検地研究の発展のために　戦国大名検地論　今川氏の年貢収取体制　今川氏の領国支配　大名領国制期の経済構造　今川氏と不入権〉①978-4-642-04245-1　Ⓝ210.47　［14000円］

◇天下統一—信長と秀吉が成し遂げた「革命」　藤田達生著　中央公論新社　2014.4　294p　18cm　（中公新書 2265）〈文献あり　年表あり〉①978-4-12-102265-3　Ⓝ210.46　［860円］

◇室町廷臣社会論　井原今朝男著　塙書房　2014.2　602,25p　22cm　〈索引あり　内容：天皇の官僚制と室町殿・摂家の家司兼任体制　室町廷臣の近習・近臣と本所権力の二面性　廷臣公家の職掌と禁裏小番制　甘露寺親長の儀式伝奏と『伝奏記』の作成　『看聞日記』にみる『後鳥羽院日記』逸文と懸銭の流向　公家史料にみる外記・官史の宣旨発給と吉良満義の信州発向　『三長記』・『禁秘抄』書写本の史料批判について　中世禁裏の宸筆御八講をめぐる諸問題　結語〉①978-4-8273-1266-9　Ⓝ210.46　［18000円］

◇室町幕府と国人一揆　福田豊彦著　オンデマンド版　吉川弘文館　2013.10　317,8p　22cm　〈印刷・製本：デジタルパブリッシングサービス　内容：鎌倉時代の足利氏にみる家政管理機構　室町幕府の奉公衆.　1　御番帳の作成年代を中心として　室町幕府の奉公衆.　2　その人員構成と地域的分布　室町幕府の奉公衆体制　室町幕府の御家人と御家人制　第二次封建関係の形成過程　国人一揆の一側面　『越前島津家文書』文和四年の一揆契状　戦士とその集団〉①978-4-642-04241-3　Ⓝ210.46　［9000円］

◇室町幕府の東国政策　杉山一弥著　京都　思文閣出版　2014.2　359,18p　22cm　〈索引あり　内容：序章　室町幕府における錦御旗と武家御旗　『鎌倉府年中行事』にみる鎌倉府の着装規範　稲村公方と南奥社会　篠川公方と室町幕府　堀越公方の存立基盤　堀越公方と足利氎阿寺　室町幕府奉公衆葛山氏　室町幕府と甲斐守護武田氏　室町期上総武田氏の興起の基底

室町期の箱根権現別当と武家権力　室町幕府と下野「京都扶持衆」　室町幕府と常陸「京都扶持衆」　室町幕府と出羽大宝寺氏　終章〉①978-4-7842-1739-7　Ⓝ210.46　［7200円］

◇乱世からの手紙—大阪城天守閣収蔵古文書選：テーマ展　大阪城天守閣編　大阪　大阪城天守閣　2014.3　111p　26cm　〈文献あり　会期・会場：平成26年3月21日—5月6日　大阪城天守閣〉Ⓝ210.47

日本（歴史—室町時代—史料）

◇看聞日記　7　［伏見宮貞成親王著］　［東京］　宮内庁書陵部　2014.3　342p　22cm　（図書寮叢刊）〈内容：嘉吉3年4月—宝徳4年7月〉Ⓝ210.46

◇経覚私要鈔　第2　自文安六年正月　至宝徳三年十二月　経覚［著］，高橋隆三，小泉宜右校訂　オンデマンド版　八木書店古書出版部　2014.1　288p　21cm　（史料纂集）〈八木書店（発売）初版：続群書類従完成会　1973年刊　印刷・製本：デジタルパブリッシングサービス〉①978-4-8406-3266-9　Ⓝ210.46　［9000円］

◇経覚私要鈔　第5　自寛正二年正月　至寛正三年六月　経覚［著］，高橋隆三，小泉宜右校訂　オンデマンド版　八木書店古書出版部　2014.1　310p　21cm　（史料纂集）〈八木書店（発売）初版：続群書類従完成会　1985年刊　印刷・製本：デジタルパブリッシングサービス〉①978-4-8406-3269-0　Ⓝ210.46　［10000円］

◇戦國遺文　今川氏編第4巻　自永禄十三年〈一五七〇〉至慶長十九年〈一六一四〉—今川真年未詳文書・補遺　久保田昌希，大石泰史，糟谷幸裕，遠藤英弥編　東京堂出版　2014.4　242p　22cm　〈付属資料：4p；月報：4〉①978-4-490-30706-1　Ⓝ210.47　［17000円］

◇戦國遺文　三好氏編第2巻　自永禄五年〈一五六二〉至元亀元年〈一五七〇〉天野忠幸編　東京堂出版　2014.11　296p　22cm　〈付属資料：4p；月報：2〉①978-4-490-30710-8　Ⓝ210.47　［17000円］

◇言国卿記　第2　自文明七年八月　至文明十年四月　［山科言国著］，豊田武，飯倉晴武校訂　オンデマンド版　八木書店古書出版部　2014.7　283p　21cm　（史料纂集）〈八木書店（発売）初版：続群書類従完成会　1975年刊　印刷・製本：デジタルパブリッシングサービス〉①978-4-8406-3281-2　Ⓝ210.47　［9000円］

◇言国卿記　第3　自文明十年五月　至文明十三年八月　［山科言国著］，豊田武，飯倉晴武校訂　オンデマンド版　八木書店古書出版部　2014.7　270p　21cm　（史料纂集）〈八木書店（発売）初版：続群書類従完成会　1975年刊　印刷・製本：デジタルパブリッシングサービス〉①978-4-8406-3282-9　Ⓝ210.47　［9000円］

◇言国卿記　第4　自文明十三年九月　至明応二年十二月　［山科言国著］，豊田武，飯倉晴武校訂　オンデマンド版　八木書店古書出版部　2014.7　278p　21cm　（史料纂集）〈八木書店（発売）初版：続群書類従完成会　1977年刊　印刷・製本：デジタルパブリッシングサービス〉①978-4-8406-3283-6　Ⓝ210.47　［9000円］

◇言国卿記　第5　自明応三年正月　至明応4年十二月　［山科言国著］，豊田武，飯倉晴武校訂　オンデマンド版　八木書店古書出版部　2014.7　246p　21cm　（史料纂集）〈八木書店（発売）初版：続群書類従完成会　1977年刊　印刷・製本：デジタルパブリッシングサービス〉①978-4-8406-3284-3　Ⓝ210.47　［8000円］

◇言国卿記　第6　自明応七年正月　至明応七年十二月　［山科言国著］，豊田武，飯倉晴武校訂　オンデマンド版　八木書店古書出版部　2014.7　239p　21cm　（史料纂集）〈八木書店（発売）初版：続群書類従完成会　1978年刊　印刷・製本：デジタルパブリッシングサービス〉①978-4-8406-3285-0　Ⓝ210.47　［8000円］

◇言国卿記　第8　自文亀二年正月　至文亀二年十二月　解題　［山科言国著］，飯倉晴武校訂　オンデマンド版　八木書店古書出版部　2014.7　239p　21cm　（史料纂集）〈八木書店（発売）初版：続群書類従完成会　1995年刊　印刷・製本：デジタルパブリッシングサービス〉①978-4-8406-3287-4　Ⓝ210.47　［8000円］

◇元長卿記—自延徳二年正月　至大永五年三月　［甘露寺元長著］，芳賀幸四郎校訂　オンデマンド版　八木書店古書出版部　2014.1　366p　21cm　（史料纂集）〈八木書店（発売）年譜あり〉初版：続群書類従完成会　1973年刊　印刷・製本：デジタルパブリッシングサービス〉①978-4-8406-3279-9　Ⓝ210.47　［11000円］

◇師郷記　第1　自応永二十七年正月　至永享四年十二月　［中原師郷著］，藤井貞文，小林花子校訂　オンデマンド版　八木書店古書出版部　2014.1　239p　21cm　（史料纂集）〈八木書店（発売）初版：続群書類従完成会　1985年刊　印刷・製本：

日本件名図書目録2014　Ⅰ

デジタルパブリッシングサービス〉①978-4-8406-3309-3
Ⓝ210.46　[8000円]

◇師郷記　第5　自文安六年正月　至享徳三年十二月　[中原師郷著]，藤井貞文，小林花子校訂　オンデマンド版　八木書店古書出版部　2014.1　276p　21cm　〈史料纂集〉〈八木書店（発売）　初版：続群書類従完成会　1988年刊　印刷・製本：デジタルパブリッシングサービス〉①978-4-8406-3313-0　Ⓝ210.46
[9000円]

◇師郷記　第6　自享徳四年正月　至長禄二年二月　索引　[中原師郷著]，藤井貞文，小林花子校訂　オンデマンド版　八木書店古書出版部　2014.1　271p　21cm　〈史料纂集〉〈八木書店（発売）　初版：続群書類従完成会　2001年刊　印刷・製本：デジタルパブリッシングサービス〉①978-4-8406-3314-7
Ⓝ210.46　[9000円]

◇山科家礼記　第4　自文明十三年正月　至長享三年三月　[大澤久守，大澤重胤ほか著]，豊田武，飯倉晴武校訂　オンデマンド版　八木書店古書出版部　2014.7　298p　21cm　〈史料纂集〉〈八木書店（発売）　初版：続群書類従完成会　1972年刊　印刷・製本：デジタルパブリッシングサービス〉①978-4-8406-3306-2　Ⓝ210.46　[9000円]

日本（歴史―室町時代―人名辞典）
◇室町時代人物事典　水野大樹著　新紀元社　2014.5　751p　21cm　〈文献あり　年表あり　索引あり〉978-4-7753-1179-0
Ⓝ281.03　[2800円]

日本（歴史―室町時代―論文集）
◇論集戦国大名と国衆　13　信濃真田氏　丸島和洋編　岩田書院　2014.3　395p　21cm　〈内容：総論信濃真田氏の系譜と政治的動向（丸島和洋著）　真田氏祖先について（飯島忠夫著）　真田一族覚書（小林計一郎著）　真田氏の吾妻郡攻略をめぐって（唐澤定市著）　真田氏の領国形成過程（堀内亨著）　上野国沼田領における武田氏と真田氏（栗原修著）　真田氏の本拠を訪ねて（中澤克昭著）　新出史料紹介真田昌幸書状（原田和彦著）　国文学研究資料館所蔵武田勝頼書状について（馬場廣幸著）　織田政権と真田昌幸（柴辻俊六著）　真田氏領における支配構造（山岡信一著）　戦国大名真田氏の領国形成（唐澤定市著）　真田史料随録　1（栗原英治著）　上田築城の開始をめぐる真田・徳川・上杉の動静（寺島隆史著）　第一次上田合戦前後における真田昌幸の動静の再考（寺島隆史著）　第一次上田合戦の再考（寺島隆史著）　真田氏と南信（藤澤好古著）　戦国末期より徳川初期に至る真田氏の伝馬制と交通史の一端（山口武夫著）　真田氏の分立と家臣および領民（尾崎行也著）　上田時代における真田氏の政策の一断片（米山一政著）〉①978-4-87294-856-1　Ⓝ210.47　[4800円]

◇論集戦国大名と国衆　14　真田氏一門と家臣　丸島和洋編　岩田書院　2014.4　380p　21cm　〈内容：総論真田氏家臣団の基礎研究（丸島和洋著）　真田幸村とは（原田和彦著）　矢沢綱頼の出自と足跡（竜野敬一郎著）　矢澤家文書について（北村保素）　戦国時代における矢沢氏の一考察（利根川淳子著）　柏木文書中の小山田十郎兵衛宛文書について（丸島和洋著）　上田城下町の商家となった武田家臣「海野衆」神尾氏（寺島隆史著）　真田宝物館所蔵恩田文書について（山中さゆり著）　沼田真田藩の郷士制度の成立及びその変質過程（山口武夫著）　沼田真田藩への仕官と帰農（赤見初夫著）　真田氏松代移封と知行給人（寺島隆史著）　鈴木右近忠重小伝（小林計一郎著）　小県郡下の古検地帳（黒坂周平著）　真田氏の領国形成過程（河内八郎著）　真田氏給人知行地検地帳解説（桜井松夫著）〉①978-4-87294-858-5　Ⓝ210.47　[4800円]

◇論集戦国大名と国衆　15　武蔵上田氏　黒田基樹編　岩田書院　2014.11　292p　21cm　〈内容：総論・武蔵上田氏の系譜と動向（黒田基樹著）　武州松山城主・上田氏について（利根川宇平著）　東松山と上田氏（藤木久志著）　松山城主案独歩のこと（藤木久志著）　両山九世日純と上杉氏（新倉善之著）　松山城主上田氏の系譜と比企郡進出について（梅沢太久夫著）　武蔵松山城主上田氏と松山領（梅沢太久夫著）　戦国大名後北条氏の武蔵松山進出（大島宏一著）　後北条氏と松山本郷／上田氏の松山本郷支配（長塚孝著）〉978-4-87294-886-8　Ⓝ210.47　[4600円]

◇論集戦国大名と国衆　16　美濃斎藤氏　木下聡編　岩田書院　2014.11　206p　21cm　〈内容：総論美濃斎藤氏の系譜と動向（木下聡著）　六角定頼以後の前斎藤氏について（尾関章著）　土岐頼武の文書と美濃守護在任時期（横山住雄著）　天祿三年六角承禎条書について（丸山幸太郎著）　斎藤道三の二度出家説（横山住雄著）　斎藤大納言と「今枝氏古文書等写」について（横山住雄著）　道三文書の解読と関連史料に関する一考察（土山公仁著）　別伝の乱（福井金弘著）　忘れられている美濃戦国文化（鈴木秀雄著）　版本『天正軍記』の斎藤道三と義龍の物語（奥田尚著）〉①978-4-87294-891-2　Ⓝ210.47　[3000円]

日本（歴史―明治以後）
◇ある歴史学との出会い―大濱徹也先生喜寿記念誌　大濱徹也先生喜寿記念誌編纂委員会編　刀水書房　2014.12　399p　22cm　〈年譜あり　著作目録あり〉978-4-88708-931-0　Ⓝ210.6

◇維新革命の法理　有馬winner弘道著　鹿児島　高城書房　2013.8　221p　19cm　〈「維新革命に関する序説」（近代文芸社　1982年刊）の改題、復刻〉978-4-88777-152-9　Ⓝ210.6　[2000円]

◇維新後、殿様はこう生き抜いた　中山良昭著　朝日新聞出版　2014.2　316p　21cm　〈「江戸300藩殿様のその後」（朝日新聞出版2007年刊）の改題〉978-4-02-268203-1　Ⓝ281.04　[600円]

◇美しきペテンの島国―真説日本の正体　続　高橋五郎，小池壮彦著　学研パブリッシング　2014.12　295p　20cm　〈学研マーケティング（発売）〉978-4-05-406130-9　Ⓝ210.6
[1800円]

◇落ち穂拾い―平成13年―平成16年　伊藤隆著　[所沢]　[伊藤隆]　2014.7　489p　21cm　Ⓝ210.6

◇かえりみる日本近代史とその負の遺産―原爆を体験した戦中派からの《遺言》　玖村敦彦著　札幌　寿郎社　2014.4　294p　20cm　〈表紙のタイトル：Scrutinize modern Japanese history and its bitter legacy〉①978-4-902269-69-7　Ⓝ210.6　[2200円]

◇粕谷一希随想集　2　歴史散策　粕谷一希著　藤原書店　2014.7　395p　20cm　〈付属資料：8p；月報 2　内容：面白きこともなき世を面白く　成島柳北一族　ケーベルと小泉八雲　鴎外の魅力　享楽人、木下杢太郎　最後の元老、西園寺公望　文明の創造者、後藤新平　再考すべき人々　友人としてのメディア　思いつくこと着想の面白さ　急進派兆民ブームと戦後　失米邦武の存在　時代区分について　岩崎寛弥の死　勝海舟について　歴史を描く工夫について　津田真道とは何者か　西郷隆盛と西南戦争　陸奥宗光・星亨・原敬　すれちがい河合栄治郎　馬場恒吾と石橋湛山　近衛文麿と吉田茂　小林一三と松永安左エ門　和辻哲郎　三木清覚え書　九鬼周造　内藤湖南の見た中国　敗者の教訓〉①978-4-89434-981-0　Ⓝ914.6　[3200円]

◇完本皇居前広場　原武史著　文藝春秋　2014.10　296p　16cm　〈文春学藝ライブラリー〉〈年表あり　「皇居前広場」（光文社　2003年刊）と「皇居前広場」増補（筑摩書房2007年刊）の改題〉①978-4-16-813030-4　Ⓝ313.61　[1330円]

◇近代日本の公と私、官と民　猪木武徳，マルクス・リュッターマン編著　NTT出版　2014.10　412p　22cm　〈内容：公と私の境界、転換点、収束点（猪木武徳著）　書簡の私的記号について（マルクス・リュッターマン著）　イエズス会文献における公と私（デトレフ・シャウベッカー著）　アメリカ憲法史から見た公と私、官と民（阿川尚之著）　公共性を支える非政治的倫理（田島正樹著）　「極悪非道地主」真島桂次郎の公と私（井出文紀著）　小泉信三の天皇像（武藤秀太郎著）　公智と友情（猪木武徳著）　江戸の商人道における「正直」（桂木隆夫著）　納税をめぐる公と私（中岡俊介著）　被用者年金の分立・統合過程にみる官と民、公と私（戦前）（木村義著）　高原保馬の勢力説（橋本努著）　上田貞次郎と自由主義の凋落（望月和彦著）　教育機関における公と私の分担（紙谷雅子著）　帝国大学の初志（瀧井一博著）　知識生産の二つの秩序（上山隆大著）　屋外空間の公と私（白幡洋三郎著）　都市と建築（井上章一著）　問題と展望（マルクス・リュッターマン著）〉①978-4-7571-4333-3　Ⓝ210.6　[5400円]

◇昭和・平成僕の八十年―戦争、引揚げ、高度成長、そして今を考える　渡邉秀明著　創英社／三省堂書店　2014.7　415p　19cm　〈文献あり〉①978-4-88142-861-0　Ⓝ210.6　[1500円]

◇図解大づかみ日本の近現代史　倉山満編著　KADOKAWA　2014.8　399p　15cm　〈新人物文庫 く-2-1〉〈年表あり　「総図解よくわかる日本の近現代史」（新人物往来社 2010年刊）の改題、新編集〉①978-4-04-600973-9　Ⓝ210.6　[800円]

◇地図で読む日本の近現代史　「歴史ミステリー」倶楽部著　三笠書房　2014.8　222p　15cm　〈知的生きかた文庫 れ1-7〉〈文献あり〉①978-4-8379-8281-4　Ⓝ210.6　[590円]

◇長唄を読む　3　江戸時代（後期）～現代編　西園寺由利著　改訂版　小学館スクウェア　2014.9　511p　19cm　〈文献あり　索引あり　初版：新風舎 2007年刊〉①978-4-7979-8743-0　Ⓝ768.58　[3000円]

◇日本史の大誤解　激動の近代史編　夏畑優一著　彩図社　2014.1　201p　19cm　〈文献あり〉①978-4-88392-970-2　Ⓝ210.1　[1200円]

◇日本人の百年戦争―戦後、子どもたちが学べなかった近現代史　坂本大典著　展転社　2014.8　339p　19cm　〈文献あり　年表あり〉①978-4-88656-406-1　Ⓝ210.6　[2000円]

日本（歴史―明治以後―伝記）　　　　　　　　　　　　　　　　　日本件名図書目録2014　Ⅰ

◇日本・1945年の視点　三輪公忠著　新装版　東京大学出版会　2014.9　254p　19cm　（UPコレクション）①978-4-13-006527-6　Ⓝ210.6　[2900円]

◇日の丸―日本を知るための50景　紙ヒコーキ舎編著　プレジデント社　2014.4　117p　21cm〈文献あり　年表あり〉①978-4-8334-2079-2　Ⓝ210.6　[1200円]

◇誇りある日本の歴史を取り戻せ　渡部昇一，田母神俊雄著　廣済堂出版　2014.8　206p　19cm　①978-4-331-51863-2　Ⓝ210.6　[1400円]

◇誇れる国、日本―謀略に！　翻弄された近現代　7　アパ日本再興財団　2014.12　116p　30cm〈「7」のタイトル関連情報：第七回「真の近現代史観」懸賞論文受賞作品集　慰安婦問題とその根底にある報道の異常性（杉田水脈著）　日本の最大の敵は日本人の自虐史観だ（青柳武彦著）　特攻・兵士・天（日置沙耶香著）　極東軍事裁判の検証と栄えある日本の歴史（大野徳永衛著）　反日プロパガンダと対応（落合道夫著）　特攻あるいは一貫性への回帰（騎士峻英朗著）　知的怠慢と思考停止が国を滅ぼす（草間洋一著）　パール判事からの真のメッセージ（久野潤著）　戦後日本をミスリードした進歩的文化人（斉藤剛著）「英語信仰」を脱却し、「世界を平和にする日本語」の安全保障を確立せよ（津田幸男著）　大東亜戦争は"マニフェストデスティニー"（豊田昌靖著）　我が国は迫りくる国難に対し如何にして立ち向かうべきか（中村敏幸著）　来るべきアメリカとの歴史論戦（山下英次著）〉①210.6　[1000円]

◇歴史と民主主義―自覚史観　奥井禮喜著，片山洋子著　[東京]　ライフビジョン出版　2014.7　207p　15cm〈ライフビジョン（発売）〉①978-4-9905407-7-7　Ⓝ210.6　[926円]

◇若い読者のための日本近代史―私が読んできた本　半藤一利著　PHP研究所　2014.4　313p　16cm　①978-4-569-76170-1　Ⓝ210.6　[680円]

日本（歴史―明治以後―伝記）
◇こころに残る現代史―日本人の知らない日本がある　白駒妃登美著　KADOKAWA　2014.1　195p　19cm〈文献あり　年表あり〉①978-4-04-110655-6　Ⓝ281.04　[1400円]

◇創造の源泉―葦牙の如く　下巻　村井忠司著　富山　桂書房　2014.8　535p　21cm　①978-4-905345-75-6,978-4-905345-73-2 (set)　Ⓝ281.04

日本（歴史―明治時代）
◇岩波講座日本歴史　第15巻　近現代　1　大津透，桜井英治，藤井讓治，吉田裕，李成市編集委員　岩波書店　2014.2　306p　22cm〈付属資料：8p・月報 4　内容：近現代史への招待（吉田裕著）　戊辰戦争と廃藩置県（松尾正人著）　地租改正と地域社会（奥田晴樹著）　殖産興業政策の展開（神山恒雄著）　地方自治制と民権運動・民衆運動（松沢裕作著）　北海道・沖縄・小笠原諸島と近代日本（塩出浩之著）　官僚制と軍隊（鈴木淳著）　文明開化の時代（苅部直著）　教育・教化政策と宗教（谷川穣著）〉①978-4-00-011335-9　Ⓝ210.1　[3200円]

◇岩波講座日本歴史　第16巻　近現代　2　大津透，桜井英治，藤井讓治，吉田裕，李成市編集委員　岩波書店　2014.6　314p　22cm〈付属資料：8p・月報 8　内容：明治憲法体制の成立（坂本一登著）　伝統文化の創造と近代天皇制（高木博志著）　藩閥と政党（五百旗頭薫著）　日清・日露戦争（千葉功著）　日本の産業革命（中村尚史著）　近代家族制度の確立と家族（小山静子著）　地主制の成立と農村社会（坂根嘉弘著）　軍部の成立（山田朗著）　社会問題の「発生」（石居人也著）〉①978-4-00-011336-6　Ⓝ210.1　[3200円]

◇岩波講座日本歴史　第17巻　近現代　3　大津透，桜井英治，藤井讓治，吉田裕，李成市編集委員　岩波書店　2014.12　313p　22cm〈付属資料：8p・月報 13　内容：韓国併合と植民地官僚制の形成（小川原宏幸著）　帝国日本の形成と展開（浅野豊美著）　都市民衆騒擾と政党政治の発展（季武嘉也著）　戦間期の家族と女性（小野沢あかね著）　政党内閣、宮中とワシントン体制（服部龍二著）「改造」の時代（黒川みどり著）　大衆社会の端緒的形成（大岡聡著）　昭和恐慌と日本経済（武田晴人著）　満州事変・日中戦争の勃発と立憲政治（源川真希著）〉①978-4-00-011337-3　Ⓝ210.1　[3200円]

◇印刷と美術のあいだ―キヨッソーネとフォンタネージと明治の日本　凸版印刷株式会社印刷博物館編　凸版印刷印刷博物館　2014.10　175p　26cm〈文献あり　会期：2014年10月18日～2015年1月12日　印刷博物館本展示場　編集：本多真紀子〉Ⓝ749.21

◇教科書には載っていない！　明治の日本　熊谷充晃著　彩図社　2014.3　201p　19cm〈文献あり〉①978-4-88392-977-1　Ⓝ210.6　[1200円]

◇幻影の明治―名もなき人びとの肖像　渡辺京二著　平凡社　2014.3　213p　20cm〈内容：山田風太郎の明治　三つの挫折

◇旅順の城は落ちずとも　「士族反乱」の夢　豪傑民権と博徒民権　鑑三に試問されて　独学者の歴史叙述（新保祐司，渡辺京二述，『環』編集長司会）〉①978-4-582-83654-7　Ⓝ210.6　[2200円]

◇テレビではいまだに言えない昭和・明治の「真実」　熊谷充晃著　東大阪　遊タイム出版　2014.8　237p　19cm〈文献あり〉①978-4-86010-348-4　Ⓝ210.6　[1400円]

◇のろまのクイズ日本史　幕末―明治編　野呂真著　文芸社　2014.11　243p　15cm〈文献あり〉①978-4-286-15598-2　Ⓝ210.5　[700円]

日本（歴史―明治時代―写真集）
◇尾張徳川家の幕末維新―徳川林政史研究所蔵写真：写真集　徳川義崇監修，徳川林政史研究所編　吉川弘文館　2014.3　307p　31cm〈文献あり　年譜あり〉①978-4-642-03827-0　Ⓝ210.61　[9000円]

◇レンズが撮らえた外国人カメラマンの見た幕末日本―永久保存版　1　三井圭司編集，小沢健志監修　山川出版社　2014.8　157p　26cm〈年表あり〉①978-4-634-15065-2　Ⓝ210.58　[1800円]

◇レンズが撮らえた外国人カメラマンの見た幕末日本―永久保存版　2　三井圭司編集，小沢健志監修　山川出版社　2014.11　157p　26cm〈年表あり〉①978-4-634-15066-9　Ⓝ210.58　[1800円]

◇レンズが撮らえた幕末明治日本の風景　小沢健志，山本光正監修　山川出版社　2014.4　207p　22cm　①978-4-634-15053-9　Ⓝ210.58　[1600円]

日本（歴史―明治時代―史料）
◇大隈重信関係文書　10　まつ―よこ　早稲田大学大学史資料センター編　みすず書房　2014.3　455p　22cm　①978-4-622-08210-1　Ⓝ210.6　[12000円]

◇大隈重信関係文書　1　オンデマンド版　東京大学出版会　2014.7　538p　22cm　（日本史籍協会叢書 38）〈覆刻再刊　昭和58年刊　印刷・製本：デジタルパブリッシングサービス〉①978-4-13-009338-5　Ⓝ210.6　[12000円]

◇大隈重信関係文書　2　オンデマンド版　東京大学出版会　2014.7　470p　22cm　（日本史籍協会叢書 39）〈覆刻再刊　昭和59年刊　印刷・製本：デジタルパブリッシングサービス〉①978-4-13-009339-2　Ⓝ210.6　[10000円]

◇大隈重信関係文書　3　オンデマンド版　東京大学出版会　2014.7　484p　22cm　（日本史籍協会叢書 40）〈覆刻再刊　昭和59年刊　印刷・製本：デジタルパブリッシングサービス〉①978-4-13-009340-8　Ⓝ210.6　[10000円]

◇大隈重信関係文書　4　オンデマンド版　東京大学出版会　2014.7　482p　22cm　（日本史籍協会叢書 41）〈覆刻再刊　昭和59年刊　印刷・製本：デジタルパブリッシングサービス〉①978-4-13-009341-5　Ⓝ210.6　[10000円]

◇大隈重信関係文書　5　オンデマンド版　東京大学出版会　2014.7　480p　22cm　（日本史籍協会叢書 42）〈覆刻再刊　昭和59年刊　印刷・製本：デジタルパブリッシングサービス〉①978-4-13-009342-2　Ⓝ210.6　[10000円]

◇大隈重信関係文書　6　オンデマンド版　東京大学出版会　2014.7　561p　22cm　（日本史籍協会叢書 43）〈覆刻再刊　昭和59年刊　印刷・製本：デジタルパブリッシングサービス〉①978-4-13-009343-9　Ⓝ210.6　[12000円]

日本（歴史―明治時代―伝記）
◇先哲に学ぶ行動哲学―知行合一を実践した日本人　多久善郎著　[東京]　日本協議会　2014.2　215p　21cm〈「日本の誇りセミナー」実行委員会（発売）　共同刊行：日本協議会広島県支部〉①978-4-9900536-1-1　Ⓝ281.04　[1500円]

◇フリーメイソン＝ユニテリアン教会が明治日本を動かした　副島隆彦，SNSI副島国家戦略研究所著　成甲書房　2014.7　350p　19cm〈英語抄訳付　内容：福澤諭吉は日本の自立自尊のためにフリーメイソンリーと共に動いた（石井利明著）　新島襄―ユニテリアン思想の日本への導入者（副島隆彦著）　オランダ軍人にあやつられた榎本武揚（長井大輔著）　日本人初のフリーメイソン・西周の隠された青春（津田侑太著）　自由民権運動の父・板垣退助はフリーメイソンだった（津谷侑太著）「憲政の神様」尾崎行雄のもう一つの顔（古村治彦著）　西周が従兄弟叔父である森鷗外（六城雅敦著）　ジャーディン＝マセソン商会が育てた日本の工学の父・山尾庸三（下條竜夫著）　日本初・国際"超"高級官僚としての新渡戸稲造（吉田祐二著）　後藤新平は「日本のセシル・ローズ」である（中田安彦著）　正しく評価されてこなかった津田梅子（足助友子著）「フリーメイソンリー」「ユニテリアン」「理神論」（鴨川光訳）〉①978-4-88086-316-0　Ⓝ281.04　[1800円]

日本（歴史―大和時代）
◇ここまでわかった！「古代」謎の4世紀　『歴史読本』編集部編　KADOKAWA　2014.7　271p　15cm　（新人物文庫　れ-1-44）①978-4-04-600400-0　Ⓝ210.32　[750円]

日本件名図書目録2014　Ⅰ

日本（労使関係―法令）

◇新史論/書き替えられた古代史　3　聖徳太子と物部氏の正体　関裕二著　小学館　2014.6　221p　18cm　（小学館新書 187）〈文献あり〉①978-4-09-825187-2　Ⓝ210.3　[720円]

◇日本建国の謎に迫る　中杉弘著　風塵社　2014.4　206p　20cm　①978-4-7763-0060-1　Ⓝ210.2　[1800円]

日本（歴史―論文集）
◇晴歩雨読―和田萃先生古稀記念文集　京都　藤陵史学会　2014.5　229p　26cm　〈著作目録あり〉Ⓝ210.04

日本（歴史家）
◇京都における歴史学の誕生―日本史研究の創造者たち　小林丈広編著　京都　ミネルヴァ書房　2014.4　277,8p　22cm　（MINERVA日本史ライブラリー 26）〈年表あり　索引あり　内容：現場からの史学史を目指して（小林丈広著）『平安通志』編纂と歴史学（小林丈広著）　長岡宮大極殿跡の探究と岡本爺平（玉城玲子著）　海外雄飛時代の歴史学（福家崇洋著）『京都市史』編纂と歴史学（入山洋子著）　篠崎勝の前半生（松中博著）　林屋辰三郎と戦後京都の日本史研究の環境（佐野方郁著）　部落史への回帰（本郷浩二著）　朝鮮通信使を描いた一絵図の変転（伊東宗裕著）〉①978-4-623-07052-7　Ⓝ216.2　[6000円]

◇転成する歴史家たちの軌跡―網野善彦、安丸良夫、二宮宏之、そして私　喜安朗著　せりか書房　2014.5　348p　20cm　〈内容：戦後歴史学を超えて　網野善彦における絶対自由の精神　安丸民衆史の感性と全体性　歴史を問い直す二宮宏之の作法　歴史の可能性を求めて〉①978-4-7967-0332-1　Ⓝ201.28　[3400円]

日本（歴史学）
◇日本人の哲学　3　政治の哲学/経済の哲学/歴史の哲学　鷲田小彌太著　言視舎　2014.7　590,10p　20cm　〈索引あり〉①978-4-905369-94-3　Ⓝ121.04　[4300円]

日本（歴史教育）
◇坂本太郎著作集　第10巻　歴史教育と文化財　坂本太郎著　オンデマンド版　吉川弘文館　2013.10　481p　22cm　〈印刷・製本：デジタルパブリッシングサービス　内容：歴史教育私観　歴史と人生　今日の歴史　おもしろい歴史おもしろさの歴史　社会科歴史の欠陥と古代史の問題　社会科歴史の問題　歴史の平衡作用　むかしの勤務評定　学習指導要領　新教育　歴史教育についての所感　子どもには子どもの歴史を　歴史の変遷と展開　外国歴史教科書の訂正　社会科の問題点　歴史と歴史教育　これからの歴史教育　へき地と歴史教育　神話と歴史教育　伝統　宗教　文化　名をすてて　史跡雑考　文化財と史跡　日本人と文化財　伝統文化の保存・継承について　国宝と人　伝統は尊重されていると思うか　文化財の保存と活用についての所感二題　日本歴史と正倉院　冷泉家の文化財　歴史博物館の新設を　日本史から見た平出遺跡　藤原宮跡の木簡の意義　『平城宮展』を見て　遠江史跡随想　「歴史の道」随想　地名の保存　地名の表記　橘と地名　年号の歴史　年号あれこれ　歴史上より見た日光　東大寺総説　稲荷神社の和銅四年創立について　「古事類苑」と「広文庫」　陽明文庫の恩恵　国史辞典の歴史　日本歴史の特性　古典を楽しむ　脚の文身　丑年に因んで　ことばは魔物　帽子　法隆寺夏季大学　二重生活　祝日と正月　「日本の悪路」に対する私の意見　一冊の本　車と道　合理主義　亥年にちなんで　国語問題素人談義　歴史好きと歴史無視　辛酉の年の年頭に当って　『日本書紀』に見える鼠　欧州の古文書館　旅二題　新しもの好き　霊泉寺と下諏訪　城と人と〉①978-4-642-04281-9　Ⓝ210.3　[14500円]

◇日本史教科書の中のファンタジー―美しい国の歴史は学校でつくられる　岡田明著　いのちのことば社　2014.7　126p　21cm　①978-4-264-03244-1　Ⓝ375.324　[1000円]

◇悠遊―スリランカを愛しアジアを知る著者畢生の真日本論　藤井俊彦著　改定　アールイー　2014.2　271p　19cm　①978-4-905502-01-2　Ⓝ375.32　[1000円]

日本（歴史小説）
◇この時代小説がすごい！　2015年版　『この時代小説がすごい！』編集部編　宝島社　2014.12　159p　21cm　①978-4-8002-3461-2　Ⓝ910.264　[790円]

◇時代劇はやっぱり面白い―写真家が書いた時代小説・ドラマ案内書　斉藤政秋著　ごま書房新社　2014.2　244p　19cm　〈文献あり〉①978-4-341-08576-6　Ⓝ382.1　[1300円]

日本（歴史地理）
◇地形から読み解く日本の歴史　竹村公太郎、歴史地形研究会監修＆執筆　宝島社　2014.11　255p　16cm　（宝島SUGOI文庫　Dた-4-1）〈文献あり　2014年5月刊の改訂〉①978-4-8002-3484-1　Ⓝ291.018　[640円]

◇なぜ、地形と地理がわかると江戸時代がこんなに面白くなるのか　大石学監修　洋泉社　2014.12　189p　18cm　（歴史新書）〈文献あり　年表あり〉①978-4-8003-0530-5　Ⓝ210.5　[800円]

◇日本史の謎は「地形」で解ける　文明・文化篇　竹村公太郎著　PHP研究所　2014.2　345p　15cm　（PHP文庫　た94-2）①978-4-569-76145-9　Ⓝ291.018　[705円]

◇日本史の謎は「地形」で解ける　環境・民族篇　竹村公太郎著　PHP研究所　2014.7　413p　15cm　（PHP文庫　た94-3）①978-4-569-76205-0　Ⓝ291.018　[780円]

日本（レーベリング―法令）
◇輸入品の表示とマークQ&A　2013　対日貿易投資交流促進協会　2013.3　114p　30cm　Ⓝ678.5

日本（恋愛小説―歴史―明治以後）
◇恋する文学―ほくりく散歩　金沢学院大学文学部日本文学科編　金沢　北國新聞社　2014.3　201p　21cm　〈内容：泉鏡花『義血侠血』（秋山稔著）　五木寛之『恋歌』（水洞幸夫著）　五木寛之『金沢ものがたり主計町あかり坂』（蒔際子著）　井上雪『廓のおんな』（寺田達也著）　杉森久英『雪の町の少女』（水洞幸夫著）　立原正秋『恋の巣』（水洞幸夫著）　徳田秋聲『挿話』（寺田達也著）　水芦光子『水の花火―加賀藩噴水考一』（蒔際子著）　室生犀星『つくしこひしの歌』（水洞幸夫著）　室生犀星『告ぐるうた』（水洞幸夫著）　森山啓『北恋ひらく』（山下久夫著）　森山啓『谷間の女たち』（寺田達也著）　唯川恵『夜明け前に会いたい』（蒔際子著）　唯川恵『玻璃の雨降る』（柳澤良一著）　泉鏡花『山海評判記』（山下久夫著）　加能作次郎『枇杷の少女』（寺田智美著）　宮本輝『駅』（寺田達也著）　森見登美彦『恋文の技術』（寺田智美著）　徳田秋聲『旅日記』（寺田達也著）　泉鏡花『黒百合』（秋山稔著）　高橋治『風の盆恋歌』（田邊正彰著）　曽野綾子『火と夕陽』（蒔際子著）　高浜虚子『虹』（柳澤良一著）　津村節子『花がたみ』（寺田智美著）〉①978-4-8330-1974-3　Ⓝ910.26　[1600円]

日本（連結納税制度）
◇調査官の「質問」の意図を読む連結納税の税務調査対策　あいわ税理士法人編　中央経済社　2014.5　222p　21cm　①978-4-502-10251-6　Ⓝ336.983　[2800円]

◇連結納税の鉄則30　村木慎吾、石井幸子著　中央経済社　2014.9　175p　21cm　（申告書からみた税務調査対策シリーズ）〈文献あり〉①978-4-502-12131-9　Ⓝ336.983　[2000円]

日本（労使関係）
◇逆流する日本資本主義とトヨタ　猿田正機編著、杉山直、浅野和也、宋艶苓、櫻井善行著　名古屋　中京大学企業研究所　2014.3　226p　22cm　（中京大学企業研究叢書 第24号）〈文献あり　内容：トヨタの働き方の変化（浅野和也著）　赤字業績下におけるトヨタの労使関係（杉山直著）　グローバル時代におけるトヨタの関連下請企業の雇用管理（宋艶苓著）　日本的経営と企業の社会的責任（櫻井善行著）　トヨタシステムと労働運動（猿田正機著）〉Ⓝ537.09　[非売品]

◇逆流する日本資本主義とトヨタ　猿田正機編著、杉山直、浅野和也、宋艶苓、櫻井善行著　税務経理協会　2014.3　226p　22cm　〈内容：トヨタの働き方の変化（浅野和也著）　赤字業績下におけるトヨタの労使関係（杉山直著）　グローバル時代におけるトヨタの関連下請企業の雇用管理（宋艶苓著）　日本的経営と企業の社会的責任（櫻井善行著）　トヨタシステムと労働運動（猿田正機著）〉①978-4-419-06073-2　Ⓝ537.09　[3600円]

◇現場力の再構築へ―発言と効率の視点から　禹宗杬、連合総研編　日本経済評論社　2014.7　290p　22cm　〈索引あり　内容：現場力に関する若干の理論的検討（禹宗杬著）〔自動車〕余裕の喪失が現場力を弱めている？（禹宗杬著）〔電機(1)〕労使協議を通じた労使関係の構築（鬼丸朋子著）〔電機(2)〕労使協議を通じた労使関係の構築（金井郁著）〔宅配〕労使が支える現場の自律性と企業競争力（金井郁著）〔外食〕「人づくり」と「現場力」（土屋直樹著）労働者派遣と派遣業における労使関係の多層化と労働組合の取り組み（梅崎修著）〔産業機械〕製品開発力を生み出す企業内連携と労使関係（梅崎修著）〉①978-4-8188-2305-1　Ⓝ336.5　[2800円]

◇「働くこと」を問い直す　山崎憲著　岩波書店　2014.11　225p　18cm　（岩波新書　新赤版 1516）①978-4-00-431516-2　Ⓝ366.5　[780円]

◇労働情報　2014年春季労使交渉、夏季賞与・一時金交渉特集号　日本経済団体連合会　2014.10　137p　30cm　Ⓝ366.5

日本（労使関係―法令）
◇基本労働法　3　三井正信著　成文堂　2014.10　386p　22cm　〈索引あり〉①978-4-7923-3327-0　Ⓝ366.14　[3300円]

◇労働法の現在―流動化する労働法規制の諸様相　村田毅之著　京都　晃洋書房　2014.8　280p　22cm　（松山大学研究叢書 第79巻）①978-4-7710-2559-2　Ⓝ366.5　[3200円]

日本（老人福祉施設）

日本（老人福祉施設）

◇業務部門におけるCO_2排出等実態把握事業委託業務報告書
平成25年度 ［東京］ みずほ情報総研 2014.3 1冊 30cm
〈平成25年度環境省委託業務〉 Ⓝ519.3

◇高齢者が生活する空間における火災安全対策のあり方に関す
る調査研究事業 ［東京］ 日本火災学会 2014.3 178, 148p
30cm〈平成25年度老人保健健康増進等事業（老人保健事業推
進費等補助金）第2-29高齢者向け住まいにおける防災対策のあ
り方に関する調査研究事業〉 Ⓝ369.263

◇高齢者施設等の特性に対応した福祉用具利用の効果的な運用
体制に関する実証研究―報告書 日本福祉用具供給協会
2014.3 1冊 30cm〈平成25年度老人保健事業推進費等補助
金（老人保健事業推進費等補助金分）〉 Ⓝ369.263

◇災害時の介護―介護施設が巻き込まれる5つの変化 鈴木俊文,
立花明彦編集 岐阜 みらい 2014.3 95p 26cm ①978-4-
86015-318-2 Ⓝ369.263 ［1200円］

◇シニアレジデンスデザイン―高齢者住宅の建築・インテリア・
グラフィックツール アルファブックス／アルファ企画
2014.7 263p 31cm〈美術出版社（発売）索引あり〉 ①978-
4-568-50592-4 Ⓝ526.36 ［13000円］

◇社会福祉法人（老人福祉施設）における生活困窮者等への生活
支援機能に関する調査研究事業報告書 全国老人福祉施設協
議会／老施協総研 2014.3 184p 30cm （老施協総研
2013）〈平成25年度老人保健事業推進費等補助金（老人保健
康増進等事業分）事業〉 Ⓝ369.14

◇はじめてでも怖くない自然死の看取りケア―穏やかで自然な
最期を施設の介護力で支えよう 川上嘉明著 大阪 メディ
カ出版 2014.1 121p 26cm （もっと介護力！シリーズ）
〈文献あり〉 ①978-4-8404-4581-8 Ⓝ369.263 ［1800円］

◇判例に学ぶ！ 事故防止と事後対応13例―高額支払い請求ケー
ス：DVDブック 菅原好秀著 ［名古屋］ 日総研出版 2013.
5 97p 26cm ①978-4-7760-1669-4 Ⓝ369.263 ［6000円］

◇めざす介護を実現する高齢者住宅・施設の建築デザイン戦略
砂山憲一著 日本医療企画 2014.6 141p 21cm （介護福
祉経営士実行力テキストシリーズ 5）①978-4-86439-263-1
Ⓝ369.26 ［1800円］

◇養護老人ホーム・軽費老人ホームの今後のあり方も含めた社会
福祉法人の新たな役割に関する調査研究事業―報告書 ［東
京］ 日本総合研究所 2014.3 161p 30cm〈平成25年度老
人保健事業推進費等補助金老人保健健康増進等事業〉 Ⓝ369.14

日本（老人保健施設―条例）

◇特別養護老人ホームおよび介護老人保健施設の施設基準の条
例制定に関する調査研究報告書―平成25年度課題研究 日本
医療福祉建築協会 2014.3 88p 30cm Ⓝ369.263

日本（老人ホーム）

◇介護老人施設・老人ホーム計画一覧 2014-2015 2025年対策
の急成長市場を狙え 産業タイムズ社 2014.8 386p 26cm
①978-4-88353-224-7 Ⓝ369.263 ［12000円］

◇高齢者向け住まいにおける防災対策としての訓練のあり方に
関する調査研究とその普及啓発事業―報告書 浜銀総合研究
所経営コンサルティング部編 横浜 浜銀総合研究所経営コ
ンサルティング部 2014.3 82p 30cm〈平成25年度老人保
健事業推進費老人保健健康増進等事業〉 Ⓝ369.263

◇有料老人ホーム・サービス付き高齢者住宅に関する実態調査研
究事業報告書 平成25年度 全国有料老人ホーム協会 2014.
3 129p 16, 12欄 30cm〈平成25年度老人保健事業推進費等
補助金老人保健健康増進等事業〉 Ⓝ369.263

◇老人ホームは今 嵐みどり著 ［東京］ 東京図書出版 2014.
2 132p 20cm〈リフレ出版（発売）〉 ①978-4-86223-727-9
Ⓝ369.263 ［1000円］

日本（労働委員会―法令）

◇労働委員会関係法規集 平成26年版 労委協会編 労委協会
2014.1 669p 19cm ①978-4-89792-126-6 Ⓝ366.67
［3000円］

日本（労働移動）

◇これからの賃金制度のあり方に関する基本的な方向について
―職務給体系への移行・再設計と労働移動をめぐる環境整備
を ［東京］ 東京経営者協会賃金問題研究会 2014.5 4,
17, 50p 30cm Ⓝ336.45

◇今後の雇用政策の実施に向けた現状分析に関する調査研究事
業報告書 みずほ情報総研株式会社社会政策コンサルティン
グ部編 みずほ情報総研社会政策コンサルティング部 2014.
3 309p 30cm〈厚生労働省職業安定局委託事業〉 Ⓝ366.21

日本（労働運動）

◇気まま人生に乾杯！―宮田栄次郎遺稿集 宮田栄次郎［著］,
宮田栄次郎遺稿集刊行委員会編 京都 京都社会労働問題研
究所 2014.11 294p 20cm〈年譜あり〉 Ⓝ366.621 ［非売
品］

◇坂田晋作論考集―坂田晋作という生き方 坂田晋作［著］
［東京］ 坂田晋作さんの偲ぶ会呼びかけ団体 2014.8 151p
26cm〈内容：岐路にたつ春闘（坂田晋作著）「幹部の役割と任
務」にもふれながら（坂田晋作著）誰もが持っている1,047人
の大同団結（坂田晋作著）賃金論を正面にすえて（坂田晋作
著）だから労働組合が必要なんだ（坂田晋作著）自ら考え
行動する組織へ（坂田晋作述）苦節19年！ 明日への光明（坂
田晋作著）〉 Ⓝ366.621

◇連合白書 2015 春季生活闘争の方針と課題 日本労働組合
総連合会／企画・編 コンポーズ・ユニ 2014.12 112p
30cm ①978-4-906697-26-7 ［750円］

日本（労働運動―歴史―1945〜）

◇前田裕晤が語る大阪中電と左翼労働運動の軌跡 前田裕晤著,
江藤正修聞き手＋編集 同時代社 2014.4 256,7p 19cm
〈年譜あり〉 ①978-4-88683-761-5 Ⓝ366.621 ［2400円］

日本（労働運動―歴史―昭和後期）

◇戦後民主主義と労働運動 赤堀正成著 御茶の水書房 2014.
4 303p 21cm〈内容：戦後民主主義と労働運動 1960年代
初頭における教育政策の転換と教育運動 高度成長期におけ
る「市民の論理」の歴史性 1990年代新自由主義東京の労働
運動〉 ①978-4-275-01070-4 Ⓝ366.621 ［5000円］

日本（労働運動―歴史―史料）

◇書簡集―電産型賃金の形成・運用 河西宏祐［著］ ［東京］
［河西宏祐］ 2014.6 1冊 26cm （労働社会学・資料シリー
ズ 7）〈著作目録あり〉 Ⓝ366.4

日本（労働運動―歴史―平成時代）

◇資料労働運動史 平成21年版 ［東京］ 厚生労働省労使関係
担当参事官室 ［201-］ 638, 54p 31cm Ⓝ366.621

日本（労働衛生）

◇新しい時代の安全管理のすべて 大関親著 第6版 中央労働
災害防止協会 2014.4 892p 22cm〈文献あり 索引あり〉
①978-4-8059-1551-6 Ⓝ366.34 ［4800円］

◇安衛法便覧 平成25年度版 労働調査会出版局編 労働調査
会 2013.8 3冊 19cm ①978-4-86319-330-7 (set) Ⓝ509.8
［全10300円］

◇安全衛生推進者の実務―能力向上教育〈初任時〉用テキスト
中央労働災害防止協会編 第5版 中央労働災害防止協会
2014.12 222p 26cm〈文献あり〉 ①978-4-8059-1576-9
Ⓝ509.8 ［1800円］

◇安全衛生推進者必携 中央労働災害防止協会編 第24版 中
央労働災害防止協会 2014.1 271p 21cm ①978-4-8059-
1539-4 Ⓝ509.8 ［1200円］

◇医師崩壊―日本の医療を救う 杉田雄二著 幻冬舎メディア
コンサルティング 2014.3 176p 18cm （経営者新書 104）
〈幻冬舎（発売）〉 ①978-4-344-97032-8 Ⓝ498.14 ［740円］

◇衛生管理者の実務 中央労働災害防止協会編 第4版 中央労
働災害防止協会 2014.11 469p 26cm （能力向上教育用テ
キスト）①978-4-8059-1583-7 Ⓝ366.99 ［2300円］

◇衛生推進者必携 中央労働災害防止協会編 第15版 中央労
働災害防止協会 2014.1 209p 21cm ①978-4-8059-1541-9
Ⓝ509.8 ［900円］

◇介護労働者の安全衛生・健康管理 後藤博俊著 新装改訂版
介護労働安定センター 2014.4 131p 26cm （介護労働者
雇用管理シリーズ 5）〈文献あり〉 ①978-4-907035-11-2
Ⓝ369.26 ［1905円］

◇過重労働対策・面接指導のQ&A 100 堀江正知編著 産業医
学振興財団 2014.5 100p 26cm （How to産業保健 9）
①978-4-915947-54-4 Ⓝ498.81 ［1500円］

◇「看護職の夜勤・交代制勤務ガイドライン」の普及等に関する
実態調査―報告書 2013年 日本看護協会 2014.7 78p
30cm Ⓝ498.14

◇経営者のための安全衛生のてびき 中央労働災害防止協会編
第6版 中央労働災害防止協会 2014.3 148p 26cm ①978-
4-8059-1554-7 Ⓝ366.34 ［1800円］

◇公衆衛生看護学テキスト 4 公衆衛生看護活動 2（学校保
健・産業保健）荒木田美香子責任編集, 岡本玲子, 佐伯和子,
麻原きよみ編集 医歯薬出版 2014.4 257p 26cm〈索引あ
り〉①978-4-263-23116-6 Ⓝ492.99 ［3800円］

日本件名図書目録2014　I　　　　　　　　　　　　　　　　　　　　　　　　　　　　　　　　日本（労働組合）

◇産業保健ハンドブック　森晃爾編　改訂11版　労働調査会　2013.9　98p　21cm　①978-4-86319-374-1　Ⓝ366.99　[600円]

◇3ステップでやさしく導入労働安全衛生マネジメントシステム—中小規模事業場向け労働安全衛生マネジメントシステム導入マニュアル　[東京]　厚生労働省　[2013]　154p　30cm〈平成25年度厚生労働省委託事業　共同刊行：インターリスク総研〉Ⓝ509.8

◇除染等業務従事者特別教育テキスト　中央労働災害防止協会編　第5版　中央労働災害防止協会　2014.1　258p　26cm　①978-4-8059-1533-2　Ⓝ539.68　[1400円]

◇除染等業務の作業指揮者テキスト　中央労働災害防止協会編　第3版　中央労働災害防止協会　2014.3　326p　26cm〈文献あり〉①978-4-8059-1534-9　Ⓝ539.68　[2000円]

◇石綿作業主任者テキスト　中央労働災害防止協会編　第7版　中央労働災害防止協会　2014.6　411p　21cm〈文献あり〉①978-4-8059-1550-9　Ⓝ366.34　[1700円]

◇先進10事例に学ぶ「健康経営」の始め方—会社を伸ばす秘訣は社員の健康　井上俊明著　[東京]　日経BPコンサルティング　2014.1　175p　18cm〈日経BPマーケティング（発売）〉①978-4-86443-054-8　Ⓝ336.48　[800円]

◇中小企業のための安全衛生実務の手引き　増本清，増本直樹著　労働調査会　2013.11　127p　21cm　①978-4-86319-379-6　Ⓝ366.34　[1000円]

◇特定化学物質・四アルキル鉛等作業主任者テキスト　中央労働災害防止協会編　第6版　中央労働災害防止協会　2014.3　425p　26cm　①978-4-8059-1549-3　Ⓝ498.82　[1800円]

◇特定化学物質・四アルキル鉛等作業主任者テキスト　中央労働災害防止協会編　第7版　中央労働災害防止協会　2014.12　450p　26cm　①978-4-8059-1584-4　Ⓝ498.82　[1800円]

◇鉛作業主任者テキスト　中央労働災害防止協会編　第2版　中央労働災害防止協会　2014.12　224p　26cm　①978-4-8059-1575-2　Ⓝ498.87　[1600円]

◇「ニュー5S」分析演習例題集　2　「ニュー5S」分析による労働災害の防止編　「ニュー5S」普及協会編　労働調査会　2013.11　58p　26cm　〔「労働安全衛生広報」別冊〕Ⓝ509.6

◇働く人の健康状態の評価と就業措置・支援　森晃爾著　労働調査会　2013.8　143p　21cm　（産業保健ハンドブック　6）〈文献あり〉①978-4-86319-364-2　Ⓝ366.99　[800円]

◇ハンドブック働くもののメンタルヘルス　働くもののいのちと健康を守る全国センター編　旬報社　2014.12　258p　21cm　①978-4-8451-1392-7　Ⓝ366.99　[2000円]

◇百戦錬磨のベテランスタッフに学ぶ安全衛生管理の勘所とコツ33選　古澤登，前田啓一，淀川芳雄著　中央労働災害防止協会　2014.10　79p　28cm　①978-4-8059-1578-3　Ⓝ509.8　[1200円]

◇粉じんによる疾病の防止—作業者用：粉じん作業特別教育用テキスト　中央労働災害防止協会編　第12版　中央労働災害防止協会　2014.8　83p　21cm　①978-4-8059-1571-4　Ⓝ498.82　[600円]

◇やさしい職場の人事労務と安全衛生の基本　全国労働基準関係団体連合会編集　改訂2版　全国労働基準関係団体連合会　2013.6　180p　26cm　①978-4-906741-01-4　Ⓝ336.4　[1000円]

◇有機溶剤作業主任者テキスト　中央労働災害防止協会編　第5版　中央労働災害防止協会　2014.3　309p　26cm　①978-4-8059-1548-6　Ⓝ574　[1800円]

◇有機溶剤作業主任者テキスト　中央労働災害防止協会編　第6版　中央労働災害防止協会　2014.12　330p　26cm　①978-4-8059-1580-6　Ⓝ574　[1800円]

◇労働衛生のしおり　平成26年度　中央労働災害防止協会編　中央労働災害防止協会　2014.8　351p　19cm　①978-4-8059-1574-5　Ⓝ336.48　[600円]

◇労働者健康状況調査報告　平成24年　厚生労働省大臣官房統計情報部雇用・賃金福祉統計課賃金福祉統計室編　厚生労働省大臣官房統計情報部　2014.3　282p　30cm　Ⓝ498.8

日本（労働衛生―書式）

◇労働衛生手続便覧　労働調査会出版局編　改訂2版　労働調査会　2013.5　173p　26cm　①978-4-86319-352-9　Ⓝ498.82　[1900円]

日本（労働衛生―判例）

◇論点体系判例労働法　3　人事・労災補償・安全衛生　菅野和夫，安西愈，野川忍編集　第一法規　2014.11　529p　22cm〈索引あり〉①978-4-474-10318-4　Ⓝ366.18　[4800円]

日本（労働衛生―法令）

◇健康安全関係法令集　平成26年版　日本人事行政研究所編　日本人事行政研究所　2014.6　974p　22cm〈PM出版（発売）索引あり〉①978-4-903541-35-8　Ⓝ366.34　[8500円]

日本（労働基準法）

◇改正労働契約法と改正労基則—解説と法条文、政省令、施行通達：人事・労務担当者のための実務必携　下　労働調査会　2013.3　64p　26cm　〔「先見労務管理」別冊〕Ⓝ366.15

◇図解わかる労働基準法　2014-2015年版　荘司芳樹著　新星出版社　2014.6　255p　21cm〈索引あり〉①978-4-405-10247-7　Ⓝ366.15　[1500円]

◇元監督官が教える労働基準法・最低賃金法の申請・届出一切　村木宏吉著　日本法令　2014.7　262p　26cm　①978-4-539-72381-4　Ⓝ366.15　[2400円]

◇有期雇用法制ベーシックス　荒木尚志著　有斐閣　2014.6　248p　22cm　（ジュリストBOOKS）〈索引あり〉①978-4-641-14464-4　Ⓝ366.15　[1600円]

◇労働基準法違反の送検事例集—人事・労務担当者のための実務必携　労働調査会　2014.7　39p　26cm　〔「労働基準広報」別冊〕Ⓝ366.15

◇労働基準法解釈総覧　厚生労働省労働基準局編　改訂15版　労働調査会　2014.7　849,15p　19cm〈索引あり〉①978-4-86319-399-4　Ⓝ366.15　[4300円]

◇労働基準法がよくわかる本　’14～’15年版　下山智恵子著　成美堂出版　2014.9　271p　22cm〈索引あり〉①978-4-415-31890-5　Ⓝ366.15　[1400円]

◇労働基準法等に関する基礎研修会—研修資料　平成26年度　東京都社会福祉協議会　2014.10　231p　30cm〈会期・会場：平成26年10月30日　国立オリンピック記念青少年総合センターカルチャー棟大ホール〉Ⓝ366.15　[500円]

◇労働基準法のあらまし　東京労働局労働基準部　2013.3　52p　30cm　Ⓝ366.15

◇労働基準法のあらまし　東京労働局労働基準部　2014.3　52p　30cm〈複製：東京都社会福祉協議会〉Ⓝ366.15

◇労働基準法の実務相談　平成26年度　全国社会保険労務士会連合会編　中央経済社　2014.7　412p　21cm〈平成26年4月1日現在〉①978-4-502-86771-2　Ⓝ366.15　[2400円]

日本（労働行政）

◇労働行政対応の法律実務　石嵜信憲編著，安藤源太，横山直樹，加藤彩，小宮純季，畠田啓史朗［著］　中央経済社　2014.10　843p　21cm〈索引あり〉①978-4-502-11741-1　Ⓝ366.12　[6600円]

日本（労働行政―名簿）

◇労働行政関係職員録　平成26年版　労働新聞社出版部編　労働新聞社　2014.10　463,117p　21cm〈索引あり　平成二六年七月二五日現在〈但し一部調整〉〉①978-4-89761-530-1　Ⓝ366.12　[3200円]

日本（労働組合）

◇会社は合同労組をあなどるな!—団体交渉申入書の回答方法から和解合意書の留意点まで　布施直春著　労働調査会　2014.5　287p　21cm　（労務トラブル解決法!　Q&Aシリーズ　7）〈文献あり〉①978-4-86319-421-2　Ⓝ366.51

◇学校で労働法・労働組合を学ぶ—ブラック企業に負けない!　川村雅則，角谷信一，井沼淳一郎，笹山尚人，首藤広道，中嶌聡著　きょういくネット　2014.11　174p　26cm〈桐書房（発売）〉①978-4-87647-845-3　Ⓝ375.6　[2200円]

◇合同労組・ユニオン対策マニュアル—ある日突然…訪れる…その時どうする!?　奈良恒ср著　改訂版　日本法令　2014.9　192p　21cm　①978-4-539-72391-3　Ⓝ336.46　[1800円]

◇これで安心!　地域ユニオンへの対処法—団交準備・交渉・妥結・団交外活動への対応　廣上精一，三上安雄，大山圭介，根本義尚著　民事法研究会　2014.6　223p　21cm〈別タイトル：これで安心!　合同労組への対処法〉①978-4-89628-947-3　Ⓝ336.46　[2200円]

◇坂田晋作論考集—坂田晋作という生き方　坂田晋作［著］　[東京]　坂田晋作さんの偲ぶ会呼びかけ団体　2014.8　151p　26cm〈内容：岐路にたつ春闘（坂田晋作著）「幹部の役割と任務」にもふれながら（坂田晋作著）　誰もが望んでいる1,047人の大同団結（坂田晋作著）　賃金論を正面にすえて（坂田晋作著）　だから労働組合が必要なんだ（坂田晋作著）　自ら考え行動する組織へ（坂田晋作述）　苦節19年!　明日への光明（坂田晋作著）〉Ⓝ366.621

◇組織改革論集　労働組合編　川喜多喬著　[東京]　新翠舎　2014.8　305p　21cm　①978-4-9907703-1-0　Ⓝ366.621　[1200円]

◇「単産機能の現状と課題」調査報告書　労働運動総合研究所労働組合研究部会　2014.4　73p　30cm　Ⓝ366.621

に

日本（労働組合―歴史―1945〜）

◇人間らしい働き方とジェンダー平等の実現へ―労働組合の役割ととりくみ　労働総研女性労働研究部会編　本の泉社　2014.9　63p　21cm　（労働総研ブックレット No.10）Ⓘ978-4-7807-1178-3　Ⓝ366.38　[550円]

◇東日本大震災後の公益学と労働組合　現代公益学会編　文眞堂　2014.9　220p　21cm　（公益叢書 第2輯）〈内容：日本における公益法人の市民化の軌跡（小松隆二著）　地域包括ケア構築の実践的課題（山路憲夫著）　公的年金制度はいつまで持つか（北沢栄著）　現代の風評被害の構造（上野伸子著）　一日一善運動を通して「公益心の芽」を育てる（新垣千鶴子著）　労働組合と市民社会（鈴木不二一著）　公益的労働運動とは（篠田徹著）　連合の非正規労働者等に関わる取り組み（村上陽子著）　非正規の声は聞こえるか（東海林智著）　公益の担い手としての労働者自主福祉（麻生裕子著）　静かに一大転換期を迎えた労働組合（小松隆二著）〉Ⓘ978-4-8309-4831-2　Ⓝ366.621　[2700円]

◇有期・短時間雇用のワークルールに関する調査研究報告書　連合総合生活開発研究所編　[東京]　連合総合生活開発研究所　2014.7　195p　30cm　Ⓝ366.8

◇労働組合活動等に関する実態調査報告―労使関係総合調査　平成25年　厚生労働省大臣官房統計情報部雇用・賃金福祉統計課編　厚生労働省大臣官房統計情報部　2014.10　125p　30cm　Ⓝ366.621

◇労働組合のレシピ―ちょっとしたコツがあるんです　二宮誠著　メディア・ミル　2014.11　249p　19cm〈星雲社（発売）「二宮誠オーラルヒストリー」（私家版 2012年刊）の改題、加筆・再編集〉Ⓘ978-4-434-19831-1　Ⓝ366.621　[1500円]

日本（労働組合―歴史―1945〜）

◇日中労働組合交流史―60年の軌跡　山田陽一著　平原社　2014.8　265p　22cm〈文献あり 年表あり〉Ⓘ978-4-938391-51-5　Ⓝ366.621　[3700円]

日本（労働組合法）

◇雇用形態の多様化時代における企業外部労働力の包摂に関する研究　本庄淳志[著]　全国勤労者福祉・共済振興協会　2014.10　95p　30cm　（公募研究シリーズ 37）Ⓝ366.8

日本（労働組合法―歴史―史料）

◇労働組合法立法史料研究　解題篇　労働関係法令立法史料研究会[著]、労働政策研究・研修機構編　労働政策研究・研修機構　2014.5　263p　30cm　（JILPT国内労働情報 2014年）Ⓝ366.16

◇労働組合法立法史料研究　条文史料篇　労働関係法令立法史料研究会[著]、労働政策研究・研修機構編　労働政策研究・研修機構　2014.5　238p　30cm　（JILPT国内労働情報 2014年）Ⓝ366.16

日本（労働契約）

◇企業のための労働契約の法律相談　下井隆史、松下守男、渡邊徹、木村一成編　改訂版　青林書院　2014.11　707p　21cm　（新・青林法律相談 28）〈索引あり〉Ⓘ978-4-417-01638-0　Ⓝ366.51　[6000円]

◇整理解雇（民間労働者）と分限免職（公務員労働者）―とことんすべての労働者のために　大阪労働者弁護団編集委員会編　大阪　大阪労働者弁護団　2014.5　103p　26cm　Ⓘ978-4-86377-034-8　Ⓝ366.14　[1700円]

日本（労働災害）

◇送検理由に学ぶ安衛法の理解―労働安全衛生コンプライアンス・CSR対策の決め手　黒崎由作、鈴木剛著　労働調査会　2013.12　206p　26cm　（安全衛生選書）〈文献あり〉Ⓘ978-4-86319-394-9　Ⓝ509.8　[1500円]

◇通勤災害認定の急所―認定事例とQ&A付き：人事・労務担当者のための実務必携　労働調査会　2013.9　47p　26cm（「労働基準広報」別冊）Ⓝ364.5

◇労働災害と企業責任および災害補償・労災保険法・労災かくしの排除―教育用テキスト　建設労務安全研究会編　労働新聞社　2014.7　93p　26cm　（建設現場の労務管理 シリーズ2）Ⓝ364.5　[381円]

日本（労働時間）

◇いのちが危ない残業代ゼロ制度　森岡孝二、今野晴貴、佐々木亮著　岩波書店　2014.11　71p　21cm　（岩波ブックレット No.913）〈内容：命より儲けの労働時間制度改革（森岡孝二著）　労働時間の規制外しと「残業代ゼロ制度」の狙い（佐々木亮著）　若年労働の実態から見た労働時間改革（今野晴貴著）〉Ⓘ978-4-00-270913-0　Ⓝ366.32　[520円]

◇裁量労働制等の労働時間制度に関する調査結果事業場調査結果　労働政策研究・研修機構編　労働政策研究・研修機構　2014.5　525p　30cm　（JILPT調査シリーズ no. 124）Ⓝ336.44

◇裁量労働制等の労働時間制度に関する調査結果労働者調査結果　労働政策研究・研修機構編　労働政策研究・研修機構　2014.5　279p　30cm　（JILPT調査シリーズ no. 125）Ⓝ366.32

◇三六協定締結・届出の実務―人事・労務担当者のための実務必携　労働調査会　2013.10　47p　26cm（「労働基準広報」別冊）〈付・チェックリスト、協定例・記載例〉Ⓝ366.32

◇「事業場外みなし労働時間制」の実務―営業職の労働時間管理と賃金のトラブルを回避！　伊藤隆史著　日本法令　2014.9　159p　21cm　Ⓘ978-4-539-72385-2　Ⓝ336.44　[1900円]

◇その割増賃金本当に必要ですか？―誰でもわかる労働時間管理のツボ　布施直春著　労働調査会　2013.5　286p　21cm　（労務トラブル解決法！Q&Aシリーズ 2）〈文献あり〉Ⓘ978-4-86319-345-1　Ⓝ366.32　[1800円]

◇ブラック企業から残業代を取り戻す―若者の逆襲　横山祐太著　[東京]　花伝社　2014.4　185p　19cm〈共栄書房（発売）〉Ⓘ978-4-7634-0699-6　Ⓝ366.32　[1400円]

◇労働時間・休日・休暇・休業　中山慈夫、中仲幸雄著　第3版　中央経済社　2014.5　303p　21cm　（Q&A労働法実務シリーズ 3）〈索引あり〉Ⓘ978-4-502-10611-8　Ⓝ366.32　[3400円]

◇労働時間の経済分析―超高齢社会の働き方を展望する　山本勲、黒田祥子著　日本経済新聞出版社　2014.4　359p　22cm〈文献あり 索引あり〉内容：日本人の労働時間はどのように推移してきたか　労働時間規制と正社員の働き方　長時間労働と非正規雇用問題　日本人は働きすぎか　日本人は働くのが好きなのか　労働時間は周囲の環境の影響を受けて変わるのか　長時間労働は日本の企業にとって必要なものか　ワーク・ライフ・バランス施策は企業の生産性を高めるか　ワーク・ライフ・バランス施策に対する賃金プレミアムは存在するか　メンタルヘルスと働き方・企業業績の関係〉Ⓘ978-4-532-13451-8　Ⓝ366.32　[4600円]

日本（労働時間―判例）

◇論点体系判例労働法　2　賃金・労働時間・休暇　菅野和夫、安西愈、野川忍編集　第一法規　2014.11　371p　22cm〈索引あり〉Ⓘ978-4-474-10317-7　Ⓝ366.18　[4300円]

日本（労働市場）

◇学歴主義と労働社会―高度成長と自営業の衰退がもたらしたもの　野村正實著　京都　ミネルヴァ書房　2014.11　320p　22cm　（MINERVA人文・社会科学叢書 202）〈索引あり〉Ⓘ978-4-623-07211-8　Ⓝ366.21　[5000円]

◇高齢社会の労働市場分析　松浦司編著　八王子　中央大学出版部　2014.1　266p　22cm　（中央大学経済研究所研究叢書 58）〈内容：2000年代の就業減少の分析（廣嶋清志著）　人口の高齢化と労働生産性（小崎敏男著）　高齢社会におけるGDPの推移（増田幹人著）　高齢社会の経済成長と所得格差・貧困（松379司著）　過疎地域におけるGIS分析と産業構造クラスタリング（井上希案著）　労働市場の再編と外国人労働者（中川雅貴著）　海外生産移転が国内雇用に与える影響の国際比較研究（鈴木俊光著）　人事制度が従業員に与える影響（齋藤隆志著）　高齢社会の労働市場政策（吉田良生著）〉Ⓘ978-4-8057-2252-7　Ⓝ366.21　[3500円]

◇ニッポンの規制と雇用―働き方を選べない国　中野雅至著　光文社　2014.11　267p　18cm　（光文社新書 726）〈文献あり〉Ⓘ978-4-334-03829-8　Ⓝ366.21　[840円]

◇日本の就業構造―就業構造基本調査の解説：時系列統計表を収録　平成24年　総務省統計局編　総務省統計局　2014.3　614p　26cm〈英語併記〉Ⓝ366.21

◇日本の就業構造―就業構造基本調査の解説：時系列統計表を収録　平成24年　総務省統計局編　日本統計協会　2014.3　614p　26cm〈英語併記〉Ⓘ978-4-8223-3751-3　Ⓝ366.21　[5600円]

◇労働市場の変化が家計内の資源配分に与える影響の分析　統計研究会　2014.3　86p　30cm　（自主研究事業報告書 平成25年度）〈文献あり　研究代表者：川口大司　内容：The gender gap in Japanese household educational spending（比嘉一仁著）　若年就業率における賃金弾力性の推定（荒木祥大著）　結婚プレミアム：KHPSを用いた再検証（係亜門著）　高齢者女性の労働供給行動に配偶者の退職が与える影響（中村京介、荒木祥大著）〉Ⓝ366.21

◇労働の経済地理学　中澤高志著　日本経済評論社　2014.2　317p　22cm　（明治大学人文科学研究所叢書）〈文献あり 索引あり　内容：「労働の地理学」と労働市場の媒介項　現代の労働市場をめぐる諸概念と「労働の地理学」　地域労働市場における高卒者の職業経験と専門高校の役割　ジョブカフェによる若年不安定就労者支援の限界　子育て期の女性に対するNPO法人による在宅就業の推進　間接雇用の展開と金融危機に伴う雇用調整の顛末　自治体の緊急相談窓口利用者にみる間接雇用労働者の不安定性　日本人女性の現地採用労働市場

の拡大とその背景　スキル・エコシステムの概念とキャリア開発〉①978-4-8188-2316-7　Ⓝ366.21　[5600円]

日本（労働市場—統計）

◇就業構造基本調査報告　平成24年　全国編　総務省統計局編　総務省統計局　2014.3　960p　26cm〈英語併載〉Ⓝ366.21

◇就業構造基本調査報告　平成24年　都道府県編 1　全国, 都道府県（北海道—愛知県）　総務省統計局編　総務省統計局　2014.3　962p　26cm〈英語併載〉Ⓝ366.21

◇就業構造基本調査報告　平成24年　都道府県編 2　全国, 都道府県（三重県—沖縄県）　総務省統計局編　総務省統計局　2014.3　994p　26cm〈英語併載〉Ⓝ366.21

◇就業構造基本調査報告　平成24年　政令指定都市編　総務省統計局編　総務省統計局　2014.3　866p　26cm〈英語併載〉Ⓝ366.21

◇就業構造基本調査報告　平成24年　地域別主要結果編 1　全国, 都道府県・県庁所在都市・人口30万以上の市　総務省統計局編　総務省統計局　2014.3　904p　26cm〈英語併載〉Ⓝ366.21

◇就業構造基本調査報告　平成24年　地域別主要結果編 2　県内経済圏　総務省統計局編　総務省統計局　2014.3　922p　26cm〈英語併載〉Ⓝ366.21

◇就業構造基本調査報告　平成24年　全国編　総務省統計局編集　日本統計協会　2014.3　960p　26cm〈英語併記〉①978-4-8223-3745-2　Ⓝ366.21　[9100円]

◇就業構造基本調査報告　平成24年　都道府県編 1　全国, 都道府県（北海道～愛知県）　総務省統計局編集　日本統計協会　2014.3　962p　26cm〈英語併記〉①978-4-8223-3746-9　Ⓝ366.21　[9100円]

◇就業構造基本調査報告　平成24年　都道府県編 2　全国, 都道府県（三重県—沖縄県）　総務省統計局編　日本統計協会　2014.3　994p　26cm〈英語併記〉①978-4-8223-3747-6　Ⓝ366.21　[9200円]

◇就業構造基本調査報告　平成24年　政令指定都市編　総務省統計局編集　日本統計協会　2014.3　866p　26cm〈英語併記〉①978-4-8223-3748-3　Ⓝ366.21　[8600円]

◇就業構造基本調査報告　平成24年　地域別主要結果編 1　全国, 都道府県・県庁所在都市・人口30万以上の市　総務省統計局編　日本統計協会　2014.3　904p　26cm〈英語併記〉①978-4-8223-3749-0　Ⓝ366.21　[8900円]

◇就業構造基本調査報告　平成24年　地域別主要結果編 2　県内経済圏　総務省統計局編　日本統計協会　2014.3　922p　26cm〈英語併記〉①978-4-8223-3750-6　Ⓝ366.21　[8900円]

日本（労働者）

◇あ、「やりがい」とかいらないんで、とりあえず残業代ください。　日野瑛太郎著　東洋経済新報社　2014.1　167p　19cm〈イラスト：深川直美〉①978-4-492-22334-5　Ⓝ366.7　[1000円]

◇君の働き方に未来はあるか？—労働法の限界と、これからの雇用社会　大内伸哉著　光文社　2014.1　241p　18cm　（光文社新書 676）①978-4-334-03779-6　Ⓝ366.7　[760円]

◇「勤労者の仕事と暮らしについてのアンケート」調査報告書—勤労者短観　第27回　連合総合生活開発研究所　2014.6　29, 50p　30cm　Ⓝ366.7

◇「勤労者の仕事と暮らしについてのアンケート」調査報告書—勤労者短観　第28回　連合総合生活開発研究所　2014.12　29, 50p　30cm　Ⓝ366.7

◇職業の現状と動向—職業動向調査（就業者web調査）結果　労働政策研究・研修機構編　労働政策研究・研修機構　2014.3　277p　30cm　（JILPT資料シリーズ no. 135）Ⓝ366.29

◇全国生協労働組合連合会労働者の暮らしと仕事についてのアンケート—報告書　[東京]　Immersion　2013.3　89p　30cm　Ⓝ366.7

◇日本人労働者の帰属意識—個人と組織の関係と精神的健康　松山一紀著　京都　ミネルヴァ書房　2014.5　255p　22cm　（MINERVA現代経営学叢書 51）〈索引あり〉①978-4-623-07067-1　Ⓝ336.3　[3200円]

◇平成26年度新入社員「働くことの意識」調査報告書　2014年6月　生産性教育センター・生産性労働情報センター　2014.6　153p　26cm　①978-4-88372-480-2　[3000円]

◇労働者の損害賠償責任　細谷越史著　成文堂　2014.1　220p　22cm　（香川大学法学会叢書 9）①978-4-7923-3318-8　Ⓝ324.55　[5000円]

日本（労働者—歴史—江戸時代）

◇近世都市の労働社会　森下徹著　吉川弘文館　2014.8　326,9p　22cm〈索引あり　内容：近世労働史研究の分析視角　萩藩の武家奉公人と「日用」層　対馬の抱下し者と乞食＝勧進層　大坂町触にみる抱下し者　塚田孝『近世大坂の非人と身分的周縁』を読んで　萩藩蔵屋敷と大坂市中　蔵仲仕と米出し仲仕　大坂の浜仲仕と仲間　尾道の中背と仲間　周防徳山藩領における綿打の結合　徳山藩領在町の社会構造　京食の左官仲間と手伝　盛岡藩石垣師の江戸稽古　地域のなかの労働社会〉①978-4-642-03465-4　Ⓝ366.8　[11500円]

日本（労働者災害補償）

◇過労自殺　川人博著　第2版　岩波書店　2014.7　268,8p　18cm　（岩波新書 新赤版 1494）〈文献あり〉①978-4-00-431494-3　Ⓝ366.99　[820円]

◇業務災害及び通勤災害認定の理論と実際—労災保険　上巻　労務行政研究所編　改訂4版　労務行政　2014.11　742p　22cm〈文献あり〉①978-4-8452-4353-2　Ⓝ364.5　[10000円]

◇ストレス性疾患と労災救済—日米台の比較法的考察　徐婉寧著　信山社　2014.1　434p　22cm　（学術選書 81）〈索引あり〉①978-4-7972-5881-3　Ⓝ364.5　[8800円]

◇通勤災害制度のしくみ　改訂　労災保険情報センター　2014.11　112p　26cm　（RIC労災保険シリーズ 4）①978-4-903286-59-4　Ⓝ364.5　[1112円]

◇労働災害と企業責任および災害補償・労災保険法・労災かくしの排除—教育用テキスト　建設労務安全研究会編　労働新聞社　2014.7　93p　26cm　（建設現場の労務管理　シリーズ2）Ⓝ364.5　[381円]

日本（労働者災害補償—判例）

◇論点体系判例労働法 3　人事・労災補償・安全衛生　菅野和夫, 安西愈, 野川忍編集　第一法規　2014.11　529p　22cm〈索引あり〉①978-4-474-10318-4　Ⓝ366.18　[4800円]

日本（労働者災害補償保険—判例）

◇過労死時代に求められる信頼構築型の企業経営と健康な働き方—裁判例から導かれる過労死予防策　佐久間大輔著　労働開発研究会　2014.9　149p　21cm　①978-4-903613-12-3　Ⓝ364.5　[1400円]

日本（労働条件）

◇自動車運転者労務改善基準の解説—運行管理者、労使担当者の必携書！　労働調査会出版局編　改訂5版　労働調査会　2013.10　240,172p　21cm　①978-4-86319-373-4　Ⓝ685　[2700円]

◇「多様な正社員」の導入モデル—有識者懇談会報告書のポイント：人事・労務担当者のための実務必携　労働調査会　2014.11　40p　26cm　「労働基準広報」別冊　Ⓝ366.3

◇男女正社員のキャリアと両立支援に関する調査結果 2　分析編　労働政策研究・研修機構編　労働政策研究・研修機構　2014.3　294p　30cm　（JILPT調査シリーズ no. 119）〈文献あり〉Ⓝ366.7

◇流れと実務がよくわかる労働条件審査実践マニュアル　五十嵐一浩, 杉山秀文共著　日本法令　2014.9　203p　21cm〈文献あり〉①978-4-539-72384-5　Ⓝ318.5　[2000円]

◇判例から探る不利益変更の留意点—労働条件は引き下げられるか　河本毅著　経団連出版　2014.7　494p　21cm〈文献あり　索引あり〉①978-4-8185-1402-7　Ⓝ366.3　[3500円]

◇ブラック企業を見極めろ—知らなければ損をする就活生のための労働法　橋詰岳幸著　名古屋　ブイツーソリューション　2014.2　217p　19cm〈星雲社（発売）〉①978-4-434-18813-8　Ⓝ366.3　[1400円]

◇元監督署長が解説これならわかる自動車運転者の改善基準Q&A　村木宏吉著　労働新聞社　2014.12　187p　21cm　①978-4-89761-536-3　Ⓝ685　[1700円]

◇有期・短時間雇用のワークルールに関する調査研究報告書　連合総合生活開発研究所編　[東京]　連合総合生活開発研究所　2014.7　195p　30cm　Ⓝ366.8

◇労働条件最新指標—労働時間制度・賃金等の状況：人事・労務担当者のための実務必携　平成26年版　労働調査会　2014.5　48p　26cm　「労働基準広報」別冊　Ⓝ366.3

日本（労働条件—統計）

◇就労条件総合調査　平成25年版　厚生労働省大臣官房統計情報部編　労務行政　2014.3　272p　26cm　①978-4-8452-4274-0　Ⓝ366.3　[7857円]

◇労働条件ハンドブック　2014-1　主要労働条件編　基幹労連政策企画局編　基幹労連　2014.11　442p　30cm　Ⓝ366.3

日本（労働政策）

◇労働統計要覧　平成25年度　厚生労働省大臣官房統計情報部/編　長野　蔦友印刷　2014.5　246p　19cm　①978-4-904225-16-5　［1330円］

日本（労働政策）
◇安倍「雇用改革」を切る！―憲法をいかし、働くルールの確立を　労働法制中央連絡会, 自由法曹団, 全労連編　学習の友社　2013.8　63p　21cm　（学習の友ブックレット 25）①978-4-7617-0425-4　Ⓝ366.11　［571円］
◇人口高齢化と労働政策　小﨑敏男, 永瀬伸子著　原書房　2014.11　253p　22cm　（人口学ライブラリー 15）〈索引あり　内容：人口の高齢化（松浦司著）　人口高齢化の社会経済的影響（久下沼仁笥著）　高齢者就業と年齢差別（小﨑敏男著）　高年齢者就業と年金財政（増田幹人著）　高年齢者の就業・非就業行動（小﨑敏男著）　健康, 教育訓練と高年齢者就業（李青雅著）　高齢女性の就業行動（寺村絵里子著）　高齢化に対応する雇用システム（吉田良生著）　超高齢化の中での高齢者の新しい働き方（永瀬伸子著）〉①978-4-562-09199-7　Ⓝ367.7　［3200円］
◇日本の雇用が危ない―安倍政権「労働規制緩和」批判　西谷敏, 五十嵐仁, 和田肇, 田端博邦, 野田進, 萬井隆令, 脇田滋, 深谷信夫著　旬報社　2014.3　263p　21cm〈内容：全面的な規制緩和攻勢と労働法の危機（西谷敏著）　第二次安倍内閣がめざす労働の規制緩和（五十嵐仁著）　質の悪い雇用を生み出すアベノミクスの雇用改革（和田肇著）　産業競争力会議ペーパー批判（田端博邦著）　限定正社員の法的位置づけ（野田進著）　労働法理への叛旗（萬井隆令著）「ブラック企業型労使関係」ではなく、働く者に優しい労働政策を！（脇田滋著）　自由な企業活動と日本国憲法の原理（深谷信夫著）〉①978-4-8451-1350-7　Ⓝ366.11　［1850円］

日本（労働生産性）
◇日本の生産性の動向　2014年版　日本生産性本部生産性総合研究センター編　日本生産性本部生産性労働情報センター　2014.12　77p　30cm　（生産性研究レポート no. 28）Ⓝ366.21　［非売品］

日本（労働争議）
◇キヤノンに勝つ―偽装請負を告発した非正規労働者たち　キヤノン非正規労働者組合編　大阪　耕文社　2014.4　192p　21cm〈年表あり〉①978-4-86377-033-1　Ⓝ366.66　［1100円］

日本（労働法）
◇アクチュアル労働法　毛塚勝利, 米津孝司, 脇田滋編　京都　法律文化社　2014.4　340p　21cm〈索引あり〉①978-4-589-03590-5　Ⓝ366.14　［3000円］
◇会社が「泣き」を見ないための労働法入門―元労働基準監督官が教える　北岡大介著　日本実業出版社　2014.5　235p　21cm〈索引あり〉①978-4-534-05184-4　Ⓝ366.14　［1600円］
◇会社でうつになったとき―労働法ができること　所浩代, 北岡大介, 山田哲, 加藤智章著　旬報社　2014.2　127p　21cm　①978-4-8451-1343-9　Ⓝ366.99　［1300円］
◇会社はどこまで従業員の求めに応じる必要があるのか！―戦国部長たちの判断事例集　梅本達司著　東京堂出版　2014.1　233p　19cm　①978-4-490-20854-2　Ⓝ336.4　［1800円］
◇学校で労働法・労働組合を学ぶ―ブラック企業に負けない！　川村雅則, 角谷信一, 井沼淳一郎, 笠山尚人, 首藤広道, 中嶋哲彦きょういくネット　2014.11　174p　26cm　（桐書房（発売））①978-4-87647-845-3　Ⓝ375.6　［2200円］
◇企業労働法実務入門―はじめての人事労務担当者からエキスパートへ　倉重公太朗編集代表, 小山博章編著, 企業人事労務研究会著　日本リーダーズ協会　2014.4　349p　21cm　①978-4-89017-009-8　Ⓝ366.14　［2700円］
◇基本労働法　3　三井正信著　成文堂　2014.10　386p　22cm〈索引あり〉①978-4-7923-3327-0　Ⓝ366.14　［3300円］
◇90分でわかる社長が知らないとヤバい労働法　みらい総合法律事務所編著　あさ出版　2014.10　247p　19cm　①978-4-86063-725-5　Ⓝ336.4　［1600円］
◇現役社労士・労務担当者のための法改正がわかる本　2014年版　小林弘和, 木脇三博著　［東京］　翔泳社　2014.2　151p　21cm　①978-4-7981-3506-9　Ⓝ366.14　［1800円］
◇国立大学法人と労働法　小嶌典明著　ジアース教育新社　2014.2　340p　19cm　①978-4-86371-252-2　Ⓝ377.13　［2200円］
◇コンパクト労働法　原昌登著　新世社　2014.10　253p　20cm　（コンパクト法学ライブラリ 13）〈サイエンス社（発売）索引あり〉①978-4-88384-216-2　Ⓝ366.14　［2000円］

◇The社会人―これから働きはじめるあなたへ　2013年度版　鳥取　鳥取県労働者福祉協議会　2013.11（第3刷）61p　21cm　Ⓝ366.14
◇The社会人―これから働きはじめるあなたへ　2014年度版　鳥取　鳥取県労働者福祉協議会　2014.11　62p　21cm　Ⓝ366.14
◇社会保険労務六法　平成27年版労働編　全国社会保険労務士会連合会編　中央経済社　2014.12　p2153～3440　22cm〈索引あり　平成26年10月1日現在〉①978-4-502-87882-4（set）Ⓝ364.3
◇Japanese Labor & Employment Law and Practice　嘉納英樹著　3rd Edition　第一法規　2014.12　518p　23cm〈索引あり　初版：CCH Japan Limited 2011年刊〉①978-4-474-03312-2　Ⓝ366.14　［24000円］
◇使用者のための労働法　東京都労働相談情報センター編　東京都労働相談情報センター　2014.3　132p　21cm　Ⓝ366.14
◇使用者のための労働法　東京都労働相談情報センター編　東京都生活文化局広報広聴部都民の声課　2014.3　132p　21cm　①978-4-86569-078-1　Ⓝ366.14　［130円］
◇新公務員労働の理論と実務　17　現場の最新の事例問題　4　公務員関係判例研究会編　三協法規出版　2014.2　612p　21cm　①978-4-88260-171-5　Ⓝ317.3　［6500円］
◇新公務員労働の理論と実務　18　職員の精神疾患をめぐる問題　公務員関係判例研究会編　三協法規出版　2014.3　232p　21cm　①978-4-88260-172-2　Ⓝ317.3　［3400円］
◇新労働事件実務マニュアル　東京弁護士会労働法制特別委員会編著　第3版　ぎょうせい　2014.2　602p　26cm〈索引あり〉①978-4-324-09758-8　Ⓝ366.14　［6400円］
◇新・労働法実務相談―職場トラブル解決のためのQ&A　労務行政研究所編　新版第2版　労務行政　2014.10　599p　26cm　（労働時報選書）①978-4-8452-4343-3　Ⓝ366.14　［6800円］
◇図解とフローチャートによる労働法の実務ガイドブック　大坪和敏編　大蔵財務協会　2014.2　374p　26cm〈索引あり　背のタイトル：労働法の実務ガイドブック〉①978-4-7547-2086-5　Ⓝ366.14　［3238円］
◇すぐに役立つ図解とQ&Aでわかる困ったときに読む職場の法律トラブルと法的解決法158　林智之監修　三修社　2014.1　255p　21cm〈索引あり〉①978-4-384-04579-6　Ⓝ366.14　［1800円］
◇単語で学ぶ労働法の基礎知識―人事・労務担当者のための実務必携　労働調査会　2013.8　55p　26cm　（「労働基準広報」別冊）Ⓝ366.14
◇なぜ景気が回復しても給料は上がらないのか―労働法の「ひずみ」を読み解く　倉重公太朗, 近藤大, 内田靖人著　労働調査会　2013.7　234p　18cm　（働く・仕事を考えるシリーズ 017）①978-4-86319-365-9　Ⓝ366.14　［952円］
◇なるほど図解労働法のしくみ　シティユーワ法律事務所編　中央経済社　2014.3　180p　21cm　（CK BOOKS）①978-4-502-06350-3　Ⓝ366.14　［2200円］
◇日韓比較労働法　1　労働法の基本概念　西谷敏, 和田肇, 朴洪圭編著　旬報社　2014.1　258p　22cm〈内容：韓国における勤労基準法の労働者概念（権赫著）　日本における個人請負労働者と「労働基準法上の労働者」をめぐる問題（脇田滋著）　韓国における集団的労使関係上の労働者概念（崔弘曄著）　日本における労働組合法上の労働者概念（野田進著）　韓国における個別的労働関係法上の労働者（朴鍾熹著）　日本における個別的労働関係法上の使用者（山川和義著）　韓国における集団的労働関係法上の使用者（李炳雲著）　日本法における集団的労働法上の「使用者」（米津孝司著）　韓国における非正規雇用の政策（趙淋永著）　韓国における非正規労働者の差別是正制度の争点（鄭永薫著）　日本における非正規雇用と均等待遇原則・試論（緒方桂子著）　韓国における同一価値労働同一賃金（金善洙著）　日本における同一価値労働同一賃金原則実施システムの提案（浅倉むつ子著）〉①978-4-8451-1342-2（set）Ⓝ366.14
◇日韓比較労働法　2　雇用終了と労働基本権　西谷敏, 和田肇, 朴洪圭編著　旬報社　2014.1　251p　22cm〈内容：韓国の解雇法制の理解と課題（李達杰著）　日本における解雇法理の現状と課題（根本到著）　韓国における辞職強要の規則（金煕聲著）　日本における雇用終了と労働者の自己決定（西谷敏著）　韓国における団体交渉窓口の単一化と交渉代表労働組合等の公正代表義務の制度化（宋剛直著）　韓国の改正労働関係法における「交渉窓口単一化」をめぐる諸問題（趙翔均著）　韓国における交渉代表労働組合の公正代表義務（文武基著）　日本における団体交渉権の性格と交渉代表制（西谷敏著）　日本における「公正代表義務」論（根本到著）　韓国における公務員の労働基本権（李義成著）　韓国における公務員の勤労条件決定システムの争点（盧尚憲著）　日本における国家公務員労使関係

システム（和田肇著） 日本における公務員の勤務条件決定システムの最近の動向（奥田香子著）〉 ①978-4-8451-1342-2 (set) Ⓝ366.14

◇働くあなたを応援する！ 本ーとことん労働者のために 大阪労働者弁護団編 大阪 大阪労働者弁護団 2014.7 56p 21cm Ⓝ366.14

◇働くときのＡ・Ｂ・Ｃー働く前に、これだけは知っておきたいマナー・ルール・法律 ［2014］改訂増補版 全国労働基準関係団体連合会企画・編集 全国労働基準関係団体連合会 2014.4 273p 26cm （全基連のテキストシリーズ） ①978-4-906741-07-6 Ⓝ336.49 ［1500円］

◇はたらく人のための労働法 上 宮里邦雄著 労働大学出版センター 2014.11 174p 19cm （現代シリーズ no. 20） Ⓝ366.14 ［1400円］

◇ブラック企業と言わせない！ 管理者のための最新労働法実務マニュアルー事業者必携 林智之監修 三修社 2014.12 255p 21cm ①978-4-384-04627-4 Ⓝ366.14 ［1900円］

◇フロンティア労働法 神尾真知子、増田幸弘、内藤恵著 第2版 京都 法律文化社 2014.8 269p 21cm 〈文献あり 索引あり〉 ①978-4-589-03613-1 Ⓝ366.14 ［2800円］

◇平成26年改正労働法の企業対応ー有期特例法、改正パート労働法、改正安衛法等の実務留意点 岩出誠著 中央経済社 2014.12 216p 21cm ①978-4-502-12931-5 Ⓝ366.14 ［2800円］

◇ヤバい会社の餌食にならないための労働法 今野晴貴［著］ 幻冬舎 2013.6 137p 16cm （幻冬舎文庫 こ-34-1） 〈「マジで使える労働法」（イースト・プレス 2009年刊）の改題、加筆・修正〉 ①978-4-344-42026-7 Ⓝ366.14 ［533円］

◇労使トラブル解決マニュアルー紛争類型別「要件事実」 河野順一著 酒井書店 2014.8 502p 22cm 〈索引あり〉 ①978-4-7822-0424-5 Ⓝ366.14 ［7200円］

◇労働関係法規集 2014年版 労働政策研究・研修機構編 労働政策研究・研修機構 2014.3 830p 19cm 〈索引あり〉 ①978-4-538-14026-1 Ⓝ366.14 ［1296円］

◇労働関係法のポイント 平成26年版 労働調査会出版局編 全国労働基準関係団体連合会 2014.2 80p 30cm 〈労働調査会（発売）〉 ①978-4-86319-418-2 Ⓝ366.14 ［500円］

◇労働行政対応の法律実務 石嵜信憲編著，安藤源太，横山直樹，加藤彩，小宮純季，畠田啓史朗［著］ 中央経済社 2014.10 843p 21cm 〈索引あり〉 ①978-4-502-11741-1 Ⓝ366.12 ［6600円］

◇労働総覧 平成27年版 労働法令協会編 労働法令 2014.11 3514p 19cm 〈索引あり〉 ①978-4-86013-069-5 Ⓝ366.14 ［7200円］

◇労働法 新谷眞人編 弘文堂 2014.2 240p 21cm （Next教科書シリーズ） 〈文献あり 索引あり〉 ①978-4-335-00206-9 Ⓝ366.14 ［2000円］

◇労働法 林弘子著 第2版 京都 法律文化社 2014.6 346p 21cm 〈索引あり〉 ①978-4-589-03607-0 Ⓝ366.14 ［3200円］

◇労働法 伊藤真監修，伊藤塾著 第4版 弘文堂 2014.12 263p 21cm （伊藤真実務法律基礎講座 1） 〈索引あり〉 ①978-4-335-31286-5 Ⓝ366.14 ［2200円］

◇労働法 水町勇一郎著 第5版 有斐閣 2014.4 522p 22cm 〈索引あり〉 ①978-4-641-14463-7 Ⓝ366.14 ［3400円］

◇労働法 安枝英神，西村健一郎著 第12版 有斐閣 2014.12 446p 19cm （有斐閣双書プリマ・シリーズ） 〈文献あり 索引あり〉 ①978-4-641-05850-7 Ⓝ366.14 ［2300円］

◇労働法を基本から 金井正元著 三省堂 2014.3 226p 21cm 〈索引あり〉 ①978-4-385-32329-9 Ⓝ366.14 ［1700円］

◇労働法概説 土田道夫著 第3版 弘文堂 2014.3 479p 21cm 〈索引あり〉 ①978-4-335-35592-9 Ⓝ366.14 ［3500円］

◇労働法実務全書 布施直春著 中央経済社 2014.12 872p 22cm 〈索引あり〉 ①978-4-502-07150-8 Ⓝ366.14 ［11000円］

◇労働法全書ー参照条文 行政解釈 判例要旨 2015 労務行政研究所編 労務行政 2014.10 3660,50p 22cm 〈索引あり〉 ①978-4-8452-4342-6 Ⓝ366.14 ［8190円］

◇労働法のしおりーワーク・ライフ・バランス推進のために 大津 滋賀県商工観光労働部労働雇用政策課 2014.3 104p 30cm Ⓝ366.14

◇労働法の「常識」は現場の「非常識」ー程良い規制を求めて 小嶌典明著 中央経済社 2014.10 201p 19cm ①978-4-502-11941-5 Ⓝ366.14 ［2200円］

◇労働法の争点 土田道夫、山川隆一編 有斐閣 2014.3 260p 26cm （新・法律学の争点シリーズ 7） 〈『ジュリスト』増刊〉 ①978-4-641-11323-7 Ⓝ366.14 ［2600円］

◇労働法の知識と実務 2 東京弁護士会弁護士研修センター運営委員会編 ぎょうせい 2014.3 193p 21cm （弁護士専門研修講座） 〈内容：ユニオンによる団体交渉の実際、労働問題解決への取り組み（設楽清嗣著） 労働基準監督署による事業所調査、臨検等の実際と対応（飯野正明著） 従業員の精神疾患発症に備えた休職制度を含む体制整備（藤井康広著） 労働事件解決の過程で、社会保険・労働保険はどうなるのか（鳥井玲子著） 割増賃金請求訴訟の「小括」（軽部龍太郎著） 労働法をめぐる最新トピック（水口洋介著）〉 ①978-4-324-09599-7 Ⓝ366.14 ［2500円］

◇労働六法 2014 石田眞，武井寛，浜村彰，深谷信夫編集委員 旬報社 2014.3 905p 21cm 〈索引あり 標題紙等の責任表示：編集委員会〉 ①978-4-8451-1345-3 Ⓝ366.14 ［3500円］

日本（労働法―判例）

◇経営側弁護士による精選労働判例集 第4集 石井妙子，岩本充史，牛嶋勉，緒方彰人，中町誠，山田靖典，渡部邦昭著 労働新聞社 2014.4 193p 26cm ①978-4-89761-504-2 Ⓝ366.18 ［1700円］

◇ケースブック労働法 菅野和夫監修，土田道夫，山川隆一，大内伸哉，野川忍，川田琢之編著 第8版 弘文堂 2014.3 619p 21cm （弘文堂ケースブックシリーズ） 〈索引あり〉 ①978-4-335-30514-6 Ⓝ366.18 ［4200円］

◇最新重要判例200労働法 大内伸哉著 第3版 弘文堂 2014.8 230p 24cm 〈索引あり〉 ①978-4-335-30168-1 Ⓝ366.18 ［2400円］

◇実務に効く労働判例精選 岩村正彦、中山慈夫、宮里邦雄編 有斐閣 2014.3 239p 26cm 〈索引あり 『ジュリスト』増刊〉 ①978-4-641-21503-0 Ⓝ366.18 ［2667円］

◇年間労働判例命令要旨集 平成26年版 労務行政研究所編集 労務行政 2014.7 373p 26cm （労政時報選書） 〈索引あり〉 ①978-4-8452-4311-2 Ⓝ366.18 ［5333円］

◇判例ナビゲーション労働法 道幸哲也，小宮文人，本久洋一著 日本評論社 2014.2 292p 21cm 〈索引あり〉 ①978-4-535-51799-8 Ⓝ366.18 ［2000円］

◇労働判例インデックス 野川忍著 第3版 商事法務 2014.3 369p 21cm 〈索引あり〉 ①978-4-7857-2151-0 Ⓝ366.18 ［3000円］

◇労働判例に学ぶ予防的労務管理 岡崎隆彦著 産労総合研究所出版部経営書院 2014.11 409p 21cm 〈文献あり〉 ①978-4-86326-184-6 Ⓝ336.4 ［3600円］

◇労務管理は負け裁判に学べ！ーなぜ負けたのか？ どうすれば勝てたのか？ 堀下和紀，穴井隆二，渡邉直貴，兵頭尚著 労働新聞社 2014.5 267p 21cm 〈文献あり〉 ①978-4-89761-510-3 Ⓝ366.18 ［1800円］

日本（労働問題）

◇新しい働き方とコミュニケーション 尾形隆彰編 ［千葉］ 千葉大学大学院人文社会科学研究科 2014.2 111p 30cm （人文社会科学研究科研究プロジェクト報告書 第280集） 〈文献あり 内容：多様化する高齢期のライフスタイルと生きがい（綿貫登美子著） 依存しない価値（西田恭介著） 交通安全問題をめぐる事態の2つの進展（尾形隆彰著） アクターネットワーク論研究 1（唐磊著） 東京ディズニーランドにおける接客従業員のキャリア形成と共感・感動労働（中西純夫著） 「つながる」実践（佐藤敦著） これからの時代に音楽を「売る」こと（田川史朗著）〉 Ⓝ366.021

◇AKB48とブラック企業 坂倉昇平著 イースト・プレス 2014.2 285p 18cm （イースト新書 023） 〈シリーズの部編名、巻次、回次、年次等（誤植）：024〉 ①978-4-7816-5023-4 Ⓝ366.021 ［860円］

◇会社が正論すぎて、働きたくなくなるー心折れた会社と一緒に潰れるな 細井智彦［著］ 講談社 2014.6 191p 18cm （講談社＋α新書 653-1C） ①978-4-06-272830-0 Ⓝ366.021 ［840円］

◇会社で起きている事の7割は法律違反 朝日新聞「働く人の法律相談」弁護士チーム著 朝日新聞出版 2014.11 259p 18cm （朝日新書 489） ①978-4-02-273589-8 Ⓝ366.021 ［780円］

◇キャリアのみかたー図で見る110のポイント 阿部正浩，松繁寿和編 改訂版 有斐閣 2014.4 294p 19cm 〈索引あり〉 ①978-4-641-16438-3 Ⓝ366.021 ［1900円］

◇経営労働政策委員会報告 2014年版 デフレからの脱却と持続的な成長の実現に向けて 日本経済団体連合会編 経団連

日本（労働問題―統計）　　　　　　　　　　　　　　　　　　　日本件名図書目録2014　Ⅰ

出版　2014.1　89p　30cm　Ⓘ978-4-8185-1357-0　Ⓝ366.021
［800円］

◇限界にっぽん―悲鳴をあげる雇用と経済　朝日新聞経済部著
岩波書店　2014.3　232,6p　19cm　Ⓘ978-4-00-022798-8
Ⓝ336.21　［1800円］

◇国民春闘白書　2015年　まもろう憲法とくらし　ストップ暴走
政治　実現しよう！　大幅賃上げと雇用の安定　全労連，労働総
研／編　学習の友社　2014.12　95p　30cm　Ⓘ978-4-7617-
0905-1　［1000円］

◇ここで辞めたらただの負け犬！―ブラック企業で「修行」した
男の日常　楯岡悟朗著　KADOKAWA　2014.7　287p
19cm　Ⓘ978-4-04-600365-2　Ⓝ673.99　［1200円］

◇子育て世帯の追跡調査―2011・2012年調査との比較　第1回
2013年　労働政策研究・研修機構　労働政策研究・研修機
構　2014.5　292p　30cm　（JILPT調査シリーズ　no. 115）
Ⓝ366.021

◇こちら労働相談所―もう泣き寝入りはしない　伊澤明，尾林芳
匡，二木憲夫著　創風社　2014.2　165p　21cm　Ⓘ978-4-
88352-207-1　Ⓝ366.021　［1200円］

◇雇用改革の真実　大内伸哉著　日本経済新聞出版社　2014.5
244p　18cm　（日経プレミアシリーズ　248）　Ⓘ978-4-532-
26248-8　Ⓝ366.021　［850円］

◇雇用と生活の転換―日本社会の構造変化を踏まえて　町田俊
彦編著，宮嵜晃臣，高橋祐吉，鈴木奈穂美，小池隆生，兵頭淳史，
内山哲朗著　専修大学出版局　2014.4　263p　19cm　〈内容：
グローバル資本主義下の「生活」と「労働」（町田俊彦著）　日
本経済の現状と雇用問題（宮嵜晃臣著）　働く・働けない・働
かない（高橋祐吉著）　日本のワーク・ライフ・バランスの実
情（鈴木奈穂美著）　労働と生活にとっての「安定」とは何か
（小池隆生著）　「G企業」時代における労働政策と労働組合
（兵頭淳史著）　協同組合と社会経済運動（内山哲朗著）〉
Ⓘ978-4-88125-290-1　Ⓝ366.021　［1700円］

◇自爆営業―その恐るべき実態と対策　樫田秀樹著　ポプラ社
2014.5　228p　18cm　（ポプラ新書　033）　Ⓘ978-4-591-
14027-7　Ⓝ366.021　［780円］

◇社長、だからあなたの会社はブラック企業と呼ばれるのです！
奥村一光著　青志社　2014.12　191p　19cm　Ⓘ978-4-
905042-98-3　Ⓝ336.4　［1300円］

◇職場の年齢構成の「ゆがみ」と課題―企業における労務構成の
変化と労使の課題に関する調査研究報告書　連合総合生活開
発研究所編　［東京］　連合総合生活開発研究所　2014.9
256p　30cm　Ⓝ366.021

◇外から見た日本の雇用　崔勝淏著　八千代出版　2014.10
177p　21cm　Ⓘ978-4-8429-1636-1　Ⓝ366.21　［2200円］

◇賃上げはなぜ必要か―日本経済の誤謬　脇田成著　筑摩書房
2014.2　374,5p　19cm　（筑摩選書　0086）　〈文献あり〉
Ⓘ978-4-480-01593-8　Ⓝ332.107　［1800円］

◇どこにでもいる普通の女子大生が新卒入社した会社で地獄を
見てたった8日で辞めた話　小林リズム著　泰文堂　2014.5
175p　19cm　（リンダブックス）　Ⓘ978-4-8030-0563-9
Ⓝ366.021　［1200円］

◇なぜ景気が回復しても給料は上がらないのか―労働法の「ひず
み」を読み解く　倉重公太朗，近衛大，内田靖人著　労働調査
会　2013.7　234p　18cm　（働く・仕事を考えるシリーズ
017）　Ⓘ978-4-86319-365-9　Ⓝ366.14　［952円］

◇日本の労働を世界に問う―ILO条約を活かす道　牛久保秀樹，
村上剛志著　岩波書店　2014.5　63p　21cm　（岩波ブック
レット　No.898）　〈文献あり〉　Ⓘ978-4-00-270898-0　Ⓝ366.12
［520円］

◇日本の労働経済事情　2014年版　日本経済団体連合会事務局編
経団連事業サービス　2014.7　96p　30cm　〈タイトル関連情
報：人事・労務担当者が知っておきたい基礎知識〉　Ⓝ366.021

◇「非正規大国」日本の雇用と労働　伍賀一道著　新日本出版社
2014.10　362p　22cm　〈文献あり　内容：「非正規大国」日本
の問題　雇用と働き方・働かせ方の今日的特徴　雇用形態の
変転，リスク化する非正規雇用　間接雇用は働き方・働かせ方
をどのように変えたか　正社員に広がる無限定な働き方，長期
雇用の変容　雇用と働き方の劣化の歴史的背景と今日の要因
雇用問題から見た生活保護　労働分野の規制緩和，「構造改革」
政策批判　安倍政権の「雇用流動型労働改革」は何をもたらす
か　「非正規大国」日本の雇用と労働　人材ビジネスと国際労
働基準〉　Ⓘ978-4-406-05825-4　Ⓝ366.21　［2700円］

◇悶える職場―あなたの職場に潜む「狂気」を抉る　吉田典史著
光文社　2014.2　293p　19cm　Ⓘ978-4-334-97768-9　Ⓝ366.
021　［1300円］

◇労働経済白書―人材力の最大発揮に向けて　平成26年版　厚
生労働省／編　日経印刷，全国官報販売協同組合［発売］
2014.9　284p　30cm　Ⓘ978-4-905427-93-3　［2407円］

日本（労働問題―統計）

◇活用労働統計―生産性・賃金・物価関連統計　2014年版　日
本生産性本部生産性労働情報センター／著　日本生産性本部生
産性労働情報センター　2014.1　232p　19cm　Ⓘ978-4-
88372-472-7　［2000円］

◇賃金・労使関係データ　2014/2015　個別賃金・生涯賃金と雇
用処遇　日本生産性本部生産性労働情報センター編集　日本
生産性本部生産性労働情報センター　2014.10　77p　26cm
Ⓘ978-4-88372-487-1　Ⓝ366.059　［2000円］

日本（労働問題―年鑑）

◇労務年鑑　2014年版　日本労務研究会／編　日本労務研究会
2014.2　358p　26cm　Ⓘ978-4-88968-095-9　［12381円］

日本（労働問題―歴史）

◇日本人はいつから働きすぎになったのか―〈勤勉〉の誕生　礫
川全次著　平凡社　2014.8　254p　18cm　（平凡社新書　744）
〈文献あり〉　Ⓘ978-4-582-85744-3　Ⓝ366.021　［820円］

◇労働関係はじめてものがたり×50　久谷與四郎著　改訂版
全国労働基準関係団体連合会　2014.4　214p　21cm　Ⓘ978-
4-906741-06-9　Ⓝ366.021　［1600円］

日本（労働力）

◇労働力需給の推計―労働力需給モデル（2013年度版）による政
策シミュレーション　労働政策研究・研修機構　労働政策
研究・研修機構　2014.5　95p　30cm　（JILPT資料シリーズ
no. 129）　Ⓝ366.21

日本（労働力―統計）

◇労働力調査年報　平成25年　総務省統計局／編　日本統計協会
2014.5　451p　30cm　Ⓘ978-4-8223-3769-8　［4500円］

日本（ロック音楽）

◇EATER―REBIRTH　2014　地引雄一編　K&Bパブリッ
シャーズ　2013.12　223p　21cm　〈本文は日本語　内容：七
尾旅人（七尾旅人述）　PIKA☆（PIKA☆述）　太陽大感謝祭
勝井祐二（勝井祐二述）　フェスティバルFUKUSHIMA！
2011　フェスティバルFUKUSHIMA！2012　大友良英（大友
良英述）　遠藤ミチロウ（遠藤ミチロウ述）　浪江音楽祭に込
めた思い（馬場大輔述）　フェスティバルFUKUSHIMA！
2013　JOJO広重（JOJO広重述）　ストリートを取り戻せ（加
藤梅造述）　藤本”ゲゾ”和男（藤本”ゲゾ”和男述）　佐藤薫（佐
藤薫述）〉　Ⓘ978-4-902800-42-5　Ⓝ764.7　［1800円］

日本（ロック音楽―写真集）

◇レジェンド―写真家松下弘子ライヴ写真集　松下弘子写真
名古屋　ブイツーソリューション　2014.1　1冊（ページ付な
し）　30cm　〈星雲社（発売）〉　Ⓘ978-4-434-18745-2　Ⓝ764.7
［2380円］

日本（ロック音楽―伝記）

◇ロックンロールが降ってきた日　2　[秋元美乃，森内淳編]
スペースシャワーネットワーク　2014.3　349p　20cm
（SPACE SHOWER BOOks）　〈1までの出版者：Pヴァイン・
ブックス　内容：りょーめー（りょーめー述）　ビートりょう
（ビートりょう述）　志磨遼平（志磨遼平述）　須藤寿（須藤寿
述）　ホリエアツシ（ホリエアツシ述）　百々和宏（百々和宏
述）　マーヤ（マーヤ述）　TOSHI-LOW（TOSHI-LOW述）
LOW IQ　01（LOW IQ 01述）　横山健（横山健述）　吉
井和哉（吉井和哉述）　大木温之（大木温之述）　石橋凌（石橋
凌述）　早川義夫（早川義夫述）〉　Ⓘ978-4-907435-22-6
Ⓝ767.8　［2381円］

日本（ロック音楽―歴史―昭和後期―楽曲解説）

◇日本のロック　福原武志，増渕英紀監修　シンコーミュージッ
ク・エンタテイメント　2014.4　188p　21cm　（ディスク・
コレクション）　〈索引あり〉　Ⓘ978-4-401-63688-4　Ⓝ764.7
［2200円］

日本（ロック音楽―歴史―平成時代）

◇遊びつかれた朝に―10年代インディ・ミュージックをめぐる
対話　磯部涼，九龍ジョー著　Pヴァイン　2014.5　251p
19cm　（ele-king books）　〈アイ・ピー・エス（発売）〉
Ⓘ978-4-907276-11-9　Ⓝ764.7　［1800円］

日本（ロックフェスティバル）

◇GOOD ROCKS！SPECIAL EDITION OTODAMA'14～
音泉魂～OFFICIAL BOOK―必死のパッチで10回目！
ロックスエンタテインメント合同会社編集　大阪　ロックス
エンタテインメント　2014.11　113p　21cm　〈シンコー
ミュージック・エンタテイメント（発売）〉　Ⓘ978-4-401-
76163-0　Ⓝ764.7　［1200円］

◇GOOD ROCKS！SPECIAL EDITION RUSH BALL 2014
OFFICIAL BOOK　ロックスエンタテインメント合同会社編

集 大阪 ロックスエンタテインメント 2014.11 98p
21cm〈シンコーミュージック・エンタテイメント(発売)本
文は日本語〉①978-4-401-76162-3 Ⓝ764.7 [1000円]

日本（露店—歴史）
◇テキヤはどこからやってくるのか?—一露店商いの近現代を辿
る 厚香苗著 光文社 2014.4 197p 18cm （光文社新書
692）①978-4-334-03795-6 Ⓝ384.38 [760円]

日本（路面電車）
◇路面電車すごろく散歩 鈴木さちこ著 木楽舎 2014.9
191p 21cm （[翼の王国books]）①978-4-86324-076-6
Ⓝ291.09 [1400円]

日本（ワイン）
◇ブルース、日本でワインをつくる ブルース・ガットラヴ著,
木村博江聞き書き ［東京］ 新潮社図書編集室 2014.11
205p 20cm〈新潮社(発売) 年譜あり〉①978-4-10-910030-4
Ⓝ588.55 [1852円]

日本（和解—書式）
◇社会生活トラブル合意書・示談書等作成マニュアル 社会生
活紛争解決文書研究会編 名古屋 新日本法規出版 2014.
2- 冊(加除式)26cm Ⓝ327.2

日本（ワーキングプア）
◇高学歴女子の貧困—女子は学歴で「幸せ」になれるか? 大
理奈穂子,栗田隆子,大野左紀子,水月昭道著,水月昭道監修
光文社 2014.2 187p 18cm （光文社新書 681）〈内容：
どうして女性は高学歴でも貧困なのか（大理奈穂子,栗田隆子,
水月昭道著） なぜ、女性の貧困は男性よりも深刻化しやすい
のか?（水月昭道著） 女子の高学歴化は、彼女たちと社会
に何をもたらしたのか?（水月昭道著） 女は女というだけで
貧乏になるのだ（栗田隆子著）「アート系高学歴女子」のなれ
の果てとして、半生を顧みる（大野左紀子著）〉①978-4-334-
03784-0 Ⓝ366.38 [740円]

日本（ワークシェアリング）
◇高年齢者の多様な働き方事例集 平成25年度 ［千葉］ 高
齢・障害・求職者雇用支援機構 2013.8 157p 30cm〈独立
行政法人高齢・障害・求職者雇用支援機構高年齢者ワークシェ
アリング推進事業〉Ⓝ366.28

日本アムウェイ合同会社
◇愛されるアムウェイ嫌われるアムウェイ—ネットワークビジ
ネスあるある アムウェイルール研究所著 サイゾー(発売)
2014.9 231p 19cm ①978-4-904209-53-0 Ⓝ673.34
[1300円]

日本アルプス
◇「槍・穂高」名峰誕生のミステリー—地質探偵ハラヤマ出動
原山智,山本明著 山と渓谷社 2014.3 349p 15cm （ヤマ
ケイ文庫）〈文献あり 「超火山[槍・穂高]」2003年刊の改
題〉①978-4-635-04772-2 Ⓝ455.15 [1000円]

日本アルプス（登山）
◇南アルプス山旅の憶い出—青春時代そして第二の人生での山
旅 乙葉格著 ［横浜］ ［乙葉格］ 2013.6 239p 26cm
Ⓝ291.5

日本アルプス（登山—歴史）
◇ウェストンが来る前から、山はそこにあった—地元目線の山岳
史 菊地俊朗著 長野 信濃毎日新聞社 2014.8 272p
19cm （信毎選書 12）〈文献あり〉①978-4-7840-7239-2
Ⓝ215 [1300円]

日本医科大学
◇日本医科大学の医師が伝える医学知識がん医療—新病院の実
力 日本医科大学監修 ［東京］ 日本医科大学 2014.8
111p 26cm〈文藝春秋(発売) 共同刊行：文藝春秋企画出版
部〉①978-4-16-008809-2 Ⓝ494.5 [1200円]

日本移植学会
◇日本移植学会50周年記念誌 日本移植学会設立50周年記念誌
編集委員会編 日本移植学会 2014.10 632p 27cm〈年表
あり 文献あり〉Ⓝ494.2

日本いのちの花協会
◇認知症であっても寝たきりであってもがんであってもいのちの
花を最期まで 宮田さよ子著 幻冬舎ルネッサンス 2014.3
194p 19cm ①978-4-7790-1033-0 Ⓝ369.263 [1400円]

日本オストミー協会岩手県支部
◇いわてostomyの会30年の記録'14 岩手県支部編集委員会編
［盛岡］ 日本オストミー協会岩手県支部 2014.11 90, 8p
26cm〈年表あり〉Ⓝ494.658

日本おもちゃ図書館財団
◇日本おもちゃ図書館財団30年のあゆみ 日本おもちゃ図書館
財団 2014.9 75p 30cm〈年表あり〉Ⓝ369.49

日本オリンピック委員会
◇JOCの活動 2012-2014 ［東京］ 日本オリンピック委員会
2014.5 74p 30cm〈年表あり〉Ⓝ780.69

日本海
◇日本海中部海域における小型船舶の安全対策に関する調査研
究(富山県・石川県地区)報告書 ［新潟］ 日本海海難防止協
会 2014.3 194p 30cm Ⓝ557.8
◇日本海に沈んだ陶磁器—新潟県内海揚がり品の実態調査 新
潟県海揚がり陶磁器研究会編 新潟 新潟県海揚がり陶磁器
研究会 2014.9 68p 図版 [20] 枚 30cm〈折り込 1枚〉
Ⓝ751.1

日本学術振興会
◇独立行政法人日本学術振興会平成25年度学術研究助成業務に
関する報告書及び同報告書に付する文部科学大臣の意見 ［東
京］ ［文部科学省］ ［2014］ 1258p 30cm Ⓝ061
◇独立行政法人日本学術振興会平成25年度先端研究助成業務及
び研究者海外派遣業務に関する報告書並びに同報告書に付す
る文部科学大臣の意見 ［東京］ ［文部科学省］ ［2014］
155p 30cm Ⓝ061

日本学生支援機構
◇日本学生支援機構10年史—育英奨学事業70年の軌跡 日本学
生支援機構 2014.10 556p 31cm〈年表あり〉Ⓝ373.4

日本革命的共産主義者同盟革命的マルクス主義派
◇革マル派五十年の軌跡 第1巻 日本反スターリン主義運動の
創成 日本革命的共産主義者同盟革マル派政治組織局編 あ
かね図書販売 2014.6 518p 22cm〈布装 内容：反スター
リン主義運動の巨大な前進を切り拓け（植田琢磨著） 追悼同志
黒田寛一（植田琢磨, 政治組織局者） わが思想の転回点（黒田
寛一著） 東欧動乱の意味するもの（黒田寛一著） 何をなすべ
きか?（黒田寛一著）「流産したハンガリア革命」の教訓（黒
田寛一著） 黒田の革命家への「命がけの飛躍」 わが運動の
黎明期における探究派の闘い 日本における反スターリニズ
ム運動（黒田寛一著） JRCLの形成と発展 KTとKKとの同
一性と対立 「反帝・反スターリニズム」のスローガンについ
て（黒田寛一著） 労働者諸君に訴う ミシェル・カルトリー
への手紙（黒田寛一著） トニー・クリフへの手紙（黒田寛一
著） 日本共産党第七回大会とわれわれの立場（山本勝彦著）
日本共産党第七回党大会の延期をめぐって 弁証法研究会員
諸君の奮起を！ 東大自弁研・科方研の同志諸君！ 反ト
ロツキスト調査委員の動向（黒田寛一著） 福島同志へ 「代々
木」に背く盲目の教祖 社学同高校部の若い同志諸君へ！（黒
田寛一著） 分裂以後の組織戦術について 日本左翼反対派の
再編成にたいしてわれわれは如何にたたかうべきか? 労働
者大学開講にあたって（黒田寛一著） 労大通信. No.2 労大
通信. No.3 労大通信. No.4 黒田さんへの手紙 マル青労
同と黒田寛一 ケルン. 創刊号 怒りと苦しみを組織しよう
ケルン 第2号 階級内の敵に目を向けよ（尾崎鉄雄著） ケル
ン 第4号 友への手紙（勝田敏著） チューター集団の創設に
ついて（黒田寛一著）「日共＝前衛党」神話の崩壊と革共同の
胎動 革命的共産主義者の当面の任務（黒田寛一著） CL系の
同志諸君！（山本勝彦著） 関西派の同志諸君！ JRCL・NC
高校支部の同志諸君！（山本勝彦著） 労働者組織の創造のた
めの現時点的立脚点（山本勝彦著） 学生戦線を今こそ転換せ
よ！ 日本における階級闘争（黒田寛一著） 全学連第十六回
大会へのメッセージ（福本和夫, 対馬忠行, 大沢正道ほか著）
プロレタリア党のための闘争（黒田寛一著） JRCL・NCの戦
略戦術（黒田寛一著） 日本の反スターリン主義的マルクス主
義運動（黒田寛一著） 米・ソ核実験反対闘争と参議院選挙闘
争 現段階における反戦闘争とは何か?（黒田寛一著） 米・
ソ核実験反対闘争の教訓（土門肇著） わが同盟と参議院選挙
闘争（黒田寛一著） 参議選立候補政見放送 型破りなぐりこ
み選挙〉①978-4-89989-101-7 Ⓝ309.31 [5300円]

日本合唱指揮者協会
◇創立50周年記念誌—since 1963 JCDA日本合唱指揮者協会
2014.1 91p 30cm〈年表あり 奥付のタイトル：JCDA日本
合唱指揮者協会創立50周年記念誌〉Ⓝ767.4

日本カトリック司教協議会
◇日本カトリック司教協議会イヤーブック 2015 カトリック
中央協議会出版部編 カトリック中央協議会 2014.12 270p
21cm ①978-4-87750-557-8 Ⓝ198.221 [1300円]

日本貨物検数協会
◇一般社団法人日本貨物検数協会七十年史 日本貨物検数協会
編 日本貨物検数協会 2014.11 570p 図版 15枚 27cm
〈年表あり 折り込 5枚〉Ⓝ683.6

日本空手協会
◇公益社団法人日本空手協会六十五年史 日本空手協会六十五
年史編纂委員会編 日本空手協会 2014.12 223p 図版16p
27cm〈年表あり〉Ⓝ789.23 [7000円]

日本カルヴィニスト協会

◇カルヴァンとカルヴィニズム─キリスト教と現代社会　日本カルヴィニスト協会編　神戸　日本カルヴィニスト協会　2014.10　472p　22cm　〈一麦出版社（発売）　内容：カルヴァンの人間性に対する新しい評価（森川甫著）　カルヴァンの旧約理解（安田吉三郎著）　カルヴァンの『共観福音書註解』（森川甫著）　西洋思想史に対するドーイウェールトによるキリスト教位置づけの意義（渡辺公平著）　J.G.メイチェンの業績をめぐって（矢内昭二著）　K.スキルダー著、山中良知訳『キリストと文化』をめぐって（橋本龍三著）　カイパーと教会改革（市川康則著）　キリスト教信仰と学問（市川康則著）　北米におけるヴァン・テイルの影響（宇田進著）　ヴァン・テイルの福音弁証の特質（松田一男著）　カルヴィニズムの特質（入船章著）　有神論的キリスト教教育原理の確立をめざして（岩井素子著）　キリスト者の世界観と神の律法（宮崎弥男著）　カルヴィニズムの終末論的展開（牧田吉和著）　カルヴィニズムの一致と多様性（牧田吉和著）　ネオ・カルヴィニズムの伝統（春名純人著）　現代社会とキリスト者（エフベルト・スフールマン著、市川康則訳）　異教的現代性の社会倫理（村田充八著）　21世紀のネオ・カルヴィニズムとしての「公共の哲学」（稲垣久和著）　変貌した世界とキリスト教における《カルヴィニズムと未来》（水垣渉著）　キリスト教の弁明の課題としての日本の宗教性（水垣渉著）　カルヴァンの詩編歌と讃美歌（鈴木雅明著）　讃美歌の歴史的形成（鈴木雅明著）　キリスト者の芸術鑑賞（松田信彌著）　近現代文学とキリスト教（大田正紀著）　日本カルヴィニスト協会結成の趣旨　日本カルヴィニスト協会会則　日本カルヴィニストの教会のものは神に（田中剛二著）　有神論的文化建設の意義（山中良知著）　巻頭言（山中良知著）　山中良知先生とJCA（橋本龍三著）　日本カルヴィニスト協会〈JCA〉の歩み（橋本龍三著）　カルヴィン主義学生運動〈CSM〉について（村川満者）　21世紀を迎えたカルヴィニズム（市川康則著）　福音主義陣営におけるJCAの位置と意義（朝岡勝著）〉Ⓘ978-4-86325-070-3　Ⓝ198.386　［5600円］

日本環境アセスメント協会

◇JEAS会員名簿　日本環境アセスメント協会　2014.10　22p　30cm　Ⓝ519.15

日本漢字能力検定協会

◇「漢検事件」の真実─京都の変。政・官・産・学・宗・茶・華VS漢　野田峯雄著　第三書館　2013.9　255p　19cm　Ⓘ978-4-8074-1373-7　Ⓝ811.2　［1400円］

日本患者同盟

◇日本患者同盟および朝日訴訟関係文書資料の概要目録とその内容─社会事業研究所2012・13年度研究報告／最終報告　［清瀬］　日本社会事業大学社会事業研究所　2014.3　382p　30cm　〈社会事業研究所共同研究事業〉Ⓝ498.06

日本キャリアデザイン学会

◇日本キャリアデザイン学会10周年記念誌─10th anniversary　三鷹　日本キャリアデザイン学会　2014.3　116p　30cm　〈年表あり〉Ⓝ366.29　［2000円］

日本教育公務員弘済会山形県支部

◇山形教弘のあゆみ─創立60周年記念誌　日教公弘山形支部編　山形　日教公弘山形支部　2014.3　71p　31cm　〈年表あり〉（公財）日本教育公務員弘済会山形支部創立60周年記念事業〉Ⓝ370.6

日本共産党

◇資料集コミンテルンと日本共産党　和田春樹,G.M.アジベーコフ監修，富田武, 和田春樹編訳　岩波書店　2014.9　426,17p　22cm　〈索引あり〉Ⓘ978-4-00-022936-4　Ⓝ315.1　［15000円］

◇政策活動入門　不破哲三著　新版　新日本出版社　2014.12　302p　21cm　Ⓘ978-4-406-05845-2　Ⓝ315.1　［1600円］

◇選挙活動の手引き　2014年版　日本共産党中央委員会選挙対策局編　日本共産党中央委員会出版局　2014.10　126p　21cm　〈文献パンフ〉Ⓘ978-4-530-01642-7　Ⓝ315.1　［509円］

◇戦争か平和か─歴史の岐路と日本共産党　志位和夫著　新日本出版社　2014.10　286p　21cm　〈内容：「亡国の政治」と決別し、未来に責任を負う新しい政治を　社会変革の事業と日本共産党　歴史に学び、日本のいまと未来を語る　"第三の躍進"を本格的な流れに　日本の真の主権回復をめざして　歴史の偽造は許されない　日本軍「慰安婦」問題アジア連帯会議でのあいさつ〉Ⓘ978-4-406-05822-3　Ⓝ310.4　［1300円］

◇帝国に抗する社会運動─第一次日本共産党の思想と運動　黒川伊織著　有志舎　2014.11　317,7p　22cm　〈文献あり　索引あり〉Ⓘ978-4-903426-90-7　Ⓝ315.1　［6000円］

◇党綱領の力点　不破哲三著　日本共産党中央委員会出版局　2014.1　173p　19cm　Ⓘ978-4-530-04409-3　Ⓝ315.1　［762円］

◇日本共産党カクサン部！─ゆるくてマジメなPR戦略　チーム・カクサン部！著　新日本出版社　2014.1　95p　15×17cm　Ⓘ978-4-406-05772-1　Ⓝ315.1　［1000円］

◇日本共産党中央委員会総会決定集　第25回党大会〈第1回中央委員会総会〈2010年1月〉─第10回中央委員会総会〈2014年1月〉〉日本共産党中央委員会出版局　2014.4　478p　19cm　Ⓘ978-4-530-04410-9　Ⓝ315.1　［2759円］

◇日本共産党の深層　大下英治著　イースト・プレス　2014.2　351p　18cm　〈イースト新書 021〉Ⓘ978-4-7816-5021-0　Ⓝ315.1　［920円］

◇日本共産党の政策・提言資料集─国民、住民が主人公の政治をめざして 12　2010年11月─2014年10月　日本共産党中央委員会出版局　2014.11　255p　21cm　Ⓘ978-4-530-04411-6　Ⓝ315.1　［1296円］

日本基督教団

◇日本基督教団年鑑　第66集　日本基督教団事務局／編　日本基督教団事務局, 日本基督教団出版局［発売］　2014.10　512p　21cm　Ⓘ978-4-8184-0903-3　［3600円］

日本基督教団諫早教会

◇創立75周年記念誌─日本基督教団諫早教会　諫早教会創立75周年記念誌編纂委員会編　諫早　日本基督教団諫早教会　2014.5　206p　26cm　〈年表あり〉Ⓝ198.35

日本基督教団和泉教会

◇和泉教会外史─築地福音教会誕生から和泉教会会堂完成まで　吉田明弘著　日本基督教団和泉教会　2014.8　227p　26cm　Ⓝ198.35　［非売品］

日本基督教団大曲教会

◇一人から一人への伝道─東北学院神学部卒業生による北東北での信仰継承の足跡：日本基督教団横手教会百年の歩みをこえて　小松郁美著　横手　小松郁美　2014.8　102p　30cm　〈年表あり〉Ⓝ198.32124

日本基督教団金城教会

◇日本基督教団金城教会百二十年史　名古屋　日本基督教団・金城教会百二十年史編集委員会　2014.3　476p　図版 32p　22cm　〈年表あり　文献あり〉Ⓝ198.35

日本基督教団光明園家族教会

◇神の家族─光明園家族教会の100年　続　瀬戸内　日本基督教団光明園家族教会　2013.12　140p　30cm　〈年表あり〉Ⓝ198.35

日本基督教団篠ノ井教会

◇篠ノ井教会五〇年史　記念誌編集委員会編　長野　日本基督教団篠ノ井教会　2014.11　350p　図版 10p　30cm　〈年表あり〉Ⓝ198.35

日本基督教団芝教會

◇日本基督教団芝教會　［東京］　[日本基督教団芝教會]　[2014]　1冊（ページ付なし）25×25cm　〈年表あり〉Ⓝ198.35

日本基督教団瀬戸永泉教会

◇瀬戸永泉教会125年史　瀬戸永泉教会125年史編纂委員会編　瀬戸　日本基督教団瀬戸永泉教会　2013.12　236p　30cm　〈年表あり〉Ⓝ198.35

日本基督教団名古屋北教会

◇名古屋北教会八十年史　名古屋北教会八十年史編纂委員会著　[名古屋]　日本キリスト教団名古屋北教会　2013.11　271p　22cm　〈年表あり　発行所：一粒書房〉Ⓘ978-4-86431-238-7　Ⓝ198.35

日本基督教団仁川教会

◇仁川教会五十年誌　日本基督教団仁川教会五十年誌編集委員会編　宝塚　日本基督教団仁川教会五十年誌編集委員会　2014.3　213p　21cm　〈年表あり〉Ⓝ198.35

日本基督教団別府不老町教会

◇神の愛に支えられて─日本基督教団別府不老町教会創立百周年記念誌　別府不老町教会創立百周年記念誌編集委員会編　[別府]　[別府不老町教会創立百周年記念誌委員会]　[201-]　459p　21cm　〈年表あり〉Ⓝ198.35

日本基督教団横手教会

◇一人から一人への伝道─東北学院神学部卒業生による北東北での信仰継承の足跡：日本基督教団横手教会百年の歩みをこえて　小松郁美著　横手　小松郁美　2014.8　102p　30cm　〈年表あり〉Ⓝ198.32124

日本銀行

◇孤独な日銀　白川浩道著　講談社　2014.1　220p　18cm　（講談社現代新書 2242）Ⓘ978-4-06-288242-2　Ⓝ338.41　［760円］

日本件名図書目録2014　Ⅰ　　　　　　　　　　　　　　　　　　　　　　　　　　　　　　　　　　　　　日本審美歯科協会

◇戦後歴代日銀総裁とその時代　島村髙嘉著　東洋経済新報社　2014.5　323,3p　20cm〈文献あり　索引あり〉①978-4-492-65460-6　Ⓝ338.41　[3000円]

◇第129回事業年度財務諸表等─平成25年4月1日から平成26年3月31日まで／第129回事業年度下半期損益計算書等─平成25年10月1日から平成26年3月31日まで　[東京]　日本銀行　[2014]　1冊　30cm　Ⓝ338.41

◇通貨及び金融の調節に関する報告書　[東京]　日本銀行　2014.6　4, 346p　30cm　Ⓝ338.3

◇通貨及び金融の調節に関する報告書　[東京]　日本銀行　2014.12　3, 216p　30cm　Ⓝ338.3

◇日銀、「出口」なし！─異次元緩和の次に来る危機　加藤出著　朝日新聞出版　2014.7　256p　18cm　（朝日新書 468）①978-4-02-273568-3　Ⓝ338.3　[780円]

◇日本銀行と政治─金融政策決定の軌跡　上川龍之進著　中央公論新社　2014.10　312p　18cm　（中公新書 2287）〈文献あり　年表あり〉①978-4-12-102287-5　Ⓝ338.3　[880円]

◇リスクとの闘い─日銀政策委員会の10年を振り返る　須田美矢子著　日本経済新聞出版社　2014.5　394p　20cm〈文献あり〉①978-4-532-35599-9　Ⓝ338.3　[3000円]

◇歴代日本銀行総裁論─日本金融政策史の研究　吉野俊彦[著], 鈴木淑夫補論　講談社　2014.12　509p　15cm　（講談社学術文庫 2272）〈底本：毎日新聞社 1976年刊〉①978-4-06-292272-2　Ⓝ338.3　[1430円]

日本建設産業職員労働組合協議会
◇次世代へつなぐ─日建協60年史　日建協60年史編集委員会編　日本建設産業職員労働組合協議会　2014.8　155p　30cm〈年表あり〉Ⓝ366.629

日本建築材料協会
◇会員名簿　2014　[大阪]　日本建築材料協会　2014.1　68p　30cm〈奥付のタイトル：一般社団法人日本建築材料協会会員名簿〉Ⓝ524.2

日本航空
◇資本主義社会における裁判官の役割─日本経済の発展を支える社会的妥当判決　「資本市場と法」研究会著　岡山　ふくろう出版　2014.7　40p　21cm　①978-4-86186-610-4　Ⓝ336.97　[1500円]

日本航空株式会社
◇JAL虚構の再生　小野展克[著]　講談社　2014.9　363p　15cm　（講談社文庫 お120-1）〈文献あり　「巨象の漂流」(2010年刊)の改題, 加筆〉①978-4-06-277928-9　Ⓝ687.3　[770円]

◇全員で稼ぐ組織─JALを再生させた「アメーバ経営」の教科書　森田直行著　[東京]　日経BP社　2014.6　251p　19cm〈日経BPマーケティング(発売)〉①978-4-8222-5020-1　Ⓝ336　[1600円]

日本口腔外科学会
◇日本口腔外科学会創立八〇周年記念誌　日本口腔外科学会　2014.10　401p　30cm〈文献あり　年表あり　年譜あり〉Ⓝ497.3　[非売品]

日本更生保護協会
◇日本更生保護協会100年史　日本更生保護協会100年史編集委員会編　日本更生保護協会　2014.12　591p　27cm〈年表あり　著作目録あり〉Ⓝ326.56

日本交通医学会
◇日本交通医学会創立100周年記念誌　日本交通医学会創立100周年記念事業実行委員会編　日本交通医学会　2014.9　119p　30cm　Ⓝ490.6

日本交通公社
◇創発的進化へ向けて─創業1912年から1世紀：調査研究専門機関50年の歴史　日本交通公社50年史編纂委員会編　日本交通公社　2014.3　209p　30cm〈年表あり〉Ⓝ689.06

日本弘道会野田支会
◇明治後期の野田における社会教育活動研究─道徳団体日本弘道会野田支会を中心として　古垣光一著　千葉　千葉県立保健医療大学健康科学部栄養学科古垣光一研究室　2014.2　96p　30cm　Ⓝ150

◇明治後期の野田における社会教育活動研究─道徳団体日本弘道会野田支会を中心として　古垣光一編著　狛江　くらすなや書房　2014.2　96p　26cm　（くらすなや教育選書）①978-4-907784-42-3　Ⓝ150　[1800円]

日本公認会計士協会
◇公認会計士関係法規集　平成26年版　[東京]　日本公認会計士協会　[2014]　694, 1001p　21cm　Ⓝ336.97

日本国有鉄道
◇国鉄「東京機関区」に生きた─1965-1986　滝口忠雄写真・文　えにし書房　2014.10　167p　19×26cm　①978-4-908073-04-5　Ⓝ686.21　[2700円]

◇ディスカバー、ディスカバー・ジャパン「遠く」へ行きたい　[東京]　東京ステーションギャラリー　2014.9　223p　27cm〈文献あり　会期：2014年9月13日─11月9日　編集：成相肇ほか〉Ⓝ686.3

◇鉄道が関わった通信事業　技術編　[出版地不明]　通信事業研究会　[2013]　110p　30cm　Ⓝ694.21

◇鉄道が関わった通信事業　事業編　[出版地不明]　通信事業研究会　[2013]　92, 11, 8p　30cm〈年表あり〉Ⓝ694.21

日本CRO協会
◇日本CRO協会20周年記念誌　日本CRO協会　2013.11　151p　26cm〈年表あり　標題紙・背・表紙のタイトル：20周年記念誌〉Ⓝ499.4

日本自動車殿堂
◇JAHFA　No.14　日本自動車殿堂中野スタジオ/編, 国立科学博物館/協力　日本自動車殿堂, 三樹書房[発売]　2014.11　104p　30cm　①978-4-89522-631-8　[800円]

日本社会党
◇多情仏心わが日本社会党興亡史　曽我祐次著　社会評論社　2014.5　446p　21cm〈年譜あり〉①978-4-7845-1521-9　Ⓝ315.1　[2500円]

日本写真家協会
◇公益社団法人日本写真家協会会員名簿　2014-2015　日本写真家協会　2014.1　235p　26cm〈年表あり　表紙のタイトル：会員名簿〉Ⓝ740.6

日本周産期新生児医学会
◇日本周産期・新生児医学会50周年記念誌　日本周産期・新生児医学会50周年記念事業実行委員会編　[東京]　日本周産期・新生児医学会　2014.9　254p　30cm〈文献あり〉Ⓝ495.5

日本習字教育財団
◇文字のチカラ、未来へ。─日本習字創立六十周年記念誌　日本習字教育財団編　日本習字教育財団　2014.5　253p　26cm〈年表あり〉Ⓝ728.06

日本樹木医会兵庫県支部
◇20周年記念史　20周年記念史編集委員会編　明石　日本樹木医会兵庫県支部　2014.3　90p　30cm〈年表あり〉Ⓝ654.7

日本証券業協会
◇定款・規則　平成26年4月　日本証券業協会編　日本証券業協会　2014.4　834p　26cm　Ⓝ338.17

日本商工会議所
◇514の絆─東日本大震災からの復興に向けた商工会議所900日の歩み　日本商工会議所　2013.9　83p　30cm　Ⓝ330.66

日本食品化学研究振興財団
◇公益財団法人日本食品化学研究振興財団20年の歩み　財団史「20年の歩み」編集委員会編　豊中　日本食品化学研究振興財団　2014.5　155p　26cm〈年表あり　背のタイトル：20年の歩み〉Ⓝ498.53

日本食糧協会
◇(社)日本食糧協会の記録─平成以降を中心に　日本食糧協会編　日本食糧協会　2013.3　86p　30cm　Ⓝ611.3

日本女子体育連盟
◇日本女子体育連盟の歩み─40周年から60周年へ：創立60周年記念誌　日本女子体育連盟　2014.9　176p　図版32p　30cm〈年表あり〉Ⓝ780.6

日本女子大学家政学部家政経済学科
◇家政経済学科の50年─1964-2014　日本女子大学家政学部家政経済学科編　日本女子大学家政学部家政経済学科　2014.11　129p　21cm〈文献あり〉Ⓝ377.28

日本女子大学理学部
◇日本女子大学における理科の変遷─物理教室の理学部成立までの道のり　竹中はる子著　ドメス出版　2014.3　189p　22cm　①978-4-8107-0805-9　Ⓝ377.21　[2400円]

日本女子大学校
◇日本女子大学校規則─大正一三年─昭和二年三月　日本女子大学成瀬記念館編　日本女子大学成瀬記念館　2014.3　1冊　21cm　（日本女子大学史資料集　第5-6）〈複製〉Ⓝ377.28

日本審美歯科協会
◇日本審美歯科協会30年のあゆみ─あくなき挑戦　日本審美歯科協会編　クインテッセンス出版　2014.10　235p　28cm〈文献あり〉①978-4-7812-0399-7　Ⓝ497.69　[12000円]

日本新聞社

◇明治の青年とナショナリズム―政教社・日本新聞社の群像　中野目徹著　吉川弘文館　2014.6　327,8p　22cm〈索引あり　内容：志賀重昂における「国粋主義」とその変容　「国粋」の発見と志賀重昂　日露戦争後における志賀重昂の国際情勢認識　志賀重昂の朝鮮観　井上円了における「哲学」と「日本主義」の模索　井上円了による哲学館の創立　内藤湖南のアジア論　「国粋主義」と伝統文化　明治二十四、五年の南洋巡航　福澤諭吉論の射程　政教社退社一件始末　同時代史としての近代　遠祖の地・奥能登を訪ねる　鈴木虎雄の新聞『日本』入社　勉学・自立・鬱悶　鈴木虎雄と故郷　陸羯南研究の動向　ナショナリズムの語り方　成果と残された課題〉Ⓘ978-4-642-03833-1　Ⓝ311.3　[9500円]

日本スーザ協会

◇日本スーザ協会創立20周年記念誌―1993-2013　日本スーザ協会編［川越］日本スーザ協会　2014.3　96p　30cm〈年表あり〉Ⓝ764.68

日本スポーツ振興センター

◇第2期中期目標期間業務実績報告書（平成20年度―平成24年度）　日本スポーツ振興センター　2013.6　155p　30cm　Ⓝ780.6

◇独立行政法人日本スポーツ振興センター平成25年度スポーツ振興投票に係る収益の使途に関する報告書及び同報告書に付する文部科学大臣の意見　［東京］［文部科学省］［2014］94p　30cm　Ⓝ780.6

日本生花通信配達協会

◇JFTD 60年史―1953-2013　JFTD 60年史編纂委員会編　日本生花通信配達協会　2013.11　196p　30cm〈年表あり〉Ⓝ673.7

日本生活協同組合連合会

◇地域購買生協における「生活相談・貸付事業」の事業モデル構築調査・研究事業―報告書　日本生活協同組合連合会組織推進本部福祉事業推進部　2014.3　56p　30cm〈平成25年度セーフティネット支援対策等事業費補助金社会福祉推進事業〉Ⓝ338.54

日本聖公会京都復活教会

◇京都復活教会創立百周年記念誌　京都復活教会編　京都　北斗書房　2014.8　76p　30cm〈年表あり〉978-4-89467-267-3　Ⓝ198.45　[非売品]

日本政策金融公庫

◇シニアのためのらくらく創業融資講座　吉田学監修，武下未麻著　中央経済社　2014.3　224p　21cm　Ⓘ978-4-502-09040-0　Ⓝ336.82　[2600円]

日本製紙株式会社石巻工場

◇紙つなげ！　彼らが本の紙を造っている―再生・日本製紙石巻工場　佐々涼子著　早川書房　2014.6　267p　20cm〈文献あり〉Ⓘ978-4-15-209460-5　Ⓝ585.02123　[1500円]

日本精神保健福祉士協会

◇日本精神保健福祉士協会50年史　日本精神保健福祉士協会50年史編集委員会編　日本精神保健福祉士協会　2014.11　218p　30cm〈文献あり　年表あり〉Ⓝ369.28

日本赤十字社

◇皇后陛下ご慈しみ―日本赤十字社名誉総裁としてのご活動とお言葉：名誉総裁在位二五周年に寄せて　日本赤十字社　2014.9　135p　27cm〈世界文化社（発売）　年譜あり〉Ⓘ978-4-418-14506-5　Ⓝ288.44　[2300円]

◇世界と日本の赤十字―世界最大の人道支援機関の活動　桝居孝，森正尚著　新版　東信堂　2014.5　354p　21cm〈文献あり　索引あり　初版：タイムス 1999年刊〉Ⓘ978-4-7989-1232-5　Ⓝ369.15　[2400円]

◇日本のナイチンゲール―従軍看護婦の近代史　澤村修治著　図書新聞　2013.8　271p　19cm〈文献あり　年表あり〉Ⓘ978-4-88611-452-5　Ⓝ498.14　[1800円]

日本総合病院精神医学会

◇日本総合病院精神医学会会員名簿　平成26年8月末日版　日本総合病院精神医学会　［2014］94p　26cm〈タイトルは表紙による〉Ⓝ493.7

日本惣菜協会

◇一般社団法人日本惣菜協会会員名簿　平成26年10月1日現在　［東京］日本惣菜協会　2014.10　84p　30cm〈背のタイトル：会員名簿〉Ⓝ588.06

日本体育大学

◇日本体育大学の底力　手束仁著　日刊スポーツ出版社　2014.1　237p　19cm〈内容：箱根で執念を見せた日本大の意地（別府健至述）日本体育大学の歴史と果たすべき役割　日本体育

大学の使命とは何か（松浪健四郎述）日本体育大学の新たな挑戦（谷釜了正述）世界に直結している日体大体操競技部（畠田好章，近藤典子，三輪康廣述）高校野球を支える多くの指導者を輩出（古城隆利述）現場の指導者たちが語る母校日体大（野中祐之，徳留清智，鹿島唯述）勝つことと普及との両輪を担うバレーボール部（根本研，山本健之述）体育大学の中のアートな要素（荒木達雄述）〉Ⓘ978-4-8172-0315-1　Ⓝ377.21　[1500円]

日本大学

◇未来への6つの約束―日本大学N. 研究物語　日本大学N. 研究プロジェクト編　リバネス出版　2014.3　137p　19cm　Ⓘ978-4-907375-23-2　Ⓝ507　[1200円]

◇忘れざる日々（とき）国立　日大闘争を記録する会　2013.9　203p　21cm（日大闘争の記録 vol. 4）〈年譜あり〉Ⓘ978-4-9907319-1-5　Ⓝ377.96　[1000円]

◇忘れざる日々（とき）国立　日大闘争を記録する会　2014.9　175p　21cm（日大闘争の記録 vol. 5）Ⓘ978-4-9907319-2-2　Ⓝ377.96　[1000円]

日本大学工学部

◇東日本大震災と福島第一原子力発電所事故への対応―工学部1095日間の記録：2011→2013　3.11記録集編集委員会編　郡山　日本大学工学部　2014.8　310p　30cm　Ⓝ377.21

日本大学生物資源学部九州人会

◇九州人会の歩み 2013　［出版地不明］日本大学生物資源学部九州人会　2013.10　171p　26cm〈発行所：国立出版　付属資料：CD-ROM 1枚（12cm）：語り継ぐ―軍隊・戦争体験〉Ⓝ377.13

日本調剤株式会社

◇"真の医薬分業"へのあくなき挑戦―ジェネリック医薬品が日本の医療を変える　鶴蒔靖夫著　IN通信社　2014.9　237p　20cm〈文献あり〉Ⓘ978-4-87218-398-6　Ⓝ499.095　[1800円]

日本テクノ株式会社〔1969年〕

◇地球を変える男―放射性セシウムをプラチナに　大政龍晋著　大阪　JDC出版　2014.3　195p　19cm　Ⓘ978-4-89008-510-1　Ⓝ571　[1500円]

日本鉄道技術協会日本鉄道サイバネティクス協議会

◇50年のあゆみ―人と地球に優しい鉄道を目指し未来へつなぐ　鉄道サイバネティクス　記念図書編分科会編　日本鉄道技術協会日本鉄道サイバネティクス協議会　2014.3　284p　30cm〈年表あり〉Ⓝ546.06

日本電気産業労働組合

◇電産資料（中央本部・各地方本部）の収集・寄贈の記録―別添「電産中央本部資料」「電産地方本部資料」－解説および目録　河西宏祐［著］［東京］［河西宏祐］2014.6　1冊　26cm（労働社会学・資料シリーズ 6）〈著作目録あり〉Ⓝ366.629

◇電産の青春―未熟にして高貴な輝きの瞬間：1945年―1956年　河西宏祐［著］［東京］［河西宏祐］2014.5　80p　26cm（労働社会学資料シリーズ 5）〈著作目録あり〉Ⓝ366.629

◇電産労働史論―その志（1945年―1956年）河西宏祐［著］［東京］［河西宏祐］2014.5　166p　26cm（労働社会学資料シリーズ 4）〈著作目録あり〉Ⓝ366.629

日本電気制御機器工業会

◇NECA創立50周年記念誌―1964-2014　日本電気制御機器工業会　2014.11　171p　図版 8p　30cm〈年表あり〉Ⓝ542.06　[2500円]

日本電子回路工業会

◇会員名簿―一般社団法人日本電子回路工業会　平成26年度版　日本電子回路工業会　2014.11　115p　30cm　Ⓝ549.06

日本ドキュメンタリストユニオン

◇燃ゆる海峡―NDUと布川徹郎の映画/運動に向けて　小野沢稔彦，中村葉子，安井喜雄編　インパクト出版会　2013.11　331p　21cm〈内容：『鬼っ子戦う青年労働者の記録』から『出草之歌　台湾原住民の吶喊―背山一戦』まで四四年とそれ以上、NDU 日本ドキュメンタリストユニオンとはいったいなんなのだ？（井上修著）同一性から遠く離れて（小野沢稔彦著）「復帰」の向こう側を幻視する（大野光明著）国境のある風景『アジアはひとつ』におけるリアリズムについて（中村葉子著）布川徹郎と船戸与一『bastard on the border』の頃から（鈴木義昭著）運動内部の分裂に遭遇していく（星紀市述，小野沢稔彦，中村葉子聞き手）われら瀕死の独立映画！（NDU著）ドキュメンタリーへの出立「モトシンカカランヌーたち」が開視するもの（布川徹郎著）〈映像の番外地〉からの報告新作『アジアはひとつ』のためのマニフェスト（在・沖縄NDU著）NDU製作コメント　布川徹郎追悼「幻視少年との対話歴」/二〇一二・七・一七（足立正生著）〈天才〉と〈鈍感力〉（出草之歌）の故布川徹郎へのオマージュと批判（菅孝行著）布川徹郎監督作品撮影（長田勇市著）布川徹郎の音楽的越境（伊達政保著）

日本件名図書目録2014　Ⅰ　　　　　　　　　　　　　　　　　　　　　　　　　　　　　　　二本松市（遺跡・遺物）

『風ッ喰らい時逆しま』は要請する（桜井大造著）　布川徹郎への挽歌（翠羅臼著）　布川さんがいないことを寂しく思うとき（三井峰雄著）　布川怪獣、大阪に現わる（安井喜雄著）　布川徹郎と私とドキュメンタリーと（金稔万著）　主体と客体との間に生まれる新たな「主体」とは（梶井洋志著）　追悼布川監督釜ケ崎から（南美穂子著）　「成り行き」を大事に（石田みどり著）　哀悼布川徹郎さん（大谷隆夫著）　遠くまで行くんだ（横田直寿著）　国境を越えて行く人との出会い哀悼布川徹郎（橋本隆著）　布川徹郎という〈無頼〉の死（小田原紀雄著）〉　①978-4-7554-0237-1　Ⓝ778.4　[3000円]

日本南極地域観測隊
◇南極観測隊のしごと―観測隊員の選考から暮らしまで　国立極地研究所南極観測センター編　成山堂書店　2014.3　244p　19cm　（極地研ライブラリー）〈文献あり　索引あり〉①978-4-425-57071-3　Ⓝ402.979　[2400円]
◇南極日和―極地を「仕事」にする人たち　「南極日和」制作班著　実業之日本社　2014.5　197p　19cm　①978-4-408-11066-0　Ⓝ402.979　[1700円]

日本脳神経血管内治療学会
◇信じた道に花は咲く―JSNET会長講演集　江面正幸編集責任　にゅーろん社　2013.11　118p　26cm〈文献あり　第28回日本脳神経血管内治療学会開催記念、第20回脳血管内治療仙台セミナー開催記念　内容：脳神経血管内治療（兵頭明夫述）　A long and rough road to neurointervention（根本繁述）　チャレンジからスタンダードへ、そして新たなチャレンジへ（瓢子敏夫述）　"最初の1例"（寺田友昭述）　挑戦と確立（佐藤浩一述）　負けに不思議の負けなし、勝ちに不思議の勝ち・・（坂井信幸述）　外科的治療としての脳血管内治療およびその治療医はどうあるべきか（宮地茂述）　硬膜動静脈瘻の不思議（桑山直也述）　滝和郎理事長インタビュー（中原一郎述）　EvidenceとExperience（小林繁樹述）　広大な視野、繊細な手技（江面正幸述）　蔵王/仙台セミナーの20年を振り返って（江面正幸著）〉①978-4-89108-037-2　Ⓝ494.627　[2000円]

日本発明振興協会
◇日本発明振興協会創立60周年記念誌　日本発明振興協会創立60周年記念誌編集委員会編　日本発明振興協会　2014.1　14,139p　30cm〈背のタイトル：創立六十周年記念誌〉Ⓝ507.1

日本バプテスト同盟
◇日本バプテスト同盟に至る日本バプテスト史年表　資料編　日本バプテスト同盟・日本バプテスト130年史編纂委員会著　日本バプテスト同盟　2014.4　139p　30cm〈奥付の責任表示（誤植）：日本バプテスト同盟・日本バプテスト130年史編纂委員会〉Ⓝ198.67

日本バプテスト連合
◇日本バプテスト連合（J.B.A）50年史　[出版地不明]　日本バプテスト連合牧師会　2014.4　192p　21cm〈年表あり　背・表紙のタイトル：日本バプテスト連合五十年史〉Ⓝ198.65　[800円]

日本パン工業会
◇五十年のあゆみ――一般社団法人日本パン工業会：創立50周年記念誌：昭和38年（1963年）−平成25年（2013年）　日本パン工業会　2013.12　343p　27cm〈年表あり〉Ⓝ588.32　[非売品]

日本ファルコム株式会社
◇日本ファルコム音楽大全―ファルコムレーベル25周年公式記念本　キャラアニ　2013.7　255p　27cm〈角川グループホールディングス（発売）　年譜あり　索引あり〉①978-4-04-895314-6　Ⓝ763.9　[4980円]

日本福音ルーテル教会
◇被災地に立つ寄り添いびと　立野泰博著　キリスト新聞社　2014.3　354p　19cm　①978-4-87395-651-0　Ⓝ198.3855　[2200円]

日仏仏教保育協会
◇公益社団法人日本仏教保育協会社員名簿　平成26年度版　日本仏教保育協会編　[東京]　日本仏教保育協会　2014.5　240p　30cm　Ⓝ376.1

日本物理学会
◇年表―1877-2011：歴史のなかの物理学会　日本物理学会物理学史資料委員会編　第2版　日本物理学会　2014.3　179p　21cm　①978-4-89027-103-0　Ⓝ420.6　[500円]

日本保育協会
◇日本保育協会五十年の歩み　日本保育協会50年誌編集委員会編　日本保育協会　2014.3　520p　図版16p　27cm〈年表あり〉Ⓝ369.42

日本放送協会
◇NHK―危機に立つ公共放送　松田浩著　新版　岩波書店　2014.12　235,10p　18cm　（岩波新書　新赤版1521）〈文献あり　年譜あり〉①978-4-00-431521-6　Ⓝ699.21　[820円]
◇NHKが危ない！―「政府のNHK」ではなく「国民のためのNHK」へ　池田恵理子、戸崎賢二、永田浩三著　あけび書房　2014.4　229p　19cm　①978-4-87154-122-0　Ⓝ699.21　[1600円]
◇NHKが日本をダメにした―もはや情報源としての信頼を失った「公共放送」の実態　武田邦彦著　詩想社　2014.12　277p　18cm　（詩想社新書3）〈星雲社（発売）〉①978-4-434-19939-4　Ⓝ699.21　[900円]
◇NHKと政治権力―番組改変事件当事者の証言　永田浩三著　岩波書店　2014.8　264,54p　15cm　（岩波現代文庫）〈文献あり　年譜あり〉①978-4-00-603273-9　Ⓝ699.64　[1240円]
◇NHKと政治支配―ジャーナリズムは誰のものか　飯室勝彦著　現代書館　2014.8　237p　19cm　①978-4-7684-5738-2　Ⓝ070.13　[1700円]
◇NHK年鑑　2014　NHK放送文化研究所／編　NHK出版　2014.11　765p　26cm　①978-4-14-007252-3　[6700円]
◇NHK亡国論―公共放送の「罪と罰」、そして「再生」への道　西村幸祐著　ベストセラーズ　2014.10　239p　19cm　①978-4-584-13596-9　Ⓝ699.21　[1360円]
◇NHKはなぜ金持ちなのか？　小田桐誠著　双葉社　2014.4　327p　18cm　（双葉新書086）〈文献あり〉①978-4-575-15437-5　Ⓝ699.21　[880円]
◇これでも公共放送かNHK！―君たちに受信料徴収の資格などない　小山和伸著　展転社　2014.3　203p　19cm〈文献あり〉①978-4-88656-397-2　Ⓝ699.21　[1500円]
◇日本放送協会平成25年度業務報告書及び総務大臣の意見並びに監査委員会の意見書　[東京]　[内閣府]　[2014]　176p　30cm　Ⓝ699.06
◇日本放送協会平成24年度業務報告書及び総務大臣の意見並びに監査委員会の意見書　[東京]　[内閣府]　[2013]　177p　30cm　Ⓝ699.06
◇ヒロシマはどう記録されたか　上　昭和二十年八月六日　小河原正己著　朝日新聞出版　2014.7　301p　15cm　（朝日文庫　お71-1）〈日本放送出版協会　2003年刊の加筆・修正〉①978-4-02-261800-9　Ⓝ210.75　[600円]
◇ヒロシマはどう記録されたか　下　昭和二十年八月七日以後　小河原正己著　朝日新聞出版　2014.7　367p　15cm　（朝日文庫　お71-2）〈文献あり　日本放送出版協会　2003年刊の加筆・修正〉①978-4-02-261801-6　Ⓝ210.75　[680円]

日本マイクロサージャリー学会
◇日本マイクロサージャリー学会創立40周年記念誌　日本マイクロサージャリー学会編　日本マイクロサージャリー学会　2014.1　135p　30cm　Ⓝ494.28

日本マクドナルド株式会社
◇原田泳幸の仕事の流儀　原田泳幸著　KADOKAWA　2014.2　213p　19cm〈「ハンバーガーの教訓」（角川書店　2008年刊）の改題、加筆訂正・再構成〉①978-4-04-110696-9　Ⓝ673.973　[1300円]

二本松市（遺跡・遺物）
◇市内遺跡試掘調査報告書　平成25年度　福島県二本松市教育委員会編　二本松　福島県二本松市教育委員会　2014.3　48p　30cm　（二本松市文化財調査報告書　第52集）〈内容：二本松城跡　上竹遺跡　郡山台遺跡　下田B遺跡　原瀬上原遺跡〉Ⓝ210.0254
◇トロミ遺跡　1・2次調査　福島県文化振興財団遺跡調査部編　福島　福島県教育委員会　2013.12　360p　30cm　（福島県文化財調査報告書　第490集）〈共同刊行：福島県文化振興財団ほか〉Ⓝ210.0254
◇トロミ遺跡　3次調査　福島県文化振興財団遺跡調査部編　福島　福島県教育委員会　2014.12　242p　30cm　（福島県文化財調査報告書　第497集）〈共同刊行：福島県文化振興財団ほか〉Ⓝ210.0254
◇中ノ内塚群発掘調査報告書　福島県二本松市教育委員会編　二本松　福島県二本松市教育委員会　2013.9　20p　30cm　（二本松市文化財調査報告書　第50集）〈駐車場造成工事に伴う発掘調査　共同刊行：マルコ物流〉Ⓝ210.0254
◇名目津遺跡発掘調査報告書　福島県二本松市教育委員会編　二本松　福島県二本松市教育委員会　2014.3　26p　30cm　（二本松市文化財調査報告書　第51集）〈道路拡幅工事に伴う発掘調査　共同刊行：二本松市〉Ⓝ210.0254
◇二本松城跡―平成25年度発掘調査報告書1　20　福島県二本松市教育委員会編　二本松　福島県二本松市教育委員会　2014.3　28p　30cm　（二本松市文化財調査報告書　第53集）Ⓝ210.0254

二本松市（地名）

◇二本松城跡—平成25年度発掘調査報告書2 21 福島県二本松市教育委員会編 二本松 福島県二本松市教育委員会 2014.3 24p 30cm （二本松市文化財調査報告書 第54集）Ⓝ210.0254

◇二本松城跡 22 福島県二本松市教育委員会編 二本松 福島県二本松市教育委員会 2014.3 44p 30cm （二本松市文化財調査報告書 第55集）〈平成25年度災害復旧事業報告書〉Ⓝ210.0254

二本松市（地名）

◇旧塩澤村地域遺産のことばと地名 菅野八作［著］ ［二本松］ ［菅野八作］ 2013.10 111p 26cm Ⓝ818.26 ［非売品］

二本松市（方言）

◇旧塩澤村地域遺産のことばと地名 菅野八作［著］ ［二本松］ ［菅野八作］ 2013.10 111p 26cm Ⓝ818.26 ［非売品］

日本ミルクコミュニティ株式会社

◇日本ミルクコミュニティ史 雪印メグミルク株式会社編 雪印メグミルク 2014.8 663p 27cm 〈文献あり 年表あり〉Ⓝ648.1

日本薬剤師会

◇日本薬剤師会史 日本薬剤師会百二十周年記念事業実行委員会編 日本薬剤師会 2014.3 537p 27cm 〈年表あり 創立百二十年記念〉Ⓝ499.06

日本薬科機器協会

◇日本薬科機器協会50年のあゆみ—創薬と医療に貢献する 日本薬科機器協会 2013.12 111p 30cm 〈年表あり〉Ⓝ492.8

日本郵政株式会社

◇株式上場と金融2社の成長戦略を考える—金融研究会報告書 株式上場・企業価値向上に向けた金融2社のあり方研究会［著］ ［東京］ JP総合研究所 2014.7 89p 30cm 〈文献あり〉Ⓝ693.21

日本羊腸輸入組合

◇50年のあゆみ 日本羊腸輸入組合 2013 96p 30cm 〈年表 創立50周年記念〉Ⓝ678.6

日本臨床検査同学院

◇公益社団法人日本臨床検査同学院40周年記念誌 日本臨床検査同学院編 日本臨床検査同学院 2014.8 107p 30cm 〈年表あり 背・表紙のタイトル：日本臨床検査同学院40周年記念誌〉Ⓝ498.14

日本臨床整形外科学会

◇創立40周年記念誌 ［東京］ 日本臨床整形外科学会 2014.2 788p 27cm 〈年表あり〉Ⓝ494.7

日本列島

◇絵でわかる日本列島の誕生 堤之恭著 講談社 2014.11 181p 21cm （絵でわかるシリーズ）〈文献あり 索引あり〉①978-4-06-154773-5 Ⓝ455.1 ［2200円］

◇富士山の自然史 貝塚爽平［著］ 講談社 2014.1 218p 15cm （講談社学術文庫 2212）『富士山はなぜそこにあるのか』（丸善 1990年刊）の改題 ①978-4-06-292212-8 Ⓝ454.91 ［800円］

日本労働組合総連合会

◇語り継ぐ連合運動の原点—1989年—2014年 連合総合企画局編 日本労働組合総連合会 2014.11 184p 30cm 〈年表あり 文献あり 連合結成25周年記念企画〉Ⓝ366.629 ［1000円］

◇連合白書 2015 春季生活闘争の方針と課題 日本労働組合総連合会/企画・編 コンポーズ・ユニ 2014.12 112p 30cm ①978-4-906697-26-7 ［750円］

日本労働組合総連合会福島県連合会福島地区連合会

◇福島地区連合20年の記録 福島地区連合幹事会編 福島 福島地区連合幹事会 2013.11 47p 30cm 〈年表あり〉Ⓝ366.629

日本ロボット工業会

◇40年のあゆみ 日本ロボット工業会編 日本ロボット工業会 2013.12 274p 30cm 〈年表あり〉Ⓝ548.3

日本笑い学会関東支部

◇日本笑い学会関東支部20年のあゆみ—関東支部20周年記念誌：記録を大切に、記憶に残る記念誌として 日本笑い学会関東支部 2014.12 144p 30cm 〈年表あり〉Ⓝ141.6

ニューオーリンズ〔ルイジアナ州〕（災害復興）

◇災害とレジリエンス—ニューオリンズの人々はハリケーン・カトリーナの衝撃をどう乗り越えたのか トム・ウッテン著, 保科京子訳 明石書店 2014.7 395p 20cm 〈年表あり〉①978-4-7503-4050-0 Ⓝ369.33 ［2800円］

ニューオーリンズ〔ルイジアナ州〕（地域社会）

◇災害とレジリエンス—ニューオリンズの人々はハリケーン・カトリーナの衝撃をどう乗り越えたのか トム・ウッテン著, 保科京子訳 明石書店 2014.7 395p 20cm 〈年表あり〉①978-4-7503-4050-0 Ⓝ369.33 ［2800円］

ニューカレドニア島（社会）

◇ニューカレドニアで逢いましょう ぱっぷ著 改訂版 大和アトリエ・レトリック 2014.6 138p 19cm 〈初版の出版者：文芸社〉①978-4-9906865-3-6 Ⓝ302.735 ［1300円］

ニューギニア島（太平洋戦争〔1941～1945〕—会戦）

◇蜉蝣の兵隊—「暁」船舶工兵・第三揚陸隊の顛末 上 伊藤隼男著 新潟 太陽書房 2013.12 184p 21cm ①978-4-86420-096-7 〔2200円〕

◇蜉蝣の兵隊—「暁」船舶工兵・第三揚陸隊の顛末 下 伊藤隼男著 新潟 太陽書房 2013.12 194p 21cm 〈文献あり〉①978-4-86420-097-4 Ⓝ916 ［2200円］

◇コレクション・モダン都市文化 98 南太平洋の戦線 和田博文監修 山下真史編 ゆまに書房 2014.6 864p 22cm 〈文献あり 年表あり〉「南洋群島寫眞帖」（南洋群島文化協會、南洋協會南洋群島支部 1938年刊）の複製 「ソロモン海戦」（國民畫報社 1943年刊）の複製ほか 内容：南洋群島写真帖（南洋群島文化協会編）ソロモン海戦（丹羽文雄著）南太平洋の戦場（瀧川憲次著）①978-4-8433-4136-0,978-4-8433-4117-9(set),978-4-8433-4113-1(set) Ⓝ361.78 ［18000円］

◇父が残した戦場日記—ニューギニアから故郷土佐へ 花井睦編 ［相模原］ ［花井睦］ 2014.3 175p 19cm 〈折り込 1枚〉Ⓝ916

◇ニューギニア航空戦記—ある整備兵の記録 高橋秀治著 潮書房光人社 2014.6 276p 16cm （光人社NF文庫 たN-836）〈光人社 2008年刊の再刊〉①978-4-7698-2836-5 Ⓝ916 ［780円］

◇わが青春—戦場と日常と 篠田増雄著 本の泉社 2014.11 237p 19cm ①978-4-7807-1192-9 Ⓝ916 ［1400円］

ニュージーランド（教育）

◇オーストラリア・ニュージーランドの教育—グローバル社会を生き抜く力の育成に向けて 青木麻衣子, 佐藤博志編著 新版 東信堂 2014.1 180p 21cm 〈索引あり〉①978-4-7989-1203-5 Ⓝ372.71 ［2000円］

ニュージーランド（経済）

◇ニュージーランド 2014/15年版 ARC国別情勢研究会編集 ARC国別情勢研究会 2014.3 149p 26cm （ARCレポート 経済・貿易・産業報告書 2014/15）〈索引あり〉①978-4-907366-08-7 Ⓝ332.72 ［12000円］

ニュージーランド（国際投資）

◇海外投資—あなたのもっと失敗と成功しておきました：ボクらがアルストロメリアをつくった理由 加藤猛著 産学社 2014.12 153p 19cm 〈奥付のタイトル関連情報（誤植）：あなたの前にもっと成功と失敗をしておきました〉①978-4-7825-3397-0 Ⓝ338.9272 ［1500円］

ニュージーランド（社会）

◇生江孝之著作集 第5巻 新らしき国新西蘭と濠洲 生江孝之著 学術出版会 2014.9 400p 22cm （学術著作集ライブラリー）（日本図書センター（発売）文献あり 新生堂 昭和4年刊の複製〉①978-4-284-10425-8,978-4-284-10420-3(set) Ⓝ369.08

ニュージーランド（水道）

◇給水装置等に関する海外動向調査業務報告書 平成25年度 ［東京］ 水道技術研究センター 2014.3 196, 5p 30cm Ⓝ518.17

ニュージーランド（農業）

◇海外農業・貿易事情調査分析事業（アジア・大洋州）平成25年度 ［東京］ 農林水産省大臣官房国際部国際政策課 2014.3 293p 30cm 〈委託先：日本総合研究所〉Ⓝ612.2

ニュージーランド（防災教育〔学校〕）

◇平成25年度教育課題研修指導者海外派遣プログラム研修成果報告書—「学校安全・防災教育の推進」ニュージーランド（D-1団）教員研修センター編著 ［つくば］ 教員研修センター 2014.3 40, 30, 6p 30cm 〈派遣期間：平成25年11月18日—29日〉Ⓝ372.72

ニューヨーク（紀行・案内記）

◇超人のニューヨーク訪問記—2013年初夏：旅エッセー 角川超人著 改訂 クロスカルチャー出版 2014.9 47p 26cm ①978-4-905388-88-3 Ⓝ295.321 ［700円］

◇星の音—パリ・ニューヨーク 浅雅まつり著 青山ライフ出版 2014.7 241p 19cm ①978-4-86450-132-3 Ⓝ293.53 ［1400円］

ニューヨーク（社会）

◇ニューヨークの魔法のじかん　岡田光世著　文藝春秋　2014.2　254p　16cm　（文春文庫 お41-5）①978-4-16-790041-0　Ⓝ302.5321　[540円]

◇ニューヨークの魔法のはなし―泣きたくなるほど愛おしい　岡田光世著　清流出版　2014.12　223p　19cm　①978-4-86029-425-0　Ⓝ302.5321　[1400円]

ニュルンベルク〔ドイツ〕（国際見本市）

◇輸出総合サポートプロジェクト事業のうち海外見本市への出展事業Biofach 2014（ドイツ）実施報告書　平成25年度　［東京］　日本貿易振興機構　2014.3　55p　30cm　Ⓝ606.934

ニューロティカ

◇ロッキンピエロによろしく哀愁！―ニューロティカ結成30周年イノウエアツシ生誕50周年記念祝賀読本　ルーフトップ/ロフトブックス編集部　2014.12　255p　26cm　（LOFT BOOKS）〈年譜あり〉①978-4-907929-05-3　Ⓝ767.8　[2500円]

丹羽 利充〔1951～ 〕

◇研究業績集　丹羽利充編　［名古屋］　［丹羽利充］　2014.3　180p　31cm　〈著作目録あり　文献あり　英語併載〉Ⓝ494.93

庭のホテル東京

◇「庭のホテル東京」の奇跡―世界が認めた二つ星のおもてなし　木下彩著　［東京］　日経BP社　2014.4　191p　19cm　〈日経BPマーケティング（発売）〉①978-4-8222-5002-7　Ⓝ689.81361　[1500円]

【 ぬ 】

額田王

◇額田王研究　2014　日比龍美著　名古屋　八月美術館　2014.9　1029, 19, 15p　21cm　①978-4-9908002-0-8　Ⓝ911.122　[10000円]

◇額田王の童謡―萬葉集九番歌考　小川秀之著　大阪　風詠社　2014.7　188p　21cm　〈星雲社（発売）年表あり〉①978-4-434-19343-9　Ⓝ911.122　[1200円]

貫前神社〔富岡市〕

◇重要文化財貫前神社本殿及び拝殿保存修理工事報告書　文化財建造物保存技術協会編　文化財建造物保存技術協会　2014.3　1冊　30cm　〈共同刊行：群馬県〉Ⓝ521.817

布川 徹郎

◇燃ゆる海峡―NDUと布川徹郎の映画/運動に向けて　小野沢稔彦, 中村葉子, 安井喜雄編　インパクト出版会　2013.11　331p　21cm　〈内容：『鬼っ子戦う青年労働者の記録』から『出草之歌 台湾原住民の吶喊―背山一戦』まで四四年とも4八代、NDU日本ドキュメンタリストユニオンとはいったいなんなのだ？（井上修著）同一性から遠く離れて（小野沢稔彦著）「復帰」の向こう側を幻視する（大野光明著）国境のある風景『アジアはひとつ』におけるリアリズムについて（中村葉子著）布川徹郎と船戸与一『bastard on the border』の頃から（鈴木義昭著）運動内部の分裂に遭遇していく（星紀市述, 小野沢稔彦, 中村葉子聞き手）われら瀕死の独立映画、『NDU著）ドキュメンタリーへの出立「モトシンカカランヌーたち」が開視するもの（布川徹郎著）〈映像の番外地〉からの報告新作『アジアはひとつ』のためのマニフェスト（在・沖縄NDU著）NDU製作陣コメント　布川徹郎追悼「幻視少年との対話歴」/二〇一二・七・一七（足立正生著）〈天才〉と〈鈍感力〉のあいだ 故布川徹郎へのオマージュと批判（菅孝行著）布川徹郎監督作品撮影（長田勇市著）布川徹郎の音楽的越境（伊達政保著）『風ぐ喰らい時逆しま』は要請する（桜井大造著）布川徹郎への挽歌（翠羅臼著）布川さんがいないことを寂しく思うとき（三井峰雄著）布川怪獣、大阪に現わる（安井喜雄著）布川徹郎と私とドキュメンタリーと（金稔万著）主体と客体との間に生まれる新たな「主体」とは（梶井洋志著）追悼布川監督釜ケ崎から（南美穂子著）「成り行き」を大事に（石田みどり著）哀悼布川徹郎さん（大谷隆夫著）遠くまで行くんだ（横田直寿著）国境を越えて行く人との出会い哀悼布川徹郎（橋本隆著）布川徹郎という〈無頼〉の死（小田原紀雄著）〉①978-4-7554-0237-1　Ⓝ778.4　[3000円]

沼崎 笑子〔1916～ 〕

◇花のいのちはみじかくて―一茶箱に秘められた母の恋文　荻野裕子著　文芸社　2014.5　236p　20cm　①978-4-286-15056-7　Ⓝ289.1　[1400円]

沼津港深海水族館シーラカンス・ミュージアム

◇「水族館」革命―世界初！ 深海水族館のつくり方　石垣幸二著　宝島社　2014.7　230p　18cm　（宝島社新書 453）①978-4-8002-2800-0　Ⓝ480.76　[900円]

沼津市（行政）

◇姉妹都市提携50周年記念誌―沼津市カラマズー市　姉妹都市提携50周年記念誌編集委員会編　［沼津］　沼津国際交流協会　2014.3　70p　30cm　〈年表あり〉Ⓝ318.254

沼津市（風俗・習慣）

◇戸田村史　民俗編　暮らしの伝承　戸田村史編さん委員会, 沼津市教育委員会編　沼津　沼津市　2014.3　455p　27cm　〈文献あり〉Ⓝ215.4

沼津兵学校

◇沼津兵学校とその時代　樋口雄彦監修, 沼津市明治史料館編　沼津　沼津市明治史料館　2014.12　91p　30cm　〈年表あり　会期：2014年12月6日―2015年2月23日〉Ⓝ396.077

沼田市（遺跡・遺物）

◇下沼田西沢遺跡　群馬県埋蔵文化財調査事業団編　渋川　群馬県埋蔵文化財調査事業団　2014.10　25p 図版 6p　30cm　（公益財団法人群馬県埋蔵文化財調査事業団調査報告書 第590集）〈群馬県沼田土木事務所の委託による　社会資本総合整備（防災・安全）事業に伴う埋蔵文化財発掘調査報告書〉Ⓝ210.0254

◇広瀬遺跡・月夜野遺跡―屋形原南部地区遺跡群　沼田市教育委員会社会教育課文化財保護係編　沼田　沼田市教育委員会　2014.3　110p 図版 49p　30cm　〈（農山）県営農地整備事業（畑地帯担い手育成型）屋形原南部地区に伴う埋蔵文化財発掘調査報告書〉Ⓝ210.0254

沼田市役所青雲山岳部

◇やまびこ―創立50周年記念誌　［沼田］　沼田市役所青雲山岳部　2013.5　60p　30cm　〈年表あり　奥付のタイトル：沼田市役所青雲山岳部創立50周年記念誌〉Ⓝ786.1

【 ね 】

寧夏回族自治区（風俗・習慣）

◇西海固の人々―中国最貧地区に住む回族の暮らし　石舒清著, 王征写真, 徳間佳信訳　勉誠出版　2014.9　370p　20cm　①978-4-585-23030-4　Ⓝ382.2217　[3200円]

ネイマール〔1992～ 〕

◇ネイマール―父の教え、僕の生きかた　ネイマール, ネイマール・ジュニア, マウロ・ベティング, イヴァン・モレー著, 竹澤哲訳　徳間書店　2014.3　267p 図版16枚　19cm　〈年表あり〉①978-4-19-863778-1　Ⓝ783.47　[1800円]

◇ネイマール若き英雄―「背番号10」の継承者　ルーカ・カイオーリ著, 小澤一郎訳　実業之日本社　2014.5　262p　19cm　①978-4-408-45499-3　Ⓝ783.47　[1600円]

◇Who is the Best？―メッシ、ロナウド、ネイマール。最高は誰だ？　ルーカ・カイオーリ著, タカ大丸訳　プレジデント社　2014.6　205p 図版12p　19cm　①978-4-8334-2087-7　Ⓝ783.47　[1300円]

ねぎしフードサービス

◇日本でいちばん「親切な会社」をつくる―牛たんねぎしの働く仲間の幸せを考える経営　根岸榮治著　ダイヤモンド・ビジネス企画　2014.11　242p　19cm　〈ダイヤモンド社（発売）〉①978-4-478-08360-4　Ⓝ673.971　[1500円]

Negicco

◇新潟発アイドルNegiccoの成長ストーリーこそ、マーケティングの教科書だ　川上徹也著　祥伝社　2014.3　233p　19cm　①978-4-396-61482-9　Ⓝ767.8　[1380円]

根来寺〔岩出市〕

◇史跡根来寺境内保存管理計画書　岩出市教育委員会編　岩出　岩出市教育委員会　2014.3　72, 58p　30cm　〈年表あり〉Ⓝ521.818

◇根来寺を解く―密教文化伝承の実像　中川委紀子著　朝日新聞出版　2014.2　313p　19cm　（朝日選書 915）〈文献あり　年表あり〉①978-4-02-263015-5　Ⓝ188.55　[1600円]

ネパール（紀行・案内記）

◇ネパール88日―65歳旅日記　上杉純夫著　半田　一粒書房　2014.10　165p　19cm　①978-4-86431-322-3　Ⓝ292.58709　[1000円]

ネパール（経済援助〔日本〕）

◇ネパール国トリブバン国際空港近代化計画協力準備調査報告書　［東京］　国際協力機構　2013.2　1冊　30cm　〈共同刊行：日本空港コンサルタンツ〉Ⓝ333.804

ネパール（宗教）

◇ネパール国民間セクター開発情報収集・確認調査ファイナル・レポート　［東京］　国際協力機構　2013.3　1冊　30cm〈共同刊行：ユニコインターナショナル〉Ⓝ333.804

ネパール（宗教）
◇処女神—少女が神になるとき　植島啓司著　集英社　2014.7　316p　図版32p　20cm〈文献あり〉①978-4-08-771564-4　Ⓝ162.2587　［2000円］

ネパール（性問題）
◇少女売買—インドに売られたネパールの少女たち　長谷川まり子著　光文社　2014.2　403p　16cm　（光文社知恵の森文庫　tは4-1）①978-4-334-78652-6　Ⓝ368.4　［800円］

ネパール（薬用植物）
◇ネパール漢方—ヒマラヤアーユルベーダ　加瀬信雄著　改訂版　八千代　土龍舎　2014.7　238枚　22cm　Ⓝ499.87

ネフスキー，N.A.〔1892～1938〕
◇植民地時代の東洋学ネフスキーの業績と展開　［小金井］　東京学芸大学　2014.10　109p　26cm　（科学研究費報告書　平成26年度）〈文献あり　研究代表者：石井正巳〉Ⓝ220.04

寝屋川市（遺跡・遺物）
◇国史跡高宮廃寺跡内容確認発掘調査概要　1　［寝屋川］　寝屋川市教育委員会　2014.3　5p　30cm　Ⓝ210.0254

寝屋川市（感染症対策）
◇寝屋川市新型インフルエンザ等対策行動計画　寝屋川　寝屋川市保健福祉部健康増進課　2014.3　77p　30cm　Ⓝ498.6

寝屋川市（教育行政）
◇教育に関する事務の点検・評価報告書　平成24年度　［寝屋川］　寝屋川市教育委員会　2013.9　97p　30cm　Ⓝ373.2

ネルー，J.〔1889～1964〕
◇ネルー　中村平治著　新装版　清水書院　2014.9　214p　19cm　（Century Books）〈文献あり　年表あり　索引あり〉①978-4-389-42032-1　Ⓝ289.2　［1000円］

年金積立金管理運用独立行政法人
◇GPIF世界最大の機関投資家—Government Pension Investment Fund　小幡績著　東洋経済新報社　2014.7　288p　19cm　①978-4-492-39606-3　Ⓝ364.6　［1600円］

【 の 】

ノイラート，O.〔1882～1945〕
◇経済的思考の転回—世紀転換期の統治と科学をめぐる知の系譜　桑田学著　以文社　2014.7　277,35p　20cm〈文献あり　索引あり〉①978-4-7531-0320-1　Ⓝ331.2346　［3000円］

農業環境技術研究所
◇平成25年度に係る業務実績報告書　［つくば］　農業環境技術研究所　2014.6　125, 32p　30cm　Ⓝ610.76

農水産業協同組合貯金保険機構
◇貯金保険機構事業の推移　農水産業協同組合貯金保険機構「貯金保険機構事業の推移」監修委員会監修　農水産業協同組合貯金保険機構　2014.3　476p　30cm〈年表あり〉Ⓝ611.5

農林蚕糸試験場第一蚕室
◇旧蚕糸試験場第一蚕室（桑ハウス）保存活用に向けた復元調査報告書　仲田の森蚕産発見プロジェクト著　法政大学エコ地域デザイン研究所　2014.2　19p　図版9枚　30cm〈年表あり〉Ⓝ630.76

農林水産省
◇農林水産省組織関係法令集　平成25年10月1日　［東京］　農林水産省大臣官房文書課　［2013］　337p　30cm　Ⓝ317.25
◇農林水産省名鑑　2013年版　米盛康正編著　時評社　2013.2　297p　19cm　①978-4-88339-187-5　Ⓝ317.251　［4286円］
◇農林水産省名鑑　2014年版　米盛康正編著　時評社　2013.12　281p　19cm〈索引あり〉①978-4-88339-201-8　Ⓝ317.251　［4286円］

直方市（遺跡・遺物）
◇永満寺桜馬場遺跡　小郡　九州歴史資料館　2014.3　22p　図版10p　30cm　（福岡県文化財調査報告書　第247集）〈福岡県直方市大字永満寺所在遺跡の調査〉Ⓝ210.0254

直方市（史跡名勝）
◇直方の歴史探訪—地域めぐり　増井ミチ子文，増井幸憲写真　［直方］　［増井ミチ子］　2014.7　292p　30cm　Ⓝ291.91

乃木　希典〔1849～1912〕
◇愛石家乃木希典—和を願う坐の心　中市石山著　文芸社　2014.2　231p　15cm〈文献あり　年譜あり〉①978-4-286-14611-9　Ⓝ289.1　［700円］

野口　シカ〔1853～1918〕
◇野口英世の母シカ　田中章義著　白水社　2014.4　220p　20cm〈文献あり〉①978-4-560-08349-9　Ⓝ289.1　［2000円］

野口　建〔1944～〕
◇越後から相模への足跡を辿る　野口建［著］　［出版地不明］　［野口建］　2014.6　155p　図版［37］枚　30cm〈年譜あり〉Ⓝ289.1

野崎　伝助〔　～1731〕
◇喚起泉達録の世界—もう一つの越中旧事記　浅見和彦監修，棚元理一訳著，藤田富士夫編著　雄山閣　2014.2　427p　22cm〈内容：越中旧事記としての『喚起泉達録』（棚元理一著）『喚起泉達録』とその後の展開（棚元理一著）『喚起泉達録』と説話伝承（浅見和彦著）『喚起泉達録』著者の思想（鈴木景二著）『喚起泉達録』の成立事情（米原寛著）『喚起泉達録』にみえる古代関係史料（木本秀樹著）『喚起泉達録』にみる越中中世史理解（久保尚文著）　江戸時代中期の富山城（坂森幹浩著）『喚起泉達録』創作の背景（藤田富士夫著）　喚起泉達録の中の地下主神（瀧音能之著）『喚起泉達録』の大彦伝説（岡本健一著）　姉倉姫と能登姫の神争い（内田正俊著）　喚起泉達録の中の蜃気楼（麻柄一志著）『喚起泉達録』と古代布勢の地域の諸相（高森那男著）　大和政権の越中進出と物部氏（棚元理一著）　現代語訳喚起泉達録（野崎伝助著，棚元理一訳・校注）　清水家文書・写本『喚起泉達録』について（野村剛著）〉①978-4-639-02301-2　Ⓝ388.142　［8800円］

野﨑　武左衛門〔1789～1864〕
◇野﨑邸と野﨑武左衛門（塩田王）　猪木正実著　岡山　日本文教出版　2014.6　155p　15cm　（岡山文庫　289）〈年譜あり〉①978-4-8212-5289-3　Ⓝ289.1　［900円］

野尻　武敏〔1924～〕
◇経済社会学の新しい地平—私の実践経済社会学：野尻武敏米寿記念出版　野尻武敏［著］，野尻武敏米寿記念出版会編　相模原　桜美林大学北東アジア総合研究所　2013.7　385p　21cm〈内容：わが国の戦後思潮と人間（野尻武敏）　成熟社会化とヒューマン・ケア（野尻武敏）　地域コミュニティづくりの論理と倫理（野尻武敏）　少子化社会とヒューマンケア（野尻武敏）　子育てに今何が欠かせないか（野尻武敏）　家庭の重さ大切さ（野尻武敏）　21世紀文明に望まれること（野尻武敏）　社会的市場経済の第4局面（丸谷冷史著）　社会保障の原点を考える（足立正樹著）　経済体制の変動に関する小論（福田敏浩著）　自然哲学と自然の権利（田村正勝著）　トマス・アクィナス自然法論の現代的可能性（佐々木亘著）　家族介護者の介護継続意志を支えるスピリチュアリティ（澤田景子，伊東眞理子著）　AugustinusのDe civitate DeiとT.HobbesのDeCive〈Leviathan〉（東條隆進著）　中国民営企業における独立取締役の監査・監督機能と政府の関与（柏木理佳著）　産学協同の先駆者たち　1（兼田麗子著）　金正恩新体制における北朝鮮食料事情に関する考察（堤一直著）　知の協働と連帯としての大学教育（宇佐見義尚著）　多彩な河合栄治郎門下生（川西重忠著）〉①978-4-904794-37-1　Ⓝ331.04　［3000円］

能代港
◇能代港港湾計画書——部変更　［秋田］　秋田県　2014.11　7p　30cm　（交通政策審議会港湾分科会資料　第58回）〈付属資料：1枚：能代港港湾計画図〉Ⓝ683.92124

ノース，M.〔1830～1890〕
◇ガリヴァーの訪れた国—マリアンヌ・ノースの明治八年日本紀行　柄戸正著　万来舎　2014.9　171p　19cm〈文献あり〉①978-4-901221-81-8　Ⓝ289.3　［1200円］

ノースヒルズ
◇世界一の馬をつくる—チームノースヒルズの飽くなき挑戦　前田幸治著　飛鳥新社　2014.12　221p　19cm　①978-4-86410-377-0　Ⓝ645.2　［1296円］

能勢町（大阪府）（遺跡・遺物）
◇能勢町埋蔵文化財調査概要　平成25年度　能勢町教育委員会生涯教育課編　能勢町（大阪府）　能勢町教育委員会生涯教育課　2014.3　6p　図版3枚　30cm　（能勢町文化財調査報告書　第32冊）Ⓝ210.0254

野田　泉光院〔1756～1835〕
◇泉光院江戸旅日記—山伏が見た江戸期庶民のくらし　石川英輔著　筑摩書房　2014.6　429p　15cm　（ちくま学芸文庫　イ53-1）①978-4-480-09626-5　Ⓝ291.09　［1400円］

野田　秀樹〔1955～〕
◇野田秀樹の演劇　長谷部浩著　河出書房新社　2014.12　294p　19cm〈文献あり　「野田秀樹論」（2005年刊）の改題，大幅な加筆・修正　内容：速度の演劇，ふたたび　永遠と刹那　妄想と蜃気楼　”私”を異物として見る　草原の羊　真冬の川を渡

る 深度のない現実 遊ぶこと、演じること 白い雲 跳梁する家母長 終わりを告げる空砲 悪いのはヒトラーじゃない 野田秀樹と女優 鬼の周辺 歌舞伎が現代演劇として再生した瞬間 カタルシスの罠 不気味な寓話劇 劇詩人の悲鳴 同じ雪をみつめて 焼かれた国旗 異質であることの意味 歌舞伎、英国、戦争 なぜロンドンで芝居を上演しつづけるのか(野田秀樹述)「儀式」の日常化 人は生き延びていくしかない 重層的な迷宮 繁栄と荒涼 私たちは祈らなければならない 信仰とはなにか 天皇の役割 昭和史のバトンリレー 愛の讃歌〉①978-4-309-27549-9 Ⓝ775.1 ［3000円］

野田市（遺跡・遺物）
◇野田市内遺跡発掘調査報告 平成25年度 野田市教育委員会編 ［野田］ 野田市教育委員会 2014.3 18p 図版 30cm〈千葉県野田市所在 内容：溜井遺跡. 第2次 東大和田遺跡. 第4次 山崎宿里遺跡. 第11-14次 南大和田遺跡. 第19次 遠桁遺跡 中根八幡前遺跡〉Ⓝ210.0254

野田市（植物）
◇野田市江川地区植生調査報告書—2008年—2013年 内海陽一, 菊地洋子, 北山茂, 坂部久美子, 篠原和子, 鈴木真利子, 田中玉枝, 七海照雄, 中川康代, 西野三千代, 萩原由利子, 宮原久子, 原登喜子, 柳沢朝江編 ［野田］ 利根運河の生態系を守る会植物調査チーム 2014.2 51p 30cm Ⓝ472.135

野田市（日本文学—歴史）
◇野田の文学・野田争議—プロレタリア文学の諸作ほか 須賀田省一著 野田 野田文学会 2014.4 201p 19cm（野田文学双書）Ⓝ910.29 ［800円］

野田市（漫画—画集）
◇野田で生まれた漫画たち 野田市郷土博物館編 野田 野田市郷土博物館 2014.7 58p 30cm〈文献あり 会期：2014年7月19日—9月23日〉Ⓝ726.101

野田市（歴史—史料）
◇野田市史 資料編 近世 1 野田市史編さん委員会編 野田 野田市 2014.9 952p 27cm Ⓝ213.5

野田村（岩手県）（遺跡・遺物）
◇中平遺跡84地点・128地点・309地点, 大平野遺跡20地点・古館山遺跡61地点発掘調査報告 野田村教育委員会事務局編 野田村（岩手県） 野田村教育委員会事務局 2014.3 160p 図版 60p 30cm（野田村埋蔵文化財発掘調査報告書 第4集）〈震災復興個人住宅建設に伴う埋蔵文化財発掘調査〉Ⓝ210.0254

野田村（岩手県）（エネルギー政策）
◇地域主導型再生可能エネルギー事業化検討委託業務（岩手県野田村）成果報告書 平成25年度 ［野田村（岩手県）］ 野田村商工会 2014.3 16, 15, 117p 30cm〈平成25年度環境省委託業務 共同刊行：仕事人倶楽部〉Ⓝ501.6

野田村（岩手県）（東日本大震災（2011）—被害）
◇想いを支えに—聴き書き, 岩手県九戸郡野田村の震災の記録 李永俊, 渥美公秀監修, 作道信介, 山口恵子, 永田素彦編 弘前 弘前大学出版会 2014.2 245p 22cm（東日本大震災からの復興 1）①978-4-907192-09-9 Ⓝ369.31 ［2800円］

能登半島
◇能登半島の昭和—写真アルバム 長岡 いき出版 2014.7 279p 31cm〈石川県教科書販売所（発売）文献あり〉①978-4-904614-48-8 Ⓝ214.3 ［9250円］

能登町（石川県）（庭園—保存・修復）
◇名勝旧松波城庭園保存管理計画書—石川県能登町 能登町教育委員会, 環境事業計画研究所編 ［能登町（石川県）］ 能登町教育委員会 2013.9 16, 112p 30cm〈年表あり〉Ⓝ629.21

野中古墳
◇野中古墳と「倭の五王」の時代 大阪大学大学院文学研究科編 吹田 大阪大学出版会 2014.1 96p 30cm〈文献あり 会期：2014年2月1日—3月22日 文化庁/文化遺産地域活性化推進事業〉Ⓝ216.3
◇野中古墳と「倭の五王」の時代 高橋照彦, 中久保辰夫編著 吹田 大阪大学出版会 2014.2 96p 30cm（大阪大学総合学術博物館叢書 10）〈文献あり〉①978-4-87259-220-7 Ⓝ216.3 ［2200円］

野々市市（遺跡・遺物）
◇三納トヘイダゴシ遺跡 第2次 野々市 野々市市教育委員会 2013.3 36p 30cm〈野々市町役場建設に係る埋蔵文化財発掘調査報告書〉Ⓝ210.0254
◇二日市イシバチ遺跡 3 野々市 野々市市教育委員会 2013.3 185p 図版［11］枚 30cm（野々市市北西部土地区画整理事業に係る埋蔵文化財発掘調査報告書 8）Ⓝ210.0254

◇三日市A遺跡 6 野々市 野々市市教育委員会 2013.3 270p 図版［29］枚 30cm（北西部土地区画整理事業に係る埋蔵文化財発掘調査報告書 7）Ⓝ210.0254
◇三日市A遺跡 7 野々市 野々市市教育委員会 2013.3 6p 30cm〈道路建設に係る埋蔵文化財発掘調査報告書〉Ⓝ210.0254
◇横江D遺跡・二日市イシバチ遺跡, 横江D遺跡・郷クボタ遺跡 金沢 石川県教育委員会 2014.3 202p 図版［36］枚 30cm（北陸新幹線建設事業（金沢・白山総合車両基地（仮称）間）に係る埋蔵文化財発掘調査報告書 7）〈白山市・野々市市所在 共同刊行：石川県埋蔵文化財センター〉Ⓝ210.0254

野平 匡邦（1947～ ）
◇正義は負ける—野平匡邦いのちの市政 金久保茂樹著 小学館スクウェア 2014.7 211p 19cm ①978-4-7979-8805-5 Ⓝ289.1 ［1200円］

延岡市（遺跡・遺物）
◇上三輪小切畑第1遺跡 宮崎 宮崎県埋蔵文化財センター 2014.3 41p 図版 2p 30cm（宮崎県埋蔵文化財センター発掘調査報告書 第231集）〈延岡市所在 県道北方土々呂線道路改良工事に伴う埋蔵文化財発掘調査〉Ⓝ210.0254
◇駄小屋遺跡 宮崎 宮崎県埋蔵文化財センター 2014.8 172p 図版 2p 30cm（宮崎県埋蔵文化財センター発掘調査報告書 第233集）〈延岡市北方所在〉Ⓝ210.0254

延岡市（郷土資料—保存・修復）
◇土地の記憶や記録をまもるという事を、延岡で考えてみた。 Kongeenaのべおか編 延岡 Kongeenaのべおか 2014.2 48p 22cm（ブックレット 1）Ⓝ219.6

延岡市（震災予防）
◇土地の記憶や記録をまもるという事を、延岡で考えてみた。 Kongeenaのべおか編 延岡 Kongeenaのべおか 2014.2 48p 22cm（ブックレット 1）Ⓝ219.6

野辺地町（青森県）（文学者）
◇野辺地ふるさと文学散歩 「野辺地ふるさと文学散歩」編集委員会編 野辺地町（青森県） 野辺地町教育委員会 2014.3 73p 30cm Ⓝ910.26

野辺地町（青森県）（文学上）
◇野辺地ふるさと文学散歩 「野辺地ふるさと文学散歩」編集委員会編 野辺地町（青森県） 野辺地町教育委員会 2014.3 73p 30cm Ⓝ910.26

能美市（遺跡・遺物）
◇大長野A遺跡 金沢 石川県教育委員会 2014.3 172p 図版 28p 30cm〈小松市・能美市所在 一般国道8号（小松バイパス）改築工事に係る埋蔵文化財発掘調査報告書 共同刊行：石川県埋蔵文化財センター〉Ⓝ210.0254

野村 克也（1935～ ）
◇読む野球—9回勝負— No.3 野村克也を読む 主婦の友社 2014.3 223p 21cm（主婦の友生活シリーズ）①978-4-07-293284-1 Ⓝ783.7 ［1200円］

野村 胡堂（1882～1963）
◇胡堂伝—百年分の借金をはねのけた男 外﨑菊敏著 盛岡 岩手復興書店 2014.4 190p 19cm ①978-4-907100-23-0 Ⓝ910.268 ［1389円］

◇野村胡堂・あらえびす—「銭形平次」と「音楽評論」を生んだ岩手の文士 野村胡堂・あらえびす記念館, 道又力共編 紫波町（岩手県） 野村胡堂・あらえびす記念館 2014.5 191p 21cm〈文藝春秋（発売）年譜あり 共同刊行：文藝春秋企画出版部 内容：自慢の胡堂（高橋克彦著） マンネリズムよ、もう一度（阿刀田高著） 野村胡堂の文学（尾崎秀樹著） 銭形平次捕物控刑場の花嫁（野村胡堂著） 平次と生きた二十七年（野村胡堂著） 銭形平次（司馬遼太郎著） 百歳の思い出話（中一弥著） 胡堂の神髄（末國善己著） 銭形平次の女たち（澤口たまみ著） 探偵小説このごろ（江戸川乱歩, 野村胡堂述） トリックの秘密（徳川夢声, 野村胡堂述） あらえびすの心ゆかしき（林望著） あらえびすと音楽（飯野尹著） 音楽の父バッハ（野村あらえびす著） 真の天才モーツァルト（野村あらえびす著） 英雄ベートーヴェン（野村あらえびす著） 古典的名著『名曲決定盤』（荻昌弘著） カサルス（野村あらえびす著） 小澤征爾さん K子と野薔薇（野村あらえびす著） 野村胡堂とあらえびす（野村胡堂, あらえびす述） 胡堂とあらえびす（道又力著） 蜂に食われた脳味噌（野村胡堂著） 玄関払い（野村胡堂著） 石川啄木（野村胡堂著） 胡堂隆吉（辰野隆著） 良い籤を引いた（野村胡堂著） 生活実験談（波奈子著） 初公開・日記故郷への旅（胡堂・野村長一著） 自らを職人と呼んだ祖父, 胡堂（住川碧著） 胡堂氏とわたし（井深大著） 東京通信工業、そしてソニー（藤倉四郎著） 野村学芸団の誕生（太田愛人著） 別れの言葉（金田一京助著）〉①978-4-16-008802-3 Ⓝ910.268 ［1380円］

野村 作十郎〔1815～1871〕

◇天空の龍―幻の名匠野村作十郎 上 舟橋武志著 名古屋 ブックショップマイタウン 2014.12 1冊(ページ付なし) 15×22cm ①978-4-938341-45-9 Ⓝ712.1 [2000円]

野村 豊弘〔1943～ 〕

◇民法の未来―野村豊弘先生古稀記念論文集 能見善久,岡孝,樋口範雄,大塚直,沖野眞已,中山信弘,本山敦編 商事法務 2014.4 642p 22cm〈著作目録あり 年譜あり〉 内容:スイス新法から日本の任意後見制度を再検討する(岡孝著) 集合動産譲渡担保契約の目的動産についての債務者〈設定者〉の処分行為と再生手続の開始(渡部晃著) フランスにおける本質的債務論の展開と整合性の原理 フランスにおける「弁済の法的性質」論(森田修著) 第三者による相殺(下村信江著) 契約法から見た双方未履行双務契約(中田裕康著) 契約の数量的一部解除論(平野裕之著) 法における因果関係と疫学的因果関係(新美育文著) 危険責任の一般条項(浦川道太郎著) 建設アスベスト訴訟における加害行為の競合(大塚直著) 民法719条1項後段をめぐる共同不法行為論の新たな展開(前田陽一著) アメリカの医療過誤訴訟と現代的課題(樋口範雄著) 消費者契約法10条による無効判断の方法(道垣内弘人著) 消費者契約法の規律と民法の法理(野澤正充著) テリーの分析法学と信託理論(能見善久著) 受託者の「忠実義務の任意規定化」の意味(沖野眞已著) 信託財産の引渡請求権(山下純司著) 罹災都市借地借家臨時処理法とその廃止(山田誠一著) 平成8年民法改正要綱の再検討(本山敦著) 親権・懲戒権・監護権(大村敦志著) 共同相続における遺産である不動産利用に関する相続開始後の法律関係(川淳一著)〉 ①978-4-7857-2180-0 Ⓝ324.04 [12000円]

野村証券株式会社

◇野村証券の悪を許さない―ブームの金融商品取引は安全か 矢﨑益徳一著 第三書館 2013.7 235p 20cm ①978-4-8074-1330-0 Ⓝ338.17 [2000円]

野本 三吉〔1941～ 〕

◇命の旅人―野本三吉という生き方 大倉直著 現代書館 2014.2 262p 20cm〈文献あり〉 ①978-4-7684-5728-3 Ⓝ289.1 [2000円]

乗松巖記念館エスパス21

◇冒険する知性―一般財団法人乗松巖記念館エスパス21二十年の記録 乗松巖記念館エスパス21企画・編集 松山 創風社出版 2014.10 139p 26cm ①978-4-86037-215-6 Ⓝ706.9 [1400円]

ノルウェー(社会)

◇ノルウェー王国視察研修2013報告書 せんだい男女共同参画財団編 仙台 せんだい男女共同参画財団 2014.3 56p 30cm〈東日本大震災復興のための女性リーダーシップ基金交流・招聘事業〉Ⓝ302.3894

◇ノルウェー王国視察研修2014報告書 せんだい男女共同参画財団編 仙台 せんだい男女共同参画財団 2014.10 46p 30cm〈東日本大震災復興のための女性リーダーシップ基金交流・招聘事業〉Ⓝ302.3894

◇ノルウェーを知るための60章 大島美穂,岡本健志編著 明石書店 2014.8 377p 19cm (エリア・スタディーズ 132) ①978-4-7503-4047-0 Ⓝ302.3894 [2000円]

ノルマンディ地方(世界戦争〔1939～1945〕―会戦)

◇史上最大の決断―「ノルマンディー上陸作戦」を成功に導いた賢慮のリーダーシップ 野中郁次郎,荻野進介著 ダイヤモンド社 2014.5 389p 21cm〈文献あり〉①978-4-478-02345-7 Ⓝ391.2074 [2200円]

野呂 芳男〔1925～2010〕

◇ウェスレーをめぐって―野呂芳男との対話 清水光雄著 教文館 2014.2 292p 19cm ①978-4-7642-9959-7 Ⓝ198.72 [2500円]

【 は 】

馬 雲

◇アリババ思想―その時、馬雲は何を語ったのか 馬雲[述],紅旗出版社編,[高木美恵子訳] 静岡 静岡新聞社 2014.4 367p 20cm〈年譜あり〉①978-4-7838-2338-4 Ⓝ673.36 [1800円]

◇ジャック・マー アリババの経営哲学 張燕編著,永井麻生子訳 ディスカヴァー・トゥエンティワン 2014.12 433p 19cm〈年譜あり〉①978-4-7993-1612-2 Ⓝ673.36 [1600円]

バアララン・パンタオ

◇バアララン・パンタオ物語―ゴミの山の思いやりの学校 いわさきかずみ著 第三文明社 2014.9 191p 21cm〈年譜あり〉①978-4-476-03335-9 Ⓝ372.2481 [1500円]

海爾

◇ビジネスモデル・エクセレンス―ハイアールはなぜ白物家電の王者になれたのか ビル・フィッシャー,ウンベルト・ラーゴ,ファン・リュウ著,松本裕訳 [東京] 日経BP社 2014.12 353p 19cm〈日経BPマーケティング(発売)〉①978-4-8222-5058-4 Ⓝ545.88 [1900円]

ハイエク, F.A.〔1899～1992〕

◇ハイエクを読む 桂木隆夫編 京都 ナカニシヤ出版 2014.3 369頁 19cm〈著作目録あり 年譜あり 索引あり 内容:ハイエクの「法の支配」(太子堂正称著) ハイエクの保守主義(中澤信彦著) ハイエクの共同体論(土井弘樹著) ハイエクの社会科学方法論(原谷直樹著) ハイエクの心理学と進化論(吉野裕介著) ハイエクのファシズム論(山中優著) ハイエクとナイト 1(桂木隆夫著) ハイエクとナイト 2(佐藤方宣著) ハイエク、ケインズ、マルクス(柴山桂太著) ハイエクとシュンペーター(酒井泰格著) ハイエクとロールズ(渡辺幹雄著) ハイエクとサッチャー(平方裕久著)〉①978-4-7795-0819-6 Ⓝ331.72 [3000円]

◇ハイエクの経済思想―自由な社会の未来像 吉野裕介著 勁草書房 2014.3 302,21p 22cm〈文献あり 内容:ハイエクの生涯 知識 方法 進化論 双子の概念 自由 自由主義 オープンガバメント 自由な社会の未来像〉①978-4-326-10232-7 Ⓝ331.72 [3200円]

バイオメディカル・ファジィ・システム学会

◇バイオメディカル・ファジィ・システム学会の歴史―BMFSA25周年記念 [東京] [バイオメディカル・ファジィ・システム学会] 2013.12 122p 30cm〈文献あり〉Ⓝ490.6

倍賞 千恵子〔1941～ 〕

◇倍賞千恵子こころのうた―風になって、あなたに会いに行きます 倍賞千恵子著 駒草出版 2014.12 45p 22cm ①978-4-905447-39-9 Ⓝ778.21 [1900円]

俳人協会

◇俳人名鑑 平成26年 俳人協会編 俳人協会 2014.12 611,55p 27cm Ⓝ911.306 [4500円]

ハイチ(災害医療)

◇復興するハイチ―震災から、そして貧困から:医師たちの闘いの記録2010-11 ポール・ファーマー[著],岩田健太郎訳 みすず書房 2014.3 340p 20cm ①978-4-622-07820-3 Ⓝ498.02593 [4300円]

ハイチ(地震)

◇復興するハイチ―震災から、そして貧困から:医師たちの闘いの記録2010-11 ポール・ファーマー[著],岩田健太郎訳 みすず書房 2014.3 340p 20cm ①978-4-622-07820-3 Ⓝ498.02593 [4300円]

ハイデイ日高

◇日高屋だから「ひと」を学べた―一杯390円ラーメンから学んだこと 松茂良宏著 知道出版 2014.8 182p 19cm ①978-4-88664-260-8 Ⓝ673.972 [1500円]

ハイデガー, M.〔1889～1976〕

◇解体と遡行―ハイデガーと形而上学の歴史 村井則夫著 知泉書館 2014.11 339,14p 22cm〈索引あり 内容:始源への遡行 スコラ学からアウグスティヌスへ 振動と分散 中間領域としての人間 媒介の論理とその彼方 媒介と差異 地平と遠近法 存在の思索と分極の力学〉①978-4-86285-199-4 Ⓝ134.96 [6000円]

◇最初期ハイデッガーの意味論―発生・形成・展開 渡邊和典著 京都 晃洋書房 2014.5 233,14p 22cm〈文献あり 索引あり〉①978-4-7710-2527-1 Ⓝ134.96 [3300円]

◇始源の思索―ハイデッガーと形而上学の問題 田鍋良臣著 京都 京都大学学術出版会 2014.3 330p 22cm (プリミエ・コレクション 49)〈文献あり 索引あり 内容:自己―自立性について 他者―友情について 超越―存在の問いの答え方 神話―始源への歩み〈1〉自然―メタ存在論の行方 真理―隠れの現れ 詩作―始源への歩み〈2〉〉①978-4-87698-400-8 Ⓝ134.96 [4400円]

◇哲学とナショナリズム―ハイデガー結審 中田光雄著 水声社 2014.4 290p 22cm〈文献あり〉①978-4-8010-0011-7 Ⓝ134.96 [4000円]

◇ハイデガー―存在の歴史 高田珠樹[著] 講談社 2014.10 391p 15cm (講談社学術文庫 2261)〈文献あり 著作目録あり 年譜あり 索引あり 「現代思想の冒険者たち 08」(1996年刊)の改題〉①978-4-06-292261-6 Ⓝ134.96 [1200円]

◇ハイデガーとトマス・アクィナス　ヨハネス・ロッツ著，村上喜良訳　勁草書房　2014.1　290,22p　22cm〈索引あり　内容：マルティン・ハイデガーによれば「人間はいかにあるのか」　ハイデガーとトマス・アクィナスにおける存在　根拠への問い　人間―時間―存在〉①978-4-326-10228-0　Ⓝ134.96〔4500円〕

◇ハイデッガー　新井恵雄著　新装版　清水書院　2014.9　193p　19cm　（Century Books）〈文献あり　年譜あり　索引あり〉①978-4-389-42035-2　Ⓝ134.96〔1000円〕

◇始めから考える―ハイデッガーとニーチェ　菊地恵善著　福岡　九州大学出版会　2014.1　375p　22cm　（九州大学人文学叢書 6）〈内容：根拠への問い　技術と芸術　存在とは何か，その問いの発端　不気味なもの　存在の比喩的解釈　動物と「私」と言うことができない　死と時間性　存在について考える　ハイデッガーのニーチェ講義録〈全集第四四巻〉を読む　ニーチェの力への意志の形而上学　仮定か事実か　荘子とニーチェ　すべての価値の価値転換という試みについて　結論〉①978-4-7985-0116-1　Ⓝ134.96〔4800円〕

◇丸山眞男とハイデガー―近代・近代化を焦点に　岡田紀子著　京都　晃洋書房　2014.5　386p　22cm〈索引あり〉①978-4-7710-2541-7　Ⓝ311.21〔5800円〕

◇ヤスパースとハイデガー―形而上学のゆくえ　堤正史著　京都　晃洋書房　2014.4　286,8p　22cm　（西洋思想叢書）〈文献あり　索引あり〉①978-4-7710-2520-2　Ⓝ134.9〔3800円〕

ハイネ, H.〔1797〜1856〕

◇語るハイネ　立川希代子著　近代文藝社　2014.12　212p　20cm〈内容：異文化結婚　ハイネの「恋人」，フリーデリケ・ローベルト　楽園の椰子の木　ハイネにおける民主主義と平和　ハイネにおける民主主義と平和．その2　語るハイネ〉①978-4-7733-7959-4　Ⓝ941.6〔1400円〕

バイマー・ヤンジン

◇幸せへの近道―チベット人の嫁から見た日本と故郷　バイマーヤンジン著　〔東京〕　時事通信出版局　2014.12　191p　20cm〈時事通信社（発売）　年譜あり〉①978-4-7887-1381-9　Ⓝ762.229〔1400円〕

ハイラー, F.〔1892〜1967〕

◇祈りの現象学―ハイラーの宗教理論　宮嶋俊一著　京都　ナカニシヤ出版　2014.5　268p　20cm〈文献あり　著作目録あり　年譜あり　索引あり　内容：序章　ハイラーの生涯と『祈り』の内容　祈りの類型論　「祈りの儀礼化」について　「預言者的/神秘主義的」という類型について　「哲学者の祈り」について　宗教概念の問題　「サドゥー論争」をめぐる宗教史の問題〉①978-4-7795-0812-7　Ⓝ161〔2600円〕

ハイレッド・センター

◇ハイレッド・センター：　「直接行動」の軌跡展　〔出版地不明〕「ハイレッド・センター」展実行委員会　c2013　239p　29cm〈年表あり　文献あり　会期・会場：2013年11月9日―12月23日　名古屋市美術館ほか　タイトルは標題紙による　編集：山田諭ほか〉Ⓝ702.16

ハウ, A.L.〔1852〜1943〕

◇主に望みをおいて―日本の幼児教育に貢献したアニー L.ハウ　西垣光代著　キリスト新聞社出版事業課　2014.12　168p　22cm〈文献あり　著作目録あり　年譜あり〉①978-4-87395-661-9　Ⓝ289.3〔2200円〕

ハウステンボス

◇H.I.S.澤田秀雄の「稼ぐ観光」経営学　木ノ内敏久著　イースト・プレス　2014.8　254p　18cm　（イースト新書 035）〈文献あり　年譜あり〉①978-4-7816-5035-7　Ⓝ689.5〔861円〕

パウロ

◇パウロ―ギリシア・ローマ世界に生きた使徒　岩上敬人著　いのちのことば社　2014.12　271p　19cm〈年譜あり〉①978-4-264-03273-1　Ⓝ193.71〔1600円〕

パウンド, E.L.〔1885〜1972〕

◇歴史の中のエズラ・パウンド　野上秀雄著　文沢社　2014.9　362p　20cm　①978-4-907014-01-8　Ⓝ931.7〔2400円〕

パーカー, S.J.

◇Sarah Jessica Parker―perfect style of SATC　マーブルブックス編　メディアパル　2014.1　127p　23cm　（MARBLE BOOKS）〈作品目録あり　本文は日本語〉①978-4-89610-292-5　Ⓝ778.253〔1700円〕

芳賀 一太〔1946〜 〕

◇不撓不屈一波瀾万丈の半世紀を語る：政治活動50年の歩み　芳賀一太著　〔南会津町（福島県）〕　芳賀一太　2014.2　519p　31cm〈歴史春秋出版（制作）　年表あり〉Ⓝ289.1〔3600円〕

葉加瀬 太郎〔1968〜 〕

◇宮藤官九郎×葉加瀬太郎　NHK『SWITCHインタビュー達人達』制作班,宮藤官九郎,葉加瀬太郎著　ぴあ　2014.4　136p　19cm　（SWITCHインタビュー達人達）①978-4-8356-1873-9　Ⓝ772.1〔800円〕

袴田 八重子〔1909〜1967〕

◇世のおきてに叛いて―母・八重子その沈黙の数奇な運命　袴田茂樹著　相模原　桜美林大学北東アジア総合研究所　2014.1　219p　18cm　（北東アジア新書）〈年譜あり〉①978-4-904794-41-8　Ⓝ289.1〔800円〕

バカラック, B.〔1928〜 〕

◇バート・バカラック自伝―ザ・ルック・オブ・ラヴ　バート・バカラック著，ロバート・グリーンフィールド共著，奥田祐士訳　シンコーミュージック・エンタテイメント　2014.1　329,22p　22cm〈作品目録あり　索引あり〉①978-4-401-63858-1　Ⓝ762.53〔2800円〕

萩尾 望都〔1949〜 〕

◇愛するあなた恋するわたし―萩尾望都対談集2000年代編　萩尾望都著　河出書房新社　2014.5　251p　20cm〈文献あり　内容：SF妄想世界の旅（吾妻ひでお述）　やおいと純愛（よしながふみ述）　萩尾作品は私の原点（恩田陸述）　エヴァンゲリオンのその後（庵野秀明,佐藤嗣麻子述）　少女マンガの黄金時代（大和和紀述）　マンガ的美少年（清水玲子述）　始まりは萩尾マンガだった（ヤマザキマリ述）〉①978-4-309-27494-2　Ⓝ726.101〔1500円〕

萩市（写真集）

◇ふるさと萩・長門・美祢―生活感あふれる写真でつづる決定版写真集！：保存版　森本文馬監修　松本　郷土出版社　2014.9　230p　31cm　①978-4-86375-219-1　Ⓝ217.7〔9250円〕

パキスタン（イスラム）

◇現代パキスタンの形成と変容―イスラーム復興とウルドゥー語文化　須永恵美子著　京都　ナカニシヤ出版　2014.12　215p　22cm〈文献あり　年表あり　索引あり〉①978-4-7795-0863-9　Ⓝ302.257〔4800円〕

パキスタン（経済援助〔日本〕）

◇パキスタン国再生可能エネルギー活用に係る情報収集・確認調査最終報告書―要約　〔東京〕　国際協力機構　2013.1　31p　30cm〈共同刊行：日本工営〉Ⓝ333.804

パキスタン（政治―歴史）

◇パキスタン政治史―民主国家への苦難の道　中野勝一著　明石書店　2014.8　442p　20cm　（世界歴史叢書）〈文献あり　年表あり　索引あり〉①978-4-7503-4058-6　Ⓝ312.257〔4800円〕

パキスタン（文化）

◇現代パキスタンの形成と変容―イスラーム復興とウルドゥー語文化　須永恵美子著　京都　ナカニシヤ出版　2014.12　215p　22cm〈文献あり　年表あり　索引あり〉①978-4-7795-0863-9　Ⓝ302.257〔4800円〕

萩野 靖乃〔1937〜2012〕

◇テレビもわたしも若かった　萩野靖乃著，『テレビもわたしも若かった』刊行委員会編　八王子　武蔵野書房　2013.6　355p　22cm〈作品目録あり　年譜あり　内容：テレビもわたしも若かった　萩野靖乃番組を語る（丁智惠,東野真,七沢潔聞き手）〉①978-4-906731-04-6　Ⓝ699.64〔2000円〕

萩原 朔太郎〔1886〜1942〕

◇北原白秋石川啄木萩原朔太郎―対比評伝　宮本一宏著　福岡　花書院　2014.3　59p　26cm〈著作目録あり　付・朔太郎と白秋の生育文化―共有源泉の詩篇「幻燈のにほひ」〉①978-4-905324-92-8　Ⓝ910.26〔2000円〕

◇萩原朔太郎『宿命』論　山田兼士著　大阪　澪標　2014.7　159p　19cm〈内容：大阪八尾と萩原朔太郎　散文詩集の生成　抒情の終焉　詩の逆説あるいは小説の夢　「蟲」を読む　「鏡」のうしろにあるもの　『宿命』再考　『宿命』の六色　萩原朔太郎と『四季』〉①978-4-86078-277-1　Ⓝ911.56〔1500円〕

萩原 英雄〔1913〜2007〕

◇山梨県立美術館所蔵萩原英雄版画作品目録　萩原英雄［作］,山梨県立美術館編　甲府　山梨県立美術館　c2013　135p　30cm〈年譜あり〉Ⓝ733.021

パーク, E.〔1729〜1797〕

◇エドマンド・バーク―政治における原理とは何か　末冨浩著　京都　昭和堂　2014.3　255,13p　22cm〈文献あり　索引あり〉①978-4-8122-1410-7　Ⓝ311.233〔5000円〕

白 居易〔772〜846〕

◇新釈漢文大系　106　白氏文集　10　岡村繁著　明治書院　2014.12　572p　22cm〈付属資料：4p：月報 no.115〉①978-4-625-67320-7　Ⓝ082〔9200円〕

朴 正熙〔1917～1979〕

◇米国に堂々と対した大韓民国の大統領たち　李春根著，洪熒　訳　〔東京〕　統一日報社　2014.5　287p　19cm　①978-4-907988-02-9　Ⓝ319.21053　［1300円］

莫 邦富〔1953～ 〕

◇この日本、愛すればこそ―新華僑40年の履歴書　莫邦富著　岩波書店　2014.12　341p　15cm　（岩波現代文庫）〈「これは私が愛した日本なのか」(2002年刊)の改題、加筆、改訂〉　①978-4-00-602250-1　Ⓝ289.2　［1100円］

博愛会

◇はくあい50th地域とともに　那須塩原　博愛会　2014.3　127p　30cm〈年表あり〉　Ⓝ498.16

羽咋市（遺跡・遺物―保存・修復）

◇史跡寺家遺跡保存管理計画書　羽咋市教育委員会編　羽咋　羽咋市教育委員会　2014.3　112p　30cm〈年表あり　文献あり〉　Ⓝ709.143

白隠慧鶴 →慧鶴を見よ

白山

◇白山曼荼羅―描かれた神々と観音信仰：平成26年秋期企画展　福井県立歴史博物館編　福井　福井県立歴史博物館　2014.10　115p　30cm〈会期・会場：平成26年10月25日―11月24日　福井県立歴史博物館〉　Ⓝ387

白山国立公園

◇白山国立公園指定50周年記念誌―白山は水といのちの源未来に引き継ぐ私たちの宝　環境省中部地方環境事務所（白山国立公園指定50周年記念事業実行委員会）編　名古屋　環境省中部地方環境事務所　2013.3　70p　30cm〈年表あり〉　Ⓝ629.41

白山市（遺跡・遺物）

◇五歩市遺跡　金沢　石川県教育委員会　2014.3　387p　図版74p　30cm〈白山市所在　国道改築事業及び街路事業一般国道305号及び都市計画道路金沢鶴来線に係る埋蔵文化財発掘調査報告書　共同刊行：石川県埋蔵文化財センター〉　Ⓝ210.0254

◇高見遺跡・高見スワノ遺跡　金沢　石川県教育委員会　2014.3　179p　図版［23］枚　30cm　（北陸新幹線建設事業（金沢・白山総合車両基地（仮称）間）に係る埋蔵文化財発掘調査報告書9）〈白山市所在　共同刊行：石川県埋蔵文化財センター〉　Ⓝ210.0254

◇松任城跡・成町遺跡・北安田南遺跡　金沢　石川県教育委員会　2014.3　120p　図版［23］枚　30cm　（北陸新幹線建設事業（金沢・白山総合車両基地（仮称）間）に係る埋蔵文化財発掘調査報告書8）〈白山市所在　共同刊行：石川県埋蔵文化財センター〉　Ⓝ210.0254

◇宮保B遺跡・宮保館跡　金沢　石川県教育委員会　2014.3　216p　図版32p　30cm　（北陸新幹線建設事業（金沢・白山総合車両基地（仮称）間）に係る埋蔵文化財発掘調査報告書11）〈年表あり　白山市所在　共同刊行：石川県埋蔵文化財センター〉　Ⓝ210.0254

◇横江D遺跡・二日市イシバチ遺跡，横江D遺跡・郷クボタ遺跡　金沢　石川県教育委員会　2014.3　202p　図版［36］枚　30cm　（北陸新幹線建設事業（金沢・白山総合車両基地（仮称）間）に係る埋蔵文化財発掘調査報告書7）〈白山市・野々市市所在　共同刊行：石川県埋蔵文化財センター〉　Ⓝ210.0254

◇米永ナデソオ遺跡　金沢　石川県教育委員会　2014.3　68p　図版［5］枚　30cm　（北陸新幹線建設事業（金沢・白山総合車両基地（仮称）間）に係る埋蔵文化財発掘調査報告書10）〈白山市所在　共同刊行：石川県埋蔵文化財センター〉　Ⓝ210.0254

白山市（観光開発―歴史）

◇湯の道よ永久（とわ）に―岩間温泉物語　山﨑久栄著　金沢　能登印刷出版部　2014.4　396p　20cm〈文献あり　年表あり〉　①978-4-89010-626-4　Ⓝ689.4　［1700円］

白山市（風俗・習慣）

◇ふるさとの風俗誌―昭和初年の松任　安嶋彌著　改訂第3版　白山　白山市　2014.3　147p　21cm　Ⓝ382.143

博進社〔1897年〕

◇社史で見る日本経済史　第73巻　紙業界五十年―創業四十周年記念〈博新社〉　ゆまに書房　2014.4　492,5p　22cm〈博進社　1937年刊の複製　布装〉　①978-4-8433-4566-5,978-4-8433-4561-0(set)　Ⓝ335.48　［23000円］

パークハイアット東京

◇パークハイアットホテルで本当にあった自信が持てない僕に勇気をくれた7つの物語　奥武志著　こう書房　2014.12　223p　19cm　①978-4-7696-1135-6　Ⓝ689.81361　［1400円］

博文館

◇社史で見る日本経済史　第77巻　博文館五十年史　坪谷善四郎著　ゆまに書房　2014.9　334,218,12p　22cm〈博文館　1937年刊の複製　解説：佐藤哲彦　布装〉①978-4-8433-4599-3,978-4-8433-4595-5(set),978-4-8433-4604-4(set)　Ⓝ335.48　［25000円］

バークレー〔カリフォルニア州〕（火災）

◇災害後の住宅再建における市民組織の形成プロセスとその役割―オークランド・バークレー火災直後から21年後の現在：調査研究報告書　落合知帆［著］，第一生命財団編　第一生命財団　2014.5　59p　30cm〈文献あり〉　Ⓝ527　［非売品］

バークレー〔カリフォルニア州〕（住宅―復旧）

◇災害後の住宅再建における市民組織の形成プロセスとその役割―オークランド・バークレー火災直後から21年後の現在：調査研究報告書　落合知帆［著］，第一生命財団編　第一生命財団　2014.5　59p　30cm〈文献あり〉　Ⓝ527　［非売品］

函館工業高等専門学校

◇外部評価報告書　平成25年度　〔函館〕　函館工業高等専門学校　〔2014〕　44p　30cm　Ⓝ377.1

函館市（遺跡・遺物）

◇桔梗2遺跡　2　函館市教育委員会生涯学習部文化財課，函館市埋蔵文化財事業団編　函館　函館市教育委員会生涯学習部文化財課　2013.7　11p　30cm　（函館市教育委員会特定非営利活動法人函館市埋蔵文化財事業団発掘調査報告書　第11輯）〈函館市所在　桔梗町408番4における開発行為に係る埋蔵文化財発掘調査報告書　共同刊行：函館市埋蔵文化財事業団〉　Ⓝ210.0254

◇サイベ沢遺跡　函館市教育委員会生涯学習部文化財課，函館市埋蔵文化財事業団編　函館　函館市教育委員会生涯学習部文化財課　2014.3　124p　30cm　（函館市教育委員会特定非営利活動法人函館市埋蔵文化財事業団発掘調査報告書　第13輯）〈函館市所在　常盤川総合流域防災工事に伴う埋蔵文化財発掘調査報告書　共同刊行：函館市埋蔵文化財事業団〉　Ⓝ210.0254

◇東山B遺跡・亀田中野2遺跡　2　函館市教育委員会生涯学習部文化財課，函館市埋蔵文化財事業団編　函館　函館市教育委員会生涯学習部文化財課　2014.3　90p　30cm　（函館市教育委員会特定非営利活動法人函館市埋蔵文化財事業団発掘調査報告書　第12輯）〈函館市所在　函館新外環状道路（空港道路）工事用地内埋蔵文化財発掘調査報告書　共同刊行：函館市埋蔵文化財事業団〉　Ⓝ210.0254

函館市（空港）

◇函館空港及び十勝飛行場周辺における航空機騒音測定調査委託業務報告書　平成25年度　〔札幌〕　北海道　2014.3　1冊　31cm〈平成25年度環境省委託業務　ルーズリーフ〉　Ⓝ519.6

函館市（経済―統計）

◇市民経済計算推計結果報告書　平成22年度　〔函館〕　函館市　2014.3　27p　21×30cm　Ⓝ330.59

函館市（産業―統計）

◇函館市の事業所―平成24年経済センサス―活動調査結果　〔函館〕　函館市総務部総務課統計担当　2014　34p　21×30cm　Ⓝ605.9

函館市（写真集）

◇函館昭和ノスタルジー―我が青春の街角へ　札幌　ぷらんとマガジン社　2013.12　235p　29cm　①978-4-904803-07-3　Ⓝ211.8　［2500円］

函館市（人口―統計）

◇函館市の人口―平成22年国勢調査結果　函館市総務部総務課編　函館市　2014.1　145p　30cm　Ⓝ358.118

函館市（地域開発）

◇地域における国際化―函館をモデルに　鈴木克也編著　第2版　鎌倉　エコハ出版　2014.8　216p　21cm　（地域活性化シリーズ）〈三恵社（発売）〉　①978-4-86487-252-2　Ⓝ601.118　［2000円］

函館商業高等学校〔北海道〕

◇校歌の周辺―北海道庁立函館商業学校北海道函館商業高等学校：調査資料　大角愷治［著］　〔出版地不明〕　〔大角愷治〕　〔2014〕　52p　30cm〈年譜あり　年表あり〉　Ⓝ767.6

函館病院〔函館市〕

◇市立函館病院百五十年史　吉川修身責任編纂　函館　市立函館病院　2014.10　229p　30cm〈年表あり〉　Ⓝ498.16

階上町〔青森県〕（遺跡・遺物）

◇鴨平遺跡外金山沢遺跡　階上町〔青森県〕　階上町教育委員会　2014.7　169p　30cm〈石灰岩採掘表土堆積場拡張等に伴う埋蔵文化財発掘調査報告書〉　Ⓝ210.0254

階上町〔青森県〕（防災計画）

◇階上町地域防災計画　〔階上〔青森県〕〕　階上町防災会議　〔2013〕　1冊　31cm〈年表あり　ルーズリーフ〉　Ⓝ369.3

橋川 文三〔1922～1983〕

◇橋川文三日本浪曼派の精神　宮嶋繁明著　福岡　弦書房　2014.12　317p　19cm　〈年譜あり　文献あり〉　①978-4-86329-108-9　Ⓝ289.1　［2300円］

◇丸山眞男と橋川文三―「戦後思想」への問い　平野敬和著　教育評論社　2014.11　253p　20cm　〈年譜あり　索引あり〉　①978-4-905706-90-8　Ⓝ311.21　［2200円］

端島〔長崎県〕

◇大いなる端島　端島閉山40周年記念事業実行委員会編　福岡　忘羊社　2014.7　1冊（ページ付なし）20×21cm　〈年譜あり　英語抄訳付〉　①978-4-907902-02-5　Ⓝ291.93　［2500円］

◇軍艦島―廃墟からのメッセージ　坂本道徳著, 高木弘太郎写真　亜紀書房　2014.8　197p　19cm　①978-4-7505-1412-3　Ⓝ219.3　［1600円］

◇軍艦島30号棟夢幻泡影―1972＋2014　高橋昌嗣著　大和書房　2014.7　143p　26cm　〈年譜あり　英語抄訳付〉　①978-4-479-39260-6　Ⓝ291.93　［2500円］

◇軍艦島離島40年―一人びとの記憶とこれから　坂本道徳著　実業之日本社　2014.6　247p　19cm　〈文献あり　年譜あり〉　①978-4-408-11064-6　Ⓝ219.3　［1800円］

◇産業遺産の記憶と表象―「軍艦島」をめぐるポリティクス　木村至聖著　京都　京都大学学術出版会　2014.12　272p　22cm　〈文献あり　索引あり　内容：文化遺産とは何か　廃墟から文化遺産へ　労働文化の文化遺産化とその問題　日本の産炭地の経験をめぐって　炭鉱遺構・遺物の展示と表象　文化遺産保存の場における記憶のダイナミクス　「軍艦島」への多様なまなざし　「地元」の創出　地域社会における軍艦島の活用　リスケーリングされる炭鉱の表象　産業遺産は社会に何をもたらすのか〉　①978-4-87698-546-3　Ⓝ709.193　［3500円］

羽島市〔地域社会〕

◇岐阜大学地域科学部・地域学実習報告書　パート13　長良よどう・芥見東・長良川おんぱく・古民家・羽島市竹鼻・インターンシップ　岐阜　岐阜大学地域科学部　2013.3　125p　30cm　Ⓝ361.7

橋本 皎〔1936～〕

◇わかる―橋本皎語録　大阪　「わかる」編集委員会　2013.10　126p　21cm　Ⓝ289.1

橋本 一明〔1927～1969〕

◇『二十歳のエチュード』の光と影のもとに―橋本一明をめぐって　國峰照子著　名古屋　洪水企画　2014.3　155p　19cm　（詩人の遠征 4）〈草場書房（発売）年譜あり　文献あり〉　①978-4-902616-62-0　Ⓝ910.268　［1800円］

橋本 左内〔1835～1859〕

◇松平春嶽の幕末維新　高橋榮輔著　名古屋　ブイツーソリューション　2014.1　221p　21cm　〈年譜あり　文献あり〉　①978-4-86476-175-8　Ⓝ210.61

橋本 真也〔1965～2005〕

◇闘魂三銃士30年―今だから明かす武藤敬司、蝶野正洋、橋本真也、それぞれの生きざま　武藤敬司, 蝶野正洋, 橋本かずみ著　ベースボール・マガジン社　2014.12　287p　19cm　①978-4-583-10780-6　Ⓝ788.2　［1900円］

橋本 綱常〔1845～1909〕

◇松平春嶽の幕末維新　高橋榮輔著　名古屋　ブイツーソリューション　2014.1　221p　21cm　〈年譜あり　文献あり〉　①978-4-86476-175-8　Ⓝ210.61

橋下 徹〔1969～〕

◇橋下・慰安婦・侵略・安倍―誰が日本の評価を下げているのか　野崎ほし編著　第三書館　2013.7　198p　18cm　①978-4-8074-1323-2　Ⓝ369.37　［780円］

橋本市〔地誌〕

◇紀見村郷土誌　復刻版　［出版地不明］　［原嘉彌］　［2014］　430p　26cm　〈原本：紀見村小学校昭和8年刊　折り込 2枚〉　Ⓝ291.66

橋本市〔方言〕

◇橋本周辺のはなしことば　林邦有著　文芸社　2014.1　251p　15cm　〈文献あり〉　①978-4-286-14484-9　Ⓝ818.66　［700円］

パース, C.S.〔1839～1914〕

◇パース　岡田雅勝著　新装版　清水書院　2014.9　219p　19cm　（Century Books）〈文献あり　年譜あり　索引あり〉　①978-4-389-42146-5　Ⓝ133.9　［1000円］

◇パースの思想―記号論と認知言語学　有馬道子著　改訂版　岩波書店　2014.2　245,8p　22cm　〈文献あり　索引あり　内容：パースの記号論　パースの記号論と言語学　ことばと意識　三つの推論と「第一次性」「第二次性」「第三次性」の関係

"Man's Glassy Essence"について　老荘の思想〉　①978-4-00-024476-3　Ⓝ133.9　［4000円］

パスカル, B.〔1623～1662〕

◇パスカルと身体の生　山上浩嗣著　吹田　大阪大学出版会　2014.9　257,69p　22cm　〈文献あり　索引あり　内容：愛と邪欲　習慣と信　sentiment　「中間」の両義性　病と死　人間の尊厳　無知〉　①978-4-87259-477-5　Ⓝ135.25　［6300円］

◇パスカル『パンセ』を読む　塩川徹也著　岩波書店　2014.10　259,2p　19cm　（岩波人文書セレクション）〈索引あり　2001年刊の再刊〉　①978-4-00-028785-2　Ⓝ135.25　［2200円］

蓮田市〔遺跡・遺物〕

◇荒川附遺跡　3　熊谷　埼玉県埋蔵文化財調査事業団　2014.3　64p　図版 18p　30cm　（埼玉県埋蔵文化財調査事業団報告書 第411集）〈埼玉県の委託による　蓮田市所在　県道上尾蓮田線建設事業関係埋蔵文化財発掘調査報告〉　Ⓝ210.0254

◇埼玉県蓮田市文化財調査報告書　第51集　蓮田市教育委員会　2014.3　28p　図版 8p　30cm　〈内容：宿浦遺跡。第20調査地点　宿浦遺跡。第22調査地点　荒川附遺跡。第25調査地点　天神前遺跡。第31調査地点〉　Ⓝ210.0254

◇宿浦遺跡　蓮田　蓮田市教育委員会　2014.3　56p　図版 8p　26cm　（埼玉県蓮田市文化財調査報告書 第53集）〈内容：23'区　第15地点　第16地点　第21地点　第23地点　第24地点　第25地点〉　Ⓝ210.0254

蓮田市〔貝塚〕

◇国指定史跡黒浜貝塚地質調査・物理探査・科学分析総合調査報告書　蓮田　埼玉県蓮田市教育委員会　2014.3　113p　30cm　（埼玉県蓮田市文化財調査報告書 第52集）Ⓝ213.4

蓮田市〔貝塚―保存・修復〕

◇黒浜貝塚―国指定史跡：整備基本構想・基本計画策定報告書　蓮田　埼玉県蓮田市教育委員会　2014.3　80p　30cm　〈受託者：中央開発〉　Ⓝ213.4

パストリアス, J.〔1951～1987〕

◇ジャコ・パストリアス―エレクトリック・ベースの神様が遺してくれたもの　松下佳男著　［東京］　DU BOOKS　2014.12　237p　19cm　〈ディスクユニオン（発売）文献あり　年譜あり〉　①978-4-907583-17-0　Ⓝ767.8　［2000円］

HASUNA

◇世界と、いっしょに輝く―エシカルジュエリーブランドHASUNAの仕事：The Challenges of An Ethical Jewellery Brand：HASUNA　白木夏子著　ナナロク社　2013.2　252p　18cm　〈聞き手：生駒尚美〉　①978-4-904292-37-2　Ⓝ673.7　［1600円］

長谷川 等伯〔1539～1610〕

◇長谷川等伯第2次ふるさと調査中間報告・シンポジウム詳録―400年の時を超えて　長谷川等伯ふるさと調査団事務局編　［金沢］　北國新聞社　2014.7　78p　30cm　会期：2014年4月27日　共同刊行：のと共栄信用金庫〉　Ⓝ721.3

長谷川 如是閑〔1875～1969〕

◇田中浩集　第4巻　長谷川如是閑　田中浩著　未來社　2014.2　476,11p　22cm　布装　内容：序―普遍的価値の創造を求めて　長谷川如是閑　国家観　ドイツ学批判　国際政治・アジア観　言論・思想の自由と大学自治　ジャーナリズム観　新聞論　女性論〈フェミニズム論〉　大正デモクラシーとジャーナリスト　「大阪朝日」の人びと　社会派ジャーナリストへの道　政治・社会改革と国際平和を求めて　「批判」の時代と日本ファシズム分析　戦中・戦後を生き抜いて　長谷川如是閑の中国認識〉　①978-4-624-90044-1　Ⓝ311.2　［7500円］

長谷川 弘〔1810～1887〕

◇算法助術―新解説・和算公式集　土倉保編著　朝倉書店　2014.11　310p　22cm　〈文献あり〉　①978-4-254-11144-6　Ⓝ419.1　［5500円］

長谷川 陽平

◇大韓ロック探訪記―海を渡って、ギターを仕事にした男　長谷川陽平著　［東京］　DU BOOKS　2014.6　213p　21cm　〈ディスクユニオン（発売）対談翻訳：岡崎暢子〉　①978-4-907583-13-2　Ⓝ764.7　［2200円］

支倉 常長〔1571～1622〕

◇柳絮漂泊行記―スペインからローマまで支倉常長の旅をたどる　上條久枝著　求龍堂　2014.6　349p　20cm　〈文献あり　年譜あり〉　①978-4-7630-1402-3　Ⓝ293.609　［2000円］

長谷寺〔桜井市〕

◇豊山長谷寺拾遺―第5輯之1（石造品）　総本山長谷寺文化財等保存調査委員会監修　桜井　総本山長谷寺　2014.6　633p　31cm　Ⓝ702.17

長谷部 誠〔1984～〕

◇心を整える。―勝利をたぐり寄せるための56の習慣　長谷部誠［著］　幻冬舎　2014.1　335p　図版12p　16cm　（幻冬舎文庫　は-24-1）①978-4-344-42143-1　Ⓝ783.47　［650円］

畑 喜美夫〔1965～ 〕
◇まるごと畑喜美夫―徹底検証なぜ、ボトムアップ指導は強くなるのか？：自主的・自発的に動ける個・組織がこれからの未来を輝かせる　広島　ザメディアジョン　2014.7　211p　21cm〈年譜あり〉①978-4-86250-328-2　Ⓝ783.47［1400円］

バタイユ, G.〔1897～1962〕
◇バタイユとその友たち　水声社　2014.7　419p　21cm（別冊水声通信）〈内容：フィリップ・ソレルスインタビュー（フィリップ・ソレルス述, 杉浦順子訳）至高者（ジョルジュ・バタイユ著, 濱野耕一郎訳）　ジョルジュ・バタイユとの対談（ジョルジュ・バタイユ, ピエール・デュメイエ述, 岩野卓司訳）『文学と悪』を読んで（ジャン・ヴァール著, 大島ゆい訳）ジャン・ヴァール『フランス哲学便覧』評（ジョルジュ・バタイユ著, 合田正人訳）　一九五二年一〇月一八日付のノート〈ノート十一、未発表断章〉（ジョルジュ・バタイユ著, 郷原佳以訳）　アンリ・パストゥロー『人間の傷』評（ジョルジュ・バタイユ著, 鈴木雅雄訳）　アンドレ・ブルトン『時計のなかのランプ』評（ジョルジュ・バタイユ著, 鈴木雅雄訳）　コーズ『開幕からの決裂』評（ジョルジュ・バタイユ著, 有馬麻理亜訳）　メルロ＝ポンティへの公開書簡（ジョルジュ・バタイユ著, 澤田直訳）　問われる共同体（岩野卓司著）　バタイユとブランショの分かちもったもの（郷原佳以著）　焼け残るものへの眼差し（門間広明著）　共鳴とすれ違い（有馬麻理亜著）　ブルトンとバタイユにおける主体の位置（ジャクリーヌ・シェニウー＝ジャンドロン著, 齊藤哲也訳）　バタイユとブルトン（長谷川晶子著）　自由と瞬間（永野潤著）　ヘーゲルとの最初の格闘（レーモン・クノー著, 加藤美季子訳）　アレクサンドル・コジェーヴとの対話（アレクサンドル・コジェーヴ, ジル・ラプージュ述, 加藤美季子, 丸山真幸訳）　バタイユに宛てた七通の手紙（アレクサンドル・コジェーヴ著, 丸山真幸訳）　錯綜する友情クノーによるバタイユ追悼文を読む（加藤美季子著）　コジェーヴの反革命思想とそのバタイユとの差異（丸山真幸著）　バタイユとサルトル（伊藤直著）　実存の眩暈（伊原木大祐著）　やさしき悲痛（大原宣久著）　バタイユとカミュにおける反抗、至高性、遊び＝賭け（レーモン・ゲ＝クロズィエ著, 千々岩靖子訳）　バタイユとユイスマンス（築山和也著）　アンドレ・マルローの美術論批判（永井敦子著）〉①978-4-8010-0046-9　Ⓝ950.278［3000円］

秦野市（遺跡・遺物）
◇今泉荒井遺跡群発掘調査報告書　玉川文化財研究所編著［横浜］　玉川文化財研究所　2014.3　154p 図版 59p　30cm〈神奈川県秦野市所在　内容：今泉上河原渕遺跡　水神遺跡　今泉荒井遺跡〉Ⓝ210.0254
◇秦野の遺跡　6　秦野市教育委員会教育部生涯学習課文化財班編［秦野］　神奈川県秦野市教育委員会　2014.3　53p　30cm（秦野市文化財調査報告書 14）〈内容：東田原中丸遺跡. 第4次調査〉Ⓝ210.0254
◇東田原象ヶ谷戸遺跡　横浜　かながわ考古学財団　2014.12　140p 図版 28p　30cm（かながわ考古学財団調査報告 305）〈新東名高速道路建設事業に伴う秦野市東地区の発掘調査〉Ⓝ210.0254

秦野市（職業指導）
◇自覚的・意識的にキャリア教育を創る―これまでの実践と総合的な学習の時間を中心とした教育活動からキャリア教育を考える　秦野市教育研究所編　秦野　秦野市教育研究所　2014.3　48p　29cm（研究紀要 第89集）〈共同刊行：小中一貫キャリア教育研究部会〉Ⓝ375.25

秦野市（男女共同参画）
◇はだの市民が創る男女共同社会推進会議活動の記録―男女共同参画社会をめざして：設立20周年記念　はだの市民が創る男女共同社会推進会議編［秦野］　はだの市民が創る男女共同社会推進会議　2014.3　48p　30cm〈年表あり〉Ⓝ367.2137

畑谷 光代〔1919～2001〕
◇「知的な育ち」を形成する保育実践―海卓子、畑谷光代、高瀬慶子に学ぶ　勅使千鶴, 亀谷和史, 東内瑠里子編著, 金珉呈, 木村和子, 宍戸洋子, 中村強士, 韓仁愛, 吉葉研司執筆　新読書社　2013.5　270p　21cm　①978-4-7880-1167-0　Ⓝ376.1［2200円］

パタンジャリ
◇ヨーガ・スートラ―パタンジャリ哲学の精髄：原典・全訳・注釈付　A・ヴィディヤーランカール著, 中島巖編訳　大阪　東方出版　2014.9　232p　22cm〈文献あり〉①978-4-86249-232-6　Ⓝ126.6［3000円］

八王子市（遺跡・遺物）
◇上っ原遺跡（第2次）・大塚日向遺跡　山梨文化財研究所編［東京］　帝京大学　2014.3　127p 図版［27］枚　30cm〈東京都多摩市・八王子市所在　（仮称）帝京大学八王子キャンパス新校舎棟新築工事に伴う埋蔵文化財発掘調査報告書　共同刊行：山梨文化財研究所〉Ⓝ210.0254
◇国史跡八王子城跡　18　八王子市教育委員会生涯学習スポーツ部文化財課編［八王子］　八王子市教育委員会　2014.3　48p 図版 6p　30cm〈平成25年度御主殿跡発掘調査概要報告書〉Ⓝ210.0254
◇塚場遺跡―八王子市no. 110遺跡　東京都スポーツ文化事業団東京都埋蔵文化財センター編　多摩　東京都スポーツ文化事業団東京都埋蔵文化財センター　2014.3　14, 253p　30cm（東京都埋蔵文化財センター調査報告 第287集）〈八王子市所在　八王子3・4・28街路整備事業に伴う埋蔵文化財発掘調査〉Ⓝ210.0254
◇日南田遺跡　第3次　武蔵文化財研究所編［八王子］　トヨタ東京整備学園　2014.1　50p 図版 11p　30cm〈東京都八王子市所在　トヨタ東京自動車大学校多目的広場建設計画に伴う埋蔵文化財発掘調査報告書　共同刊行：専門学校トヨタ東京自動車大学校〉Ⓝ210.0254
◇南谷遺跡　武蔵文化財研究所編［八王子］　創価大学　2014.3　60p 図版 17p　30cm〈東京都八王子市所在　創価大学校内駐車場建設（予定）工事に伴う埋蔵文化財発掘調査報告書〉Ⓝ210.0254

八王子市（織物工業―歴史）
◇聞き書き織物の技と生業　八王子市市史編集専門部会民俗部会編　八王子　八王子市市史編さん室　2014.3　275, 22p　21cm（八王子市史叢書 2）Ⓝ586.721365

八王子市（産業―歴史）
◇八王子の産業ことはじめ―平成二十五年度特別展　八王子市郷土資料館編［八王子］　八王子市教育委員会　2014.2　75p　30cm　Ⓝ602.1365

八王子市（宿駅―歴史―史料）
◇八王子名勝志　1　八王子市郷土資料館編［八王子］　八王子市教育委員会　2014.1　121p　30cm（郷土資料館資料シリーズ 第53号）Ⓝ213.65

八王子市（人口）
◇人口構造の変化を見据えた八王子のまちづくり―地域特性を活かした「選ばれ続ける都市」を目指して：最終報告書　八王子市都市政策研究所編　八王子　八王子市都市戦略部都市戦略課　2014.3　204p　30cm　Ⓝ334.31365

八王子市（地域開発）
◇里山エコトピア―理想郷づくりの絵物語！　炭焼三太郎編著　日本地域社会研究所　2014.5　166p　21cm（コミュニティ・ブックス）〈英語抄訳付〉①978-4-89022-146-2　Ⓝ601.1365［1700円］

八王子市（地誌）
◇八王子名勝志　1　八王子市郷土資料館編［八王子］　八王子市教育委員会　2014.1　121p　30cm（郷土資料館資料シリーズ 第53号）Ⓝ213.65
◇わがまち片倉町一丁目―古城片倉城と湯殿川の里：いにしえの片倉村時田：創立二五周年記念誌　八王子　八王子市片倉町一丁目町会　2014.3　20, 186, 40p　30cm〈年表あり〉Ⓝ291.365

八王子市（名簿）
◇東京都八王子市人物・人材情報リスト　2015　日外アソシエーツ株式会社編　日外アソシエーツ（制作）2014.11　266, 11p　30cm〈表紙のタイトル：東京都人物・人材情報リスト〉Ⓝ281.365

八王子市（歴史）
◇新八王子市史　自然編　八王子市市史編集委員会編　八王子　八王子市　2014.3　646p　31cm〈年表あり〉Ⓝ213.65
◇新八王子市史　資料編 2　中世　八王子市市史編集委員会編　八王子　八王子市　2014.3　1075p　22cm〈文献あり〉Ⓝ213.65
◇新八王子市史　資料編 6　近現代　2　八王子市市史編集委員会編　八王子　八王子市　2014.3　975p　22cm　Ⓝ213.65
◇土地っ子が綴る散田の歴史　小浦泰晴著　増補改訂版　八王子　揺籃社　2014.11　171p　21cm〈年表あり〉①978-4-89708-348-3　Ⓝ213.65［1500円］
◇幕末の八王子―西洋との接触：平成二十六年度特別展　八王子市郷土資料館編［八王子］　八王子市教育委員会　2014.10　87p　30cm〈年表あり　文献あり　会期：10月1日―11月24日〉Ⓝ213.65

八王子市（歴史―史料）
◇検地帳集成　八王子市市史編集専門部会近世部会編　八王子　八王子市市史編さん室　2014.3　343p　21cm（八王子市史叢書 3）Ⓝ213.65

は

◇八日市宿新野家文書集成―八王子の近世史料　八王子　古文書を探る会　2014.12　301p　21cm〈揺籃社(発売) 文献あり〉①978-4-89708-347-6　Ⓝ213.65　[1000円]

バチカン

◇ヴァティカンの正体―究極のグローバル・メディア　岩渕潤子著　筑摩書房　2014.2　242,4p　18cm　(ちくま新書 1057)〈文献あり 年表あり〉①978-4-480-06759-3　Ⓝ198.2　[800円]

八丈島

◇エイト・ブルービジョン―おじゃりやれ住みよけ島でーじけ島：平成25年度―平成34年度　東京都八丈支庁編　八丈町(東京都)　東京都八丈支庁　2014.3　92p　30cm　Ⓝ601.1369

八戸工業高等専門学校

◇八戸工業高等専門学校五十周年記念誌―五十年の礎から輝く未来への飛翔　八戸工業高等専門学校五十周年記念事業委員会, 記念誌編集委員会編　八戸　国立高等専門学校機構八戸工業高等専門学校　2013.12　189p　26cm　Ⓝ377.3

八戸市(遺跡・遺物)

◇一王寺(1)遺跡―第1・2地点の発掘調査報告書　八戸市埋蔵文化財センター是川縄文館編　八戸　八戸市教育委員会　2014.3　38p　30cm　(八戸市埋蔵文化財調査報告書 第144集)　Ⓝ210.0254

◇海と火山と縄文人―是川縄文館・東京大学共同研究展示：平成26年度秋季企画展図録　八戸市埋蔵文化財センター是川縄文館, 東京大学大学院新領域創成科学研究科環境史研究室編　八戸　八戸市埋蔵文化財センター是川縄文館　2014.9　49p　30cm〈会期：平成26年10月11日―11月24日　共同刊行：東京大学大学院新領域創成科学研究科環境史研究室〉Ⓝ212.1

◇狼走(2)遺跡北熊ノ沢(2)遺跡　八戸市埋蔵文化財センター是川縄文館編　八戸　八戸市教育委員会　2014.3　31p　30cm　(八戸市埋蔵文化財調査報告書 第145集)〈送電鉄塔建設に伴う緊急発掘調査報告書〉Ⓝ210.0254

◇潟野遺跡Ⅲ・松ヶ崎遺跡Ⅳ・楢館遺跡Ⅲ　青森県埋蔵文化財調査センター編　[青森]　青森県教育委員会　2014.3　165p　30cm　(青森県埋蔵文化財調査報告書 第537集)〈一般国道45号八戸南環状道路建設事業に伴う遺跡発掘調査報告〉Ⓝ210.0254

◇館平遺跡第27地点・咽平遺跡第3地点　八戸市埋蔵文化財センター是川縄文館編　八戸　八戸市教育委員会　2014.3　44p　30cm　(八戸市埋蔵文化財調査報告書 第146集)〈古戸沢地内舗装工事・永福寺線道路改良工事に伴う発掘調査報告書〉Ⓝ210.0254

◇新井田古館遺跡第28地点　八戸市埋蔵文化財センター是川縄文館編　八戸　八戸市教育委員会　2014.3　64p　30cm　(八戸市埋蔵文化財調査報告書 第147集)〈集合住宅建築に伴う発掘調査報告書〉Ⓝ210.0254

◇新井田古館遺跡第29地点　八戸市埋蔵文化財センター是川縄文館編　八戸　八戸市教育委員会　2014.3　30p　30cm　(八戸市埋蔵文化財調査報告書 第148集)〈集合住宅建築に伴う発掘調査報告書〉Ⓝ210.0254

◇八戸市内遺跡発掘調査報告書　31　八戸市埋蔵文化財センター是川縄文館編　八戸　八戸市教育委員会　2014.3　230p　30cm　(八戸市埋蔵文化財調査報告書 第143集)〈内容：山内遺跡第3地点　三社遺跡第1地点　白蛇遺跡第1地点　細越遺跡第1地点　熊野堂遺跡第2地点　駒ヶ沢遺跡第1地点　千石屋敷遺跡第6・7地点　八幡遺跡第6地点　田面木遺跡第42・43・44・45・46地点　館平遺跡第25・26・27地点　根城跡岡前館57・58地点　根城跡下町第7地点　咽平遺跡第2・3地点　八戸城跡第29・30・31地点　林ノ前遺跡Ⅷ〉Ⓝ210.0254

八戸市(古地図)

◇復元八戸城下絵図―城下町八戸の発達と「文久改正八戸御城下略図」　三浦忠司著　八戸　八戸歴史研究会　2014.12　55p　26cm〈外箱入〉Ⓝ291.21

八戸市(文化財)

◇はちのへ文化財ガイドブック　八戸市教育委員会社会教育課編　改訂版　八戸　八戸市教育委員会社会教育課　2013.3　58p　30cm　Ⓝ709.121

八戸市(歴史)

◇新編八戸市史　通史編 3　近現代　八戸市史編纂委員会編　[八戸]　八戸市　2014.3　568p　21cm〈年表あり　表紙のタイトル：八戸市史〉Ⓝ212.1

八戸市(歴史―史料)

◇新編八戸市史　中世資料編 別冊　写真/系図・由緒書　八戸市史編纂委員会編　[八戸]　八戸市　2014.3　455p　27cm〈表紙のタイトル：八戸市史〉Ⓝ212.1

◇新編八戸市史　中世資料編 編年資料　八戸市史編纂委員会編　[八戸]　八戸市　2014.3　501p　27cm〈表紙のタイトル：八戸市史〉Ⓝ212.1

八戸市(歴史―史料―書目)

◇八戸市史収集文書目録　第11集　平成25年度　八戸市教育委員会図書館市史編纂室編　八戸　八戸市教育委員会図書館市史編纂室　2013.11　88p　30cm〈内容：八戸産馬畜産組合資料・本田敏男氏収集文書　山勝商店・山本家(十八日町)文書　石橋弘家(十六日町)文書　青霞堂絵葉書(大岡達夫氏収集)　青森県旋網漁業協同組合資料　栗村知弘氏収集文書・稲葉家文書　石田家(鮫)文書　杉本家(鷹匠小路)文書　三浦忠司氏収集資料　市史編纂室収集文書．平成24年度　二本柳家(根城)文書　木村孝紀氏収集文書・古畑公幸氏収集資料　津島光氏収集資料　市史編纂室収集文書．平成25年度〉Ⓝ212.1

◇八戸市博物館収蔵資料目録　歴史編 8　八戸市博物館編　八戸　八戸市博物館　2014.3　45p　30cm　Ⓝ069.9

八戸市(歴史地理)

◇海と火山と縄文人―是川縄文館・東京大学共同研究展示：平成26年度秋季企画展図録　八戸市埋蔵文化財センター是川縄文館, 東京大学大学院新領域創成科学研究科環境史研究室編　八戸　八戸市埋蔵文化財センター是川縄文館　2014.9　49p　30cm〈会期：平成26年10月11日―11月24日　共同刊行：東京大学大学院新領域創成科学研究科環境史研究室〉Ⓝ212.1

八戸藩

◇南部・八戸藩藩日記　天明元年 用人所　森越良解読　八戸　森越良　2014.1　130p　26cm　Ⓝ212.1　[非売品]

◇南部・八戸藩藩日記　天明2年 用人所　森越良解読　八戸　森越良　2014.2　104p　26cm　Ⓝ212.1　[非売品]

◇南部・八戸藩藩日記　天明3年 用人所　森越良解読　八戸　森越良　2014.2　113p　26cm　Ⓝ212.1　[非売品]

◇南部・八戸藩藩日記　天明4年 用人所　森越良解読　八戸　森越良　2014.2　125p　26cm　Ⓝ212.1　[非売品]

◇南部・八戸藩藩日記　天明6年 用人所　森越良解読　八戸　森越良　2014.2　83p　26cm　Ⓝ212.1　[非売品]

◇南部・八戸藩藩日記　天明7年 用人所　森越良解読　八戸　森越良　2014.2　93p　26cm　Ⓝ212.1　[非売品]

◇南部・八戸藩藩日記　天明8年 用人所　森越良解読　八戸　森越良　2014.2　78p　26cm　Ⓝ212.1　[非売品]

◇南部・八戸藩藩日記　寛政2年 用人所　森越良解読　八戸　森越良　2014.5　111p　26cm　Ⓝ212.1　[非売品]

◇南部・八戸藩藩日記　寛政3年 用人所　森越良解読　八戸　森越良　2014.5　96p　26cm　Ⓝ212.1　[非売品]

◇南部・八戸藩藩日記　寛政4年 用人所　森越良解読　八戸　森越良　2014.6　112p　26cm　Ⓝ212.1　[非売品]

◇南部・八戸藩藩日記　寛政5年 用人所　森越良解読　八戸　森越良　2014.6　179p　26cm　Ⓝ212.1　[非売品]

◇南部・八戸藩藩日記　寛政6年 用人所　森越良解読　八戸　森越良　2014.6　88p　26cm　Ⓝ212.1　[非売品]

◇南部・八戸藩藩日記　寛政7年 用人所　森越良解読　八戸　森越良　2014.6　110p　26cm　Ⓝ212.1　[非売品]

◇南部・八戸藩藩日記　寛政8年 用人所　森越良解読　八戸　森越良　2014.7　85p　26cm　Ⓝ212.1　[非売品]

◇南部・八戸藩藩日記　寛政9年 用人所　森越良解読　八戸　森越良　2014.8　173p　26cm　Ⓝ212.1　[非売品]

◇南部・八戸藩藩日記　寛政10年 用人所　森越良解読　八戸　森越良　2014.8　119p　26cm　Ⓝ212.1　[非売品]

◇南部・八戸藩藩日記　寛政11年 用人所　森越良解読　八戸　森越良　2014.8　153p　26cm　Ⓝ212.1　[非売品]

◇南部・八戸藩藩日記　寛政12年 用人所　森越良解読　八戸　森越良　2014.8　105p　26cm　Ⓝ212.1　[非売品]

◇南部・八戸藩藩日記　享和元年 用人所　森越良解読　八戸　森越良　2014.8　144p　26cm　Ⓝ212.1　[非売品]

◇南部・八戸藩藩日記　享和2年 用人所　森越良解読　八戸　森越良　2014.8　161p　26cm　Ⓝ212.1　[非売品]

◇南部・八戸藩藩日記　享和3年 用人所　森越良解読　八戸　森越良　2014.9　166p　26cm　Ⓝ212.1　[非売品]

◇南部・八戸藩藩日記　慶應元年 用人所　森越良解読　八戸　森越良　2014.8　166p　26cm　Ⓝ212.1　[非売品]

◇八戸と9人の藩主―八戸藩開藩350年記念特別展：展示図録　八戸市博物館編　八戸　八戸市博物館　2014.6　74p　21cm〈文献あり　会期：平成26年7月5日―8月24日〉Ⓝ212.1

八葉寺〔姫路市〕

◇八徳山八葉寺文書集　八葉寺文書編集委員会編　[姫路]　八徳山八葉寺　2014.7　206, 16p　26cm〈年表あり〉Ⓝ188.45

は

八郎潟

八郎潟
◇湖沼自然浄化活用事業（秋田県八郎湖）委託業務報告書　平成25年度　［秋田］　秋田県　2013.11　1冊　30cm　Ⓝ519.4

廿日市市（地誌）
◇宮島学　県立広島大学宮島学センター編　広島　渓水社　2014.3　202p　21cm　〈文献あり　内容：厳島神社史における平清盛の幻像（松井輝昭著）　王朝文化の継承者としての平家の人々（西本寮子著）　厳島に伝わる左方舞楽とその来源（柳川順子著）　厳島合戦再考（秋山伸隆著）　中世の厳島と能楽（樹下文隆著）　「厳島八景」文芸と柏村直條（柳川順子著）　厳島神社の唐菓子（大知徳子著）　厳島神社の神仏分離について（松井輝昭著）　外国人が見た明治・大正時代の宮島（天野みゆき著）〉　Ⓘ978-4-86327-260-6　Ⓝ291.76　［1800円］

バッキー井上
◇人生、行きがかりじょう—全部ゆるしてゴキゲンに　バッキー井上著　ミシマ社　2013.10　229p　19cm　［［シリーズ22世紀を生きる］］　Ⓘ978-4-903908-45-8　Ⓝ289.1　［1500円］

ハッチンズ，R.M.〔1899～1977〕
◇ロバート・メイナード・ハッチンズの生涯と教育哲学　鶴田義男著　近代文藝社　2014.10　460p　20cm　〈文献あり〉　Ⓘ978-4-7733-7919-8　Ⓝ371.1　［2500円］

ばってん荒川〔1937～2006〕
◇人生二人三脚—笑いあり涙あり　沢柳則明著　福岡　西日本新聞社　2014.3　171p　19cm　〈年譜あり〉　Ⓘ978-4-8167-0880-0　Ⓝ772.1　［1500円］

発展途上国（エコシティ）
◇Eco2 Cities—2つのエコが融合する環境経済都市　Hiroaki Suzuki,Arish Dastur,Sebastian Moffatt,Nanae Yabuki,Hinako Maruyama著，井村秀史監訳，横浜市立大学グローバル都市協力研究センター訳，千葉啓恵共訳　一灯舎　2014.3　237p　26cm　〈索引あり〉　Ⓘ978-4-907600-07-5　Ⓝ518.8　［3000円］

発展途上国（海外派遣者）
◇日本国内の地域活性化につながるJICAボランティアの事例調査—ファイナルレポート　［東広島］　国際協力機構中国国際センター　2014.2　1冊　30cm　〈共同刊行：オリエンタルコンサルタンツ〉　Ⓝ601.1

発展途上国（環境政策）
◇途上国からみた「貿易と環境」—新しいシステム構築への模索　箭内彰子,道田悦代編　千葉　アジア経済研究所　2014.3　322p　22cm　〈研究双書 No.610〉〈索引あり　内容：開発途上国をめぐる「貿易と環境」問題（箭内彰子,道田悦代著）　経済のグローバル化における気候変動に関する国際制度の変容と貿易レジーム（高村ゆかり著）　有害廃棄物の越境移動管理と開発途上国（小島道一著）　開発途上国の森林の持続可能性に有効な政策手段は何か？（島本美保子著）　製品環境規制がサプライチェーンを通じて開発途上国に与える影響（道田悦代著）　開発途上国の食品貿易と食品安全規制（飯野文著）　「貿易と環境」における途上国優遇措置（箭内彰子著）　環境保全にかかわる補助金とWTO法（高村ゆかり著）　環境・食品安全分野におけるプライベート・スタンダード（道田悦代著）　地域貿易協定における環境条項（箭内彰子著）　貿易と環境分野の効果的なキャパシティ・ディベロップメントに向けて（小島道一著）〉　Ⓘ978-4-258-04610-2　Ⓝ678.1　［4200円］
◇途上国におけるNAMA策定及びMRV実施等に係る人材育成等事業委託業務業務報告書　平成25年度 本編　［東京］　海外環境協力センター　2014.3　273p　30cm　〈平成25年度環境省委託〉　Ⓝ519.1
◇途上国におけるNAMA策定及びMRV実施等に係る人材育成等事業委託業務報告書　平成25年度 資料編　［東京］　海外環境協力センター　2014.3　677p　30cm　〈英語併載　平成25年度環境省委託〉　Ⓝ519.1

発展途上国（技術援助〔日本〕）
◇途上国におけるNAMA策定及びMRV実施等に係る人材育成等事業委託業務業務報告書　平成25年度 本編　［東京］　海外環境協力センター　2014.3　273p　30cm　〈平成25年度環境省委託〉　Ⓝ519.1
◇途上国におけるNAMA策定及びMRV実施等に係る人材育成等事業委託業務報告書　平成25年度 資料編　［東京］　海外環境協力センター　2014.3　677p　30cm　〈英語併載　平成25年度環境省委託〉　Ⓝ519.1
◇元JICA専門家中小企業診断士298日間の海外支援奮闘記　吉村守著　同友館　2014.12　191p　19cm　Ⓘ978-4-496-05072-5　Ⓝ333.8　［1600円］

発展途上国（教育援助）
◇突破力と無力—挑戦し続ければ世界はきっと変わる！　税所篤快著　［東京］　日経BP社　2014.12　231p　19cm　〈日経BPマーケティング（発売）〉　Ⓘ978-4-8222-7778-9　Ⓝ372　［1500円］
◇ラーニング・レボリューション—MIT発世界を変える「100ドルPC」プロジェクト　ウォルター・ベンダー，チャールズ・ケイン，ジョディ・コーニッシュ，ニール・ドナヒュー著，松本裕訳　英治出版　2014.5　318p　20cm　Ⓘ978-4-86276-176-7　Ⓝ372　［2100円］

発展途上国（教育援助〔東南アジア〕）
◇南南教育協力の現状と可能性—ASEAN新興ドナーを中心に　村田翼夫,佐藤眞理子編著　協同出版　2013.11　272p　21cm　〈文献あり　索引あり　内容：南南協力とは何か（佐藤眞理子著）　援助政策・体制（佐藤眞理子著）　東南アジア教育大臣機構地域センターによる国際教育協力（佐藤眞理子著）　フィリピン大学理数科開発研究所による第三国研修（畑中敏伸著）　援助政策・体制（鈴木康郎著）　タイのラオスに対する教育協力（沢田誠二,村田翼夫著）　タイの地域総合大学によるカンボジアへの教育支援（野津隆志著）　マレーシア（手嶋將博著）　シンガポール（池田充裕著）　インドネシア（佐藤眞理子著）　南北協力から南南協力へ（佐藤眞理子著）〉　Ⓘ978-4-319-00257-3　Ⓝ372　［2500円］

発展途上国（経済）
◇国際通貨・金融危機と発展途上国　吉川久治著　新日本出版社　2014.5　316p　22cm　〈内容：IMF体制の崩壊と発展途上国　「失われた10年」と国際金融危機　国際通貨基金の融資政策　メキシコ通貨危機と新自由主義　「ワシントン・コンセンサス」の破綻と中南米における地域金融　東アジア通貨・金融危機と金融・資本の自由化　東アジア通貨・金融危機と資本勘定の自由化　東アジア通貨・金融危機と東アジア金融協力　東アジア通貨・金融危機後の国際金融アーキテクチャー改革　国際通貨制度改革〉　Ⓘ978-4-406-05790-5　Ⓝ338.9　［5000円］

発展途上国（経済援助〔新興国〕）
◇国際開発援助の変貌と新興国の台頭—被援助国から援助国への転換　エマ・モーズリー著，佐藤眞理子,加藤佳代訳　明石書店　2014.5　312p　22cm　〈文献あり　索引あり〉　Ⓘ978-4-7503-4011-1　Ⓝ333.8　［4800円］

発展途上国（経済援助〔日本〕）
◇貧困削減戦略支援無償の評価—第三者評価：報告書：平成25年度外務省ODA評価　［東京］　三菱UFJリサーチ＆コンサルティング　2014.2　149, 7p　30cm　〈文献あり〉　Ⓝ333.8

発展途上国（経済投資〔日本〕）
◇気候変動分野における民間資金動員策に関する調査業務報告書　平成25年度　［東京］　みずほ情報総研　2014.3　176p　30cm　〈文献あり　委託者：環境省〉　Ⓝ338.92

発展途上国（コンピュータ教育）
◇ラーニング・レボリューション—MIT発世界を変える「100ドルPC」プロジェクト　ウォルター・ベンダー，チャールズ・ケイン，ジョディ・コーニッシュ，ニール・ドナヒュー著，松本裕訳　英治出版　2014.5　318p　20cm　Ⓘ978-4-86276-176-7　Ⓝ372　［2100円］

発展途上国（少女）
◇わたしは13歳、学校に行けずに花嫁になる。—未来をうばわれる2億人の女の子たち　久保田恭代, 寺井聡子, 奈良崎文乃著　合同出版　2014.10　191p　21cm　〈文献あり〉　Ⓘ978-4-7726-1214-2　Ⓝ367.6　［1400円］

発展途上国（食糧安全保障）
◇食料安全保障の多様な側面　国際連合食糧農業機関編，国際農林業協働協会,稲垣春郎監修　国際農林業協働協会　2014.3　52p　30cm　〈世界の食料不安の現状 2013年報告〉　〈翻訳：宮道りかほか〉　Ⓝ611.38

発展途上国（森林保護）
◇森林保全モデル林造成事業—平成25年度調査報告書　［東京］　国際緑化推進センター　2014.3　109p　30cm　Ⓝ654
◇途上国森づくり事業（開発地植生回復支援）—平成25年度報告書　［東京］　国際緑化推進センター　2014.3　167p　30cm　Ⓝ654
◇REDD推進体制緊急整備事業報告書　平成25年度　REDD研究開発センター編　［つくば］　森林総合研究所　2014.4　244p　30cm　Ⓝ519.8

発展途上国（中小企業）
◇元JICA専門家中小企業診断士298日間の海外支援奮闘記　吉村守著　同友館　2014.12　191p　19cm　Ⓘ978-4-496-05072-5　Ⓝ333.8　［1600円］

発展途上国（都市計画）
◇Eco2 Cities—2つのエコが融合する環境経済都市　Hiroaki Suzuki,Arish Dastur,Sebastian Moffatt,Nanae Yabuki,

Hinako Maruyama著, 井村秀文監訳, 横浜市立大学グローバル都市協力研究センター訳, 千葉啓恵共訳　一灯舎　2014.3　237p　26cm〈索引あり〉①978-4-907600-07-5　Ⓝ518.8　[3000円]

発展途上国（二酸化炭素—排出抑制）

◇REDD推進体制緊急整備事業報告書　平成25年度　REDD研究開発センター編　[つくば]　森林総合研究所　2014.4　244p　30cm　Ⓝ519.8

発展途上国（農業）

◇グローバリゼーション下の農業構造動態—本源的蓄積の諸類型　山崎亮一著　御茶の水書房　2014.12　317p　22cm〈索引あり　内容：本源的蓄積論の理論的再検討　社会システムとしての共同体　共同体と労賃の国民的格差　「周辺＝辺境」部原蓄過程の東南アジア型とサブサハラ・アフリカ型　戦後日本経済の資本蓄積と農業　「新農業基本法」下の農政としてのバイオマス　長野県・宮田村における地域労働市場と農業の構造動態　ベトナム・メコン河デルタにおける土地投機と農業構造動態〉①978-4-275-01085-8　Ⓝ611　[8600円]

発展途上国（貧困）

◇あなたが救える命—世界の貧困を終わらせるために今すぐできること　ピーター・シンガー著, 児玉聡, 石川涼子訳　勁草書房　2014.6　258,34p　19cm〈索引あり〉①978-4-326-15430-2　Ⓝ369.14　[2500円]

◇貧困の終焉—2025年までに世界を変える　ジェフリー・サックス著, 鈴木主税, 野中邦子訳　早川書房　2014.4　636p　16cm　(ハヤカワ文庫 NF 404)〈文献あり 索引あり〉①978-4-15-050404-5　Ⓝ333.8　[1300円]

発展途上国（貿易）

◇国際リユースと発展途上国—越境する中古品取引　小島道一編　千葉　アジア経済研究所　2014.12　286p　22cm　(研究双書 No.613)〈索引あり　内容：国際リユースと発展途上国（小島道一著）リユース品貿易の実態（福田隆弘著）　タンザニア市場における中古衣料品とアジア製衣料品の競合（小川さやか著）　中古車・中古部品の国際流通（浅妻裕著）　国際リユースとエスニック・ビジネス（福田友子著）　自動車中古部品の国際リユースと地域的集積（浅妻裕著）　中所得国における国際リユース（佐々木創著）　ベトナムの農業機械普及における中古機械の役割（坂田正三著）　リマニュファクチャリング/再製造と国際貿易（小島道一著）　国際リユースを理解するために（小島道一著）〉①978-4-258-04613-3　Ⓝ518.523　[3600円]

発展途上国（貿易政策）

◇途上国からみた「貿易と環境」—新しいシステム構築への模索　箭内彰子, 道田悦代編　千葉　アジア経済研究所　2014.3　322p　22cm　(研究双書 No.610)〈索引あり　内容：開発途上国をめぐる「貿易と環境」問題（箭内彰子, 道田悦代著）経済のグローバル化における気候変動に関する国際制度の変容と貿易レジーム（高村ゆかり著）　有害廃棄物の越境移動管理と開発途上国（小島道一著）　開発途上国の森林の持続可能性に有効な政策手段は何か？（島本美保子著）　製品環境規制がサプライチェーンを通じて開発途上国に与える影響（道田悦代著）　開発途上国の食品貿易と食品安全規制（飯野文著）「貿易と環境」における途上国優遇措置（箭内彰子著）　環境保全にかかわる補助金とWTO法（高村ゆかり著）　環境・食品安全分野におけるプライベート・スタンダード（道田悦代著）　地域貿易協定における環境条項（箭内彰子著）　貿易と環境分野の効果的なキャパシティ・ディベロップメントに向けて（小島道一著）〉①978-4-258-04610-2　Ⓝ678.1　[4200円]

発展途上国（リユース〔廃棄物〕）

◇国際リユースと発展途上国—越境する中古品取引　小島道一編　千葉　アジア経済研究所　2014.12　286p　22cm　(研究双書 No.613)〈索引あり　内容：国際リユースと発展途上国（小島道一著）リユース品貿易の実態（福田隆弘著）　タンザニア市場における中古衣料品とアジア製衣料品の競合（小川さやか著）　中古車・中古部品の国際流通（浅妻裕著）　国際リユースとエスニック・ビジネス（福田友子著）　自動車中古部品の国際リユースと地域的集積（浅妻裕著）　中所得国における国際リユース（佐々木創著）　ベトナムの農業機械普及における中古機械の役割（坂田正三著）　リマニュファクチャリング/再製造と国際貿易（小島道一著）　国際リユースを理解するために（小島道一著）〉①978-4-258-04613-3　Ⓝ518.523　[3600円]

服部 敬雄〔1899～1991〕

◇山形の"首領（ドン）"と"むんつん"の闘い　宮本貢, 相澤嘉久治著　いちい書房　2013.12　210p　19cm　①978-4-900424-76-0　Ⓝ070.2125　[1200円]

服部時計店

◇国産腕時計セイコークラウン・クロノス・マーベル　長尾善夫著　増補版（本田義彦補）大阪　トンボ出版　2014.2　191p　27cm〈文献あり　「国産腕時計 1・3・7」(1996,1997,1998年刊）の改題, 合本〉①978-4-88716-118-4　Ⓝ535.2　[9000円]

バッハ, J.S.〔1685～1750〕

◇「音楽の捧げもの」が生まれた晩—バッハとフリードリヒ大王　ジェイムズ・R・ゲインズ著, 松村哲哉訳　白水社　2014.6　344,38p　20cm〈文献あり 索引あり〉①978-4-560-08359-8　Ⓝ764.2　[3600円]

◇バッハ様式によるコラール技法—課題集と60の範例付き　小鍛治邦隆, 林達也, 山口博史著　音楽之友社　2013.12　157p　26cm〈索引あり　表紙のタイトル：J.S.BACH/60 EXEMPLAIRES DU CHORAL〉①978-4-276-10606-2　Ⓝ765.6　[3300円]

パティシエエスコヤマ

◇「心配性」だから世界一になれた—先手を打ち続けるトップの習慣　小山進著　祥伝社　2014.12　243p　19cm　①978-4-396-61514-7　Ⓝ588.35　[1500円]

パティニール, J.〔1485?～1524〕

◇青のパティニール最初の風景画家　石川美子［著］　みすず書房　2014.12　299,25p 図版16p　21cm〈文献あり 索引あり〉①978-4-622-07844-9　Ⓝ723.358　[5000円]

バード, I.L.〔1831～1904〕

◇イザベラ・バードの旅—『日本奥地紀行』を読む　宮本常一［著］　講談社　2014.4　260p　15cm　(講談社学術文庫 2226)　①978-4-06-292226-5　Ⓝ291.09　[920円]

◇イザベラ・バードの東北紀行—『日本奥地紀行』を歩く　会津・置賜篇　赤坂憲雄著　平凡社　2014.5　203p　20cm〈文献あり　内容：会津紀行—近代のはじまりに　置賜紀行—十三の峠を越えて〉①978-4-582-83637-0　Ⓝ291.2　[1800円]

鳩沢 佐美夫〔1934～1971〕

◇鳩沢佐美夫とその時代　日高文芸特別号編集委員会編　札幌　491アヴァン札幌　2013.12　206p　21cm　(日高文芸 特別号)〈年譜あり　内容：鳩沢佐美夫遺稿「ある老婆たちの幻想 第二話鈴」（鳩沢佐美夫著）回想『日高文芸』（盛義昭著）『アヌタリアイヌ（我ら人間）』と私（山下明美著）　鳩沢さんに（照井君子著）　肌恋記（熊谷啓一著）　チ・トカン・ピラ（盛義昭著）　北海道立文学館における展示「鳩沢佐美夫自筆資料」について（木名瀬高嗣著）　鳩沢佐美夫年表—『日高文芸特別号鳩沢佐美夫とその時代』のための暫定版（木名瀬高嗣著）〉①978-4-905062-04-2　Ⓝ910.268　[1800円]

ハートフレンド

◇あ・り・が・と・う—ハートフレンド10年のキセキ　ハートフレンド監修, 徳谷章子著　大阪　清風堂書店　2014.2　127p　19cm〈年表あり〉①978-4-88313-814-2　Ⓝ369.4　[1000円]

鳩山町〔埼玉県〕（遺跡・遺物）

◇金沢窯跡　国士舘大学考古学研究室編　国士舘大学考古学研究室　2014.3　146p 図版 23p　30cm　(国士舘大学考古学研究室報告 第16冊)〈埼玉県比企郡鳩山町所在〉Ⓝ210.0254

◇町内遺跡　12　鳩山町教育委員会編　鳩山町（埼玉県）鳩山町教育委員会　2014.3　39p 図版 7p　30cm　(鳩山町埋蔵文化財調査報告 第41集)〈埼玉県比企郡鳩山町所在　内容：平成23・24年度国庫補助事業調査報告書〉Ⓝ210.0254

ハナ 肇〔1930～1993〕

◇病室の「シャボン玉ホリデー」—ハナ肇と過ごした最期の29日間　なべおさみ著　イースト・プレス　2014.11　413p　15cm　(文庫ぎんが堂 な6-1)〈文藝春秋 2008年刊の加筆・訂正〉①978-4-7816-7122-2　Ⓝ779.9　[900円]

花井 泰子〔1935～ 〕

◇子どものころ、地震と戦争があった—かくされた地震：私家版　花井泰子作　岩崎書店（製作）2014.5　181p　19cm　Ⓝ289.1　[1000円]

華園 摂信〔1808～1877〕

◇本寂上人日記　第1巻　自文化十五年三月至文政八年十二月　本寂［著］, 真宗興正派編纂, 大原観誠校訂　京都　真宗興正派　2014.10　435, 29p　23cm　①978-4-907579-13-5　Ⓝ188.72　[10000円]

花園天皇〔1297～1348〕

◇花園院宸記　34　元弘2年自正月1日至6月30日　花園天皇［著］　［東京］　宮内庁書陵部　2014.3　1軸　33cm〈宮内庁書陵部蔵 の複製　付属資料：76p：解題釈文　箱入　和装〉Ⓝ210.42

花田 清輝〔1909～1974〕

◇異端論争の彼方へ—埴谷雄高・花田清輝・吉本隆明とその時代　野崎六助著　インパクト出版会　2013.9　258p　19cm〈文献あり 著作目録あり〉①978-4-7554-0239-5　Ⓝ910.264　[1900円]

は

花巻市（文化財）

◇運動族花田清輝―2014福岡市文学館企画展　田代ゆき, 田中芳秀企画編集, 福岡市文学館編　福岡　福岡市文学館　2014.11　120p　20×20cm　〈年譜あり　会期・会場：2014年11月6日―12月14日　福岡市総合図書館1Fギャラリーほか〉Ⓝ910.268　［1000円］

花巻市（文化財）

◇花巻市文化財調査報告書――一般文化財　花巻　花巻市教育委員会　2014.3　79, 36p　30cm　（花巻市文化財調査報告書第8集）Ⓝ709.122

花巻市（歴史―史料）

◇花巻市史　資料篇　御次留書帳　第13巻（寛政2年・12年）　［花巻］　花巻市教育委員会　2014.3　140p　26cm　Ⓝ212.2

花巻電鉄株式会社

◇花巻電鉄　上　湯口徹著　ネコ・パブリッシング　2014.4　47p　26cm　（RM LIBRARY 176）Ⓘ978-4-7770-5364-3　Ⓝ686.2122　［1200円］

◇花巻電鉄　中　湯口徹著　ネコ・パブリッシング　2014.5　45p　26cm　（RM LIBRARY 177）Ⓘ978-4-7770-5365-0　Ⓝ686.2122　［1250円］

◇花巻電鉄　下　湯口徹著　ネコ・パブリッシング　2014.6　46p　26cm　（RM LIBRARY 178）Ⓘ978-4-7770-5366-7　Ⓝ686.2122　［1250円］

花見　弘平〔1909〜1994〕

◇ケネディを沈めた男―日本海軍士官と若き米大統領の日米友情物語　星亮一著　潮書房光人社　2014.11　213p　19cm　〈文献あり〉Ⓘ978-4-7698-1582-2　Ⓝ391.2074　［1900円］

塙　保己一〔1746〜1821〕

◇日米の架け橋―ヘレン・ケラーと塙保己一を結ぶ人間模様：対訳　佐藤隆久著, 温故学会監修, 西林静美対訳　熊本　熊本第一ライオンズクラブ　2014.7　268p　31cm　〈年譜あり　英語併記〉Ⓝ289.3　［5000円］

埴谷　雄高〔1910〜1997〕

◇異端論争の彼方へ―埴谷雄高・花田清輝・吉本隆明とその時代　野崎六助著　インパクト出版会　2013.9　258p　19cm　〈文献あり　著作目録あり〉Ⓘ978-4-7554-0239-5　Ⓝ910.264　［1900円］

羽生　結弦〔1994〜〕

◇羽生結弦誇り高き日本人の心を育てる言葉　楓書店編集部編, 児玉光雄監修　楓書店　2014.8　189p　20cm　〈サンクチュアリ・パブリッシング（発売）　文献あり〉Ⓘ978-4-86113-823-2　Ⓝ784.65　［1380円］

羽生市（遺跡・遺物）

◇小松古墳群1号墳　羽生　羽生市教育委員会　2014.3　1冊　30cm　（羽生市発掘調査報告書　第4集）〈水道管敷設工事に伴う埋蔵文化財発掘調査〉Ⓝ210.0254

羽生市（写真集）

◇藍を謳う―藍染めの里羽生の自然・人・こころ　みやこうせい写真・文　［羽生］　野川染織工業　2014.11　142p　21×30cm　〈未知谷（発売）　文献あり　年表あり　英語抄訳付〉Ⓘ978-4-89642-456-0　Ⓝ291.34　［3000円］

羽田　澄子〔1926〜〕

◇私の記録映画人生　羽田澄子著　岩波書店　2014.3　259p　15cm　（岩波現代文庫）〈映画と私（晶文社 2002年刊）の改題、大幅に改訂増補〉Ⓘ978-4-00-602237-2　Ⓝ778.21　［980円］

馬場　典子〔1974〜〕

◇ことたま　馬場典子著　実業之日本社　2014.11　295p　20cm　Ⓘ978-4-408-11090-5　Ⓝ699.39　［1400円］

馬場都々古別神社（福島県棚倉町）

◇馬場都々古別神社建造物調査報告書　東京藝術大学大学院美術研究科文化財保存学専攻保存修復建造物研究室編　東京藝術大学大学院美術研究科文化財保存学専攻保存修復建造物研究室　2013.3　62p　図版［18］枚　30cm　Ⓝ521.817

ハーバード大学

◇ハーヴァード大学の秘密―日本人が知らない世界一の名門の裏側　古村治彦著　PHP研究所　2014.2　286p　20cm　Ⓘ978-4-569-81642-5　Ⓝ377.253　［1700円］

◇ハーバード大学はどんな学生を望んでいるのか？―日本人が抱く大いなる誤解　栄陽子著　ワニ・プラス　2014.3　252p　18cm　（ワニブックス｜PLUS｜新書 111）〈ワニブックス（発売）〉Ⓘ978-4-8470-6069-4　Ⓝ377.253　［840円］

ハーバードビジネススクール

◇ハーバード合格基準　佐藤智恵著　講談社　2014.5　255p　19cm　〈文献あり〉Ⓘ978-4-06-218881-4　Ⓝ377.253　［1400円］

ハーバーマス, J.〔1929〜〕

◇理性の行方―ハーバーマスと批判理論　木前利秋著　未来社　2014.6　359p　20cm　（ポイエーシス叢書 61）〈文献あり　内容：近代の行く末　公共圏へのまなざし　行為とコミュニケーション　方法としての反省概念　時代診断としての批判理論　熟議民主主義の地平　公共圏像の原像と変容　ハーバーマスの言語観　近代化と西欧近代の普遍主義的意味　追悼・木前利秋（上村忠男, 岩崎稔, 亀山俊朗ほか著）〉Ⓘ978-4-624-93261-9　Ⓝ361.234　［3800円］

ハビアン〔1565〜1621〕

◇不干斎ハビアンの思想―キリシタンの教えと日本的心性の相克　梶田叡一著　大阪　創元社　2014.2　248p　20cm　〈文献あり　年譜あり〉Ⓘ978-4-422-14391-0　Ⓝ198.221　［2700円］

◇妙貞問答を読む―ハビアンの仏教批判　末木文美士編　京都　法藏館　2014.3　487p　22cm　〈文献あり　複製を含む　内容：論文編　『妙貞問答』をめぐって（末木文美士著）『妙貞問答』の書誌について（新井菜穂子著）　近世思想史上の『妙貞問答』（西村玲著）　キリスト教思想史からみた『妙貞問答』（阿部仲麻呂著）　仏教史からみた『妙貞問答』（前川健一著）『妙貞問答』の禅宗批判（ジェームズ・バスキンド著）　あら、うそやうそや（ジョン・ブリーン著）　文学史からみた『妙貞問答』（米田真理子著）　キリシタン文献の「傍流」（白井純著）〉Ⓘ978-4-8318-7579-2　Ⓝ198.27　［9000円］

羽曳野市（遺跡・遺物）

◇羽曳野市内遺跡調査報告書　平成22年度　羽曳野　羽曳野市教育委員会生涯学習室社会教育課歴史文化推進室　2013.3　116p　図版 20p　30cm　（羽曳野市埋蔵文化財調査報告書 72）Ⓝ210.0254

◇古市遺跡群 35　羽曳野　羽曳野市教育委員会生涯学習室社会教育課歴史文化推進室　2014.3　29p　図版 6枚　30cm　（羽曳野市埋蔵文化財調査報告書 73）Ⓝ210.0254

羽曳野市（古墳―保存・修復）

◇国史跡古市古墳群保存管理計画　藤井寺市教育委員会, 羽曳野市教育委員会編　藤井寺　藤井寺市教育委員会　2014.3　169p　30cm　〈文献あり　共同刊行：羽曳野市教育委員会〉Ⓝ709.163

ハビビ, B.J.〔1936〜〕

◇ハビビとアイヌン―大統領になった天才エンジニア、夫婦愛の半世紀　バハルディン・ユスフ・ハビビ著, 平中英二訳　書籍工房早山　2014.9　370p　21cm　〈年表あり〉Ⓘ978-4-904701-41-6　Ⓝ289.2　［1900円］

ハビビ, H.A.〔1937〜2010〕

◇ハビビとアイヌン―大統領になった天才エンジニア、夫婦愛の半世紀　バハルディン・ユスフ・ハビビ著, 平中英二訳　書籍工房早山　2014.9　370p　21cm　〈年表あり〉Ⓘ978-4-904701-41-6　Ⓝ289.2　［1900円］

パプアニューギニア（技術援助〔日本〕）

◇パプアニューギニア国気候変動対策のための森林資源モニタリングに関する能力向上プロジェクト業務完了報告書　［東京］　国際協力機構　2013.3　1冊　30cm　〈共同刊行：国際航業〉Ⓝ333.804

パプアニューギニア（児童）

◇この子は俺の未来だ―パプアニューギニア＆ケニア“つながり”の文化人類学　馬場淳著　佼成出版社　2014.7　239p　19cm　〈文献あり〉Ⓘ978-4-333-02659-3　Ⓝ384.5　［1400円］

パプアニューギニア（社会）

◇常夏を愛する人たち―パプアニューギニア1996-1998年　伊藤勝雄著　仙台　創栄出版　2014.4　193p　19cm　Ⓘ978-4-7559-0483-7　Ⓝ302.736　［1300円］

パプアニューギニア（風俗・習慣）

◇世界でいちばん石器時代に近い国パプアニューギニア　山口由美著　幻冬舎　2014.11　206p　18cm　（幻冬舎新書 や－10-1）〈文献あり〉Ⓘ978-4-344-98368-7　Ⓝ382.736　［780円］

パプアニューギニア（民族）

◇秩序の構造―ニューギニア山地民における人間関係の社会人類学　田所聖志著　東京大学出版会　2014.3　302p　22cm　〈文献あり　索引あり〉Ⓘ978-4-13-056308-6　Ⓝ384.1　［7200円］

ハーフェズ〔14世紀〕

◇イスラームの神秘主義―ハーフェズの智慧　嶋本隆光著　京都　京都大学学術出版会　2014.10　15,237p　19cm　（学術選書 066）〈文献あり　索引あり〉Ⓘ978-4-87698-866-2　Ⓝ167.8　［1800円］

バフェット, W.〔1930〜〕

◇株で富を築くバフェットの法則―不透明なマーケットで40年以上勝ち続ける投資法　ロバート・G・ハグストローム著, 小

野一郎訳 最新版 ダイヤモンド社 2014.4 339p 19cm ①978-4-478-02684-7 Ⓝ338.183 ［1800円］

◇完全読解伝説の投資家バフェットの教え キャロル・ルーミス編著, 峯村利哉訳 朝日新聞出版 2014.3 494p 19cm ①978-4-02-331285-2 Ⓝ289.3 ［2000円］

◇スノーボール―ウォーレン・バフェット伝 上 アリス・シュローダー著, 伏見威蕃訳 改訂新版 日本経済新聞出版社 2014.6 524p 図版16p 15cm 〈日経ビジネス人文庫 し13-1〉〈索引あり〉①978-4-532-19733-9 Ⓝ289.3 ［1000円］

◇スノーボール―ウォーレン・バフェット伝 中 アリス・シュローダー著, 伏見威蕃訳 改訂新版 日本経済新聞出版社 2014.6 516p 15cm 〈日経ビジネス人文庫 し13-2〉〈索引あり〉①978-4-532-19734-6 Ⓝ289.3 ［1000円］

◇スノーボール―ウォーレン・バフェット伝 下 アリス・シュローダー著, 伏見威蕃訳 改訂新版 日本経済新聞出版社 2014.6 513p 15cm 〈日経ビジネス人文庫 し13-3〉〈索引あり〉①978-4-532-19735-3 Ⓝ289.3 ［1000円］

ハプスブルク, W.〔1895~1949〕

◇赤い大公―ハプスブルク家と東欧の20世紀 ティモシー・スナイダー著, 池田年穂訳 慶應義塾大学出版会 2014.4 422, 78p 20cm 〈文献あり 年譜あり 索引あり〉①978-4-7664-2135-4 Ⓝ289.3 ［4600円］

浜北郷土クラブ

◇赤米の詩―浜北郷土クラブ25周年記念誌 ［浜松］ 浜北郷土クラブ 2014.3 79p 30cm Ⓝ379.3

浜崎 あゆみ〔1978~ 〕

◇ayu LIFESTYLE BOOK 浜崎あゆみ著 講談社 2014.1 128p 21cm 〈本文は日本語〉①978-4-06-218671-1 Ⓝ767.8 ［1500円］

浜田 真理子〔1964~ 〕

◇胸の小箱 浜田真理子著 本の雑誌社 2014.11 237p 19cm ①978-4-86011-263-9 Ⓝ764.7 ［1600円］

浜田市（遺跡・遺物）

◇島根県浜田市遺跡地図Ⅵ・浜田市旭町重富試掘調査 浜田 島根県浜田市教育委員会 2014.3 21p 30cm （市内遺跡発掘調査報告書 平成24年度）Ⓝ210.0254

浜地 八郎〔1864~1955〕

◇濱地八郎天松居士―金剛経に一生を捧げた 林天朗著, 濱地光男編 大府 濱地光男 2014.7 236p 21cm 〈文献あり 年譜あり〉Ⓝ183.2

浜頓別町（北海道）（遺跡・遺物）

◇ブタウス遺跡 2 浜頓別町教育委員会編 浜頓別町（北海道）浜頓別町教育委員会 2014.3 223p 図版 ［24］ 枚 30cm 〈浜頓別町所在 一般国道238号浜猿防災工事（浜頓別工区）用地内埋蔵文化財発掘調査報告書〉Ⓝ210.0254

浜松市（遺跡・遺物）

◇浜松市文化財調査報告 平成24年度 浜松市文化財課編 ［浜松］ 浜松市教育委員会 2014.3 133p 30cm Ⓝ215.4

◇松東遺跡 3次 浜松市教育委員会編 ［浜松］ 浜松市教育委員会 2014.2 148p 図版 ［25］ 枚 30cm Ⓝ210.0254

◇村上遺跡 浜松市教育委員会編 ［浜松］ 浜松市教育委員会 2014.3 22p 図版 8p 30cm Ⓝ210.0254

◇吉名古窯跡群―1号窯の発掘調査 浜松市文化財課編 ［浜松］ 浜松市教育委員会 2014.3 204p 図版 4p 30cm 〈静岡県浜松市所在〉Ⓝ210.0254

浜松市（条例）

◇浜松市例規集 平成25年度版 第1巻 浜松市編 浜松 浜松市 2013.6 65, 2186p 21cm 〈平成25年4月1日現在〉Ⓝ318.254

◇浜松市例規集 平成25年度版 第2巻 浜松市編 浜松 浜松市 2013.6 69p, p2189-4596 21cm 〈平成25年4月1日現在〉Ⓝ318.254

◇浜松市例規集 平成26年度版 第1巻 浜松市編 浜松 浜松市 2014.6 64, 2170p 21cm 〈平成26年4月1日現在〉Ⓝ318.254

◇浜松市例規集 平成26年度版 第2巻 浜松市編 浜松 浜松市 2014.6 68p, p2173-4570 21cm 〈平成26年4月1日現在〉Ⓝ318.254

浜松市（石仏）

◇先人たちの心をたどる路傍の神仏と道標―浜松市浜北区での調査報告書 浜松 浜北文化協会郷土史部 2014.3 236p 21cm 〈折り込 7枚〉Ⓝ718.4

浜松市（選挙―統計）

◇選挙結果編 ［浜松］ 浜松市選挙管理委員会 2014.1 1冊 30cm 〈静岡県知事選挙・静岡県議会議員補欠選挙（中区・東区）平成25年6月16日執行, 参議院静岡県選出議員選挙・参議院比例代表選出議員選挙 平成25年7月21日執行〉Ⓝ314.8

浜松市（地誌）

◇町誌すみよし―わが町のあゆみ 住吉町誌作成委員会編 浜松 住吉自治会 2014.5 151p 27cm 〈年表あり〉Ⓝ291.54

浜松市（鉄道災害）

◇鉄道重大インシデント調査報告書 RI2013-1-3 ［東京］ 運輸安全委員会 ［2013］ 34, 26, 28p 30cm 〈内容：三岐鉄道株式会社三岐線東藤原駅構内における鉄道重大インシデント車両脱線（「本線において車両が脱線したもの」に係る鉄道重大インシデント）天竜浜名湖鉄道株式会社天竜浜名湖線浜松大学前駅―都田駅間における鉄道重大インシデント車両障害（「車両の走行装置、ブレーキ装置、電気装置、連結装置、運転保安設備等に列車の運転の安全に支障を及ぼす故障、損傷、破壊等が生じた事態」に係る鉄道重大インシデント）東日本旅客鉄道株式会社高崎線高崎駅構内における鉄道重大インシデント工事違反（「列車の運転を停止して行うべき工事又は保守の作業中に、列車が当該作業をしている区間を走行した事態」に係る鉄道重大インシデント）〉Ⓝ686.7

浜松市（道標）

◇先人たちの心をたどる路傍の神仏と道標―浜松市浜北区での調査報告書 浜松 浜北文化協会郷土史部 2014.3 236p 21cm 〈折り込 7枚〉Ⓝ718.4

浜松市（歴史―史料）

◇浜松市史 新編史料編 総目次・総索引 浜松市編 浜松 浜松市 2014.3 253p 21cm Ⓝ215.4

浜松ホトニクス株式会社

◇知らないこと、できないことに価値がある―ノーベル賞を2度も支えた企業の「やらまいか魂」 書馬輝夫著 幻冬舎 2014.3 223p 18cm ①978-4-344-02555-4 Ⓝ549.09 ［1100円］

バーミヤーン〔アフガニスタン〕（遺跡・遺物）

◇バーミヤーン仏教石窟の建築調査 山内和也責任編集, 木口裕史本文執筆 国立文化財機構東京文化財研究所文化遺産国際協力センター 2014.2 114枚 30×42cm 〈アフガニスタン文化遺産調査資料別冊 第7巻〉〈英語併載 ユネスコ文化遺産保存日本信託基金「バーミヤーン遺跡保存事業」 編集：鈴木 環ほか 共同刊行：アフガニスタン・イスラーム共和国情報文化省ほか〉Ⓝ227.1

バーミヤーン〔アフガニスタン〕（遺跡・遺物―保存・修復）

◇バーミヤーン仏教石窟壁画の保存修復 山内和也責任編集, 谷口陽子本文執筆 国立文化財機構東京文化財研究所文化遺産国際協力センター 2013.6 75枚 30×42cm 〈アフガニスタン文化遺産調査資料別冊 第6巻〉〈英語併載 ユネスコ文化遺産保存日本信託基金「バーミヤーン遺跡保存事業」 編集：鈴木 環ほか 共同刊行：アフガニスタン・イスラーム共和国情報文化省ほか〉Ⓝ227.1

バーミヤーン〔アフガニスタン〕（石窟寺院）

◇バーミヤーン仏教石窟の建築調査 山内和也責任編集, 木口裕史本文執筆 国立文化財機構東京文化財研究所文化遺産国際協力センター 2014.2 114枚 30×42cm 〈アフガニスタン文化遺産調査資料別冊 第7巻〉〈英語併載 ユネスコ文化遺産保存日本信託基金「バーミヤーン遺跡保存事業」 編集：鈴木 環ほか 共同刊行：アフガニスタン・イスラーム共和国情報文化省ほか〉Ⓝ227.1

バーミヤーン〔アフガニスタン〕（壁画―保存・修復）

◇バーミヤーン仏教石窟壁画の保存修復 山内和也責任編集, 谷口陽子本文執筆 国立文化財機構東京文化財研究所文化遺産国際協力センター 2013.6 75枚 30×42cm 〈アフガニスタン文化遺産調査資料別冊 第6巻〉〈英語併載 ユネスコ文化遺産保存日本信託基金「バーミヤーン遺跡保存事業」 編集：鈴木 環ほか 共同刊行：アフガニスタン・イスラーム共和国情報文化省ほか〉Ⓝ227.1

羽村市（条例）

◇羽村市要綱集 平成26年度版 羽村市企画総務部総務課編 羽村 羽村市 2014.8 1200, 15p 21cm Ⓝ318.2365

◇羽村市例規集 平成26年度版 1 ［羽村市企画総務部総務課編］ ［羽村］ ［羽村市］ ［2014］ 1140, 19p 21cm Ⓝ318.2365

◇羽村市例規集 平成26年度版 2 羽村市企画総務部総務課編 羽村 羽村市 2014.8 p1141-2482, 19p 21cm Ⓝ318.2365

早川〔家〕〔富山県上市町〕

◇早川次右衛門家―本家・分家略史と家譜 堀辺朴魯峻雄著 文芸社 2014.12 69p 21cm 〈年譜あり〉①978-4-286-15673-6 Ⓝ288.3 ［1100円］

林 市藏〔1867～1952〕

◇民生委員の父林市蔵—亡国の危機を救った「方面精神」の系譜 平瀬努著 潮書房光人社 2014.8 397p 20cm 〈文献あり 年譜あり〉 ①978-4-7698-1574-7 Ⓝ289.1 ［2400円］

林 修〔1965～〕

◇林修×岩瀬大輔 NHK『SWITCHインタビュー達人達』制作班, 林修, 岩瀬大輔著 ぴあ 2014.6 128p 19cm (SWITCHインタビュー達人達) ①978-4-8356-1890-6 Ⓝ289.1 ［800円］

林 鵞峰〔1618～1680〕

◇江戸幕府と儒学者—林羅山・鵞峰・鳳岡三代の闘い 揖斐高著 中央公論新社 2014.6 254p 18cm (中公新書 2273) 〈文献あり 年譜あり〉 ①978-4-12-102273-8 Ⓝ121.54 ［860円］

林 主税〔1922～2010〕

◇日本真空の恩人たち—世界一の真空メーカー・アルバックの誕生と成長の物語 林主税著 白日社 2014.7 269p 図版32p 20cm 〈索引あり〉 ①978-4-89173-136-6 Ⓝ289.1 ［2000円］

林 忠四郎〔1920～2010〕

◇林忠四郎の全仕事—宇宙の物理学 林忠四郎[著], 佐藤文隆編 京都 京都大学学術出版会 2014.5 781p 23cm 〈著作目録あり 年譜あり 内容：林忠四郎の自叙伝 星と原子核〈1949年〉星のエネルギー〈1949年〉元素の起源〈1952年〉元素の起源〈1957年〉星の進化と元素の起源〈1963年〉元素の起源〈1966年〉最近の宇宙論〈1966年〉太陽の進化〈1967年〉星の進化〈1968年〉核反応と恒星の進化に関する研究〈1971年〉太陽系形成の理論〈1972年〉宇宙における物質〈1975年〉太陽系の起源〈1977年〉湯川博士の思い出〈1981年〉宇宙の進化〈1983年〉星と銀河の形成〈1984年〉統一的自然像とは何か〈1970年〉(小谷正雄, 林忠四郎, 湯川秀樹述, 渡辺格司会) 星の進化をめぐる研究遍歴〈1980年〉(林忠四郎述, 杉本大一郎, 佐藤文隆聞き手) 私と宇宙物理学〈1995年〉(林忠四郎述, 佐藤文隆司会) 宇宙物理学事始〈2005年〉(林忠四郎ほか述) 林忠四郎先生インタビュー〈2008年〉1(林忠四郎ほか述) 林忠四郎先生インタビュー〈2008年〉2(林忠四郎ほか述) 林忠四郎氏インタビュー記録〈2008年〉(林忠四郎述, 木村一枝聞き手) 自然の進化と学問の進化〈1968年〉(早川幸男述) 星の進化〈1970年〉(蓬茨霊運述) 宇宙におけるヘリウム形成〈1970年〉(佐藤文隆述) 林さんの横顔〈1970年〉(早川幸男述) 林忠四郎先生の研究〈1983年〉(杉本大一郎, 佐藤文隆, 中野武宣述) 退官記念会記録〈1985年〉(長谷川博一ほか述, 町田茂司会) 林先生と恒星進化論〈1987年〉(杉本大一郎述) 林忠四郎先生と星の誕生の研究〈1987年〉(中野武宣述) 簡単な星の話〈1987年〉(佐藤文隆述) 天体物理理論〈1996年〉(佐藤文隆述) 林研究室の気風と宇宙物理学〈2005年〉(佐々木節述) 共同利用研の発明と宇宙物理, プラズマの揺籃期〈2006年〉(佐藤文隆述) Biography of Professor Hayashi〈2012年〉(Humitaka SATO述) 林忠四郎先生を偲んで(佐藤文隆述) 林先生のご経歴と研究・教育スタイル(松田卓也著) 林忠四郎先生と星の進化論(杉本大一郎著) 1950年p/n論文(佐藤文隆述) ハヤシフェイズと林忠四郎先生の思い出(中野武宣著) 林先生とニュートリノ宇宙物理学(伊藤直紀著) 林先生について(原哲也著) 全てにオーバーオールな研究スタイル(観山正見著) 林彬豊治著) 遠望(梅林豊治著) 林先生を偲ぶ(小泉康史著) はじめに(佐藤文隆述) 星の進化論と林忠四郎先生(杉本大一郎著) 林フェイズと星形成の研究と林忠四郎先生(中野武宣著) 太陽系形成「京都モデル」の意義(中川義次述) 素粒子的宇宙物理学・宇宙論の創始(佐藤勝彦述) 林先生と天体核4人組(中村卓史, 前田恵一, 観山正見ほか述) 林太陽系の日々(中澤清著) 林先生追悼文集(池内了ほか著)〉 ①978-4-87698-497-8 Ⓝ440.12 ［14000円］

林 光〔1931～2012〕

◇光さんの贈りもの—林光, ピアノを弾きながらの講演と未完自叙伝 林光著, 大原哲夫編 大原哲夫編集室 2013.10 141p 26cm 〈付属資料：CD 2枚(12cm)：私のピアノ放浪記, モーツァルトの仕事部屋〉 ①978-4-907523-00-8 Ⓝ762.1 ［3500

林 芙美子〔1904～1951〕

◇林芙美子資料目録 新宿区立新宿歴史博物館, 北九州市立文学館, 尾道市, かごしま近代文学館編 新宿未来創造財団新宿区立新宿歴史博物館 2014.3 214p 30cm Ⓝ910.268

林 鳳岡〔1644～1732〕

◇江戸幕府と儒学者—林羅山・鵞峰・鳳岡三代の闘い 揖斐高著 中央公論新社 2014.6 254p 18cm (中公新書 2273) 〈文献あり 年譜あり〉 ①978-4-12-102273-8 Ⓝ121.54 ［860円］

林 羅山〔1583～1657〕

◇江戸幕府と儒学者—林羅山・鵞峰・鳳岡三代の闘い 揖斐高著 中央公論新社 2014.6 254p 18cm (中公新書 2273) 〈文献あり 年譜あり〉 ①978-4-12-102273-8 Ⓝ121.54 ［860円］

林 良斎〔1807～1849〕

◇岡田武彦全集 24 林良斎と池田草菴 岡田武彦著 明徳出版社 2013.10 437p 22cm 〈内容：林良斎 自明軒遺稿抄 林良斎と大塩中斎 林良斎と近藤篤以との論学書について 池田草菴の生涯と思想 『池田草菴先生著作集』序 『草菴池田絹—肆業餘稿』序 『池田草菴先生遺墨集』序章〉 ①978-4-89619-478-4 Ⓝ122.08 ［4400円］

林葉 直子〔1968～〕

◇遺言—最後の食卓 林葉直子著 中央公論新社 2014.2 139p 20cm ①978-4-12-004569-1 Ⓝ796 ［1200円］

林原

◇林原家—同族経営への警鐘 林原健著 ［東京］ 日経BP社 2014.5 214p 20cm 〈日経BPマーケティング(発売) 文献あり 年譜あり〉 ①978-4-8222-6399-7 Ⓝ570.9 ［1500円］

林家 正蔵〔8代目 1895～1982〕

◇八代目正蔵戦中日記 八代目林家正蔵著, 瀧口雅仁編 青蛙房 2014.3 278p 20cm 〈索引あり〉 ①978-4-7905-0304-0 Ⓝ779.13 ［2400円］

速星神社〔富山県〕

◇金草速星神社 山口悦子著 富山 桂書房 2014.10 122p 21cm 〈年表あり 文献あり 折り込 4枚〉 ①978-4-905345-78-7 Ⓝ175.942 ［1000円］

葉山 修平〔1930～〕

◇葉山修平にみる文学世界 新美守弘著 龍書房 2014.4 532p 21cm ①978-4-906991-30-3 Ⓝ910.268 ［2593円］

葉山町〔神奈川県〕（写真集）

◇鎌倉・逗子・葉山の昭和—写真アルバム 長岡 いき出版 2014.3 279p 31cm 〈神奈川県教科書販売(発売) 文献あり〉 ①978-4-904614-46-4 Ⓝ213.7 ［9514円］

速水 堅曹〔1839～1913〕

◇生糸改良にかけた生涯—官営富岡製糸所長速水堅曹：自伝と日記の現代語訳 速水堅曹[原著], 富岡製糸場世界遺産伝道師協会歴史ワーキンググループ現代語訳 飯田橋パピルス 2014.8 377p 21cm (パピルス(発売) 年譜あり) ①978-4-9902531-5-8 Ⓝ586.42133 ［1800円］

◇速水堅曹資料集—富岡製糸所長とその前後記 速水美智子編 文生書院 2014.9 73, 398p 23cm 〈年譜あり 速水堅曹歿後百年記念出版 解題：内海孝 複製を含む〉 ①978-4-89253-519-2 Ⓝ289.1 ［8200円］

原〔氏〕

◇博多に生きた藩医—原三信の四百年 原寛著 福岡 石風社 2014.6 252p 20cm 〈年譜あり 文献あり〉 ①978-4-88344-243-0 Ⓝ490.2191 ［1500円］

原 采蘋〔1798～1859〕

◇原采蘋伝—日本唯一の閨秀詩人 春山育次郎著 増訂(徳田武増訂) コプレス 2013.11 238p 26cm (江戸風雅別集) 〈年譜あり 発行所：江戸風雅の会〉 ①978-4-906808-05-2 Ⓝ919.5 ［3000円］

原 三溪〔1868～1939〕

◇原三溪—偉大な茶人の知られざる真相 齋藤清著 京都 淡交社 2014.8 391p 22cm 〈文献あり 年譜あり〉 ①978-4-473-03955-2 Ⓝ289.1 ［3800円］

原 石鼎〔1886～1951〕

◇二冊の「鹿火屋」—原石鼎の憧憬 岩淵喜代子著 佐久 邑書林 2014.10 292p 20cm 〈年譜あり 文献あり〉 ①978-4-89709-769-5 Ⓝ911.362 ［2800円］

原 節子〔1920～〕

◇原節子, 号泣す 末延芳晴著 集英社 2014.6 254p 18cm (集英社新書 0742) 〈文献あり 年表あり〉 ①978-4-08-720742-2 Ⓝ778.21 ［760円］

原 敬〔1856～1921〕

◇原敬—外交と政治の理想 上 伊藤之雄著 講談社 2014.12 458p 19cm (講談社選書メチエ 589) ①978-4-06-258592-7 Ⓝ289.1 ［2300円］

◇原敬—外交と政治の理想 下 伊藤之雄著 講談社 2014.12 494p 19cm (講談社選書メチエ 590) 〈文献あり 索引あり〉 ①978-4-06-258593-4 Ⓝ289.1 ［2300円］

◇原敬と政党政治の確立 伊藤之雄編著 千倉書房 2014.7 686p 22cm 〈索引あり 内容：理想を持った現実主義者(伊

藤之雄著） 児玉源太郎と原敬（小林道彦著） 原敬社長時代の『大阪新報』（飯塚一幸著） 原敬の政党政治（伊藤之雄著） 第一次世界大戦と原敬の外交指導（奈良岡聰智著） 原内閣の経済閣僚（伊藤孝夫著） 原敬と選挙区盛岡市・岩手県（伊藤之雄著） 政友会領袖松田正久と選挙区佐賀県（西山由理花著） 原敬をめぐる「政治空間」（奈良岡聰智著） ⓘ978-4-8051-1039-3 Ⓝ312.1 ［7800円］

◇原敬の180日間世界一周 松田十刻著 盛岡 盛岡出版コミュニティー 2014.8 297p 15cm （もりおか文庫） ⓘ978-4-904870-27-3 Ⓝ289.1 ［900円］

原 民喜〔1905～1951〕
◇原民喜と峠三吉―わたしのフィールドワーク 松本滋恵著 ［出版地不明］ ［松本滋恵］ 2014.9 162p 21cm 〈文献あり〉 Ⓝ910.268 ［非売品］

原 ナナ子〔1934～ 〕
◇この世に恋して―八十歳回顧録 原ナナ子著 半田 一粒書房 2014.1 225p 20cm ⓘ978-4-86431-248-6 Ⓝ289.1 ［1000円］

原 不二夫〔1943～ 〕
◇原不二夫兄歴年賀状集―戯文推敲45年 原不二夫［著］，無名会編 ［出版地不明］ 原不二夫 2014.7 8,84p 26cm Ⓝ289.1

原 貢〔1936～2014〕
◇高校野球を変えた男原貢のケンカ野球一代―息子・原辰徳、孫・菅野智之に刻み込まれたチャレンジ魂 松下茂典著 マガジンハウス 2014.10 191p 19cm ⓘ978-4-8387-2717-9 Ⓝ783.7 ［1400円］

パラオ（太平洋戦争〔1941～1945〕―会戦）
◇パラオ戦史資料―第十四師団（照集団）司令部「パラオ」地区集団（「パラオ」諸島及『ヤップ』諸島） 中川廉［著］，井上大七編 ［東京］ ［井上孔版］ ［2013］ 1冊 27cm Ⓝ210.75

原崎 秀司〔1903～1966〕
◇シリーズ福祉に生きる 67 原崎秀司 津曲裕次編 中嶌洋著 大空社 2014.10 166p 19cm 〈文献あり 年譜あり〉 ⓘ978-4-283-01441-1 Ⓝ369.028 ［2000円］

原三溪市民研究会
◇五周年記念誌―2010-2014：原三溪市民研究会：三溪を学ぶ、三溪に学ぶ 原三溪市民研究会編 ［横浜］ 原三溪市民研究会 2014.11 19p 30cm 〈年表あり〉 Ⓝ289.1

原島〔家〕〔東京都大田区〕
◇池田大作と原島家―池田大作を会長にした原島宏治とその家族 原島昭著 人間の科学新社 2014.3 320p 20cm ⓘ978-4-8226-0313-7 Ⓝ188.98 ［1800円］

原嶋 宏昌〔1928～ 〕
◇八王子の空を見つめて 続編 原嶋宏昌著 八王子 清水工房（印刷） 2014.1 76p 19cm Ⓝ289.1

原田 一範〔1977～ 〕
◇弘前学院聖愛高校原田一範物語―りんごっ子で日本一 山内正行，原田一範著 青森 泰斗舎 2014.3 198p 21cm ⓘ978-4-925190-16-9 Ⓝ783.7 ［1300円］

原田 キヌ〔1844～1872〕
◇原田キヌ考 宮下忠子著 中央公論事業出版（制作・発売） 2014.4 197p 20cm 〈文献あり〉 ⓘ978-4-89514-416-2 Ⓝ289.1 ［1400円］

原田 熊雄〔1888～1946〕
◇重臣たちの昭和史 上 勝田龍夫著 文藝春秋 2014.8 465p 16cm （文春学藝ライブラリー） ⓘ978-4-16-813024-3 Ⓝ210.7 ［1580円］
◇重臣たちの昭和史 下 勝田龍夫著 文藝春秋 2014.8 478p 16cm （文春学藝ライブラリー） ⓘ978-4-16-813025-0 Ⓝ210.7 ［1690円］

原田 二郎〔1849～1930〕
◇原田二郎物語―絵本 阪上順文，大正浪漫一座編 松阪 大正浪漫一座 2014.6 40p 26cm 〈年譜あり 絵：近藤マサ子〉 Ⓝ289.1 ［1250円］

原田 智子〔1963～ 〕
◇陽だまりとそよ風のもとで―人生五十年を振り返って感じる本当に大切なこと 原田智子著 文芸社 2014.8 97p 19cm ⓘ978-4-286-15390-2 Ⓝ289.1 ［1000円］

原村〔長野県〕（遺跡・遺物）
◇大石遺跡 第6次 原村（長野県） 原村教育委員会 2014.3 9p 30cm （原村の埋蔵文化財 80） 〈平成25年度太陽光発電設備設置に伴う進入路拡幅工事に先立つ大石遺跡第6次緊急発掘調査報告書〉 Ⓝ210.0254

◇久保地尾根遺跡（第15次）二枚田遺跡（第9次）原村（長野県） 原村教育委員会 2014.3 12p 30cm （原村の埋蔵文化財 79） 〈平成25年度個人住宅建設に先立つ久保地尾根遺跡第15次・二枚田遺跡第9次緊急発掘調査報告書〉 Ⓝ210.0254

原村〔長野県〕（鏝絵）
◇原村の土蔵を彩る鏝絵 原村（長野県） 原村教育委員会 2014.3 161p 30cm （郷土の文化財 第4集） Ⓝ529.02152

パリ（オペレッタ）
◇オッフェンバックと大衆芸術―パリジャンが愛した夢幻オペレッタ 森佳子著 早稲田大学出版部 2014.5 399p 22cm （早稲田大学学術叢書 33） 〈文献あり 索引あり〉 ⓘ978-4-657-14703-5 Ⓝ762.35 ［8200円］

パリ（紀行・案内記）
◇PARIS―パリ1ケ月アパルトメント生活！：PARIS*FRANCE 滝岡志穂著 文芸社 2014.11 253p 図版16p 15cm ⓘ978-4-286-15371-1 Ⓝ293.53 ［700円］
◇パリのエッフェル塔 酒巻洋子著 産業編集センター 2014.10 157p 18cm ⓘ978-4-86311-103-5 Ⓝ589.02353 ［1400円］
◇星の音―パリ・ニューヨーク 浅雅まつり著 青山ライフ出版 2014.7 241p 19cm ⓘ978-4-86450-132-3 Ⓝ293.53 ［1400円］

パリ（芸術―歴史）
◇パリ 1 19世紀の首都 喜多崎親編 竹林舎 2014.4 510p 27cm （西洋近代の都市と芸術 2） 〈内容：芸術のトポス オスマンの都市改造と景観（鳥海基樹著） 十九世紀文学におけるパリの表象（小倉孝誠著） 第二帝政期から第三共和制初期のオペラ（井上さつき著） 第二帝政を中心とするロマンティック・バレエ（渡来（小山）聡子著） 一八六七年パリ万国博覧会とジャポニスム（寺本敬子著） ロマン主義的クルティザンヌからゾラのナナへ（村田京子著） マネとパリ（三浦篤著） アカデミズムとアヴァン＝ギャルドの間に 装飾の「プリミティヴィズム」（天野知香著） ガルニエと折衷主義（鏡壮太郎著） ヴィオレ＝ル＝デュクと建築再生（羽生修二著） 彫刻と蠟人形の間で（喜多崎親著） 社会と美術 クールベと政治―八六二・一九一八年（稲賀繁美著） 帽子の女性―マネ、ドガ、ルノワール（岩崎余帆子著） 印象派の都市と自然（石谷治寛著） 郊外の風景（出比桂子著） ゴーガンの中の「ユダヤ」（有木宏二著） メディア・受容・戦略 商業と美術（吉田典子著） ルノワールと社交界（賀川恭子著） 小説の挿絵（寺田寅彦著） デュラン＝リュエルのコレクション（陳岡めぐみ著） ゴンクール兄弟と美術（小泉順也著）〉 ⓘ978-4-902084-64-1 Ⓝ702.353 ［15000円］

パリ（建築）
◇パリ建築散歩―"もっと深くて濃い"パリに出会う 内野正樹著 大和書房 2014.12 159p 21cm 〈文献あり 索引あり〉 ⓘ978-4-479-78307-7 Ⓝ523.353 ［1800円］

パリ（公衆衛生―歴史）
◇フランス公衆衛生史―19世紀パリの疫病と住環境 大森弘喜著 学術出版会 2014.5 616p 22cm （学術叢書） 〈日本図書センター（発売） 文献あり 索引あり〉 ⓘ978-4-284-10413-5 Ⓝ498.02353 ［9200円］

パリ（国際見本市）
◇メゾン・エ・オブジェ2014年1月展（Maison & Objet 2014 Jan）参加報告書―2013年度海外見本市出展支援プログラム（デザイン） ［東京］ 日本貿易振興機構生活文化・サービス産業部デザイン産業課 c2014 48p 30cm 〈会期・会場：2014年1月24日～28日 Paris-nord Villepinte見本市会場 背のタイトル：メゾン・エ・オブジェ2014年1月展参加報告書〉 Ⓝ606.9353 ［非売品］

パリ（雑貨）
◇パリのエッフェル塔 酒巻洋子著 産業編集センター 2014.10 157p 18cm ⓘ978-4-86311-103-5 Ⓝ589.02353 ［1400円］

パリ（雑貨店）
◇旅鞄（トランク）いっぱいのパリふたたび―文具と雑貨をめぐる旅 堤信子著 実業之日本社 2014.8 156p 16cm ⓘ978-4-408-21523-5 Ⓝ673.7 ［1500円］

パリ（室内装飾）
◇パリのおいしいキッチン ジュウ・ドゥ・ポゥム著 ジュウ・ドゥ・ポゥム 2014.8 96p 21cm 〈主婦の友社（発売）〉 ⓘ978-4-07-296302-9 Ⓝ597.02353 ［1650円］
◇パリのティーンガール ジュウ・ドゥ・ポゥム著 ジュウ・ドゥ・ポゥム 2014.3 96p 21cm 〈主婦の友社（発売）〉 ⓘ978-4-07-294208-6 Ⓝ597 ［1500円］

パリ（社会）

◇パリの皇族モダニズム―領収書が明かす生活と経済感覚　青木淳子著　［東京］KADOKAWA　2014.12　253p　19cm　〈文献あり〉　①978-4-04-653330-2　Ⓝ288.44　［1500円］

◇フランス語とタイ料理と不思議の人生と―退職者のパリ＆バンコク・ロングステイ日記　三瓶眞弘著　ブックコム　2014.3　139p　19cm　①978-4-907446-05-5　Ⓝ302.237　［800円］

パリ（住宅建築―歴史―1914～1945）

◇建築家ピエール・シャローとガラスの家　ポンピドゥー・センター，パリ国立近代美術館，パナソニック汐留ミュージアム編　鹿島出版会　2014.8　191p　27cm　〈文献あり　年譜あり　英語抄訳付　会期・会場：2014年7月26日（土）-10月13日（月・祝）パナソニック汐留ミュージアム　主催：パナソニック汐留ミュージアム、東京新聞ほか〉　①978-4-306-04612-2　Ⓝ527.02353　［3200円］

パリ（女性）

◇パリジェンヌのつくりかた　カロリーヌ・ド・メグレ，アンヌ・ベレスト，オドレイ・ディワン，ソフィ・マス著，古谷ゆう子訳　早川書房　2014.11　265p　20cm　①978-4-15-209505-3　Ⓝ367.2353　［2200円］

パリ（生活）

◇パリジェンヌのスタイルある暮らし　荻野雅代，桜井道子著　大和書房　2014.9　126p　21cm　①978-4-479-78293-3　Ⓝ590.2353　［1500円］

◇フランス人は10着しか服を持たない―パリで学んだ"暮らしの質"を高める秘訣　ジェニファー・L・スコット著，神崎朗子訳　大和書房　2014.10　239p　19cm　①978-4-479-78299-5　Ⓝ590.2353　［1400円］

パリ（伝染病―歴史）

◇フランス公衆衛生史―19世紀パリの疫病と住環境　大森弘喜著　学術出版会　2014.5　616p　22cm　（学術叢書）〈日本図書センター（発売）　文献あり　索引あり〉　①978-4-284-10413-5　Ⓝ498.02353　［9200円］

パリ（文房具店）

◇旅鞄（トランク）いっぱいのパリふたたび―文具と雑貨をめぐる旅　堤信子著　実業之日本社　2014.8　156p　16cm　①978-4-408-21523-5　Ⓝ673.7　［1500円］

パリ（歴史）

◇パリという首都風景の誕生―フランス大革命期から両大戦間まで　澤田肇，北山研二，南明日香共編　Sophia University Press上智大学出版　2014.5　327p　21cm　〈ぎょうせい（制作・発売）　文献あり　索引あり　内容：光の都か花の都か？（澤田肇著）　パリと変容する風景について（北山研二著）　ガラスのつくった近代の都市景観（三宅理一著）　遊歩者のパリ（林道郎著）　彫像狂のパリの景観形成と日本人作家たち（南明日香著）　地上の世界、地下の世界（栗田啓子著）　そぞろ歩きの首都風景パリ（北山研二著）　首都パリの霊性の場（土居義岳著）　空気と光を求めて（梅澤礼著）　バルザックのパリ（澤田肇著）　ゾラとパリの創出（小倉孝誠著）　日本人作家と墓地（南明日香著）〉　①978-4-324-09792-2　Ⓝ235.3　［3700円］

◇フランスが生んだロンドン、イギリスが作ったパリ　ジョナサン・コンリン著，松尾恭子訳　柏書房　2014.12　373p　20cm　〈文献あり〉　①978-4-7601-4511-9　Ⓝ233.33　［2200円］

ハリソン，R.〔1899～1989〕

◇おだまり、ローズ―子爵夫人付きメイドの回想　ロジーナ・ハリソン著，新井潤美監修，新井雅代訳　白水社　2014.8　364p　20cm　①978-4-560-08381-9　Ⓝ591.0233　［2400円］

バリ島

◇くるくるバリ島ウブド！　k.m.p.著　JTBパブリッシング　2014.7　79p　21cm　（k.m.p.の、10日でおいくら？）　①978-4-533-09869-7　Ⓝ292.46　［1200円］

◇浄化の島、バリ―神々の島、バリでつながる　浅見帆帆子著　ヴィレッジブックス　2014.9　191p　19cm　①978-4-86491-166-5　Ⓝ292.46　［1300円］

播磨灘

◇播磨灘の栄養塩異変の解明と栄養塩流入負荷の変動要因の研究　平成23年度～平成24年度　香川大学［著］　［東京］環境省総合環境政策局総務課環境研究技術室　2013.5　70p　30cm　（環境省環境研究総合推進費終了研究等成果報告書RFb-1102）〈共同刊行：環境省環境保健部環境安全課環境リスク評価室ほか〉　Ⓝ519.4

バール，E.〔1922～　〕

◇西ドイツ外交とエーゴン・バール　アンドレアス・フォークトマイヤー著，岡田浩平訳　三元社　2014.8　495,55p　22cm　〈文献あり　索引あり〉　①978-4-88303-360-7　Ⓝ319.34039　［6000円］

ハール，L.V.〔1958～　〕

◇ルイ・ファン・ハール―鋼鉄のチューリップ　マーテン・メイヤー著，田邊雅之監訳　カンゼン　2014.12　451p　19cm　①978-4-86255-280-8　Ⓝ783.47　［2100円］

バルカン諸国（紀行・案内記）

◇バルカンの花、コーカサスの虹　蔵前仁一著　旅行人　2014.6　294p　21cm　①978-4-947702-72-2　Ⓝ293.909　［1800円］

バルカン諸国（地誌）

◇写真記録100年前の世界　10　スウェーデン・ノルウェー　デンマーク・バルカン半島　内藤民治編著　大空社　2014.5　1冊　22cm　〈索引あり　「世界實觀　第10巻」（日本風俗圖繪刊行會　大正5年刊）の複製　英語併記〉　①978-4-283-01179-3，978-4-283-00645-4（set），978-4-283-00646-1（set）　Ⓝ290.8　［12500円］

バルザック，H.〔1799～1850〕

◇バルザック　高山鉄男著　新装版　清水書院　2014.9　224p　19cm　（Century Books）〈文献あり　作品目録あり　年譜あり　索引あり〉　①978-4-389-42168-7　Ⓝ950.268　［1000円］

バルセロナ（スペイン）（紀行・案内記）

◇バルセロナ、秘数3　中沢新一［著］　講談社　2014.3　214p　15cm　（講談社学術文庫　2223）〈中央公論社　1992年刊の再刊〉　①978-4-06-292223-4　Ⓝ293.6　［800円］

バルセロナ（スペイン）（都市再開発）

◇持続可能な都市再生のかたち―トリノ、バルセロナの事例から　矢作弘，阿部大輔編　日本評論社　2014.7　189p　22cm　（地域公共人材叢書　第3期第2巻）〈索引あり　企画：龍谷大学地域公共人材・政策開発リサーチセンター　内容：縮小都市トリノの再生をめぐる一考察（矢作弘著）　トリノにおける都市再生と大都市制度戦略（新川達郎著）　市場や学校を核にトリノの移民街が再生する（阿部大輔著）　トリノ市のガバナンス改革におけるサードセクターの戦略的価値（的場信敬著）　都市縮小時代の大都市における地区運営と持続可能性（三浦哲司著）　自動車産業部門の進化と都市の社会空間形成に関する考察（レティツィア・インプレス著）　バルセロナ・モデルの変容と転成（阿部大輔著）　欧州雇用・社会的包摂戦略とローカル・ガバナンス（石田徹著）〉　①978-4-535-52002-8　Ⓝ518.8　［3000円］

バルテュス〔1908～2001〕

◇ド・ローラ節子が語るバルテュス猫とアトリエ　ド・ローラ節子［著］，夏目典子，NHK出版編　NHK出版　2014.4　158p　17cm　〈会期・会場：2014年4月19日～6月22日　東京都美術館（上野公園）2014年7月5日～9月28日　京都市美術館（岡崎公園）〉　①978-4-14-081635-6　Ⓝ723.35　［1400円］

◇評伝バルテュス　クロード・ロワ著，與謝野文子訳　河出書房新社　2014.4　239,2p　20cm　〈文献あり　「バルテュス」（1997年刊）の改題、文章のみを改訂、採録〉　①978-4-309-25553-8　Ⓝ723.35　［2400円］

バルドー，B.〔1934～　〕

◇ブリジッド・バルドー女を極める60の言葉　髙野てるみ著　PHP研究所　2014.8　214p　15cm　（PHP文庫　た88-2）〈文献あり　年譜あり〉　①978-4-569-76198-5　Ⓝ778.235　［630円］

バルト，K.〔1886～1968〕

◇カール・バルト＝滝沢克己往復書簡―1934-1968　S・ヘネッケ，A・フェーネマンス編，寺園喜基訳，カール・バルト，滝沢克己著　新教出版社　2014.12　275p　20cm　〈索引あり〉　①978-4-400-31075-4　Ⓝ191.9　［2700円］

バルト，R.〔1915～1980〕

◇ロラン・バルトにとって写真とは何か　松本健太郎著　京都ナカニシヤ出版　2014.1　143,9p　22cm　〈文献あり　索引あり〉　①978-4-7795-0683-3　Ⓝ740.1　［3800円］

バルト三国（工芸美術）

◇ラトビア、リトアニア、エストニアに伝わる温かな手仕事―バルト三国の伝統的なハンドクラフトと街歩き案内　赤木真弓著　誠文堂新光社　2014.6　159p　25cm　①978-4-416-61431-0　Ⓝ750.2388　［1800円］

バルト三国（地誌）

◇朝倉世界地理講座―大地と人間の物語　9　中央・北ヨーロッパ　立川武蔵，安田喜憲監修　山本健兒，平川一臣編　朝倉書店　2014.7　516p　27cm　〈文献あり　索引あり〉　①978-4-254-16799-3　Ⓝ290.8　［19000円］

バルト三国（歴史）

◇バルト三国の歴史―エストニア・ラトヴィア・リトアニア石器時代から現代まで　アンドレス・カセカンプ著，小森宏美，重松尚訳　明石書店　2014.3　381p　20cm　（世界歴史叢書）

〈文献あり 年表あり 索引あり〉①978-4-7503-3987-0 Ⓝ238.8 ［3800円］

春名 風花〔2001～〕
◇少女と傷とあっためミルク―心ない言葉に傷ついた君へ 春名風花著 扶桑社 2014.10 245p 19cm〈表紙のタイトル：a girl,her wounds and warmed milk〉①978-4-594-07146-2 Ⓝ778.21 ［1300円］

春野 守夫〔1928～〕
◇私の歩んだ税理士五十有余年の道―「今」を生きた男の自分史 春野守夫著 ［札幌］ 春野守夫 2014.12 185p 29cm〈年譜あり〉Ⓝ289.1

哈爾浜（紀行・案内記）
◇世界史オタク上海・ハルビンを行く 水原杏樹著 文芸社 2014.3 214p 19cm ①978-4-286-14465-8 Ⓝ292.221 ［1300円］

哈爾浜（歴史）
◇ハルビン駅へ―日露中・交錯するロシア満洲の近代史 ディビッド・ウルフ著, 半谷史郎訳 講談社 2014.10 444p 20cm〈文献あり 索引あり〉①978-4-06-213998-4 Ⓝ222.53 ［2500円］

バレエ・リュス
◇バレエ・リュス展―魅惑のコスチューム 薄井憲二, ロバート・ベル監修, 国立新美術館,TBSテレビ編 TBSテレビ 2014.6 277p 29cm〈年表あり 文献あり 会期・会場：平成26年6月18日―9月1日 国立新美術館 執筆：ロバート・ベルほか〉Ⓝ769.935

パレスチナ（社会）
◇それでも、私は憎まない―あるガザの医師が払った平和への代償 イゼルディン・アブエライシュ著, 高月園子訳 亜紀書房 2014.1 325p 19cm〈年表あり〉①978-4-7505-1402-4 Ⓝ302.279 ［1900円］

バロ, R.〔1908～1963〕
◇レメディオス・バロ―絵画のエクリチュール・フェミニン カトリーヌ・ガルシア著, 湯原かの子訳 水声社 2014.7 267p 22cm〈文献あり 年譜あり〉①978-4-8010-0044-5 Ⓝ723.56 ［4000円］

ハーロウ, H.F.〔1905～1981〕
◇愛を科学で測った男―異端の心理学者ハリー・ハーロウとサル実験の真実 デボラ・ブラム著, 藤澤隆史, 藤澤玲子訳 白揚社 2014.7 429p 20cm ①978-4-8269-0175-8 Ⓝ141.62 ［3000円］

バロウズ, W.S.〔1914～1997〕
◇バロウズ/ウォーホル テープ ヴィクター・ボクリス著, 山形浩生訳 ［東京］ スペースシャワーブックス 2014.9 301p 20cm〈スペースシャワーネットワーク（発売） 索引あり〉①978-4-907435-33-2 ［2500円］

バロテッリ, M.〔1990～〕
◇どうしていつも俺なんだ?!―悪童マリオ・バロテッリ伝説の真実 フランク・ウォラル著, 森田義信訳 新潮社 2014.6 290p 20cm ①978-4-10-506751-9 Ⓝ783.47 ［1700円］

ハワイ（移民・植民〔日本〕―歴史）
◇移民、宗教、故国―近現代ハワイにおける日系宗教の経験 高橋典史著 西東京 ハーベスト社 2014.2 291p 22cm〈文献あり 索引あり 内容：研究の前提 分析視角 近代ハワイの日系移民社会と日系宗教の多元性 日系仏教のハワイ布教の展開 ハワイ日系移民社会における神社神道 20世紀初頭のハワイ日系仏教の〈二重のナショナリズム〉日系移民キリスト者と日本ナショナリズム ハワイ日系仏教徒のメンタリティの変遷 近代日系新宗教の海外布教の展開とハワイ ハワイ日系新宗教における信仰継承問題 現代日系宗教のハワイ布教の課題と宗教者の現地育成 結論〉①978-4-86339-053-9 Ⓝ162.76 ［3800円］

ハワイ州（紀行・案内記）
◇ハワイ女ひとり旅 アヌエヌエリエ原作, ヒラマツオ漫画 KADOKAWA 2014.7 127p 21cm ①978-4-04-600535-9 Ⓝ297.6 ［1100円］
◇ハワイ大好きおじさんのアロハ！ 最後のわがままひとり旅 北嶋茂著 メイツ出版 2014.7 224p 19cm ①978-4-7804-1470-7 ［1300円］
◇マジカル・ミステリー・ハワイ―オアフ島路線バス乗り放題の旅 辻村裕治文・イラスト 論創社 2014.9 197p 20cm ①978-4-8460-1359-2 Ⓝ297.6 ［2000円］

ハワイ州（キリスト教―歴史）
◇ハワイ人とキリスト教―文化の混淆とアイデンティティの再創造 井上昭洋著 横浜 春風社 2014.12 259p 20cm ①978-4-86110-426-8 Ⓝ192.76 ［2700円］

ハワイ州（宗教―歴史）
◇移民、宗教、故国―近現代ハワイにおける日系宗教の経験 高橋典史著 西東京 ハーベスト社 2014.2 291p 22cm〈文献あり 索引あり 内容：研究の前提 分析視角 近代ハワイの日系移民社会と日系宗教の多元性 日系仏教のハワイ布教の展開 ハワイ日系移民社会における神社神道 20世紀初頭のハワイ日系仏教の〈二重のナショナリズム〉日系移民キリスト者と日本ナショナリズム ハワイ日系仏教徒のメンタリティの変遷 近代日系新宗教の海外布教の展開とハワイ ハワイ日系新宗教における信仰継承問題 現代日系宗教のハワイ布教の課題と宗教者の現地育成 結論〉①978-4-86339-053-9 Ⓝ162.76 ［3800円］

ハワイ州（神話）
◇ハワイの神話―モオレロ・カヒコ 2 新井朋子著 横浜 文踊社（発売） 2014.9 155p 21cm〈文献あり HULA Le'a 特別編集〉①978-4-904076-44-6 Ⓝ164.76 ［1400円］

ハワイ州（精神衛生）
◇カ・ラマ・ククイ―ハワイの心理学 ウィリアム・C.レゼンテスⅢ著, 山田剛史監修, 山田美穂訳 岡山 岡山大学出版会 2014.10 132p 21cm ①978-4-904228-43-2 Ⓝ498.39 ［1389円］

ハワイ州（日系人―歴史）
◇ハワイに響くニッポンの歌―ホレホレ節から懐メロ・ブームまで 中原ゆかり著 京都 人文書院 2014.3 270p 20cm〈文献あり 表紙のタイトル：JAPANESE SONGS ECHO IN HAWAI'I〉①978-4-409-10033-2 Ⓝ767.8 ［2800円］

ハワイ州（布教―歴史）
◇移民、宗教、故国―近現代ハワイにおける日系宗教の経験 高橋典史著 西東京 ハーベスト社 2014.2 291p 22cm〈文献あり 索引あり 内容：研究の前提 分析視角 近代ハワイの日系移民社会と日系宗教の多元性 日系仏教のハワイ布教の展開 ハワイ日系移民社会における神社神道 20世紀初頭のハワイ日系仏教の〈二重のナショナリズム〉日系移民キリスト者と日本ナショナリズム ハワイ日系仏教徒のメンタリティの変遷 近代日系新宗教の海外布教の展開とハワイ ハワイ日系新宗教における信仰継承問題 現代日系宗教のハワイ布教の課題と宗教者の現地育成 結論〉①978-4-86339-053-9 Ⓝ162.76 ［3800円］

ハワイ州（文化）
◇カ・ラマ・ククイ―ハワイの心理学 ウィリアム・C.レゼンテスⅢ著, 山田剛史監修, 山田美穂訳 岡山 岡山大学出版会 2014.10 132p 21cm ①978-4-904228-43-2 Ⓝ498.39 ［1389円］

ハワイ州（文化―歴史）
◇ハワイ人とキリスト教―文化の混淆とアイデンティティの再創造 井上昭洋著 横浜 春風社 2014.12 259p 20cm ①978-4-86110-426-8 Ⓝ192.76 ［2700円］

ハワイ州（流行歌―歴史）
◇ハワイに響くニッポンの歌―ホレホレ節から懐メロ・ブームまで 中原ゆかり著 京都 人文書院 2014.3 270p 20cm〈文献あり 表紙のタイトル：JAPANESE SONGS ECHO IN HAWAI'I〉①978-4-409-10033-2 Ⓝ767.8 ［2800円］

バーン, E.〔1910～1970〕
◇エリック・バーンのTA組織論―リーダーを育てる心理学：［ギスギスした人間関係をまーるくする心理学 活用編］ 安部朋子著 吹田 西日本出版社 2014.8 205p 21cm〈文献あり〉①978-4-901908-81-8 Ⓝ146.8 ［1800円］

班 固〔32～92〕
◇『漢書』百官公卿表訳注 大庭脩監修, 『漢書』百官公卿表研究会訳注 朋友書店 2014.11 244p 27cm〈年表あり 文献あり〉①978-4-89281-141-8 Ⓝ222.042 ［6000円］

ハンガリー（経済）
◇ハンガリー ARC国別情勢研究会／編 ARC国別情勢研究会 2014.10 136p 26cm（ARCレポート 2014/15年版）①978-4-907366-23-0 ［12000円］
◇ハンガリー経済図説 田中宏［著］ 東洋書店 2014.5 63p 21cm（ユーラシア・ブックレット no.194）〈文献あり〉①978-4-86459-187-4 Ⓝ332.347 ［800円］

ハンガリー（国際投資）
◇新興市場と外国直接投資の経済学―ロシアとハンガリーの経験 岩﨑一郎, 菅沼桂子著 日本評論社 2014.9 290p

ハンガリー（災害復興）

22cm〈文献あり 索引あり 内容：対新興市場外国直接投資の決定要因 対ロシア外国直接投資の立地選択 ロシアへの外国直接投資と経済発展 対ハンガリー外国直接投資と企業再建 多国籍企業の進出と国内生産性波及効果 多国籍企業の輸出活動と国内企業への情報波及効果 外国資本の導入と地域経済開発 外国直接投資の地域経済波及効果 新興市場研究の新たな課題〉Ⓘ978-4-535-55810-6 Ⓝ338.9238 ［6200円］

ハンガリー（災害復興）
◇なぜ日本の災害復興は進まないのか——ハンガリー赤泥流出事故の復興政策に学ぶ 家田修著 現代人文社 2014.10 256p 21cm〈大学図書（発売）〉Ⓘ978-4-87798-582-0 Ⓝ369.35 ［2900円］

ハンガリー（地誌）
◇写真記録100年前の世界 7 オーストリア＝ハンガリー帝国 スペイン 内藤民治編著 大空社 2014.5 1冊 22cm〈索引あり 「世界實覽 第7巻」（日本風俗圖繪刊行會 大正5年刊）の複製 英語併記〉Ⓘ978-4-283-01176-2,978-4-283-00645-4(set),978-4-283-00646-1(set) Ⓝ290.8 ［12500円］

ハンガリー（保育）
◇ハンガリーたっぷりあそび就学を見通す保育——一人ひとりをたいせつにする具体的な保育 サライ美奈著 全国私立保育園連盟保育国際交流運営委員会編 京都 かもがわ出版 2014.7 167p 21cm〈内容：子どもをたいせつにする社会ハンガリー（サライ美奈著） 11のテーマで学ぶ（サライ美奈著） 保育・教育制度と社会・歴史（サライ美奈著） ハンガリーの保育Q&A（サライ美奈著） 一人にひとりをたいせつにする具体的な保育（ユリア著）〉Ⓘ978-4-7803-0705-4 Ⓝ376.12347 ［1800円］

ハンガリー（幼児教育）
◇ハンガリーたっぷりあそび就学を見通す保育——一人ひとりをたいせつにする具体的な保育 サライ美奈著 全国私立保育園連盟保育国際交流運営委員会編 京都 かもがわ出版 2014.7 167p 21cm〈内容：子どもをたいせつにする社会ハンガリー（サライ美奈著） 11のテーマで学ぶ（サライ美奈著） 保育・教育制度と社会・歴史（サライ美奈著） ハンガリーの保育Q&A（サライ美奈著） 一人にひとりをたいせつにする具体的な保育（ユリア著）〉Ⓘ978-4-7803-0705-4 Ⓝ376.12347 ［1800円］

番画廊
◇番33 plus one——番画廊1979-2013記録集 ［出版地不明］ 番33記録集編集委員会 2014.3 134p 30cm Ⓝ706.7

阪急電鉄株式会社
◇阪急新1000 レイルロード編 豊中 レイルロード 2014.10 84p 30cm （車両アルバム 18）〈文苑堂（発売）〉Ⓘ978-4-947714-33-6 Ⓝ546.5 ［2130円］
◇阪急電鉄昭和の記憶—京阪神を駆け抜けるマルーンの思い出 中西進一郎著 彩流社 2014.11 79p 30cm Ⓘ978-4-7791-2356-6 Ⓝ686.216 ［1800円］
◇阪急2300 レイルロード編 豊中 レイルロード 2014.4 100p 30cm （車両アルバム 16）〈文苑堂（発売）〉Ⓘ978-4-947714-31-2 Ⓝ546.5 ［2130円］

阪急ブレーブス
◇阪急ブレーブス光を超えた影法師 福本豊著 ベースボール・マガジン社 2014.7 215p 20cm〈年譜あり〉Ⓘ978-4-583-10710-3 Ⓝ783.7 ［1600円］

バンクシー〔1974～ 〕
◇Banksy's Bristol：HOME SWEET HOME——The unofficial guide スティーヴ・ライト著, 小倉利丸, 鈴木沓子, 毛利嘉孝訳 作品社 2014.3 124p 26cm〈年譜あり 本文は日本語〉Ⓘ978-4-86182-353-4 Ⓝ723.33 ［2800円］

バングラデシュ（経済）
◇バングラデシュ 2014/15年版 ARC国別情勢研究会編集 ARC国別情勢研究会 2014.9 158p 26cm （ARCレポート 経済・貿易・産業報告書 2014/15）〈索引あり〉Ⓘ978-4-907366-21-6 Ⓝ332.2576 ［12000円］

バングラデシュ（工業）
◇知られざる工業国バングラデシュ 村山真弓, 山形辰史編 千葉 アジア経済研究所 2014.12 430p 21cm （アジ研選書 37）〈索引あり 内容：新産業芽吹くバングラデシュ（村山真弓, 山形辰史著） ジュート（坪田建明著） 繊維・アパレル（山形辰史著） 革・革製品（坪田建明, 村山真弓著） 造船・船解体（坪田建明著） 医薬品（村山真弓著） IT（アブー・ションチョイ著, 安藤裕二監訳） ライト・エンジニアリング（山形辰史著） 農産物加工食品（村山真弓著） 小売（安藤裕二, 鈴木

隆史著） 企業グループ（村山真弓, 鈴木有理佳著） 日系企業（酒向奈穂子, 安藤裕二, 河野敬ほか著） 製造業統計（アブー・ションチョイ, 坪田建明著）〉Ⓘ978-4-258-29037-6 Ⓝ509.22576 ［5400円］
◇バングラデシュの工業化とジェンダー——日系縫製企業の国際移転 長田華子著 御茶の水書房 2014.1 313p 22cm〈文献あり 年表あり 索引あり〉Ⓘ978-4-275-01058-2 Ⓝ509.22576 ［7600円］

バングラデシュ（国際投資〔日本〕）
◇バングラデシュの工業化とジェンダー——日系縫製企業の国際移転 長田華子著 御茶の水書房 2014.1 313p 22cm〈文献あり 年表あり 索引あり〉Ⓘ978-4-275-01058-2 Ⓝ509.22576 ［7600円］

バングラデシュ（児童）
◇「子ども域」の人類学—バングラデシュ農村社会の子どもたち 南出和余著 京都 昭和堂 2014.10 225,11p 22cm〈文献あり 索引あり〉Ⓘ978-4-8122-1421-3 Ⓝ384.5 ［5800円］

バングラデシュ（女性労働）
◇バングラデシュの工業化とジェンダー——日系縫製企業の国際移転 長田華子著 御茶の水書房 2014.1 313p 22cm〈文献あり 年表あり 索引あり〉Ⓘ978-4-275-01058-2 Ⓝ509.22576 ［7600円］

バングラデシュ（船舶—リサイクル）
◇バングラデシュの船舶リサイクル産業と都市貧困層の形成 佐藤彰男著 明石書店 2014.9 217p 22cm〈索引あり〉Ⓘ978-4-7503-4073-9 Ⓝ550.9 ［4200円］

バングラデシュ（労働移動）
◇バングラデシュの船舶リサイクル産業と都市貧困層の形成 佐藤彰男著 明石書店 2014.9 217p 22cm〈索引あり〉Ⓘ978-4-7503-4073-9 Ⓝ550.9 ［4200円］

バングラデシュ（労働者）
◇バングラデシュの船舶リサイクル産業と都市貧困層の形成 佐藤彰男著 明石書店 2014.9 217p 22cm〈索引あり〉Ⓘ978-4-7503-4073-9 Ⓝ550.9 ［4200円］

バンコク（紀行・案内記）
◇読むバンコク 下川裕治編・著 メディアポルタ 2014.3 142p 21cm〈キョーハンブックス（発売） 文献あり〉Ⓘ978-4-87641-797-1 Ⓝ292.37 ［1300円］

バンコク（社会）
◇フランス語とタイ料理と不思議の人生と—退職者のパリ＆バンコク・ロングステイ日記 三瓶眞弘著 ブックコム 2014.3 139p 19cm Ⓘ978-4-907446-05-5 Ⓝ302.237 ［800円］

バンコク（都市）
◇東京, バンコク, シンガポール—強度, リユース, クリエイティブな風土 Darko Radović［監修］, ダヴィシー・ブンタム［著］ Tokyo flick studio c2013 135p 26cm （Measuring the non-measurable 2）〈英語併記〉Ⓘ978-4-904894-05-7 Ⓝ361.78 ［1143円］

バンコク（都市交通—歴史）
◇都市交通のポリティクス—バンコク1886～2012年 柿崎一郎著 京都 京都大学学術出版会 2014.2 530p 23cm〈索引あり〉Ⓘ978-4-87698-377-3 Ⓝ681.8 ［7000円］

ハンサリム生活協同組合
◇殺生の文明からサリムの文明へ—ハンサリム宣言ハンサリム宣言再読 モシムとサリム研究所著, 大西秀尚訳 神戸 神戸学生青年センター出版部 2014.7 164p 21cm〈年譜あり〉Ⓘ978-4-906460-46-5 Ⓝ365.85 ［700円］

パンジー保育園
◇子どもは遊びの天才—群馬県・パンジー保育園その他の施設の実践の山脈〈35年〉：日本はメダル取れないよ？ 誰も外で遊んでいないもん！ 渡部平吾著 ごま書房新社 2014.12 131p 21cm Ⓘ978-4-341-13240-8 Ⓝ369.42 ［1300円］

バーン＝ジョーンズ, E.C.〔1833～1898〕
◇バーン＝ジョーンズの世界 平松洋著 KADOKAWA 2014.12 159p 21cm〈文献あり 年表あり〉Ⓘ978-4-04-600981-4 Ⓝ723.33 ［2200円］

阪神タイガース
◇甲子園ライトスタンドにはビジネス成功の鍵が87もあった 國定浩一著 TOブックス 2013.8 223p 19cm Ⓘ978-4-86472-184-4 Ⓝ783.7 ［1300円］
◇「新・ミスタータイガース」の作り方—「掛布道場」指導ノート 掛布雅之著 徳間書店 2014.4 213p 19cm Ⓘ978-4-19-863788-0 Ⓝ783.7 ［1300円］
◇2014年トホホの阪神タイガース—ストライキとプロ野球の大変革を得て エルニーニョ深沢著, 深沢明編 那覇 蛙ブックス 2014.12 250p 21cm〈文献あり〉Ⓘ978-4-907464-08-0 Ⓝ783.7 ［900円］

◇阪神戦・実況32年。―甲子園の放送席から見続けたタイガースの真実　西澤暲著　講談社　2014.2　191p　18cm　①978-4-06-218773-2　Ⓝ783.7　［1000円］
◇阪神タイガースの黄金時代が永遠に来ない理由　野村克也著　宝島社　2014.9　222p　18cm　（宝島社新書 456）①978-4-8002-2789-8　Ⓝ783.7　［800円］
◇阪神タイガースのすべらない話―伝説のトラ番記者の「取材ネタノート」　楊枝秀基著　フォレスト出版　2014.11　200p　18cm　（Forest 2545 Shinsyo 107）①978-4-89451-955-8　Ⓝ783.7　［900円］

阪神電気鉄道株式会社
◇阪神電鉄のひみつ　PHP研究所編　京都　PHP研究所　2014.11　223p　19cm〈文献あり 索引あり〉①978-4-569-82128-3　Ⓝ686.216　［1524円］

バーンスタイン, L.〔1918～1990〕
◇栄光のバーンスタイン　木之下晃写真，なかにし礼文　札幌　響文社　2014.7　159p　25cm　（音楽写真叢書 2）〈年譜あり〉①978-4-87799-104-3　Ⓝ762.53　［3200円］

半田 孝淳
◇和顔愛語を生きる　半田孝淳著，北沢房子聞き書き　長野　信濃毎日新聞社　2014.3　253p　20cm　①978-4-7840-7232-3　Ⓝ188.42　［1500円］

半田 良平〔1891～1945〕
◇半田良平の生涯　小林邦子著，角川学芸出版編　［東京］　Kadokawa　2014.12　199p　20cm〈年譜あり　文献あり〉①978-4-04-652914-5　Ⓝ911.162　［2600円］

磐梯朝日国立公園
◇磐梯朝日遷移プロジェクト―裏磐梯五色沼湖沼群の環境調査報告書　福島　福島大学理工学群共生システム理工学類　2014.3　227p　30cm　（共生のシステム vol. 14）〈内容：福島県猪苗代湖の湖底堆積物コア試料（INW2012）と産出する珪藻化石（廣瀬孝太郎, 後藤敏一, 長橋良隆著）　猪苗代湖の湖底堆積物から抽出した地虫水のEC,pH鉛直プロファイル特性（藪崎志穂ほか著）　猪苗代湖2013年ピストンコアの岩相層序と青灰色粘土の供給源（長橋良隆ほか著）　安達太良山・酸川の複数のラハール堆積物に含まれる埋没林群の組成と年代（今井英治, 神野成美, 木村勝彦著）　裏磐梯流域の環境遷移に関する水循環要素の検討（陣内亮太, 川越清樹, 中村光宏著）　裏磐梯毘沙門沼の水量・水質調査（藤元大季ほか著）　裏磐梯五色沼湖沼群の湖水の化学的な成分に関する調査結果（第3報）（渡邉稔, 佐久間智彦著）　裏磐梯湖沼群の表面温度分布とその変動（渡邊明, 横山和郎, 鈴木悠也著）　裏磐梯湖沼群の分光放射特性（渡邊明, 鈴木悠也著）　湖面の青色色彩に関する五色沼と北海道美瑛町青い池の化学的類似性と相違性について（高貝慶隆, 阿部遼太著）　猪苗代平野における地下水流動の予察的シミュレーション解析（佐藤真一, 柴崎直明著）　喜多方市街地における地下水流動および地下水温分布の解析（金子翔平, 柴崎直明著）　福島県裏磐梯地域におけるオオシマトビケラの生活史（昆虫目：トビケラ目）（大平創, 塘忠顕著）　福島県裏磐梯地域の池沼に生息するヒメシロカゲロウ属の一種（昆虫目：ヒメシロカゲロウ科）（増渕翔太, 塘忠顕著）　裏磐梯地域の地表徘徊性甲虫相（緒勝祐太郎, 塘忠顕著）　山岳域に生息するアザミウマ類（昆虫目：アザミウマ目）（志賀澄歌ほか著）　山岳域に生息する属不明アザミウマ（アザミウマ科：アザミウマ亜科）の所属と遺伝的多様性（木目澤友梨恵, 兼子伸吾, 塘忠顕著）　沈水植物の食害昆虫ミズメイガ等の捕食能と高次捕食者による抑制能の解析（稲森悠平, 稲森隆平著）　休暇村裏磐梯（福島県北塩原村）の植物相（桑島和斗ほか著）　裏磐梯高原の維管束植物相研究の成果と課題（黒沢高秀, 根本秀一, 首藤光太郎著）　全国のエコツーリズム推進地域団体の現状とエコツーリズム推進に関わる問題点に関する研究（三部和哉, 川﨑興太著）　裏磐梯の来訪者の特性把握に向けた試行的調査の結果（川﨑興太, 三部和哉著）　国立公園と国立公園制度の実態と自然保護官の実態認識（川﨑興太著）　日本の国立公園の地種区分別土地所有別面積（川﨑興太著）〉Ⓝ462.126　［非売品］

磐梯町〔福島県〕（遺跡・遺物）
◇史跡慧日寺跡　25　福島県耶麻郡磐梯町教育委員会編　磐梯町（福島県）　福島県耶麻郡磐梯町教育委員会　2013.3　32p　30cm〈福島県磐梯町所在〉Ⓝ210.0254
◇史跡慧日寺跡　26　福島県耶麻郡磐梯町教育委員会編　磐梯町（福島県）　福島県耶麻郡磐梯町教育委員会　2014.3　48p　30cm〈福島県磐梯町所在〉Ⓝ210.0254

半田市（文化活動）
◇新美南吉生誕100年―おもいでのアルバム：初めての南吉再び出逢う南吉：2013半田　［半田］　新美南吉生誕100年記念事業実行委員会　2014.3　49p　30cm〈共同刊行：半田市ほか〉Ⓝ379.02155

半田市（防災計画）
◇半田市地域防災計画　平成25年度修正　半田市防災会議編　［半田］　半田市防災会議　［2014］　513p　30cm　Ⓝ369.3

半田市（歴史）
◇半田の轍―半田繁盛記：片山市三が語る八〇年の変遷　続　片山市三資料提供・語り　半田　一粒社出版部　2014.11　61p　26cm〈文章作成：市野忠士〉①978-4-86431-335-3　Ⓝ215.5　［非売品］

阪東 妻三郎〔1901～1953〕
◇円谷英二と阪妻そして内田吐夢―知られざる巣鴨撮影所時代の物語　渡邉武男著　西田書店　2014.10　210p　19cm〈文献あり〉①978-4-88866-587-2　Ⓝ778.21　［1500円］

坂東 真砂子〔1958～2014〕
◇坂東眞砂子　現代女性作家読本刊行会編　鼎書房　2014.6　182p　21cm　（現代女性作家読本 18）〈文献あり　年譜あり〉①978-4-907282-16-5　Ⓝ910.268　［1800円］

坂東市（遺跡・遺物）
◇宮内遺跡2・長右衛門元屋敷遺跡　上巻　水戸　茨城県教育財団　2014.3　284p　30cm　（茨城県教育財団文化財調査報告 第387集）〈茨城県境工事事務所の委託による　共通の付属資料が下巻にあり　国道354号岩井バイパス事業地内埋蔵文化財調査報告書〉Ⓝ210.0254
◇宮内遺跡2・長右衛門元屋敷遺跡　下巻　水戸　茨城県教育財団　2014.3　p285-454 図版 78p　30cm　（茨城県教育財団文化財調査報告 第387集）〈茨城県境工事事務所の委託による　国道354号岩井バイパス事業地内埋蔵文化財調査報告書〉Ⓝ210.0254

阪南市（遺跡・遺物）
◇阪南市埋蔵文化財発掘調査概要　31　阪南　阪南市教育委員会生涯学習部生涯学習推進室　2014.3　34p 図版 17p　30cm　（阪南市埋蔵文化財報告 52）Ⓝ210.0254

阪南市（地誌）
◇泉州の生産と暮し―泉南市・阪南市の歴史から：大阪観光大学観光学研究所報：『観光＆ツーリズム』抜粋集　山元六合夫［著］　阪南　山元六合夫　2014.9　1冊　30cm〈文献あり　はり込み 1枚　内容：泉南地方における新興地主の新田経営　江戸期桑畑村の景観と流出者　古絵図が語る泉南　和泉山系の「地名」と温泉　故国への旅　天領下の代官　「千間」姓・考　鯨が育んだ島の農業　泉南の紋羽織〉Ⓝ291.63

飯能市（遺跡・遺物）
◇飯能の遺跡　41　飯能　埼玉県飯能市教育委員会　2014.3　6, 70p　30cm〈内容：堂前遺跡．第6-10次調査〉Ⓝ210.0254

飯能市（織物工業―歴史）
◇機屋の挑戦―明治から昭和へ、小槻工場物語：特別展　飯能　飯能市郷土館　2014.10　55p　30cm〈年表あり　会期：平成26年10月12日―12月7日〉Ⓝ586.72134

ヴァンフォーレ甲府
◇ヴァンフォーレ甲府あるある　コマツサトル著，めがねや梅茶画　TOブックス　2014.2　159p　18cm　①978-4-86472-222-3　Ⓝ783.47　［1100円］
◇フットボールサミット―サッカー界の論客首脳会議　第20回　ヴァンフォーレ甲府プロヴィンチアの流儀　『フットボールサミット』議会編著　カンゼン　2014.4　228p　21cm〈年譜あり　内容：城福浩プロヴィンチアのチカラ（城福浩述, 渡辺功著）　山本英臣の感慨鋭たるキャプテンシー（山本英臣述, 鈴木康浩著）　石原克哉ミスター・ヴァンフォーレの誇り（石原克哉述, 渡辺功著）　フットボーラーの書斎荻晃太が過ごす日常（荻晃太述, 海江田哲朗著）　佐々木翔クラブの上昇とともに（佐々木翔述, 鈴木康浩著）　宇都宮徹壱のマスコット探訪記ヴァンくん、フォーレちゃん編（宇都宮徹壱著）　盛田剛平のラーメン道（盛田剛平述, 松岡健三郎著）　イルファン・バフディムの大志（イルファン・バフディム述, 鈴木康浩著）　クリスティアーノ甲府での誓い（クリスティアーノ述, 鈴木康浩著）　二人三脚で向かう未来（藤江直人著）　城福浩体制3年目の挑戦（渡辺功著）　ビルバオのように（輿水順雄述, 鈴木康浩著）　スポンサー以上の存在として（長澤重俊述, 鈴木康浩著）　経営危機という現実（今泉松栄述, 元川悦子著）　プロヴィンチアの再生にかけた情熱（元川悦子著）　大木武の掲げた哲学（後藤勝著）　日本サッカーの「土」をつくる　第3回（下田功述, 海江田哲郎著）〉①978-4-86255-236-5　Ⓝ783.47　［1300円］

ハンムラビ〔バビロン王〕
◇ハンムラビ王―法典の制定者　中田一郎著　山川出版社　2014.2　95p　21cm　（世界史リブレット人 01）〈文献あり　年表あり〉①978-4-634-35001-4　Ⓝ289.2　［800円］

播隆〔1782～1840〕

播隆〔1782～1840〕
◇播隆入門―槍ヶ岳を開山した念仏行者・播隆　黒野こうき著　岐阜　まつお出版　2014.3　112p　21cm　（まつお出版叢書3）〈年譜あり　文献あり〉①978-4-944168-39-2　Ⓝ188.62　［1200円］

ヴァン・ロンク, D.〔1936～2002〕
◇グリニッチ・ヴィレッジにフォークが響いていた頃―デイヴ・ヴァン・ロンク回想録　デイヴ・ヴァン・ロンク, イライジャ・ウォルド著, 真崎義博訳　早川書房　2014.5　389p　20cm　①978-4-15-209456-8　Ⓝ767.8　［2500円］

【 ひ 】

ビアンキ, A.〔1958～ 〕
◇前例より、前進！―青い目の市会議員"奮戦記"　ビアンキアンソニー著　名古屋　風媒社　2014.10　214p　19cm　①978-4-8331-1109-6　Ⓝ318.255　［1500円］

種貫 忠〔1938～ 〕
◇趣味で綴るあるソニーマンの自分史　種貫忠著　仙台　丸善仙台出版サービスセンター　2014.5　203p　19cm　①978-4-86080-131-1　Ⓝ289.1　［1112円］

PL教団
◇「PL信仰生活心得」解説　パーフェクトリバティー教団文教プロジェクト編　第4改訂版　芸術生活社　2014.2　287p　21cm　①978-4-328-01276-1　Ⓝ169.1　［1500円］

日置市〔歴史〕
◇薩摩・朝鮮陶工村の四百年　久留島浩, 須田努, 趙景達編　岩波書店　2014.7　447p　20cm　〈年表あり　内容：近世の苗代川（久留島浩著）　苗代川の近代史（趙景達著）　考古学資料から見た近世苗代川の窯業（渡辺芳郎著）　「苗代川人」という主体（須田努著）　窯業産地としての苗代川の形成と展開（深港恭子著）　朝鮮人村落「苗代川」の日本化と解体（井上和枝著）　近世の苗代川と玉山宮をめぐる言説について（鈴木文著）　西南戦争と苗代川（大武進著）　苗代川と「改姓」（小川原宏幸著）　日清・日露戦争と苗代川「朝鮮人」（愼蒼宇著）　第一三代沈壽官と植民地朝鮮（宮本正明著）　柳宗悦・民芸運動と苗代川の近代（檜垣瑞樹著）　鮫島佐太郎（深港恭子著）　苗代川と薩摩焼の伝統（趙景達構成・整理, 十五代沈壽官述）　通詞の家に生まれて（小川原宏幸構成・整理, 児玉英作述）〉①978-4-00-023056-8　Ⓝ219.7　［3600円］

日垣 隆〔1958～ 〕
◇ガッキィハンター日垣隆検証本　vol. 1　『そして殺人者は野に放たれる』の大研究　kafkaesque執筆・編集　増補改訂版　［出版地不明］　［kafkaesque］　2014.8　148p　26cm　〈文献あり〉Ⓝ289.1
◇ガッキィハンター日垣隆検証本　vol. 2　盗用篇　kafkaesque執筆・編集　［出版地不明］　［kafkaesque］　2014.12　56p　26cm　Ⓝ289.1

東吾妻町〔群馬県〕〔遺跡・遺物〕
◇下郷古墳群　群馬県埋蔵文化財調査事業団編　渋川　群馬県埋蔵文化財調査事業団　2014.8　140p　図版39p　30cm　（公益財団法人群馬県埋蔵文化財調査事業団調査報告書　第588集）〈（都）3.4.5原町駅南口線外1線社会資本整備総合交付金（活力基盤）に伴う埋蔵文化財発掘調査報告書　共同刊行：群馬県中之条土木事務所〉Ⓝ210.0254
◇松沢松下遺跡　東吾妻町（群馬）　群馬県吾妻郡東吾妻町教育委員会　2014.3　73p　図版16p　30cm　（東吾妻町埋蔵文化財発掘調査報告書　第22集）〈平成24・25年度農山漁村活性化プロジェクト支援交付金（農業基盤整備）松谷地区に伴う発掘調査報告書〉Ⓝ210.0254

東近江市〔遺跡・遺物〕
◇相谷熊原遺跡　1　滋賀県教育委員会事務局文化財保護課, 滋賀県文化財保護協会編　大津　滋賀県教育委員会事務局文化財保護課　2014.3　279p　図版［43］枚　30cm　（農地環境整備事業関係遺跡発掘調査報告書 1）〈東近江市永源寺相谷町所在　共同刊行：滋賀県文化財保護協会〉Ⓝ210.0254
◇蛭子田遺跡　1　本文編　滋賀県教育委員会事務局文化財保護課, 滋賀県文化財保護協会編　大津　滋賀県教育委員会事務局文化財保護課　2014.3　379p　図版2p　30cm　〈東近江市木村町所在　蒲生スマートインターチェンジ設置工事（NEXCO事業区域）に伴う発掘調査報告書　共同刊行：滋賀県文化財保護協会〉Ⓝ210.0254

◇蛭子田遺跡　1　写真図版編　滋賀県教育委員会事務局文化財保護課, 滋賀県文化財保護協会編　大津　滋賀県教育委員会事務局文化財保護課　2014.3　237p　30cm　〈東近江市木村町所在　蒲生スマートインターチェンジ設置工事（NEXCO事業区域）に伴う発掘調査報告書　共同刊行：滋賀県文化財保護協会〉Ⓝ210.0254
◇蛭子田遺跡　1　実測図版編　滋賀県教育委員会事務局文化財保護課, 滋賀県文化財保護協会編　大津　滋賀県教育委員会事務局文化財保護課　2014.3　1冊（ページ付なし）30cm　〈東近江市木村町所在　蒲生スマートインターチェンジ設置工事（NEXCO事業区域）に伴う発掘調査報告書　共同刊行：滋賀県文化財保護協会〉Ⓝ210.0254
◇蛭子田遺跡　2　滋賀県教育委員会事務局文化財保護課, 滋賀県文化財保護協会編　大津　滋賀県教育委員会事務局文化財保護課　2014.3　232p　図版［45］枚　30cm　〈文献あり　東近江市木村町所在　蒲生スマートインターチェンジ設置工事（県事業区域）に伴う発掘調査報告書　共同刊行：滋賀県文化財保護協会〉Ⓝ210.0254
◇上沢遺跡・浄土屋敷遺跡Ⅲ　滋賀県教育委員会事務局文化財保護課, 滋賀県文化財保護協会編　大津　滋賀県教育委員会事務局文化財保護課　2014.3　56p　図版47p　30cm　（ほ場整備関係（経営体育成基盤整備）遺跡発掘調査報告書 41-1）〈東近江市上平木町所在　共同刊行：滋賀県文化財保護協会〉Ⓝ210.0254
◇下羽田遺跡　滋賀県教育委員会事務局文化財保護課, 滋賀県文化財保護協会編　大津　滋賀県教育委員会事務局文化財保護課　2014.3　37p　図版36p　30cm　（ほ場整備関係（経営体育成基盤整備）遺跡発掘調査報告書 41-2）〈東近江市下羽田町所在　共同刊行：滋賀県文化財保護協会〉Ⓝ210.0254
◇辻岡山瓦窯跡　東近江市教育委員会, 東近江市埋蔵文化財センター, 滋賀大学考古学ゼミナール編　［東近江］　東近江市教育委員会　2014.3　109p　図版51p　30cm　（東近江市埋蔵文化財調査報告書　第24集）〈共同刊行：東近江市埋蔵文化財センターほか〉Ⓝ210.0254
◇東近江市埋蔵文化財調査報告書　第22集　東近江市教育委員会, 東近江市埋蔵文化財センター編　［東近江］　東近江市教育委員会　2014.3　113p　図版80p　30cm　〈共同刊行：東近江市埋蔵文化財センター　内容：市内遺跡の調査．平成22-25年度〉Ⓝ210.0254
◇東近江市埋蔵文化財調査報告書　第23集　東近江市教育委員会, 東近江市埋蔵文化財センター編　［東近江］　東近江市教育委員会　2014.3　27p　図版4p　30cm　〈共同刊行：東近江市埋蔵文化財センター　内容：青山城遺跡測量調査報告書　小倉城遺跡測量調査報告書　井元城遺跡測量調査報告書〉Ⓝ210.0254
◇東近江市埋蔵文化財調査報告書　第25集　東近江市教育委員会, 東近江市埋蔵文化財センター編　［東近江］　東近江市教育委員会　2014.3　47p　図版38p　30cm　〈共同刊行：東近江市埋蔵文化財センター　内容：中沢遺跡．23次　中沢遺跡．24次　市子遺跡〉Ⓝ210.0254

東近江市〔町屋―保存・修復〕
◇五個荘金堂まちなみ保存事業の歩み　2　東近江市教育委員会（文化課）　東近江　東近江市教育委員会　2014.3　92p　30cm　〈年表あり　芸術文化振興基金助成事業　奥付のタイトル：五個荘金堂まちなみ保存事業のあゆみ〉Ⓝ521.86

東近江市〔歴史〕
◇東近江市史能登川の歴史　第3巻　近代・現代編　東近江市史能登川の歴史編集委員会編　東近江　滋賀県東近江市　2014.7　611, 56p　27cm　〈文献あり〉Ⓝ216.1

東近江市〔歴史―史料―書目〕
◇下里町・西菩提寺町・南菩提寺町・横溝町・中岸本町・下岸本町・北清水町共有文書目録　東近江市教育委員会市史編纂室編　東近江　東近江市教育委員会市史編纂室　2014.10　177p　30cm　（東近江市湖東地区古文書調査報告書 4）Ⓝ216.1

東大宮七丁目自治会
◇絆―創立50周年記念誌：昭和38年（1963）－平成25年（2013）　さいたま　東大宮七丁目自治会　2014.3　128p　30cm　〈年表あり〉Ⓝ318.834

東かがわ市〔伝記〕
◇引田町人物史―主として明治まで　占部日出明編　東かがわ　占部日出明　2014.7　164p　30cm　〈文献あり　著作目録あり〉Ⓝ281.82

東神楽環境企業組合
◇みんなで守る社会環境―創業30年記念誌　東神楽町（北海道）　東神楽環境企業組合　2013.6　129p　30cm　〈年表あり〉Ⓝ518.52

東神楽町〔北海道〕〔行政〕
◇東神楽町総合計画―笑顔あふれる花のまち―みんなで築こう活力ある東神楽　第8次　平成25年度―平成36年度　東神楽町

まちづくり推進課編 ［東神楽町（北海道）］ 東神楽町
2013.8 150p 30cm Ⓝ318.214
◇東神楽町地区別まちづくり計画―笑顔あふれる花のまち―み
んなで築こう活力ある東神楽：平成26年度―平成36年度 東
神楽町まちづくり推進課編 東神楽町（北海道） 北海道東神楽
町まちづくり推進課 2014.8 169p 30cm Ⓝ318.214

東神楽町〔北海道〕（公民館）
◇開発特別講座記録集（東神楽町民講座） 第33回 2013年度
北海学園大学開発研究所編 札幌 北海学園大学開発研究所
2014.1 62p 30cm〈会期・会場：2013年10月23日―29日 東
神楽町総合福祉会館 共通テーマ：新たな公共によるこれか
らのまちづくり 内容：2013年10月23日（水） 住民自治のま
ちづくり（内田和浩述） 2013年10月25日（金） NPO等の新
たな公共の担い手との連携（樽見弘紀述） 2013年10月29日
（火） 個性豊かなまちづくりへ向けて（西村宣彦述） 討論
会： 2013年10月29日（火） 個性豊かなまちづくりへ向けて
（山本進ほか述）〉Ⓝ379.2

東久邇 稔彦〔1887～1990〕
◇不思議な宮さま―東久邇宮稔彦王の昭和史 浅見雅男著 文
藝春秋 2014.6 494p 16cm〈文春文庫 あ66-1〉〈文献あ
り〉①978-4-16-790129-5 Ⓝ288.44 ［920円］

東久留米市（遺跡・遺物）
◇向山遺跡 3-2 東久留米市埋蔵文化財調査団編 ［東久留米］
東久留米市教育委員会 2013.3 42p 30cm（東久留米市埋
蔵文化財調査報告 第39集）Ⓝ210.0254
◇六仙遺跡 6 東久留米市埋蔵文化財調査団編 ［東久留米］
東久留米市教育委員会 2014.3 40p 30cm（東久留米市埋
蔵文化財調査報告 第40集）〈東京都東久留米市六仙遺跡第Ⅵ
次調査区域発掘調査報告書〉Ⓝ210.0254

東久留米市（読書指導）
◇東久留米市子ども読書活動推進計画―人と出会い、本と出会
い、豊かな子ども時代を 第2次 ［東久留米］ 東久留米市子
ども読書活動推進計画検討委員会事務局 2014.4 18p
30cm Ⓝ019.2

東ドイツ →ドイツ民主共和国を見よ

東日本ハウス株式会社
◇不屈の経営―東証一部までの軌跡、そしてグループ売上高
1000億円へ東日本ハウスの新たな挑戦 東日本ハウス株式会
社著 アチーブメント出版 2014.12 219p 20cm〈年譜あ
り〉①978-4-905154-76-1 Ⓝ520.921 ［1500円］

東日本福祉経営サービス
◇（株）東日本福祉経営サービス不当解労拒否事件勝利報告集
新潟 新潟県労連ユニオン ［2014］ 171p 30cm〈年表あ
り タイトルは表題紙による〉Ⓝ366.66

東日本旅客鉄道株式会社
◇作為と虚偽―まかりとおる嘘つくし裁判 山田能臣著 ［東
京］ 東京図書出版 2014.3 241p 19cm〈リフレ出版（発
売）〉①978-4-86223-725-5 Ⓝ507.23 ［1300円］
◇JR中央線―街と駅の1世紀：JR中央線各駅今昔散歩大正・昭
和の街角を紹介 生田誠著 彩流社 2014.7 87p 26cm
〈懐かしい沿線写真で訪ねる〉〈年譜あり〉①978-4-7791-
2353-5 Ⓝ686.2136 ［1850円］
◇JR横浜線・根岸線―街と駅の1世紀：JR横浜線・根岸線各駅
今昔散歩明治・大正・昭和の街角を紹介 生田誠著 彩流社
2014.8 87p 26cm〈懐かしい沿線写真で訪ねる〉〈年譜あ
り〉①978-4-7791-2354-2 Ⓝ686.2137 ［1850円］

東日本旅客鉄道株式会社東京総合指令室
◇東京総合指令室―東京圏1400万人の足を支える指令員たち
川辺謙一著 交通新聞社 2014.10 187p 18cm（交通新聞
社新書 072）〈文献あり〉①978-4-330-50714-9 Ⓝ686.7
［800円］

東根市（祭礼）
◇ひがしねの祭り・行事 東根の歴史と民俗を探る会、生涯学習
東根地区民会議編 東根 東根の歴史と民俗を探る会 2013.
7 319p 22cm Ⓝ386.125

東根市（年中行事）
◇ひがしねの祭り・行事 東根の歴史と民俗を探る会、生涯学習
東根地区民会議編 東根 東根の歴史と民俗を探る会 2013.
7 319p 22cm Ⓝ386.125

東根市（農民一揆）
◇実録長瀞一揆 吉田達雄著 ［東根］ 東根文学会 2014.10
218p 19cm（ひがしね叢書 9）〈発行所：北の風出版〉
Ⓝ212.5 ［1500円］

東播磨港
◇東播磨港港湾計画書―軽易な変更 ［神戸］ 兵庫県 2013.11
5p 30cm〈折り込 1枚 付属資料：1枚：東播磨港港湾計画
図〉Ⓝ683.92164
◇東播磨港港湾計画資料―軽易な変更 ［神戸］ 兵庫県 2013.
11 7p 30cm Ⓝ683.92164

東広島郷土史研究会
◇歩みと回想―東広島郷土史研究会創立40周年記念誌 東広島郷
土史研究会創立40周年記念誌編集委員会編 ［東広島］ 東
広島郷土史研究会 2014.3 224p 30cm〈年表あり〉Ⓝ217.6

東広島市（衛生行政）
◇東広島市健康増進計画―いきいきヘルスプラン：元気発信・ひ
がしひろしま 第2次 東広島市福祉部健康増進課編 ［東広
島］ 東広島市 2014.3 78p 30cm Ⓝ498.1

東広島市（海洋汚染）
◇海域の物質循環健全化計画検討（統括検討）業務報告書 平成
25年度 ［東京］ いであ 2014.3 135, 122p 30cm〈平成
25年度環境省請負事業〉Ⓝ519.4
◇海域の物質循環健全化計画検討（三津湾地域検討）業務報告書
平成25年度 ［東京］ 三洋テクノマリン 2014.3 1冊
30cm〈平成25年度環境省請負事業〉Ⓝ519.4

東広島市（社会福祉）
◇東広島市地域福祉計画―地域でつむぐ絆と支え合い 第2次
東広島市福祉部社会福祉課編 東広島 東広島市福祉部社会
福祉課 2014.3 109p 30cm Ⓝ369.11

東広島市（防災計画）
◇東広島市地域防災計画 基本編・震災対策編 地震災害対策
計画・津波災害対策計画 東広島市防災会議編 ［東広島］
東広島市総務部危機管理課 2014.5 354p 30cm〈平成26年
5月修正〉Ⓝ369.3
◇東広島市地域防災計画 資料編 東広島市防災会議編 ［東広
島］ 東広島市総務部危機管理課 2014.5 435p 30cm〈平
成26年5月修正〉Ⓝ369.3

東広島市（歴史―写真集）
◇ふるさと東広島―保存版：東広島市40年のあゆみ 阿部英樹
監修 松本 郷土出版社 2014.8 230p 31cm〈市制施行40
周年記念決定版写真集〉①978-4-86375-216-0 Ⓝ217.6
［9250円］

東広島市（地誌）
◇奥松島物語―小野・野蒜・宮戸 創刊号 赤坂憲雄監修、西脇
千瀬責任編集 仙台 奥松島物語プロジェクト 2013.1 78p
21cm〈荒蝦夷（発売）〉①978-4-904863-26-8 Ⓝ291.23
［1000円］
◇奥松島物語―小野・野蒜・宮戸 第2号 赤坂憲雄監修、西脇
千瀬責任編集 仙台 奥松島物語プロジェクト 2014.3 79p
21cm〈荒蝦夷（発売）〉①978-4-904863-38-1 Ⓝ291.23
［1000円］

東松島市（被災者支援）
◇笑顔から輝きへ―東松島は立志する ［大崎］ LEAF26
［2014］ 66p 30cm〈独立行政法人福祉医療機構社会福祉振
興助成事業〉Ⓝ369.31

東松島市社会福祉協議会
◇伝承―2011.3.11東日本大震災の被災者支援活動：3年を振り
返って 東松島市社会福祉協議会記録集編集委員会企画・編
集 東松島 東松島市社会福祉協議会 2014.7 89p 30cm
Ⓝ369.14

東松山市（平和教育）
◇花とウォーキングのまちの平和賞入選作品集（作文・絵画） 第
16回 ［東松山市］ 総務部総務課編 ［東松山］ 東松山市
2014.1 64p 30cm〈表紙のタイトル：第16回花とウォーキ
ングのまちの平和賞〉Ⓝ375

東三河地方
◇戦国時代の東三河―牧野氏と戸田氏 山田邦明著 名古屋
あるむ 2014.3 106p 21cm（愛知大学総合郷土研究所
ブックレット 23）〈文献あり〉①978-4-86333-082-5 Ⓝ215.
5 ［1000円］

東村〔沖縄県〕（写真集）
◇沖縄・高江やんばるで生きる 森住卓写真 高文研 2014.4
138p 15×21cm ①978-4-87498-542-7 Ⓝ291.99 ［2000
円］

東村〔沖縄県〕（風俗・習慣）
◇みんぞく 第25号 東村・平良調査報告書 1 沖縄国際大学
アジア文化人類学ゼミ編 宜野湾 沖縄国際大学総合文化学
部社会文化学科アジア文化人類学ゼミ 2013.3 253p 30cm
〈年表あり〉Ⓝ382.199

東村山市〔行政〕

◇子ども議会会議録　〔東村山〕　東村山市議会　〔2014〕　92p　30cm　〈会期：平成26年7月29日　東村山市市制施行50周年記念〉　Ⓝ318.2365

東山 魁夷〔1908～1999〕

◇巨匠の眼―川端康成と東山魁夷　川端香男里, 東山すみ, 斉藤進監修, 水原園博編纂・執筆　求龍堂　2014.4　476p　21cm　〈作品目録あり〉　Ⓘ978-4-7630-1426-9　Ⓝ910.268　〔2700円〕

◇東山魁夷―ふたつの世界, ひとすじの道　寄川条路著　京都　ナカニシヤ出版　2014.5　107p　20cm　〈文献あり　年譜あり〉　Ⓘ978-4-7795-0842-4　Ⓝ721.9　〔1700円〕

東大和市〔歴史―史料〕

◇里正日誌　第8巻　〔東大和〕　東大和市教育委員会　2014.3　421p　22cm　〈内容：万延元年―文久3年〉　Ⓝ213.65

ピカソ, P.〔1881～1973〕

◇ピカソ思考―破天荒で独創的な人生を生きるための52のレッスン　小川仁志〔著〕　ディスカヴァー・トゥエンティワン　2014.7　253p　19cm　〈文献あり　背・表紙のタイトル：哲学×ピカソ＝ピカソ思考〉　Ⓘ978-4-7993-1524-8　Ⓝ159　〔1500円〕

光が丘公園

◇光が丘公園　山下博史著　東京都公園協会　2014.8　146p　18cm　（東京公園文庫 52）〈年表あり〉　Ⓝ629.41361　〔1080円〕

光市〔写真集〕

◇周南・下松・光の昭和―写真アルバム　名古屋　樹林舎　2014.7　262p　図版16p　31cm　〈年表あり〉　Ⓘ978-4-902731-66-8　Ⓝ217.7　〔9250円〕

光市医師会

◇創立七十周年記念誌　〔光〕　光市医師会　2014.5　275p　31cm　〈年表あり〉　Ⓝ490.6

ヴィガレロ, G.〔1941～ 〕

◇身体はどう変わってきたか―16世紀から現代まで　アラン・コルバン, 小倉孝誠, 鷲見洋一, 岑村傑著　藤原書店　2014.12　310p　20cm　〈文献あり　内容：『身体の歴史』とは何か（アラン・コルバン述, 小倉孝誠訳）「からだ」と「こころ」の狭間で（鷲見洋一著）　感覚の主体, 幻想の対象（小倉孝誠著）　あざなえる視線（岑村傑著）　アンシアン・レジーム期の身体とその表象（鷲見洋一著）　幸福な身体のために（小倉孝誠著）　二十世紀の文学と身体（岑村傑著）〉　Ⓘ978-4-89434-999-5　Ⓝ230.5　〔2600円〕

氷川下セツルメント

◇氷川下セツルメント史―半世紀にわたる活動の記録　氷川下セツルメント史編纂委員会編　エイデル研究所　2014.3　372, 126p　22cm　〈年譜あり〉　Ⓘ978-4-87168-538-2　Ⓝ369.7　〔3500円〕

氷川町〔熊本県〕〔遺跡・遺物〕

◇段横穴群　氷川町教育委員会, 九州文化財研究所編　氷川町（熊本県）　氷川町教育委員会　2014.3　118p　図版36p　30cm　〈文献あり　内容：『氷川町文化財調査報告書 第3集』町道吉本本山線道路改良工事に伴う埋蔵文化財発掘調査〉　Ⓝ210.0254

◇四ツ江遺跡　氷川町教育委員会監修, 九州文化財研究所編　氷川町（熊本県）　氷川町教育委員会　2014.3　50p　図版〔6〕枚　30cm　〈氷川町文化財調査報告書 第4集〉〈町道吉本本山線道路改良工事に伴う埋蔵文化財発掘調査〉　Ⓝ210.0254

斐川町〔島根県〕〔遺跡・遺物〕

◇『荒神谷遺跡』解読　風野ひとし著　境港　実験思考倶楽部　2014.7　191p　21cm　Ⓘ978-4-9907978-0-5　Ⓝ217.3

ピクサー・アニメーション・スタジオ

◇ピクサー流創造するちから―小さな可能性から, 大きな価値を生み出す方法　エド・キャットムル, エイミー・ワラス著, 石原薫訳　ダイヤモンド社　2014.10　413p　19cm　Ⓘ978-4-478-01638-1　Ⓝ778.77　〔1800円〕

樋口 季一郎〔1888～1970〕

◇ユダヤ難民を救った男樋口季一郎・伝　木内は壽著　アジア文化社文芸思潮出版部　2014.6　195p　19cm　Ⓘ978-4-902985-66-5　Ⓝ289.1　〔1400円〕

樋口 享子〔1958～1981〕

◇愛しき妹へのレクイエム　樋口智子著　日本文学館　2014.7　52p　22cm　〈文献あり〉　Ⓘ978-4-7765-3857-8　Ⓝ289.1　〔1000円〕

樋口 行雄〔1928～ 〕

◇「定価」と戦った男―酒DS「河内屋」奮闘記　樋口行雄著　オルタナ　2013.8　247p　20cm　〈ウィズワークス（発売）年譜あり〉　Ⓘ978-4-904899-40-3　Ⓝ289.1　〔1800円〕

ヴィクトリア女王〔1819～1901〕

◇ヴィクトリア女王の王室―側近と使用人が語る大英帝国の象徴の真実　ケイト・ハバード著, 橋本光彦訳　原書房　2014.11　466,3p　20cm　〈文献あり〉　Ⓘ978-4-562-05113-7　Ⓝ288.4933　〔2800円〕

ヴィクトリアズ・シークレット

◇『ヴィクトリアズ・シークレット』が全米の女性に愛されるワケ　杉本有造, ジョセフ・ガブリエラ, 菅野広恵, 北川泉著　我龍社　2014.2　159p　21cm　〈文献あり〉　Ⓘ978-4-905006-06-0　Ⓝ589.22　〔1800円〕

B倉 八兵衛〔1961～2014〕

◇オレと医療の半生記　B倉八兵衛著　文芸社　2014.12　161p　19cm　Ⓘ978-4-286-15667-5　Ⓝ289.1　〔1200円〕

髭

◇素敵な闇―髭〔HiGE〕10th Anniversary Book　ロックスエンタテインメント合同会社編集　大阪　ロックスエンタテインメント　2014.10　130p　21cm　〈シンコーミュージック・エンタテイメント（発売）〉　Ⓘ978-4-401-76159-3　Ⓝ767.8　〔2500円〕

ピケティ, T.〔1971～ 〕

◇『21世紀の資本論』の問題点　苫米地英人著　サイゾー　2014.12　77p　21cm　Ⓘ978-4-904209-65-3　Ⓝ331.82　〔600円〕

◇日本人のためのピケティ入門―60分でわかる『21世紀の資本』のポイント　池田信夫著　東洋経済新報社　2014.12　77p　21cm　Ⓘ978-4-492-44414-6　Ⓝ331.82　〔800円〕

◇ピケティ入門―『21世紀の資本』の読み方　竹信三恵子著　金曜日　2014.12　127p　19cm　Ⓘ978-4-86572-000-6　Ⓝ331.82　〔1200円〕

ビゴー, G.〔1860～1927〕

◇ビゴーを読む―明治レアリスム版画200点の世界　清水勲編著　京都　臨川書店　2014.4　366p　22cm　〈文献あり　年表あり〉　Ⓘ978-4-653-04086-6　Ⓝ723.35　〔4500円〕

ヴィゴツキー, L.S.〔1896～1934〕

◇遊ぶヴィゴツキー―生成の心理学へ　ロイス・ホルツマン著, 茂呂雄二訳　新曜社　2014.9　182,36p　19cm　〈文献あり　索引あり〉　Ⓘ978-4-7885-1408-9　Ⓝ140.1　〔2200円〕

◇ヴィゴーツキー理論の神髄―なぜ文化―歴史的理論なのか　中村和夫著　福村出版　2014.3　165p　21cm　〈索引あり〉　Ⓘ978-4-571-23052-3　Ⓝ140.1　〔2200円〕

彦根市〔遺跡・遺物〕

◇竹ヶ鼻廃寺遺跡　7　彦根市教育委員会文化財編　彦根　彦根市教育委員会文化財　2013.3　23p　図版3p　30cm　（彦根市埋蔵文化財調査報告書 第54集）〈宅地造成工事に伴う埋蔵文化財発掘調査事業〉　Ⓝ210.0254

◇琵琶湖東部の湖底・湖岸遺跡　第1分冊　本文編　滋賀県教育委員会事務局文化財保護課, 滋賀県文化財保護協会編　大津　滋賀県教育委員会事務局文化財保護課　2014.3　329p　30cm　（琵琶湖開発事業関連埋蔵文化財発掘調査報告書 14）〈年表あり　共同刊行：滋賀県文化財保護協会　内容：長命寺湖底遺跡　長命寺遺跡　大房遺跡　牧湖岸遺跡　岡山城遺跡　多景島遺跡〉　Ⓝ210.0254

◇琵琶湖東部の湖底・湖岸遺跡　第2分冊　写真図版編　滋賀県教育委員会事務局文化財保護課, 滋賀県文化財保護協会編　大津　滋賀県教育委員会事務局文化財保護課　2014.3　8, 229p　30cm　（琵琶湖開発事業関連埋蔵文化財発掘調査報告書 14）〈共同刊行：滋賀県文化財保護協会　内容：長命寺湖底遺跡　長命寺遺跡　大房遺跡　牧湖岸遺跡　岡山城遺跡　多景島遺跡〉　Ⓝ210.0254

◇藤丸遺跡　3　彦根市教育委員会文化財課編　彦根　彦根市教育委員会文化財課　2013.3　16p　図版5p　30cm　（彦根市埋蔵文化財調査報告書 第53集）〈宅地造成工事に伴う発掘調査〉　Ⓝ210.0254

彦根市〔騒音〔鉄道〕〕

◇新幹線鉄道騒音および社会反応調査委託業務結果報告書　平成25年度　〔彦根〕　彦根市　2014.3　1冊　31cm　〈ルーズリーフ〉　Ⓝ519.6

彦根市〔長屋門―保存・修復〕

◇彦根市指定文化財旧池田屋敷長屋門保存修理工事報告書　彦根市教育委員会文化財部文化財課編　彦根　彦根市教育委員会文化財部文化財課　2013.3　144p　30cm　〈年表あり〉　Ⓝ521.86

彦根市〔歴史〕

◇マンガ彦根の歴史―日本語版　小島瑛由マンガ作品, 京都精華大学事業推進室編　彦根　彦根市教育委員会文化財部文化財課　2013.12　69p　21cm　Ⓝ216.1

彦根城
◇彦根城—彦根城関連資料集成　彦根市教育委員会文化財部文化財課編　彦根　彦根市教育委員会文化財部文化財課　2014.3　274p　31cm〈年表あり〉Ⓝ521.823

久岡 史明〔1986～ 〕
◇生きる！ それでも生きる！—ハローワークと自宅の往復で障害者になった若者　久岡史明著　高知　南の風社　2014.6　225p　21cm①978-4-86202-071-0　Ⓝ289.1　[1600円]

久賀島
◇潮鳴り遥か—五島・久賀島物語　内海紀雄著　福岡　梓書院　2014.12　397p　21cm①978-4-87035-540-8　Ⓝ219.3　[1667円]

久野 カズヱ〔1932～ 〕
◇忘れ得ずして　久野カズヱ著　大阪　パレード　2014.1　73p　19cm　(Parade books)①978-4-86522-008-7　Ⓝ289.1

久山町（福岡県）（遺跡・遺物）
◇小田遺跡—福岡県糟屋郡久山町所在遺跡の発掘調査報告書　久山町（福岡県）久山町教育委員会　2014.3　20p　図版11p　30cm　(久山町文化財調査報告 第18集)Ⓝ210.0254

ピサロ, C.〔1830～1903〕
◇ピサロ—永遠の印象派　クレール・デュラン＝リュエル・スノレール著, 藤田治彦監修, 遠藤ゆかり訳　大阪　創元社　2014.8　142p　18cm　(「知の再発見」双書 165)〈文献あり 年譜あり 索引あり〉①978-4-422-21225-8　Ⓝ723.35　[1600円]

ビザンチン帝国
◇ビザンツ世界論—ビザンツの千年　H.-G. ベック著, 戸田聡訳　知泉書館　2014.3　561, 39p　22cm〈文献あり〉①978-4-86285-182-6　Ⓝ209.4　[9000円]

土方 巽〔1928～1986〕
◇土方巽—肉体の舞踏誌：写真集　森下隆編著　勉誠出版　2014.10　332p　20cm〈年譜あり〉①978-4-585-27020-1　Ⓝ769.1　[3500円]

土方 歳三〔1835～1869〕
◇土方歳三最後の戦い—北海道199日　好川之範著　札幌　北海道新聞社　2014.10　325p　19cm〈文献あり 年表あり〉①978-4-89453-755-2　Ⓝ289.1　[1700円]

土方 久功〔1900～1977〕
◇土方久功日記　5　土方久功著, 須藤健一, 清水久夫編　吹田　人間文化研究機構国立民族学博物館　2014.12　611p　26cm　(国立民族学博物館調査報告 124)①978-4-906962-27-3　Ⓝ712.1

土方 与志〔1898～1959〕
◇評伝演出家土方与志　津上忠著　新日本出版社　2014.5　252p　20cm〈年譜あり〉①978-4-406-05793-6　Ⓝ772.1　[2400円]

菱田 雄介
◇2011　菱田雄介著　VNC　2014.3　629p　図版32p　19cm〈星雲社（発売）〉①978-4-434-18938-8　Ⓝ740.21　[2800円]

日出町（大分県）（庭園）
◇日出町有形文化財的山荘附日本庭園調査報告書　日出町教育委員会　日出町（大分県）日出町教育委員会　2013.3　130p　30cm　(日出町文化財報告書 第5集)〈折り込 1枚〉Ⓝ629.21

非常階段
◇非常階段ファイル　JOJO広重著　K&Bパブリッシャーズ　2013.8　363p　21cm〈作品目録あり 年譜あり〉①978-4-902800-40-1　Ⓝ767.8　[3000円]

備前市（近代化遺産）
◇備前の近代歴史遺産　木下耕二著　[備前]　[木下耕二]　2014.3　45p　30cm Ⓝ709.175

備前市（植物）
◇備前市植物目録　狩山俊悟, 小畠裕子, 木下延子, 田淵正和, 溝手啓子, 片山久, 裾分由美子, 藤野睦子, 一色昌子, 榎本敬編　備前　備前市教育委員会生涯学習課文化係　2013.3　122p　30cm Ⓝ472.175
◇備前市植物目録　狩山俊悟, 小畠裕子, 木下延子, 田淵正和, 溝手啓子, 片山久, 裾分由美子, 藤野睦子, 一色昌子, 榎本敬編　倉敷　岡山県植物誌研究会　2013.12　122p　30cm Ⓝ472.175

備前市（文化財保護）
◇備前市歴史文化基本構想　備前市教育委員会生涯学習課文化係編　備前　備前市教育委員会生涯学習課文化係　2014.3　74p　30cm〈年表あり〉Ⓝ709.175

日高川町（和歌山県）（仏像—図集）
◇道成寺の仏たちと「縁起絵巻」—古寺巡礼　伊東史朗編　[日高川町（和歌山県）]　道成寺　2014.9　95p　30cm〈東京美

術（発売）文献あり 年表あり〉①978-4-8087-1010-1　Ⓝ718.3　[2000円]

日高市（遺跡・遺物）
◇北ノ原—1次調査, 西佛—2・3次調査, 森ノ腰—2次調査　日高市教育委員会編　日高　日高市教育委員会　2013.3　48p　図版20p　30cm　(日高市埋蔵文化財調査報告書 第34集)Ⓝ210.0254
◇高麗石器時代住居跡遺跡—確認調査報告書　日高市教育委員会編　日高　日高市教育委員会　2014.3　48p　図版[7] 枚　30cm　(日高市埋蔵文化財調査報告書 第35集)Ⓝ210.0254

日高市（公共施設）
◇将来推計と市民ニーズを踏まえた公共施設管理に関する調査研究　平成25年度　日高　日高市企画財政部企画課　2014.3　167p　30cm〈共同刊行：地方自治研究機構〉Ⓝ334.3134

日高市（人口）
◇将来推計と市民ニーズを踏まえた公共施設管理に関する調査研究　平成25年度　日高　日高市企画財政部企画課　2014.3　167p　30cm〈共同刊行：地方自治研究機構〉Ⓝ334.3134

日高村（高知県）（仏像）
◇私のメモ帳—私家版　第9　前田和男著　高知　前田和男　2014.8　326, 2p　26cm Ⓝ718.3

飛騨山脈
◇山と人北アルプスと人とのかかわり—市立大町山岳博物館常設展「北アルプスの自然と人」：人文科学系展示解説書　市立大町山岳博物館編　大町　市立大町山岳博物館　2014.3　186p　30cm〈年表あり 文献あり〉Ⓝ291.52

飛騨山脈（登山）
◇定本黒部の山賊—アルプスの怪　伊藤正一著　山と渓谷社　2014.3　221p　19cm〈「黒部の山賊」（ブルーガイドセンター1994年刊）の改題、加筆・訂正〉①978-4-635-04768-5　Ⓝ291.5　[1200円]

日田市（遺跡・遺物）
◇朝日の遺跡　2　日田市教育庁文化財保護課編　日田　日田市教育委員会　2014.3　31p　図版[10] 枚　30cm　(日田市埋蔵文化財調査報告書 第111集)〈内容：鍛冶屋廻り遺跡2次・本村遺跡5次の調査〉Ⓝ210.0254
◇慈眼山遺跡　10次　日田市教育庁文化財保護課編　日田　日田市教育委員会　2014.3　12p　図版3p　30cm　(日田市埋蔵文化財調査報告書 第113集)Ⓝ210.0254
◇赤迫遺跡G区元宮遺跡1・2・6次　日田市教育庁文化財保護課編　日田　日田市教育委員会　2014.3　51p　30cm　(日田市埋蔵文化財調査報告書 第114集)Ⓝ210.0254
◇長迫遺跡B地点　日田市教育庁文化財保護課編　日田　日田市教育委員会　2014.3　53p　図版18p　30cm　(日田市埋蔵文化財調査報告書 第115集)Ⓝ210.0254
◇吹上　6　日田　日田市教育委員会　2014.3　99p　30cm　(日田市埋蔵文化財調査報告書 第112集)〈内容：自然科学分析調査の記録・調査の総括〉Ⓝ210.0254

日田市（歴史）
◇日田市七十年史　日田市七十年史編纂委員会編　日田　日田市　2013.12　1017p　図版[24] 枚　25cm〈年表あり〉Ⓝ219.5

飛騨市（遺跡・遺物）
◇黒内細野遺跡　玉川文化財研究所編著　飛騨　飛騨市教育委員会　2014.12　111p　図版43p　30cm　(飛騨市文化財調査報告書 第8集)Ⓝ210.0254

飛騨市（交通—歴史）
◇神岡の街道　5　信濃街道（旧阿曽布村筋）ふるさと神岡を語る会編　[飛騨]　ふるさと神岡を語る会　2014.3　108p　26cm　(ふるさと調べ 第19集)Ⓝ682.153

常陸太田市（遺跡・遺物）
◇国指定史跡水戸徳川家墓所試掘確認調査報告書　第2集　常陸太田市教育委員会編　常陸太田　常陸太田市教育委員会　2014.3　19p　30cm Ⓝ210.0254

常陸太田市（高齢者）
◇茨城県常陸太田市里美地区における老年期の家族と地域ネットワークに関する研究　水嶋陽子編　水戸　常磐大学人間科学部現代社会学科　2013.3　80p　30cm　(フィールドワーク報告書 第28集（2012年度）)〈文献あり〉Ⓝ367.7

常陸太田市（産業—歴史）
◇前島平と七人組—常陸太田英傑列伝　先﨑千尋著　水戸　茨城新聞社　2014.7　249p　21cm〈文献あり 折り込 2枚〉①978-4-87273-288-7　Ⓝ602.131　[1500円]

常陸太田市（地域社会）
◇茨城県常陸太田市里美地区における老年期の家族と地域ネットワークに関する研究　水嶋陽子編　水戸　常磐大学人間科

学部現代社会学科　2013.3　80p　30cm　〈フィールドワーク報告書 第28集（2012年度）〉〈文献あり〉Ⓝ367.7

常陸太田市（伝記）

◇前島平と七人組―常陸太田英傑列伝　先﨑千尋著　水戸　茨城新聞社　2014.7　249p　21cm〈文献あり　折り込 2枚〉①978-4-87273-288-7　Ⓝ602.131　［1500円］

常陸太田市立小里小学校

◇小里の子―小里小学校閉校記念誌　［常陸太田］　小里小学校閉校記念事業実行委員会　2014.7　165p　30cm〈年表あり　共同刊行：常陸太田市立小里小学校〉Ⓝ376.28

常陸大宮市（遺跡・遺物）

◇石讃台遺跡　小川和博、大渕淳志、遠藤啓子、大渕由紀子、後藤俊一著、常陸大宮市教育委員会、日考研茨城編　常陸大宮　常陸大宮市教育委員会　2013.3　51p 図版 18p　30cm　〈茨城県常陸大宮市埋蔵文化財調査報告書 第14集〉〈宅地造成に伴う埋蔵文化財発掘調査〉Ⓝ210.0254

◇泉坂下遺跡　2　後藤俊一、萩野谷悟、中林香澄著、常陸大宮市教育委員会編　常陸大宮　常陸大宮市教育委員会　2013.7　142p 図版 ［21］枚　30cm　〈茨城県常陸大宮市埋蔵文化財調査報告書 第16集〉〈保存整備事業に伴う第1次確認調査報告〉Ⓝ210.0254

◇滝ノ上遺跡　1　髙橋清文、淺間陽、土井道昭、後藤俊一編著、毛野考古学研究所編　常陸大宮　常陸大宮市教育委員会　2014.12　228p 図版 ［45］枚　30cm　〈茨城県常陸大宮市埋蔵文化財調査報告書 第19集〉Ⓝ210.0254

◇常陸大宮ふるさと見て歩き　常陸大宮市歴史民俗資料館編　［常陸大宮］　常陸大宮市教育委員会　2014.3　198p　21cm　Ⓝ709.131

◇山根遺跡　三輪孝幸、後藤俊一著，日本窯業史研究所編　常陸大宮　常陸大宮市教育委員会　2014.3　28p 図版 6p　30cm　〈茨城県常陸大宮市埋蔵文化財調査報告書 第20集〉〈特別高圧架空送電線鉄塔新設事業に伴う埋蔵文化財発掘調査報告〉Ⓝ210.0254

常陸大宮市（文化財）

◇常陸大宮ふるさと見て歩き　常陸大宮市歴史民俗資料館編　［常陸大宮］　常陸大宮市教育委員会　2014.3　198p　21cm　Ⓝ709.131

常陸大宮市（歴史―史料）

◇常陸大宮市近世史料集　4（美和地域編 4）　髙部大森良英家文書　2　常陸大宮市歴史民俗資料館編　［常陸大宮］　常陸大宮市教育委員会　2014.3　4, 229p　30cm　Ⓝ213.1

日立市（遺跡・遺物）

◇長者山遺跡―藻島駅家推定遺跡平成25年度発掘調査概報　日立市郷土博物館編　日立　日立市教育委員会　2014.3　27p　30cm　〈日立市文化財調査報告 第99集〉Ⓝ210.0254

日立市（歴史）

◇南高野町郷土史―日立市　南高野町郷土を語る会編　［日立］　［南高野町郷土を語る会］　2014.7　116p　21cm〈年表あり〉Ⓝ213.1　［500円］

日立市天気相談所

◇日立市天気相談所60年のあゆみ　富岡啓行、菊池岳雄、日立市天気相談所編集・執筆　日立　日立市生活環境部天気相談所　2014.8　71p　30cm〈年表あり〉Ⓝ451.2

日立製作所

◇異端児たちの決断―日立製作所川村改革の2000日　小板橋太郎著　［東京］　日経BP社　2014.8　271p　19cm〈日経BPマーケティング（発売）〉①978-4-8222-7789-5　Ⓝ542.09　［1500円］

◇図解日立製作所一変革を進める日本唯一のコングロマリット　明豊著　第3版　日刊工業新聞社　2014.8　157p　21cm　（B&Tブックス）〈索引あり〉①978-4-526-07285-7　Ⓝ542.09　［1400円］

ひたちなか市（遺跡・遺物）

◇ひたちなか市内遺跡発掘調査報告書　平成25年度　ひたちなか市生活・文化・スポーツ公社編　ひたちなか　ひたちなか市教育委員会　2014.3　56p 図版 4p　30cm〈共同刊行：ひたちなか市生活・文化・スポーツ公社　内容：試掘調査 磯崎東古墳群. 第10次調査 老ノ塚遺跡. 第2次調査 柴田遺跡. 第3次調査 雷遺跡. 第1・2・3次調査 高野富士山遺跡. 第7次調査 岡田遺跡. 第24次調査 西中島遺跡. 第4次調査 堀口遺跡. 第13・14次調査 市毛上坪遺跡. 第13次調査 枯松戸遺跡. 第3次調査 本調査 三反田蜆塚遺跡. 第6次調査 西中島遺跡. 第5次調査〉Ⓝ210.0254

ひたちなか市（災害復興）

◇3・11東日本大震災ひたちなか市の記録―市民力と共に乗り越えた大震災　ひたちなか市市民生活部生活安全課企画・編集　ひたちなか　茨城県ひたちなか市　2013.3　79p　30cm　Ⓝ369.31

ひたちなか市（住宅建築―保存・修復）

◇水戸藩別邸湊御殿賓賓閣―復元へ向けての調査報告書　賓賓閣復元研究会編　ひたちなか　みなと新聞社　2013.3　137p　30cm〈文献あり　（財）いばらき文化振興財団助成事業　折り込 2枚〉Ⓝ521.85

ひたちなか市（被災者支援）

◇3・11東日本大震災ひたちなか市の記録―市民力と共に乗り越えた大震災　ひたちなか市市民生活部生活安全課企画・編集　ひたちなか　茨城県ひたちなか市　2013.3　79p　30cm　Ⓝ369.31

日立ライフ

◇日立ライフ75年史　日立ライフ75年史編纂委員会編　日立　日立ライフ　2014.1　285p　31cm〈年表あり〉Ⓝ673.99

B.I.G. JOE

◇監獄ラッパー　B.I.G.JOE著　新潮社　2014.8　264p　16cm　（新潮文庫 ひ-37-1）〈作品目録あり　「監獄ラッパーB.I.G.JOE」（リットーミュージック 2011年刊）の改題〉①978-4-10-126081-5　Ⓝ767.8　［520円］

ぴっころ

◇ぴっころ流ともに暮らすためのレッスン―対人援助にまつわる関係性とバランス　安井愛美著　仙台　全国コミュニティライフサポートセンター　2014.2　191p　19cm　①978-4-904874-20-2　Ⓝ369.28　［1600円］

尾藤 二洲〔1745～1813〕

◇尾藤二洲―寛政の三博士：没後二百年祭記念誌　尾藤二洲没後二百年祭実行委員会編　四国中央　尾藤二洲顕彰会事務局　2013.12　84p　30cm〈年譜あり　年表あり　標題紙・奥付のタイトル：尾藤二洲没後二百年記念誌〉Ⓝ121.54

ビートたけし〔1947～〕

◇たけし金言集―あるいは資料として現代北野武秘語録　アル北郷著　徳間書店　2014.5　223p　18cm　①978-4-19-863798-9　Ⓝ779.9　［1000円］

◇ビートたけしの「暴言力」　鈴木文弥著　双葉社　2014.10　207p　18cm　（双葉新書 099）〈文献あり〉①978-4-575-15450-4　Ⓝ779.9　［810円］

一橋大学

◇歴史が面白くなるディープな戦後史　相澤理著　KADOKAWA　2014.1　239p　18cm　①978-4-04-600166-5　Ⓝ210.76　［1000円］

一柳 満喜子〔1884～1969〕

◇目標は高く希望は大きく―ヴォーリズ先生ご夫妻に育てられて　安藤清著　彦根　サンライズ出版　2014.5　149p　19cm　（別冊淡海文庫 21）〈年譜あり〉①978-4-88325-176-6　Ⓝ289.3　［1600円］

人と防災未来センター

◇阪神・淡路大震災記念人と防災未来センター10周年記念誌　阪神・淡路大震災記念人と防災未来センター編　神戸　阪神・淡路大震災記念人と防災未来センター　2014.3　215p　30cm〈年表あり〉Ⓝ519.9

◇阪神・淡路大震災記念人と防災未来センター10周年記念誌 別冊　神戸　阪神・淡路大震災記念人と防災未来センター　2014.3　16p　30cm　Ⓝ519.9

人見 勝太郎〔1843～1922〕

◇人見寧履歴書―遊撃隊・人見勝太郎の生涯　桐山千佳［著］　［出版地不明］　［桐山千佳］　2014.11　282p　21cm〈年譜あり〉Ⓝ289.1

人吉市（歴史―史料）

◇御当家聞書　人吉市教育委員会（教育部歴史遺産課）編　人吉　人吉市教育委員会　2014.5　86p　30cm　（人吉史料叢書 第1巻）〈年譜あり〉Ⓝ219.4

ヒトラー, A.〔1889～1945〕

◇悪の出世学―ヒトラー、スターリン、毛沢東　中川右介著　幻冬舎　2014.3　276p　18cm　（幻冬舎新書 な-1-10）〈文献あり〉①978-4-344-98342-7　Ⓝ280.4　［840円］

◇眠れなくなるほど面白いヒトラーの真実　日本文芸社　2014.1　159p　18cm　（日文PLUS）〈文献あり〉①978-4-537-26070-0　Ⓝ289.3　［571円］

◇ヒトラー演説―熱狂の真実　高田博行著　中央公論新社　2014.6　286p　18cm　（中公新書 2272）〈文献あり　年表あり〉①978-4-12-102272-1　Ⓝ234.07　［880円］

◇ヒトラーと第三帝国—なぜ国民はこの男を選んでしまったのか!?：オールカラー決定版　歴史群像編集部編　学研パブリッシング　2014.12　125p　21cm〈学研マーケティング（発売）「ヒトラーと第三帝国の真実」(2013年刊）と「ヒトラーと第二次大戦の真実」(2013年刊）のからの抜粋、加筆、再構成〉①978-4-05-406193-4　Ⓝ234.074　[560円]

◇ヒトラーとナチスのすべて　毒島刀也,田中健介,仲田裕之著　電波実験社　2014.8　182p　21cm　①978-4-86490-019-5　Ⓝ234.074　[1500円]

◇ヒトラーランド—ナチの台頭を目撃した人々　アンドリュー・ナゴルスキ著,北村京子訳　作品社　2014.12　526p　20cm〈文献あり〉①978-4-86182-510-1　Ⓝ234.072　[2800円]

◇ヒトラーはなぜユダヤ人を憎悪したか—『わが闘争』と『アンネの日記』　林順治著　彩流社　2014.11　244p　20cm〈文献あり〉①978-4-7791-2060-2　Ⓝ234.074　[2700円]

ビートルズ
◇今夜も君はビートルズ！　広瀬隆,後藤克幸著　名古屋　ゆいぽおと　2014.10　166p　19cm〈KTC中央出版（発売）文献あり　索引あり〉①978-4-87758-449-8　Ⓝ767.8　[1200円]

◇ザ・ビートルズ解散の真実　ピーター・ドゲット著,奥田祐士訳　イースト・プレス　2014.12　558p　22cm〈文献あり　年表あり〉①978-4-7816-1272-0　Ⓝ767.8　[3500円]

◇ザ・ビートルズBBCアーカイブズ1962-1970　ケヴィン・ハウレット著,山川真理,吉野由樹,松田ようこ訳,広田寛治監修　河出書房新社　2014.5　335p　28×28cm〈文献あり　作品目録あり　索引あり〉①978-4-309-27483-6　Ⓝ767.8　[12800円]

◇Beatles gear—写真でたどるビートルズと楽器・機材の物語1956〜1970　アンディ・バビアック著, Tony Bacon[編],ザ・ビートルズ・クラブ翻訳・監修　新装・改訂版　[東京]　DU BOOKS　2014.5　259p　31cm〈ディスクユニオン（発売）文献あり　索引あり　初版：リットーミュージック2002年刊　標題紙のタイトル関連情報（誤植）：写真でたどるビートルズと楽器・機材の物語1957〜1970〉①978-4-925064-97-2　Ⓝ767.8　[5300円]

◇ビートルズの真実　里中哲彦,遠山修司著　中央公論新社　2014.12　573p　16cm　（中公文庫 さ68-1)〈文献あり　作品目録あり〉①978-4-12-206056-2　Ⓝ767.8　[1200円]

◇リアルタイムのビートルズ—初代ビートルマニアックの60年代回想録　秋山直樹著　名古屋　ブイツーソリューション　2014.7　175p　21cm〈星雲社（発売）文献あり　索引あり〉①978-4-434-19370-5　Ⓝ767.8　[1900円]

日向 優莉
◇鬱の私の数奇な運命—彼の一言に救われて　日向優莉著　文芸社　2014.1　92p　15cm　①978-4-286-14524-2　Ⓝ289.1　[500円]

火野 葦平〔1907〜1960〕
◇1955年「アジア諸国会議」とその周辺—火野葦平インド紀行　増田周子著　吹田　関西大学東西学術研究所　2014.5　280p　22cm　（関西大学東西学術研究所研究叢書 48)〈索引あり　発行所：関西大学出版部〉①978-4-87354-584-4　Ⓝ910.268　[3000円]

日野郡〔鳥取県〕（歴史）
◇伯耆の日野郡と奥日野—『鵜池畜鯉碑考』補正　谷口房男著　緑蔭書房　2014.1　132p　19cm〈年表あり　文献あり〉Ⓝ217.2　[非売品]

日野市（景観保全）
◇みずくらしまち—水都日野：水辺のある風景日野50選　日野　日野市　2014.2　64p　19cm　Ⓝ629.1

日野市（産業）
◇日野流—日野市市制施行50周年記念誌　日野　日野市　2013.11　96p　26cm　Ⓝ213.65

日野市（自然保護）
◇みずくらしまち—水都日野：水辺のある風景日野50選　日野　日野市　2014.2　64p　19cm　Ⓝ629.1

日野市（選挙—統計）
◇参議院議員選挙の記録—平成25年7月21日執行　日野市選挙管理委員会編　日野　日野市選挙管理委員会　2013.12　65p　30cm　Ⓝ314.8

◇選挙の記録　日野市選挙管理委員会編　日野　日野市選挙管理委員会　2013.11　49, 43p　30cm〈日野市長選挙・日野市議会議員補欠選挙 平成25年4月14日執行, 東京都議会議員選挙 平成25年6月23日執行〉Ⓝ314.8

◇選挙の記録　日野市選挙管理委員会編　日野　日野市選挙管理委員会　2013.3　85p　30cm〈衆議院（小選挙区選出)（比例代表選出）議員選挙・最高裁判所裁判官国民審査・東京都知事選挙 平成24年12月16日執行〉Ⓝ314.8

◇東京都知事選挙の記録—平成26年2月9日執行　日野市選挙管理委員会編　日野　日野市選挙管理委員会　2014.3　58p　30cm　Ⓝ314.8

◇日野市議会議員選挙の記録—平成26年2月16日執行　日野市選挙管理委員会編　日野　日野市選挙管理委員会　2014.3　55p　30cm　Ⓝ314.8

日野市（地域開発）
◇Hino vision 50—水都日野を目指して　長野浩子,石渡雄士著　法政大学エコ地域デザイン研究所　2014.1　46p　30cm〈平成23-27年度科学研究費補助金基盤研究（S)「水都に関する歴史と環境の視点からの比較研究」〉Ⓝ601.1365

日野市（地方選挙）
◇選挙の記録　日野市選挙管理委員会編　日野　日野市選挙管理委員会　2013.11　49, 43p　30cm〈日野市長選挙・日野市議会議員補欠選挙 平成25年4月14日執行, 東京都議会議員選挙 平成25年6月23日執行〉Ⓝ314.8

◇日野市議会議員選挙の記録—平成26年2月16日執行　日野市選挙管理委員会編　日野　日野市選挙管理委員会　2014.3　55p　30cm　Ⓝ314.8

日野市（農業行政）
◇日野市農業振興計画・アクションプラン　第3次　日野市まちづくり部産業振興課編　日野　日野市まちづくり部産業振興課　[2014]　1冊　30cm〈第3次のタイトル関連情報：みんなでつくろう次世代につなぐ日野の農業〉Ⓝ611.1

日野市（廃棄物処理施設）
◇環境影響評価調査計画書—日野市、国分寺市、小金井市新可燃ごみ処理施設整備事業　日野市編　日野　日野市　2014.8　208p　30cm〈文献あり〉Ⓝ518.52

日野市（防災計画）
◇日野市地域防災計画　平成25年度修正 本冊　日野市防災会議編　[日野]　日野市防災会議　2014.3　773p　30cm　Ⓝ369.3

◇日野市地域防災計画　平成25年度修正 別冊資料編　日野市防災会議編　[日野]　日野市防災会議　2014.3　204p　30cm　Ⓝ369.3

日野市（歴史）
◇日野市の半世紀—移りゆくまちの過去と今そして未来：市制施行50周年記念特別展　日野市郷土資料館編　日野　日野市郷土資料館　2014.3　50p　30cm　Ⓝ213.65

◇日野、住んでみてよかった—日野市のあゆみ50年を調査する会報告書　日野市のあゆみ50年を調査する会編　[日野]　日野市のあゆみ50年を調査する会　2014.3　92p 図版7p　30cm〈文献あり　年表あり〉Ⓝ213.65

◇日野流—日野市市制施行50周年記念誌　日野　日野市　2013.11　96p　26cm　Ⓝ213.65

ひの社会教育センター
◇人がつながる居場所のつくり方—日野社会教育センターが実践したコミュニティデザインの成功　社会教育協会日野社会教育センター編著　WAVE出版　2014.5　238p　19cm　①978-4-87290-635-6　Ⓝ379.2　[1400円]

日出寿会
◇日出寿会五十年記念誌—幾星霜五十年の歩み　[訓子府町（北海道)]　日出寿会　2014.1　52p　30cm　Ⓝ369.26

日野町〔滋賀県〕（商人—歴史）
◇近江日野商人の経営史—近江から関東へ　上村雅洋著　大阪　清文堂出版　2014.8　353p　22cm〈索引あり　布装　内容：正野玄三家の事業と奉公人　正野玄三家の奉公人と給金　近代における正野玄三家の雇用形態　明治期における正野玄三家の家則と店則　吉村儀兵衛家と酒造業　吉村儀兵衛家の本店経営　吉村儀兵衛家の出店経営　吉村儀兵衛家の雇用形態　高井作右衛門家の経営　日野商人の特性　結論〉①978-4-7924-1019-3　Ⓝ672.161　[8500円]

日野町〔滋賀県〕（歴史）
◇近江日野の歴史　第4巻　近現代編　日野町史編さん委員会編　日野町（滋賀県）　滋賀県日野町　2014.3　619, 56p　27cm〈年表あり　文献あり〉Ⓝ216.1

響画廊
◇ここは秋田"モンパルナス通り"—「響画廊」の30年　徳永純二,徳永みどり企画・編集　秋田　秋田魁新報社　2014.10　287p　19cm　①978-4-87020-364-8　Ⓝ720.69　[2000円]

ViViD
◇Pieces 2　ViViD—Second Artist Book　エムオン・エンタテインメント　2014.4　1冊（ページ付なし）27cm〈本文は日

ピープス,S.〔1633〜1703〕

本語 1までの出版者：ソニー・マガジンズ〉①978-4-7897-3617-6 Ⓝ767.8 ［2759円］

ピープス, S.〔1633〜1703〕
◇ピープスの日記と新科学 M.H.ニコルソン著，浜口稔訳 白水社 2014.6 305,8p 20cm 〈高山宏セレクション〈異貌の人文学〉〉〈索引あり〉内容：アマチュア科学者、サミュエル・ピープス はじめての輸血 「狂女マッジ」と「才人たち」 ピープス、サー・ウィリアム・ペティ、双底船〉①978-4-560-08304-8 Ⓝ402.33 ［4200円］

ヴィヴェーカーナンダ, S.〔1863〜1902〕
◇インドと日本の関係交流の先駆者―スワーミー・ヴィヴェーカーナンダと岡倉天心 スワーミー・メーダサーナンダ［著］，[日本ヴェーダーンタ協会訳] 逗子 日本ヴェーダーンタ協会 2014.5 123p 19cm Ⓝ126.9
◇ヴィヴェーカーナンダの物語―スワーミー・ヴィヴェーカーナンダの生涯における注目すべきできごとと彼の言葉 逗子 日本ヴェーダーンタ協会 2014.5 127p 19cm 〈スワーミー・ヴィヴェーカーナンダ生誕150周年記念出版〉①978-4-931148-56-7 Ⓝ126.9 ［800円］

ピーボディ, E.P.〔1804〜1894〕
◇ピーボディ姉妹―アメリカ・ロマン主義に火をつけた三人の女性たち メーガン・マーシャル著，大杉博昭，城戸光世，倉橋洋子，辻祥子訳 南雲堂 2014.3 22cm 〈索引あり〉①978-4-523-29321-7 Ⓝ285.3 ［4800円］

ピーボディ・ホーソン, S.〔1809〜1871〕
◇ピーボディ姉妹―アメリカ・ロマン主義に火をつけた三人の女性たち メーガン・マーシャル著，大杉博昭，城戸光世，倉橋洋子，辻祥子訳 南雲堂 2014.3 540p 22cm 〈索引あり〉①978-4-523-29321-7 Ⓝ285.3 ［4800円］

ピーボディ・マン, M.T.〔1806〜1887〕
◇ピーボディ姉妹―アメリカ・ロマン主義に火をつけた三人の女性たち メーガン・マーシャル著，大杉博昭，城戸光世，倉橋洋子，辻祥子訳 南雲堂 2014.3 540p 22cm 〈索引あり〉①978-4-523-29321-7 Ⓝ285.3 ［4800円］

美幌町（北海道）（遺跡・遺物）
◇美幌町埋蔵文化財各種開発確認調査報告書 美幌町教育委員会編 美幌町（北海道） 美幌町教育委員会 2014.3 23p 図版7p 30cm Ⓝ210.0254

美幌町（北海道）（消防―歴史）
◇美幌消防100年のあゆみ―美幌消防100年記念誌 美幌消防100年記念事業実行委員会記念事業部会編 ［美幌町（北海道）］ 美幌消防100年記念事業実行委員会記念事業部会 2013.12 191p 31cm 〈年表あり〉Ⓝ317.7911

美幌町社会福祉協議会
◇びほろ愛と人―創立63周年・法人化40周年記念誌 3 ［美幌町（北海道）］ 美幌町社会福祉協議会 2014.3 75p 30cm 〈年表あり〉Ⓝ369.06

ヒマラヤ山脈（登山）
◇ナンダ・コート―日本初のヒマラヤ遠征登山：富山県「立山博物館」平成25年度特別企画展 富山県「立山博物館」編 立山町（富山県） 富山県「立山博物館」 2013.7 72p 30cm 〈文献あり 会期：2013年7月20日―9月8日〉Ⓝ292.58
◇8000メートルの6座へ―53歳からの高所遠足登山 河野千鶴子著 桐書房 2014.4 182p 19cm ①978-4-87647-833-0 Ⓝ292.58 ［1500円］

ヒマラヤ地方（食生活）
◇納豆の起源 横山智著 NHK出版 2014.11 317p 19cm （NHKブックス 1223）①978-4-14-091223-2 Ⓝ619.6 ［1500円］

氷見市（遺跡・遺物）
◇稲積天坂遺跡・稲積天坂北遺跡・稲積オオヤチ南遺跡・宇波西遺跡発掘調査報告 富山県文化振興財団埋蔵文化財調査事務所編 富山 富山県文化振興財団埋蔵文化財調査事務所 2014.3 302p 図版 117p 30cm （富山県文化振興財団埋蔵文化財発掘調査報告 第64集）Ⓝ210.0254
◇宇波ヨシノヤ中世墓群 氷見市教育委員会編 氷見 氷見市教育委員会 2014.3 21p 図版9p 30cm （氷見市埋蔵文化財調査報告 第64冊）〈能越自動車道七尾氷見道路整備事業に伴う発掘調査報告〉Ⓝ210.0254
◇大野中遺跡・七分一堂口遺跡・加納谷内遺跡発掘調査報告 富山県文化振興財団埋蔵文化財調査事務所編 富山 富山県文化振興財団埋蔵文化財調査事務所 2014.3 369p 30cm （富山県文化振興財団埋蔵文化財発掘調査報告 第62集）Ⓝ210.0254

◇加納南古墳群・稲積オオヤチ古墳群発掘調査報告 富山県文化振興財団埋蔵文化財調査事務所編 富山 富山県文化振興財団埋蔵文化財調査事務所 2014.3 227p 図版2p 30cm （富山県文化振興財団埋蔵文化財発掘調査報告 第63集）Ⓝ210.0254
◇鞍川D遺跡 2 エイ・テック編 ［氷見］ 氷見市教育委員会 2014.6 15p 図版4p 30cm （氷見市埋蔵文化財調査報告 第65冊）〈民間ドラッグストア建設に伴う発掘調査報告〉Ⓝ210.0254
◇氷見市内遺跡発掘調査概報 4 氷見市教育委員会編 氷見 氷見市教育委員会 2014.3 19p 図版12p 30cm （氷見市埋蔵文化財調査報告 第63冊）〈内容：加納金宮遺跡 宇波ヨシノヤ中世墓群〉Ⓝ210.0254

氷見市（祭礼）
◇人と地域が織りなす文化―富山県氷見市の調査記録 野澤豊一，藤本武編 富山 富山大学人文学部文化人類学研究室 2014.3 167p 30cm （地域社会の文化人類学的調査 23）〈文献あり〉Ⓝ382.142

氷見市（風俗・習慣）
◇人と地域が織りなす文化―富山県氷見市の調査記録 野澤豊一，藤本武編 富山 富山大学人文学部文化人類学研究室 2014.3 167p 30cm （地域社会の文化人類学的調査 23）〈文献あり〉Ⓝ382.142

氷見市（歴史―写真集）
◇写真にみる氷見の昔と今―うつりゆく人・もの・風景：特別展 2 氷見市立博物館編 氷見 氷見市立博物館 2014.10 100p 30cm 〈文献あり 会期：平成26年10月17日―11月9日〉Ⓝ214.2

姫路市（遺跡・遺物）
◇石ツミ遺跡第1次発掘調査報告書 姫路市埋蔵文化財センター編 姫路 姫路市教育委員会 2014.3 1枚 30cm （姫路市埋蔵文化財センター調査報告 第14集）〈リーフレット〉Ⓝ210.0254
◇豊沢遺跡―第4次発掘調査報告書 姫路市埋蔵文化財センター編 姫路 姫路市教育委員会 2013.3 1冊 30cm （姫路市埋蔵文化財センター調査報告 第9集）Ⓝ210.0254
◇姫路城城下町跡―姫路城跡第278次 姫路 姫路市教育委員会 2013.3 1冊 30cm （姫路市埋蔵文化財センター調査報告 第6集）〈但陽信用金庫姫路支店の建替えに伴う発掘調査報告書〉Ⓝ210.0254
◇姫路城城下町跡―姫路城跡第281次発掘調査報告書 姫路市埋蔵文化財センター編 姫路 姫路市教育委員会 2013.3 6p 図版6p 30cm （姫路市埋蔵文化財センター調査報告 第7集）Ⓝ210.0254
◇姫路城城下町跡―姫路城跡第286次発掘調査報告書 姫路市埋蔵文化財センター編 姫路 姫路市教育委員会 2014.3 1冊 30cm （姫路市埋蔵文化財センター調査報告 第12集）〈平野町52番における姫路城外曲輪武家屋敷跡の調査〉Ⓝ210.0254
◇姫路城城下町跡―姫路城跡第290次発掘調査報告書 姫路市埋蔵文化財センター編 姫路 姫路市教育委員会 2013.3 12p 30cm （姫路市埋蔵文化財センター調査報告 第8集）Ⓝ210.0254
◇姫路城城下町跡―姫路城跡第296次発掘調査報告書 姫路市埋蔵文化財センター編 姫路 姫路市教育委員会 2013.3 1枚 30cm （姫路市埋蔵文化財センター調査報告 第11集）〈リーフレット〉Ⓝ210.0254
◇姫路城城下町跡―姫路城跡第300次発掘調査報告書 姫路市埋蔵文化財センター編 姫路 姫路市教育委員会 2014.3 28p 30cm （姫路市埋蔵文化財センター調査報告 第16集）Ⓝ210.0254
◇姫路城城下町跡―姫路城跡第302・308・312次発掘調査報告書 姫路市埋蔵文化財センター編 姫路 姫路市教育委員会 2014.3 1枚 30cm （姫路市埋蔵文化財センター調査報告 第23集）〈リーフレット〉Ⓝ210.0254
◇姫路城城下町跡―姫路城跡第309次発掘調査報告書 姫路市埋蔵文化財センター編 姫路 姫路市教育委員会 2014.3 7p 図版6p 30cm （姫路市埋蔵文化財センター調査報告 第19集）Ⓝ210.0254
◇姫路城城下町跡―姫路城城下町跡第289次発掘調査報告書 姫路市埋蔵文化財センター編 姫路 姫路市教育委員会 2014.3 1冊 30cm （姫路市埋蔵文化財センター調査報告 第13集）〈白銀町61番地他における姫路城外曲輪町家跡の調査〉Ⓝ210.0254
◇三宅遺跡発掘調査報告書 姫路市埋蔵文化財センター編 姫路 姫路市教育委員会 2014.3 23p 図版5p 30cm （姫路市埋蔵文化財センター調査報告 第18集）Ⓝ210.0254
◇八代山古墳群6号墳確認調査報告書 姫路市埋蔵文化財センター編 姫路 姫路市教育委員会 2014.3 1枚 30cm （姫

路市埋蔵文化財センター調査報告 第17集〉〈リーフレット〉 Ⓝ210.0254

◇山所南遺跡発掘調査報告書 姫路市埋蔵文化財センター編 姫路 姫路市教育委員会 2014.3 1枚 30cm （姫路市埋蔵文化財センター調査報告 第15集）〈リーフレット〉 Ⓝ210.0254

◇丁・柳ヶ瀬遺跡発掘調査報告書 姫路市埋蔵文化財センター編 姫路 姫路市教育委員会 2014.3 13p 30cm （姫路市埋蔵文化財センター調査報告 第22集）Ⓝ210.0254

◇和久遺跡—第9次発掘調査報告書 姫路市埋蔵文化財センター編 姫路 姫路市教育委員会 2013.3 1冊 30cm （姫路市埋蔵文化財センター調査報告 第10集）〈ツカザキ病院新館建設に伴う埋蔵文化財発掘調査〉Ⓝ210.0254

姫路市（祭礼）
◇三ツ山大祭と祭りのこころ 播磨学研究所編 神戸 神戸新聞総合出版センター 2014.8 237p 19cm〈内容：「三ツ山大祭」のすべて（小栗栖健治著） 播磨国総社と伊和神社（岩井忠彦著） ヤマの祭りと芸能（宮本圭造著） 総社の歴史と三ツ山大祭（宇那木隆司著） 造り物と城下町の賑わい（西岡陽子著） 灘のけんかまつり（亀山節夫著） 「松ばやし」と博多どんたく（吉川周平著） 鎮魂の祇園祭（植木行宣著） 東北復興を願う「相馬野馬追」（岩本由輝著） 日本の祭りと日本人（池内紀著）〉Ⓘ978-4-343-00817-6 Ⓝ386.164 ［1750円］

姫路市（地域包括ケア）
◇地域包括ケアを考える—姫路医療生協調査を事例にして：くらしと協同の研究所「地域包括ケア」を考えるシンポジウム報告集 くらしと協同の研究所編 京都 くらしと協同の研究所 2014.7 57p 30cm〈会期・会場：2013年11月16日 せいきょう会館〉Ⓝ369.26

姫路市（地誌）
◇姫路市地域夢プラン大全集—夢つづく未来への路ガイド 姫路市編 姫路 姫路市 2013.3 241p 30cm Ⓝ291.64

姫路市（歴史—史料）
◇大津古文書集—読み下し文 三木敏明編著 ［姫路］［三木敏明］ 2014.10 314p 30cm〈公益財団法人姫路市文化国際交流財団助成事業〉Ⓝ216.4

姫路市（歴史—史料—書目）
◇姫路市史編集資料目録集 62 姫路 姫路市教育委員会事務局市史編集室 2014.3 99p 19×26cm〈内容：山本泰蔵氏文書 梅谷宏文氏文書〉Ⓝ216.4

◇姫路市史編集資料目録集 63 姫路 姫路市教育委員会事務局市史編集室 2014.3 106p 19×26cm〈内容：広畑才農区所有文書 森昌彦氏文書 下里洋造氏文書 上下太良氏文書 山根くり子氏文書 加茂農区文書 亀井町自治会文書 余子浜自治会文書 改発敏氏文書 坂上自治会文書 西中島自治会文書 姫路西高等学校図書館文書（追加分）〉Ⓝ216.4

姫路城
◇特別史跡姫路城跡石垣修理工事報告書 9 清水門跡石垣 姫路市立城郭研究室編 姫路 姫路市教育委員会 2014.3 38p 図版［17］枚 30cm Ⓝ521.823

◇姫路城絵図集 姫路市立城郭研究室編 姫路 姫路市立城郭研究室 2014.3 81p 30cm〈年表あり〉Ⓝ216.4

◇名城ふたたびようこそ姫路城—特別展 兵庫県立歴史博物館編 姫路 兵庫県立歴史博物館 2013.10 80p 30cm〈年表あり 会期・会場：2013年10月12日—12月1日 兵庫県立歴史博物館 開館30周年記念〉Ⓝ521.823

白光真宏会
◇想いが世界を創っている 五井昌久著 富士宮 白光真宏会出版本部 2014.10 176p 19cm （講話集 4）Ⓘ978-4-89214-208-6 Ⓝ169.1 ［1600円］

◇人生と選択 2 西園寺昌美著 富士宮 白光真宏会出版本部 2014.5 119p 19cm Ⓘ978-4-89214-207-9 Ⓝ169.1 ［1500円］

◇大生命の絵巻 3 五井昌久著 富士宮 白光真宏会出版本部 2014.1 107p 19cm （自然）Ⓘ978-4-89214-206-2 Ⓝ169.1 ［1400円］

◇未来への扉を開く—世界を変えるのはあなた 岡村征子著 展望社 2014.4 207p 19cm Ⓘ978-4-88546-279-5 Ⓝ169.1 ［1400円］

白虎隊
◇白虎隊十九士物語 会津若松 歴史春秋出版 2014.5 78p 21cm〈文献あり〉Ⓘ978-4-89757-827-9 Ⓝ210.61 ［1000円］

桧山 進次郎
◇代打の哲学 桧山進次郎、仲田健吾 幻冬舎 2014.2 178p 18cm Ⓘ978-4-344-02538-7 Ⓝ783.7 ［1000円］

◇待つ心、瞬間の力—阪神の「代打の神様」だけが知る勝負の境目 桧山進次郎著 廣済堂出版 2014.11 206p 18cm （廣済堂新書 048）Ⓘ978-4-331-51807-6 Ⓝ783.7 ［800円］

日向市（遺跡・遺物）
◇岡遺跡（第16次調査）・馬込遺跡第2地点 宮崎 宮崎県埋蔵文化財センター 2014.3 158p 30cm （宮崎県埋蔵文化財センター発掘調査報告書 第230集）〈文献あり 日向市所在〉Ⓝ210.0254

◇向原中尾第2遺跡（第3次調査）・向原中尾第5遺跡・向原中尾第6遺跡 宮崎 宮崎県埋蔵文化財センター 2014.3 97p 図版4p 30cm （宮崎県埋蔵文化財センター発掘調査報告書 第229集）〈日向市所在〉Ⓝ210.0254

ヒューム, D.〔1711～1776〕
◇ヒューム 泉谷周三郎著 新装版 清水書院 2014.9 227p 19cm （Century Books）〈文献あり 年譜あり 索引あり〉Ⓘ978-4-389-42080-2 Ⓝ133.3 ［1000円］

兵庫医科大学病院
◇兵庫医科大学病院医療最前線 兵庫医科大学病院編著 バリューメディカル 2014.4 227p 30cm〈南々社（発売）〉Ⓘ978-4-86489-017-5 Ⓝ492 ［2100円］

兵庫県（遺跡・遺物）
◇広域に所在する文化財群の調査と活用 兵庫県歴史文化遺産活用活性化実行委員会編 神戸 兵庫県歴史文化遺産活用活性化実行委員会 2014.3 69p 30cm （播磨国風土記関連文化財群に関する調査研究 2）Ⓝ216.4

兵庫県（遺跡・遺物—相生市）
◇西柄遺跡・宮ノ前遺跡 兵庫県まちづくり技術センター埋蔵文化財調査部編 神戸 兵庫県教育委員会 2014.2 1冊 30cm （兵庫県文化財調査報告 第456冊）〈相生市所在 一般国道2号相生有年道路事業に係る埋蔵文化財発掘調査報告書〉Ⓝ210.0254

兵庫県（遺跡・遺物—明石市）
◇明石城下町町屋跡 兵庫県まちづくり技術センター埋蔵文化財調査部編 神戸 兵庫県教育委員会 2014.3 1冊 30cm （兵庫県文化財調査報告 第460冊）〈明石市所在 山陽電鉄本線（明石Ⅱ期）連続立体交差事業に係る埋蔵文化財発掘調査報告書〉Ⓝ210.0254

兵庫県（遺跡・遺物—赤穂市）
◇有年原・クルミ遺跡 兵庫県まちづくり技術センター埋蔵文化財調査部編 神戸 兵庫県教育委員会 2014.2 1冊 30cm （兵庫県文化財調査報告 第457冊）〈赤穂市所在 一般国道2号相生有年道路事業に伴う埋蔵文化財発掘調査報告書〉Ⓝ210.0254

兵庫県（遺跡・遺物—朝来市）
◇喜多垣遺跡 兵庫県まちづくり技術センター埋蔵文化財調査部編 神戸 兵庫県教育委員会 2014.3 1冊 30cm （兵庫県文化財調査報告 第464冊）〈朝来市所在〉Ⓝ210.0254

兵庫県（遺跡・遺物—芦屋市）
◇芦屋市内遺跡発掘調査概要報告書 芦屋 芦屋市教育委員会 2013.3 141p 30cm （芦屋市文化財調査報告 第95集）〈平成8年度国庫補助事業(1)，阪神・淡路大震災復旧・復興事業に伴う埋蔵文化財発掘調査 内容：三条九ノ坪遺跡（第15地点） 月若遺跡（第35・37地点） 月若遺跡（第36地点） 業平遺跡（第26地点） 業平遺跡（第29地点） 業平遺跡（第31地点） 大原遺跡（第21地点）〉Ⓝ210.0254

◇芦屋市内遺跡発掘調査概要報告書 芦屋 芦屋市教育委員会 2013.3 12p 30cm （芦屋市文化財調査報告 第96集）〈平成23年度国庫補助事業 内容：寺田遺跡（第212地点）〉Ⓝ210.0254

◇芦屋市内遺跡発掘調査概要報告書 芦屋 芦屋市教育委員会 2014.3 133p 30cm （芦屋市文化財調査報告 第97集）〈平成8年度国庫補助事業(2)，阪神・淡路大震災復旧・復興事業に伴う埋蔵文化財発掘調査 内容：芦屋廃寺遺跡（Z地点） 芦屋廃寺遺跡（第45地点） 芦屋廃寺遺跡（第49地点） 寺田遺跡（第77地点） 寺田遺跡（第89地点） 寺田遺跡（第90地点） 打出小槌遺跡（第22地点）〉Ⓝ210.0254

兵庫県（遺跡・遺物—尼崎市）
◇尼崎市内遺跡発掘調査等—概要報告書 尼崎市教育委員会社会教育部歴博・文化財担当編 尼崎 尼崎市教育委員会 2013.3 29p 30cm （尼崎市文化財調査報告 第42集）〈平成23年度国庫補助事業〉Ⓝ210.0254

兵庫県（遺跡・遺物—淡路市）
◇横穴遺跡 兵庫県まちづくり技術センター埋蔵文化財調査部編 神戸 兵庫県教育委員会 2014.3 1冊 30cm （兵庫県文化財調査報告 第467冊）〈淡路市所在 (二)志筑川床上浸水対策特別緊急事業に伴う埋蔵文化財発掘調査報告書〉Ⓝ210.0254

兵庫県（遺跡・遺物—伊丹市）　　　　　　　　　　　　日本件名図書目録2014　I

◇老ノ内遺跡　兵庫県まちづくり技術センター埋蔵文化財調査部編　神戸　兵庫県教育委員会　2014.3　20p　図版8p　30cm　（兵庫県文化財調査報告　第465号）〈淡路市所在　(主)志筑郡家線交通安全施設整備事業に伴う埋蔵文化財発掘調査報告書〉Ⓝ210.0254

兵庫県（遺跡・遺物—伊丹市）

◇有岡城跡発掘調査報告書　18　伊丹　伊丹市教育委員会　2014.3　168p　図版［11］枚　30cm　（伊丹市埋蔵文化財調査報告書　第41集）〈文献あり　兵庫県伊丹市所在　第316次調査I区〉Ⓝ210.0254

兵庫県（遺跡・遺物—小野市）

◇黍田白雲谷古墳・黍田積石塚古墳発掘調査報告書—黍田温泉活用施設等整備事業に係る　兵庫県小野市教育委員会いきいき社会創造課好古館編　小野　兵庫県小野市教育委員会　2014.3　79p　30cm　（小野市文化財調査報告　第33集）Ⓝ210.0254

◇豊地城跡　兵庫県まちづくり技術センター埋蔵文化財調査部編　神戸　兵庫県教育委員会　2014.3　1冊　30cm　（兵庫県文化財調査報告　第461冊）〈小野市所在　道路改良事業（（主）神戸加東線）に伴う埋蔵文化財発掘調査報告書〉Ⓝ210.0254

◇南山1号墳・2号墳発掘調査報告書　兵庫県小野市教育委員会いきいき社会創造課好古館編　小野　兵庫県小野市教育委員会　2014.3　55p　30cm　（小野市文化財調査報告　第32集）〈日本臓器製薬株式会社小野緑国工場内〉Ⓝ210.0254

◇南山遺跡確認調査報告書—日本臓器製薬株式会社小野工場造成に伴う　兵庫県小野市教育委員会いきいき社会創造課好古館編　小野　兵庫県小野市教育委員会　2014.3　89p　30cm　（小野市文化財調査報告　第5集）Ⓝ210.0254

兵庫県（遺跡・遺物—川西市）

◇川西市発掘調査報告　平成23年度　川西市教育委員会編　［川西］　川西市教育委員会　2013.3　26p　図版12枚　30cm　Ⓝ210.0254

◇川西市発掘調査報告　平成24年度　川西市教育委員会編　［川西］　川西市教育委員会　2014.3　29p　図版10枚　30cm　Ⓝ210.0254

兵庫県（遺跡・遺物—三田市）

◇福島・長町遺跡　兵庫県まちづくり技術センター埋蔵文化財調査部編　神戸　兵庫県教育委員会　2014.3　28p　図版15p　30cm　（兵庫県文化財調査報告　第459冊）〈三田市所在　（二）武庫川水系大池川河川改良事業に伴う発掘調査報告書〉Ⓝ210.0254

兵庫県（遺跡・遺物—洲本市）

◇大坪遺跡・大明神遺跡　兵庫県まちづくり技術センター埋蔵文化財調査部編　神戸　兵庫県教育委員会　2014.3　169p　図版［21］枚　30cm　（兵庫県文化財調査報告　第466冊）〈洲本市所在　（二）都志川農業構造改善等関連河川事業に伴う埋蔵文化財発掘調査報告書〉Ⓝ210.0254

兵庫県（遺跡・遺物—高砂市）

◇石の宝殿・竜山石採石遺跡　高砂市教育委員会編　高砂　高砂市教育委員会　2014.3　116p　図版4p　30cm　（高砂市文化財調査報告書　17）Ⓝ210.0254

兵庫県（遺跡・遺物—西宮市）

◇八十塚古墳群苦楽園支群第5・6・7号墳発掘調査報告書　西宮市教育委員会編　［西宮］　西宮市教育委員会　2014.3　62p　30cm　（西宮市文化財資料　第60号）〈兵庫県西宮市苦楽園五番町72-1所在〉Ⓝ210.0254

兵庫県（遺跡・遺物—姫路市）

◇石ツミ遺跡第1次発掘調査報告書　姫路市埋蔵文化財センター編　姫路　姫路市教育委員会　2014.3　1枚　30cm　（姫路市埋蔵文化財センター調査報告　第14集）〈リーフレット〉Ⓝ210.0254

◇豊沢遺跡—第4次発掘調査報告書　姫路市埋蔵文化財センター編　姫路　姫路市教育委員会　2013.3　1冊　30cm　（姫路市埋蔵文化財センター調査報告　第9集）Ⓝ210.0254

◇姫路城城下町跡—姫路城跡第278次　姫路　姫路市教育委員会　2013.3　1冊　30cm　（姫路市埋蔵文化財センター調査報告　第6集）〈但陽信用金庫姫路支店の建替えに伴う発掘調査報告書〉Ⓝ210.0254

◇姫路城城下町跡—姫路城跡第281次発掘調査報告書　姫路市埋蔵文化財センター編　姫路　姫路市教育委員会　2013.3　6p　図版6p　30cm　（姫路市埋蔵文化財センター調査報告　第7集）Ⓝ210.0254

◇姫路城城下町跡—姫路城跡第286次発掘調査報告書　姫路市埋蔵文化財センター編　姫路　姫路市教育委員会　2013.3　1冊　30cm　（姫路市埋蔵文化財センター調査報告　第12集）〈平野町52番における姫路城外曲輪武家屋敷跡の調査〉Ⓝ210.0254

◇姫路城城下町跡—姫路城跡第290次発掘調査報告書　姫路市埋蔵文化財センター編　姫路　姫路市教育委員会　2013.3　12p　30cm　（姫路市埋蔵文化財センター調査報告　第8集）Ⓝ210.0254

◇姫路城城下町跡—姫路城跡第296次発掘調査報告書　姫路市埋蔵文化財センター編　姫路　姫路市教育委員会　2013.3　1枚　30cm　（姫路市埋蔵文化財センター調査報告　第11集）〈リーフレット〉Ⓝ210.0254

◇姫路城城下町跡—姫路城跡第300次発掘調査報告書　姫路市埋蔵文化財センター編　姫路　姫路市教育委員会　2014.3　28p　30cm　（姫路市埋蔵文化財センター調査報告　第16集）Ⓝ210.0254

◇姫路城城下町跡—姫路城跡第302・308・312次発掘調査報告書　姫路市埋蔵文化財センター編　姫路　姫路市教育委員会　2014.3　1枚　30cm　（姫路市埋蔵文化財センター調査報告　第23集）〈リーフレット〉Ⓝ210.0254

◇姫路城城下町跡—姫路城跡第309次発掘調査報告書　姫路市埋蔵文化財センター編　姫路　姫路市教育委員会　2014.3　7p　図版6p　30cm　（姫路市埋蔵文化財センター調査報告　第19集）Ⓝ210.0254

◇姫路城城下町跡—姫路城下町跡第289次発掘調査報告書　姫路市埋蔵文化財センター編　姫路　姫路市教育委員会　2014.3　1冊　30cm　（姫路市埋蔵文化財センター調査報告　第13集）〈白銀町61番地における姫路城外曲輪町家跡の調査〉Ⓝ210.0254

◇三宅遺跡発掘調査報告書　姫路市埋蔵文化財センター編　姫路　姫路市教育委員会　2014.3　23p　図版5p　30cm　（姫路市埋蔵文化財センター調査報告　第18集）Ⓝ210.0254

◇八代山古墳群6号墳確認調査報告書　姫路市埋蔵文化財センター編　姫路　姫路市教育委員会　2014.3　1枚　30cm　（姫路市埋蔵文化財センター調査報告　第17集）〈リーフレット〉Ⓝ210.0254

◇山所南遺跡発掘調査報告書　姫路市埋蔵文化財センター編　姫路　姫路市教育委員会　2014.3　1枚　30cm　（姫路市埋蔵文化財センター調査報告　第15集）〈リーフレット〉Ⓝ210.0254

◇丁・柳ヶ瀬遺跡発掘調査報告書　姫路市埋蔵文化財センター編　姫路　姫路市教育委員会　2014.3　13p　30cm　（姫路市埋蔵文化財センター調査報告　第22集）Ⓝ210.0254

◇和久遺跡—第9次発掘調査報告書　姫路市埋蔵文化財センター編　姫路　姫路市教育委員会　2013.3　1冊　30cm　（姫路市埋蔵文化財センター調査報告　第10集）〈ツカザキ病院新館建設に伴う埋蔵文化財発掘調査〉Ⓝ210.0254

兵庫県（遺跡・遺物—三木市）

◇大塚出張遺跡　三木市教育委員会編　三木　三木市教育委員会　2014.3　60p　図版［14］枚　30cm　（三木市文化研究資料　第27集）〈一陽会の委託による　特別養護老人ホームえびすの郷建設に伴う発掘調査報告書〉Ⓝ210.0254

兵庫県（遺跡・遺物—南あわじ市）

◇鐘原遺跡　兵庫県まちづくり技術センター埋蔵文化財調査部編　神戸　兵庫県教育委員会　2014.3　1冊　30cm　（兵庫県文化財調査報告　第469冊）〈南あわじ市所在　広域営農団地農道整備事業南淡路地区に伴う埋蔵文化財発掘調査報告書〉Ⓝ210.0254

◇久保ノカチ遺跡　2　南あわじ市埋蔵文化財調査事務所編　［南あわじ］　南あわじ市教育委員会　2014.3　41p　図版16p　30cm　（南あわじ市埋蔵文化財調査報告書　第9集）〈経営体育成基盤整備事業（大日川東II期地区第9工区工事）に伴う埋蔵文化財発掘調査報告書〉Ⓝ210.0254

◇神子曽遺跡・石田遺跡・才門遺跡・曽根遺跡　兵庫県まちづくり技術センター埋蔵文化財調査部編　神戸　兵庫県教育委員会　2014.3　1冊　30cm　（兵庫県文化財調査報告　第468冊）〈南あわじ市所在　(主)洲本灘賀集線（阿万バイパス）道路改良事業に伴う埋蔵文化財発掘調査報告書〉Ⓝ210.0254

◇南あわじ市埋蔵文化財調査年報　7　埋蔵文化財調査　2010年度　南あわじ市埋蔵文化財調査事務所編　［南あわじ］　南あわじ市教育委員会　2014.3　34p　30cm　（南あわじ市文化財調査報告書　第10集）Ⓝ210.0254

兵庫県（遺跡・遺物—養父市）

◇井垣城跡　兵庫県まちづくり技術センター埋蔵文化財調査部編　神戸　兵庫県教育委員会　2014.3　1冊　30cm　（兵庫県文化財調査報告　第458冊）〈養父市所在　一般国道483号北近畿豊岡自動車道和田山八鹿道路に伴う埋蔵文化財発掘調査報告書〉Ⓝ210.0254

兵庫県（猪—保護）

◇兵庫県におけるニホンイノシシの管理の現状と課題　兵庫県森林動物研究センター研究部編　丹波　兵庫県森林動物研究センター　2014.3　142p　図版3p　30cm　（兵庫県森林動物研究センター兵庫ワイルドライフモノグラフ　6号）Ⓝ489.83

日本件名図書目録2014　I　　　　　　　　　　　　　　　　　　　　　　　　　兵庫県（産業—統計—尼崎市）

兵庫県（衛生行政）

◇兵庫県健康づくり推進実施計画　［神戸］　兵庫県　2013.4　182p　30cm　Ⓝ498.1

◇兵庫県健康づくり推進実施計画—阪神南圏域計画　［芦屋］　兵庫県阪神南県民局芦屋健康福祉事務所　2013.4　42p　30cm　Ⓝ498.1

◇兵庫県健康づくり推進実施計画—阪神北圏域計画　［宝塚］　兵庫県阪神北県民局宝塚健康福祉事務所　2013.4　65p　30cm〈共同刊行：兵庫県阪神北県民局伊丹健康福祉事務所〉Ⓝ498.1

◇兵庫県健康づくり推進実施計画—東播磨圏域計画　［加古川］　兵庫県東播磨県民局加古川健康福祉事務所　2013.4　67p　30cm〈共同刊行：兵庫県東播磨県民局明石健康福祉事務所〉Ⓝ498.1

◇兵庫県健康づくり推進実施計画—北播磨圏域計画　［加東］　兵庫県北播磨県民局加東健康福祉事務所　2013.4　56p　30cm　Ⓝ498.1

◇兵庫県健康づくり推進実施計画—中播磨圏域計画　［姫路］　兵庫県中播磨県民局中播磨健康福祉事務所　2013.4　62p　30cm　Ⓝ498.1

◇兵庫県健康づくり推進実施計画—西播磨圏域計画　［たつの］　兵庫県西播磨県民局龍野健康福祉事務所　2013.4　65p　30cm〈共同刊行：兵庫県西播磨県民局赤穂健康福祉事務所〉Ⓝ498.1

◇兵庫県健康づくり推進実施計画—但馬圏域計画　［豊岡］　兵庫県但馬県民局豊岡健康福祉事務所　2013.4　67p　30cm〈共同刊行：兵庫県但馬県民局朝来健康福祉事務所〉Ⓝ498.1

◇兵庫県健康づくり推進実施計画—丹波圏域計画　［丹波］　兵庫県丹波県民局丹波健康福祉事務所　2013.4　69p　30cm　Ⓝ498.1

◇兵庫県健康づくり推進実施計画—淡路圏域計画　［洲本］　兵庫県淡路県民局洲本健康福祉事務所　2013.4　61p　30cm　Ⓝ498.1

兵庫県（学校—相生市—歴史）

◇写真でみる相生の学校史　［相生］　相生写真館グループ　2014.1　200p　30cm〈年表あり　文献あり　編集担当：橋本一彦〉Ⓝ372.164

兵庫県（活断層—淡路市）

◇活断層の誤解—地震を起こさなかった野島断層、その実像を検証する現場写真と図説《セカンドオピニオン》　服部仁著　仙台　創栄出版　2014.11　98p　30cm〈星雲社（発売）文献あり〉①978-4-434-19761-1　Ⓝ453.4　[3000円]

兵庫県（給与—地方公務員）

◇産業別（町村職）統一賃金をめざして—兵庫県における町村会統一交渉の成立とたたかいの経験から　小島修二著　［神戸］　兵庫県地方自治研究センター　2013.12　199p　21cm〈年表あり〉Ⓝ366.62164

◇兵庫県町村職連たたかいの記録　［神戸］　兵庫県地方自治研究センター　2013.12　190p　30cm〈「産業別（町村職）統一賃金をめざして—兵庫県における町村会統一交渉の成立とたたかいの経験から」別冊〉Ⓝ366.62164

兵庫県（協働〔行政〕—伊丹市）

◇市民と行政のパートナーシップ—伊丹市男女共同参画施策市民オンブズの記録：1997-2009年度　神戸大学ヒューマン・コミュニティ創成研究センタージェンダー研究・学習支援部門「市民と行政のパートナーシップ研究会」著　［神戸］　神戸大学ヒューマン・コミュニティ創成研究センタージェンダー研究・学習支援部門「市民と行政のパートナーシップ研究会」　2014.3　73, 45p　30cm　Ⓝ367.2164

兵庫県（郷土教育—宍粟市—歴史—史料）

◇三方の光—昭和五年十一月：宍粟郡三方尋常高等小学校　宍粟市歴史資料館編　宍粟市歴史資料館　2014.2　294p　30cm〈宍粟市郷土資料集　第1集〉〈年表あり〉Ⓝ216.4

兵庫県（郷土芸能）

◇淡路島の民俗芸能　2　風流　兵庫県歴史文化遺産活用活性化実行委員会編　［神戸］　兵庫県歴史文化遺産活用活性化実行委員会　2014.3　154p　図版12p　30cm（文化遺産を活かした地域活性化事業報告書　平成25年度）〈文献あり〉Ⓝ386.8164

兵庫県（建築〔日本〕）

◇兵庫県の近代和風建築—兵庫県近代和風建築総合調査報告書　兵庫県教育委員会事務局文化財課編　神戸　兵庫県教育委員会事務局文化財課　2014.3　621p　図版6p　30cm〈文献あり〉Ⓝ521.6

兵庫県（コウノトリ—保護—豊岡市）

◇コウノトリと共生する地域づくりフォーラム等報告書—ふるさとひょうご記念貨幣発行記念　豊岡　兵庫県立コウノトリ

の郷公園　2013.3　64p　30cm〈会期・会場：平成24年10月19日—20日　さんとう緑風ホールほか〉Ⓝ488.58

◇豊岡市コウノトリ野生復帰学術研究奨励論文集（学生）　平成24年度　［豊岡］　豊岡市　[2013]　1冊　31cm〈文献あり〉Ⓝ488.58

兵庫県（公有財産）

◇兵庫県公有財産表　平成25年3月31日現在　［神戸］　[兵庫県総務部]　管財課　[2013]　443p　31cm〈ルーズリーフ〉Ⓝ349.8

◇兵庫県公有財産表　平成26年3月31日現在　［神戸］　[兵庫県総務部]　管財課　[2014]　456p　31cm〈ルーズリーフ〉Ⓝ349.8

兵庫県（古墳—香美町）

◇文堂古墳—図録　大手前大学史学研究所, 香美町教育委員会編　［西宮］　大手前大学史学研究所　2014.5　35p　30cm〈共同刊行：香美町教育委員会〉Ⓝ216.4

◇文堂古墳—兵庫県香美町村岡　本文篇　大手前大学史学研究所, 香美町教育委員会編　西宮　大手前大学史学研究所　2014.5　292p　30cm（大手前大学史学研究所研究報告　第13号）〈共同刊行：香美町教育委員会〉Ⓝ216.4

◇文堂古墳—兵庫県香美町村岡　図版篇　大手前大学史学研究所, 香美町教育委員会編　西宮　大手前大学史学研究所　2014.3　84p　30cm（大手前大学史学研究所研究報告　第13号）〈共同刊行：香美町教育委員会〉Ⓝ216.4

兵庫県（古文書—篠山市）

◇丹波篠山のむかしを読む—出版（支援）体験ばなし　愛原豊著　[神戸]　友月書房　2014.8　135p　21cm〈交友プランニングセンター（制作）〉①978-4-87787-622-7　Ⓝ023.89　[1200円]

兵庫県（災害廃棄物処理）

◇忍び寄る震災アスベスト—阪神・淡路と東日本　中部剛, 加藤正文著　京都　かもがわ出版　2014.2　158p　21cm　内容：被災地を覆う「死の棘」（加藤正文著）阪神・淡路大震災で何が起きたか（中部剛, 加藤正文著）東北へつなぐ（加藤正文著）災害の石綿禍（加藤正文著）インタビュー「アスベスト災害を問う」（宮本憲一ほか述）①978-4-7803-0683-5　Ⓝ519.3　[1600円]

兵庫県（災害復興—佐用町）

◇こころの輪—平成21年台風第9号佐用町災害記録誌　企画防災課まちづくり企画室編　佐用町（兵庫県）　佐用町　2014.8　143p　30cm〈年表あり〉Ⓝ369.33

兵庫県（財産評価）

◇評価倍率表—兵庫県　大阪　納税協会連合会　2014.7　413p　30cm（財産評価基準書　平成26年分　3/49）〈清文社（発売）〉Ⓝ345.5　[6600円]

兵庫県（祭礼）

◇淡路島の民俗芸能　2　風流　兵庫県歴史文化遺産活用活性化実行委員会編　［神戸］　兵庫県歴史文化遺産活用活性化実行委員会　2014.3　154p　図版12p　30cm（文化遺産を活かした地域活性化事業報告書　平成25年度）〈文献あり〉Ⓝ386.8164

◇祭屋台古伝—播州屋台学　粕谷宗関著　［神戸］　友月書房　2014.10　91p　30cm〈交友プランニングセンター（制作）文献あり〉①978-4-87787-625-8　Ⓝ386.164　[非売品]

兵庫県（祭礼—明石市）

◇明石の布団太鼓—布団太鼓・だんじり・獅子舞　［明石］　明石の布団太鼓プロジェクト　2014.3　120p　30cm　Ⓝ386.164

兵庫県（祭礼—姫路市）

◇三ツ山大祭と祭りのこころ　播磨学研究所編　神戸　神戸新聞総合出版センター　2014.8　237p　19cm〈内容：「三ツ山大祭」のすべて（小栗栖健治著）播磨国総社と伊和神社（岩井忠彦著）ヤマの祭りと芸能（宮本圭造著）総社の歴史と三ツ山大祭（宇那木隆司著）造り物と城下町の賑わい（西岡陽子著）灘のけんかまつり（亀山節夫著）「松ばやし」と博多どんたく（吉川周平著）鎮魂の祇園祭（植木行宣著）東北復興を願う「相馬野馬追」（岩本由輝著）日本の祭りと日本人（池内紀著）〉①978-4-343-00817-6　Ⓝ386.164　[1750円]

兵庫県（殺人—尼崎市）

◇家族喰い—尼崎連続変死事件の真相　小野一光著　太田出版　2013.11　286p　20cm〈年表あり〉①978-4-7783-1382-1　Ⓝ368.61　[1700円]

兵庫県（産業）

◇経済センサス活動調査報告（兵庫県）　平成24年　神戸　兵庫県企画県民部統計課　2014.10　96p　30cm　Ⓝ602.164

兵庫県（産業—統計—尼崎市）

◇尼崎市の事業所—経済センサス活動調査市集計結果報告　平成24年　尼崎市総務局情報統計担当編　［尼崎］　尼崎市　2014.1　103p　30cm　Ⓝ605.9

兵庫県（自然災害—歴史）　　　　　　　　　　　　　　　　　　　　　日本件名図書目録2014　Ⅰ

兵庫県（自然災害—歴史）
◇大災害と在日コリアン—兵庫における惨禍のなかの共助と共生　高祐二著　明石書店　2014.11　202p　20cm　〈文献あり　内容：踟躇なきジェノサイド　焔の中、命を懸けた救出劇　関東大震災の教訓を生かし虐殺回避　玄界灘を越えた支援の輪　七六年前の民族を越えたボランティア　運命を変えた災害　未来の災害に向けた教訓〉①978-4-7503-4107-1　Ⓝ316.81　[2800円]

兵庫県（自然保護—伊丹市）
◇生物多様性いたみ戦略—人と生き物が共生し、水とみどりの潤うまち＝伊丹　伊丹市市民自治部環境政策室みどり公園課編　伊丹　伊丹市市民自治部環境政策室みどり公園課　2014.3　80p　30cm　Ⓝ519.8164

兵庫県（児童虐待）
◇子ども虐待と向きあう—兵庫・大阪の教育福祉の現場から　兵庫民主教育研究所子どもの人権委員会編　大津　三学出版　2014.3　60p　21cm　〈文献あり〉①978-4-903520-83-4　Ⓝ369.4　[700円]

兵庫県（児童福祉）
◇子ども虐待と向きあう—兵庫・大阪の教育福祉の現場から　兵庫民主教育研究所子どもの人権委員会編　大津　三学出版　2014.3　60p　21cm　〈文献あり〉①978-4-903520-83-4　Ⓝ369.4　[700円]

兵庫県（地主—歴史）
◇近世の豪農と地域社会　常松隆嗣著　大阪　和泉書院　2014.3　321p　22cm　（日本史研究叢刊　27）〈布装　内容：近世後期における豪農と地域社会　篠山藩における国益策の展開　陶磁器生産をめぐる豪農と地域社会　篠山藩における新田開発　幕末維新期における豪農の活動と情報　園田多祐と国益策　近世後期における河内の諸相　農村構造の変容と地主経営　近世後期における北河内の豪農　豪農と武士のあいだ　大塩の乱後にみる家の再興と村落共同体　終章〉①978-4-7576-0703-3　Ⓝ216.4　[6800円]

兵庫県（社会福祉）
◇見守り活動サポートブック—見守り観が変わる、一歩すすむ！　兵庫県社会福祉協議会小地域福祉活動実践研究会［著］　神戸　兵庫県社会福祉協議会　2013.3　80p　30cm　〈厚生労働省社会福祉推進事業補助事業〉Ⓝ369.02164

兵庫県（写真集—川西市）
◇ふるさと川西—市制60周年記念決定版写真集!!：保存版　田辺眞人監修　松本　郷土出版社　2014.10　231p　31cm　①978-4-86375-220-7　Ⓝ216.4　[9250円]

兵庫県（就労支援〔障害者〕—尼崎市）
◇顔をあげて。そばにおるで。—尼崎市の就労促進相談員の仕事　林美佐子著　メタモル出版　2014.12　159p　19cm　①978-4-89595-869-1　Ⓝ366.28　[1380円]

兵庫県（就労支援〔生活困窮者〕—尼崎市）
◇顔をあげて。そばにおるで。—尼崎市の就労促進相談員の仕事　林美佐子著　メタモル出版　2014.12　159p　19cm　①978-4-89595-869-1　Ⓝ366.28　[1380円]

兵庫県（条例—三木市）
◇三木市例規類集　平成26年度版　1　三木市企画管理部総務課編　三木　三木市　2014.8　1752p　21cm　Ⓝ318.264
◇三木市例規類集　平成26年度版　2　三木市企画管理部総務課編　三木　三木市　2014.8　p1755-3796　21cm　Ⓝ318.264

兵庫県（植物）
◇兵庫県花の歴史探訪　橋本光政著　姫路　橋本光政　2013.12　209, 358p　31cm　〈文献あり〉Ⓝ470.28

兵庫県（書目）
◇兵庫県EL新聞記事情報リスト　2013-1　エレクトロニック・ライブラリー編　エレクトロニック・ライブラリー　2014.2　1064p　31cm　〈制作：日外アソシエーツ〉Ⓝ025.8164
◇兵庫県EL新聞記事情報リスト　2013-2　エレクトロニック・ライブラリー編　エレクトロニック・ライブラリー　2014.2　p1065-2170　31cm　〈制作：日外アソシエーツ〉Ⓝ025.8164
◇兵庫県EL新聞記事情報リスト　2013-3　エレクトロニック・ライブラリー編　エレクトロニック・ライブラリー　2014.2　p2171-2889　31cm　〈制作：日外アソシエーツ〉Ⓝ025.8164
◇兵庫県EL新聞記事情報リスト　2013-4　エレクトロニック・ライブラリー編　エレクトロニック・ライブラリー　2014.2　p2891-3984　31cm　〈制作：日外アソシエーツ〉Ⓝ025.8164
◇兵庫県EL新聞記事情報リスト　2013-5　エレクトロニック・ライブラリー編　エレクトロニック・ライブラリー　2014.2　p3985-4870　31cm　〈制作：日外アソシエーツ〉Ⓝ025.8164

◇兵庫県EL新聞記事情報リスト　2013-6　エレクトロニック・ライブラリー編　エレクトロニック・ライブラリー　2014.2　p4871-5699　31cm　〈制作：日外アソシエーツ〉Ⓝ025.8164

兵庫県（城）
◇山城紀行—兵庫県版　竹本茂雄著　更新　［神戸］　［竹本茂雄］　2014.6　1冊　30cm　Ⓝ216.4

兵庫県（人権）
◇人権に関する県民意識調査調査結果報告書　神戸　兵庫県健康福祉部社会福祉局人権推進課　2014.3　162p　30cm　〈共同刊行：兵庫県人権啓発協会〉Ⓝ316.1

兵庫県（人口—統計—尼崎市）
◇尼崎市の人口—町（丁）別・年齢別（5歳）世帯数及び人口, 地区・年齢（各歳）別人口, 地区別外国人登録者数　平成26年3月31日現在　尼崎　尼崎市総務局情報統計担当　［2014］　42p　30cm　〈住民基本台帳人口〉Ⓝ358.164

兵庫県（陣屋—保存・修復—丹波市）
◇国指定史跡柏原藩陣屋跡整備事業報告書　2　丹波市教育委員会編　丹波　丹波市教育委員会　2013.12　65p　図版11p　30cm　〈年表あり〉Ⓝ521.8

兵庫県（森林計画）
◇揖保川地域森林計画—揖保川地域森林計画区：計画期間（自平成26年4月1日至平成36年3月31日）　［神戸］　兵庫県　［2014］　39, 6p　30cm　〈平成26年1月14日兵庫県告示第25号〉Ⓝ651.1
◇揖保川地域森林計画一部変更計画書—揖保川地域森林計画区：計画期間（自平成21年4月1日至平成31年3月31日）［神戸］　兵庫県　［2013］　8p　30cm　〈平成25年1月22日兵庫県告示第77号〉Ⓝ651.1
◇加古川地域森林計画一部変更計画書—加古川森林計画区：計画期間（自平成24年4月1日至平成34年3月31日）［神戸］　兵庫県　［2013］　8p　30cm　〈平成25年1月22日兵庫県告示第77号〉Ⓝ651.1
◇加古川地域森林計画一部変更計画書—加古川森林計画区：計画期間（自平成24年4月1日至平成34年3月31日）［神戸］　兵庫県　［2014］　5p　30cm　〈平成26年1月14日兵庫県告示第25号〉Ⓝ651.1
◇円山川地域森林計画一部変更計画書—円山川森林計画区：計画期間（自平成22年4月1日至平成32年3月31日）［神戸］　兵庫県　［2013］　8p　30cm　〈平成25年1月22日兵庫県告示第77号〉Ⓝ651.1
◇円山川地域森林計画一部変更計画書—円山川森林計画区：計画期間（自平成22年4月1日至平成32年3月31日）［神戸］　兵庫県　［2014］　6p　30cm　〈平成26年1月14日兵庫県告示第25号〉Ⓝ651.1

兵庫県（水害—佐用町）
◇こころの輪—平成21年台風第9号佐用町災害記録誌　企画防災課まちづくり企画室編　佐用町（兵庫県）　佐用町　2014.8　143p　30cm　〈年表あり〉Ⓝ369.33

兵庫県（生物多様性—伊丹市）
◇生物多様性いたみ戦略—人と生き物が共生し、水とみどりの潤うまち＝伊丹　伊丹市市民自治部環境政策室みどり公園課編　伊丹　伊丹市市民自治部環境政策室みどり公園課　2014.3　80p　30cm　Ⓝ519.8164

兵庫県（世帯—尼崎市—統計）
◇尼崎市の人口—町（丁）別・年齢別（5歳）世帯数及び人口, 地区・年齢（各歳）別人口, 地区別外国人登録者数　平成26年3月31日現在　尼崎　尼崎市総務局情報統計担当　［2014］　42p　30cm　〈住民基本台帳人口〉Ⓝ358.164

兵庫県（選挙—加古川市—統計）
◇選挙の記録　［加古川］　加古川市選挙管理委員会　［2014］　81p　30cm　〈加古川市長選挙加古川市議会議員選挙　平成26年6月22日執行〉Ⓝ314.8

兵庫県（選挙運動）
◇憲法が輝く県政へ—2013年兵庫県知事選挙の記録　憲法が輝く兵庫県政をつくる会編　大阪　日本機関紙出版センター　2014.2　125p　30cm　（ウィーラブ兵庫　7）〈内容：2013年兵庫県知事選挙をたたかって　知事選挙をたたかって（田中耕太郎著）地域の会はこうたたかった　井戸県政4期目「第3次行革」でさらに福祉・教育費バッサリ　資料編〉①978-4-88900-904-0　Ⓝ318.464　[952円]

兵庫県（村落—歴史）
◇近世の豪農と地域社会　常松隆嗣著　大阪　和泉書院　2014.3　321p　22cm　（日本史研究叢刊　27）〈布装　内容：近世後期における豪農と地域社会　篠山藩における国益策の展開　陶磁器生産をめぐる豪農と地域社会　篠山藩における新田開発　幕末維新期における豪農の活動と情報　園田多祐と国益策　近世後期における河内の諸相　農村構造の変容と地主経営　近世後期における北河内の豪農　豪農と武士のあいだ

大塩の乱後にみる家の再興と村落共同体 終章〉①978-4-7576-0703-3 ⓃN216.4 ［6800円］

兵庫県（山車）

◇祭屋台伝―播州屋台学 粕谷宗関著 ［神戸］ 友月書房 2014.10 91p 30cm〈交友ブランニングセンター（制作）文献あり〉①978-4-87787-625-8 ［非売品］

兵庫県（山車―明石市）

◇明石の布団太鼓―布団太鼓・だんじり・獅子舞 ［明石］ 明石の布団太鼓プロジェクト 2014.3 120p 30cm ⓃN386.164

兵庫県（男女共同参画―伊丹市）

◇市民と行政のパートナーシップ―伊丹市男女共同参画施策市民オンブードの記録：1997-2009年度 神戸大学ヒューマン・コミュニティ創成研究センタージェンダー研究・学習支援部門「市民と行政のパートナーシップ研究会」著 ［神戸］ 神戸大学ヒューマン・コミュニティ創成研究センタージェンダー研究・学習支援部門「市民と行政のパートナーシップ研究会」 2014.3 73, 45p 30cm ⓃN367.2164

兵庫県（地域開発）

◇淡路島―淡路地域〈淡路市・洲本市・南あわじ市〉の地域ブランド戦略：神の国を背景にしたブランディング 地域デザイン学会監修, 原田保, 金澤namesおよび和夫編著 芙蓉書房出版 2014.8 160p 21cm （地域ブランドブックス 3）〈年表あり 内容：”日本のはじまりの地”から「未来神話島＝淡路」への転換（原田保著） 日本のはじまりを意識させる淡路島（庄司真人著） 国生みに結びつけたブランディングが可能なコンテンツ（原田保著） 日本をシンボライズする島ブランド＝淡路（宮本文宏著） スロースタイルを創造する島＝淡路（宮本文宏著） コンテクストツーリズムからの淡路の旅（松田哲朗, 原田保, 宮本文宏著） 都市圏の島である淡路島の過去・現在・未来（金澤和夫著）〉①978-4-8295-0625-7 ⓃN601.164 ［1800円］

◇加古川地域の未来について話をしよう！―「熟議2013 in兵庫大学」報告書 兵庫大学熟議プロジェクトチーム編 加古川 兵庫大学 2014.3 116p 30cm〈共同刊行：兵庫大学短期大学部〉①978-4-9906842-1-1 ⓃN601.164

◇社会の成熟化に適応する”発想のイノベーション”を一人口減少が続く中での地域の自立に向けて：提言 神戸 神戸経済同友会 2014.2 33p 30cm〈折り込 1枚〉ⓃN601.164

◇ひょうごの元気ムラ―地域再生大作戦の歩み：がんばる集落・地域の取り組みを紹介 兵庫県地域再生課, コミュニティリンク編 ［神戸］ 兵庫県地域再生課 2014.3 99p 30cm ⓃN601.164

兵庫県（地域包括ケア―姫路市）

◇地域包括ケアを考える―姫路医療生協調査を事例にして：くらしと協同の研究所「地域包括ケア」を考えるシンポジウム報告集 くらしと協同の研究所編 京都 くらしと協同の研究所 2014.7 57p 30cm〈会期・会場：2013年11月16日 せいきょう会館〉ⓃN369.26

兵庫県（地誌）

◇淡路学読本 廣岡徹監修, 投石文子編著, 山田脩二, 岩井拡記, 大歳久美子編 改訂 洲本 淡路学読本編纂会議にこちゃん塾 2014.3 148p 30cm〈文献あり 共同刊行：淡路県民局〉ⓃN291.64

◇兵庫「地理・地名・地図」の謎―意外と知らない兵庫県の歴史を読み解く！ 先崎仁監修, 造事務所編著 実業之日本社 2014.9 190p 18cm （じっぴコンパクト新書 204）〈文献あり〉①978-4-408-11088-2 ⓃN291.64 ［800円］

◇ふるさと景観―播磨・但馬に広がる市川流域のまち 柴田泰典著 伊丹 牧歌舎 2014.10 249p 21cm〈星雲社（発売）〉①978-4-434-19932-5 ⓃN291.64 ［2000円］

兵庫県（地誌―小野市）

◇下東条地区「地域調べ」記録集―地域の宝を探そう！ 3 福住町・中番町・菅田町・住吉町・久保木町 下東条地区地域づくり協議会, 神戸大学大学院人文学研究科地域連携センター, 小野市立好古館調査, 小野市立好古館編 小野 小野市立好古館 2014.3 134p 30cm〈文化遺産を活かした地域活性化事業〉ⓃN291.64

兵庫県（地誌―姫路市）

◇姫路市地域夢プラン大全集―夢つづく未来への路ガイド 姫路市編 姫路 姫路市 2013.3 241p 30cm ⓃN291.64

兵庫県（地方選挙）

◇憲法が輝く県政へ―2013年兵庫県知事選挙の記録 憲法が輝く兵庫県政をつくる会編 大阪 日本機関紙出版センター 2014.2 125p 30cm （ウィーラブ兵庫 7）〈内容：2013年兵庫県知事選挙をたたかって 知事選挙をたたかって（田中耕太郎著） 地域の会はこうたたかった 井戸県政4期目「第3次行革」でさらに福祉・教育予算バッサリ 資料編〉①978-4-88900-904-0 ⓃN318.464 ［952円］

兵庫県（地方選挙―加古川市）

◇選挙の記録 ［加古川］ 加古川市選挙管理委員会 ［2014］ 81p 30cm〈加古川市長選挙加古川市議会議員選挙 平成26年6月22日執行〉ⓃN314.8

兵庫県（地名―伊丹市）

◇昆陽 光家明著 ［伊丹］［光家明］ ［20－－］ 1冊（ページ付なし）27cm ⓃN291.64

兵庫県（鉄道）

◇JR京都線・神戸線―街と駅の1世紀：JR京都線・神戸線各駅今昔散歩明治・大正・昭和の街角を紹介 生田誠著 彩流社 2014.3 87p 26cm （懐かしい沿線写真で訪ねる）〈年譜あり〉①978-4-7791-1728-2 ⓃN686.2162 ［1850円］

兵庫県（鉄道―川西市―歴史）

◇川西鉄道小史―国鉄・能勢電・阪急とまちの回顧録 森田敏生著 立川 けやき出版 2014.9 250p 21cm〈文献あり 年表あり〉①978-4-87751-519-5 ⓃN686.2164 ［1600円］

兵庫県（伝記―三田）

◇さんだ人物誌 歴史文化財ネットワークさんだ「さんだ人物誌」編集委員会編 ［三田］ 歴史文化財ネットワークさんだ 2014.5 109p 26cm〈文献あり〉ⓃN281.64

兵庫県（都市再開発）

◇兵庫の再開発 vol. 20 2013 ［兵庫県］ 県土整備部まちづくり局市街地整備課編 神戸 ［兵庫県］県土整備部まちづくり局市街地整備課 2014.3 283p 30cm ⓃN518.8

兵庫県（土地改良―歴史）

◇兵庫の土地改良史 2 兵庫県農政環境部農林水産局農地整備課監修 神戸 兵庫県土地改良事業団体連合会 2014.3 1192p 図版 8p 27cm〈年表あり〉ⓃN614.2164

兵庫県（土地区画整理）

◇兵庫県の区画整理 兵庫県県土整備部まちづくり局市街地整備課編 ［神戸］ 兵庫県県土整備部まちづくり局市街地整備課 2013.3 132p 30cm〈年表あり〉ⓃN518.86

兵庫県（年中行事―多可町）

◇多可町の年中行事 1 多可町（兵庫県） 多可町文化遺産活性化実行委員会 2014.3 141p 30cm （多可町文化財報告 23）〈文化遺産を活かした地域活性化事業〉ⓃN386.164

兵庫県（排気ガス―排出抑制）

◇総量削減進行管理調査 ［神戸］ 兵庫県 2014.3 104p 31cm （環境省委託業務結果報告書 平成25年度）ⓃN519.3

兵庫県（美術―赤穂市―図集）

◇明治・大正ロマンの赤穂の美術―100年前のアートin Ako：平成26年度特別展 赤穂市立美術工芸館田淵記念館編 赤穂 赤穂市立美術工芸館田淵記念館 2014.11 93p 30cm （会期・会場：平成26年11月13日―平成27年1月12日 赤穂市立美術工芸館田淵記念館）ⓃN702.1964

兵庫県（美術―たつの市―歴史）

◇刻（とき）の記憶―龍野アートプロジェクト2013：arts and memories：実施報告書 たつの 龍野アートプロジェクト 2014.2 158p 30cm〈編集：加須屋明子ほか〉ⓃN702.1964

兵庫県（病院）

◇兵庫県病院事業地方公営企業法全部適用10年のあゆみ ［神戸］ 兵庫県病院局 2013.3 94p 30cm〈年表あり〉ⓃN498.163

兵庫県（風俗・習慣―養父市）

◇明延鉱山生活文化調査報告書 養父市教育委員会編 養父 養父市教育委員会 2014.3 88p 30cm （兵庫県養父市文化財保護調査報告書 第6集）〈文献あり 年表あり〉ⓃN382.164

兵庫県（風俗・習慣―歴史―明石市）

◇まちのすがた今・昔―次世代への確かな伝承 『まちのすがた今・昔』編集委員会編 明石 鳥羽野々上自治会 2014.3 50p 30cm〈年表あり〉ⓃN382.164

兵庫県（仏塔）

◇千種川流域の古式宝篋印塔―現地調査と研究 西播磨歴史研究会編 ［千種町（兵庫県）］ 西播磨歴史研究会 2014.6 156p 図版 8p 30cm （文化財調査報告 第1集）ⓃN521.818 ［非売品］

兵庫県（文化財―芦屋市）

◇みんなで選んだ芦屋の未来遺産―芦屋文化の100年リレー：補完・解説版 芦屋ユネスコ協会編 芦屋 芦屋ユネスコ協会 2013.11 145p 30cm ⓃN709.164

兵庫県（文化財―神河町）

◇神河町の歴史文化遺産 2 歴史史料綜合調査の結果 神河町（兵庫県） 神河町文化財活性化実行委員会 2014.3 131p 30cm

兵庫県（文化財保護）

（神河町文化財調査報告書 第5集）〈文化庁平成25年度文化遺産を活かした地域活性化事業 折り込 1枚〉Ⓝ709.164

兵庫県（文化財保護）
◇兵庫県文化財パトロール必携 兵庫県教育委員会事務局文化財課編 神戸 兵庫県教育委員会事務局文化財課 2014.3 112p 30cm Ⓝ709.164

兵庫県（町屋―保存・修復―篠山市）
◇城下町篠山まちづくりのあゆみ―重要伝統的建造物群保存地区選定10周年記念誌 篠山市,篠山市教育委員会編 ［篠山］篠山市 2014.11 85p 30cm〈年表あり 芸術文化振興基金助成事業 共同刊行：篠山市教育委員会〉Ⓝ521.86

兵庫県（町屋―三木市）
◇三木の町並み―まちの歴史文化資源調査報告書 山之内誠,不破正仁編著 ［三木］三木市文化遺産活性化実行委員会 2014.3 175p 30cm〈平成25年度文化庁文化芸術振興費補助金（文化遺産を活かした地域活性化事業）〉Ⓝ521.86

兵庫県（昔話―丹波市）
◇丹波のおすすー峠のお地蔵さんからたどる江戸中期の秘話 小谷良道著 丹波 丹波新聞社（印刷） 2014.9 137p 21cm〈年表あり 文献あり〉Ⓝ388.164 ［950円］

兵庫県（名簿）
◇兵庫県人物・人材情報リスト 2015 第1巻 日外アソシエーツ株式会社編 日外アソシエーツ（制作） 2014.11 656p 30cm Ⓝ281.64
◇兵庫県人物・人材情報リスト 2015 第2巻 日外アソシエーツ株式会社編 日外アソシエーツ（制作） 2014.11 p657-1279 30cm Ⓝ281.64
◇兵庫県人物・人材情報リスト 2015 第3巻 日外アソシエーツ株式会社編 日外アソシエーツ（制作） 2014.11 p1281-1944 30cm Ⓝ281.64
◇兵庫県人物・人材情報リスト 2015 第4巻 日外アソシエーツ株式会社編 日外アソシエーツ（制作） 2014.11 p1945-2466, 103p 30cm Ⓝ281.64

兵庫県（歴史）
△あなたの知らない兵庫県の歴史 山本博文監修 洋泉社 2014.3 189p 18cm（歴史新書）〈文献あり 年表あり〉①978-4-8003-0353-0 Ⓝ216.4 ［780円］
◇動乱！播磨の中世―赤松円心から黒田官兵衛まで：兵庫県立考古博物館特別展図録 兵庫県立考古博物館編 播磨町（兵庫県） 兵庫県立考古博物館 2013.10 88p 30cm〈年表あり 会期・会場：平成25年10月5日―12月1日 兵庫県立考古博物館特別展示室〉Ⓝ216.4

兵庫県（歴史―相生市）
♭ふるさと相生つれづれ草 棚橋純子著, 松本恵司編著 ［相生］相生いきいきネット 2014.4 215p 30cm Ⓝ216.4 ［1800円］

兵庫県（歴史―篠山市）
◇丹波篠山日置の古文書―ルーツの信憑性調査 火置弘著 ［神戸］友月書房 2014.10 121p 26cm〈交友プランニングセンター（制作）〉①978-4-87787-634-0 Ⓝ216.4 ［非売品］

兵庫県（歴史―写真集）
◇北播磨の昭和―写真アルバム 名古屋 樹林舎 2014.6 264p 図版 16p 31cm〈兵庫県教育図書販売（発売）〉①978-4-902731-65-1 Ⓝ216.4 ［9250円］

兵庫県（歴史―写真集―宝塚市）
◇ふるさと宝塚―宝塚市制60周年記念写真集：保存版 松本郷土出版社 2014.5 231p 31cm ①978-4-86375-213-9 Ⓝ216.4 ［9250円］

兵庫県（歴史―史料―宍粟市）
◇播磨国宍粟郡広瀬宇野氏の史料と研究 宍粟市歴史資料館編 宍粟 宍粟市歴史資料館 2014.3 236p 30cm（宍粟市郷土資料集 第2集）Ⓝ216.4
◇三方の光―昭和五年十一月：宍粟郡三方尋常高等小学校 宍粟市歴史資料館編 宍粟 宍粟市歴史資料館 2014.2 294p 30cm（宍粟市郷土資料集 第3集）〈年表あり〉Ⓝ216.4

兵庫県（歴史―史料―書目―姫路市）
◇姫路市史編集資料目録集 62 姫路 姫路市教育委員会事務局市史編集室 2014.3 99p 19×26cm〈内容：山本泰蔵氏文書 梅谷宏文氏文書〉Ⓝ216.4
◇姫路市史編集資料目録集 63 姫路 姫路市教育委員会事務局市史編集室 2014.3 106p 19×26cm〈内容：広畑才農氏所有文書 森昌彦氏文書 下里洋造氏文書 井上太良氏文書 山根くり子氏文書 加茂農区文書 亀井町自治会文書 余子

浜自治会文書 改発敏子氏文書 坂上自治会文書 西中島自治会文書 姫路西高等学校図書館文書（追加分）〉Ⓝ216.4

兵庫県（歴史―史料―姫路市）
◇大津古文書集―読み下し文 三木敏明編著 ［姫路］［三木敏明］ 2014.10 314p 30cm〈公益財団法人姫路市文化国際交流財団助成事業〉Ⓝ216.4

兵庫県（歴史―高砂市）
◇高砂市史 第3巻 通史編 近現代 高砂市史編さん専門委員会編 高砂 高砂市 2014.3 826, 27p 22cm〈文献あり 折り込 1枚 付属資料：15p：付図解説 外箱入〉Ⓝ216.4

兵庫県（歴史―たつの市）
◇播磨を生きた官兵衛―乱世の中の室津：特別展 室津海駅館,室津民俗館専門委員会編 ［たつの］ たつの市教育委員会 2014.10 49p 30cm（図録 20）〈文献あり 年表あり 会期：2014年10月22日―11月24日 共同刊行：たつの市立室津海駅館〉Ⓝ216.4

兵庫県（歴史―西宮市）
◇名塩抄史 亥野彊著 ［出版地不明］［亥野彊］ 2014.7 68p 21cm Ⓝ216.4

兵庫県（労働運動―歴史）
◇産業別（町村職）統一賃金をめざして―兵庫県における町村会統一交渉の成立とたたかいの経験から 小島修二著 ［神戸］兵庫地方自治研究センター 2013.12 199p 21cm〈年表あり〉Ⓝ366.62164
◇兵庫県町村職連たたかいの記録 ［神戸］ 兵庫県地方自治研究センター 2013.12 190p 30cm〈「産業別（町村職）統一賃金をめざして―兵庫県における町村会統一交渉の成立とたたかいの経験から」別冊〉Ⓝ366.62164

兵庫県（路線価）
◇路線価図―兵庫県（1） 大阪 納税協会連合会 2014.7 1冊 30cm （財産評価基準書 平成26年分 31/49）〈清文社（発売）内容：灘（神戸市灘区） 兵庫（神戸市兵庫区・北区/三田市）〉Ⓝ345.5 ［9800円］
◇路線価図―兵庫県（3） 大阪 納税協会連合会 2014.7 1冊 30cm （財産評価基準書 平成26年分 33/49）〈清文社（発売）内容：姫路（姫路市/神崎郡福崎町）〉Ⓝ345.5 ［11400円］
◇路線価図―兵庫県（4） 大阪 納税協会連合会 2014.7 1冊 30cm （財産評価基準書 平成26年分 34/49）〈清文社（発売）内容：尼崎（尼崎市）〉Ⓝ345.5 ［5600円］
◇路線価図―兵庫県（5） 大阪 納税協会連合会 2014.7 1冊 30cm （財産評価基準書 平成26年分 35/49）〈清文社（発売）内容：明石（神戸市西区/明石市）〉Ⓝ345.5 ［9000円］
◇路線価図―兵庫県（6） 大阪 納税協会連合会 2014.7 1冊 30cm （財産評価基準書 平成26年分 36/49）〈清文社（発売）内容：西宮（西宮市/宝塚市）〉Ⓝ345.5 ［9100円］
◇路線価図―兵庫県（7） 大阪 納税協会連合会 2014.7 1冊 30cm （財産評価基準書 平成26年分 37/49）〈清文社（発売）内容：洲本（洲本市/南あわじ市/淡路市） 芦屋（神戸市東灘区/芦屋市）〉Ⓝ345.5 ［6700円］
◇路線価図―兵庫県（8） 大阪 納税協会連合会 2014.7 1冊 30cm （財産評価基準書 平成26年分 38/49）〈清文社（発売）内容：伊丹（伊丹市/川西市/川辺郡猪名川町）〉Ⓝ345.5 ［7000円］
◇路線価図―兵庫県（9） 大阪 納税協会連合会 2014.7 1冊 30cm （財産評価基準書 平成26年分 39/49）〈清文社（発売）内容：相生（相生市/赤穂市赤穂郡上郡町） 豊岡（豊岡市/美方郡香美町・新温泉町）〉Ⓝ345.5 ［6400円］
◇路線価図―兵庫県（10） 大阪 納税協会連合会 2014.7 1冊 30cm （財産評価基準書 平成26年分 40/49）〈清文社（発売）内容：加古川（加古川市/高砂市加古郡稲美町・播磨町）〉Ⓝ345.5 ［7400円］
◇路線価図―兵庫県（11） 大阪 納税協会連合会 2014.7 1冊 30cm （財産評価基準書 平成26年分 41/49）〈清文社（発売）内容：龍野（龍野市/たつの市揖保郡太子町） 西脇（西脇市）〉Ⓝ345.5 ［5300円］
◇路線価図―兵庫県（12） 大阪 納税協会連合会 2014.7 1冊 30cm （財産評価基準書 平成26年分 42/49）〈清文社（発売）内容：三木（社（小野市/加西市/加東市） 和田山（朝来市） 柏原（篠山市/丹波市）〉Ⓝ345.5 ［6300円］

兵庫県子どもの図書館研究会
◇兵庫県子どもの図書館研究会のあゆみ 3 1985.4-2009.3 片桐由美子,角田美津子編 ［太子町（兵庫県）］ 兵庫県子どもの図書館研究会 2014.4 101p 21cm Ⓝ016.28 ［700円］

日本件名図書目録2014　Ⅰ　　　　　　　　　　　　　　　　　　　　　　　　　　　　　　平塚市（遺跡・遺物）

兵庫県珠算連盟
◇創立60周年記念誌　兵庫県珠算連盟創立60周年記念事業実行委員会編　神戸　兵庫県珠算連盟　2013.12　82p　30cm〈奥付のタイトル：一般社団法人兵庫県珠算連盟創立60周年記念誌〉Ⓝ418.9

兵庫県立大学経済学部
◇学びへの招待―ガイドブック　兵庫県立大学経済学部編　神戸　兵庫県立大学神戸商科キャンパス学術研究会　2014.3　165p　26cm　Ⓝ331.07

◇学びへの招待―ガイドブック　兵庫県立大学経済学部『学びへの招待』編集委員会編　神戸　兵庫県立大学神戸商科キャンパス学術研究会　2014.3　54p　30cm　Ⓝ335.07

兵庫県立ピッコロ劇団
◇兵庫県立ピッコロ劇団20年誌　兵庫県立ピッコロ劇団編　［尼崎］　兵庫県立尼崎青少年創造劇場　2013.6　54p　26cm（Into別冊）〈年表あり　表紙のタイトル：兵庫県立ピッコロ劇団　共同刊行：兵庫県立ピッコロ劇団後援会〉Ⓝ775.1

平等院
◇平等院鳳凰堂西面扉絵日想観光学調査報告書　国立文化財機構東京文化財研究所　2014.3　37, 29p　図版［10］枚　30cm〈共同刊行：平等院〉Ⓝ721.1

◇法華寺阿弥陀浄土院と平等院鳳凰堂　三宮千佳著　勉誠出版　2014.2　256p　22cm〈内容：法華寺阿弥陀浄土院の造営開始時期　法華寺阿弥陀浄土院の発願意図　中国南朝の浄土図の景観と皇帝の苑　唐代浄土院と法華寺阿弥陀浄土院　平安時代の浄土思想と大乗菩薩道　平安時代の阿弥陀堂と寝殿造　平安時代の法華寺と藤原道長　平等院鳳凰堂の発願と法華寺阿弥陀浄土院〉①978-4-585-21019-1　Ⓝ521.818　［8500円］

日吉神社〔東近江市〕
◇青山物語―近江江東旧愛東町（東近江市）：里社日吉神社・里利喜勝寺年中行事：邑里青山の民俗行事　塚本茂博著　愛荘町（滋賀県）　近江印刷（印刷製本）　2014.10　166p　27cm　Ⓝ175.961

ヒョンビン〔1982～〕
◇ヒョンビン、限界に挑む。―海兵隊入隊ドキュメンタリーBOOK　キムファンギ著、大門孝司訳，シンミシク，ソンミンソク撮影　イースト・プレス　2014.2　142p　26cm　①978-4-7816-1073-3　Ⓝ778.221　［2667円］

平井 英路〔1917～1945〕
◇約束　1　平井文人［著］　府中（東京都）　平井文人　2014.9　93, 333p　図版11枚　21cm〈年譜あり〉Ⓝ288.3

平井 直衛〔1893～1967〕
◇約束　1　平井文人［著］　府中（東京都）　平井文人　2014.9　93, 333p　図版11枚　21cm〈年譜あり〉Ⓝ288.3

平井 文人〔1944～〕
◇約束　2　平井文人［著］　府中（東京都）　平井文人　2014.9　302p　21cm〈年譜あり〉Ⓝ288.3

平泉
◇日中古代都城と中世都市平泉　吉田歓著　汲古書院　2014.10　275, 22p　22cm　①978-4-7629-4214-3　Ⓝ212.2　［7000円］

◇日本都市史のなかの平泉　岩手県教育委員会，一関市教育委員会，奥州市教育委員会，平泉町教育委員会編　［盛岡］　岩手県教育委員会　2014.3　209p　30cm　（「平泉の文化遺産」拡張登録に係る研究集会報告書　平成25年度）〈文献あり　共同刊行：一関市教育委員会ほか〉Ⓝ210.4

◇日本都市史のなかの平泉―資料集　岩手県教育委員会，一関市教育委員会，奥州市教育委員会，平泉町教育委員会編　［盛岡］　岩手県教育委員会　2014.3　116p　30cm　（「平泉の文化遺産」拡張登録に係る共同研究成果集 1）〈年表あり　共同刊行：一関市教育委員会ほか〉Ⓝ210.4

◇平泉―北方王国の夢　斉藤利男著　講談社　2014.12　349p　19cm　（講談社選書メチエ　588）〈索引あり〉①978-4-06-258591-0　Ⓝ212.2　［1950円］

平泉町〔岩手県〕（遺跡・遺物）
◇特別史跡無量光院跡発掘調査報告書　10　第25次調査　平泉町教育委員会編　平泉町（岩手県）　平泉町教育委員会　2014.3　71p　30cm　（岩手県平泉町文化財調査報告書　第121集）Ⓝ210.0254

◇平泉遺跡群発掘調査報告書　平泉町教育委員会編　平泉町（岩手県）　平泉町教育委員会　2014.3　165p　30cm　（岩手県平泉町文化財調査報告書　第122集）〈内容：小島館跡.　第1次祇園Ⅱ遺跡.　第12-14次　伽羅之御所跡.　第20・21次　西光寺跡.　第8次　坂下遺跡.　第15次　志羅山遺跡.　103-105次　白山社遺跡.　第9次〉Ⓝ210.0254

◇柳之御所遺跡―第74次発掘調査概報　盛岡　岩手県教育委員会生涯学習文化課　2014.3　98p　図版28p　30cm　（岩手県文化財調査報告書　第140集）Ⓝ210.0254

平泉町〔岩手県〕（文化遺産）
◇「平泉の文化遺産」の世界遺産追加登録に係る国内専門家会議会議録　岩手県教育委員会，一関市，一関市教育委員会，奥州市教育委員会，平泉町教育委員会編　［盛岡］　岩手県教育委員会　2013.3　112p　30cm〈共同刊行：一関市ほか〉Ⓝ709.122

平生 釟三郎〔1866～1945〕
◇平生釟三郎日記　第9巻　平生釟三郎［著］，甲南学園平生釟三郎日記編集委員会編　神戸　甲南学園　2014.5　738p　27cm〈年譜あり　付属資料：13p：月報　内容：昭和2年5月2日―昭和3年6月30日〉①978-4-9905110-8-1　Ⓝ289.1　［20000円］

◇平生釟三郎日記　第10巻　平生釟三郎［著］，甲南学園平生釟三郎日記編集委員会編　神戸　甲南学園　2014.12　690p　27cm〈年譜あり　付属資料：10p：月報　内容：昭和3年7月1日―昭和4年8月31日〉①978-4-9905110-9-8　Ⓝ289.1　［20000円］

平岡 昭三〔1928～〕
◇ある総合商社マンの一生　平岡昭三著　近代文藝社　2014.6　100p　20cm〈年譜あり〉①978-4-7733-7925-9　Ⓝ289.1　［1300円］

枚方市（遺跡・遺物）
◇禁野本町遺跡　大阪　大阪府教育委員会　2014.3　50p　図版43枚　30cm　（大阪府埋蔵文化財調査報告 2013-6）（都市計画道路枚方藤阪線拡幅工事に伴う発掘調査）Ⓝ210.0254

◇枚方上之町遺跡　1　枚方市文化財研究調査会編　枚方　枚方市文化財研究調査会　2014.3　26p　図版6p　30cm　（枚方市文化財調査報告　第74集）（大阪府枚方市所在　枚方市立枚方小学校校舎増築工事に伴う枚方上之町遺跡第92次調査報告）Ⓝ210.0254

枚方市（遺跡・遺物―保存・修復）
◇特別史跡百済寺跡再整備基本計画　枚方市編　枚方　枚方市　2014.3　101p　30cm　Ⓝ709.163

平川市（遺跡・遺物）
◇原遺跡・猿賀浅井（1）遺跡・猿賀浅井（2）遺跡―平成25年度市内遺跡試掘調査報告書　平川市教育委員会編　平川　平川市教育委員会　2014.3　28p　30cm　（平川市埋蔵文化財調査報告書　第4集）Ⓝ210.0254

平川市（歴史）
◇弘前・黒石・平川の昭和―写真アルバム　長岡　いき出版　2014.10　279p　31cm　（青森県図書教育用品（発売））①978-4-904614-55-6　Ⓝ212.1　［9250円］

平田〔氏〕
◇宮之城流平田氏と入来流大重氏　平田重人著　名古屋　ブイツーソリューション　2014.12　330p　21cm　①978-4-86476-266-3　Ⓝ288.2　［非売品］

平田 オリザ〔1962～〕
◇世界とわたりあうために　平田オリザ著　徳間書店　2014.3　239p　19cm　①978-4-19-863775-0　Ⓝ772.1　［1300円］

平塚市（遺跡・遺物）
◇北金目塚越遺跡第8地点　ブラフマン編　平塚　柳川亀次　2014.5　28p　30cm〈神奈川県平塚市所在　神奈川県平塚市北金目字溝ノ尾1648番2の一部ほか10筆における埋蔵文化財発掘調査報告書〉Ⓝ210.0254

◇真田・北金目遺跡群―平成25年度夏期特別展/平塚市文化財展　平塚　平塚市博物館　2013.7　56p　30cm〈年表あり　会期・会場：平成25年7月20日―9月8日　平塚市博物館特別展示室　共同刊行：平塚市社会教育課文化財保護担当〉Ⓝ213.7

◇中原D遺跡第4地点　横浜　玉川文化財研究所　2014.3　177p　図版44p　30cm　（神奈川県埋蔵文化財発掘調査報告書 18）〈平塚児童相談所（仮称）新築工事に伴う発掘調査〉Ⓝ210.0254

◇七ノ域遺跡第8地点　横浜　アーク・フィールドワークシステム　2014.12　62p　図版24p　30cm　（神奈川県埋蔵文化財発掘調査報告書 26）〈文献あり　都市計画道路3・3・6号湘南新道街路整備工事に伴う発掘調査〉Ⓝ210.0254

◇平塚市真田・北金目遺跡群発掘調査報告書　10　第6分冊　64区　平塚市真田・北金目遺跡調査会編　［横浜］　都市再生機構　2013.3　52p　図版11p　30cm〈神奈川県平塚市所在　平塚都市計画事業真田・北金目特定土地区画整理事業に伴う調査報告〉Ⓝ210.0254

◇平塚市真田・北金目遺跡群発掘調査報告書　10　第7分冊　65区　平塚市真田・北金目遺跡調査会編　［横浜］　都市再生機構　2013.3　27p　図版3p　30cm〈神奈川県平塚市所在　平塚都市計画事業真田・北金目特定土地区画整理事業に伴う調査報告〉Ⓝ210.0254

平塚市（水利―歴史）

◇平塚市試掘・確認調査報告書　1　平成10年度　平塚市遺跡調査会編　平塚　平塚市教育委員会　2014.3　117p　30cm〈神奈川県平塚市所在〉Ⓝ210.0254

◇山下長者屋敷跡第2地点　新井潔,三輪孝幸著,日本窯業史研究所編　那珂川町（栃木県）日本窯業史研究所　2014.7　26p　図版 5p　30cm（日本窯業史研究所報告 第87冊）〈神奈川県平塚市所在〉Ⓝ210.0254

平塚市（水利―歴史）

◇水と生きる里―金目の風土とその魅力：2013年度春期特別展　平塚　平塚市博物館　2014.3　62p　30cm〈会期：2014年3月15日―5月11日　共同刊行：エコミュージアム金目まるごと博物館　折り込 1枚〉Ⓝ213.7

平塚市（石仏）

◇平塚の石仏　8　金田地区編　石仏を調べる会編　改訂版　[平塚]　平塚市博物館　2013.7　141p　30cm　Ⓝ718.4

◇平塚の石仏　9　旭地区編　石仏を調べる会編　改訂版　[平塚]　平塚市博物館　2014.5　294p　30cm　Ⓝ718.4

◇平塚の石仏―3058の祈りと願い：平成二十六年度秋期特別展　平塚　平塚市博物館　2014.10　64p　30cm〈年表あり　会期：平成26年10月4日―11月30日〉Ⓝ718.4

平塚市テニス協会

◇平塚市テニス協会50周年記念誌―2013　[平塚]　平塚市テニス協会　2014.2　185p　26cm〈年表あり〉Ⓝ783.5

平取町（北海道）（遺跡・遺物）

◇豊糠10遺跡　平取町教育委員会編　平取町（北海道）平取町教育委員会　2014.3　85p　30cm（平取町文化財調査報告書 17）〈平取町所在　沙流川総合開発事業の内道道宿志別振内停車場線付替工事に伴う埋蔵文化財発掘調査報告書〉Ⓝ210.0254

平野 謙〔1907～1978〕

◇平野謙のこと、革命と女たち　阿部浪子著　社会評論社　2014.8　206p　19cm〈年譜あり〉①978-4-7845-1913-2　Ⓝ910.268　[2000円]

平松〔氏〕

◇古文書の街敦賀―私の先祖平松家「社記」は語る：神代から平成の現代まで続く直系その証明：古文書は敦賀にあり　小松邦子著　デンタルエイド（発売）2014.1　67p　30cm〈編集：デンタルエイド〉Ⓝ288.2　[1500円]

平松 楽斎〔1792～1852〕

◇津脩録関係往復書簡　4　[津]　津市教育委員会　2014.3　56p　21cm（平松楽斎文書 37）Ⓝ289.1

平山 善吉〔1934～ 〕

◇我が山と南極の生涯　平山善吉著　茗溪堂　2014.1　363p　22cm①978-4-943905-30-1　Ⓝ786.1　[4000円]

平谷村〔長野県〕（遺跡・遺物）

◇上の平遺跡の発掘記録　考古学コース白石ゼミ編　日進　愛知学院大学文学部歴史学科　2014.3　38p　図版 7p　30cm（愛知学院大学考古学発掘調査報告 17）〈長野県下伊那郡平谷村所在〉Ⓝ210.0254

ヴィラール・ド・オヌクール

◇ヴィラール・ド・オヌクール画帖の研究　3　藤本康雄著　中央公論美術出版　2014.3　340p　図版67枚　27cm①978-4-8055-0718-6　Ⓝ523.045　[29000円]

ビリービン, I.I.〔1876～1942〕

◇ビリービンとロシア絵本の黄金時代　田中友子著　東京美術　2014.9　135p　26cm（ToBi selection）①978-4-8087-0991-4　Ⓝ726.601　[2400円]

ビリャ, P.〔1878～1923〕

◇ビリャとサパタ メキシコ革命の指導者たち　国本伊代著　山川出版社　2014.6　91p　21cm（世界史リブレット人 75）〈文献あり 年譜あり〉①978-4-634-35075-5　Ⓝ256.06　[800円]

蛭ヶ岳

◇蛭ヶ岳山荘通信―縮刷版：平成10年8月―平成26年1月　相模原　北丹沢山岳センター　2014.1　1冊　30cm　Ⓝ291.37　[600円]

蛭田 正次〔1922～ 〕

◇蛭田家のルーツと私の人生回顧録　蛭田正次著　文芸社　2014.7　202p　20cm①978-4-286-15194-6　Ⓝ289.1　[1300円]

ビルマ →ミャンマーを見よ

ビルロ, A.〔1979～ 〕

◇我思う、ゆえに我蹴る。―アンドレア・ビルロ自伝　アンドレア・ビルロ, アレッサンドロ・アルチャート著, 沖山ナオミ訳

東邦出版　2014.3　259p　19cm①978-4-8094-1205-9　Ⓝ783.47　[1600円]

Hiro〔1969～ 〕

◇ビビリ　EXILE HIRO著　幻冬舎　2014.6　363p　19cm①978-4-344-02590-5　Ⓝ767.8　[1500円]

広井 勇〔1862～1928〕

◇ボーイズ・ビー・アンビシャス　第4集　札幌農学校教授・技師広井勇と技師青山士―紳士の工学の系譜　藤沢　二宮尊徳の会　2014.2　208p　21cm〈年譜あり〉①978-4-9906069-5-4　Ⓝ281.04　[900円]

弘兼 憲史〔1947～ 〕

◇ヒロカネ流―後半生は「人生楽しんだもん勝ち」　弘兼憲史著　講談社　2014.4　190p　19cm①978-4-06-218839-5　Ⓝ726.1　[1300円]

弘前市（遺跡・遺物）

◇油伝（1）遺跡発掘調査報告書　弘前市教育委員会文化財課埋蔵文化財係編　弘前　弘前市教育委員会文化財課埋蔵文化財係　2014.3　423p　30cm〈市道独狐蒔苗線整備事業に係る発掘調査〉Ⓝ210.0254

◇上新岡館・薬師遺跡　第1分冊　青森県埋蔵文化財調査センター編　[青森]　青森県教育委員会　2014.3　386p　図版 4p　30cm（青森県埋蔵文化財調査報告書 第545集）〈県営一般農道整備事業（山村振興）に伴う遺跡発掘調査報告〉Ⓝ210.0254

◇上新岡館・薬師遺跡　第2分冊　青森県埋蔵文化財調査センター編　[青森]　青森県教育委員会　2014.3　292p　30cm（青森県埋蔵文化財調査報告書 第545集）〈県営一般農道整備事業（山村振興）に伴う遺跡発掘調査報告〉Ⓝ210.0254

◇蔵主町遺跡　青森県教育庁文化財保護課編　[青森]　青森県教育委員会　2014.3　210p　図版 4p　30cm（青森県埋蔵文化財調査報告書 第547集）〈年表あり〉　県立弘前中央高等学校校舎等改築事業に伴う発掘調査報告〉Ⓝ210.0254

◇小栗山館遺跡発掘調査報告書　青森県弘前市, 弘前市教育委員会編　[弘前]　青森県弘前市　2014.3　23p　30cm〈市道小栗山沢部5号線道路改良工事に伴う発掘調査　共同刊行：弘前市教育委員会〉Ⓝ210.0254

◇史跡津軽氏城跡（弘前城跡）弘前城本丸発掘調査概報　1　弘前市都市環境部公園緑地課弘前城整備活用推進室編　弘前　弘前市都市環境部公園緑地課弘前城整備活用推進室　2014.3　44p　30cm〈本丸石垣解体修理事業に係る発掘調査〉Ⓝ210.0254

◇史跡津軽氏城跡弘前城本丸南馬出し石段（武者屯坂）発掘調査報告書　弘前市編　弘前　弘前市　2014.3　97p　30cm〈年表あり〉Ⓝ210.0254

◇史跡津軽氏城跡堀越城跡発掘調査報告書　15　青森県弘前市教育委員会編　弘前　青森県弘前市教育委員会　2014.3　53p　図版 2p　30cm〈年表あり〉Ⓝ210.0254

◇弘前市内遺跡発掘調査報告書　18　青森県弘前市教育委員会編　弘前　青森県弘前市教育委員会　2014.3　65p　30cm〈内容：乳井茶臼館A・B地点　村元遺跡　石川城跡　詳細分布調査〉Ⓝ210.0254

◇早稲田遺跡発掘調査報告書　青森県弘前市教育委員会編　弘前　青森県弘前市教育委員会　2014.3　57p　30cm〈民間企業による宅地造成に伴う発掘調査報告書〉Ⓝ210.0254

弘前市（風俗・習慣）

◇弘前市鬼沢鬼神社の信仰と民俗　山田嚴子編　弘前　弘前大学人文学部文化財論講座　2014.3　98p　30cm（弘前大学人文学部文化財論講座調査報告書 2）〈文献あり〉Ⓝ382.121

弘前市（歴史）

◇弘前・黒石・平川の昭和―写真アルバム　長岡　いき出版　2014.10　279p　31cm〈青森県図書教育用品（発売）〉①978-4-904614-55-6　Ⓝ212.1　[9250円]

弘前大学

◇大学と地域と人々と―弘前大学第十二代学長遠藤正彦講演集　遠藤正彦[述], 弘前大学学長秘書室編　弘前　弘前大学出版会　2014.10　306p　22cm①978-4-907192-18-1　Ⓝ377.21　[3800円]

◇日本一の地方大学をめざす―弘前大学法人化の歩み：宣言　遠藤正彦監修　弘前　弘前大学出版会　2014.1　426p　22cm〈年表あり〉①978-4-907192-08-2　Ⓝ377.21　[2500円]

弘前南高等学校〔青森県立〕

◇青森県立弘前南高等学校創立五十周年記念史　青森県立弘前南高等学校創立五十周年記念事業協会記念編さん委員会・記念史編さんグループ編　[弘前]　青森県立弘前南高等学校創立五十周年記念事業協賛会　2013.3　223p　30cm〈年表あり〉Ⓝ376.48

広島県

◇先輩は広島を愛しすぎている　広島を愛しすぎている先輩たち編　泰文堂　2014.10　151p　18cm（リンダブックス）〈文献あり〉①978-4-8030-0606-3　Ⓝ291.76　[950円]

日本件名図書目録2014　Ⅰ　　　　　　　　　　　　　　　　　　　　　　　　　　　　　広島県（観光行政）

◇広島人あるある　幸部辰哉著，坂本ロクタク画　TOブックス　2014.5　159p　18cm　①978-4-86472-250-6　N291.76　〔1100円〕

広島県（遺跡・遺物―尾道市）

◇尾道市内遺跡　平成24年度　尾道市教育委員会編　尾道　尾道市教育委員会　2014.3　23p　図版10p　30cm（尾道市埋蔵文化財調査報告　第46集）〔尾道遺跡ほか埋蔵文化財調査概要　折り込1枚〕　N210.0254

広島県（遺跡・遺物―庄原市）

◇只野原2号遺跡・只野原4号遺跡　広島県庄原市教育委員会編　庄原　広島県庄原市教育委員会　2014.3　75p　図版23p　30cm（庄原市文化財調査報告書27）〔庄原市高野緑地公園整備事業に伴う埋蔵文化財調査報告書〕　N210.0254

◇中国横断自動車道尾道松江線建設に伴う埋蔵文化財発掘調査報告　30　広島県教育事業団事務局埋蔵文化財調査室編　［広島］　広島県教育事業団　2014.3　116p　図版40p　30cm（公益財団法人広島県教育事業団発掘調査報告書　第58集）〈文献あり　内容：岡東第1-7号古墳　岡東第1号横穴墓　岡1号遺跡　岡2号遺跡　半戸1号遺跡〉　N210.0254

広島県（遺跡・遺物―福山市）

◇草戸千軒発掘調査50年の想い出―草戸千軒町遺跡発掘調査開始50周年記念誌　広島県立歴史博物館編　福山　広島県立歴史博物館　2013.10　125p　19cm〈年表あり〉　N217.6

◇福山市内遺跡発掘調査概要　8　2012年度　福山市教育委員会編　福山　福山市教育委員会　2014.3　44p　30cm（福山市埋蔵文化財調査報告　第32集）　N210.0254

広島県（遺跡・遺物―三次市）

◇下矢井南第3-5号古墳　広島県教育事業団事務局埋蔵文化財調査室編　［広島］　広島県教育事業団　2014.3　52p　図版17p　30cm（公益財団法人広島県教育事業団発掘調査報告書　第62集）〈文献あり　折り込2枚〉　N210.0254

◇箱山第3-6号古墳　広島県教育事業団事務局埋蔵文化財調査室編　［広島］　広島県教育事業団　2014.3　84p　図版〔23〕枚　30cm（公益財団法人広島県教育事業団発掘調査報告書　第61集）〈文献あり　折り込4枚〉　N210.0254

◇風呂谷遺跡・風呂谷古墳　広島県教育事業団事務局埋蔵文化財調査室編　［広島］　広島県教育事業団　2014.3　201p　図版〔54〕枚　30cm（公益財団法人広島県教育事業団発掘調査報告書　第59集）〈折り込2枚〉　N210.0254

◇松尾徳市遺跡・県史跡若宮古墳　三次市教育委員会編　三次　三次市教育委員会　2014.3　34p　図版10p　30cm（広島県三次市文化財調査報告書　第7集）　N210.0254

◇三隅山遺跡　広島県教育事業団事務局埋蔵文化財調査室編　［広島］　広島県教育事業団　2014.3　64p　図版36p　30cm（公益財団法人広島県教育事業団発掘調査報告書　第64集）〈折り込4枚〉　N210.0254

◇宮の本遺跡，宮の本第11・33-35号古墳　広島県教育事業団事務局埋蔵文化財調査室編　［広島］　広島県教育事業団　2014.3　121p　図版〔54〕枚　30cm（公益財団法人広島県教育事業団発掘調査報告書　第60集）〈折り込9枚〉　N210.0254

◇頼藤城跡　広島県教育事業団事務局埋蔵文化財調査室編　［広島］　広島県教育事業団　2014.3　55p　図版27p　30cm（公益財団法人広島県教育事業団発掘調査報告書　第65集）〈折り込2枚〉　N210.0254

◇若見迫遺跡畑尻遺跡　広島県教育事業団事務局埋蔵文化財調査室編　［広島］　広島県教育事業団　2014.3　68p　図版〔15〕枚　30cm（公益財団法人広島県教育事業団発掘調査報告書　第63集）　N210.0254

広島県（遺跡・遺物―論文集）

◇広島の考古学と文化財保護―松下正司先生喜寿記念論集　『広島の考古学と文化財保護』刊行会編　三次　『広島の考古学と文化財保護』刊行会　2014.11　676p　26cm〈文献あり　著作目録あり　内容：中国山地中部における後期旧石器時代前半期の編年をめぐって（藤野次史著）　縄文時代の広島県南西部における石器石材の流通（沖憲明著）　煙道付炉穴について（辻満久著）　弥生中期後葉から後期前葉の地域性解明への一試考（和田麻衣子著）　備北地域における弥生時代後期後葉の土器様相について（尾崎光伸著）　もう一つの"甑形土器"覚書（桑原隆博著）　古墳出土資料から見た広島県の須恵器の変遷（安間拓巳著）　前期小型古墳の地域相（加藤光臣著）　広島市安佐北区可部所在水落古墳出土の須恵器（高下洋一著）　福山市土井の塚古墳の横穴式石室（篠原芳秀著）　安芸・備後の環付足金具（新谷武文著）　安芸高田市高宮町出土の滑石製鍋画文紡錘車について（中山学著）　伝樫木原古墳出土の環状鏡板付轡について（濱岡大輔著）　竹原市田万里郷土資料室収蔵資料（山田繁樹著）　広島県南西部の古墳と阿岐国（脇坂光彦著）　上山手廃寺雑感（上重武和著）　寺町廃寺と上山手廃寺（松下正司著）　地方官衙の立地環境に関する一考察（和田崇志著）　船材を転用した井戸の一事例（鈴木康之著）　中世小倉鋳物師について（松井和幸著）　廿日市町屋跡出土の水屋甕（沢元保夫著）　石見焼の流通と生産について（向田裕始著）　ひろしまの渡来系遺物（伊藤実著）　古代における安芸と備後の国境（是光吉基著）　三原市久井町江木所在高城本遺跡で考えたこと（谷重豊季著）　石神遺跡出土「備後国」関係木簡について（西別府元日著）　厳島における修験者の山岳修行（妹尾周三著）　牛頭天王信仰と備後素戔嗚神社の一考察（石橋健太郎著）　赤口と火伏・口舌のまじないに関する一考察（志田原重人著）　草戸千軒町遺跡出土のベトナム白磁片2点に関連して（堤勝義著）　三原市米山寺裏山の無縫塔（時元省二著）　広島県三原市磨崖和霊石地蔵（福井万千著）　宇都宮神社棟札と吉川元長（木村信幸著）　石灯籠に刻まれた人名から（新祖隆太郎著）　村々は遊行上人をどのように受け入れたか（中畑和彦著）　尾道石工銘のある狛犬（西井亨著）　芦田川と福山湾の変遷を伝える一絵画資料（福島政文著）　小早川文吾の作字銘を有する石造物（園尾裕著）　中世城館跡と地域社会（小都隆著）　考古学研究者と被爆建物保存（後藤研一著）　自治体史編纂の成果と実践的課題（桑田俊明著）　広島県内の博物館における「博学連携」の実態調査から（八幡浩二著）　下駄をめぐって（市田京子著）　松下正司先生に教えられたこと（上村和直著）　歴史考古学と祭祀考古学（尾多賀晴悟著）　草戸千軒よ永遠なれ（下津間康夫著）　わが考古学半世紀（永谷英成著）　推定三谷寺跡（寺町廃寺跡）の調査に携わって（中村芳昭著）　広島県立歴史博物館での三つの展覧会から（松崎哲著）　松下先生の"熱き教え"を心に（山縣元著）　備後北部の古瓦（松下正司著）　水切瓦再考（松下正司著）　古代寺院の発掘（松下正司著）　草戸千軒町遺跡と博物館（松下正司著）　埋蔵文化財の保護と課題（松下正司著）〉　N217.6

広島県（医療）

◇生活習慣病ハンドブック―我がまちの健康な暮らしを考える　平成25年度版　広島県国民健康保険団体連合会保健事業課編　広島　広島県国民健康保険団体連合会保健事業課　2014.3　126p　30cm　N498.13

広島県（医療費）

◇生活習慣病ハンドブック―我がまちの健康な暮らしを考える　平成25年度版　広島県国民健康保険団体連合会保健事業課編　広島　広島県国民健康保険団体連合会保健事業課　2014.3　126p　30cm　N498.13

広島県（エネルギー政策―世羅町）

◇地域主導型再生可能エネルギー事業化検討委託業務（広島県世羅町）―成果報告書　平成25年度　［広島］　サステナブル地域づくりセンター・Hiroshima　2014.3　151p　30cm〈平成25年度環境省委託業務〉　N501.6

広島県（海運―尾道市―歴史）

◇北前船と尾道湊との絆　樫本慶彦著　文芸社　2014.7　161p　19cm〈文献あり〉　①978-4-286-15038-3　N683.2176　〔1300円〕

広島県（海洋汚染―東広島市）

◇海域の物質循環健全化計画検討（統括検討）業務報告書　平成25年度　［東京］　いであ　2014.3　135, 122p　30cm〈平成25年度環境省請負事業〉　N519.4

◇海域の物質循環健全化計画検討（三津湾地域検討）業務報告書　平成25年度　［東京］　三洋テクノマリン　2014.3　1冊　30cm〈平成25年度環境省請負事業〉　N519.4

広島県（かくれ切支丹―三原市）

◇『墓地巡り』と新訳突天漢―副題…隠れキリシタン墓の探索と幕末の三原志稿　福岡幸司著述　三原　三原文庫発行所　2013.9　45, 55p　26cm〈三原文庫　第21号〉〔背のタイトル：墓地巡と突天漢〕　N198.22176

広島県（河川行政）

◇二級河川堺川水系河川整備基本方針　［広島］　広島県　2013.12　10p　30cm　N517.091

◇二級河川堺川水系河川整備基本方針―付属資料　［広島］　広島県　2013.12　53, 1, 26p　30cm　N517.091

◇二級河川堺川水系河川整備計画　［広島］　広島県　2014.4　16p　30cm　N517.091

◇二級河川堺川水系河川整備計画―付属資料　［広島］　広島県　2014.4　1冊　30cm　N517.091

広島県（鐘）

◇広島県の梵鐘　米田仁著　広島　米田仁　2014.11　183p　30cm　N756.4

広島県（観光行政）

◇ひろしま観光立県推進基本計画　広島　広島県商工労働局観光課　［2013］　58p　30cm　N689.2176

広島県（基準地価格）　　　　　　　　　　　　　　　　　　　　　　　　　日本件名図書目録2014　Ⅰ

◇包括外部監査結果報告書―広島県の知名度あるいは観光収益
を向上させることを目的として広島県が行っている事業、これ
に付随または関連する事業の事務（財務を含む）執行及び事業
管理について　平成25年度　［広島］　広島県包括外部監査人
2014.3　270，83p　30cm　〈広島県包括外部監査人：武井康
年〉　Ⓝ349.2176

広島県（基準地価格）
◇地価調査基準地価格　平成26年　［広島］　広島県　［2014］
55p　30cm　〈価格判定基準日：平成26年7月1日〉　Ⓝ334.6

広島県（教育―福山市）
◇教育要覧　2014年度版　福山市教育委員会事務局管理部教育
総務課編　［福山］　福山市教育委員会　2014.10　94p　30cm
Ⓝ372.176

広島県（行政）
◇いのちとくらしがかがやくヒロシマ―第10次広島市政白書2014
広島自治体問題研究所編　広島　自治労連広島市職員労働組
合　2014.11　223p　26cm　Ⓝ318.276
◇県内自治体チャレンジ事例集―住民サービスの向上に向けた
取り組み　広島　広島県総務局経営企画チーム　2013.10
171p　30cm　Ⓝ318.276
◇県内自治体チャレンジ事例集―住民満足度の向上に向けた取
り組み　2014　広島　広島県総務局経営企画チーム　2014.11
147p　30cm　Ⓝ318.276

広島県（行政―呉市）
◇第4次呉市長期総合計画―平成23-27年度：「絆」と「活力」を
創造する都市・くれ―協働による自主的で自立したまちを目
指して　前期基本計画編　平成26年度改定版　呉　呉市総務
企画部企画情報課　［2014］　112p　30cm　Ⓝ318.276

広島県（行政組織）
◇行政機関ガイドブック　平成25年度　広島県版　広島　総務省
中国四国管区行政評価局　2013.6　125p　30cm　Ⓝ317.2

広島県（郷土芸能―北広島町）
◇ユネスコ無形文化遺産壬生の花田植―歴史・民俗・未来　新谷
尚紀監修，広島県北広島町編集　吉川弘文館　2014.3　330p
21cm　〈内容：文化財保護の視点から〈無形の〉民俗文化財を考
える（石垣悟著）　技術としての田植え、精神としての田植え
（石垣悟著）　現場からの報告（藤本隆幸著）　花田植の歴史
（六郷寛著）　花田植の現在（森悦子著）　花田植の未来（戸田
常一著）　花田植と地域経済（齋藤英智著）　花田植と観光振
興（池上博文著）　機械化以前の稲作（森悦子著）　高度経済成
長と農業の変化（新谷尚紀著）〉　Ⓘ978-4-642-08196-2　Ⓝ384.
31　［3300円］

広島県（軍港―呉市―歴史）
◇軍港都市史研究　3　呉編　河西英通編　大阪　清文堂出版
2014.4　358p　22cm　〈索引あり　内容：呉と軍港（河西英通
著）　呉軍港の創設と近世呉の消滅（中山富広著）　鎮守府設置
と資産家の成長（坂根嘉弘著）　在来製鉄業と呉海軍工廠（平
下義記著）　呉海軍鎮守府と地域の医療・衛生（布川弘著）
米の記憶と宅地化（砂本文彦著）　大正七年呉の米騒動と海軍
（齋藤義朗著）　軍港と漁業（河西英通著）　戦時期、呉周辺地
域における海面利用（落合功著）　呉市における戦後復興と旧
軍港市転換法（林美和著）〉　Ⓘ978-4-7924-1008-7　Ⓝ395.3
［7800円］

広島県（建設業一名簿）
◇総合建設業　平成26年　広島県版　東京経済（株）広島支社編
広島　東京経済広島支社　2014.11　1519p　30cm　Ⓘ978-4-
925161-51-0　Ⓝ510.9　［50000円］
◇広島地区土木建築業者データブック　平成26年　広島　東京
経済広島支社　2014.6　521p　30cm　Ⓘ978-4-925161-47-3
Ⓝ510.9　［50000円］

広島県（高齢者福祉）
◇「移動制約者」と地域交通　木谷直俊監修　広島　広島自治体
問題研究所　2014.2　123p　26cm　（広島自治研ブックレッ
ト 7）〈内容：高齢者の交通問題とSTS（スペシャル・トラン
スポート・サービス）（木谷直俊著）　移動の自由と「交通権」
（岡崎勝彦著）　生活交通の確保をどうするか、何ができるか
（土居靖範著）　呉市地域の事例　広島市内における乗合タク
シーと住民・地域社会について考える（加藤博和著）　廿日市
市の地域交通政策から（橋本和正著）　呉市交通局が70年の歴
史に幕（桝井芳郎著）〉　Ⓝ685.2176　［2200円］

広島県（昆虫―便覧）
◇広島県昆虫誌　1　中村慎吾編著　改訂増補版　庄原　比婆科
学教育振興会　2014.3　456p　26cm　〈文献あり　折り込 1
枚〉　Ⓝ486.02176

◇広島県昆虫誌　2　中村慎吾編著　改訂増補版　庄原　比婆科
学教育振興会　2014.3　p457-1273　26cm　Ⓝ486.02176
◇広島県昆虫誌　3　中村慎吾編著　改訂増補版　庄原　比婆科
学教育振興会　2014.3　p1275-1870　26cm　Ⓝ486.02176
◇広島県昆虫誌　4　中村慎吾編著　改訂増補版　庄原　比婆科
学教育振興会　2014.3　p1871-2329　26cm　〈文献あり〉
Ⓝ486.02176
◇広島県昆虫誌　5　中村慎吾編著　改訂増補版　庄原　比婆科
学教育振興会　2014.3　p2331-2650　26cm　Ⓝ486.02176

広島県（財政）
◇包括外部監査結果報告書―広島県の知名度あるいは観光収益
を向上させることを目的として広島県が行っている事業、これ
に付随または関連する事業の事務（財務を含む）執行及び事業
管理について　平成25年度　［広島］　広島県包括外部監査人
2014.3　270，83p　30cm　〈広島県包括外部監査人：武井康
年〉　Ⓝ349.2176

広島県（祭礼―呉市）
◇伝えておきたい呉の魅力・お宝90選　第2巻　イベント・祭り・
風習編　呉市編　呉　呉市　2014.12　211p　21cm　Ⓝ291.76

広島県（酒場―呉市）
◇がんぼ山田の普段使いの広島酒場―フダヅカ　山田幸成著
広島　本分社　2014.4　115p　22cm　〈コスモの本（発売）〉
Ⓘ978-4-86485-014-8　Ⓝ673.98　［1500円］

広島県（サッカー―歴史）
◇原爆少年サッカー魂―W杯サッカー日本の礎　今子正義著
広島　南々社　2014.5　279p　19cm　〈文献あり〉　Ⓘ978-4-
86489-019-9　Ⓝ783.47　［1500円］

広島県（山岳）
◇広島登山史―古代信仰登山と近代広島登山界の歩み　瀬尾幸
雄監修　広島　かがわデザインスタジオ　2014.4　80p
26cm　Ⓝ786.1

広島県（産業）
◇ひろしまの商工業―広島県産業の現状　広島県商工労働局商
工労働総務課編　広島　広島県商工労働局商工労働総務課
2013.11　146p　30cm　Ⓝ602.176
◇ひろしまの商工業―広島県産業の現状　広島県商工労働局商
工労働総務課編　広島　広島県商工労働局商工労働総務課
2014.7　146p　30cm　Ⓝ602.176

広島県（産業―歴史―呉市）
◇軍港都市史研究　3　呉編　河西英通編　大阪　清文堂出版
2014.4　358p　22cm　〈索引あり　内容：呉と軍港（河西英通
著）　呉軍港の創設と近世呉の消滅（中山富広著）　鎮守府設置
と資産家の成長（坂根嘉弘著）　在来製鉄業と呉海軍工廠（平
下義記著）　呉海軍鎮守府と地域の医療・衛生（布川弘著）
米の記憶と宅地化（砂本文彦著）　大正七年呉の米騒動と海軍
（齋藤義朗著）　軍港と漁業（河西英通著）　戦時期、呉周辺地
域における海面利用（落合功著）　呉市における戦後復興と旧
軍港市転換法（林美和著）〉　Ⓘ978-4-7924-1008-7　Ⓝ395.3
［7800円］

広島県（自動車交通）
◇「移動制約者」と地域交通　木谷直俊監修　広島　広島自治体
問題研究所　2014.2　123p　26cm　（広島自治研ブックレッ
ト 7）〈内容：高齢者の交通問題とSTS（スペシャル・トラン
スポート・サービス）（木谷直俊著）　移動の自由と「交通権」
（岡崎勝彦著）　生活交通の確保をどうするか、何ができるか
（土居靖範著）　呉市地域の事例　広島市内における乗合タク
シーと住民・地域社会について考える（加藤博和著）　廿日市
市の地域交通政策から（橋本和正著）　呉市交通局が70年の歴
史に幕（桝井芳郎著）〉　Ⓝ685.2176　［2200円］

広島県（社会福祉―東広島市）
◇東広島市地域福祉計画―地域でつむぐ絆と支え合い　第2次
東広島市福祉部社会福祉課編　東広島　東広島市福祉部社会
福祉課　2014.3　109p　30cm　Ⓝ369.11

広島県（障害者福祉）
◇広島県障害者プラン―第3次広島県障害者計画：平成26（2014）
年度―平成30（2018）年度　広島　広島県健康福祉局障害者支
援課　2014.3　108p　30cm　〈平成26年3月策定〉　Ⓝ369.27

広島県（商店街―福山市）
◇補助金に頼らない商店街再生（まちづくり）の切り札　能宗孝
著，弥山政之監修　広島　展望社　2014.12　228p　20cm
〈文献あり〉　Ⓘ978-4-9901274-3-5　Ⓝ672.176　［1700円］

広島県（書目）
◇広島県EL新聞記事情報リスト　2013-1　エレクトロニック・
ライブラリー編　エレクトロニック・ライブラリー　2014.2
729p　31cm　〈制作：日外アソシエーツ〉　Ⓝ025.8176

964

日本件名図書目録2014　Ⅰ　　　　　　　　　　　　　　　　　　　　　　　　　広島県（博物誌―北広島町）

◇広島県EL新聞記事情報リスト　2013-2　エレクトロニック・ライブラリー編　エレクトロニック・ライブラリー　2014.2　p731-1551　31cm　〈制作：日外アソシエーツ〉　Ⓝ025.8176

◇広島県EL新聞記事情報リスト　2013-3　エレクトロニック・ライブラリー編　エレクトロニック・ライブラリー　2014.2　p1553-2079　31cm　〈制作：日外アソシエーツ〉　Ⓝ025.8176

◇広島県EL新聞記事情報リスト　2013-4　エレクトロニック・ライブラリー編　エレクトロニック・ライブラリー　2014.2　p2081-3136　31cm　〈制作：日外アソシエーツ〉　Ⓝ025.8176

◇広島県EL新聞記事情報リスト　2013-5　エレクトロニック・ライブラリー編　エレクトロニック・ライブラリー　2014.2　p3137-3941　31cm　〈制作：日外アソシエーツ〉　Ⓝ025.8176

◇広島県EL新聞記事情報リスト　2013-6　エレクトロニック・ライブラリー編　エレクトロニック・ライブラリー　2014.2　p3943-4716　31cm　〈制作：日外アソシエーツ〉　Ⓝ025.8176

◇広島県EL新聞記事情報リスト　2013-7　エレクトロニック・ライブラリー編　エレクトロニック・ライブラリー　2014.2　p4717-5432　31cm　〈制作：日外アソシエーツ〉　Ⓝ025.8176

広島県（震災予防）

◇広島県地域防災計画　平成26年5月修正　震災対策編・地震災害対策計画　広島県防災会議編　広島　広島県危機管理監危機管理課　[2014]　235p　30cm　〈昭和55年5月策定〉　Ⓝ369.3

◇広島県地域防災計画　平成26年5月修正　震災対策編・津波災害対策計画　広島県防災会議編　広島　広島県危機管理監危機管理課　[2014]　246p　30cm　〈昭和55年5月策定〉　Ⓝ369.3

◇広島県地域防災計画　平成26年5月修正　震災対策編・南海トラフ地震防災対策推進計画　広島県防災会議編　広島　広島県危機管理監危機管理課　[2014]　45p　30cm　〈昭和38年6月策定〉　Ⓝ369.3

広島県（水産業）

◇広島の水産思い出の記録　その2　川上一清編著　広島　川上一清　2014.8　319p　20cm　Ⓝ662.176

広島県（石油コンビナート）

◇広島県石油コンビナート等防災アセスメント調査報告書　[広島]　広島県　2013.9　219p　30cm　Ⓝ575.5

広島県（石油コンビナート―大竹市）

◇岩国・大竹地区石油コンビナート等防災計画　[山口]　広島県及び山口県石油コンビナート等防災本部協議会　2014.3　359p　30cm　Ⓝ575.6

広島県（石油コンビナート―福山市）

◇福山・笠岡地区石油コンビナート等防災計画　岡山県消防保安課編　[広島]　広島県及び岡山県石油コンビナート等防災本部協議会　2014.3　260p　30cm　Ⓝ575.5

広島県（選挙―統計）

◇市町選挙結果調―平成24年　[広島]　広島県選挙管理委員会　[2014]　78p　30cm　Ⓝ314.8

◇市町選挙結果調―平成25年　[広島]　広島県選挙管理委員会　[2014]　76p　30cm　Ⓝ314.8

◇第23回参議院議員通常選挙結果調―平成25年7月21日執行　[広島]　広島県選挙管理委員会　[2013]　289p　30cm　Ⓝ314.8

◇第46回衆議院議員総選挙結果調―付最高裁判所裁判官国民審査：平成24年12月16日執行　[広島]　広島県選挙管理委員会　[2013]　266p　30cm　Ⓝ314.8

広島県（戦災復興）

◇広島の復興経験を生かすために―廃墟からの再生：ひろしま復興・平和構築研究事業報告書　国際平和拠点ひろしま構想推進連携事業実行委員会　[広島]　国際平和拠点ひろしま構想推進連携事業実行委員会　2014.3　164p　30cm　Ⓝ217.6

広島県（地域開発）

◇里山を食いものにしよう―原価0円の暮らし　和田芳治著　阪急コミュニケーションズ　2014.6　213p　19cm　①978-4-484-14218-0　Ⓝ611.98　[1400円]

◇広島県中山間地域振興計画―ひと。しごと。くらし。100年先の未来につなごう　広島　広島県地域政策局中山間地域振興課　2014.12　83p　30cm　Ⓝ318.676

広島県（地域学―尾道市）

◇尾道学の可能性　尾道　尾道市立大学地域総合センター　2014.3　116p　26cm　（尾道市立大学地域総合センター叢書7）　〈文献あり　年表あり　内容：尾道の風景が奏でるメロディー（川勝英史著）「かみのらぼ」について（高岡陽、小畑拓也著）　なぜ住友銀行は尾道で産声を上げたのか？（小谷範人

著）　尾道の麺文化（藤沢毅著）　平成23年度―24年度久山田調査研究報告（藤井佐美著）〉　Ⓝ291.76

広島県（地誌）

◇広島「地理・地名・地図」の謎―意外と知らない広島県の歴史を読み解く！　唐沢明監修　実業之日本社　2014.9　191p　18cm　（じっぴコンパクト新書 203）　〈文献あり〉①978-4-408-45514-3　Ⓝ291.76　[800円]

広島県（地誌―廿日市市）

◇宮島学　県立広島大学宮島学センター編　広島　渓水社　2014.3　202p　21cm　〈文献あり　内容：厳島神社史における平清盛の幻像（松井輝昭著）　王朝文化の継承者としての平家の人々（西本寮子著）　厳島に伝わる左方舞楽とその来源（柳川順子著）　厳島合戦再考（秋山伸隆著）　中世の厳島と能楽（樹下文隆著）「厳島八景」文芸と村村直條（柳川順子著）　厳島神社の唐菓子（大知徳子著）　厳島神社の神仏分離について（松井輝昭著）　外国人が見た明治・大正時代の宮島（天野みゆき著）〉①978-4-86327-260-6　Ⓝ291.76　[1800円]

広島県（地誌―三原市）

◇『墓地巡り』と新訳突天漢―副題…隠れキリシタン墓の探索と幕末の三原志稿　福岡幸司著述　三原　三原文庫発行所　2013.9　45、55p　26cm　（三原文庫 第21号）〈背のタイトル：墓地巡と突天漢〉　Ⓝ198.22176

◇『三原古今紀要』と本町紀要　福岡幸司著述　三原　三原文庫発行所　2014.6　92、27p　26cm　（三原文庫 第22号）　Ⓝ291.76

広島県（地方選挙）

◇市町選挙結果調―平成24年　[広島]　広島県選挙管理委員会　[2014]　78p　30cm　Ⓝ314.8

◇市町選挙結果調―平成25年　[広島]　広島県選挙管理委員会　[2014]　76p　30cm　Ⓝ314.8

広島県（道路）

◇国・県道路線一覧表―平成25年4月1日現在　[広島]　広島県　[2013]　88p　30cm　Ⓝ685.2176

広島県（土砂災害）

◇平成26年広島豪雨災害合同緊急調査団調査報告書―（公益社団法人）土木学会・（公益社団法人）地盤工学会　（公益社団法人）土木学会・（公益社団法人）地盤工学会平成26年広島豪雨災害調査団合同緊急調査団編　第2版　広島　土木学会中国支部　2014.10　296p　30cm　〈共同刊行：地盤工学会〉　Ⓝ455.89

広島県（土地価格）

◇広島県地価要覧　平成25年版　広島県環境県民局環境県民総務課監修、広島県不動産鑑定士協会編　広島　広島県不動産鑑定士協会　2013.10　251p　30cm　Ⓝ334.6

◇広島県地価要覧　平成26年版　広島県環境県民局環境県民総務課監修、広島県不動産鑑定士協会編　広島　広島県不動産鑑定士協会　2014.10　229p　30cm　Ⓝ334.6

広島県（年中行事―呉市）

◇伝えておきたい呉の魅力・お宝90選　第2巻　イベント・祭り・風習編　呉市編　呉　呉市　2014.12　211p　21cm　Ⓝ291.76

広島県（農業労働）

◇百姓と仕事の民俗―広島県央の聴き取りと写真を手がかりにして　田原開起著　未来社　2014.3　273p　22cm　①978-4-624-20080-0　Ⓝ382.176　[3800円]

広島県（農耕儀礼―北広島町）

◇ユネスコ無形文化遺産壬生の花田植―歴史・民俗・未来　新谷尚紀監修、広島県北広島町編集　吉川弘文館　2014.3　330p　21cm　〈内容：文化財保護の視点から〈無形の〉民俗文化財を考える（石垣悟著）　技術としての田植え、精神としての田植え（石垣悟著）　現場からの報告（藤本隆幸著）　花田植の歴史（六郷寛著）　花田植の現在（森悦子著）　花田植の未来（戸田常一著）　花田植と地域経済（齋藤英智著）　花田植と観光振興（池上博文著）　機械化以前の稲作（森悦子著）　高度経済成長と農業の変化（新谷尚紀著）〉①978-4-642-08196-2　Ⓝ384.31　[3300円]

広島県（農村生活）

◇里山を食いものにしよう―原価0円の暮らし　和田芳治著　阪急コミュニケーションズ　2014.6　213p　19cm　①978-4-484-14218-0　Ⓝ611.98　[1400円]

◇百姓と仕事の民俗―広島県央の聴き取りと写真を手がかりにして　田原開起著　未来社　2014.3　273p　22cm　①978-4-624-20080-0　Ⓝ382.176　[3800円]

広島県（博物誌―北広島町）

◇北広島町の自然―北広島町自然学術調査報告書　北広島町生物多様性専門員会議編　北広島町（広島県）北広島町教育委員会　2014.3　700p　31cm　〈文献あり　折り込み 1枚〉　Ⓝ402.9176

広島県（風水害）
◇平成26年広島豪雨災害合同緊急調査団調査報告書―（公益社団法人）土木学会・（公益社団法人）地盤工学会　（公益社団法人）土木学会・（公益社団法人）地盤工学会平成26年広島豪雨災害調査団合同緊急調査団編　第2版　広島　土木学会中国支部　2014.10　296p　30cm〈共同刊行：地盤工学会〉Ⓝ455.89

広島県（風俗・習慣―庄原市）
◇奥備後の民俗誌　倉岡侃著　庄原　比和町郷土史研究会　2013.12　266p　26cm　Ⓝ382.176

広島県（仏像―三原市―図集）
◇三原の仏像―瀬戸内の十字路・三原の仏像展図録　三原市教育委員会文化課編　［三原］　三原市教育委員会　2014.9　199p　30cm〈会期・会場：平成26年9月4日―10月13日　三原リージョンプラザ展示ホール〉Ⓝ718.02176

広島県（文化財保護―論文集）
◇広島の考古学と文化財保護―松下正司先生喜寿記念論集　『広島の考古学と文化財保護』刊行会編　三次　『広島の考古学と文化財保護』刊行会　2014.11　676p　26cm〈文献あり　著作目録あり　内容：中国山地中部における後期旧石器時代前半期の編年をめぐって（藤野次史著）　縄文時代の広島県南西部における石器石材の流通（沖憲明著）　煙道付炉穴について（辻満久著）　弥生中期後葉から後期前葉の地域性解明への一試考（和田麻衣子著）　備北地域における弥生時代後期後葉の土器様相について（尾崎光伸著）　もう一つの"甑形土器"覚書（桑原隆博著）　古墳出土資料から見た広島県の須恵器の変遷（安間拓巳著）　前期小型古墳の地域相（加藤光臣著）　広島市安佐北区可部所在水落古墳出土の須恵器（高下洋一著）　福山市土井の塚古墳の横穴式石室（篠原芳秀著）　安芸・備後の環付足金具（新谷武夫著）　安芸高田市高宮町出土の滑石製鋸歯文紡錘車について（中山学著）　伝樫木原古墳出土の環状鏡板付轡について（濵岡大輔著）　竹原市田万里郷土資料室収蔵資料（山田繁樹著）　広島県南西部の古墳と阿岐国（脇坂光彦著）　上山手廃寺雑感（上重武和著）　寺町廃寺と上山手廃寺（松下正司著）　地方官衙の立地環境に関する一考察（和田崇志著）　船材を転用した井戸の一事例（鈴木康之著）　中世小倉鋳物師について（松井和幸著）　廿日市町屋跡出土の水屋甕（沢元保夫著）　石見焼の流通と生産について（向田裕始著）　ひろしまの渡来系遺物（伊藤実著）　古代における安芸と備後の国境（是光吉基著）　三原市久井町江木所在高城本遺跡で考えたこと（谷重豊季著）　石神遺跡出土「備後国」関係木簡について（西別府元日著）　厳島における修験者の山岳修行（妹尾周三著）　牛頭天王信仰と備後素戔嗚神社の一考察（石橋健太郎著）　赤口と火伏・口舌のまじないに関する一考察（志田原重人著）　草戸千軒町遺跡出土のベトナム白磁片2点に関連して（堤勝義著）　三原市米山寺裏山の無縫搭（時元省二著）　広島県三原市磨崖和霊石地蔵（福井万千著）　宇都宮神社棟札と吉川元長（木村信幸著）　石灯籠に刻まれた人名から（新祖隆太郎著）　村々は遊行上人をどのように受け入れたか（中畑和彦著）　尾道石工銘のある狛犬（西井亨著）　芦田川と福山湾の変遷を伝える一絵画資料（福島政文著）　小早川文吾の作字銘を有する石造物（園尾裕著）　中世城館跡と地域社会（小都隆著）　考古学研究者と被爆建物保存（後藤研一著）　自治体史編纂の成果と実践的課題（桑田俊明著）　広島県内の博物館における「博学連携」の実態調査報告（八幡浩二著）　下駄をめぐって（市田京子著）　松下正司先生に教えられたこと（上村和直著）　歴史考古学と祭祀考古学（尾多賀晴悟著）　草戸千軒よ永遠なれ（下津間康夫著）　わが考古学半世紀（永谷英成著）　推定三谷寺跡（寺町廃寺跡）の調査に携わって（中村芳昭著）　広島県立歴史博物館での三つの展覧会から（松﨑哲著）　松下先生の"熱き教え"を心に（山縣元著）　備後北部の古瓦（松下正司著）　水切瓦再考（松下正司著）　古代寺院の発掘（松下正司著）　草戸千軒町遺跡と博物館（松下正司著）　埋蔵文化財の保護と課題（松下正司著）〉Ⓝ217.6

広島県（防災計画）
◇岩国・大竹地区石油コンビナート等防災計画　［山口］　広島県及び山口県石油コンビナート等防災本部協議会　2014.3　359p　30cm　Ⓝ575.6
◇広島県石油コンビナート等防災アセスメント調査報告書　［広島］　広島県　2013.9　219p　30cm　Ⓝ575.5
◇広島県地域防災計画　平成26年5月修正　基本編　広島県防災会議編　広島　広島県危機管理監危機管理課　［2014］　227p　30cm〈昭和38年6月策定〉Ⓝ369.3
◇広島県地域防災計画附属資料　広島県防災会議編　広島　広島県危機管理監危機管理課　2014.4　422p　30cm　Ⓝ369.3
◇福山・笠岡地区石油コンビナート等防災計画　岡山県消防保安課編　［広島］　広島県及び岡山県石油コンビナート等防災本部協議会　2014.3　260p　30cm　Ⓝ575.5

広島県（防災計画―東広島市）
◇東広島市地域防災計画　基本編・震災対策編　地震災害対策計画・津波災害対策計画　東広島市防災会議編　［東広島］　東広島市総務部危機管理課　2014.5　354p　30cm〈平成26年5月修正〉Ⓝ369.3
◇東広島市地域防災計画　資料編　東広島市防災会議編　［東広島］　東広島市総務部危機管理課　2014.5　435p　30cm〈平成26年5月修正〉Ⓝ369.3

広島県（墓碑―三原市）
◇『墓地巡り』と新訳突天漢―副題…隠れキリシタン墓の探索と幕末の三原志稿　福岡幸司著述　三原　三原文庫発行所　2013.9　45, 55p　26cm　（三原文庫 第21号）〈背のタイトル：墓地巡と突天漢〉Ⓝ198.22176

広島県（名簿）
◇広島県人物・人材情報リスト　2015 第1巻　日外アソシエーツ株式会社編　日外アソシエーツ（制作）　2014.11　662p　30cm　Ⓝ281.76
◇広島県人物・人材情報リスト　2015 第2巻　日外アソシエーツ株式会社編　日外アソシエーツ（制作）　2014.11　p663-1314, 59p　30cm　Ⓝ281.76

広島県（歴史―写真集―東広島市）
◇ふるさと東広島―保存版：東広島市40年のあゆみ　阿部英樹監修　松本　郷土出版社　2014.8　230p　31cm〈市制施行40周年記念決定版写真集〉①978-4-86375-216-0　Ⓝ217.6　［9250円］

広島県（歴史―庄原市）
◇三次・庄原の昭和―写真アルバム　名古屋　樹林舎　2014.12　263p 図版 16p　31cm〈広島県教科用図書販売（発売）　年表あり〉①978-4-902731-76-7　Ⓝ217.6　［9250円］

広島県（歴史―史料―福山市）
◇東京阿部家資料　文書編 4　福山市教育委員会文化課歴史資料室編　福山　福山市教育委員会文化課歴史資料室　2014.3　115p　26cm〈内容：享和元年ゟ同三年初り迄日記書抜部分　諸伺済之部（伺済）　旅行之部（旅行）　御普請出火其外ニ而公辺江御届伺之部（御普請之部公辺江御届伺）　諸達諸届之部（享和元年諸達諸届）　御供一件之部（御供一件）〉Ⓝ217.6
◇福山市史　近代現代資料編 2　産業・経済　福山市史編さん委員会編　福山　福山市　2014.3　69, 706p　27cm　Ⓝ217.6
◇萬覚書―広田家文書（中井家文庫一八二）2　［広田才太著］，福山城博物館友の会編　［福山］　福山城博物館友の会　2014.11　21, 176p　30cm　（古文書調査記録 第32集）〈文献あり　年表あり　複製及び翻刻　折り込 1枚〉Ⓝ217.6

広島県（歴史―福山市）
◇はざまの息吹―国頭家文書解読集　福山　国頭文書解読会　2014.6　122p　30cm〈年譜あり　年表あり〉Ⓝ217.6
◇備後渡辺氏に関する基礎研究　広島県立歴史博物館編　福山　広島県立歴史博物館　2013.5　42p　30cm　（草戸千軒町遺跡調査研究報告 11）Ⓝ288.3
◇平和を求めて―福山市人権平和資料館開館20周年記念誌　福山市人権平和資料館編　福山　福山市人権平和資料館　2014.3　170p　30cm〈年表あり〉Ⓝ217.6

広島県（歴史―三次市）
◇三次・庄原の昭和―写真アルバム　名古屋　樹林舎　2014.12　263p 図版 16p　31cm〈広島県教科用図書販売（発売）　年表あり〉①978-4-902731-76-7　Ⓝ217.6　［9250円］

広島県（歴史地理）
◇広島今昔散歩―彩色絵はがき・古地図から眺める　原島広至著　KADOKAWA　2014.7　223p　15cm　（中経の文庫 は－5-9）〈文献あり〉①978-4-04-600374-4　Ⓝ291.76　［700円］

広島県（和菓子―歴史）
◇城下町ひろしまのお菓子―安芸国広島の城下、其繁華美麗なる事、大坂より西にてはならぶ地なし。　広島　広島県生菓子工業会　2013.4　165p　21cm　①978-4-9907259-0-7　Ⓝ588.36　［1200円］

広島県立広島高等学校
◇凌雲―創立10周年記念誌　広島県立広島中学校・広島高等学校創立10周年記念事業実行委員会編　東広島　広島県立広島中学校・広島高等学校創立10周年記念事業実行委員会　2014.5　294p　27cm〈年表あり〉Ⓝ376.48

広島県立広島中学校
◇凌雲―創立10周年記念誌　広島県立広島中学校・広島高等学校創立10周年記念事業実行委員会編　東広島　広島県立広島中学校・広島高等学校創立10周年記念事業実行委員会　2014.5　294p　27cm〈年表あり〉Ⓝ376.48

ひ

広島県立府中高等学校

◇一〇〇年の継承未来の創造　府中（広島県）広島県立府中高等学校創立100周年記念事業実行委員会　2013.2　19p　31cm〈広島県立府中高等学校創立100周年記念〉Ⓝ376.48

広島市（衛生行政）

◇保健・福祉の手引　平成26年度版　[広島]　広島市健康福祉局　2014.12　407p　21cm　Ⓝ369.11

広島市（芸術上）

◇ヒロシマ・ノワール　東琢磨著　インパクト出版会　2014.6　197p　19cm〈文献あり〉ヒロシマ・ノワール　ヒロシマそしてグローバルヒバクシャ　ヒロシマではなぜ幽霊が現れないのか　「幽霊」をめぐってのやや長めの追記　ヒロシマ4と命てんでんこのあいだで　サンキュッパ・ブルーズ　東北お見舞い道中　広島から東北を思う〉Ⓘ978-4-7554-0247-0　Ⓝ704　[1900円]

広島市（原子爆弾投下〔1945〕）

◇核時代における人間の責任―ヒロシマとアウシュビッツを心に刻むために　宗藤尚三著　ヨベル　2014.5　171p　18cm（YOBEL新書 022）〈内容：核時代における私たちの隣人愛　核兵器と原発の非人道性について　核と生きものとは共存できない　ヒロシマとアウシュビッツ　ユダヤ人のホロコーストとキリスト教の罪責　光の天使を偽装する悪霊〉Ⓘ978-4-907486-05-1　Ⓝ319.8　[1000円]

◇世界的視点での「脱原発論」―日本のとるべき道　長曽我部久著　熊本　トライ　2014.1　154p　19cm〈文献あり〉Ⓘ978-4-903638-32-4　Ⓝ543.5　[1500円]

◇なぜアメリカは日本に二発の原爆を落としたのか　日高義樹著　PHP研究所　2014.8　284p　15cm（PHP文庫 ひ36-1）〈2012年刊の加筆・修正〉Ⓘ978-4-569-76108-4　Ⓝ210.75　[680円]

◇鱗片―ヒロシマとフクシマと　堀場清子著　ドメス出版　2013.12　562p　22cm　Ⓘ978-4-8107-0801-1　Ⓝ369.36　[6000円]

広島市（原子爆弾投下〔1945〕―被害）

◇海を超えたヒロシマ・ナガサキ　竹田信平, 和氣直子著　[出版地不明]　竹田信平　2014.7　104p　22×31cm〈英語併記　タイトルは奥付による　出版協力：ゆるり書房〉Ⓘ978-4-905026-37-2　Ⓝ369.37

◇NHK「ラジオ深夜便」被爆を語り継ぐ　西橋正泰編　新日本出版社　2014.7　237p　19cm（命を根に生きる（林京子述）　核廃絶訴え五〇年（山口仙二述）　被爆直後のヒロシマを撮ったカメラマン（松重美人, 松重スミエ述）　私は鳩（丸屋博述）　風化を許さぬ者として（山田拓民述）　いまも、耳に残る声（松本都美子述）　核兵器の廃絶こそ、未来への希望（谷口稜曄述）　人間筏（山口彊述）〉Ⓘ978-4-406-05802-5　Ⓝ369.37　[1600円]

◇男たちのヒロシマ―ついに沈黙は破られた：Hiroshima August 6,1945　創価学会広島平和委員会編　第三文明社　2014.4　149,139p　20cm〈英語併記　内容：ローマ、フィレンツェで被爆スピーチ（野々山茂述）　福島原発事故報道を見て放射能の怖さを語る（下井勝幸述）　誰が被爆を伝えるん？　妻の一言で告白（河合宜二述）　命の恩人のためにも語らねばならぬ（西村一則述）　平和利用の核ならよい、というのは嘘だ（山和邦述）　あの原爆を忘れさせてなるものか（木原正述）　人間の宿命を感じつつ、平和のために尽くしたい（中村良治述）　毎年、八月六日に韓国人原爆犠牲者慰霊碑へ（森本俊雄述）　いつか中国語で被爆体験を話したい（谷口宏淳述）　世界平和への使命と信じて真実を語りたい（橋本薫述）　八十歳を前に「ヒロシマの心」の継承を決意（平野隆信述）　原爆孤児を二度と出さないために（川本省三述）　子どもの笑い声が永遠に続くように（伊藤皎述）　母の一言「戦争だきゃ絶対しちゃいけん」（田島忠美述）〉Ⓘ978-4-476-06224-3　Ⓝ916　[1300円]

◇記憶―平和と鎮魂　池田武臣著　[出版地不明]　[池田武臣]　2014.5　29p　20cm　Ⓝ916

◇つたえてくださいあしたへ……―聞き書きによる被爆体験証言集20　エフコープ生活協同組合編　篠栗町（福岡県）エフコープ生活協同組合組合員活動部　2014.6　94p　26cm　Ⓝ916

◇遠きヒロシマ―記憶の町の物語　青木幸子著　牧歌舎東京本部　2014.11　84p　19cm〈星雲社（発売）〉Ⓘ978-4-434-19894-6　Ⓝ916

◇二重被爆―ヒロシマナガサキ2つのキノコ雲の下を生き抜いて：語り部山口彊からあなたへ　稲塚秀孝著　合同出版　2014.1　166p　22cm〈文献あり　年譜あり〉Ⓘ978-4-7726-1086-5　Ⓝ369.37　[1500円]

◇8時15分―ヒロシマで生きぬいて許す心　美甘章子著　講談社エディトリアル　2014.7　204p　20cm　Ⓘ978-4-907514-08-2　Ⓝ916　[1500円]

◇被爆者・ヒロシマからのメッセージ―放射線と闘う至近距離被爆者・命の記録　兒玉光雄編　[広島]　兒玉光雄　2014.3　160p　26cm〈年表あり〉Ⓝ369.37

◇ヒロシマ　ジョン・ハーシー著, 石川欣一, 谷本清, 明田川融訳　増補版　新装版　法政大学出版局　2014.6　244p　20cm　Ⓘ978-4-588-31630-2　Ⓝ936　[1500円]

◇ヒロシマ叔父は十五歳だった　金谷俊則著　幻冬舎ルネッサンス　2014.7　207p　20cm〈文献あり〉Ⓘ978-4-7790-1106-1　Ⓝ916　[1300円]

◇ヒロシマ戦後史―被爆体験はどう受けとめられてきたか　宇吹暁著　岩波書店　2014.7　339,15p　20cm〈文献あり　年表あり　索引あり〉Ⓘ978-4-00-024523-4　Ⓝ319.8　[2800円]

◇ひろしまの祈り　雄三篠俳句会編　広島　鈴木厚子　2014.12　228p　21cm　[非売品]

◇ヒロシマはどう記録されたか　上　昭和二十年八月六日　小河原正己著　朝日新聞出版　2014.7　301p　15cm（朝日文庫 お71-1）〈日本放送出版協会 2003年刊の加筆・修正〉Ⓘ978-4-02-261800-9　Ⓝ210.75　[600円]

◇ヒロシマはどう記録されたか　下　昭和二十年八月七日以後　小河原正己著　朝日新聞出版　2014.7　367p　15cm（朝日文庫 お71-2）〈文献あり　日本放送出版協会 2003年刊の加筆・修正〉Ⓘ978-4-02-261801-6　Ⓝ210.75　[680円]

広島市（原子爆弾投下〔1945〕―報道）

◇ヒロシマはどう記録されたか　上　昭和二十年八月六日　小河原正己著　朝日新聞出版　2014.7　301p　15cm（朝日文庫 お71-1）〈日本放送出版協会 2003年刊の加筆・修正〉Ⓘ978-4-02-261800-9　Ⓝ210.75　[600円]

◇ヒロシマはどう記録されたか　下　昭和二十年八月七日以後　小河原正己著　朝日新聞出版　2014.7　367p　15cm（朝日文庫 お71-2）〈文献あり　日本放送出版協会 2003年刊の加筆・修正〉Ⓘ978-4-02-261801-6　Ⓝ210.75　[680円]

広島市（工業―名簿）

◇広島商工名鑑―法定台帳の利用と普及のために　2014年版　広島商工会議所編　広島　広島商工会議所　2014.8　1254p　26cm　Ⓝ335.035　[非売品]

広島市（コンピュータ教育）

◇藤の木小学校未来の学びへの挑戦―フューチャースクール推進事業・学びのイノベーション事業：実証研究校の歩み　広島市立藤の木小学校著, 堀田龍也監修　教育同人社　2014.4　128p　30cm〈文献あり〉Ⓘ978-4-87384-161-8　Ⓝ375.199　[1200円]

広島市（酒場）

◇がんぼ山田の普段使いの広島酒場―フダヅカ　山田幸成著　広島　本分社　2014.4　115p　22cm〈コスモの本（発売）〉Ⓘ978-4-86485-014-8　Ⓝ673.98　[1500円]

広島市（社会福祉）

◇保健・福祉の手引　平成26年度版　[広島]　広島市健康福祉局　2014.12　407p　21cm　Ⓝ369.11

広島市（商業―名簿）

◇広島商工名鑑―法定台帳の利用と普及のために　2014年版　広島商工会議所編　広島　広島商工会議所　2014.8　1254p　26cm　Ⓝ335.035　[非売品]

広島市（商店街）

◇ひろしま本通物語―577mの「舞台」に息づく人間模様　井川樹著　広島　南々社　2013.8　211p　19cm〈文献あり　年譜あり〉Ⓘ978-4-86489-012-0　Ⓝ672.176　[1400円]

広島市（地域社会）

◇広島市郊外に暮らす住民の生活と意識調査―広島大学総合科学部社会文化プログラム「社会環境調査」報告書　[東広島]　[広島大学総合科学部社会文化プログラム]　2013.3　128p　30cm　Ⓝ361.7

広島市（地誌）

◇里山散歩―武田山の自然と歴史　山王憲雄著　広島　里山環境保全みどり会　2013.11　132p　30cm〈発行所：パッドランニング〉Ⓘ978-4-9905115-2-4　Ⓝ291.76

広島市（土砂災害―写真集）

◇2014 8・20広島土砂災害―緊急出版報道写真集　中国新聞社編著　広島　中国新聞社　2014.9　128p　30cm　Ⓘ978-4-88517-403-2　Ⓝ369.33　[926円]

広島市（平和運動―歴史）

◇ヒロシマ戦後史―被爆体験はどう受けとめられてきたか　宇吹暁著　岩波書店　2014.7　339,15p　20cm〈文献あり　年表あり　索引あり〉Ⓘ978-4-00-024523-4　Ⓝ319.8　[2800円]

広島市（野外教育）
◇感動塾・みちくさ　第16回（平成25年度実施報告書）感動塾・みちくさ実行委員会編　広島　感動塾・みちくさ実行委員会　2014.1　62p　30cm　Ⓝ379.3

広島市（歴史）
◇絵葉書の中の広島―閉じ込められた街の面影：平成25年度特別展　広島市未来都市創造財団広島市郷土資料館編　広島　広島市未来都市創造財団広島市郷土資料館　2013.10　110p　30cm〈文献あり　会期・会場：平成25年10月26日―平成26年1月19日　広島市郷土資料館〉Ⓝ217.6

広島市現代美術館
◇広島市現代美術館年報　2012-2013年度　［広島］　広島市現代美術館　2014.3　87p　26cm　Ⓝ706.9

広島市畑賀地区社会福祉協議会
◇記念誌「40年のあゆみ」―2003年度（平成15年度）-2013年度（平成25年度）広島市畑賀地区社会福祉協議会（40周年記念誌編集委員会）編　広島　広島市畑賀地区社会福祉協議会　2014.5　154p　30cm〈年表あり〉Ⓝ369.06

広島市立大学
◇広島市立大学開学20周年記念誌　広島市立大学開学20周年記念誌編集委員会編　［広島］　広島市立大学　2014.11　198p　30cm〈年表あり　背のタイトル：開学20周年記念誌〉Ⓝ377.28

広島大学大学院工学研究科
◇広島大学大学院工学研究院・工学研究科・工学部外部評価報告書　平成25年度　広島大学大学院工学研究院等自己点検・評価委員会編　東広島　広島大学大学院工学研究科　2014.6　297p　30cm　Ⓝ377.1

広島東洋カープ
◇カープ女子うえむらちか&広島東洋カープ2014年の軌跡　うえむらちか著　KADOKAWA　2014.11　96p　21cm　Ⓘ978-4-04-869003-4　Ⓝ783.7　［1400円］
◇CARP TIMES特別版2014熱闘グラフ　中国新聞社編著　広島　中国新聞社　2014.10　72p　30cm　Ⓘ978-4-88517-404-9　Ⓝ783.7　［833円］
◇カープのうろこ―広島東洋カープ歴代ユニフォームガイド　スポーツユニフォーム愛好会著　文芸社　2014.9　111p　21cm〈年譜あり〉Ⓘ978-4-286-15697-2　Ⓝ783.7　［1600円］
◇カープの時代―最強・古葉赤ヘル軍団の11年：1975-1985　加古大二著　トランスワールドジャパン　2014.9　287p　19cm（TWJ BOOKS）〈文献あり〉Ⓘ978-4-86256-145-9　Ⓝ783.7　［1300円］
◇カープファンは日本一！　井川樹著　広島　南々社　2013.12　205p　19cm〈文献あり〉Ⓘ978-4-86489-016-8　Ⓝ783.7　［1300円］
◇広島カープ論―蘇る赤ヘル　赤坂英一著　PHP研究所　2014.8　269p　19cm〈文献あり〉Ⓘ978-4-569-81961-7　Ⓝ783.7　［1400円］
◇ベースボールサミット　第4回　特集広島東洋カープ真っ赤に燃えたぎるカープ愛　『ベースボールサミット』編集部編著　カンゼン　2014.9　230p　21cm〈内容：僕はまだエースだと思っていない（前田健太述，大久保泰伸著）カープ復権の象徴（丸佳浩，菊池涼介述，佐井陽介，坂上俊次著）プリンスからの脱却（堂林翔太述，田中周治著）鯉の黄金ルーキーが歩むエース道（大瀬良大地述，大久保泰伸著）プロ6年目，自分の働き場を見つけたセットアッパー（中田廉述，田中周治著）ただ，自分の役割を果たす酸いも甘いも……カープ一筋の男（廣瀬純述，田中周治著）強気でつかんだレギュラーの座（田中広輔述，田中周治著）打棒爆発で正捕手へ脅威の8番，飛躍の時（會澤翼述，大久保泰伸取材，柗田佳代子文）打撃開眼へ導く"匠"の指導（新井宏昌述，大久保泰伸著）好素材を見つけ出す，広島スカウトの"眼力"（苑田聡彦述，田中周治著）カープグッズ開発・販売の舞台裏（松田一宏述，大久保泰伸取材，鈴木康浩文）ファン座談会広島の魅力ここにあり！（島沢優子聞き手・構成，出口協子ほか述）プロ野球は，女子が変える！（江頭満正述，島沢優子文・構成）この思い，止まらないやっぱカープが一番好きじゃけん！（うえむらちか述，三谷悠文）この思い，止まらないやっぱカープが一番好きじゃけん！（徳井義実述，三谷悠文）この思い，止まらないやっぱカープが一番好きじゃけん！（石田敦子述）この思い，止まらないやっぱカープが一番好きじゃけん！（奥田民生述，能見美緒子文）この思い，止まらないやっぱカープが一番好きじゃけん！（近藤洋一述，能見美緒子文）この思い，止まらないやっぱカープが一番好きじゃけん！（りおた著）カープ古代史を紐解く（後藤勝著）カープファンを結ぶ運動会（鈴川卓也述，大利実著）第4回関東すずかわ塾大運動会密着レポート（木之下潤構成・文）カープは，我が街の，我がヒーローだ！（福井謙二述，中島大輔著）まんが超人プレイヤー列伝（中村るーしあ作）カープ黄金期を築いた関係者に聞く（古葉竹識述，中島大輔著）カープ黄金期を築いた関係者に聞く（山本浩二述，中島大輔著）カープ黄金期を築いた関係者に聞く（髙橋慶彦述，中島大輔著）カープ黄金期を築いた関係者に聞く（北別府学述，大久保泰伸著）〉Ⓘ978-4-86255-276-1　Ⓝ783.7　［1300円］

広島文芸懇話会
◇広島文芸懇話会の歩み―250回記念誌　広島文芸懇話会実行委員会編　［広島］　広島文芸懇話会250回記念事業　2014.12　110p　30cm　Ⓝ706

ひろしま万葉会
◇ひろしま万葉会三十年の歩み―昭和55年―平成22年　ひろしま万葉会記念誌編集委員会編　広島　大成印刷　2013.8　378p　30cm〈年表あり〉Ⓝ911.12

ピロスマニ，N.〔1862?～1918〕
◇放浪の聖画家ピロスマニ　はらだたけひで著　集英社　2014.12　254p　18cm　（集英社新書）〈文献あり〉Ⓘ978-4-08-720767-5　Ⓝ723.2991　［1200円］

広瀬 香美
◇絶対音感のドレミちゃん　広瀬香美著　KADOKAWA　2014.12　198p　19cm　Ⓘ978-4-04-731495-5　Ⓝ767.8　［1500円］

広瀬 宰平〔1828～1914〕
◇広瀬宰平と近代日本―特別企画展記念講演録　末岡照啓著，新居浜市広瀬歴史記念館編　新居浜　新居浜市広瀬歴史記念館　2014.11　101p　30cm　Ⓝ289.1

広瀬 淡窓〔1782～1856〕
◇廣瀬淡窓　井上敏幸監修，髙橋昌彦著　［大分］　大分県教育委員会　2014.3　310p　19cm　（大分県先哲叢書）〈年譜あり　文献あり〉Ⓝ121.57
◇廣瀬淡窓と咸宜園―近世日本の教育遺産として　日田市教育庁世界遺産推進室編　［日田］　日田市教育委員会　2013.3　297p　30cm〈年譜あり〉Ⓝ121.57
◇廣瀬淡窓と咸宜園―近世日本の教育遺産として　資料編　別府大学文化財研究所編　［別府］　別府大学文化財研究所　2013.3　145p　30cm〈共同刊行：日田市教育委員会〉Ⓝ121.57

広田 弘毅〔1878～1948〕
◇戦前政治家の暴走―誤った判断が招いた戦争への道　篠原昌人著　芙蓉書房出版　2014.3　234p　19cm〈文献あり〉Ⓘ978-4-8295-0614-1　Ⓝ312.1　［1900円］

廣田 奈穂美
◇華麗なる女の生き方―美と魂を求めて　廣田奈穂美著　春秋社　2014.8　209p　19cm　Ⓘ978-4-393-49534-6　Ⓝ289.1　［1600円］

弘中 数實〔1920～2013〕
◇鶴と暮らす山里の「野鶴監視員」の物語―本州に唯一残されたナベヅル越冬地・山口県八代盆地に生きる　弘中数實著，弘中数實遺稿・追悼集企画製作委員会編　ダイヤモンド・ビッグ社　2014.7　188p　19cm〈ダイヤモンド社（発売）年譜あり〉Ⓘ978-4-478-04626-5　Ⓝ488.5　［1200円］

廣庭 基介〔1932～　〕
◇アナログ司書の末裔伝―図書館員は本を目でみて手でさわらなあかんよ：廣庭基介先生傘寿記念誌　京都　花園大学図書館司書資格課程　2013.11　160p　30cm〈年譜あり　著作目録あり〉Ⓝ017.71

広野町（福島県）（災害医療）
◇福島原発22キロ高野病院奮戦記―がんばってるね！じむちょー　井上能行著　東京新聞　2014.3　270p　19cm　Ⓘ978-4-8083-0987-9　Ⓝ498.02126　［1400円］

琵琶湖
◇魚米之郷―太湖・洞庭湖と琵琶湖の水辺の暮らし：琵琶湖博物館第22回企画展示　滋賀県立琵琶湖博物館編　［草津］　滋賀県立琵琶湖博物館　2014.7　112p　30cm〈文献あり　中国語併記　会期：2014年7月19日―11月24日〉Ⓝ452.93222
◇湖底遺跡が語る湖国二万年の歴史　滋賀県文化財保護協会編　［大津］　滋賀県文化財保護協会　2014.7　48p　30cm　（シリーズ近江の文化財 8）Ⓝ216.1
◇BYQ水環境レポート―琵琶湖・淀川の水環境の現状　第20巻　平成24年度　大阪　琵琶湖・淀川水質保全機構　2014.2　1冊　30cm〈年表あり　文献あり〉Ⓝ519.4
◇琵琶湖一周山辺の道―55万3000歩　岡野忠雄著　彦根　サンライズ出版　2014.6　197p　図版 4p　20cm〈文献あり〉Ⓘ978-4-88325-541-2　Ⓝ291.61　［1800円］
◇琵琶湖開発事業関連埋蔵文化財保管整理業務事業報告　滋賀県教育委員会事務局文化財保護課，滋賀県文化財保護協会編　大津　滋賀県教育委員会事務局文化財保護課　2014.3　30p

ひ

30cm （琵琶湖開発事業関連埋蔵文化財発掘調査報告書 15-
1）〈共同刊行：滋賀県文化財保護協会〉Ⓝ709.161
◇琵琶湖の湖底遺跡　調査成果概要・基礎データ編　滋賀県教
育委員会事務局文化財保護課，滋賀県文化財保護協会編　大津
滋賀県教育委員会事務局文化財保護課　2014.3　184p　30cm
（琵琶湖開発事業関連埋蔵文化財発掘調査報告書 15-3）〈共同
刊行：滋賀県文化財保護協会〉Ⓝ216.1
◇琵琶湖の湖底遺跡　調査成果総括編　滋賀県教育委員会事務
局文化財保護課，滋賀県文化財保護協会編　大津　滋賀県教育
委員会事務局文化財保護課　2014.3　63p　30cm （琵琶湖開
発事業関連埋蔵文化財発掘調査報告書 15-2）〈共同刊行：滋
賀県文化財保護協会〉Ⓝ216.1

びわこ学園
◇生きることが光になる―重症児者福祉と入所施設の将来を考
える　國森康弘，日浦美智江，中村隆一，大塚晃，びわこ学園編
著　京都　クリエイツかもがわ　2014.4　202p　21cm〈年
譜あり〉Ⓘ978-4-86342-131-8　Ⓝ369.49　［2000円］

琵琶湖博物館〔滋賀県立〕
◇新琵琶湖博物館創造基本計画　資料編　［大津］　滋賀県
2014.3　87p　30cm　Ⓝ452.93161
◇湖をめぐる博物館の「森」構想―博物館の「木」から地域の
「森」へ：新琵琶湖博物館創造基本計画　［大津］　滋賀県
2014.3　42p　30cm　Ⓝ452.93161

ピンチョン，T.〔1937～ 〕
◇トマス・ピンチョン　麻生享志，木原善彦編著　彩流社　2014.
6　266,11p　21cm　（現代作家ガイド 7）〈文献あり　著作目
録あり　執筆：ブライアン・マクヘイルほか〉Ⓘ978-4-7791-
2003-9　Ⓝ930.278　［2800円］

【 ふ 】

ファイザーヘルスリサーチ振興財団
◇ヘルスリサーチ20年―良い社会に向けて：公益財団法人ファ
イザーヘルスリサーチ振興財団20周年記念誌　ファイザーヘ
ルスリサーチ振興財団編　ファイザーヘルスリサーチ振興財
団　2014.11　181p　26cm〈文献あり〉Ⓘ978-4-939010-17-0
Ⓝ498.06　［非売品］

ファイブイズホーム
◇大手住宅メーカーが，太刀打ちできない会社―地域シェアNo.
1の秘密　細井保雄著　ダイヤモンド社　2014.2　203p
20cm　Ⓘ978-4-478-02647-2　Ⓝ520.921　［1400円］

ファインドスターグループ
◇世界で一番起業家とベンチャー企業を創出する。―ファイン
ドスターグループ物語　内藤真一郎，ファインドスターグルー
プ代表著　山中企画　2014.5　253p　19cm〈星雲社（発売）〉
Ⓘ978-4-434-19233-3　Ⓝ675　［1200円］

ファーガソン，A.〔1941～ 〕
◇アレックス・ファーガソン自伝　アレックス・ファーガソン
著，小林玲子訳　日本文芸社　2014.6　399p　図版32p　20cm
Ⓘ978-4-537-26083-0　Ⓝ783.47　［2300円］

ファーストリテイリング
◇ユニクロ対ZARA　齊藤孝浩著　日本経済新聞出版社　2014.
11　286p　19cm〈文献あり　表紙のタイトル：UNIQLO VS
ZARA〉Ⓘ978-4-532-31961-8　Ⓝ673.78　［1500円］

ファニング，E.〔1998～ 〕
◇ELLE FANNING―FASHION STYLE BOOK　マーブル
ブックス編　メディアパル　2014.2　111p　21cm
（MARBLE BOOKS）〈作品目録あり　本文は日本語〉
Ⓘ978-4-89610-294-9　Ⓝ778.253　［1500円］

ファーマフーズ
◇バイオビジネス「着想の原点」―ストレス緩和関節炎予防歯周
病予防ピロリ菌抑制等現代病に挑む！　金武祥著　商業界
2014.7　191p　19cm　Ⓘ978-4-7855-0478-6　Ⓝ588.067
［1500円］

ファン，D.〔1891～ 〕
◇力の話　カルロス・カスタネダ著，真崎義博訳　太田出版
2014.4　371p　19cm　Ⓘ978-4-7783-1337-1　Ⓝ382.56
［2200円］

ファンケル
◇物事は単純に考えよう　池森賢二著　PHP研究所　2014.5
250p　16cm〈年譜あり〉Ⓘ978-4-569-81842-9　Ⓝ576.7
［1050円］

フィッシャー，B.〔1943～2008〕
◇ボビー・フィッシャーを探して　フレッド・ウェイツキン
［著］，若島正訳　みすず書房　2014.9　354,3p　20cm
Ⓘ978-4-622-07852-4　Ⓝ796.9　［2800円］

フィッシャー，H.〔1909～1958〕
◇ハンス・フィッシャー―世界でもっとも美しい教科書　真壁伍
郎著，飯野真帆子編　編集工房くま　2013.7　80p　21cm〈年
譜あり　付・フィッシャー講演録など〉Ⓝ372.345　［1000円］

フィヒテ，J.G.〔1762～1814〕
◇木村素衛著作集　第1巻　フィヒテ 国民と教養 紅い実と青い
実 花と死と運命　木村素衛著　復刻　学術出版社　2014.10
1冊　22cm　（学術著作集ライブラリー）〈日本図書センター
（発売）　再版 弘文堂書房 昭和13年刊の複製　弘文堂書房 昭
和14年刊の複製ほか〉Ⓘ978-4-284-10428-9,978-4-284-10427-2
（set）　Ⓝ370.8
◇フィヒテを読む　ギュンター・ツェラー著，中川明才訳　京都
晃洋書房　2014.11　136,19p　20cm〈文献あり　索引あり〉
Ⓘ978-4-7710-2584-4　Ⓝ134.3　［2200円］
◇フィヒテのイェーナ期哲学の研究　玉田龍太朗著　京都　晃
洋書房　2014.6　129p　22cm〈文献あり　内容：フィヒテ
『自然法論』における身体論の特性　初期フィヒテの経験への
アプローチ　フィヒテ初期知識学における「感情」の問題
フィヒテ道徳論における衝動の問題　「新たな方法による知
識学」における衝動の問題　フィヒテ道徳論における根本悪
の問題〉Ⓘ978-4-7710-2550-9　Ⓝ134.3　［1600円］
◇フィヒテの社会哲学　清水満著　福岡　九州大学出版会
2013.9　485,25p　22cm〈文献あり　索引あり〉Ⓘ978-4-7985-
0111-6　Ⓝ134.3　［7800円］

フィリピン（海外派遣者）
◇海外派遣者ハンドブック　フィリピン編　日本在外企業協会
編　日本在外企業協会　2014.5　146p　26cm〈文献あり〉
Ⓘ978-4-904404-87-4　Ⓝ336.4　［3000円］

フィリピン（看護師）
◇日比経済連携協定に基づくフィリピン人看護師の国際移動―
現状と課題：長崎大学・フィリピン大学共催国際シンポジウ
ム：報告書　平野裕子，米野みちよ編著　長崎　長崎大学　2014.
3　142p　30cm〈英語併記　会期・会場：2013年1月24日
フィリピン大学アジアセンター　内容：日本・フィリピン経済
連携協定（JPEPA）に基づく看護師の移動　JPEPAに基づく
フィリピン人看護師の移動の進展（大野俊述）　日本の病院で働
くフィリピン人看護師の経験から（コラ・アノヌエボ述）　外
国人看護師を受け入れて（宮澤美代子述）　日本・フィリピン経
済連携協定（JPEPA）の改善に向けて　日本のフィリピン人看
護師候補者の学習課題に関する調査研究（川口貞親述）
JPEPA候補者の日本語教育（米野みちよ述）　JPEPAの神話
を越えて（平野裕子述）　JPEPA制度に基づくフィリピン人看
護師・介護福祉士候補者に対する日本語予備教育事業（高取秀
司述）〉Ⓝ366.89

フィリピン（企業）
◇フィリピン成長企業50社　ブレインワークス，アイキューブ編
著　カナリア書房　2014.8　207p　21cm　Ⓘ978-4-7782-
0276-7　Ⓝ335.2248　［1800円］

フィリピン（紀行・案内記）
◇伊達侍と世界をゆく「慶長遣欧使節」とめぐる旅　篠田有史
写真，工藤律子文　仙台　河北新報出版センター　2014.6
189p　21cm〈文献あり〉Ⓘ978-4-87341-323-5　Ⓝ295.509
［1600円］
◇フィリピン　2014～2015年版　「地球の歩き方」編集室/編
改訂第22版　ダイヤモンド・ビッグ社，ダイヤモンド社［発
売］　2014.1　408p　21×14cm　（地球の歩き方 D27）
Ⓘ978-4-478-04519-0　［1700円］

フィリピン（技術援助〔日本〕）
◇官民連携技術協力促進検討調査灌漑システム総合マネジメン
ト現地調査報告書―フィリピン共和国　［東京］　海外農業開
発コンサルタンツ協会　2014.3　10, 77p　30cm〈平成25年
度海外技術協力促進検討事業〉Ⓝ614.3248
◇フィリピン共和国（科学技術）統合的沿岸生態系保全・適応管
理プロジェクト中間レビュー調査報告書　［東京］　国際協力
機構地球環境部　2013.1　7, 154p　30cm　Ⓝ333.804
◇フィリピン国マニラ首都圏及び周辺地域における水資源開発
計画に係る基礎情報収集調査（水収支解析等）―メイン・
レポート　国際協力機構［編］　［東京］　日本工営　2013.3
1冊　30cm〈共同刊行：東京大学〉Ⓝ333.804
◇フィリピン国マニラ首都圏及び周辺地域における水資源開発
計画に係る基礎情報収集調査（水収支解析等）―ファイナル・
レポート：要約　国際協力機構［編］　［東京］　日本工営
2013.3　107p　30cm〈共同刊行：東京大学〉Ⓝ333.804

フィリピン（給与）

◇フィリピン国マニラ首都圏及び周辺地域における水資源開発計画に係る基礎情報収集調査（水収支解析等）─ファイナル・レポート（パッシグ─マリキナ川降雨解析） 国際協力機構［編］［東京］ 日本工営 2013.3 1冊 30cm〈共同刊行：東京大学〉Ⓝ333.804

フィリピン（給与）

◇在アジア日系企業における現地スタッフの給料と待遇に関する調査 2014 フィリピン編 Tokyo 日経リサーチ c2014 248p 30cm〈英語併記 奥付のタイトル：在アジア日系企業における現地スタッフの給与と待遇に関する調査〉Ⓝ336.45

フィリピン（教育）

◇フィリピンの価値教育─グローバル社会に対応する全人・統合アプローチ 長濱博文著 福岡 九州大学出版会 2014.3 301p 22cm〈文献あり 索引あり 内容：本研究の課題設定と分析の枠組み マルコス政権とアキノ政権下の価値教育の展開 フィリピンの統合科目における価値教育の理念 価値教育の全人・統合アプローチによる展開 意識調査にみる子どもの価値認識 価値教育の理念から実践への展開 市民性教育との比較考察と教育改革の動向 総括と今後の課題〉①978-4-7985-0124-6 Ⓝ372.248 ［4000円］

フィリピン（教育─歴史─20世紀）

◇「恩恵の論理」と植民地─アメリカ植民地期フィリピンの教育とその遺制 岡田泰平著 法政大学出版局 2014.9 322,34p 22cm〈文献あり 索引あり 内容：アメリカ植民地期フィリピンと植民地教育を問い直す アメリカ植民地主義と言語制度としての「恩恵」 アメリカ人教員とフィリピン人教員 フィリピン人教員層と市民教育 抗争する歴史 フィリピン学校ストライキ論 反フィリピン人暴動とその帰結 植民地主義は継続しているか〉①978-4-588-37712-9 Ⓝ372.248 ［5700円］

フィリピン（軍隊）

◇フィリピンの国軍と政治─民主化後の文民優位と政治介入 山根健至著 京都 法律文化社 2014.3 316p 22cm〈文献あり 索引あり〉①978-4-589-03581-3 Ⓝ312.248 ［6600円］

フィリピン（経済）

◇フィリピン 2014/15年版 ARC国別情勢研究会編集 ARC国別情勢研究会 2014.5 158p 26cm（ARCレポート 経済・貿易・産業報告書 2014/15）〈索引あり〉①978-4-907366-12-4 Ⓝ332.248 ［12000円］

◇フィリピンのことがマンガで3時間でわかる本─ASEANの落第生から、No.1成長国へ！ 鈴木紘司,坂本直弥著, 朝日ネットワークス監修, 飛鳥幸子マンガ 明日香出版社 2014.11 179p 21cm ①978-4-7569-1721-8 Ⓝ302.248 ［1600円］

フィリピン（経済援助〔日本〕）

◇フィリピン国メトロセブ持続的な環境都市構築のための情報収集・確認調査─ファイナルレポート：和文概要 ［東京］ 国際協力機構 2013.3 1冊 30cm〈共同刊行：日建設計総合研究所ほか〉Ⓝ333.804

フィリピン（国際労働力移動─日本）

◇日比経済連携協定に基づくフィリピン人看護師の国際移動─現状と課題：長崎大学・フィリピン大学共催国際シンポジウム：報告書 平野裕子,米野みちよ編 長崎 長崎大学 2014.3 142p 30cm〈英語併記 会期・会場：2013年1月24日 フィリピン大学アジアセンター 内容：日本・フィリピン経済連携協定（JPEPA）に基づく看護師の移動の進展（大野俊述） 日本の病院で働くフィリピン人看護師の経験から（コラ・アノヌエボ述） 外国人看護師を受入れて（宮澤美代子述） 日本・フィリピン経済連携協定（JPEPA）の改善について 日本のフィリピン人看護師候補者の学習課題に関する調査研究（川口貞親述） JPEPA候補者の日本語教育（米野みちよ述） JPEPAの神話を越えて（平野裕子述） JPEPA制度に基づくフィリピン人看護師・介護福祉士候補者に対する日本語予備教育事業（高取秀雄司述）〉Ⓝ366.89

フィリピン（社会）

◇フィリピン裏の歩き方 八雲星次著 彩図社 2014.12 223p 19cm ①978-4-8013-0042-2 Ⓝ302.248 ［1300円］

◇フィリピンのことがマンガで3時間でわかる本─ASEANの落第生から、No.1成長国へ！ 鈴木紘司,坂本直弥著, 朝日ネットワークス監修, 飛鳥幸子マンガ 明日香出版社 2014.11 179p 21cm ①978-4-7569-1721-8 Ⓝ302.248 ［1600円］

フィリピン（植民地行政〔アメリカ合衆国〕─歴史─20世紀）

◇「恩恵の論理」と植民地─アメリカ植民地期フィリピンの教育とその遺制 岡田泰平著 法政大学出版局 2014.9 322,34p 22cm〈文献あり 索引あり 内容：アメリカ植民地期フィリ

ピンと植民地教育を問い直す アメリカ植民地主義と言語制度としての「恩恵」 アメリカ人教員とフィリピン人教員 フィリピン人教員層と市民教育 抗争する歴史 フィリピン学校ストライキ論 反フィリピン人暴動とその帰結 植民地主義は継続しているか〉①978-4-588-37712-9 Ⓝ372.248 ［5700円］

フィリピン（水害）

◇台風ヨランダはフィリピン社会をどう変えるか─地域に根ざした支援と復興の可能性を探る：フィリピンの台風災害に関する緊急研究集会報告書 山本博之,青山和佳編著 京都 京都大学地域研究統合情報センター 2014.4 71p 30cm（CIAS discussion paper no. 45）〈内容：フィリピン台風災害緊急人道支援活動報告（奥村真知子述） 災害と復興の視点（渡辺正幸述） フィリピンの台風被災を遠くから見る（青山和佳述） サマール島の政治社会状況（細田尚美述） フィリピン台風災害への対応（石原バージ述、矢尺貴美通訳・補足） レイテ島の歴史から見た政治風土（荒哲述） 災害復興に向けてフィリピン社会を振り返る（宮脇聡史述） 台風災害がフィリピンにもたらした希望と可能性（寺田勇文述） 災害が社会を変える可能性に研究者として関わる（清水展述）〉Ⓝ369.33

フィリピン（政治）

◇フィリピンの国軍と政治─民主化後の文民優位と政治介入 山根健至著 京都 法律文化社 2014.3 316p 22cm〈文献あり 索引あり〉①978-4-589-03581-3 Ⓝ312.248 ［6600円］

フィリピン（太平洋戦争〔1941～1945〕）

◇コレクション・モダン都市文化 97 東南アジアの戦線 和田博文監修 綾目広治編 ゆまに書房 2014.6 757p 22cm〈文献あり 年表あり 「南十字星文藝集 第一輯」（比島派遣軍宣傳班 1942年刊）の複製 「ジャワ縦横」再版（新紀元社 1944年刊）の複製 内容：南十字星文藝集 第1輯（陣中新聞南十字星編輯部編） ジャワ縦横（太田三郎著）〉①978-4-8433-4135-3,978-4-8433-4117-9(set),978-4-8433-4113-1(set) Ⓝ361.78 ［18000円］

フィリピン（日系企業）

◇在アジア日系企業における現地スタッフの給料と待遇に関する調査 2014 フィリピン編 Tokyo 日経リサーチ c2014 248p 30cm〈英語併記 奥付のタイトル：在アジア日系企業における現地スタッフの給与と待遇に関する調査〉Ⓝ336.45

フィリピン（農業水利）

◇官民連携技術協力促進検討調査灌漑システム総合マネジメント現地調査報告書─フィリピン共和国 ［東京］ 海外農業開発コンサルタンツ協会 2014.3 10, 77p 30cm〈平成25年度海外技術協力促進検討事業〉Ⓝ614.3248

フィリピン（被災者支援）

◇台風ヨランダはフィリピン社会をどう変えるか─地域に根ざした支援と復興の可能性を探る：フィリピンの台風災害に関する緊急研究集会報告書 山本博之,青山和佳編著 京都 京都大学地域研究統合情報センター 2014.4 71p 30cm（CIAS discussion paper no. 45）〈内容：フィリピン台風災害緊急人道支援活動報告（奥村真知子述） 災害と復興の視点（渡辺正幸述） フィリピンの台風被災を遠くから見る（青山和佳述） サマール島の政治社会状況（細田尚美述） フィリピン台風災害への対応（石原バージ述、矢尺貴美通訳・補足） レイテ島の歴史から見た政治風土（荒哲述） 災害復興に向けてフィリピン社会を振り返る（宮脇聡史述） 台風災害がフィリピンにもたらした希望と可能性（寺田勇文述） 災害が社会を変える可能性に研究者として関わる（清水展述）〉Ⓝ369.33

フィリピン（不動産投資）

◇年収500万円からのフィリピン不動産投資入門 服部富雄著 幻冬舎メディアコンサルティング 2014.2 200p 19cm〈幻冬舎（発売）〉①978-4-344-95207-2 Ⓝ673.99 ［1200円］

フィリピン（プラスチック─リサイクル）

◇フィリピンメトロセブ地域におけるレジ袋等の軟質系廃プラスチック類マテリアルリサイクル事業の可能性調査 ［北九州］ 西原商事 2014.3 1冊 30cm〈英語併記 平成25年度我が国循環産業海外展開事業化促進事業〉Ⓝ518.523

フィリピン（文化財保護）

◇フィリピン共和国調査報告書─文化遺産国際協力コンソーシアム平成24年度協力相手国調査 ［東京］ 文化遺産国際協力コンソーシアム 2014.3 116p 30cm〈英語併記〉Ⓝ709.248

フィリピン（民芸）

◇技術と身体の民族誌─フィリピン・ルソン島山地民社会に息づく民俗工芸 大西秀之著 京都 昭和堂 2014.3 274,6p 22cm〈文献あり 索引あり 内容：技術をモノ語る苦難と悦楽 技術を語る民族誌の新たな地平 社会に形作られた土器製作者の身体 土器製作者の誕生とジェンダーの再生産 社会的実践としての工芸技術の変容 市場経済による伝統工芸の再生 民族誌から展望する技術研究〉①978-4-8122-1356-8 Ⓝ382.2481 ［6600円］

フィリピン（民族）
◇技術と身体の民族誌—フィリピン・ルソン島山地民社会に息づく民俗工芸　大西秀之著　京都　昭和堂　2014.3　274,6p　22cm〈文献あり　索引あり〉内容：技術をモノ語る苦難と悦楽　技術を語る民族誌の新たな地平　社会に形作られた土器製作者の身体　土器製作者の誕生とジェンダーの再生産　社会的実践としての工芸技術の変容　市場経済による伝統工芸の再生　民族誌から展望する技術研究〉Ⓘ978-4-8122-1356-8　Ⓝ382.2481　[6600円]

フィリピン（労使関係）
◇海外派遣者ハンドブック　フィリピン編　日本在外企業協会編　日本在外企業協会　2014.5　146p　26cm〈文献あり〉Ⓘ978-4-904404-87-4　Ⓝ336.4　[3000円]

フィレンツェ（歴史）
◇フェスティナ・レンテ—メディチ家もうひとつの物語　豊田正明著　鳥影社　2014.3　230p　20cm〈文献あり〉Ⓘ978-4-86265-439-7　Ⓝ289.3　[1800円]

フィンランド（英語教育—小学校）
◇フィンランドの小学校英語教育—日本での小学校英語教科化後の姿を見据えて　伊東治己著　研究社　2014.2　173p　21cm〈文献あり　索引あり〉Ⓘ978-4-327-41087-2　Ⓝ372.3892　[2500円]

フィンランド（官庁建築）
◇セイナッツァロ役場＆夏の家—フィンランド1952, 1953　アルヴァ・アアルト[作], 宮本和義撮影, 齊藤哲也解説　[東京]　バナナブックス　2014.1　71p　21cm（World architecture）〈英語併記〉Ⓘ978-4-902930-30-6　Ⓝ526.31　[1700円]

フィンランド（紀行・案内記）
◇Kippis！—フィンランドには明るい未来がある　Pizza Capricciosa著　文芸社　2014.6　121p　15cm　Ⓘ978-4-286-14196-1　Ⓝ293.89209　[600円]
◇ちょっとそこまでひとり旅だれかと旅　益田ミリ著　幻冬舎　2013.6　190p　19cm　Ⓘ978-4-344-02416-8　Ⓝ291.09　[1200円]

フィンランド（教育）
◇世界教育戦争—優秀な子供をいかに生み出すか　アマンダ・リプリー著, 北和丈訳　中央公論新社　2014.11　397p　20cm〈文献あり〉Ⓘ978-4-12-004661-2　Ⓝ372.3892　[2800円]
◇平成25年度教育課題研修指導者海外派遣プログラム研修成果報告書—「PISA型学力の育成」フィンランド（C-1団）教員研修センター編著　［つくば］教員研修センター　2014.3　64, 24, 6p　30cm〈派遣期間：平成25年10月21日—11月1日〉Ⓝ372.3892
◇平成25年度教育課題研修指導者海外派遣プログラム研修成果報告書—「PISA型学力の育成」フィンランド（C-2団）教員研修センター編著　［つくば］教員研修センター　2014.3　60, 18, 6p　30cm〈派遣期間：平成25年10月28日—11月8日〉Ⓝ372.3892

フィンランド（教科書）
◇フィンランド理科教科書　生物編　Mervi Holopainenほか著, 鈴木誠監訳, 山川亜古訳　京都　化学同人　2014.2　254p　24cm〈索引あり〉Ⓘ978-4-7598-1560-3　Ⓝ372.3892　[2500円]

フィンランド（経済）
◇フィンランド　2014/15年版　ARC国別情勢研究会編集　ARC国別情勢研究会　2014.5　150p　26cm（ARCレポート経済・貿易・産業報告書 2014/15）〈年表あり　索引あり〉Ⓘ978-4-907366-13-1　Ⓝ332.3892　[12000円]

フィンランド（社会）
◇フィンランド人が語るリアルライフ—光もあれば影もある　ツルネンマルテイ著訳　新評論　2014.12　335p　19cm　Ⓘ978-4-7948-0988-9　Ⓝ302.3892　[2800円]

フィンランド（住宅建築）
◇セイナッツァロ役場＆夏の家—フィンランド1952, 1953　アルヴァ・アアルト[作], 宮本和義撮影, 齊藤哲也解説　[東京]　バナナブックス　2014.1　71p　21cm（World architecture）〈英語併記〉Ⓘ978-4-902930-30-6　Ⓝ526.31　[1700円]

フィンランド（食器—図集）
◇ムーミンマグ物語　講談社　2014.4　79p　27cm　Ⓘ978-4-06-218918-7　Ⓝ751.3　[2700円]

フィンランド（生物教育）
◇フィンランド理科教科書　生物編　Mervi Holopainenほか著, 鈴木誠監訳, 山川亜古訳　京都　化学同人　2014.2　254p　24cm〈索引あり〉Ⓘ978-4-7598-1560-3　Ⓝ372.3892　[2500円]

フィンランド（世界戦争〔1939～1945〕—会戦）
◇冬戦争　齋木伸生著　イカロス出版　2014.2　352p　21cm〈文献あり　年表あり〉Ⓘ978-4-86320-832-2　Ⓝ391.2074　[2381円]

フィンランド（デザイン）
◇北欧フィンランドのかわいいデザインたち　pieni kauppa著　パイインターナショナル　2014.1　189p　21cm　Ⓘ978-4-7562-4450-5　Ⓝ757.023892　[1900円]

フィンランド（陶磁器—図集）
◇ムーミンマグ物語　講談社　2014.4　79p　27cm　Ⓘ978-4-06-218918-7　Ⓝ751.3　[2700円]

フェイゲン, D.〔1948～　〕
◇ナイトフライ—録音芸術の作法と鑑賞法　冨田恵一著　[東京]　DU BOOKS　2014.8　291p　19cm〈ディスクユニオン（発売）文献あり〉Ⓘ978-4-907583-09-5　Ⓝ767.8　[2000円]
◇ヒップの極意　ドナルド・フェイゲン著, 奥田祐士訳　[東京]　DU BOOKS　2014.7　259p　20cm〈ディスクユニオン（発売）〉Ⓘ978-4-925064-75-0　Ⓝ767.8　[2000円]

フェヒナー, G.T.〔1801～1887〕
◇生命（ゼーレ）の哲学—知の巨人フェヒナーの数奇なる生涯　岩渕輝著　春秋社　2014.1　369,37p　図版16p　22cm〈文献あり〉Ⓘ978-4-393-36125-2　Ⓝ134.7　[4000円]

フェリス女学院大学
◇私が変われば、世界は変わる—フェリスのボランティア　大倉一郎, 廣石望, 小笠原公子著　横浜　フェリス女学院大学　2014.2　205p　18cm（Ferris books 20）〈文献あり〉Ⓘ978-4-901713-19-1　Ⓝ369.14　[700円]

フェルメール, J.〔1632～1675〕
◇知識ゼロからのフェルメール鑑賞術　森村泰昌著　幻冬舎　2013.11　167p　21cm〈文献あり　作品目録あり　年譜あり〉Ⓘ978-4-344-90278-7　Ⓝ723.359　[1400円]
◇フェルメール—16人の視点で語る最新案内　美術手帖編　美術出版社　2014.6　127p　21cm（BT BOOKS）〈文献あり　年譜あり〉Ⓘ978-4-568-43087-5　Ⓝ723.359　[1600円]
◇フェルメールの帽子—作品から読み解くグローバル化の夜明け　ティモシー・ブルック[著], 本野英一訳　岩波書店　2014.5　323p　20cm　Ⓘ978-4-00-024696-5　Ⓝ209.5　[2900円]

ブエロ・バリェホ, A.〔1916～2000〕
◇現代スペインの劇作家アントニオ・ブエロ・バリェホ—独裁政権下の劇作と抵抗　岡本淳子著　吹田　大阪大学出版会　2014.9　286p　21cm〈文献あり　作品目録あり　年譜あり　内容：なぜアントニオ・ブエロ・バリェホなのか？　フランコ政権と検閲　盲目が可視化する権力　絵画と視線の権力　敗者の叫びと歴史叙述　オーラル・ヒストリーのための戦略　権力と抵抗の関係　無名の人々の劇　グロテスクなものの舞台化　狂気からの覚醒と過去の責任　監獄から次の監獄へ〉Ⓘ978-4-87259-487-4　Ⓝ962　[3900円]

フェンダー・ミュージカル・インストゥルメンツ社
◇フェンダーストラトキャスター＆テレキャスターヴィンテージ・クロニクル　晋遊舎　2014.6　145p　29cm　Ⓘ978-4-86391-987-7　Ⓝ582.7　[2800円]

フォークランド諸島
◇フォークランド戦争史—NIDS国際紛争史研究　防衛研究所戦史研究センター編　防衛省防衛研究所　2014.3　369p　30cm〈年表あり〉Ⓘ978-4-86482-020-2　Ⓝ265.9

フォースター, E.M.〔1879～1970〕
◇洞窟の反響—『インドへの道』からの長い旅　立野正裕著　スペース伽耶　2014.3　290p　20cm〈星雲社（発売）〉Ⓘ978-4-434-19144-2　Ⓝ930.278　[2000円]

フォッサマグナ
◇よくわかる糸魚川の大地のなりたち　フォッサマグナミュージアム著　[糸魚川]　糸魚川市教育委員会　2014.3　174p　30cm　Ⓝ455.141

フォルラン, D.〔1979～　〕
◇フットボールサミット　第24回　美しく危険な男フォルラン—金獅子のフットボーラーは日本サッカーに何をもたらすのか？　『フットボールサミット』議会編著　カンゼン　2014.8　226p　21cm〈内容：美しき男の生い立ち（藤坂ガルシア千鶴著）フォルラン効果の現在地（木村元彦著, 岡野雅夫述）"ガンジーさん"が語るフォルランの素顔（桑村健太著, 白沢敬典述）フォルランのプロフェッショナリズム（桑村健太著, 安虎鎮, 塩谷瑛利, 石田慎也述）チームメイトが語るフォルランの真価（桑村健太著）セレッソ大阪加入記者会見（桑村健太構成, ディエゴ・フォルラン述）フォルラン来日の真相（藤江直

人著, 木村精孝述）　兄が語るディエゴ・フォルラン（編集部質問・構成, パブロ・フォルラン述）　万能型ストライカーの活かし方（西部謙司著）　ディエゴ・フォルラン研究所（飯尾篤史著）　セレッソ大阪ストライカー列伝（吉村憲文著）　スペイン黄金期の追憶（ダビド・ガルシア・メディーナ著, 江間慎一郎訳）　フォルランファミリー心を揺さぶる物語（ダビド・ガルシア・メディーナ著, 江間慎一郎訳）　フォルランを生んだウルグアイという小国家（柏山哲男著, 松原良香述）　ウルグアイの英雄ディエゴ・フォルラン（海江田哲朗著, エドゥアルド・ブズー, フェルナンド・ペレダ述）　セレッソ大阪にフォルランイズムは根付くか（藤江直人著）〉Ⓝ783.47　［1300円］

フォンテーン, R.〔1924〜2002〕
◇怪物執事—英国を魅惑した殺人鬼の真実　A.M.ニコル著, 村上リコ訳　太田出版　2014.4　325p　19cm〈年譜あり〉Ⓘ978-4-7783-1395-1　Ⓝ368.61　［2500円］

深井 てる子〔1947〜 〕
◇わたしの事典—歩　深井てる子著　百年書房　2014.7　137p　18cm〈年譜あり〉Ⓘ978-4-907081-05-8　Ⓝ782.5　［非売品］

深井 人詩〔1935〜 〕
◇深井人詩書誌選集　1　年譜・著作目録　渡辺美好編　金沢　金沢文圃閣　2014　168p　26cm　（文献探索人叢書 13）〈喜寿記念〉Ⓝ289.1　［3000円］

深江 今朝夫〔1944〜 〕
◇人生第二期—EH創業者深江今朝夫オーナーに出会って　梁世勳著, 粱秀智訳　川越　すずさわ書店　2014.5　166p　20cm　Ⓘ978-4-7954-0288-1　Ⓝ289.2　［1800円］

深尾 精一〔1949〜 〕
◇建築を広く, 時には深く—深尾精一先生退職記念論集　深尾精一著, 深尾精一先生退職記念事業準備会編　八王子　深尾精一先生退職記念事業準備会　2013.11　375p　19cm〈年譜あり〉　内容：グリッドとモデュラーコオーディネーション　納まりとにげ　グリッドの重ね合わせ　寸法調整におけるグリッドの機能に関する研究　モデュールって何のこと？　補考・図形の単位　集合住宅の構法　集合住宅の設計・建設手法と長期の耐用性　集合住宅におけるサポート・インフィル分離　変革期に挑戦する多彩なヨーロッパの集合住宅建築　補考・可変住空間　建築ストックの活用　ストック活用型社会における建築学の方向　壊さない時代, 壊せない時代　団地の活性化の展望と想い　補考・あさってまでの建築とおとといからの建築　建築一般構造　南蛮渡来の囲われた茶室　桟瓦葺黄金の茶室の復元　日建設計のディテールについて　一九七八年伊豆大島近海地震による体育館の天井落下について　木造住宅の仕上げ・外壁を考える　繁柱の家建設記　補考・建築の縄張り　寄稿：深尾先生のこと〉Ⓝ520.4　［非売品］

深川西高等学校〔北海道〕
◇北海道深川西高校「あゆみ会事件」—真実と平和な世界を求めて　森谷長能著, 深川西高『自由の学園』を記録する会編　京都　文理閣　2014.9　264p　19cm〈年表あり〉Ⓘ978-4-89259-744-2　Ⓝ376.4115　［1500円］

深沢 多市〔1874〜1934〕
◇郷土史の先覚深澤多市—補遺　青柳信勝, 小田島道雄編　横手　紫水先生顕彰会　2014.12　99p　31cm〈複製を含む〉Ⓝ289.1　［非売品］

深澤 翠〔1985〜 〕
◇Doll Siesta　深澤翠著　宝島社　2014.10　111p　21cm〈本文は日本語〉Ⓘ978-4-8002-3160-4　Ⓝ289.1　［1400円］

深澤 吉充〔1941〜 〕
◇俺たちの青春—「New・Lucky・Dog」狂騒曲　深澤吉充著　文芸社　2014.8　205p　21cm　Ⓘ978-4-286-15154-0　Ⓝ289.1　［1400円］

深志神社〔松本市〕
◇松本城下町の繁栄・祈り・信仰—天神様400年：特別展　松本　松本市立博物館　2014.6　47p　30cm〈年表あり　会期：平成26年6月14日—7月21日〉Ⓝ175.952

深代 惇郎〔1929〜1975〕
◇天人—深代惇郎と新聞の時代　後藤正治著　講談社　2014.10　370p　20cm〈文献あり　索引あり〉Ⓘ978-4-06-219182-1　Ⓝ289.1　［1800円］

深田 弥行〔1928〜 〕
◇みかえりの記　深田弥行著　彦根　サンライズ出版（印刷）　2014.1　61p　21cm　Ⓝ289.1

深谷 義治〔1915〜 〕
◇日本国最後の帰還兵深谷義治とその家族　深谷敏雄著　集英社　2014.12　444p　20cm〈年譜あり〉Ⓘ978-4-08-781555-9　Ⓝ289.1　［1800円］

深谷市〔遺跡・遺物〕
◇上南原下遺跡　第4次　［深谷］　埼玉県深谷市教育委員会　2013.3　7p　図版　2p　30cm　（埼玉県深谷市埋蔵文化財発掘調査報告書　第134集）Ⓝ210.0254
◇熊野遺跡　13　133次調査　深谷市教育委員会編　深谷　深谷市教育委員会　2013.3　17p　図版　4p　30cm　（埼玉県深谷市埋蔵文化財発掘調査報告書　第133集）Ⓝ210.0254
◇下郷遺跡　7　［深谷］　埼玉県深谷市教育委員会　2013.3　204p　図版　54p　30cm　（埼玉県深谷市埋蔵文化財発掘調査報告書　第130集）Ⓝ210.0254
◇上敷免森下遺跡　第2次　［深谷］　埼玉県深谷市教育委員会　2013.3　80p　図版　19p　30cm　（埼玉県深谷市埋蔵文化財発掘調査報告書　第129集）Ⓝ210.0254
◇外谷田遺跡　［深谷］　埼玉県深谷市教育委員会　2013.3　15p　図版　3p　30cm　（埼玉県深谷市埋蔵文化財発掘調査報告書　第135集）Ⓝ210.0254
◇榛沢遺跡群　1　［深谷］　埼玉県深谷市教育委員会　2013.3　150p　図版　[18]　枚　30cm　（埼玉県深谷市埋蔵文化財発掘調査報告書　第131集）〈内容：石蒔遺跡A　大寄遺跡A〉Ⓝ210.0254
◇狢山古墳群—5号墳　2　深谷市教育委員会編　深谷　深谷市教育委員会　2013.3　9p　図版　1p　30cm　（埼玉県深谷市埋蔵文化財発掘調査報告書　第132集）Ⓝ210.0254

溥儀〔1906〜1967〕
◇禁城の虜—ラストエンペラー私生活秘聞　加藤康男著　幻冬舎　2014.1　391p　20cm〈文献あり〉Ⓘ978-4-344-02513-4　Ⓝ289.2　［1800円］

福井〔家〕〔東京都中央区〕
◇東京をくらす—鉄砲洲「福井家文書」と震災復興　塩崎文雄監修　八月書館　2013.3　371p　22cm〈内容：江戸の地霊・東京の地縁（塩崎文雄著）　本湊町建て直し（鈴木努著）　生きられたレジャー革命（長尾洋子著）　郊外を拓き, 郊外に住まう（荒垣恒明著）　川島忠之助のばあい（塩崎文雄著）　「福井家文書」解題（鈴木努著）〉Ⓘ978-4-938140-82-3（set）Ⓝ213.61
◇東京をくらす　別巻　「福井家文書」目録　塩崎文雄監修　八月書館　2013.3　207p　22cm　Ⓘ978-4-938140-82-3（set）Ⓝ213.61

福井 栄治
◇野菜ソムリエという、人を育てる仕事　福井栄治［著］　幻冬舎　2013.6　237p　16cm　（幻冬舎文庫　ふ-23-1）〈「野菜ソムリエをつくったわけ」（フェザンレーヴ 2010年刊）の改題、加筆修正〉Ⓘ978-4-344-42031-1　Ⓝ673.7　［571円］

福井県
◇福井の逆襲—県民も知らない？「日本一幸福な県」の実力　内池久貴著　言視舎　2014.7　207p　19cm〈文献あり〉Ⓘ978-4-905369-93-6　Ⓝ291.44　［1400円］

福井県〔遺跡・遺物〕
◇戦国朝倉—史跡からのリポート　吉川博和著　福井　創文堂印刷　2013.8　221p　21cm　Ⓘ978-4-9907285-0-2　Ⓝ214.4　［1143円］

福井県〔遺跡・遺物—大野市〕
◇中保小政戸遺跡　福井　福井県教育庁埋蔵文化財調査センター　2014.3　18p　図版　4p　30cm　（福井県埋蔵文化財調査報告　第153集）〈文献あり　一般国道157号道路改良工事に伴う調査〉Ⓝ210.0254
◇横枕遺跡　福井　福井県教育庁埋蔵文化財調査センター　2014.3　304p　図版　70p　30cm　（福井県埋蔵文化財調査報告　第148集）〈一般国道157号道路改良工事に伴う調査　折り込み5枚〉Ⓝ210.0254

福井県〔遺跡・遺物—小浜市〕
◇若狭武田氏館跡関連遺跡発掘調査報告書　小浜　小浜市教育委員会　2014.3　77p　図版　[11]　枚　30cm　Ⓝ210.0254

福井県〔遺跡・遺物—勝山市〕
◇三谷遺跡　勝山　勝山市教育委員会　2014.3　32p　図版　9p　30cm　（勝山市埋蔵文化財調査報告書　第21集）〈新体育館（仮称）及び調整池建設工事に伴う埋蔵文化財発掘調査報告〉Ⓝ210.0254

福井県〔遺跡・遺物—坂井市〕
◇上蔵垣内遺跡　福井　福井県教育庁埋蔵文化財調査センター　2014.3　26p　図版　4p　30cm　（福井県埋蔵文化財調査報告　第151集）〈国営九頭竜川下流土地改良事業に伴う調査〉Ⓝ210.0254

福井県〔遺跡・遺物—福井市〕
◇糞置遺跡　福井　福井県教育庁埋蔵文化財調査センター　2014.3　26p　図版　4p　30cm　（福井県埋蔵文化財調査報告

第152集〉〈主要地方道清水美山線道路改良工事に伴う調査〉Ⓝ210.0254

◇特別史跡一乗谷朝倉氏遺跡　43　福井県教育庁埋蔵文化財調査センター　[福井]　福井県教育庁埋蔵文化財調査センター　2014.3　30p 図版 11p　30cm〈平成24年度発掘調査・環境整備事業概報〉Ⓝ210.0254

◇福井城跡—JR福井駅地点　第1分冊　遺構編　福井　福井県教育庁埋蔵文化財調査センター　2014.3　322p 図版 [21] 枚　30cm〈福井県埋蔵文化財調査報告 第146集〉〈JR北陸線外2線連続立体交差事業に伴う調査〉Ⓝ210.0254

福井県（遺跡・遺物—保存・修復—勝山市）
◇史跡白山平泉寺旧境内総合整備事業報告書　勝山　勝山市教育委員会　2014.3　104p 図版 [27] 枚　30cm　Ⓝ709.144

福井県（医療）
◇福井県がん対策推進計画—「がん予防・早期発見・治療日本一」を目指して　第2次　福井　福井県健康福祉部健康増進課　2013.3　99p　30cm　Ⓝ498.1

福井県（衛生）
◇健康と長寿から地域を捉え直す—こころ・からだ・しゃかいの視点から：2011年度ふくい総合学　福井　福井県大学連携リーグ　2013.3　298p　19cm（福井県大学連携リーグ双書 3）〈文献あり〉①978-4-9905774-1-4　Ⓝ498.02144　[477円]

福井県（衛生行政）
◇元気な福井の健康づくり応援計画　第3次　福井　福井県健康福祉部健康増進課　2013.3　117p　30cm　Ⓝ498.1

◇丹南の健康福祉—平成24年度実績　福井県丹南健康福祉センター編　[鯖江]　福井県丹南健康福祉センター　2013.9　96p　30cm〈年表あり〉Ⓝ498.1

◇福井県がん対策推進計画—「がん予防・早期発見・治療日本一」を目指して　第2次　福井　福井県健康福祉部健康増進課　2013.3　99p　30cm　Ⓝ498.1

◇若狭の健康福祉　平成25年度　小浜　福井県嶺南振興局若狭健康福祉センター　[2013]　88p　30cm　Ⓝ498.1

福井県（街路樹—福井市）
◇福井市街路樹指針—みんなで守り育てるみどり溢れるふくいの並木　福井市建設部公園課編　福井　福井市建設部公園課　2014.3　105p　30cm　Ⓝ518.8

福井県（科学技術研究）
◇福井県工業技術センター技術支援成果事例集　[福井]　福井県工業技術センター　2014.3　58p　30cm　Ⓝ502.144

福井県（河川）
◇川と生きる福井の歴史　本多義明監修, 加藤哲男, 稲葉隆夫, 齋藤重人, 宮本好昭編著　福井　地域環境研究所　2014.10　148p　19cm（IRE叢書 7）〈年表あり　文献あり〉①978-4-9900398-8-2　Ⓝ517.2144　[1204円]

福井県（過疎問題）
◇中学生が書いた消えた村の記憶と記録—日本の過疎と廃村の研究　堀真一郎監修, かつやま子どもの村中学校子どもの村アカデミー著　名古屋　黎明書房　2014.10　175p　21cm〈文献あり〉①978-4-654-01907-6　Ⓝ361.76　[2200円]

福井県（家畜衛生）
◇家畜保健衛生事業計画 平成26年度／家畜保健衛生事業成績 平成25年度　[福井]　福井県家畜保健衛生所　2014.4　47p　30cm　Ⓝ649.8144

福井県（家庭用電気製品—リサイクル）
◇小型電子機器等リサイクルシステム構築実証事業運営業務（中部地方その2）報告書　[名古屋]　環境省中部地方環境事務所　2014.3　124p　30cm〈請負先：三菱UFJリサーチ＆コンサルティング〉Ⓝ545.88

福井県（家庭用電気製品—リサイクル—鯖江市）
◇小型電子機器等リサイクルシステム構築実証事業運営業務（中部地方）報告書 平成25年度　[名古屋]　環境省中部地方環境事務所　2014.3　32p　30cm〈請負先：三菱UFJリサーチ＆コンサルティング〉Ⓝ545.88

福井県（紀行・案内記—大野市）
◇大野人—結の故郷越前おおの人々に出会う旅　英治出版　2014.7　111p　19cm（Community Travel Guide vol.4）①978-4-86276-194-1　Ⓝ291.44　[800円]

福井県（教育）
◇福井県の学力・体力がトップクラスの秘密　志水宏吉, 前馬優策編著　中央公論新社　2014.10　222p　18cm（中公新書ラクレ 508）〈内容：「群れる力」を育てる（志水宏吉著）福井の小学校（川畑和久著）福井の中学校（野崎友花著）福井の教師（中村瑛仁著）福井の家庭と地域（前馬優策著）福井から見えてくること（志水宏吉著）〉978-4-12-150508-8　Ⓝ372.144　[780円]

福井県（行政）
◇福井県の国際化の現状　福井　福井県観光営業部観光振興課　2013.9　102p　30cm　Ⓝ318.244

福井県（漁業）
◇"なりわい"産業の危機と光—ふくい漁村からのメッセージ　長谷川健二, 加瀬和俊, 常清秀著　京都　晃洋書房　2014.3　205,3p　19cm（福井県立大学県民双書 14）〈索引あり　内容：漁業とはどのような産業か？　ふくいの漁業・漁村　ふくい漁業の関連産業　"越前ガニ"の漁業と漁村. 1　越前町底曳網漁業の経営主・後継者の意識　"越前ガニ"の漁業と漁村. 2　坂井市三国町　底曳網漁業の若年乗組員の実態　若狭"おばま"の漁業・養殖業と民宿・遊漁船業　"おばま"の漁村集落の漁業・養殖業　鳥羽の漁業と観光　ふくい漁業・漁村の危機と未来〉978-4-7710-2531-8　Ⓝ662.144　[1500円]

福井県（漁村）
◇"なりわい"産業の危機と光—ふくい漁村からのメッセージ　長谷川健二, 加瀬和俊, 常清秀著　京都　晃洋書房　2014.3　205,3p　19cm（福井県立大学県民双書 14）〈索引あり　内容：漁業とはどのような産業か？　ふくいの漁業・漁村　ふくい漁業の関連産業　"越前ガニ"の漁業と漁村. 1　越前町底曳網漁業の経営主・後継者の意識　"越前ガニ"の漁業と漁村. 2　坂井市三国町　底曳網漁業の若年乗組員の実態　若狭"おばま"の漁業・養殖業と民宿・遊漁船業　"おばま"の漁村集落の漁業・養殖業　鳥羽の漁業と観光　ふくい漁業・漁村の危機と未来〉978-4-7710-2531-8　Ⓝ662.144　[1500円]

福井県（金石・金石文—勝山市）
◇勝山市の石碑—勝山市石碑調査報告書　勝山市教育委員会史蹟整備課編　勝山　勝山市教育委員会史蹟整備課　2014.3　200p　30cm　Ⓝ214.4

福井県（金石・金石文—鯖江市）
◇鯖江市内石碑調査概要報告書　鯖江市教育委員会編　鯖江　鯖江市教育委員会　2014.3　106p　30cm〈文献あり〉Ⓝ214.4

福井県（研究開発）
◇福井県工業技術センター技術支援成果事例集　[福井]　福井県工業技術センター　2014.3　58p　30cm　Ⓝ502.144

福井県（健康管理）
◇健康と長寿から地域を捉え直す—こころ・からだ・しゃかいの視点から：2011年度ふくい総合学　福井　福井県大学連携リーグ　2013.3　298p　19cm（福井県大学連携リーグ双書 3）〈文献あり〉①978-4-9905774-1-4　Ⓝ498.02144　[477円]

福井県（原子力発電所—安全管理）
◇[福井県原子力環境安全管理協議会]　[第183回]　[福井]　[福井県原子力環境安全管理協議会]　[2013]　1冊　30cm〈会期・会場：福井県原子力センター2階研修ホール　内容：定例議題資料　原子力発電所周辺の環境放射能調査（平成24年度第4四半期報告書）（福井県環境放射能測定技術会議編）原子力発電所周辺の環境放射能調査（平成24年度第4四半期報告書）の概要（福井県環境放射能測定技術会議編）原子力発電所から排出される温排水調査結果　平成24年度第4四半期（福井県水産試験場編）発電所の運転および建設状況（平成25年3月—6月）（福井県原子力安全対策課編）運転・建設状況の概要（平成25年3月28日—7月30日）（福井県原子力安全対策課編）特別議題資料　関西電力（株）大飯発電所3号機及び4号機の現状評価について（原子力規制委員会編）実用発電用原子炉に係る新規制基準について—概要（原子力規制委員会編）高速増殖原型炉もんじゅにおける原子炉等規制法違反に係る対応について（原子力規制委員会編）環境放射線だより vol 37（福井県原子力環境監視センター編）〉Ⓝ543.5

◇[福井県原子力環境安全管理協議会]　[第184回]　[福井]　[福井県原子力環境安全管理協議会]　[2013]　1冊　30cm〈会期・会場：平成25年11月7日　福井県原子力センター2階研修ホール　内容：定例議題資料　原子力発電所周辺の環境放射能調査（平成25年度第1四半期報告書）（福井県環境放射能測定技術会議編）原子力発電所周辺の環境放射能調査（平成24年度年報）（福井県環境放射能測定技術会議編）原子力発電所周辺の環境放射能調査（平成25年度第1四半期報告書）の概要（福井県環境放射能測定技術会議編）原子力発電所周辺の環境放射能調査（平成24年度年報）の概要（福井県環境放射能測定技術会議編）原子力発電所から排出される温排水調査結果　平成25年度　第1四半期（福井県水産試験場編）発電所の運転および建設状況（平成25年7月—9月）（福井県原子力安全対策課編）運転・建設状況の概要（平成25年7月31日—11月7日）（福井県原子力安全対策課編）特別議題資料　「（独）日本原子力研究開発機構の改革」について（文部科学省研究開発局編）環境放射線だより vol 38（福井県原子力環境監視センター編）〉Ⓝ543.5

福井県（原子力発電所—おおい町）

◇［福井県原子力環境安全管理協議会］　［第185回］　［福井］
［福井県原子力環境安全管理協議会］　［2014］　1冊　30cm
〈会期・会場：平成26年1月14日　福井原子力センター2階研修
ホール　内容：定例議題資料　原子力発電所周辺の環境放射
能調査報告（平成25年度第2報）（福井県環境放射能測定技術会
議編）　原子力発電所周辺の環境放射能調査報告（平成25年度第
2報）の概要（福井県環境放射能測定技術会議編）　原子力発電
所から排出される温排水調査結果　平成25年度　第2四半期
（福井県水産試験場編）　温排水調査結果報告書　平成24年度
（日本原子力発電（株），日本原子力研究開発機構，関西電力
（株）編）　発電所の運転および建設状況（平成25年10月—11
月）（福井県原子力安全対策課編）　運転・建設状況の概要（平
成25年11月8日—平成26年1月14日）（福井県原子力安全対策課
編）　特別議題資料　「もんじゅ」保守管理不備の改善状況に
ついて（日本原子力研究開発機構編）　発電所の運転・建設年
報　平成24年度（福井県原子力安全対策課編）　環境放射線だ
より　vol 39（福井県原子力環境監視センター編）〉　Ⓝ543.5

◇［福井県原子力環境安全管理協議会］　［第186回］　［福井］
［福井県原子力環境安全管理協議会］　［2014］　1冊　30cm
〈会期・会場：平成26年3月28日　福井原子力センター2階研修
ホール　内容：定例議題資料　原子力発電所周辺の環境放射
能調査報告（平成25年第3報）（福井県環境放射能測定技術会
議編）　原子力発電所周辺の環境放射能調査計画書　平成26年
度（福井県環境放射能測定技術会議編）　原子力発電所周辺の
環境放射能調査報告（平成25年度第3報）の概要（福井県環境放
射能測定技術会議編）　原子力発電所周辺の環境放射能調査平
成26年度計画書概要（福井県環境放射能測定技術会議編）　原
子力発電所から排出される温排水調査結果　平成25年度　第3
四半期（福井県水産試験場編）　発電所の運転および建設状況
（平成25年12月—平成26年2月）（福井県原子力安全対策課編）
運転・建設状況の概要（平成26年1月15日—平成26年3月28日）
（福井県原子力安全対策課編）　特別議題資料　福島第一原子
力発電所事故等を踏まえた安全性向上対策の実施状況について
（関西電力株式会社編）　県内原子力発電所の新規制基準適合
性審査の状況について（原子力規制委員会編）　環境放射線だ
より　vol 40（福井県原子力環境監視センター編）〉　Ⓝ543.5

◇［福井県原子力環境安全管理協議会］　［第187回］　［福井］
［福井県原子力環境安全管理協議会］　［2014］　1冊　30cm
〈会期・会場：平成26年7月18日　福井原子力センター2階研修
ホール　内容：定例議題資料　原子力発電所周辺の環境放射
能調査報告　平成25年度　第4報（福井県環境放射能測定技術
会議編）　原子力発電所周辺の環境放射能調査報告（平成25年度
第4報）の概要（福井県環境放射能測定技術会議編）　原子力発
電所から排出される温排水調査結果　平成25年度　第4四半期
（福井県水産試験場編）　発電所の運転および建設状況（平成
26年3月—平成26年6月）（福井県原子力安全対策課編）　運転・
建設状況の概要（平成26年3月29日—平成26年7月18日）（福井
県原子力安全対策課編）　特別議題資料　福島第一原子力発電
所事故等を踏まえた安全性向上対策の実施状況について（関西
電力株式会社編）　県内原子力発電所の新規制基準適合性審査
の状況について（原子力規制委員会編）　敦賀発電所敷地内破
砕帯について（日本原子力発電株式会社編）　「もんじゅ」改革
の進捗状況について（日本原子力研究開発機構編）　環境放射
線だより　vol 41（福井県原子力環境監視センター編）〉
Ⓝ543.5

福井県（原子力発電所—おおい町）

◇動かすな、原発。—大飯原発地裁判決からの出発　小出裕章,
海渡雄一,島田広,中嶌哲演,河合弘之著　岩波書店　2014.10
63p　21cm　（岩波ブックレット No.912）〈内容：司法への
絶望と希望（小出裕章著）「原発銀座」の名を返上する日へ（中
嶌哲演著）　王様は裸だ（島田広著）　司法は生きていた（海渡
雄一著）　福井地裁判決はどのような影響をもたらすか（河合
弘之著）〉　①978-4-00-270912-3　Ⓝ543.5　［520円］

福井県（公民館）

◇昭和の科学・文化短編映画で高齢者と児童をつなぐ公民館活動
実施報告書—平成24年度新しい公共の場づくりモデル事業
［福井］　［ふくい科学学園］　［2013］　58p　30cm　〈期間：
平成24年4月—平成25年3月　実施団体：ふくい科学学園ほか〉
Ⓝ379.2

福井県（財産評価）

◇評価倍率表—財産評価基準書　平成26年分福井県版　名古屋
新日本法規出版　c2014　228p　30cm　〈索引あり〉　①978-4-
7882-7885-1　Ⓝ345.5　［6300円］

福井県（財政）

◇包括外部監査の結果報告書　平成25年度　［福井］　福井県包
括外部監査人　2014.3　569p　30cm　〈福井県包括外部監査

人：寺尾明泰　タイトル関連情報：基金、出資金、未収金およ
び負債に係る財務に関する事務の執行について〉　Ⓝ349.2144

福井県（産業）

◇経済センサス—活動調査福井県分集計結果　平成24年　福井
県総合政策部政策統計・情報課編　福井　福井県総合政策部
政策統計・情報課　2014.3　231p　30cm　Ⓝ602.144

福井県（史跡名勝—勝山市）

◇勝山の街並み散策　［山田雄造著］　［出版地不明］　山田雄造
2014.5　56p　21cm　〈年表あり　折り込 2枚〉　Ⓝ291.44

福井県（自然保護—敦賀市）

◇中池見湿地保存活動史　vol. 1（1990-2003）工業団地構想か
らLNG基地計画中止まで　会報「緑と水の通信」に見る　ナ
チュラリスト敦賀緑と水の会［著］　［敦賀］　ウエットランド
中池見　2014　1冊　30cm　〈複製〉　Ⓝ519.8144　［非売品］

◇中池見湿地保存活動史　vol. 2（2003-2013）開発計画中止か
らラムサール条約登録まで　NPO会報Wetland Nakaikemiで
見る10年　［敦賀］　ウエットランド中池見　2014　1冊
30cm　〈年表あり　複製〉　Ⓝ519.8144　［非売品］

◇中池見湿地保存活動史　別巻　1990-2013（資料編）ナチュラ
リスト敦賀緑と水の会資料室編　［敦賀］　ウエットランド中
池見　2014.9　1冊　30cm　〈年表あり　共同刊行：ナチュラ
リスト敦賀緑と水の会ほか〉　Ⓝ519.8144

福井県（湿原—敦賀市）

◇中池見湿地保存活動史　vol. 1（1990-2003）工業団地構想か
らLNG基地計画中止まで　会報「緑と水の通信」に見る　ナ
チュラリスト敦賀緑と水の会［著］　［敦賀］　ウエットランド
中池見　2014　1冊　30cm　〈複製〉　Ⓝ519.8144　［非売品］

◇中池見湿地保存活動史　vol. 2（2003-2013）開発計画中止か
らラムサール条約登録まで　NPO会報Wetland Nakaikemiで
見る10年　［敦賀］　ウエットランド中池見　2014　1冊
30cm　〈年表あり　複製〉　Ⓝ519.8144　［非売品］

◇中池見湿地保存活動史　別巻　1990-2013（資料編）ナチュラ
リスト敦賀緑と水の会資料室編　［敦賀］　ウエットランド中
池見　2014.9　1冊　30cm　〈年表あり　共同刊行：ナチュラ
リスト敦賀緑と水の会ほか〉　Ⓝ519.8144

福井県（社会福祉）

◇丹南の健康福祉—平成24年度実績　福井県丹南健康福祉セン
ター編　［鯖江］　福井県丹南健康福祉センター　2013.9　96p
30cm　〈年表あり〉　Ⓝ498.1

◇若狭の健康福祉　平成25年度　小浜　福井県嶺南振興局若狭
健康福祉センター　［2013］　88p　30cm　Ⓝ498.1

福井県（住民訴訟—おおい町）

◇動かすな、原発。—大飯原発地裁判決からの出発　小出裕章,
海渡雄一,島田広,中嶌哲演,河合弘之著　岩波書店　2014.10
63p　21cm　（岩波ブックレット No.912）〈内容：司法への
絶望と希望（小出裕章著）「原発銀座」の名を返上する日へ（中
嶌哲演著）　王様は裸だ（島田広著）　司法は生きていた（海渡
雄一著）　福井地裁判決はどのような影響をもたらすか（河合
弘之著）〉　①978-4-00-270912-3　Ⓝ543.5　［520円］

福井県（障害者福祉）

◇福井県障害者福祉計画　福井県健康福祉部障害福祉課編　［福
井］　福井県　2013.3　82p　30cm　〈年表あり〉　Ⓝ369.27

福井県（書目）

◇福井県EL新聞記事情報リスト　2013-1　エレクトロニック・
ライブラリー編　エレクトロニック・ライブラリー　2014.2
915p　31cm　〈制作：日外アソシエーツ〉　Ⓝ025.8144

◇福井県EL新聞記事情報リスト　2013-2　エレクトロニック・
ライブラリー編　エレクトロニック・ライブラリー　2014.2
p917-1659　31cm　〈制作：日外アソシエーツ〉　Ⓝ025.8144

◇福井県EL新聞記事情報リスト　2013-3　エレクトロニック・
ライブラリー編　エレクトロニック・ライブラリー　2014.2
p1661-2511　31cm　〈制作：日外アソシエーツ〉　Ⓝ025.8144

福井県（人口—統計）

◇福井県の推計人口　平成25年10月1日現在　福井県総合政策部
政策統計・情報課人口・生活統計グループ編　福井　福井県総
合政策部政策統計・情報課人口・生活統計グループ　2014.3
74p　30cm　Ⓝ358.144

福井県（神話）

◇若狭の海幸山幸物語　竹中敬一著　名古屋　風媒社　2014.2
117p　21cm　〈文献あり〉　①978-4-8331-5270-9　Ⓝ721.2
［1600円］

福井県（水質汚濁）

◇酸性雨モニタリング（陸水）調査委託業務報告書　平成25年度
［福井］　福井県　2014.3　104p　30cm　Ⓝ519.4

福井県（青少年教育）
◇青少年指導者ハンドブック　福井県安全環境部県民安全課編　[福井]　福井県安全環境部県民安全課　2014.3　119p　21cm　Ⓝ379.3

福井県（選挙―統計）
◇選挙の記録　[福井]　福井県選挙管理委員会　[2014]　1冊　30cm　〈参議院議員通常選挙　平成25年7月21日執行〉　Ⓝ314.8

福井県（単親家庭）
◇第3次福井県ひとり親家庭自立支援計画　福井県健康福祉部子ども家庭課編　福井　福井県健康福祉部子ども家庭課　2013.3　82p　30cm　Ⓝ369.41

福井県（力石）
◇福井の力石　高島愼助著　第2版　岩田書院　2014.9　158p　22cm　〈文献あり〉　①978-4-87294-016-9　Ⓝ214.4　[2500円]

福井県（都市計画）
◇福井県の都市計画　2013　福井県土木部都市計画課編　福井　福井県土木部都市計画課　2014.3　57p　30cm　〈年表あり〉　Ⓝ518.8

福井県（都市計画―福井市）
◇福井市街路樹指針―みんなで守り育てるみどり溢れるふくいの並木　福井市建設部公園課編　福井　福井市建設部公園課　2014.3　105p　30cm　Ⓝ518.8

福井県（ドメスティックバイオレンス）
◇配偶者暴力防止および被害者保護のための福井県基本計画　第2次改定版　福井　福井県総務部男女参画・県民活動課　2014.3　63p　30cm　Ⓝ367.3

福井県（廃棄物処理―福井市）
◇福井市資源物及び廃棄物（ごみ）処理基本計画―平成26（2014）年度―平成40（2028）年度：「おとましい」を「行動」へ　福井市市民生活部環境事務所清掃清美課編　福井　福井市市民生活部環境事務所清掃清美課　2014.2　56p　30cm　Ⓝ518.52

福井県（貿易商―名簿）
◇Fukui trade directory　2013　Fukui　JETRO Fukui　2014.3　149p　30cm　〈日本語・英語併記〉　Ⓝ678.035

福井県（松―保護―敦賀市）
◇気比の松原保全対策調査業務報告書　[福井]　福井森林管理署　2014.3　1冊　30cm　〈受注者：環境設計株式会社〉　Ⓝ653.6

福井県（民間信仰）
◇森の神々と民俗―ニソの杜から考えるアニミズムの地平　金田久璋著　新装版　白水社　2014.8　306p　20cm　〈内容：狐狩り候　若狭の烏勧請　無言交易と異類伝承　龍蛇と宇宙樹の神話　トビ・飛の木・富の木渡し　シバの精霊　歯朶の冠　トブサタテの民俗　埋納予祝の民俗　森の神と開拓先祖〉　①978-4-560-08391-8　Ⓝ387.02144　[2600円]

福井県（昔話―福井市）
◇こしの村物語　青木捨夫著，とんがり山編集工房編　[出版地不明]　青木皇　2014.1　325p　21cm　Ⓝ388.144
◇こしの村物語　続　青木捨夫著，とんがり山編集工房編　[出版地不明]　青木皇　2014.3　284p　21cm　Ⓝ388.144

福井県（名簿）
◇福井県人物・人材情報リスト　2015　日外アソシエーツ株式会社編　日外アソシエーツ（制作）　2014.11　459,22p　30cm　Ⓝ281.44

福井県（歴史）
◇敦賀湊と三国湊―特別展　福井県立歴史博物館編　福井　福井県立歴史博物館　2014.7　71p　30cm　〈会期・会場：平成26年7月18日―8月31日　福井県立歴史博物館〉　Ⓝ214.4
◇福井県の誕生　中島辰男著　文芸社　2014.9　255p　15cm　〈文献あり　「福井県誕生」（私家版　1997年刊）の改題〉　①978-4-286-15128-1　Ⓝ214.4　[700円]
◇福井県の歴史　隼田嘉彦，白崎昭一郎，松浦義則，木村亮著　第2版　山川出版社　2013.12　328,46p　図版5枚　20cm　（県史18）〈文献あり　年表あり　索引あり〉　①978-4-634-32181-6　Ⓝ214.4　[2400円]

福井県（歴史―史料―越前市）
◇越前市史　資料編5　旗本金森左京家関係文書　越前市編　越前　越前市　2014.3　26,218p　21cm　〈年表あり〉　Ⓝ214.4

福井県（路線価）
◇路線価図―福井県版（1）　名古屋　新日本法規出版　c2013　622p　30cm　（財産評価基準書　平成25年分）〈内容：福井署　敦賀署〉　①978-4-7882-7736-5　Ⓝ345.5　[10100円]
◇路線価図―福井県版（2）　名古屋　新日本法規出版　c2013　766p　30cm　（財産評価基準書　平成25年分）〈内容：武生署　小浜署　大野署　三国署〉　①978-4-7882-7737-3　Ⓝ345.5　[12400円]
◇路線価図―財産評価基準書　平成26年分福井県版1　福井署　敦賀署　名古屋　新日本法規出版　c2014　608p　30cm　〈索引あり〉　①978-4-7882-7881-3　Ⓝ345.5　[12200円]
◇路線価図―財産評価基準書　平成26年分福井県版2　武生署　小浜署　大野署　三国署　名古屋　新日本法規出版　c2014　764p　30cm　〈索引あり〉　①978-4-7882-7882-0　Ⓝ345.5　[14900円]

福井県立福井特別支援学校
◇あか里―研究のあゆみ　no. 42　平成25年度　福井県立福井特別支援学校編　福井　福井県立福井特別支援学校　2014.3　144p　30cm　Ⓝ378

福井市（遺跡・遺物）
◇糞置遺跡　福井　福井県教育庁埋蔵文化財調査センター　2014.3　26p　図版4p　30cm　（福井県埋蔵文化財調査報告第152集）〈主要地方道清水美山線道路改良工事に伴う調査〉　Ⓝ210.0254
◇特別史跡一乗谷朝倉氏遺跡　43　福井県教育庁埋蔵文化財調査センター編　[福井]　福井県教育庁埋蔵文化財調査センター　2014.3　30p　図版11p　30cm　〈平成24年度発掘調査・環境整備事業概報〉　Ⓝ210.0254
◇福井城跡―JR福井駅地点　第1分冊　遺構編　福井　福井県教育庁埋蔵文化財調査センター　2014.3　322p　図版[21]枚　30cm　（福井県埋蔵文化財調査報告　第146集）〈JR北陸線外2線連続立体交差事業に伴う調査〉　Ⓝ210.0254

福井市（街路樹）
◇福井市街路樹指針―みんなで守り育てるみどり溢れるふくいの並木　福井市建設部公園課編　福井　福井市建設部公園課　2014.3　105p　30cm　Ⓝ518.8

福井市（都市計画）
◇福井市街路樹指針―みんなで守り育てるみどり溢れるふくいの並木　福井市建設部公園課編　福井　福井市建設部公園課　2014.3　105p　30cm　Ⓝ518.8

福井市（廃棄物処理）
◇福井市資源物及び廃棄物（ごみ）処理基本計画―平成26（2014）年度―平成40（2028）年度：「おとましい」を「行動」へ　福井市市民生活部環境事務所清掃清美課編　福井　福井市市民生活部環境事務所清掃清美課　2014.2　56p　30cm　Ⓝ518.52

福井市（昔話）
◇こしの村物語　青木捨夫著，とんがり山編集工房編　[出版地不明]　青木皇　2014.1　325p　21cm　Ⓝ388.144
◇こしの村物語　続　青木捨夫著，とんがり山編集工房編　[出版地不明]　青木皇　2014.3　284p　21cm　Ⓝ388.144

福岡県（遺跡・遺物―飯塚市）
◇飯塚市内埋蔵文化財試掘・確認調査報告書　2　飯塚　飯塚市教育委員会　2014.3　120p　図版10p　30cm　（飯塚市文化財調査報告書　第46集）〈平成21-24年度の各種開発に伴う試掘・確認調査結果報告　折り込1枚〉　Ⓝ210.0254
◇山王山古墳　飯塚　飯塚市教育委員会　2014.3　76p　図版[11]枚　30cm　（飯塚市文化財調査報告書　第45集）〈福岡県飯塚市西徳前所在遺跡の調査　折り込2枚〉　Ⓝ210.0254

福岡県（遺跡・遺物―糸島市）
◇潤遺跡群　3　糸島　糸島市教育委員会　2013.3　118p　図版[13]枚　30cm　（糸島市文化財調査報告書　第11集）〈県道波多江泊線拡幅に伴う潤古屋敷遺跡の調査〉　Ⓝ210.0254
◇三雲・井原遺跡　8　総集編　糸島　糸島市教育委員会　2013.3　357p　図版[17]枚　30cm　（糸島市文化財調査報告書第10集）　Ⓝ210.0254
◇吉武遺跡　3　糸島　糸島市教育委員会　2013.3　74p　図版8p　30cm　（糸島市文化財調査報告書　第12集）〈福岡県糸島市二丈吉井所在中世製鉄遺跡の調査〉　Ⓝ210.0254

福岡県（遺跡・遺物―うきは市）
◇生葉北遺跡2―Ⅲ A地区の調査報告・女塚遺跡　うきは　うきは市教育委員会　2014.3　162p　図版52p　30cm　（うきは市文化財調査報告書　第19集）　Ⓝ210.0254

福岡県（遺跡・遺物―大野城市）
◇後原遺跡　3　第22次調査　大野城　大野城市教育委員会　2013.3　24p　図版8p　30cm　（大野城市文化財調査報告書第109集）　Ⓝ210.0254

ふ

福岡県（遺跡・遺物―大牟田市）　　　　　　　　　　　　　　　日本件名図書目録2014　Ⅰ

◇乙金地区遺跡群　6　大野城　大野城市教育委員会　2013.3
　138p 図版 70p　30cm　（大野城市文化財調査報告書 第106
　集）〈内容：薬師の森遺跡第9・12・17・18次調査〉Ⓝ210.0254
◇乙金地区遺跡群　7　大野城　大野城市教育委員会　2013.3
　218p 図版 90p　30cm　（大野城市文化財調査報告書 第110
　集）〈内容：原口遺跡第1-4次調査〉Ⓝ210.0254
◇乙金地区遺跡群　8　大野城　大野城市教育委員会　2013.10
　91p 図版 40p　30cm　（大野城市文化財調査報告書 第112
　集）〈内容：薬師の森遺跡第23・26・27・30・31次調査〉
　Ⓝ210.0254
◇乙金地区遺跡群　9　大野城　大野城市教育委員会　2014.3
　103p 図版 34p　30cm　（大野城市文化財調査報告書 第114
　集）〈内容：薬師の森遺跡第8次調査〉Ⓝ210.0254
◇乙金地区遺跡群　10　大野城　大野城市教育委員会　2014.3
　176p 図版 100p　30cm　（大野城市文化財調査報告書 第115
　集）〈文献あり　内容：薬師の森遺跡第15・16・22・32・34・
　35次調査〉Ⓝ210.0254
◇乙金地区遺跡群　11　大野城　大野城市教育委員会　2014.3
　156p 図版 96p　30cm　（大野城市文化財調査報告書 第120
　集）〈内容：薬師の森遺跡第7次調査〉Ⓝ210.0254
◇上園遺跡　3　第5・6・7次調査　大野城　大野城市教育委員
　会　2014.3　48p 図版 14p　30cm　（大野城市文化財調査報
　告書 第121集）Ⓝ210.0254
◇川原遺跡　3　第4次調査　大野城　大野城市教育委員会
　2014.3　29p 図版 16p　30cm　（大野城市文化財調査報告書
　第119集）Ⓝ210.0254
◇雉子ヶ尾遺跡　第6次調査　大野城　大野城市教育委員会
　2013.3　14p 図版 4p　30cm　（大野城市文化財調査報告書
　第107集）Ⓝ210.0254
◇石勺遺跡　6　大野城　大野城市教育委員会　2013.3　108p
　図版 24p　30cm　（大野城市文化財調査報告書 第108集）
　〈折り込 2枚　内容：M地点の調査〉Ⓝ210.0254
◇原ノ畑遺跡　2　第5次調査　大野城　大野城市教育委員会
　2014.3　8p 図版 2p　30cm　（大野城市文化財調査報告書 第
　118集）Ⓝ210.0254
◇水城跡　2　第55次調査　大野城　大野城市教育委員会
　2014.3　46p　30cm　（大野城市文化財調査報告書 第113集）
　〈文献あり〉Ⓝ210.0254
◇瑞穂遺跡　4　第9次調査　大野城　大野城市教育委員会
　2014.3　30p 図版 18p　30cm　（大野城市文化財調査報告書
　第116集）Ⓝ210.0254
◇森園遺跡　3　大野城　大野城市教育委員会　2013.3　40p 図
　版 16p　30cm　（大野城市文化財調査報告書 第111集）
　Ⓝ210.0254
◇薬師の森遺跡　第33次調査　1　大野城　大野城市教育委員会
　2014.3　70p 図版 44p　30cm　（大野城市文化財調査報告書
　第117集）Ⓝ210.0254

福岡県（遺跡・遺物―大牟田市）
◇大牟田市市内遺跡発掘調査報告書　平成22・23・24年度　大
　牟田　大牟田市世界遺産登録・文化財室　2014.3　51p 図版
　15p　30cm　（大牟田市文化財調査報告書 第68集）〈平成22・
　23・24年度国庫補助事業による埋蔵文化財の試掘・確認調査
　結果報告　共同刊行：大牟田市教育委員会〉Ⓝ210.0254

福岡県（遺跡・遺物―小郡市）
◇大板井遺跡　25　小郡市教育委員会編　小郡　片山印刷
　2014　26p 図版 7p　30cm　（小郡市文化財調査報告書 第279
　集）〈福岡県小郡市大板井所在遺跡の調査報告〉Ⓝ210.0254
◇大板井遺跡　26・27　小郡市教育委員会編　［小郡］　小郡市
　教育委員会　2014　30p 図版 10p　30cm　（小郡市文化財調
　査報告書 第280集）〈平成24年度国庫補助事業市内遺跡調査
　報告書〉Ⓝ210.0254
◇小郡博多遺跡　2　小郡　小郡市教育委員会　2013.3　14p
　図版 5p　30cm　（小郡市文化財調査報告書 第274集）〈福岡
　県小郡市小郡所在遺跡の調査報告　出版：片山印刷〉Ⓝ210.
　0254
◇上岩田遺跡　13　小郡　小郡市教育委員会　2013.1　138p 図
　版 38p　30cm　（小郡市文化財調査報告書 第268集）〈福岡
　県小郡市上岩田所在遺跡の調査報告〉Ⓝ210.0254
◇上岩田遺跡　14　小郡　小郡市教育委員会　2014.3　9p 図版
　3p　30cm　（小郡市文化財調査報告書 第283集）〈福岡県小
　郡市上岩田所在遺跡の調査報告〉Ⓝ210.0254
◇上岩田遺跡　5　分析・考察/論考編　小郡　小郡市教育委員会
　2014.1　307, 60p 図版［24］枚　30cm　（小郡市文化財調査
　報告書 第277集）〈福岡県小郡市上岩田所在〉Ⓝ210.0254

◇上岩田遺跡　6　古代総集編　小郡　小郡市教育委員会
　2014.3　44, 21p 図版 6p　30cm　（小郡市文化財調査報告書
　第286集）〈福岡県小郡市上岩田所在〉Ⓝ210.0254
◇小板井蓮輪遺跡　3　小郡　小郡市教育委員会　2013.3　22p
　図版 8p　30cm　（小郡市文化財調査報告書 第273集）〈福岡
　県小郡市小板井・稲吉所在遺跡の調査報告〉Ⓝ210.0254
◇小板井屋敷遺跡　5　小郡　小郡市教育委員会　2014.3　83p
　30cm　（小郡市文化財調査報告書 第278集）〈福岡県小郡市
　小板井所在遺跡の調査報告〉Ⓝ210.0254
◇津古永前遺跡　小郡　小郡市教育委員会　2013.3　64p 図版
　［17］枚　30cm　（小郡市文化財調査報告書 第270集）〈福岡
　県小郡市津古所在遺跡の調査報告〉Ⓝ210.0254
◇西島遺跡　8　小郡　小郡市教育委員会　2014.3　22p 図版
　10p　30cm　（小郡市文化財調査報告書 第281集）〈福岡県小
　郡市三沢所在遺跡の調査報告〉Ⓝ210.0254
◇福童法司遺跡　小郡　小郡市教育委員会　2013.3　10p 図版
　6p　30cm　（小郡市文化財調査報告書 第272集）〈福岡県小
　郡市福童所在遺跡の調査報告　出版：片山印刷〉Ⓝ210.0254
◇福童町遺跡　10　小郡市教育委員会編　小郡　ハイウェーブ
　デザイン　2014　18p 図版 6p　30cm　（小郡市文化財調査
　報告書 第282集）〈福岡県小郡市福童所在遺跡の調査報告〉
　Ⓝ210.0254
◇埋蔵文化財調査報告書　5　小郡　小郡市教育委員会　2013.3
　26p 図版12p　30cm　（小郡市文化財調査報告書 第269集）
　〈平成23・24年度国庫補助事業市内遺跡調査報告書　内容：小
　板井屋敷遺跡.　4　横隈上内畑遺跡.　7　小郡大原町遺跡〉
　Ⓝ210.0254
◇三沢遺跡　小郡　小郡市教育委員会　2014.3　23p 図版 12p
　30cm　（小郡市文化財調査報告書 第284集）〈福岡県小郡市
　三沢所在遺跡の調査報告〉Ⓝ210.0254
◇三沢宮ノ前遺跡　3　小郡　小郡市教育委員会　2013.3　20p
　図版 7p　30cm　（小郡市文化財調査報告書 第271集）〈福岡
　県小郡市三沢所在遺跡の調査報告〉Ⓝ210.0254

福岡県（遺跡・遺物―久留米市）
◇京隈侍屋敷遺跡―第26次発掘調査報告　久留米市市民文化部文
　化財保護課編　久留米市教育委員会　2014.3　17p
　30cm　（久留米市文化財調査報告書 第345集）Ⓝ210.0254
◇京隈侍屋敷遺跡―第27次発掘調査報告　久留米市市民文化部文
　化財保護課編　［久留米］　久留米市教育委員会　2014.3　8p
　30cm　（久留米市文化財調査報告書 第343集）Ⓝ210.0254
◇櫛原侍屋敷遺跡―第17次発掘調査報告　久留米市市民文化部文
　化財保護課編　［久留米］　久留米市教育委員会　2013.9　17p
　30cm　（久留米市文化財調査報告書 第336集）Ⓝ210.0254
◇櫛原侍屋敷遺跡―第18次発掘調査報告　久留米市市民文化部
　文化財保護課編　［久留米］　久留米市教育委員会　2013.10
　13p　30cm　（久留米市文化財調査報告書 第338集）Ⓝ210.
　0254
◇久留米市内遺跡群　平成25年度　久留米市市民文化部文化財
　保護課編　［久留米］　久留米市教育委員会　2014.3　123p
　30cm　（久留米市文化財調査報告書 第346集）内容：南薫西
　遺跡.　第7次調査　正覚山浄土寺飯田庵跡.　第1次調査　竹の
　子古墳群.　第1次調査　二子塚遺跡.　第7次調査　日原南遺
　跡.　第6次調査　吉木古墳群.　第2次調査　北山古墳群.　第4
　次調査　高三潴遺跡.　第1・2次調査　久留米城外郭遺跡.　第
　21・22次調査　木塚遺跡.　第6次調査〉Ⓝ210.0254
◇久留米城下町遺跡―通町十丁目：第22次発掘調査報告　久留
　米市市民文化部文化財保護課編　［久留米］　久留米市教育委
　員会　2013.9　13p　30cm　（久留米市文化財調査報告書 第
　337集）Ⓝ210.0254
◇久留米城下町遺跡―第23次発掘調査報告　久留米市市民文化
　部文化財保護課編　［久留米］　久留米市教育委員会　2013.12
　17p　30cm　（久留米市文化財調査報告書 第339集）Ⓝ210.
　0254
◇下馬場古墳―国指定史跡：第2・3次発掘調査報告　［久留米
　市］市民文化部文化財保護課編　［久留米］　久留米市教育委
　員会　2014.3　53p　30cm　（久留米市文化財調査報告書 第
　349集）Ⓝ210.0254
◇庄島侍屋敷遺跡―第9次発掘調査報告　久留米市市民文化部文
　化財保護課編　［久留米］　久留米市教育委員会　2014.1　13p
　30cm　（久留米市文化財調査報告書 第340集）Ⓝ210.0254
◇田主丸大塚古墳　2　第6・7次調査　久留米市市民文化部文化
　財保護課編　［久留米］　久留米市教育委員会　2014.3　22p
　図版 6p　30cm　（久留米市文化財調査報告書 第348集）〈折
　り込 2枚〉Ⓝ210.0254
◇筑後国府跡―立石土塁：第272次発掘調査報告書　久留米市市
　民文化部文化財保護課編　［久留米］　久留米市教育委員会
　2014.3　17p　30cm　（久留米市文化財調査報告書 第341集）
　Ⓝ210.0254

976

日本件名図書目録2014　Ⅰ

福岡県（学校―春日市）

◇筑後国府跡―第274次調査概要報告　久留米市市民文化部文化財保護課編　［久留米］　久留米市教育委員会　2014.3　19p　30cm　（久留米市文化財調査報告書　第342集）　Ⓝ210.0254
◇筑後国府跡―平成25年度発掘調査報告　［久留米市］市民文化部文化財保護課編　［久留米］　久留米市教育委員会　2014.3　64p　30cm　（久留米市文化財調査報告書　第347集）〈折り込1枚〉　Ⓝ210.0254
◇二本木遺跡―第30次発掘調査概要報告　久留米市市民文化部文化財保護課編　［久留米］　久留米市教育委員会　2014.3　12p　図版　4p　30cm　（久留米市文化財調査報告書　第344集）〈折り込1枚〉　Ⓝ210.0254

福岡県（遺跡・遺物―太宰府市）
◇太宰府・国分地区遺跡群　3　太宰府市教育委員会編　太宰府　太宰府市教育委員会　2014.3　41p　図版　11p　30cm　（太宰府市の文化財　第120集）〈内容：松倉遺跡．第1次調査　川添遺跡．第2次調査　国分千足町遺跡．第6次調査〉　Ⓝ210.0254
◇大宰府史跡発掘調査報告書　8　平成24・25年度　小郡　九州歴史資料館　2014.3　108p　図版［13］枚　30cm〈折り込1枚〉　Ⓝ210.0254
◇大宰府条坊跡　44　太宰府市教育委員会編　太宰府　太宰府市教育委員会　2014.3　180, 8p　図版　26p　30cm　（太宰府市の文化財　第122集）〈内容：推定客館跡の調査概要報告書　第168・236-1・255・257・267・275・277・285次調査概要報告書〉　Ⓝ210.0254
◇大宰府政庁周辺官衙跡　5　不丁地区遺物編　2　小郡　九州歴史資料館　2014.3　292p　図版　4p　30cm〈折り込1枚〉　Ⓝ210.0254
◇原遺跡　3　太宰府市教育委員会編　太宰府　太宰府市教育委員会　2014.3　122p　図版　10p　30cm　（太宰府市の文化財　第121集）〈第5・6・10・15・16・17・19・21次調査〉　Ⓝ210.0254
◇宝満山総合報告書―福岡県太宰府市・筑紫野市所在の宝満山に関する文化財の総合報告　太宰府市教育委員会編　太宰府　太宰府市教育委員会　2013.3　203p　図版　6p　30cm　（太宰府市の文化財　第118集）〈文献あり　年表あり〉　Ⓝ709.191

福岡県（遺跡・遺物―直方市）
◇永満寺桜馬場遺跡　小郡　九州歴史資料館　2014.3　22p　図版　10p　30cm　（福岡県文化財調査報告書　第247集）〈福岡県直方市大字永満寺所在遺跡の調査〉　Ⓝ210.0254

福岡県（遺跡・遺物―福津市）
◇津屋崎古墳群　3　福津　福津市教育委員会　2013.3　82p　図版［8］枚　30cm　（福津市文化財調査報告書　第7集）〈年表あり　内容：手光波切不動古墳の調査　手光湯ノ浦古墳群の調査〉　Ⓝ210.0254
◇奴山正園古墳　福津　福津市教育委員会　2013.3　64p　図版［20］枚　30cm　（福津市文化財調査報告書　第6集）〈福岡県福津市津屋崎大字奴山字正園所在の古墳の調査　折り込1枚〉　Ⓝ210.0254

福岡県（遺跡・遺物―豊前市）
◇大西遺跡・下大西遺跡　豊前　豊前市教育委員会　2014.3　40p　30cm　（豊前市文化財調査報告書　第34集）　Ⓝ210.0254
◇鬼木鉾立遺跡・久路土樋掛遺跡　豊前　豊前市教育委員会　2013.3　101p　30cm　（豊前市文化財調査報告書　第31集）〈県営農村活性化住環境整備事業黒土第二地区土地改良事業に伴う埋蔵文化財発掘調査報告書〉　Ⓝ210.0254
◇国史跡求菩提山―北谷・中谷坊跡/鬼石坊　豊前　豊前市教育委員会　2013.3　46p　30cm　（豊前市文化財調査報告書　第32集）　Ⓝ210.0254
◇永久笠田遺跡　豊前　豊前市教育委員会　2014.3　91p　30cm　（豊前市文化財調査報告書　第33集）〈県営農村活性化住環境整備事業黒土西部第二地区土地改良事業に伴う埋蔵文化財発掘調査報告書〉　Ⓝ210.0254
◇東九州自動車道関係埋蔵文化財調査報告　15　小郡　九州歴史資料館　2014.3　168p　図版　68p　30cm〈文献あり　福岡県豊前市・築上郡築上町所在遺跡の調査　内容：石堂大石ヶ丸の水室　葛間菜切古墳群．第2次　中村西峰尾遺跡　中村山柿遺跡．第2次　松江黒部遺跡　川内下野添遺跡．第1・2次　大村上野地遺跡　荒堀山田原遺跡〉　Ⓝ210.0254

福岡県（遺跡・遺物―みやま市）
◇山門遺跡群　3　みやま　みやま市教育委員会　2014.3　140p　図版　42p　30cm　（みやま市文化財調査報告書　第9集）〈県営圃場整備事業関係埋蔵文化財調査報告，福岡県みやま市瀬高町山門所在遺跡群の調査　折り込3枚〉　Ⓝ210.0254

福岡県（遺跡・遺物―柳川市）
◇西蒲池池淵遺跡　2　小郡　九州歴史資料館　2014.3　226p　図版［40］枚　30cm　（福岡県文化財調査報告書　第243集）〈福岡県柳川市大字西蒲池所在遺跡の調査〉　Ⓝ210.0254

福岡県（遺跡・遺物―八女市）
◇岡山小学校校庭遺跡（1・2次調査）埋蔵文化財発掘調査報告書　八女　八女市教育委員会　2013.3　26p　図版　5p　30cm　（八女市文化財調査報告書　第95集）〈福岡県八女市鵜池所在遺跡の発掘調査報告書〉　Ⓝ210.0254
◇経営体育成基盤整備事業（八女東部第2地区）地内埋蔵文化財発掘調査報告書　八女　八女市教育委員会　2013.3　105p　図版　20p　30cm　（八女市文化財調査報告書　第96集）〈福岡県八女市津江・忠見所在遺跡の発掘調査報告書〉　Ⓝ210.0254
◇県道久留米立花線道路改良工事事業地内埋蔵文化財発掘調査報告書　八女　八女市教育委員会　2013.3　30p　30cm　（八女市文化財調査報告書　第97集）〈福岡県八女市豊福所在遺跡の発掘調査報告書〉　Ⓝ210.0254
◇筑紫君磐井と「磐井の乱」・岩戸山古墳　柳沢一男著　新泉社　2014.8　93p　21cm　（シリーズ「遺跡を学ぶ」094）〈文献あり〉　①978-4-7877-1334-6　Ⓝ219.1　［1500円］

福岡県（遺跡・遺物―行橋市）
◇史跡御所ヶ谷神籠石　2　行橋　行橋市教育委員会　2014.3　35p　図版［11］枚　30cm　（行橋市文化財調査報告書　第53集）〈福岡県行橋市大字津積ほか所在古代山城の第12次―第16次調査〉　Ⓝ210.0254
◇宝山小出遺跡・宝山桑ノ木遺跡・流末溝田遺跡　小郡　九州歴史資料館　2014.3　180p　図版　65p　30cm　（東九州自動車道関係埋蔵文化財調査報告　12）（福岡県行橋市所在遺跡の調査　折り込6枚）　Ⓝ210.0254
◇渡築紫古墳群（渡築紫遺跡A区）　行橋　行橋市教育委員会　2014.3　121p　図版［54］枚　30cm　（行橋市文化財調査報告書　第50集）〈福岡県行橋市大字稲童所在遺跡の調査　折り込2枚〉　Ⓝ210.0254
◇長井作り山遺跡　行橋　行橋市教育委員会　2014.3　54p　図版［14］枚　30cm　（行橋市文化財調査報告書　第52集）〈文献あり　折り込1枚〉　Ⓝ210.0254
◇入覚大原遺跡・天サヤ池西古墳群・下崎瀬戸溝遺跡　行橋　行橋市教育委員会　2014.3　113p　図版［31］枚　30cm　（行橋市文化財調査報告書　第51集）　Ⓝ210.0254
◇延永ヤヨミ園遺跡　2区　2　小郡　九州歴史資料館　2014.3　298p　図版［56］枚　30cm　（東九州自動車道関係埋蔵文化財調査報告　11）（福岡県行橋市延永・吉国所在遺跡の調査）　Ⓝ210.0254
◇延永ヤヨミ園遺跡　5　4-7区　小郡　九州歴史資料館　2014.3　183p　図版［32］枚　30cm　（福岡県文化財調査報告書　第244集）〈福岡県行橋市大字吉国所在遺跡の調査〉　Ⓝ210.0254
◇延永ヤヨミ園遺跡Ⅰ区の調査　1　小郡　九州歴史資料館　2013.11　169p　図版　47p　30cm　（東九州自動車道関係埋蔵文化財調査報告　9）〈福岡県行橋市所在〉　Ⓝ210.0254
◇ヒメコ塚古墳　行橋　行橋市教育委員会　2014.2　28p　図版［9］枚　30cm　（行橋市文化財調査報告書　第49集）〈福岡県行橋市南泉4丁目所在遺跡の調査　折り込1枚〉　Ⓝ210.0254
◇福原長者原遺跡第3次調査, 福原寄原遺跡第2・3次調査　小郡　九州歴史資料館　2014.3　150p　図版［28］枚　30cm　（東九州自動車道関係埋蔵文化財調査報告　13）〈福岡県行橋市所在遺跡の調査〉　Ⓝ210.0254

福岡県（医療連携）
◇がん医療・がん在宅医療ガイドブック―福岡版　九州大学病院がんセンター編　福岡　木星舎　2014.3　273p　30cm　①978-4-901483-68-1　Ⓝ494.5　［2000円］

福岡県（海岸）
◇自然環境保全基礎調査沿岸域変化状況等調査業務報告書　平成25年度　富士吉田　富士通自然環境局生物多様性センター　2014.3　1冊　30cm〈請負者：アジア航測〉　Ⓝ454.7

福岡県（化石―大牟田市）
◇石からのメッセージ―勝立の化石　続　野田栄著　［大牟田］［野田栄］　2013.2　169p　30cm〈文献あり〉　Ⓝ457.2191　［1905円］

福岡県（学校―春日市）
◇教育長「学校出前トーク」・その力―「学校・教育委員会」双方向関係の構築：「平成17-24年度、8年の歩み」検証・展望　福岡県春日市教育委員会編著　［春日］　［福岡県春日市教育委員会］　2013.1　65p　30cm〈教育委員会活性化への挑戦別冊編：教育長「学校出前トーク」〉　Ⓝ373.2　［170円］

福岡県（環境問題）

福岡県（環境問題）
◇筑豊ゼミ・環境分科会成果報告書—18年間の活動の軌跡（1995年—2012年）筑豊ゼミ・環境分科会報告書編集委員会企画・編集［飯塚］筑豊ゼミ・環境分科会報告書編集委員会 2014.5 106p 30cm Ⓝ519.2191

福岡県（観音巡り）
◇豊前国三十三観音札所めぐり—歴史と心の旅路 藤井悦子著, 中村順一写真 福岡 花乱社 2014.7 158p 21cm Ⓘ978-4-905327-35-6 Ⓝ291.95 ［1600円］

福岡県（紀行・案内記）
◇西鉄沿線謎解き散歩 堂前亮平, 吉田洋一編著 KADOKAWA 2014.4 319p 15cm（新人物文庫 ぴ-3-1）Ⓘ978-4-04-600213-6 Ⓝ291.91 ［850円］
◇豊前国三十三観音札所めぐり—歴史と心の旅路 藤井悦子著, 中村順一写真 福岡 花乱社 2014.7 158p 21cm Ⓘ978-4-905327-35-6 Ⓝ291.95 ［1600円］

福岡県（希少動物）
◇福岡県の希少野生生物—福岡県レッドデータブック2014：爬虫類/両生類/魚類/昆虫類/貝類/甲殻類その他/クモ形類等 福岡 福岡県環境部自然環境課 2014.8 276p 図版8p 30cm〈業務委託：九州環境管理協会〉Ⓝ482.191 ［1323円］
◇福岡県の希少野生生物—福岡県レッドデータブック2014：爬虫類/両生類/魚類/昆虫類/貝類/甲殻類その他/クモ形類等 九州環境管理協会編集・構成 普及版 福岡 福岡県環境部自然環境課（制作）2014.8 92p 21cm Ⓝ482.191 ［778円］

福岡県（教育）
◇学校と地域が育つ発想の種 清武直人著 堺 銀河書籍 2014.4 119p 21cm Ⓘ978-4-907628-08-6 Ⓝ371.31 ［700円］

福岡県（教育行政）
◇福岡県教育施策実施計画 平成26年度［福岡］福岡県教育委員会 2014.3 51p 30cm Ⓝ373.2

福岡県（教育行政—春日市）
◇教育長「学校出前トーク」・その力—「学校・教育委員会」双方向関係の構築：「平成17-24年度、8年の歩み」検証・展望 福岡県春日市教育委員会編著［春日］［福岡県春日市教育委員会］2013.1 65p 30cm〈教育委員会活性化への挑戦別冊編：教育長「学校出前トーク」〉Ⓝ373.2 ［170円］

福岡県（行政）
◇福岡県の国際化の現状—データブック 福岡県新社会推進部国際交流局編 福岡 福岡県新社会推進部国際交流局 2014.7 180p 30cm Ⓝ318.291

福岡県（協働〔行政〕—春日市）
◇出前トーク協働のまちづくり—市民と語った475回 春日市編著［春日］福岡県春日市 2014.3 91p 26cm Ⓝ318.291

福岡県（下水道）
◇福岡県の下水道 平成25年度版 福岡 福岡県建築都市部下水道課 2014.3 192p 30cm Ⓝ518.2

福岡県（県民性）
◇福岡共和国のオキテ100カ条—焼き鳥はキャベツの上に乗せるべし！：オキテを知ればもっと楽しくなる！愛すべき福岡のために！学べよ県民！ トコ監修, 月刊九州王国編集部著 メイツ出版 2014.7 192p 19cm Ⓘ978-4-7804-1477-6 Ⓝ361.42 ［980円］

福岡県（公企業—統計）
◇市町村公営企業決算の概要 平成24年度 福岡県企画・地域振興部市町村支援課編 福岡 福岡県企画・地域振興部市町村支援課 2014.3 12, 358p 30cm Ⓝ335.7191

福岡県（鉱山労働—田川市—歴史）
◇山本作兵衛と日本の近代 有馬学, マイケル・ピアソン, 福本寛, 田中直樹, 菊畑茂久馬編著 福岡 弦書房 2014.8 165p 図版8枚 19cm〈内容：消滅した〈近代〉と記憶遺産（有馬学著）山本作兵衛（マイケル・ピアソン著）山本作兵衛炭坑記録画から見た筑豊炭田（福本寛著）山本作兵衛作品と筑豊地域社会（田中直樹著）山本作兵衛の絵を読み解く（菊畑茂久馬著）討議「マイケル・ピアソンほか述, 有馬学議長」〈方法〉としての山本作兵衛（有馬学述）〉Ⓘ978-4-86329-104-1 Ⓝ567.096 ［1800円］

福岡県（古墳—写真集）
◇ふくおか古墳日和 吉村靖徳著 福岡 海鳥社 2014.12 159p 21cm〈索引あり〉Ⓘ978-4-87415-925-5 Ⓝ219.1 ［1800円］

福岡県（古墳—八女市）
◇筑紫君磐井と「磐井の乱」・岩戸山古墳 柳沢一男著 新泉社 2014.8 93p 21cm（シリーズ「遺跡を学ぶ」094）〈文献あり〉Ⓘ978-4-7877-1334-6 Ⓝ219.1 ［1500円］

福岡県（雇用）
◇企業と人権—公正な採用選考 福岡 福岡県福祉労働部労働局労働政策課 2013.5 115p 30cm〈共同刊行：福岡労働局ほか〉Ⓝ336.42
◇企業と人権—公正な採用選考 福岡 福岡県福祉労働部労働局労働政策課 2014.5 115p 30cm〈共同刊行：福岡労働局ほか〉Ⓝ336.42

福岡県（祭祀—太宰府市）
◇太宰府の民俗 4 国分天満宮の宮座とワラ綯い（国分区）太宰府市文化スポーツ振興財団編 太宰府 太宰府市文化スポーツ振興財団 2014.3 28p 30cm（太宰府市文化ふれあい館調査報告書 第4集）〈平成25年度文化庁文化芸術振興費補助金〔文化遺産を活かした地域活性化事業〕 共同刊行：太宰府市文化ふれあい館 付属資料：DVD-Video 3枚（12cm）（ホルダー入）：大宰府の民俗調査動画資料集〉Ⓝ382.191

福岡県（祭祀遺跡—宗像市）
◇「宗像・沖ノ島と関連遺産群」研究報告 3 「宗像・沖ノ島と関連遺産群」世界遺産推進会議, 福岡県企画・地域振興部総合政策課世界遺産登録推進室編 ブレック研究所 2013.3 113p 30cm〈年表あり〉Ⓝ219.1

福岡県（史跡名勝—直方市）
◇直方の歴史探訪—地域めぐり 増井ミチ子文, 増井幸憲写真［直方］［増井ミチ子］2014.7 292p 30cm Ⓝ291.91

福岡県（写真集）
◇久留米・朝倉・小郡・うきはの昭和—写真アルバム 名古屋 樹林舎 2014.7 264p 図版16p 31cm〈福岡県教科図書（発売）年表あり 文献あり〉Ⓘ978-4-902731-67-5 Ⓝ219.1 ［9250円］

福岡県（樹木）
◇福岡県の厳選巨樹・巨木巡り入門ガイド 石井静也著 福岡 梓書院 2014.1 94p 21cm〈文献あり〉Ⓘ978-4-87035-514-9 Ⓝ653.2191 ［1300円］

福岡県（女性問題）
◇つなごう未来へ—50年のあゆみ 福岡 I女性会議福岡県本部 2013.10 90p 30cm〈年表あり〉Ⓝ367.2191

福岡県（女性労働者）
◇福岡のパワフルウーマン—未来を拓く女性たち：100人の物語 アヴァンティ編集部著, アヴァンティ企画・編集 福岡 アヴァンティ 2013.5 231p 21cm Ⓘ978-4-901615-06-8 Ⓝ366.38 ［1500円］

福岡県（書目）
◇福岡県EL新聞記事情報リスト 2013-1 エレクトロニック・ライブラリー編 エレクトロニック・ライブラリー 2014.2 691p 31cm〈制作：日外アソシエーツ〉Ⓝ025.8191
◇福岡県EL新聞記事情報リスト 2013-2 エレクトロニック・ライブラリー編 エレクトロニック・ライブラリー 2014.2 p693-1368 31cm〈制作：日外アソシエーツ〉Ⓝ025.8191
◇福岡県EL新聞記事情報リスト 2013-3 エレクトロニック・ライブラリー編 エレクトロニック・ライブラリー 2014.2 p1369-2001 31cm〈制作：日外アソシエーツ〉Ⓝ025.8191
◇福岡県EL新聞記事情報リスト 2013-4 エレクトロニック・ライブラリー編 エレクトロニック・ライブラリー 2014.2 p2003-3048 31cm〈制作：日外アソシエーツ〉Ⓝ025.8191
◇福岡県EL新聞記事情報リスト 2013-5 エレクトロニック・ライブラリー編 エレクトロニック・ライブラリー 2014.2 p3049-3793 31cm〈制作：日外アソシエーツ〉Ⓝ025.8191
◇福岡県EL新聞記事情報リスト 2013-6 エレクトロニック・ライブラリー編 エレクトロニック・ライブラリー 2014.2 p3795-4616 31cm〈制作：日外アソシエーツ〉Ⓝ025.8191
◇福岡県EL新聞記事情報リスト 2013-7 エレクトロニック・ライブラリー編 エレクトロニック・ライブラリー 2014.2 p4617-5233 31cm〈制作：日外アソシエーツ〉Ⓝ025.8191

福岡県（城跡）
◇福岡県の中近世城館跡 1 筑前地域編 1 福岡 福岡県教育委員会 2014.3 177p 30cm（福岡県文化財調査報告書 第249集）〈文献あり〉Ⓝ219.1

福岡県（神社）
◇神功皇后伝承を歩く—福岡県の神社ガイドブック 上 綾杉るな著 福岡 不知火書房 2014.2 141p 21cm Ⓘ978-4-88345-027-5 Ⓝ175.991 ［1800円］

日本件名図書目録2014　Ⅰ　　　　　　　　　　　　　　　　　　　　　　　　　　　　　　　福岡県（歴史）

福岡県（神社建築―保存・修復―宗像市）
◇国指定史跡「宗像神社境内」国指定天然記念物「沖の島原始林」保存管理計画書　宗像　宗像市教育委員会　2014.3　318p　30cm〈年表あり〉Ⓝ709.191

福岡県（森林）
◇酸性雨モニタリング（土壌・植生）調査　［福岡］　福岡県　2014.3　60p　30cm〈平成25年度環境省委託業務結果報告書〉Ⓝ519.5

福岡県（森林保護―宗像市）
◇国指定史跡「宗像神社境内」国指定天然記念物「沖の島原始林」保存管理計画書　宗像　宗像市教育委員会　2014.3　318p　30cm〈年表あり〉Ⓝ709.191

福岡県（選挙―統計）
◇選挙の記録―平成24.25年　［福岡］　福岡県選挙管理委員会　［2014］　580p　30cm〈衆議院議員総選挙最高裁判所裁判官国民審査　平成24年12月16日執行，参議院議員通常選挙　平成25年7月21日執行，福岡県議会議員補欠選挙（築上郡・豊前市選挙区）平成25年5月19日執行，海区漁業調整委員会一般選挙　平成24年8月2日執行，市町村選挙　平成24年1月22日―平成25年11月17日〉Ⓝ314.8

福岡県（男女共同参画―太宰府市）
◇太宰府市男女共同参画プラン　第2次　平成25年度―34年度　太宰府市市民生活課人権政策課編　［太宰府］　太宰府市　2013.5　87p　30cm〈年表あり〉Ⓝ367.2191

福岡県（地域社会―八女市）
◇『白木地区地域社会調査』報告書　2012年度　［熊本］　熊本大学文学部総合人間学科地域社会学研究室　［2013］　178p　30cm〈共同刊行：白木地区地域振興会議〉Ⓝ361.7

福岡県（地域社会学校―春日市）
◇コミュニティ・スクールの底力―共育基盤形成9年の軌跡：「必要」から「必然」へ　春日市教育委員会，春日市立小中学校編著　京都　北大路書房　2014.7　199p　21cm　Ⓘ978-4-7628-2867-6　Ⓝ372.191　［1800円］

福岡県（地誌）
◇地域調査実習報告書　2013年度　和歌山・福岡　金沢大学人文学類地理学教室編　金沢　金沢大学人文学類地理学教室　2014.3　192p　30cm〈文献あり〉Ⓝ291

福岡県（地誌―久留米市）
◇ふるさと大城―久留米市立大城小学校創立100周年記念誌「別巻史料集」　［大城小学校創立100周年記念事業実行委員会編］　久留米　ダイワインクス（印刷）　2014.9　79p　30cm〈年表あり〉Ⓝ291.91

福岡県（地方公営事業―統計）
◇市町村公営企業決算の概要　平成24年度　福岡県企画・地域振興部市町村支援課編　福岡　福岡県企画・地域振興部市町村支援課　2014.3　12, 358p　30cm　Ⓝ335.7191

福岡県（地方自治―久留米市）
◇地方自治の現場で考えたこと　江口善明著　北九州　せいうん　2013.8　299p　21cm　Ⓘ978-4-902573-93-0　Ⓝ318.291　［1000円］

福岡県（地方選挙）
◇選挙の記録―平成24.25年　［福岡］　福岡県選挙管理委員会　［2014］　580p　30cm〈衆議院議員総選挙最高裁判所裁判官国民審査　平成24年12月16日執行，参議院議員通常選挙　平成25年7月21日執行，福岡県議会議員補欠選挙（築上郡・豊前市選挙区）平成25年5月19日執行，海区漁業調整委員会一般選挙　平成24年8月2日執行，市町村選挙　平成24年1月22日―平成25年11月17日〉Ⓝ314.8

福岡県（中小企業）
◇地域が誇る次代を創る117社　データ・マックス取材・編集　福岡　データ・マックス　2014.3　493p　21cm〈表紙のタイトル：117社地域が誇る次代を創る〉Ⓘ978-4-905011-37-8　Ⓝ335.35　［2000円］

福岡県（土壌汚染）
◇酸性雨モニタリング（土壌・植生）調査　［福岡］　福岡県　2014.3　60p　30cm〈平成25年度環境省委託業務結果報告書〉Ⓝ519.5

福岡県（仏像）
◇福岡県の仏像　アクロス福岡文化誌編纂委員会編　福岡　アクロス福岡　2014.3　159,6p　21cm　（アクロス福岡文化誌8）〈海鳥社（発売）文献あり〉Ⓘ978-4-87415-912-5　Ⓝ718.02191　［1800円］

福岡県（部落問題―太宰府市）
◇太宰府市同和問題実態調査報告書　平成25年　太宰府市同和問題実態調査実施本部事務局編　［太宰府］　太宰府市　2013.3　322p　30cm　Ⓝ361.86

福岡県（部落問題―歴史）
◇被差別部落の歴史と生活文化―九州部落史研究の先駆者・原口顕雄著作集成　原口顕雄著，福岡県人権研究所企画・編集　明石書店　2014.12　492p　22cm〈著作目録あり　年譜あり　内容：近世福岡藩における被差別部落の身分支配と生業　「解放令」と堀口村における居住地域拡張の闘い　福岡連隊事件長崎控訴院公判調書　井元麟之講演録「福岡連隊事件秘話」解説　全九州水平社機関紙『水平月報』〈復刻版〉解題　部落解放運動，解放〈「同和」〉教育そしてさらに部落史・解放運動史研究の進展を！　行事に終わらせることなく，日常的な取り組みを部落史を問い直す歴史学習のあり方　部落解放運動がめざしてきたもの　部落差別と宗教　被差別部落の文化，その基底をさぐる　『菜の花』の世界について　事典項目　初期論考・部落問題について　障がい者解放・詩　エッセイ〉Ⓘ978-4-7503-4101-9　Ⓝ361.86　［8000円］

福岡県（文化活動―川崎町―歴史）
◇筑豊川崎ふるさとの文化―聞き歩き　濱嵜弘毅著　改訂版　北九州　せいうん　2013.7　249p　22cm〈年表あり　文献あり〉Ⓘ978-4-902573-92-3　Ⓝ702.1991　［2000円］

福岡県（文化財―太宰府市）
◇太宰府市文化遺産情報―文化遺産からはじまるまちづくり　2　太宰府　太宰府市教育委員会　2013.3　127p　30cm　（太宰府市の文化財　第119集）〈文献あり〉Ⓝ709.191
◇宝満山総合報告書―福岡県太宰府市・筑紫野市所在の宝満山に関する文化財の総合報告　太宰府市教育委員会編　太宰府　太宰府市教育委員会　2013.3　203p　図版6p　30cm　（太宰府市の文化財　第118集）〈文献あり　年表あり〉Ⓝ709.191

福岡県（方言）
◇ウィ・キャン・スピーク福岡ことば―博多弁・北九弁・筑後弁の世界　小林由明著　言視舎　2014.11　188p　19cm〈文献あり〉Ⓘ978-4-86565-003-7　Ⓝ818.91　［1400円］

福岡県（宮座―太宰府市）
◇太宰府の民俗　4　国分天満宮の宮座とワラ綯い（国分区）　太宰府市文化スポーツ振興財団編　太宰府　太宰府市文化スポーツ振興財団　2014.3　28p　30cm　（太宰府市文化ふれあい館調査報告書　第4集）〈平成25年度文化庁文化芸術振興費補助金（文化遺産を活かした地域活性化事業）　共同刊行：太宰府市文化ふれあい館　付属資料：DVD-Video 3枚（12cm）（ホルダー入）：　大宰府の民俗調査動画資料集〉Ⓝ382.191

福岡県（民家―大川市）
◇旧吉原家住宅附属屋保存活用のための基礎的調査報告　山野善郎［著］　［出版地不明］　［山野善郎］　2013.3　1冊　30cm　Ⓝ521.86

福岡県（民家―みやこ町）
◇旧小笠原家別邸（みやこ町犀川横瀬）調査報告　山野善郎［著］　［出版地不明］　［山野善郎］　2014.3　1冊　30cm　Ⓝ521.86

福岡県（名簿）
◇福岡県人物・人材情報リスト　2015　第1巻　日外アソシエーツ株式会社編　日外アソシエーツ（制作）2014.11　808p　30cm　Ⓝ281.91
◇福岡県人物・人材情報リスト　2015　第2巻　日外アソシエーツ株式会社編　日外アソシエーツ（制作）2014.11　p809-1542　30cm　Ⓝ281.91
◇福岡県人物・人材情報リスト　2015　第3巻　日外アソシエーツ株式会社編　日外アソシエーツ（制作）2014.11　p1543-2112, 92p　30cm　Ⓝ281.91

福岡県（留学生）
◇グローバル人材活躍型都市形成に向けた外国人留学生の就職支援に関する調査研究―報告書：平成25年度個別研究　福岡　福岡アジア都市研究所　2014.3　42p　30cm〈執筆：柳基憲ほか　折り込1枚〉Ⓝ377.6

福岡県（留学生〔インドネシア〕）
◇福岡県下のインドネシア留学生の生活とその環境に関する調査報告書　中里亜夫編　田川　福岡県立大学人間社会学部公共社会学科　2013.3　87枚　30cm　（社会調査実習報告書　2012年度）Ⓝ377.6

福岡県（歴史）
◇太宰府・宝満・沖ノ島―古代祭祀線と式内社配置の謎　伊藤まさこ著　福岡　不知火書房　2014.8　285p　19cm　Ⓘ978-4-88345-029-9　Ⓝ219.1　［1800円］

979

ふ

福岡県（歴史―嘉麻市）　　　　　　　　　　　　　　　　　　　　　　日本件名図書目録2014　Ⅰ

◇福岡40ストーリーズ　吉村直洋著　文芸社　2014.12　203p
15cm　①978-4-286-15671-2　Ⓝ219.1　［600円］

福岡県（歴史―嘉麻市）
◇ふるさと文化誌―嘉麻の里物語　ふるさと文化誌編纂委員会編
福岡　福岡県文化団体連合会　2013.3　54p　26cm　Ⓝ219.1

福岡県（歴史―写真集）
◇行橋・豊前・京築の今昔―保存版　松本　郷土出版社　2014.1
222p　31cm　①978-4-86375-208-5　Ⓝ219.1　［9500円］

福岡県（歴史―史料）
◇福岡藩家老黒田播磨（溥整）日記―嘉永六癸丑年秘記御当番
黒田播磨［著］，［赤坂古文書会編］　福岡　赤坂古文書会
2014.11　187, 51p　30cm〈複製を含む〉Ⓝ219.1

福岡県（歴史―史料―書目）
◇購入文書目録　1　2014年　柳川　九州歴史資料館分館柳川古
文書館　2014.3　102p　30cm〈柳川古文書館史料目録　第24
集〉Ⓝ219.1

福岡県（歴史―太宰府市）
◇大学的福岡・太宰府ガイド―こだわりの歩き方　西高辻信宏，
赤司善彦，高倉洋彰編　京都　昭和堂　2014.3　293,3p　21cm
〈索引あり　内容：西都大宰府から古都大宰府へ（重松敏彦著）
国際都市大宰府の景観（赤司善彦著）　城塞都市大宰府（赤司善
彦著）　鎮護国家の寺・観世音寺（高倉洋彰著）　梅花の交わ
り（森弘子著）　天台仏教と大宰府（楠井隆志著）　観世音寺仏
像（井形進著）　宝満山信仰と対外交流（酒井芳司著）　菅原道
真と大宰府（松川博一著）　太宰府天満宮の歴史（味酒安則著）
変幻自在の天神さま（森實久美子著）　天満宮の文化財（有川宜
博著）　観世音寺と観音信仰（石田琳彰著）　学問の神様（森弘
子著）　大宰府の戦後の発展（森弘子著）　市民と共生する九
州国立博物館（三輪嘉六，赤司善彦著）　私と大宰府と九州国立
博物館（王貞治著）　九州国立博物館十周年を迎えるにあたり
（阿川佐和子著）①978-4-8122-1352-0　Ⓝ219.1　［2200円］

福岡県（歴史―福津市）
◇畦町物語　［福津］　唐津街道畦町宿保存会　2014.12　64p
21cm　Ⓝ219.1

福岡県議会
◇福岡県議会史　平成篇　第3巻　福岡県議会事務局編　福岡
福岡県議会　2014.3　1207p　図版［13］枚　27cm〈年表あ
り〉Ⓝ318.491

福岡県立香住丘高等学校
◇茜に映ゆる―福岡県立香住丘高等学校創立30周年記念誌　創
立30周年記念誌編集委員会編　福岡　福岡県立香住丘高等学
校　2014.11　157p　31cm〈年表あり〉Ⓝ376.48

福岡県立修猷館高等学校
◇修猷館高校あるある　修猷館高校あるある研究会著，中川美
穂画　TOブックス　2014.12　157p　18cm〈文献あり〉
①978-4-86472-332-9　Ⓝ376.4191　［1200円］

福岡県立大学人間社会学部公共社会学科
◇社会学科卒業生の生活と仕事に関する調査　田代英美，堤圭史
郎編　田川　福岡県立大学人間社会学部公共社会学科　2013.
3　163, 10p　30cm（社会調査実習報告書 2012）Ⓝ377.21

福岡コピーライターズクラブ
◇福岡コピーライターズクラブ年鑑　2014　福岡　福岡コピー
ライターズクラブ，宣伝会議［発売］　2014.11　99p　30cm
①978-4-88335-314-9　［1800円］

福岡市
◇博多の法則　博多の法則研究委員会編　泰文堂　2014.8
174p　18cm（リンダブックス）〈文献あり〉①978-4-8030-
0588-2　Ⓝ291.91　［950円］

◇博学博多200　西日本新聞トップクリエ編，調福男，渕浩子著
増補改訂版　福岡　西日本新聞社　2014.3　376p　26cm〈初
版のタイトル：博学博多〉①978-4-8167-0881-7　Ⓝ291.91
［2000円］

福岡市（医学―歴史）
◇博多に生きた藩医―原三信の四百年　原寛著　福岡　石風社
2014.6　252p　20cm〈年譜あり　文献あり〉①978-4-88344-
243-0　Ⓝ490.2191　［1500円］

福岡市（遺跡・遺物）
◇有田・小田部　53　福岡　福岡市教育委員会　2014.3　18p
30cm（福岡市埋蔵文化財調査報告書 第1214集）〈有田遺跡
群第245次調査報告〉Ⓝ210.0254

◇有田・小田部　54　福岡　福岡市教育委員会　2014.3　16p
図版8p　30cm（福岡市埋蔵文化財調査報告書 第1215集）
〈有田遺跡群第246次調査報告〉Ⓝ210.0254

◇井尻B遺跡　21　福岡　福岡市教育委員会　2014.3　23p 図版
3p　30cm（福岡市埋蔵文化財調査報告書 第1216集）〈第13
次，第30次調査の報告〉Ⓝ210.0254

◇井尻B遺跡　22　福岡　福岡市教育委員会　2014.3　30p
30cm（福岡市埋蔵文化財調査報告書 第1217集）〈第36次調
査の報告〉Ⓝ210.0254

◇井尻B遺跡　23　福岡　福岡市教育委員会　2014.3　42p
30cm（福岡市埋蔵文化財調査報告書 第1218集）〈奥付の出
版年月（誤植）：2013.3　第37次発掘調査報告書〉Ⓝ210.0254

◇井尻B遺跡　24　福岡　福岡市教育委員会　2014.3　10p 図版
7p　30cm（福岡市埋蔵文化財調査報告書 第1219集）〈第38
次調査報告〉Ⓝ210.0254

◇板付　12　［福岡］　福岡市教育委員会　2014.3　23p　30cm
（福岡市埋蔵文化財調査報告書 第1220集）〈板付遺跡第72次
調査の報告〉Ⓝ210.0254

◇今宿五郎江　16　福岡　福岡市教育委員会　2014.3　125p
30cm（福岡市埋蔵文化財調査報告書 第1221集）Ⓝ210.0254

◇今宿五郎江　17　福岡　福岡市教育委員会　2014.3　14p
30cm（福岡市埋蔵文化財調査報告書 第1222集）〈今宿五郎
江遺跡第16次調査報告〉Ⓝ210.0254

◇大塚遺跡　7　福岡　福岡市教育委員会　2014.3　46p 図版
［11］枚　30cm（福岡市埋蔵文化財調査報告書 第1223集）
〈大塚遺跡第19・20・21・22調査報告　折り込 2枚〉Ⓝ210.
0254

◇笹原　3　福岡　福岡市教育委員会　2014.3　36p　30cm
（福岡市埋蔵文化財調査報告書 第1224集）〈笹原遺跡第4次発
掘調査報告〉Ⓝ210.0254

◇史跡鴻臚館跡跡―南館部分の調査（3）福岡　福岡市教育委員会
2014.3　204p 図版4p　30cm（福岡市埋蔵文化財調査報告
書 第1248集）〈折り込 1枚〉Ⓝ210.0254

◇史跡女原瓦窯跡　福岡　福岡市教育委員会　2014.3　208p 図
版［29］枚　30cm（福岡市埋蔵文化財調査報告書 第1243
集）〈女原笠掛遺跡第2次・3次調査報告書〉Ⓝ210.0254

◇大平寺遺跡　1　福岡　福岡市教育委員会　2014.3　23p
30cm（福岡市埋蔵文化財調査報告書 第1225集）〈大平寺遺
跡第2次調査報告　折り込 1枚〉Ⓝ210.0254

◇谷遺跡　3　福岡　福岡市教育委員会　2014.3　16p　30cm
（福岡市埋蔵文化財調査報告書 第1226集）〈谷遺跡第2次調査
報告〉Ⓝ210.0254

◇徳永A遺跡　6　福岡　福岡市教育委員会　2014.3　100p 図
版2p　30cm（福岡市埋蔵文化財調査報告書 第1227集）
〈第5次・7次調査の報告（2）〉Ⓝ210.0254

◇徳永B遺跡　2　福岡　福岡市教育委員会　2014.3　28p
30cm（福岡市埋蔵文化財調査報告書 第1228集）〈第2次調
査報告〉Ⓝ210.0254

◇徳永B遺跡　3　福岡　福岡市教育委員会　2014.3　50p 図版
［17］枚　30cm（福岡市埋蔵文化財調査報告書 第1229集）
〈第4次調査報告　折り込 2枚〉Ⓝ210.0254

◇那珂　68　福岡　福岡市教育委員会　2014.3　58p　30cm
（福岡市埋蔵文化財調査報告書 第1230集）〈那珂遺跡群第
136・137・138・140次発掘調査報告〉Ⓝ210.0254

◇那珂　69　福岡　福岡市教育委員会　2014.3　32p 図版11p
30cm（福岡市埋蔵文化財調査報告書 第1231集）〈那珂遺跡
群第139次調査報告〉Ⓝ210.0254

◇長尾遺跡　2　福岡　福岡市教育委員会　2014.3　16p　30cm
（福岡市埋蔵文化財調査報告書 第1232集）〈第3次調査の報
告〉Ⓝ210.0254

◇斜ヶ浦瓦窯跡　2　福岡　福岡市教育委員会　2014.3　91p 図
版2枚　30cm（福岡市埋蔵文化財調査報告書 第1233集）
〈斜ヶ浦瓦窯跡第2・3次調査報告　折り込 1枚〉Ⓝ210.0254

◇博多　146　福岡　福岡市教育委員会　2014.3　40p　30cm
（福岡市埋蔵文化財調査報告書 第1234集）〈博多遺跡群第73
次調査報告〉Ⓝ210.0254

◇博多　147　福岡　福岡市教育委員会　2014.3　26p　30cm
（福岡市埋蔵文化財調査報告書 第1235集）〈博多遺跡群第193
次調査報告〉Ⓝ210.0254

◇原遺跡　19　福岡　福岡市教育委員会　2014.3　56p　30cm
（福岡市埋蔵文化財調査報告書 第1236集）〈第32次・28次調
査報告〉Ⓝ210.0254

◇比恵　66　福岡　福岡市教育委員会　2014.3　139, 10p 図版
［13］枚　30cm（福岡市埋蔵文化財調査報告書 第1237集）
〈比恵遺跡群第125次調査報告　折り込 1枚〉Ⓝ210.0254

◇比恵　67　福岡　福岡市教育委員会　2014.3　8p　30cm
（福岡市埋蔵文化財調査報告書 第1238集）〈比恵遺跡群第126
次調査の報告〉Ⓝ210.0254

◇桧原遺跡　3　福岡市教育委員会編　福岡　福岡市教育委員会
2014.3　54p　30cm（福岡市埋蔵文化財調査報告書 第1239
集）〈桧原遺跡（桧原小原）第1次調査報告〉Ⓝ210.0254

980

日本件名図書目録2014　I　　　　　　　　　　　　　　　　　　　　　　　　　　　福島県（遺跡・遺物—会津若松市）

◇福岡城祈念櫓跡　福岡市教育委員会編　福岡　福岡市教育委員会　2014.3　48p　30cm　（福岡市埋蔵文化財調査報告書第1247集）〈年表あり　福岡城跡第6次調査報告〉Ⓝ210.0254

◇藤崎遺跡　19　福岡市教育委員会編　福岡　福岡市教育委員会　2014.3　50p　30cm　（福岡市埋蔵文化財調査報告書　第1240集）〈藤崎遺跡第37次調査報告〉Ⓝ210.0254

◇松木田　4　福岡　福岡市教育委員会　2014.3　146p　30cm　（福岡市埋蔵文化財調査報告書　第1241集）〈松木田遺跡第4次調査4・5区の報告　折り込3枚〉Ⓝ210.0254

◇松木田　5　福岡　福岡市教育委員会　2014.3　66p　30cm　（福岡市埋蔵文化財調査報告書　第1242集）〈松木田遺跡第4次調査6区の報告〉Ⓝ210.0254

◇麦野C遺跡　8　福岡　福岡市教育委員会　2014.3　18p　図版8p　30cm　（福岡市埋蔵文化財調査報告書　第1244集）〈麦野C遺跡第15次調査報告〉Ⓝ210.0254

◇元岡・桑原遺跡群　23　福岡市教育委員会　2014.3　290p　図版5枚　30cm　（福岡市埋蔵文化財調査報告書　第1246集）〈第18次・42次・59次調査の報告、九州大学統合移転用地内埋蔵文化財発掘調査報告書　折り込5枚〉Ⓝ210.0254

◇老司A遺跡　第1次調査　福岡　福岡市教育委員会　2014.3　14p　図版4p　30cm　（福岡市埋蔵文化財調査報告書第1245集）Ⓝ210.0254

福岡市（産業政策）

◇「スタートアップ都市」形成に向けた政策課題に関する研究—報告書：平成25年度総合研究　福岡　福岡アジア都市研究所　2014.3　208p　30cm　Ⓝ335.33

福岡市（大衆運動）

◇原発とめよう！九電本店前ひろば　福岡　原発とめよう！九電本店前ひろば　2014.3　58p　30cm〈1000日目記念〉［非売品］Ⓝ543.5

福岡市（地域開発）

◇人が集い輝く福岡のまち—いきいきと暮らせる・働ける福岡を目指して　福岡　福岡アジア都市研究所　2014.3　122p　30cm　（市民研究員研究報告書　平成25年度）〈文献あり　年表あり〉Ⓝ601.191

福岡市（文化財—目録）

◇収蔵品目録　28　平成22年度収集　福岡市博物館編　福岡　福岡市博物館　2013.3　176p　図版20p　30cm　Ⓝ069.9

福岡市（ベンチャービジネス）

◇「スタートアップ都市」形成に向けた政策課題に関する研究—報告書：平成25年度総合研究　福岡　福岡アジア都市研究所　2014.3　208p　30cm　Ⓝ335.33

福岡市（歴史）

◇Fukuokaアジアに生きた都市と人びと—福岡市博物館常設展示公式ガイドブック　福岡　福岡市博物館　2013.11　141p　24cm〈年表あり〉Ⓝ219.1

福岡市（歴史—史料—書目）

◇古文書資料目録　19　平成25年度　福岡市総合図書館文学・文書課編　福岡　福岡市総合図書館文学・文書課　2014.3　175p　図版4p　30cm　Ⓝ219.1

◇収蔵品目録　28　平成22年度収集　福岡市博物館編　福岡　福岡市博物館　2013.3　176p　図版20p　30cm　Ⓝ069.9

福岡市博多区

◇博多—旧町名歴史散歩　日高三朗,保坂晃孝著　福岡　西日本新聞社　2014.2　221p　22cm〈文献あり〉①978-4-8167-0875-6　Ⓝ291.91　［1600円］

◇博多謎解き散歩　石瀧豊美編著　KADOKAWA　2014.1　287p　15cm　（新人物文庫　い-15-1）①978-4-04-600134-4　Ⓝ291.91　［800円］

福岡市立大名小学校

◇福岡市立大名小学校創立140周年記念誌—大名　福岡　福岡市立大名小学校創立140周年記念事業実行委員会　2014.2　131p　30cm〈年表あり〉Ⓝ376.28

福岡ソフトバンクホークス

◇福岡ソフトバンクホークスあるある　たかの要著,中村智子画　TOブックス　2013.5　159p　18cm　①978-4-86472-138-7　Ⓝ783.7　［1000円］

福岡大学

◇福岡大学75年の歩み　事典編　福岡大学75年史編纂委員会編　福岡　福岡大学　2014.2　297p　21cm〈折り込1枚〉Ⓝ377.28

福岡地区水道企業団

◇企業団40年の歩み　「福岡地区水道企業団設立40周年・供給開始30周年」記念事業実行委員会編　［福岡］　福岡地区水道企業団　2014.6　299p　31cm〈年表あり〉Ⓝ518.1

福岡藩

◇福岡藩家老黒田播磨（溥整）日記—嘉永六癸丑年秘記御当番　黒田播磨［著］,［赤坂古文書会編］　福岡　赤坂古文書会　2014.11　187, 51p　30cm〈複製を含む〉Ⓝ219.1

福岡東ロータリークラブ

◇ロータリー春秋—会長の時間、奉仕の心に花言葉を添えて　末田順子著　［出版地不明］　［末田順子］　2014.1　205p　19cm　Ⓝ065

福里　栄記〔1940〜 〕

◇人生足跡—感謝と反省の日々　福里栄記著　［那覇］　［福里栄記］　2014.6　206p　30cm〈福里栄記事務所創立50周年記念書物〉Ⓝ289.1　［非売品］

福沢　諭吉〔1834〜1901〕

◇一万円札の福沢諭吉　中谷成夫著　文芸社　2014.9　307p　15cm　①978-4-286-15398-8　Ⓝ121.6　［2000円］

◇咸臨丸の絆—軍艦奉行木村摂津守と福沢諭吉　宗像善樹著　海文堂出版　2014.8　253p　20cm〈文献あり〉①978-4-303-63431-5　Ⓝ210.5953　［1600円］

◇子育ては諭吉に学べ！　齋藤孝著　筑摩書房　2014.8　204p　19cm〈文献あり〉①978-4-480-87878-6　Ⓝ379.9　［1300円］

◇福沢諭吉と朝鮮問題—「朝鮮改造論」の展開と蹉跌　月脚達彦著　東京大学出版会　2014.8　282,7p　20cm〈文献あり　年表あり　索引あり〉①978-4-13-021078-2　Ⓝ319.1021　［3800円］

◇福澤諭吉とフリーラヴ　西澤直子著　慶應義塾大学出版会　2014.11　260,8p　20cm〈文献あり　索引あり〉①978-4-7664-2116-3　Ⓝ121.6　［2800円］

◇漫言翁福沢諭吉—時事新報コラムに見る明治　続　政治・外交篇　遠藤利國著　未知谷　2014.10　285p　20cm〈文献あり〉①978-4-89642-454-6　Ⓝ121.6　［2500円］

福澤諭吉記念文明塾

◇私塾に学ぶ—福澤諭吉記念文明塾の挑戦　慶應義塾福澤諭吉記念文明塾運営委員会編　［東京］　慶應義塾福澤諭吉記念文明塾運営委員会　2014.9　87p　30cm〈慶應義塾大学出版会（発売）〉①978-4-7664-2168-2　Ⓝ379.5　［800円］

福祉の里

◇バキュームカーに乗って見た夢　矢吹孝男著　幻冬舎メディアコンサルティング　2013.12　212p　19cm〈幻冬舎（発売）〉①978-4-344-99998-5　Ⓝ369.26　［1200円］

福島　佐知〔1929〜 〕

◇思い出の記—すゞらんの香とともに　福島佐知著　文藝春秋企画出版部（制作）　2014.5　223p　図版4p　22cm　Ⓝ289.1

福嶋　進〔1957〜 〕

◇走りながら考える男福嶋進世界一を目指す　斎藤信二著　高木書房　2014.2　246p　19cm　①978-4-88471-098-9　Ⓝ289.1　［1300円］

福島　忠和

◇翌檜（あすなろう）—ある団塊世代の軌跡　福島忠和著　半田一粒書房　2014.1　165p　20cm　①978-4-86431-251-6　Ⓝ289.1　［1000円］

福島県

◇福島のおきて—フクシマを楽しむための51のおきて　福島県地位向上委員会編　アース・スターエンターテイメント　2014.10　174p　18cm〈泰文堂（発売）文献あり〉①978-4-8030-0622-3　Ⓝ291.26　［952円］

福島県（遺跡・遺物—会津若松市）

◇会津縦貫北道路遺跡発掘調査報告　14　福島県文化振興財団遺跡調査部編　福島　福島県教育委員会　2014.12　258p　30cm　（福島県文化財調査報告書　第495集）〈文献あり　共同刊行：福島県文化振興財団ほか　内容：桜町遺跡．5次　西木流C遺跡．2次　西木流D遺跡．1次　鶴沼B遺跡．1次〉Ⓝ210.0254

◇鶴沼C遺跡西坂才遺跡（1次）福島県文化振興財団遺跡調査部編　福島　福島県教育委員会　2014.3　276p　30cm　（福島県文化財調査報告書　第496集）〈共同刊行：福島県文化振興財団ほか〉Ⓝ210.0254

◇西木流C遺跡　1次　福島県文化振興財団遺跡調査部編　福島　福島県教育委員会　2014.3　159p　30cm　（福島県文化財調査報告書　第488集）〈共同刊行：福島県文化振興財団ほか〉Ⓝ210.0254

福島県（遺跡・遺物―いわき市）　　　　　　　　　　　　　　　　　　日本件名図書目録2014　Ⅰ

福島県（遺跡・遺物―いわき市）

◇磐出館跡―横口付木炭窯群の調査概報　いわき市教育文化事業団編　いわき　いわき市教育委員会　2014.9　14p　図版[6]枚　30cm　〈いわき市埋蔵文化財調査概報〉Ⓝ210.0254

◇大﨑D遺跡―縄文時代後・晩期と古代集落跡の調査　いわき市教育文化事業団編　いわき　いわき市教育委員会　2013.3　76p　図版26p　30cm　（いわき市埋蔵文化財調査報告 第155冊）〈市道田仲・鹿島越線内埋蔵文化財調査報告〉Ⓝ210.0254

◇烏内横穴群―鮫川下流域の左岸丘陵南崖面に構築された横穴群の調査　いわき市教育文化事業団編　いわき　いわき市教育委員会　2013.12　68p　図版[14]枚　30cm　（いわき市埋蔵文化財調査報告 第157冊）〈福島県いわき建設事務所の委託による　折り込1枚〉Ⓝ210.0254

◇小原遺跡　2　いわき市教育文化事業団編　いわき　いわき市教育委員会　2014.9　82p　図版[11]枚　30cm　（いわき市埋蔵文化財調査報告 第164冊）〈岩間震災復興土地区画整理事業にともなう調査〉Ⓝ210.0254

◇静遺跡―弥生時代―中世の遺物包含層の調査　いわき市教育文化事業団編　いわき　いわき市教育委員会　2014.3　40p　図版[14]枚　30cm　（いわき市埋蔵文化財調査報告 第159冊）Ⓝ210.0254

◇市内遺跡試掘調査報告　平成25年度　いわき市教育文化事業団編　いわき　いわき市教育委員会　2014.3　48p　図版18p　30cm　（いわき市埋蔵文化財調査報告 第163冊）Ⓝ210.0254

◇震災復興土地区画整理事業地内試掘調査報告　いわき市教育文化事業団編　いわき　いわき市教育委員会　2014.3　26p　図版10p　30cm　（いわき市埋蔵文化財調査報告 第161冊）〈内容：豊間市街地地区　豊間高台北地区　豊間高台南地区〉Ⓝ210.0254

◇震災復興土地区画整理事業地内試掘調査報告　2　薄磯地区　いわき市教育委員会編　いわき　いわき市教育文化事業団　2014.3　240p　図版[33]枚　30cm　（いわき市埋蔵文化財調査報告 第160冊）〈薄磯貝塚周辺部の調査〉Ⓝ210.0254

◇神ノ前B遺跡―7・9-11・13-18区の調査　いわき市教育文化事業団編　いわき　いわき市教育委員会　2013.3　244p　図版64p　30cm　（いわき市埋蔵文化財調査報告 第153冊）〈浜堤上に形成された古代集落跡の調査〉Ⓝ210.0254

◇山田作横穴群・大室横穴群・馬場横穴群・竜ヶ崎横穴群・堰下横穴群　いわき市教育文化事業団編　いわき　いわき市教育委員会　2014.3　54p　図版13p　30cm　（いわき市埋蔵文化財調査報告 第162冊）Ⓝ210.0254

◇湯長谷館跡　3　いわき市教育文化事業団編　いわき　いわき市教育委員会　2014.1　58p　図版[9]枚　30cm　（いわき市埋蔵文化財調査報告 第158冊）〈近世城館跡の調査〉Ⓝ210.0254

福島県（遺跡・遺物―喜多方市）

◇家西遺跡　1次　福島県喜多方市教育委員会編　喜多方　福島県喜多方市教育委員会　2014.3　73p　30cm　（喜多方市文化財調査報告書 第14集）〈福島県会津農林事務所の委託による〉Ⓝ210.0254

◇小田高原遺跡　3次調査　福島県文化振興財団遺跡調査部編　福島　福島県教育委員会　2013.12　84p　30cm　（福島県文化財調査報告書 第489集）〈共同刊行：福島県文化振興財団ほか〉Ⓝ210.0254

◇県道喜多方西会津線道路改良工事に係る香隈山古墳発掘調査報告書　福島県喜多方市教育委員会編　喜多方　福島県喜多方市教育委員会　2014.3　21p　30cm　（喜多方市文化財調査報告書 第16集）〈福島県喜多方建設事務所の委託による〉Ⓝ210.0254

◇市道上江北線道路改良工事に係る上江館跡発掘調査報告書　福島県喜多方市教育委員会編　喜多方　福島県喜多方市教育委員会　2014.3　14p　30cm　（喜多方市文化財調査報告書 第17集）Ⓝ210.0254

◇市内遺跡発掘調査報告書　平成25年度　福島県喜多方市教育委員会編　喜多方　福島県喜多方市教育委員会　2014.3　13p　30cm　（喜多方市文化財調査報告書 第15集）〈奥付の編者・出版者（誤植）：福島県喜多方市養育委員会　内容：渋井館跡試掘調査〉Ⓝ210.0254

福島県（遺跡・遺物―郡山市）

◇郡山市埋蔵文化財分布調査報告　19　郡山市文化・学び振興公社文化財調査研究センター編　郡山　郡山市教育委員会　2013.3　82p　30cm　Ⓝ210.0254

◇西原遺跡―第2次・第3次発掘調査報告　郡山市文化・学び振興公社文化財調査研究センター編　郡山　郡山市教育委員会　2013.3　50p　図版12p　30cm　〈福島県県中建設事務所の委託

による　国道288号（富久山バイパス）整備事業関連〉Ⓝ210.0254

福島県（遺跡・遺物―須賀川市）

◇団子山古墳　1　［福島］　福島大学行政政策学類　2014.3　54p　図版8p　30cm　（福島大学考古学研究報告書 第7集）〈福島県須賀川市団子山古墳測量調査・物理探査・発掘調査報告書　共同刊行：福島大学行政政策学類考古学研究室〉

福島県（遺跡・遺物―二本松市）

◇市内遺跡試掘調査報告書　平成25年度　福島県二本松市教育委員会編　二本松　福島県二本松市教育委員会　2014.3　43p　30cm　（二本松市文化財調査報告書 第52集）〈内容：二本松城跡　上竹遺跡　郡山台遺跡　下田B遺跡　原瀬上原遺跡〉Ⓝ210.0254

◇トロミ遺跡　1・2次調査　福島県文化振興財団遺跡調査部編　福島　福島県教育委員会　2013.12　360p　30cm　（福島県文化財調査報告書 第490集）〈共同刊行：福島県文化振興財団ほか〉Ⓝ210.0254

◇トロミ遺跡　3次調査　福島県文化振興財団遺跡調査部編　福島　福島県教育委員会　2014.12　242p　30cm　（福島県文化財調査報告書 第497集）〈共同刊行：福島県文化振興財団ほか〉Ⓝ210.0254

◇中ノ内塚群発掘調査報告書　福島県二本松市教育委員会編　二本松　福島県二本松市教育委員会　2013.9　20p　30cm　（二本松市文化財調査報告書 第50集）〈駐車場造成工事に伴う発掘調査　共同刊行：マルコ物流〉Ⓝ210.0254

◇名目津遺跡発掘調査報告書　福島県二本松市教育委員会編　二本松　福島県二本松市教育委員会　2014.3　26p　30cm　（二本松市文化財調査報告書 第51集）〈道路拡幅工事に伴う発掘調査　共同刊行：二本松市〉Ⓝ210.0254

◇二本松城跡―平成25年度発掘調査報告書1　20　福島県二本松市教育委員会編　二本松　福島県二本松市教育委員会　2014.3　28p　30cm　（二本松市文化財調査報告書 第53集）Ⓝ210.0254

◇二本松城跡―平成25年度発掘調査報告書2　21　福島県二本松市教育委員会編　二本松　福島県二本松市教育委員会　2014.3　24p　30cm　（二本松市文化財調査報告書 第54集）Ⓝ210.0254

◇二本松城跡　22　福島県二本松市教育委員会編　二本松　福島県二本松市教育委員会　2014.3　44p　30cm　（二本松市文化財調査報告書 第55集）〈平成25年度災害復旧事業報告書〉

福島県（遺跡・遺物―保存・修復―喜多方市）

◇国指定史跡会津新宮城跡・古屋敷遺跡保存管理計画書　喜多方市教育委員会編　喜多方　喜多方市教育委員会　2013.3　88p　30cm　〈折り込 6枚〉Ⓝ709.126

福島県（遺跡地図）

◇福島県内遺跡分布調査報告　20　福島県文化振興財団編　福島　福島県教育委員会　2013.11　62p　30cm　（福島県文化財調査報告書 第494集）Ⓝ212.6

◇福島県内遺跡分布調査報告　21　福島県文化振興財団編　福島　福島県教育委員会　2014.11　40p　30cm　（福島県文化財調査報告書 第502集）Ⓝ212.6

福島県（移民・植民―ブラジル）

◇ブラジル日系社会談話資料―福島県出身者たちの語り　白岩広行編　上越　上越教育大学大学院学校教育研究科言語系コース白岩広行研究室　2014.2　207p　26cm　Ⓝ818

福島県（医療）

◇福島県がん対策推進計画　福島　福島県保健福祉部健康衛生総室健康増進課　2013.3　87p　30cm　Ⓝ498.1

福島県（衛生）

◇福島県患者調査　平成24年　厚生労働省大臣官房統計情報部編　［東京］　厚生労働省大臣官房統計情報部　2014.2　146p　30cm　Ⓝ498.02126

福島県（衛生行政）

◇福島県がん対策推進計画　福島　福島県保健福祉部健康衛生総室健康増進課　2013.3　87p　30cm　Ⓝ498.1

福島県（NPO―名簿）

◇福島県NPOアクセスページ―県内NPO法人基本情報：NPO法人活動のQ&A　ふくしま地域活動団体サポートセンター編　［福島］　福島県　2013.3　316p　30cm　〈平成24年度新"うつくしま、ふくしま。"県民運動ステップアップ事業「地域コミュニティ再生支援プログラム」地域活動団体等の活動基盤支援事業〉Ⓝ335.89

福島県（エネルギー政策）
◇地域主導型再生可能エネルギー事業化検討委託業務（福島県全域）成果報告書 平成25年度 ［福島］ 超学際的研究機構 2014.3 66p 30cm〈平成25年度環境省委託業務 折り込1枚〉Ⓝ501.6

福島県（海洋汚染）
◇汚染水との闘い—福島第一原発・危機の深層 空本誠喜著 筑摩書房 2014.8 204p 18cm（ちくま新書 1086）①978-4-480-06791-3 Ⓝ543.5 ［760円］
◇海洋〈水域〉のうつろ 3 福島原発の「海洋のうつろ」を利用した放射能の海洋汚染と廃棄物処理対策—海域環境創造の技術で福島原発を終結させよう！ 赤井一昭著 名古屋 ブイツーソリューション 2014.4 180p 26cm〈星雲社（発売）〉①978-4-434-19117-6 Ⓝ519.4 ［1300円］
◇非除染地帯—ルポ3・11後の森と川と海 平田剛士著 緑風出版 2014.10 166p 20cm〈文献あり〉①978-4-8461-1414-5 Ⓝ519.5 ［1800円］
◇放射性物質測定調査委託費（海域における放射性物質の分布状況の把握等に関する調査研究事業）成果報告書 平成25年度 ［三鷹］ 海上技術安全研究所 2014.3 80p 30cm〈原子力規制庁委託事業 共同刊行：東京大学生産技術研究所ほか〉Ⓝ519.4

福島県（仮設住宅）
◇仮設住宅アーカイブス—福島の応急仮設住宅 柴﨑恭秀編著 会津若松 会津大学短期大学部 2014.3 156p 20×20cm Ⓝ527

福島県（家族）
◇福島県における知的障害者及びその家族の生活の質に関する研究 二本松 福島県青少年育成・男女共生推進機構福島県男女共生センター「女と男の未来館」 2013.6 50p 30cm（地域課題調査・研究事業報告書 平成24年度）〈受託者：高橋寿美子〉Ⓝ369.28

福島県（学校衛生）
◇東日本大震災記録集—絆：ふくしまの子らとともに 福島県学校保健会養護教諭部会編 ［出版地不明］ 福島県学校保健会養護教諭部会 2013.1 231p 30cm Ⓝ374.9

福島県（歌舞伎—歴史）
◇会津の歌舞伎—その歴史と民衆の活力：奥会津博物館開館20周年記念事業企画展：報告書 奥会津博物館編 南会津町（福島県）南会津教育委員会 2014.9 130p 30cm〈年表あり 会期：平成26年9月13日—11月30日〉Ⓝ386.8126
◇会津の歌舞伎史を訪ねる 渡部康人著 会津若松 歴史春秋出版 2014.1 179p 19cm（歴春ふくしま文庫 42）〈文献あり〉①978-4-89757-820-0 Ⓝ386.8126 ［1200円］

福島県（環境教育）
◇福岡県環境教育副読本「みんなの環境」資料編 平成26年度版 福岡県環境教育副読本編集委員会編 福岡 福岡県環境政策課 2014.3 52p 30cm〈表紙のタイトル：環境教育副読本「みんなの環境」資料編〉Ⓝ375

福島県（観光行政—郡山市）
◇郡山市観光振興基本計画—郡山の魅力と市民の誇りが共感できる国際観光・コンベンションのまち 第2次 郡山市商工観光部観光物産課編 ［郡山］ 郡山市 2014.3 66p 30cm Ⓝ689.1

福島県（教育）
◇復興は教育からはじまる—子どもたちの心のケアと共生社会に向けた取り組み 細田満和子,上昌広編著 明石書店 2014.5 280p 19cm〈内容：震災後の子どもたちと学校（井戸川あけみ著） 揺れる子どもたちの心（安部雅昭著） 浜通りで心のケアをすること（西永堅著） 解決志向の被災地支援（吉田克彦著） 震災後の変化の中で（三森睦子著） 個別面談からみる様子（今中紀子著） 関わり合いを通して個別面談につなげる（中澤敏朗著） 個性と特性（福井美奈子著） 子どもを守る親が動く（細田満和子著） 子どもを守る放射線教育（坪倉正治著） 災害と教育（越智小枝著） 本気で動く人たちが変えてゆく（上昌広著）〉①978-4-7503-4015-9 Ⓝ372.126 ［2200円］

福島県（教育計画）
◇第6次福島県総合教育計画 改定版 福島 福島県教育庁教育総務課 2013.3 91p 30cm〈共同刊行：福島県〉Ⓝ373.2

福島県（行政）
◇福島県安全で安心な県づくりの推進に関する基本計画—安心をみんなでつくろううつくしま 福島県知事直轄総合安全管理課編 ［福島］ 福島県 2013.3 106p 30cm Ⓝ318.226

福島県（行政—福島市）
◇行政評価（平成25年度事業の事後評価）評価結果 ［福島］ 福島市 2014.9 87p 30cm Ⓝ318.226

福島県（郷土芸能—歴史）
◇会津の歌舞伎—その歴史と民衆の活力：奥会津博物館開館20周年記念事業企画展：報告書 奥会津博物館編 南会津町（福島県）南会津教育委員会 2014.9 130p 30cm〈年表あり 会期：平成26年9月13日—11月30日〉Ⓝ386.8126

福島県（経済）
◇よくわかる福島県の経済と産業 福島 とうほう地域総合研究所 2014.2 247p 21cm〈創立30周年記念〉Ⓝ332.126 ［1000円］

福島県（下水道）
◇リスク評価支援システムのための下水道集水域のGISデータ等作成業務報告書 平成25年度 ［立川］ ハオ技術コンサルタント事務所 2014.3 110p 30cm（環境省請負業務報告書 平成25年度）Ⓝ574

福島県（原子力発電所）
◇今原発を考える—フクシマからの発言 安田純治,澤正宏著 改訂新装版 クロスカルチャー出版 2014.5 87p 21cm（CPCリブレ エコーする〈知〉 no. 1）〈年表あり〉①978-4-905388-74-6 Ⓝ543.5 ［1200円］

福島県（原子力発電所—歴史）
◇戦後史のなかの福島原発—開発政策と地域社会 中嶋久人著 大月書店 2014.7 233p 20cm〈文献あり〉①978-4-272-52102-9 Ⓝ543.5 ［2500円］

福島県（工業—名簿—郡山市）
◇こおりやまものづくり企業ガイドブック—こおりやまのものづくり企業209社掲載 2013 郡山 郡山市商工観光部商工振興課 ［2014］ 213p 30cm Ⓝ503.5

福島県（公衆衛生）
◇原子力災害の公衆衛生—福島からの発信 安村誠司編 南山堂 2014.1 390p 26cm〈索引あり〉①978-4-525-18141-3 Ⓝ498.02126 ［5000円］

福島県（鉱物—石川町）
◇ペグマタイトの記憶—石川の希元素鉱物と『二号研究』のかかわり 2013 福島県石川町立歴史民俗資料館編 石川町（福島県）福島県石川町教育委員会 2013.8 273p 31cm Ⓝ210.75

福島県（高齢者）
◇被災地住民が主体になって行う高齢者コミュニティ活動促進に於ける調査研究—調査報告書 仙台 栴檀学園東北福祉大学 2014.3 1冊 30cm〈平成25年度老人保健事業推進費等補助金老人保健健康増進等事業〉Ⓝ369.26

福島県（子育て支援）
◇うつくしま子ども夢プラン—後期行動計画：平成25年3月改定版 福島 福島県保健福祉部子育て支援課 2013.3 115p 30cm Ⓝ369.4

福島県（古墳—中島村）
◇四穂田古墳—出土遺物調査報告書 福島県中島村教育委員会編 中島村（福島県）福島県中島村教育委員会 2014.3 51p 30cm（中島村文化財調査報告書 第7集）Ⓝ212.6

福島県（米）
◇福島県郡山市のブランド米—その生産、利用、加工、連携、販売、宣伝：公立大学法人首都大学東京都市環境学部地理環境コース2013年度大巡検報告 滝波章弘編著 八王子 首都大都市人文地理学研究室 2014.4 160p 30cm Ⓝ616.2

福島県（災害医療）
◇原子力災害の公衆衛生—福島からの発信 安村誠司編 南山堂 2014.1 390p 26cm〈索引あり〉①978-4-525-18141-3 Ⓝ498.02126
◇東日本大震災記録集—2011.3.11 福島 福島県医師会 2013.9 390p 31cm〈文献あり〉Ⓝ498.02126

福島県（災害医療—会津若松市）
◇東日本大震災における活動報告書—全国からの支援に感謝を込めて 福島県会津保健福祉事務所編 会津若松 福島県会津保健福祉事務所 2013.3 147p 30cm Ⓝ498.02126

福島県（災害医療—広野町）
◇福島原発22キロ高野病院奮戦記—がんばってるね！ じむちょー 井上能行著 東京新聞 2014.3 270p 19cm ①978-4-8083-0987-9 Ⓝ498.02126 ［1400円］

福島県（災害復興）
◇ごせやける許さんにぇ—フクシマ原発被災者の歩み・双葉町から：これまでの3年、これからの3年 井上仁著 言叢社 2014.3 397,23p 19cm ①978-4-86209-051-5 Ⓝ369.36 ［1852円］

福島県（災害復興—川内村）　　　　　　　　　　　　　　　日本件名図書目録2014　Ⅰ

◇食と農でつなぐ—福島から　塩谷弘康, 岩崎由美子著　岩波書店　2014.8　216p　18cm　（岩波新書　新赤版 1497）Ⓘ978-4-00-431497-4　Ⓝ612.126　［780円］

◇伝えたいふくしまの心—うつくしま復興大使の軌跡　2013年度　福島民報社編　福島　福島民報社　2014.3　266p　26cm　Ⓘ978-4-904834-25-1　Ⓝ369.31　［1000円］

◇東日本大震災からの復興状況の把握に関する調査・分析業務報告書　［東京］　三菱総合研究所　［201-］　2, 86p　30cm　Ⓝ369.31

◇東日本大震災からの復興の状況に関する報告　［東京］　［復興庁］　2014.11　74p　30cm　Ⓝ369.31

◇被災地での55の挑戦—企業による復興事業事例集　vol. 2　［東京］　復興庁　2014.3　129p　30cm　Ⓝ369.31

◇福島県域の無形民俗文化財被災調査報告書2011-2013　民俗芸能学会福島調査団編　二本松　民俗芸能学会福島調査団　2014.3　219p　30cm　〈平成23年度—平成25年度文化庁文化芸術振興費補助金「文化遺産を活かした地域活性化事業」〉　Ⓝ709.126

◇福島大学の支援知をもとにしたテキスト災害復興支援学　福島大学うつくしまふくしま未来支援センター編　八朔社　2014.3　251p　21cm　Ⓘ978-4-86014-068-7　Ⓝ369.31　［2000円］

◇福島農からの日本再生—内発的地域づくりの展開　守友裕一, 大谷尚之, 神代英昭編著　農山漁村文化協会　2014.3　353p　20cm　（シリーズ地域の再生 6）Ⓘ978-4-540-13207-0　Ⓝ601.126　［2600円］

◇フクシマ発復興・復旧を考える県民の声と研究者の提言　星亮一, 藤本典嗣, 小山良太著　批評社　2014.2　226p　19cm　（Fh選書 Fukushima-hatsu｜課題と争点」）〈内容：原発被災から復興へ（星亮一, 藤本典嗣, 小山良太述）　被災地となった故郷への旅（志賀泉, 星亮一述）　人材不足が招く廃炉現場のリスク（角山茂章, 星亮一述）　原発事故に特化した新しい法律を（宮本皓一, 星亮一述）　喫緊の課題は廃炉技術と人材育成（入戸野修, 星亮一述）　帰れない土地の利用法を模索すべき（天野正篤, 星亮一述）　古い建物と「英世」を愛する移住者（照島敏明, 星亮一述）　地域に根ざすFM局の役割を認識（稲田一郎, 星亮一述）　福島国際共同大学院大学の誘致（星亮一著）　福島県の地域構造の変遷（藤本典嗣著）　原子力災害と福島（小山良太著）〉Ⓘ978-4-8265-0592-5　Ⓝ369.36　［1800円］

◇復興は教育からはじまる—子どもたちの心のケアと共生社会に向けた取り組み　細田満和子, 上昌広編著　明石書店　2014.5　280p　19cm　〈内容：震災後の子どもたちと学校（井戸川あけみ著）　揺れる子どもたちの心（安部雅昭著）　浜通りで心のケアをすること（西永堅著）　解決志向の被災地支援（吉田克彦著）　震災後の変化の中で（三森睦子著）　個別面談からみる様子（今中紀子著）　関わり合いを通して個別面談につなげる（中澤敏朗著）　個性と特性（福井美奈子著）　子どもを守る親が動く（細田満和子著）　子どもを守る放射線教育（坪倉正治著）　災害と教育（越智小枝著）　本気で動く人たちが変えてゆく（上昌広著）〉Ⓘ978-4-7503-4015-9　Ⓝ372.126　［2200円］

福島県（災害復興—川内村）

◇原発事故からの地域復興—2012年度社会調査実習報告書　1　川内村調査　いわき　いわき明星大学現代社会学研究室　2013.2　149p　30cm　（東日本大震災における地域調査研究　第1報）Ⓝ369.36

福島県（災害復興—新地町）

◇新地町・震災と復興—50年後の新地人へ：東日本大震災の記録　新地町企画振興課企画・編集　新地町（福島県）　新地町　2014.3　207p　30cm　Ⓝ369.31

福島県（災害復興—相馬市）

◇東日本大震災からの真の農業復興への挑戦—東京農業大学と相馬市の連携　東京農業大学, 相馬市編　ぎょうせい　2014.3　386p　21cm　〈内容：未曾有の大震災に遭遇した行政の苦悩と復興の歩み（立谷秀清著）　大学による災害復興支援の理念、プロジェクトの活動設計と成果の普及（門間敏幸著）　相馬地域の農林業の特徴と東日本大震災による農林業被害の実態（山田崇裕, ルハタイオパット　プウォンケオ, 門間敏幸著）　「東京農大方式」による津波被災農地復興への取り組み（後藤逸male, 稲垣開生著）　津波による営農被害の実態と被災地域の農業の新たな担い手・経営の創造（渋谷往男, 山田崇裕, ニャムフバットデルゲルほか著）　土壌肥料チームによる放射性汚染水田での営農技術開発の取り組み（後藤逸男, 稲垣開生著）　樹木の放射性セシウムの動態の解明と森林除染戦略（林隆久著）　放射能汚染地域の営農システム復興のための農地1筆単位の放射性物質モニタリングシステムの開発と実証（門間敏幸, ルハタイオパット　プウォンケオ, 河野洋一ほか著）　農産物風評被害の実態と克服方向（ルハタイオパット　プウォンケオ, 松

本静香, 星誠ほか著）　福島第一原発事故による帰還困難区域に放置されたダチョウの放射性物質汚染状況　節足動物における放射性物質の蓄積状況　放射能汚染地域での飼料用米と稲ホールクロップサイレージの生産可能性　森林生態系における放射性物質の動態　放射性物質が蓄積した公園などの新たな除染手法　被災地における農山村再生〈ふるさと再生〉のモデル提案　震災により創出された干潟利用の模索〉Ⓘ978-4-324-09767-0　Ⓝ612.126　［3500円］

福島県（災害復興—伊達市）

◇東日本大震災・原発事故伊達市3年の記録—Date City report since 2011.3.11　伊達（福島県）　伊達市　2014.6　303p　30cm　〈年表あり〉Ⓝ369.36

福島県（災害復興—福島市）

◇東日本大震災からの復興—発災から復興に向けた取り組み　［福島］　福島市災害対策本部　2014.3　465p　30cm　〈共同刊行：福島市復興推進本部〉Ⓝ369.31

福島県（災害予防）

◇福島県における歴史資料の保全と学術的活用を目的とする地域連携に基づく現況調査と防災的保全システムの構築に関する研究報告書—東北大学災害科学国際研究所特定プロジェクト研究種目A　［福島］　［阿部浩一］　2014.2　338p　30cm　〈研究代表者：阿部浩一〉Ⓝ709.126

福島県（祭礼—喜多方市）

◇ひめさゆり祭り30年の歩み—1984-2013　喜多方　熱塩加納ひめさゆり祭り実行委員会　2014.3　85p　30cm　〈平成25年度喜多方地方ふるさと市町村圏推進事業〉Ⓝ386.126

福島県（作物—統計）

◇農作物の作柄　平成25年産　東北農政局福島地域センター編　福島　東北農政局福島地域センター　2014.6　61p　30cm　Ⓝ610.59

福島県（山岳—大熊町）

◇日隠山に陽は沈む　鎌田清衛著　［須賀川］　鎌田清衛　2014.1　76p　21cm　〈文献あり〉Ⓝ291.26　［800円］

福島県（産業）

◇経済センサス—活動調査（卸売業、小売業）結果報告書　平成24年　福島県企画調整部統計課編　［福島］　福島県企画調整部統計課　2014.5　84p　30cm　（統計課資料　統商工第174号）〈平成24年2月1日調査〉Ⓝ332.126

◇よくわかる福島県の経済と産業　福島　とうほう地域総合研究所　2014.2　247p　21cm　〈創立30周年記念〉Ⓝ332.126　［1000円］

福島県（児童福祉—いわき市）

◇いわき通信—2012-2014：「震災復興支援in Fukushima—いわきの子供たちに本を送る—」メーリング書簡集から　吉田裕美著, 日本大学大学院総合社会情報研究科同窓会編　和光　日本大学大学院総合社会情報研究科同窓会有志　2014.10　59p　26cm　Ⓝ369.4

福島県（児童福祉—郡山市）

◇郡山物語—未来を生きる世代よ！震災後子どものケアプロジェクト　菊池信太郎, 柳田邦男, 渡辺久子, 鴇田夏子編　福村出版　2014.3　333p　19cm　〈年譜あり　内容：大震災・子どもの心とこの国の未来（柳田邦男著）　地震発生直後の郡山市の様子（菊池信太郎著）　未曾有の災害に直面して（原正夫著）　東日本大震災と原発事故（菊池辰夫著）　郡山市震災後子どもの心のケアプロジェクト発足（菊池信太郎著）　子どもに寄り添うということ（渡辺久子著）　メンタルヘルスケアと支援のコラボレーション（成井香菜著）　長期化する子どもたちの制限された生活環境（菊池信太郎著）　大震災とそれに続く災害が郡山の子どもと家族に与えた衝撃（ジョン高山一郎著）　PEP Kids Koriyama（菊池信太郎著）　健やかな子どもを育むために（中村和彦著）　子どもの遊びの重要性（笠間浩幸著）　ふるさとの子どもたちに夢と希望を（大髙善興著）　プロジェクト発足1周年（菊池信太郎著）　子どもは未来（渡辺久子著）　子どもたちの真の復興に向けて（菊池信太郎著）　教育行政現場での取り組み（郡山市教育委員会著）　子どもたちの笑顔を取り戻すために（野口雅世子著）〉Ⓘ978-4-571-41050-5　Ⓝ493.937　［1500円］

福島県（社会福祉—郡山市）

◇郡山市地域福祉計画　第2期　平成25年度—平成29年度　保健福祉部社会福祉課編　［郡山］　郡山市　2013.2　81p　30cm　Ⓝ369.11

福島県（写真集）

◇白河・須賀川・石川・県南の昭和—写真アルバム　長岡　いき出版　2014.9　279p　31cm　〈福島県教科用図書販売所（発売）　文献あり〉Ⓘ978-4-904614-52-5　Ⓝ212.6　［9250円］

福島県（写真集—相馬市）

◇相馬・双葉の昭和—写真アルバム　長岡　いき出版　2014.2　279p　31cm　〈福島県教科用図書販売所（発売）　文献あり〉Ⓘ978-4-904614-45-7　Ⓝ212.6　［9514円］

日本件名図書目録2014　Ⅰ　　　　　　　　　　　　　　　　　　　　　　　　　　　　　　　　福島県（石仏）

福島県（住宅政策）
◇福島県住生活基本計画　［福島］　福島県　2013.12　102p
30cm　Ⓝ365.31

福島県（宿駅―下郷町）
◇大内宿　会津若松　歴史春秋出版　2014.9　111p　26cm　〈文
献あり　年表あり〉Ⓘ978-4-89757-834-7　Ⓝ291.26　［926円］

福島県（狩猟）
◇猟師の肉は腐らない　小泉武夫著　新潮社　2014.7　252p
20cm　Ⓘ978-4-10-454804-0　Ⓝ384.35　［1400円］

福島県（障害者福祉―郡山市）
◇障がい福祉のあんない　平成25年度　郡山　郡山市保健福祉
部障がい福祉課　2013.8　91p　30cm　〈奥付のタイトル：障
がい福祉の案内〉Ⓝ369.27

福島県（障害者福祉―福島市）
◇新福島市障がい者計画―平成26年度―平成35年度　福島市健
康福祉部障がい福祉課編　福島　福島市　2014.3　123p
Ⓝ369.27

福島県（小学校）
◇ふくしまの絆―学校は、復興の最大の拠点：東日本大震災記録
集　福島　福島県小学校長会　2013.1　165、21p　30cm
Ⓝ376.2126

福島県（食生活―歴史）
◇古文書にみる会津藩の食文化　平出美穂子著　会津若松　歴
史春秋出版　2014.1　240p　26cm　〈文献あり　年表あり〉
Ⓘ978-4-89757-817-0　Ⓝ383.8126　［3000円］

福島県（植物）
◇いわき植物誌　湯澤陽一著　会津若松　歴史春秋出版　2014.
10　608p　31cm　Ⓘ978-4-89757-836-1　Ⓝ472.126　［5000
円］

福島県（女性―伝記）
◇新島八重と幕末会津を生きた女たち　『歴史読本』編集部編
中経出版　2013.5　319p　15cm　（新人物文庫　れ-1-37）
Ⓘ978-4-8061-4730-5　Ⓝ281.26　［733円］
◇幕末から明治に生きた会津女性の物語　会津若松　歴史春秋
社出版　2014.3　206p　19cm　Ⓘ978-4-89757-823-1　Ⓝ281.
26　［1000円］

福島県（除染〔放射性物質〕）
◇除染労働　被ばく労働を考えるネットワーク編　三一書房
2014.3　125p　21cm　（さんいちブックレット 009）Ⓘ978-
4-380-14800-2　Ⓝ510.94　［1000円］

福島県（書目）
◇福島県EL新聞記事情報リスト　2013-1　エレクトロニック・
ライブラリー編　エレクトロニック・ライブラリー　2014.2
1054p　31cm　〈制作：日外アソシエーツ〉Ⓝ025.8126
◇福島県EL新聞記事情報リスト　2013-2　エレクトロニック・
ライブラリー編　エレクトロニック・ライブラリー　2014.2
p1055-1984　31cm　〈制作：日外アソシエーツ〉Ⓝ025.8126
◇福島県EL新聞記事情報リスト　2013-3　エレクトロニック・
ライブラリー編　エレクトロニック・ライブラリー　2014.2
p1985-2932　31cm　〈制作：日外アソシエーツ〉Ⓝ025.8126
◇福島県EL新聞記事情報リスト　2013-4　エレクトロニック・
ライブラリー編　エレクトロニック・ライブラリー　2014.2
p2933-3809　31cm　〈制作：日外アソシエーツ〉Ⓝ025.8126
◇福島県EL新聞記事情報リスト　2013-5　エレクトロニック・
ライブラリー編　エレクトロニック・ライブラリー　2014.2
p3811-4977　31cm　〈制作：日外アソシエーツ〉Ⓝ025.8126
◇福島県EL新聞記事情報リスト　2013-6　エレクトロニック・
ライブラリー編　エレクトロニック・ライブラリー　2014.2
p4979-5930　31cm　〈制作：日外アソシエーツ〉Ⓝ025.8126
◇福島県EL新聞記事情報リスト　2013-7　エレクトロニック・
ライブラリー編　エレクトロニック・ライブラリー　2014.2
p5931-6641　31cm　〈制作：日外アソシエーツ〉Ⓝ025.8126
◇福島県EL新聞記事情報リスト　2013-8　エレクトロニック・
ライブラリー編　エレクトロニック・ライブラリー　2014.2
p6643-7864　31cm　〈制作：日外アソシエーツ〉Ⓝ025.8126
◇福島県EL新聞記事情報リスト　2013-9　エレクトロニック・
ライブラリー編　エレクトロニック・ライブラリー　2014.2
p7865-8837　31cm　〈制作：日外アソシエーツ〉Ⓝ025.8126
◇福島県EL新聞記事情報リスト　2013-10　エレクトロニック・
ライブラリー編　エレクトロニック・ライブラリー　2014.2
p8839-9904　31cm　〈制作：日外アソシエーツ〉Ⓝ025.8126
◇福島県EL新聞記事情報リスト　2013-11　エレクトロニック・
ライブラリー編　エレクトロニック・ライブラリー　2014.2
p9905-10783　31cm　〈制作：日外アソシエーツ〉Ⓝ025.8126

◇福島県EL新聞記事情報リスト　2013-12　エレクトロニック・
ライブラリー編　エレクトロニック・ライブラリー　2014.2
p10785-11338　31cm　〈制作：日外アソシエーツ〉Ⓝ025.8126

福島県（城跡―北塩原村）
◇柏木城跡―北塩原村城館等保存・整備・活用検討委員会の記録
北塩原村（福島県）北塩原村教育委員会　2014.3　72p　30cm
（北塩原村文化財調査報告書　第3集）〈年表あり〉Ⓝ212.6

福島県（城跡―保存・修復―喜多方市）
◇国指定史跡会津新宮城跡・古屋敷遺跡保存管理計画書　喜多
方市教育委員会編　喜多方　喜多方市教育委員会　2013.3
88p　30cm　〈折り込 6枚〉Ⓝ709.126

福島県（震災―相馬市）
◇平成23年3月11日発生東日本大震災の記録　第4回中間報告
平成23年3月11日―平成26年3月31日　相馬市災害対策本部編
相馬　相馬市災害対策本部　2014.6　279、101p　30cm　〈奥
付・背のタイトル：東日本大震災相馬市の記録〉Ⓝ369.31
［非売品］

福島県（森林保護）
◇福島ブナの森の怒りと復興　東瀬紘一［著］　会津若松　歴史
春秋出版　2014.12　202p　17×19cm　〈内容：災害復興にビ
ジョンを！　原発事故からの復興　全国森林計画〔案〕に対す
る意見書　イヌワシ保護情報公開請求訴訟について（井口博
著）公共事業にかかる個人情報と情報公開訴訟（佐川未央著）
ブナ林と民俗　「エネルギー基本計画」に対する意見　福島原
発事故の責任を問う（武藤類子著）　意見陳述書　第三五回東
北自然保護の集い栗駒宣言　ブナ林と民俗〉Ⓘ978-4-89757-
840-8　Ⓝ519.8126　［1400円］

福島県（水害―只見町）
◇只見町川と人の物語―平成23年7月の水害後に行った聞き書き
を通して　鈴木克彦聞き書き　福島　ふくしま市町村支援機
構　2014.3　110p　30cm　Ⓝ517.4
◇平成23年7月只見町豪雨災害の記録誌　只見町（福島県）福島
県只見町　2014.3　197p　30cm　Ⓝ517.4

福島県（生物）
◇磐梯朝日遷移プロジェクト―裏磐梯五色沼湖沼群の環境調査
報告書　福島　福島大学理工学群共生システム理工学類
2014.3　227p　30cm　（共生のシステム vol. 14）〈内容：福
島県猪苗代湖の湖底堆積物コア試料（INW2012）と産出する珪
藻化石（廣瀬孝太郎、後藤敏一、長橋良隆著）猪苗代湖の湖底堆
積物から抽出した地史水のEC,pH鉛直プロファイル特性（藪崎
志穂ほか著）　猪苗代湖2013年ピストンコアの岩相層序と青灰
色粘土の供給源（長橋良隆ほか著）　安達太良山・酸川の複数
のラハール堆積物に含まれる埋没林層の組成と年代（今井英
治、神野成美、木村勝彦著）　裏磐梯流域の環境遷移に関する水
循環要素の検討（陣内亮太、川越清樹、中村光宏著）　裏磐梯毘
沙門沼の水量・水質調査（藤元大春ほか著）　裏磐梯五色沼湖
沼群の湖水の化学的成分に関する調査結果（第3報）（渡邉稔、
佐久間智彦著）　裏磐梯湖沼群の表面温度分布とその変動（渡
邊明、横山和郎、鈴木悠也著）　裏磐梯湖沼群の分光放射特性
（渡邊明、鈴木悠也著）　湖面の青色色彩に関する五色沼と北海
道美瑛町青い池の化学的類似性と相違性について（高貝慶隆、
阿部遼太著）　猪苗代平野における地下水流動の予察的シミュ
レーション解析（佐藤真一、柴崎直明著）　喜多方市街地におけ
る地下水流動および地下水温分布の解析（金子翔平、柴崎直明
著）　福島県裏磐梯地域におけるオオシマトビケラの生活史
（昆虫目：トビケラ目）（大平創、塘忠顕著）　福島県裏磐梯地
域の池沼に生息するヒメシロカゲロウ属の一種（昆虫目：ヒメ
シロカゲロウ科）（増渕翔太、塘忠顕著）　裏磐梯地域の地表徘
徊性甲虫相（緒勝祐太郎、塘忠顕著）　山岳域に生息するアザミ
ウマ類（昆虫目：アザミウマ目）（志賀澄歌ほか著）　山岳域に
生息する不明アザミウマ「アザミウマ科：アザミウマ亜科」
の所属と遺伝的多様性（木目澤友梨恵、兼子伸吾、塘忠顕著）
沈水植物の食害昆虫ミズメイガ等の捕食能と高次捕食者によ
る抑制能の解析（稲森悠平、稲森隆平著）　休暇村裏磐梯（福島
県北塩原村）の植物相（桑島和斗ほか著）　裏磐梯高原の維管
束植物相研究の成果と課題（黒沢高秀、根本秀一、首藤光太郎
著）　全国のエコツーリズム推進地域団体の現状とエコツーリ
ズム推進に関わる問題点に関する研究（三部和眞、川﨑興太著）
裏磐梯の来訪者の特性把握に向けた試行的調査の結果（川﨑興
太、三部和哉著）　国立公園と国立公園制度の実態と自然保護
官の実態認識（川﨑興太著）　日本の国立公園の地種区分別土
地所有別面積（川﨑興太著）〉Ⓝ462.126　［非売品］

福島県（石仏）
◇会津の野仏　滝沢洋之著　会津若松　歴史春秋出版　2014.6
179p　19cm　（歴春ふくしま文庫 40）〈文献あり〉Ⓘ978-4-
89757-828-6　Ⓝ718.4　［1200円］

ふ

福島県（選挙―統計）

福島県（選挙―統計）
◇選挙の記録［福島］　福島県選挙管理委員会　［2013］　346p
図版 16p　30cm〈参議院議員通常選挙　平成25年7月21日執
行〉Ⓝ314.8

福島県（男女共同参画）
◇「復興に向けた地域コーディネーターのコミュニティづくり―
男女共同参画社会実現の視点から」報告書［東京］「復興に
向けた地域コーディネーターのコミュニティづくり―男女共
同参画社会実現の視点から」研究チーム　2014.3　225p
30cm〈平成25年度福島県男女共生センター公募型研究事業
研究代表者：村田晶子〉Ⓝ369.31

福島県（男女共同参画―郡山市）
◇こおりやま男女共同参画プラン―平成24年度実施状況等報告
書　第2次　郡山　郡山市市民部男女共同参画課　2013.8
124p　30cm〈年表あり〉Ⓝ367.2126

福島県（男女共同参画―福島市）
◇男女共同参画ふくしまプラン―平成24年度事業実施報告・平
成25年度事業実施計画　福島市総務部男女共同参画センター
編［福島］福島市男女共同参画推進本部　2013.4　125p
30cm〈年表あり〉Ⓝ367.2126

福島県（地域開発）
◇福島農からの日本再生―内発的地域づくりの展開　守友裕一,
大谷尚之, 神代英昭編著　農山漁村文化協会　2014.3　353p
20cm（シリーズ地域の再生 6）Ⓘ978-4-540-13207-0
Ⓝ601.126　［2600円］

福島県（地域開発―歴史）
◇戦後史のなかの福島原発―開発政策と地域社会　中嶋久人著
大月書店　2014.7　233p　20cm〈文献あり〉Ⓘ978-4-272-
52102-9　Ⓝ543.5　［2500円］

福島県（地域情報化―福島市）
◇福島市地域情報化基本計画　第3次　福島市総務部情報管理課
編　福島　福島市　2014.5　133p　30cm　Ⓝ318.2365

福島県（地域包括ケア）
◇被災地における地域包括ケアの創造的な展開とシステム化へ
の支援策に関する調査研究事業実施報告書［東京］日本介
護経営学会　2014.3　100p　30cm〈平成25年度老人保健事業
推進費等補助金（老人保健健康増進等事業）,（事業区分番号）
第2・2被災地における地域包括ケアのあり方に関する調査事
業　タイトルは奥付による〉Ⓝ369.26

福島県（地誌）
◇奥会津　赤沼博志, 飯塚恒夫, 酒井哲也, 滝沢洋之, 新国勇, 平出
美穂子著　会津若松　歴史春秋出版　2014.1　147p　30cm
Ⓘ978-4-89757-819-4　Ⓝ291.26　［2000円］

福島県（知的障害者福祉）
◇福島県における知的障害者及びその家族の生活の質に関する
研究　二本松　福島県青少年育成・男女共生推進機構福島県
男女共生センター「女と男の未来館」　2013.6　50p　30cm
（地域課題調査・研究事業報告書　平成24年度）〈受託者：高橋
寿美子〉Ⓝ369.28

福島県（地方自治）
◇自治体再建―原発避難と「移動する村」　今井照著　筑摩書房
2014.2　236p　18cm（ちくま新書 1059）〈文献あり〉
Ⓘ978-4-480-06769-2　Ⓝ318.226　［880円］

福島県（地名―二本松市）
◇旧塩澤村地域遺産のことばと地名　菅野八作［著］［二本松］
［菅野八作］　2013.10　111p　26cm　Ⓝ818.26　［非売品］

福島県（鉄道）
◇東北ライン全線・全駅・全配線　第2巻　常磐エリア　川島令
三編著　講談社　2014.8　95p　26cm（〈図説〉日本の鉄道）
〈文献あり〉Ⓘ978-4-06-295169-2　Ⓝ686.21　［1300円］
◇東北ライン全線・全駅・全配線　第4巻　日光・宇都宮エリア
川島令三編著　講談社　2014.10　95p　26cm（〈図説〉日本
の鉄道）〈文献あり〉Ⓘ978-4-06-295171-5　Ⓝ686.21　［1300
円］
◇東北ライン全線・全駅・全配線　第5巻　福島エリア　川島令
三編著　講談社　2014.11　95p　26cm（〈図説〉日本の鉄
道）〈文献あり〉Ⓘ978-4-06-295172-2　Ⓝ686.21　［1300円］

福島県（鉄道―歴史）
◇只見線敷設の歴史　一城楓汰著　彩風社　2014.2　201p
20cm〈文献あり　年表あり〉Ⓘ978-4-904193-12-9　Ⓝ686.
2126　［2400円］

福島県（伝記）
◇じいちゃんありがとう―一枚の写真から　只見川電源流域振
興協議会編, 奥会津書房企画・編集［三島町（福島県）］只

福島県（伝統的工芸品産業）
◇福島の技―こころを伝える逸品　福島　福島県観光交流局県
産品振興戦略課　［2013］　73p　30cm　Ⓝ509.2126

福島県（統計）
◇一目でわかる福島県の指標　2014　福島県企画調整部統計課
編［福島］福島県企画調整部統計課　2014.3　161p　21cm
（統計課資料　統指第23号）Ⓝ351.26

福島県（土砂災害―只見町）
◇平成23年7月只見町豪雨災害の記録誌　只見町（福島県）福島
県只見町　2014.3　197p　30cm　Ⓝ517.4

福島県（土壌汚染）
◇汚染水との闘い―福島第一原発・危機の深層　空本誠喜著
筑摩書房　2014.8　204p　18cm（ちくま新書 1086）Ⓘ978-
4-480-06791-3　Ⓝ543.5　［760円］
◇80km圏外における航空機モニタリング事業報告書［東海村
（茨城県）］日本原子力研究開発機構　2014.3　99p　31cm
〈文献あり　ルーズリーフ〉Ⓝ519.5
◇80km圏内における航空機モニタリング事業報告書［東海村
（茨城県）］日本原子力研究開発機構　2014.3　99p　31cm
〈文献あり　ルーズリーフ〉Ⓝ519.5
◇非除染地帯―ルポ3・11後の森と川と海　平田剛士著　緑風出
版　2014.10　166p　20cm〈文献あり〉Ⓘ978-4-8461-1414-5
Ⓝ519.5　［1800円］

福島県（図書館―名簿）
◇福島の文庫・コレクション―事典：暫定・私家版　福島図書館
研究所編　福島　福島図書館研究所　2014.1　314p　22cm
（福島図書館研究所叢書）Ⓝ010.35

福島県（猫―保護）
◇おーい、フクチン！おまえさん、しあわせかい？―54匹の置
き去りになった猫の物語　後藤真樹著　座右宝刊行会　2014.
2　95p　23cm〈ブックエンド（発売）〉Ⓘ978-4-907083-09-0
Ⓝ645.7　［1600円］

福島県（農業）
◇食と農でつなぐ―福島から　塩谷弘康, 岩崎由美子著　岩波書
店　2014.8　216p　18cm（岩波新書　新赤版 1497）Ⓘ978-
4-00-431497-4　Ⓝ612.126　［780円］
◇福島農からの日本再生―内発的地域づくりの展開　守友裕一,
大谷尚之, 神代英昭編著　農山漁村文化協会　2014.3　353p
20cm（シリーズ地域の再生 6）Ⓘ978-4-540-13207-0
Ⓝ601.126　［2600円］

福島県（農業―相馬市）
◇東日本大震災からの真の農業復興への挑戦―東京農業大学と
相馬市の連携　東京農業大学, 相馬市編　ぎょうせい　2014.3
386p　21cm〈内容：未曾有の大震災に遭遇した行政の苦悩と
復興の歩み（立谷秀清著）大学による災害復興支援の理念, プ
ロジェクトの活動設計と成果の普及（門間敏幸著）相馬地域
の農林業の特徴と東日本大震災による農林業被害の実態（山田
崇裕, ルハタイ　バット　プウォンケオ, 門間敏幸著）「東京
農大方式」による津波被災農地復興への取り組み（後藤逸男,
稲垣開生著）津波による営農被害の実態と被災地域の農業の
新たな担い手・経営の創造（渋谷往男, 山田崇裕, ニャムフー
バットデルゲルほか著）土壌肥料チームによる放射能汚染水
田での営農技術開発の取り組み（後藤逸男, 稲垣開生著）樹木
の放射性セシウムの動態の解明と森林除染戦略（林隆久著）
放射能汚染地域の営農システム復興のための農地1筆単位の放
射性物質モニタリングシステムの開発と実証（門間敏幸, ルハ
タイオパット　プウォンケオ, 河野洋一ほか著）農産物風評
被害の実態と克服方向（ルハタイオパット　プウォンケオ, 松
本静香, 星誠ほか著）福島第一原発事故による帰還困難区域
に放置されたダチョウの放射性物質汚染状況　節足動物にお
ける放射性物質の蓄積状況　放射能汚染地域での飼料用青刈
稲ホールクロップサイレージの生産可能性　森林生態系にお
ける放射性物質の動態　放射性物質が蓄積した公園などの新
たな除染手法　被災地における農山村再生「ふるさと再生」の
モデル提案　震災により創出された干潟利用の模索〉Ⓘ978-
4-324-09767-0　Ⓝ612.126　［3500円］

福島県（農業災害）
◇「大学固有の生物資源を用いた放射性元素除去技術、バイオ肥
料・植物保護技術開発」概要集―福島農業復興支援バイオ肥料
プロ　平成24年度［府中（東京都）］東京農工大学農学部文
科省特別経費プロバイオ肥料　2013.3　107p　30cm〈内部資
料　文部科学省特別経費「プロジェクト分」平成24年―平成
28年〉Ⓘ978-4-9906944-0-1　Ⓝ615.89
◇「大学固有の生物資源を用いた放射性元素除去技術、バイオ肥
料・植物保護技術開発」概要集―福島農業復興支援バイオ肥料

日本件名図書目録2014　I　　　　　　　　　　　　　　　　　　　　　　　　　　　　　　　　　　　　　福島県（方言）

プロ　平成25年度　〔府中（東京都）〕　東京農工大学農学部文
科省特別経費プロバイオ肥料　2014.3　155p　30cm〈内部資
料　文部科学省特別経費「プロジェクト分」平成24年—平成
28年〉Ⓘ978-4-9906944-2-5　Ⓝ615.89
◇農と言える日本人—福島発・農業の復興へ　野中昌法著　コ
モンズ　2014.4　179p　19cm　（有機農業選書 6）〈文献あ
り〉Ⓘ978-4-86187-115-3　Ⓝ615.89　［1800円］
◇放射能汚染による地域食文化への損害と食農対策の実態調査
二本松　福島県青少年育成・男女共生推進機構福島県男女共
生センター「女と男の未来館」　2014.6　117p　30cm　（地
域課題調査・研究事業報告書 平成25年度）〈執筆：千葉あや
ほか〉Ⓝ615.89

福島県（農村女性）
◇食と農でつなぐ—福島から　塩谷弘康, 岩崎由美子著　岩波書
店　2014.8　216p　18cm　（岩波新書 新赤版 1497）Ⓘ978-
4-00-431497-4　Ⓝ612.126　［780円］

福島県（花）
◇浜通りの花　安原修次撮影・著　長野　ほおずき書籍　2014.4
154p　21cm〈星雲社（発売）文献あり　索引あり〉Ⓘ978-4-
434-18987-6　Ⓝ477.02126　［1800円］

福島県（東日本大震災〔2011〕—被害—鏡石町）
◇東日本大震災記録誌—2011年3月11日からの鏡石町　鏡石町総
務課企画・編集〔鏡石（福島県）〕　福島県鏡石町　2014.3
60p　30cm　Ⓝ369.31

福島県（東日本大震災〔2011〕—被害—浪江町）
◇3.11ある被災地の記録—浪江町津島地区のこれまで、あのと
き、そしてこれから　今野秀則著　福島　福島県社会福祉協
議会　2014.3　147p　30cm　Ⓝ369.31　［1000円］

福島県（東日本大震災〔2011〕—被害—浪江町—写真集）
◇寿辞—大工・植田家の歩み　ウエダ建設社史編纂室
編　南相馬　ウエダ建設南相馬事務所　2014.7　111p　31cm
〈新宿書房（発売）文献あり　年譜あり　撮影：長谷川健郎〉
Ⓘ978-4-88008-448-0　Ⓝ369.31　［2800円］

福島県（東日本大震災〔2011〕—被害—南相馬市）
◇わが故郷を奪う—東日本大震災と福島原発の爪痕　佐藤亀壽
著　〔さいたま〕〔佐藤亀壽〕　2014.8　50p　26cm　Ⓝ369.
31　［1500円］

福島県（被災者支援）
◇フクシマを共に生きる—「宣教フォーラム・福島」より　福島
県キリスト教連絡会, 日本福音同盟宣教委員会編　いのちのこ
とば社　2014.3　161p　21cm〈内容：神に造られ、愛されて
いる世界で（安藤能成述）　支援の中で悩んだこと（金成孝悟
述）　「ふくしまHOPEプロジェクト」の活動を通して（山本真
理子述）　支援の目が向きにくい会津地区（高橋拓男述）　つ
ながり（林優司述）　アコルの谷を祝福の門に（木田惠嗣述）
ともに歩む教会となるために（朝岡勝述）　被災地の牧師・教
会が支援者になるということ（上代謙述）　支援活動は福祉の
一環である〜共生＝共に生きる（住吉英治述）　会津放射能情
報センターの活動（片岡輝美述）　原発と人間の貪欲性（斉藤
善樹述）　隣人とはだれか（末松隆太郎述）〉Ⓘ978-4-264-
03198-7　Ⓝ198.37　［1600円］
◇福島原発事故被災者支援政策の欺瞞　日野行介著　岩波書店
2014.9　219,6p　18cm　（岩波新書 新赤版 1505）Ⓘ978-4-
00-431505-6　Ⓝ369.36　［780円］
◇福島で生きていく　木田惠嗣, 朝岡勝著　いのちのことば社
2014.12　93p　21cm　（3.11ブックレット）Ⓘ978-4-264-
03268-7　Ⓝ198.37　［900円］

福島県（被災者支援—いわき市）
◇いわき通信—2012-2014：「震災復興支援in Fukushima—いわ
きの子供たちに本を送る—」メーリング書簡集から　吉田裕
美著, 日本大学大学院総合社会情報研究科同窓会編　和光
日本大学大学院総合社会情報研究科同窓会有志　2014.10
59p　26cm　Ⓝ369.4

福島県（被災者支援—福島市）
◇東日本大震災の記録—発災から復興に向けた取り組み　〔福
島〕　福島市災害対策本部　2014.3　465p　30cm〈共同刊
行：福島市復興推進本部〉Ⓝ369.31

福島県（美術—喜多方市—図集）
◇喜多方・夢・アートプロジェクト—図録　2013　喜多方・夢・
アートプロジェクト2013運営委員会編　喜多方　喜多方・夢・
アートプロジェクト2013運営委員会　2014.3　48p　30cm
〈会場・会期：2013年9月7日—10月6日　喜多方市美術館ほか
内容：せびろまの夢：せはセザンヌのセ展：大原美術館所蔵作
品展　喜多方アート暮らし：artist in residence
program〉Ⓝ702.1926

福島県（病院）
◇東電原発事故被災病院協議会会議録　2　第16回—第23回　福
島県病院協会編　福島　福島県病院協会　2013.9　204p
30cm　Ⓝ498.16

福島県（福島第一原発事故〔2011〕—被害）
◇聞き書き福島ノート—福島のこれからを話そう　物江潤著
名古屋　近未来社　2014.3　150p　20cm　Ⓘ978-4-906431-
40-3　Ⓝ369.36　［1157円］
◇境界の町で　岡映里著　リトルモア　2014.4　231p　20cm
Ⓘ978-4-89815-386-4　Ⓝ369.36　［1600円］
◇原発事故被害者支援活動シンポジウムの記録　福島　福島県
弁護士会　2014.3　161p　30cm〈会期：2013年9月7日　奥付
のタイトル：福島県弁護士会原発事故被害者支援活動シンポ
ジウム報告書〉Ⓝ369.36
◇ごせやける許さんにぇ—フクシマ原発被災者の歩み・双葉町か
ら：これまでの3年、これからの3年　井上仁著　言叢社
2014.3　397,23p　19cm　Ⓘ978-4-86209-051-5　Ⓝ369.36
［1852円］
◇非除染地帯—ルポ3・11後の森と川と海　平田剛士著　緑風出
版　2014.10　166p　20cm〈文献あり〉Ⓘ978-4-8461-1414-5
Ⓝ519.5　［1800円］
◇福島原発事故とESD—立教SFR重点領域プロジェクト研究
「課題解決型シミュレーションによるESDプログラムの研究開
発」（2012-14年度）2013年度経過報告書　〔東京〕　立教SFR重
点領域プロジェクト研究「課題解決型シミュレーションによる
ESDプログラムの研究開発」　2014.3　197p　30cm〈文献あ
り　年表あり　編集：友澤悠季ほか〉Ⓝ369.36

福島県（福島第一原発事故〔2011〕—被害—飯舘村）
◇かえせ飯舘村—飯舘村民損害賠償等請求事件申立書等資料集
飯舘村民救済弁護団　2014.12　100p　30cm〈共同刊行：原
発被害糾弾飯舘村民救済申立団〉Ⓝ539.091
◇までいな村、飯舘—酪農家・長谷川健一が語る　長谷川健一,
長谷川花子著　七つ森書館　2014.7　151p　21cm　Ⓘ978-4-
8228-1405-2　Ⓝ369.36　［1800円］

福島県（福島第一原発事故〔2011〕—被害—大熊町）
◇さまよえる町—フクシマ曝心地の「心の声」を追って　三山喬
著　東海教育研究所　2014.11　301p　19cm〈東海大学出版
部（発売）文献あり〉Ⓘ978-4-486-03786-6　Ⓝ369.31　［1800
円］

福島県（福島第一原発事故〔2011〕—被害—浪江町）
◇3.11ある被災地の記録—浪江町津島地区のこれまで、あのと
き、そしてこれから　今野秀則著　福島　福島県社会福祉協
議会　2014.3　147p　30cm　Ⓝ369.31　［1000円］

福島県（福島第一原発事故〔2011〕—被害—双葉町）
◇原発3キロメートル圏からの脱出—今日まで…そしてこれから
川崎葉子著　致知出版社　2014.3　270p　20cm　Ⓘ978-4-
8009-1031-8　Ⓝ369.31　［1500円］

福島県（プロテスタント教会—社会事業）
◇フクシマを共に生きる—「宣教フォーラム・福島」より　福島
県キリスト教連絡会, 日本福音同盟宣教委員会編　いのちのこ
とば社　2014.3　161p　21cm〈内容：神に造られ、愛されて
いる世界で（安藤能成述）　支援の中で悩んだこと（金成孝悟
述）　「ふくしまHOPEプロジェクト」の活動を通して（山本真
理子述）　支援の目が向きにくい会津地区（高橋拓男述）　つ
ながり（林優司述）　アコルの谷を祝福の門に（木田惠嗣述）
ともに歩む教会となるために（朝岡勝述）　被災地の牧師・教
会が支援者になるということ（上代謙述）　支援活動は福祉の
一環である〜共生＝共に生きる（住吉英治述）　会津放射能情
報センターの活動（片岡輝美述）　原発と人間の貪欲性（斉藤
善樹述）　隣人とはだれか（末松隆太郎述）〉Ⓘ978-4-264-
03198-7　Ⓝ198.37　［1600円］
◇福島で生きていく　木田惠嗣, 朝岡勝著　いのちのことば社
2014.12　93p　21cm　（3.11ブックレット）Ⓘ978-4-264-
03268-7　Ⓝ198.37　［900円］

福島県（文化財保護）
◇福島県における歴史資料の保全と学術的活用を目的とする地
域連携に基づく現況調査と防災の保全システムの構築に関す
る研究報告書—東北大学災害科学国際研究所特定プロジェク
ト研究種目A　〔福島〕〔阿部浩一〕　2014.2　338p　30cm
〈研究代表者：阿部浩一〉Ⓝ709.126

福島県（方言）
◇福島県内被災地方言情報のweb発信　福島　福島大学人間発達
文化学類国語学研究室　2014.3　70p　30cm　（文化庁委託事
業報告書 2013年度）Ⓝ818.26
◇方言がつなぐ地域と暮らし・方言で語り継ぐ震災の記憶—被災
地方言の保存・継承と学びの取り組み　杉本妙子編　〔水戸〕

987

福島県（方言―二本松市）

茨城大学人文学部杉本妙子研究室　2014.3　239p　30cm
（文化庁委託事業報告書　平成25年度）〈文献あり〉Ⓝ818.31

福島県（方言―二本松市）
◇旧塩澤村地域遺産のことばと地名　菅野八作［著］　［二本松］
［菅野八作］　2013.10　111p　26cm　Ⓝ818.26　［非売品］

福島県（防災計画―郡山市）
◇郡山市地域防災計画―平成25年3月修正　郡山市防災会議編
［郡山］　郡山市防災会議　［2013］　206p　30cm　Ⓝ369.3

福島県（法律扶助）
◇東日本大震災の被災者等への法的支援に関するニーズ調査―
最終報告書　日本司法支援センター編　日本司法支援セン
ター　2014.5　337p　26cm　Ⓝ369.31

福島県（昔話―鮫川村）
◇鮫川のむかし話―民話集　さめがわ民話の会編　［鮫川村（福
島県）］　鮫川村教育委員会　2014.3　151p　21cm　〈背のタ
イトル：鮫川村のむかし話〉Ⓝ388.126

福島県（無形文化財）
◇福島県域の無形民俗文化財被災調査報告書2011-2013　民俗芸
能学会福島調査団編　二本松　民俗芸能学会福島調査団
2014.3　219p　30cm　〈平成23年度―平成25年度文化庁文化芸
術振興費補助金「文化遺産を活かした地域活性化事業」〉
Ⓝ709.126

福島県（名簿）
◇福島県人物・人材情報リスト　2015　日外アソシエーツ株式
会社編　日外アソシエーツ（制作）　2014.11　698, 31p　30cm
Ⓝ281.26

福島県（木材工業）
◇木材需給と木材工業の現況　平成23年　［福島］　福島県農林
水産部　2013.7　62p　30cm　Ⓝ651.4

福島県（野外教育）
◇なすかしの森セカンドスクール報告書―あびるほどの自然体
験を！：平成25年度教育事業　西郷村（福島県）国立青少年教
育振興機構国立那須甲子青少年自然の家　2014.3　91p
30cm　Ⓝ379.3

福島県（陸水誌）
◇磐梯朝日遷移プロジェクト―裏磐梯五色沼湖沼群の環境調査
報告書　福島　福島大学理工学群共生システム理工学類
2014.3　227p　30cm　（共生のシステム　vol. 14）〈内容：福
島県猪苗代湖の湖底堆積物コア試料（INW2012）と産出する珪
藻化石（廣瀬孝太郎, 後藤敏一, 長橋良隆著）　猪苗代湖の湖底堆
積物から抽出した地山水のEC,pH鉛直プロファイル特性（藪崎
志穂ほか著）　猪苗代湖2013年ピストンコアの岩相層序と青灰
色粘土の供給源（長橋良隆ほか著）　安達太良山・酸川の複数
のラハール堆積物に含まれる埋没林群の組成と年代（今井英
治, 神野成美, 木村勝彦著）　裏磐梯流域の環境遷移に関する水
循環要素の検討（陣内亮太, 川越清楙, 中村光宏著）　裏磐梯毘
沙門沼の水量・水質調査（藤元大季ほか著）　裏磐梯五色沼湖
沼群の湖水の化学的な成分に関する調査結果（第3報）（渡邉稔,
佐久間智彦著）　裏磐梯湖沼群の表面温度分布とその変動（渡
邊明, 横山和郎, 鈴木悠也著）　裏磐梯湖沼群の分光放射特性
（渡邊明, 鈴木悠也著）　湖面の青色色彩に関する五色沼と北海
道美瑛町青い池の化学的類似性と相違性について（高貝慶隆,
阿部遼太著）　猪苗代平野における地下水流動の予察的シミュ
レーション解析（佐藤真一, 柴崎直明著）　喜多方市街地におけ
る地下水流動および地下水温分布の解析（金子翔平, 柴崎直明
著）　福島県裏磐梯地域におけるオオシマトビケラの生活史
（昆虫目：トビケラ目）（大平創, 塘忠顕著）　福島県裏磐梯地
域の池沼に生息するヒメシロカゲロウ属の一種（昆虫目：ヒメ
シロカゲロウ科）（増渕翔太, 塘忠顕著）　裏磐梯地域の地表徘
徊性甲虫相（緒勝祐太郎, 塘忠顕著）　山岳域に生息するアザミ
ウマ類（昆虫目：アザミウマ目）（志賀澄歌ほか著）　山岳域に
生息する属不明アザミウマ（アザミウマ科：アザミウマ亜科）
の所属と遺伝的多様性（木目澤友梨恵, 兼子伸吾, 塘忠顕著）
沈水植物の食害昆虫ミズメイガの捕食機能と高次捕食者によ
る抑制能の解析（稲森悠平, 稲森隆平著）　休暇村裏磐梯（福島
県北塩原村）の植物相（桑島和斗ほか著）　裏磐梯高原の維管
束植物相研究の成果と課題（黒沢高秀, 根本秀一, 首藤光太郎
著）　全国のエコツーリズム推進地域団体の現状とエコツーリ
ズム推進に関わる問題点に関する研究（三部和哉, 川﨑興太著）
裏磐梯の来訪者の特性把握に向けた試行的調査の結果（川﨑興
太, 三部和哉著）　国立公園と国立公園制度の実態と自然保護
官の実態認識（川﨑興太著）　日本の国立公園の地種区分別土
地所有別面積（川﨑興太著）〉Ⓝ462.126　［非売品］

福島県（歴史）
◇新しい会津古代史　鈴木啓著　会津若松　歴史春秋出版
2013.12　218p　19cm　〈文献あり〉①978-4-89757-814-9
Ⓝ212.6　［1500円］

福島県（歴史―いわき市）
◇いわき市勿来地区地域史―先人と未来人の絆を紡ぐ歴史を今
に　3　下巻　地誌（昭和20年―現代）、東日本大震災、人物、
地名　いわき市勿来地区地域史編さん委員会編　いわき　い
わき市勿来地区地域史編さん委員会　2014.3　406p　図版
［13］枚　30cm　〈年表あり　文献あり〉Ⓝ212.6　［1000円］
◇いわき市勿来地区地域史―先人と未来人の絆を紡ぐ歴史を今に
3　上巻　歴史（昭和20年―現代）　いわき市勿来地区地域史編さ
ん委員会編　いわき　いわき市勿来地区地域史編さん委員会
2014.3　418p　図版［16］枚　30cm　Ⓝ212.6　［1000円］

福島県（歴史―喜多方市）
◇塩川町史　第2巻　通史編　2（近・現代）　喜多方市教育委員
会,喜多方市塩川町史編さん委員会編　喜多方　喜多方市
2014.3　693p　22cm　〈年表あり〉Ⓝ212.6

福島県（歴史―郡山市）
◇安積歴史入門　安藤智重著　会津若松　歴史春秋出版　2014.
11　63p　19cm　（歴春ブックレット安積　1）〈文献あり〉
①978-4-89757-841-5　Ⓝ212.6　［600円］
◇郡山市史　続編　4　通史　郡山市史編さん委員会編　郡山　郡
山市　2014.10　784p　23cm　〈年表あり〉Ⓝ212.6
◇郡山市史　続編　4　資料　郡山市史編さん委員会編　郡山　郡
山市　2014.10　704p　図版88p　23cm　Ⓝ212.6
◇郡山の歴史　郡山市編さん委員会編　郡山　郡山市　2014.10
217p　30cm　〈年表あり〉Ⓝ212.6　［926円］

福島県（歴史―史料―書目）
◇福島県歴史資料館収蔵資料目録　第45集　県内諸家寄託文書
39　福島県文化振興財団福島県歴史資料館編　福島　福島県文
化振興財団福島県歴史資料館　2014.3　26p　26cm　Ⓝ212.6

福島県（歴史―史料―書目―郡山市）
◇郡山市歴史資料館収蔵史料目録　第28集　郡山市歴史資料館
編　郡山　郡山市教育委員会　2014.3　34p　30cm　〈年表あ
り〉Ⓝ212.6

福島県（歴史―須賀川市）
◇須賀川60年のあゆみ―すかがわの軌跡をたどる：須賀川市制
施行60周年記念誌：1954-2014　福島県須賀川市編　［須賀川］
［福島県須賀川市］　2014.3　51p　30cm　〈年表あり〉Ⓝ212.6

福島県（歴史―福島市）
◇福島市史資料叢書　第94輯　福島市誌　1　福島市史編纂委員
会編　福島　福島市教育委員会　2014.3　477p　21cm　〈複
製〉Ⓝ212.6

福島県（歴史―南相馬市）
◇鹿島町史　第1巻　通史編　南相馬市教育委員会文化財課市史
編さん係編　南相馬　南相馬市　2014.7　1044p　22cm　〈年
表あり　文献あり　折り込1枚〉Ⓝ212.6

福島県（歴史地理―福島市）
◇街で見かけたアレッ?!を歴史的に考える―街を歩けば歴史に出
会う…福島市の街で見かけた謎を解明！　守谷早苗著　会津
若松　歴史春秋出版　2014.10　65p　19cm　（歴春ブック
レット信夫　1）①978-4-89757-838-5　Ⓝ291.26　［600円］

福島県会津保健福祉事務所
◇東日本大震災における活動報告書―全国からの支援に感謝を
込めて　福島県会津保健福祉事務所編　会津若松　福島県会
津保健福祉事務所　2013.3　147p　30cm　Ⓝ498.02126

福島県社会福祉事業団
◇大震災を忘れない―3.11東日本大震災の記録　事務局サービス
向上部福祉企画課編　西郷村（福島県）　福島県社会福祉事業団
2013.3　51p　30cm　Ⓝ369.06

福島県立安積黎明高等学校
◇安積女子・安積黎明百年史―福島県立安積黎明高等学校二〇一
二　福島県立安積黎明高等学校創立百周年実行委員会著,　福島
県立安積黎明高等学校創立百周年記念誌編纂委員会沿革誌部会
編　［郡山］　［福島県立安積黎明高等学校創立百周年実行委員
会］　2013.3　895p　27cm　〈年表あり　文献あり〉Ⓝ376.48

福島県立田島高等学校
◇記念誌―潮音の響きふたたび：福島県立田島高等学校創立百周
年記念　［南会津町（福島県）］　［福島県立田島高等学校創立
百周年記念事業実行委員会］　［2013］　105p　31cm　〈年表あ
り　標題紙のタイトル：創立百周年記念誌〉Ⓝ376.48

福島県立富岡養護学校
◇東日本大震災時とその後の富岡養護学校の記録―児童生徒・教
職員と校務を中心として　［富岡町（福島県）］　福島県立富岡
養護学校　2014.3　108p　30cm　Ⓝ378.6

福山市〔歴史〕

福島県立福島西高等学校
◇福島県立福島西高等学校創立五十周年記念誌—1963-2013：響け中空に青春のときめき—須川春秋五十年　創立50周年記念誌委員会編　福島　福島県立福島西高等学校創立50周年記念事業実行委員会　2013.9　111p　30cm〈年表あり　背のタイトル：創立50周年記念誌〉　Ⓝ376.48

福島市〔行政〕
◇行政評価（平成25年度事業の事後評価）評価結果　［福島］　福島市　2014.9　87p　30cm　Ⓝ318.226

福島市〔災害復興〕
◇東日本大震災の記録—発災から復興に向けた取り組み　［福島］　福島市災害対策本部　2014.3　465p　30cm〈共同刊行：福島市復興推進本部〉　Ⓝ369.31

福島市〔障害者福祉〕
◇新福島市障がい者計画—平成26年度－平成35年度　福島市健康福祉部障がい福祉課編　福島　福島市　2014.3　123p　30cm　Ⓝ369.27

福島市〔男女共同参画〕
◇男女共同参画ふくしまプラン—平成24年度事業実施報告・平成25年度事業実施計画　福島市総務部男女共同参画センター編　［福島］　福島市男女共同参画推進本部　2013.4　125p　30cm〈年表あり〉　Ⓝ367.2126

福島市〔地域情報化〕
◇福島市地域情報化基本計画　第3次　福島市総務部情報管理課編　福島　福島市　2014.5　133p　30cm　Ⓝ318.2365

福島市〔被災者支援〕
◇東日本大震災の記録—発災から復興に向けた取り組み　［福島］　福島市災害対策本部　2014.3　465p　30cm〈共同刊行：福島市復興推進本部〉　Ⓝ369.31

福島市〔歴史〕
◇福島市史資料叢書　第94輯　福島市誌　1　福島市史編纂委員会編　福島　福島市教育委員会　2014.3　477p　21cm〈複製〉　Ⓝ212.6

福島市〔歴史地理〕
◇街で見かけたアレッ?!を歴史的に考える—街を歩けば歴史に出会う…福島市の街で見かけた謎を解明!　守谷早苗著　会津若松　歴史春秋出版　2014.10　65p　19cm　（歴春ブックレット信夫　1）　Ⓘ978-4-89757-838-5　Ⓝ291.26　［600円］

福島市小鳥の森
◇福島市小鳥の森開園30周年記念誌　日本野鳥の会ふくしま編　福島　福島市　2013.11　112p　30cm　Ⓝ629.4126

福島第一聖書バプテスト教会
◇流浪の教会　完結編　翼の教会—帰れない故郷を望みながら　佐藤彰著　いのちのことば社マナブックス　2013.9　140p　19cm　Ⓘ978-4-264-03126-0　Ⓝ198.65　［900円］

福島大学
◇被災大学は何をしてきたか—福島大、岩手大、東北大の光と影　中井浩一著　中央公論新社　2014.3　542p　18cm　（中公新書ラクレ　487）〈文献あり〉　Ⓘ978-4-12-150487-6　Ⓝ369.3　［1300円］

福島朝鮮初中級学校
◇原発災害下の福島朝鮮学校の記録—子どもたちとの県外避難204日　具永泰,大森直樹編,遠藤正承訳　明石書店　2014.3　123p　21cm〈内容：避難生活と合同生活の歩み（鄭成哲著）　合同授業と合同生活の歩み（金賢智著）　福島初中生徒の避難はうれしい（小池裕章述,朴日粉聞き手）　原発事故後の新潟・福島朝鮮初中級学校を取材して（梁本聖著）　原発災害と教育界の課題（大森直樹著）〉　Ⓘ978-4-7503-3996-2　Ⓝ376.9　［2000円］

フクシマの子どもの未来を守る家
◇フクシマの子どもの未来を守る家活動報告集—2011年7月—2014年3月：原発事故に遭った母子と共に生きよう　フクシマの子どもの未来を守る家編　鶴岡　フクシマの子どもの未来を守る家　2014.4　51p　30cm〈奥付のタイトル：フクシマの子どもの未来を守る家2011年7月—2014年3月活動報告集〉　Ⓝ369.36

福島民報新聞社
◇記者たちは海に向かった—津波と放射能と福島民報新聞　門田隆将著　KADOKAWA　2014.3　339p　20cm〈文献あり〉　Ⓘ978-4-04-110734-8　Ⓝ070.2126　［1600円］

福島屋
◇福島屋—毎日通いたくなるスーパーの秘密　福島徹著　日本実業出版社　2014.1　203p　19cm　Ⓘ978-4-534-05149-3　Ⓝ673.868　［1500円］

福田 秋秀〔1940～ 〕
◇疾風に勁草を知る—福田秋秀自伝　福田秋秀著,『疾風に勁草を知る』編纂委員会編　エフ・トライ　2014.3　301p　20cm〈年譜あり〉　Ⓘ978-4-9907-5330-6　Ⓝ537.5　［1500円］

福田 恆存〔1912～1994〕
◇福田恆存　岡本英敏著　慶應義塾大学出版会　2014.4　203p　20cm　Ⓘ978-4-7664-2128-6　Ⓝ910.268　［2600円］

福智町〔福岡県〕〔遺跡・遺物〕
◇城山横穴群—福岡県田川郡福智町所在横穴群の発掘調査報告　福智町〔福岡県〕　福智町教育委員会　2014.3　107p　図版［16］枚　30cm　（福智町文化財調査報告書　第3集）　Ⓝ210.0254

福津市〔遺跡・遺物〕
◇津屋崎古墳群　3　福津　福津市教育委員会　2013.3　82p　図版［8］枚　30cm　（福津市文化財調査報告書　第7集）〈年表あり　内容：手光波切不動古墳の調査　手光湯ノ浦古墳群の調査〉　Ⓝ210.0254
◇奴山正園古墳　福津　福津市教育委員会　2013.3　64p　図版［20］枚　30cm　（福津市文化財調査報告書　第6集）〈福岡県福津市津屋崎大字奴山字正園所在古墳の調査　折り込 1枚）　Ⓝ210.0254

福津市〔歴史〕
◇畦町物語　［福津］　唐津街道畦町宿保存会　2014.12　64p　21cm　Ⓝ219.1

福田会育児院
◇横山医院と福田会里親委託制度　菅田理一編著　川崎　福田会育児院史研究会　2014.3　67p　30cm〈年表あり〉　Ⓝ369.43

福徳神社〔東京都中央区〕
◇福徳稲荷縁起考　筑後則著　福徳神社　2014.10　355p　26cm　Ⓝ175.9361　［3000円］

福永 武彦〔1918～1979〕
◇福永武彦とその時代　渡邊一民［著］　みすず書房　2014.9　261p　20cm　Ⓘ978-4-622-07851-7　Ⓝ910.268　［3800円］

福原 麟太郎〔1894～1981〕
◇福原麟太郎著作目録　藤井哲／編著　福岡　九州大学出版会　2014.12　755p　30cm　Ⓘ978-4-7985-0144-4　［12000円］

福本 和夫〔1894～1983〕
◇柳田國男の継承者福本和夫—「コトバ」を追い求めた知られざる師弟の交遊抄　清水多吉著　京都　ミネルヴァ書房　2014.7　297,4p　22cm　（人と文化の探究　9）〈文献あり　年譜あり　索引あり〉　Ⓘ978-4-623-06741-1　Ⓝ289.1　［6000円］

福山 雅治〔1969～ 〕
◇福山雅治の肖像—エンドレスファイト　富坂剛著　アールズ出版　2014.2　183p　19cm〈文献あり〉　Ⓘ978-4-86204-259-0　Ⓝ767.8　［1300円］
◇マシャヲタあるある　さくら真+マシャヲタのみなさん著　アールズ出版　2014.5　175p　18cm〈イラスト：関上絵美〉　Ⓘ978-4-86204-264-4　Ⓝ767.8　［1000円］

福山市〔遺跡・遺物〕
◇草戸千軒発掘調査50年の想い出—草戸千軒町遺跡発掘調査開始50周年記念誌　広島県立歴史博物館編　福山　広島県立歴史博物館　2013.10　125p　19cm〈年表あり〉　Ⓝ217.6
◇福山市内遺跡発掘調査概要　8　2012年度　福山市教育委員会編　福山　福山市教育委員会　2014.3　44p　30cm　（福山市埋蔵文化財調査報告　第32集）　Ⓝ210.0254

福山市〔教育〕
◇教育要覧　2014年度版　福山市教育委員会事務局管理部教育総務課編　［福山］　福山市教育委員会　2014.10　94p　30cm　Ⓝ372.176

福山市〔商店街〕
◇補助金に頼らない商店街再生（まちづくり）の切り札　能宗孝著,弥山政之監修　広島　展望社　2014.12　228p　20cm〈文献あり〉　Ⓘ978-4-9901274-3-5　Ⓝ672.176　［1700円］

福山市〔石油コンビナート〕
◇福山・笠岡地区石油コンビナート等防災計画　岡山県消防保安課編　［広島］　広島県及び岡山県石油コンビナート等防災本部協議会　2014.3　260p　30cm　Ⓝ575.5

福山市〔歴史〕
◇はざまの息吹—国頭家文書解読集　福山　国頭文書解読会　2014.6　122p　30cm〈年譜あり　年表あり〉　Ⓝ217.6
◇備後渡辺氏に関する基礎研究　広島県立歴史博物館編　福山　広島県立歴史博物館　2013.5　42p　30cm　（草戸千軒町遺跡調査研究報告 11）　Ⓝ288.3
◇平和を求めて—福山市人権平和資料館開館20周年記念誌　福山市人権平和資料館編　福山　福山市人権平和資料館　2014.3　170p　30cm〈年表あり〉　Ⓝ217.6

福山市（歴史―史料）

福山市（歴史―史料）

◇東京阿部家資料 文書編 4 福山市教育委員会文化課歴史資料室編 福山 福山市教育委員会文化課歴史資料室 2014.3 115p 26cm〈内容：享和元年ゟ同三年初リ迄日記書抜部分 諸伺済之部（伺済） 旅行之部（旅行） 御普請出火其外ニ而公辺江御届伺之部（御普請之部公辺江御届伺） 諸達諸届之部（享和元年諸達諸届） 御供一件之部（御供一件）〉Ⓝ217.6

◇福山市史 近代現代資料編 2 産業・経済 福山市史編さん委員会編 福山 福山市 2014.3 69, 706p 27cm Ⓝ217.6

◇萬覚書―広田家文書（中井家文庫一八二） 2 ［広田才太著］, 福山城博物館友の会編 ［福山］ 福山城博物館友の会 2014.11 21, 176p 30cm（古文書調査記録 第32集）〈文献あり 年表あり 複製及び翻刻 折り込み1枚〉Ⓝ217.6

福山城

◇福山城関連資料目録 福山市教育委員会文化スポーツ振興部文化課編 福山 福山市教育委員会文化スポーツ振興部文化課 2014.3 43p 30cm〈文献あり 共同刊行：福山市教育委員会〉Ⓝ521.823

福山藩

◇福山藩阿部時代の執政―下宮家文書 1 福山城博物館友の会編 ［福山］ 福山城博物館友の会 2013.11 253p 30cm（古文書調査記録 第31集）〈複製及び翻刻〉Ⓝ217.6

袋井市（遺跡・遺物）

◇掛之上遺跡 平成17・18年度 遺構・遺物図版編 1 袋井市教育委員会, 袋井市都市建設部都市計画課編 ［袋井］ 袋井市教育委員会 2013.3 4枚, 119p 30cm（袋井市駅前第二地区土地区画整理事業に伴う発掘調査報告書 33）〈共同刊行：袋井市都市建設部都市計画課〉Ⓝ210.0254

◇掛之上遺跡 平成17・18年度 遺構・遺物図版編 2 袋井市教育委員会, 袋井市都市建設部都市計画課編 ［袋井］ 袋井市教育委員会 2013.3 p120-241 30cm（袋井市駅前第二地区土地区画整理事業に伴う発掘調査報告書 34）〈共同刊行：袋井市都市建設部都市計画課〉Ⓝ210.0254

フーコー, M.〔1926～1984〕

◇フーコーの美学―生と芸術のあいだで 武田宙也著 京都 人文書院 2014.3 314p 20cm〈文献あり 索引あり 内容：表象とその残余 「外」に触れること 主体と権力 主体と真理 生と美学 生を書き留めること/生を書き換えること 力としての身体 結論〉①978-4-409-03082-0 Ⓝ135.57［3800円］

◇フーコーの法 ベン・ゴールダー, ピーター・フィッツパトリック著, 関良徳監訳, 小林聡, 小林明明, 西迫大祐, 綾部六郎訳 勁草書房 2014.9 226,6p 20cm〈索引あり〉①978-4-326-15431-9 Ⓝ321.1［3000円］

釜山（紀行・案内記）

◇アクセシブル・ツーリズムガイドブックin釜山―松本大学・東新大学校共同調査制作 松本大学・東新大学校アクセシブル・ツーリズムガイドブックin釜山共同作成調査班編, 尻無浜博幸監修, 松本大学バリアフリーアクション制作 松本 松本大学出版会 2014.3 48p 21cm ①978-4-902915-19-8 Ⓝ292.18［500円］

釜山（バリアフリー〔建築〕）

◇アクセシブル・ツーリズムガイドブックin釜山―松本大学・東新大学校共同調査制作 松本大学・東新大学校アクセシブル・ツーリズムガイドブックin釜山共同作成調査班編, 尻無浜博幸監修, 松本大学バリアフリーアクション制作 松本 松本大学出版会 2014.3 48p 21cm ①978-4-902915-19-8 Ⓝ292.18［500円］

釜山（バリアフリー〔交通〕）

◇アクセシブル・ツーリズムガイドブックin釜山―松本大学・東新大学校共同調査制作 松本大学・東新大学校アクセシブル・ツーリズムガイドブックin釜山共同作成調査班編, 尻無浜博幸監修, 松本大学バリアフリーアクション制作 松本 松本大学出版会 2014.3 48p 21cm ①978-4-902915-19-8 Ⓝ292.18［500円］

藤井〔氏〕

◇土浦藩臣藤井家先祖の物語―それぞれの時代と暮らし：私家版 藤井安明［著］ 牛久 筑波書林 2014.11 216p 21cm〈文献あり〉①978-4-86004-106-9 Ⓝ288.2

藤井 建夫〔1943～ 〕

◇波のまにまに漂えば―藤井建夫の仕事と遊び：東京家政大学定年退職記念誌 藤井建夫［著］ ［東京］ 藤井建夫 2014.3 184p 26cm〈著作目録あり 文献あり〉Ⓝ498.54

藤井 千秋〔1923～1985〕

◇藤井千秋―爽やかに清らかに。エレガントな抒情世界 松本育子編 河出書房新社 2014.9 127p 21cm（らんぷの本）〈文献あり 年譜あり〉①978-4-309-75009-5 Ⓝ726.501［1650円］

藤井 弥太郎〔1934～2013〕

◇交通政策の公・共・私―藤井彌太郎先生追悼撰集 藤井彌太郎［著］ 日本交通政策研究会 2014.3 138p 30cm（日交研特別号）〈著作目録あり 内容：輸送サービスの公共財的性格 都市交通の運営組織について 利用者負担と公共負担―都市公営交通のケース 交通事業の公共性―公・共・私〉Ⓝ681.8

藤井 悠〔1980～ 〕

◇DEAR MY LIFE 藤井悠著 宝島社 2014.2 111p 26cm〈本文は日本語〉①978-4-8002-1610-6 Ⓝ289.1［1429円］

藤井 リナ〔1984～ 〕

◇リナイズム―ブレない、迷わない、悩まない。藤井リナの生き方メソッド33 藤井リナ著 双葉社 2014.4 151p 19cm〈索引あり〉①978-4-575-30665-1 Ⓝ289.1［1200円］

藤井寺市（遺跡・遺物）

◇石川流域遺跡群発掘調査報告 29 藤井寺市教育委員会事務局編 藤井寺 藤井寺市教育委員会事務局 2014.3 48p 図版［14］枚 30cm（藤井寺市文化財報告 第35集）Ⓝ210.0254

◇川北遺跡 大阪府文化財センター編 堺 大阪府文化財センター 2013.12 50p 図版42p 30cm（公益財団法人大阪府文化財センター調査報告書 第243集）〈藤井寺市所在 バイパス送水管事業（藤井寺・長吉）整備工事に伴う埋蔵文化財発掘調査報告書〉Ⓝ210.0254

藤井寺市（古墳―保存・修復）

◇国史跡古市古墳群保存管理計画 藤井寺市教育委員会, 羽曳野市教育委員会編 藤井寺 藤井寺市教育委員会 2014.3 169p 30cm〈文献あり 共同刊行：羽曳野市教育委員会〉Ⓝ709.163

藤枝市（遺跡・遺物）

◇寺家前遺跡―第二東名no.81地点 3 古墳時代後期編 静岡県埋蔵文化財センター編 静岡 静岡県埋蔵文化財センター 2014.3 248p 図版［45］枚 30cm（静岡県埋蔵文化財センター調査報告 第43集）〈中日本高速道路東京支社の委託による〉Ⓝ210.0254

◇寺家前遺跡―第二東名no.81地点 4 弥生時代後期―古墳時代前期・総括編 静岡県埋蔵文化財センター編 静岡 静岡県埋蔵文化財センター 2014.3 221p 図版［39］枚 30cm（静岡県埋蔵文化財センター調査報告 第44集）〈中日本高速道路東京支社の委託による〉Ⓝ210.0254

藤枝市（歴史）

◇図説藤枝市史 藤枝市史編さん委員会編 ［藤枝］ 静岡県藤枝市 2013.3 199p 図版2p 30cm〈年表あり〉Ⓝ215.4

藤岡 弘〔1946～ 〕

◇あきらめない 藤岡弘、著 メタモル出版 2014.3 174p 19cm ①978-4-89595-860-8 Ⓝ778.21［1200円］

藤岡市（遺跡・遺物）

◇E24c三本木水口B遺跡E24e三本木中宿遺跡 毛野考古学研究所編 藤岡 群馬県藤岡市教育委員会 2014.3 329p 図版50p 30cm〈文献あり 三本木工業団地造成に伴う埋蔵文化財発掘調査報告書〉Ⓝ210.0254

◇市内遺跡 20 群馬県藤岡市教育委員会編 藤岡 群馬県藤岡市教育委員会 2014.3 27p 30cm Ⓝ210.0254

◇B39下戸塚東田遺跡 群馬県藤岡市教育委員会編 藤岡 群馬県藤岡市教育委員会 2014.2 38p 図版32p 30cm〈平成25年度（農山）県営農地整備事業（経営体育成型）下戸塚地区に伴う下戸塚地区遺跡群埋蔵文化財発掘調査報告書〉Ⓝ210.0254

◇平би地区2号古墳・平井地区2号北古墳―範囲確認調査報告書 群馬県藤岡市教育委員会編 藤岡 群馬県藤岡市教育委員会 2014.3 19p 30cm Ⓝ210.0254

◇本郷下海戸遺跡 群馬県藤岡市教育委員会編 藤岡 群馬県藤岡市教育委員会 2014.3 42p 図版9p 30cm〈特別支援学校建設に伴う埋蔵文化財発掘調査報告書〉Ⓝ210.0254

藤岡市（行政）

◇藤岡市の10年―平成16年度―平成25年度：市制施行60周年記念誌 藤岡市総務部行政課編 ［藤岡］ 藤岡市 2014.10 316p 30cm Ⓝ318.233

富士川 英郎〔1909～2003〕

◇ある文人学者の肖像―評伝・富士川英郎 富士川義之著 新書館 2014.3 446p 22cm〈著作目録あり 年譜あり〉①978-4-403-21106-5 Ⓝ289.1［3600円］

藤川 素子〔1931〜〕
◇藤川素子のパンドラの箱　藤川素子著　ART BOXインターナショナル　2014.5　127p　21cm　〈年譜あり〉　Ⓘ978-4-87298-891-8　Ⓝ753.8　［1600円］

富士河口湖町〔山梨県〕〔風俗・習慣〕
◇河口集落の歴史民俗の研究　山梨県立博物館編　笛吹　山梨県立博物館　2014.3　129p　図版6p　30cm　（山梨県立博物館調査・研究報告　7（平成25年度））　Ⓝ382.151

富士河口湖町〔山梨県〕〔歴史―史料―書目〕
◇富士河口湖町古文書目録　第1集　［富士河口湖町（山梨県）］　富士河口湖町教育委員会　［20--］　127p　21×30cm　Ⓝ215.1

藤木 久三〔1941〜〕
◇負けない生きかた―七転・八転波乱の人生　藤木久三著　横浜　神奈川新聞社　2014.5　207p　19cm　〈年譜あり〉　Ⓘ978-4-87645-523-2　Ⓝ289.1　［1500円］

藤木 正之〔1934〜〕
◇無名海上自衛官の記録―孫たちに伝える半生記　藤木正之著　文芸社　2014.1　224p　19cm　〈文献あり〉　Ⓘ978-4-286-14493-1　Ⓝ289.1　［1400円］

伏木富山港
◇伏木富山港港湾計画書―軽易な変更　［富山］　富山県　2013.2　3p　30cm　（富山県地方港湾審議会資料　第28回）　Ⓝ683.92142
◇伏木富山港港湾計画書―軽易な変更　［富山］　富山県　2014.3　4p　30cm　（富山県地方港湾審議会資料　第29回）　〈折り込1枚〉　Ⓝ683.92142
◇伏木富山港港湾計画資料―軽易な変更　［富山］　富山県　2013.2　6p　30cm　Ⓝ683.92142
◇伏木富山港港湾計画資料―軽易な変更　［富山］　富山県　2014.3　10p　30cm　Ⓝ683.92142

プーシキン, A.S.〔1799〜1837〕
◇プーシキンの恋―自由と愛と憂国の詩人　都築政昭著　近代文藝社　2014.11　395p　20cm　〈文献あり　年譜あり〉　Ⓘ978-4-7733-7932-7　Ⓝ980.268　［2500円］

フジコー
◇光触媒の新時代―フジコーの受け継がれるモノづくり精神　鶴蒔靖夫著　IN通信社　2014.10　254p　20cm　Ⓘ978-4-87218-400-6　Ⓝ564.09　［1800円］

藤子 不二雄A〔1934〜〕
◇@ll藤子不二雄A―藤子不二雄Aを読む。　藤子不二雄A［著］　小学館　2014.6　200p　29cm　〈著作目録あり　年譜あり〉　Ⓘ978-4-09-179196-2　Ⓝ726.101　［2759円］
◇藤子不二雄論―FとAの方程式　米沢嘉博著　河出書房新社　2014.3　357p　15cm　（河出文庫　よ16-1）　〈著作目録あり〉　Ⓘ978-4-309-41282-5　Ⓝ726.101　［800円］

藤子 不二雄F〔1933〜1996〕
◇藤子・F・不二雄の発想術　藤子・F・不二雄［著］，ドラえもんルーム編　小学館　2014.2　189p　18cm　（小学館新書　202）　〈作品目録あり〉　Ⓘ978-4-09-825202-2　Ⓝ726.101　［700円］
◇藤子不二雄論―FとAの方程式　米沢嘉博著　河出書房新社　2014.3　357p　15cm　（河出文庫　よ16-1）　〈著作目録あり〉　Ⓘ978-4-309-41282-5　Ⓝ726.101　［800円］

藤沢市〔遺跡・遺物〕
◇大地に刻まれた藤沢の歴史　4　古墳時代　藤沢市編　藤沢　藤沢市　2014.3　93p　30cm　〈文献あり〉　Ⓝ213.7

藤沢市〔関東大震災〔1923〕―被害〕
◇関東大震災とふじさわ―1923年9月1日11：58：32　（続）藤沢市史編さん委員会編　藤沢　藤沢市文書館　2014.3　101p　図版2p　21cm　（藤沢市史ブックレット　5）　〈年表あり　文献あり〉　Ⓝ369.31

藤沢市〔協働〔行政〕〕
◇湘南C-X物語―新しいまちづくりの試み　菅孝能, 長瀬光市著　横浜　有隣堂　2014.6　222p　18cm　（有隣新書　74）　Ⓘ978-4-89660-216-6　Ⓝ518.8　［1000円］

藤沢市〔災害復興〕
◇関東大震災とふじさわ―1923年9月1日11：58：32　（続）藤沢市史編さん委員会編　藤沢　藤沢市文書館　2014.3　101p　図版2p　21cm　（藤沢市史ブックレット　5）　〈年表あり　文献あり〉　Ⓝ369.31

藤沢市〔植物―写真集〕
◇江の島の四季　坪倉兌雄写真・解説　藤沢　湘南社　2014.3　122p　21cm　（星雲社（発売）　文献あり　索引あり）　Ⓘ978-4-434-19023-0　Ⓝ472.137　［1500円］

藤沢市〔都市再開発〕
◇湘南C-X物語―新しいまちづくりの試み　菅孝能, 長瀬光市著　横浜　有隣堂　2014.6　222p　18cm　（有隣新書　74）　Ⓘ978-4-89660-216-6　Ⓝ518.8　［1000円］

藤沢市〔文化財〕
◇藤沢市文化財調査報告書　第49集　藤沢市生涯学習部郷土歴史課編　［藤沢］　藤沢市教育委員会　2014.3　61, 20p　30cm　Ⓝ709.137　［非売品］

富士山
◇絵はがきで愛でる富士山　平川義浩著　青弓社　2014.10　133p　21cm　〈年表あり〉　Ⓘ978-4-7872-2056-1　Ⓝ726.5　［2000円］
◇想い出の山日記―富嶽48景　村田信典著　文芸社　2014.2　111p　19cm　Ⓘ978-4-286-14669-0　Ⓝ291.51　［1500円］
◇雲の上に住む人―富士山須走口七合目の山小屋から　関次廣, 山内悠著　静山社　2014.7　124p　19cm　Ⓘ978-4-86389-283-5　Ⓝ291.51　［1600円］
◇国際シンポジウム「自然公園としての富士山」―山梨県環境科学研究所国際シンポジウム2013報告書　5　山梨県環境科学研究所国際シンポジウム2013実行委員会編　富士吉田　山梨県環境科学研究所国際シンポジウム2013実行委員会　2014.3　236p　〈会期・会場：2013年11月2日―3日　山梨県環境科学研究所　内容：シンポジウム1日目講演記録　ドイツにおける広域的自然保護地域の協働型管理に向けた取り組み（エイク・フォン・ルシュコウスキ述）　イギリス・レイクディストリクト国立公園の公園管理と市民参加（土屋俊幸述）　ヨーロッパアルプスの国立公園における協働型管理運営体制（源氏田尚子述）　スイスの景観の計画制度と協働の地域マネジメント（木下勇述）　協働による大台ヶ原における自然再生の取り組み（田村省二述）　北海道におけるパークボランティアに対する意識調査（トム・ジョーンズ述）　シンポジウム2日目講演記録　富士山の適正利用に向けた課題（山本清龍述）　野外レクリエーションの管理（ロバート・マニング述）　台湾の自然公園における適正利用と利用者の管理（李介祿述）　世界自然遺産・屋久島山岳部における過剰利用対策の概要（則久雅司述）　レクチャーとガイドを活用した利用適正化の取り組み（秋葉圭太述）　沖縄県の取り組み（寺崎竜雄述）〉　Ⓝ629.4151
◇心の美「富士山」を描く名画展―近代の日本画・洋画・版画にみる　藝琳編　［出版地不明］　藝琳　2013.12　172p　22cm　〈年表あり　会期・会場：平成25年12月27日―26年1月13日　日本橋三越本店新館七階ギャラリー〉　Ⓝ721.026
◇知られざる富士山―秘話逸話不思議な話　上村信太郎著　山と溪谷社　2014.1　255p　19cm　〈文献あり　年表あり　「富士山の謎」（ベストセラーズ　1994年刊）の改題、加筆・修正し、書き下ろしを加える〉　Ⓘ978-4-635-17180-9　Ⓝ291.51　［1200円］
◇世界遺産にされて富士山は泣いている　野口健著　PHP研究所　2014.6　232p　18cm　（PHP新書　934）　Ⓘ978-4-569-82004-0　Ⓝ519.2151　［760円］
◇知識ゼロからの富士山入門　瓜生中著　幻冬舎　2014.5　126p　21cm　〈文献あり〉　Ⓘ978-4-344-90284-8　Ⓝ291.51　［1300円］
◇富士山　古河歴史博物館　［古河］　古河歴史博物館　2014.10　79p　30cm　〈会期：平成26年10月25日―11月30日〉　Ⓝ387
◇富士山―写真記録　［武田久吉編著］, 写真記録刊行会編　［東京］　日本ブックエース　2014.6　119,271p　31cm　（日本図書センター（発売）　「日本地理大系　別巻　富士山」（改造社　昭和6年刊）の複製）　Ⓘ978-4-284-80224-6　Ⓝ291.51　［27500円］
◇富士山―その景観と信仰・芸術：國學院大學博物館特別展　國學院大學博物館編　［東京］　［國學院大學博物館］　2014.9　167, 5p　30cm　〈年表あり　会場：平成26（2014）年9月1日―10月11日　國學院大學博物館企画展示室〉　Ⓝ387
◇富士山構成資産ガイドブック―世界遺産登録　富士山世界文化遺産登録推進両県合同会議編集協力　甲府　山梨日日新聞社　2013.7　77p　21cm　Ⓘ978-4-89710-112-5　Ⓝ291.51　［926円］
◇富士山自然ガイドブック―吉田口五合目―御中道　荒牧重雄, 上野龍之, 高田亮, 石塚吉浩, 中野隆志著　改訂版　富士吉田　山梨県環境科学研究所　2014.3　207p　21cm　〈内容：富士山火山ガイドブック　富士山植物ガイドブック〉　Ⓘ978-4-9903350-3-8　Ⓝ453.82151
◇富士山―信仰の対象と芸術の源泉―世界遺産　［甲府］　富士山世界文化遺産登録推進協議会　2014.3　32, 563, 203p　30cm　〈年表あり　奥付のタイトル：「富士山―信仰の対象と芸術の源泉」世界文化遺産登録記念誌〉　Ⓝ291.51

富士山（登山）　　　　　　　　　　　　　　　　　　　　　　　　　日本件名図書目録2014　I

◇富士山信仰の歴史と文化　小野眞一著　文芸社　2014.1
103p 15cm ①978-4-286-14564-8 Ⓝ291.51 ［600円］
◇FUJISAN世界遺産への道　近藤誠一著　毎日新聞社　2014.6
254p 20cm〈文献あり　別タイトル：富士山世界遺産への
道〉①978-4-620-32247-6 Ⓝ291.51 ［1500円］
◇富士山、2200年の秘密―なぜ日本最大の霊山は古事記に無視
されたのか　戸矢学著　かざひの文庫　2014.9 283p 19cm
〈太陽出版（発売）文献あり〉①978-4-88469-820-1 Ⓝ210.3
［1500円］
◇富士山の自然―生物多様性ホット・スポット　Part.1　いまの
北側の自然　富士山自然保護センター［編集］　長野　ほおず
き書籍　2014.7 64p 15×21cm〈星雲社（発売）文献あり
索引あり〉①978-4-434-19448-1 Ⓝ402.9151 ［900円］
◇富士山の光と影―傷だらけの山・富士山を、日本人は救えるの
か!?　渡辺豊博著　清流出版　2014.6 197p 19cm ①978-
4-86029-417-5 Ⓝ519.8151 ［1600円］
◇富士山の下（ふもと）に灰を雨（ふ）らす―富士の噴火と古墳時
代後期の幕開け：富士市立博物館第53回企画展　富士市立博
物館編　富士　富士市立博物館　2014.7 43p 30cm〈年表
あり　会期：平成26年7月12日―10月13日〉Ⓝ215.4
◇富士と桜と春の花―特別展富士山世界文化遺産登録記念　山
下裕二監修、山種美術館学芸部編　［東京］　山種美術館
2014.3 110p 21cm〈会期・会場：2014年3月11日―5月11日
山種美術館　執筆：三戸信恵ほか〉Ⓝ721.02
◇「噴火の目」で予知する富士山噴火のXデー　木村政昭著　マ
ガジンランド　2014.5 215p 19cm〈文献あり〉①978-4-
86546-012-4 Ⓝ453.82151 ［1204円］
◇ポケットブック富士山の草花　佐野光雄絵と文　勉誠出版
2014.8 171p 19cm〈文献あり　索引あり〉①978-4-585-
24006-8 Ⓝ472.154 ［1200円］

富士山（登山）
◇世界文化遺産・富士山に登ろう―"71歳超"男たちの初挑戦
村上壽久著　大阪　新風書房　2014.1 85p 図版8p 19cm
①978-4-88269-792-3 Ⓝ291.51 ［857円］
◇富士登山に関するアンケート調査報告書―2008-2013　富士吉田
山梨県環境科学研究所　2014.3 72p 30cm〈編集：山本清
龍ほか〉Ⓝ786.1

富士市（遺跡・遺物）
◇沢東A遺跡　第1次　富士市教育委員会編　富士　富士市教育
委員会　2014.3 95p 図版［16］枚 30cm（富士市埋蔵文
化財調査報告　第56集）〈静岡県富士市所在　遊技場建設に伴
う埋蔵文化財発掘調査報告書〉Ⓝ210.0254
◇富士市内遺跡発掘調査報告書　平成22・23年度　富士市教育
委員会編　富士　富士市教育委員会　2013.3 176p 図版
［17］枚 30cm（富士市埋蔵文化財調査報告　第54集）〈静
岡県富士市所在　内容：東平遺跡第55地区　富士岡古墳群花
川戸第4号墳　柏原遺跡第6地区　沖田遺跡第133次調査地点
その他の試掘確認調査〉Ⓝ210.0254
◇六所家総合調査報告書　埋蔵文化財　富士市教育委員会編
富士　富士市教育委員会　2014.3 76p 図版［16］枚 30cm
Ⓝ215.4

富士市（祇園祭）
◇吉原祇園祭　富士市教育委員会編　富士　富士市教育委員会
2014.3 121p 30cm（富士市文化財調査報告書　第4集）
〈文献あり〉Ⓝ386.154

富士市（食育）
◇富士山おむすび計画―富士市食育推進計画　第2次　富士市保
健部保健医療課食育推進室　富士　富士市保健部保健医療
課食育推進室　2014.3 76p 30cm Ⓝ498.5

富士市（歴史―史料）
◇六所家総合調査報告書　古文書1　富士市立博物館編　［富
士］　富士市教育委員会　2014.3 184p 30cm Ⓝ215.4

藤田　和育〔1946～〕
◇行動せずして得るものなし！　藤田和育著　弘報印刷　2014.
2 296p 21cm ①978-4-907510-07-7 Ⓝ335.13 ［1800円］

藤田　一良〔1929～2013〕
◇弁護士・藤田一良―法廷の闘い　藤田一良著　緑風出版
2014.11 331p 20cm ①978-4-8461-1416-9 Ⓝ327.209
［3200円］

藤田　勝利〔1944～〕
◇グローバル化の中の会社法改正―藤田勝利先生古稀記念論文
集　北村雅史、高橋英治編　京都　法律文化社　2014.2 464p
22cm〈著作目録あり　年譜あり　内容：コーポレート・ガバナ
ンスと会社法改正の動向（北村雅史著）会社法改正の意義と経

緯〈第二部,第三部〉および多重代表訴訟の幾つかの論点（阿多
博文著）取締役制度（田邊光政著）監査等委員会の導入と
コーポレート・ガバナンスの進展（吉井敦子著）監査役・会計
監査人制度（小柿徳武著）会社法における基準日の意義と若
干の個別問題（吉本健一著）支配株主の異動を伴う募集株式
の発行等に関する規律の新設について（村田敏一著）親会社
株主の保護（野田輝久著）子会社少数株主の保護（村中徹著）
特別支配株主の少数株主に対する株式等売渡請求制度と全株
式譲渡制限会社〈閉鎖会社〉（原田裕彦著）会社支配権の維持
獲得と株主の差止請求権（今川嘉文著）会社分割等における
債権者の保護（山下眞弘著）米国の株主代表訴訟と株主の情
報収集（釜田薫子著）米国上場会社における取締役会の独立
性と取締役会構造改革論序説（米山毅一郎著）アメリカにお
けるキャッシュ・アウト（矢﨑淳司著）特別利害関係人の議
決権行使による著しく不当な決議と組織再編の差止（伊藤吉洋
著）英国会社法における企業統治の基本理念（山口幸代著）
イギリス会社法におけるスクイーズ・アウトとセル・アウトに
関する考察（坂本達也著）フランス法における少数株主の締
出し制度（清水円香著）ドイツの企業統治（道野真弘著）ド
イツ法における影響力利用者の責任規制と日本の会社法改正
の課題（高橋英治著）ドイツ組織再編法における債権者保護
規定（牧真理子著）ドイツにおけるヨーロッパ会社での一層
制の選択肢（新津和典著）中国における労働者代表監査役の
役割の活性化について（崔文玉著）中国における独立取締役
制度の現状と今後の動向（張笑男著）中国の支配会社に対す
る責任規制の現状と課題（霍麗艶著）中国会社法に関する新
たな発展（趙万一著,熊淡訳）韓国における多重代表訴訟制度
（洪済植著）①978-4-589-03576-9 Ⓝ325.2 ［9800円］

藤田　順三〔1951～〕
◇高卒でも大使になれた―私を変えた人生のその一瞬　藤田順
三著　海竜社　2014.12 303p 19cm ①978-4-7593-1412-0
Ⓝ289.1 ［1500円］

藤田　湘子〔1926～2005〕
◇藤田湘子の百句―俳句は意味ではない、リズムだ。　小川軽
舟著　調布　ふらんす堂　2014.7 203p 18cm〈索引あり〉
①978-4-7814-0685-5 Ⓝ911.362 ［1500円］

藤田　省三〔1927～2003〕
◇さらば戦後精神―藤田省三とその時代　植田幸生著　展転社
2014.10 221p 19cm〈文献あり〉①978-4-88656-408-5
Ⓝ309.021 ［1800円］

藤田　晋〔1973～〕
◇渋谷ではたらく社長の告白　藤田晋［著］　新装版　幻冬舎
2013.6 302p 16cm（幻冬舎文庫　ふ-15-2）①978-4-344-
42016-8 Ⓝ674.4 ［533円］

藤田　民次郎〔～1813〕
◇民次郎一揆―歴史の跡を訪ねて　阿保敏秋著　五所川原　青
森文芸出版　2014.5 191p 21cm（青森県文芸協会双書 6）
〈文献あり〉Ⓝ212.1 ［1500円］

藤田　嗣治〔1886～1968〕
◇藤田嗣治　寺門臨太郎編　［つくば］　筑波大学芸術系　2014.
6 55p 21cm（石井コレクション研究 3）〈内容：1920年
代の人物表現について（村田宏著）藤田画業における石井コレ
クション作品の位置づけ（林洋子著）藤田嗣治《靴を履き坐
せる裸婦》調査報告（渡邉郁夫著）藤田嗣治《靴を履き坐せる
裸婦》試料片調査結果（宮田順一著）①978-4-924843-73-8
Ⓝ723.35

藤田　東湖〔1806～1855〕
◇水戸学の復興―幽谷・東湖そして烈公　宮田正彦著　錦正社
2014.7 253p 19cm（水戸史学選書）〈内容：水戸学の復興
幽谷の政治論　送原子簡序　東湖先生の面目　小楠水哉舎記
君臣水魚　弘道館記の精神　弘道館記の成立と烈公の苦心
烈公の魅力　烈公と『北島志』父と子　史余閑談〉①978-4-
7646-0118-5 Ⓝ121.58 ［2800円］

藤田　信雄〔～1997〕
◇アメリカ本土を爆撃した男―大統領から星条旗を贈られた藤
田信雄中尉の数奇なる運命　倉田耕一著　毎日ワンズ　2014.
9 193p 20cm〈文献あり〉①978-4-901622-80-6 Ⓝ289.1
［1400円］

藤田　信吉〔1558～1616〕
◇藤田能登守信吉―北条・武田・織田・上杉と主を変え、最後に
徳川大名となった藤田能登守信吉の生涯　志村平治著　歴研
2014.4 127p 21cm〈文献あり　年譜あり〉①978-4-86548-
001-6 Ⓝ289.1 ［2000円］

藤田　祐幸〔1942～〕
◇「修羅」から「地人」へ―物理学者・藤田祐幸の選択　福岡賢
正著　鹿児島　南方新社　2014.5 183p 19cm ①978-4-
86124-294-6 Ⓝ543.5 ［1500円］

藤田 幽谷〔1774〜1826〕

◇藤田幽谷のものがたり　梶山孝夫著　錦正社　2014.2　111p　19cm　（錦正社叢書 1）　①978-4-7646-0300-4　Ⓝ121.58　［900円］

◇水戸学の復興―幽谷・東湖そして烈公　宮田正彦著　錦正社　2014.7　253p　19cm　〈水戸史学選書〉〈内容：水戸学の復興　幽谷の政治論　送冕子箋序　東湖先生の面目　小梅水哉舎記　君臣水魚　弘道館記の精神　弘道館記の成立と烈公の苦心　烈公の魅力　烈公と『北島成』　父と子　史余閑談〉①978-4-7646-0118-5　Ⓝ121.58　［2800円］

富士通株式会社

◇難しいから面白い―私の人生　大浦溥著　丸善プラネット（制作）　2014.2　280p　20cm　Ⓝ549.09

フジドリームエアラインズ

◇地方を結び、人々を結ぶリージョナルジェット　鈴木与平著　ダイヤモンド社　2014.7　229p　19cm　〈文献あり〉①978-4-478-02756-1　Ⓝ687.21　［1500円］

藤波 不二雄〔1947〜　〕

◇鳥と自然と五十年　藤波不二雄著　［川口］　［藤波不二雄］　2014.12　189p　21cm　〈著作目録あり〉Ⓝ488　［1000円］

富士宮市（遺跡・遺物）

◇浅間大社遺跡　3　富士宮市教育委員会編　富士宮　富士宮市教育委員会　2013.3　64p　30cm　〈富士宮市文化財調査報告書 第46集〉〈国指定特別天然記念物『湧玉池』再生事業に伴う埋蔵文化財発掘調査報告書〉Ⓝ210.0254

◇丸ヶ谷戸遺跡　3　富士宮市教育委員会編　富士宮　富士宮市教育委員会　2013.5　38p　図版 8p　30cm　〈富士宮市文化財調査報告書 第47集〉〈奥付のタイトル（誤植）：丸ヶ谷遺跡　Yumi Reaityによる宅地造成に伴う埋蔵文化財発掘調査報告書〉Ⓝ210.0254

◇元富士大宮司館跡　2　富士宮市教育委員会編　富士宮　富士宮市教育委員会　2014.3　46p　図版 10p　30cm　〈富士宮市文化財調査報告書 第48集〉〈大宮城跡にかかわる埋蔵文化財発掘調査報告〉Ⓝ210.0254

富士宮市（行政―歴史―史料）

◇旧上野村役場文書　富士宮市教育委員会編　富士宮　富士宮市教育委員会　2014.3　113p　図版 2p　30cm　Ⓝ318.254

富士宮市（植物）

◇ポケットブック富士山の草花　佐野光雄絵と文　勉誠出版　2014.6　171p　19cm　〈文献あり　索引あり〉①978-4-585-24006-8　Ⓝ472.154　［1200円］

富士ピーエス

◇富士ピー・エス60年史―1954-2014：人にあたたかい空間づくりを目指して　富士ピー・エス創立60周年記念誌編集委員会編　福岡　富士ピー・エス　2014.9　171p　30cm　〈年表あり〉Ⓝ510.67

富士見市（環境行政）

◇富士見市環境基本計画　第2次　富士見市自治振興部環境課編　［富士見］　富士見市　2013.3　90p　30cm　Ⓝ519.1

◇富士見市環境基本計画　第2次　資料編　富士見市自治振興部環境課編　［富士見］　富士見市　2013.3　61p　30cm　Ⓝ519.1

富士見市（書目）

◇富士見市関係新聞記事目録　2013年　富士見市立中央図書館編　富士見　富士見市立中央図書館　2014.3　78p　21×30cm　Ⓝ213.4

◇富士見市関係新聞記事目録　2014年 1月1日―6月30日　富士見市立中央図書館編　富士見　富士見市立中央図書館　2014.8　21p　21×30cm　Ⓝ213.4

富士見市（防災計画）

◇富士見市地域防災計画　［富士見］　富士見市防災会議　2014.3　1冊　31cm　〈ルーズリーフ〉Ⓝ369.3

ふじみ野市（遺跡・遺物）

◇市内遺跡群　8　ふじみ野　ふじみ野市教育委員会　2013.3　158p　30cm　〈ふじみ野市埋蔵文化財調査報告 第9集〉〈埼玉県ふじみ野市所在〉Ⓝ210.0254

◇市内遺跡群　9　ふじみ野　ふじみ野市教育委員会　2013.3　76p　30cm　〈ふじみ野市埋蔵文化財調査報告 第10集〉〈埼玉県ふじみ野市所在　内容：松山遺跡第54地点　東久保遺跡第68地点　神明後遺跡第41地点〉Ⓝ210.0254

富士見町（長野県）（遺跡・遺物）

◇札沢遺跡・中道尾根遺跡　［富士見町（長野県）］　長野県富士見町教育委員会　2014.1　24p　図版 8p　26cm　〈平成23・24年度県営農道整備事業立沢乙集落地区に伴う埋蔵文化財発掘調査報告書〉Ⓝ210.0254

藤本 章〔1949〜　〕

◇太平洋を渡ったもうひとつの夢―藤本章半生記　藤本章著　昭島　エコー出版　2014.7　247p　21cm　〈ユー・エス・アイ（発売）〉①978-4-904446-32-4　Ⓝ289.1　［1800円］

藤森 栄一〔1911〜1973〕

◇藤森栄一の蒔いた種々―縄文中期文化論を問う　諏訪考古学研究会編　茅野　諏訪考古学研究会　2014.4　153p　30cm　〈文献あり〉Ⓝ210.25

藤原〔氏〕〔奥州〕

◇奥州藤原氏と平泉　岡本公樹著　吉川弘文館　2014.4　159p　21cm　〈人をあるく〉〈文献あり　年表あり〉①978-4-642-06780-5　Ⓝ288.2　［2000円］

◇奥州藤原氏の謎　中江克己著　会津若松　歴史春秋出版　2014.4　260p　19cm　〈文献あり　年譜あり〉「奥州藤原王朝の謎」（河出文庫 1993年刊）の改題、加筆・訂正〉①978-4-89757-824-8　Ⓝ210.38　［1500円］

◇奥州藤原史料　東北大学東北文化研究會編　オンデマンド版　吉川弘文館　2013.10　215,27p　22cm　〈索引あり　印刷・製本：デジタルパブリッシングサービス〉①978-4-642-04212-3　Ⓝ212　［9000円］

◇平泉―北方王国の夢　斉藤利男著　講談社　2014.12　349p　19cm　〈講談社選書メチエ 588〉〈索引あり〉①978-4-06-258591-0　Ⓝ212.2　［1950円］

藤原 兼輔〔877〜933〕

◇藤原兼輔　山下道代著　青簡舎　2014.10　191p　20cm　〈年表あり〉①978-4-903996-76-9　Ⓝ911.132　［2800円］

藤原 鎌足〔614〜669〕

◇中臣（藤原）鎌足と阿武山古墳―高槻市制施行70周年・中核市移行10周年記念歴史シンポジウム　高槻市教育委員会文化財課，今城塚古代歴史館編　［高槻］　高槻市教育委員会文化財課　2013.12　76p　30cm　〈年表あり　共同刊行：今城塚古代歴史館〉Ⓝ216.3

藤原 清衡〔1056〜1128〕

◇藤原清衡平泉に浄土を創った男の世界戦略　入間田宣夫著　ホーム社　2014.9　205p　20cm　〈集英社（発売）　文献あり　年表あり〉①978-4-8342-5301-6　Ⓝ289.1　［1750円］

藤原 公任〔966〜1041〕

◇和漢朗詠集―影印と研究：三河鳳来寺旧蔵暦応二年書写　研究篇　［藤原公任撰］，佐藤道生著　勉誠出版　2014.2　237p　31cm　〈索引あり　内容：『和漢朗詠集』、幼学書への道　江註と私註　朗詠江註の視点　『朗詠江註』の発端　「朗詠江註」と古本系『江談抄』　大江匡房略伝　平安貴族の読書　『古事談』と『江談抄』〉①978-4-585-29067-4（set）Ⓝ919.3

藤原 研司〔1937〜2012〕

◇藤原研司先生メモリアル―追悼文集・記録集：第39回日本急性肝不全研究会　持田智監修，富谷智明，中山伸朋編　アークメディア　2013.10　208p　26cm　〈年譜あり　文献あり〉①978-4-87583-179-2　Ⓝ493.47　［3500円］

藤原 定家〔1162〜1241〕

◇藤原定家―芸術家の誕生　五味文彦著　山川出版社　2014.2　95p　21cm　（日本史リブレット人 030）〈文献あり　年譜あり〉①978-4-634-54830-5　Ⓝ911.142　［800円］

藤原 隆家〔979〜1044〕

◇藤原隆家の血脈―後鳥羽天皇と五摂家　小林礼子著　学研マーケティング　2014.10　162p　19cm　①978-4-05-406080-7　Ⓝ289.1　［1400円］

藤原 俊成〔1114〜1204〕

◇新宮撰歌合全釈　興陽子著　風間書房　2014.6　214p　22cm　（歌合・定数歌全釈叢書 19）〈文献あり　索引あり〉①978-4-7599-2043-7　Ⓝ911.18　［6000円］

◇藤原俊成―思索する歌びと　山本一著　三弥井書店　2014.7　295,8p　22cm　〈索引あり　内容：導入部がまとめるもの　仏典引用が語るもの　主題をめぐる検討　和歌史から何を学ぶのか　情動表現への共感　貫之「むすぶ手の」歌はどう読まれたのか　直感を導く古歌　「幽玄」の批評機能・序論　秀歌でない歌の「幽玄」　西行との批評的対決と「幽玄」　伝統を志向する「幽玄」　最晩年の「幽玄」用例　『和歌体十種』を読む　俊成「述懐百首」への一視角〉①978-4-8382-3267-3　Ⓝ911.142　［6400円］

藤原 洋〔1954〜　〕

◇デジタル情報革命の潮流の中で―インターネット社会実現へ向けての60年自分史　藤原洋著　アスペクト　2014.10　237p　19cm　①978-4-7572-2367-7　Ⓝ289.1　［1600円］

藤原俊成女〔　〜1254〕

◇異端の皇女と女房歌人―式子内親王たちの新古今集　田渕句美子著　KADOKAWA　2014.2　254p　19cm　〈角川選書

フス,J.〔1369？～1415〕

536）〈文献あり〉Ⓘ978-4-04-703536-2 Ⓝ911.142 〔1800円〕

フス,J.〔1369?～1415〕

◇宗教改革の物語―近代、民族、国家の起源　佐藤優著　KADOKAWA　2014.4　444p　20cm〈文献あり〉Ⓘ978-4-04-110736-2 Ⓝ192.3 〔3300円〕

布施 辰治〔1880～1953〕

◇評伝布施辰治　森正著　日本評論社　2014.11　1118,6p　23cm〈著作目録あり　年譜あり　布装〉Ⓘ978-4-535-52029-5 Ⓝ289.1 〔12000円〕

豊前市〔遺跡・遺物〕

◇大西遺跡・下大西遺跡　豊前　豊前市教育委員会　2014.3　40p　30cm　（豊前市文化財調査報告書 第34集）Ⓝ210.0254

◇鬼木鉾立遺跡・久路土樋掛遺跡　豊前　豊前市教育委員会　2013.3　101p　30cm　（豊前市文化財調査報告書 第31集）〈県営農村活性化住環境整備事業黒土第二地区土地改良事業に伴う埋蔵文化財発掘調査報告書〉Ⓝ210.0254

◇国史跡求菩提山―北谷・中谷坊跡/鬼石坊　豊前　豊前市教育委員会　2013.3　46p　30cm　（豊前市文化財調査報告書 第32集）Ⓝ210.0254

◇永久笠田遺跡　豊前　豊前市教育委員会　2014.3　91p　30cm　（豊前市文化財調査報告書 第33集）〈県営農村活性化住環境整備事業黒土西部第二地区土地改良事業に伴う埋蔵文化財発掘調査報告書〉Ⓝ210.0254

◇東九州自動車道関係埋蔵文化財調査報告　15　小郡　九州歴史資料館　2014.3　168p 図版 68p　30cm〈文献あり　福岡県豊前市・築上郡築上町所在遺跡の調査　内容:石堂大石ヶ丸の水室　福間業切古墳群．第2次　中村西峰尾遺跡　中村山柿遺跡．第2次　松江黒部遺跡　川内下野添道跡．第1・2次　大村上野地遺跡　荒堀山田原遺跡〉Ⓝ210.0254

二木 隆〔1938～ 〕

◇楽興の時―愛する人とシューベルトを　二木隆著　幻冬舎ルネッサンス　2014.1　243p　20cm　Ⓘ978-4-7790-1037-8 Ⓝ289.1 〔1500円〕

双葉高等学校野球部

◇放物線のキセキ―寄せ集め野球部たった9人の快進撃　萩原晴一郎著　竹書房　2014.3　209p　19cm　Ⓘ978-4-8124-9921-4 Ⓝ783.7 〔1300円〕

二葉亭 四迷〔1864～1909〕

◇二葉亭四迷―くたばってしまえ　ヨコタ村上孝之著　京都　ミネルヴァ書房　2014.5　302,6p　20cm　（ミネルヴァ日本評伝選）〈文献あり　年譜あり　索引あり〉Ⓘ978-4-623-07093-0 Ⓝ910.268 〔3500円〕

双葉町〔福島県〕

◇フタバから遠く離れて　2　原発事故の町からみた日本社会　舩橋淳著　岩波書店　2014.11　249p　19cm〈年表あり〉Ⓘ978-4-00-024699-6 Ⓝ369.36 〔1600円〕

双葉町〔福島県〕〔写真集〕

◇相馬・双葉の昭和―写真アルバム　長岡　いき出版　2014.2　279p　31cm〈福島県教科用図書販売所（発売）文献あり〉Ⓘ978-4-904614-45-7 Ⓝ212.6 〔9514円〕

双葉町〔福島県〕〔福島第一原発事故（2011）―被害〕

◇原発3キロメートル圏からの脱出―今日まで…そしてこれから　川崎葉子著　致知出版社　2014.3　270p　20cm　Ⓘ978-4-8009-1031-8 Ⓝ369.31 〔1500円〕

二荒山神社〔日光市〕

◇重要文化財二荒山神社拝門及び透塀中宮祠中門拝門及び透塀修理工事報告書　日光社寺文化財保存会編　日光　日光二荒山神社　2013.3　1冊　30cm　Ⓝ521.817

ブータン〔医療〕

◇ブータンの小さな診療所　坂本龍太著　京都　ナカニシヤ出版　2014.12　195p　19cm　Ⓘ978-4-7795-0897-4 Ⓝ498.022588 〔2000円〕

ブータン〔経済援助（日本）〕

◇ザンビア「電力アクセス向上事業」・ブータン「地方電化事業」のCDM事業登録能力向上支援最終報告書　［東京〕　国際協力機構　2013.3　1冊　30cm〈共同刊行:三菱UFJモルガン・スタンレー証券〉Ⓝ333.804

ブータン〔社会〕

◇「幸福の国」と呼ばれて―ブータンの知性が語るGNH　キンレイ・ドルジ著，真崎克彦，菊地めぐみ訳　コモンズ　2014.7　230p　19cm〈年表あり〉Ⓘ978-4-86187-117-7 Ⓝ302.2588 〔2200円〕

◇ブータンの小さな診療所　坂本龍太著　京都　ナカニシヤ出版　2014.12　195p　19cm　Ⓘ978-4-7795-0897-4 Ⓝ498.022588 〔2000円〕

プチジャン,B.〔1829～1884〕

◇サンタ・マリアの御像はどこ?―プチジャン司教の生涯　谷真介著　女子パウロ会　2014.10　227p　15cm　（パウロ文庫）〈文献あり〉Ⓘ978-4-7896-0741-4 Ⓝ198.22 〔1000円〕

府中市〔東京都〕〔遺跡・遺物〕

◇古代武蔵国府の成立と展開　江口桂著　同成社　2014.5　303p　22cm　（同成社古代史選書 13）〈内容:古代国府研究の動向　古代武蔵国府研究の動向　用語の整理と武蔵国府の須恵器編年　上円下方墳の調査とその意義　七世紀における多摩川中流域左岸の古墳と集落　終末期古墳と国府の成立　初期国司館と国府の成立　武蔵国府の機能と具体像　官衙的土器からみた武蔵国府の空間構成　武蔵国府関連遺跡出土墨書土器の基礎的検討　盤状坏の出現とその背景　古代地方官衙における「社」について　竪穴建物からみた武蔵国府と国分寺の景観　生業遺物からみた武蔵国府の特質　郡・郷の領域と国府　東国における国府の景観と道路網　面的に広がりを持った機能重視型古代地方都市　国府の成立に関する二面性　武蔵国府の機能と構造　東国の国府の景観　国府と郡・郷の開発　古代武蔵国府研究の今後の課題〉Ⓘ978-4-88621-667-0 Ⓝ213.65 〔8000円〕

◇武蔵国府関連遺跡調査報告　大成エンジニアリング株式会社埋蔵文化財調査部門編　〔東京〕　オーケー店舗保有　2014.6　101p　30cm〈東京都府中市所在　「（仮称）オーケー西府店」新築工事計画に伴う埋蔵文化財発掘調査〉Ⓝ210.0254

◇武蔵国府関連遺跡調査報告―清水が丘地域の調査　府中（東京都）共和開発　2014.6　25p　30cm〈東京都府中市所在　ベルジュール東府中Ⅱ地区埋蔵文化財発掘調査報告　共同刊行:総合住宅建設事業協同組合〉Ⓝ210.0254

◇武蔵国府関連遺跡調査報告―清水が丘地域の調査　府中（東京都）共和開発　2014.12　20p 図版 4p　30cm〈山田建設の委託による　東京都府中市所在　ミオカステーロ東府中Ⅲ地区〉Ⓝ210.0254

◇武蔵国府の調査―府中市内遺跡発掘調査概報　44　平成22年度　〔府中（東京都）〕　府中市教育委員会　2014.3　294p 図版 2p　30cm〈共同刊行:府中市遺跡調査会〉Ⓝ210.0254

◇武蔵国分寺跡関連遺跡　武蔵府中熊野神社古墳　東京都スポーツ文化事業団東京都埋蔵文化財センター編　多摩　東京都スポーツ文化事業団東京都埋蔵文化財センター　2014.10　8,62p　30cm　（東京都埋蔵文化財センター調査報告 第295集）〈内容:府中市所在　都立武蔵台学園増築及び改修工事に伴う埋蔵文化財発掘調査〉Ⓝ210.0254

府中市〔東京都〕〔遺跡・遺物―保存・修復〕

◇国史跡武蔵国府跡保存管理計画　〔府中（東京都）〕　府中市教育委員会　2014.3　53, 25p　30cm　Ⓝ709.1365

府中市〔東京都〕〔希少植物―保護〕

◇多摩川流域の都市における保全上重要な植物群落の評価　吉川正人著　とうきゅう環境財団　2014.12　76p　30cm　（研究助成・学術研究 vol. 43 no. 314）Ⓝ472.1365

府中市〔東京都〕〔行政〕

◇ともに未来へ笑顔あふれるわがまち府中―府中市制施行60周年記念誌　府中市政策総務部広報課編　〔府中〕　府中市　2014.10　96p　30cm〈年表あり〉Ⓝ318.2365

◇府中市子ども市議会会議録―市せいし行60周年記念　〔府中（東京都）〕　府中市子ども市議会　2014.8　91p　30cm　Ⓝ318.2365

府中市〔東京都〕〔行政―歴史〕

◇府中市政史―平成四年度―平成二五年度　府中市編　府中（東京都）　2014.9　463p　22cm〈年表あり〉Ⓝ318.2365

府中市〔東京都〕〔住宅政策〕

◇府中市住宅マスタープラン―みんなで創る笑顔あふれる住みよいまち　第3次　府中市生活環境部住宅勤労課編　府中（東京都）　府中市生活環境部住宅勤労課　2014.3　118p　30cm　Ⓝ365.31

府中市〔東京都〕〔条例〕

◇府中市例規集　平成25年度版　府中市政策総務部政策課編　府中（東京都）　府中市　2013.11　2763p　21cm　Ⓝ318.2365

◇府中市例規集　平成26年度版 第1巻　府中市政策総務部政策課編　府中（東京都）　府中市　2014.11　1539, 20p　21cm　Ⓝ318.2365

◇府中市例規集　平成26年度版 第2巻　府中市政策総務部政策課編　府中（東京都）　府中市　2014.11　p1543-2879, 20p　21cm　Ⓝ318.2365

府中市〔東京都〕〔選挙―統計〕

◇参議院議員選挙の記録―平成25年7月21日執行　府中市選挙管理委員会事務局編　〔府中（東京都）〕　府中市選挙管理委員会　2013.10　110p　30cm　Ⓝ314.8

日本件名図書目録2014　Ⅰ　　　　　　　　　　　　　　　　　　　　　　　　　　　　　　　　　　　　　府内藩

◇東京都議会議員選挙（府中市選挙区）の記録―平成25年6月23日執行　府中市選挙管理委員会事務局編　［府中（東京都）］府中市選挙管理委員会　2013.10　77p　30cm　Ⓝ314.8

府中市〔東京都〕〔歴史―写真集〕
◇ふるさと府中―府中市制施行60周年記念写真集：府中市60年のあゆみ：保存版　野口忠直監修　松本　郷土出版社　2014.4　230p　31cm　Ⓘ978-4-86375-212-2　Ⓝ213.65　［9250円］

府中市文化団体連絡協議会
◇文化連のあゆみ　府中市文化団体連絡協議会編　府中（東京都）府中市文化団体連絡協議会　2014.10　57p　30cm　〈年表あり　創立50周年記念〉　Ⓘ978-4-89609-014-7　Ⓝ706

福建省〔名簿〕
◇清代福建省地方官年表―順治元年至宣統三年：1644年―1911年　金城正篤編　新訂・増補版　［那覇］　沖縄県教育委員会　2014.3　23,161p　26cm　（歴代宝案編集参考資料 13）Ⓝ222.31

福建省〔歴史〕
◇福建調査報告書　宜野湾　沖縄国際大学南島文化研究所　2014.3　25p　26cm　（地域研究シリーズ no. 41）〈内容：アモイの小嶝島と清代中琉歴史関係の考察（徐斌著）　琉球貢船臨時停泊地の林浦について（陳碩炫著）　中国福建省の歴史的建造物にみる屋瓦（上原静著）〉Ⓝ222.31

福建省〔歴史―史料〕
◇清代福建省地方官年表―順治元年至宣統三年：1644年―1911年　金城正篤編　新訂・増補版　［那覇］　沖縄県教育委員会　2014.3　23,161p　26cm　（歴代宝案編集参考資料 13）Ⓝ222.31

復興庁
◇復興庁名鑑　2015年版　米盛康正編著　時評社　2014.7　209p　19cm　Ⓘ978-4-88339-205-6　Ⓝ317.21　［3500円］

福生市〔外来種〕
◇多摩川及び福生地区の外来生物分布マップの作成　島田高廣著　とうきゅう環境財団　2014.11　45p　30cm　（研究助成・一般研究 vol. 36 no. 216）〈共同研究者：野村亮ほか〉Ⓝ462.1365

福生市〔教育行政〕
◇福生市教育推進プラン―推進事業計画　平成26年度―28年度　福生市教育委員会事務局庶務課編　福生　福生市教育委員会事務局庶務課　2014.3　46p　30cm　Ⓝ373.2

福生市〔行政〕
◇実施計画　平成26年度―平成28年度　福生　福生市企画財政部企画調整課　2014.3　186p　30cm　Ⓝ318.2365

福生市〔公共施設〕
◇福生市災害時対応施設整備基本計画　［福生］　福生市　2014.6　33, 21枚　30cm　Ⓝ518.87

福生市〔子育て支援〕
◇子ども・子育て支援に関するアンケート調査調査結果報告書　［福生］　福生市　2014.3　1冊　30cm　〈紐綴　内容：子ども・子育て支援に関するアンケート調査調査結果報告書　アンケート調査自由意見別冊〉Ⓝ369.4

福生市〔災害予防〕
◇福生市災害時対応施設整備基本計画　［福生］　福生市　2014.6　33, 21枚　30cm　Ⓝ518.87

福生市〔住宅政策〕
◇福生市住宅マスタープラン―愛着を持って永く住み継がれるまち福生　福生　福生市都市建設部まちづくり計画課　2014.3　86p　30cm　Ⓝ365.31

福生市〔条例〕
◇福生市例規集　平成25年度版　福生市総務部総務課編　福生　福生市　2013.7　2冊　21cm　Ⓝ318.2365

福生市〔統計〕
◇市勢統計 2013　［福生市］　総務部総務課総務係編　［福生］　福生市　2014.3　211p　30cm　〈年表あり〉Ⓝ351.365

福生市〔道路〕
◇環境影響評価調査計画書―福生都市計画道路3・4・3の1号新五日市街道線（福生市大字熊川）建設事業　東京都都市整備局都市基盤部街路計画課編　東京都都市整備局都市基盤部街路計画課　2014.12　106p　30cm　〈文献あり〉Ⓝ514.0921365

福生市〔都市計画〕
◇福生市都市計画マスタープラン―にぎわいとうるおいがあり、誰もが住み続けたくなる歩いて暮らせるまち　改定　福生　福生市都市建設部まちづくり計画課　2014.3　91p　30cm　Ⓝ518.8

福生市〔防災計画〕
◇福生市地域防災計画　平成25年度修正　［福生］　福生市防災会議　2013.12　370p　30cm　Ⓝ369.3

福生市〔緑地計画〕
◇福生市緑の基本計画―緑と水のまちづくりにむけて　福生　福生市都市建設部まちづくり計画課　2014.3　102p　30cm　Ⓝ518.85

フッサール, E.〔1859〜1938〕
◇幾何学の起源　エドムント・フッサール著, ジャック・デリダ序説, 田島節夫, 矢島忠夫, 鈴木修一訳　新装版　青土社　2014.9　324p　20cm　〈内容：『幾何学の起源』序説（J・デリダ著）　幾何学の起源（E・フッサール著）〉Ⓘ978-4-7917-6815-8　Ⓝ134.95　［2600円］
◇現代思想と〈幾何学の起源〉―超越論的主観から超越論的客観へ　中田光雄著　水声社　2014.4　264p　22cm　〈文献あり〉Ⓘ978-4-8010-0012-4　Ⓝ134.95　［4000円］
◇数学の現象学―数学的直観を扱うために生まれたフッサール現象学　鈴木俊洋著　法政大学出版局　2013.12　246,8p　22cm　〈文献あり　索引あり〉Ⓘ978-4-588-15068-5　Ⓝ134.95　［4200円］
◇フッサールの志向性理論―認識論の新地平を拓く　梶尾悠史著　京都　晃洋書房　2014.3　262,16p　22cm　〈文献あり　索引あり〉　内容：現象学と観念の理論　知覚における意味　意味と超越　思念の文脈性　志向性と真理〉Ⓘ978-4-7710-2521-9　Ⓝ134.95　［4000円］

プッサン, N.〔1593〜1665〕
◇プッサンにおける語りと寓意　栗田秀法著　三元社　2014.2　295,53p　22cm　〈文献あり　索引あり　内容：研究動向と本研究の位置づけ　幼いピュロス王の救出　エルサレム落城　マナの収集　《アルカディアの牧人たち》（ルーヴル美術館蔵）　エリエゼルとリベカ　「英雄的風景画」の成立と物語画　コリオラヌス　一六五〇年代の聖書物語画における語りと寓意　プッサンの物語画の意味構造〉Ⓘ978-4-88303-353-9　Ⓝ723.35　［3800円］

ブッシェル, R.〔1910〜1944〕
◇大脱走―英雄〈ビッグX〉の生涯　サイモン・ピアソン著, 吉井智津訳　小学館　2014.12　621p　15cm　（小学館文庫 ヒ3-1）Ⓘ978-4-09-412046-2　Ⓝ289.3　［924円］

ブッシュ, G.〔1924〜 〕
◇レーガン、ゴルバチョフ、ブッシュ―冷戦を終結させた指導者たち　和田修一著　一藝社　2014.9　284p　21cm　〈文献あり　索引あり〉Ⓘ978-4-86359-089-2　Ⓝ319.53038　［2200円］

佛性寺〔水戸市〕
◇重要文化財佛性寺本堂保存修理工事報告書　文化財建造物保存技術協会編著　水戸　佛性寺　2014.3　1冊　30cm　〈年表あり〉Ⓝ521.818

富津市〔遺跡・遺物―保存・修復〕
◇鋸山、房州石の歴史的遺構修復事業報告書―事業内容：車力道補修、石垣補修、案内板設置　［出版地不明］　鋸山歴史遺産保存会　2014.4　67p　30cm　〈2013年度公益財団法人東日本鉄道文化財団地方文化事業支援　共同刊行：神奈川県建築士会ほか〉Ⓝ709.135

富津市〔採石〕
◇鋸山、房州石の歴史的遺構修復事業報告書―事業内容：車力道補修、石垣補修、案内板設置　［出版地不明］　鋸山歴史遺産保存会　2014.4　67p　30cm　〈2013年度公益財団法人東日本鉄道文化財団地方文化事業支援　共同刊行：神奈川県建築士会ほか〉Ⓝ709.135

不動岡高等学校〔埼玉県立〕
◇実施報告書―平成24年度県立高校教育活動総合推進事業進学指導重点推進校　［加須］　埼玉県立不動岡高等学校　［2013］　46p　30cm　Ⓝ375.25

不動産保証協会宮城県本部
◇五十周年史―公益社団法人全日本不動産協会宮城県本部創立50周年・公益社団法人不動産保証協会宮城県本部創立40周年　宮城県本部50周年史企画・編集委員会企画・編集　［仙台］　全日本不動産協会宮城県本部　2014.3　100p　30cm　〈年表あり　共同刊行：不動産保証協会宮城県本部〉Ⓝ673.99

船井 幸雄〔1933〜2014〕
◇SAKIGAKE―新時代の扉を開く　舩井勝仁, 佐野浩一著　姫路　きれい・ねっと　2014.11　202p　19cm　〈星雲社（発売）〉Ⓘ978-4-434-19943-1　Ⓝ289.1　［1500円］
◇舩井幸雄を想う　船井メディア　［2014］　53p　19cm　〈年譜あり〉Ⓝ289.1　［非売品］

府内藩
◇府内藩―譜代小藩なれど、繁栄大友時代の気概と誇りを胸に、日田豪商・廣瀬家の支援で経済・文化に華が咲く。　大野雅之

著 現代書館 2014.11 206p 21cm （シリーズ藩物語）〈文献あり〉①978-4-7684-7135-7 Ⓝ219.5 ［1600円］

舟川ダム
◇舟川ダム工事誌―舟川総合開発事業 ［富山］ 富山県 2013.3 663p 31cm Ⓝ517.72

船橋 節子
◇ゆすらの木―舩橋節子想い出集 舩橋節子著 東銀座出版社 2014.12 198p 20cm ①978-4-89469-171-1 Ⓝ289.1 ［1852円］

船橋市〔遺跡・遺物〕
◇東町遺跡 2 国際文化財株式会社編 船橋 船橋市教育委員会埋蔵文化財調査事務所 2014.3 64p 図版23p 30cm〈千葉県船橋市所在 共同刊行：湯浅三男〉Ⓝ210.0254
◇印内台遺跡群 60 船橋市教育委員会編 ［東京］ 清水ビル 2013.3 104p 図版30p 30cm〈千葉県船橋市所在 共同刊行：船橋市教育委員会〉Ⓝ210.0254
◇印内台遺跡群 62 テイケイトレード株式会社埋蔵文化財事業部編 船橋 船橋市教育委員会 2014.3 54p 図版12p 30cm〈千葉県船橋市所在 共同刊行：回向院〉Ⓝ210.0254
◇取掛西貝塚 5-1 船橋市教育委員会文化課埋蔵文化財調査事務所編 船橋 船橋市教育委員会 2013.3 96p 図版［12］枚 30cm〈文献あり 千葉県船橋市所在〉Ⓝ210.0254
◇中井台遺跡 3 船橋市教育委員会文化課埋蔵文化財調査事務所編 船橋 船橋市教育委員会 2014.3 71p 図版19p 30cm〈千葉県船橋市所在 共同刊行：岩佐義廣〉Ⓝ210.0254
◇夏見大塚遺跡 26 バスコ編 船橋 船橋市教育委員会 2014.3 80p 図版18p 30cm〈千葉県船橋市所在 共同刊行：興和ハウジング〉Ⓝ210.0254
◇東中山台遺跡群 53 埋蔵文化財発掘調査支援協同組合編 船橋 船橋市教育委員会 2014.3 70p 図版18p 30cm〈千葉県船橋市所在 共同刊行：杉浦康一〉Ⓝ210.0254
◇東中山台遺跡群 55 四門編 船橋 船橋市教育委員会 2014.3 68p 図版24p 30cm〈千葉県船橋市所在 共同刊行：川野辺泰康〉Ⓝ210.0254
◇船橋市内遺跡発掘調査報告書 平成25年度 船橋市教育委員会文化課埋蔵文化財調査事務所編 船橋 船橋市教育委員会 2014.3 31p 図版8p 30cm〈文献あり 千葉県船橋市所在 内容：57-59 夏見台遺跡. 58 台畑遺跡. 8 東駿河台遺跡. 2 印内台遺跡群. 64〉Ⓝ210.0254

船橋市〔地名〕
◇滝口さんと船橋の地名を歩く 船橋地名研究会, 滝口昭二編著 流山 崙書房出版 2014.8 289p 26cm〈文献あり 索引あり〉①978-4-8455-1193-8 Ⓝ291.35 ［3000円］

船橋市〔伝記〕
◇いま、思い出す船橋の戦前・戦後―聞き書き 小出広子聞き書き・まとめ, 長谷川智昭編 ［船橋］ ［Office Saya］ 2014.1 116p 22cm〈和装〉Ⓝ281.35

船橋市〔美術上〕
◇ふなばし百景 2013 ふなばし百景コンクール実行委員会［編］, 総合印刷新報社制作 ［船橋］ シンポウコーポレーション 2014.1 86p 20×20cm〈奥付のタイトル：ふなばし百景コンクール〉①978-4-9907215-0-3 Ⓝ723.1 ［2000円］

舟橋村〔富山県〕〔遺跡・遺物〕
◇竹内遺跡発掘調査報告 舟橋村〔富山県〕舟橋村教育委員会 2014.3 16p 図版［10］枚 30cm〈富山県舟橋村所在 住宅団地造成事業に伴う平成25年度の調査〉Ⓝ210.0254

船山 馨〔1914〜1981〕
◇黄色い虫―船山馨と妻の壮絶な人生 由井りょう子著 小学館 2014.11 269p 15cm （小学館文庫 ゆ4-1）〈文献あり 2010年刊の加筆改稿〉①978-4-09-406099-7 Ⓝ910.268 ［580円］

船山 春子〔1910〜1981〕
◇黄色い虫―船山馨と妻の壮絶な人生 由井りょう子著 小学館 2014.11 269p 15cm （小学館文庫 ゆ4-1）〈文献あり 2010年刊の加筆改稿〉①978-4-09-406099-7 Ⓝ910.268 ［580円］

普遍アントロポゾフィー協会
◇アントロポゾフィー協会の進化について パウル・マッカイ著, 入間カイ訳 水声社 2014.8 167p 20cm〈内容：秘教性と公共性 ミカエル共同体としてのアントロポゾフィー協会〉①978-4-8010-0054-4 Ⓝ169.34 ［2500円］

冬 敏之〔1935〜2002〕
◇鷲手の指―評伝冬敏之 鶴岡征雄著 本の泉社 2014.11 302p 21cm〈文献あり〉①978-4-7807-1186-8 Ⓝ910.268 ［2000円］

フライターグ
◇フライターグ物語をつむぐバッグ チューリッヒ・デザイン・ミュージアム, レナーテ・メンツィ著, 野中モモ訳 パルコエンタテインメント事業部 2014.9 300p 18cm ①978-4-86506-089-8 Ⓝ589.27 ［1400円］

ブラウン, A.〔1983〜 〕
◇えんぴつの約束――流コンサルタントだったぼくが、世界に200の学校を建てたわけ アダム・ブラウン著, 関美和訳 飛鳥新社 2014.11 299p 19cm ①978-4-86410-375-6 Ⓝ335.8 ［1500円］

ブラウン, L.R.〔1934〜 〕
◇レスター・ブラウン自伝―人類文明の存続をめざして レスター・ブラウン著, 織田創樹監訳 ワールドウォッチジャパン 2014.6 309p 21cm〈日本語版編集協力：環境文化創造研究所〉①978-4-948754-47-8 Ⓝ289.3 ［2750円］

ブラウン, レイ〔1926〜2002〕
◇ベーシスト, レイ・ブラウンkurui 西川哲典著 金沢 無宙庵 2014.9 43p 21cm ①978-4-939107-13-9 Ⓝ764.78 ［500円］

ブラウン, ローズマリー〔1916〜2001〕
◇詩的で超常的な調べ―霊界の楽聖たちが私に授けてくれたもの ローズマリー・ブラウン著, 平川富士男訳 国書刊行会 2014.11 349,3p 図版14p 20cm〈著作目録あり 索引あり〉①978-4-336-05831-7 Ⓝ147.3 ［2900円］

ブラジリア〔ブラジル〕〔都市計画〕
◇首都ブラジリア―モデルニズモ都市の誕生 中岡義介, 川西尋子著 鹿島出版会 2014.6 311p 図版6枚 22cm ①978-4-306-07306-7 Ⓝ518.8 ［3800円］

ブラジル〔移民・植民〔日本〕―歴史〕
◇一粒の米もし死なずば―ブラジル日本移民レジストロ地方入植百周年 深沢正雪著, ニッケイ新聞社編 秋田 無明舎出版 2014.11 219p 21cm〈文献あり〉①978-4-89544-589-4 Ⓝ334.51 ［1900円］

ブラジル〔移民・植民〔福島県〕〕
◇ブラジル日系社会談話資料―福島県出身者たちの語り 白岩広行編 上越 上越教育大学大学院学校教育研究科言語系コース白岩広行研究室 2014.2 207p 26cm Ⓝ818

ブラジル〔環境行政―クリティバ〕
◇ブラジルの環境都市を創った日本人―中村ひとし物語 服部圭郎著 未来社 2014.3 257p 19cm〈文献あり〉①978-4-624-40065-1 Ⓝ518.8 ［2800円］

ブラジル〔環境問題〕
◇アマゾンがこわれる 藤原幸一写真・文 ポプラ社 2014.10 79p 26cm〈文献あり 表紙のタイトル：AMAZON〉①978-4-591-14169-4 Ⓝ462.62 ［1800円］

ブラジル〔紀行・案内記〕
◇ブラジル裏の歩き方 嵐よういち著 彩図社 2014.6 223p 19cm ①978-4-88392-999-3 Ⓝ296.209 ［1380円］

ブラジル〔給与〕
◇在ブラジル日系企業における現地スタッフの給料と待遇に関する調査 2014 ブラジル編 Tokyo 日経リサーチ c2014 192p 30cm〈英語併記〉Ⓝ336.45

ブラジル〔経済政策〕
◇社会自由主義国家―ブラジルの「第三の道」 小池洋一著 新評論 2014.3 238p 22cm〈文献あり 索引あり 内容：社会自由主義国家：多元主義的経済社会に向けて 参加型予算：国家を社会的に統治する 連帯経済：新しい経済を創る CSR：企業を社会的に統治する 社会的イノベーション：経済発展と社会政策の両立 労使関係：経済自由化に伴う制度改革 社会都市：クリチバの都市政策と社会的包摂〉①978-4-7948-0966-7 Ⓝ332.62 ［2800円］

ブラジル〔国民性〕
◇ブラジル人の処世術―ジェイチーニョの秘密 武田千香著 平凡社 2014.6 211p 18cm （平凡社新書 738）〈文献あり〉①978-4-582-85738-2 Ⓝ361.42 ［760円］

ブラジル〔サッカー〕
◇ジャボネス・ガランチード―日系ブラジル人、王国での闘い 下薗昌記著 ガイドワークス 2013.11 189p 18cm （サッカー小僧新書EX 003）〈文献あり〉①978-4-86535-012-8 Ⓝ783.47 ［900円］
◇世紀の大番狂わせはなぜ起きたのか？ 1982イタリアvsブラジル 加部究著 ガイドワークス 2014.6 190p 18cm （サッカー小僧新書EX 007）〈文献あり〉①978-4-86535-100-2 Ⓝ783.47 ［1000円］

◇ワールドカップが100倍楽しくなるブラジル・ジンガ必勝法—ブラジルから学ぶ人生をとことん楽しむ秘訣！ ユキーナ・富塚・サントス著 セルバ出版 2014.6 191p 19cm 〈創英社/三省堂書店（発売）〉①978-4-86367-159-1 Ⓝ302.62 ［1500円］

ブラジル（サッカー—伝記）
◇彼らのルーツ—サッカー「ブラジル」「アルゼンチン」代表選手の少年時代 大野美夏,藤坂ガルシア千鶴著 実業之日本社 2014.2 234p 19cm ①978-4-408-45488-7 Ⓝ783.47 ［1500円］

ブラジル（サッカー—歴史）
◇マラカナンの悲劇—世界サッカー史上最大の敗北 沢田啓明著 新潮社 2014.5 297p 20cm 〈文献あり〉①978-4-10-335631-8 Ⓝ783.47 ［1500円］

ブラジル（産業）
◇踊る！ ブラジル—私たちの知らなかった本当の姿 田中克佳写真・文 小学館 2014.3 141p 21cm ①978-4-09-388357-3 Ⓝ302.62 ［1500円］

ブラジル（史跡名勝）
◇音楽でたどるブラジル Willie Whopper著 彩流社 2014.5 87p 26cm ①978-4-7791-1998-9 Ⓝ764.7 ［1900円］

ブラジル（社会）
◇踊る！ ブラジル—私たちの知らなかった本当の姿 田中克佳写真・文 小学館 2014.3 141p 21cm ①978-4-09-388357-3 Ⓝ302.62 ［1500円］
◇ブラジルのことがマンガで3時間でわかる本—2045年の資源大国 吉野亨者,飛鳥幸子マンガ 改訂版 明日香出版社 2014.5 209p 21cm 〈文献あり〉①978-4-7569-1697-6 Ⓝ302.62 ［1600円］
◇ワールドカップが100倍楽しくなるブラジル・ジンガ必勝法—ブラジルから学ぶ人生をとことん楽しむ秘訣！ ユキーナ・富塚・サントス著 セルバ出版 2014.6 191p 19cm 〈創英社/三省堂書店（発売）〉①978-4-86367-159-1 Ⓝ302.62 ［1500円］

ブラジル（社会政策）
◇社会自由主義国家—ブラジルの「第三の道」 小池洋一著 新評論 2014.3 238p 22cm 〈文献あり 索引あり 内容：社会自由主義国家：多元主義的経済社会に向けて 参加型予算：国家を社会的に統治する 連帯経済：新しい経済を創る CSR：企業を社会的に統治する 社会的イノベーション：経済発展と社会政策の両立 労使関係：経済自由化に伴う制度改革 社会都市：クリチバの都市政策と社会的包摂〉①978-4-7948-0966-7 Ⓝ332.62 ［2800円］

ブラジル（生物—写真集）
◇アマゾンがこわれる 藤原幸一写真・文 ポプラ社 2014.10 79p 26cm 〈文献あり 表紙のタイトル：AMAZON〉①978-4-591-14169-4 ［1800円］

ブラジル（鉄道—歴史）
◇ペルス・ピラポラ鉄道—estrada de ferro 1971 Kemuri Pro.著 ［出版地不明］ 南軽出版局 2014.9 111p 28cm （Steam on 2ft. lines 3）Ⓝ686.262 ［2500円］

ブラジル（都市計画—クリティバ）
◇ブラジルの環境都市を創った日本人—中村ひとし物語 服部圭郎著 未来社 2014.3 257p 19cm 〈文献あり〉①978-4-624-40065-1 Ⓝ518.8 ［2800円］

ブラジル（都市計画—ブラジリア）
◇首都ブラジリア—モデルニズモ都市の誕生 中岡義介,川西尋子著 鹿島出版会 2014.6 311p 図版6枚 22cm ①978-4-306-07306-7 Ⓝ518.8 ［3800円］

ブラジル（日系企業）
◇在ブラジル日系企業における現地スタッフの給料と待遇に関する調査 2014 ブラジル編 Tokyo 日経リサーチ c2014 192p 30cm 〈英語併記〉Ⓝ336.45

ブラジル（日系人）
◇ジャポネス・ガランチード—日系ブラジル人、王国での闘い 下薗昌記著 ガイドワークス 2013.11 189p 18cm （サッカー小僧新書EX 003）〈文献あり〉①978-4-86535-012-8 Ⓝ783.47 ［900円］

ブラジル（仏教）
◇ブラジルと仏教展—一番遠くて近い国。：展示図録 京都仏立ミュージアム制作,本門佛立宗著 京都 本門佛立宗宗務本庁 2014.10 91p 30cm （Exhibition booklet vol. 3）〈年表あり〉Ⓝ182.62

ブラジル（文化）
◇踊る！ ブラジル—私たちの知らなかった本当の姿 田中克佳写真・文 小学館 2014.3 141p 21cm ①978-4-09-388357-3 Ⓝ302.62 ［1500円］
◇ブラジル、住んでみたらこんなとこでした！—ようこそ！ おいしい食と可愛い雑貨の国へ 岡山裕子文・写真 清流出版 2014.5 150p 21cm ①978-4-86029-416-8 Ⓝ302.62 ［1500円］

ブラジル（ポピュラー音楽）
◇音楽でたどるブラジル Willie Whopper著 彩流社 2014.5 87p 26cm ①978-4-7791-1998-9 Ⓝ764.7 ［1900円］

ブラジル（ポピュラー音楽—楽曲解説）
◇ブラジル・インストルメンタル・ミュージック・ディスクガイドーショーロ、ボサノヴァからサンバ・ジャズ、コンテンポラリーまで ウィリー・ヲゥーパー監修 ［東京］ DU BOOKS 2014.8 206p 21cm 〈ディスクユニオン（発売）索引あり〉①978-4-907583-18-7 Ⓝ764.7 ［2300円］

ブラジル（ボランティア活動—サンパウロ）
◇60歳からの出発—大学生そしてJICAシニアボランティア 宇野博編著 岸和田 宇野博 2014.7 104p 26cm 〈内容：大学生生活（2008.4-2012.3） JICA日系社会シニアボランティア（2012.4-2014.7）〉Ⓝ367.7

ブラジル（薬用植物）
◇がん専門医が選択した統合医療の実力—副作用を抑えながらがんを小さくしていく患者にやさしい治療法 川口雄才監修,石川真理子著 ナショナル出版 2014.1 223p 19cm 〈「「がん」でも「元気な人」がやっていること」増補改訂版（2013年刊）の改題〉①978-4-930703-69-9 Ⓝ494.5 ［1200円］
◇「がん」でも「元気な人」がやっていること—副作用に悩まないで病巣を小さくするには 川口雄才監修,石川真理子著 増補改訂版 ナショナル出版 2013.7 223p 19cm 〈初版：美倉出版 2013年1月刊〉①978-4-930703-66-8 Ⓝ494.5 ［1200円］

ブラジル（歴史）
◇図説ブラジルの歴史 金七紀男著 河出書房新社 2014.10 127p 22cm （ふくろうの本）〈文献あり 年表あり〉①978-4-309-76223-4 Ⓝ262 ［1850円］

ブラック,J.R.〔1827～1880〕
◇ジョン・レディ・ブラック—近代日本ジャーナリズムの先駆者 奥武則著 岩波書店 2014.10 319,9p 22cm 〈文献あり 年譜あり 表紙のタイトル：John Reddie Black〉①978-4-00-025998-9 Ⓝ070.21 ［6800円］

ブラックウォーター
◇ブラックウォーター—世界最強の傭兵企業 ジェレミー・スケイヒル著,益岡賢,塩山花子訳 作品社 2014.8 530p 20cm ①978-4-86182-496-8 Ⓝ393.25 ［3400円］

ブラックモア,R.〔1945～ 〕
◇ブラックモアの真実 シンコーミュージック・エンタテイメント 2014.11 303p 19cm （BURRN！叢書 1）〈内容：リッチー・ブラックモア（リッチー・ブラックモア述） グレン・ヒューズ&デイヴィッド・カヴァデール（グレン・ヒューズ,デイヴィッド・カヴァデール述） ロニー・ジェイムズ・ディオ（ロニー・ジェイムズ・ディオ述） グラハム・ボネット（グラハム・ボネット述） ロジャー・グローヴァー（ロジャー・グローヴァー述） ドン・エイリー（ドン・エイリー述） コージー・パウエル（コージー・パウエル述）〉①978-4-401-64068-3 Ⓝ764.7 ［2000円］

bloodthirsty butchers
◇bloodthirsty butchers—Rooftop Anthology 1999～2014 ［東京］ ルーフトップ 2014.6 267p 26cm 〈本文は日本語 共同刊行：ロフトブックス編集部〉①978-4-907929-00-8 Ⓝ767.8 ［2500円］

プラトン
◇プラトン 中野幸次著 新装版 清水書院 2014.9 194p 19cm （Century Books）〈文献あり 年譜あり 索引あり〉①978-4-389-42005-5 Ⓝ131.3 ［1000円］
◇プラトンを学ぶ人のために 内山勝利編 京都 世界思想社 2014.7 284,12p 19cm 〈文献あり 年譜あり 索引あり 内容：プラトン案内（内山勝利著） 書かれたものと書かれざるもの（山口義久著） アイロニーとパラドクス（丸橋裕著） ロゴスとミュートス（國方栄二著） 論理と説得（木下昌巳著） ソクラテス（高橋雅憲著） 言語（朴一功著） 知識（中畑正志著） イデア（金山弥平著） 魂（久保徹著） 国家（瀬口昌久著） 自然（山田道夫著） 「ソクラテス以前」と「プラトン以前」（須藤訓任著） ハイデガーとプラトン（四日谷敬子著） プラトンと分析哲学（大草輝政著） プラトニズムの前夜（須藤訓任著） 現代政治とプラトン（佐々木毅著） プラトンと現代科学（伊藤邦武著）〉①978-4-7907-1635-8 Ⓝ131.3 ［2300円］

◇プラトンの認識論とコスモロジー——人間の世界解釈史を省みて　藤澤令夫著　岩波書店　2014.12　402,18p　28cm　〈文献あり　索引あり　内容：前史　コスモロジーの基盤整備　最大の反省事項としてのイデア論　新たなる出発　コスモロジーへの集成　後史〉　①978-4-00-024700-9　Ⓝ131.3　[8300円]

◇やさしく読めるプラトンの世界　2　ソフィストたち　桑名晏子著　東洋出版　2014.12　381p　19cm　〈1の出版者：新生出版〉　①978-4-8096-7763-2　Ⓝ131.3　[1800円]

富良野市（教育行政）

◇富良野市教育行政評価報告書　平成24年度　［富良野］　富良野市教育委員会　2013.8　94p　30cm　〈内容：教育委員会事務事業点検・評価　学校第三者評価〉　Ⓝ373.2

◇富良野市教育行政評価報告書　平成25年度　［富良野］　富良野市教育委員会　2014.8　101p　30cm　〈内容：教育委員会事務事業点検・評価　学校第三者評価〉　Ⓝ373.2

富良野市（建築）

◇富良野の近代建築——富良野市歴史的建造物調査報告書　富良野　富良野市教育委員会　2014.3　158p　図版8p　30cm　〈文献あり〉　Ⓝ521.6

富良野市（小水力発電）

◇地域主導型再生可能エネルギー事業化検討委託業務（北海道富良野市）成果報告書　平成25年度　［富良野］　三菱　2014.3　117p　30cm　Ⓝ501.6

ブラマンテ，D.〔1444?～1514〕

◇ブラマンテ盛期ルネサンス建築の構築者　稲川直樹，桑木野幸司，岡北一孝著　NTT出版　2014.12　469,89p　図版16p　22cm　〈文献あり　索引あり〉　①978-4-7571-4335-7　Ⓝ523.37　[6400円]

ブラームス，J.〔1833～1897〕

◇ブラームスの協奏曲と交響曲——作曲家・諸井誠の分析的研究　諸井誠著　音楽之友社　2014.1　255p　21cm　〈『諸井誠ブラームスを語る　1～9』（マザーアース　2010～2011年刊）の改題改訂〉　①978-4-276-13013-5　Ⓝ762.34　[3600円]

フランクル，V.E.〔1905～1997〕

◇フランクル人生論入門　広岡義之著　新教出版社　2014.9　266p　19cm　〈文献あり〉　①978-4-400-31073-0　Ⓝ113　[2000円]

フランシスコ〔1936～　教皇〕

◇教皇フランシスコ——「小さき人びと」に寄り添い，共に生きる　山田經三著　明石書店　2014.2　173p　19cm　〈文献あり〉　①978-4-7503-3960-3　Ⓝ198.22　[1500円]

◇教皇フランシスコとの対話——みずからの言葉で語る生活と意見　教皇フランシスコ［述］，フランチェスカ・アンブロジェッティ，セルヒオ・ルビン著，八重樫克彦，八重樫由貴子訳　新教出版社　2014.4　245p　19cm　①978-4-400-22668-0　Ⓝ198.22　[1500円]

◇教皇フランシスコの挑戦——闇から光へ　ポール・バレリー著，南條俊二訳　春秋社　2014.10　328p　20cm　①978-4-393-33335-8　Ⓝ198.22　[2800円]

フランシスコ〔アッシジの〕〔1182～1226〕

◇アッシジの聖フランシスコの面影——教皇フランシスコに捧ぐ　池利文写真，門脇佳吉編集・解説　教文館　2014.3　138p　29cm　〈年譜あり　「愛されるより愛することを」（学研　1992年刊）の改題，一部改変〉　①978-4-7642-9961-0　Ⓝ198.2237　[2800円]

ブランショ，M.〔1907～2003〕

◇モーリス・ブランショ不可視のパートナー　クリストフ・ビダン著，上田和彦，岩野卓司，郷原佳以，西山達也，安原伸一朗訳　水声社　2014.12　623p　22cm　〈著作目録あり　索引あり〉　①978-4-8010-0027-8　Ⓝ950.278　[8000円]

フランス（遺産・遺物——保存・修復）

◇日本とフランスの遺跡保護——考古学と法・行政・市民運動　稲田孝司編　岩波書店　2014.5　368p　22cm　〈文献あり　内容：遺跡の現代史　遺跡保護の運動と法・行政の発展　遺跡保護行政の定着へ向けて　遺跡保護の諸相　考古学史断章　発掘調査体制改革への激動　遺跡保護制度の確立と発掘調査市場化の波及　遺跡〉　①978-4-00-025974-3　Ⓝ709.1　[8600円]

フランス（移民・植民〔アフリカ（西部）〕）

◇フランスの西アフリカ出身移住女性の日常的実践——「社会・文化的仲介」による「自立」と「連帯」の位相　園部裕子著　明石書店　2014.2　448p　22cm　〈文献あり　索引あり　表紙のタイトル：Pratiques quotidiennes des femmes d'Afrique de l'Ouest en France〉　①978-4-7503-3952-8　Ⓝ334.435　[7200円]

フランス（医療制度）

◇医療・医薬品等の医学的・経済的評価に関する調査研究——フランスにおける取組を中心として——報告書——医療保障総合政策調査・研究基金事業　健康保険組合連合会　2014.6　122, 5p　30cm　〈文献あり〉　Ⓝ498.13

フランス（映画）

◇映画，希望のイマージュ——香港とフランスの挑戦　野崎歓著　福岡　弦書房　2014.2　65p　21cm　（FUKUOKA U ブックレット 5）　〈内容：香港映画は二度死ぬ　よみがえるフランス映画〉　①978-4-86329-097-6　Ⓝ778.22239　[700円]

フランス（映画——歴史——1945～）

◇ヌーヴェル・ヴァーグの全体像　ミシェル・マリ著，矢橋透訳　水声社　2014.1　266p　20cm　〈文献あり〉　①978-4-8010-0015-5　Ⓝ778.235　[2800円]

フランス（衛生行政）

◇アルツハイマー病の国家的取り組み——フランスの経験2008-2013より得た成果と残された課題：J.メナール先生講演会　J.メナール［述］，明日の医療プロジェクト研究会編　中外医学社　2014.1　122p　21cm　〈英語併記　内容：「認知症国家プロジェクト講演会」4.18の開催に至るまで（中根晴幸著）　世界を結ぶ認知症施策（近藤伸介著）　ジョエル・メナール教授講演会（ジョエル・メナール述，中根晴幸訳）〉　①978-4-498-22816-0　Ⓝ493.758　[1200円]

フランス（エコシティ）

◇フランスの環境都市を読む——地球環境を都市計画から考える　和田幸信著　鹿島出版会　2014.9　238p　19cm　①978-4-306-07307-4　Ⓝ518.8　[2400円]

フランス（演劇——歴史——17世紀）

◇混沌と秩序——フランス十七世紀演劇の諸相　八王子　中央大学出版部　2014.3　401,22p　22cm　（中央大学人文科学研究所研究叢書 60）　〈索引あり　内容：演劇ジャンル変更の問題（伊藤洋著）　デュルヴァルの劇作法（皆吉郷平著）　マウロの舞台装置を通して見る一六二〇年代後半から一六三〇年代前半までの悲喜劇（浅谷眞弓著）　透視図法背景とオペラの舞台装置家たち（橋本能influence著）　劇中劇の世界（鈴木美穂著）　十七世紀フランス演劇におけるスペイン物の系譜（冨田高嗣著）　十七世紀フランス喜劇と古典ラテン喜劇（榎本臨子著）　フランス十七世紀女性劇作家たち（野池恵子著）　教会と演劇（戸口民也著）　古典主義喜劇の傑作と言われる『タルチュフ』が投げかける諸問題（鈴木康司著）〉　①978-4-8057-5345-3　Ⓝ772.35　[4900円]

フランス（演劇——歴史——近代）

◇フランス演劇の誘惑——愛と死の戯れ　秋山伸子著　岩波書店　2014.1　219p　20cm　〈文献あり　内容：死によってしか成就しない悲しい愛　ヴィオー『ピラムとティスベの悲恋』　芝居の幻影に翻弄されて　コルネイユ『舞台は夢』　言葉には言葉を，演技には演技を　モリエール『タルチュフ』　恋の炎に身を焼かれ　ラシーヌ『フェードル』　言葉と恋愛の誕生　私，どうしちゃったのかしら？　マリヴォー『二重の不実』　革命の予兆？　ボーマルシェ『フィガロの結婚』　ロマン派劇とオペラ　父の過剰な愛は娘の命を奪う　ユゴー『王は楽しむ』　僕の魂は死んで墓の中に入ってしまった　ミュッセ『マリアンヌの気まぐれ』　魂の美か，肉体の美か　ロスタン『シラノ・ド・ベルジュラック』　言葉で語り得ぬもの　メーテルランク『ペレアスとメリザンド』　ヴォードヴィルと不条理劇　明日はまたやって来る　ベケット『ゴドーを待ちながら』〉　①978-4-00-024692-7　Ⓝ772.35　[2100円]

フランス（王室——歴史——1589～1789）

◇庭師が語るヴェルサイユ　アラン・バラトン著，鳥取絹子訳　原書房　2014.3　262p　20cm　①978-4-562-04990-5　Ⓝ288.4935　[2400円]

フランス（オペレッタ——パリ）

◇オッフェンバックと大衆芸術——パリジャンが愛した夢幻オペレッタ　森佳子著　早稲田大学出版部　2014.5　399p　22cm　（早稲田大学学術叢書 33）　〈文献あり　索引あり〉　①978-4-657-14703-5　Ⓝ762.35　[8200円]

フランス（絵画——歴史）

◇絵画と受容——クーザンからダヴィッドへ　田中久美子，望月典子，栗田秀法，小針由起隆，大野芳材，船岡美穂子，吉田朋子，伊藤已令，矢野陽子著　ありな書房　2014.3　342p　22cm　（フランス近世美術叢書 2）　〈索引あり　内容：フランス精神の輝き（大野芳材著）　ジャン・クーザン《エヴァ・プリマ・パンドラ》（田中久美子著）　技芸が観衆を助ける（望月典子著）　ニコラ・プッサン《四季》連作（栗田秀法著）　クロード・ロランとタッソ（小針由起隆著）　雅宴画の変容（大野芳材著）　シャルダン《オリーヴの壜詰め》（船岡美穂子著）　フラゴナール《サン・クルーの祭》（吉田朋子著）　グルーズ事件（伊藤已令著）　ダヴィッドの歴史画（矢野陽子著）〉　①978-4-7566-1432-2　Ⓝ723.35　[5000円]

フランス（絵画―歴史―19世紀）

◇印象派切手絵画館　江村清著　日本郵趣出版　2014.7　128p　21cm（切手ビジュアルアート・シリーズ）〈郵趣サービス社（発売）文献あり　年表あり　索引あり〉①978-4-88963-772-4　Ⓝ723.35　[2000円]

フランス（絵画―歴史―19世紀―画集）

◇印象派の水辺　赤瀬川原平著　新装版　講談社　2014.7　111p　18×18cm〈文献あり　年表あり　索引あり　表紙のタイトル：THE IMPRESSIONISTS〉①978-4-06-219033-6　Ⓝ723.35　[2100円]

◇臨場鑑賞―生まれ変わったオルセーの美：THE SPIRITS OF MASTERPIECES　光嚴所　エムディエヌコーポレーション　2014.8　239p　30cm〈インプレス（発売）文献あり　年表あり〉①978-4-8443-6432-0　Ⓝ723.35　[3800円]

フランス（絵画―歴史―20世紀―画集）

◇印象派の水辺　赤瀬川原平著　新装版　講談社　2014.7　111p　18×18cm〈文献あり　年表あり　索引あり　表紙のタイトル：THE IMPRESSIONISTS〉①978-4-06-219033-6　Ⓝ723.35　[2100円]

フランス（絵画―歴史―近代―画集）

◇奇跡のクラーク・コレクション―ルノワールとフランス絵画の傑作　三菱一号館美術館、兵庫県立美術館、読売新聞東京本社編、吉川節子監修　読売新聞東京本社　2013　165p　29cm〈会期・会場：2013年2月9日―5月26日　三菱一号館美術館ほか〉Ⓝ723.35

◇ブーシキン美術館展―フランス絵画300年　横浜美術館、愛知県美術館、神戸市立博物館、朝日新聞社企画事業本部文化事業部編　[東京]　朝日新聞　2013　199p　30cm〈年表あり　会期・会場：2013年4月26日―6月23日　愛知県美術館ほか〉Ⓝ723.35

フランス（外国関係―ドイツ―歴史）

◇仏独関係千年紀―ヨーロッパ建設への道　宇京頼三著　法政大学出版局　2014.5　493,7p　20cm〈文献あり　索引あり〉①978-4-588-35230-0　Ⓝ319.35034　[5000円]

フランス（外国関係―日本―歴史―江戸末期）

◇幕末、フランス艦隊の琉球来航―その時琉球・薩摩・幕府はどう動いたか　生田澄江著　近代文藝社　2014.2　141p　20cm　①978-4-7733-7906-8　Ⓝ210.5935　[1300円]

◇幕末・明治期の日仏交流　中国地方・四国地方篇2　山口・広島・愛媛　田中隆二著　渓水社　2014.5　274p　22cm〈年譜あり〉①978-4-86327-262-0　Ⓝ210.5935　[5000円]

◇繭と鋼―神奈川とフランスの交流史　神奈川県立歴史博物館、明治大学図書館編　明治大学　2014.4　159p　30cm〈年表あり〉①978-4-9902148-3-8　Ⓝ210.5935

◇百合と巨筒―見出された図像と書簡集：1860-1900　クリスチャン・ポラック著、在日フランス商工会議所企画・編集、石井朱美、大澤啓訳　在日フランス商工会議所　c2013　248p　31cm〈フランス語併記〉Ⓝ210.5935

フランス（外国関係―日本―歴史―昭和前期）

◇REVUE FRANCO-NIPPONE　vol.2　REVUE FRANCO-NIPPONE　N°7～N°9,N°11～N°12/『巴里旬報』　松崎碩子,和田桂子監修　ゆまに書房　2014.12　493p　22cm〈1928～1930年刊の複製　布装〉①978-4-8433-4610-5,978-4-8433-4608-2(set)　Ⓝ319.1035　[35000円]

◇Revue franco-Nipponne　vol.1　Revue franco-Nipponne　N°1～N°6　松崎砚子,和田桂子監修　ゆまに書房　2014.12　538p　22cm〈1926年・1930年刊の複製　本文は日本語　英語併記〉①978-4-8433-4609-9,978-4-8433-4608-2(set)　Ⓝ319.1035　[35000円]

フランス（外国関係―日本―歴史―大正時代）

◇繭と鋼―神奈川とフランスの交流史　神奈川県立歴史博物館,明治大学図書館編　明治大学　2014.4　159p　30cm〈年表あり　文献あり〉①978-4-9902148-3-8　Ⓝ210.5935

◇百合と巨筒―見出された図像と書簡集：1860-1900　クリスチャン・ポラック著、在日フランス商工会議所企画・編集、石井朱美、大澤啓訳　在日フランス商工会議所　c2013　248p　31cm〈フランス語併記〉Ⓝ210.5935

フランス（外国関係―日本―歴史―明治時代）

◇幕末・明治期の日仏交流　中国地方・四国地方篇2　山口・広島・愛媛　田中隆二著　広島　渓水社　2014.5　274p　22cm〈年譜あり〉①978-4-86327-262-0　Ⓝ210.5935

◇繭と鋼―神奈川とフランスの交流史　神奈川県立歴史博物館,明治大学図書館編　明治大学　2014.4　159p　30cm〈年表あり　文献あり〉①978-4-9902148-3-8　Ⓝ210.5935

◇百合と巨筒―見出された図像と書簡集：1860-1900　クリスチャン・ポラック著、在日フランス商工会議所企画・編集、石井朱美、大澤啓訳　在日フランス商工会議所　c2013　248p　31cm〈フランス語併記〉Ⓝ210.5935

フランス（外国留学）

◇心性史家アリエスとの出会い―"二十世紀末"パリ滞在記　中内敏夫著　藤原書店　2014.6　220p　20cm　①978-4-89434-976-6　Ⓝ372　[2800円]

◇フランス便り―外国留学記　宮良貴子絵・文　[出版地不明]　宮良貴子　2013.9　157p　18cm〈沖縄タイムス社出版部（製作・発売）〉①978-4-87127-652-8　Ⓝ377.6　[1200円]

フランス（歌劇―歴史―17世紀）

◇オペラのメデイア―近代ヨーロッパのミソジニー　梅野りんこ著　水声社　2014.11　306p　22cm〈文献あり　作品目録あり　表紙のタイトル：Médée à l'opéra〉①978-4-8010-0056-8　Ⓝ766.1　[4500円]

◇ペローとラシーヌの「アルセスト論争」―キノー/リュリのオペラを巡る「驚くべきものle merveilleux」の概念　村山則子著　作品社　2014.9　334p　22cm〈文献あり　索引あり〉①978-4-86182-498-2　Ⓝ766.1　[4000円]

フランス（紀行・案内記）

◇天使と翔ける冒険旅行　16　フランス　1　ドク・ヨーコ写真・文　ブックコム　2014.3　153p　19×19cm　①978-4-907446-06-2　Ⓝ290.9　[3000円]

◇南佛だより　渡邊昌美著、高知海南史学会編　再刊　高知　高知海南史学会　2014.8　130p　18cm（海南彙報別冊）①978-4-904174-18-0　Ⓝ293.509

◇フランス　2015～2016年版　「地球の歩き方」編集室/編　改訂第30版　ダイヤモンド・ビッグ社,ダイヤモンド社［発売］　2014.12　551p　21×14cm（地球の歩き方 A06）①978-4-478-04664-7　[1700円]

◇フランス世界遺産と歴史の旅―プロの添乗員と行く　武村陽子著　彩図社　2014.6　222p　19cm　①978-4-88392-994-8　Ⓝ293.509　[1300円]

フランス（教育）

◇時間という贈りもの―フランスの子育て　飛幡祐規著　新潮社　2014.4　218p　20cm　①978-4-10-303652-4　Ⓝ599　[1400円]

フランス（教育―歴史―19世紀）

◇一九世紀フランスにおける教育のための戦い―セガン、パリ・コミューン　川口幸宏著　幻戯書房　2014.3　324,6p　20cm〈文献あり　索引あり〉①978-4-86488-043-5　Ⓝ372.35　[3800円]

フランス（教職員組合―歴史―19世紀）

◇教員達と教授達フランス教職員組合運動史　ジャック・ジロー著、片山政造訳　吹田　大阪大学大学院・人間科学研究科教育制度学研究室　2013.12　211p　30cm〈年表あり〉Ⓝ374.37

フランス（教職員組合―歴史―20世紀）

◇教員達と教授達フランス教職員組合運動史　ジャック・ジロー著、片山政造訳　吹田　大阪大学大学院・人間科学研究科教育制度学研究室　2013.12　211p　30cm〈年表あり〉Ⓝ374.37

フランス（キリスト教と政治―歴史―16世紀）

◇政治的寛容　宇羽野明子著　有斐閣　2014.3　276p　22cm（大阪市立大学法学叢書 62）〈索引あり〉①978-4-641-14908-3　Ⓝ311.235　[6500円]

フランス（軍事―歴史―1799～1815）

◇図解ナポレオンの時代武器・防具・戦術大全―美麗イラスト＆戦術図版ナポレオンの時代の資料が満載!!　レッカ社編著　カンゼン　2014.3　223p　21cm（The Quest For History）〈文献あり　年表あり〉①978-4-86255-229-7　Ⓝ392.35　[1700円]

フランス（軍服―歴史―1799～1815）

◇華麗なるナポレオン軍の軍服―絵で見る上衣・軍帽・馬具・配色　リュシアン・ルスロ著、辻元よしふみ、辻元玲子監修翻訳　マール社　2014.10　223p　15×21cm〈文献あり〉①978-4-8373-0743-3　Ⓝ395.5　[2450円]

フランス（軍用機―歴史―1914～1945）

◇WW2フランス軍用機入門―フランス空軍を知るための50機の航跡　飯山幸伸著　潮書房光人社　2014.5　246p　16cm（光人社NF文庫　い N-831）〈文献あり　「フランスの軍用機WW2」(私家版 1999年刊)の改題〉①978-4-7698-2831-0　Ⓝ538.7　[750円]

フランス（経済）

◇フランス　ARC国別情勢研究会/編　ARC国別情勢研究会　2014.12　166p　26cm（ARCレポート 2014/15年版）①978-4-907366-26-1　[12000円]

フランス（経済学―歴史―18世紀）

◇商業・専制・世論―フランス啓蒙の「政治経済学」と統治原理の転換　安藤裕介著　創文社　2014.2　193,25p　22cm〈文献あり　索引あり　内容：「政治経済学」の言説空間としての穀物取引論争　経済的自由主義と専制政治　合法的専制の構想と世論の観念　「一般均衡」の発見と合理的経済主体の不在　世論と市場に対する為政者の技法と苦悩〉①978-4-423-71080-7　Ⓝ331.235　［4500円］

フランス（刑事法）

◇フランス刑事諸王令　続2　鈴木教司編訳　松山　岡田印刷（印刷）　2014.9　371p　26cm〈フランス語併記〉Ⓝ326.935　［非売品］

フランス（芸術）

◇ROVAのフレンチカルチャーA to Z　小柳帝著　アスペクト　2014.4　133p　19cm〈索引あり〉①978-4-7572-1598-6　Ⓝ702.35　［1900円］

フランス（芸術―歴史―パリ）

◇パリ　1　19世紀の首都　喜多崎親編　竹林舎　2014.4　510p　27cm　（西洋近代の都市と芸術　2）〈内容：芸術のトポス　オスマンの都市改造と景観（鳥海基樹著）　十九世紀文学におけるパリの表象（小倉孝誠著）　第二帝政期から第三共和制初期のオペラ（井上さつき著）　第二帝政期を中心とするロマンティック・バレエ（設楽（小山）聡子著）　一八六七年パリ万国博覧会とジャポニスム（寺本敬子著）　ロマン主義的クルティザンヌからゾラのナナへ（村田京子著）　デュランとパリ（三浦篤著）　アカデミズムとアヴァン＝ギャルドの間に　装飾の「プリミティヴィズム」（天野知香著）　ガルニエと折衷主義（鏡壮太郎著）　ヴィオレ＝ル＝デュクと建築再生（羽生修二著）　彫刻と蝋人形の間で（喜多崎親著）　社会と美術　クールベと政治一八六二・一九一八年（稲賀繁美著）　帽子の女性―マネ、ドガ、ルノワール（岩崎余帆子著）　印象派の都市と自然（石谷治寛著）　郊外の風景（坂上桂子著）　ゴーガンの中の「ユダヤ」（有木宏二著）　メディア・受容・戦略　商業と美術（吉田典子著）　ルノワールと社交界（賀川恭子著）　小説の挿絵（寺田寅彦著）　デュラン＝リュエルのコレクション（陳岡めぐみ著）　ゴンクール兄弟と美術（小泉順也著）①978-4-902084-64-1　Ⓝ702.353　［15000円］

フランス（建築―パリ）

◇パリ建築散歩―"もっと深くて濃い"パリに出会う　内野正樹著　大和書房　2014.12　159p　21cm〈文献あり　索引あり〉①978-4-479-78307-7　Ⓝ523.353　［1800円］

フランス（工業デザイン―歴史―1945～）

◇デザインで読み解くフランス文化クロニクル1960　三宅理一著　六耀社　2014.9　493p　19cm①978-4-89737-769-8　Ⓝ235.07　［3000円］

フランス（公衆衛生―歴史―パリ）

◇フランス公衆衛生史―19世紀パリの疫病と住環境　大森弘喜著　学術出版会　2014.5　616p　22cm　（学術叢書）〈日本図書センター（発売）　文献あり　索引あり〉①978-4-284-10413-5　Ⓝ498.02353　［9200円］

フランス（国際見本市―パリ）

◇メゾン・エ・オブジェ2014年1月展（Maison ＆ Objet 2014 Jan）参加報告書―2013年度海外見本市出展支援プログラム（デザイン）　［東京］　日本貿易振興機構生活文化・サービス産業部デザイン産業課　c2014　48p　30cm〈会期・会場：2014年1月24日～28日　Paris-nord Villepinte見本市会場　背のタイトル：メゾン・エ・オブジェ2014年1月展参加報告書〉Ⓝ606.9353　［非売品］

フランス（昆虫）

◇ファーブル昆虫記―完訳　第9巻上　ジャン＝アンリ・ファーブル著、奥本大三郎訳　集英社　2014.5　427p　22cm〈文献あり　付属資料：4p：月報　第17号〉①978-4-08-131017-3　Ⓝ486　［2800円］

フランス（サッカー）

◇独白　レイモン・ドメネク著、松谷明夏訳　G.B　2014.2　349p　19cm①978-4-906993-08-6　Ⓝ783.47　［1800円］

◇フランスの育成はなぜ欧州各国にコピーされるのか―世界最先端フットボール育成バイブル　結城麻里著　東邦出版　2014.6　357p　19cm〈文献あり〉①978-4-8094-1236-3　Ⓝ783.47　［1500円］

フランス（雑貨）

◇フランス暮らしの中のかわいい民芸　酒巻洋子著・撮影　パイインターナショナル　2014.3　143p　21cm①978-4-7562-4468-0　Ⓝ589.0235　［1800円］

フランス（雑貨―パリ）

◇パリのエッフェル塔　酒巻洋子著　産業編集センター　2014.10　157p　18cm①978-4-86311-103-5　Ⓝ589.02353　［1400円］

フランス（雑貨店―パリ）

◇旅鞄（トランク）いっぱいのパリふたたび―文具と雑貨をめぐる旅　堤信子著　実業之日本社　2014.8　156p　16cm①978-4-408-21523-5　Ⓝ673.7　［1500円］

フランス（室内装飾―パリ）

◇パリのおいしいキッチン　ジュウ・ドゥ・ポゥム著　ジュウ・ドゥ・ポゥム　2014.8　96p　21cm〈主婦の友社（発売）〉①978-4-07-296302-9　Ⓝ597.02353　［1650円］

◇パリのティーンガール　ジュウ・ドゥ・ポゥム著　ジュウ・ドゥ・ポゥム　2014.3　96p　21cm〈主婦の友社（発売）〉①978-4-07-294208-6　Ⓝ597　［1500円］

フランス（司法行政―歴史―19世紀）

◇近代日本の司法者と裁判官―19世紀日仏比較の視点から　三阪佳弘著　吹田　大阪大学出版会　2014.9　331p　22cm〈索引あり　内容：比較の中の近代日本の司法者と裁判官　序章　歴史的前提としての19世紀フランスの裁判官制度　一八七〇年代の裁判官と司法改革論議　一八八〇年代初頭の政府と裁判官　一八八三年八月三〇日司法組織改革法の制定　結章　裁判官の身分保障と司法者　裁判官の任用と司法者　司法行政〉①978-4-87259-488-1　Ⓝ327.1　［5300円］

フランス（社会）

◇On dit/on fait―j'ai dit, j'ai fait !　FLE Tous Azimuts-Le FLE a L'UPO,M.F. Pungier, 浅井美智子,猪俣紀子編　堺　大阪公立大学共同出版会　2014.3　59p　15×21cm〈フランス語併載〉①978-4-907209-22-3　Ⓝ302.35　［900円］

◇パリジェンヌにはなったけれど…―フランスの愛すべきビックリなお話97　とのまりこ著　ぴあ　2014.11　159p　21cm①978-4-8356-2804-2　Ⓝ302.35　［1500円］

◇不均衡という病―フランスの変容1980-2010　エマニュエル・トッド,エルヴェ・ル・ブラーズ［著］,石崎晴己訳　藤原書店　2014.3　436p　20cm①978-4-89434-962-9　Ⓝ302.35　［3600円］

◇不思議フランス―魅惑の謎　藤野敦子著　横浜　春風社　2014.4　303p　20cm〈文献あり〉①978-4-86110-401-5　Ⓝ302.35　［1800円］

◇フランス人の不思議な頭の中　山口昌子著　［東京］　KADOKAWA　2014.7　252p　19cm①978-4-04-653308-1　Ⓝ302.35　［1600円］

◇フランスの肖像―歴史・政治・思想　ミシェル・ヴィノック著,大嶋厚訳　吉田書店　2014.3　425p　20cm〈年表あり　索引あり〉①978-4-905497-21-9　Ⓝ235　［3200円］

◇フランス漂流記　公文秀良著　高知　高知新聞総合印刷（発売）　2013.11　270p　22cm①978-4-906910-18-2　Ⓝ302.35　［2000円］

フランス（社会運動―歴史―1870～1940）

◇社会運動の人びと―転換期パリに生きる　相良匡俊著　山川出版社　2014.9　253,4p　22cm〈索引あり　内容：革命的サンディカリスムについて　一八九〇年代のフランス社会主義運動　社会運動史の方法のために　河岸の古本屋のことなど　労働運動史研究の一世紀　フランス左翼出版物の系譜〉①978-4-634-67237-6　Ⓝ309.0235　［5500円］

フランス（社会教育―歴史―19世紀）

◇知識欲の誕生―ある小さな村の講演会：1895-96　アラン・コルバン［著］,築山和也訳　藤原書店　2014.10　199p　20cm〈年表あり〉①978-4-89434-993-3　Ⓝ379.4　［2000円］

フランス（社会思想―歴史―19世紀）

◇革命と反動の図像学―一八四八年、メディアと風景　小倉孝誠著　白水社　2014.2　274,20p　20cm　内容：愚かな世紀？　メディアと十九世紀フランス　新聞小説の変遷　新たな読者の肖像　視線の力学　十九世紀の音　都市の響き、産業の喧噪　ミシュレと歴史学の刷新　二月革命と作家たち　知の生成と変貌〉①978-4-560-08345-1　Ⓝ235.05　［2400円］

フランス（社会政策）

◇フランスに学ぶ男女共同の子育てと少子化抑止政策　冨士谷あつ子,伊藤公雄編著　明石書店　2014.7　221p　22cm〈内容：生きていま日本の少子化を問う（冨士谷あつ子著）　働き方の男女格差と少子化（川口章著）　地域で取り組む父親の子育て（居原田晃司著）　少子化克服と男女共同参画（塚本利幸著）　フランスの家族政策（マリー・テレーズ・ルタブリエ著）　フランスの少子化対策のための労働政策（香川孝三著）　フランスの家庭における男女平等と子育て（サルブラン・シモン著）　フランスの子育て（水鳥ソフィー、アリス・ボナテ、カルドネル佐枝述、児嶋きよみ聞き手）　家族政策とジェンダー（伊藤公雄著）　生涯教育と余暇文化（上杉孝實著）　フランスに学ぶ少

子社会からの脱却(吉川佳英子著) 人口を支える農業と環境(松井三郎著)〉 ①978-4-7503-4044-9 Ⓝ334.335 [2800円]

フランス(住宅建築―歴史―1914〜1945―パリ)
◇建築家ピエール・シャローとガラスの家 ポンピドゥー・センター,パリ国立近代美術館,パナソニック汐留ミュージアム編 鹿島出版会 2014.8 191p 27cm〈文献あり 年譜あり 英語抄訳付 会期・会場:2014年7月26日(土)-10月13日(月・祝)パナソニック汐留ミュージアム 主催:パナソニック汐留ミュージアム、東京新聞ほか〉①978-4-306-04612-2 Ⓝ527.02353 [3200円]

フランス(住宅建築―歴史―19世紀)
◇VILLAS―西洋の邸宅:19世紀フランスの住居デザインと間取り レオン・イザベ,ルブラン設計・製図,中島智章訳・監修,マール社編集部編 マール社 2014.7 127p 19×23cm〈文献あり 索引あり〉①978-4-8373-0742-6 Ⓝ527.1 [1800円]

フランス(住宅政策)
◇フランスの1%logementの事業展開と日本の居住保障への示唆―調査研究報告書 川田菜穂子[著], 第一生命財団編 第一生命財団 2014.3 48p 30cm〈年表あり 文献あり〉Ⓝ365.31 [非売品]

フランス(少子化)
◇フランスに学ぶ男女共同の子育てと少子化抑止政策 冨士谷あつ子,伊藤公雄編著 明石書店 2014.7 221p 22cm〈内容:生きていま日本の少子化を問う(冨士谷あつ子著) 働き方の男女格差と少子化(川口章著) 地域で取り組む父親の子育て(居原田晃司著) 少子化克服と男女共同参画(塚本利幸著) フランスの家族政策(マリー・テレーズ・ルタブリエ著) フランスの少子化対策のための労働政策(香川孝三著) フランスの家庭における男女平等と子育て(サルプラン・シモン著) フランスの子育て(水島ソフィー、アリス・ボナミ,カルドネル佐枝述、児嶋きよみ聞き手) 家族政策とジェンダー(伊藤公雄著) 生涯教育と余暇文化(上杉孝實著) フランスに学ぶ少子社会からの脱却(吉川佳英子著)〉 人口を支える農業と環境(松井三郎著)〉①978-4-7503-4044-9 Ⓝ334.335 [2800円]

フランス(植民政策)
◇フランス植民地主義と歴史認識 平野千果子著 岩波書店 2014.1 354,6p 20cm〈索引あり 内容:フランスと第二次世界大戦 インドシナ戦争とその記憶 「人道に対する罪」と植民地 戦間期フランスにおける植民地 ユーラフリカ〈フランス語〉という空間形成 フランスにおけるポストコロニアリズムと共和主義 「二〇〇五年」フランスの議論から〉①978-4-00-024693-4 Ⓝ334.535 [3500円]

フランス(植民地―歴史)
◇フランス植民地主義と歴史認識 平野千果子著 岩波書店 2014.1 354,6p 20cm〈索引あり 内容:フランスと第二次世界大戦 インドシナ戦争とその記憶 「人道に対する罪」と植民地 戦間期フランスにおける植民地 ユーラフリカ〈フランス語〉という空間形成 フランスにおけるポストコロニアリズムと共和主義 「二〇〇五年」フランスの議論から〉①978-4-00-024693-4 Ⓝ334.535 [3500円]

フランス(植民地行政―ベトナム―歴史)
◇メコンデルタの大土地所有―無主の土地から多民族社会へフランス植民地主義の80年 高田洋子著 京都 京都大学学術出版会 2014.3 445p 23cm (地域研究叢書 27)〈文献あり 索引あり 内容:アジア近現代史のホットスポット 法と植民地主義 東南アジアのモノカルチャー化とコメ需要の増大 メコンデルタのコメと海外市場 アジア市場から分離されるインドシナ 仏領コーチシナの土地制度と水田開発 メコンデルタ西部開発の本格化 巨大地主化と農業不安の増大 「無主地」の国有化と払い下げ制度がもたらしたもの バクリュウ地方 バクリュウ省の開発ブームと国有地払い下げ 広大低地氾濫原の開拓史 海岸複合地形の砂丘上村落 大土地所有と社会変容 大土地所有制と多民族社会の変容〉①978-4-87698-479-4 Ⓝ611.22231 [5400円]

フランス(食物)
◇おいしいフランスおいしいパリ 稲families由紀子著 阪急コミュニケーションズ 2014.4 239p 18cm (madame FIGARO BOOKS)①978-4-484-14207-4 Ⓝ596.23 [1700円]

フランス(女性―パリ)
◇パリジェンヌのつくりかた カロリーヌ・ド・メグレ,アンヌ・ベレスト,オドレイ・ディワン,ソフィ・マス著,古谷ゆう子訳 早川書房 2014.11 265p 20cm ①978-4-15-209505-3 Ⓝ367.2353 [2200円]

フランス(女性問題)
◇フランスの西アフリカ出身移住女性の日常的実践―「社会・文化的仲介」による「自立」と「連帯」の位相 園部裕子著 明

石書店 2014.2 448p 22cm〈文献あり 索引あり 表紙のタイトル:Pratiques quotidiennes des femmes d'Afrique de l'Ouest en France〉①978-4-7503-3952-8 Ⓝ334.435 [7200円]

フランス(初等教育―歴史―19世紀)
◇フランス初等教育史―1815-1830 神山栄治著 津 三重大学出版会 2014.11 807p 22cm〈索引あり〉①978-4-903866-22-2 Ⓝ372.35 [6000円]

フランス(生活―パリ)
◇パリジェンヌのスタイルある暮らし 荻野雅代,桜井道子著 大和書房 2014.9 126p 21cm ①978-4-479-78293-3 Ⓝ590.2353 [1500円]
◇フランス人は10着しか服を持たない―パリで学んだ"暮らしの質"を高める秘訣 ジェニファー・L・スコット著,神崎朗子訳 大和書房 2014.10 239p 19cm ①978-4-479-78299-5 Ⓝ590.2353 [1400円]

フランス(政治思想―歴史―16世紀)
◇政治的寛容 宇羽野明子著 有斐閣 2014.3 276p 22cm (大阪市立大学法学叢書 62)〈索引あり〉①978-4-641-14908-3 Ⓝ311.235 [6500円]

フランス(政治思想―歴史―18世紀)
◇商業・専制・世論―フランス啓蒙の「政治経済学」と統治原理の転換 安藤裕介著 創文社 2014.2 193,25p 22cm〈文献あり 索引あり 内容:「政治経済学」の言説空間としての穀物取引論争 経済的自由主義と専制政治 合法的専制の構想と世論の観念 「一般均衡」の発見と合理的経済主体の不在 世論と市場に対する為政者の技法と苦悩〉①978-4-423-71080-7 Ⓝ331.235 [4500円]

フランス(政治思想―歴史―20世紀)
◇1968パリに吹いた「東風」―フランス知識人と文化大革命 リチャード・ウォーリン[著], 福岡愛子訳 岩波書店 2014.7 383,35p 22cm ①978-4-00-025985-9 Ⓝ235.07 [4800円]

フランス(世界遺産)
◇フランス世界遺産と歴史の旅―プロの添乗員と行く 武村陽子著 彩図社 2014.6 222p 19cm ①978-4-88392-994-8 Ⓝ293.509 [1300円]

フランス(世界戦争〔1914〜1918〕―会戦)
◇マルヌの会戦―第一次世界大戦の序曲1914年秋 アンリ・イスラン著, 渡辺格訳 中央公論新社 2014.1 363p 20cm〈文献あり〉①978-4-12-004553-0 Ⓝ391.2071 [2500円]

フランス(大学)
◇フランスの大学ガバナンス 大場淳編 東広島 広島大学高等教育研究開発センター 2014.3 115p 26cm (高等教育研究叢書 127)〈文献あり〉①978-4-902808-86-5 Ⓝ377.1

フランス(大学院生)
◇フランスの高度人材の活用と課題 野原博淳[述], 文部科学省科学技術・学術政策研究所第1調査研究グループ[編] [東京] 文部科学省科学技術・学術政策研究所 2014.3 36p 30cm (科学技術・学術政策研究所講演録 298)〈英語併載〉Ⓝ377.9

フランス(男女共同参画)
◇フランスに学ぶ男女共同の子育てと少子化抑止政策 冨士谷あつ子,伊藤公雄編著 明石書店 2014.7 221p 22cm〈内容:生きていま日本の少子化を問う(冨士谷あつ子著) 働き方の男女格差と少子化(川口章著) 地域で取り組む父親の子育て(居原田晃司著) 少子化克服と男女共同参画(塚本利幸著) フランスの家族政策(マリー・テレーズ・ルタブリエ著) フランスの少子化対策のための労働政策(香川孝三著) フランスの家庭における男女平等と子育て(サルプラン・シモン著) フランスの子育て(水島ソフィー、アリス・ボナミ,カルドネル佐枝述、児嶋きよみ聞き手) 家族政策とジェンダー(伊藤公雄著) 生涯教育と余暇文化(上杉孝實著) フランスに学ぶ少子社会からの脱却(吉川佳英子著) 人口を支える農業と環境(松井三郎著)〉Ⓝ334.335 [2800円]

フランス(地域社会)
◇〈領域化〉する空間―多文化フランスを記述する 滝波章弘著 福岡 九州大学出版会 2014.3 317p 22cm ①978-4-7985-0119-2 Ⓝ361.7 [5400円]

フランス(中等教育)
◇現代フランスの前期中等物理・化学教育改革に関する研究 三好美織著 広島 溪水社 2014.2 256p 22cm〈文献あり〉①978-4-86327-254-5 Ⓝ372.35 [5800円]

フランス(庭園)
◇フランス式庭園の魅力とル・ノートルの世界 杉尾伸太郎筆 改訂版 ブレック研究所 2014.5 177p 28cm〈年表あり〉①978-4-9907719-0-4,978-4-9907719-2-8(set) Ⓝ629.23

フランス（哲学—歴史—20世紀）

◇フランスの庭、緑、暮らし　松田行弘著　グラフィック社　2014.3　253p　26cm　①978-4-7661-2607-5　Ⓝ629.23　[2200円]

フランス（哲学—歴史—20世紀）

◇哲学への権利　1　ジャック・デリダ［著］、西山雄二、立花史、馬場智一共訳　みすず書房　2014.12　309p　22cm　①978-4-622-07874-6　Ⓝ135.5　[5600円]

フランス（哲学—歴史—20世紀）

◇思想史の名脇役たち—知られざる知識人群像　合田正人著　河出書房新社　2014.6　285p　19cm　（河出ブックス 072）①978-4-309-62472-3　Ⓝ135.5　[1700円]

フランス（伝記）

◇英雄はいかに作られてきたか—フランスの歴史から見る　アラン・コルバン［著］、小倉孝誠監訳、梅澤礼、小池美穂訳　藤原書店　2014.3　252p　20cm　〈年表あり〉①978-4-89434-957-5　Ⓝ283.5　[2200円]

フランス（伝染病—歴史—パリ）

◇フランス公衆衛生史—19世紀パリの疫病と住環境　大森弘喜著　学術出版社　2014.5　616p　22cm　（学術叢書）〈日本図書センター（発売）文献あり　索引あり〉①978-4-284-10413-5　Ⓝ498.02353　[9200円]

フランス（天理教—布教）

◇在欧25年　永尾教昭著　天理　天理大学おやさと研究所　2014.3　170p　21cm　（伝道参考シリーズ 26）〈発行所：天理大学出版部〉①978-4-903058-67-2　Ⓝ169.1　[700円]

フランス（陶磁器—歴史—19世紀—図集）

◇フランス印象派の陶磁器—1866-1886：ジャポニズムの成熟［東京］　アートインプレッション　c2013　197p　27cm　〈年表あり　文献あり　英語併載　会期・会場：2013年3月9日—6月9日　滋賀県立陶芸の森陶芸館ほか　執筆：ロラン・ダルビスほか〉Ⓝ751.3

フランス（同性婚）

◇同性婚、あなたは賛成？　反対？—フランスのメディアから考える　浅野素女著　パド・ウィメンズ・オフィス　2014.2　183p　19cm　①978-4-86462-064-2　Ⓝ367.97　[1600円]

フランス（都市計画）

◇フランスの環境都市を読む—地球環境を都市計画から考える　和田幸信著　鹿島出版会　2014.9　238p　19cm　①978-4-306-07307-4　Ⓝ518.8　[2400円]

フランス（図書館員）

◇フランスの図書館上級司書—選抜・養成における文化的再生産メカニズム　岩崎久美子著　明石書店　2014.10　385p　22cm　〈文献あり　年表あり〉①978-4-7503-4095-1　Ⓝ010.7　[6800円]

フランス（土地登記—法令）

◇フランスの地籍制度とアルザス—モゼル土地登記法　佐藤義人編訳著　論創社　2014.8　389p　22cm　①978-4-8460-1327-1　Ⓝ324.935　[3800円]

フランス（美術—歴史—近代）

◇探求と方法—フランス近現代美術史を解剖する：文献学、美術館行政から精神分析・ジェンダー論以降へ　永井隆則編著　京都　晃洋書房　2014.3　195p　22cm　〈索引あり　内容：セザンヌ・夢の中のように（ジャン＝クロード・レーベンシュテイン著、永井隆則訳）　精神分析と美術史（林道郎著）　ポンピドゥー・センターのelles展とフランスにおけるジェンダー美術史観（岡部あおみ著）　美術館とフランス近代美術研究（高橋明也著）　エドゥアール・マネと〈自然主義〉（吉田典子著）〈透かし〉と〈透視図法〉（宮崎克己著）　市場価値形成の一齣　モダニスト美学の起源と市場操作の昇華（稲賀繁美著）　シャピロからカルマイヤーまで（永井隆則著）〉①978-4-7710-2489-2　Ⓝ702.35　[3000円]

◇日仏文学・美術の交流—「トロンコワ・コレクション」とその周辺　石毛弓、柏木隆雄、小林宣之編　京都　思文閣出版　2014.3　267p　22cm　（大手前大学比較文化研究叢書 10）〈内容：欧米の美術館・博物館が所蔵する京焼について（岡佳子著）　ロカイユ様式と東洋（マリ＝カトリーヌ・サユット著、藤本武司訳）　マラケ河岸の「スイ＝チュウ＝カ」（エマニュエル・シュヴァルツ著、小林宣之訳）　フランスにおける日本学の草分けレオン・ド・ロニーについて（クリス・ベルアド著）　フロベールとボザール教授ボナ（柏木加代子著）　トロンコワ・コレクションの花扇使者図について（盛田帝子著）　エマニュエル・トロンコワの和本コレクション（クリストフ・マルケ著）〉①978-4-7842-1745-8　Ⓝ702.35　[2800円]

◇美術と都市—アカデミー・サロン・コレクション　田中久美子、伊藤已令、矢野陽子、安井裕雄、金沢文緒、大野芳材著　あり

フランス（美術—歴史—近世）

な書房　2014.7　246p　22cm　（フランス近世美術叢書 3）〈索引あり　内容：フランソワ一世とタピスリー（田中久美子著）　グルーズの版画事業（伊藤已令著）　ジョフラン夫人の美術愛好（矢野陽子著）　画商ルブランと画家ヴィジェ・ルブラン（安井裕雄著）　一八世紀ドレスデンの王立絵画館（金沢文緒著）〉①978-4-7566-1434-6　Ⓝ702.35　[4500円]

フランス（美食—歴史—1789～1900）

◇美食家の誕生—グリモと〈食〉のフランス革命　橋本周子著　名古屋　名古屋大学出版会　2014.1　322,73p　22cm　〈文献あり　年譜あり　索引あり〉①978-4-8158-0755-9　Ⓝ383.835　[5600円]

フランス（文化）

◇不思議フランス—魅惑の謎　藤野敦子著　横浜　春風社　2014.4　303p　20cm　〈文献あり〉①978-4-86110-401-5　Ⓝ302.35　[1800円]

◇フランス文化読本—フランスを知るための16の窓　田村毅監修、鈴木雅生、福島勲編　丸善出版　2014.4　218p　19cm　〈文献あり　年表あり　索引あり〉①978-4-621-08746-6　Ⓝ235　[2000円]

◇ROVAのフレンチカルチャーA to Z　小柳帝著　アスペクト　2014.4　133p　19cm　〈索引あり〉①978-4-7572-1598-6　Ⓝ702.35　[1900円]

フランス（文化財保護）

◇日本とフランスの遺跡保護—考古学と法・行政・市民運動　稲田孝司著　岩波書店　2014.5　368p　22cm　〈索引あり　内容：遺跡の現代史　遺跡保護の運動と法・行政の発展　遺跡保護行政の定着へ向けて　遺跡保護の諸相　考古学史断章　発掘調査体制改革への激動　遺跡保護制度の確立と発掘調査市場化の波及　遺跡〉①978-4-00-025974-3　Ⓝ709.1　[8600円]

フランス（文房具店—パリ）

◇旅鞄（トランク）いっぱいのパリふたたび—文具と雑貨をめぐる旅　堤信子著　実業之日本社　2014.8　156p　16cm　①978-4-408-21523-5　Ⓝ673.7　[1500円]

フランス（法制史）

◇赦すことと罰すること—恩赦のフランス法制史　福田真希著　名古屋　名古屋大学出版会　2014.12　252,123p　22cm　〈文献あり　索引あり〉①978-4-8158-0790-0　Ⓝ322.35　[6400円]

フランス（法制史—近代）

◇パリの断頭台—七代にわたる死刑執行人サンソン家年代記　バーバラ・レヴィ［著］、喜多迅鷹、喜多元子訳　新装版　法政大学出版局　2014.3　292p　図版16p　20cm　①978-4-588-36416-7　Ⓝ322.35　[2600円]

フランス（マスメディア—歴史—19世紀）

◇革命と反動の図像学——八四八年、メディアと風景　小倉孝誠著　白水社　2014.2　274,20p　20cm　〈索引あり　内容：愚かな世紀？　メディアと十九世紀フランス　新聞小説の変遷　新たな読者の肖像　視線の力学　十九世紀の音　都市の響き、産業の喧噪　ミシュレと歴史学の刷新　二月革命と作家たち　知の生成と変貌〉①978-4-560-08345-1　Ⓝ235.05　[2400円]

フランス（昔話）

◇フランス民話集　3　金光仁三郎、渡邉浩司、本田貴久、山辺雅彦訳　八王子　中央大学出版部　2014.3　708,7p　20cm　（中央大学人文科学研究所翻訳叢書 10）〈布装　内容：小作人トロメと悪魔（アンリ・カルノワ編、山辺雅彦訳）　聖クレパンと悪魔（アンリ・カルノワ編、山辺雅彦訳）　悪魔と鍛冶屋（アンリ・カルノワ編、山辺雅彦訳）　地獄のダヴリュイ伯爵（アンリ・カルノワ編、山辺雅彦訳）　悪魔と農場の若い娘（アンリ・カルノワ編、山辺雅彦訳）　《悲惨》おやじとその《貧困》イヌ（アンリ・カルノワ編、山辺雅彦訳）　亡霊の夕食（アンリ・カルノワ編、山辺雅彦訳）　隠者の犯した三つの罪（アンリ・カルノワ編、山辺雅彦訳）　テンプル騎士団の伝説　1（アンリ・カルノワ編、山辺雅彦訳）　テンプル騎士団の伝説　2（アンリ・カルノワ編、山辺雅彦訳）　神さまのソラマメ（アンリ・カルノワ編、山辺雅彦訳）　ずる賢い男（アンリ・カルノワ編、山辺雅彦訳）　木こりとひどい目に遭わされたオオカミ（アンリ・カルノワ編、山辺雅彦訳）　残忍な母親（アンリ・カルノワ編、山辺雅彦訳）　三兄弟と巨人（アンリ・カルノワ編、山辺雅彦訳）　三人の赤ひげ（アンリ・カルノワ編、山辺雅彦訳）　雄ネコとオンドリと鎌（アンリ・カルノワ編、山辺雅彦訳）　ずる賢いジャンと領主（アンリ・カルノワ編、山辺雅彦訳）　悪魔の城（アンリ・カルノワ編、山辺雅彦訳）　黒い山、または悪魔の娘たち（アンリ・カルノワ編、山辺雅彦訳）　白ツグミ（アンリ・カルノワ編、山辺雅彦訳）　コケットな娘が受けた罰（アンリ・カルノワ編、山辺雅彦訳）　白い雌ジカ（アンリ・カルノワ編、山辺雅彦訳）　インゲンマメの茎とジャン（アンリ・カルノワ編、山辺雅彦訳）　盲者の守護聖人聖オディール（ジャン・ヴァリオ編、本田貴久訳）　タンの都市建設（ジャン・ヴァリオ

編，本田貴久訳）　聖ガンゴルフとけちんぼ（ジャン・ヴァリオ編，本田貴久訳）　騎士の奥方（ジャン・ヴァリオ編，本田貴久訳）　シェフェルタールのノートルダム（ジャン・ヴァリオ編，本田貴久訳）　エギスハイム伯爵の息子ブリュノ（ジャン・ヴァリオ編，本田貴久訳）　トロワゼピ教会の巡礼（ジャン・ヴァリオ編，本田貴久訳）　子グマをよみがえらせた聖リシャルドの話（ジャン・ヴァリオ編，本田貴久訳）　東方三博士のランタン（ジャン・ヴァリオ編，本田貴久訳）　聖アタラ（ジャン・ヴァリオ編，本田貴久訳）　シャツを着たウルリッヒ（ジャン・ヴァリオ編，本田貴久訳）　フンガーシュタインの奥方（ジャン・ヴァリオ編，本田貴久訳）　無神経なハーゲンバッハ（ジャン・ヴァリオ編，本田貴久訳）　アグノーの代官ヴォルフェルの話（ジャン・ヴァリオ編，本田貴久訳）　世界で最も優雅な剣の一撃（ジャン・ヴァリオ編，本田貴久訳）　ストラスブールの建設にまつわる伝承（ジャン・ヴァリオ編，本田貴久訳）　皇帝ジギスムントとストラスブールの貴婦人たち（ジャン・ヴァリオ編，本田貴久訳）　ロマ人のこと（ジャン・ヴァリオ編，本田貴久訳）　印刷術の発明（ジャン・ヴァリオ編，本田貴久訳）　ヘルリスハイムの鐘（ジャン・ヴァリオ編，本田貴久訳）　ツェーレンベルクの花嫁（ジャン・ヴァリオ編，本田貴久訳）　ニーデックの巨人の娘（ジャン・ヴァリオ編，本田貴久訳）　冒険者（ジャン・ヴァリオ編，本田貴久訳）　ストラスブールの聖オーレリー教会の二本のモミの木（ジャン・ヴァリオ編，本田貴久訳）　緑色の狩人（ジャン・ヴァリオ編，本田貴久訳）　消えた花婿（ジャン・ヴァリオ編，本田貴久訳）　ダヴィッドの泉の宝探し（ジャン・ヴァリオ編，本田貴久訳）　眠れる戦士（ジャン・ヴァリオ編，本田貴久訳）　プチ＝バロンの農園に現れた幽霊の話（ジャン・ヴァリオ編，本田貴久訳）　ユペリのこと（ジャン・ヴァリオ編，本田貴久訳）　シュヴァルツェンブルクの修道士（ジャン・ヴァリオ編，本田貴久訳）　頭のない男（ジャン・ヴァリオ編，本田貴久訳）　ストラスブールのフィンクヴィレール地区の亡霊（ジャン・ヴァリオ編，本田貴久訳）　パソンビエール（ジャン・ヴァリオ編，本田貴久訳）　小人たちと知りたがり屋の女の子たち（ジャン・ヴァリオ編，本田貴久訳）　小人たちと貧しい靴職人の話（ジャン・ヴァリオ編，本田貴久訳）　ちび助十四世（クロード・セニョル編，金光仁三郎訳）　魔女と三人の息子（クロード・セニョル編，金光仁三郎訳）　強欲な貧者たち（クロード・セニョル編，金光仁三郎訳）　三つのリンゴ（クロード・セニョル編，金光仁三郎訳）　三人娘（クロード・セニョル編，金光仁三郎訳）　親指小僧と巨人（クロード・セニョル編，金光仁三郎訳）　三人の老婆（クロード・セニョル編，金光仁三郎訳）　杖と魔笛（クロード・セニョル編，金光仁三郎訳）　魔法の火打ち金（クロード・セニョル編，金光仁三郎訳）　刈り取りをする神さま（クロード・セニョル編，金光仁三郎訳）　九人兄弟（クロード・セニョル編，金光仁三郎訳）　寡婦の二人の娘（クロード・セニョル編，金光仁三郎訳）　獣の皮を着た王子（クロード・セニョル編，金光仁三郎訳）　美女と怪物（クロード・セニョル編，金光仁三郎訳）　キツネとカタツムリ（クロード・セニョル編，金光仁三郎訳）　マルコンファールさん（クロード・セニョル編，金光仁三郎訳）　ヒヨコ（クロード・セニョル編，金光仁三郎訳）　オンドリとメンドリとブタ（クロード・セニョル編，金光仁三郎訳）　七匹の動物（クロード・セニョル編，金光仁三郎訳）　ヤギとオオカミ（クロード・セニョル編，金光仁三郎訳）　ツグミの母鳥（クロード・セニョル編，金光仁三郎訳）　老犬ピカール（クロード・セニョル編，金光仁三郎訳）　わしの畑からおまえのオンドリを追い払え（クロード・セニョル編，金光仁三郎訳）　テスト・ド・チャルモ〈ロバの頭〉（クロード・セニョル編，金光仁三郎訳）　獣のジャン（クロード・セニョル編，金光仁三郎訳）　ヒツジ飼いと龍（クロード・セニョル編，金光仁三郎訳）　悪魔の金貨（クロード・セニョル編，金光仁三郎訳）　悪魔の年齢（クロード・セニョル編，金光仁三郎訳）　ヒツジ飼いと魔女たち（クロード・セニョル編，金光仁三郎訳）　悪魔に雇われた子ども（クロード・セニョル編，金光仁三郎訳）　ピペット（クロード・セニョル編，金光仁三郎訳）　小鬼〈リュタン〉（クロード・セニョル編，金光仁三郎訳）　小悪魔〈ドラック〉（クロード・セニョル編，金光仁三郎訳）　妖術師パヴァン（クロード・セニョル編，金光仁三郎訳）　悪魔の嫁探し（クロード・セニョル編，金光仁三郎訳）　悪魔の死（クロード・セニョル編，金光仁三郎訳）　ずる賢い求婚者（クロード・セニョル編，金光仁三郎訳）　間抜けな弟（クロード・セニョル編，金光仁三郎訳）　ほか）Ⓘ978-4-8057-5409-2　Ⓝ388.35　[5200円]

フランス（洋菓子）

◇「オーボンヴュータン」河田勝彦のフランス郷土菓子―LA BELLE HISTOIRE DE GÂTEAUX PROVENÇAUX　河田勝彦著，瀬戸理恵子構成・編集　誠文堂新光社　2014.2　350p　27cm　〈文献あり　年譜あり　索引あり〉　Ⓘ978-4-416-71396-9　Ⓝ596.65　[8000円]

◇モダン・フランス菓子の発想と組み立て―シェフ8人それぞれの解釈と技法　浅見欣則，遠藤淳史，尾形剛平，菊地賢一，久保直子，中野賢太，中山洋平，森大祐著　誠文堂新光社　2014.11　191p　26cm　Ⓘ978-4-416-71408-9　Ⓝ596.65　[2600円]

フランス（歴史）

◇フランスの肖像―歴史・政治・思想　ミシェル・ヴィノック著，大嶋厚訳　吉田書店　2014.3　425p　20cm　〈年表あり　索引あり〉　Ⓘ978-4-905497-21-9　Ⓝ235　[3200円]

フランス（歴史―14世紀）

◇ヴァロワ朝　佐藤賢一著　講談社　2014.9　365p　18cm　（講談社現代新書　2281）〈文献あり〉　Ⓘ978-4-06-288281-1　Ⓝ235.04　[920円]

フランス（歴史―1589〜1789）

◇図説ブルボン王朝　長谷川輝夫著　河出書房新社　2014.7　127p　22cm　（ふくろうの本）〈文献あり　年表あり〉　Ⓘ978-4-309-76219-7　Ⓝ235.05　[1800円]

フランス（歴史―15世紀）

◇ヴァロワ朝　佐藤賢一著　講談社　2014.9　365p　18cm　（講談社現代新書　2281）〈文献あり〉　Ⓘ978-4-06-288281-1　Ⓝ235.04　[920円]

フランス（歴史―16世紀）

◇ヴァロワ朝　佐藤賢一著　講談社　2014.9　365p　18cm　（講談社現代新書　2281）〈文献あり〉　Ⓘ978-4-06-288281-1　Ⓝ235.04　[920円]

フランス（歴史―1848〜1870）

◇ルイ・ボナパルトのブリュメール一八日　マルクス［著］，市橋秀泰訳　新日本出版社　2014.1　232,6p　21cm　（科学的社会主義の古典選書）〈年表あり　索引あり〉　Ⓘ978-4-406-05770-7　Ⓝ235.066　[1600円]

フランス（歴史―1945〜）

◇第五共和制　ジャン＝フランソワ・シリネッリ著，川嶋周一訳　白水社　2014.11　161,4p　18cm　（文庫クセジュ　995）〈文献あり　年表あり〉　Ⓘ978-4-560-50995-1　Ⓝ235.07　[1200円]

◇デザインで読み解くフランス文化クロニクル1960　三宅理一著　六耀社　2014.9　493p　19cm　Ⓘ978-4-89737-769-8　Ⓝ235.07　[3000円]

フランス（歴史―中世）

◇ブルボン公とフランス国王―中世後期フランスにおける諸侯と王権　上田耕造著　京都　晃洋書房　2014.3　192,48p　22cm　〈文献あり　索引あり　内容：中世後期フランスにおける諸侯と王権　シャルル六世治世のブルボン公ルイ二世　パリでのブルボン公ルイ二世　「ブルボン国家」再考　シャルル七世治世とフランス王国の転換　ブルボン公シャルル一世とフランス国王シャルル七世　ブルボン公ジャン二世とフランス国王ルイ一一世　晩年のフランス国王ルイ一一世とブルボン公ジャン二世〉　Ⓘ978-4-7710-2507-3　Ⓝ235.04　[3600円]

フランス（歴史―ルイ14世時代）

◇太陽王時代のメモワール作者たち―政治・文学・歴史記述　嶋中博章著　吉田書店　2014.2　331p　20cm　〈文献あり　年表あり　索引あり　内容：十七世紀フランスのメモワール　悪態と忠誠　血統の重み　陰謀と英雄　文学の仮面　礼儀と寵愛　家名の偉力　神話の浸透力〉　Ⓘ978-4-905497-20-2　Ⓝ235.05　[3700円]

フランス（ワイン）

◇誰も語らなかったワインの瓶熟―その真実　井手甫著　コスミック出版　2014.1　239p　19cm　（コスモブックス）〈編集協力：吉澤実祐〉　Ⓘ978-4-7747-9106-7　Ⓝ588.55　[1800円]

◇フランス郷土料理の発想と組み立て―ビオワインの生産者15人がつくる50品のレシピ　鳥海美奈子編　誠文堂新光社　2014.9　207p　26cm　Ⓘ978-4-416-71442-3　Ⓝ596.23　[2600円]

◇フランスのワインと生産地ガイド―その土地の岩石・土壌・気候・日照，歴史とブドウの品種　シャルル・ポムロール監修，フランス地質学・鉱山学研究所編集，鞠子正訳　古今書院　2014.10　335p　27cm　〈索引あり〉　Ⓘ978-4-7722-7137-0　Ⓝ588.55　[8500円]

フランス（ワイン―アルザス地方）

◇アルザスワイン街道―お気に入りの蔵をめぐる旅　森本育子文と写真　[東京]　鳥影社　2014.7　157p　21cm　Ⓘ978-4-86265-465-6　Ⓝ293.5　[1800円]

フランソワ，S.〔1924〜1970〕

◇ピアニストフランソワの〈粋〉を聴く　舩倉武一著　アルファベータ　2014.3　222p　19cm　〈文献あり　年譜あり〉　Ⓘ978-4-87198-583-3　Ⓝ763.2　[1800円]

フランソワ1世〔1494〜1547　フランス国王〕

◇フランソワ一世―フランス・ルネサンスの王　ルネ・ゲルダン著，辻谷泰志訳　国書刊行会　2014.12　519,19p　図版16p

22cm〈文献あり 年表あり 索引あり〉①978-4-336-05868-3 Ⓝ289.3 ［6000円］

プラント,R.〔1948〜 〕
◇ロバート・プラント―A LIFE ポール・リース著, 水島ばきぃ訳 ヤマハミュージックメディア 2014.12 323p 21cm〈文献あり〉①978-4-636-90500-7 Ⓝ767.8 ［2900円］

プリオコーポレーショングループ
◇最高のウェディングをつくるための21の法則 松井研三著 IN通信社 2013.12 261p 20cm〈文献あり〉①978-4-87218-391-7 Ⓝ673.93 ［1800円］

ブリストル〔イギリス〕（港湾―歴史）
◇水都ブリストル―輝き続けるイギリス栄光の港町 石神隆著 法政大学出版局 2014.10 206p 20cm （水と〈まち〉の物語）〈文献あり〉①978-4-588-78006-6 Ⓝ518.8 ［2600円］

ブリストル〔イギリス〕（都市計画―歴史）
◇水都ブリストル―輝き続けるイギリス栄光の港町 石神隆著 法政大学出版局 2014.10 206p 20cm （水と〈まち〉の物語）〈文献あり〉①978-4-588-78006-6 Ⓝ518.8 ［2600円］

フリードリヒ,C.D.〔1774〜1840〕
◇風景の無意識―C.D.フリードリッヒ論 小林敏明著 作品社 2014.5 335p 22cm〈文献あり 索引あり〉①978-4-86182-482-1 Ⓝ134 ［5400円］

フリードリヒ2世〔1712〜1786 プロシア王〕
◇「音楽の捧げもの」が生まれた晩―バッハとフリードリヒ大王 ジェイムズ・R・ゲインズ著, 松村哲哉訳 白水社 2014.6 344,38p 20cm〈文献あり 索引あり〉①978-4-560-08359-8 Ⓝ764.2 ［3600円］

フリートレンダー,S.〔1871〜1946〕
◇技術と空想―ザーロモ・フリートレンダー/ミュノーナグロテスケ作品選集 ザーロモ・フリートレンダー［著］, ハルトムート・ゲールケン, デートレフ・ティール, 山本順子, 中村博雄共編, 山本順子, 中村博雄訳 新典社 2014.7 237p 21cm①978-4-7879-5511-1 Ⓝ134.8 ［2300円］

フリーメーソン
◇フリーメイソン＝ユニテリアン教会が明治日本を動かした 副島隆彦,SNSI副島国家戦略研究所著 成甲書房 2014.7 350p 19cm〈英語抄訳付 内容：福澤諭吉は日本の自立自尊のためにフリーメイソンリーと共に闘った（石井利明著）新島襄―ユニテリアン思想の日本への導入者（副島隆彦著）オランダ軍人にあやつられた榎本武揚（長井大輔著）日本人初のフリーメイソン・西周の隠された青春（田中進二郎著）自由民権運動の父・板垣退助はフリーメイソンだった（津谷侑太著）「憲政の神様」尾崎行雄のもう一つの顔（古村治彦著）西周が従兄弟叔父である森鷗外（六城雅敦著）ジャーディン＝マセソン商会が育てた日本の工学の父・山尾庸三（下條竜夫著）日本初・国際「超」高級官僚としての新渡戸稲造（吉田祐二著）後藤新平は「日本のセシル・ローズ」である（中田安彦著）正しく評価されてこなかった津田梅子（足助友子著）「フリーメイソンリー」「ユニテリアン」「理神論」（鴨川光訳）〉①978-4-88086-316-0 Ⓝ281.04 ［1800円］

フリーメーソン（歴史）
◇ロシアを動かした秘密結社―フリーメーソンと革命家の系譜 植田樹著 彩流社 2014.5 302p 20cm ①978-4-7791-2014-5 Ⓝ361.65 ［2900円］

ブリュッヒャー,H.〔1899〜1970〕
◇アーレント＝ブリュッヒャー往復書簡―1936-1968 ハンナ・アーレント, ハインリヒ・ブリュッヒャー［著］, ロッテ・ケーラー編, 大島かおり, 初見基訳 みすず書房 2014.2 535,18p 22cm〈年譜あり 索引あり〉①978-4-622-07818-0 Ⓝ289.3 ［8500円］

フリール,B.〔1929〜 〕
◇鳩と蛇―ブライアン・フリール作品に学ぶ 小沢茂著 名古屋 三恵社（発売） 2014.11 160p 19cm①978-4-86487-294-2 Ⓝ932.7 ［1600円］

プリンス自動車工業株式会社
◇プリンス自動車―日本の自動車史に偉大な足跡を残したメーカー 当摩節夫著 三樹書房 2014.9 149p 27cm〈文献あり 年表あり 「プリンス」（2008年刊）の改題〉①978-4-89522-630-1 Ⓝ537.92 ［3200円］

プリンスモータリストクラブ・スポーツ
◇PMC・Sにみる日本のモータースポーツ 茶木寿夫, 関根基司著 改訂版 ピーエムシーエス 2014.6 277p 26cm〈年表あり 文献あり〉①978-4-9905817-1-8 Ⓝ788.7 ［5000円］

古井 由吉〔1937〜 〕
◇半自叙伝 古井由吉著 河出書房新社 2014.3 195p 20cm〈内容：戦災下の幼年 闇市を走る子供たち 蒼い顔 雪の下で 道から逃れて 吉と凶と 魂の緒 老年 初めの頃 駆出しの喘ぎ やや鬱の頃 場末の風 聖の祟り 厄年の頃 秋のあはれも身につかず もう半分だけ〉①978-4-309-02257-4 Ⓝ914.6 ［1700円］

古川 喜美男
◇笑顔の化粧法―超高齢化社会を心豊かに生きる力 古川喜美男著 財界展望新社 2014.7 101p 22cm （zaiten Books）①978-4-87934-024-5 Ⓝ289.1 ［1200円］

古川 喬雄〔1913〜2002〕
◇今は、過去―古川製作所創業者・古川喬雄伝 三原 古川製作所 2014.3 159p 図版4p 20cm〈年表あり〉Ⓝ536.79 ［非売品］

古川 緑波〔1903〜1961〕
◇哀しすぎるぞ、ロッパ―古川緑波日記と消えた昭和 山本一生著 講談社 2014.7 445p 20cm〈文献あり 年譜あり〉①978-4-06-218980-4 Ⓝ772.1 ［2400円］

古川製作所
◇今は、過去―古川製作所創業者・古川喬雄伝 三原 古川製作所 2014.3 159p 図版4p 20cm〈年表あり〉Ⓝ536.79 ［非売品］

古城 茂幸〔1976〜 〕
◇プロ野球生活16年間で一度もレギュラーになれなかった男がジャイアンツで胴上げしてもらえた話 古城茂幸, 本木昭宏著 東邦出版 2014.8 213p 19cm①978-4-8094-1244-8 Ⓝ783.7 ［1500円］

ブルキナファソ（技術援助〔日本〕）
◇ブルキナファソ国コモエ県における住民参加型持続的森林管理計画プロジェクト終了時評価報告書 ［東京］ 国際協力機構地球環境部 2013.1 6, 7, 122p 30cm Ⓝ333.804

ブルクハルト,J.〔1818〜1897〕
◇哲学者としての歴史家ブルクハルト―プラトン、オウィディウス、ルーベンス、精神史と共に 角田幸彦著 文化書房博文社 2014.6 893p 21cm〈文献あり 索引あり〉①978-4-8301-1249-2 Ⓝ201.1 ［7500円］
◇ブルクハルトの文化史学―市民教育から読み解く 森田猛著 京都 ミネルヴァ書房 2014.6 288,31p 22cm （MINERVA西洋史ライブラリー 101）〈文献あり 著作目録あり 索引あり 内容：教育としての歴史 市民の教育者としてのブルクハルト 革命時代の人間 ランケの遺産と近代歴史学 ニーチェへの応答 普仏戦争期の文化史学 人間精神の危機 歴史研究から歴史教育へ 革命時代の「指導者」としてのルネサンス〉①978-4-623-07091-6 Ⓝ201.2 ［6500円］

ブルクミュラー,F.〔1806〜1874〕
◇ブルクミュラー25の不思議―なぜこんなにも愛されるのか 飯田有抄, 前島美保著 音楽之友社 2014.1 255p 19cm〈作品目録あり〉①978-4-276-14333-3 Ⓝ762.35 ［1900円］

古堅 ツル子〔1923〜 〕
◇さわふじの村で―娘が語る母の自分史 山方恵美子著 半田 一粒書房 2014.8 100p 19cm①978-4-86431-305-6 Ⓝ289.1

ブルゴーニュ〔家〕
◇マーガレット・オブ・ヨークの「世紀の結婚」―英国史劇とブルゴーニュ公国 大谷伴子著 横浜 春風社 2014.9 238p 21cm〈索引あり〉①978-4-86110-419-0 Ⓝ932.5 ［2700円］

プルースト,M.〔1871〜1922〕
◇プルーストの世界を読む 吉川一義著 岩波書店 2014.10 194p 19cm （岩波人文書セレクション）〈2004年刊の再刊〉①978-4-00-028784-5 Ⓝ953.7 ［2200円］
◇プルースト、美術批評と横断線 荒原邦博著 左右社 2013.12 394,84p 図版38p 20cm （流動する人文学）〈文献あり 索引あり〉①978-4-903500-97-3 Ⓝ953.7 ［6000円］

古田 新太〔1965〜 〕
◇気になちょるモノ 古田新太, 河原雅彦著 光文社 2014.12 156p 20cm①978-4-334-97804-4 Ⓝ772.1 ［1000円］

古田 重然〔1544〜1615〕
◇古田織部の正体 矢部良明［著］ KADOKAWA 2014.8 253p 15cm （〔角川ソフィア文庫〕［I121-1］）〈「古田織部」（角川書店 1999年刊）の改題〉①978-4-04-409211-5 Ⓝ791.2 ［840円］
◇古田織部の世界 宮下玄覇著 京都 宮帯出版社 2014.6 154p 30cm〈文献あり〉①978-4-8016-0001-0 Ⓝ791.2 ［1800円］

◇古田織部四百年忌図録　木下收、林屋晴三、筒井紘一、鈴木皓詞/編　京都　宮帯出版社　2014.12　99p　26cm　①978-4-8016-0010-2　［2700円］

ブルックナー, A.〔1824～1896〕
◇アントン・ブルックナー人脈館　〔奥山鋭一著〕　〔出版地不明〕　〔奥山鋭一〕　〔2014〕　2冊　30cm　Ⓝ762.346
◇ブルックナー人脈館別館へようこそ　〔奥山鋭一著〕　〔出版地不明〕　〔奥山鋭一〕　〔2014〕　76p　30cm　Ⓝ762.346

フルトヴェングラー, W.〔1886～1954〕
◇フルトヴェングラーを追って　平林直哉著　青弓社　2014.1　285p　19cm　〈年表あり〉①978-4-7872-7345-1　Ⓝ762.34　［2000円］
◇フルトヴェングラーを超えて　野口剛夫著　青弓社　2014.10　256p　19cm　①978-4-7872-7365-9　Ⓝ762.34　［2000円］
◇フルトヴェングラーの遺言―混迷する現代へのメッセージ　野口剛夫著　春秋社　2014.10　227p　20cm　①978-4-393-93586-6　Ⓝ762.34　［2500円］

ブルーナ, D.〔1927～〕
◇ミッフィーズフレンズ―ディック・ブルーナの描く絵本の世界　主婦の友社　2013.8　50p　29cm　（主婦の友生活シリーズ）〈年譜あり〉①978-4-07-289928-1　Ⓝ726.601　［1314円］

ブルーナー, J.S.〔1915～〕
◇幼児教育入門―ブルーナーに学ぶ　サンドラ・シュミット著，野村和訳　明石書店　2014.6　210p　21cm　〈文献あり〉①978-4-7503-4034-0　Ⓝ376.11　［2500円］

ブルネイ（紀行・案内記）
◇マレーシア・ブルネイ　2015～2016年版　「地球の歩き方」編集室/編　改訂第24版　ダイヤモンド・ビッグ社、ダイヤモンド社〔発売〕　2014.12　229p　21×14cm　（地球の歩き方D19）①978-4-478-04663-0　［1700円］

ブルネイ（社会）
◇ブルネイでバドミントンばかりしていたら、なぜか王様と知り合いになった。　大河内博著　集英社インターナショナル　2014.11　382p　19cm　〈集英社（発売）〉①978-4-7976-7262-6　Ⓝ302.2437　［1600円］

フルベッキ, G.〔1830～1898〕
◇「フルベッキ写真」の暗号　斎藤充功著　学研パブリッシング　2014.6　270p　18cm　（MU NONFIX）〈学研マーケティング（発売）文献あり　「「フルベッキ群像写真」と明治天皇"すり替え"説のトリック」（ミリオン出版　2012年刊）の改題、加筆・再構成〉①978-4-05-406024-1　Ⓝ210.61　［1000円］

ブルボン〔家〕
◇図説ブルボン王朝　長谷川輝夫著　河出書房新社　2014.7　127p　22cm　（ふくろうの本）〈文献あり　年表あり〉①978-4-309-76219-7　Ⓝ235.05　［1800円］
◇ブルボン公とフランス国王―中世後期フランスにおける諸侯と王権　上田耕造著　京都　晃洋書房　2014.3　192,48p　22cm　〈文献あり　索引あり　内容：中世後期フランスにおける諸侯と王権　シャルル六世治世のブルボン公ルイ二世　パリでのブルボン公ルイ二世　「ブルボン国家」再考　シャルル七世治世とフランス王国の転換　ブルボン公シャルル一世とフランス国王シャルル七世　ブルボン公ジャン二世とフランス国王ルイ一一世　晩年のブルボン公ルイ一世とブルボン公ジャン二世〉①978-4-7710-2507-3　Ⓝ235.04　［3600円］

古海 卓二〔1894～1961〕
◇夢を喰らう―キネマの怪人・古海卓二　三山喬著　筑摩書房　2014.9　255p　20cm　〈文献あり〉①978-4-480-87375-0　Ⓝ778.21　［2400円］

古谷 誠章〔1955～〕
◇建築家っておもしろい―古谷誠章＋NASCAの仕事　古谷誠章著　小布施町（長野県）文屋　2014.6　275p　21cm　〈サンクチュアリ出版（発売）〉①978-4-86113-771-6　Ⓝ523.1　［1600円］

古谷 政勝〔1927～〕
◇まじめにやってきてよかった―古谷政勝の商人人生　近藤あきら著　野田　ふるさと工房　2014.5　224p　19cm　（とも双書 9）〈年譜あり〉①289.1　［2000円］

古屋 安雄〔1926～〕
◇私の歩んだキリスト教――神学者の回想　古屋安雄著　キリスト新聞社　2013.9　170p　19cm　①978-4-87395-642-8　Ⓝ198.321　［1800円］

フレイレ, P.〔1921～1997〕
◇グラムシとフレイレ―対抗ヘゲモニー文化の形成と成人教育　ピーター・メイヨー著，里見実訳　太郎次郎社エディタス

2014.6　347p　20cm　〈文献あり　索引あり〉①978-4-8118-0766-9　Ⓝ379　［4500円］

ブレッド＆バター
◇幸矢と二弓―Bread & Butter 45th Anniversary Book　1　Long Interview & Complete Disc Guide―ブレバタ45周年を語る　〔ブレッド＆バター著〕　〔東京〕　ワニ・プラス　〔2014.12〕　216p　21cm　〔［ワニブックス（発売）］〕①978-4-8470-9288-6 (set)　Ⓝ767.8
◇幸矢と二弓―Bread & Butter 45th Anniversary Book　2　Photolibrary & Comments of Friends and Project Members―「ブレバタ45周年を語ろう」by Eternal Friends　ブレッド＆バター著　ワニ・プラス　2014.12　127p　21cm　〈ワニブックス（発売）〉①978-4-8470-9288-6 (set)　Ⓝ767.8

プレハブ建築協会住宅部会展示場分科会
◇展示場分科会のあゆみ―プレ協50年の住宅展示活動　プレハブ建築協会住宅部会展示場分科会編　プレハブ建築協会住宅部会展示場分科会　2014.5　99p　30cm　〈年表あり〉Ⓝ520.6

フレーベル, F.W.A.〔1782～1852〕
◇遊びが子どもを育てる―フレーベルの〈幼稚園〉と〈教育遊具〉マルギッタ・ロックシュタイン著，小笠原道雄監訳，木内陽一，松村納央子訳　福村出版　2014.12　97p　22cm　〈文献あり　年譜あり〉①978-4-571-11034-4　Ⓝ376.1234　［2500円］
◇手技の歴史―フレーベルの「恩物」と「作業」の受容とその後の理論的、実践的展開　清原みさ子著　新読書社　2014.4　484p　22cm　①978-4-7880-1175-5　Ⓝ376.1234　［7000円］
◇フレーベル　小笠原道雄著　新装版　清水書院　2014.9　263p　19cm　（Century Books）〈文献あり　年譜あり　索引あり〉①978-4-389-42164-9　Ⓝ289.3　［1000円］
◇フレーベルにおける「予感」の研究―解釈学的・人間学的考察　田岡由美子著　京都　高菅出版　2014.2　152p　22cm　①978-4-901793-67-4　Ⓝ371.234　［3700円］
◇フレーベルのキンダーガルテン実践に関する研究―「遊び」と「作業」をとおしての学び　白川蓉子著　風間書房　2014.2　421p　22cm　〈文献あり〉①978-4-7599-2027-7　Ⓝ371.234　［12000円］
◇フレーベルの晩年―死と埋葬　エレオノーレ・ヘールヴァルト編，小笠原道雄、野平慎二訳　東信堂　2014.8　214p　19cm　〈著作目録あり〉①978-4-7989-1244-8　Ⓝ289.3　［2200円］

フレンド・ワン
◇フレンド・ワン10周年記念誌―アニマル・セラピー：動物ふれあい訪問活動　横浜　フレンド・ワン　2013.12　54p　30cm　〈年表あり〉Ⓝ146.8

フロイト, S.〔1856～1939〕
◇グラディーヴァ　ポンペイ空想物語―精神分析的解釈と表象分析の試み　ヴィルヘルム・イェンゼン作，山本淳訳+著　松柏社　2014.7　291p　20cm　〈内容：グラディーヴァポンペイ空想物語（ヴィルヘルム・イェンゼン作，山本淳訳）『グラディーヴァ』をめぐる書簡（シュテーケルほか著，山本淳訳・編）「グラディーヴァ」とフロイト（山本淳著）トカゲとりの夢について（山本淳著）〉①978-4-7754-0206-1　Ⓝ943.7　［2500円］
◇比べてわかる！　フロイトとアドラーの心理学　和田秀樹著　青春出版社　2014.8　187p　18cm　（青春新書INTELLIGENCE PI-430）〈文献あり〉①978-4-413-04430-1　Ⓝ146.13　［900円］
◇フロイト選集　17　自らを語る　ジグムンド・フロイト著　懸田克躬訳　〔改訂版〕デジタル・オンデマンド版　日本教文社　2014.8　353,8p　21cm　〈著作目録あり　索引あり　印刷・製本：デジタル・オンデマンド出版センター〉①978-4-531-02617-3　Ⓝ146.13　［2800円］
◇フロイトとユング―精神分析運動とヨーロッパ知識社会　上山安敏著　岩波書店　2014.9　492,35p　15cm　（岩波現代文庫）〈文献あり　索引あり〉①978-4-00-600316-6　Ⓝ146.1　［1600円］
◇フロイトの脱出　デヴィッド・コーエン〔著〕，高砂美樹訳　みすず書房　2014.1　406,20p　20cm　〈文献あり　索引あり〉①978-4-622-07796-1　Ⓝ289.3　［4800円］
◇フロイトの彼岸―精神分析、文学、思想　土屋勝彦編　日本独文学会　2014.10　80p　21cm　（日本独文学会研究叢書 101）〈内容：魔的なるものへの視座（鶴田涼子著）世界の破れ目と回帰する〈身体〉（山尾涼著）カフカにおける虚構の死（須藤勲著）集合的意識のアレゴリー（山本順子著）　Freudの精神分析理論（鈴木國文著）〉①978-4-901909-01-3　Ⓝ289.3
◇フロイトのモーセ―終わりのあるユダヤ教と終わりのないユダヤ教　ヨセフ・ハイーム・イェルシャルミ著，小森謙一郎訳　岩波書店　2014.9　277p　20cm　〈文献あり〉①978-4-00-024697-2　Ⓝ146.13　［3900円］

プロクター・アンド・ギャンブル社

プロクター・アンド・ギャンブル社
◇P&Gウェイ―世界最大の消費財メーカーP&Gのブランディングの軌跡　デーヴィス・ダイアー，フレデリック・ダルゼル，ロウェナ・オレガリオ著，足立光，前平謙二訳　東洋経済新報社　2013.7　353,27p　22cm〈年表あり　索引あり〉Ⓘ978-4-492-54010-7　Ⓝ576.5　[3500円]

フローベール，G.〔1821～1880〕
◇フローベール研究―作品の生成と構造　金崎春幸著　吹田　大阪大学出版会　2014.9　331p　22cm〈文献あり　内容：『ボヴァリー夫人』における鏡像　『サラムボー』における時間　『感情教育』における空間と主題　『聖アントワーヌの誘惑』における空間　『三つの物語』の構造と意味　ルーアン大聖堂　蛇崇拝　アポロニウス　アドニス　イエス・キリストの死とその復活　エピローグ―糞あるいは堆肥　結論〉Ⓘ978-4-87259-484-3　Ⓝ950.268　[7000円]
◇「ボヴァリー夫人」拾遺　蓮實重彦著　羽鳥書店　2014.12　293,9p　20cm〈文献あり〉Ⓘ978-4-904702-49-9　Ⓝ953.6　[2600円]
◇『ボヴァリー夫人』論　蓮實重彦著　筑摩書房　2014.6　804,30,8p　22cm〈文献あり　索引あり〉Ⓘ978-4-480-83813-1　Ⓝ953.6　[6400円]

フロム，E.〔1900～1980〕
◇今こそフロムに学ぶ　飯野朝世著　朝日出版社　2014.3　156p　19cm〈文献あり　著作目録あり　年譜あり　索引あり〉Ⓘ978-4-255-00763-2　Ⓝ146.1　[1600円]

ブロンテ〔家〕
◇風に吹かれて夢の荒野を歩く―ブロンテのアイルランド　内田能嗣，清水伊津代監修，田中淑子，八木美奈子，莵原美和編集　大阪　大阪教育図書　2014.2　59p　21cm　Ⓘ978-4-271-21030-6　Ⓝ930.28　[1700円]

ブロンテ，A.〔1820～1849〕
◇風に吹かれて夢の荒野を歩く―ブロンテのアイルランド　内田能嗣，清水伊津代監修，田中淑子，八木美奈子，莵原美和編集　大阪　大阪教育図書　2014.2　59p　21cm　Ⓘ978-4-271-21030-6　Ⓝ930.28　[1700円]

ブロンテ，C.〔1816～1855〕
◇風に吹かれて夢の荒野を歩く―ブロンテのアイルランド　内田能嗣，清水伊津代監修，田中淑子，八木美奈子，莵原美和編集　大阪　大阪教育図書　2014.2　59p　21cm　Ⓘ978-4-271-21030-6　Ⓝ930.28　[1700円]

ブロンテ，E.J.〔1818～1848〕
◇風に吹かれて夢の荒野を歩く―ブロンテのアイルランド　内田能嗣，清水伊津代監修，田中淑子，八木美奈子，莵原美和編集　大阪　大阪教育図書　2014.2　59p　21cm　Ⓘ978-4-271-21030-6　Ⓝ930.28　[1700円]

文化堂〔1969年〕
◇正直に前向きにそして明るくね―独立独歩で60年：スーパーマーケット文化堂創業者後藤せき子の言葉　後藤せき子著者代表　文化堂　2014.5　159p　19cm〈年表あり〉Ⓝ673.868

文化屋雑貨店
◇文化屋雑貨店―キッチュなモノからすてがたきモノまで　長谷川義太郎著　文化学園文化出版局　2014.11　204p　19cm　Ⓘ978-4-579-30447-9　Ⓝ673.7　[1600円]

文京学園
◇グローバルに学び、グローバルに生きる―文京学院の挑戦　文京学院「グローバルに学び、グローバルに生きる」編集委員会編　冨山房インターナショナル　2014.10　253p　21cm〈年譜あり〉Ⓘ978-4-905194-82-8　Ⓝ377.21　[1600円]

文芸春秋
◇"朝日新聞の正義"を検証してみよう―『〈復刻版〉文春VS朝日』から読み解く、変わらぬその〈大権威主義〉　小板橋二郎著　ごま書房新社　2014.10　214p　19cm〈「文春VS朝日」（ごま書房 1994年刊）の改題、新版〉Ⓘ978-4-341-08599-5　Ⓝ070.21　[1200円]

豊後大野市（遺跡・遺物）
◇加原遺跡　大分県教育庁埋蔵文化財センター編　大分　大分県教育庁埋蔵文化財センター　2014.3　190p　図版［20］枚　30cm　（大分県教育庁埋蔵文化財センター調査報告書 第73集）Ⓝ210.0254
◇古市下遺跡・古市上遺跡　大分　大分県教育庁埋蔵文化財センター　2014.3　182p　図版2枚　30cm　（大分県教育庁埋蔵文化財センター調査報告書 第74集）Ⓝ210.0254
◇豊後大野市内遺跡発掘調査概要報告書　4　平成23年度・平成24年度調査　豊後大野市教育委員会編　豊後大野　豊後大野市教育委員会　2014.3　33p　30cm　Ⓝ210.0254

豊後大野市（農業水利―歴史）
◇通水100周年富士緒井路水利史　通水100周年富士緒井路水利史編集委員会編　豊後大野　富士緒井路土地改良区　2014.9　221p　31cm〈年表あり〉Ⓝ614.3195

豊後大野市（農民一揆―歴史―史料）
◇文化八年豊後国岡藩百姓一揆―「原本党民流説巻一岡」解読演習本　［豊後大野］　清川町郷土史研究会　2014.5　229p　26cm〈複製及び翻刻　共同刊行：緒方町古文書を読む会〉Ⓝ219.5

分子科学研究所
◇分子研リポート―現状・評価・将来計画　2013　岡崎　自然科学研究機構分子科学研究所　2014.4　344p　30cm　Ⓝ431.1

【ヘ】

平安京
◇千年の都平安京のくらし　鳥居本幸代著　春秋社　2014.1　285p　20cm〈文献あり〉Ⓘ978-4-393-48226-1　Ⓝ210.36　[2500円]
◇平安貴族と邸第　朧谷寿著　オンデマンド版　吉川弘文館　2013.10　338,14p　22cm〈年表あり　索引あり　印刷・製本：デジタルパブリッシングサービス　内容：藤原道長の土御門殿　藤原頼通の高陽院　藤原頼通の高倉殿　源頼光の邸宅　村上源氏の邸第　後白河上皇の院御所、法住寺殿　建春門院の最勝光院　今熊野・新日吉社の創建と展開　平安中・後期の平安京の沿革　平安京左京八条三坊周辺の様相　加茂祭の桟敷　平安時代の鴨川〉Ⓝ210.36　[12500円]
◇平安京　京都市文化市民局文化芸術都市推進室文化財保護課編　京都　京都市文化市民局文化芸術都市推進室文化財保護課　2014.3　119p　30cm　（京都市文化財ブックス 第28集）〈文献あり　附・第31回京都市指定・登録文化財〉Ⓝ210.36　[1500円]
◇平安京地名探検　1　愛宕郡北部（左京区・北区）　岸元史明著　［ふじみ野］　国学文学研究所　2014.4　350p　21cm　Ⓝ291.62　[3000円]

平安北道（小作）
◇平安北道小作慣行調査書―昭和6年7月調査　平安北道編　復刻版　龍溪書舎　2014.5　290p　21cm　（韓国併合史研究資料 114）〈東京経済大学図書館蔵の複製〉Ⓘ978-4-8447-0188-0　Ⓝ611.26　[8000円]

平安北道（小作料）
◇平安北道小作慣行調査書―昭和6年7月調査　平安北道編　復刻版　龍溪書舎　2014.5　290p　21cm　（韓国併合史研究資料 114）〈東京経済大学図書館蔵の複製〉Ⓘ978-4-8447-0188-0　Ⓝ611.26　[8000円]

米国西北部聯絡日本人会
◇初期在北米日本人の記録　北米編 第152冊　米國西北部聯絡日本人會會務及會計報告　奥泉栄三郎監修・新序文　米國西北部聯絡日本人會,傳馬實業同志會編　文生書院　2014.3　1冊　23cm　（Digital reprint series）〈電子復刻版〉Ⓘ978-4-89253-512-3　Ⓝ334.45　[9600円]

ベイブルース
◇ベイブルース―25歳と364日　高山トモヒロ［著］　幻冬舎　2014.9　264p　16cm　（幻冬舎よしもと文庫 Y-25-1）〈ヨシモトブックス 2009年刊の再刊〉Ⓘ978-4-344-42252-0　Ⓝ779.14　[600円]

ベイリー，D.〔1930～2005〕
◇デレク・ベイリー―インプロヴィゼーションの物語　ベン・ワトソン著，木幡和枝訳，大熊ワタル音楽用語監修　工作舎　2014.1　580p　22cm〈文献あり　作品目録あり　索引あり〉Ⓘ978-4-87502-454-5　Ⓝ762.33　[4800円]

碧南市（歴史―史料）
◇訳注大浜陣屋日記　下　嘉永7（安政元）年閏7月―12月　碧南　碧南市教育委員会文化課市史資料調査室　2014.9　171p　30cm　（碧南市史料 第70集）Ⓝ215.5

北京（社会）
◇北京で二刀流―ヤットウ先生の中国若者ウォッチング　森田六朗著　現代書館　2014.2　206p　20cm　Ⓘ978-4-7684-5726-9　Ⓝ302.2211　[1700円]

北京近代科学図書館
◇戦前期「外地」図書館資料集　北京編 第1巻　小黒浩司編・解題　金沢　金沢文圃閣　2014.8　384p　22cm　（文圃文献類従 37）〈複製　内容：書滲：　北京近代科学図書館月報．1

号（1938年8月）-55号（1944年4月）　総目次細目〉①978-4-907236-24-3(set)　Ⓝ016.21　〔25000円〕

◇戦前期「外地」図書館資料集　北京編　第2巻　小黒浩司編・解題　金沢　金沢文圃閣　2014.8　446p　22cm　〈文圃文献類従 37〉〈複製　内容：本館業務記事．1号（1937年9月）-6号（1939年7月）（北京近代科学図書館刊）　北京近代科学図書館一週年（北京近代科学図書館1937年刊）　北京近代科学図書館概況（北京近代科学図書館1939年刊）　事業成績報告．昭和16年度（北京近代科学図書館1942年刊）　中国の児童に読ませたき図書についての座談会（北京近代科学図書館1942年刊）〉①978-4-907236-24-3(set)　Ⓝ016.21　〔25000円〕

北京大学

北京大学と清華大学―歴史、現況、学生生活、優れた点と課題　林幸秀著　丸善プラネット　2014.10　134p　19cm　〈丸善出版（発売）　文献あり　索引あり〉①978-4-86345-223-7　Ⓝ377.28　〔1200円〕

白 貞基〔1896～1934〕

◇韓国独立運動家鴎波白貞基―あるアナーキストの生涯　国民文化研究所編著、草場里見訳　明石書店　2014.1　344p　20cm　〈年譜あり〉①978-4-7503-3951-1　Ⓝ289.2　〔4800円〕

ベクトルグループ

◇戦略PR代理店　西江肇司著　幻冬舎　2014.3　342p　19cm　〈文献あり〉①978-4-344-02557-8　Ⓝ674　〔1500円〕

ベケット, S.〔1906～1989〕

◇サミュエル・ベケット―ドアはわからないくらいに開いている　岡室美奈子監修　早稲田大学坪内博士記念演劇博物館　〔2014〕　119p　26cm　〈年譜あり　会期・会場：2014年4月22日―8月3日　早稲田大学坪内博士記念演劇博物館　編集：張宝芸ほか〉①978-4-948758-11-7　Ⓝ770　〔1389円〕

◇ベケットのアイルランド　川島健著　水声社　2014.2　260p　22cm　〈年譜あり　内容：序章　境界線の女たち　越境するクーフリン　ダンテ、ジョイスについて語ること　翻訳の不協和音　本当の名前と翻訳可能性　アイルランドを描くこと　廃墟の存在論　終章〉978-4-8010-0014-8　Ⓝ950.278　〔4000円〕

ヘーゲル, G.W.F.〔1770～1831〕

◇承認をめぐる闘争―社会的コンフリクトの道徳的文法　アクセル・ホネット［著］, 山本啓、直江清隆訳　増補版　法政大学出版局　2014.7　302,44p　20cm　〈叢書・ウニベルシタス 1010〉〈文献あり　索引あり〉①978-4-588-01010-1　Ⓝ361.3　〔3600円〕

◇他者の所有　高橋一行著　御茶の水書房　2014.12　173p　22cm　〈文献あり　内容：ネグリのコモン論を批判する　『知的所有論』から『他者の所有』へ　相互承認論を批判する　知的所有論を展開する　無限判断論を再述する　隷属化という原理　欲望と他者の原理　所有の放棄　脳と可塑性　自然と精神　偶然と必然　ラカンと戯れるヘーゲル　マルクスを読むヘーゲル　『否定の否定』について．1　『否定の否定』について．2　ヘーゲル入門　鬱と所有論　他者を所有する　他者が所有する〉①978-4-275-02003-1　Ⓝ324.23　〔2800円〕

◇ヘーゲルから考える私たちの居場所　山内廣隆著　京都　晃洋書房　2014.11　156p　20cm　①978-4-7710-2581-3　Ⓝ311.1　〔2000円〕

◇ヘーゲル事典　加藤尚武、久保陽一、幸津國生、高山守、滝口清栄、山口誠一編集委員　縮刷版　弘文堂　2014.6　619p　20cm　〈文献あり　索引あり〉①978-4-335-15056-2　Ⓝ134.4　〔3500円〕

◇ヘーゲル宗教哲学入門　岩波哲男著　松戸　理想社　2014.7　383,31p　22cm　〈文献あり　索引あり〉①978-4-650-10547-6　Ⓝ134.4　〔4500円〕

◇ヘーゲル『大論理学』　海老澤善一著　京都　晃洋書房　2014.2　147p　19cm　（哲学書概説シリーズ 5）①978-4-7710-2510-3　Ⓝ134.4　〔1400円〕

◇ヘーゲルの反省論―自立と矛盾　中野眞木著　西田書店　2014.3　232p　22cm　①978-4-88866-581-0　Ⓝ134.4　〔3200円〕

◇ユダヤ人問題に寄せて／ヘーゲル法哲学批判序説　マルクス著, 中山元訳　光文社　2014.9　562p　16cm　（光文社古典新訳文庫 KBマ1-2）〈年譜あり　内容：ユダヤ人問題に寄せて　『聖家族』第六章　絶対的な批判的な批判、あるいはバウアー氏による批判的な批判〔抜粋〕　ヘーゲル法哲学批判序説　マルクスの学位論文『デモクリトスの自然哲学とエピクロスの自然哲学の差異』の序文と二つの脚注　マルクスの一八四三年のルーゲ宛て書簡〉①978-4-334-75298-9　Ⓝ316.88　〔1400円〕

ベーコン, F.〔1909～1992〕

◇フランシス・ベーコン　マーティン・ハマー著, 手嶋由美子訳　京都　青幻舎　2014.5　145p　26cm　（SEIGENSHA FOCUS）〈文献あり　年譜あり〉①978-4-86152-432-5　Ⓝ723.33　〔2800円〕

◇僕はベーコン　キティ・ハウザー文, クリスティナ・クリストフォロウ絵, 岩崎亜矢監訳, 金成希訳　パイインターナショナル　2014.11　80p　23cm　（芸術家たちの素顔 4）〈文献あり〉①978-4-7562-4574-8　Ⓝ723.33　〔1600円〕

ペスタロッチ, J.H.〔1746～1827〕

◇ペスタロッチ　長尾十三二, 福田弘共著　新装版　清水書院　2014.9　208p　19cm　（Century Books）〈文献あり　年譜あり　索引あり〉①978-4-389-42105-2　Ⓝ289.3　〔1000円〕

ベストケア株式会社

◇ベストケアの挑戦―利用者の真の欲求をかなえるリハビリ型介護サービス　鶴蒔靖夫著　IN通信社　2014.12　245p　20cm　①978-4-87218-403-7　Ⓝ369.263　〔1800円〕

ベゾス, J.〔1964～ 〕

◇1分間ジェフ・ベゾス―Amazon.comを創った男の77の原則　西村克己著　SBクリエイティブ　2014.6　185p　18cm　〈文献あり　年譜あり〉①978-4-7973-7729-3　Ⓝ024.53　〔952円〕

◇ジェフ・ベゾス―アマゾンをつくった仕事術　桑原晃弥著　講談社　2014.8　206p　19cm　〈文献あり　年譜あり〉①978-4-06-219030-5　Ⓝ024.53　〔1400円〕

◇ジェフ・ベゾス果てなき野望―アマゾンを創った無敵の奇才経営者　ブラッド・ストーン著, 井口耕二訳　［東京］　日経BP社　2014.1　502p　19cm　〈日経BPマーケティング（発売）　文献あり〉①978-4-8222-4981-6　Ⓝ024.53　〔1800円〕

ベッカー, R.Z.〔1759～1822〕

◇R・Z・ベッカーの民衆啓蒙運動―近代的フォルク像の源流　田口武史著　諏訪　鳥影社・ロゴス企画　2014.3　288,15p　22cm　〈文献あり〉①978-4-86265-451-9　Ⓝ940.26　〔2400円〕

別海町〔北海道〕〔遺跡・遺物―保存・修復〕

◇史跡旧奥行臼駅逓所保存管理計画報告書　別海町教育委員会編　別海町（北海道）　別海町教育委員会　2014.3　182p　30cm　（史跡等保存管理計画策定事業報告書　平成24・25年度）〈年表あり　文献あり〉Ⓝ709.112

別海町〔北海道〕〔宿駅〕

◇史跡旧奥行臼駅逓所保存管理計画報告書　別海町教育委員会編　別海町（北海道）　別海町教育委員会　2014.3　182p　30cm　（史跡等保存管理計画策定事業報告書　平成24・25年度）〈年表あり　文献あり〉Ⓝ709.112

別海町〔北海道〕〔歴史〕

◇加賀家文書館展示解説―別海町郷土資料館附属施設　別海町郷土資料館編　改訂新版　別海町（北海道）　別海町郷土資料館　2014.1　52p　26cm　〈文献あり〉Ⓝ211.2

ベッカム, D.〔1975～ 〕

◇DAVID BECKHAM　デイビッド・ベッカム著, 斉藤健仁訳　日之出出版　2014.6　288p　27cm　〈本文は日本語〉①978-4-89198-144-0　Ⓝ783.47　〔3700円〕

ベッカライ・ビオブロート

◇ベッカライ・ビオブロートのパン　松崎太著　柴田書店　2014.9　287p　19cm　〈文献あり　索引あり　表紙のタイトル：BÄCKEREI BIOBROT〉①978-4-388-06194-5　Ⓝ588.32　〔2000円〕

ヘッシェル, A.J.〔1907～1972〕

◇共感する神―非暴力と平和を求めて　佐々木勝彦著　教文館　2014.4　310p　19cm　〈著作目録あり　年譜あり〉①978-4-7642-6979-8　Ⓝ199　〔1900円〕

ヘッセ, H.〔1877～1962〕

◇ヘルマン・ヘッセ「少年の日の思い出」―ヘッセ昆虫展記録集（福山会場）　ヘルマン・ヘッセ「少年の日の思い出」展を記録する会編　福山　ヘルマン・ヘッセ「少年の日の思い出」展を記録する会　2014.3　148p　26cm　〈会期：2012年4月20日―7月8日〉Ⓝ940.278

別府市〔遺跡・遺物〕

◇別府市市内遺跡確認調査報告書―平成23年度調査の記録　別府　別府市教育委員会　2013.3　10p　30cm　（別府市埋蔵文化財発掘調査報告書　第4集）Ⓝ210.0254

◇別府市市内遺跡確認調査報告書―平成24年度調査の記録　別府　別府市教育委員会　2014.3　10p　30cm　（別府市埋蔵文化財発掘調査報告書　第5集）Ⓝ210.0254

別府市〔歴史―写真集〕

◇ふるさと別府市制90周年記念決定版写真集!!：保存版　松本　郷土出版社　2014.9　230p　31cm　①978-4-86375-218-4　Ⓝ219.5　〔9250円〕

ペティ，W.〔1623～1687〕

◇ウィリアム・ペティの租税論　吉田克己著　八千代出版　2014.8　311p　22cm〈文献あり　索引あり〉Ⓘ978-4-8429-1634-7　Ⓝ331.34　[3500円]

べてるの家

◇クレイジー・イン・ジャパン—べてるの家のエスノグラフィ　中村かれん著，石原孝二，河野哲也監訳　医学書院　2014.9　286p　21cm（シリーズケアをひらく）〈文献あり　索引あり〉Ⓘ978-4-260-02058-9　Ⓝ369.28　[2200円]

◇べてるな人びと　第4集　幻聴さんに奪われた恋　向谷地生良著　札幌　一麦出版社　2014.8　250p　20cm　Ⓘ978-4-86325-067-3　Ⓝ369.28　[1800円]

ベトナム（3R―廃棄物）

◇ベトナム国及びインドネシア国における循環産業・3R促進プロジェクトに関する調査検討業務報告書　平成25年度　葉山町（神奈川県）　地球環境戦略研究機関　2014.3　1冊　30cm〈英語併載　平成25年度環境省委託請負業務〉Ⓝ518.523

ベトナム（3R〔廃棄物〕―ホーチミン）

◇我が国循環産業海外展開事業化促進事業ベトナム国ホーチミン市を対象とした固形廃棄物の統合型エネルギー回収事業における実現可能性調査等の支援業務報告書　平成25年度　[大阪]　日立造船　2014.3　119p　30cm〈環境省請負事業〉Ⓝ518.523

ベトナム（遺跡・遺物）

◇大越・チャンパの都城・城郭遺跡の基礎的研究　西村昌也編　下関　東南アジア埋蔵文化財保護基金　2013.6　169p　図版18p　31cm　（東南アジア考古学データ・モノグラフ 2号）〈文献あり〉Ⓘ978-4-9903186-1-1　Ⓝ223.1

◇脱植民地主義のベトナム考古学—「ベトナムモデル」「中国モデル」を超えて　俵寛司著　風響社　2014.10　442p　22cm〈文献あり　年表あり〉Ⓘ978-4-89489-205-7　Ⓝ223.1　[6000円]

ベトナム（外国関係―日本）

◇ベトナム舞台芸術関係者中期招へい事業（VPAM）報告書　国際交流基金　2014.9　150p　30cm　Ⓝ770

ベトナム（外国関係―日本―歴史）

◇ベトナム物語—大ベトナム展公式カタログ　九州国立博物館編　[福岡]　TVQ九州放送　2013.4　275p　31cm〈年表あり　日越外交関係樹立40周年記念，福岡県・ハノイ市友好提携5周年記念，九州ベトナム友好協会設立5周年記念　会期・会場：2013年4月16日—6月9日　九州国立博物館　共同刊行：西日本新聞社〉Ⓝ223.1

ベトナム（環境政策）

◇東南アジアの電力需要に関する研究　大阪　アジア太平洋研究所　2013.3　90p　30cm　（アジア太平洋研究所資料 13-5）〈文献あり〉Ⓘ978-4-87769-350-3　Ⓝ540.93

ベトナム（議員―名簿）

◇ベトナム国家人名録　2011～2016　ビスタ ピーエス編　伊豆ビスタ ピー・エス　2014.7　1016p　27cm　Ⓘ978-4-939153-98-3　Ⓝ317.9231　[30000円]

ベトナム（企業）

◇ベトナム成長企業50社　2014年度版ハノイ編　ブレインワークス編著　カナリア書房　2014.6　207p　21cm　Ⓘ978-4-7782-0272-9　Ⓝ335.2231　[1800円]

ベトナム（紀行・案内記）

◇週末ベトナムでちょっと一服　下川裕治著　朝日新聞出版　2014.3　263p　15cm　（朝日文庫 し19-5）Ⓘ978-4-02-261788-0　Ⓝ292.3109　[660円]

◇ベトナムぶらり旅—イラストで描く庶民の生活　小坂國男著　[東京]　花伝社　2014.5　137p　19cm〈共栄書房（発売）〉Ⓘ978-4-7634-0702-3　Ⓝ292.3109　[1500円]

ベトナム（技術援助〔日本〕）

◇港湾分野における技術基準類の国際展開方策に関する検討—港湾設計基準のベトナム国家基準への反映に向けた取り組みを事例として　宮田正史，中野敏彦，原田卓三，山本康太，浅井茂樹[著]　[横須賀]　国土技術政策総合研究所　2013.12　4, 181p　30cm　（国土技術政策総合研究所資料　第769号）〈英語併載〉Ⓝ517.8

◇港湾分野における技術基準類の国際展開方策に関する検討—港湾設計基準のベトナム国家基準への反映に向けた取り組みを事例として　その2　宮田正史，中野敏彦，宮島正悟，原田卓三，辰巳大介，有田恵次[著]　[横須賀]　国土技術政策総合研究所　2014.7　4, 68p　30cm　（国土技術政策総合研究所資料　第800号）Ⓝ517.8

ベトナム（技術援助）

◇水道分野海外水ビジネス官民連携型案件発掘形成事業（ベトナム・ホーチミン市）報告書　平成25年度　[東京]　神鋼環境ソリューション　2014.3　1冊　30cm　Ⓝ518.1

◇ベトナム国ホーチミン市都市鉄道運営組織設立支援プロジェクト業務完了報告書　[東京]　国際協力機構　2013.3　267p　30cm〈共同刊行：日本コンサルタンツ〉Ⓝ333.804

◇ベトナム国路面性状基礎情報収集・確認調査調査報告書　[東京]　国際協力機構　2013.3　1冊　30cm〈共同刊行：パスコ〉Ⓝ333.804

ベトナム（給与）

◇在アジア日系企業における現地スタッフの給料と待遇に関する調査　2014　ベトナム編　Tokyo　日経リサーチ　c2014　258p　30cm〈英語併載　奥付のタイトル：在アジア日系企業における現地スタッフの給与と待遇に関する調査〉Ⓝ336.45

ベトナム（教育政策）

◇少数民族教育と学校選択—ベトナム—「民族」資源化のポリティクス　伊藤未帆著　京都　京都大学学術出版会　2014.2　298p　23cm　（地域研究のフロンティア 4）〈文献あり　索引あり〉Ⓘ978-4-87698-387-2　Ⓝ372.231　[4800円]

ベトナム（行政―名簿）

◇ベトナム国家人名録　2011～2016　ビスタ ピーエス編　伊豆ビスタ ピー・エス　2014.7　1016p　27cm　Ⓘ978-4-939153-98-3　Ⓝ317.9231　[30000円]

ベトナム（経済援助）

◇ベトナム国再生可能エネルギーを活用した離島の電化、水産資源高度化事業準備調査（BOPビジネス連携促進）報告書　[東京]　国際協力機構　2013.2　95, 31p　30cm〈共同刊行：ルビナソフトウエア[ほか]〉Ⓝ333.804

◇ベトナム国チュンルオンーミーツウワン高速道路事業準備調査（PPPインフラ事業）調査報告書　[東京]　国際協力機構　2013.2　1冊　30cm〈共同刊行：日本工営ほか〉Ⓝ333.804

◇ベトナム国PPPインフラ事業への資金メカニズム具体化にかかる調査—ファイナル・レポート　[東京]　国際協力機構　2013.1　63, 4, 16p　30cm〈編集：アクセンチュア〉Ⓝ333.804

◇ベトナム都市交通セクターへの支援の評価—第三者評価：報告書：平成25年度外務省ODA評価　[東京]　アンジェロセック　2014.2　1冊　30cm〈文献あり〉Ⓝ681.8

ベトナム（建設業）

◇ベトナム建設企業50選　2014年度版　ブレインワークス，アジアビジネスインベストメント編著　カナリア書房　2014.8　209p　21cm　Ⓘ978-4-7782-0278-1　Ⓝ510.92231　[1800円]

ベトナム（建設廃棄物―リサイクル）

◇ベトナム社会主義共和国におけるD-waste（建設解体廃棄物）の循環システム構築・展開事業—報告書：平成25年度我が国循環産業海外展開事業化促進業務　[市川]　市川環境エンジニアリング　2014.3　1冊　30cm　Ⓝ510.92231

ベトナム（建築）

◇カイベー集落調査報告書—ベトナム社会主義共和国ティエンザン省　国立文化財機構奈良文化財研究所編　奈良　国立文化財機構奈良文化財研究所　2014.10　210p　図版8p　30cm　Ⓘ978-4-905338-44-4　Ⓝ382.231

ベトナム（工業）

◇ベトナムで新しいモノづくりは実現できるのか—モノづくり中小企業ネットワーク計画　井上伸哉著　日刊工業新聞社　2014.3　172p　19cm　Ⓘ978-4-526-07256-7　Ⓝ509.2231　[1800円]

ベトナム（港湾行政）

◇港湾分野における技術基準類の国際展開方策に関する検討—港湾設計基準のベトナム国家基準への反映に向けた取り組みを事例として　宮田正史，中野敏彦，原田卓三，山本康太，浅井茂樹［著］　[横須賀]　国土技術政策総合研究所　2013.12　4, 181p　30cm　（国土技術政策総合研究所資料　第769号）〈英語併載〉Ⓝ517.8

◇港湾分野における技術基準類の国際展開方策に関する検討—港湾設計基準のベトナム国家基準への反映に向けた取り組みを事例として　その2　宮田正史，中野敏彦，宮島正悟，原田卓三，辰巳大介，有田恵次［著］　[横須賀]　国土技術政策総合研究所　2014.7　4, 68p　30cm　（国土技術政策総合研究所資料　第800号）Ⓝ517.8

ベトナム（国際投資）

◇ベトナム進出・投資実務Q&A—これ1冊でまるごとわかる！ベトナム経済研究所監修，みらいコンサルティング（株）編著　第2版　日刊工業新聞社　2014.12　243p　21cm〈文献あり　索引あり〉Ⓘ978-4-526-07336-6　Ⓝ338.92231　[2400円]

◇ベトナムで新しいモノづくりは実現できるのか—モノづくり中小企業ネットワーク計画　井上伸哉著　日刊工業新聞社

2014.3　172p　19cm　①978-4-526-07256-7　Ⓝ509.2231
［1800円］

◇ベトナムで商売する―中小「小売・外食」業のベトナム進出入門　村松美尚，トミー・ヒロマサ・ダン著　繊研新聞社　2014.5　185p　19cm　①978-4-88124-298-8　Ⓝ338.92231　［1900円］

◇ベトナムの投資・M&A・会社法・会計税務・労務　久野康成公認会計士事務所，東京コンサルティングファーム著，久野康成監修　［東京］　TCG出版　2014.3　421p　21cm　〈海外直接投資の実務シリーズ〉〈出版文化社（発売）索引あり〉①978-4-88338-559-1　Ⓝ338.92231　［3600円］

◇ベトナムの投資環境　第5版（一部改訂）国際協力銀行産業ファイナンス部門中堅・中小企業担当　2014.1　273p　30cm　〈年表あり　折り込 2枚〉Ⓝ338.92231

◇ラストチャンス―日本株は5年で見限れ　木戸次郎著　［東京］　ケイツー出版　2014.11　238p　18cm　〈ケイツー（発売）〉①978-4-908131-00-4　Ⓝ338.183　［1000円］

ベトナム（山岳）

◇東アジア山岳文化研究会報告書　第3回　2013　信州大学山岳科学総合研究所編　松本　信州大学山岳科学総合研究所　2014.3　273p　26cm　〈ハングル・中国語併載　内容：東アジア山岳文化研究における農業と林業の視点（笹本正治著）近世山村の住まいと里山林（梅干野成央著）　文化的景観としての棚田・山村地域が示唆する新たな時代の方向性（内川義行著）野焼きと焼畑（永松敦著）　海を渡る山、空を飛ぶ山（須永敬著）　智異山地の持続可能な村落発達と社会生活史（崔元碩, 金鐘坤著）　清凉山山誌の刊行様相と山の聖域化（全丙哲著）「神聖な山」から「文化の山」へ（周郡著）　古代中国泰山の生態保護研究（蔣якова生著）　唐代における泰山の定例祭祀に関する考察（劉興順著）　泰山の森の変遷に関する考察（万昌華著）新たに発見された「重興五峰山雲清周法主墓表」から周玄真の一生の事跡を探す（張琰著）　水の空間（李傑玲著）　現在のベトナムにおける伝統的祭礼から見た山岳文化（チュー・ヴァン・トゥアン，チャン・マイン・クアン著）〉Ⓝ292.04

ベトナム（産業クラスター）

◇中国とベトナムのイノベーション・システム―産業クラスターによるイノベーション創出戦略　税所哲郎著　第2版　白桃書房　2014.5　313p　22cm　〈索引あり　内容：北京・中関村科技園区における産業クラスター戦略　中国のデジタル・コンテンツ分野における産業クラスター戦略　中国・天津エコシティにおける新たな産業クラスター戦略　LL事業による日中の地域間連携と環境分野の産業クラスター戦略　ベトナムにおけるオフショアリング開発とソフトウェア・ビジネスの戦略　ベトナムにおける日本語教育と日系ビジネスの人材育成の戦略　ベトナムのハノイ・ホアラック・ハイテクパークにおける産業クラスター戦略　ベトナムのソフトウェア・ビジネスにおける産業クラスター戦略　新横浜のIT分野における産業クラスター戦略〉①978-4-561-25637-3　Ⓝ601.22　［3300円］

ベトナム（少数民族）

◇少数民族教育と学校選択―ベトナム―「民族」資源化のポリティクス　伊藤未帆著　京都　京都大学学術出版会　2014.2　298p　23cm　〈地域研究のフロンティア 4〉〈文献あり　索引あり〉①978-4-87698-387-2　Ⓝ372.231　［4800円］

ベトナム（情報産業）

◇ベトナム情報通信白書　2013　伊豆　ビスタ ピー・エス　2014.7　187p　26cm　〈英語併記〉①978-4-907379-00-1　Ⓝ694.2231　［10000円］

ベトナム（植民地行政〔フランス〕―歴史）

◇メコンデルタの大土地所有―無主の土地から多民族社会ヘフランス植民地主義の80年　高田洋子著　京都　京都大学学術出版会　2014.3　445p　23cm　〈地域研究叢書 27〉〈文献あり　索引あり　内容：アジア近現代史のホットスポット　法と植民地主義　東南アジアのモノカルチャー化とコメ需要の増大　メコンデルタのコメと海外市場　アジア市場から分離されるインドシナ　仏領コーチシナの土地制度と水田開発　メコンデルタ西部開発の本格化　巨大地主化と農業不安の増大　「無主地」の国有化と払い下げ制度がもたらしたもの　植民地支配とバクリュウ地方　バクリュウ省の開発ブームと国有地払い下げ　広大低地氾濫原の開拓史　海岸複合地形の砂丘上村落　大土地所有と社会変容　大土地所有制と多民族社会の変容〉①978-4-87698-479-4　Ⓝ611.22231　［5400円］

ベトナム（女性―歴史―1945〜）

◇英雄になった母親戦士―ベトナム戦争と戦後顕彰　京樂真帆子著　有志舎　2014.10　307p　20cm　〈文献あり〉①978-4-903426-88-4　Ⓝ223.107　［2800円］

ベトナム（水道―ホーチミン）

◇水道分野海外水ビジネス官民連携型案件発掘形成事業（ベトナム・ホーチミン市）報告書　平成25年度　［東京］　神鋼環境ソリューション　2014.3　1冊　30cm　Ⓝ518.1

ベトナム（電気通信）

◇ベトナム情報通信白書　2013　伊豆　ビスタ ピー・エス　2014.7　187p　26cm　〈英語併記〉①978-4-907379-00-1　Ⓝ694.2231　［10000円］

ベトナム（電力）

◇東南アジアの電力需要に関する研究　大阪　アジア太平洋研究所　2013.3　90p　30cm　〈アジア太平洋研究所資料 13-5）〈文献あり〉①978-4-87769-350-3　Ⓝ540.93

ベトナム（統計―年鑑）

◇ベトナム統計年鑑　2012　グェン・ティ・タン・トゥイ／訳，高橋昱/監修　伊豆　ビスタ ピー・エス　2014.7　1冊　26cm　①978-4-939153-99-0　［39600円］

ベトナム（陶磁器―歴史―14世紀）

◇14・15世紀海域アジアにおけるベトナム陶磁の動き―ベトナム・琉球・マジャパヒト：国際シンポジウム：予稿集　昭和女子大学国際文化研究所　2013.11　48p　30cm　〈文献あり　会期・会場：2013年11月16日～17日　昭和女子大学学園本部館3階大会議室　共同刊行：東南アジア考古学会〉Ⓝ751.2

ベトナム（陶磁器―歴史―15世紀）

◇14・15世紀海域アジアにおけるベトナム陶磁の動き―ベトナム・琉球・マジャパヒト：国際シンポジウム：予稿集　昭和女子大学国際文化研究所　2013.11　48p　30cm　〈文献あり　会期・会場：2013年11月16日～17日　昭和女子大学学園本部館3階大会議室　共同刊行：東南アジア考古学会〉Ⓝ751.2

ベトナム（都市交通）

◇ベトナム都市交通セクターへの支援の評価―第三者評価：報告書：平成25年度外務省ODA評価　［東京］　アンジェロセック　2014.2　1冊　30cm　〈文献あり〉Ⓝ681.8

ベトナム（土地制度―歴史―19世紀）

◇メコンデルタの大土地所有―無主の土地から多民族社会ヘフランス植民地主義の80年　高田洋子著　京都　京都大学学術出版会　2014.3　445p　23cm　〈地域研究叢書 27〉〈文献あり　索引あり　内容：アジア近現代史のホットスポット　法と植民地主義　東南アジアのモノカルチャー化とコメ需要の増大　メコンデルタのコメと海外市場　アジア市場から分離されるインドシナ　仏領コーチシナの土地制度と水田開発　メコンデルタ西部開発の本格化　巨大地主化と農業不安の増大　「無主地」の国有化と払い下げ制度がもたらしたもの　植民地支配とバクリュウ地方　バクリュウ省の開発ブームと国有地払い下げ　広大低地氾濫原の開拓史　海岸複合地形の砂丘上村落　大土地所有と社会変容　大土地所有制と多民族社会の変容〉①978-4-87698-479-4　Ⓝ611.22231　［5400円］

ベトナム（土地制度―歴史―20世紀）

◇メコンデルタの大土地所有―無主の土地から多民族社会ヘフランス植民地主義の80年　高田洋子著　京都　京都大学学術出版会　2014.3　445p　23cm　〈地域研究叢書 27〉〈文献あり　索引あり　内容：アジア近現代史のホットスポット　法と植民地主義　東南アジアのモノカルチャー化とコメ需要の増大　メコンデルタのコメと海外市場　アジア市場から分離されるインドシナ　仏領コーチシナの土地制度と水田開発　メコンデルタ西部開発の本格化　巨大地主化と農業不安の増大　「無主地」の国有化と払い下げ制度がもたらしたもの　植民地支配とバクリュウ地方　バクリュウ省の開発ブームと国有地払い下げ　広大低地氾濫原の開拓史　海岸複合地形の砂丘上村落　大土地所有と社会変容　大土地所有制と多民族社会の変容〉①978-4-87698-479-4　Ⓝ611.22231　［5400円］

ベトナム（日系企業）

◇在アジア日系企業における現地スタッフの給料と待遇に関する調査　2014　ベトナム編　日経リサーチ　c2014　258p　30cm　〈英語併記　奥付のタイトル：在アジア日系企業における現地スタッフの給与と待遇に関する調査〉Ⓝ336.45

◇ベトナムで商売する―中小「小売・外食」業のベトナム進出入門　村松美尚，トミー・ヒロマサ・ダン著　繊研新聞社　2014.5　185p　19cm　①978-4-88124-298-8　Ⓝ338.92231　［1900円］

ベトナム（日系企業―名簿）

◇ベトナム日系企業リスト―完全収録　2014年　片岡利昭編　日越貿易会　2013.12　529p　26cm　〈エヌ・エヌ・エー（発売）〉①978-4-86341-030-5　Ⓝ338.92231　［10000円］

ベトナム（日本語教育―歴史）

◇ベトナムの日本語教育―歴史と実践　宮原彬著　本の泉社　2014.6　173p　21cm　①978-4-7807-1168-4　Ⓝ810.7　［1500円］

ベトナム（博物館）

◇ぶらりあるきベトナムの博物館　中村浩著　芙蓉書房出版　2014.8　182p　21cm〈文献あり〉①978-4-8295-0626-4　Ⓝ069.02231　［1900円］

ベトナム（風俗・習慣）

◇カイベー集落調査報告書―ベトナム社会主義共和国ティエンザン省　国立文化財機構奈良文化財研究所編　奈良　国立文化財機構奈良文化財研究所　2014.10　210p　図版8p　30cm　①978-4-905338-44-4　Ⓝ382.231

ベトナム（文化）

◇東アジア山岳文化研究会報告書　第3回　2013　信州大学山岳科学総合研究所編　松本　信州大学山岳科学総合研究所　2014.3　273p　26cm〈ハングル・中国語併載　内容：東アジア山岳文化研究における農業と林業の視点（笹本正治著）近世山村の住まいと里山林（梅干野成央著）　文化的景観としての棚田・山村地域が示唆する新たな時代の方向性（内川義行著）野焼きと焼畑（永松敦著）　海を渡る山、空を飛ぶ山（須永敬著）　智異山地の持続可能な村落発達と社会生活史（崔元碩, 金鎬坤著）　清涼山山誌の刊行様相と山の聖域化（全丙哲著）「神聖な山」から「文化の山」へ（周郭著）　古代中国泰山の生態保護研究（蔣鉄生著）　唐代における泰山の定例祭祀に関する考察（劉興順著）　泰山の森の変遷に関する考察（万昌華著）新たに発見された「重興五峰山雲清周法主墓表」から周玄真の一生の事跡を探す（張琰著）　水の空間（李傑玲著）　現在のベトナムにおける伝統的祭礼から見た山岳文化（チュー・ヴァン・トゥアン, チャン・マイン・クアン著）〉Ⓝ292.04

ベトナム（法令）

◇ベトナム六法―法・司法制度改革支援プロジェクト（フェーズ2）　［東京］　JICA　2013.3　1冊　29cm　Ⓝ320.9231

ベトナム（歴史）

◇ベトナム物語―大ベトナム展公式カタログ　九州国立博物館編　［福岡］　TVQ九州放送　2013.4　275p　31cm〈年表あり　日越外交関係樹立40周年記念、ハノイ市友好提携5周年記念、九州ベトナム友好協会設立5周年記念　会期・会場：2013年4月16日―6月9日　九州国立博物館　共同刊行：西日本新聞社〉Ⓝ223.1

ベトナム共和国（外国関係―大韓民国）

◇韓国の大量虐殺事件を告発する―ベトナム戦争「参戦韓国軍」の真実　北岡俊明, 北岡正敏著　展転社　2014.6　222p　19cm　①978-4-88656-405-4　Ⓝ223.107　［1600円］

「ベトナムに平和を！」市民連合

◇1969新宿西口地下広場　大木晴子, 鈴木一誌編著　新宿書房　2014.6　255p　21cm〈文献あり　年表あり　内容：地下の広場から見る一九六九年（鈴木一誌著）　一九六九年（上野昂志著）　フォークゲリラは終わらない（大木晴子, 大木茂述, 鈴木一誌聞き手・構成）　『機動隊ブルース』の頃（大川昭一著）　フォークゲリラがいた（なぎら健壱著）　映画『'69春～秋地下広場』採録シナリオ（関井忠郎, 永田典子採録）　しかし、歌声と討論は残った（筒井武文著）　反骨の映画監督・大内田圭弥（安井喜雄著）　二五年目のフォークゲリラ、そして四五年目へ（伊津信之介著）　宙づりの思想（鈴木一誌著）〉①978-4-88008-438-1　Ⓝ319.8　［3200円］

ベートーヴェン, L.〔1770～1827〕

◇ベートーヴェンのピアノ・ソナタ第32番op.111批判校訂版―分析・演奏・文献　ハインリヒ・シェンカー著　山田三香, 西田紘子, 沼口隆訳　音楽之友社　2014.4　271p　21cm〈著作目録あり　年譜あり〉①978-4-276-13039-5　Ⓝ763.2　［4400円］

ベトロ

◇ベトロ　川島貞雄著　新装版　清水書院　2014.9　277p　19cm（Century Books）〈文献あり　年表あり　索引あり〉①978-4-389-42187-8　Ⓝ192.8　［1000円］

ベナン（紀行・案内記）

◇「キリマンジャロの雪」を夢見て―ヘミングウェイの彼方へ　今村楯夫著　札幌　柏艪舎　2014.4　183p　19cm（［ネプチューン〈ノンフィクション〉シリーズ］）〈星雲社（発売）〉①978-4-434-19035-3　Ⓝ294.44709　［1500円］

ベネズエラ（政治）

◇ウーゴ・チャベス―ベネズエラ革命の内幕　ローリー・キャロル［著］　伊高浩昭訳　岩波書店　2014.4　20,286,10p　20cm〈年表あり　索引あり〉①978-4-00-022228-0　Ⓝ312.613　［3500円］

ベネチア〔イタリア〕（出版―歴史）

◇書物の夢、印刷の旅―ルネサンス期出版文化の富と虚栄　ラウラ・レプリ著, 柱本元彦訳　青土社　2014.12　279,8p　20cm〈文献あり〉①978-4-7917-6831-8　Ⓝ023.37　［2800円］

ベネチア〔イタリア〕（都市計画―歴史）

◇チッタ・ウニカ―文化を仕掛ける都市ヴェネツィアに学ぶ　横浜国立大学大学院　建築都市スクール"Y-GSA"編　鹿島出版会　2014.7　190p　20cm〈会期：2013年3月16日（土）ヨコハマ創造都市センター　主催：YCCスクール　内容：反転するヴェネツィア（北山恒著）　五〇〇年の歴史のなかの都市（吉見俊哉著）　ヴェネツィア、歴史が現代へ結びつく魔術的な島（アメリーゴ・レストゥッチ著）　祝祭性豊かな歴史的都市空間（陣内秀信, 樋渡彩述）　文化戦略を通じた都市のヴィジョン（アメリーゴ・レストゥッチ述）　都市というキャンバス（南條史生著）　地方〈へ〉の意識を変える国際展（五十嵐太郎著）　CIVIC　PRIDE（伊藤香織著）　FESTIVAL/TOKYO（相馬千秋著）　BEPPU　PROJECT（山出淳也著）　文化を育む都市の思想と戦略（アメリーゴ・レストゥッチ, 吉見俊哉, 北山恒ほか述）　ヴェネツィアから未来を問う（寺田真理子著）〉①978-4-306-04607-8　Ⓝ518.8　［2600円］

ベネチア〔イタリア〕（美術上）

◇ヴェネチア展―日本人が見た水の迷宮―一宮市三岸節子記念美術館特別展　一宮　一宮市三岸節子記念美術館　2013　80p　30cm〈会期：2013年10月5日―11月24日　企画編集：伊藤和彦〉Ⓝ723.1

ベネチア〔イタリア〕（文化政策―歴史）

◇チッタ・ウニカ―文化を仕掛ける都市ヴェネツィアに学ぶ　横浜国立大学大学院　建築都市スクール"Y-GSA"編　鹿島出版会　2014.7　190p　20cm〈会期・会場：2013年3月16日（土）ヨコハマ創造都市センター　主催：YCCスクール　内容：反転するヴェネツィア（北山恒著）　五〇〇年の歴史のなかの都市（吉見俊哉著）　ヴェネツィア、歴史が現代へ結びつく魔術的な島（アメリーゴ・レストゥッチ著）　祝祭性豊かな歴史的都市空間（陣内秀信, 樋渡彩述）　文化戦略を通じた都市のヴィジョン（アメリーゴ・レストゥッチ述）　都市というキャンバス（南條史生著）　地方〈へ〉の意識を変える国際展（五十嵐太郎著）　CIVIC　PRIDE（伊藤香織著）　FESTIVAL/TOKYO（相馬千秋著）　BEPPU　PROJECT（山出淳也著）　文化を育む都市の思想と戦略（アメリーゴ・レストゥッチ, 吉見俊哉, 北山恒ほか述）　ヴェネツィアから未来を問う（寺田真理子著）〉①978-4-306-04607-8　Ⓝ518.8　［2600円］

ベネルクス（紀行・案内記）

◇オランダ　ベルギー　ルクセンブルク世界遺産と歴史の旅―プロの添乗員と行く　武村陽子著　彩図社　2014.3　207p　19cm　①978-4-88392-983-2　Ⓝ293.5809　［1300円］

ヘプバーン, A.〔1929～1993〕

◇オードリーのローマ―プリンセスの素顔　ルドヴィカ・ダミアーニ, ルカ ドッティ編集, シャーシャ・ガンバッチーニ解説, 田丸公美子, 門谷彩香訳, 倉西幹雄翻訳監修　六耀社　2014.4　191p　26cm〈作品目録あり　年譜あり〉①978-4-89737-766-7　Ⓝ778.253　［2500円］

ヴェブレン, T.〔1857～1929〕

◇経済倫理学序説　西部邁著　改版　中央公論新社　2014.7　246p　16cm（中公文庫　に5-6）①978-4-12-205983-2　Ⓝ331.74　［840円］

ペマ・ツェテン〔1969～〕

◇Sernya―チベット文学と映画制作の現在　vol. 1　ペマ・ツェテン映画特集　Sernya編集部, チベット文学研究会編　府中（東京都）　東京外国語大学アジア・アフリカ言語文化研究所　2013.12　127p　21cm〈年譜あり〉①978-4-86337-148-4　Ⓝ929.32

ヘミングウェイ, E.〔1899～1961〕

◇「キリマンジャロの雪」を夢見て―ヘミングウェイの彼方へ　今村楯夫著　札幌　柏艪舎　2014.4　183p　19cm（［ネプチューン〈ノンフィクション〉シリーズ］）〈星雲社（発売）〉①978-4-434-19035-3　Ⓝ294.44709　［1500円］

ベラスケス, D.R.〔1599～1660〕

◇信仰の眼で読み解く絵画　3　エル・グレコ/ゴヤ/ベラスケス　岡山敦彦著　いのちのことば社（発売）　2013.11　227p　図版［12］枚　19cm　①978-4-264-03134-5　Ⓝ723　［1300円］

ベラスコ, A.〔1909～2003〕

◇伝説の秘密諜報員ベラスコ―"天皇の金塊"の真実を知っていた男　高橋五郎著　学研パブリッシング　2014.9　383p　18cm（MU NONFIX）〈学研マーケティング（発売）〉①978-4-05-406131-6　Ⓝ391.6　［1000円］

ペリー, M.C.〔1794～1858〕

◇ペリー提督日本遠征記　上　M・C・ペリー［著］, F・L・ホークス編纂, 宮崎壽子監訳　KADOKAWA　2014.8　643p　15cm（角川ソフィア文庫　［1300-1]）〈「ペリー艦隊日本遠征記　上」（万来舎　2009年刊）の改題〉①978-4-04-409212-2　Ⓝ291.09　［1360円］

◇ペリー提督日本遠征記　下　M・C・ペリー[著], F・L・ホークス編纂, 宮崎壽子監訳　KADOKAWA　2014.8　570p　15cm　([角川ソフィア文庫] [I300-2])〈「ペリー艦隊日本遠征記 下」(万来舎 2009年刊)の改題〉①978-4-04-409213-9　Ⓝ291.09　[1360円]

ペルー(技術援助〔日本〕)

◇ペルー国北部地域給水・衛生事業組織強化プロジェクトプロジェクト事業完了報告書　[東京]　国際協力機構　2013.3　1冊　30cm〈共同刊行:ユニコインターナショナルほか〉Ⓝ333.804

ペルー(畜産業)

◇アンデス高地にどう暮らすか―牧畜を通じて見る先住民社会　若林大我著　風響社　2014.10　66p　21cm　(ブックレット《アジアを学ぼう》別巻 5) ①978-4-89489-775-5　Ⓝ382.68　[800円]

ペルー(農業―歴史)

◇中央アンデス農耕文化論―とくに高地部を中心として　山本紀夫著　吹田　人間文化研究機構国立民族学博物館　2014.3　441p　26cm　(国立民族学博物館調査報告 117)〈文献あり〉①978-4-906962-18-1　Ⓝ612.68

ペルー(文化財保護)

◇アンデスの文化遺産を活かす―考古学者と盗掘者の対話　関雄二著　京都　臨川書店　2014.2　214p　19cm　(フィールドワーク選書 6)〈内容:フィールドワーク前夜　遺跡はどうして壊れるのか　不法占拠と遺跡の破壊　盗掘者の論理　ミイラの帰属をめぐる攻防　インカに虐げられ、インカを愛する人々　集合的記憶の生成〉①978-4-653-04236-5　Ⓝ709.68　[2000円]

ベール,P.〔1647～1706〕

◇ピエール・ベール関連資料集　2[下]　寛容論争集成　下　野沢協編訳　法政大学出版局　2014.2　1030p　22cm〈内容:ソッツィーニ主義一覧(ピエール・ジュリュー著)『ソッツィーニ主義一覧』についての意見(イザーク・ジャクロ著)　寛容の正しい限界(ジャック・フィリポ著)　良心の権利についての考察(エリ・ソーラン著)　プーフェンドルフ『自然法・万民法』の仏訳に付した「訳者序文」－抄(ジャン・バルベラック著)　『教父道徳論』－抄(ジャン・バルベラック著)〉①978-4-588-12030-5　Ⓝ135.2　[25000円]

ベルギー(経済)

◇ベルギー　ARC国別情勢研究会/編　ARC国別情勢研究会　2014.11　136p　26cm　(ARCレポート 2014/15) ①978-4-907366-24-7　[12000円]

ベルギー(歴史)

◇物語ベルギーの歴史―ヨーロッパの十字路　松尾秀哉著　中央公論新社　2014.8　244p　18cm　(中公新書 2279)〈文献あり 年表あり〉①978-4-12-102279-0　Ⓝ235.8　[840円]

ベルク

◇新宿駅最後の小さなお店ベルク―個人店が生き残るには?　井野朋也著　筑摩書房　2014.12　276p　15cm　(ちくま文庫 い85-1)〈ブルース・インターアクションズ 2008年刊の加筆〉①978-4-480-43233-9　Ⓝ673.98　[740円]

ベルクソン,H.L.〔1859～1941〕

◇ベルクソン＝時間と空間の哲学　中村昇著　講談社　2014.1　231p　19cm　(講談社選書メチエ 567)〈文献あり〉①978-4-06-258570-5　Ⓝ135.4　[1600円]

ヴェルサイユ宮殿

◇継ぎはぎだらけのヴェルサイユ宮殿―王たちの時代をとどめる建築遺産　窪田喜美子著　クレオ　2013.12　317p　21cm〈文献あり 年表あり〉①978-4-87736-140-2　Ⓝ523.35　[2500円]

◇庭師が語るヴェルサイユ　アラン・バラトン著, 鳥取絹子訳　原書房　2014.3　262p　20cm　①978-4-562-04990-5　Ⓝ288.4935　[2400円]

◇フランス式庭園の魅力とル・ノートルの世界　杉尾伸太郎筆　改訂版　プレック研究所　2014.5　177p　28cm〈年表あり〉①978-4-9907719-0-4,978-4-9907719-2-8(set)　Ⓝ629.23

◇マリー・アントワネットの植物誌　エリザベット・ド・フェドー著, アラン・バラトン監修, 川口健夫訳　原書房　2014.2　243p　22cm〈文献あり 索引あり〉①978-4-562-04985-1　Ⓝ629.75　[3800円]

ヘルダー,J.G.〔1744～1803〕

◇ヘルダーのビルドゥング思想　濱田真著　鳥影社　2014.10　345,36p　22cm〈文献あり 著作目録あり 索引あり　内容:ビルドゥング概念の歴史　「人間の使命」をめぐる問題　中間存在としての人間　感性論　クリスティアン・ヴォルフのビルドゥング論　言語論　神話論　作家・読者論　歴史における連続と断絶　アナロジー　形態学としてのヘルダー歴史哲学〉①978-4-86265-472-4　Ⓝ134.1　[3600円]

ヘルダーリン,F.〔1770～1843〕

◇ヘルダーリンと現代　高木昌史著　青土社　2014.10　373,24p　20cm〈文献あり 年譜あり 索引あり〉①978-4-7917-6821-9　Ⓝ941.6　[2600円]

ヴェルディ,G.〔1813～1901〕

◇リッカルド・ムーティ、イタリアの心ヴェルディを語る　リッカルド・ムーティ著, 田口道子訳　音楽之友社　2014.5　197p　20cm　①978-4-276-20378-5　Ⓝ762.37　[2500円]

ヴェールト,G.〔1822～1856〕

◇ヴェールトとイギリス　高木文夫著　岡山　大学教育出版　2014.3　187p　22cm　(香川大学経済研究叢書 25)〈文献あり 年表あり 索引あり〉①978-4-86429-251-1　Ⓝ941.6　[2000円]

ベルナルド〔 ～1557〕

◇薩摩のベルナルドの生涯―初めてヨーロッパに行った日本人　ホアン・カトレット著, 高橋敦子訳　習志野　教友社　2013.7　100p　19cm〈文献あり〉①978-4-902211-89-4　Ⓝ198.22　[1000円]

ヴェルヌ,J.〔1828～1905〕

◇ジュール・ヴェルヌ伝　フォルカー・デース著, 石橋正孝訳　水声社　2014.6　699p 図版32p　22cm〈文献あり 索引あり〉①978-4-8010-0030-8　Ⓝ950.268　[10000円]

ベルリン(デザイン―歴史)

◇ベルリン・デザイン・ハンドブックはデザインの本ではない!　クリスティアン・ボーングレーバー編著, 明石政紀訳　神戸　BEARLIN　2013.1　159p　21cm〈新宿書房(発売)〉①978-4-88008-428-2　Ⓝ757.0234　[2380円]

ベルリン(文化―歴史)

◇ロシア人たちのベルリン―革命と大量亡命の時代　諫早勇一著　東洋書店　2014.2　257,47p　20cm〈年表あり 索引あり〉①978-4-86459-130-0　Ⓝ334.538　[2500円]

ベルリン・フィルハーモニー管弦楽団

◇CDで聴くベルリン・フィル　野崎正俊著　芸術現代社　2013.6　262p　21cm　①978-4-87463-197-3　Ⓝ764.3　[2400円]

ペレック,G.〔1936～1982〕

◇ジョルジュ・ペレック伝―言葉に明け暮れた生涯　デイヴィッド・ベロス著, 酒詰治男訳　水声社　2014.3　778p 図版32p　22cm〈著作目録あり 作品目録あり 索引あり〉①978-4-8010-0026-1　Ⓝ950.278　[12000円]

ペーレルス,F.J.〔1910～1945〕

◇フリードリヒ・ユストゥス・ペーレルス―告白教会の顧問弁護士　雨宮栄一著　新教出版社　2014.11　311p　20cm〈文献あり 年譜あり 索引あり〉①978-4-400-21320-8　Ⓝ289.3　[3100円]

ベーレンス,P.〔1868～1940〕

◇ペーター・ベーレンス―モダン・デザイン開拓者の一生　アラン・ウィンザー著, 椎名輝世訳　創英社/三省堂書店　2014.11　253p　21cm〈文献あり 索引あり〉①978-4-88142-865-8　Ⓝ523.34　[2315円]

ベロー,S.〔1915～2005〕

◇ソール・ベローと「階級」―ユダヤ系主人公の階級上昇と意識の揺らぎ　鈴木元子著　彩流社　2014.2　362p　22cm〈文献あり〉①978-4-7791-1971-2　Ⓝ930.278　[4000円]

ベロット,B.〔1721～1780〕

◇複眼の景観―ベルナルド・ベロット構図を読む　萩島哲著　福岡　九州大学出版会　2014.3　204p　26cm〈文献あり〉①978-4-7985-0118-5　Ⓝ723.37　[5600円]

ベンガル(貿易―歴史)

◇大河が伝えたベンガルの歴史―「物語」から読む南アジア交易圏　鈴木喜久子著　明石書店　2014.6　251p　20cm　(世界歴史叢書)〈文献あり 年表あり　内容:「物語」から読む南アジア交易圏　商人の妻の物語　デワーナ・モディナ　スロトジャン・ビビ　モノシャ霊験記　ビッショコルマ神への祈願儀礼の縁起　マイチャンパの物語〉①978-4-7503-4033-3　Ⓝ225.1　[3800円]

ベンサム,J.〔1748～1832〕

◇ベンサム　山田英世著　新装版　清水書院　2014.9　185p　19cm　(Century Books)〈文献あり 年譜あり 索引あり　奥

ヘンデル,G.F.〔1685～1759〕

付の責任表示読み（誤植）：やまだひでお〕①978-4-389-42016-1 Ⓝ133.4〔1000円〕

ヘンデル, G.F.〔1685～1759〕

◇ヘンデル《メサイア》研究―楽曲分析と解釈　中内幸雄著　アルテスパブリッシング　2014.10　515p　27cm〈文献あり〉①978-4-86559-110-1　Ⓝ765.2〔8000円〕

ヘンドリックス, J.〔1942～1970〕

◇ジミ・ヘンドリクスかく語りき―1966-1970インタヴュー集　ジミ・ヘンドリクス［述］, スティーブン・ロビー編著, 安達眞弓訳　［東京］　スペースシャワーブックス　2013.3　566p　20cm〈スペースシャワーネットワーク（発売）〉①978-4-906700-76-9　Ⓝ767.8〔2800円〕

◇ジミ・ヘンドリックス―Life　キース・シャドウィック著, TOブックス編集部翻訳　TOブックス　2014.7　477p　22cm　①978-4-86472-255-1　Ⓝ767.8〔4000円〕

◇マイルス・デイヴィスとジミ・ヘンドリックス―風に消えたメアリー　中山康樹著　イースト・プレス　2014.7　287p　19cm　①978-4-7816-1166-2　Ⓝ764.78〔2037円〕

辺見 じゅん〔1940～2011〕

◇辺見じゅんの世界―開館一周年特別展　高志の国文学館編　富山　高志の国文学館　2013.8　62p　30cm〈年譜あり　著作目録あり　会期・会場：平成25年8月10日―9月23日　高志の国文学館ほか〉Ⓝ910.268

ベンヤミン, W.〔1892～1940〕

◇美の中断―ベンヤミンによる仮象批判　村上真樹著　京都　晃洋書房　2014.9　193p　20cm〈文献あり　著作目録あり〉①978-4-7710-2573-8　Ⓝ701.1〔2800円〕

◇ベンヤミン　村上隆夫著　新装版　清水書院　2014.9　207p　19cm　(Century Books)〈文献あり　年譜あり　索引あり〉①978-4-389-42088-8　Ⓝ940.278〔1000円〕

◇ベンヤミンとパサージュ論―見ることの弁証法　スーザン・バック=モース著, 高井宏子訳　勁草書房　2014.2　562,18p　22cm〈文献あり　索引あり〉①978-4-326-10230-3　Ⓝ944.7〔7500円〕

◇ベンヤミンの言語哲学―翻訳としての言語, 想起からの歴史　柿木伸之著　平凡社　2014.7　441p　20cm〈文献あり　索引あり〉内容：ベンヤミンの言語哲学の射程　翻訳としての言語へ　「母語」を越えて翻訳する　破壊による再生　歴史を語る言葉を求めて〉①978-4-582-70328-3　Ⓝ801.01〔3900円〕

◇翻訳の時代―ベンヤミン「翻訳者の使命」註解　アントワーヌ・ベルマン［著］, 岸正樹訳　法政大学出版局　2013.12　311,3p　20cm　（叢書・ウニベルシタス 1003）〈索引あり〉①978-4-588-01003-3　Ⓝ801.7〔3500円〕

ヘンリィ, A.〔1922～1997〕

◇アメリカ公民権の炎―ミシシッピ州で闘ったアロン・ヘンリィ　アロン・ヘンリィ, コンスタンス・カリー著, 樋口映美訳　彩流社　2014.6　376,18p　22cm〈年譜あり　索引あり〉①978-4-7791-2023-7　Ⓝ289.3〔4500円〕

【ほ】

ポー, E.A.〔1809～1849〕

◇エドガー・アラン・ポーの復讐　村山淳彦著　未来社　2014.11　243,10p　19cm〈内容：売文家の才気と慚愧　「アッシャーズ」脱出から回帰へ　「群衆の人」が犯す罪とは何か　黒猫と天邪鬼　「盗まれた手紙」の剰余　「メロンタ・タウタ」の政治思想　ポー最後の復讐　ポーの墓　ドライサーはポーの徒弟？　末期の宇宙論作家〉①978-4-624-61038-8　Ⓝ930.268〔2800円〕

ボーア, N.H.D.〔1885～1962〕

◇ニールス・ボーアは日本で何を見たか―量子力学の巨人, 一九三七年の講演旅行　長島要一著　平凡社　2013.12　279p　20cm〈文献あり　年譜あり〉①978-4-582-74518-4　Ⓝ289.3〔2600円〕

ボアソナード, G.〔1825～1910〕

◇ボアソナード著作仮目録　法政大学ボアソナード・梅謙次郎没後一〇〇年企画・出版実行委員会編　2013年3月27日訂正増補版　法政大学　2013.12　78p　31cm　Ⓝ320.31

ボーイスカウト横浜第61団

◇50周年記念誌―ボーイスカウト横浜第六十一団　［横浜］　ボーイスカウト横浜第61団　2014　1冊（ページ付なし）30cm〈年表あり〉Ⓝ379.33

ボイド=オア, J.〔1880～1971〕

◇イギリス食料政策論―FAO初代事務局長J.B.オール　服部正治著　日本経済評論社　2014.12　287p　22cm〈索引あり〉内容：第二次世界大戦までのオール　第二次世界大戦下のイギリス食料政策論　FAOの成立とオール　世界食料委員会提案の挫折　食料政策論におけるナショナルとインターナショナル　「自由貿易国民」の興隆と解体〉①978-4-8188-2357-0　Ⓝ611.31〔5600円〕

ボイドン, F.L.〔1879～1972〕

◇ボイドン校長物語―アメリカン・プレップスクールの名物校長伝　ジョン・マクフィー著, 藤省皓一郎訳　京都　ナカニシヤ出版　2014.10　104p　19cm　①978-4-7795-0889-9　Ⓝ376.453〔1800円〕

法安寺〔亀山市〕

◇鈴鹿山・法安寺再建の記録　前田正著　津　伊勢新聞社　2014.7　61p　19cm　Ⓝ521.818

防衛省

◇防衛省と外務省―歪んだ二つのインテリジェンス組織　福山隆著　幻冬舎　2013.5　202p　18cm　（幻冬舎新書 ふ-8-2）①978-4-344-98308-3　Ⓝ391.6〔780円〕

防衛省海上幕僚監部

◇海上自衛隊艦艇パーフェクトガイド―自衛隊創立60周年　ダイアプレス　2014.7　129p　26cm　（DIA Collection）〈標題紙のタイトル（誤植）：海上自衛隊艦隊パーフェクトガイド〉①978-4-86214-890-2　Ⓝ556.9〔1000円〕

法音寺〔名古屋市〕

◇凡夫を菩薩に転ずる僧伽―大乗山法音寺　仏教タイムス社編　仏教タイムス社　2014.2　132p　21cm　Ⓝ188.95〔800円〕

伯耆町〔鳥取県〕（遺跡・遺物）

◇三部古城山遺跡発掘調査報告書　伯耆町（鳥取県）伯耆町教育委員会　2013.3　309p　図版　45p　30cm　（伯耆町文化財調査報告書 第11集）〈鳥取県西伯郡伯耆町所在　三部福屋ノ奥谷川砂防堰堤建設工事に係る埋蔵文化財発掘調査報告書〉Ⓝ210.0254

◇三部長龍寺谷遺跡三部ダン遺跡発掘調査報告書　伯耆町（鳥取県）伯耆町教育委員会　2014.3　152p　図版　63p　30cm　（伯耆町文化財調査報告書 第13集）〈鳥取県西伯郡伯耆町所在　三部長竜寺谷川砂防堰堤建設工事に係る埋蔵文化財発掘調査報告書〉Ⓝ210.0254

◇野上城跡・三部長龍寺谷タタラ跡　米子市文化財団編　米子　米子市文化財団　2014.3　44p　図版　28p　30cm　（一般財団法人米子市文化財団埋蔵文化財発掘調査報告書 3）〈鳥取県西伯郡伯耆町所在〉Ⓝ210.0254

◇伯耆町内遺跡発掘調査報告書　伯耆町（鳥取県）伯耆町教育委員会　2013.3　28p　図版　14p　30cm　（伯耆町文化財調査報告書 第12集）〈鳥取県西伯郡伯耆町所在〉Ⓝ210.0254

寶珠宗寶珠会

◇仏の実践―体験談集　4　佐賀　寶珠宗寶珠会　2014.10　297p　20cm　①978-4-938868-25-3　Ⓝ169.1〔1500円〕

茅盾〔1896～1981〕

◇「作家」茅盾論―二十世紀中国小説の世界認識　白井重範著　汲古書院　2013.7　321, 3p　22cm　①978-4-7629-6506-7　Ⓝ920.278〔8000円〕

北条〔氏〕〔小田原〕

◇後北条氏研究　小和田哲男著　オンデマンド版　吉川弘文館　2013.10　530,24p　22cm〈印刷・製本：デジタルパブリッシングサービス　内容：一九七〇年までの成果と課題　一九七一年以降の成果と課題　東国戦国大名論　駿河時代の北条早雲　伊豆進攻の北条早雲　北条氏奉書式印判状と奉行人　戦国大名後北条氏の権力機構　後北条氏の直轄領と西相模の経営　戦国家法研究への提言　戦国期土豪論　北条氏邦とその文書　後北条氏下層家臣の諸形態　戦国期土豪の知行と軍役　戦国動乱期の階級闘争と村落構造　後北条氏領国下の農民諸階層　北条氏邦の検地について　後北条氏領国における農民逃亡　戦国大名後北条氏の百姓と侍　戦国期駿豆国境の村落と土豪　戦国期の村落構造と領主権力〉①978-4-642-04246-8　Ⓝ210.47〔15500円〕

◇後北条氏の武蔵支配と地域領主　井上恵一著　岩田書院　2014.10　426p　22cm　（戦国史研究叢書 11）〈年表あり〉①978-4-87294-823-3　Ⓝ213〔9900円〕

◇実録戦国北条記―戦史ドキュメント　伊東潤著　エイチアンドアイ　2014.4　279p　19cm〈文献あり〉①978-4-901032-99-5　Ⓝ210.47〔1600円〕

◇戦国大名北条氏―合戦・外交・領国支配の実像　下山治久著　横浜　有隣堂　2014.3　193,4p　18cm　（有隣新書 73）〈文献あり　索引あり〉①978-4-89660-215-9　Ⓝ288.2〔1000円〕

日本件名図書目録2014　I　　　　　　　　　　　　　　　　　　　　　　　　　　　　北陸地方（科学者）

◇戦国北条氏五代の盛衰　下山治久著　東京堂出版　2014.2
214p　22cm〈文献あり　索引あり〉Ⓝ978-4-490-20859-7
Ⓝ288.2　［3400円］

傚襄会
◇あゆみ―創立30周年記念誌　傚襄会編　［亀岡］　傚襄会
2013.7　141p　30cm〈年表あり〉Ⓝ369.14

北条高等学校〔兵庫県立〕
◇創立90周年記念誌　加西　兵庫県立北条高等学校90周年記念
事業実行委員会　2013.10　60p　30cm〈年表あり〉Ⓝ376.48

法政大学
◇就活は最強の教育プログラムである―稲増龍夫＆法政大学自
主マスコミ講座　稲増龍夫著　中央公論新社　2014.3　206p
20cm〈年譜あり〉Ⓝ978-4-12-004603-2　Ⓝ377.9　［1200円］
◇外濠の青春―法大「マル研」と安保闘争の仲間たち　三階泰
子,寺脇洋子編　桐書房　2014.11　285p　19cm　Ⓝ978-4-
87647-846-0　Ⓝ377.96　［1600円］
◇法政大学改革物語―清成忠男総長時代の改革　白石史郎著
同友館　2014.3　255p　19cm〈文献あり　著作目録あり　年譜
あり〉Ⓝ978-4-496-05056-5　Ⓝ377.21　［1600円］

房総半島
◇房総を学ぶ―房総地域文化研究プロジェクト記録集　7　東京
成徳大学人文学部日本伝統文化学科房総地域文化研究プロ
ジェクト編　八千代　東京成徳大学人文学部日本伝統文化学
科房総地域文化研究プロジェクト　2014.3　200p　21cm〈文
献あり　内容：論じる　九十九里を訪れた文化人たち（鶴巻孝
雄著）江戸時代における庶民の旅（野内佑佳著）伝える　上
総国山辺郡山口村・雄蛇ヶ池関係の古文書（川﨑万衣佳著）
房総地域の竜神信仰（学生部会著）Ⓝ213.5

房総半島（文学上）
◇房総を描いた作家たち　5　中谷順子著　暁印書館　2014.9
246p　19cm　Ⓝ978-4-87015-173-4　Ⓝ910.26　［1600円］

法道寺〔堺市〕
◇和泉国法道寺の至宝―鉢峯山のほとけたち　堺市博物館編
堺　堺市博物館　2014.5　63p　30cm〈年表あり　会期：平
成26年5月17日―6月15日〉Ⓝ702.17

防府市（遺跡・遺物）
◇下津令遺跡　1　山口県ひとづくり財団山口県埋蔵文化財セン
ター,防府市教育委員会編　山口　山口県ひとづくり財団山口
県埋蔵文化財センター　2014.3　56p　図版32p　30cm　（山
口県埋蔵文化財センター調査報告　第86集）〈共同刊行：防府
市教育委員会　内容：沖ノ下1地区　西尾崎1地区〉Ⓝ210.0254

防府市（写真集）
◇山口・防府の昭和―写真アルバム　名古屋　樹林舎　2014.8
264p　図版16p　31cm〈山口教科書供給（発売）年表あり
文献あり〉Ⓝ978-4-902731-69-9　Ⓝ217.7　［9250円］

防府市（歴史）
◇わが故郷の風景―周防なる蓬莱島「防府市向島」海の人々の歴
史物語と町の風景点描　石川哲海著　［小牧］　［石川哲海］
2014.3　372p　21cm〈文献あり　年表あり　折り込 2枚〉
Ⓝ217.7　［非売品］

宝満山
◇宝満山総合報告書―福岡県太宰府市・筑紫野市所在の宝満山に
関する文化財の総合報告　太宰府市教育委員会編　太宰府
太宰府市教育委員会　2013.3　203p　図版 6p　30cm（太宰
府市の文化財　第118集）〈文献あり　年表あり〉Ⓝ709.191

法隆寺〔奈良県斑鳩町〕
◇南北朝期法隆寺記録―「法隆寺記録」を読む会編　岩田書院
2014.7　185,17p　21cm　（岩田書院史料選書 3）〈索引あり
大阪府立中之島図書館所蔵の影印および翻刻　東京大学史料
編纂所架蔵の影印および翻刻〉Ⓝ978-4-87294-849-3　Ⓝ188.
215　［2800円］
◇法隆寺―祈りとかたち：東日本大震災復興祈念・新潟県中越地
震復興10年　仙台市博物館,東京藝術大学大学美術館,新潟県
立近代美術館,朝日新聞社編　［東京］　朝日新聞社　2014.3
214p　26cm〈年表あり　会期・会場：2014年3月1日―4月13
日　仙台市博物館ほか〉Ⓝ702.17

ボーエン,J.〔1979～ 〕
◇ボブがくれた世界―ぼくらの小さな冒険　ジェームズ・ボー
エン著,服部京子訳　辰巳出版　2014.12　277p　20cm
Ⓝ978-4-7778-1429-9　Ⓝ289.3　［1600円］

ホーガース,W.〔1697～1764〕
◇民のモラル―ホーガースと18世紀イギリス　近藤和彦著　筑
摩書房　2014.6　364p　15cm　（ちくま学芸文庫 コ42-1）
〈文献あり　索引あり　内容：異文化としての歴史　暦と十八

世紀　法の代執行　騒ぎとモラル　ホーガースの黙劇〉
Ⓝ978-4-480-09623-4　Ⓝ233.06　［1300円］

ホーキング,S.W.〔1942～ 〕
◇ホーキングInc　エレーヌ・ミアレ著,河野純治訳　柏書房
2014.6　405p　20cm〈文献あり〉Ⓝ978-4-7601-4410-5
Ⓝ289.3　［2400円］
◇ホーキング、自らを語る　スティーヴン・ホーキング著,池央
耿訳,佐藤勝彦監修　あすなろ書房　2014.4　127p　20cm
Ⓝ978-4-7515-2751-1　Ⓝ289.3　［1400円］

北欧→ヨーロッパ〔北部〕を見よ

北宋〔中国〕（政治―歴史―宋時代）
◇風流天子と「君主独裁制」―北宋徽宗朝政治史の研究　藤本猛
著　京都　京都大学学術出版会　2014.3　510p　22cm　（プ
リミエ・コレクション 50）〈索引あり　内容：序章　崇寧五
年正月の政変　妖人・張懐素の獄　政和封禅計画の中止　徽
宗朝の殿中省　北宋末の宣和殿　宋代の転対・輪対制度　武
臣の清要　終章〉Ⓝ978-4-87698-474-9　Ⓝ312.22　［7200円］

北斗市（遺跡・遺物）
◇館野2遺跡　C地区　第1分冊　文章編　北海道埋蔵文化セン
ター編　江別　北海道埋蔵文化財センター　2014.3　426p　図
版 4p　30cm　（（公財）北海道埋蔵文化財センター調査報告
書 第303集）〈北斗市所在　高規格幹線道路函館江差自動車
道工事用地内埋蔵文化財発掘調査報告書　折り込 1枚〉
Ⓝ210.0254
◇館野2遺跡　C地区　第2分冊　遺構編　北海道埋蔵文化セン
ター編　江別　北海道埋蔵文化財センター　2014.3　466p
30cm　（（公財）北海道埋蔵文化財センター調査報告書 第303
集）〈北斗市所在　高規格幹線道路函館江差自動車道工事用地
内埋蔵文化財発掘調査報告書〉Ⓝ210.0254
◇館野2遺跡　C地区　第3分冊　遺構・包含層編　北海道埋蔵文
化財センター編　江別　北海道埋蔵文化財センター　2014.3
186p 図版 116p　30cm　（公財）北海道埋蔵文化財センター
調査報告書 第303集）〈北斗市所在　高規格幹線道路函館江差
自動車道工事用地内埋蔵文化財発掘調査報告書〉Ⓝ210.0254
◇館野2遺跡　C地区　第4分冊　図版2・遺物編　北海道埋蔵文化
財センター編　江別　北海道埋蔵文化財センター　2014.3
421p　30cm　（（公財）北海道埋蔵文化財センター調査報告書
第303集）〈北斗市所在　高規格幹線道路函館江差自動車道工
事用地内埋蔵文化財発掘調査報告書〉Ⓝ210.0254
◇当別川左岸遺跡　北海道埋蔵文化財センター編　江別　北海
道埋蔵文化財センター　2014.12　90p 図版　[14] 枚　30cm
（（公財）北海道埋蔵文化財センター調査報告書 第310集）〈北
斗市所在　高規格幹線道路函館江差自動車道工事用地内埋蔵
文化財発掘調査業務報告書〉Ⓝ210.0254

北杜市（遺跡・遺物）
◇諏訪原遺跡発掘調査概報　2013年度　昭和女子大学人間文化
学部歴史文化学科　2013.12　18p　30cm〈山梨県北杜市明野
町上神取所在〉Ⓝ210.0254

北杜市（農村生活）
◇十年ひと昔―田舎暮らしの風景　丸山泰彦著　武蔵野　さん
こう社　2014.7　235p　19cm　Ⓝ978-4-902386-63-9　Ⓝ611.
98　［1500円］

ほくやく
◇ほくやく百年史―668年のあゆみ　ほくやく100周年運営委員
会編　札幌　ほくやく　2014.3　366p　30cm〈年表あり　文
献あり〉Ⓝ673.5

北陸青少年自立援助センターPeaceful Houseはぐれ雲
◇田んぼの真ん中、はぐれ雲―自立する若者たち　日本評論社
編集部編　日本評論社　2014.11　175p　19cm　Ⓝ978-4-535-
58670-3　Ⓝ369.4　［1200円］

北陸地方（会社一名簿）
◇東商信用録―近畿・北陸版　平成26年版 上巻　大阪　東京商
工リサーチ関西支社　2014.9　116, 1452p　31cm　Ⓝ978-4-
88754-930-2(set)　Ⓝ335.035
◇東商信用録―近畿・北陸版　平成26年版 下巻　大阪　東京商
工リサーチ関西支社　2014.9　140, 1782p　31cm　Ⓝ978-4-
88754-930-2(set)　Ⓝ335.035

北陸地方（科学者）
◇北陸地域における女性研究者ネットワーク構築報告書―平成
25年度報告書　金沢大学男女共同参画キャリアデザインラボ
ラトリー編　［金沢］　金沢大学男女共同参画キャリアデザイ
ンラボラトリー　2014.3　62p　30cm〈平成25年度文部科学
省科学技術人材育成費補助事業「女性研究者研究活動支援事業
（拠点型）」奥付のタイトル：北陸地域における女性研究者
ネットワーク（Hokuriku women researchers' network）構築〉
Ⓝ407

ほ

1013

北陸地方（紀行・案内記）

北陸地方（紀行・案内記）
◇「橘由之日記」の研究　矢澤昴治編著　専修大学出版局　2014.8　256p　22cm〈文献あり　年譜あり　内容：橘由之日記（渡辺秀英著）日記の事項解説　橘由之と良寛禅師〉①978-4-88125-288-8　Ⓝ291.4　[3600円]

北陸地方（キノコ―図集）
◇北陸のきのこ図鑑　本郷次雄監修, 池田良幸著　新版　金沢　橋本確文堂　2013.7　24,396p　図版146p　26cm〈文献あり　索引あり〉①978-4-89379-158-0　Ⓝ474.85　[9000円]
◇北陸のきのこ図鑑―付石川県菌類集録　池田良幸著, 橋屋誠, 糟谷大河校閲　追補　金沢　橋本確文堂　2014.6　360p　図版36p　26cm〈文献あり　索引あり〉①978-4-89379-164-1　Ⓝ474.85　[8500円]

北陸地方（建築彫刻―図集）
◇寺社の装飾彫刻　北海道・東北・北陸編　北海道・青森・岩手・秋田・宮城・山形・福島・新潟・富山・石川・福井　若林純撮影・構成　日貿出版社　2014.1　207p　26cm〈文献あり〉①978-4-8170-5091-5　Ⓝ713.021　[3800円]

北陸地方（女性労働者）
◇北陸地域における女性研究者ネットワーク構築報告書―平成25年度報告書　金沢大学男女共同参画キャリアデザインラボラトリー編　[金沢]　金沢大学男女共同参画キャリアデザインラボラトリー　2014.3　62p　30cm〈平成25年度文部科学省科学技術人材育成費補助事業「女性研究者研究活動支援事業（拠点型）」　奥付のタイトル：北陸地域における女性研究者ネットワーク（Hokuriku women researchers' network）構築〉Ⓝ407

北陸地方（男女共同参画）
◇北陸地域における女性研究者ネットワーク構築報告書―平成25年度報告書　金沢大学男女共同参画キャリアデザインラボラトリー編　[金沢]　金沢大学男女共同参画キャリアデザインラボラトリー　2014.3　62p　30cm〈平成25年度文部科学省科学技術人材育成費補助事業「女性研究者研究活動支援事業（拠点型）」　奥付のタイトル：北陸地域における女性研究者ネットワーク（Hokuriku women researchers' network）構築〉Ⓝ407

北陸地方（農業―歴史）
◇北陸農業50年のあゆみ　企画調整室編　[金沢]　北陸農政局　2013.11　60p　30cm〈年表あり〉Ⓝ612.14

北陸電機製造株式会社
◇北陸電機製造70年史―1944-2014　北陸電機製造70年史編集委員会編　滑川　北陸電機製造　2014.5　177p　図版[11]枚　31cm〈年表あり〉Ⓝ542.067

北竜町〔北海道〕（行政）
◇北竜町総合計画―ふるさと北竜未来プラン：緑の大地とひまわり輝く私のふるさと・北竜町：後期基本計画　[北竜町（北海道）]　北竜町　2014.4　85p　30cm　Ⓝ318.215

ほけんの窓口グループ株式会社
◇「最優」へのあくなき挑戦―ほけんの窓口グループ・第二の創業元年　鶴蒔靖夫著　IN通信社　2014.5　258p　20cm　①978-4-87218-396-2　Ⓝ339.21　[1800円]

鉾田市（社会福祉）
◇鉾田市地域福祉計画　第2期　計画期間：平成26年度―平成30年度　鉾田　鉾田市健康福祉部社会福祉課　2014.3　102p　30cm　Ⓝ369.11

星 晃〔1918～2012〕
◇星晃が手がけた国鉄黄金時代の車両たち　福原俊一著　交通新聞社　2014.11　255p　19cm　（KOTSUライブラリ 009）①978-4-330-51814-5　Ⓝ536.021　[1800円]

星野〔家〕〔千葉県御宿町〕
◇コンニャク屋遠流記　星野博美著　文藝春秋　2014.3　485p　16cm　（文春文庫 ほ11-5）〈文献あり〉①978-4-16-790060-1　Ⓝ288.3　[810円]

星野 和央〔1934～ 〕
◇地域社会を創る―ある出版人の挑戦　阿部年晴著　さいたま　さきたま出版会　2014.8　231p　21cm〈年譜あり〉①978-4-87891-411-9　Ⓝ361.98　[2000円]

星野 仙一〔1947～ 〕
◇星野仙一にみる名将の条件　江本孟紀著　双葉社　2014.4　191p　18cm　（双葉新書 087）①978-4-575-15436-8　Ⓝ783.7　[800円]

星野 通〔1900～1976〕
◇『民法典論争資料集』（復刻増補版）の現代的意義―シンポジウム　松山大学法学部松大GP推進委員会編　松山　松山大学

2014.3　190p　21cm〈内容：基調講演　星野博士と法典論争研究（村上一博述）旧民法典とボワソナード（池田眞朗述）個別報告　民法典論争と梅謙次郎（岡孝述）　民法典論争・論争史（岩谷十郎述）現代日本における民法典論争（大村敦志述）フロアからの発言　『民法典論争資料集』の復刻増補作業について（宮下修一述）民法商法施行取調委員会の審議経過（高橋良彰述）民法典論争と法典調査会及び帝国議会における修正作業の関連（中村哲也述）商法典論争について（高田晴仁述）加藤恒忠と梅謙次郎（江戸恵子述）免許代言人（弁護士）からみた法典論争（谷正之述）〉①978-4-9902556-3-3　Ⓝ324.02　[非売品]

ボス, H.〔1450?～1516〕
◇図説ヒエロニムス・ボス―世紀末の奇想の画家　岡部紘三著　河出書房新社　2014.4　127p　22cm　（ふくろうの本）〈文献あり　年譜あり〉①978-4-309-76215-9　Ⓝ723.359　[1800円]

ボスコ, G.〔1815～1888〕
◇こころの教育者ドン・ボスコの「ローマからの手紙」―若者が愛されていると感じるように、愛してください　サレジオ会日本管区編, 浦田慎二郎改訳・監修　ドン・ボスコ社　2013.10　60p　19cm〈文献あり〉①978-4-88626-567-8　Ⓝ198.27　[200円]

細川〔家〕
◇永青文庫細川家の名宝展　岡山県立美術館, 山陽新聞社編　岡山　岡山県立美術館　2013.7　199p　30cm〈文献あり　会期・会場：2013年7月19日―8月25日　岡山県立美術館　共同刊行：山陽新聞社〉Ⓝ708.7
◇信長からの手紙―細川コレクション　熊本県立美術館編　[熊本]　熊本県立美術館　2014.10　152p　30cm〈文献あり　年譜あり　会期・会場：2014年10月10日―12月14日　熊本県立美術館ほか　重要文化財指定記念　共同刊行：永青文庫〉Ⓝ210.48
◇細川右京家資料集―通称内膳　菅芳生編　改訂版　熊本　右京家細川事務所　2014.8　127p　30cm〈熊日出版（発売）年表あり〉Ⓝ288.2　[非売品]
◇細川家文書　故実・武芸編　熊本大学文学部附属永青文庫研究センター編　吉川弘文館　2014.3　238,15p　31cm　（永青文庫叢書）①978-4-642-01415-1　Ⓝ210.088　[22000円]

細川〔氏〕
◇あなたの知らない「細川家」の歴史　渡辺誠著　洋泉社　2014.6　207p　18cm　（歴史新書）〈文献あり　年譜あり〉①978-4-8003-0368-4　Ⓝ288.3　[860円]
◇在京大名細川京兆家の政治史的研究　浜口誠至著　京都　思文閣出版　2014.3　305,11p　22cm〈文献あり　索引あり〉①978-4-7842-1732-8　Ⓝ210.46　[6500円]

細川忠興妻〔1564～1600〕
◇細川ガラシャ―キリシタン史料から見た生涯　安廷苑著　中央公論新社　2014.4　216p　18cm　（中公新書 2264）〈文献あり　年譜あり〉①978-4-12-102264-6　Ⓝ289.1　[800円]

細迫 兼光〔1896～1972〕
◇人としての途を行く―回想細迫兼光　細迫兼光回想録編纂会編纂　高知　南の風社　2014.8　339p　21cm〈著作目録あり　年譜あり〉①978-4-86202-070-3　Ⓝ289.1　[2500円]
◇細迫兼光と小岩井淨―反ファシズム統一戦線のために　細迫朝夫著　高知　南の風社　2014.8　118p　21cm　①978-4-86202-073-4　Ⓝ289.1　[1000円]

細野 晴臣〔1947～ 〕
◇HOSONO百景―いつか夢に見た音の旅　細野晴臣著, 中矢俊一郎編　河出書房新社　2014.3　190p　19cm　①978-4-309-27472-0　Ⓝ767.8　[1700円]

細見 綾子〔1907～1997〕
◇綾子の一句　岩田由美著　調布　ふらんす堂　2014.8　233p　18cm　（365日入門シリーズ 9）〈索引あり〉①978-4-7814-0694-7　Ⓝ911.362　[1714円]

細谷 昭雄〔1927～2014〕
◇小さな石を拾うように　細谷昭雄[著], 秋田魁新報社編　秋田　秋田魁新報社　2014.5　131p　18cm　（さきがけ新書）〈年譜あり〉①978-4-87020-353-2　Ⓝ289.1　[800円]

ホーソーン, N.〔1804～1864〕
◇ホーソーン研究　創刊号　[吹田]　ホーソーン研究会　2014.1　117p　21cm　Ⓝ930.268

ボーダレス・アートミュージアムNO-MA
◇ボーダレス・アートミュージアムNO-MA10年の軌跡―境界から立ち上がるアート　世界とアート　アサダワタル監修, 辻岡麻由美編　近江八幡　グロー　2014.5　215p　25cm〈年表あり〉①978-4-9907797-0-2　Ⓝ706.9　[2500円]

日本件名図書目録2014　Ⅰ　　　　　　　　　　　　　　　　　　　　　　　　　　　　　北海道（遺跡・遺物—室蘭市）

ホーチミン〔ベトナム〕（3R〔廃棄物〕）
◇我が国循環産業海外展開事業化促進事業ベトナム国ホーチミン市を対象とした固形廃棄物の統合型エネルギー回収事業における実現可能性調査等の支援業務報告書　平成25年度　［大阪］　日立造船　2014.3　119p　30cm〈環境省請負事業〉Ⓝ518.523

ホーチミン〔ベトナム〕（水道）
◇水道分野海外水ビジネス官民連携型案件発掘形成事業（ベトナム・ホーチミン市）報告書　平成25年度　［東京］　神鋼環境ソリューション　2014.3　1冊　30cm　Ⓝ518.1

北海高等学校相撲部
◇一にも押せ、二にも押せ—北海相撲部88年の軌跡　北明邦雄編　札幌　北明邦雄　2014.11　261p　29cm〈年表あり〉Ⓝ788.1　［非売品］

北海電気工事株式会社
◇北海電工70年史—1944-2014　北海電気工事株式会社社史編集委員会編　［札幌］　北海電気工事　2014.10　151p　30cm〈年表あり〉Ⓝ544.067

北海道
◇縁の下のエンジニア—北海道の未来を支える9つの挑戦　ドーコン叢書編集委員会編著　札幌　共同文化社　2013.11　231p　18cm（ドーコン叢書 3）〈内容：地域の自然と暮らしをまもる 支笏湖の"なぞ"に挑む（山下茂明著）吹雪と戦う防災科学（川島由載著）川のお医者さん奮闘記（堀岡和晃著）地域の人と自然をむすぶ 里山から考える生物多様性（櫻井善文著）北海道で生まれた「木育」と「木育マイスター」（中村裕希著）未来の大人とかつての子どものパークボランティア（福原賢二著）地域の歴史と未来をつなぐ ビョウタンの滝（畑山義人著）スズランとラベンダー（朝倉俊一著）地域に知恵と勇気を（ドーコン叢書編集部著）〉①978-4-87739-243-7　Ⓝ291.1　［743円］
◇北海道の法則　北海道の法則研究委員会編　泰文堂　2014.9　174p　18cm（リンダブックス）〈文献あり〉①978-4-8030-0590-5　Ⓝ291.1　［950円］

北海道（3R〔廃棄物〕）
◇3Rハンドブック　平成25年度版　北海道環境生活部環境局循環型社会推進課編　［札幌］　北海道　2014.3　45p　30cm　Ⓝ518.52

北海道（維管束植物—旭川市—便覧）
◇旭川市維管束植物—標本を基にした目録　堀江健二,土蔵寛二［著］,堀江健二編　旭川　旭川市公園緑地協会　2014　119p　26cm〈文献あり　共同刊行：旭川市北邦野草園〉Ⓝ472.114

北海道（遺跡・遺物）
◇オホーツク海沿岸の遺跡とアイヌ文化　菊池徹夫,宇田川洋編　札幌　北海道出版企画センター　2014.7　306p　21cm〈文献あり〉①978-4-8328-1405-9　Ⓝ211　［3200円］
◇黒曜石の流通と消費からみた環日本海北部地域における更新世人類社会の形成と変容　2　佐藤宏之,出穂雅実編　北見　東京大学大学院人文社会系研究科附属北海文化研究常呂実習施設　2014.3　251p　30cm（東京大学常呂実習施設研究報告 第12集）〈文献あり　著作目録あり〉Ⓝ211

北海道（遺跡・遺物—芦別市）
◇野花南黒提墓群　北海道埋蔵文化財センター編　江別　北海道立埋蔵文化財センター　2014.3　52p　図版〔9〕枚　30cm（重要遺跡確認調査報告書 第9集）〈芦別市所在〉Ⓝ210.0254

北海道（遺跡・遺物—恵庭市）
◇西島松10遺跡　恵庭　恵庭市教育委員会　2014.3　23p　30cm（北海道恵庭市発掘調査報告書 2014年）Ⓝ210.0254
◇ユカンボシE1遺跡　2　恵庭　恵庭市教育委員会　2014.3　197p　30cm（北海道恵庭市発掘調査報告書 2014年）Ⓝ210.0254
◇ユカンボシE2遺跡　4　恵庭　恵庭市教育委員会　2014.3　29p　30cm（北海道恵庭市発掘調査報告書 2014年）Ⓝ210.0254

北海道（遺跡・遺物—北見市）
◇黒曜石の流通と消費からみた環日本海北部地域における更新世人類社会の形成と変容　3　吉井沢遺跡の研究　佐藤宏之,山田哲編　北見　東京大学大学院人文社会系研究科附属北海文化研究常呂実習施設　2014.3　313p　30cm（東京大学常呂実習施設研究報告 第13集）〈文献あり〉Ⓝ211

北海道（遺跡・遺物—千歳市）
◇梅川4遺跡　3　第1分冊　北海道埋蔵文化財センター編　［江別］　北海道埋蔵文化財センター　2014.3　494p　図版4p　30cm　（（公財）北海道埋蔵文化財センター調査報告書 第306

集）〈千歳市所在　道央圏連絡道路工事埋蔵文化財発掘調査報告書〉Ⓝ210.0254
◇梅川4遺跡　3　第2分冊　北海道埋蔵文化財センター編　［江別］　北海道埋蔵文化財センター　2014.3　282p　30cm（（公財）北海道埋蔵文化財センター調査報告書 第306集）〈千歳市所在　道央圏連絡道路工事埋蔵文化財発掘調査報告書〉Ⓝ210.0254
◇梅川4遺跡　3　第3分冊　写真図版編　北海道埋蔵文化財センター編　［江別］　北海道埋蔵文化財センター　2014.3　156p　30cm　（（公財）北海道埋蔵文化財センター調査報告書 第306集）〈千歳市所在　道央圏連絡道路工事埋蔵文化財発掘調査報告書〉Ⓝ210.0254
◇オサツ8遺跡　千歳　千歳市教育委員会　2014.3　48p　図版24p　30cm　（千歳市文化財調査報告書 38）Ⓝ210.0254
◇祝梅川小野遺跡（3）・梅川1遺跡（3）　北海道埋蔵文化財センター編　江別　北海道埋蔵文化財センター　2014.3　184p　図版〔23〕枚　30cm　（（公財）北海道埋蔵文化財センター調査報告書 第307集）〈千歳市所在　道央圏連絡道路工事埋蔵文化財発掘調査報告書〉Ⓝ210.0254

北海道（遺跡・遺物—苫小牧市）
◇市内遺跡発掘調査等事業報告書　苫小牧市教育委員会,苫小牧市埋蔵文化財調査センター編　［苫小牧］　苫小牧市教育委員会　2014.3　109p　30cm〈北海道苫小牧市所在　共同刊行：苫小牧市埋蔵文化財調査センター〉Ⓝ210.0254

北海道（遺跡・遺物—函館市）
◇桔梗2遺跡　2　函館市教育委員会生涯学習部文化財課,函館市埋蔵文化財事業団編　函館　函館市教育委員会生涯学習部文化財課　2013.7　11p　30cm　（函館市教育委員会特定非営利活動法人函館市埋蔵文化財事業団発掘調査報告書 第11輯）〈函館市所在　桔梗町408番4における開発行為に係る埋蔵文化財発掘調査報告書　共同刊行：函館市埋蔵文化財事業団〉Ⓝ210.0254
◇サイベ沢遺跡　函館市教育委員会生涯学習部文化財課,函館市埋蔵文化財事業団編　函館　函館市教育委員会生涯学習部文化財課　2014.3　124p　30cm　（函館市教育委員会特定非営利活動法人函館市埋蔵文化財事業団発掘調査報告書 第13輯）〈函館市所在　常盤川総合流域防災工事に伴う埋蔵文化財発掘調査報告書　共同刊行：函館市埋蔵文化財事業団〉Ⓝ210.0254
◇東山B遺跡・亀田中野2遺跡　2　函館市教育委員会生涯学習部文化財課,函館市埋蔵文化財事業団編　函館　函館市教育委員会生涯学習部文化財課　2014.3　90p　30cm　（函館市教育委員会特定非営利活動法人函館市埋蔵文化財事業団発掘調査報告書 第12輯）〈函館市所在　函館新外環状道路（空港道路）工事用地内埋蔵文化財発掘調査報告書　共同刊行：函館市埋蔵文化財事業団〉Ⓝ210.0254

北海道（遺跡・遺物—北斗市）
◇館野2遺跡　C地区　第1分冊　文章編　北海道埋蔵文化財センター編　江別　北海道埋蔵文化財センター　2014.3　426p　図版4p　30cm　（（公財）北海道埋蔵文化財センター調査報告書 第303集）〈北斗市所在　高規格幹線道路函館江差自動車道工事用地内埋蔵文化財発掘調査報告書　折り込 1枚〉Ⓝ210.0254
◇館野2遺跡　C地区　第2分冊　遺構編　北海道埋蔵文化財センター編　江別　北海道埋蔵文化財センター　2014.3　466p　30cm　（（公財）北海道埋蔵文化財センター調査報告書 第303集）〈北斗市所在　高規格幹線道路函館江差自動車道工事用地内埋蔵文化財発掘調査報告書〉Ⓝ210.0254
◇館野2遺跡　C地区　第3分冊　遺構・包含層編　北海道埋蔵文化財センター編　江別　北海道埋蔵文化財センター　2014.3　186p　図版116p　30cm　（（公財）北海道埋蔵文化財センター調査報告書 第303集）〈北斗市所在　高規格幹線道路函館江差自動車道工事用地内埋蔵文化財発掘調査報告書〉Ⓝ210.0254
◇館野2遺跡　C地区　第4分冊　図版2・遺物編　北海道埋蔵文化財センター編　江別　北海道埋蔵文化財センター　2014.3　421p　30cm　（（公財）北海道埋蔵文化財センター調査報告書 第303集）〈北斗市所在　高規格幹線道路函館江差自動車道工事用地内埋蔵文化財発掘調査報告書〉Ⓝ210.0254
◇当別川左岸遺跡　北海道埋蔵文化財センター編　江別　北海道埋蔵文化財センター　2014.12　90p　図版〔14〕枚　30cm　（（公財）北海道埋蔵文化財センター調査報告書 第310集）〈北斗市所在　高規格幹線道路函館江差自動車道工事用地内埋蔵文化財発掘調査業務報告書〉Ⓝ210.0254

北海道（遺跡・遺物—室蘭市）
◇史跡東蝦夷地南部藩陣屋跡モロラン陣屋跡　室蘭市教育委員会編　［室蘭］　室蘭市教育委員会　2014.3　16p　図版7p

ほ

1015

北海道（医療―江差町）

30cm（室蘭市文化財調査報告書 第3集）〈災害復旧事業に伴う発掘調査報告書〉Ⓝ210.0254

北海道（医療―江差町）
◇ここで一緒に暮らそうよ―地域包括ケア時代へのメッセージ 大城忠著 本の泉社 2014.10 231p 19cm ①978-4-7807-1191-2 Ⓝ498.02118 ［1200円］

北海道（衛生―統計）
◇健康管理・高齢者福祉事業報告書 平成24年度 ［札幌］ 北海道厚生農業協同組合連合会 ［2014］ 75p 30cm〈年表あり 共同刊行：JA健康寿命100歳プロジェクト対策協議会〉Ⓝ498.059

北海道（衛生行政―枝幸町）
◇枝幸町健康増進計画―みんなでつくろう健やか・枝幸 枝幸町（北海道）枝幸町 2014.3 127p 30cm Ⓝ498.1

北海道（駅）
◇北海道JR駅舎図鑑463 渡邊孝明著 成山堂書店 2014.10 205p 19×26cm〈索引あり〉①978-4-425-96211-2 Ⓝ686.53 ［2400円］

北海道（温泉）
◇ぶぶまるくんのいい旅談話室 舘浦あざらし責任編集 札幌 海豹舎 2014.9 239p 15cm（あざらし文庫）①978-4-901336-14-7 Ⓝ291.1 ［600円］

北海道（会社―名簿）
◇東商信用録―北海道版 平成26年版 札幌 東京商工リサーチ北海道支社 2014.10 116, 1663p 31cm ①978-4-88754-964-7 Ⓝ335.035 ［75000円］

北海道（貝塚―伊達市）
◇北の自然を生きた縄文人・北黄金貝塚 青野友哉著 新泉社 2014.10 93p 21cm（シリーズ「遺跡を学ぶ」097）〈文献あり〉①978-4-7877-1337-7 Ⓝ211.7 ［1500円］

北海道（開拓―歴史）
◇十勝人心の旅 千葉章仁文 ［帯広］ 帯広信用金庫・経営企画部 2014.10 370p 21cm（帯広しんきん郷土文庫）〈文献あり〉Ⓝ611.24113

北海道（海洋廃棄物）
◇北海道海岸漂着物等実態把握調査業務報告書 平成25年度 ［札幌］ 北海道環境生活部 2014.3 1冊 30cm〈共同刊行：北海道海岸漂着物調査受託コンソーシアム〉Ⓝ519.4
◇北海道海岸漂着物等実態把握調査業務報告書 平成25年度 資料編 ［札幌］ 北海道環境生活部 2014.3 1冊 30cm〈共同刊行：北海道海岸漂着物調査受託コンソーシアム〉Ⓝ519.4

北海道（環境教育）
◇北海道環境教育等行動計画―環境をまもり育てる人づくり・協働取組のために 札幌 北海道環境生活部環境局環境推進課 2014.3 27, 27p 30cm Ⓝ519.1

北海道（観光開発）
◇観光による地域社会の再生―オープン・プラットフォームの形成に向けて 森重昌之著 相模原 現代図書 2014.3 205p 21cm（阪南大学叢書 101）〈星雲社（発売）文献あり 索引あり〉①978-4-434-19008-7 Ⓝ689.4 ［2380円］

北海道（企業）
◇知財がもたらした自信―知財活動を実践する経営者からのメッセージ 札幌 経済産業省北海道経済局 2013.11 50p 30cm〈事業委託先：北海道二十一世紀総合研究所 平成25年度道内中小・ベンチャー企業知的財産活用支援事業フォローアップ調査〉Ⓝ336.17

北海道（企業―名簿）
◇主要企業要覧 北海道版 2013年新年特集号 札幌 帝国データバンク札幌支店 2013.1 384p 30cm（帝国ニュース 北海道版）Ⓝ335.035 ［10000円］
◇主要企業要覧 北海道版 2014年新年特集号 札幌 帝国データバンク札幌支店 2014.1 396p 30cm（帝国ニュース 北海道版）Ⓝ335.035 ［10000円］

北海道（紀行・案内記）
◇久摺日誌―自由訳 松浦武四郎原文, 北海道中小企業家同友会釧根事務所監修 津 たけうるカンパニー 2014.3 100p 19cm〈年譜あり〉Ⓝ291.1
◇シリーズ明治・大正の旅行 第1期12 北海道案内 / 北海道名所案内 / 北海道旅行案内 荒山正彦監修・解説 望月散士, 澤石太輔 ゆまに書房 2014.11 848p 22cm〈北海道物産共進会 明治25年刊の複製 小島大盛堂 明治35年刊の複製ほか 第1期のタイトル関連情報：旅行案内書集成 布装〉①978-4-8433-4653-2,978-4-8433-4652-5（set）［31000円］

北海道（医療―江差町）
◇シリーズ明治・大正の旅行 第1期13 北海道鉄道沿線案内 荒山正彦監修・解説 北海道鐵道管理局, 樺太廳鐵道事務所編 ゆまに書房 2014.11 664p 図版5枚 22cm〈北海道鐵道管理局 大正7年刊の複製 樺太廳鐵道事務所 昭和3年刊の複製 第1期のタイトル関連情報：旅行案内書集成 布装〉①978-4-8433-4654-9,978-4-8433-4652-5（set）Ⓝ384.37 ［21000円］
◇藤岡みなみの穴場ハンターが行く！ in北海道 藤岡みなみ著 札幌 北海道新聞社 2014.5 139p 21cm ①978-4-89453-738-5 Ⓝ291.1 ［1389円］
◇ぶぶまるくんのいい旅談話室 舘浦あざらし責任編集 札幌 海豹舎 2014.9 239p 15cm（あざらし文庫）①978-4-901336-14-7 Ⓝ291.1 ［600円］
◇北海道、祈りの大地―画聖への旅 岡村周之著 ［出版地不明］［岡村周之］ 2014.7 130p 19cm〈制作協力：北海道新聞社事業局出版センター〉①978-4-86368-041-8 Ⓝ291.1 ［649円］

北海道（気候変化）
◇北海道を対象とする総合的ダウンスケール手法の開発と適用 山田朋人研究代表 ［出版地不明］［山田朋人］ 2013.5 74p 30cm（成果報告書 平成24年度）〈文献あり 文部科学省平成24年度地球観測技術等調査研究委託事業 ルーズリーフ〉Ⓝ451.85

北海道（キノコ）
◇十勝の自然と友だちになる！ために 西村弘行, 山岸喬, 佐藤孝夫, 原田陽, 米山彰造, 宜寿次盛生監修 ［帯広］ 帯広信用金庫・経営企画部 2014.4 190p 21cm（帯広しんきん郷土文庫）Ⓝ657.86

北海道（キノコ―名寄市―図集）
◇名寄地方のきのこ 名寄市北国博物館編 名寄 名寄市北国博物館 2014.3 50p 21cm（北国ブックレット）Ⓝ474.85

北海道（教育―石狩市）
◇フューチャースクール×地域の絆@学びの場 伊井義人監修 石狩 藤女子大学人間生活学部 2014.7 163p 19cm（藤女子大学人間生活学部公開講座シリーズ 3）〈六耀社（発売）内容：普通の街、石狩市から発信する教育（伊井義人著）ICTを意識した石狩市の教育の今とこれから（吉田学著） 二一世紀に必要な「生きる力」をつけるために（加藤悦雄著） 二一世紀型スキルを意識したプロジェクト型学習の実践（前多香織著）「近未来のお店」から学ぶ二一世紀型スキル（新谷浩一著） 特別支援学級の「考え、協働する」学習（阿部聖之著）特別支援学級のICTを使った生活ルールへの学びと絵本づくり（斎藤尚子著） 事務作業の軽減・効率化を目指した校務支援システムの利活用（澁谷拓著）「沖揚げ音頭」の再構築（石黒隆一著） 石狩の食（黒河あおい著） 石狩市の自然や住民とのつながりを意識した環境教育（藤彰矩著） へき地中学校での学習支援を通して育んだ「女子大生と中学生の絆」（伊井義人著） 石狩市のNPOに提言！（船木幸弘著） 石狩と日本の教育のこれからの姿（加藤悦雄, 中川一史, 吉田学ほか述）〉①978-4-89737-774-2 Ⓝ372.115 ［1800円］

北海道（教育―名簿）
◇北海道教育関係職員録 2014年度版 札幌 北海教育評論社 2014.7 635, 10p 30cm Ⓝ370.35 ［8000円］

北海道（教育―歴史）
◇獄中メモは問う―作文教育が罪にされた時代 佐竹直子著 札幌 北海道新聞社 2014.12 235p 19cm（道新選書 47）〈文献あり〉①978-4-89453-761-3 Ⓝ372.11 ［1296円］

北海道（教育課程―小学校）
◇小学校教育課程改善の手引 平成26年度 北海道教育庁学校教育局義務教育課編 札幌 北海道教育庁学校教育局義務教育課 2014.7 32p 30cm〈タイトル関連情報：学校力向上に向けた学校改善の視点各教科等の指導の工夫改善学力を向上し、次のステップへ！〉Ⓝ375

北海道（教育課程―中学校）
◇中学校教育課程改善の手引 平成26年度 北海道教育庁学校教育局義務教育課編 札幌 北海道教育庁学校教育局義務教育課 2014.7 32p 30cm〈タイトル関連情報：学校力向上に向けた学校改善の視点各教科等の指導の工夫改善〉Ⓝ375

北海道（教育行政）
◇教育行政執行方針 ［札幌］ 北海道教育委員会 2014.2 14p 30cm Ⓝ373.2

北海道（教育行政―富良野市）
◇富良野市教育行政評価報告書 平成24年度 ［富良野］ 富良野市教育委員会 2013.8 94p 30cm〈内容：教育委員会事務事業点検・評価 学校第三者評価〉Ⓝ373.2
◇富良野市教育行政評価報告書 平成25年度 ［富良野］ 富良野市教育委員会 2014.8 101p 30cm〈内容：教育委員会事務事業点検・評価 学校第三者評価〉Ⓝ373.2

日本件名図書目録2014　Ⅰ　　　　　　　　　　　　　　　　　　　　　　　　　　　　　　　　　北海道（国勢調査）

北海道（教育行政―歴史）
◇戦前北海道における中等教育制度整備政策の研究―北海道庁立学校と北海道会　大谷奨著　学文社　2014.11　216p　22cm〈索引あり　内容：第一回北海道会における庁立学校整備論争　中等普通教育機関と地元負担　第五回北海道会における中等教育機関増設計画とその決定過程　明治末期の北海道における庁立学校整備政策　大正初期の北海道庁立中等学校整備政策　昭和前期の北海道における公立中等学校とその移管問題〉Ⓘ978-4-7620-2485-6　Ⓝ373.2　[5000円]

北海道（行政）
◇アクションプラン―新生北海道戦略推進プラン―「オンリーワンの素晴らしい国・新生北海道」をめざして　3　平成23-25・26年度　札幌　北海道総合政策部政策局　2014.3　134p　30cm　Ⓝ318.21

北海道（行政―夕張市）
◇夕張再生市長―課題先進地で見た「人口減少ニッポン」を生き抜くヒント　鈴木直道著　講談社　2014.10　236p　19cm　Ⓘ978-4-06-219140-1　Ⓝ318.215　[1400円]

北海道（行政組織）
◇市町村の組織と運営の概要　2014　北海道総合政策部地域行政局市町村課監修　札幌　北海道市町村振興協会　2014.9　228p　30cm　Ⓝ318.21

北海道（協働〔行政〕―室蘭市）
◇PCB廃棄物処理事業における地元地域連携可能性調査業務報告書　平成25年度　[東京]　エックス都市研究所　2014.3　79p　30cm〈環境省請負業務〉Ⓝ519.7

北海道（郷土教育）
◇北海道の中等教育段階における「アイヌ民族の学習」　1　中学校での実態把握のためのアンケート調査　[出版地不明]　伊藤勝久　2014.2　74p　30cm（アイヌ文化振興・研究推進機構研究助成研究成果報告書　平成25年度）Ⓝ375.313

北海道（郷土芸能―釧路市）
◇くしろの太鼓　北海道くしろ蝦夷太鼓保存会編　[釧路]　釧路市教育委員会　2014.3　181p　18cm（釧路新書 33）Ⓝ386.8112　[700円]

北海道（橋梁）
◇橋梁、トンネル、立体横断施設、覆道等現況調書　平成25年4月1日現在　[札幌]　北海道開発局　[2013]　489p　21×30cm　Ⓝ515

北海道（漁業―歴史）
◇近世北海道漁業と海産物流通　田島佳也著　大阪　清文堂出版　2014.5　535p　22cm〈内容：北の海に向かった紀州商人　東北と紀州の海民　近世紀州漁法の展開　「海民的」企業家・時国左門の秘められた北方交易　箱館産物会所の実態と特質　漁業経営における資金需給の実態と特質　幕末期浜益場所における浜中漁民の存在形態　幕末期「場所」請負制下における漁民の存在形態　近世後期漁獲鰊の集荷過程　場所請負制後期のアイヌの漁業とその特質　「帳秘録　完」と奥蝦夷地場所を取り巻く環境について　場所請負制の研究について　場所請負の歴史的課題　海産物をめぐる近世後期の東と西　蝦夷地海産物のゆくえ　輸出海産物がつなぐ一九世紀の北海道と中国福建　菅江真澄がみた一八世紀末の松前・近蝦夷地の鱈漁業　北の水産資源・森林資源の利用とその認識〉Ⓘ978-4-7924-1012-4　Ⓝ662.11　[12000円]

北海道（金石・金石文―稚内市）
◇宗谷護国寺跡「旧藩士等の墓」に関する調べ―報告書　吉原裕著　増補　[吉原裕]　2014.2　92p　26cm〈表紙の出版年月（誤植）：平成226年2月〉Ⓝ211.1

北海道（空港―帯広市）
◇帯広空港及び十勝飛行場周辺における航空機騒音測定調査委託業務報告書　平成25年度　[札幌]　北海道　2014.3　1冊　31cm〈平成25年度環境省委託業務　ルーズリーフ〉Ⓝ519.6

北海道（空港―函館市）
◇函館空港及び十勝飛行場周辺における航空機騒音測定調査委託業務報告書　平成25年度　[札幌]　北海道　2014.3　1冊　31cm〈平成25年度環境省委託業務　ルーズリーフ〉Ⓝ519.6

北海道（経済）
◇グローバリズムと北海道経済　穴沢眞，江頭進編著　京都　ナカニシヤ出版　2014.3　289p　22cm〈索引あり〉Ⓘ978-4-7795-0827-1　Ⓝ332.11　[2800円]
◇地域構造の多様性と内発的発展―北海道の地域分析　高原一隆著　日本経済評論社　2014.9　247p　21cm（現代経済政策シリーズ 5）〈文献あり　索引あり〉Ⓘ978-4-8188-2334-1　Ⓝ332.11　[3000円]

北海道（経済）
◇よくわかる道南の産業と経済―新幹線がむすぶ津軽海峡交流圏　青森　青森銀行　[2014]　76p　30cm　Ⓝ602.118

北海道（経済―統計―函館市）
◇市民経済計算推計結果報告書　平成22年度　[函館]　函館市　2014.3　27p　21×30cm　Ⓝ330.59

北海道（経済―歴史）
◇リアルタイム「北海道の50年」　経済編上　1960年代～1980年代　財界さっぽろ編集局編　札幌　財界さっぽろ　2014.2　264p　21cm　Ⓘ978-4-87933-512-8　Ⓝ332.11　[1800円]
◇リアルタイム「北海道の50年」　経済編下　1990年代～2010年代　財界さっぽろ編集局編　札幌　財界さっぽろ　2014.2　274p　21cm　Ⓘ978-4-87933-513-5　Ⓝ332.11　[1800円]

北海道（警察）
◇真実―新聞が警察に跪いた日　高田昌幸[著]　KADOKAWA　2014.4　354p　15cm　（角川文庫　た74-1）〈柏書房　2012年刊に加筆・修正を行い、最終章を書き下し〉Ⓘ978-4-04-101323-6　Ⓝ070.211　[680円]

北海道（建設事業）
◇フロンティアに挑む技術―北海道の土木遺産　土木学会北海道支部選奨土木遺産選考委員会編　土木学会　2014.11　172p　21cm（丸善出版（発売）文献あり）Ⓘ978-4-8106-0818-2　Ⓝ510.9211　[2600円]

北海道（建築―富良野市）
◇富良野の近代建築―富良野市歴史的建造物調査報告書　富良野　富良野市教育委員会　2014.3　158p　図版8p　30cm〈文献あり〉Ⓝ521.6

北海道（建築彫刻―図集）
◇寺社の装飾彫刻　北海道・東北・北陸編　北海道・青森・岩手・秋田・宮城・山形・福島・新潟・富山・石川・福井　若林純撮影・構成　日貿出版社　2014.1　207p　26cm〈文献あり〉Ⓘ978-4-8170-5091-5　Ⓝ713.021　[3800円]

北海道（県民性）
◇北海道・東北「方言」から見える県民性の謎　篠崎晃一著　実業之日本社　2014.5　207p　18cm（じっぴコンパクト新書 190）〈文献あり〉Ⓘ978-4-408-45502-0　Ⓝ818.1　[762円]

北海道（工業―名簿）
◇北海道のものづくり基盤技術企業　札幌　北海道経済部産業振興局産業振興課　2014.1　1冊　30cm　Ⓝ503.5

北海道（鉱山労働）
◇北海道石炭じん肺訴訟　伊藤誠一著　札幌　北海道大学出版会　2014.12　593p　22cm〈文献あり　年譜あり〉Ⓘ978-4-8329-6786-1　Ⓝ498.87　[8000円]

北海道（洪水―北見市―歴史）
◇常呂川―洪水と治水の歴史　佐々木覚著，常呂町郷土研究同好会編　北見　常呂町郷土研究同好会　2014.3　53p　17cm（ところ文庫 30）Ⓝ517.4

北海道（公民館―東神楽町）
◇開発特別講座記録集（東神楽町民講座）　第33回　2013年度　北海道学園大学開発研究所編　札幌　北海道学園大学開発研究所　2014.1　62p　30cm〈会期・会場：2013年10月23日～29日　東神楽町総合福祉会館　共通テーマ：新たな公共によるこれからのまちづくり　内容：2013年10月23日（水）　住民自治のまちづくり（内田和浩述）　2013年10月25日（金）　NPO等の新たな公共の担い手との連携（樽見弘紀述）　2013年10月29日（火）　個性豊かなまちづくりへ向けて（西村宣彦述）　討論会：　2013年10月29日（火）　個性豊かなまちづくりへ向けて（山本進ほか述）〉Ⓝ379.2

北海道（公有財産）
◇屯田兵公有財産をめぐって　河野民雄著，北海道屯田倶楽部編　札幌　地域メディア研究所　2014.1　223p　19cm（屯田フロンティア双書 1）〈年表あり〉Ⓘ978-4-925237-51-2　Ⓝ611.24111　[2000円]

北海道（高齢者―積丹町）
◇お一人暮らし高齢者の生活資源―積丹町美国地区調査のデータから　札幌　北星学園大学社会福祉学部社会調査実習室　2013.2　1冊　30cm（社会福祉調査実習 2012年度）〈文献あり　奥付のタイトル：ソーシャルキャピタルと住民の生活〉Ⓝ367.7

北海道（高齢者福祉―統計）
◇健康管理・高齢者福祉事業報告書　平成24年度　[札幌]　北海道厚生農業協同組合連合会　[2014]　75p　30cm〈年表あり　共同刊行：JA健康寿命100歳プロジェクト対策協議会〉Ⓝ498.059

北海道（国勢調査）
◇国勢調査報告　平成22年　第5巻　抽出詳細集計結果　その2（都道府県・市区町村編）1（北海道・東北 1）総務省統計局編　総務省統計局　2014.2　1冊　27cm〈英語併記〉Ⓝ358.1

北海道（国有財産）

北海道（国有財産）

◇国勢調査報告　平成22年　第6巻　その3　従業地・通学地による抽出詳細集計結果　1（全国，北海道・東北）　総務省統計局編　総務省統計局　2014.1　1冊　27cm〈英語併記〉　Ⓝ358.1

◇国勢調査報告　平成22年　第5巻　抽出詳細集計結果　その2（都道府県・市区町村編）1（北海道・東北　1）　総務省統計局編　日本統計協会　2014.3　1冊　27cm〈英語併記〉　Ⓘ978-4-8223-3755-1　[6600円]

◇国勢調査報告　平成22年　第6巻　その3　従業地・通学地による抽出詳細集計結果　1（全国，北海道・東北）　総務省統計局，統計センター編　統計センター　2014.3　1冊　27cm〈英語併記〉　Ⓘ978-4-86464-170-8　Ⓝ358.1　[7400円]

北海道（国有財産）

◇国有財産の一般競争入札案内書—期間入札　第38回　［札幌］　財務省北海道財務局　［2014］　1冊　30cm〈平成26年1月実施〉　Ⓝ348.3

◇国有財産の一般競争入札案内書—期間入札　第39回　［札幌］　財務省北海道財務局　［2014］　1冊　30cm〈平成26年6月実施〉　Ⓝ348.3

◇国有財産の一般競争入札案内書—期間入札　第40回　［札幌］　財務省北海道財務局　［2014］　1冊　30cm〈平成26年10月実施〉　Ⓝ348.3

北海道（湖沼）

◇サロベツ湿原と稚咲内砂丘林帯湖沼群—その構造と変化　冨士田裕子編著　札幌　北海道大学出版会　2014.11　16,252p　26cm〈文献あり　索引あり〉　Ⓘ978-4-8329-8214-7　Ⓝ454.65　[4200円]

北海道（雇用）

◇農業雇用の地域的需給調整システム—農業雇用労働力の外部化・常勤化に向かう野菜産地　今野聖士著　筑波書房　2014.12　173p　22cm〈文献あり〉　Ⓘ978-4-8119-0457-3　Ⓝ611.75　[2800円]

北海道（昆虫）

◇大雪山昆虫誌　保田信紀著　札幌　北海道自然史研究会　2014.8　512p　図版　11p　30cm〈文献あり〉　Ⓘ978-4-908092-01-5　Ⓝ486.02114　[6000円]

北海道（災害復興—奥尻町）

◇北海道南西沖地震20年記念奥尻島シンポジウム—復興のその先へ—幸の島おくしりの輝く未来に向けて：報告書　奥尻町教育委員会編　奥尻町（北海道）　奥尻町文化協会　2014.3　119p　30cm　Ⓝ369.31

北海道（災害予防）

◇21世紀の減災協働社会をめざして—減災対策に関する調査研究報告書　札幌　北海道市町村振興協会　2013.12　145,58p　30cm〈調査研究委託事業者：環境防災研究機構北海道〉　Ⓝ369.3

北海道（財産評価）

◇評価倍率表—札幌国税局管内：財産評価基準書　平成26年分　第1分冊　札幌国税局［編］　全国官報販売協同組合　2014.7　225p　21×30cm〈索引あり〉　Ⓘ978-4-86458-083-0　Ⓝ345.5　[5463円]

北海道（裁判所—歴史）

◇明治期における北海道裁判所代言人弁護士史録—代言人弁護士仁平豊次　村田不二三　牧口準市著　札幌　北海道出版企画センター　2014.6　510p　22cm〈文献あり　年表あり　索引あり〉　Ⓘ978-4-8328-1403-5　Ⓝ327.12　[6500円]

北海道（産業）

◇よくわかる道南の産業と経済—新幹線がむすぶ津軽海峡交流圏　青森　青森銀行　［2014］　76p　30cm　Ⓝ602.118

北海道（産業—統計—函館市）

◇函館市の事業所—平成24年経済センサス—活動調査結果　［函館］　函館市総務部総務統計担当　2014　34p　21×30cm　Ⓝ605.9

北海道（産業—歴史—釧路市）

◇釧路のあゆみと産業　戸田恭司，石川孝織著　釧路　釧路市立博物館　2014.3　53p　21cm　（釧路市立博物館解説シリーズ）〈年表あり〉　Ⓝ602.112

北海道（産業廃棄物）

◇北海道産業廃棄物処理状況調査報告書　平成23年度　［札幌］　北海道環境生活部　2013.2　83,282p　30cm　Ⓝ519.7

北海道（山菜）

◇十勝の自然と友だちになる！ために　西村弘行，山岸喬，佐藤孝夫，原田陽，米山彰造，宜寿次盛生監修　［帯広］　帯広信用金庫・経営企画部　2014.4　190p　21cm　（帯広しんきん郷土文庫）　Ⓝ657.86

北海道（湿原）

◇サロベツ湿原と稚咲内砂丘林帯湖沼群—その構造と変化　冨士田裕子編著　札幌　北海道大学出版会　2014.11　16,252p　26cm〈文献あり　索引あり〉　Ⓘ978-4-8329-8214-7　Ⓝ454.65　[4200円]

◇湿地への招待—ウエットランド北海道　北海道ラムサールネットワーク編　札幌　北海道新聞社　2014.9　271p　19cm　Ⓘ978-4-89453-752-1　Ⓝ450.911　[1389円]

北海道（児童）

◇子どもロジー　vol.18　北海道子ども学会編　［札幌］　北海道子ども学会事務局　2014.8　87p　30cm〈文献あり　タイトル関連情報：第18回研究大会集録〉　Ⓝ369.4

北海道（児童福祉）

◇子どもロジー　vol.18　北海道子ども学会編　［札幌］　北海道子ども学会事務局　2014.8　87p　30cm〈文献あり　タイトル関連情報：第18回研究大会集録〉　Ⓝ369.4

北海道（児童福祉—奥尻町）

◇災害を経験した子どもたち—北海道南西沖地震から20年を迎える奥尻島を例に：震災子ども支援室"S-チル"講演会報告書：平成25年3月　東北大学大学院教育学研究科教育ネットワークセンター震災子ども支援室"S-チル"［著］　仙台　東北大学大学院教育学研究科教育ネットワークセンター震災子ども支援室"S-チル"　2013.10　48p　30cm　（東日本大震災後の子ども支援　第3回）　Ⓝ369.4

北海道（写真集）

◇北海道新聞報道写真集2014—写真が伝える北海道この1年　北海道新聞社編　札幌　北海道新聞社　2014.12　143p　30cm　Ⓘ978-4-89453-764-4　Ⓝ291.1　[926円]

北海道（写真集—芦別市）

◇ポンモシリ—ふるさと滝里町写真集　長谷山隆博監修　［出版地不明］　ふるさと滝里町写真集発行委員会　2013.8　101p　23×25cm　Ⓝ211.5

北海道（写真集—函館市）

◇函館昭和ノスタルジー—我が青春の街角へ　札幌　ぷらんとマガジン社　2013.12　235p　29cm　Ⓘ978-4-904803-07-3　Ⓝ211.8　[2500円]

北海道（宿駅—別海町）

◇史跡旧奥行臼駅逓所保存管理計画書　別海町教育委員会編　別海町（北海道）　別海町教育委員会　2014.3　182p　30cm　（史跡等保存管理計画策定事業報告書　平成24・25年度）〈年表あり　文献あり〉　Ⓝ709.112

北海道（樹木—図集）

◇知りたい北海道の木100—身近な街路樹・庭木・公園樹　佐藤孝夫著　札幌　亜璃西社　2014.6　191p　19cm〈文献あり　索引あり　「北海道の樹木ベストセレクト100」（2002年刊）の改題、加筆・再編集〉　Ⓘ978-4-906740-10-9　Ⓝ653.211　[1800円]

北海道（省エネルギー）

◇節電・省エネ事例虎の巻—節電・省エネの成果を上げている取り組みをご紹介！　［札幌］　経済産業省北海道経済産業局　2013.7　57p　30cm　Ⓝ501.6

北海道（小水力発電—富良野市）

◇地域主導型再生可能エネルギー事業化検討委託業務（北海道富良野市）成果報告書　平成25年度　［富良野］　三素　2014.3　117p　30cm　Ⓝ501.6

北海道（消防—美幌町—歴史）

◇美幌消防100年のあゆみ—美幌消防100年記念誌　美幌消防100年記念事業実行委員会記念事業部会編　［美幌町（北海道）］　美幌消防100年記念事業実行委員会記念事業部会　2013.12　191p　31cm〈年表あり〉　Ⓝ317.7911

北海道（食生活—歴史）

◇ふと感じた「？」を探る—わたしたちの文化人類学：論集　岡田淳子ゼミの会　3　北海道このごろfood記　岡田淳子編　札幌　共同文化社　2014.9　183p　21cm〈文献あり　内容：縄文時代における食料獲得の一側面（秋山洋司著）　エゾシカ肉が食卓に並ぶ日（小坂みゆき著）　変わりゆく札幌の喫茶店（渡辺亜実著）　北海道のお菓子（朝倉朋美著）　残したい我が家の保存食レシピ（柏野恵里子著）　北海道にある食関連の博物館（水崎禎著）　エッセイ　美味しい言葉にご用心（鶴岡智美著）ほか〉　Ⓘ978-4-87739-256-7　Ⓝ389.04　[1400円]

北海道（食物）

◇南北海道食彩王国　第2版　函館　北海道渡島総合振興局産業振興部商工労働観光課食と観光振興室　2013.3　216p　30cm　Ⓝ596

日本件名図書目録2014　Ⅰ　　　　　　　　　　　　　　　　　　　　　　　　　　　　　　　　北海道（地下水―幌延町）

北海道（書目）

◇北海道EL新聞記事情報リスト　2013-1　エレクトロニック・ライブラリー編　エレクトロニック・ライブラリー　2014.2　879p　31cm〈制作：日外アソシエーツ〉Ⓝ025.811

◇北海道EL新聞記事情報リスト　2013-2　エレクトロニック・ライブラリー編　エレクトロニック・ライブラリー　2014.2　p881-1715　31cm〈制作：日外アソシエーツ〉Ⓝ025.811

◇北海道EL新聞記事情報リスト　2013-3　エレクトロニック・ライブラリー編　エレクトロニック・ライブラリー　2014.2　p1717-2782　31cm〈制作：日外アソシエーツ〉Ⓝ025.811

◇北海道EL新聞記事情報リスト　2013-4　エレクトロニック・ライブラリー編　エレクトロニック・ライブラリー　2014.2　p2783-3718　31cm〈制作：日外アソシエーツ〉Ⓝ025.811

◇北海道EL新聞記事情報リスト　2013-5　エレクトロニック・ライブラリー編　エレクトロニック・ライブラリー　2014.2　p3719-4952　31cm〈制作：日外アソシエーツ〉Ⓝ025.811

◇北海道EL新聞記事情報リスト　2013-6　エレクトロニック・ライブラリー編　エレクトロニック・ライブラリー　2014.2　p4953-6001　31cm〈制作：日外アソシエーツ〉Ⓝ025.811

◇北海道EL新聞記事情報リスト　2013-7　エレクトロニック・ライブラリー編　エレクトロニック・ライブラリー　2014.2　p6003-7183　31cm〈制作：日外アソシエーツ〉Ⓝ025.811

◇北海道EL新聞記事情報リスト　2013-8　エレクトロニック・ライブラリー編　エレクトロニック・ライブラリー　2014.2　p7185-8142　31cm〈制作：日外アソシエーツ〉Ⓝ025.811

◇北海道EL新聞記事情報リスト　2013-9　エレクトロニック・ライブラリー編　エレクトロニック・ライブラリー　2014.2　p8143-9086　31cm〈制作：日外アソシエーツ〉Ⓝ025.811

◇北海道EL新聞記事情報リスト　2013-10　エレクトロニック・ライブラリー編　エレクトロニック・ライブラリー　2014.2　p9087-10028　31cm〈制作：日外アソシエーツ〉Ⓝ025.811

北海道（城跡―厚沢部町）

◇史跡松前氏城跡館城跡保存整備基本構想　厚沢部町教育委員会編　厚沢部町（北海道）厚沢部町　2014.3　68p　30cm　Ⓝ709.118

北海道（人口―統計―函館市）

◇函館市の人口―平成22年国勢調査結果　函館市総務部総務課編　［函館］函館市　2014.1　145p　30cm　Ⓝ358.118

北海道（森林）

◇酸性雨モニタリング（土壌・植生）調査　平成25年度　［札幌］北海道　2014.3　115p　31cm〈平成25年度環境省委託業務報告書　ルーズリーフ〉Ⓝ519.5

北海道（森林計画）

◇網走西部地域森林計画書―網走西部森林計画区　北海道水産林務部林務局森林計画課編　［札幌］北海道　2014.3　107p　30cm〈計画期間：自平成26年4月1日至平成36年3月31日〉Ⓝ651.1

◇上川南部地域森林計画書―上川南部森林計画区　北海道水産林務部林務局森林計画課編　［札幌］北海道　2014.3　115p　30cm〈計画期間：自平成26年4月1日至平成36年3月31日〉Ⓝ651.1

◇十勝地域森林計画書―十勝森林計画区　北海道水産林務部林務局森林計画課編　［札幌］北海道　2014.3　129p　30cm〈計画期間：平成26年4月1日―平成36年3月31日〉Ⓝ651.1

北海道（水産資源）

◇北海道水産資源管理マニュアル　2013年度　北海道水産林務部水産局漁業管理課編　［札幌］北海道　2014.3　55p　30cm〈委託者：北海道資源管理協議会　共同刊行：北海道立総合研究機構水産研究本部〉Ⓝ663.6

北海道（水路誌）

◇北海道沿岸水路誌　［平成20年2月］追補第6　海上保安庁海洋情報部編　海上保安庁　2014.2　24p　30cm　〈書誌第104号　追〉〈共同刊行：日本水路協会〉Ⓝ557.78

北海道（生活保護―釧路市）

◇釧路市の生活保護行政と福祉職・櫛部武俊　櫛部武俊話し手，沼尾波子，金井利之，上林陽治，正木浩司聞き手　公人社　2014.12　181p　21cm　（自治総研ブックレット17）〈文献あり　年譜あり〉①978-4-86162-098-0　Ⓝ369.2　［1500円］

北海道（石炭鉱業―釧路市―歴史）

◇釧路炭田炭鉱（ヤマ）と鉄道と　石川孝織著　釧路　釧路市立博物館友の会　2014.9　197p　21cm〈発行所：水公舎〉①978-4-905307-08-2　Ⓝ567.092112　［1112円］

北海道（石器）

◇環日本海北回廊における完新世初頭の様相解明―「石刃鏃文化」に関する新たな調査研究：科学研究費助成事業『環日本海北回廊の考古学的研究』研究集会　大貫静夫，福田正宏編　東京大学大学院人文社会系研究科考古学研究室　2014.2　124p　30cm〈文献あり　会期・会場：平成26年2月15日―16日　東京大学総合研究博物館本郷本館7Fミューズホール　共同刊行：東京大学大学院新領域創成科学研究科社会文化環境学専攻　内容：基調講演「石刃鏃文化論と女満別式土器群の行方」（大貫静夫著）基調報告「ロシア極東・道東におけるこれまでの調査成果」（福田正宏著）　北東アジアの石刃鏃石器群における体系的黒曜石研究の適用（出穂雅実，森先一貴著）　石刃鏃石器群の年代（國木田大著）　北海道東部の縄文時代早期土器（山原敏朗著）　縄文早期の土器群（道西）（富永勝也著）　北海道の石刃鏃石器群再考（高倉純著）　ロシア極東における石刃鏃を伴う石器群（森先一貴著）　石刃鏃石器群の多様性と共通性（佐藤宏之著）〉Ⓝ211

北海道（石器―北見市）

◇黒曜石の流通と消費からみた環日本海北部地域における更新世人類社会の形成と変容　3　吉井沢遺跡の研究　佐藤宏之，山田哲編　北見　東京大学大学院人文社会系研究科附属北文化研究常呂実習施設　2014.3　313p　30cm　（東京大学常呂実習施設研究報告　第13集）〈文献あり〉Ⓝ211

北海道（戦争遺跡―室蘭市）

◇アメリカが記録した室蘭の防空　工藤洋三，鈴木梅治著　［周南］工藤洋三　2014.7　79p　30cm　①978-4-9907248-2-5　Ⓝ559.9　［1300円］

北海道（騒音〔鉄道〕）

◇鉄道騒音測定調査委託業務報告書　平成25年度　［札幌］北海道　2014.3　34，19p　31cm〈平成25年度環境省委託業務ルーズリーフ〉Ⓝ519.6

北海道（地域開発）

◇新幹線を新千歳空港に直結せよ！―TPP危機を乗り越える開拓四世の北海道・真独立論　中前茂之著　札幌　中西出版　2013.10　223p　21cm　①978-4-89115-289-5　Ⓝ601.11　［1500円］

北海道（地域開発―下川町）

◇エネルギー自立と地域創造（づくり）―森林未来都市：北海道下川町のチャレンジ　下川町編著　下川町（北海道）下川町　2014.7　79p　21cm〈中西出版（発売）　年表あり〉①978-4-89115-298-7　Ⓝ601.114　［1000円］

北海道（地域開発―函館市）

◇地域における国際化―函館をモデルに　鈴木克也編　第2版　鎌倉　エコハ出版　2014.8　216p　21cm　（地域活性化シリーズ）〈三恵社（発売）〉①978-4-86487-252-2　Ⓝ601.118　［2000円］

北海道（地域経済）

◇北海道経済の多面的分析―TPPによる所得増加への道筋　遠藤正寛著　慶應義塾大学出版会　2014.8　320p　22cm〈文献あり　索引あり〉①978-4-7664-2161-3　Ⓝ332.11　［4200円］

北海道（地域社会―江別市）

◇江別市民の震災後の生活とメディアリテラシー／札幌駅前通地下歩行空間とその休憩スペースの活用調査：2012年度札幌学院大学社会情報学部「量的調査設計・量的調査演習」「質的調査設計・質的調査演習」報告書　江別　札幌学院大学社会情報学部社会情報調査室　2013.3　111p　26cm〈編集：高田洋ほか〉Ⓝ361.7

北海道（地域社会開発）

◇「君の椅子」ものがたり―北海道の小さな町から生まれたいのちのプロジェクト　文化出版局編，「君の椅子」プロジェクト監修　文化学園文化出版局　2014.11　138p　21cm　①978-4-579-30449-3　Ⓝ583.75　［1800円］

北海道（地域包括ケア）

◇北海道ヘルスケアサービス創造―北海道発モデルによる全国への提言・展開：「"あづましい"の拠点〈あづましい所＝もう一つの居場所〉」提供と「医・農商工連携」による健康長寿の実現に向けて　経済産業省北海道経済産業局産業部サービス産業室編　経済産業省　2014.5　199p　21cm　①978-4-8065-2941-5　Ⓝ369.26　［2000円］

北海道（地域包括ケア―江差町）

◇ここで一緒に暮らそうよ―地域包括ケア時代へのメッセージ　大城忠著　本の泉社　2014.10　231p　19cm　①978-4-7807-1191-2　Ⓝ498.02118　［1200円］

北海道（地下水―幌延町）

◇幌延深地層研究施設周辺の地質環境情報に基づく地下水流動評価手法の検証に関する研究　［東京］原子力安全基盤機構　2014.2　159p　30cm　（JNES-RE-report series JNES-RE-2013-9032）〈文献あり〉Ⓝ452.95

ほ

1019

北海道（畜産業―歴史）

北海道（畜産業―歴史）

◇国家馬政の方向と馬産地の対応　寺島敏治著　[出版地不明]　[寺島敏治]　[2014]　308p　30cm　〈内容：馬政局主管初期における北海道日高馬産とその交流　第1次世界大戦特需期における北海道産馬の生産と流通　軍縮から軍拡期、そして戦後における北海道産馬と流通〉645.2

北海道（地誌）

◇思わず人に話したくなる北海道学　県民学研究会編　洋泉社　2014.5　190p　18cm　（歴史新書）〈文献あり〉①978-4-8003-0403-2　Ⓝ291.1　[925円]

◇北海道トリビア　北海道トリビア発見プロジェクト編　泰文堂　2014.12　157p　18cm　（リンダブックス）〈文献あり〉①978-4-8030-0630-8　Ⓝ291.1　[950円]

◇漫画・うんちく北海道　椿かすが漫画、池田貴夫監修　KADOKAWA　2014.5　188p　18cm　（メディアファクトリー新書 101）〈文献あり　表紙のタイトル：うんちく北海道漫画〉①978-4-04-066721-8　Ⓝ291.1　[840円]

北海道（地図―目録）

◇北海道土地処分関係地図目録　北海道立文書館編　札幌　北海道立文書館　2014.3　176p　30cm　（北海道立文書館所蔵資料目録 23）〈奥付のタイトル：土地処分関係地図目録〉Ⓝ211

北海道（治水―北見市―歴史）

◇常呂川―洪水と治水の歴史　佐々木覺著、常呂町郷土研究同好会編　北見　常呂町郷土研究同好会　2014.3　53p　17cm　（ところ文庫 30）Ⓝ517.4

北海道（知的財産権）

◇知財がもたらした自信―知財活動を実践する経営者からのメッセージ　札幌　経済産業省北海道経済局　2013.11　50p　30cm　〈事業委託先：北海道二十一世紀総合研究所　平成25年度道内中小・ベンチャー企業知的財産活用支援事業フォローアップ調査〉336.17

北海道（地方行政）

◇市町村の組織と運営の概要　2014　北海道総合政策部地域行政局市町村課監修　札幌　北海道市町村振興協会　2014.9　228p　30cm　Ⓝ318.21

北海道（地方財政）

◇市町村の地方交付税概要　平成25年度　北海道総合政策部地域行政局市町村課監修　札幌　北海道市町村振興協会　2014.8　445p　30cm　Ⓝ349.5

北海道（地方鉄道―釧路市―歴史）

◇釧路炭田炭鉱（ヤマ）と鉄路と　石川孝織著　釧路　釧路市立博物館友の会　2014.9　197p　21cm　〈発行所：水公舎〉①978-4-905307-08-2　Ⓝ567.092112　[1112円]

北海道（地名―室蘭市）

◇明治期室蘭地域におけるアイヌ語地名研究の成立過程に関する基礎的研究―公益財団法人アイヌ文化振興・研究推進機構平成25年度研究助成事業成果報告書　松田宏介編　室蘭　松田宏介　2014.2　22p　図版 11p　30cm　〈背のタイトル：明治期室蘭地域におけるアイヌ語地域研究の成立過程に関する基礎的研究〉Ⓝ291.17

北海道（鉄道）

◇さよなら江差線　さよなら江差線編集委員会編　札幌　北海道新聞社　2014.6　175p　26cm　〈文献あり　年譜あり〉①978-4-89453-743-9　Ⓝ686.2118　[1759円]

◇シリーズ明治・大正の旅行　第1期12　北海道案内 / 北海道名所案内 / 北海道旅行案内　荒山正彦監修・解説　望洋散士,澤石太編　ゆまに書房　2014.11　848p　22cm　〈北海道物産共進会 明治35年刊の複製　小島大盛堂 明治35年刊の複製ほか　第1期のタイトル関連情報：旅行案内書集成　布装〉①978-4-8433-4653-2,978-4-8433-4652-5 (set)　Ⓝ384.37　[31000円]

◇シリーズ明治・大正の旅行　第1期13　北海道鉄道沿線案内　荒山正彦監修・解説　北海道鐵道管理事務所編　ゆまに書房　2014.11　664p　図版5枚　22cm　〈北海道鐵道管理局 大正7年刊の複製　樺太廳鐵道事務所 昭和3年刊の複製　第1期のタイトル関連情報：旅行案内書集成　布装〉①978-4-8433-4654-9,978-4-8433-4652-5 (set)　Ⓝ384.37　[21000円]

◇北海道地図の中の鉄路―JR北海道全線をゆく、各駅停車の旅　堀淳一著　札幌　亜璃西社　2014.12　415p　22cm　①978-4-906740-13-0　Ⓝ686.211　[6000円]

北海道（伝記）

◇北の墓―歴史と人物を訪ねて　上　合田一道、一道塾著　札幌　柏艪舎　2014.6　327p　19cm　（[ネプチューン〈ノンフィクション〉シリーズ]）〈星雲社（発売）文献あり　索引あり〉①978-4-434-19335-4　Ⓝ281.1　[1800円]

◇北の墓―歴史と人物を訪ねて　下　合田一道、一道塾著　札幌　柏艪舎　2014.6　321p　19cm　（[ネプチューン〈ノンフィクション〉シリーズ]）〈星雲社（発売）文献あり　索引あり〉①978-4-434-19336-1　Ⓝ281.1　[1800円]

北海道（動物―写真集）

◇小さな森の物語―十勝・鎮守の杜の動物たち　矢部志朗著　札幌　北海道新聞社　2014.9　1冊（ページ付なし）23cm　①978-4-89453-750-7　Ⓝ482.11　[1759円]

北海道（道路―統計）

◇道路現況調書　平成25年4月1日現在　[札幌]　北海道開発局　[2014]　377p　21×30cm　Ⓝ514.059

北海道（土壌汚染）

◇酸性雨モニタリング（土壌・植生）調査　平成25年度　[札幌]　北海道　2014.3　115p　31cm　〈平成25年度環境省委託業務報告書　ルーズリーフ〉519.5

北海道（図書館）

◇藤島隆著作選集　2　北海道の図書館と図書館人 part 2　藤島隆編著　金沢　金沢文圃閣　2014　174p　26cm　（文献探索人叢書 19）〈年譜あり　著作目録あり　文献あり　年表あり〉289.1　[3000円]

北海道（ドメスティックバイオレンス）

◇北海道配偶者暴力防止及び被害者保護等・支援に関する基本計画―暴力のない男女平等参画社会の実現をめざして　第3次　札幌　北海道環境生活部くらし安全局道民生活課　2014.7　66p　30cm　Ⓝ367.3

北海道（トンネル）

◇橋梁、トンネル、立体横断施設、覆道等現況調書　平成25年4月1日現在　[札幌]　北海道開発局　[2013]　489p　21×30cm　Ⓝ515

北海道（日本文学―小樽市―歴史）

◇小樽「はじめて」の文学史　明治・大正篇　亀井秀雄著　小樽　小樽文學舎　2014.3　56p　21cm　〈共同刊行：市立小樽文学館〉Ⓝ910.29

北海道（入札）

◇国有財産の一般競争入札案内書―期間入札　第38回　[札幌]　財務省北海道財務局　[2014]　1冊　30cm　〈平成26年1月実施〉348.3

◇国有財産の一般競争入札案内書―期間入札　第39回　[札幌]　財務省北海道財務局　[2014]　1冊　30cm　〈平成26年6月実施〉348.3

◇国有財産の一般競争入札案内書―期間入札　第40回　[札幌]　財務省北海道財務局　[2014]　1冊　30cm　〈平成26年10月実施〉348.3

北海道（農業）

◇あぐり博士と考える北海道の食と農　北海道新聞社編　札幌　北海道新聞社　2014.6　173p　21cm　〈年表あり〉①978-4-89453-744-6　Ⓝ612.11　[741円]

北海道（農業教育―歴史）

◇北海道初等中等農業教育史・資料編―忘れられたもう一つの学校教育　尋常高等小学校・実業補習学校・青年学校・戦後新制中学校編　伊東捷夫編著　幕別町（北海道）　伊東捷夫　2014.6　314p　26cm　〈年表あり〉375.6

北海道（農業普及事業）

◇普及奨励ならびに指導参考事項　平成26年　北海道農政部生産振興局技術普及課編　[札幌]　北海道農政部　2014.3　481p　30cm　Ⓝ611.1511

北海道（農業労働）

◇農業雇用の地域的需給調整システム―農業雇用労働力の外部化・常雇化に向かう野菜産地　今野聖士著　筑波書房　2014.12　173p　22cm　〈文献あり〉①978-4-8119-0457-3　Ⓝ611.75　[2800円]

北海道（廃棄物処理）

◇北海道産業廃棄物処理状況調査報告書　平成23年度　[札幌]　北海道環境生活部　2013.2　83, 282p　30cm　Ⓝ519.7

北海道（廃棄物処理―室蘭市）

◇PCB廃棄物処理事業における地元地域連携可能性調査業務報告書　平成25年度　[東京]　エックス都市研究所　2014.3　79p　30cm　〈環境省請負業務〉Ⓝ519.7

北海道（馬頭観音）

◇網走の馬頭さん　北海道馬頭観音研究会編　[苫小牧]　北海道馬頭観音研究会　2014.5　81p　30cm　（北海道の馬頭観音 10）Ⓝ714.02111

◇留萌・宗谷の馬頭さん　北海道馬頭観音研究会編　[苫小牧]　北海道馬頭観音研究会　2014.3　40p　30cm　（留萌・宗谷の馬頭観音 9）〈目次のシリーズ名：北海道の馬頭観音〉Ⓝ714.02116

北海道（花―図集）

◇北海道山の花図鑑　利尻島・礼文島　梅沢俊著　新版　札幌　北海道新聞社　2014.6　231p　19cm〈文献あり　索引あり〉Ⓘ978-4-89453-740-8　Ⓝ477.038　［2000円］

北海道（ひきこもり―旭川市）

◇ひきこもり地域拠点型アウト・リーチ支援事業報告書　田中敦監修　札幌　レター・ポスト・フレンド相談ネットワーク　2014.3　84, 9p　30cm〈独立行政法人福祉医療機構社会福祉振興助成事業〉Ⓝ369.4

北海道（文学者―人名辞典）

◇北の表現者たち―北海道文学大事典補遺　2014　北海道文学館編　札幌　北海道文学館　2014.3　170p　21cm〈年表あり〉Ⓘ978-4-904064-02-3　Ⓝ910.29　［1500円］

北海道（文学上）

◇北の想像力―《北海道文学》と《北海道SF》をめぐる思索の旅　岡和田晃編　札幌　寿郎社　2014.5　782, 14p　22cm〈索引あり　内容：「北の想像力」の可能性（岡和田晃著）　迷宮としての北海道（田中里尚著）　「氷原」の彼方へ（宮野由梨香著）　北方幻想（倉数茂著）　北と垂直をめぐって（石和義之著）　第51回日本SF大会〈Varicon2012〉「北海道SF大全」パネル再録（巽孝之ほか述）　北海道SFファンダム史序論（三浦祐嗣著）　荒巻義雄の謎（藤元登四郎, 岡和田晃著）　小説製造機械が紡ぐ数学的《構造》の夢について（渡邊利道著）　わが赴くは北の大地（礒部剛喜著）　病というファースト・コンタクト（高槻真樹著）　心優しき叛逆者たち（忍澤勉著）　朝松健『肝盗村鬼譚』論（松本寛大著）　SFあるいは幻想文学としてのアイヌ口承文学（丹菊逸治著）　裏切り者と英雄のテーマ（東條慎生著）　武田泰淳『ひかりごけ』の罪の論理（横ація仁志著）　「辺境」という発火源（岡和田晃著）　キャサリン・M・ヴァレンテ「静かに、そして迅速に」（橋本輝幸著）　フィリップ・K・ディック『いたずらの問題』（藤元登四郎著）　川又千秋「魚」（岡和田晃著）　侯孝賢監督『ミレニアム・マンボ』（渡邊利道著）　伊福部昭作・編曲『SF交響ファンタジー』（石和義之著）〉Ⓘ978-4-902269-70-3　Ⓝ910.26　［7500円］

北海道（噴火災害―歴史―史料）

◇北海道駒ヶ岳噴火史料集　津久井雅志編　千葉　津久井雅志　2014.3　103p　30cm〈文献あり〉Ⓝ369.31

北海道（墳墓）

◇北の墓―歴史と人物を訪ねて　上　合田一道, 一道塾著　札幌　柏艪舎　2014.6　327p　19cm（［ネプチューン〈ノンフィクション〉シリーズ］）〈星雲社（発売）　文献あり　索引あり〉Ⓘ978-4-434-19335-4　Ⓝ281.1　［1800円］

◇北の墓―歴史と人物を訪ねて　下　合田一道, 一道塾著　札幌　柏艪舎　2014.6　321p　19cm（［ネプチューン〈ノンフィクション〉シリーズ］）〈星雲社（発売）　文献あり　索引あり〉Ⓘ978-4-434-19336-1　Ⓝ281.1　［1800円］

北海道（弁護士―歴史）

◇明治期における北海道裁判所代言人弁護士史録―代言人弁護士仁平豊次　村田不二三　牧口準市著　札幌　北海道出版企画センター　2014.6　510p　22cm〈文献あり　年表あり　索引あり〉Ⓘ978-4-8328-1403-5　Ⓝ327.12　［6500円］

北海道（方言）

◇北海道・東北「方言」から見える県民性の謎　篠崎晃一著　実業之日本社　2014.5　207p　18cm（じっぴコンパクト新書190）〈文献あり〉Ⓘ978-4-408-45502-0　Ⓝ818.1　［762円］

北海道（補助金）

◇市町村補助金ハンドブック　北海道総合政策部地域行政局市町村課編　［札幌］　北海道市町村振興協会　2014.12　113p　30cm　Ⓝ349.411

北海道（民家）

◇今も生きるアイヌ建築―アイヌ建築の姿：復原建築写眞集　小林法道著　新装丁版　札幌　学術出版会風土デザイン研究所　2013.1　93p　21cm　Ⓘ978-4-9905024-0-9　Ⓝ383.91　［1905円］

北海道（民具）

◇船、橇、スキー、かんじき北方の移動手段と道具―北海道立北方民族博物館第29回特別展図録　北海道立北方民族博物館編　網走　北海道立北方民族博物館　2014.7　73p　30cm〈文献あり　会期：2014年7月12日―10月5日　付・鵬丸カムチャツカ就航アルバム〉Ⓝ383.93

北海道（民謡）

◇袖すり合うも民謡（うた）の縁―北海道民謡交友録　辻義彦著　札幌　北海道出版企画センター　2014.10　240p　19cm　Ⓘ978-4-8328-1409-7　Ⓝ767.511　［1800円］

北海道（名簿）

◇北海道人物・人材情報リスト　2015　第1巻　日外アソシエーツ株式会社編　日外アソシエーツ（制作）　2014.11　616p　30cm　Ⓝ281.1

◇北海道人物・人材情報リスト　2015　第2巻　日外アソシエーツ株式会社編　日外アソシエーツ（制作）　2014.11　p617-1277　30cm　Ⓝ281.1

◇北海道人物・人材情報リスト　2015　第3巻　日外アソシエーツ株式会社編　日外アソシエーツ（制作）　2014.11　p1279-2073　30cm　Ⓝ281.1

◇北海道人物・人材情報リスト　2015　第4巻　日外アソシエーツ株式会社編　日外アソシエーツ（制作）　2014.11　p2075-2611, 106p　30cm　Ⓝ281.1

北海道（野生動物）

◇北海道の動物たち―人と野生の距離　千嶋淳著　ホーム社　2014.10　205p　19cm〈集英社（発売）〉Ⓘ978-4-8342-5302-3　Ⓝ482.11　［1800円］

北海道（要塞―室蘭市―歴史）

◇アメリカが記録した室蘭の防空　工藤洋三, 鈴木梅治著　［周南］　工藤洋三　2014.7　79p　30cm　Ⓘ978-4-9907248-2-5　Ⓝ559.9　［1300円］

北海道（林業経営―下川町）

◇エネルギー自立と地域創造（づくり）―森林未来都市：北海道下川町のチャレンジ　下川町編著　下川（北海道）　下川町　2014.7　79p　21cm〈中西出版（発売）　年表あり〉Ⓘ978-4-89115-298-7　Ⓝ601.114　［1000円］

北海道（歴史）

◇江戸三〇〇藩物語藩史　北海道・東北篇　山本博文監修　洋泉社　2014.11　222p　18cm（歴史新書）〈文献あり〉Ⓘ978-4-8003-0514-5　Ⓝ210.5　［900円］

◇北海道を考える　斉藤傑著　札幌　北海道出版企画センター　2014.1　236p　19cm　Ⓘ978-4-8328-1401-1　Ⓝ211　［1600円］

北海道（歴史―旭川市）

◇知らなかった、こんな旭川　NHK旭川放送局編著　札幌　中西出版　2013.12　159p　21cm〈年表あり　文献あり〉Ⓘ978-4-89115-290-1　Ⓝ211.4　［1600円］

◇東鷹栖鷹栖分村記載録　松田光春編　旭川　松田光春　2014.9　135p　26cm〈年表あり〉Ⓝ211.4

北海道（歴史―写真集―小樽市）

◇写真で辿る小樽―明治・大正・昭和　佐藤圭樹編著, 小樽市総合博物館監修　札幌　北海道新聞社　2014.11　159p　26cm〈年表あり〉Ⓘ978-4-89453-751-4　Ⓝ211.7　［2000円］

北海道（歴史―史料）

◇藤野家文書の内会津藩関係文書翻刻文　秋葉実編著　［標津町（北海道）］　標津町郷土研究会　2014.8　166p　30cm〈標題紙のタイトル：藤野家文書『會津樣江子モロ場所追引渡諸書物目録』『万延二年酉正月ヨリ十一月迄士部津御用留写』翻刻文　内容：會津樣江子モロ場所追引渡諸書物目録　万延二年酉正月ヨリ十一月迄士部津御用留写〉Ⓝ211

北海道（歴史―史料―書目）

◇北海道土地処分関係地図目録　北海道立文書館編　札幌　北海道立文書館　2014.3　176p　30cm（北海道立文書館所蔵資料目録23）〈奥付のタイトル：土地処分関係地図目録〉Ⓝ211

北海道（歴史―三笠市）

◇三笠市史　第4版　21世紀の確かな第一歩　三笠市史編さん委員会編　三笠　三笠市　2014.3　366p　27cm〈年表あり〉Ⓝ211.5

北海道（歴史―稚内市）

◇宗谷護国寺跡「旧藩士等の墓」に関する調べ―報告書　吉原裕著　増補　［札幌］　［吉原裕］　2014.2　92p　26cm〈表紙の出版年月（誤植）：平成226年2月〉Ⓝ211.1

北海道（路線価）

◇路線価図―札幌国税局管内：財産評価基準書　平成26年分第2分冊　札幌市中央区　札幌市南区　札幌市北区　札幌市清田区　札幌市東区　北広島市　石狩市　千歳市　札幌市豊平区　恵庭市　札幌国税局［編］　全国官報販売協同組合　2014.7　859p　21×30cm〈索引あり　内容：札幌中署・札幌南署・札幌北署〉Ⓘ978-4-86458-084-7　Ⓝ345.5　［9074円］

◇路線価図―札幌国税局管内：財産評価基準書　平成26年分第3分冊　札幌市中央区　札幌市白石区　札幌市西区　札幌市厚別区　札幌市手稲区　江別市　札幌国税局［編］　全国官報販売協同組合　2014.7　517p　21×30cm〈索引あり　内容：札幌西署・札幌東署〉Ⓘ978-4-86458-085-4　Ⓝ345.5　［7222円］

ほ

北海道雨竜高等養護学校

◇路線価図—札幌国税局管内：財産評価基準書 平成26年分第4分冊 函館市 旭川市 小樽市 室蘭市 旭川市 登別市 札幌国税局[編] 全国官報販売協同組合 2014.7 932p 21×30cm 〈索引あり 内容：函館署・旭川市旭署・小樽署・室蘭署・旭川中署〉 Ⓘ978-4-86458-086-1 Ⓝ345.5 [11944円]

◇路線価図—札幌国税局管内：財産評価基準書 平成26年分第5分冊 釧路市 稚内市 富良野市 釧路町 紋別市 八雲町 帯広市 遠軽町 江差町 北見市 名寄市 倶知安町 岩見沢市 根室市 余市町 網走市 中標津町 新ひだか町 留萌市 滝川市 本別町 苫小牧市 深川市 札幌国税局[編] 全国官報販売協同組合 2014.7 754p 21×30cm 〈索引あり 内容：釧路署・稚内署・富良野署・紋別署・八雲署・帯広署・江差署・北見署・名寄署・倶知安署・岩見沢署・根室署・余市署・網走署・浦河署・留萌署・滝川署・十勝池田署・苫小牧署・深川署〉 Ⓘ978-4-86458-087-8 Ⓝ345.5 [12870円]

北海道雨竜高等養護学校
◇私たちが守りつづけるれきし—開校30周年記念誌 北海道雨竜高等養護学校開校30周年記念事業実行委員会編 [雨竜町（北海道）] 北海道雨竜高等養護学校開校30周年記念事業実行委員会 2013.12 52p 30cm 〈年表あり〉 Ⓝ378.6

北海道小樽商業高等学校
◇小樽商業100年物語onesta君よ正直であれ—北海道小樽商業高等学校創立100周年記念誌 小樽 北海道小樽商業高等学校創立100周年記念事業協賛会 2014.12 373p 31cm 〈年表あり〉 Ⓝ376.48

北海道家庭学校
◇谷昌恒とひとむれの子どもたち—北海道家庭学校の生活教育実践 藤井常文著 大津 三学出版 2014.2 255p 21cm 〈文献あり〉 Ⓘ978-4-903520-81-0 Ⓝ327.85 [2500円]

北海道議会
◇北海道議会史 第12巻 北海道議会事務局政策調査課・議会史編纂室編 札幌 北海道議会 2014.2 1849p 図版[16]枚 27cm Ⓝ318.41 [非売品]

北海道私学共済年金者の会
◇設立20周年記念誌 北海道私学共済年金者の会設立20周年記念誌編集委員会編 札幌 北海道私学共済年金者の会 2014.9 158p 30cm 〈年表あり〉 Ⓝ364.6

北海道市町村振興協会
◇協会5年のあゆみ—平成21年度—平成25年度 北海道市町村振興協会編 札幌 北海道市町村振興協会 2014.7 187p 30cm 〈年表あり 協会設立35周年記念〉 Ⓝ318.06

北海道神宮
◇北海道神宮研究論叢 北海道神宮，國學院大學研究開発推進センター編 弘文堂 2014.10 395p 22cm 〈内容：札幌神社〈北海道神宮〉小論（阪本是丸著） 札幌神社から北海道神宮へ（宮本誉士著） 明治初期の北海道開拓と札幌神社の創建・展開（遠藤潤著） 海外神社の系譜にみる北海道神宮（菅浩二著） 札幌神社の祭神（中野裕三著） 札幌まつりの形成期（大東敬明著） 札幌神社における教化活動（渡邉卓著） 札幌神社末社開拓神社創建について（上西亘著） 明治六年、札幌神社初代宮司菊津教知の布教二題（秋元信英著）〉 Ⓘ978-4-335-16076-9 Ⓝ175.915 [5500円]

北海道新聞社
◇真実—新聞が警察に跪いた日 高田昌幸[著] KADOKAWA 2014.4 354p 15cm （角川文庫 た74-1）〈柏書房 2012年刊に加筆・修正を行い、最終章を書き下し〉 Ⓘ978-4-04-101323-6 Ⓝ070.211 [680円]

北海道川柳連盟
◇北海道川柳連盟五十年史 北海道川柳連盟五十年史発刊委員会[著] 札幌 北海道川柳連盟 2014.12 261p 21cm 〈年表あり〉 Ⓝ911.46 [2000円]

北海道大学
◇教育改革サポートシステムの研究開発報告書 北海道大学高等教育推進機構高等教育開発研究部門，北海道大学高等教育推進機構教育改革室編 [札幌] 北海道大学高等教育推進機構高等教育開発研究部門 2014.3 140p 30cm 〈共同刊行：北海道大学高等教育推進機構・教育改革室〉 Ⓝ377.13

◇北大元気プロジェクト2013実施報告書 札幌 北海道大学学務部学生支援課学生支援企画担当 [2014] 48p 30cm Ⓝ377.9

北海道大学アイソトープ総合センター
◇北海道大学アイソトープ総合センター—自己点検・評価報告書 平成25年度 札幌 北海道大学アイソトープ総合センター 2014.7 72p 30cm 〈年表あり〉 Ⓝ539.6

北海道大学医学部
◇北海道大学大学院医学研究科・医学部医学科外部評価報告書 [札幌] [北海道大学大学院医学研究科・医学部医学科] 2014.3 1冊 30cm 〈年表あり 共同刊行：北海道大学医学部医学科〉 Ⓝ377.1

北海道大学遺伝子病制御研究所
◇国立大学法人北海道大学遺伝子病制御研究所外部評価報告書 [札幌] Institute for Genetic Medicine 2014.8 23, 109p 30cm Ⓝ491.69

北海道大学スラブ・ユーラシア研究センター
◇スラブ・ユーラシア研究センターを研究する 北海道大学スラブ・ユーラシア研究センター点検評価委員会編 札幌 北海道大学スラブ・ユーラシア研究センター 2014.8 224p 30cm （北海道大学スラブ・ユーラシア研究センター点検評価報告書 資料・外部評価 no. 7）〈年表あり〉 Ⓝ239

北海道大学大学院医学研究科
◇北海道大学大学院医学研究科・医学部医学科外部評価報告書 [札幌] [北海道大学大学院医学研究科・医学部医学科] 2014.3 1冊 30cm 〈年表あり 共同刊行：北海道大学医学部医学科〉 Ⓝ377.1

北海道大学大学院薬学研究院
◇北海道大学大学院薬学研究院・薬学部外部点検評価報告書 [札幌] [北海道大学大学院薬学研究院・薬学部] 2014.3 38, 252p 30cm 〈年表あり〉 Ⓝ377.1

北海道大学薬学部
◇北海道大学大学院薬学研究院・薬学部外部点検評価報告書 [札幌] [北海道大学大学院薬学研究院・薬学部] 2014.3 38, 252p 30cm 〈年表あり〉 Ⓝ377.1

北海道日本ハムファイターズ
◇北海道日本ハムファイターズ10年史—2004-2013 北海道新聞社編 札幌 北海道新聞社 2014.1 331p 26cm 〈年表あり〉 Ⓘ978-4-89453-720-0 Ⓝ783.7 [2200円]

◇北海道日本ハムファイターズドラフト1位のその後 別冊宝島編集部編 宝島社 2014.7 251p 19cm Ⓘ978-4-8002-2939-7 Ⓝ783.7 [620円]

北海道旅客鉄道株式会社
◇なぜ2人のトップは自死を選んだのか—JR北海道、腐食の系譜 吉野次郎著 [東京] 日経BP社 2014.4 231p 19cm 〈日経BPマーケティング（発売） 文献あり 年譜あり〉 Ⓘ978-4-8222-7448-1 Ⓝ686.3 [1500円]

北極海
◇AISを活用した北極海航路航行実態に関する詳細分析 谷本剛、安部智久[著] [横須賀] 国土技術政策総合研究所 2014.7 4, 26p 30cm （国土技術政策総合研究所資料 第799号）Ⓝ683.3

◇衛星AISを活用した北極海航路航行実態分析手法に関する検討 安部智久、押村康一、谷本剛、西川綾乃[著] [横須賀] 国土技術政策総合研究所 2013.12 4, 23p 30cm （国土技術政策総合研究所資料 第768号）Ⓝ683.3

北極海（海洋汚染）
◇北極海航路における船舶からの黒煙（ブラックカーボン）に関する調査研究事業報告書 平成25年度 海洋政策研究財団 2014.7 1冊 30cm Ⓘ978-4-88404-315-5 Ⓝ519.4

◇北極海航路の持続的な利用に向けた環境保全に関する調査研究報告書 平成25年度 海洋政策研究財団 2014.3 83p 30cm Ⓘ978-4-88404-313-1 Ⓝ519.4

北極地方
◇氷海分野における技術動向と展望—北極域の開発に向けて：日本船舶海洋工学会関西支部・KFR共催シンポジウム [吹田] 日本船舶海洋工学会関西支部 2014.12 65p 30cm 〈共同刊行：KFR〉Ⓝ402.978

北極地方（資源）
◇北極をめぐる気候変動の政治学—反所有的コモンズ論の試み 片山博文著 文眞堂 2014.6 261p 22cm 〈文献あり 索引あり〉 Ⓘ978-4-8309-4824-4 Ⓝ334.7 [3700円]

北極地方（少数民族）
◇北極をめぐる気候変動の政治学—反所有的コモンズ論の試み 片山博文著 文眞堂 2014.6 261p 22cm 〈文献あり 索引あり〉 Ⓘ978-4-8309-4824-4 Ⓝ334.7 [3700円]

北極地方（探検）
◇アグルーカの行方—129人全員死亡、フランクリン隊が見た北極 角幡唯介著 集英社 2014.9 455p 16cm （集英社文庫 か60-3）〈文献あり 年表あり〉 Ⓘ978-4-08-745229-7 Ⓝ297.8091 [780円]

◇北極圏1万2000キロ 植村直己著 山と溪谷社 2014.2 453p 15cm （ヤマケイ文庫）〈文春文庫 1979年刊の再刊〉 Ⓘ978-4-635-04769-2 Ⓝ297.8091 [1000円]

法華寺〔奈良市〕
◇法華寺阿弥陀浄土院と平等院鳳凰堂　三宮千佳著　勉誠出版　2014.2　256p　22cm〈内容：法華寺阿弥陀浄土院の造営開始時期　法華寺阿弥陀浄土院の発願意図　中国南朝の浄土図の景観と皇帝の苑　唐代浄土院と法華寺阿弥陀浄土院　平安時代の浄土思想と大乗菩薩道　平安時代の阿弥陀堂と寝殿造　平安時代の法華寺と藤原道長　平等院鳳凰堂の発願と法華寺阿弥陀浄土院〉 Ⓘ978-4-585-21019-1　Ⓝ521.818　[8500円]

北国街道〔紀行・案内記〕
◇北国街道を歩こう―北国街道制定400年記念：北国街道観光案内　妙高　妙高市北国街道研究会　2014.3　104p　図版［28］枚　30cm　Ⓝ291.5

堀田 シヅエ〔1920～ 〕
◇済南・広島・鴻巣……わたしの歩んだ道　堀田シヅエ証言，竹内良男編集構成　弘報印刷出版センター　2014.8　163p　21cm〈年譜あり〉Ⓘ978-4-907510-18-3　Ⓝ289.1　[1500円]

堀田 哲爾〔1935～2012〕
◇礎・清水FCと堀田哲爾が刻んだ日本サッカー五〇年史　梅田明宏著　現代書館　2014.6　630p　20cm　Ⓘ978-4-7684-5716-0　Ⓝ783.47　[4000円]

堀田 正俊〔1634～1684〕
◇儒学殺人事件―堀田正俊と徳川綱吉　小川和也著　講談社　2014.4　382p　20cm〈文献あり　索引あり〉Ⓘ978-4-06-218933-0　Ⓝ210.52　[2800円]

ポッツ, P.〔1970～ 〕
◇ワンチャンス　ポール・ポッツ著，鈴木玲子訳　アチーブメント出版　2014.3　334p　19cm　Ⓘ978-4-905154-61-7　Ⓝ762.33　[1400円]

ホッブズ, T.〔1588～1679〕
◇ホッブズ　田中浩著　新装版　清水書院　2014.9　228p　19cm　(Century Books)〈文献あり　年譜あり　索引あり〉Ⓘ978-4-389-42049-9　Ⓝ133.2　[1000円]

北方領土 →千島を見よ

ポートマン, N.
◇Natalie Portman―PERFECT STYLE OF NATALIE　マーブルブックス編　メディアパル　2014.10　127p　23cm　(MARBLE BOOKS)〈作品目録あり　本文は日本語〉Ⓘ978-4-89610-837-8　Ⓝ778.253　[1700円]

ボードレール, C.P.〔1821～1867〕
◇いくつもの顔のボードレール　前川整洋著　図書新聞　2014.7　309p　20cm〈文献あり　表紙のタイトル：Baudelaire〉Ⓘ978-4-88611-458-7　Ⓝ951.6　[2000円]

ボヌフォワ, Y.〔1923～ 〕
◇イヴ・ボヌフォワとともに　清水茂著　舷燈社　2014.11　267p　24cm〈年譜あり〉Ⓘ978-4-87782-128-9　Ⓝ951.7　[2500円]

ポープ, A.〔1688～1744〕
◇ギリシア・ローマ文学と十八世紀英文学―ドライデンとポープによる翻訳詩の研究　高谷修著　京都　世界思想社　2014.8　349p　22cm〈文献あり　索引あり〉内容：序章　18世紀における古典の翻訳　ドライデンのウェルギリウス翻訳　ニースとエウリュアルスの死　ドライデンのホラーティウス翻訳　ドライデンの「ボーシスとフィリーモン」　ヘクトールとアンドロマケーの別れ　ブリアモスとアキレウスの対立と和解　恋するポリフェーマス　直訳と諷刺　結論〉Ⓘ978-4-7907-1632-7　Ⓝ931.5　[6300円]

ホーム・リンガー商会
◇リンガー家秘録1868-1940―長崎居留地資料で明かすホーム・リンガー商会の盛衰記　ブライアン・バークガフニ著，大海バークガフニ訳　長崎　長崎文献社　2014.6　293p　22cm〈文献あり〉Ⓘ978-4-88851-215-2　Ⓝ335.4　[2400円]

ホメイニー, A.R.〔1900～1989〕
◇ホメイニー―イラン革命の祖　富田健次著　山川出版社　2014.12　95p　21cm　(世界史リブレット人 100)〈文献あり　年譜あり〉Ⓘ978-4-634-35100-4　Ⓝ312.272　[800円]

ホメーロス
◇『イーリアス』ギリシア英雄叙事詩の世界　川島重成著　岩波書店　2014.10　284p　19cm　(岩波人文書セレクション)〈文献あり　1991年刊の再刊〉Ⓘ978-4-00-028787-6　Ⓝ991.1　[2400円]

ボラ・ブランカ〔1952～ 〕
◇四方山話―落ちこぼれ海外駐在員の奮闘記　ボラ・ブランカ著　文芸社　2014.11　238p　19cm　Ⓘ978-4-286-15647-7　Ⓝ289.1　[1400円]

ホラン 千秋〔1988～ 〕
◇ホラン千秋　ホラン千秋著　宝島社　2014.3　111p　26cm　Ⓘ978-4-8002-2466-8　Ⓝ778.21　[1333円]

ポランコ, J.-A.〔1516～1577〕
◇ホアン・デ・ポランコ神父―聖イグナチオ・デ・ロヨラの秘書　ホアン・カトレット著，高橋敦子訳　習志野　教友社　2013.12　71p　19cm〈文献あり〉Ⓘ978-4-902211-96-2　Ⓝ198.22　[800円]

ポーランド（アニメーション―歴史）
◇東欧アニメをめぐる旅―ポーランド・チェコ・クロアチア　求龍堂　2014.12　146p　23cm〈文献あり　年表あり　会期・会場：2014年9月27日～2015年1月12日　神奈川県立近代美術館葉山　主催：神奈川県立近代美術館〉Ⓘ978-4-7630-1446-7　Ⓝ778.77　[2500円]

ポーランド（絵画―画集）
◇珠玉のポーランド絵画　マリア・ポプシェンツカ著，渡辺克義，加須屋明子，小川万海子訳　大阪　創元社　2014.12　235p　31cm〈年表あり〉Ⓘ978-4-422-70080-9　Ⓝ723.349　[9200円]

ポーランド（教育）
◇世界教育戦争―優秀な子供をいかに生み出すか　アマンダ・リプリー著，北和丈訳　中央公論新社　2014.11　397p　20cm〈文献あり〉Ⓘ978-4-12-004661-2　Ⓝ372.3892　[2800円]

ポーランド（教育―歴史―20世紀）
◇ポーランドの中の《ドイツ人》―第一次世界大戦後ポーランドにおけるドイツ系少数者教育　小峰総一郎著　学文社　2014.3　290p　22cm〈文献あり　年表あり　索引あり　内容：本書の意図と構成　ポーランドに留まったドイツ人　国際連盟と上シュレジエン　ポーランドの国民教育建設　ドイツの国内少数民族政策　国境を越える「文化自治」　学校紛争とその帰結　国際化と教師〉Ⓘ978-4-7620-2433-7　Ⓝ372.349　[4800円]

ポーランド（キリスト教―歴史―16世紀）
◇ワルシャワ連盟協約〈1573年〉　小山哲著　東洋書店　2013.12　89p　21cm　(ポーランド史史料叢書 2)〈文献あり　年表あり〉Ⓘ978-4-86459-163-8　Ⓝ192.349　[1500円]

ポーランド（経済関係）
◇フォーラム・ポーランド会議録　2013年　変貌する世界地図とポーランドーその今日・明日　フォーラム・ポーランド組織委員会監修，関口時正，田口雅弘編著　岡山　ふくろう出版　2014.6　101p　26cm〈ポーランド語併記　会期・会場：2013年12月7日（土）駐日ポーランド共和国大使館多目的ホール　主催：フォーラム・ポーランド組織委員会　内容：開会の辞（田口雅弘述）　外交から見たポーランドの世界及びEUにおける位置の変化（ツィリル・コザチェフスキ述）　エネルギー問題から見たロシア・欧州関係とポーランドの選択（蓮見雄述）　ポーランドの事業環境の魅力と課題（大石恭弘述）　パネル・ディスカッション（ツィリル・コザチェフスキほか述，田口雅弘モデレーター，イヴォナ・メルクレイン，ヤロスワフ・ヴァチンスキ，関口時正訳）〉Ⓘ978-4-86186-607-4　Ⓝ293.49　[1200円]

ポーランド（憲法―歴史）
◇1791年5月3日憲法　白木太一著　東洋書店　2013.12　81p　21cm　(ポーランド史史料叢書 1)〈文献あり　年表あり〉Ⓘ978-4-86459-162-1　Ⓝ323.349　[1500円]

ポーランド（在留ドイツ人）
◇ポーランドの中の《ドイツ人》―第一次世界大戦後ポーランドにおけるドイツ系少数者教育　小峰総一郎著　学文社　2014.3　290p　22cm〈文献あり　年表あり　索引あり　内容：本書の意図と構成　ポーランドに留まったドイツ人　国際連盟と上シュレジエン　ポーランドの国民教育建設　ドイツの国内少数民族政策　国境を越える「文化自治」　学校紛争とその帰結　国際化と教師〉Ⓘ978-4-7620-2433-7　Ⓝ372.349　[4800円]

ポーランド（美術―歴史―1945）
◇ポーランドの前衛美術―生き延びるための「応用ファンタジー」　加須屋明子著　大阪　創元社　2014.12　182p　図版20p　22cm〈文献あり　年表あり　索引あり　内容：戦後～60年代を中心に戦前から戦後、ポーランド美術の果たした役割　1970～80年代を中心にポーランドのネオ前衛　1990年代転換期の作法　1980年代後半～現代21世紀における芸術の役割について　2000年代～現代現代美術におけるポーランド、応用ファンタジーとしてのポーランド美術〉Ⓘ978-4-422-70079-3　Ⓝ702.349　[3400円]

ポーランド（文化―歴史）
◇ポーランドと他者―文化・レトリック・地図　関口時正［著］　みすず書房　2014.10　339p　22cm〈内容：ショパンの新しい言葉　バラードの変容、あるいはショパンの実験　シマノフスキのショパン　シマノフスキに出会う道　前衛という宿

命、あるいは二〇世紀ポーランド美術　ポーランド語文学を語り続ける〈民族〉ポーランド《防壁論》のレトリック一一五四三年まで　ポーランド《防壁論》のレトリック一ルネッサンス後期　ヴォウォディヨフスキ殿とカミュニェッツ　ブロニスラフ・マリノフスキーの日記をめぐって　マリノフスキーの出発　若き日のヨハネ・パウロ二世と十字架の聖ヨハネ　クラクフ一月の都あるいはネクロポリア　カントルのクラクフ　カントルのマネキン　ボレスワフ・ブルスの日本論　ポーランド語のヤン・コット　キェシロフスキのポーランド〉⑪978-4-622-07865-4 Ⓝ234.9 ［6600円］

ポーランド〔歴史―20世紀〕
◇カチンの森事件の真相―ゲッベルスの日記に基づく：真実は隠しとおせない　佐藤正著　創英社/三省堂書店　2014.10　390p　20cm〈索引あり〉⑪978-4-88142-874-0 Ⓝ234.9 ［2300円］

堀 霧澄
◇七ツ転んで八ツで起きた―私の回想記　堀霧澄著　牧歌舎東京本部（制作）2014.9　190p　19cm　Ⓝ289.1

堀 辰雄〔1904～1953〕
◇出発期の堀辰雄と海外文学―「ロマン」を書く作家の誕生　宮坂康一著　翰林書房　2014.3　236p　22cm〈文献あり〉⑪978-4-87737-366-5 Ⓝ910.268 ［2800円］

堀 哲三郎〔1951～〕
◇サラリーマン西遊記―海外〈Overseas〉と私　堀哲三郎著　文芸社　2014.2　381p　19cm ⑪978-4-286-14603-4 Ⓝ289.1 ［1600円］

堀 義人
◇人生の座標軸―「起業家」の成功方程式　堀義人著　新装版　東洋経済新報社　2014.1　243p　19cm〈初版：講談社2004年刊〉⑪978-4-492-04519-0 Ⓝ335.13 ［1600円］

堀 竜児〔1943～〕
◇船舶金融法の諸相―堀龍児先生古稀祝賀論文集　箱井崇史, 木原知己編集代表　成文堂　2014.5　329p　22cm〈著作目録あり　年譜あり　内容：船舶金融の発展的再定義（木原知己著）　船舶金融と船主経営（高木伸一郎著）　船舶金融と造船・船舶売買契約（秋野充久著）　船舶金融と傭船契約（簑原建次著）　船舶金融と船舶抵当権（清水恵介著）　船舶金融と船舶先取特権（志津田一彦著）　英国法上のリーエンと海事債権の実行（長田旬平著）　中国における船舶優先権（雨宮正啓, 李剛著）　船舶先取特権の準拠法（大西德二郎著）　船舶金融契約（中出哲著）　倒産手続が船舶金融取引に与える影響（吉田麗子著）　シリーズ「海運対談」（堀龍児, 足立曠, 望月良二述）〉⑪978-4-7923-2662-3 Ⓝ683.3 ［8000円］

堀川
◇堀川―歴史と文化の探索　伊藤正博, 沢井鈴一著, 堀川文化探索隊編集　名古屋　あるむ　2014.6　399p　21cm〈文献あり　年表あり〉⑪978-4-86333-083-2 Ⓝ291.55 ［2000円］

堀河天皇〔1079～1107〕
◇堀河天皇吟抄―院政期の雅と趣　朧谷寿著　京都　ミネルヴァ書房　2014.11　291,3p　20cm　（叢書・知を究める 5）〈索引あり〉⑪978-4-623-07147-0 Ⓝ288.41 ［2800円］

堀家 七子
◇こんぴら・あんだら　堀家七子著　琴平町（香川県）弘栄社（印刷）2014.5　246p　18cm Ⓝ289.1 ［1500円］

堀越 辰五郎〔1928～〕
◇バイク、四輪、貿易、リューベ―わたしの事業家人生とリューベ　堀越辰五郎著　文藝春秋企画出版部（制作）2014.10　221p　20cm〈年表あり〉Ⓝ531.8

ヴォーリズ, W.M.〔1880～1964〕
◇漫画W. メレル・ヴォーリズ伝―隣人愛に生きた生涯　近江兄弟社・湖羊社企画・監修, 宮本ユカリ漫画　彦根　サンライズ出版　2014.4　38p　22cm ⑪978-4-88325-532-0 Ⓝ289.3 ［800円］
◇目標は高く希望は大きく―ヴォーリズ先生ご夫妻に育てられて　安藤清著　彦根　サンライズ出版　2014.5　149p　19cm（別冊淡海文庫 21）〈年譜あり〉⑪978-4-88325-176-6 Ⓝ289.3 ［1600円］

ホリデー
◇日本一小さな整備工場が業界を動かしたとき―車検の歴史を変えた男　松川陽著　ダイヤモンド・ビジネス企画　2014.7　205p　19cm〈ダイヤモンド社（発売）〉⑪978-4-478-08322-2 Ⓝ537.7 ［1500円］

堀場 清子〔1930～〕
◇堀場清子のフェミニズム―女と戦争と：堀場清子全詩集「別冊」　中島美幸著　ドメス出版　2013.12　82p　22cm ⑪978-4-8107-0802-8 Ⓝ911.52 ［2000円］

堀場製作所
◇おもしろおかしく―人間本位の経営　堀場雅夫著　［東京］日経BP社　2014.11　239p　19cm〈日経BPマーケティング（発売）〉⑪978-4-8222-7775-8 Ⓝ535.3 ［1500円］
◇難しい。だから挑戦しよう―「おもしろおかしく」を世界へ　堀場厚著　PHP研究所　2014.6　212p　15cm（PHP文庫ほ19-1）⑪978-4-569-76164-0 Ⓝ535.3 ［620円］

ボリビア〔カーニバル―歴史〕
◇アンデスの都市祭礼―口承・無形文化遺産「オルロのカーニバル」の学際的研究　兒島峰著　明石書店　2014.1　383p　22cm〈文献あり　年表あり　索引あり〉⑪978-4-7503-3947-4 Ⓝ386.67 ［6800円］

ボリビア〔国際保健協力〕
◇南米・ボリビアの青空に舞う―心をむすぶ保健医療協力の歩み『南米・ボリビアの青空に舞う』編集委員会編集　悠光堂　2014.9　239p　21cm〈内容：我が国のボリビアに対する保健医療協力の歴史について（大里圭一著）　ボリビアの保健医療事情（セサル・ミランダ・アスツリサガ著）　ボリビアー豊かな民俗文化に彩られた「多民族国」-（福田大治著）　ポトシ銀産業の栄光と衰退（神谷恵里著）　豊かだが不安定な経済、変化する政治（岡田勇著）　ボリビアのオキナワ（中島敏博著）　エボ・モラレス政権の誕生（岡田勇著）　ボリビア消化器疾患研究センターの設計を通して（岡野正人著）　ラパス消化器疾患研究センター開所へ（吉雄敏文著）　技術協力プロジェクト最後の派遣メンバーを務める（桑原利章著）　消化器疾患研究センター設立に向けて（川村貞夫著）　ボリビアへの医療技術協力（田村浩一著）　プロジェクトにより築かれたつながり（渡邊正志著）　スクレ消化器疾患研究センター開設20周年記念式典（平野敬八郎著）　ボリビアにおける消化器病センタープロジェクト（保坂洋夫著）　日本とボリビアの保健医療協力の歴史について（シロ・サバラ・カネド著）　ボリビア・日本消化器疾患研究センター（レネ・フォルトゥン・アバストフロル著）　日本の保健協力の35年私の経験（ギド・ビリャ・ゴメス著）　ボリビアの友に感謝（住野泰清著）　ボリビア消化器疾患対策プロジェクト（石井耕司著）　ラパス滞在記〈1979～1980年〉（杉本元信著）　細菌性下痢症原因調査短期エキスパート参加（大野章, 吉住あゆみ著）　サンタクルスで築かれたもの人づくり、システムづくり、日本病院の現状（三好知明著）　医療技術協力の第一歩、ボリビアでの始まり（古田直樹著）　サンタクルス総合病院（仲佐保著）　手術室、ICUにおける医療技術移転活動（柳下芳寛著）　看護管理分野の担当として派遣を受けて（菅原能子著）　日本病院における病院管理分野の技術協力（磯東一郎著）　病理部門への協力（志賀淳治著）　途上国における医療技術協力の難しさ（田邊穣著）　病院から地域ネットワークへ（三好知明著）　ボリビア、輝く日々（明石秀親著）　住民へFORSAモデルの誕生（秋山稔著）　サンタクルス地方公衆衛生向上プロジェクト（平良健康著）　プロジェクト立ち上げに向けた調査（新里厚子著）　サンタクルスの日々（国吉秀樹著）　長期派遣専門家との二人三脚（福盛久子著）　沖縄県の協力と終了時評価（金城マサ子著）　プライマリヘルスケアの基盤整備（山城昌子著）　母子保健を中心とした2年間の活動（宮城幸子著）　世界に通じるボリビアの健康戦略（湯浅資之著）　コチャバンバ県とポトシ県におけるJICAによる多文化保健への技術協力（ブラディミル・ティコナ著）　住民参加保健手法の経験（フリア・コンドリ・ウァラチ著）　ボリビア保健医療プロジェクトの思い出（林屋永吉述, 渡邊正志聞き手）〉⑪978-4-906873-22-7 Ⓝ498.0267 ［2000円］

ボリビア〔農業―歴史〕
◇中央アンデス農耕文化論―とくに高地部を中心として　山本紀夫著　吹田　人間文化研究機構国立民族学博物館　2014.3　441p　20cm（国立民族学博物館調査報告 117）〈文献あり〉⑪978-4-906962-18-1 Ⓝ612.68

ボリビア〔民族運動〕
◇解釈する民族運動―構成主義によるボリビアとエクアドルの比較分析　宮地隆廣著　東京大学出版会　2014.1　352p　22cm〈文献あり　年表あり　索引あり〉⑪978-4-13-036250-4 Ⓝ316.867 ［7000円］

ボルカー, P.A.〔1927～〕
◇伝説のFRB議長ボルカー　ウィリアム L.シルバー著, 倉田幸信訳　ダイヤモンド社　2014.2　525p　19cm〈年譜あり〉⑪978-4-478-02347-1 Ⓝ338.3 ［3500円］

ホルクハイマー, M.〔1895～1973〕
◇ホルクハイマー　小牧治著　新装版　清水書院　2014.9　247p　19cm（Century Books）〈文献あり　年譜あり　索引あり〉⑪978-4-389-42108-3 Ⓝ134.9 ［1000円］

ポール・スチュアート
◇PAUL STUART STYLE BOOK ハースト婦人画報社
2013.11 95p 21cm 〈本文は日本語〉①978-4-573-03206-4
Ⓝ589.214 ［1400円］

ポルトガル（移民・植民―歴史―澳門〔中国〕）
◇ポルトガルがマカオに残した記憶と遺産―「マカエンセ」とい
う人々 内藤理佳著 Sophia University Press上智大学出版
2014.10 235p 19cm 〈ぎょうせい（発売） 文献あり 年表あ
り〉①978-4-324-09856-1 Ⓝ334.42238 ［2000円］

ポルトガル（外国関係―日本―歴史―16世紀）
◇戦国の少年外交団秘話―ポルトガルで発見された1584年の天
正遣欧使節の記録 ティアゴ・サルゲイロ著，田中紅子，三宅
創子ポルトガル語共訳，萩原恵美編訳 ［南島原］ 南島原市
2014.3 155p 19cm 〈長崎文献社（発売） 文献あり〉①978-
4-88851-211-4 Ⓝ236.9 ［800円］

ポルトガル（外国関係―日本―歴史―17世紀―史料）
◇モンスーン文書と日本―十七世紀ポルトガル公文書集 高瀬
弘一郎訳註 オンデマンド版 八木書店古書出版部 2013.12
569,60p 21cm 〈八木書店（発売） 索引あり 初版：八木書店
2006年刊 印刷・製本：デジタルパブリッシングサービス〉
①978-4-8406-3454-0 Ⓝ236.9 ［16000円］

ポルトガル（紀行・案内記）
◇アレンテージョ・思い出便り―私をとりこにしたポルトガル南
東部から―豊かな自然と手仕事の世界に触れて 梅基まどか
著 大阪 風詠社 2014.12 75p 19cm 〈星雲社（発売）〉
①978-4-434-20079-3 Ⓝ293.6909 ［800円］
◇心の美学 4 スペイン・ポルトガルドライブ2万キロ 近藤
博重著 船橋 博葉会近藤クリニック 2014.8 265p 30cm
①978-4-9907215-2-7 Ⓝ490.49 ［800円］
◇ようこそポルトガル食堂へ 馬田草織［著］ 幻冬舎 2014.7
239p 16cm （幻冬舎文庫 は-27-1）〈産業編集センター
2008年刊の加筆修正〉①978-4-344-42222-3 Ⓝ293.6909
［580円］

ポルトガル（憲法）
◇各国憲法集 8 ポルトガル憲法 国立国会図書館調査及び立
法考査局 2014.2 102p 30cm （調査資料 2013-2）〈年表
あり〉①978-4-87582-755-9 Ⓝ323

ポルトガル（植民政策―モザンビーク―歴史）
◇植民地支配と開発―モザンビークと南アフリカ金鉱業 網中
昭世著 山川出版社 2014.11 213,85p 22cm （山川歴史
モノグラフ 29）〈文献あり 年表あり 索引あり〉①978-4-
634-67386-1 Ⓝ334.5369 ［5000円］

ポルトガル（世界遺産）
◇世界遺産 2 スペイン編・ポルトガル編 小川晴久著 ［柏］
［小川晴久］ 2014.8 51p 30cm Ⓝ709

ポルトガル（料理店）
◇ようこそポルトガル食堂へ 馬田草織［著］ 幻冬舎 2014.7
239p 16cm （幻冬舎文庫 は-27-1）〈産業編集センター
2008年刊の加筆修正〉①978-4-344-42222-3 Ⓝ293.6909
［580円］

ボルネオ島（紀行・案内記）
◇ボルネオ 池田あきこ著 神戸 出版ワークス 2014.10
141p 18cm （ダヤンの絵描き旅）〈河出書房新社（発売）〉
①978-4-309-92032-0 Ⓝ292.43 ［1500円］

ヴォレンオーヴェン，J.v.〔1877～1918〕
◇ジャーニュとヴァンヴォ―第一次大戦時，西アフリカ植民地兵
起用をめぐる二人のフランス人 小川了著 府中（東京都） 東
京外国語大学アジア・アフリカ言語文化研究所 2014.3
420p 22cm 〈年表あり 文献あり〉①978-4-86337-160-6
Ⓝ289.3 ［非売品］

ポロック，J.〔1912～1956〕
◇僕はポロック キャサリン・イングラム文，ピーター・アーク
ル絵，岩崎亜矢監訳，木村高子訳 パイインターナショナル
2014.6 80p 23cm （芸術家たちの素顔 3）〈文献あり〉
①978-4-7562-4505-2 Ⓝ723.53 ［1600円］

幌延町〔北海道〕（地下水）
◇幌延深地層研究施設周辺の地質環境情報に基づく地下水流動
評価手法の検証に関する研究 ［東京］ 原子力安全基盤機構
2014.3 159p 30cm （JNES-RE-report series JNES-RE-
2013-9032）〈文献あり〉Ⓝ452.95

ホロヴィッツ，V.〔1904～1989〕
◇ホロヴィッツの遺産―録音と映像のすべて 石井義興，木下淳
編著 アルファベータブックス 2014.11 431p 27cm 〈作
品目録あり〉①978-4-87198-311-2 Ⓝ762.53 ［9000円］

ホワイトヘッド，A.N.〔1861～1947〕
◇宇宙時代の良寛再説―ホワイトヘッド風神学と共に 延原時
行著 新潟 考古堂書店 2014.2 270p 19cm 〈内容：プレ
リュード―無名論 論評―ボブ・メッスリー著『プロセス神学
への道案内―共経験主義の見地から』に因んで 愛、力、およ
び礼拝について 神の愛と我々の苦しみについて 愛、力、お
よび関係性について 自由、時間、および神の力について 時
間について 経験の世界について 神は世界の中でどのよう
に行動するのかについて 三究極者と「Creativityの謎」を
巡って 「四人の対話」から 宇宙時代の良寛・再説〉①978-
4-87499-813-7 Ⓝ188.82 ［2200円］
◇理想 No.693（2014） 特集 ホワイトヘッド 松戸 理想社
2014.9 193p 21cm ①978-4-650-00693-3 ［1900円］
Ⓝ219.7

北郷〔氏〕
◇北郷家と川内―海と川内川が育んだ歴史・文化：川内歴史資料
館30周年記念特別展図録 薩摩川内市川内歴史資料館編 薩
摩川内 薩摩川内市川内歴史資料館 2014.1 100p 30cm
〈年表あり 文献あり 会期：平成26年2月1日―3月30日〉
Ⓝ219.7

本郷孔洋〔1945～ 〕
◇私の起業ものがたり 本郷孔洋著 東峰書房 2014.2 147p
19cm 〈文献あり〉①978-4-88592-161-2 Ⓝ289.1 ［1400円］

香港（映画）
◇映画、希望のイマージュ―香港とフランスの挑戦 野崎歓著
福岡 弦書房 2014.2 65p 21cm （FUKUOKA U ブック
レット 5）〈内容：香港映画は二度死ぬ よみがえるフランス
映画〉①978-4-86329-097-6 Ⓝ778.22239 ［700円］

香港（紀行・案内記）
◇72時間で自分を変える旅香港 楊さちこ著 幻冬舎 2014.4
191p 19cm ①978-4-344-02567-7 Ⓝ292.239 ［1200円］

香港（給与）
◇在アジア日系企業における現地スタッフの給料と待遇に関す
る調査 2014 香港編 Tokyo 日経リサーチ c2014 248p
30cm 〈英語併記 奥付のタイトル：在アジア日系企業におけ
る現地スタッフの給与と待遇に関する調査〉Ⓝ336.45

香港（経営者）
◇李嘉誠―香港財閥の興亡 西原哲也著 エヌ・エヌ・エー
2013.11 304p 19cm 〈文献あり 「秘録華人財閥」（2008年
刊）の改題改訂〉①978-4-86341-029-9 Ⓝ332.8 ［1800円］

香港（国際投資〔日本〕）
◇シンガポール・香港地域統括会社の設立と活用 久野康成公
認会計士事務所，東京コンサルティングファーム著，久野康成
監修 ［東京］ TCG出版 2014.3 453p 21cm （海外直接
投資の実務シリーズ）〈出版文化社（発売） 索引あり〉①978-
4-88338-535-5 Ⓝ338.922399 ［4500円］

香港（国際見本市）
◇輸出総合サポートプロジェクト事業のうち海外見本市への出
展事業香港インターナショナル・ダイヤモンド・ジェム＆パー
ル・ショー2014（中国）実施報告書 平成25年度 ［東京］ 日
本貿易振興機構 2014.3 53p 30cm Ⓝ606.92239

香港（財閥）
◇李嘉誠―香港財閥の興亡 西原哲也著 エヌ・エヌ・エー
2013.11 304p 19cm 〈文献あり 「秘録華人財閥」（2008年
刊）の改題改訂〉①978-4-86341-029-9 Ⓝ332.8 ［1800円］

香港（在留日本人）
◇香港都市案内集成 第7巻 明治初年に於ける香港日本人 濱
下武志，李培徳監修・解説，奥田乙治郎著 ゆまに書房 2014.
12 548p 22cm 〈臺灣總督府熱帯産業調査會 昭和12年刊の
複製 日本青年會 明治44～大正2年刊の複製 布装〉①978-
4-8433-4401-9,978-4-8433-4394-4（set），978-4-8433-4392-0
（set）Ⓝ292.239 ［14000円］

香港（社会）
◇香港都市案内集成 第8巻 香港・海南島の建設 濱下武志，
李培徳監修・解説 秀島達雄著 ゆまに書房 2014.12 369,
34,2p 22cm 〈文献あり 松山房 昭和17年刊の複製 布装〉
①978-4-8433-4402-6,978-4-8433-4394-4（set），978-4-8433-
4392-0（set）Ⓝ292.239 ［17000円］
◇香港都市案内集成 第9巻 香港案内 濱下武志，李培徳監修・
解説 香港日報社，香港日本商工會議所，香港占領地總督部報
道部編 ゆまに書房 2014.12 1冊 22cm 〈増刷再版 香港
日報社 昭和3年刊の複製 香港日本商工會議所 昭和16年刊の
複製ほか 布装〉①978-4-8433-4403-3,978-4-8433-4394-4
（set），978-4-8433-4392-0（set）Ⓝ292.239 ［17000円］
◇香港都市案内集成 第10巻 軍政下の香港―新生した大東亜
の中核 濱下武志，李培徳監修・解説 香港占領地總督部報道
部監修，東洋經濟新報社編 ゆまに書房 2014.12 10,352p
22cm 〈香港東洋經濟社 昭和19年刊の複製 布装〉①978-4-

香港（社会―歴史）

8433-4404-0,978-4-8433-4394-4 (set),978-4-8433-4392-0 (set)
Ⓝ292.239　［14000円］

香港（社会―歴史）
◇香港都市案内集成　第13巻　解説・年表　濱下武志,李培德監修・解説　ゆまに書房　2014.12　64p　22cm〈布装〉①978-4-8433-4407-1,978-4-8433-4394-4 (set),978-4-8433-4392-0 (set)　Ⓝ292.239　［8000円］

香港（社会―論文集）
◇香港都市案内集成　第11巻　香港関係日本語論文集　濱下武志,李培德監修・解説　ゆまに書房　2014.12　577p　22cm〈複製　布装　内容:香港に於ける工業（今井忍郎著）香港ノ通貨本位ニ就テ（田中徳義著）香港ニ於ケル商取引、法規、商習慣（角野寛治著）香港金融機関（森永義忠著）『智環啓蒙』香港第一版長崎にて発見せらる（銀行なる名辞を記する書物は支那香港より長崎に最も早く伝はりたるべし）（武藤長蔵著）経済絶交中の広東及び香港（内海実著）香港を繞る英帝国主義の発展（植田捷雄著）香港の通貨と鋳為替相場両（田township峯男著）香港貿易概況（岡崎勝男著）日本と香港（R・T・パーレット著,田代和泉仮訳）課都香港を行く（大宅壮一著）最近支那の話題香港・広東・澳門（尾崎秀実著）排日の策源地香港・澳門視察記（村田収雄著）広東と香港（村田孜郎著）香港に於ける支那難民収容と住宅難（新宮正人著）香港華僑の勢力（新宮正人著）蒋政権の今後と香港（足利緝著）香港恐慌の諸様相（星島三郎著）香港に於ける英国の企業結合に関する研究（松田智雄著）香港に暗躍する重慶要人（岩内龍士著）香港陥落と建設断想（須山卓著）大東亜共栄圏と香港の仲継貿易港問題（板橋菊松著）香港史（植田捷雄著）〉①978-4-8433-4405-7,978-4-8433-4394-4 (set),978-4-8433-4392-0 (set)　Ⓝ292.239　［10000円］

香港（住宅―写真集）
◇香港ルーフトップ　ルフィナ・ウー,ステファン・カナム著,GLOVA訳　パルコエンタテインメント事業部　2014.4　271p　25cm　①978-4-86506-067-6　Ⓝ527.0222　［2800円］

香港（商業―書目）
◇香港都市案内集成　第12巻　香港関係日本外交文書及び領事報告資料　濱下武志,李培德監修・解説　ゆまに書房　2014.12　125p　22cm〈布装〉①978-4-8433-4406-4,978-4-8433-4394-4 (set),978-4-8433-4392-0 (set)　Ⓝ292.239　［20000円］

香港（日系企業）
◇在アジア日系企業における現地スタッフの給料と待遇に関する調査　2014 香港編　Tokyo　日経リサーチ　c2014　248p　30cm〈英語併記　奥付のタイトル:在アジア日系企業における現地スタッフの給与と待遇に関する調査〉Ⓝ336.45

本州化学工業株式会社
◇本州化学工業100年史　本州化学工業株式会社編　本州化学工業　2014.10　240p　27cm〈年表あり　文献あり〉Ⓝ570.67

ホンジュラス（技術援助〔日本〕）
◇ホンジュラス国農業セクター情報収集・確認調査―ファイナルレポート　[東京]　国際協力機構　2013.2　1册　30cm〈共同刊行:バリュープランニング・インターナショナルほか〉Ⓝ333.804

ホンジュラス（社会）
◇ホンジュラスを知るための60章　桜井三枝子,中原篤史編著　明石書店　2014.3　331p　19cm（エリア・スタディーズ127）〈文献あり〉①978-4-7503-3982-5　Ⓝ302.573　［2000円］

本庄 繁長〔1539～1613〕
◇希求―武将「本庄繁長」の真っ直ぐな生涯　本庄繁長公の会編村上　村上新聞社　2014.7　59p　30cm　Ⓝ289.1　［1200円］

本証寺〔安城市〕
◇本證寺文書末寺帳　安城市教育委員会文化財課編　[安城]　安城市教育委員会文化財課　2014.3　197p　30cm（安城市文書史料集成　第4集）Ⓝ188.75

本庄市〔遺跡・遺物〕
◇金屋南遺跡　3　本庄　本庄市教育委員会　2013.3　57p　図版28p　30cm（本庄市埋蔵文化財調査報告書　第31集）〈文献あり　長沖古墳群内:縄文A地区・江ノ浜地区〉Ⓝ210.0254
◇久下前遺跡Ⅴ（F1地点）・久下東遺跡Ⅵ（G1地点）　本庄　本庄市教育委員会　2013.3　150p　図版40p　30cm（本庄市埋蔵文化財調査報告書　第32集）Ⓝ210.0254
◇左口遺跡Ⅱ-B地点の調査本庄飯玉遺跡北羽新田遺跡Ⅲ-D地点の調査　本庄　本庄市教育委員会　2013.3　42p　図版11p　30cm（本庄市埋蔵文化財調査報告書　第34集）Ⓝ210.0254

◇本庄2号遺跡・薬師堂東遺跡（第1・第2地点）・御堂坂4号墳本庄　本庄市教育委員会　2013.3　60p　図版13p　30cm（本庄市埋蔵文化財調査報告書　第33集）Ⓝ210.0254
◇南御堂坂遺跡　本庄　本庄市教育委員会　2013.3　9p　図版2p　30cm（本庄市埋蔵文化財調査報告書　第35集）Ⓝ210.0254

本庄市〔歴史〕
◇本庄市の武蔵武士―武蔵七党児玉党の活躍とその後　本庄本庄市教育委員会文化財保護課　2014.3　52p　30cm（本庄市郷土叢書　第3集）Ⓝ213.4

本多 猪四郎〔1911～1993〕
◇本多猪四郎―無冠の巨匠　切通理作著　洋泉社　2014.11493p　19cm〈作品目録あり〉①978-4-8003-0221-2　Ⓝ778.21　［2500円］

本田 圭佑
◇実現の条件―本田圭佑のルーツとは　本郷陽一著　新装版東邦出版　2014.2　287p　19cm〈文献あり〉①978-4-8094-1206-6　Ⓝ783.47　［1429円］

本多 利明〔1744～1821〕
◇ドナルド・キーン著作集　第11巻　日本人の西洋発見　ドナルド・キーン著　新潮社　2014.12　525p　22cm〈索引あり内容:日本人の西洋発見（芳賀徹訳）渡辺崋山（角地幸男訳）〉①978-4-10-647111-7　Ⓝ210.08　［3400円］

本多 やや〔1596～1668〕
◇本多やや・マリアさまに憧れて―お姫様はキリシタン　亀田正司文・挿絵・写真　[神戸]　[亀田正司]　2014.3　64p　30cm　Ⓝ289.1

本多 庸一〔1848～1912〕
◇本多庸一―国家教育傳道　野口伐名著　弘前　弘前学院出版会　2014.3　677p　21cm〈北方新社（発売）年譜あり〉①978-4-89297-203-4　Ⓝ198.72　［2500円］

本田技研工業株式会社
◇人材を育てるホンダ競わせるサムスン　佐藤登著　[東京]日経BP社　2014.7　239p　19cm〈日経BPマーケティング（発売）〉①978-4-8222-7787-1　Ⓝ537.09　［1400円］
◇ホンダ「アコードハイブリッド」　ベンチマーキングセンター利活用協議会著,日経Automotive Technology編　日経BP社　2014.6　8,216枚　31cm（最新型車分解レポート　2014）〈ルーズリーフ〉①978-4-8222-7525-9　Ⓝ537　［116667円］
◇ホンダグループの実態　2013年版　名古屋　アイアールシー　2013.8　761p　30cm（特別調査資料）〈年表あり〉Ⓝ537.09　［58000円］
◇ホンダ生産システム―第3の経営革新　下川浩一編著,藤本隆宏,出水力,伊藤洋共著　文眞堂　2013.10　368p　21cm〈文献あり〉①978-4-8309-4777-3　Ⓝ537.09　［3800円］

ボンヘッファー, D.〔1906～1945〕
◇東アジアでボンヘッファーを読む―東アジア・ボンヘッファー学会2013　日本ボンヘッファー研究会編　新教出版社　2014.11　182p　21cm（新教コイノーニア　29）〈内容:開会礼拝説教「主よ、あなたはどなたですか」（江藤直純述）今日ボンヘッファーの宗教批判から学ぶ（クリスティアーネ・ティーツ著,岡野彩子訳）社会神学志向倫理としてのキリスト論の非宗教的解釈（刘茵雅著,三村修訳）近年の漢語基督教神学の論争に対するボンヘッファー思想の意義（林子淳著,三村修訳）ボンヘッファーの平和思想と東アジアの平和（柳錫成著,崔順育訳）ボンヘッファーの遺稿『倫理』から〈平和の論理と倫理〉は導き出せるか（山崎和明著）説教「安息日は人のためにある」（クリスティアーネ・ティーツ著,関西バルト・ボンヘッファー研究会訳）ディートリヒ・ボンヘッファーとエキュメニズム（クリスティアーネ・ティーツ著,島田由紀訳）ドイツ（クリスティアーネ・ティーツ著,八谷俊久訳）韓国（金盛浩著,八谷俊久訳）中国本土と香港（刘茵雅著,橋本祐樹,徐亦猛訳）香港と中国語圏（林子淳著,平林孝裕訳）台湾（王貞文著,多田恵訳）日本（山崎和明著）〉①978-4-400-32450-8　Ⓝ198.3234　［1800円］
◇ボンヘッファー　村上伸著　新装版　清水書院　2014.9　242p　19cm（Century Books）〈文献あり　年譜あり　索引あり〉①978-4-389-42092-5　Ⓝ198.3234　［1000円］

本法寺〔京都市〕
◇本法寺の名宝―光悦・等伯ゆかりの寺:平成二十六年春季特別展　茶道資料館編　京都　茶道資料館　2014.3　97p　21cm〈年表あり　文献あり〉Ⓝ702.17

本門仏立宗
◇佛立教学選集　第7集　亀井日映先生の部　亀井日映[述],亀井日魁編　京都　本門佛立宗宗務本庁教務局　2014.2　1273p　22cm〈門祖日隆聖人五五〇回御遠諱記念〉Ⓝ169.1

【 ま 】

舞鶴市（行政）
◇舞鶴市市制施行70周年記念誌—このタカラモノを未来へ　舞鶴市企画管理部企画室広聴広報課編　舞鶴　舞鶴市　2014.3　97p　19cm　〈年表あり〉　Ⓝ318.262

舞鶴市立舞鶴幼稚園
◇舞鶴幼稚園130年のあゆみ—受けつぐ文化遺産　東昇, 舞鶴市立舞鶴幼稚園創立130周年実行委員会編　京都　京都府立大学文学部歴史学科文化情報学研究室　2014.11　96p　21cm　〈年表あり　共同刊行：舞鶴市立舞鶴幼稚園創立130周年実行委員会〉　Ⓝ376.128

舞の海 秀平〔1968～ 〕
◇勝負脳の磨き方—小よく大を制す！　舞の海秀平著　育鵬社　2014.9　186p　19cm　〈扶桑社（発売）　共同刊行：扶桑社〉　Ⓘ978-4-594-07099-1　Ⓝ788.1　［1200円］

米原市（遺跡・遺物）
◇清滝寺遺跡・能仁寺遺跡　2　滋賀県教育委員会事務局文化財保護課, 滋賀県文化財保護協会編　大津　滋賀県教育委員会事務局文化財保護課　2014.3　173p　図版［28］枚　30cm　（能仁寺川通常砂防工事に伴う発掘調査報告書 2）〈米原市清滝所在　共同刊行：滋賀県文化財保護協会〉　Ⓝ210.0254

米原市（地誌）
◇落人と木地師伝説の地甲津原のまちおこし—天窓の地：歴史の検証からさぐる地域の活性化：国の重要文化的景観選定地域の里　法雲俊邑著　半田　一粒書房　2014.4　189p　21cm　〈文献あり　年表あり〉　Ⓘ978-4-86431-313-1　Ⓝ291.61　［2800円］

マイ・ブラッディ・ヴァレンタイン
◇マイ・ブラッディ・ヴァレンタインこそはすべて—ケヴィン・シールズのサウンドを追って　黒田隆憲著・写真　［東京］　DU BOOKS　2014.2　310p　図版16p　19cm　〈ディスクユニオン（発売）　作品目録あり　表紙のタイトル：All You Need Is my bloody valentine〉　Ⓘ978-4-925064-92-7　Ⓝ767.8　［1900円］

前澤 政司〔1934～ 〕
◇渥美半島に夢と希望を託して　前澤政司著　［東京］　KADOKAWA　2014.7　275p　19cm　Ⓘ978-4-04-621324-2　Ⓝ289.1　［1400円］

前田（家）
◇わが前田家のルーツを探る　古川隆, 前田耿史著　スポットライト出版　2014.6　199p　19cm　〈協賛：京都伏見桃山いとこ会同人〉　Ⓝ288.3

前田 くにひろ
◇都市議員と公共政策—とみもと卓区議、前田くにひろ区議の活動　田丸大著　志學社　2014.4　76p　21cm　Ⓘ978-4-904180-38-9　Ⓝ318.2361　［1000円］

前田 耕作〔1933～ 〕
◇パラムナード—知の痕跡を求めて　前田耕作著　せりか書房　2014.1　439p　20cm　Ⓘ978-4-7967-0329-1　Ⓝ289.1　［5000円］

前田 純孝〔1880～1911〕
◇霞も匂ふタ陽丘—翠渓・前田純孝論考集成　佐藤隆一著　新温泉町（兵庫県）　前田純孝の会　2014.5　775, 51p　27cm　〈年譜あり〉　Ⓝ911.162　［4800円］

前田 智徳
◇過去にあらがう　鈴川卓也, 前田智徳, 石井琢朗著　ベストセラーズ　2014.7　199p　19cm　Ⓘ978-4-584-13571-6　Ⓝ783.7　［1343円］
◇最後のサムライ・前田智徳—天才バッターの伝説の軌跡　伊藤伸一郎著　ぱる出版　2014.2　207p　19cm　〈文献あり〉　Ⓘ978-4-8272-0844-3　Ⓝ783.7　［1400円］
◇前田智徳天才の証明　堀治喜著　ブックマン社　2014.5　199p　19cm　〈文献あり〉　Ⓘ978-4-89308-817-8　Ⓝ783.7　［1400円］

前田 希美
◇まえのん—前田希美Fashion Book　前田希美著　宝島社　2014.4　109p　21cm　Ⓘ978-4-8002-2133-9　Ⓝ289.1　［1300円］

前田 光世〔1878～1941〕
◇不敗の格闘王前田光世伝—グレイシー一族に柔術を教えた男　神山典士著　祥伝社　2014.6　339p　16cm　（祥伝社黄金文庫　Gこ17-1）〈文献あり　「ライオンの夢」（小学館 1997年刊）の改題、加筆・修正〉　Ⓘ978-4-396-31641-9　Ⓝ789.2　［690円］

前田 裕晤〔1934～ 〕
◇前田裕晤が語る大阪中電と左翼労働運動の軌跡　前田裕晤著, 江藤正修聞き手＋編集　同時代社　2014.4　256,7p　19cm　〈年譜あり〉　Ⓘ978-4-88683-761-5　Ⓝ366.621　［2400円］

前野 良沢〔1723～1803〕
◇前野良沢　鳥井裕美子著　［大分］　大分県教育委員会　2013.3　307p　19cm　（大分県先哲叢書）〈年譜あり　文献あり〉　Ⓝ289.1

前橋育英高等学校野球部
◇『当たり前』の積み重ねが、本物になる—凡事徹底—前橋育英が甲子園を制した理由　荒井直樹著　カンゼン　2014.3　219p　19cm　Ⓘ978-4-86255-230-3　Ⓝ783.7　［1600円］

前橋市（遺跡・遺物）
◇上細井中島遺跡　群馬県埋蔵文化財調査事業団編　渋川　群馬県埋蔵文化財調査事業団　2013.12　137p　図版 31p　30cm　（公益財団法人群馬県埋蔵文化財調査事業団調査報告書 第576集）〈国土交通省の委託による　一般国道17号（上武道路）改築工事に伴う発掘調査（その3）報告書〉　Ⓝ210.0254
◇川上遺跡　7　スナガ環境測設株式会社編　前橋　スナガ環境測設　2013.3　24p　図版8p　30cm　〈ハウジングプラザの委託による　群馬県伊勢崎市所在　分譲住宅地造成に伴う埋蔵文化財発掘調査報告書〉　Ⓝ210.0254
◇関根赤城遺跡　群馬県埋蔵文化財調査事業団編　渋川　群馬県埋蔵文化財調査事業団　2014.3　183p　図版 50p　30cm　（公益財団法人群馬県埋蔵文化財調査事業団調査報告書 第582集）〈一般国道17号（上武道路）改築工事に伴う埋蔵文化財発掘調査（その3）報告書　共同刊行：国土交通省〉　Ⓝ210.0254
◇天王・東general屋谷戸遺跡　群馬県埋蔵文化財調査事業団編　渋川　群馬県埋蔵文化財調査事業団　2013.12　476p　図版 156p　30cm　（公益財団法人群馬県埋蔵文化財調査事業団調査報告書 第575集）〈一般国道17号（上武道路）改築工事に伴う埋蔵文化財発掘調査（その3）報告書　共同刊行：国土交通省〉　Ⓝ210.0254
◇新潟大学考古学研究室調査研究報告　14　笂井八日市遺跡測量・発掘調査報告—群馬県前橋市／牡丹山諏訪神社古墳測量調査報告—新潟県新潟市　新潟大学考古学研究室編　［新潟］　新潟大学人文学部　2014.3　81p　図版 8p　26cm　210.025
◇前橋城跡　群馬県埋蔵文化財調査事業団編　渋川　群馬県埋蔵文化財調査事業団　2014.2　256p　図版［16］枚　30cm　（公益財団法人群馬県埋蔵文化財調査事業団調査報告書 第580集）〈前橋地方合同庁舎（仮称）整備に伴う埋蔵文化財発掘調査報告書　共同刊行：国土交通省〉　Ⓝ210.0254

前橋市（家庭用電気製品—リサイクル）
◇小型電子機器等リサイクルシステム構築実証事業（平成24年度第二次）運営業務（関東地方）に関する報告書　平成25年度　［東京］　リーテム　［2014］　100p　30cm　〈表紙のタイトル（誤植）：小型電子機器等リサクルシステム構築実証事業（平成24年度第二次）運営業務（関東地方）に関する報告書〉　Ⓝ545.88

前橋市（食生活）
◇前橋食堂—暮らしの中に見えたもの：Shokudo project　増田拓史制作, Felice Forby, 菊池里沙, 宮原真美子, 須田久美子訳　［石巻］　グッドモーニングファクトリー　2014.1　111p　15×15cm　〈英語併記〉　Ⓘ978-4-907859-00-8　Ⓝ383.8133　［1200円］

前橋市（昔話）
◇寺家村の昔話—全30話　角田佳一著　前橋　角田光利　2014.2　135p　21cm　〈年譜あり〉　Ⓝ388.133　［1500円］

前原 寿子〔1938～ 〕
◇師なくしては育たず—私の教育記録　前原寿子編著　［出版地不明］　前原寿子　2014.7　343p　22cm　〈年表あり〉　Ⓝ375.422　［1500円］

前原 弘道〔1937～ 〕
◇築城を語る—パラグアイに実現した奇跡の日本の城　前原深, 前原弘道著　中央公論事業出版（制作・発売）　2014.1　190p　20cm　〈内容：遺稿「築城を語る」（前原深著）　自分で手がけた築城工事（前原弘道著）　牧場経営と養鶏事業（前原弘道著）〉　Ⓘ978-4-89514-410-0　Ⓝ289.1　［1400円］

前原 深〔1913～1995〕
◇築城を語る—パラグアイに実現した奇跡の日本の城　前原深, 前原弘道著　中央公論事業出版（制作・発売）　2014.1　190p　20cm　〈内容：遺稿「築城を語る」（前原深著）　自分で手がけた築城工事（前原弘道著）　牧場経営と養鶏事業（前原弘道著）〉　Ⓘ978-4-89514-410-0　Ⓝ289.1　［1400円］

前原 正憲

◇牛尾児（モービル）四十年　上　前原正憲著，宇田川勝，四宮正親編　法政大学イノベーション・マネジメント研究センター　2014.9　184p　30cm〈Working paper series no. 156〉Ⓝ537.09　［非売品］

◇牛尾児（モービル）四十年　中　前原正憲著，宇田川勝，四宮正親編　法政大学イノベーション・マネジメント研究センター　2014.9　192p　30cm〈Working paper series no. 157〉Ⓝ537.09　［非売品］

◇牛尾児（モービル）四十年　下　前原正憲著，宇田川勝，四宮正親編　法政大学イノベーション・マネジメント研究センター　2014.9　264p　30cm〈Working paper series no. 158〉Ⓝ537.09　［非売品］

澳門（移民・植民〔ポルトガル〕―歴史）

◇ポルトガルがマカオに残した記憶と遺産―「マカエンセ」という人々　内藤理佳著　Sophia University Press上智大学出版　2014.10　235p　19cm〈ぎょうせい（発売）文献あり　年表あり〉Ⓘ978-4-324-09856-1　Ⓝ334.42238　［2000円］

マガジンハウス

◇編集の砦―平凡出版とマガジンハウスの一万二〇〇〇日　塩澤幸登著　茉莉花社　2014.4　558p　20cm〈河出書房新社（発売）文献あり〉Ⓘ978-4-309-92018-4　Ⓝ023.1　［3000円］

真木 蔵人〔1972～　〕

◇アイアムベックス＝スプレッドザラブ　眞木蔵人著　白夜書房　2014.4　239p　19cm　Ⓘ978-4-86494-023-8　Ⓝ778.21　［1300円］

真木 太一〔1944～　〕

◇五十年間の研究の歩み―気象環境・農業気象・人工降雨・黄砂・大気汚染等の研究業績集　真木太一編　つくば　真木太一　2014.3　118p　30cm　Ⓝ613.1

真木 保臣〔1813～1864〕

◇誠の力が時代を変える―眞木和泉守語録50選　眞木和泉守研究会編　久留米　水天宮　2014.7　109p　21cm〈年譜あり　眞木和泉守没後一五〇年祭記念〉Ⓝ289.1

牧野〔氏〕

◇戦国時代の東三河―牧野氏と戸田氏　山田邦明著　名古屋　あるむ　2014.3　106p　21cm〈愛知大学綜合郷土研究所ブックレット 23〉〈文献あり〉Ⓘ978-4-86333-082-5　Ⓝ215.5　［1000円］

牧野 恭三〔1921～　〕

◇神風特攻隊長の遺言　牧野恭三著　文芸社　2014.2　166p　20cm〈私家版 2004年刊の加筆・修正〉Ⓘ978-4-286-14710-9　Ⓝ289.1　［1200円］

牧野 賢治〔1934～　〕

◇科学ジャーナリストの半世紀―自分史から見えてきたこと　牧野賢治著　京都　化学同人　2014.7　257,11p　19cm〈著作目録あり　年表あり〉Ⓘ978-4-7598-1571-9　Ⓝ070.16　［2200円］

牧野 成一〔1935～　〕

◇日本語教育の新しい地平を開く―牧野成一教授退官記念論集　筒井通雄，鎌田修，ウェスリー・M・ヤコブセン編　ひつじ書房　2014.3　245p　22cm（シリーズ言語学と言語教育 30）〈著作目録あり　内容：「目に見えない構造」はどう習得されるか（ウェスリー・M・ヤコブセン著）　メタファーが内包する文化相互理解の可能性と日本語教育におけるメタファーの活用（岡まゆみ著）　多様性の認識（松本善子著）　言語教育における文化のリテラシーとその評価（當作靖彦著）　ラウンドテーブル1の総括（マグロイン花岡直美司会，ウェスリー・M・ヤコブセンほか述）　明示的学習・暗示的学習と日本語教育（坂本正著）　コミュニカティブ・アプローチと日本語らしさ（畑佐由紀子著）　日本語能力試験N2受験準備のための講座（ハドソン遠藤睦子著）　翻訳法の復権をめざして（牧野成一著）　ラウンドテーブル2の総括（筒井通雄司会，坂本正ほか述）　ACTFLプロフィシェンシー・ガイドライン〈話技能〉（牧野成一著）　OPIにおける"維持〈sustain〉"の概念に関する一考察（鎌田修著）　OPIから学べること（渡辺素和子著）　The OPI at Age 30（Judith E.Liskin-Gasparro著）　ラウンドテーブル3の総括（ナズキアン富美子司会，牧野成一ほか述）〉Ⓘ978-4-89476-655-6　Ⓝ810.7　［6000円］

牧野 富太郎〔1862～1957〕

◇MAKINO―牧野富太郎生誕150年記念出版　高知新聞社編　北隆館　2014.1　229p　22cm〈年譜あり〉Ⓘ978-4-8326-0979-2　Ⓝ289.1　［2200円］

槙野 智章〔1987～　〕

◇ビッグ・ハート―道を切り拓くメンタルの力　槙野智章著　フロムワン　2014.3　176p　19cm〈朝日新聞出版（発売）〉Ⓘ978-4-02-190242-0　Ⓝ783.47　［1300円］

◇守りたいから前へ、前へ―tomoaki makino photo book　槙野智章著　幻冬舎　2014.3　111p　21cm　Ⓘ978-4-344-02550-9　Ⓝ783.47　［1300円］

纏向遺跡

◇纒向と箸墓―平成25年度弥生フェスティバル連続講演会：講演資料集　大阪府立弥生文化博物館編　和泉　大阪府立弥生文化博物館　2014.3　74p　30cm〈年表あり　会期：2014年3月25日～31日〉Ⓝ216.5

◇邪馬台国からヤマト王権へ　橋本輝彦，白石太一郎，坂井秀弥著　京都　ナカニシヤ出版　2014.2　109p　21cm　（奈良大ブックレット 04）〈内容：纒向遺跡の発掘調査（橋本輝彦著）　考古学からみた邪馬台国と初期ヤマト王権（白石太一郎著）　邪馬台国からヤマト王権へ（坂井秀弥司会，白石太一郎，橋本輝彦述）〉Ⓘ978-4-7795-0797-7　Ⓝ216.5　［800円］

マキャベリ, N.〔1469～1527〕

◇伸びる子が育つ家族のつくり方―マキャベリの『君主論』に学ぶ17の教訓　スザンヌ・エバンス著，花塚恵訳，高濱正伸監訳　かんき出版　2014.3　286p　19cm　Ⓘ978-4-7612-6984-5　Ⓝ379.9　［1380円］

マクシミリアン〔1832～1867 メキシコ皇帝〕

◇皇帝銃殺―ハプスブルクの悲劇メキシコ皇帝マクシミリアン一世伝　菊池良生著　河出書房新社　2014.1　367p　15cm（河出文庫 き8-1）〈文献あり　「イカロスの失墜」（新人物往来社 1994年刊）の改題〉Ⓘ978-4-309-41272-6　Ⓝ289.3　［1100円］

マクドナルド, R.〔1824～1894〕

◇「東洋のユートピア」に憧れて―日本初の英語教師　仁木勝治著　八王子　武蔵野書房　2013.11　318p　20cm〈文献あり〉Ⓘ978-4-906731-06-0　Ⓝ289.3　［1800円］

枕崎市（地誌）

◇枕崎物語―創立140周年記念　籠純雄著　［枕崎］　枕崎小学校PTA　2013.7　157p　21cm〈共同刊行：枕崎市立枕崎小学校、発行所：ダイコー印刷〉Ⓝ291.97

枕崎市立枕崎小学校

◇枕崎物語―創立140周年記念　籠純雄著　［枕崎］　枕崎小学校PTA　2013.7　157p　21cm〈共同刊行：枕崎市立枕崎小学校、発行所：ダイコー印刷〉Ⓝ291.97

馬毛島

◇馬毛島異聞　平山武章著，平山匡利編　福岡　石風社　2013.9　99p　22cm〈年表あり〉Ⓘ978-4-88344-236-2　Ⓝ219.7　［2000円］

正岡 子規〔1867～1902〕

◇歌よみ人正岡子規―病ひに死なじ歌に死ぬとも　復本一郎著　岩波書店　2014.2　280p　19cm　（岩波現代全書 022）Ⓘ978-4-00-029122-4　Ⓝ911.362　［2300円］

◇声に出して味わう子規―声に出して読むことで子規さんの本当の魅力を知ろう！　福田雅世著　松山　アトラス出版　2014.8　105p　21cm　Ⓘ978-4-906885-16-9　Ⓝ910.268　［1600円］

◇子規蔵書と『漢詩稿』研究―近代俳句成立の過程　加藤国安著　研文出版　2014.1　591,13p　22cm〈文献あり〉Ⓘ978-4-87636-372-8　Ⓝ919.6　［10000円］

◇子規と「小日本」―新聞界の旋風：松山市立子規記念博物館第60回特別企画展　松山市立子規記念博物館編　［松山］　松山市立子規記念博物館　2014.8　64p　30cm〈年表あり　会期：平成26年8月2日～8月31日〉Ⓝ070.21

◇百花のむこうの子規漢詩　片山昭子著　［横浜］　［片山昭子］　2014.9　380p　21cm〈文献あり〉Ⓝ919.6　［1300円］

◇ロンドンの焼芋―手紙：漱石と子規　関宏夫著，暮しの手帖社編　［いすみ］　関宏夫　2013.7　335p　19cm　Ⓝ910.268　［2000円］

正門 喜作

◇逆転の人生　正門喜作著　改訂版　文芸社　2014.2　175p　19cm　Ⓘ978-4-286-14732-1　Ⓝ289.1　［1000円］

松前町〔愛媛県〕（地誌）

◇愛媛松前（Masaki）界隈はええとこぞなもし―長いものぞな松前のかづら蔓は松前に葉は松山へ花はお江戸の城で咲く　山野芳幸著，松前町松前史談会編　松前町（愛媛県）　創立三〇周年記念実行委員会　2014.9　326p　19cm〈文献あり　奥付・

日本件名図書目録2014　Ⅰ　　　　　　　　　　　　　　　　　　　　　　　　　　　　　町田市（行政）

背のタイトル：愛媛松前界隈はええとこぞなもし　共同刊行：
エーシー〉Ⓝ291.83　［1800円］

雅子〔1964〜〕
◇雅子スタイル　雅子著　宝島社　2014.7　111p　21cm
①978-4-8002-2833-8　Ⓝ289.1　［1430円］

マサチューセッツ工科大学
◇宇宙を目指して海を渡る―MITで得た学び、NASA転職を決
めた理由　小野雅裕著　東洋経済新報社　2014.5　255p
19cm　①978-4-492-22342-0　Ⓝ377.6　［1500円］

マザー・テレサ〔1910〜1997〕
◇マザーテレサ来て、わたしの光になりなさい！　マザーテレ
サ著、ブライアン・コロディエチュック編集と解説、里見貞代
訳　女子パウロ会　2014.11　594,39p　19cm　①978-4-7896-
0730-8　Ⓝ198.22　［2600円］

益城町〔熊本県〕（遺跡・遺物）
◇塔平遺跡　2　熊本　熊本県教育委員会　2014.3　208p　図版
34p　30cm　（熊本県文化財調査報告　第302集）〈九州縦貫自
動車道嘉島JCT（仮称）建設工事に伴う埋蔵文化財発掘調査〉
Ⓝ210.0254

マーシャル
◇アンプ大名鑑　Marshall編　マイケル・ドイル、ニック・ボウ
コット著、牛澤滋由貴日本語版監修、脇阪真由、水科哲哉訳
スペースシャワーネットワーク　2014.12　463p　26cm
（SPACE SHOWER BOOKS）〈文献あり〉978-4-907435-
45-5　Ⓝ547.337　［4500円］

マーシャル諸島（原子力災害）
◇ビキニ水爆被災資料集　三宅泰雄、檜山義夫、草野信男監修、
第五福竜丸平和協会編集　新装版　東京大学出版会　2014.7
726p　24cm　〈文献あり　年表あり〉978-4-13-050183-5
Ⓝ369.36　［15000円］

マスク, E.〔1971〜〕
◇天才イーロン・マスク銀河一の戦略　桑原晃弥著　経済界
2014.12　207p　18cm　（経済界新書　047）〈文献あり　年譜
あり〉①978-4-7667-2057-0　Ⓝ289.3　［800円］

益田　愛蓮〔1930〜〕
◇百年漂泊―a lotus：悲しい20世紀の記憶　益田（周）愛蓮著
創英社／三省堂書店　2014.11　401p　20cm　①978-4-88142-
886-3　Ⓝ289.2　［1500円］

益田　太郎冠者〔1875〜1953〕
◇「今日もコロッケ、明日もコロッケー“益田太郎冠者喜劇”の
大正」展示図録　早稲田大学坪内博士記念演劇博物館　2014.3
72p　26cm　〈年譜あり　会期・会場：2014年3月1日−8月3日
早稲田大学演劇博物館3階常設展示室「近代」コーナー　タイ
トルは奥付による　編集：星野高〉912.6　［900円］

増田　友也〔1914〜1981〕
◇「建築論」の京都学派―森田慶一と増田友也を中心として　市
川秀和著　近代文藝社　2014.12　158p　18cm　（近代文藝社
新書）①978-4-7733-7966-2　Ⓝ523.1　［1000円］

益田高等学校（島根県立）
◇益田高等学校百年史　島根県立益田高等学校創立百周年記念
事業実行委員会校史刊行部編　益田　島根県立益田高等学校
2013.3　722p　27cm　〈年表あり　文献あり〉Ⓝ376.48

益田市（遺跡・遺物）
◇沖手遺跡　益田市教育委員会編　益田　益田市教育委員会
2014.3　37p　図版18p　30cm　〈ホームプラザナフコ益田北店
開発事業に伴う埋蔵文化財発掘調査報告書〉Ⓝ210.0254

桝谷　多紀子
◇すみれ達の証言―大正・昭和を駆け抜けたタカラジェンヌたち
桝谷多紀子著　中央公論事業出版（制作・発売）2014.11
175p　20cm　〈文献あり〉①978-4-89514-431-5　Ⓝ289.1
［1200円］

マスード, A.S.〔1953〜2001〕
◇マスード―伝説のアフガン司令官の素顔　マルセラ・グラッ
ド著、［アニカ編集部訳］　アニカ　2014.4　573p　19cm　〈年
表あり〉①978-4-901964-27-2　Ⓝ289.3　［3200円］

舛ノ山　大晴〔1990〜〕
◇母に捧げた運命の土俵　舛ノ山大晴著　竹書房　2014.1
190p　19cm　①978-4-8124-9816-3　Ⓝ788.1　［1300円］

増村　保造〔1924〜1986〕
◇映画監督増村保造の世界―〈映像のマエストロ〉映画との格闘
の記録1947-1986　上　増村保造著、藤井浩明監修　ワイズ出
版　2014.6　713p　15cm　（ワイズ出版映画文庫　5）〈1999
年刊の再編集、改稿、上下2分冊〉①978-4-89830-278-1
Ⓝ778.21　［1500円］

◇映画監督増村保造の世界―〈映像のマエストロ〉映画との格闘
の記録1947-1986　下　増村保造著、藤井浩明監修　ワイズ出
版　2014.12　649p　15cm　（ワイズ出版映画文庫　8）〈著作
目録あり　奥付のシリーズ巻次（誤植）：5　1999年刊の再編
集、改稿、上下2分冊　内容：映画のスピードについて　ある
弁明　私の主張する演技　「シーン」と「ショット」　新人作
家の主張　原作小説とその映画化　テレビ・ドラマはコント
である　私の演出態度　しろうと批評と専門批評の違い　ス
ターであることと無いこと　わたしの女優論　実在性喪失の
現状　近松と新派に帰る　映画批評家とは何か　映画を知る
ための四冊の本　余りにアマチュア的映画作家の希望する映
画批評とは　サディズム映画論　女優＝巫女になるための条
件は　三島由紀夫さんのこと　拾遺「黒澤論」黒澤監督を訪問
する　ヴィスコンティとカステラーニの作風　ルキノ・ヴィ
スコンティ論　ヴィスコンティ論　悲劇的な人間へ向けるリ
アルな眼　最も多望の新人監督フェデリコ・フェリーニ　『青
春群像』とフェリーニ　『甘い生活』背徳とその救済　ヴィッ
トリオ・デ・シーカ反イタリア的精神　映画人の主観　太陽は
ひとりぼっち　パゾリーニとボロニーニの間　マキュアヴェ
リは葡萄酒を守った　イタリアン・リアリズムは生きている
現代フランスの“私映画”　主観的世界を描く喜劇　新しい大
衆性の発見通俗ドラマと絶縁　現代のフランス映画　世にも
怪奇な物語　結論なき思考、〈他人の血〉の拒否　アメリカ的オ
プティミズム　暴力とは人間の根源的な情熱だ。しかし―
ゲテモノの真実味溢れる大傑作である…　粗野で善意で果敢
で滑稽なヤンキーたち　映像主義とは？　あらゆる映画手法
を拒否した詩的情念の世界　この悪魔的ムードと絶望的眼差
の伝統！　黄土塊のうねりとアメリカ人の自由の原型　自作
を語る　次回作『女の小箱・より　夫が見た』　人間とは何か
―『女の小箱・より　夫が見た』で描きたかったこと　次回作
『卍』　谷崎の世界とギリシャ的論理性―『卍』について　次
回作『陸軍中野学校』　『遊び』で描きたいもの　『音楽』と
愛とセックスと　演出意図　『大地の子守歌』で描く逞しい女
性　次回作『曽根崎心中』　『曽根崎心中』について　『エデ
ンの園』を撮り終えて　『偽大学生』の思い出〉①978-4-
89830-285-9　Ⓝ778.21　［1500円］

マダガスカル（風俗・習慣）
◇身をもって知る技法―マダガスカルの漁師に学ぶ　飯田卓著
京都　臨川書店　2014.11　222p　19cm　（フィールドワーク
選書　8）〈文献あり〉①978-4-653-04238-9　Ⓝ382.491
［2000円］

班目〔氏〕
◇『薩摩斑目家』の歴史　山崎博史著　［出版地不明］　斑目力曠
2014.5　186p　19cm　〈年表あり　発行所：AMR〉Ⓝ288.2

町田　典子〔1936〜〕
◇夢想花―クレア30年思い出の記　町田典子著　講談社ビジネ
スパートナーズ　2013.11　183p　20cm　①978-4-86424-017-
8　Ⓝ289.1　［1800円］

町田市
◇これでいいのか東京都町田市―徹底解明!!風紀を乱す町田の暴
走民　諸文大、佐藤圭亮監修　マイクロマガジン社　2014.3
139p　26cm　〈文献あり　日本の特別地域特別編集〉①978-4-
89637-453-7　Ⓝ291.365　［1300円］

町田市（遺跡・遺物）
◇下常盤遺跡発掘調査報告書　共和開発株式会社　編　［相模原］
リバティホーム　2014.3　12p　図版6p　30cm　〈東京都町田
市所在　共同刊行：共和開発〉Ⓝ210.0254

町田市（遺跡・遺物―保存・修復）
◇国指定史跡高ヶ坂石器時代遺跡保存管理計画　町田　町田市
教育委員会　2014.3　103p　30cm　Ⓝ709.1365

町田市（環境行政）
◇環境調査事業概要　2012年度　町田市環境資源部環境保全課
編　［町田］　町田市　2013.12　67p　30cm　Ⓝ519.1

町田市（環境問題）
◇環境調査事業概要　2012年度　町田市環境資源部環境保全課
編　［町田］　町田市　2013.12　67p　30cm　Ⓝ519.1

町田市（感染症対策）
◇町田市新型インフルエンザ等対策行動計画　［町田市］いきい
き健康部保健企画課、[町田市］市民部防災安全課編　［町田］
町田市　2014.3　66p　30cm　〈折り込み1枚〉Ⓝ498.6

町田市（教育行政）
◇町田市教育プラン　町田市教育委員会教育総務課編　町田
町田市教育委員会　2014.3　91p　30cm　Ⓝ373.2

町田市（行政）
◇部長の「仕事目標」―各部の目標と目標実現に向けた取り組み
2014年度　［町田市］政策経営部経営改革室編　町田　町田
市　2014.7　200p　30cm　Ⓝ318.5365

1029

町田市（公園）　　　　　　　　　　　　　　　　　　　　　　　　　　　　日本件名図書目録2014　I

◇町田市市民意識調査報告書　2013年度　町田　町田市政策経営部企画政策課　2014.3　214p　30cm　Ⓝ318.2365
◇町田市新5ヵ年計画2013年度取り組み状況　［町田市］　政策経営部経営改革室編　町田　町田市　2014.7　69p　30cm　Ⓝ318.2365

町田市（公園）
◇町田市第二次野津田公園整備基本計画　町田市都市づくり部公園緑地課編　［町田］　町田市　2014.5　66p　30cm　Ⓝ518.85

町田市（郊外）
◇「郊外」という場所―人びとの場所との結びつき方をめぐって　専修大学人間科学部藤原法子研究室編　［川崎］　専修大学人間科学部社会学科　2013.3　122p　30cm　（社会調査士実習報告書　2012年度）〈専修大学人間科学部社会学科2012年度「社会調査士実習」報告書〉Ⓝ361.785

町田市（産業政策）
◇産業振興通信簿　2013　経済観光部産業観光課編　町田　町田市　2014.12　71p　30cm　（町田市産業振興計画進捗状況報告書　2013年度）Ⓝ601.1365
◇町田市新・産業振興計画　［町田市］　経済観光部産業観光課編　町田　町田市　2014.3　62p　30cm　Ⓝ601.1365

町田市（市街地）
◇町田市中心市街地整備構想―協働による中心市街地の魅力づくり　［町田市］　都市づくり部地区街づくり課編　町田　町田市　2014.3　68p　30cm　Ⓝ518.8

町田市（獅子舞）
◇金井の獅子舞―町田市指定無形民俗文化財　金井の獅子舞改訂版編集委員会　改訂版　町田　金井の獅子舞保存会　2014.4　84p　30cm　〈年表あり〉Ⓝ386.81365

町田市（社会教育計画）
◇町田市生涯学習推進計画　町田市生涯学習センター編　町田　町田市生涯学習センター　2014.3　91p　30cm　Ⓝ379.1

町田市（食育）
◇町田市食育推進計画　町田市いきいき健康部保健企画課編　町田　町田市　2013.12　75p　30cm　Ⓝ498.5

町田市（スポーツ振興基本計画）
◇町田市スポーツ推進計画　［町田市］　文化スポーツ振興部スポーツ振興課編　［町田］　町田市　2014.3　49p　30cm　Ⓝ780.21365

町田市（青少年教育）
◇町田市青少年施設ひなた村事業実績報告書　2013年度　町田　町田市子ども生活部ひなた村　2014.8　31p　30cm　〈奥付のタイトル：町田市青少年施設ひなた村〉Ⓝ379.3

町田市（選挙―統計）
◇選挙の記録　町田市選挙管理委員会事務局編　町田　町田市選挙管理委員会事務局　［2014］　66, 37p　30cm　〈衆議院議員選挙最高裁判所裁判官国民審査東京都知事選挙　平成24年12月16日執行〉Ⓝ314.8
◇選挙の記録　町田市選挙管理委員会事務局編　町田　町田市選挙管理委員会事務局　2014.9　1冊　30cm　〈東京都議会議員選挙　平成25年6月23日執行，参議院議員選挙　平成25年7月21日執行，東京都知事選挙　平成26年2月9日執行，町田市議会議員選挙・町田市長選挙　平成26年2月23日執行〉Ⓝ314.8

町田市（男女共同参画）
◇まちだ男女平等フェスティバル報告書　第14回　まちだ男女平等フェスティバル実行委員会編　［町田］　町田市　2014.5　88p　30cm　〈会期・会場：2014年2月1日―2日　町田市民フォーラム　第14回のタイトル関連情報：生きよう！一人ひとりが自分の人らしく〉Ⓝ367.21365

町田市（地方選挙）
◇公費負担経費請求の手引―平成26年2月23日執行町田市議会議員選挙・町田市長選挙　町田市選挙管理委員会編　町田　町田市選挙管理委員会　2014.1　168p　30cm　Ⓝ318.4365
◇選挙の記録　町田市選挙管理委員会事務局編　町田　町田市選挙管理委員会事務局　2014.9　1冊　30cm　〈東京都議会議員選挙　平成25年6月23日執行，参議院議員選挙　平成25年7月21日執行，東京都知事選挙　平成26年2月9日執行，町田市議会議員選挙・町田市長選挙　平成26年2月23日執行〉Ⓝ314.8
◇立候補届出等手続の手引―平成26年2月23日執行町田市議会議員選挙・町田市長選挙　町田市選挙管理委員会編　町田　町田市選挙管理委員会　2014.1　180p　30cm　Ⓝ318.4365

町田市（読書指導）
◇第二次町田市子ども読書活動推進計画2013年度取組状況報告書　町田市教育委員会生涯学習部図書館課編　町田　町田市教育委員会　2014.5　46p　30cm　Ⓝ019.2

町田市（都市計画）
◇町田市土地利用に関する基本方針及び制度活用の方策―目指すべき都市像の実現に向けて　町田市都市づくり部都市政策課編　町田　町田市　2014.1　80p　30cm　Ⓝ518.8

町田市（都市再開発）
◇町田市中心市街地整備構想―協働による中心市街地の魅力づくり　［町田市］　都市づくり部地区街づくり課編　町田　町田市　2014.3　68p　30cm　Ⓝ518.8

町田市（都市農業）
◇町田市農業振興計画―新たな町田市型都市農業への挑戦：消費者・市民といっしょに農業，農地を守っていこう　一部改正版　町田　町田市経済観光部農業振興課　2014.9　103, 26p　30cm　〈2007年4月制定2010年6月一部改正2014年9月一部改正〉Ⓝ611.1

町田市（土地利用）
◇町田市土地利用に関する基本方針及び制度活用の方策―目指すべき都市像の実現に向けて　町田市都市づくり部都市政策課編　町田　町田市　2014.1　80p　30cm　Ⓝ518.8

町田市（農業行政）
◇町田市農業振興計画―新たな町田市型都市農業への挑戦：消費者・市民といっしょに農業，農地を守っていこう　一部改正版　町田　町田市経済観光部農業振興課　2014.9　103, 26p　30cm　〈2007年4月制定2010年6月一部改正2014年9月一部改正〉Ⓝ611.1

町田市（美術館）
◇(仮称)町田市立国際工芸美術館整備基本計画　町田　町田市文化スポーツ振興部文化振興課　2014.6　54p　30cm　Ⓝ709.1365

町野　武馬〔1875～1968〕
◇町野武馬―伝記および著作全集：負けるなうそつくなやんがえしやまほど　町野武馬他著，宮上泉二郎編　第2版　［出版地不明］　町野武馬研究所　2014.7　631p　21cm　〈年譜あり〉Ⓝ289.1　［非売品］

松居　一代〔1957～〕
◇松居流マネーの掟　松居一代著　主婦と生活社　2014.10　209p　19cm　①978-4-391-14556-4　Ⓝ778.21　［1200円］

松井　簡治〔1863～1945〕
◇松井簡治資料集　松井簡治資料刊行会編　銚子　松井簡治資料刊行会　2014.3　16, 170p　26cm　〈年譜あり〉Ⓝ289.1

松居　桃楼〔1910～1994〕
◇今を微笑む―松居桃楼の世界　中村恵編纂　溪声社　2014.4　400p　20cm　〈星雲社（発売）〉①978-4-434-18986-9　Ⓝ912.6　［2200円］

松井　秀喜〔1974～〕
◇松井秀喜がダメ監督にならないための55の教え　テリー伊藤［著］　KADOKAWA　2014.11　215p　18cm　（角川oneテーマ21 D-50）〈文献あり〉①978-4-04-101973-3　Ⓝ783.7　［800円］

松浦　寿子〔1922～〕
◇子孝行しとりまっせ―世のため人のためちょこっと自分のため　松浦寿子著，河合碧企画・編集　大阪　清風堂書店　2014.1　129p　19cm　①978-4-88313-816-6　Ⓝ289.1　［600円］

松浦　利弘〔1933～〕
◇百年の芯―もののこころ・ひとのこころ　松浦利弘著　文芸社　2014.3　289p　20cm　〈文献あり〉①978-4-286-14827-4　Ⓝ289.1　［1400円］

松浦　美穂〔1960～〕
◇松浦美穂の3Dヘアーどこから見ても美シルエット！：人気No.1ヘアスタイリスト：TWIGGY STYLE　松浦美穂著　マガジンハウス　2014.9　112p　22cm　〈年譜あり〉①978-4-8387-2703-2　Ⓝ289.1　［1500円］

松浦市（遺跡・遺物―保存・修復）
◇国指定史跡鷹島神崎遺跡保存管理計画書　長崎県松浦市教育委員会編　松浦　長崎県松浦市教育委員会　2014.3　117, 67p　30cm　〈文献あり〉Ⓝ709.193

松江工業高等専門学校
◇『学んで創れるエンジニア』の育成―松江高専創立50周年記念誌　［松江］　国立高等専門学校機構松江工業高等専門学校　［2014］　195p　21cm　Ⓝ377.3

松江市（遺跡・遺物）
◇城山北公園線都市計画街路事業に伴う松江城下町遺跡発掘調査報告書　4　［松江市文化財調査報告書　第157集］　松江　松江市教育委員会　2014.3　172p　図版48p　30cm　（松江市文化財調査報告書　第157集）〈共同刊行：松江市スポーツ振興財団　内容：松江城下町遺跡.

第16ブロック（東側）南田町134-11外　松江城下町遺跡．第16ブロック（東側）南田町136-13外　松江城下町遺跡．第16ブロック（東側）南田町137-13外〉Ⓝ210.0254

◇柳堀遺跡・大庭園ノ前遺跡　［松江］　島根県松江市教育委員会　2014.3　84p 図版 29p　30cm　（松江市文化財調査報告書 第158集）〈松江市宇竜谷土地区画整理事業に伴う発掘調査報告書　共同刊行：松江市スポーツ振興財団〉Ⓝ210.0254

松江（寺院—歴史—史料—書目）
◇松江市内寺社史料調査目録　平成22年度—平成25年度　松江　松江市教育委員会文化財課　2014.3　669p　30cm　（松江市文書調査報告書 第2集）Ⓝ185.9173

松江市（社会福祉）
◇「対話と学び合い」の地域福祉のすすめ—松江市のコミュニティソーシャルワーク実践　上野谷加代子，松端克文，斉藤弥生編著　仙台　全国コミュニティライフサポートセンター　2014.6　213p　26cm〈文献あり　「松江市の地域福祉計画」（平成18年刊）の続〉①978-4-904874-26-4　Ⓝ369.02173　［2700円］

松江市（城下町）
◇松江城と城下町の謎にせまる—城と城下の移り変わり　石井悠著　松江　ハーベスト出版　2013.7　207p　19cm　（山陰文化ライブラリー 4）〈文献あり〉①978-4-86456-067-2　Ⓝ521.823　［1200円］

松江市（神社—歴史—史料—書目）
◇松江市内寺社史料調査目録　平成22年度—平成25年度　松江　松江市教育委員会文化財課　2014.3　669p　30cm　（松江市文書調査報告書 第2集）Ⓝ185.9173

松江市（地域開発）
◇日本における水辺のまちづくり　2　神頭広好，麻生憲一，角本伸晃，駒木伸比古，張慧娟，藤井孝宗著　名古屋　愛知大学経営総合科学研究所　2014.3　85p　26cm　（愛知大学経営総合科学研究所叢書 43）〈文献あり　「2」のタイトル関連情報：近江八幡市および松江市を対象にして〉①978-4-906971-02-2　Ⓝ601.1　［非売品］

松江市（歴史）
◇松江市歴史叢書　7　松江市史研究　5号　松江　松江市教育委員会　2014.3　109, 28p　30cm〈文献あり　内容：松江藩財政に関する覚書（伊藤昭弘著）　白潟町屋の商人と町人地の変容（大矢幸雄，渡辺理絵著）　明治期における伝染病の大流行と民間信仰（喜多村理子著）　松江市所在の五輪塔・宝篋印塔一覧表（稿）（松江石造物研究会著）　松江城の石垣の構造と年代（乗岡実著）　三ノ丸の特色とその推移について（和田嘉宥著）　松江平野の古環境　3（渡辺正巳，瀬戸浩二著）　松江市史編纂日誌（史料編纂室著）　尼子氏による出雲国成敗権の掌握（川岡勉著）　『土工記』にみる河川の維持管理と松江藩の藩政改革（東谷智著）〉①978-4-904911-24-2　Ⓝ217.3　［1500円］

松江市（歴史—写真集）
◇安来の昭和—写真アルバム　長岡　いき出版　2014.7　279p　34cm〈島根県教科図書販売（発売）　文献あり〉①978-4-904614-49-5　Ⓝ217.3　［9250円］

松江市（歴史—史料）
◇松江市史　史料編 4　中世 2　松江市史編集委員会編　松江　松江市　2014.3　993p　22cm　①978-4-904911-25-9　Ⓝ217.3

松江城
◇松江城再発見—天守、城、そして城下町　西和夫著　松江　松江市歴史まちづくり部まちづくり文化財課史料編纂室　2014.8　122p　21cm　（松江市ふるさと文庫 16）①978-4-904911-26-6　Ⓝ521.823　［800円］

◇松江城調査研究集録　1　松江市産業観光部観光施設課松江城国宝化推進室編　松江　松江市産業観光部観光施設課松江城国宝化推進室　2013.12　58p　30cm〈折り込 2枚〉Ⓝ217.3

◇松江城と城下町の謎にせまる—城と城下の移り変わり　石井悠著　松江　ハーベスト出版　2013.7　207p　19cm　（山陰文化ライブラリー 4）〈文献あり〉①978-4-86456-067-2　Ⓝ521.823　［1200円］

松尾 芭蕉〔1644～1694〕
◇おくのほそ道を歩く—山形・秋田　田口恵子著　会津若松　歴史春秋出版　2013.10　244p　19cm〈文献あり〉①978-4-89757-812-5　Ⓝ915.5

◇『おくのほそ道』と綱吉サロン　岡本聡著　おうふう　2014.9　247p　19cm〈年表あり〉①978-4-273-03758-1　Ⓝ915.5　［2000円］

◇京あふみの芭蕉とわたしの京都　福田國彌著　京都　晃洋書房　2014.11　120p　19cm〈文献あり〉①978-4-7710-2568-4　Ⓝ911.32　［1300円］

◇京都・湖南の芭蕉　さとう野火著　京都　京都新聞出版センター　2014.6　199p　21cm〈文献あり　年譜あり　撮影：北山崇士夫ほか〉①978-4-7638-0677-2　Ⓝ911.32　［1600円］

◇近世の版本と史跡写真で味わう『おくのほそ道』—大田原市黒羽芭蕉の館平成26年度企画展図録　大田原市黒羽芭蕉の館　大田原　大田原市黒羽芭蕉の館　2014.11　88p　30cm〈会期：2014年11月21日—2015年1月18日〉Ⓝ915.5

◇諸国翁墳記—翻刻と検討　田坂英俊著　府中（広島県）　慶照寺　2014.10　222p　22cm〈年表あり〉Ⓝ911.32　［非売品］

◇諸注評釈新芭蕉俳句大成　堀切実，田中善信，佐藤勝明編　明治書院　2014.10　1205p　22cm〈索引あり〉①978-4-625-40406-1　Ⓝ911.32　［12000円］

◇なぜ芭蕉は至高の俳人なのか—日本人なら身につけたい教養としての俳句講義　大輪靖宏著　祥伝社　2014.8　275p　19cm〈年表あり　索引あり〉①978-4-396-61498-0　Ⓝ911.32　［1600円］

◇俳諧つれづれの記—芭蕉・蕪村・一茶　大野順一著　論創社　2014.2　221p　20cm　①978-4-8460-1294-6　Ⓝ911.302　［2200円］

◇芭蕉を歩く　皆藤武彦著　名古屋　一の丸出版（制作）　2014.8　191p　19cm〈年譜あり　文献あり〉①978-4-87072-044-2　Ⓝ911.32　［1500円］

◇芭蕉さんと私　2　伊賀　芭蕉翁生誕370年事業実行委員会　2014.10　145p　22cm〈共同刊行：芭蕉翁生誕370年記念事業実行委員会「芭蕉さんと私Ⅱ」プロジェクトチーム〉Ⓝ911.32

◇芭蕉と辿る平成奥の細道　［渡邉修次著］　［出版地不明］　エメリーナ・プロモート　2014.11　163p　19cm　Ⓝ915.5　［2300円］

◇芭蕉のこころをよむ—「おくのほそ道」入門　尾形仂［著］　KADOKAWA　2014.10　251p　15cm　（角川ソフィア文庫）［D114-1］〈索引あり　「「おくのほそ道」を語る」（角川書店 1997年刊）の改題〉①978-4-04-406513-3　Ⓝ915.5　［800円］

◇本当はこんなに面白い「おくのほそ道」—おくのほそ道はRPGだった！　安田登著　実業之日本社　2014.1　205p　18cm　（じっぴコンパクト新書 176）〈文献あり〉①978-4-408-33109-6　Ⓝ915.5　［762円］

◇松尾芭蕉　おくのほそ道　長谷川櫂著　NHK出版　2014.10　165p　19cm　（NHK「100分de名著」ブックス）〈年譜ありタイトルは奥付・背による．標題紙のタイトル：おくのほそ道　松尾芭蕉　2013年刊の一部加筆・修正、増補〉①978-4-14-081652-3　Ⓝ915.5　［1000円］

◇松尾芭蕉と奥の細道　佐藤勝明著　吉川弘文館　2014.9　159p　21cm　（人をあるく）〈文献あり　年譜あり〉①978-4-642-06785-0　Ⓝ915.5　［2000円］

◇松尾芭蕉と仙台　梅津保一著　［仙台］　大崎八幡宮仙台・江戸学実行委員会　2014.1　69p　21cm　（国宝大崎八幡宮仙台・江戸学叢書 44）〈文献あり　発行所：大崎八幡宮〉Ⓝ915.5

◇村上の曾良と芭蕉　大滝友和執筆　［村上］　大滝友和　2013.5　99p　30cm　Ⓝ911.32

◇山下一海著作集　第4巻　芭蕉と蕪村　山下一海著　おうふう　2014.7　718p　22cm〈索引あり　付属資料：8p；月報 4　布装　内容：芭蕉と蕪村　芭蕉の「やがて」「やがて」「しばし」「しばらく」など　大切な柳一本　年暮れぬ、年暮れず　切字の響き　間　鳴く鶯、鳴かぬ鶯　時鳥　蛙　足袋と草鞋　草履　心象の梅　蕪村の出発　蕪村の「我」　芭蕉と蕪村の世界　芭蕉と蕪村の世界．続　芭蕉論〉①978-4-273-03714-7　Ⓝ911.308　［12000円］

松尾 稔〔1939～　〕
◇現代の桀王・紂王—人質体験を通して見た世界　松尾稔著　文芸社　2014.1　167p　19cm　①978-4-286-14161-9　Ⓝ289.1　［1200円］

松尾 八重子〔1929～　〕
◇老いは華陽の宝　松尾八重子著　文芸社　2014.4　94p　15cm〈年譜あり〉①978-4-286-14762-8　Ⓝ289.1　［500円］

マッカーサー, D.〔1880～1964〕
◇マッカーサー大戦回顧録　ダグラス・マッカーサー著，津島一夫訳　改版　中央公論新社　2014.7　529p　16cm　（中公文庫 マ13-1）〈年譜あり〉①978-4-12-205977-1　Ⓝ210.75　［1400円］

マッカートニー, P.〔1942～　〕
◇ポール・マッカートニー—Life：破壊と創造の1970年代　トム・ドイル著，宝木多万紀訳　TOブックス　2014.2　382p

22cm 〈文献あり 作品目録あり〉 ①978-4-86472-223-0 Ⓝ767.8 ［3800円］

松木 重雄〔1917〜2010〕
◇妻への手紙―松木重雄書簡集 松木重雄著 講談社ビジネス パートナーズ（製作） 2013.12 101p 20cm ①978-4-86424-011-6 Ⓝ723.1 ［非売品］

マック鈴木〔1975〜 〕
◇漂流者―野球さえあれば、世界のどこでも生きていける マック鈴木著 アンドブック 2014.2 174p 19cm 〈三交社（発売）年譜あり〉 ①978-4-87919-818-1 Ⓝ783.7 ［1200円］

マックスファクトリー
◇マックスファクトリー全仕事―創立25周年記念出版 ホビージャパン 2014.2 130p 30cm 〈作品目録あり〉 ①978-4-7986-0689-7 Ⓝ589.77 ［4743円］

松坂 南〔1984〜 〕
◇ミナミのハダカーグラビアアイドル10年の系譜 松坂南,ビーエスエス株式会社編集 ［東京］ ビーエスエス 2013.9 133p 21cm 〈ブライト出版（発売）〉 ①978-4-86123-560-3 Ⓝ779.9 ［1429円］

松阪市（遺跡・遺物）
◇朝見遺跡（第1・2次）発掘調査報告 三重県埋蔵文化財センター編 ［明和町（三重）］ 三重県埋蔵文化財センター 2014.10 288p 図版 5枚 30cm （三重県埋蔵文化財調査報告 351）〈文献あり 松阪市和屋町所在〉 Ⓝ210.0254
◇大瀬古遺跡発掘調査報告 三重県埋蔵文化財センター編 ［明和町（三重県）］ 三重県埋蔵文化財センター 2014.10 12p 30cm （三重県埋蔵文化財調査報告 354）〈三重県松阪市小阿坂町所在〉 Ⓝ210.0254
◇筋違遺跡（第2・3次）発掘調査報告―一般国道23号中勢道路（13工区）建設事業に伴う 三重県埋蔵文化財センター編 ［明和町（三重県）］ 三重県埋蔵文化財センター 2014.3 238p 30cm （三重県埋蔵文化財調査報告 115-30）〈文献あり〉 Ⓝ210.0254

松阪市（行政）
◇市民みんなの道標―未来につなげるまちづくり計画：松阪市総合計画：平成26年度〜平成29年度 松阪市経営企画部経営企画課編 ［松阪］ 三重県松阪市 2014.4 146p 30cm Ⓝ318.256

松阪市（民家）
◇旧長谷川家住宅調査報告書 国立文化財機構奈良文化財研究所編 松阪 松阪市教育委員会 2014.3 58p 図版 58p 30cm 〈年表あり〉 Ⓝ521.86

松阪市（歴史―史料）
◇郷土資料室所蔵文書目録 第8集 家別文書 7 松阪市教育委員会文化課郷土資料室編 ［松阪］ 松阪市教育委員会 2014.3 39p 30cm 〈内容：松阪市山下町水谷家文書. 前編〉 Ⓝ215.6

松阪市民病院
◇「ジョン・P・コッターの8つの変革ステップ」から見た松阪市民病院経営改善の検証―あの松阪市民病院でもできたんだ！ 世古口務編著 日本医学出版 2014.8 113p 26cm 〈文献あり 奥付のタイトル：松阪市民病院経営改善の検証〉 ①978-4-902266-93-1 Ⓝ498.163 ［2500円］

松下 昭〔1928〜 〕
◇「スイカ」の原理を創った男―特許をめぐる松下昭の闘いの軌跡 馬場錬成著 日本評論社 2014.1 271p 20cm ①978-4-535-51985-5 Ⓝ548.232 ［2300円］

松下 圭一〔1929〜 〕
◇松下圭一が日本を変える―市民自治と分権の思想 大塚信一著 トランスビュー 2014.11 357p 20cm ①978-4-7987-0155-4 Ⓝ318 ［3600円］

松下 幸之助〔1894〜1989〕
◇血族の王―松下幸之助とナショナルの世紀 岩瀬達哉著 新潮社 2014.2 394p 16cm （新潮文庫 い-57-2）〈文献あり〉 ①978-4-10-131032-9 Ⓝ289.1 ［630円］
◇ひとことの力―松下幸之助の言葉 江口克彦著 東洋経済新報社 2014.12 238p 19cm ①978-4-492-50265-5 Ⓝ289.1 ［1300円］
◇僕らの松下幸之助―奇跡か必然か二十世紀を貫く光芒 西東多聞著 朝日出版社 2014.6 469p 20cm 〈文献あり〉 ①978-4-255-00781-6 Ⓝ335 ［1389円］
◇松下幸之助経営の神様とよばれた男 北康利著 PHP研究所 2014.5 402p 15cm （PHP文庫 き29-1）〈文献あり 年譜

あり 「同行二人松下幸之助と歩む旅」（2008年刊）の改題、大幅な加筆・修正〉 ①978-4-569-76176-3 Ⓝ289.1 ［700円］
◇松下幸之助と稲盛和夫に学ぶリーダーシップの本質 加藤靖慶著 中央経済社 2014.12 196p 22cm （中京大学大学院ビジネス・イノベーションシリーズ） ①978-4-502-13271-1 Ⓝ336.3 ［3200円］
◇松下幸之助の憂鬱 立石泰則著 文藝春秋 2014.10 250p 18cm （文春新書 983）〈文献あり〉 ①978-4-16-660983-3 Ⓝ289.1 ［780円］
◇松下幸之助の夢を、社員たちはどのように実現していったか―幸之助の経営思想はこうして継承された 太田邦幸著 こう書房 2014.8 239p 19cm ①978-4-7696-1127-1 Ⓝ335 ［1400円］

松下 正司〔1937〜 〕
◇広島の考古学と文化財保護―松下正司先生喜寿記念論集 『広島の考古学と文化財保護』刊行会編 三次 『広島の考古学と文化財保護』刊行会 2014.11 676p 26cm 〈文献あり 著作目録あり 内容：中国山地中部における後期旧石器時代前半期の編年をめぐって（藤野次史著） 縄文時代の広島県南西部における石器石材の流通（沖憲明著） 煙道付炉穴について（辻満久著） 弥生中期後葉から後期前葉の地域性解明への一試考（和田麻衣子著） 備北地域における弥生時代後期後葉の土器様相について（尾崎光伸著） もう一つの”甑形土器”覚書（桑原隆博著） 古墳出土資料から見た広島県の須恵器の変遷（安間拓巳著） 前期小型古墳の地域相（加藤光臣著） 広島市安佐北区可部所在水落古墳出土の須恵器（高下洋一著） 福山市土井の塚古墳の横穴式石室（篠原芳秀著） 安芸・備後の環付足金具（新谷武夫著） 安芸高田市高宮町出土の滑石製鋸歯文紡錘車について（中山学著） 伝樫木原古墳出土の環状鏡板付轡について（濱岡大輔著） 竹原市田万里郷土資料室収蔵資料（山田繁樹著） 広島県西部の古墳と阿岐国（脇坂光彦著） 上山手廃寺雑感（上重武和著） 寺町廃寺と上山手廃寺（松下正司著） 地方官衙の立地環境に関する一考察（和田崇志著） 船材を転用した井戸の一事例（鈴木康之著） 中世小倉鋳物師について（松井和幸著） 廿日市町屋敷跡出土の水屋甕（沢元保夫著） 石見焼の流通と生産について（向田裕始著） ひろしまの渡来系遺物（伊藤実著） 古代における安芸と備後の国境（是光吉基著） 三原市久井町江木所在高城本遺跡で考えたこと（谷重豊季著） 神崎遺跡出土「備後国」関係木簡について（西別府元日著） 厳島における修験者の山岳修行（妹尾周三著） 牛頭天王信仰と素戔嗚神社の一考察（石橋健太郎著） 赤口と火伏・口舌のまじないに関する一考察（志田原重人著） 草戸千軒町遺跡出土のベトナム白磁片2点に関連して（堤勝義著） 三原市米山寺裏山の無縫搭（嶋正搭二著） 広島県三原市磨崖和霊石地蔵（福井万千著） 宇都宮神社棟札と吉川元長（木村信幸著） 石灯籠に刻まれた人名から（新納隆太郎著） 村々は遊行上人をどのように受け入れたか（中畑和彦著） 尾道石工銘のある狛犬（西井亨著） 芦田川と福山湾の変遷を伝える一絵画資料（福島政文著） 小早川文吾の作字銘を有する石造物（園尾裕著） 中世城館跡と地域社会（小都隆著） 考古学研究者と被爆建物保存（後藤研一著） 自治体史編纂の成果と実践的課題（桑田俊明著） 広島県内の博物館における「博学連携」の実態調査報告（八幡浩二著） 下駄をめぐって（市田享子著） 松下正司先生に教えられたこと（上村和直著） 歴史考古学と祭祀考古学（尾多賀晴悟著） 草戸千軒よ永遠なれ（上津間康夫著） わが考古学半世紀（永谷英成著） 推定三谷寺跡（三倉寺跡）の調査に関連して（中村芳昭著） 広島県立歴史博物館での三つの展覧会から（松崎哲著） 松下先生の”熱き教え”を心に（山縣元著） 備後北部の古瓦（松下正司著） 水切瓦再考に関連して（松下正司著） 古代寺院の発掘（松下正司著） 草戸千軒町遺跡と博物館（松下正司著） 埋蔵文化財の保護と課題（松下正司著）〉 Ⓝ217.6

松代藩
◇藩地域の農政と学問・金融 福澤徹三、渡辺尚志編 岩田書院 2014.3 241p 22cm （信濃国松代藩地域の研究 4）〈内容：松代藩難渋村対策の制度的変遷（福澤徹三著） 近世後期の街道間争論からみる藩地域（野尻泰弘著） 近世後期地震後の「奇特者」をめぐって（小田真裕著） 松代藩における代官と百姓（原田和彦著） 近世後期の金融市場の中の村（福澤徹三著） 松代藩代官の職制と文書行政（種村威史著）〉 ①978-4-87294-852-3 Ⓝ215.2 ［5400円］

松田 新之助〔1867〜1947〕
◇石橋王と呼ばれた男松田新之助―日本一の石橋の町が生んだ名棟梁 大分県宇佐市編, 瀬木恵介マンガ 福岡 梓書院 2014.1 166p 19cm （宇佐学マンガシリーズ 3）〈年譜あり〉 ①978-4-87035-516-3 Ⓝ289.1 ［762円］

松田 聖子〔1962〜 〕
◇松田聖子と中森明菜―一九八〇年代の革命 中川右介著 増補版 朝日新聞出版 2014.12 367p 15cm （朝日文庫 な36-3）〈文献あり 初版：幻冬舎 2007年刊〉 ①978-4-02-261814-6 Ⓝ767.8 ［900円］

松田 猛〔1944～ 〕
◇ひたすらに生きよ死んではならぬ―もう一人の「タケシ」南米ジャングル開拓物語　松田猛著　コスモ21　2014.11　239p　19cm　Ⓘ978-4-87795-302-7　Ⓝ289.1　［1400円］

松田 照夫〔1946～ 〕
◇ホームレスがハワイに別荘買った―ウソのようなホントの話　松田照夫著　仙台　創栄出版　2014.7　142p　18cm〈星雲社（発売）〉Ⓘ978-4-434-19165-7　Ⓝ289.1　［800円］

松田 解子〔1905～2004〕
◇松田解子―写真で見る愛と闘いの99年　松田解子の会編　新日本出版社　2014.10　158p　26cm〈文献あり 年譜あり〉Ⓘ978-4-406-05823-0　Ⓝ910.268　［2300円］
◇松田解子百年の軌跡―気骨の作家　渡邊澄子著　秋田　秋田魁新報社　2014.11　561p　16cm　（さきがけ文庫 6）〈年譜あり〉Ⓘ978-4-87020-367-9　Ⓝ910.268　［1500円］

松田 隆智〔1938～2013〕
◇八極拳と秘伝―武術家・松田隆智の教え：拝師弟子だった著者のみが知る「素顔」と「技」　山田英司著, フル・コム編　東邦出版　2014.4　303p　21cm　（BUDO-RA BOOKS）Ⓘ978-4-8094-1199-1　Ⓝ789.23　［2000円］

松平〔家〕
◇高須四兄弟―新宿・荒木町に生まれた幕末維新：平成26年度特別展　新宿未来創造財団新宿区立新宿歴史博物館編　［東京］　新宿未来創造財団新宿区立新宿歴史博物館　2014.9　106p　30cm〈年譜あり　文献あり　会期・会場：平成26年9月13日―11月24日 新宿歴史博物館地下1階企画展示室〉Ⓝ288.3

松平 治郷〔1751～1818〕
◇松平不昧公茶会記二題―島根県立図書館所蔵・雪圃珍蔵『雲不昧侯會席記』と加賀国金澤・亀田是庵所蔵『大圓庵大崎御茶會誌』から　米澤義光著　金沢　能登印刷出版部　2014.11　81p　30cm　Ⓘ978-4-89010-647-9　Ⓝ791.7　［3000円］

松平 慶永〔1828～1890〕
◇松平春嶽の幕末維新　高橋榮輔著　名古屋　ブイツーソリューション　2014.1　221p　21cm〈年譜あり　文献あり〉Ⓘ978-4-86476-175-8　Ⓝ210.61

マツダ株式会社
◇マツダグループの実態　2013年版　名古屋　アイアールシー　2013.5　507p　30cm　（特別調査資料）〈年表あり〉Ⓝ537.09　［58000円］

松谷 蒼一郎〔1928～ 〕
◇蒼穹の虹　松谷蒼一郎著　長崎　長崎文献社　2014.8　267p　19cm　Ⓘ978-4-88851-219-0　Ⓝ289.1　［1600円］

松戸市（遺跡・遺物）
◇下水遺跡―第8地点発掘調査報告書　松戸　松戸市遺跡調査会　2014.6　119p 図版 49p　30cm〈折り込 1枚〉Ⓝ210.0254
◇平次郎屋舗遺跡・木戸場遺跡・相模台遺跡発掘調査報告書―附：試掘記録　松戸　松戸市教育委員会　2014.3　24p　30cm　（松戸市文化財調査報告 第56集）〈千葉県松戸市所在〉Ⓝ210.0254
◇牧之内遺跡―第1-6地点発掘調査報告書　松戸市秋山土地区画整理組合, 地域文化財研究所編　松戸　松戸市秋山土地区画整理組合　2013.8　32p 図版 13p　30cm〈千葉県松戸市所在 共同刊行：地域文化財研究所〉Ⓝ210.0254
◇松戸市内遺跡発掘調査報告書　平成24年度　松戸　松戸市教育委員会　2014.3　31p　30cm　（松戸市文化財調査報告 第55集）〈内容：外番場遺跡・小金城跡　鳥井戸遺跡　若芝遺跡　野馬除土手　五香六実元山Ⅰ遺跡　彦八山遺跡〉Ⓝ210.0254

松戸市（選挙―統計）
◇選挙結果調　松戸市選挙管理委員会編　松戸　松戸市選挙管理委員会　［2014］　38p　30cm〈松戸市長選挙 平成26年6月15日執行〉Ⓝ314.8

松戸市（地方選挙）
◇選挙結果調　松戸市選挙管理委員会編　松戸　松戸市選挙管理委員会　［2014］　38p　30cm〈松戸市長選挙 平成26年6月15日執行〉Ⓝ314.8

松戸市（風俗・習慣）
◇農村松戸の民俗―1960年代調査の記録　松戸市立博物館編　松戸　松戸市立博物館　2014.3　159p　30cm　（松戸市立博物館調査報告書 5）Ⓝ382.135

松濤 明〔1922～1949〕
◇ふたりのアキラ　平塚晶人著　山と溪谷社　2014.4　421p　15cm　（ヤマケイ文庫）〈文献あり 年譜あり　「二人のアキラ、美枝子の山」（文藝春秋 2004年刊）の改題〉Ⓘ978-4-635-04775-3　Ⓝ786.1　［880円］

マッハ, E.〔1838～1916〕
◇マッハとニーチェ―世紀転換期思想史　木田元［著］　講談社　2014.11　349p　15cm　（講談社学術文庫 2266）〈文献あり 年表あり　新書館 2002年刊の再刊〉Ⓘ978-4-06-292266-1　Ⓝ134.7　［1130円］

松原 ネルソン〔1951～ 〕
◇生きるためのサッカー―ブラジル、札幌、神戸転がるボールを追いかけて　ネルソン松原著, 松本創取材・構成, 小笠原博毅取材・解説　土庄町（香川県）　サウダージ・ブックス　2014.6　239p　19cm〈年譜あり〉Ⓘ978-4-907473-04-4　Ⓝ783.47　［1800円］

松原 のぶえ〔1961～ 〕
◇大丈夫、歌があるから―松原のぶえ歌手生活35年のあゆみ　松原のぶえ著　ピーエスエス　2014.3　175p　19cm〈星雲社（発売）作品目録あり〉Ⓘ978-4-434-19121-3　Ⓝ767.8　［1500円］

松原市（遺跡・遺物）
◇天美北6丁目北遺跡　大阪府文化財センター編　堺　大阪府文化財センター　2014.3　20p 図版 5p　30cm　（公益財団法人大阪府文化財センター調査報告書 第247集）〈松原市所在都市計画道路堺松原線に伴う松原市道天美北61号・62号・63号・64号線（近鉄環境側道）整備事業に伴う埋蔵文化財発掘調査報告書〉Ⓝ210.0254

松久 信幸
◇お客さんの笑顔が、僕のすべて！―世界でもっとも有名な日本人オーナーシェフ、NOBUの情熱と哲学　松久信幸著　ダイヤモンド社　2014.8　248p　19cm　Ⓘ978-4-478-02472-0　Ⓝ289.1　［1600円］

松村 英一〔1889～1981〕
◇松村英一管見―全歌集に旅の歌を読む　続　川口城司著　［匝瑳］　［川口城司］　2014.7　185p　21cm　（国民文学叢書 第560篇）Ⓝ911.162　［1600円］

松村 寿巌〔1943～ 〕
◇日蓮教学教団史の諸問題―松村壽巖先生古稀記念論文集　松村壽巖先生古稀記念論文集刊行会編　山喜房佛書林　2014.3　1012, 83p　22cm〈年譜あり　著作目録あり　文献あり　年表あり　内容：如来寿量品「是好良薬」の一考察（上田本昌著）法華経の三乗説再考（石田智宏著）　天台智顗における良薬喩受容の考察（田村完爾著）　中世南都における禅宗の影響（蓑輪顕量著）　日蓮聖人大曼荼羅における経文・釈文の意義について（桐谷征一著）　大曼荼羅本尊における四天王の配置（三友量順著）　御遺文に見える法制用語に関する一考察（小西日遶著）『観心本尊抄』「本尊相貌」鑽仰（渡邊寶陽著）『報恩抄』私見（大平宏龍著）『開目抄』にみる日蓮聖人の法華経観（関戸堯海著）『注法華経』「迹本理勝劣事」とその周辺（布施義高著）　日蓮聖人真蹟遺文『断簡五五』における「智礼」批判（中村宣悠著）　五綱三秘その2（片岡邦雄著）　日蓮聖人の災難観（庵谷行亨著）　教相知と実践知（間宮啓壬著）日蓮聖人における太田氏教化の一研究（奥野本勇著）　日蓮聖人における女人不成仏の超克（穂坂悠子著）　初期日蓮宗にみる門流意識と実情（中尾堯著）　日持伝と北海道開教（佐々木馨著）　伊東市吉田光栄寺所蔵の新出日興曼荼羅本尊について（本間俊文著）　南北朝の動乱と仏教思潮（河村孝照著）　慶林坊日隆師の「十二宗名」論（福岡日雙著）　慶長七年古活字本『日蓮聖人註画讃』について（冠賢一著）　史料紹介身延山久遠寺所蔵『宗祖報恩講法則』『宗祖御影講法則』（寺尾英智著）乾竜日乗『十不二門指要鈔随擊』における心性日遠批判（窪田哲正著）　貞松蓮永寺所蔵『立正安国論』に関する一考察（木村中一著）　不受不施史料「鬼頭家文書」について（坂輪宣政著）『破日蓮義』における日蓮宗批判とその背景（宮川了暢著）　近世日蓮伝記における旗曼荼羅の記載（望月真澄著）近世日蓮宗における講中の考古学的視点（阪田正一著）　近世墓標の一様相（池上悟著）　体験宗学試論（本田榮秀著）　日蓮宗幣束の一試論（宮川了篤著）　綱脇龍妙上人と国立療養所長島愛生園内日蓮宗日唱会会堂（桑名貫正著）　日蓮宗系免囚保護事業の動向（清水海隆著）　近代日本における日蓮信仰の諸相（三輪是法著）　光山流法華懺法略説抄（伊藤瑞叡著）　延山流声明墨譜の特徴（池上要靖著）　漢数字の成立攷（矢野光治著）　法華経覚え書き（望月海淑著）　仏教と仏教学（三友健容著）　チベット語訳『妙法蓮華註』「授学無学人記品」和訳（望月海慧著）『法華経』方便思想成立に関する一考察（佐野靖夫著）　チベットの仏典目録にみられる漢文蔵訳文献について（庄司史生著）〉Ⓘ978-4-7963-0777-2　Ⓝ188.9　［35000円］

松村 緑〔1909～1978〕
◇松村緑の世界　黒田えみ編　岡山　日本文教出版　2014.10　156p　15cm　（岡山文庫 291）〈文献あり 著作目録あり 年譜あり〉Ⓘ978-4-8212-5291-6　Ⓝ910.268　［900円］

ま

松本 幸四郎〔9代目 1942～ 〕
◇九代目松本幸四郎　中村義裕著　三月書房　2014.9　174p　20cm〈文献あり〉①978-4-7826-0222-5　Ⓝ774.28　［2500円］

松本 清張〔1909～1992〕
◇清張映画にかけた男たち―『張込み』から『砂の器』へ　西村雄一郎著　新潮社　2014.11　328p　20cm〈文献あり 作品目録あり〉①978-4-10-303935-8　Ⓝ778.21　［2000円］
◇松本清張―戦後社会・世界・天皇制　綾目広治著　御茶の水書房　2014.11　291,6p　21cm〈年譜あり 索引あり　内容：推理小説家以前の松本清張　日本近代における欲望と犯罪　松本清張の文学を論じること　清張小説のなかの映画と映画館『無宿人別帳』論　社会派ミステリーから社会派サスペンスへもう一つの原点　古典的な本格探偵小説　阿片と頽廃とCIAのラオス　仮説を語る小説　古代史の学説小説　松本清張の新興宗教観〈神話〉は解体されたか？　松本清張の天皇制観〉①978-4-275-01089-6　Ⓝ910.268　［3200円］
◇松本清張と新聞小説―新聞小説「黒い風土」を読む　山本幸正［著］　北九州　北九州市立松本清張記念館　2014.1　104p　30cm　（松本清張研究奨励事業報告書 第14回）Ⓝ913.6

松本 善明〔1926～ 〕
◇軍国少年がなぜコミュニストになったのか―わが戦前・戦後史　松本善明著　京都　かもがわ出版　2014.5　238p　19cm〈文献あり 年譜あり〉①978-4-7803-0697-2　Ⓝ289.1　［1800円］

松本 崇
◇負けてたまるか―車イス市長、どん底からの奮戦記　松本崇著　WAVE出版　2014.1　239p　20cm〈「不屈魂」(2010年刊)の再編集〉①978-4-87290-653-0　Ⓝ289.1　［1400円］

松本 守正
◇愛と夢と情の頂（てっぺん）松本守正著　昭島　エコー出版　2013.5　167p　20cm　①978-4-904446-23-2　Ⓝ289.1　［1500円］

松本市（遺跡・遺物）
◇県町遺跡―第15次発掘調査報告書　松本　松本市教育委員会　2014.3　25p　30cm　（松本市文化財調査報告 no. 213）〈長野県松本市所在〉Ⓝ210.0254
◇出川南遺跡―第21次発掘調査報告書　松本　松本市教育委員会　2014.3　36p 図版 15p　30cm　（松本市文化財調査報告 no. 212）〈長野県松本市所在〉Ⓝ210.0254
◇殿村遺跡―第4次発掘調査報告書　松本　松本市教育委員会　2014.3　40p 図版 16p　30cm　（松本市文化財調査報告 no. 215）〈長野県松本市所在〉Ⓝ210.0254
◇殿村遺跡とその時代　3　平成24年度発掘報告会・講演会の記録　松本　松本市教育委員会　2014.3　37p　30cm　Ⓝ215.2

松本市（教育―歴史）
◇学都松本の礎―近世・近代、学びの場：崇教館設立220周年・開智学校開校140周年記念特別展　松本　松本市立博物館　2014.2　49p　30cm〈年表あり　会期：平成26年2月1日―3月16日〉Ⓝ372.152

松本市（甲虫類）
◇北アルプス常念岳において腐肉トラップで捕獲された甲虫類の垂直分布と季節的消長―1960年の調査結果　上村清, 林靖彦［著］　つくば　日本甲虫学会　2014.2　50p　26cm　（地域甲虫自然史 第7号）Ⓝ486.6

松本市（多文化主義）
◇〈多文化共生〉8つの質問―子どもたちが豊かに生きる2050年の日本　佐藤友則著　学文社　2014.3　172p　21cm〈文献あり 索引あり〉①978-4-7620-2430-6　Ⓝ334.41　［2000円］

松本市（治水―歴史）
◇牛伏川河川改修工事沿革史　牛伏川河川改修工事沿革史編纂委員会編　［松本］　牛伏川をきれいにする会　2014.3　86p 図版 20p　31cm〈年表あり　長野県元気づくり支援金事業〉Ⓝ517.2152

松本市（仏像―図集）
◇秘する佛像―本郷文化財写真集　本郷地区景観整備委員会編　松本　本郷地区景観整備委員会　2014.3　159p　29cm　Ⓝ718.02152

松本市（歴史）
◇奈川村いまむかし―民衆の証言記録　須田清雄著　［出版地不明］　［須田清雄］　2013.11　226p　20cm〈文献あり〉Ⓝ215.2　［1800円］

松本市（歴史―写真集）
◇写真で見るこころの松本―懐かしのふるさと150年　小松芳郎監修　松本　郷土出版社　2014.12　231p　31cm〈明治維新150年記念決定版写真集〉①978-4-86375-225-2　Ⓝ215.2　［9250円］

松本山雅フットボールクラブ
◇J1昇格！　松本山雅2014全記録　信濃毎日新聞社編　長野　信濃毎日新聞社　2014.12　127p　30cm　①978-4-7840-7252-1　Ⓝ783.47　［1200円］
◇フットボールサミット―サッカー界の論客首脳会議　第22回　松本山雅FC街とともにつくる劇場　『フットボールサミット』議会編著　カンゼン　2014.7　228p　21cm〈年譜あり　内容：田中隼磨郷土での決意（元川悦子, 田中隼磨述）　船山貴之ストライカーの覚醒（鈴木康浩, 船山貴之述）　反町康治松本山雅に植えつけたベースとハイインテンシティー（元川悦子, 反町康治述）　鐵戸裕史最古参プレーヤーの備忘録（多岐太宿, 鐵戸裕史述）　FW・塩沢勝吾×DF・多々良敦斗（長谷川遼介, 塩沢勝吾, 多々良敦斗述）　チャントがスタジアムに響くまで（海江田哲朗著）　街とともに満員のアルウィンは作れるか？（鈴木康浩, 大月弘士述）　松本山雅の存在意義（海江田哲朗, 加藤善之述）　八木誠が語る山雅の変遷（海江田哲朗著）　育成の礎（鈴木康浩著）　クラブから生まれる雇用（鈴木康浩著）　広がる山雅の輪をつくる（鈴木康浩, 神田文之述）　なぜ山雅は天皇杯で番狂わせを起こせたのか。（多岐太宿, 柿本倫明述）「ULTRAS　MATSUMOTO」と辿る山雅史（宇都宮徹壱, 疋田幸也, 丸山裕之ほか述）　松本から長野県に広がるサッカー文化（元川悦子, 平林光正述）　松本山雅の起源（元川悦子, 丸山正樹述）　日本サッカーの「土」をつくる　第5回　門外漢のアイデア（海江田哲朗著, 齋藤美和子述）〉①978-4-86255-254-9　Ⓝ783.47　［1300円］

松山 三四六〔1970～ 〕
◇クマンバチと手の中のキャンディ　松山三四六著　小布施町（長野県）　文屋　2014.3　175p　19cm〈サンクチュアリ出版（発売）〉①978-4-86113-650-4　Ⓝ779.9　［1200円］

松山 英樹〔プロゴルファー〕
◇才能は有限努力は無限松山英樹の朴訥力　船越園子著　東邦出版　2014.4　212p　19cm　①978-4-8094-1200-4　Ⓝ783.8　［1300円］

松山市（遺跡・遺物）
◇文京遺跡　7-3　松山　愛媛大学埋蔵文化財調査室　2014.2　298p 図版 150p　30cm　（愛媛大学埋蔵文化財調査報告 26-3）〈折り込 4枚　内容：文京遺跡16次調査A区〉Ⓝ210.0254
◇文京遺跡　7-4　松山　愛媛大学埋蔵文化財調査室　2013.11　188p 図版［30］枚　30cm　（愛媛大学埋蔵文化財調査報告 26-4）〈内容：文京遺跡16次調査B区〉Ⓝ210.0254

松山市（災害廃棄物処理）
◇震災廃棄物処理セミナー（岡山・松山）運営業務報告書　平成25年度　［岡山］　環境省中国四国地方環境事務所　2014.3　86p　30cm　（環境省請負業務報告書 平成25年度）〈請負者：日本環境衛生センター西日本支局〉Ⓝ518.52

松山市（震災予防）
◇震災廃棄物処理セミナー（岡山・松山）運営業務報告書　平成25年度　［岡山］　環境省中国四国地方環境事務所　2014.3　86p　30cm　（環境省請負業務報告書 平成25年度）〈請負者：日本環境衛生センター西日本支局〉Ⓝ518.52

松山市（地名）
◇松山新地名・町名の秘密―地名から知る松山の姿　土井中照編著　松山　アトラス出版　2014.12　147p　19cm〈「松山地名・町名の秘密」（アトラス出版）の増補改訂版〉①978-4-906885-18-3　Ⓝ291.83　［1100円］

松山市（中小企業）
◇幸せ実感都市まつやまを支える中小企業―松山市中小企業等実態調査の分析　立教大学社会情報教育研究センター政府統計部会　2014.6　120p　30cm〈発行所：三恵社〉①978-4-86487-256-0　Ⓝ335.35

松山市（俳諧―歴史）
◇松山句碑めぐり　森脇昭介著　松山　愛媛新聞サービスセンター　2014.8　173p　21cm〈文献あり 索引あり〉①978-4-86087-113-0　Ⓝ911.302　［1200円］

松山市（文学碑）
◇松山句碑めぐり　森脇昭介著　松山　愛媛新聞サービスセンター　2014.8　173p　21cm〈文献あり 索引あり〉①978-4-86087-113-0　Ⓝ911.302　［1200円］

松山市（歴史）
◇末広町誌―末広町の30年：1985-2014（昭和60年―平成26年）　松山　末広町誌編纂委員会　2014.2　190p　21cm〈年表あり〉①978-4-906885-13-8　Ⓝ218.3　［1000円］

松山大学
◇松山大学創立90周年記念の記録　松山大学経営企画部広報課編　松山　松山大学経営企画部広報課　2014.3　60p　30cm〈年表あり〉Ⓝ377.28

ま

松山ロータリークラブ

◇松山ロータリークラブ創立75周年記念誌—1937-2012　松山ロータリークラブ75周年記念大会実行委員会編纂　松山　松山ロータリークラブ　2013.4　112p　図版［15］枚　31cm　〈年表あり〉　Ⓝ065

松浦〔氏〕

◇平戸松浦家名宝展—平成26年度朝日町町制60年事業　朝日町歴史博物館編　朝日町（三重県）　朝日町歴史博物館　2014.10　60p　30cm　〈会期・会場：平成26年10月11日—11月9日　朝日町歴史博物館〉　Ⓝ702.1

マディヤプラデーシュ州〔インド〕（仏像—図集—カジュラーホ）

◇Khajuraho　森雅秀著　金沢　アジア図像集成研究会　2014.3　304p　30cm　（Asian iconographic resources monograph series no. 10）〈本文は日本語〉　Ⓝ718.0225　［非売品］

マーティン

◇マーティンD-18&D-28＋ギブソンJ-45パーフェクトガイド—103Vintage guitars & More!!　晋遊舎　2014.5　242p　29cm　〈タイトルは奥付・背による.標題紙・表紙のタイトル：Martin D-18 & D-28＋Gibson J-45 Perfect Guide〉　①978-4-86391-986-0　Ⓝ582.7　［2800円］

馬奈木 昭雄〔1942〜〕

◇弁護士馬奈木昭雄—私たちは絶対に負けないなぜなら、勝つまでたたかい続けるから　馬奈木昭雄［著］，松橋隆司編著　合同出版　2014.9　175p　19cm　〈年表あり〉　①978-4-7726-1130-5　Ⓝ519.12　［1600円］

マナーキッズプロジェクト

◇スポーツと礼儀で子どもは変わる—マナーキッズプロジェクト10万人の軌跡：礼儀正しさのDNAは残っている　田中日出男著　芸術新聞社　2013.10　143p　19cm　①978-4-87586-381-6　Ⓝ379.3　［1500円］

真鍋 祐子〔1963〜〕

◇自閉症者の魂の軌跡—東アジアの「余白」を生きる　真鍋祐子著　青灯社　2014.12　331p　19cm　（叢書魂の脱植民地化6）〈文献あり〉　①978-4-86228-077-0　Ⓝ289.1　［2500円］

間部 理仁〔1989〜〕

◇Fラン大学生が英語を猛勉強して日本のトップ商社に入る話　間部理仁著　宝島社　2014.12　253p　19cm　①978-4-8002-3520-6　Ⓝ289.1　［1300円］

真庭市（歴史—史料）

◇勝山藩士戸村愛宕目録　第1巻　安永7年—天明元年　戸村愛宕［著］，真庭市教育委員会編　真庭　真庭市教育委員会　2014.3　84p　30cm　（真庭市史料　第6巻）　Ⓝ217.5

マヌーツィオ, A.〔1449?〜1515〕

◇アルド・マヌーツィオとルネサンス文芸復興　雪嶋宏一著，東京製本倶楽部会報編集室編　東京製本倶楽部会報編集室　2014.2　124p　21cm　〈文献あり　未装丁〉　Ⓝ022.33

真野能楽会

◇歩—50周年記念誌　真野能楽会結成五十周年記念事業実行委員会編　［佐渡］　真野能楽会　2014.11　107p　30cm　Ⓝ773.06

マハーラーシュトラ州〔インド〕（仏教美術）

◇アジャンター後期壁画の研究　福山泰行著　中央公論美術出版　2014.2　612p　26cm　〈内容：アジャンター研究の現在　アジャンター第一七窟「ヴィシュヴァンタラ本生」図の物語表現について　アジャンター第一七窟「シンハラ物語」図について　インドにおける「帝釈窟説法」図の図像の特徴とその変遷　アジャンター石窟における「従三十三天降下」図について　アジャンター石窟における「舎衛城の神変」図の図像の変遷　アジャンター石窟における諸難救済観音像について　アジャンター石窟寺院にみる授記説話図について　アジャンターにみるガンダーラ美術の影響　ガンダーラ、ジナン・ワリ・デリ出土の新出壁画資料について　アジャンター第二窟後廊左後壁「舎衛城の神変」図の諸相　アジャンター石窟寺院における小規模造進について　アジャンター第九窟後壁壁画の制作過程に関する一試論　結論　ビタルコーラー第三窟に残る後期壁画について　W・スピンクによる短期造営説〉　①978-4-8055-0724-7　Ⓝ722.5　［29000円］

マハーラーシュトラ州〔インド〕（壁画）

◇アジャンター後期壁画の研究　福山泰行著　中央公論美術出版　2014.2　612p　26cm　〈内容：アジャンター研究の現在　アジャンター第一七窟「ヴィシュヴァンタラ本生」図の物語表現について　アジャンター第一七窟「シンハラ物語」図について　インドにおける「帝釈窟説法」図の図像の特徴とその変遷　アジャンター石窟における「従三十三天降下」図について　ア

ジャンター石窟における「舎衛城の神変」図の図像の変遷　ア

ジャンター石窟における諸難救済観音像について　アジャンター石窟寺院にみる授記説話図について　アジャンターにみるガンダーラ美術の影響　ガンダーラ、ジナン・ワリ・デリ出土の新出壁画資料について　アジャンター第二窟後廊左後壁「舎衛城の神変」図の諸相　アジャンター石窟寺院における小規模造進について　アジャンター第九窟後壁壁画の制作過程に関する一試論　結論　ビタルコーラー第三窟に残る後期壁画について　W・スピンクによる短期造営説〉　①978-4-8055-0724-7　Ⓝ722.5　［29000円］

マハーラーシュトラ州〔インド〕（壁画—保存・修復）

◇アジャンター第2窟壁画の彩色材料分析　国立文化財機構東京文化財研究所文化遺産国際協力センター，インド考古局編　国立文化財機構東京文化財研究所文化遺産国際協力センター　2014.3　11, 159p　30cm　（インド—日本文化遺産保護共同事業報告　第4巻（資料編））〈共同刊行：インド考古局〉　Ⓝ722.5

◇アジャンター壁画の保存修復に関する調査研究—第2窟、第9窟壁画の保存修復と自然科学調査（2009-2011年）　国立文化財機構東京文化財研究所文化遺産国際協力センター，インド考古局編　国立文化財機構東京文化財研究所文化遺産国際協力センター　2014.3　162p　30cm　（インド—日本文化遺産保護共同事業報告　第4巻）〈文献あり　共同刊行：インド考古局〉　Ⓝ722.5

マーラー, G.〔1860〜1911〕

◇マーラーを識る—神話・伝説・俗説の呪縛を解く　前島良雄著　アルファベータブックス　2014.12　217p　19cm　〈文献あり〉　①978-4-87198-313-6　Ⓝ762.346　［1800円］

マライ（イスラム）

◇『カラム』の時代　5　近代マレー・ムスリムの日常生活　坪井祐司，山本博之編著　京都　京都大学地域研究統合情報センター　2014.3　41p　30cm　（CIAS discussion paper no. 40）〈内容：序『カラム』の時代　5（坪井祐司著）　カラムが切り取った世界（坪井祐司著）　1950年代初頭『カラム』の広告商品にみるムスリムの消費文化（光成歩著）　マレー・コミュニティにおける家族・子ども・教育（金子奈央著）　『カラム』と独立準備期マラヤにおける宗教的世界観とナショナリズム（モハマド・ファリド・モハマド・シャーラン著、鈴木真弓訳）　東南アジアの現地語文献のデジタル・アーカイブ化プロジェクト（山本博之著）〉　Ⓝ302.239

マライ（社会）

◇『カラム』の時代　5　近代マレー・ムスリムの日常生活　坪井祐司，山本博之編著　京都　京都大学地域研究統合情報センター　2014.3　41p　30cm　（CIAS discussion paper no. 40）〈内容：序『カラム』の時代　5（坪井祐司著）　カラムが切り取った世界（坪井祐司著）　1950年代初頭『カラム』の広告商品にみるムスリムの消費文化（光成歩著）　マレー・コミュニティにおける家族・子ども・教育（金子奈央著）　『カラム』と独立準備期マラヤにおける宗教的世界観とナショナリズム（モハマド・ファリド・モハマド・シャーラン著、鈴木真弓訳）　東南アジアの現地語文献のデジタル・アーカイブ化プロジェクト（山本博之著）〉　Ⓝ302.239

マラマッド, B.〔1914〜1986〕

◇ことばから文学へ　市川郁康著　大阪　大阪教育図書　2014.2　188p　22cm　〈布装　内容：A STUDY OF THE INFINITIVE IN CHAUCER AN HISTORICAL OBSERVATION ON THE"SPLIT INFINITIVE"　補足的代名詞を伴う関係詞の歴史的考察　バーナード・マラマッドの英語　英文法家としてのJohn Wallis　ユダヤ系アメリカ作家たちと彼らの言語　バーナード・マラマッドの生涯　息子よバーナード・マラマッド「息子に殺される」　エネルギー革命からの脱出　『家族』〈1970〉「ドイツ難民」とホロコースト危険な狂信的国家主義　日本の英語教育と今後の課題　チョムスキーの言語理論を中心として　ユダヤ系アメリカ人作家　映画で楽しむアメリカ文学　ヴィジョン討論会　情報収集考〉　①978-4-271-21027-6　Ⓝ830.4　［2800円］

マラルメ, S.〔1842〜1898〕

◇マラルメ　セイレーンの政治学　ジャック・ランシエール著，坂巻康司，森本淳生訳　水声社　2014.5　224p　20cm　（批評の小径）〈文献あり〉　①978-4-8010-0024-7　Ⓝ951.6　［2500円］

◇マラルメ不在の懐胎　原大地著　慶應義塾大学出版会　2014.6　338p　20cm　〈文献あり　年譜あり〉　①978-4-7664-2143-9　Ⓝ951.6　［2800円］

マリ（遺跡・遺物）

◇西アフリカの王国を掘る—文化人類学から考古学へ　竹沢尚一郎著　京都　臨川書店　2014.8　204p　19cm　（フィールドワーク選書 10）〈文献あり〉　①978-4-653-04240-2　Ⓝ244.14　［2000円］

マリ（紀行・案内記）

マリ（紀行・案内記）
◇パラダイス・マリ　佐久間博著　文芸社　2014.4　189p
19cm　①978-4-286-14882-3　Ⓝ294.414　［1300円］

マリ（社会）
◇マリ共和国ジェンネにおけるイスラームと市場　田中樹監修,
伊東未来著　京都　総合地球環境学研究所「砂漠化をめぐる
風と人と土」プロジェクト　2014.3　68p　30cm　（砂漠化を
めぐる風と人と土フィールドノート 2）〈文献あり〉①978-4-
906888-00-9　Ⓝ382.4414

マリ（風俗・習慣）
◇マリ共和国ジェンネにおけるイスラームと市場　田中樹監修,
伊東未来著　京都　総合地球環境学研究所「砂漠化をめぐる
風と人と土」プロジェクト　2014.3　68p　30cm　（砂漠化を
めぐる風と人と土フィールドノート 2）〈文献あり〉①978-4-
906888-00-9　Ⓝ382.4414

マリア →聖母マリアを見よ

マリア・テレジア〔1717～1780〕
◇マリア・テレジアとヨーゼフ2世—ハプスブルク、栄光の立役
者　稲野強著　山川出版社　2014.2　104p　21cm　（世界史
リブレット人 56）〈文献あり　年表あり〉①978-4-634-35056-
4　Ⓝ289.3　［800円］

マリー・アントワネット〔1755～1793〕
◇ヴァレンヌ逃亡—マリー・アントワネット運命の24時間　中
野京子著　文藝春秋　2014.8　278p　16cm　（文春文庫 な
58-2）〈年表あり　「マリー・アントワネット運命の24時間」
（朝日新聞出版 2012年刊）の改題〉①978-4-16-790165-3
Ⓝ235.06　［610円］
◇マリー・アントワネット—フランス革命と対決した王妃　安
達正勝著　中央公論新社　2014.9　259p　18cm　（中公新書
2286）〈年譜あり〉①978-4-12-102286-8　Ⓝ289.3　［880円］
◇マリー・アントワネット ファッションで世界を変えた女　石
井美樹子著　河出書房新社　2014.6　235p　20cm　〈文献あ
り〉①978-4-309-22612-5　Ⓝ289.3　［2400円］

マリオン, J.-L.〔1946～ 〕
◇贈与の哲学—ジャン=リュック・マリオンの思想　岩野卓司
著　明治大学出版会　2014.3　192,2p　19cm　（La science
sauvage de poche 02）〈丸善出版（発売）文献あり　著作目
録あり〉①978-4-906811-08-3　Ⓝ135.5　［2500円］

マリメッコ社
◇マリメッコのすべて—フィンランドを代表するデザイン・カン
パニーの歴史とテキスタイル、ファッション、インテリアの徹
底研究　マリアンネ・アーヴ編著, 和田侑子訳　［東京］　DU
BOOKS　2013.9　336p　25cm　〈ディスクユニオン（発売）
文献あり　年譜あり　索引あり〉①978-4-925064-83-5　Ⓝ589.2
［3800円］

マリーン5清水屋
◇ファッション・コミュニケーション・エンタテインメント—
ローカル百貨店の挑戦　成澤五一, 仲川秀樹著　学文社
2014.9　250,3p　22cm　〈索引あり　内容：ファッション・コ
ミュニケーション・エンタテインメントの基礎理論（仲川秀樹
著）　ローカル百貨店から発信するファッション・コミュニ
ケーション・エンタテインメント（仲川秀樹著）　ローカル百
貨店の挑戦（成澤五一著）　ローカル百貨店から発信する文化
（成澤五一著）　コンパクトシティと百貨店のファッション性
（仲川秀樹著）　ローカル百貨店をめぐる実証研究
（仲川秀樹著）　学生が受け継ぐローカル百貨店の検証（仲川
秀樹著）　中心市街地の伝統と進化〉①978-4-7620-2478-8
Ⓝ673.838　［2600円］

丸 佳浩〔1989～ 〕
◇菊池涼介 丸佳浩メッセージBOOK—コンビスペシャル—キク
マル魂—　菊池涼介, 丸佳浩著　廣済堂出版　2014.9　207p
21cm　①978-4-331-51866-3　Ⓝ783.7　［1850円］

丸岡高等学校〔福井県立〕
◇丸岡高等学校創立100周年・城東分校開校50周年—記念誌：あ
のころの自分へ、これからの自分へ。　福井県立丸岡高等学校
創立百周年・城東分校開校五十周年記念誌委員会編　坂井　福
井県立丸岡高等学校創立百周年・城東分校開校五十周年記念事
業実行委員会　2013.10　111p　26cm　〈年表あり〉Ⓝ376.48

丸亀市〔遺跡・遺物〕
◇飯野西分広定遺跡　丸亀　丸亀市教育委員会　2014.3　46p
30cm　（丸亀市埋蔵文化財調査報告書 第17冊）〈丸亀市立飯野
保育所園舎新築工事に伴う埋蔵文化財調査報告書〉Ⓝ210.0254
◇田村池の下遺跡　丸亀　丸亀市教育委員会　2013.3　20p
30cm　（丸亀市埋蔵文化財調査報告 第11集）〈車両販売店舗

建設に伴う埋蔵文化財調査報告書　共同刊行：ハヤシ〉
Ⓝ210.0254
◇丸亀市内遺跡発掘調査報告書　第7集　丸亀　丸亀市教育委員
会　2013.3　30p　30cm　（丸亀市埋蔵文化財発掘調査報告書
第12集）〈平成22年度国庫補助事業報告書　内容：蔵ノ内遺跡
垂水町字馬場地区　郡家町字下所地区　三条町字中村地区
垂水町字横井地区〉Ⓝ210.0254
◇丸亀市内遺跡発掘調査報告書　第8集　丸亀　丸亀市教育委員
会　2013.3　35p　30cm　（丸亀市埋蔵文化財発掘調査報告書
第13集）〈平成23年度国庫補助事業報告書　内容：綾歌町富熊
字沖地区　土器町字三反地区　郡家町字辻地区　山北町字
池田地区　田村町字巴田地区〉Ⓝ210.0254
◇丸亀市内遺跡発掘調査報告書　第9集　丸亀　丸亀市教育委員
会　2014.3　65p　30cm　（丸亀市埋蔵文化財発掘調査報告
書14冊）〈平成23年度国庫補助事業報告書　内容：飯山町西坂
元字山ノ越地区　飯山北土居遺跡　鍛冶屋北遺跡　郡家下所
遺跡〉Ⓝ210.0254
◇丸亀市内遺跡発掘調査報告書　第10集　丸亀　丸亀市教育委
員会　2014.3　114p　30cm　（丸亀市埋蔵文化財発掘調査報
告 第15冊）〈平成24年度国庫補助事業報告書　内容：柞原上
所遺跡　宮ノ前遺跡　飯山町東坂元字秋常地区　六番丁地区
山北町字池田地区　郡家町字領家地区　柞原町字上所地区
郡家町字八幡上地区　田村廃寺跡　飯野西分広定遺跡〉
Ⓝ210.0254
◇丸亀市内遺跡発掘調査報告書　第11集　丸亀　丸亀市教育委
員会　2014.3　49p　30cm　（丸亀市埋蔵文化財発掘調査報告
第18冊）〈平成25年度国庫補助事業報告書　内容：矢野池遺跡
飯山町上真時字早川地区　中の池遺跡　中の池遺跡〉Ⓝ210.
0254

丸亀城〔官庁建築—保存・修復〕
◇史跡塩飽勤番所跡保存修理工事報告書　文化財建造物保存技
術協会編著　丸亀　丸亀市　2014.3　1冊　30cm　Ⓝ521.8

丸亀市〔歴史—史料—書目〕
◇横井家文書目録—讃岐国那珂郡今津村 2　香川県立文書館編
高松　香川県立文書館　2014.3　206p　30cm　（香川県立文
書館収蔵文書目録 第16集）Ⓝ218.2

丸亀俘虜収容所
◇丸亀ドイツ兵捕虜収容所物語　髙橋輝和編著　えにし書房
2014.11　236p　20cm　〈文献あり〉①978-4-908073-06-9
Ⓝ210.69　［2500円］

丸木 政臣〔1924～2013〕
◇あの「青空」をとり戻すために—追悼丸木政臣先生　町田　和
光学園　2013.12　255p　22cm　〈年譜あり　著作目録あり〉
Ⓝ289.1

マルク, F.〔1880～1916〕
◇戦場からの手紙 2　フランツ・マルク著, 髙橋文子訳
Tokyo Publishing House　2014.3　109p　20cm　（叢書
crystal cage）①978-4-902663-11-2　Ⓝ723.34　［3333円］
◇戦場からの手紙 3　フランツ・マルク著, 髙橋文子訳
Tokyo Publishing House　2014.11　109p　20cm　（叢書
crystal cage）〈年譜あり〉①978-4-902663-12-9　Ⓝ723.34
［3333円］

マルクス, K.〔1818～1883〕
◇いま生きる「資本論」　佐藤優著　新潮社　2014.7　251p
20cm　①978-4-10-475207-2　Ⓝ331.6　［1300円］
◇現代の政治課題と「資本論」—自己責任論批判の経済学　関野
秀明著　学習の友社　2013.8　159p　21cm　①978-4-7617-
0686-9　Ⓝ312.1　［1429円］
◇さあ『資本論』を読んでみよう　余斌著, 莊嚴, 角田史幸訳
こぶし書房　2014.3　323,2p　20cm　（こぶしフォーラム
25）〈索引あり〉①978-4-87559-286-0　Ⓝ331.6　［3400円］
◇資本主義のしくみ—『資本論』を基礎に現代資本主義を考える
上瀧真生著　京都　京都労働者学習協議会　2013.10　175p
21cm　（学習文庫 1）Ⓝ331.6
◇『資本論』の新しい読み方—21世紀のマルクス入門　ミヒャエ
ル・ハインリッヒ著, 明石英人, 佐々木隆治, 斎藤幸平, 隅田聡
一郎訳　八王子　堀之内出版　2014.4　306p　19cm　〈文献あ
り　索引あり〉①978-4-906708-52-9　Ⓝ331.6　［2000円］
◇『資本論』の核心　榎原均著　世界書院　2014.3　287p
18cm　（情況新書 009）〈内容：いま、なぜ『資本論』なのか
価値形態論の意義　簡単な価値形態　一般的な価値形態　物
神性論と交換過程論　商品批判の重要性　『資本論』第一章商
品、第二章交換過程、概観　『資本論』第三巻草稿、「信用と
架空資本」　文化知の提案　いま、『資本論』はいかに読まれ
るべきか　投機・信用資本主義の原理〉①978-4-7927-2007-0
Ⓝ331.6　［1300円］

◇世界精神マルクス―1818-1883　ジャック・アタリ[著]，的場昭弘訳　藤原書店　2014.7　579p　22cm　〈文献あり　年譜あり　索引あり〉Ⓘ978-4-89434-973-5　Ⓝ289.3　[4800円]

◇そうだ！マルクスを読もう―古典への招待　小島恒久著　労働大学出版センター　2013.4　135p　21cm　Ⓝ309.3　[1000円]

◇知のエッセンス―働くものの哲学　牧野広義著　学習の友社　2013.6　127p　19cm　〈文献あり〉Ⓘ978-4-7617-1438-3　Ⓝ134.53　[1238円]

◇超入門資本論　木暮太一著　ダイヤモンド社　2014.5　250p　19cm　Ⓘ978-4-478-02713-4　Ⓝ331.6　[1500円]

◇超訳資本論―お金を知れば人生が変わる　許成準著　彩図社　2014.7　221p　19cm　Ⓘ978-4-8013-0001-9　Ⓝ331.6　[1200円]

◇農学の思想―マルクスとリービヒ　椎名重明著　増補新装版　東京大学出版会　2014.9　296p　19cm　（UPコレクション）Ⓘ978-4-13-006525-2　Ⓝ610.12　[3600円]

◇橋爪大三郎のマルクス講義―現代を読み解く『資本論』　橋爪大三郎，佐藤幹夫聞き手　言視舎　2014.1　190p　20cm　（飢餓陣営叢書 7）〈年譜あり〉Ⓘ978-4-905369-79-0　Ⓝ331.6　[1600円]

◇ビギナーズ『資本論』　マイケル・ウェイン著，鈴木直監訳，長谷澤訳　筑摩書房　2014.1　286p　15cm　（ちくま学芸文庫 ヒ4-9)〈文献あり　画：チェスンギョン〉Ⓘ978-4-480-09590-9　Ⓝ331.6　[1200円]

◇貧しさの経済学―新しい経済原理を目指して　1　うのていを著　瀬戸　うのていをオイコノミア研究所　[2013]　123p　21cm　〈ほっとブックス新栄（発売）〉Ⓘ978-4-903036-20-5　Ⓝ331.6　[800円]

◇マルクス「再生産表式論」の魅力と可能性―『資本論』第2部第3篇を読み解く　川上則道著　本の泉社　2014.12　301p　21cm　〈奥付の責任表示の役割（誤植）：編者〉Ⓘ978-4-7807-1199-8　Ⓝ331.6　[1800円]

◇マルクスとともに資本主義の終わりを考える　的場昭弘著　亜紀書房　2014.10　254p　19cm　Ⓘ978-4-7505-1416-1　Ⓝ332.06　[1800円]

◇マルクスとハムレット―新しく『資本論』を読む　鈴木一策著　藤原書店　2014.4　210p　20cm　Ⓘ978-4-89434-966-7　Ⓝ331.6　[2200円]

◇マルクス〈取扱説明書〉　ダニエル・ベンサイド文，湯川順夫，中村富美子，星野秀明訳　柏植書房新社　2013.5　203,15p　21cm　〈文献あり　年譜あり　絵：シャルブ〉Ⓘ978-4-8068-0647-9　Ⓝ309.3　[3200円]

◇マルクスの哲学―その理解と再生のために　岩淵慶一著　時潮社　2014.11　333p　20cm　〈内容：失敗の教訓　フォイエルバッハとマルクス　マルクスの哲学としての唯物論　マルクスの哲学の運命　唯物論の痩身化　エンゲルスの「弁証法」　マルクスの哲学の再生に向かって　『プラクシス』は何をめざしたか　この道はいつか来た道〉Ⓘ978-4-7888-0698-6　Ⓝ134.53　[3200円]

◇まんが図解まるかじり！資本論　的場昭弘監修　青春出版社　2014.12　159p　19cm　Ⓘ978-4-413-03934-5　Ⓝ331.6　[1100円]

◇若者よ、マルクスを読もう　2　蘇るマルクス　内田樹，石川康宏著　京都　かもがわ出版　2014.9　254p　19cm　Ⓘ978-4-7803-0714-6　Ⓝ309.3　[1600円]

マルケル, C.〔1921〜2012〕

◇クリス・マルケルの旅と闘い―未来の記憶のために：山形国際ドキュメンタリー映画祭2013　東志保，港千尋，小野聖子編　[山形]　山形国際ドキュメンタリー映画祭　2013.10　112p　21cm　〈英語併記〉Ⓝ778.7

◇クリス・マルケル遊動と闘争のシネアスト　港千尋監修，金子遊，東志保編　森話社　2014.11　315p　20cm　〈作品目録あり　年譜あり　表紙のタイトル：Chris Marker,ciné aste nomade et engagé　内容：原初の光景とその失墜（四方田犬彦著）　クリス・マルケル、あるいは運動と静止の戯れ（堀潤之著）　短編映画、連環画としての『朝鮮の女たち』（門間貴志著）　赤きオオカミへの挽歌（金子遊著）　祝祭と革命（柳原孝敦著）　社会主義の夢の挫折とその行方（鴻英良著）　遍在するネコ〈自由の猫〉たち（東志保著）　クリス・マルケルはメディア・アーティストか？（越後谷卓司著）　映像の『永久発明論』（岡田秀則著）　ヴァーチャルな書物、あるいはクリス・マルケルの結合術（千葉文夫著）　脳のなかの猫（港千尋著）〉Ⓘ978-4-86405-071-5　Ⓝ778.235　[3500円]

マルタ騎士団

◇海賊と商人の地中海―マルタ騎士団とギリシア商人の近世海洋史　モーリー・グリーン著，秋山晋吾訳　NTT出版　2014.4　349p　22cm　〈文献あり　索引あり〉Ⓘ978-4-7571-4295-4　Ⓝ230.5　[3600円]

マルブランシュ, N.〔1638〜1715〕

◇マルブランシュ―認識をめぐる争いと光の形而上学　依田義右著　ぷねうま舎　2014.10　645,89p　22cm　〈文献あり　索引あり〉Ⓘ978-4-906791-38-5　Ⓝ135.2　[8000円]

丸谷 才一〔1925〜2012〕

◇書物の達人丸谷才一　菅野昭正編，菅野昭正，川本三郎，湯川豊，岡野弘彦，鹿島茂，関容子著　集英社　2014.6　185p　18cm　（集英社新書 0741）〈内容：丸谷才一の小説を素描する（菅野昭正著）　昭和史における丸谷才一（川本三郎著）　書評の意味（湯川豊著）　怪談・俳諧・墓誌（岡野弘彦著）　官能的なものへの寛容な知識人（鹿島茂著）　『忠臣蔵とは何か』について（関容子著）〉Ⓘ978-4-08-720741-5　Ⓝ910.268　[700円]

丸山 一郎〔1942〜2008〕

◇常に先駆け走り抜く―障害のある人とともに生きた丸山一郎　渡辺忠幸著　ゼンコロ　2014.11　502p　19cm　〈文献あり　著作目録あり　年表あり〉Ⓘ978-4-9907649-0-6　Ⓝ369.27　[1800円]

丸山 圭子〔1954〜 〕

◇どうぞこのまま　丸山圭子著　川越　小径社　2014.2　208p　19cm　Ⓘ978-4-905350-03-3　Ⓝ767.8　[1680円]

丸山 久明〔1938〜 〕

◇誠実に歩み続けて七十年余―わが共産党員人生に悔いなし：丸山久明自分史　丸山久明著　補充版　新潟　喜怒哀楽書房（制作・印刷）　2014.9　117p　21cm　〈年譜あり〉Ⓝ289.1

丸山 真男〔1914〜1996〕

◇大塚久雄と丸山眞男―動員、主体、戦争責任　中野敏男著　新装版　青土社　2014.7　351,8p　20cm　〈索引あり　内容：最高度自発性の生産力　主体性への動員/啓蒙という作為　ボランティアとアイデンティティ〉Ⓘ978-4-7917-6802-8　Ⓝ309.021　[2800円]

◇丸山眞男を読む　間宮陽介著　岩波書店　2014.10　295p　15cm　（岩波現代文庫）〈「丸山真男」（筑摩書房 1999年刊）の改題に「現代に生きる丸山眞男」を加えて再刊〉Ⓘ978-4-00-600319-7　Ⓝ311.21　[1180円]

◇丸山眞男とハイデガー―近代・近代化を焦点に　岡田紀子著　京都　晃洋書房　2014.5　386p　22cm　〈索引あり〉Ⓘ978-4-7710-2541-7　Ⓝ311.21　[5300円]

◇丸山眞男と橋川文三―「戦後思想」への問い　平野敬和著　教育評論社　2014.11　253p　20cm　〈年譜あり　索引あり〉Ⓘ978-4-905706-90-8　Ⓝ311.21　[2200円]

マレーシア（紀行・案内記）

◇マレーシア・ブルネイ　2015〜2016年版　「地球の歩き方」編集室/編　改訂第24版　ダイヤモンド・ビッグ社，ダイヤモンド社〔発売〕　2014.12　442p　21×14cm　（地球の歩き方 D19）Ⓘ978-4-478-04663-0　[1700円]

マレーシア連邦（3R〔廃棄物〕）

◇マレーシア国循環産業・3R促進プロジェクト協力業務報告書　平成25年度　葉山町（神奈川県）地球環境戦略研究機関　2014.3　1冊　30cm　〈平成25年度環境省委託請負業務〉Ⓝ518.523

マレーシア連邦（イスラム―歴史―20世紀）

◇アジアのムスリムと近代　2　1920-30年代の世界情勢とマレー世界　服部美奈編著　[東京]　上智大学アジア文化研究所　2014.3　62p　26cm　（NIHU program Islamic area studies）〈文献あり　共同刊行：上智大学イスラーム研究センター　内容：ジャウィ雑誌『ブンガソ』に見る1920年代半ばの中東情勢とイスラームの近代国家のイメージ（久志本裕子著）　ジョホールのムフティー、サイイド・アラウィー・ターヒル・アル＝ハッダードによるシャーフィイー派法学擁護（塩崎悠輝著）　オランダ植民地期インドネシアにおける学校体育とスカウト運動（服部美奈著）〉Ⓘ978-4-904039-80-9　Ⓝ167.2

マレーシア連邦（イスラム教育）

◇変容するイスラームの学びの文化―マレーシア・ムスリム社会と近代学校教育　久志本裕子著　京都　ナカニシヤ出版　2014.2　506p　22cm　〈文献あり　索引あり〉Ⓘ978-4-7795-0832-5　Ⓝ372.239　[8000円]

マレーシア連邦（英語）

◇英語化するアジア―トランスナショナルな高等教育モデルとその波及　吉野耕作著　名古屋　名古屋大学出版会　2014.9　234p　22cm　〈文献あり　索引あり〉Ⓘ978-4-8158-0779-5　Ⓝ377.2239　[4800円]

マレーシア連邦（技術援助〔日本〕）

◇マレーシア国ハイエンド計測器校正及びその関連事業に関するF/S調査（中小企業連携促進）報告書　［東京］　国際協力機構　2013.2　79p　30cm〈共同刊行：MTAジャパンほか〉Ⓝ333.804

◇マレーシア国廃電気・電子機器リサイクルプロジェクトプロジェクト事業完了報告書　［東京］　国際協力機構　2013.3　58p　30cm〈共同刊行：サステイナブルシステムデザイン研究所ほか〉Ⓝ333.804

マレーシア連邦（給与）

◇在アジア日系企業における現地スタッフの給料と待遇に関する調査　2014　マレーシア編　Tokyo　日経リサーチ　c2014　242p　30cm〈英語併記　奥付のタイトル：在アジア日系企業における現地スタッフの給与と待遇に関する調査〉Ⓝ336.45

マレーシア連邦（教育政策―歴史）

◇変容するイスラームの学びの文化―マレーシア・ムスリム社会と近代学校教育　久志本裕子著　京都　ナカニシヤ出版　2014.2　506p　22cm〈文献あり　索引あり〉①978-4-7795-0832-5　Ⓝ372.239　［8000円］

マレーシア連邦（経済援助〔日本〕）

◇中小企業向け環境経営システムの国際展開支援等業務報告書　平成25年度　［東京］　［環境省］　2014.3　105p　30cm〈文献あり〉Ⓝ336

マレーシア連邦（高等教育）

◇英語化するアジア―トランスナショナルな高等教育モデルとその波及　吉野耕作著　名古屋　名古屋大学出版会　2014.9　234p　22cm〈文献あり　索引あり〉①978-4-8158-0779-5　Ⓝ377.2239　［4800円］

マレーシア連邦（国際投資〔日本〕）

◇マレーシアの投資環境　第2版　国際協力銀行産業ファイナンス部門中堅・中小企業担当　2014.2　224p　30cm〈年表あり　初版の出版者：日本政策金融公庫国際協力銀行中堅・中小企業支援室〉Ⓝ338.92239

マレーシア連邦（社会）

◇さあ、あなたも「世界一住みたい国」で幸せに暮らす計画を立ててみよう！―人生が100倍豊かになる国際自由人の生き方　藤村正憲著　ゴマブックス　2014.6　204p　19cm〈文献あり〉①978-4-7771-1588-4　Ⓝ302.239　［1500円］

マレーシア連邦（蝶）

◇ランカウイ島の蝶データ集　青山之也著　浦安　青山之也　2014.6　237p　31cm　Ⓝ486.8

◇ランカウイの蝶　加藤勝利，セルヴァム・ラマン著　改訂版　［瑞浪］　［加藤勝利］　2014.6　521p　31cm　Ⓝ486.8

マレーシア連邦（日系企業）

◇在アジア日系企業における現地スタッフの給料と待遇に関する調査　2014　マレーシア編　Tokyo　日経リサーチ　c2014　242p　30cm〈英語併記　奥付のタイトル：在アジア日系企業における現地スタッフの給与と待遇に関する調査〉Ⓝ336.45

マレーシア連邦（貿易政策）

◇海外拠点のための安全保障貿易管理ガイダンス　ドイツ編　2014　安全保障貿易情報センター　2014.10　241p　30cm〈英語併載〉Ⓝ678.13

◇海外拠点のための安全保障貿易管理ガイダンス　マレーシア編　2014　安全保障貿易情報センター　2014.6　174p　30cm　Ⓝ678.13

マン，T.〔1875～1955〕

◇トーマス・マンの女性像―自己像と他者イメージのあいだで　伊藤白著　彩流社　2014.10　225,41p　20cm〈文献あり　索引あり〉①978-4-7791-2025-1　Ⓝ940.278　［3500円］

マン，T.E.

◇心の力　姜尚中著　集英社　2014.1　206p　18cm　（集英社新書　0722）〈文献あり〉①978-4-08-720722-4　Ⓝ159　［720円］

卍元　師蛮〔1626～1710〕

◇本朝高僧伝総索引　納冨常天編　京都　法藏館　2014.2　550p　22cm　①978-4-8318-6981-4　Ⓝ182.88　［25000円］

万蔵楼　袖彦〔江戸時代後期〕

◇『四國靈驗奇應記』から選択された物語―現代日本語訳と英語訳　山根勝温，近清慶子，モートン常慈訳編　Tokushima　教育出版センター　2014　104p　26cm　①978-4-905702-66-5　Ⓝ185.918　［1500円］

満州

◇父が子に語る激動の満州十五年　藤野周一著，藤野豊編　［東京］　東京図書出版　2014.4　360p　20cm〈リフレ出版（発売）〉①978-4-86223-698-2　Ⓝ916　［1800円］

◇満州を描いたよ―87才の絵本　田辺満枝，岩見隆夫著　原書房　2014.2　91p　22cm　①978-4-562-05053-6　Ⓝ916　［1300円］

◇「満洲国」の研究　山本有造編　新装版　緑蔭書房　2014.9　613p　22cm〈文献あり　折り込2枚〉①978-4-89774-547-3　Ⓝ222.5　［17000円］

◇満州引揚げ者の告白　甲斐国三郎著　文芸社　2014.7　127p　19cm　①978-4-286-15109-0　Ⓝ916　［1100円］

◇私の一生　1部　思い出の満州中編実録戦記　古賀光義著　雲仙　古賀シヅエ　［2014］　97p　30cm　Ⓝ916

満州（移民・植民〔秋田県〕）

◇秋田県満蒙開拓青少年義勇軍外史　後藤和雄著　秋田　無明舎出版　2014.10　382p　21cm〈年表あり〉①978-4-89544-587-0　Ⓝ334.5124　［3600円］

満州（移民・植民〔長野県〕）

◇下伊那から満州を考える―聞き書きと調査研究　1　満州移民を考える会編著　［飯田］　満州移民を考える会　2014.7　173p　26cm　Ⓝ334.5152　［800円］

満州（移民・植民〔日本〕）

◇日中両国から見た「満洲開拓」―体験・記憶・証言　寺林伸明，劉含発，白木沢旭児編　御茶の水書房　2014.2　26,588p　22cm〈索引あり　内容：日本人「開拓団」の入植による中国人の被害（劉含発著）　満洲拓植公社の事業展開（白木沢旭児著）　満洲開拓における北海道農業の役割（白木沢旭児著）「満洲国」成立以降における土地商租権問題（秋山淳子著）　北海道で語られてきた「満洲」体験（湯山英子著）　八紘開拓団の戦後における生活の再構築（湯山英子著）　史料紹介北海道釧路地方の馬産家神八三郎の満州・朝鮮視察日記（三浦泰之著）　中日共同研究における日本開拓移民問題に関する思考について（朱宇，筐志剛著，胡慧君訳）　日本北海道から中国東北へのかつての移民と二つの開拓団の情況に関する日本の学者との共同調査研究報告書（辛培林著，胡慧君訳）　日本の移民政策がもたらした災難（高暁燕著，胡慧君訳）　ハルビン市日本残留孤児養父母の生活実態調査研究（杜顕著，胡慧君訳）　日本の中国東北に対する移民の調査と研究（孫維武著，胡慧君訳）　傀儡満洲国「新京」特別市周辺の日本開拓団（李茂杰著，胡慧君訳）占領時期の中国東北における農業経済の植民地化（鄭敏著，胡慧君訳）　満鉄と日本の中国東北への移民（孫彤著，胡慧君訳）　鏡泊学園、鏡泊湖義勇隊、八紘開拓団の満州・朝鮮視察日記（寺林伸明著）「満洲開拓団」の日中関係者に見る"五族協和"の実態（寺林伸明著）　阿城・八紘開拓団の日本人引揚者（湯山英子著）　瓦房屯の開拓関係者について（朴仁哲著，寺林伸明・八紘開拓団の日本人残留帰国者（胡慧君著）　鏡泊学園、鏡泊湖義勇隊の日本人関係者〈鏡友会員〉アンケート調査（寺林伸明著）　鏡泊学園、鏡泊湖義勇隊の日本人移民（寺林伸明，村上孝一著）　黒竜江省寧安市鏡泊湖畔の中国人在住者（寺林伸明，劉含発，白木沢旭児ほか著，劉含発訳）　黒竜江省哈爾浜市阿城区亜溝鎮、交界鎮の中国人在住者（寺林伸明，劉含発，竹野学ほか著，劉含発訳）〉①978-4-275-01061-2　Ⓝ334.4225　［9400円］

◇麻山の夕日に心あらば―軍は敗北して逃げて行く、満州開拓の先駆者、麻山谷で集団自決す、第四次哈達河開拓団追悼の史／朔北の開拓史―続・麻山の夕日に心あらば・哈達河外史　大平壮義，哈達河会著　［出版地不明］　塚原常次　2014.8　582p　21cm〈複製　内容：麻山の夕日に心あらば（大平壮義編著（哈達河会昭和45年刊））　朔北の開拓史（大平壮義編著（哈達河会昭和52年刊））〉①978-4-9903515-3-3　Ⓝ334.51　［1800円］

満州（移民・植民〔日本〕―歴史―史料）

◇北満農民救済記録　各開拓団の幹部，塚原常次著　［さいたま］　塚原常次　2014.9　389p　26cm〈複製〉①978-4-9903515-4-0　Ⓝ334.4225　［1700円］

満州（音楽―歴史）

◇大陸からの音―クラシック音楽の中継地・満洲　増田芳雄著　近代文藝社　2014.9　200p　18cm　（近代文藝社新書）①978-4-7733-7947-1　Ⓝ762.225　［1000円］

満州（外国関係―ロシア―歴史）

◇ハルビン駅へ―日露中・交錯するロシア満洲の近代史　ディビッド・ウルフ著，半谷史郎訳　講談社　2014.10　444p　20cm〈文献あり　索引あり〉①978-4-06-213998-4　Ⓝ222.53　［2500円］

満州（開拓）

◇秋田県満蒙開拓青少年義勇軍外史　後藤和雄著　秋田　無明舎出版　2014.10　382p　21cm〈年表あり〉①978-4-89544-587-0　Ⓝ334.5124　［3600円］

◇オーラルヒストリー「拓魂」―21世紀の日本に贈る：満州・シベリア・岩手　黒澤勉著　大阪　風詠社　2014.12　288p　20cm〈星雲社（発売）〉内容：山上忠治の満州・シベリア　三田照子・津田徳治の満州体験　満州東北村、戦後開拓　満蒙開

拓青少年義勇軍　菅野正男と小説『土と戦ふ』依蘭岩手開拓団物語　山上忠治の戦後　日本の近代史から〉Ⓘ978-4-434-20077-9　Ⓝ916　［1667円］

◇義勇軍シンポジウム記録集　第4回　『満州へ行く』とは？―少年達の憧れと現実　義勇軍シンポジウム実行委員会編　〔喬木村（長野県）〕　義勇軍シンポジウム実行委員会　2014.1　110p　26cm〈年表あり　会期：2013年10月6日　奥付・表紙のタイトル：「満蒙開拓青少年義勇軍」シンポジウム記録集〉Ⓝ210.7　［800円］

◇下伊那から満州を考える―聞き書きと調査研究　1　満州移民を考える会編著　〔飯田〕　満州移民を考える会　2014.7　173p　26cm　Ⓝ334.5152　［800円］

◇日中両国から見た「満州開拓」―体験・記憶・証言　寺林伸明, 劉含発, 白木沢旭児編　御茶の水書房　2014.2　26,588p　22cm〈索引あり　内容：日本人「開拓団」の入植による中国人の被害（劉含発著）　満州拓植公社の事業展開（白木沢旭児著）　満州開拓における北海道農業の役割（白木沢旭児著）「満洲国」成立以降における土地商租権問題（秋山淳子著）　北海道で語られてきた「満洲」体験（湯山英子著）　八紘開拓団の戦後における生活の再構築（湯山英子著）　史料紹介北海道釧路地方の馬産家神八三郎の満洲・朝鮮視察日記（三浦泰之著）　中日共同研究における日本開拓移民問題に関する思考について（朱宇, 笸志剛著, 胡慧君訳）　日本北海道から中国東北へのかつての移民と二つの開拓団の情況に関する日本の学者との共同調査研究報告書（辛培林著, 胡慧君訳）　日本の移民政策がもたらした災難（高暁燕著, 胡慧君訳）　ハルビン市日本残留孤児養父母の生活実態調査研究（杜顕著, 胡慧君訳）　日本の中国東北に対する移民の調査と研究（孫継武著, 胡慧君訳）　傀儡満洲国「新京」特別市周辺の日本開拓団（李茂杰著, 胡慧君訳）占領時期の中国東北における農業経済の植民地化（鄭敏著, 胡慧君訳）　満鉄と日本の中国東北への移民（孫彤著, 胡慧君訳）　鏡泊学園, 鏡泊湖義勇隊, 八紘開拓団の概要について（寺林伸明著）　「満洲開拓団」の日中関係者に見る"五族協和"の実態（寺林伸明著）　阿城・八紘開拓団の日本人引揚者（湯山英子著）　瓦房屯の朝鮮族関係者について（朴仁哲著）　阿城・八紘開拓団の日本人残留帰国者（胡慧君著）　鏡泊学園, 鏡泊湖義勇隊の日本人関係者〈鏡友会員〉アンケート調査（寺林伸明著）　鏡泊学園, 鏡泊湖義勇隊の日本人移民（寺林伸明, 村上孝一著）　黒竜江省寧安市鏡泊郷の中国人在住者（寺林伸明, 劉含発, 白木沢旭児ほか著, 劉含発訳）　黒竜江省哈爾浜市阿城区亜溝鎮, 交界鎮の中国人在住者（寺林伸明, 劉含発, 竹野学ほか著, 劉含発訳）〉Ⓘ978-4-275-01061-2　Ⓝ334.4225　［9400円］

◇麻山の夕日に心あらば―軍は敗北して逃げて行く、満州開拓の先駆者、麻山谷で集団自決す、第四次哈達河開拓団追惣の史 / 朔北の開拓史―続・麻山の心あらば・哈達河外史　大平壮義, 哈達河会著　〔出版地不明〕　塚原常次　2014.8　582p　21cm〈複製　内容：麻山の夕日に心あらば（大平壮義編著（哈達河会昭和45年刊））　朔北の開拓史（大平壮義編著（哈達河会昭和52年刊））〉Ⓘ978-4-9903515-3-3　Ⓝ334.51　［1800円］

◇満州は時の彼方に―阿波畑開拓団完膚なき生還の記録　堀江高一著　文芸社　2014.5　147p　20cm　Ⓘ978-4-286-14741-3　Ⓝ916　［1300円］

満州（企業―年鑑）

◇満州行政経済年報　昭和17年版　広瀬順晧監修, ［日本政治問題調査所行政調査部編］　クレス出版　2014.5　331p　22cm〈再版　日本政治問題調査所　昭和17年刊の複製　標題紙のタイトル（誤植）：満州経済研究年報　布装〉Ⓘ978-4-87733-811-4, 978-4-87733-815-2(set), 978-4-87733-813-8(set)　Ⓝ317.9225　［10000円］

◇満州行政経済年報　昭和18年版　広瀬順晧監修, ［日本政治問題調査所行政調査部編］　クレス出版　2014.5　398,5p　22cm〈日本政治問題調査所　昭和18年刊の複製　布装〉Ⓘ978-4-87733-812-1,978-4-87733-815-2(set),978-4-87733-813-8(set)　Ⓝ317.9225　［12000円］

満州（紀行・案内記）

◇シリーズ明治・大正の旅行　第1期14　南満洲鉄道案内　明治42年　荒山正彦監修・解説　南満洲鐵道株式會社, 大橋省三編　ゆまに書房　2014.11　708p　図版5枚　22cm〈南満洲鐵道　明治42年刊の複製　南満洲鐵道　大正元年刊の複製ほか　第1期のタイトル関連情報：旅行案内書集成　布装〉Ⓘ978-4-8433-4655-6,978-4-8433-4652-5(set)　Ⓝ384.37　［32000円］

◇満洲の旅　太原要著　大空社　2014.4　375,8p　22cm　（アジア学叢書 276）〈文献あり　マンチュリヤ、デーリー、ニュース　昭和15年刊の複製　布装〉Ⓘ978-4-283-01125-0, 978-4-283-01131-1(set)　Ⓝ292.25　［21000円］

満州（気象）

◇帝国日本の気象観測ネットワーク―満洲・関東州　山本晴彦著　農林統計出版　2014.1　330p　21cm〈索引あり〉Ⓘ978-4-89732-284-1　Ⓝ451.2　［3400円］

満州（行政―年鑑）

◇満州行政経済年報　昭和17年版　広瀬順晧監修, ［日本政治問題調査所行政調査部編］　クレス出版　2014.5　331p　22cm〈再版　日本政治問題調査所　昭和17年刊の複製　標題紙のタイトル（誤植）：満州経済研究年報　布装〉Ⓘ978-4-87733-811-4, 978-4-87733-815-2(set),978-4-87733-813-8(set)　Ⓝ317.9225　［10000円］

◇満州行政経済年報　昭和18年版　広瀬順晧監修, ［日本政治問題調査所行政調査部編］　クレス出版　2014.5　398,5p　22cm〈日本政治問題調査所　昭和18年刊の複製　布装〉Ⓘ978-4-87733-812-1,978-4-87733-815-2(set),978-4-87733-813-8(set)　Ⓝ317.9225　［12000円］

満州（経済）

◇満州経済研究年報　昭和16年版　広瀬順晧監修, ［満鐵調査部編］　クレス出版　2014.5　432p　22cm〈改造社　昭和16年刊の複製　標題紙のタイトル（誤植）：満州行政経済年報　布装〉Ⓘ978-4-87733-810-7,978-4-87733-815-2(set), 978-4-87733-813-8(set)　Ⓝ332.225　［14000円］

満州（経済―年鑑）

◇満州経済年報　1933年版　広瀬順晧監修, ［満鐵經濟調査會編］　クレス出版　2014.3　733p　22cm〈改造社　昭和8年刊の複製　布装〉Ⓘ978-4-87733-803-9,978-4-87733-814-5(set)　Ⓝ330.59　［22000円］

◇満州経済年報　1934年版　広瀬順晧監修, ［満鐵經濟調査會編］　クレス出版　2014.3　448p　22cm〈改造社　昭和9年刊の複製　布装〉Ⓘ978-4-87733-804-6,978-4-87733-814-5(set)　Ⓝ330.59　［14000円］

◇満州経済年報　1935年版　広瀬順晧監修, ［満鐵經濟調査會編］　クレス出版　2014.3　574p　22cm〈改造社　昭和10年刊の複製　布装〉Ⓘ978-4-87733-805-3,978-4-87733-814-5(set)　Ⓝ330.59　［18000円］

◇満州経済年報　昭和12年・上　広瀬順晧監修, ［満鐵産業部編］　クレス出版　2014.3　396p　22cm〈改造社　昭和12年刊の複製　布装〉Ⓘ978-4-87733-806-0,978-4-87733-814-5(set)　Ⓝ330.59　［12000円］

◇満州経済年報　昭和12年・下　広瀬順晧監修, ［満鐵産業部編］　クレス出版　2014.3　536p　22cm〈改造社　昭和12年刊の複製　布装〉Ⓘ978-4-87733-807-7,978-4-87733-814-5(set)　Ⓝ330.59　［16000円］

◇満州経済年報　昭和13年版　広瀬順晧監修, ［満鐵調査部編］　クレス出版　2014.5　624,40p　22cm〈改造社　昭和14年刊の複製　布装〉Ⓘ978-4-87733-808-4,978-4-87733-815-2(set), 978-4-87733-813-8(set)　Ⓝ330.59　［20000円］

◇満州経済年報　昭和14年版　広瀬順晧監修, ［満鐵調査部編］　クレス出版　2014.5　410,43p　22cm〈改造社　昭和14年刊の複製　布装〉Ⓘ978-4-87733-809-1,978-4-87733-815-2(set), 978-4-87733-813-8(set)　Ⓝ330.59　［14000円］

満州（在留日本人）

◇葛根廟事件の証言―草原の惨劇・平和への祈り　興安街命日会編　大阪　新風書房　2014.8　563p　26cm〈文献あり　年表あり〉Ⓘ978-4-88269-794-7　Ⓝ916　［3700円］

◇かみかぜよ、何処に―私の遺言：満州開拓団一家引き揚げ記　稲毛幸子著　ハート出版　2014.8　211p　19cm　Ⓘ978-4-89295-984-4　Ⓝ916　［1500円］

◇大連での悲しい思い出　鈴木スミ著　文芸社　2014.6　111p　20cm　Ⓘ978-4-286-15108-9　Ⓝ916　［1100円］

◇われら在満小国民―興隆と破滅の中で愛国少年は何を見、何を体験してきたか　井口利夫著　長野　ほおずき書籍　2014.7　270p　19cm〈星雲社（発売）　文献あり〉Ⓘ978-4-434-19262-3　Ⓝ916　［1500円］

満州（在留日本人―歴史―史料）

◇北満農民救済記録　各開拓団の幹部, 塚原常次著　［さいたま］　塚原常次　2014.9　389p　26cm〈複製〉Ⓘ978-4-9903515-4-0　Ⓝ334.4225　［1700円］

満州（社会）

◇満鮮北支視察記 / 満鮮支那視察記録　群馬県下尋常高等小学校長5名, 満鮮支那視察団編著　復刻版　龍溪書舎　2014.5　35, 257p　21cm　（韓国併合史研究資料 106）〈東京経済大学図書館蔵の複製〉Ⓘ978-4-8447-0180-4　Ⓝ302.21　［9000円］

満州（宗教）　　　　　　　　　　　　　　　　　　　　　　　　　　　日本件名図書目録2014　I

満州（宗教）

◇宗教調査資料　第1巻　大東仁, 槻木瑞生編集・解題　復刻版　龍溪書舎　2014.9　1冊　22cm　〈アジアにおける日本の軍・学校・宗教関係資料　第5期〉〈文教部禮教敎司　康德2年刊の複製　民生部社會司　康德4年刊の複製　内容：「宗教調査資料」について（大東仁著）　「宗教調査資料」から読み取れること（槻木瑞生著）　満洲の佛教と其の諸問題　吉林, 間島, 濱江各省宗教調査報告書　民間信仰調査報告書〉①978-4-8447-0205-4（set）Ⓝ162.225

◇宗教調査資料　第2巻　大東仁, 槻木瑞生編集・解題　復刻版　龍溪書舎　2014.9　1冊　22cm　〈アジアにおける日本の軍・学校・宗教関係資料　第5期〉〈民生部社會司禮教科　康德5～6年刊の複製　民生部厚生司　康德7年刊の複製　内容：満洲宗教概論　満洲旗人の祭祀に就て　基督教調査報告書．上〉①978-4-8447-0205-4（set）Ⓝ162.225

◇宗教調査資料　第3巻　大東仁, 槻木瑞生編集・解題　復刻版　龍溪書舎　2014.9　p109～427　22cm　〈アジアにおける日本の軍・学校・宗教関係資料　第5期〉〈民生部厚生司　康德7年刊の複製　内容：基督教調査報告書．下〉①978-4-8447-0205-4（set）Ⓝ162.225

◇宗教調査資料　第4巻　大東仁, 槻木瑞生編集・解題　復刻版　龍溪書舎　2014.9　400p　22cm　〈アジアにおける日本の軍・学校・宗教関係資料　第5期〉〈民生部厚生司敎化科　康德8年刊の複製　内容：佛教調査報告書〔日本宗教ノ部〕．上〉①978-4-8447-0224-5（set）Ⓝ162.225

◇宗教調査資料　第5巻　大東仁, 槻木瑞生編集・解題　復刻版　龍溪書舎　2014.9　1冊　22cm　〈アジアにおける日本の軍・学校・宗教関係資料　第5期〉〈民生部厚生司敎化科　康德8～9年刊の複製　文敎部敎化司禮敎科　康德10～11年刊の複製　内容：佛教調査報告書〔日本宗教ノ部〕．下　カライム教調査書　喇嘛廟々會と鄂博祭　開拓地ニ於ケル佛教事情〉①978-4-8447-0224-5（set）Ⓝ162.225

◇宗教調査資料　第6巻　大東仁, 槻木瑞生編集・解題　復刻版　龍溪書舎　2014.9　123,223p　22cm　〈アジアにおける日本の軍・学校・宗教関係資料　第5期〉〈文敎部敎化司禮敎科　康德11年刊の複製　内容：国内に於ける邪教及秘密結社の概要　宗教反乱史〉①978-4-8447-0224-5（set）Ⓝ162.225

◇宗教調査資料　第7巻　大東仁, 槻木瑞生編集・解題　復刻版　龍溪書舎　2014.9　351p　22cm　〈アジアにおける日本の軍・学校・宗教関係資料　第5期〉〈文敎部敎化司禮敎科　康德11年刊の複製　内容：満洲国の回教徒問題〉①978-4-8447-0224-5（set）Ⓝ162.225

満州（中国語教育）

◇旧満洲で日本人小学生が学んだ中国語—20年間正課授業として行われた教育とその背景　川村邦夫著　丸善プラネット　2014.7　137p　21cm　〈丸善出版（発売）〉①978-4-86345-218-3　Ⓝ375.892　［2000円］

満州（鉄道）

◇シリーズ明治・大正の旅行　第1期14　南満洲鉄道案内　明治42年　荒山正彦監修・解説　南満洲鐵道株式會社, 大橋省三編　ゆまに書房　2014.11　708p　図版5枚　22cm　〈南満洲鐵道　明治42年刊の複製　南満洲鐵道　大正元年刊の複製ほか　第1期のタイトル関連情報：旅行案内書集成　布装〉①978-4-8433-4655-6,978-4-8433-4652-5（set）Ⓝ384.37　［32000円］

満州（日本人学校）

◇旧満洲で日本人小学生が学んだ中国語—20年間正課授業として行われた教育とその背景　川村邦夫著　丸善プラネット　2014.7　137p　21cm　〈丸善出版（発売）〉①978-4-86345-218-3　Ⓝ375.892　［2000円］

満州（博物館）

◇「満洲国」博物館事業の研究　大出尚子著　汲古書院　2014.1　276p　22cm　〈汲古叢書 112〉〈文献あり　索引あり　内容：「満洲国」の博物館建設　清室財産と博物館　「満洲国」の博物館事業と清朝の遺臣、および日本の考古学者・東洋史学者　国立中央博物館と副館長藤山一雄の博物館運営構想　藤山一雄の民俗展示場構想と満洲開拓政策〉①978-4-7629-6011-6　Ⓝ069.02225　［8000円］

満州（歴史）

◇石原莞爾アメリカが一番恐れた軍師—若き男たちの満州建国　早瀬利之著　双葉社　2014.8　238p　18cm　（双葉新書 095）〈文献あり〉①978-4-575-15446-7　Ⓝ222.5　［840円］

◇旧満洲の真実—親鸞の視座から歴史を捉え直す　張鑫鳳著　藤原書店　2014.12　240p　20cm　〈文献あり　年表あり〉①978-4-86578-004-8　Ⓝ222.5　［2200円］

◇近代日本と「満洲国」　植民地文化学会編　不二出版　2014.7　590p　22cm　〈内容：日本近代史にとっての「満州」（大江志乃夫著）『幽囚録』と満蒙開拓計画（井出孫六著）　張作霖と日本（孫継武著, 横川京子, 荒川優訳, 小島晋治閲, 横川京子訳）「満州」と天皇制（中村政則著）　万宝山事件の経緯（李茂傑著, 趙夢雲訳）　日本帝国主義の朝鮮移民政策（孫継武, 劉含発著, 西田勝訳）　日本資本の東北での拡張（鄭敏著, 文楚雄訳）　東北淪陥期の長春での植民地奴隷化教育（孫継英著, 山本恭子訳）　日偽統治時代の「矯正補導院」（李茂傑著, 森美千代訳）　日本帝国主義による東北農業の略奪（孫玉玲著, 絹川浩敏訳）　満映（胡爰著, 西田勝訳, 周海林閲）　歴史のこだま（韓岡覚, 呂金藻, 馮伯陽著, 伊藤宣雄訳, 丸山昇閲）　東北淪陥期の新聞事業（張貴著, 滝谷由香訳, 丸山昇閲）　日本帝国主義の科学技術侵略（李茂傑著, 比嘉三都子訳, 丸山昇閲）　多元的な文化要素が交流・融合する中でつくられた東北地方文化（逢увод玉著, 岡田英樹訳）　歪んだ言語風景（岡田英樹著）　日本侵略者による中国東北各民族大虐殺（霍婰原著, 趙夢雲訳）　七三一部隊の犯罪は戦後日本でどのように認識されるようになったか（高橋武智著）　中国東北における抗日戦争とその歴史的位置（王承礼著, 岡田英樹訳）　土竜山農民の抗日蜂起（孫継英著, 上條厚訳）　東北抗日連軍中の日本人戦士「福間一夫」（李亜泉著, 周海林訳）　偽満州国軍の潰滅（王文鋒著, 星名宏修訳）　中国「残留孤児」はなぜ生まれたか（林郁著）「満州移民」と中国「残留婦人」（小川津根子著）　長野県と「満州国」（上篠宏之著）　松本市域からみた「満州移民」（小松芳郎著）「満州」移民熱低下をくい止めるべく書かれた小説（堀井弘子著）　遼寧省大窪県に侵入した日本人開拓団に関する調査（孫玉玲, 趙東輝著, 周海林訳）　戦後における日本人残留孤児問題について（陳健著, 周海林訳, 西田勝補）　植民地育ちの視点（澤地久枝著）「堅実な末路—もと兵士はかたる」「木」「春の来訪者—中国残留孤児を迎えて」〈詩〉（高良留美子著）　夏目漱石『満韓ところどころ』私見（呂元明著, 西田勝訳）　与謝野晶子の『満蒙遊記』（香内信子著）　広津和郎と「満州」（寺田清市著）　小林多喜二・平野謙と「満州」の問題（杉野要吉著）「先遣隊」をめぐる徳富蘇峰と徳永直（中村青史著）　抵抗と挫折の果てに（浅田隆著）　日本のプロレタリア文学が描いた「満州」（布野栄一著）　現代日本文学とハルピン（浦田義和著）　安部公房と「満州」（山田博光著）　日本人作家の植民地支配への抵抗（呂元明著, 坂本正博訳）　合作社運動と野川隆の文学表現（坂本正博著）「満州」時代の牛島春子（原武哲著）「植民者二世」の「日本語」文学（根岸一成著）　横田文子の文学（東栄蔵著）近代文学研究者から偽満州国官史への道（周海林著）　東北淪陥期における抗日思想文化闘争（呂元明著, 趙夢雲訳）　東北郷土文学の主張とその特徴（梁山丁著, 趙夢雲訳）　梁山丁とその抗日文学作品（馮為群著, 田中恵子訳, 丸山昇閲）「満州国」の創作環境と技巧（岡田英樹著）　日本語化された「満州」の作家（田中益三著）『鉄の墓』から『北へ帰る』までの小松の創作傾向（李春燕著, 李青訳, 西田勝補）　李季瘋とその「雑感の感」（李春燕著, 大沢規夫訳, 丸山昇閲）　私の文学活動（劉丹華著, 趙夢雲訳）　東北淪陥一四年史研究と中日友好（王承礼著, 趙夢雲訳）　日本における「満州文学」研究の現状（川村湊著）東北文学研究の現状（陳隄著, 西田勝訳）「満州文学」研究の過去と未来（呂元明著, 西田勝訳）　早稲田大学教育学部杉野ゼミ（菊地薫著）　古滅六百年史研究会の四年間（谷本澄子著）　歴史認識の甘さへの反省（上條宏之著）〉①978-4-8350-7695-9　Ⓝ222.5　［6000円］

◇マンチュリア史研究—「満洲」六〇〇年の社会変容　塚瀬進著　吉川弘文館　2014.11　263,31p　22cm　〈文献あり　索引あり　内容：「満洲」に関する諸見解　マンチュリア史研究の成果と問題点　元末・明朝前期の社会変容　明代中期・後期の社会変容　旗民制による清朝のマンチュリア統治　清末・中華民国期、鉄道敷設による社会変容　満洲国の政策と社会の反応　国共内戦期、中国共産党の財政経済政策と社会の反応　マンチュリアでの社会変容〉①978-4-642-03837-9　Ⓝ222.5　［11000円］

満州（歴史－年表）

◇鉄都鞍山年誌　第2巻　1922-1925年　池田拓司編著　［出版地不明］［池田拓司］　2014.4　1冊　30cm　〈文献あり〉Ⓝ222.57

マンスール, A.J.〔712?～775〕

◇マンスール—イスラーム帝国の創建者　高野太輔著　山川出版社　2014.10　76p　21cm　〈世界史リブレット人 20〉〈文献あり　年譜あり〉①978-4-634-35020-5　Ⓝ289.2　［800円］

満鉄 →南満州鉄道株式会社を見よ

マンデラ, N.〔1918～2013〕

◇ネルソン・マンデラ伝—こぶしは希望より高く　ファティマ・ミーア著, 楠瀬佳子, 神野明, 砂野幸稔, 前田礼, 峯陽一, 元木淳子訳　新装版　明石書店　2014.2　695p　19cm　〈年譜あり〉①978-4-7503-3961-0　Ⓝ289.3　［4800円］

◇ネルソン・マンデラ未来を変える言葉　ネルソン・マンデラ著, 長田雅子訳, セロ・ハタン, サーム・フェンター編　明石

書店 2014.6 193p 20cm ①978-4-7503-4010-4 Ⓝ289.3
［1800円］

◇二人のマンデラ―知られざる素顔 ジョン・カーリン著, 新田
享子訳 潮出版社 2014.12 235p 19cm ①978-4-267-
01995-1 Ⓝ289.3 ［1700円］

まんのう町〔香川県〕（遺跡・遺物）

◇中寺廃寺跡 平成25年度 まんのう町教育委員会中寺廃寺発
掘調査室編 まんのう町〔香川県〕 まんのう町教育委員会中寺
廃寺発掘調査室 2014.3 26p 図版 32p 30cm （まんのう
町内遺跡発掘調査報告書 第12集） Ⓝ210.0254

【み】

三池炭鉱

◇三池炭鉱の歴史と技術―大牟田市石炭産業科学館ガイドブッ
ク 大牟田 大牟田市石炭産業科学館 2014.3（第2刷）137p
21cm 〈年譜あり 年表あり〉 Ⓝ567.092191

三浦 綾子〔1922～1999〕

◇聖書で読み解く『氷点』『続氷点』 竹林一志著 いのちのこと
ば社フォレストブックス 2014.10 191p 19cm （Forest
Books） ①978-4-264-03219-9 Ⓝ913.6 ［1500円］

◇『氷点』解凍 森下辰衛著 小学館 2014.4 286p 19cm
〈著作目録あり 年表あり〉 ①978-4-09-388367-2 Ⓝ913.6
［1700円］

◇三浦綾子さんのことばと聖書100の祈り 込堂一博著 いのち
のことば社フォレストブックス 2014.12 221p 18cm
（Forest Books） 〈表紙のタイトル：AYAKO MIURA 100
WORDS OF PRAYER〉 ①978-4-264-03128-4 Ⓝ910.268
［1200円］

三浦 知良〔1967～〕

◇Dear KAZU―僕を育てた55通の手紙 三浦知良著 文藝春秋
2014.6 382p 16cm （文春文庫 み49-1）〈2011年刊の増
補〉 ①978-4-16-790128-8 Ⓝ783.47 ［660円］

◇とまらない 三浦知良著 新潮社 2014.3 190p 18cm
（新潮新書 563） ①978-4-10-610563-0 Ⓝ783.47 ［680円］

三浦 貴大〔1985～〕

◇銀幕の三浦家―1974-2011：ある映画俳優一家37年間の軌跡
星光著 大阪 パレード 2014.8 346p 19cm （Parade
books）〈文献あり〉①978-4-86522-025-4 ［1800
円］

三浦 樗良〔1729～1780〕

◇俳人・三浦樗良―しなやかに, したたかに生きた 木下武一
［著］ ［出版地不明］ ［木下武一］ 2014.3 146p 21cm
〈年譜あり〉 Ⓝ911.34

三浦 哲郎〔1931～2010〕

◇白夜の忌―三浦哲郎と私 竹岡準之助著 幻戯書房 2014.4
197p 20cm 〈内容：オメガの時計 北館の一夜 「パピヨ
ン」の頃 「柿の蔕」の頃 二つの仕事 「BOOKSパピヨ
ン」から 最後の別れ 葬送の句 「肉体について」に思う
三浦哲郎さんを偲ぶ会 『三浦哲郎, 内なる楕円』を読む 文
章について 映画のこと 「青春の手紙」のこと 素寒貧だっ
た頃 八木義德さんとの対談から 「熱い雪」のひと 芥川賞
受賞のあと 三回忌に参る 終楽章の譜〉①978-4-86488-046-
6 Ⓝ910.268 ［2200円］

三浦 友和〔1952～〕

◇銀幕の三浦家―1974-2011：ある映画俳優一家37年間の軌跡
星光著 大阪 パレード 2014.8 346p 19cm （Parade
books）〈文献あり〉①978-4-86522-025-4 Ⓝ778.21 ［1800
円］

三浦 梅園〔1723～1789〕

◇敢語と梅園哲学の評価 戸田玄訳注・著 ［出版地不明］
［戸田玄］ 2014.9 319p 26cm Ⓝ121.59

◇新編・梅園哲学入門 三枝博音, 三浦梅園著 書肆心水 2014.
5 316p 22cm 〈内容：『玄語』の著者に対して語る 梅園の
哲学 梅園哲学についての対話 日本の科学を育てた人とし
ての梅園 梅園の言う真実の学問 三浦梅園の哲学 梅園の
論理思想 梅園の理故の哲学 三浦梅園集のために 三浦梅
園の自然哲学〉①978-4-906917-28-0 Ⓝ121.59 ［5400円］

◇三浦梅園資料集 小串信正編著 国東 三浦梅園先生顕彰会
2013.11 116p 26cm 〈著作目録あり 年譜あり 三浦梅園
先生二百二十五年記念出版〉Ⓝ121.59

三浦 雄一郎〔1932～〕

◇「年寄り半日仕事」のすすめ―目標をもてば80歳でも夢は叶
う！ 三浦雄一郎, 三浦豪太著 廣済堂出版 2014.1 118p
21cm ①978-4-331-51795-6 Ⓝ784.3 ［1400円］

◇三浦雄一郎の肉体と心―80歳でエベレストに登る7つの秘密
大城和恵［著］ 講談社 2014.10 206p 18cm （講談社＋α
新書 673-1B） ①978-4-06-272871-3 Ⓝ784.3 ［840円］

三浦市（生物）

◇愉しい干潟学 ジボーリン福島菜穂子, 小倉雅實著 八坂書房
2014.7 149p 20cm 〈文献あり〉①978-4-89694-178-4
Ⓝ462.137 ［1500円］

三浦市（干潟）

◇愉しい干潟学 ジボーリン福島菜穂子, 小倉雅實著 八坂書房
2014.7 149p 20cm 〈文献あり〉①978-4-89694-178-4
Ⓝ462.137 ［1500円］

三重県

◇これでいいのか三重県―秘境で生まれた三重のミステリー
昼間たかし編 マイクロマガジン社 2014.3 139p 26cm
〈文献あり 日本の特別地域特別編集〉①978-4-89637-451-3
Ⓝ291.56 ［1300円］

三重県（伊賀市）

◇伊賀市まちづくりプラン―ひとが輝く地域が輝く：新市建設計
画 伊賀 伊賀市企画振興部総合政策課 ［2014］ 52p
30cm 〈2003年12月策定伊賀地区市町村合併協議会新市建設計
画策定小委員会, 2014年9月変更伊賀市〉Ⓝ318.12

三重県（遺跡・遺物）

◇近畿自動車道名古屋神戸線（四日市JCT－亀山西JCT）建設事
業に伴う埋蔵文化財発掘調査概報 4 三重県埋蔵文化財セン
ター編 ［明和町（三重県）］ 三重県埋蔵文化財センター
2014.8 66p 図版 2枚 30cm Ⓝ210.0254

三重県（遺跡・遺物―伊賀市）

◇上野城跡第13次（藤堂新七郎屋敷跡）発掘調査報告 三重県埋
蔵文化財センター編 ［明和町（三重県）］ 三重県埋蔵文化財
センター 2014.2 28p 30cm （三重県埋蔵文化財調査報告
348）〈伊賀市上野丸之内所在〉Ⓝ210.0254

◇上野城下町遺跡（第5次）発掘調査報告 三重県埋蔵文化財セン
ター編 ［明和町（三重県）］ 三重県埋蔵文化財センター
2014.3 74p 図版 1枚 30cm （三重県埋蔵文化財調査報告
352）〈伊賀市上野農人町所在〉Ⓝ210.0254

三重県（遺跡・遺物―伊勢市）

◇伊勢山田散策ふるさと再発見 濱口主一著 ［伊勢］ 伊勢郷
土会 2014.6 254p 21cm Ⓝ215.6 ［1852円］

◇円座近世墓群発掘調査報告 三重県埋蔵文化財センター編
［明和町（三重県）］ 三重県埋蔵文化財センター 2014.2
51p 30cm （三重県埋蔵文化財調査報告 344）〈伊勢市円座
町所在〉Ⓝ210.0254

三重県（遺跡・遺物―志摩市）

◇鰯浦間近世墓発掘調査報告 三重県埋蔵文化財センター編
［明和町（三重県）］ 三重県埋蔵文化財センター 2014.3
46p 30cm （三重県埋蔵文化財調査報告 349）〈志摩市大王
町波切所在〉Ⓝ210.0254

◇南張貝塚（第4・5次）発掘調査報告 三重県埋蔵文化財セン
ター編 ［明和町（三重県）］ 三重県埋蔵文化財センター
2014.2 28p 30cm （三重県埋蔵文化財調査報告 347）〈志
摩市浜島町南張所在〉Ⓝ210.0254

三重県（遺跡・遺物―鈴鹿市）

◇伊勢国府跡 16 鈴鹿市, 鈴鹿市考古博物館編 ［鈴鹿］ 鈴
鹿市 2014.3 10p 30cm 〈共同刊行：鈴鹿市考古博物館〉
Ⓝ210.0254

◇磐城山遺跡（第4・5次）発掘調査報告書 鈴鹿市, 鈴鹿市考古博
物館編 ［鈴鹿］ 鈴鹿市 2014.3 109p 30cm 〈農地改良
工事に伴う緊急発掘調査 共同刊行：鈴鹿市考古博物館〉
Ⓝ210.0254

三重県（遺跡・遺物―津市）

◇一般国道23号中勢道路（10工区）建設事業に伴うにんごう遺
跡・にんごう古墳群発掘調査報告 三重県埋蔵文化財セン
ター編 ［明和町（三重県）］ 三重県埋蔵文化財センター
2014.3 145p 図版 3枚 30cm （三重県埋蔵文化財調査報告
115-33）Ⓝ210.0254

◇一般国道23号中勢道路（12工区）建設事業に伴う相川西方遺跡
発掘調査報告 三重県埋蔵文化財センター編 ［明和町（三重
県）］ 三重県埋蔵文化財センター 2014.11 255p 図版 4枚
30cm （三重県埋蔵文化財調査報告 115-32）Ⓝ210.0254

三重県（遺跡・遺物―名張市）　　　　　　　　　　　　　　　日本件名図書目録2014　Ⅰ

◇市内遺跡試掘・確認調査報告　平成24年度　津市教育委員会編　津　津市教育委員会　2013.8　7p　30cm　（津市埋蔵文化財調査報告書 35）Ⓝ210.0254

◇三行城跡（第3次）発掘調査報告　津市教育委員会編　津　津市教育委員会　2013.12　7p　図版 3p　30cm　（津市埋蔵文化財調査報告書 36）〈津市河芸町三行所在〉Ⓝ210.0254

三重県（遺跡・遺物―名張市）

◇上長瀬遺跡発掘調査報告　三重県埋蔵文化財センター編　［明和町（三重県）］　三重県埋蔵文化財センター　2014.2　41p　30cm　（三重県埋蔵文化財調査報告 346）Ⓝ210.0254

三重県（遺跡・遺物―松阪市）

◇朝見遺跡（第1・2次）発掘調査報告　三重県埋蔵文化財センター編　［明和町（三重県）］　三重県埋蔵文化財センター　2014.10　288p　図版 5枚　30cm　（三重県埋蔵文化財調査報告 351）〈文献あり　松阪市和屋町所在〉Ⓝ210.0254

◇大瀬古遺跡発掘調査報告　三重県埋蔵文化財センター編　［明和町（三重県）］　三重県埋蔵文化財センター　2014.10　12p　30cm　（三重県埋蔵文化財調査報告 354）〈三重県松阪市小阿坂町所在〉Ⓝ210.0254

◇筋違遺跡（第2・3次）発掘調査報告―一般国道23号中勢道路（13工区）建設事業に伴う　三重県埋蔵文化財センター編　［明和町（三重県）］　三重県埋蔵文化財センター　2014.3　238p　30cm　（三重県埋蔵文化財調査報告 115-30）〈文献あり〉Ⓝ210.0254

三重県（遺跡・遺物―四日市市）

◇一般国道1号北勢バイパス埋蔵文化財発掘調査概報　11　四日市市教育委員会編　［四日市］　四日市市教育委員会　2014.3　24p　30cm　Ⓝ210.0254

三重県（伊勢信仰）

◇三重・伊勢講のいま―民俗グループによる調査の概報　三重県立博物館、三重県立博物館サポートスタッフ民俗グループ編　［津］　三重県立博物館　2014.3　58p　30cm　〈文献あり　折り込み 1枚〉Ⓝ387

三重県（映画祭）

◇ぐるっと三重上映キャラバン―第11回―三重映画フェスティバル　三重映画フェスティバル実行委員会編　津　実行委員会事務局　2014.3　50p　26cm　〈小津安二郎生誕110年記念〉Ⓝ778.2156

三重県（歌人―歴史）

◇わたしの『洌楽』　藤沢徳人著　四日市　東海出版（印刷）　2014.4　231p　21cm　Ⓝ911.362

三重県（学校―統計）

◇統計からみた三重の学校―平成25年度学校基本調査結果　三重県戦略企画部統計課編　津　三重県戦略企画部統計課　2014.3　58p　30cm　（統計資料 no. 731）〈奥付のタイトル：統計から見た三重の学校〉Ⓝ370.59

三重県（家庭用電気製品―リサイクル）

◇小型電子機器等リサイクルシステム構築実証事業運営業務（中部地方その3）報告書　平成25年度　環境省中部地方環境事務所　2014.3　99p　30cm　〈請負先：三菱UFJリサーチ＆コンサルティング〉Ⓝ545.88

三重県（紀行・案内記―鳥羽市）

◇鳥羽の島遺産100選―残したい。これまでも、これからも。：神島・答志島・菅島・水島・坂手島　鳥羽　鳥羽市観光課　2014.3　148p　21cm　〈伊勢文化舎（発売）〉①978-4-900759-50-3　Ⓝ382.156　［926円］

三重県（教育―統計）

◇統計からみた三重の学校―平成25年度学校基本調査結果　三重県戦略企画部統計課編　津　三重県戦略企画部統計課　2014.3　58p　30cm　（統計資料 no. 731）〈奥付のタイトル：統計から見た三重の学校〉Ⓝ370.59

三重県（行政―伊賀市）

◇第2次伊賀市総合計画―基本構想　伊賀市企画振興部総合政策課編　［伊賀］　伊賀市　2014.7　32p　30cm　Ⓝ318.256

◇第2次伊賀市総合計画―第1次再生計画　伊賀市企画振興部総合政策課編　［伊賀］　伊賀市　2014.7　199p　30cm　Ⓝ318.256

三重県（行政―伊勢市）

◇伊勢市総合計画　第2次　平成26年度―平成29年度　伊勢市情報戦略局企画調整課編　［伊勢］　伊勢市　2014.10　204p　30cm　Ⓝ318.256

三重県（行政―松阪市）

◇市民みんなの道標―未来につなげるまちづくり計画：松阪市総合計画：平成26年度―平成29年度　松阪市経営企画部経営企画課編　［松阪］　三重県松阪市　2014.4　146p　30cm　Ⓝ318.256

三重県（行政―四日市市）

◇四日市・ロングビーチ姉妹都市提携50周年記念誌―海を超えて育む絆　［四日市市］　市民文化部文化国際課編　四日市　四日市市　2014.3　51p　30cm　〈年表あり　英語併記〉Ⓝ318.256

三重県（庚申塔―熊野市）

◇熊野市域の庚申塔と庚申信仰　向井弘晏著　［熊野］　［向井弘晏］　2014.11　166p　26cm　Ⓝ387.6

三重県（財産評価）

◇評価倍率表―財産評価基準書　平成26年分三重県版　名古屋　新日本法規出版　c2014　228p　30cm　〈索引あり〉①978-4-7882-7876-9　Ⓝ345.5　［6600円］

三重県（祭礼―鈴鹿市―写真集）

◇鈴鹿の祭りと年中行事―坂尾富司写真集　坂尾富司著　［鈴鹿］　坂尾富司　2014.2　119p　30cm　Ⓝ386.156　［2500円］

三重県（市町村合併）

◇伊賀市まちづくりプラン―ひとが輝く地域が輝く：新市建設計画　伊賀　伊賀市企画振興部総合政策課　［2014］　52p　30cm　〈2003年12月策定伊賀地区市町村合併協議会新市建設計画策定小委員会, 2014年9月変更伊賀市〉Ⓝ318.12

三重県（宿駅―亀山市―歴史）

◇東海道五十三次亀山あたり「関宿」―国・重要伝統的建造物群保存地区　鷲塚貞長著　名古屋　ゆいぽおと　2014.6　47p　21cm　①978-4-905431-07-7　Ⓝ682.156　［600円］

三重県（消防）

◇三重県消防広域化推進計画　改訂版　津　三重県　2014.3　37, 43p　30cm　Ⓝ317.7956

三重県（女性―津市―伝記）

◇新・津市女人伝　駒田博之著　［津］　伊藤印刷出版部　2013.6　111p　19cm　〈津市文化振興基金助成事業〉①978-4-9903219-8-7　Ⓝ281.56　［500円］

三重県（書目）

◇三重県EL新聞記事情報リスト　2013-1　エレクトロニック・ライブラリー編　エレクトロニック・ライブラリー　2014.2　770p　31cm　〈制作：日外アソシエーツ〉Ⓝ025.8156

◇三重県EL新聞記事情報リスト　2013-2　エレクトロニック・ライブラリー編　エレクトロニック・ライブラリー　2014.2　p771-1462　31cm　〈制作：日外アソシエーツ〉Ⓝ025.8156

◇三重県EL新聞記事情報リスト　2013-3　エレクトロニック・ライブラリー編　エレクトロニック・ライブラリー　2014.2　p1463-2014　31cm　〈制作：日外アソシエーツ〉Ⓝ025.8156

三重県（水害―紀宝町）

◇紀伊半島大水害記録誌―平成23年9月台風第12号紀宝町の災害記録　紀宝町総務課紀宝町災害復興プロジェクト「災害記録作成」に関するワーキンググループ企画・編集　紀宝町（三重県）紀宝町　2014.3　145p　30cm　Ⓝ369.33

三重県（生物）

◇新視点三重県の歴史　続　毎日新聞社津支局編, 三重県総合博物館学芸員, 三重県史編さん班著　山川出版社　2014.3　311p　20cm　〈年表あり〉①978-4-634-15052-2　Ⓝ215.6　［1800円］

三重県（石仏）

◇伊勢・志摩の富士信仰を訪ねて―大日如来探訪写真集　江崎満著　鳥羽　鳥羽郷土史会　2014.3　56p　30cm　（鳥羽郷土史会特集 第2号）Ⓝ387

三重県（選挙―統計）

◇選挙の記録　三重県選挙管理委員会編　津　三重県選挙管理委員会　2014.3　250p　30cm　〈第23回参議院議員通常選挙平成25年7月21日執行〉Ⓝ314.8

◇選挙の記録　三重県選挙管理委員会編　津　三重県選挙管理委員会　2014.3　250p　30cm　〈第46回衆議院議員総選挙第22回最高裁判所裁判官国民審査　平成24年12月16日執行〉Ⓝ314.8

三重県（蘚苔類）

◇東熊野路で見られるコケ　山田耕作文, 橋本博写真　［尾鷲］　三重県立熊野古道センター　2014.3　143p　11×15cm　（くまの・みち叢書 7）〈文献あり〉Ⓝ475.02156

三重県（大気汚染）

◇NOx簡易測定調査委託業務実績報告書　津　三重県環境生活部大気・水環境課　2014.3　155p　30cm　（環境省委託業務結果報告書 平成25年度）Ⓝ519.3

三重県（地域社会―伊勢市）

◇地域福祉とまちづくりに関する調査報告書―社会福祉学部・現代日本社会学部平成24年度社会調査実習　伊勢　皇學館大学社会福祉学部　2013.3　170p　30cm　〈共同刊行：皇學館大学現代日本社会学部〉Ⓝ369.02156

日本件名図書目録2014　Ⅰ　　　　　　　　　　　　　　　　　　　　　　　　　　　三重県（労働市場—統計）

三重県（地域社会—熊野市）
◇地域にまなぶ　第17集　三重県熊野地域から　京都大学文学部社会学研究室編　［京都］　京都大学文学部社会学研究室　2013.3　123p　26cm　（社会調査実習報告書 2012年度）〈共同刊行：関西学院大学社会学部環境社会学研究室ほか〉Ⓝ361.7

三重県（地域社会—御浜町）
◇地域にまなぶ　第17集　三重県熊野地域から　京都大学文学部社会学研究室編　［京都］　京都大学文学部社会学研究室　2013.3　123p　26cm　（社会調査実習報告書 2012年度）〈共同刊行：関西学院大学社会学部環境社会学研究室ほか〉Ⓝ361.7

三重県（地誌—四日市市）
◇わが郷土うつべ—内部地区四日市市合併70周年記念誌　内部地区四日市市合併70周年記念誌編集委員会編　［四日市］　内部地区四日市市合併70周年記念誌編集委員会　2013.11　96p　30cm　〈年表あり〉Ⓝ291.56

三重県（庭園—保存・修復—津市）
◇名勝北畠氏館跡庭園保存管理計画　津市教育委員会編　［津］　津市教育委員会　2014.2　74p　30cm　Ⓝ629.21

三重県（鉄道災害—いなべ市）
◇鉄道重大インシデント調査報告書　RI2013-1-3　［東京］　運輸安全委員会　［2013］　34, 26, 28p　30cm　〈内容：三岐鉄道株式会社三岐線東藤原駅構内における鉄道重大インシデント車両脱線（「本線において車両が脱線したもの」に係る鉄道重大インシデント）　天竜浜名湖鉄道株式会社天竜浜名湖線浜松大学前駅—都田駅間における鉄道重大インシデント車両障害（「車両の走行装置、ブレーキ装置、電気装置、連結装置、運転保安設備等に列車の運転の安全に支障を及ぼす故障、損傷、破壊等が生じた事態」に係る鉄道重大インシデント）　東日本旅客鉄道株式会社高崎線高崎駅構内における鉄道重大インシデント工事違反（「列車の運転を停止して行うべき工事又は保守の作業中に、列車が当該作業をしている区間を走行した事態」に係る鉄道重大インシデント）〉Ⓝ686.7

三重県（伝記—四日市市）
◇四日市の礎　2　60人のドラマとその横顔　志水雅明監修, 四日市地域ゆかりの「郷土作家」顕彰事業委員会有志＋2名著　四日市　四日市市文化協会　2014.11　125p　21cm　〈文献あり〉　一般社団法人四日市市文化協会創立20周年記念出版〉Ⓝ281.56　［1200円］

三重県（統計—名張市）
◇名張市統計書　総務部・情報政策室編　名張　三重県名張市　2014.3　174p　30cm　Ⓝ351.56

三重県（図書館建築—保存・修復—伊勢市）
◇国史跡旧豊宮崎文庫保存修理工事報告書　林廣伸建築事務所編　伊勢　伊勢市教育委員会　2014.3　162p　30cm　〈年表あり〉Ⓝ521.8

三重県（年中行事—鈴鹿市—写真集）
◇鈴鹿の祭りと年中行事—坂尾富司写真集　坂尾富司著　［鈴鹿］　坂尾富司　2014.2　119p　30cm　Ⓝ386.156　［2500円］

三重県（農業水利—いなべ市）
◇水社会の憧憬—マンボが語る景観　春山成子編著　古今書院　2014.8　155p　21cm　〈文献あり　索引あり〉①978-4-7722-8113-3　Ⓝ614.3156　［3600円］

三重県（排気ガス—排出抑制）
◇総量削減進行管理調査　津　三重県環境生活部大気・水環境課　2014.3　113, 2p　30cm　（環境省委託業務結果報告書　平成25年度）〈奥付のタイトル（誤植）：NOx簡易測定調査委託業務実績報告書〉Ⓝ519.3

三重県（俳人—歴史）
◇わたしの『泗楽』　藤沢徳人著　四日市　東海出版（印刷）　2014.4　231p　21cm　Ⓝ911.362

三重県（風俗・習慣—鳥羽市）
◇鳥羽の島遺産100選—残したい。これまでも、これからも。：神島・答志島・菅島・坂手島　鳥羽　鳥羽市観光課　2014.3　148p　21cm　〈伊勢文化舎（発売）〉①978-4-900759-50-3　Ⓝ382.156　［926円］

三重県（富士信仰）
◇伊勢・志摩の富士信仰を訪ねて—大日如来探訪写真集　江崎満著　鳥羽　鳥羽郷土史会　2014.3　56p　30cm　（鳥羽郷土史会特集　第2号）Ⓝ387

三重県（物価—統計）
◇消費者物価の動き—三重県消費者物価指数　平成24年　三重県戦略企画部統計課編　津　三重県戦略企画部統計課　2013.11　52p　30cm　（統計資料 no. 729）Ⓝ337.85

三重県（文学上）
◇伊勢と熊野の歌—平成二十六年度「熊野古道」世界遺産登録十周年斎宮歴史博物館開館二十五周年記念特別展：展示図録　斎宮歴史博物館編　［明和町（三重県）］　斎宮歴史博物館　2014.10　63p　30cm　〈会期・会場：平成26年10月4日—11月9日　斎宮歴史博物館特別展示室〉Ⓝ911.102
◇三重県名勝詩　杉野茂編訳　津　伊勢新聞社　2014.9　394p　21cm　①978-4-903816-28-9　Ⓝ919.5　［1800円］

三重県（文学上—桑名市）
◇桑名、文學ト云フ事。—芭蕉・鏡花・中也：特別企画展　芭蕉, 鏡花, 中也［作］, 桑名市博物館編　桑名　桑名市博物館　2014.11　48p　30cm　〈会期・会場：平成26年11月15日—12月14日　桑名市博物館〉Ⓝ910.25

三重県（文化財）
◇三重県史　別編　美術工芸 図版編　三重県編　津　三重県　2014.3　441p　31cm　Ⓝ215.6
◇三重県史　別編　美術工芸 解説編　三重県編　津　三重県　2014.3　324p　31cm　〈文献あり　付属資料：4p：月報 28〉Ⓝ215.6

三重県（文化財—熊野市）
◇熊野市の文化財　熊野市文化財専門委員会, 熊野市教育委員会編　熊野　熊野市教育委員会　2014.3　192p　26cm　〈折り込2枚〉Ⓝ709.156

三重県（貿易商—名簿）
◇三重県国際取引企業名簿　2013　津　日本貿易振興機構三重貿易情報センター　2013.12　62p　30cm　〈共同刊行：三重県雇用経済部〉Ⓝ678.035

三重県（方言）
◇鈴鹿郡における鳥類の昔の呼び名　亀山　鈴鹿の国方言研究会　2014.6　157p　30cm　Ⓝ488

三重県（民家—松阪市）
◇旧長谷川家住宅調査報告書　国立文化財機構奈良文化財研究所編　松阪　松阪市教育委員会　2014.3　58p 図版 58p　30cm　〈年表あり〉Ⓝ521.86

三重県（名簿）
◇三重県人物・人材情報リスト　2015　日外アソシエーツ株式会社編　日外アソシエーツ（制作）　2014.11　738, 33p　30cm　Ⓝ281.56

三重県（歴史）
◇あなたの知らない三重県の歴史　山本博文監修　洋泉社　2014.5　189p　18cm　（歴史新書）〈文献あり　年表あり〉①978-4-8003-0401-8　Ⓝ215.6
◇新視点三重県の歴史　続　毎日新聞社津支局編, 三重県総合博物館学芸員, 三重県史編さん班著　山川出版社　2014.3　311p　20cm　〈年表あり〉①978-4-634-15052-2　Ⓝ215.6　［1800円］

三重県（歴史—伊賀市）
◇伊賀市史　第3巻 通史編　近現代　伊賀市編　伊賀　伊賀市　2014.12　1063, 29p　22cm　Ⓝ215.6

三重県（歴史—史料—尾鷲市）
◇諸国旅人帳—天保七年申年七月より：尾鷲組大庄屋文書　玉置理兵衛［著］, 尾鷲古文書の会編　［尾鷲］　三重県立熊野古道センター　2014.3　195p　26cm　（尾鷲の古文書 4）Ⓝ215.6　［1000円］

三重県（歴史—史料—書目—桑名市）
◇桑名市内所在資料目録　1　桑名　桑名市教育委員会　2014.3　53p　30cm　Ⓝ215.6

三重県（歴史—史料—松阪市）
◇郷土資料室所蔵文書目録　第8集　家別文書　7　松阪市教育委員会文化課郷土資料室編　［松阪］　松阪市教育委員会　2014.3　39p　30cm　〈内容：松阪市山下町水谷家文書.　前編〉Ⓝ215.6

三重県（歴史—鈴鹿市）
◇玉垣郷土史　玉垣郷土史研究会編　鈴鹿　玉垣郷土史研究会　2014.3　1297p　22cm　〈年表あり〉Ⓝ215.6

三重県（歴史—四日市市）
◇旧四日市を語る　第24集　旧四日市を語る会編　［四日市］　旧四日市を語る会　2014.6　167p　26cm　〈年表あり〉Ⓝ215.6

三重県（労働市場—統計）
◇三重の就業構造—平成24年就業構造基本調査結果　［津］　三重県戦略企画部統計課　2014.3　61p　30cm　（統計資料 no. 735）〈平成24年10月1日現在〉Ⓝ366.2156

1043

三重県〔路線価〕

◇路線価図―三重県版(1) 名古屋 新日本法規出版 c2013 1冊 30cm (財産評価基準書 平成25年分)〈内容:津署 上野署 鈴鹿署〉①978-4-7882-7725-0 Ⓝ345.5 [11700円]

◇路線価図―三重県版(2) 名古屋 新日本法規出版 c2013 1冊 30cm (財産評価基準書 平成25年分)〈内容:四日市署 桑名署〉①978-4-7882-7726-7 Ⓝ345.5 [11600円]

◇路線価図―三重県版(3) 名古屋 新日本法規出版 c2013 1冊 30cm (財産評価基準書 平成25年分)〈内容:伊勢署 松阪署 尾鷲署〉①978-4-7882-7727-4 Ⓝ345.5 [7700円]

◇路線価図―財産評価基準書 平成26年分三重県版1 津署 上野署 鈴鹿署 名古屋 新日本法規出版 c2014 1冊 30cm 〈索引あり〉①978-4-7882-7870-7 Ⓝ345.5 [12900円]

◇路線価図―財産評価基準書 平成26年分三重県版2 四日市署 桑名署 名古屋 新日本法規出版 c2014 1冊 30cm〈索引あり〉①978-4-7882-7871-4 Ⓝ345.5 [12800円]

◇路線価図―財産評価基準書 平成26年分三重県版3 伊勢署 松阪署 尾鷲署 名古屋 新日本法規出版 c2014 1冊 30cm〈索引あり〉①978-4-7882-7872-1 Ⓝ345.5 [9300円]

三重交通株式会社

◇三重交通70年のあゆみ 三重交通株式会社秘書広報部広報課編 津 三重交通 2014.3 159p 31cm〈年表あり〉Ⓝ685.5

三重大学

◇三重大学のあゆみ―地域とともに:三重大学60周年記念誌 三重大学,三重大学全学同窓会,三重大学60周年記念誌編集委員会編集 津 三重大学出版会 2013.12 111p 22×31cm〈年譜あり〉①978-4-903866-23-9 Ⓝ377.28 [8360円]

◇三重大学「4つの力」スタートアップセミナー 2014年度版 中島誠,下村智子,大道一弘,益川優子,守山紗弥加,髙山進,中西良文,山田康彦,長濱文与編著,「4つの力」スタートアップセミナー・ワーキンググループ監修 ムイスリ出版 2014.3 60p 30cm〈共同刊行:三重大学高等教育創造開発センター 折り込み 2枚〉①978-4-89641-226-0 Ⓝ377.15

ミオ塾

◇お母さんは勉強を教えないで 見尾三保子著 PHP研究所 2014.2 268p 15cm (PHP文庫 み46-1)〈新潮文庫 2009年刊の再刊〉①978-4-569-76136-7 Ⓝ376.8 [619円]

三笠市〔歴史〕

◇三笠市史 第4版 21世紀の確かな第一歩 三笠市史編さん委員会編 三笠 三笠市 2014.3 366p 27cm〈年表あり〉Ⓝ211.5

三笠市議会

◇三笠市議会史―1957-2013 [三笠] [三笠市議会] [2014] 852p 27cm〈年表あり〉Ⓝ318.415

三笠宮 寛仁〔1946～2012〕

◇悪童殿下―愛して怒って闘って寛仁親王の波瀾万丈 工藤美代子著 幻冬舎 2013.5 198p 19cm ①978-4-344-02398-7 Ⓝ288.44 [1300円]

三ケ島 葭子〔1886～1927〕

◇少女おもひで草―「少女号」の歌と物語 三ヶ島葭子著,秋山佐和子編・解説 [東京] Kadokawa 2014.4 205p 21cm〈年譜あり 文献あり〉①978-4-04-652840-7 Ⓝ911.162 [1400円]

◇三ヶ島葭子 3 花おりおり 所沢市教育委員会編 所沢 所沢市教育委員会 2014.11 161p 21cm〈年譜あり〉Ⓝ911.162

三日月百子

◇ミカヅキモモコ女子社員総幸福度―ミカヅキモモコは女子社員を日本一幸せにする:120% 物河昭著 八尾 リトル・ガリヴァー 2013.5 240p 19cm ①978-4-903970-73-8 Ⓝ673.38 [1500円]

三甲野 隆優〔1940～ 〕

◇人ありて企業―会社再建へ五十年の仕事人生 三甲野隆優著,角川学芸出版編 [東京] Kadokawa 2014.2 213p 20cm ①978-4-04-621317-4 Ⓝ289.1 [1400円]

三上 照夫〔1928～1994〕

◇天皇の国師―知られざる賢人三上照夫の真実 宮崎貞行著 学研パブリッシング 2014.4 370p 20cm〈学研マーケティング(発売) 文献あり〉①978-4-05-405979-5 Ⓝ289.1 [2000円]

三木市〔遺跡・遺物〕

◇大塚出張遺跡 三木市教育委員会編 三木 三木市教育委員会 2014.3 60p 図版 [14] 枚 30cm (三木市文化研究資

料 第27集)〈一陽会の委託による 特別養護老人ホームえびすの郷建設に伴う発掘調査報告書〉Ⓝ210.0254

三木市〔条例〕

◇三木市例規類集 平成26年度版 1 三木市企画管理部総務課編 三木 三木市 2014.8 1752p 21cm Ⓝ318.264

◇三木市例規類集 平成26年度版 2 三木市企画管理部総務課編 三木 三木市 2014.8 p1755-3796 21cm Ⓝ318.264

三木市〔町屋〕

◇三木の町並み―まちの歴史文化資源調査報告書 山之内誠,不破正仁編著 [三木] 三木市文化遺産活性化実行委員会 2014.3 175p 30cm〈平成25年度文化庁文化芸術振興費補助金(文化遺産を活かした地域活性化事業)〉Ⓝ521.86

ミクロネシア〔外国関係―アメリカ合衆国―歴史―20世紀〕

◇アメリカの太平洋戦略と国際信託統治―米国務省の戦後構想 1942～1947 池上大祐著 京都 法律文化社 2014.1 176p 22cm〈文献あり 索引あり 内容:アメリカ現代史研究における「太平洋」 太平洋軍事戦略の萌芽 米国務省の再編と戦後安全保障構想 米国務省の国際信託統治構想と「自治」 国際信託統治制度の成立と「戦略地区」条項 「南太平洋委員会〈SPC〉」の創設 「ミクロネシア信託統治協定」の成立 アメリカの湖〉①978-4-589-03551-6 Ⓝ319.53074 [3700円]

ミクロネシア〔紀行・案内記〕

◇南洋旅行 台湾旅行 秋守常太郎著 大空社 2014.4 330, 178p 22cm (アジア学叢書 279)〈昭和13年刊の複製 昭和16年刊の複製 布装〉①978-4-283-01128-1,978-4-283-01131-1(set) Ⓝ297.409 [20000円]

ミクロネシア〔写真集〕

◇コレクション・モダン都市文化 98 南太平洋の戦線 和田博文監修 山下真史編 ゆまに書房 2014.6 864p 22cm〈文献あり 年表あり 「南洋群島寫眞帖」(南洋群島文化協會、南洋協會南洋群島支部 1938年刊)の複製 「ソロモン海戰」(國民畫報社 1943年刊)の複製ほか 内容:南洋群島寫眞帖(南洋群島文化協会編) ソロモン海戰(丹羽文雄著) 南太平洋の戰場(瀧田憲次著)〉①978-4-8433-4136-0,978-4-8433-4117-9(set),978-4-8433-4113-1(set) Ⓝ361.78 [18000円]

ミクロネシア〔太平洋戦争〔1941～1945〕―一会戦〕

◇南洋の群星(ムリブシ)が見た理想郷と戦―70年の時を超えて 旧南洋群島ウチナーンチュの汗と血そして涙:沖縄県平和祈念資料館平成26年度第15回特別企画展 沖縄県平和祈念資料館編 糸満 沖縄県平和祈念資料館 2014.10 76p 30cm〈年表あり 会期:平成26年10月9日～12月11日〉Ⓝ210.75

ミクロネシア連邦〔遺跡・遺物〕

◇南太平洋のサンゴ島を掘る―女性考古学者の謎解き 印東道子著 京都 臨川書店 2014.2 220p 19cm (フィールドワーク選書 4) ①978-4-653-04234-1 Ⓝ274.3 [2000円]

三郷市〔農業行政〕

◇三郷市農業振興計画―豊かな食と人を育む三郷市農業を目指して:平成26年度―平成35年度 三郷 三郷市環境経済部産業振興課 2014.3 70p 30cm Ⓝ611.1

美里町〔埼玉県〕〔遺跡・遺物〕

◇南志渡川B遺跡・熊谷後遺跡 美里町〔埼玉県〕 埼玉県児玉郡美里町教育委員会 2014.3 58p 図版 30p 30cm (美里町遺跡発掘調査報告書 第23集) Ⓝ210.0254

美郷町〔宮崎県〕〔歴史〕

◇薬師仏の遙かなる旅路―百済王伝説の山里を「掘る」 飯田辰彦著 宮崎 鉱脈社 2014.4 253p 19cm (みやざき文庫 105) ①978-4-86061-537-6 Ⓝ219.6 [1600円]

三澤 了〔1942～2013〕

◇帽子と電動―三澤了の軌跡 三澤了さんの遺志を継ぐ会[編] 障害者団体定期刊行物協会 2013.3 57p 26cm (SSK増刊 通巻第4383号)〈DPI日本会議編〉Ⓝ369.27

三沢市〔遺跡・遺物〕

◇猫又(2)遺跡 4 遺物編 2(その他遺構内出土遺物) 青森県三沢市教育委員会生涯学習課編 [三沢] 青森県三沢市教育委員会 2014.3 15p 30cm (三沢市埋蔵文化財調査報告書 第28集) Ⓝ210.0254

◇花園(2)遺跡 青森県三沢市教育委員会生涯学習課編 [三沢] 青森県三沢市教育委員会 2014.3 33p 30cm (三沢市埋蔵文化財調査報告書 第29集) Ⓝ210.0254

ミシガン州〔都市計画―デトロイト〕

◇縮小都市の挑戦 矢作弘著 岩波書店 2014.11 266p 18cm (岩波新書 新赤版 1514) ①978-4-00-431514-8 Ⓝ318.7 [820円]

三島 中洲〔1830～1919〕

◇三島中洲研究 vol. 6 三島中洲研究会編 二松學舍大学 2014.3 166p 30cm〈内容：特別講演 現代に生きる渋沢栄一（木村昌人著） 論説 『大久保諡之丞君碑』をめぐって（松尾政司著） 中等学校教員検定試験と二松学舎（神立春樹著） 仁斎『論語古義』管見（松田健二著） 近代東京の中等学校と二松学舎（神立春樹著） 「二松学舎史」研究と「自校史」授業（車田忠継著） 漢学二松学舎の社会的連繋（神立春樹著） 例会抄録 岡村閑翁研究に向けて（菊地誠一著） 三島中洲年譜補訂の一試論（菊地誠一著） 資料 二松学舎大学附属図書館所蔵「三島中洲関係書翰」其一（町泉寿郎著）〉Ⓝ121.55

◇三島中洲と其2 大学資料展示室運営委員会編 二松学舎大学附属図書館 2014.3 73p 30cm〈年譜あり 会期・会場：2014年4月23日―5月24日 二松学舎大学大学資料展示室〉Ⓝ121.55 ［非売品］

三島 由紀夫〔1925～1970〕

◇金閣寺の燃やし方 酒井順子［著］ 講談社 2014.2 246p 15cm （講談社文庫 さ66-11）①978-4-06-277750-6 Ⓝ910.268 ［560円］

◇三島由紀夫―小説家の問題 青木純一著 原書房 2014.12 204p 20cm〈文献あり〉①978-4-562-05118-2 Ⓝ910.268 ［2800円］

◇三島由紀夫外伝 岡山典弘著 彩流社 2014.11 191p 19cm （フィギュール彩 22）〈文献あり〉①978-4-7791-7022-5 Ⓝ910.268 ［1800円］

◇三島由紀夫「死後」論―三島由紀夫はなぜ死ぬのか 岳中純郎［著］ エフジー武蔵 2013.11 305p 20cm （MUSASHI BOOKS）①978-4-906877-14-0 Ⓝ910.268 ［1800円］

◇三島由紀夫と夏目漱石のナルキッソスたち 中広全延著 游学社 2013.7 175p 19cm （精神科医から診た"自己愛" PART2）〈文献あり〉①978-4-904827-22-2 Ⓝ910.268 ［1400円］

◇三島由紀夫における「アメリカ」 南相旭著 彩流社 2014.5 326p 20cm〈文献あり〉①978-4-7791-1983-5 Ⓝ910.268 ［2800円］

◇三島由紀夫の肉体 山内由紀人著 河出書房新社 2014.8 289p 20cm〈文献あり〉①978-4-309-02318-2 Ⓝ910.268 ［2800円］

三島市〔遺跡・遺物〕

◇願合寺A遺跡 三島市教育委員会編著 ［三島］ 三島市教育委員会 2014.3 182p 図版［12］枚 30cm （笹原山中バイパス建設に伴う埋蔵文化財発掘調査報告書 その1）〈静岡県三島市所在〉Ⓝ210.0254

◇三島市埋蔵文化財発掘調査報告 18 三島市教育委員会編 ［三島］ 三島市教育委員会 2013.3 48p 図版13p 30cm〈静岡県三島市所在 内容：平成21・22年度実施の確認調査〉Ⓝ210.0254

◇山中城遺跡 三島市教育委員会編著 ［三島］ 三島市教育委員会 2014.3 209p 図版［23］枚 30cm （笹原山中バイパス建設に伴う埋蔵文化財発掘調査報告書 その2）〈静岡県三島市所在〉Ⓝ210.0254

三島市〔宿駅〕

◇三島宿を支えた人々―三島問屋場・町役場文書から 三島市郷土資料館創造活動事業実行委員会編 三島 三島市郷土資料館創造活動事業実行委員会 2014.3 50p 30cm〈文献あり 平成25年度文化庁地域と共働した美術館・歴史博物館創造活動支援事業〉Ⓝ682.154

三島市〔水利〕

◇御門地誌稿 3 水車エネルギーの世界 芦川政晴執筆 三島 芦川政晴 2014.9 210p 30cm〈共同刊行：錦田郷土研究会〉Ⓝ291.54 ［非売品］

三島市〔歴史―史料―書目〕

◇三島問屋場・町役場文書目録―三島市郷土資料館所蔵 三島市郷土資料館創造活動事業実行委員会編 三島 三島市郷土資料館創造活動事業実行委員会 2014.3 8, 226p 30cm〈平成25年度文化庁地域と共働した美術館・歴史博物館創造活動支援事業〉Ⓝ215.4

ミシマ社

◇失われた感覚を求めて―地方で出版社をするということ 三島邦弘著 朝日新聞出版 2014.9 268p 20cm ①978-4-02-251211-6 Ⓝ023.1 ［1600円］

◇計画と無計画のあいだ―「自由が丘のほがらかな出版社」の話 三島邦弘著 河出書房新社 2014.8 283p 15cm （河出文庫 み25-1）〈2011年刊の増補〉①978-4-309-41307-5 Ⓝ023.1 ［740円］

三島市連合勤労者福祉協議会

◇勤労協はコンビナート反対運動のなかで生まれ育った―三島市連合勤労協結成50周年記念誌 三島 三島市連合勤労者福祉協議会 2014.3 62p 30cm〈奥付のタイトル：勤労協結成50周年記念誌〉Ⓝ366.36

三島村〔鹿児島県〕〔発電計画〕

◇地熱開発加速化支援・基盤整備事業（鹿児島県三島村薩摩硫黄島）成果報告書 平成25年度 ［神戸］ 川崎重工業 2014.3 1冊 30cm〈平成25年度環境省委託業務 共同刊行：大林組〉Ⓝ543.7

◇地熱開発加速化支援・基盤整備事業（鹿児島県三島村薩摩硫黄島）成果報告書 平成25年度 修正版 ［神戸］ 川崎重工業 2014.3 5, 142p 30cm〈平成25年度環境省委託業務 共同刊行：大林組〉Ⓝ543.7

ミシュレ, J.〔1798～1874〕

◇全体史の誕生―若き日の日記と書簡 J.ミシュレ［著］, 大野一道編訳 藤原書店 2014.9 315p 20cm〈内容：全体史の誕生（大野一道著） 学問とは何か 少年時代の思い出 青春日記 アイデア日記 わが読書日記 ミシュレ―親友ポワンソ往復書簡〈抄〉〉①978-4-89434-987-2 Ⓝ289.3 ［3000円］

水落 千二

◇想い出の記 水落千二著 大阪 パレード 2014.12 67p 19cm （Parade books）①978-4-86522-031-5 Ⓝ289.1

水樹 奈々

◇深愛 水樹奈々［著］ 幻冬舎 2014.1 277p 16cm （幻冬舎文庫 み-26-1）〈2011年刊の加筆修正〉①978-4-344-42135-6 Ⓝ778.77 ［571円］

水木洋子市民サポーターの会

◇水木洋子とともに―市民サポーターの会10年のあゆみ：2001-2012 市川市水木洋子市民サポーターの会編 市川 市川市水木洋子市民サポーターの会 2014.4 140p 21×30cm〈年表あり〉Ⓝ912.7

水島 恭愛〔1936～ 〕

◇美しく、明るく、強くなる、女性のために舵をとれ―2020年のオリンピックをめざし 水島恭愛著 雄山閣 2014.6 238p 20cm ①978-4-639-02318-0 Ⓝ289.1 ［2500円］

水谷 浩〔1906～1971〕

◇映像美術資料の画像データ化と調査・研究 2 2013年度報告書 ［東京］ 日本映画・プロジェクト実行委員会 2014.3 188p 30cm〈平成26年度文化庁芸術団体人材育成支援事業「2」のタイトル関連情報：東京国立近代美術館フィルムセンター, シネマテーク・フランセーズ, 財団法人川喜多記念映画文化財団所蔵故水谷浩映画美術監督デザイン資料 共同刊行：日本映画美術遺産プロジェクト実行委員会ほか〉Ⓝ778.21

水津 仁郎〔1924～ 〕

◇青春 水津仁郎著 ［北見］ ふだん記と自分史・さいはてグループ 2014.9 298p 21cm （ふだん記創書 41）〈年譜あり〉Ⓝ289.1

瑞浪市〔遺跡・遺物〕

◇瑞浪市遺跡詳細分布調査報告書 瑞浪市教育委員会（スポーツ・文化課）編 瑞浪 瑞浪市教育委員会 2014.3 300p 30cm （瑞浪市埋蔵文化財調査報告書 第6集）Ⓝ210.0254

瑞浪市〔遺跡地図〕

◇瑞浪市遺跡地図 瑞浪市教育委員会（スポーツ・文化課）編 瑞浪 瑞浪市教育委員会 2014.3 84枚 37cm （瑞浪市埋蔵文化財調査報告書 第6集）Ⓝ215.3

瑞浪市〔土地区画整理〕

◇竣功記念誌 ［瑞浪］ 瑞浪市下益見土地区画整理組合 2013.12 29p 22×31cm Ⓝ518.86

水野 昭夫〔1943～ 〕

◇ひきこもり500人のドアを開けた！―精神科医・水野昭夫の「往診家族療法」37年の記録 宮淑子 KADOKAWA 2014.5 186p 19cm〈文献あり〉①978-4-04-731392-7 Ⓝ367.68 ［1300円］

水野 隆志〔1968～ 〕

◇BROTHERS CONFLICT 13Bros.MANIAX シルフ編集部編集 KADOKAWA 2014.2 254p 19cm （シルフコミックス S-27-20）〈本文は日本語〉①978-4-04-866346-5 Ⓝ913.6 ［900円］

水野 忠精〔1832～1884〕

◇幕末期の老中と情報―水野忠精による風閨探索活動を中心に 佐藤隆一著 京都 思文閣出版 2014.6 485,19p 22cm〈文献あり 索引あり 内容：言葉としての「情報」と「風閨」「風説」 老中と情報に関わる諸問題 会津久光・兵上京・江戸出府に関わる情報収集 将軍家茂上洛をめぐる情報収集 攘夷・鎖港問題をめぐる情報収集 元治の庶政委任と老中の往復書翰 禁門の変に関わる情報収集 長州藩・天狗党・外交

水原 秋桜子〔1892～1981〕

問題に直面する幕閣と情報　水野忠精老中罷免をめぐる諸問題　彦根・土浦両藩とオランダ風説書〉①978-4-7842-1702-1 Ⓝ210.58　〔9500円〕

水原 秋桜子〔1892～1981〕
◇倉橋羊村選集　第2巻　評伝 1　倉橋羊村著　本阿弥書店　2013.12　451p　22cm〈布装　内容：人間虚子　水原秋櫻子　魅力ある文人たち〉978-4-7768-1051-3（set）Ⓝ911.368
◇水原秋櫻子の一〇〇句を読む―俳句と生涯　橋本榮治著　飯塚書店　2014.7　213p　19cm①978-4-7522-2072-5 Ⓝ911.362　〔1500円〕

ミース・ファン・デル・ローエ, L.〔1886～1969〕
◇巨匠ミースの遺産　山本学治,稲葉武司著　新装版　彰国社　2014.5　213p　19cm〈作品目録あり　年譜あり　タイトルは奥付等による.標題紙のタイトル：MIES VAN DER ROHE〉①978-4-395-32018-9 Ⓝ523.34　〔2500円〕

みずほフィナンシャルグループ
◇徹底検証日本の三大銀行　奥村宏著　新装版　七つ森書館　2014.3　257p　20cm①978-4-8228-1498-4 Ⓝ338.61　〔1800円〕

瑞穂町〔東京都〕（軍事基地）
◇瑞穂町と横田基地　〔瑞穂町〕　企画部秘書広報課渉外係編　〔瑞穂町（東京都）〕　東京都西多摩郡瑞穂町　2014.3　65p　〈年表あり〉Ⓝ395.39

三瀬 周三〔1839～1877〕
◇三瀬諸淵―シーボルト最後の門人：特別展図録　愛媛県歴史文化博物館編　西予　愛媛県歴史文化博物館指定管理者イヨテツケーターサービス　2013.10　143p　30cm〈年譜あり　文献あり　会期・会場：平成25年10月9日―12月1日　愛媛県歴史文化博物館〉Ⓝ289.1

禊教
◇井上正鐵神みちうた集―単行本版　「神道禊教」禊教教典研究所蔵, 松井嘉和編　再版　戦略参謀研究所トータルEメディア出版事業部　2014.6　103p　21cm（TEMエッセンシャルズシリーズ）〈TEM出版書店（発売）年譜あり〉①978-4-907455-09-5 Ⓝ178.49　〔900円〕
◇神道みちうた集―附・謹釈　巻1　坂田多治比安弘歌　戦略参謀研究所トータルEメディア出版事業部　2014.6　114p　21cm（TEMエッセンシャルズシリーズ）〈TEM出版書店（発売）監修：松井嘉和〉①978-4-907455-10-1 Ⓝ178.49　〔900円〕
◇神道みちうた集―附・謹釈　巻2　坂田多治比安弘歌　戦略参謀研究所トータルEメディア出版事業部　2014.6　116p　21cm（TEMエッセンシャルズシリーズ）〈TEM出版書店（発売）監修：松井嘉和〉①978-4-907455-11-8 Ⓝ178.49　〔900円〕
◇神道みちうた集―附・謹釈　巻3　坂田多治比安弘歌　戦略参謀研究所トータルEメディア出版事業部　2014.7　132p　21cm（TEMエッセンシャルズシリーズ）〈TEM出版書店（発売）監修：松井嘉和〉①978-4-907455-12-5 Ⓝ178.49　〔900円〕

溝口 健二〔1898～1956〕
◇映画音響論―溝口健二映画を聴く　長門洋平〔著〕　みすず書房　2014.1　391,19p　22cm〈文献あり　作品あり　索引あり　内容：音の場所　『東京行進曲』〈一九二九〉『ふるさと』〈一九三〇〉の音　『浪華悲歌』〈一九三六〉の音　『残菊物語』〈一九三九〉の音　『近松物語』〈一九五四〉の音　『赤線地帯』〈一九五六〉の音　大谷巌インタヴュー（大谷巌述, 長門洋平聴き手）〉①978-4-622-07809-8 Ⓝ778.21　〔6800円〕

三鷹市（遺跡・遺物）
◇北野遺跡　東京都スポーツ文化事業団東京都埋蔵文化財センター編　多摩　東京都スポーツ文化事業団東京都埋蔵文化財センター　2014.9　6, 60p　30cm（東京都埋蔵文化財センター調査報告　第293集）〈三鷹市所在　東京外かく環状道路仮橋敷設に伴う埋蔵文化財発掘調査〉Ⓝ210.0254
◇滝坂遺跡―東京都三鷹市中原滝坂遺跡発掘調査報告書　3　〔東京〕　アルケーリサーチ　2014.12　71p　図版 11p　30cm（三鷹市埋蔵文化財調査報告　第37集）〈共同刊行：川口章洋ほか〉Ⓝ210.0254
◇羽沢沢台遺跡・羽根沢台横穴墓群　3　三鷹市遺跡調査会編　〔三鷹〕　三鷹市教育委員会　2014.3　210p　図版 40p　30cm（三鷹市埋蔵文化財調査報告　第34集）〈東京都三鷹市大沢羽根沢台遺跡・羽沢沢台横穴墓群発掘調査報告書　共同刊行：三鷹市遺跡調査会〉Ⓝ210.0254

御嵩町〔岐阜県〕（教育行政）
◇21世紀御嵩町教育・夢プラン―第二次改訂　御嵩町（岐阜県）御嵩町教育委員会　2013.3　34, 4p　29cm　Ⓝ373.2
◇21世紀御嵩町教育・夢プラン―第二次改訂（4年目）　御嵩町（岐阜県）　可児郡御嵩町教育委員会　2014.4　24p　30cm　Ⓝ373.2

御嵩町〔岐阜県〕（社会教育）
◇生涯学習の姿　御嵩町教育委員会生涯学習課企画・編集　御嵩町（岐阜県）御嵩町教育委員会生涯学習課　2013.3　64p　30cm　Ⓝ379.02153
◇生涯学習の姿　平成25年度　御嵩町教育委員会生涯学習課企画・編集　御嵩町（岐阜県）御嵩町教育委員会生涯学習課　2014.3　63p　29cm　Ⓝ379.02153

御嵩町〔岐阜県〕（植物）
◇みたけの森植物ガイド　御嵩町教育委員会編著　〔御嵩町（岐阜県）〕　御嵩町教育委員会　2014.3　90p　21cm　Ⓝ472.153

三谷 清〔1887～1964〕
◇原宿の家と柏木の家―三谷清五十年祭に寄せて　三谷薫著　〔相模原〕　〔三谷薫〕　2014.5　77p　21cm　Ⓝ289.1　〔非売品〕

三谷 隆正〔1889～1944〕
◇人間性心理学の視点から三谷隆正『幸福論』を読む　鶴田一郎著　岡山　大学教育出版　2014.4　146p　19cm①978-4-86429-263-4 Ⓝ151.6　〔1600円〕

道重 さゆみ〔1989～　〕
◇Sayu―道重さゆみパーソナルブック　道重さゆみ〔著〕　ワニブックス　2014.7　112p　21cm〈著作目録あり　作品目録あり　年譜あり〉①978-4-8470-4665-0 Ⓝ767.8　〔1389円〕

道端 アンジェリカ
◇道端3姉妹スタイル―ALL ABOUT MICHIBATA SISTERS　道端カレン, 道端ジェシカ, 道端アンジェリカ著　講談社　2014.1　128p　21cm①978-4-06-218785-5 Ⓝ281.04　〔1500円〕

道端 カレン〔1979～　〕
◇道端3姉妹スタイル―ALL ABOUT MICHIBATA SISTERS　道端カレン, 道端ジェシカ, 道端アンジェリカ著　講談社　2014.1　128p　21cm①978-4-06-218785-5 Ⓝ281.04　〔1500円〕

道端 ジェシカ
◇ジェシカ・スタイル―オール私服の決定版！　道端ジェシカ〔著〕　マガジンハウス　2014.4　112p　23cm①978-4-8387-2664-6 Ⓝ289.1　〔1400円〕
◇道端3姉妹スタイル―ALL ABOUT MICHIBATA SISTERS　道端カレン, 道端ジェシカ, 道端アンジェリカ著　講談社　2014.1　128p　21cm①978-4-06-218785-5 Ⓝ281.04　〔1500円〕

三井〔家〕
◇近世三井経営史の研究　賀川隆行著　オンデマンド版　吉川弘文館　2013.10　602,9p　22cm〈印刷・製本：デジタルパブリッシングサービス〉①978-4-642-04255-0 Ⓝ672.1　〔17000円〕

三井 孝昭〔1921～2008〕
◇「我が子」へ―王道の独走者・三井孝昭　三井ハイテック編　丸善プラネット　2014.5　128p　19cm〈丸善出版（発売）〉①978-4-86345-216-9 Ⓝ289.1　〔1200円〕

三井住友フィナンシャルグループ
◇徹底検証日本の三大銀行　奥村宏著　新装版　七つ森書館　2014.3　257p　20cm①978-4-8228-1498-4 Ⓝ338.61　〔1800円〕

三井物産株式会社
◇戦前期三井物産の投資と金融　麻島昭一著　専修大学出版局　2013.3　397p　22cm①978-4-88125-279-6 Ⓝ335.48　〔4600円〕

Micco〔1986～2013〕
◇ありがとうこれからもずっと―Micco、夢を叶えたシンガー：奇跡は何度でも起きる　Micco著, 野田宜成監修　産学社　2014.3　121p　19cm（vita SANGAKUSHA）〈年譜あり〉①978-4-7825-3387-1 Ⓝ289.1　〔1300円〕

三越
◇社史で見る日本経済史　第74巻　輝く大阪三越―開設三十周年記念　ゆまに書房　2014.9　167,24p　22cm〈日本百貨店通信社 1937年刊の複製　解説：末田智樹　布装〉①978-4-8433-4596-2,978-4-8433-4595-5（set）,978-4-8433-4604-4（set）Ⓝ335.48　〔10000円〕

日本件名図書目録2014　Ⅰ　　　　　　　　　　　　　　　　　　　　　　　　三豊市（歴史）

◇流行をつくる─三越と鷗外：文京区立森鷗外記念館2014年度
特別展　文京区立森鷗外記念館編　文京区立森鷗外記念館
2014.9　55, 8p　30cm〈年表あり　会期・会場：平成26年9月
13日─11月24日　文京区立森鷗外記念館〉Ⓝ910.268

三越伊勢丹
◇「江戸」の発見と商品化─大正期における三越の流行創出と消
費文化　国立歴史民俗博物館, 岩淵令治編　岩田書院　2014.3
139p　21cm　（歴博フォーラム民俗展示の新構築）〈文献あ
り　年表あり　内容：消費社会黎明期における百貨店の役割
（神野由紀述）　三越による通信販売と地方資産家の流行受容
（満薗勇述）　コメント大正期における百貨店の量的および質
的発展（藤岡里圭述）　三越の流行創出と近代文学（瀬崎圭二
述）　三越における光琳戦略の意味（玉蟲敏子述）　コメント
百貨店における展覧会と啓蒙活動（濱田琢司述）〉Ⓘ978-4-
87294-859-2　Ⓝ673.8　[2400円]

三越呉服店
◇流行をつくる─三越と鷗外：文京区立森鷗外記念館2014年度
特別展　文京区立森鷗外記念館編　文京区立森鷗外記念館
2014.9　55, 8p　30cm〈年表あり　会期・会場：平成26年9月
13日─11月24日　文京区立森鷗外記念館〉Ⓝ910.268

光田〔氏〕
◇山口と光田一族　光田憲雄著　[出版地不明]　光田憲雄
2014.3　210p　20cm〈新潮社図書編集室（製作）　年譜あり〉
Ⓝ288.2

三菱合資会社
◇三菱合資会社の東アジア海外支店─漢口・上海・香港　畠山秀
樹著　茨木　追手門学院大学出版会　2014.2　227p　22cm
〈丸善出版（発売）　索引あり　内容：三菱合資会社東アジア海
外支店の開設過程　三菱合資会社漢口支店の事業展開　三菱
合資会社上海支店の事業展開　三菱合資会社香港支店の事業
展開〉Ⓘ978-4-907574-00-0　Ⓝ335.48　[2800円]

三菱財閥
◇戦時期三菱財閥の経営組織に関する研究　石井里枝著　名古
屋　愛知大学経営総合科学研究所　2014.3　45p　21cm　（愛
知大学経営総合科学研究所叢書　44）Ⓘ978-4-906971-03-9
Ⓝ335.58　[非売品]

三菱重工業株式会社横浜製作所
◇記録と記憶が語る横製の匠　[横浜]　三菱重工横浜製作所
総務部総務課　2013.3　147p　30cm　Ⓝ530.9　[非売品]

三菱重工業株式会社横浜造船所
◇絵葉書が語る三菱横浜の船造り　絵葉書が語る三菱横浜の船
造り編集委員会編　第2版　[横浜]　三菱重工業横浜製作所
2013.3　262p　31cm　Ⓝ550.9
◇20話でつづる名船の生涯　伊藤裕昌, 米内順二, 早川由利子監
修　横浜　三菱重工業横浜製作所総務勤労課　2013.8　104p
30cm〈年表あり　執筆：東條昭雄ほか〉Ⓝ550.9　[非売品]

三菱商事ロジスティクス株式会社
◇三菱商事ロジスティクス株式会社─60年史　三菱商事ロジス
ティクス　2014.8　175p　31cm〈年表あり〉Ⓝ675.4

三菱電機ビルテクノサービス株式会社
◇60年のあゆみ─三菱電機ビルテクノサービス株式会社　三菱
電機ビルテクノサービス社史編纂委員会編　三菱電機ビルテ
クノサービス　2014.3　111p　30cm〈年表あり〉Ⓝ673.99
◇60年のあゆみ─三菱電機ビルテクノサービス株式会社　三菱
電機ビルテクノサービス社史編纂委員会編　三菱電機ビルテ
クノサービス　2014.3　171p　31cm〈年表あり〉Ⓝ673.99

三菱東京フィナンシャル・グループ
◇徹底検証日本の三大銀行　奥村宏著　新装版　七つ森書館
2014.3　257p　20cm　Ⓘ978-4-8228-1498-4　Ⓝ338.61
[1800円]

三森　祐昌〔1929～ 〕
◇絶対にあきらめない─政治が私の運命だった：三森祐昌自叙伝
三森祐昌著, 三森鉄治編　半田　一粒書房　2014.10　130p
図版16p　22cm〈年譜あり〉Ⓘ978-4-86431-309-4　Ⓝ289.1
[1000円]

水戸市（遺跡・遺物）
◇台坦里　14　テイケイトレード株式会社編　水戸　水戸市教
育委員会　2013.6　22p　図版5p　30cm　（水戸市埋蔵文化財
調査報告　第58集）〈賃貸住宅新築工事に伴う埋蔵文化財発掘
調査報告書（台渡里第104次）, 台渡里官衙遺跡群（台渡里官衙
遺跡）〉Ⓝ210.0254
◇日新塾跡─第1次─第6次発掘調査報告書　水戸市教育委員会
編　水戸　水戸市教育委員会　2013.10　75p　図版2p　30cm
（水戸市埋蔵文化財調査報告　第60集）Ⓝ210.0254

◇常陸国那賀郡家周辺遺跡の研究　報告編　地名・遺構・遺物
田中編　水戸　茨城大学人文学部考古学研究室　2014.3
87p　30cm　（茨城大学人文学部考古学研究報告　第11冊）
〈内容：水戸市北部の地名　台渡里官衙遺跡群　二所神社古
墳〉Ⓝ213.1
◇吉田神社遺跡　第1地点　テイケイトレード株式会社編　水戸
水戸市教育委員会　2013.4　48p　図版10p　30cm　（水戸市
埋蔵文化財調査報告　第59集）〈大型物販店舗建設工事に伴う
埋蔵文化財発掘調査報告書〉Ⓝ210.0254

水戸市（環境行政）
◇水戸市環境基本計画　第2次　水戸市市民環境部環境課編　水
戸　水戸市市民環境部環境課　2014.3　114p　30cm〈第2次
のタイトル関連情報：豊かな水と緑をみんなでつくる未来へ
つなぐまち水戸〉Ⓝ519.1

水戸市（行政）
◇行政懇談会記録書─水戸市第6次総合計画「魁のまちづくり地
域懇談会」　平成25年度　[水戸]　水戸市　[2013]　168,
71p　30cm　Ⓝ318.231
◇水戸市第6次総合計画─みと魁プラン：案　[水戸]　水戸市
[2014]　321p　30cm　Ⓝ318.231
◇水戸市第6次総合計画─みと魁プラン　水戸　水戸市
[2014]　343p　30cm　Ⓝ318.231
◇水戸市役所『みとの魅力発信課』─今、動き出した魁の広報戦
略をめざして　高橋靖著　ぎょうせい　2014.12　167p
21cm　Ⓘ978-4-324-09921-6　Ⓝ318.231　[1800円]

水戸市（人口─統計）
◇国勢調査報告書　平成22年　水戸市市長公室情報政策課編
水戸　水戸市市長公室情報政策課　2014.3　121p　30cm〈折
り込1枚〉Ⓝ358.131

水戸市（地名）
◇常陸国那賀郡家周辺遺跡の研究　報告編　地名・遺構・遺物
田中編　水戸　茨城大学人文学部考古学研究室　2014.3
87p　30cm　（茨城大学人文学部考古学研究報告　第11冊）
〈内容：水戸市北部の地名　台渡里官衙遺跡群　二所神社古
墳〉Ⓝ213.1

水戸市（鳥）
◇天空を翔る鳥たち─千波湖畔に生きる：水戸の魅力再発見：特
別展　後藤俊則監修　水戸　水戸市立博物館　2014　71p
26cm〈文献あり　編集：坂本京子ほか　折り込2枚〉Ⓝ488.
2131

水戸市（農業水利─歴史）
◇千波湖土地改良区史─千波湖・備前堀とのあゆみ　千波湖土
地改良区「千波湖・備前掘とのあゆみ」編集委員会編　水戸
千波湖土地改良区　2014.9　172p　31cm〈年表あり〉Ⓝ614.
3131

水戸市（PR）
◇水戸市役所『みとの魅力発信課』─今、動き出した魁の広報戦
略をめざして　高橋靖著　ぎょうせい　2014.12　167p
21cm　Ⓘ978-4-324-09921-6　Ⓝ318.231　[1800円]

水戸藩
◇「開校・彰考館」プロジェクト水戸徳川家関連史料調査・活用
事業報告書　平成25年度　徳川ミュージアム編　[水戸]　地
域と共働した美術館・歴史博物館創造活動支援事業「開校・彰
考館」プロジェクト水戸徳川家関連史料調査・活用事業実行委
員会　2014.3　117p　30cm〈平成25年度地域と共働した美術
館・歴史博物館創造活動支援事業〉Ⓝ213.1
◇高萩歴代領主─マンガで見る高萩四英傑　高萩市教育委員会
編　高萩　高萩市長室　2014.1　93, 152p　19cm〈年表あ
り　年譜あり　背のタイトル：高萩歴代領主＋マンガで見る
高萩四英傑〉Ⓘ978-4-907157-09-8　Ⓝ213.1　[700円]
◇水戸の文英　秋山高志著　那珂　那珂書房　2014.7　244p
22cm〈著作目録あり〉Ⓘ978-4-931442-38-2　Ⓝ281.31
[5000円]

三豊市（遺跡・遺物）
◇橘城・紫雲出山遺跡・山本町大野地区・弥谷寺遍路道　[三
豊]　三豊市教育委員会　2014.3　137p　30cm　（三豊市埋蔵
文化財発掘調査報告書　第7集）〈平成25年度国庫補助事業報告
書〉Ⓝ210.0254
◇不動の滝遺跡（奥池）発掘調査報告書　[三豊]　三豊市教育委
員会　2014.3　74p　30cm　（三豊市埋蔵文化財発掘調査報告
書　第6集）〈農村地域防災減災事業（七宝地区・奥池）に伴う
埋蔵文化財発掘調査報告〉Ⓝ210.0254

三豊市（歴史）
◇近代の三豊　三豊市教育委員会企画・編集　[三豊]　三豊市
教育委員会　2014.3　108p　30cm　（三豊市の歴史と文化　4）
〈文献あり〉Ⓝ218.2

三豊総合病院　　　　　　　　　　　　　　　　　　　　　　　　　　日本件名図書目録2014　Ⅰ

◇荘内半島（香川県三豊市詫間）の中世史―学館院記録所文書慶長19年（1614年）―寛文元年（1661年）：学館院記録所記録天正13年（1585年）―正保2年（1645年）　岡山　沢田山恩徳寺寺史編纂室　2014.9　204p　30cm　（学館院記録所文書調査報告書 2）〈文献あり〉Ⓝ218.2

三豊総合病院
◇三豊総合病院今昔ものがたり　今井正信著　［出版地不明］［今井正信］　2013.9　253p　20cm〈年表あり　文献あり〉Ⓝ498.16

みどり市〔遺跡・遺物〕
◇みどり市内遺跡　5　みどり市教育委員会編　みどり　みどり市教育委員会　2014.3　131p　30cm　（みどり市埋蔵文化財調査報告書 第7集）Ⓝ210.0254

みどり市〔歴史〕
◇大間々扇状地―人と自然のかかわり　澤口宏,宮崎俊弥編　前橋　みやま文庫　2014.1　205p　19cm　（みやま文庫 213）〈文献あり〉Ⓝ213.3　［1500円］

南方 熊楠〔1867～1941〕
◇南方熊楠記憶の世界―記憶天才の素顔　雲藤等著　慧文社　2013.8　356p　22cm〈文献あり　索引あり〉布装　内容：南方熊楠の記憶伝説　南方熊楠の記憶の実態　南方熊楠の記憶方法の概略　南方熊楠の記憶低下の自覚とその要因　南方熊楠の記憶低下とその対処法　南方熊楠の和文論文の役割　南方熊楠の記憶術　南方熊楠の学問分野の重心移動　終章　南方熊楠の周期的不快と「田辺抜書」Ⓘ978-4-86330-062-0　Ⓝ289.1　［7000円］
◇南方熊楠の見た夢―パサージュに立つ者　唐澤太輔著　勉誠出版　2014.4　331,6p　22cm〈文献あり　索引あり〉Ⓘ978-4-585-22076-3　Ⓝ289.1　［4200円］

水上 勉〔1919～2004〕
◇金閣寺の燃やし方　酒井順子［著］　講談社　2014.2　246p　15cm　（講談社文庫 さ66-11）Ⓘ978-4-06-277750-6　Ⓝ910.268　［560円］

ミナベルホネン
◇ミナベルホネンの時のかさなり　皆川明著　文化学園文化出版局　2014.11　127p　21cm　Ⓘ978-4-579-30448-6　Ⓝ589.2　［1500円］

水俣市
◇シロアリと生きる―よそものが出会った水俣　池田理知子著　京都　ナカニシヤ出版　2014.2　172p　19cm　Ⓘ978-4-7795-0814-1　Ⓝ527　［2000円］

南 能衛〔1886～1952〕
◇どんどんひゃらら―南能衛と小学唱歌の作曲家たち　南次郎著　近代消防社　2014.7　322p　20cm〈文献あり〉Ⓘ978-4-421-00856-2　Ⓝ767.7　［2000円］

南相木村〔長野県〕〔歴史〕
◇南相木村誌　歴史編 3　近現代　南相木村誌編纂委員会編纂　南相木村〔長野県〕南相木村誌歴史編刊行会　2014.3　485p　27cm〈年表あり〉Ⓝ215.2

南アジア〔イスラム〕
◇イスラームとNGO―南アジアからの比較研究　外川昌彦,子島進編　［京都］　人間文化研究機構地域間連携研究の推進事業「南アジアとイスラーム」　2014.3　134p　26cm　（NIHU research series of South Asia and Islam 6）〈文献あり　内容：パキスタンにおける女性自立支援（山根聡著）　バングラデシュにおけるイスラームとNGO（外川昌彦著）　バングラデシュのNGOとイスラーム（日下部尚徳著）　モスクを媒介するNGO活動（子島進著）　ムンバイー暴動とムスリム（油井美春著）〉Ⓘ978-4-904039-75-5　Ⓝ167.2
◇南アジアの政治と文化　加賀谷寛著, 東長靖, 松村耕光, 山根聡編　京都　京都大学大学院アジア・アフリカ地域研究研究科附属イスラーム地域研究センター　2014.3　388p　26cm　（Kyoto series of Islamic area studies 10）〈加賀谷寛［著］著作目録あり〉Ⓘ978-4-904039-74-8　Ⓝ167.2

南アジア〔国際投資〔日本〕〕
◇ASEAN・南西アジアのビジネス環境　若松勇, 小島英太郎編著　ジェトロ　2014.7　250p　21cm　Ⓘ978-4-8224-1138-1　Ⓝ338.9223　［2500円］

南アジア〔宗教〕
◇世界を動かす聖者たち―グローバル時代のカリスマ　井田克征著　平凡社　2014.3　239p　18cm　（平凡社新書 724）〈文献あり〉Ⓘ978-4-582-85724-5　Ⓝ162.25　［840円］

南アジア〔宗教家〕
◇世界を動かす聖者たち―グローバル時代のカリスマ　井田克征著　平凡社　2014.3　239p　18cm　（平凡社新書 724）〈文献あり〉Ⓘ978-4-582-85724-5　Ⓝ162.25　［840円］

南阿蘇村〔熊本県〕〔発電計画〕
◇地域主導型再生可能エネルギー事業化検討委託業務（熊本県南阿蘇村）成果報告書　平成25年度　［阿蘇］　九州バイオマスフォーラム　2014.3　155p　30cm〈平成25年度環境省委託業務〉Ⓝ543.4

南アフリカ〔移民・植民〔モザンビーク〕〕―歴史
◇植民地支配と開発―モザンビークと南アフリカ金鉱業　網中昭世著　山川出版社　2014.11　213,85p　22cm　（山川歴史モノグラフ 29）〈文献あり　年表あり　索引あり〉Ⓘ978-4-634-67386-1　Ⓝ334.5369　［5000円］

南アフリカ〔金―採掘―歴史〕
◇植民地支配と開発―モザンビークと南アフリカ金鉱業　網中昭世著　山川出版社　2014.11　213,85p　22cm　（山川歴史モノグラフ 29）〈文献あり　年表あり　索引あり〉Ⓘ978-4-634-67386-1　Ⓝ334.5369　［5000円］

南アフリカ共和国〔アフリカ象―保護〕
◇象にささやく男　ローレンス・アンソニー, グレアム・スペンス著, 中嶋寛訳　築地書館　2014.2　446p　19cm　Ⓘ978-4-8067-1470-5　Ⓝ489.7　［2600円］

南アフリカ共和国〔技術援助〔日本〕〕
◇南アフリカ共和国鉄道セクター情報収集・確認調査最終報告書　［東京］　国際協力機構　2013.3　1冊　30cm〈共同刊行：日本コンサルタンツほか〉Ⓝ333.804

南アフリカ共和国〔経済援助〔日本〕〕
◇南アフリカ共和国エネルギー効率向上プロジェクトファイナルレポート　［東京］　国際協力機構　2013.1　1冊　30cm　Ⓝ333.804

南アフリカ共和国〔政治運動〕
◇自由への容易な道はない―マンデラ初期政治論集　ネルソン・マンデラ著, 峯陽一監訳, 鈴木隆洋訳　青土社　2014.5　312,5p　20cm〈内容：自由への容易な道はない　幻の流砂　人びとが破壊されている　土地への渇望　扉は閉ざされている　私たちが生きている間に自由を　私たちの闘争には多くの戦術が必要である　フェルヴルトの部族主義　反逆罪　国民大会のための闘争　ゼネラル・ストライキ　地下からの手紙　銃に支配された土地　白人の法廷に立つ黒人　リヴォニア裁判〉Ⓘ978-4-7917-6788-5　Ⓝ316.8487　［2400円］

南アフリカ共和国〔知的財産権〕
◇インド・南アフリカ財産的情報研究　2　インド・南アフリカ財産的情報研究班著　吹田　関西大学法学研究所　2014.3　132p　21cm　（関西大学法学研究所研究叢書 第51冊）〈内容：南アフリカにおけるIKS（原住民の知識体系）政策と知的財産法（山名美加著）　マルセル・モース『贈与論』における所有（今野正規著）　カリブ諸国の奴隷補償（国際補償）問題（吉田邦彦著）　南アフリカにおける科学技術政策と伝統的知識の活用（Manoj L.Shrestha著）　「伝統的知識」の戦略と「近代」（髙作正博著）〉Ⓘ978-4-906555-51-2　Ⓝ507.2

南アメリカ〔インディアン〕
◇アンデス高地にどう暮らすか―牧畜を通じて見る先住民社会　若林大我著　風響社　2014.10　66p　21cm　（ブックレット《アジアを学ぼう》別巻 5）Ⓘ978-4-89489-775-5　Ⓝ382.68　［800円］

南アメリカ〔紀行・案内記〕
◇アンデスの空パタゴニアの風　荒井緑著　中央公論事業出版（制作・発売）　2014.6　258p　図版16p　20cm　Ⓘ978-4-89514-427-8　Ⓝ296.09　［1200円］
◇南米「裏」旅行　平間康人著　彩図社　2014.7　191p　15cm　Ⓘ978-4-88392-996-2　Ⓝ296.09　［590円］

南アメリカ〔国際投資〔日本〕〕
◇アセアンと南米に進出した日系企業の経営と技術の移転　出水力編著　［大東］　大阪産業大学産業研究所　2014.3　139p　21cm　（産研叢書 37）〈文献あり　内容：ホンダの海外展開のシステム化（出水力著）　タイにおける日系企業について（渡邊輝幸著）　タイにおける日本企業の立地要因についての一考察（佐藤彰彦著）　視角で辿るマレーシアの日系企業（出水力著）　アセアン諸国の経済発展と日本企業の海外進出（石坂秀幸著）　ブラジルにおけるホンダの2輪車事業の展開（出水力著）〉Ⓝ338.9223

南アメリカ〔猿〕
◇新世界ザル―アマゾンの熱帯雨林に野生の生きざまを追う　上　伊沢紘生著　東京大学出版会　2014.11　413p　20cm　Ⓘ978-4-13-063339-0　Ⓝ489.95　［3600円］
◇新世界ザル―アマゾンの熱帯雨林に野生の生きざまを追う　下　伊沢紘生著　東京大学出版会　2014.11　p416～913　20cm　Ⓘ978-4-13-063340-6　Ⓝ489.95　［4200円］

南アメリカ（宗教）

◇在留外国人の宗教事情に関する資料集 東アジア・南アメリカ編 文化庁文化部宗務課 2014.3 136p 30cm 〈文献あり 文化庁「平成25年度宗教法人等の運営に係る調査」委託業務，委託先：三菱UFJリサーチ＆コンサルティング〉Ⓝ334.41

南アメリカ（日系企業）

◇アセアンと南米に進出した日本企業の経営と技術の移転 出水力編著 ［大東］ 大阪産業大学産業研究所 2014.3 139p 21cm（産研叢書 37）〈文献あり 内容：ホンダの海外展開のシステム化（出水力著） タイにおける日系企業について（渡邊輝幸著） タイにおける日本企業の立地要因についての一考察（佐藤彰彦著） 視角で辿るマレーシアの日系企業（出水力著） アセアン諸国の経済発展と日本企業の海外進出（石坂秀幸著） ブラジルにおけるホンダの2輪事業の展開（出水力著）〉Ⓝ338.9223

南アルプス市（遺跡・遺物）

◇てっすげえじゃんけ将棋頭・石積出！一御勅使川旧堤防（将棋頭・石積出）国指定10周年記念シンポジウム：記録集 南アルプス市教育委員会文化財課編 南アルプス 南アルプス市教育委員会文化財課 2014.3 52p 30cm〈会期：平成25年10月6日〉Ⓝ215.1

◇埋蔵文化財試掘調査報告書 平成23年度 南アルプス 南アルプス市教育委員会 2013.3 45p 30cm（南アルプス市埋蔵文化財調査報告書 第33集）〈南アルプス市所在 各種開発工事に伴う埋蔵文化財試掘調査報告書〉Ⓝ210.0254

◇桝形堤防 第2次調査 南アルプス 南アルプス市教育委員会 2013.3 36p 図版25p 30cm（南アルプス市埋蔵文化財調査報告書 第35集）〈山梨県南アルプス市所在 堤防遺跡の埋蔵文化財確認調査報告書〉Ⓝ210.0254

◇ロタコ（御勅使河原飛行場跡）一滑走路第3地点 南アルプス市教育委員会編 南アルプス 南アルプス市教育委員会 2013.3 18p 図版11p 30cm（南アルプス市埋蔵文化財調査報告書 第34集）〈山梨県南アルプス市所在 畑地帯総合整備事業（白根中央地区）に伴う埋蔵文化財発掘調査報告書 共同刊行：山梨県中北農務事務所〉Ⓝ210.0254

南アルプス市（遺跡・遺物一保存・修復）

◇御勅使川旧堤防（将棋頭・石積出）保存管理計画書 南アルプス 南アルプス市教育委員会 2014.3 1冊 30cm Ⓝ709.151

南あわじ市（遺跡・遺物）

◇鐘原遺跡 兵庫県まちづくり技術センター埋蔵文化財調査部編 神戸 兵庫県教育委員会 2014.3 1冊 30cm（兵庫県文化財調査報告 第469冊）〈南あわじ市所在 広域営農団地農道整備事業南淡路地区に伴う埋蔵文化財発掘調査報告書〉Ⓝ210.0254

◇久保ノカチ遺跡 2 南あわじ市埋蔵文化財調査事務所編 ［南あわじ］ 南あわじ市教育委員会 2014.3 41p 図版16p 30cm（南あわじ市埋蔵文化財調査報告書 第9集）〈経営体育成基盤整備事業（大日川東Ⅱ期地区第9工区工事）に伴う埋蔵文化財発掘調査報告書〉Ⓝ210.0254

◇神子曽遺跡・石田遺跡・才門遺跡・曽根遺跡 兵庫県まちづくり技術センター埋蔵文化財調査部編 神戸 兵庫県教育委員会 2014.3 1冊 30cm（兵庫県文化財調査報告 第468冊）〈南あわじ市所在 （主）洲本灘賀集線（阿万バイパス）道路改良事業に伴う埋蔵文化財発掘調査報告書〉Ⓝ210.0254

◇南あわじ市埋蔵文化財調査年報 7 埋蔵文化財調査 2010年度 南あわじ市埋蔵文化財調査事務所編 ［南あわじ］ 南あわじ市教育委員会 2014.3 34p 30cm（南あわじ市文化財調査報告書 第10集）Ⓝ210.0254

南伊豆町（静岡県）（寺院）

◇南伊豆町史一資料 第1集 寺院編 南伊豆町史編さん委員会編 ［南伊豆］（静岡県） 南伊豆町教育委員会 2014.3 356p 図版［20］枚 27cm〈文献あり 年表あり〉Ⓝ215.4

南伊勢町（三重県）（遺跡・遺物）

◇奥ノ田頭遺跡発掘調査報告 三重県埋蔵文化財センター編 ［明和町（三重県）］ 三重県埋蔵文化財センター 2014.2 20p 30cm（三重県埋蔵文化財調査報告 345）〈三重県度会郡南伊勢町贄浦所在〉Ⓝ210.0254

南九州地方（遺跡・遺物）

◇邪馬台国時代のクニグニ一南九州 ふたかみ史遊会編，石野博信企画，中園聡，北郷泰道，村上恭通，森岡秀人，柳沢一男［執筆］ 田原本（奈良県） 青垣出版 2014.4 275p 19cm 〈星雲社（発売） 内容：邪馬台国時代前後の南九州とその地域間関係（中園聡述） 花弁状間仕切り住居と絵画土器の世界（北郷泰道述） 二・三世紀の南九州における鉄の普及（村上恭通

述） 南九州の出現期古墳（柳沢一男述） ヤマトからみた2・3世紀の南九州（森岡秀人述） 二・三世紀の西日本太平洋航路（石野博信述） 邪馬台国時代の南九州と近畿（石野博信司会，中園聡ほか述）〉①978-4-434-19063-6 Ⓝ219 ［1750円］

南九州地方（神楽一歴史）

◇南九州における神楽面の系譜一王面から神楽面への展開 泉房子編著 宮崎 鉱脈社 2014.8 525p 図版［40］枚 22cm ①978-4-86061-547-5 Ⓝ768.22 ［8000円］

南九州地方（方言）

◇飯野布志夫著作集 4 眠る邪馬台国 飯野布志夫著 鳥影社 2014.3 187p 20cm〈文献あり〉①978-4-86265-444-1 Ⓝ818.9 ［1500円］

南さつま市（遺跡・遺物）

◇芝原遺跡 4 弥生時代・古墳時代編 鹿児島県立埋蔵文化財センター編 霧島 鹿児島県立埋蔵文化財センター 2013.3 326p 図版 4枚 30cm（鹿児島県立埋蔵文化財センター発掘調査報告書 178）〈南さつま市金峰町所在〉Ⓝ210.0254

南三陸町（宮城県）（災害復興）

◇震災復興と地域産業 5 小さな"まち"の未来を映す「南三陸モデル」 関満博，松永桂子著 新評論 2014.3 282p 19cm〈内容：小規模自治体の被災と産業復興（関満博著） 南三陸町の産業経済と被災，復興（関満博著） 基幹産業の漁業の被災と復興（関満博著） 水産加工業の被災，復旧・復興（関満博著） 農業周辺の新たな動き（松永桂子著） 南三陸のモノづくり系企業の状況（関満博著） 津波被災地域の「仮説商店街」の取り組みと行方（松永桂子著） 生活支援産業の再開の現状と課題（関満博著） 観光・交流・学びの新たな展開（松永桂子著） 小さな「まち」の産業復興（松永桂子著）〉①978-4-7948-0963-6 Ⓝ602.12 ［2800円］

◇南三陸町長の3年一あの日から立ち止まることなく 佐藤仁著，石田治聞き手 仙台 河北新報出版センター 2014.3 239p 19cm（河北選書）①978-4-87341-321-1 Ⓝ369.31 ［800円］

南三陸町（宮城県）（産業）

◇震災復興と地域産業 5 小さな"まち"の未来を映す「南三陸モデル」 関満博，松永桂子著 新評論 2014.3 282p 19cm〈内容：小規模自治体の被災と産業復興（関満博著） 南三陸町の産業経済と被災，復興（関満博著） 基幹産業の漁業の被災と復興（関満博著） 水産加工業の被災，復旧・復興（関満博著） 農業周辺の新たな動き（松永桂子著） 南三陸のモノづくり系企業の状況（関満博著） 津波被災地域の「仮説商店街」の取り組みと行方（松永桂子著） 生活支援産業の再開の現状と課題（関満博著） 観光・交流・学びの新たな展開（松永桂子著） 小さな「まち」の産業復興（松永桂子著）〉①978-4-7948-0963-6 Ⓝ602.12 ［2800円］

南三陸町（宮城県）（東日本大震災（2011）一被害）

◇虹の向こうの未希へ 遠藤美恵子著 文藝春秋 2014.8 222p 20cm ①978-4-16-390114-5 Ⓝ916 ［1300円］

◇東日本大震災の記録と津波の災害史一リアス・アーク美術館常設展示図録：配布版 気仙沼 リアス・アーク美術館 2014.3 175p 26cm〈編集：山内宏泰〉Ⓝ369.31

◇南三陸町長の3年一あの日から立ち止まることなく 佐藤仁著，石田治聞き手 仙台 河北新報出版センター 2014.3 239p 19cm（河北選書）①978-4-87341-321-1 Ⓝ369.31 ［800円］

南三陸町（宮城県）（東日本大震災（2011）一被害一写真集）

◇南三陸から vol.4 2013.3.11～2014.3.11 佐藤信一写真 ADK南三陸町復興支援プロジェクト 2014.9 1冊（ページ付なし）19×26cm〈日本文芸社（発売） 表紙のタイトル：PHOTO LETTER FROM MINAMI SANRIKU〉①978-4-537-27870-5 Ⓝ369.31 ［1500円］

南シナ海

◇南シナ海中国海洋覇権の野望 ロバート・D・カプラン著，奥山真司訳 講談社 2014.10 273p 19cm ①978-4-06-219244-6 Ⓝ319.22023 ［1800円］

南島原市（歴史）

◇口之津の先覚者とその風土 太玄興正著 諌早 昭和堂（印刷） 2014.4 455p 27cm〈文献あり 年表あり〉Ⓝ219.3 ［非売品］

南相馬市（東日本大震災（2011）一被害）

◇わが故郷を奪う一東日本大震災と福島原発の爪痕 佐藤亀壽著 ［さいたま］ ［佐藤亀壽］ 2014.8 50p 26cm Ⓝ369.31 ［1500円］

南相馬市（歴史）

◇鹿島町史 第1巻 通史編 南相馬市教育委員会文化財課市史編さん係編 南相馬 南相馬市 2014.7 1044p 22cm〈年表あり 文献あり 折り込 1枚〉Ⓝ212.6

南種子町〔鹿児島県〕（田遊び）

◇種子島宝満神社のお田植祭―南種子町茎永：国記録選択無形民俗文化財調査報告書　南種子町教育委員会編　南種子町〔鹿児島県〕　南種子町教育委員会　2014.3　169p　30cm　（南種子町民俗資料調査報告書 3）　Ⓝ386.8197

美波町〔徳島県〕（行政）

◇美波町総合計画―これからの美波町を、もっと豊かに　第2次　［美波町〔徳島県〕］　徳島県美波町　［201-]　119p　30cm　Ⓝ318.281

美波町〔徳島県〕（地誌）

◇日和佐の百科事典　春川登編　美波町〔徳島県〕　日和佐まちおこし隊　2014.3　120p　26cm　Ⓝ291.81

南満州鉄道株式会社

◇伊春鉄路物語―満鉄秘話　伊春鉄路物語出版委員会著　K&Kプレス　2014.9　49p　26cm　①978-4-906674-61-9　Ⓝ686.2225　［1000円］

源〔氏〕

◇中世の人物●京・鎌倉の時代編　第2巻　治承～文治の内乱と鎌倉幕府の成立　野口実編　大阪　清文堂出版　2014.6　426p　22cm　〈文献あり　内容：源頼政と以仁王（生駒孝臣著）　甲斐源氏（西川広平著）　木曽義仲（長村祥知著）　源義経と範頼（宮田敬三著）　平宗盛（田中大喜著）　平氏の新旧家人たち（西村隆著）　藤原秀衡（三好俊文著）　源頼朝（元木泰雄著）　大庭景親（森幸夫著）　城助永と助職〈長茂〉（高橋一樹著）　千葉常胤（野口実著）　和田義盛と梶原景時（滑川敦子著）　北条時政と牧の方（落合義明著）　源頼家（藤本頼人著）　八条院（高松百香著）　藤原兼実（高橋秀樹著）　源通親（佐伯智広著）　法然と自慶・明恵（平雅行著）　重源（久野修義著）　栄西（中尾良信著）〉①978-4-7924-0995-1　Ⓝ281　［4500円］

◇我が家は源氏　佐々木和夫著　［出版地不明］　［佐々木和夫］　2014.6　96p　21cm　Ⓝ288.2

源 実朝〔1192～1219〕

◇おどろが下―実朝、後鳥羽院、阿仏尼を読む　山内太郎著　武蔵野　槻の木会　2014.6　255p　19cm　Ⓝ911.142　［2000円］

◇源実朝―「東国の王権」を夢見た将軍　坂井孝一著　講談社　2014.7　286p　19cm　（講談社選書メチエ 578）〈文献あり　索引あり〉①978-4-06-258581-1　Ⓝ289.1　［1750円］

源 俊頼〔平安末期〕

◇歌に執する人びと―『宇治拾遺物語』と『俊頼髄脳』の和歌説話　吉崎敬子著　［東京］　［吉崎敬子］　2014.7　262p　17cm　Ⓝ913.47　［1000円］

源 頼朝〔1147～1199〕

◇源頼朝文書の研究　研究編　黒川高明著　吉川弘文館　2014.7　260,8p　22cm　〈索引あり　布装〉①978-4-642-02625-3　Ⓝ210.42　［9000円］

源 頼政〔1104～1180〕

◇頼政集新注　中　頼政集輪読会著　青簡舎　2014.10　363p　22cm　（新注和歌文学叢書 13）①978-4-903996-77-6　Ⓝ911.138　［12000円］

三縄中央老友会

◇五十五周年記念誌　五十五周年記念誌編集委員会編　三好　三縄中央老友会　2014.3　44p　30cm　〈年表あり　奥付のタイトル：三縄中央老友会五十五周年記念誌〉Ⓝ369.26

みぬま福祉会

◇みぬまのチカラ―ねがいと困難を宝に　みぬま福祉会30周年記念刊行委員会編　全国障害者問題研究会出版部　2014.8　238p　21cm　〈表紙のタイトル：みぬまのちから〉①978-4-88134-305-0　Ⓝ369.27　［2200円］

峯尾 節堂〔1885～1919〕

◇峯尾節堂とその時代―名もなき求道者の大逆事件　中川剛マックス著　大阪　風詠社　2014.1　268p　19cm　〈星雲社（発売）　文献あり　内容：峯尾節堂　鬼検事・武富済　葛原枯骨の反抗精神　二人の教誨師―沼波政恭と平опера[tr]龍眠　修養家・高田集蔵　山田文昭の「その時代」　安藤現慶の「その時代」―帰国子女から見た近代史〉①978-4-434-18849-7　Ⓝ162.1　［1600円］

美祢市（古地図）

◇美禰郡細見絵圖　復刻版　美祢　秋芳町地方文化研究会　2014.6　1冊（ページ付なし）　39×58cm　〈原本：文久2年刊　秋芳町地方文化研究会五〇周年記念〉Ⓝ291.77

美祢市（写真集）

◇ふるさと萩・長門・美祢―生活感あふれる写真でつづる決定版写真集！：保存版　森本文規監修　松本　郷土出版社　2014.9　230p　31cm　①978-4-86375-219-1　Ⓝ217.7　［9250円］

美祢市（風俗・習慣）

◇美祢市美東地区民俗調査報告書　山口大学人文学部社会学コース湯川・坪郷研究室編　山口　山口大学人文学部社会学コース湯川・坪郷研究室　2013.3　57p　30cm　（山口地域社会研究シリーズ 27）〈文献あり　表紙の出版者：山口大学人文学部社会学コースコース〉Ⓝ382.177

峰地 光重〔1890～ 〕

◇はらっぱ教室―峰地光重の生活綴方　豊田ひさき著　春日井　中部大学　2014.3　113p　21cm　（中部大学ブックシリーズ アクタ 21）〈風媒社（発売）〉①978-4-8331-4111-6　Ⓝ375.862　［800円］

美祢市立下郷小学校

◇美祢市立下郷小学校閉校記念誌　［出版地不明］　下郷小学校閉校に伴う協議会　2014.3　55p　30cm　〈年表あり〉Ⓝ376.28

みの もんた〔1944～ 〕

◇敗者の報道　みのもんた著　TAC出版事業部　2014.12　195p　19cm　〈文献あり〉①978-4-8132-6127-8　Ⓝ779.9　［1000円］

箕面市（遺跡・遺物）

◇止々呂美城跡　大阪府文化財センター編　堺　大阪府文化財センター　2014.3　144p　図版［32］枚　30cm　（公益財団法人大阪府文化財センター調査報告第246集）〈箕面市所在　高速自動車国道近畿自動車道名古屋神戸線建設事業に伴う埋蔵文化財発掘調査報告書〉Ⓝ210.0254

箕面市（歴史―史料―書目）

◇萱野家文書目録　［箕面］　箕面市総務部総務課　2013.3　109,33p　30cm　（箕面市地域史料目録集 26）〈年表あり〉Ⓝ216.3

身延町〔山梨県〕（遺跡・遺物）

◇大野堤防遺跡　山梨文化財研究所編　［身延町〔山梨県〕］　身延町教育委員会　2014.3　96p　図版［15］枚　30cm　〈一般県道光子沢大野線道路改良工事に伴う埋蔵文化財発掘調査報告書　共同刊行：山梨県峡南建設事務所〉Ⓝ210.0254

箕輪町〔長野県〕（遺跡・遺物）

◇大垣外遺跡堰下遺跡　長野県上伊那郡箕輪町教育委員会編　［箕輪町〔長野県〕］　長野県上伊那郡箕輪町教育委員会　2014.3　32p　30cm　Ⓝ210.0254

三橋 美智也〔1930～1996〕

◇三橋美智也の生涯―民謡と歌謡曲の頂点に / 佐藤勝の生涯―映画音楽に命をかける　下山光雄,合田一道著　札幌　北海道科学文化協会　2014.11　121p　21cm　（北海道青少年叢書 32）〈北海道科学文化協会編　年譜あり〉Ⓝ767.8

美浜町〔福井県〕（交通―歴史）

◇古代若狭の交通、往来、地域社会　美浜町〔福井県〕　美浜町教育委員会　2014.3　97p　30cm　（美浜町歴史シンポジウム記録集 8）〈内容：古代若狭の交通、往来、地域社会をめぐる課題（松葉竜司述）　文献史料からみた古代若狭の交通路と駅家（中大輔述）　若狭周辺における古代交通路の変遷（門井直哉述）　公文名奥門下遺跡からみた北陸道と地域社会（中野拓郎述）　若狭の官衙・寺院などからみた交通と在地社会（杉山大晋述）　高島郡からみた北陸道と若狭との物流（葛原秀雄述）〉Ⓝ682.144

御浜町〔三重県〕（地域社会）

◇地域にまなぶ　第17集　三重県熊野地域から　京都大学文学部社会学研究室編　［京都］　京都大学文学部社会学研究室　2013.3　123p　26cm　（社会調査実習報告書 2012年度）〈共同刊行：関西学院大学社会学部環境社会学研究室ほか〉Ⓝ361.7

三原市（かくれ切支丹）

◇『墓地巡り』と新訳突天漢―副題…隠れキリシタン墓の探索と幕末の三原志稿　福岡幸司著述　三原　三原文庫発行所　2013.9　45,55p　26cm　（三原文庫 第21号）〈背のタイトル：墓地巡と突天漢〉Ⓝ198.22176

三原市（地誌）

◇『墓地巡り』と新訳突天漢―副題…隠れキリシタン墓の探索と幕末の三原志稿　福岡幸司著述　三原　三原文庫発行所　2013.9　45,55p　26cm　（三原文庫 第21号）〈背のタイトル：墓地巡と突天漢〉Ⓝ198.22176

◇『三原古今紀要』と本町紀要　福岡幸司著述　三原　三原文庫発行所　2014.6　92,27p　26cm　（三原文庫 第22号）Ⓝ291.76

三原市（仏像―図集）

◇三原の仏像―瀬戸内の十字路・三原の仏像展図録　三原市教育委員会文化課編　［三原］　三原市教育委員会　2014.9　199p　30cm　〈会期・会場：平成26年9月4日―10月13日　三原リージョンプラザ展示ホール〉Ⓝ718.02176

日本件名図書目録2014　I　　　　　　　　　　　　　　　　　　　　　　　　　　　宮城県（仮設住宅—石巻市）

三原市〔墓碑〕

◇『墓地巡り』と新訳突天漢—副題…隠れキリシタン墓の探索と幕末の三原志稿　福岡幸司著述　三原　三原文庫発行所　2013.9　45, 55p　26cm　（三原文庫　第21号）〈背のタイトル：墓地巡と突天漢〉Ⓝ198.22176

三船 秋香

◇戦前海外へ渡った写真師たち　資料・1　中国編（三船秋香と）　寺川騏一郎［著］　国立　寺川騏一郎　2014.9　62p　30cm　〈年表あり　付・別表〉Ⓝ740.21　［非売品］

三船 敏郎〔1920〜1997〕

◇サムライ—評伝三船敏郎　松田美智子著　文藝春秋　2014.1　251p　20cm　〈文献あり〉Ⓘ978-4-16-390005-6　Ⓝ778.21　［1500円］

御船町（熊本県）〔遺跡・遺物〕

◇大塚遺跡　御船町教育委員会社会教育課編　御船町（熊本県）御船町教育委員会　2014.2　22p 図版 4p　30cm　（御船町文化財調査報告　第4集）〈クリーニング工場汚水処理施設建造に伴う埋蔵文化財発掘調査〉Ⓝ210.0254

◇滝川石田遺跡辺見中道遺跡　熊本　熊本県教育委員会　2014.3　220, 52p 図版［37］枚　30cm　（熊本県文化財調査報告　第301集）〈国道445号交通連携推進改築事業に伴う埋蔵文化財発掘調査〉Ⓝ210.0254

美作市〔エネルギー政策〕

◇地域主導型再生可能エネルギー事業化検討委託業務報告書　平成25年度　［美作］　MLAT　2014.3　22, 68p　30cm　Ⓝ501.6

美馬市〔遺跡・遺物〕

◇郡里廃寺跡第9次発掘調査概要報告　美馬市教育委員会編　美馬　美馬市教育委員会　2014.3　17p　30cm　（美馬市文化財調査報告　第6集）Ⓝ210.0254

宮内 貞之介〔1922〜1974〕

◇ポツダム少尉—68年ぶりのご挨拶：呉の奇蹟　Daisuke Miyauchi［著］　石岡　宮内大輔　2013.7　177p　27cm　〈文献あり〉Ⓝ289.1

◇ポツダム少尉—68年ぶりのご挨拶：呉の奇蹟　Daisuke Miyauchi［著］　第2版　石岡　宮内大輔　2014.6　185p　27cm　〈文献あり〉Ⓝ289.1

宮内 得應〔初代 1843〜1914〕

◇筆聖宮内得應筆巡りの旅　尾崎重春著　青月社　2013.9　85p　19cm　〈キャリイ社（発売）　文献あり〉Ⓘ978-4-8109-1268-5　Ⓝ728.3　［1200円］

宮内 得應〔2代目 1869〜1952〕

◇筆聖宮内得應筆巡りの旅　尾崎重春著　青月社　2013.9　85p　19cm　〈キャリイ社（発売）　文献あり〉Ⓘ978-4-8109-1268-5　Ⓝ728.3　［1200円］

宮内 義彦〔1935〜 〕

◇”明日”を追う　宮内義彦著　日本経済新聞出版社　2014.11　246p　20cm　（私の履歴書）〈年譜あり〉Ⓘ978-4-532-16945-9　Ⓝ289.1　［1800円］

宮川 文平〔1861〜1931〕

◇宮川文平と内村鑑三　宮川創平, 玄文社編集室編著　柏崎　玄文社　2013.12　170p　22cm　〈年譜あり　文献あり　付・宮川哲朗「築地の園」〉Ⓘ978-4-906645-24-4　Ⓝ289.1

宮城 聡〔1895〜 〕

◇宮城聡—『改造』記者から作家へ　仲程昌徳著　那覇　ボーダーインク　2014.5　262p　19cm　〈文献あり〉Ⓘ978-4-89982-256-1　Ⓝ910.268　［2000円］

宮城県

◇宮城のおきて—ミヤギを楽しむための48のおきて　宮城県地位向上委員会編　アース・スターエンターテイメント　2014.12　174p　18cm　〈泰文堂（発売）　文献あり〉Ⓘ978-4-8030-0655-1　Ⓝ291.23　［952円］

宮城県〔遺跡・遺物〕

◇東日本大震災復興事業関連遺跡調査報告　平成24年度 1　仙台　宮城県教育委員会　2014.3　50p　30cm　（宮城県文化財調査報告書　第233集）Ⓝ210.0254

宮城県〔遺跡・遺物—大崎市〕

◇北小松遺跡　第1分冊　本文編　仙台　宮城県教育委員会　2014.3　435p　30cm　（宮城県文化財調査報告書　第234集）〈田尻西部地区ほ場整備事業に係る平成21年度発掘調査報告書〉Ⓝ210.0254

◇北小松遺跡　第2分冊　分析編　仙台　宮城県教育委員会　2014.3　242p　30cm　（宮城県文化財調査報告書　第234集）

〈田尻西部地区ほ場整備事業に係る平成21年度発掘調査報告書〉Ⓝ210.0254

◇北小松遺跡　第3分冊　写真図版編　仙台　宮城県教育委員会　2014.3　195p　30cm　（宮城県文化財調査報告書　第234集）〈田尻西部地区ほ場整備事業に係る平成21年度発掘調査報告書〉Ⓝ210.0254

宮城県〔遺跡・遺物—角田市〕

◇市内遺跡発掘調査—角田郡山遺跡調査概報　角田　角田市教育委員会　2014.3　14p　30cm　（角田市文化財調査報告書　第44集）Ⓝ210.0254

宮城県〔遺跡・遺物—白石市〕

◇市内遺跡発掘調査報告書　8　白石市教育委員会編　白石　白石市教育委員会　2013.9　36p　30cm　（白石市文化財調査報告書　第46集）Ⓝ210.0254

宮城県〔遺跡・遺物—多賀城市〕

◇桜井館跡—ほか　多賀城市埋蔵文化財調査センター編　多賀城　多賀城市教育委員会　2014.3　109p　30cm　（多賀城市文化財調査報告書　第115集）〈内容：桜井館跡.　第3次調査　西沢遺跡.　第25次調査　山王遺跡.　第139次調査〉Ⓝ210.0254

◇山王遺跡　6　仙台　宮城県教育委員会　2014.12　257p　30cm　（宮城県文化財調査報告書　第235集）〈多賀前地区第4次発掘調査報告書　共同刊行：国土交通省東北地方整備局〉Ⓝ210.0254

◇多賀城市内の遺跡—平成23年度発掘調査報告書　1　多賀城市埋蔵文化財調査センター編　多賀城　多賀城市教育委員会　2014.3　33p　30cm　（多賀城市文化財調査報告書　第116集）〈内容：市川橋遺跡.　第82次調査〉Ⓝ210.0254

◇多賀城市内の遺跡—平成25年度発掘調査報告書　2　多賀城市埋蔵文化財調査センター編　多賀城　多賀城市教育委員会　2014.3　137p　30cm　（多賀城市文化財調査報告書　第114集）〈文献あり　内容：新田遺跡　山王遺跡　西沢遺跡　高崎遺跡〉Ⓝ210.0254

宮城県〔遺跡・遺物—登米市〕

◇沼崎山遺跡　登米　登米市教育委員会　2014.3　18p　30cm　（登米市文化財調査報告書　第3集）Ⓝ210.0254

宮城県〔イチゴ—栽培—山元町〕

◇99%の絶望の中に「1%のチャンス」は実る　岩佐大輝著　ダイヤモンド社　2014.3　207p　19cm　〈年譜あり〉Ⓘ978-4-478-02745-5　Ⓝ626.29　［1300円］

宮城県〔イチゴ—栽培—亘理町〕

◇いちご畑をもう一度—3・11復興の軌跡　森栄吉著　潮出版社　2014.3　173p　19cm　Ⓘ978-4-267-01972-2　Ⓝ626.29　［1200円］

宮城県〔犬—保護〕

◇東日本大震災動物救護活動の記録　谷津壽郎編集責任　［仙台］　宮城県緊急災害時被災動物救護本部　2013.4　229p　30cm　Ⓝ645.6

宮城県〔稲—栽培〕

◇宮城県における平成25年度水稲及び麦類・大豆の作柄解析　大崎　宮城県古川農業試験場　2014.3　90p　30cm　（宮城県古川農業試験場臨時報告　第11号）Ⓝ616.2

宮城県〔医療〕

◇第二期宮城県がん対策推進計画　［仙台］　宮城県　2013.3　88p　30cm　Ⓝ498.1

宮城県〔衛生行政〕

◇第二期宮城県がん対策推進計画　［仙台］　宮城県　2013.3　88p　30cm　Ⓝ498.1

◇第2次みやぎ21健康プラン　2013-2022年度　宮城県保健福祉部健康推進課編　［仙台］　宮城県　2013.3　88p　30cm　Ⓝ498.1

宮城県〔温泉—歴史〕

◇湯けむり復興計画—江戸時代の飢饉を乗り越える　高橋陽一著　仙台　蕃山房　2014.7　72p　21cm　（よみがえるふるさとの歴史 4　秋保温泉・川渡温泉・青根温泉）〈本の森（発売）　文献あり〉Ⓘ978-4-904184-67-7　Ⓝ212.3　［800円］

宮城県〔海岸林〕

◇宮城の海岸林—その歴史と東日本大震災からの再生を目指して　宮城県林業振興協会編　［仙台］　宮城県林業振興協会　2014.3　94p　30cm　〈年表あり〉Ⓝ653.9

宮城県〔仮設住宅—石巻市〕

◇ボランティアによる支援と仮設住宅—東日本大震災：家政学が見守る石巻の2年半　日本家政学会東日本大震災生活研究プロジェクト編、大竹美登利, 坂田隆責任編集　建帛社　2014.5　163p　21cm　Ⓘ978-4-7679-6519-2　Ⓝ369.31　［1900円］

宮城県（飢饉―歴史）

宮城県（飢饉―歴史）

◇湯けむり復興計画―江戸時代の飢饉を乗り越える　高橋陽一著　仙台　蕃山房　2014.7　72p　21cm　（よみがえるふるさととの歴史 4 秋保温泉・川渡温泉・青根温泉）〈本の森（発売）文献あり〉①978-4-904184-67-7　Ⓝ212.3　［800円］

宮城県（紀行・案内記）

◇県境の山々―船形連峰、二口・面白山山塊の自然と人：山岳エッセイ集　篠崎隆夫著　仙台　創栄出版　2014.7　155p　21cm〈星雲社（発売）〉①978-4-434-19302-6　Ⓝ291.25　［1300円］

◇三陸人―復興を頑張る人を応援する旅　COMMUNITY TRAVEL GUIDE編集委員会編　英治出版　2014.2　191p　19cm　（COMMUNITY TRAVEL GUIDE VOL.3）①978-4-86276-169-9　Ⓝ291.22　［1200円］

宮城県（基準地価格）

◇宮城県地価はんどぶっく―地価調査　平成26年度　宮城県震災復興・企画部地域復興支援課監修　仙台　宮城県不動産鑑定士協会　2014.9　275p　30cm　Ⓝ334.6

宮城県（教育）

◇あすへ向けての軌跡―震災から3年を経て：踏み出そう！ 子どもたちの笑顔のために：東日本大震災　宮城教育大学教育復興支援センター編　仙台　宮城教育大学教育復興支援センター　2014.3　59p　30cm　Ⓝ372.123

◇架け橋―私たちにできること　宮城教育大学教育支援ボランティア学生［編］　仙台　宮城教育大学教育復興支援センター　2014.3　118p　26cm　Ⓝ372.123

宮城県（行政）

◇東日本大震災―宮城県環境生活部の活動記録　宮城県環境生活部環境生活総務課編　［仙台］　宮城県環境生活部　2013.7　256p　30cm　Ⓝ369.31

◇宮城の将来ビジョン及び宮城県震災復興計画成果と評価―平成25年度の政策、施策及び事業について　宮城県震災復興・企画部震災復興政策課編　仙台　宮城県　2014.9　562p　30cm　Ⓝ318.223

宮城県（郷土舞踊）

◇太鼓踊系の鹿踊り―岩手・宮城のお祭りで見る　高橋正平著　仙台　創栄出版　2013.10　207p　19cm〈文献あり〉①978-4-7559-0473-8　Ⓝ386.8122

宮城県（健康管理―情報サービス―気仙沼市）

◇ICT等を活用した高齢者の自発的な健康づくりの支援に関する調査研究事業　［東京］　地域交流センター　2014.3　114p　30cm〈平成25年度老人保健事業推進費等補助金老人保健健康増進等事業〉Ⓝ498.3

宮城県（原子力行政）

◇宮城県の原子力行政　2014　仙台　宮城県環境生活部原子力安全対策課　2014.3　205p　30cm〈年表あり〉Ⓝ539.091

宮城県（原子力災害）

◇東京電力福島第一原子力発電所事故被害対策実施計画―平成23年度―平成25年度　平成25年3月改訂　仙台　宮城県環境生活部原子力安全対策課　2013.3　64p　30cm　Ⓝ369.36

◇東京電力福島第一原子力発電所事故被害対策実施計画―平成23年度―平成25年度：中間評価：第2期計画策定に向けて　仙台　宮城県環境生活部原子力安全対策課　2013.8　61p　30cm　Ⓝ369.36

◇東京電力福島第一原子力発電所事故被害対策実施計画　第2期　平成26年度―平成28年度　仙台　宮城県環境生活部原子力安全対策課　2014.3　66p　30cm〈第2期のタイトル関連情報：震災以前の安全・安心なみやぎの再生―年間放射線量1ミリシーベルト以下の県土づくり〉Ⓝ369.36

◇宮城県地域防災計画　原子力災害対策編　宮城県環境生活部原子力安全対策編　［仙台］　宮城県防災会議　2014.2　89p　30cm〈平成26年2月宮城県防災会議修正〉Ⓝ369.3

宮城県（建築―歴史）

◇山添喜三郎の生涯と業績―澳国博覧会参加、各地の洋式工場を設計・監督・管理、妥協を廃し75歳まで宮城県技師として活躍　温井貞一著　［高崎］　よみがえれ！ 新町紡績所の会　2014.1　71p　30cm〈年表あり　年譜あり　文献あり〉Ⓝ523.123

宮城県（公衆衛生）

◇宮城県災害時公衆衛生活動ガイドライン　［仙台］　宮城県　2013.4　72p　30cm　Ⓝ498.02123

◇宮城県災害時公衆衛生活動マニュアル　［仙台］　宮城県　2013.4　170p　30cm　Ⓝ498.02123

宮城県（高齢者）

◇被災地住民が主体になって行う高齢者コミュニティ活動促進における調査研究―調査報告書　仙台　栴檀学園東北福祉大学　2014.3　1冊　30cm〈平成25年度老人保健事業推進費等補助金老人保健健康増進等事業〉Ⓝ369.26

宮城県（高齢者福祉―情報サービス―気仙沼市）

◇ICT等を活用した高齢者の自発的な健康づくりの支援に関する調査研究事業　［東京］　地域交流センター　2014.3　114p　30cm〈平成25年度老人保健事業推進費等補助金老人保健健康増進等事業〉Ⓝ498.3

宮城県（災害医療）

◇災害医療における組織マネジメント―3.11東日本大震災「事実の記録と教訓化」：新たな課題への取り組み　坂総合病院東日本大震災災害医療活動振り返りプロジェクトチーム執筆、小熊信編集、山﨑達枝監修　［名古屋］　日総研出版　2013.4　199p　26cm　①978-4-7760-1673-1　Ⓝ498.02123　［2381円］

◇宮城県災害時公衆衛生活動ガイドライン　［仙台］　宮城県　2013.4　72p　30cm　Ⓝ498.02123

◇宮城県災害時公衆衛生活動マニュアル　［仙台］　宮城県　2013.4　170p　30cm　Ⓝ498.02123

宮城県（災害廃棄物処理）

◇災害廃棄物処理業務の記録―宮城県　［仙台］　宮城県環境生活部震災廃棄物対策課　2014.7　250, 42p　30cm〈年表あり〉Ⓝ518.52

宮城県（災害復興）

◇3.11東日本大震災宮城県建設業協会の闘い　2　仙台　宮城県建設業協会　2014.3　109p　30cm〈「2」のタイトル関連情報：俺たちが地域を守り復興を果たす〉Ⓝ510.6

◇事業体による激甚災害支援のあり方について―宮城県登米市・栗原市―津波被害からの商店街復興―宮城県南三陸町　日野正輝、上田元、磯田弦、関根良平、学部3年生編　仙台　東北大学理学部地圏環境科学科地理学教室　2013.3　54p　30cm　（野外実習報告書 2012年度）Ⓝ369.31

◇東北コットンプロジェクト―綿と東北とわたしたちと　宮川真紀文　タバブックス　2014.6　207p　19cm〈文献あり　年譜あり　写真：中野幸英〉①978-4-907053-03-1　Ⓝ618.1　［1600円］

◇東日本大震災―宮城県環境生活部の活動記録　宮城県環境生活部環境生活総務課編　［仙台］　宮城県環境生活部　2013.7　256p　30cm　Ⓝ369.31

◇東日本大震災―発災から一年間の災害対応の記録　宮城県農林水産部農林水産総務課編　［仙台］　宮城県農林水産部　2013.6　257p　30cm　Ⓝ612.123

◇東日本大震災から3年―東北復興、南海トラフ、そして福島：土木学会主催シンポジウム　［東京］　土木学会　［2014］　81p　30cm〈会期・会場：2014年3月3日　発明会館ホール〉Ⓝ510.94

◇東日本大震災からの復興再生をめざして―宮城県建築住宅センターの活動の記録　三部佳英＋センター職員編、宮城県建築住宅センター著　建築ジャーナル　2014.3　272p　22cm　①978-4-86035-094-9　Ⓝ369.31　［1300円］

◇東日本大震災からの復興状況の把握に関する調査・分析業務報告書　［東京］　三菱総合研究所　［201-］　2, 86p　30cm　Ⓝ369.31

◇東日本大震災からの復興の状況に関する報告　［東京］　［復興庁］　2014.11　74p　30cm　Ⓝ369.31

◇東日本大震災と職業訓練の現場―ポリテクセンター宮城の被災から復旧・復興までの記録　労働政策研究・研修機構編　労働政策研究・研修機構　2014.3　214p　30cm　（労働政策研究報告書 no. 162）Ⓝ366.29

◇被災地での55の挑戦―企業による復興事業事例集　vol. 2　［東京］　復興庁　2014.3　129p　30cm　Ⓝ369.31

◇宮城・食の復興―つくる、食べる、ずっとつながる　西村一郎著　生活文化出版　2014.7　249p　19cm　①978-4-903755-16-8　Ⓝ612.123　［1500円］

◇宮城の将来ビジョン及び宮城県震災復興計画成果と評価―平成25年度の政策、施策及び事業について　宮城県震災復興・企画部震災復興政策課編　仙台　宮城県　2014.9　562p　30cm　Ⓝ318.223

◇みやぎの農業農村復旧復興のあゆみ―復旧から再生へ：平成23年3月11日発生東日本大震災　宮城県農林水産部農村振興課編　仙台　宮城県農林水産部農村整備課　2014.3　144p　30cm〈共同刊行：宮城県農林水産部農地復興推進室〉Ⓝ612.123

◇宮城ふるさとBOOK　2014年度版　仙台　河北新報出版センター　2014.5　112p　30cm〈年表あり〉①978-4-87341-324-2　Ⓝ291.23　［500円］

◇みやぎボイス　2014　復興住宅のこえ　［仙台］　みやぎボイス連絡協議会　2014.8　152p　30cm〈会期・会場：2014年5

月11日　せんだいメディアテーク1Fオープンスクエア〉　Ⓝ518.
8　［1000円］

◇無形民俗文化財が被災するということ―東日本大震災と宮城
県沿岸部地域社会の民俗誌　高倉浩樹，滝澤克彦編　新泉社
2014.1　318p　21cm〈内容：その年も，「お年とり」は行われ
た(梅屋潔著)　災害復興における民俗文化の役割(林勲男著)
震災後における民俗の活用と被災地の現在(政岡伸洋著)　巨
大地震で落ちなかった受験の神様と「担がれない」お神輿(金
菱清著)　石巻市釜谷における年中行事の被災と復興(岡山卓
矢著)　雄勝法印神楽の再開過程と民俗性(小谷竜介著)　東
日本大震災と離島の民俗文化(金賢貞著)　牡鹿半島の集落に
おける祭り復興の三つの型(山口未花子著)　二年遅れで復活
した二〇年周期の祭礼から見えてくる現実(木村敏明著)　東
松島市月浜の被災民俗文化財調査からみる、民俗行事の伝承と
生業の復興(俵木悟著)　アニメ聖地巡礼者たちの被災地支援
(兼城糸絵，川村清志著)　多賀城鹿踊「被災」始末(菊地暁著)
「情けのイナサ」をふたたび(川島秀一著)　大漁唄い込み踊に
みる閖上のくらし(沼田愛，赤嶺淳著)　仮設住宅での聞き取り
からみえてくる生業・土地利用・被災家屋(島村恭則，沼田愛
著)　祭礼を無理に復活させないという選択(滝澤克彦著)
「地区」と祭りの変遷(稲澤努著)　残されたご神体と奉納でき
ぬ神楽(高倉浩樹著)　民俗芸能と民俗からみた地域復興　結
(高倉浩樹著)〉　①978-4-7877-1320-9　Ⓝ709.123　［2500円］

宮城県（災害復興―石巻市）
◇「震災復興に関する地域経済学的アプローチ」調査報告書―地
域経済分析：平成25年度自主研究事業：東日本大震災関連調
査研究　統計研究会　2014.3　45p　30cm〈文献あり　研究
代表者：須田昌弥〉　Ⓝ332.123
◇未来への道標―2011.3.11：東日本大震災から3年間の軌跡　震
災復興記録誌編纂委員会編　石巻　石巻商工会議所　2014.11
77，35p　30cm〈年表あり〉　Ⓝ330.66

宮城県（災害復興―気仙沼市）
◇企業内診断士、被災地での挑戦―「気仙沼バル」成功の裏側
気仙沼バル実行委員会中小企業診断士チーム編著　同友館
2014.8　197p　19cm　①978-4-496-05063-3　Ⓝ672.123
［1600円］
◇被災から前進するために　第2集　［気仙沼］　宮城県気仙沼市
立学校長会　2013.5　171p　30cm〈第2集のタイトル関連情
報：東日本大震災から2年目の取組　共同刊行：気仙沼市教育
委員会ほか〉　Ⓝ376.2123
◇被災から前進するために　第3集　［気仙沼］　宮城県気仙沼市
立学校長会　2014.3　183p　30cm〈第3集のタイトル関連情
報：未来へのメッセージ　共同刊行：気仙沼市教育委員会ほ
か〉　Ⓝ376.2123

宮城県（災害復興―白石市）
◇東日本大震災白石市の記録―2011 3.11　白石　白石市　2014.
3　74p　30cm　Ⓝ369.31

宮城県（災害復興―多賀城市）
◇みなと仙台ゆめタウン―仙塩広域都市計画事業仙台港背後地
土地区画整理事業：東日本大震災からの復旧・復興状況につい
て：復興へ頑張ろう！　vol. 2　［多賀城］　宮城県仙台港背
後地土地区画整理事務所　2013.3　61p　30cm　Ⓝ518.8

宮城県（災害復興―南三陸町）
◇震災復興と地域産業　5　小さな”まち”の未来を映す「南三陸
モデル」　関満博，松永桂子著　新評論　2014.3　282p
19cm〈内容：小規模自治体の被災と産業復興(関満博著)　南
三陸町の産業経済と被災、復興(関満博著)　基幹産業の漁業
の被災と復興(関満博著)　水産加工業の被災、復旧・復興(関
満博著)　農業周辺の新たな動き(松永桂子著)　南三陸のモ
ノづくり系企業の状況(関満博著)　津波被災地域の「仮説商
店街」の取り組みと行方(松永桂子著)　生活支援産業の再開
の現状と課題(関満博著)　観光・交流・学びの新たな展開(松
永桂子著)　小さな「まち」の産業復興(松永桂子著)〉　①978-
4-7948-0963-6　Ⓝ602.12　［2800円］
◇南三陸町長の3年―あの日から立ち止まることなく　佐藤仁
著、石田浩聞き手　仙台　河北新報出版センター　2014.3
239p　19cm（河北選書）　①978-4-87341-321-1　Ⓝ369.31
［800円］

宮城県（災害復興―山元町）
◇99%の絶望の中に「1%のチャンス」は実る　岩佐大輝著　ダ
イヤモンド社　2014.3　207p　19cm〈年譜あり〉　①978-4-
478-02745-5　Ⓝ626.29　［1300円］

宮城県（災害復興―歴史）
◇三陸沿岸地域の集落形成史における高所移転に関する研究―
調査研究報告書　林憲吾，岡村健太郎［著］，第一生命財団編
第一生命財団　2014.6　57，13p　30cm　Ⓝ518.8　［非売品］

◇湯けむり復興計画―江戸時代の飢饉を乗り越える　高橋陽一
著　仙台　蕃山房　2014.7　72p　21cm　（よみがえるふるさ
との歴史 4　秋保温泉・川渡温泉・青根温泉）〈本の森（発売）
文献あり〉　①978-4-904184-67-7　Ⓝ212.3　［800円］

宮城県（災害復興―亘理町）
◇いちご畑をもう一度―3・11復興の軌跡　森栄吉著　潮出版社
2014.3　173p　19cm　①978-4-267-01972-2　Ⓝ626.29
［1200円］

宮城県（災害予防）
◇災害を超えて―宮城における歴史資料保全：2003-2013：宮城
歴史資料保全ネットワーク10周年記念シンポジウム　仙台
宮城歴史資料保全ネットワーク　2014.11　74p　26cm
Ⓝ709.123

宮城県（自然保護）
◇地域生物多様性保全計画（宮城県生物多様性地域戦略）策定事
業業務委託業務完了報告書　平成25年度　［仙台］　［宮
城県］　［2014］　1冊（ページ付なし）30cm　Ⓝ519.8123

宮城県（自然保護―登米市）
◇地域生物多様性保全計画（登米市生物多様性地域戦略）策定事
業業務委託業務報告書　平成25年度　登米　宮城県登米市環境課
2014.3　49p　30cm　Ⓝ462.123

宮城県（児童福祉）
◇子どもとともに―東日本大震災被災地子ども支援NPO三年の
歩みと未来への提言　仙台　チャイルドラインみやぎ　2014.
3　221p　21cm　Ⓝ369.4

宮城県（社会教育施設―気仙沼市）
◇盛岡・気仙沼被災地現地研修の記録―お茶の水女子大学平成
24年度共同研究用研究経費研究成果報告書　平成24年度　お
茶の水女子大学盛岡・気仙沼現地研修実行委員会［編］　お茶
の水女子大学大学院人間文化創成科学研究科　2013.1　119p
30cm　Ⓝ369.31

宮城県（住宅問題）
◇東日本大震災からの復興再生をめざして―宮城県建築住宅セ
ンターの活動の記録　三部佳英＋センター職員編、宮城県建
築住宅センター　建築ジャーナル　2014.3　272p　22cm
①978-4-86035-094-9　Ⓝ369.31　［1300円］
◇みやぎボイス　2014　復興住宅のこえ　［仙台］　みやぎボイ
ス連絡協議会　2014.8　152p　30cm〈会期・会場：2014年5
月11日　せんだいメディアテーク1Fオープンスクエア〉　Ⓝ518.
8　［1000円］

宮城県（小学校）
◇絆そして未来へ―3.11からの復興：東日本大震災2年間の記録
宮城県小学校長会、仙台市小学校長会編　［仙台］　宮城県小学
校長会　2013.3　128p　30cm〈共同刊行：仙台市小学校長
会〉　Ⓝ376.2123

宮城県（小学校―気仙沼市）
◇被災から前進するために　第2集　［気仙沼］　宮城県気仙沼市
立学校長会　2013.5　171p　30cm〈第2集のタイトル関連情
報：東日本大震災から2年目の取組　共同刊行：気仙沼市教育
委員会ほか〉　Ⓝ376.2123
◇被災から前進するために　第3集　［気仙沼］　宮城県気仙沼市
立学校長会　2014.3　183p　30cm〈第3集のタイトル関連情
報：未来へのメッセージ　共同刊行：気仙沼市教育委員会ほ
か〉　Ⓝ376.2123

宮城県（商店街―気仙沼市）
◇企業内診断士、被災地での挑戦―「気仙沼バル」成功の裏側
気仙沼バル実行委員会中小企業診断士チーム編著　同友館
2014.8　197p　19cm　①978-4-496-05063-3　Ⓝ672.123
［1600円］

宮城県（職業訓練）
◇東日本大震災と職業訓練の現場―ポリテクセンター宮城の被
災から復旧・復興までの記録　労働政策研究・研修機構編　労
働政策研究・研修機構　2014.3　214p　30cm　（労働政策研
究報告書　no. 162）　Ⓝ366.29

宮城県（食生活―歴史）
◇仙台藩の食文化　佐藤敏悦著　［仙台］　大崎八幡宮仙台・江
戸学実行委員会　2014.10　70p　21cm　（国宝大崎八幡宮仙
台・江戸学叢書 64）〈年表あり　発行所：大崎八幡宮〉
Ⓝ383.8123

宮城県（食品流通―歴史）
◇仙台城下への肴の道　斎藤善之著　［仙台］　大崎八幡宮仙
台・江戸学実行委員会　2014.7　70p　21cm　（国宝大崎八幡
宮仙台・江戸学叢書 42）〈発行所：大崎八幡宮〉　Ⓝ661.4

宮城県（書目）
◇宮城県EL新聞記事情報リスト　2013-1　エレクトロニック・
ライブラリー編　エレクトロニック・ライブラリー　2014.2
1099p　31cm〈制作：日外アソシエーツ〉　Ⓝ025.8123

宮城県（振動〔鉄道〕） 日本件名図書目録2014　Ⅰ

み

◇宮城県EL新聞記事情報リスト　2013-2　エレクトロニック・ライブラリー編　エレクトロニック・ライブラリー　2014.2　p1101-2007　31cm　〈制作：日外アソシエーツ〉Ⓝ025.8123
◇宮城県EL新聞記事情報リスト　2013-3　エレクトロニック・ライブラリー編　エレクトロニック・ライブラリー　2014.2　p2009-2901　31cm　〈制作：日外アソシエーツ〉Ⓝ025.8123
◇宮城県EL新聞記事情報リスト　2013-4　エレクトロニック・ライブラリー編　エレクトロニック・ライブラリー　2014.2　p2903-3848　31cm　〈制作：日外アソシエーツ〉Ⓝ025.8123
◇宮城県EL新聞記事情報リスト　2013-5　エレクトロニック・ライブラリー編　エレクトロニック・ライブラリー　2014.2　p3849-4647　31cm　〈制作：日外アソシエーツ〉Ⓝ025.8123
◇宮城県EL新聞記事情報リスト　2013-6　エレクトロニック・ライブラリー編　エレクトロニック・ライブラリー　2014.2　p4649-5608　31cm　〈制作：日外アソシエーツ〉Ⓝ025.8123
◇宮城県EL新聞記事情報リスト　2013-7　エレクトロニック・ライブラリー編　エレクトロニック・ライブラリー　2014.2　p5609-6640　31cm　〈制作：日外アソシエーツ〉Ⓝ025.8123
◇宮城県EL新聞記事情報リスト　2013-8　エレクトロニック・ライブラリー編　エレクトロニック・ライブラリー　2014.2　p6641-7619　31cm　〈制作：日外アソシエーツ〉Ⓝ025.8123
◇宮城県EL新聞記事情報リスト　2013-9　エレクトロニック・ライブラリー編　エレクトロニック・ライブラリー　2014.2　p7621-8194　31cm　〈制作：日外アソシエーツ〉Ⓝ025.8123

宮城県（振動〔鉄道〕）
◇東北新幹線に関する騒音・振動実態調査（宮城県）委託業務報告書　平成25年度　［仙台］　宮城県　2014.3　68p　31cm　〈平成25年度環境省委託業務〉Ⓝ519.6

宮城県（水運―亘理町）
◇荒浜湊のにぎわい―東廻り海運と阿武隈川舟運の結節点　井上拓巳著　仙台　蕃山房　2014.3　74p　21cm　（よみがえるふるさとの歴史　1（宮城県亘理町荒浜））〈本の森（発売）文献あり〉Ⓘ978-4-904184-62-2　［800円］

宮城県（水産業）
◇東日本大震災―発災から一年間の災害対応の記録　宮城県農林水産部農林水産総務課編　［仙台］　宮城県農林水産部　2013.6　257p　30cm　Ⓝ612.123
◇宮城・食の復興―つくる、食べる、ずっとつながる　西村一郎著　生活文化出版　2014.7　249p　19cm　Ⓘ978-4-903755-16-8　Ⓝ612.123　［1500円］

宮城県（水産物―歴史）
◇仙台城下への肴の道　斎藤善之著　［仙台］　大崎八幡宮仙台・江戸学実行委員会　2014.7　70p　21cm　（国宝大崎八幡宮仙台・江戸学叢書　42）〈発行所：大崎八幡宮〉Ⓝ661.4

宮城県（生活困窮者）
◇生活困窮者に対する地域の相談機関・団体の連携と家計改善支援に関する調査研究事業報告書　仙台　みやぎ生活協同組合くらしの安心サポート部　2014.3　56p　30cm　〈平成25年度セーフティネット支援対策等事業費補助金社会福祉推進事業〉Ⓝ369.2

宮城県（生物多様性）
◇地域生物多様性保全計画（宮城県生物多様性地域戦略）策定事業委託業務委託業務完了報告書　平成25年度　［仙台］　［宮城県］　［2014］　1冊（ページ付なし）30cm　Ⓝ519.8123

宮城県（生物多様性―登米市）
◇地域生物多様性保全計画（登米市生物多様性地域戦略）策定事業委託業務報告書　平成25年度　登米　宮城県登米市環境課　2014.3　49p　30cm　Ⓝ462.123

宮城県（騒音〔鉄道〕）
◇東北新幹線に関する騒音・振動実態調査（宮城県）委託業務報告書　平成25年度　［仙台］　宮城県　2014.3　68p　31cm　〈平成25年度環境省委託業務〉Ⓝ519.6

宮城県（大気汚染）
◇放射性物質測定調査委託費（浮遊粒子物質測定用テープろ紙の放射性物質による大気中放射性物質濃度把握）事業報告書　平成25年度　［千葉］　日本分析センター　2014.3　413p　31cm　〈ルーズリーフ〉Ⓝ519.3

宮城県（大豆―栽培）
◇宮城県における平成25年度水稲及び麦類・大豆の作柄解析　大崎　宮城県古川農業試験場　2014.3　90p　30cm　（宮城県古川農業試験場臨時報告　第11号）Ⓝ616.2

宮城県（単親家庭）
◇宮城県ひとり親世帯等実態調査結果報告書　平成25年度　仙台　宮城県保健福祉部子育て支援課　［2013］　175, 34p　30cm　〈平成25年9月1日現在〉Ⓝ369.41

宮城県（地域開発―石巻市）
◇「北上地域まちづくり委員会」支援活動報告書　2013年度　日本建築家協会東北支部宮城地域会北上支援チーム文責　仙台　日本建築家協会東北支部宮城地域会　2014.3　127p　30cm　〈年表あり〉Ⓝ601.123

宮城県（地域経済―石巻市）
◇「震災復興に関する地域経済学的アプローチ」調査報告書―地域経済分科会：平成25年度自主研究事業：東日本大震災関連調査研究　統計研究会　2014.3　45p　30cm　〈文献あり　研究代表者：須田昌弥〉Ⓝ332.123

宮城県（地域包括ケア）
◇被災地における地域包括ケアの創造的な展開とシステム化への支援策に関する調査研究事業実施報告書　［東京］　日本介護経営学会　2014.3　100p　30cm　〈平成25年度老人保健事業推進費等補助金（老人保健健康増進等事業）、（事業区分番号）第2・2被災地における地域包括ケアのあり方に関する調査事業　タイトルは奥付による〉Ⓝ369.26

宮城県（地誌）
◇宮城「地理・地名・地図」の謎―意外と知らない宮城県の歴史を読み解く！　木村浩二監修　実業之日本社　2014.11　191p　18cm　（じっぴコンパクト新書　213）〈文献あり〉Ⓘ978-4-408-11095-0　Ⓝ291.23　［800円］

宮城県（地誌―東松島市）
◇奥松島物語―小野・野蒜・宮戸　創刊号　赤坂憲雄監修, 西脇千瀬責任編集　仙台　奥松島物語プロジェクト　2013.1　78p　21cm　〈荒蝦夷（発売）〉Ⓘ978-4-904863-26-8　Ⓝ291.23　［1000円］
◇奥松島物語―小野・野蒜・宮戸　第2号　赤坂憲雄監修, 西脇千瀬責任編集　仙台　奥松島物語プロジェクト　2014.3　79p　21cm　〈荒蝦夷（発売）〉Ⓘ978-4-904863-38-1　Ⓝ291.23　［1000円］

宮城県（地方選挙）
◇選挙結果調べ　平成25年度　仙台市選挙管理委員会編　仙台　仙台市選挙管理委員会　2014.3　136p　図版［16］枚　30cm　〈第23回参議院議員通常選挙　平成25年7月21日執行, 仙台市長選挙　平成25年8月11日執行, 宮城県知事選挙　平成25年10月27日執行〉Ⓝ314.8

宮城県（地名）
◇みやぎ不思議な地名楽しい地名　太宰幸子著　仙台　河北新報出版センター　2014.10　298p　19cm　（河北選書）Ⓘ978-4-87341-328-0　Ⓝ291.23　［1000円］

宮城県（中学校―気仙沼市）
◇被災から前進するために　第2集　［気仙沼］　宮城県気仙沼市立学校長会　2013.5　171p　30cm　〈第2集のタイトル関連情報：東日本大震災から2年目の取組　共同刊行：気仙沼市教育委員会ほか〉Ⓝ376.2123
◇被災から前進するために　第3集　［気仙沼］　宮城県気仙沼市立学校長会　2014.3　183p　30cm　〈第3集のタイトル関連情報：未来へのメッセージ　共同刊行：気仙沼市教育委員会ほか〉Ⓝ376.2123

宮城県（津波）
◇三陸沿岸地域の集落形成史における高所移転に関する研究―調査研究報告書　林憲吾, 岡村健太郎［著］, 第一生命財団編　第一生命財団　2014.5　13p　30cm　Ⓝ518.8　［非売品］
◇津波防災シンポジウム―地域で育てる津波防災文化：開催報告書：3.11伝承・減災プロジェクト　平成25年度　［仙台］　宮城県土木部防災砂防課　［2013］　78p　30cm　〈会期・会場：平成25年5月25日　宮城県庁2階講堂　〉東日本大震災の教訓（片田敏孝述）みやぎの防災教育（身崎裕司述）3.11伝承・減災プロジェクトについて（角田篤彦述）Ⓝ369.31

宮城県（津波―石巻市）
◇石巻市立大川小学校「事故検証委員会」を検証する　池上正樹, 加藤順子著　ポプラ社　2014.3　271p　19cm　Ⓘ978-4-591-13706-2　Ⓝ369.31　［1500円］
◇大川小学校事故検証報告書　［出版地不明］　大川小学校事故検証委員会　2014.2　15, 233p　30cm　Ⓝ369.31
◇大川小学校避難訓練さえしていたら……　金沢啓修著　文藝書房　2014.11　165p　19cm　Ⓘ978-4-89477-442-1　Ⓝ369.31　［926円］

宮城県（読書指導）
◇みやぎ子ども読書活動推進計画　第3次　宮城県教育庁生涯学習課編　仙台　宮城県教育庁生涯学習課　2014.3　80p　30cm　Ⓝ019.2
◇みやぎ子ども読書活動推進ネットワークフォーラム報告書　宮城県教育庁生涯学習課生涯学習振興班編　仙台　宮城県教育庁生涯学習課生涯学習振興班　2014.3　58p　30cm〈会期・会場：平成26年1月25日　宮城県行政庁舎講堂ほか　平成25年度文部科学省委託子どもの読書活動の推進「読書コミュニティ拠点形成支援」事業　共同刊行：宮城県教育委員会〉Ⓝ019.2

宮城県（土地利用）
◇土地利用の現況と施策の概要─宮城県国土利用計画管理運営資料　平成25年度　仙台　宮城県震災復興・企画部地域復興支援課　2014.3　171p　30cm　Ⓝ334.6

宮城県（猫─保護）
◇東日本大震災動物救護活動の記録　谷津壽郎編集責任　［仙台］　宮城県緊急災害時被災動物救護本部　2013.4　229p　30cm　Ⓝ645.6

宮城県（年中行事─気仙沼市）
◇小々汐仁屋の年中行事　東北芸術工科大学東北文化研究センター編　山形　東北芸術工科大学東北文化研究センター　2014.3　56p　26cm　（ブックレット〈むらの記憶〉1）〈文部科学省私立大学戦略的研究基盤形成支援事業「環境動態を視点とした地域社会と集落形成に関する総合的研究」〉Ⓝ386.123

宮城県（農業）
◇東日本大震災─発災から一年間の災害対応の記録　宮城県農林水産部農林水産総務課編　［仙台］　宮城県農林水産部　2013.6　257p　30cm　Ⓝ612.123
◇東日本大震災の記録─農業関係の被害と対応：復旧期版（震災発生─平成25年度）石巻　宮城県東部地方振興事務所農業振興部　2014.3　143p　30cm〈折り込 1枚〉Ⓝ612.123
◇宮城・食の復興─つくる、食べる、ずっとつながる　西村一郎著　生活文化出版　2014.7　249p　19cm　Ⓘ978-4-903755-16-8　Ⓝ612.123　［1500円］
◇みやぎの農業農村復旧復興のあゆみ─復旧から再生へ：平成23年3月11日発生東日本大震災　宮城県農林水産部農村振興課編　仙台　宮城県農林水産部農村整備課　2014.3　144p　30cm〈共同刊行：宮城県農林水産部農地復興推進室〉Ⓝ612.123

宮城県（農村）
◇米作地帯─土の中に眠つてはいない　斎藤芳郎文　京都　三人社　2014.12　154p　18cm　（ルポルタージュシリーズ）〈現在の会編　原本：柏林書房1955年刊〉Ⓘ978-4-906943-83-8,978-4-906943-80-7（set）Ⓝ611.92123

宮城県（東日本大震災〔2011〕─被害）
◇菜の花サイエンス─津波塩害農地の復興　東北大学菜の花プロジェクト編　仙台　東北大学出版会　2014.7　118p　21cm〈内容：2011年3月11日（中井裕著）津波塩害農地復興のための菜の花プロジェクト（中井裕著）　菜の花の様々な利用（齋藤隆典著）　菜の花の仲間（西尾剛著）　菜の花のゲノム（西尾剛著）　菜の花の特徴と品種（西尾剛著）　均一な品種と不均一な品種（西尾剛著）　生育旺盛なハイブリッド品種（西尾剛著）　菜の花類の雑種（西尾剛著）　輸入される遺伝子組換えナタネ（西尾剛著）　アブラナ科作物ジーンバンク〈遺伝子銀行〉（西尾剛著）　耐塩性菜の花の選抜（北柴大泰著）　津波被災農地の土壌調査と菜の花（伊藤豊彰著）　津波被災土壌の分析（南條正巳著）　土壌の塩害を微生物で修復できるか（齋藤雅典著）　津波被災地でのアブラナの栽培試験（北柴大泰著）　東北大学菜の花プロジェクト（大村道明,阿部美幸著）　ナタネ栽培による収益（大村道明著）　食用菜の花・花卉菜の花の栽培事例（大串由紀江,大村道明著）　菜の花の不思議な魅力（大村道明著）　菜の花によるエコエネルギー生産と被災地を救う資源循環システム（中井裕著）　菜の花サイエンスと東北大学菜の花プロジェクトの将来（中井裕著）〉Ⓘ978-4-86163-248-8　Ⓝ617.9　［1500円］
◇私の「3・11」─大災害を生きて　一戸葉子,岡康子,門脇佐栄子,鹿戸佳子,戸枝季子編　仙台　宮城県女性九条の会　2013.1　76p　30cm　Ⓝ369.31　［200円］

宮城県（東日本大震災〔2011〕─被害─石巻市）
◇東日本大震災あなたに持っていて欲しい物　相澤陽子著　ヒロエンタープライズ　2014.3　101p　21cm　Ⓝ916　［1300円］
◇東日本大震災生かされた命ありがとうお父さん　阿部恵久代著　ヒロエンタープライズ　2014.3　72p　21cm　Ⓝ916　［1100円］

宮城県（東日本大震災〔2011〕─被害─石巻市─写真集）
◇石巻─2011.3.27〜2014.5.29　橋本照嵩写真　横浜　春風社　2014.9　1冊（ページ付なし）25cm　Ⓘ978-4-86110-414-5　Ⓝ369.31　［4500円］

宮城県（東日本大震災〔2011〕─被害─大崎市）
◇東日本大震災の記録─宮城県大崎市災害からの復興　市民協働推進部政策課, パスコ編　大崎　大崎市　2014.4　210p　30cm　Ⓝ369.31

宮城県（東日本大震災〔2011〕─被害─角田市）
◇東日本大震災角田市の記録─2011.3.11　角田　角田市総務部秘書広報室　2014.11　70p　30cm　Ⓝ369.31

宮城県（東日本大震災〔2011〕─被害─気仙沼市）
◇東日本大震災の記録と津波の災害史─リアス・アーク美術館常設展示図録：配布版　気仙沼　リアス・アーク美術館　2014.3　175p　26cm〈編集：山内宏泰〉Ⓝ369.31

宮城県（東日本大震災〔2011〕─被害─写真集）
◇いのり─東日本大震災で亡くなられた方々の魂に捧ぐ　冨田晃著　仙台　創栄出版　2014.2　22p　19×27cm〈星雲社（発売）英語併記〉Ⓘ978-4-434-18863-3　Ⓝ369.31　［1500円］

宮城県（東日本大震災〔2011〕─被害─名取市─写真集）
◇名取市東日本大震災一年間の写真記録　名取市総務部震災記録室編　名取　名取市　2013.3　111p　30cm　Ⓝ369.31　［非売品］
◇閖上地区の全記録─2011.3.11東日本大震災　斎藤正善,斎藤司撮影　名取　斎藤正善　2013.4（5刷）79p　30cm〈斎藤コロタイプ印刷（印刷）〉Ⓝ369.31　［1500円］

宮城県（東日本大震災〔2011〕─被害─南三陸町）
◇虹の向こうの未希へ　遠藤美恵子著　文藝春秋　2014.8　222p　20cm　Ⓘ978-4-16-390114-5　Ⓝ916　［1300円］
◇東日本大震災の記録と津波の災害史─リアス・アーク美術館常設展示図録：配布版　気仙沼　リアス・アーク美術館　2014.3　175p　26cm〈編集：山内宏泰〉Ⓝ369.31
◇南三陸町長の3年─あの日から立ち止まることなく　佐藤仁著, 石田治聞き手　仙台　河北新報出版センター　2014.3　239p　19cm　（河北選書）Ⓘ978-4-87341-321-1　Ⓝ369.31　［800円］

宮城県（東日本大震災〔2011〕─被害─南三陸町─写真集）
◇南三陸から　vol.4　2013.3.11〜2014.3.11　佐藤信一写真　ADK南三陸町復興支援プロジェクト　2014.9　1冊（ページ付なし）19×26cm〈日本文芸社（発売）表紙のタイトル：PHOTO LETTER FROM MINAMI SANRIKU〉Ⓘ978-4-537-27870-5　Ⓝ369.31　［1500円］

宮城県（被災者支援─石巻市）
◇10倍挑戦、5倍失敗、2倍成功!?─ちょっとはみだしもっとつながる爆速ヤフーの働き方　長谷川琢也著, ヤフー株式会社監修　東洋経済新報社　2014.7　239p　19cm〈年譜あり〉Ⓘ978-4-492-04531-2　Ⓝ007.35　［1500円］

宮城県（被災者支援─大崎市）
◇東日本大震災の記録─宮城県大崎市災害からの復興　市民協働推進部政策課, パスコ編　大崎　大崎市　2014.4　210p　30cm　Ⓝ369.31

宮城県（被災者支援─東松島市）
◇笑顔から輝きへ─東松島は立志する　［大崎］　LEAF26　［2014］　66p　30cm〈独立行政法人福祉医療機構社会福祉振興助成事業〉Ⓝ369.31

宮城県（文化財─保存・修復─白石市）
◇白石市の文化財レスキュー　白石市教育委員会　白石　白石市歴史文化を活用した地域活性化実行委員会　2014.3　71p　30cm　（白石市文化財調査報告書 第48集）〈平成25年度文化庁文化遺産を活かした地域活性化事業〉Ⓝ709.123

宮城県（文化財保護）
◇災害を超えて─宮城における歴史資料保全：2003-2013：宮城歴史資料保全ネットワーク10周年記念シンポジウム　仙台　宮城歴史資料保全ネットワーク　2014.11　74p　26cm　Ⓝ709.123

宮城県（方言─気仙沼市）
◇生活を伝える被災地方言会話集─宮城県気仙沼市・名取市の100場面会話　東北大学方言研究センター編　仙台　東北大学大学院文学研究科国語学研究室　2014.3　384p　26cm　Ⓝ818.23
◇被災地方言の保存・継承のための方言会話の記録と公開　東北大学方言研究センター編　仙台　東北大学大学院文学研究科国語学研究室　2014.3　384p　30cm　（文化庁委託事業報告書）Ⓝ818.23

宮城県（方言―名取市）　　　　　　　　　　　　　　　　　　　　　　　日本件名図書目録2014　Ⅰ

宮城県（方言―名取市）
◇生活を伝える被災地方言会話集―宮城県気仙沼市・名取市の100場面会話　東北大学方言研究センター編　仙台　東北大学大学院文学研究科国語学研究室　2014.3　384p　26cm　Ⓝ818.23
◇被災地方言の保存・継承のための方言会話の記録と公開　東北大学方言研究センター編　仙台　東北大学大学院文学研究科国語学研究室　2014.3　384p　30cm　〈文化庁委託事業報告書〉Ⓝ818.23

宮城県（防災教育―会議録）
◇津波防災シンポジウム―地域で育てる津波防災文化：開催報告書：3.11伝承・減災プロジェクト　平成25年度　［仙台］　宮城県土木部防災砂防課　［2013］　78p　30cm　〈会期・会場：平成25年5月25日　宮城県庁2階講堂　内容：3.11東日本大震災の教訓（片田敏孝述）　みやぎの防災教育（身崎裕司述）　3.11伝承・減災プロジェクトについて（角田篤彦述）〉Ⓝ369.31

宮城県（防災計画）
◇東京電力福島第一原子力発電所事故被害対策実施計画―平成23年度―平成25年度　平成25年3月改訂　仙台　宮城県環境生活部原子力安全対策課　2013.3　64p　30cm　Ⓝ369.36
◇東京電力福島第一原子力発電所事故被害対策実施計画―平成23年度―中間評価：第2期計画策定に向けて　仙台　宮城県環境生活部原子力安全対策課　2013.8　61p　30cm　Ⓝ369.36
◇東京電力福島第一原子力発電所事故被害対策実施計画　第2期　平成26年度―平成28年度　仙台　宮城県環境生活部原子力安全対策課　2014.3　66p　30cm　〈第2期のタイトル関連情報：震災以前の安全・安心なみやぎの再生―年間放射線量1ミリシーベルト以下の県土づくり〉Ⓝ369.36
◇宮城県地域防災計画　原子力災害対策編　宮城県環境生活部原子力安全対策課編　［仙台］　宮城県防災会議　2014.2　89p　30cm　〈平成26年2月宮城県防災会議修正〉Ⓝ369.3

宮城県（法律扶助）
◇東日本大震災の被災者等への法的支援に関するニーズ調査―最終報告書　日本司法支援センター編　日本司法支援センター　2014.5　337p　26cm　Ⓝ369.31

宮城県（道の駅）
◇支援紡ぐ道の駅―震災から再生へ宮城6駅の挑戦　鈴木孝也著　石巻　三陸河北新報社　2014.12　160p　19cm　①978-4-906781-05-8　Ⓝ685.4　［1100円］

宮城県（民間社会福祉事業―亘理町）
◇みんなde手しごとプロジェクト事業　Watalis編　亘理町（宮城県）　Watalis　2014.3　67p　30cm　〈独立行政法人福祉医療機構社会福祉振興助成事業〉Ⓝ369.14

宮城県（民具―山元町―目録）
◇山元町歴史民俗資料館収蔵資料目録　7　民俗資料　1（衣食住）　山元町（宮城県）　山元町歴史民俗資料館　2014.3　121p　30cm　Ⓝ212.3

宮城県（麦―栽培）
◇宮城県における平成25年度水稲及び麦類・大豆の作柄解析　大崎　宮城県古川農業試験場　2014.3　90p　30cm　（宮城県古川農業試験場臨時報告　第11号）Ⓝ616.2

宮城県（無形文化財）
◇無形民俗文化財が被災するということ―東日本大震災と宮城県沿岸部地域社会の民俗誌　高倉浩樹, 滝澤克彦編　新泉社　2014.1　318p　21cm　〈内容：その年も、「お年とり」は行われた（梅屋潔著）　災害復興における民俗文化の役割（林勲男著）　震災後における民俗の活用と継承の現在（政岡伸洋著）　巨大地震で落ちなかった受験の神様と「担がれない」お神輿（金菱清著）　石巻市釜谷における年中行事の被災と復興（岡山卓矢著）　雄勝法印神楽の再開過程と民俗性（小谷竜介著）　東日本大震災と離島の民俗文化（金賢貞著）　牡鹿半島の集落における祭り復興の三つの型（山口未花子著）　二年遅れで復活した二〇年周期の祭礼から見えてくる現実（木村敏明著）　東松島市月浜の被災民俗文化財調査からみる、民俗行事の伝承と生業の復興（俵木悟著）　アニメ聖地巡礼者たちの被災地支援（鴇田義孝, 川村清志著）　多賀城鹿踊「被災」始末（菊地暁著）　「情けのイナサ」をふたたび（川島秀一著）　大漁唄い込み踊にみる閖上のくらし（沼田愛, 赤嶺淳著）　仮設住宅での聞き取りからみえてくる生業・土地利用・被災家屋（島村恭則, 沼田愛著）　祭礼を無理に復活させないという選択（滝澤克彦著）　「地区」と祭りの変遷（稲澤努著）　残されたご神体と奉納できぬ神楽（高倉浩樹著）　民俗芸能と祭礼からみた地域復興　結（高倉浩樹著）〉①978-4-7877-1320-9　Ⓝ709.123　［2500円］

宮城県（無形文化財―情報サービス―石巻市）
◇石巻市に関する文化的リソースを利活用した芸術プログラムの開発実践研究―調査研究報告書　向井知子［著］, 第一生命財団編　第一生命財団　2014.9　74p　30cm　〈文献あり〉Ⓝ709.123　［非売品］

宮城県（名簿）
◇宮城県人物・人材情報リスト　2015　第1巻　日外アソシエーツ株式会社編　日外アソシエーツ（制作）　2014.11　499p　30cm　Ⓝ281.23
◇宮城県人物・人材情報リスト　2015　第2巻　日外アソシエーツ株式会社編　日外アソシエーツ（制作）　2014.11　p501-955, 42p　30cm　Ⓝ281.23

宮城県（薬物犯罪）
◇宮城県薬物乱用対策推進計画―「薬物乱用のないみやぎ」に向けて　第4版　［仙台］　宮城県薬物乱用対策推進本部　［2014］　55p　30cm　Ⓝ498.12

宮城県（料理店―石巻市）
◇料理店の震災談義―被災経験から災害対応を考え直す　阪本真由美, 佐藤翔輔監修　［出版地不明］　全国芽生会連合会石巻芽生会　2014.10　67p　21cm　〈共同刊行：宮城県料理業生活衛生同業組合石巻市組合員ほか〉Ⓝ673.97

宮城県（林業）
◇東日本大震災―発災から一年間の災害対応の記録　宮城県農林水産部農林水産総務課編　［仙台］　宮城県農林水産部　2013.6　257p　30cm　Ⓝ612.123
◇みやぎの森林・林業のすがた　平成25年度版　宮城県農林水産部林業振興課編　［仙台］　宮城県農林水産部　2014.3　69p　30cm　Ⓝ652.123
◇みやぎの森林・林業のすがた　平成25年度改訂版　宮城県農林水産部林業振興課編　［仙台］　宮城県農林水産部　2014.8　69p　30cm　Ⓝ652.123

宮城県（歴史）
◇みやぎ聞き書き村草子　第15集　仙台　みやぎ聞き書き村草子舎委員会　2014.8　108p　21cm　Ⓝ212.3　［800円］

宮城県（歴史―大崎市）
◇地域の歴史を学ぶ―宮城県大崎市の文化遺産　荒武賢一朗編　仙台　東北大学東北アジア研究センター　2013.10　184p　26cm　（東北アジア研究センター報告　第10号）〈文献あり〉①978-4-901449-87-8　Ⓝ212.3　［非売品］

宮城県（歴史―史料）
◇天童家文書　2　多賀城市教育委員会編　［出版地不明］　多賀城市文化遺産活用活性化実行委員会　2014.3　94p　30cm　（多賀城市文化財調査報告書　第117集）〈平成25年度「文化庁文化遺産を活かした地域活性化事業」〉Ⓝ212.3

宮城県（歴史―史料―角田市）
◇和田家資料「内留」―嘉永二年　角田市郷土資料館編　角田　角田市教育委員会　2014.3　331p　30cm　（角田市文化財調査報告書　第43集）Ⓝ212.3

宮城県（労働行政）
◇職場と雇用の復興に向けて―東日本大震災宮城労働局の記録　宮城労働局総務部企画室編　仙台　宮城労働局　2014.3　173p　30cm　Ⓝ366.1

宮城県（和算―歴史）
◇仙台藩の和算　佐藤賢一著　［仙台］　大崎八幡宮仙台・江戸学実行委員会　2014.12　70p　21cm　（国宝大崎八幡宮仙台・江戸学叢書　36）〈発行所：大崎八幡宮〉Ⓝ419.1

宮城県（綿―栽培）
◇東北コットンプロジェクト―綿と東北とわたしたちと　宮川真紀文　タバブックス　2014.6　207p　19cm　〈文献あり　年譜あり　写真：中野幸英〉①978-4-907053-03-1　Ⓝ618.1　［1600円］

宮城県合気道連盟
◇宮城県合気道連盟五十周年誌　［出版地不明］　宮城県合気道連盟　2014　258p　31cm　〈年表あり　奥付のタイトル：宮城県合気道連盟五十周年記念誌〉Ⓝ789.2

宮城県看護協会
◇東日本大震災宮城県看護協会の記録―復興への歩み　仙台　宮城県看護協会　2013.3　174p　30cm　Ⓝ498.14

宮城県芸術協会
◇宮城県芸術協会五十周年史　仙台　宮城県芸術協会　2014.11　170p　21cm　〈年表あり　折り込1枚〉Ⓝ706

宮城県建設業協会
◇3.11東日本大震災宮城県建設業協会の闘い　2　仙台　宮城県建設業協会　2014.3　109p　30cm　〈「2」のタイトル関連情報：俺たちが地域を守り復興を果たす〉Ⓝ510.6

宮城県詩人会
◇宮城の現代詩 2014 / 宮城県詩人会10年史　宮城県詩人会編　仙台　あきは書館　2014.10　226p　21cm　〈年表あり〉　①978-4-904391-27-3　Ⓝ911.568　［1400円］

みやぎ生活協同組合
◇みやぎ生協とその周辺から見えてくるもの―宮城の地域社会、その過去・現在・未来　生協総合研究所　2014.10　91p　26cm　（生協総研レポート no. 75）〈年表あり〉　Ⓝ365.85　［1000円］

宮城谷 昌光〔1945～〕
◇三国志読本　宮城谷昌光著　文藝春秋　2014.5　379p　20cm　〈文献あり　著作目録あり〉　①978-4-16-390058-2　Ⓝ910.268　［1500円］

宮城ハンセン協会
◇宮城ハンセン協会のあゆみ　補筆編　金子昌煕編　仙台　みちのく出版社　2014.3　40p　30cm　（会報 3）〈年表あり〉　Ⓝ498.6

みやぎボランティア友の会
◇泉のひびき―みやぎボランティア友の会創立39周年記念誌　第5号　仙台　みやぎボランティア友の会　2014.5　129p　26cm　〈年表あり〉　Ⓝ369.14

三宅 寄斎〔1580～1649〕
◇處士三宅亡羊　入内島一崇著　文芸社　2014.9　381p　20cm　〈文献あり〉　①978-4-286-15448-0　Ⓝ121.54　［1700円］

三宅 久之〔1930～2012〕
◇愛妻納税墓参り―家族から見た三宅久之回想録　三宅眞著　イースト・プレス　2014.2　251p　20cm　①978-4-7816-1136-5　Ⓝ289.1　［1600円］

三宅 弘〔1953～〕
◇弁護士としての来し方とこれから福井でしたいこと―原田湛玄老師と折原浩教授からの"学び"をふまえて：講演録　三宅弘著　シングルカット　2013.10　133p　20cm　（Single Cut Collection）①978-4-938737-58-0　Ⓝ289.1　［1000円］

三宅 洋平〔1978～〕
◇「選挙フェス」17万人を動かした新しい選挙のかたち　三宅洋平,岡本俊浩著　星海社　2014.1　268p　18cm　（星海社新書 41）〈講談社（発売）〉　①978-4-06-138544-3　Ⓝ314.85　［840円］

三宅村〔東京都〕（文化活動）
◇100人先生―2012-2014　開発好明,上地里佳,吉田武司,大内伸輔,長尾聡子編　東京文化発信プロジェクト室　2014.3　1冊（ページ付なし）21cm　Ⓝ709365

三宅村〔東京都〕（ポスター―図集）
◇三宅島ポスタープロジェクト―三宅村×三宅島大学プロジェクト実行委員会×東京アートポイント計画　加藤文俊,森司企画・監修、慶應義塾大学加藤文俊研究室編　東京文化発信プロジェクト室　2014.3　21枚　42cm　〈東京文化発信プロジェクト　未装丁〉　Ⓝ727.6

宮古市（遺跡・遺物）
◇松山館跡発掘調査報告書　岩手県文化振興事業団埋蔵文化財センター編　岩手　岩手県沿岸広域振興局土木部宮古土木センター　2014.3　309p　30cm　（岩手県文化振興事業団埋蔵文化財調査報告書　第625集）〈一般国道106号宮古西道路建設事業関連遺跡発掘調査　共同刊行：岩手県文化振興事業団〉Ⓝ210.0254
◇山田湾まるごとスクールのしおり　山田湾まるごとスクール事務局編　［新潟］　新潟大学災害・復興科学研究所危機管理・災害復興分野　2014.11　82p　30cm　〈文献あり〉Ⓝ212.2

宮古市（自然地理）
◇山田湾まるごとスクールのしおり　山田湾まるごとスクール事務局編　［新潟］　新潟大学災害・復興科学研究所危機管理・災害復興分野　2014.11　82p　30cm　〈文献あり〉Ⓝ212.2

宮古市（津波―歴史）
◇東日本大震災宮古市の記録　第1巻　津波史編　宮古市東日本大震災記録編集委員会編　宮古　宮古市　2014.3　663p　31cm　〈文献あり〉Ⓝ369.31

宮古市（東日本大震災〔2011〕―被害）
◇東日本大震災の「記録」―岩手県宮古市：2011.3.11-2013.3.10　宮古　岩手県宮古市　2013.3　112p　30cm　Ⓝ369.31
◇東日本大震災宮古市の記録　第1巻　津波史編　宮古市東日本大震災記録編集委員会編　宮古　宮古市　2014.3　663p　31cm　〈文献あり〉Ⓝ369.31

宮古市（被災者支援）
◇東日本大震災の「記録」―岩手県宮古市：2011.3.11-2013.3.10　宮古　岩手県宮古市　2013.3　112p　30cm　Ⓝ369.31

宮古島市
◇久松の黄金言葉　中村正一編著　［出版地不明］　［中村正一］　2014.9　104p　21cm　Ⓝ818.99
◇宮古伊良部方言辞典　富浜定吉著　那覇　沖縄タイムス社　2013.12　16, 1124p　27cm　①978-4-87127-214-8　Ⓝ818.99　［18000円］
◇みやこのことば―野原集落（旧上野村）の方言を中心として　続　本村満,本村洋子著,本村満編　南城　本村満　2014.9　344p　21cm　Ⓝ818.99　［1000円］

宮古島市（祭礼）
◇歌の原初へ―宮古島狩俣の神歌と神話　居駒永幸著　おうふう　2014.4　372p　20cm　（明治大学人文科学研究所叢書）〈内容：狩俣の祭祀と神歌体系　ユーヌヌス神話と神歌　ウヤガン祭マトガヤーの神歌と伝説　ニーラーグとアーグヌシュタービの叙事構造　シダティムトゥのタービ四種　戦いの叙事歌　『古事記』『万葉集』と南島文学　神話の生成神話の森　狩俣の伝承世界とアーグ　狩俣の創世神話　狩俣の神歌と神話　狩俣の神と神を祭る歌　世乞いの祭礼と神歌　樹に成った神女　神歌のゆくえ　久貝キヨさんのこと　アブンマ、誕生する　太陽世の原初　太陽の巫女　読谷の王墓〉①978-4-273-03752-9　Ⓝ388.9199　［4500円］

宮古島市（民謡）
◇歌の原初へ―宮古島狩俣の神歌と神話　居駒永幸著　おうふう　2014.4　372p　20cm　（明治大学人文科学研究所叢書）〈内容：狩俣の祭祀と神歌体系　ユーヌヌス神話と神歌　ウヤガン祭マトガヤーの神歌と伝説　ニーラーグとアーグヌシュタービの叙事構造　シダティムトゥのタービ四種　戦いの叙事歌　『古事記』『万葉集』と南島文学　神話の生成神話の森　狩俣の伝承世界とアーグ　狩俣の創世神話　狩俣の神歌と神話　狩俣の神と神を祭る歌　世乞いの祭礼と神歌　樹に成った神女　神歌のゆくえ　久貝キヨさんのこと　アブンマ、誕生する　太陽世の原初　太陽の巫女　読谷の王墓〉①978-4-273-03752-9　Ⓝ388.9199　［4500円］

宮古諸島
◇石垣宮古ぐだぐだ散歩　カベルナリア吉田著　イカロス出版　2014.4　221p　21cm　①978-4-86320-858-2　Ⓝ291.99　［1600円］
◇英語の発音に役立つ沖縄宮古島方言　仲間真人著　半田　一粒書房　2014.2　163p　22cm　①978-4-86431-257-8　Ⓝ818.99　［1980円］

都城市（遺跡・遺物）
◇川原谷出水遺跡　宮崎県都城市教育委員会文化財課編　都城　宮崎県都城市教育委員会文化財課　2014.3　28p　30cm　（都城市文化財調査報告書　第112集）〈携帯電話無線基地局建設に伴う埋蔵文化財発掘調査報告書〉Ⓝ210.0254
◇真米田遺跡・七日市前遺跡　宮崎県都城市教育委員会編　都城　宮崎県都城市教育委員会　2014.3　448p　30cm　（都城市文化財調査報告書　第111集）〈雇用創出ゾーン整備事業に伴う埋蔵文化財発掘調査報告書〉Ⓝ210.0254
◇都城市内遺跡　7　都城市教育委員会事務局文化財課編　都城　都城市教育委員会事務局文化財課　2014.3　47p　30cm　（都城市文化財調査報告書　第113集）Ⓝ210.0254

都城市（祭礼）
◇祭りと地方都市―都市コミュニティ論の再興　竹元秀樹著　新曜社　2014.4　360,7p　22cm　〈文献あり　索引あり　内容：本書の目的と方法　小盆地宇宙の地方都市　地方都市型コミュニティ論からの示唆　都市祝祭論へのアプローチ　近隣祭りの持続と変容　自発的な地域活動の成長要因　伝統的都市祝祭の伝承　地縁的な共同性形成の論理　本書の提言と示唆〉①978-4-7885-1383-9　Ⓝ361.78　［5800円］

都城市（地域社会）
◇祭りと地方都市―都市コミュニティ論の再興　竹元秀樹著　新曜社　2014.4　360,7p　22cm　〈文献あり　索引あり　内容：本書の目的と方法　小盆地宇宙の地方都市　地方都市型コミュニティ論からの示唆　都市祝祭論へのアプローチ　近隣祭りの持続と変容　自発的な地域活動の成長要因　伝統的都市祝祭の伝承　地縁的な共同性形成の論理　本書の提言と示唆〉①978-4-7885-1383-9　Ⓝ361.78　［5800円］

都城市（地誌）
◇ふるさと乙房の記憶　乙房歴史編集委員会編　［都城］　乙房自治公民館　2014.8　95p　26cm　Ⓝ291.96

都城市（文化財）
◇都城市の文化財　都城市教育委員会文化財課編　［都城］　都城市教育委員会　2014.7　217p　30cm　〈文献あり〉Ⓝ709.196

みやこ町〔福岡県〕（遺跡・遺物）

みやこ町〔福岡県〕（遺跡・遺物）

◇皆見川ノ上遺跡，カワラケ田遺跡2次調査2（Ⅲ・Ⅴ・Ⅵ区），八ッ重遺跡2次調査　小郡　九州歴史資料館　2013.9　168p 図版〔28〕枚　30cm　（東九州自動車道関係埋蔵文化財調査報告10）〈福岡県京都郡みやこ町皆見・下原所在遺跡〉Ⓝ210.0254

◇京ヶ辻遺跡1・3区，国作三角遺跡　小郡　九州歴史資料館　2014.3　140p 図版〔33〕枚　30cm　（東九州自動車道関係埋蔵文化財調査報告 14）〈福岡県京都郡みやこ町有久・国作所在遺跡の調査〉Ⓝ210.0254

◇みやこ町内遺跡群　8　みやこ町〔福岡県〕みやこ町教育委員会　2014.3　98p 図版〔38〕枚　30cm　（みやこ町文化財調査報告書 第11集）〈福岡県京都郡みやこ町犀川大熊地区所在遺跡の調査（遺構編），県営ほ場整備事業（犀川南部地区）に係る埋蔵文化財調査報告〉Ⓝ210.0254

みやこ町〔福岡県〕（民家）

◇旧小笠原家別邸（みやこ町犀川横瀬）調査報告　山野善郎〔著〕〔出版地不明〕〔山野善郎〕2014.3　1冊　30cm　Ⓝ521.86

宮古湾

宮古湾における底泥およびアマモのモニタリング結果—2013年10月　岡田知也,井芹絵里奈〔著〕〔横須賀〕国土技術政策総合研究所　2014.7　4, 11p　30cm　（国土技術政策総合研究所資料 №468.8

宮崎 八郎〔1851～1877〕

◇近代を駆け抜けた男—宮崎八郎とその時代　山本博昭著　福岡　書肆侃侃房　2014.9　270p　19cm〈年表あり　文献あり〉Ⓘ978-4-86385-153-5　Ⓝ289.1　〔1800円〕

宮崎 駿〔1941～ 〕

◇『アナと雪の女王』の光と影　叶精二著　七つ森書館　2014.11　237p　19cm〈文献あり　内容：『アナと雪の女王』の光と影　宮崎駿とジョン・ラセターその友情と功績〉Ⓘ978-4-8228-1417-5　Ⓝ778.77　〔1800円〕

◇ジブリアニメから学ぶ宮崎駿の平和論　秋元大輔著　小学館　2014.10　219p　18cm　（小学館新書 223）〈文献あり〉Ⓘ978-4-09-825223-7　Ⓝ319.8　〔720円〕

◇宮崎駿—夢と呪いの創造力　南波克行著　竹書房　2014.7　223p　18cm　（竹書房新書 032）〈文献あり〉Ⓘ978-4-8124-8808-9　Ⓝ778.77　〔850円〕

◇宮崎駿論—神々と子どもたちの物語　杉田俊介著　NHK出版　2014.4　347p　19cm　（NHKブックス 1215）〈文献あり〉Ⓘ978-4-14-091215-7　Ⓝ778.77　〔1500円〕

◇宮﨑駿ワールド大研究　別冊宝島編集部編，山川賢一＋宮崎駿研究会監修　宝島社　2014.6　262p　16cm　（宝島SUGOI文庫 Aへ-1-185）〈作品目録あり　2013年刊の「切通理作×山川賢一対談」を『『風立ちぬ』対談』に差し替え〉Ⓘ978-4-8002-2806-2　Ⓝ778.77　〔700円〕

宮崎 秀吉〔1910～ 〕

◇103歳世界最速のおじいちゃんスプリンター—100歳で100m世界新記録！－健康長寿の秘密と習慣　宮崎秀吉著　日本文芸社　2014.4　174p　19cm〈年譜あり〉Ⓘ978-4-537-26076-2　Ⓝ289.1　〔1400円〕

宮崎 学〔1945～ 〕

◇突破者外伝—私が生きた70年と戦後共同体　宮崎学著　祥伝社　2014.9　251p　20cm　Ⓘ978-4-396-61503-1　Ⓝ289.1　〔1600円〕

宮崎 良夫〔1944～ 〕

◇現代行政訴訟の到達点と展望—宮崎良夫先生古稀記念論文集　礒野弥生,甲斐素直,角松生史,古城誠,徳本広孝,人見剛編　日本評論社　2014.2　380p　22cm〈著作目録あり　年譜あり　内容：地域空間形成における行政過程と司法過程の協働（角松生史著）　行政訴訟・民事訴訟の狭間と権利救済（斎藤誠著）　原子力関連施設をめぐる紛争と司法の役割（高橋滋著）　比較行政法学に関する一考察（徳本広孝著）　行政過程における司法と行政訴訟（横田光平著）　行政訴訟と立法事実論（甲斐素直著）　環境行政訴訟における立証責任の配分（桑原勇進著）　行政計画の処分性に関する一考察（田村達久著）　申請型・非申請型義務付け訴訟の相互関係に関する一考察（常岡孝好著）　行政処分の法効果とは何を指すか　続（中川丈久著）　行政行為の附款の独立取消訴訟の可否（人見剛著）　行政制裁における権利保護の基礎的考察（山本隆司著）　環境民事訴訟における対立する環境利益の処理（岩橋健定著）　環境大臣の「重み」（北村喜宣著）　長期未着手の土地区画整理事業に関する地方自治体の法的責任（須藤陽子著）　転任処分とその不利益性・違法性に関する一考察（三神正昭著）　港湾法の解釈論上の諸問題（木村琢磨著）〉Ⓘ978-4-535-51946-6　Ⓝ323.96　〔6500円〕

宮崎 竜介〔1892～1971〕

◇白蓮と傳右衛門そして龍介　小林弘忠著　ロングセラーズ　2014.8　299p　19cm〈文献あり〉Ⓘ978-4-8454-2330-9　Ⓝ281.04　〔1400円〕

宮崎県（遺跡・遺物）

◇県内遺跡発掘調査概要報告書　平成25年度　宮崎県教育庁文化財課編　宮崎　宮崎県教育委員会　2014.3　29p　30cm〈内容：小林市・県営畑地帯総合整備事業釘松地区「釘松遺跡」　小林市・国営西諸農業水利事業南ヶ丘揚水機場建設工事「平川第1遺跡」　えびの市・県営畑地帯総合整備事業畝合地区「愛染院遺跡」　小林市・国営西諸農業水利事業山中ファームポンド建設工事「山中前遺跡」　えびの市・県営畑地帯総合整備事業白鳥地区「柊野第1遺跡」　西都市・重要古墳等保護活用推進事業「県指定史跡「妻町清水・西原古墳」」〉Ⓝ210.0254

◇埋蔵文化財資料活用推進事業報告書　宮崎　宮崎県埋蔵文化財センター　2014.3　121p　30cm　（宮崎県埋蔵文化財センター発掘調査報告書 第232集）〈置県130年記念　内容：延岡市所在地蔵ヶ森遺跡　門川町所在枝遺跡　日向市所在高平城跡　日向市所在野首遺跡　高鍋町所在大戸ノ口第3遺跡　西都市所在諏訪遺跡　国富町所在兎田遺跡　国富町所在上岩知野遺跡　宮崎市所在竹之下遺跡　宮崎市所在権現堂遺跡　宮崎市所在多宝寺遺跡　宮崎市所在大淀3号墳　宮崎市所在青木遺跡　小林市所在生駒遺跡　小林市所在神の原遺跡　小林市所在向ノ塚遺跡　高崎町所在大鹿倉遺跡　高原町所在大谷遺跡　高崎町所在鳥越前遺跡　都城市所在妙見原第2遺跡　都城市所在倉内遺跡　都城市所在築池遺跡　日南市所在楠木原遺跡　日南市所在篠々城遺跡　日南市所在坂ノ上遺跡　日南市所在前畑遺跡　串間市所在唐人町遺跡　串間市所在別府ノ木遺跡〉Ⓝ210.0254

宮崎県（遺跡・遺物—小林市）

◇柿川内第1遺跡　〔小林〕小林市教育委員会　2014　29p　30cm　（小林市文化財調査報告書 第9集）〈送電線鉄塔建設に伴う埋蔵文化財発掘調査報告書〉Ⓝ210.0254

宮崎県（遺跡・遺物—西都市）

◇西都原47号墳・西都原284号墳　宮崎県立西都原考古博物館編　宮崎　宮崎県教育委員会　2014.3　104p　30cm　（特別史跡西都原古墳群発掘調査報告書 第11集）Ⓝ210.0254

◇西都原の100年考古博の10年そして、次の時代へ—西都原古墳群発掘100年西都原考古博物館開館10周年記念特別展　展示会1　西都原の逸品たち　西都　宮崎県立西都原考古博物館　2014.4　55p　21cm〈会期：2014年4月19日—6月15日　編集：甲斐貴充〉Ⓝ219.6

◇西都原の100年考古博の10年そして、次の時代へ—西都原古墳群発掘100年西都原考古博物館開館10周年記念特別展　展示会2　埴輪を科学する　西都　宮崎県立西都原考古博物館　2014.7　49p　21cm〈会期：2014年7月19日—9月21日　編集：藤木聡〉Ⓝ219.6

◇西都原の100年考古博の10年そして、次の時代へ—西都原古墳群発掘100年西都原考古博物館開館10周年記念特別展　展示会3　日向の神々と出雲の神々　西都　宮崎県立西都原考古博物館　2014.10　63p　21cm〈会期：2014年10月11日—11月30日　編集：高橋浩子〉Ⓝ219.6

◇特別史跡西都原古墳群—発掘調査・保存整備概要報告書　16　宮崎　宮崎県教育委員会　2014.3　9p　30cm〈共同刊行：宮崎県立西都原考古博物館〉Ⓝ210.0254

◇日向国府跡—平成25年度発掘調査概要報告書　西都市教育委員会編　〔西都〕西都市教育委員会　2014.3　17p 図版6p　30cm　（西都市埋蔵文化財発掘調査報告書 第66集）Ⓝ210.0254

宮崎県（遺跡・遺物—延岡市）

◇上三輪小切畑第1遺跡　宮崎　宮崎県埋蔵文化財センター　2014.3　41p 図版2p　30cm　（宮崎県埋蔵文化財センター発掘調査報告書 第231集）〈延岡市所在　県道北方土々呂線道路改良工事に伴う埋蔵文化財発掘調査報告書〉Ⓝ210.0254

◇駄小屋遺跡　宮崎　宮崎県埋蔵文化財センター　2014.8　172p 図版2p　30cm　（宮崎県埋蔵文化財センター発掘調査報告書 第233集）〈延岡市北方町所在〉Ⓝ210.0254

宮崎県（遺跡・遺物—日向市）

◇岡遺跡（第16次調査）・馬込遺跡第2地点　宮崎　宮崎県埋蔵文化財センター　2014.3　158p　30cm　（宮崎県埋蔵文化財センター発掘調査報告書 第230集）〈文献あり　日向市所在〉Ⓝ210.0254

◇向原中尾第2遺跡（第3次調査）・向原中尾第5遺跡・向原中尾第6遺跡　宮崎　宮崎県埋蔵文化財センター　2014.3　97p 図版4p　30cm　（宮崎県埋蔵文化財センター発掘調査報告書 第229集）〈日向市所在〉Ⓝ210.0254

宮崎県（遺跡・遺物—都城市）

◇川添谷出水遺跡　宮崎県都城市教育委員会文化財課編　都城　宮崎県都城市教育委員会文化財課　2014.3　28p　30cm　（都

日本件名図書目録2014　Ⅰ　　　宮崎県（震災予防―延岡市）

城市文化財調査報告書　第112集）〈携帯電話無線基地局建設に
伴う埋蔵文化財発掘調査報告書〉Ⓝ210.0254
◇真米田遺跡・七日市前遺跡　宮崎県都城市教育委員会編　都
城　宮崎県都城市教育委員会　2014.3　448p　30cm（都城
市文化財調査報告書　第111集）〈雇用創出ゾーン整備事業に伴
う埋蔵文化財発掘調査報告書〉Ⓝ210.0254
◇都城市内遺跡　7　都城市教育委員会事務局文化財課編　都城
都城市教育委員会事務局文化財課　2014.3　47p　30cm（都
城市文化財調査報告書　第113集）Ⓝ210.0254

宮崎県（遺跡・遺物―宮崎市）
◇生目古墳群　4　［宮崎］　宮崎市教育委員会　2014.3　57p
30cm（宮崎市文化財調査報告書　第98集）〈生目14号墳発掘
調査報告書〉Ⓝ210.0254
◇瓜生野小学校校庭遺跡　［宮崎］　宮崎市教育委員会　2013.12
11p　30cm（宮崎市文化財調査報告書　第97集）〈児童クラ
ブ建設に伴う発掘調査報告書〉Ⓝ210.0254
◇下北方塚原第3遺跡　［宮崎］　宮崎市教育委員会　2014.3
32p　30cm（宮崎市文化財調査報告書　第99集）〈老人福祉
施設建設にともなう埋蔵文化財発掘調査報告書〉Ⓝ210.0254
◇下鶴遺跡　［宮崎］　宮崎市教育委員会　2014.3　48p　30cm
（宮崎市文化財調査報告書　第101集）〈宅地分譲に伴う埋蔵文
化財発掘調査報告書〉Ⓝ210.0254
◇宮ヶ迫遺跡　［宮崎］　宮崎市教育委員会　2014.3　356p　図
版　4p　30cm（宮崎市文化財調査報告書　第100集）〈県営経
営体育成基盤整備事業天神川Ⅱ期地区に伴う埋蔵文化財発掘
調査報告書〉Ⓝ210.0254

宮崎県（衛生行政―小林市）
◇健康こばやし21―愛can笑顔あふれるまち小林　第2次　平成
26年度―平成35年度　小林市健康福祉部健康推進課編　［小
林］　宮崎県小林市　2014.3　97p　30cm　Ⓝ498.1

宮崎県（エネルギー政策）
◇宮崎県新エネルギービジョン　［宮崎］　宮崎県　2013.3
135p　30cm　Ⓝ501.6

宮崎県（神楽）
◇環境と神楽―宮崎県の神楽の特色　永松敦著　堺　大阪公立
大学共同出版会　2014.3　38p　21cm（OMUPブックレット
no. 47）①978-4-907209-23-0　Ⓝ386.8196　［500円］

宮崎県（学校―歴史）
◇ここに学校があった―平成の統合・閉校の記録　第2編　『こ
こに学校があった―平成の統合・閉校の記録』編集委員会編
宮崎　宮崎県教職員互助会　2014.11　209p　27cm〈年表あ
り〉Ⓝ372.196

宮崎県（環境行政―小林市）
◇小林市環境基本計画―平成25年度―平成34年度：水と緑の
「たすき」をつなぎ協働により安心安全に暮らせるまちこばや
し　小林　小林市市民生活部生活環境課　2013.3　85, 21p
30cm　Ⓝ519.1

宮崎県（感染症対策―小林市）
◇小林市新型インフルエンザ等対策行動計画及び小林市業務継続
計画（新型インフルエンザ等編）小林市健康福祉部健康推進課
編　［小林］　宮崎県小林市　2014.3　100p　30cm　Ⓝ498.6

宮崎県（帰化植物）
◇新・宮崎の帰化植物　荒木德藏著, 宮日文化情報センター編
宮崎　宮日文化情報センター（印刷）　2014.3　123p　21cm
〈文献あり〉①978-4-904186-39-8　Ⓝ471.71　［1800円］

宮崎県（教育―歴史）
◇宮崎県教育小史　古代・中世・近世編　蛯原啓世著　宮崎　鉱
脈社　2014.2　231p　19cm（みやざき文庫 102）①978-4-
86061-529-1　Ⓝ372.196　［1800円］
◇宮崎県教育小史　2　明治維新から〈自由・改正〉教育令まで
蛯原啓世著　宮崎　鉱脈社　2014.9　187p　19cm（みやざ
き文庫 108）①978-4-86061-551-2　Ⓝ372.196　［1600円］

宮崎県（教育行政―宮崎市）
◇宮崎市教育ビジョン―宮崎で育ち、学ぶことを通して、郷土に
誇りと愛着をもつ感性豊かな「みやざきっ子」の育成　平成26
年度―平成29年度　宮崎市教育委員会企画総務課編　宮崎
宮崎市教育委員会企画総務課　2014.3　114p　30cm〈共同刊
行：宮崎市〉Ⓝ373.2

宮崎県（教師教育）
◇教職員の資質向上実行プラン―学び続けよう!!子どもたちの豊
かな未来を切り拓くために　宮崎　宮崎県教育庁教職員課
2013.3　53p　30cm　Ⓝ373.7

宮崎県（行政―小林市）
◇小林市ふるさとこばやし定住促進ビジョン　［小林］　小林市
2013.12　51p　30cm　Ⓝ318.296

宮崎県（行政―名簿）
◇町村職員録　平成26.5.1現在　宮崎県町村会編　宮崎　宮崎県
町村会　2014.5　306p　21cm〈附・市及び一部事務組合幹部
職員〉Ⓝ318.3

宮崎県（郷土資料―保存・修復―延岡市）
◇土地の記憶や記録をまもるという事を、延岡で考えてみた。
Kongeenaのべおか編　延岡　Kongeenaのべおか　2014.2
48p　22cm（ブックレット 1）Ⓝ219.6

宮崎県（漁業政策）
◇宮崎県水産白書　平成24年度　宮崎　宮崎県農政水産部水産
政策課　2013.3　56p　30cm　Ⓝ661.1

宮崎県（校歌）
◇ここに学校があった―校歌集：平成の統合・閉校の記録　『こ
こに学校があった―平成の統合・閉校の記録』編集委員会編
宮崎　宮崎県教職員互助会　2014.11　97p　26cm　Ⓝ767.6

宮崎県（工業）
◇経済センサス―活動調査製造業に関する確報結果　平成24年
平成23年（2011年）工業統計調査結果　宮崎県総合政策部統計
調査課編　宮崎　宮崎県総合政策部統計調査課　2014.3
107p　30cm　Ⓝ509.2196

宮崎県（古墳―西都市―保存・修復）
◇特別史跡西都原古墳群活用促進ゾーン整備事業報告書　［宮
崎］　宮崎県教育委員会　2014.3　59p　30cm　Ⓝ709.196

宮崎県（古墳―保存・修復―西都市）
◇西都原古墳群調査整備活性化事業計画書―特別史跡　宮崎
宮崎県教育委員会　2014.3　40p　30cm　Ⓝ709.196

宮崎県（祭礼―都城市）
◇祭りと地方都市―都市コミュニティ論の再興　竹元秀樹著
新曜社　2014.4　360,7p　22cm〈文献あり　索引あり　内容：
本書の目的と方法　小盆地宇宙の地方都市　地方都市型コ
ミュニティ論からの示唆　都市祝祭論へのアプローチ　近隣
祭りの持続と変容　自発的な地域活動のための成長要因　伝統的都
市祝祭の伝承　地縁的な共同性形成の論理　本書の提言と示
唆〉①978-4-7885-1383-9　Ⓝ361.78　［5800円］

宮崎県（事業継続管理―小林市）
◇小林市新型インフルエンザ等対策行動計画及び小林市業務継続
計画（新型インフルエンザ等編）小林市健康福祉部健康推進課
編　［小林］　宮崎県小林市　2014.3　100p　30cm　Ⓝ498.6

宮崎県（自殺予防―小林市）
◇小林市自殺対策行動計画―平成26年度―平成30年度　小林市
健康福祉部健康推進課編　［小林］　宮崎県小林市　2014.3
55p　30cm　Ⓝ368.3

宮崎県（史跡名勝）
◇古事記編さん1300年　［宮崎］　宮崎県　2013.3　51p　19cm
〈共同刊行：宮崎日日新聞社〉Ⓝ913.2

宮崎県（写真集―宮崎市）
◇ふるさと宮崎市―市制90周年記念決定版写真集!!：保存版　甲
斐亮典監修　松本　郷土出版社　2014.7　230p　31cm〈文献
あり〉①978-4-86375-215-3　Ⓝ219.6　［9250円］

宮崎県（醸造業―日南市―歴史）
◇大堂津醸造のまちをひも解く　日南市産業活性化協議会編
［日南］　日南市産業活性化協議会　2014.3　54p　30cm
Ⓝ588.5

宮崎県（焼酎）
◇高千穂　戸田浩司文, 高千穂酒造株式会社監修　日労研
2013.11　34p　21×21cm　①978-4-931562-37-0　Ⓝ588.57
［1000円］

宮崎県（書目）
◇宮崎県EL新聞記事情報リスト　2013-1　エレクトロニック・
ライブラリー編　エレクトロニック・ライブラリー　2014.2
636p　31cm〈制作：日外アソシエーツ〉Ⓝ025.8196
◇宮崎県EL新聞記事情報リスト　2013-2　エレクトロニック・
ライブラリー編　エレクトロニック・ライブラリー　2014.2
p637-1670　31cm〈制作：日外アソシエーツ〉Ⓝ025.8196

宮崎県（人権）
◇人権に関する県民意識調査報告書―平成25年9月実施　宮崎
宮崎県総合政策部人権同和対策課　［2013］　132p　30cm
Ⓝ316.1

宮崎県（震災予防―延岡市）
◇土地の記憶や記録をまもるという事を、延岡で考えてみた。
Kongeenaのべおか編　延岡　Kongeenaのべおか　2014.2
48p　22cm（ブックレット 1）Ⓝ219.6

み

1059

宮崎県（森林計画）

宮崎県（森林計画）
◇五ヶ瀬川地域森林計画書―五ヶ瀬川森林計画区　［宮崎］　宮崎県　［2014］　158p　30cm〈計画期間：自平成26年4月1日―至平成36年3月31日〉651.1

宮崎県（水産業）
◇宮崎県水産白書　平成24年度　宮崎　宮崎県農政水産部水産政策課　2013.3　56p　30cm　Ⓝ661.1

宮崎県（選挙―統計）
◇選挙の記録―平成24・25年　［宮崎］　宮崎県選挙管理委員会　［2014］　363p　30cm〈衆院議員総選挙　平成24年12月16日執行, 参議院議員通常選挙　平成25年7月21日執行, 海区漁業調整委員会委員補欠選挙　平成24年1月19日執行, 海区漁業調整委員会委員選挙　平成24年8月2日執行, 市町村長・市町村議会議員選挙　平成24年1月―平成25年12月執行, 農業委員会委員選挙　平成24年1月―平成25年12月執行〉314.8

宮崎県（男女共同参画―えびの市）
◇えびの市男女共同参画基本計画　第2次　平成26年度―平成30年度　えびの　宮崎県えびの市　2014.3　106p　30cm〈年表あり〉Ⓝ367.2196

宮崎県（男女共同参画―小林市）
◇小林市男女共同参画基本計画―小林市配偶者からの暴力の防止及び被害者の保護に関する基本計画　第2次　平成25年度―平成34年度　小林市市民部市民課編　［小林］　宮崎県小林市　2013.3　112p　30cm〈年表あり〉Ⓝ367.2196

宮崎県（地域開発）
◇中小企業と地域づくり―社会経済構造転換のなかで　根岸裕孝著　宮崎　鉱脈社　2014.2　185p　19cm　（みやざき文庫103）〈文献あり〉Ⓘ978-4-86061-531-4　[1600円]

宮崎県（地域社会―都城市）
◇祭りと地方都市―都市コミュニティ論の再興　竹元秀樹著　新曜社　2014.4　360,7p　22cm〈文献あり　索引あり　内容：本書の目的と方法　小盆地宇宙の地方都市　地方都市型コミュニティ論からの示唆　都市祝祭論へのアプローチ　近隣祭りの持続と変容　自発的な地域活動の成長要因　伝統的都市祝祭の伝承　地縁的な共同性形成の論理　本書の提言と示唆〉Ⓘ978-4-7885-1383-9　361.78　[5800円]

宮崎県（畜産業―歴史）
◇宮崎牛物語―口蹄疫から奇跡の連続日本一へ　宮崎日日新聞社著　農山漁村文化協会　2014.3　274p　19cm〈文献あり　年譜あり〉Ⓘ978-4-540-13193-6　645.3　[1800円]

宮崎県（地形）
◇ここまでわかった宮崎の大地―大地の遺産と地震・噴火災害　青山尚友著　増補新装版　宮崎　鉱脈社　2014.9　263p　図版12p　19cm　（みやざき文庫107）Ⓘ978-4-86061-549-9　Ⓝ454.9196　[1800円]

宮崎県（地誌―都城市）
◇ふるさと乙房の記憶　乙房歴史編集委員会編　［都城］　乙房自治公民館　2014.8　95p　26cm　291.96

宮崎県（地質）
◇ここまでわかった宮崎の大地―大地の遺産と地震・噴火災害　青山尚友著　増補新装版　宮崎　鉱脈社　2014.9　263p　図版12p　19cm　（みやざき文庫107）Ⓘ978-4-86061-549-9　Ⓝ454.9196　[1800円]

宮崎県（地方選挙）
◇選挙の記録―平成24・25年　［宮崎］　宮崎県選挙管理委員会　［2014］　363p　30cm〈衆院議員総選挙　平成24年12月16日執行, 参議院議員通常選挙　平成25年7月21日執行, 海区漁業調整委員会委員補欠選挙　平成24年1月19日執行, 海区漁業調整委員会委員選挙　平成24年8月2日執行, 市町村長・市町村議会議員選挙　平成24年1月―平成25年12月執行, 農業委員会委員選挙　平成24年1月―平成25年12月執行〉314.8

宮崎県（地名―小林市）
◇小林の地名考―ふる里への感謝を込めて　吉本正義編著　宮崎　鉱脈社　2014.7　164p　19cm　Ⓘ978-4-86061-544-4　Ⓝ291.96　[1400円]

宮崎県（中小企業）
◇中小企業と地域づくり―社会経済構造転換のなかで　根岸裕孝著　宮崎　鉱脈社　2014.2　185p　19cm　（みやざき文庫103）〈文献あり〉Ⓘ978-4-86061-531-4　[1600円]

宮崎県（伝説）
◇ふるさとの伝説―山里が伝えてきたもの　甲斐亮典編著　宮崎　鉱脈社　2014.8　151p　21cm　Ⓘ978-4-86061-546-8　Ⓝ388.196　[1350円]

宮崎県（都市計画―日南市）
◇日南市都市計画マスタープラン―笑顔はじけるまち日南　［日南］　宮崎県日南市　2014.3　116p　30cm　Ⓝ518.8
◇日南市都市計画マスタープラン　資料編　［日南］　宮崎県日南市　2014.3　212p　30cm　Ⓝ518.8

宮崎県（農村生活―西米良村）
◇西米良極上田舎暮らし　鉱脈社編集企画部企画編集　宮崎　鉱脈社　2014.3　88p　30cm　Ⓝ611.98　[857円]

宮崎県（病院―名簿）
◇みやざき病院ナビ　vol. 3　2013　宮崎　鉱脈社　2013.4　79p　30cm　Ⓝ498.16　[286円]

宮崎県（文化財―都城市）
◇都城市の文化財　都城市教育委員会文化財課編　［都城］　都城市教育委員会　2014.7　217p　30cm〈文献あり〉Ⓝ709.196

宮崎県（方言）
◇やっちょっど宮崎人―みやざきボキャブラbook　松永修一編著　宮崎　鉱脈社　2014.7　237p　15cm　（鉱脈文庫ふみくら 14）「やっちょんな宮崎人」2000年刊　の改訂新装版）Ⓘ978-4-86061-545-1　Ⓝ818.96　[880円]

宮崎県（防災計画）
◇宮崎県地域防災計画　平成26年修正 1　［宮崎］　宮崎県防災会議　2014　459p　30cm　Ⓝ369.3
◇宮崎県地域防災計画　平成26年修正 2　［宮崎］　宮崎県防災会議　2014　586p　30cm　Ⓝ369.3

宮崎県（名簿）
◇宮崎経済をリードするキーパーソン100人―みやビズ　第2弾　［宮崎］　宮崎日日新聞社　2013.8　101p　30cm〈奥付のタイトル：キーパーソン〉Ⓘ978-4-904186-35-0　Ⓝ281.96　[800円]
◇宮崎県人物・人材情報リスト　2015　日外アソシエーツ株式会社編　日外アソシエーツ（制作）　2014.11　328, 15p　30cm　Ⓝ281.96

宮崎県（歴史）
◇日向国山東河南の攻防―室町時代の伊東氏と島津氏　新名一仁著　宮崎　鉱脈社　2014.1　199p　19cm　（みやざき文庫101）〈年表あり　文献あり〉Ⓘ978-4-86061-525-3　Ⓝ219.6　[1600円]

宮崎県（歴史―史料）
◇旧記抜書・壱 1　自宝暦14年至明和9年　永井哲雄編集責任　高鍋町（宮崎県）　明倫堂文庫を学ぶ会　2013.9　180p　21cm　Ⓝ219.6
◇旧記抜書・壱 2　自安永2年至安永10年　永井哲雄編集責任　高鍋町（宮崎県）　明倫堂文庫を学ぶ会　2014.10　190p　21cm　Ⓝ219.6

宮崎県議会
◇宮崎県議会史　第22集　平成11年度―平成14年度　宮崎県議会史編さん委員会編　［宮崎］　宮崎県議会事務局　2014.3　376p　図版［17］枚　23cm〈年表あり〉Ⓝ318.496

宮崎県立芸術劇場
◇宮崎県立芸術劇場開館20周年記念誌　宮崎県編　［宮崎］　宮崎県　2014.3　115p　30cm〈年表あり〉Ⓝ760.69

宮崎県立高原高等学校
◇つめ草に寄せる和の誓い高原の記憶永遠に―閉校記念誌　閉校行事実行委員会事業部記念誌部会編　［高原町］　宮崎県立高原高等学校　2013.3　100p　30cm〈年表あり　共同刊行：宮崎県立高原畜産高等学校〉Ⓝ376.48

宮崎市（遺跡・遺物）
◇生目古墳群 4　［宮崎］　宮崎市教育委員会　2014.3　57p　30cm　（宮崎市文化財調査報告書　第98集）〈生目14号墳発掘調査報告書〉Ⓝ210.0254
◇瓜生野小学校校庭遺跡　［宮崎］　宮崎市教育委員会　2013.12　11p　30cm　（宮崎市文化財調査報告書　第97集）〈児童クラブ建設に伴う発掘調査報告書〉Ⓝ210.0254
◇下北方塚原第3遺跡　［宮崎］　宮崎市教育委員会　2014.3　32p　30cm　（宮崎市文化財調査報告書　第99集）〈老人福祉施設建設にともなう埋蔵文化財発掘調査報告書〉Ⓝ210.0254
◇下鶴遺跡　［宮崎］　宮崎市教育委員会　2014.3　58p　30cm　（宮崎市文化財調査報告書　第101集）〈宅地分譲に伴う埋蔵文化財発掘調査報告書〉Ⓝ210.0254
◇宮ヶ迫遺跡　［宮崎］　宮崎市教育委員会　2014.3　356p　図版4p　30cm　（宮崎市文化財調査報告書　第100集）〈県営経営体育成基盤整備事業天神川Ⅱ期地区に伴う埋蔵文化財発掘調査報告書〉Ⓝ210.0254

日本件名図書目録2014　I　　　　　　　　　　　　　　　　　　　　　　　　　　　　　　　　　　　　雅山 哲士〔1977～ 〕

宮崎市（教育行政）

◇宮崎市教育ビジョン―宮崎で育ち、学ぶことを通して、郷土に誇りと愛着をもつ感性豊かな「みやざきっ子」の育成　平成26年度―平成29年度　宮崎市教育委員会企画総務課編　宮崎　宮崎市教育委員会企画総務課　2014.3　114p　30cm〈共同刊行：宮崎市〉Ⓝ373.2

宮崎市（写真集）

◇ふるさと宮崎市―市制90周年記念決定版写真集!!：保存版　甲斐亮典監修　松本　郷土出版社　2014.7　230p　31cm〈文献あり〉①978-4-86375-215-3　Ⓝ219.6　[9250円]

宮里 辰彦〔1917～1993〕

◇戦後沖縄の復興本土復帰、そして発展へ―地元経済人として歩んだ76年の生涯：故宮里辰彦遺稿・資料集　宮里勉編　[出版地不明]　宮里美子　2014.1　11, 507p　30cm〈年譜あり〉Ⓝ289.1　[非売品]

宮沢 賢治〔1896～1933〕

◇賢治学　第1輯　特集岩手大学と宮澤賢治　岩手大学宮澤賢治センター編　大野眞男、木村直弘、佐藤竜一、山本昭彦編集委員　秦野　東海大学出版部　2014.6　188p　21cm〈内容：賢治学のスタートは賢治さんの「よーさん」と同等（鈴木幸一著）盛岡附近地質調査報文（亀井茂著）旧盛岡高等農林学校本館〈現農学部附属農業教育資料館〉と宮澤賢治（若尾紀夫著）盛岡高等農林学校における賢治の文芸的営みのほとんどは「短歌」であった（望月善次著）「アザリアの咲くとき」展をふりかえって（岡田幸助著）尾形亀之助と宮沢賢治（吉田美和子著）賢治と震災（牛崎敏哉著）草野心平・黄瀛と宮沢賢治（佐藤竜一著）宮澤賢治『春と修羅』の恋について、続報（澤口たまみ著）羅須地人協会と新しき村（吉村悠介著）『銀河鉄道の夜』の天路歴程とホーソン『天国鉄道』（松元季久代著）宮澤賢治　影への射程（木村直弘著）『賢治とイーハトーブの「豊穣学」〈大河書房〉（塩谷昌弘著）①978-4-486-02036-3　Ⓝ910.268　[1600円]

◇賢治資料展―展示資料目録　第31回　盛岡　岩手県立図書館　2013.10　26p　30cm〈会期・会場：2013年10月4日―11月24日　岩手県立図書館4階展示コーナー〉Ⓝ910.268

◇3・11後の日本のために―啄木と賢治の里で考えたこと　青木矩彦著　近代文藝社　2014.1　323p　20cm〈文献あり〉①978-4-7733-7909-9　Ⓝ910.268　[1800円]

◇図解宮沢賢治『童話』の諸相をひらく―その構造機能「言語分析」　服部賢二著　弘報印刷出版センター　2014.3　347p　26cm　Ⓝ910.268

◇宮沢賢治―すべてのさいはひをかけてねがふ　千葉一幹著　京都　ミネルヴァ書房　2014.12　299,5p　20cm（ミネルヴァ日本評伝選）〈文献あり　年譜あり　索引あり〉①978-4-623-07245-3　Ⓝ910.268　[3000円]

◇宮沢賢治小私考―賢治作品の「光言葉」と「きらら言葉」考　佐々木多喜雄著　[東京]　下田出版　2013.9　83p　19cm①978-4-905224-37-2　Ⓝ910.268　[1800円]

◇宮沢賢治童話の世界―子ども読者とひらく　牛山恵著　冨山房インターナショナル　2014.12　321p　21cm〈内容：異界との交歓　生命の連環　擬制を撃つ　自己回復へのメッセージ　イーハトーヴの世界に遊ぶ　現実と理想の相克　異界からの手紙　領域侵犯者に与えられた罰としての刻印　狐殺しの修羅　社会悪への批評　賢治童話における悪の諸相　宮沢賢治童話の教材史　賢治童話の魅力と教材化の可能性　教材論・作品論のための覚え書き〉①978-4-905194-84-2　Ⓝ375.85　[2500円]

◇宮沢賢治と法華経展―雨ニモマケズとデクノボー展示図録　京都佛立ミュージアム制作, 本門佛立宗著　京都　本門佛立宗宗務本庁　2014.1　85p　30cm（Exhibition booklet vol. 2）Ⓝ910.268

◇宮沢賢治とは何か―子ども・無意識・再生　秦野一宏著　朝文社　2014.10　320p　22cm〈内容：苦に透入するの門〈よい子〉の旅　変貌する子ども　苦の世界　科学と自然　自己犠牲の問題　大人の中の〈内なる子ども〉暴走する無意識　再生を促す無意識〉①978-4-88695-264-6　Ⓝ910.268　[5185円]

◇宮沢賢治のオノマトペ集　宮沢賢治著, 栗原敦監修, 杉田淳子編　筑摩書房　2014.12　366p　15cm　（ちくま文庫 み1-13）〈索引あり〉①978-4-480-43230-8　Ⓝ910.268　[880円]

◇宮澤賢治の環境世界　佐島群巳著　国土社　2014.3　199p　22cm〈著作目録あり　年譜あり　索引あり〉①978-4-337-79017-9　Ⓝ910.268　[2400円]

◇宮澤賢治の原風景を辿る　吉見正信著　コールサック社　2014.7　383p　19cm（吉見正信著作集 第1巻）〈文献あり〉①978-4-86435-162-1　Ⓝ910.268　[2000円]

◇宮沢賢治の謎をめぐって―わがうち秘めし異事の数、異空間の断片　栗谷川虹著　作品社　2014.10　288p　20cm〈内容：

◇宮沢賢治の「心象スケッチ」と小林秀雄の「蛍童話」　賢治の「最初の歌」について　賢治と法華経　賢治の家出上京まで　賢治の「修羅」について　『心象スケッチ・春と修羅』の「序」について　賢治の「絶筆」について　宮沢賢治と中原中也　宮沢賢治を、私はこのように考えます……〉①978-4-86182-502-6　Ⓝ910.268　[2000円]

◇宮沢賢治ハンドブック　天沢退二郎編　新装版　新書館　2014.7　238p　21cm〈年譜あり　索引あり〉①978-4-403-25109-2　Ⓝ910.268　[1800円]

◇宮沢賢治論―幻想への階梯　奥山文幸著　小平　蒼丘書林　2014.11　277p　20cm〈内容：宮沢賢治の擬人法・覚え書き〈山猫〉の誕生　「どなたもどうかお入りください」考〈七〉というコード　注文の多い紳士たち　心象という言葉　宮沢賢治と樺太　「サガレンと八月」論　宮沢賢治と風速　銀河鉄道と猫バス　賢治童話とアニメーション的想像力〈幽霊写真〉というフレーム　川端康成と宮沢賢治〉①978-4-915442-19-3　Ⓝ910.268　[3000円]

宮澤 弘幸〔1919～1947〕

◇冤罪の構図―宮澤・レーン事件：一審・大審院判決の条文検証と批判　北大生・宮澤弘幸「スパイ冤罪事件」の真相を広める会編著　[東京]　北大生・宮澤弘幸「スパイ冤罪事件」の真相を広める会　2014.3

◇引き裂かれた青春―戦争と国家秘密　北大生・宮澤弘幸「スパイ冤罪事件」の真相を広める会編　[東京]　花伝社　2014.9　322p　22cm〈共栄書房（発売）年表あり〉①978-4-7634-0710-8　Ⓝ391.6　[2500円]

宮沢 ミッシェル〔1963～ 〕

◇「なんでシュートしないんだ！」では子供は育たない　宮澤ミッシェル著　宝島社　2014.10　217p　19cm　①978-4-8002-3141-3　Ⓝ783.47　[1300円]

宮地 団四郎〔1838～ 〕

◇宮地團四郎日記―土佐藩士が見た戊辰戦争　宮地團四郎[原著], 小美濃清明編著　右文書院　2014.4　287p　20cm〈文献あり〉①978-4-8421-0759-2　Ⓝ210.61　[2700円]

宮代町〔埼玉県〕（遺跡・遺物）

◇須賀遺跡・姫宮神社遺跡・山崎南遺跡・伝承旗本服部氏屋敷跡遺跡・新山遺跡・西光院遺跡・星谷遺跡―埋蔵文化財調査報告　宮代町　宮代町教育委員会　2014.3　172p　図版 27p　30cm　（宮代町文化財調査報告書 第21集）Ⓝ210.0254

◇道仏北遺跡　宮代町（埼玉県）宮代町教育委員会　2014.3　263p　図版 57p　30cm　（宮代町文化財調査報告書 第22集）〈道仏土地区画整理事業関係埋蔵文化財調査報告〉Ⓝ210.0254

宮津市（文化的景観）

◇宮津天橋立の文化的景観―文化的景観調査報告書　宮津　宮津市　2014.3　319p　30cm　（宮津市文化財調査報告 第42集）〈文献あり〉Ⓝ629.1

宮田 栄次郎〔1926～2013〕

◇気まま人生に乾杯!―宮田栄次郎遺稿集　宮田栄次郎[著], 宮田栄次郎遺稿集刊行委員会編　京都　京都社会労働問題研究所　2014.11　294p　20cm〈年譜あり〉Ⓝ366.621　[非売品]

宮田 聡子〔1988～ 〕

◇Satokoto―Satoko Miyata FIRST STYLE BOOK：EVERYTHING ABOUT SATOKO　宮田聡子著　エムオン・エンタテインメント　2014.10　122p　26cm〈本文は日本語〉①978-4-7897-3631-2　Ⓝ289.1　[1400円]

宮田 力松〔1916～ 〕

◇教育に生を求めて　宮田力松[著]　[半田]　[宮田力松]　2014.9　294p　19cm〈年譜あり　著作目録あり〉Ⓝ372.155

宮永〔氏〕

◇宮永氏系譜誌―新見市千屋・実村・新郷村・畑井原&足見の竹鼻（葺見の竹ノ端）／ずっこけアスリートの独り言　宮永汪仁著　[岡山]　[宮永汪仁]　2014.5　57, 62p　図版 [13] 枚　26cm　Ⓝ288.2

宮永 汪仁〔1947～ 〕

◇宮永氏系譜誌―新見市千屋・実村・新郷村・畑井原&足見の竹鼻（葺見の竹ノ端）／ずっこけアスリートの独り言　宮永汪仁著　[岡山]　[宮永汪仁]　2014.5　57, 62p　図版 [13] 枚　26cm　Ⓝ288.2

宮原 松男〔1915～1939〕

◇有東木の盆―日華事変出征兵士からの手紙　飯田辰彦著　宮崎　鉱脈社　2014.3　301p　図版 [11] 枚　20cm〈文献あり〉①978-4-86061-532-1　Ⓝ289.1　[2000円]

雅山 哲士〔1977～ 〕

◇雅ノート―勝負師としての相撲哲学　雅山哲士著　実業之日本社　2014.2　205p　19cm　①978-4-408-45487-0　Ⓝ788.1　[1429円]

み

1061

みやま市（遺跡・遺物）

◇山門遺跡群 3 みやま みやま市教育委員会 2014.3 140p 図版 42p 30cm （みやま市文化財調査報告書 第9集）〈県営圃場整備事業関係埋蔵文化財調査報告，福岡県みやま市瀬高町山門所在遺跡群の調査 折り込 3枚〉Ⓝ210.0254

宮本 亜門〔1958～ 〕

◇宮本亜門×北川悠仁 NHK『SWITCHインタビュー達人達』制作班，宮本亜門，北川悠仁著 ぴあ 2014.7 128p 19cm （SWITCHインタビュー達人達）Ⓘ978-4-8356-1897-5 Ⓝ771.6 ［800円］

宮本 慎也〔1970～ 〕

◇意識力 宮本慎也著 PHP研究所 2014.4 207p 18cm （PHP新書 914）Ⓘ978-4-569-81645-6 Ⓝ783.7 ［760円］

宮本 祖豊〔1960～ 〕

◇覚悟の力―どんなに辛くても十年は続けること。これ、即ち修行なり 宮本祖豊著 致知出版社 2014.10 189p 20cm Ⓘ978-4-8009-1054-7 Ⓝ188.42 ［1500円］

宮本 武之輔〔1892～1941〕

◇技術者の自立・技術の独立を求めて―直木倫太郎と宮本武之輔の歩みを中心に 土木学会土木図書館委員会直木倫太郎・宮本武之輔研究小委員会編 土木学会 2014.11 34, 301p 23cm （丸善出版（発売） 年表あり 年譜あり）Ⓘ978-4-8106-0811-3 Ⓝ510.921 ［3600円］

宮本 常一〔1907～1981〕

◇日本人のわすれもの―宮本常一『忘れられた日本人』を読み直す 岩田重則著 現代書館 2014.7 196p 20cm （いま読む！名著）〈文献あり〉Ⓘ978-4-7684-1003-5 Ⓝ382.1 ［2200円］

◇宮本常一と写真 石川直樹，須藤功，赤城耕一，畑中章宏著 平凡社 2014.8 127p 22cm （コロナ・ブックス 195）〈年譜あり〉Ⓘ978-4-582-63493-8 Ⓝ289.1 ［1600円］

宮本 武蔵〔1584～1645〕

◇定説の誤りを正す宮本武蔵正伝―鬼日向と武蔵義軽 森田栄著 体育とスポーツ出版社 2014.9 408p 21cm Ⓘ978-4-88458-265-4 Ⓝ289.1 ［3500円］

◇武蔵『五輪書』の剣術―円明流継承者が読み解く 赤羽根龍夫，赤羽根大介著 スキージャーナル 2014.7 270p 19cm （剣道日本）Ⓘ978-4-7899-0077-5 Ⓝ789.3 ［1800円］

ミャンマー（医療）

◇黄金に輝く仏教徒の国ミャンマー 槇野博史［著］ ［出版地不明］ 槇野博史 2013.3 100p 22cm Ⓝ292.3809

ミャンマー（外国関係―歴史）

◇ミャンマーの黎明―国際関係と内発的変革の現代史 津守滋著 彩流社 2014.1 285p 19cm 〈文献あり 年表あり〉Ⓘ978-4-7791-1976-7 Ⓝ312.238 ［2500円］

ミャンマー（環境行政）

◇クリーンアジア・イニシアティブ（CAI）及び戦略的国際環境協力推進業務報告書 平成25年度 葉山町（神奈川県） 地球環境戦略研究機関 2014.3 40, 188p 30cm 〈文献あり 英語併載 奥付のタイトル：クリーンアジア・イニシアティブ（CAI）推進等業務報告書〉Ⓝ519.1

◇ミャンマーの環境改善に資する事項―平成25年度クリーンアジア・イニシアティブ（CAI）及び戦略的国際環境協力推進業務概要調査（1）報告書 葉山町（神奈川県） 地球環境戦略研究機関 2014.3 50p 30cm 〈環境省請負業務〉Ⓝ519.1

ミャンマー（紀行・案内記）

◇黄金に輝く仏教徒の国ミャンマー 槇野博史［著］ ［出版地不明］ 槇野博史 2013.3 100p 22cm Ⓝ292.3809

◇ぶらりあるきビルマ見たまま ウイリアムス春美著 芙蓉書房出版 2014.11 155p 19cm 〈文献あり〉Ⓘ978-4-8295-0624-0 Ⓝ292.38 ［1800円］

ミャンマー（技術援助〔日本〕）

◇経済発展等に対応した鉄道の改善、整備等に係る支援に関する調査報告書 平成25年度 運輸政策研究機構 2014.3 644p 30cm （運政機構資料 250110）Ⓝ686.2238

◇森林減少防止のための途上国取組支援事業報告書 平成25年度 川崎 アジア航測 2014.3 1冊 30cm 〈奥付のタイトル：森林減少防止のための途上国取組支援事業平成25年度報告書〉Ⓝ654.02238

◇水道分野海外水ビジネス官民連携型案件発掘形成事業（ミャンマー）報告書 平成25年度 ［東京］ 神鋼環境ソリューション 2014.3 31p 30cm Ⓝ518.1

ミャンマー国国有企業に係る情報収集・確認調査報告書

◇ミャンマー国国有企業に係る情報収集・確認調査報告書 ［東京］ 国際協力機構 2013.2 167p 30cm 〈共同刊行：日本経済研究所ほか〉Ⓝ333.804

◇ミャンマー国石炭火力発電分野情報収集・確認調査―ファイナルレポート ［東京］ 国際協力機構 2013.1 210p 30cm 〈共同刊行：石炭エネルギーセンター〉Ⓝ333.804

ミャンマー（経済援助〔日本〕）

◇ミャンマー国全国空港保安設備整備計画準備調査報告書 ［東京］ 国際協力機構 2013.2 1冊 30cm 〈共同刊行：日本工営ほか〉Ⓝ333.804

ミャンマー（国際投資〔日本〕）

◇ミャンマー経済で儲ける5つの真実―市場・資源・人材 小原祥嵩著 幻冬舎 2013.9 186p 18cm （幻冬舎新書 お-18-1）Ⓘ978-4-344-98315-1 Ⓝ338.92238 ［780円］

◇ミャンマーで物語を作る―ビジネス渡航・視察・進出・投資Q&A 土屋昭義監修，Watch！CLMB編集部編集 キョーハンブックス（発売） 2014.1 159p 21cm Ⓘ978-4-87641-796-4 Ⓝ338.92238 ［1600円］

◇ミャンマーの会計・税務・法務Q&A 新日本有限責任監査法人編 税務経理協会 2014.3 201p 21cm （海外進出の実務シリーズ）〈索引あり〉Ⓘ978-4-419-06080-0 Ⓝ338.92238 ［2500円］

◇ミャンマービジネスの真実―アジア最後のフロンティア『ミャンマー』の横顔 田中和雄著 カナリア書房 2014.3 227p 19cm Ⓘ978-4-7782-0266-8 Ⓝ338.92238 ［1400円］

ミャンマー（社会）

◇こんなはずじゃなかったミャンマー 森哲志著 芙蓉書房出版 2014.7 194p 19cm Ⓘ978-4-8295-0623-2 Ⓝ302.238 ［1700円］

◇ミャンマーで物語を作る―ビジネス渡航・視察・進出・投資Q&A 土屋昭義監修，Watch！CLMB編集部編集 キョーハンブックス（発売） 2014.1 159p 21cm Ⓘ978-4-87641-796-4 Ⓝ338.92238 ［1600円］

◇レッスンなきシナリオ―ビルマの王権、ミャンマーの政治 田村克己著 風響社 2014.3 334p 20cm 〈年表あり 索引あり 内容：ビルマ「レッスンなきシナリオ」 「伝統」の継承と断絶 「社会主義」は経験されたか？ 負のナショナリズム 王権と「叛逆」 ビルマの建国神話について ビルマのオイディプス 東南アジア基層文化論 見えない国家 ラオス、ルアンパバーンの新年の儀礼と神話 皇帝と女性の祀る社 精霊信仰の語るもの〉Ⓘ978-4-89489-203-3 Ⓝ302.238 ［2500円］

ミャンマー（写真集）

◇Pyone―friendly Myanmar: a charming people in a friendly land GrapeCity inc［著］ ［仙台］ ［GrapeCity inc.］ c2013 192p 16×22cm （Friendly Myanmar series）〈日本語・英語併記〉Ⓝ292.38

ミャンマー（森林保護）

◇森林減少防止のための途上国取組支援事業報告書 平成25年度 川崎 アジア航測 2014.3 1冊 30cm 〈奥付のタイトル：森林減少防止のための途上国取組支援事業平成25年度報告書〉Ⓝ654.02238

ミャンマー（水道）

◇水道分野海外水ビジネス官民連携型案件発掘形成事業（ミャンマー）報告書 平成25年度 ［東京］ 神鋼環境ソリューション 2014.3 31p 30cm Ⓝ518.1

ミャンマー（政治―歴史）

◇ミャンマーの黎明―国際関係と内発的変革の現代史 津守滋著 彩流社 2014.1 285p 19cm 〈文献あり 年表あり〉Ⓘ978-4-7791-1976-7 Ⓝ312.238 ［2500円］

ミャンマー（染織工芸）

◇ミャンマーのすてきな手仕事をめぐる旅 春日一枝著 グラフィック社 2014.7 159p 21cm （読む手しごとBOOKS）〈文献あり〉Ⓘ978-4-7661-2612-9 Ⓝ753.2 ［1600円］

ミャンマー（租税制度）

◇ミャンマーの会計・税務・法務Q&A 新日本有限責任監査法人編 税務経理協会 2014.3 201p 21cm （海外進出の実務シリーズ）〈索引あり〉Ⓘ978-4-419-06080-0 Ⓝ338.92238 ［2500円］

ミャンマー（太平洋戦争〔1941～1945〕―会戦）

◇インパール作戦従軍記――兵士が語る激戦場の真実 真貝秀広著 潮書房光人社 2014.4 186p 16cm （光人社NF文庫 しN-827）〈「ビルマ戦記」（文芸社 2002年刊）の改題〉Ⓘ978-4-7698-2827-3 Ⓝ916 ［650円］

日本件名図書目録2014　Ⅰ　　　　　　　　　　　　　　　　　　　　　　　　　　　　　　　　　ミル,J.S.〔1806～1873〕

◇軍医殿！ 腹をやられました―インパール作戦ビルマ敗走記　中野信夫著　京都　かもがわ出版　2014.1　61p　21cm　（かもがわブックレット 195）〈年表あり　「靖国街道」（京都社会労働問題研究所 1977年刊）の改題、ブックレットとして再版〉①978-4-7803-0673-6　Ⓝ391.2074　［600円］

◇最悪の戦場ビルマ戦線　「丸」編集部編　潮書房光人社　2014.12　444p　16cm　（光人社NF文庫 ま N-863）〈「最悪の戦場に幽鬼の群像は泣いている」（光人社 1991年刊）の改題〉①978-4-7698-2863-1　Ⓝ916　［900円］

◇ビルマの碧い空よ赤い土よ―娘たちの戦没者慰霊の旅　志村恵美著　［東京］　日本図書刊行会　2014.6　188p　20cm　〈近代文藝社（発売）文献あり〉①978-4-8231-0898-3　Ⓝ916　［1600円］

◇私のビルマ戦参加記録　中尾康幸著　半田　一粒書房　2013.11　148p　21cm　①978-4-86431-229-5　Ⓝ916

ミャンマー（鉄道）
◇経済発展等に対応した鉄道の改善、整備等に係る支援に関する調査報告書　平成25年度　運輸政策研究機構　2014.3　644p　30cm　（運政機構資料 250110）Ⓝ686.2238

ミャンマー（難民―タイ）
◇難民の人類学―タイ・ビルマ国境のカレンニー難民の移動と定住　久保忠行著　清水弘文堂書房　2014.9　345,11p　22cm　〈文献あり〉①978-4-87950-615-3　Ⓝ369.38　［3000円］

ミャンマー（廃棄物処理施設―ヤンゴン）
◇ミャンマー国グレーターヤンゴン首都圏における循環型社会形成支援および廃棄物発電事業の実施可能性調査報告書―平成25年度我が国循環産業海外展開事業化促進業務　［東京］　JFEエンジニアリング　2014.3　1冊　30cm　〈背のタイトル：ミャンマー国グレーターヤンゴン首都圏における循環型社会形成支援および廃棄物発電事業の実施可能性調査　共同刊行：日本工営ほか〉Ⓝ518.52

ミャンマー（廃棄物発電―ヤンゴン）
◇ミャンマー国グレーターヤンゴン首都圏における循環型社会形成支援および廃棄物発電事業の実施可能性調査報告書―平成25年度我が国循環産業海外展開事業化促進業務　［東京］　JFEエンジニアリング　2014.3　1冊　30cm　〈背のタイトル：ミャンマー国グレーターヤンゴン首都圏における循環型社会形成支援および廃棄物発電事業の実施可能性調査　共同刊行：日本工営ほか〉Ⓝ518.52

ミャンマー（貧困）
◇現代ミャンマーの貧困研究　エイ チャン プイン著　京都　見洋書房　2014.10　172p　22cm　〈文献あり　索引あり〉①978-4-7710-2572-1　Ⓝ368.2　［5000円］

ミャンマー（仏教）
◇仏教先進国ミャンマーのマインドフルネス―日本人出家比丘が見た、ミャンマーの日常と信仰　西澤卓美著　サンガ　2014.11　286p　19cm　〈文献あり〉①978-4-905425-99-1　Ⓝ182.238　［1800円］

◇ミャンマー仏教を語る―世界平和とパゴダの可能性　井上ウィマラ、天野和公、八坂和子、一条真也著　現代書林　2014.5　106p　19cm　〈会期・会場：2013年9月21日　北九州市門司区旧大連航路上屋〉①978-4-7745-1468-0　Ⓝ182.238　［1000円］

ミャンマー（歴史）
◇物語ビルマの歴史―王朝時代から現代まで　根本敬著　中央公論新社　2014.1　458p　18cm　（中公新書 2249）〈文献あり　年表あり〉①978-4-12-102249-3　Ⓝ223.8　［1000円］

美優〔1987～〕
Ⓜ MIYU TRAL　美優著　宝島社　2014.12　127p　21cm　〈年譜あり　本文は日本語〉①978-4-8002-3356-1　Ⓝ289.1　［1500円］

ミュンター,J.〔1844～1921〕
◇明治の国際人・石井筆子―デンマーク女性ヨハンネ・ミュンターとの交流　長島要一著　新評論　2014.10　239p　19cm　〈文献あり　年譜あり〉①978-4-7948-0980-3　Ⓝ289.1　［2400円］

妙見寺〔稲城市〕
◇青龍降臨の宮―稲城百村妙見尊廟　松本清蔵著, 松本三喜夫監修　［出版地不明］　松本清蔵　2014.7　129p　21cm　〈年表あり　編集：暮らしの手帖社〉Ⓝ188.45

妙法院〔京都市〕
◇妙法院日次記　第20　自天明四年正月　至天明六年十二月　妙法院史研究会校訂　オンデマンド版　八木書店古書出版部　2014.2　380p　21cm　（史料纂集）〈八木書店（発売）初版：続群書類従完成会 2004年刊　印刷・製本：デジタルパブリッ

シングサービス〉①978-4-8406-3389-5　Ⓝ188.45　［12000円］

◇妙法院日次記　第21　自天明七年正月　至天明八年十二月　妙法院史研究会校訂　オンデマンド版　八木書店古書出版部　2014.2　407p　21cm　（史料纂集）〈八木書店（発売）初版：続群書類従完成会 2006年刊　印刷・製本：デジタルパブリッシングサービス〉①978-4-8406-3390-1　Ⓝ188.45　［13000円］

明満〔1718～1810〕
◇木喰仏入門　小島梯次著　岐阜　まつお出版　2014.3　127p　21cm　（まつお出版叢書 2）〈年譜あり〉①978-4-944168-38-5　Ⓝ718.3　［1200円］

三好〔氏〕
◇戦國遺文　三好氏編第2巻　自永禄五年〈一五六二〉至元亀元年〈一五七〇〉　天野忠幸編　東京堂出版　2014.11　296p　22cm　〈付属資料：4p：月報：2〉①978-4-490-30710-8　Ⓝ210.47　［17000円］

三好 達治〔1900～1964〕
◇三好達治詩語り　張籠二三枝著　東村山　紫陽社　2014.5　133p　20cm　Ⓝ911.52　［2200円］

三好 長慶〔1523～1564〕
◇三好長慶―諸人之を仰ぐこと北斗泰山　天野忠幸著　京都　ミネルヴァ書房　2014.4　289,13p　20cm　（ミネルヴァ日本評伝選）〈文献あり　年譜あり　索引あり〉①978-4-623-07072-1　Ⓝ289.1　［3200円］

三好市（住民運動）
◇小歩危ダム阻止闘争と吉野川の濁り問題　編集委員会編　三好　［小歩危ダム阻止闘争と吉野川の濁り問題］編集委員会　2014.3　454p　31cm　〈年表あり　文献あり〉Ⓝ517.72

三好市（ダム）
◇小歩危ダム阻止闘争と吉野川の濁り問題　編集委員会編　三好　［小歩危ダム阻止闘争と吉野川の濁り問題］編集委員会　2014.3　454p　31cm　〈年表あり　文献あり〉Ⓝ517.72

三次市（遺跡・遺物）
◇下矢井南第3-5号古墳　広島県教育事業団事務局埋蔵文化財調査室編　［広島］　広島県教育事業団　2014.3　52p　図版 17p　30cm　（公益財団法人広島県教育事業団発掘調査報告書 第62集）〈文献あり　折り込 2枚〉Ⓝ210.0254

◇箱山第3-6号古墳　広島県教育事業団事務局埋蔵文化財調査室編　［広島］　広島県教育事業団　2014.3　84p　図版［23］枚　30cm　（公益財団法人広島県教育事業団発掘調査報告書 第61集）〈文献あり　折り込 4枚〉Ⓝ210.0254

◇風呂谷遺跡・風呂谷古墳　広島県教育事業団事務局埋蔵文化財調査室編　［広島］　広島県教育事業団　2014.3　201p　図版［54］枚　30cm　（公益財団法人広島県教育事業団発掘調査報告書 第59集）〈文献あり〉Ⓝ210.0254

◇松尾徳市遺跡・県史跡若宮古墳　三次市教育委員会編　三次　三次市教育委員会　2014.3　34p　図版 10p　30cm　（広島県三次市文化財調査報告書 第7集）Ⓝ210.0254

◇三隅山遺跡　広島県教育事業団事務局埋蔵文化財調査室編　［広島］　広島県教育事業団　2014.3　64p　図版 36p　30cm　（公益財団法人広島県教育事業団発掘調査報告書 第64集）〈折り込 4枚〉Ⓝ210.0254

◇宮の本遺跡、宮の本第11・33-35号古墳　広島県教育事業団事務局埋蔵文化財調査室編　［広島］　広島県教育事業団　2014.3　121p　図版 52p　30cm　（公益財団法人広島県教育事業団発掘調査報告書 第60集）〈折り込 9枚〉Ⓝ210.0254

◇頼藤城跡　広島県教育事業団事務局埋蔵文化財調査室編　［広島］　広島県教育事業団　2014.3　55p　図版 27p　30cm　（公益財団法人広島県教育事業団発掘調査報告書 第65集）〈折り込 2枚〉Ⓝ210.0254

◇若見迫遺跡畑尻遺跡　広島県教育事業団事務局埋蔵文化財調査室編　［広島］　広島県教育事業団　2014.3　68p　図版［15］枚　30cm　（公益財団法人広島県教育事業団発掘調査報告書 第63集）Ⓝ210.0254

三次市（歴史）
◇三次・庄原の昭和―写真アルバム　名古屋　樹林舎　2014.12　263p　図版 16p　31cm　〈広島県教科用図書販売（発売）年表あり〉①978-4-902731-76-7　Ⓝ217.6　［9250円］

ミル,J.S.〔1806～1873〕
◇J.S.ミルの幸福論―快楽主義の可能性　水野俊誠著　松戸　梓出版社　2014.8　217,11p　22cm　〈文献あり　索引あり〉①978-4-87262-035-1　Ⓝ133.4　［2700円］

◇J.S.ミルの社会主義論―体制論の倫理と科学　安井俊一著　御茶の水書房　2014.10　387p　23cm　〈文献あり　索引あり〉①978-4-275-01082-7　Ⓝ133.4　［7500円］

み

1063

ミルトン, J.〔1608～1674〕

◇ジョン・ミルトンの思想と現代　辻裕子著　京都　世界思想社　2014.11　253p　20cm　〈索引あり　内容:『四絃琴』から『失楽園』へ　ミルトンから『ジェーン・エア』へ　『失楽園』における自然環境論　『失楽園』における「支配」をめぐってミルトンからワーズワスへ　戦争と人間　言論・出版の自由　思想の源流　リベラル・アーツの源流〉①978-4-7907-1642-6　N931.5　〔3500円〕

ミレー, J.F.〔1814～1875〕

◇「農民画家」ミレーの真実　井出洋一郎著　NHK出版　2014.2　228p　図版16p　18cm　（NHK出版新書 427）〈文献あり　作品目録あり〉①978-4-14-088427-0　N723.35　〔820円〕

◇ミレーの生涯　アルフレッド・サンスィエ[著]、井出洋一郎監訳　KADOKAWA　2014.4　541p　15cm　（[角川ソフィア文庫][F200-1]）〈年表あり　講談社 1998年刊の改訂〉①978-4-04-409461-4　N723.35　〔1000円〕

◇ミレーの名画はなぜこんなに面白いのか―種をまく人、晩鐘、落穂拾いミレーの世界を作品でめぐる　井出洋一郎著　KADOKAWA　2014.4　223p　15cm　（中経の文庫 い-10-6）〈文献あり　年譜あり〉①978-4-04-600294-5　N723.35　〔700円〕

◇もっと知りたいミレー―生涯と作品　高橋明也監修、安井裕雄著　東京美術　2014.4　79p　26cm　（アート・ビギナーズ・コレクション）〈文献あり　索引あり〉①978-4-8087-0977-8　N723.35　〔1800円〕

三輪 恭嗣〔1937～〕

◇少年Yが見た世界―子や孫に遺す言葉　三輪恭嗣著　[札幌]　[三輪恭嗣]　2013.6　157p　21cm　〈文献あり〉①978-4-86111-113-6　N198.52

明〔中国〕（イラストレーション―歴史）

◇中国古典文学挿画集成　9　小説集　3　瀧本弘之編　遊子館　2014.1　53,429p　27cm　（複製　布装）①978-4-86361-027-9　N920.2　〔49000円〕

明〔中国〕（絵画―歴史）

◇描かれた倭寇―「倭寇図巻」と「抗倭図巻」　東京大学史料編纂所編　吉川弘文館　2014.10　111p　26cm　①978-4-642-08253-2　N722.25　〔2500円〕

明〔中国〕（外国関係―朝鮮―歴史）

◇明代遼東と朝鮮　荷見守義著　汲古書院　2014.5　437,14p　22cm　（汲古叢書 113）〈索引あり〉①978-4-7629-6012-3　N222.058　〔12000円〕

明〔中国〕（外国関係―日本―歴史）

◇華夷秩序と琉球王国―陳捷先教授中琉歴史関係論文集　陳捷先著、赤嶺守、張雛真監訳　宜野湾　榕樹書林　2014.3　257p　21cm　（訳:童宏民ほか）①978-4-89805-175-7　N222.058　〔2800円〕

明〔中国〕（歴史）

◇明末清初　4集　順治帝と千里草　上　福本雅一著　京都　藝文書院（発売）　2013.11　301p　19cm　①978-4-907823-66-5　N222.058　〔2500円〕

明〔中国〕（歴史小説―歴史）

◇中国古典文学挿画集成　9　小説集　3　瀧本弘之編　遊子館　2014.1　53,429p　27cm　（複製　布装）①978-4-86361-027-9　N920.2　〔49000円〕

民具製作技術保存会

◇民技会四十年のあゆみ―民具製作技術保存会四十周年記念誌　川崎　民具製作技術保存会　2014.3　56p　30cm　〈年表あり〉　N383.93

民社党

◇ドキュメント民社党―政党参謀の証言と記録　梅澤昇平著　横浜　ココデ出版　2014.5　236p　19cm　①978-4-903703-88-6　N315.1　〔2800円〕

民主党〔日本〕

◇官邸危機―内閣官房参与として見た民主党政権　松本健一著　筑摩書房　2014.2　280p　18cm　（ちくま新書 1055）①978-4-480-06763-0　N312.1　〔880円〕

◇民主党を見つめ直す―元官房長官・藤村修回想録　藤村修著，竹中治堅インタビュー・構成　毎日新聞社　2014.11　399p　20cm　〈年譜あり　年表あり〉①978-4-620-32232-2　N312.1　〔2800円〕

◇民主党公式ハンドブック　2014　海江田万里編　勉誠出版　2014.2　312p　26cm　〈年表あり〉①978-4-585-23024-3　N315.1　〔1800円〕

◇民主党政権とは何だったのか―キーパーソンたちの証言　山口二郎、中北浩爾編　岩波書店　2014.7　317,15p　20cm　〈年表あり　内容:政権準備とマニフェストの土台づくり（菅直人，岡田克也，直嶋正行ほか述）「コンクリートから人へ」と財源の検討（鳩山由紀夫，岡田克也，峰崎直樹ほか述）　二〇〇九年選挙への取り組みと政権準備の過程（鳩山由紀夫，菅直人，松井孝治ほか述）　成立プロセス（鳩山由紀夫，菅直人，岡田克也ほか述）　政治主導とその難航（鳩山由紀夫，菅直人，松井孝治述）　マニフェストの実行と予算編成（鳩山由紀夫，菅直人，峰崎直樹述）　東アジア共同体・普天間・地球温暖化（鳩山由紀夫，岡田克也，辻元清美ほか述）　鳩山政権からの移行と党内対立の激化（鳩山由紀夫，辻元清美，菅直人ほか述）　消費増税（菅直人，野田佳彦，峰崎直樹述）　地域主権改革（片山善博述）　東日本大震災と原発事故（菅直人，福山哲郎，片山善博ほか述）　尖閣諸島中国漁船衝突事件と日韓関係（仙谷由人，福山哲郎述）　消費税率引き上げの顛末（野田佳彦，齋藤勁，峰崎直樹ほか述）　原発再稼働と脱原発政策（野田佳彦，齋藤勁述）　尖閣国有化と日中の緊張（野田佳彦，齋藤勁述）　対朝鮮半島外交（野田佳彦，齋藤勁述）　衆議院解散と民主党政権の終焉（野田佳彦述）　民主党政権の失敗と可能性（山口二郎，中北浩爾述）〉①978-4-00-024873-0　N312.1　〔2400円〕

◇民主党政権の挑戦と挫折―その経験から何を学ぶか　伊藤光利，宮本太郎編著　日本経済評論社　2014.8　215p　22cm　〈索引あり　内容:民主党のマニフェストと政権運営（伊藤光利著）　民主党政権下における雇用・福祉レジーム転換の模索（三浦まり，宮本太郎著）「地域主権」改革（北村亘著）　民主党政権における予算編成・税制改正（上川龍之進著）　民主党政権下における連合（三浦まり著）　対立軸の変容とリベラル政治の可能性（宮本太郎著）〉①978-4-8188-2339-6　N312.1　〔3000円〕

◇民主党政策ハンドブック　2014・秋　海江田万里編　勉誠出版　2014.10　210p　21cm　①978-4-585-23031-1　N315.1　〔980円〕

【む】

向井〔氏〕

◇史料が語る向井水軍とその周辺　鈴木かほる著　[東京]　新潮社図書編集室　2014.7　347p　20cm　〈新潮社（発売）文献あり　索引あり〉①978-4-10-910025-0　N288.2　〔2900円〕

向井 喜代子〔1925～〕

◇遠い日はロマン―私の歩いて来た道　向井喜代子著　津　伊勢新聞社　2014.4　169p　19cm　N289.1

向井 豊昭〔1933～2008〕

◇向井豊昭の闘争―異種混交性の世界文学　岡和田晃著　未来社　2014.7　289p　19cm　〈著作目録あり〉①978-4-624-60115-7　N910.268　〔2600円〕

向切田町内会

◇集落の記録―町内会誌　十和田　向切田町内会　2013.12　235p　30cm　〈年表あり〉　N318.821

向田 麻衣

◇"美しい瞬間"を生きる　向田麻衣[著]　ディスカヴァー・トゥエンティワン　2014.7　171p　19cm　（U25｜SURVIVAL MANUAL SERIES 10）〈背・表紙のタイトル:ART OF THE MOMENT〉①978-4-7993-1522-4　N289.1　〔1200円〕

ムガル朝〔1526～1857〕〔インド〕（歴史）

◇世界史劇場イスラーム三國志―臨場感あふれる解説で、楽しみながら歴史を"体感"できる　神野正史著　ベレ出版　2014.3　317p　21cm　〈文献あり　年表あり〉①978-4-86064-387-4　N227.4　〔1600円〕

むかわ町〔北海道〕（遺跡・遺物）

◇二宮4遺跡発掘調査報告書　むかわ町教育委員会編　むかわ町（北海道）　むかわ町教育委員会　2014.3　48p　30cm　（むかわ町埋蔵文化財発掘調査報告）　N210.0254

むかわ町〔北海道〕（伝記）

◇大地を踏みしめて―穂別高齢者の語り聞き史（昭和編）：続：翁媼八十代の邂逅を語る　上　[むかわ町（北海道）]　穂別・高齢者の語りを聞く会　2014.1　359p　21cm　〈文献あり〉　N281.17

◇大地を踏みしめて―穂別高齢者の語り聞き史（昭和編）：続：翁媼八十代の邂逅を語る　下　[むかわ町（北海道）]　穂別・高齢者の語りを聞く会　2014.1　254p　21cm　〈文献あり〉　N281.17

むくどりホームふれあいの会
◇むくどりおばあちゃんの夢を追いつづけて—カナダも英語も むくどりホームも　柴川明子著　札幌　かりん舎　2014.6　174p　21cm　①978-4-902591-19-4　Ⓝ369.49　[1200円]

向日市（遺跡・遺物）
◇五塚原古墳第4次発掘調査概報　立命館大学文学部考古学・文化遺産専攻編　京都　立命館大学文学部考古学・文化遺産専攻　2014.3　8p　30cm　（立命館大学文学部学芸員課程研究報告　第16冊）　Ⓝ210.0254
◇長岡宮跡　向日市教育委員会文化財調査事務所編　向日　京都府向日市　2013.3　47p　図版16p　26cm　（向日市埋蔵文化財調査報告書　第97集）　Ⓝ210.0254
◇長岡京跡、南条遺跡・南条古墳群　向日市埋蔵文化財センター編　向日　向日市教育委員会　2014.2　101p　図版[18]枚　26cm　（向日市埋蔵文化財調査報告書　第95集）　Ⓝ210.0254
◇長岡京跡—ほか　向日市埋蔵文化財センター編　向日　向日市教育委員会　2014.3　161p　図版40p　30cm　（向日市埋蔵文化財調査報告書　第100集）　Ⓝ210.0254
◇元稲荷古墳　向日市埋蔵文化財センター編　向日　向日市教育委員会　2014.3　230p　図版[20]枚　30cm　（向日市埋蔵文化財調査報告書　第101集）　Ⓝ210.0254

向島百花園
◇花も盛りの88歳！—向島百花園のスーパーレディ一代記　佐原洋子著　KADOKAWA　2014.5　191p　19cm　〈文献あり〉　①978-4-04-066740-9　Ⓝ289.1　[1200円]

向田邦子〔1929～1981〕
◇向田邦子、性を問う—『阿修羅のごとく』を読む　高橋行徳著　いそっぷ社　2014.10　318p　19cm　〈文献あり〉　①978-4-900963-63-4　Ⓝ910.268　[1700円]
◇向田邦子の陽射し　太田光著　文藝春秋　2014.2　331p　16cm　（文春文庫　む1-40）　①978-4-16-790039-7　Ⓝ910.268　[690円]
◇装い—向田邦子のおしゃれ術　かごしま近代文学館編　鹿児島　かごしま近代文学館　2014.11　100p　21cm　Ⓝ910.268

むこうまち歴史サークル
◇むこうまち歴史サークル十五周年記念誌　向日　むこうまち歴史サークル1班・2班・3班・4班　2014.3　114p　30cm　Ⓝ216.2

向山洋一〔1943～　〕
◇向山洋一からの聞き書き—セミナー、講演、会議、懇親会　第2集（2012年）　向山洋一、根本正雄著　学芸みらい社　2014.8　180p　21cm　①978-4-905374-39-8　Ⓝ375　[2000円]

武蔵野
◇武蔵野文化を学ぶ人のために　土屋忍編　京都　世界思想社　2014.7　366p　19cm　〈文献あり　年表あり　索引あり　内容：東歌のなかの武蔵野（並木宏衛著）　王朝の武蔵野（川村裕子著）　渋谷区金王八幡宮の金王桜（岩城賢太郎著）　「武野」と「武陵」と（今浜通隆著）　武蔵野の碑と書・西東京市田無（廣瀬裕之著）　二つの『武蔵野』（藤井淑禎著）　花袋の武蔵野（五井信著）　坂口安吾の〈武蔵野〉（山路敦史著）　太宰治の武蔵野（土屋忍著）　武蔵野で遊ぶ子どもたち（宮川健郎著）　武蔵野と私（三田誠広著）〉　①978-4-7907-1634-1　Ⓝ910.2　[2500円]

武蔵野市（行政）
◇武蔵野市地域生活環境指標—データから見た武蔵野市　平成26年版　武蔵野市地域生活環境指標編集委員会編　武蔵野　武蔵野市　2014.8　195p　30cm　Ⓝ318.2365

武蔵野市（昆虫）
◇「いきもの広場」モニタリングと維持管理委託—報告書　平成25年度　武蔵野　東京動物園協会井の頭自然文化園　2014.3　76p　30cm　〈委託先：エスペックミック〉　Ⓝ519.81365

武蔵野市（自然保護）
◇「いきもの広場」モニタリングと維持管理委託—報告書　平成25年度　武蔵野　東京動物園協会井の頭自然文化園　2014.3　76p　30cm　〈委託先：エスペックミック〉　Ⓝ519.81365

武蔵野市（植物）
◇「いきもの広場」モニタリングと維持管理委託—報告書　平成25年度　武蔵野　東京動物園協会井の頭自然文化園　2014.3　76p　30cm　〈委託先：エスペックミック〉　Ⓝ519.81365

武蔵野市（女性—伝記）
◇羽ばたけ撫子たち—卒業生110名の軌跡：創立75周年記念誌　創立75周年記念誌刊行委員会編　武蔵野　吉祥女子中学高等学校　2014.2　267p　27cm　Ⓝ281.365

武蔵野市（生活環境）
◇武蔵野市地域生活環境指標—データから見た武蔵野市　平成26年版　武蔵野市地域生活環境指標編集委員会編　武蔵野　武蔵野市　2014.8　195p　30cm　Ⓝ318.2365

武蔵野市（選挙—統計）
◇選挙の記録—平成25年執行　武蔵野市選挙管理委員会編　[武蔵野]　武蔵野市選挙管理委員会　2014.9　194p　30cm　〈東京都議会議員選挙　6月23日執行、参議院議員選挙　7月21日執行、武蔵野市長選挙・武蔵野市議会議員補欠選挙　10月6日執行〉　Ⓝ314.8
◇選挙の結果　平成25年度　武蔵野市選挙管理委員会編　[武蔵野]　武蔵野市選挙管理委員会　2014.9　95p　30cm　Ⓝ314.8

武蔵野市（地方選挙）
◇選挙の記録—平成25年執行　武蔵野市選挙管理委員会編　[武蔵野]　武蔵野市選挙管理委員会　2014.9　194p　30cm　〈東京都議会議員選挙　6月23日執行、参議院議員選挙　7月21日執行、武蔵野市長選挙・武蔵野市議会議員補欠選挙　10月6日執行〉　Ⓝ314.8
◇選挙の結果　平成25年度　武蔵野市選挙管理委員会編　[武蔵野]　武蔵野市選挙管理委員会　2014.9　95p　30cm　Ⓝ314.8

武蔵野市（歴史—史料）
◇うつりゆく吉祥寺—鈴木育男写真集　鈴木育男著　三鷹　ぶんしん出版　2014.10　215p　27cm　〈年譜あり　年表あり〉　①978-4-89390-111-8　Ⓝ213.65　[2500円]

武蔵野美術大学
◇宮下勇「ムサビキャンパスの建築」　宮下勇監修　小平　武蔵野美術大学美術館・図書館　2013.11　72, 38p　30cm　〈会期・会場：2013年11月25日—12月21日　武蔵野美術大学美術館展示室4　武蔵野美術大学教授退任記念〉　Ⓝ526.37
◇武蔵野美術大学を造った人びと　高橋陽一、浅沼薫奈、伊東毅、今岡謙太郎、大島宏、小澤昌子、駒込武、白石美雪、廖赤陽著　武蔵野　武蔵野美術大学出版局　2014.3　212p　22cm　〈著作目録あり　内容：木下成太郎と高等教育機関設立構想（浅沼薫奈著）　田中高愚こと次郎吉について（高橋陽一著）　名取堯の略歴・業績と回想録「わが学園の思い出」（伊東毅著）　中島健蔵と吉田秀和（白石美雪著）　金原省吾と傅抱石（廖赤陽著）　山脇巌と造型美術学園（小澤昌子著）〉　Ⓝ377.21

武蔵村山市（獅子舞）
◇横中馬獅子舞—当地伝承260周年記念誌：東京都郷土芸能協会技芸認定：武蔵村山市指定無形民俗文化財　横中馬獅子舞保存会編　[武蔵村山]　横中馬獅子舞保存会　2014.4　42p　30cm　〈年表あり〉　Ⓝ386.81365

武者小路実篤〔1885～1976〕
◇武者小路実篤の仲間達—実篤との合奏　米山禎一著　青柿堂　2014.10　446p　図版4p　22cm　〈星雲社（発売）　文献あり〉　①978-4-434-19914-1　Ⓝ910.268　[5000円]

むつ小川原港
◇むつ小川原港港湾計画書—一部変更　[青森]　青森県　2014.11　5p　30cm　（交通政策審議会港湾分科会資料　第58回）　〈折り込1枚〉　Ⓝ683.92121

むつ市（山岳崇拝）
◇釜臥山—下北半島の霊峰・山岳信仰と自然　森治、平井正和監修　[むつ]　下北野生生物研究所　2014.7　95p　30cm　〈年表あり〉　Ⓝ387.02121　[1500円]

むつ市（博物誌）
◇釜臥山—下北半島の霊峰・山岳信仰と自然　森治、平井正和監修　[むつ]　下北野生生物研究所　2014.7　95p　30cm　〈年表あり〉　Ⓝ387.02121　[1500円]

陸奥湾
◇青森県水産資源管理基礎調査浅海定線調査結果報告書　平成25年度　[平内町（青森県）]　青森県産業技術センター水産総合研究所　2014.2　44p　30cm　Ⓝ452.2

武藤敬司〔1962～　〕
◇闘魂三銃士30年—今だから明かす武藤敬司、蝶野正洋、橋本真也、それぞれの生きざま　武藤敬司、蝶野正洋、橋本かずみ著　ベースボール・マガジン社　2014.12　287p　19cm　①978-4-583-10780-6　Ⓝ788.2　[1900円]

武藤山治〔1867～1934〕
◇福澤諭吉に学んだ武藤山治の先見性　武藤治太著　大阪　國民會館　2014.6　80p　21cm　（國民會館叢書　94）　〈年譜あり〉　Ⓝ289.1　[400円]

武藤誠〔1922～2013〕
◇武藤誠先生略年譜・著作目録　警察政策学会警察史研究部会編　警察政策学会　2014.11　110, 4p　26cm　（警察政策学会資料・別刷）　Ⓝ289.1

棟方 志功〔1903～1975〕

◇棟方志功の眼　石井頼子著　里文出版　2014.2　163p　19cm　①978-4-89806-410-8　Ⓝ733　［1800円］

宗像市〔祭祀遺跡〕

◇「宗像・沖ノ島と関連遺産群」研究報告　3　「宗像・沖ノ島と関連遺産群」世界遺産推進進会議，福岡県企画・地域振興部総合政策課世界遺産登録推進室編　ブレック研究所　2013.3　113p　30cm〈年表あり〉Ⓝ219.1

宗像市〔神社建築―保存・修復〕

◇国指定史跡「宗像神社境内」国指定天然記念物「沖の島原始林」保存管理計画書　宗像　宗像市教育委員会　2014.3　318p　30cm〈年表あり〉Ⓝ709.191

宗像市〔森林保護〕

◇国指定史跡「宗像神社境内」国指定天然記念物「沖の島原始林」保存管理計画書　宗像　宗像市教育委員会　2014.3　318p　30cm〈年表あり〉Ⓝ709.191

宗像大社〔宗像市〕

◇宗像大社宝展―神の島・沖ノ島と大社の神宝　出光美術館編　出光美術館　2014.8　135p　30cm〈年表あり〉Ⓝ702.17

ムニクー, P.〔1825～1871〕

◇七つの御悲しみの聖母天主堂創設者パリ外国宣教会宣教師ピエール・ムニクー師と同僚宣教師の書簡―1868年7月―1871年10月：神戸における日本再宣教　ショファイユの幼きイエズス修道会［訳］　改訂版　宝塚　ショファイユの幼きイエズス修道会日本管区　2014.3　89p　26cm　Ⓝ198.2235

宗尊親王〔1242～1274〕

◇瓊玉和歌集新注　中川博夫著　青簡舎　2014.10　670p　22cm（新注和歌文学叢書 14）①978-4-903996-78-3　Ⓝ911.14　［21000円］

村井 智建〔1981～ 〕

◇マックスむらい、村井智建を語る。　マックスむらい［著］，倉西誠一構成・文　KADOKAWA　2014.12　272p　19cm　①978-4-04-869078-2　Ⓝ289.1　［1200円］

村井正誠記念美術館

◇村井正誠記念美術館開館十周年記念誌　［東京］　村井正誠記念美術館　2014.3　45p　26cm〈年譜あり〉Ⓝ706.9

村岡 花子〔1893～1968〕

◇赤毛のアン＆花子の生き方とヘレン・ケラー奇跡の言葉―強く、たくましく、しなやかに生きる知恵　アンと花子さん東京研究会編著　神宮館　2014.7　221p　19cm〈文献あり〉①978-4-86076-218-6　Ⓝ910.268　［1000円］

◇アンを抱きしめて―村岡花子物語　わたせせいぞう絵，村岡恵理文　NHK出版　2014.3　93p　21cm〈年譜あり〉①978-4-14-005650-9　Ⓝ910.268　［2000円］

◇花子とアンへの道―本が好き、仕事が好き、ひとが好き　村岡恵理編　新潮社　2014.3　127p　21cm〈年譜あり〉①978-4-10-335511-3　Ⓝ910.268　［1400円］

◇村岡花子展―ことばの虹を架ける―山梨からアンの世界へ：開館二十五周年記念　山梨県立文学館編　甲府　山梨県立文学館　2014.4　56p　30cm〈年譜あり　会期・会場：2014年4月12日―6月29日　山梨県立文学館企画展示室〉

◇村岡花子の世界―赤毛のアンとともに生きて　村岡恵理監修，内田静枝編　河出書房新社　2014.4　143p　21cm（らんぷの本）〈文献あり　著作目録あり　年譜あり〉①978-4-309-75007-1　Ⓝ910.268　［1500円］

村上 忠順〔1812～1884〕

◇村上忠順論攷―村上忠順翁百三十年祭記念：私家版　中澤伸弘著　［東京］　［中澤伸弘］　2014.11　212p　26cm（柿之舎叢書 5）〈年譜あり　著作目録あり〉Ⓝ911.158　［非売品］

村上 龍男〔1939～ 〕

◇無法、掟破りと言われた男の一代記―加茂水族館ものがたり　村上龍男著　鶴岡　JA印刷山形　2014.11　204p　26cm〈年表あり〉①978-4-9906986-2-1　Ⓝ480.76　［1600円］

村上 春樹〔1949～ 〕

◇いま、村上春樹を読むこと　土居豊著　西宮　関西学院大学出版会　2014.10　195p　19cm〈文献あり〉①978-4-86283-174-3　Ⓝ910.268　［1500円］

◇紀行せよ、と村上春樹は言う　鈴村和成著　未來社　2014.9　360p　20cm〈著作目録あり　内容：一〇年の時を隔てた〈心中〉めくるめく人生の破局　幽体よ、ヘルシンキへ飛べ　地震の後、村上春樹の神戸を行く　村上春樹の札幌、ハワイを行く　村上春樹の四国、中国を行く　「1Q84」の東京サーガを行く　東奔西走〉①978-4-624-60116-4　Ⓝ910.268　［2800円］

◇さんぽで感じる村上春樹　ナカムラクニオ, 道前宏子著　ダイヤモンド・ビッグ社　2014.5　127p　21cm〈ダイヤモンド社（発売）〉①978-4-478-04569-5　Ⓝ910.268　［1450円］

◇多崎つくるはいかにして決断したのか―村上春樹『色彩を持たない多崎つくると、彼の巡礼の年』を読む　甲田純生著　京都　晃洋書房　2014.2　129p　20cm　①978-4-7710-2515-8　Ⓝ913.6　［1300円］

◇村上春樹を読む午後　湯川豊, 小山鉄郎著　文藝春秋　2014.11　277p　19cm〈著作目録あり　年譜あり　内容：『風の歌を聴け』から『アフターダーク』まで　『1Q84』を解読する　『色彩を持たない多崎つくると、彼の巡礼の年』の魅力　短編小説をめぐって〉①978-4-16-390080-3　Ⓝ910.268　［1650円］

◇村上春樹とポストモダン・ジャパン―グローバル化の文化と文学　三浦玲一著　彩流社　2014.3　178,5p　20cm〈索引あり　内容：グローバル化の文化と文学　村上春樹とポストモダン・ジャパン　『多崎つくる』とリアリズムの消滅　わたしたちの〈いま〉のリアリズムとユートピア（河野真太郎著）〉①978-4-7791-2005-3　Ⓝ910.268　［1800円］

◇村上春樹のドラマ―「音」から「言葉」へ　イェレナ・プレドヴィッチ著　論創社　2014.3　285p　20cm〈文献あり〉①978-4-8460-1302-8　Ⓝ910.268　［3000円］

◇村上春樹の深い「魂の物語」―色彩を持たない多崎つくると、彼の巡礼の年　谷﨑龍彦著　彩流社　2014.9　215,6p　20cm〈文献あり　索引あり〉①978-4-7791-2047-3　Ⓝ913.6　［2200円］

◇村上春樹表象の圏域―『1Q84』とその周辺　米村みゆき編　森話社　2014.6　362p　19cm（叢書・〈知〉の森 9）〈文献あり　内容：可能性としての物語（髙橋龍夫著）既視の物語『1Q84』（佐々木亜紀子著）閉じられない世界を求めて（松枝誠孝著）コード1Q84（錦咲やか著）ライティング・スペース『1Q84』（中村三春著）戦う女性表象で読む『1Q84』（遠藤郁子著）〈幻想〉の恋人たち（徳江刚著）「1Q84」の〈母〉たち（平野葵著）『1Q84』の暴力表象（堀口真利子著）村上春樹と"私的領域"（米村みゆき著）〉①978-4-86405-064-7　Ⓝ910.268　［2400円］

◇もういちど村上春樹にご用心　内田樹著　文藝春秋　2014.12　328p　16cm（文春文庫 う19-17）〈アルテスパブリッシング2010年刊の再刊〉①978-4-16-790259-9　Ⓝ910.268　［670円］

◇病む女はなぜ村上春樹を読むか　小谷野敦著　ベストセラーズ　2014.5　187p　18cm（ベスト新書 439）①978-4-584-12439-0　Ⓝ910.268　［759円］

村上 芳子〔1917～2011〕

◇おばあちゃん物語　出石桂子著　文芸社　2014.2　77p　19cm　①978-4-286-14423-8　Ⓝ289.1　［900円］

村上開新堂

◇村上開新堂　1　山本道子, 山本馨里著　講談社　2014.11　185p　21cm〈年表あり〉①978-4-06-219000-8　Ⓝ588.3　［2500円］

村上水軍

◇海賊衆来島村上氏とその時代　山内譲著　東温　山内譲　2014.2　288, 9p　19cm〈文献あり　年表あり〉①978-4-89983-181-5　Ⓝ217.4　［2000円］

◇戦国最強の水軍村上一族のすべて　『歴史読本』編集部編　KADOKAWA　2014.3　255p　15cm（新人物文庫 れ-1-42）〈年譜あり　「戦国水軍と村上一族」（新人物往来社2005年刊）の改題、新編集　内容：瀬戸内海賊の跳梁した海（中島篤巳著）"海の桶狭間"と呼ばれた厳島合戦　少年武吉と御家騒動（山内譲著）毛利氏からの離反と衝突（山内譲著）織田水軍との対決（羽生道英著）天下人が恐れた海賊大将（村上護著）海の関ヶ原決戦と武吉の晩年（中島篤巳著）前期村上水軍の軌跡（森本繁著）村上元吉・景親兄弟（森本繁著）来島通康・通総父子（森本繁著）村上吉充・忠康兄弟（森本繁著）村上一族のその後（福川一徳著）三島村上水軍徹底史跡ガイド（森本繁著）〉①978-4-04-600264-8　Ⓝ217.4　［800円］

村上農園

◇年商50億を稼ぐ村上農園の「脳業」革命　片山修著　潮出版社　2014.4　245p　19cm　①978-4-267-01976-0　Ⓝ611.7　［1300円］

村木 厚子〔1955～ 〕

◇あきらめない―働く女性に贈る愛と勇気のメッセージ　村木厚子著　日本経済新聞出版社　2014.12　238p　15cm（日経ビジネス人文庫 む5-1）〈文献あり　日経BP社 2011年刊の再刊〉①978-4-532-19749-0　Ⓝ289.1　［730円］

ムラキ テルミ

◇地球に生きるあなたの使命　木村秋則, ムラキテルミ著　ロングセラーズ　2014.7　214p　19cm〈文献あり〉①978-4-8454-2324-8　Ⓝ289.1　［1300円］

紫式部〔平安中期〕

◇海を渡った光源氏─ウェイリー、『源氏物語』と出会う　安達静子著　紅書房　2014.7　427p　20cm　〈文献あり〉①978-4-89381-294-0　Ⓝ913.36　[2686円]

◇女たちの光源氏　久保朝孝編　新典社　2014.5　207p　19cm（新典社選書 65）①978-4-7879-6815-9　913.36　[1500円]

◇かくして『源氏物語』が誕生する─物語が流動する現場にどう立ち会うか　荒木浩著　笠間書院　2014.3　405p　22cm　〈内容：玄宗・楊貴妃と安禄山と桐壺帝・藤壺・光源氏の寓意　武恵妃と桐壺更衣、楊貴妃と藤壺　〈北山のなにがし寺〉再読　胡旋女の寓意　胡旋舞の表象〈非在〉する仏伝　宇治八の宮再読　源信の母、姉、妹〉978-4-305-70727-7　Ⓝ913.36　[3900円]

◇関係性の政治学　1　助川幸逸郎、立石和弘、土方洋一、松岡智之編　竹林舎　2014.5　366p　22cm（新時代への源氏学 2）〈内容：物語が桐壺帝に託したもの（助川幸逸郎著）性差と階級をめぐる幻想（櫻井清華著）継母を殺す光源氏（西本香子著）美的規範と社会的階層（水野僚子著）密通は聖代を揺るがしえたか？（斉藤昭子著）共同体と排除の力学（小山清文著）〈家〉と〈個〉の再定義（東原伸明著）〈距離〉と〈遅延〉がもたらすもの（松岡智之著）平安時代の性の政治学と「紙絵」の位置（池田忍著）光源氏政権を正当化するための、過去のとらえなおし（縄関邦雄著）六条院三略・権力作用論（小林正明著）六条院と外部性（葛綿正一著）〈離婚〉と物語力学（萩野敦子著）〉978-4-902084-32-0　913.36　[8800円]

◇虚構と歴史のはざまで　助川幸逸郎、立石和弘、土方洋一、松岡智之編　竹林舎　2014.5　311p　22cm（新時代への源氏学 6）〈内容：一条朝の源氏公卿と『源氏幻想』（助川幸逸郎著）弘徽殿大后の政治的機能と摂関政治（高橋麻織著）源氏物語の貴族社会論（本橋裕美著）女房、女官のライフコースと物語、物語文学（外山敦子著）『源氏物語』の「鄙」（磐下徹著）年中行事・季節感と源氏物語（松野彩著）婚姻慣習と源氏物語（青島麻子著）源氏物語の邸宅（齋藤正志著）冷泉亭の行幸における舞と音楽（森野正弘著）服飾による創造を読み解く（森田直美著）源氏物語の霊魂観と宗教（藤井由紀子著）『源氏物語』と対外交流（李宇玲著）〉978-4-902084-36-8　Ⓝ913.36　[7800円]

◇謹訳源氏物語私抄─味わいつくす十三の視点　林望著　祥伝社　2014.4　328p　19cm　①978-4-396-61490-4　Ⓝ913.36　[1700円]

◇源氏物語煌めくことばの世界　原岡文子，河添房江編　翰林書房　2014.4　652p　22cm　〈布装〉①978-4-87737-370-2　Ⓝ913.36　[9800円]

◇源氏物語古注集成　18　紫明抄　[素寂著]，田坂憲二編　おうふう　2014.5　334p　22cm　〈索引あり　東京大学総合図書館蔵の翻刻　布装〉①978-4-273-03742-0　Ⓝ913.364　[16000円]

◇源氏物語逍遙─村井利彦著述集　村井利彦著　武蔵野書院　2014.12　389p　22cm　〈年譜あり　内容：桐壺の夢　帚木三帖仮象論　第二稿　源氏物語若紫巻論　夕顔の西の対、玉鬘の西の対　紫のゆかり　花散里の位置　朝顔斎院の作用　源氏物語螢巻　榎の木の下で　若菜の前景　若菜の構造　宇治の眺望　浮舟の行方　楽府・諷諭詩・源氏物語　嵯峨野釈迦像へのまなざし　母北の方の熱望　紫上のよるべ、帰天の思想　髭黒の長征　輔翼の思想　夜光る玉　業平より行平へ　同一男　事例報告〉①978-4-8386-0279-7　Ⓝ913.36　[5000円]

◇『源氏物語』前後左右　加藤昌嘉著　勉誠出版　2014.6　288p　22cm　①978-4-585-29069-8　913　[4800円]

◇源氏物語続編の人間関係　有馬義貴著　新典社　2014.7　367p　22cm（新典社研究叢書 260）〈索引あり　付物語文学教材試論　内容：夕霧の対朱雀院意識　「宿木」巻という転換点　「宿木」巻における二つの結婚　薫と父娘　薫と〈はらから〉浮舟と〈はらから〉「竹河」巻の薫と玉鬘　「蜻蛉」巻における二の宮の式部卿任官記事　小宰相の君と巣守三位きょうだいの恋の転換点としての〈狭衣物語〉と〈源氏物語〉『竹取物語』における「心」の交流　高等学校「古典」における『源氏物語』採録箇所の提案　文学史教材〈学習材〉としての『源氏物語』「綜合」巻　『源氏物語』の享受・受容を例として　『伊勢物語』第六段の享受・受容を例として〉①978-4-7879-4260-9　Ⓝ913.36　[10600円]

◇源氏物語注釈　10　早蕨─東屋　梅野きみ子，岡本美和子，嘉藤久美子，佐藤厚子共著　風間書房　2014.10　511p　22cm　①978-4-7599-2047-5　Ⓝ913.364　[14000円]

◇源氏物語注釈史の世界　日向一雅編　青簡舎　2014.2　403p　22cm　〈内容：注釈と本文　源氏物語注釈の形態（伊井春樹著）『源氏釈』桐壺巻に抄出された本文の性格（伊藤哲也著）三条

西家源氏学の本文環境（加藤洋介著）注釈書と注釈史　内閣文庫蔵三冊本（内河本）『紫明抄』追考（田坂憲二著）河内本『源氏物語』の巻頭目録と書入注記をめぐって（渋谷英一著）『百詠和歌』における破鏡説話の改変（芝崎有里子著）『源氏物語』と漢語、漢詩、漢籍（河野貴美子著）注釈史のなかの『河海抄』（吉森佳奈子著）『覚勝院抄』にみる三条西実澄の源氏学（上野英子著）架蔵『光源氏抜書』に関する考察（堤康夫著）湯浅兼ул筆『源氏物語聞録』について（湯淺幸代著）『玉の小櫛』注釈部と『源註拾遺』（杉田昌彦著）注釈と読みの世界　藤原定家と「高麗人」の注釈（袴田光康著）藤壺像はどのように読まれてきたのか（栗山元子著）源氏物語古注釈史における『尚書』と周公旦注（日向一雅著）源氏物語「御簾のうち」をめぐって（中西健治著）「宇治十帖のうち第一の詞」（横井孝著）〉①978-4-903996-71-4　Ⓝ913.364　[9000円]

◇『源氏物語』という幻想　中川照将著　勉誠出版　2014.10　326p　22cm〈内容：文学作品の"正しさ"について考える、その前に……　正しい『源氏物語』とは、なにか　「青表紙本」を読む、ということ　転移する不審　奥入を〈書き加える/切り離す〉ということ　淘汰された定家筆本『源氏物語』　"正しくない『源氏物語』を読む　『源氏肝要』という"はじめての『源氏物語』　寝覚物語について考える……その前に押さえておきたい二つのこと　現存『寝覚』は果して原本なるか　現存本『寝覚』と、失われた原作本『寝覚』〉①978-4-585-29081-0　Ⓝ913.36

◇源氏物語とその展開─交感・子ども・源氏絵　原岡文子著　竹林舎　2014.5　439p　22cm　①978-4-902084-23-8　Ⓝ913.36　[9800円]

◇源氏物語の色─いろなきものの世界へ　伊原昭著　笠間書院　2014.2　426p　22cm　〈内容：上代の人たちの色意識　王朝物語の色彩表現　『源氏物語』における色のモチーフ　『源氏物語』にみる女性の服色　むらさき　『源氏物語』の色　このごろ摘み出だしたる花して、いかなる染め出でも給へる、いと、あらまほしき色したり。　『源氏物語』と色　光源氏の一面「山吹」について　宇治の大君　『源氏物語』の美　『源氏物語』-「すさまじ」の対象をとおして（袴田光康著）源氏物語の指向するもの　にほふ　"すじ"色彩の固有感情"とのかかわり　すさまじ　薄明の桜　ともし火〉①978-4-305-70716-1　Ⓝ913.36　[4800円]

◇源氏物語の音楽と時間　森野正弘著　新典社　2014.9　494p　22cm（新典社研究叢書 262）〈索引あり　内容：昔〈むかし〉という時間/古〈いにしへ〉という時間　『伊勢物語』二条后章段における時間の構造　紫の君と雛遊び・絵/箏の琴　時間に遅れる光源氏　薫物合せにおける季節と時間　頭中将と和琴/光源氏の琴の琴　明石入道と琵琶法師　明石一族における箏の琴の相承　玉鬘と和琴　紫の上と和琴　柏木の横笛にまつわる逸話の諸相　宇治姉妹と箏の琴　明石の君と歌人伊勢　化粧する光源氏/目馴れる紫の上　組織化される夕霧の浮遊性　女三の宮の花の履歴　六条院のシステム分化　物語の語り〉①978-4-7879-4262-3　913.36　[14200円]

◇源氏物語の巻名と和歌─物語生成論　清水婦久子著　大阪和泉書院　2014.3　468p　22cm（研究叢書 445）〈索引あり　内容：源氏物語の和歌の世界　源氏物語の巻名と古歌　古今集と物語の形成　源氏物語の巻名の由来　桐壺・淑景舎・壺前栽　源氏物語の巻名の基盤　源氏物語の中の伊勢物語　源氏物語の和歌と引歌　源氏物語の和歌と稲荷信仰　源氏物語の成立と巻名　紫式部と源氏物語　源氏物語後半部の巻名　源氏物語生成論へ〉①978-4-7576-0704-0　913.363　[9500円]

◇源氏物語の生成と再構築　助川幸逸郎、立石和弘、土方洋一，松岡智之編　竹林舎　2014.5　311p　22cm（新時代への源氏学 1）〈内容：源氏物語の「主題」とは何か（神田龍身著）フィクションの方法（高田祐彦著）物語のストーリーとその射程（松岡智之著）源氏物語の年立（濱橋顕一著）『源氏物語』のコンポジション（今井久代著）時代設定と准拠（浅尾広良著）物語の素材とモデル（袴田光康著）物語を切り開く磁場（湯淺幸代著）物語的空間と時間（高木和子著）『源氏物語』は「物語」なのか？（土方洋一著）二人の光源氏（木村朗子著）物語の作者と読者（東原伸明著）〉①978-4-902084-31-3　913.36　[7800円]

◇源氏物語の創作過程の研究　呉羽長著　新典社　2014.10　383p　22cm（新典社研究叢書 264）〈索引あり　内容：課題と研究の方法　『源氏物語』の成立　「桐壺」巻考　光源氏青年期の「色好み」像の形成　帚木三帖の構想的位相　藤壺構想と朧月夜構想の関わり　「澪標」巻論　「蓬生」「関屋」両巻末部の草子地についての小考　光源氏論　玉鬘論　六条院の内」と「外」　晩年の光源氏の造型　「鈴虫」巻論　「御法」巻の成立　「御法」巻の主題性　「幻」巻における光源氏の現世執着と救済　宇治大君の造型の方法　薫造型の方

法 浮舟入水から物語結末に至る構想の連関について 研究の総括〕①978-4-7879-4264-7 Ⓝ913.36 ［11000円］

◇源氏物語のモデルたち 斎藤正昭著 笠間書院 2014.10 242,3p 22cm 〈年譜あり 年表あり 索引あり〉①978-4-305-70744-4 Ⓝ913.36 ［5800円］

◇源氏物語文化論 原豊二著 新典社 2014.1 348p 22cm （新典社研究叢書 250）①978-4-7879-4250-0 Ⓝ913.36 ［10000円］

◇源氏物語〈読み〉の交響 2 源氏物語を読む会編 新典社 2014.9 348p 22cm （新典社研究叢書 263）〈内容：交響する人々光源氏を巡る女君（阿部好臣著） 桐壺巻と賢木巻の交響（西野入篤男著） 『源氏物語』六条院における不在の女君（本橋裕美著） 葵上と浮舟（布村浩一著） 読む紫の上・語られる浮舟（三村友希著） 蛍兵部卿宮と明石入道についての覚書（笹生美貴子著） 蛍兵部卿宮と匂宮（桜井宏徳著） 良清、惟光と大和の守（池田大輔著） 物語における脅威としての地方/受阿（伊勢光著） 源典侍と弁の尼（千野裕子著）〉①978-4-7879-4263-0 Ⓝ913.36 ［9900円］

◇源氏物語論―言語/表現攷 関根賢司著 おうふう 2014.10 267p 19cm 〈内容：遺言と予言 語りと心内語 主題論的存在 記号のざわめき 世界像の中の心 事の心 人物呼称 折口信夫 源氏物語研究 佐藤際三 研究/批評/文学 藤井貞和 『源氏物語の始原と現在』 古語散策 現代語訳 古典彷徨〉①978-4-273-03759-8 Ⓝ913.36 ［3000円］

◇清水好子論文集 第1巻 源氏物語の作風 清水好子著, 山本登朗, 清水婦久子, 田中登編集 武蔵野書院 2014.8 368p 22cm 〈年譜あり 武蔵野書院創立95周年記念出版 内容：物語の文体 源氏物語の作風. 1 源氏物語の俗物性について 薫創造 源氏物語絵画化の一方法 絵合の巻の考察 源氏物語の女性 源氏物語執筆の意義 作中人物論 源氏物語の文体. 1 時間の処理について 文体 源氏物語の文体. 2 その遠近法 源氏物語の作風. 2 その場面描写について 源氏物語の作風. 3 遠景の薫 源氏物語の人間と自然 音読論・文体論 物語文学 源氏物語の主題と方法 源氏物語における準拠〉①978-4-8386-0272-8 Ⓝ910.23 ［3500円］

◇清水好子論文集 第2巻 源氏物語と歌 清水好子著, 山本登朗, 清水婦久子, 田中登編集 武蔵野書院 2014.6 360p 22cm 〈著作目録あり 武蔵野書院創立95周年記念出版 内容：源氏物語における場面表現 源氏物語の源泉 準拠論 作り物語から源氏物語へ 古注釈から見た源氏物語 源氏物語絵巻への道 源氏物語の本性と絵 屏風歌制作についての考察 阿仏尼たちと源氏物語 光源氏論 古典としての源氏物語 紫式部 草子地からの考察 朧月夜に似るものぞなき 藤壺の死 女子教育と源氏物語 朧月夜再会 源氏物語の歌 源氏物語と歌. 1 「須磨」「明石」と続くこと 源氏物語と歌. 2 作中人物の言葉 宇治の中宿り 『源氏物語』の作風 『源氏物語』と『栄花物語』 物語の表現〉①978-4-8386-0273-5 Ⓝ913.36 ［3500円］

◇主婦の読む「源氏物語」の女性たち 岡本桂子著 広島 渓水社 2014.7 154p 19cm 〈文献あり〉①978-4-86327-265-1 Ⓝ913.36 ［1500円］

◇登場人物で読む源氏物語―キャラクターを知れば源氏がわかる！ 源氏物語研究会著 ［東京］ KADOKAWA 2014.3 214p 19cm 〈文献あり〉①978-4-04-712967-2 Ⓝ913.36 ［1300円］

◇評伝紫式部―世俗執著と出家願望 増田繁夫著 大阪 和泉書院 2014.5 384p 22cm （いずみ昂そうしょ 6）〈索引あり〉①978-4-7576-0702-6 Ⓝ913.36 ［3300円］

◇文学史としての源氏物語 廣田收著 武蔵野書院 2014.9 341p 22cm 〈索引あり 内容：日本物語文学史の方法論 大内裏と内裏の文学空間 花の景としての都 『源氏物語』「先帝花宴」考 『源氏物語』「垣間見」再考 『源氏物語』「垣間見」追考 『源氏物語』伝承と様式 『源氏物語』の二重構造 『源氏物語』の場面構成と表現方法 『源氏物語』における風景史 文学史としての『源氏物語』〉①978-4-8386-0276-6 Ⓝ913.36 ［11000円］

◇平安朝物語の後宮空間―宇津保物語から源氏物語へ 栗本賀世子著 武蔵野書院 2014.4 229,9p 22cm 〈索引あり 内容：朱雀帝后宮考 仁寿殿女御考 東宮の後宮 殿舎名で呼ばれる更衣たち 藤壺の系譜 宇津保・源氏の承香殿 源氏女御の梅壺入り 玉鬘の踏歌見物 女三宮の輿入れ 宿木巻の藤壺女御〉①978-4-8386-0269-8 Ⓝ913.34 ［8500円］

◇平安人の心で「源氏物語」を読む 山本淳子著 朝日新聞出版 2014.6 295,16p 19cm （朝日選書 919）〈文献あり 索引あり〉①978-4-02-263019-3 Ⓝ913.36 ［1500円］

◇紫式部集からの挑発―私家集研究の方法を模索して 廣田收, 横井孝, 久保田孝夫著 笠間書院 2014.5 228p 22cm 〈年表あり 内容：『紫式部集』左注とは何か（廣田收著） 『紫式部集』四番・五番歌の解釈追考（廣田收著） 『紫式部集』における哀傷（廣田收著） 『紫式部集』日記歌の意義（廣田收著） 『紫式部集』の末尾（横井孝著） 『紫式部集』における定家本とは何か（横井孝著） 帥宮追悼歌群における和泉式部の和歌の特質（廣田收著） 『紫式部集』の中世（横井孝著） 鼎談 『紫式部集』研究の現状と課題 1（廣田收司会, 久保田孝夫, 横井孝述） 鼎談『紫式部集』研究の現状と課題 2（廣田收司会, 横井孝, 久保田孝夫述）〉①978-4-305-70729-1 Ⓝ911.138 ［5500円］

◇紫式部集全釈 笹川博司著 風間書房 2014.6 364p 22cm （私家集全釈叢書 39）〈年譜あり 索引あり〉①978-4-7599-2044-4 Ⓝ911.138 ［11000円］

◇紫式部と平安の都 倉本一宏著 吉川弘文館 2014.10 149p 21cm （人をあるく）〈文献あり 年譜あり〉①978-4-642-06786-7 Ⓝ913.36 ［2000円］

◇紫式部日記の作品世界と表現 村井幹子著 武蔵野書院 2014.3 388p 22cm 〈内容：『紫式部日記』という作品 主家賛美の表現. 1 「をかし」をめぐって 主家賛美の表現. 2 「いまめかし」をめぐって 《作者の憂愁の思い》を担う表現 『紫式部日記』の回想の方法 『紫式部日記』の表現構造 『紫式部日記』の表現と文体 『源氏物語』の表現 『紫式部日記』の作品世界〉①978-4-8386-0268-1 Ⓝ915.35 ［11000円］

◇紫式部の欲望 酒井順子著 集英社 2014.4 237p 16cm （集英社文庫 さ21-7）〈文献あり〉①978-4-08-745178-8 Ⓝ913.36 ［480円］

◇横須賀市市民大学「読んで楽しむ源氏物語」講座記念文集―十三年間の記録 源氏講座記念文集作成委員会企画・編集 ［横須賀］ ［源氏講座記念文集作成委員会］ 2014.3 110, 30p 26cm 〈年表あり〉Ⓝ913.36

村田 彰〔1953～ 〕

◇現代法と法システム―村田彰先生還暦記念論文集 村田彰先生還暦記念論文集編集委員会編 酒井書店 2014.12 623p 22cm 〈著作目録あり 年譜あり 内容：任意後見制度・忘れられた成年後見制度（新井誠著） 後見開始の審判等と居住用建物賃貸借契約における解除権留保条項（熊谷士郎著） 成年後見人の代理権濫用に関する検討の覚書（平山也寸志著） 法定後見人と特別縁故者（星野茂著） 成年後見制度を取引安全との調整をめぐる考察序論（中村昌美著） 欠格条項制度に関する覚書（上山泰著） 判断能力の不十分な者との取引と公序良俗違反（菅富美枝著） 遺言能力（前田泰著） 台湾における遺言能力（黄詩淳著） 民事意思決定能力の心理学的評価（松田修著） 医療同意困難な人に対する医療（白石弘巳著） アルツハイマー型認知症に罹患した人の遺言能力（五十嵐禎人著） 意思表示論のための覚書（滝沢昌彦著） スイス錯誤規定の改正動向（陳自強著, 黄詩淳訳） 民法三四九条の強行法規性（上河内千香子著） 契約の無効・取消と同時履行の抗弁（藤原正則著） 契約責任と不法行為責任の交錯・限界（長坂純著） アメリカ法における契約譲渡の自由の制約について（青木則幸著） 高齢者の金融商品取引における適合性原則（川地宏行著） マンション分譲契約の団体形成的側面とその効果（西島良尚著） 民法における「撤回」の意味について（深川裕佳著） 無償委任契約における受任者の責任法理（萩原基裕著） 金利規制か取立規制か（桶舎典哲著） 建築確認申請手続における一級建築士の民事責任（花立文子著） 信託の担保的利用とその展開（長谷川貞之著） 特区と法（德本穰著） 銀行業と商業の分離政策と異業種による銀行業への参入（神吉正三著） 米国企業買収におけるstandstill条項の拘束力（楠元純一郎著） 自律的ギャランティー（請求払無因保証）の終了・失効（柴崎暁著） 海難救助の法システムと環境損害の防止（梅村悠著） 成年被後見人・被保佐人の公務員就任権欠落条項をめぐる憲法問題（竹中勲著） 名誉毀損の救済方法としての「狭義の反論権」（前田聡著） 温泉法に基づく掘削許可をめぐる法律問題（周作彩著） 温泉利用権の明認方法をめぐる序論的考察（清水恵介著） 社会による法変容と法による社会変容（樫澤秀木著） 総有と合有（北條浩著）〉①978-4-7822-0431-3 Ⓝ321.04 ［9800円］

村田 直樹〔1953～ 〕

◇会計のリラティヴィゼーション―村田直樹先生還暦記念論文集 竹田範義, 相川奈美編著 創成社 2014.3 333p 22cm 〈索引あり 布装 内容：簿記・会計史の理論的相対化（小栗崇資著） イギリス産業革命期の経営管理構造における会計の役割（相川奈美著） イギリス産業革命期の経営管理構造における会計の役割（相川奈美著） London and Birmingham鉄道における減価償却の議論と実務の変化（澤登千恵著） Chicago Great Western鉄道会社の複会計システム（春日部光紀著） アメリカ鉄道会社における財務会計の史的展開（中川仁美著） 日本鉄道業における固定資産会計の史的展開（中村将人著） Du Pont社における投資利益率式の変遷とその機能（麻場勇

佑著） 内部留保会計の展開と内部留保分析の検討（田村八十一著） 中小企業会計を巡る現状と制度上の意義（竹中徹著） 品質原価計算の形成背景と経済的機能（浦田隆広著） CSR会計の生成と展開（倍和博著） Mathesonの工場立地（竹田範義著）〉 Ⓘ978-4-7944-1476-2 Ⓝ336.9 ［3600円］

村田 久〔1935～2012〕

◇響きあう運動づくりを―村田久遺稿集 村田久［著］，村田久遺稿集編集委員会編 福岡 海鳥社 2014.8 410,18p 22cm 〈著作目録あり 年譜あり 内容：八幡だるま会 サークル村わが「おきなわ」/九州通信 大企業の向こうずねを蹴る 反公害センター、北部九州労災センター 九州住民闘争合宿運動 「地域をひらく」シンポジウム 指紋押捺制度を撤廃させる会 ピープルズプラン21世紀/強制連行の足跡を若者とたどる旅 アジアの人々にとって八・一五の持つ意味 ブキメラ村をみつめて下さい（村田和子著） 出過ぎる杭は打たれない（村田和子，村田久述）『北九州かわら版』より 反基地討論合宿 第3期サークル村 米子シンポジウムに向けて 花崎皋平氏との公開書簡 これから〉 Ⓘ978-4-87415-910-1 Ⓝ309.021 ［3000円］

村田町〔宮城県〕（地誌）

◇村田町誌 村田町歴史みらい館編 村田町（宮城県） 村田町教育委員会 2014.3 77p 21cm （村田町歴史資料集 第9号）〈折り込 1枚〉 Ⓝ291.23

村田町〔宮城県〕（歴史）

◇よみがえる江戸時代の村田―山田家文書からのメッセージ 高橋陽一，佐藤大介，小関悠一郎編 仙台 東北大学東北アジア研究センター 2014.11 261p 26cm （東北アジア研究センター報告 第15号） Ⓘ978-4-901449-97-7 Ⓝ212.3

村田町〔宮城県〕（歴史―史料）

◇升家所蔵検地帳・大沼十郎左衛門家持高水帳 日下龍生編 村田町（宮城県） 村田町教育委員会 2014.3 217p 21cm （村田町歴史資料集 第8号） Ⓝ212.3

村松 標左衛門〔1762～1841〕

◇埋もれた名著「農業開奮志」―村松標左衛門の壮大な農事研究ノート 清水隆久編著 金沢 石川農書を読む会 2014.6 382p 22cm 〈折り込 1枚〉 Ⓝ610.1

村山 史彦〔1935～2013〕

◇世のため人のため笑顔と全力疾走―村山史彦七十七年の生涯 丸山久明編 ［新潟］ ［丸山久明］ 2014.10 141p 21cm 〈年譜あり〉 Ⓝ289.1

村山 実〔1936～1998〕

◇村山実「影の反乱」 水本義政著 ベースボール・マガジン社 2014.11 271p 19cm Ⓘ978-4-583-10770-7 Ⓝ783.7 ［1600円］

村山市（遺跡・遺物）

◇八合田遺跡・森の原遺跡第1・2次・今宿大谷地遺跡発掘調査報告書 上山 山形県埋蔵文化財センター 2014.3 90p 図版［19］枚 30cm （山形県埋蔵文化財センター調査報告書 第213集） Ⓝ210.0254

◇森の原遺跡第3次発掘調査報告書 上山 山形県埋蔵文化財センター 2014.3 101p 30cm （山形県埋蔵文化財センター調査報告書 第211集） Ⓝ210.0254

室 鳩巣〔1658～1734〕

◇将軍と側近―室鳩巣の手紙を読む 福留真紀著 新潮社 2014.12 249p 18cm （新潮新書 598）〈文献あり 年譜あり〉 Ⓘ978-4-10-610598-2 Ⓝ210.55 ［780円］

室生 犀星〔1889～1962〕

◇犀星・篤二郎・棹影―明治末、大正期の金沢文壇 笠森勇著 龍書房 2014.10 354p 19cm Ⓘ978-4-906991-40-2 Ⓝ910.26 ［2000円］

室蘭工業大学

◇室蘭工大未来をひらく技術と研究 室蘭工業大学編 札幌 北海道新聞社 2014.7 230p 21cm 〈内容：超高圧で夢の材料を作る（関根ちひろ，武田圭生著） 超伝導が拓く省エネルギー（桃野直樹，雨海有佑著） 廃船は「宝の山」（清水一道著） リチウムイオン2次電池をもっと便利に（澤口直哉著） 木〈貴〉婦人は環境の救世主（田畑昌祥，馬渡康輝著） 繊維の廃棄物は宝の山（平井伸治，葛谷俊博著） 環境とエネルギーの新世界を切り開く（香山晃ほか著） 温故知新鋳物の新たな可能性（桃野正，長船康裕著） 炭素ナノ材料で燃料電池を高性能に（田邉博義著） 未利用石炭は地域の宝物（板倉賢一著） ホタテ貝殻から価値ある材料をつくる（山中真也，空閑良壽著） 新しい薬の合成（中野博人，上井幸司，関千草著） 損なわれた安心感と安全感を回復する（前田潤著） 微生物の機能を利用したバイオテクノロジー（張傛喆著） 目に見えない小さな生物を見る（加野裕著） 光でヒトのからだを診る（相津佳永著） 光による健康増進と病気の予防（三浦淳ほか著） 生物に学ぶにおいセンサー（岩佐達郎，澤田研著） 気候変動に対応できる水のマネージメント（中津川誠著） ごみ処分場の環境をガスと温度で診断（吉田英樹著） 寒さの中のコンクリート（濱幸雄著） 地域にふさわしい建築をデザインする（山田深，真境名達哉著） 人・物・建物と湿気（岸本嘉彦著） 歴史に学び、歴史を生かす（武田明純著） 地熱エネルギーの魅力地下の恵み（永野宏治著） 積雪寒冷地にある斜面の災害予測（川村志麻，三浦清一著） 自然冷熱エネルギー雪氷の利用（媚山政良著） もっと燃費の良い家を建てよう（鎌田紀彦著） 振り子式波力発電の開発（近藤俶郎，渡部富治著）〉 Ⓘ978-4-89453-745-3 Ⓝ377.21 ［1500円］

室蘭市（遺跡・遺物）

◇史跡東蝦夷地南部藩陣屋跡モロラン陣屋跡 室蘭市教育委員会編 ［室蘭］ 室蘭市教育委員会 2014.3 16p 図版 7p 30cm （室蘭市文化財調査報告書 第3集）〈災害復旧事業に伴う発掘調査報告書〉 Ⓝ210.0254

室蘭市（協働〔行政〕）

◇PCB廃棄物処理事業における地元地域連携可能性調査業務報告書 平成25年度 ［東京］ エックス都市研究所 2014.3 79p 30cm 〈環境省請負業務〉 Ⓝ519.7

室蘭市（戦争遺跡）

◇アメリカが記録した室蘭の防空 工藤洋三，鈴木梅治著 ［周南］ 工藤洋三 2014.7 79p 30cm Ⓘ978-4-9907248-2-5 Ⓝ559.9 ［1300円］

室蘭市（地名）

◇明治期室蘭地域におけるアイヌ語地名研究の成立過程に関する基礎的研究―公益財団法人アイヌ文化振興・研究推進機構平成25年度研究助成事業成果報告書 松田宏介編 室蘭 松田宏介 2014.2 22p 図版 11p 30cm 〈背のタイトル：明治期室蘭地域におけるアイヌ語地域研究の成立過程に関する基礎的研究〉 Ⓝ291.17

室蘭市（廃棄物処理）

◇PCB廃棄物処理事業における地元地域連携可能性調査業務報告書 平成25年度 ［東京］ エックス都市研究所 2014.3 79p 30cm 〈環境省請負業務〉 Ⓝ519.7

室蘭市（要塞―歴史）

◇アメリカが記録した室蘭の防空 工藤洋三，鈴木梅治著 ［周南］ 工藤洋三 2014.7 79p 30cm Ⓘ978-4-9907248-2-5 Ⓝ559.9 ［1300円］

文 東建〔1917～1987〕

◇在日コリアンの戦後史―神戸の闇市を駆け抜けた文東建の見果てぬ夢 高祐二著 明石書店 2014.4 232p 21cm 〈文献あり 年表あり〉 Ⓘ978-4-7503-3997-9 Ⓝ289.2 ［2800円］

【め】

名桜大学

◇ものごとを多面的にみる 名桜大学編 名護 名桜大学 2014.11 308p 21cm （名桜叢書 第1集）〈文献あり 内容：寄稿 サンゴ礁の生物を多面的に観る（西平守孝著） 沖縄をみる オモロいぞ、沖縄・ヤンバル（照屋理著） 台湾から見えてくる東アジア世界と沖縄（菅野敦志著）『平家物語』に描出される「鬼界が島」（小番達著） 沖縄観光とホスピタリティ（朴在徳著） なぜ与儀公園にピンクの幟が立っているのでしょう（稲垣絹代著） 高齢者の看取りケア（佐和田重信著）「看取り難民ゼロ」を目指して（大城凌子著） ハンセン病による差別・偏見の苦しみからの解放を目指して（伊波弘幸著） 学生と教職員の協働が生んだ名桜大学における学生・学習支援のかたち（大城真樹著） 沖縄からみる さまざまな日本語（伊藤孝行著） 人権教育はいま…（板山勝樹著） 未来社会における自己意識（金城亮著） コミュニケーションツールとしての会計（仲尾次洋子著） ソーシャルワークの価値と役割（竹沢昌子著） 世界トップスプリンターは、地面をけらずに走っている!?（小賦肇著） 身体活動を測る（東恩納玲代著） 人類の進歩についての一考察（金城祥教著） みんなでつなぐ命のリレー（清水かおり著） あなたの健康な人生の伴走者として（比嘉憲枝著） 心を癒すフットケア（鬼頭和子著） 瀬名波榮喜第四代学長退任記念講演録 私とイギリス・ロマン派詩人たち〉 Ⓘ978-4-905454-12-0 Ⓝ377.28 ［2000円］

明治学院

◇明治学院百五十年史 明治学院百五十年史編集委員会編 明治学院 2013.11 701, 25p 23cm 〈年表あり〉 Ⓝ377.28

◇明治学院百五十年史 主題編 明治学院百五十年史編集委員会編 明治学院 2014.1 289, 13p 23cm Ⓝ377.28

明治大学

◇明治大学アジア留学生研究 1 大学史紀要編集委員会編 [東京] 明治大学史資料センター 2014.3 230p 21cm 〈大学史紀要 第18号〉〈共同刊行：明治大学〉内容：論文 「留学経験」と中国の民主化(土屋光芳著) 張志弼と「衡平運動」(李恩元著) 研究ノート 日清期台湾における弁護士制度の展開と台湾人弁護士(村上一博著) 明治大学におけるアジア留学生数の動向(阿部裕樹著) 資料紹介 『日華学報』に掲載された師尾源蔵の明大留学生に関する文章(山泉進著) 書評 紀旭峰『大正台湾人の「日本留学」研究』(高田幸男著) Ⓝ377.21

◇明治大学浦安ボランティア活動拠点中間報告書 [東京] 明治大学震災復興支援センター [2013] 123p 30cm Ⓝ369.31

明治大学商学部

◇ビジネスと教養—社会との対話を通して考える 明治大学商学部編 同文館出版 2014.3 218p 21cm 〈これが商学部シリーズ Vol.5〉〈文献あり〉①978-4-495-64631-8 Ⓝ377.21 [1700円]

明治大学政治経済学部

◇政経の歩き方—新入生へ贈る 2014 [東京] 明治大学政治経済学部『政経の歩き方』編集局 2014.3 169p 21cm 〈折り込 1枚〉Ⓝ377.9

明治天皇〔1852～1912〕

◇宮中の和歌—明治天皇の時代：宮内庁宮内公文書館明治神宮共催展示図録 宮内庁宮内公文書館,明治神宮編 明治神宮 2014.10 78p 30cm 〈会期・会場：平成26年10月4日～11月30日 明治神宮文化館宝物展示室〉Ⓝ911.106

◇みゆきのあと—明治天皇と多摩：公益財団法人多摩市文化振興財団・宮内庁宮内公文書館共催展示図録 多摩市文化振興財団編 多摩 多摩市文化振興財団 2014.4 161p 30cm 〈文献あり〉 会期：平成26年4月26日～7月20日〉Ⓝ288.48

◇明治天皇奥羽御巡幸—松島瑞巌寺在所 眞壁道鑑編 文芸社 2014.5 371p 15cm 〈年譜あり 「奥羽御巡幸と眞壁太陽」(中外日報社 2000年刊)の改題〉①978-4-286-14856-4 Ⓝ288.48 [800円]

◇明治天皇という人 松本健一著 新潮社 2014.9 692p 16cm 〈新潮文庫 ま-35-3〉〈索引あり 毎日新聞社 2010年刊の再刊〉①978-4-10-128733-1 Ⓝ288.41 [940円]

◇明治天皇百年祭・昭憲皇太后百年祭—記録集 明治神宮編 明治神宮 2014.12 94p 30cm Ⓝ288.41

明治安田厚生事業団

◇公益財団法人明治安田厚生事業団50周年誌 明治安田厚生事業団編 明治安田厚生事業団 2014.6 140p 30cm 〈年表あり〉Ⓝ498.06

明晴学園

◇明晴学園の教育課程 明晴学園編著 明晴学園 2014.10 123p 30cm 〈標題紙・表紙のタイトル：明晴学園教育課程〉①978-4-9905078-5-5 Ⓝ378.2

名鉄 →名古屋鉄道株式会社を見よ

明法高等学校

◇明法中学校・高等学校五十周年誌 明法中学校・高等学校五十周年誌編纂委員会編 東村山 明法学院 2014.11 618p 27cm 〈年表あり〉Ⓝ376.38 [非売品]

明法中学校

◇明法中学校・高等学校五十周年誌 明法中学校・高等学校五十周年誌編纂委員会編 東村山 明法学院 2014.11 618p 27cm 〈年表あり〉Ⓝ376.38 [非売品]

明和町〔三重県〕〔遺跡・遺物〕

◇史跡斎宮跡—平成24年度現状変更緊急発掘調査報告 斎宮歴史博物館,明和町編 [明和町〔三重県〕] 明和町 2014.3 10p 図版3p 30cm 〈三重県多気郡明和町斎宮跡埋蔵文化財調査報告 30〉Ⓝ210.0254

◇平成24年県営農業基盤整備事業地域(伊勢管内)埋蔵文化財発掘調査報告 三重県埋蔵文化財センター編 [明和町〔三重県〕] 三重県埋蔵文化財センター 2014.1 47p 30cm 〈三重県埋蔵文化財調査報告 343〉〈内容：田丸道頓遺跡. 第3次 有田地区出土土器・土壌自然科学分析〉Ⓝ210.0254

メーカーズシャツ鎌倉株式会社

◇鎌倉シャツ魂のものづくり 丸木伊参著 日本経済新聞出版社 2014.6 235p 19cm ①978-4-532-31940-3 Ⓝ589.22 [1500円]

メガハウス

◇エクセレントモデルマニアックス ホビージャパン 2014.2 95p 30cm ①978-4-7986-0725-2 Ⓝ589.77 [2800円]

メキシコ〔移民・植民〔日本〕〕

◇眉屋私記 上野英信〔著〕 福岡 海鳥社 2014.11 544p 20cm 〈潮出版社 1984年刊の再刊〉①978-4-87415-924-8 Ⓝ334.51 [4500円]

メキシコ〔移民・植民〔日本〕〕—歴史

◇初期在北米日本人の記録 北米編 第151輯 北米メキシコ移民の栞 奥泉栄三郎監修・新序文 藤岡紫朗著 文生書院 2014.3 353p 23cm 〈Digital reprint series〉〈電子復刻版〉①978-4-89253-511-6 Ⓝ334.45 [12000円]

メキシコ〔移民・植民—アメリカ合衆国〕

◇郷里送金を地域発展に活かす—メキシコ西部トゥスカクエスコ村の「越境するコミュニティ」を事例に 田中絵梨奈著 上智大学イベロアメリカ研究所 2014.10 52, 2p 26cm 〈ラテンアメリカ研究 no. 40〉〈文献あり〉①978-4-904704-12-7 Ⓝ601.56

メキシコ〔インディアン〕

◇力の話 カルロス・カスタネダ著,真崎義博訳 太田出版 2014.4 371p 19cm ①978-4-7783-1337-1 Ⓝ382.56 [2200円]

メキシコ〔紀行・案内記〕

◇エル・ミラドールへ、そのさらに彼方へ—メソアメリカ遺跡紀行 土方美雄著 社会評論社 2014.2 336p 19cm 〈文献あり〉①978-4-7845-1351-2 Ⓝ295.609 [2600円]

◇メキシコ紀行—サボテンと多肉植物を見る 松原俊雄著 [出版地不明] 松原企画 2014.1 146p 30cm Ⓝ627.78 [3900円]

メキシコ〔経済〕

◇メキシコ 2014/15年版 ARC国別情勢研究会編 ARC国別情勢研究会 2014.4 150p 26cm 〈ARCレポート 経済・貿易・産業報告書 2014/15〉〈索引あり〉①978-4-907366-11-7 Ⓝ332.56 [12000円]

◇メキシコ経済の基礎知識 中畑貴雄著 第2版 ジェトロ 2014.4 267p 21cm 〈文献あり〉①978-4-8224-1135-0 Ⓝ332.56 [2000円]

メキシコ〔工芸美術〕

◇トランス・アトランティック物語—旅するアステカ工芸品 落合一泰著 山川出版社 2014.1 213,19p 21cm 〈文献あり 年表あり 索引あり〉①978-4-634-64059-7 Ⓝ750.256 [2800円]

メキシコ〔自動車産業〕

◇メキシコ自動車産業のサプライチェーン—メキシコ企業の参入は可能か 星野妙子著 千葉 アジア経済研究所 2014.12 188p 18cm 〈アジアを見る眼 117〉〈文献あり〉①978-4-258-05117-5 Ⓝ537.09 [1050円]

メキシコ〔出版—歴史〕

◇独立以後19世紀末までのメキシコの印刷文化研究における最近の研究動向 長谷川ニナ著 上智大学イベロアメリカ研究所 2014.2 87p 26cm 〈ラテンアメリカ・モノグラフ・シリーズ no. 24〉〈文献あり スペイン語併記〉①978-4-904704-11-0 Ⓝ749.256

メキシコ〔地域開発〕

◇郷里送金を地域発展に活かす—メキシコ西部トゥスカクエスコ村の「越境するコミュニティ」を事例に 田中絵梨奈著 上智大学イベロアメリカ研究所 2014.10 52, 2p 26cm 〈ラテンアメリカ研究 no. 40〉〈文献あり〉①978-4-904704-12-7 Ⓝ601.56

メキシコ〔地域社会〕

◇郷里送金を地域発展に活かす—メキシコ西部トゥスカクエスコ村の「越境するコミュニティ」を事例に 田中絵梨奈著 上智大学イベロアメリカ研究所 2014.10 52, 2p 26cm 〈ラテンアメリカ研究 no. 40〉〈文献あり〉①978-4-904704-12-7 Ⓝ601.56

メキシコ〔薬物犯罪〕

◇メキシコ麻薬戦争—アメリカ大陸を引き裂く「犯罪者」たちの叛乱 ヨアン・グリロ著, 山本昭代訳 現代企画室 2014.3 417p 19cm 〈文献あり〉①978-4-7738-1404-0 Ⓝ368.83 [2200円]

メコン河流域

◇メコンデルタの大土地所有—無主の土地から多民族社会ヘフランス植民地主義の80年 高田洋子著 京都 京都大学学術出版会 2014.3 445p 23cm 〈地域研究叢書 27〉〈文献あり 索引あり〉内容：アジア近現代史のホットスポット 法と植民地主義 東南アジアのモノカルチャー化とコメ需要の増大 メコンデルタのコメと海外市場 アジア市場から分離されるインドシナ 仏領コーチシナの土地制度と水田開発 メコンデルタ西部開発の本格化 巨大地主化と農業不安の増大 「無主地」の国有化と払い下げ制度がもたらしたもの 植民地

支配とバクリュウ地方　バクリュウ省の開発ブームと国有地払い下げ　広大低地氾濫原の開拓史　海岸複合地形の砂丘上村落　大土地所有と社会変容　大土地所有制と多民族社会の変容〉①978-4-87698-479-4 Ⓝ611.22231 ［5400円］

メスナー, J.〔1891〜1984〕

◇ヨハネス・メスナーの自然法思想　山田秀著　成文堂　2014.3 355,4p 22cm（熊本大学法学会叢書 13）〈文献あり　著作目録あり　内容：ヨハネス・メスナーの生涯と著作　前提となる人間理解　カトリック自然法論としてのメスナー自然法思想　伝統的自然法論と近代的自然法論　NaturrechtとNaturgesetz　メスナー自然法思想の方法の問題　倫理的事実の析出　倫理的真理　倫理学の認識論への接近　倫理的認識の真理性　倫理的認識の確実性　伝統的自然法論の精華　結論〉①978-4-7923-0559-8 Ⓝ321.1 ［5300円］

メソポタミア

◇この世界の成り立ちについて―太古の文書を読む　月本昭男著　ぷねうま舎　2014.3 216p 20cm〈内容：コスモス創成　海を鎮める神　ギルガメシュ　人間により地は汚された　開闢の神話　時間　卜占の原理　一神教と多神教　ハヌニム　震災と内村鑑三　新年供養三　死者供養　ピューリタンの墓　虜囚　弔蛙　抹殺された詩　友情の物語　楔形文字「落ち穂拾い」の心　「出エジプト」という民族伝承がもつ意味　預言者　油注がれた者　自然の呻き　天罰という思想と、それへの反乱　旧約聖書と子供　古代オリエントを掘る　一三歳の君へ〉①978-4-906791-28-6 Ⓝ227.3 ［2300円］

メソポタミア（図書館）

◇古代メソポタミア図書館の歴史―関連資料集　高橋信一編纂　西東京　高橋信一　2014.4 300p 26cm Ⓝ010.2273 ［非売品］

メソポタミア（論文集）

◇月本昭男先生退職記念献呈論文集　第3巻　楔形文字文化の世界　柴田大輔編　聖公会出版　2014.3 216p 22cm〈文献あり　著作目録あり　年譜あり　内容：アッカド文字と日本文字における訓の発生（池田潤著）　古代メソポタミア史は諸民族興亡の歴史か（柴田大輔著）　エマルにおける王権拡大と市民反乱（山田雅道著）　アッシュルバニパル王の書簡とバビロン（伊藤早苗著）　シュメルにおける書記〈術〉と穀物の女神ニサバ（辻田明子著）　古代メソポタミアにおける卜占と歴史（杉江拓磨著）　メソポタミアにおける「王の業績録」（山田重郎著）　アナトリアにおけるフリ語ギルガメシュ伝承（中村光男著）　古代オリエントの大太鼓（小板橋又久著）　月本昭男君（ウォルフガング・レーリッヒ著）〉Ⓝ161.04 ［3000円］

メッシ, L.〔1987〜〕

◇キャプテンメッシの挑戦　藤坂ガルシア千鶴著　朝日新聞出版　2014.3 239p 19cm ①978-4-02-251158-4 ［1500円］
◇Who is the Best?―メッシ、ロナウド、ネイマール。最高は誰だ？　ルーカ・カイオーリ著, タカ大丸訳　プレジデント社　2014.6 205p 図版12p 19cm ①978-4-8334-2087-7 Ⓝ783.47 ［1300円］

メディチ, G.〔1498〜1526〕

◇フェスティナ・レンテ―メディチ家もうひとつの物語　豊田正明著　鳥影社　2014.3 230p 20cm〈文献あり〉①978-4-86265-439-7 Ⓝ289.3 ［1800円］

メナシェ, D.

◇人生という教室―プライオリティ・リストが教えてくれたこと　ダヴィード・メナシェ著, 川田志津訳　東洋出版　2014.7 253p 19cm ①978-4-8096-7742-7 Ⓝ289.3 ［1600円］

メーヘレン, H.v.〔1889〜1947〕

◇フェルメールになれなかった男―20世紀最大の贋作事件　フランク・ウイン著, 小林頼子, 池田みゆき訳　筑摩書房　2014.3 393p 15cm（ちくま文庫 う40-1）〈文献あり〉①978-4-480-43142-4 Ⓝ723.359 ［1000円］

メラネシア（社会）

◇テレビが映した「異文化」―メラネシアの人々の取り上げられ方　白川千尋著　風響社　2014.5 222p 20cm ①978-4-89489-145-6 Ⓝ699.8 ［2500円］

メラメド, L.〔1932〜〕

◇レオ・メラメド―金融先物市場の創設と発展　可児滋著　日本評論社　2014.3 292p 22cm〈文献あり　年譜あり　索引あり〉①978-4-535-55779-6 Ⓝ338.1 ［2800円］

メリマン, B.〔1747?〜1805〕

◇ブライアン・メリマン『真夜中の法廷』―十八世紀アイルランド語詩の至宝　ブライアン・メリマン著, 京都アイルランド語

研究会訳・著　彩流社　2014.12 227,112p 22cm〈文献あり　索引あり　英語抄訳付〉①978-4-7791-2058-9 Ⓝ993.21 ［4000円］

メルケル, A.〔1954〜〕

◇強い国家の作り方―欧州に君臨する女帝メルケルの世界戦略　ラルフ・ボルマン著, 村瀬民子訳　ビジネス社　2014.10 255p 19cm〈年譜あり　年表あり〉①978-4-8284-1770-7 Ⓝ312.34 ［1800円］

メルヴィル, H.〔1819〜1891〕

◇白鯨　千石英世編　京都　ミネルヴァ書房　2014.12 177, 24p 26cm（シリーズもっと知りたい名作の世界 11）〈文献あり　年譜あり　索引あり　内容：ハーマン・メルヴィルの世界への招待（杉浦銀策著）　パラドクシア・アメリカーナ（高山宏著）　散乱する破片（富山太佳夫著）　沈黙のバルキントン（後藤和彦著）　一九二〇年代のメルヴィル・リヴァイヴァル再考（西谷拓哉著）　棄子の夢（橋本安央著）　たかが鯨なれど（大島由起子著）　『白鯨』にアニミズムを見る（堀内正規著）　無窮とマニ教（野谷文昭著）　白鯨の迷宮のごとき模様（宇野邦一著）　海と陸の間のレヴィアタン（前田良三著）　「驚くべき精度にして生き写しの」理想の鯨を追求するメルヴィル（マイケル・ダイヤー著, 櫻井敬人訳）〉①978-4-623-07047-3 Ⓝ933.6 ［2800円］
◇わが名はイシュメイル　チャールズ・オールソン著, 島田太郎訳　開文社出版　2014.4 233p 19cm〈年譜あり〉①978-4-87571-077-6 Ⓝ930.268 ［1600円］

メルロ＝ポンティ, M.〔1908〜1961〕

◇経験と出来事―メルロ＝ポンティとドゥルーズにおける身体の哲学　小林徹著　水声社　2014.10 405p 22cm〈文献あり〉①978-4-8010-0069-8 Ⓝ135.5 ［6000円］
◇メルロ＝ポンティ　村上隆夫著　新装版　清水書院　2014.9 215p 19cm（Century Books）〈文献あり　年譜あり　索引あり〉①978-4-389-42112-0 Ⓝ135.55 ［1000円］

メンツェル, A.〔1815〜1905〕

◇メンツェル《サンスーシのフルート・コンサート》―美術に見る歴史問題　ヨスト・ヘルマント著, 神林恒道, 三浦信一郎訳　三元社　2014.5 115p 19cm（作品とコンテクスト）〈年譜あり〉①978-4-88303-352-2 Ⓝ723.34 ［2200円］

メンデルスゾーン, F.〔1809〜1847〕

◇メンデルスゾーン―知られざる生涯と作品の秘密　レミ・ジャコブ著, 作田清訳　作品社　2014.6 242p 22cm〈文献あり　作品目録あり　年譜あり〉①978-4-86182-485-2 Ⓝ762. 34 ［2800円］

【 も 】

モア, T.〔1478〜1535〕

◇モアの「ユートピア」　ドミニク・ベーカー－スミス著, 門間都喜郎訳　京都　晃洋書房　2014.4 234,30p 22cm〈文献あり　索引あり〉①978-4-7710-2503-5 Ⓝ309.2 ［3800円］

藻岩山

◇藻岩山の森林と関わるきのこたち＆札幌近郊林のきのこ　高橋郁雄監修, 中田洋子著　［札幌］　藻岩山きのこ観察会　2014. 4 482p 30cm〈文献あり〉①978-4-9907727-8-9 Ⓝ474.85

毛沢東〔1893〜1976〕

◇悪の出世学―ヒトラー、スターリン、毛沢東　中川右介著　幻冬舎　2014.3 276p 18cm（幻冬舎新書 な-1-10）〈文献あり〉①978-4-344-98342-7 Ⓝ280.4 ［840円］

蒙古（社会―歴史）

◇中央ユーラシアにおける牧畜文明の変遷と社会主義　楊海英編　［名古屋］　アフロ・ユーラシア内陸乾燥地文明研究会　2014. 3 207p 26cm（アフロ・ユーラシア内陸乾燥地文明研究叢書 8）〈文献あり　共同刊行：名古屋大学大学院文学研究科比較人文学研究室　内容：カルムイク人はどのように定住したのか（井上岳彦著）　満州国の「赤い靴をはいた少女」（楊海英著）　内モンゴルの牧畜業における社会主義的改造に関する考察（仁欽著）　オボー祭祀とゴールデン・ポニー伝承（ダゴラ著）　ホルチン地域の住居「土ゲル」（曹栄梅著）　草原と都市を往還するノマド（風戸真理著）　チベット高原における社会主義と定住化（別所祐介著）　草原の民の末裔（今村薫著）〉Ⓝ362.226

孟子

◇「孟子」一日一言―吉田松陰が選んだ「孟子」の言葉　孟子［原著］, 吉田松陰［著］, 川口雅昭編　致知出版社　2014.1 223p 18cm〈文献あり〉①978-4-8009-1026-4 Ⓝ123.84 ［1200円］

毛利〔氏〕

◇「孟子」の革命思想と日本—天皇家にはなぜ姓がないのか 松本健一著 いわき 昌平黌出版会 2014.6 243p 20cm 〈論創社（発売）奥付の発行者（誤植）：発行所 論創社〉 Ⓘ978-4-8460-1342-4 Ⓝ121.02 ［1800円］

毛利〔氏〕

◇安芸毛利一族 河合正治著 吉川弘文館 2014.11 279p 19cm （読みなおす日本史）〈新人物往来社 1984年刊の再刊〉 Ⓘ978-4-642-06582-5 Ⓝ210.47 ［2400円］
◇大江・毛利の一族 関久著 ［柏崎］ ［関久］ 2013.8 681p 22cm 〈年表あり〉 Ⓝ288.3 ［非売品］

毛利 輝元〔1553～1625〕

◇輝元の分岐点—信長・秀吉との戦いから中国国分へ：広島城企画展 広島市未来都市創造財団広島城編 広島 広島市未来都市創造財団広島城 2013.11 88p 30cm 〈文献あり〉 Ⓝ210.48

毛利 元就〔1497～1571〕

◇毛利元就—武威天下無双、下民憐愍の文徳は未だ 岸田裕之著 京都 ミネルヴァ書房 2014.11 427,9p 20cm （ミネルヴァ日本評伝選）〈文献あり 年譜あり 索引あり〉 Ⓘ978-4-623-07224-8 Ⓝ289.1 ［3800円］

モウリーニョ，J.

◇勝ち続ける男モウリーニョ—スペシャルワン、成功の理由 山中忍著 カンゼン 2014.9 263p 19cm Ⓘ978-4-86255-274-7 Ⓝ783.47 ［1600円］
◇モウリーニョvsレアル・マドリー「三年戦争」—明かされなかったロッカールームの証言 ディエゴ・トーレス著，木村浩嗣訳 ソル・メディア 2014.7 340p 19cm 〈年譜あり〉 Ⓘ978-4-905349-18-1 Ⓝ783.47 ［1600円］

真岡市〔遺跡・遺物〕

◇くるま橋遺跡 とちぎ未来づくり財団埋蔵文化財センター編 宇都宮 栃木県教育委員会 2014.3 109p 図版 26p 30cm （栃木県埋蔵文化財調査報告 第368集）〈農地整備事業（畑地帯担い手育成型）石島地区における埋蔵文化財発掘調査 共同刊行：とちぎ未来づくり財団〉 Ⓝ210.0254

最上〔氏〕

◇最上氏と出羽の歴史 伊藤清郎編 高志書院 2014.2 338p 22cm 〈文献あり 内容：戦国大名最上氏の時代 最上氏の呼称について（伊藤清郎著）花押に見る最上氏の領主としての性格（安部俊治著）最上義光の大工頭小澤若狭と天守閣図面（吉田歓著）最上氏時代山形城絵図の再検討（齋藤仁著）寒河江白岩新町楯跡について（大場雅之著）鶴岡市田川地域における中世城館跡の類型論2（眞壁建著）中近世における砂鉄の容器と贈答（三上喜孝著）中条氏系小田島氏の系譜（石井浩幸著）出羽の考古と歴史 寒河江市平野山古窯出土瓦にみる出羽国府移設試論（大宮富善著）白河院政期の出羽守と「都の武士」（誉田慶信著）庄内地方出土の一括出土銭の考察（須藤英之著）庄内藩の納方手代（小野寺雅昭著）近世後期村山郡半郷村における貢租負担基盤の実相（山内励著）明治初年の南・北高擶村合併について（村山正市著）大島正隆と森嘉兵衛（柳原敏昭著）山形県内における歴史公文書の保存と公開（佐藤正三郎著）出羽の宗教と社会 中世出羽の屋敷墓（山口博之著）葉山参詣の民俗誌（関口健著）合戦と呪術・信仰（小関幸悦著）山形県の「両墓制」（小田島建己著）芭蕉「奥の細道」山寺の宿についての考察（相原一士著）「酒田山王祭り」構成要素の比較考察（菊地和博著）〉 Ⓘ978-4-86215-129-2 Ⓝ212.5 ［8300円］

最上町〔山形県〕（博物誌）

◇最上町の自然—自然環境学術調査報告書 最上町自然環境現況調査会編 最上町（山形県）最上町 2014.11 460p 27cm 〈文献あり 町制施行60周年記念〉 Ⓝ402.9125

最上町〔山形県〕〔歴史〕

◇酒田・新庄・最上の昭和—写真アルバム 長岡 いき出版 2014.11 279p 31cm 〈山形県教科書供給所（発売）〉 Ⓘ978-4-904614-56-3 Ⓝ212.5 ［9250円］

百草観音堂〔日野市〕

◇東京都日野市百草観音堂および百草八幡神社の文化財調査報告書 日野市郷土資料館編 ［日野］ 日野市郷土資料館 2014.3 74p 30cm Ⓝ702.17

百草八幡神社〔日野市〕

◇東京都日野市百草観音堂および百草八幡神社の文化財調査報告書 日野市郷土資料館編 ［日野］ 日野市郷土資料館 2014.3 74p 30cm Ⓝ702.17

杢目金屋

◇純愛物語—杢目金屋が出会った一〇〇組のストーリー 杢目金屋著 ［東京］ 杢目金屋 2014.9 235p 19cm 〈出版文化社（発売）〉 Ⓘ978-4-88338-564-5 Ⓝ589.22 ［1500円］

モザンビーク（移民・植民—南アフリカ—歴史）

◇植民地支配と開発—モザンビークと南アフリカ金鉱業 網中昭世著 山川出版社 2014.11 213,85p 22cm （山川歴史モノグラフ 29）〈文献あり 年表あり 索引あり〉 Ⓘ978-4-634-67386-1 Ⓝ334.5369 ［5000円］

モザンビーク（植民政策〔ポルトガル〕—歴史）

◇植民地支配と開発—モザンビークと南アフリカ金鉱業 網中昭世著 山川出版社 2014.11 213,85p 22cm （山川歴史モノグラフ 29）〈文献あり 年表あり 索引あり〉 Ⓘ978-4-634-67386-1 Ⓝ334.5369 ［5000円］

モース，E.S.〔1838～1925〕

◇明治のこころ—モースが見た庶民のくらし 小林淳一，小山周子編 京都 青幻舎 2013.9 221p 26cm 〈文献あり 年譜あり 英語併記 会期・会場：2013年9月14日（土）-12月8日（日）東京都江戸東京博物館 主催：東京都歴史文化財団ほか〉 Ⓘ978-4-86152-409-7 Ⓝ382.1 ［2190円］

百舌鳥古墳群

◇百舌鳥古墳群をあるく—巨大古墳・全案内 久世仁士著 大阪 創元社 2014.7 207p 21cm 〈文献あり 年表あり 索引あり〉 Ⓘ978-4-422-20154-2 Ⓝ216.3 ［1800円］

モスフードサービス

◇いい仕事をしたいなら、家族を巻き込みなさい！ 櫻田厚著 KADOKAWA 2014.12 222p 19cm Ⓘ978-4-04-601046-9 Ⓝ673.973 ［1400円］

モーセ

◇フロイトのモーセ—終わりのあるユダヤ教と終わりのないユダヤ教 ヨセフ・ハイーム・イェルシャルミ著，小森謙一郎訳 岩波書店 2014.9 277p 20cm 〈文献あり〉 Ⓘ978-4-00-024697-2 Ⓝ146.13 ［3900円］

望月 美由紀〔1977～〕

◇泣き虫ピエロの結婚式 望月美由紀著 泰文堂 2014.7 182p 19cm （リンダブックス）Ⓘ978-4-8030-0586-8 Ⓝ779.7 ［1400円］

持田記念医学薬学振興財団

◇30周年記念誌 持田記念医学薬学振興財団 2014.3 258p 30cm 〈年表あり〉 Ⓝ490.6

モーツァルト，W.A.〔1756～1791〕

◇ウィゼワとサン ＝ フォアのモーツァルト Théodore de Wyzewa，Georges de Saint-Foix［著］，相沢輝昭訳 岡山 丸善書店岡山シンフォニービル店出版サービスセンター 2014.9 232p 26cm Ⓘ978-4-89620-226-7 Ⓝ762.346 ［3500円］
◇パリのモーツァルト—その光と影 澤田義博著 アカデミア・ミュージック 2014.3 158p 21cm 〈文献あり〉 Ⓘ978-4-87017-085-8 Ⓝ762.346 ［1500円］
◇モーツァルト 礒山雅著 筑摩書房 2014.6 335p 15cm （ちくま学芸文庫 イ48-1）〈年譜あり 索引あり 「モーツァルト＝二つの顔」（講談社 2000年刊）の改題、増補改訂〉 Ⓘ978-4-480-09577-6 Ⓝ762.346 ［1200円］
◇モーツァルト家のキャリア教育—18世紀の教育パパ、天才音楽家を育てる 久保田慶一著 アルテスパブリッシング 2014.3 249,5p 21cm 〈文献あり 年譜あり〉 Ⓘ978-4-903951-81-2 Ⓝ762.346 ［2200円］
◇モーツァルトその音楽と生涯—名曲のたのしみ、吉田秀和 第1巻 吉田秀和著，西川彰一校訂 学研パブリッシング 2014.6 342,5p 22cm 〈学研マーケティング（発売）監修協力：安田和信〉 Ⓘ978-4-05-800272-8 Ⓝ762.346 ［3200円］
◇モーツァルトその音楽と生涯—名曲のたのしみ、吉田秀和 第2巻 吉田秀和著，西川彰一校訂 学研パブリッシング 2014.8 325,6p 22cm 〈学研マーケティング（発売）監修協力：安田和信〉 Ⓘ978-4-05-800273-5 Ⓝ762.346 ［3200円］
◇モーツァルトその音楽と生涯—名曲のたのしみ、吉田秀和 第3巻 吉田秀和著，西川彰一校訂 学研パブリッシング 2014.10 323,7p 22cm 〈学研マーケティング（発売）監修協力：安田和信〉 Ⓘ978-4-05-800274-2 Ⓝ762.346 ［3200円］
◇モーツァルトその音楽と生涯—名曲のたのしみ、吉田秀和 第4巻 吉田秀和著，西川彰一校訂 学研パブリッシング 2014.12 325,7p 22cm 〈学研マーケティング（発売）監修協力：安田和信〉 Ⓘ978-4-05-800275-9 Ⓝ762.346 ［3200円］
◇モーツァルトのいる部屋 井上太郎著 決定版 河出書房新社 2014.7 353p 20cm 〈作品目録あり 初版：新潮社 1985年刊〉 Ⓘ978-4-309-27510-9 Ⓝ762.346 ［2750円］

モディアノ，P.〔1945～〕

◇モディアノ中毒—パトリック・モディアノの人と文学 松崎之貞著 国書刊行会 2014.12 251p 20cm 〈著作目録あり〉 Ⓘ978-4-336-05875-1 Ⓝ950.278 ［2500円］

茂出木 浩司〔1967～ 〕
◇臆病なワルで勝ち抜く！―日本橋たいめいけん三代目「100年続ける」商売の作り方　茂出木浩司[著]　講談社　2014.11　189p　18cm　（講談社＋α新書 678-1C）　Ⓘ978-4-06-272877-5　Ⓝ673.973　[840円]

茂木 優〔1950～ 〕
◇栄光のためだけでなく―レスリングに導かれ　茂木優[著]，秋田魁新報社編　秋田　秋田魁新報社　2014.4　143p　18cm　〈さきがけ新書〉　〈年譜あり〉　Ⓘ978-4-87020-350-1　Ⓝ788.2　[800円]

本居 宣長〔1730～1801〕
◇本居宣長―文学と思想の巨人　田中康二著　中央公論新社　2014.7　240p　18cm　（中公新書 2276）　〈文献あり〉　Ⓘ978-4-12-102276-9　Ⓝ121.52　[840円]
◇本居宣長　本山幸彦著　新装版　清水書院　2014.9　238p　19cm　（Century Books）　〈文献あり　年譜あり　索引あり〉　Ⓘ978-4-389-42047-5　Ⓝ121.52　[1000円]
◇本居宣長『古事記伝』を読む　4　神野志隆光著　講談社　2014.9　297p　19cm　（講談社選書メチエ 582）　〈索引あり〉　Ⓘ978-4-06-258585-9　Ⓝ913.2　[1800円]

本木 昭子〔1942～1996〕
◇だいじょうぶだいじょうぶ本木昭子　「本木昭子の本」制作委員会企画・編集　朝日クリエ　2014.10　135p　21cm　〈年譜あり〉　Ⓘ978-4-903623-40-5　Ⓝ289.1　[1500円]

モーニング娘。
◇読むモー娘。―AKB、ももクロに立場を逆転された後に、なぜ再び返り咲くことができたのか　花山十也著　コアマガジン　2014.8　190p　18cm　（コア新書 006）　Ⓘ978-4-86436-660-1　Ⓝ767.8　[787円]

物部〔氏〕
◇新史論/書き替えられた古代史　3　聖徳太子と物部氏の正体　関裕二著　小学館　2014.6　221p　18cm　（小学館新書 187）　〈文献あり〉　Ⓘ978-4-09-825187-2　Ⓝ210.3　[720円]

茂原市〔遺跡・遺物〕
◇茂原市宿横穴群・真名城跡　千葉県教育振興財団文化財センター編　千葉　国土交通省関東地方整備局千葉国道事務所　2014.2　100p　図版 [17]　枚　30cm　（千葉県教育振興財団調査報告 第724集）　〈共同刊行：東日本高速道路関東支社ほか〉　Ⓝ210.0254

ももいろクローバーZ
◇ももいろクローバーZ～Compass of the dream～2013-2014　太田出版　2014.5　263p　21cm　〈年譜あり　Quick Japan Special Issue〉　Ⓘ978-4-7783-1407-1　Ⓝ767.8　[1388円]
◇ももいろクローバーZ～The Legend～2008-2013　太田出版　2013.4　267p　21cm　〈年譜あり　Quick Japan Special Issue〉　Ⓘ978-4-7783-1372-2　Ⓝ767.8　[1333円]
◇ももクロ活字録―ももいろクローバーZ公式記者追っかけレポート2011-2013　小島和宏著　白夜書房　2013.9　263p　19cm　Ⓘ978-4-86191-999-2　Ⓝ767.8　[1143円]
◇ももクロ流―5人へ伝えたこと5人から教わったこと　川上アキラ著　[東京]　日経BP社　2014.6　255p　19cm　〈日経BPマーケティング（発売）〉　Ⓘ978-4-8222-7579-2　Ⓝ767.8　[1296円]

桃華 絵里
◇ももえりスタイル。　桃華絵里著　双葉社　2014.6　105p　21cm　〈タイトルは奥付による．標題紙・背・表紙のタイトル：MOMOERI STYLE〉　Ⓘ978-4-575-30683-5　Ⓝ289.1　[1400円]

モヨロ貝塚
◇史跡最寄貝塚整備事業報告書―地域の特性を活かした史跡等総合活用支援推進事業　網走　網走市教育委員会　2014.3　84p　30cm　〈年表あり〉　Ⓝ211.1
◇もっと知りたい！モヨロのくらし―モヨロ貝塚発見100年シンポジウム：開催概要報告書　網走　網走市立郷土博物館　2014.3　90p　30cm　〈共同刊行：北海道網走市教育委員会〉　Ⓝ211.1

森 有正〔1911～1976〕
◇どこへ向かって死ぬか　片山恭一著　小学館　2014.9　301p　15cm　（小学館文庫 か2-10）　〈日本放送出版協会 2010年刊の加筆〉　Ⓘ978-4-09-406082-9　Ⓝ121.6　[610円]

森 鷗外〔1862～1922〕
◇鷗外文学に見る草花―平成二十五年度企画展図録　森鷗外記念館企画・構成　津和野町（島根県）　森鷗外記念館　2014.3　57p　30cm　〈会期：2014年1月1日～5月11日〉　Ⓝ910.268　[1000円]
◇軍医森鷗外のドイツ留学　武智秀夫著　京都　思文閣出版　2014.6　333,9p　22cm　〈索引あり　内容：津和野　医学を学ぶ　その時代の衛生学　陸軍軍医部に入る　『醫政全書稿本』十二巻　留学が決まるまで　出発からベルリンまで　ライプチッヒ　ライプチッヒ時代の軍事研修　ドレスデン　ミュンヘン　ベルリン　帰国の途へ　エリス〉　Ⓘ978-4-7842-1754-0　Ⓝ910.268　[3000円]
◇謎解き森鷗外　原國人著　新典社　2014.1　295p　19cm　Ⓘ978-4-7879-7853-0　Ⓝ910.268　[2300円]
◇二つの主題―家持、鷗外の憂愁と決断　中橋大通著　金沢　能登印刷出版部　2014.6　490p　19cm　〈文献あり〉　Ⓘ978-4-89010-636-3　Ⓝ911.122　[1800円]
◇胸さわぎの鷗外　西成彦著　京都　人文書院　2013.12　226p　20cm　〈内容：鼠坂殺人事件　老移民と皇太子　『鼠坂』（森鷗外著）『藪の中』〈後半〉（芥川龍之介著）　性欲と石炭と植民地都市　鷗外と漱石　『三四郎』の下層　百閒と漱石、あるいは百閒「の×」漱石　反＝三四郎の東京　『山椒大夫』における政治、あるいは宗教離れ〉　Ⓘ978-4-409-16095-4　Ⓝ910.268　[2000円]
◇森鷗外『伊沢蘭軒』を読む　斉藤繁著　[東京]　文藝春秋企画出版部　2014.7　303p　20cm　〈文藝春秋（発売）〉　Ⓘ978-4-16-008807-8　Ⓝ913.6　[1500円]
◇森鷗外と美術　鷗外研究会編　双文社出版　2014.7　324p　22cm　〈索引あり　内容：鷗外における美学的転回、或いは、その「徴候論」的論究（大石直記著）『審美綱領』にみる音と語り（江崎公子著）　「うたかたの記」出現への胎動（酒井敏著）　森鷗外ドイツ三部作のイコノロジー（林正子著）　森鷗外とミュンヘン画壇（金子幸代著）　「杯」の美術的側面（松木博著）　森鷗外「花子」論（小川康子著）　「花子」を読み解く（佐藤ゆかり著）　「天寵」の連鎖（須田喜代次著）　森鷗外と原田直次郎、黒田清輝（安田孝著）　森鷗外と久米桂一郎（小倉斉著）　帝室博物館総長としての鷗外森林太郎（村上祐紀著）〉　Ⓘ978-4-88164-627-4　Ⓝ910.268　[4800円]
◇森鷗外明治知識人の歩んだ道　山崎一穎監修，森鷗外記念館編　改訂新版　津和野町（島根県）　森鷗外記念館　2014.3　140p　30cm　〈年譜あり〉　Ⓝ910.268
◇森鷗外明治知識人の歩んだ道―注記　山崎一穎注記，森鷗外記念館編　改訂新版　津和野町（島根県）　森鷗外記念館　2014.3　117p　30cm　Ⓝ910.268
◇流行をつくる―三越と鷗外：文京区森鷗外記念館2014年度特別展　文京区立森鷗外記念館編　文京区立森鷗外記念館　2014.9　55,8p　30cm　〈年表あり　会期・会場：平成26年9月13日～11月24日　文京区立森鷗外記念館〉　Ⓝ910.268

森 恪〔1883～1932〕
◇戦前政治家の暴走―誤った判断が招いた戦争への道　篠原昌人著　芙蓉書房出版　2014.3　234p　19cm　〈文献あり〉　Ⓘ978-4-8295-0614-1　Ⓝ312.1　[1900円]

森 巻耳〔1855～1914〕
◇森巻耳と支援者たち―岐阜訓盲院創立のころ　東海良興著　岐阜　岐阜県立岐阜盲学校創立120周年記念事業実行委員会　[201-]　212p　22cm　〈年譜あり〉　Ⓝ378.1

森 源太〔1978～ 〕
◇オイのコトーひとりの大人として、今、子どもたちに伝えたいコト：Your Life is Yours　森源太著　箕面　OneWorld　2014.7　231p　19cm　〈創英社/三省堂書店（発売）〉　Ⓘ978-4-907969-01-1　Ⓝ767.8　[1200円]

森 浩一〔1928～2013〕
◇森浩一の古代史・考古学　深萱真穂，『歴史読本』編集部編　KADOKAWA　2014.1　207p　21cm　〈文献あり　年譜あり　内容：この国の歴史と形への足慣らし（森浩一述）　北九州の弥生墳墓と古墳発生の問題（森浩一述）　学問の力（池内紀述）　考古学と食いしん坊とクジラ（小泉武夫述）　森浩一さんからの伝言。（篠田正浩述）　「熊襲焼き」の思い出（宮崎美子述）　森浩一交友録（司馬遼太郎ほか著）　「生え抜き」の考古学者（大塚初重述）　森古代学はグローバルかつローカルだった（上田正昭述）　森古代学、その始まりのころ（杉本憲司述）　各種の分野に関心を広げる重要性を教えてもらう（和田萃述）　森浩一が遺したもの（菅谷文則、野本寛一、前ума国実知雄述、深萱真穂司会・構成）　三角縁神獣鏡の国産説（中村潤子述）　邪馬台国東遷論（寺沢薫述）　天皇陵古墳の被葬者（今尾文昭述）　須恵器の編年（田山邦和述）　遺跡保護（菅原康夫述）　地域学（鵜飼俊夫述）　古代の技術（門田誠一述）　災害と考古学（寒川旭述）　19歳の短編小説　旧制中学から70年のつきあい（田中英夫述）　指導者としての姿（深萱真穂述）　晩年に寄り添った思い出（深萱真穂述）　食へのこだわり（深萱真穂述）　森考古学にふれられる、ゆかりの施設（深萱真穂述）　森浩一入門〉　Ⓘ978-4-04-600145-0　Ⓝ210.025　[1800円]

森 繁和〔1954~ 〕
◇参謀 森繁和[著] 講談社 2014.3 336p 15cm （講談社文庫 も53-1）〈2012年刊の一部を加筆・修正〉 ⓘ978-4-06-277765-0 Ⓝ783.7 ［660円］

森 正蔵〔1900~1953〕
◇挙国の体当たり―戦時社説150本を書き通した新聞人の独白 森正蔵著 毎日ワンズ 2014.8 385p 19cm 〈文献あり〉 ⓘ978-4-901622-79-0 Ⓝ289.1 ［1700円］

森 武徳
◇有為転変の人生を振り返って！―森武徳の広島と熊本 森武徳著 ［熊本］ ［森武徳］ 2013.3 321p 22cm Ⓝ289.1

森 祇晶〔1937~ 〕
◇森・西武ライオンズ9年間の黄金伝説―「常勝レオ軍団」の軌跡 加古大二著 トランスワールドジャパン 2013.9 175p 19cm （TWJ BOOKS）〈文献あり〉ⓘ978-4-86256-127-5 Ⓝ783.7 ［1200円］

森 昌也〔1910~2013〕
◇島田市名誉市民森昌也展―わが道：第63回企画展 島田市博物館編 島田 島田市博物館 2014.6 65p 30cm 〈年表あり 会期：平成26年6月21日~8月31日〉 Ⓝ289.1

森内 俊之〔1970~ 〕
◇覆す力 森内俊之著 小学館 2014.2 219p 18cm （小学館新書 195）〈文献あり〉ⓘ978-4-09-825195-7 Ⓝ796 ［720円］

森岡 薫〔1979~ 〕
◇生まれ変わる力―森岡薫自伝 森岡薫, 北健一郎著 白夜書房 2013.6 213p 19cm （[FUTSAL NAVI SERIES] [21]）ⓘ978-4-86191-969-5 Ⓝ783.4 ［1600円］

盛岡市〔遺跡・遺物〕
◇盛南地区遺跡群発掘調査報告書 5 盛岡市遺跡の学び館編 ［横浜］ 都市再生機構 2014.1 206p 30cm （盛岡南新都市開発整備事業関連遺跡平成13-18年度発掘調査 2）〈共同刊行：盛岡市ほか 内容：大宮北遺跡 小幡遺跡 宮沢遺跡 鬼柳A遺跡 稲荷遺跡 本宮熊堂A遺跡 本宮熊堂B遺跡 野古A遺跡〉Ⓝ210.0254

◇盛南地区遺跡群発掘調査報告書 6 盛岡市遺跡の学び館編 ［横浜］ 都市再生機構 2014.3 190p 30cm （盛岡南新都市開発整備事業関連遺跡平成13-18年度発掘調査 3）〈共同刊行：盛岡市ほか 内容：飯岡沢田遺跡 飯岡才川遺跡 細谷地遺跡 矢盛遺跡 南仙北遺跡〉Ⓝ210.0254

◇繋Ⅴ遺跡 ［盛岡］ 盛岡市教育委員会 2013.3 243p 30cm 〈繋小学校校舎等増改築工事事業に伴う発掘調査報告書 共同刊行：盛岡市遺跡の学び館〉Ⓝ210.0254

◇二又遺跡第11・12次発掘調査報告書 岩手県文化振興事業団埋蔵文化財センター編 盛岡 岩手県盛岡広域振興局土木部 2014.3 287p 30cm （岩手県文化振興事業団埋蔵文化財調査報告書 第623集）〈主要地方道盛岡和賀線道路改良工事関連遺跡発掘調査 共同刊行：岩手県文化振興事業団〉Ⓝ210.0254

◇盛岡市内遺跡群―平成22・23年度発掘調査報告 盛岡市遺跡の学び館編 盛岡 盛岡市教育委員会 2013.3 70p 30cm 〈内容：西黒石野遺跡。第13次 小山遺跡。第35次 二又遺跡。第9・10次〉Ⓝ210.0254

◇もりおか発掘物語―平成二十六年度盛岡市遺跡の学び館開館十周年特別展 盛岡市遺跡の学び館編 盛岡 盛岡市遺跡の学び館 2014.10 89p 30cm 〈年表あり 会期：平成26年10月11日~平成27年1月18日 盛岡市遺跡の学び館企画展示室〉Ⓝ212.2

盛岡市〔社会教育施設〕
◇盛岡・気仙沼被災地現地研修の記録―お茶の水女子大学平成24年度現地研修研究経費研究成果報告書 平成24年度 お茶の水女子大学盛岡・気仙沼現地研修実行委員会[編] お茶の水女子大学大学院人間文化創成科学研究科 2013.1 119p 30cm Ⓝ369.31

盛岡市〔農村生活〕
◇田舎暮らしは心の良薬―ネオン街40年から180度転換里山生活奮闘記：ストレス満タンは危ない！ 嶋田成子著 誠文堂新光社 2014.3 226p 21cm ⓘ978-4-416-91437-3 Ⓝ611.98 ［1500円］

盛岡市〔洋館〕
◇盛岡の洋風建築 渡辺敏男著 ［盛岡］ 盛岡市教育委員会歴史文化課 2014.3 64p 21cm （盛岡市文化財シリーズ 第42集）Ⓝ523.1

盛岡藩
◇雑書―盛岡藩家老席日記 第33巻 天明七年（一七八七）~寛政元年（一七八九）盛岡市教育委員会編集 細井計, 佐々木和

夫, 兼平賢治校閲 東洋書院 2014.3 594p 27cm 〈布装〉ⓘ978-4-88594-478-9 Ⓝ212.2 ［26000円］

◇雑書―盛岡藩家老席日記 第34巻 寛政二年〈一七九〇〉~寛政四年〈一七九二〉盛岡市教育委員会編集 細井計, 佐々木和夫, 兼平賢治校閲 東洋書院 2014.7 623p 27cm 〈布装〉ⓘ978-4-88594-479-6 Ⓝ212.2 ［26000円］

◇雑書―盛岡藩家老席日記 第35巻 寛政五年（一七九三）-寛政七年（一七九五）盛岡市教育委員会編 細井計, 佐々木和夫, 兼平賢治校閲 東洋書院 2014.11 731p 27cm ⓘ978-4-88594-483-3 Ⓝ212.2 ［26000円］

◇南部藩の能楽 青柳有利子著 早稲田大学出版部 2014.2 208p 30cm （早稲田大学モノグラフ 104）〈年表あり〉ⓘ978-4-657-14506-2 Ⓝ773.2 ［3000円］

森下 忠〔1924~ 〕
◇ある刑法学者の旅路 森下忠著 成文堂 2014.3 297p 20cm 〈著作目録あり 年譜あり〉ⓘ978-4-7923-7098-5 Ⓝ289.1 ［3200円］

森下 哲也〔1939~ 〕
◇わが人生抄―合同自費出版『ふぉーらむ』掲載10回記念 森下哲也著 ［神戸］ 友月書房 2014.9 78p 18cm 〈交友プランニングセンター（制作）〉ⓘ978-4-87787-628-9 Ⓝ723.1

森下 博〔1869~1943〕
◇鞆の大恩人森下博―広告王仁丹の生涯：2014（平成26）年特別展図録 福山市鞆の浦歴史民俗資料館編 福山 福山市鞆の浦歴史民俗資料館 2014.10 63p 30cm 〈年譜あり 会期・会場：2014年10月9日~11月24日 福山市鞆の浦歴史民俗資料館〉Ⓝ289.1

森田 慶一〔1895~1983〕
◇「建築論」の京都学派―森田慶一と増田友也を中心として 市川秀和著 近代文藝社 2014.12 158p 18cm （近代文藝社新書）ⓘ978-4-7733-7966-2 Ⓝ523.1 ［1000円］

森田 実〔1932~ 〕
◇森田実の一期一縁 森田実著 第三文明社 2014.11 214p 20cm ⓘ978-4-476-03339-7 Ⓝ289.1 ［1435円］

森原 和之
◇ザ・科学者―企業体研究員奮闘記 森原和之著 文芸社 2014.12 237p 15cm ⓘ978-4-286-15718-4 Ⓝ289.1 ［700円］

森町〔北海道〕〔遺跡・遺物〕
◇東蝦夷地南部藩陣屋跡砂原陣屋跡・松屋崎台場跡 森町（北海道）北海道森町教育委員会 2013.3 16p 図版［3］枚 30cm （森町埋蔵文化財調査報告書 第22集）Ⓝ210.0254

森村 茂樹〔1916~1979〕
◇兵庫医科大学創設森村茂樹奉仕と、愛と、知と 松本順司著 神戸 神戸新聞総合出版センター 2014.4 335p 20cm 〈文献あり 年譜あり〉ⓘ978-4-343-00794-0 Ⓝ289.1 ［2000円］

森村 酉三〔1897~1949〕
◇鋳金工芸家・森村酉三とその時代 手島仁著 前橋 みやま文庫 2014.1 221p 19cm （みやま文庫 212）〈年譜あり 著作目録あり〉Ⓝ756.14 ［1500円］

森本 孝〔1934~ 〕
◇しんきん幾星霜―わたしを語る 森本孝著 熊本 熊本第一信用金庫 2014.4 151p 18cm 〈熊日情報文化センター（制作）〉Ⓝ289.1 ［非売品］

守谷市〔道標〕
◇常総の古道と守谷の道しるべ 川嶋建編 守谷 川嶋建 2014.8 210p 21cm 〈松枝印刷（印刷）文献あり〉ⓘ978-4-9907232-5-5 Ⓝ682.131 ［2000円］

森山 大道〔1938~ 〕
◇通過者の視線 森山大道[著] 調布 月曜社 2014.10 282p 19cm 〈著作目録あり 内容：終わらない旅北/南 記憶・仮説・展示 写真との対話 目のアルチザン 二都風景 写真とは想い出である 上海 深瀬昌久氏との対話（深瀬昌久述）追草と写真 新宿 ヨコスカへ パントマイム エリス島 時のかたち こころの玉手箱 ケルアックのローウェル、ニューヨークのマランガ 動物園 橋と音の記憶 面影記 私の収穫 凶区/EROTICA 記録〈抄〉宮本常一・撮り狂った人 ぼくがマン・レイを好きなわけ 永遠の狩人 東松照明 路上の人・井上青龍 井上さん……。 安井仲治という巨きな山嶺 網膜の記憶〉ⓘ978-4-86503-018-1 Ⓝ740.21 ［1800円］

守山市〔滋賀県〕〔遺跡・遺物〕
◇下之郷遺跡確認調査報告書 8 第59・60・65・66次調査報告書 守山市教育委員会編 守山 守山市教育委員会 2014.3 25p 図版16p 30cm Ⓝ210.0254

日本件名図書目録2014　I　　　　　　　　　　　　　　　　　　　　　　モンゴル（女性―ウランバートル）

◇守山市文化財調査報告書　守山市教育委員会編　守山　守山市教育委員会　2014.3　32p　図版31p　30cm〈平成24年度国庫補助対象遺跡発掘調査報告書〉Ⓝ210.0254

◇山田町遺跡発掘調査報告書　守山市教育委員会編　守山　守山市教育委員会　2014.3　33p　図版18p　30cm〈滋賀県守山市所在〉Ⓝ210.0254

モルトマン, J.〔1926～ 〕

◇共感する神―非暴力と平和を求めて　佐々木勝彦著　教文館　2014.4　310p　19cm〈著作目録あり　年譜あり〉Ⓘ978-4-7642-6979-8　Ⓝ199　［1900円］

モレッツ, C.〔1997～ 〕

◇クロエ・グレース・モレッツPhoto Book　近代映画社　2014.11　79p　26cm〈SCREEN特別編集〉978-4-7648-2406-5　Ⓝ778.253　［2000円］

◇CHLOË MORETZ STYLE BOOK―ALL ABOUT CHLOË　マーブルブックス編　メディアパル　2014.8　111p　21cm　（MARBLE BOOKS）〈作品目録あり　本文は日本語　タイトルは奥付等による.標題紙のタイトル：CHLOË MORETZ FASHION STYLE BOOK〉978-4-89610-823-1　Ⓝ778.253　［1600円］

モロッコ（紀行・案内記）

◇MOROCCO　Key Sato［撮影］, Takeshi Kodama［著］　［札幌］　［エイチエス］　2014.10（印刷）1冊（ページ付なし）21×27cm　（Ride The Earth Photobook 02）〈本文は日本語〉Ⓘ978-4-903707-53-2　Ⓝ294.3409　［2000円］

◇モロッコ流謫　四方田犬彦著　筑摩書房　2014.7　376p　15cm　（ちくま文庫 よ28-3）〈新潮社 2000年刊の加筆　内容：プロローグ　蜃気楼の港　蜘蛛の迷路　砂と書物　地中海の余白　エピローグ　天蓋と王国　砂漠／蜘蛛ボウルズの短編と音楽について　ジェイン・ボウルズの栄光と悲惨〉Ⓘ978-4-480-43185-1　Ⓝ294.3409　［950円］

諸橋　轍次〔1883～1982〕

◇清風の人諸橋轍次博士を偲んで―諸橋轍次博士生誕百三十周年記念事業誌　諸橋轍次博士生誕百三十周年記念事業実行委員会編　三条　諸橋轍次博士生誕百三十周年記念事業実行委員会　2014.3　59p　26cm〈年譜あり〉Ⓝ821.2　［非売品］

文覚〔鎌倉時代前期〕

◇山田昭全著作集　第5巻　文覚・上覚・明恵　山田昭全著, 清水宥聖, 米山孝子, 大場朗, 森晴彦, 魚尾孝久, 鈴木治子, 由井恭子, 室賀和子, 林克則編集委員　おうふう　2014.2　329p　22cm〈布装　内容：文覚の生涯〈素描〉文覚の狂気　文覚の弘法大師信仰　文覚と西行　文覚と後成　二人の文覚　文覚略年譜〈増訂版〉神護寺里人上覚房行慈伝考　上覚・千覚と『玄玉集』の撰者　上覚・千覚と仁和寺和歌圏　明恵〈素描〉明恵上人と夢　明恵の夢と佐藤氏蔵『夢之記切』について　建仁三年三月十一日の「夢ノ記断簡」を読む　明恵上人の和歌　明恵の和歌と仏教　明恵上人作『光明真言土沙勧信記』について　明恵の臨終　隠された明恵の建仁三年の明恵の行状〉Ⓘ978-4-273-03655-3　Ⓝ910.8　［12000円］

モンク, T.S.〔1920～1982〕

◇セロニアス・モンクのいた風景　村上春樹編・訳, 村上春樹, ロレイン・ゴードン, メアリ・ルウ・ウィリアムズ, トマス・フィッタリング, スティーブ・レイシー, ナット・ヘントフ, デヴィッド・カスティン, ダン・モーゲンスターン, ベン・ラトリフ, バリー・ファレル, レナード・フェザー, オリン・キープニューズ, ジョージ・ウィーン著　新潮社　2014.10　295,6p　20cm〈年譜あり　索引あり　内容：セロニアス・モンクのいた風景（村上春樹著）この男を録音しよう！（ロレイン・ゴードン著）　それからゾンビ・ミュージックがやってきた／マッド・モンク（メアリ・ルウ・ウィリアムズ著）ビバップ・ハリケーンの目（トマス・フィッタリング著）彼のすべての曲は歌えたし、スイングできた（スティーブ・レイシー著）通常のピアニストがまず行かない場所に（ナット・ヘントフ著）モンクと男爵夫人はそれぞれの家を見つける（デヴィッド・カスティン著）　ジャズという世界でしか起こりえなかったものごと（ダン・モーゲンスターン著）モンクとコルトレーンの夏（ベン・ラトリフ著）いちばん孤独な修道僧（バリー・ファレル著）ブラインドフォールド・テスト（レナード・フェザー著）セロニアスが教えてくれたこと（オリン・キープニューズ著）セロニアス・モンクの人生の一端となること（ジョージ・ウィーン著）私的レコード案内（村上春樹著）〉Ⓘ978-4-10-506312-2　Ⓝ764.78　［2000円］

モンゴメリ, L.M.〔1874～1942〕

◇赤毛のアンの幸せになる言葉―人生が輝く生き方　松本侑子著　主婦と生活社　2014.9　127p　19cm〈「赤毛のアンの今

日が幸せになる言葉」（ディスカバー21 2001年刊）の改題、加筆、再構成、写真と英文を追加〉Ⓘ978-4-391-14559-5　Ⓝ933.7　［1200円］

◇赤毛のアンの世界へ―素敵に暮らしたいあなたへの夢案内　永久保存版　学研パブリッシング　2014.4　127p　30cm〈学研マーケティング（発売）初版：学研 1993年刊〉Ⓘ978-4-05-800231-5　Ⓝ933.7　［1800円］

◇「赤毛のアン」の秘密　小倉千加子著　岩波書店　2014.5　350p　15cm　（岩波現代文庫）Ⓘ978-4-00-602238-9　Ⓝ933.7　［1100円］

◇赤毛のアンの名言集　赤毛のアン記念館・村岡花子文庫編. L.M.モンゴメリ原作, 村岡花子訳　講談社　2014.9　252p　図版16p　20cm〈英語併記　表紙のタイトル：MEMORABLE QUOTES AND PHRASES FROM ANNE BOOKS〉Ⓘ978-4-06-219136-4　Ⓝ933.7　［1700円］

◇アンが愛した聖書のことば―『赤毛のアン』を大人読み　宮葉子著　いのちのことば社フォレストブックス　2014.5　143p　18cm〈文献あり　表紙のタイトル：Words of the Bible that Anne loved〉Ⓘ978-4-264-03135-2　Ⓝ933.7　［1100円］

◇快読『赤毛のアン』　菱田信彦著　彩流社　2014.5　215p　19cm　（フィギュール彩 15）Ⓘ978-4-7791-7015-7　Ⓝ933.7　［1800円］

モンゴル（紀行・案内記）

◇満蒙を再び探る　鳥居龍蔵, 鳥居きみ子著　［出版地不明］　トクシマ・ドラゴン・ブック　2014.5　396, 2p　21cm〈複製〉Ⓝ292.26

モンゴル（技術援助〔日本〕）

◇モンゴル国ウランバートル市大気汚染対策能力強化プロジェクトプロジェクト事業完了報告書　［東京］　国際協力機構　2013.3　320p　30cm〈共同刊行：数理計画〉Ⓝ333.804

◇モンゴル国ウランバートル市大気汚染対策能力強化プロジェクトプロジェクト事業完了報告書―別添資料 1　［東京］　国際協力機構　2013.3　644p　30cm〈共同刊行：数理計画〉Ⓝ333.804

◇モンゴル国ウランバートル市大気汚染対策能力強化プロジェクトプロジェクト事業完了報告書―別添資料 2　［東京］　国際協力機構　2013.3　506p　30cm〈共同刊行：数理計画〉Ⓝ333.804

◇モンゴル国ウランバートル市大気汚染対策能力強化プロジェクトプロジェクト事業完了報告書―別添資料 3　［東京］　国際協力機構　2013.3　486p　30cm〈共同刊行：数理計画〉Ⓝ333.804

◇モンゴル国ウランバートル市大気汚染対策能力強化プロジェクトプロジェクト事業完了報告書技術ガイドライン　［東京］　国際協力機構　2013.3　284p　30cm〈共同刊行：数理計画〉Ⓝ333.804

◇モンゴルにおける養蜂振興と環境保全事業報告書―平成25年度アフリカ等農業・農民組織活性化支援事業（アジア）　［東京］　国際農林業協働協会　2014.3　61p　30cm〈農林水産省補助事業、途上国の農業等協力に係る現地活動支援事業〉Ⓝ646.9

モンゴル（国際投資〔日本〕）

◇モンゴル法制ガイドブック　趙勁松著, R&G横浜法律事務所編　民事法研究会　2014.3　311p　21cm〈索引あり〉Ⓘ978-4-89628-963-3　Ⓝ338.92227　［4000円］

モンゴル（社会）

◇現代モンゴルを知るための50章　小長谷有紀, 前川愛編著　明石書店　2014.9　328p　19cm　（エリア・スタディーズ 133）〈文献あり〉Ⓘ978-4-7503-4043-2　Ⓝ302.227　［2000円］

◇人類学者は草原に育つ―変貌するモンゴルとともに　小長谷有紀著　京都　臨川書店　2014.5　211p　19cm　（フィールドワーク選書 9）〈文献あり〉Ⓘ978-4-653-04239-6　Ⓝ302.227　［2000円］

◇草原の国から―モンゴルの九九〇日　森川郁子著　京都　北斗書房　2014.3　262p　21cm〈文献あり〉Ⓘ978-4-89467-257-4　Ⓝ302.227　［2000円］

モンゴル（社会主義―歴史―20世紀）

◇社会主義社会の経験―モンゴル人女性たちの語りから　トゥルムンフ オドントヤ著　仙台　東北大学出版会　2014.8　220p　22cm〈文献あり〉Ⓘ978-4-86163-244-0　Ⓝ367.2227　［3200円］

モンゴル（住民運動―ウランバートル）

◇四日市公害の経験と国際貢献―モンゴル・ウランバートル市における大気汚染と住民活動・女性の活躍　四日市大学・四日市学研究会編　［四日市］　四日市大学・四日市学研究会　2014.3　86p　21cm　（四日市学講座 no. 9）Ⓝ519.2227

モンゴル（女性―ウランバートル）

◇四日市公害の経験と国際貢献―モンゴル・ウランバートル市における大気汚染と住民活動・女性の活躍　四日市大学・四日市

モンゴル（女性—歴史—20世紀）

学研究会編　［四日市］　四日市大学・四日市学研究会　2014.3　86p　21cm　（四日市学講座 no. 9）　Ⓝ519.2227

モンゴル（女性—歴史—20世紀）

◇社会主義社会の経験—モンゴル人女性たちの語りから　トゥルムンフ オドントヤ著　仙台　東北大学出版会　2014.8　220p　22cm　〈文献あり〉Ⓘ978-4-86163-244-0　Ⓝ367.2227　［3200円］

モンゴル（大気汚染—ウランバートル）

◇四日市公害の経験と国際貢献—モンゴル・ウランバートル市における大気汚染と住民活動・女性の活躍　四日市大学・四日市学研究会編　［四日市］　四日市大学・四日市学研究会　2014.3　86p　21cm　（四日市学講座 no. 9）　Ⓝ519.2227

モンゴル（大気汚染物質—排出抑制）

◇モンゴル国におけるコベネフィット型環境汚染対策協力の実施可能性調査委託業務務報告書　平成25年度　［東京］　海外環境協力センター　2014.3　1冊　30cm〈平成25年度環境省委託〉　Ⓝ519.3

モンゴル（土地利用）

◇乾燥地における住民参加による持続可能な牧草地利用等検討業務報告書　平成25年度　地球・人間環境フォーラム　2014.3　202p　30cm〈環境省請負業務〉　Ⓝ643.5

モンゴル（法律）

◇モンゴル法制ガイドブック　趙勁松著，R&G横浜法律事務所編　民事法研究会　2014.8　311p　21cm　〈索引あり〉Ⓘ978-4-89628-963-3　Ⓝ338.92227　［4000円］

モンゴル（養蜂）

◇モンゴルにおける養蜂振興と環境保全事業報告書—平成25年度アフリカ等農業・農民組織活性化支援事業（アジア）［東京］　国際農林業協働協会　2014.3　61p　30cm〈農林水産省補助事業，途上国の農業等協力に係る現地活動支援事業〉Ⓝ646.9

モンゴル帝国

◇大モンゴルの世界—陸と海の巨大帝国　杉山正明［著］　KADOKAWA　2014.12　369p　15cm　（［角川ソフィア文庫］［I400-1]）〈角川書店 1992年刊の再刊〉Ⓘ978-4-04-409218-4　Ⓝ222.6　［960円］

モンサンミシェル修道院

◇世界遺産モン・サン・ミシェルと北フランスを巡る　エディング出版編集部著　ファミマ・ドット・コム　2013.7　127p　Ⓘ978-4-907292-02-7　Ⓝ198.25　［552円］

モンテーニュ, M.〔1533～1592〕

◇寝るまえ5分のモンテーニュ「エセー」入門　アントワーヌ・コンパニョン著，山上浩嗣，宮下志朗訳　白水社　2014.11　193p　19cm　〈文献あり〉Ⓘ978-4-560-02581-9　Ⓝ954.5　［1600円］

文部科学省

◇文部科学省国立大学法人等幹部職員名鑑　平成26年版　「週刊文教ニュース」編集部編　文教ニュース社　2014.10　1534p　27cm　Ⓝ317.27　［10000円］

◇文部科学省国立大学法人等職員録　平成26年版　文教協会　2014.7　1968p　27cm　Ⓝ317.27

◇文部科学省名鑑　2014年版　米盛康正編著　時評社　2014.2　324p　19cm　Ⓘ978-4-88339-202-5　Ⓝ317.27　［5048円］

文部科学省（名簿）

◇文部科学関係法人名鑑—限定版　平成26年度版　官庁通信社　2014.9　748p　21cm　［7500円］

モンベル

◇モンベル7つの決断—アウトドアビジネスの舞台裏　辰野勇著　山と渓谷社　2014.11　189p　18cm　（ヤマケイ新書 YS002）Ⓘ978-4-635-51006-6　Ⓝ589.75　［760円］

【 や 】

焼津市（原子力災害—防災）

◇焼津市地域防災計画　原子力災害対策の巻　［焼津］　焼津市防災会議　2014.3　57p　30cm　Ⓝ369.3

焼津市（寺院）

◇焼津市の寺院　柴田芳憲著　［焼津］　焼津市仏教会　2014.2　303p　22cm　〈文献あり　年表あり〉Ⓝ185.9154

焼津市（条例）

◇焼津市例規集　平成26年度版 1　通規，議会・選挙・監査，行政通則，人事　焼津市編　［焼津］　［焼津市］　［2014］　860p　21cm　〈平成26年5月14日現在〉Ⓝ318.254

◇焼津市例規集　平成26年度版 2　給与　焼津市編　［焼津］　［焼津市］　［2014］　p861-1645　21cm　〈平成26年5月14日現在〉Ⓝ318.254

◇焼津市例規集　平成26年度版 3　財務・教育　焼津市編　［焼津］　［焼津市］　［2014］　p1647-2540　21cm　〈平成26年5月14日現在〉Ⓝ318.254

◇焼津市例規集　平成26年度版 4　民生　焼津市編　［焼津］　［焼津市］　［2014］　p2541-3782　21cm　〈平成26年5月14日現在〉Ⓝ318.254

◇焼津市例規集　平成26年度版 5　経済・建設　焼津市編　［焼津］　［焼津市］　［2014］　p3783-4905　21cm　〈平成26年5月14日現在〉Ⓝ318.254

◇焼津市例規集　平成26年度版 6　公営企業等・防災・雑　焼津市編　［焼津］　［焼津市］　［2014］　p4907-5445　21cm　〈平成26年5月14日現在〉Ⓝ318.254

焼津市（水産業）

◇屋号のまち焼津—屋号と創業史　水産編　屋号のまち焼津プロジェクト企画・編集　焼津　焼津信用金庫　2014.3　221p　27cm　Ⓝ384.4

焼津市（防災計画）

◇焼津市地域防災計画　共通対策の巻・地震対策の巻・津波対策の巻・風水害対策の巻・大火災対策の巻　［焼津］　焼津市防災会議　2014.3　1冊　30cm　Ⓝ369.3

焼津市（屋号）

◇屋号のまち焼津—屋号と創業史　水産編　屋号のまち焼津プロジェクト企画・編集　焼津　焼津信用金庫　2014.3　221p　27cm　Ⓝ384.4

ヤイユーカラの森

◇アイヌ文化の実践—《ヤイユーカラの森》の二〇年　上　計良光範編　札幌　ヤイユーカラの森　2014.2　536p　21cm　〈年表あり〉Ⓝ382.11

◇アイヌ文化の実践—《ヤイユーカラの森》の二〇年　上　計良光範編　札幌　寿郎社　2014.3　536p　21cm　〈年表あり〉Ⓘ978-4-902269-68-0　Ⓝ382.11　［3000円］

◇アイヌ文化の実践—《ヤイユーカラの森》の二〇年　下　計良光範編　札幌　寿郎社　2014.11　713p　21cm　〈年表あり〉Ⓘ978-4-902269-74-1　Ⓝ382.11　［3500円］

八重山群島

◇石垣宮古ぐだぐだ散歩　カベルナリア吉田著　イカロス出版　2014.4　221p　21cm　Ⓘ978-4-86320-858-2　Ⓝ291.99　［1600円］

◇来夏世（クナチィユ）—祈りの島々八重山　大森一也著　石垣　南山舎　2013.9　262p　27cm　Ⓘ978-4-901427-29-6　Ⓝ386.199　［2900円］

◇首里王府と八重山　新城敏男著　岩田書院　2014.12　520p　22cm　Ⓘ978-4-87294-888-2　Ⓝ219.9　［14800円］

◇八重山の戦争　大田静男著　復刻版　石垣　南山舎　2014.6　340p　21cm　（シリーズ八重山に立つ no. 1）〈年表あり〉Ⓘ978-4-901427-32-6　Ⓝ291.99　［2900円］

矢追 純一〔1935～ 〕

◇矢追純一は宇宙人だった!?—木曜スペシャルUFO特番の裏　矢追純一著　学研パブリッシング　2014.7　274p　19cm　（MU SUPER MYSTERY BOOKS）〈学研マーケティング（発売）〉Ⓘ978-4-05-406060-9　Ⓝ289.1　［1300円］

八尾市（遺跡・遺物）

◇久宝寺遺跡 2　大阪府文化財センター編　堺　大阪府文化財センター　2013.9　204p 図版 43p　30cm　（（公財）大阪府文化財センター調査報告書 第239集）〈八尾市所在　高速自動車国道近畿自動車道天理吹田線八尾パーキングエリア新設事業に伴う発掘調査報告書〉Ⓝ210.0254

◇公益財団法人八尾市文化財調査研究会報告 143　八尾市文化財調査研究会編　［八尾］　八尾市文化財調査研究会　2014.3　116p　30cm　〈文献あり　下水道工事に伴う埋蔵文化財発掘調査　内容：太田遺跡．第15-16次調査　太田川遺跡．第2次調査　恩智遺跡．第28・30・31次調査　木の本遺跡．第25次調査　久宝寺遺跡．第85-86次調査　郡川遺跡．第14次調査　成法寺遺跡．第25次調査　神宮寺遺跡．第2次調査　東弓削遺跡．第19次調査　水越遺跡．第12-15次調査〉Ⓝ210.0254

◇公益財団法人八尾市文化財調査研究会報告 144　八尾市文化財調査研究会編　［八尾］　八尾市文化財調査研究会　2014.3　66p　30cm　〈文献あり　内容：跡部遺跡．第42次調査　老原遺跡．第14次調査　萱振遺跡．第29次調査　中田遺跡．第52-54次調査〉Ⓝ210.0254

◇公益財団法人八尾市文化財調査研究会報告 145　八尾市文化財調査研究会編　［八尾］　八尾市文化財調査研究会　2014.3　76p　30cm　〈文献あり　内容：植松遺跡．第13次調査　太田

川遺跡. 第3次調査 恩智遺跡. 第25次調査 亀井遺跡. 第17次調査 萱振遺跡. 第30次調査 小阪合遺跡. 第45-46次調査 成法寺遺跡. 第26次調査 高安古墳群. 第7次調査 美園遺跡. 第9次調査 八尾寺内町. 第6次調査〉Ⓝ210.0254

◇考古資料からみる八尾の歴史―旧石器時代―中世まで 八尾市文化財調査研究会企画・編集 [八尾] [八尾市文化財調査研究会] 2014.3 102p 30cm〈年表あり〉Ⓝ216.3

◇八尾市内遺跡平成25年度発掘調査報告書 八尾市教育委員会編 八尾 八尾市教育委員会 2014.3 162p 図版 37p 30cm (八尾市文化財調査報告 72)〈文献あり 平成25年度国庫補助事業〉Ⓝ210.0254

◇弓削遺跡 第1次調査 八尾市文化財調査研究会編 [八尾] 八尾市文化財調査研究会 2014.3 80p 図版 40p 30cm (公益財団法人八尾市文化財調査研究会報告 142)〈文献あり〉Ⓝ210.0254

八尾市（地域開発）

◇地域づくりと地域の循環―大阪・八尾からの発信 東郷久美京都 クリエイツかもがわ 2014.3 136p 21cm〈文献あり 内容：地域の成り立ちと地域的資源 地域づくりのネットワーク 産業の地域的集積 地域の生活 地域づくりと地方行財政 地域づくりと地域の循環〉Ⓝ978-4-86342-130-1 Ⓝ601.163 ［1600円］

八尾市（風俗・習慣）

◇植田家所蔵文化財資料調査報告 1 民具資料編―くらしのモノ語り 八尾市教育委員会編 八尾 八尾市教育委員会 2014.3 61p 30cm (八尾市文化財調査報告 73)Ⓝ216.3

八尾市（文化財―PR）

◇歴史都市八尾プロジェクト報告書 八尾市内文化財保存公開施設連携強化事業実行委員会編 [八尾] 八尾市内文化財保存公開施設連携強化事業実行委員会 2014.10 58p 30cmⓃ709.163

八尾市（墳墓）

◇八尾市神宮寺墓地（来迎寺共同墓地）調査報告書 八尾市教育委員会生涯学習部文化財課編 八尾 八尾市教育委員会生涯学習部文化財 2013.3 138p 図版 20p 30cm (八尾市文化財調査報告 71)〈文献あり〉Ⓝ216.3

八尾市（墓地）

◇八尾市神宮寺墓地（来迎寺共同墓地）調査報告書 八尾市教育委員会生涯学習部文化財課編 八尾 八尾市教育委員会生涯学習部文化財 2013.3 138p 図版 20p 30cm (八尾市文化財調査報告 71)〈文献あり〉Ⓝ216.3

八尾市（民具）

◇植田家所蔵文化財資料調査報告 1 民具資料編―くらしのモノ語り 八尾市教育委員会編 八尾 八尾市教育委員会 2014.3 61p 30cm (八尾市文化財調査報告 73)Ⓝ216.3

八尾市（歴史）

◇高安郡の総合的研究 八尾市文化財調査研究会編 [八尾] 八尾市文化財調査研究会 2014.3 141p 30cm〈共同刊行：八尾市立歴史民俗資料館〉Ⓝ216.3

八尾市（歴史―史料）

◇植田家所蔵文化財資料調査報告 2 安中新田植田家文書目録 八尾市教育委員会編 八尾 八尾市教育委員会 2014.3 50p 30cm (八尾市文化財調査報告 74)Ⓝ216.3

薬王院〔八王子市〕

◇髙尾山薬王院の歴史 外山徹著 八王子 大本山髙尾山薬王院 2014.1 279p 21cm〈星雲社（発売）発行所：ふこく出版〉Ⓝ978-4-434-18739-1 Ⓝ188.55 ［1900円］

薬師寺〔奈良県〕

◇国宝薬師寺展―薬師寺東塔大修理協力：北國新聞創刊一二〇周年記念：石川県立美術館開館三〇周年記念 石川県立美術館編 [金沢] 国宝薬師寺展金沢開催委員会 2013.4 111p 30cm〈年表あり 会場・会場：平成25年4月26日―6月23日 石川県立美術館〉Ⓝ702.17

◇奈良のこころ―奈良・西ノ京から 鏡清澄著 名古屋 ブイツーソリューション 2014.8 243p 19cm〈星雲社（発売）あり〉①978-4-434-19486-3 Ⓝ188.15 ［1200円］

屋久島

◇屋久島の貝殻たち 2 谷口俊四郎写真・文 屋久島町（鹿児島県）俊デザイン 2014.10 102p 21cm〈「2」のタイトル関連情報：絹代コレクションから215種類〉①9784990666316 Ⓝ484.02197 ［1852円］

屋久島町〔鹿児島県〕（貝）

◇屋久島の貝殻たち 2 谷口俊四郎写真・文 屋久島町（鹿児島県）俊デザイン 2014.10 102p 21cm〈「2」のタイトル

関連情報：絹代コレクションから215種類〉①9784990666316 Ⓝ484.02197 ［1852円］

矢口 新〔1913～1990〕

◇戦後日本における地域教育計画論の研究―矢口新の構想と実践 越川求著 川越 すずさわ書店 2014.2 301p 22cm〈年表あり 索引あり 内容：戦後地域教育計画論の主軸 戦後教育改革期における地域教育計画論 1950年代の地域教育計画の実践 地域教育計画論としての富山県総合教育計画の歴史的展開 継承と再構築〉①978-4-7954-0287-4 Ⓝ373.1 ［4800円］

ヤクルト本社

◇ヤクルト75年史 上巻 創業の熱き心 ヤクルト本社社史編纂委員会編 ヤクルト本社 2014.3 175p 29cm Ⓝ588.4

◇ヤクルト75年史 下巻 プロバイオティクスの道 ヤクルト本社社史編纂委員会編 ヤクルト本社 2014.3 212p 29cm Ⓝ588.4

◇ヤクルト75年史 資料編 ヤクルト本社社史編纂委員会編 ヤクルト本社 2014.3 105p 29cm〈年表あり〉Ⓝ588.4

◇ヤクルト75年史 別冊 資金運用整理の断行とその後の事業基盤の強化 ヤクルト本社広報室編 ヤクルト本社 2014.3 31p 26cm Ⓝ588.4

焼岳

◇焼岳小屋・小屋開け小屋締め 焼岳叢書制作委員会編著 三月社 2014.6 57p 20cm (焼岳叢書 1)①978-4-9907755-0-6 Ⓝ291.53 ［1250円］

ヤーコプゾーン, S.〔1881～1926〕

◇ヤーコプゾーンの生涯―劇評家からジャーナリストへ 加藤善夫著 京都 晃洋書房 2014.1 222,8p 21cm〈文献あり 索引あり〉①978-4-7710-2487-8 Ⓝ289.3 ［3000円］

八坂神社〔京都市〕

◇新編八坂神社文書 第1部 八坂神社文書 八坂神社文書編纂委員会編 京都 臨川書店 2014.3 668p 22cm ①978-4-653-04087-3 (set)Ⓝ175.962

◇新編八坂神社文書 第2部 鴨脚家文書 八坂神社文書編纂委員会編 京都 臨川書店 2014.3 262p 22cm ①978-4-653-04087-3 (set)Ⓝ175.962

八潮市（遺跡・遺物）

◇八條遺跡 熊谷 埼玉県埋蔵文化財調査事業団 2013.11 78p 図版 24p 30cm (埼玉県埋蔵文化財調査事業団報告書第407集)〈国土交通省関東地方整備局の委託による 八潮市所在 中川右岸改修事業に伴う埋蔵文化財発掘調査報告〉Ⓝ210.0254

八潮市（地域社会）

◇八潮市のまちづくりに関する市民意識調査報告書 八潮 埼玉県八潮市まちづくり企画部企画経営課 2013.12 95p 30cm Ⓝ361.7

八潮市（民家―保存・修復）

◇重要文化財和井田家住宅主屋及び長屋門保存修理工事報告書 文化財建造物保存技術協会編著 八潮 和井田泰之 2014.12 113p 図版 [29] 枚 30cm Ⓝ521.86

やしき たかじん〔1949～2014〕

◇殉愛 百田尚樹著 幻冬舎 2014.11 414p 20cm ①978-4-344-02658-2 Ⓝ767.8 ［1600円］

◇たかじん波瀾万丈 古川嘉一郎著 大阪 たる出版 2014.4 223p 19cm〈作品目録あり〉①978-4-905277-11-8 Ⓝ767.8 ［1200円］

◇ゆめいらんかね やしきたかじん伝 角岡伸彦著 小学館 2014.9 269p 19cm ①978-4-09-389752-5 Ⓝ767.8 ［1400円］

屋島

◇天然記念物屋島調査報告書 高松市,香川大学天然記念物屋島調査団編 高松 高松市 2014.3 348p 30cm〈文献あり 共同刊行：香川大学天然記念物屋島調査団〉Ⓝ450.9182

矢島 楫子〔1833～1925〕

◇矢嶋楫子の生涯と時代の流れ 斎藤省三著 熊本 熊日出版（制作）2014.10 259p 18cm （熊日新書）〈文献あり〉①978-4-87755-500-9 Ⓝ289.1 ［1200円］

矢島 信男〔1928～〕

◇東映特撮物語矢島信男伝―Message from Nobuo Yajima 矢島信男著 洋泉社 2014.11 351p 21cm〈作品目録あり 年譜あり 索引あり〉①978-4-8003-0526-8 Ⓝ778.21 ［2800円］

八代 亜紀〔1950～〕

◇あなたにありがとう 八代亜紀著 あ・うん 2014.5 180p 19cm ①978-4-904891-28-5 Ⓝ767.8 ［1500円］

安井 愛美

◇ぴっころ流ともに暮らすためのレッスン―対人援助にまつわる関係性とバランス　安井愛美著　仙台　全国コミュニティライフサポートセンター　2014.2　191p　19cm　①978-4-904874-20-2　Ⓝ369.28　[1600円]

安来市〔歴史―写真集〕

◇松江・安来の昭和―写真アルバム　長岡　いき出版　2014.7　279p　31cm〈島根県教科図書販売(発売)　文献あり〉①978-4-904614-49-5　Ⓝ217.3　[9250円]

靖国神社

◇帰化人が見た靖国神社のすべて―日本人になった中国人：日本人は「靖国神社」にお参りしよう！　石平著　海竜社　2014.8　223p　19cm〈年表あり〉①978-4-7593-1383-3　Ⓝ316.2　[1300円]

◇講演記録集　平成25年度　靖國神社崇敬奉賛会　2014.5　84p　21cm〈内容：第十五回英霊慰霊顕彰勉強会　現代日本における戦没者の追悼はいかにあるべきか(佐藤正久、田久保忠衛、高森明勅述)　第七回大阪護國神社英霊慰霊顕彰勉強会　戦地の慰霊巡拝と遺骨収集(所功述)〉Ⓝ316.2　[非売品]

◇従軍慰安婦と靖国神社――言語学者の随想　田中克彦著　KADOKAWA　2014.8　175p　19cm　①978-4-04-731391-0　Ⓝ369.37　[1300円]

◇戦争責任と靖国問題―誰が何をいつ決断したのか　山本七平著　さくら舎　2014.11　260p　19cm〈内容：靖国神社と戦犯合祀　日本人にとって太平洋戦争とは何であったか　日本人の国家意識　永遠に回答されなかった疑問　「文明の救世主」か「野蛮人の首狩り」か　蜃気楼と消えた「マッカーサー神学」　現人神と戦争責任　日本人は二度敗れた〉①978-4-906732-94-4　Ⓝ210.75　[1600円]

◇保守も知らない靖国神社　小林よしのり著　ベストセラーズ　2014.7　293p　18cm（ベスト新書 445）〈文献あり〉①978-4-584-12445-1　Ⓝ175.1　[759円]

◇靖国参拝の何が問題か　内田雅敏著　平凡社　2014.8　207p　18cm（平凡社新書 746）①978-4-582-85746-7　Ⓝ175.1　[740円]

◇靖国史観―日本思想を読みなおす　小島毅著　増補　筑摩書房　2014.7　254p　15cm（ちくま学芸文庫 コ41-2）〈文献あり〉①978-4-480-09627-2　Ⓝ155　[1000円]

◇靖国神社　島田裕巳著　幻冬舎　2014.7　215p　18cm（幻冬舎新書 し-5-7）①978-4-344-98351-9　Ⓝ175.1　[760円]

◇靖国神社と幕末維新の祭神たち―明治国家の「英霊」創出　吉原康和著　吉川弘文館　2014.8　214p　20cm〈文献あり〉①978-4-642-08258-7　Ⓝ316.2　[2300円]

◇靖国誕生―幕末動乱から生まれた招魂社　堀雅昭著　福岡弦書房　2014.12　221p　21cm〈年表あり　文献あり〉①978-4-86329-111-9　Ⓝ175.9361　[2100円]

◇靖国の子―教科書・子どもの本に見る靖国神社　山中恒著　大月書店　2014.12　159p　21cm　①978-4-272-52105-0　Ⓝ372.106　[2100円]

◇渡部昇一、靖国を語る―日本が日本であるためのカギ　渡部昇一著　PHP研究所　2014.8　222p　19cm　①978-4-569-81946-4　Ⓝ175.1　[1400円]

野洲市〔遺跡・遺物〕

◇野洲市内遺跡発掘調査年報　平成25年度　野洲市教育委員会文化財保護課編　野洲　野洲市教育委員会文化財保護課　2014.3　133p　30cm　Ⓝ210.0254

◇野洲市埋蔵文化財調査概要報告書　平成25年度　野洲市教育委員会文化財保護課編　野洲　野洲市教育委員会文化財保護課　2014.3　90p　30cm　Ⓝ210.0254

◇野洲市埋蔵文化財調査概要報告書　平成25年度 2　野洲市教育委員会文化財保護課編　野洲　野洲市教育委員会文化財保護課　2014.3　80p　30cm　Ⓝ210.0254

安田 侃〔1945～〕

◇安田侃―天にむすびび、地をつなぐ　久米淳之著　札幌　北海道新聞社　2014.3　187p　18cm（ミュージアム新書 30）〈年譜あり　文献あり〉①978-4-89453-728-6　Ⓝ712.1　[1100円]

保田 圭

◇美ブス婚―最下位娘。の婚活物語　保田圭著　ワニブックス　2014.5　207p　19cm　①978-4-8470-9238-1　Ⓝ767.8　[1300円]

安田 顕〔1973～〕

◇北海道室蘭市本町一丁目四十六番地　安田顕[著]　幻冬舎　2013.12　264p　16cm（幻冬舎文庫 や-29-1）〈2011年刊の加筆・修正〉①978-4-344-42124-0　Ⓝ778.21　[571円]

安田 未知子

◇引きうける生き方―誰かのために手を差しのべるということ　安田未知子著　WAVE出版　2014.6　207p　19cm　①978-4-87290-685-1　Ⓝ289.1　[1400円]

安冨 信哉〔1944～〕

◇仏教的伝統と人間の生―親鸞思想研究への視座　安冨信哉博士古稀記念論集刊行会編　京都　法藏館　2014.6　313,286p　22cm〈著作目録あり　奥付の責任表示(誤植)：安冨信哉博士古稀記念論集刊行会　布装　内容：序文　安冨信哉先生の対話の真宗学(寺川俊昭著)　近代真宗学の方法論(安冨信哉著)　「みずから」とは、どういう営みか(竹内整一著)　倫理と宗教(藤田正勝著)　親鸞ルネサンスの構想(安冨歩著)　イスラームの善悪理解(東長靖著)　大乗経典の出現と浄土思想の誕生(下田正弘著)　梵文無量寿経と梵文阿弥陀経(藤田宏達著)　末法思想と澆季観(平雅行著)　法然と親鸞(藤本淨彦著)　「真実証」考(小川一乗著)　生ける言葉の仏身(本多弘之著)　親鸞の仏教史観としての浄土真宗(長谷正當著)　親鸞の「組織真宗学原論」序説(武田龍精著)　小林一茶の信心(大桑斉著)　信仰史の教如(安冨信哉著)　序文　境界なき視線(マーク・L・ブラム著)　清沢満之と仏教の再活性化(アルフレッド・ブルーム著)　神と仏は何処へ(ウィリアム・S・ウォルドロン著)　浄土への接近(ポール・B・ワット著)　鈴木大拙と近代仏教の構築(ジェームズ・C・ドビンズ著)　阿弥陀仏とその浄土についてのハンス・マルティン・バルートと鈴木大拙の議論(マイケル・パイ著)　浄土真宗とキリスト教との対話(ドミンゴス・スザ著)　上座部と浄土真宗における我に対する態度(ジョン・ロス・カーター著)　親鸞とキルケゴールと比較主義の問題(ゲイレン・アムスタッツ著)　親鸞が哲学的に興味深い理由(トマス・P・カスーリス著)　親鸞の信心における覚智の側面(ケネス・K・タナカ著)　「真宗学」とは何か(デニス・ヒロタ著)〉①978-4-8318-7702-4　Ⓝ188.7　[13000円]

安野 侑志〔1943～2012〕

◇世界一の紙芝居屋ヤッサンの教え　安野侑志、高田真理著　ダイヤモンド社　2014.9　308p　19cm　①978-4-478-02809-4　Ⓝ779.8　[1300円]

ヤスパース, K.〔1883～1969〕

◇ヤスパース　宇都宮芳明著　新装版　清水書院　2014.9　198p　19cm（Century Books）〈文献あり　年表あり　索引あり〉①978-4-389-42036-9　Ⓝ134.9　[1000円]

◇ヤスパースとハイデガー―形而上学のゆくえ　堤正史著　京都　晃洋書房　2014.4　286,8p　22cm（西洋思想叢書）〈文献あり　索引あり〉①978-4-7710-2520-2　Ⓝ134.9　[3800円]

八頭町〔鳥取県〕（遺跡・遺物）

◇郡家西向田遺跡II発掘調査報告書　[八頭町(鳥取県)]　八頭町教育委員会　2014.3　40p　図版 13p　30cm（八頭町文化財調査報告書 16）〈鳥取県八頭郡八頭町所在〉Ⓝ210.0254

◇下モ山古墳群II・市場井毛遺跡発掘調査報告書　[八頭町(鳥取県)]　八頭町教育委員会　2014.3　16p　図版 5p　30cm〈鳥取県八頭郡八頭町所在〉Ⓝ210.0254

◇下モ山古墳群III・上峰寺遺跡群発掘調査報告書　[八頭町(鳥取県)]　八頭町教育委員会　2014.3　19p　図版 6p　30cm〈鳥取県八頭郡八頭町所在〉Ⓝ210.0254

◇町内遺跡発掘調査報告書　平成24・25年度　[八頭町(鳥取県)]　八頭町教育委員会　2014.3　41p　図版 20p　30cm（八頭町文化財調査報告書 15）〈鳥取県八頭郡八頭町所在　内容：島・南・東地内　船岡地内　天王木所在遺跡　山田窯跡群　別府古墳群　郡家西向田遺跡　丸山遺跡　寺土居下分地内〉Ⓝ210.0254

◇福本70号墳発掘調査報告書　[八頭町(鳥取県)]　八頭町教育委員会　2014.3　65p　図版 [8] 枚　30cm〈鳥取県八頭郡八頭町所在〉Ⓝ210.0254

八頭町〔鳥取県〕（民家―写真集）

◇矢部家住宅　[出版地不明]　矢部敏之　2014.7　1冊(ページ付なし)　27cm　Ⓝ521.86

八街市（遺跡・遺物）

◇墨木戸遺跡(第3次)・柳沢牧墨木戸境野馬土手　印旛郡市文化財センター編　[八街]　千葉県印旛土木事務所　2014.3　6p　図版 7p　30cm（公益財団法人印旛郡市文化財センター発掘調査報告書 第332集）〈地域自主戦略交付金委託(文化財調査)　千葉県酒々井町所在，千葉県八街市所在〉Ⓝ210.0254

◇八街市柳沢牧大木境野馬土手　千葉県教育委員会編　千葉県教育委員会　2014.3　8p　図版 4p　30cm（千葉県教育委員会埋蔵文化財調査報告 第2集）〈主要地方道成東酒々井線道路改良事業埋蔵文化財発掘調査報告書〉Ⓝ210.0254

八街市（教育行政）
◇八街市教育振興基本計画―平成26年度―平成35年度　八街市教育委員会編　八街　八街市教育委員会　2014.9　56p　30cm　Ⓝ373.2

八千代市（遺跡・遺物）
◇公共事業関連遺跡発掘調査報告書　6　八千代市教育委員会教育総務課編　八千代　八千代市教育委員会教育総務課　2014.3　21p　30cm〈千葉県八千代市所在　内容：麦丸遺跡e地点　サゴテ遺跡a地点　北海道遺跡a地点　保品南遺跡a地点　鶴作台遺跡b地点〉Ⓝ210.0254

◇市内遺跡発掘調査報告書　平成25年度　八千代市教育委員会教育総務課編　八千代　八千代市教育委員会教育総務課　2014.3　47p　30cm〈千葉県八千代市所在　内容：仲西遺跡a地点　勝田大作遺跡b地点　麦丸遺跡h地点　川崎山遺跡r地点　内野南遺跡g地点　小板橋遺跡f地点　持田遺跡d地点　新東原遺跡k地点　堰場台遺跡a地点　北裏畑遺跡e地点　上高野白幡遺跡a地点　新東原遺跡l地点〉Ⓝ210.0254

◇堰場台遺跡a地点　八千代市教育委員会教育総務課編　［東京］　グランドラインコーポレーション　2014.3　31p　30cm〈千葉県八千代市所在　宅地造成に伴う埋蔵文化財発掘調査報告書〉Ⓝ210.0254

◇西八千代北部地区埋蔵文化財調査報告書　4　千葉県教育振興財団文化財センター編　千葉　都市再生機構千葉地域支社　2014.3　265p　図版［6］枚　30cm〈千葉県教育振興財団調査報告　第725集〉〈奥付のタイトル：八千代市北部地区埋蔵文化財調査報告　共同刊行：千葉県教育振興財団　内容：八千代市東向遺跡　坪井向遺跡　川向遺跡　庚申山塚群　八王子台遺跡〉Ⓝ210.0254

八千代市合気道連盟
◇八千代市合気道連盟創立30周年記念誌―合氣道　30周年記念誌実行委員会編　［八千代］　八千代市合気道連盟　2013.11　65, 25p　30cm〈年表あり〉Ⓝ789.2

八鹿酒造株式会社
◇八鹿物語　其の2　九重町（大分県）　八鹿酒造　2014.11　44p　20×22cm〈年表あり　折り込1枚　付属資料：55p：八鹿物語（1989年刊の復刻本）〉Ⓝ588.52

八代海
◇有明海・八代海等再生評価支援（有明海・八代海環境特性解明等調査）業務報告書　平成25年度　［東京］　いであ　2014.3　1冊　30cm　Ⓝ519.4

◇有明海・八代海等の再生に向けた熊本県計画―平成26年6月一部変更　［熊本］　熊本県　［2014］　32, 22p　30cm〈年表あり〉Ⓝ519.8194

◇水質総量削減に係る発生負荷量等算定調査業務報告書―発生負荷量等算定調査（有明海及び八代海）平成25年度　［東京］　環境省水・大気環境局　2014.3　113, 177p　30cm　Ⓝ519.4

八代港
◇八代港港湾計画書―一部変更　［熊本］　熊本県　2014.3　6p　30cm　（交通政策審議会港湾分科会資料　第55回）〈折り込2枚〉Ⓝ683.92194

八代工業高等専門学校
◇八代高専のあゆみ　八代高専のあゆみ40年史編集委員会編　八代　熊本高等専門学校八代キャンパス　2014.3　197p　30cm　Ⓝ377.3

八代市（行政）
◇八代市勢要覧　2013　資料編　［八代］　［八代市］　[2013]　16p　30cm〈年表あり〉Ⓝ318.294

◇八代市勢要覧　2014　資料編　［八代］　［八代市］　[2014]　16p　30cm　Ⓝ318.294

八代市（郷土舞踊）
◇久連子古代踊調査報告書　八代妙見祭活性化協議会編　八代　八代妙見祭活性化協議会　2014.3　286p　30cm〈文化庁文化遺産を活かした地域活性化事業　付属資料：DVD-Video 2枚（12cm）：久連子古代踊・手踊、久連子古代踊の歌〉Ⓝ386.8194

八代市（廃棄物処理施設）
◇八代市環境センター建設事業環境影響評価書　［八代］　八代市　2013.10　1冊　30cm　Ⓝ518.52

◇八代市環境センター建設事業環境影響評価書―要約書　［八代］　八代市　2013.10　1冊　30cm　Ⓝ518.52

◇八代市環境センター建設事業環境影響評価書　資料編　［八代］　八代市　2013.10　1冊　30cm　Ⓝ518.52

谷津干潟自然観察センター
◇谷津干潟自然観察センターボランティア白書　谷津干潟自然観察センターボランティア白書作成プロジェクトチーム編　習志野　谷津干潟自然観察センターボランティア白書作成プロジェクトチーム　2014.4　1冊　30cm〈年表あり　谷津干潟自然観察センター開設20周年記念出版〉Ⓝ460.7

弥富市（行政）
◇人生―ふるさととともに　佐藤博著　［出版地不明］　［佐藤博］　2014.3　390p　20cm　Ⓝ318.255

矢内原 忠雄〔1893〜1961〕
◇言論抑圧―矢内原事件の構図　将基面貴巳著　中央公論新社　2014.9　238p　18cm　（中公新書　2284）〈文献あり　年表あり〉Ⓘ978-4-12-102284-4　Ⓝ316.1　［840円］

柳川 れい〔　〜2001〕
◇いつも心に少女。―シャーリーテンプル物語2014　柳川れい, 柳川レイナ著　プレビジョン　2014.2　127p　19cm〈KADOKAWA（発売）　商業界1986年刊の加筆〉Ⓘ978-4-04-898231-3　Ⓝ593.36　［1400円］

柳川市（遺跡・遺物）
◇西蒲池池溝遺跡　2　小郡　九州歴史資料館　2014.3　226p　図版［40］枚　30cm　（福岡県文化財調査報告書　第243集）〈福岡県柳川市大字西蒲池所在遺跡の調査〉Ⓝ210.0254

柳河藩
◇購入文書目録　1　2014年　柳川　九州歴史資料館分館柳川古文書館　2014.3　102p　30cm　（柳川古文書館史料目録　第24集）Ⓝ219.1

柳 宗悦〔1889〜1961〕
◇民芸の人柳宗悦のキリスト教理解　川中なほ子著　習志野　教友社　2013.7　103p　21cm　Ⓘ978-4-902211-88-7　Ⓝ289.1　［1000円］

◇民藝の擁護―基点としての〈柳宗悦〉　松井健著　里文出版　2014.11　227p　19cm　Ⓘ978-4-89806-419-1　Ⓝ750　［2000円］

◇柳宗悦とバーナード・リーチ往復書簡―日本民藝館資料集　柳宗悦, バーナード・リーチ［著］、岡村美穂子, 鈴木禎247監修, 日本民藝館学芸部編　日本民藝館　2014.7　431p　21cm〈英語併載〉Ⓝ289.1

柳沢 吉保〔1658〜1714〕
◇柳澤吉保とその時代―没後三〇〇年記念：柳沢文庫伝来の品々を中心に　川越　川越市立博物館　2014.10　135p　29cm〈年譜あり　会期・会場：2014年10月18日〜12月1日　川越市立博物館ほか〉Ⓝ289.1

柳田 国男〔1875〜1962〕
◇国際化時代と『遠野物語』　石井正己編　三弥井書店　2014.8　175p　21cm〈内容：私の遠野（岩崎京子著）『遠野物語』回顧（岩井宏實著）　国際化時代の『遠野物語』の意義（ヨーゼフ・クライナー, 石井正己述）『遠野物語』における人間と妖怪のエコロジー（金容儀著）　ケルト文化と『遠野物語』（小泉凡著）　周作人の佐々木喜善への追悼文（王蘭著）『遠野物語』と女性（野村敬子著）　シベリアの「遠野物語」（齋藤君子著）　ネフスキーの功績（石井正己著）〉Ⓘ978-4-8382-3266-6　Ⓝ382.122　［2500円］

◇これを語りて日本人を戦慄せしめよ―柳田国男が言いたかったこと　山折哲雄著　新潮社　2014.3　237p　20cm　（新潮選書）〈年譜あり〉Ⓘ978-4-10-603743-6　Ⓝ380.1　［1300円］

◇社会をつくれなかったこの国がそれでもソーシャルであるための柳田國男入門　大塚英志［著］　KADOKAWA　2014.10　289p　19cm　（角川EPUB選書　016）Ⓘ978-4-04-080018-9　Ⓝ380.1　［1500円］

◇図説地図とあらすじでわかる！遠野物語　志村有弘監修　青春出版社　2013.9　186p　18cm　（青春新書INTELLIGENCE PI-406）〈文献あり〉Ⓘ978-4-413-04406-6　Ⓝ382.122　［1114円］

◇村落伝承論―『遠野物語』から　三浦佑之著　増補新版　青土社　2014.7　340p　20cm〈索引あり　初版：五柳書院1987年刊　内容：伝承としての村落　村建て神話　鎮座由来譚　神隠しと境界　母の方位　慈母・証人・証拠　血盆経狂気　柳田国男の目覚め『遠野物語』の構想と夫鳥の話　楽を奏でる土地　瓜子姫の死『遠野物語』にみる動物観〉Ⓘ978-4-7917-6798-4　Ⓝ388.122　［2600円］

◇『遠野物語』を読む　明治大学リバティアカデミー編　明治大学リバティアカデミー　2014.3　94p　21cm　（リバティアカデミーブックレット　no. 24）Ⓘ978-4-904943-11-3　Ⓝ382.122　［740円］

◇遠野物語遭遇と鎮魂　河合俊雄, 赤坂憲雄編　岩波書店　2014.3　262p　19cm〈内容：出会いのトポス（今石みぎわ著）『遠野物語』と意識の成立（河合俊雄著）　近代と前近代の狭間で消え去るお話たちの消息（田中康裕著）　異人は遊ぶ（岡部隆志著）　抒情詩としての『遠野物語』（川野里子著）「語ることのできないもの」（猪股剛著）　異界につながる物語の力（岩

宮惠子著） 九九話の女（三浦佑之著） 和解について（赤坂憲雄著） 福二の三度の喪失（田中康裕著） 九九話におけるインターフェイスと振り返り（河合俊雄著）〉 ①978-4-00-025953-8 Ⓝ382.122 ［2500円］

◇柳田国男―民俗学の創始者 河出書房新社 2014.5 191p 21cm （文芸の本棚）〈著作目録あり 年譜あり 内容：柳翁新春清談（柳田国男著） 雷の褌に河童の屁（井上通泰著） 土会のころ（田山花袋著） 野辺のゆきき（水野葉舟著） 遠野の奇聞（泉鏡花著） 先生の学問（折口信夫著） 柳田国男と現代の民俗学（谷川健一,宮田登述） 柳田国男その人間と思想（橋川文三著） 明治人の感想（柳田国男述） 日本民俗学の創始者（和辻哲郎著） 柳田国男の神（柄谷行人著） 柳翁閑談（柳田国男著） 海の流線の方位（吉本隆明著） 柳田国男の市民（大塚英志,鶴見太郎述） 柳田国男と「一国民俗学」（小熊英二著） 南方熊楠往復書簡（柳田国男,南方熊楠著） 小さな、過激な本（中沢新一著） 海南小記（赤坂憲雄著） 民俗学の話（柳田国男述） 柳田国男の旅（宮本常一著） 常民学への道（神島二郎著） 柳田・折口における周辺的現実（山口昌男著）〉 ①978-4-309-02290-1 Ⓝ380.1 ［1600円］

◇柳田国男の学問は変革の思想たりうるか 柳田国男研究会編 泉社 2014.3 380p 22cm （柳田国男研究 7）〈新泉社（発売） 内容：柳田国男の学問は変革の思想たりうるか（室井康成ほか述） 「文明の政治」の地平へ（宮本常一と「片句浦民俗聞書」（杉本仁著） 不合理性を通しての柳田国男の知的革新（フレデリック・ルシーニュ著） 祭礼研究からみる柳田民俗学の可能性（中里亮平著） 民俗学は誰のものか（永池健二著） 「おあん物語」の可能性（井出幸男著） 日本史教科書に描かれた柳田国男（伊藤純郎著） 柳田国男におけるG・L・ゴンム受容の一断面（高橋治著） 柳田国男におけるカミ観の「修正」問題（影山正美著） 柳田国男＝〈有史以外の日本〉の探究 2（小野浩著） 出張報告によって柳田の志向について考える（石川博考著） 日蓮宗の信仰と講集団 下（西海賢二著）〉 ①978-4-7877-6329-7 Ⓝ380.1 ［3500円］

◇柳田國男の継承者福本和夫―「コトバ」を追い求めた知られざる師承の交遊抄 清水多吉著 京都 ミネルヴァ書房 2014.7 297,4p 22cm （人と文化の探究 9）〈文献あり 年譜あり 索引あり〉 ①978-4-623-06741-1 Ⓝ289.1 ［6000円］

◇柳田国男の故郷辻十年 柳田国男著, 石井正己編 PHPエディターズ・グループ 2014.9 239p 19cm 〈PHP研究所（発売） 索引あり 底本：柳田国男全集 21（筑摩書房 1997年刊）の抜粋・再編集〉 ①978-4-569-82106-1 Ⓝ289.1 ［1300円］

◇柳田国男の話 室井光広著 東海教育研究所 2014.4 366p 20cm （東海大学出版部（発売）） ①978-4-486-03783-5 Ⓝ380.1 ［2750円］

◇柳田民俗学存疑―稲作一元論批判 谷川健一著 冨山房インターナショナル 2014.8 201p 20cm 〈内容：目一つの神の由来 播種から刈上げまでが一年 初穂儀礼と新嘗祭 古い新嘗 民間の新嘗と宮廷の新嘗 冬至は大陸暦法の基点 大嘗祭の構造 種粒への執着 さまざまな食習 粟の信仰儀礼 稲作北上説 柳田説の再検討 『稲の日本史』を再読する 祖霊観の対立 柳田国男の山人研究 狼の児童語 山の神〈＝狼〉迎え 山の神と杓子 山に埋もれた人生ある事 『奥美濃よもやま話』 新四郎屋敷 東北大飢饉をめぐって〉 ①978-4-905194-78-1 Ⓝ384.31 ［2300円］

◇遊動論―柳田国男と山人 柄谷行人著 文藝春秋 2014.1 213p 18cm （文春新書 953）〈文献あり 年譜あり〉 ①978-4-16-660953-6 Ⓝ380.1 ［800円］

柳田 邦男〔1936～ 〕

◇悲しみは真の人生の始まり―内面の成長こそ 柳田邦男著 PHP研究所 2014.3 123p 20cm （[100年インタビュー]）①978-4-569-78375-8 Ⓝ289.1 ［1200円］

柳家 喜多八〔1949～ 〕

◇柳家喜多八膝栗毛 五十嵐秋子編 まゆかいブックスギャラリー 2014.1 203p 21cm （制作協力：柳家喜多八）①978-4-904402-33-7 Ⓝ779.13 ［1600円］

柳家 小三治〔10代目 1939～ 〕

◇なぜ「小三治」の落語は面白いのか？ 広瀬和生著 講談社 2014.3 303p 19cm 〈内容：柳家小三治インタビュー（柳家小三治述） ここが好き！ 小三治演目九十席〉 ①978-4-06-219042-8 Ⓝ779.13 ［1700円］

柳原 白蓮〔1885～1967〕

◇いわゆる白蓮事件の意味 松岡秀隆著 福崎町（兵庫県） 松岡秀隆 2014.9 137p 19cm 〈交友プランニングセンター／友月書房（制作）〉 ①978-4-87787-633-3 Ⓝ911.162 ［2800円］

◇白蓮―気高く、純粋に。時代を翔けた愛の生涯 宮崎蕗苳監修 河出書房新社 2014.8 278p 21cm 〈年譜あり 内容：

貫いた純愛（瀬戸内寂聴,宮崎蕗苳述,山本晃一聞き手） 白蓮と九条武子（佐佐木幸綱著） 恋の勝者（林真理子著） 飾らぬ素顔（松本紀子著） 恋としてではなく（村岡恵理著） 柳原燁子さんを語る（岡本かの子著） 青春のエピソードより（村岡花子著） 此頃の白蓮夫人に（村岡花子著） 道雄様の霊に捧ぐ（柳原燁子著） 思っているありの儘を（芥川龍之介著） 芥川龍之介氏の死のかげに（柳原燁子著） 歌集『踏絵』（片山廣子著） 待遠しかった歌集（白蓮著） 初めて白蓮様に御目にかかって（九条武子著） 『白孔雀』を読みて（柳原燁子著） 柳原燁子（長谷川時雨著） 白蓮を迎えた邸宅を読み解く（砂田光紀著） 白蓮がこよなく愛した人形たち（瀬下麻美子著） 夢二さんのこと（宮崎白蓮著） 竹久夢二が装幀した白蓮の本と、二人の交流（石川桂子著） みどり丸（白蓮著） 戯曲指鬘外道（白蓮著） 白蓮と龍介の恋文 絶縁状（燁子著） 絶縁状を読みて燁子に与う（伊藤伝右衛門著） ひとつの思い出（宮崎龍介著） 権威におもねらず多様性はぐくむ宮崎家と白蓮（山本晃一著） 「劇場型」恋愛ニュース（山本晃一著） 遠い親戚より（柳原燁子著） おあいさつ（柳原燁子著） 『現代婦人伝』より（柳原燁子著） わが少女の日（柳原燁子著） 我子を語る（柳原燁子著） 山荘の子供たち（柳原燁子著） 追憶（燁子著） 蓼科高原（柳原白蓮著） 母の贈物（柳原燁子著） うそからでたまこと（みやざきあき子著） ほとけさまのおくら（みやざきあき子著） ことたまの誌名について（柳原燁子著） あなたという言葉（柳原燁子著） 短歌講座歌のこころ（柳原白蓮著） 再刊のことば（白蓮著） 我が恋愛観（柳原燁子著） 恋愛讃美論（柳原燁子著） 二つの事実のもとに（柳原燁子著） 神代のおもかげ（柳原燁子著） ふしあわせの人たち（柳原燁子著） 人（柳原燁子著） 無題（柳原燁子著） ありのすさび（柳原燁子著） 恩讐のかなた（柳原白蓮著） 勇敢な少女たち（柳原白蓮著） 人類愛ということ種々相（柳原燁子著） 吾子も召されて（柳原白蓮著） 劇評あれこれ（柳原燁子著） 精神の滋養（柳原白蓮著） 一眼に光を失いて思ったこと（柳原白蓮著） 柳原白蓮との半世紀（宮崎龍介著）〉 ①978-4-309-02313-7 Ⓝ911.162 ［1400円］

◇白蓮と傳右衛門そして龍介 小林弘忠著 ロングセラーズ 2014.8 299p 19cm 〈文献あり〉 ①978-4-8454-2330-9 Ⓝ281.04 ［1400円］

◇娘が語る白蓮 宮崎蕗苳,山本晃一編 河出書房新社 2014.8 212p 20cm 〈文献あり 年譜あり〉 ①978-4-309-02314-4 Ⓝ911.162 ［1700円］

◇流転の歌人柳原白蓮―紡がれた短歌とその生涯 馬場あき子,林真理子,東直子,宮崎蕗苳著, NHK出版編 NHK出版 2014.8 103p 20cm 〈文献あり〉 ①978-4-14-081654-7 Ⓝ911.162 ［1100円］

やなせ たかし〔1919～2013〕

◇慟哭の海峡 門田隆将著 KADOKAWA 2014.10 332p 20cm 〈文献あり〉 ①978-4-04-102153-8 Ⓝ726.101 ［1600円］

◇やなせたかしみんなの夢まもるため やなせたかし,NHK取材班,ちばてつや,西原理恵子,里中満智子,吉田戦車著 NHK出版 2014.6 157p 19cm 〈年譜あり 内容：アンパンマンのマーチ アンパンマンのマーチが、やなせさんの憲法だった（ちばてつや著） しあわせよカタツムリにのって てのひらを太陽に 悲しみのカードを希望のカードに変える（西原理恵子著） ノスタル爺さん 笑いや喜びをふりまいて過ごそう！（里中満智子著） 絶望のとなり 被災地にやなせさんが残したものを追って（阿部公彦著） やなせさんが守ろうとしたみんなの夢（吉田戦車著）〉 ①978-4-14-081644-8 Ⓝ726.101 ［1100円］

矢野 謙次〔1980～ 〕

◇矢野謙次メッセージBOOK―自分を超える 矢野謙次著 廣済堂出版 2014.8 159p 21cm ①978-4-331-51846-5 Ⓝ783.7 ［1600円］

矢野 徳弥〔1924～ 〕

◇おながらの記―戦争と不況の時代 矢野徳彌著 [佐伯] [矢野徳彌] 2014.9 282p 21cm Ⓝ289.1

矢萩 多聞〔1980～ 〕

◇偶然の装丁家 矢萩多聞著 晶文社 2014.5 281p 19cm （就職しないで生きるには21） ①978-4-7949-6848-7 Ⓝ022.57 ［1500円］

八幡 港二〔1932～ 〕

◇画家の仕事―八幡港二の世界 伊東一夫著 横浜 門土社 2014.5 142p 22cm 〈年譜あり〉 ①978-4-89561-271-5 Ⓝ723.1 ［1400円］

矢巾町〔岩手県〕〔遺跡・遺物〕

◇徳丹城跡―第72次補足発掘調査・第73次発掘調査 矢巾町（岩手県） 矢巾町教育委員会 2014.3 50p 図版 40p 30cm Ⓝ210.0254

日本件名図書目録2014　Ⅰ　　　　　　　　　　　　　　　　　　　　　　　　　　　　　山形県（遺跡・遺物―天童市）

屋比久 勲〔1938～　〕
◇心ひとつ音ひとつ―屋比久勲の軌跡　屋比久勲著　［鹿児島］南日本新聞開発センター（制作）　2014.7　114p　21cm　Ⓘ978-4-86074-219-5　Ⓝ764.6　［1000円］

ヤフー株式会社
◇10倍挑戦、5倍失敗、2倍成功!?―ちょっとはみだしもっとつながる爆速ヤフーの働き方　長谷川琢也著，ヤフー株式会社監修　東洋経済新報社　2014.7　239p　19cm〈年譜あり〉Ⓘ978-4-492-04531-2　Ⓝ007.35　［1500円］

矢吹 孝男〔1946～　〕
◇バキュームカーに乗って見た夢　矢吹孝男著　幻冬舎メディアコンサルティング　2013.12　212p　19cm〈幻冬舎（発売）〉Ⓘ978-4-344-99998-5　Ⓝ369.26　［1200円］

養父市（遺跡・遺物）
◇井垣城跡　兵庫県まちづくり技術センター埋蔵文化財調査部編　神戸　兵庫県教育委員会　2014.3　1冊　30cm（兵庫県文化財調査報告　第458冊）〈養父市所在　一般国道483号北近畿豊岡自動車道和田山八鹿道路に伴う埋蔵文化財発掘調査報告書〉Ⓝ210.0254

養父市（風俗・習慣）
◇明延鉱山生活文化調査報告書　養父市教育委員会編　養父　養父市教育委員会　2014.3　88p　30cm（兵庫県養父市文化財保護調査報告書　第6集）〈文献あり　年表あり〉Ⓝ382.164

山内 得立〔1890～1982〕
◇〈あいだ〉を開く―レンマの地平　木岡伸夫著　京都　世界思想社　2014.10　188,6p　19cm（世界思想社現代哲学叢書）〈文献あり　索引あり〉Ⓘ978-4-7907-1643-3　Ⓝ121.6　［1800円］

山尾 庸三〔1837～1917〕
◇山尾庸三―日本の障害者教育の魁　松岡秀隆著　福崎町（兵庫県）松岡秀隆　2014.5　125p　19cm〈交友プランニングセンター／友月書房（制作）〉Ⓘ978-4-87787-617-3　Ⓝ378.021　［2000円］

山岡 荘八〔1907～1978〕
◇私の中の山岡荘八―思い出の伯父・荘八：ひとつの山岡荘八論　山内健生著　展転社　2014.5　271p　20cm　Ⓘ978-4-88656-398-9　Ⓝ910.268　［2000円］

山岡 鉄舟〔1836～1888〕
◇おれの師匠―山岡鐵舟先生正伝　小倉鉄樹著　オンデマンド版　毛呂山町（埼玉県）島津書房　2014.7　487p　21cm〈印刷・製本：デジタルパブリッシングサービス〉Ⓘ978-4-88218-160-6　Ⓝ289.1　［5000円］

山鹿 素行〔1622～1685〕
◇吉田松陰武教全書講録　［山鹿素行］,吉田松陰［著］,川口雅昭全訳注　K&Kプレス　2014.12　257p　19cm〈文献あり〉Ⓘ978-4-906674-62-6　Ⓝ156　［2000円］

山鹿市（城跡）
◇鞠智城跡　2　論考編　1　熊本県教育委員会編　熊本　熊本県教育委員会　2014.3　141p　30cm〈内容：鞠智城の湧水施設（坪井清足著）　鞠智城の歴史的位置（佐藤信著）　古代山城は完成していたのか（亀田修一著）　鞠智城西南部の古代宮道について（木本雅康著）　鞠智城の遺構の特殊性（海野聡著）　鞠智城跡貯水池跡について（西住欣一郎著）　鞠智城跡・土塁の構築とその特徴（矢野裕介著）　鞠智城の役割に関する一考察（村村龍生著）　菊池川流域の古代集落と鞠智城（能登原孝道著）〉Ⓝ219.4
◇鞠智城跡　2　論考編　2　熊本県教育委員会編　熊本　熊本県教育委員会　2014.11　124p　30cm〈内容：鞠智城跡の建物について（小西龍三郎著）　朝鮮式山城における八角形建物とその性格（田中俊明著）　古代山城試論　2（出宮徳尚著）　鞠智城の変遷（向井一雄著）　「鞠智城選地論」覚書（木﨑康弘著）〉Ⓝ219.4
◇鞠智城シンポジウム―成果報告書　2012　ここまでわかった鞠智城　熊本県教育委員会編　熊本　熊本県教育委員会　2013.3　182,68p　21cm〈年表あり　会期・会場：平成24年8月26日　ホテル熊本テルサテルサホールほか　内容：鞠智城解明の最前線：熊本会場　最新調査成果報告（矢野裕介述）　鞠智城の築造時期と貯水池について（赤司善彦述）　古代山城築造の意義（狩野久述）　百済仏像と東アジア（大西修也述）　古代山城の歴史を探る：福岡会場　鞠智城の創設について（小田富士雄述）　東アジア史からみた鞠智城（石井正敏述）　地方官衙と鞠智城（坂井秀弥述）〉Ⓝ219.4
◇鞠智城シンポジウム―成果報告書　2013　古代山城の成立と鞠智城―古代山城鞠智城築城の謎を探る　熊本県教育委員会編　熊本　熊本県教育委員会　2014.3　164,122p　21cm〈年表

あり　会期・会場：平成25年7月28日　東京国立博物館（平成館大講堂）ほか　内容：律令国家への道と東アジア：東京会場　鞠智城跡の調査と成果（能登智孝道、矢野裕介述）律令国家と古代山城（荒木敏夫述）　古代山城は完成していたのか（亀田修一述）　鞠智城の建物跡について（小西龍三郎述）　築城技術の源流：大阪会場　古代の東アジアの動向と鞠智城（酒寄雅志述）　古代山城のフォーメイションと鞠智城（出宮徳尚述）韓国古代城郭からみた鞠智城（向井一雄述）〉Ⓝ219.4
◇鞠智城と古代社会　第2号　熊本県教育委員会編　熊本　熊本県教育委員会　2014.3　110p　30cm（鞠智城跡「特別研究」論文集　平成25年度）〈文献あり　内容：論文　古代肥後における仏教伝来（有働智奨著）　古代山城出土籾居敷から見た鞠智城跡の位置づけ（小澤佳憲著）　朝鮮式山城の外交・防衛上の機能の比較研究からみた鞠智城（柿沼亮介著）　律令国家成立期における鞠智城（菊池達也著）　日本における古代山城の変遷（古内絵里子著）〉Ⓝ219.4
◇鞠智城とその時代―平成14-21年度「館長講座」の記録　2　熊本県立装飾古墳館分館歴史公園鞠智城・温故創生館編　山鹿　熊本県立装飾古墳館分館歴史公園鞠智城・温故創生館　2014.3　129p　30cm　Ⓝ219.4

山形 裕子
◇「離れ」のひろこ　山形裕子［著］　［出版地不明］　山形裕子　2014.5　198p　20cm（エクセレントブックス）Ⓝ289.1　［2600円］
◇ひろこ　山形裕子［著］　［出版地不明］　山形裕子　2014.4　187p　20cm（エクセレントブックス）〈精興社（印刷）年譜あり〉Ⓝ289.1　［2600円］

山形県
◇音学やまがた―「音」を通して地域の魅力を探る：平成24年度「山形学」講座　山形県生涯学習文化財団（山形県生涯学習センター）編　山形　山形県生涯学習文化財団　2014.3　373p　19cm（遊学館ブックス）Ⓝ291.25
◇これでいいのか山形県―閉鎖に分断頑固な山形県民とは!?　岡島慎二,土屋幸仁編　マイクロマガジン社　2014.9　139p　26cm〈文献あり　日本の特別地域特別編集〉Ⓘ978-4-89637-474-2　Ⓝ291.25　［1300円］
◇山形あるある　阿部広重著，高山尚樹画　TOブックス　2014.12　159p　18cm　Ⓘ978-4-86472-328-2　Ⓝ291.25　［1000円］

山形県（空き家）
◇空き家の適正管理に関する調査（地域計画調査）結果報告書　［山形］　総務省山形行政評価事務所　2014.12　104p　30cm　Ⓝ365.3

山形県（遺跡・遺物）
◇分布調査報告書（39）山形県内重要遺跡確認調査報告書（5）　［山形］　山形県教育委員会　2013.3　91p　30cm（山形県埋蔵文化財調査報告書　第217集）〈内容：押出遺跡確認調査報告書．4〉Ⓝ210.0254
◇分布調査報告書（40）・西ノ前遺跡確認調査報告書　［山形］　山形県教育委員会　2014.3　65p　30cm（山形県埋蔵文化財調査報告書　第218集）Ⓝ210.0254
◇弥生時代の山形―第22回企画展　山形県立うきたむ風土記の丘考古資料館編　［高畠町（山形県）］　山形県立うきたむ風土記の丘考古資料館　2014.10　175p　図版16p　30cm〈文献あり〉Ⓝ212.5

山形県（遺跡・遺物―尾花沢市）
◇延沢城跡発掘調査報告書―国指定史跡　尾花沢市教育委員会編　尾花沢　尾花沢市教育委員会　2014.3　26p　図版［15］枚　30cm（山形県尾花沢市教育委員会埋蔵文化財調査報告書　第11集）Ⓝ210.0254

山形県（遺跡・遺物―寒河江市）
◇寒河江市内遺跡発掘調査報告書　20　［寒河江］　寒河江市教育委員会　2014.3　40p　30cm（山形県寒河江市埋蔵文化財調査報告書　第37集）Ⓝ210.0254

山形県（遺跡・遺物―鶴岡市）
◇鷺畑山古墳1号―第1次発掘調査報告書　鶴岡　鷺畑山古墳1号発掘調査会　2014.3　20p　30cm〈山形県鶴岡市所在〉Ⓝ210.0254
◇鷺畑山古墳1号―第2次発掘調査報告書　鶴岡　鷺畑山古墳1号発掘調査会　2014.11　14p　30cm〈山形県鶴岡市所在〉Ⓝ210.0254
◇市内遺跡分布調査報告書　13　［鶴岡］　鶴岡市教育委員会　2014.3　20p　30cm（山形県鶴岡市埋蔵文化財調査報告書　第30集）Ⓝ210.0254

山形県（遺跡・遺物―天童市）
◇蔵増宮田遺跡発掘調査報告書　上山　山形県埋蔵文化財センター　2014.3　184p　図版［37］枚　30cm（山形県埋蔵文化財センター調査報告書　第209集）Ⓝ210.0254

1081

山形県（遺跡・遺物―長井市）　　　　　　　　　　　　日本件名図書目録2014　I

◇天童古城―第Ⅱ次発掘調査概報　天童市教育委員会編　天童　天童市教育委員会　2014.3　9p　30cm　〈天童市埋蔵文化財調査報告書　第34集〉Ⓝ210.0254

山形県（遺跡・遺物―長井市）
◇市内遺跡発掘調査報告書　21　長井　長井市教育委員会　2013.3　32p　30cm　〈山形県長井市埋蔵文化財調査報告書　第33集〉〈内容：南台遺跡の調査　長者屋敷遺跡の調査　他〉Ⓝ210.0254

山形県（遺跡・遺物―南陽市）
◇南陽市遺跡分布調査報告書　1　南陽　山形県南陽市教育委員会　2014.3　60p　30cm　〈南陽市埋蔵文化財報告書　第8集〉Ⓝ210.0254

山形県（遺跡・遺物―村山市）
◇八合田遺跡・森の原遺跡第1・2次・今宿大谷地遺跡発掘調査報告書　上山　山形県埋蔵文化財センター　2014.3　90p　図版［19］枚　30cm　〈山形県埋蔵文化財センター調査報告書　第213集〉Ⓝ210.0254
◇森の原遺跡第3次発掘調査報告書　上山　山形県埋蔵文化財センター　2014.3　101p　30cm　〈山形県埋蔵文化財センター調査報告書　第211集〉Ⓝ210.0254

山形県（遺跡・遺物―山形市）
◇山形城三の丸跡第12次発掘調査報告書　上山　山形県埋蔵文化財センター　2014.3　48p　図版21p　30cm　〈山形県埋蔵文化財センター調査報告書　第214集〉Ⓝ210.0254

山形県（遺跡・遺物―米沢市）
◇遺跡詳細分布調査報告書　第27集　米沢　米沢市教育委員会　2014.3　128p　図版20p　30cm　〈米沢市埋蔵文化財調査報告書　第106集〉〈内容：開発に伴う包蔵地内分布調査　大規模開発に伴う分布調査　保存整備事業に伴う確認調査〉Ⓝ210.0254
◇延徳寺遺跡発掘調査報告書　米沢　米沢市教育委員会　2014.3　54p　図版　26p　30cm　〈米沢市埋蔵文化財調査報告書　第104集〉Ⓝ210.0254
◇置賜地域の終末期古墳　7　東北芸術工科大学考古学研究室編　山形　東北芸術工科大学文化財保存修復研究センター　2014.3　34p　図版8p　30cm　〈東北芸術工科大学考古学研究報告　第15冊〉Ⓝ210.0254
◇沖仲遺跡―発掘調査報告書　米沢　米沢市教育委員会　2014.3　36p　図版22p　30cm　〈米沢市埋蔵文化財調査報告書　第105集〉Ⓝ210.0254
◇成島遺跡―発掘調査報告書　米沢　米沢市教育委員会　2014.3　77p　図版13p　30cm　〈米沢市埋蔵文化財調査報告書　第103集〉Ⓝ210.0254
◇馳上遺跡第5次・西谷地b遺跡第3次発掘調査報告書　上山　山形県埋蔵文化財センター　2014.3　88p　図版［17］枚　30cm　〈山形県埋蔵文化財センター調査報告書　第210集〉Ⓝ210.0254

山形県（医療費―統計）
◇山形県後期高齢者医療疾病分類別統計　平成26年5月診療分　山形県国民健康保険団体連合会編　寒河江　山形県後期高齢者医療広域連合　2014.11　104p　30cm　Ⓝ364.4

山形県（梅）
◇やまがたの在来梅のはなし　山形大学農学部果樹園芸学研究室編　鶴岡　杉葉堂印刷　2014.1　53p　21cm　①978-4-9902586-7-2　Ⓝ625.54　［非売品］

山形県（衛生行政）
◇健康やまがた安心プラン―山形県健康増進計画（第2次）・山形県がん対策推進計画（第2次）・山形県歯科口腔保健計画（第3次）　山形県健康福祉部保健薬務課健康やまがた推進室編　山形　山形県健康福祉部保健薬務課健康やまがた推進室　2013.3　135p　30cm　Ⓝ498.1

山形県（エネルギー政策）
◇地域主導型再生可能エネルギー事業化検討委託業務（山形県最上地域）成果報告書　平成25年度　［新庄］　バイオマスもがみの会　2014.3　111p　30cm　〈平成25年度環境省委託業務〉Ⓝ501.6

山形県（神楽）
◇チョウクライロ―古代出羽国の謎のことば　長瀬一男著　学文社　2014.11　138p　21cm　〈文献あり〉①978-4-7620-2483-2　Ⓝ386.8124　［1850円］

山形県（河川）
◇もがみがわ水環境発表会―清流化に取り組む住民活動の環と交流：講演要旨集　第9回　［山形］　美しい山形・最上川フォーラム　［2013］　67p　30cm　〈文献あり　会期・会場：平成25年11月10日　遊学館（山形県生涯学習センター）〉Ⓝ519.4

山形県（観光開発―上山市）
◇観光資源の有効活用と中心市街地の再生―連携自治体山形県上山市　山田浩久編著　山形　山形大学人文学部　2014.3　228p　21cm　〈山形大学人文学部叢書　4〉〈山形大学COC事業，平成25年度「地（知）の拠点整備事業」自立分散型（地域）社会システムを構築し，運営する人材の育成　奥付のタイトル：観光資源の有効利用と中心市街地の活性化〉①978-4-907085-03-2　Ⓝ689.4

山形県（企業―名簿）
◇やまがた魅力発信‼企業ガイド―きらり企業セレクション　米沢　人材確保・定着支援事業実行委員会　［2013］　108p　30cm　〈地域中小企業の人材確保・定着支援事業〉Ⓝ335.035
◇やまがた魅力発信‼企業ガイド―きらり企業セレクション　2　米沢　人材確保・定着支援事業実行委員会　2014.11制作　108p　30cm　〈地域中小企業の人材確保・定着支援事業〉Ⓝ335.035

山形県（紀行・案内記）
◇県境の山々―船形連峰、二口・面白山山塊の自然と人：山岳エッセイ集　篠崎隆夫著　仙台　創栄出版　2014.7　155p　21cm　〈星雲社（発売）〉①978-4-434-19302-6　Ⓝ291.25　［1300円］
◇山形をいく―rediscover Yamagata：地元を旅した山形再発見ガイド　みちのおくつくるラボ，上條桂子編　山形　東北芸術工科大学美術館大学センター　2014.3　127p　21cm　〈平成25年度文化庁「大学を活用した文化芸術推進事業」〉①978-4-9980671-6-0　Ⓝ291.25
◇山形三昧の本―そば、日帰り温泉、清水そして…　青木清吾著　［東京］　東京図書出版　2014.3　265p　21cm　〈リフレ出版（発売）〉①978-4-86223-718-7　Ⓝ291.25　［1400円］

山形県（気象―新庄市）
◇新庄における気象と降積雪の観測―2012/13年冬期　防災科学技術研究所編　つくば　防災科学技術研究所　2014.2　47p　30cm　〈防災科学技術研究所研究資料　第387号〉〈文献あり〉Ⓝ451.66125

山形県（行政）
◇県政アンケート調査報告書　平成26年度　山形　山形県企画振興部企画調整課　2014.12　177p　30cm　Ⓝ318.225
◇第3次山形県総合発展計画―短期アクションプラン：平成25年度―28年度　［山形］　山形県　2013.3　186p　30cm　Ⓝ318.225

山形県（漁撈―酒田市）
◇1986飛島の磯と海―はずれのあたりにある学問　宮本常一，森本孝，本間又右衛門，岸本誠司［著］，岸本誠司，松本友哉，小川ひかり編　酒田　とびしま漁村文化研究会　2013.11（2刷）　69p　26cm　〈飛島学叢書〉①978-4-9907491-0-1　Ⓝ384.36　［700円］

山形県（金石・金石文―山形市）
◇瀧山川―石碑と信仰　東北芸術工科大学東北文化研究センター編　山形　東北芸術工科大学東北文化研究センター　2014.9　51p　26cm　〈東北一万年のフィールドワーク　10〉〈年表あり　文部科学省私立大学戦略的研究基盤形成支援事業「環境動態を視点とした地域社会と集落形成に関する総合的研究」〉Ⓝ212.5

山形県（芸術―歴史）
◇山形県芸術文化史　第5部　2003-2012　山形県芸術文化会議編　［山形］　山形県芸術文化会議　2013.3　423p　22cm　〈奥付の責任表示：山形県芸術文化史編集委員会〉Ⓝ702.1925　［5000円］

山形県（工業―名簿）
◇山形県企業ガイドブック　2014　山形　山形県企業振興公社　［2013］　14, 577, 15p　30cm　Ⓝ503.5

山形県（口腔衛生）
◇健康やまがた安心プラン―山形県健康増進計画（第2次）・山形県がん対策推進計画（第2次）・山形県歯科口腔保健計画（第3次）　山形県健康福祉部保健薬務課健康やまがた推進室編　山形　山形県健康福祉部保健薬務課健康やまがた推進室　2013.3　135p　30cm　Ⓝ498.1

山形県（高齢者福祉―統計）
◇山形県高齢社会関係資料集　山形　山形県健康福祉部健康長寿推進課　2014　69p　30cm　Ⓝ369.26

山形県（採石―高畠町）
◇高畠石の里をあるく　山形　東北芸術工科大学文化財保存修復研究センター　2014.3　50p　26cm　Ⓝ569.02125

山形県（祭礼）
◇最上地方の山の神の勧進―「最上地方の山の神の勧進」調査事業報告書　平成24・25年度　［山形］　山形県教育委員会　2014.3　147p　30cm　〈文献あり　「最上地方の山の神の勧進」調査報告書〉Ⓝ386.125

1082

日本件名図書目録2014　Ⅰ　　　　　　　　　　　　　　　　　　　　　　　　　　山形県（バイオベンチャー―鶴岡市）

山形県（祭礼―東根市）
◇ひがしねの祭り・行事　東根の歴史と民俗を探る会,生涯学習東根地区民会議編　東根　東根の歴史と民俗を探る会　2013.7　319p　22cm　Ⓝ386.125

山形県（産学連携―鶴岡市）
◇大学発バイオベンチャー成功の条件―「鶴岡の奇蹟」と地域Eco-system　大滝義博,西澤昭夫編著　創成社　2014.10　207p　21cm〈文献あり　索引あり　内容：USモデルと地域Eco-system（西澤昭夫著）　大学発バイオベンチャーによるライフサイエンス産業の創成（大滝義博著）　HMT社の創業・成長,そしてIPOへ（大滝義博,西澤昭夫著）　鶴岡におけるバイオクラスター形成の歩み（高坂信司,髙橋健彦著）「奇蹟」を越えるために（西澤昭夫著）〉Ⓘ978-4-7944-2443-3　Ⓝ579.9　［2300円］

山形県（産業）
◇山形県の事業所・企業―平成24年経済センサス―活動調査結果報告書（産業横断的集計）　山形　山形県企画振興部統計企画課　2014.3　126p　30cm　（統計資料 no. 559）Ⓝ602.125

山形県（産業政策）
◇創業者,中小企業者のための支援施策ガイドブック　平成25年度版　山形　山形県商工労働観光部中小企業振興課　［2013］　217p　30cm　Ⓝ335.33
◇創業者,中小企業者のための支援施策ガイドブック　平成26年度版　山形県企業振興公社経営支援部編　山形　山形県商工労働観光部中小企業振興課　［2014］　228p　30cm　Ⓝ335.33

山形県（ジャーナリズム―歴史）
◇山形の"首領（ドン）"と"むんつん"の闘い　宮本貢,相澤嘉久治著　いちい書房　2013.12　210p　19cm　Ⓘ978-4-900424-76-0　Ⓝ070.2125　［1200円］

山形県（出版目録）
◇山形県内出版物目録　平成25年版　山形県立図書館編　山形　山形県立図書館　2014.3　57p　30cm〈2013.1-2013.12〉Ⓝ025.125

山形県（書―書跡集）
◇山形県総合書道展作品集　第39回　東根　欅墨書院　2014.10　82p　30cm〈会期・会場：平成26年9月20日―28日　山形美術館　標題紙等のタイトル：山形県総合書道展〉Ⓝ728.8

山形県（消費者行動）
◇山形県の買物動向―平成24年度山形県買物動向調査報告書　山形　山形県商工労働観光部商業・まちづくり振興課　2013.8　184p　30cm　Ⓝ675.2

山形県（植物）
◇蔵王花心　高山文夫著　山形　大風印刷　2013.4　302p　19cm　Ⓘ978-4-90086-646-1　Ⓝ472.125　［2000円］

山形県（書目）
◇山形県EL新聞記事情報リスト　2013-1　エレクトロニック・ライブラリー編　エレクトロニック・ライブラリー　2014.2　986p　31cm〈制作：日外アソシエーツ〉Ⓝ025.8125
◇山形県EL新聞記事情報リスト　2013-2　エレクトロニック・ライブラリー編　エレクトロニック・ライブラリー　2014.2　p987-1758　31cm〈制作：日外アソシエーツ〉Ⓝ025.8125
◇山形県EL新聞記事情報リスト　2013-3　エレクトロニック・ライブラリー編　エレクトロニック・ライブラリー　2014.2　p1759-2618　31cm〈制作：日外アソシエーツ〉Ⓝ025.8125

山形県（森林計画）
◇地域森林計画変更計画書―最上川流域　［山形］　山形県　［2013］　21, 17, 16p　30cm〈変更年度：平成25　内容：最上村山森林計画区（平成22年4月1日―平成32年3月31日）置賜森林計画区（平成24年4月1日―平成34年3月31日）　庄内森林計画区（平成25年4月1日―平成35年3月31日）〉Ⓝ651.1

山形県（水質汚濁）
◇酸性雨モニタリング（陸水）調査　平成25年度　［山形］　山形県　2014.3　124p　30cm〈平成25年度環境省委託業務調査報告〉Ⓝ519.4

山形県（選挙―統計）
◇選挙の記録　山形県選挙管理委員会編　山形　山形県選挙管理委員会　2014.3　216p　30cm〈第23回参議院議員通常選挙　平成25年7月21日執行〉Ⓝ314.8

山形県（地域開発―鶴岡市）
◇地方中小都市・農山村における自律と交流の地域づくりに学ぶ―山形県鶴岡市　都留文科大学社会学科地域経済論研究室編　［都留］　都留文科大学社会学科地域経済論研究室　2013.3　112p　30cm（「フィールドワークⅤ」報告書 2012年度）Ⓝ601.125

山形県（地域開発―長井市）
◇地方都市の持続可能な発展を目指して　北川忠明,山田浩久編著　山形　山形大学出版会　2013.1　164p　21cm〈索引あり　内容：地域政策としての総合計画（山田浩久執筆）　経済学的な視点で考える（是川晴彦執筆）　ローカリズムとコミュニティ・ガバナンス（北川忠明執筆）　長井市の地域構成（山田浩久執筆）　中小市街地活性化の実践（下平裕之執筆）　町づくりの実践（村松真執筆）〉Ⓘ978-4-903966-14-4　Ⓝ601.125　［1429円］

山形県（地域学）
◇山形学―山形における地域学の成立と展開　「山形学」企画委員会編　山形　山形県生涯学習文化財団　2014.3　379p　21cm〈文献あり　年表あり〉Ⓘ978-4-9907591-0-0　Ⓝ291.25　［1500円］

山形県（地誌―鶴岡市）
◇朝日人　鶴岡　アイスリー　2014.6　80p　21cm　（ふるさとの心を伝える 第1号）〈企画：齋藤幸子〉Ⓘ978-4-9907659-0-3　Ⓝ291.25　［1000円］

山形県（中小企業）
◇創業者,中小企業者のための支援施策ガイドブック　平成25年度版　山形　山形県商工労働観光部中小企業振興課　［2013］　217p　30cm　Ⓝ335.33
◇創業者,中小企業者のための支援施策ガイドブック　平成26年度版　山形県企業振興公社経営支援部編　山形　山形県商工労働観光部中小企業振興課　［2014］　228p　30cm　Ⓝ335.33

山形県（鉄道）
◇羽越線の全駅乗歩記　澤井泰著　文芸社　2014.8　323p　19cm　（出会い・発見の旅 第3部）〈文献あり〉Ⓘ978-4-286-15299-8　Ⓝ686. 2141　［1600円］

山形県（伝記）
◇山形県最上総合支庁若者地域交流支援事業　2013　NPOもがみ編　新庄　NPOもがみ　2014.2　113p　30cm〈内容：最上に生きる100人の若者たち―最上8市町村に生きる20-39歳の若者100人のメッセージ〉Ⓝ281.25
◇やまがた再発見　1　山形新聞社編　仙台　荒蝦夷　2014.7　326p　19cm　（東北の声叢書 30）〈執筆：赤坂憲雄ほか〉Ⓘ978-4-904863-44-2　Ⓝ281.25　［2200円］

山形県（特別支援教育）
◇第2次山形県特別支援教育推進プラン　［山形］　山形県教育委員会　2013.12　72p　30cm　Ⓝ378.02125

山形県（土地制度―歴史）
◇大泉荘・境界と地割―出羽国田川郡　齋藤勉也著　鶴岡　齋藤勉也　2014.8　135p　26cm　（山形県庄内地方/古代・中世の研究 2）〈年表あり〉Ⓝ291.25

山形県（二酸化炭素―排出抑制―酒田市）
◇災害等非常時にも効果的な港湾地域低炭素化推進事業（酒田港災害対応型低炭素化設備等整備実証事業）　平成25年度　［酒田］　酒田港リサイクル産業センター　2014.3　83p　30cm〈平成25年度環境省地球環境局委託　背のタイトル：災害等非常時にも効果的な港湾地域低炭素化推進事業（酒田港災害対応型低炭素設備等整備実証事業）〉Ⓝ517.85

山形県（年中行事―東根市）
◇ひがしねの祭り・行事　東根の歴史と民俗を探る会,生涯学習東根地区民会議編　東根　東根の歴史と民俗を探る会　2013.7　319p　22cm　Ⓝ386.125

山形県（農村―歴史）
◇百姓生活百年記　巻1　高瀬助次郎著,村山民俗学会編　［山形］　村山民俗学会　2014.3　224p　21cm〈発行所：原人舎〉Ⓘ978-4-925169-77-6　Ⓝ612.125　［2000円］

山形県（農民―歴史）
◇百姓生活百年記　巻1　高瀬助次郎著,村山民俗学会編　［山形］　村山民俗学会　2014.3　224p　21cm〈発行所：原人舎〉Ⓘ978-4-925169-77-6　Ⓝ612.125　［2000円］

山形県（農民一揆―東根市）
◇実録長瀞一揆　吉田達雄著　［東根］　東根文学会　2014.10　218p　19cm　（ひがしね叢書 9）〈発行所：北の風出版〉Ⓝ212.5　［1500円］

山形県（バイオベンチャー―鶴岡市）
◇大学発バイオベンチャー成功の条件―「鶴岡の奇蹟」と地域Eco-system　大滝義博,西澤昭夫編著　創成社　2014.10　207p　21cm〈文献あり　索引あり　内容：USモデルと地域Eco-system（西澤昭夫著）　大学発バイオベンチャーによるライフサイエンス産業の創成（大滝義博著）　HMT社の創業・成長,そしてIPOへ（大滝義博,西澤昭夫著）　鶴岡におけるバイオクラスター形成の歩み（高坂信司,髙橋健彦著）「奇蹟」を

や

1083

山形県（博物誌―最上町）

越えるために（西澤昭夫著）〉①978-4-7944-2443-3 Ⓝ579.9
［2300円］

山形県（博物誌―最上町）
◇最上町の自然―自然環境学術調査報告書　最上町自然環境現
　況調査会編　最上町（山形県）最上町　2014.11　460p　27cm
　〈文献あり　町制施行60周年記念〉Ⓝ402.9125

山形県（風俗・習慣―歴史）
◇百姓生活百年記　巻1　高瀬助次郎著, 村山民俗学会編　［山
　形］　村山民俗学会　2014.3　224p　21cm　〈発行所：原人舎〉
　①978-4-925169-77-6　Ⓝ612.125　［2000円］

山形県（風力発電所）
◇風力発電施設の騒音・低周波音測定調査委託業務（山形県）報
　告書　平成25年度　［山形］　山形県　2014.3　1冊　31cm
　〈タイトルは表紙による　ルーズリーフ〉Ⓝ519.6

山形県（文化活動）
◇県芸文の記録―市町村芸文の活動　平成25年度　山形県芸術
　文化協会編　山形　山形県芸術文化協会　2014.3　66p
　26cm　Ⓝ702.1925

山形県（文化活動―歴史）
◇山形県芸術文化史　第5部　2003-2012　山形県芸術文化会議
　編　［山形］　山形県芸術文化会議　2013.3　423p　22cm
　〈奥付の責任表示：山形県芸術文化史編集委員会〉Ⓝ702.1925
　［5000円］

山形県（文化財―長井市）
◇長井の文化財　「長井の文化財」編集委員会編　長井　長井市
　2014.4　69p　30cm　〈長井市制施行六十周年記念刊行　共同
　刊行：長井市教育委員会〉Ⓝ709.125

山形県（文化団体）
◇県芸文の記録―市町村芸文の活動　平成25年度　山形県芸術
　文化協会編　山形　山形県芸術文化協会　2014.3　66p
　26cm　Ⓝ702.1925

山形県（ベンチャービジネス）
◇創業者、中小企業者のための支援施策ガイドブック　平成25
　年度版　山形　山形県商工労働観光部中小企業振興課
　［2013］　217p　30cm　Ⓝ335.33
◇創業者、中小企業者のための支援施策ガイドブック　平成26年
　度版　山形県企業振興公社経営支援部編　山形　山形県商工
　労働観光部中小企業振興課　［2014］　228p　30cm　Ⓝ335.33

山形県（マイクログリッド―酒田市）
◇災害等非常時にも効果的な港湾地域低炭素化推進事業（酒田港
　災害対応型低炭素化設備等整備実証事業）　平成25年度　［酒
　田］　酒田港リサイクル産業センター　2014.3　83p　30cm
　〈平成25年度環境省地球環境局委託　背のタイトル：災害等非
　常時にも効果的な港湾地域低炭素化推進事業（酒田港災害対応
　型低炭素設備等整備実証事業）〉Ⓝ517.85

山形県（昔話―川西町）
◇むがしむがし―川西町に語り継がれた民話　川西昔ばなし
　の会編　［川西町（山形県）］　川西昔ばなしの会　2014.3
　100p　21cm　Ⓝ388.125

山形県（昔話―庄内町）
◇おらほの昔語り千回　長南一美編著　庄内町（山形県）松風園
　2013.5　327p　22cm　Ⓝ388.125　［1800円］

山形県（昔話―米沢市）
◇四百ぷらりん―遠藤たけの昔話集　遠藤たけの［述］, 武田正
　編　山形　東北文教大学短期大学部民話研究センター　2014.
　8　135p　19cm　〈東北文教大学短期大学部民話研究センター
　資料叢書〉Ⓝ388.125

山形県（名簿）
◇山形県人物・人材情報リスト　2015　日外アソシエーツ株式
　会社編　日外アソシエーツ（制作）　2014.11　556, 26p　30cm
　Ⓝ281.25

山形県（歴史）
◇忠臣蔵の真実―赤穂事件と米沢：特別展　米沢　米沢市上杉
　博物館　2013.10　111p　30cm　〈年表あり　文献あり　会期・
　会場：2013年10月5日―11月24日　米沢市上杉博物館〉Ⓝ212.5
◇最上氏と出羽の歴史　伊藤清郎編　高志書院　2014.2　338p
　22cm　〈文献あり〉戦国大名最上氏の時代　最上氏の呼
　称について（伊藤清郎著）　花押に見る最上氏の領主としての性
　格（安部俊治著）　最上義光の大工頭小澤若狭と天守閣図面
　（吉田歓著）　最上氏時代山形城絵図の再検討（齋藤仁著）　寒
　河江白岩新町楯跡について（大場雅之著）　鶴岡市田川地域に
　おける中世城館跡の類型論2（眞壁建著）　中近世における砂糖
　の容器と贈答（三上喜孝著）　中条氏系小田島氏の系譜（石井
　浩幸著）　出羽の考古と歴史　寒河江市平野山古窯出土瓦にみ

る出羽国府移設試論（大宮富善著）　白河院政期の出羽守と
「都の武士」（誉田慶信著）　庄内地方出土の一括出土銭の考察
（須藤英之著）　庄内藩の納方手代（小野寺雅昭著）　近世後期
村山郡半郷村における貢租負担基盤の実相（山内励著）　明治
初年の南・北高擶村合併について（村山正市著）　大島正隆と
森嘉兵衛（柳原敏昭著）　山形県内における歴史公文書の保存
と公開（佐藤正三郎著）　出羽の宗教と社会　中世出羽の屋敷
墓（山口博之著）　葉山参詣の民俗誌（関口健著）　合戦と呪
術・信仰（小関幸悦著）　山形県の「両墓制」（小田島建己著）
芭蕉「奥の細道」山寺の宿についての考察（相原一士著）　「酒
田山王祭り」構成要素の比較考察（菊地和博著）〉①978-4-
86215-129-2　Ⓝ212.5　［8300円］
◇瀧山と恥川の秘密―山形県歴史探訪　清野春樹著　米沢　不忘
　出版　2014.2　208p　19cm　〈文献あり〉Ⓝ212.5　［1500円］
◇瀧山と恥川の秘密―山形県歴史探訪　清野春樹著　第2版　米沢
　不忘出版　2014.4　212p　19cm　〈文献あり〉Ⓝ212.5　［1500
　円］

山形県（歴史―酒田市）
◇酒田・新庄・最上の昭和―写真アルバム　長岡　いき出版
　2014.11　279p　31cm　〈山形県教科書供給所（発売）〉①978-
　4-904614-56-3　Ⓝ212.5　［9250円］

山形県（歴史―史料）
◇大泉叢誌―巻二十、巻四十二―巻四十六、巻百十八、巻百二十
　五、巻百二十七　致道博物館編　鶴岡　致道博物館　2014.3
　313p　22cm　Ⓝ212.5

山形県（歴史―史料―寒河江市）
◇米沢村資料―熊谷五右衛門家資料　寒河江市史編纂委員会編
　［寒河江］　寒河江市教育委員会生涯学習課　2014.10　343p
　21cm　〈寒河江市史編纂叢書　第83集〉Ⓝ212.5

山形県（歴史―史料―書目―鶴岡市）
◇諸家文書目録　12　鶴岡市郷土資料館編　鶴岡　鶴岡市郷土資
　料館　2014.3　106p　26cm　〈内容：松本十郎資料〉Ⓝ212.5

山形県（歴史―史料―書目―山形市）
◇古文書史料目録　第36号　山形市下宝沢地区文書　2　山形大
　学附属博物館編　山形　山形大学附属博物館　2014.3　46p
　21cm　Ⓝ212.5

山形県（歴史―史料―南陽市）
◇南陽市史編集資料　第43号　南陽市教育委員会編　南陽　南
　陽市教育委員会　2014.3　151p　21cm　〈内容：菅野佐次兵衛
　家文書．2　赤湯小学校日誌．3〉Ⓝ212.5

山形県（歴史―新庄市）
◇酒田・新庄・最上の昭和―写真アルバム　長岡　いき出版
　2014.11　279p　31cm　〈山形県教科書供給所（発売）〉①978-
　4-904614-56-3　Ⓝ212.5　［9250円］

山形県（歴史―年表―上山市）
◇上山市史年表　上山市教育委員会編纂　上山　上山市　2014.
　3　166p　30cm　Ⓝ212.5　［1200円］

山形県（歴史―山形市）
◇半郷物語　2　［山形］　半郷町内会　2014.6　290p　30cm
　〈年表あり〉Ⓝ212.5

山形県（歴史―論文集）
◇山形の縄文文化小論集―今、山形の縄文時代はどこまでわかっ
　たのか　山形　放送大学山形学習センター　2014.2　116p
　30cm　〈文献あり　別冊併刊：山形県埋蔵文化財センター　内
　容：山形の大地に花開いた縄文文化（山崎利夫著）　国宝「縄文
　土偶」と西ノ前遺跡（黒坂雅人著）　白龍湖畔の押出縄文ムラ
　にみる縄文人の暮らし（水戸部秀樹著）　山形の発達した縄文
　中期ムラの様子（菅原哲文著）　東北に栄えた亀ヶ岡文化と山
　形県内の晩期遺跡（小林圭一著）　縄文文化から弥生文化へ
　（植松暁彦著）　石器から過去の記憶を呼び起こす（大場正善
　著）〉Ⓝ212.5

山形県（歴史地理）
◇大泉荘・境界と地割―出羽国田川郡　齋藤勤也著　鶴岡　齋
　藤勤也　2014.8　135p　26cm　（山形県庄内地方／古代・中世
　の研究　2）〈年表あり〉Ⓝ291.25

山形県民書道会
◇ふれあい―山形県民書道会創立二十周年記念誌　二十周年記
　念誌編集委員会編　山形　山形県民書道会　2013.10　119p
　30cm　Ⓝ728.06

山形県立東根工業高等学校
◇世界を照らす僕たちの手作り太陽電池パネル―高校生が挑んだ
　国際協力の記録　山形県立東根工業高等学校ものづくり委員会
　編　国際開発ジャーナル社　2014.5　268p　19cm　〈丸善出版
　（発売）年鑑あり〉①978-4-87539-086-2　Ⓝ543.8　［1800円］

日本件名図書目録2014　I　　　　　　　　　　　　　　　　　　　　　　　　　　　　　　　　　　　　　　山口県（遺跡・遺物—山口市）

山形市〔遺跡・遺物〕
◇山形城三の丸跡第12次発掘調査報告書　上山　山形県埋蔵文化財センター　2014.3　48p　図版21p　30cm　（山形県埋蔵文化財センター調査報告書　第214集）Ⓝ210.0254

山形市〔金石・金石文〕
◇瀧山川—石碑と信仰　東北芸術工科大学東北文化研究センター編　山形　東北芸術工科大学東北文化研究センター　2014.9　51p　26cm　（東北一万年のフィールドワーク 10）〈年表あり　文部科学省私立大学戦略的研究基盤形成支援事業「環境動態を視点とした地域社会と集落形成に関する総合的研究」〉Ⓝ212.5

山形市〔歴史〕
◇半郷物語　2　［山形］　半郷町内会　2014.6　290p　30cm〈年表あり〉Ⓝ212.5

山形市〔歴史—史料—書目〕
◇古文書史料目録　第36号　山形市下宝沢地区文書　2　山形大学附属博物館編　山形　山形大学附属博物館　2014.3　46p　21cm　Ⓝ212.5

山形市議会
◇山形市議会史　第11巻　［山形］　山形市議会　2014.1　937p　[11]　枚　22cm　Ⓝ318.425

山形大学
◇山形ワークライフバランス・イノベーション—平成25年度報告書・シンポジウム報告書：これからの社会をつくる女性のリーダーを育てるために　山形　山形大学男女共同参画推進室　2014.3　62p　30cm　Ⓝ377.13

山形マスターズ陸上競技連盟
◇山形マスターズ陸上競技連盟30周年記念誌　山形　山形マスターズ陸上競技連盟　2013.12　78p　30cm〈年表あり〉Ⓝ782.06

山川 菊栄〔1890～1980〕
◇おんな二代の記　山川菊栄著　岩波書店　2014.7　459p　15cm　（岩波文庫 33-162-5）〈年譜あり　底本：山川菊栄集 9 1982年刊〉①978-4-00-331625-2　Ⓝ289.1　[1080円]

山川 健次郎〔1854～1931〕
◇山川健次郎日記—印刷原稿第一～第三、第十五　山川健次郎［著］，尚友倶楽部史料調査室，小宮京，中澤俊輔編集　芙蓉書房出版　2014.12　257p　21cm　（尚友ブックレット 28）〈年譜あり　秋田県公文書館所蔵の翻刻〉①978-4-8295-0640-0　Ⓝ289.1　[2700円]

山川 咲〔1983～ 〕
◇幸せをつくるシゴト—完全オーダーメイドのウェディングビジネスを成功させた私の方法　山川咲著　講談社　2014.4　229p　19cm　①978-4-06-218888-3　Ⓝ289.1　[1500円]

山川 均〔1880～1958〕
◇マルクスを日本で育てた人—評伝・山川均　1　石河康国著　社会評論社　2014.11　259,20,5p　21cm〈年譜あり　索引あり〉①978-4-7845-1533-2　Ⓝ289.1　[2600円]

山口〔家〕〔蓮田市〕
◇入山山口家の歴史　藤井明広著　川口　藤井明広　2014.10　81，26p　21cm〈年譜あり〉Ⓝ288.3

山口〔氏〕
◇山口家家系図集—五郎左衛門と半五郎兄弟の足跡を訪ねて　野﨑アツ編　三島　野﨑弘一　2014.9　74p　21×30cm　Ⓝ288.2

山口 厚〔1953～ 〕
◇山口厚先生献呈論文集　髙山佳奈子，島田聡一郎編集　成文堂　2014.11　429p　22cm〈内容：「感情」法益の問題性（髙山佳奈子著）　医的侵襲行為の正当化と「仮定的同意」論（古川伸彦著）　家庭内暴力への反撃としての殺人を巡る刑法上の諸問題（深町晋也著）　注意義務の内容確定基準（樋口亮介著）　強盗罪と恐喝罪の区別（嶋矢貴之著）　賄賂罪の見方（和田俊憲著）〉①978-4-7923-5128-1　Ⓝ326.04　[9000円]

山口 幸二〔1968～ 〕
◇辛抱するということ—ヤマコウのバンク人生　山口幸二著　日刊スポーツ出版社　2013.8　247p　19cm　（ニッカン＋）①978-4-8172-0306-9　Ⓝ788.6　[1600円]

山口 春三〔1934～ 〕
◇成るまでやる　山口春三著　名古屋　中部経済新聞社　2013.8　206p　18cm　（中経マイウェイ新書 16）①978-4-88520-178-3　Ⓝ289.1　[800円]

山口 昇二〔1936～ 〕
◇不撓不屈の精神で—ヘコたれない実践家として生き抜く　山口昇二著　京都　あいり出版　2014.12　204p　22cm〈年譜あり〉①978-4-901903-98-1　Ⓝ289.1　[2600円]

山口 誓子〔1901～1994〕
◇誓子の素粒子　品川鈴子著　ウエップ　2014.5　191p　20cm　①978-4-904800-04-1　Ⓝ911.362　[2500円]

山口 高志〔1950～ 〕
◇君は山口高志を見たか—伝説の剛速球投手　鎮勝也著　講談社　2014.10　269p　20cm　①978-4-06-219260-6　Ⓝ783.7　[1500円]

山口 彊〔1916～2010〕
◇二重被爆—ヒロシマナガサキ2つのキノコ雲の下を生き抜いて：語り部山口彊からあなたへ　稲塚秀孝著　合同出版　2014.1　166p　22cm〈文献あり　年譜あり〉①978-4-7726-0369.37　[1500円]

山口 哲夫〔1928～ 〕
◇信念は曲げず—「市民こそ主人公」を貫いた政治人生　山口哲夫著　文芸社　2014.4　239p　20cm　①978-4-286-14049-0　Ⓝ312.1　[1200円]

山口 瞳〔1926～1995〕
◇係長・山口瞳の〈処世〉術　小玉武著　小学館　2014.12　357p　15cm　（小学館文庫 こ3-1）〈文献あり　年譜あり　筑摩書房2009年刊の再刊〉①978-4-09-406106-2　Ⓝ910.268　[650円]

山口 冨士夫〔1949～2013〕
◇Sing Your Own Story—山口冨士夫　山口冨士夫文，名越啓介写真　ルーフトップ/ロフトブックス編集部　2014.8　1冊（ページ付なし）　19×27cm　①978-4-907929-02-2　Ⓝ767.8　[5500円]

山口 昌男〔1931～2013〕
◇山口昌男人類学的思考の沃野　真島一郎，川村伸秀編　府中（東京都）　東京外国語大学出版会　2014.10　506p　21cm〈文献あり　年譜あり　著作目録あり〉①978-4-904575-42-0　Ⓝ389.04　[3400円]

山口 百恵〔1959～ 〕
◇銀幕の三浦家—1974-2011：ある映画俳優一家37年間の軌跡　星光著　大阪　パレード　2014.8　346p　19cm　（Parade books）〈文献あり〉①978-4-86522-025-4　Ⓝ778.21　[1800円]

山口組
◇鎮魂—さらば、愛しの山口組　盛力健児著　宝島社　2014.5　349p　16cm　（宝島SUGOI文庫 Aせ-2-1）〈年譜あり　2013年刊の加筆、改訂〉①978-4-8002-2241-1　Ⓝ368.51　[680円]

山口県
◇山口あるある　タキガワマミ著，丸岡巧画　TOブックス　2014.11　159p　18cm　①978-4-86472-315-2　Ⓝ291.77　[980円]

山口県〔遺跡・遺物—下関市〕
◇伊倉遺跡（亀の甲地区）　下関　下関市教育委員会　2014.3　14p　図版8枚　30cm　（下関市文化財調査報告書 36）〈山口県下関市大字伊倉字亀の甲地内伊倉遺跡（亀の甲地区）発掘調査報告書〉Ⓝ210.0254
◇土井ヶ浜遺跡—第1次～第12次発掘調査報告書　土井ヶ浜遺跡・人類学ミュージアム編　下関　土井ヶ浜遺跡・人類学ミュージアム　2014.3　4冊　30cm　（下関市文化財調査報告書 35）〈文献あり　共同刊行：下関市教育委員会　内容：第1分冊　本文編　第2分冊　人骨編　第3分冊　特論・総括編　第4分冊　図版編〉Ⓝ210.0254
◇土井ヶ浜遺跡の発見・発掘史一「邂逅」—この"不思議"なるもの　河野俊平著　防府　陶片居古美術研究所　2014.11　435p　21cm〈付：「百万一心」・野村望東尼〉Ⓝ217.7　[4500円]

山口県〔遺跡・遺物—防府市〕
◇下津令遺跡　1　山口県ひとづくり財団山口県埋蔵文化財センター，防府市教育委員会編　山口　山口県ひとづくり財団山口県埋蔵文化財センター　2014.3　56p　図版32p　30cm　（山口県埋蔵文化財センター調査報告　第86集）〈共同刊行：防府市教育委員会　内容：沖ノ下1地区　西尾崎1地区〉Ⓝ210.0254

山口県〔遺跡・遺物—山口市〕
◇大内氏関連町並遺跡　8　山口市教育委員会文化財保護課編　［山口］　山口市教育委員会　2014.3　261p　図版［20］枚　30cm　（山口市埋蔵文化財調査報告 第112集）〈文献あり　第11・15・19・24次調査と金属生産関連遺物の自然科学的調査〉Ⓝ210.0254
◇大内氏築山跡　7　山口市教育委員会文化財保護課編　山口　山口市教育委員会文化財保護課　2014.3　108p　図版［26］枚　30cm　（山口市埋蔵文化財調査報告 第110集）〈年表あり〉Ⓝ210.0254
◇大内氏館跡　15　山口市教育委員会文化財保護課編　［山口］　山口市教育委員会　2014.3　284p　図版［34］枚　30cm

1085

山口県（医療）

（山口市埋蔵文化財調査報告　第111集）〈年表あり　文献あり〉Ⓝ210.0254

◇大浦古墳群　山口市教育委員会文化財保護課編　［山口］　山口市教育委員会　2014.2　14p　図版 16p　30cm　（山口市埋蔵文化財調査報告　第113集）Ⓝ210.0254

◇東禅寺・黒山遺跡　8　山口県ひとづくり財団山口県埋蔵文化財センター編　山口　山口県ひとづくり財団山口県埋蔵文化財センター　2014.3　62p　図版 32p　30cm　（山口県埋蔵文化財センター調査報告　第88集）Ⓝ210.0254

◇中恋路遺跡　2　山口県ひとづくり財団山口県埋蔵文化財センター編　山口　山口県ひとづくり財団山口県埋蔵文化財センター　2014.3　30p　図版 18p　30cm　（山口県埋蔵文化財センター調査報告　第87集）Ⓝ210.0254

山口県（医療）

◇山口県保健医療計画―生涯を通じて健康で安心して暮らせる地域保健医療体制の確立　［山口］　山口県　2013.5　323p　30cm　〈第6次〉Ⓝ498.1

山口県（衛生行政）

◇山口県保健医療計画―生涯を通じて健康で安心して暮らせる地域保健医療体制の確立　［山口］　山口県　2013.5　323p　30cm　〈第6次〉Ⓝ498.1

山口県（エネルギー政策―山口市）

◇山口市地域新エネルギービジョン　改定版　山口　山口市環境部環境政策課　2014.3　73, 40p　30cm　Ⓝ501.6

山口県（火災）

◇平成23・24年の災害　山口県総務部防災危機管理課編　［山口］　山口県総務部防災危機管理課　2014.2　219p　30cm　Ⓝ369.3

山口県（看護師）

◇山口県における看護の現状　［山口］　山口県健康福祉部　2013.3　55p　30cm　Ⓝ498.14

山口県（行政組織）

◇行政機関ガイドブック　平成25年度 山口県版　山口　総務省山口行政評価事務所　2013.6　77p　30cm　Ⓝ317.2

山口県（原子力災害―防災）

◇山口県地域防災計画　平成26年度 原子力災害対策編　［山口］　山口県防災会議　［2014］　1冊　30cm　Ⓝ369.3

山口県（港湾）

◇山口県のみなと　山口　山口県土木建築部港湾課　［2013］　79p　30cm　Ⓝ683.92177

山口県（古地図―美祢市）

◇美禰郡細見絵圖　復刻版　美祢　秋芳町地方文化研究会　2014.6　1冊（ページ付なし）　39×58cm　〈原本：文久2年刊　秋芳町地方文化研究会五〇周年記念〉Ⓝ291.77

山口県（災害予防―情報サービス）

◇九州・山口県防災気象情報ハンドブック　2014　［福岡］　福岡管区気象台　2014.5　140p　30cm　Ⓝ369.3

山口県（山岳）

◇防長山野へのいざない　第4集　金光康資著　［山陽小野田］　［金光康資］　2014.12　541p　26cm　Ⓝ291.77　［2300円］

山口県（産業）

◇平成24年経済センサス活動調査（確報）―調査結果の概要　改訂　［山口］　山口県総合企画部統計分析課　2014.3　1冊　30cm　〈内容：産業横断的集計・基本編　産業横断的集計・詳細編　鉱業編　産業別集計　付表〉Ⓝ602.177

山口県（産業―歴史）

◇山口県を中心とした産業発展の歴史　中国電力株式会社エネルギア総合研究所編　広島　中国地方総合研究センター　2014.3　257p　30cm　〈文献あり〉Ⓝ602.177

山口県（史跡名勝）

◇幕末「長州」史跡散歩　一坂太郎著　洋泉社　2014.9　238p　18cm　（歴史新書）〈文献あり　年表あり〉Ⓘ978-4-8003-0483-4　Ⓝ291.77　［950円］

山口県（自然災害）

◇九州・山口県防災気象情報ハンドブック　2014　［福岡］　福岡管区気象台　2014.5　140p　30cm　Ⓝ369.3

◇平成23・24年の災害　山口県総務部防災危機管理課編　［山口］　山口県総務部防災危機管理課　2014.2　219p　30cm　Ⓝ369.3

山口県（下関市）

◇ご存知ですか　2　都美多ギコ, 野村忠司, 安冨静夫, 吉岡一生著　［下関］　毎日メディアサービス山口サンデー新聞　2014.9　213p　18cm　Ⓘ978-4-99079930-4　Ⓝ291.77　［1000円］

山口県（社会福祉―山口市）

◇山口市地域福祉計画・山口市地域福祉活動計画―平成26年度―平成29年度：みんなでともに支え合い誰もがその人らしく、住みなれた地域で安心して暮らせる福祉のまちづくり　山口市健康福祉部福祉総務課, 山口市社会福祉協議会編　［山口］　山口市　2014.3　135p　30cm　〈共同刊行：山口市社会福祉協議会〉Ⓝ369.11

山口県（写真集―下松市）

◇周南・下松・光の昭和―写真アルバム　名古屋　樹林舎　2014.7　262p　図版 16p　31cm　〈年表あり〉Ⓘ978-4-902731-66-8　Ⓝ217.7　［9250円］

山口県（写真集―周南市）

◇写真でたどる岐山の今昔　周南　岐山地区コミュニティ推進協議会　2014.3　60p　21×30cm　〈年表あり〉Ⓝ217.7　［1000円］

◇周南・下松・光の昭和―写真アルバム　名古屋　樹林舎　2014.7　262p　図版 16p　31cm　〈年表あり〉Ⓘ978-4-902731-66-8　Ⓝ217.7　［9250円］

山口県（写真集―長門市）

◇ふるさと萩・長門・美祢―生活感あふれる写真でつづる決定版写真集！：保存版　森本文規監修　松本　郷土出版社　2014.9　230p　31cm　Ⓘ978-4-86375-219-1　Ⓝ217.7　［9250円］

山口県（写真集―萩市）

◇ふるさと萩・長門・美祢―生活感あふれる写真でつづる決定版写真集！：保存版　森本文規監修　松本　郷土出版社　2014.9　230p　31cm　Ⓘ978-4-86375-219-1　Ⓝ217.7　［9250円］

山口県（写真集―光市）

◇周南・下松・光の昭和―写真アルバム　名古屋　樹林舎　2014.7　262p　図版 16p　31cm　〈年表あり〉Ⓘ978-4-902731-66-8　Ⓝ217.7　［9250円］

山口県（写真集―防府市）

◇山口・防府の昭和―写真アルバム　名古屋　樹林舎　2014.8　264p　図版 16p　31cm　〈山口教科書供給（発売）　年表あり　文献あり〉Ⓘ978-4-902731-69-9　Ⓝ217.7　［9250円］

山口県（写真集―美祢市）

◇ふるさと萩・長門・美祢―生活感あふれる写真でつづる決定版写真集！：保存版　森本文規監修　松本　郷土出版社　2014.9　230p　31cm　Ⓘ978-4-86375-219-1　Ⓝ217.7　［9250円］

山口県（写真集―山口市）

◇山口・防府の昭和―写真アルバム　名古屋　樹林舎　2014.8　264p　図版 16p　31cm　〈山口教科書供給（発売）　年表あり　文献あり〉Ⓘ978-4-902731-69-9　Ⓝ217.7　［9250円］

山口県（障害者福祉）

◇やまぐち障害者いきいきプラン　2013-2017　［山口］　山口県　2013.3　45p　30cm　Ⓝ369.27

山口県（書目）

◇山口県EL新聞記事情報リスト　2013-1　エレクトロニック・ライブラリー編　エレクトロニック・ライブラリー　2014.2　795p　31cm　〈制作：日外アソシエーツ〉Ⓝ025.8177

◇山口県EL新聞記事情報リスト　2013-2　エレクトロニック・ライブラリー編　エレクトロニック・ライブラリー　2014.2　p797-1510　31cm　〈制作：日外アソシエーツ〉Ⓝ025.8177

◇山口県EL新聞記事情報リスト　2013-3　エレクトロニック・ライブラリー編　エレクトロニック・ライブラリー　2014.2　p1511-2062　31cm　〈制作：日外アソシエーツ〉Ⓝ025.8177

山口県（震災予防）

◇山口県地域防災計画　平成26年度 震災対策編　［山口］　山口県防災会議　［2014］　1冊　30cm　Ⓝ369.3

山口県（森林）

◇酸性雨モニタリング（土壌・植生）調査結果報告書　平成25年度　［山口］　山口県　2014.3　129p　30cm　〈平成25年度環境省委託業務結果報告書　表紙のタイトル：酸性雨モニタリング（土壌・植生）調査〉Ⓝ519.5

山口県（水害）

◇豪雨災害の記録―農作物等の被害状況と復旧・復興の取組：山口・島根豪雨（平成25年7月28日）からの報告　［萩］　山口県萩農林事務所農業部　2014.3　119p　30cm　Ⓝ369.33

山口県（水害予防）

◇山口県地域防災計画　平成25年度 第3編第13章　水防計画　［山口］　山口県　［2013］　238p　30cm　Ⓝ369.3

◇山口県地域防災計画　平成26年度 第3編第13章　水防計画　［山口］　山口県　［2014］　238p　30cm　Ⓝ369.3

山口県（水産業）

◇あぜ道便り―とわに生きる農漁家ともに育つ普及員と通信員　山本實著　改訂版　［萩］　［山本實］　2014.12　482p　31cm　Ⓝ612.177

日本件名図書目録2014　I　　　　　　　　　　　　　　　　　　　　　　　　　　　　　　　山口市（遺跡・遺物）

山口県（水質汚濁）
◇酸性雨モニタリング（陸水）調査結果—萩市大字紫福： 山の口
ダム　平成25年度　［山口］　山口県　2014.3　95p　30cm
〈平成25年度環境省委託業務結果報告書　背のタイトル：酸性
雨モニタリング（陸水）調査〉Ⓝ519.4

山口県（精神衛生）
◇職員のためのメンタルヘルスハンドブック　平成25年度版
［山口］　山口県総務部給与厚生課　［2013］　80p　30cm
〈共同刊行：地方職員共済組合山口県支部〉Ⓝ498.8

山口県（石油コンビナート）
◇山口県石油コンビナート等防災計画　山口　山口県石油コン
ビナート等防災本部　2014.3　214p, p1001-1124　30cm
Ⓝ575.5

山口県（石油コンビナート—岩国市）
◇岩国・大竹地区石油コンビナート等防災計画　［山口］　広島
県及び山口県石油コンビナート等防災本部協議会　2014.3
359p　30cm　Ⓝ575.6

山口県（選挙—統計）
◇選挙の記録—平成25年版　［山口］　山口県選挙管理委員会
［2014］　206p　30cm　〈第23回参議院議員通常選挙 25.7.21,
参議院山口県選挙区選出議員補欠選挙 25.4.28, 山口県瀬戸内
海海区漁業調整委員会委員補欠選挙 25.6.27, 付録市町議会議
員及び長の選挙（25.1から25.12まで）〉Ⓝ314.8

山口県（大気汚染）
◇「微小粒子状物質（PM2.5）に関する広域分布特性調査」報告
書—2012年—2013年日韓海峡沿岸県市道環境技術交流事業
［山口］　日韓海峡沿岸県市道環境技術交流協議会　2014.3　151p
30cm〈背のタイトル：微小粒子状物質（PM2.5）に関する広域
分布特性調査　共同刊行：日韓海峡沿岸県市道環境技術交流
会議〉Ⓝ519.3

山口県（地誌）
◇やまぐちQ&A　山口県総合企画部政策企画課編　［山口］　山
口県　2013.7　171p　19cm　Ⓝ291.77

山口県（地方選挙）
◇選挙の記録—平成25年版　［山口］　山口県選挙管理委員会
［2014］　206p　30cm〈第23回参議院議員通常選挙 25.7.21,
参議院山口県選挙区選出議員補欠選挙 25.4.28, 山口県瀬戸内
海海区漁業調整委員会委員補欠選挙 25.6.27, 付録市町議会議
員及び長の選挙（25.1から25.12まで）〉Ⓝ314.8

山口県（鶴—保護—周南市）
◇鶴と暮らす山里の「野鶴監視員」の物語—本州に唯一残された
ナベヅル越冬地・山口県八代盆地に生きる　弘中数實著, 弘中
数實遺稿・追悼集企画製作委員会編　ダイヤモンド・ビッグ社
2014.7　188p　19cm〈ダイヤモンド社（発売）年譜あり〉
①978-4-478-04626-5　Ⓝ488.5　［1200円］

山口県（統計）
◇50の指標でみる市町のすがた　平成25年度版　山口県総合企
画部統計分析課編　［山口］　山口県統計協会　2014.3　10,
50p　30cm〈平成25年10月1日現在〉Ⓝ351.77
◇100の指標でみる山口県　平成25年度版　山口県総合企画部統
計分析課編　［山口］　山口県統計協会　2014.3　7, 100p
30cm　Ⓝ351.77

山口県（読書指導）
◇山口県子ども読書活動推進計画　第3次計画　山口県教育庁社
会教育・文化財課編　［山口］　山口県教育委員会　2014.3
52p　30cm　Ⓝ019.2

山口県（土壌汚染）
◇酸性雨モニタリング（土壌・植生）調査結果報告書　平成25年
度　［山口］　山口県　2014.3　129p　30cm〈平成25年度環
境省委託業務結果報告書　表紙のタイトル：酸性雨モニタリ
ング（土壌・植生）調査〉Ⓝ519.5

山口県（農業）
◇あぜ道便り—とわに生きる農漁家ともに育つ普及員と通信員
山本實著　改訂版　［萩］［山本實］　2014.12　482p　31cm
Ⓝ612.177

山口県（農業試験）
◇新たに普及に移しうる試験研究等の成果　山口　山口県農林
総合技術センター　2014.7　24p　30cm　（試験研究等成果資
料　第39号）Ⓝ610.76

山口県（博物誌—下関市）
◇下関の自然—開館・合併10周年記念冊子　下関　豊田ホタル
の里ミュージアム　2014.10　56p　24cm〈英語併記〉Ⓝ402.
9177

山口県（風俗・習慣—美祢市）
◇美祢市美東地区民俗調査報告書　山口大学人文学部社会学
コース湯川・坪郷研究室編　山口　山口大学人文学部社会学
コース湯川・坪郷研究室　2013.3　57p　30cm　（山口地域社
会研究シリーズ 27）〈文献あり　表紙の出版者：山口大学人
文学部社会学コースコース〉Ⓝ382.177

山口県（文化政策）
◇やまぐち文化芸術振興プラン—多彩な"人財"が輝く夢あふれ
る文化県をめざして　山口県総合企画部スポーツ・文化局文
化振興課編　山口　山口県総合企画部スポーツ・文化局文化
振興課　［2013］　51p　30cm　Ⓝ709.177

山口県（方言—辞書）
◇山口弁（周南地方）辞典　2013年版　阿部啓治編　［下松］　阿
部啓治　2013.10　280p　21cm　Ⓝ818.77　［非売品］

山口県（防災計画）
◇岩国・大竹地区石油コンビナート等防災計画　［山口］　広島
県及び山口県石油コンビナート等防災本部協議会　2014.3
359p　30cm　Ⓝ575.6
◇山口県石油コンビナート等防災計画　山口　山口県石油コン
ビナート等防災本部　2014.3　214p, p1001-1124　30cm
Ⓝ575.5
◇山口県地域防災計画　平成25年度　資料編　［山口］　山口県防
災会議　［2013］　513, 57p　30cm　Ⓝ369.3
◇山口県地域防災計画　平成26年度　本編　［山口］　山口県防災
会議　［2014］　1冊　30cm　Ⓝ369.3

山口県（名簿）
◇山口県人物・人材情報リスト　2015　日外アソシエーツ株式
会社編　日外アソシエーツ（制作）2014.11　815, 36p　30cm
Ⓝ281.77

山口県（領事館—保存・修復—下関市）
◇重要文化財旧下関英国領事館本館ほか2棟保存修理工事報告書
文化財建造物保存技術協会編著　下関　下関市　2014.3　1冊
30cm〈年表あり〉Ⓝ521.8

山口県（歴史）
◇山口県史　史料編　現代 4　山口県編　山口　山口県　2014.6
991p　22cm〈付属資料：8p：月報〉Ⓝ217.7

山口県（歴史—岩国市）
◇岩国市史　通史編 2　岩国市史編さん委員会編纂　［岩国］
岩国市　2014.3　1629p　22cm〈文献あり　内容：近世〉
Ⓝ217.7

山口県（歴史—周南市）
◇福川南ふるさと探訪—この地域の歴史と暮らしを訪ねて　［周
南］　福川南地区町づくり協議会　2014.3　151p　26cm
Ⓝ217.7

山口県（歴史—史料）
◇長門国守護厚東氏発給文書　『長門国守護厚東氏発給文書』編
集委員会編　山口　山口県地方史学会　2014.1　66p　22×
29cm〈年表あり　文献あり　山口県地方史学会創立六十周年
記念〉Ⓝ217.7
◇山口県史　史料編　近世 7　山口県編　山口　山口県　2014.6
1080, 35p　22cm〈付属資料：8p：月報〉Ⓝ217.7
◇山口県史　史料編　幕末維新 7　山口県編　山口　山口県
2014.6　1032p　22cm〈付属資料：8p：月報 32〉Ⓝ217.7

山口県（歴史—防府市）
◇わが故郷の風景—周防なる蓬莱島「防府市向島」海の人々の歴
史物語と町の風景点描　石川哲海著　［小牧］　［石川哲海］
2014.3　372p　21cm〈文献あり　年表あり　折り込 2枚〉
Ⓝ217.7　［非売品］

山口県（労働衛生）
◇職員のためのメンタルヘルスハンドブック　平成25年度版
［山口］　山口県総務部給与厚生課　［2013］　80p　30cm
〈共同刊行：地方職員共済組合山口県支部〉Ⓝ498.8

山口県議会
◇山口県議会史　平成3年—平成11年　山口県議会編　山口　山
口県議会　2014.3　2冊　27cm　Ⓝ318.477

山口県立美祢高等学校
◇七十年のあゆみ—山口県立美祢高等学校　美祢　山口県立美
祢高等学校　2013.3　79p　30cm〈年表あり〉Ⓝ376.48

山口県連合婦人会
◇山口県連合婦人会60周年記念誌—60年の歩み：地域とともに
山口　山口県連合婦人会　2013.12　120p　30cm〈年表あり〉
Ⓝ367.06

山口市（遺跡・遺物）
◇大内氏関連町並遺跡　8　山口市教育委員会文化財保護課編
［山口］　山口市教育委員会　2014.3　261p　図版［20］枚
30cm　（山口市埋蔵文化財調査報告　第112集）〈文献あり

山口市（エネルギー政策）

第11・15・19・24次調査と金属生産関連遺物の自然科学的調査）Ⓝ210.0254

◇大内氏築山跡　7　山口市教育委員会文化財保護課編　山口　山口市教育委員会文化財保護課　2014.3　108p　図版［26］枚　30cm　（山口市埋蔵文化財調査報告　第110集）〈年表あり〉Ⓝ210.0254

◇大内氏館跡　15　山口市教育委員会文化財保護課編　［山口］　山口市教育委員会　2014.3　284p　図版［34］枚　30cm　（山口市埋蔵文化財調査報告　第111集）〈年表あり　文献あり〉Ⓝ210.0254

◇大浦古墳群　山口市教育委員会文化財保護課編　［山口］　山口市教育委員会　2014.2　14p　図版16p　30cm　（山口市埋蔵文化財調査報告　第113集）Ⓝ210.0254

◇東禅寺・黒山遺跡　8　山口県ひとづくり財団山口県埋蔵文化財センター編　山口　山口県ひとづくり財団山口県埋蔵文化財センター　2014.3　62p　図版32p　30cm　（山口県埋蔵文化財センター調査報告　第88集）Ⓝ210.0254

◇中窪路遺跡　2　山口県ひとづくり財団山口県埋蔵文化財センター編　山口　山口県ひとづくり財団山口県埋蔵文化財センター　2014.3　30p　図版18p　30cm　（山口県埋蔵文化財センター調査報告　第87集）Ⓝ210.0254

山口市（エネルギー政策）

◇山口市地域新エネルギービジョン　改定版　山口　山口市環境部環境政策課　2014.3　73, 40p　30cm　Ⓝ501.6

山口市（社会福祉）

◇山口市地域福祉計画・山口市地域福祉活動計画―平成26年度―平成29年度：みんなでともに支え合い誰もがその人らしく、住みなれた地域で安心して暮らせる福祉のまちづくり　山口市健康福祉部社会課, 山口市社会福祉協議会編　［山口］　山口市　2014.3　135p　30cm〈共同刊行：山口市社会福祉協議会〉Ⓝ369.11

山口市（写真集）

◇山口・防府の昭和―写真アルバム　名古屋　樹林舎　2014.8　264p　図版16p　31cm〈山口教科書供給（発売）　年表あり　文献あり〉①978-4-902731-69-9　Ⓝ217.7　［9250円］

山崎 闇斎〔1618～1682〕

◇山崎闇斎―天人唯一の妙、神明不思議の道　澤井啓一著　京都　ミネルヴァ書房　2014.3　396,4p　20cm　（ミネルヴァ日本評伝選）〈文献あり　年譜あり　索引あり〉①978-4-623-06700-8　Ⓝ121.54　［3800円］

山崎 京子〔1925～　〕

◇次は終点です　山崎京子著　新潟　黒島亮　2014.7　60p　22cm　Ⓝ289.1

山崎 十生〔1947～　〕

◇自句自戒―山崎十生セレクト100　山﨑十生俳句、神野紗希鑑賞　川口　破殻出版　2014.11　110p　17cm　①978-4-907879-03-7　Ⓝ911.362　［1300円］

山崎 武司

◇さらば、プロ野球―ジャイアンの27年　山崎武司著　宝島社　2014.1　223p　19cm　①978-4-8002-1940-4　Ⓝ783.7　［1400円］

◇40代からの退化させない肉体進化する精神　山崎武司［著］　講談社　2014.4　189p　18cm　（講談社＋α新書　659-1B）①978-4-06-272851-5　Ⓝ783.7　［840円］

山崎 兵蔵〔1887～1963〕

◇詩人と写真家による山崎少年の刀利谷　太美山自治振興会編, 谷口典子著, 風間耕司写真　時潮社　2014.9　168p　21cm〈年譜あり〉①978-4-7888-0696-2　Ⓝ289.1　［2000円］

山地 悠一郎〔1927～　〕

◇賭けとか、運とか　山地悠一郎著　創樹社美術出版　2014.12　237p　21cm　①978-4-7876-0088-2　Ⓝ289.1　［2000円］

山下 清〔1922～1971〕

◇山下清と昭和の美術―「裸の大将」の神話を超えて　服部正, 藤原貞朗著　名古屋　名古屋大学出版会　2014.2　467,56p　22cm〈文献あり　索引あり〉①978-4-8158-0762-7　Ⓝ723.1　［5600円］

山下 谷次〔1872～1936〕

◇山下谷次伝―わが国実業教育の魁：1872-1936　福崎信行著　名古屋　樹林舎　2014.8　159p　19cm　（樹林舎叢書）〈人間社（発売）　文献あり　年譜あり〉①978-4-931388-78-9　Ⓝ289.1　［1000円］

山下 洋輔〔1942～　〕

◇ドファララ門　山下洋輔著　晶文社　2014.12　381p　20cm　①978-4-7949-6864-7　Ⓝ764.78　［2000円］

山下 善伸〔1940～　〕

◇クソッタレ人生―闘争の記　山下善伸著　文芸社　2014.2　225p　20cm〈年譜あり〉①978-4-286-14681-2　Ⓝ289.1　［1300円］

山下 りん〔1857～1939〕

◇山下りん研究　鐸木道剛著　岡山　岡山大学文学部　2013.3　385, 52p　21cm　（岡山大学文学部研究叢書 35）Ⓝ723.1　［非売品］

山下新日本汽船海上OB会

◇航跡―海に活きた船乗り達の思い出集　山下新日本汽船海上OB会［著］　神戸　山下新日本汽船YSOB会事務局　2014.4　285, 9p　21cm　Ⓝ683.06

山城 富函〔1932～　〕

◇ムチゼーク（屋根瓦葺職人業）60余年のあゆみ　山城富函著　那覇　山城富函　2014.4　155p　30cm〈年譜あり〉Ⓝ525.55　［非売品］

山添 喜三郎〔1843～1923〕

◇山添喜三郎の生涯と業績―澳国博覧会参加、各地の洋式工場を設計・監督・管理、妥協を廃し75歳まで宮城県技師として活躍　温井眞一著　［高崎］　よみがえれ！新町紡績所の会　2014.1　71p　30cm〈年表あり　年譜あり　文献あり〉Ⓝ523.123

山田〔家〕〔中野市〕

◇山田家のくらしと文化―東江部村山田庄左衛門家資料目録　書画・工芸品　中野　中野市教育委員会　2014.3　142p　30cm　（中野市文化財調査報告書　第8集）〈年表あり〉Ⓝ288.3

山田 昭男〔1931～2014〕

◇「日本一労働時間が短い"超ホワイト企業"は利益率業界一！」山田昭男のリーダー学　天外伺朗著　講談社　2014.4　222p　19cm　（［「人間性経営学」シリーズ］［6]）①978-4-06-218901-9　Ⓝ335.13　［1400円］

山田 顕義〔1844～1892〕

◇山田顕義と近代日本―生誕170年記念特別展　萩博物館編　萩　萩博物館　2014.4　103p　30cm〈年譜あり　文献あり　会期：平成26年4月19日―6月22日〉Ⓝ289.1

山田 耕筰〔1886～1965〕

◇山田耕筰―作るのではなく生む　後藤暢子著　京都　ミネルヴァ書房　2014.8　428,16p　20cm　（ミネルヴァ日本評伝選）〈文献あり目録あり　年譜あり　索引あり〉①978-4-623-04431-3　Ⓝ762.1　［3800円］

山田 純三郎〔1876～1960〕

◇孫文を支えた日本人―山田良政・純三郎兄弟　武井義和著, 愛知大学東亜同文書院大学記念センター編集　増補改訂版　名古屋　あるむ　2014.3　90p　21cm　（愛知大学東亜同文書院ブックレット 7）〈文献あり〉①978-4-86333-081-8　Ⓝ289.1　［800円］

山田 宗徧〔初代 1627～1708〕

◇山田宗徧―「侘び数寄」の利休流　矢部良明著　京都　宮帯出版社　2014.6　326,10p　20cm　（茶人叢書）〈年譜あり　索引あり〉①978-4-86366-933-8　Ⓝ791.2　［3200円］

山田 忠雄〔1916～1996〕

◇辞書になった男―ケンボー先生と山田先生　佐々木健一著　文藝春秋　2014.2　347p　20cm〈文献あり　年譜あり〉①978-4-16-390015-5　Ⓝ813.1　［1800円］

山田 利治〔1936～　〕

◇がむしゃら人生―戦争のない平和な社会を願って　山田利治著　［東近江］　［山田利治］　2014.8　260p　22cm〈年譜あり〉Ⓝ289.1

山田 暢久

◇山田暢久引退記念フォトブック　山田暢久著　ベースボール・マガジン社　2014.2　109p　26cm〈年譜あり〉①978-4-583-10674-8　Ⓝ783.47　［1800円］

山田 花子〔1967～1992〕

◇自殺直前日記改　山田花子著　鉄人社　2014.2　302p　19cm〈年譜あり〉「自殺直前日記」完全版（太田出版 1998年刊）の改題改訂増補　①978-4-904676-99-8　Ⓝ726.101　［1500円］

山田 方谷〔1805～1877〕

◇現代に生かす山田方谷の思想　山田方谷研究会編　岡山　山田方谷研究会　2014.5　157p　21cm　（山田方谷研究会会誌 3）〈大学教育出版（発売）　内容：江戸の藩政改革と藩札（鹿野嘉昭述）　山田方谷の藩札刷新とアベノミクス（難波利光コーディネーター, 鹿野嘉昭ほか述）　"事"の外にたつ方谷財政学（池上惇著）　山田方谷の藩政改革と産業振興（大崎泰正著）　山田方谷が晩年にめざした教育（角南勝弘著）　山田方谷の産業振興と地域再生（田中準著）　「士民撫育の三急務策」について想う（渡辺道夫著）　山田方谷の征韓論の周辺（片山純一著）鹿野嘉昭著『藩札の経済学』（平野正樹著）　歴史研究と文献

（朝森要著）　復元なった旧備中松山藩御茶屋（石井保著）　方谷山田先生遺蹟碑について（岡田克三著）　いつも心に明鏡を（網本善光著）　三大学〈下関市大・岡山商大・岡山大〉の学生による地域学習　山田方谷先生顕彰運動に思う（小野晋也著）〉 ①978-4-86429-256-6 Ⓝ121.55 ［1200円］

◇聖人・山田方谷と真庭の門人たち―記録集：シンポジウム＆史料展　真庭市教育委員会編　真庭　真庭市教育委員会　2014.3 98p 30cm〈年譜あり　会期・会場：平成25年7月28日 北房文化センターほか　美作国建国一三〇〇年記念事業〉Ⓝ121.55

◇山田方谷ゼミナール　Vol.2　方谷研究会編　［岡山］　方谷研究会　2014.5　149p　21cm〈吉備人出版（発売）内容：備中松山藩の藩札整理と山田方谷（小柳智裕著）　山田方谷の「借金蕩平論」について（池内啓著）　山田方谷『師門問辨録』について（多和史彦著）　元禄検地後の備中松山藩領をめぐって（朝森要著）　方谷と長州征討と大砲（片山純一著）　備中松山藩農政の歴史的展開（太田健一著）　方谷がいなければ今のような松陰神社は出来なかった？（野島透著）　矢吹家所蔵の山田方谷書について（方谷研究会企画委員会著）　松平春嶽の密書が伝えた板倉勝静の動静（太田健一著）　エッセイ・参加記書評〉 ①978-4-86069-397-8 Ⓝ121.55 ［1400円］

◇山田方谷の教育活動と其精神の研究　田中完著　復刻版　岡山　田中完著書復刻刊行会　2014.8　151p　22cm〈大学教育出版（発売）複製〉 ①978-4-86429-308-2 Ⓝ121.55 ［2000円］

山田 まりや〔1980～ 〕

◇食事を変えたら、未来が変わった！　山田まりや著　キラジェンヌ　2014.6　111p　19cm　(veggy Books) ①978-4-906913-25-1 Ⓝ779.9 ［1200円］

山田 美枝子〔1930～2008〕

◇ふたりのアキラ　平塚晶人著　山と溪谷社　2014.4　421p 15cm　（ヤマケイ文庫）〈文献あり 年譜あり　「二人のアキラ、美枝子の山」（文藝春秋 2004年刊）の改題〉 ①978-4-635-04775-3 Ⓝ786.1 ［880円］

山田 幸男〔1925～ 〕

◇ひたすら一途に―山田幸男の歩んだ道　山田幸男著　半田　一粒書房　2014.2　69p　22cm　①978-4-86431-263-9 Ⓝ289.1

山田 善し〔1974～ 〕

◇ハイハイからバイバイまで―田島のおばあちゃんとぼくのヘンテコな二人暮らし　山田善し著　ワニブックス　2014.11 221p 20cm ①978-4-8470-9278-7 Ⓝ779.14 ［1300円］

山田 良政〔1868～1900〕

◇孫文を支えた日本人―山田良政・純三郎兄弟　武井義和著，愛知大学東亜同文書院大学記念センター編集　増補改訂版　名古屋　あるむ　2014.3　90p　21cm　（愛知大学東亜同文書院ブックレット 7）〈文献あり〉 ①978-4-86333-081-8 Ⓝ289.1 ［800円］

邪馬台国

◇飯野布志夫著作集　4　眠る邪馬台国　飯野布志夫著　鳥影社 2014.3　187p　20cm〈文献あり〉 ①978-4-86265-444-1 Ⓝ818.9 ［1500円］

◇海を渡ってきた古代倭王―その正体と興亡　小林惠子著　祥伝社　2014.12　261p　19cm　①978-4-396-61513-0 Ⓝ210.3 ［1600円］

◇「科学的年代論」で解く邪馬台国―全国邪馬台国連絡協議会第1回全国大会　全国邪馬台国連絡協議会編　［出版地不明］［全国邪馬台国連絡協議会］　2014.10　67p　30cm〈会期・会場：2014年10月5日 明治大学リバティーホール　主催：全国邪馬台国連絡協議会　内容：考古学から見た邪馬台国（大塚初重著）文献史学から見た邪馬台国（安本美典著）　年輪年代法と古代史（光谷拓実著）　酸素同位体比を用いた新しい年輪年代法と古代史（中塚武著）　炭素14年代法と古代史（中村俊夫著）　今後への期待と展望（鷲崎弘朋著）〉 Ⓝ210.273

◇完全決着！　邪馬台国―魏志倭人伝を究極解明　渡部雅史著　幻冬舎ルネッサンス　2014.3　143p　19cm〈文献あり〉 ①978-4-7790-1078-1 Ⓝ210.273 ［1200円］

◇吉備邪馬台国東遷説　岡将男編著　岡山　吉備人出版　2014.1　249p　19cm〈年表あり〉 ①978-4-86069-372-5 Ⓝ210.273 ［1600円］

◇ここまでわかった！　卑弥呼の正体　『歴史読本』編集部編　KADOKAWA　2014.10　267p　15cm　（新人物文庫 れ－1-50） ①978-4-04-601032-2 Ⓝ210.273 ［750円］

◇古代史謎解き紀行　3　九州邪馬台国編　関裕二著　新潮社 2014.8　284p　16cm　（新潮文庫 せ－13-8）〈文献あり　ポプラ社 2006年刊の再刊〉 ①978-4-10-136478-0 Ⓝ210.3 ［520円］

◇桜島は知っていた　別冊1　元祖邪馬台国への道　江口さくら著　鹿児島　高城書房　2013.8　112p　26cm〈文献あり 年表あり〉 ①978-4-88777-153-6 Ⓝ219.7 ［1000円］

◇筑紫の魏志倭人伝―斯馬国ほか20国と不弥国から投馬国へ　岡部健次著　文芸社　2014.5　142p　19cm〈文献あり〉 ①978-4-286-15017-8 Ⓝ210.273 ［1100円］

◇地図で読む「魏志倭人伝」と「邪馬台国」　武光誠著　PHP研究所　2014.11　243p　15cm　（PHP文庫 た17-16） ①978-4-569-76261-6 Ⓝ210.273 ［660円］

◇奴国がわかれば「邪馬台国」が見える　中村通敏著　福岡　海鳥社　2014.9　241p　19cm〈文献あり〉 ①978-4-87415-914-9 Ⓝ210.273 ［1600円］

◇日本書紀・古事記編纂関係者に抹消された邪馬台国　山科威著　大阪　風詠社　2014.1　234p　19cm〈星雲社（発売）文献あり〉 ①978-4-434-18763-6 Ⓝ210.273 ［1300円］

◇卑弥呼と天皇制―王統の誕生と記紀神話　小路田泰直著　洋泉社　2014.8　191p　18cm　（歴史新書y 047） ①978-4-8003-0474-2 Ⓝ210.273 ［950円］

◇卑弥呼と邪馬台国　新邪馬台国G5サミットin吉備編　岡山　テレビせとうち　2014.4　199p　21cm〈歴研（発売）内容：邪馬台国丹後丹波説（伴とし子著）　邪馬台国阿波母体説（林博章著）　吉備邪馬台国東遷説（岡將男著）　邪馬台国近江説〈卑弥呼〉（澤井良介著）　「邪馬台国山陰説」要旨（田中文也著）　邪馬台国吉備説（若井正一著）　新邪馬台国G5サミットin吉備（伴とし子ほか述，近重博義コーディネーター）〉 ①978-4-86548-003-0 Ⓝ210.273 ［2000円］

◇古田武彦・古代史コレクション　18　よみがえる九州王朝―幻の筑紫舞　古田武彦著　京都　ミネルヴァ書房　2014.3 276,8p　20cm〈索引あり　「よみがえる九州王朝」（角川書店1983年刊）の改題、増補　内容：さらば「邪馬台国」よ　耶馬一国から九州王朝へ　九州王朝にも風土記があった　幻の筑紫舞　日本の生きた歴史．18〉 ①978-4-623-06665-0 Ⓝ210.3 ［3200円］

◇邪馬台国からヤマト王権へ　橋本輝彦，白石太一郎，坂井秀弥著　京都　ナカニシヤ出版　2014.2　109p　21cm　（奈良大ブックレット 04）〈内容：纒向遺跡の発掘調査（橋本輝彦著）考古学からみた邪馬台国と初期ヤマト王権（白石太一郎著）　邪馬台国からヤマト王権へ（坂井秀弥司会，白石太一郎，橋本輝彦述）〉 ①978-4-7795-0797-7 Ⓝ216.5 ［800円］

◇邪馬台国時代のクニグニ―南九州　ふたかみ史遊会編，石野博信企画，中園聡，北郷泰道，村上恭通，森岡秀人，柳沢一男［執筆］　田原本町（奈良県）　青垣出版　2014.4　275p　19cm〈星雲社（発売）　内容：邪馬台国時代前後の南九州とその地域間関係（中園聡述）　花弁状間仕切り住居と絵画土器の世界（北郷泰道述）　二・三世紀の南九州における鉄の普及（村上恭通述）　南九州の出現期古墳（柳沢一男述）　ヤマトからみた2・3世紀の南九州（森岡秀人述）　二・三世紀の西日本太平洋航路（石野博信述）　邪馬台国時代の南九州と近畿（石野博信司会，中園聡ほか述）〉 ①978-4-434-19063-6 Ⓝ219 ［1750円］

◇邪馬台国と女王卑弥呼の謎　馬場範明著　文芸社　2014.5 329p　15cm　①978-4-286-14589-1 Ⓝ210.273 ［800円］

◇邪馬台国と日本国成立の謎を解く　吉村雅敬著　［東京］　東京図書出版　2014.9　202p　20cm〈リフレ出版（発売）文献あり 年表あり〉 ①978-4-86223-776-7 Ⓝ210.273 ［1200円］

◇邪馬台国遥かなり　田島榮一著　百年書房　2014.8　281p 18cm　（古代史解明シリーズ三部作 第1巻） ①978-4-907081-04-1 Ⓝ210.273 ［1200円］

◇邪馬台国は隠された―マンガ家が解く古代史ミステリー　あおきてつお著　千葉　A-dash　2014.8　252p　21cm　Ⓝ210.273

◇邪馬台国は大和国　菊地昌美著　改訂新版　会津若松　歴史春秋出版　2014.9　211p　19cm〈文献あり〉 ①978-4-89757-835-4 Ⓝ210.273 ［1300円］

◇露見せり「邪馬台国」―目を覚ませ！　歴史学・考古学よ　中島信文著　長野　龍鳳書房　2013.8　290p　20cm〈文献あり〉 ①978-4-947697-45-5 Ⓝ210.273 ［2000円］

山田食品産業株式会社

◇みんなの山田うどん―かかしの気持ちは目でわかる！　北尾トロ，えのきどいちろう著　河出書房新社　2014.3　253p 19cm〈年譜あり〉 ①978-4-309-02271-0 Ⓝ673.971 ［1400円］

山田町〔岩手県〕（遺跡・遺物）

◇山田湾まるごとスクールのしおり　山田湾まるごとスクール事務局編　［新潟］　新潟大学災害・復興科学研究所危機管理・災害復興分野　2014.11　82p　30cm〈文献あり〉Ⓝ212.2

山田町〔岩手県〕（自然地理）

◇山田湾まるごとスクールのしおり　山田湾まるごとスクール事務局編　［新潟］　新潟大学災害・復興科学研究所危機管理・災害復興分野　2014.11　82p　30cm〈文献あり〉Ⓝ212.2

や

山田町〔岩手県〕（写真集）

◇海と街と祭りーよみがえれ、ふるさと山田　山田町〔岩手県〕　山田伝津館　2014.5　101p　20×21cm　Ⓝ291.22　［900円］

山田町〔岩手県〕（地域情報化）

◇山田町ICT復興街づくり計画報告書　［東京］　岩手県山田町ICT復興街づくり検討会　2014.3　101p　30cm〈共同刊行：総務省東北総合通信局〉Ⓝ318.222

山田町〔岩手県〕（東日本大震災〔2011〕一被害）

◇3.11大震災私記　田村剛一［著］　［山田町〔岩手県〕］　山田伝津館　2014.3　250p　21cm〈奥付のタイトル：大震災私記　共同刊行：いわて教育文化研究所〉Ⓝ916　［1000円］

山田湾

◇山田湾まるごとスクールのしおり　山田湾まるごとスクール事務局編　［新潟］　新潟大学災害・復興科学研究所危機管理・災害復興分野　2014.11　82p　30cm〈文献あり〉Ⓝ212.2

矢祭町〔福島県〕（遺跡・遺物）

◇上野内遺跡　1・2次調査　矢祭町教育委員会編　矢祭町〔福島県〕　矢祭町教育委員会　2014.12　122p　30cm（矢祭町文化財調査報告書　第8集）〈公立統合小学校建設工事に伴う発掘調査報告書〉Ⓝ210.0254

ヤマト運輸株式会社

◇クロネコ遺伝子ー生き続ける「小倉昌男」イズム　岡田知也著　日本経済新聞出版社　2014.11　182p　19cm　Ⓘ978-4-532-31969-4　Ⓝ685.9　［1400円］

やまと興業株式会社

◇この会社で幸せをつかもう一全員参加の経営　小杉昌弘著　善本社　2014.11　223p　19cm（心の経営シリーズ）〈年譜り〉Ⓘ978-4-7939-0466-0　Ⓝ537.1　［1550円］

大和郡山市（歴史ー史料）

◇和州郡山藩幕末代官記録ー塚田夫治太文書　塚田夫治太［筆］，郡山古文書クラブ編　大和郡山　郡山古文書クラブ　2014.3　14, 260, 85p　30cm〈年表あり〉Ⓝ216.5　［非売品］

大和市（行政）

◇大和市総合計画後期基本計画一健康創造都市やまと　第8次　2014-2018年度　大和市政策部総合政策課　大和　大和市政策部総合政策課　［2013］　121p　30cm　Ⓝ318.237

◇大和市総合計画実施計画　第8次　平成26-28年度　大和　大和市政策部総合政策課　2013.10　210p　30cm　Ⓝ318.237

大和市（下水道）

◇大和市排水設備工事の手続きマニュアル　［大和］　大和市都市施設部河川・下水道整備課排水設備担当　2013.9　91p　30cm　Ⓝ518.2

大和市（社会福祉）

◇大和市地域福祉計画　第4期　平成26-30年度　大和市健康福祉部健康福祉総務課編　大和　大和市健康福祉部健康福祉総務課　［2014］　59p　30cm〈タイトル関連情報：健康創造都市やまと，つながりが生みだす豊かな暮らし〉Ⓝ369.11

大和市（商業政策）

◇大和市商業戦略計画　大和市市民経済部産業活性課編　［大和］　大和市　2014.3　77p　30cm　Ⓝ671.2

大和市（男女共同参画）

◇やまと男女共同参画プラン「前期実施計画」平成24年度年次報告書一男女共同参画社会の実現に向けて　第2次　大和　大和市　2013.9　53p　30cm　Ⓝ367.2137

大和市（都市計画）

◇大和の都市計画　［大和］　大和市街づくり計画部街づくり計画課　2014.5　51p　30cm　Ⓝ518.8

大和市（文化行政）

◇大和市文化芸術振興基本計画　第2期　大和市文化スポーツ部文化振興課編　大和　大和市文化スポーツ部文化振興課　2014.5　44p　30cm　Ⓝ709.137

山都町〔熊本県〕（遺跡・遺物）

◇通潤用水路調査報告書　山都町〔熊本県〕　山都町教育委員会　2013.3　96p　30cm（山都町文化財調査報告書　第4集）Ⓝ210.0254

山都町〔熊本県〕（棚田ー歴史）

◇棚田の歴史ー通潤橋と白糸台地から　吉村豊雄著　農山漁村文化協会　2014.2　214p　22cm　Ⓘ978-4-540-13204-9　Ⓝ611.73　［3000円］

山名〔氏〕

◇Theil山名ー山陰守護大名の栄枯盛衰：鳥取市歴史博物館特別展覧会　新訂増補　鳥取　鳥取市文化財団鳥取市歴史博物館

2013.11　103p　26cm〈会期：平成24年7月14日─8月26日　編集・執筆：石井伸宏〉Ⓘ978-4-904099-29-2　Ⓝ288.2　［950円］

山中　伸弥

◇賢く生きるより辛抱強いバカになれ　稲盛和夫, 山中伸弥著　朝日新聞出版　2014.10　236p　20cm　Ⓘ978-4-02-331320-0　Ⓝ289.1　［1300円］

◇生命の未来を変えた男一山中伸弥・iPS細胞革命　NHKスペシャル取材班編著　文藝春秋　2014.4　254p　16cm（文春文庫　編19-4）Ⓘ978-4-16-790082-3　Ⓝ491.11　［560円］

山梨学院生涯学習センター

◇山梨学院生涯学習センター創設20周年記念誌一山梨学院の生涯学習事業（2003年度─2012年度）山梨学院生涯学習センター編　甲府　山梨学院生涯学習センター　2014.2　179p　30cm〈年表あり　共同刊行：山梨学院大学, 山梨学院短期大学〉Ⓝ379.076

山梨勤労者医療協会

◇いのちの平等をかかげてー山梨勤医協50年のあゆみ　山梨勤医協50年史編纂委員会編　改訂新版　合同出版　2013.1　532p　22cm〈年表あり　文献あり〉Ⓘ978-4-7726-1117-6　Ⓝ498.16　［3000円］

山梨県

◇これでいいのか山梨県一陸の孤島が生んだ山梨の特殊社会　鈴木士郎, 佐藤圭亮編　マイクロマガジン社　2014.6　139p　26cm〈文献あり　日本の特別地域特別編集〉Ⓘ978-4-89637-457-5　Ⓝ291.51　［1300円］

山梨県（遺跡・遺物）

◇山梨県内分布調査報告書　平成25年1月─12月　山梨県埋蔵文化財センター編　［甲府］　山梨県教育委員会　2014.3　47p　30cm（山梨県埋蔵文化財センター調査報告書　第297集）Ⓝ210.0254

山梨県（遺跡・遺物一甲州市）

◇宇賀屋敷遺跡　甲州市教育委員会生涯学習課編　［甲州］　甲州市教育委員会　2013.3　29p　30cm（甲州市文化財調査報告書　第13集）〈山梨県甲州市所在　個人住宅建設に伴う発掘調査報告書〉Ⓝ210.0254

◇市内遺跡発掘調査等事業報告書　平成23年度　甲州市教育委員会生涯学習課編　［甲州］　甲州市教育委員会　2013.3　19p　30cm（甲州市文化財調査報告書　第14集）〈山梨県甲州市所在〉Ⓝ210.0254

◇市内遺跡発掘調査等事業報告書　平成24年度　甲州市教育委員会生涯学習課編　［甲州］　甲州市教育委員会　2014.3　52p　30cm（甲州市文化財調査報告書　第15集）〈山梨県甲州市所在〉Ⓝ210.0254

◇福寺遺跡ー埋蔵金貨及び渡来銭発見地点の発掘調査報告書　山梨県立博物館編　笛吹　山梨県立博物館　2014.3　68p　30cm（山梨県立博物館調査・研究報告 8）Ⓝ210.0254

山梨県（遺跡・遺物一甲府市）

◇甲府城跡ー楽屋曲輪地点　山梨県埋蔵文化財センター編　［甲府］　山梨県教育委員会　2014.3　32p　図版8p　30cm（山梨県埋蔵文化財センター調査報告書　第295集）〈県庁舎耐震化等整備事業（駐輪場建設）にともなう埋蔵文化財発掘調査報告書　共同刊行：山梨県総務部〉Ⓝ210.0254

◇甲府城下町遺跡　8　甲府市, 甲府市教育委員会教育部生涯教育振興室文化振興課, 山梨文化財研究所編　甲府　甲府市教育委員会　2013.3　76p　図版［15］枚　30cm（甲府市文化財調査報告書62）〈甲府駅周辺土地区画整理事業（17・43街区）に伴う埋蔵文化財発掘調査報告書　共同刊行：甲府市教育委員会教育部生涯教育振興室文化振興課ほか〉Ⓝ210.0254

山梨県（遺跡・遺物一中央市）

◇鎌田川旧堤防　山梨県埋蔵文化財センター編　［甲府］　山梨県教育委員会　2014.3　19p　30cm（山梨県埋蔵文化財センター調査報告書　第298集）〈年表あり　鎌田川河川改修工事に伴う発掘調査報告書　共同刊行：山梨県県土整備部〉Ⓝ210.0254

山梨県（遺跡・遺物一北杜市）

◇諏訪原遺跡発掘調査概報　2013年度　昭和女子大学人間文化学部歴史文化学科　2013.12　18p　30cm（山梨県北杜市明野町上神取所在）Ⓝ210.0254

山梨県（遺跡・遺物一保存・修復一南アルプス市）

◇御勅使川旧堤防（将棋頭・石積出）保存管理計画書　南アルプス　南アルプス市教育委員会　2014.3　1冊　30cm　Ⓝ709.151

山梨県（遺跡・遺物一南アルプス市）

◇てっすげえじゃんけ将棋頭・石積出！─御勅使川旧堤防（将棋頭・石積出）国指定10周年記念シンポジウム：記録集　南アルプス市教育委員会文化課編　南アルプス　南アルプス市教

山梨県（水利―歴史）

育委員会文化財課　2014.3　52p　30cm〈会期：平成25年10月6日〉Ⓝ215.1

◇埋蔵文化財試掘調査報告書　平成23年度　南アルプス　南アルプス市教育委員会　2013.3　45p　30cm　（南アルプス市埋蔵文化財調査報告書　第33集）〈山梨県南アルプス市所在　各種開発工事に伴う埋蔵文化財試掘調査報告書〉Ⓝ210.0254

◇桝形堤防　第2次調査　南アルプス　南アルプス市教育委員会　2013.3　36p　図版25p　30cm　（南アルプス市埋蔵文化財調査報告書　第35集）〈山梨県南アルプス市所在　堤防遺跡の埋蔵文化財確認調査報告書〉Ⓝ210.0254

◇ロタコ（御勅使河原飛行場跡）―滑走路第3地点　南アルプス市教育委員会編　南アルプス　南アルプス市教育委員会　2013.3　18p　図版11p　30cm　（南アルプス市埋蔵文化財調査報告書　第34集）〈山梨県南アルプス市所在　畑地帯総合整備事業（白根中央地区）に伴う埋蔵文化財発掘調査報告書　共同刊行：山梨県中北農務事務所〉Ⓝ210.0254

山梨県（遺跡・遺物―山梨市）

◇間之田東遺跡　山梨文化財研究所編　［山梨］　山梨市　2014.3　72p　図版25p　30cm　（山梨市文化財調査報告書　第19集）〈市道落合正徳寺線改良に伴う発掘調査報告書　共同刊行：山梨市教育委員会ほか〉Ⓝ210.0254

◇上コブケ遺跡　山梨県埋蔵文化財センター編　［甲府］　山梨県教育委員会　2014.3　435p　図版[15]枚　30cm　（山梨県埋蔵文化財センター調査報告書　第296集）〈西関東連絡道路第Ⅱ期建設工事に伴う発掘調査報告書　共同刊行：山梨県県土整備部〉Ⓝ210.0254

山梨県（環境管理）

◇世界遺産にされて富士山は泣いている　野口健著　PHP研究所　2014.6　232p　18cm　（PHP新書　934）①978-4-569-82004-0　Ⓝ519.2151　[760円]

山梨県（環境行政）

◇山梨県地球温暖化対策実行計画　山梨県エネルギー局エネルギー政策課編　甲府　山梨県　2014.3　42, 50p　30cm〈年表あり〉Ⓝ519.1

山梨県（基準地価格）

◇山梨県地価調査（付基準地位置図）平成26年度　山梨県企画県民部企画課編　［甲府］　山梨県　2014.9　157p　30cm　Ⓝ334.6

山梨県（教育行政）

◇新やまなしの教育振興プラン―未来を拓く「やまなし」人づくり：H26-30年度　甲府　山梨県教育委員会　2014.2　64p　30cm　Ⓝ373.2

山梨県（郷土教育―甲斐市）

◇地域資源を教育資源に―地域文化・資源の継承・発展に関する教育活動実践の実施：山梨県立大学地域研究交流センター2013年度研究報告書　山梨県立大学地域研究交流センター編　甲府　山梨県立大学地域研究交流センター　2014.3　58p　30cm〈執筆：八代一浩ほか〉Ⓝ375.312

山梨県（建設業）

◇建設業許可の手引き―新規・更新・変更届等　［甲府］　山梨県県土整備部県土整備総務課建設業対策室　2014.4　214p　30cm　Ⓝ510.91

山梨県（高齢者）

◇高齢者の"サクセスフル・エイジング"実現に向けての基礎的研究―地域在住高齢者と若者（大学生）との異世代間交流を通して：山梨県立大学地域研究交流センター2013年度研究報告書　甲府　山梨県立大学地域研究交流センター　2014.3　60p　30cm　（山梨県立大学地域研究交流センター地域研究事業助成報告書　平成25年度）〈文献あり　研究代表者：渡邊裕子〉Ⓝ367.7

山梨県（高齢者福祉）

◇高齢者の"サクセスフル・エイジング"実現に向けての基礎的研究―地域在住高齢者と若者（大学生）との異世代間交流を通して：山梨県立大学地域研究交流センター2013年度研究報告書　甲府　山梨県立大学地域研究交流センター　2014.3　60p　30cm　（山梨県立大学地域研究交流センター地域研究事業助成報告書　平成25年度）〈文献あり　研究代表者：渡邊裕子〉Ⓝ367.7

山梨県（祭礼）

◇やまなしの道祖神祭り―どうそじん・ワンダーワールド：again　改訂第2版　笛吹　山梨県立博物館　2013.1　103p　23cm〈会期・会場：平成25年1月2日―28日　山梨県立博物館ほか　山梨県立博物館シンボル展富士の国やまなし国文祭記念事業〉Ⓝ386.151

山梨県（地すべり）

◇多摩川上流域の山地斜面における深層崩壊に関する地形・地質学的研究　苅谷愛彦著　とうきゅう環境財団　2014.11　26p　30cm　（研究助成・学術研究　vol. 43 no. 310）〈文献あり　共同研究者：佐藤剛ほか〉Ⓝ455.89

山梨県（自然公園）

◇国際シンポジウム「自然公園としての富士山」―山梨県環境科学研究所国際シンポジウム2013報告書　5　山梨県環境科学研究所国際シンポジウム2013実行委員会編　富士吉田　山梨県環境科学研究所国際シンポジウム2013実行委員会　2014.3　236p　30cm　〈会期：2013年11月2日―3日　刊行：山梨県環境科学研究所　内容：シンポジウム1日目講演記録　ドイツにおける広域的自然保護地域の協働型管理に向けた取り組み（エイク・フォン・ルシュコウスキ述）　イギリス・レイクディストリクト国立公園の公園管理と市民参加（土屋俊幸述）　ヨーロッパアルプスの国立公園における協働型管理運営体制（源氏田尚子述）　スイスの景観の計画制度と協働の地域マネジメント（木下勇述）　協働による大台ケ原における自然再生の取り組み（田村省二述）　北海道におけるパークボランティアに対する意識調査（トム・ジョーンズ述）　シンポジウム2日目講演記録　富士山の適正利用に向けた課題（山本清龍述）　野外レクリエーションの管理（ロバート・マニング述）　台湾の自然公園における適正利用と利用者の管理（李介祿述）　世界自然遺産・屋久島山岳部における過剰利用対策の概要（則久雅司述）　レクチャーとガイドを活用した利用適正化の取り組み（秋葉圭太述）　沖縄県の取り組み（寺崎竜雄述）〉Ⓝ629.4151

山梨県（自然保護）

◇富士山の光と影―傷だらけの山・富士山を、日本人は救えるのか!?　渡辺豊博著　清流出版　2014.6　197p　19cm　①978-4-86029-417-5　Ⓝ519.8151　[1600円]

山梨県（地場産業）

◇山梨の逆襲―見つけました！新しい地域コミュニティのかたち　五緒川津平太, 三浦えつ子編・著　言視舎　2014.5　222p　19cm〈文献あり〉①978-4-905369-89-9　Ⓝ601.151　[1400円]

山梨県（植物）

◇富士山自然ガイドブック―吉田口五合目―御中道　荒牧重雄, 上野龍之, 高田亮, 石塚吉浩, 中野隆志著　改訂版　富士吉田　山梨県環境科学研究所　2014.3　207p　21cm〈文献あり　内容：富士山火山ガイドブック　富士山植物ガイドブック〉①978-4-9903350-3-8　Ⓝ453.82151

山梨県（書目）

◇山梨県EL新聞記事情報リスト　2013-1　エレクトロニック・ライブラリー編　エレクトロニック・ライブラリー　2014.2　815p　31cm〈制作：日外アソシエーツ〉Ⓝ025.8151

◇山梨県EL新聞記事情報リスト　2013-2　エレクトロニック・ライブラリー編　エレクトロニック・ライブラリー　2014.2　p817-1498　31cm〈制作：日外アソシエーツ〉Ⓝ025.8151

◇山梨県EL新聞記事情報リスト　2013-3　エレクトロニック・ライブラリー編　エレクトロニック・ライブラリー　2014.2　p1499-2167　31cm〈制作：日外アソシエーツ〉Ⓝ025.8151

山梨県（城）

◇戦国期の城と地域―甲斐武田氏領国にみる城館　山下孝司著　岩田書院　2014.6　392p　22cm　（中世史研究叢書　26）〈内容：序章　城の成立と展開　能見城防塁の歴史的立地　戦国期における「城」と「館」の概念　小規模山城をめぐる史的一考察　戦国大名武田氏の地域防衛と民衆　甲駿国境地域の城郭　武田氏の信濃侵攻と城郭　岩殿城跡周辺の山城　奥三河の城と長篠の戦い　天正壬午の乱と諏城　中世城館の築造　城館と竹木　城館建築における材木調達と職人〉①978-4-87294-872-1　Ⓝ215.1　[8900円]

山梨県（城跡）

◇縄張図・断面図・鳥瞰図で見る甲斐の山城と館　上　北部・中部編　宮坂武男著　戎光祥出版　2014.4　405p　図版24p　26cm　①978-4-86403-104-2　Ⓝ215.1　[7500円]

◇縄張図・断面図・鳥瞰図で見る甲斐の山城と館　下　東部・南部編　宮坂武男著　戎光祥出版　2014.7　431p　図版12枚　26cm　①978-4-86403-105-9　Ⓝ215.1　[7800円]

山梨県（水害予防）

◇山梨県水防計画　平成26年度　［甲府］　山梨県県土整備部　2014　464p　30cm　Ⓝ369.33

山梨県（水道）

◇やまなし水政策ビジョン―持続可能な水循環社会を目指して：平成25年6月　山梨県森林環境部森林環境総務課編　甲府　山梨県　2014.2　70, 20p　30cm　Ⓝ519.4

山梨県（水利―歴史）

◇水の国やまなし―信玄堤と甲斐の人々：企画展・富士の国やまなし国文祭記念事業　山梨県立博物館編　笛吹　山梨県立博

山梨県（生活困窮者）

物館 2013.3 135p 30cm〈年表あり 文献あり 会期・会場：平成25年3月30日—5月27日 山梨県立博物館〉Ⓝ517.5

山梨県（生活困窮者）
◇食糧支援、就労準備支援、就労・生活相談支援の一体化による新たな包括的な自立支援モデルの調査・研究—報告書 フードバンク山梨編 南アルプス フードバンク山梨 2014.3 112p 30cm〈厚生労働省平成25年度セーフティネット支援対策事業（社会福祉推進事業）奥付のタイトル：食糧支援、就労準備支援、就労・生活相談支援の一体化による新たな包括的な自立支援モデルの調査・研究事業〉Ⓝ369.2

山梨県（青少年教育）
◇八丈島でっかい体験2013—フロンティア・アドベンチャー「やまなし少年海洋道中」：事業報告書 平成25年度 第26回 甲府 山梨県教育庁社会教育課 2014.2 30, 66, 19p 30cm Ⓝ379.3

山梨県（選挙—統計）
◇選挙結果調 ［甲府］ 山梨県選挙管理委員会 ［2014］ 56p 30cm〈山梨県議会議員補欠選挙（都留市・西桂町選挙区）平成25年10月6日執行, 山梨県議会議員補欠選挙（西八代郡選挙区）平成25年10月27日執行〉Ⓝ314.8
◇選挙結果調 山梨県選挙管理委員会編 ［甲府］ 山梨県選挙管理委員会 ［2014］ 293p 30cm〈参議院議員通常選挙 平成25年7月21日執行〉Ⓝ314.8 ［非売品］

山梨県（地域開発）
◇ダイナミックやまなし『プラチナ社会構想』—山梨から世界を考え、日本を変えよう！ 後藤斎著 ［出版地不明］ ［後藤斎］ 2014.10 209p 19cm Ⓝ601.151 ［1500円］
◇山梨の逆襲—見つけました！ 新しい地域コミュニティのかたち 五緒川津平太, 三浦えつ子編・著 言視舎 2014.5 222p 19cm〈文献あり〉①978-4-905369-89-9 Ⓝ601.151 ［1400円］

山梨県（地域社会—歴史）
◇戦国大名武田氏と地域社会 小笠原春香, 小川雄, 小佐野浅子, 長谷川幸一著 岩田書院 2014.5 116p 21cm（岩田書院ブックレット 歴史考古学系 H-19）〈内容：武田氏の戦争と境目国衆（小笠原春香著） 武田氏の駿河領国化と海賊衆（小川雄著） 武田氏の駿河領国化と富士信仰（小佐野浅子著） 武田領国における修験（長谷川幸一著）〉978-4-87294-866-0 Ⓝ215.4 ［1500円］

山梨県（治水—歴史）
◇水の国やまなし—信玄堤と甲斐の人々：企画展・富士の国やまなし国文祭記念事業 山梨県立博物館編 笛吹 山梨県立博物館 2013.3 135p 30cm〈年表あり 文献あり 会期・会場：平成25年3月30日—5月27日 山梨県立博物館〉Ⓝ517.5

山梨県（地方選挙）
◇選挙結果調 ［甲府］ 山梨県選挙管理委員会 ［2014］ 56p 30cm〈山梨県議会議員補欠選挙（都留市・西桂町選挙区）平成25年10月6日執行, 山梨県議会議員補欠選挙（西八代郡選挙区）平成25年10月27日執行〉Ⓝ314.8

山梨県（地名）
◇「小倉」の謎を解く—山梨県北部の地形と地名・歴史を探る 輿水秀人著 甲府 まんどりやま出版 2014.4 247p 21cm〈文献あり〉①978-4-9907636-0-2 Ⓝ291.51 ［2000円］

山梨県（伝説）
◇富士山の祭りと伝説—その知られざる起源に迫る：シリーズ富士山 静岡 静岡県文化財団 2014.1 219p 19cm （しずおかの文化新書 15）①978-4-905300-14-4 Ⓝ387 ［476円］

山梨県（ドメスティックバイオレンス）
◇山梨県配偶者からの暴力の防止及び被害者の保護等に関する基本計画 第3次 ［甲府］ 山梨県 2014.3 86p 30cm Ⓝ367.3

山梨県（日本文学—甲府市—歴史）
◇甲州文芸遊歩—甲府文芸講座集：文化満喫！ 暮らしと味わいフェスティバル 甲府文芸講座実行委員会監修 甲府 第28回国民文化祭甲府市実行委員会 2013.12 178p 30cm〈年表あり〉Ⓝ910.29

山梨県（農村生活—北杜市）
◇十年ひと昔—田舎暮らしの風景 丸山泰彦著 武蔵野 さんこう社 2014.7 235p 19cm ①978-4-902386-63-9 Ⓝ611.98 ［1500円］

山梨県（博物誌）
◇富士山の自然—生物多様性ホット・スポット Part.1 いまの北側の自然 富士山自然保護センター［編集］ 長野 ほおず

き書籍 2014.7 64p 15×21cm〈星雲社（発売）文献あり 索引あり〉①978-4-434-19448-1 Ⓝ402.9151 ［900円］

山梨県（風俗・習慣—山梨市）
◇かのがわにまつわる昔の四方山ばなしあれこれ 武井正一著 第2版 ［山梨］ ［武井正一］ 2014.3 89p 26cm Ⓝ382.151 ［非売品］

山梨県（文化活動）
◇第28回国民文化祭・やまなし2013—公式記録：文化の風とあそぶ—みつめる・こえる・つなげる 第28回国民文化祭山梨県実行委員会編 文化庁 2014.3 335p 30cm〈会期：平成25年1月12日—11月10日 共同刊行：第28回国民文化祭山梨県実行委員会〉Ⓝ702.1951
◇富士の国やまなし国文祭—文化の風とあそぶ—みつめる・こえる・つなげる：成果検証報告書 ［甲府］ 第28回国民文化祭山梨県実行委員会企画委員会 2014.3 151p 30cm Ⓝ702.1951

山梨県（文化財—図集）
◇山梨の名宝—企画展 山梨県立博物館編 笛吹 山梨県立博物館 2013.10 143p 30cm〈文献あり 会期・会場：平成25年10月19日—12月2日 山梨県立博物館 富士の国やまなし国文祭記念事業〉Ⓝ709.151

山梨県（水資源）
◇やまなし水政策ビジョン—持続可能な水循環社会を目指して：平成25年6月 山梨県森林環境部森林環境総務課編 甲府 山梨県 2014.2 70, 20p 30cm Ⓝ519.4

山梨県（名簿）
◇山梨県人物・人材情報リスト 2015 日外アソシエーツ株式会社編 日外アソシエーツ（制作）2014.11 567, 23p 30cm Ⓝ281.51

山梨県（山崩）
◇多摩川上流域の山地斜面における深層崩壊に関する地形・地質学的研究 苅谷愛彦著 とうきゅう環境財団 2014.11 26p 30cm （研究助成・学術研究 vol. 43 no. 310）〈文献あり 共同研究者：佐藤剛ほか〉Ⓝ455.89

山梨県（歴史）
◇甲斐の黒駒—歴史を動かした馬たち 山梨県立博物館編 笛吹 山梨県立博物館 2014.10 151p 23cm〈文献あり 会期・会場：平成26年10月11日—12月1日 山梨県立博物館〉Ⓝ215.1
◇戦国大名武田氏と地域社会 小笠原春香, 小川雄, 小佐野浅子, 長谷川幸一著 岩田書院 2014.5 116p 21cm（岩田書院ブックレット 歴史考古学系 H-19）〈内容：武田氏の戦争と境目国衆（小笠原春香著） 武田氏の駿河領国化と海賊衆（小川雄著） 武田氏の駿河領国化と富士信仰（小佐野浅子著） 武田領国における修験（長谷川幸一著）〉①978-4-87294-866-0 Ⓝ215.4 ［1500円］

山梨県（路線価）
◇路線価図—東京国税局管内：財産評価基準書 平成25年分第14分冊 甲府市 韮崎市 南アルプス市 甲斐市 中央市 中巨摩郡 山梨市 甲州市 笛吹市 大月市 富士吉田市 都留市 上野原市 南都留郡 西八代郡 南巨摩郡 東京国税局［編］ 全国官報販売協同組合 2013.7 556p 21×30cm〈内容：甲府署・山梨署・大月署・鰍沢署〉①978-4-86458-048-9 Ⓝ345.5 ［4952円］
◇路線価図—東京国税局管内：財産評価基準書 平成26年分第14分冊 甲府市 韮崎市 南アルプス市 甲斐市 中央市 中巨摩郡 山梨市 甲州市 笛吹市 大月市 富士吉田市 都留市 上野原市 南都留郡 西八代郡 南巨摩郡 東京国税局［編］ 全国官報販売協同組合 2014.7 548p 21×30cm〈内容：甲府署・山梨署・大月署・鰍沢署〉①978-4-86458-082-3 Ⓝ345.5 ［5000円］

山梨県防災新館
◇山梨県防災新館整備等事業事業記録 山梨県, 山梨県防災新館PFI株式会社編 ［甲府］ 山梨県総務部管財課 2013.9 131p 30cm Ⓝ526.31

山梨県立峡南高等学校
◇山梨県立峡南高等学校創立九十周年記念誌 創立90周年記念誌編集係編 ［身延町（山梨県）］ 山梨県立峡南高等学校創立90周年記念事業実行委員会 2013.11 56p 30cm〈年表あり〉Ⓝ376.48

山梨県立甲府昭和高等学校
◇創立30周年記念誌—山梨県立甲府昭和高等学校：紫に映ゆる時 甲府昭和高等学校三十周年記念誌編集委員会編 ［昭和町（山梨県）］ 山梨県立甲府昭和高等学校 2013.11 88p 30cm〈年表あり 奥付のタイトル：山梨県立甲府昭和高等学校30周年記念誌〉Ⓝ376.48

山梨県立巨摩高等学校
◇創立90周年記念誌―山梨県立巨摩高等学校創立90周年記念誌：想い出をくれたこの場所　創立90周年記念事業実行委員会編　南アルプス　2013.9　99p　30cm　〈年表あり　共同刊行：創立90周年記念事業実行委員会〉Ⓝ376.48

山梨市〔遺跡・遺物〕
◇間之田東遺跡　山梨文化財研究所編　〔山梨〕　山梨市　2014.3　72p　図版　25p　30cm　（山梨市文化財調査報告書　第19集）〈市道落合正徳寺線改良に伴う発掘調査報告書　共同刊行：山梨市教育委員会ほか〉Ⓝ210.0254
◇上コブケ遺跡　山梨県埋蔵文化財センター編　〔甲府〕　山梨県教育委員会　2014.3　435p　図版〔15〕枚　30cm　（山梨県埋蔵文化財センター調査報告書　第296集）〈西関東連絡道路第Ⅱ期建設工事に伴う発掘調査報告書　共同刊行：山梨県県土整備部〉Ⓝ210.0254

山梨市〔風俗・習慣〕
◇かのがわにまつわる昔の四方山ばなしあれこれ　武井正一著　第2版　〔山梨〕　〔武井正一〕　2014.3　89p　26cm　Ⓝ382.151　［非売品］

山梨放送
◇Wave時代はデジタルへ―山梨放送開局60周年記念誌：radio & television：2000-2014　山梨放送開局60周年プロジェクト（G-60）「社史編纂チーム」編　甲府　山梨放送　2014.7　99p　30cm　〈年表あり〉Ⓝ699.067　［非売品］

山梨メープルクラブ
◇山に学ぶ　vol.3　山梨メープルクラブ15周年記念誌　15周年記念誌編集委員会編　〔甲府〕　山梨メープルクラブ　2014.4　88p　26cm　Ⓝ786.1

山仁〔家〕〔村上市〕
◇山仁の歴史―北中の山仁屋甚右衛門家の物語　〔大滝友和編〕　〔出版地不明〕　〔大滝友和〕　2014.5　120p　30cm　〈年表あり〉Ⓝ288.3

ヤマニ醤油株式会社
◇明日へのしょうゆ―すべてをなくした蔵元の、奇跡の再生物語　塩沢槙著　マガジンハウス　2014.2　172p　19cm　〈文献あり〉Ⓘ978-4-8387-2654-7　Ⓝ588.6　［1300円］

山野井　泰史〔1965～　〕
◇アルピニズムと死―僕が登り続けてこられた理由　山野井泰史著　山と渓谷社　2014.11　188p　18cm　（ヤマケイ新書　YS001）〈年譜あり〉Ⓘ978-4-635-51007-3　Ⓝ786.1　［760円］

山内　清男〔1902～1970〕
◇日本先史考古学史講義―考古学者たちの人と学問　大村裕著　六一書房　2014.3　183p　26cm　〈年譜あり〉Ⓘ978-4-86445-041-6　Ⓝ210.25　［2500円］

やまのうち　とよのり〔1937～1990〕
◇雲は答えなかった―高級官僚その生と死　是枝裕和著　PHP研究所　2014.3　308p　15cm　（PHP文庫　こ60-1）〈文献あり　年譜あり　「官僚はなぜ死を選んだのか」（日経ビジネス人文庫　2001年刊）の改題、加筆・修正〉Ⓘ978-4-569-76155-8　Ⓝ289.1　［648円］

山端　庸介〔1917～1966〕
◇ナガサキの原爆を撮った男―評伝・山端庸介　青山雅英著　論創社　2014.1　248p　20cm　〈文献あり〉Ⓘ978-4-8460-1296-0　Ⓝ740.21　［2000円］

山藤　章二〔1937～　〕
◇自分史ときどき昭和史　山藤章二著　岩波書店　2014.2　258p　20cm　Ⓘ978-4-00-025948-4　Ⓝ726.101　［1900円］

山本　五十六〔1884～1943〕
◇聯合艦隊司令長官山本五十六　半藤一利著　文藝春秋　2014.5　287p　16cm　（文春文庫　は8-23）Ⓘ978-4-16-790106-6　Ⓝ289.1　［560円］

山本　賀前〔1809～　〕
◇算法助術―新解説・和算公式集　土倉保編著　朝倉書店　2014.11　310p　22cm　〈文献あり〉Ⓘ978-4-254-11144-6　Ⓝ419.1　［5500円］

山本　作兵衛〔1892～1984〕
◇山本作兵衛と日本の近代　有馬学, マイケル・ピアソン, 福本寛, 田中直樹, 菊畑茂久馬編著　福岡　弦書房　2014.8　165p　図版8枚　19cm　〈内容：消滅した〈近代〉と記憶遺産（有馬学著）　山本作兵衛（マイケル・ピアソン著）　山本作兵衛炭坑記録画から見た筑豊炭田（福本寛著）　山本作兵衛作品と筑豊地域社会（田中直樹著）　山本作兵衛の絵を読み解く（菊畑茂久馬著）　討議（マイケル・ピアソンほか述, 有馬学議長）〈方法〉としての山本作兵衛（有馬学述）〉Ⓘ978-4-86329-104-1　Ⓝ567.096　［1800円］

山本　繁〔1933～　〕
◇赤鬼天狗の散策―随想　山本繁著　同文舘出版　2014.6　483p　20cm　〈年譜あり　著作目録あり〉Ⓝ289.1　［非売品］

山本　周五郎〔1903～1967〕
◇山本周五郎を読み直す　多田武志著　論創社　2014.12　331p　20cm　〈文献あり　年譜あり〉Ⓘ978-4-8460-1384-4　Ⓝ910.268　［2000円］

山本　次郎〔1931～　〕
◇むちゃもん―山口組・田岡一雄三代目に盃を返した元直系組長の回想録　山本次郎著　宝島社　2014.6　254p　19cm　〈年譜あり　表紙のタイトル：無茶者〉Ⓘ978-4-8002-2742-3　Ⓝ289.1　［1200円］

山本　友英〔1932～　〕
◇自然と人と音楽と　山本友英著　宮崎　宮日文化情報センター（印刷）　2013.8　246p　21cm　Ⓘ978-4-904186-34-3　Ⓝ289.1　［1200円］

山本　直〔1963～　〕
◇商売は愛嬌が九割　山本直著　アスペクト　2014.7　188p　18cm　Ⓘ978-4-7572-2338-7　Ⓝ289.1　［1000円］

山本　ふみ
◇看護婦勤め六十年の思い出　山本ふみ著　〔神戸〕　友月書房　2014.8　74p　19cm　〈交友プランニングセンター（制作）〉Ⓘ978-4-87787-624-1　Ⓝ289.1

山本　文子〔1944～　〕
◇いのち咲かせたい　山本文子著　春陽堂書店　2014.5　181p　19cm　Ⓘ978-4-394-90312-3　Ⓝ289.1　［1200円］

山本　美香〔1967～2012〕
◇山本美香という生き方　山本美香著, 日本テレビ編　新潮社　2014.8　270p　図版16p　16cm　（新潮文庫　や-73-1）〈年譜あり　日本テレビ放送網　2012年刊の再刊〉Ⓘ978-4-10-126086-0　Ⓝ070.16　［670円］

山本　裕典〔1988～　〕
◇YUSUKE YAMAMOTO STYLE BOOK　山本裕典著　宝島社　2014.11　111p　26cm　〈本文は日本語〉Ⓘ978-4-8002-3085-0　Ⓝ778.21　［1400円］

山本　陽子〔1943～1984〕
◇新井豊美評論集　1　「ゲニウスの地図」への旅　新井豊美著　思潮社　2014.11　243p　20cm　〈著作目録あり　内容：「ゲニウスの地図」への旅　無言からの出発　「Zodiac Series」その痛恨の一年半　『青春―くらがり』に同行して　心的宇宙の探索者　疎外の構造〉Ⓘ978-4-7837-1696-9　Ⓝ911.5　［2700円］

山本　耀司〔1943～　〕
◇山本耀司。モードの記録。―モードの意味を変えた山本耀司の足跡を探して。　田口淑子編集　文化学園文化出版局　2014.2　239p　26cm　〈年譜あり〉Ⓘ978-4-579-30446-2　Ⓝ593.3　［2700円］

山本鼎記念館〔上田市〕
◇ありがとう！　山本鼎記念館―山本鼎記念館閉館特別展　上田市山本鼎記念館編　上田　上田市山本鼎記念館　2014.2　111p　30cm　〈年表あり　会期：平成26年2月6日―3月25日〉Ⓝ723.1

山元町立中浜小学校〔宮城県〕
◇山元町立中浜小学校49年間の歩み―閉校記念誌　〔山元町（宮城県）〕　中浜小学校閉校記念事業実行委員会　2013.9　48p　30cm　〈年表あり〉Ⓝ376.28

山元町〔宮城県〕〔遺跡・遺物〕
◇石垣遺跡　山元町（宮城県）山元町教育委員会　2014.3　142p　30cm　（山元町文化財調査報告書　第7集）〈東日本高速道路東北支社仙台工事事務所の委託による〉Ⓝ210.0254
◇日向北遺跡　山元町（宮城県）山元町教育委員会　2014.3　60p　30cm　（山元町文化財調査報告書　第8集）〈東日本高速道路東北支社仙台工事事務所の委託による〉Ⓝ210.0254
◇的場遺跡　山元町（宮城県）山元町教育委員会　2014.3　161p　30cm　（山元町文化財調査報告書　第6集）〈東日本高速道路東北支社仙台工事事務所の委託による〉Ⓝ210.0254

山元町〔宮城県〕〔イチゴ―栽培〕
◇99％の絶望の中に「1％のチャンス」は実る　岩佐大輝著　ダイヤモンド社　2014.3　207p　19cm　〈年譜あり〉Ⓘ978-4-478-02745-5　Ⓝ626.29　［1300円］

山元町〔宮城県〕〔災害復興〕
◇99％の絶望の中に「1％のチャンス」は実る　岩佐大輝著　ダイヤモンド社　2014.3　207p　19cm　〈年譜あり〉Ⓘ978-4-478-02745-5　Ⓝ626.29　［1300円］

山元町〔宮城県〕（民具―目録）

◇山元町歴史民俗資料館収蔵資料目録 7 民俗資料 1（衣食住）山元町（宮城県）山元町歴史民俗資料館 2014.3 121p 30cm Ⓝ212.3

山脇 道子

◇DAYDREAMER 山脇道子著 主婦と生活社 2014.10 111p 21cm〈本文は日本語〉978-4-391-14562-5 Ⓝ289.1〔1389円〕

八女市〔遺跡・遺物〕

◇岡山小学校校庭遺跡（1・2次調査）埋蔵文化財発掘調査報告書 八女 八女市教育委員会 2013.3 26p 図版5p 30cm（八女市文化財調査報告書 第95集）〈福岡県八女市鵜池所在遺跡の発掘調査報告書〉Ⓝ210.0254

◇経営体育成基盤整備事業（八女東部第2地区）地内埋蔵文化財発掘調査報告書 八女 八女市教育委員会 2013.3 105p 図版20p 30cm（八女市文化財調査報告書 第96集）〈福岡県八女市津江・忠見所在遺跡の発掘調査報告書〉Ⓝ210.0254

◇県道久留米立花線道路改良工事事業地内埋蔵文化財発掘調査報告書 八女 八女市教育委員会 2013.3 30p 30cm（八女市文化財調査報告書 第97集）〈福岡県八女市豊福所在遺跡の発掘調査報告書〉Ⓝ210.0254

◇筑紫君磐井と「磐井の乱」・岩戸山古墳 柳沢一男著 新泉社 2014.8 93p 21cm（シリーズ「遺跡を学ぶ」094）〈文献あり〉①978-4-7877-1334-6 Ⓝ219.1〔1500円〕

八女市〔古墳〕

◇筑紫君磐井と「磐井の乱」・岩戸山古墳 柳沢一男著 新泉社 2014.8 93p 21cm（シリーズ「遺跡を学ぶ」094）〈文献あり〉①978-4-7877-1334-6 Ⓝ219.1〔1500円〕

八女市〔地域社会〕

◇『白木地区地域社会調査』報告書 2012年度 〔熊本〕熊本大学文学部総合人間学科地域社会学研究室 〔2013〕178p 30cm〈共同刊行：白木地区地域振興会議〉Ⓝ361.7

八幡市〔遺跡・遺物〕

◇京都府遺跡調査報告集 第157冊 向日 京都府埋蔵文化財調査研究センター 2014.3 190p 図版〔50〕枚 30cm〈内容：新名神高速道路整備事業関係遺跡 女谷・荒坂横穴群第13次 荒坂遺跡第5次〉Ⓝ210.0254

◇京都府遺跡調査報告集 第160冊 向日 京都府埋蔵文化財調査研究センター 2014.3 88p 図版40p 30cm〈内容：八幡インター線関係遺跡 美濃山廃寺第9次・美濃山廃寺下層遺跡第12次 美濃山瓦窯跡群 美濃山遺跡第3次〉Ⓝ210.0254

八幡市〔写真集〕

◇城陽・八幡・久御山の今昔―保存版 竹中友里代監修 松本郷土出版社 2013.12 222p 31cm〈文献あり〉978-4-86375-207-8 Ⓝ216.2〔9500円〕

八幡市〔住宅政策〕

◇八幡市住宅基本計画―後期計画 第1編 八幡市住生活基本計画 八幡 八幡市まちづくり推進部都市計画課 2014.3 131, 7p 30cm Ⓝ365.31

◇八幡市住宅基本計画―後期計画 第2編 八幡市営住宅等ストック総合活用計画 八幡 八幡市都市管理部住宅管理課 2014.3 118p 30cm Ⓝ365.31

八幡市〔都市再開発〕

◇男山地域再生基本計画 〔八幡〕八幡市 2014.3 99p 図版24p 30cm Ⓝ518.8

八幡市〔美術―図集〕

◇はちコレ―八幡のコレクション―松花堂美術館の収蔵品から：平成26年度開館12年特別展 八幡市立松花堂庭園・美術館 八幡 八幡市立松花堂庭園・美術館 2014.10 51, 4p 26cm〈年表あり 会場・会期：平成26年10月11日―12月14日 八幡市立松花堂美術館展示室〉Ⓝ702.1962

梁 世勲

◇人生第二期―EH創業者深江今朝夫オーナーに出会って 梁世勲著, 梁秀智訳 川越 すずさわ書店 2014.5 166p 20cm ①978-4-7954-0288-1 Ⓝ289.2〔1800円〕

ヤンゴン〔ミャンマー〕（廃棄物処理施設）

◇ミャンマー国グレーターヤンゴン首都圏における循環型社会形成支援および廃棄物発電事業の実施可能性調査報告書―平成25年度我が国循環産業海外展開事業化促進業務 〔東京〕JFEエンジニアリング 2014.3 1冊 30cm〈背のタイトル：ミャンマー国グレーターヤンゴン首都圏における循環型社会形成支援および廃棄物発電事業の実施可能性調査 共同刊行：日本工営ほか〉Ⓝ518.52

ヤンゴン〔ミャンマー〕（廃棄物発電）

◇ミャンマー国グレーターヤンゴン首都圏における循環型社会形成支援および廃棄物発電事業の実施可能性調査報告書―平成25年度我が国循環産業海外展開事業化促進業務 〔東京〕JFEエンジニアリング 2014.3 1冊 30cm〈背のタイトル：ミャンマー国グレーターヤンゴン首都圏における循環型社会形成支援および廃棄物発電事業の実施可能性調査 共同刊行：日本工営ほか〉Ⓝ518.52

ヤンソン, L.F.〔1926～2000〕

◇ムーミンキャラクター図鑑 シルケ・ハッポネン著, 高橋絵里香訳 講談社 2014.10 239p 22cm ①978-4-06-219177-7 Ⓝ949.83〔2900円〕

ヤンソン, T.〔1914～2001〕

◇だれも知らないムーミン谷―孤児たちの避難所 熊沢里美著 朝日出版社 2014.5 214p 19cm〈文献あり 年譜あり〉①978-4-255-00778-6 Ⓝ949.83〔1480円〕

◇トーベ・ヤンソン―仕事、愛、ムーミン ボエル・ウェスティン著, 畑中麻紀, 森下圭子共訳 講談社 2014.11 629p 図版16p 20cm〈年譜あり〉①978-4-06-219258-3 Ⓝ949.8〔3600円〕

◇ムーミンを生んだ芸術家トーヴェ・ヤンソン 冨原眞弓著, 芸術新潮編集部編 新潮社 2014.4 119p 22cm〈著作目録あり 年譜あり〉①978-4-10-335651-6 Ⓝ949.8〔1800円〕

◇ムーミンを読む 冨原眞弓著 筑摩書房 2014.1 222p 15cm（ちくま文庫 と19-3）〈講談社 2004年刊の加筆訂正〉①978-4-480-43133-2 Ⓝ949.8〔680円〕

◇ムーミンキャラクター図鑑 シルケ・ハッポネン著, 高橋絵里香訳 講談社 2014.10 239p 22cm ①978-4-06-219177-7 Ⓝ949.83〔2900円〕

◇ムーミン谷の名言集 トーベ・ヤンソン文・絵, ユッカ・パルッキネン編, 渡部翠訳 講談社 2014.4 155p 15cm（講談社文庫 や16-18）①978-4-06-277784-1 Ⓝ949.83〔590円〕

◇ムーミンの生みの親、トーベ・ヤンソン トゥーラ・カルヤライネン著, セルボ貴子, 五十嵐淳訳 河出書房新社 2014.9 372p 22cm〈文献あり 著作目録あり〉①978-4-309-20658-5 Ⓝ949.8〔3800円〕

◇ムーミンマグ物語 講談社 2014.4 79p 27cm ①978-4-06-218918-7 Ⓝ751.3〔2700円〕

ヤンマー株式会社

◇ヤンマー100年史―1912-2012 大阪 ヤンマー 2014.11 239p 18cm〈年表あり〉Ⓝ533.4

【ゆ】

油井 正一〔1918～1998〕

◇ジャズ昭和史―時代と音楽の文化史 油井正一著, 行方均編 〔東京〕DU BOOKS 2013.8 670p 20cm〈ディスクユニオン（発売）年譜あり〉①978-4-925064-82-8 Ⓝ764.78〔3800円〕

游 日龍〔1922～ 〕

◇游日龍の道―台湾客家・游道士の養生訓 林郁著 東洋書店 2013.10 279p 19cm ①978-4-86459-124-9 Ⓝ289.2〔2200円〕

結城市議会

◇結城市議会60年のあゆみ―結城市議会史 結城 結城市議会 2014.11 290p 30cm Ⓝ318.431

ゆうちょ銀行

◇株式上場と金融2社の成長戦略を考える―金融研究会報告書 株式上場・企業価値向上に向けた金融2社のあり方研究会〔著〕〔東京〕JP総合研究所 2014.7 89p 30cm〈文献あり〉Ⓝ693.21

祐天寺〔東京都目黒区〕

◇祐天寺史資料集 別巻 伝法篇2中 伊藤丈主編 祐天寺 2014.8 834p 23cm〈山喜房佛書林（製作）〉Ⓝ188.65〔24700円〕

夕張市〔行政〕

◇夕張再生市長―課題先進地で見た「人口減少ニッポン」を生き抜くヒント 鈴木直道著 講談社 2014.10 236p 19cm ①978-4-06-219140-1 Ⓝ318.215〔1400円〕

宥弁〔江戸時代前期〕

◇真念「四国遍路道志るべ」の変遷―宥辯眞念「四國邊路道指南」貞享四年版本について 新居正甫著 高槻 本上や 2014.8 72p 26cm（書誌研究 その1）〈文献あり〉Ⓝ186.918

◇真念「四国遍路道志るべ」の変遷　新居正甫著　高槻　本上や　2014.9　68p　26cm　（書誌研究 その2）〈文献あり〉Ⓝ186.918
◇真念「四国遍路道志るべ」の変遷　新居正甫著　高槻　本上や　2014.11　99p　26cm　（書誌研究 その3）〈文献あり〉Ⓝ186.918

ユカ
◇0からの躍進―株式会社ユカ40年の軌跡　ユカ　2014.11　151p　21cm〈年表あり〉Ⓝ673.39

湯川村〔福島県〕（遺跡・遺物）
◇会津縦貫北道路遺跡発掘調査報告　14　福島県文化振興財団遺跡調査部編　福島　福島県教育委員会　2014.12　258p　30cm　（福島県文化財調査報告書 第495集）〈文献あり　共同刊行：福島県文化振興財団ほか　内容：桜町遺跡．5次　西木流C遺跡．2次　西木流D遺跡．1次　鶴沼B遺跡．1次〉Ⓝ210.0254
◇村内遺跡発掘調査報告書　平成25年度　福島県河沼郡湯川村教育委員会編　湯川村（福島県）　福島県河沼郡湯川村教育委員会　2014.3　71p　30cm　（湯川村文化財調査報告書 第9集）〈内容：堂後遺跡範囲確認調査　堂後遺跡試掘調査　殿田遺跡試掘調査　浜崎城跡試掘調査〉Ⓝ210.0254

湯河原町〔神奈川県〕（農村生活）
◇田舎暮らし自分流　新城宏著　［出版地不明］　［新城宏］　2014.1　177p　18cm　Ⓝ611.98　［700円］

行正 り香〔1966～ 〕
◇行正り香の暮らしメモ100　行正り香著　マガジンハウス　2014.9　127p　21cm　①978-4-8387-2706-3　Ⓝ289.1　［1400円］

行橋市（遺跡・遺物）
◇史跡御所ヶ谷神籠石　2　行橋　行橋市教育委員会　2014.3　35p 図版［11］枚　30cm　（行橋市文化財調査報告書 第53集）〈福岡県行橋市大字津積ほか所在古代山城の第12次―第16次調査〉Ⓝ210.0254
◇宝山小出遺跡・宝山桑ノ木遺跡・流末溝田遺跡　小郡　九州歴史資料館　2014.3　180p 図版 65p　30cm　（東九州自動車道関係埋蔵文化財調査報告 12）〈福岡県行橋市所在遺跡の調査　折り込 6枚〉Ⓝ210.0254
◇渡築紫古墳群（渡築紫遺跡A区）　行橋　行橋市教育委員会　2014.3　121p 図版［54］枚　30cm　（行橋市文化財調査報告書 第50集）〈福岡県行橋市大字稲童所在遺跡の調査　折り込 2枚〉Ⓝ210.0254
◇長井作り山遺跡　行橋　行橋市教育委員会　2014.3　54p 図版［14］枚　30cm　（行橋市文化財調査報告書 第52集）〈文献あり　折り込 1枚〉Ⓝ210.0254
◇入覚大原遺跡・天サヤ池西古墳群・下崎瀬戸溝遺跡　行橋　行橋市教育委員会　2014.3　113p 図版［31］枚　30cm　（行橋市文化財調査報告書 第51集）Ⓝ210.0254
◇延永ヤヨミ園遺跡　2区 2　小郡　九州歴史資料館　2014.3　298p 図版［56］枚　30cm　（東九州自動車道関係埋蔵文化財調査報告 11）〈福岡県行橋市延永・吉国所在遺跡の調査〉Ⓝ210.0254
◇延永ヤヨミ園遺跡　5 4-7区　小郡　九州歴史資料館　2014.3　183p 図版［32］枚　30cm　（福岡県文化財調査報告書 第244集）〈福岡県行橋市大字吉国所在遺跡の調査〉Ⓝ210.0254
◇延永ヤヨミ園遺跡Ⅰ区の調査　1　小郡　九州歴史資料館　2013.11　169p 図版 47p　30cm　（東九州自動車道関係埋蔵文化財調査報告 9）〈福岡県行橋市所在〉Ⓝ210.0254
◇ヒメコ塚古墳　行橋　行橋市教育委員会　2014.2　28p 図版［9］枚　30cm　（行橋市文化財調査報告書 第49集）〈福岡県行橋市南泉4丁目所在遺跡の調査　折り込 1枚〉Ⓝ210.0254
◇福原長者原遺跡第3次調査, 福原寄原遺跡第2・3次調査　小郡　九州歴史資料館　2014.3　150p 図版［28］枚　30cm　（東九州自動車道関係埋蔵文化財調査報告 13）〈福岡県行橋市所在遺跡の調査〉Ⓝ210.0254

ユゴー, V.M.〔1802～1885〕
◇ヴィクトル＝ユゴー　辻昶, 丸岡高弘著　新装版　清水書院　2014.9　225p　19cm　（Century Books）〈文献あり 年譜あり 索引あり〉①978-4-389-42068-0　Ⓝ950.268　［1000円］

ユーゴスラビア（プロパガンダ―歴史）
◇国家建設のイコノグラフィー―ソ連とユーゴの五カ年計画プロパガンダ　亀田真澄著　横浜　成文社　2014.3　182p　22cm〈索引あり〉①978-4-86520-004-1　Ⓝ361.46　［2200円］

ユーゴスラビア（歴史）
◇アイラブユーゴ―ユーゴスラヴィア・ノスタルジー　1　大人編　鈴木健太, 百瀬亮司, 亀田真澄, 山崎信一著　社会評論社　2014.8　175p　19cm　（自主管理社会趣味 Vol1）①978-4-7845-1107-5　Ⓝ239.3　［2000円］
◇アイラブユーゴ―ユーゴスラヴィア・ノスタルジー　2　男の子編　百瀬亮司, 亀田真澄, 山崎信一, 鈴木健太著　社会評論社　2014.11　175p　19cm　（自主管理社会趣味 Vol2）〈年表あり〉①978-4-7845-1108-2　Ⓝ239.3　［2000円］

遊佐 未森〔1964～ 〕
◇Mimorama―遊佐未森デビュー25周年記念ブック　ストレンジ・デイズ企画・監修　日興企画　2013.11　191p　20cm　①978-4-88877-668-4　Ⓝ767.8　［6190円］

湯沢市（ジオパーク）
◇ゆざわジオパーク総合ガイドブック　湯沢市ジオパーク推進協議会編　［湯沢］　湯沢市ジオパーク推進協議会　2014.3　125p　21cm　Ⓝ455.124

湯沢市（歴史―史料）
◇佐竹南家御日記　第10巻　自享保十七年至延享元年　湯沢市教育委員会編　［湯沢］　湯沢市　2014.3　910p　22cm　Ⓝ212.4　［8000円］

ユダ〔イスカリオテの〕
◇ユダ―烙印された負の符号の心性史　竹下節子著　中央公論新社　2014.4　213p　20cm〈文献あり〉①978-4-12-004606-3　Ⓝ192.8　［2500円］

ユナイトアンドグロウ株式会社
◇ワークスタイル・パラダイムシフト―会社にぶら下がらない生き方を叶える「レンタル社員」という選択　起業家大学編集部著　CEO GROUP　2014.8　187p　19cm〈日本著作出版支援機構（発売）　表紙のタイトル：WORK STYLE PARADIGM SHIFT　共同発売：起業家大学出版〉①978-4-86318-030-7　Ⓝ673.93　［1800円］

ユニオン〔1985年〕
◇賦　その6　株式会社ユニオン45周年記念誌　ユニオン45周年記念誌「賦その六」編集委員会編　岐阜　ユニオン　2014.3　317p 図版［10］枚　19cm〈年表あり〉Ⓝ512.021

ユニクロ →ファーストリテイリングを見よ

ユニ・チャーム株式会社
◇ユニ・チャーム共振の経営―「経営力×現場力」で世界を目指す　高原豪久著　日本経済新聞出版社　2014.6　220p　20cm　①978-4-532-31918-2　Ⓝ586.67　［1600円］

ユニバーサル・スタジオ
◇ユニバーサル・スタジオの国際展開戦略　中島恵著　名古屋　三恵社　2014.4　177p　21cm　①978-4-86487-226-3　Ⓝ689.5　［1800円］

ユニバーサル・スタジオ・ジャパン
◇USJ（ユニバーサル・スタジオ・ジャパン）のジェットコースターはなぜ後ろ向きに走ったのか？―V字回復をもたらしたヒットの法則　森岡毅著　KADOKAWA　2014.2　253p　19cm　①978-4-04-110697-6　Ⓝ689.5　［1400円］

ユニバーサルディスプレイ
◇UDCの有機EL材料　ネオテクノロジー　2014.1　1冊　31cm　（特許分析レポート事業戦略と技術開発）〈ルーズリーフ〉Ⓝ549　［350000円］

柚木 沙弥郎〔1922～ 〕
◇柚木沙弥郎―92年分の色とかたち：SAMIRO YUNOKI STYLE & ARCHIVES　柚木沙弥郎著　グラフィック社　2014.10　159p　22cm〈年譜あり〉①978-4-7661-2714-0　Ⓝ753.8　［2200円］

由布市（遺跡・遺物）
◇北屋敷ツル遺跡・石風呂遺跡・由布川小学校遺跡　大分県教育庁埋蔵文化財センター編　大分　大分県教育庁埋蔵文化財センター　2014.3　157p 図版 4p　30cm　（大分県教育庁埋蔵文化財センター調査報告書 第75集）〈県道小挾間大分線道路改良工事に伴う埋蔵文化財発掘調査報告書〉Ⓝ210.0254

由布市（温泉）
◇中国都市化の診断と処方―開発・成長のパラダイム転換　林良嗣, 黒田由彦, 高野雅夫, 名古屋大学グローバルCOEプログラム「地球学から基礎・臨床環境学への展開」編　明石書店　2014.2　186p　22cm　（名古屋大学環境学叢書 4）〈執筆：ハンス＝ペーター・デュールほか　内容：シンポジウムを貫く視点（林良嗣著）　南京市の開発とその課題（翟国方著）　江南の異変（張玉林著）　「都市―農村」遷移地域における社区での階層構造および管理のジレンマ（田毅鵬著）　東豊県の経済社会発展と直面する環境問題およびその対策（単聯成著）　中国農村部におけるゴミ問題の診断と治療（李全鵬著）　上海市田子坊地区再開発に見るコントロールされた成長（徐春陽著）　中国農村の都市化（黒田由彦著）　岐路に立つ癒しの里・由布院温泉（王昊凡著）　市町村合併がもたらした「問題」（石橋康正著）　由布院温泉に見るコントロールされた成長と前向きな縮

小という課題(中谷健太郎,桑野和泉,高野雅夫述) 由布院が
示唆するもの(林良嗣著) 日本社会への提言(林良嗣,黒田由
彦,高野雅夫述)〉Ⓘ978-4-7503-3984-9 Ⓝ361.78 ［3000円］

由布市(観光開発)
◇中国都市化の診断と処方―開発・成長のパラダイム転換 林
良嗣,黒田由彦,高野雅夫,名古屋大学グローバルCOEプログラ
ム「地球学から基礎・臨床環境学への展開」編 明石書店
2014.2 186p 22cm (名古屋大学環境学叢書 4)〈執筆:ハ
ンス＝ペーター・デュールほか 内容:シンポジウムを貫く視
点(林良嗣著) 南京市の開発とその課題(翟国方著) 江南の
異変(張玉林著) 「都市―農村」遷移地域における社区の階
層構造および管理の諸ジレンマ(田毅鵬著) 東豊県の経済社会
発展と直面する環境問題およびその対策(単聯成著) 中国農
村部におけるゴミ問題の診断と治療(李全鵬著) 上海市田子
坊地区再開発に見るコントロールされた成長(徐春陽著) 中
国農村の都市化(黒田由彦著) 岐路に立つ癒しの里・由布院
温泉(王昊凡著) 市町村合併がもたらした「問題」(石橋康正
著) 由布院温泉に見るコントロールされた成長と前向きな縮
小という課題(中谷健太郎,桑野和泉,高野雅夫述) 由布院が
示唆するもの(林良嗣著) 日本社会への提言(林良嗣,黒田由
彦,高野雅夫述)〉Ⓘ978-4-7503-3984-9 Ⓝ361.78 ［3000円］

夢野 久作〔1889～1936〕
◇夢野久作の場所 山本巖著 福岡 書肆侃侃房 2014.9
303p 20cm〈著作目録あり 年譜あり 葦書房1986年刊の修
正・加筆〉Ⓘ978-4-86385-156-6 Ⓝ910.268 ［2000円］
◇よみがえる夢野久作―『東京人の堕落時代』を読む 四方田犬
彦著 福岡 弦書房 2014.12 55p 21cm (FUKUOKA
Uブックレット 8)〈年譜あり〉Ⓘ978-4-86329-109-6
Ⓝ910.268 ［680円］

湯山台歩こう会
◇共に歩き続けて21年―湯山台歩こう会21周年記念誌 第2巻
51回―100回 湯山台歩こう会編 川西 湯山台歩こう会
2014.4 p51-100, 17p 30cm Ⓝ786.4 ［非売品］

ユーラシア(遺跡・遺物―論文集)
◇ユーラシアの考古学―高濱秀先生退職記念論文集 高濱秀先
生退職記念論文集編集委員会編 六一書房 2014.2 301p
26cm〈文献あり 著作目録あり 内容:高句麗の蹄鉄(諫early
直人著) ハク文化について(大貫静夫著) モンゴルを旅した
2人の考古学者(相馬拓也著) 北方系帯飾板の出現と展開(宮
本一夫著) 匈奴期の遺跡から出土した耳飾について(大谷育
恵著) 燕山地域北方青銅器文化の帯留金具(小田木治太郎著)
北方青銅器の鋳型と技術系統(中村大介著) 中国北方草原地
帯出土の銅鏃複合器(田中裕子著) 中国北方系青銅短剣の編
年と地域間交流(八木聡著) 春秋戦国期古代戦車乗員の乗車
位置(川又正智著) ヤールホト(交河故城)溝西墓地発見の匈
奴・サルマタイ様式装飾品(林俊雄著) 匈奴(柳生俊樹著)
牙刷り駱駝(畠山禎著) 前2千年紀後半のユーラシア草原地帯
東部における青銅刀子金属成分に関する予察(松本圭太著)
東ユーラシアにおける籠状鈴嚢匠の出現(魚水環著) 南ウラ
ル、カザフスタン中・北部における前2千年紀初頭スポーク式
二輪車輌について(荒友里子著) 北カフカース中部における
アラン文化(居取儞子著) 黒海北岸草原地帯における青銅製
銜の始原について(雪嶋宏一著) ベトナム北部の銅貨流通(三
宅俊彦著) 北イラン新石器時代における半月形石器について
(足立拓朗著)〉Ⓘ978-4-86445-045-4 Ⓝ220.04 ［4000円］

ユーラシア(外国関係―日本―歴史―1868～1945)
◇戦前期・戦中期における日本の「ユーラシア政策」―トゥーラ
ン主義・「回教政策」・反ソ反共運動の視点から シナン・レ
ヴェント著 早稲田大学出版部 2014.11 238p 30cm (早
稲田大学モノグラフ 107)〈文献あり〉Ⓘ978-4-657-14509-3
Ⓝ319.102 ［3200円］

ユーラシア(紀行・案内記)
◇53歳が往くユーラシア横断自転車の旅 奥平正和著 ベスト
ブック 2014.3 247p 19cm Ⓘ978-4-8314-0187-8 Ⓝ292.
09 ［1400円］
◇旅と絵と酒とユーラシアスケッチ紀行―ロシア・中央アジア・
モンゴル・中国シルクロード・トルコ 日下康夫著 札幌 共
同文化社 2014.12 188p 図版 [20] 枚 22cm Ⓘ978-4-
87739-260-4 Ⓝ292.09 ［2000円］

ユーラシア(国境)
◇図説ユーラシアと日本の国境―ボーダー・ミュージアム 岩下
明裕,木山克彦編著 札幌 北海道大学出版会 2014.3 110p
26cm〈文献あり〉Ⓘ978-4-8329-6806-6 Ⓝ312.9 ［1800円］

ユーラシア(宗教)
◇聖なるものの「かたち」―ユーラシア文明を旅する 立川武蔵
著 岩波書店 2014.2 192p 20cm〈写真:大村次郷〉
Ⓘ978-4-00-025951-4 Ⓝ162.2 ［2300円］

ユーラシア(都市―歴史)
◇アフロ・ユーラシア大陸の都市と国家 八王子 中央大学出
版部 2014.3 567p 22cm (中央大学人文科学研究所研究
叢書 59)〈内容:漢晋間における綬制の変遷(阿部幸信著)
北魏洛陽仏寺考増考(角山典幸著) 東アジア都城時代の形成
と都市網の変遷(妹尾達彦著) 山西省県所在の晋王墓群
(西村陽子著) 明代辺城の軍站とその軍事活動(川越泰博著)
二〇世紀前半期の新疆におけるムスリム住民の活動とス
ウェーデン伝道団(新免康著) サラディンの稀有で至高の歴
史 その1(松田俊道訳) 後期マムルーク朝の官僚と慈善事業
(五十嵐大介著) 中世ブリュッセルの都市と宗教(舟橋倫子
著)〉Ⓘ978-4-8057-5344-6 Ⓝ220.04 ［6500円］

ユーラシア(歴史)
◇アフロ・ユーラシア大陸の都市と国家 八王子 中央大学出
版部 2014.3 567p 22cm (中央大学人文科学研究所研究
叢書 59)〈内容:漢晋間における綬制の変遷(阿部幸信著)
北魏洛陽仏寺考増考(角山典幸著) 東アジア都城時代の形成
と都市網の変遷(妹尾達彦著) 山西省県所在の晋王墓群
(西村陽子著) 明代辺城の軍站とその軍事活動(川越泰博著)
二〇世紀前半期の新疆におけるムスリム住民の活動とス
ウェーデン伝道団(新免康著) サラディンの稀有で至高の歴
史 その1(松田俊道訳) 後期マムルーク朝の官僚と慈善事業
(五十嵐大介著) 中世ブリュッセルの都市と宗教(舟橋倫子
著)〉Ⓘ978-4-8057-5344-6 Ⓝ220.04 ［6500円］

ユーラシア(歴史―古代)
◇ドクターがつまみ食いしたユーラシアの古代史 上 久志本
東著 八尾 ドニエブル出版 2014.10 169p 21cm〈新風
書房(発売) 文献あり 索引あり〉Ⓘ978-4-88269-804-3
Ⓝ220 ［1500円］

由利本荘市(遺跡・遺物)
◇遺跡詳細分布調査報告書 由利本荘市教育委員会編 由利本
荘 由利本荘市教育委員会 2014.3 54p 30cm (由利本荘
市文化財調査報告書 第20集) Ⓝ210.0254

由利本荘市(グリーンツーリズム)
◇農家民宿経営者のライフストーリー―地域発展論2012秋田県
由利本荘市 椿本歩美編 秋田 国際教養大学 2013.3 80p
26cm〈平成23年度国際化拠点整備事業(文部科学省)大学の
世界展開力強化事業報告書〉Ⓝ611.77

由利本荘市(宿泊施設)
◇農家民宿経営者のライフストーリー―地域発展論2012秋田県
由利本荘市 椿本歩美編 秋田 国際教養大学 2013.3 80p
26cm〈平成23年度国際化拠点整備事業(文部科学省)大学の
世界展開力強化事業報告書〉Ⓝ611.77

ユング, C.G.〔1875～1961〕
◇河合隼雄の事例を読む 日本ユング心理学会編 大阪 創元
社 2014.3 169p 21cm (ユング心理学研究 第6巻)〈文
献あり 内容:河合隼雄の事例を読む(川戸圓述) 討論(角野
善宏,猪股剛述,川戸圓述) 河合隼雄と箱庭(河合俊雄述)
河合隼雄の受容(大場登著) 河合隼雄の臨床(皆藤章著) 医学と河合心
理学を結ぶ(斎藤清二著) 生と死のはざまでイメージと遊ん
だ「達人」(名取琢自著) 追悼・樋口和彦先生(河合俊雄著)
日本人の宗教性(加藤廣隆著) ユング心理学における
〈eachness〉の世界(小木曽由佳著) 国際分析心理学会第19回
大会印象記 1(田中康裕著) 国際分析心理学会第19回大会印
象記 2(高田夏子著) 日本ユング心理学会第2回大会印象記
(横山剛著) おとぎ話に関する基礎文献(山口素子著) 海外
文献(猪股剛述)〉Ⓘ978-4-422-11495-8 Ⓝ146.15 ［2000円］
◇フロイトとユング―精神分析運動とヨーロッパ知識社会 上
山安敏著 岩波書店 2014.9 492,35p 15cm (岩波現代文
庫)〈文献あり 索引あり〉Ⓘ978-4-00-600316-6 Ⓝ146.1
［1600円］
◇ユングとジェイムズ―個と普遍をめぐる探求 小木曽由佳著
大阪 創元社 2014.6 186p 22cm (こころの未来選書)
〈索引あり 内容:序章 ユング心理学成立前夜 タイプ理論
とプラグマティズム 『赤の書』と『タイプ論』 個性化と宗
教的経験 個性化と多元的宇宙 終章〉Ⓘ978-4-422-11227-5
Ⓝ146.15 ［2800円］
◇ユング派の精神療法 日本ユング心理学会編 大阪 創元社
2014.6 179p 21cm (ユング心理学研究 第7巻第1号)〈文
献あり 内容:私のユング派の精神療法(武野俊弥述) 身殻と
身柄(鷲田清一述) 討論(伊藤良子,河合俊雄述) 手談、箱庭
柯、箱庭療法(篠原道夫著) 心理療法の終結とは(北川明著)
高機能自閉症を疑われる中学生男子とのプレイセラピー過程
(渡辺あさ女著) 夏目漱石の『夢十夜』に映し出された明治
の「集合的心」の考察(吉川眞眞著) 性被害を契機にした身
体と女性性における解離の解消過程(坂田真穂著) 海外文献
(佐藤由里子著)〉Ⓘ978-4-422-11496-5 Ⓝ146.8 ［2000円］

日本件名図書目録2014　Ⅰ　　　　　　　　　　　　　　　　　　　　　　　　　　横手市（遺跡・遺物）

【よ】

余市町〔北海道〕（遺跡・遺物）
　◇登町4遺跡　2013年度　余市町教育委員会編　余市町（北海道）余市町教育委員会　2014.2　82p　図版 [10] 枚　30cm
　〈北海道横断自動車道黒松内釧路線（余市—小樽間）建設工事に伴う埋蔵文化財発掘調査報告書　余市町所在〉Ⓝ210.0254

洋菓子舗ウエスト
　◇銀座ウエストのひみつ　木村衣有子著　大阪　京阪神エルマガジン社　2014.4　206p　19cm〈文献あり　年表あり〉
　Ⓘ978-4-87435-436-0　Ⓝ588.35　[1600円]

揚輝荘
　◇揚輝荘聴松閣修復整備工事報告書—名古屋市指定有形文化財　京都伝統建築技術協会編　[名古屋]　名古屋市　2014.3　223p　30cm　Ⓝ521.86

丁野　永正〔1943～ 〕
　◇ゴルばか人生—永正劇場総集編　丁野永正著　[東近江]
　[丁野永正]　2014.6　146p　19cm　Ⓝ289.1

揺籃社
　◇揺れながら、清く—清水工房創業45周年・揺籃社設立30周年記念文集　清水工房編　八王子　揺籃社　2014.7　179p　20cm〈年表あり〉Ⓘ978-4-89708-344-5　Ⓝ023.1　[1200円]

横井　小楠〔1809～1869〕
　◇横井小楠の学問と思想　本山幸彦著　堺　大阪公立大学共同出版会　2014.5　219p　21cm　Ⓘ978-4-907209-29-2　Ⓝ121.54　[2400円]

横内　正典〔1944～ 〕
　◇闘い続ける漢方癌治療　横内正典著　たま出版　2014.9　222p　19cm〈文献あり〉Ⓘ978-4-8127-0367-0　Ⓝ494.5　[1300円]

横芝光町〔千葉県〕（絵馬—図集）
　◇横芝光町の絵馬—祈りの絵画：横芝光町民ギャラリー企画展図録　横芝光町教育委員会編　[横芝光町（千葉県）]　横芝光町教育委員会　2014.4　45p　30cm〈会期・会場：平成26年4月12日—6月22日　町民ギャラリー〉Ⓝ387.7

横芝光町〔千葉県〕（防災計画）
　◇横芝光町地域防災計画　環境防災課編　[横芝光町（千葉県）]　横芝光町防災会議　2014.3　1冊　30cm〈年表あり〉Ⓝ369.3
　◇横芝光町地域防災計画　資料編　環境防災課編　[横芝光町（千葉県）]　横芝光町防災会議　2014.3　136p　30cm　Ⓝ369.3

横須賀市（遺跡・遺物）
　◇船久保遺跡　横浜　玉川文化財研究所　2014.3　104p　図版28p　30cm　（神奈川県埋蔵文化財発掘調査報告書 19）〈県道26号（横須賀三崎）三浦縦貫道路Ⅱ期工事に伴う発掘調査〉Ⓝ210.0254

横須賀市（環境行政）
　◇横須賀市環境基本計画—2011-2021：平成24年度（2012年度）年次報告書　平成25年度版　横須賀市環境政策部環境企画課編　横須賀　横須賀市環境政策部環境企画課　2014.3　76p　30cm　Ⓝ519.1
　◇横須賀市環境基本計画—2011-2021：平成24年度（2012年度）年次報告書：資料集　平成25年度版　横須賀市環境政策部環境企画課編　横須賀　横須賀市環境政策部環境企画課　2014.3　216p　30cm〈年表あり〉Ⓝ519.1
　◇横須賀市みどりの基本計画平成24年度（2012年度）年次報告書　平成25年度版　横須賀市環境政策部環境企画課編　横須賀　横須賀市環境政策部環境企画課　2014.3　55p　30cm　Ⓝ519.1

横須賀市（感染症対策）
　◇横須賀市新型インフルエンザ等対策行動計画　第2版　[横須賀]　横須賀市　2014.5　70p　30cm　Ⓝ498.6

横須賀市（教育行政）
　◇横須賀市教育振興基本計画　第2期実施計画　2014-2017　横須賀　横須賀市教育委員会　2014.3　125p　30cm　Ⓝ373.2

横須賀市（行政）
　◇横須賀市実施計画—第2次実施計画：平成26年度（2014年度）—平成29年度（2017年度）横須賀市政策推進部政策推進課編　横須賀　横須賀市　2014.3　151p　30cm　Ⓝ318.237

横須賀市（建築—歴史）
　◇浦賀ドックとレンガ—横須賀の近代化遺産　浦賀歴史研究所編　横須賀　浦賀歴史研究所　2014.2　79p　21cm　（浦研ブックレット 1）Ⓝ523.1　[800円]

横須賀市（財政）
　◇横須賀市財政基本計画　[横須賀]　横須賀市　2014.2　85p　30cm　Ⓝ349.2137

横須賀市（産業）
　◇横須賀市平成24年経済センサス—活動調査結果報告　平成24年2月1日現在　[横須賀市]　総務部総務課編　横須賀　横須賀市　2014.6　96p　30cm　Ⓝ602.137
　◇横須賀市平成24年経済センサス—活動調査結果報告（卸売業,小売業）平成24年2月1日現在　[横須賀市]　総務部総務課編　横須賀　横須賀市　2014.3　76p　30cm　Ⓝ602.137

横須賀市（騒音—鉄道）
　◇鉄道騒音測定調査業務報告書　[横須賀]　横須賀市　2014.3　49, 18p　31cm〈ルーズリーフ〉Ⓝ519.6

横須賀市（美術教育）
　◇たいけん、ぼうけん、びじゅつかん！—親子で楽しむ現代アート　横須賀美術館編　[横須賀]　横須賀美術館　2013.10　67p　25cm〈文献あり　会期：2013年9月14日—11月4日〉Ⓝ707

横須賀市（文化政策）
　◇文化振興基本計画—平成26年度（2014年度）−平成33年度（2021年度）横須賀市政策推進部文化振興課編　[横須賀]　横須賀市　2014.3　70p　30cm　Ⓝ709.137

横須賀市（砲台—歴史）
　◇東京湾要塞跡—猿島砲台跡・千代ヶ崎砲台跡　横須賀市教育委員会（教育総務部生涯学習課）編　横須賀　横須賀市教育委員会　2014.3　43p　図版 [15] 枚　30cm　（横須賀市文化財調査報告書 第51集）Ⓝ559.9　[700円]

横須賀市（要塞—歴史）
　◇東京湾要塞跡—猿島砲台跡・千代ヶ崎砲台跡　横須賀市教育委員会（教育総務部生涯学習課）編　横須賀　横須賀市教育委員会　2014.3　43p　図版 [15] 枚　30cm　（横須賀市文化財調査報告書 第51集）Ⓝ559.9　[700円]

横須賀市（歴史）
　◇新横須賀市史　通史編　近現代　横須賀市編　横須賀　横須賀市　2014.8　1131p　22cm　Ⓝ213.7　[4000円]

横須賀美術館
　◇たいけん、ぼうけん、びじゅつかん！—親子で楽しむ現代アート　横須賀美術館編　[横須賀]　横須賀美術館　2013.10　67p　25cm〈文献あり　会期：2013年9月14日—11月4日〉Ⓝ707
　◇横須賀美術館年報　平成24年度版　2012.4.1-2013.3.31　横須賀美術館編　横須賀　横須賀美術館　2013.9　80p　30cm　Ⓝ706.9
　◇横須賀美術館年報　平成24年度　別冊　教育普及事業編　横須賀美術館編　横須賀　横須賀美術館　2013.8　47p　21cm　Ⓝ706.9
　◇横須賀美術館年報　平成25年度版　2013.4.1-2014.3.31　横須賀美術館編　横須賀　横須賀美術館　2014.7　78p　30cm　Ⓝ706.9
　◇横須賀美術館年報　平成25年度　別冊　教育普及事業編　横須賀美術館編　横須賀　横須賀美術館　2014.7　47p　21cm　Ⓝ706.9

横瀬　夜雨〔1878～1934〕
　◇評釈横瀬夜雨　横瀬隆雄著　文芸社　2014.9　186p　19cm〈文献あり　年譜あり〉Ⓘ978-4-286-15515-9　Ⓝ911.52　[1600円]

横手市（遺跡・遺物）
　◇十文字遺跡・宮下遺跡　横手市教育委員会教育総務部文化財保護課遺跡調査事務所編　横手　横手市教育委員会　2014.3　72p　30cm　（横手市文化財調査報告 第29集）〈農地集積加速化基盤整備事業に伴う埋蔵文化財発掘調査報告書〉Ⓝ210.0254
　◇陣館遺跡—金沢柵推定地陣館遺跡第3次調査概報　横手市教育委員会教育総務部文化財保護課遺跡調査事務所編　横手　横手市教育委員会　2013.3　80p　30cm　（横手市文化財調査報告 第26集）Ⓝ210.0254
　◇陣館遺跡・金沢城跡—金沢柵推定地陣館遺跡第4次調査概報　横手市教育委員会教育総務部文化財保護課遺跡調査事務所編　横手　横手市教育委員会　2014.3　80p　30cm　（横手市文化財調査報告 第28集）Ⓝ210.0254

横手市（伝説）

◇宮東遺跡・十文字遺跡　横手市教育委員会教育総務部文化財保護課遺跡調査事務所編　横手　横手市教育委員会　2013.3　104p　31cm　（横手市文化財調査報告　第25集）〈農地集積加速化基盤整備事業に伴う埋蔵文化財発掘調査報告書〉Ⓝ210.0254

横手市（伝説）

◇ウソ？ホント？栄地区の伝説　黒沢せいこ著　横手　イズミヤ出版　2014.4　301p　21cm　Ⓝ388.124　[2000円]

横手市（歴史）

◇平鹿地方近代への出発―設立5周年記念誌　平鹿地方史研究会研究班編　[横手]　平鹿地方史研究会　2013.11　272p　30cm　〈文献あり〉Ⓝ212.4　[2000円]

横浜港

◇船の旅と横浜港―秘蔵コレクション：開館25周年記念展　横浜　横浜みなと博物館　2014.4　60p　30cm　〈会期・会場：2014年4月19日―5月18日　横浜みなと博物館特別展示室〉Ⓝ683.5
◇港をめぐる二都物語―江戸東京と横浜　横浜都市発展記念館，横浜開港資料館編　[横浜]　横浜市ふるさと歴史財団　2014.1　111p　23cm　〈文献あり　会期：平成26年1月25日―4月13日〉Ⓝ683.92137　[1000円]
◇横浜港港湾計画書　改訂　[横浜]　横浜市　2014.11　35p　30cm　（交通政策審議会港湾分科会資料　第58回）〈付属資料：1枚：横浜港港湾計画図〉Ⓝ683.92137
◇横浜港港湾計画資料　その1　改訂　[横浜]　横浜市　2014.11　224p　30cm　〈年表あり　折り込3枚　付属資料：1枚：横浜市港湾審議会答申〉Ⓝ683.92137
◇横浜港港湾計画資料　その2　改訂　[横浜]　横浜市　2014.11　187p　30cm　Ⓝ683.92137
◇横浜港ゆかりの船　横浜みなと博物館編　横浜　横浜みなと博物館　2014.2　101p　21cm　〈年表あり　文献あり〉Ⓝ683.92137

横浜国立大学経済学部

◇未来へつなげる「新・学習スタイル」―横浜国大・経済学部発アクティブ・ラーニングへの始動　松橋圭子，大門正克，植村博恭，石渡圭子著　横浜　横浜国立大学経済学部課題プロジェクト運営委員会　2013.3　130p　21cm　①978-4-9907027-0-0　Ⓝ377.15

横浜市

◇横浜の法則　横浜の法則研究委員会編　泰文堂　2014.11　174p　18cm　（リンダブックス）〈文献あり〉①978-4-8030-0618-6　Ⓝ291.37　[1800円]

横浜市（アーティストインレジデンス）

◇ハンマーヘッドスタジオ新・港区　ハンマーヘッドスタジオ「新・港区」記録本編集委員会編集　横浜　BankART1929　2014.3　223p　26cm　〈年譜あり〉①978-4-902736-34-2　Ⓝ709.137　[1800円]

横浜市（アートマネジメント）

◇創造都市横浜のこれまでとこれから　Part2　「創造都市横浜のこれまでとこれからPart2」編集委員会編集　横浜　BankART1929　2014.3　247p　図版16p　21cm　〈年表あり〉①978-4-902736-33-5　Ⓝ709.137　[1800円]

横浜市（遺跡・遺物）

◇権田原遺跡　3　弥生時代後期―古墳時代前期編　横浜市ふるさと歴史財団埋蔵文化財センター編　[横浜]　横浜市教育委員会　2014.9　200p　30cm　（港北ニュータウン地域内埋蔵文化財調査報告　47）〈文献あり〉Ⓝ210.0254
◇寺尾城址（鶴見区no.64遺跡）発掘調査報告書　玉川文化財研究所編著　[横浜]　玉川文化財研究所　2013.6　30p　30cm　〈横浜市鶴見区所在〉Ⓝ210.0254
◇仏向町遺跡―2014年度調査　水野順敏編著，日本窯業史研究所編　那珂川町（栃木県）日本窯業史研究所　2014.12　44p　図版21p　30cm　（（株）日本窯業史研究所報告　第88冊）〈神奈川県横浜市所在〉Ⓝ210.0254

横浜市（学童保育）

◇横浜の学童保育運動―子どもたちの豊かな放課後学童保育の充実と発展を：2014（平成26）年度定期総会議案　横浜　横浜学童保育連絡協議会　[2014]　1冊　26cm　〈年表あり　会期・会場：2014年5月25日　鶴見公会堂〉Ⓝ369.42

横浜市（河川）

◇いたち川を歩く　浜末来著　秦野　タウンニュース社（印刷）2014.9　150p　21cm　（"元気で長生き"シリーズ　1（歩く））Ⓝ291.37

横浜市（環境行政）

◇横浜市地球温暖化対策実行計画　横浜　横浜市温暖化対策統括本部調整課　2014.3　127p　30cm　Ⓝ519.1

横浜市（行政）

◇横浜市民意識調査　平成25年度　横浜　横浜市政策局政策部政策課　2014.3　128p　30cm　（調査資料）Ⓝ318.237

横浜市（行政区画）

◇横浜市町区域要覧　追録　平成25年4月1日―平成26年3月31日　[横浜]　横浜市市民局　[2014]　4p　30cm　Ⓝ318.12

横浜市（協働〔行政〕）

◇地域まちづくり推進状況報告書・評価書及び見解書　平成25年度　横浜市都市整備局地域まちづくり課編　横浜　横浜市都市整備局地域まちづくり課　2014.3　152p　30cm　〈共同刊行：横浜市地域まちづくり推進委員会〉Ⓝ318.637

横浜市（国際見本市）

◇African fair―見つける、ふれあう、アフリカの輝き：TICAD Ⅴ公式イベント：guide book　2013　[東京]　経済産業省　2013.5　158p　22cm　〈会期・会場：2013年5月30日―6月2日パシフィコ横浜（展示ホールB）　共同刊行：日本貿易振興機構〉Ⓝ606.9137

横浜市（国民保護計画）

◇横浜市国民保護計画　横浜　横浜市総務局危機管理室　2014.4　154p　31cm　〈ルーズリーフ〉Ⓝ393.2

横浜市（古地図）

◇横浜今昔散歩―彩色絵はがき・古地図から眺める　原島広至著　ワイド版　KADOKAWA　2014.10　231p　21cm　〈文献あり　年表あり　初版：中経の文庫　2009年刊〉①978-4-04-600473-4　Ⓝ291.37　[1500円]

横浜市（災害予防）

◇横浜市民の防災に関する意識調査―2012年度社会調査法（含む実習）A最終報告書　松本安生，芝井清久，齋藤正樹編　横浜　神奈川大学人間科学部人間科学科　2013.3　123p　30cm　〈背のタイトル：「横浜市民の防災に関する意識調査」最終報告書〉Ⓝ369.3

横浜市（産業―統計）

◇横浜市の事業所―平成24年経済センサス―活動調査結果報告　平成24年　横浜市政策局総務部統計情報課編　横浜　横浜市政策局総務部統計情報課　2014.5　511p　30cm　Ⓝ605.9

横浜市（集合住宅）

◇横浜関内地区の戦後復興と市街地共同ビル　神奈川県住宅供給公社編　[横浜]　神奈川県住宅供給公社　2014.7　140p　30cm　〈文献あり〉Ⓝ518.8

横浜市（住宅団地―歴史）

◇あこがれの「団地」―高度成長とベッドタウン横浜：オリンピックから半世紀：特別展図録　横浜都市発展記念館編　[横浜]　横浜市ふるさと歴史財団　2014.10　47p　30cm　〈会期：平成26年10月11日―平成27年1月12日〉Ⓝ518.83

横浜市（植物）

◇かなざわ草花の詩―四季おりおり：横浜市金沢区　金子昇写真・文　[出版地不明]　金子昇　2014.10　65p　21cm　Ⓝ472.137

横浜市（女性労働）

◇男女共同参画に関する事業所調査報告書　平成25年度　横浜　横浜市市民局男女共同参画推進課　[2014]　87p　30cm　Ⓝ366.38

横浜市（選挙―統計）

◇選挙のあゆみ　第28集　平成23年―平成25年　横浜市選挙管理委員会事務局編　横浜　横浜市選挙管理委員会事務局　2014.3　304p　30cm　〈内容：衆議院議員総選挙，参議院議員通常選挙，市長選挙〉Ⓝ314.8

横浜市（戦災復興）

◇横浜関内地区の戦後復興と市街地共同ビル　神奈川県住宅供給公社編　[横浜]　神奈川県住宅供給公社　2014.7　140p　30cm　〈文献あり〉Ⓝ518.8

横浜市（男女共同参画）

◇男女共同参画に関する事業所調査報告書　平成25年度　横浜　横浜市市民局男女共同参画推進課　[2014]　87p　30cm　Ⓝ366.38

横浜市（地域開発）

◇住民合意形成ガイドライン―まちづくりに欠かせない合意形成のお助け本　まちのルールづくり相談センター編　第2版　横浜　まちのルールづくり相談センター　2014.4　168p　30cm　Ⓝ518.8　[700円]
◇地域まちづくり推進状況報告書・評価書及び見解書　平成25年度　横浜市都市整備局地域まちづくり課編　横浜　横浜市都市整備局地域まちづくり課　2014.3　152p　30cm　〈共同刊行：横浜市地域まちづくり推進委員会〉Ⓝ318.637

横浜市（地誌）

◇いたち川を歩く　浜未来著　秦野　タウンニュース社（印刷）
2014.9　150p　21cm　（"元気で長生き"シリーズ　1（歩く））
Ⓝ291.37

横浜市（地方選挙）

◇選挙のあゆみ　第28集　平成23年―平成25年　横浜市選挙管
理委員会事務局編　横浜　横浜市選挙管理委員会事務局
2014.3　304p　30cm　〈内容：衆議院議員総選挙，参議院議員
通常選挙，市長選挙〉Ⓝ314.8

◇投票参加状況調査　第15回　横浜市選挙管理委員会事務局編
横浜　横浜市選挙管理委員会事務局　2014.3　120p　30cm
〈平成25年8月25日執行　横浜市長選挙〉Ⓝ318.437

横浜市（中華街）

◇多「貌」をきわめる―門のうちからみる景色：一橋大学町村敬
志ゼミナール横浜中華街調査報告集　国立　一橋大学大学院社
会学研究科町村敬志研究室　2014.7　188p　26cm　〈文献あり
執筆：町村ゼミナール一同、編集：家村友梨ほか〉Ⓝ334.41

横浜市（都市計画）

◇住民合意形成ガイドライン―まちづくりに欠かせない合意形
成のお助け本　まちのルールづくり相談センター編　第2版
横浜　まちのルールづくり相談センター　2014.4　168p
30cm　Ⓝ518.8　[700円]

◇横浜市杉田駅・新杉田駅周辺地区バリアフリー基本構想　横
浜　横浜市道路局計画調整部企画課計画調整担当　2014.3
48，20p　30cm　〈共同刊行：横浜市磯子区区政推進課企画調
整係〉Ⓝ518.8

横浜市（年中行事―歴史）

◇昔のくらしと年中行事―ちょっとむかしのよこはま　横浜市
歴史博物館編　［横浜］　横浜市歴史博物館　2014.1　66p
21cm　〈会期：平成26年1月25日―3月23日　共同刊行：横浜市
ふるさと歴史財団〉Ⓝ386.137

横浜市（バリアフリー〔建築〕）

◇横浜市杉田駅・新杉田駅周辺地区バリアフリー基本構想　横
浜　横浜市道路局計画調整部企画課計画調整担当　2014.3
48，20p　30cm　〈共同刊行：横浜市磯子区区政推進課企画調
整係〉Ⓝ518.8

◇横浜市福祉のまちづくり条例施設整備マニュアル　建築物編
横浜市健康福祉局地域福祉保健部福祉保健課，横浜市建築局指
導部建築企画課企画・編集　［横浜］　横浜市　2013.10　289p
30cm　Ⓝ518.8　[1000円]

横浜市（バリアフリー〔交通〕）

◇横浜市杉田駅・新杉田駅周辺地区バリアフリー基本構想　横
浜　横浜市道路局計画調整部企画課計画調整担当　2014.3
48，20p　30cm　〈共同刊行：横浜市磯子区区政推進課企画調
整係〉Ⓝ518.8

横浜市（風水害―防災）

◇横浜市防災計画　2014　風水害等対策編　横浜市総務局危機管
理室危機対処計画課編　［横浜］　横浜市防災会議　2014.4
313p　30cm　（横浜市地域防災計画）Ⓝ369.3

横浜市（文化活動）

◇青葉食堂―sweet home dining project：2008→2013：Aoba
＋ Art　池田光宏，海老澤彩企画・編集　横浜　Aoba ＋ Art
2013実行委員会　2014.3　40p　21cm　〈年表あり〉Ⓝ702.
1937

横浜市（防災計画）

◇横浜市防災計画　2014　都市災害対策編　横浜市総務局危機管
理室危機対処計画課編　［横浜］　横浜市防災会議　2014.4
340p　30cm　（横浜市地域防災計画）Ⓝ369.3

横浜市（民間信仰）

Ⓡ関帝廟と横浜華僑―関聖帝君鎮座150周年記念　「関帝廟と横
浜華僑」編集委員会編著　横浜　自在　2014.12　347p　30cm
〈年表あり〉Ⓘ978-4-9908054-0-1　Ⓝ387.02137　[3900円]

横浜市（緑地計画）

◇横浜みどりアップ計画―計画期間：平成26-30年度　横浜市環
境創造局政策調整部政策課編　横浜　横浜市環境創造局政策
調整部政策課　2014.1　81p　30cm　Ⓝ518.85

横浜市（歴史）

◇占領軍のいた街―戦後横浜の出発：報告書　横浜市ふるさと
歴史財団近現代歴史資料課市史資料室担当編　横浜　横浜市
史資料室　2014.3　103p　30cm　Ⓝ213.7　[600円]

◇わがまち港北　2　平井誠二，林宏美著，『わがまち港北』出版
グループ編　横浜　『わがまち港北』出版グループ　2014.4
309，77p　21cm　〈文献あり〉Ⓝ213.7　[1000円]

横浜市（歴史―写真集）

◇写真で見る南区がたどった70年の軌跡―南区制70周年記念誌
［横浜］　南区制70周年記念事業実行委員会　2013.10　75p
30cm　〈年表あり〉Ⓝ213.7　[350円]

横浜市（歴史―史料）

◇上白根村高橋家文書―「乍恐以書付御訴訟申上候事」外を読む
古文書小松塾編　［横浜］　古文書小松塾　2014.3　5，62p
30cm　（史料集　第10集）〈複製を含む〉Ⓝ213.7

横浜市（歴史―史料―書目）

◇横浜市歴史博物館資料目録　第22集　［横浜］　横浜市ふるさ
と歴史財団　2014.3　43p　26cm　〈共同刊行：横浜市歴史博
物館〉Ⓝ213.7

横浜市（歴史地理）

◇横浜今昔散歩―彩色絵はがき・古地図から眺める　原島広至
著　ワイド版　KADOKAWA　2014.10　223p　21cm　〈文献
あり　年表あり　初版：中経の文庫　2009年刊〉Ⓘ978-4-04-
600473-4　Ⓝ291.37　[1500円]

横浜市（路線価）

◇路線価図―東京国税局管内：財産評価基準書　平成25年分第
10分冊　横浜市　東京国税局［編］　全国官報販売協同組合
2013.7　937p　21×30cm　〈内容：鶴見署・横浜中署・保土ヶ
谷署・横浜南署・神奈川署〉Ⓘ978-4-86458-044-1　Ⓝ345.5
[8095円]

◇路線価図―東京国税局管内：財産評価基準書　平成25年分第
11分冊　横浜市　川崎市　東京国税局［編］　全国官報販売協
同組合　2013.7　987p　21×30cm　〈内容：戸塚署・緑署・川
崎南署・川崎北署・川崎西署〉Ⓘ978-4-86458-045-8　Ⓝ345.5
[8381円]

◇路線価図―東京国税局管内：財産評価基準書　平成26年分第
10分冊　横浜市　東京国税局［編］　全国官報販売協同組合
2014.7　937p　21×30cm　〈内容：鶴見署・横浜中署・保土ヶ
谷署・横浜南署・神奈川署〉Ⓘ978-4-86458-078-6　Ⓝ345.5
[8148円]

◇路線価図―東京国税局管内：財産評価基準書　平成26年分第
11分冊　横浜市　川崎市　東京国税局［編］　全国官報販売協
同組合　2014.7　987p　21×30cm　〈内容：戸塚署・緑署・川
崎南署・川崎北署・川崎西署〉Ⓘ978-4-86458-079-3　Ⓝ345.5
[8426円]

横浜市港北区

◇わがまち港北　2　平井誠二，林宏美著，『わがまち港北』出版
グループ編　横浜　『わがまち港北』出版グループ　2014.4
309，77p　21cm　〈文献あり〉Ⓝ213.7　[1000円]

横浜市南区

◇写真で見る南区がたどった70年の軌跡―南区制70周年記念誌
［横浜］　南区制70周年記念事業実行委員会　2013.10　75p
30cm　〈年表あり〉Ⓝ213.7　[350円]

横浜市歴史博物館

◇横浜市歴史博物館資料目録　第22集　［横浜］　横浜市ふるさ
と歴史財団　2014.3　43p　26cm　〈共同刊行：横浜市歴史博
物館〉Ⓝ213.7

横浜翠嵐高等学校〔神奈川県立〕

◇美なりや翠嵐―神奈川県立第二横浜中学校・横浜第二中学校・
横浜第二高等学校・横浜翠嵐高等学校創立100周年記念誌　神
奈川県立横浜翠嵐高等学校創立100周年記念事業実行委員会記
念誌発行小委員会編著　横浜　神奈川県立横浜翠嵐高等学校
2014.11　746p　27cm　Ⓝ376.48

横浜DeNAベイスターズ

◇次の野球　横浜DeNAベイスターズ著　ポプラ社　2014.3
230p　18cm　Ⓘ978-4-591-13966-0　Ⓝ783.7　[1300円]

◇ベースボールサミット―野球界の論客首脳会議　第2回　特集
横浜DeNAベイスターズやめられない横浜愛　『ベースボール
サミット』編集部編著　カンゼン　2014.7　230p　21cm　〈内
容：I☆YOKOHAMAが示す、ベイスターズの未来像（木之下
潤述）番長が語るベイスターズの過去と現在と未来（三浦大輔
述，氏原英明著）　打撃開眼！　梶谷劇場の幕開け（梶谷隆幸述，
田中周治著）　キャプテンの覚悟（石川雄洋述，石塚隆著）
『中畑野球』の真髄（中畑清述，田中周治著）　ハマのスピード
スターが描く究極の外野手（荒波翔述，氏原英明著）打点への
こだわりハマの大砲・覚醒の5年目（筒香嘉智述，大利実著）
16年目、変化の誓い（金城龍彦述，氏原英明著）　スターへの萌
芽（井納翔一，三上朋也述，大利実著）　横浜DeNAベイスター
ズが目指す「次の野球」（池田純述，木之下潤著）　ライバルは
すべてのエンターテインメント横浜DeNAベイスターズ営業戦
略（宮崎俊哉著）　12球団で一番優しく、熱い、ベイスターズ
応援YOKOHAMAが好きだ！（森永卓郎，Saria，臼井志伸ほ
か述）　ファン酔いどれ座談会＠ホームランバーだからベイス
ターズが好きだ！　ハマの風が気持ちいい〜！さあ、横浜ス
タジアムに出かけよう！（田中瑠子文・構成）　観戦ついでに
港の街・横浜を遊びつくせ！　ホエールズ＆ベイスターズ球

団史（やくみつる述, 高畠正人著） イラストで振り返るホエールズ&ベイスターズ最強助っ人列伝（宮崎俊哉著） 伝説のホエールズ&ベイスターズ戦士インタビュー（平松政次述, 中島大輔著） 伝説のホエールズ&ベイスターズ戦士インタビュー（山下大輔述, 石塚隆著） 伝説のホエールズ&ベイスターズ戦士インタビュー（高木豊述, 中島大輔著） 伝説のホエールズ&ベイスターズ戦士インタビュー（佐々木主浩述, 田中周治著）〉 ⓘ978-4-86255-266-2 Ⓝ783.7 ［1300円］

横光 利一〔1898～1947〕
◇「感覚」と「存在」―横光利一をめぐる「根拠」への問い 位田将司著 翰林書院 2014.4 325p〈索引あり 内容：「根拠＝ground」が揺れる 横光利一における「形式主義」 「日輪」の構想力と「神話」の構造 『上海』における「共同の論理」 「機械」という「倫理」 横光利一と『資本論』 転回 「純粋小説論」の「交互作用」 「純粋小説論」と「近代の超克」 『欧州紀行』という「純文学」 「旅愁」という「通俗」 「微笑」という「視差」 「故郷」は「異国」である〉 ⓘ978-4-625-45404-2 Ⓝ910.268 ［6000円］
◇時間のかかる読書 宮沢章夫著 河出書房新社 2014.12 349p 15cm （河出文庫 み27-1） ⓘ978-4-309-41336-5 Ⓝ913.6 ［920円］

横山 健〔1970～〕
◇横山健―随感随筆編 横山健著 育鵬社 2014.5 284p 20cm〈扶桑社（発売） 共同刊行：扶桑社〉 ⓘ978-4-594-06986-5 Ⓝ767.8 ［1500円］

横山 大観〔1868～1958〕
◇明治絵画と理想主義―横山大観と黒田清輝をめぐって 植田彩芳子著 吉川弘文館 2014.11 229,2p 22cm （シリーズ近代美術のゆくえ）〈内容：理想主義をめぐる理論と実践 横山大観筆《屈原》と「エクスプレッション」 「心持ち」をめぐって 黒田清輝筆《昔語り》の構造 黒田清輝筆《智・感・情》と美学〉 ⓘ978-4-642-03838-6 Ⓝ721.026 ［4200円］
◇横山大観《山路》 ［国立文化財機構］ 東京文化財研究所企画情報部編 国立文化財機構東京文化財研究所 2013.3 99p 31cm （美術研究作品資料 第6冊） ⓘ978-4-8055-0699-8 Ⓝ721.9 ［7000円］

横山 松三郎〔1838～1884〕
◇通天楼日記―横山松三郎と明治初期の写真・洋画・印刷 冨坂賢, 柏木智雄, 岡塚章子編 京都 思文閣出版 2014.3 583p 22cm〈影印及び翻刻 内容：横山松三郎と通天楼（冨坂賢著） 通天楼をめぐる人々（柏木智雄著） 横山松三郎事績（岡塚章子著）〉 ⓘ978-4-7842-1729-8 Ⓝ740.21 ［16400円］

横山 光輝〔1934～2004〕
◇生誕80周年記念横山光輝―昭和から平成へマンガの鉄人が駆け抜けた軌跡：企画展 横山光輝[作], 豊島区編 ［東京］ 豊島区 2014.10 32p 30cm （ミュージアム開設プレイベント 第1回）〈年譜あり 会期・会場：2014年10月1日―18日 東京芸術劇場5Fギャラリー2〉 Ⓝ726.101

横山 義治
◇八十八歳の回顧録―私家版 横山義治著 ［出版地不明］ ［横山義治］ 2014.9 40p 22cm Ⓝ289.1 ［非売品］

横山 義幸〔1936～〕
◇横山義幸自伝―SPC Japan創設理事長 横山義幸著 髣書房 2014.4 307p 22cm ⓘ978-4-903070-73-5 Ⓝ595 ［4000円］

横山医院
◇横山医院と福田会里親委託制度 菅田理一編著 川崎 福田会育児院史研究会 2014.6 67p 30cm〈年表あり〉 Ⓝ369.43

与謝野 晶子〔1878～1942〕
◇歌うたい旅から旅へ―晶子群馬の旅の歌 下 持谷靖子著 前橋 みやま文庫 2014.8 203p 19cm （みやま文庫 214） Ⓝ911.162 ［1500円］
◇小扇全釈―与謝野晶子第二歌集 逸見久美著 オンデマンド版 八木書店古書出版部 2013.12 271p 21cm〈八木書店（発売） 索引あり 初版：八木書店 1988年刊 印刷・製本：デジタルパブリッシングサービス〉 ⓘ978-4-8406-3455-7 Ⓝ911.168 ［8000円］
◇新みだれ髪全釈―晶子第一歌集 逸見久美著 オンデマンド版 八木書店古書出版部 2013.12 385p 21cm〈八木書店（発売） 年表あり 索引あり 初版：八木書店 1996年刊 印刷・製本：デジタルパブリッシングサービス〉 ⓘ978-4-8406-3457-1 Ⓝ911.168 ［8000円］

与謝野 鉄幹〔1873～1935〕
◇むらさき全釋―與謝野鉄幹詩歌集 逸見久美著 オンデマンド版 八木書店古書出版部 2013.12 296,54p 21cm〈八木

書店（発売） 索引あり 初版のタイトル等：むらさき全釈（八木書店 1985年刊） 印刷・製本：デジタルパブリッシングサービス〉 ⓘ978-4-8406-3456-4 Ⓝ911.168 ［8000円］

与謝野町〔京都府〕〔遺跡・遺物〕
◇京都府遺跡調査報告集 第158冊 向日 京都府埋蔵文化財調査研究センター 2014.3 90p 図版 ［26］枚 30cm〈内容：鳥取富岡宮津自動車道（野田川大宮道路）関係遺跡 石田城跡 由里古墳群 石田谷古墳 石田谷遺跡．第2・3次 長岡京跡右京第1067次（7ANKSM-18地区）・開田遺跡・開田古墳群〉 Ⓝ210.0254

与沢 翼〔1982～〕
◇告白―秒速で転落した真実 与沢翼著 扶桑社 2014.7 250p 19cm ⓘ978-4-594-07056-4 Ⓝ289.1 ［1300円］

吉井 和哉〔1966～〕
◇吉十―吉井和哉10th Anniversary Book KADOKAWA 2014.3 175p 21cm〈作品目録あり〉 ⓘ978-4-04-731911-0 Ⓝ767.8 ［1600円］

吉岡 しげ美〔1949～〕
◇わたしらしく輝く〈幸せ〉―女・詩・生命…うたいつづけて 吉岡しげ美著 亜紀書房 2014.11 255p 19cm〈文献あり〉 ⓘ978-4-7505-1419-2 Ⓝ762.1 ［1600円］

吉岡 弥生〔1871～1959〕
◇近代日本の女性専門職教育―生涯教育学から見た東京女子医科大学創立者・吉岡彌生 渡邊洋子著 明石書店 2014.11 312p 22cm〈文献あり 著作目録あり 年譜あり 索引あり〉 ⓘ978-4-7503-4097-5 Ⓝ379.46 ［5200円］

吉川 英治〔1892～1962〕
◇三国志ナビ 渡邊義浩著 新潮社 2014.2 327,18p 16cm （新潮文庫 よ-3-0）〈年表あり 索引あり〉 ⓘ978-4-10-115450-3 Ⓝ913.6 ［550円］

吉川 廣和
◇はだしっ子 吉川廣和著 前橋 上毛新聞社事業局出版部 2014.8 195p 19cm ⓘ978-4-86352-112-4 Ⓝ289.1 ［1100円］

吉川建設株式会社
◇吉川建設100年のあゆみ 飯田 吉川建設 2014.6 332p 27cm〈年表あり 折り込 3枚〉 Ⓝ520.67

吉川市〔歴史―史料〕
◇吉川市史 資料編 現代 吉川市史編さん委員会編 吉川 吉川市 2013.12 564, 39p 27cm〈年表あり〉 Ⓝ213.4

吉澤 康伊〔1934～〕
◇石ころの傘寿 吉澤康伊著 八王子 清水工房（印刷） 2014.12 87p 19cm〈年譜あり〉 Ⓝ289.1

吉田 五十八〔1894～1974〕
◇吉田五十八自邸／吉田五十八 富永讓著 東京書籍 2014.12 155p 22cm （ヘヴンリーハウス20世紀名作住宅をめぐる旅 5）〈文献あり 年譜あり 年表あり〉 ⓘ978-4-487-80096-4 Ⓝ527.021 ［2400円］

吉田 健一〔1912～1977〕
◇ケンブリッジ帰りの文士吉田健一 角地幸男著 新潮社 2014.3 221p 20cm〈内容：ケンブリッジ帰りの文士 乞食王子のエクリチュール シェイクスピアの大衆文学評判 時間と化した物語作者 時間略解 吉田健一が愛読した幻の名著〉 ⓘ978-4-10-335331-7 Ⓝ910.268 ［1700円］
◇吉田健一 長谷川郁夫著 新潮社 2014.9 653p 22cm〈索引あり〉 ⓘ978-4-10-336391-0 Ⓝ910.268 ［5000円］

吉田 兼好〔1282～1350〕
◇解説徒然草 橋本武著 筑摩書房 2014.9 300p 15cm （ちくま学芸文庫 ハ41-1）〈日栄社 1981年刊の再刊〉 ⓘ978-4-480-09636-4 Ⓝ914.45 ［1100円］
◇徒然草 久保田淳著 岩波書店 2014.2 215p 19cm （セミナーブックス・セレクション）〈1992年刊の再刊 内容：第一講 第二講 第三講〉 ⓘ978-4-00-028703-6 Ⓝ914.45 ［2200円］
◇「徒然草」ゼミナール 鈴木広光編著 京都 かもがわ出版 2014.3 104p 21cm （奈良女子大学文学部《まほろば》叢書 第5巻） ⓘ978-4-7803-0692-7 Ⓝ914.45 ［1700円］
◇『徒然草』の歴史学 五味文彦［著］ 増補 KADOKAWA 2014.11 333p 15cm （［角川ソフィア文庫］ [I124-1]）〈初版：朝日新聞社 1997年刊〉 ⓘ978-4-04-409216-0 Ⓝ914.45 ［920円］
◇徒然草REMIX 酒井順子著 新潮社 2014.10 252p 16cm （新潮文庫 さ-23-11） ⓘ978-4-10-135121-6 Ⓝ914.45 ［490円］

◇吉田兼好とは誰だったのか―徒然草の謎　大野芳著　幻冬舎　2013.5　311p　18cm　（幻冬舎新書 お－17-1）①978-4-344-98304-5　Ⓝ910.24　［880円］

吉田 茂〔1878～1967〕

◇吉田茂とその時代　上　ジョン・ダワー著，大窪愿二訳　改版　中央公論新社　2014.10　447p　16cm　（中公文庫 タ5-3）①978-4-12-206021-0　Ⓝ289.1　［1300円］

◇吉田茂とその時代　下　ジョン・ダワー著，大窪愿二訳　改版　中央公論新社　2014.10　419p　16cm　（中公文庫 タ5-4）〈文献あり〉①978-4-12-206022-7　Ⓝ289.1　［1300円］

吉田 松陰〔1830～1859〕

◇一番詳しい吉田松陰と松下村塾のすべて　奈良本辰也編　KADOKAWA　2014.8　285p　19cm〈年譜あり　「吉田松陰のすべて」（新人物往来社 1984年刊）の改題、増補　内容：少年時代（奈良本辰也著）吉田松陰とその家族（山中鉄三著）山鹿流軍学と松陰（高野澄著）　松陰と象山の出会い（左方郁子著）　松下村塾（海原徹著）　松下村塾を指導した人びと（青山忠正著）　長州藩の私塾ネットワーク（冨成博著）　松陰をめぐる人物群像（古川薫著）　松陰の女性観（前田訣子著）　松陰の世界認識（高野澄著）　松陰の死生観（奈良本辰也著）　吉田松陰の旅（百瀬明治著）　「明治の元勲」が語る師・松陰像（久米晶文著）〉①978-4-04-600885-5　Ⓝ289.1　［1700円］

◇逆境をプラスに変える吉田松陰の究極脳　篠浦伸禎著　かざひの文庫　2014.12　223p　19cm〈太陽出版（発売）文献あり〉①978-4-88469-827-0　Ⓝ121.59　［1500円］

◇狂気のススメ―常識を打ち破る吉田松陰の教え　大杉学著　総合法令出版　2014.11　219p　19cm　①978-4-86280-424-2　Ⓝ121.59　［1300円］

◇松陰先生にゆかり深き婦人―山口県教育会藏版　広瀬敏子著　周南　マツノ書店　2014.11　150, 4p　21cm〈山口縣教育會昭和11年刊 4版 の複製〉Ⓝ121.59

◇松陰と楫取　石川和朋著　［山口］　マルニ　2014.12　135p　21cm　Ⓝ121.59　［1200円］

◇超訳吉田松陰語録―運命を動かせ　齋藤孝著　キノブックス　2014.11　235p　20cm〈文献あり 年譜あり〉①978-4-908059-02-5　Ⓝ121.59　［1500円］

◇吉田松陰―異端のリーダー　津本陽［著］　KADOKAWA　2014.12　217p　18cm　（角川oneテーマ21 D-55）①978-4-04-653428-6　Ⓝ121.59　［800円］

◇吉田松陰　玖村敏雄著　文藝春秋　2014.12　407p　16cm　（文春学藝ライブラリー）〈年譜あり〉①978-4-16-813036-6　Ⓝ121.59　［1140円］

◇吉田松陰が復活する！―憂国の論理と行動　宮崎正弘著　並木書房　2014.11　254p　19cm〈年譜あり〉①978-4-89063-323-4　Ⓝ121.59　［1500円］

◇吉田松陰50の教え―近代日本の礎を築いた男　名古屋　リベラル社　2014.10　191p　19cm〈星雲社（発売）年表あり〉①978-4-434-19891-5　Ⓝ121.59　［1300円］

◇吉田松陰と久坂玄瑞―高杉晋作、伊藤博文、山県有朋らを輩出した松下村塾の秘密　河合敦著　幻冬舎　2014.11　211p　18cm　（幻冬舎新書 か－11-5）①978-4-344-98365-6　Ⓝ121.59　［780円］

◇吉田松陰とその家族―兄を信じた妹たち　一坂太郎著　中央公論新社　2014.10　268p　18cm　（中公新書 2291）〈年譜あり〉①978-4-12-102291-2　Ⓝ121.59　［880円］

◇吉田松陰と高杉晋作の志　一坂太郎著　ベストセラーズ　2014.10　240p　18cm　（ベスト新書 452）〈「松陰と晋作の志」（2005年刊）の改題、加筆・修正、再編集〉①978-4-584-12452-9　Ⓝ121.59　［800円］

◇吉田松陰と文の謎　川口素生［著］　学研パブリッシング　2014.11　327p　15cm　（学研M文庫 か－16-5）〈学研マーケティング（発売）文献あり 年譜あり〉①978-4-05-900885-9　Ⓝ121.59　［660円］

◇吉田松陰に学ぶ男の磨き方　川口雅昭著　致知出版社　2014.7　248p　20cm〈文献あり〉①978-4-8009-1042-4　Ⓝ156　［1600円］

◇吉田松陰の愛読書を読む　北影雄幸著　勉誠出版　2014.11　207p　20cm　①978-4-585-21528-8　Ⓝ121.59　［1800円］

◇吉田松陰の主著を読む　北影雄幸著　勉誠出版　2014.11　187p　20cm　①978-4-585-21527-1　Ⓝ121.59　［1800円］

◇吉田松陰の人間山脈―「志」が人と時代を動かす！　中江克己著　青春出版社　2014.11　204p　18cm　（青春新書INTELLIGENCE PI-437）〈文献あり〉①978-4-413-04437-0　Ⓝ121.59　［890円］

◇吉田松陰の名言100―変わる力変える力のつくり方　野中根太郎著　アイパス出版　2014.10　235p　20cm〈サンクチュアリ出版（発売）文献あり〉①978-4-86113-584-2　Ⓝ289.1　［1500円］

◇吉田松陰「人を動かす天才」の言葉　楠戸義昭著　三笠書房　2014.11　246p　15cm　（知的生きかた文庫 く22-4）〈文献あり〉①978-4-8379-8295-1　Ⓝ121.59　［590円］

◇吉田松陰武教全書講録　［山鹿素行］，吉田松陰［著］，川口雅昭全訳注　K&Kプレス　2014.12　257p　19cm〈文献あり〉①978-4-906674-62-6　Ⓝ156　［2000円］

◇吉田松陰誇りを持って生きる！―信念と志をまっとうした男の行動力　森友幸照著　すばる舎　2014.1　300p　19cm〈文献あり 年譜あり　1997年刊の加筆・改訂、新装版〉①978-4-7991-0316-6　Ⓝ121.59　［1600円］

◇吉田松陰名言集―思えば得るあり学べば為すあり　八幡和郎監修　宝島社　2014.10　233p　16cm　（宝島SUGOI文庫 Dや－1-3）〈文献あり〉①978-4-8002-3122-2　Ⓝ121.59　［580円］

◇吉田松陰『留魂録』　吉田松陰著，城島明彦訳　致知出版社　2014.9　269p　19cm　（いつか読んでみたかった日本の名著シリーズ 8）〈文献あり〉①978-4-8009-1049-3　Ⓝ121.59　［1400円］

吉田 隆子〔1910～1956〕

◇抵抗のモダンガール作曲家・吉田隆子　田中伸尚著　岩波書店　2014.4　157,3p　20cm〈作品目録あり〉①978-4-00-024044-4　Ⓝ762.1　［1900円］

吉田 敬〔1973～ 〕

◇人生は、パチンコで教わった。　吉田敬［著］　ワニブックス　2014.4　154p　18cm　①978-4-8470-9220-6　Ⓝ779.14　［926円］

吉田 拓郎〔1946～ 〕

◇吉田拓郎オフィシャル・データブック―アーティストファイル　田家秀樹，前田祥丈，菅岳彦，池田謙，村野弘正著　ヤマハミュージックメディア　2014.12　271p　19cm〈文献あり 作品目録あり 索引あり　「吉田拓郎」改訂版（TOKYO FM出版 2007年刊）の改題、増補改訂〉①978-4-636-90441-3　Ⓝ767.8　［2000円］

吉田 武三〔1902～1978〕

◇松浦武四郎研究家吉田武三私伝　清水敏一著　岩見沢　大雪山房　2014.3　119p　22cm〈著作目録あり〉Ⓝ289.1　［1500円］

吉田 稔麿〔1841～1864〕

◇吉田稔麿松陰の志を継いだ男　一坂太郎著　［東京］　KADOKAWA　2014.8　237p　19cm　（角川選書 544）〈文献あり 年譜あり〉①978-4-04-703544-7　Ⓝ289.1　［1700円］

吉田 日出子〔1944～ 〕

◇私の記憶が消えないうちに―デコ最後の上海バンスキング　吉田日出子著　講談社　2014.11　229p　20cm　①978-4-06-219110-4　Ⓝ772.1　［1800円］

吉田 房彦〔1935～ 〕

◇いのちの炎―卓球に支えられ今を大切に生きて：吉田房彦傘寿祈念自分史　吉田房彦著　卓球王国　2014.10　296p　20cm　①978-4-901638-44-9　Ⓝ289.1　［1700円］

吉田 麻也〔1988～ 〕

◇旅するサッカー　吉田麻也著　ソル・メディア　2014.5　236p　19cm　①978-4-905349-20-4　Ⓝ783.47　［1400円］

吉田 光華

◇乙女文楽―15周年記念吉田光華の世界舞台写真集　西村宣世著　大阪　清風堂書店　2014.5　63p　19×19cm　①978-4-88313-817-3　Ⓝ777.1　［2000円］

吉田 怜香〔1987～ 〕

◇A DAY IN THE LIFE　吉田怜香著　双葉社　2014.9　124p　24cm〈本文は日本語〉①978-4-575-30730-6　Ⓝ289.1　［1500円］

吉永 小百合〔1945～ 〕

◇歩いて行く二人―岸惠子 吉永小百合　岸惠子，吉永小百合著　世界文化社　2014.7　191p　22cm〈年譜あり〉①978-4-418-14502-7　Ⓝ778.21　［1800円］

吉野 伊佐男〔1942～ 〕

◇情と笑いの仕事論―吉本興業会長の山あり谷あり半生記　吉野伊佐男著　ヨシモトブックス　2014.7　257p　19cm〈ワニブックス（発売）〉①978-4-8470-9182-7　Ⓝ779　［1400円］

吉野 登美子〔1905～1999〕

◇覚書吉野登美子―詩人八木重吉の妻歌人吉野秀雄の妻　中島悠子まとめる　ブックワークス響　2014.1　81p　21cm　Ⓝ289.1　［1400円］

よ

吉野 文六〔1918～ 〕
◇私が最も尊敬する外交官―ナチス・ドイツの崩壊を目撃した吉野文六　佐藤優著　講談社　2014.8　398p　20cm　Ⓘ978-4-06-214899-3　Ⓝ319.1　［2300円］

吉野川市（歴史）
◇粟嶋史　大塚唯士［著］　［阿波］　大塚唯士　2014.12　268p　27cm〈文献あり〉Ⓝ218.1

吉野山
◇吉野山桜物語資料集　川端一弘著　奈良　川端一弘　2014.3　70, 15, 21p　30cm　Ⓝ291.65

吉原 正喜〔1919～1944〕
◇戦火に散った巨人軍最強の捕手―吉原正喜・炎の生涯　澤宮優著　河出書房新社　2014.6　217p　15cm　（河出文庫 さ27-3）〈文献あり　「巨人軍最強の捕手」(晶文社 2003年刊)の改題、再構成〉Ⓘ978-4-309-41297-9　Ⓝ783.7　［660円］

吉増 剛造〔1939～ 〕
◇詩の練習　13号　吉増剛造特集　吉増剛造, 金子遊, 樋口良澄, 菊井崇史, 吉田文憲, 林浩平, 杉中昌樹著　特装版　［さいたま］　Art Space出版部　2014.10　63p　21cm　Ⓘ978-4-9907629-2-6　Ⓝ911.5　［1000円］

吉水 咲子〔1949～ 〕
◇絵手紙で新しく生きる―描いて、送る。　吉水咲子著　講談社　2014.5　141p 図版12p　19cm　Ⓘ978-4-06-218900-2　Ⓝ721.9　［1300円］

吉満 義彦〔1904～1945〕
◇吉満義彦―詩と天使の形而上学　若松英輔著　岩波書店　2014.10　333,5p　20cm〈年譜あり 索引あり〉Ⓘ978-4-00-025467-0　Ⓝ121.6　［2800円］

吉見町〔埼玉県〕（遺跡・遺物）
◇町内遺跡　8　吉見町（埼玉県）吉見町教育委員会　2014.3　20p 図版 9p　30cm　（吉見町埋蔵文化財調査報告書 第13集）〈内容：田甲原古墳群第12地点〉Ⓝ210.0254

吉村 昭〔1927～2006〕
◇評伝吉村昭　笹沢信著　白水社　2014.7　417,12p　20cm〈年譜あり 索引あり〉Ⓘ978-4-560-08373-4　Ⓝ910.268　［3000円］
◇道づれの旅の記憶―吉村昭・津村節子伝　川西政明著　岩波書店　2014.11　437p　20cm〈文献あり〉Ⓘ978-4-00-024874-7　Ⓝ910.268　［3000円］

吉村 公三郎〔1911～2000〕
◇映画監督吉村公三郎 書く、語る　吉村公三郎著, 竹内重弘編, 吉村秀實, 浦崎浩實監修　ワイズ出版　2014.11　396p　21cm〈著作目録あり 年譜あり〉Ⓘ978-4-89830-284-2　Ⓝ778.21　［2750円］

吉村 豊雄〔1948～ 〕
◇中近世の領主支配と民間社会―吉村豊雄先生ご退職記念論文集　稲葉継陽, 花岡興史, 三澤純編　熊本　熊本出版文化会館　2014.10　524p　21cm〈創流出版（発売）著作目録あり 年譜あり　内容：中世前期の肥後国の村落（廣田浩治著）　山城国伏見荘における沙汰人層の存在形態と役割（田代博志著）「堺公方」期の京都支配と松井宗信（馬部隆弘著）　鷹峯城再考（鶴嶋俊彦著）　戦国期天草棚底城の歴史的位置（稲葉継陽著）戦国大名大友氏の普請命令と免除特権（八木直樹著）　豊臣政権期における「両川体制」の再編成（才藤義和著）　加藤清正発給文書について（大浪和弥著）　大名城郭普請許可制にみる幕藩関係と政治機構（花岡興史著）　幕藩領主の呪術的儀礼と真宗僧侶（上野大輔著）　キリシタン信仰の変容（児島康子著）近世中期の全藩一揆の構造（木下泰葉著）　藩社会における時報の普及と都市化の展開（松﨑範子著）　熊本藩制下の座頭と当道座（緒方晶子著）　近世後期藩領国における地方役人の「出世」と「派閥」（今村直樹著）　幕末期における西洋流砲術の伝播について（木山貴満著）　明治維新期の熊本藩惣庄屋集団の意見書について（三澤純著）　幕末維新期における熊本藩の殖産政策（和田直樹著）　中仙道の明治維新における「偽官軍」事件の再検討（青木拓人著）〉Ⓘ978-4-906897-21-6　Ⓝ210.4　［7000円］

吉本 隆明〔1924～2012〕
◇新井豊美評論集　1　「ゲニウスの地図」への旅　新井豊美著　思潮社　2014.11　243p　20cm〈著作目録あり　内容：「ゲニウスの地図」への旅　無言からの出発　「Zodiac Series」その痛恨の一年半　『青春―くらがり』に同行して　心的宇宙の探索者　疎外の構造〉Ⓘ978-4-7837-1696-9　Ⓝ911.5　［2700円］
◇異端論争の彼方へ―埴谷雄高・花田清輝・吉本隆明とその時代　野崎六助著　インパクト出版会　2013.9　258p　19cm〈文献あり 著作目録あり〉Ⓘ978-4-7554-0239-5　Ⓝ910.264　［1900円］
◇浄土からの視線―吉本隆明・狂気・自己慰安　菅原則生著　弓立社　2014.7　253p　20cm〈内容：浄土からの視線　死の吉本さん　問われつづけた《革命とは何か》　狂気、渦、自己慰安　『村の家』について　吉本さんを囲んで（前川藤一, 菅原則生述）〉Ⓘ978-4-89667-997-7　Ⓝ910.268　［1800円］
◇吉本隆明　田中和生著　アーツアンドクラフツ　2014.6　230p　20cm　Ⓘ978-4-901592-99-4　Ⓝ910.268　［2200円］
◇吉本隆明"心"から読み解く思想　宇田亮一著　彩流社　2014.10　173p　19cm　（フィギュール彩 20）〈文献あり〉Ⓘ978-4-7791-7020-1　Ⓝ910.268　［1700円］
◇吉本隆明初期詩篇論―我と我々と　川鍋義一著　新典社　2014.2　397p　22cm　（新典社研究叢書 252）〈年譜あり 文献あり〉Ⓘ978-4-7879-4252-4　Ⓝ911.52　［11500円］

吉本 富男〔1925～ 〕
◇吉本富男経歴・著作目録　吉本富男編　さいたま　吉本富男　2014.6　［6］枚　21cm　Ⓝ027.38

吉本興業株式会社
◇情と笑いの仕事論―吉本興業会長の山あり谷あり半生記　吉野伊佐男著　ヨシモトブックス　2014.7　257p　19cm〈ワニブックス（発売）〉Ⓘ978-4-8470-9182-7　Ⓝ779　［1400円］
◇吉本芸人に学ぶ生き残る力　本多正識著　扶桑社　2014.11　238p　19cm　Ⓘ978-4-594-07160-8　Ⓝ779　［1400円］

吉行 和子〔1935～ 〕
◇質素な性格　吉行和子［著］　講談社　2014.5　153p　16cm　（講談社＋α文庫 A149-1）〈2011年刊の加筆・修正〉Ⓘ978-4-06-281556-7　Ⓝ772.1　［580円］

吉原遊廓
◇佐伯泰英「吉原裏同心」読本　光文社文庫編集部編　光文社　2014.6　335p　16cm　（光文社文庫 こ1-14）〈文献あり 著作目録あり〉Ⓘ978-4-334-76751-8　Ⓝ913.6　［600円］

吉原遊廓（歴史）
◇吉原の四季―清元「北州千歳寿」考証　瀧川政次郎著　新装版　青蛙房　2014.12　337p　22cm　（青蛙選書 33）〈著作目録あり〉Ⓘ978-4-7905-0133-6　Ⓝ384.9　［3600円］

ヨーゼフ2世〔1741～1790 神聖ローマ皇帝〕
◇マリア・テレジアとヨーゼフ2世―ハプスブルク、栄光の立役者　稲野強著　山川出版社　2014.2　104p　21cm　（世界史リブレット人 56）〈文献あり 年表あり〉Ⓘ978-4-634-35056-4　Ⓝ289.3　［800円］

四日市市（遺跡・遺物）
◇一般国道1号北勢バイパス埋蔵文化財発掘調査概報　11　四日市市教育委員会編　［四日市］　四日市市教育委員会　2014.3　24p　30cm　Ⓝ210.0254

四日市市（行政）
◇四日市・ロングビーチ姉妹都市提携50周年記念誌―海を超えて育む絆　［四日市市］市民文化部文化国際課編　四日市　四日市市　2014.3　51p　30cm〈年表あり　英語併記〉Ⓝ318.256

四日市市（地誌）
◇わが郷土うつべ―内部地区四日市市合併70周年記念誌　内部地区四日市市合併70周年記念誌編集委員会編　［四日市］　内部地区四日市市合併70周年記念誌編集委員会　2013.11　96p　30cm〈年表あり〉Ⓝ291.56

四日市市（伝記）
◇四日市の礎　2　60人のドラマとその横顔　志水雅明監修, 四日市地域ゆかりの「郷土作家」顕彰事業委員会有志＋2名著　四日市　四日市市文化協会　2014.11　125p　21cm〈文献あり　一般社団法人四日市市文化協会創立20周年記念出版〉Ⓝ281.56　［1200円］

四日市市（歴史）
◇旧四日市を語る　第24集　旧四日市を語る会編　［四日市］　旧四日市を語る会　2014.6　167p　26cm〈年表あり〉Ⓝ215.6

四街道市（遺跡・遺物）
◇相ノ谷遺跡　印旛郡市文化財センター編　［千葉］　東京電力千葉工事センター　2014.3　12p 図版 2p　30cm　（公益財団法人印旛郡市文化財センター発掘調査報告書 第330集）〈千葉県四街道市所在　房総線no. 43-no. 61電線張替工事に伴う埋蔵文化財調査〉Ⓝ210.0254
◇飯塚台遺跡　第2地点　印旛郡市文化財センター編　［四街道］　プライム　2014.3　17p 図版 5p　30cm　（公益財団法人印旛郡市文化財センター発掘調査報告書 第336集）〈千葉県四街道市所在〉Ⓝ210.0254
◇馬場no. －1遺跡　第3次　印旛郡市文化財センター編　［四街道］　四街道市　2014.3　14p 図版 6p　30cm　（公益財団法人印旛郡市文化財センター発掘調査報告書 第335集）〈千葉県

四街道市所在 物井新田土地区画整理事業に伴う物井47号線
埋蔵文化財調査〉Ⓝ210.0254

◇東作遺跡 第5次 印旛郡市文化財センター編 四街道 四街
道市 2014.3 11p 図版 2p 30cm （公益財団法人印旛郡市
文化財センター発掘調査報告書 第329集）〈山梨臼井線埋蔵文
化財調査委託 千葉県四街道市所在〉Ⓝ210.0254

◇前原no. 2遺跡（E区・F区・G区・H区・I区・J区、本調査第3
地点・第4地点），木戸場遺跡（本調査第2地点）印旛郡市文化
財センター編 ［四街道］ 四街道市鹿渡南部土地区画整理組
合 2014.3 136p 図版 ［29］ 枚 30cm （公益財団法人印
旛郡市文化財センター発掘調査報告書 第328集）〈千葉県四街
道市所在〉Ⓝ210.0254

◇四街道市御山遺跡 2 千葉県教育振興財団文化財センター編
都市再生機構首都圏ニュータウン本部 2014.3 204p 図版
［14］ 枚 30cm （千葉県教育振興財団調査報告 第726集）
〈共同刊行：千葉県教育振興財団〉Ⓝ210.0254

◇四街道市館ノ山遺跡 2 千葉県教育振興財団文化財センター
編 都市再生機構首都圏ニュータウン本部 2013.9 45p 図
版 11p 30cm （千葉県教育振興財団調査報告 第718集）
〈共同刊行：千葉県教育振興財団〉Ⓝ210.0254

◇四街道市出口遺跡 旧石器時代編 千葉県教育振興財団文化
財センター編 都市再生機構首都圏ニュータウン本部 2013.
11 116p 図版 17p 30cm （千葉県教育振興財団調査報告
第717集）〈共同刊行：千葉県教育振興財団〉Ⓝ210.0254

◇四街道市遺跡発掘調査報告書 平成25年度 四街道市教育
委員会編 ［四街道］ 四街道市教育委員会 2014.3 21p
30cm〈内容：相ノ谷遺跡 郷遺跡 飯塚台遺跡 宿道跡 馬
場台no. -1遺跡 作no. -2遺跡 作no. -1遺跡 椎ノ木
遺跡〉Ⓝ210.0254

四街道市（行政）

◇四街道市総合計画—人みどり子育て選ばれる安心快適都市四
街道 四街道 四街道市 2014.8 194p 30cm Ⓝ318.235

四下 則之〔1946〜 〕

◇ひたむきに生きる—ピンチを突破する行動学：風が吹き荒れて
も、竹のように生きてゆきたい。 四下則之著 札幌 アジ
アブックス札幌CMセンター 2014.4 215p 19cm Ⓘ978-
4-90133327-6 Ⓝ289.1 ［880円］

淀川

◇BYQ水環境レポート—琵琶湖・淀川の水環境の現状 第20巻
平成24年度 大阪 琵琶湖・淀川水質保全機構 2014.2 1冊
30cm〈年表あり 文献あり〉Ⓝ519.4

淀城

◇淀君の淀城ではなく徳川の淀城 永井太一郎編著 ［京都］
［永井太一郎］ ［20− −］ 1冊（ページ付なし）26×37cm
〈タイトルは表紙による〉Ⓝ521.823

与那国島

◇与那国台湾往来記—「国境」に暮らす人々 松田良孝著 石垣
南山舎 2013.9 341, 27p 19cm （やいま文庫 14）〈文献
あり〉Ⓘ978-4-901427-30-2 Ⓝ219.9 ［2300円］

与那国町〔沖縄県〕（歴史）

◇与那国台湾往来記—「国境」に暮らす人々 松田良孝著 石垣
南山舎 2013.9 341, 27p 19cm （やいま文庫 14）〈文献
あり〉Ⓘ978-4-901427-30-2 Ⓝ219.9 ［2300円］

米子市（遺跡・遺物）

◇米子市内遺跡発掘調査報告書 米子 米子市教育委員会
2014.3 13p 図版 6p 30cm Ⓝ210.0254

米子市子ども会連合会

◇子ども会のあゆみ—一緒にしょいや！ 子ども会：昭和25年—
平成26年3月31日 米子 米子市子ども会連合会 2014.8
62p 30cm〈年表あり〉Ⓝ379.31

米沢 富美子〔1938〜 〕

◇人生は、楽しんだ者が勝ちだ 米沢富美子著 日本経済新聞
出版社 2014.6 247p 20cm （私の履歴書）〈著作目録あ
り〉Ⓘ978-4-532-16931-2 Ⓝ289.1 ［1600円］

米沢市（遺跡・遺物）

◇遺跡詳細分布調査報告書 第27集 米沢 米沢市教育委員会
2014.3 128p 図版 20p 30cm （米沢市埋蔵文化財調査報告
書 第106集）〈内容：開発に伴う包蔵地内分布調査 大規模開
発に伴う分布調査 保存整備事業に伴う確認調査〉Ⓝ210.0254

◇延徳寺遺跡発掘調査報告書 米沢 米沢市教育委員会 2014.
3 54p 図版 26p 30cm （米沢市埋蔵文化財調査報告書 第
104集）Ⓝ210.0254

◇置賜地域の終末期古墳 7 東北芸術工科大学考古学研究室編
山形 東北芸術工科大学文化財保存修復研究センター 2014.

3 34p 図版 8p 30cm （東北芸術工科大学考古学研究報告
第15冊）Ⓝ210.0254

◇沖仲遺跡—発掘調査報告書 米沢 米沢市教育委員会 2014.
3 36p 図版 22p 30cm （米沢市埋蔵文化財調査報告書 第
105集）Ⓝ210.0254

◇成島遺跡—発掘調査報告書 米沢 米沢市教育委員会 2014.
3 77p 図版 13p 30cm （米沢市埋蔵文化財調査報告書 第
103集）Ⓝ210.0254

◇馳上遺跡第5次・西谷地b遺跡第3次発掘調査報告書 上山 山
形県埋蔵文化財センター 2014.3 88p 図版 ［17］ 枚 30cm
（山形県埋蔵文化財センター調査報告書 第210集）Ⓝ210.0254

米沢市（昔話）

◇四百ぶらりん—遠藤たけの昔話集 遠藤たけの［述］, 武田正
編 山形 東北文教大学短期大学部民話研究センター 2014.
8 135p 19cm （東北文教大学短期大学部民話研究センター
資料叢書）Ⓝ388.125

米沢市上郷コミュニティセンター

◇上郷のあゆみ—上郷コミュニティセンター開館50周年記念誌
上郷コミュニティセンター開館50周年記念事業実行委員会記念
誌部会編 ［米沢］ 上郷コミュニティセンター開館50周年記
念事業実行委員会 2014.8 57p 30cm〈年表あり〉Ⓝ379.2

米沢市芸術文化協会

◇花ひらく米沢文化50年—創立50周年記念誌 50周年記念誌編
集委員会編 米沢 米沢市芸術文化協会 2014.11 190p
30cm〈年表あり〉 「米沢文化」44号特別号〕Ⓝ706

米沢藩

◇上杉家伝来絵図—特別展 米沢 米沢市上杉博物館 2014.4
111p 30cm〈会期・会場：2014年4月19日—6月8日 米沢市上
杉博物館〉Ⓝ291.25

米田 有希〔1978〜 〕

◇AQUÍ —モデル米田有希のNatural Life 米田有希著 主婦
の友社 2014.5 125p 26cm Ⓘ978-4-07-295343-3 Ⓝ289.
1 ［1420円］

米長 邦雄〔1943〜2012〕

◇棋士米長邦雄名言集—人生に勝つために 伊藤能著 日本将
棋連盟 2014.3 218p 19cm〈マイナビ（発売）年譜あり〉
Ⓘ978-4-8399-5079-8 Ⓝ796 ［1490円］

ヨハネ23世〔1881〜1963 教皇〕

◇第二バチカン公会議を開いた教皇ヨハネ二十三世 青山玄著
女子パウロ会 2014.12 70p 19cm Ⓘ978-4-7896-0747-6
Ⓝ198.22 ［700円］

読売ジャイアンツ

◇巨人V9とその時代 山室寛之著 中央公論新社 2014.9
357p 20cm〈文献あり 年表あり〉Ⓘ978-4-12-004647-6
Ⓝ783.7 ［1600円］

◇西武と巨人のドラフト10年戦争 坂井保之,永谷脩著 宝島社
2014.6 222p 16cm （宝島SUGOI文庫 Aさ-6-1）Ⓘ978-
4-8002-2718-8 Ⓝ783.7 ［600円］

◇若い力を伸ばす読売巨人軍の補強と育成力 大森剛著 ワニ
ブックス 2014.1 205p 19cm Ⓘ978-4-8470-9197-1
Ⓝ783.7 ［1300円］

読売書法会

◇読売書法会三十年史—本格の輝き 読売書法会三十年史編集
委員会編 読売新聞社読売書法会 2014.3 247p 30cm〈年
表あり〉Ⓝ728.06

読谷村〔沖縄県〕（紀行・案内記）

◇ホテル日航アリビラのスタッフがおすすめする沖縄・読谷の笑
顔に出会う旅 ホテル日航アリビラ編集室編著 英治出版
2014.12 159p 18cm Ⓘ978-4-86276-183-5 Ⓝ291.99
［800円］

代々木公園

◇代々木公園樹木定点観察記録 2012年1月—12月 都市公園樹
木の行動記録 ［東京］ 代々木公園ボランティア ［2014］
1冊（ページ付なし）30cm Ⓝ477.021361

◇代々木公園樹木定点観察記録—別冊：観察写真集 2012年 樹
木別篇 1/2 佐藤義則, 森村猛夫撮影・製作 ［東京］ 代々木
公園ボランティア ［2014］ 1冊（ページ付なし）30cm
Ⓝ477.021361

◇代々木公園樹木定点観察記録—別冊：観察写真集 2012年 樹
木別篇 2/2 佐藤義則, 森村猛夫撮影・製作 ［東京］ 代々木
公園ボランティア ［2014］ 1冊（ページ付なし）30cm
Ⓝ477.021361

寄居町〔埼玉県〕（遺跡・遺物）

◇前塚田遺跡 寄居町（埼玉県）寄居町遺跡調査会 2014.8
24p 図版 8p 30cm （寄居町遺跡調査会報告 第37集）
Ⓝ210.0254

ヨレンテ，S.〔1906〜1989〕

◇薬師台遺跡　第2・3次　寄居町（埼玉県）寄居町教育委員会
2014.3　32p　図版12p　30cm　（寄居町文化財調査報告　第33
集）　Ⓝ210.0254

ヨレンテ，S.〔1906〜1989〕

◇アラスカの宣教師セグンド・ヨレンテ神父—40年間、孤独に立
ち向かいユーモアを忘れずに生きた人　ホアン・カトレット
編著，高橋敦子訳　長崎　聖母の騎士社　2014.6　135p
19cm〈著作目録あり　年譜あり〉①978-4-88216-355-8
Ⓝ198.22　［800円］

万 鉄五郎〔1885〜1927〕

◇萬鉄五郎七変化—わが内なる自画像　萬鉄五郎［画］，萬鉄五
郎記念美術館制作　花巻　萬鉄五郎記念美術館　2013.11
168p　21cm〈年譜あり　会期・会場：平成25年11月30日—平
成26年2月23日　萬鉄五郎記念美術館〉Ⓝ723.1

万屋 錦之介〔1932〜1997〕

◇青春二十一—オマージュ中村錦之助・萬屋錦之介　第3巻　藤
井秀男編　エコール・セザム　2013.4　80p　21cm〈内容：
渡辺美佐子トークショー（渡辺美佐子述，藤井秀男聞き手）北
沢典子トークショー（北沢典子述，円尾敏郎聞き手）入江若葉
トークショー（入江若葉述，藤井秀男聞き手）桂長四郎さんに
聞く（桂長四郎述，藤井秀男聞き手）武蔵とお通（藤井秀男
著）〉①978-4-902431-13-1　Ⓝ778.21　［1000円］

ヨーロッパ（医学—歴史—中世）

◇医療と身体の図像学—宗教とジェンダーで読み解く西洋中世
医学の文化史　久木田直江著　知泉書館　2014.3　201,60p
20cm　（静岡大学人文社会科学部研究叢書　44）〈文献あり
索引あり　布装〉①978-4-86285-180-2　Ⓝ490.23　［3500円］

ヨーロッパ（移民・植民〔中国〕）

◇EUにおける中国系移民の教育エスノグラフィ　山本須美子著
東信堂　2014.2　364p　22cm〈文献あり　索引あり　内容：
研究課題と理論的枠組み　中国系移民の歴史的背景と新移民
流入による変化　移民政策と移民教育政策　中国系第2世代へ
の中国語教育　中国系第2世代と学校適応　中国系第2世代と
文化的アイデンティティ形成　中国系新移民の子どもと学校
不適応　EUにおける中国系移民と学校適応・不適応〉①978-
4-7989-1222-6　Ⓝ372.3　［4500円］

ヨーロッパ（医療—歴史—中世）

◇医療と身体の図像学—宗教とジェンダーで読み解く西洋中世
医学の文化史　久木田直江著　知泉書館　2014.3　201,60p
20cm　（静岡大学人文社会科学部研究叢書　44）〈文献あり
索引あり　布装〉①978-4-86285-180-2　Ⓝ490.23　［3500円］

ヨーロッパ（医療制度）

◇諸外国における認知症治療の場としての病院と在宅認知症施
策に関する国際比較研究事業報告書　全日本病院協会　2014.
3　116p　30cm〈年表あり　平成25年度老人保健事業推進費
等補助金（老人保健健康増進等事業分）〉498.13

ヨーロッパ（映画）

◇ヨーロッパを知る50の映画　狩野良規著　国書刊行会　2014.
3　355,15p　20cm〈索引あり〉①978-4-336-05783-9　Ⓝ778.
23　［2400円］

◇ヨーロッパを知る50の映画　続　狩野良規著　国書刊行会
2014.9　365,18p　20cm〈索引あり〉①978-4-336-05784-6
Ⓝ778.23　［2400円］

ヨーロッパ（音楽家—歴史—20世紀）

◇クラシックに捧ぐ—アナログ主義者が独断と偏見で選んだ後
世に語り継ぎたい名演奏　横濱亮一著　KADOKAWA　2014.
2　246p　20cm①978-4-04-110660-0　Ⓝ762.8　［2300円］

◇ユダヤ人とクラシック音楽　本間ひろむ著　光文社　2014.9
219p　18cm　（光文社新書　715）〈文献あり〉①978-4-334-
03818-2　Ⓝ762.8　［760円］

ヨーロッパ（海運）

◇欧州海事クラスター及び海事関連団体の概況及び今後の戦略
等に関する調査　日本舶用工業会　2014.3　100p　30cm〈共
同刊行：日本船舶技術研究協会〉Ⓝ683.23

ヨーロッパ（絵画—歴史—近代）

◇絵画と都市の境界—タブローとしての都市の記憶　長谷川章
著　国立　ブリュッケ　2014.12　345p　22cm〈星雲社（発
売）索引あり　表紙のタイトル：Landschaftsbegriff vom
gestalteten Weltbild des Menschen〉①978-4-434-19925-7
Ⓝ518.8　［4000円］

ヨーロッパ（解雇）

◇欧州諸国の解雇法制—デンマーク、ギリシャ、イタリア、スペ
インに関する調査　労働政策研究・研修機構編　労働政策研
究・研修機構　2014.8　182p　30cm　（JILPT資料シリーズ
no. 142）Ⓝ366.193

ヨーロッパ（外国関係—ドイツ—歴史—1918〜1933）

◇ヴァイマル共和国のヨーロッパ統合構想—中欧から拡大する道
北村厚著　京都　ミネルヴァ書房　2014.4　331,23p　22cm
（MINERVA西洋史ライブラリー　99）〈文献あり　索引あり
内容：ヴァイマル共和国と地域統合　ヨーロッパ統合思想の
登場　ドイツの「ヨーロッパ協同体」理念　ヨーロッパ志向の
外交政策　中欧志向の外交政策　ブリアンの「ヨーロッパ連
邦」計画　独墺関税同盟構想に至る諸構想　中欧からヨー
ロッパへの展望　独墺関税同盟計画の挫折　ヨーロッパへの
迂回する道〉①978-4-623-07050-3　Ⓝ319.3403　［6000円］

ヨーロッパ（外国関係—日本）

◇日本人になりたいヨーロッパ人—ヨーロッパ27カ国から見た
日本人　片野優，須貝典子著　宝島社　2014.10　253p　19cm
〈文献あり〉①978-4-8002-2943-4　Ⓝ319.103　［1200円］

ヨーロッパ（外国関係—日本—歴史—安土桃山時代）

◇キリシタン時代の貿易と外交　高瀬弘一郎著　オンデマンド
版　八木書店古書出版部　2013.12　449,40p　21cm〈八木書
店（発売）索引あり　初版：八木書店　2002年刊　印刷・製
本：デジタルパブリッシングサービス　内容：マカオ＝長崎間
貿易の総取引高・生糸取引量・生糸価格　マカオ＝長崎間にお
ける委託貿易　一七世紀初頭におけるわが国のスペイン貿易
教会史料を通して見た糸割符　鎖国以前の糸割符制度とパン
カダ・パンカド取引　鎖国以前の糸割符をめぐる諸問題　中
田易直氏への反論　再び中田易直氏への反論　山脇悌二郎氏
への反論　中村質氏への反論　キリシタン時代の日明外交に
おけるイエズス会宣教師　インド副王ドゥアルテ・デ・メネゼ
スが豊臣秀吉に送った親書　古文献に拠る日本ポルトガル交
流史〉①978-4-8406-3453-3　Ⓝ210.48　［15000円］

ヨーロッパ（外国関係—日本—歴史—江戸初期）

◇キリシタン時代の貿易と外交　高瀬弘一郎著　オンデマンド
版　八木書店古書出版部　2013.12　449,40p　21cm〈八木書
店（発売）索引あり　初版：八木書店　2002年刊　印刷・製
本：デジタルパブリッシングサービス　内容：マカオ＝長崎間
貿易の総取引高・生糸取引量・生糸価格　マカオ＝長崎間にお
ける委託貿易　一七世紀初頭におけるわが国のスペイン貿易
教会史料を通して見た糸割符　鎖国以前の糸割符制度とパン
カダ・パンカド取引　鎖国以前の糸割符をめぐる諸問題　中
田易直氏への反論　再び中田易直氏への反論　山脇悌二郎氏
への反論　中村質氏への反論　キリシタン時代の日明外交に
おけるイエズス会宣教師　インド副王ドゥアルテ・デ・メネゼ
スが豊臣秀吉に送った親書　古文献に拠る日本ポルトガル交
流史〉①978-4-8406-3453-3　Ⓝ210.48　［15000円］

ヨーロッパ（外国関係—歴史）

◇覇権国家の興亡—ヨーロッパ文明と21世紀の世界秩序　西川
吉光著　奈良　萌書房　2014.8　250p　22cm①978-4-
86065-086-5　Ⓝ230　［2800円］

ヨーロッパ（外国関係—歴史—近代）

◇ヨーロッパがつくる国際秩序　大芝亮編著　京都　ミネル
ヴァ書房　2014.6　236p　21cm　（Minervaグローバル・スタ
ディーズ　1）〈索引あり　内容：ヨーロッパと国際秩序形成
（大芝亮著）　ヨーロッパの国際政治観（大中真著）　民族自決
主義の功罪（吉川元著）　帝国主義の台頭とその国際的影響
（古内洋平著）　ヨーロッパの没落と欧州統合（高瀬幹雄著）
ヨーロッパの安全保障（上原史子著）　人の移動の潮流変化と
多文化共生（井上淳著）　東欧から見た欧州東西関係（林忠行
著）　ヨーロッパの高等教育政策（松塚ゆかり著）　多極構造
の世界におけるヨーロッパ（渡邊啓貴著）〉①978-4-623-
06937-8　Ⓝ319.3　［3000円］

ヨーロッパ（外国人教育）

◇EUにおける中国系移民の教育エスノグラフィ　山本須美子著
東信堂　2014.2　364p　22cm〈文献あり　索引あり　内容：
研究課題と理論的枠組み　中国系移民の歴史的背景と新移民
流入による変化　移民政策と移民教育政策　中国系第2世代へ
の中国語教育　中国系第2世代と学校適応　中国系第2世代と
文化的アイデンティティ形成　中国系新移民の子どもと学校
不適応　EUにおける中国系移民と学校適応・不適応〉①978-
4-7989-1222-6　Ⓝ372.3　［4500円］

ヨーロッパ（外国人労働者）

◇欧州諸国における介護分野に従事する外国人労働者—ドイツ、
イタリア、スウェーデン、イギリス、フランス5カ国調査　労
働政策研究・研修機構編　労働政策研究・研修機構　2014.5
121p　30cm　（JILPT資料シリーズ　no. 139）〈文献あり〉
Ⓝ366.89

ヨーロッパ（介護福祉）

◇欧州諸国における介護分野に従事する外国人労働者—ドイツ、
イタリア、スウェーデン、イギリス、フランス5カ国調査　労
働政策研究・研修機構編　労働政策研究・研修機構　2014.5

121p 30cm （JILPT資料シリーズ no. 139）〈文献あり〉
Ⓝ366.89

ヨーロッパ（海事―歴史）
◇地中海の時代 石津康二［著］［出版地不明］［石津康二］
［2014］251p 30cm〈年表あり 文献あり〉Ⓝ683.23

ヨーロッパ（海事―歴史―近代）
◇海洋帝国興隆史―ヨーロッパ・海・近代世界システム 玉木俊
明著 講談社 2014.11 250p 19cm （講談社選書メチエ
587）〈文献あり 索引あり〉Ⓘ978-4-06-258590-3 Ⓝ683.23
［1650円］

ヨーロッパ（画家）
◇マンガ西洋美術史 01 「宮廷」を描いた画家―ベラスケス/
ヴァン・ダイク/ゴヤ/ダヴィッド/ヴィジェ＝ルブラン 中野
京子監修 かんようこ,望,卯月,藤森カンナマンガ 美術出版
社 2014.10 219p 21cm〈文献あり〉Ⓘ978-4-568-26013-7
Ⓝ723.3 ［1800円］
◇マンガ西洋美術史 02 「宗教・神話」を描いた画家―ボッ
ティチェリ/ダ・ヴィンチ,ミケランジェロ,ラファエロ/ティ
ツィアーノ/エル・グレコ/ルーベンス 中野京子監修 くろ
にゃこ。［ほか］マンガ 美術出版社 2014.12 219p 21cm
〈文献あり 年表あり〉Ⓘ978-4-568-26014-4 Ⓝ723.3 ［1800
円］

ヨーロッパ（画家―歴史―近代）
◇イラストで読む奇想の画家たち 杉全美帆子著 河出書房新
社 2014.12 127p 21cm〈文献あり 年表あり〉Ⓘ978-4-
309-25558-3 Ⓝ723.3 ［1600円］

ヨーロッパ（科学―歴史―16世紀）
◇科学革命 Lawrence M.Principe著, 菅谷暁, 山田俊弘訳 丸
善出版 2014.8 214p 18cm （サイエンス・パレット 019）
〈文献あり 索引あり〉Ⓘ978-4-621-08772-5 Ⓝ402.3 ［1000
円］

ヨーロッパ（科学―歴史―17世紀）
◇科学革命 Lawrence M.Principe著, 菅谷暁, 山田俊弘訳 丸
善出版 2014.8 214p 18cm （サイエンス・パレット 019）
〈文献あり 索引あり〉Ⓘ978-4-621-08772-5 Ⓝ402.3 ［1000
円］

ヨーロッパ（科学技術―歴史）
◇永久運動の夢 アーサー・オードヒューム著, 高田紀代志, 中
島秀人訳 筑摩書房 2014.1 375p 15cm （ちくま学芸文
庫 オ23-1）〈文献あり 索引あり〉 朝日新聞社 1987年刊の再
刊〉Ⓘ978-4-480-09585-5 Ⓝ502.3 ［1400円］

ヨーロッパ（家具―歴史―20世紀）
◇名作家具のヒミツ ジョー スズキ著 エクスナレッジ
2014.9 201p 19cm〈文献あり〉Ⓘ978-4-7678-1856-6
Ⓝ583.7 ［1600円］

ヨーロッパ（ガス事業）
◇ヨーロッパの電力・ガス市場―電力システム改革の真実 ト
マ・ヴェラン, エマニュエル・グラン著, 山田光訳, エァク
レーレン訳 日本評論社 2014.12 496p 21cm〈索引あり〉
Ⓘ978-4-535-55747-5 Ⓝ540.923 ［5500円］

ヨーロッパ（楽器―便覧）
◇楽器 飯田真樹, 市木嵩みゆき監修 ヤマハミュージックメ
ディア 2014.2 109p 15cm （ディズニー・ポケット音楽
事典）Ⓘ978-4-636-89991-7 Ⓝ763.036 ［800円］

ヨーロッパ（カトリック教会―歴史―中世）
◇ヨーロッパ中世の民衆教化と聖人崇敬―カロリング時代のオル
レアンとリエージュ 多田哲著 創文社 2014.3 333,197p
22cm〈文献あり 索引あり 内容：先行研究の状況と本書の
立場 一般訓令．1 文書的性格・構成・内容・目的 一般訓
令．2 成立事情 司教区への民衆教化プログラムの普及 民
衆の宗教生活に関するオルレアン司教区およびリエージュ司教
の把握 オルレアン司教区およびリエージュ司教区における
民衆教化プログラムの展開 オルレアン司教区およびリエー
ジュ司教区における私有教会 オルレアン司教区およびリエー
ジュ司教区における聖人崇敬 オルレアン司教区およびリエー
ジュ司教区における聖人崇敬の概観 オルレアン司教区の聖
人崇敬．1 司教座都市における聖十字架崇敬 オルレアン司
教区の聖人崇敬．2 司教座都市における聖アニアヌス崇敬
オルレアン司教区の聖人崇敬．3 農村部における聖マクシミ
ヌス崇敬 リエージュ司教区の聖人崇敬 結論 「民衆教化」
とは何か〉Ⓘ978-4-423-46070-2 Ⓝ198.27 ［10000円］

ヨーロッパ（仮面―写真集）
◇WILDER MANN―欧州の獣人―仮装する原始の名残 シャ
ル・フレジエ著 京都 青幻舎 2013.11 271p 23cm
〈翻訳：JEX Limited〉Ⓘ978-4-86152-405-9 Ⓝ386.3
［3800円］

ヨーロッパ（看板―写真集）
◇ヨーロッパの看板―お気に入りの街角 上野美千代写真・文
京都 光村推古書院 2014.9 191p 15×15cm Ⓘ978-4-
8381-0510-6 Ⓝ674.8 ［1780円］

ヨーロッパ（紀行・案内記）
◇英語が喋れないチャリおっちゃんの旅―70日間にわたる抱腹
絶倒ヨーロッパ8カ国4,000km 四方順次著 新潟 太陽書房
2013.5 186p 19cm Ⓘ978-4-86420-072-1 Ⓝ293.09
［1700円］
◇欧州マラソン紀行―オドロキの連続・鉄道ひとり旅 大杉侍
郎著 文芸社 2014.1 119p 15cm Ⓘ978-4-286-14417-7
Ⓝ293.09 ［600円］
◇欧米漫遊雑記―現代語訳 鎌田栄吉著, 舘川伸子訳 博文館
新社 2014.3 286p 19cm Ⓘ978-4-86115-160-6 Ⓝ230.6
［2000円］
◇90日間ヨーロッパ歩き旅 塚口肇著 福岡 書肆侃侃房
2014.9 190p 21cm （Kan Kan Trip 10）Ⓘ978-4-86385-
154-2 Ⓝ293.09 ［1600円］
◇シルバー夫婦のきままなヨーロッパ・サイクリング記―ドナウ
川1700kmとスウェーデン・ヨータ運河 高桑明著 大阪 風
詠社 2014.8 243p 19cm （星雲社（発売）文献あり〉
Ⓘ978-4-434-19470-2 Ⓝ293.09 ［1100円］
◇楽しいヨーロッパ 木村俊祐著 弘報印刷出版センター
2014.8 257p 21cm Ⓘ978-4-907510-19-0 Ⓝ293.09
［1300円］
◇旅の足跡 原三江子著 文芸社 2014.11 434p 19cm
Ⓘ978-4-286-15635-4 Ⓝ293.09 ［1800円］
◇ヨーロッパを気ままに旅して 野村幸雄著 文芸社 2014.2
155p 19cm Ⓘ978-4-286-14628-7 Ⓝ293.09 ［1200円］
◇ヨーロッパ鉄道旅ってクセになる！―国境を陸路で越えて10
カ国 吉田友和［著］幻冬舎 2013.7 245p 16cm （幻冬
舎文庫 よ-18-3）Ⓘ978-4-344-42052-6 Ⓝ293.09 ［533円］
◇65歳のチャレンジ！―ヨーロッパ大陸自転車単独横断日記
中里清志著 文芸社 2014.3 374p 15cm Ⓘ978-4-286-
14615-7 Ⓝ293.09 ［800円］

ヨーロッパ（宮殿）
◇いつかは行きたいヨーロッパの世界でいちばん美しいお城
水野久美著 大和書房 2014.6 269p 15cm （ビジュアル
だいわ文庫）Ⓘ978-4-479-30489-0 Ⓝ523.3 ［740円］
◇世界一美しい夢のお城図鑑 世界のお城研究会編 宝島社
2014.6 207p 21cm （索引あり 2013年刊の改訂・再編集）
Ⓘ978-4-8002-2785-0 Ⓝ523.3 ［1200円］
◇世界で一番美しい宮殿 エクスナレッジ 2014.12 156p
25cm Ⓘ978-4-7678-1886-3 Ⓝ523.3 ［1800円］

ヨーロッパ（救貧制度）
◇生江孝之著作集 第1巻 欧米視察細民と救済 生江孝之著
学術出版会 2014.9 294p 図版8枚 22cm （学術著作集ラ
イブラリー）〈日本図書センター（発売）博文館 明治45年刊
の複製〉Ⓘ978-4-284-10421-0,978-4-284-10420-3（set）
Ⓝ369.08

ヨーロッパ（教育）
◇よみがえる海外研修―昭和57年度海外教育事情視察：ⅢⅠス
コール会30周年記念誌 ［出版地不明］ⅢⅠスコール会
2014.3 67p 30cm Ⓝ372.3

ヨーロッパ（教育行政）
◇新しい教育行政学 河野和清編著 京都 ミネルヴァ書房
2014.4 241p 21cm〈索引あり〉Ⓘ978-4-623-07037-4
Ⓝ373.2 ［2500円］

ヨーロッパ（漁業―歴史）
◇魚で始まる世界史―ニシンとタラとヨーロッパ 越智敏之著
平凡社 2014.6 237p 18cm （平凡社新書 740）〈文献あ
り〉Ⓘ978-4-582-85740-5 Ⓝ662.3 ［800円］

ヨーロッパ（キリスト教―歴史―中世）
◇十二世紀宗教改革―修道制の刷新と西洋中世社会 ジャイル
ズ・コンスタブル著, 高山博監訳, 小澤実, 図師宣忠, 橋川裕
之, 村上司樹訳 慶應義塾大学出版会 2014.6 565,116p
22cm〈文献あり 索引あり 内容：導入（村上司樹訳） さまざ
まな改革者（橋川裕之訳） 改革の類型とその条件（図師宣忠
訳） 改革のレトリック（小澤実訳） 改革の現実 1 共同体
内の変動（橋川裕之訳） 改革の現実 2 修道活動と世俗社会
（橋川裕之訳） 改革の霊性（小澤実訳） 十二世紀社会のなか
で（村上司樹訳）〉Ⓘ978-4-7664-2134-7 Ⓝ192.3 ［9000円］

ヨーロッパ（キリスト教教育―歴史―中世）
◇ヨーロッパ中世の民衆教化と聖人崇敬―カロリング時代のオル
レアンとリエージュ 多田哲著 創文社 2014.3 333,197p
22cm〈文献あり 索引あり 内容：先行研究の状況と本書の
立場 一般訓令．1 文書的性格・構成・内容・目的 一般訓

ヨーロッパ（キリスト教と政治—歴史—近代）　　　　　　　　　　　　　　日本件名図書目録2014　Ⅰ

令．2 成立事情　司教区への民衆教化プログラムの普及　民衆の宗教生活に関するオルレアン司教およびリエージュ司教の把握　オルレアン司教区およびリエージュ司教区における民衆教化プログラムの展開　オルレアン司教区およびリエージュ司教区における私有教会　オルレアン司教区およびリエージュ司教区における聖人崇敬の概観　オルレアン司教区の聖人崇敬．1 司教座都市における聖十字架崇敬　オルレアン司教区の聖人崇敬．2 司教座都市における聖アニアヌス崇敬　オルレアン司教区の聖人崇敬．3 農村部における聖マクシミヌス崇敬　リエージュ司教区の聖人崇敬　結論　「民衆教化」とは何か〉①978-4-423-46070-2　Ⓝ198.27　［10000円］

ヨーロッパ（キリスト教と政治—歴史—近代）
◇中近世ヨーロッパの宗教と政治—キリスト教世界の統一性と多元性　甚野尚志，踊共二編著　京都　ミネルヴァ書房　2014.3　413,11p　22cm　（MINERVA西洋史ライブラリー 100）〈索引あり　内容:中近世ヨーロッパ世界の宗教と政治（甚野尚志，踊共二著）　中世キリスト教世界と「ローマ」理念（大月康弘著）　ローマはキリスト教世界の「頭」か?（甚野尚志著）　遥かなるローマ（成川岳大著）　異端禁圧から大逆罪へ（印出忠夫著）　「ローマ人の皇帝」と「セルビア人の王国」（唐澤晃一著）　ルネサンス文化と改革期のローマ（根占献一著）　終末論としてのローマ（三浦清美著）　多数決原理の形成とローマ法の受容（長谷川まゆ帆著）〈宗派形成の場〉としての帝国議会（蝶野立彦著）　カトリックを棄てた大司教（高津秀之著）　三十年戦争期神聖ローマ帝国の政治的「理性」（皆川卓著）　十七世紀初期フランスにおける国王とプロテスタント（和田光司著）　イングランド国教会と非国教徒（青柳かおり著）　十字軍としての「レコンキスタ」?（黒田祐我著）　近世スペインにおけるモリスコ問題（関哲行著）　寛容なる異教徒のもとで（河野淳著）　近世ドイツの反ユダヤ主義と親ユダヤ主義（踊共二著）〉①978-4-623-06945-3　Ⓝ190.4　［6500円］

ヨーロッパ（キリスト教と政治—歴史—中世）
◇中世ヨーロッパの宗教と政治—キリスト教世界の統一性と多元性　甚野尚志，踊共二編著　京都　ミネルヴァ書房　2014.3　413,11p　22cm　（MINERVA西洋史ライブラリー 100）〈索引あり　索引あり　内容:中近世ヨーロッパ世界の宗教と政治（甚野尚志，踊共二著）　中世キリスト教世界と「ローマ」理念（大月康弘著）　ローマはキリスト教世界の「頭」か?（甚野尚志著）　遥かなるローマ（成川岳大著）　異端禁圧から大逆罪へ（印出忠夫著）　「ローマ人の皇帝」と「セルビア人の王国」（唐澤晃一著）　ルネサンス文化と改革期のローマ（根占献一著）　終末論としてのローマ（三浦清美著）　多数決原理の形成とローマ法の受容（長谷川まゆ帆著）〈宗派形成の場〉としての帝国議会（蝶野立彦著）　カトリックを棄てた大司教（高津秀之著）　三十年戦争期神聖ローマ帝国の政治的「理性」（皆川卓著）　十七世紀初期フランスにおける国王とプロテスタント（和田光司著）　イングランド国教会と非国教徒（青柳かおり著）　十字軍としての「レコンキスタ」?（黒田祐我著）　近世スペインにおけるモリスコ問題（関哲行著）　寛容なる異教徒のもとで（河野淳著）　近世ドイツの反ユダヤ主義と親ユダヤ主義（踊共二著）〉①978-4-623-06945-3　Ⓝ190.4　［6500円］

ヨーロッパ（金融）
◇ブーメラン—欧州から恐慌が返ってくる　マイケル・ルイス著，東江一紀訳　文藝春秋　2014.9　287p　16cm　（文春文庫 ル5-2）①978-4-16-790195-0　［660円］
◇ユーロ不安とアベノミクスの限界　代田純著　税務経理協会　2014.6　156p　21cm　〈索引あり〉①978-4-419-06097-8　Ⓝ338.23　［2300円］

ヨーロッパ（軍事—歴史）
◇武器と防具　西洋編　市川定春著　新紀元社　2014.1　489p　15cm　（新紀元文庫）〈文献あり　索引あり〉①978-4-7753-1215-5　Ⓝ559　［800円］

ヨーロッパ（軍事—歴史—近代）
◇近世ヨーロッパ軍事史—ルネサンスからナポレオンまで　アレッサンドロ・バルベーロ著，西澤龍生監訳，石黒盛久訳　論創社　2014.2　229p　20cm　〈文献あり　年表あり　索引あり〉①978-4-8460-1293-9　Ⓝ392.3　［2500円］

ヨーロッパ（軍隊）
◇イラストでまなぶ！世界の特殊部隊　ロシア・ヨーロッパ・アジア編　ホビージャパン　2014.3　160p　19cm　①978-4-7986-0795-5　Ⓝ392　［1300円］

ヨーロッパ（景観計画—歴史—近代）
◇絵画と都市の境界—タブローとしての都市の記憶　長谷川章著　国立　ブリュッケ　2014.12　345p　22cm　（星雲社（発売）索引あり　表紙のタイトル:Landschaftsbegriff vom

gestalteten Weltbild des Menschen〉①978-4-434-19925-7　Ⓝ518.8　［4000円］

ヨーロッパ（経済）
◇現代ヨーロッパ経済　田中素香，長部重康，久保広正，岩田健治著　第4版　有斐閣　2014.11　491p　19cm　（有斐閣アルマ）〈年表あり　索引あり〉①978-4-641-22027-0　Ⓝ332.3　［2800円］

ヨーロッパ（経済—歴史）
◇古代・中世に力点をおいたヨーロッパ政治経済史—EU統合の本源を探る　清水貞俊著　文芸社　2014.6　331p　22cm　〈文献あり　索引あり〉①978-4-286-15145-8　Ⓝ332.3　［1900円］

ヨーロッパ（経済—歴史—1914〜1945）
◇ケインズ全集　第17巻　条約改正と再興—1920-22年の諸活動　ケインズ［著］　エリザベス・ジョンソン編，春井久志訳　東洋経済新報社　2014.11　651, 32p　22cm　①978-4-492-81330-0　Ⓝ331.74　［15000円］

ヨーロッパ（経済—歴史—近代）
◇海洋帝国興隆史—ヨーロッパ・海・近代世界システム　玉木俊明著　講談社　2014.11　250p　19cm　（講談社選書メチエ 587）〈文献あり　索引あり〉①978-4-06-258590-3　Ⓝ683.23　［1650円］
◇西欧世界の勃興—新しい経済史の試み　D・C・ノース，R・P・トマス著，速水融，穐本洋哉訳　新装版　京都　ミネルヴァ書房　2014.9　268p　22cm　〈文献あり　索引あり〉①978-4-623-07171-5　Ⓝ332.3　［4500円］

ヨーロッパ（経済—歴史—中世）
◇金と香辛料—中世における実業家の誕生　ジャン・ファヴィエ著，内田日出海訳　新装版　春秋社　2014.5　570,4p　22cm　〈文献あり　索引あり〉①978-4-393-48524-8　Ⓝ332.3　［6500円］
◇西欧世界の勃興—新しい経済史の試み　D・C・ノース，R・P・トマス著，速水融，穐本洋哉訳　新装版　京都　ミネルヴァ書房　2014.9　268p　22cm　〈文献あり　索引あり〉①978-4-623-07171-5　Ⓝ332.3　［4500円］

ヨーロッパ（経済学—歴史）
◇野蛮と啓蒙—経済思想史からの接近　田中秀夫編　京都　京都大学学術出版会　2014.3　694p　22cm　〈索引あり　内容:野蛮と啓蒙（田中秀夫著）　バロック期スペインから啓蒙へ（松森奈津子著）　マリアナの貨幣論（村井明彦著）　一七世紀イングランドのトレイド論争（伊藤誠一郎著）　重商主義にみる野蛮と啓蒙（生越利昭著）　スコットランドの文明化と野蛮（田中秀夫著）　D・ロッホのスコットランド産業振興論にみる無知と啓蒙（関源太郎著）　オークニー諸島の野蛮と啓蒙（古家弘幸著）　アダム・スミスの文明社会論（渡辺恵一著）　ジョセフ・プリーストリと後期イングランド啓蒙（松本哲人著）　J・F・ムロンの商業社会論（米田昇平著）　ムロンとドラマール（谷田利文著）　モンテスキューと野蛮化する共和国像（上野大樹著）　テュルゴとスミスにおける未開と文明（野原慎司著）　ルソー焚書事件とプロテスタント銀行家（喜多見洋著）　ランゲと近代社会批判（大津真作著）　クリスティアン・ガルヴェの貧困論（大塚雄太著）　ペイン的ラディカリズム対バーク、マルサス（後藤浩子著）　マルサスのペイン批判（中澤信彦著）　ドイツ・ロマン主義の経済思想家における啓蒙と野蛮の問題（原田哲史著）　近代文明とは何であったか（田中秀夫著）〉①978-4-87698-478-7　Ⓝ331.23　［8200円］

ヨーロッパ（芸術—雑誌）
◇世紀転換期ドイツ語圏の芸術誌の諸相　西川智之編　日本独文学会　2014.10　88p　21cm　（日本独文学会研究叢書 103号）〈年譜あり　内容:『Dekorative Kunst』誌とユーゲントシュティール（池田祐子著）　日本における『Deutsche Kunst und Dekoration』誌とエマニュエル・ヨーゼフ・マルゴルト（高橋麻帆著）　1900年—『ヴェル・サクルム』の転換点（西川智之著）　アルベルト・ランゲンと『ジンプリツィシムス』（千田まや著）　ゲオルク・ヒルトと『ユーゲント』（古田香織著）〉①978-4-901909-03-7　Ⓝ702.06

ヨーロッパ（芸術—歴史）
◇世紀転換期ドイツ語圏の芸術誌の諸相　西川智之編　日本独文学会　2014.10　88p　21cm　（日本独文学会研究叢書 103号）〈年譜あり　内容:『Dekorative Kunst』誌とユーゲントシュティール（池田祐子著）　日本における『Deutsche Kunst und Dekoration』誌とエマニュエル・ヨーゼフ・マルゴルト（高橋麻帆著）　1900年—『ヴェル・サクルム』の転換点（西川智之著）　アルベルト・ランゲンと『ジンプリツィシムス』（千田まや著）　ゲオルク・ヒルトと『ユーゲント』（古田香織著）〉①978-4-901909-03-7　Ⓝ702.06

ヨーロッパ（芸術—歴史—19世紀）
◇悲劇のヴィジョンを超えて——九世紀におけるアイデンティティの探求　モース・ペッカム著，高柳俊一，野谷啓二訳　Sophia University Press上智大学出版　2014.6　464,14p　22cm　（SUPモダン・クラシックス叢書）〈ぎょうせい（制

1106

日本件名図書目録2014　I　　　　　　　　　　　　　　　　　　　　　　　　ヨーロッパ（自然公園）

作・発売）著作目録あり　索引あり〉①978-4-324-09805-9
Ⓝ702.06　[4300円]

ヨーロッパ（劇作家）
◇現代劇の形成　リチャード・ギルマン著，塩尻恭子訳　論創社
2014.11　373p　22cm〈文献あり　索引あり〉①978-4-8460-
1347-9　Ⓝ902.2　[4000円]

ヨーロッパ（劇作家─歴史─19世紀）
◇モダンドラマの冒険　小田中章浩著　大阪　和泉書院　2014.
3　209p　19cm〈人文学のフロンティア大阪市立大学人文選
書 5〉〈文献あり　索引あり〉①978-4-7576-0705-7　Ⓝ902.2
[1800円]

ヨーロッパ（劇作家─歴史─20世紀）
◇モダンドラマの冒険　小田中章浩著　大阪　和泉書院　2014.
3　209p　19cm〈人文学のフロンティア大阪市立大学人文選
書 5〉〈文献あり　索引あり〉①978-4-7576-0705-7　Ⓝ902.2
[1800円]

ヨーロッパ（広域行政）
◇21世紀の地方分権─道州制論議に向けて：総合調査報告書
国立国会図書館調査及び立法考査局　2014.3　184p　30cm
（調査資料 2013-3）〈内容：ユーロリージョナリズムの潮流
（廣田全男著）　道州制論　道州制を考える視点（山口和人著）
地方制度改革と道州制（田中康彦著）　道州制の導入に関する
憲法上の諸課題（山田邦夫著）　道州制をめぐる近年の議論
（井田敦彦，松田恵里著）　道州制の導入に関する地方税財政制
度上の課題（梶善登著）　各国のリージョナリズム　イギリス
（田中嘉彦著）　フランス（服部有希著）　イタリア（芦田淳
著）　スペイン（松田恵里著）　スウェーデン（井田敦彦著）
ドイツ（渡辺富久子著）　主要国における地方財源とその仕組
み（竹前希美著）　資料各国の地方制度（井田敦彦，松田恵里
著）　国際政策セミナー「欧州におけるリージョナリズム─道
州制論議への示唆」記録集〉①978-4-87582-756-6　Ⓝ318.18

ヨーロッパ（高齢者福祉）
◇納得の老後─日欧在宅ケア探訪　村上紀美子著　岩波書店
2014.6　209,12p　18cm（岩波新書 新赤版 1489）〈文献あ
り〉①978-4-00-431489-9　Ⓝ369.261　[780円]

ヨーロッパ（国民性）
◇ニュースでわかるヨーロッパ各国気質　片野優，須貝典子著
草思社　2014.1　427p　19cm〈文献あり〉①978-4-7942-
2028-8　Ⓝ361.42　[1800円]

ヨーロッパ（国民投票）
◇衆議院欧州各国憲法及び国民投票制度調査議員団報告書　[東
京]　[衆議院]　2014.10　403p　30cm　Ⓝ314.9

ヨーロッパ（財政）
◇ブーメラン─欧州から恐慌が返ってくる　マイケル・ルイス
著，東江一紀訳　文藝春秋　2014.9　287p　16cm　（文春文
庫 ル5-2）①978-4-16-790195-0　Ⓝ338.23　[660円]

◇ユーロ不安とアベノミクスの限界　代田純著　税務経理協会
2014.6　156p　21cm〈索引あり〉①978-4-419-06097-8
Ⓝ338.23　[2300円]

ヨーロッパ（財政政策）
◇欧州財政統合論─危機克服への連帯に向けて　尾上修悟著
京都　ミネルヴァ書房　2014.12　369p　22cm（MINERVA
現代経済学叢書 116）〈文献あり　索引あり　内容：安定・成
長協定と財政政策　構造的赤字と新財政協定　資金トランス
ファー論と財政同盟　銀行同盟構想と財政同盟　財政連邦制
論の展開　連帯・団結と共通財政　英独仏の欧州政策と財政
統合　欧州経済・社会統合の課題〉①978-4-623-07214-9
Ⓝ342.3　[5500円]

ヨーロッパ（在宅福祉）
◇納得の老後─日欧在宅ケア探訪　村上紀美子著　岩波書店
2014.6　209,12p　18cm（岩波新書 新赤版 1489）〈文献あ
り〉①978-4-00-431489-9　Ⓝ369.261　[780円]

ヨーロッパ（裁判─歴史）
◇ヨーロッパ史のなかの裁判事例─ケースから学ぶ西洋法制史
U・ファルク，M・ルミナティ，M・シュメーケル編著，小川浩
三，福田誠治，松本尚子監訳　京都　ミネルヴァ書房　2014.4
445p　22cm〈索引あり　内容：ディオニシア対カイレモン事
件（クラウディア・クロイツザーラー著，飛世昭裕訳）　クリウ
ス事件（ヴェレーナ・T・ハルプバックス著，飛世昭裕訳）　生
まれながらの自由人か，それとも被解放自由人か（ヴォルフガ
ング・カイザー著，森光訳）　狼にくわえられた豚（トーマス・
フィンケナウアー著，芹澤悟訳）　ユリアヌスと物ора契約の発
見（フランツ＝シュテファン・マイッセル著，福田誠治訳）
ロータル2世の婚姻紛争（マティアス・シュメーケル著，小川浩
三訳）　ハインリヒ獅子公に対する訴訟（ベルント・カノフス

キ著，田口正樹訳）　哀しき王孫（ハンス＝ゲオルク・ヘルマン
著，小川浩三訳）　婚姻と嫁資と死（スザンネ・レプシウス著，
松本尚子訳）　忘れっぽい代弁人（ペーター・エストマン著，田
口正樹訳）　スウェーデンの銅（アルブレヒト・コルデス著，田
中実訳）　メキシコのラス・カサス（トーマス・ドゥーヴェ著，
小川浩三訳）　私はあなた方にいう，あなた方は決して誓って
はならない（ミケレ・ルミナティ著，上田理恵子訳）　16世紀後
半のある魔女裁判（ウルリッヒ・ファルク著，藤本幸二訳）　水
車粉屋アルノルトとフリードリヒ大王時代のプロイセンにおけ
る裁判官独立（ティルマン・レプゲン著，鹿毓二郎訳）　ケルン
電信事件（ハンス＝ペーター・ハーファーカンプ著，松本尚子
訳）　私生児，庶子，取り替えっ子（アーニャ・アーメント著，松
本尚子訳）　大審院で裁かれた電気窃盗（ミロシュ・ヴェッチ
著，藤本幸二訳）〉①978-4-623-06559-2　Ⓝ322.3　[6000円]

ヨーロッパ（祭礼─写真集）
◇WILDER MANN─欧州の獣人─仮装する原始の名残　シャ
ル・フレジェ著　京都　青幻舎　2013.11　271p　23cm
〈翻訳：JEX Limited〉①978-4-86152-405-9　Ⓝ386.3
[3800円]

ヨーロッパ（サッカー）
◇戦術リストランテ 3　「ポスト・バルセロナ」の新たな潮流
西部謙司著　ソル・メディア　2014.9　253p　19cm①978-
4-905349-21-1　Ⓝ783.47　[1500円]

◇ヨーロッパサッカーと日本　市之瀬敦編　[東京]　上智大学
ヨーロッパ研究所　2014.3　60p　21cm（上智大学ヨーロッ
パ研究所研究叢書 7）〈内容：ヨーロッパサッカーと日本（西
部謙司著）　ヨーロッパサッカーの東漸（大平陽一著）　ダイヤ
モンド・サッカーからスポーツTVへ（市之瀬敦著）　サッカー
観戦の愉しみ（リチャード・ケルナー著）　文化としてのサッ
カー（鈴木守著）　島のフットボール欧州蹴球の周辺にて（宇
都宮徹壱著）〉Ⓝ783.47

ヨーロッパ（作曲家─人名辞典）
◇あなたとバロック音楽─作曲家プロフィール集　横尾幸雄著
[出版地不明]　横尾幸雄　2014.7　442p　31cm〈文献あり〉
Ⓝ762.05　[5000円]

ヨーロッパ（作曲家─歴史）
◇驚天動地のクラシック　三枝成彰著　キノブックス　2014.12
205p　21cm〈年表あり〉①978-4-908059-03-2　Ⓝ762.3
[1700円]

◇決定版!!クラシック作曲家ファイル─音楽史順で読む：有名作
曲家110名をピックアップ　[2014]　中島克磨編著　ドレミ
楽譜出版社　2014.9　141p　21cm〈文献あり　年表あり　索引
あり〉①978-4-285-14104-7　Ⓝ762.8　[1600円]

ヨーロッパ（作曲家─歴史─近代─人名辞典）
◇作曲家　飯田真樹，市木崇みゆき監修　改訂版　ヤマハミュー
ジックメディア　2014.4　111p　15cm　（ディズニー・ポ
ケット音楽事典）①978-4-636-90541-0　Ⓝ762.05　[800円]

ヨーロッパ（ジェノサイド─歴史─20世紀）
◇民族浄化のヨーロッパ史─憎しみの連鎖の20世紀　ノーマン・
M・ナイマーク著，山本明代訳　刀水書房　2014.7　371p
22cm（[名古屋市立大学人間文化研究叢書]　[4]）〈文献あ
り　索引あり〉①978-4-88708-418-6　Ⓝ316.83　[4500円]

ヨーロッパ（刺繍）
◇ヨーロッパのかわいい刺繍─イギリス，フランス，北欧，東
欧…伝承のデザインと暮らしにまつわる物語　誠文堂新光社
編　誠文堂新光社　2014.6　239p　21cm①978-4-416-
31330-5　Ⓝ753.7　[1800円]

ヨーロッパ（自然公園）
◇国際シンポジウム「自然公園としての富士山」─山梨県環境科
学研究所国際シンポジウム2013報告書 5　山梨県環境科学研
究所国際シンポジウム2013実行委員会編　富士吉田　山梨県
環境科学研究所国際シンポジウム2013実行委員会　2014.3
236p　30cm〈会期・会場：2013年11月2日─3日　山梨県環境
科学研究所　内容：シンポジウム1日目講演記録　ドイツにお
ける広域的自然保護地域の協働型管理に向けた取り組み（エイ
ク・フォン・ルシコウスキ述）　イギリス・レイクディスト
リクト国立公園の公園管理と市民参加（土屋俊幸述）　ヨー
ロッパアルプスの国立公園における協働型管理運営体制（源氏
田尚子述）　スイスの景観の計画制度と協働の地域マネジメン
ト（木下勇述）　協働による大台ヶ原における自然再生の取り
組み（田村省二述）　北海道におけるパークボランティアに対
する意識調査（トム・ジョーンズ述）　シンポジウム2日目講演
記録　富士山の適正利用に向けた課題（山本清龍述）　野外レ
クリエーションの管理（ロバート・マニング述）　台湾の自然
公園における適正利用と利用者の管理（李介禄述）　世界自然
遺産・屋久島山岳部における過剰利用対策の概要（則久雅司
述）　レクチャーとガイドを活用した利用適正化の取り組み
（秋葉圭太述）　沖縄県の取り組み（寺崎竜雄述）〉Ⓝ629.4151

1107

ヨーロッパ（失業保険）

◇失業保険制度の国際比較―デンマーク、フランス、ドイツ、スウェーデン　労働政策研究・研修機構著　労働政策研究・研修機構　2014.7　103p　30cm　〈JILPT資料シリーズ no. 143〉　Ⓝ364.7

ヨーロッパ（室内装飾―歴史―17世紀）

◇西洋宮廷と日本輸出磁器―東西貿易の文化創造　櫻庭美咲著　藝華書院　2014.5　564p　図版〔21〕枚　31cm　〈文献あり〉　Ⓘ978-4-904706-05-3　Ⓝ751.1　〔30000円〕

ヨーロッパ（室内装飾―歴史―18世紀）

◇西洋宮廷と日本輸出磁器―東西貿易の文化創造　櫻庭美咲著　藝華書院　2014.5　564p　図版〔21〕枚　31cm　〈文献あり〉　Ⓘ978-4-904706-05-3　Ⓝ751.1　〔30000円〕

ヨーロッパ（社会）

◇住んでみたヨーロッパ9勝1敗で日本の勝ち　川口マーン惠美〔著〕　講談社　2014.9　222p　18cm　〈講談社＋α新書 628-2D〉　Ⓘ978-4-06-272866-9　Ⓝ302.3　〔880円〕

◇ヨーロッパ人類学の視座―ソシアルなるものを問い直す　森明子編　京都　世界思想社　2014.3　289p　22cm　〈索引あり　内容：ソシアルなるものへの関心とヨーロッパ人類学（森明子著）　社会をとらえなおす想像力（中川理著）　パリ郊外から生まれ出ようとするもの（植村清加著）　新しいネイバーフッドの形成（森明子著）　社会的〈ソシアル〉な都市へ（石川真作著）　英国カントリーサイドのチャリティ（塩路有子著）　個人が切り開くソシアルの地平（竹中宏子著）　地方社会集団の再編成と協同関係（出口雅敏著）　社会的分断とソシアルの意味（小森宏美著）　北欧の「社会」と「国家」（大岡頼光著）〉　Ⓘ978-4-7907-1620-4　Ⓝ302.3　〔3800円〕

ヨーロッパ（社会―歴史―1945～）

◇ヨーロッパ学への招待―地理・歴史・政治からみたヨーロッパ　加賀美雅弘、川手圭一、久邇良子著　第2版　学文社　2014.4　242p　21cm　〈索引あり〉　Ⓘ978-4-7620-2410-8　Ⓝ302.3　〔2600円〕

ヨーロッパ（社会―歴史―中世）

◇中世ヨーロッパ生活誌　ロベール・ドロール著、桐村泰次訳　論創社　2014.11　420p　22cm　〈文献あり　年表あり　索引あり〉　Ⓘ978-4-8460-1315-8　Ⓝ230.4　〔5800円〕

ヨーロッパ（社会思想―歴史）

◇社会思想の歴史―マキアヴェリからロールズまで　坂本達哉著　名古屋　名古屋大学出版会　2014.4　335,43p　21cm　〈文献あり　年表あり　索引あり〉　Ⓘ978-4-8158-0770-2　Ⓝ309.023　〔2700円〕

◇西欧近代を問い直す―人間は進歩してきたのか　佐伯啓思著　PHP研究所　2014.11　348p　15cm　〈PHP文庫 さ61-1〉　〔「人間は進歩してきたのか」（2003年刊）の改題、修正〕　Ⓘ978-4-569-76281-4　Ⓝ309.023　〔700円〕

ヨーロッパ（社会主義―歴史―19世紀）

◇市場なき社会主義の系譜　マクシミリアン・リュベル、ジョン・クランプ編著、角田史幸、藤井真生訳　現代思潮新社　2014.7　304,9p　20cm　〈文献あり　索引あり　内容：十九世紀における市場なき社会主義（マクシミリアン・リュベル著、角田史幸訳）　細く赤い糸（ジョン・クランプ著、角田史幸訳）　アナルコ・コミュニズム（アラン・ペンガム著、藤井真生訳）　インポッシビリズム（スティーヴン・コールマン著、藤井真生訳）　評議会共産主義（マーク・シップウェイ著、藤井真生訳）　ボルディーガ主義（アダム・ビュイック著、藤井真生訳）　状況主義（マーク・シップウェイ著、角田史幸訳）〉　Ⓘ978-4-329-00491-8　Ⓝ309.33　〔3600円〕

ヨーロッパ（社会主義―歴史―20世紀）

◇市場なき社会主義の系譜　マクシミリアン・リュベル、ジョン・クランプ編著、角田史幸、藤井真生訳　現代思潮新社　2014.7　304,9p　20cm　〈文献あり　索引あり　内容：十九世紀における市場なき社会主義（マクシミリアン・リュベル著、角田史幸訳）　細く赤い糸（ジョン・クランプ著、角田史幸訳）　アナルコ・コミュニズム（アラン・ペンガム著、藤井真生訳）　インポッシビリズム（スティーヴン・コールマン著、藤井真生訳）　評議会共産主義（マーク・シップウェイ著、藤井真生訳）　ボルディーガ主義（アダム・ビュイック著、藤井真生訳）　状況主義（マーク・シップウェイ著、角田史幸訳）〉　Ⓘ978-4-329-00491-8　Ⓝ309.33　〔3600円〕

ヨーロッパ（社会調査―歴史―近代）

◇社会調査の源流―ル・プレー、エンゲル、ヴェーバー　村上文司著　京都　法律文化社　2014.11　310,6p　22cm　〈文献あり　年譜あり　索引あり　内容：ル・プレーの社会調査活動　「直接観察」に基づく社会科学の生成　「直接観察」のガイドと家族モノグラフ　世紀転換期の「直接観察」　エンゲルの社会調査活動　官庁統計の革新者　家計調査の彫琢者　世紀転換期の統計調査と現地調査　ヴェーバーの社会調査活動　社会調査への出立　社会調査をめぐる交流　織物労働調査　社会調査を基軸とする学会活動　社会調査の進展を阻むもの　後期の社会調査活動　世紀転換期の社会調査の学術化〉　Ⓘ978-4-589-03633-9　Ⓝ361.93　〔6600円〕

ヨーロッパ（修道院―歴史―中世）

◇修道院文化史事典　P.ディンツェルバッハー，J.L.ホッグ編，朝倉文市監訳　普及版　八坂書房　2014.10　541p　20cm　〈文献あり　索引あり　内容：修道制と文化　1　中世（ペーター・ディンツェルバッハー著、朝倉文市訳）　修道制と文化　2　近世以降（ジェイムズ・レスター・ホッグ著、小川宏枝訳）　ベネディクト会（ウルリヒ・ファウスト著、石山穂澄、朝倉文市訳）　シトー会（ペーター・ディンツェルバッハー、ヘルマン・ヨーゼフ・ロート著、平伊佐雄訳）　カルトゥジア会（ジェイムズ・レスター・ホッグ著、梅津教孝訳）　アウグスチノ修道参事会（フーベルト・ショプフ著、谷隆一郎訳）　プレモントレ会（ルドガー・ホルストケッター著、富田裕、朝倉文市訳）　病院修道会（ユルゲン・ザルノフスキー著、梅津教孝訳）　騎士修道会（ユルゲン・ザルノフスキー著、岡地稔訳）　フランシスコ会とクララ会（レオンハルト・レーマン著、伊能哲大訳）　ドミニコ会（マイノルフ・ロールム著、山本耕平訳）　カルメル会（ゲルダ・フォン・ブロックフーゼン著、山崎裕子訳）　アウグスチノ隠修士会（ヴィリギス・エッカーマン著、谷隆一郎訳）　イエズス会（アンドレアス・ファルクナー著、富田裕訳）　東方正教会の修道制（ヴォルフガング・ヘラー著、谷隆一郎訳）〉　Ⓘ978-4-89694-181-4　Ⓝ198.25　〔3900円〕

◇十二世紀宗教改革―修道制の刷新と西洋中世社会　ジャイルズ・コンスタブル著，高山博監訳，小澤実，図師宣忠，橋川裕之，村上司樹訳　慶應義塾大学出版会　2014.6　565,116p　22cm　〈文献あり　索引あり　内容：導入（村上司樹訳）　さまざまな改革者（橋川裕之訳）　改革の類型とその条件（図師宣忠訳）　改革のレトリック（小澤実訳）　改革の現実　1　共同体内の変動（橋川裕之訳）　改革の現実　2　修道活動と世俗社会（橋川裕之訳）　改革の霊性（小澤実訳）　十二世紀社会のなかで（村上司樹訳）〉　Ⓘ978-4-7664-2134-7　Ⓝ192.3　〔9000円〕

◇中世の戦争と修道院文化の形成　キャサリン・アレン・スミス〔著〕、井本晌二、山下陽子訳　法政大学出版局　2014.4　358,38p　20cm　〈叢書・ウニベルシタス 1009〉　〈文献あり　索引あり〉　Ⓘ978-4-588-01009-5　Ⓝ198.25　〔5000円〕

ヨーロッパ（出版―歴史）

◇ベストセラーの世界史　フレデリック・ルヴィロワ著、大原宣久、三枝大修訳　太田出版　2013.7　414,36p　19cm　〈ヒストリカル・スタディーズ 06〉　〈索引あり〉　Ⓘ978-4-7783-1365-4　Ⓝ023.3　〔2800円〕

ヨーロッパ（少数民族）

◎CSCE少数民族高等弁務官と平和創造　玉井雅隆著　国際書院　2014.9　325p　22cm　〈21世紀国際政治学術叢書 7〉　〈文献あり　索引あり　標題紙・背のシリーズ名（誤植）：21世紀国際法学術叢書　内容：ナショナル・マイノリティと国際社会　ナショナル・マイノリティ・レジームと規範　第一期：人権としてのナショナル・マイノリティ・イシュー　第二期：一部アクターによる規範認識の変容　第三期：人権規範からの独立過程　第四期：新マイノリティ規範の形成　欧州における紛争予防とナショナル・マイノリティ〉　Ⓘ978-4-87791-258-1　Ⓝ316.83　〔5600円〕

ヨーロッパ（商人―歴史―中世）

◇金と香辛料―中世における実業家の誕生　ジャン・ファヴィエ著、内田日出海訳　新装版　春秋社　2014.5　570,4p　22cm　〈文献あり　索引あり〉　Ⓘ978-4-393-48524-8　Ⓝ332.3　〔6500円〕

ヨーロッパ（情報化社会）

◇差異と協成―B・スティグレールと新ヨーロッパ構想　中田光雄著　水声社　2014.4　357p　22cm　Ⓘ978-4-8010-0013-1　Ⓝ118　〔5000円〕

ヨーロッパ（職業―歴史）

◇西洋珍職業づくし―数奇な稼業の物語　ミヒャエラ・フィーザー著、イルメラ・シャウツ挿絵、吉田正彦訳　悠書館　2014.8　272p　20cm　〈文献あり　索引あり〉　Ⓘ978-4-903487-93-9　Ⓝ384.3　〔2800円〕

ヨーロッパ（職業―歴史―中世）

◇萌えペディア中世職業（ジョブ）事典　澤見剛樹著　ホビージャパン　2014.4　175p　19cm　〈文献あり　索引あり〉　Ⓘ978-4-7986-0759-7　Ⓝ384.3　〔1600円〕

ヨーロッパ（職業安定所）

◇ヨーロッパ諸国の公共雇用サービス機関（PES）におけるキャリアガイダンス―傾向と課題：欧州委員会レポートの翻訳及び解説　労働政策研究・研修機構編　労働政策研究・研修機構

日本件名図書目録2014　Ⅰ　　　　　　　　　　　　　　　　　　　　　　　　　　　　　　　　　　　　ヨーロッパ（伝記）

2014.3　197p　30cm　（JILPT資料シリーズ no. 133）〈文献あり〉Ⓝ366.29

ヨーロッパ（職業訓練）
◇職場でのキャリア開発—就業者を支援するキャリアガイダンスのレビュー　労働政策研究・研修機構編　労働政策研究・研修機構　2014.3　36, 153p　30cm　（JILPT資料シリーズ no. 132）〈文献あり〉Ⓝ366.29

ヨーロッパ（職業指導）
◇政策から実践へ—欧州における生涯ガイダンスに向けたシステム全体の変化　労働政策研究・研修機構編　労働政策研究・研修機構　2014.3　27, 91p　30cm　（JILPT資料シリーズ no. 131）〈文献あり〉Ⓝ366.29
◇ヨーロッパ諸国の公共雇用サービス機関（PES）におけるキャリアガイダンス—傾向と課題：欧州委員会レポートの翻訳及び解説　労働政策研究・研修機構編　労働政策研究・研修機構　2014.3　197p　30cm　（JILPT資料シリーズ no. 133）〈文献あり〉Ⓝ366.29

ヨーロッパ（食品工業）
◇欧米の農業・食品業界及び流通業界におけるウォーターフットプリントの国際規格の活用戦略の調査分析報告書　［東京］産業環境管理協会　2014.3　95p　30cm〈平成25年度農林水産省委託〉Ⓝ517

ヨーロッパ（城）
◇いつかは行きたいヨーロッパの世界でいちばん美しいお城　水野久美著　大和書房　2014.6　269p　15cm　（ビジュアルだいわ文庫）Ⓝ523.3　［740円］
◇世界一美しい夢のお城図鑑　世界のお城研究会編　宝島社　2014.6　207p　21cm〈索引あり　2013年刊の改訂・再編集〉①978-4-8002-2785-0　Ⓝ523.3　［1200円］

ヨーロッパ（城—歴史—中世）
◇歴史的古城を読み解く—世界の城郭建築と要塞の謎を理解するビジュアル実用ガイド　マルコム・ヒスロップ著, 桑平幸子訳　ガイアブックス　2014.6　255p　17cm〈文献あり　索引あり〉①978-4-88282-912-6　Ⓝ523.3　［1800円］

ヨーロッパ（森林—歴史）
◇ヨーロッパと自然　成城大学文芸学部ヨーロッパ文化学科編　成城大学文芸学部　2014.3　136p　21cm　（シリーズ・ヨーロッパの文化 1）〈文献あり　内容：メルヘンにおける森（高木昌史著）フランス中世文学における森（高名康文著）ドイツ・ロマン派と森（富山典彦著）黒い森の哲学者・ハイデガー（荒畑靖宏著）近代都市と管理される森（北山研二著）ナチズムと自然（木畑和子著）〉Ⓝ230.04

ヨーロッパ（神話）
◇西欧古代神話図像大鑑　続篇　東洋・新世界篇/本文補註/図版一覧　カルタリ［著］, 大橋喜之訳　L.ピニョリア増補　八坂書房　2014.9　429,11p　23cm〈索引あり〉①978-4-89694-176-0　Ⓝ164.3　［4800円］

ヨーロッパ（推理小説—歴史—20世紀）
◇失われたミステリ史—増補版：付・S.A.ドゥーセ作品集　加瀬義雄著　書肆盛林堂　2014.5　464p　15cm　（盛林堂ミステリアス文庫）〈標題紙の責任表示（誤植）：加藤義雄〉Ⓝ902.3

ヨーロッパ（政治）
◇ヨーロッパのデモクラシー　網谷龍介, 伊藤武, 成廣孝編　改訂第2版　京都　ナカニシヤ出版　2014.3　574p　21cm〈索引あり　内容：ヨーロッパ型デモクラシーの特徴（網谷龍介著）ヨーロッパの選挙制度（成廣孝著）EU（南佳利著）EUとユーロ圏の拡大（南佳利著）ドイツ（野田昌吾著）オーストリア（馬場優著）スイス（岡本三彦著）フランス（川嶋周一著）半大統領制（藤嶋亮著）イギリス（成廣孝著）アイルランド共和国と北アイルランド（池田真紀著）イタリア（伊藤武著）専門家と政治（伊藤武著）オランダ・ベルギー（日野愛郎著）ルクセンブルク（門愛子著）北欧諸国（渡辺博明著）ヨーロッパにおける移民政策（佐藤俊輔著）南欧諸国（中島晶子著）ギリシア（中島晶子著）中欧諸国（中田瑞穂著）バルト諸国（大中真著）ルーマニア・ブルガリア（藤嶋亮著）〉①978-4-7795-0805-9　Ⓝ312.3　［3600円］

ヨーロッパ（政治—歴史）
◇古代・中世に力点をおいたヨーロッパ政治経済史—EU統合の本源を探る　清水貞俊著　文芸社　2014.6　331p　22cm〈文献あり　索引あり〉①978-4-286-15145-8　Ⓝ332.3　［1900円］

ヨーロッパ（政治—歴史—近代）
◇西欧政治史　杉本稔編　弘文堂　2014.2　204p　21cm　（Next教科書シリーズ）〈文献あり　年表あり　索引あり〉①978-4-335-00202-1　Ⓝ312.3　［2000円］

ヨーロッパ（政治学—歴史）
◇ロック『市民政府論』を読む　松下圭一著　岩波書店　2014.1　293p　15cm　（岩波現代文庫）〈文献あり〉①978-4-00-600304-3　Ⓝ311.23　［1180円］

ヨーロッパ（政治思想—歴史）
◇国家と宗教—ヨーロッパ精神史の研究　南原繁著　岩波書店　2014.9　462p　15cm　（岩波文庫 33-167-2）〈年譜あり　底本：南原繁著作集 第1巻（1972年刊）〉①978-4-00-331672-6　Ⓝ311.23　［1080円］

ヨーロッパ（政党）
◇現代日本の政治と外交　3　民主主義と政党—ヨーロッパとアジアの42政党の実証的分析　猪口孝監修　猪口孝, ジャン・ブロンデル編　原書房　2014.10　270,22p　22cm〈文献あり　索引あり　内容：序論（ジャン・ブロンデル, 猪口孝著, 小林朋則訳）イギリス（ジャン・ブロンデル著, 小林朋則訳）フランス（ジャン・ブロンデル, ジャン=ルイ・ティエボー著, 小林朋則訳）ドイツ（マルティン・エルフ著, 小林朋則訳）イタリア（ジャン・ブロンデル, ニコロ・コンティ著, 龍和子訳）オランダ（ルディ・B・アンデウェグ著, 龍和子訳）日本（猪口孝著, 角敦子訳）大韓民国（朴喆熙著, 角敦子訳）タイ（シリパン・ノクスワン・サワスディー著, 角敦子訳）インドネシア（サニー・タヌウィジャヤ著, 角敦子訳）フィリピン（フリオ・C・ティーハンキー著, 龍和子訳）結論…政党一般論の精査に向けて（猪口孝, ジャン・ブロンデル著, 龍和子訳）〉①978-4-562-04960-8　Ⓝ312.1　［4800円］

ヨーロッパ（説話）
◇不思議な薬草箱—魔女・グリム・伝説・聖書　西村佑子著　山と溪谷社　2014.3　173p　19cm〈文献あり〉①978-4-635-81010-4　Ⓝ499.87　［1500円］

ヨーロッパ（造船業）
◇欧州舶用工業概況　2013年度版　日本舶用工業会　2014.3　131p　30cm〈共同刊行：日本船舶技術研究協会〉Ⓝ550.9

ヨーロッパ（大学）
◇諸外国における質保証の動向（米国・英国・欧州）—第56回公開研究会（2013.5.27）から　日本私立大学協会附置私学高等教育研究所　2014.3　172p　30cm　（私学高等教育研究所シリーズ no. 53）〈内容：アメリカにおける研究大学の学生調査（羽田積男述）アメリカの第三者評価における学修成果への視線（森利枝述）日本における質保証の動向（川嶋太津夫述）学習成果にもとづく大学教育の質保証（深堀聰子述）コメント　欧米の質保証の取り組み（瀧澤博三著）〉Ⓝ377.1

ヨーロッパ（地方行政）
◇活力あるふるさとづくりのために—世界に目をひらく：市町村職員外国派遣研修報告書　第24回　2013　北海道市町村振興協会編　札幌　北海道市町村振興協会　2014.3　103p　30cm　Ⓝ317.93

ヨーロッパ（地方債）
◇地方債市場の国際潮流—欧米日の比較分析から制度インフラの創造へ　三宅裕樹著　京都　京都大学学術出版会　2014.3　222p　22cm　（プリミエ・コレクション 51）〈文献あり　索引あり　内容：地方分権時代に求められる地方債発行のあり方　地方共同資金調達機関とは何か　200年の伝統を誇る公的支援重視モデル　究極の市場競争重視モデルとしての民間地方共同資金調達機関　もう一つの市場競争重視モデルとしての競争創出型　変わるわが国地方債市場と変わらない「支援」への固執〉①978-4-87698-395-7　Ⓝ349.7　［3200円］

ヨーロッパ（中小企業金融）
◇米国銀行における中小企業金融の実態—米国銀行の経営戦略・顧客獲得・リレーションシップ・融資審査と担保・人材育成・金融危機の影響について　日本政策金融公庫総合研究所　2014.3　146p　30cm　（日本公庫総研レポート no. 2013-8）Ⓝ338.63

ヨーロッパ（庭園—歴史）
◇庭園のコスモロジー—描かれたイメージと記憶　小林頼子著　青土社　2014.1　273,13p　22cm〈文献あり　索引あり〉①978-4-7917-6760-1　Ⓝ629.23　［2900円］

ヨーロッパ（鉄道）
◇ヨーロッパ鉄道旅ってクセになる！—国境を陸路で越えて10カ国　吉田友和［著］　幻冬舎　2013.7　245p　16cm　（幻冬舎文庫 よ-18-3）①978-4-344-42052-6　Ⓝ293.09　［533円］

ヨーロッパ（伝記）
◇偉人は死ぬのも楽じゃない　ジョージア・ブラッグ著, 梶山あゆみ訳　河出書房新社　2014.3　179p　20cm〈文献あり〉①978-4-309-25298-8　Ⓝ283　［1700円］
◇エマソン選集　6　代表的人間像　ラルフ・ウォルドー・エマソン著　酒本雅之訳　デジタル・オンデマンド版　日本教文社　2014.8　266,7p　21cm〈索引あり　印刷・製本：デジタ

ヨーロッパ（電気事業）

ル・オンデマンド出版センター〉①978-4-531-02636-4
Ⓝ938.68　[2300円]

◇カーライル選集　2　英雄と英雄崇拝　トマス・カーライル著
入江勇起男訳　デジタル・オンデマンド版　日本教文社
2014.8　368,7p　21cm　〈索引あり　印刷・製本：デジタル・
オンデマンド出版センター〉①978-4-531-02642-5　Ⓝ938.68
[2900円]

◇危険な世界史　運命の女篇　中野京子［著］　KADOKAWA
2014.11　258p　15cm　〔角川文庫　な50-7〕〈角川書店 2011
年刊の加筆修正〉①978-4-04-101605-3　Ⓝ283.04　[560円]

ヨーロッパ（電気事業）

◇ヨーロッパの電力・ガス市場—電力システム改革の真実　ト
マ・ヴェラン，エマニュエル・グラン著，山田光監訳，エァク
レーレン訳　日本評論社　2014.12　496p　21cm　〈索引あり〉
①978-4-535-55747-5　Ⓝ540.923　[5500円]

ヨーロッパ（天文学—歴史—15世紀）

◇世界の見方の転換　1　天文学の復興と天地学の提唱　山本義
隆［著］　みすず書房　2014.3　356,41p　20cm　①978-4-622-
07804-3　Ⓝ440.23　[3400円]

ヨーロッパ（天文学—歴史—16世紀）

◇世界の見方の転換　1　天文学の復興と天地学の提唱　山本義
隆［著］　みすず書房　2014.3　356,41p　20cm　①978-4-622-
07804-3　Ⓝ440.23　[3400円]

◇世界の見方の転換　2　地動説の提唱と宇宙論の相克　山本義
隆［著］　みすず書房　2014.3　p358〜698　38p　20cm
①978-4-622-07805-0　Ⓝ440.23　[3400円]

◇世界の見方の転換　3　世界の一元化と天文学の改革　山本義
隆［著］　みすず書房　2014.3　p700〜1127　112,28p　20cm
〈文献あり　索引あり〉①978-4-622-07806-7　Ⓝ440.23
[3800円]

ヨーロッパ（天文学—歴史—17世紀）

◇ケプラーとガリレイ—書簡が明かす天才たちの素顔　トーマ
ス・デ・パドヴァ著，藤川芳朗訳　白水社　2014.1　401,24p
20cm　〈文献あり　年譜あり　年表あり〉①978-4-560-08339-0
Ⓝ440.23　[3400円]

ヨーロッパ（統計行政）

◇統計委員会欧州経済委員会欧州統計家会議（CES）第61回本会
議報告書　［東京］　総務省政策統括官（統計基準担当）付国際
統計管理官室　2014.3　39p　30cm　〈英語併記　会期・開催
地：2013年6月10日〜12日　背のタイトル：欧州
統計家会議（第六十一回本会議）報告書〉Ⓝ350.19

◇統計委員会欧州経済委員会欧州統計家会議（CES）第62回本会
議報告書　［東京］　総務省政策統括官（統計基準担当）付国際
統計管理官室　2014.11　24,18p　30cm　〈英語併記　会期・
開催地：2014年4月9日〜11日　パリ　背のタイトル：欧州統計
家会議（第六十二回本会議）報告書〉Ⓝ350.19

ヨーロッパ（特許法）

◇ヨーロッパ特許条約実務ハンドブック　高岡亮一著　第3版
中央経済社　2014.8　381p　22cm　〈索引あり〉①978-4-502-
11211-9　Ⓝ507.23　[4200円]

ヨーロッパ（ナショナリズム—歴史—20世紀）

◇民族浄化のヨーロッパ史—憎しみの連鎖の20世紀　ノーマン・
M・ナイマーク著，山本明代訳　刀水書房　2014.7　371p
22cm　〔［名古屋市立大学人間文化研究叢書］［4］〕〈文献あ
り　索引あり〉①978-4-88708-418-6　Ⓝ316.83　[4500円]

ヨーロッパ（農業）

◇欧米の農業・食品業界及び流通業界におけるウォーターフット
プリントの国際規格の活用戦略の調査分析報告書　［東京］
産業環境管理協会　2014.3　95p　30cm　〈平成25年度農林水
産省委託〉Ⓝ517

◇海外農業・貿易事情調査分析事業（欧州）報告書—農林水産省
平成25年度　［東京］　農林中金総合研究所　2014.3　70,
130,48p　30cm　〈文献あり〉Ⓝ612.3

◇ヨーロッパ農村景観論　藤田幸一郎著　日本経済評論社
2014.10　243p　22cm　〈文献あり　索引あり〉①978-4-8188-
2352-5　Ⓝ612.3　[4800円]

ヨーロッパ（版画—歴史）

◇版画の写像術—デューラーからレンブラントへ　幸福輝責任
編集　ありな書房　2013.12　390p　22cm　（イメージの探検
学 4）〈索引あり　内容：デューラー《岐路に立つヘラクレ
ス》（新藤淳著）　ゼーバルト・ベーハムの《若返りの泉》（保井
亜弓著）　ビュランによる色彩表現（青野純子著）　ラファ
エッロの版画戦略と版画家の創意（渡辺晋輔著）　パルミジャ
ニーノの《キリストの埋葬》（足達薫著）　ピーテル・ブリュー

ゲル〈大風景画〉連作（廣川暁生著）　ジャック・カロとフィレ
ンツェ（小針由起隆著）　見知らぬ土地へ（幸福輝著）〉①978-
4-7566-1330-1　Ⓝ732.3　[6000円]

ヨーロッパ（美術館）

◇世界のデザインミュージアム　暮沢剛巳著　大和書房　2014.
5　221p　19cm　〈文献あり〉①978-4-479-39259-0　Ⓝ706.9
[2200円]

◇邸宅美術館の誘惑—アートコレクターの息づかいを感じる至
福の空間　朽木ゆり子著　集英社　2014.10　159p　21cm
①978-4-08-781553-5　Ⓝ706.9　[1900円]

◇早わかり！　西洋絵画のすべて世界10大美術館　望月麻美子，
三浦たまみ著　大和書房　2014.5　263p　15cm　〔ビジュア
ルだいわ文庫〕①978-4-479-30482-1　Ⓝ723.3　[740円]

ヨーロッパ（非正社員—雇用）

◇ヨーロッパにおける非典型雇用—イギリスとオランダの現状と
課題　権丈英子［著］　社会保険労務士総合研究機構　社会
保険労務士総合研究機構　2014.11　96p　30cm　〔社労士総
研研究プロジェクト報告書 平成26年〕〈文献あり〉Ⓝ366.23

ヨーロッパ（風俗・習慣—歴史—中世）

◇中世ヨーロッパ生活誌　ロベール・ドロール著，桐村泰次訳
論創社　2014.11　420p　22cm　〈文献あり　年表あり　索引あ
り〉①978-4-8460-1315-8　Ⓝ230.4　[5800円]

ヨーロッパ（服装—歴史）

◇名画に見る男のファッション　中野京子著　KADOKAWA
2014.3　191p　19cm　①978-4-04-110723-2　Ⓝ383.14
[1500円]

ヨーロッパ（服装—歴史—図集）

◇ポーケのファッション画集—19世紀の銅版画家：フランスと
異国の貴族・民衆の服装　イポリット・ポーケ，ポリドール・
ポーケ原著，ルフェブル＝パケ・ジュリアン訳，徳井淑子監
修，マール社編集部編　マール社　2014.11　175p　21cm
〈文献あり〉①978-4-8373-0744-0　Ⓝ383.1　[1800円]

ヨーロッパ（文化）

◇文化・文明の本質—福島原発事故の正体　黒井英雄著　中央
公論事業出版（制作・発売）　2014.4　190p　20cm　①978-4-
89514-422-3　Ⓝ361.5　[926円]

ヨーロッパ（文化—歴史）

◇ヨーロッパと自然　成城大学文芸学部ヨーロッパ文化学科編
成城大学文芸学部　2014.3　136p　21cm　（シリーズ・ヨー
ロッパの文化 1）〈文献あり　内容：メルヘンにおける森（高
木昌史著）　フランス中世文学における森（高名康文著）　ドイ
ツ・ロマン派と森（富山典彦著）　黒い森の哲学者・ハイデ
ガー（荒畑靖史著）　近代都市と管理された森（北山研二著）
ナチズムと自然（木畑和子著）〉Ⓝ230.04

◇ヨーロッパ文明史—ローマ帝国の崩壊よりフランス革命にい
たる　フランソワ・ギゾー［著］，安士正夫訳　新装版　みす
ず書房　2014.9　326p　20cm　〈文献あり　2006年刊の再刊〉
①978-4-622-07881-4　Ⓝ230　[3600円]

ヨーロッパ（文化—歴史—20世紀）

◇1913—20世紀の夏の季節　フローリアン・イリエス著，山口
裕之訳　河出書房新社　2014.12　428,6p　20cm　〈文献あり〉
①978-4-309-22617-0　Ⓝ230.7　[4200円]

ヨーロッパ（文化—歴史—近代）

◇古のヨーロッパのこころ—講義を読む：第一部・第二部合本版
水野留規編著　改訂　［名古屋］　中部日本教育文化会　2014.
9　80p　26cm　〈年表あり　共同刊行：水野留規研究室〉
①978-4-88521-893-4　Ⓝ230.4　[1600円]

ヨーロッパ（文化—歴史—中世）

◇古のヨーロッパのこころ—講義を読む：第一部・第二部合本版
水野留規編著　改訂　［名古屋］　中部日本教育文化会　2014.
9　80p　26cm　〈年表あり　共同刊行：水野留規研究室〉
①978-4-88521-893-4　Ⓝ230.4　[1600円]

◇熊の歴史—《百獣の王》にみる西洋精神史　ミシェル・パス
トゥロー著，平野隆文訳　筑摩書房　2014.3　375,18p　22cm
〈文献あり　索引あり〉①978-4-480-85807-8　Ⓝ230.4　[4700
円]

◇知のミクロコスモス—中世・ルネサンスのインテレクチュア
ル・ヒストリー　ヒロ・ヒライ，小澤実編集　中央公論新社
2014.3　398p　22cm　〈索引あり　内容：語的一致と葛藤する
説教理論家（赤江雄一著）　記憶術と叡智の家（桑木野幸司著）
ゴート・ルネサンスとルーン学の成立（小澤実著）　キリスト
のプロフィール肖像（水野千依著）　ルネサンスにおける架空
種族と怪物（菊地原洋平著）　キリストの血と肉をめぐる表象
の位相（平野隆文著）　スキャンダラスな神の概念（加藤喜之
著）　アリストテレスを救え（坂本邦暢著）　霊魂はどこから
くるのか？（ヒロ・ヒライ著）　フランシス・ベイコンの初期
手稿にみる生と死の概念（柴田和宏著）　「アニマ」〈霊魂〉論の
日本到着（折井善果著）　イエズス会とキリシタンにおける天

国の場所（平岡隆二著）〉Ⓘ978-4-12-004595-0 Ⓝ230.4
[3700円]

ヨーロッパ（兵器―歴史）
◇武器と防具　西洋編　市川定春著　新紀元社　2014.1　489p
15cm　（新紀元文庫）〈文献あり　索引あり〉Ⓘ978-4-7753-
1215-5　Ⓝ559　[800円]

ヨーロッパ（法制史）
◇ヨーロッパ史のなかの裁判事例―ケースから学ぶ西洋法制史
U・ファルク,M・ルミナティ,M・シュメーケル編著　小川浩
三,福田誠治,松本尚子監訳　京都　ミネルヴァ書房　2014.4
445p　22cm〈索引あり　内容：ディオニシア対カイレモン事
件（クラウディア・クロイツザーラー著,飛世昭裕訳）　クリウ
ス事件（ヴェレーナ・T・ハルプバックス著,飛世昭裕訳）　生
まれながらの自由人か,それとも被解放自由人か（ヴォルフ
ガング・カイザー著,森光訳）　狼にくわえられた豚（トーマス・
フィンケナウアー著,芹澤悟訳）　ユリアヌスと物権契約の発
見（フランツ＝シュテファン・マイッセル著,福田誠治訳）
ロータル2世の婚姻紛争（マティアス・シュメーケル著,小川浩
三訳）　ハインリヒ獅子公に対する訴訟（ベルント・カノフス
キ著,田口正樹訳）　哀しき王孫（ハンス＝ゲオルク・ヘルマン
著,小川浩三訳）　婚姻と嫁資と死（スザンネ・レプシウス著,
松本尚子訳）　忘れっぽい代弁人（ペーター・エストマン著,田
口正樹訳）　スウェーデンの銅（アルプレヒト・コルデス著,田
中実訳）　メキシコのラス・カサス（トーマス・ドゥーヴェ著,
小川浩三訳）　私はあなた方にいう,あなた方は決して誓って
はならない（ミケレ・ルミナティ著,上田理恵子訳）　16世紀後
半のある魔女裁判（藤本幸二著,藤本幸二訳）　水
車粉屋アルノルトとフリードリヒ大王時代のプロイセンにおけ
る裁判官独立（ティルマン・レプゲン著,屋敷二郎訳）　ケルン
電信事件（ハンス＝ペーター・ハーファーカンプ著,松本尚子
訳）　私生児,庶子,取り替えっ子（アーニャ・アーメント著,松
本尚子訳）　大審院で裁かれた電気窃盗（ミロシュ・ヴェッチ
著,藤本幸二訳）〉Ⓘ978-4-623-06559-2　Ⓝ322.3　[6000円]

ヨーロッパ（法制史―論文集）
◇明治学院大学法学部辻泰一郎西洋法制史ゼミ論文集　2013年
度　辻泰一郎西洋法制史ゼミ論文集刊行委員会　2014.3　71
枚　30cm〈文献あり〉Ⓝ322.3

ヨーロッパ（放送事業―歴史）
◇テレビは国境を越えたか―ヨーロッパ統合と放送　河村雅隆
著　ブロンズ新社　2014.9　155,2p　20cm〈文献あり　年表
あり〉Ⓘ978-4-89309-586-2　Ⓝ699.23　[1600円]

ヨーロッパ（魔女裁判―歴史―近代）
◇魔女狩り―西欧の三つの近代化　黒川正剛著　講談社　2014.
3　266p　19cm　（講談社選書メチエ　571）〈文献あり　索引
あり〉Ⓘ978-4-06-258574-3　Ⓝ230.5　[1700円]

ヨーロッパ（魔除―歴史）
◇図説西洋護符大全―魔法・呪術・迷信の博物誌　L.クリス＝
レッテンベック,L.ハンスマン著　津山拓也訳　八坂書房
2014.5　496,46p　図版24p　22cm〈文献あり　索引あり〉
Ⓘ978-4-89694-168-5　Ⓝ387　[6800円]

ヨーロッパ（民営職業紹介業）
◇米・英・仏・独の労働政策と人材ビジネス　2014　リクルート
ワークス研究所グローバルセンター　2014.3　272p　30cm
（Works report 2014）Ⓝ366.11

ヨーロッパ（民間社会福祉事業）
◇生江孝之著作集　第3巻　泰西に於ける自治民育美談　生江孝
之著　学術出版会　2014.9　352p　22cm　（学術著作集ライ
ブラリー）〈日本図書センター　（発売）洛陽堂　大正4年刊の複
製〉Ⓘ978-4-284-10423-4,978-4-284-10420-3(set)　Ⓝ369.08

ヨーロッパ（民族問題）
◇CSCE少数民族高等弁務官と平和創造　玉井雅隆著　国際書院
2014.7　325p　22cm　（21世紀国際政治学術叢書　7）〈文献
あり　索引あり　標題紙・背のシリーズ名（誤植）：21世紀国際
法学術叢書　内容：ナショナル・マイノリティと国際社会　ナ
ショナル・マイノリティ・レジームと規範　第一期：人権とし
てのナショナル・マイノリティ・イシュー　第二期：一部アク
ターによる規範認識の変容　第三期：人権規範からの独立過
程　第四期：新マイノリティ規範の形成　欧州における紛争
予防とナショナル・マイノリティ〉Ⓘ978-4-87791-258-1
Ⓝ316.83　[5600円]

◇ヨーロッパの民族対立と共生　坂井一成著　増補版　芦書房
2014.9　324p　20cm〈文献あり〉Ⓘ978-4-7556-1264-0
Ⓝ316.83　[2700円]

ヨーロッパ（民族問題―歴史―20世紀）
◇民族浄化のヨーロッパ史―憎しみの連鎖の20世紀　ノーマン・
M・ナイマーク著,山本明代訳　刀水書房　2014.7　371p

22cm　（[名古屋市立大学人間文化研究叢書]　[4]）〈文献あ
り　索引あり〉Ⓘ978-4-88708-418-6　Ⓝ316.83　[4500円]

ヨーロッパ（薬用植物）
◇不思議な薬草箱―魔女・グリム・伝説・聖書　西村佑子著　山
と渓谷社　2014.3　173p　19cm〈文献あり〉Ⓘ978-4-635-
81010-4　Ⓝ499.87　[1500円]

ヨーロッパ（郵便事業）
◇日本郵政グループ労働組合海外郵便事情調査報告書　[東京]
日本郵政グループ労働組合　2014.6　58p　30cm　Ⓝ693.2

ヨーロッパ（郵便事業―歴史）
◇トゥルン・ウント・タクシスその郵便と企業の歴史　ヴォルフ
ガング・ベーリンガー著,髙木葉子訳　三元社　2014.4　460,
124p　22cm〈文献あり　索引あり〉Ⓘ978-4-88303-356-0
Ⓝ693.23　[6200円]

ヨーロッパ（要塞―歴史―中世）
◇歴史的古城を読み解く―世界の城郭建築と要塞の謎を理解す
るビジュアル実用ガイド　マルコム・ヒスロップ著,桑平幸子
訳　ガイアブックス　2014.6　255p　17cm〈文献あり　索引
あり〉Ⓘ978-4-88282-912-6　Ⓝ523.3　[1800円]

ヨーロッパ（リージョナリズム）
◇EUのマクロリージョン―欧州空間計画と北海・バルト海地域
協力　柑本英雄著　勁草書房　2014.9　257p　22cm〈文献あ
り　索引あり〉Ⓘ978-4-326-30234-5　Ⓝ319.3　[5200円]

ヨーロッパ（歴史）
◇近代化と世間―私が見たヨーロッパと日本　阿部謹也著　朝
日新聞出版　2014.11　189p　15cm　（朝日文庫　あ35-2）
〈文献あり　朝日新聞社　2006年刊の再刊〉Ⓘ978-4-02-
261811-5　Ⓝ210　[640円]

◇覇権国家の興亡―ヨーロッパ文明と21世紀の世界秩序　西川
吉光著　奈良　萌書房　2014.8　250p　22cm　Ⓘ978-4-
86065-086-5　Ⓝ230　[2800円]

ヨーロッパ（歴史―1945～）
◇冷戦と福祉国家―ヨーロッパ1945～89年　ハルトムート・ケ
ルプレ著,永岑三千輝監訳,瀧川貴利,赤松廉史,清水雅大訳
日本経済評論社　2014.4　244p　22cm〈文献あり　年表あり
索引あり〉Ⓘ978-4-8188-2298-6　Ⓝ230.7　[3500円]

ヨーロッパ（歴史―20世紀）
◇ヒトラーの時代　野田宣雄著　文藝春秋　2014.8　361p
16cm　（文春学藝ライブラリー）Ⓘ978-4-16-813022-9
Ⓝ230.7　[1450円]

◇ヨーロッパ統合史　遠藤乾編　増補版　名古屋　名古屋大学
出版会　2014.4　388p　22cm〈文献あり　年表あり　索引あ
り〉Ⓘ978-4-8158-0767-2　Ⓝ230.7　[3200円]

◇若き日本の肖像――一九〇〇年,欧州への旅　寺島実郎著　新潮
社　2014.8　338p　16cm　（新潮文庫　て-10-1）〈文献あり
「二十世紀から何を学ぶか　上」(2007年刊)の改題,新たに2編
を加えたもの〉Ⓘ978-4-10-126141-6　Ⓝ230.7　[590円]

ヨーロッパ（歴史―近代）
◇ヘタリア的WW1―原作ガイドブック　日丸屋秀和監修　幻冬
舎コミックス　2014.9　95p　21cm　（ヘタリアAxis
Powers）〈幻冬舎　（発売）文献あり　年表あり〉Ⓘ978-4-344-
83224-4　Ⓝ230.5　[1000円]

◇歴史の見方がわかる世界史入門―いまにつながるヨーロッパ
近現代史　福村国春著　ベレ出版　2014.5　325p　19cm〈文
献あり〉Ⓘ978-4-86064-393-5　Ⓝ230.5　[1600円]

ヨーロッパ（歴史―中世）
◇現代を読み解くための西洋中世史―差別・排除・不平等への取
り組み　シーリア・シャゼル,シモン・ドゥブルイ,フェリ
ス・リフシッツ,エイミー・G・リーメンシュナイダー編著,
赤阪俊一訳　明石書店　2014.9　368p　20cm　（世界人権問
題叢書　89）Ⓘ978-4-7503-4072-2　Ⓝ230.4　[4600円]

◇100語でわかる西欧中世　ネリー・ラベール,ベネディクト・
セール著,高名康文訳　白水社　2014.2　168,6p　18cm　（文
庫クセジュ　988）〈文献あり　索引あり〉Ⓘ978-4-560-50988-3
Ⓝ230.4　[1200円]

◇ヨーロッパは中世に誕生したのか？　J.ル＝ゴフ[著],菅沼
潤訳　藤原書店　2014.11　509p　図版16p　20cm〈文献あり
年表あり　索引あり〉Ⓘ978-4-86578-001-7　Ⓝ230.4　[4800
円]

ヨーロッパ（労働政策）
◇米・英・仏・独の労働政策と人材ビジネス　2014　リクルート
ワークス研究所グローバルセンター　2014.3　272p　30cm
（Works report 2014）Ⓝ366.11

ヨーロッパ〔西部〕（海外派遣者）
◇海外派遣者ハンドブック―西ヨーロッパ実用ノウハウ事例集：
英国・ドイツ・フランス・オランダ・スペイン　日本在外企業

ヨーロッパ〔西部〕（紀行・案内記）

協会編　日本在外企業協会　2014.12　170p　26cm　①978-4-904404-90-4　Ⓝ336.4　［3000円］

ヨーロッパ〔西部〕（紀行・案内記）

◇自転車抱えて海外ひとり旅　岐部正明著　［大分］　九州交通新聞社　2014.3　168p　19cm　①978-4-9907692-0-8　Ⓝ293.09　［1500円］

ヨーロッパ〔西部〕（労使関係）

◇海外派遣者ハンドブック─西ヨーロッパ実用ノウハウ事例集：英国・ドイツ・フランス・オランダ・スペイン　日本在外企業協会編　日本在外企業協会　2014.12　170p　26cm　①978-4-904404-90-4　Ⓝ336.4　［3000円］

ヨーロッパ〔中央部〕（音楽─楽曲解説）

◇中央ヨーロッパ現在進行形ミュージックシーン・ディスクガイドーポーランド、チェコ、スロヴァキア、ハンガリーの新しいグルーヴを探して　オラシオ監修　［東京］　DU BOOKS　2014.12　199p　21cm　〈ディスクユニオン（発売）　索引あり〉　①978-4-907583-30-9　Ⓝ762.34　［2500円］

ヨーロッパ〔中央部〕（紀行・案内記）

◇天使と翔ける冒険旅行　20　中欧1とコーカサスの国々　ドク・ヨーコ写真・文　ブックコム　2014.11　157p　19×19cm　①978-4-907446-23-9　Ⓝ290.9　［3000円］

ヨーロッパ〔中央部〕（記録映画─歴史）

◇映像の中の冷戦後世界─ロシア・ドイツ・東欧研究とフィルム・アーカイブ　高橋和,中村唯史,山崎彰編　山形　山形大学出版会　2013.10　268p　21cm　（山形ドキュメンタリーフィルムライブラリー・セレクション　第3集）〈作品目録あり　内容：事実と記録のあいだ：ロシア/ソ連ドキュメンタリー映画をめぐる言説と実践について（中村唯史著）　過去への回帰（淺野明著）　ドイツ記録映画史序説（ラインホルト・ヨーゼフ・グリンダ著）　ドイツ民主共和国の崩壊と社会主義の体験（山崎彰著）　『シベリアのレッスン』：ドキュメンタリーフィルムとポーランドの「小さな祖国」（小椋彩著）　チェコスロヴァキアという国があった（髙橋和著）　ハンガリーのドキュメンタリー映画にみる「お国柄」（飯尾唯紀著）　体制転換後のブルガリア（菅原淳子著）　バルト諸国・独立と社会の変容（髙橋和著）　コソボ紛争の舞台裏（髙橋和著）〉①978-4-903966-18-2　Ⓝ778.7　［2000円］

ヨーロッパ〔中央部〕（芸術─歴史─20世紀）

◇中欧の現代美術─ポーランド・チェコ・スロヴァキア・ハンガリー　加須屋明子,井口壽乃,宮崎淳史,ゾラ・ルスィノヴァー著　彩流社　2014.12　177,67p　図版32p　22cm　〈文献あり　年表あり　索引あり〉　①978-4-7791-2066-4　Ⓝ702.34　［3500円］

ヨーロッパ〔中央部〕（芸術─歴史─21世紀）

◇中欧の現代美術─ポーランド・チェコ・スロヴァキア・ハンガリー　加須屋明子,井口壽乃,宮崎淳史,ゾラ・ルスィノヴァー著　彩流社　2014.12　177,67p　図版32p　22cm　〈文献あり　年表あり　索引あり〉　①978-4-7791-2066-4　Ⓝ702.34　［3500円］

ヨーロッパ〔中央部〕（室内装飾─図集）

◇北欧・中欧を感じる店舗空間デザイン─Restaurant・Cafe・Hotel・Shop　アルファブックス/アルファ企画　2014.9　271p　29cm　〈美術出版社（発売）　索引あり〉　①978-4-568-50597-9　Ⓝ526.67　［9200円］

ヨーロッパ〔中央部〕（私法）

◇中東欧地域における私法の根源と近年の変革　奥田安弘,マルティン・シャウアー編,奥田安弘訳　八王子　中央大学出版部　2014.11　190p　21cm　（日本比較法研究所翻訳叢書 70）〈内容：遅れてきた私法法典化（ラヨシュ・ヴェーカーシュ著）　オーストリア一般民法典200年（マルティン・シャウアー著）　EU法の諸原則と国内私法の発展（タチアナ・ヨシポヴィッチ著）　19世紀以前のグルジア法の歴史（ギオルギ・ツェルツヴァーゼ著）　1926年以降のトルコの近代化における西欧法の継受（バシャク・バイサル著）　ブルガリア法における非占有担保権（ゲルガーナ・コザロヴァ著）　日本における東欧法研究（渋谷謙次郎著）〉①978-4-8057-0371-7　Ⓝ324.934　［2400円］

ヨーロッパ〔中央部〕（商店建築─図集）

◇北欧・中欧を感じる店舗空間デザイン─Restaurant・Cafe・Hotel・Shop　アルファブックス/アルファ企画　2014.9　271p　29cm　〈美術出版社（発売）　索引あり〉　①978-4-568-50597-9　Ⓝ526.67　［9200円］

ヨーロッパ〔中央部〕（地誌）

◇朝倉世界地理講座─大地と人間の物語　9　中央・北ヨーロッパ　立川武蔵,安田喜憲監修　山本健児,平川一臣編　朝倉書

店　2014.7　516p　27cm　〈文献あり　索引あり〉　①978-4-254-16799-3　Ⓝ290.8　［19000円］

ヨーロッパ〔東部〕（外国関係─ドイツ連邦共和国─歴史）

◇西ドイツ外交とエーゴン・バール　アンドレアス・フォークトマイヤー著,岡田浩平訳　三元社　2014.8　495,55p　22cm　〈文献あり　索引あり〉　①978-4-88303-360-7　Ⓝ319.34039　［6000円］

ヨーロッパ〔東部〕（家庭用品）

◇共産主婦─東側諸国のレトロ家庭用品と女性たちの一日　イスクラ著　社会評論社　2014.3　167p　19cm　（共産趣味インターナショナル VOL4）〈文献あり〉　①978-4-7845-1110-5　Ⓝ590.239　［1900円］

ヨーロッパ〔東部〕（紀行・案内記）

◇ドイツ・東欧歴史の旅　黒羽亮一著　双牛舎　2014.3　281p　19cm　（波のまにまに八十年 4）〈文献あり〉　Ⓝ293.409

ヨーロッパ〔東部〕（記録映画─歴史）

◇映像の中の冷戦後世界─ロシア・ドイツ・東欧研究とフィルム・アーカイブ　高橋和,中村唯史,山崎彰編　山形　山形大学出版会　2013.10　268p　21cm　（山形ドキュメンタリーフィルムライブラリー・セレクション　第3集）〈作品目録あり　内容：事実と記録のあいだ：ロシア/ソ連ドキュメンタリー映画をめぐる言説と実践について（中村唯史著）　過去への回帰（淺野明著）　ドイツ記録映画史序説（ラインホルト・ヨーゼフ・グリンダ著）　ドイツ民主共和国の崩壊と社会主義の体験（山崎彰著）　『シベリアのレッスン』：ドキュメンタリーフィルムとポーランドの「小さな祖国」（小椋彩著）　チェコスロヴァキアという国があった（髙橋和著）　ハンガリーのドキュメンタリー映画にみる「お国柄」（飯尾唯紀著）　体制転換後のブルガリア（菅原淳子著）　バルト諸国・独立と社会の変容（髙橋和著）　コソボ紛争の舞台裏（髙橋和著）〉①978-4-903966-18-2　Ⓝ778.7　［2000円］

ヨーロッパ〔東部〕（私法）

◇中東欧地域における私法の根源と近年の変革　奥田安弘,マルティン・シャウアー編,奥田安弘訳　八王子　中央大学出版部　2014.11　190p　21cm　（日本比較法研究所翻訳叢書 70）〈内容：遅れてきた私法法典化（ラヨシュ・ヴェーカーシュ著）　オーストリア一般民法典200年（マルティン・シャウアー著）　EU法の諸原則と国内私法の発展（タチアナ・ヨシポヴィッチ著）　19世紀以前のグルジア法の歴史（ギオルギ・ツェルツヴァーゼ著）　1926年以降のトルコの近代化における西欧法の継受（バシャク・バイサル著）　ブルガリア法における非占有担保権（ゲルガーナ・コザロヴァ著）　日本における東欧法研究（渋谷謙次郎著）〉①978-4-8057-0371-7　Ⓝ324.934　［2400円］

ヨーロッパ〔東部〕（陶磁器）

◇東欧のかわいい陶器─ポーリッシュポタリーと、ルーマニア、ブルガリア、ハンガリー、チェコに受け継がれる伝統と模様　誠文堂新光社編　誠文堂新光社　2014.3　191p　21cm　①978-4-416-31402-9　Ⓝ751.3　［1800円］

ヨーロッパ〔南部〕（紀行・案内記）

◇伊達侍と世界をゆく─「慶長遣欧使節」とめぐる旅　篠田有史写真,工藤律子文　仙台　河北新報出版センター　2014.6　189p　21cm　〈文献あり〉　①978-4-87341-323-5　Ⓝ295.509　［1600円］

ヨーロッパ〔南部〕（地誌）

◇ベラン世界地理大系　4　南ヨーロッパ　田辺裕,竹内信夫監訳　牛場暁夫,田辺裕編訳　朝倉書店　2014.6　250p　31cm　〈文献あり　索引あり〉　①978-4-254-16734-4　Ⓝ290.8　［15000円］

ヨーロッパ〔北部〕（音楽）

◇世界の弦楽四重奏団とそのレコード　第5巻　英加北欧諸国編　幸松肇著　所沢　クゥルテット・ハウス・ジャパン　2013.5　240p　19cm　〈内容：イギリス、カナダ、スウェーデン、オランダ他〉①978-4-990641-35-1　Ⓝ764.24　［2000円］

ヨーロッパ〔北部〕（室内装飾─図集）

◇北欧・中欧を感じる店舗空間デザイン─Restaurant・Cafe・Hotel・Shop　アルファブックス/アルファ企画　2014.9　271p　29cm　〈美術出版社（発売）　索引あり〉　①978-4-568-50597-9　Ⓝ526.67　［9200円］

ヨーロッパ〔北部〕（商店建築─図集）

◇北欧・中欧を感じる店舗空間デザイン─Restaurant・Cafe・Hotel・Shop　アルファブックス/アルファ企画　2014.9　271p　29cm　〈美術出版社（発売）　索引あり〉　①978-4-568-50597-9　Ⓝ526.67　［9200円］

ヨーロッパ〔北部〕（地誌）

◇朝倉世界地理講座─大地と人間の物語　9　中央・北ヨーロッパ　立川武蔵,安田喜憲監修　山本健児,平川一臣編　朝倉書

店　2014.7　516p　27cm　〈文献あり　索引あり〉①978-4-254-16799-3　Ⓝ290.8　［19000円］

◇写真記録100年前の世界　10　スウェーデン・ノルウェー　デンマーク・バルカン半島　内藤民治編著　大空社　2014.5　1冊　22cm　〈索引あり〉　「世界實觀　第10巻」(日本風俗圖繪刊行會　大正5年刊)の複製　英語併記〉①978-4-283-01179-3,978-4-283-00645-4(set),978-4-283-00646-1(set)　Ⓝ290.8　［12500円］

ヨーロッパ〔北部〕（デザイン）
◇写真で旅する北欧の事典―デザイン、インテリアからカルチャーまで　萩原健太郎著　誠文堂新光社　2014.11　255p　20cm　〈年表あり〉①978-4-416-61424-2　Ⓝ757.02389　［2000円］

ヨーロッパ〔北部〕（陶磁器―歴史―1945～―図集）
◇北欧のやきもの―モダニズムと民藝：デンマーク、スウェーデン、ノルウェー、フィンランド：開館35周年記念企画展　［瀬戸］　愛知県陶磁美術館　2014　231p　28cm　〈文献あり　年表あり　会期：2014年1月11日―3月23日〉Ⓝ751.3

ヨーロッパ〔北部〕（妖精）
◇トロール　ブライアン・フラウド, ウェンディ・フラウド絵・文, 堀口容子訳　グラフィック社　2014.6　1冊（ページ付なし）27cm　①978-4-7661-2598-6　Ⓝ388.389　［2800円］

ヨーロッパ連合　→欧州連合を見よ

与論島
◇奄美群島最南端の島与論島の魚類　本村浩之, 松浦啓一編著　鹿児島　鹿児島大学総合研究博物館　2014.3　646p　26cm　〈共同刊行：国立科学博物館〉①978-4-905464-04-4　Ⓝ487.52197

与論町〔鹿児島県〕（魚―図集）
◇奄美群島最南端の島与論島の魚類　本村浩之, 松浦啓一編著　鹿児島　鹿児島大学総合研究博物館　2014.3　646p　26cm　〈共同刊行：国立科学博物館〉①978-4-905464-04-4　Ⓝ487.52197

与論町〔鹿児島県〕（方言）
◇与論の言葉で話そう　1　挨拶・名詞・こそあど言葉・性格・感動詞・副詞　菊秀史著　改訂版　与論町〔鹿児島県〕与論民俗村　［2014］　154p　26cm　Ⓝ818.97　［1300円］
◇与論の言葉で話そう　4　形容詞・助詞・表現意図　菊秀史著　与論町〔鹿児島県〕与論民俗村　［2014］　318p　26cm　Ⓝ818.97　［2200円］

42年白門会
◇42年白門会20年史―写真で綴る活動記録　42年白門会記念誌編纂委員会編　中央大学学員会42年白門会　2014.5　63p　30cm　〈年表あり〉Ⓝ377.28

【ら】

羅　貫中〔明代〕
◇クイズで楽しむ三国志仰天エピソード210　三国志クイズ学会編　マイナビ　2014.5　223p　15cm　（マイナビ文庫 026）〈表紙のタイトル：三国志仰天エピソード210〉①978-4-8399-5104-7　Ⓝ923.5　［640円］
◇武将で読む三国志演義読本　後藤裕也, 小林瑞恵, 髙橋康浩, 中川諭著　勉誠出版　2014.9　446p　20cm　〈文献あり　内容：呂布（後藤裕也著）　関羽・趙雲（小林瑞恵著）　張遼・許褚（中川諭著）　呂蒙・陸遜（髙橋康浩著）〉①978-4-585-29078-0　Ⓝ923.5　［2700円］

頼　山陽〔1780～1832〕
◇頼山陽の思想―日本における政治学の誕生　濱野靖一郎著　東京大学出版会　2014.2　333,13p　22cm　〈文献あり　索引あり〉①978-4-13-036251-1　Ⓝ121.54　［6800円］

ライオン株式会社
◇ライオン120年史―今日を愛する。　ライオン株式会社社史編纂委員会編纂　ライオン　2014.7　463p　29cm　〈年表あり　Lion Corporation 120th anniversary〉Ⓝ576.067

ライカカメラAG
◇ライカの世界―ライカ誕生100年。今デジタル時代の名機を使いこなす。：LEICA CAMERA BOOK　世界文化社　2013.12　119p　26cm　①978-4-418-13250-8　Ⓝ742.5　［1800円］

LIFE
◇世界でいちばん居心地のいい店のつくり方―イタリアンレストランLIFEのよく遊び、よく働く　相場正一郎著　筑摩書房

2014.5　157p　19cm　①978-4-480-87875-5　Ⓝ673.973　［1400円］

ライフイズテック株式会社
◇ヒーローのように働く7つの法則―月給22万円だった僕が、世界的IT企業に認められて世の中を変える事業を立ち上げることができた驚きの秘訣　水野雄介, 小森勇太著　KADOKAWA　2014.5　217p　19cm　①978-4-04-110762-1　Ⓝ007.35　［1500円］

ライフサイエンス振興財団
◇財団30年の活動　ライフサイエンス振興財団編　ライフサイエンス振興財団　2014.3　65p　30cm　Ⓝ460.6

ライブドア
◇社長が逮捕されて上場廃止になっても会社はつぶれず、意志は継続するという話　小林佳徳著　宝島社　2014.9　254p　19cm　①978-4-8002-2667-9　Ⓝ007.35　［1200円］
◇粉飾の「ヒーロー」、堀江貴文―彼がいまだにわかっていないこと　ライブドア株主被害弁護団著　日野　インシデンツ　2014.1　187p　19cm　〈年譜あり〉①978-4-903538-04-4　Ⓝ007.35　［1400円］

ライプニッツ, G.W.〔1646～1716〕
◇ライプニッツ　酒井潔著　新装版　清水書院　2014.9　286,9p　19cm　（Century Books）〈文献あり　年譜あり　索引あり〉①978-4-389-42191-5　Ⓝ134.1　［1000円］
◇ライプニッツ研究　第3号　日本ライプニッツ協会編　［東京］　日本ライプニッツ協会　2014.11　231p　21cm　〈文献あり　折り込 1枚　内容：特別寄稿　ライプニッツの真空の可能性論（グレゴリー・ブラウン著, 枝村祥平訳）ライプニッツと機械論の神学（ジャスティン・スミス著, 松田毅訳）ライプニッツにおける政治的共同体と福祉（ルカ・バッソ著, 長綱啓典訳）研究論文　『モナドロジー』における実体と世界の統一性（阿部倫子著）実体の位置と空間の構成（稲岡大志著）形而上学的悪から道徳的悪へ（梅野宏樹著）『至高存在について』（De Summa Rerum）の形而上学とその発展（枝井祥平著）「蓋然性の論理学」の行方（藤井良彦著）有機的物体のモデルとしての「テセウスの船」に関するライプニッツの解決（松田毅著）研究動向　海外ライプニッツ研究動向(2013-2014)（酒井潔著）〉Ⓝ134.1　［1200円］
◇ライプニッツと造園革命―ヘレンハウゼン、ヴェルサイユと葉っぱの哲学　ホルスト・ブレーデカンプ著, 原研二訳　産業図書　2014.7　199p　22cm　〈文献あり　索引あり〉①978-4-7828-0177-2　Ⓝ134.1　［3000円］

Live Music JIROKICHI
◇ジロキチ・オン・マイ・マインド―ライブハウス高円寺JIROKICHIの40年　Live Music JIROKICHI 40thアニバーサリー実行委員会編　Pヴァイン　2014.12　185,86p　21cm　（ele-king books）〈日販アイ・ピー・エス（発売）〉①978-4-907276-25-6　Ⓝ760.69　［2500円］

ラウソン, J.A.〔1866～1935〕
◇ラウソンレポート　檀原宏文著　北里柴三郎記念会　2014.9　316p　22cm　〈北里柴三郎記念会五周年記念〉Ⓝ493.84　［非売品］

ラオス（経済援助〔日本〕）
◇ラオス国別評価―第三者評価：報告書：平成25年度外務省ODA評価　［東京］　アルメックVPI　2014.2　1冊　30cm　〈文献あり〉Ⓝ333.8236
◇ラオス国タケク上水道拡張計画準備調査報告書　［東京］　国際協力機構　2013.1　1冊　30cm　〈共同刊行：日水コン〉Ⓝ333.804

ラオス（国際投資）
◇ラオスの投資環境　第2版　国際協力銀行産業ファイナンス部門中堅・中小企業担当　2014.7　167p　30cm　Ⓝ338.92236

ラカン, J.〔1901～1981〕
◇ことばと知に基づいた臨床実践―ラカン派精神分析の展望　河野一紀著　大阪　創元社　2014.3　277p　22cm　〈文献あり　索引あり〉①978-4-422-11574-0　Ⓝ146.1　［3200円］

楽天イーグルス　→東北楽天ゴールデンイーグルスを見よ

楽天株式会社
◇ファースト・ペンギン楽天・三木谷浩史の挑戦　大西康之著　日本経済新聞出版社　2014.11　256p　19cm　①978-4-532-31963-2　Ⓝ673.36　［1600円］
◇楽天流　三木谷浩史著　講談社　2014.10　276p　19cm　①978-4-06-219206-4　Ⓝ673.36　［1500円］

酪農学園大学創世寮
◇和―創世寮開寮50周年記念誌　江別　酪農学園大学創世寮開寮50周年記念事業委員会　2014.3　129p　30cm　Ⓝ377.9

ラジオシンフォニー

◇戦火のシンフォニー——レニングラード封鎖345日目の真実　ひのまどか著　新潮社　2014.3　286p　20cm　〈文献あり〉　Ⓘ978-4-10-335451-2　Ⓝ764.3　[1800円]

ラスネール, P.-F.〔1800～1836〕

◇ラスネール回想録——十九世紀フランス詩人＝犯罪者の手記　ピエール＝フランソワ・ラスネール著，小倉孝誠，梅澤礼訳　平凡社　2014.8　319p　16cm　（平凡社ライブラリー 816）〈年譜あり〉　Ⓘ978-4-582-76816-9　Ⓝ289.3　[1500円]

ラセター, J.

◇『アナと雪の女王』の光と影　叶精二著　七つ森書館　2014.11　237p　19cm　〈文献あり　内容:『アナと雪の女王』の光と影　宮崎駿とジョン・ラセターその友情と功績〉　Ⓘ978-4-8228-1417-5　Ⓝ778.77　[1800円]

ラッセル, B.〔1872～1970〕

◇ラッセル　金子光男著　新装版　清水書院　2014.9　225p　19cm　（Century Books）〈文献あり　年譜あり　索引あり〉　Ⓘ978-4-389-42030-7　Ⓝ133.5　[1000円]

ラップランド（紀行・案内記）

◇北緯66.6°——北欧ラップランド歩き旅　森山伸也著　本の雑誌社　2014.10　239p　19cm　Ⓘ978-4-86011-261-5　Ⓝ293.8909　[1500円]

ラテンアメリカ（音楽—楽曲解説）

◇ムジカ・ロコムンド——ブラジリアン・ミュージック・ディスク・ガイド　2　Música LocoMundo編・著　新装版　アスペクト　2014.2　230p　21cm　〈索引あり　タイトルは背による.奥付・表紙のタイトル：Música LocoMundo〉　Ⓘ978-4-7572-2297-7　Ⓝ764.7　[2700円]

ラテンアメリカ（紀行・案内記）

◇伊達侍と世界をゆく——「慶長遣欧使節」とめぐる旅　篠田有史写真，工藤律子文　仙台　河北新報出版センター　2014.6　189p　21cm　〈文献あり〉　Ⓘ978-4-87341-323-5　Ⓝ295.509　[1600円]

ラテンアメリカ（教育政策）

◇ラテンアメリカの教育戦略——急成長する新興国との比較　アンドレス・オッペンハイマー著，渡邉尚人訳　[東京]　時事通信出版局　2014.12　355p　20cm　〈時事通信社（発売）〉　Ⓘ978-4-7887-1391-8　Ⓝ372.55　[2800円]

ラテンアメリカ（社会）

◇世界はフラットにもの悲しくて——特派員ノート1992-2014　藤原章生著　テン・ブックス　2014.7　333p　19cm　〈文献あり〉　Ⓘ978-4-88696-032-0　Ⓝ302.55　[2500円]

◇日本人が驚く中南米33カ国のお国柄　造事務所編著　PHP研究所　2014.6　254p　15cm　（PHP文庫　そ4-25）〈文献あり〉　Ⓘ978-4-569-76187-9　Ⓝ302.55　[700円]

◇ラテン・アメリカ社会科学ハンドブック　ラテン・アメリカ政経学会編　新評論　2014.11　293p　21cm　〈文献あり　索引あり〉　Ⓘ978-4-7948-0985-8　Ⓝ302.55　[2700円]

ラテンアメリカ（食生活）

◇海外ブラックグルメ　海外危険情報編集班編　彩図社　2014.2　191p　15cm　〈執筆：嵐よういちほか〉　Ⓘ978-4-88392-954-2　Ⓝ383.82　[590円]

ラテンアメリカ（植民地〔スペイン〕—歴史）

◇南・北アメリカ比較社会史の研究——南・北アメリカ社会の相違の歴史的根源　宮野啓二著　御茶の水書房　2013.10　366p　23cm　〈内容:南・北アメリカの比較経済史的考察　アングロ・アメリカ植民地とラテン・アメリカ植民地の比較史　新大陸奴隷制の比較史的研究　フロンティアの比較史的研究　アステカ社会におけるカルプリ共同体　ラテン・アメリカにおけるラティフンディオと原住民共同体　スペイン領アメリカにおける原住民の集住政策　新大陸におけるスペイン植民都市の歴史的特質〉　Ⓘ978-4-275-01049-0　Ⓝ255　[7600円]

ラテンアメリカ（神話）

◇西欧古代神話図像大鑑　続篇　東洋・新世界篇/本文補註/図版一覧　カルタリ[著]，大橋喜之訳　L.ピニョリア増補　八坂書房　2014.9　429,11p　23cm　〈索引あり〉　Ⓘ978-4-89694-176-0　Ⓝ164.3　[4800円]

ラテンアメリカ（政治）

◇「ポスト新自由主義期」ラテンアメリカにおける政治参加　上谷直克編　千葉　アジア経済研究所　2014.11　258p　22cm　（研究双書　No.612）〈索引あり　内容:「ボリーバル革命」における投票行動（出岡直也著）演出としての政治参加（宮地隆廣著）ボリビアにおける「下から」の国民投票（舟木律子著）ブラジル・サンパウロ市環境審議会の制度変容と実践的権威

（舛方周一郎著）ラテンアメリカの資源開発と抗議運動（岡田勇著）「ポスト新自由主義期」のエクアドルにおける反・鉱物資源採掘運動〈MAMM〉の盛衰（上谷直克著）〉　Ⓘ978-4-258-04612-6　Ⓝ312.55　[3200円]

ラテンアメリカ（大衆運動）

◇「ポスト新自由主義期」ラテンアメリカにおける政治参加　上谷直克編　千葉　アジア経済研究所　2014.11　258p　22cm　（研究双書　No.612）〈索引あり　内容:「ボリーバル革命」における投票行動（出岡直也著）演出としての政治参加（宮地隆廣著）ボリビアにおける「下から」の国民投票（舟木律子著）ブラジル・サンパウロ市環境審議会の制度変容と実践の権威（舛方周一郎著）ラテンアメリカの資源開発と抗議運動（岡田勇著）「ポスト新自由主義期」のエクアドルにおける反・鉱物資源採掘運動〈MAMM〉の盛衰（上谷直克著）〉　Ⓘ978-4-258-04612-6　Ⓝ312.55　[3200円]

ラテンアメリカ（地域社会）

◇創造するコミュニティ——ラテンアメリカの社会関係資本　石黒馨，初谷譲次編著　2014.12　203,4p　19cm　〈索引あり　内容:グローバル社会におけるコミュニティの創造（石黒馨著）チアパスのサパティスタ運動（柴田修子著）在日ブラジル人の宗教コミュニティ（山田政信著）ベネズエラの都市貧困コミュニティ（野口茂著）チョルラの都市祭礼コミュニティ（小林貴徳著）マヤ教会の農村コミュニティ（初谷譲次著）メキシコ植民地期の先住民コミュニティ（林美智代著）〉　Ⓘ978-4-7710-2586-8　Ⓝ361.7　[2500円]

ラテンアメリカ（地誌）

◇写真記録100年前の世界　9　カナダ・ラテンアメリカ　内藤民治編著　大空社　2014.5　1冊　22cm　〈索引あり　「世界實觀　第9巻」（日本風俗圖繪刊行會　大正5年刊）の複製　英語併記〉　Ⓘ978-4-283-01178-6,978-4-283-00645-4（set），978-4-283-00646-1（set）　Ⓝ290.8　[12500円]

ラテンアメリカ（地名—辞書）

◇世界地名大事典　9　中南アメリカ　竹内啓一総編集，熊谷圭知，山本健司編集幹事　山田睦男，中川文雄，松本栄次編集　朝倉書店　2014.11　1396p　27cm　〈索引あり〉　Ⓘ978-4-254-16899-0　Ⓝ290.33　[48000円]

ラテンアメリカ（葉巻煙草）

◇葉巻を片手に世界一周　渡邉尚人著　山愛書院　2014.9　249p　19cm　（TASC双書 11）〈星雲社（発売）〉　Ⓘ978-4-434-19598-3　Ⓝ589.8　[1500円]

ラテンアメリカ（美術—歴史—1945～—図集）

◇驚くべきリアル——スペイン，ラテンアメリカの現代アート——MUSACコレクション　東京都現代美術館　c2014　103p　21cm　〈英語併記　会期：2014年2月15日～5月11日　編集:小高日香里〉　Ⓝ702.36

ラテンアメリカ（美術—歴史—近代）

◇ラテンアメリカ越境する美術　岡田裕成著　筑摩書房　2014.9　350p　20cm　〈文献あり　年表あり　索引あり〉　Ⓘ978-4-480-87377-4　Ⓝ702.55　[2700円]

ラバウル（太平洋戦争〔1941～1945〕—会戦）

◇ラバウル艦爆隊始末記——ソロモン航空戦の全貌　松浪清著　潮書房光人社　2014.9　381p　16cm　（光人社NF文庫　まN-848）〈文献あり　光人社 2008年刊の再刊〉　Ⓘ978-4-7698-2848-8　Ⓝ916　[860円]

ラブルースト, H.〔1801～1875〕

◇建築家アンリ・ラブルースト　ピエール・サディ著，丹羽和彦訳，福田晴虔編　中央公論美術出版　2014.4　102p　30cm　〈文献あり　年譜あり　索引あり〉　Ⓘ978-4-8055-0720-9　Ⓝ523.35　[3200円]

ラーマクリシュナ〔1836～1886〕

◇不滅の言葉（コタムリト）——大聖ラーマクリシュナ　第3巻　マヘンドラ・グプタ著，田中嫺玉訳，ラーマクリシュナ研究会編集　名古屋　ブイツーソリューション　2014.11　685p　19cm　〈星雲社（発売）文献あり〉　Ⓘ978-4-434-19357-6　Ⓝ126.9　[3800円]

ラーマーヌジャ〔1017～1137〕

◇ラーマーヌジャの救済思想　木村文輝著　山喜房佛書林　2014.6　638p　22cm　〈文献あり　索引あり　内容:『バガヴァッド・ギーター』受容の二千年史　『バガヴァッド・ギーター』解釈の二千年史　ラーマーヌジャとその時代　ラーマーヌジャの研究史概観　ブラフマンとアートマン.1　両者の属性　ブラフマンとアートマン.2　両者の関係　業と輪廻　解脱への階梯　バクティ導入の理論的根拠　諸行為の実践と神の支配　知行併合説の継承　カルマ・ヨーガの実践項目　二つのヨーガの懸け橋　「ジュニャーナ・ヨーガ」の三つの解釈　アートマンの直証　明知の生起と発展　家長生活と出家遊行　シュードラ排斥論　バクティの成就とプラパッティ

日本件名図書目録2014　Ⅰ　　　　　　　　　　　　　　　　　　　　　　　　　　　　　　　　　　　　　陸上自衛隊

ラーマーヌジャにおける「救い」の方向性〉①978-4-7963-0239-5　Ⓝ126.6　[18000円]

ラムステット, G.J. 〔1873〜1950〕
◇ヘルシンキとサンクト・ペテルブルグ―特集号ラムステットとジルムンスキー　池田哲郎編　京都　北斗書房　2014.5　74p　図版15p　21cm　（ユーラシア都市文化叢書 2）〈文献あり〉①978-4-89467-262-8　Ⓝ810.7

ランカウィ島
◇ランカウィ島の蝶データ集　青山之也著　浦安　青山之也　2014.6　237p　31cm　Ⓝ486.8
◇ランカウイの蝶　加藤勝利, セルヴァム・ラマン著　改訂版　[瑞浪]　[加藤勝利]　2014.6　521p　31cm　Ⓝ486.8

ランサーズ株式会社
◇Lancersで始める！ あなたの「特技」をお金に変える本―ランサーズ公式ガイド　佐藤尚規著　[東京]　翔泳社　2014.7　175p　21cm〈索引あり　奥付のタイトル：ランサーズで始める！ あなたの「特技」をお金に変える本〉①978-4-7981-3793-3　Ⓝ007.35　[1400円]

【 り 】

リー, H. 〔1926〜 〕
◇『アラバマ物語』を紡いだ作家　チャールズ・J・シールズ著, 野沢佳織訳　柏書房　2014.2　517p　20cm〈文献あり　年譜あり〉①978-4-7601-4337-5　Ⓝ930.278　[2800円]

リー, L. 〔1902〜1995〕
◇ルーシー・リー モダニズムの陶芸家　エマニュエル・クーパー著, 西マーヤ訳　ヒュース・テン　2014.7　329p　25cm〈六耀社（発売）文献あり　年譜あり　索引あり　布装〉①978-4-89737-778-0　Ⓝ751.3　[5400円]

リー, クアンユー 〔1923〜 〕
◇リー・クアンユー未来への提言　リークアンユー[述], ハン・フッククワン, ズライダー・イブラヒム, チュア・ムイフーン, リディア・リム, イグナチウス・チャン, レイチェル・リン, ロビン・チャン著, 小池洋次監訳　日本経済新聞出版社　2014.1　356p　20cm〈年表あり　内容：沼地に立つ八〇階建てのビル（小池洋次訳）　人民行動党は存続するか（関尚子訳）　最良の精鋭たち（関尚子訳）　奇跡的な経済成長を持続するために（山本真理訳）　異邦人からシンガポール人へ（奥村慧訳）　大国のはざまで（櫻井祐貴訳）　夫, 父, 祖父, そして友として（萬田恵子訳）〉①978-4-532-16896-4　Ⓝ312.2399　[3000円]
◇リーダーシップとはなにか―リー・クアンユー自選語録　リークアンユー著, 佐々木藤子訳　潮出版社　2014.7　245p　19cm〈年譜あり〉①978-4-267-01987-6　Ⓝ312.2399　[1650円]

李 承晩 〔1875〜1965〕
◇米国に堂々と対した大韓民国の大統領たち　李春根著, 洪熒訳　[東京]　統一日報社　2014.5　287p　19cm　①978-4-907988-02-9　Ⓝ319.21053　[1300円]

李 春浩 〔1950〜 〕
◇雲をつかんだおじさん―映画『道〜白磁の人〜』の歩みと在日コリアンの志　李春浩著　長野　信濃毎日新聞社　2014.2　249p　19cm　①978-4-7840-8802-7　Ⓝ289.2　[1500円]

リ ハナ
◇日本に生きる北朝鮮人リ・ハナの一歩一歩　リ ハナ著　大阪　アジアプレス・インターナショナル出版部　2013.1　283p　19cm　①978-4-904399-08-8　Ⓝ289.2　[1300円]

リー, ブルース 〔1940〜1973〕
◇ブルース・リー思想解析―彼は何を考え, 何を実践してきたか？ 不世出の武術家, ブルース・リーの思考方法の源流を探究する！　羅振光著, 鮑智行訳　オルタナパブリッシング　2014.3　255p　19cm〈星雲社（発売）年譜あり〉①978-4-434-18933-3　Ⓝ778.222　[1800円]
◇ブルース・リー哲理解析―武道・武術は哲学である！ 人生は哲学なしには乗り越えられない壁がある！ 不世出の武術革命家, ブルース・リーの哲学は自己実現への旅だ！　羅振光著, 鮑智行訳　オルタナパブリッシング　2014.10　223p　19cm〈星雲社（発売）文献あり〉①978-4-434-19708-6　Ⓝ778.222　[1800円]
◇ブルース・リーの実像―彼らの語ったヒーローの記憶：今まで誰もうかがい知ることの出来なかったブルース・リーのディティールが浮き彫りに！　チャップリン・チャン著, 羅振光

監修, 鮑智行訳　オルタナパブリッシング　2014.6　255p　19cm〈星雲社（発売）内容：ロー・ウェイ（ローウェイ述）　ロバート・チャン（ロバート・チャン述）　ボロ・ヤン（ボロ・ヤン述）　マイケル・ライ（マイケル・ライ述）　ヘンリー・ウォン（ヘンリー・ウォン述）　トン・ウェイ（トンウェイ述）　チャールズ・ロック（チャールズ・ロック述）　ロイ・チャオ（ロイ・チャオ述）　チャップリン・チャン（チャップリン・チャン述）　エイミー・チャン（エイミー・チャン述）　ベティ・ティンペイ（ベティ・ティンペイ述）　彼が知っている香港映画界（染野行雄述）〉①978-4-434-19326-2　Ⓝ778.222　[1800円]

リガ（紀行・案内記）
◇3着の日記―memeが旅したRIGA　meme著　土曜社　2014.7　112p　図版6枚　19cm〈文献あり〉①978-4-907511-07-4　Ⓝ293.883　[1870円]

理化学研究所
◇「科学者の楽園」をつくった男―大河内正敏と理化学研究所　宮田親平著　河出書房新社　2014.5　407p　15cm　（河出文庫 み24-1）〈文献あり〉①978-4-309-41294-8　Ⓝ407.6　[920円]

リカード, D. 〔1772〜1823〕
◇リカード貿易問題の最終解決―国際価値論の復権　塩沢由典著　岩波書店　2014.3　426p　22cm〈文献あり　索引あり〉①978-4-00-025569-1　Ⓝ333.6　[10500円]

陸 九淵 〔1139〜1192〕
◇陸九淵と陳亮―朱熹論敵の思想研究　中嶋諒著　早稲田大学出版部　2014.10　149,7p　30cm　（早稲田大学モノグラフ109）〈文献あり〉①978-4-657-14511-6　Ⓝ125.4　[2700円]

陸 游 〔1125〜1210〕
◇南宋詩人伝陸游の詩と生き方　小池延俊著　[東京]　新潮社図書編集室　2014.6　363p　22cm〈新潮社（発売）文献あり　年譜あり〉①978-4-10-910022-9　Ⓝ921.5　[1500円]

陸軍参謀本部陸地測量部
◇対外軍用秘密地図のための潜入盗測―外邦測量・村上手帳の研究　第3巻　村上千代吉の測図活動―外邦測量の実際　中 牛越国昭著　同時代社　2014.10　504,8p　21cm〈年表あり〉①978-4-88683-766-0　Ⓝ391.9　[5000円]

陸軍中野学校
◇日本スパイ養成所陸軍中野学校のすべて　斎藤充功, 坂茂樹, 田中健之, 歯黒猛夫, 平塚柾緒, 藤木TDC, 水島吉隆, 森山康平, 八木澤高明著　笠倉出版社　2014.12　224p　19cm〈文献あり　奥付の責任表示（誤植）：平塚征緒　内容：陸軍中野学校, その秘められた存在（斎藤充功文）　スパイ戦士育成カリキュラム（斎藤充功文）　中野学校「謀略講義」講義録概要　極秘文書『破壊殺傷教程』を読み返す（斎藤充功文・構成）　初代所長・秋草少尉の封印された最期（斎藤充功文）　特殊工作の実態 1　阿片作戦の全貌（斎藤充功文）　特殊工作の実態 2　最終計画・皇統護持作戦（斎藤充功文）　中野学校の沖縄戦とは？（斎藤充功文）　極秘ルポ天皇の金塊と小野田少尉（斎藤充功文）　残置諜者, その過酷な任務とは？（坂茂樹文）　元中野学校教官が書いた「小松原日誌」（坂茂樹文）　日誌が伝える隠された"戦記"（斎藤充功文）　登戸研究所と幻の"ヤマ機関"（斎藤充功文）　対中経済謀略戦「杉工作」の全貌（斎藤充功文）　特務機関, 謀略のためには手段も選ばず（森山康平文）　F機関・インド独立という策謀（水島吉隆文）　マレーの虎・ハリマオ物語（歯黒猛夫文）　満洲国に暗躍した幻の浅野部隊（田中健之文）　諜報工作員たちの「その後」蘇える"陰の部隊"（平塚柾緒文）　最後の"クーリエ"になった男（斎藤充功文）　北朝鮮スパイとなった中野学校OB（斎藤充功文）　戦後諜報秘録・米軍スパイになった男（平塚柾緒文）　異国に消えたスパイたちの影を追って（八木澤高明文・写真）　映画で知る陸軍中野学校の世界（藤木TDC文）　陸軍中野学校ブックガイド（編集部文）〉①978-4-7730-8748-2　Ⓝ391.6　[650円]
◇陸軍中野学校―秘密戦士の実態　加藤正夫著　新装版　潮書房光人社　2014.7　249p　16cm　（光人社NF文庫）①978-4-7698-2483-1　Ⓝ391.6　[750円]

陸軍登戸研究所
◇『陸軍登戸研究所』を撮る　楠山忠之著　風塵社　2014.5　235p　19cm〈年譜あり　年表あり〉①978-4-7763-0061-8　Ⓝ396.21　[1800円]

陸軍幼年学校
◇仙台陸軍幼年学校資料集　上巻　小野寺宏編著　仙台　小野寺宏　2014.5　763p　図版 [12] 枚　23cm〈年表あり　折り込 46枚〉Ⓝ396.077　[非売品]

陸上自衛隊
◇漫画版自衛隊の"泣ける話"　防衛省陸上幕僚監部広報室監修, 中村祥行作画　ユーメイド　2014.3　145p　21cm　①978-4-904422-24-3　Ⓝ396.21　[1000円]

陸前高田市（公文書―保存・修復）　　　　　　　　　　　日本件名図書目録2014　I

◇勇気と寡黙そして祈り―東北地方・太平洋沖地震における陸上自衛隊の被災者支援―自衛隊岩手地方協力本部支援早稲田大学危機管理研究会・報告書「平成24年度・文部科学省科学研究費補助金」研究の報告書　田中伯知著　［東京］　早稲田大学危機管理研究会　2013.11　104p　30cm〈著作目録あり〉Ⓝ396.21

◇陸上自衛隊車輌/火器の実射訓練　平田辰, 坪田大製作・編集　アルゴノート　2014.6　1冊　26cm　Ⓘ978-4-914974-01-5　Ⓝ396.21　［2778円］

陸前高田市（公文書―保存・修復）

全国歴史資料保存利用機関連絡協議会東日本大震災臨時委員会活動報告書　2011-2012年度　全国歴史資料保存利用機関連絡協議会東日本大震災臨時委員会編　［京都］　［全国歴史資料保存利用機関連絡協議会東日本大震災臨時委員会］　2014.3　93p　30cm　Ⓝ014.61

陸前高田市（津波）

陸前高田市東日本大震災検証報告書　陸前高田　陸前高田市　2014.7　125p　30cm　Ⓝ369.31

陸前高田市東日本大震災検証報告書　資料編　陸前高田　陸前高田市　2014.7　200p　30cm　Ⓝ369.31

陸前高田市（東日本大震災〔2011〕―被害）

聞き取りからみえる東日本大震災　泉有香, 濱中麻梨菜編, 熊谷圭知, 小林誠, 三浦徹編集責任　お茶の水女子大学文教育学部グローバル文化学環　2014.2　128p　26cm　（陸前高田市「地域研究実習II」報告書　2012年度）Ⓝ369.31

◇陸前高田市東日本大震災検証報告書　陸前高田　陸前高田市　2014.7　125p　30cm　Ⓝ369.31

◇陸前高田市東日本大震災検証報告書　資料編　陸前高田　陸前高田市　2014.7　200p　30cm　Ⓝ369.31

陸前高田市（東日本大震災〔2011〕―被害―写真集）

◇Fragments魂のかけら―東日本大震災の記憶　佐藤慧著　京都　かもがわ出版　2014.3　143p　21cm　Ⓘ978-4-7803-0693-4　Ⓝ369.31　［1700円］

陸前高田市（風俗・習慣）

ライフストーリーから紡ぐ陸前高田の暮らしと文化　［札幌］　札幌大谷大学社会学部学生有志つながろう東北　2014.7　106p　30cm　Ⓝ382.122

リクール, P.〔1913～2005〕

◇ポール・リクール　ジャン・グロンダン著, 杉村靖彦訳　白水社　2014.7　163,3p　18cm　（文庫クセジュ　992）〈文献あり〉Ⓘ978-4-560-50992-0　Ⓝ135.5　［1200円］

リクルートグループ

◇リクルートという幻想　常見陽平著　中央公論新社　2014.9　254p　18cm　（中公新書ラクレ　506）〈文献あり　年表あり〉Ⓘ978-4-12-150506-4　Ⓝ673.93　［800円］

リクルートホールディングス

◇リクルート・イズム―イノベーションを起こした25人の軌跡　経済界特別編集部著　経済界　2014.12　408p　19cm　Ⓘ978-4-7667-4004-2　Ⓝ673.93　［1300円］

理源〔832～909〕

◇神變―聖宝讃仰　［大隅和雄著］　京都　神変社　2014.8　158p　21cm　（『神変』1125号～1150号連載「聖宝理源大師」の抄　共同刊行：醍醐寺）Ⓝ188.52

リサイクル洗びんセンター

◇スタートラインズ―ココマデトココカラ：洗びんセンター20周年のきねんのほん　川村民枝, 黒澤英明執筆・編集　昭島　きょうされん　2014.9　239p　21cm　（萌文社（発売））Ⓘ978-4-89491-278-6　Ⓝ369.5　［1111円］

リシャール・ミル

◇プロフェッショナル・コンセプター―RICHARD MILLE：1億4000万円の腕時計を作るという必然　川上康介著　幻冬舎　2014.12　167p　図版16p　19cm　Ⓘ978-4-344-02699-5　Ⓝ535.2　［1200円］

利尻島

△北海道山の花図鑑　利尻島・礼文島　梅沢俊著　新版　札幌　北海道新聞社　2014.6　231p　19cm　〈文献あり　索引あり〉Ⓘ978-4-89453-740-8　Ⓝ477.038　［2000円］

リーチ, B.〔1887～1979〕

◇柳宗悦とバーナード・リーチ往復書簡―日本民藝館資料集　柳宗悦, バーナード・リーチ［著］, 岡村美穂子, 鈴木禎宏監修, 日本民藝館学芸部編　日本民藝館　2014.7　431p　21cm（英語併載）Ⓝ289.1

リチャーズ, E.H.〔1842～1911〕

◇アメリカ最初の女性化学者エレン・リチャーズ―レイク・プラシッドに輝く星　E.M.ダウティー著, 住田和子, 鈴木哲也共訳　ドメス出版　2014.5　226,8p　21cm〈文献あり　年譜あり〉Ⓘ978-4-8107-0806-6　Ⓝ289.3　［2400円］

リチャーズ, K.〔1943～ 〕

◇キース・リチャーズ、かく語りき―INTERVIEWS AND ENCOUNTERS　キース・リチャーズ［述］, ショーン・イーガン編, 富原まさ江, 安齋奈津子, 難波道明, 大田黒奉之訳　音楽専科社　2014.2　267p　23cm　Ⓘ978-4-87279-266-9　Ⓝ767.8　［2200円］

◇ミック・ジャガー＆キース・リチャーズ―パーフェクト・スタイル・オブ・ミック・＆キース　メディアパル編　メディアパル　2014.6　127p　23cm　（Mediapal Books）〈文献あり〉Ⓘ978-4-89610-148-5　Ⓝ767.8　［1750円］

李朝〔朝鮮〕（王室―歴史）

◇ここまで知りたい！朝鮮王朝　康熙奉監修　収穫社　2013.6　213p　18cm〈年表あり〉Ⓘ978-4-906787-02-9　Ⓝ288.4921　［800円］

李朝〔朝鮮〕（外国関係―日本―歴史）

◇真実の朝鮮史―663-1868　宮脇淳子, 倉山満著　ビジネス社　2014.8　253p　20cm〈文献あり〉Ⓘ978-4-8284-1767-7　Ⓝ319.1021　［1600円］

李朝〔朝鮮〕（儀式典例―歴史）

◇朝鮮王朝儀軌―儒教的国家儀礼の記録　韓永愚著, 岩方久彦訳　明石書店　2014.4　878p　図版77p　22cm〈文献あり　索引あり〉Ⓘ978-4-7503-4000-5　Ⓝ221.05　［15000円］

李朝〔朝鮮〕（公文書―歴史）

◇朝鮮中近世の公文書と国家―変革期の任命文書をめぐって　川西裕也著　福岡　九州大学出版会　2014.3　255,13p　22cm　（九州大学人文学叢書　5）〈文献あり　索引あり　布装　内容：『頤斎乱藁』辛丑日暦所載の高麗事元期から朝鮮初期の古文書　高麗事元期から朝鮮初期における任命文書体系の再検討　朝鮮初期における官教の体式の変遷　事元以後における高麗の元任命箚付の受容　朝鮮初期における文武官妻封爵の規定と封爵文書体式の変遷〉Ⓘ978-4-7985-0122-2　Ⓝ221.04　［3800円］

李朝〔朝鮮〕（女性―歴史―伝記）

◇悪女たちの朝鮮王朝―国を作るのは男より女！：野望を持った女たちの逆襲　康熙奉著　双葉社　2014.6　199p　18cm〈作品目録あり　年表あり〉Ⓘ978-4-575-30682-8　Ⓝ282.1　［900円］

李朝〔朝鮮〕（中国語教育―歴史）

◇朝鮮時代の中国語学習教材研究　梁伍鎮著, 金京淑訳　オークラ情報サービス　2014.4　454p　24cm〈文献あり　内容：訳官制度と中国語学習教材　訳官選抜用の出願書とその評価方法　初期の漢学書における言語　蒙文直訳体の漢語　『老朴集覧』と元代の漢語　吏文の性格と吏文輯覧　『吏学指南』の言語　『至正条格』の言語　『老乞大』の諸刊本とその言語『朴通事』の諸刊本とその言語　『原本老乞大』の言語　『老乞大』・『朴通事』の文化史的な価値　直解類の漢学書の種類とその言語　『孝経直解』の刊本とその言語　中国語の辞典類　外国語の辞典類　多言語の辞典類〉Ⓘ978-4-86307-004-2　Ⓝ820.7　［3500円］

李朝〔朝鮮〕（朝鮮語―語彙―歴史）

◇『馬經諺解』語彙研究―17世紀近代朝鮮語の語彙の宝庫　高明均著　吹田　関西大学出版部　2014.12　235p　22cm〈文献あり〉Ⓘ978-4-87354-590-5　Ⓝ829.14　［3000円］

李朝〔朝鮮〕（美術―歴史―図集）

◇早稲田のなかの韓国美術―한국미술　早稲田大學會津八一記念博物館編　早稲田大學會津八一記念博物館　2014.9　46p　30cm〈会期：2014年9月26日～11月3日〉Ⓝ702.21

李朝〔朝鮮〕（歴史）

◇韓国がタブーにする日韓併合の真実　崔基鎬著　ビジネス社　2014.1　245p　18cm〈『日韓併合の真実』（2003年刊）の改題〉Ⓘ978-4-8284-1739-4　Ⓝ221.05　［1100円］

六花寮

◇友よ語らむ繚乱の―新潟・西大畑六花寮の青春　野尻守利著　新潟　考古堂書店　2014.4　235p　19cm〈文献あり〉Ⓘ978-4-87499-816-8　Ⓝ377.9　［1500円］

立石寺〔山形市〕

◇祈りの山寺―宝珠山立石寺境内名勝・史跡案内：天台宗宝珠山阿所川院立石寺　清原正田監修, 新関孝夫, 遠藤正悦編　［山形］　山寺観光協会　2014.6　69p　21cm〈和装〉Ⓝ188.45　［1000円］

立正大学

◇大学アドミニストレーターの挑戦―立正大学に懸けた男の軌跡　北尾義昭著　東洋書店　2014.2　257p　20cm　Ⓘ978-4-86459-128-7　Ⓝ377.21　［1800円］

日本件名図書目録2014 Ⅰ　　　　　　　　　　　　　　　　　　　　　　　　　　　　　　　　琉球列島

リッツ・カールトン
◇スターバックスのライバルは、リッツ・カールトンである。―本当のホスピタリティの話をしよう　岩田松雄, 高野登著　KADOKAWA　2014.2　221p　19cm　①978-4-04-110695-2　Ⓝ673　[1400円]
◇リッツ・カールトン「型」から入る仕事術　高野登著　中央公論新社　2014.3　173p　18cm　（中公新書ラクレ 488）①978-4-12-150488-3　Ⓝ689.8　[760円]

リット, T.〔1880～1962〕
◇政治教育と民主主義―リット政治教育思想の研究　宮野安治著　知泉書館　2014.10　197p　23cm　〈索引あり　内容：「民主主義の哲学と教育学」への道　文化教育学における「ナショナリズム」問題　ヴァイマル期の公民教育論　ナチズムとの対決　ドイツ精神とキリスト教　国家暴力と道徳　民主主義と政治教育　共産主義と自由の問題　「民主主義の哲学と教育学」からの道〉①978-4-86285-197-0　Ⓝ371.234　[3800円]

栗東市（遺跡・遺物）
◇岩畑遺跡発掘調査報告書　平成23年度 1次調査　栗東市教育委員会, 栗東市体育協会文化財調査課編　栗東　栗東市教育委員会　2013.6　10p　30cm　（栗東市文化財調査報告書 第68冊）〈共同刊行：栗東市体育協会文化財調査課〉Ⓝ210.0254
◇岩畑遺跡発掘調査報告書　平成24年度 2次調査　栗東市教育委員会文化体育振興課, 栗東市体育協会文化財調査課編　栗東　栗東市教育委員会文化体育振興課　2013.8　11p　30cm　（栗東市文化財調査報告書 第73冊）〈共同刊行：栗東市体育協会文化財調査課〉Ⓝ210.0254
◇下鈎遺跡発掘調査報告書　平成24年度 2次調査　栗東市教育委員会, 栗東市体育協会文化財調査課編　栗東　栗東市教育委員会　2013.12　16p　30cm　（栗東市文化財調査報告書 第74冊）〈共同刊行：栗東市体育協会文化財調査課〉Ⓝ210.0254
◇下鈎遺跡発掘調査報告書　平成25年度 1次調査　栗東市教育委員会, 栗東市体育協会文化財調査課編　栗東　栗東市教育委員会　2014.2　16p　30cm　（栗東市文化財調査報告書 第76冊）〈共同刊行：栗東市体育協会文化財調査課〉Ⓝ210.0254
◇手原遺跡発掘調査報告書　平成24年度 1次調査　栗東市教育委員会, 栗東市体育協会文化財調査課編　栗東　栗東市教育委員会　2013.3　20p　30cm　（栗東市文化財調査報告書 第69冊）〈共同刊行：栗東市体育協会文化財調査課〉Ⓝ210.0254

立命館大学
◇立命館の再生を願って　続　鈴木元著　風濤社　2014.6　337p　19cm　〈文献あり〉①978-4-89219-381-1　Ⓝ377.21　[1600円]

立命館大学産業社会学部
◇学業・コミュニケーション・就職活動から見る現在の産社―立命館大学産業社会学部社会調査士課程15期生SBクラス調査報告書：社会調査報告書　立命館大学産業社会学部社会調査士課程15期生SBクラス編　京都　立命館大学産業社会学部社会調査士課程運営委員会　2013.3　148p　30cm　〈文献あり　執筆：鬼頭良典ほか〉Ⓝ377.9

立命館大学文学部地理学教室
◇地理学教室80年史―1984-2014　立命館大学文学部地理学教室編　京都　立命館大学文学部地理学教室　2014.11　86p　26cm　〈年表あり〉Ⓝ377.28

リトアニア（キリスト教―歴史―16世紀）
◇ワルシャワ連盟協約〈1573年〉　小山哲著　東洋書店　2013.12　89p　21cm　（ポーランド史史料叢書 2）〈文献あり　年表あり〉①978-4-86459-163-8　Ⓝ192.349　[1500円]

リトルジーニアス
◇「奇跡の進学塾」リトルジーニアスの挑戦　仲戸川智著　論創社　2014.2　172p　20cm　①978-4-8460-1310-3　Ⓝ376.8　[1500円]

リバネス
◇世界を変えるビジネスは、たった1人の「熱」から生まれる。―科学者集団リバネスのイノベーションを起こすしくみ　丸幸弘著　日本実業出版社　2014.2　206p　19cm　①978-4-534-05158-5　Ⓝ407　[1500円]

リビアス
◇床屋を企業に変えた小さな店を出し続ける戦略―多店舗展開が最も難しい理美容業界で500店舗を目指す！　大西昌宏著　現代書林　2014.5　190p　19cm　①978-4-7745-1465-9　Ⓝ673.96　[1300円]

リヒテル, S.〔1915～1997〕
◇リヒテルは語る　リヒテル［述］, ユーリー・ポリソフ著, 宮澤淳一訳　筑摩書房　2014.3　373,26p　15cm　（ちくま学芸文庫　リ8-1）〈索引あり　音楽之友社 2003年刊の再刊〉①978-4-480-09614-2　Ⓝ762.38　[1400円]

リービヒ, J.〔1803～1873〕
◇農学の思想―マルクスとリービヒ　椎名重明著　増補新装版　東京大学出版会　2014.9　296p　19cm　（UPコレクション）①978-4-13-006525-2　Ⓝ610.12　[3600円]

リベルタ
◇女性社員にまかせたら、ヒット商品できちゃった―ベビーフット、ミリオンセラーの秘密　中島隆著　あさ出版　2014.6　220p　19cm　①978-4-86063-668-5　Ⓝ673.78　[1400円]

リーマン・ブラザーズ
◇リーマン・ショック・コンフィデンシャル　上　追いつめられた金融エリートたち　アンドリュー・ロス・ソーキン著, 加賀山卓朗訳　早川書房　2014.2　476p　16cm　（ハヤカワ文庫 NF 401）①978-4-15-050401-4　Ⓝ338.253　[940円]
◇リーマン・ショック・コンフィデンシャル　下　倒れゆくウォール街の巨人　アンドリュー・ロス・ソーキン著, 加賀山卓朗訳　早川書房　2014.2　462p　16cm　（ハヤカワ文庫 NF 402）〈文献あり〉①978-4-15-050402-1　Ⓝ338.253　[940円]

柳 景子〔1953～ 〕
◇お父さん、今どこにいますか？―ある在日韓国人一家、姉弟からのメッセージ　柳景子著　京都　ライティング　2014.9　198p　19cm　〈星雲社（発売）〉①978-4-434-19687-4　Ⓝ289.1　[1000円]

柳 宗元〔773～819〕
◇柳宗元古文注釈―説・伝・騒・弔　竹田晃編　新典社　2014.3　510p　22cm　（新典社注釈叢書 23）〈文献あり　年譜あり〉①978-4-7879-1523-8　Ⓝ921.43　[15800円]

竜王町（滋賀県）（遺跡・遺物）
◇竜王町埋蔵文化財発掘調査資料集 3　三ッ山古墳群・町史編纂資料編　竜王町教育委員会編　竜王町（滋賀県）竜王町教育委員会　2014.3　55p　30cm　（竜王町文化財資料集 第3集）Ⓝ210.0254

竜角寺（千葉県栄町）
◇龍のきた道―下総龍角寺・龍腹寺・龍尾寺縁起集成　五十嵐行男著　印西　北総ふるさと文庫　2014.5　112p　21cm　Ⓝ188.45　[500円]

琉球（統計）
◇琉球統計年鑑　第7巻　第10回1965年　琉球政府企画局統計庁分析普及課編集　復刻版　不二出版　2014.2　513p　27cm　〈琉球政府企画局統計庁 1967年刊の複製　布装〉①978-4-8350-7402-3　Ⓝ351.99　[21000円]
◇琉球統計年鑑　第8巻　第11回1966年　琉球政府企画局統計庁分析普及課編集　復刻版　不二出版　2014.2　505p　27cm　〈琉球政府企画局統計庁 1968年刊の複製　布装〉①978-4-8350-7403-0　Ⓝ351.99　[21000円]
◇琉球統計年鑑　第9巻　第12回1967年　琉球政府企画局統計庁分析普及課編集　復刻版　不二出版　2014.2　505p　27cm　〈「沖縄統計年鑑」（琉球政府 1969年刊）の複製　布装〉①978-4-8350-7404-7　Ⓝ351.99　[21000円]
◇琉球統計年鑑　第10巻　第13回1968年　企画局統計庁分析普及課編集　復刻版　不二出版　2014.2　495p　27cm　〈「沖縄統計年鑑」（琉球政府企画局統計庁 1970年刊）の複製　布装〉①978-4-8350-7405-4　Ⓝ351.99　[21000円]
◇琉球統計年鑑　第11巻　第14回1969年　企画局統計庁分析普及課編集　復刻版　不二出版　2014.6　393p　27cm　〈「沖縄統計年鑑」（琉球政府企画局統計庁 1971年刊）の複製　布装〉①978-4-8350-7407-8　Ⓝ351.99　[21000円]
◇琉球統計年鑑　第12巻　第15回1970年　企画局統計庁分析普及課編集　復刻版　不二出版　2014.6　275p　27cm　〈「沖縄統計年鑑」（琉球政府企画局統計庁 1972年刊）の複製　布装〉①978-4-8350-7408-5　Ⓝ351.99　[21000円]
◇琉球統計年鑑　第13巻　第16回昭和46年版　沖縄県企画部統計課編集　復刻版　不二出版　2014.6　400p　27cm　〈「沖縄統計年鑑」（沖縄県企画部統計課 1973年刊）の複製　布装〉①978-4-8350-7409-2　Ⓝ351.99　[21000円]
◇琉球統計年鑑　第14巻　第17回昭和47年版　沖縄県統計協会編集　復刻版　不二出版　2014.6　330p　27cm　〈「沖縄統計年鑑」（沖縄県統計協会 1974年刊）の複製　布装〉①978-4-8350-7410-8　Ⓝ351.99　[21000円]

琉球列島
◇琉球列島先史・原ife時代の環境と文化の変遷　高宮広土, 新里貴之編　六一書房　2014.3　305p　30cm　（琉球列島先史・

龍谷大学社会学部

原史時代における環境と文化の変遷に関する実証的研究研究
論文集 第2集〉〈文献あり　内容：環境と文化の変遷　内湾堆
積物に記録された過去約2000年間の沖縄諸島環境史（山田和芳
ほか著）　琉球列島のサンゴ礁形成成過程（菅浩伸著）　更新世の
琉球列島における動物とヒトとのかかわり（藤田祐樹著）　先
史時代琉球列島へのイノシシ・ブタの導入（高橋遼平著）　貝
類遺体からみた沖縄諸島の環境変化と文化変化（黒住耐二著）
脊椎動物遺体からみた琉球列島の環境変化と文化変化（樋泉岳
二著）　沖縄諸島の遺跡出土魚骨の分類群組成にみる「特異
的」傾向（菅原広史著）　植物遺体からみた琉球列島の環境変
化（上田圭一著）　貝塚時代におけるオキナワウラジロガシ果
実の利用について（田里一寿著）　琉球列島先史・原史時代に
おける植物食利用（高宮広土、千田寛之著）　琉球列島における
先史時代の崖葬墓（片桐千亜紀著）　周辺地域との比較　大隅
諸島の先史文化にみられる生業の特徴と変遷（石堂和博著）
喜界島の様相（澄田直敏著）　先島諸島における先史時代のヒ
トと生態史（マーク・ハドソン著）　近世琉球・奄美における
災害の頻発と機構変動問題（山田浩世著）　Column奄美のシ
マ（集落）の自然観（中山清美著）　ミクロネシアの古環境研究
と人間居住（印東道子著）　バンクス諸島の「山」と「海」（野
嶋洋子著）　ウォーラシア海域からみた琉球列島における先史
人類の移住と海洋適応（小野林太郎著）　Column Human-
Environmental interrelations in the prehistory of
the Caribbean islands(Scott M.Fitzpatrick著)
Column Overview of recent archaeological and
historical ecological research on California's Channel
Islands,USA (Torben Rick著)　メソアメリカの自然環境と
文化変化（青山和夫著）　アンデス文明の盛衰と環境変化（坂
井正人著）〉①978-4-86445-044-7,978-4-86445-042-3(set)
Ⓝ219.9

◇琉球列島の土器・石器・貝製品・骨製品文化　新里貴之, 高宮
広土編　六一書房　2014.3　311p　30cm　（琉球列島先史・
原史時代における環境と文化の変遷に関する実証的研究研究
論文集 第1集〉〈文献あり　内容：土器文化　土器出現期を
めぐる問題（前1期）旧石器時代から貝塚時代へ（山崎真治著）
ヤブチ式前後の土器相について（伊藤圭著）　九州縄文時代中
期土器群と在地土器群（前2期）　貝塚時代前2期の土器編年に
ついて（横尾昌樹著）　琉球列島の九州縄文時代中期土器群に
ついて（相美伊久雄著）　奄美・沖縄共通の土器群：いわゆる
「奄美系」土器群をめぐって（前3期～前4期前半）　面縄前庭様
式の研究（堂込秀人著）　いわゆる奄美諸島の土器様相
（新里亮人著）　奄美・沖縄の土器群分立（前4期後半～前5期前
半）　点刻線文系土器群について（崎原恒寿著）　室川式・室
川上層式および関連土器群の再検討（瀬戸哲也著）　在地土器
群と九州弥生・古墳時代土器文化の関わり（前5期後半～後1
期）　奄美諸島における前5期の土器について（森田太樹著）
沖縄諸島の肥厚口縁土器、無文尖底系土器（玉榮飛道著）　奄
美諸島・貝塚時代後1期の土器文化（新里貴之, 北野堪重郎著）
貝塚時代前1期・沖縄諸島の土器動態（安座間充著）　沖縄諸島
文化の終焉過程（後2期：くびれ平底式）　奄美諸島における兼
久式土器について（鼎丈太郎著）　先史土器文化の終焉過程
（小橋川剛著）　窯業技術の導入と原史土器文化との関わり（グ
スク時代）　貿易陶磁出現期の琉球列島における土器文化（宮
城弘樹著）　グスク土器の変遷（具志堅亮著）　先史時代から
グスク時代へ（新里亮人著）　先史から原史土器の年代的問題
放射性炭素年代から見た琉球列島の時期区分
の現状と課題（名島弥生著）　石器・貝製品・骨製品文化　琉
球列島の石器・石器石材（大堀皓平著）　先史琉球列島におけ
る貝製品の変化と画期（山野ケン陽次郎著）　貝塚時代骨製品
の出土状況（久貝弥嗣著）①978-4-86445-043-0,978-4-86445-
042-3(set)　Ⓝ219.9

龍谷大学社会学部
◇コミュニティリーダーを育てる　龍谷大学社会学部コミュニ
ティマネジメント学科編　京都　晃洋書房　2014.3　265p
21cm　①978-4-7710-2542-4　Ⓝ361.98　[2000円]

龍谷大学大学院経営学研究科
◇龍谷大学経営学研究科三十年史　龍谷大学経営学研究科三十
年史刊行委員会企画・編集　京都　龍谷大学経営学研究科
2014.9　213p　22cm　〈年表あり〉　Ⓝ377.28

龍樹
◇中論註『正理の海』―全訳　ツォンカパ［著］, クンチョック・
シタル, 奥山裕利訳　浦安　起心書房　2014.3　876p　22cm
①978-4-907022-06-8　Ⓝ183.93　[16000円]

竜尾寺〔匝瑳市〕
◇龍のきた道―下総國龍角寺・龍腹寺・龍尾寺縁起集成　五十嵐
行男著　印西　北総ふるさと文庫　2014.5　112p　21cm
Ⓝ188.45　[500円]

竜腹寺〔印西市〕
◇龍のきた道―下総國龍角寺・龍腹寺・龍尾寺縁起集成　五十嵐
行男著　印西　北総ふるさと文庫　2014.5　112p　21cm
Ⓝ188.45　[500円]

リューベ株式会社
◇バイク、四輪、貿易、リューベ―わたしの事業家人生とリュー
ベ　堀越辰五郎著　文藝春秋企画出版部（制作）　2014.10
221p　20cm　〈年表あり〉　Ⓝ531.8

遼〔中国〕〔歴史〕
◇契丹国―遊牧の民キタイの王朝　島田正郎著　新装版　東方
書店　2014.12　245p　19cm　（東方選書 47）〈文献あり　著
作目録あり　年譜あり　年表あり　内容：キタイ〈契丹・遼〉国
の興亡　キタイ〈契丹・遼〉国の制度と社会　悲劇の王、倍〉
①978-4-497-21419-5　Ⓝ222.052　[2000円]

良寛〔1758～1831〕
◇今だからこそ、良寛　樋口強著　新潟　考古堂書店　2014.3
185p　19cm　〈文献あり〉①978-4-87499-814-4　Ⓝ188.82
[1400円]

◇宇宙時代の良寛再説―ホワイトヘッド風神学と共に　延原時
行著　新潟　考古堂書店　2014.2　270p　19cm　〈内容：プレ
リュード―無će論　論評―ボブ・メッシリー著『プロセス神学
への道案内―共経験主義の見地から』に因んで　愛、力、およ
び礼拝について　神の愛と我々の苦しみについて　愛、力、お
よび関係性について　自由、時間、および神の力について　時
間について　経験の世界について　神は世界の中でどのよう
に行動するのかについて　三究極者と「Creativityの謎」を
巡って　「四人の対話」から　宇宙時代の良寛・再説〉①978-
4-87499-813-7　Ⓝ188.82　[2200円]

◇校注良寛全歌集　良寛［著］, 谷川敏朗著　新装版　春秋社
2014.5　460,18p　20cm　〈文献あり　年譜あり　索引あり〉
①978-4-393-43445-1　Ⓝ911.158　[5000円]

◇校注良寛全句集　良寛［著］, 谷川敏朗著　新装版　春秋社
2014.5　280,4p　20cm　〈文献あり　年譜あり　索引あり〉
①978-4-393-43444-4　Ⓝ911.35　[2500円]

◇校注良寛全詩集　良寛［著］, 谷川敏朗著　新装版　春秋社
2014.5　526p　20cm　〈文献あり　年譜あり　索引あり〉①978-
4-393-43446-8　Ⓝ919.5　[5500円]

◇念仏に生きた金子みすゞと良寛　姫路龍正著　京都　探究社
2013.2　126p　19cm　〈「金子みすゞの詩情の底に流れる慈悲」
の改訂〉①978-4-88483-917-8　Ⓝ188.74　[2000円]

◇布留散東の良寛　大沢桂二郎著　川越　菊谷文庫　2013.12
403p　20cm　〈文献あり　年譜あり〉①978-4-907221-06-5
Ⓝ188.82　[1650円]

◇良寛を歩き良寛に学ぶ　前田喜春［著］　［村上］　［前田喜
春］　[2014]　188p　26cm　〈文献あり　年譜あり〉Ⓝ188.82

◇良寛は世界一美しい心を持つ菩薩だった　本間明著　新潟
考古堂書店　2014.5　294p　21cm　〈文献あり　年譜あり　索引
あり〉①978-4-87499-815-1　Ⓝ188.82　[2000円]

遼寧省〔教育―歴史〕
◇1931年以前の遼東半島における中国人教育の研究―日本支配
下の教育事業の真相を問う　李潤沢著　日本僑報社　2014.3
178p　22cm　〈内容：日本軍政署による中国人教育の模索
〈1902-1906年〉「準備期」における中国人教育をめぐる中日対
立〈1907-1908年〉満鉄の創設と中国人教育事業への介入
〈1909―1914年〉満鉄による中国人教育の発展と特徴〈1915-
1923年〉教育権回収運動期における中国人教育の転換〈1924-
1926年〉「9.18事変」勃発前の中国人教育〈1926-1931年〉関
東州における中国人教育の形成と発展〈1903-1921年〉中国人
による教育施設の発展と日本側の対応〈1922-1931年〉日本に
よる中国人教育はどのように考えられるべきか〉①978-4-
86185-161-2　Ⓝ372.2257　[3800円]

遼寧省〔歴史〕
◇明代遼東と朝鮮　荷見守義著　汲古書院　2014.5　437,14p
22cm　（汲古叢書 113）〈索引あり〉①978-4-7629-6012-3
Ⓝ222.058　[12000円]

良品計画
◇無印良品の、人の育て方―"いいサラリーマン"は、会社を減ぼ
す　松井忠三著　KADOKAWA　2014.7　221p　19cm
①978-4-04-101520-9　Ⓝ673.868　[1300円]

了輪 隆
◇木漏れ日の人生　外伝　教育委員会とのかかわり　了輪隆著
札幌　旭図書刊行センター　2014.1　87p　19cm　〈年表あり〉
①978-4-86111-123-5　Ⓝ373.2　[1300円]

呂后〔　～180B.C. 漢〕
◇呂太后期の権力構造―前漢初期「諸呂の乱」を手がかりに　郭
茵著　福岡　九州大学出版会　2014.3　232p　22cm　〈文献あ

り 年譜あり 索引あり〉①978-4-7985-0123-9 Ⓝ222.042
［3600円］

旅日福建同郷懇親会
◇旅日福建同郷懇親会半世紀の歩み 神戸 旅日福建同郷懇親会半世紀の歩み編集委員会 2013.10 520p 31cm〈年表あり〉Ⓝ065

リルケ, R.M.〔1875～1926〕
◇リルケの詩の現象学的構造 ケーテ・ハンブルガー著, 植和田光晴訳 大阪 せせらぎ出版 2014.11 184p 22cm ①978-4-88416-234-4 Ⓝ941.7 ［2500円］

リンガー〔家〕
◇リンガー、池上＆長崎英国領事館―長崎幕末渡来の静かなる英国人：日本・スイス国交樹立150周年の節目に 岸川俊明著 熊本 RIS 2014.8 446p 19cm〈文献あり 日本・スイス国交樹立150周年記念事業〉①978-4-9907687-0-6 Ⓝ288.3 ［2800円］

リンネ, C.v.〔1707～1778〕
◇カール・フォン・リンネの地域誌―『スコーネ旅行』に描かれた自然・経済・文化 塚田秀雄訳著 古今書院 2014.5 605, 18p 22cm〈文献あり 索引あり〉①978-4-7722-9005-0 Ⓝ293.893 ［6000円］

リンプロダクツ
◇LINN―The Learning Journey to Make Better Sound ステレオサウンド 2014.12 134p 29cm〈年譜あり 本文は日本語〉①978-4-88073-345-6 Ⓝ547.33 ［3800円］

【 る 】

ルイジアナ州（災害復興―ニューオーリンズ）
◇災害とレジリエンス―ニューオリンズの人々はハリケーン・カトリーナの衝撃をどう乗り越えたのか トム・ウッテン著, 保科京子訳 明石書店 2014.7 395p 20cm〈年表あり〉①978-4-7503-4050-0 Ⓝ369.33 ［2800円］

ルイジアナ州（地域社会―ニューオーリンズ）
◇災害とレジリエンス―ニューオリンズの人々はハリケーン・カトリーナの衝撃をどう乗り越えたのか トム・ウッテン著, 保科京子訳 明石書店 2014.7 395p 20cm〈年表あり〉①978-4-7503-4050-0 Ⓝ369.33 ［2800円］

ルイ・ヴィトン社
◇ルイ・ヴィトンシティバッグナチュラル・ヒストリー ジャン＝クロード・コフマン, イアン・ルナ, フロランス・ミュラー, 西谷真理子, コロンブ・プリングル, ディヤン・スジック著 グラフィック社 2014.12 397p 32cm ①978-4-7661-2637-2 Ⓝ589.27 ［8800円］

ルカーチ, G.〔1885～1971〕
◇初期ルカーチ政治思想の形成―文化・形式・政治 西永亮著 小樽 小樽商科大学出版会 2014.3 202,19p 22cm〈紀伊國屋書店（発売）文献あり 著作目録あり 索引あり〉①978-4-87738-442-5 Ⓝ139.3 ［1800円］

ルクセンブルク, R.〔1870～1919〕
◇歴史に生きるローザ・ルクセンブルク―東京・ベルリン・モスクワ・パリー国際会議の記録 伊藤成彦編著 社会評論社 2014.9 369p 21cm〈内容：ローザ・ルクセンブルクの「遺体論争」(伊藤成彦著) ローザ・ルクセンブルク（ミハイル・R・クレトキン著, 有澤秀雄訳） ブラジルから見たローザ・ルクセンブルクの現在性（イザベル・ロウレイロ著, 有澤秀雄訳） コメント（松岡利道著） 中国におけるローザ・ルクセンブルク研究の現状（王学東著, 田中祥之訳） ローザ・ルクセンブルクの民主主義概念（パブロ・スラーヴィン著, 有澤秀雄訳） 社会主義をヘゲモニーとして理解する（ソブハンラル・ダッタ・グプタ,Сергей・Сергей著） ローザ・ルクセンブルクとレーニン（ウラ・プレナー著, 伊藤成彦訳） ローザ・ルクセンブルクは1905-1906年のロシア革命以前に独自の革命のイメージを持っていたか？（ターニャ・ストロッケン著, ギラ・クロー, 石川康子訳） 軍国主義と資本主義（ジョルジ・シェル著, 星野中訳） ローザ・ルクセンブルク『資本蓄積論』と中国（何萍著, 星野中訳） 古典的帝国主義論における中国と日本（フリッツ・ヴェーバー著, 保住敏彦訳） ローザ・ルクセンブルクはマルクス主義と社会主義をどう見たのか（周尚文, 張自栄著, 太田仁樹訳） マルクス主義：民族主義の挑戦にどう対応したのか？（趙凱栄著, 太田仁樹訳） もうひとつのルクセンブルク主義は可能だ（ウィリアム A.ペルツ著, 伊藤成彦訳） ローザ・ルクセンブルクの観点から見る公共圏再考（コルネリア・ハウ

ザー, グンドゥラ・ルードヴィッヒ著, 森山あゆみ訳） ローザ・ルクセンブルクについての北京でのアンケート調査（張文紅著, 田中祥之訳） 社会主義政党のブルジョア政府との連立政権（テオドール・ベルクマン著, 長谷川曾乃江訳） ローザ・ルクセンブルクの書簡と評論（ズブホラーニャン・ダスグプタ著, 長谷川曾乃江訳） ローザ・ルクセンブルク、ドイツ古典哲学の遺産と社会・政治理論の根本的方法論の諸問題（ドガン・ゲチメン著, 伊藤成彦訳） ローザ・ルクセンブルクの思想のアクチュアリティ（伊藤成彦ほか述） ローザ・ルクセンブルクの思想的遺産の価値（フェリクス・ティフ述, 伊藤成彦訳） 1919年11月、ドイツ11月革命の中でのローザ・ルクセンブルク〈1918年9月―1919年1月〉（オトカール・ルーバン述, 伊藤成彦訳） ローザ・ルクセンブルクの社会主義（伊藤成彦述） ローザ・ルクセンブルクと21世紀のロシア（セルゲイ・クレティニン述, 伊藤成彦訳） ローザ・ルクセンブルクの文学的・歴史的遺産における自由の理念（タチヤナ・エフドキモーヴァ述, 伊藤成彦訳）〉①978-4-7845-1523-3 Ⓝ309.334 ［2700円］

ル・コルビュジエ〔1887～1965〕
◇ル・コルビュジエ生政治としてのユルバニスム 八束はじめ著 青土社 2014.1 412p 20cm ①978-4-7917-6755-7 Ⓝ523.35 ［2800円］
◇ル・コルビュジエ読本 エーディーエー・エディタ・トーキョー 2014.3 379p 21cm〈内容：吉阪隆正経由、コルビュジエの実像（鈴木恂述、山口真聞き手） 最先端の環境に人間像を映し出す鏡（入江経一述、山口真聞き手） コルビュジエの住宅における形式と感覚（青木淳述、杉田義一文） 建築空間の画材（林美佐述、山口真聞き手） 白の絶対性と風景の誘惑（千代章一郎著） コルビュジエの住宅は〈茶碗〉である（隈研吾述、杉田義一聞き手） 著述家としての建築家（井上章一著） 偉大さが分からなかったワケ（鈴木了二述、山口真文責） ユニテ・ダビタシオン、マルセイユ、ベルリン："良心"の声に従え（吉阪隆正述） ニューモードに誘うクルチェエット邸（平田晃久述、杉田義一文責） 環境時代のル・コルビュジエ（髙間三郎著） コルビュジエの住宅の「パース性」と「アクソメ性」（米田明述、杉田義一聞き手） デュボワとプルーヴェ、二人のエンジニア（佐々木睦朗述、杉田義一聞き手） 生々しい喜びに満ちた人間像（伊東豊雄述、杉田義一聞き手） 終わりであり、始まりである（磯崎新述、二川由夫聞き手） 建築をつくることにとっての原点の大切さ（槇文彦述、山口真聞き手） ガラスの箱とロンシャン（原広司述、山口真聞き手） ロンシャンの礼拝堂：建築における真行草（吉阪隆正述） 二一世紀に見えてきたル・コルビュジエ（月尾嘉男述、山口真聞き手） 原理を応用する難しさ（隈研吾述、二川由夫聞き手） ラ・トゥーレットの修道院：海のエロス（磯崎新述） 二重焦点の都市計画（隈研吾述、二川由夫聞き手） 都市デザインの行方（横山禎徳述、山口真聞き手） チャンディガールからハイパー・シティへ（磯崎新述、二川幸夫聞き手） チャンディガール：ル・コルビュジエの仕事ぶりを通じて思うこと（吉阪隆正述）〉①978-4-87140-686-4 Ⓝ523.35 ［2400円］

留守〔家〕
◇近世留守家文書 第25集 水沢古文書研究会編 ［奥州］ 奥州市立水沢図書館 2014.3 230p 26cm Ⓝ212

ルーズベルト, F.D.〔1882～1945〕
◇フランクリン・ローズヴェルト 上 日米開戦への道 ドリス・カーンズ・グッドウィン著, 砂村榮利子, 山下淑美訳 中央公論新社 2014.8 567p 20cm ①978-4-12-004645-2 Ⓝ289.3 ［4200円］
◇フランクリン・ローズヴェルト 下 激戦の果てに ドリス・カーンズ・グッドウィン著, 砂村榮利子, 山下淑美訳 中央公論新社 2014.9 573p 20cm〈索引あり〉①978-4-12-004646-9 Ⓝ289.3 ［4200円］
◇ルーズベルトの開戦責任―大統領が最も恐れた男の証言 ハミルトン・フィッシュ著, 渡辺惣樹訳 草思社 2014.9 357p 20cm〈文献あり 索引あり〉①978-4-7942-2062-2 Ⓝ253.07 ［2700円］

ルソー, H.〔1844～1910〕
◇アンリ・ルソー ドーラ・ヴァリエ著, 五十嵐賢一訳 書肆半日閑 2014.8 315p 22cm〈年譜あり〉①978-4-921152-05-5 Ⓝ723.35 ［3241円］

ルソー, J.-J.〔1712～1778〕
◇ジャン＝ジャック・ルソーの政治哲学―一般意志・人民主権・共和国 ブリュノ・ベルナルディ著, 三浦信孝編, 永見文雄, 川出良枝, 古城毅, 王寺賢太訳・解説 勁草書房 2014.2 206p 22cm〈著作目録あり 年譜あり 内容：現代によみがえるルソー（三浦信孝訳） 啓蒙の異端者ルソー（永見文雄訳） ルソーと共和主義、正しい理解と間違った理解（三浦信孝訳） 『エコノミー・ポリティク論』における〈一般意志〉概念の形成（永見文雄訳） ルソーとともに〈世論〉を再考する（三浦信孝訳）『戦争法の諸原理』と政治体の二重の本性（古城毅, 川

出良枝訳） ジャン・ドブリとルソー（王寺賢太訳） 最期の言葉、『孤独な散歩者の夢想』「第10の散歩」を読む（永見文雄訳）〉①978-4-326-10229-7 ⑱311.235 ［3500円］

◇新堀通也著作集 第2巻 ルソー研究と教育愛 新堀通也著 学術出版会 2014.1 497p 22cm （学術著作集ライブラリー）〈日本図書センター（発売）「ルソー再興」（福村出版 1979年刊）の複製 「教育愛の構造」（福村出版 1971年刊）の複製 内容：ルソー再興 教育愛の構造〉①978-4-284-10404-3,978-4-284-10402-9 (set) ⑱370.8

◇ルソーと近代—ルソーの回帰・ルソーへの回帰：ジャン＝ジャック・ルソー生誕300周年記念国際シンポジウム 永見文雄, 三浦信孝, 川出良枝編 風行社 2014.4 426p 22cm〈作品目録あり 年譜あり 内容：ルソーは我らの同時代人（永見文雄, 三浦信孝著） ルソーは自己充足という古い観念の継承者か？（永見文雄著） スイスの田舎の小村は共生のモデルか？（ジャック・ベルシュトルド著, 越森彦, 斎藤山人訳） リズムと夢想（増田真著） 分離した言表から分離可能な言表へ（ヤニック・セイテ著, 増田真訳） 自伝の策略（越森彦著） 「恋愛」と「家族」のはざまで（小林拓也著） 市民宗教（ギラン・ワーテルロ著, 伊達聖伸訳） 19世紀フランスにおける市民宗教の諸相（伊達聖伸著） 国法理論家としてのルソー、または『社会契約論』副題の意味すること（樋口陽一著） ルソー、革命と共和国（川合清隆著） ルソーと現代共和主義（ジャン＝ファビアン・スピッツ著, 飯田賢穂, 三浦信孝訳） 「連合」構想（川出良枝著） 戦争に関する政治的理論（ブレーズ・バコフェン著, 西川純子訳） ルソーよりさらに遠くに行くロベスピエール（ピエール・セルナ著, 増田真訳） フランス革命と明治維新（鳴子博子著） 日本におけるルソーの受容（小林善彦著） 兆民、ジャン＝ジャックを裁く（渡辺浩著） 兆民を通したルソーの受容（クリスチーヌ・レヴィ著, 坂倉裕治訳） 「人民」と「社会契約」（セリーヌ・ワン著, 坂倉裕治訳） 島崎藤村に見るジャン＝ジャック・ルソー（柏木隆雄訳） 日本における『エミール』の初期翻訳（坂倉裕治著）〉①978-4-86258-082-5 ⑱135.34 ［4600円］

ルソン島

◇技術と身体の民族誌—フィリピン・ルソン島山地民社会に息づく民俗工芸 大西秀之著 昭和堂 2014.3 274,6p 22cm〈文献あり 索引あり 内容：技術をモノ語る苦難と悦楽 技術を語る民族誌の新たな地平 社会に形作られた土器製作者の身体 土器製作者の誕生とジェンダーの再生産 社会的実践としての工芸技術の変容 市場経済による伝統工芸の再生 民族誌から展望する技術研究〉①978-4-8122-1356-8 ⑱382.2481 ［6600円］

ルソン島（太平洋戦争〔1941～1945〕—会戦）

◇「鬼兵団」ルソンに散る—ルソン戦記 「丸」編集部編 潮書房光人社 2014.11 418p 16cm （光人社NF文庫 まN-858）〈光人社 1991年刊の再刊〉①978-4-7698-2858-7 ⑱916 ［880円］

◇激闘ルソン戦記—機関銃中隊の決死行 井口光雄著 潮書房光人社 2014.10 442p 16cm （光人社NF文庫 いN-852）〈文献あり 光人社 2008年刊の再刊〉①978-4-7698-2852-5 ⑱916 ［900円］

◇戦争と外邦図—地図で読むフィリピンの戦い 菊地正浩著 草思社 2014.7 125p 21cm〈文献あり 年表あり〉①978-4-7942-2067-7 ⑱210.75 ［2400円］

◇私の一生 2部 最後の激戦地ルソン島実録戦記 古賀光義著 雲仙 古賀シヅエ ［2014］ p98-169 30cm ⑱916

ルター, M.〔1483～1546〕

◇ルター研究 別冊2号 宗教改革500周年とわたしたち 2 三鷹 ルーテル学院附属ルター研究所 2014.11 197p 22cm〈リトン（発売）〉①978-4-86376-814-7 ⑱198.3234 ［2000円］

◇ルターの言葉—信仰と思索のために W.シュパルン編, 湯川郁子訳 教文館 2014.10 252,5p 19cm ①978-4-7642-6714-5 ⑱198.3234 ［2000円］

ルーヴル美術館

◇ルーヴル美術館の舞台裏—知られざる美の殿堂の歴史 パスカル・ボナフー著, 田中佳訳 西村書店東京出版編集部 2014.3 191p 27cm〈文献あり 写真：ジャン＝ピエール・クーデルク〉①978-4-89013-696-4 ⑱706.9 ［3600円］

ルーマニア（紀行・案内記）

◇ジプシーにようこそ！—旅バカOL、会社卒業を決めた旅 たかのてるこ［著］ 幻冬舎 2013.7 384p 図版8枚 16cm （幻冬舎文庫 た-16-7）〈文献あり 2011年刊の加筆修正〉①978-4-344-42048-9 ⑱293.9109 ［686円］

ルーマニア（経済）

◇ルーマニア ARC国別情勢研究会／編 ARC国別情勢研究会 2014.10 152p 26cm （ARCレポート 2014/15年版）①978-4-907366-22-3 ［12000円］

ルーマニア（詩人）

◇「周縁」のドイツ語文学—ルーマニア領ブコヴィナのユダヤ系ドイツ語詩人たち 藤田恭子著 仙台 東北大学出版会 2014.2 476p 22cm〈文献あり 奥付のタイトル関連情報（誤植）：ルーマニア領ブコヴィナのユダヤ系ドイツ語詩人たち〉①978-4-86163-238-9 ⑱941 ［6600円］

ルーマニア（ロマ）

◇ジプシーにようこそ！—旅バカOL、会社卒業を決めた旅 たかのてるこ［著］ 幻冬舎 2013.7 384p 図版8枚 16cm （幻冬舎文庫 た-16-7）〈文献あり 2011年刊の加筆修正〉①978-4-344-42048-9 ⑱293.9109 ［686円］

ルーマン, N.〔1927～1998〕

◇社会の音響学—ルーマン派システム論から法現象を見る 毛利康俊著 勁草書房 2014.1 328,27p 22cm〈文献あり 索引あり 内容：法現象分析の方法 システムの同定 社会システムと身体と意識 日常世界と法システム 法システムと政治システム 全体社会レベルでの機能分析〉①978-4-326-60262-9 ⑱321.3 ［4200円］

◇ニクラス・ルーマン入門—社会システム理論とは何か クリスティアン・ボルフ著, 庄司信訳 新泉社 2014.5 355p 20cm〈文献あり 索引あり〉①978-4-7877-1406-0 ⑱361 ［2500円］

ルワンダ（ジェノサイド）

◇隣人が殺人者に変わる時 加害者編 ルワンダ・ジェノサイドの証言 ジャン・ハッツフェルド著 西京高校インターアクトクラブ訳 京都 かもがわ出版 2014.4 327p 19cm〈年表あり〉①978-4-7803-0685-9 ⑱316.84555 ［2000円］

ルワンダ（民族問題）

◇隣人が殺人者に変わる時 加害者編 ルワンダ・ジェノサイドの証言 ジャン・ハッツフェルド著 西京高校インターアクトクラブ訳 京都 かもがわ出版 2014.4 327p 19cm〈年表あり〉①978-4-7803-0685-9 ⑱316.84555 ［2000円］

【 れ 】

レアル・マドリード

◇モウリーニョvsレアル・マドリー「三年戦争」—明かされなかったロッカールームの証言 ディエゴ・トーレス著, 木村浩嗣訳 ソル・メディア 2014.2 340p 19cm〈年譜あり〉①978-4-905349-18-1 ⑱783.47 ［1600円］

レイ, マン〔1890～1976〕

◇三條白川橋上る 石原輝雄編著 京都 銀紙書房 2014.10 94p 21cm〈会期・会場：2014年4月28日—5月11日 ギャラリー16〉⑱723.35

霊松院〔1634～1713〕

◇ふるさとは岩手・八戸藩の礎となった母と子—二代藩主南部直政と生母霊松院：岩手県立博物館第65回企画展 岩手県立博物館, 岩手県文化振興事業団編 ［盛岡］ 岩手県立博物館 2014.6 101p 30cm〈年譜あり 会期・会場：2014年6月28日—8月17日 岩手県立博物館 八戸藩三百五十年記念〉⑱289.1

冷泉 為秀〔 ～1372〕

◇冷泉為秀研究 鹿野しのぶ著 新典社 2014.9 540p 22cm （新典社研究叢書 261）〈年譜あり 索引あり 内容：序章 冷泉為秀の事蹟 冷泉為秀の和歌 冷泉為秀による次第書の書写 終章〉①978-4-7879-4261-6 ⑱911.142 ［16000円］

レオナルド・ダ・ヴィンチ〔1452～1519〕

◇精神科医が見たレオナルド・ダ・ヴィンチ 一條貞雄著 第2版 近代文芸社 2014.9 178p 19cm〈文献あり 年表あり〉①978-4-7733-7948-8 ⑱702.37 ［1800円］

◇東京大学総合文化研究科・教養学部美術博物館資料集 5 ユネスコ作成レオナルド・ダ・ヴィンチ複製素描画コレクション 東京大学総合文化研究科・教養学部美術博物館編 東京大学

総合文化研究科・教養学部美術博物館　2014.3　233p　30cm
〈文献あり〉Ⓝ069.7
◇レオナルド・ダ・ヴィンチ―芸術家としての発展の物語　ケネ
ス・クラーク〔著〕，丸山修吉，大河内賢治訳　第2版　新装版
法政大学出版局　2013.11　264,21p　図版32p　20cm　（叢書・
ウニベルシタス 106）〈文献あり　年譜あり　索引あり〉
Ⓘ978-4-588-09972-4　Ⓝ702.37　[3300円]
◇レオナルド・ダ・ヴィンチ論―全三篇　ポール・ヴァレリー
著，恒川邦夫，今井勉訳　平凡社　2013.12　385p　20cm　〈文
献あり　索引あり　内容：レオナルド・ダ・ヴィンチ方法序説
（恒川邦夫，今井勉訳）　注記と余談（恒川邦夫訳）　レオナルド
と哲学者たち（恒川邦夫，今井勉訳）〉Ⓘ978-4-582-28504-8
Ⓝ702.37　[3500円]
◇レオナルドの教え―美術史方法論研究会論集　美術史方法論
研究会編　横浜　金山弘昌　2013.12　157p　22cm　〈ボー
ダーインク（発売）内容：論文編　ガリレオとレオナルド（金
山弘昌著）　ヴァザーリ『美術家列伝』のなかのヴェネツィア
人美術家たち（久保寺紀江）　レオナルド・ダ・ヴィンチの
「青」をめぐって（田辺清著）　レオナルドの《ウィトルウィウ
ス的人間像》解釈（向川惣一著）　レオナルド・ダ・ヴィンチの
《受胎告知》の遠近法（高橋勉著）　セザンヌの神（浅野春男
著）　随想編　バルバラ・ゴンザーガの婚礼（真鍋怜子著）
レオナルドの読者、読者としてのレオナルド（川村真理子著）
東西美術、相互理解と限界（仲田晴之助著）〉Ⓘ978-4-89982-
246-2　Ⓝ702.3　[3800円]

レオニドフ,I.I.〔1902～1959〕
◇天体建築論―レオニドフとソ連邦の紙上建築時代　本田晃子著
東京大学出版会　2014.3　322,21p　図版14p　22cm　〈文献あり
索引あり〉Ⓘ978-4-13-066854-5　Ⓝ523.38　[5800円]

レーガン,R.〔1911～2004〕
◇レーガン、ゴルバチョフ、ブッシュ―冷戦を終結させた指導者
たち　和田修一著　一藝社　2014.9　284p　21cm　〈文献あり
索引あり〉Ⓘ978-4-86359-089-2　Ⓝ319.53038　[2200円]
◇レーガンとサッチャー―新自由主義のリーダーシップ　ニコ
ラス・ワプショット著，久保恵美子訳　新潮社　2014.2
430p　20cm　（新潮選書）〈文献あり　索引あり〉Ⓘ978-4-10-
603742-9　Ⓝ312.53　[1800円]

レゴ社
◇レゴはなぜ世界で愛され続けているのか―最高のブランドを支
えるイノベーション7つの真理　デビッド・C・ロバートソン，
ビル・ブリーン著，黒輪篤嗣訳　日本経済新聞出版社　2014.5
365p　20cm　Ⓘ978-4-532-31936-6　Ⓝ589.77　[1900円]

レジェ,F.〔1881～1955〕
◇フェルナン・レジェ―オブジェと色彩のユートピア：キュビス
ムからフランス人民戦線まで　山本友紀著　横浜　春風社
2014.3　340,8p　22cm　〈文献あり　索引あり〉Ⓘ978-4-86110-
405-3　Ⓝ723.35　[4500円]

レスピナス,J.〔1732～1776〕
◇恋文―パリの名花レスピナス嬢悲話　保坂瑞穂著　筑摩書房
2014.7　413p　20cm　Ⓘ978-4-480-80451-8　Ⓝ289.3　[4400
円]

レソト（社会―歴史―近代）
◇レソト山岳部の社会変動と土地利用変化　松本美予著　［京
都］　松香堂書店　2013.3　189p　24cm　（京都大学アフリカ
研究シリーズ 12）〈文献あり　発行所：京都大学アフリカ地
域研究資料センター〉Ⓘ978-4-87974-673-3　Ⓝ248.9　[2100
円]

レソト（土地利用）
◇レソト山岳部の社会変動と土地利用変化　松本美予著　［京
都］　松香堂書店　2013.3　189p　24cm　（京都大学アフリカ
研究シリーズ 12）〈文献あり　発行所：京都大学アフリカ地
域研究資料センター〉Ⓘ978-4-87974-673-3　Ⓝ248.9　[2100
円]

列子
◇ひねくれ古典『列子』を読む　円満字二郎著　新潮社　2014.7
236p　20cm　（新潮選書）〈文献あり〉Ⓘ978-4-10-603753-5
Ⓝ124.23　[1300円]

レッド・ツェッペリン
◇解読レッド・ツェッペリン　ユリシーズ編　河出書房新社
2014.6　223p　21cm　〈年譜あり〉Ⓘ978-4-309-27500-0
Ⓝ767.8　[2000円]

レッドベター,L.M.〔1938～　〕
◇賃金差別を許さない！―巨大企業に挑んだ私の闘い　リリー・
レッドベター，ラニアー・S.アイソム［著］，中窪裕也訳　岩波

書店　2014.1　295p　20cm　Ⓘ978-4-00-023883-0　Ⓝ289.3
[3300円]

レーナ・マリア〔1968～　〕
◇それでも夢をもって―両腕なき愛のゴスペルシンガー　レー
ナ・マリア著，今村博子訳　いのちのことば社フォレストブッ
クス　2014.4　127p　19cm　（Forest Books）Ⓘ978-4-264-
03136-9　Ⓝ762.3893　[1000円]
◇レーナ・マリア―聖書・ヨハネの福音書〈リビングバイブル〉：
両腕なき愛のゴスペルシンガー　レーナ・マリア［著］　いの
ちのことば社（CS成長センター）　2013.7　85p　15cm
Ⓘ978-4-8206-0319-1　Ⓝ762.3893　[200円]

レーニン,V.I.〔1870～1924〕
◇レーニンの格闘―マルクス主義のロシアへの土着化　北井信
弘著　西田書店　2014.9　302p　20cm　（経済建設論 第2巻）
Ⓘ978-4-88866-585-8　Ⓝ332.38　[2400円]

レニングラード（世界戦争（1939～1945）―会戦）
◇戦火のシンフォニー―レニングラード封鎖345日の真実　ひ
のまどか著　新潮社　2014.3　286p　20cm　〈文献あり〉
Ⓘ978-4-10-335451-2　Ⓝ764.3　[1800円]

レーヴィ,P.〔1919～1987〕
◇プリーモ・レーヴィへの旅―アウシュヴィッツは終わるのか？
徐京植著　新版　京都　晃洋書房　2014.9　281p　20cm　〈文
献あり　年譜あり　年表あり　初版：朝日新聞社 1999年刊〉
Ⓘ978-4-7710-2552-3　Ⓝ970.2　[3000円]

レヴィ＝ストロース,C.〔1908～2009〕
◇レヴィ＝ストロース　カトリーヌ・クレマン著，塚本昌則訳
白水社　2014.5　155,3p　18cm　（文庫クセジュ 990）〈文献
あり　著作目録あり　年譜あり〉Ⓘ978-4-560-50990-6　Ⓝ389
[1200円]

レヴィナス,E.〔1906～1995〕
◇顔とその彼方―レヴィナス『全体性と無限』のプリズム　合田
正人編　知泉書館　2014.2　234,5p　22cm　（明治大学人文
科学研究所叢書）〈索引あり　内容：『全体性と無限』の諸地
平（ジャン＝ミシェル・サランスキ著，合田正人，渡名喜庸哲
訳）　複数の序文言語の意味性について（トマス・ヴィーマー
著，藤岡俊博訳）　浚像を作るなかれ（シルヴィ・クルティー
ヌ＝ドゥナミ著，渡名喜庸哲訳）　レヴィナスとコイレにおけ
る無限の観念（アンナ・ヤンポルスカヤ著，柿並良佑訳）　「ス
ピノザ主義の対極にて」？（合田正人著）　存在と真理（小手川
正二郎著）　『全体性と無限』におけるビオス（渡名喜庸哲著）
彷徨と居住（藤岡俊博著）　重力と水（村上靖彦著）　両義性と
二元性（ジェラール・ベンスーサン著，平石晃樹訳）〉Ⓘ978-4-
86285-178-9　Ⓝ135.5　[4200円]
◇別様に―エマニュエル・レヴィナスの『存在するとは別様に、
または存在の彼方へ』を読む　ポール・リクール著，関根小織
訳・解説　現代思潮新社　2014.3　130p　20cm　〈索引あり
内容：～とは別様に　別様に語られると〉Ⓘ978-4-329-00489-
5　Ⓝ135.5　[2000円]
◇レヴィナスと「場所」の倫理　藤岡俊博著　東京大学出版会
2014.3　382,113p　22cm　〈文献あり　索引あり〉Ⓘ978-4-13-
016033-9　Ⓝ135.5　[6500円]

礼文島
◇北海道山の花図鑑　利尻島・礼文島　梅沢俊著　新版　札幌
北海道新聞社　2014.6　231p　19cm　〈文献あり　索引あり〉
Ⓘ978-4-89453-740-8　Ⓝ477.038　[2000円]

レーベン販売
◇”ひらめき”をビジネスに変えるタカブ式ものづくり　高部篤
著　ダイヤモンド社　2014.1　199p　21cm　〈年譜あり〉
Ⓘ978-4-478-02588-8　Ⓝ581.6　[1500円]

蓮馨寺（川越市）
◇蓮馨寺日鑑　第2巻　粂原恒久，宇高良哲編　文化書院　2014.8
478p　22cm　Ⓘ978-4-938487-61-4　Ⓝ188.65　[10000円]

蓮月尼〔1791～1875〕
◇大田垣蓮月―幽居の和歌と作品　大田垣蓮月［作］，ジョン・
ウォーカー，大山和哉［訳編］　京都　蓮月財団プロジェクト
c2014　199p　26×31cm　〈英語併記　会期・会場：2014年 野
村美術館〉
◇蓮月―運命に生きた京の女　藤瀬礼子著　明徳出版社　2013.
10　234p　19cm　〈文献あり　年譜あり〉Ⓘ978-4-89619-984-0
Ⓝ911.152　[2300円]

連合赤軍
◇兵士たちの連合赤軍　植垣康博著　改訂増補版　彩流社
2014.11　417p　19cm　Ⓘ978-4-7791-2051-0　Ⓝ377.96
[2000円]
◇連合赤軍は新選組だ！―その〈歴史〉の謎を解く　鈴木邦男著
彩流社　2014.2　219p　19cm　〈内容：中上健次は「あれは右
翼の運動に見える」と言った　「初めて事件を語った」（鈴木

レントゲン,W.K.〔1845～1923〕

邦男,植垣康博述）三島由紀夫・野村秋介・永田洋子、そして『悪の華』謎解き・あさま山荘事件「ストックホルム症候群」あさま山荘へ立てこもったのは誤りだった（鈴木邦男,加藤倫教述）　森恒夫の"自己の共産主義化"は信じてなかった（鈴木邦男,前澤虎義述）　なぜ同志殺しに陥ったのか（鈴木邦男,青砥幹夫述）『共同幻想』の中で（鈴木邦男,岩田平治述）　あえて「実録・連合赤軍」という題名にした若松孝二の心意気　若松孝二監督「映画は国家への反逆である」『光の雨』立松和平も高橋伴明も暗中模索した　『兵士たちの連合赤軍』〈植垣康博〉はまさに教科書だ　『連合赤軍物語　紅炎』〈山平茂樹〉は反対の立場だから書けた　「連合赤軍化」する現代日本―ニュースの本棚　「連合赤軍化」する日本　"みんな"で行う革命は失敗する（鈴木邦男,金廣志,植垣康博述）　連合赤軍事件は「内ゲバ」や「殺人事件」と違うのか！　永田洋子さんを悼む　「当事者が語る連合赤軍」に出演した　現場を歩いて考えた連合赤軍事件の本質〉①978-4-7791-1987-3 Ⓝ309.31 〔1800円〕

レントゲン,W.K.〔1845～1923〕
◇X線の発見者W.C.レントゲン―その栄光と影　山﨑岐男著　新潟　出版サポート大樹舎　2014.3　266p　23cm〈文献あり　年譜あり〉①978-4-905400-10-3 Ⓝ289.3 〔2600円〕

連邦準備銀行
◇アメリカ連邦準備制度〈FRS〉の金融政策　田中隆之著　金融財政事情研究会　2014.9　268p　19cm（世界の中央銀行）〈きんざい（発売）文献あり　索引あり〉①978-4-322-12569-6 Ⓝ338.3 〔2500円〕

連邦預金保険公社
◇連邦預金保険公社2012年次報告書　連邦預金保険公社［著］,農村金融研究会訳　［東京］農村金融研究会　〔2014〕14,208p　30cm Ⓝ338.53

【ろ】

ロイ,M.〔1882～1966〕
◇モダニストミナ・ロイの月世界案内―詩と芸術　フウの会編　水声社　2014.8　387p　22cm〈文献あり　年譜あり　内容：詩篇　散文　月世界の案内人、ミナ・ロイの生涯（吉川佳代著）ミナ・ロイ―世紀の詩人（ロジャー・L・コノヴァー著,高田宜子訳）ジョアンズへのラヴソング（吉川佳代著）ミナ・ロイと与謝野晶子とフェミニストたち（ヤリタミサコ著）隠れた美を照らし出す（松澤英子著）モダンの光跡（高田宜子著）ミナ・ロイ―月とランプシェイドの詩人（高島誠著）〉①978-4-8010-0042-1 Ⓝ931.7 〔4000円〕

ロイヤルパークホテル
◇理想のホテルを追い求めて―ロイヤルパークホテル和魂洋才のおもてなし　中村裕,富田昭次共著　オータパブリケイションズ　2014.4　202p　19cm〈年譜あり〉①978-4-903721-43-9 Ⓝ689.81361 〔1500円〕

ロイヤルブルーティージャパン株式会社
◇日本のおもてなしを変える、自社一貫製造『ロイヤルブルーティー』―新しいお茶文化のマーケット創造：第129回本田財団懇談会　吉本桂子［述］本田財団　〔2014〕24p　30cm（本田財団レポート　no. 153）〈会期：2014年3月4日〉Ⓝ619.8

老子〔579?～499?B.C.〕
◇「おっぱい」は好きなだけ吸うがいい　加島祥造著　集英社　2014.12　189p　18cm（集英社新書　0766）〈著作目録あり　年譜あり〉①978-4-08-720766-8 Ⓝ930.28 〔700円〕
◇TAO永遠の大河―OSHO老子を語る　1　OSHO著,スワミ・プレム・プラブッダ訳　いまここ塾　2014.2　559p　19cm〈河出書房新社（発売）めるくまーる社　1979～1982年刊の再刊〉①978-4-309-91141-0 Ⓝ124.22 〔1900円〕
◇TAO永遠の大河―OSHO老子を語る　2　OSHO著,スワミ・プレム・プラブッダ訳　いまここ塾　2014.4　505p　19cm〈河出書房新社（発売）めるくまーる社　1979～1982年刊の再刊〉①978-4-309-91142-7 Ⓝ124.22 〔1900円〕
◇TAO永遠の大河―OSHO老子を語る　3　OSHO著,スワミ・プレム・プラブッダ訳　いまここ塾　2014.6　517p　19cm〈河出書房新社（発売）めるくまーる社　1979～1982年刊の再刊〉①978-4-309-91143-4 Ⓝ124.22 〔1900円〕
◇TAO永遠の大河―OSHO老子を語る　4　OSHO著,スワミ・プレム・プラブッダ訳　いまここ塾　2014.8　484p　19cm〈河出書房新社（発売）めるくまーる社　1979～1982年刊の再刊〉①978-4-309-91144-1 Ⓝ124.22 〔1900円〕

◇タオを生きる―あるがままを受け入れる81の言葉　バイロン・ケイティ,スティーヴン・ミッチェル著,ティム・マクリーン,高岡よし子訳　ダイヤモンド社　2014.9　341p　19cm ①978-4-478-00480-7 Ⓝ124.22 〔1800円〕
◇超訳老子の言葉―「穏やかに」「したたかに」生きる極意　田口佳史著　三笠書房　2014.9　205p　15cm（知的生きかた文庫　た66-2）〈文献あり〉①978-4-8379-8287-6 Ⓝ124.22 〔590円〕
◇入門老荘思想　湯浅邦弘著　筑摩書房　2014.7　261p　18cm（ちくま新書　1079）〈文献あり〉①978-4-480-06783-8 Ⓝ124.2 〔840円〕
◇バカをつらぬくのだ！―バカボンのパパと読む老子実践編　ドリアン助川著　KADOKAWA　2014.11　223p　18cm（角川SSC新書　238）①978-4-04-731676-8 Ⓝ124.22 〔800円〕
◇老子道徳經　老子［著］,呉怡訳,中野ゆみ和訳　千早赤阪村（大阪府）グレートラーニングジャパン　2014.4　330p　21cm〈中国語・英語併記〉①978-4-9907676-0-0 Ⓝ124.22 〔2500円〕
◇老子の無言―人生に行き詰まったときは老荘思想　田口佳史著　光文社　2014.7　227p　16cm（光文社知恵の森文庫　tた7-2）〈2011年刊の加筆修正〉①978-4-334-78653-3 Ⓝ124.2 〔640円〕

老舎〔1898～1966〕
◇老舎の文学―清朝末期に生まれ文化大革命で散った命の軌跡　吉田世志子著　好文出版　2014.3　390p　22cm〈文献あり〉①978-4-87220-176-5 Ⓝ920.278 〔3700円〕

労働安全衛生総合研究所
◇外部研究評価報告書　平成25年度　［清瀬］労働安全衛生総合研究所　2014.3　111p　30cm Ⓝ366.34

ロウントリー,B.S.〔1871～1954〕
◇20世紀イギリスの都市労働者と生活―ロウントリーの貧困研究と調査の軌跡　武田尚子著　京都　ミネルヴァ書房　2014.4　556p　22cm（MINERVA社会学叢書　44）〈文献あり　年表あり　索引あり〉①978-4-623-07003-9 Ⓝ368.2 〔8500円〕

ロェスラー,H.〔1834～1894〕
◇明治憲法の起草過程―グナイストからロェスラーへ　堅田剛著　御茶の水書房　2014.12　246,20p　22cm〈年表あり　索引あり　内容：伊藤博文と明治憲法　憲法発布直後の伊藤博文　ルドルフ・フォン・グナイストの憲法講義　シュタインとは誰か　ヘルマン・ロェスラーと明治憲法　明治憲法を起草したドイツ人　明治文化研究の三博士　吉野作造と鈴木安蔵〉①978-4-275-01084-1 Ⓝ323.13 〔4800円〕

六郷水門
◇六郷水門・六郷排水場調査報告書　大田区立郷土博物館文化財担当編　［東京］大田区教育委員会　2014.3　71p　図版7p　30cm（大田区の文化財　第40集）〈文献あり　著作目録あり　折り込1枚〉Ⓝ517.56

ロシア（遺跡・遺物―極東）
◇環日本海北回廊の考古学的研究　1　ヤミフタ遺跡発掘調査報告書　大貫静夫監修,福田正宏,シェフコムード,I. Ya.,森先一貴,熊木俊則編　北見　東京大学大学院人文社会系研究科附属北海文化研究常呂実習施設　2014.3　160p　図版8p　30cm（東京大学常呂実習施設研究報告　第11集）〈文献あり　ロシア語併載〉Ⓝ229.2

ロシア（演劇）
◇郁子ひとり旅―ロシア演劇に魅せられて　桜井郁子著　大阪　せせらぎ出版　2014.6　254p　20cm〈著作目録あり　作品目録あり　内容：自分を語る　原水爆禁止世界大会第一回に参加して　ひとり旅　文学碑と燈台　沖縄　国内旅行の記　ヨーロッパ旅行　私の留学生日記　質量とも豊かなソ連演劇　ソビエト演劇人との交流　一九八〇年代の新しい波とアレクサンドル・ガーリン　演出家レフ・ドージン　ロシア演劇への関心、やまず　ロシア紀行　翻訳した劇曲を舞台に見る　『牛乳屋テヴィエ物語』誕生をめぐる人びと　ソビエト連邦崩壊後のロシア演劇　チェーホフ劇、名演出の数々　日本とロシアの演劇交流　東京芸術座『どん底』公演について、オムスク市民の言葉　リュビーモフの『罪と罰』自分を語る．続　ささやかな山歩きの記　気楽な、世界旅日記〈ロシア文学を読む会〉の記録　『わびしい話』を書くまで　リーカとの出会い　チェーホフのメーリホヴォ時代　僧正　映画化されたチェーホフ作品　ヴァムピーロフのこと・作品のこと　『ホルストメール』のこと　現代ロシアに生きるチェーホフ劇　私の三十年物語より　ロシア演劇はどこへ行く？〉①978-4-88416-228-3 Ⓝ772.38 〔2500円〕

ロシア（音楽―歴史）
◇ロシア・ピアニズムの贈り物　原田英代［著］みすず書房　2014.7　297,7p　20cm〈索引あり〉①978-4-622-07843-2 Ⓝ762.38 〔3600円〕

ロシア（外国関係）

◇プーチンはアジアをめざす―激変する国際政治　下斗米伸夫著　NHK出版　2014.12　219p　18cm　（NHK出版新書448）〈文献あり〉978-4-14-088448-5　Ⓝ319.38　［740円］

ロシア（外国関係―アジア）

◇ロシアのオリエンタリズム―ロシアのアジア・イメージ、ピョートル大帝から亡命者まで　デイヴィド・シンメルペンニンク＝ファン＝デル＝オイェ著、浜由樹子訳　横浜　成文社　2013.6　350p　22cm〈索引あり〉Ⓘ978-4-86520-000-3　Ⓝ220　［4000円］

ロシア（外国関係―アジア〔東部〕―歴史―20世紀）

◇満蒙―日露戦中の「最前線」　麻田雅文著　講談社　2014.8　318p　19cm　（講談社選書メチエ　580）〈索引あり〉Ⓘ978-4-06-258583-5　Ⓝ319.3802　［1850円］

ロシア（外国関係―アジア―歴史―1991～）

◇アジア・太平洋のロシア―冷戦後国際秩序の模索と多国間主義　加藤美保子著　札幌　北海道大学出版会　2014.11　225p　22cm〈文献あり　索引あり　表紙のタイトル：Азиацко-Тихоокеанская Россия　布装〉978-4-8329-6809-7　Ⓝ319.3802　［6000円］

ロシア（外国関係―アメリカ合衆国）

◇13日間―キューバ危機回顧録　ロバート・ケネディ著、毎日新聞社外信部訳　改版　中央公論新社　2014.4　200p　16cm（中公文庫　ケ6-1）Ⓘ978-4-12-205942-9　Ⓝ319.53038　［900円］

ロシア（外国関係―アメリカ合衆国―歴史―1945～）

◇ベルリン危機1961―ケネディとフルシチョフの冷戦　上　フレデリック・ケンプ著、宮下嶺夫訳　白水社　2014.6　391p　図版16p　20cm　Ⓘ978-4-560-08371-0　Ⓝ319.53038　［3200円］

◇ベルリン危機1961―ケネディとフルシチョフの冷戦　下　フレデリック・ケンプ著、宮下嶺夫訳　白水社　2014.6　304,106p　図版16p　20cm〈文献あり　索引あり〉Ⓘ978-4-560-08372-7　Ⓝ319.53038　［3200円］

◇レーガン、ゴルバチョフ、ブッシュ―冷戦を終結させた指導者たち　和田修一著　一藝社　2014.9　284p　21cm〈文献あり　索引あり〉Ⓘ978-4-86359-089-2　Ⓝ319.53038　［2200円］

ロシア（外国関係―ウクライナ）

◇クリミア問題徹底解明　中津孝司著　八尾　ドニエプル出版　2014.9　36p　21cm　（ウクライナ・ブックレット　2）〈新風書房（発売）〉Ⓘ978-4-88269-808-1　Ⓝ319.380386　［500円］

ロシア（外国関係―太平洋地域―歴史―1991～）

◇アジア・太平洋のロシア―冷戦後国際秩序の模索と多国間主義　加藤美保子著　札幌　北海道大学出版会　2014.11　225p　22cm〈文献あり　索引あり　表紙のタイトル：Азиацко-Тихоокеанская Россия　布装〉Ⓘ978-4-8329-6809-7　Ⓝ319.3802　［6000円］

ロシア（外国関係―ドイツ連邦共和国―歴史）

◇西ドイツ外交とエーゴン・バール　アンドレアス・フォークトマイヤー著、岡田浩平訳　三元社　2014.8　495,55p　22cm〈文献あり　索引あり〉Ⓘ978-4-88303-360-7　Ⓝ319.34039　［6000円］

ロシア（外国関係―日本）

◇東京とモスクワ―改善のチャンスは近いのか　桜美林大学北東アジア総合研究所日ロ関係研究会編　相模原　桜美林大学北東アジア総合研究所　2013.7　245p　19cm　（北東アジア総合研究叢書）〈内容：日ロ研究会（木村汎著）　マッチョぷるプーチン（木村汎著）　ロシア極東開発の行方（吉岡明子著）　「三・一一」と脱中東依存論（ジンベルグ・ヤコブ著）　ロシア・ビジネスと日本企業（川西重忠著）　四島交流は、どうして始まったのか（荒川研著）　中ロ関係は複雑怪奇（布施裕之著）　ロシアで高まる対中安保脅威感（名越健郎著）　プーチン大統領の「ヒキワケ」論を解剖する（木村汎著）　日本の対ロ政策（木村汎著）　北方領土返還への要諦（吹浦忠正著）〉Ⓘ978-4-904794-34-0　Ⓝ319.1038　［1600円］

◇ロシア極東・シベリア地域開発と日本の経済安全保障　［東京］　日本国際問題研究所　2014.3　110p　30cm　〈平成25年度外務省外交・安全保障調査研究事業（総合事業）〉Ⓝ601.292

ロシア（外国関係―日本―歴史）

◇千島列島をめぐる日本とロシア　秋月俊幸著　札幌　北海道大学出版会　2014.5　311,44p　19cm〈文献あり　年表あり　索引あり〉Ⓘ978-4-8329-3386-6　Ⓝ210.1838　［2800円］

◇ロシアの空の下　中村喜和著　風行社　2014.3　298,6p　20cm〈索引あり　内容：『ロマノフカ村の日々』が世に出るまで　国境にこだわらなかった旧教徒　ルーマニアのリボヴァ

ン　大黒屋光太夫の足跡をたずねて　『環海異聞』の中の人情　橘耕斎正伝　万里小路正秀　見覚えのため　万里小路正秀のロシア語書簡（翻訳）榎本武揚のペテルブルグ通信　シベリアの月　『シベリア日記』現代語訳余滴　秋田県の「ウラー」　エトロフ島合戦余話　ゴロヴニンのもたらした仏露辞典　淡路島に花開く日露交流　ニコライ大主教の手紙　異国に漂う祖国のにおい　浦潮空港の一夜〉978-4-86258-080-1　Ⓝ238　［2700円］

ロシア（外国関係―日本―歴史―1868～1945）

◇日露交流都市物語　沢田和彦著　横浜　成文社　2014.2　422p　22cm〈文献あり　内容：魯西亜学事始　日本で出たロシア語出版物　日本正教会と白系ロシア人　ニコライ・マトヴェーエフの函館懐古　外事警察の記録に見るニコライ・ネフスキー　窪田茂遂『長崎日記』について　黒野義文小伝　ゴーリキー作・二葉亭四迷訳『乞食』について　横浜のロシア人　越後人とロシア　新潟港に関するロシア軍艦の調査報告書　対岸貿易と北洋漁業の先駆者、伏見半七と関矢儀八郎　新聞記事に見る敦賀の対岸交流　大阪外国語学校露語部　大阪外語露語部初代教授・松永信成のこと　ニコライ・マトヴェーエフの観た昭和初期の神戸　「鍵をかけた玉手箱」の国、日本　志賀親朋略伝　島尾敏雄と長崎のロシア人　ゴンチャローフと二人の日本人　ハルビンのロシア語雑誌〉Ⓘ978-4-86520-003-4　Ⓝ210.5　［4200円］

ロシア（外国関係―日本―歴史―江戸中期）

◇十八・十九世紀日魯交流人物史話　杉本つとむ著　東洋書店　2013.11　350,10p　22cm〈文献あり　年表あり　索引あり　内容：光太夫とキリロ・ラックスマン　津太夫らとP・N・レザノフ　馬場佐十郎とM・V・兀老尹　市川斎宮、文吉父子とE・V・布恬廷　橘耕斎とA・I・呉志傑知知　ソヴィエトの日本語教育・研究　モスクワ大学に招聘されて　日・ロ相互理解の重み〉Ⓘ978-4-86459-138-6　Ⓝ210.5　［3500円］

ロシア（外国関係―日本―歴史―江戸末期）

◇勝海舟と幕末外交―イギリス・ロシアの脅威に抗して　上垣外憲一著　中央公論新社　2014.12　268p　18cm　（中公新書　2297）〈文献あり〉Ⓘ978-4-12-102297-4　Ⓝ210.5938　［880円］

◇十八・十九世紀日魯交流人物史話　杉本つとむ著　東洋書店　2013.11　350,10p　22cm〈文献あり　年表あり　索引あり　内容：光太夫とキリロ・ラックスマン　津太夫らとP・N・レザノフ　馬場佐十郎とM・V・兀老尹　市川斎宮、文吉父子とE・V・布恬廷　橘耕斎とA・I・呉志傑知知　ソヴィエトの日本語教育・研究　モスクワ大学に招聘されて　日・ロ相互理解の重み〉Ⓘ978-4-86459-138-6　Ⓝ210.5　［3500円］

ロシア（外国関係―日本―歴史―昭和後期）

◇シベリア抑留者たちの戦後―冷戦下の世論と運動1945-56年　富田武著　京都　人文書院　2013.12　272p　20cm〈年表あり　索引あり　内容：シベリア抑留概観と帰還者運動　共産党と帰還者運動　シベリア抑留者群像〉978-4-409-52059-8　Ⓝ210.75　［3000円］

ロシア（外国関係―日本―歴史―明治以後―伝記）

◇ドラマチック・ロシアin JAPAN　3　日露異色の群像30―文化・相互理解に尽くした人々　長塚英雄責任編集　東洋書店　2014.4　503p　22cm〈内容：大主教ニコライ〈カサトキン〉の生涯と事跡（長縄光男著）　初代ロシア駐在公使榎本武揚のロシア（中村喜和著）　幕末・明治のロシア語通訳者・志賀親朋誕生の背景（桧山真一著）　哲学、西洋音楽の普及に尽くしたケーベル博士（小松佑子著）　ロシアでイコン〈聖像〉制作を学んだ女性画家（鐸木眞爾著）　後藤新平の外交思想（藤本和貴夫著）　ロシア最初の日本学者ヴァスケーヴィチの生涯（ポダルコ・ピョートル著）　異色のロシア文学者・昇曙夢（源貴志著）　東洋学院を卒業した函館領事レベデフ（倉田有孝著）　早稲田大学露文科の創設者（大木昭男著）　エリセーエフと「世界的な日本研究」の地平（沼野充義著）　日本にロシアのアートを伝えたププノワ姉妹（小野有五著）　ジャーナリスト、ナウカ社主（村野克明著）　日本のロシア文学を牽引した米川正夫（加藤百合著）　ネフスキーと友人の日本語学者たち（加藤九祚著）　日中の作曲界に影響を与えたチェレプニン（石田一志著）　大泉黒石異聞（中本信幸著）　バレエの伝播とパヴロバの功績（川島京子著）　ロシア文学者鳴海完造の生涯をめぐって（中村喜和著）　女優スラーヴィナ一家三代記（沢田和彦著）　評伝「昭和の怪物」と呼ばれた松前重義先生（白井久也著）　岡田嘉子という生き方（日向寺康雄著）　プロキノ、三条21号館、ソ研、「今日のソ連邦」（北村れい子、宇奈根史著）　シベリアに日ソの絆（米田満著）　地方の発展をロシアに求めた男（小笠原潤著）　グザーノフの生涯と歴史分野での日露交流（イーゴリ・ロマネンコ著、荒井雅子訳）〉Ⓘ978-4-86459-171-3　Ⓝ319.1038　［5000円］

ロシア（外国関係—日本—歴史—明治時代）

◇十八・十九世紀日露交流人物史話　杉本つとむ著　東洋書店　2013.11　350,10p　22cm〈文献あり　年表あり　索引あり　内容：光太夫とキリロ・ラックスマン　津太夫らとP・N・レザノフ　馬場佐十郎とM・V・兀老尹　市川斎宮、文吉父子とE・V・布恬廷　橘耕斎とA・I・呉志傑匆知　ソヴィエトの日本語教育・研究　モスクワ大学に招聘されて　日・ロ相互理解の重み〉①978-4-86459-138-6　Ⓝ210.5　［3500円］

ロシア（外国関係—満州—歴史）

◇ハルビン駅へ—日露中・交錯するロシア満洲の近代史　ディビッド・ウルフ著, 半谷史郎訳　講談社　2014.10　444p　20cm〈文献あり　索引あり〉①978-4-06-213998-4　Ⓝ222.53　［2500円］

ロシア（外国関係—歴史—ニコライ2世時代）

◇ロシアの失墜—届かなかった一知識人の声　E.J.ディロン［著］, 成田富夫訳　横浜　成文社　2014.6　510p　22cm　①978-4-86520-006-5　Ⓝ312.38　［6000円］

ロシア（開発計画—極東）

◇ロシアが仕掛ける"本気の極東戦略"　山口英一著　日刊工業新聞社　2014.1　183p　21cm（B&Tブックス）〈文献あり〉①978-4-526-07190-4　Ⓝ601.292　［1800円］

◇ロシア極東・シベリア地域開発と日本の経済安全保障　［東京］　日本国際問題研究所　2014.3　110p　30cm〈平成25年度外務省外交・安全保障調査事業（総合事業）〉Ⓝ601.292

ロシア（科学技術—歴史）

◇ロシア科学技術情勢—模索続くソ連からの脱皮　林幸秀編著, 行松泰弘, 神谷考司, 津田憂子著　丸善プラネット　2014.3　191p　19cm（丸善出版（発売）文献あり〉①978-4-86345-195-7　Ⓝ402.38　［1200円］

ロシア（革命家）

◇レーニンの誤りを見抜いた人々—ロシア革命百年、悪夢は続く　鈴木肇著　恵雅堂出版　2014.11　233p　18cm〈年表あり　文献あり〉①978-4-87430-039-8　Ⓝ238.07　［1060円］

ロシア（ガス事業）

◇ロスネフチの逆襲—ポストプーチンを占う　中津孝司著　創成社　2014.2　160p　19cm　①978-4-7944-3146-2　Ⓝ312.38　［1500円］

ロシア（歌謡—歴史—20世紀）

◇心に残る20世紀のロシア歌謡—旧ソ連歌謡ものがたり　［森おくじ著］, 畠中英輔編著　京都　ロシア音楽出版会　2014.9　211p　21cm　①978-4-9906565-1-5　Ⓝ767.8　［2300円］

ロシア（紀行・案内記）

◇かけ足で世界旅—見たもの聞いたもの出会ったもの　12　ロシア極東の旅・続ネパール篇　小川茂著　春日　小川茂　2014.2　229p　21cm〈奥付のタイトル：社会保険労務士のかけ足で世界旅〉Ⓝ290.9　［非売品］

◇激動のヴォルガ—黒くもは湧きおこった　下　真砂遠路著　［出版地不明］　［真砂遠路］　2014.10　449p　図版24p　22cm　Ⓝ293.809

◇ロシアと雑貨—ラブリーをさがす55の旅　井岡美保著　WAVE出版　2014.8　159p　21cm〈表紙のタイトル：РОССИЯ　ПРОЧИЕ　ТОВАРЫ〉①978-4-87290-687-5　Ⓝ293.809　［円］

ロシア（技術援助—日本）

◇廃棄物処理分野における日露協力のための国内検討会に係る業務報告書　平成25年度　［東京］　日本産業廃棄物処理振興センター　2014.3　55p　30cm　Ⓝ518.52

ロシア（漁業—統計）

◇ロシア漁業統計資料　2011-2012年　ロシア連邦漁業庁連邦国営単一企業「全ロシア漁業海洋学調査研究所」［著］,［北海道水産会訳］　［札幌］　［北海道水産会］　［2013］　67p　30cm〈モスクワ2013年〉Ⓝ662.38

ロシア（記録映画—歴史）

◇映像の中の冷戦後世界—ロシア・ドイツ・東欧研究とフィルム・アーカイブ　髙橋和, 中村唯史, 山崎彰編　山形　山形大学出版会　2013.10　268p　21cm（山形ドキュメンタリーフィルムライブラリー・セレクション　第3集）〈作品目録あり　内容：事実と記録のあいだ：ロシア/ソ連ドキュメンタリー映画をめぐる言説と実践について（中村唯史著）　過去への回帰（淺野明著）　ドイツ記録映画史序説（ラインホルト・ヨーゼフ・グリンダ著）　ドイツ民主共和国の崩壊と社会主義の体験（山崎彰著）　『シベリアのレッスン』：ドキュメンタリーフィルムとポーランドの「小さな祖国」（小椋彩著）　チェコスロヴァキアという国があった（髙橋和著）　ハンガリーのドキュ

メンタリー映画にみる「お国柄」（飯尾唯彩著）　体制転換後のブルガリア（菅原淳子著）　バルト諸国・独立と社会の変容（髙橋和著）　コソボ紛争の舞台裏（髙橋和著）〉①978-4-903966-18-2　Ⓝ778.7　［2000円］

ロシア（軍需工業）

◇国際兵器市場とロシア　山添博史［著］　東洋書店　2014.5　63p　21cm（ユーラシア・ブックレット　no.195）①978-4-86459-188-1　Ⓝ559.09　［800円］

ロシア（軍隊）

◇イラストでまなぶ！　世界の特殊部隊　ロシア・ヨーロッパ・アジア編　ホビージャパン　2014.3　160p　19cm　①978-4-7986-0795-5　Ⓝ392　［1300円］

ロシア（軍用機—歴史—1925～1953）

◇WW2ソビエト軍用機入門—ソビエト空軍を知るための50機の航跡　飯山幸伸著　潮書房光人社　2014.7　252p　16cm（光人社NF文庫　いN-839）〈文献あり　「ソビエト連邦の軍用機WW2」（私家版 1999年刊）の改題〉①978-4-7698-2839-6　Ⓝ538.7　［750円］

ロシア（経済）

◇ロシア　2014/15年版　ARC国別情勢研究会編集　ARC国別情勢研究会　2014.2　173p　26cm（ARCレポート　経済・貿易・産業報告書 2014/15）〈索引あり〉①978-4-907366-07-0　Ⓝ332.38　［12000円］

◇ロシアのことがマンガで3時間でわかる本—成長続く隣の大国！　ロシアNIS貿易会著, 芳地隆之, 中馬瑞貴, 齋藤大輔, 坂口泉, 高橋浩監修・執筆　改訂版　明日香出版社　2014.1　201p　21cm〈マンガ：飛鳥幸子〉①978-4-7569-1668-6　Ⓝ332.38　［1600円］

ロシア（経済関係—日本—歴史—1945～）

◇日本はロシアのエネルギーをどう使うか　本村眞澄［著］　東洋書店　2013.12　63p　21cm（ユーラシア・ブックレット　no.187）〈文献あり〉①978-4-86459-158-4　Ⓝ568.09　［800円］

ロシア（経済政策—歴史—1917～1936）

◇レーニンの格闘—マルクス主義のロシアへの土着化　北井信弘著　西田書店　2014.9　302p　20cm（経済建設論 第2巻）①978-4-88866-585-8　Ⓝ332.38　［2400円］

ロシア（経済政策—歴史—ソビエト連邦時代）

◇商品経済の廃絶—過渡期社会の経済建設　北井信弘著　西田書店　2014.9　357p　20cm（経済建設論 第1巻）①978-4-88866-584-1　Ⓝ332.07　［2800円］

ロシア（国際投資）

◇新興市場と外国直接投資の経済学—ロシアとハンガリーの経験　岩﨑一郎, 菅沼桂子著　日本評論社　2014.9　290p　22cm〈文献あり　索引あり　内容：対新興市場外国直接投資の決定要因　対ロシア外国直接投資の立地選択　ロシアへの外国直接投資と経済発展　対ハンガリー外国直接投資と企業再建　多国籍企業の進出と国内企業への生産性波及効果　多国籍企業の輸出活動と国内企業への情報波及効果　外国資本の導入と地域経済開発　外国直接投資の地域経済波及効果　新興市場研究の新たな課題〉①978-4-535-55810-6　Ⓝ338.9238　［6200円］

ロシア（サブカルチャー）

◇美しすぎるロシア人コスプレイヤー—モスクワアニメ文化事情　西田裕希［著］　東洋書店　2013.12　63p　21cm（ユーラシア・ブックレット　no.190）①978-4-86459-161-4　Ⓝ361.5　［800円］

ロシア（社会）

◇ロシアのことがマンガで3時間でわかる本—成長続く隣の大国！　ロシアNIS貿易会著, 芳地隆之, 中馬瑞貴, 齋藤大輔, 坂口泉, 高橋浩監修・執筆　改訂版　明日香出版社　2014.1　201p　21cm〈マンガ：飛鳥幸子〉①978-4-7569-1668-6　Ⓝ332.38　［1600円］

ロシア（社会主義）

◇抑留日本兵を管理した「日本新聞」にみるソ同盟社会主義の見分　野口英次［著］　相模原　野口英次　2014.6　80p　26cm　Ⓝ309.338

ロシア（出版—歴史—18世紀）

◇ロシア出版文化史—十八世紀の印刷業と知識人　ゲーリー・マーカー［著］, 白倉克文訳　横浜　成文社　2014.7　398p　22cm〈文献あり　索引あり〉①978-4-86520-007-2　Ⓝ023.38　［4800円］

ロシア（女性）

◇ロシアで生きる—ソ連解体と女性たち　五十嵐徳子［著］　東洋書店　2014.5　63p　21cm（ユーラシア・ブックレット　no.192）〈文献あり〉①978-4-86459-185-0　Ⓝ367.238　［800円］

日本件名図書目録2014　Ⅰ　　　　　　　　　　　　　　　　　　　　　　　　　　　　ロシア（文化—歴史）

ロシア（人口—歴史—近代）
◇ロシア人口の歴史と現在　雲和広著　岩波書店　2014.2　173p　21cm　（一橋大学経済研究叢書 62）〈文献あり　索引あり〉　ロシアの長期人口動態　低出生率とその要因　ミクロデータを利用したロシア・旧ソ連諸国におけるジェンダー状況把握の可能性　高死亡率とその推移　地域間の人口再配置　結語に代えて）Ⓣ978-4-00-009922-6 Ⓝ334.2　［4700円］

ロシア（政治）
◇プーチンはアジアをめざす—激変する国際政治　下斗米伸夫著　NHK出版　2014.12　219p　18cm　（NHK出版新書 448）〈文献あり〉Ⓣ978-4-14-088448-5 Ⓝ319.38　［740円］
◇ロシア利権闘争の闇—迷走するプーチン政権　江頭寛著　草思社　2014.6　335p　20cm〈索引あり〉Ⓣ978-4-7942-2061-5 Ⓝ312.38　［2300円］
◇ロスネフチの逆襲—ポストプーチンを占う　中津孝司著　創成社　2014.2　160p　19cm Ⓣ978-4-7944-3146-2 Ⓝ312.38　［1500円］

ロシア（政治—歴史—1917〜）
◇毒殺—暗殺国家ロシアの真実　アルカディ・ワクスベルク著, 松宮克昌訳　柏書房　2014.9　326p　20cm〈索引あり〉Ⓣ978-4-7601-4491-4 Ⓝ312.38　［2200円］

ロシア（政治—歴史—1925〜1953）
◇スターリン秘史—巨悪の成立と展開　1　統一戦線・大テロル　不破哲三著　新日本出版社　2014.11　323p　20cm Ⓣ978-4-406-05835-3 Ⓝ312.38　［2000円］

ロシア（政治—歴史—ニコライ2世時代）
◇ロシアの失墜—届かなかった一知識人の声　E.J.ディロン［著］, 成田富夫訳　横浜　成文社　2014.6　510p　22cm Ⓣ978-4-86520-006-5 Ⓝ312.38　［6000円］

ロシア（石炭産業—極東）
◇極東及びサハリン州における石炭輸出ポテンシャル等調査—平成25年度海外炭開発支援事業海外炭開発高度化等調査　石油天然ガス・金属鉱物資源機構　2014.3　15,184p　30cm〈背のタイトル：ロシア・極東及びサハリン〉Ⓝ567.092292

ロシア（石油産業）
◇ロスネフチの逆襲—ポストプーチンを占う　中津孝司著　創成社　2014.2　160p　19cm Ⓣ978-4-7944-3146-2 Ⓝ312.38　［1500円］

ロシア（石油産業—極東）
◇日本はロシアのエネルギーをどう使うか　本村眞澄［著］　東洋書店　2013.12　63p　21cm　（ユーラシア・ブックレット no.187）〈文献あり〉Ⓣ978-4-86459-158-4 Ⓝ568.09　［800円］

ロシア（石器—極東）
◇環日本海北回廊における完新世初頭の様相解明—「石刃鏃文化」に関する新たな調査研究：科学研究費助成事業『環日本海北回廊の考古学的研究』研究集会　大貫静夫, 福田正宏編　東京大学大学院人文社会系研究科考古学研究室　2014.2　124p　30cm〈文献あり　会期・会場：平成26年2月15日〜16日　東京大学総合研究博物館本郷本館7Fミューズホール　共同刊行：東京大学大学院新領域創成科学研究科社会文化環境学専攻　内容：基調講演「石刃鏃文化論と女満別式土器論の行方」(大貫静夫著)　基調報告「ロシア極東・道東におけるこれまでの調査成果」(福田正宏著)　北東アジアの石刃鏃石器群における体系的黒曜石研究の適用(出穂雅実, 森先一貴著)　石刃鏃石器群の年代(國木田大著)　北海道東部の縄文時代早期土器(山原敏朗著)　縄文早期の土器群(道西)(富永勝也著)　北海道の石刃鏃石器群再考(高倉純著)　ロシア極東における石刃鏃を伴う石器群(森先一貴著)　石刃鏃石器群の多様性と共通性(佐藤宏之著)〉Ⓝ211

ロシア（戦車—歴史—1925〜1953）
◇T-34　グルツェゴルツ・ヤコウスキ, マリウス・フィリピュク, セルゲイ・アニシモフ作画, ブシェミスワフ・スクルスキ解説　新紀元社　2014.12　79p　30cm　（ミリタリーカラーリング&マーキングコレクション）〈本文は日本語〉Ⓣ978-4-7753-1310-7 Ⓝ559.4　［2300円］

ロシア（知識階級—歴史—19世紀）
◇ロシア帝国の民族知識人—大学・学知・ネットワーク　橋本伸也編　京都　昭和堂　2014.5　345,14p　22cm〈索引あり　内容：ロシア帝国支配地域の民族知識人と大学(橋本伸也著)　十九世紀前半ペテルブルグ大学の教授・学生中の民族集団(タチャーナ・ジェコフスカヤ著, 橋本伸也訳)　ヴィルノ大学とロマン主義知識人(梶さやか著)　一八三〇年代の新しいフィンランド知識人とナショナリズムの影響回路(タルヤ=リーサ・ルーカネン著, 石野裕子訳)　エストニア学生協会と民族

知識人の醸成(小森宏美著)　ロシア帝国末期のユダヤ人大学生(橋本伸也著)　ヴォルガ・ウラル地域のテュルク系ムスリム知識人と女性の啓蒙・教育(磯貝真澄著)　グルジア語読本とロシア語読本の共犯関係(伊藤順二著)　一九世紀後半サンクト・ペテルブルグにおけるポーランド人の出版活動(巽由樹子著)　近世ルテニアの啓蒙・教育活動と宗派共同体(福嶋千穂著)　バルト・ドイツ人の「知のネットワーク」(今村労著)　ベストゥジェフ課程における外国人女子学生(オクサーナ・ヴァフロメーエヴァ著, 橋本伸也訳)　イスラーム教育ネットワークの形成と変容(長縄宣博著)　ロシア正教会とローマ・カトリック教会(エレーナ・アスタフィエヴァ著, 石田幸司, 清水領訳, 橋本伸也, 長縄宣博校訂)〉Ⓝ361.84　［6000円］

ロシア（知識階級—歴史—20世紀）
◇ロシア帝国の民族知識人—大学・学知・ネットワーク　橋本伸也編　京都　昭和堂　2014.5　345,14p　22cm〈索引あり　内容：ロシア帝国支配地域の民族知識人と大学(橋本伸也著)　十九世紀前半ペテルブルグ大学の教授・学生中の民族集団(タチャーナ・ジェコフスカヤ著, 橋本伸也訳)　ヴィルノ大学とロマン主義知識人(梶さやか著)　一八三〇年代の新しいフィンランド知識人とナショナリズムの影響回路(タルヤ=リーサ・ルーカネン著, 石野裕子訳)　エストニア学生協会と民族知識人の醸成(小森宏美著)　ロシア帝国末期のユダヤ人大学生(橋本伸也著)　ヴォルガ・ウラル地域のテュルク系ムスリム知識人と女性の啓蒙・教育(磯貝真澄著)　グルジア語読本とロシア語読本の共犯関係(伊藤順二著)　一九世紀後半サンクト・ペテルブルグにおけるポーランド人の出版活動(巽由樹子著)　近世ルテニアの啓蒙・教育活動と宗派共同体(福嶋千穂著)　バルト・ドイツ人の「知のネットワーク」(今村労著)　ベストゥジェフ課程における外国人女子学生(オクサーナ・ヴァフロメーエヴァ著, 橋本伸也訳)　イスラーム教育ネットワークの形成と変容(長縄宣博著)　ロシア正教会とローマ・カトリック教会(エレーナ・アスタフィエヴァ著, 石田幸司, 清水領訳, 橋本伸也, 長縄宣博校訂)〉Ⓣ978-4-8122-1358-2 Ⓝ361.84　［6000円］

ロシア（天然ガス—極東）
◇日本はロシアのエネルギーをどう使うか　本村眞澄［著］　東洋書店　2013.12　63p　21cm　（ユーラシア・ブックレット no.187）〈文献あり〉Ⓣ978-4-86459-158-4 Ⓝ568.09　［800円］

ロシア（廃棄物処理）
◇廃棄物処理分野における日露協力のための国内検討会に係る業務報告書　平成25年度　［東京］　日本産業廃棄物処理振興センター　2014.3　55p　30cm Ⓝ518.52

ロシア（フィギュアスケート）
◇ロシア・フィギュアスケートのたのしみ　長谷川仁美文　東洋書店　2013.12　63p　21cm　（ユーラシア・ブックレット no.189）Ⓣ978-4-86459-160-7 Ⓝ784.65　［800円］

ロシア（武術）
◇システマ・ストライク—ロシアン武術が教える、非破壊の打撃術：徒手から始まる生き残るための戦闘コンセプト　北川貴英著　日貿出版社　2014.4　255p　21cm Ⓣ978-4-8170-6007-5 Ⓝ789　［1600円］

ロシア（プロパガンダ—歴史—ソビエト連邦時代）
◇国家建設のイコノグラフィー—ソ連とユーゴの五カ年計画プロパガンダ　亀田真澄著　横浜　成文社　2014.3　182p　22cm〈索引あり〉Ⓣ978-4-86520-004-1 Ⓝ361.46　［2200円］

ロシア（文化）
◇ユーラシア地域大国の文化表象　望月哲男編著　京都　ミネルヴァ書房　2014.3　274p　22cm　（シリーズ・ユーラシア地域大国論 6）〈索引あり　内容：ロシア・中国・インド(望月哲男著)　キリスト教音楽の受容と土着化(井上貴子著)　ステレオタイプの後に来るものとは(S・V・シュリーニヴァース著, 小尾淳訳)　地域大国の世界遺産(高橋沙奈美, 小林宏至, 前島訓子著)　非対称な隣国(村田雄二郎著)　よい熊さんわるい熊さん(武田雅哉著)　幻想と鏡像(越野剛著)　周縁からの統合イデオロギー(杉本良男著)　マイトレーヤとレーニンのアジア(中村唯史著)　帝国の暴力と身体(望月哲男著)　ユーラシア諸国の自己表象(望月哲男著)〉Ⓣ978-4-623-07031-2 Ⓝ302.38　［4500円］

ロシア（文化—歴史）
◇ロシアの南—近代ロシア文化におけるヴォルガ下流域、ウクライナ、クリミア、コーカサス表象の研究　中村唯史編　山形　山形大学人文学部　2014.3　242p　21cm　（山形大学人文学部叢書 5）〈内容：イズマイロフ『南ロシアへの旅』に描かれたウクライナ(鳥山祐介著)　一九世紀の水辺地域調査プロジェクトとロシア南方のイメージ(望月哲男著)　地政学と地詩学の見地から見たクリミア(斉藤毅著)　なぜネフスキイは台湾・ツォウ族村へ出かけたのか(塚本善也著)　地中海からア

ろ

1125

ロシア（文化─歴史─ニコライ2世時代）

ラギョーズへ（中村唯史著）　アルメニアの画家M・S・サリヤン（福間加容著）　二〇〇〇年代のロシア文学に描かれたチェチェン紛争（岩本和久著）　創造と継承（楯岡求美著）〉①978-4-907085-04-9　Ⓝ238

ロシア（文化─歴史─ニコライ2世時代）
◇〈遊ぶ〉ロシア─帝政末期の余暇と商業文化　ルイーズ・マクレイノルズ著，高橋一彦，田中良英，巽由樹子，青島陽子訳　法政大学出版局　2014.10　407,91p　22cm〈文献あり　索引あり〉①978-4-588-37121-9　Ⓝ238.05　[6800円]

ロシア（貿易─北太平洋地域─歴史─近代）
◇北太平洋世界とアラスカ毛皮交易─ロシア・アメリカ会社の人びと　森永貴子［著］　東洋書店　2014.5　63p　21cm（ユーラシア・ブックレット no.193）〈文献あり〉①978-4-86459-186-7　Ⓝ648.9　[800円]

ロシア（貿易─統計）
◇ロシア連邦貿易通関統計　2012年度　ロシア連邦国家関税委員会／編　ジャパン・プレス・フォト　2014.3　375p　30cm　①978-4-915598-41-8　[37000円]

ロシア（ポスター─歴史─1917〜1936─図集）
◇ユートピアを求めて─松本瑠樹コレクション：ポスターに見るロシア・アヴァンギャルドとソヴィエト・モダニズム　神奈川県立近代美術館，世田谷美術館，東京新聞編　［東京］　東京新聞 c2013　193p　30cm〈年表あり　会期・会場：2013年10月26日─2014年1月26日　神奈川県立近代美術館葉山ほか〉Ⓝ727.6

ロシア（ポスター─歴史─ニコライ2世時代─図集）
◇ユートピアを求めて─松本瑠樹コレクション：ポスターに見るロシア・アヴァンギャルドとソヴィエト・モダニズム　神奈川県立近代美術館，世田谷美術館，東京新聞編　［東京］　東京新聞 c2013　193p　30cm〈年表あり　会期・会場：2013年10月26日─2014年1月26日　神奈川県立近代美術館葉山ほか〉Ⓝ727.6

ロシア（綿業─歴史─19世紀）
◇ロシア綿業発展の契機─ロシア更紗とアジア商人　塩谷昌史著　知泉書館　2014.2　273p　23cm〈文献あり　索引あり〉①978-4-86285-179-6　Ⓝ586.2238　[4500円]

ロシア（ユダヤ人─歴史）
◇ロシアとユダヤ人─苦悩の歴史と現在　高尾千津子［著］　東洋書店　2014.5　63p　21cm（ユーラシア・ブックレット no.191）〈文献あり〉①978-4-86459-184-3　Ⓝ316.88　[800円]

ロシア（妖怪）
◇ヴィイ調査ノート─ウクライナ・ロシア妖怪茶話　麻野嘉史筆　増補改訂版，2版　[出版地不明]　祭畜洞　2014.11　144p　21cm〈文献あり〉Ⓝ388.38

ロシア（流行歌─歴史─20世紀）
◇心に残る20世紀のロシア歌謡─旧ソ連歌謡ものがたり　[森おくじ著]，畠中英輔編著　京都　ロシア音楽出版会　2014.9　211p　21cm　①978-4-9906565-1-5　Ⓝ767.8　[2300円]

ロシア（歴史）
◇図説ロシアの歴史　栗生沢猛夫著　増補新装版　河出書房新社　2014.10　183p　22cm　（ふくろうの本）〈文献あり　年表あり〉①978-4-309-76224-1　Ⓝ238　[1850円]
◇世界史学とロシア史研究　田中陽兒著　山川出版社　2014.10　429,6p　22cm〈著作目録あり　年譜あり　内容：ニコンの「宗教改革」　ノヴゴロド「民会」考　モスクワ国家論の一類型　キエーフ国家における正教の国教化　「ロシア農民戦争」論の再検討　一三八二年の汗軍モスクワ襲撃考　Π・Μ・ストローエフの史料探査行　歴史と絵画　歴史のなかの人間像　歴史認識の現代的時点について　思想史研究の論理化のために　ソビエト史研究の二、三の問題点　私にとってのロシア史研究会　歴史学と「世界史」教育　ロシア史研究会大会雑感　レーニン論についてのコメント二、三　人間の顔をした歴史研究を　ヴェーラ・フィグネル著『ロシアの夜』　松田道雄著『ロシアの革命』　和田春樹著『ニコライ・ラッセル』．上　和田春樹著『ニコライ・ラッセル』．下　国本哲男著『ロシア国家の起源』　Ｂ・Ｏ・クリュチェフスキー著『ロシア史講話』．第1巻　Ｂ・Ｏ・クリュチェフスキー著『ロシア史講話』．第2巻　鳥山成人著『ロシア・東欧の国家と社会』　栗生沢猛夫著『ボリス・ゴドノフと偽のドミトリー』　『ロシア史研究』編集後記〉①978-4-634-67235-2　Ⓝ238　[7500円]
◇ロシア　ジョン・チャノン，ロバート・ハドソン著，外川継男監修，桃井緑美子，牧人舎訳　新装版　河出書房新社　2014.8　138p　25cm　（地図で読む世界の歴史）〈文献あり　年表あり　索引あり〉①978-4-309-61188-4　Ⓝ238　[2200円]

◇ロシアの空の下　中村喜和著　風行社　2014.3　298,6p　20cm〈索引あり　内容：『ロマノフカ村の日々』が世に出るまで　国境にこだわらなかった旧教徒　ルーマニアのリボヴァン　大黒屋光太夫の足跡をたずねて　『環海異聞』の中の人情　橘耕齋正伝　万里小路正秀　見覚えのため　万里小路正秀のロシア語書簡〈翻訳〉榎本武揚のペテルブルグ通信　シベリアの月　『シベリア日記』現代語訳余滴　秋田県の「ウラー」　エトロフ島合戦余話　ゴロヴニンのもたらした仏露辞典　淡路島に花開く日露交流　ニコライ大主教の手紙　異国に漂う祖国のにおい　浦潮空港の一夜〉①978-4-86258-080-1　Ⓝ238　[2700円]

ロシア（歴史─1925〜1953）
◇スターリニズムの経験─市民の手紙・日記・回想録から　松井康浩著　岩波書店　2014.2　196p　19cm　（岩波現代全書 024）〈文献あり〉①978-4-00-029124-8　Ⓝ238.07　[1900円]

ロシア（歴史─近代）
◇ロシアを動かした秘密結社─フリーメーソンと革命家の系譜　植田樹著　彩流社　2014.5　302p　20cm　①978-4-7791-2014-5　Ⓝ361.65　[2900円]

ロシア・アメリカ会社
◇北太平洋世界とアラスカ毛皮交易─ロシア・アメリカ会社の人びと　森永貴子［著］　東洋書店　2014.5　63p　21cm（ユーラシア・ブックレット no.193）〈文献あり〉①978-4-86459-186-7　Ⓝ648.9　[800円]

ロジャース，C.R.〔1902〜1987〕
◇ロジャースをめぐって─臨床を生きる発想と方法　村山正治著　オンデマンド版　金剛出版　2014.2　247p　21cm〈索引あり　印刷・製本：デジタルパブリッシングサービス　内容：私とクライエント中心療法　カール・ロジャースの先見性　ロジャースの晩年の考え方と実践　パーソンセンタード・アプローチ　登校拒否中学生の心理療法　家庭訪問した不登校の事例　エンカウンターグループ　私のエンカウンターグループ　学校コミュニティとカウンセリング　いまなぜグループか　ネットワークと臨床心理学　臨床心理学研究の方法論　事例研究の意義をめぐって　大学院における心理臨床家の養成をめぐって　臨床心理学の研究発展のためのいくつかの提案メモ　心理臨床のさらなる発展をめざして〉①978-4-7724-9011-5　Ⓝ146.8　[4500円]

魯迅〔1881〜1936〕
◇魯迅出門　丸川哲史著　インスクリプト　2014.1　272p　20cm　①978-4-900997-39-4　Ⓝ920.278　[3000円]

ローソン
◇プロ経営者新浪剛史─ローソン再生、そしてサントリーへ　吉岡秀子著　朝日新聞出版　2014.11　287p　19cm〈文献あり　「砂漠で梨をつくる」(2010年刊)の改題改訂〉①978-4-02-331346-0　Ⓝ673.868　[1400円]

ロータリークラブ
◇I serve　服部芳樹著　［岐阜］　［服部芳樹］　2014.5　109p　30cm〈本文は日本語〉Ⓝ065　[1000円]
◇小久保晴行著作集　第7巻　好奇心と友情と　小久保晴行著　イースト・プレス　2014.12　524p　22cm〈付属資料：4p：月報　内容：小久保晴行のワールド・ワイド　ロータリーの四季〉①978-4-7816-1247-8　Ⓝ081.6　[4300円]
◇魅力あるロータリーに　富田英壽著　［朝倉］　富田英壽　2014.7　246p　21cm〈甘木ロータリークラブ創立五十五周年記念〉Ⓝ065
◇読みやすい手続要覧─2013年度手続要覧　坂本俊雄著　八王子　揺籃社　2014.9　62p　26cm　①978-4-89708-345-2　Ⓝ065　[1000円]

ローターン，J.P.〔1785〜1853〕
◇ヤン・ローターン神父の生涯─イエズス会の第2の創立者　ホアン・カトレット著，高橋敦子訳　習志野　教友社　2014.6　142p　19cm　①978-4-907991-00-5　Ⓝ198.22　[1000円]

六角 精児〔1962〜 〕
◇少し金を貸してくれないか─三角でもなく四角でもなく六角　精児 続　六角精児著　講談社　2014.3　173p　18cm　①978-4-06-218923-1　Ⓝ772.1　[926円]

ロック，J.〔1632〜1704〕
◇ジョン・ロックの教会論　山田園子著　広島　渓水社　2013.11　228p　22cm　①978-4-86327-241-5　Ⓝ195　[4500円]
◇ロック『市民政府論』を読む　松下圭一著　岩波書店　2014.1　293p　15cm　（岩波現代文庫）〈文献あり〉①978-4-00-600304-3　Ⓝ311.23　[1180円]

ロックフェラー，D.〔1915〜 〕
◇ロックフェラー回顧録　上巻　デイヴィッド・ロックフェラー［著］，楡井浩一訳　新潮社　2014.12　541p　16cm　（新潮文庫 シー-38-19）①978-4-10-218631-2　Ⓝ289.3　[790円]

◇ロックフェラー回顧録　下巻　デイヴィッド・ロックフェラー［著］，楡井浩一訳　新潮社　2014.12　489p　16cm　（新潮文庫　シー38-20）　①978-4-10-218632-9　Ⓝ289.3　［750円］

六工社
◇富岡日記　和田英著　筑摩書房　2014.6　191p　15cm　（ちくま文庫　わ10-1）〈底本：中公文庫 1978年刊　内容：富岡日記　富岡後記〉　①978-4-480-43184-4　Ⓝ639　［680円］

ロッシュ, L.〔1809～1901〕
◇敗北の外交官ロッシュ―イスラーム世界と幕末江戸をめぐる夢　矢田部厚彦著　白水社　2014.10　389,3p　20cm〈索引あり〉　①978-4-560-08399-4　Ⓝ289.3　［2700円］

ロッテオリオンズ →千葉ロッテマリーンズを見よ

ロトチェンコ, A.M.〔1891～1956〕
◇ロトチェンコとソヴィエト文化の建設　河村彩著　水声社　2014.11　371p　22cm〈文献あり〉　①978-4-8010-0076-6　Ⓝ702.38　［6000円］

ロナウド, C.
◇Who is the Best？―メッシ，ロナウド，ネイマール。最高は誰だ？　ルーカ・カイオーリ著，タカ大丸訳　プレジデント社　2014.6　205p　図版12p　19cm　①978-4-8334-2087-7　Ⓝ783.47　［1300円］

ロブシャイト, W.〔1822～1893〕
◇ヴィルヘルム・ロブシャイト―異文化交流の先駆者　照山直子著　鳳書房　2014.9　129p　20cm〈年譜あり　布装〉　①978-4-902455-34-2　Ⓝ198.32　［2000円］

ローマ（紀行・案内記）
◇ぼくらのイタリア旅行記―12日間の奇跡　ローマ編　中津克己著　文芸社　2014.12　228p　15cm　①978-4-286-15652-1　Ⓝ293.709　［700円］

ローマ帝国 →古代ローマを見よ

ロマノフ〔家〕
◇名画で読み解くロマノフ家12の物語　中野京子著　光文社　2014.7　229p　18cm　（光文社新書 707）〈文献あり　年表あり〉　①978-4-334-03811-3　Ⓝ288.4938　［980円］

ローリング, J.K.〔1965～ 〕
◇ハリー・ポッターの魔法ワールド大図鑑―妖精，幻獣，魔法アイテム，伝説の魔法使いを完全収録した保存版!!　七会静著　廣済堂出版　2014.8　290p　19cm〈文献あり〉　①978-4-331-51858-8　Ⓝ933.7　［2200円］

ローリング・ストーンズ
◇2014ローリング・ストーンズin東京　板坂剛編著　鹿砦社　2014.5　91p　21cm　①978-4-8463-1000-4　Ⓝ767.8　［1300円］
◇ローリング・ストーンズ海賊盤事典　原勝志編・著　最新版　アートデイズ　2014.2　637p　21cm〈文献あり〉　①978-4-86119-225-8　Ⓝ767.8　［3800円］

ロールズ, J.〔1921～2002〕
◇「格差の時代」の労働論―ジョン・ロールズ『正義論』を読み直す　福間聡著　現代書館　2014.9　245p　20cm　（いま読む! 名著）〈文献あり〉　①978-4-7684-1004-2　Ⓝ366　［2200円］

ロレンス, D.H.〔1885～1930〕
◇ニューメキシコのD・H・ロレンス―そこは時間の流れが違う　アーサー・J・バックラック著，松田正貴訳　彩流社　2014.5　190,11p　20cm〈索引あり〉　①978-4-7791-2006-0　Ⓝ930.278　［2200円］

ロレンス, T.E.〔1888～1935〕
◇砂漠の反乱　T・E・ロレンス著，小林元訳　改版　中央公論新社　2014.5　309p　16cm　（中公文庫　ロ6-2）〈年譜あり〉　①978-4-12-205953-5　Ⓝ289.3　［1000円］

論談同友会
◇日本最大の総会屋「論談」を支配した男　大下英治著　青志社　2014.6　319p　19cm〈文献あり〉　①978-4-905042-88-4　Ⓝ361.65　［1500円］

ロンドン（印刷業）
◇レタープレス・活版印刷のデザイン，新しい流れ―アメリカ，ロンドン，東京発のニューコンセプト　碓井美樹編著　パイインターナショナル　2014.10　191p　21cm　①978-4-7562-4571-7　Ⓝ749.09　［1900円］

ロンドン（紀行・案内記）
◇ゴーストを訪ねるロンドンの旅　平井杏子著　大修館書店　2014.12　217p　21cm〈文献あり　年表あり　索引あり〉　①978-4-469-24590-5　Ⓝ293.333　［2300円］

ロンドン（芸術―歴史）
◇ロンドン―アートとテクノロジー　山口惠里子編　竹林舎　2014.12　510p　27cm　（西洋近代の都市と芸術 8）〈内容：テクノロジーとテクニック　混濁の「帝都」（大石和欣著）　アートを受容する場をめぐって（荒川裕治著）　J.M.W.ターナーと光学（富національ一著）　ラスキンの ”æsthetic” 概念再考（荻野哉著）　機械という毒と対峙するもの（ティム・バリンジャー著，渡部名祐子訳）　ダンテ・ゲイブリエル・ロセッティ（アラステア・グリーヴ著，山口惠里子訳）　自然・メトロポリス・デザイン　ヴィクトリア朝のデザインにみる「自然の模倣」（菅靖子著）　園芸と二つの水晶宮（松village昌家著）　ロンドン都市基盤の形成とヴィクトリア朝詩の想像力（松村伸一著）　ロンドンの「花売り娘」（小野寺玲子著）　ラファエル前派の中世風絵付け家具における「無骨な」テクノロジー（山口惠里子著）　「大きなこぶ」のなかで（川端康雄著）　異なるもの、遠きものとのダイアローグ　ジャポニスム（小野文子著）　プリミティヴィズム前史（大久保恭子著）　世紀転換期におけるテンペラ・リヴァイヴァル（堀川麗子著）　ファンタスマゴリーとリアリティ　ファッションとロンドン（眞嶋史叙著）　三つ目の〈革命 〉（金山喜太著）　ジョージ・ギッシングのロンドン（中田元子著）　挿絵本に映されたある女性像（井上友子著）　障害のある身体の表象（田中みわ子著）〉　①978-4-902084-70-2　Ⓝ702.3333　［15000円］

ロンドン（社会）
◇ハムステッドの路地を歩けば―節約しながら優雅に過ごすロンドン　井形慶子著　筑摩書房　2014.3　253p　19cm　①978-4-480-81520-0　Ⓝ302.3333　［1500円］

ロンドン（幽霊）
◇ゴーストを訪ねるロンドンの旅　平井杏子著　大修館書店　2014.12　217p　21cm〈文献あり　年表あり　索引あり〉　①978-4-469-24590-5　Ⓝ293.333　［2300円］

ロンドン（歴史）
◇観光コースでないロンドン―イギリス2000年の歴史を歩く　中村久司著　高文研　2014.7　271p　19cm　（もっと深い旅をしよう）　①978-4-87498-548-9　Ⓝ233.33　［1800円］
◇フランスが生んだロンドン、イギリスが作ったパリ　ジョナサン・コンリン著，松尾恭子訳　柏書房　2014.12　373p　20cm〈文献あり〉　①978-4-7601-4511-9　Ⓝ233.33　［2200円］

ロンドン, J.〔1876～1916〕
◇ジャック・ロンドンと鹿児島―その相互の影響関係　森孝晴著　鹿児島　高城書房　2014.12　224p　21cm〈文献あり　年表あり　年譜あり　著作目録あり〉　①978-4-88777-156-7　Ⓝ930.278　［2000円］

【 わ 】

YKK株式会社
◇挑戦の軌跡―そして未来へ―YKK 80年史　YKK　2014.11　551p　21cm〈年表あり〉　Ⓝ581.067

ワイルド, C.〔1858～1898〕
◇オスカー・ワイルドの妻コンスタンス―愛と哀しみの生涯　フラニー・モイル著，那須省一訳　福岡　書肆侃侃房　2014.11　527p　19cm　①978-4-86385-165-8　Ⓝ930.268　［2500円］

ワイルド, O.〔1854～1900〕
◇オスカー・ワイルドの妻コンスタンス―愛と哀しみの生涯　フラニー・モイル著，那須省一訳　福岡　書肆侃侃房　2014.11　527p　19cm　①978-4-86385-165-8　Ⓝ930.268　［2500円］
◇日本ワイルド研究書誌　佐々木隆編　増補版　那須町（栃木県）　イーコン　2014.9　613p　30cm　①978-4-907505-03-5　Ⓝ930.268

若狭町〔福井県〕（遺跡・遺物）
◇曽根田遺跡　福井　福井県教育庁埋蔵文化財調査センター　2014.3　168p　図版　56p　30cm　（福井県埋蔵文化財調査報告第150集）〈舞鶴若狭自動車道建設事業に伴う調査〉　Ⓝ210.0254

若杉 文吉〔1926～2012〕
◇若杉文吉―日本のペインクリニック創設・発展に尽くした生涯　持田奈緒美編　三和書籍　2014.4　246p　20cm〈著作目録あり　年譜あり〉　①978-4-86251-164-5　Ⓝ289.1　［2300円］

若月 俊一〔1910～2006〕
◇現代（いま）に生きる若月俊一のことば―未来につなぐ農村医療の精神　松島松翠編著，佐久総合病院監修　家の光協会　2014.1　203p　19cm〈著作目録あり〉　①978-4-259-52178-3　Ⓝ611.99　［1200円］

若林 正恭〔1978～ 〕

◇社会人大学人見知り学部卒業見込　若林正恭著　メディア
ファクトリー　2013.5　221p　19cm　（ダ・ヴィンチブック
ス）Ⓘ978-4-8401-5194-8　Ⓝ779.14　［1200円］

和ケ原 聡司

◇はたらく魔王さま！ノ全テ　電撃文庫編集部編, 和ケ原聡司
原作・監修　KADOKAWA　2013.12　143p　26cm　（電撃
文庫公式解読本）〈イラスト：029〉Ⓘ978-4-04-866200-0
Ⓝ913.6　［1400円］

若山 牧水〔1885～1928〕

◇若山牧水への旅－ふるさとの鐘　前山光則著　福岡　弦書房
2014.9　240p　19cm〈年譜あり〉Ⓘ978-4-86329-105-8
Ⓝ911.162　［1800円］

和歌山県（遺跡・遺物）

◇紀の川流域の文化遺産を活かした地域活性化事業調査研究報
告書　平成25年度　紀の川流域文化遺産活用地域活性化協議
会編　　和歌山県文化遺産活用活性化委員会　2014.
3　96p　30cm〈文献あり〉Ⓝ216.6

◇地宝のひびき－和歌山県内文化財調査報告会資料集　和歌山
和歌山県文化財センター　2014.7　54p　30cm〈会期・会場：
平成26年7月13日　きのくに志学館（和歌山県立図書館2階）講
義研修室〉Ⓝ216.6

和歌山県（遺跡・遺物－海南市）

◇海南市内遺跡発掘調査概報　平成24年度　海南市教育委員会
編　海南　海南市教育委員会　2014.3　22p　図版12p　30cm
（海南市文化財調査報告書　第47冊）〈和歌山県海南市所在〉
Ⓝ210.0254

和歌山県（遺跡・遺物－紀の川市）

◇紀の川市内遺跡発掘調査概要報告書　平成24年度　紀の川
市の川市教育委員会　　和歌山　紀の川市教育委員会（紀の川市文化財
調査報告書　第8集）〈内容：平池遺跡調査　丸山古墳（第2
次）・貴志城跡調査　元興跡（第3次）調査　史跡旧名手宿本陣
（第4次）調査. 遺物編〉Ⓝ210.0254

和歌山県（遺跡・遺物－和歌山市）

◇太田・黒田遺跡第13・19・20次発掘調査報告書　和歌山市教
育委員会編　［和歌山］　和歌山市教育委員会　2014.3　38p
図版7p　30cm　Ⓝ210.0254

◇紀ノ川北岸の古墳文化資料集－初期須恵器・埴輪・陶棺からみ
た地域の歴史：公開シンポジウム　和歌山　和歌山県立紀伊風土記の丘
センター　2014.2　46p　30cm〈文献あり　会期・会場：平
成26年2月1日　きのくに志学館講義・研修室　背のタイトル：
紀ノ川北岸の古墳文化　内容：記念講演　紀伊の渡来文化（定
森秀夫著）発表　平井遺跡周辺の調査成果（中村淳磨著）紀
ノ川北岸の埴輪（藤藪勝則著）　和歌山県出土の陶棺（川口修
実著）〉Ⓝ216.6

◇神前遺跡　和歌山県文化財センター編　［和歌山］　和歌山県
文化財センター　2014.3　236p　図版［36］枚　30cm〈和歌
山橋本線道路改良工事に伴う発掘調査報告書〉Ⓝ210.0254

◇大日山35号墳発掘調査報告書　和歌山県立紀伊風土記の丘
和歌山　和歌山県教育委員会　2013.3　230p　図版［79］枚
30cm　（特別史跡岩橋千塚古墳群発掘調査・保存整備事業報
告書 2）Ⓝ210.0254

◇田屋遺跡第7・8次発掘調査報告書　和歌山市文化スポーツ振
興財団編　［和歌山］　和歌山市文化スポーツ振興財団　2014.
3　68p　図版 48p　30cm　（和歌山市文化スポーツ振興財団発
掘調査報告書　第1集）Ⓝ210.0254

◇津秦Ⅱ遺跡第4次発掘調査報告書　和歌山市文化スポーツ振興
財団編　［和歌山］　和歌山市文化スポーツ振興財団　2014.3
38p　図版 18p　30cm　（和歌山市文化スポーツ振興財団発掘
調査報告書　第3集）Ⓝ210.0254

◇西田井遺跡第3・4次発掘調査報告書　和歌山市文化スポーツ
振興財団編　［和歌山］　和歌山市文化スポーツ振興財団
2014.3　52p　図版 22p　30cm　（和歌山市文化スポーツ振興
財団発掘調査報告書　第2集）Ⓝ210.0254

◇六十谷遺跡　和歌山県文化財センター編　［和歌山］　和歌山
県文化財センター　2013.9　38p　図版 15枚　30cm〈都市計
画道路西脇山口線（園部・六十谷）道路改良事業に伴う発掘
調査報告書〉Ⓝ210.0254

◇和歌山市内遺跡発掘調査概報　平成24年度　和歌山　和歌山
市教育委員会　2014.3　184p　図版 19p　30cm　Ⓝ210.0254

和歌山県（エコシティ－和歌山市）

◇持続可能なまちづくりを目指して－和歌山市まちづくり戦略
研究会報告書：わかやま！LOHAS 2040　和歌山　和歌山地
域経済研究機構　2014.4　90p　30cm　（研究成果 no. 24）
Ⓝ518.8

和歌山県（介護保険）

◇和歌山県高齢者等生活意識調査（要支援・要介護者調査）報告
書　和歌山　和歌山県福祉保健部福祉保健政策局長寿社会課
2014.3　92, 20p　30cm　Ⓝ369.26

和歌山県（環境運動）

◇世界遺産バカ一実録！熊野古道を世界遺産登録し地球エコロ
ジーを実現する男　玉置公良著　文芸社　2014.1　226p
19cm　Ⓘ978-4-286-14177-0　Ⓝ519.8166　［1500円］

和歌山県（教育行政）

◇和歌山県教育振興基本計画－「未来を拓くひたむきな人間力を
育む和歌山」の実現に向けて　第2期　平成26年度→平成30年
度　和歌山　和歌山県教育庁教育総務局総務課　2014.3　66p
30cm〈共同刊行：和歌山県〉Ⓝ373.2

和歌山県（金石・金石文－かつらぎ町）

◇かつらぎ町金石文調査報告書　かつらぎ町文化財調査検討委
員会編　かつらぎ町（和歌山県）　かつらぎ町文化財調査検討委
員会　2014.3　329p　30cm〈折り込 1枚〉Ⓝ216.6

和歌山県（公共事業）

◇建設工事にかかる《新公共調達制度》の手引　平成26年度　和
歌山　和歌山県県土整備部県土整備政策局技術調査課　2014.
9　277p　30cm　Ⓝ510.91　［490円］

和歌山県（交通－統計）

◇和歌山県公共交通機関等資料集　平成25年度　［和歌山］　和
歌山県企画部地域振興局総合交通政策課　［2014］　80p
30cm〈年表あり〉Ⓝ680.59

和歌山県（高齢）

◇和歌山県高齢者等生活意識調査（高齢者一般調査）報告書　和
歌山　和歌山県福祉保健部福祉保健政策局長寿社会課　2014.
3　80, 16p　30cm　Ⓝ369.26

◇和歌山県高齢者等生活意識調査（要支援・要介護者調査）報告
書　和歌山　和歌山県福祉保健部福祉保健政策局長寿社会課
2014.3　92, 20p　30cm　Ⓝ369.26

和歌山県（高齢者福祉）

◇和歌山県高齢者等生活意識調査（高齢者一般調査）報告書　和
歌山　和歌山県福祉保健部福祉保健政策局長寿社会課　2014.
3　80, 16p　30cm　Ⓝ369.26

◇和歌山県高齢者等生活意識調査（第2号被保険者調査）報告書
和歌山　和歌山県福祉保健部福祉保健政策局長寿社会課
2014.3　44, 12p　30cm　Ⓝ369.26

◇和歌山県高齢者等生活意識調査（要支援・要介護者調査）報告
書　和歌山　和歌山県福祉保健部福祉保健政策局長寿社会課
2014.3　92, 20p　30cm　Ⓝ369.26

和歌山県（財産評価）

◇評価倍率表－奈良県・和歌山県　大阪　納税協会連合会
2014.7　414p　30cm　（財産評価基準書 平成26年分 4/49）
〈清文社（発売）〉Ⓝ345.5　［6700円］

和歌山県（祭祀－那智勝浦町）

◇那智田楽へのいざない－和歌山県立紀伊風土記の丘ユネスコ
無形文化遺産登録記念秋期特別展　和歌山県立紀伊風土記の
丘編　和歌山　和歌山県立紀伊風土記の丘　2013.9　69p
30cm〈会期：平成25年9月28日－12月1日〉Ⓝ773.21

和歌山県（祭礼）

◇熊野三山民俗文化財調査報告書　本文編　和歌山県教育委員
会編　和歌山　和歌山県教育委員会　2013.3　312p　30cm
Ⓝ175.966

◇熊野三山民俗文化財調査報告書　資料編　和歌山県教育委員
会編　和歌山　和歌山県教育委員会　2013.3　196p　30cm
〈文献あり〉Ⓝ175.966

◇和歌山県内のまつり見聞記　3　石塚眞著　［土浦］　石塚眞
2014.5　494p　22cm　Ⓘ978-4-901291-35-4　Ⓝ386.166

和歌山県（殺人－和歌山市）

◇和歌山カレー事件獄中からの手紙　林眞須美, 林健治, 篠田博
之他著　創出版　2014.7　158p　19cm〈年表あり〉Ⓘ978-4-
904795-31-6　Ⓝ368.61　［1000円］

和歌山県（産学連携）

◇地産地消大学－オルタナティブ地域学の試み－序章　湯崎真
梨子著　鹿児島　南方新社　2014.2　175p　19cm　Ⓘ978-4-
86124-293-9　Ⓝ361.98　［1500円］

和歌山県（史跡名勝）

◇和歌山県自然的名勝調査報告書　平成24・25年度　和歌山県
教育委員会編　和歌山　和歌山県教育委員会　2014.3　127p
30cm〈文献あり〉Ⓝ291.66

和歌山県（社会運動－歴史）

◇和歌山県の治安維持法犠牲者－部内資料　治安維持法犠牲者
国家賠償要求同盟和歌山県本部編　第2版　和歌山　治安維持

日本件名図書目録2014　Ⅰ　　　　　　　　　　　　　　　　　　　　　　　　　　　　　和歌山県（墓誌―高野町）

法犠牲者国家賠償要求同盟和歌山県本部　2013.11　110p
　30cm〈年表あり〉Ⓝ326.81
和歌山県（巡礼〔仏教〕―歴史）
◇江戸時代を観光しよう―城下町和歌山と寺社参詣：特別展
　和歌山市立博物館編　〔和歌山〕　和歌山市教育委員会　2014.
　10　104p　30cm〈会期：2014年10月18日―11月24日〉Ⓝ185
和歌山県（荘園―かつらぎ町）
◇紀伊国桛田荘と文覚井―水とともに生き、水を求めて闘う：特
　別展　和歌山県立博物館編　和歌山　和歌山県立博物館
　2013.10　208p　30cm〈文献あり　会期・会場：平成25年10
　月26日―12月1日　和歌山県立博物館〉Ⓝ216.6
和歌山県（城下町―和歌山市―歴史）
◇城下町世界の生活史―没落と再生の視点から　藤本清二郎著
　大阪　清文堂出版　2014.3　485p　22cm〈内容：城下町世界
　の記録　徘徊者・胡乱者　逸脱と立帰り　行倒死と「片付」
　「溜入り」の人々　城下町の勧進者　城下町、振り売りの活況
　行倒人・孤独人の介抱と扶養　城下の慎みと施行　非人村の形
　成と座・仲間　旅船木上げ仲間と非人仲間　長吏・非人改役と
　肝煎　長吏と村方非人番　非人改めから「非人狩」へ　一九世
　紀の城下町世界〉①978-4-7924-1009-4　Ⓝ216.6　〔12000円〕
和歌山県（女性問題―歴史）
◇公立高等女学校にみるジェンダー秩序と階層構造―学校・生
　徒・メディアのダイナミズム　土田陽子著　京都　ミネルヴァ
　書房　2014.4　218,16p　22cm（MINERVA社会学叢書 45）
　〈文献あり　索引あり　内容：問題の所在と課題の設定　和歌
　山市の近代都市化と女学校利用層の変容過程　新聞メディア
　にみる学校イメージ　和歌山高等女学校の学校文化　模範生
　徒にみるジェンダー規範の特徴　生徒文化の特徴と構造　あ
　るべき卒業生像　公立名門高等女学校という存在とジェン
　ダー秩序〉①978-4-623-07012-1　Ⓝ376.4166　〔5500円〕
和歌山県（書目）
◇和歌山県EL新聞記事情報リスト　2013-1　エレクトロニッ
　ク・ライブラリー編　エレクトロニック・ライブラリー
　2014.2　809p　31cm〈制作：日外アソシエーツ〉Ⓝ025.8166
◇和歌山県EL新聞記事情報リスト　2013-2　エレクトロニック・
　ライブラリー編　エレクトロニック・ライブラリー　2014.2
　p811-1477　31cm〈制作：日外アソシエーツ〉Ⓝ025.8166
◇和歌山県EL新聞記事情報リスト　2013-3　エレクトロニッ
　ク・ライブラリー編　エレクトロニック・ライブラリー　2014.2
　p1479-2104　31cm〈制作：日外アソシエーツ〉Ⓝ025.8166
和歌山県（城―歴史）
◇きのくにの城と館―紀中の戦国史：特別展　和歌山県立博物館
　編　和歌山　和歌山県立博物館　2014.4　96p　30cm〈会期・
　会場：平成26年4月26日―6月1日　和歌山県立博物館〉Ⓝ216.6
和歌山県（震災予防）
◇地震・津波等に関する県民意識調査　平成25年度　〔和歌山〕
　和歌山県　2014.4　151p　30cm　Ⓝ369.31
和歌山県（水害―那智勝浦町）
◇ドキュメント豪雨災害―そのとき人は何を見るか　稲泉連著
　岩波書店　2014.6　206p　18cm　（岩波新書　新赤版 1487）
　①978-4-00-431487-5　Ⓝ369.33　〔780円〕
和歌山県（石油コンビナート）
◇和歌山県石油コンビナート等防災計画　平成25年度修正　〔和
　歌山〕　和歌山県石油コンビナート等防災本部　〔2013〕
　173p　30cm　Ⓝ575.5
◇和歌山県石油コンビナート等防災計画　〔平成25年度修正〕資
　料編　〔和歌山〕　和歌山県石油コンビナート等防災本部
　〔2013〕　p174-285　30cm〈表紙のタイトル：資料編〉
　Ⓝ575.5
和歌山県（租税）
◇県税のあらまし　平成26年度　和歌山県総務部総務管理局税
　務課編　〔和歌山〕　和歌山県総務部総務管理局税務課　2014.
　10　73p　21cm〈付・市町村税のあらまし〉Ⓝ349.53
和歌山県（地域社会開発）
◇地産地消大学―オルタナティブ地域学の試み―序章　湯崎真
　梨子著　鹿児島　南方新社　2014.2　175p　19cm　①978-4-
　86124-293-9　Ⓝ361.98　〔1500円〕
和歌山県（地誌）
◇地域調査実習報告書　2013年度　和歌山・福岡　金沢大学人
　文学類地理学教室編　金沢　金沢大学人文学類地理学教室
　2014.3　192p　30cm〈文献あり〉Ⓝ291
◇流域の歴史・道・人―紀の川　紀の川流域文化遺産活用地域活
　性化協議会編　〔和歌山〕　和歌山県文化遺産活用活性化委員
　会　2014.3　48p　26cm　Ⓝ291.66

和歌山県（地誌―橋本市）
◇紀見村郷土誌　復刻版　〔出版地不明〕　〔原嘉彌〕　〔2014〕
　430p　26cm〈原本：紀見小学校昭和8年刊　折り込 2枚〉
　Ⓝ291.66
和歌山県（中高年齢者）
◇和歌山県高齢者等生活意識調査（第2号被保険者調査）報告書
　和歌山　和歌山県福祉保健部福祉保健政策局長寿社会課
　2014.3　44,12p　30cm　Ⓝ369.26
和歌山県（田楽―那智勝浦町）
◇那智田楽へのいざない―和歌山県立紀伊風土記の丘ユネスコ
　無形文化遺産登録記念秋期特別展　和歌山県立紀伊風土記の
　丘編　和歌山　和歌山県立紀伊風土記の丘　2013.9　69p
　30cm〈会期：平成25年9月28日―12月1日〉Ⓝ773.21
和歌山県（伝記）
◇紀の国と群像　北尾清一執筆，まんげつ会編纂　橋本　大和
　出版社　2013.11　84p　21cm〈年譜あり〉Ⓝ281.66　〔非売
　品〕
和歌山県（都市計画―和歌山市）
◇持続可能なまちづくりを目指して―和歌山市まちづくり戦略
　研究会報告書：わかやま！LOHAS 2040　和歌山　和歌山地
　域経済研究機構　2014.4　90p　30cm　（研究成果 no. 24）
　Ⓝ518.8
和歌山県（二酸化炭素―排出抑制）
◇災害等非常時にも効果的な港湾地域低炭素化推進事業委託業
　務―災害等非常時にも効果的な新宮港地域低炭素化推進事業
　平成25年度　和歌山港埠頭　2014.3　252, 33p　30cm
　〈平成25年度環境省委託業務〉Ⓝ517.85
和歌山県（入札）
◇建設工事にかかる《新公共調達制度》の手引　平成26年度　和
　歌山　和歌山県県土整備部県土整備政策局技術調査課　2014.
　9　277p　30cm　Ⓝ510.91　〔490円〕
和歌山県（廃棄物処理）
◇カナリアは青空に謳う―「エコ通信」19年の歩み　小野正治責
　任編集，熊野環境会議編　新宮　熊野環境会議　2013.10
　332p　30cm〈内容：「エコ通信」復刻版．第1号―第205号〉
　Ⓝ518.52
和歌山県（排出抑制（廃棄物））
◇カナリアは青空に謳う―「エコ通信」19年の歩み　小野正治責
　任編集，熊野環境会議編　新宮　熊野環境会議　2013.10
　332p　30cm〈内容：「エコ通信」復刻版．第1号―第205号〉
　Ⓝ518.52
和歌山県（仏像―日高川町―図集）
◇道成寺の仏たちと「縁起絵巻」―古寺巡礼　伊東史朗編　〔日
　高川町（和歌山県）〕　道成寺　2014.9　95p　30cm〈東京美
　術（発売）　文献あり　年表あり〉①978-4-8087-1010-1　Ⓝ718.
　3　〔2000円〕
和歌山県（部落問題―歴史―史料）
◇和歌山の部落史　史料編前近代1　和歌山の部落史編纂会編
　集，和歌山人権研究所著　明石書店　2014.3　572p　22cm
　①978-4-7503-3977-1　Ⓝ361.86　〔18000円〕
和歌山県（文学上）
◇伊勢と熊野の歌―平成二十六年度「熊野古道」世界遺産登録十
　周年斎宮歴史博物館開館二十五周年記念特別展：展示図録
　斎宮歴史博物館編　〔明和町（三重県）〕　斎宮歴史博物館
　2014.10　63p　30cm〈会期・会場：平成26年10月4日―11月9
　日　斎宮歴史博物館特別展示室〉Ⓝ911.102
和歌山県（方言―橋本市）
◇橋本周辺のはなしことば　林邦有著　文芸社　2014.1　251p
　15cm〈文献あり〉①978-4-286-14484-9　Ⓝ818.66　〔700円〕
和歌山県（防災教育（学校））
◇実践的防災教育総合支援事業報告書　平成25年度　和歌山
　和歌山県教育委員会　2014.3　50p　30cm　Ⓝ374.92
和歌山県（防災計画）
◇和歌山県石油コンビナート等防災計画　平成25年度修正　〔和
　歌山〕　和歌山県石油コンビナート等防災本部　〔2013〕
　173p　30cm　Ⓝ575.5
◇和歌山県石油コンビナート等防災計画　〔平成25年度修正〕資
　料編　〔和歌山〕　和歌山県石油コンビナート等防災本部
　〔2013〕　p174-285　30cm〈表紙のタイトル：資料編〉
　Ⓝ575.5
和歌山県（墓誌―高野町）
◇戦国武将と高野山奥之院―石塔の銘文を読む　木下浩良著
　大阪　朱鷺書房　2014.5　290p　21cm〈文献あり〉①978-4-
　88602-202-8　Ⓝ281.02　〔2500円〕

わ

和歌山県（マイクログリッド）

和歌山県（マイクログリッド）
◇災害等非常時にも効果的な港湾地域低炭素化推進事業委託業務―災害等非常時にも効果的な新宮港地域低炭素化推進事業　平成25年度　［新宮］　新宮港埠頭　2014.2　252, 33p　30cm　〈平成25年度環境省委託業務〉Ⓝ517.85

和歌山県（民家―保存・修復―新宮市）
◇重要文化財旧西村家住宅保存活用計画　新宮市教育委員会編　新宮　新宮市教育委員会　2014.3　80p　30cm　〈平成24・25年度文化財建造物等を活用した地域活性化事業〉Ⓝ521.86

和歌山県（名簿）
◇和歌山県人物・人材情報リスト　2015　日外アソシエーツ株式会社編　日外アソシエーツ（制作）　2014.11　505, 24p　30cm Ⓝ281.66

和歌山県（歴史）
◇あなたの知らない和歌山県の歴史　山本博文監修　洋泉社　2014.4　189p　18cm　（歴史新書）〈文献あり　年表あり〉①978-4-8003-0372-1 Ⓝ216.6　［930円］
◇近世紀州文化史雑考　寺西貞弘著　雄山閣　2014.3　191p　21cm　〈内容：徳川光貞と徳川治宝の手紙　徳川頼宣書状中根壱岐守宛　徳川重倫書状牧野越中守宛　江戸行き道中閑話二題　本居宣長紀州藩邸抱え由来　本居宣長と敷島の歌　本居大平と和歌山　本居大平書状紀伊国造宛　南紀男山焼窯の盛衰　南紀男山焼名義考　瑞芝焼雑考　清寧軒御庭焼と徳川斉順　岩瀬広隆筆賑羅之図の歴史的背景　陸奥宗光の陸奥たるゆえん　和歌山ラーメンの源流　山本五十六帥遺家族の和歌山疎開〉978-4-639-02304-3 Ⓝ216.6　［2700円］

和歌山県（歴史―史料―海南市）
◇古文書徹底解釈紀州の歴史　和歌山県立文書館編　［和歌山］　和歌山県　2014.3　156p　21cm　〈和歌山県立文書館開館二十周年記念　複製を含む　内容：つるの嫁入り　偽一九と書物屋喜一郎〉Ⓝ216.6

和歌山県（歴史―史料―書目）
◇紀美野町福田岡本家文書目録　和歌山県立文書館編　［和歌山］　和歌山県　2014.3　330p　26cm　（収蔵史料目録 13）Ⓝ216.6

和歌山県（歴史―史料―和歌山市）
◇古文書徹底解釈紀州の歴史　和歌山県立文書館編　［和歌山］　和歌山県　2014.3　156p　21cm　〈和歌山県立文書館開館二十周年記念　複製を含む　内容：つるの嫁入り　偽一九と書物屋喜一郎〉Ⓝ216.6

和歌山県（歴史―新宮市）
◇熊野・新宮の「大逆事件」前後―大石誠之助の言論とその周辺　辻本雄一著　論創社　2014.2　393p　20cm　〈年譜あり　内容：「大逆事件」と紀州新宮　禄亭と寒村　大石誠之助の言論にみる「半島的視座」と現代　「毒取る」大石誠之助と被差別部落のひとびと　禄亭大石誠之助の視た日露戦中・戦後の熊野新宮の諸相　一九〇八、〇九年における、大石誠之助と沖野岩三郎との接点　高木顕明の紀州新宮時代　「大逆事件」と成石兄弟　堺利彦〔枯川〕、ふたたびの「熊野行」　西村伊作・「冬の時代」その「思想的」断片　熊野における「大逆事件」余聞〉978-4-8460-1299-1 Ⓝ210.68　［3800円］

和歌山県（歴史―和歌山市）
◇歴史的景観としての和歌の浦　薗田香融, 藤本清二郎共著　増補版　［和歌山］　ウイング出版部　2013.12　155p　21cm　〈文献あり　年表あり〉①978-4-9903756-6-9 Ⓝ216.6　［1800円］

和歌山県（路線価）
◇路線価図―和歌山県（1）　大阪　納税協会連合会　2014.7　1冊　30cm　（財産評価基準書　平成26年分 47/49）〔清文社（発売）　内容：和歌山（和歌山市）〕Ⓝ345.5　［8900円］
◇路線価図―和歌山県（2）　大阪　納税協会連合会　2014.7　1冊　30cm　（財産評価基準書　平成26年分 48/49）〔清文社（発売）　内容：海南（海南市）　御坊（御坊市／日高郡美浜町・日高町・由良町・みなべ町）　田辺（田辺市／西牟婁郡白浜町・上富田町）　新宮（新宮市／東牟婁郡那智勝浦町・太地町・古座川町・串本町）〕Ⓝ345.5　［9100円］
◇路線価図―和歌山県（3）　大阪　納税協会連合会　2014.7　1冊　30cm　（財産評価基準書　平成26年分 49/49）〔清文社（発売）　内容：粉河（橋本市／紀の川市／岩出市）　湯浅（有田市有田郡湯浅町・広川町・有田川町）〕Ⓝ345.5　［7400円］

和歌山県（和歌山市）
◇紀淡海峡に浮かぶ「友ヶ島」　松浦光次郎著　［和歌山］　松浦光次郎　2014.4　217p　21cm　Ⓝ291.66　［2000円］
◇和歌山市民のための和歌山観光ガイドブック―fallin'land　和歌山市民のための和歌山観光ガイドブック制作委員会執筆, 松

尾寛監修　和歌山　銀聲舎出版会　2014.2　63p　21cm①9784990474973 Ⓝ291.66

和歌山県国民健康保険団体連合会
◇通常総会附議事項　平成26年　第1回　［和歌山］　和歌山県国民健康保険団体連合会　［2014］　215p　30cm　〈会期・会場：平成26年2月28日　和歌山県自治会館304号室〉Ⓝ364.4
◇通常総会附議事項　平成26年　第2回　［和歌山］　和歌山県国民健康保険団体連合会　［2014］　226p　30cm　〈会期・会場：平成26年7月31日　日赤会館3階日赤支部会議室〉Ⓝ364.4

和歌山市
◇紀淡海峡に浮かぶ「友ヶ島」　松浦光次郎著　［和歌山］　松浦光次郎　2014.4　217p　21cm　Ⓝ291.66　［2000円］
◇和歌山市民のための和歌山観光ガイドブック―fallin'land　和歌山市民のための和歌山観光ガイドブック制作委員会執筆, 松尾寛監修　和歌山　銀聲舎出版会　2014.2　63p　21cm①9784990474973 Ⓝ291.66

和歌山市（遺跡・遺物）
◇太田・黒田遺跡第13・19・20次発掘調査報告書　和歌山市教育委員会編　［和歌山］　和歌山市教育委員会　2014.3　38p図版 7p　30cm　Ⓝ210.0254
◇紀ノ川北岸の古墳文化資料集―初期須恵器・埴輪・陶棺からみた地域の歴史：公開シンポジウム　［和歌山］　和歌山県文化財センター　2014.2　46p　30cm　〈文献あり　会期・会場：平成26年2月1日　きのくに志学館講義・研修室　背のタイトル：紀ノ川北岸の古墳文化　内容：記念講演　紀伊の渡来文化（定森秀夫著）　発表　平井遺跡周辺の調査成果（中村淳磯著）　紀ノ川北岸の埴輪（藤藪勝則著）　和歌山県出土の陶棺（川口修実著）〉Ⓝ216.6
◇神前遺跡　和歌山県文化財センター編　［和歌山］　和歌山県文化財センター　2014.3　236p図版 ［36］ 枚　30cm　〈和歌山橋本線道路改良工事に伴う発掘調査報告書〉Ⓝ210.0254
◇大日山35号墳発掘調査報告書　和歌山県立紀伊風土記の丘編　和歌山　和歌山県教育委員会　2013.3　230p図版 ［79］ 枚　30cm　（特別史跡岩橋千塚古墳群発掘調査・保存整備事業報告書 2）Ⓝ210.0254
◇田屋遺跡第7・8次発掘調査報告書　和歌山市文化スポーツ振興財団編　［和歌山］　和歌山市文化スポーツ振興財団　2014.3　68p図版 48p　30cm　（和歌山市文化スポーツ振興財団発掘調査報告書 第1集）Ⓝ210.0254
◇津秦Ⅱ遺跡第4次発掘調査報告書　和歌山市文化スポーツ振興財団編　［和歌山］　和歌山市文化スポーツ振興財団　2014.3　38p図版 18p　30cm　（和歌山市文化スポーツ振興財団発掘調査報告書 第3集）Ⓝ210.0254
◇西田井遺跡第3・4次発掘調査報告書　和歌山市文化スポーツ振興財団編　［和歌山］　和歌山市文化スポーツ振興財団　2014.3　52p図版 22p　30cm　（和歌山市文化スポーツ振興財団発掘調査報告書 第2集）Ⓝ210.0254
◇六十谷遺跡　和歌山県文化財センター編　［和歌山］　和歌山県文化財センター　2014.3　165p　30cm　〈都市計画道路西脇山口線（園部・六十谷）道路改良事業に伴う発掘調査報告書〉Ⓝ210.0254
◇和歌山市内遺跡発掘調査概報　平成24年度　和歌山　和歌山市教育委員会　2014.3　184p図版 19p　30cm　Ⓝ210.0254

和歌山市（エコシティ）
◇持続可能なまちづくりを目指して―和歌山市まちづくり戦略研究会報告書：わかやま！ LOHAS 2040　和歌山　和歌山地域経済研究機構　2014.4　90p　30cm　（研究成果 no. 24）Ⓝ518.8

和歌山市（殺人）
◇和歌山カレー事件獄中からの手紙　林眞須美, 林健治, 篠田博之他著　創出版　2014.7　158p　19cm　〈年表あり〉①978-4-904795-31-6 Ⓝ368.61　［1000円］

和歌山市（城下町―歴史）
◇城下町世界の生活史―没落と再生の視点から　藤本清二郎著　大阪　清文堂出版　2014.3　485p　22cm　〈内容：城下町世界の記録　俳徊者・胡乱者　逸脱と立帰り　行倒死と「片付」「溜入り」の人々　城下町の勧進者　城下町、振り売りの活況　行倒人・孤独人の介抱と扶養　城下の慎みと施行　非人村の形成と座・仲間　旅船木上げ仲間と非人仲間　長吏・非人改役と肝煎　長吏と村方非人衆　非人改めから「非人狩」へ　一九世紀の城下町世界〉978-4-7924-1009-4 Ⓝ216.6　［12000円］

和歌山市（都市計画）
◇持続可能なまちづくりを目指して―和歌山市まちづくり戦略研究会報告書：わかやま！ LOHAS 2040　和歌山　和歌山地域経済研究機構　2014.4　90p　30cm　（研究成果 no. 24）Ⓝ518.8

和歌山市（歴史）
◇歴史的景観としての和歌の浦　薗田香融，藤本清二郎共著　増補版　［和歌山］　ウイング出版部　2013.12　155p　21cm　〈文献あり　年表あり〉Ⓘ978-4-9903756-6-9　Ⓝ216.6　［1800円］

和歌山市（歴史―史料）
◇古文書徹底解釈紀州の歴史　和歌山県立文書館編　［和歌山］　和歌山県　2014.3　156p　21cm　〈和歌山県立文書館開館二十周年記念　複製を含む　内容：つるの嫁入り　偽一九と書物屋喜一郎〉Ⓝ216.6

和歌山大学
◇マイの和歌山大学留学　和歌山大学日本語教育研究会企画・執筆・編集　改定第3版　和歌山　和歌山大学国際教育研究センター　2013.3　72p　26cm　Ⓝ377.6

脇　静子〔1939～　〕
◇時の流れを越えて　脇静子著　［出版地不明］　脇静子　2014.9　171p　22cm　Ⓝ289.1

脇　蘭室〔1764～1814〕
◇脇蘭室関係資料集　小串信正編著　大分　脇蘭室を読む会　2014.3　74p　30cm　〈著作目録あり　年譜あり　平成25（2013）年脇蘭室先生没後二百年記念出版〉Ⓝ121.53

ワーグナー，R.〔1813～1883〕
◇さまよえるオランダ人　ワーグナー[作]，日本ワーグナー協会監修，三宅幸夫，池上純一編訳　五柳書院　2013.5　126p　31cm　〈文献あり　布装〉Ⓘ978-4-901646-21-5　Ⓝ766.1　［4800円］
◇シシュフォスの神話―ワーグナー試論　三宅幸夫著　五柳書院　2014.5　286p　20cm　（五柳叢書 100）〈内容：はじめに　嵐と衝迫　思いもかけない一撃　秩序と破綻　三つの策略　予感と現前　森のメルヒェン　善悪の彼岸　嘆きの調べ　古さと新しさ　世界の記憶　不幸な概念　祖型への回帰　シシュフォスの神話〉Ⓘ978-4-901646-25-3　Ⓝ762.34　［2500円］
◇ヴァーグナーの舞台作品におけるドラマ性　稲田隆之編　日本独文学会　2014.10　74p　21cm　（日本独文学会研究叢書 105号）〈内容：ヴァーグナーにみる「異界」の音楽表現（山本まり子著）　ヴァーグナーとグランド・オペラ（松原良輔著）《ラインの黄金》の演出指示に関する考察（岡田安樹浩著）《トリスタン》における言葉と音楽のねじれ関係（稲田隆之著）　ヴァーグナーの劇詩と初期モデルネの言語懐疑（北川千香子著）〉Ⓘ978-4-901909-05-1　Ⓝ766.1
◇ワーグナー　下　マルティン・ゲック著，岩井智子，岩井方男，北川千香子訳　岩波書店　2014.2　240,50p　20cm　〈作品目録あり　索引あり〉Ⓘ978-4-00-025939-2　Ⓝ762.34　［3500円］
◇ワーグナーを旅する―革命と陶酔の彼方へ　市川明編，秋山良都，北岡志織，木村美和，設楽里菜，田中菜穂子，北條瞳編集委員　大阪　松本工房　2013.7　253p　19cm　〈文献あり　年譜あり〉Ⓘ978-4-944055-55-5　Ⓝ762.34　［2800円］
◇ワーグナーシュンポシオン　2014　日本ワーグナー協会/編　秦野　東海大学出版部　2014.7　197p　21cm　Ⓘ978-4-486-02042-4　［2900円］

和光学園
◇和光学園八〇年史　和光学園八〇年史編集委員会編　町田　和光学園　2013.11　403p　22cm　〈年表あり〉Ⓝ377.28

和光市（遺跡・遺物）
◇市場峡・市場上遺跡　第20次・第21次・第22次調査　和光市遺跡調査会，和光市教育委員会編　［和光］　和光市遺跡調査会　2014.3　127p　図版 33p　30cm　（和光市埋蔵文化財調査報告書 第53集）〈埼玉県和光市所在　和光市白子三丁目中央土地区画整理に伴う発掘調査報告書　共同刊行：和光市教育委員会〉Ⓝ210.0254
◇市場峡・市場上遺跡　第23次調査　和光市遺跡調査会，和光市教育委員会編　［和光］　和光市遺跡調査会　2014.3　26p　図版 6p　30cm　（和光市埋蔵文化財調査報告書 第54集）〈埼玉県和光市所在　和光市白子三丁目中央土地区画整理に伴う発掘調査報告書　共同刊行：和光市教育委員会〉Ⓝ210.0254
◇市内遺跡発掘調査報告書　17　和光市教育委員会編　和光　和光市教育委員会　2014.3　34p　図版 10p　30cm　（和光市埋蔵文化財調査報告書 第55集）〈埼玉県和光市所在　内容：市場峡・市場上遺跡．第13次　城山遺跡．第4次〉Ⓝ210.0254

鷲尾　勘解治〔1881～1991〕
◇鷲尾勘解治翁　燧洋倶楽部編　復刻版　新居浜　自彊舎記念会　2013.10　287p　19cm　〈原本：昭和29年刊〉Ⓝ289.1　［非売品］

輪島市（遺跡・遺物）
◇釜屋谷・昭南遺跡　輪島　輪島市教育委員会　2014.3　33p　30cm　〈輪島市所在　3・4・2小伊勢袖ケ浜線都市計画街路工事及び漆の里シンボル・ゾーン工事に伴う発掘調査報告書〉Ⓝ210.0254

輪島市（民家―保存・修復）
◇重要文化財上時国家住宅主屋及び納屋保存修理工事報告書　文化財建造物保存技術協会編著　輪島　時国健太郎　2014.9　1冊　30cm　Ⓝ521.86

輪島市（歴史―史料―目録）
◇石川県輪島市町野町川西区有文書目録　神奈川大学日本常民文化研究所編　輪島　輪島市教育委員会　2014.3　58p　30cm　Ⓝ214.3

ワシントン州（産業クラスター―シアトル）
◇都市地域における産業転換―米英イノベーション先進地域のエコシステム：法政大学イノベーション・マネジメント研究センター国際シンポジウム：講演録　法政大学イノベーション・マネジメント研究センター編　法政大学イノベーション・マネジメント研究センター　2014.5　61p　30cm　（Working paper series no. 155）〈会期・会場：2014年2月1日 法政大学市ケ谷キャンパスボアソナード・タワー26階スカイホール　内容：問題提起　米英3都市（市原則子述）　講演　Technology development consultancies and the high-tech cluster in Cambridge（UK）（Jocelyn Probert述）　米国オースティン（福嶋路述）　米国シアトル（山縣宏之述）〉Ⓝ332.333　［非売品］

ワシントン大学ボート部
◇ヒトラーのオリンピックに挑んだ若者たち―ボートに託した夢　ダニエル・ジェイムズ・ブラウン著，森内薫訳　早川書房　2014.9　603p　20cm　Ⓘ978-4-15-209485-8　Ⓝ785.5　［3000円］

ワーズワス，W.〔1770～1850〕
◇評伝ワーズワス　出口保夫著　研究社　2014.11　403p　22cm　〈文献あり　年表あり　索引あり〉Ⓘ978-4-327-47231-3　Ⓝ931.6　［4500円］
◇ワーズワス『抒情民謡集（リリカル・バラッズ）』再読　河村民部著　英宝社　2014.4　163p　20cm　〈文献あり　索引あり　内容：『抒情民謡集』再読．その1　『抒情民謡集』再読．その2　『抒情民謡集』再読．その3〉Ⓘ978-4-269-72128-9　Ⓝ931.6　［2000円］

早稲田大学
◇早慶トーーク！　大学あるある研究会著　宝島社　2014.3　191p　18cm　〈文献あり〉Ⓘ978-4-8002-2396-8　Ⓝ377.21　［1000円］
◇ブラック大学早稲田　林克明著　同時代社　2014.2　198p　19cm　Ⓘ978-4-88683-754-7　Ⓝ377.13　［1500円］
◇早稲田グラフィティ　清永安雄著　産業編集センター　2014.10　1冊（ページ付なし）26cm　Ⓘ978-4-86311-102-8　Ⓝ377.21　［3000円］
◇早稲田大学の「今」を読む―OB・現役学生なら知っておきたい大学の真実　造事務所編　実業之日本社　2014.11　223p　18cm　（じっぴコンパクト新書 222）〈文献あり〉Ⓘ978-4-408-45533-4　Ⓝ377.21　［850円］

早稲田大学競走部
◇箱根から世界へ　渡辺康幸著，北條愁子監修　ベースボール・マガジン社　2014.11　191p　19cm　Ⓘ978-4-583-10777-6　Ⓝ782.3　［1400円］

早稲田大学国語教育学会
◇早稲田大学と国語教育―学会50年の歴史と展望をもとに　町田守弘編著　学文社　2014.3　127p　21cm　（早稲田教育叢書 33）〈内容：早稲田大学の国語教育（堀誠著）　国語政策と早稲田大学国語教育（林教子著）　早稲田大学国語教育学会50年の歴史を辿る（町田守弘著）　早稲田大学国語教育学会の活動と歴史（大貫眞弘著）　早稲田大学国語教育学会の活動の歴史（松本直樹著）　機関誌『早稲田大学国語教育研究』から見る早稲田大学国語教育学会の歩み（李軍著）〉Ⓘ978-4-7620-2447-4　Ⓝ375.8　［1500円］

和田　アサ子〔1935～　〕
◇私の生涯 教育ひとすじに　和田アサ子著　講談社ビジネスパートナーズ　2013.11　167p　19cm　Ⓘ978-4-86424-010-9　Ⓝ289.1　［1200円］

和田　萃〔1944～　〕
◇晴歩雨読―和田萃先生古稀記念文集　京都　藤陵史学会　2014.5　229p　26cm　〈著作目録あり〉Ⓝ210.04

ワダ エミ〔1937～　〕
◇ワダエミ―世界で仕事をするということ　ワダエミ，千葉望著　新潮社　2013.5　125p　22cm　（とんぼの本）〈文献あり　年譜あり〉Ⓘ978-4-10-602246-3　Ⓝ771.8　［1600円］

和田国際交流財団

◇米国公益法人和田国際交流財団交流史　和田友良著　秀作社出版　2014.8　206p　27cm　Ⓘ978-4-88265-551-0　Ⓝ063

和田中学校〔東京都杉並区立〕

◇校長という仕事　代田昭久著　講談社　2014.1　261p　18cm　（講談社現代新書　2245）Ⓘ978-4-06-288245-3　Ⓝ374.3　〔800円〕

渡辺〔家〕〔坂井市〕

◇五宗物語―天災と戦争の狭間の中で　渡辺彦典著　文芸社　2014.3　265p　20cm　〈年表あり〉Ⓘ978-4-286-14772-7　Ⓝ288.3　〔1500円〕

渡辺〔氏〕

◇備後渡辺氏に関する基礎研究　広島県立歴史博物館編　福山　広島県立歴史博物館　2013.5　42p　30cm　（草戸千軒町遺跡調査研究報告　11）Ⓝ288.3

◇渡辺半蔵家と尾張藩／尾張徳川家の状況と渡辺家の流れ―幕末青松葉事件をめぐる　鈴木重喜, 原史彦〔述〕　〔豊田〕　渡辺守綱公顕彰会　2013.9　69p　21cm　（渡辺守綱公顕彰会叢書　第13集）Ⓝ215.5

渡辺 明

◇渡辺明の思考―盤上盤外問答　渡辺明著　河出書房新社　2014.9　219p　19cm　Ⓘ978-4-309-27526-0　Ⓝ796　〔1550円〕

渡邊 修〔1859～1932〕

◇佐世保初代市長渡邊修に関する調査報告　中島眞澄著　佐世保　中島眞澄　2014.9　350p　21cm　〈芸文堂（発売）　年譜あり　文献あり〉Ⓘ978-4-902863-59-8　Ⓝ312.1　〔2000円〕

渡辺 崋山〔1793～1841〕

◇ドナルド・キーン著作集　第11巻　日本人の西洋発見　ドナルド・キーン著　新潮社　2014.12　525p　22cm　〈索引あり　内容：日本人の西洋発見（芳賀徹訳）渡辺崋山（角地幸男訳）〉Ⓘ978-4-10-647111-7　Ⓝ210.08　〔3400円〕

渡辺 鼎〔1858～1932〕

◇会津の偉人渡邊鼎―会陽医院　伊藤善創著　会津若松　歴史春秋出版　2014.7　182p　20cm　〈文献あり〉Ⓘ978-4-89757-830-9　Ⓝ289.1　〔1500円〕

渡辺 啓助〔1901～2002〕

◇カラスなぜ啼く、なぜ集う―探偵作家クラブ渡辺啓助会長のSF的生涯　天瀬裕康, 渡辺玲子著　文芸社　2014.1　246p　20cm　Ⓘ978-4-286-14455-9　Ⓝ910.268　〔1400円〕

渡邊 剛〔1958～　〕

◇稚拙なる者は去れ―天才心臓外科医・渡邊剛の覚悟　細井勝著　講談社　2014.8　217p　20cm　Ⓘ978-4-06-218928-6　Ⓝ289.1　〔1500円〕

渡部 恒三〔1932～　〕

◇夢ひとすじ福島びと　渡部恒三〔著〕　福島　福島民友新聞社　2013.11　210p　19cm　（人生春夏秋冬私の道　福島民友新聞掲載　3）Ⓝ312.1　〔1200円〕

渡辺 淳〔1922～　〕

◇外へ、そして外から―《滞欧体験》の意味するもの　渡辺淳著　未知谷　2014.12　183p　19cm　Ⓘ978-4-89642-464-5　Ⓝ289.1　〔2000円〕

渡辺 淳一〔1933～2014〕

◇いくつになっても一陽だまりの家　渡辺淳一著　講談社　2014.1　269p　19cm　Ⓘ978-4-06-218776-3　Ⓝ910.268　〔1100円〕

渡辺 順三〔1894～1972〕

◇一途の道―渡辺順三歌と人生　戦後編　碓田のぼる著　光陽出版社　2014.6　210p　20cm　〈年譜あり〉Ⓘ978-4-87662-572-7　Ⓝ911.162　〔1500円〕

渡辺 恒雄〔1926～　〕

◇渡邉恒雄とプロ野球　江尻良文著　双葉社　2014.3　235p　19cm　〈年譜あり〉Ⓘ978-4-575-30647-7　Ⓝ783.7　〔1600円〕

渡邊 楠亭〔1800～1854〕

◇楠亭詩集とその背景―湖東の聖人「渡邊楠亭」の漢詩を読み解く　田中弥一郎著　平成26年復刻版　〔出版地不明〕　伊藤眞雄　2014.10　132p　21cm　（原本：昭和54年刊）Ⓝ919.5

渡邉 普相〔1931～2012〕

◇教誨師　堀川惠子著　講談社　2014.1　286p　20cm　〈文献あり〉Ⓘ978-4-06-218741-1　Ⓝ326.53　〔1700円〕

渡辺 優子

◇優子のふ・た・り言　渡辺優子〔著〕　村上　渡辺優子　2014.8　156p　19cm　〈喜怒哀楽書房（制作印刷）〉Ⓘ978-4-907879-02-0　Ⓝ289.1　〔1000円〕

渡辺 喜美〔1952～　〕

◇仮面の改革派・渡辺喜美　室伏謙一著　講談社　2014.10　218p　19cm　Ⓘ978-4-06-219174-6　Ⓝ315.1　〔1400円〕

渡辺胃腸科外科病院

◇高度医療を地域のために―消化器医療のスペシャリストを目指して　渡辺胃腸科外科病院編　岡山　吉備人出版　2014.11　145p　21cm　〈年譜あり〉Ⓘ978-4-86069-402-9　Ⓝ498.16　〔1500円〕

ワタミ株式会社

◇検証ワタミ過労自殺　中澤誠, 皆川剛著　岩波書店　2014.9　241p　19cm　〈年譜あり〉Ⓘ978-4-00-025943-9　Ⓝ366.99　〔1700円〕

亘理町〔宮城県〕（イチゴ栽培）

◇いちご畑をもう一度―3・11復興の軌跡　森栄吉著　潮出版社　2014.3　173p　19cm　Ⓘ978-4-267-01972-2　Ⓝ626.29　〔1200円〕

亘理町〔宮城県〕（災害復興）

◇いちご畑をもう一度―3・11復興の軌跡　森栄吉著　潮出版社　2014.3　173p　19cm　Ⓘ978-4-267-01972-2　Ⓝ626.29　〔1200円〕

亘理町〔宮城県〕（水運）

◇荒浜湊のにぎわい―東廻り海運と阿武隈川舟運の結節点　井上拓巳著　仙台　蕃山房　2014.3　74p　21cm　〈よみがえるふるさとの歴史　1（宮城県亘理町荒浜）　〈本の森（発売）文献あり〉Ⓘ978-4-904184-62-2　Ⓝ683.2123　〔800円〕

亘理町〔宮城県〕（民間社会福祉事業）

◇みんなde手しごとプロジェクト事業　Watalis編　亘理町（宮城県）Watalis　2014.3　67p　30cm　〈独立行政法人福祉医療機構社会福祉振興助成事業〉Ⓝ369.14

和知 鷹二〔1893～1978〕

◇CIA日本人ファイル―米国国立公文書館機密解除資料　第10巻　辰巳栄一・和知鷹二　和智恒蔵　加藤哲郎編集・解説　現代史料出版　2014.12　318p　31cm　〈東出版（発売）　複製　布装〉Ⓘ978-4-87785-307-5,978-4-87785-303-7（set）Ⓝ319.1053

和智 恒蔵〔1900～1990〕

◇CIA日本人ファイル―米国国立公文書館機密解除資料　第10巻　辰巳栄一・和知鷹二　和智恒蔵　加藤哲郎編集・解説　現代史料出版　2014.12　318p　31cm　〈東出版（発売）　複製　布装〉Ⓘ978-4-87785-307-5,978-4-87785-303-7（set）Ⓝ319.1053

稚内港

◇稚内港港湾計画書　改訂　〔稚内〕　稚内市　2014.3　13p　30cm　（交通政策審議会港湾分科会資料　第55回）〈付属資料：1枚：稚内港港湾計画図〉Ⓝ683.92111

◇稚内港港湾計画資料　その1　改訂　〔稚内〕　稚内市　2014.3　142p　30cm　（交通政策審議会港湾分科会資料　第55回）Ⓝ683.92111

◇稚内港港湾計画資料　その2　改訂　〔稚内〕　稚内市　2014.3　123p　30cm　（交通政策審議会港湾分科会資料　第55回）Ⓝ683.92111

稚内市（金石・金石文）

◇宗谷護国寺跡「旧藩士等の墓」に関する調べ―報告書　吉原裕著　増補　〔札幌〕　〔吉原裕〕　2014.2　92p　26cm　〈表紙の出版年月（誤植）：平成226年2月〉Ⓝ211.1

稚内市（歴史）

◇宗谷護国寺跡「旧藩士等の墓」に関する調べ―報告書　吉原裕著　増補　〔札幌〕　〔吉原裕〕　2014.2　92p　26cm　〈表紙の出版年月（誤植）：平成226年2月〉Ⓝ211.1

和辻 哲郎〔1889～1960〕

◇和辻哲郎研究―解釈学・国民道徳・社会主義　津田雅夫著　増補　青木書店　2014.1　395,8p　20cm　〈文献あり　索引あり〉Ⓘ978-4-250-21303-8　Ⓝ121.65　〔3500円〕

わっぱ小屋

◇わっぱ小屋―写真でつづる50年　牧野静枝, 菅井俊郎編　〔白馬村〔長野県〕〕　わっぱ小屋　2014.12　42p　26cm　Ⓝ786.1

◇わっぱ小屋創立50周年記念　わっぱ小屋創立50周年記念事業実行委員会参加者執筆, 坂根一廣, 菅井俊郎, 平野茂樹, 藤井洋編　〔出版地不明〕　菅井俊郎　2014.12　262p　26cm　〈年表あり　背のタイトル：わっぱ小屋創立50周年記念誌〉Ⓝ786.1

ワトソン, E.〔1990～　〕

◇EMMA WATSON STYLE BOOK―ALL ABOUT EMMA　マーブルブックス編　メディアパル　2014.5　110p　21cm　（MARBLE BOOKS）〈作品目録あり　本文は日本語〉Ⓘ978-4-89610-816-3　Ⓝ778.233　〔1600円〕

わらしこ保育園

◇天には憧れ地には絆を―ダンプ園長とわらしこに魅せられた人たちの記憶　高田敏幸編著　新読書社　2014.6　123p

24cm〈奥付のタイトル関連情報（誤植）：ダンプえんちょうとわらしこに魅せられた人たちの記憶〉①978-4-7880-0401-6 Ⓝ369.42 ［1600円］

ワン・ダイレクション
◇ワン・ダイレクション―僕らの話をしよう―。 ワン・ダイレクション著,［鮎川晶訳］ 宝島社 2014.11 350p 26cm ①978-4-8002-3294-6 Ⓝ767.8 ［2350円］

日本件名図書目録 2014
Ⅰ 人名・地名・団体名

2015 年 5 月 25 日　第 1 刷発行

発 行 者／大高利夫
編集・発行／日外アソシエーツ株式会社
　　　　　　〒143-8550 東京都大田区大森北 1-23-8 第 3 下川ビル
　　　　　　電話 (03)3763-5241(代表)　FAX(03)3764-0845
　　　　　　URL http://www.nichigai.co.jp/

発 売 元／株式会社紀伊國屋書店
　　　　　　〒163-8636 東京都新宿区新宿 3-17-7
　　　　　　電話 (03)3354-0131(代表)
　　　　　　ホールセール部(営業)　電話 (03)6910-0519

電算漢字処理／日外アソシエーツ株式会社
印刷・製本／株式会社平河工業社

不許複製・禁無断転載　　　　　　　《中性紙三菱クリームエレガ使用》
<落丁・乱丁本はお取り替えいたします>
ISBN978-4-8169-2538-2　　　　**Printed in Japan, 2015**

本書はディジタルデータでご利用いただくことが
できます。詳細はお問い合わせください。

日本件名図書目録シリーズ

人名、地名、テーマなどのキーワードで検索できる図書目録。商業出版物から官庁出版物、私家版まで幅広く収録。関連図書の紹介や図書購入計画の参考資料にも最適。

日本件名図書目録2013
Ⅰ人名・地名・団体名　　B5・1,130頁　　　　　定価（本体43,000円＋税）　2014.5刊
Ⅱ一般件名　　　　　　　B5・2分冊　　　　　セット定価（本体85,000円＋税）　2014.6刊

日本件名図書目録2012
Ⅰ人名・地名・団体名　　B5・1,260頁　　　　　定価（本体43,000円＋税）　2013.5刊
Ⅱ一般件名　　　　　　　B5・2分冊　　　　　セット定価（本体85,000円＋税）　2013.6刊

日本件名図書目録2011
Ⅰ人名・地名・団体名　　B5・1,130頁　　　　　定価（本体43,000円＋税）　2012.5刊
Ⅱ一般件名　　　　　　　B5・2分冊　　　　　セット定価（本体85,000円＋税）　2012.6刊

★2010年以前の版についてはお問い合わせ下さい。

読んでおきたい「世界の名著」案内

A5・920頁　定価（本体9,250円＋税）　2014.9刊

読んでおきたい「日本の名著」案内

A5・850頁　定価（本体9,250円＋税）　2014.11刊

国内で出版された解題書誌に収録されている名著を、著者ごとに記載した図書目録。文学・歴史学・社会学・自然科学など幅広い分野の名著がどの近刊書に収録され、どの解題書誌に掲載されているかを、著者名の下に一覧することができる。『「世界の名著」案内』では 8,300 人の 1.5 万点、『「日本の名著」案内』では 5,500 人の 1.1 万点を掲載。

翻訳書原題邦題事典

B5・1,850頁　定価（本体18,000円＋税）　2014.12刊

古今の名著から最近の書籍まで、翻訳出版された図書（小説を除く）の原題12万件とその邦題を一覧できる事典。原著者ごとに原題、邦題、翻訳者、出版社を記載、同一書籍について時代による出版状況や邦題の変遷もわかる。

現代世界人名総覧

B5・1,080頁　定価（本体21,000円＋税）　2015.1刊

20世紀末から現在まで、世界で活躍してきた外国人6万人を収録。人名カナ表記、漢字表記、英字表記、本名・旧名・別名（筆名・芸名・通称等）、職業・肩書・専門分野、国籍、生没年月日を記載。

データベースカンパニー
日外アソシエーツ

〒143-8550　東京都大田区大森北1-23-8
TEL.(03)3763-5241　FAX.(03)3764-0845　http://www.nichigai.co.jp/